ZÖLLER · ZIVILPROZESSORDNUNG

ZIVILPROZESSORDNUNG

mit Gerichtsverfassungsgesetz und den Einführungsgesetzen,
mit Internationalem Zivilprozeßrecht,
Kostenanmerkungen

Begründet von
DR. RICHARD ZÖLLER

Bearbeitet von

DR. REINHOLD GEIMER
Notar, München

PETER GUMMER
Ltd. Ministerialrat im Bayerischen
Staatsministerium der Justiz, München

JOSEF MÜHLBAUER
Richter am Oberlandesgericht a. D.,
München

DR. PETER PHILIPPI
Richter am Oberlandesgericht, Hamburg

DR. EGON SCHNEIDER
Richter am Oberlandesgericht, Köln

DR. DIETER STEPHAN
Vorsitzender Richter
am Oberlandesgericht a. D., München

KURT STÖBER
Oberregierungsrat, München

DR. MAX VOLLKOMMER
Professor an der Universität Erlangen,
vorm. Vorsitzender Richter
am Landgericht

15. neubearbeitete Auflage

VERLAG DR. OTTO SCHMIDT KG · KÖLN

Zitierweise: Zöller-Stephan, ZPO, 15. Aufl., § 128 Rn 22

CIP-Kurztitelaufnahme der Deutschen Bibliothek

Zivilprozessordnung: mit Gerichtsverfassungsgesetz u. d. Einführungsgesetzen, mit internat. Zivilprozessrecht, Kostenanm./begr. von Richard Zöller. Bearb. von Reinhold Geimer… – 15., neubearb. Aufl. – Köln: O. Schmidt, 1987.
ISBN 3-504-47004-6
NE: Zöller, Richard [Begr.]; Geimer, Reinhold [Mitverf.]

Gesamtherstellung: Bercker, Graphischer Betrieb GmbH, Kevelaer
Printed in Germany

„Das Verfahrensrecht dient der Herbeiführung gesetzmäßiger und unter diesem Blickpunkt richtiger, aber darüber hinaus auch im Rahmen dieser Richtigkeit gerechter Entscheidungen."
Bundesverfassungsgericht, Beschluß vom 24. 3. 1976, BVerfG 42, 73.

„Der Richter muß im Rahmen des Beibringungsgrundsatzes überhaupt alles tun, um eine in der Sache richtige Entscheidung herbeizuführen; die Parteien wünschen und brauchen eine schnelle Entscheidung, aber mehr noch eine richtige Entscheidung."
Kammergericht, Urteil vom 20. 2. 1975, OLGZ 1977, 481.

Vorwort zur 15. Auflage

Die Neubearbeitung erscheint im Anschluß an die zu Ende gegangene 10. Legislaturperiode des Deutschen Bundestages. Ist auch die noch 1985 in den Bundestag eingebrachte, heftig umstrittene „ZPO-Entlastungsnovelle" (BT-Drucks 10/3054) nicht mehr Gesetz geworden, so ist doch die Rechtsentwicklung auf dem Gebiet des Zivilprozeßrechts seit der Vorauflage (1984) keineswegs still gestanden. Der Gesetzgeber hat die Zivilprozeßordnung wieder an verschiedenen Stellen geändert und ergänzt. Größere Eingriffe brachte das Gesetz zur Änderung unterhaltsrechtlicher, verfahrensrechtlicher und anderer Vorschriften (UÄndG) vom 20. 2. 1986, das insgesamt 21 ZPO-§§ abänderte, sowie die „Kostennovelle" vom 8. 12. 1986, durch die das 1980 neu geschaffene Prozeßkostenhilferecht teilnovelliert wurde. Ferner hat die Gesetzgebung auf dem Gebiet des Zivil- und Handelsrechts, aber auch des öffentlichen Rechts wieder vielfältige Auswirkungen auf das Zivilprozeßrecht gehabt. Zu nennen sind insoweit nur das Gesetz über den Widerruf von Haustürgeschäften und ähnlichen Geschäften vom 16. 1. 1986, das Gesetz zur Neuregelung des Internationalen Privatrechts vom 25. 7. 1986 und das Baugesetzbuch vom 8. 12. 1986. Schließlich haben die „im Stillen wirkenden" Kräfte, Rechtsprechung und Rechtswissenschaft, wieder zu einer Fülle von Einzelfragen Stellung genommen, manches geklärt, aber auch neue Probleme aufgeworfen, die noch einer abschließenden Lösung harren.

Die vorliegende Neubearbeitung nimmt diese Rechtsentwicklung in allen Teilen auf und bringt den Kommentar auf den Stand des Endes der legislativen Arbeit des 10. Deutschen Bundestags. Der Gesetzgebungsstand entspricht hinsichtlich des Prozeßrechts dem 1. 1. 1987, hinsichtlich des Gerichtsverfassungsrechts dem 1. 4. 1987 (Opferschutzgesetz), im übrigen etwa Anfang Dezember 1986. Rechtsprechung und Schrifttum sind bis November 1986 verarbeitet, vereinzelt konnten auch noch spätere Veröffentlichungen berücksichtigt werden.

Die 15. Bearbeitung unterscheidet sich *äußerlich* in verschiedener Hinsicht von der Vorauflage. Das Randnummernsystem, das einhellig positive Aufnahme gefunden hat, ist weiter ausgebaut. Um Verwechslungen mit der systematischen Gliederung der Erläuterungen auszuschließen, wurde bei Verweisungen innerhalb des Werks und in den Kopfleisten der Seiten die bisher verwendete Abkürzung „Anm" durch „Rn" ersetzt. Das für die tägliche Prozeßpraxis inzwischen unentbehrlich gewordene EuGVÜ wurde erstmals im Anhang selbständig kommentiert, und zwar in der ab 1. 11. 1986 geltenden Neufassung des Beitrittsübereinkommens 1978. Darüber hinaus wurde die systematische Darstellung des Internationalen Zivilprozeßrechts neu konzipiert und dabei gestrafft. In der 15. Auflage nicht mehr enthalten sind die umfangreichen „Texte zum Internationalen Zivilprozeßrecht". In der Vergangenheit stellte der Abdruck dieser früher nur schwer zugänglichen Materialien eine viel gelobte, sonst nirgends gebotene Hilfeleistung des „Zöller" für die Rechtspraxis dar; mittlerweile ist an selbständigen Veröffentlichungen zum Internationalen Zivilprozeß mit eigenen Materialsammlungen kein Mangel mehr; auch sind frühere Auflagen des „Zöller" insoweit noch von bleibendem Wert. Daher ist von einem erneuten Abdruck dieser Text-Teile Abstand genommen worden. Die Einsparungen wurden und werden noch in zukünftigen Auflagen für eine Erweiterung des Kommentarteils in Anspruch genommen. Im übrigen seien Interessenten des Internationalen Zivilprozeßrechts auf eine im selben Verlag neu erscheinende Darstellung aus der Feder des „Zöller"-Bearbeiters Dr. Geimer aufmerksam gemacht.

Inhaltlich wurde das Werk wieder in allen seinen Teilen gründlich überarbeitet und aktualisiert. Die Erläuterungen wurden durchgehend ergänzt und verbessert, wo geboten auch neu geschrieben. Als *Schwerpunkte der Neubearbeitung* sind zu nennen: Die Einleitung ist durch Entlastung von heute Entbehrlichem gestrafft; neu aufgenommen ist eine knappe Darstellung der wichtigsten ZPO-Änderungen seit dem Inkrafttreten der Civilprozeßordnung. Die Erläuterungen der Wertvorschriften sind völlig überarbeitet und zum Teil neu geschrieben. In der Kontroverse um die Anknüpfung der örtlichen Zuständigkeit bei Passivprozessen des Konkursverwalters nimmt der Kommentar nunmehr einen vermittelnden Standpunkt ein. Bei der Vertretung des Fiskus war erstmals aus Anlaß des Reaktorunfalls von Tschernobyl die Geltendmachung von Atomschäden zu berücksichtigen. Die Darstellung der ausschließlichen Gerichtsstände der Verbraucherschutzgesetze ist um die Erstkommentierung von § 7 HaustürWG erweitert. Im Richterablehnungsrecht ist die aktuelle Diskussion um die Bedeutung der politischen Betätigung und des gewerkschaftlichen Engagements von Richtern verarbeitet. Der Zugriff auf die Kasuistik der Ablehnungsgründe ist durch einen neuen alphabetischen Schlüssel zu § 42 ZPO erleichtert. Das Verfahren bei Ablehnung des Familienrichters ist völlig neu dargestellt. In der Parteilehre wurde die Behandlung der verschiedenen Arten der Prozeßstandschaft neu gestaltet und vertieft. Das in der Praxis vielfach Schwierigkeiten bereitende Recht der Nebenintervention und der Streitverkündung wurde weitgehend neu geschrieben. Aus Anlaß der Neufassung von § 78 II ZPO wurde der Anwaltszwang in Familiensachen erstmals im Zusammenhang kommentiert. Die kaum noch überschaubare Kasuistik zur Erledigung in der Hauptsache machte die Aufnahme eines neuen „ABC" zu § 91a ZPO mit 40 Stichwörtern erforderlich. Eingehend überarbeitet und teilweise neu gestaltet ist das gesamte Recht der Prozeßkosten. Der Kommentierung des Prozeßkostenhilferechts liegt das ab 1. 1. 1987 geltende Recht zugrunde; den Auswirkungen der Neuregelung ist auch bei der Erläuterung der unverändert gebliebenen Vorschriften Rechnung getragen.

Wesentlich vertieft und zT neu gefaßt sind die grundsätzlichen Ausführungen zum rechtlichen Gehör; den Auswirkungen dieses Grundsatzes ist bei den einschlägigen Regelungskomplexen besondere Aufmerksamkeit gewidmet, namentlich bei der öffentlichen Zustellung, bei der Wiedereinsetzung in den vorigen Stand, bei der Behandlung nachgereichter Schriftsätze und bei der Zurückweisung verspäteten Vorbringens. Im Zusammenhang mit den Präklusionsvorschriften ist die Rechtsprechung des BGH zum Problem der versäumungsbedingten Verzögerung einzelner Verfahrensabschnitte vor Zwischenentscheidungen sowie zur Frage der Ursächlichkeit der Versäumung für Verzögerungsfolgen kritisch gewürdigt. Eingehende Behandlung erfahren haben wieder die Fragen des Beweisrechts; neu kommentiert sind der Indizienbeweis und wesentliche Vorschriften des Sachverständigenbeweises. Beim Recht der Fristen erfolgte eine kritische Auseinandersetzung mit der Rechtsprechung des BGH zur Frage des Vertrauensschutzes bei spät gestelltem Verlängerungsantrag. Das derzeit hochaktuelle Problem einer erleichterten Rechtskraftdurchbrechung bei Titeln über Forderungen aus sittenwidrigen Ratenkreditverträgen ist eingehend erörtert.

Die gründlich überarbeitete Kommentierung zum Rechtsmittelrecht ist erweitert und zT neu gefaßt. Wesentliche Veränderungen ergaben sich beim familiengerichtlichen Verfahren. Durch den verfahrensrechtlichen Teil des UÄndG wurden viele bisher umstrittene Probleme gelöst. In anderen Bereichen wurde die frühere Rechtsprechung korrigiert. Neue ungelöste Fragen entstanden durch die Novellierung des Verfahrens bei einstweiligen Anordnungen und der Anfechtung von Verbundentscheidungen. Mit Hilfe der Entstehungsgeschichte und durch Rückgriff auf den Sinn und Zweck der Neuregelung wurde versucht, Lösungen für diese Fragen zu entwickeln. In der Kommentierung berücksichtigt ist auch das Gesetz über weitere Maßnahmen auf dem Gebiet des Versorgungsausgleichs.

Im Mahnverfahren sind die Konsequenzen der 1977 beseitigten Schlüssigkeitsprüfung auf die – nur noch eingeschränkte – materielle Rechtskraft des Vollstreckungsbescheids aufgezeigt. Die Kommentierung des Zwangsvollstreckungsrechts ist wieder gründlich überarbeitet, vielfach ergänzt und in einzelnen Teilen erneuert. Im Verfügungsprozeß wurde namentlich das „ABC" zu § 940 ZPO durch Aufnahme zusätzlicher Stichwörter ausgebaut und weiter vertieft. In den Gebühren-Anmerkungen sind die Änderungen der Kostennovelle eingearbeitet.

In die Zeit zwischen der 14. und 15. Auflage des „Zöller" fällt das Ereignis des 75-jährigen Bestehens des Werkes. Im Jahre 1910 erschien in der Attenkofer'schen Verlagsbuchhandlung Straubing das von dem nachmaligen Justiz- und Kassenrat *Hans Meyer* verfaßte Handbuch mit dem Titel „Zivilprozeßordnung mit Gerichtsverfassungsgesetz". *Richard Zöller* hat in seinen jungen Richterjahren an der Verbreitung des später als „Meyer-Zöller" bekanntgewordenen Gemeinschaftswerkes tatkräftig mitgewirkt. Seit der 7. Auflage 1954, mithin seit über dreißig Jahren, führt das Werk nur noch den Namen „*Zöller*". Auch in der Folge blieb der Kommentar ein Gemeinschaftswerk. Dem ersten Autorenteam des „Zöller" gehörten außer Oberlandesgerichtsrat Dr. Richard Zöller selbst, der zugleich als Herausgeber fungierte, noch die damaligen Oberstlandesgerichtsräte Dr. *Walter Karch* und *Franz Scherübl* an. Walter Karch, zuletzt Senatspräsident am Bayer. Obersten Landesgericht, hat bis zur 12. Auflage 1979 ein weitgespanntes Bearbeitungsgebiet betreut; es umfaßte zeitweilig das 3. bis 7. Buch der ZPO, die Lohnpfändungsvorschriften des 8. Buches, das GVG und Teile des EGGVG. Bis zur 13. Auflage 1981 war Franz Scherübl, zuletzt Senatspräsident am Bundesverwaltungsgericht, mit geringen Einschränkungen als alleiniger Bearbeiter für die letzten drei Bücher der ZPO und damit nahezu für das gesamte Vollstreckungsrecht zuständig. Nach dem allzu frühen Tod Richard Zöllers im Jahr 1961 hat Prof. Dr. *Max Degenhart*, Senatspräsident am Bayer. Obersten Landesgericht und Honorarprofessor an der Universität München, richtungsweisend die 10. und 11. Auflage des Kommentars mitgestaltet (1968–1974). Sein Bearbeitungsgebiet umfaßte die Einleitung, die Allgemeinen Vorschriften bis § 127 ZPO, die Urteilsvorschriften (§§ 300–329 ZPO) und Teile des EGGVG. Max Degenharts unerwarteter Tod 1974 riß eine schmerzende Lücke in den Kreis der „Zöller"-Autoren. Den heutigen Bearbeitern gibt dieser Rückblick Anlaß, des Neubegründers des Kommentars und eines Autorenteams zu gedenken, das in jahrzehntelanger Arbeit die Fundamente gelegt hat, die sich als tragfähig erwiesen haben nicht nur für den weiteren Ausbau, sondern auch für die veränderte Zielsetzung des Kommentars, an deren Verwirklichung die genannten Gründungs-Autoren selbst entscheidenden Anteil haben.

Die Vorbereitung einer Kommentarneubearbeitung in der hektischen Zeit einer auslaufenden Legislaturperiode mit ihrer gesteigerten Gesetzesproduktion, ihren Risiken und ihren Überraschungen, stellt alle an dem Vorhaben Beteiligten vor ungeahnte Schwierigkeiten. Daß die 15. „Zöller"-Auflage so schnell nach dem „letzten Wort" des Gesetzgebers erscheinen kann, ist das Ergebnis einer optimal verlaufenen vertrauensvollen Zusammenarbeit zwischen dem Verlag und den Autoren. Es ist den Verfassern ein tiefempfundenes Bedürfnis, an dieser Stelle Frau Dr. *Katherine Knauth* für ihre durch ebenso große Sachkunde wie organisatorisches Geschick sich auszeichnende Betreuung der Neuauflage aufrichtig zu danken. Frau Dr. Knauth hat es stets hervorragend verstanden, die aus einer straffen Terminplanung folgenden Zwänge mit größtmöglichem Entgegenkommen und Verständnis für die Wünsche und Anliegen der Autoren zu harmonisieren.

Endlich möchten wir es nicht versäumen, wieder all denen zu danken, die durch Vorschläge und Hinweise, aber auch durch kritische Äußerungen ihr Interesse am Kommentar bekundet und damit gleichzeitig zur Verbesserung der gegenwärtigen Auflage beigetragen haben. Wie schon früher, sprechen wir an alle Benutzer und Freunde des Kommentars in Rechtspraxis, Rechtslehre und Ausbildung die Bitte aus, uns diese Hilfe auch in Zukunft zu gewähren.

Erlangen, Hamburg, Köln, München im Dezember 1986 — Die Verfasser

Bearbeiter der 15. Auflage

Geimer	Einleitung VII–IX, Internationales Zivilprozeßrecht, §§ 199, 293, 328, 363, 364, 606 a, 640 a, 722, 723, 791, 1025–1048 ZPO, Anhänge I und II (GVÜ)
Gummer	EGZPO, GVG, EGGVG
Mühlbauer	Kostenanmerkungen
Philippi	§§ 606, 607–640, 640 b–687 ZPO
Schneider	§§ 2–9, 91, 92–127 a, 511–605 a, 707–720, 767–774, 946–1024 ZPO
Stephan	§§ 128–198, 200–292, 294–299 a, 309–317, 330–362, 365–510 b ZPO
Stöber	§§ 704–706, 720 a, 721, 724–766, 775–789, 792–915 ZPO
Vollkommer	Einleitung I–VI, §§ 1, 10–90, 91 a, 300–308 a, 318–327, 329, 688–703 d, 916–945 ZPO

Aus dem Vorwort zur 10. Auflage (1968)

Der „Zöller" hatte immer schon seinen besonderen Standort unter den Kommentaren zur Zivilprozeßordnung. Er wollte vornehmlich den Praktiker ansprechen; ihm, dem Richter und Anwalt also, aber auch dem Rechtspfleger will er auch künftig in erster Linie dienen. Die vorliegende 10. Auflage, die nach dem Ableben Dr. Richard Zöllers zwar mit einiger Verzögerung, dafür aber in neuer Bearbeitung erscheint, kommt nun auch in erhöhtem Maße den Wünschen der in der juristischen Ausbildung stehenden Studenten, Referendare und Rechtspflegeranwärter entgegen. Diese erweiterte Zielsetzung verlangte eine teilweise Erneuerung des Werkes, das im übrigen jedoch bestrebt bleibt, die in den neun Vorauflagen entwickelte und bewährte Anlage beizubehalten.

Es wurde versucht, die Fülle des dargebotenen Stoffes von heute Entbehrlichem zu befreien, sie übersichtlich zu ordnen, straffer zu gliedern und systematisch besser zu durchdringen. Wie bisher ist die Rechtsprechung – auch die der Instanzgerichte – berücksichtigt, daneben wird nun aber auch dem wissenschaftlichen Schrifttum der ihm gebührende Raum gewährt. Die eigene Stellungnahme des Kommentars zu Streitfragen tritt klarer hervor.

Inhaltsverzeichnis

Seite

Abkürzungsverzeichnis

aA – anderer Ansicht
aaO – am angegebenen Ort
ABGB – österreichisches Allgemeines Bürgerliches Gesetzbuch vom 1. 6. 1811
Abs – Absatz
abl – ablehnend
abw – abweichend
AbzG – Abzahlungsgesetz vom 16. 5. 1894 (RGBl S. 450), zuletzt geändert durch Gesetz vom 3. 12. 1976 (BGBl I S. 3281)
AcP – Archiv für die civilistische Praxis (Band, Seite)
ADO – Allgemeine Dienstordnung vom 1. 9. 1971 (BayGVBl S. 305)
Adoptionsgesetz – Gesetz über die Annahme als Kind und zur Änderung anderer Vorschriften vom 2. 7. 1976 (BGBl I S. 1749)
aE – am Ende
aF – alte Fassung
AFG – Arbeitsförderungsgesetz vom 25. 6. 1969 (BGBl I S. 582), zuletzt geändert durch Gesetz vom 25. 7. 1986 (BGBl I S. 1169)
AfP – Archiv für Presserecht (Jahr, Seite)
AG – Amtsgericht oder Aktiengesellschaft (auch Zeitschrift) oder Ausführungsgesetz
AGB – Allgemeine Geschäftsbedingungen
AGBG – Gesetz zur Regelung des Rechts der Allgemeinen Geschäftsbedingungen vom 9. 12. 1976 (BGBl I S. 3317/BGBl III Nr. 402-28), zuletzt geändert durch Gesetz vom 25. 7. 1986 (BGBl I S. 1142)
AGBGE – Entscheidungssammlung zum AGBG (Band, §, Nr.)
AgrarR – Agrarrecht (Jahr, Seite)
AK-BGB – Alternativkommentar zum BGB, 1979 ff
AKostG – Auslandskostengesetz vom 21. 2. 1978 (BGBl I S. 301)
AKostV – Auslandskostenverordnung vom 7. 1. 1980 (BGBl I S. 21)
AktG – Aktiengesetz vom 6. 9. 1965 (BGBl I S. 1089), zuletzt geändert durch Gesetz vom 19. 12. 1985 (BGBl I S. 2355)
AktO – Aktenordnung (Fassung landesrechtlich, vgl. zB BayBSVJuV S. 252)
AkZ – s ZAkDR
allgM – allgemeine Meinung
ALR – Allgemeines Landrecht für die Preußischen Staaten von 1794
Alt – Alternative
amtl – amtlich
AnfG – Gesetz betreffend die Anfechtung von Rechtshandlungen eines Schuldners außerhalb des Konkursverfahrens vom 20. 5. 1898 (RGBl S. 709/BGBl III 3 Nr. 311-5), zuletzt geändert durch Gesetz vom 4. 7. 1980 (BGBl I S. 836)
Anm – Anmerkung
AnpV '77 – Anpassungsverordnung 1977 (vom 22. 6. 1977, BGBl I S. 977)
AnpV '79 – Anpassungsverordnung 1979 (vom 28. 9. 1979, BGBl I S. 1603)
AnpV '81 – Anpassungsverordnung 1981 (vom 10. 8. 1981, BGBl I S. 835)
AnwBl – Anwaltsblatt (Jahr, Seite)
AO – Abgabenordnung vom 16. 3. 1976 (BGBl I S. 613), zuletzt geändert durch Gesetz vom 19. 12. 1985 (BGBl I S. 2436)
AöR – Archiv des öffentlichen Rechts (Band, Seite)
AP – Arbeitsrechtliche Praxis, Nachschlagewerk des BAG (Gesetz, § und Nr. der Entscheidung)
ArbG – Arbeitsgericht
ArbGG – Arbeitsgerichtsgesetz idF der Bek. vom 2. 7. 1979 (BGBl I S. 853, 1036), zuletzt geändert durch Gesetz vom 19. 12. 1985 (BGBl I S. 2355)
ArbuR – Arbeit und Recht (Jahr, Seite)
ArchzPr – s AcP
arg – argumentum
ARST – Arbeitsrecht in Stichworten
Art – Artikel
Aufl – Auflage
AuR – Arbeit und Recht (Jahr, Seite)
AVAVG – Gesetz über Arbeitsvermittlung und Arbeitslosenversicherung idF vom 3. 4. 1957 (BGBl I S. 321), teilweise außer Kraft gesetzt durch Gesetz vom 25. 6. 1969 (BGBl I S. 582)
AVBEltV – Verordnung über Allgemeine Bedingungen für die Elektrizitätsversorgung von Tarifkunden vom 21. 6. 1979 (BGBl I S. 684)
AVG – Angestelltenversicherungsgesetz vom 28. 5. 1924 (RGBl I S. 63, BGBl III 8 Nr. 821-1), zuletzt geändert durch Gesetz vom 13. 5. 1986 (BGBl I S. 697)
AVO – Ausführungsverordnung
AWD – siehe RIW
AWG – Außenwirtschaftsgesetz vom 28. 4. 1961 (BGBl I S. 481/BGBl III Nr. 7400-1), zuletzt geändert durch Gesetz vom 6. 10. 1980 (BGBl I S. 1905)

BAFöG – Bundesausbildungsförderungsgesetz idF vom 6. 6. 1983 (BGBl I S. 645), zuletzt geändert durch das 10. BAFöGÄndG vom 16. 6. 1986 (BGBl I S. 897)

BAG (BArbG) – Bundesarbeitsgericht, auch amtliche Sammlung (Band, Seite)
BAnz – Bundesanzeiger (Jahr, Nr., Seite)
Bastian – Bastian/Roth-Stielow/Schmeiduch, 1. EheRG, Das neue Ehe- und Scheidungsrecht, 1978
BauFdgG – Gesetz zur Sicherung der Bauforderungen vom 1. 6. 1909 (RGBl 449/BGBl III 2 Nr. 213-2)
BauGB – Gesetz über das Baugesetzbuch vom 8. 12. 1986 (BGBl I S. 2253)
Baumgärtel – Handbuch der Beweislast im Privatrecht, Bd 1 1981; Bd 2 1985
BauR – „Baurecht", Zeitschrift für das gesamte öffentliche und zivile Baurecht (Jahr, Seite)
Baur/Stürner – Zwangsvollstreckungs-, Konkurs- und Vergleichsrecht, 11. Aufl. 1983
BayBG – Bayerisches Beamtengesetz vom 30. 10. 1962 (GVBl S. 291), zuletzt geändert durch Gesetz vom 24. 5. 1985 (GVBl S. 120)
BayKKGH – Bayerischer Kompetenzkonfliktsgerichtshof
BayObLG – Bayerisches Oberstes Landesgericht
BayObLGZ – Amtliche Sammlung des Bayer. Obersten Landesgerichts in Zivilsachen (Band, Seite)
BayVBl – Bayerische Verwaltungsblätter (Jahr, Seite)
BayVerfGH – Bayerischer Verfassungsgerichtshof, zugleich Entscheidungssammlung (Band, Seite)
BayVGH – Bayerischer Verwaltungsgerichtshof, zugleich Entscheidungssammlung (Band, Seite)
BayZ – Zeitschrift für Rechtspflege in Bayern (Jahr, Seite)
BB – Der Betriebs-Berater (Jahr, Seite)
BBauG – Bundesbaugesetz idF vom 18. 8. 1976 (BGBl I S. 2257/BGBl III Nr. 213-1), zuletzt geändert durch Gesetz vom 8. 12. 1986 (BGBl I S. 2191), s BauGB
BBG – Bundesbeamtengesetz idF vom 27. 2. 1985 (BGBl I S. 479), zuletzt geändert durch Gesetz vom 6. 12. 1985 (BGBl I S. 2090)
BEG – Gesetz zur Entschädigung der Opfer der nationalistischen Verfolgung vom 29. 6. 1956 (BGBl I S. 562/BGBl III 2 Nr. 251-1), zuletzt geändert durch Gesetz vom 9. 12. 1986 (BGBl I S. 2326)
begl – beglaubigt
Beil – Beilage
Bek – Bekanntmachung
BeratungshilfeG (BerHG) – Gesetz über Rechtsberatung und Vertretung für Bürger mit geringem Einkommen vom 18. 6. 1980 (BGBl I S. 689)
Bergerfurth – Der Anwaltszwang und seine Ausnahmen, 1981
Bergerfurth – Der Ehescheidungsprozeß und die anderen Eheverfahren, 5. Aufl. 1982
BerHG – s BeratungshilfeG
bestr – bestritten
Betrieb – Der Betrieb (Jahr, Seite)
BetrVG – Betriebsverfassungsgesetz vom 15. 1. 1972 (BGBl I S. 13), zuletzt geändert durch Gesetz vom 24. 7. 1986 (BGBl I S. 1110)
Bettermann – Die Vollstreckung des Zivilurteils in den Grenzen seiner Rechtskraft, 1948
BeurkG – Beurkundungsgesetz vom 28. 8. 1969 (BGBl I S. 1513), zuletzt geändert durch Gesetz vom 20. 2. 1980 (BGBl I S. 157)
BFH – Bundesfinanzhof
BGB – Bürgerliches Gesetzbuch
BGBl – Bundesgesetzblatt (Jahr, Teil, Seite)
BGE – Entscheidungen des schweizerischen Bundesgerichts, Amtliche Sammlung
BGH – Bundesgerichtshof, auch amtliche Sammlung (s. BGHZ)
BGHZ – Entscheidungssammlung des BGH in Zivilsachen (Band, Seite)
BinnSchG – Gesetz betreffend die privatrechtlichen Verhältnisse der Binnenschiffahrt idF vom 15. 6. 1898 (RGBl I S. 369, 868/BGBl III 4 Nr. 4103-1), zuletzt geändert durch Gesetz vom 25. 7. 1986 (BGBl I S. 1120)
BinnSchVerfG – Gesetz über das gerichtliche Verfahren in Binnenschiffahrtssachen vom 27. 9. 1952 (BGBl I S. 641, Ber. S. 644), zuletzt geändert durch Gesetz vom 26. 6. 1981 (BGBl I S. 316)
BKGG – Bundeskindergeldgesetz idF der Bek vom 21. 1. 1986 (BGBl I S. 223)
BL (Bearbeiter) – Baumbach/Lauterbach, Kommentar zur ZPO, 44. Aufl. 1986, bearbeitet von Albers/Hartmann; nunmehr 45. Aufl. 1987
BLG – Bundesleistungsgesetz idF vom 27. 9. 1961 (BGBl I S. 1769), zuletzt geändert durch Gesetz vom 20. 12. 1976 (BGBl I S. 3574)
BlGBW – Blätter für Grundstücks-, Bau- und Wohnungsrecht (Jahr, Seite)
BMdJ – Bundesminister der Justiz
BNotO – Bundesnotarordnung vom 24. 2. 1961 (BGBl I S. 98), zuletzt geändert durch Gesetz vom 7. 8. 1981 (BGBl I S. 803)
BörsenG – Börsengesetz vom 27. 5. 1908 (RGBl S. 215), zuletzt geändert durch Gesetz vom 16. 12. 1986 (BGBl I S. 2478)
BRAGO – Bundesrechtsanwaltsgebührenordnung vom 26. 7. 1957 (BGBl I S. 907), zuletzt geändert durch Gesetz vom 9. 12. 1986 (BGBl I S. 2326)
BRAO – Bundesrechtsanwaltsordnung vom 1. 8. 1959 (BGBl I S. 565), zuletzt geändert durch Gesetz vom 9. 12. 1986 (BGBl I S. 2326)
Brox/Walker – Zwangsvollstreckungsrecht, 1986

BRRG – Beamtenrechtsrahmengesetz idF vom 3. 1. 1977 (BGBl I S. 21), zuletzt geändert durch Gesetz vom 14. 11. 1985 (BGBl I S. 2090)
Brüggemann – Kommentar zum Gesetz zur vereinfachten Abänderung von Unterhaltsrenten, 1976
BSG – Bundessozialgericht, auch Entscheidungssammlung (Band, Seite)
BSHG – Bundessozialhilfegesetz idF vom 24. 5. 1983 (BGBl I S. 613), zuletzt geändert durch Gesetz vom 28. 10. 1986 (BGBl I S. 1657)
BStBl – Bundessteuerblatt
Buchholz – Sammel- und Nachschlagewerk zur Rspr des BVerwG (Leitzahl, §, Gesetz, Nr.)
Bülow/Böckstiegel – Der internationale Rechtsverkehr in Zivil- und Handelssachen, 2. Aufl. 1973 ff
Bumiller/Winkler – Freiwillige Gerichtsbarkeit, 3. Aufl. 1980
BT – Bundestag
BVerfG – Bundesverfassungsgericht, auch Entscheidungssammlung (Band, Seite)
BVerfGG – Bundesverfassungsgerichtsgesetz idF vom 12. 12. 1985 (BGBl I S. 2230)
BVerwG – Bundesverwaltungsgericht, auch Entscheidungssammlung (Band, Seite)
BVFG – Gesetz über die Angelegenheiten der Vertriebenen und Flüchtlinge idF vom 3. 9. 1971 (BGBl I S. 1565)
BVG – Bundesversorgungsgesetz idF vom 22. 1. 1982 (BGBl I S. 21), zuletzt geändert durch Gesetz vom 20. 12. 1985 (BGBl I S. 2484)
BWNotZ – Zeitschrift für das Notariat in Baden-Württemberg (Jahr, Seite)

cc – code civile; codice civile
CIM – Internationales Übereinkommen über den Eisenbahnfrachtverkehr vom 7. 2. 1970 (BGBl 1974 II S. 381), zuletzt geändert am 17. 12. 1981 (BGBl 1983 II S. 386)
CIV – Internationales Übereinkommen über den Eisenbahn-Personen- und -Gepäckverkehr vom 7. 2. 1970 (BGBl 1974 II S. 493), zuletzt geändert am 17. 12. 1981 (BGBl 1983 II S. 386)
Clunet – Journal du Droit international
CMR – Übereinkommen über den Beförderungsvertrag im internationalen Straßenverkehr vom 19. 5. 1956 (BGBl 1961 II S. 1120)
cpc – codice di procedura civile
c. pr. civ. – code de procedure civile
CR – Computer und Recht (Jahr, Seite)

DA – Dienstanweisung
DAR – Deutsches Autorecht (Jahr, Seite)
DAVorm – Der Amtsvormund (Jahr, Seite)
DB – Der Betrieb, Durchführungsbestimmung(en)
DDR – Deutsche Demokratische Republik
dgl – dergleichen
DGVZ – Deutsche Gerichtsvollzieherzeitung (Jahr, Seite)
Dietz/Nikisch – Arbeitsgerichtsgesetz, Kommentar, 1954 mit Nachtrag Stand 1. 10. 1961
DIPR – Deutsches Internationales Privatrecht
DJ – Deutsche Justiz (Jahr, Seite)
DJR – Das Recht, Monatsbeilage zu Deutsche Justiz
DJZ – Deutsche Juristenzeitung (Jahr, Seite)
DNotZ – Deutsche Notar-Zeitschrift (Jahr, Seite)
DÖD – Der öffentliche Dienst (Jahr, Seite)
DÖV – Die öffentliche Verwaltung (Jahr, Seite)
DPA – Deutsches Patentamt
DR – Deutsches Recht (Jahr, Seite)
DRiG – Deutsches Richtergesetz idF vom 19. 4. 1972 (BGBl I S. 713), zuletzt geändert durch Gesetz vom 15. 8. 1986 (BGBl I S. 1446)
Drischler/Oestreich/Heun/Haupt – GKG, Kommentar (Loseblatt), Stand 1985
DRiZ – Deutsche Richterzeitung (Jahr, Seite)
Drs (Drucks) – Drucksache
DRZ – Deutsche Rechtszeitschrift (Jahr, Seite)
DtRspr – Deutsche Rechtssprechung, herausgegeben von Feuerhake (Abt., Leitzahl, Blatt)
DV – Deutsche Verwaltung (Jahr, Seite)
DVBl – Deutsches Verwaltungsblatt (Jahr, Seite)
DVO – Durchführungsverordnung
DWW – Deutsche Wohnungswirtschaft (Jahr, Seite)

EGAO – Einführungsgesetz zur AO vom 14. 12. 1976 (BGBl I S. 3341; 1977 I S. 667), zuletzt geändert durch Gesetz vom 19. 12. 1985 (BGBl I S. 2436)
EGBGB – Einführungsgesetz zum Bürgerlichen Gesetzbuch, zuletzt geändert durch das IPRG (s dort) vom 25. 7. 1986 (BGBl I S. 1142)
EGGVG – Einführungsgesetz zum Gerichtsverfassungsgesetz vom 27. 1. 1877 (RGBl S. 77), zuletzt geändert durch Gesetz vom 23. 12. 1982 (BGBl I S. 2071)
EGMR – Europäischer Gerichtshof für Menschenrechte
EGStGB – Einführungsgesetz zum Strafgesetzbuch vom 2. 3. 1974 (BGBl I S. 469), zuletzt geändert durch Gesetz vom 22. 12. 1977 (BGBl I S. 3104)
EGZPO – Einführungsgesetz zur Zivilprozeßordnung, zuletzt geändert durch Gesetz vom 3. 12. 1976 (BGBl I S. 3281)

EheG – Ehegesetz vom 20. 2. 1946 (KRABl S. 77, Ber. S. 294, BGBl III Nr. 404-1), zuletzt geändert durch Gesetz vom 25. 7. 1986 (BGBl I S. 1142)
1. EheRG – Erstes Gesetz zur Reform des Ehe- und Familienrechts vom 14. 6. 1976 (BGBl I S. 1421)
EhrRiEG – Gesetz über die Entschädigung ehrenamtlicher Richter idF der Bek vom 1. 10. 1969 (BGBl I S. 1753), zuletzt geändert durch Gesetz vom 9. 12. 1986 (BGBl I S. 2326)
EKG – Einheitliches Gesetz über den internationalen Kauf beweglicher Sachen vom 17. 7. 1973 (BGBl I S. 856)
EKMR – Europäische Kommission für Menschenrechte
ErbbauVO – Verordnung über das Erbbaurecht vom 15. 1. 1919 (RGBl S. 72, Ber. S. 122), zuletzt geändert durch Gesetz vom 29. 3. 1983 (BGBl I S. 377)
ErgG – Ergänzungsgesetz
Erl – Erlaß
Erman (Bearbeiter) – Handkommentar zum BGB, 7. Aufl. 1981
ErstG – Gesetz über das Verfahren von Fehlbeständen an öffentlichem Vermögen (Erstattungsgesetz) idF vom 24. 1. 1951 (BGBl I S. 87, 109)
EStG – Einkommensteuergesetz idF der Bek vom 15. 4. 1986 (BGBl I S. 441), zuletzt geändert durch Gesetz vom 16. 12. 1986 (BGBl I S. 2478)
EuG – Europäische Gemeinschaft
EuGH – Gerichtshof der Europäischen Gemeinschaft
EuGVÜ – Übereinkommen über die gerichtliche Zuständigkeit und die Vollstreckung gerichtlicher Entscheidungen in Zivil- und Handelssachen vom 27. 9. 1968 (BGBl 1972 II S. 774)
EuR – Europarecht (Jahr, Seite)
EVO – Eisenbahnverkehrsordnung idF vom 1. 7. 1962
evtl – eventuell
EWGV – Vertrag zur Gründung der Europäischen Wirtschaftsgemeinschaft vom 25. 3. 1957 (BGBl II S. 766, Ber. S. 1678)
EWiR – Entscheidungen zum Wirtschaftsrecht (§, Gesetz, Leitzahl)
Eyermann/Fröhler – Kommentar zur VwGO, 8. Aufl. 1980
EzA – Entscheidungssammlung zum Arbeitsrecht (Gesetz, §, Nr.)

f – folgend(e)
FamG – Familiengericht
FamRÄndG – Familienrechtsänderungsgesetz vom 11. 8. 1961 (BGBl I S. 1221), zuletzt geändert durch Gesetz vom 14. 6. 1976 (BGBl I S. 1421)
FamRZ – Zeitschrift für das gesamte Familienrecht (Jahr, Seite)
FdgPfdg – Forderungspfändung
FernUSG – Fernunterrichtsschutzgesetz vom 24. 8. 1976 (BGBl I S. 2525), zuletzt geändert durch Gesetz vom 3. 12. 1976 (BGBl I S. 3281)
FEVS – Fürsorgerechtliche Entscheidungen der Verwaltungs- und Sozialgerichte (Band, Seite)
FGB – Familiengesetzbuch der DDR vom 20. 12. 1965
FGG – Gesetz über die Angelegenheiten der freiwilligen Gerichtsbarkeit vom 17. 5. 1898 (RGBl S. 189), zuletzt geändert durch Gesetz vom 25. 7. 1986 (BGBl I S. 1142)
FGO – Finanzgerichtsordnung vom 6. 10. 1965 (BGBl I S. 1477), zuletzt geändert durch Gesetz vom 13. 6. 1980 (BGBl I S. 677)
Fn/FN – Fußnote
FrEntzG – Gesetz über das gerichtliche Verfahren bei Freiheitsentziehungen vom 29. 6. 1956 (BGBl I S. 599), zuletzt geändert durch Gesetz vom 16. 3. 1976 (BGBl I S. 581)
FRES – Entscheidungssammlung zum gesamten Bereich von Ehe und Familie, herausgegeben von Uhlig unter Mitwirkung von Hebebrand (Band, Seite)
Furtner – Das Urteil im Zivilprozeß, 5. Aufl. 1985

G (Ges) – Gesetz
GA – Goltdammer's Archiv für Strafrecht
GAL – Gesetz über eine Altershilfe für Landwirte idF vom 14. 9. 1965 (BGBl I S. 1448), zuletzt geändert durch Gesetz vom 20. 12. 1985 (BGBl I S. 2475)
GAnwZ(Bay) – Geschäftsanweisung für die Geschäftsstellen der Gerichte in Zivilsachen (BayJMBl 1957, 349)
GB – Grundbuch
GBA – Grundbuchamt
GBl – Gesetzblatt der DDR
GBO – Grundbuchordnung idF vom 5. 8. 1935 (RGBl I S. 1073), zuletzt geändert durch Gesetz vom 25. 7. 1986 (BGBl I S. 1142)
GebrMG – Gebrauchsmustergesetz idF vom 28. 8. 1986 (BGBl I S. 1456)
gfls (gfs) – gegebenenfalls
Geimer IZPR – Geimer, Internationales Zivilprozeßrecht, 1987
Geimer/Schütze – Internationale Urteilsanerkennung, I 1 1983, I 2 1984, II 1971
gem – gemäß
GemS – Gemeinsamer Senat der obersten Gerichtshöfe des Bundes
GenG – Genossenschaftsgesetz idF vom 20. 5. 1898 (RGBl S. 369, 810), zuletzt geändert durch Gesetz vom 29. 7. 1976 (BGBl I S. 2034)

Gerichtsstandsnovelle – Gesetz zur Änderung der Zivilprozeßordnung vom 21. 3. 1974 (BGBl I S. 753)
Gernhuber – Lehrbuch des Familienrechts, 3. Aufl. 1980
Gerold/Schmidt – BRAGO, 8. Aufl. 1984
ges – gesetzlich
GeschmG – Gesetz betreffend das Urheberrecht von Mustern und Modellen vom 11. 1. 1876 (RGBl S. 11), zuletzt geändert durch Gesetz vom 18. 12. 1986 (BGBl I S. 2501)
GeschSt – Geschäftsstelle
GewO – Gewerbeordnung idF der Bek vom 1. 1. 1978 (BGBl I S. 97), zuletzt geändert durch Gesetz vom 15. 5. 1986 (BGBl I S. 721)
GG – Grundgesetz für die Bundesrepublik Deutschland vom 23. 5. 1949 (BGBl S. 1), zuletzt geändert durch Gesetz vom 21. 12. 1983 (BGBl I S. 1481)
GGZ – Geschäftsgangbestimmungen für die Justizverwaltung
GIW – Gesetz über internationale Wirtschaftsverträge der DDR
GKG – Gerichtskostengesetz idF vom 15. 12. 1975 (BGBl I S. 3047), zuletzt geändert durch Gesetz vom 9. 12. 1986 (BGBl I S. 2326)
GleichberG/GlBerG – Gesetz über die Gleichberechtigung von Mann und Frau auf dem Gebiete des bürgerlichen Rechts vom 18. 6. 1957 (BGBl I S. 609)
GmbHG – Gesetz betreffend die Gesellschaften mit beschränkter Haftung vom 20. 4. 1892 (RGBl S. 477), zuletzt geändert durch Gesetz vom 15. 5. 1986 (BGBl I S. 721)
GmbHRdsch/GmbHR – GmbH-Rundschau (Jahr, Seite)
GMBl – Gemeinsames Ministerialblatt (Jahr, Seite)
Göttlich/Mümmler – Kommentar zur BRAGO, 15. Aufl. 1984
GRMG – Geschäftsraummietengesetz vom 25. 6. 1952 (BGBl I S. 338), zuletzt geändert durch Gesetz vom 30. 10. 1972 (BGBl I 2053)
Gruch – Gruchot's Beiträge (Band, Seite)
Grunsky – Grundlagen des Verfahrensrechts, 3. Aufl. 1982
GRUR – Gewerblicher Rechtsschutz und Urheberrecht (Jahr, Seite)
GrZS – Großer Zivilsenat
GV – Gerichtsvollzieher
GVBl – Gesetz- und Verordnungsblatt
GVG – Gerichtsverfassungsgesetz idF vom 9. 5. 1975 (BGBl I S. 1077), zuletzt geändert durch Gesetz vom 19. 12. 1986 (BGBl I S. 2566)
GVGA – Geschäftsanweisung für Gerichtsvollzieher; Neufassung 1968, bundeseinheitlich vereinbart (BayBSVJu II 143; JMBl 1969, 57; 1971, 18; 1973, 158)
GVGA(Bay) – Bayerische Geschäftsanweisung für Gerichtsvollzieher (BayBSVJu II 210; JMBl 1958, 26; 1963, 336; 1969, 60; 1971, 21)
GVKostG – Gesetz über Kosten der Gerichtsvollzieher vom 26. 7. 1957 (BGBl I S. 887, Ber. 1959 I S. 155), zuletzt geändert durch Gesetz vom 9. 12. 1986 (BGBl I S. 2326)
GVKostGr – Gerichtsvollzieherkostengrundsätze (bundeseinheitlich), BayJMBl 1976, S. 55
GVO – Gerichtsvollzieherordnung; Neufassung 1968, bundeseinheitlich vereinbart, VO vom 8. 7. 1976 (BGBl I S. 1783)
GVollz – Gerichtsvollzieher
GVÜ – s EuGVÜ
GWB – Gesetz gegen Wettbewerbsbeschränkungen idF der Bek vom 24. 9. 1980 (BGBl I S. 1761), zuletzt geändert durch Gesetz vom 7. 7. 1986 (BGBl I S. 977)

Haegele/Schöner/Stöber – Grundbuchrecht, 8. Aufl. 1986
HaftpflG – Haftpflichtgesetz idF vom 4. 1. 1978 (BGBl I S. 145)
HansJVBl – Hanseatisches Justizverwaltungsblatt (Jahr, Seite)
Hartmann – Kostengesetze, 21. Aufl. 1983
HausratsVO – 6. DVO zum Ehegesetz vom 21. 10. 1944 (RGBl I S. 256), zuletzt geändert durch Gesetz vom 8. 12. 1982 (BGBl I S. 1615)
HaustürWG – Gesetz über den Widerruf von Haustürgeschäften und ähnlichen Geschäften vom 16. 1. 1986 (BGBl I S. 122)
Hellwig – System des deutschen Zivilprozeßrechts 1912/19, Nachdruck 1967
Henckel, Parteilehre – Parteilehre und Streitgegenstand im Zivilprozeß, 1961
Henckel, Prozeßrecht – Prozeßrecht und materielles Recht, 1970
HEZ – Höchstrichterliche Entscheidungen in Zivilsachen (Band, Seite)
HFR – Höchstrichterliche Finanzrechtsprechung (Jahr, Seite)
HGB – Handelsgesetzbuch vom 10. 5. 1897 (RGBl S. 219), zuletzt geändert durch Gesetz vom 16. 12. 1986 (BGBl I S. 2478)
Hillach-Rohs – Handbuch des Streitwerts in bürgerlichen Rechtsstreitigkeiten, 6. Aufl. 1986
HinterlO (HO) – Hinterlegungsordnung vom 10. 3. 1937 (RGBl I S. 285), zuletzt geändert durch Gesetz vom 20. 8. 1975 (BGBl I S. 2183)
hM – herrschende Meinung
HRR – Höchstrichterliche Rechtsprechung (Jahr, Nr.)
hRspr – herrschende Rechtsprechung
Hs (HS) – Halbsatz
HuW – Haus und Wohnung (Jahr, Seite) von 1946 bis 1957; aufgegangen in: Das Grundeigentum = GrundE

HwVG – Handwerksversicherungsgesetz vom 8. 9. 1960 (BGBl I S. 737), zuletzt geändert durch Gesetz vom 26. 4. 1986 (BGBl I S. 710)
HZPrAbk – Haager Zivilprozeßabkommen (1905)
HZPÜ – Haager Zivilprozeßübereinkommen (1954)

idF – in der Fassung
idR – in der Regel
iE – im Ergebnis
ie – im einzelnen
iL – in Liquidation
iS – im Sinne
IPG – Gutachten zum internationalen und ausländischen Privatrecht
IPR – Internationales Privatrecht
IPRax – Praxis des Internationalen Privat- und Verfahrensrechts (Jahr, Seite)
IPRG – Gesetz zur Neuregelung des Internationalen Privatrechts vom 25. 7. 1986 (BGBl I S. 1142)
IPRspr – Die deutsche Rechtsprechung auf dem Gebiet des internationalen Privatrechts (Jahr, Nr.)
iVm – in Verbindung mit
IWB – Internationale Wirtschaftsbriefe
IzonRspr (IzRspr) – Sammlung der deutschen Entscheidungen zum interzonalen Privatrecht
IZPR – Internationales Zivilprozeßrecht, systematische Darstellung in diesem Kommentar, S. 25 ff
iZw – im Zweifel

JA – Juristische Arbeitsblätter (Jahr, Seite)
Jaeger – Jaeger-Lent-Weber, Konkursordnung, 8. Aufl. 1958–1964; 9. Aufl. bearbeitet von Henckel und Weber, 1977 ff
Jansen – FGG, 2. Aufl. 1969–1971
Jauernig – Zivilprozeßrecht, 21. Aufl. 1985
Jauernig – (Bearbeiter), BGB, 4. Aufl. 1987
Jb – Jahrbuch
JBeitrO – Justizbeitreibungsordnung vom 11. 3. 1937 (RGBl I S. 298), zuletzt geändert durch Gesetz vom 13. 6. 1980 (BGBl I S. 677)
JBl – Justizblatt
Jessnitzer – Der gerichtliche Sachverständige, 8. Aufl. 1980
JFG – Jahrbücher für Rechtsprechung in der freiwilligen Gerichtsbarkeit (Band, Seite)
JKMO – Justizkostenmarkenordnung
JMBl – Justizministerialblatt (Jahr, Seite)
JMBlNW – Justizministerialblatt von Nordrhein-Westfalen (Jahr, Seite)
JR – Juristische Rundschau (Jahr, Seite)
jur – juristisch(e)
JurA – Juristische Analysen (Jahr, Seite)
Jura – Juristische Ausbildung (Jahr, Seite)
JurBüro – Das Juristische Büro (Jahr, Spalte)
JuS – Juristische Schulung (Jahr, Seite)
Justiz – Die Justiz, Amtsblatt des Justizministeriums Baden-Württemberg (Jahr, Seite)
JVBl – Justizverwaltungsblatt (Jahr, Seite)
JVwKostO – Justizverwaltungskostenordnung (BGBl III Nr. 363-1), zuletzt geändert durch Gesetz vom 9. 12. 1986 (BGBl I S. 2326)
JW – Juristische Wochenschrift (Jahr, Seite)
JWG – Jugendwohlfahrtsgesetz idF vom 25. 4. 1977 (BGBl I S. 633, 795), zuletzt geändert durch Gesetz vom 25. 7. 1986 (BGBl I S. 1142)
JZ – Juristenzeitung (Jahr, Seite)

Kegel IPR – Internationales Privatrecht, 5. Aufl. 1985
Keidel/Kuntze/Winkler – Freiwillige Gerichtsbarkeit, 11. Aufl. 1978 (Teil A); 12. Aufl. 1986 (Teil B)
KfHS – Kammer für Handelssachen
KG – Kammergericht, Kommanditgesellschaft
KGBl – Blätter für Rechtspflege im Bezirk des Kammergerichts (Jahr, Seite)
KGJ – Jahrbuch für Entscheidungen des Kammergerichts, 1881–1922 (Jahr, Seite)
KKZ – Kommunal-Kassen-Zeitschrift
KO – Konkursordnung idF vom 20. 5. 1898 (RGBl S. 612), zuletzt geändert durch Gesetz vom 25. 7. 1986 (BGBl I S. 1130)
KommG – Kommanditgesellschaft
KostÄndG – Gesetz zur Änderung und Ergänzung kostenrechtlicher Vorschriften vom 26. 7. 1957 (BGBl I S. 861), zuletzt geändert durch Gesetz vom 18. 8. 1980 (BGBl I S. 1503)
KostO – Kostenordnung idF vom 26. 7. 1957 (BGBl I S. 960), zuletzt geändert durch Gesetz vom 9. 12. 1986 (BGBl I S. 2326)
KostRspr (KoRspr) – Kostenrechtsprechung, bearbeitet von Lappe, von Eicken, Noll, E. Schneider, Herget (Gesetz, §, Nr.)
KostVfg – Kostenverfügung idF vom 1. 3. 1976 (bundeseinheitlich vereinbart), BayJMBl 1976, 41
KRZ – Bestimmungen über das Kassen- und Rechnungswesen der Justizverwaltung
KSchG – Kündigungsschutzgesetz idF vom 25. 8. 1969 (BGBl I S. 1317), zuletzt geändert durch Gesetz vom 26. 4. 1985 (BGBl I S. 710)
KSchVO – VO über den Kündigungsschutz und andere kleingartenrechtlliche Vorschriften idF vom 15. 12. 1944 (RGBl I S. 347)
KTS – Konkurs-, Treuhand- und Schiedsgerichtswesen (Jahr, Seite)
KV – Kostenverzeichnis (Anlage zum GKG), zuletzt geändert durch Gesetz vom 9. 12. 1986 (BGBl I S. 2326)
KVLG – Gesetz über die Krankenversiche-

rung der Landwirte vom 10. 8. 1972 (BGBl I S. 1433), zuletzt geändert durch Gesetz vom 20. 12. 1985 (BGBl I S. 2475)
KWG – Gesetz über das Kreditwesen idF vom 3. 5. 1976 (BGBl I S. 1121), zuletzt geändert durch Gesetz vom 17. 12. 1986 (BGBl I S. 2488)

LAG – Lastenausgleich idF vom 1. 10. 1969 (BGBl I S. 1909), zuletzt geändert durch Gesetz vom 17. 4. 1985 (BGBl I S. 629); auch Landesarbeitsgericht
LAGE – Entscheidungen der Landesarbeitsgerichte (Gesetz, §, Nr.)
Lappe – Gerichtskostengesetz, Kommentar, 1975; s. auch KostRspr
Lappe – Kosten in Familiensachen, 4. Aufl. 1983
Larenz – Lehrbuch des Schuldrechts, Band I: Allgemeiner Teil, 13. Aufl. 1982; Band II/1: Besonderer Teil, 13. Aufl. 1986
LBG – Gesetz über die Landbeschaffung für Aufgaben der Verteidigung vom 23. 2. 1957 (BGBl I S. 134), zuletzt geändert durch Gesetz vom 20. 12. 1976 (BGBl I S. 3574)
LG – Landgericht
LM – Lindenmaier-Möhring, Nachschlagewerk des Bundesgerichtshofs (Gesetz, §, Nr.; § ohne Gesetzesangabe: § der ZPO; ohne Angabe eines §: die Nr. zum erläuterten §)
LöschungsG – Gesetz über die Auflösung und Löschung von Gesellschaften und Genossenschaften vom 9. 10. 1934 (RGBl I S. 914), zuletzt geändert durch Gesetz vom 19. 12. 1985 (BGBl I S. 2355)
LS – Leitsatz
LSG – Landessozialgericht
LuftVG – Luftverkehrsgesetz vom 14. 1. 1981 (BGBl I S. 62)
LVA – Landesversicherungsanstalt
LwVG – Gesetz über das gerichtliche Verfahren in Landwirtschaftssachen vom 21. 7. 1953 (BGBl I S. 667), zuletzt geändert durch Gesetz vom 8. 11. 1985 (BGBl I S. 2065)
LZ – Leipziger Zeitschrift (Jahr, Seite)

MA – Der Markenartikel
Markl – Kommentar zum GKG, 2. Aufl. 1983
Materialiensammlung – Das erste Gesetz zur Reform des Ehe- und Familienrechts vom 14. 7. 1976, Gesetzestext, Materialien und ergänzende Erläuterungen, im Auftrag des BMdJ zusammengestellt und verfaßt von Böhmer u. a.
MDR – Monatsschrift für Deutsches Recht (Jahr, Seite)
MHG – Gesetz zur Regelung der Miethöhe vom 18. 12. 1974 (BGBl I S. 3603) zuletzt geändert durch Gesetz vom 20. 12. 1982 (BGBl I S. 1912)
MHRG – s MHG
MitbestG – Gesetz über die Mitbestimmung der Arbeitnehmer vom 4. 5. 1976 (BGBl I S. 1153)
Mitt – Mitteilung
MittBayNot – Mitteilungen des Bayerischen Notarvereins, der Notarkasse und der Landesnotarkammer Bayern (Jahr, Seite)
MittDPA – Mitteilungen vom Verband deutscher Patentanwälte
MittRhNotK – Mitteilungen der Rheinischen Notarkammer (Jahr, Seite)
MiZi – Anordnung über Mitteilungen in Zivilsachen vom 1. 10. 1967 (BayJMBl S. 127)
MRK – Konvention zum Schutz der Menschenrechte und Grundfreiheiten vom 4. 11. 1950 (BGBl 1952 II S. 686, 953), zuletzt geändert durch Prot. Nr. 5 vom 20. 1. 1966 (BGBl 1968 II S. 1120), in Kraft seit 20. 12. 1971 (BGBl 1972 II S. 1)
MSA – Übereinkommen über die Zuständigkeit und das anzuwendende Recht auf dem Gebiet des Schutzes von Minderjährigen vom 5. 10. 1961 (BGBl 1971 II S. 217)
MSchutzG – Mutterschutzgesetz vom 18. 4. 1968 (BGBl I S. 315), zuletzt geändert durch Gesetz vom 6. 12. 1985 (BGBl I S. 2154); – auch Mieterschutzgesetz idF vom 15. 12. 1942 (RGBl I S. 712; BGBl III 4 Nr. 402–12), aufgehoben
Mümmler – KostRspr, GKG-ZuSEntschG-BRAGebO-ZPO – (jeweils § und Nr.)
MünchKomm (Bearbeiter) – Münchener Kommentar zum Bürgerlichen Gesetzbuch 1977 ff
MuW – Markenschutz und Wettbewerb (Jahr, Seite)
mwN – mit weiteren Nachweisen

N – Fußnote
Nagel – Internationales Zivilprozeßrecht, 2. Aufl. 1984
NATO – North Atlantic Treaty Organization (Nordatlantikpakt)
NdsRpfl – Niedersächsische Rechtspflege (Jahr, Seite)
NDV – Nachrichtendienst des Deutschen Vereins für öffentliche u. private Fürsorge (Jahr, Seite)
NedTIR – Nederlands Tijdschrift voor internationaal Recht (Jahr, Seite)
ne – nichtehelich
NEG (NichtehelG) – Gesetz über die rechtliche Stellung der nichtehelichen Kinder vom 14. 8. 1969 (BGBl I S. 1243), zuletzt geändert durch Gesetz vom 17. 7. 1970 (BGBl I S. 1099)
Neuhaus – Die Grundbegriffe des internationalen Privatrechts, 2. Aufl. 1977
nF – neue Fassung

NJ – Neue Justiz (DDR; Jahr, Seite)
NJW – Neue Juristische Wochenschrift (Jahr, Seite)
NJW-RR – NJW-Rechtsprechungs-Report Zivilrecht (Jahr, Seite)
NStZ – Neue Zeitschrift für Strafrecht (Jahr, Seite)
NTS – Nato-Truppen-Statut vom 19. 6. 1951 (BGBl 1961 II S. 1190)
NVwZ – Neue Zeitschrift für Verwaltungsrecht (Jahr, Seite)
NZA – Neue Zeitschrift für Arbeitsrecht (Jahr, Seite)

Odersky – Nichtehelichengesetz, 4. Aufl. 1978
OEG – Gesetz über die Entschädigung für Opfer von Gewalttaten vom 7. 1. 1985 (BGBl I S. 1)
OG DDR – Oberster Gerichtshof der DDR
OGH – Oberster Gerichtshof für die britische Zone, auch Entscheidungssammlung (Band, Seite)
OHG – Offene Handelsgesellschaft
OLG – Oberlandesgericht (auch Entscheidungssammlung: Band, Seite; von 1900–1928)
OLGZ – Entscheidungen der Oberlandesgerichte in Zivilsachen (Jahr, Seite; ab 1965)
ÖJZ – Österreichische Juristenzeitung (Jahr, Seite)
ÖsterrJurBl – Österreichische Juristische Blätter (Jahr, Seite)
OVG – Oberverwaltungsgericht
OWiG – Gesetz über Ordnungswidrigkeiten idF vom 2. 1. 1975 (BGBl I S. 80), zuletzt geändert durch Gesetz vom 18. 12. 1986 (BGBl I S. 2496)

Palandt (Bearbeiter) – BGB-Kommentar 46. Aufl. 1987
PartG – Parteiengesetz idF vom 15. 2. 1984 (BGBl I S. 242)
PatAnwO – Patentanwaltsordnung vom 7. 9. 1966 (BGBl I S. 557), zuletzt geändert durch Gesetz vom 13. 6. 1980 (BGBl I S. 677)
PatG – Patentgesetz idF vom 16. 12. 1980 (BGBl 1981 I S. 1), zuletzt geändert durch Gesetz vom 9. 12. 1986 (BGBl I S. 2326)
PflVG – Pflichtversicherungsgesetz vom 5. 4. 1965 (BGBl I S. 213), zuletzt geändert durch Gesetz vom 23. 3. 1983 (BGBl I S. 377)
Piller-Hermann – Justizverwaltungsvorschriften, 2. Aufl. 1979, Stand: 1985
PKH – Prozeßkostenhilfe
PKHG – Gesetz über die Prozeßkostenhilfe vom 13. 6. 1980 (BGBl I S. 677)
PostG – Gesetz über das Postwesen vom 28. 7. 1969 (BGBl I S. 1006), zuletzt geändert durch Gesetz vom 2. 3. 1974 (BGBl I S. 469)
PrJMBl – Justizministerialblatt für die Preußische Gesetzgebung und Rechtspflege
Prölss – Prölss/R. Schmidt/Frey, Versicherungsaufsichtsgesetz, 9. Aufl. 1983
ProzBev – Prozeßbevollmächtigter
PStG – Personenstandsgesetz idF vom 8. 8. 1957 (BGBl I S. 1125), zuletzt geändert durch Gesetz vom 25. 7. 1986 (BGBl I S. 1142)

RA – Rechtsanwalt
Raape/Sturm – Internationales Privatrecht, 6. Aufl., Bd I, 1977
RabelsZ – Zeitschrift für ausländisches und internationales Privatrecht, begründet von E. Rabel (Jahr, Seite)
RAG – Reichsarbeitsgericht, auch Entscheidungssammlung (Band, Seite)
Rahm (Bearbeiter) – Handbuch des Familiengerichtsverfahrens, (Loseblatt), Stand: 1986
RBerG – Rechtsberatungsgesetz vom 13. 12. 1935 (RGBl I S. 1478), zuletzt geändert durch Gesetz vom 18. 8. 1980 (BGBl I S. 1503)
RdA – Recht der Arbeit (Jahr, Seite)
RdErl – Runderlaß
RdK – Recht des Kraftfahrers (Jahr, Seite)
RdL – Recht der Landwirtschaft (Jahr, Seite)
Rdnr/RdNr – Randnummer
Recht – Das Recht (Jahr, Nummer)
RegBedarfsV – Verordnung zur Neufestsetzung des Regelbedarfs
RegUnterhV – Regelunterhalts-Verordnung vom 27. 6. 1970 (BGBl I S. 1010); § 1 jeweils neugefaßt durch Verordnung vom 13. 6. 1972 (BGBl I S. 894), vom 15. 3. 1974 (BGBl I S. 748), vom 30. 7. 1976 (BGBl I S. 2042), vom 28. 9. 1979 (BGBl I S. 1601), vom 10. 8. 1981 (BGBl I S. 835) und vom 26. 7. 1984 (BGBl I S. 1035)
RFinH – Reichsfinanzhof
RG – Reichsgericht, auch Entscheidungssammlung (Band, Seite)
RGBl – Reichsgesetzblatt (Jahr, Teil, Seite)
RGRK (Bearbeiter) – BGB-Kommentar von Reichsgerichtsräten und Bundesrichtern, 12. Aufl. ab 1974
RGZ – Entscheidungssammlung des RG in Zivilsachen (Band, Seite)
RHG – s. HaftpflG
Riedel/Sußbauer – BRAGO, 5. Aufl. 1985
Riezler, IZPR – Internationales Zivilprozeßrecht und prozessuales Fremdenrecht, 1949
RIW/AWD – Recht der Internationalen Wirtschaft, Außenwirtschaftsdienst des Betriebs-Beraters (Jahr, Seite)
RJA – Reichsjustizamt (Entscheidungssammlung der freiwilligen Gerichtsbarkeit und des Grundbuchrechts)
Rn – Randnummer
ROHG – Entscheidungen des Reichsoberhandelsgerichts (Band, Seite)
Rolland – 1. EheRG, 2. Aufl. 1982

Rohs-Wedewer – Kostenordnung, Kommentar (Loseblatt), Stand: 1985
Rosenberg – Lehrbuch des deutschen Zivilprozeßrechts, 9. Aufl. 1961
Roth-Stielow – Der Abstammungsprozeß 2. Aufl. 1978
ROW – Recht in Ost und West (Jahr, Seite)
RpflBl – Rechtspflegerblatt (Jahr, Seite)
Rpfleger – Der Deutsche Rechtspfleger (Jahr, Seite); auch Rechtspfleger
RpflG – Rechtspflegergesetz vom 5. 11. 1969 (BGBl I S. 2065), zuletzt geändert durch Gesetz vom 18. 12. 1986 (BGBl I S. 2501)
R-Schwab – Rosenberg-Schwab, Zivilprozeßrecht, 14. Aufl. 1986
RsprBauZ – Rechtsprechung der Bauausführung
RsprEinhG – Gesetz zur Wahrung der Einheitlichkeit der Rechtsprechung der obersten Gerichtshöfe des Bundes vom 19. 6. 1968 (BGBl I S. 661)
RVO – Reichsversicherungsordnung idF vom 15. 12. 1924 (RGBl I S. 779), zuletzt geändert durch Gesetz vom 15. 5. 1986 (BGBl I S. 721)
RzW – Rechtsprechung zum Wiedergutmachungsrecht (Jahr, Seite)

s – siehe
SA (SeuffA) – Seufferts Archiv (Band, Nummer)
SAE – Sammlung arbeitsrechtlicher Entscheidungen (Jahr, Nummer)
Sauer – Grundlagen des Prozeßrechts, 2. Aufl. 1929, Neudruck 1970
SchiffsRG – Gesetz über Rechte an eingetragenen Schiffen und Schiffsbauwerken – Schiffsrechtegesetz – vom 15. 11. 1940 (RGBl I S. 1499), zuletzt geändert durch Gesetz vom 28. 8. 1969 (BGBl I S. 1513)
SchlHA – Schleswig-Holsteinische Anzeigen (Jahr, Seite)
Schneider – Streitwert-Kommentar f. d. Zivilprozeß, 7. Aufl. 1986
Schönke/Baur – Zwangsvollstreckungs-, Konkurs- und Vergleichsrecht, 10. Aufl. 1978; 11. Aufl.: s Baur/Stürner
Schönke/Kuchinke – Zivilprozeßrecht, 9. Aufl. 1969
Schoreit-Dehn – Beratungshilfegesetz – Prozeßkostenhilfegesetz, 2. Aufl. 1985
Schröder – Internationale Zuständigkeit, 1971
Schröder-Kay, Das Kostenwesen der Gerichtsvollzieher, 7. Aufl. 1984
Schütze – Internationales Zivilprozeßrecht, 1980
SchutzBerG – Schutzbereichsgesetz vom 7. 12. 1956 (BGBl S. 899), zuletzt geändert durch Gesetz vom 20. 12. 1976 (BGBl I S. 3574)
Schwab, D. – Handbuch des Scheidungsrechts, 2. Aufl. 1986
Schwab, K.-H. – Der Streitgegenstand im Zivilprozeß, 1954
Schwab, K.-H. – Schiedsgerichtsbarkeit, 3. Aufl. 1979
Seuffert-Walsmann – Kommentar zur ZPO, 12. Aufl. 1932/33 (2 Bände)
SGb – Die Sozialgerichtsbarkeit (Jahr, Seite)
SGB (SozGB) – Sozialgesetzbuch – 1. Buch (Allg. Teil) vom 11. 12. 1975 (BGBl I S. 3015), zuletzt geändert durch Gesetz vom 25. 7. 1986 (BGBl I S. 1142); 10. Buch (VerwVerf) vom 18. 8. 1980 (BGBl I S. 1469), zuletzt geändert durch Gesetz vom 4. 11. 1982 (BGBl I S. 1450)
SGG – Sozialgerichtsgesetz idF vom 23. 9. 1975 (BGBl I S. 2535), zuletzt geändert durch Gesetz vom 24. 7. 1986 (BGBl I S. 1110)
SJZ – Süddeutsche Juristenzeitung (Jahr, Seite)
Soergel (Bearbeiter) – Kommentar zum BGB, 11. Aufl. 1978 ff
SorgerechtsÄndG – Gesetz zur Neuregelung des Rechts der elterlichen Sorge vom 18. 7. 1979 (BGBl I S. 1061)
SortSchG – Sortenschutzgesetz vom 11. 12. 1985 (BGBl I S. 2170)
StAnz – Staatsanzeiger
Staudinger (Bearbeiter) – Kommentar zum Bürgerlichen Gesetzbuch, 12. Aufl., ab 1978
StAZ – Das Standesamt (Jahr, Seite)
StGB – Strafgesetzbuch idF vom 2. 1. 1975 (BGBl I S. 1), zuletzt geändert durch Gesetz vom 7. 7. 1986 (BGBl I S. 977)
StHG – Staatshaftungsgesetz vom 26. 6. 1981 (BGBl I S. 553); für nichtig erklärt durch BVerfGE vom 19. 10. 1982 (BGBl I S. 1493)
StJ (Bearbeiter) – Stein/Jonas, Kommentar zur ZPO, 19. Aufl, 1964/76 (3 Bände); 20. Aufl., 4 Bände, bearbeitet von Grunsky, Leipold, Münzberg, Schlosser, Schumann, ab 1977; hier zitiert StJP (–Pohle), StJGr (–Grunsky), StJL (–Leipold), StJM (–Münzberg), StJSchl (–Schlosser), StJSch (–Schumann)
Stöber – Forderungspfändung, 7. Aufl. 1984
StPO – Strafprozeßordnung idF vom 7. 1. 1975 (BGBl I S. 129, Ber. S. 650), zuletzt geändert durch Gesetz vom 18. 12. 1986 (BGBl I S. 2496)
str – streitig
stRspr – ständige Rechtsprechung
StSen – Strafsenat
StVG – Straßenverkehrsgesetz vom 19. 12. 1952 (BGBl I S. 837), zuletzt geändert durch Gesetz vom 7. 7. 1986 (BGBl I S. 977)
SV – Die Sozialversicherung
StVollzG – Strafvollzugsgesetz vom 16. 3. 1976 (BGBl I S. 581), zuletzt geändert durch Gesetz vom 27. 2. 1985 (BGBl I S. 461)
Sydow-Busch – Sydow-Busch-Krantz-Triebel, ZPO, Kommentar, 22. Aufl. 1941

ThP (auch TP) – Thomas/Putzo, ZPO-Kommentar, 14. Aufl. 1986
TelWegG – Telegraphenwegegesetz vom 18. 12. 1899 (RGBl S. 705) idF des Gesetzes vom 1. 6. 1980 (BGBl S. 649)
Tschischgale-Satzky – Das Kostenrecht in Arbeitssachen, 3. Aufl. 1982
TSG – Transsexuellengesetz vom 10. 9. 1980 (BGBl I S. 1654), zuletzt geändert durch BVerfGE vom 16. 3. 1982 (BGBl I S. 610)
TVG – Tarifvertragsgesetz vom 25. 8. 1969 (BGBl I S. 1323)

uä – und ähnliches(m)
UÄndG – Gesetz zur Änderung unterhaltsrechtlicher, verfahrensrechtlicher und anderer Vorschriften vom 20. 2. 1986 (BGBl I S. 301)
Üb (Übers) – Übersicht
Übk (Ü) – Übereinkommen
UdG – Urkundsbeamter der Geschäftsstelle
Ufita – Archiv für Urheber-, Film-, Funk- und Theaterrecht (Jahr, Seite)
UmstG – Umstellungsgesetz vom 20. 6. 1948 (WiGBl Beilage 5 S. 13), zuletzt geändert durch Gesetz vom 20. 12. 1982 (BGBl I S. 1857)
unstr – unstreitig
UrhG – Urheberrechtsgesetz vom 9. 9. 1965 (BGBl I S. 1273), zuletzt geändert durch Gesetz vom 19. 12. 1985 (BGBl I S. 2355)
UrkB – Urkundsbeamter
uU – unter Umständen
UWG – Gesetz gegen den unlauteren Wettbewerb vom 7. 6. 1909 (RGBl S. 499), zuletzt geändert durch Gesetz vom 25. 7. 1986 (BGBl I S. 1169)

v – von (vom)
vAw – von Amts wegen
VAG – Versicherungsaufsichtsgesetz idF vom 13. 10. 1983 (BGBl I S. 1261)
VBlBW – Verwaltungsblatt des Landes Baden-Württemberg
Vereinfachungsnovelle – Gesetz vom 3. 12. 1976 (BGBl I S. 3281)
VereinfVerf – Vereinfachtes Verfahren (zur Unterhaltstiteländerung)
VereinhG – Gesetz zur Wiederherstellung der Rechtseinheit usw vom 20. 9. 1950 (BGBl I S. 455), zuletzt geändert durch Gesetz vom 3. 12. 1976 (BGBl I S. 3281)
VerfGH – Verfassungsgerichtshof
VerglO – Vergleichsordnung vom 26. 2. 1935 (RGBl I S. 321, Ber. S. 356), zuletzt geändert durch Gesetz vom 19. 12. 1985 (BGBl I S. 2355)
VerlG – Verlagsgesetz vom 19. 6. 1906 (RGBl S. 217), zuletzt geändert durch das UrhG vom 9. 9. 1965 (BGBl I S. 1273)
VersAufsG – s VAG
VerschG – Verschollenheitsgesetz vom 15. 1. 1951 (BGBl I S. 63), zuletzt geändert durch Gesetz vom 25. 7. 1986 (BGBl I S. 1142)
VersorgAusglHärteG – Gesetz zur Regelung von Härten im Versorgungsausgleich vom 21. 2. 1983 (BGBl I S. 105), zuletzt geändert durch Gesetz vom 8. 12. 1986 (BGBl I S. 2317)
VersR – Versicherungsrecht (Jahr, Seite)
Vfg – Verfügung
VGH – Verwaltungsgerichtshof
VHG – Vertragshilfegesetz vom 26. 3. 1952 (BGBl I S. 198)
VMBl – Ministerialblatt des Bundesministeriums der Verteidigung (Jahr, Seite)
VO – Verordnung
vollstr – vollstreckbar(e)
VRS – Verkehrsrechtliche Sammlung (Band, Seite)
VVaG – Versicherungsverein auf Gegenseitigkeit
VVDStRL – Veröffentlichungen der Vereinigung der Deutschen Staatsrechtslehrer (Jahr, Seite)
VVG – Versicherungsvertragsgesetz vom 30. 5. 1908 (RGBl S. 263), zuletzt geändert durch Gesetz vom 30. 6. 1967 (BGBl I S. 609)
VwGO – Verwaltungsgerichtsordnung vom 21. 1. 1960 (BGBl I S. 17), zuletzt geändert durch Gesetz vom 15. 8. 1986 (BGBl I S. 1446)
VwVfG – Verwaltungsverfahrensgesetz vom 25. 5. 1976 (BGBl I S. 1253), zuletzt geändert durch Gesetz vom 2. 7. 1976 (BGBl I S. 1749)
VwVG – Verwaltungs-Vollstreckungsgesetz vom 27. 4. 1953 (BGBl I S. 157), zuletzt geändert durch Gesetz vom 14. 12. 1976 (BGBl I S. 3341)
VwZG – Verwaltungszustellungsgesetz vom 3. 7. 1952 (BGBl I S. 379), zuletzt geändert durch Gesetz vom 14. 12. 1976 (BGBl I S. 3341)
VZS – Vereinigte Zivilsenate

WA – Warschauer Abkommen vom 12. 10. 1929 (RGBl 1933 II S. 1039); auch Westdeutsche Arbeitsrechtsprechung
WährG – Währungsgesetz vom 20. 6 1948 (WiGBl Beilage Nr. 5 S. 1)
Waldner – Aktuelle Probleme des rechtlichen Gehörs im Zivilprozeß, Diss. Erlangen 1983
Warn (WarnRspr) – Warneyer, Rechtsprechung des (Reichsgerichts oder) Bundesgerichtshofes in Zivilsachen (Jahr, Nummer)
WarnJ – Warneyers Jahrbuch der Entscheidungen auf dem Gebiete des Zivil-, Handels- und Prozeßrechts (Jahr, Nummer)
WBG – Wertpapierbereinigungsgesetz vom 19. 8. 1949 (WiGBl S. 295), zuletzt geändert

durch Gesetz vom 14.12. 1976 (BGBl I S. 3341)
WEG – Wohnungseigentumsgesetz vom 15. 3. 1951 (BGBl I S. 175, Ber S. 209), zuletzt geändert durch Gesetz vom 14. 12. 1984 (BGBl I S. 1493)
WG – Wechselgesetz vom 21. 6. 1933 (RGBl I S. 399), zuletzt geändert durch Gesetz vom 17. 7. 1985 (BGBl I S. 1507)
WiGBl – Gesetzblatt für das vereinigte Wirtschaftsgebiet
Willenbücher – Kostenfestsetzungsverfahren und BRAGebO, 16. Aufl. 1959
1. WiKG – Erstes Gesetz zur Bekämpfung der Wirtschaftskriminalität vom 29. 7. 1976 (BGBl I S. 2034)
2. WiKG – Zweites Gesetz zur Bekämpfung der Wirtschaftskriminalität vom 15. 5. 1986 (BGBl I S. 721)
WM (auch WPM) – Wertpapier-Mitteilungen Teil IV (Jahr, Seite)
2. WoRKSchG – s MHG
WPg – Die Wirtschaftsprüfung (Jahr, Seite)
WPM – s WM
WRP – Wettbewerb in Recht und Praxis (Jahr, Seite)
WSchZinsG – Gesetz über die Wechsel- und Scheckzinsen vom 3. 7. 1925 (RGBl I S. 93)
WÜD – Wiener Übereinkommen über diplomatische Beziehungen vom 18. 4. 1961 (BGBl 1964 II S. 957)
WÜK – Wiener Übereinkommen über konsularische Beziehungen vom 24. 4. 1963 (BGBl 1969 II S. 1585)
WuM – Wohnungswirtschaft und Mietrecht (Jahr, Seite)
WuW – Wirtschaft und Wettbewerb (Jahr, Seite)
WZG – Warenzeichengesetz idF vom 2. 1. 1968 (BGBl I S. 29), zuletzt geändert durch VO vom 11. 12. 1985 (BGBl I S. 2170)

ZAkDR – Zeitschrift der Akademie für Deutsches Recht (Jahr, Seite)
ZaöR – Zeitschrift für ausländisches öffentliches Recht und Völkerrecht (Jahr, Seite)
ZBlFG – Zentralblatt für die Freiwillige Gerichtsbarkeit (Jahr, Seite)
ZblJugR – Zentralblatt für Jugendrecht und Jugendwohlfahrt (Jahr, Seite)
zB – zum Beispiel
ZBR – Zeitschrift für Beamtenrecht (Jahr, Seite)
Zeller/Stöber – ZVG, 12. Aufl. 1987
ZfBR – Zeitschrift für Baurecht (Jahr, Seite)
ZfF – Zeitschrift für das Fürsorgewesen (Jahr, Seite)
ZfV – Zeitschrift für Versicherungswesen (Jahr, Seite)
ZGB – Schweizerisches Zivilgesetzbuch
ZGR – Zeitschrift für Unternehmens- und Gesellschaftsrecht (Jahr, Seite)
ZHR – Zeitschrift für das gesamte Handels- und Wirtschaftsrecht (Band, Seite)
ZIP – Zeitschrift für Wirtschaftsrecht (Jahr, Seite)
ZIR – Niemeyers Zeitschrift für internationales Recht (Jahr, Seite)
ZivK – Zivilkammer
ZLR – Zeitschrift für Luftrecht (Jahr, Seite)
ZMR – Zeitschrift für Miet- und Raumrecht (Jahr, Seite)
ZPO – Zivilprozeßordnung idF vom 12. 9. 1950 (BGBl I S. 533), zuletzt geändert durch Gesetz vom 9. 12. 1986 (BGBl I S. 2326)
ZRHO – Rechtshilfeordnung in Zivilsachen in der seit 1. 1. 1971 geltenden Fassung
ZRP – Zeitschrift für Rechtspolitik (Jahr, Seite)
ZS – Zivilsenat
ZSW – Zeitschrift für das gesamte Sachverständigenwesen (Jahr, Seite)
zT – zum Teil
ZusAbkNTS – Zusatzabkommen zum Nato-Truppenstatut vom 3. 8. 1959 (BGBl 1961 II S. 1183, 1218)
ZuSEG (auch ZSEG) – Gesetz über die Entschädigung von Zeugen und Sachverständigen idF vom 1. 10. 1969 (BGBl I S. 1756), zuletzt geändert durch Gesetz vom 9. 12. 1986 (BGBl I S. 2326)
zust – zustimmend
ZustBev – Zustellungsbevollmächtigter
ZustErgG – Zuständigkeitsergänzungsgesetz vom 7. 8. 1952 (BGBl I S. 407)
zutr – zutreffend
ZVG – Zwangsversteigerungsgesetz idF vom 20. 5. 1898 (RGBl. S. 713), zuletzt geändert durch das UÄndG vom 20. 2. 1986 (BGBl I S. 301)
ZwV – Zwangsvollstreckung
ZwVMaßnG – Gesetz über Maßnahmen auf dem Gebiet der Zwangsvollstreckung vom 20. 8. 1953 (BGBl I S. 952)
ZwVR – Zwangsvollstreckungsrecht
ZZP – Zeitschrift für Zivilprozeß (Band, Seite)

Schrifttumsverzeichnis
(Auswahl)

Kommentare:

ZPO

Baumbach/Lauterbach/Albers/Hartmann, 45. Aufl 1987
Stein/Jonas (Bearbeiter), 19. Aufl, 3 Bände (1964–1976), bearbeitet von *Pohle* und anderen; 20. Aufl, 4 Bände, bearbeitet von *Grunsky, Leipold, Münzberg, Schlosser, Schumann*, ab 1977 im Erscheinen; es liegen vor: Band I: Einl, §§ 1–252; Band II: §§ 271–299 a; Band III: §§ 511–703 d; Band IV: §§ 704–882 a; §§ 916–1043
Thomas/Putzo, 14. Aufl 1986
Wieczorek, 2 Aufl, bearbeitet von *Wieczorek*, fortgeführt von *Rößler* und *Schütze*, 5 Bände, ab 1975 im Erscheinen; Band I; §§ 1–252; Band II: §§ 253–510 c; Band III: §§ 511–544; §§ 567–703 a; Band IV: §§ 704–1048; Band V: EGZPO, GVG und EGGVG, Internat. ZPR

Angrenzende Rechtsgebiete:

Arnold/Meyer-Stolte, RPflG, 3. Aufl 1978
Bassenge/Herbst, FGG/RPflG, 4. Aufl 1986
Bülow/Böckstiegel, Der internationale Rechtsverkehr (Loseblatt), Stand: Aug 1985
Bumiller/Winkler, FGG, 3. Aufl 1980 mit Nachtrag 1981
Gerold/Schmidt, BRAGO, 8. Aufl 1984
Grunsky, ArbGG, 4. Aufl 1981
Hartmann/Albers, Kostengesetze, 21. Aufl 1983
Jaeger, KO, 8. Aufl, begründet von *Jaeger*, bearbeitet von *Lent, Klug, Weber, Jahr*, 3 Bände (1958–1977); 9. Aufl, ca 3 Bände bearbeitet von *Henckel* und *Weber*, ab 1977 im Erscheinen; es liegen vor: §§ 1–28
Keidel/Kuntze/Winkler, Freiwillige Gerichtsbarkeit, Teil A, 11. Aufl 1978 mit Nachtrag 1979; Teil B, Beurkundungsgesetz, 12. Aufl 1986
Kissel, GVG, 1981
Riedel, RPflG (Loseblatt), Stand: 1986
Schmidt-Räntsch, DRiG, 3. Aufl 1983
Zeller/Stöber, ZVG, 12. Aufl 1987

Lehrbücher und Grundrisse:

Arens, Zivilprozeßrecht – Erkenntnisverfahren, Zwangsvollstreckung –, 3. Aufl 1984
Baumann/Brehm, Zwangsvollstreckung, 2. Aufl 1982
Baur, Zivilprozeßrecht, 5. Aufl 1985
Baur/Stürner, Zwangsvollstreckungs-, Konkurs- und Vergleichsrecht, 11. Aufl 1983
Bernhardt, Zivilprozeßrecht, 3. Aufl 1968
Blomeyer, Zivilprozeßrecht, Erkenntnisverfahren, 2. Aufl 1985
Blomeyer, Zivilprozeßrecht, Vollstreckungsverfahren, 1975 mit Nachtrag 1979
Brox/Walker, Zwangsvollstreckungsrecht, 1986
Bruns, Zivilprozeßrecht, 2. Aufl 1979
Bruns-Peters, Zwangsvollstreckungsrecht, 2. Aufl 1976
v. Craushaar, Zivilprozeß und Zwangsvollstreckung, 1979
Grunsky, Grundlagen des Verfahrensrechts, 3. Aufl 1982
Grunsky, Grundzüge des Zwangsvollstreckungs- und Konkursrechts, 3. Aufl 1983
Heintzmann, Zivilprozeßrecht I, 1985; II, 1986
Hoche-Haas, Zivilprozeßrecht, 3. Aufl 1980
Jauernig, Zivilprozeßrecht, 21. Aufl 1985
Jauernig, Zwangsvollstreckungs- und Konkursrecht, 17. Aufl 1985
Kern-Wolf, Gerichtsverfassungsrecht, 5. Aufl 1975
Nikisch, Zivilprozeßrecht, 2. Aufl 1952
Rosenberg-Schwab, Zivilprozeßrecht, 14. Aufl 1986

Schellhammer, Zivilprozeß, 2. Aufl 1984
Schlosser, Zivilprozeßrecht, Band I: Erkenntnisverfahren, 1983; Band II: Zwangsvollstreckungs- und Insolvenzrecht, 1984
Schönke/Kuchinke, Zivilprozeßrecht, 9. Aufl 1969
Wolf, Gerichtliches Verfahrensrecht, 1978
Zeiß, Zivilprozeßrecht, 6. Aufl 1985

Handbücher und Formularbücher:

Baumgärtel, Handbuch der Beweislast im Privatrecht, 4 Bände; seit 1981 im Erscheinen; es liegen vor: Band I: Allgemeiner Teil und Schuldrecht BGB, 1981; Band II: Sachen-, Familien- und Erbrecht, 1985
Geigel, Der Haftpflichtprozeß, 19. Aufl 1986
Haegele/Schöner/Stöber, Grundbuchrecht, 8. Aufl 1986
Pastor, Der Wettbewerbsprozeß, 3. Aufl 1980
Rahm, Handbuch des Familiengerichtsverfahrens (Loseblatt), Stand: 1986
Ricker/Ohr/Graef, Das Prozeßformular, 1977
Schrader/Steinert, Zivilprozeß, 6. Aufl 1979
Schrader/Steinert, Zwangsvollstreckung in das bewegliche Vermögen, 6. Aufl 1981
Stöber, Forderungspfändung, 7. Aufl 1984
Stöber/Zeller, Zwangsvollstreckung in das unbewegliche Vermögen, 4. Aufl 1979
Tempel, Mustertexte zum Zivilprozeß, 2 Bände, 2. Aufl 1981
Wagner-Zartmann, Das Prozeßformularbuch, 5. Aufl 1981
Werner-Pastor, Der Bauprozeß, 5. Aufl 1986

Hilfsmittel:

Baumann, Grundbegriffe und Verfahrensprinzipien des Zivilprozeßrechts, 2. Aufl 1979
Baumgärtel, Der Zivilprozeßrechtsfall, 6. Aufl 1979
Baumgärtel, Zivilprozeßrecht – Grundlegende Entscheidungen, 2. Aufl 1977
Baumgärtel-Mes, Einführung in das Zivilprozeßrecht mit Examinatorium, 7. Aufl 1986
Baur, ESJ Zivilverfahrensrecht, Entscheidungssammlung 1971
Beck'sches Prozeßformularbuch, herausgegeben von *Locher/Mes*, 3. Aufl 1985
Bergerfurth, Der Zivilprozeß – Klage-Urteil-Rechtsmittel –, 5. Aufl 1985
Bull, Prozeßkunst, 2. Aufl 1975
Bull-Puls, Prozeßhilfen, 4. Aufl 1981
Furtner, Das Urteil im Zivilprozeß, 5. Aufl 1985
Gerhardt, Zivilprozeßrecht (Fälle und Lösungen), 3. Aufl 1985
Gilles, Optisches Zivilprozeßrecht, 1977 (Darstellung in 20 Schaubildern)
Heilmann-Schlichting, Praxis der Verfahrensgestaltung im Zivilprozeß, 1983
Kur, Streitwert und Kosten im Verfahren wegen unlauteren Wettbewerbs, 1980
Lüke, Fälle zum Zivilverfahrensrecht, 1979
Menne, Der Zivilprozeß, Leitfaden für Praktiker und Beteiligte, 1977 (Nachdruck 1980)
Ostler, Bayerische Justizgesetze, 4. Aufl 1986
Pukall, Der Zivilprozeß in der gerichtlichen Praxis, 3. Aufl 1986
Sattelmacher-Sirp, Bericht, Gutachten und Urteil, 30. Aufl 1985
Schellhammer, Die Arbeitsmethode des Zivilrichters, 8. Aufl 1986
Schlichting, Praktikum des Zivilprozeßrechts, 1981
Schneider, Beweis und Beweiswürdigung, 3. Aufl 1978
Schneider, Der Zivilrechtsfall in Prüfung und Praxis, 6. Aufl 1974
Schneider, Die Kostenentscheidung im Zivilurteil, 2. Aufl 1977
Schneider, Richterliche Arbeitstechnik, 2. Aufl 1975
Schumann, Die Zivilprozeßrechtsklausur, 1981
Schumann, Die Berufung in Zivilsachen, 3. Aufl 1985
Wieser, Bibliographie des Zivilverfahrensrechts, 1976 (umfaßt 1945–1975)

ZIVILPROZESSORDNUNG

vom 30. Januar 1877

In der Neufassung vom 12. September 1950 (BGBl I S 533)
mit den Änderungen nach dem Stand vom 1. 1. 1987

EINLEITUNG

Übersicht

I) Entwicklung des geltenden Zivilprozeßrechts

Lit: *Bettermann*, Hundert Jahre Zivilprozeßordnung, ZZP 91, 365; *Dahlmanns*, Der Strukturwandel des deutschen Zivilprozesses im 19. Jahrhundert, 1971; *ders*, Entwicklungslinien europäischer Zivilprozeß-Gesetzgebung, in: Coing (Hrsg), Handbuch der Quellen und Literatur der neueren europäischen Privatrechtsgeschichte III/2, 1982, S 2615 ff; *Damrau*, Die Entwicklung einzelner Prozeßmaximen seit der Reichszivilprozeßordnung von 1877 1975; *Gilles*, Zum Bedeutungszuwachs und Funktionswandel des Prozeßrechts, JuS 81, 402; *Henckel*, Gedanken zur Entstehung und Geschichte der Zivilprozeßordnung, Gedächtnisschrift für R. Bruns, 1980, S 111; *Kissel*, 100 Jahre GVG, NJW 79, 1953; *ders*, 100 Jahre Reichsjustizgesetze, DRiZ 80, 81; *Landau*, Die Reichsjustizgesetze von 1879 und die deutsche Rechtseinheit, in: Vom Reichsjustizamt zum Bundesministerium der Justiz, hrsg vom BMJ, 1977, 161; *Schulte*, Die Entwicklung der Eventualmaxime – Ein Beitrag zur Geschichte des Deutschen Zivilprozesses, 1980; *Sellert*, Die Reichsjustizgesetze von 1877 – ein gedenkwürdiges Ereignis? JuS 77, 781; *Wassermann*, Der soziale Zivilprozeß, 1978; **Materialien:** Neudrucke zivilprozessualer Kodifikationen, Bände 1 und 2, 1972, herausgegeben und eingeleitet von Dahlmanns; Bände 3 und 4, 1975.

1) Civilprozeßordnung 1877

1 Die **Civilprozeßordnung** vom 30. 1. 1877 (RGBl S 83) ist am 1. 10. 1879 als eines der Reichsjustizgesetze (zusammen mit GVG, StPO und KO) in Kraft getreten. Durch die Justizgesetze wurde erstmals die **Rechtseinheit** auf dem Gebiet des gerichtlichen Verfahrens in Deutschland verwirklicht (vgl dazu Landau, Vom Reichsjustizamt zum BJM, 1977, S 161 ff; Sellert JuS 77, 781; Kissel NJW 79, 1953; DRiZ 80, 81; Bettermann ZZP 91, 367). Der neu geschaffene Einheitsprozeß, der eine extreme Verfahrensvielfalt in den deutschen Territorien ablöste, verwirklichte mit seinen Prinzipien der Mündlichkeit, Unmittelbarkeit und Öffentlichkeit, der freien Beweiswürdigung und der Beseitigung der gemeinrechtlichen Eventualmaxime die justizpolitischen Forderungen der 2. Hälfte des 19. Jahrhunderts (dazu Dahlmanns, Der Strukturwandel des deutschen Zivilprozesses im 19. Jahrhundert, 1971; ders in Handbuch III, S 2615 ff; Wieacker, Privatrechtsgeschichte der Neuzeit, 2. Aufl 1967, S 465 ff) und stellt auch insoweit eine anerkennenswerte Leistung dar (aus heutiger Sicht etwa Sellert JuS 77, 781; BL-Hartmann Einl I A; aus früherer Sicht Hellweg AcP 61, 78). Die CPO 1877 entspricht den Wertvorstellungen der liberalen Epoche des ausgehenden 19. Jahrhunderts und ist eine „liberale Kodifikation" (Bettermann). Sie war geprägt durch eine weitgetriebene Parteiherrschaft, nicht nur über Prozeßstoff und Verfahrensgegenstand (Verhandlungs- und Dispositionsmaxime), sondern auch über den Verfahrensablauf selbst (Parteibetrieb); der Richter war in eine „passive" Rolle zurückgedrängt; Vorkehrungen gegen Prozeßverschleppung durch nachlässige oder böswillige Prozeßführung fehlten so gut wie völlig. Der in Abkehr von der „liberalen Prozeßauffassung" gegen Ende des 19. Jahrhunderts zunehmend zur Anerkennung gelangende Gedanke der „sozialen Aufgabe des Prozesses", demzufolge der einzelne Prozeß nicht (reine) Privatangelegenheit der streitenden Parteien ist, sondern eine „soziale Massenerscheinung", für die der Staat eine „staatliche Wohlfahrtseinrichtung" zur Verfügung zu stellen hat (*Franz Klein;* österr ZPO von 1898; hierzu Jauernig ZPR § 1 III), war der CPO 1877 noch fremd. In der Folge hat die sog soziale Prozeßauffassung, die insbes in der veränderten Bewertung des Verhältnisses von „Richtermacht und Parteifreiheit" zum Ausdruck kommt, in der Novellengesetzgebung starken Einfluß auf die Zivilprozeßordnung gewonnen (Rn 7, 19 aE; eingehend Sprung ZZP 92, 4 insbes 20 ff; krit Bettermann ZZP 91, 365; zusammenfassend mwN StJSchumann Einl Rn 77, 520 ff). Eine Ableitung des „sozialen Zivilprozesses" aus dem Sozialstaatsprinzip des GG (Art 20 I, 28 I GG) unternimmt Wassermann in seiner oben genannten Schrift, insbes S 84 ff mwN; krit (allg) Jauernig § 1 III 2 mwN. Zur veränderten Schreibweise „Zivilprozeßordnung" seit 1903 vgl Blomeyer ZPR, § 2 I 2, Fußn 11.

2) Novellengesetzgebung

2 Kennzeichnend ist die allmähliche Zurückdrängung der (ursprünglich zu weit getriebenen) Parteiherrschaft, die zunehmende „Aktivierung" des Richters und die stärkere Betonung der Parteipflichten und die Ethisierung des Prozesses. Die Wandlungen der Prozeßmaximen in der Zeit von 1877–1950 untersucht Damrau in der oben genannten Schrift. Im folgenden werden nur die wichtigsten Änderungen genannt (näher StJSchumann Einl Rn 113 ff; R-Schwab § 5 III; BL-Hartmann Einl I A).

3 **a)** Die neuen Kodifikationen von Privat- und Handelsrecht machten eine eingehende Überarbeitung und Anpassung des Zivilprozeßrechts erforderlich; sie erfolgte in der **Novelle von 1898** (sog **BGB-Novelle**). Insgesamt wurden 190 §§ in die CPO eingefügt, eine Gesamtrevision ist jedoch unterblieben. Am 20. 5. 1898 wurde der Gesetzestext der CPO mit neuer §§-Zählung bekanntgemacht (RGBl S 410). Die Neufassung ist gleichzeitig mit dem BGB und HGB am 1. 1. 1900 in Kraft getreten.

4 **b)** Die **Novellen von 1905** und **1910** dienten der Entlastung des Reichsgerichts **(Reichsgerichts-Novellen).** Die Revisionssumme wurde wiederholt erhöht (zuletzt auf 4000 M), der Revisionsbegründungszwang eingeführt und die Beschwerde gegen Entscheidungen der Oberlandesgerichte zum Reichsgericht (schließlich) vollständig ausgeschlossen.

5 **c)** Eine wesentliche Umgestaltung des amtsgerichtlichen Verfahrens brachte die **Novelle von 1909 (Amtsgerichtsnovelle).** Die amtsgerichtliche Zuständigkeit wurde durch Anhebung der Wertgrenze (von bisher 300 auf 600 M) beträchtlich erweitert, der Amtsbetrieb eingeführt, die Stellung des Richters durch Einführung der Vorbereitungs- und Erörterungspflicht (§§ 501, 502 idF 1909) gestärkt.

6 **d)** Die von Gedanken der sog sozialen Prozeßauffassung (Rn 1) geprägte sog **Emminger-Novelle von 1924,** Teil der sog Emminger'schen Justizreform, führte zu grundlegenden Änderungen und Neuerungen des gesamten Verfahrens: Stärkung der Richtermacht unter entsprechender Einschränkung der Parteiherrschaft, insbesondere Beseitigung der bish Herrschaft der Parteien über Termine; Einführung der Konzentrationsmaxime, Entscheidung nach Lage der

Akten; Verfahren vor dem (vorbereitenden) Einzelrichter beim Landgericht; Sühneversuch vor dem Amtsgericht; Einführung des Berufungsbegründungszwangs, ua 1924 erhielt § 139 seine ggwF, § 502 idF 1909 ging in ihm auf und entfiel.

e) Durch die **Novelle von 1933** wurde in Übereinstimmung mit den vorliegenden Reformarbeiten (vgl Entwurf einer Zivilprozeßordnung, veröffentlicht durch das RJM, 1931) die Wahrheitspflicht eingeführt, der zugeschobene oder richterliche Eid durch die Parteivernehmung ersetzt und das Armenrecht geändert. Der berühmt gewordene Vorspruch zu dieser Novelle stellt in der Erwägung, daß „*die Rechtspflege nicht nur den Parteien, sondern zugleich und vornehmlich der Rechtssicherheit des Volksganzen dient*", den noch heute gültigen (vgl Rosenberg, 9. Aufl, § 61 VII) Grundsatz auf: „*Keiner Partei kann gestattet werden, das Gericht durch Unwahrheiten irrezuführen oder seine Arbeitskraft durch böswillige oder nachlässige Prozeßverschleppung zu mißbrauchen. Dem Rechtsschutz, auf den jeder Anrecht hat, entspricht die Pflicht, durch redliche und sorgfältige Prozeßführung dem Richter die Findung des Rechts zu erleichtern.*" Sprung sieht darin zurecht die Anerkennung der sozialen Prozeßauffassung (ZZP 92, 25 f). 7

3) Entwicklung seit 1950

a) Durch das Gesetz zur Wiederherstellung der Rechtseinheit auf dem Gebiete der Gerichtsverfassung, der bürgerlichen Rechtspflege, des Strafverfahrens und des Kostenrechts (REinhG) vom 12. 9. 1950 (BGBl I, S 455) wurde die nach dem Krieg eingetretene starke Rechtszersplitterung für das Gebiet der Bundesrepublik beseitigt und der Text der ZPO neu bekanntgemacht (BGBl I, S 533; **Bekanntmachung 1950**). Seitdem wurde die ZPO wieder durch eine Vielzahl von Gesetzen geändert. Zur Änderungsgesetzgebung von 1950–1972 vgl die 11. Aufl (Einl I 4). Von großer praktischer Bedeutung waren seitdem die im folgenden genannten Gesetze (Rn 10 ff). Grundlegend für die neueren ZPO-Reformen waren der *Bericht der Kommission zur Vorbereitung einer Reform der Zivilgerichtsbarkeit* (herausgegeben vom BJM, 1961) und der *Bericht der Kommission für das Zivilprozeßrecht* (herausgegeben vom BJM, 1977). 8

Außerhalb des Gesetzestextes der ZPO vollzog sich die als **kleine Justizreform** bezeichnete schrittweise Übertragung von (vormals) richterlichen Aufgaben, die nicht zum Kernbereich der Rechtsprechung iS von Art 92 GG gehören, in den Zuständigkeitsbereich des Rechtspflegers durch die Rechtspflegergesetze von 1957 (BGBl I S 18, ber 44) und 1969, 1970 (BGBl 1969 I S 2065; 1970 I S 911). Überblick: Kissel Rpfleger 84, 445, 447 ff. 9

b) Das Gesetz zur Änderung der ZPO vom 21. 3. 1974 (BGBl I S 753, sog **Gerichtsstandsnovelle**) bekämpfte Mißstände, die durch die massenhafte und mißbräuchliche Verwendung vorformulierter Gerichtsstandsklauseln in Verbraucherverträgen aufgetreten waren. Der bisherige Grundsatz der Prorogationsfreiheit (§ 38 aF) wurde beseitigt und die Zuständigkeitsvereinbarung idR auf den (vollkaufmännischen) Handelsverkehr beschränkt (§§ 29 II, 38 I nF). In den gewöhnlichen Zivilsachen hat damit der allgemeine Gerichtsstand (§§ 12, 13, 16) eine starke Aufwertung erfahren (krit unter dem Gesichtspunkt des Übermaßverbots Bettermann ZZP 91, 392 f). **Lit** zur Gerichtsstandsnovelle: vor § 38. 10

c) Das Gesetz zur Entlastung der Landgerichte und zur Vereinfachung des gerichtlichen Protokolls vom 20. 12. 1974 (BGBl I S 3651, sog **Einzelrichternovelle**) schuf den streitentscheidenden Einzelrichter beim LG (bisher: nur vorbereitender Einzelrichter, vgl § 348 aF, eingefügt durch die Novelle 1924, oben Rn 6) und brachte damit einen wesentlichen Einbruch in das (bisher vom Kollegialitätsprinzip geprägte) landgerichtliche Kammersystem. Im Hinblick auf das bestehende Übertragungsermessen der Kammern begegnet die Regelung Bedenken wegen des Gebots des *gesetzlichen* Richters gem Art 101 I 2 GG (s hierzu Rn 2 vor § 348 und die Lit-Angaben dort vor Rn 1). Die Praxis der Landgerichte ist völlig uneinheitlich; rechtstatsächliches Material bringt März, Festschrift für R. Wassermann, 1985, 736, 759 ff. 11

d) Das Gesetz zur Änderung des Rechts der Revision in Zivilsachen vom 8. 7. 1975 (BGBl I S 1863, sog **Revisionsnovelle**) ordnete den Zugang zum Revisionsgericht neu. Beseitigt wurde das bisher in vermögensrechtlichen Streitigkeiten bestehende System der zulassungsfreien Wertrevision (§ 546 aF). Neben die in nichtvermögensrechtlichen Streitsachen und bei Beschwer bis 40 000 DM eröffnete **Zulassungsrevision** (§ 546) tritt in vermögensrechtlichen Streitigkeiten die neugeschaffene wertabhängige (Wert der Beschwer: über 40 000 DM) **Annahmerevision** (§ 554 b). Sowohl die Zulassungs- als auch die Annahmerevision sind als **Grundsatzrevision** ausgestaltet (vgl § 546 Rn 1, § 554 b Rn 1 mit Lit-Angaben je vor Rn 1). 12

e) Die umfangreichsten Änderungen seit ihrem Bestehen hat die ZPO am 1. 7. 1977 durch gleichzeitiges Inkrafttreten des Gesetzes zur Vereinfachung und Beschleunigung gerichtlicher Verfahren **(Vereinfachungsnovelle)** vom 3. 12. 1976 (BGBl I S 3281) und durch das 1. Gesetz zur Reform des Ehe- und Familienrechts **(1. EheRG)** vom 14. 6. 1976 (BGBl I S 1421) erfahren. Durch 13 diese beiden Gesetze sind insgesamt ca 200 Vorschriften der ZPO zT grundlegend geändert, umgestaltet und neu eingefügt worden (vgl die vergleichende §§-Übersicht in der 14. Aufl, Einl Rn 30).

14 Kernstück der **Vereinfachungsnovelle** ist eine wesentliche Straffung und Konzentration des Verfahrens in erster und zweiter Instanz und eine wesentliche Verschärfung der Pflichten sowohl des Gerichts zu Prozeßleitung und Aufklärung (§§ 272 f; 278 III) als auch der Parteien zur Prozeßförderung (§ 282). Für das Gericht besteht nunmehr eine Wahlmöglichkeit zwischen einem Verfahren mit frühem ersten Termin (§ 275) und einem schriftlichen Vorverfahren. In beiden Fällen findet ein unter richterlicher Leitung und Fristsetzung stehender Schriftsatzwechsel statt (§§ 275 I, 276 I, 277 III, IV). Dadurch soll das Gericht zur umfassenden Terminsvorbereitung instandgesetzt werden (§§ 272 I, 273). Völlig umgestaltet und wesentlich verschärft sind die Möglichkeiten des Gerichts zur Zurückweisung verspäteten Vorbringens (§§ 296, 296 a; 527, 528). Eine zusammenfassende Darstellung der durch die VereinfNov eingeführten Neuerungen enthält die 14. Aufl (Einl Rn 2–14); darauf kann nach 10jähriger Geltung des neuen Rechts verwiesen werden (Lit-Zusammenstellung: 14. Aufl Einl vor Rn 2). Festzuhalten bleiben die Auswirkungen der VereinfNov auf die **Struktur des Zivilprozesses:**

15 **aa)** Der bereits im bisherigen Recht anerkannte, in der Praxis freilich nicht genügend ernstgenommene **Beschleunigungs- und Konzentrationsgrundsatz** wurde wesentlich verschärft und gestärkt (§§ 272 I, 273; 282; vgl hierzu BGH 83, 378 = NJW 82, 1708 = MDR 82, 843; BGH 86, 31 = NJW 83, 576 = MDR 83, 393; BGH 86, 218, 223 f = NJW 83, 822 = MDR 83, 383; **Lit:** *Rudolph*, Beschleunigung des Zivilprozesses, FS aus Anlaß des 10jährigen Bestehens der Deutschen Richterakademie, 1984, S 151). Eine richterliche „Überaktivität" (Rn 19 mwN) ist dadurch nicht legitimiert. Soweit Vorbringen zu präkludieren ist, hat der Gesetzgeber auch Entscheidungen bewußt in Kauf genommen, die nicht mit der materiellen Rechtslage übereinstimmen (BGH 83, 380; 86, 33; vgl aber auch Rn 92 und § 296 Rn 2). Eine Änderung des Prozeßzweckes der Rechtsdurchsetzung (Einl Rn 39) war mit der Novelle jedoch nicht gewollt (so zutr Pieper, FS Rudolf Wassermann, 1985, 773, 787 f).

16 **bb)** Im Gegensatz zum bisherigen Recht neu eingeführt ist eine (aufgelockerte) **Eventualmaxime** (ebenso: Leipold ZZP 93, 258; Mühl, Gedächtnisschrift für Bruns, 1980, S 150; Schulte, Die Entwicklung der Eventualmaxime, 1980, S 105; Jauernig § 28 III 2), denn Prozeßstoff, der verspätet, dh nach Ablauf einer gesetzten Frist oder unter Verletzung der allgemeinen Prozeßförderungspflicht vorgebracht wird, ist idR ausgeschlossen oder kann nur noch unter bestimmten Voraussetzungen zugelassen werden (§§ 296; 527–529). Weiter ist das bisher in der Berufungsinstanz geltende **Novenrecht** stark **eingeschränkt** (vgl insbes § 528 III). Dies bedeutet eine wesentliche Stärkung der ersten Instanz. Zur Eventualmaxime bei den **Zulässigkeitsrügen** vgl §§ 282 III, 296 III, 529 I.

17 **cc)** Durch einen sinnvollen Einsatz der **Schriftlichkeit** und die zur Regel erklärte Anwesenheit der Parteien im Haupttermin (§§ 141, 278 I 2) wird die **Mündlichkeit** gestärkt und damit die Anschaulichkeit des Verfahrens ermöglicht. Der Prozeß ist ein gegliedertes schriftlich/mündliches Verfahren, wobei der Schwerpunkt in dem mündlichen Haupttermin liegt. Die frühzeitliche richterliche Lenkung des auf wenige Prozeßschriften beschränkten vorbereitenden Schriftsatzwechsels verbürgt, daß das Verfahren nicht mehr in den bisher verbreiteten gestaltlosen Schriftsatzprozeß abgleitet. Der Mündlichkeitsgrundsatz wird jedoch keineswegs „rein" durchgeführt, Durchbrechungen werden in gewissen Grenzen zugelassen (vgl §§ 128 II, III; 358 a).

18 **dd)** Zugleich mit der Wiederherstellung der Mündlichkeit hat der zwar bereits bisher anerkannte, im vielterminlichen Verfahren jedoch kaum verwirklichte Grundsatz der **Unmittelbarkeit** eine Sicherung erfahren. Streitige Verhandlung, Beweisaufnahme und Schlußverhandlung über die Beweisaufnahme sind nunmehr in einem Zusammenhang im Haupttermin durchzuführen (§ 278 II). Zur Bereitstellung der Beweismittel bereits im ersten (Haupt-)Termin sind dem Gericht alle verfahrensrechtlichen Mittel an die Hand gegeben (§§ 273 II Nr 4; 358 a).

19 **ee)** Die Verhandlungs- und Dispositionsmaxime, verstanden als Herrschaft der Parteien über den Prozeßgegenstand und den Prozeßstoff, ist durch die Novelle nicht berührt worden (ebenso Prütting NJW 80, 363; Birk NJW 85, 1494, 1496); wohl aber hat sie hinsichtlich des Verfahrensablaufs zu einer **Stärkung der richterlichen Verantwortung** und einer entsprechenden **Einschränkung der Parteiherrschaft** geführt (vgl Franzki DRiZ 77, 162; Leipold ZZP 93, 263 f; Rudolph, FS Deutsche Richterakademie, 1984, S 172; krit Brehm AnwBl 83, 193). Inwieweit durch richterliche „Überaktivität" die durch die Verhandlungsmaxime gezogenen Grenzen in der Praxis überschritten werden, ist umstr (vgl einerseits Birk NJW 85, 1489 = AnwBl 85, 407, andererseits Brinkmann NJW 85, 2460; Herr DRiZ 85, 349; zum ganzen auch Baur AnwBl 86, 424; Vollkommer, Die Stellung des Anwalts im Zivilprozeß, 1984, S 45 ff mwN). Die letzten Reste des Parteibe-

triebs sind mit der Einführung der Amtszustellung der Urteile beseitigt (§§ 270, 317); die Möglichkeit der Parteien, durch einverständliches Verhalten auf die Prozeßdauer einzuwirken, ist durch die Verschärfung des § 227 praktisch ausgeschlossen (vgl § 227 I Nr 3); der unter Fristen mit Präklusionszwang stehende vorbereitende Schriftwechsel dürfte für individuelle Prozeßtaktik („taktisches" Zurückhalten von Prozeßstoff) kaum noch Raum lassen (hierzu E. Schneider MDR 77, 794 mN; Schulte, Die Entwicklung der Eventualmaxime, 1980, S 83; jedoch ist nicht jede Prozeßtaktik ausgeschlossen; vgl zB BVerfG NJW 80, 1737, 1738). Andererseits ist die Verantwortung des Richters für den äußeren Prozeßablauf (sog **formelle Prozeßleitung**) wesentlich gesteigert (Gebot „umfassender" Vorbereitung des Haupttermins, §§ 272 I, 273; richterlich kontrollierter, fristgebundener Schriftsatzwechsel sowohl bei mündlicher als auch schriftlicher Vorbereitung, §§ 275–277); schließlich ist die Richterpflicht zur **materiellen Prozeßleitung** wesentlich aktiviert worden, denn das Ziel des grundsätzlich einzigen Haupttermins ist nur erreichbar, wenn das Gericht – über § 139 ZPO hinaus – den Rechtsstreit mit den Parteien so **umfassend erörtert,** daß die Parteien die Grundlagen der Entscheidung bereits aus der mündlichen Verhandlung kennen (§ 278 III und arg § 313 – Konsequenz der Erleichterungen bei der Urteilsabfassung). Der **Prozeßförderungspflicht der Parteien** entspricht damit eine gesteigerte **richterliche Aufklärungs-,** (Stürner, Die richterliche Aufklärung im Zivilprozeß, 1982), **Mitwirkungs-** (Köln OLGZ 80, 492), **Belehrungs-** (BVerfG 60, 96, 100 = NJW 82, 1454; BGH 86, 224 f = NJW 83, 824 = MDR 83, 384; BGH 88, 181 [183 f] = NJW 83, 2507) **und Fürsorgepflicht** (BVerfG 42, 78; 52, 154; KG OLGZ 79, 365; BL Einl III 3 B; Mühl, Gedächtnisschrift für Bruns, 1980, S 157 f, auch bei anwaltlicher Vertretung der Partei (E. Schneider NJW 86, 1317; Vollkommer, Die Stellung des Anwalts im Zivilprozeß, 1984, S 51 f mwN). Die Vereinfachungsnovelle geht also von dem „aktiven" (im Gegensatz zum „passiven") Richter aus (entschieden Franzki DRiZ 77, 162; E. Schneider MDR 77, 797 und 969; Baur, in: Tradition und Fortschritt im Recht, 1977, 165; AnwBl 86, 427; Bedenken äußern Jauernig, Zivilprozeßrecht, § 28 VI; Prütting NJW 80, 363). Von einer Ersetzung der Verhandlungs- durch die „Kooperationsmaxime" spricht Wassermann aaO S 97 ff und AnwBl 83, 481 [482]; ihm zust E. Schneider DRiZ 80, 221; Landau, FS Rudolf Wassermann, 1985, 727 mit Fußn 1; krit aber Leipold ZZP 93, 264; Birk NJW 85, 1496; Jauernig § 25 VIII 2; StJLeipold Rn 82 vor § 128; vermittelnd Hahn, Kooperationsmaxime im Zivilprozeß?, 1983, S 299 ff; Bettermann ZZP 91, 391.

f) Das **1. Eherechtsreformgesetz (1. EheRG,** vgl Rn 13) gestaltete als Folge der Reform des materiellen Scheidungsrechts das bisherige „Verfahren in Ehesachen" (§§ 606–638 aF) grundlegend zu einem „Verfahren in Familiensachen" (§§ 606–638 nF) um. Ein abgeschlossener Katalog von ehebezogenen Verfahren aus streitiger und freiwilliger Gerichtsbarkeit wurde zu *„Familiensachen"* (§§ 606 I, 621 I Nr 1–9) zusammengefaßt und zuständigkeitsmäßig beim *Familiengericht,* einer Abteilung des Amtsgerichts (§ 23b GVG; BGH 71, 268 f), konzentriert. Der neugeschaffene Rechtsmittelzug führt vom Familiengericht zum Oberlandesgericht (Familiensenat, § 119 I Nr 1 und 2 GVG) und von diesem zum BGH (§ 133 GVG). Die wichtigsten Verfahrensneuerungen sind: Ausgestaltung des Scheidungsverfahrens als Antragsverfahren (§§ 622 I, 630; Konsequenz aus § 1564 BGB); Zusammenfassung von **Scheidungs- und Folgesachen** zu einem **Verbund** (§§ 623, 630). Er bezweckt die umfassende Gesamtbereinigung der mit der Eheauflösung zusammenhängenden Rechtsverhältnisse; Schaffung einer Möglichkeit der einverständlichen Scheidung (§ 630). Der bisher bestehende Anwaltszwang blieb in Ehe- und Folgesachen beibehalten (§ 78 I 2 aF). **Überblick:** 14. Aufl, Einl Rn 20–29. 20

g) Durch das Gesetz über die **Prozeßkostenhilfe** vom 13. 6. 1980 (BGBl I S 677) wurde das seit 1879 im wesentlichen unverändert geltende (vgl auch Rn 7) „Armenrecht" durch ein modernes, sozialstaatlichen Anforderungen entsprechendes Prozeßkostenhilfesystem ersetzt und damit einem besonders dringenden Reformanliegen (vgl Grunsky und Trocker, Gutachten zum 51. Deutschen Juristentag, 1976) – möglicherweise zu weitgehend (vgl Rn 30) – entsprochen. Diese am 1. 1. 1981 in Kraft getretenen neuen Vorschriften sind ergänzt worden durch die des Beratungshilfegesetzes vom 18. 6. 1980 (BGBl I S 689). Im Prozeßkostenhilfegesetz erfolgte zugleich eine **Teilnovellierung** zur **Vereinfachungsnovelle,** mit der Mängel beim Eintritt der Rechtskraft der Urteile behoben wurden (Wiedereinführung der absoluten Rechtsmittelfristen in den §§ 516 und 552). 21

h) Das **Gesetz zur Erhöhung von Wertgrenzen** in der Gerichtsbarkeit vom 8. 12. 1982 (BGBl I S 1615) hat die zuletzt 1974 festgesetzten Wertgrenzen an die wirtschaftliche Entwicklung angepaßt (dazu Stanicki DRiZ 83, 264; Schaich NJW 83, 554). 22

i) Im **Fünften Gesetz zur Änderung der Pfändungsfreigrenzen** vom 8. 3. 1984 (BGBl I S 364) erfolgte eine Anpassung der Bestimmungen des Pfändungsschutzes für Arbeitseinkommen an die erhöhten Lebenshaltungskosten; außerdem wurden verschiedene Pfändungsschutzvorschriften geändert (Einzelheiten: Hornung Rpfleger 84, 125). 23

24 **k)** Das am 1. 4. 1986 in Kraft getretene **Gesetz zur Änderung unterhaltsrechtlicher, verfahrensrechtlicher und anderer Vorschriften (UÄndG)** vom 20. 2. 1986 (BGBl I S 301) hat in seinem verfahrensrechtlichen Teil vor allem das durch das 1. EheRG (Rn 20) eingeführte Verfahren in Familiensachen novelliert, ohne jedoch seine Struktur anzutasten. Schwerpunkte der „*Reparaturnovelle*" sind (**Lit:** *Bergerfurth* FamRZ 85, 545; *Diederichsen* NJW 86, 1462; *Jaeger* FamRZ 85, 865; 86, 737; *Kemnade* FamRZ 86, 625; *Schroeder* JurBüro 86, 655; *Sedemund-Treiber* FamRZ 86, 209; *Walter* JZ 86, 360; **Materialien:** BT-Drs 10/2888 – Regierungsvorlage –; BT-Drs 10/4514 – Ausschußbericht –):

25 **aa) Formelle Anknüpfung im Rechtsmittelrecht.** Durch den Übergang von der materiellen (so BGH 72, 184 ff, stRspr, zuletzt BGH 90, 2) zur formellen Anknüpfung (§§ 72, 119 I Nr 1 und 2 GVG) wird die Rechtsmittelzuständigkeit in Familiensachen wieder dem System des allgemeinen Rechtsmittelrechts angepaßt (vgl bereits Jauernig FamRZ 77, 682 und 763; ZPR § 91 V).

26 **bb) Eingeschränkte Prüfung der Rechtsnatur der (Familien-)Sache im Rechtsmittelzug.** Das Vorliegen oder Nichtvorliegen einer Familiensache kann nur noch in dem gleichen Umfang gerügt und geprüft werden wie die ausschließliche Zuständigkeit oder die Zuständigkeit des Arbeitsgerichts (§§ 529 III, 549 II, 621 e IV). Die Beseitigung der Prüfung der Rechtsnatur in dritter Instanz hat wichtige Konsequenzen für den Zugang zum Revisionsgericht. Die unerfreuliche Situation, daß infolge gegensätzlicher Qualifizierung der Sache als Nicht-Familiensache oder Familiensache durch OLG und BGH die Frage der Revisionswürdigkeit gänzlich ungeprüft bleibt (vgl dazu BVerfG 66, 335; BGH 90,1) kann nicht mehr praktisch werden. § 554 b ist dann ggf auch in einer Familiensache anzuwenden.

27 **cc) Verfahren der einstweiligen Anordnung.** Einstweilige Anordnungen über den Kindesunterhalt (§ 620 Nr 4) sind infolge der gleichzeitigen Ausdehnung der Prozeßstandschaft eines Elternteils (§ 1629 II, III BGB) in weitergehendem Umfang als bisher möglich. Die Zuständigkeit für den Erlaß von einstweiligen Anordnungen wurde erweitert (§§ 620 a IV, 620 b III); soweit eine Folgesache in der Rechtsmittelinstanz schwebt, kommt auch eine Zuständigkeit des mit der Folgesache befaßten Rechtsmittelgerichts zweiter Instanz in Frage (§ 620 a IV 2).

28 **dd) Verbundverfahren.** Die Möglichkeiten der Lösung des Verbundes wegen Drittbeteiligung wurden erweitert (§ 623 I 2). Klargestellt wurde, daß der Verbund nur für Folgesachen erhalten bleibt, auch wenn der Scheidungsausspruch nicht angefochten wird (§ 629 a II). Die neugeschaffene Vorschrift des § 629 a III regelt die zeitliche Befristung der nachträglichen Anfechtungsmöglichkeiten von Verbundentscheidungen durch *Rechtsmittelerweiterung* und *Anschließung.* Die Regelung dient der zeitigeren Herbeiführung des Eintritts der Rechtskraft von nicht angefochtenen Entscheidungsteilen (idR vor allem der Scheidung) und damit zugleich der Entlastung des Rechtsmittelverfahrens. Neu geschaffen ist zu diesem Zwecke ein einheitliches Fristensystem mit Zeitstufen, die jeweils einen Monat umfassen (vgl § 629 a III). Eine neue Sonderregelung für das Verbundverfahren ermöglicht einen (vorzeitigen) Verzicht auf Anschlußrechtsmittel in der Scheidungssache (§ 629 a IV).

29 **ee)** An **sonstigen Änderungen** sind noch zu nennen: der **Anwaltszwang in Familiensachen** erfuhr eine zusammenfassende Regelung in der neuen Vorschrift des § 78 II; dabei wurde sachlich der Anwaltszwang für Drittbeteiligte im Verbund wesentlich eingeschränkt. Zur Entscheidung über die **Richterablehnung** in Kindschaftssachen und die Ablehnung eines Familienrichters wurde das OLG für zuständig erklärt (§ 45 II).

30 **l)** Eine Teilnovellierung des Rechts der **Prozeßkostenhilfe** von 1980 (oben Rn 21) brachte das Gesetz zur Änderung von Kostengesetzen **(Kostennovelle)** vom 9. 12. 1986 (BGBl I, S 2326), in Kraft seit 1. 1. 1987, mit dem eine erforderlich gewordene Anhebung (seit 1977 unveränderter) wichtiger Gebühren nach verschiedenen Gesetzen (ua GKG, BRAGO, ZuSEG) vorgenommen wurde; in der ZPO geändert wurden: §§ 93 a, 115, 118, 120, 127. **Materialien:** BT-Drs. 10/6400 (Bericht des Rechtsausschusses).

4) Reformvorhaben

31 **a) Entwurf eines Gesetzes zur Änderung der Zivilprozeßordnung und anderer Gesetze** (BT-Drs 10/3054). Äußerer Anlaß für die in der 10. Legislaturperiode nicht mehr verabschiedete kontroverse „*ZPO-Entlastungsnovelle*" sind die seit 1980 stetig steigende Geschäftsbelastung der Amts- und Landgerichte und die sprunghaft gestiegenen Ausgaben für Prozeßkostenhilfe. Eine Vielzahl von Detailänderungen in insges 77 ZPO-§§ soll in ihrer Gesamtheit zu einer (weiteren) Rationalisierung des Verfahrens und damit zu einer Entlastung der Justiz beitragen. Schwerpunkte des Entwurfs sind: Einschränkungen der Mündlichkeit und Unmittelbarkeit; Auflockerung des Anwaltszwangs, erleichterte Verweisung von Rechtsstreitigkeiten, Straffung der Beweisaufnahme durch verschiedene Maßnahmen im Beweisrecht, insbes beim Zeugen- und

Sachverständigenbeweis, Einschränkungen des Beschwerderechts, insbes Begrenzung des Beschwerdewegs auf den Rechtszug in der Hauptsache, Abschaffung der Gerichtsferien, verschärfte Prüfung von Prozeßkostenhilfeanträgen, stärkere Beteiligung des Rechtspflegers am Prozeßkostenhilfeverfahren (hinsichtlich der PKH teilweise erledigt durch die Kostennovelle, vgl Rn 30). **Lit:** *Doms* AnwBl 84, 465; *Kroitzsch* AnwBl 85, 1 und 173; *Friese* AnwBl 85, 603 (sämtl krit).

b) Rechtsmittelbeschränkungen? Vor dem Hintergrund eines Abbaus des Rechtsmittelsystems („knappe Ressource Recht") hat das BJM eine rechtstatsächliche Untersuchung eingeleitet und damit eine rechtspolitische Diskussion über „Rechtsmittel im Zivilprozeß" in Gang gesetzt (vgl Rechtstatsachenforschung, hrsg vom BJM, Rechtsmittel im Zivilprozeß – unter bes Berücksichtigung der Berufung –, 1985; Gilles, Rechtsmittelreform im Zivilprozeß und Verfassungsaspekte einer Rechtsmittelbeschränkung, JZ 85, 253). Weitergehend wird die Einführung eines bes **Bagatellverfahrens** befürwortet (dafür Bender, FS Rudolf Wassermann, 1985, 629, 639 ff). Die bereits früher erörterte zivilprozessuale **Anhörungsrüge,** mit der nach dem Vorbild von §§ 33a, 311a StPO die Verletzung des rechtlichen Gehörs gegenüber unanfechtbaren Entscheidungen geltend gemacht werden kann (vgl Seetzen NJW 82, 2337 und NJW 84, 347; Schumann, Bundesverfassungsgericht, Grundgesetz und Zivilprozeß, 1983, 77 f mwN; ders NJW 85, 1139; Gaul, FS Kralik, 1986, 173 f; eher zweifelnd StJLeipold Rn 54 vor § 128), ist in die Diskussion einzubeziehen (so auch Gottwald, Rechtsmittel im Zivilprozeß, 305). Das gleiche muß für die Frage der Einführung einer allgemeinen (Sondervorschriften: §§ 340 III 4; 692 I Nr 4, 5; vgl auch § 58 VwGO, § 55 FGO, § 66 SGG) Rechtsmittelbelehrung im Zivilprozeß gelten (vgl dazu Kniffka DRiZ 80, 105; Kunz, Erinnerung und Beschwerde, 1980, 166 ff; Nesselrodt DRiZ 82, 55 mwN und nunmehr § 53 E-VwPO: „*(1) Die Frist für einen Rechtsbehelf gegen ... eine gerichtliche Entscheidung beginnt nur zu laufen, wenn der Beteiligte über den Rechtsbehelf und ... das Gericht, bei (dem) der Rechtsbehelf anzubringen ist, deren Anschrift und die einzuhaltende Frist und Form schriftlich belehrt worden ist. – (2) Ist die Belehrung unterblieben oder unrichtig erteilt, so ist die Einlegung des Rechtsbehelfs nur innerhalb eines Jahres seit Bekanntgabe zulässig ...*"). 32

c) Sonstiges: Immer noch aus steht die Reform der Gerichtsstände (vgl bereits Holtgrave ZZP 86, 8), namentlich die des kaum noch durchschaubaren Gerichtsstands des Fiskus (vgl § 18 Rn 3). Erörtert wird auch der Schutz des Gerichtsverfahrens vor öffentlicher Einflußnahme (dazu Stürner JZ 78, 161 sowie allg Dütz JuS 85, 749). Grundlegend für weitere Reformarbeiten: Bericht der Kommission für das Zivilprozeßrecht, Bonn 1977; vgl dazu den Bericht von M. Wolf ZRP 79, 175. 33

Einstweilen frei. 34–38

II) Grundbegriffe

1) Begriff und Aufgabe des Zivilprozesses

Lit: *Arens,* Grundprinzipien des Zivilprozeßrechts, in: Gilles (Hrsg), Humane Justiz, 1977, S 1; *Baur,* Funktionswandel des Zivilprozesses? in: Tradition und Fortschritt im Recht, FS zum 500jährigen Bestehen der Tübinger Juristenfakultät, 1977, 159; *Ekelöf,* Güteversuch und Schlichtung, Gedächtnisschrift für Bruns, 1980, 3; *Gaul,* Zur Frage nach dem Zweck des Zivilprozesses, AcP 168, 27; *Gilles,* Verfahrensfunktionen und Legitimationsprobleme richterlicher Entscheidungen im Zivilprozeß, FS Schiedermair, 1976, 183; *Gottwald,* Die Bewältigung privater Konflikte im gerichtlichen Verfahren, ZZP 95, 245; *Grunsky,* Grundlagen des Verfahrensrechts, 2. Aufl 1974, § 1; *Nakamura,* Die Institution und Dogmatik des Zivilprozesses, ZZP 99 (1986), 1; *Röhl,* Beraten, Vermitteln, Schlichten und Richten, SchlHA 79, 134; Eike *Schmidt,* Der Zweck des Zivilprozesses und seine Ökonomie, 1973; *Wassermann,* Der soziale Zivilprozeß, 1978.

Der **Zivilprozeß** ist ein rechtlich geregeltes Verfahren vor den ordentlichen Gerichten in bürgerlichen Rechtsstreitigkeiten (vgl §§ 12, 13 GVG). Sein **Ziel** ist es, (vornehmlich) bürgerlichrechtliche Rechte oder Rechtsverhältnisse im Erkenntnis- oder **Urteilsverfahren** festzustellen oder zu gestalten, die festgestellten Ansprüche im **Zwangsvollstreckungsverfahren** zwangsweise zu **verwirklichen,** oder gefährdete Rechte – durch Arrest oder einstweilige Verfügung – einstweilen zu **sichern** (R-Schwab § 1 III; StJSchumann Einl Rn 7). Indem der Zivilprozeß Rechte und Rechtspositionen der Parteien verwirklicht, dient er zugleich der Bewährung der objektiven Rechtsordnung, der Wiederherstellung des gestörten Rechtsfriedens und damit der Konfliktlösung (R-Schwab aaO; StJSchumann Einl Rn 10; insoweit für selbständigen Prozeßzweck M. Wolf, Gerichtliches Verfahrensrecht, 1978, S 16 ff). Neben der Gewährleistung der Streitentscheidung in jedem Fall ermöglicht und fördert der Zivilprozeß die einverständliche Konfliktlösung durch Mitwirkung und Mithilfe des Richters (Gottwald ZZP 95, 255 f; Schellhammer Rdnr 689 ff). Geht es damit im einzelnen Zivilprozeß auch regelmäßig (nur) um die privaten Interessen der 39

Prozeßparteien, so erfüllt der Zivilprozeß als Institution doch eine **soziale Aufgabe,** die auf das Prozeßrecht und damit auf das einzelne Verfahren zurückwirkt (eingehend mwN Wassermann aaO S 52 ff, 84 ff; dazu allg Rn 1 und 19 aE mwN). Vom Zivilprozeß zu unterscheiden ist innerhalb der ordentlichen Gerichtsbarkeit das Verfahren der freiwilligen Gerichtsbarkeit (FGG) und der Strafprozeß (StPO; hierzu näher Rn 45), ferner die eigenständige „Rechtswege" bildenden Verfahren vor den Verwaltungs- (VwGO), Sozial- (SGG) und Finanzgerichten (FGO). Besonderheiten und Gemeinsamkeiten der verschiedenen Verfahrensarten untersucht Mühl, Gedächtnisschrift für Bruns, 1980, S 145.

2) Arten des Zivilprozesses

40 Seinen Zielen entsprechend gliedert sich der Zivilprozeß in das Erkenntnisverfahren (§§ 235–510 b) und in das Zwangsvollstreckungsverfahren (§§ 704–915). In jenem wird über den prozessualen Anspruch des Klägers (Rn 60 ff) entschieden, im Zwangsvollstreckungsverfahren wird das Urteil vollstreckt. Leistet der Beklagte freiwillig, entfällt das Vollstreckungsverfahren. Umgekehrt kann es auch zur Zwangsvollstreckung ohne Urteilsverfahren kommen; so wenn der Gläubiger einen anderen vollstreckbaren Schuldtitel (zB eine vollstreckbare Urkunde, § 794 I Nr 5) in der Hand hat.

41 Besonders ausgestaltet ist das Urteils-(Erkenntnis-)verfahren in den sog **Statusverfahren:** Ehesachen (§§ 606–620 g; 622–638), Kindschaftsverfahren (§§ 640–641 k) und Entmündigungsverfahren (§§ 645–687). Abgesehen vom **Aufgebotsverfahren** (§§ 946–1024) gehören zu den besonderen Prozeßarten vor allem der **Urkunden-, der Wechsel- und der Scheckprozeß** (§§ 592–605 a). Der Sicherung und einstweiligen Regelung von Rechten und Rechtsverhältnissen dienen die (summarischen) Verfahren des vorläufigen Rechtsschutzes **(Arrest und einstweilige Verfügung,** §§ 916–945); der Antragsgegner kann in diesen Verfahren ergangene Entscheidungen im ordentlichen Verfahren überprüfen lassen (§§ 926, 927, 936). Keine gerichtliche Überprüfung des Anspruchs erfolgt im **Mahnverfahren** (§§ 688–703 d), das im Fall des Widerspruchs des Antragsgegners gegen den Mahnbescheid nur eine besondere Prozeßeinleitungsform darstellt (vgl §§ 696, 697; vgl auch § 700 III; zum aktuellen Streit um den Fortbestand als „gerichtliches" Verfahren vgl Rn 6 vor § 688 und § 700 Rn 10). §§ 1025–1048 schließlich regeln das **schiedsrichterliche Verfahren** in dem das Schiedsgericht bürgerliche Rechtsstreitigkeiten anstelle des ordentlichen Gerichts, aber unter dessen Überwachung und Mitwirkung, entscheidet.

42 Soweit die Vorschriften für die Sonderverfahren nicht abweichen, gelten auch hier die **Allgemeinen Vorschriften** des 1. Buchs der ZPO (§§ 1–252) sowie die Normen des GVG.

3) Alternativen im und zum zivilen Justizverfahren

Lit: *Bajons*, Außergerichtliche Güteverfahren als Mittel der Prozeßvermeidung und Konfliktlösung, ÖJZ 84, 368; *Blankenburg* ua (Hrsg), Alternativen in der Ziviljustiz, 1982; *Blankenburg*, Schlichtung und Vermittlung – Alternativen zur Ziviljustiz?, ZRP 82, 6; *Frommel*, Entlastung der Gerichte durch Alternativen zum zivilen Justizverfahren, ZRP 83, 31; *Gottwald*, ua (Hrsg), Der Prozeßvergleich, 1983; *Kotsch*, Knappe Ressourcen im Zivilrecht – Sicherung der Rechtsschutzgewährung durch den Zivilrichter, DRiZ 83, 170; *Kotzorek*, Schieds- und Schlichtungsstellen für Verbraucher usw, ZRP 86, 282; *Lindemann*, AnwBl 84, 293 (Editorial); *Morasch/Blankenburg*, Schieds- und Schlichtungsstellen – ein noch entwicklungsfähiger Teil der Rechtspflege, ZRP 85, 217; *Neumann*, Zur außergerichtlichen Schlichtung, ZRP 86, 286; *Prütting*, Schlichten statt Richten?, JZ 85, 261 und *ders*, ZZP 99 (1986) 93; *Schmidt-v. Rhein*, Neue Ansätze in der außergerichtlichen Konfliktlösung, ZRP 84, 119; *Strecker*, Möglichkeiten und Grenzen der Streitbeilegung durch Vergleich, DRiZ 83, 97; *Strempel*, Empirische Rechtsforschung, FS Rudolf Wassermann, 1985, 223, 230 f; *de With*, Innovationsanstöße aus der Diskussion um „Alternativen in der Ziviljustiz", ZRP 82, 188.

43 Ausgehend vom steigenden Geschäftsanfall bei den Zivilgerichten (Kotsch DRiZ 83, 170 [171]) und der Erkenntnis, daß auch das Recht zu einer knappen Ressource geworden ist (Pfeiffer ZRP 81, 121; sa Schroeder NJW 83, 137 für das Strafverfahren), ist eine umfangreiche Diskussion zur Problematik der Alternativen im und zum Zivilprozeß entfacht worden. Angesprochen sind damit zwei Problemkreise: **a) Alternativen zur Ziviljustiz** bedeutet einerseits die Ergänzung des gerichtlichen Verfahrens für bestimmte Konflikte durch besonders geeignete Streitbeilegungsformen. Durch einen Ausbau von **Vermittlungs-, Schlichtungs-** und **Beschwerdeeinrichtungen** insbesondere im Rahmen des Verbraucherrechts besteht die Möglichkeit der Schaffung von Institutionen, die gegenüber dem gerichtlichen Verfahren eine größere Konfliktnähe aufweisen und nicht den Schwierigkeiten unterworfen sind, die sich zwangsläufig aus der Verrechtlichung sozialer Streitigkeiten ergeben. Ob durch solche Alternativen im Vorfeld eines gerichtlichen Verfahrens eine wirkliche Entlastung der Justiz zu erzielen ist, ist sehr zweifelhaft (sehr krit Prüt-

ting JZ 85, 261 und ZZP 99, 98). Denn durch größere Konfliktnähe und erhöhte Zugänglichkeit werden hier in erster Linie solche Streitigkeiten zur Austragung gelangen, die die Gerichte bisher nicht beschäftigt haben (so auch Falke/Gessner, Konfliktnähe als Maßstab für gerichtliche und außergerichtliche Streitbehandlung; in: Alternativen in der Ziviljustiz, S 289 [296]). Darüber hinaus darf die Errichtung von außergerichtlichen Streitbeilegungsformen nicht dazu führen, daß der Zugang zu den Gerichten erschwert wird, denn eine Diskussion über alternative Verfahren ist nur dann sinnvoll, wenn der **Justizgewährungsanspruch** (s Rn 49) uneingeschränkt erhalten bleibt (de With ZRP 82, 188 [190 f]; zum zeitweiligen Ausschluß der Klagbarkeit durch Schlichtungsklausel vgl BGH NJW 84, 669 = MDR 84, 485 mit Anm Prütting ZZP 99, 93, durch Musterprozeßklausel vgl BGH 92, 15 f). Durch **AGB** kann das Recht auf Anrufung der ordentlichen Gerichte nicht ausgeschlossen werden (BGH 96, 21 f).

b) Alternativen in der Ziviljustiz bedeutet andererseits die **Ausweitung** von Möglichkeiten zur Beilegung zivilrechtlicher Streitigkeiten in einem rechtshängigen Verfahren auf andere Weise als durch streitiges Urteil. Angesichts fehlender empirischer Untersuchungen für den Bereich der ordentlichen Gerichtsbarkeit läßt sich die Frage, ob die Arbeitsbelastung der Gerichte durch eine Ausdehnung der Anwendungsmöglichkeiten und -grenzen einer Streitbeilegung durch **Vergleich** spürbar vermindert werden kann, nicht beantworten. Auffallend ist aber, daß dieses Mittel der Streitbeilegung im Gegensatz zum streitigen Verfahren in der ZPO (vgl zB §§ 279, 794 I Nr 1 ua) nur eine sehr rudimentäre Regelung gefunden hat (s auch Strecker DRiZ 83, 90). Obwohl das **formalisierte Güteverfahren** im Arbeitsgerichtsprozeß (§ 54 ArbGG) entscheidend mit dazu beigetragen hat, daß mehr als 40% der arbeitsrechtlichen Streitigkeiten durch Vergleich beendet werden (Lewerenz/Moritz, Durchsetzung des Arbeitsrechts im Prozeß oder interessengerechte Konfliktlösung; in: Der Prozeßvergleich, S 73; genaues Zahlenmaterial zur „Geschäftsbelastung der Arbeitsgerichtsbarkeit" gibt nunmehr die BReg in BTDrs 10/4593 vom 19. 12. 85, S 3 mit 58 ff), ist es wegen der strukturellen Unterschiede beider Verfahren („Abfindungsvergleiche" im Kündigungsschutzprozeß) wenig wahrscheinlich, daß eine Übernahme dieser Verfahrensgestaltung in den Zivilprozeß entscheidend zu einer einvernehmlichen Konfliktlösung und damit letztendlich auch zu einer Entlastung der Gerichte beitragen kann (Rottleuthner, Alternativen im gerichtlichen Verfahren; in: Alternativen in der Ziviljustiz, 145 [150]). 44

4) Die ordentliche streitige Gerichtsbarkeit

Lit: *Dütz*, Rechtsstaatlicher Gerichtsschutz im Privatrecht, 1970; *Lorenz*, Der Rechtsschutz des Bürgers und die Rechtsweggarantie, 1973; *Lüke*, Zweifelsfragen zu typischen Rechtswegproblemen, Gedächtnisschrift für Bruns, 1980, S 129; *Rimmelspacher*, Notizen zur Rechtswegabgrenzung, FS Fr. Weber, 1975, S 357.

a) Der Begriff **„ordentliche Gerichte"** ist aus der geschichtlichen Entwicklung heraus zu verstehen: Als ZPO und GVG am 1. 10. 1879 in Kraft traten, eröffneten sie den damals allein bestehenden „ordentlichen" Rechtsweg: den vor den ordentlichen Gerichten für Zivil- und Strafsachen. Dementsprechend umfaßt der **ordentliche Rechtsweg** auch heute noch die Zivil- und die Strafgerichtsbarkeit. Erstere gliedert sich in die streitige (ZPO) und in die freiwillige Gerichtsbarkeit, deren Verfahrensordnungen das FGG, daneben aber auch zB GBO, HausratsVO, WEG und LwVG sind. Die **streitige Zivilgerichtsbarkeit** üben die ordentlichen Gerichte (s § 12 GVG Anm), daneben besondere Gerichte gemäß § 14 GVG aus. Besondere Gerichte der streitigen Zivilgerichtsbarkeit sind vor allem auch die Arbeitsgerichte (Arbeits-, Landesarbeits-, Bundesarbeitsgericht), hierzu näher § 13 GVG Rn 51. Die ordentlichen Gerichte sind zugleich die Organe der freiwilligen Gerichtsbarkeit; vgl § 13 Rn 4 und Keidel-Kuntze-Winkler, FG, § 1 Rdnr 112 ff. 45

b) Neben dem Rechtsweg in diesem umfassenden Sinn sind heute **andere gleichrangige** (Argument: Art 92, 95, 96 I GG) **Rechtswege** eröffnet: der Verwaltungsrechtsweg (Abgrenzung: vgl § 13 GVG, § 40 VwGO; Zweifelsfragen erörtert Lüke, Gedächtnisschrift für Bruns 1980, 129); die Rechtswege zu den Sozialgerichten (SGG) und zu den Finanzgerichten (FGO); die Verfassungsgerichtsbarkeit mit ihrer Sonderstellung gegenüber den anderen Rechtswegen (Art 93, 94 GG; BVerfGG); daneben treten die Rechtswege zu den Disziplinar- und zu den Ehrengerichten (zB der Anwälte) sowie der Rechtsweg in Patentsachen an Bedeutung zurück. Das Bundespatentgericht (Art 96 I GG, §§ 65 ff PatG) ist kein besonderes Verwaltungsgericht, sondern ein Sondergericht der ordentlichen Gerichtsbarkeit (vgl Art 96 III GG; § 100 PatG; StJSchumann Einl Rn 620). 46

Art 19 IV GG meint diesen umfassenden Begriff des Rechtswegs (hierzu näher § 13 GVG Rn 67) und stellt als „formelles Hauptgrundrecht" die zentrale Verbürgung gerichtlichen Rechtsschutzes gegen jedweden Eingriff der öffentlichen Gewalt dar. Art 19 IV 2 GG begründet hilfsweise die Zuständigkeit der ordentlichen Gerichte. Art 19 IV GG gewährleistet *effektiven*, dh 47 raschen und umfassenden, möglichst lückenlosen gerichtlichen Rechtsschutz (BVerfG 40, 274 f, stRspr). „Der Bürger hat einen substantiellen Anspruch auf eine wirksame gerichtliche Kontrolle" (BVerfG 49, 341). Gesichert wird nur Rechtsschutz *durch* den unabhängigen Richter, nicht gegen ihn (BVerfG 49, 340); vgl zur Bedeutung von Art 19 IV GG allgemein: Lorenz, Der Rechtsschutz des Bürgers und die Rechtsweggarantie 1973; ders, Der grundrechtliche Anspruch auf effektiven Rechtsschutz, AöR 105 [1980], 623, 630 ff; Buermeyer, Rechtsschutzgarantie und Gerichtsverfahrensrecht, 1976; Schlaich, Das Bundesverfassungsgericht, 1985, S 98 ff; vgl auch Vollkommer, Gedächtnisschrift für Bruns, 1980, S 202 ff).

48 **c)** Zum Begriff der **bürgerlichen Rechtsstreitigkeiten** siehe § 13 GVG Rn 16 ff.

III) Ansprüche auf Rechtsschutz und Prozeßrechtsverhältnis

Lit: Zu Rn 49–51: *A. Blomeyer,* Der Rechtsschutzanspruch im Zivilprozeß, FS Bötticher, 1969, S 61 ff; *Dölle,* FS Bötticher, 1969, S 97 ff; *Dütz,* Rechtsstaatlicher Gerichtsschutz im Privatrecht, 1970; *Häsemeyer,* Die Erzwingung richterlicher Entscheidungen, mögliche Reaktionen auf Justizverweigerung, FS Michaelis, 1972 S 134 ff; *Hill,* Rechtsschutz des Bürgers und Überlastung der Gerichte, JZ 81, 805; *Kotsch,* Knappe Ressourcen im Zivilrecht – Sicherung der Rechtsschutzgewährung durch den Zivilrichter, DRiZ 83, 170; *Lorenz,* Der grundrechtliche Anspruch auf effektiven Rechtsschutz, AöR 105 (1980), 623; *Mes,* Der Rechtsschutzanspruch, 1970 (dazu *A. Blomeyer* ZZP 85, 249); *Schwab,* Zur Wiederbelebung des Rechtsschutzanspruchs, ZZP 81, 412 ; *Vollkommer,* Der Anspruch der Parteien auf ein faires Verfahren im Zivilprozeß, Gedächtnisschrift für Rudolf Bruns, 1980, S 195 ff.

Zu Rn 52 ff: *Berges,* Der Prozeß als Gefüge, NJW 65, 1505; *Konzen,* Rechtsverhältnisse zwischen Prozeßparteien, 1976; *Nakano,* Das Prozeßrechtsverhältnis, ZZP 79, 99; *Schumann,* Der Zivilprozeß als Rechtsverhältnis, JA 76, 637; *Stürner,* Die Aufklärungspflicht der Parteien des Zivilprozesses, 1976.

1) Der Justiz-(gewährungs-)anspruch

49 **a) Grundsatz.** Jedermann hat ein Recht darauf, daß die Gerichte ihm auf sein Gesuch (Klage, Antrag, Vollstreckungsauftrag) Rechtsschutz gewähren. Diesem öffentlich-rechtlichen, gegen den Staat gerichteten Anspruch auf Rechtsschutz (**Justizanspruch,** auch **Justizgewährungsanspruch** genannt) entspricht die Pflicht der Gerichte, als Rechtspflegeorgane tätig zu werden, also alles zur sachgemäßen Erledigung des Rechtsschutzgesuchs Notwendige zu tun (iErg allgM, vgl BGH 37, 121; 67, 187; Hill JZ 81, 807; StJSchumann Einl Rn 210; R-Schwab § 3 I; Jauernig § 36 I 1). Die Herleitung ist umstr, in Frage kommen namentlich Art 19 IV, 101 I 2, 103 I GG; Art 6 der Europäischen Menschenrechtskonvention vom 4. 11. 1950 (BGBl 1952 II S 686) in Verb mit dem allg Rechtsstaatsprinzip des GG (vgl dazu eingehend Vollkommer, Gedächtnisschrift für Bruns, 1980, S 198 ff, 206 ff mwN; Schwab/Gottwald, Verfassung und Zivilprozeß 1984, S 39; vgl auch BVerfG 54, 292). Verweigert das Gericht den Rechtsschutz, so stehen dem Rechtssuchenden außer der Dienstaufsichtsbeschwerde (§ 26 II DRiG) die gesetzlich vorgesehenen Rechtsbehelfe, zB die Beschwerde gem § 567 zur Verfügung (Karlsruhe OLGZ 84, 98 = NJW 84, 985, str). Notfalls (vgl § 90 BVerfGG) kann im Wege der Verfassungsbeschwerde (Art 1 I, 3 I, 103 I GG) das BVerfG angerufen werden, damit es das Gericht anweise, Rechtsschutz zu gewähren. Aus den in § 567 Rn 41 genannten Gründen wird man aber eine vorherige erfolglose Untätigkeitsbeschwerde verlangen müssen (vgl auch § 216 Rn 22 mN; VG Mannheim NJW 84, 993). Daneben können Ansprüche gem § 839 II 2 BGB, Art 34 GG bestehen (eingehend zum ganzen Häsemeyer, FS Michaelis, 1972, S 134; Abgrenzung zum Rechtsverweigerungsverbot: Schumann, ZZP 81, 79; zur Möglichkeit eines Ausschlusses s Rn 43).

50 **b) Grenzen. Kein Recht** auf sachliche Bearbeitung und Entscheidung besteht bei Anträgen mit die befaßten Justizorgane grob verunglimpfendem Inhalt (Hamm NJW 76, 978; einschränkend Walchshöfer MDR 75, 12; vgl auch § 42 Rn 6 mwN), desgleichen nicht bei **querulatorischen** Eingaben (KG JW 36, 1542; Köln OLGZ 80, 351; StJSchumann Einl Rn 203; BL Einl III 6 B; Halbach, Die Verweigerung der Terminsbestimmung und der Klagezustellung im Zivilprozeß, Kölner Diss 1980, S 165 ff; praktische Hinweise zur Bearbeitung querulatorischer Eingaben gibt Engel Rpfleger 81, 81 ff; zum Strafprozeß vgl auch Günter DRiZ 77, 239; Franzheim GA 78, 142 sowie eingehend – auch für den Zivilprozeß bedeutsam – Klag, Die Querulantenklage in der Sozialgerichtsbarkeit, 1980; s auch § 567 Rn 13).

2) Der Rechtsschutzanspruch

51 Die überwiegende Meinung verneinte bisher das Bedürfnis, neben dem Justizanspruch einen diesen überlagernden weitergehenden „Rechtsschutzanspruch" anzunehmen (BL Grundzüge 1 A, B vor § 253; R-Schwab § 3 II 2; Jauernig § 36 II; zum Meinungsstand StJSchumann Einl

Rn 214 f). Begrifflich kann dieser – stets von beiden Parteien für sich behauptete – Anspruch immer nur einer zustehen: dem Kläger, wenn die Prozeßvoraussetzungen und die (nach dieser Lehre zu sondernden) Rechtsschutzvoraussetzungen (Klagbarkeit des Anspruchs, Rechtsschutzbedürfnis) vorliegen und wenn die Klage nach der Prozeßlage im Zeitpunkt der Entscheidung auch sachlich begründet erscheint, dem Beklagten, wenn die gegen ihn erhobene Klage unzulässig oder unbegründet ist; dann geht sein Rechtsschutzanspruch auf Abweisung der Klage. Unter dem Einfluß der starken Betonung des Rechtsschutzes durch das GG gewinnt die Lehre vom Rechtsschutzanspruch neuerdings wieder zunehmend Anhänger (namentl Pohle in StJP Einl I 3, wörtl Wiedergabe in StJSchumann Einl Rn 216–222; ferner – wenn auch unter Ablehnung der Unterscheidung in Rechtsschutz- und Prozeßvoraussetzungen – Blomeyer § 1 III und FS Bötticher, 1969, 61 ff sowie Mes, Der Rechtsschutzanspruch, 1970). Die Kontroverse ist durch das vom BVerfG aus den prozessualen und materiellen Grundrechten in Verbindung mit dem Rechtsstaatsprinzip entwickelte **Recht auf ein faires Verfahren** (zB BVerfG 46, 210; 51, 156; 52, 143, 147, 153, 156; 52, 207; 52, 389 mN; 57, 275 f; NJW 83, 1043; 84, 2148 [2149]; Schleswig NJW 83, 348), das auch das **Grundrecht auf effektiven Rechtsschutz** mit umfaßt (zB BVerfG 46, 334; 49, 325; 51, 156; 60, 253; BGH VersR 84, 82; s auch Rn 100) weitgehend gegenstandslos geworden (eingehend zum ganzen Vollkommer, Gedächtnisschrift für Bruns, 1980, S 216 ff; zum Teil abweichend StJLeipold Rn 65 ff vor § 128). Allg zum Anspruch auf ein faires Verfahren vgl die im LitVerz vor Rn 92 genannten Untersuchungen von Benda, Dörr, Karwacki und Tettinger.

3) Das Prozeßrechtsverhältnis

a) Allgemeines. Durch die Erhebung (§ 253 I) der Klage begründet der Kläger das Prozeßrechtsverhältnis, das die Parteien sowohl untereinander als auch mit dem Gericht verknüpft. In ihm entfaltet sich der Anspruch der Parteien auf Rechtsschutz, die Pflicht des Gerichts, ihnen Rechtsschutz zu gewähren (ie Rn 49–51). Die Besonderheit des Prozeßrechtsverhältnisses wurde früher überwiegend darin gesehen, daß es für die Parteien grundsätzlich keine echten Pflichten, sondern nur „Lasten" begründe, also Gebote, deren Befolgung lediglich im eigenen Interesse der Partei zur Vermeidung von prozessualen und letztlich materiellen Nachteilen liege (vgl R-Schwab § 2 I 2 und III 1; StJSchumann Einl Rn 234; BGH 91, 128). Diese Sicht trifft jedenfalls spätestens seit der Prozeßreform durch die Vereinfachungsnovelle in dieser Allgemeinheit nicht mehr zu. Das geltende Zivilprozeßrecht kennt vielmehr eine ganze Reihe von sehr wesentlichen **echten Parteipflichten** (BL Grundzüge 2 A, D–G vor § 128; Jauernig § 26 II–IV; Baur Rn 43 und 51; auch R-Schwab § 2 III 2, IV; Leipold ZZP 93, 240). 52

aa) Mitwirkungspflichten. Die Parteien sind verpflichtet, auf Anordnung des Gerichts zu erscheinen (§§ 141, 613), unter bestimmten Voraussetzungen in ihren Händen befindliche Urkunden vorzulegen (§§ 421 ff) und uU bestimmte Untersuchungen zu dulden (§ 372 a). Prozessuale Sanktionen: §§ 141 III, 372 a II, 426 f, 613 II. 53

bb) Allgemeine Prozeßförderungspflicht (dazu bereits Rn 2; grundlegend Leipold ZZP 93, 237; Kallweit, Die Prozeßförderungspflicht der Parteien und die Präklusion verspäteten Vorbringens im Zivilprozeß nach der Vereinfachungsnovelle vom 3. 12. 1976, 1983; beiläufig: BGH 74, 11). Die Parteien sind zu sachgemäßer und sorgfältiger Prozeßführung verpflichtet; sie haben das Verfahren durch fördernde Teilnahme voranzutreiben und dürfen es nicht verzögern oder gar verschleppen. Diese Pflicht besteht bereits vor (§§ 275–277) und außerhalb der mündlichen Verhandlung (§§ 340 III, 697 III, 700 III 2) und namentlich in dieser selbst (§ 282). Ihre Sanktion besteht in der Präklusion von schuldhaft verspätetem Vorbringen (§ 296 I und II) oder bestimmten Kostennachteilen (§ 95; § 34 GKG). 54

cc) Wahrheits- und Vollständigkeitspflicht. Die Parteien dürfen nicht bewußt unwahre Tatsachen behaupten und nicht gegnerisches Vorbringen bewußt der Wahrheit zuwider bestreiten (§ 138 I und dort Rn 2, 3). Jede Partei muß ihre Erklärungen – auch wenn ihr das ungünstig ist – vollständig abgeben (§ 138 I). Sanktionen: § 138 Rn 7; zur Schadensersatzpflicht vgl auch KG BB 76, 629. 55

dd) Allgemeine Redlichkeitspflicht. Jede Partei ist zu redlicher Prozeßführung verpflichtet, die Gebote von Treu und Glauben (§ 242 BGB) gelten auch im Prozeß (allgM, vgl Rn 13 vor § 128; Rn 32 vor § 704; BL Einl III 6; StJSchumann Einl Rn 242; R-Schwab § 2 IV; Baumgärtel, Beweislast, § 242 Rn 17 mwN; Bittmann ZZP 97, 39 mN; stRspr des BGH, zB BGH 69, 43; BGH NJW 78, 426; Hamm FamRZ 79, 849; München OLGZ 85, 456). 56

ee) Prozessuales Mißbrauchsverbot. Prozessuale Befugnisse dürfen nicht für verfahrensfremde Zwecke mißbraucht werden (Frankfurt NJW 79, 1613; eingehend mN StJSchumann Einl Rn 254 ff), Verfahrensmißbrauch findet keinen Rechtsschutz (Zeiss, Die arglistige Prozeßpartei, 1967; Halbach, Die Verweigerung der Terminsbestimmung und der Klagezustellung im Zivilpro- 57 zeß, Kölner Diss 1980, S 152 ff; s auch oben Rn 50). Berechtigte, den Gegner (zB an Gesundheit, Kredit) schädigende Verfahrenseinleitung begründet aber auch dann keine Haftung, wenn sie auf einer fahrlässigen Fehleinschätzung der Rechtslage beruht (BGH 74, 15; grundlegend: Hopt, Schadensersatz aus unberechtigter Verfahrenseinleitung, 1968).

57a **ff) Grundsatz des Vertrauensschutzes.** Kennzeichnend für das Prozeßrechtsverhältnis als *Rechtsverhältnis* ist, daß zwischen Gericht und Parteien der Grundsatz des Vertrauensschutzes gilt (BVerfG 69, 387; BGH 93, 304 f). So darf die Partei darauf vertrauen, daß das Gericht unter den gebotenen Umständen von Maßnahmen gem § 139 Gebrauch macht (BGH VersR 84, 81 [82]); daß es eine gesetzte Frist abwartet (vgl Köln NJW-RR 86, 862 mN). Damit sind auch im Prozeß das *Verbot des venire contra factum proprium* (dazu Baumgärtel, FS Kralik, Wien 1986, S 68 mN) und der *Grundsatz der Verwirkung* anwendbar (LG Darmstadt Rpfleger 85, 243 [244 mN]). Beispiel: Verwirkung der Klagebefugnis (dazu BAG NJW 83, 1444, str; krit BL-Hartmann Einl III 6 Ab mwN), von nicht fristgebundenen Rechtsbehelfen (vgl § 924 Rn 10).

58 **b) Einheit des Prozeßrechtsverhältnisses.** Das durch die Klage einmal begründete Prozeßrechtsverhältnis dauert bis zum Ende des Rechtsstreits fort. Eine Verweisung des Verfahrens an ein anderes Gericht (§ 281), eine Klageänderung (§ 263), ja sogar ein Parteiwechsel (§ 263 Rn 9) berühren seine Identität nicht; **Rechtsnachfolge** in das Prozeßrechtsverhältnis ist möglich (vgl Baur, FS Schiedermair, 1976, S 19).

59 **c)** Die Begründung des Prozeßrechtsverhältnisses kann **nicht** von einer **Bedingung** abhängig gemacht werden (zB § 60 Rn 10; § 253 Rn 1; § 518 Rn 1; eingehend StJLeipold Rn 208 vor § 128).

IV) Der Streitgegenstand

Lit: *Arens*, Zur Anspruchskonkurrenz bei mehreren Haftungsgründen, AcP 170, 329 ff; *Baumgärtel*, Zur Lehre vom Streitgegenstand, JuS 74, 69 *A. Blomeyer*, Zum Urteilsgegenstand im Leistungsprozeß, FS Lent, 1957, S 43; *Bötticher*, Zur Lehre vom Streitgegenstand im Eheprozeß, Festgabe für Rosenberg, 1949, S 73; *Ekelöf*, Der Prozeßgegenstand – ein Lieblingskind der Begriffsjurisprudenz, ZZP 85, 145; *Flieger*, Streitgegenstand und Klagegrund, MDR 80, 189; *Georgiades*, Die Anspruchskonkurrenz im Zivilrecht und Zivilprozeßrecht, 1968 (dazu Arens aaO); *Grunsky*, Grundlagen des Verfahrensrechts, 2. Aufl 1974, § 5; *Habscheid*, Der Streitgegenstand im Zivilprozeßrecht und im Streitverfahren der Freiwilligen Gerichtsbarkeit, 1957 (dazu *Schwab* ZZP 71, 155 und *Bötticher* FamRZ 57, 409) *Henckel*, Parteilehre und Streitgegenstand im Zivilprozeß 1961; *ders*, Prozeßrecht und materielles Recht, 1970, S 125 ff, 149 ff; *Hesselberger*, Die Lehre vom Streitgegenstand (1970; *Jauernig*, Verhandlungsmaxime, Inquisitionsmaxime und Streitgegenstand, 1967; *ders*, Materielles Recht und Zivilprozeßrecht, JuS 71, 329; *Jestaedt*, Der Streitgegenstand des wettbewerbsrechtlichen Verfügungsverfahrens, GRUR 85, 480; *Leipold*, Stand und Entwicklungstendenzen der deutschen Streitgegenstandslehre, in: NIHON HOGAKU (Rechtswissenschftl Japans), Bd 27 N 1, 1977; *Lent*, Zur Lehre vom Streitgegenstand, ZZP 65, 315; *ders*, Zur Lehre vom Entscheidungsgegenstand ZZP 72, 63; *Lüke*, Zum Streitgegenstand im arbeitsgerichtlichen Kündigungsschutzprozeß, JZ 60, 203; *Marotzke*, Rechtsnatur und Streitgegenstand der Unterlassungsklage aus § 13 UWG, ZZP 98 (1985), 160; *Nikisch*, Zur Lehre vom Streitgegenstand im Zivilprozeß, AcP 154, 271; *Rimmelspacher*, Materiellrechtlicher Anspruch und Streitgegenstandsprobleme im Zivilprozeß, 1970 (dazu *Habscheid* ZZP 84, 360); *Rödig*, Die Theorie des gerichtlichen Erkenntnisverfahrens usw 1973, S 222 ff; *Schlosser*, Die einverständliche Scheidung im Spannungsfeld der Streitgegenstandsdogmatik, FamRZ 78, 319; *K. Schmidt*, Zum Streitgegenstand von Anfechtungs- und Nichtigkeitsklagen im Gesellschaftsrecht, JZ 77, 769; *Schneider* Streitgegenstand und Relationstechnik, JZ 58, 345; *Schubert*, Klageantrag und Streitgegenstand bei Unterlassungsklagen, ZZP 83, 29; *Schwab*, Der Streitgegenstand im Zivilprozeßrecht, 1954; *ders*, Der Stand der Lehre vom Streitgegenstand im Zivilprozeßrecht, JuS 65, 81; *ders*, Gegenwartsprobleme der deutschen Zivilprozeßrechtswissenschaft, JuS 76, 71 (krit dazu *Puttfarken* JuS 77, 494); *ders*, Streitgegenstand und Zuständigkeitsentscheidung, FS Rammos, Athen 1979, S 845; *Yoshimura*, Streitgegenstand und Verfahrensmaximen, ZZP 83, 245.

1) Allgemeines

60 **a) Terminologisches.** Der Streitgegenstand ist ein zentraler Begriff des Zivilprozesses, den aber das Gesetz mehrdeutig verwendet, ja den es nicht einmal eindeutig bezeichnet. So spricht es vom „Streitgegenstand" (in §§ 2, 59, 81, 83, 130 Nr 1, 794 I Nr 1, 935) oder dem „Gegenstand des Rechtsstreits" (in §§ 60, 148), vom erhobenen (in §§ 261 II, 313 II, 322 I), vom geltend gemachten (in §§ 5, 33 I, 261 II, 306, 307 I) oder vom streitigen Anspruch (§ 118a III aF), während in den den Begriff klarstellenden §§ 130 Nr 2 und 3, 253 II Nr 2 eine einheitliche Bezeichnung des Streitgegenstandes nicht begegnet. Hiernach versteht die ZPO unter diesem uneinheitlich benannten

Begriff teils das **Begehren des Klägers nach dem Ausspruch einer Rechtsfolge** (vgl §§ 81, 83, 147, 261 II und III, 322 I, 767 I), teils das **Objekt** des klägerischen Rechtsfolgebegehrens selbst (vgl §§ 2, 23, 130 Nr 1, 265, 264 Nr 3, 708 Nr 11). Vgl hierzu R-Schwab § 96 I; StJSchumann Einl Rn 264.

b) Bedeutung. Der Streitgegenstand ist von größter Bedeutung im Zivilprozeß: Sein Wert bestimmt die sachliche (§ 23 Nr 1 GVG), seine materiellrechtliche Grundlage vielfach die örtliche Zuständigkeit (§§ 23 ff). Die objektive Klagenhäufung (§ 260) setzt eine Mehrheit von Streitgegenständen voraus. Vom Streitgegenstand her ist zu prüfen, ob Klageänderung (§§ 263 f) oder Rechtshängigkeit (§ 261) vorliegen; er ist maßgebend für den Umfang der Rechtskraft des begehrten Urteils (§ 322 I). Beim Streitgegenstand geht es demnach um ein **Identitäts-** (Ekelöf aaO) und damit um ein **Abgrenzungsproblem** (Jauernig § 37 I). Bisher hat sich die Lehre bemüht, einen für sämtliche „Prüfsteine" des Streitgegenstandes einheitlichen Begriff aufzustellen. In der neuesten Zeit werden zunehmend Zweifel an einem „Einheitsbegriff" laut (vgl StJSchumann Einl Rn 283 mwN und unten Rn 82). 61

c) Abgrenzung. Der Begriff des Streitgegenstandes ist im Schrifttum sehr umstritten. Übereinstimmung besteht darin, daß Streitgegenstand in diesem Sinne **nicht das Objekt des Streits,** zB die herauszugebende, streitbefangene Sache ist, daß er **nicht der** der Klage zugrunde gelegte **materiellrechtliche Anspruch** (vgl § 194 BGB) ist. Denn sonst hätte eine unbegründete oder eine Gestaltungsklage keinen Streitgegenstand, oder eine Klage auf Zahlung von 1 000,– DM Schadensersatz aus Vertragsverletzung, die zugleich eine unerlaubte Handlung darstellt, deren zwei. 62

2) Die Bestimmung des Streitgegenstandes im allgemeinen

Nach § 253 II Nr 2 muß die Klageschrift die bestimmte Angabe des Gegenstandes und des Grundes des erhobenen Anspruchs sowie einen bestimmten Antrag enthalten. Damit ist der Begriff des Streitgegenstandes umrissen: Der Kläger begehrt den richterlichen Ausspruch einer für sich in Anspruch genommenen Rechtslage, die er aus einem angegebenen Lebensvorgang (Grund des Anspruchs) ableitet. Über die **Berechtigung dieser Rechtsfolgebehauptung** wird im Prozeß gestritten, sie ist der **Streitgegenstand** (so iErg – mit im einzelnen unterschiedlichen Formulierungen [zu diesen näher Rn 67] – StJSchumann Einl Rn 288; R-Schwab § 96 IV 1; A. Blomeyer § 40 III 1; Habscheid, Streitgegenstand, S 141 ff; weitere Nachw Rn 71). 63

Die komplexe Frage nach dem Streitgegenstand deckt sich demnach mit der – folgendermaßen gegliederten – Frage, ob 64

– aufgrund der erhobenen Klage oder Widerklage (Rn 65) unter den durch sie bestimmten prozessualen Umständen (Rn 66)

– und aufgrund des durch sie in den Rechtsstreit eingeführten Lebenssachverhalts (Rn 82) dem Klageantrag (Rn 68) entsprochen werden kann.

a) Für den Zivilprozeß gilt der Grundsatz der **Parteiherrschaft** (Rn 9 vor § 128; StJLeipold Rn 68 vor § 128; BL Grundzüge 3 A vor § 128) wenigstens insoweit, als der Kläger den Streitgegenstand bestimmt, indem er mit einem bestimmten Antrag **Klage** erhebt (§ 253 II Nr 2). Die Klage bestimmt den Streitgegenstand; die Einwendungen des Beklagten sind dagegen für den Streitgegenstand nur ausnahmsweise von Bedeutung (BL § 2 Anm 2 B), nämlich dann, wenn sie gegenüber einer **negativen Feststellungsklage** klarstellen, um welches Rechtsverhältnis gestritten wird (vgl auch RG 17, 376); der Streitgegenstand der negativen Feststellungsklage entspricht dem einer **positiven Feststellungsklage** (vgl dazu noch Rn 78) mit umgekehrten Parteirollen. Wünscht der Beklagte das Verfahren auf einen zusätzlichen Streitgegenstand auszudehnen, so kann er, falls zulässig, **Widerklage** (§§ 5, 33, 261 II) erheben. 65

b) Der Kläger bestimmt die **prozessualen Umstände** seiner Klage (Parteirollen, angerufenes Gericht, Verhältnis des Streitgegenstandes zu früheren und gleichzeitig anhängigen Verfahren usw), von denen es abhängt, ob alle **Sachurteilsvoraussetzungen** gegeben sind. Nur wenn die Klage danach zulässig und außerdem begründet ist, ergeht das beantragte Urteil. 66

Jeder Prozeß hat nicht etwa so viele Streitgegenstände, wie bei der Zulässigkeits- und der Begründetheitsprüfung Tat- und Rechtsfragen zu entscheiden sind; schon deshalb nicht, weil **Ziel des Prozesses** (nur) der Erlaß eines Sachurteils und dessen streitentscheidende Wirkung ist, die durch § 322 I auf das festgestellte Ergebnis beschränkt wird. Hiervon gilt aber eine Ausnahme insofern, als das Gericht nicht offenlassen darf, ob es einen Klageantrag mangels einer Sachurteilsvoraussetzung als unzulässig oder als unbegründet durch **Sachurteil** abweisen will (allgM, neuerdings bestr; dagegen mit Recht ThP Vorbem III vor § 253; BL Grundzüge 3 A vor § 253 mwN). Auch die Rechtskraftwirkung ist eine andere, je nachdem, ob es sich um ein sog **Prozeßurteil** (vgl § 322 Rn 1) oder um eine Sachabweisung handelt. Daher spricht etwa Blomeyer § 40 III von einem prozessualen und einem sachlichen Streitgegenstand eines jeden Prozesses. Diese Bezeichnung ist wegen des vom Kläger bis zur endgültigen Prozeßabweisung begehrten 67

Sachurteils zwar mißverständlich, jedoch hängt die „Berechtigung" des vom Kläger beantragten Ausspruchs einer Rechtsfolge auch von prozessualen Vorfragen ab. In ähnlichem Sinn unterscheidet auch Habscheid (aaO) zwischen der Verfahrens- und der Rechtsfolgebehauptung des Klägers.

68 c) Der **Klageantrag** (§ 253 II Nr 2), der sich während des Prozesses ändern kann (Klageänderung), bestimmt den Streitgegenstand. Eine Klage kann auch mehrere Klageanträge enthalten (objektive und subjektive Klagenhäufung).

69 Der Zivilprozeß dient dem Schutz subjektiver privater Rechte (StJSchumann Einl Rn 7). Es läge deshalb nahe, als **Streitgegenstand** jeweils dasjenige **subjektive Recht** anzusehen, um dessen Schutz der Kläger nachsucht. Diese vor allem von Lent (ZZP 65, 338) vertretene Ansicht trifft indessen nur bei **Feststellungsklagen** zu, soweit der Kläger, wie § 256 dies zuläßt, Feststellung eines bestimmten materiellen Rechts oder Rechtsverhältnisses beantragt.

70 Hingegen versagt die Definition Lents für den wichtigsten und häufigsten Fall des Zivilprozesses, nämlich für die **Leistungsklage.** Das materielle Recht will möglichst lückenlos alle denkbaren Interessenkonflikte erfassen; es ist daher unvermeidlich, daß oft ein und dieselbe Rechtsfolge ein und desselben Lebenssachverhalts aus mehreren Normen des materiellen Rechts hergeleitet werden kann. Insbesondere schuldrechtliche Ansprüche ergeben sich oft aus mehreren Rechtsgrundlagen: Die zum Schadensersatz verpflichtende Sachbeschädigung erfüllt zugleich den Tatbestand einer unerlaubten Handlung und den einer Vertragsverletzung. Vielfach spricht man hier von **Anspruchskonkurrenz** (vgl Enneccerus-Nipperdey § 228 III 2; Enneccerus-Lehmann § 232, 1 aE; Palandt-Heinrichs § 194 Anm 3). Mit Larenz (Schuldrecht II, 12. Aufl, § 75 VI; Allg Teil, 6. Aufl, § 14 IV) sollte man aber besser von **einem** (einzigen), **mehrfach begründeten Anspruch** (Anspruchsnormen- oder -grundlagenkonkurrenz; vgl Georgiades aaO) sprechen; dem entspricht prozessual ein *alle* konkurrierenden materiell-rechtlichen Ansprüche (Anspruchsgrundlagen) umfassender einheitlicher Streitgegenstand (BGH MDR 84, 120 Nr 15). **Beispiel:** Wurde bei einem Straßenbahnunfall ein Fahrgast verletzt, so kann er – dreifach begründet – Schadensersatz aus positiver Vertragsverletzung, aus unerlaubter Handlung und aus dem HaftpflG verlangen (sog *Fahrgastfall*); prozessual liegt nur ein einziger Streitgegenstand vor (vgl R-Schwab § 96 III 1; StJSchumann Einl Rn 266). Hat der Verkäufer dem Käufer „gekauften" *Wein geliefert*, den der Käufer entgegengenommen und verbraucht hat und ist die erhobene Kaufpreisklage auf die (eine) vertragliche Anspruchsgrundlage gestützt, so hat das Gericht auch nicht vertragliche (zB Bereicherung) zu prüfen, wenn es einen wirksamen Vertrag verneint (Köln MDR 84, 151; s auch Rn 84). *Anders* ist jedoch zu entscheiden, wenn die materiell-rechtliche Regelung die zusammentreffenden Ansprüche erkennbar unterschiedlich ausgestaltet und dem Gläubiger die Möglichkeit einräumt, sich auf einen von ihnen zu beschränken. **Beispiel:** Verlangt der Kläger die Herausgabe einer Speziessache mit der Begründung, der Beklagte habe sie ihm durch verbotene Eigenmacht entzogen, so sind die Ansprüche aus §§ 861, 1007 BGB und (weil mit dem früheren Besitz auch der Tatbestand der Eigentumsvermutung nach § 1006 BGB behauptet ist) aus § 985 BGB nicht nur rechtliche Gesichtspunkte eines einheitlichen prozessualen Anspruchs, vielmehr bilden die (vorläufigen: §§ 863, 864 BGB) possesorischen und (endgültigen) petitorischen Ansprüche auch eine *Mehrheit von Streitgegenständen* (zutr Georgiades aaO, S 233 ff, 249, 260; StJSchumann Einl Rn 296, str; aA Jauernig § 37 III 1 und 2; 14 Aufl mwN). In gleicher Weise ist beim *Kaufpreis-Wechsel-Fall* zu entscheiden (dazu Rn 75).

3) Der Streitgegenstand bei den einzelnen Klagearten im besonderen

71 **a) Leistungsklagen. aa) Allgemeines.** Wer Leistungsklagen erhebt, muß die streitige Rechtsfolge bezeichnen, die er durchsetzen will, er braucht dagegen nicht vorzutragen, auf welche materiellen subjektiven Rechte er sich stützt. Vielmehr hat das Gericht unter jedem denkbaren Gesichtspunkt zu prüfen, ob es dem Antrag stattgeben kann (*iura novit curia*). **Streitgegenstand** der Leistungsklage ist daher die Frage, ob das Gericht die **im Antrag bezeichnete Rechtsfolge** aussprechen kann. Mit Recht definiert die hL den Streitgegenstand mit Hilfe des Rechtsfolgebegriffs (StJSchumann Einl Rn 288; R-Schwab § 96 IV 1; Blomeyer § 40 III 2; Nikisch §§ 2 IV, 42 I 4; Bötticher FamRZ 57, 412; Habscheid aaO S 141; Henckel, Parteilehre S 278; Schwab, Streitgegenstand, S 199; vgl bereits allg oben Rn 63).

72 **bb) Einzelne Leistungsklagen.** Soweit der Antrag des Klägers auf eine der **Gattung nach bestimmte Leistung** oder auf eine **Geldschuld** gerichtet ist, genügt sein Inhalt für sich allein noch nicht, um den Streitgegenstand zu individualisieren. Hier bedarf es des **Sachverhalts,** um die eingeklagte von gleichartigen (wirklichen oder behaupteten) Rechtsfolgen zu unterscheiden, die nicht Streitgegenstand sind.

Ebenso ist es, wenn der (einheitliche) Antrag nur scheinbar einen Streitgegenstand umreißt, sich in Wahrheit aber aus mehreren zusammensetzt. **Beispiel:** Die eingeklagte Geldforderung von 5 000,– DM setzt sich zusammen aus Teilbeträgen für Sachschaden, Heilungskosten und Schmerzensgeld (vgl BGH 30, 7 [18] = NJW 59, 1269 = LM § 823 BGB (Ah) Nr 3; BGH NJW 55, 1675; hier liegen drei (gehäufte, § 260) Streitgegenstände vor (vgl dazu auch § 253 Rn 15). **73**

Ähnlich, wenn **ein** Antrag auf mehreren Sachverhalten und Ansprüchen beruht. **Beispiel:** Klage auf 5 000,– DM mit der Begründung, der Beklagte schulde diesen Betrag aus einer von X zedierten und ein zweites Mal aus einer von Y zedierten Forderung, verlangt werde der Betrag nur einmal. Auch hier liegen in Wahrheit zwei Streitgegenstände vor; zur Art der Klagenhäufung hierbei siehe § 260 Rn 5. Schwab (aaO S 90) läßt hier nur **eventuelle Häufung** zu, während Habscheid (aaO S 257), ihm folgend Henckel (aaO S 291) und ThP § 260 Anm 1 b, **alternative Häufung** nur des Klagegrundes, aber nur **einen** bestimmten und daher zulässigen Antrag annehmen. Doch ist Schwab darin zuzustimmen, daß hier nur *scheinbar* ein bestimmter Antrag vorliegt. Fälle dieser Art sind in der Praxis selten. **Beispiel:** Der Kläger stützt sein betragsmäßig bestimmtes Klagebegehren in einem mehrfach gestaffelten Hilfsverhältnis auf verschiedene Sachverhaltskomplexe, zB Darlehensgewährungen; es handelt sich um eine Mehrheit von Streitgegenständen (BGH NJW 84, 371 = AP Nr 1 zu § 5 ZPO). **74**

Mehrere Streitgegenstände liegen auch vor, wenn der Käufer dem Verkäufer zur Sicherung der Kaufpreisschuld ein Wechselakzept gab und der Verkäufer nunmehr die Summe einklagt, die Klage aber sowohl auf den **Kaufvertrag,** wie auf den **Wechsel** stützt. Entgegen R-Schwab § 96 II 2, liegt hier kein einheitlicher Streitgegenstand vor, sondern sowohl materiellrechtlich als auch prozessual eine **Mehrheit** von (nur erfüllungsmäßig funktionell miteinander verknüpften) Ansprüchen (zust Schaaf NJW 86, 1030). Hier bewährt sich, wie übrigens auch schon im obigen Beispiel, Henckels Kriterium des einheitlichen materiellrechtlichen Verfügungsobjekts: Der Verkäufer kann unbestreitbar seine Wechselforderung an X, die Kausalforderung an Y übertragen. Klagen beide gegen den Käufer, zeigt sich, daß zwei Streitgegenstände vorliegen (ebenso ThP Einl II 7 c dd aE; Habscheid S 164; Henckel S 289; iErg auch StJSchumann Einl Rn 296). Auch die Annahme eines eingliedrigen Streitgegenstandes (Antrag!) zwingt uE nicht zu der abgelehnten Gegenansicht (vgl noch Schwab aaO S 91), da bei Klageanträgen auf einen Geldbetrag der Antrag immer der Individualisierung durch den Sachverhalt, den Klagegrund bedarf. Um mehrere Streitgegenstände handelt es sich auch dann, wenn der Kläger den nämlichen Anspruch zunächst aus eigenem Recht und später aufgrund einer **Abtretung** des Berechtigten oder aufgrund verschiedener Abtretungen geltend macht (BGH NJW 86, 1046 f). **75**

Eine **zeitlich aufeinander folgende Häufung** nicht nur materieller, sondern auch prozessualer Ansprüche liegt vor, wenn zunächst ehelicher Unterhalt während des Getrenntlebens (§ 1361 BGB) und später nachehelicher Unterhalt (§§ 1569 ff BGB) begehrt wird; die Scheidung begründet den **neuen Sachverhalt** und damit einen selbständigen Streitgegenstand (BGH 78, 130 = NJW 80, 2812 = MDR 81, 125; NJW 81, 978 = MDR 81, 392; 93, 335 = NJW 85, 1340; s auch § 323 Rn 21). Bei der Klage auf **Aufnahme** in einen (dem Aufnahmezwang unterliegenden) **Verein** ist Streitgegenstand das Bestehen eines Aufnahmeanspruchs des Bewerbers selbst, nicht die Berechtigung einer förmlichen Vereinsentscheidung über den Aufnahmeantrag (vgl BGH 93, 157 = NJW 85, 1217). **76**

b) Feststellungsklagen. Bei der Feststellungsklage kennzeichnet regelmäßig der **Antrag** den Streitgegenstand: ihn bildet das behauptete (materielle) Recht. Dies gilt jedenfalls dann, wenn es sich hierbei um ein **absolutes Recht** handelt, da ein solches die Möglichkeit ausschließt, „daß dem Rechtssubjekt ein zweites Recht mit demselben Inhalt zustehen könnte" (so zutreffend Henckel S 283; ihm folgend Blomeyer § 40 V 2, S 203; ebenso Schwab S 93 f [beachte wegen der Rechtskraft aber auch S 174 ff und hier § 322 Rn 12]; Zeiss § 44 IV 2 b; Jauernig § 37 VIII 3; Baumgärtel JuS 74, 75, str; aA ThP Einl II 7 c dd aE; Habscheid S 216; Lüke JZ 60, 203; Brox JuS 62, 125). Daher gehören zum Streitgegenstand alle Erwerbsgründe. **Beispiel:** Bei Klage auf Feststellung des Eigentums an einer Sache sowohl rechtsgeschäftlicher Erwerb, wie Ersitzung oder Erbgang. **Anders,** wenn auf Feststellung des Bestehens eines **relativen** oder eines Gestaltungsrechts geklagt wird (letzteres nicht zu verwechseln mit Gestaltungsklage). **Beispiel:** Sowohl eine Forderung (§§ 194 I, 241 BGB) als auch ein Rücktrittsrecht (zB § 346 ff BGB) bedürfen zu ihrer Individualisierung **stets** der Angabe des Entstehungsgrundes. **77**

Streitgegenstand der **negativen Feststellungsklage** ist das Rechtsverhältnis, dessen Nichtbestehen der Kläger gerichtlich festgestellt wissen will (Baltzer, Die negative Feststellungsklage aus § 256 I ZPO, 1980, S 35 und mwN, 89, hM). **78**

Streitgegenstand der arbeitsrechtlichen **Kündigungsschutzklage** (§§ 1, 4 KSchG) ist die Frage der Auflösung des Arbeitsverhältnisses durch die angegriffene Kündigung, nicht der Bestand **79** des Arbeitsverhältnisses als solches (enger Streitgegenstandsbegriff; vgl BAG 7, 36; BAG BB 85, 1735; Vollkommer in Anm zu BAG AP Nr 3 zu § 13 KSchG 1969 unter III 1 mwN).

80 **c) Gestaltungsklagen.** Der Umfang des Streitgegenstands von Gestaltungsklagen ist umstritten (vgl dazu Schlosser, Gestaltungsklagen und Gestaltungsurteile, 1966, S 335 ff). Im einzelnen ist zwischen den verschiedenen Gestaltungsklagen zu unterscheiden. **aa) Handelsrechtliche Gestaltungsklagen.** Hier ist ein enger durch den Sachverhalt (Gestaltungsgrund) (mit-)bestimmter Streitgegenstand anzunehmen. **Beispiel:** Der auf Geschäftsübergabe nach § 142 HGB klagende Gesellschafter stützt seine Klage zunächst auf Krankheit des Beklagten, während er die ihm ebenfalls bekannten Veruntreuungen desselben nicht vorträgt. Nimmt man an (Habscheid S 214; ThP Einl II 7 c dd), Klagegrund seien hier die umfassend verstandenen Gesellschafterbeziehungen, nicht die Einzellebensvorgänge daraus, so stellt ein Nachschieben des zweiten Grundes (Veruntreuungen) keine Klageänderung dar; die Abweisung der Klage stünde einer neuen, auf den bisher nicht vorgetragenen Gestaltungsgrund gestützten Klage entgegen (vgl Brox JuS 62, 121, 127 für § 133 HGB). Folgerichtig müßte dies auch gelten, wenn die bereits vor Schluß der mündlichen Verhandlung erfolgten Veruntreuungen dem Kläger unbekannt geblieben wären – falls man nicht den Rechtsgedanken aus §§ 767 III, 616 aF hier entsprechend anwenden wollte (vgl hierzu auch Rn 70 vor § 322). **Richtigerweise** benötigt man hier zur Individualisierung des Antrags auf Rechtsgestaltung – und damit zur Fixierung des Streitgegenstandes – den Lebenssachverhalt, den der Kläger vorgetragen hat, um den Tatbestand des **konkreten Gestaltungsgrundes** auszufüllen (im Beispiel: einerseits Krankheit – andererseits Veruntreuung); vgl in diesem Sinn Brox aaO; Zeiss § 44 IV 3; Jauernig § 37 VII 2 (mit zutr Ausnahme für Verfahren mit Inquisitionsmaxime); Blomeyer § 40 V 3; BGH 45, 329.

81 **bb) Eheauflösungsverfahren.** Schon nach bisherigem Recht bestand Einigkeit darüber, daß das Begehren auf Aufhebung (§§ 28 ff EheG) und das auf Scheidung der Ehe zwei Streitgegenstände bilden. Im übrigen war umstritten, ob der Streitgegenstand in Eheauflösungverfahren weit (sog „globaler" Streitgegenstand) iS der „notleidenden Ehe" schlechthin (so Habscheid, Bötticher , Schwab, Beitzke) oder eng iS des geltend gemachten Auflösungsgrundes (so Schlosser, Brox, Zeiss, Gernhuber, ferner Degenhart in der 11. Aufl mit umfangreichen Nachw) zu bestimmen sei. Die Kontroverse ist überholt, da es nach der Reform des Scheidungsrechts nur noch einen einzigen Scheidungsgrund, den des Scheiterns der Ehe (§ 1565 I BGB), gibt (ebenso StJSchlosser § 611 Rndr 2; hier Philippi § 630 Rn 3; aA ansch Jauernig § 91 II 12). Dem im neuen Eheverfahrensrecht zum Ausdruck kommenden Gedanken der möglichsten Konzentration des Konfliktfalls Ehezerrüttung in einem einzigen Verfahren (vgl §§ 623, 630) dürfte ein globaler Streitgegenstand in Ehesachen am besten gerecht werden (StJSchlosser § 611 Rdnr 2, § 616 Rdnr 12; Schlosser FamRZ 78, 319; Leipold aaO S 23; aA ansch Jauernig § 37 VIII 2 und § 91 II 12).

82 **d) Stellungnahme zum Streit zwischen „eingliedrigem" und „zweigliedrigem" Streitgegenstandsbegriff.** Aus den Darlegungen zu Rn 71–81 geht hervor, daß der **Lebenssachverhalt** (Klagegrund gemäß § 253 II Nr 2), aus dem die begehrte Rechtsfolge abgeleitet wird, den Streitgegenstand sehr oft mitbestimmt, so vor allem bei Leistungsklagen auf Gattungsschulden oder Geld (Rn 72), doch nicht immer, wie bei Klagen auf Feststellung eines absoluten Rechts (Rn 77). Insofern ist der Begriff des Streitgegenstandes kein einheitlicher (in diesem Sinne auch StJSchumann Einl Rn 283 d und 285; Pohle in Anm zu BAG AP § 322 ZPO Nr 7; Blomeyer, FS Lent, S 43 ff und Lehrbuch, § 40 II und V; Jauernig § 37 VIII vor 1 und IX). Zur Kritik gegenüber einem Einheitsbegriff vgl bereits oben Rn 61.

83 Auch der **BGH** geht von einem zweigliedrigen Streitgegenstand aus. Das Gericht darf nur über den sich aus dem **Antrag** und dem sich von den Parteien vorgetragenen **Lebenssachverhalt** ergebenden prozessualen Anspruch entscheiden (BGH 79, 248; 94, 33; NJW 83, 389 mN; NJW 86, 1046 f). Bsp: Klagt ein Miteigentümer (als Prozeßstandschafter gem § 1011 BGB) allein auf Grundbuchberichtigung, und erbt er während des Prozesses den Miteigentumsanteil eines weiteren – nicht klagenden – Miteigentümers, so wird der Berichtigungsanspruch nicht ohne weiteres Streitgegenstand und kann noch in einem zweiten Rechtsstreit geltend gemacht werden (BGH 79, 248 f). Grund: Die Erbfolge bildet einen **neuen Lebenssachverhalt** und begründet damit einen geänderten Streitgegenstand (BGH 79, 249).

4) Keine Beschränkung der Rechtsfolgebehauptung

84 Streitig ist, inwieweit Ausnahmen von den oben Rn 68–70 dargelegten Grundsätzen anzuerkennen sind, inwieweit vor allem der subjektive **(materielle) Anspruch** doch **Einfluß** auf den **prozessualen Streitgegenstand** zu nehmen vermag. **a) Keine Beschränkung des Streitgegenstandes durch den Kläger auf bestimmte rechtliche Gesichtspunkte.** Aus der zwingenden Vorschrift des § 253 II Nr 2 geht hervor, daß die im Antrag der Leistungsklage bezeichnete Rechtsfolge den Streitgegenstand auch dann abgrenzt, wenn der Kläger **ausdrücklich** verlangt, sein Antrag

möge nur unter einem **bestimmten rechtlichen Gesichtspunkt** geprüft werden. Ein solcher Wunsch verdient keinen Rechtsschutz und ist daher unzulässig und nicht zu beachten (Köln MDR 84, 151; ThP § 308 Anm 1c [unter Aufgabe des früheren gegenteiligen Standpunkts]; Kion, Eventualverhältnisse im Zivilprozeß, 1971, S 120; Schneider MDR 75, 801; Häsemeyer ZZP 85, 207; Blomeyer § 13 II 4, str; aA Baur, FS Bötticher, 1967, 1 [10]; Schlosser, Einverständliches Parteihandeln im Zivilprozeß, 1968, S 33 ff, 96 ff; Würthwein, Umfang und Grenzen des Parteieinflusses auf die Urteilsgrundlagen im Zivilprozeß, 1977, S 153 ff; RG 123, 273; vgl auch Bader, Zur Tragweite der Entscheidung über die Art des Anspruchs im Zivilprozeß, 1966), denn das Institut der Leistungsklage soll dem Kläger lediglich zu einem Titel verhelfen, der die behauptete Rechtsfolge realisiert, falls sie eingetreten ist. Dementsprechend fehlt dem Kläger, der dieselbe Entscheidung mit einer anderen Begründung erstrebt, die Beschwer (vgl BGH 82, 253 = NJW 82, 579). Kann der Kläger ausnahmsweise (zB in dem oft erörterten Fall des § 393 BGB) ein Rechtsschutzbedürfnis dahin nachweisen, daß es ihm gerade auf die Feststellung eines bestimmten subjektiven Rechts ankommt, so mag er – auch neben der Leistungsklage – auf Feststellung klagen. Nur die Feststellungsklage dient nach § 256 auch dazu, nötigenfalls bestimmte subjektive Rechte festzustellen (in diesem Sinne auch BGH ZIP 83, 994 und Henckel S 277 ff). **Beachte:** Die obigen Ausführungen gelten nicht, wenn es in Wahrheit nicht um bloße „rechtliche Gesichtspunkte", sondern um *eigenständige Klagegründe* (iS eines selbständigen Streitgegenstandes) geht. **Beispiel:** Nichtgeltendmachung von vertraglichen Ansprüchen (BGH 91, 283 f); vgl auch die Beispiele oben Rn 70 (zu §§ 861, 1077, 985 BGB) und 75.

b) Keine Beschränkung des Streitgegenstandes durch Zuständigkeits- und Rechtswegnormen. Die geltend gemachte Rechtsfolge ist auch dann Streitgegenstand, wenn das **Gericht** sie ausnahmsweise nicht in vollem Umfang prüfen darf, weil es **nur für einen bestimmten rechtlichen Gesichtspunkt zuständig** ist (vgl zB den Gerichtsstand der unerlaubten Handlung nach § 32); Schrifttum: Gravenhorst, Die Aufspaltung der Gerichtszuständigkeit nach Anspruchsgrundlagen, 1972; Schwab, Streitgegenstand und Zuständigkeitsentscheidung, FS Rammos, 1979, S 845, 851; Spellenberg ZZP 95, 11; StJSchumann Einl Rn 295. – Die Besonderheit dieses Falles liegt nicht etwa in einem abweichenden Streitgegenstandsbegriff, sondern in dem Inhalt des Urteils, das unter Umständen ergehen muß, und in der Art seiner Rechtskraftwirkung. Die Klage ist nämlich gegebenenfalls als unbegründet im Bereich der Zuständigkeit des erkennenden Gerichts und im übrigen als unzulässig abzuweisen (BGH NJW 74, 411; 86, 2437, stRspr) und kann vor einem für die übrigen rechtlichen Gesichtspunkte zuständigen Gericht mit dem Ziel wiederholt werden, daß dieses Gericht die übrigen Gesichtspunkte prüfe (BGH VersR 78, 59; 80, 846). Der Kläger kann der teilweisen Abweisung als unzulässig nicht dadurch ausweichen, daß er in der Klageschrift erklärt, die Klage solle nur unter dem Gesichtspunkt geprüft werden, für den das Gericht zuständig ist (Beschränkung des Streitgegenstandes; dazu abl Lerch DRiZ 86, 18), wohl aber kann er durch einen vorsorglich gestellten Verweisungsantrag die Voraussetzungen für eine Teilverweisung des nicht erledigten Klagegrundes durch Urteil an das zuständige Gericht schaffen (so Grunsky JZ 71, 337; Ritter NJW 71, 1217, beide insoweit abl zu BGH NJW 71, 564, sehr str; vgl dazu auch § 12 Rn 20). 85

5) Keine Beschränkung des Lebenssachverhalts

Es fragt sich, ob dem Lebenssachverhalt neben der oben Rn 71–81, bezeichneten, allgemein anerkannten positiven auch eine negative Funktion zukommt, wenn es gilt, den Streitgegenstand zu bestimmen: Ob nämlich in einem zweiten Prozeß dieselbe Rechtsfolge als anderer Streitgegenstand (also trotz §§ 261, 322) mit der Begründung eingeklagt werden darf, der Kläger habe bewußt (Rn 87) oder unbewußt (Rn 89) diese Tatsache im Erstprozeß nicht vorgebracht. Die Frage ist in vollem Umfange zu verneinen. 86

a) Keine Beschränkung durch Nichtvortrag von Tatsachen. Entgegen vereinzelten Änderungen in der Rspr (vgl die Nachw bei StJSchumann Einl Rn 297 und Schwab aaO S 98 ff) ist es grundsätzlich unzulässig und nicht zu beachten, wenn der Kläger verlangt, über seinen Antrag möge entschieden werden, als hätten sich bestimmte in den Rechtsstreit eingeführte Tatsachen nicht ereignet. Aufgabe der Rechtspflege ist es, die wirkliche, nicht eine fiktive Rechtslage zu beurteilen. Die wirkliche Rechtslage entwickelt sich aber aus sämtlichen, tatsächlich eingetretenen Tatsachen. Ein Lebenssachverhalt, aus dem der Kläger einige wirkliche oder behauptete Tatsachen „gestrichen" hat, hat sich – als ganzer gesehen – als wirklicher oder behaupteter nicht ereignet und kann daher nicht Entscheidungsgrundlage sein. 87

Außerdem begehrt ein Kläger, der einzelne Tatsachen ungeprüft lassen will, im Prinzip nichts anderes als ein Kläger, der über einen Antrag nur unter bestimmten rechtlichen Gesichtspunkten entscheiden lassen will (vgl dazu Rn 84 und § 308 Rn 5). Auf Leistungsklage ist nur darüber zu entscheiden, ob die behauptete Rechtsfolge eingetreten ist und ein Titel für sie erteilt werden 88 kann; diese Frage wiederum kann nur aufgrund aller eingetretenen Tatsachen und aller einschlägigen Rechtsnormen beantwortet werden. Eine **Auswahl von Tatsachen** ist daher dem Kläger ebenso zu versagen wie eine Auswahl rechtlicher Gesichtspunkte (vgl dazu Rn 84).

89 **b) Keine Beschränkung durch unbekannte Tatsachen.** Desgleichen kann sich der Kläger in einem Zweitprozeß nicht darauf berufen, seine Klage betreffe trotz Identität der Anträge schon deshalb einen neuen Streitgegenstand, weil er nunmehr auch Tatsachen vortrage, die im Erstprozeß unbewußt, insbesondere infolge Unkenntnis, nicht vorgetragen worden seien. Diese letztere Möglichkeit gehört zum Risiko eines jeden Prozesses, und die Rechtskraft hindert die Parteien daran, später geltend zu machen, es müsse neu entschieden werden, weil der Lebenssachverhalt nicht vollständig vorgetragen gewesen sei.

90 Einen Sonderfall bilden Tatsachen, die sich erst nach der letzten mündlichen Tatsachenverhandlung eines Prozesses wirklich oder angeblich ereignet haben, aber zu dem im Erstprozeß behandelten Lebenssachverhalt gehören und für den Streitgegenstand des Erstprozesses rechtserheblich sind. Der Schluß der letzten mündlichen Tatsachenverhandlung kann den Ablauf eines Lebenssachverhalts nicht „beenden" oder „unterbrechen"; die auf die neuen Tatsachen gestützte Klage betrifft also zwar wieder denselben Streitgegenstand (vgl dazu Rn 57 vor § 322), ermöglicht aber eine neue Entscheidung über den bereits rechtskräftig beurteilten Streitgegenstand, wobei freilich die Basis der bereits rechtskräftigen Entscheidung nicht verlassen werden darf (dazu Rn 60 vor § 322).

6) Abweichende Lehrmeinungen

91 Diesem **prozessual bestimmten Begriff des Streitgegenstandes** gegenüber wird in der neueren Lehre (Henckel, Parteilehre und Streitgegenstand im Zivilprozeß; Rimmelspacher, Materiellrechtlicher Anspruch und Streitgegenstandsprobleme; Georgiades, Die Anspruchskonkurrenz im Zivilrecht und Zivilprozeßrecht; Grunsky, Grundlagen, 2. Aufl, § 5; Baumgärtel JuS 74, 69; Larenz, AllgTeil, 6. Aufl, § 14 IV und Schuldrecht II, 12. Aufl, § 75 VI, ua) der Zusammenhang zwischen dem Rechtsfolgebegehren des Klägers und seinem **materiellen Anspruch,** auf den es sich stützt, stärker betont, um den Gleichlauf zwischen materiellem und Prozeßrecht herzustellen. Teils wird zu diesem Zweck ein rechtlich mehrfach begründeter Anspruch als **ein** materieller Anspruch und zugleich als **ein** Streitgegenstand aufgefaßt (Georgiades; Larenz), teilweise wird als Kriterium für den Streitgegenstand die **selbständige Abtretbarkeit** eines von mehreren „konkurrierenden Ansprüchen" verstanden (Henckel, Grunsky), teils wird eine Neugliederung des Anspruchs in **Rechtsbehelf und Rechtsposition** befürwortet (Rimmelspacher; danach Identität des Streitgegenstands bei Gleichheit der Rechtsposition). Ob auf diese Weise eine einfachere, geschlossene Lösung der mit dem Streitgegenstand zusammenhängenden Probleme gefunden wurde, bleibt abzuwarten (skeptisch neuerdings Leipold aaO S 21; zurückhaltend auch StJSchumann Einl Rn 282 a).

V) Die Auslegung des Zivilprozeßrechts

Lit: *Benda,* Formerfordernisse im Zivilprozeß und das Prinzip der Fairneß, ZZP 98 (1985), 365; *Benda/Weber,* Der Einfluß der Verfassung im Prozeßrecht, ZZP 96, 285; *Bettermann,* Die verfassungskonforme Auslegung, Grenzen und Gefahren, 1986; *Büchmann,* Grenzen der Abwehr prozessualer Manipulationen in der Zwangsvollstreckung, ZIP 86, 7; *Dörr,* Faires Verfahren, 1984; *Dütz,* Funktionswandel des Richters im Zivilprozeß?, ZZP 87, 361; *Gerhardt,* Bundesverfassungsgericht, Grundgesetz und Zivilprozeß, speziell: Zwangsvollstreckung, ZZP 95, 467; *Gottwald,* Argumentation im Zivilprozeßrecht, ZZP 93, 1; *Hagen,* Formzwang und Formzweck im Zivilprozeß, JZ 72, 505; *Karwacki,* Der Anspruch der Parteien auf einen fairen Zivilprozeß, 1984; *Kloepfer,* Verfahrensdauer und Verfassungsrecht, JZ 79, 209; *Lorenz,* Grundrechte und Verfahrensordnungen, NJW 77, 865; *von Mettenheim,* Der Grundsatz der Prozeßökonomie im Zivilprozeß 1970; *Quack,* Verfahrensrecht und Grundrechtsordnung, Rpfleger 78, 197; *Röhl,* Beraten, Vermitteln, Schlichten und Richten, SchlHA 79, 134; *E. Schneider,* Der Einfluß der Rechtsprechung des BVerfG auf das Zivilprozeßrecht, MDR 79, 617; *Schumann,* Die Prozeßökonomie als rechtsethisches Prinzip, FS Larenz, 1973, 271; *ders,* Bundesverfassungsgericht, Grundgesetz und Zivilprozeß, 1983 = ZZP 96, 137; *ders,* Die materiell-rechtsfreundliche Auslegung des Prozeßgesetzes, FS Larenz 1983, 571; *ders,* Die Wahrung des Grundsatzes des rechtlichen Gehörs – ein Dauerauftrag für das BVerfG, NJW 85, 1134; *Schwab/Gottwald,* Verfassung und Zivilprozeß, 1984; *Stürner,* Die Einwirkungen der Verfassung auf das Zivilrecht und den Zivilprozeß, NJW 79, 2334; *ders,* Kontrolle zivilprozessualer Verfahrensfehler durch das BVerfG, JZ 86, 526; *Tettinger,* Fairneß und Waffengleichheit, 1984; *Vollkommer,* Formenstrenge und Prozessuale Billigkeit, 1973; *ders,* Verfassungsmäßigkeit des Vollstreckungszugriffs, Rpfleger 82, 1; *Zuck,* Die Beseitigung groben prozessualen Unrechts, JZ 85, 921; vgl ferner noch das zu Einl II 1 genannte Schrifttum.

1) Allgemeines

Grundsätzlich gelten die allgemeinen Auslegungsgrundsätze (vgl Larenz, Methodenlehre der Rechtswissenschaft, 5. Aufl 1983, S 298 ff, 351 ff) auch im Zivilprozeßrecht (R-Schwab § 7 II; StJSchumann Einl Rn 40). Besonderheiten ergeben sich aus der Eigenart des Prozeßrechts. Prozeßrecht ist Zweckmäßigkeitsrecht; es dient der Verwirklichung des materiellen Rechts (vgl Bericht der Kommssion zur Vorbereitung einer Reform der Zivilgerichtsbarkeit, 1961, 166 ff; Baur in: Tradition und Fortschritt im Recht, 1977, 161 ff mN; Gilles, FS Schiedermair, 1976, 189 ff mN). „Der Zivilprozeß hat die Verwirklichung des materiellen Rechts zum Ziele; die für ihn geltenden Vorschriften sind nicht Selbstzweck, sondern Zweckmäßigkeitsnormen, gerichtet auf eine sachliche Entscheidung des Rechtsstreits im Wege eines zweckmäßigen und schnellen Verfahrens" (BGH 10, 359; weitere Rspr-Nachw bei Vollkommer, Formenstrenge, S 38 N 21). „Das Verfahrensrecht dient der Herbeiführung gesetzmäßiger und unter diesem Blickpunkt richtiger, aber darüber hinaus auch im Rahmen dieser Richtigkeit gerechter Entscheidungen" (BVerfG 42, 73 = NJW 76, 1391; 49, 226; 69, 139 f, stRspr). An dem obersten Zweck des Zivilprozesses als der Rechtsverwirklichung hat auch das neue Verfahrensrecht mit seinen schärferen Präklusionsvorschriften nichts geändert (so offenbar auch BVerfG 67, 41 mN; BGH 76, 173 [179]; 86, 218 [223]; München OLGZ 79, 233 und 483; KG OLGZ 79, 365; vgl auch Putzo NJW 77, 5; Deubner NJW 77, 925; 85, 1140; Pieper, FS Rudolf Wassermann, 1985, S 773, 786 ff). Diese wollen nicht Entscheidungen auf unvollständiger Tatsachengrundlage legitimieren, sondern die Parteien zu einem frühzeitigen und vollständigen Vorbringen veranlassen (zutr gegen eine selbständige Bedeutung des „Rechtsfriedenzweckes" Gilles aaO S 196 ff). Als Normen mit „strengem Ausnahmecharakter" (so BVerfG 67, 41; 69, 136 und 149 mN, stRspr) sind die Präklusionsvorschriften einer erweiternden Auslegung nicht zugänglich (vgl allg BGH 93, 188). Die Möglichkeit, eine materiell gerechte Entscheidung zu finden, soll nicht stärker als im Interesse der Verfahrenskonzentration erforderlich eingeschränkt werden (BGH 76, 136 und 178 f; 86, 218 [224]). Diese Zweckbestimmung führt zu einer **„allgemeinen Interpretationsmaxime"** des Prozeßrechts (vgl Gaul AcP 168, 37), die sich im Anschluß an die Großen Senate von BFH und BSG wie folgt formulieren läßt: „Verfahrensvorschriften sind nicht Selbstzweck. Sie dienen letztlich der Wahrung der materiellen Rechte der Prozeßbeteiligten. In Zweifelsfällen sind sie daher – wenn irgend vertretbar – so auszulegen, daß sie eine Entscheidung über die materielle Rechtslage ermöglichen und nicht verhindern" (BFH 111, 285 = NJW 74, 1583; BSG NJW 75, 1383; BGH 73, 91; GemS OGB BGH 75, 348). Ein **Verstoß** gegen diesen Auslegungsgrundsatz, insbesondere eine Auslegung des Verfahrensrechts, die zu schweren Rechtsverlusten für den Berechtigten führt, kann objektive Willkür darstellen (BVerfG 42, 64, 73 ff; vgl auch BVerfG 46, 334 = NJW 78, 368 = Rpfleger 78, 206; weitere Nachw zum „Willkürverbot" unten Rn 99). 92

2) Einzelne Auslegungsrichtlinien

Aus der allgemeinen Interpretationsmaxime (Rn 92) lassen sich eine Reihe von speziellen verfahrensrechtlichen Auslegungsrichtlinien herleiten. **a) Verbot von Wortformalismus.** Bei der Auslegung von Verfahrensnormen ist ein übermäßiges Haften am Gesetzeswortlaut unangebracht. Über der bloßen Wortauslegung steht die Auslegung nach dem Sinn und Zweck des Gesetzes („teleologischer" Auslegung, vgl Rn 95), für die der Wortlaut der Vorschrift keine unüberwindliche Schranke darstellt. „Am Wortlaut einer Norm braucht der Richter aber nicht haltzumachen. Seine Bindung an das Gesetz (Art 20 III, Art 97 I GG) bedeutet nicht Bindung an dessen Buchstaben mit dem Zwang zu wörtlicher Auslegung, sondern Gebundensein an Sinn und Zweck des Gesetzes. Die Interpretation ist Methode und Weg, auf dem der Richter den Inhalt einer Gesetzesbestimmung unter Berücksichtigung ihrer Einordnung in die gesamte Rechtsordnung erforscht, ohne durch den formalen Wortlaut des Gesetzes begrenzt zu sein" (BVerfG 35, 279). Die bloße Unzweckmäßigkeit einer Norm rechtfertigt es allerdings nicht, sich über ihren eindeutigen Wortlaut hinwegzusetzen (BGH GSZ 80, 152). Beispiel zur Bedeutung des Wortes „soll": Der Verstoß gegen eine Sollvorschrift (hier: § 543 II) braucht keinen (relativen oder absoluten) Revisionsgrund darzustellen (BGH 73, 251; im Einzelfall anders BGH ZZP 99, 92: Auslegung als Muß-Vorschrift). Andererseits kann gerade der Schutzzweck der Norm eine streng wörtliche Auslegung gebieten. Beispiel: BVerfG 51, 107 zu § 758 (vgl auch unten Rn 98 ff). Bei der Auslegung älterer Gesetzesbestimmungen, wie bei der ZPO, die im Laufe der Zeit durch eine gefestigte höchstrichterliche Rspr ausgeformt worden sind, ist die Bindung des Richters an den Gesetzeswortlaut im Interesse der Kontinuität der Rspr gelockert (BGH GSZ 85, 64 [66]; BGH 88, 347; krit Köhler JR 84, 45). Allgemein ist eine Auslegung gegen den Gesetzeswortlaut allerdings nur innerhalb der der **richterlichen Rechtsfortbildung** gezogenen Grenzen möglich (BVerfG 69, 371 f mN = NJW 85, 2402). 93

94 **b) Verbot übertriebener Form- und Fristenstrenge.** Auch die Muß- und Formvorschriften der ZPO sind einer **freien** und weiten **Auslegung** zu unterziehen (RG 102, 278), denn auch die Formvorschriften sollen dem Schutz des sachlichen Rechts, nicht aber seiner Vereitelung dienen (RG 123, 206; 133, 369; Vollkommer, Formenstrenge, S 52 mwN und Anm AP Nr 6 zu § 513 ZPO unter II 2). Hängt der Rechtsschutz des Bürgers von formalen Voraussetzungen ab, dürfen diese nicht zu „förmlichen Stolpersteinen" oder „Fallstricken" werden (BGHSt 13, 391; 29, 173 [179] = Rpfleger 80, 99, 101). Die sachlich gebotene Formstrenge darf nicht in Formalismus ausarten (vgl BFH 116, 143; BGH 90, 327 f), „entscheidend ist allein, welcher Grad von Formenstrenge nach den maßgeblichen verfahrensrechtlichen Vorschriften sinnvoll zu fordern ist" (BVerfG 15, 292; GemS BGH 75, 348; BGHSt MDR 85, 67). Bei Vorschriften, die in bes Maße der Rechtssicherheit dienen (zB Formen der Zustellung), kann eine strenge Auslegung geboten sein (BayObLGZ 85, 24 für § 183; allg formstreng Westerhoff JR 86, 269).

95 **c) Gebot eines zweckmäßigen und kostengünstigen Verfahrens.** Die **teleologische** Interpretation des Verfahrensrechts verlangt die Berücksichtigung von Sachdienlichkeit, Praktikabilität, Prozeßökonomie (Prozeßwirtschaftlichkeit) des Verfahrens (vgl hierzu Schumann und von Metzenheim, jeweils aaO; Eike Schmidt, Der Zweck des Zivilprozesses und seine Ökonomie, 1973; StJSchumann Einl Rn 81 f, sämtl mwN; BGH 83, 15 f; NJW 83, 1913 [1914]). Unter verschiedenen nach der ZPO möglichen Verfahrensgestaltungen ist der einfachere, kostengünstigere und schnellere Weg zu wählen; treffend der Entw eines § 1 a ZPO von E. Fuchs (1927): „Ist im Gesetz eine Frage nicht oder nicht eindeutig geregelt, so ist von mehreren möglichen Auslegungen oder Gestaltungen die maßgebend, die eine Verletzung des materiellen Rechts am besten vermeidet und das Verfahren am zweckmäßigsten und am wenigsten kostspielig gestaltet" (vgl Vollkommer, Formenstrenge, S 60; vgl auch Rn 98 f, 102).

96 **Schranken** ergeben sich aus dem Prozeßzweck (Rn 92): Unzulässig ist eine Auslegung, die nur der Einsparung richterlicher Arbeitsbelastung dient (BVerfG 51, 113; NJW 81, 41 f); die Ablehnung eines Beweisantrags als „höchst unökonomisch" (BVerfG 50, 32), aus angeblichen, mit den Parteien nicht erörterten Erfahrungssätzen (Frankfurt NJW 86, 855), oder sonst aus Gründen, die im Prozeßrecht keine Stütze finden (BVerfG NJW 86, 833).

97 **Lücken** des Gesetzes sind unter Berücksichtigung des Normzweckes und der Gebote der Prozeßökonomie zu schließen; sinnloser Formalismus wird durch das Gesetz nicht gedeckt (BGH NJW 78, 1164 = Rpfleger 78, 211). **Analogie** ist auch im Verfahrensrecht grundsätzlich statthaft (StJSchumann Einl Rn 93; ThP Einl VI 5), auch bei Ausnahmenormen im Rahmen des ihnen zugrundeliegenden allg Rechtsgedankens (BL-Hartmann Einl III 5 D a; allg Palandt-Heinrichs, BGB, 45. Aufl, Einl VI Anm 3 d gg). Beispiel für Analogie: Unselbständige Anschlußbeschwerde (vgl BGH 88, 194), für Analogieverbot: Justizkostenrecht (vgl Lappe Rpfleger 84, 337). Im Interesse möglichster Verfahrensvereinheitlichung (dazu allg Vollkommer, FS Obermayer, 1986, S 139) kommt bei der Schließung von Lücken in der ZPO den in den neuen Verfahrensordnungen (übereinstimmend) enthaltenen Regelungen bes Bedeutung zu (vgl GemS OGB BGH 88, 358 f für Zeitpunkt des Eintritts der formellen Rechtskraft; dazu § 705 Rn 11).

98 **d) Gebot einer verfassungs-(grundrechts-)konformen Auslegung.** Als einfaches Gesetzesrecht ist die ZPO „im Blick" auf das GG, inbes auf die Grundrechte auszulegen (BVerfG 35, 360; 40, 88; 41, 323; 42, 369; 49, 235; 51, 156, stRspr; BGH 73, 91; 89, 125; NJW 78, 938 [939]; StJSchumann Einl Rn 65 mit umfangr Nachw; Schumann ZZP 96, 137; Vollkommer Rpfleger 82, 1), dh bei mehreren Auslegungsmöglichkeiten verdient diejenige den Vorzug, die der (Wertordnung der) Verfassung am besten entspricht und bei der die Grundrechte am wirksamsten durchgesetzt werden (zB BVerfG 35, 362; 46, 184; 47, 191; 49, 157 und 257; 51, 110; BGH 84, 28 f; Rspr-Überblick BVerfG: E. Schneider MDR 79, 617; grundlegend: Bettermann, Die verfassungskonforme Auslegung, Grenzen und Gefahren, 1986; Schumann ZZP 96, 137; Stürner JZ 86, 526; Waldner ZZP 98, 200).

99 **aa) Einzelne Grundrechte.** Für die verfassungskonforme Anwendung und Handhabung von überragender Bedeutung sind die verschiedenen Prozeßgrundrechte, insbes das **Recht auf Gehör** (Art 103 I GG; dazu unten Rn 101 und näher Rn 3 ff vor § 128), das Recht auf den **gesetzlichen Richter** (Art 101 I 2 GG; dazu BVerfG 67, 95; BayVerfGH NJW 85, 2894 f; vgl auch Rn 1 vor § 41; § 16 GVG Rn 2) sowie die aus dem Gleichheitssatz (Art 3 I GG) folgenden Grundsätze der **Rechtsanwendungsgleichheit** (BVerfG 54, 296; 66, 335; 67, 248; 69, 254; BayVerfGH NJW 82, 1746), der **Waffengleichheit** (BVerfG 52, 144 und 156; 63, 392; 69, 140; BGH 88, 362; 91, 160; 92, 211; 93, 16; Zweibrücken NJW-RR 86, 160; StJSchumann Einl Rn 506 mwN; Bötticher, Gleichbehandlung und Waffengleichheit, 1979; Tettinger, Fairneß und Waffengleichheit, 1984), des objektiven **Willkürverbots** (BVerfG 42, 64; 54, 125; 62, 192; 67, 94; 69, 254; 70, 97 und 294; MDR 86, 379; BGH 71, 72; Zuck JZ 85, 923 f) und des **Übermaßverbots** (Art 20 GG; BGH 86, 224; vgl auch Rn 101). Darüber hinaus wirken auch die materiellen Grundrechte nachhaltig auf die Verfahrensgestaltung und

-handhabung ein, so namentlich die **Eigentumsgarantie** (Art 14 I 1 GG; grundlegend: BVerfG 37, 132; 46, 325; 49, 220; 51, 150), das **Persönlichkeitsrecht** (BVerfG 52, 131 und dazu Stürner NJW 79, 2335) und die **Freiheit der Person** (Art 2 II GG; BVerfG 61, 126, 134: keine Verhaftung bei fortbestehender Leistungsunfähigkeit) sowie das Recht auf **Unverletzlichkeit der Wohnung** (Art 13 GG; grundlegend BVerfG 51, 97 zu § 758; vgl näher dort und allg zur Einwirkung der Grundrechte auf die Zwangsvollstreckung Gerhardt ZZP 95, 467; Vollkommer Rpfleger 82, 1 jeweils mwN und näher Rn 29 vor § 704).

bb) Grundrecht auf effektiven Rechtsschutz und ein faires Verfahren. Dieses allgemeine Rechtsschutzgrundrecht hat das BVerfG aus den verschiedenen Prozeß- und materiellen Grundrechten in Verbindung mit dem Rechtsstaatsprinzip des GG (Art 20 III, 28) in stRspr entwickelt (vgl die Nachw Rn 51 und näher Vollkommer, Gedächtnisschrift für Bruns, 1980, S 212 ff; StJLeipold Rn 65 ff vor § 128). Aus ihm ergibt sich das Gebot einer **rechtsstaatlichen und fairen Verfahrensgestaltung. Lit:** *Benda, Büchmann, Dörr, Karwacki, Stürner, Tettinger,* je aaO (LitVerz vor Rn 92). Einzelausprägungen: Bei der Auslegung der Normen, die den **Zugang zum Gericht** (in erster oder höherer Instanz) regeln, ist stets zu beachten, daß die an die rechtsschutzsuchende Partei zu stellenden Anforderungen nicht überspannt werden (BVerfG 38, 38; 40, 44, 49, 91, 99, 185, 275; 42, 372; 43, 98; 44, 305; 60, 253; 67, 212; 69, 386; Überblick: Goerlich NJW 76, 1526 – zur Wiedereinsetzung); durch Hindernisse formeller Art soll der Partei der Zugang zum Gericht so wenig wie möglich erschwert werden (BVerfG 37, 148; 40, 272; BGH 80, 63; VersR 84, 81 [82]; BAG NJW 86, 1375 mN). An die Wirksamkeit von verfahrens- oder instanzeinleitenden Prozeßhandlungen dürfen keine übertriebenen Anforderungen gestellt werden (BVerfG 40, 275). Das Verfahrensrecht darf nicht in einer Weise gehandhabt werden, daß das materielle Recht nicht mehr durchsetzbar ist (BVerfG 37, 148; NJW 80, 1617) oder untergeht (BVerfG 46, 335 = NJW 78, 368 = Rpfleger 78, 206; vgl dazu näher Rn 102). Verfahrenstricks und Manipulationen der Parteien ist vom Gericht entgegenzutreten (ie Büchmann ZIP 86, 7 ff mN). Durch ein **fehlerhaftes Verfahren** des Gerichts darf die Partei grundsätzlich keine Nachteile in ihren Rechten erleiden (RG 110, 138; BGH 72, 187; 73, 89; 76, 311; 90, 3; BAG NJW 86, 2784 [2785]; Vollkommer, Formenstrenge, 1973, S 62; hier Rn 29 vor § 511). Umstände, die ausschließlich in der Sphäre des Gerichts und außerhalb des Einflußbereichs der Partei liegen, dürfen ihr nicht zum Nachteil gereichen (BVerfG 69, 386; BAG NJW 86, 1375; zum Grundsatz des *Vertrauensschutzes* vgl auch Rn 57 a). Die prozessualen Vorschriften sind so auszulegen und anzuwenden, daß den Verfahrensgrundrechten (insbes dem Gebot des rechtlichen Gehörs, Art 103 I GG) Genüge geschieht; sind gleichwohl Verstöße unterlaufen, sind sie tunlichst im Instanzenzug durch **Selbstkontrolle** der jeweiligen Fachgerichtsbarkeit ohne Inanspruchnahme des BVerfG zu beheben (BVerfG 47, 190 f mN; 49, 258; 68, 380; 69, 242 f; BGH 71, 73; Frankfurt OLGZ 79, 470; Köln OLGZ 79, 474 f und Rpfleger 83, 411; Braun NJW 81, 426 f; weitere Nachw Rn 101). **100**

Durch extensive Auslegung oder analoge Anwendung von Verfahrensvorschriften (§§ 513 II, 568 II) sind in Fällen der Verletzung des rechtlichen Gehörs **Rechtsmittel zuzulassen** (BVerfG 60, 96; 61, 78 und 119). „Schon unter dem Gesichtspunkt des *wirksamen* Grundrechtsschutzes ist es verfassungsrechtlich geboten, in den Fällen der Verletzung des rechtlichen Gehörs ein Rechtsmittel zuzulassen, wenn die Auslegung der einschlägigen Verfahrensvorschriften dies ermöglicht" (BVerfG 60, 99; 61, 80 für § 513 II analog; LG Frankfurt NJW 85, 1171, str; zusammenfassend und zust Kahlke NJW 85, 2231; krit Stürner JZ 86, 527 f; einschr nun BVerfG NJW 86, 2305; vgl auch hier § 513 Rn 5; § 567 Rn 41; § 568 Rn 16 ff). Bei der Ausübung prozessualer Befugnisse, die zu Eingriffen in grundrechtlich geschützte Positionen führen können, ist der **Grundsatz der Verhältnismäßigkeit** zu wahren (BVerfG 61, 126 [134]; Vollkommer Rpfleger 82, 8; Deubner NJW 85, 1142); Parteivorbringen darf deshalb nicht zurückgewiesen werden, wenn dies zu einer **Überbeschleunigung** führen würde (vgl Deubner NJW 83, 1029 f, mwN; NJW 85, 1140; Schlosser, Zivilprozeßrecht I, 1983, Rn 30 f; Kallweit, Die Prozeßförderungspflicht der Parteien und die Präklusion verspäteten Vorbringens im Zivilprozeß nach der Vereinfachungsnovelle vom 3. 12. 1976, 1983, S 43 ff, 55 f; vgl auch oben Rn 92). **101**

e) Gebot einer materiellrechtsfreundlichen Auslegung (ie Schumann, FS Larenz 1983, 571). Oberstes Ziel jeder Auslegung muß sein, möglichst dem guten Recht zur Durchsetzung im Prozeß zu verhelfen und zu verhindern, daß der Prozeß zu Rechtsverlusten führt (**„billige"** Auslegung des Prozeßrechts). „Das materielle Recht soll und darf unter der Herrschaft der Prozeßvorschriften nicht oder doch nur möglichst wenig leiden" (RG 105, 427). „Die Verfahrensbestimmungen der Prozeßordnung sind nur Hilfsmittel für die Verwirklichung oder Wahrung von Rechten; dabei soll die Durchsetzung des materiellen Rechts so wenig wie möglich an Verfahrensfragen scheitern" (BGH LM Nr 9 zu § 209 BGB; vgl ferner: StJSchumann Einl Rn 68, 70; Vollkommer, Formenstrenge, S 37 ff, 50 ff mwN). Die Gebote der prozessualen Billigkeit decken sich weitge- **102**

hend mit denen einer „fairen Verfahrensführung“ (Rn 100), die es dem Richter nicht gestatten, sehenden Auges eine Verfehlung des Prozeßzwecks (Rechtsverlust) zuzulassen (BVerfG 46, 334 = NJW 78, 368 = Rpfleger 78, 206).

VI) Die Geltung des Zivilprozeßrechts in zeitlicher und örtlicher Beziehung

1) Zeitliche Geltung

Lit: *Sieg,* Die Einwirkung von Änderungen zivilprozessualer Normen auf schwebende Verfahren, ZZP 65, 249.

103 In zeitlicher Beziehung gilt beim Prozeßrecht der **Grundsatz,** daß Änderungen des Prozeßrechts auch schwebende Verfahren (nicht aber unter der Geltung des alten Rechts abgeschlossene Prozeßhandlungen und abschließend entstandene Prozeßlagen, zB die Zulässigkeit von eingelegten Rechtsmitteln, dazu BGH NJW 78, 1260; BayObLG Rpfleger 80, 289; Hamm Rpfleger 77, 415) ergreifen, die daher, nach altem Recht begonnen, nach neuem Recht zu Ende zu führen sind, soweit nicht das neue Recht durch Übergangsbestimmungen etwas anderes vorschreibt (vgl BVerfG 39, 167 mN; RG 110, 370; 116, 175; BGH 12, 266; 76, 309 f; BGH JZ 78, 33 [34 mwN]; BGH NJW 78, 889; 86, 1109; R-Schwab § 6 I; Jauernig NJW 78, 1272 mN) oder sich aus Sinn und Zweck der einzelnen Vorschrift oder aus dem Zusammenhang mit anderen Grundsätzen des Prozeßrechts nichts Abweichendes ergibt (BGH NJW 78, 427 = Rpfleger 78, 53). Zu den Übergangsvorschriften der Vereinfachungsnovelle und des 1. EheRG vgl 14. Aufl Einl Rn 31 ff.

2) Örtliche Geltung

104 **a) Räumlicher Geltungsbereich.** Die ursprüngliche ZPO galt im gesamten Reichsgebiet (vgl § 1 EGZPO), in ihrer gegenwärtigen Fassung (vgl Rn 8 ff) gilt sie im Gebiet der Bundesrepublik Deutschland und (nach Maßgabe des Überleitungsgesetzes) im Land Berlin (West). In der **DDR** gilt die Zivilprozeßordnung vom 19. 6. 1975 (GBl DDR I S 533), in Kraft seit 1. 1. 1976; vgl dazu die Darstellung von Brunner NJW 77, 177. **Lit:** *Kellner-Göhring-Kietz,* Zivilprozeßrecht, Grundriß, Staatsverlag der DDR 1979; *Kellner* ua, Zivilprozeßrecht, Lehrbuch, Staatsverlag der DDR, 1980.

105 **b) Räumlicher Anwendungsbereich.** Die ZPO ist grundsätzlich auf alle Verfahren anwendbar, die vor Gerichten der Bundesrepublik durchgeführt werden; unerheblich ist die Staatsangehörigkeit der Parteien und das anzuwendende materielle Recht (Grundsatz der **lex fori;** vgl dazu Grunsky ZZP 89, 141 ff). Eine Anwendung ausländischen Prozeßrechts durch deutsche Gerichte scheidet grundsätzlich aus (BGH 59, 26; 60, 91; einschr Grunsky ZZP 89, 254; zur Qualifikation ausländischer Beweismittelvorschriften Frey NJW 72, 1602. Die (inländischen) Sonderregeln für Verfahren mit Auslandsberührung bilden das **Internationale Zivilprozeßrecht** (näher unten IZPR).

106 **c) Besonderheiten** im Verhältnis zur **DDR.** Die DDR ist im Verhältnis zur Bundesrepublik nicht Ausland (BVerfG 36, 29; 37, 64; BGH 84, 18; 85, 22; 91, 187); Bürger der DDR sind keine Ausländer, sondern Deutsche iS der Art 16, 116 I GG und genießen den gleichen Rechtsschutz wie Bürger der Bundesrepublik Deutschland, (zumindest) soweit sie in den Schutzbereich der Bundesrepublik und des GG geraten (BVerfG 36, 31; 37, 66 f; BGH 85, 22; 91, 193 und 196). Das schließt nicht aus, in der DDR lebende Parteien in verschiedener Richtung Ausländern gleichzustellen (Stuttgart RIW 85, 658 – Verkehrsanwalt). Die Gerichte in der DDR sind deutsche Gerichte (BGH 95, 217); ihre Urteile sind aber hinsichtlich der Rechtskraft nicht in jeder Hinsicht den rechtskräftigen Urteilen der Gerichte in der Bundesrepublik gleichzustellen (BGH aaO). Vertragliche Rechtshilfebeziehungen sind vorgesehen (Art 7 Grundlagenvertrag, Nr II 4 Zusatzprotokoll, BGBl 1973 II, S 421). Einstweilen werden noch die §§ 156 ff GVG entsprechend angewendet. Die im Verhältnis zwischen den beiden deutschen Staaten geltenden Rechtssätze auf verfahrensrechtlichem Gebiet bilden das **innerdeutsche (interlokale) Zivilprozeßrecht** (dazu näher BGH 84, 18 ff; 91, 187 ff und IZPR Rn 188). Die **interlokale Zuständigkeit** ist in jeder Lage des Verfahrens von Amts wegen zu prüfen (BGH 84, 17). Soweit nicht die Besonderheiten des Verhältnisses zwischen den beiden deutschen Staaten gegenüber dem Verhältnis zum Ausland abweichende Regeln erfordern, gelten die Regeln der internationalen Zuständigkeit entsprechend (BGH 84, 23).

VII) Verhältnis zur Verfassungsgerichtsbarkeit

Lit bei R-Schwab § 17

A) Bundesverfassungsgerichtsbarkeit

1) Vorlageverfahren nach Art 100, 126 GG: BVerfG FamRZ 85, 1007; NJW 86, 1426. Liegen die Voraussetzungen des Art 100 GG vor, muß das Gericht dem Bundesverfassungsgericht vorlegen, selbst dann, wenn wegen derselben Frage bereits eine Verfassungsbeschwerde schwebt; aA OLG Frankfurt NJW 82 = RIW/AWD 82, 440 = IPRax 83, 68. Die Vorlage- bzw Aussetzungspflicht besteht auch im Arrest- und einstweiligen Verfügungsverfahren, OLG Frankfurt aaO. Zum Normenkontrollverfahren bei primärem Gemeinschaftsrecht Sachs NJW 82, 465. Verhältnis zu Art 177 EWG-V s IZPR Rn 207. **107**

2) Verfassungsbeschwerde gegen Entscheidungen der Zivilgerichte: Die Verfassungsbeschwerde (Art 93 I Nr 4 a GG, § 90 BVerfGG) ist kein zusätzliches Rechtsmittel, auch keine Wiederaufnahmeklage, sondern ein besonderer Rechtsbehelf (sui generis) zum Schutz der Grundrechte und grundrechtsgleicher Rechte. Das BVerfG ist keine Superrevisionsinstanz, BVerfG NJW 76, 1677: In der Vb ist hinreichend deutlich zu machen, welches durch das GG geschützte Recht das angegriffene Urteil beeinträchtigen könnte. – Die Auslegung des einfachen Rechts und seine Anwendung auf den einzelnen Fall sind allein Sache der dafür allgemein zuständigen Gerichte und der Nachprüfung durch das BVerfG entzogen BVerfGE 18, 92 = NJW 1964, 1715; stRspr. Daher greift die verfassungsgerichtliche Kontrolle der Verletzung des Gleichheitssatzes (Art 3 I GG) durch Gerichtsentscheidungen nicht bei jedem Fehler in der Rechtsanwendung ein. Hinzu kommen muß vielmehr, daß die fehlerhafte Rechtsanwendung bei verständiger Würdigung der das GG beherrschenden Gedanken nicht mehr verständlich ist und sich daher der Schluß aufdrängt, daß sie auf sachfremden Erwägungen beruht, BVerfGE 54, 117 (125) = NJW 80, 1737 mwNachw; NJW 84, 2148 = FamRZ 85, 255. Beispiel für objektive Willkür eines Gerichts BVerfG NJW 86, 2101. – Eine Vb ist unzulässig, insoweit der Beschwerdeführer die Anwendung der von ihm nunmehr als verfassungswidrig gerügten Regelung im Instanzenzug selbst angestrebt hat, BVerfG NJW 85, 1282 = FamRZ 85, 463 = IPRax 85, 290 (Beitzke 268). Zur Ausschöpfung des Instanzenzuges BVerfG MDR 86, 729. **108**

B) Landesverfassungsgerichtsbarkeit

1) Konkrete Normenkontrolle: Das Verfassungsrecht einzelner Länder (Bayern: Art 108 BV) kennt ähnliche Normenkontrollverfahren wie Art 100 GG. Eine Aussetzungspflicht besteht nicht, da Landesrecht nicht in das Bundeszivilprozeßrecht eingreifen kann. Ausnahme: Fälle des § 3 II EGZPO. Es steht aber im Ermessen des Gerichts des Landes nach § 148 ZPO auszusetzen und das Landesverfassungsgericht anzurufen. Sind die Voraussetzungen sowohl für die Vorlage an das BVerfG als auch für die Vorlage an das Landesverfassungsgericht erfüllt, dann darf das Gericht wählen, Schumann Festschrift zum 25jährigen Bestehen des BayVerfGH, 1972, 281; R-Schwab § 17 II 2. **109**

2) Verfassungsbeschwerde nach Landesrecht: Solche gibt es in Bayern (Art 66, Art 120 BV; Art 47 ff VerfGHG), in Hessen (Art 131 III Hess Verf; § 45 II StGHG) und im Saarland (Art 98 Saar Verf; § 49 SaarVerfGHG). Landesrecht darf auch Verfassungsbeschwerden gegen Entscheidungen, die in einem bundesgesetzlich geordneten Verfahren ergangen sind, zulassen. Das Landesverfassungsgericht hat auch in diesen Fällen kassatorische Befugnisse, BayVerfGHE 27, 135, 109; Schmidt NJW 75, 289; Schäfer, FS zum 25jährigen Bestehen des BayVerfGH, 1972, 259. AA Schumann, Verfassungs- und Menschenrechtsbeschwerde, 1963, 146; StJG Rz 39 vor § 578. **110**

VIII) Europäische Menschenrechtsbeschwerde

Lit: Frowein/Penkert, EMRK-Kommentar, 1985; StJG Rz 42 vor § 578. Nach Erschöpfung des innerstaatl Rechtsweges (einschließl der Vb; vgl EGMR NJW 82, 497) kann gegen richterl Entscheidungen gemäß Art 25 MRK Beschwerde zum Gerichtshof für Menschenrechte in Straßburg eingelegt werden mit der (substantiierten) Behauptung, die durch die MRK geschützten Individualrechte (Menschenrechte) seien verletzt. Der Menschenrechtsgerichtshof hat keine kassatorischen Befugnisse. Bestr, ob Wiederaufnahme des Verfahrens analog § 580 Nr 7 b zulässig ist, wenn der Straßburger Gerichtshof die Verletzung der MRK festgestellt hat, dafür Schumann NJW 64, 753; Schlosser ZZP 1966, 186 ff; StJSch Einl XIV D Rz 684. Die Verweigerung einer Wiederaufnahmemöglichkeit läßt das BVerfG NJW 86, 1425 (leider) unbeanstandet. Zu Art 6 MRK s vor allem EGMR NJW 79, 477; vgl auch Stöcker NJW 82, 1905 und Bartsch NJW 83, 460 sub IV. Zum Verfahren Matscher österr ZöRuVR 31 (1980), 1; EuGRZ 82, 489, 517. Zu Art 6 EGMR NJW 86, 645. Die Fair-Trial-Garantie des Art 6 steht im Mittelpunkt der Spruchpraxis des **111**

EGMR. Mehr als die Hälfte der bisher verkündeten Urteile betreffen Art 6, Bartsch NJW 86, 1388; Weh EuGRZ 85, 469. Zum Einfluß der MRK auf IPR und IZPR Matscher, FS Neumayer, 1986, 459. Zu den Auslegungsmethoden des EuGH Matscher, FS Schwind, 1986, 102.

IX) UN-Menschenrechtsbeschwerde

112 Nach Art 2 des Fakultativ-Protokolls zum Internationalen Pakt über bürgerl und politische Rechte vom 19. 12. 1966 (BGBl 1973 II 1534; 1976 II 1068) kann der Ausschuß für Menschenrechte (Art 28 ff des genannten Paktes) angerufen werden. Der Ausschuß hat keine kassatorischen Befugnisse. Hierzu Meißner, Die Menschenrechtsbeschwerde vor den Vereinten Nationen, 1976; Bartsch NJW 77, 474; 78, 449; 79, 450; 80, 489; 81, 488; 82, 478; 83, 473; 86, 1380. StJSch Einl XIV D Rz 696; Lauff NJW 81, 2611; Geiger, GG und VölkerR, 1985, § 82 III 4. Jeder Vertragsstaat ist verpflichtet, seinen Bürgern unmittelbaren Zugang zum Menschenrechtsausschuß der UN zu geben, UN – AMR NJW 82, 2713; Verdross/Simma Universelles VölkerR³ § 1240.

INTERNATIONALES ZIVILPROZESSRECHT

Übersicht

Lit: *Birk*, Schadensersatz und sonstige Restitutionsformen im IPR, 1969; *Buciek*, Beweislast und Anscheinsbeweis im internationalen Recht, Diss Bonn 1984; *Coester-Waltjen*, Internationales Beweisrecht, 1983; *von Craushaar*, Die internationalrechtl Anwendbarkeit dt Prozeßnormen, 1961; *Geimer*, Zur Prüfung der Gerichtsbarkeit und der internationalen Zuständigkeit bei der Anerkennung ausländischer Urteile, 1966; *ders*, Internationales Zivilprozeßrecht, 1987 (= IZPR);

Heldrich, Internationale Zuständigkeit und anwendbares Recht, 1969; *Keller/Siehr,* Allgemeine Lehren des IPR, 1986, 557 ff; *Kropholler,* Internationale Zuständigkeit, Hdb IZVR I (1982); *Malina,* Die völkerrechtl Immunität ausl Staaten im zivilrechtl Erkenntnisverfahren, Diss Marburg 1978; *Martiny,* Anerkennung ausl Entscheidungen nach autonomem Recht, Hdb IZVR III/1 (1984) (= Martiny I); *ders,* Anerkennung nach multilateralen Staatsverträgen, Hdb IZVR III/2 (1984) (= Martiny II); *Milleker,* Der negative internationale Kompetenzkonflikt, 1975; *Mitzkus,* Internationale Zuständigkeit im Vormundschafts-, Pflegschafts- und Sorgerecht, 1982; *Nagel,* IZPR[2], 1984; *Radtke,* Der Grundsatz der lex fori und die Anwendbarkeit ausl Verfahrensrechts, 1982; *Riezler,* Internationales Zivilprozeßrecht und prozessuales Fremdenrecht, 1949; *Schlosser,* Der Justizkonflikt zwischen den USA und Europa, 1985; *Schröder,* Internationale Zuständigkeit, 1971; *Schütze,* Deutsches Internationales Zivilprozeßrecht, 1985 (= DIZPR); *ders,* Rechtsverfolgung im Ausland, 1986 (= RV); *Schumann* in Stein/Jonas[20] Einl 731; *Szászy,* International Civil Procedure, 1967; *Weigel,* Gerichtsbarkeit, internationale Zuständigkeit und Territorialitätsprinzip im deutschen gewerblichen Rechtsschutz, 1973.

A) Begriff

1 Neben den Normen über die Gerichtsbarkeit und die internationale Zuständigkeit sind in ein System des IZPR im weiteren Sinne (Schütze DIZPR 1) **alle verfahrensrechtlich bedeutsamen Tatbestände mit internationalen Beziehungen** einzureihen, die sich mit der Rechtstellung der Ausländer im inländischen Verfahren (Fremdenrecht), der Gerichtsbarkeit, der internationalen Zuständigkeit und sonstigen Anknüpfungs- bzw Grenzpunkten für die Jurisdiktion der eigenen Gerichte, dem Umfang des Justizgewährungsanspruchs, der Anerkennung und Vollstreckung ausländischer Entscheidungen (Urteile und Schiedssprüche), den Auswirkungen anderer im Ausland vorgenommener Verfahrenshandlungen auf inländische Rechtsverhältnisse, dem Nachweis ausländischen Rechts im Zivilprozeß und der internationalen Rechtshilfe befassen. Zur Abgrenzung gegenüber IPR Geimer IZPR Rn 19 ff.

B) Rechtsquellen

2 **1)** Die einschlägigen Vorschriften finden sich teils in der **ZPO** (§ 110 Sicherheitsleistung, § 199 Zustellung, § 328 Anerkennung ausländischer Urteile, §§ 363, 364 Beweisaufnahme im Ausland, §§ 722, § 723 Zwangsvollstreckung aus ausländischen Urteilen, § 791 Zwangsvollstreckung im Ausland, § 1044 Vollstreckbarerklärung ausl Schiedssprüche), teils in **Kollektivverträgen,** teils in **zweiseitigen Verträgen.** Die besonderen Vorschriften der Staatsverträge gehen der ZPO vor, Geimer/Schütze I, § 181.

3 **2)** Der in der Praxis bedeutsamste Vertrag dürfte das **EWG-Übereinkommen** vom 27. September 1968 über die gerichtliche Zuständigkeit und die Vollstreckung gerichtlicher Entscheidungen in Zivil- und Handelssachen (BGBl 1972 II 773) idF des Beitrittsübereinkommens vom 9. Oktober 1978 (BGBl 1983 II 802) sein.

4 **3)** Zum Diskriminierungsverbot des Art 7 EWG-Vertrags EuGHE 80, 3427 = RIW/AWD 81, 486 = IPRax 82, 158 Nr 45 mit Anm von Hoffmann; Schlosser RIW 83, 476 FN 35; Steindorff IPRax 86, 20.

C) Lex fori-Prinzip oder System der kollisionsrechtlichen Verweisung auch im Prozeßrecht?

I) Standpunkt der hM

5 **1) Überblick** Im Prozeßrecht gilt grundsätzlich die **lex fori.** Die deutschen Gerichte im Gebiet der BRepD und West-Berlins haben nach der im Bundesgebiet bzw West-Berlin geltenden Fassung der ZPO zu verfahren, auch dann, wenn sie aufgrund der Vorschriften des internationalen Privatrechts ausländisches Sachrecht anzuwenden haben oder wenn eine oder beide Parteien Ausländer sind.

6 **2) Wie zu qualifizieren ist, bestimmt die lex fori.** Nachw Riezler 103; Wunderlich, Zur Prozeßstandschaft im internationalen Recht, Diss München 1970, 153; StJSch Einl Rz 738. So sind der **Ausschluß des Zeugenbeweises** (Art 1341, 1985 Code civil für Rechtsgeschäfte über 5 000 FF; hierzu Coester-Waltjen Rz 446 ff; Buciek 26) sowie die Parallelnormen des ital Rechts über den Zeugen- und Urkundenbeweis als Formvorschriften iSd Art 11 EGBGB einzuordnen, LG Mainz NJW 71, 2129 = IPRspr. Vgl Staudinger/Firsching, Art 11 EGBGB Bem 86 ff; Coester-Waltjen Rz 149 FN 553; Schütze DIZPR 16. Auch wenn nach anglo-amerikanischen Rechtsvorstellungen die **Verjährung** ein Institut des Prozeßrechts ist, sind die einschlägigen Rechte des engl bzw amerik Rechts als lex causae anzuwenden, Riezler 106; Raape, IPR 5. Aufl, 500; Soergel/Kegel Rz 321 vor Art 7 EGBGB, RGZ 145, 131; München IPRspr 74/26; Hamburg AWD 74, 562 =

IPRspr 73/27; BGH NJW 60, 1721 = IPRspr 60–61/23; IPG 74/2 (Köln); Kegel IPRax 83, 23; Palandt/Heldrich Anm 9 vor Art 7; vgl Rn 24. Zu Recht qualifiziert AG München IPRax 81, 60 (Jayme 49) = IPRspr 80/57 Art 735 griech ZPO (Grundsätze für die Verteilung der Ehewohnung nach Scheidung) als materiellrechtl Norm.

3) Anwendung ausländischen Prozeßrechts: a) Die Verzahnung zwischen Sachrecht und Prozeßrecht ist mitunter so stark, daß der deutsche Richter **ausländisches Verfahrensrecht** gewissermaßen als Annex des ausländischen Sachrechts **mitanzuwenden** hat. Hierüber besteht heute Einigkeit; Coester-Waltjen Rz 149 FN 553; Schütze DIZPR 16. Fraglich sind nur die Grenzen und die rechtstechnische Begründung. Die **hM** betrachtet nach wie vor das lex-fori-Prinzip als Grundnorm, an der nur einige Randberichtigungen vorzunehmen seien. Rechtstechnisch geschieht dies durch eine großzügige Qualifikation: Was innerstaatl als Verfahrensnorm betrachtet wird, wird internationalrechtl als materielles Recht qualifiziert und damit der kollisionsrechtl Verweisung zugänglich gemacht: **Postulat der materiell-rechtsfreundlichen Qualifikation** (so treffend die Beschreibung des Ansatzes der hM durch Grunsky, ZZP 89, 247). 7

b) Dagegen stellen Szászy und Grunsky das lex-fori-Prinzip als solches in Frage. Sie fordern ein **Kollisionsrecht des internationalen Verfahrensrechts,** Nachw Coester-Waltjen Rz 7, 76, 152, 159. Nach Szászy ICP 225 ist jeweils dasjenige Prozeßrecht anzuwenden, das mit dem Prozeßakt bzw dem Prozeßrechtsverhältnis am engsten verbunden ist. Grunsky ZZP 89 (1976), 249 stellt die Frage, „ob nicht im Interesse einer möglichst weitgehenden Verwirklichung des materiellen Rechts das jeweils dazugehörende Verfahrensrecht mitanzuwenden ist". Im bewußten Gegensatz zur hM, die nur Randberichtigungen des lex-fori-Prinzips befürwortet, fragt er, „was es eigentlich rechtfertigt, im Verfahrensrecht eine andere Rechtsordnung als im materiellen Recht anzuwenden?" 8

II) Stellungnahme

Grunsky schießt über das Ziel hinaus; so geht es zB nicht an, den Umfang der Wirkungen deutscher Urteile lege causae zu beurteilen. Andererseits ist die hM, die nur Randberichtigungen des lex-fori-Prinzips zuläßt, zu zaghaft. **Eine allgemeine, aber gleichzeitig präzise und daher für die Praxis verwendbare Abgrenzungsformel wurde noch nicht gefunden.** Dies hängt vor allem damit zusammen, daß die Thematik zu breit angelegt ist. Die Gründe, weshalb eine Verfahrensnorm Sachrechtsverbundenheit aufweist, sind komplex. Es ist notwendig, auf induktivem Wege für einzelne Fallgruppen Abgrenzungsregeln zu entwickeln. Dabei muß die Funktion eines Rechtssatzes im Mittelpunkt der Analyse stehen. Die Funktion hat Vorrang vor der systematischen Stellung im materiellen bzw Verfahrensrecht, Coester Waltjen Rz 258 ff. Auch Radtke 134 kommt zu dem Ergebnis, daß die Anwendbarkeit oder Nichtanwendbarkeit einer lex fori „bei jeder Verfahrensnorm gesondert zu prüfen" ist. Im folgenden werden deshalb für die Praxis wichtige Abgrenzungsfragen punktuell behandelt. Vgl auch Geimer IZPR Rn 189 ff. 9

1) Justizgewährung: a) Über Art und Umfang der Justizgewährung entscheidet ausschließlich die **deutsche lex fori;** eine kollisionsrechtl Verweisung auf ausländische Rechtsordnungen bzw -vorstellungen ist abzulehnen. Dies gilt auch für den **vorläufigen Rechtsschutz.** Ebenso Düsseldorf WM 78, 359 = IPRspr 78/138: Vor deutschen Gerichten ist grundsätzl nach dt Prozeßrecht zu verhandeln, gleichgültig, welcher Staatsangehörigkeit die Parteien sind und welches materielle Recht anzuwenden ist. Damit sind auch die §§ 935, 940 immer – ohne Rücksicht auf die lex causae – anzuwenden. AA Grunsky ZZP 89 (1976), 258: Voraussetzungen und Wirkungen des einstweiligen Rechtsschutzes seien nach der lex causae zu beurteilen, insbesondere die Frage, ob und unter welchen Voraussetzungen durch einstweilige Verfügung zur Erfüllung eines angeblichen Anspruchs verurteilt werden kann. 10

b) Ob und wie ein Anspruch **im Wechselprozeß** geltend gemacht werden kann, entscheidet die lex fori; auch wenn für den Wechselanspruch ausländisches Recht gilt, LG Mainz WM 75, 149 = IPRspr 74/27. BGH IPRax 82, 189 (Firsching 175).

c) Die lex fori befindet auch bei ausländischem Sachstatut über die **Zulässigkeit des Rechtsweges,** insbesondere darüber, ob eine bestimmte Rechtssache vor das Streitgericht, das nach den Regeln der ZPO entscheidet oder vor das Gericht der freiwilligen Gerichtsbarkeit, das nach den Regeln des FGG judiziert, zu bringen ist. Vgl § 640 a Rn 14, 28, Riezler 215, BGHZ 78, 108 = NJW 81, 127 = IPRspr 80/185.

d) Das gleiche gilt für die **Abgrenzung zwischen Zivil- und Verwaltungsgerichten,** StJSchumann Einl D Rz 637.

2) Unklagbarkeit: Für Beachtung der Unklagbarkeit **lege causae** Riezler IZPR 126; Neuhaus, Grundbegriffe des IPR, 2. Aufl 1977, 130; Nachw Neumann, Der vertragliche Ausschluß der Klagbarkeit eines privatrechtl Anspruchs im dt und im dt internationalen Recht, Diss 1967, 64 ff. Für 11 grundsätzl Maßgeblichkeit der lex fori Kralik ZZP 74 (1961) 12. Ist der Anspruch **nach dem Schuldstatut klagbar,** jedoch **nicht nach dt Recht,** zB Ansprüche aus Spiel und Wette, so ist jeweils zu prüfen, ob der dt ordre public (Art 6, früher 30 EGBGB) eine Verurteilung verbietet. Es handelt sich also um eine Frage des materiellen Rechts. Im Falle der ordre public-Widrigkeit erfolgt die Abweisung der Klage nicht etwa als unzulässig, sondern als unbegründet. Dagegen entscheidet über die Zulässigkeit einer positiven oder negativen Feststellungsklage bezüglich einer Naturalobligation die dt lex fori.

12 **3) Klage auf Herstellung der ehelichen Lebensgemeinschaft.** Die Rspr stellt zu Recht auf die nach dt IPR maßgebl Rechtsordnung ab. So für die Unzulässigkeit der Eheherstellungsklage nach ital Recht KG FamRZ 68, 646 = IPRspr 68–69/78. Für Beachtung der lex causae auch Köln NJW 75, 497 = FamRZ 75, 497 (Jayme) = IPRspr 74/71 und LG Münster FamRZ 74, 132 = IPRspr 73/40. Anders LG Mainz FamRZ 75, 500 = IPRspr 75/54.

13 **4) Klage auf künftige Leistung:** Die Klage auf künftige Leistung beurteilt sich nach der **dt lex fori.** Auf den Standpunkt der lex causae kommt es nicht an.

14 **5) Stufenklagen:** Maßgebend ist die dt lex fori. Aktuell wird die Zulässigkeit der Stufenklage im Zusammenhang mit der Durchsetzung von **Auskunftsansprüchen.** Ob ein solcher besteht, entscheidet die lex causae. Vgl den Fall des AG Wolfratshausen IPRax 82, 23.

15 **6) Zulässigkeit des Mahnverfahrens:** Hierüber entscheidet allein die dt lex fori. Nach § 688 I können nur Ansprüche im Mahnverfahren geltend gemacht werden, die auf Zahlung in dt Währung lauten. Diese Regelung verstößt nicht gegen Art 7 EWG-Vertrag (Diskriminierungsverbot, EuGHE 1980, 3427 [RS 20/80] mit Anm von Hoffmann).

16 **7) Feststellungsklagen: a)** Die Zulässigkeit der Feststellungsklage (§ 256) richtet sich **nach dt Recht,** Riezler 132 f; Hellwig, System I 280; Guldener IZPR 9; Schoch 67; Nürnberg FamRZ 65, 150 = IPRspr 64–65/99; KG FamRZ 68, 646 = IPRspr 68–69/78. Läßt die lex causae die Klage auf Feststellung von Tatsachen zu, so ist dies für den dt Richter unbeachtlich, Rn 20. Umgekehrt gilt das gleiche: Kennt die lex causae die Feststellungsklage nicht oder nicht in dem Umfang wie das dt Recht, so kann gleichwohl unter den Voraussetzungen des § 256 eine Feststellung begehrt werden.

17 **b)** AA grundsätzlich Niederländer RabelsZ 50 (1955), 50: „Bei einer Feststellungsklage ist zu prüfen, unter welchen Voraussetzungen sie nach fremdem Recht zulässig ist und welche besonderen Gegenrechte der Beklagte hat." Ebenso Grunsky ZZP 89 (1976) 258 FN 58. Nachweise bei Birk 177 FN 30.

18 **c)** Ob ein **Feststellungsinteresse** gegeben ist, beurteilt sich nach der lex fori, Riezler IZPR 133, Schnorr von Carolsfeld, FS Lent, 1956, 252 FN 33a gE; Müller-Freienfels JZ 1957, 148; kritisch Birk 180.

19 **d)** Das **Feststellungsinteresse** kann nicht mit der Begründung verneint werden, **die Gerichte eines anderen Staates seien viel besser in der Lage, den Rechtsstreit zu entscheiden,** sei es weil sie das anzuwendende Recht besser handhaben könnten oder weil sie den Beweismitteln näher seien oder weil sonstige Umstände dafür sprächen, daß die ausländischen Richter den Feststellungsprozeß „schneller, besser, gerechter, beweisnäher oder sonstwie vorteilhafter" entscheiden könnten. Dies zu beurteilen, steht dem inländischen Richter nicht an. Es steht vielmehr im Belieben des Klägers, ob er von der ihm eröffneten internationalen Zuständigkeit Gebrauch machen will oder nicht. Eine Prozeßabweisung aus forum non conveniens-Gründen (hierzu Rn 131) wäre verbotene Justizverweigerung. Ähnlich nun auch München IPRax 83, 122 = IPRspr 81/13. AA BGH MDR 82, 828 = IPRspr 172 = WM 619 = IPRax 249 (Hoffmann) für den Fall, daß der Kläger das dt Feststellungsurteil in ausl Rechtsstreit verwenden will. Nachw zur (verschwommenen) Lehre vom internationalen Rechtsschutzbedürfnis bei Mitzkus 26 FN 74.

20 **e) Prozesse zur Feststellung von Tatsachen (Informativprozesse):** Maßgebend ist die dt lex fori. Über die engen Grenzen des § 256 hinaus ist deshalb ein Informativprozeß vor dt Gerichten unzulässig. Zu Informativprozessen StJSchumann Einl I C, Rz 22.

21 **f)** Die **Zulässigkeit der Vaterschaftsfeststellungsklage** (beim nichtehel Kind) beurteilt der BGH (BGHZ 63, 219 = NJW 75, 114 = IPRspr 74/114 und BGH NJW 76, 1028; hierzu Raape-Sturm, IPR I, 1977, 217 bei FN 209) nach der lex causae, nicht nach der lex fori (§ 1600a S 2 BGB). Hierzu Kropholler NJW 76, 1011. Vgl § 640a Rn 29. Ebenso für Anfechtung des Vaterschaftsanerkenntnisses, Bremen NJW 83, 1271 = IPRax 84, 20 (Siehr) = IPRspr 82/94. AA Siehr, Auswirkungen des Nichtehelichengesetzes auf das Internationale Privat- und Prozeßrecht 1972, 38 ff mit folgender Begründung: Die Vaterschaftsfeststellung sei eine Art „beweissichernde Maßnahme", die als Tatsachenfeststellung auf Grund naturwissenschaftl Erkenntnisse ohne Rücksicht auf Feststellungs- oder Beweisverbote der lex causae durchzuführen sei. Ebenso Martiny I

Rz 309. – Die lex causae gilt auch für die Voraussetzungen und Modalitäten (Fristen etc) der **Anfechtungsklage** (gegen Ehelichkeit des während der Ehe geborenen Kindes), BGH FamRZ 82, 917 = IPRspr 168.

8) Gestaltungsklagen: a) Ist nach dt IPR eine ausl Rechtsordnung maßgebl, so ist nach dieser die Frage zu beurteilen, ob die Änderung oder Aufhebung eines Rechtsverhältnisses durch Ausübung eines den Beteiligten zustehenden Gestaltungsrechts (zB Anfechtung, Kündigung, Rücktritt etc) vorzunehmen ist oder ob hierfür eine richterl Gestaltung erforderlich ist. **Über die Notwendigkeit einer Gestaltungsklage entscheidet also die lex causae.** 22

b) Abzulehnen daher BGHZ 82, 34 = MDR 82, 126 = NJW 82, 517 = IPRspr 81/192 zum **Scheidungsmonopol der dt Gerichte** bei ausl Scheidungsstatut (Problem: Scheidung von Ausländern in der BRepD durch Rechtsgeschäft?) § 1564 S 1 BGB habe verfahrensrechtl Gehalt insoweit, als er ein gerichtl Verfahren vorschreibe. Die dt lex fori bestimme nicht nur, in welcher Form ein eingeleitetes Verfahren abläuft, sondern auch, ob und welches Verfahren im Inland zur Verfolgung eines bestimmten rechtl Ziels beschritten werden kann oder muß. Dagegen zu Recht Kegel IPRax 83, 23. Wäre die verfahrensrechtl Qualifikation des BGH richtig, könnten dt Eheleute den Scheidungsprozeß durch rechtsgeschäftl Scheidung im Ausland (zB Thailand) ersetzen. Dies ist jedoch zumindest bedenkl, vgl LJNRW IPRax 82, 25 (Bürgle 12). Für Anerkennung von Privatscheidungen Deutscher im Ausland Henrich IPRax 82, 94 im Anschluß an BayObLGZ 81, 353 = IPRax 82, 104 = IPRspr 81/193. Vgl auch Geimer/Schütze I § 234 V. 23

c) Beispiele: Während nach dt Recht (§§ 119 ff BGB) eine durch Irrtum, Täuschung oder Drohung beeinflußte Willenserklärung durch schlichte **Anfechtungserklärung** (§ 142 BGB) vernichtet wird, bedarf es nach franz Recht einer Anfechtungsklage (action en nullité, Art 1304 Code civil). – Ebenso Art 1427 Codice civile und Art 1485, 1357 des niederl BW; Oldenburg IPRspr 75/15. – Bei **Nichterfüllung des gegenseitigen Vertrages** hat der vertragstreue Vertragspartner ein Rücktrittsrecht, § 326 I 2 BGB; nach franz Recht muß er eine Klage auf Auflösung des Vertrages erheben, Art 1184 Code civil. Ebenso Art 1668, 2226 II Codice civile. **Aufrechnung** und **Verjährung** können bei Maßgeblichkeit engl oder US-amerik Rechts nicht außerhalb eines gerichtl Verfahrens eingewandt werden. Zu ihrer Geltendmachung muß der Richter eingeschaltet werden, Kegel, IPRax 83, 23; Habscheid ZfRV 85, 308; Geimer IPRax 86, 210. Aus dt Sicht handelt es sich hierbei nicht um die Anwendung ausl Prozeßrechts, sondern ausl materiellen Rechts, dessen Anwendung das dt IPR gebietet (vorbehaltl Rück- oder Weiterverweisung), vgl Rn 6. Nach engl Recht ist eine **bigamische Ehe** ohne weiteres nichtig. Einer Nichtigkeitsklage (§ 23 EheG) bedarf es nicht, LG Hamburg FamRZ 73, 602 = IPRspr 73/35 (zulässig jedoch eine nach der dt lex fori zu beurteilende Feststellungsklage). – Zur Geltendmachung der **Nichtehelichkeit eines Kindes** ohne Durchführung eines besonderen gerichtl Verfahrens § 640 a Rn 25; AG Hamburg DAVorm 83, 748 = IPRspr 83/76; KG IPRax 84, 42; 85, 48 = IPRspr 83/77; BGH IPRax 86, 35 (Klinkhardt 21). – Die **Erbunwürdigkeit** tritt nach franz Recht (Art 727 Code civil) eo ipso ohne Durchführung eines gerichtl Verfahrens ein (anders §§ 2340, 2342 BGB), hierzu Schlechtriem, Ausl Erbrecht im dt Verfahren, 1966, 89. 24

d) Gegen die Zulässigkeit der Rechtsgestaltung durch den dt Richter auf Grund ausl Rechts läßt sich nicht mit dem Hinweis auf den **numerus clausus der Gestaltungsurteile** argumentieren. Denn das dt IPR bestimmt ja die Anwendbarkeit der ausl Norm, die die Rechtsgestaltung durch den Richter vorsieht, Niederländer RabelsZ 20 (1955), 50; Schlosser, Gestaltungsklagen und Gestaltungsurteile, 1966, 301 ff; Grunsky ZZP 89 (1976), 258 bei FN 59; von Hoffmann IPRax 83, 299. Vgl auch IPG 75 Nr 39 (München) sub IX zur Herabsetzungsklage nach Art 522, 525 Schweizer ZGB; Birk MüKo Rz 387 vor Art 24 EGBGB. 25

Zur Frage der internationalen Zuständigkeit s Rn 121.

9) Unterlassungsklagen: Hier sind viele Fragen noch ungeklärt: Ist die Klagbarkeit einer vertraglichen Unterlassungsverpflichtung nach der lex causae oder nach der lex fori zu beurteilen? Wie steht es mit der Qualifikation der vorbeugenden Unterlassungsklage zum Schutz absoluter Rechte (allgemeines Persönlichkeitsrecht, Namensrecht, Eigentum, Immaterialgüterrechte etc)? Überblick bei Palandt, Einf 8 vor § 823 BGB (für die von der Rspr entwickelten Klagemöglichkeiten des dt Rechts). Beurteilt sich der Schutz der nach ausl Recht zu beurteilenden absoluten Rechte nach der lex causae oder der dt lex fori? Ausführlich Birk 184 ff. Vgl auch Schoch, Klagbarkeit, Prozeßanspruch und Beweis im Licht des internationalen Rechts, 1934, 70 ff. 26

10) Beseitigungsklagen: a) Sind auch bei Anwendbarkeit ausl Sachrechts die aus §§ 12, 1004 I 1 BGB und § 11 WZG entwickelten Grundsätze – weil zur dt lex fori gehörend – anzuwenden oder ist die lex causae maßgebend? Hierzu Birk 208. Nach Lüderitz, NJW 62, 2148, soll für den **Bereich des individuellen Ehrenschutzes** das Personalstatut maßgebend sein. Dagegen zu Recht Birk aaO. 27

28 **b)** Ähnliche Probleme ergeben sich für den **Widerrufs- und Gegendarstellungsanspruch im internationalen Presserecht.** Nachw bei Birk 221 ff.

29 **11) Direktklage gegen den Versicherer (action directe): a)** Ihr Anwendungsbereich ist die Haftpflichtversicherung. Die Klagemöglichkeit unmittelbar gegen den Versicherer des Schädigers wurde in Frankreich entwickelt und fand ein weltweites Echo. In Ausführung des Europäischen Übereinkommens über die obligatorische Haftpflichtversicherung für Kraftfahrzeuge vom 20. 4. 1959 (BGBl 1965 II 282) wurde auch in Deutschland der Direktanspruch gegen den Kfz-Haftpflichtversicherer eingeführt: § 3 PflichtversG und § 6 I AuslPflichtversG. Ausführl Mansel, Direktansprüche gegen den Haftpflichtversicherer: Anwendbares Recht und internationale Zuständigkeit, 1986.

30 **b)** Es geht hier um kein verfahrensrechtl Problem, sondern um ein materiellrechtl: Ob ein Direktanspruch gegen den Versicherer besteht, bestimmt nicht die dt lex fori (so aber im Ergebnis Köln NJW 73, 426), sondern die lex causae; Palandt/Heldrich Art 12 Anm 3 gE. Bestr ist, ob die lex loci delicti oder das Versicherungsstatut maßgebl ist. Für lex loci delicti BGH NJW 74, 495 = AWD 74, 166 = IPRspr 73/17; BGH VersR 77, 56 = IPRspr 76/17; Celle IPRax 82, 203 = IPRspr 26. Für Versicherungsstatut, zumindest als sekundäre Anknüpfung Trenk-Hinterberger NJW 74, 1048. Nachw IPG 76/14 (Hamburg), IPG 74/8 (Hamburg); zu niederl R Köln VersR 84, 527 (Brück) = IPRspr 83/28.

Für den Bereich des GVÜ s Art 10 II. Hierzu Geimer/Schütze I 425 ff.

31 **c)** Das Haager Übereinkommen vom 4. 5. 1971 über das auf Straßenverkehrsunfälle anwendbare Recht (Text RabelsZ 37 [1973], 466) ist für die BRepD nicht in Kraft. Dieses regelt den Direktanspruch in Art 9.

32 **12) Verbandsklage:** Ob eine Verbandsklage zulässig ist, entscheidet die dt lex fori auch in den Fällen, in denen die Sachentscheidung nach ausl Recht zu treffen ist. Vor dt Gerichten ist deshalb eine Verbandsklage nur in den Fällen des § 13 II AGBG, § 13 I a UWG, § 2 I ZugabeVO, § 12 I RabattG, § 35 II GWB zulässig; aber auch dann, wenn nach der ausl lex causae eine solche Klagemöglichkeit nicht besteht.

33 **13) Gruppenklage:** Das für die Verbandsklage Gesagte gilt entspr. Maßgebend ist also auch hier die lex fori. Selbst wenn also ein ausreichender Anknüpfungspunkt für die dt internationale Entscheidungszuständigkeit gegeben wäre, wäre eine US-amerik Verbraucherfragen betreffende class-action vor dt Gerichten unzulässig, da das dt Recht eine solche Gruppenklage (derzeit noch) nicht kennt. Zur class-action des US-Rechts vgl Koch, Kollektiver Rechtsschutz im Zivilprozeß, 1976; Witzsch JZ 75, 227 ff; Gottwald ZZP 91 (1978), 1 ff; StJSchumann Einl Rz 527 FN 12.

34 **14) Widerklageverbot: a)** Maßgebend ist die dt lex fori. Ein Widerklageverbot der lex causae ist nicht zu beachten. Die Zulässigkeit einer Widerklage richtet sich stets nach dt Recht, StJSchumann Einl Rz 737. AA Frankfurt IPRspr 81/74 = IPRax 82, 22 (Henrich 9). Dort wird die Zulässigkeit der Widerklage im Scheidungsverfahren nach der lex causae (Art 1451 griech ZGB) beurteilt.

35 **b)** Soweit ein Staatsvertrag diese Frage für das Erkenntnisverfahren regelt, hat dieser Vorrang, vgl zB Art 6 Nr 3 GVÜ. Hierzu ausführlich Geimer/Schütze I §§ 79, 80. Die einschlägigen Regeln in den nur die internationale Anerkennungszuständigkeit (compétence indirecte) regelnden Anerkennungs- und Vollstreckungsverträgen (hierzu Geimer/Schütze I § 197 VIII 23) haben für den Erstrichter keine Bedeutung; sie kommen erst im Anerkennungsstadium zum Zuge.

36 **15) Prozeßkostenvorschußpflicht:** Bestr, ob § 620 S 1 Nr 9 eine abschließende, der kollisionsrechtl Verweisung nicht zugängl Regelung der Prozeßkostenvorschußpflicht bringt (so Köln JMBlNRW 73, 168 = IPRspr 73/149 und Karlsruhe STAZ 76, 19 = IPRspr 75/48) oder ob diese Vorschrift nur das Verfahren ordnet. Nach der zweiten Hypothese ist nach den Grundsätzen des dt IPR zu ermitteln, ob die maßgebl lex causae einen Anspruch auf Zahlung eines Prozeßkostenvorschusses gibt, so Düsseldorf FamRZ 75, 42 = IPRspr 74/54; FamRZ 75, 634 = IPRspr 75/44; München FamRZ 80, 448 = IPRspr 80/56; Rumpf IPRax 83, 114 (zum türk Recht); LAG Frankfurt IPRax 83, 300 = IPRspr 83/300 (zum jugoslawischen Recht).

37 **16) Prozeßkostenhilfe** („Sozialhilfeleistung im Bereich der Rechtspflege", BVerfGE 35, 355): richtet sich ausschließlich nach dt Recht. Auf sie haben alle – ohne Rücksicht auf Staatsangehörigkeit (§ 114 II aF wurde gestrichen) – Anspruch, die im Geltungsbereich der ZPO leben und vor einem deutschen Gericht Prozeß führen wollen, LAG Frankfurt IPRax 83, 300 = IPRspr 83/125.

38 **17) Partei- und Prozeßfähigkeit:** Die für dt Verfahren maßgebl Partei- und Prozeßfähigkeit bestimmt ausschließlich das dt Recht. Insoweit gilt das lex fori-Prinzip. Das dt Recht verweist aber auf ausl Recht: Die heute wohl hM geht davon aus, daß das dt IZPR eine (ungeschriebene)

Kollisionsregel enthält. Maßgebend ist nicht die dt lex fori, sondern das **prozessuale Heimatrecht.** Es findet also eine **Verweisung auf ausl Prozeßrecht** statt. Der Streit, ob aus der nach dem Personalstatut ermittelten Rechtsfähigkeit unmittelbar auf die Parteifähigkeit geschlossen werden kann, oder aber, ob das prozessuale Personalstatut (Heimatrecht) über die Parteifähigkeit befindet, ist nicht im Sinne eines entweder–oder, sondern eines sowohl–als auch zu entscheiden, Soergel/Lüderitz 224 vor Art 7. Da die Parteifähigkeit die Rechtsverfolgung ermöglichen bzw erleichtern soll, gilt (im Anschluß an die überzeugenden Darlegungen Lüderitz'):

a) Parteifähig ist, wer nach seinem Personalstatut rechtsfähig ist. Die mit der Rechtsfähigkeit einer Person zugeordneten Rechte und Pflichten könnten prozessual nicht durchgesetzt werden, wenn die Parteifähigkeit fehlte. Hilfsfiguren, die bei fehlender Parteifähigkeit nach ausl Prozeßrecht eine Rechtsverfolgung gleichwohl ermöglichen, können nicht ohne weiteres auf das Inland übertragen werden. **39**

b) Parteifähig ist im Inland ohne Rücksicht auf Rechtsfähigkeit jeder, der nach seinem Personalstatut parteifähig ist. **40**

c) Parteifähig ist schließlich jeder, der nach dem Sitzrecht so organisiert ist, wie eine inländische Einrichtung, die allgemeine oder passive Parteifähigkeit genießt, ohne daß es insoweit auf Parteifähigkeit im Ausland ankommt. Denn – so Lüderitz aaO überzeugend – „im inländischen Verfahren gelten gleiche prozessuale Verfolgungs- und Abwehrinteressen für Personenzusammenschlüsse oder Vermögensmassen, gleichgültig, ob diese vom Ausland oder vom Inland her verwaltet werden." Passiv parteifähig ist daher der nicht rechtsfähige ausl Verein auch dann, wenn er im Sitzstaat nicht als solcher verklagt werden kann. **41**

Die vorstehend skizzierte Kumulationstheorie gilt grundsätzlich auch für die **Prozeßfähigkeit.** **42**

18) Beweisfragen: a) Die vom dt IPR bestimmte lex causae bestimmt das **Beweisthema:** Sie fixiert die darzulegenden und gegebenenfalls zu beweisenden Tatsachen. Was zu beweisen ist, legt die lex causae fest. Dagegen sagt die dt lex fori, wie zu beweisen ist. Sie bestimmt die Zulässigkeit der Beweismittel und die technische Durchführung der Beweiserhebung; Riezler 464 ff; Birk 137 ff; Wieczorek, § 1 EG ZPO, B I a 1; Schütze DIZPR 83; Nagel Rz 328; Keller/Siehr 599. **43**

b) Die **Beweislast** richtet sich grundsätzlich nach der lex causae, vorbehaltl der aus dem Prozeßverhalten sich ergebenden Fragen; Riezler 465; Birk 144 FN 37; Buciek 39 FN 141; Nagel IZPR Rz 328; vgl auch Art 41 II CMR. – **Verträge** über die Beweislast: im dt Recht werden Verträge über die Verteilung der Beweislast, über Beweisvermutungen, über Einschränkungen der freien richterl Beweiswürdigung und über Beweismittelbeschränkungen für zulässig erachtet, Schlosser, Einverständliches Parteihandeln im Zivilprozeß, 1968, 23. Dabei können die Parteien prinzipiell auch die dt Regelung durch eine ausl ersetzen. Jedoch können sie Beweismittel, die das dt Recht nicht kennt, nicht durch die Hintertür der Wahl ausl Rechts einführen, Riezler IZPR 43. ZB wäre es unzulässig, die Zuschiebung des Parteieides nach der 1924 abgeschafften alten Regelung der ZPO einzuführen, Nachw Coester-Waltjen Rz 4. **Beweislastumkehr bei schuldhafter Vereitelung der Beweisführung:** Dieser gewohnheitsrechtl Verfahrensrechtssatz des dt Zivilprozeßrechts gilt auch bei ausländischer lex causae. Zur Beweislastumkehr bei schuldhafter Vereitelung der Beweisführung StJSchumann Einl Rz 95 bei FN 153. **Gesetzliche Vermutungen** sind der lex causae zu entnehmen, Birk 149; Art 32 III 1 EGBGB. **Prima-facie-Beweis:** Maßgebl ist die lex fori; BGH RIW 85, 149 (CMR-Fall); Riezler 466; Birk 153 ff. Birk 157 jedoch für lex causae, wenn es sich um Tatbestände handelt, die nur Beziehungen zu einem einzigen Territorium aufweisen. Vgl auch IPG 74 Nr 7 (Köln). **44**

c) Beweiswürdigung: Ebenfalls lex fori maßgeblich; Riezler 466; Birk 154 FN 71; Coester-Waltjen Rz 539 FN 1688. **45**

d) Schadensschätzung nach § 287: Für lex fori Riezler 466; für lex causae Birk 163 bei FN 114; Niederländer RabelsZ 20 (1955), 33, 51. **46**

e) Verbot des Zeugenbeweises (Art 1341 Code civil): Hierzu ausführlich Neuner, Der Sinn der international-privatrechtlichen Norm. Eine Kritik der Qualifikationstheorie, 1932, 118 ff; Schoch 147 ff; Coester-Waltjen Rz 446 ff.; Staudinger/Firsching Art 11 Rz 87. Man hat den Ausschluß des Zeugenbeweises für Verträge über 5 000 francs (Art 1341 Code civil) als Formvorschrift (Art 11 EGBGB) zu qualifizieren und kommt so zur Anwendung der lex causae, Rn 6. **47**

Fähigkeit, Zeuge sein zu können: Die lex fori befindet darüber, wer Zeuge sein kann. Auf das Heimatrecht der Zeugen kommt es nicht an, ebenso nicht auf die nach dt IPR der Entscheidung zugrundezulegende lex causae; Ausnahme: Beschränkungen der Zeugnisfähigkeit von Abkömmlingen in Scheidungsprozessen nach der lex causae sind auch im dt Verfahren zu beachten. Diese werden als Zeugen ausgeschlossen, weil sie zuviel wissen. Darauf soll die Scheidung nicht gestützt werden, Coester-Waltjen Rz 590 FN 1824.

Zeugnisverweigerungsrecht. Maßgebend ist die lex fori; Coester-Waltjen Rz 539 FN 1691; Ausnahme: Art 11 des Haager Übereinkommens vom 18. 3. 1970 (BGBl 1977 II 1472); Nagel IZPR Rz 353.

48 **f) Pflicht, eine Blutprobe zu dulden,** richtet sich nach der lex fori. Vgl § 640 a Rn 31.

49 **g) Vorlage von Urkunden.** Das dt Gericht kann auch bei ausl lex causae gegenüber Dritten nicht die Vorlage von Urkunden anordnen, § 429. Vielmehr muß die interessierte Partei den Dritten auf Vorlage verklagen. Anders in Frankreich. Hier kann der Richter auch von Dritten die Vorlage von Urkunden verlangen, Art 11 Nr 2 nouveau Code de procédure civile. Noch viel weiter geht die Praxis der US-amerik Gerichte, München ZZP 94 (1981), 462 (Schlosser 339) = RIW 81, 557 (Metz 80, 73; Martens 1025). Für Maßgeblichkeit der lex causae Schlosser, Justizkonflikt, 12. Zur **Pflicht, Urkunden vorzulegen** Nagel Rz 375 ff und unten § 363 Rn 8.

50 **19) Beweislasturteile: a)** Jede Rechtsordnung sieht sich mit dem Problem konfrontiert, wie zu entscheiden ist, wenn sich der in der Vergangenheit liegende tatsächl Geschehensablauf nicht (mehr) aufklären läßt. In solchen Situationen könnte das Gesetz zB vorschreiben, daß die Klage mangels Beweises als zur Zeit noch unbegründet abzuweisen ist und es den Parteien vorbehalten bleibt, den alten Streit nochmals mit besseren Beweismitteln zu wiederholen.

51 **b)** Die dt ZPO geht jedoch einen anderen Weg. Auch wenn die Wahrheit über den vergangenen Sachverhalt nicht mehr aufgeklärt werden kann, muß das angerufene dt Gericht sofort und endgültig den Streit entscheiden. Streitfragen sollen nicht unbegrenzt offenbleiben. Die Parteien sollen wissen, welche Rechtslage sie ihrem zukünftigen Verhalten zugrundelegen können.

52 Der dt Richter entscheidet nach den Regeln über die Beweislast. Man spricht deshalb auch von Beweislasturteilen. Diese Beweislastregeln sagen, welcher Partei der Richter Recht geben muß, wenn der Sachverhalt nicht aufgeklärt ist. Das dt Gesetz nimmt bewußt in Kauf, daß der Richterspruch möglicherweise unrichtig ist, weil bei Kenntnis des wahren Sachverhalts anders entschieden werden müßte, StJSchumann Einl Rz 12.

53 **c)** Wie ist nun zu entscheiden, wenn nach der ausl lex causae der Richter, eine der Rechtskraft nicht fähige **absolutio ab instantia** aussprechen müßte? Dies ist für den dt Richter unbeachtlich. Auch hier ist nur die dt lex fori maßgebend.

54 **20) Verbot des Konventionalprozesses:** Der dt Zivilprozeß verbietet den Konventionalprozeß. Dies bedeutet: Die Parteien können keine Vereinbarungen über den Prozeßablauf treffen, die für den Richter verbindl wäre. Dieser hat sich vielmehr an die Vorschriften der ZPO zu halten (soweit diese zwingend sind). Dieses Verbot gilt auch, wenn der Streitgegenstand nach ausl Recht zu entscheiden ist und diese ausl Rechtsordnung Parteivereinbarungen zuläßt. Zur Verfahrensautonomie des dt Rechts StJSchumann Einl Rz 13 und Schlosser (Rn 44).

55 **21) Klagebefugnis der Staatsanwaltschaft: a)** Die Klage- und Mitwirkungsbefugnisse der Staatsanwaltschaft sind im dt Recht (§§ 632, 634, 646 II, 652, 666, 673, 675, 677, 679 II, 686 III) wesentlich begrenzter als nach mancher ausl Prozeßordnung. ZB darf der Staatsanwalt im franz und im ital Zivilprozeß nahezu in jedem Verfahren intervenieren.

56 **b)** Die hM stellt für die Klagebefugnis des Staatsanwaltes auf die **lex causae** ab; Beitzke RabelsZ 23 (1958), 712, 726; Dölle FS Böhmer, 1954, 136; Wieczorek § 632 B III; StJSchlosser § 632 Rz 9; KG JW 38, 1242; aA KG IPRspr 34/141 (für Ehesachen). Weitere Nachw Birk ZZP 82 (1969), 84 FN 68 und Staudinger/Gamillscheg, 10./11. Aufl, 1973, Bem 492 ff.

57 **c)** In **Statussachen** wird man wohl im Interesse der internationalen Entscheidungsharmonie grundsätzl von der lex causae ausgehen müssen. Näher § 606 a Rn 15. In jedem Falle darf der dt Staatsanwalt die von der lex causae der Staatsanwaltschaft oder einer vergleichbaren Behörde zugewiesenen Klage- und Mitwirkungsbefugnisse wahrnehmen. Zu fragen ist aber, ob nicht die dt **lex fori** den **Mindeststandard** bildet, der Staatsanwalt also nach den Regeln der ZPO tätig werden darf, wenn die ausl lex causae keine Klage- oder Mitwirkungsbefugnis vorsieht. Hier kommt es darauf an, ob das öffentl Interesse, das der gesetzgeberische Grund für die Einschaltung des Staatsanwaltes ist, so stark ist, daß es auch dann durchgesetzt werden muß, wenn das dt IPR ausl Sachrecht zur Anwendung beruft. Dies wird man zB für die Nichtigkeitsklage wegen Bigamie bejahen müssen. Ob das dt Urteil im Ausland anerkannt wird, ist dabei ohne Bedeutung, Geimer NJW 76, 1039.

58 **d)** In den **übrigen Zivilprozessen,** also in allen mit Ausnahme der Statussachen (Rn 57), ist eine **Mitwirkung des deutschen Staatsanwaltes so systemfremd,** daß eine Berücksichtigung der ausl lex causae abzulehnen ist.

59 **e)** Zur Beteiligung der Staatsanwaltschaft in **FG-Verfahren** (Adoption) AG Darmstadt IPRax 83, 82 Nr 26 (Jayme).

22) Gerichtssprache: a) Hier gilt immer die dt lex fori; Riezler IZPR 43. Dies ist unbestr; für Lockerung aber Nagel IZPR Rz 313. 60

b) Fehlende Sprachkenntnisse können jedoch Auswirkungen auf die Handhabung des dt Prozeßrechts haben. So kann bei einem Ausländer, der die dt Sprache nicht beherrscht und die dt Verhältnisse nicht kennt, die Versäumung einer Rechtsmittelfrist auf unabwendbarem Zufall (§ 233) beruhen, wenn die Säumnis darauf zurückzuführen ist, daß er die ihm zugegangenen Benachrichtigungsschreiben der ihn vertretenden Anwälte mißverstanden hat, BGH VersR 77, 646 = IPRspr 77/144. 61

c) Der Anspruch auf **rechtl Gehör** (Art 103 I GG) kann verletzt sein, wenn schriftl Erklärungen von Zeugen (§ 377 IV) in einer fremden, den Prozeßbeteiligten nicht geläufigen Sprache erst in der Berufungsverhandlung oder am Tag davor bei Gericht vorgelegt werden und einer Partei die zur Überprüfung der beigegebenen Übersetzung beantragte Schriftsatznachfrist versagt wird, BGH WM 77, 948 = IPRspr 77/137. 62

d) Rechtsmittel müssen immer in dt Sprache eingelegt werden. Die Gerichte können erwarten, in dt Sprache angegangen zu werden. Sie sollen nicht gezwungen sein, zunächst Übersetzungen zu veranlassen, um Eingaben sachgerecht bearbeiten zu können. Eine unter Mißachtung des § 184 GVG in einer fremden Sprache verfaßte Beschwerdeschrift (zB nach § 621 e) entbehrt der gebotenen Form und führt zur Unzulässigkeit des Rechtsmittels, Koblenz FamRZ 78, 714 = IPRspr 78/131. Vgl auch Rn 76. 63

e) Zur Erstattungsfähigkeit von Übersetzungskosten Frankfurt RIW 80, 803 = MDR 80, 58 = IPRspr 80/180. – Das in Art 6 III lit e MRK gewährleistete **Recht auf unentgeltliche Beiziehung eines Dolmetschers** gilt nicht für den Zivilprozeß, auch wenn Streitgegenstand eine unerlaubte Handlung ist, die den Tatbestand einer strafbaren Handlung oder Ordnungswidrigkeit erfüllt. Der Beklagte ist kein Angeklagter iSv Art 6 III MRK, EGMR NJW 85, 1273. 64

23) Anwaltszwang: Auch hier ist immer nur die dt lex fori zu beachten; Riezler IZPR 43; Schütze DIZPR 78. 65

24) Prozeßvergleich: Auch bei Maßgeblichkeit ausl Sachrechts richten sich die prozessuale Zulässigkeit und die prozessualen Wirkungen (Prozeßbeendigung; Vollstreckbarkeit) eines Prozeßvergleichs nach der dt lex fori. Auch wenn zB nach der lex causae der Vergleich als solcher den Prozeß nicht beendet, sondern ein „Kompromißurteil" (= Urteil, das auf Grund der Vergleichsvereinbarungen ergeht und mit diesen inhaltlich übereinstimmt: so zB judgment by consent des engl Rechts oder jugement convenu bzw jugement de donné acte des belgischen Rechts), erforderlich ist, ist dies für den dt Richter ohne Bedeutung. Die materiellrechtl Voraussetzungen, insbesondere die Frage, ob der Anspruch verzichtbar ist und damit Gegenstand eines Vergleichs sein kann etc, und die materiellrechtl Wirkungen des Vergleichs sind nach der lex causae zu beurteilen. Vgl Birk ZZP 82 (1969), 68 FN 72. Vgl auch Geimer/Schütze I § 207 III. 66

Beim gerichtlich bestätigten Vergleich stellt BGH FamRZ 86, 45 = NJW 1438 darauf ab, ob der Vergleich nach der richterl Genehmigung/Bestätigung seinen vertragl Charakter verliert und Bestandteil des Urt des staatl Gerichts wird, mit der Folge, daß auch res iudicata-Wirkung (Feststellungswirkung) eintritt. So zu Art 158 Ziff 5 Schweiz ZGB (Ehescheidungskonvention). Nach gerichtl Bestätigung hätten die scheidungsrechtl Folgen ihren Rechtsgrund im Scheidungsurteil und nicht im Parteiwillen (BGE 102, II, 19). – Handelt es sich nach dem Recht des Erststaates um ein staatl Urteil, so will der BGH die Regeln über die Vollstreckbarerklärung von gerichtl Entscheidungen anwenden. Behält der Vergleich auch nach der gerichtl Bestätigung nach dem Recht des Erststaates den Charakter einer Parteivereinbarung, so gelten die einschlägigen Vorschriften für Vergleiche (zB Art 8 dt-schweizer Abk). **Praktische Konsequenz:** Gelten die Regeln über die Vollstreckbarerklärung von gerichtl Entscheidungen, so ist die internationale Zuständigkeit des Erststaates zu prüfen (§ 328 I Nr 1, Art 3 dt-schweizer Abk). In jedem Fall ist jedoch für die im Vergleich geregelte Unterhaltsleistungspflicht die internationale Zuständigkeit zu bejahen, da sich alle Parteien der Jurisdiktion des Erststaates unterworfen hatten, § 39, Geimer EWiR 86, 208. 67

25) Zuständigkeitsvereinbarungen: a) Über **Zulässigkeit, Form, Auslegung und Wirkung** einer Gerichtsstandsvereinbarung entscheidet die dt lex fori, Rn 145; Bremen RIW 85, 894. Allein dt Recht (§ 38 II u III) kommt nach dem lex fori-Prinzip auch dann zur Anwendung, wenn in der Sache nach ausl Recht zu entscheiden und nach diesem eine Gerichtsstandsvereinbarung formlos wirksam ist, Rn 157. Dies gilt sowohl für die Prorogation (Begründung der an sich nicht gegebenen internationalen Zuständigkeit der BRepD) als auch für die Derogation (Ausschluß der an sich gegebenen dt internationalen Zuständigkeit, zB durch Vereinbarung der ausschließl Zuständigkeit eines ausl Gerichts). Denn die Frage des Zugangs zu den dt Gerichten kann nicht dem 68 ausl Recht überlassen bleiben. Das dt Recht muß bestimmen, ob die dt Gerichte die internationale Zuständigkeit zu bejahen haben oder nicht. Die Frage der Justizgewährung im Inland kann nur von der dt lex fori beantwortet werden, Geimer NJW 1972, 1622, Roth ZZP 93 (1980), 164, BAG NJW 84, 1320, Nürnberg RIW 1985, 891. Die Formvorschrift des § 38 II und III gilt jedoch nicht für den in § 38 I genannten Personenkreis. Die Gegenansicht will – angesichts der besonderen Bedeutung der internationalen Zuständigkeit – § 38 II und III auf alle vorprozessualen Zuständigkeitsvereinbarungen anwenden, Vollkommer Rpfleger 74, 134, Nürnberg RIW 85, 891.

69 **b) Maßgebliches Statut für das Zustandekommen** einer internationalen Zuständigkeitsvereinbarung bestr. Für **lex fori** Staudinger/Firsching Rz 184 vor Art 12 EGBGB. Für **Schuldstatut des materiell-rechtl Vertrages** BGHZ 49, 384 = AWD 68, 233; BGHZ 59, 23 = BB 72, 764 (Trinkner); BGH NJW 83, 2773 = RIW 872; NJW 86, 1438; Hamburg RIW 86, 462; Kropholler Rz 477, 485; Soergel/Kegel, 11. Aufl, 614 vor Art 7. Für **eigenes Prorogationsstatut** Geimer NJW 72, 391. Roth hält eine auf die Gerichtsstandsvereinbarung beschränkte **Rechtswahl** für möglich, ZZP 93 (1980), 165; Bremen RIW 85, 895. Eine (nachträgl) Rechtswahl ist auch möglich durch das Verhalten der Parteien im Prozeß, Bremen RIW 85, 894.

70 **26) Schiedsgerichtsvereinbarungen** s § 1044 Rn 19.

71 **27) Verfahrensgestaltung:** Für die **Abtrennung und Verbindung** (§§ 145 ff), **Übertragung auf den Einzelrichter** (§ 348) gilt immer die dt lex fori, nicht die lex causae. Die abweichenden Vorschriften des ausl Rechts (vgl zB Koch/Zekoll RIW 1985, 841 zu US-amerik Recht) bleiben außer Betracht. Das gleiche gilt für den Erlaß von **Zwischenurteilen** (§ 280), von Teil- und Endurteilen (§§ 303, 304), **Vorbehaltsurteilen** (§ 305). So wird zB ein dt Gericht auch bei Maßgeblichkeit des Rechtes eines US-Bundesstaates keine interim motions erlassen, ebenso keine interrogatories (= vom Gericht vorgelegter Fragenkatalog, den der Zeuge schriftlich zu beantworten hat). Ist zB lex causae das Recht eines US-Bundesstaates, so ist gleichwohl nur nach der dt lex fori zu verfahren. – Auch für die Zulässigkeit von **Versäumnisurteilen** gilt bei ausländischer lex causae die dt lex fori. Rechtsvergleichend Geimer/Schütze I 1053.

72 **28) Präklusion:** Auch bei ausl lex causae sind die dt Präklusionsvorschriften (§§ 273, 275, 276, 277, 296, 527, 528 etc) anzuwenden.

73 **29) Wahrheitspflicht:** Es gilt die dt lex fori. Rechtsvergl Hinw Coester-Waltjen Rz 41.

74 **30) Zustellungsrecht:** Maßgebl ist immer die dt lex fori. Ist zB franz Recht lex causae, so ist gleichwohl nach § 199 zuzustellen, nicht durch remise au parquet. Die Zustellung erfolgt nach dem Recht des Staates, in dem sie erfolgen soll. Für den internationalen Rechtsverkehr haben sich von der ZPO abweichende Regeln entwickelt. Zu unterscheiden ist zwischen der formlosen Zustellung und der förml. Erstere ist nur möglich, wenn der Zustellungsadressat zur Annahme bereit ist.

75 **31) Prozeß- oder Sachurteil:** Ob ein Sachurteil ergeht oder eine Prozeßabweisung erfolgt, richtet sich nach der lex fori, nicht nach der ausl lex causae. AA Niederländer RabelsZ 20 (1955), 51. Er will die Voraussetzungen der verschiedenen Rechtsschutzformen nach ausl Recht beurteilen und zählt in diesem Zusammenhang auf: „Fragen des Rechtsschutzbedürfnisses, des Feststellungsinteresses, der Zulässigkeit einer Widerklage, der Aufrechnung im Prozeß." Rechtsvergl Hinw zu Sachurteilsvoraussetzungen: Niederländer Rabels Z 20 (1955), 36; Coester-Waltjen Rz 242 FN 845.

76 **32) Rechtsmittel:** Maßgebl ist allein die lex fori; dies gilt auch für die Zulässigkeit und die Wirkungen eines Rechtsmittelverzichtes, Riezler 43.

77 **33) Wiederaufnahme des Verfahrens:** Auch hier herrscht allein die lex fori; der Standpunkt der (ausl) lex causae interessiert den dt Richter nicht. Praktisch wichtig vor allem im Vaterschaftsfeststellungsprozeß (§ 641 i). Das dt Recht stellt in den Vordergrund, daß nur zum wirklichen (= leiblichen) Vater Rechtsbeziehungen bestehen sollen; dieses Prinzip muß auch gegenüber den ausl leges causae durchgesetzt werden. Einschränkend Siehr, Auswirkungen des NichtehelichenG auf das Internationale Privat- und Verfahrensrecht, 1972, 55. Offengelassen wird die Frage in IPG 76 Nr 43 (Köln).

78 **34) Rechtskraft:** Die Rechtskraft dt Entscheidungen beurteilt sich nach dt Recht, auch wenn der Streitgegenstand nach ausl Recht zu beurteilen war. Niederländer RabelsZ 20 (1955), 49 sub 4 a. Ist zB das Recht eines US-Bundesstaates lex causae, so wirkt ein dt Urteil nie collateralestoppel (issue preclusion). Ist in einem Rechtsstreit dem Beklagten gegenüber der Haftungsgrund festgestellt, so muß der Beklagte dies sich in späteren Prozessen nicht auch von anderen Klägern entgegenhalten lassen, Nachw zum US-Recht Koch/Zekoll RIW 85, 841. Dagegen ist Grunsky ZZP 89 (1976), 258 f für lex causae: Der Umfang der Urteilswirkungen stehe in engstem Zusammenhang mit dem geltend gemachten subjektiven materiellen Recht und könne nur nach

diesem beurteilt werden. Gegen dieses Argument treffend bereits Niederländer aaO 34 f: Das inländ Gericht hat ledigl eine Rechtsbehauptung nach ausl Recht zu prüfen. Wieweit das ausl Recht anzuwenden ist, kann demnach nicht mit dem Begriff des subjektiven Rechts bestimmt werden. Konsequenterweise müßte Grunsky die Rechtskraft ausl Urteile nicht nach dem Recht des Urteilsstaates (§ 328 Rn 18) beurteilen, sondern nach der lex causae, wobei man dann noch rätseln darf, wessen Staates IPR die lex causae bestimmen soll (das IPR des Urteilsstaates oder das dt IPR als das des Zweitstaates = Anerkennungs-/Vollstreckungsstaates). Weitere Nachw Spellenberg IPRax 84, 306 FN 30.

35) Stare decisis-Bindung an Präjudizien: Sieht die lex causae die Bindung an Präjudizien vor, so ist diese für den dt Richter qua kollisionsrechtl Verweisung des dt IPR unbeachtlich. Denn das EGBGB gibt keine Regeln, wie der Inhalt des ausl Rechts zu ermitteln und auszulegen ist. Es gilt vielmehr die dt lex fori. Diese schreibt allerdings vor, daß der dt Richter das ausl Recht so anzuwenden hat, wie dies der ausl Richter täte (§ 293 Rn 24). Unter dem Blickwinkel des § 293 fragt sich wiederum, ob der dt Richter die Präjudizienwirkung immer zu beachten hat oder ob er – unter den gleichen Voraussetzungen wie der ausl – zum overruling (Aufgabe einer präjudiziellen Entscheidung) berechtigt ist. Dies ist wohl zu bejahen. 79

36) Gestaltungswirkung: Ist nach dt IPR eine ausl Rechtsordnung maßgebl für die Rechtsgestaltung, so müssen die nach der lex causae für den Eintritt der Gestaltungswirkung notwendigen (weiteren) Voraussetzungen gegeben sein. ZB Registrierung des Scheidungsurteils durch den Standesbeamten. Darüber hinaus ist der Rechtsstandpunkt der lex causae unerhebl. Es kommt zB nicht darauf an, ob der Staat, dessen Recht (nach dt IPR) maßgeblich ist, das dt Gestaltungsurteil anerkennt; § 328 Rn 45. 80

37) Abänderungsklage (§§ 323, 642b, 642c, 643a). Für Maßgeblichkeit der lex causae Siehr in FS Bosch, 1976, 927 ff, 961; ausführl Nachw bei Staudinger/Kropholler Rz 135 vor Art 18; Henrich IPRax 82, 141; Jayme IPRax 84, 102, 163; Nürnberg IPRax 84, 162 = IPRspr 83/179; BGH NJW 83, 1977 = FamRZ 83, 806 = IPRax 84, 320 (Spellenberg 304) = IPRspr 83/95; AG Hamburg IPRax 85, 297 (Henrich). 81

38) Unterwerfung unter die sofortige Zwangsvollstreckung: Die Unterwerfung gemäß § 794 I Nr 5 ist eine auf das Zustandekommen eines Vollstreckungstitels gerichtete Prozeßhandlung, die ausschließl nach der lex fori zu beurteilen ist. Außer Betracht bleibt die für den zu titulierenden Anspruch maßgebl Rechtsordnung (Schuldstatut) BGH RIW 81, 194 = MDR 81, 568 = IPRax 82, 116 Nr 33 = IPRspr 80/25; s auch Geimer DNotZ 75, 461. 82

39) Durchführung der Zwangsvollstreckung: a) Sie richtet sich nach der lex fori, Riezler 655; Niederländer RabelsZ 20 (1955), 49; Birk ZZP 82 (1969), 87 FN 76, 77 (für Frage der Pfändbarkeit von Forderungen); aA wohl Grunsky ZZP 89 (1976), 259 bei FN 61. 83

b) Dieser Grundsatz ist auch in den meisten **Anerkennungs- und Vollstreckungsverträgen** niedergelegt: Art 6 II dt-schweizer Abk; Art 6 dt-österr Vertr; Art 7 dt-griech Vertr; Art 35 dt-tunes Vertr; Geimer/Schütze I § 150 XXXIV und § 211; Wolff Hb IZVR III 2 Kap IV Rz 30 ff S 331 ff. 84

c) Wird auf Grund eines im Inland für vollstreckbar erklärten ausl Titels vollstreckt, so werden mitunter **Anpassungen und Rücksichtnahmen auf das Recht des Urteilsstaates** unvermeidlich sein. So zB wenn bereits im ausl Erkenntnisverfahren die Befugnis zur Ersatzvornahme durch den Gläubiger (Art 1143 f Code civil) angeordnet wurde oder wenn zur Erzwingung nicht vertretbarer Handlungen durch den Schuldner Zwangsgelder angeordnet wurden. So fehlte zB im franz Recht eine dem § 888 vergleichbare Vorschrift. Die Rspr entwickelte das Rechtsinstitut der „astreinte". Danach kann das Gericht im Erkenntnisverfahren anordnen, daß der Schuldner für jeden Tag, den er säumig bleibt, eine bestimmte Summe an den Kläger zu zahlen hat. Die „astreinte" wurde durch den Gesetzgeber mittlerweile sanktioniert, Art 11, 134, 136, 137, 139, 290, 491, 943 Nouveau Code de procédure civile; hierzu Geimer/Schütze I § 152 I 2. – Fragl, ob Gläubiger eines franz Titels neben der Beitreibung des Zwangsgeldes (Art 43 GVÜ) die Anträge aus § 888 I stellen kann und ggfs, welches dt Gericht zuständig wäre. – Vgl auch Art 12 dt-belg Abk; hierzu BGH NJW 75, 2143 = IPRspr 75/167 = MDR 76, 138 und Art 41 des dt-tunes Vertr. 85

d) Rechtsvergleichend ist zu bemerken: Das **Vollstreckungsrecht** vieler Staaten ist weniger detailliert und ausgefeilt, als das deutsche. Die sich hieraus ergebenden Spannungen wurden bisher nicht untersucht (einschließl der Verflechtungen mit dem Sachenrecht). Nach Oldenburg VersR 75, 271 = IPRspr 74/37 soll sich der Rang eines im Ausland entstandenen Schiffsgläubigerrechts bei einer inländischen Versteigerung nach dt Recht bestimmen. Zum anglo-amerik System der mittelbaren Durchsetzung von Leistungsurteilen auf Grund von **contempt of court-Regeln** IPG 76 Nr 46 (Hamburg). Zum Problem der Erzwingung der Realerfüllung eines Vorvertrages Bucher, FS Huber, 1978, 187 ff. 86

87 **e)** Zur Erzwingung einer Handlung im Ausland durch Zwang im Inland s Geimer IZPR Rz 400; Geimer/Schütze I § 91 FN 6, § 150 XXXV; Kropholler Rz 175. – Zur Vollstreckung ausl einstw Maßnahmen Schlosser IPRax 85, 322.

88 **f) Gerichtsvollzieher:** Seine Aufgaben und Befugnisse richten sich nach der dt lex fori, nicht nach der lex causae. Ist zB franz Recht in der Sache anzuwenden, so hat der Gerichtsvollzieher nicht deswegen automatisch die Befugnisse des huissier. Jedoch ist nicht von vornherein ausgeschlossen, daß der Gerichtsvollzieher nicht auch Tätigkeiten vornehmen darf, die dem dt Recht unbekannt sind, die aber die lex causae vorschreibt. – Der Gerichtsvollzieher handelt nicht aufgrund eines privatrechtl Vertragsverhältnisses, sondern kraft Amtspflicht in Ausübung hoheitl Gewalt. Daran ändert sich auch dann nichts, wenn nach der lex causae das Verhältnis zum Gerichtsvollzieher privatrechtl geordnet ist.

Vollstreckungsgegenklage s § 722 Rn 59.

89 **40) Kostentragungspflicht:** §§ 91 ff sind verfahrensrechtl zu qualifizieren; sie sind auch bei Maßgeblichkeit ausl materiellen Rechts anzuwenden, Henrich IPRax 82, 10 sub I. Weniger dezidiert Frankfurt RIW 85, 411, das eine Rechtswahl für möglich hält. Rechtsvergleichung bei Schütze RV 160.

90 Zur **Erstattungsfähigkeit der Kosten** eines ausl Beweissicherungsverfahrens Köln NJW 83, 2779 = IPRspr 190 = IPRax 84, 415 (Stürner 299) = RIW 85, 330. Die Notwendigkeit der Beauftragung eines Verkehrsanwalts ergibt sich nicht schon daraus, daß die Partei Ausländer ist. Auch Sprachschwierigkeiten allein machen dies nicht erforderlich, weil sich der Prozeßbevollm eines Dolmetschers/Übersetzers bedienen kann, Düsseldorf MDR 83, 847 = IPRspr 191. Nach stRspr des OLG Stuttgart RIW 86, 63 ist für eine ausl Partei, die vor einem dt Gericht einen Rechtsstreit führt, die Einschaltung eines Korrespondenzanwaltes grundsätzl als notwendig anzusehen. Die ausl Partei hat dabei idR die Wahl, ob sie einen Anwalt an ihrem ausl Wohnsitz oder einen Anwalt in Deutschland zum Korrespondenzanwalt bestellen will.

91 **41) Auskunftsanspruch:** Maßgebl ist die lex causae. Kennt diese einen Auskunftsanspruch nicht, so will Bamberg FamRZ 83, 1233 = IPRspr 59 gleichwohl im Wege der Anpassung einen materiell-rechtl Anspruch gewähren, wenn nach dem Prozeßrecht der lex causae der Untersuchungsgrundsatz herrscht, der Sachverhalt also durch das Gericht von Amts wegen aufgeklärt werden muß.

92 **42) Schadenersatzregelungen in der ZPO: a)** Die Schadenersatznormen in § 89 I 3, § 302 IV 3, § 600 II iVm § 302 IV 3, § 641 g, § 717 II 1, § 840 II 2, § 842, § 945, § 1042 c II 3 iVm § 717 II 1 werden als materiellrechtl Normen betrachtet, auch wenn die lex scripta sie in der Zivilprozeßordnung, die ja grundsätzlich verfahrensrechtl Natur ist, angesiedelt hat. **b)** Trotzdem kommt eine ausl Rechtsordnung nicht zum Zuge. Es gilt immer die lex fori, auch wenn aus einem ausl Titel vollstreckt wird (§§ 722, 723). **Schäden auf Grund von Vollstreckungsmaßnahmen in der BRepD sind stets nach dt Recht zu beurteilen,** Geimer/Schütze I § 213.

93 **43) Beachtung ausl Rechtshängigkeit** (Rn 182): Die lex fori bestimmt, ob und wann und in welchen Grenzen die Rechtshängigkeit im Ausland die Justizgewährung durch die inländischen Gerichte blockiert. Ob und gegebenenfalls wann die Rechtshängigkeit bzw Anhängigkeit des ausl Verfahrens zu bejahen ist, ist nach dem Recht des ausl Gerichtsstaates zu beurteilen. Vgl Geimer/Schütze I § 215.

94 **44) Haftungsprivileg der Richter:** Das Haftungsprivileg der Richter gem § 839 II 1 BGB gilt ohne Rücksicht darauf, ob der Richter nach dt Recht oder nach einer ausl Rechtsordnung entscheidet. Ist zB ein Streit zwischen den Parteien nach franz Recht zu beurteilen, so muß sich ein dt Richter gleichwohl nicht nach Art 4 Code civil verantworten. Dieser bestimmt, daß „ein Richter, der sich unter dem Vorwande des Schweigens, der Dunkelheit oder der Unzulänglichkeit des Gesetzes weigert, Recht zu sprechen, wegen Justizverweigerung verfolgt werden kann".

95 **45) Anwaltsvertrag:** Die Parteien können das maßgebl Recht wählen (Parteiautonomie). Für dt Anwälte beanspruchen die BRAO, BRAGO und das Standesrecht auch bei ausl Schuldstatut kraft Sonderanknüpfung Geltung„ Schütze DIZPR 79. Zur Ermittlung des hypothetischen Parteiwillens LG München IPRax 82, 117 = IPRspr 81/13 A. Zur Anwaltshaftung Schütze RV 126; Geimer EWiR 86, 140. – Rechtsvergleichendes zu den Anwaltshonoraren bei Schütze RV 115.

96 **46) Amicus curiae-Verfahren** (Stellungnahmen ausländischer Regierungen im deutschen Zivilprozeß): Im US-amerikanischen Zivilprozeß ist es üblich, daß auswärtige Regierungen sich als amicus curiae am Verfahren beteiligen, wenn Interessen ihres Landes tangiert sind, Nachweise bei Bosch IPRax 84, 134 sub IV 3 e. – Maßgebend ist allein die lex fori: Das dt ZPR sieht eine förmliche Beteiligung Dritter nicht vor. Möglich aber (informelle) Anregungen, Mitteilungen und Stellungnahmen.

D) Gerichtsbarkeit

I) Begriff und Grenzen der Gerichtsbarkeit

1) Gerichtsbarkeit bedeutet **facultas iurisdictionis,** dh die aus Souveränität fließende Befugnis eines jeden Staates, Recht zu sprechen (Gerichtshoheit). Ihre Grenzen ergeben sich aus dem **Völkerrecht.** Kein Staat darf auf dem Gebiet eines anderen seine Rechtspflegeorgane tätig werden lassen, es sei denn, dieser gestattet es ausdrückl. Von den persönl Befreiungen von der Gerichtsbarkeit (Rn 99) abgesehen, ist die Gerichtshoheit eines jeden Staates innerhalb seines Territoriums unbeschränkt: **Jeder Staat besitzt auf seinem Staatsgebiet, dh mit Wirkung für seine Hoheitssphäre, Gerichtsbarkeit für die Entscheidung eines jeden bürgerl-rechtl Rechtsstreits, ohne Rücksicht darauf, ob zu den beteiligten Parteien oder zu dem Streitgegenstand eine ausreichende Inlandsbeziehung besteht.** 97

2) Allerdings verbietet das Völkerrecht, daß ein Staat für alle Rechtsstreitigkeiten auf dieser Welt die internationale Zuständigkeit beansprucht. Ein **Minimalbezug zum Inland** ist Voraussetzung hierfür, Geimer IZPR Rn 90. 98

II) Befreiungen von der Gerichtsbarkeit

1) Vom Grundsatz der unbeschränkten Gerichtsbarkeit als Ausfluß der Gebietshoheit gibt es jedoch auch Ausnahmen: Bestimmte Personen sind von der Gerichtsbarkeit bestimmter Staaten befreit. Man bezeichnet diese Personen als Immune, Exterritoriale oder Eximierte. So besteht eine Immunität zugunsten ausl Staaten hinsichtlich deren hoheitl Betätigung (acta iure imperii). Das bedeutet, daß **kein Staat über einen anderen Staat zu Gericht sitzen darf;** kein Staat darf also eine Klage von seinen Gerichten gegen Hoheitsakte eines anderen Staates zulassen (unten 3). Von der Gerichtsbarkeit befreit sind auch die Oberhäupter fremder Staaten und im Empfangsstaat die Leiter und Mitglieder der dort akkreditierten diplomatischen Vertretungen sowie die Familienangehörigen der Diplomaten und in gewissem Umfang auch deren Personal; hierzu Geimer IZPR Rn 765 und die in Rn 100 aufgeführten Wiener Konventionen. Zur diplomatischen Immunität von **Sonderbotschaftern** BGH NJW 84, 2048 (Böckslaff 2742). 99

2) Die Normen des allgemeinen Völkerrechts über die Befreiung von der Gerichtsbarkeit der Staaten werden durch Art 25 GG in das innerstaatl dt Recht transformiert. Im positiven dt Recht haben die Regeln des Völkerrechts in §§ 18–20 GVG ihren Niederschlag gefunden. Sie sind dort näher erläutert. Zu beachten sind vor allem: 100

a) das Internationale Abkommen vom 10. April 1926 zur einheitlichen Feststellung von Regeln über die Immunität der Staatsschiffe (RGBl 1927 II 483; 1936 II 303), in Kraft seit 8. 1. 1937, hierzu Riezler IZPR 409 und Geimer/Schütze I § 13 FN 12.

b) das Wiener Übereinkommen vom 24. April 1961 über diplomatische Beziehungen (BGBl 1964 II 957), in Kraft seit 11. 12. 1964 (BGBl 1965 II 147).

c) das Wiener Übereinkommen vom 24. April 1964 über die konsularischen Beziehungen (BGBl 1969 II 1585, in Kraft seit 7. 10. 1971 (BGBl 1971 II 1285).

d) das Nato-Truppenstatut vom 19. Juni 1951 samt Zusatzabkommen vom 3. August 1959 (BGBl 1961 II 1183, 1219); hierzu BGHZ 63, 228 = NJW 75, 218 = IPRspr 174/145 (Klage wegen Schäden, die eine franz Pionierfähre auf dem Rhein an einem anderen Schiff verursacht hat); BGH NJW 76, 1030 = MDR 76, 300 (Haftung für Stoßwellenschäden, die durch militärische Düsenflugzeuge erzeugt wurden); Zweibrücken NJW 85, 1298. Zu den zivilprozessualen Bestimmungen des Nato-Truppenstatus Schwenk NJW 76, 1562; Geißler NJW 1980, 2615, 2619. Vgl. auch BAG AuR 82, 36 = IPRspr 81/148; Sennekamp NJW 83, 2731 und Grasmann BB 80, 910. Zur Unpfändbarkeit einer Witwenrente eines US-Soldaten LG Stuttgart NJW 86, 1442.

e) das New Yorker Übereinkommen vom 13. Februar 1946 über die Vorrechte und Immunitäten der Vereinten Nationen (BGBl 1980 II 941). – Wegen der VN-Sonderorganisationen VO BGBl 86 II 171.

f) das Europäische Übereinkommen vom 16. Mai 1972 über Staatenimmunität (BT-Drucks 10/4631).

Zur Staatenimmunität nach VölkergewohnheitsR s Geimer IZPR Rn 555 und Damian, Staatenimmunität von rechtlich selbständigen Staatsunternehmen, 1985; von Hoffmann BerDGesfVR Heft 25, 43 ff.

E) Internationale Zuständigkeit

I) Begriff der internationalen Zuständigkeit (Geimer/Schütze I § 197; Geimer IZPR Rn 941)

Unter internationaler Zuständigkeit versteht man die **Zuweisung von Rechtsprechungsaufgaben an einen Staat als solchen.** Die Vorschriften über die internationale Zuständigkeit regeln, 101 welche Rechtstreitigkeiten die Gerichte eines bestimmten Staates zu entscheiden haben. Aus der Gesamtheit aller auf der Welt auftretenden Rechtsstreitigkeiten (Rechtsprechungsaufgaben) werden vom nationalen Gesetzgeber, da ein supranationaler fehlt (Rn 98, 102), diejenigen bestimmt, für deren Behandlung ein bestimmter Staat zuständig sein soll. Adressat der Normen über die internationale Zuständigkeit und damit Empfänger der Zuweisung von Rechtsprechungsaufgaben sind die Staaten als solche, man spricht daher auch von staatl Zuständigkeit. Durch welche ihre Organe die Staaten die ihnen zugewiesenen Rechtsprechungsaufgaben erfüllen lassen, ist nicht die Frage der internationalen Zuständigkeit. Von den Normen über die internationale Zuständigkeit sind daher diejenigen Normen abzugrenzen, die sich mit der innerstaatl Verteilung der Rechtsprechungsaufgaben befassen. Es sind dies der Grundsatz der Gewaltenteilung (Art 20, 92 GG), durch welchen die rechtsprechende Gewalt den Gerichten übertragen wird, die Normen über die Zulässigkeit des Rechtsweges, über die örtl, sachl und funktionelle Zuständigkeit.

II) Fehlen einer völkerrechtl Zuständigkeitsordnung

102 **1) Die Verteilung aller auf dieser Welt auftretenden Rechtsprechungsaufgaben auf die einzelnen Staaten und damit die Regelung der internationalen Zuständigkeit wäre an sich Aufgabe des Völkerrechts.** Normen des Völkergewohnheitsrechts über die internationale Zuständigkeit sind jedoch nicht feststellbar. Geimer 104; Heldrich 83; Schröder 83, 766; Martiny I Rz 161. Damit haben die nationalen Gesetzgeber freie Hand.

103 **2)** Eine Ausnahme gilt nur, sofern sie sich durch völkerrechtl Verträge gebunden haben, zB Art 16 des Genfer Flüchtlingsabkommens vom 26. 6. 1951 (BGBl 1953 II 560); Art 44 CIV und CIM; Art 28 WA; die wichtigste Konvention über eine internationale Zuständigkeitsordnung ist das GVÜ. Weitere Beispiele für völkerrechtl Verträge über die Regelung der internationalen Zuständigkeit mit Wirkung für das Erkenntnisverfahren (Entscheidungszuständigkeit = Befolgungsregeln) bei Geimer/Schütze I § 13.

104 **3)** Mag auch der Regelungsspielraum sehr groß sein, jegl Rechtsprechungstätigkeit darf sich kein Staat enthalten. Zum **Verbot der Justizverweigerung** (déni de justice) aufgrund allgemeinen Völkergewohnheitsrechts und Art 6 MRK s Heldrich 139; Milleker 60, 68; Schröder 214; Geimer 56 FN 142; RIW 75, 82; WM 76, 836 FN 43; FS Nagel, 1986.

III) Regelung der internationalen Zuständigkeit in der deutschen ZPO

105 **1)** Die dt Gesetzessprache verwendet den Terminus „internationale Zuständigkeit" nicht ausdrücklich; jedoch ist ihr der Begriff der Sache nach bekannt. Die internationale Zuständigkeit (des Urteilsstaates) als Anerkennungsvoraussetzung ist in § 328 I Nr 1 angesprochen. Die dt internationale Zuständigkeit in Ehesachen regeln § 606 a (früher § 606 b) iVm § 606, in Kindschaftssachen § 640 a, die internationale Zuständigkeitsvereinbarungen § 38 II und III Nr 2 und die internationale Zuständigkeit in Mahnverfahren §§ 689 II 2, 703 d.

106 **2)** Der dt Gesetzgeber hat die internationale Zuständigkeit gesetzestechnisch mit der Regelung der örtl Zuständigkeit verwoben. Die Faustregel lautet: **Die örtl Zuständigkeit indiziert die internationale** (Schröder 84). Die internationale Zuständigkeit der BRepD ist grundsätzlich immer dann gegeben, wenn mindestens ein dt Gericht örtl zuständig ist, BGH NJW 76, 1590; BGH FamRZ 83, 806 = NJW 1976; BGH NJW 84, 2040; BGH NJW 85, 552, 2090; BSGE 54, 250.

107 **3)** Zu Unrecht behauptet Staudinger/Firsching Rz 612 vor Art 12 Rz 304 vor Art 24 EGBGB, es läge eine **Gesetzeslücke** vor, die die Rspr geschlossen habe. Diese These läßt sich bereits durch einen Blick in das Gesetz widerlegen, vgl §§ 15, 16, 23, 23 a, 27 II, 38 II, III Nr 2, 606 a I nF (= § 606 b aF), 640 a, 648 a, 689 II 2, 703 d; Heldrich 168 Fußn 1; BGHZ 68, 16 = NJW 77, 900 = IPRspr 76/212; der historische Gesetzgeber hat ganz bewußt die Abgrenzung der dt Jurisdiktionssphäre gegenüber dem Ausland geregelt, wie sich insbesondere aus § 23 ergibt. Ausführl Erörterungen auch bei der Beratung der CPO, Hahn I 149 f, zitiert ua auch bei Kropholler Rz 31.

108 **4) Die dt Gerichtsstandsvorschriften sind grundsätzlich doppelfunktional:** Sie bestimmen zum einen den Umfang der dt internationalen Zuständigkeit, zum anderen verteilen sie – sofern die dt internationale Zuständigkeit gegeben ist – die Rechtsprechungsaufgaben nach örtl Gesichtspunkten auf die einzelnen dt Gerichte, Geimer 112; Heldrich 168 f; aM Walchshöfer NJW 72, 2165. Dies gilt auch für **Zuständigkeitsvereinbarungen:** Vereinbaren die Parteien die „örtl Zuständigkeit" eines dt Gerichts, so liegt darin auch die Vereinbarung der internationalen Zuständigkeit der BRepD; zum umgekehrten Fall (Vereinbarung nur der internationalen Zuständigkeit ohne örtl Zuständigkeit) Rn 156. Ist die ausschließl „örtl" Zuständigkeit eines ausl Gerichts vereinbart, so ist die internationale Zuständigkeit der BRepD derogiert. Dies übersieht BGH NJW 85, 2090.

Die gesetzestechnische Konstruktion des positiven dt Rechts darf jedoch nicht den Blick dafür verstellen, daß die **internationale Zuständigkeit** eine von der örtl Zuständigkeit zu unterscheidende **selbständige Prozeßvoraussetzung** ist. Das zeigt sich zB daran, daß § 512 a und § 549 II für die Prüfung der internationalen Zuständigkeit durch die Rechtsmittelgerichte nicht zur Anwendung kommen: Auch in Rechtsstreitigkeiten über vermögensrechtl Ansprüche kann die Berufung bzw die Revision darauf gestützt werden, daß das Gericht seine internationale Zuständigkeit zu Unrecht angenommen hat, BGHZ 44, 46. **109**

5) Die Verschiedenheit von internationaler Zuständigkeit und örtl Zuständigkeit zeigt sich auch an der **unterschiedl Interessenlage,** die beiden Rechtsinstituten zugrundeliegt. Bei der innerstaatl Verteilung der Rechtsprechungsaufgaben mit Hilfe der Gerichtsstandsvorschriften kann von der Gleichwertigkeit sämtl erstinstanzieller (Zivil-) Gerichte ausgegangen werden. Alle wenden das gleiche Verfahrensrecht und das gleiche materielle Recht an. Wesentl vielschichtiger ist die Interessenlage, die der Gesetzgeber bei der Normierung der internationalen Zuständigkeit vorfindet. Die Zuweisung eines bestimmten Rechtsstreits an ein dt oder ausl Gericht entscheidet über das anzuwendende Prozeßrecht; das ausl Verfahrensrecht kann erhebl Erschwerungen für die Prozeßführung mit sich bringen. Man denke nur an die Komplikationen, die sich durch die fremde Gerichtssprache und die Notwendigkeit der Beauftragung eines ausl Anwalts ergeben. Hinzu kommt, daß die internationale Zuständigkeit mittelbar über das anzuwendende Kollisionsrecht (IPR) und damit über das anzuwendende materielle Recht entscheidet. **110**

6) Fälle ausschließl internationaler Zuständigkeit: Für den Bereich des **autonomen dt Rechts** ist weitgehend ungeklärt, wann die BRepD eine ausschließl internationale Zuständigkeit in Anspruch nimmt. **a) In Ehesachen** wird im unmittelbaren Staatsinteresse keine ausschließl internationale Zuständigkeit beansprucht, arg § 606 a I 2 nF, früher § 606 a Nr 3, s § 606 a Rn 95. **b)** Das gleiche gilt in **Kindschaftssachen;** s § 640 a Rn 19. **c) Auch in Entmündigungssachen** macht die BRepD keine ausschließl internationale Zuständigkeit für ihre eigenen Staatsangehörigen geltend. Werden Deutsche im Ausland (Aufenthaltsstaat) entmündigt, so verweigern wir dem Entmündigungsbeschluß nicht die Anerkennung, BGHZ 19, 240 = JZ 56, 535. Die Ausschließlichkeit des § 648 I betrifft nur örtl Zuständigkeit, aA Staudinger/Beitzke Art 8 Rz 19 zum alten Recht. Jetzt eindeutig § 648 a I 2 nF. **d) Auf dem Gebiet der vermögensrechtl Streitigkeiten** geht es vorwiegend darum, ob und gegebenenfalls inwieweit die BRepD ausschließl internationale Zuständigkeit beansprucht für Klagen betreffend inländischen Grundbesitz und inländische grundstücksgleiche Rechte (§ 24), Mietverhältnisse über inländischen Wohnraum (§ 29 a), im Inland abgeschlossene Abzahlungsgeschäfte (§ 6 a AbzG) sowie deutsche Patente und sonstige von der BRepD verliehene gewerbl Schutzrechte; Nachw Grundmann IPRax 85, 249. **e)** Auf dem Gebiet des **unlauteren Wettbewerbs** ergibt sich bereits aus dem Gesetzestext des § 24 I 2 UWG, daß die dt Wohnsitz- bzw Aufenthaltszuständigkeit nicht verdrängt wird durch eine ausl gewerbl Niederlassung oder einen ausl Begehungsort. Vgl den Fall in BGH NJW 68, 1572 = GRUR 68, 587 = IPRspr 68–69/170 (dort wurde die Zuständigkeitsfrage als unproblematisch angesehen und deshalb gar nicht erwähnt); MüKomm-Immenga Art 12 EGBGB Anh IV Rz 100. **f)** Für die in § 893 erwähnte Klage **(Übergang von Erfüllungsanspruch auf Schadensersatz)** besteht trotz § 802 keine ausschließl internationale Zuständigkeit des Urteilsstaates. Die deutsche internationale Zuständigkeit gemäß §§ 12 ff wird also durch § 893 II nicht verdrängt, auch wenn die Verurteilung zur Leistung im Ausland erfolgte. So wohl auch Pagenstecher RabelsZ 11 (1937), 389, 393; Geimer EWiR 85, 586. **111**

7) Die Doppelfunktionstheorie gilt auch für den Bereich der **Arbeitsgerichtsbarkeit** (§ 46 ArbGG) und der **freiw Gerichtsbarkeit.** **112**

IV) Erweiterung der deutschen internationalen Zuständigkeit über die geschriebenen Regeln der ZPO hinaus

1) Internationale Not- bzw Ersatzzuständigkeit: a) Rechtsschutz kann zum einen verweigert werden im Fall des negativen internationalen Kompetenzkonflikts, dh wenn sich die BRepD für international unzuständig erklärt, aber auch der aus dt Sicht (§ 328 I Nr 1) international zuständige Staat bzw keiner der aus dt Sicht konkurrierend international zuständigen Staaten die Klage zur sachl Entscheidung annimmt, sei es weil die ausl Zuständigkeitsordnung(en) eine internationale Entscheidungszuständigkeit für die Klage generell verneinen, sei es, weil der bzw die aus dt Sicht international zuständige(n) Staat(en) Ausländer diskriminieren (Verbot von Ausländerprozessen) oder weil das dortige KompetenzR andere Zuständigkeitsanknüpfungen verwendet, zB Konflikt zwischen Wohnsitz-/Aufenthalts- und Staatsangehörigkeitsprinzip oder Divergenzen im Hinblick auf die maßgebl Bezugsperson (Beklagten- und Klägerwohnsitz/-aufenthalt) oder aus tatsächl Gründen – wie Bürgerkrieg, Krieg, Stillstand der Rechtspflege usw – der Kläger in dem/den aus dt Sicht international zuständigen Staat(en) eine Sachentscheidung trotz ernsthafter **113**

Bemühungen nicht erreichen kann. – Die zweite Möglichkeit für die Rechtschutzverweigerung resultiert aus der **Nichtanerkennung des im Ausland erstrittenen Sachurteils:** Auch wenn der Kläger die Gerichte des nach dt Meinung international zuständigen Staates angerufen hat, so ist er nicht sicher, daß aus von ihm nicht zu vertretenden Gründen dem ausl Urteil nicht die Anerkennung im Inland versagt wird, etwa weil die Gegenseitigkeit (§ 328 I Nr 5) nicht verbürgt ist oder weil das ausl Verfahren oder die ausl Urteilsfindung gegen den dt ordre public (§ 328 I Nr 4) verstößt.

114 **b)** In all diesen Fällen muß in der BRepD eine **internationale Notzuständigkeit** aufgetan werden: In den Fällen der Nichtanerkennung des ausl Urteils folgt dies schon aus „vorangegangenem Tun": Wenn die BRepD meint, die Wirkungen des ausl Urteils nicht anerkennen zu können, dann ist sie verpflichtet, ein kompetentes Gericht zur Wiederholung des Prozesses zur Verfügung zu stellen, wenn im Inland ein Rechtsschutzbedürfnis besteht, etwa weil in inländisches Vermögen vollstreckt werden soll oder weil auf den Streitgegenstand dt Recht zur Anwendung kommt oder weil die Rechtskraft des ausl Prozesses für die Entscheidung eines inländischen Verfahrens – nicht notwendig eines Rechtsstreits, in Betracht kommen auch Verwaltungsverfahren – von präjudizieller Bedeutung ist. Vorstehendes gilt entsprechend, wenn die Anrufung der nach dt Recht an sich international zuständigen Gerichte nicht mögl oder nicht zumutbar ist.

115 **c)** Generell gebietet **Art 6 I der Europäischen Menschenrechtskonvention** (BGBl 1952 II 685), dann die internationale Zuständigkeit zu bejahen, wenn die Nichtannahme der Klage einer Justizverweigerung gleichkäme, Geimer 56; ders RIW 75, 83. Das gilt auch, wenn die Anrufung des nach dt IZPR an sich international zuständigen ausl Gerichts nicht mögl oder zumutbar ist.

116 **d)** Daß in Deutschland (in vermögensrechtl Streitigkeiten) **Fälle der Notzuständigkeit selten** sind, liegt an dem **weiten Anwendungsbereich des Vermögensgerichtsstandes (§ 23).**

117 **2) Internationale Zuständigkeit für Abänderungsklagen nach § 323: a) Abänderung dt Entscheidungen:** Die ZPO kennt keinen besonderen Gerichtsstand der Abänderungsklage. Gleichwohl ist eine konkurrierende internationale Zuständigkeit der BRepD für die Abänderung der von ihren Gerichten erlassenen Entscheidungen zu bejahen, ohne Rücksicht darauf, ob nach §§ 12 ff eine inländische Zuständigkeit gegeben ist; Geimer RIW 75, 84. Örtl zuständig ist das Prozeßgericht 1. Instanz des Erstprozesses analog § 767 I; diese Analogie ist sachgerechter als die zu §§ 15 I 2, 27 II (Sitz der Bundesregierung). Art 8 des Haager Übereinkommens vom 15. 4. 1958 regelt nicht die internationale Entscheidungszuständigkeit und ist daher im dt Erkenntisverfahren ohne Bedeutung. Diese Vorschrift stellt ledigl klar, daß die Anerkennungs- und Vollstrekkungspflicht auch für Abänderungsentscheidungen gilt. Nachw bei Martiny II Rz 290, 284.

118 **b) Abänderung ausl Entscheidungen:** Eine internationale Zuständigkeit der BRepD ist dann eröffnet, wenn eine Zuständigkeitsanknüpfung nach §§ 12 ff gegeben ist, BGH FamRZ 83, 806. Die Abänderung eines ausl Titels durch ein dt Gericht setzt voraus, daß die ausl Entscheidung im Inland anzuerkennen ist (andernfalls ist das ausl Urteil aus dt Sicht nicht relevant) und daß die lex causae eine Abänderungsmöglichkeit zuläßt; Mitzkus 367. – Fragl, ob dieser Vollstrekkungstitel vorher für vollstreckbar (§ 722) erklärt sein muß. Verneinend Siehr FS Bosch (1976) 941; AG Emmendingen IPRspr 82/54. Es ist zu unterscheiden: Erhöhungen kann das Exequaturgericht (§§ 722 f) nicht vornehmen, jedoch gemäß § 767 (§ 722 Rn 51) den Einwand der Notwendigkeit der Herabsetzung beachten.

119 **3) Forum legis – Statutszuständigkeit (Internationale Zuständigkeit der Bundesrepublik auf Grund Maßgeblichkeit deutschen Rechts): a)** Ist nach dt IPR der **Streitgegenstand nach dt Recht** zu beurteilen, so erhebt sich die Frage, ob bereits daraus die internationale Zuständigkeit der BRepD abzuleiten ist ohne Rücksicht darauf, ob ein Gerichtsstand nach §§ 12 ff gegeben ist. Dies ist zu verneinen, auch dann, **„wenn die Verwirklichung des materiellen Rechts notwendig die Einschaltung der Gerichte voraussetzt"**, dh für den Bereich der streitigen Zivilgerichtsbarkeit für **Gestaltungsklagen auf der Grundlage deutschen materiellen Rechts** (aA Heldrich 191).

120 **b)** Die Heldrichsche Regel führt zu Ungleichgewichtigkeiten, wenn man sie gem § 328 I Nr 1 zu einer allseitigen Zuständigkeitsnorm erweitert: Ordnet das maßgebl ausl Sachstatut statt privater Gestaltung durch die Beteiligten Rechtsgestaltung durch den Richter an, so müßten wir quantitativ mehr Anerkennungszuständigkeit gewähren, als wir Entscheidungszuständigkeit in Anspruch nehmen. Beispiel: Der Übergang von der Leistungs- zur Schadensersatzpflicht vollzieht sich nach §§ 323 ff BGB ex lege; entsteht Streit, so ist durch Feststellungs- bzw Leistungsurteil zu entscheiden. Anders das franz Recht (Art 1184 Code civil) und die von ihm beeinflußten romanischen Rechtsordnungen, vor allem Art 1453 Codice civile: Hier hat der Richter durch rechtsgestaltendes Urteil den Vertrag aufzuheben, wenn ein Vertragsteil seine vertragl Verpflichtungen nicht erfüllt. Heldrich muß dem Ausland mehr Anerkennungszuständigkeit zubilligen, als die BRepD für sich Entscheidungszuständigkeit beansprucht.

c) Ergebnis: Die Notwendigkeit der Rechtsgestaltung auf Grund Anwendbarkeit dt Rechts ist kein Anlaß, eine internationale Zuständigkeit aufzutun. Kann die vom dt Recht vorgeschriebene Rechtsgestaltung von den aus dt Sicht (§ 328 I Nr 1) international zuständigen Gerichten nicht vorgenommen werden, etwa weil diese sich für unzuständig erklären oder die Rechtsgestaltung nach dt Recht als ihrer Rechtsordnung wesensfremd ablehnen, so besteht idR eine deutsche Not- oder Ersatzzuständigkeit, Rn 113. Der innere Grund für diese Kompetenz ist aber **nicht der Gleichlauf zwischen materiellem Recht und Zuständigkeit,** sondern die **Rechtsschutzverweigerung im Ausland,** ein typisch verfahrensrechtl Gesichtspunkt. Ebenso im Ergebnis Walchshöfer ZZP 80 (1967), 197 f und StJSch Einl XV F 7 a Rz 770; Schlosser ZZP 94 (1981), 355, 357; Mitzkus 205; Linke ZVglRWiss 79 (1980), 307; MüKomm-Sonnenberger IPR Einl 264 ff; Birk Rz 396 vor Art 24–26; BGH IPRspr 82/147. 121

d) Durchsetzung international zwingenden Rechts. Die Rspr des BGH (Rn 146) führt zu der Frage, ob – trotz Fehlens einer Zuständigkeitsanknüpfung (§§ 12 ff) – eine internationale Zuständigkeit dann zu eröffnen ist, wenn feststeht, daß die (nach ihrem Recht ihre internationale Zuständigkeit behahenden) ausl Gerichte (aus dt Sicht) international zwingende Normen bzw Rechtsgrundsätze (Geimer/Schütze I § 198) nicht anwenden werden und deshalb das zu erwartende ausl Urteil im Inland nicht anerkennungsfähig sein wird. Die Antwort lautet: Nein, weil eine Prognose nicht möglich bzw zu unsicher ist. Lösung: Der Kläger muß zuerst im Ausland ein konkretes Urteil erstreiten. Ist dieses im Inland nicht anerkennungsfähig, so ist nach allgemeinen Grundsätzen (Rn 113 ff) eine Ersatzzuständigkeit im Inland gegeben. 122

V) Fehlen der internationalen Zuständigkeit der BRepD, obwohl ein Gerichtsstand gegeben ist?

1) Fehlende Vollstreckungsmöglichkeit im Inland ist kein Grund, die internationale Zuständigkeit für das Erkenntnisverfahren zu verneinen. 123

2) Bei **Feststellungsprozessen** muß das Feststellungsinteresse nicht in der BRepD lokalisierbar sein. Auch ein **Feststellungsinteresse im Ausland** (ausl Rechtsstreit) führt nicht zur Unzulässigkeit der Feststellungsklage. AA BGHZ 32, 173; BGH WM 82, 619 = IPRax 82, 249; **Ausnahme:** Für die rechtskraftfähige Feststellung der Anerkennungsfähigkeit einer ausl Entscheidung in einem dritten Staat besteht idR kein Feststellungsinteresse, Geimer/Schütze I § 146 III; s auch § 328 Rn 205. 124

3) Viele erachten die BRepD für international unzuständig für **Klagen aus ausländischen Patenten, Warenzeichen und ähnlichen gewerbl Schutzrechten,** Riezler 231, 233; ders in Festgabe Rosenberg, 1949, 210 f; Walchshöfer ZZP 80 (1967), 174 f, 194 f. Martiny I Rz 654. Auch hier wird – wie bei den Klagen über ausl Grundstücke – behauptet, der dt Richter könne das ausl Recht nicht zufriedenstellend anwenden. Nur von den Gerichten des Verleihungsstaates sei ein sachlich richtiges Urteil zu erwarten. Auch hier gilt: Der Grad der Schwierigkeit der Anwendung ausl Patentrechts etc ist kein Kriterium des IPR oder IZPR. So richtig RG GRUR 40, 438; Weigel 65. Ausnahme: rein **schutzrechtl Bestandsvernichtungsverfahren** = Verfahren, die abzielen auf Erklärung der Nichtigkeit, auf Zurücknahme, auf Beschränkung und auf Erteilung einer Zwangslizenz, auf Löschung von Gebrauchsmustern oder Warenzeichen und sachl-rechtl Vernichtungsklagen aus Verletzung anderer absoluter Rechte, unlauterem Wettbewerb etc, Weigel 126 ff. Anders Troller, IPR und IZPR im gewerbl Rechtsschutz und Urheberrecht, 1952, 239 ff, 252, der die internationale Zuständigkeit des Schutzstaates nur als konkurrierende neben der des Wohnsitzstaates des Patentinhabers ansieht; ebenso für die zeichenrechtl Löschungsklage und die Eintragungsbewilligungsklage (§ 6 II 2 WZG) Weigel 141 ff. 125

Für **Verletzungsprozesse** besteht keine Beschränkung der internationalen Zuständigkeit, Düsseldorf OLGZ 67, 61 = GRUR Ausl 68, 100 = IPRspr 66–67/183; Geimer/Schütze I § 90 XVI. 126

4) Keine Beachtung der Beanspruchung der ausschließl internationalen Zuständigkeit durch einen fremden Staat: a) Die nach den Regeln der §§ 12 ff ermittelte internationale Zuständigkeit der BRepD wird nicht dadurch beeinträchtigt, daß ein fremder Staat für sich eine ausschließl internationale Zuständigkeit beansprucht mit der Folge, daß das dt Urteil von ihm nicht anerkannt wird. Die dt internationale Entscheidungszuständigkeit ist nicht davon abhängig, daß das Ausland dt Entscheidungen anerkennt oder nicht. § 606 b Nr 1 aF, nun abgeschwächt § 606 a I 1 Nr 4 nF ist nicht Ausdruck eines allgemeinen Rechtsgedankens; Heldrich 239 ff; Schröder 515 ff; Kegel IPR § 22 II; Martiny I Rz 116; KG OLGE 27, 108; BayObLGZ 59, 19 = IPRspr 58–59/208. – Vorstehendes gilt auch dann, wenn das (materielle) Recht des betr Staates anzuwenden ist, denn die Verweisung des dt IPR erfaßt nicht das ausl KompetenzR, Soergel/Kegel[11] 611 vor Art 7. – **b)** Auch die dt **internationale Zuständigkeit zur Abänderung ausl Entscheidungen (§ 323)** hängt nicht davon ab, ob der Erststaat oder sonstige ausl Staaten das dt Abänderungsurteil anerkennen. 127

128 **5) Deutsche internationale Zuständigkeit ohne Rücksicht auf Anerkennung des dt Urteils im Ausland:** Es sind Fälle denkbar, daß der ausl Staat für sich zwar keine ausschließl internationale Zuständigkeit in Anspruch nimmt, aber aus sonstigen Gründen einem dt Urteil die Anerkennung verweigert, sei es weil die Gegenseitigkeit nicht verbürgt ist oder weil er einen anderen Staat für ausschließl international zuständig hält. Auch hier gilt die Regel, daß die internationale Zuständigkeit der BRepD nicht davon abhängig ist, ob das Ausland dt Urteile anerkennt, BayObLGZ 1959, 16; BGH WM 80, 410 = IPRspr 80/140. Dies gilt vor allem auch für die Begründung der dt internationalen Zuständigkeit durch Zuständigkeitsvereinbarungen.

129 **6) Dt internationale Zuständigkeit zur Durchführung eines Mahnverfahrens:** Das Mahnverfahren ist nur eine besondere Verfahrensart ohne international kompetenzrechtl Selbständigkeit: Besteht keine dt internationale Zuständigkeit für das (normale) Erkenntnisverfahren nach §§ 12 ff bzw dem einschlägigen Vertrag (zB GVÜ), so ist sie auch für das Mahnverfahren nicht gegeben, BGH RIW 81, 705 = IPRax 82, 159 (von Hoffmann). **Wohnt der Schuldner (Antragsgegner) nicht im Inland,** ergibt sich die **örtl Zuständigkeit** aus § 703d, nicht aus § 689 II.

VI) Forum non conveniens

130 **1)** Im anglo-amerikanischen Rechtsbereich wurde die Lehre vom forum non conveniens entwickelt: Trotz Vorliegens eines Kompetenzgrundes kann der Richter im konkreten Fall das forum für non conveniens erklären, dh die Annahme der Klage und damit eine Sachentscheidung ablehnen, Nachw Schröder 487 ff. Wahl, Die verfehlte internationale Zuständigkeit. Forum non conveniens und internationales Rechtsschutzbedürfnis, 1974, versucht zu beweisen, daß die Lehre vom forum non conveniens übereinstimmt mit der dt Lehre vom (fehlenden) Rechtsschutzbedürfnis. Er plädiert für ein Aufweichen der starren Zuständigkeitsregeln und postuliert als oberstes Prozeßziel ein **„richtiges Sachurteil auf Grund eines gerechten Verfahrens".**

131 **2) Stellungnahme:** Die Thesen Wahls sind abzulehnen. Sie gefährden die Rechtssicherheit in unerträgl Maße und öffnen der Willkür Tür und Tor. Über die Frage, ob der Prozeß in einem anderen Staat „gerechter" oder „fairer" entschieden werden könnte, läßt sich endlos streiten. Diese Frage ist schlechthin nicht justiziabel. Wahl leugnet in einer verfassungsrechtl nicht haltbaren Weise die Bindung des Richters an das Gesetz: Nach Wahl hat der Richter das Gesetz zu ignorieren und die im Vorfeld des Gesetzes liegenden (de lege ferenda zu berücksichtigenden) Interessen abzuwägen. Damit fordert er aber den Richter auf, die Arbeit des Gesetzgebers zu tun und dessen Funktion zu übernehmen. Dies ist dem Richter aber im gewaltenteilenden Rechtsstaat verboten. Zudem ist es höchst fragl, ob die Lehre vom forum non conveniens mit dem aus dem Rechtsstaatsprinzip abzuleitenden Anspruch auf Justizgewährung und dem Anspruch auf den gesetzl, dh im voraus nach einer bestimmten oder zumindest bestimmbaren Regel festgelegten Richter (nicht überzeugend Schröder 490) zu vereinbaren ist. Daß sich der deutsche Richter mit der Anwendung ausl, oft nur sehr schwer auffindbaren und auslegbaren Rechts mitunter schwertut, ist ein Gemeinplatz, der die Diskussion über die Grenzen der deutschen internationalen Zuständigkeit nicht bereichert. Wer der Auffassung ist, daß deutsche Richter ausl Recht nicht richtig zu handhaben verstehen, möge das System des deutschen IPR in Frage stellen, mithin den Anspruch auf Justizgewährung anhand ausl Normen sinnvoll eingrenzen, wie dies der BGH NJW 78, 496 = IPRspr 177/98b in einer diskutablen Form getan hat. Aber die Kritik am Zuständigkeitssystem ist verfehlt. Entschieden zu widersprechen ist auch der These, die Schwierigkeit oder Leichtigkeit der Sachverhaltsaufklärung sei kompetenzrechtl relevant. Es ist mit den Prinzipien des deutschen und darüber hinaus wohl auch des kontinentaleuropäischen Zivilprozesses nicht zu vereinbaren, die Frage der Bejahung oder Verneinung der internationalen Zuständigkeit davon abhängig zu machen, ob eine für den Kompetenztatbestand relevante Tatsachenbehauptung vom Beklagten zugestanden oder bestritten wird bzw mit liquiden oder weniger liquiden Beweismitteln überprüfbar ist (sofern man für die Zuständigkeitsprüfung die Wahrheitsfiktion des Geständnisses verneint). Zustimmend München IPRax 84, 319 (Jayme 303), Schütze DIZPR 39.

132 **3)** Vorstehende Erwägungen gelten sowohl für das **Erkenntnisverfahren** wie für das **Stadium der Vollstreckung:** Wird die Vollstreckbarerklärung eines ausl Titels beantragt, so kann dem nicht entgegengehalten werden, der Gläubiger könne in einem anderen Staat vollstrecken; dort sei die Vollstreckung leichter, ergiebiger oder sonstwie vorteilhafter. **Es gibt keine executio non conveniens,** Geimer NJW 80, 1234 gegen LG Münster MDR 79, 239 = RIW 78, 686 = NJW 80, 534 = IPRspr 78/153. Vgl auch § 722 Rn 58.

133 **4) Beispiele:** Die auf Grund der dt Staatsangehörigkeit eröffnete internationale Zuständigkeit (Heimatzuständigkeit) darf nicht mit dem Hinweis relativiert werden, sie sei nicht die effektive. Vgl § 606a Rn 37. Unrichtig daher Bamberg FamRZ 81, 1106 = IPRax 82, 28. Auch darf die Zweckmäßigkeit einer Prorogation/Derogation nicht geprüft werden. Vgl Rn 140, 151, 159.

VII) Forum shopping – Wahl des für den Prozeßsieg günstigen Forums

1) Primäres Interesse jeder Partei ist es, zu obsiegen. Die gut beratene Partei strebt deshalb nicht ohne weiteres vor ihre Heimat- oder Wohnsitzgerichte, sondern vor die Gerichte desjenigen Staates, dessen IPR eine Rechtsordnung zur Anwendung beruft, nach der die Klage des Klägers bzw die Rechtsverteidigung des Beklagten Aussicht auf Erfolg hat. Dieses Streben ist verständlich; gleichwohl hat man es mit dem bösen Terminus „forum shopping" belegt. Dieses Schlagwort darf nicht den Blick dafür trüben, daß es sogar die Pflicht des Anwalts ist, dem Kläger zu empfehlen, die Klage in dem Staat zu erheben, vor dessen Gerichten das (berechtigte) Klagebegehren die größten Chancen auf Erfolg hat, sofern nicht fehlende Vollstreckungsmöglichkeiten im Forumstaat und/oder die Verweigerung der Anerkennung in Deutschland den Klageerfolg des Pyrrhussieg erscheinen lassen. Hierfür haftet er seinem Klienten, Geimer EWiR 86, 140. Zustimmend Kropholler Rz 160; Siehr ZfRV 84, 141, FN 111. **134**

2) Ist es dem Beklagten aus dt Sicht (§ 328 I Nr 1) nicht zumutbar, in dem vom Kläger gewählten Forumstaat sein Recht zu nehmen, ist also der Beklagte nach den dt Regeln über die internationale Anerkennungszuständigkeit im Staat des angerufenen Gerichts nicht gerichtspflichtig, so verweigern wir dem ausl Urteil die Anerkennung, sofern der Beklagte die internationale Unzuständigkeit des Erststaates einwendet. **135**

3) Auf **Unterlassung der Klageerhebung** im nach § 328 I Nr 1 unzuständigen Ausland kann der Beklagte (des Erstprozesses) seinen Kläger in der BRepD wohl nicht verklagen, bei sittenwidriger Schädigung jedoch auf Ersatz des durch den ausl Erstprozeß entstandenen Kostenaufwands und Schadens, Geimer/Schütze I 472, 943; Geimer WM 86, 122; Kropholler Rz 167. Anders Schlosser Justizkonflikt 37, der sich mehr an dem angelsächsischen Modell (injunctions restraining foreign proceedings, Nachw bei Martiny I Rz 477 FN 1442; Graf Praschma, Die Einwirkung auf ausländische Prozesse durch Unterlassungs- und Schadensersatzklagen, Diss Saarbrücken 1971) orientiert. **136**

4) Das forum shopping ist auf dem Hintergrund des **fehlenden internationalen Entscheidungseinklangs** zu sehen: Solange das IPR von Staat zu Staat verschieden ist, ist die unterschiedl Beurteilung des Klagebegehrens die logische Konsequenz, weil die Verschiedenheit der Kollisionsregeln idR inhaltl verschiedenes Sachrecht zur Anwendung beruft. Nahezu unwiderstehl ist der dadurch erzeugte Anreiz für den Kläger, seine Sache vor die Gerichte desjenigen Staates zu bringen, dessen IPR die für ihn günstigste Rechtsordnung zur Anwendung bringt. Man sollte deshalb weniger den Kläger oder seinen listigen Anwalt schelten, als vielmehr die Staaten dieser Welt ermuntern, die Kollisionsregeln zu vereinheitlichen oder Einheitsrecht zu schaffen. **Das Wahlrecht des Klägers/Antragstellers** bestätigt neuerdings ausdrücklich BGH NJW 85, 552 (II 3b). **137**

VIII) Internationale Zuständigkeitsvereinbarungen

Lit: *Arnold Jakobs*, Vorprozessuale Vereinbarungen über die dt internationale Zuständigkeit, Diss Mannheim 1974; *Jung*, Vereinbarungen über die internationale Zuständigkeit nach dem EWG-Gerichtsstands- und Vollstreckungsübereinkommen und nach § 38 Abs 2 ZPO, Diss Bochum 1980; *Matscher*, Zuständigkeitsvereinbarungen im österreichischen und internationalen Zivilprozeßrecht, 1967; *Schütze* DIZPR 45.

1) **Verhältnis des (zeitl jüngeren) § 38 zu Art 17 GVÜ.** Im Anwendungsbereich des GVÜ gilt nur Art 17, nicht § 38. Der dt Gesetzgeber hätte nur durch einen Völkerrechtsverstoß Art 17 außer Kraft setzen oder modifizieren können. Dies lag nicht in seiner Absicht. Art 17 ist daher eine Sonderregelung zu § 38, Geimer/Schütze I § 29 VI, § 96 VII; Kohler IPRax 83, 265. – Die Anwendbark des GVÜ übersah zB BGH NJW 86, 1438 (Geimer). **138**

2) Zu unterscheiden ist die **Prorogation** der (an sich nicht gegebenen) internationalen Zuständigkeit der BRepD und die Derogation der (an sich gegebenen) internationalen Zuständigkeit der BRepD. **139**

3) Die **Derogation der an sich nach §§ 12 ff gegebenen internationalen Zuständigkeit der BRepD** ist zulässig, BGH VersR 74, 470 = IPRspr 73/128b; Hamburg VersR 78, 1115 = RIW 79, 495 = IPRspr 78/141; Bremen RIW 85, 895. Die dt Gerichte haben die Derogation ohne Wenn und Aber zu beachten, auch wenn sie diese für unzweckmäßig halten. Eine **forum conveniens**-Prüfung (Rn 131) ist unzulässig, Geimer EWiR 85, 167; verfehlt LG Kiel RIW 85, 409 = IPRax 85, 35 (Böhner 15): „Es ist kein vernünftiger Grund vorhanden, warum die Beklagte nicht vor ihrem Wohnsitzgericht, sondern in Frankreich den Prozeß führen will." Hiervon zu unterscheiden ist die Prüfung, ob die Parteien die ausschließl internationale Zuständigkeit der BRepD gewollt haben. **140**

141 Die Derogation ist möglich durch **isolierten Derogationsvertrag** oder durch die **Vereinbarung der ausschließl internationalen Zuständigkeit** eines anderen Staates bzw der ausschließlichen Zuständigkeit eines ausländischen Gerichts. **Derogation** ist auch dann **zulässig,** wenn das Urteil des als ausschl international zuständig vereinbarten ausl Gerichts im Inland nicht anerkannt wird. Dies kann zum Verlust jeden Rechtsschutzes führen, wenn der Schuldner sein gesamtes Vermögen in der BRepD hat. Soweit das dt Recht den Verzicht auf den Streitgegenstand selbst freistellt, kann auch auf den Rechtsschutz verzichtet werden, BGH NJW 71, 325 (Geimer 1525) = IPRspr 70/112; BGH NJW 71, 985 (Geimer 1525) = IPRspr 71/131; BGH AWD 74, 221 (von Hoffmann) = IPRspr 73/128b; hierzu Geimer WM 75, 910; Schütze AWD 73, 370 und 82, 777; Staudinger/Firsching Rz 189 vor Art 12; Koblenz IPRspr 83/136 = RIW 85, 153 = IPRax 84, 267 (Schütze 246). AA Hamburg VersR 72, 1065 = IPRspr 72/138; Matscher 82; Schröder 463; Jakobs 122 (wenn prorogiertes Gericht die Klage nicht annimmt), anders 130 (wenn nur Vollstreckungsmöglichkeit im prorogierten Staat fehlt); Eickhoff 135; Schütze DIZPR 52; Prüßmann/Rabe, SeehandelsR[2] (1983) VII B 5d vor § 556; Gottwald FS Firsching (1985) 99.

142 Die **Parteien** können jedoch die Derogation der dt internationalen Zuständigkeit unter der Bedingung vereinbaren, daß die ausl Gerichte die Prorogation annehmen und daß das ausl Urteil in der BRepD anerkannt und vollstreckt werden kann; Geimer NJW 71, 1525, WM 75, 910 und JZ 79, 648. Andere sprechen von **Wegfall** der **Geschäftsgrundlage oder geben ein Anfechtungsrecht.** Nachw Schütze IPRax 84, 248. Ein solcher Vorbehalt ist im Zweifel anzunehmen für den **Fall des Stillstandes der Rechtspflege im prorogierten Staat,** BAG NJW 79, 1119 = JZ 79, 647 (Geimer) = IPRspr 78/144 sowie LAG Hamburg IPRspr 80/137 A; LAG Frankfurt RIW 82, 524 = IPRspr 81/163; Schütze RIW 82, 775; ders DIZPR 54. Das gleiche gilt für **sonstige Fälle der Nichtannahme (Verweigerung einer Entscheidung in der Sache) durch das forum prorogatum,** Kropholler Rz 552; Rathke RIW 84, 279; Schütze RIW 82, 775; IPRax 84, 247, Bremen RIW 85, 895.

143 Haben die Parteien die ausschl Zuständigkeit eines ausl Gerichts vereinbart, so ist diese Abrede idR dahin auszulegen, daß auch die **internationale Zuständigkeit der BRepD für den einstweiligen Rechtsschutz (Arrest und einstweilige Verfügung)** abbedungen sein soll; Geimer WM 75, 912. Wird das vom prorogierten ausl Gericht erlassene Urteil im Inland nicht anerkannt, dann kann erneut in Deutschland geklagt werden: **internationale Ersatzzuständigkeit,** vgl Geimer WM 75, 911 sowie JZ 79, 648 und oben Rn 113, sofern nicht Ausschluß jegl Rechtsschutzes gewollt war. So ausdrückl Art 31 II CMR. – **Exkurs:** Anders ist es bei der **Vereinbarung eines (ausl) Schiedsgerichts,** sofern man mit der hM davon ausgeht, daß das Schiedsgericht einstw Verfügungen und Arreste nicht erlassen kann, § 1034 Rn 53, Schütze DIZPR 189.

144 Vereinbaren die Parteien die ausschließl „örtl" Zuständigkeit eines ausl Gerichts, so liegt darin die Derogation der internationalen Zuständigkeit der BRD.

145 Die **dt lex fori** (Rn 68) bestimmt, ob die Vereinbarung über den Ausschluß der internationalen Zuständigkeit zulässig ist, der Schriftform bedarf, diese gewahrt ist und welche prozessualen Wirkungen die Derogationsvereinbarung hat, Geimer NJW 72, 1622; Nürnberg NJW 85, 1296. Daher kommt es nicht darauf an, was das ausl Prozeßrecht zur Formfrage sagt, erst recht nicht auf den Standpunkt der lex causae des Hauptvertrages, BAG RIW 84, 319.

146 Der BGH NJW 84, 2037 = RIW 85, 78 = IPRax 85, 216 Anm Roth 198 (betr §§ 53, 61 BörsenG: Unverbindlichkeit eines ausl Börsentermingeschäfts) hält die Derogation der an sich (nach §§ 12 ff gegebenen) internationalen Zuständigkeit der BRD für unwirksam, wenn feststeht, daß das vom ausl forum prorogatum (noch) zu erlassende Urteil im Inland deshalb nicht anerkannt werden kann, weil es aus dt Sicht auch gegenüber ausl Urteilen durchzusetzendes, **international zwingendes Recht** (hierzu Geimer/Schütze I § 198) nicht anwenden wird. Damit schießt er über das Ziel hinaus: Eine eindeutige Prognose, wie das forum prorogatum entscheiden wird, insbesondere welche Rechtssätze es anwenden bzw ignorieren wird, ist nicht mögl. Fazit: Entgegen BGH ist die Derogation zu beachten und das ausl Urteil abzuwarten. Verstößt dieses tatsächl gegen dt ordre public (§ 328 Rn 169 ff), weil es aus dt Sicht international durchzusetzende Normen bzw Rechtsgrundsätze ignoriert, so ist im Inland eine Ersatzzuständigkeit zu eröffnen, Rn 113. Abzulehnen daher auch Frankfurt RIW 86, 902.

147 Die Kartellrechtler (Karsten Schmidt in Immenga/Mestmäcker, GWB (1981), § 87 Rz 31; Rehbinder ebenda § 98 II Rz 295; Immenga MüKo Anh IV nach Art 12 EGBGB Rz 64 FN 116) behaupten, die aus §§ 12 ff fließende internationale Zuständigkeit der BRepD könne im **Kartellzivilprozeß** nicht derogiert werden, weil sonst die Anwendung bzw Durchsetzung des aus dt Sicht international zwingender deutschen Kartellrechts (Nachw Schmidt/Hermesdorf RIW 86, 180 FN 3), gefährdet sei. Dem ist nicht zu folgen.

148 Ein weiteres **Derogationsverbot zur Durchsetzung internationaler zwingender Normen zum Schutz der schwächeren Partei** (Verbraucherschutzrecht) hät Kropholler Rz 541 für diskutabel.

So zB auch Maier NJW 58, 1329, AWD 60, 217 für § 82b HGB (Ausgleichsanspruch des Handelsvertreters), dagegen BGH NJW 61, 1061 = AWD 61, 103 (Maier), Schröder 226, Kropholler Rz 541 FN 1230 mit der Begründung, daß § 82b HGB nicht als international zwingendes Recht zu qualifizieren sei. In die gleiche Richtung zielen einzelne Arbeitsgerichte, die die Derogation der dt internationalen Zuständigkeit dann für unwirksam halten, wenn die Durchsetzung **international zwingender Arbeitnehmerschutznormen** gefährdet ist, Rn 174. Dagegen ist festzuhalten: Auch in Arbeitssachen ist die Derogation der internationalen Zuständigkeit nach den allgemeinen Regeln zulässig. AA Birk RdA 83, 143, 150 (gegen isolierte Derogation und Derogation des Gerichtsstandes am gewöhnl Arbeitsort).

Auch im **Wettbewerbsrecht** wird die Derogierbarkeit der aus § 24 UWG fließenden internatio- **149**
nalen Zuständigkeit verneint, jedenfalls dann, wenn die Ansprüche nur auf UWG gestützt sind, also nicht mit Ansprüchen aus anderen Vorschriften konkurrieren, BAG NJW 70, 2180 = AWD 70, 577 (Trinkner) = IPRspr 70/109c S 362; hierzu Kropholler Rz 532.

Schließlich will Kropholler Rz 543 für **„reine Inlandsfälle"** eine Derogation generell verbieten. **150**
Er beruft sich dabei auf die Schranken der kollisionsrechtl Parteiautonomie in reinen Inlandsfällen und meint damit wohl die Gefahr der „Umgehung" international zwingenden Rechts.

Stellungnahme: Die hM vermengt unzulässig forum und ius. Welches Recht das ausl Gericht **151**
anwenden wird, bleibt bei der Kompetenzprüfung außer Betracht. Im übrigen steht ja ex ante noch gar nicht fest, ob das ausl Gericht das **aus dt Sicht international zwingende Recht** nicht doch zur Anwendung bringt. Man muß daher den Ausgang des Verfahrens am forum prorogatum abwarten. Die Frage der Anwendung des „richtigen Rechts" ist dann aufzuwerfen, wenn die im forum prorogatum erlassene Sachentscheidung (vielleicht kommt es gar nicht zu einem Urteil, weil sich die Parteien vergleichen etc) zur Anerkennung ansteht: Ist die/der in concreto in Betracht kommende dt Norm/Rechtsgrundsatz tatsächl so elementar, so ist der ausl Entscheidung die Anerkennung wegen Unvereinbarkeit mit dem dt ordre public zu verweigern, § 328 I Nr 4. Dabei ist zu beachten, daß via § 328 I Nr 4 nicht der gesamte Normenbestand, den der dt Zweitrichter als international zwingend – auch bei ausl Sachstatut kraft Sonderanknüpfung – anwenden würde, wenn er im Erkenntnisverfahren mit der Entscheidung des (tatsächl von ausl forum prorogatum entschiedenen) Falles befaßt wäre, gegenüber dem ausl Urteil (hier des forum prorogatum) durchgesetzt wird, Geimer/Schütze I § 198. Wird dem ausl im forum prorogatum erlassenen Urteil die Anerkennung verweigert, dann ist der Weg frei für die Klage vor inländischen Gerichten. Ist nach §§ 12 ff kein Gerichtsstand (mehr) gegeben, dann ist – sofern in Drittstaaten keine internationale Zuständigkeit eröffnet ist – **Notzuständigkeit** zu eröffnen, Rn 113.

Für **deliktische Klagen** besteht ein Derogationsverbot vor Eintritt des Schadens (nicht jedoch **152**
ein Prorogationsverbot: die Klagemöglichkeiten des Geschädigten dürfen erweitert werden), Geimer/Schütze I 637.

Die **Wahl einer ausl Rechtsordnung (lex causae)** bedeutet nicht die (stillschweigende) Deroga- **153**
tion der internationalen Zuständigkeit der BRepD.

Wurde internationale Zuständigkeit derogiert, so kann der Streitgegenstand der Zuständig- **154**
keitsvereinbarung gleichwohl **Gegenstand einer Streitverkündung** sein, sofern die Parteien nicht auch diese Möglichkeit ausschließen wollten. Die Derogation der internationalen Zuständigkeit der BRepD umfaßt iZw auch nicht den Ausschluß der internationalen Zuständigkeit zur Durchführung eines **Beweissicherungsverfahrens.**

Zeitschranke: Nichtkaufleute (§ 38 I) können grundsätzl erst nach Entstehen der Streitigkeit **155**
die internationale Zuständigkeit der BRepD derogieren. Ausnahme: Vergleich und Schuldbeitritt, aA BGH NJW 86, 1438 (krit Geimer).

4) Für die Annahme der **Prorogation durch die dt Gerichte** ist nicht Voraussetzung, daß die **156**
Entscheidung des dt Gerichts in dem Staat, dessen an sich nach § 328 I Nr 1, §§ 12 ff gegebene internationale Zuständigkeit derogiert wurde, anerkannt wird; der Kompetenzanspruch fremder Staaten ist für den dt Richter unbeachtl. Eine vernünftige, die Zuständigkeitsinteressen der Parteien gerecht abwägende Zuständigkeitsordnung kann hierauf nicht Rücksicht nehmen. Unklar müßte auch bleiben, auf welchen fremden Staates Kompetenzrecht abzustellen wäre: Geimer NJW 71, 324; Schütze AWD 73, 370 u Staudinger/Firsching Rz 186 vor Art 12; aA Walchshöfer NJW 72, 2166; Trinkner BB 72, 767.

Es ist **nicht erforderlich, daß ein bestimmtes dt Gericht prorogiert** wurde. Wurde ledigl die internationale Zuständigkeit der BRepD vereinbart, ohne ein Gericht zu benennen, das örtl zuständig sein soll, dann sind die Gerichte in Bonn örtl zuständig analog §§ 15 I 2, 27 II; anders die hM: Danach geht eine internationale Prorogation ohne gleichzeitige Vereinbarung eines örtl zuständigen dt Gerichts ins Leere. Bereits der Wortlaut des Art 17 GVÜ ergibt, daß die Vereinbarung der internationalen Zuständigkeit ohne gleichzeitige Veinbarung des örtl zuständigen Gerichts wirksam ist. Der prorogierte Vertragsstaat muß ein örtl zuständiges Gericht zur Verfügung stellen, hilfsweise sind die Gerichte der Hauptstadt (Bonn) zuständig, Geimer/Schütze I 252, 884.

157 Die **Zulässigkeit** der Begründung der internationalen Zuständigkeit der BRepD **durch Parteivereinbarung** beurteilt sich stets **nach dt Recht.** Ausschließl das dt Prozeßrecht bestimmt, wann dt Gerichte eine internationale Prorogation anzunehmen haben. **Den Zugang zu den dt Gerichten regelt allein das dt Recht.** Deshalb kommt es auf den Standpunkt des in der Sache anzuwendenden ausl Rechts nicht an. Über Zulässigkeit, Form, Zustandekommen (Rn 68), Auslegung und Wirkung entscheidet nur die dt lex fori, Geimer NJW 72, 1622, Bremen RIW 85, 894; Nürnberg RIW 85, 890. Deshalb kommt es auch nicht darauf an, ob sich der ausl Staat, dessen internationale Zuständigkeit derogiert wurde, für **ausschließl international zuständig** erachtet; Düsseldorf AWD 73, 401 = IPRspr 72/30. Nur soweit das dt Recht eine ausschließl Zuständigkeit des fremden Staates anerkennt, ist eine Prorogation ausgeschlossen, BGH AWD 69, 115 = MDR 69, 479 = IPRspr 68–69/202.

158 Auch wenn der Rechtsstreit **keinerlei Beziehungen zur BRepD** aufweist, ist die Vereinbarung der dt internationalen Zuständigkeit zulässig, Kralik ZZP 74 (1961), 42; Matscher 37 bei FN 96; Pagenstecher RabelsZ 11 (1937), 417; Jakobs 115, einschränkend (nur für „internationale Fälle") Kropholler Rz 545.

159 Anders de lege lata LG Hamburg WM 76, 985 = RIW 76, 228 = IPRspr 75/141. Zu Unrecht weist das LG Hamburg eine Zuständigkeitsvereinbarung zurück mit der Begründung, „mangels ausreichender Inlandsbeziehung sei das gewählte Gericht in eine ungleich schlechtere Lage versetzt, den Tatbestand zu klären und ein gerechtes Urteil zu sprechen als das reguläre Gericht am Wohnsitz des Beklagten". Woher weiß das LG Hamburg, daß das Wohnsitzgericht eine gerechtere Entscheidung fällen kann? Allgemein gegen die Lehre vom forum non conveniens Rn 130 ff. Gegen forum non conveniens-Erwägungen auch überzeugend München IPRax 84, 318 (Jayme 303) = IPRspr 83/139. Vgl Hamburg VersR 83, 1149 = IPRspr 83/138, wo zu Recht das Argument, engl Gerichte könnten am besten engl Klauseln auslegen, zurückgewiesen wird.

160 **Die Gefahr, die deutschen Gerichte könnten mit Streitigkeiten ohne jede Inlandsberührung überlastet werden,** ist wohl theoretisch gegeben. Eine gesetzl Abwehr erscheint aber nicht vonnöten. Allenfalls könnte durch eine Erhöhung der Gerichtskosten der „Ansturm" zu den dt Gerichten gedrosselt werden, wenn unbedingt der Gesetzgeber aktiv werden will.

161 Zu Recht betont Schröder 483, daß der Wunsch nach einem neutralen Gericht ebenso legitim sei wie die Wahl eines neutralen Rechts. Er will jedoch dem dt Richter die Möglichkeit geben, nach forum-non-conveniens-Grundsätzen (Rn 130) die Annahme des Rechtsstreits zu verweigern, insbesondere dann, wenn Ausländer ihre ausschließl in ihrem Staat verwurzelten Rechtsstreitigkeiten vor inländische Gerichte zu tragen wünschen. Eine solche Abweisungsbefugnis führt aber zu willkürl Entscheidungen und zeitraubenden Zuständigkeitsstreitigkeiten.

162 Jung 89 ff zieht **Parallelen zum kollisionsrechtl Verweisungsvertrag** im internationalen Schuldrecht (Problem dort: Besteht die Freiheit der Rechtswahl auch für reine Inlandsfälle?). Er vergleicht Nichtvergleichbares. Die Frage des anzuwendenden Rechts und der Rechtsgang (Welche Staaten sind zur Sachentscheidung international zuständig?) haben keine Berührungspunkte. Sie sind streng voneinander zu trennen, Rn 151. Zu Unrecht hält Jung 95 eine Prorogation auf dt Gerichte für unzulässig, wenn der Rechtsstreit nur Bezugspunkte zu einem ausl Staat (= ein reiner Inlandsfall aus dessen Sicht) aufweist. Abzulehnen insoweit auch Kropholler Rz 543 FN 1238.

163 Das Vorhandensein einer **Vollstreckungsmöglichkeit im Inland** ist ebenfalls nicht Voraussetzung für die Annahme einer internationalen Prorogation, Geimer NJW 71, 232 und NJW 72, 1622; München IPRax 83, 122 (Jayme 105).

164 **5)** Ob eine internationale Prorogation die **ausschließl oder nur die konkurrierende internationale Zuständigkeit** des prorogierten Staates begründet, entscheidet der Wille der Parteien, Geimer EWiR 85, 167. Dieser ist durch Auslegung zu ermitteln, Hamburg RIW 83, 125 = IPRspr 82/133; BGH NJW 73, 951 (Geimer) = IPRspr 72/144. Dort wurde die Klausel „Zuständiger Gerichtshof für alle Streitfälle ist Mailand oder ein anderer Rechtssitz in Italien" als Vereinbarung der ausschließl internationalen Zuständigkeit Italiens ausgelegt. Dies gelte zumindest für Ansprüche gegen die Vertragspartei, deren Heimatgerichte zuständig sein sollen. Eine Vermutung zugunsten der Ausschließlichkeit besteht nicht, München RIW 86, 381; Hamburg RIW 83, 125 = IPRspr 82/133; München IPRax 85/41 (Jayme/Haack 323); Geimer EWiR 85, 167. So bedeutet „Gerichtsstand ist jeweils das Land des Klägers" im Zweifel nicht, daß der Beklagte nicht auch in seinem Wohnsitzstaat belangt werden kann. Für Ausschließlichkeit spricht, wenn ohne Ausschluß des Wahlrechts des Klägers (§ 35) die Zuständigkeitsvereinbarung keinen erkennbaren Sinn hätte, BGH LM § 38/23 = IPRspr 83/196. BGH NJW 84, 2036 läßt offen, ob Wendung „... wir beugen uns der Rspr der engl Gerichte" als ausschließl Prorogation zu verstehen ist. Anders Art 17 I GVÜ. Danach besteht eine **Vermutung zugunsten der Ausschließlichkeit;** Ausnahme Art 17 III; Geimer/Schütze I § 96 XX.

6) Objektive und subjektive Grenzen von Zuständigkeitsvereinbarungen: Hamburg RIW 82, 669; Geimer/Schütze I 926; Schütze DIZPR 58; Geimer NJW 85, 533. **165**

7) Rechtswahl und Gerichtswahl: Die Wahl dt Rechts bedeutet nicht Prorogation der internationalen Zuständigkeit der BRepD. Die Wahl eines dt Gerichtsstandes ist – mangels ausdrückl Rechtswahl – zumindest ein starkes Indiz für die Vereinbarung dt Rechts. Qui elegit iudicem, elegit ius, BGH RIW 76, 447, Frankfurt RIW 83, 785 = IPRspr 82/17, Martiny MüKomm Rz 26 vor Art 12 EG; Gottwald FS Firsching (1985) 100. Dies gilt jedoch nicht, wenn mehrere Gerichtsstände vereinbart sind. **166**

8) Rechtsstaatlicher Mindeststandard des forum prorogatum: Die ausschließl Prorogation eines ausl Gerichts bedeutet Verlust des Rechtsschutzes im Inland. Deshalb soll sie unwirksam sein, wenn evident und unzweifelhaft beim forum prorogatum eine sachgerechte, den elementaren rechtsstaatl Garantien entsprechende Entscheidung des Rechtsstreits nicht gewährleistet ist, BGH VersR 74, 471, ZZP 78 (1975), 318 (Walchshöfer), StJ-Leipold § 38 Rz 69. Jedoch ist zu beachten, daß Unterschiede in der Gerichtsverfassung und im Ablauf des Verfahrens normal und daher hinzunehmen sind, § 328 Rn 68, 155, 167. **167**

9) Prorogation und deutscher ordre public: Der BGH RIW 83, 873 = NJW 2772 = IPRspr 128 = IPRax 85, 27 (Trappe) schießt über das Ziel hinaus, wenn er internationale Gerichtswahlklauseln deshalb in Frage stellt, weil das prorogierte ausl Gericht seinem IPR folgt und deshalb uU auf den Streitfall Regeln nicht anwendet, die nach dt materiellen Recht zwingend sind; Rn 146 ff; Mann NJW 84, 2740; Büchner RIW 84, 184; aA Kohler IPRax 83, 271 Fn 54; Kropholler Rz 540; Gottwald FS Firsching (1985) 101. **168**

10) Behauptungs- und Beweislast für das Zustandekommen einer Zuständigkeitsvereinbarung trifft diejenige Partei, die sich darauf beruft, Geimer IPRax 86, 87. **169**

11) Klage auf Feststellung der Wirksamkeit bzw der Wirkungen einer Zuständigkeitsvereinbarung ist zulässig, näher Geimer/Schütze I § 96 XXXII. Nicht nur bei Dauerrechtsverhältnissen dürfen die Parteien nicht im unklaren darüber gelassen werden, wo sie gerichtspflichtig sind, Geimer WM 86, 122. – **Klage auf Unterlassung der Klageerhebung am forum derogatum** ist unzulässig. Vgl Geimer/Schütze I § 96 XXXIII; Geimer WM 86, 122. **170**

12) Keine Bindung des forum derogatum an die Entscheidung der Gerichte des forum prorogatum zur Frage der Wirksamkeit der Zuständigkeitsvereinbarung: Der dt Richter beurteilt die Wirksamkeit der Zuständigkeitsvereinbarung nach der für ihn maßgebl Rechtsordnung (Rn 68), der ausl nach seiner lex fori oder evtl nach der von seinem IPR bestimmten lex causae. An der Verschiedenheit des Prüfungsmaßstabes scheitert daher von vornherein eine Bindung. Anders ist es im geschlossenen Zuständigkeits- und Anerkennungssystem des GVÜ. Näher Geimer/Schütze I § 30 und § 96 XXII; Geimer FS Kralik, 1986 179. **171**

13) Widerklage am forum derogatum (Geimer/Schütze I § 96 XXI 10): Die schlichte Vereinbarung eines dt Gerichtsstandes bei einem Lieferungsgeschäft ins Ausland hat im Zweifel nicht die Wirkung, daß damit der **Gerichtsstand der Widerklage** für eine Widerklage des ausl Käufers ausgeschlossen ist, wenn der dt Verkäufer den Käufer vor dessen Heimatgericht verklagt, BGHZ 59, 116 = MDR 72, 1029 = NJW 72, 1671 (Geimer 2179) = IPRspr 72/160. Maßgebend ist der Wille der Parteien. Ergibt die Auslegung, daß auch die Widerklagemöglichkeit derogiert sein soll, dann gilt dies aber nur so lange, als sich der Kläger an die Zuständigkeitsvereinbarung hält. Klagt ein Vertragspartner abredewidrig nicht am forum prorogatum und läßt sich der Beklagte ein (§ 39), dann lebt die Widerklagemöglichkeit wieder auf, es sei denn, die Parteien haben diesen Fall ausdrücklich anders geregelt, Geimer/Schütze I § 80 VII und § 96 XXI 10. AA BGH NJW 81, 2644 = ZZP 96 (1983), 364 (Pfaff); Kropholler Rz 588; von Falkenhausen RIW 82, 387. Die besten Argumente für die hier vertretene Ansicht finden sich bei BGH NJW 83, 1266 = RIW 83, 375. Dort werden deutlich die Nachteile und Risiken des Beklagten bei der Durchsetzung der Gegenforderung geschildert. Für den Bereich des CMR erklärt der BGH deshalb den vertragl Ausschluß der Widerklagemöglichkeit für unwirksam. **172**

14) Aufrechnung am forum derogatum: Die Aufrechnung im dt Erkenntisverfahren mit einer Forderung, hinsichtl derer eine ausschließl internationale Zuständigkeit eines ausl Staates ver- **173**

einbart wurde, ist nach BGHZ 60, 85 = NJW 73, 422 (Geimer 951) = IPRspr 72/143 und BGH NJW 80, 2477 = RIW 79, 713, unzulässig. Ebenso BGH NJW 81, 2644 = RIW 81, 705 = ZZP 96 (1983), 364 (Pfaff 334) = IPRspr 81/165 auch für den Fall, daß eine Partei abredewidrig nicht am forum prorogatum klagt. Der Beklagte habe es in der Hand, vor der Einlassung (§ 39) die Aufhebung des Aufrechnungsverbots zu vereinbaren. AA Geimer/Schütze I § 80 IX und § 96 XXI 9; Gottwald IPRax 86, 10; Schütze DIZPR 57; Soergel/Kegel Rz 620 vor Art 7; vgl auch (zu CMR) BGH NJW 83, 1266; Hamm MDR 71, 217 = IPRspr 70/26 (zu undifferenziert Hamm NJW 83, 523) und Hamburg, VersR 72, 784 = IPRspr 71/134 = AWD 73, 101. Entgegen der Ansicht des BGH ist unter Berücksichtigung aller Umstände des Einzelfalls durch **Auslegung des Parteiwillens** zu erforschen, ob die Parteien mit der Derogation der dt internationalen Zuständigkeit auch die Geltendmachung der Forderung im Wege der Aufrechnung vor dt Gerichten ausschließen wollten. Ebenso für Art 17 GVÜ EuGH RIW 78, 814 = NJW 79, 1100 und EuGH Rs 48/84 RIW 85, 313 = IPRax 85, 27 (Gottwald 10) = EWiR 85, 781 (Schlosser). Vgl auch Nagel IZPR Rz 131; von Falkenhausen RIW 82, 388; Gäbel, Neuere Probleme der Aufrechnung, Diss München 1983, 215. – Eine Vermutung zugunsten des Ausschlusses der Aufrechnungsmöglichkeit besteht nicht. AA Kropholler Rz 590. Die besten Argumente für die hier vertretene Ansicht finden sich bei BGH NJW 83, 1266 = RIW 83, 375 (unwirksames Aufrechnungsverbot im internationalen Frachtvertrag gemäß CMR): Dem Beklagten werde die Möglichkeit genommen, seine Gegenansprüche auf einfachem Wege in demselben Verfahren geltend zu machen. Statt dessen würde er auf ein gesondertes Verfahren mit uU anderem – möglicherweise auch ausl – Gerichtsstand verwiesen. Dies könnte zur Vorleistung und zu erhöhten Schwierigkeiten und Risiken bei der Realisierung der Gegenforderungen führen.

174 15) **Arbeitssachen** (Rn 148; Geimer/Schütze I § 96 VIII): Auch über arbeitsrechtl Streitigkeiten kann eine Zuständigkeitsvereinbarung erfolgen, BAG NJW 79, 1119 = JZ 79, 647 (Geimer) = IPRspr 78/144; BAG IPRax 85, 276 (Lorenz 256). Fikentscher SAE 69, 33 vertritt die Auffassung, das Schutzinteresse jedenfalls der Arbeiter und Angestellten der kleineren und mittleren Einkommensgruppen verbiete, die Vereinbarung der internationalen Zuständigkeit eines ausl Staates zuzulassen. Dagegen will das BAG aaO eine Derogation der internationalen Zuständigkeit der BRD nur dann nicht zulassen, wenn „es im Einzelfall zum Schutz des Arbeitnehmers geboten ist, daß der Rechtsstreit vor deutschen Gerichten geführt wird". Das LAG Düsseldorf verlangt als Voraussetzung eine ausreichende Auslandsberührung; ausführlich Beitzke RIW 76, 7 Nachw auch bei Staudinger/Firsching, 10./11. Aufl, Rz 530 vor Art 12 EGBGB und Jung 121. Vgl auch LAG Düsseldorf RIW 84, 651; ArbG Kiel RIW 84, 403 = IPRspr 82/147 A; ArbG Hamburg RIW 84, 405 = IPRspr 83/137.

IX) Internationale Zuständigkeit zum Erlaß von Arresten und einstweiligen Verfügungen (hierzu Geimer/Schütze I § 41)

175 Für den **deutschen Arrestprozeß** ist immer dann eine internationale Zuständigkeit gegeben, wenn der mit Arrest zu belegende Gegenstand oder die in ihrer persönl Freiheit zu beschränkende Person sich im Inland befindet, § 919. Die BRepD erachtet sich auch dann für international zuständig, wenn für die **Hauptsache** kein deutsches Gericht international zuständig ist. Ein solcher Fall dürfte aber im Hinblick auf § 23 selten sein. Einzelheiten bei Geimer AWD 75, 85; WM 75, 912; Karlsruhe OLGZ 73, 58 = AWD 73, 272 = IPRspr 72/165.

X) Internationale Zuständigkeit für Beweiserhebungen außerhalb eines Rechtsstreits

176 Die internationale Zuständigkeit für Beweissicherungsverfahren (§§ 486 II, 164 FGG) ergibt sich aus den Gerichtsstandsvorschriften (Rn 105). – Das GVÜ ist insoweit nicht anwendbar, Geimer/Schütze I 215. Vgl auch Stürner IPRax 84, 299. – Internationale Zuständigkeit auch dann zu bejahen, wenn beauftragter Sachverständiger im Inland wohnt, OVG Schleswig MDR 74, 761, Meilicke NJW 84, 2017.

XI) Prüfung der internationalen Zuständigkeit

177 1) Die rügelose Einlassung des Beklagten führt in den Grenzen des § 40 zur Begründung der internationalen Zuständigkeit der BRepD, Geimer WM 77, 67. Maßgebl Zeitpunkt: § 282 III. Nur im Verfahren vor dem AG hat der Richter auf internationale Unzuständigkeit hinzuweisen, § 504, § 39 S 2. Soweit § 39 nicht in Betracht kommt, ist die internationale Zuständigkeit als **Prozeßvoraussetzung** in jeder Lage des Verfahrens **von Amts wegen zu prüfen,** Geimer WM 86, 118. Einer besonderen Rüge bedarf es nicht. Hierzu BAG RIW 84, 316 = LM § 38/12 = IPRax 85, 276 (Lorenz 256).

178 2) In (vermögensrechtl) Rechtsstreitigkeiten, in denen die internationale Zuständigkeit durch rügelose Einlassung des Beklagten begründet werden kann, darf – sofern der Beklagte am Verfahren teilgenommen hat – das **Berufungsgericht bzw das Revisionsgericht** die internationale

Zuständigkeit nur auf Rüge prüfen, Geimer NJW 71, 324; WM 77, 68; WM 86, 118; München WM 74, 583 = IPRspr 74/149; BAG WM 76, 194 = RIW 75, 521 = IPRspr 75/30; Geimer/Schütze I § 97 XXIII. Daher kann auch die Frage, ob die BRepD international unzuständig ist, weil eine internationale Zuständigkeitsvereinbarung nicht wirksam zustande gekommen sei, nur auf Rüge geprüft werden, Geimer NJW 71, 324; aA BGH MDR 69, 479 = IPRspr 68–69/202. Vgl aber BAG NJW 71, 2143 (Geimer NJW 72, 407) = AWD 71, 534 (Trinkner) = IPRspr 71/132.

3) Außerhalb des Anwendungsbereichs des § 39 ist die internationale Zuständigkeit auch in der Berufungs- und Revisionsinstanz von Amts wegen zu prüfen. Das Nachprüfungsverbot der §§ 512 a und 549 II gilt nicht, da es nur die örtl Zuständigkeit betrifft, BGHZ 44, 46; BGH RIW 79, 58 = JZ 79, 231; BGH RIW 83, 873 = NJW 83, 2772; BGH NJW 82, 1947 = RIW 82, 592 = IPRax 83, 34 (Beitzke 16); München IPRax 83, 122 (Jayme 105). **Einer Verfahrensrüge bedarf es grundsätzl nicht;** eine Ausnahme gilt nur, wenn keine öffentl Interessen auf dem Spiele stehen. 179

4) Verneint das Gericht die internationale Zuständigkeit der BRepD, dann ist die Klage bzw der Antrag (§ 622 III) als unzulässig abzuweisen. Eine Verweisung an ein ausl Gericht oder an ein DDR-Gericht findet nicht statt. – Zur **res iudicata-Wirkung** Geimer WM 86, 120. 180

5) Bejaht das Gericht die internationale Zuständigkeit der BRepD, so stellt es dies in den Gründen seiner Entscheidung fest. Es kann aber auch durch rechtsmittelfähiges **Zwischenurteil** (§ 280) über diesen Punkt entscheiden, Geimer WM 86, 120. 181

F) Berücksichtigung der ausl Rechtshängigkeit

I) Der Einwand der Rechtshängigkeit eines Prozesses vor einem ausl Gericht ist grundsätzl dann zu beachten, wenn mit der Anerkennung der vom ausl Gericht zu fällenden Entscheidung voraussichtlich zu rechnen ist, § 328 Rn 288; Hausmann IPRax 82, 52 FN 10; Frankfurt RIW 80, 875 = MDR 81, 237 = IPRax 82, 71 = IPRspr 80/160; Frankfurt IPRax 86, 297 (Löber); BGH NJW 83, 1269; Kaiser RIW 83, 667; Mitzkus 376; Geimer NJW 84, 527; Geimer/Schütze I, 1648. AA Schütze DIZPR 175, der Doppelprozesse zuläßt. – Rechtsvergleichung bei Schütze RV 199 und Schumann FS Kralik 1986. 182

II) Von § 738 I HGB abgesehen, verlangt das dt Recht nicht die **Verbürgung der Gegenseitigkeit.** Nur mittelbar kommt über § 328 I Nr 5 dieser Gesichtspunkt ins Spiel. Er betrifft aber nur die **Anerkennungsprognose,** nicht jedoch die Relevanz der Rechtshängigkeit als solche. 183

III) Die Beachtung der ausl Rechtshängigkeit steht **nicht im Ermessen des dt Gerichts.** Es ist auch nicht auf die Rüge bzw den Vortrag der Parteien angewiesen. Es hat vielmehr **von Amts wegen** die ausl Litispendenz zu beachten. Auch sind die Präklusionsvorschriften der §§ 282 III S 2, 296 III, 528 III ZPO wohl nicht anzuwenden, aA LG Hamburg IPRspr 77/65. Gleichwohl hat das dt Gericht den Umfang des ausl Streitgegenstandes – zur Prüfung der Identität mit dem inländischen – nicht von Amts wegen aufzuhellen, wenn die Partei des dt Prozesses, die sich auf die Rechtshängigkeit beruft, einen substanzierten Vortrag unterlassen hat, Hamm RIW 86, 383 = IPRax 86, 234 (Geimer 216). Mitunter sehen die Verträge vor, daß die ausl Rechtshängigkeit **nur auf Antrag einer Partei** zu beachten ist, so Art 11 des dt-ital Abk, Art 15 des dt-belg Abk, Art 44 des dt-tunes Vertr, Art 22 des dt-israel Vertr. Gleichwohl ist es nicht vertragswidrig, die ausl Rechtshängigkeit von Amts wegen zu beachten, Geimer NJW 84, 528 FN 16. 184

IV) Bei der **Anerkennungsprognose** ist **in Ehesachen Art 7 FamRÄndG** zu beachten **(Feststellungsmonopol der Landesjustizverwaltung).** Ist bereits im Ausland ein Urteil ergangen, so darf das Gericht nicht dessen Anerkennungsfähigkeit – auch nicht als Vorfrage – selbständig beurteilen. AA Schumann IPRax 86, 15 FN 8. Es muß vielmehr das Verfahren aussetzen, bis eine Entscheidung der LJV ergangen ist. Diese bindet das Gericht, Art 7 § 1 VIII FamRÄndG; hierzu § 328 Rn 229. Vgl den Fall BGH NJW 84, 2041. Die Aussetzung steht nicht im Ermessen des Gerichts; unrichtig Frankfurt IPRspr 80/159. Auch in der Revisionsinstanz ist Art 7 FamRÄndG in jeder Lage des Verfahrens zu beachten; eine Verfahrensrüge ist nicht erforderl; leider nicht berücksichtigt in BGHZ 64, 19 = NJW 75, 1072 (krit Geimer 2141) = IPRspr 75/98. Anders ist es, wenn noch keine ausl Entscheidung ergangen ist. Dann kommt Art 7 FamRÄndG nicht zum Zuge. 185

V) Wird der gleiche Streitgegenstand zum **gleichen Zeitpunkt** sowohl im In- wie auch im Ausland anhängig gemacht, bringt das Prioritätsprinzip keine Lösung. In einem solchen Falle sollte man dem inländischen Verfahren den Vorzug geben. 186

VI) Das Prozeßhindernis der ausl Rechtshängigkeit führt nicht zwingend zur Prozeßabweisung; wegen der Unsicherheiten der Anerkennungsprognose ist analog § 148 auch **Aussetzung** möglich, BGH EWiR 85, 1015 (Geimer) = RIW 86, 218; Frankfurt NJW 86, 1443 = IPRax 86, 297 (Löber 283). Die Rechtshängigkeitssperre entfällt, **wenn das ausländische Gericht Justizgewährung vereitelt**, BGH NJW 83, 1269; RIW 86, 218. 187

G) Innerdeutsches Zivilprozeßrecht: Verhältnis zur DDR

188 **I) Allgemeines: 1)** Auch nach **Inkrafttreten des Grundlagenvertrages** vom 21. 12. 1972 (BGBl 1973 II 423; BVerfGE 36, 1; 37, 57) ist die DDR für die BRepD nicht Ausland. Daher gilt für das Verhältnis zwischen beiden Staaten nicht das internationale Zivilprozeßrecht, auch wenn die DDR ihrerseits ihr IZPR zur Anwendung bringen sollte. Derzeit bestehen keine staatsvertragl Vereinbarungen zwischen beiden Staaten; auch ist das innerdeutsche Verhältnis vom Gesetzgeber der BRepD nicht normiert. Es gilt deshalb Richterrecht; die Rspr wendet die Regeln des IZPR entsprechend an; es sind jedoch aus der Besonderheit des innerdeutschen Verhältnisses Modifikationen erforderlich, BGH NJW 82, 1947 = RIW 82, 592 = IPRax 83, 34 (Beitzke 16) = FamRZ 82, 785. Zur **Rechtslage in Deutschland:** Nachweise Bücking, Der Rechtsstatus des Deutschen Reiches, 1979; Drobnig RabelsZ 37 (1973), 485; Ress, Die Rechtslage Deutschlands nach dem Grundlagenvertrag vom 21. Dezember 1972, 1978; Zieger (Hrsg), Fünf Jahre Grundvertragsurteil des Bundesverfassungsgerichts 1979; Lewald NJW 80, 376. Zum **Stand der Diskussion im IPR:** Scholz/Pitchas NJW 85, 272; Mansel NJW 86, 625; Jacobsen/Lübben IPRax 84, 80 andererseits. Zum **Stand der Diskussion im Verfahrensrecht** Nachweise bei Nagel, IZPR, Rz 1185 und StJ Schumann Rz 841. Zur Einbürgerung durch DDR-Behörden BVerwG DVBl 83, 453 = IPRax 84, 92 (Jacobsen/Lübben 79).

189 **2) Die ZPO gilt nur in der BRepD einschließl Berlin-West.** Deshalb sind kollisionsrechtl Fragen im Verhältnis zur DDR unvermeidl, ganz gleich, wie man die Rechtslage in Deutschland qualifiziert.

190 **3) Zur Abwicklung innerdeutscher Unterhaltszahlungen** (DM = gleich Mark) Schleswig IPRax, 210 (Hirschberg 188).

191 **II) Innerdeutsche Zuständigkeit: 1) Inland** im Sinne der ZPO ist das Gebiet der BRepD einschließl West-Berlins, BGHZ 7, 218 betr die Zuständigkeit in Ehesachen. Ebenso BGH NJW 81, 531 zu § 5 StGB. Das gleiche gilt für vermögensrechtl Streitigkeiten, so für § 23, BGHZ 4, 62 = IPRspr 45–53/467; Schleswig IPRax 83, 195 = IPRspr 82/112. **2)** Maßgebend ist der **gewöhnl Aufenthalt,** vgl Staudinger/Gamillscheg § 606 b Rz 648. BGHZ 30, 1 = NJW 59, 1032 stellt auf den Wohnsitz oder gewöhnl Aufenthalt ab. Haben beide Ehegatten ihren gewöhnl Aufenthalt in der DDR bzw Ost-Berlin, so ist ein Gericht der BRepD einschl West-Berlins nicht zuständig. § 606 III ist nicht analog anzuwenden. Anders ist es jedoch, wenn der klagende Ehegatte seinen gewöhnl Aufenthalt im Ausland, der Beklagte in der DDR oder in Ost-Berlin hat. In diesem Fall besteht eine innerdeutsche Zuständigkeit des LG Berlin-West, Staudinger/Gamillscheg § 606 b Rz 649 (S 986); so hM. Bedenken bei Geimer IZPR Rn 1328.

192 **III) Durchführung des Verfahrens: 1)** Die **Verweisung eines Rechtsstreits** an ein Gericht der DDR ist unzulässig, Köln FamRZ 56, 27 = IzRspr 54–57/343; R-Schwab, § 39 II 26; Staudinger/Gamillscheg, § 606 b Rz 650 (S 986). **2)** Die **Rechtshängigkeit vor einem Gericht der DDR** ist zu beachten, wenn mit der Anerkennung der DDR-Entscheidung in der Bundesrepublik gerechnet werden kann, Rn 182. **3)** Die Einwohner der DDR sind nicht zur **Sicherheitsleistung für Prozeßkosten** verpflichtet. **4) Öffentl Zustellung** bei Scheitern der Zustellung (203 II) zulässig und geboten, KG ROW 84, 191 = IPRspr 83/163. **5)** Für den **Nachweis des Rechts** der DDR gilt § 293. **6)** Das **Recht der DDR** ist **im Revisionsverfahren nicht nachprüfbar. 7)** Die Gerichte der BRepD gewähren der DDR **Rechtshilfe** nach den Bestimmungen des GVG. **8)** § 512 a und § 549 II gelten nicht für die Prüfung der innerdeutschen (interlokalen) Zuständigkeit, BGH RIW 82, 592 = IPRax 83, 34 (Beitzke 16) = FamRZ 82, 785. Bei der Prüfung durch das Gericht (Rechtsmittelgericht) ist wie folgt zu differenzieren: § 39 ist auch im innerdeutschen Verhältnis anzuwenden. Soweit eine interlokale Zuständigkeit der BRepD gemäß § 39 begründet werden kann, erfolgt die Prüfung nur auf (rechtzeitige) Rüge des Beklagten, Rn 178. Außerhalb des Anwendungsbereichs dieser Vorschrift (§ 40) ist die innerdeutsche Zuständigkeit in jeder Lage des Verfahrens von Amts wegen (auch vom Revisionsgericht) zu prüfen, BGH NJW 82, 1947 = RIW 82, 592 = IPRax 83, 34 (Beitzke 16) = FamRZ 82, 785. **9)** Zur Parteifähigkeit eines volkseigenen Kombinats München RIW 85, 75. **10)** Die **Anpassung eines DDR-Unterhaltstitels im vereinfachten Verf** (§§ 641 ff, § 1612 a BGB) ist nicht mögl, LG Rottweil DAVorm 83, 542 = IPRspr 91.

193 **IV) Anerkennung und Vollstreckung von Entscheidungen aus der DDR** s § 328 Rn 286 ff.

194 **V) Aufhebung und Abänderung von DDR-Entscheidungen** gemäß § 323 möglich. Es gelten die gleichen Grundsätze wie gegenüber ausl Staaten. Vgl Rn 118. S auch Frankfurt FamRZ 78, 934 = IPRspr 78/97.

195 **VI)** Da §§ 722, 723 auf DDR-Titel nicht anzuwenden sind, läßt der BGH **Vollstreckungsgegenklage** (§ 767) in der BRepD zu, BGH NJW 82, 1947 = RIW 82, 592 = IPRax 83, 33 (Beitzke 16).

VII) Freiwillige Gerichtsbarkeit: Innerdeutsche Zuständigkeit in Nachlaßsachen: LG Berlin ROW 83, 86 = IPRspr 82/200; BayObLG IPRspr 82/201. 196

VIII) Innerdeutscher Zahlungsverkehr: BVerfGE 62, 169 = NJW 83, 2309 = RIW 120 = IPRspr 82/124. 197

IX) Rechtshilfeersuchen der DDR: §§ 156 ff GVG anwendbar, LG Oldenburg ROW 83, 132 = IPRspr 168. 198

H) Die dt Zivilgerichtsbarkeit und der Gerichtshof der Europäischen Gemeinschaften (EuGH)

I) Ausschließl Zuständigkeiten des EuGH

1 a) Der EuGH entscheidet über Ansprüche gegen die Gemeinschaften auf Ersatz des im Bereich der **außervertragl Haftung** verursachten Schadens, Art 178, 215 EWGV, Art 151, 188 II, EuratomV, Art 40 EGKSV. Der EuGH beschränkt seine Zuständigkeit nicht auf die Amtshaftung bei hoheitl Tätigkeit; er verlangt nur eine **unmittelbare innere Beziehung** der schadenstiftenden Handlung **zu den Aufgaben der Organe,** EuGH XV, 336. Zu Art 215 s Gilsdorf EuR 75, 73; Fuß, Ipsen-Festschrift, 1977, 617; EuGH NJW 76, 2072 und NJW 79, 1098 = RIW 79, 849 (Gündisch). 199

b) Für die Beurteilung der **Schadensersatzklage aus** dem Gesichtspunkt **der vertragl Haftung** sind die nationalen Gerichte zuständig. Für den gleichen Streitgegenstand (Klage auf Schadensersatz) können also zwei Richter zuständig sein: der EuGH und das nationale Gericht. Um Entscheidungsdisharmonien bzw Verdoppelung von Vollstreckungstiteln zu vermeiden, sollte der dt Richter sein Verfahren aussetzen, § 148, Schumann ZZP 78 (1965), 88. Der andere Ausweg, daß nämlich der EuGH die Zuständigkeit des nationalen Gerichts auf Grund Zuständigkeitsvereinbarung oder Einlassung übernimmt und dadurch eine auf Anspruchsgrundlagen beschränkte Rechtskraft (allgemein zu diesem Problem auch Geimer NJW 74, 1045; IPRax 86, 80 und Staudinger/Firsching Rz 446 a vor Art 12 EGBGB) vermeidet, ist nach Schumann aaO und R-Schwab § 18 II 1 a nicht gangbar, da eine Erweiterung der Entscheidungskompetenz des EuGH durch Parteiverhalten nicht zugelassen ist. 200

2) Arbeitsrechtliche Streitigkeiten: Art 179 EWG-Vertrag = Art 152 Euratom-Vertrag: 201

Der Gerichtshof ist für alle Streitsachen zwischen der Gemeinschaft und deren Bediensteten innerhalb der Grenzen und nach Maßgabe der Bedingungen zuständig, die im Statut der Beamten festgelegt sind oder sich aus den Beschäftigungsbedingungen für die Bediensteten ergeben.

3) Begründung der Zuständigkeit des EuGH durch Schiedsklausel: Art 181 EWGV, Art 153 EuratomV, Art 42 EGKSV. Es muß sich um Streitigkeiten aus Verträgen handeln, die von einer der Gemeinschaften oder für ihre Rechnung abgeschlossen wurden: 202

Der Gerichtshof ist für Entscheidungen auf Grund einer Schiedsklausel zuständig, die in einem von der Gemeinschaft oder für ihre Rechnung abgeschlossen öffentl-rechtl oder privatrechtl Vertrag enthalten ist.

4) Kompetenzkonflikte: a) Dem EuGH steht die **Kompetenz-Kompetenz** zu. Er kann seine ausschließl Zuständigkeit bindend gegenüber den nationalen Gerichten bejahen. R-Schwab § 18 II 3 c. Durch die Entscheidung nationaler Gerichte kann die Kompetenz des EuGH nicht vereitelt werden. Ihre Entscheidung, es liege keine ausschließl Zuständigkeit des EuGH vor, die Streitigkeit falle daher in ihren Jurisdiktionsbereich (vgl Rn 205), ist für den EuGH nicht bindend. Erläßt das nationale Gericht in einer Streitigkeit, für die eine ausschließl Zuständigkeit des EuGH besteht, ein Sachurteil, so ist dieses gleichwohl wirksam. Nicht unbestritten, da in den Fällen der ausschließl Zuständigkeit des EuGH behauptet wird, dem nationalen Gericht fehle die Gerichtsbarkeit, R-Schwab § 18 II 2. **b)** Im Falle eines **negativen Kompetenzkonflikts** soll nach R-Schwab (§ 18 II 3 d) Art 19 IV GG weiterhelfen. **c)** Das nationale Gericht kann Zweifel über die ausschließliche Kompetenz des EuGH im Wege des **Vorlageverfahrens** nach Art 177 EWGV, Art 150 EuratomV klären lassen. **d)** Eine **Verweisung des Rechtsstreits an den EuGH** findet nicht statt; vielmehr erfolgt Prozeßabweisung durch das nationale Gericht, Riegel NJW 75, 1049. 203

5) Europäisches Prozeßrecht: Art 215 II EWGV und die einschlägigen Parallelnormen der anderen Verträge, (Art 188 II EuratomV und Art 40 II EGKSV) sind der Ansatzpunkt für die Entwicklung eines europäischen Zivilrechts und darauf aufbauend eines Zivilverfahrensrechts (in Verbindung mit der Verfahrensordnung des EuGH). Die Rspr des EuGH kann hier nicht dargestellt werden. Hier nur ein Beispiel: Art 215 II EWGV schließt Klagen auf Feststellung der Haftung der Gemeinschaft für unmittelbar bevorstehende und mit hinreichender Sicherheit vorhersehbare Schäden nicht aus, auch wenn der Schaden noch nicht hinreichend bezifferbar ist, EuGH NJW 76, 2072; vgl auch EuGH NJW 75, 2165. 204

II) Zuständigkeitsbereich der nationalen Gerichte

205 Art 183 EWG-Vertrag = Art 155 Euratom-Vertrag: Soweit keine Zuständigkeit des Gerichtshofs auf Grund dieses Vertrages besteht, sind Streitsachen, bei denen die Gemeinschaft Partei ist, der Zuständigkeit der einzelstaatl Gerichte nicht entzogen.

Für den Bereich des EGKSV s Art 40 III. Soweit keine ausschließl Zuständigkeit des EuGH eingreift, besteht die Jurisdiktion der nationalen Gerichte nach Maßgabe des nationalen Rechts; dies bedeutet für die BRepD, daß deren Gerichtsbarkeit und internationale Zuständigkeit nach den allgemeinen Regeln (Rn 97, 101) festzustellen ist. Auch Streitfälle, bei denen die Gemeinschaften Partei sind, unterliegen der nationalen Gerichtsbarkeit, soweit keine ausschließl Zuständigkeit des EuGH besteht. Es bleibt also kein rechtsschutzfreier Raum, Schumann ZZP 78 (1965), 85. So sind Streitigkeiten über die vertragl Haftung der Gemeinschaften vor den nationalen Gerichten zu entscheiden. Die Gemeinschaften sind parteifähig. Sie können vor den nationalen Gerichten klagen und verklagt werden, Art 211 EWGV; Art 185 EuratomV, vgl Art 6 III.

III) Vorlagepflicht der deutschen Gerichte an den EuGH – Die sog Vorabentscheidung

206 **1) Montanvertrag:** Bei **Auslegungsfragen** besteht Vorlagepflicht nur dann, wenn die **Gültigkeit** einer Maßnahme verneint wird. Hierzu Schumann ZZP 78 (1965), 118.

Art 41 EGKS-Vertrag: Der Gerichtshof allein entscheidet, und zwar im Wege der Vorabentscheidung, über die Gültigkeit von Beschlüssen der Hohen Behörde und des Rates, falls bei einem Streitfall vor einem staatlichen Gericht diese Gültigkeit in Frage gestellt wird.

EWG-Vertrag; hierzu Danser JZ 79, 125 und Riegel RIW 80, 695; EuGH Rs 283/81 NJW 83, 1257; Dauses, Das Vorabentscheidungsverfahren nach Art 177 EWG-Vertrag, 1986.

Art 177: Der Gerichtshof entscheidet im Wege der Vorabentscheidung a) über die Auslegung dieses Vertrages, b) über die Gültigkeit und die Auslegung der Handlungen der Organe der Gemeinschaft, c) über die Auslegung der Satzungen der durch den Rat geschaffenen Einrichtungen, soweit diese Satzungen dies vorsehen.

Wird eine derartige Frage einem Gericht eines Mitgliedstaates gestellt und hält dieses Gericht eine Entscheidung darüber zum Erlaß seines Urteils für erforderlich, so kann es diese Frage dem Gerichtshof zur Entscheidung vorlegen.

Wird eine derartige Frage in einem schwebenden Verfahren bei einem einzelstaatlichen Gericht gestellt, dessen Entscheidungen selbst nicht mehr mit Rechtsmitteln des innerstaatlichen Rechts angefochten werden können, so ist dieses Gericht zur Anrufung des Gerichtshofes verpflichtet.

Euratom-Vertrag: Art 150 dieses Vertrages ist textgleich mit Art 177 EWGV.

Auslegungsprotokoll vom 3. 6. 1971 zum EuGVÜ.

207 **2) Vorlagevoraussetzungen nach Art 177 EWGV: a)** Berechtigte Zweifel; **b)** Entscheidungserheblichkeit; **c)** Nichteingreifen des Art 100 GG. Soweit die Voraussetzungen des Art 100 GG vorliegen, hat das dt Gericht das BVerfG anzurufen. Begründung: Durch die Entscheidung des BVerfG kann Vorlage an EuGH entbehrlich werden, Schumann ZZP 78 (1965), 116; R-Schwab § 18 III 4c. **d)** In summarischen Verfahren (Arrest und einstweiliges Verfügungsverfahren) ist das nationale Gericht zur Vorlage nach Art 177 III nicht verpflichtet, EuGH NJW 77, 1585 = RIW/AWD 78, 189. **e)** Vorlagepflicht entfällt, wenn EuGH entscheidungserhebl Frage bei Auslegung einer anderen Vorschrift bereits beantwortet hat, BGH NJW 86, 659.

208 **3) Vorlageberechtigung:** Private Schiedsgerichte sind nicht vorlageberechtigt, EuGH Rs 102/81, NJW 82, 1207 = RIW 82, 519 = IPRax 83, 116 (Hepting 101). § 1034 Rn 38.

209 4) Zur **Vorlagepflicht** s EuGH NJW 83, 1257 = RIW 83, 281 sowie EuGH NJW 82, 502 und 1207; Schiller NJW 83, 2736; BFH RIW 86, 311. – Ein InstanzG, dessen Entscheidungen mit Rechtsmitteln angegriffen werden können, ist zur Vorlage berechtigt, aber nicht verpflichtet, arg Art 177 III, BVerwG RIW 86, 310 = NJW 1448.

210 **5) Aussetzung und Vorlagebeschluß:** Das dt Gericht hat das Verfahren von Amts wegen auszusetzen und unmittelbar den EuGH um Vorabentscheidung zu ersuchen. Der Vorlagebeschluß kann von den Parteien des Ausgangsrechtsstreits mit der Beschwerde nicht angefochten werden. Das vorlegende Gericht kann seinen Vorlagebeschluß von sich aus aber aufheben oder ändern. Auch die Ablehnung ihres Vorlageantrags kann die Partei nicht mit einem selbständigen Rechtsmittel anfechten. Sie kann allerdings mit dem gegen die Endentscheidung statthaften Rechtsmittel die Verletzung des Art 177 EWGV bzw der einschlägigen Parallelnorm rügen. AA Riegel NJW 75, 1053. Vgl auch BVerfG RIW 78, 260 und BayVerfGH NJW 85, 2895 (Verfassungsbeschwerde gegen Nichtvorlage).

211 **6) Prüfungsbefugnis des EuGH:** Der EuGH darf die Gültigkeit der Verträge selbst nicht prüfen. Er befindet nur über den Inhalt einer Norm des Gemeinschaftsrechts (auch über ungeschriebene Regeln) oder einer Handlung der Organe der Gemeinschaften, nicht jedoch über die Vereinbarkeit einer innerstaatl Maßnahme mit dem Vertrag (EuGH XI 3, 8), über das Verhältnis

nationaler Vorschriften zu Normen des Gemeinschaftsrechts (EuGH XIV, 716) oder über Rechtmäßigkeit und Auslegung der konkreten Maßnahme (EuGH X, 1230 u 1286).

7) Verfahrensmißbrauch: Wird dem EuGH mißbräuchl eine Auslegungsfrage vorgelegt, so ist die Vorlage unzulässig. EuGH NJW 80, 2640: Parteien hatten das Ausgangsverfahren einverständl nur zu dem Zweck in Gang gesetzt, um eine Vorlage an den EuGH zu provozieren. **212**

8) Tragweite der Auslegungsurteile des EuGH: Die nationalen Gerichte müssen die Auslegung des EuGH ihren Entscheidungen auch dann zugrundelegen, wenn ein Rechtsverhältnis zu beurteilen ist, das vor Erlaß des EuGH-Auslegungsurteils entstanden ist. EuGH RIW 80, 644; 83, 788. Hat der EuGH nach Art 177 EWGV die Ungültigkeit der Handlung eines Organs, insbesondere einer Verordnung des Rates oder der Kommission, festgestellt, so ist dies für jedes andere Gericht ein ausreichender Grund dafür, diese Handlung bei den von ihm zu erlassenden Entscheidungen als ungültig anzusehen. Der EuGH sich für befugt, die Wirkungen der Ungültigkeitserklärung einer Verordnung im Rahmen des Verfahrens gem Art 177 I lit b EWGV zeitl zu begrenzen, arg Art 174 EWGV, EuGH Rs 122/83 hierzu Sedemund NJW 86, 633. Vgl auch BGH NJW 86, 659. **213**

Erstes Buch

ALLGEMEINE VORSCHRIFTEN

Erster Abschnitt

GERICHTE

Erster Titel

SACHLICHE ZUSTÄNDIGKEIT DER GERICHTE UND WERTVORSCHRIFTEN

1 *[Sachliche Zuständigkeit, Hinweis auf GVG]*
Die sachliche Zuständigkeit der Gerichte wird durch das Gesetz über die Gerichtsverfassung bestimmt.

I) Allgemeines

1) Begriff. Zuständigkeit ist die Befugnis des Gerichts, im Einzelfall die ihm zustehende Gerichtsbarkeit auszuüben. Sie setzt im einzelnen voraus, daß das Gericht sowohl sachlich, funktionell, örtlich und international zuständig ist (Rn 5–8); außerdem muß der zulässige Rechtsweg gegeben sein (Rn 3). 1

2) Bedeutung. Die Zuständigkeitsordnung ermöglicht ein **rationelles** und **effektives** (Beklagtenschutz, Sachnähe usw) Gerichtssystem und legt (zusammen mit dem Geschäftsverteilungsplan, vgl Rn 4) den im konkreten Einzelfall zuständigen **gesetzlichen Richter** (Art 101 I 2 GG) im voraus fest (BVerfG 29, 49; 63, 79; BGH 85, 118; vgl hierzu näher § 16 GVG Rn 2). 2

3) Abgrenzung. a) Durch die Vorschriften über die **Zulässigkeit des Rechtswegs** (§ 13 GVG; § 40 VwGO) wird bestimmt, ob die Sache überhaupt vor die ordentlichen Gerichte gehört. Nach hM handelt es sich hierbei um eine von der Zuständigkeit zu trennende, selbständige Zulässigkeitsvoraussetzung, die eigenen Regeln folgt (vgl § 17 GVG mit Anm): in einem weiteren Sinne kann freilich von **„Rechtswegzuständigkeit"** gesprochen werden (so Baur Rdnr 57 uö). 3

b) Die **Geschäftsverteilung** (Regelung: §§ 21e–21g GVG) ergibt, wer im Einzelfall das Gericht vertritt: welche Kammer des LG, welcher Amtsrichter oder Rechtspfleger. Sie hat mit der Zuständigkeit nichts zu tun (R-Schwab § 30 I 4). Ein Verstoß gegen die Geschäftsverteilung kann uU Rechtsmittel begründen (vgl §§ 551 Nr 1, 579 I Nr 1, II) und bei Willkür die Verfassungsbeschwerde (§ 90 BVerfGG iVm Art 101 I 2 GG; hierzu näher § 16 GVG Rn 3 und § 21e GVG Rn 48 ff). Einen Fall gesetzlich geregelter Geschäftsverteilung betrifft das Verhältnis zwischen Zivilkammer und Kammer für Handelssachen (vgl BGH 97, 84 = NJW 86, 1179; R-Schwab § 33 II 1 und § 93 GVG Rn 1; vgl auch Rn 22 ff zu § 36 Nr 6) sowie zwischen allgemeiner Prozeßabteilung des Amtsgerichts und Familiengericht bzw allgemeinem Zivilsenat und Familiensenat (BGH 71, 264 = NJW 78, 1531 [1532]; 97, 82 = NJW 86, 1178; StJSchumann Rn 61 mwN; str; aA Jauernig FamRZ 77, 681, 761; 78, 103, 675; Oldenburg FamRZ 78, 344: sachliche Zuständigkeit; näher zum ganzen § 621 Rn 70; § 23b GVG Rn 3). 4

II) Arten der Zuständigkeit

1) Die **sachliche Zuständigkeit** (gesetzlicher Begriff, vgl § 1) betrifft die Abgrenzung der Zuständigkeit erster Instanz nach der Art des Streitgegenstandes. Die sachliche Zuständigkeit der **Amtsgerichte** ergibt sich aus §§ 23–23b GVG, die der **Landgerichte** aus § 71 GVG, die der **Arbeitsgerichte** (in bürgerlichen Rechtsstreitigkeiten) aus §§ 2 I Nr 1–3, IV, 3 ArbGG. Ob das ordentliche Gericht (AG, LG) oder das Arbeitsgericht zuständig ist, ist eine Frage der (ausschließlichen) sachlichen Zuständigkeit, nicht des Rechtswegs (arg §§ 48 I, 48a IV ArbGG; § 17 V GVG; vgl R-Schwab § 13 III und § 14 GVG Rn. 6). 5

2) Die **funktionelle Zuständigkeit** (oder Zuständigkeit nach Geschäften) betrifft die Abgrenzung nach der Art der Tätigkeit (Rechtspflegefunktion), die das Gericht (Rechtspflegeorgan) ent- 6 falten soll, zB die Tätigkeit des Amtsgerichts als Familien- (§ 23b GVG; §§ 606 I, 621 I; vgl oben Rn 4 aE; § 281 Rn 5) oder Vollstreckungsgericht (§§ 764, 828); als Rechtshilfegericht (§ 157 GVG); die Zuständigkeiten im Rechtsmittelzug (§§ 72, 119, 133 GVG; Art 21 BayAGGVG); die des Rechtspflegers, des Gerichtsvollziehers. Die ZPO kennt den Ausdruck nicht. § 38 gilt für sie nicht, sie ist stets ausschließlich (vgl dazu Rn 9). Zur Wirkung von Verstößen vgl § 10 Rn 4.

7 3) Die **örtliche Zuständigkeit** (Sprachgebrauch der ZPO: „Gerichtsstand", vgl die amtliche Überschrift vor § 12) betrifft die Abgrenzung der erstinstanziellen Zuständigkeit nach der örtlichen Beziehung der beteiligten Personen oder der Streitsache. Regelung: §§ 12–37. Maßgebend ist der (landesrechtlich geregelte) Gerichtsbezirk. Seine Änderung bedarf eines Gesetzes (BVerfG 2, 307). Die Zuständigkeit der Rechtsmittelgerichte ergibt sich aus der Gerichtsorganisation (Überordnung im Instanzenzug; vgl RG 102, 105).

8 4) Die **internationale Zuständigkeit** betrifft die Abgrenzung der Zuständigkeit der deutschen Gerichte überhaupt gegenüber der der ausländischen Gerichte bei Streitigkeiten mit Auslandsbeziehung. Die ZPO enthält im allgemeinen keine besondere Regelung (vgl aber zB §§ 23a, 606b). Soweit nach den Vorschriften der §§ 12 ff über den Gerichtsstand ein deutsches Gericht örtlich zuständig ist, liegt in der Regel gleichzeitig die erforderliche internationale Zuständigkeit vor (BGH 44, 47; 63, 220; 69, 44; 94, 157 f; WM 86, 401); jedoch folgt nicht umgekehrt aus der Bejahung der internationalen Zuständigkeit, daß auch ein inländischer Gerichtsstand gegeben sein müßte (BGH 79, 334 = NJW 81, 1903 = MDR 81, 639). Die internationale Zuständigkeit ist (auch in der Revisionsinstanz) in jeder Lage des Verfahrens von Amts wegen zu prüfen (BGH 84, 18 mN = NJW 82, 1947 = MDR 82, 835; BAG NJW 85, 2911). Sie ist (trotz §§ 512a, 549 II) vom BGH nachprüfbar (BGH 89, 331; 94, 157); zum ganzen näher IZPR Rn 101 ff. Zur **interlokalen Zuständigkeit** s Einl Rn 106, IZPR Rn 188 ff.

III) Ausschließliche und nichtausschließliche sachliche Zuständigkeit

9 1) **Bedeutung.** Die **ausschließliche** Zuständigkeit ist **zwingend** (§ 40 II) und geht anderen Zuständigkeiten vor (vgl insbes § 33 II); die **nicht ausschließliche** Zuständigkeit kann unter den Voraussetzungen der §§ 38 ff durch Prorogation abbedungen werden; sie läßt etwa sonst bestehende Zuständigkeiten unberührt. Treffen mehrere ausschließliche Zuständigkeiten zusammen, geht die speziellere vor (Stuttgart NJW 78, 1272).

10 2) **Regelung. a)** In **nichtvermögensrechtlichen Streitigkeiten** ist die Zuständigkeit **stets** ausschließlich (vgl § 40 II). Die insoweit gegebene umfassende sachliche Zuständigkeit des LG (§ 71 I GVG) ist durch sehr wesentliche Ausnahmen zugunsten des AG durchbrochen. Das AG ist ausschließlich zuständig in Kindschaftssachen (§ 23a Nr 1 GVG, § 640), ferner – als Familiengericht – für Familiensachen (§ 23b GVG) und damit für die sehr wichtigen Ehesachen (§§ 23a Nr 4, 23b I Nr 1 GVG, § 606 I).

11 **b)** In **vermögensrechtlichen Streitigkeiten** ist die Zuständigkeit iZw nicht ausschließlich; ausschließliche Zuständigkeiten bedürfen besonderer gesetzlicher Bestimmung. Im einzelnen gilt: Das **Landgericht** ist allgemein sachlich ausschließlich zuständig in Amtshaftungssachen (§ 71 II Nr 2 GVG; § 19 III BNotO); ferner in einer Anzahl von Sonderfällen (zB gem § 957; §§ 246 III 1, 249 I, 275 IV AktG; §§ 61, 75 GmbHG; §§ 51, 96 GenG; § 143 I PatG; § 38 SortenschutzG; § 13 I 3 StrEG; § 14 I AGBG; §§ 217 ff BauGB usw; Zusammenstellung: R-Schwab § 32 III 2b und § 71 GVG Rn 6); das **Amtsgericht** in Wohnraummietsachen (§ 29a), Mahnsachen (§ 689 II), ferner als Familiengericht (§ 23b GVG) in Unterhaltssachen aus Ehe und ehelicher Kindschaft (§ 23b I Nr 5, 6 GVG, § 621 I Nr 4, 5; iü ist die Zuständigkeit in Unterhaltssachen nicht ausschließlich, § 23a Nr 2 GVG) und in Güterrechtsstreitigkeiten (§ 23b I Nr 9 GVG, § 621 I Nr 8); das Amts- oder Landgericht als **Prozeßgericht** in den Fällen der §§ 731, 767, 771 iVm 802; das **Arbeitsgericht** gem § 2 I Nr 1, 3, IV ArbGG.

IV) Sachliche Zuständigkeit in vermögensrechtlichen Streitigkeiten

12 1) **Allgemeines.** Nur in vermögensrechtlichen Streitigkeiten hängt die sachliche Zuständigkeit des AG oder LG vom Wert des Streitgegenstandes ab (§ 23 Nr 1, 71 GVG); derzeitige Wertgrenze für die AG-Zuständigkeit ist DM 5000. Auf die vermögensrechtliche Natur des geltendgemachten Anspruchs stellen ferner ab: §§ 40 II, 511a, 512a, 546 usw. Dies erfordert die Abgrenzung von vermögensrechtlichen und nichtvermögensrechtlichen Streitigkeiten (Ansprüchen; Rn 13,14).

13 2) **Abgrenzung. a) Vermögensrechtliche Ansprüche** sind Ansprüche aus Rechtsverhältnissen, die aus Vermögensrechten abgeleitet werden, ferner Ansprüche aus nichtvermögensrechtlichen Verhältnissen, sofern sie eine (in Geld oder Geldeswert ausdrückbare) vermögenswerte Leistung zum Gegenstand haben (RG 88, 333; 144, 159; BGH 83, 109 = NJW 82, 1525), oder wenn der Anspruch im wesentlichen der Wahrung wirtschaftlicher Belange dienen soll (BGH 89, 200; NJW 81, 2064; 82, 767 mN; zur Abgrenzung Schumann BB 83, 506).

b) Nichtvermögensrechtliche Ansprüche sind solche, die ihrer Natur nach nicht auf eine Leistung in Geld oder Geldeswert hinauslaufen (RG 40, 412; 88, 333). 14

c) Beispiele: Vermögensrechtlicher Art sind Leistungsklagen auf Geld (zB Kaufpreis, Schadensersatz, Unterhalt) oder Herausgabe, Unterlassungsklagen gem § 13 UWG, Feststellungsklagen über Vermögensrechte, zB die Kündigungsschutzklage (BAG NJW 84, 1320), die handelsrechtlichen Gestaltungsklagen (zB gem §§ 133, 140, 142 HGB; §§ 246, 275 AktG usw); **nichtvermögensrechtlicher** Art sind Ehe- (§ 606 I), Kindschafts- (§ 640) und Entmündigungssachen (§ 645), aber auch Unterlassungs- und Widerrufsklagen wegen Verletzung der Ehre, des Namens oder des allgemeinen Persönlichkeitsrechts (BGH NJW 74, 1470), soweit damit nicht in wesentlicher Weise auch wirtschaftliche Belange gewahrt werden sollen (Rn 13). Beispiel: Widerrufsklage wegen Behauptungen, die im Zusammenhang mit der beruflichen Tätigkeit des Klägers stehen (BGH 89, 200 f); Klage aus § 824 BGB (BGH 89, 201). Ein nichtvermögensrechtlicher Anspruch wird, indem der Kläger die Hauptsache einseitig für erledigt erklärt, nicht zu einem vermögensrechtlichen (BGH NJW 82, 767 = MDR 82, 571). Weitere Einzelheiten aus der Rspr: § 546 Rn 3 und § 23 GVG Rn 2. 15

V) Prozessuale Behandlung der sachlichen Zuständigkeit

1) Rüge und Amtsprüfung der fehlenden Zuständigkeit. a) Sie sachliche Zuständigkeit ist Voraussetzung für die Zulässigkeit der Klage (Prozeßvoraussetzung), ihr Fehlen kann der Beklagte gem §§ 282, 296 III **rügen.** 16

b) Das Gericht **prüft** die (nicht ausschließliche) Zuständigkeit **von Amts wegen** nur im Parteiprozeß (Grund: Belehrungspflicht gem § 504), im übrigen greift § 39 S 1 ein. In der höheren Instanz ist in vermögensrechtlichen Streitigkeiten auch die Amtsprüfung der ausschließlichen Zuständigkeit ausgeschlossen (§§ 529 II, 1. Hs, 549 II) und die Rügemöglichkeit weiter eingeschränkt (§§ 529 II, 2. Hs, 566; § 73 II ArbGG; BAG 41, 328 = MDR 83, 874). 17

c) Grundlage der Zuständigkeitsprüfung ist die (substantiierte) Behauptung der zuständigkeitsbegründenden Tatsachen, die der Kläger ggf auch zu beweisen hat (vgl R-Schwab § 39 I 2; zur Ausnahme bei Zusammenfallen von zuständigkeits- und anspruchsbegründenden Tatsachen vgl § 12 Rn 14). Zur Begründung der ausschließlichen Zuständigkeit der Arbeitsgerichte (§ 2 I Nr 1–3, IV ArbGG) genügt der einseitige Tatsachenvortrag des Klägers nicht; die zuständigkeitsbegründenden Tatsachen müssen vielmehr feststehen (BAG 19, 359 ff; BAG NJW 75, 1944; stRspr, str; aA BGH NJW 64, 498; Jauernig § 12 I). Hängt die sachliche Zuständigkeit vom Wert ab, sind die Wertangaben des Klägers (vgl §§ 253 III, 495) für das Gericht **nicht bindend,** auch wenn der Beklagte nichts dagegen einwendet. 18

d) Folge bei **Fehlen** der sachlichen Zuständigkeit: Prozeßabweisung, uU Verweisung auf Antrag (§§ 281, 506; § 48 I ArbGG) oder Abgabe von Amts wegen (§§ 696 I, 700 III). Vgl § 12 Rn 12 ff, dort auch zur Prüfungsreihenfolge im Verhältnis zur örtlichen Zuständigkeit (vgl Rn 13 aE). 19

e) Folge von Zuständigkeits- und Unzuständigkeitsentscheidungen des angegangenen Gerichts: §§ 10, 11; § 48 I ArbGG. 20

2) Klageermäßigung, Klageerweiterung, Klagezerlegung. a) Ermäßigt der Kläger im Lauf des Rechtsstreits die Klage unter den Betrag von DM 5000, ist dies für die sachliche Zuständigkeit des LG ohne Bedeutung (§§ 4 I, 261 III Nr 2; § 23 Nr 1 GVG). 21

b) Erweitert der Kläger die beim AG erhobene Klage nachträglich über den Betrag von DM 5000 hinaus, wird das AG sachlich unzuständig und hat auf Antrag einer (jeder) Partei den Rechtsstreit gem § 506 an das zuständige LG zu verweisen. Unterbleibt Verweisungsantrag und Rüge, wird das AG gem § 39 S 1 zuständig. 22

c) Zerlegt der Kläger einen in die Zuständigkeit des LG fallenden Anspruch in mehrere Teile und macht er diese als **mehrere** selbständige **Klagen** geltend (zB drei Klagen zu DM 5000 statt einer zu DM 15000), so ist dies als **Erschleichung der Zuständigkeit** unzulässig, da dem Beklagten der gesetzliche Rechtsmittelzug verkürzt wird (vgl R-Schwab § 32 II 1; BL § 2 Anm 3). Behandlung: Verbindung gem § 147 und Verweisung gem § 506 bei Antrag, sonst bei Rüge Abweisung als unzulässig (Rn 16, 19). 23

2 *[Bedeutung des Wertes]*
Kommt es nach den Vorschriften dieses Gesetzes oder des Gerichtsverfassungsgesetzes auf den Wert des Streitgegenstandes, des Beschwerdegegenstandes, der Beschwer oder der Verurteilung an, so gelten die nachfolgenden Vorschriften.

1 **I) Anwendung der Wertvorschriften. 1)** Vom Wert des **Streitgegenstandes** hängt in vermögensrechtl Streitigkeiten die sachl Zuständigkeit des AG oder des LG ab (§§ 23 Nr 1; 71 I GVG – sog Zuständigkeitsstreitwert, s § 1 Rn 12). **Sondervorschriften** bestehen für die Konkursfeststellungsklage (§ 148 KO) und die Kündigungsschutzklage (§ 12 VII ArbGG). **Wertangaben** der Parteien, insbesondere des Klägers und des Rechtsmittelführers (§§ 253 III 1, 519 IV, 554 IV; für den Gebührenwert § 23 GKG), binden das Gericht nicht.

2 **2)** Der Wert des **Beschwerdegegenstandes** bestimmt den Rechtsmittelstreitwert (§§ 511 a, 546 I 1 [Wertrevision], 567 II).

3 **II) Subsidiäre Geltung. 1)** Für den **Gebührenstreitwert** gelten die §§ 3–9 nur, soweit die §§ 14–20 GKG nichts Abweichendes vorsehen (§ 12 I GKG). Anderenfalls präjudizieren der Zuständigkeits- und der Rechtsmittelstreitwert den Gebührenstreitwert (§ 24 GKG).

4 **2)** Für die **Anwaltsgebühren** richtet sich der Gegenstandswert (§ 7 I BRAGO) nach den für die Gerichtsgebühren geltenden Vorschriften (§§ 8–10 BRAGO).

3 *[Wertfestsetzung nach freiem Ermessen]*
Der Wert wird von dem Gericht nach freiem Ermessen festgesetzt; es kann eine beantragte Beweisaufnahme sowie von Amts wegen die Einnahme des Augenscheins und die Begutachtung durch Sachverständige anordnen.

Übersicht

Ehelichkeitsanfechtung
Ehesachen
Eidesstattliche Versicherung
Eigentumsklage
Eigentumsvorbehalt
Einstweilige Anordnung
Einstweilige Einstellung
Einstweilige Verfügung
Einwilligung
Entmündigungsverfahren
Erbbauzins
Erbrechtliche Ansprüche
Erfüllung
Erledigung der Hauptsache
Ermessen
Erörterungsgebühr
Errichtung eines Vermögensverzeichnisses
Ersatzvornahme gem § 887
Erwerbsverbot
Erzwingung von Unterlassungen
Eventual- und Hauptantrag
Eventualwiderklage
Fälligkeit
Feriensache
Feststellungsklagen
Feststellungswiderklage
Folgesachen
Freistellung
Gebrauchsmusterverletzung
Gegenleistung
Gegenseitiger Vertrag
Gemeinschaft
Genehmigung
Gesamtschuldner
Geschäftsanteil
Gesellschaft
Getrenntleben
Gewährleistung
Gewerblicher Rechtsschutz
Grund des Anspruchs
Grundbuchberichtigung
Grundschuld
Grundstück
Haftpflichtversicherungsschutz
Haftungsbeschränkung
Handelsregister
Handelsvertreter
Hausrat
Heimfallrecht
Herausgabeklagen
Hilfsantrag
Hilfswiderklage
Hinterlegung
Hypothek
Immissionen

Jagd- und Fischereirecht
Kapitalabfindung
Kartellsachen
Kindesherausgabe
Kindschaftssachen
Klage und Widerklage
Klageänderung
Klageerweiterung
Klagenhäufung
Klagerücknahme
Konkursfeststellungsklage
Kostenfestsetzungsverfahren
Lagerkosten
Leasingvertrag
Lebensversicherung
Leistungsklage
Löschung
Mehrere Ansprüche
Mietstreitigkeiten
Miteigentum
Miterben
Nachlaßverzeichnis
Nebenintervention
Nichtigkeitsklage
Nichtvermögensrechtliche Streitigkeiten
Nießbrauch
Notweg
Öffentliche Zustellung
Offenbarungsversicherung
Ordnungs- und Zwangsmittelfestsetzung
Organmitglieder
Pachtstreitigkeiten
Patentverletzung
Personalakten-Einsicht
Pfändungs- und Überweisungsbeschluß
Pfandgläubiger
Pfandrecht
Prozeßhindernde Einreden, Prozeßvoraussetzungen
Prozeßkostenhilfe
Räumung
Rechnungslegung
Rechtshängigkeit
Rechtsmittelinstanz
Rechtsweg-Zulässigkeit
Regelunterhalt
Registeranmeldung
Rentenansprüche
Restitutionsklage
Revision
Richterablehnung
Rückauflassung
Rückerstattungsanspruch
Rücknahme beleidigender Äußerungen
Rückstände
Rücktritt
Sachverständigenablehnung

Schadensersatz
Schätzung
Schiedsrichterablehnung
Schiedsrichterliches Verfahren
Schmerzensgeld
Schuldanerkenntnis
Schuldbefreiung
Sicherheitsleistung
Sicherungshypothek
Sicherungsübereignung
Streitgenossen
Streithilfe
Streitwertbeschwerde
Stufenklage
Teilklagen
Teilungsklagen
Teilungsversteigerung
Teilzahlung
Testament
Titulierungsinteresse
Träger-Bewerber-Vertrag
Überbau
Umlegungsverfahren
Unbezifferte Klageanträge
Unlauterer Wettbewerb
Unterhalt
Unzulässigkeit
Urkunden
Urteilsergänzung
Vaterschaftsanerkenntnis
Veräußerungsverbot
Verbund
Vereine
Vereinfachtes Verfahren zur Abänderung von Unterhaltstiteln
Verfügungsbeschränkung
Vergleich
Verlustigerklärung
Veröffentlichungsbefugnis
Versicherungsschutz
Versorgungsausgleich
Verteilungsverfahren
Vertragserfüllung
Verwahrung
Verzugszinsen
Vollmacht
Vollstreckbarkeitserklärung eines ausländischen Schuldtitels
Vollstreckungsabwehrklage
Vollstreckungsklausel
Vollstreckungsschaden
Vollstreckungsschutz
Vorabentscheidung über vorläufige Vollstreckbarkeit
Vorkaufsrecht
Vormerkung
Vornahme von Handlungen

1 **I) Grundsätze der Wertberechnung.** Zu unterscheiden sind: der Zuständigkeits-, der Rechtsmittel- und der Gebührenstreitwert.

2 **1) Zuständigkeitswert.** Er wird durch den **Streitgegenstand** bestimmt, der gleich demjenigen ist, was die Partei begehrt und mit ihrem Angriff erreichen will. Diesen Streitgegenstand oder prozessualen Anspruch legen **Klageantrag** und Klagebegründung fest; die Begründung wird dabei aber, wie auch weiteres Parteivorbringen, nur zur Auslegung des Antrags herangezogen. Es entscheidet das Interesse des Klägers. Ohne Einfluß auf den Streitwert ist das Vorbringen des Gegners, sein Interesse an der Abweisung oder eine Parteivereinbarung über die Höhe des Streitwerts. Wird Zuständigkeit des LG in vermögensrechtl Streitigkeiten nicht gerügt, so ist dies ein Anzeichen für einen Streitwert in Höhe der LG-Zuständigkeit (KG Rpfleger 62, 153). Streitwert der Zahlungsklage deckt sich mit der begehrten Geldsumme (aber § 4 I Hs 2); sonst Berechnung nach §§ 4–9; greifen auch diese nicht ein, dann Festsetzung nach § 3.

3 **Prüfungsumfang und Entscheidungsgegenstand** (prozessuales Begehren) müssen sich nicht decken. Beispiele: Sind die **Zinsen** einer Darlehensforderung eingeklagt und bestreitet der Beklagte das Darlehen, so ist in den Urteilsgründen zwar auf das ganze Rechtsverhältnis einzugehen; begehrt ist aber nur eine Entscheidung über den Zinsanspruch; nur hiernach ist der Streitwert zu berechnen. Ebenso, wenn der **Miet- oder Pachtzins** für eine bestimmte Zeit eingeklagt wird und der Beklagte das Vorliegen eines Miet- oder Pachtverhältnisses bestreitet. Der Wert des Rechts oder Rechtsverhältnisses kommt in diesen Fällen bei der Berechnung des Streitwerts erst in Betracht, wenn der Kläger durch Klageerweiterung oder der Beklagte durch Widerklage die Feststellung des Bestehens oder Nichtbestehens des Rechts oder Rechtsverhältnisses beantragt (§ 256). Enthält der Klageantrag **zwei Begehren,** von denen das eine die Folge des andern ist (zB Klage auf Leistung und Duldung der Zwangsvollstreckung; Klage auf Abnahme der Ware und Zahlung des Kaufpreises; Klage auf Rückgängigmachung des Kaufs und Rückzahlung des Geleisteten), so kommt nur **ein** Streitwert in Frage. Mehrere wirtschaftlich selbständige Ansprüche sind dagegen zusammenzurechnen, § 5. Bei **Teilklagen** entscheidet der eingeklagte Teil. Einschränkung des Klageantrags auf Leistung **Zug um Zug** ändert nach hM nichts am Streitwert der Klage (s Rn 16 unter „Zug-um-Zug-Leistungen"). Der Antrag ist auch dann allein maßgebend, wenn entgegen § 308 I mehr zugesprochen wird (BGH MDR 74, 36; Schneider MDR 71, 437) oder RA weisungswidrig übersetzte Anträge stellt (KG Rpfleger 62, 154) oder ein postulationsunfähiger RA tätig wird (Köln JMBlNRW 74, 45).

4 **2)** Der **Rechtsmittelstreitwert** (Beschwerdewert) richtet sich nach dem wirtschaftlichen Interesse des Rechtsmittelklägers an der Abänderung der angefochtenen Entscheidung zu seinen Gunsten (BGHZ 23, 205). Das ist die **formelle Beschwer beim Käger** (= Differenz zwischen dem, was er wollte, und dem, was er bekam), die **materielle Beschwer** (= Verurteilung) **beim Beklagten,** soweit er seine Verurteilung angreift (vgl Rn 8 ff vor § 511).

5 **3) Gebührenstreitwert** s § 2 Rn 3 sowie die Einzelfälle bei Rn 16.

6 **II) Verfahren der Wertfestsetzung. 1)** Der **Zuständigkeits-** oder der **Beschwerdewert** wird meist in den Gründen der Entscheidung über die Zulässigkeit der Klage festgesetzt (wenn deren Streitwert die sachl Zuständigkeit bestimmt) oder des Rechtsmittels (wenn diese vom Beschwerdewert abhängt), § 280, 519 b, 554 a, 568. Der Beschwerdewert kann auch in den Gründen eines die Zulässigkeit des Rechtsmittels bejahenden Zwischenurteils (§ 303), der Zuständigkeitsstreitwert in den Gründen eines Verweisungsbeschlusses nach § 281 festgesetzt werden. Hat das AG den Zuständigkeitsstreitwert auf 10 000 DM festgesetzt und dann an das LG verwiesen, so bindet die Wertfestsetzung dieses nur, soweit der Streitwert die amtsgerichtl Zuständigkeitsgrenze übersteigen muß, §§ 23 Nr 1, 71 I GVG (Köln JurBüro 75, 1354; Frankfurt MDR 64, 246); jedoch ausdrückl Zuständigkeitsentscheidung nötig (hM; Nachw bei KG MDR 80, 853).

Rechtsbehelfe: Die Wertfestsetzung in den Gründen eines Urteils ist nur zusammen mit der Hauptsacheentscheidung anfechtbar (hM). Beschlüsse nach § 281 sind grundsätzl unanfechtbar (§ 281 II 1). War Streitwert nur zur Bestimmung der sachl Zuständigkeit durch gesonderten Beschluß (§ 329) festgesetzt, so kann dieser nicht angefochten werden (München MDR 56, 624; KG MDR 55, 177), sofern nicht nur Gebührenstreitwert mit Anfechtbarkeit nach § 25 II 1 GKG festgesetzt worden ist. 7

2) Für die Gebühren: Soweit eine Entscheidung nach § 24 S 1 GKG nicht ergeht oder wegen § 24 S 2 GKG nicht bindet, setzt das Gericht ihn durch formlos mitzuteilenden Beschluß (§ 329 II; beachte § 107 II) fest, falls dies eine Partei (frist- und formfrei), die Staatskasse oder der Anwalt für sich (§§ 9 II, 10 I BRAGO) beantragt oder das Gericht es für angemessen erachtet, § 25 I GKG. Sind RA-Gebühren entstanden, so ist der Streitwert auch dann festzusetzen, wenn das Verfahren gebührenfrei ist (KG AnwBl 54, 30; vgl § 19 BRAGO). Wertabänderung von Amts wegen mögl, § 25 I 3, 4 GKG. Streitwertfestsetzung gehört zum Kostenfestsetzungsverfahren und ist deshalb Feriensache nach § 202 GVG. 8

a) Rechtsbehelfe: Der Wertfeststellungsbeschluß darf erst ergehen, wenn allseits rechtl Gehör gewährt worden ist (LG Gießen Rpfleger 52, 501; Schneider DRiZ 78, 204). Er ist mit einfacher (bei § 10 I BRAGO befristeter) Beschwerde anfechtbar. Beachte aber § 25 II 3 GKG und für RA § 9 II BRAGO. Beschwerdewert des § 567 II muß erreicht sein. Bei der Parteibeschwerde besteht er in dem Unterschiedsbetrag zwischen den Gebühren des Gerichts und der beiderseitigen Anwälte, der sich bei Berechnung der Gebühren nach dem festgesetzten und dem beantragten Streitwert ergibt, bei der Anwaltsbeschwerde im Unterschiedsbetrag der Gebühren des Beschwerdeführers einschließlich Umsatzsteuer, berechnet nach dem festgesetzten und dem mit der Beschwerde beantragten Streitwert. **Keine weitere** Beschwerde (§ 568), **ausgenommen für RA** im Falle des § 10 III 5 BRAGO. Festsetzung durch Rechtsmittelgericht (LG) nicht anfechtbar (§ 25 II 2 GKG). 9

b) Einlegung der Beschwerde schriftl oder zu Protokoll der Geschäftsstelle. **Beschwerdeberechtigt** ist die Staatskasse, jede Prozeßpartei und der Anwalt aus eigenem Recht (§ 9 II BRAGO). Voraussetzung ist ein berechtigtes Änderungsinteresse des Beschwerdeführers; die Partei hat nur ein Interesse an der Herabsetzung, der Anwalt persönl nur an der Erhöhung (anders wenn RA zugleich Partei und damit auch erstattungspflichtig ist, s Schneider Anm KoRsp GKG § 25 Nr 26; Vereinbarung höherer Vergütung nach § 3 I BRAGO begründet für Partei jedoch keine Beschwer, str, s Schneider StrWKomm Streitwertbeschwerde [Beschwer] m Nachw). 10

c) Das Verfahren der **Wertfestsetzung** ist wie im ersten Rechtszug auch in der **Beschwerdeinstanz gerichtsgebührenfrei** (§ 25 III 1 GKG). Das bedeutet nicht ohne weiteres „auslagenfrei" (s KV 1920). Da im Wertfestsetzungsverfahren ein „Beschwerdegegner" fehlt (Rn 12), unterbleibt eine Kostenentscheidung auch in der Beschwerdeinstanz. 11

d) Nach § 25 III 2 GKG werden **Kosten des Beschwerdeverfahrens** nicht erstattet. Auch wenn der Beschwerdeführer mit seinem Rechtsmittel vollen Erfolg hat, muß er seinen Anwalt (§ 61 I Nr 1 BRAGO) selbst bezahlen. 12

e) Das Beschwerdegericht hat die Entscheidung des Prozeßgerichts nicht bloß auf **Ermessensfehler,** sondern in vollem Umfang nachzuprüfen, wobei an die Stelle des Ermessens der ersten Instanz dasjenige des Beschwerdegerichts tritt. Wegen der amtswegigen Abänderungsmöglichkeit nach § 25 I 3 GKG gilt auch **kein Verschlechterungsverbot.** 13

III) Eine Streitwertänderung durch das Beschwerdegericht kann einer bereits **rechtskräftigen Kostenentscheidung** eines Urteils die Berechnungsgrundlage entziehen. Dadurch wird **keine Änderungssperre** begründet, da ein Fehler des Gerichts im Erkenntnisverfahren kein prozessuales Hindernis dafür ist, im Streitwertbeschwerdeverfahren gesetzmäßig zu entscheiden (Köln MDR 77, 584; Hamm VersR 77, 935; Düsseldorf JurBüro 77, 707; LG Bochum VersR 78, 1150; aA BGH MDR 77, 925 m abl Anm Schneider). Nach Abschluß eines Gebührenrechtsstreits aufgrund geschätzten Streitwerts ist die nachfolgende Wertfestsetzung in einem anderen Verfahren eine neue Tatsache, die einen Bereicherungsanspruch begründen kann (LG Nürnberg-Fürth KoRsp GKG § 25 Nr 95 m Anm Schneider). 14

IV) Beweisaufnahme zur Gebührenwertfestsetzung (Abschätzung durch Sachverständige) ist nach § 26 GKG möglich. Parteien können sie nicht erzwingen, da das Gericht nach Ermessen entscheidet; gfls ist Anhörung geboten. Kostenbelastung einer Partei, wenn sie Wertangabe nach § 23 GKG versäumt oder den Wert unrichtig angegeben oder einen richtig angegebenen Wert zu Unrecht bestritten oder mit der Beschwerde angegriffen hat (§ 26 S 2 GKG). Bei fehlendem Verschulden trägt die Staatskasse die Kosten (LG Saarbrücken KoRsp GKG § 26 Nr 1). 15

16 **V) Einzelfälle aus Rechtsprechung und Schrifttum**

● **Abänderung:** Von der Berichtigung nach § 319 (Hamm MDR 86, 594) abgesehen, strenge Prüfung, wenn nach Instanzende der Sieger Erhöhung oder der unterlegene Angreifer Herabsetzung beantragt (Köln KoRsp GKG § 15 Nr 1 m Anm Schneider u Lappe sowie § 25 Nr 23 m Nachw-Anm Schneider; ausführlich Schneider MDR 77, 177; 80, 265; AnwBl 77, 233). Amtswegige Abänderung gem § 25 I 3 GKG durch höhere Instanz nur zulässig, wenn Vorinstanz bereits selbst festgesetzt hat; deshalb auch keine Erstfestsetzung der höheren für die untere Instanz und für diese entsprechend keine Bindung, wenn höhere Instanz nur für sich festsetzt (KG KoRsp GK § 25 Nr 51 m Anm Schneider). Unzulässige Streitwertbeschwerden begründen keine Änderungsbefugnis des Beschwerdegerichts (München KoRsp GKG § 25 Nr 68; Köln KoRsp GKG § 25 Nr 83; OVG Bremen JurBüro 82, 1344), desgleichen nicht die Beschwerde im PKH-Bewilligungsverfahren, wohl aber die gegen die Kostenfestsetzung (verwechselt von Köln KoRsp GKG § 25 Nr 53 m Anm Schneider). Ob durch eine Abänderung die quotierte Kostenentscheidung richtig wird, ist unerheblich (OVG Bremen KoRsp GKG § 25 Nr 84 gg BGH MDR 77, 925 m abl Anm Schneider m Nachw). Befristung der Abänderungsbefugnis: § 25 I 4 GKG Fristbeginn ab Zugang; Nachfrist für die nicht informierte Partei ein Monat (s Schneider Anm zu LG Düsseldorf KoRsp GKG § 25 Nr 81). Bei pflichtwidrigem Nichtbescheiden einer Gegenforderung hat der Vertrauensschutz Vorrang vor Fristablauf (aA Köln KoRsp GKG § 25 Nr 101 m abl Anm Schneider).

● **Abänderungsklage** (§ 323). **Bei gesetzl Unterhalt:** § 17 GKG. Streitwert – falls nicht der Gesamtbetrag geringer ist – der Unterschiedsbetrag zwischen dem bisherigen und dem künftig verlangten Jahresbetrag. Wird mit der Abänderungsklage entgegen § 323 Abänderung des Unterhaltsurteils für die Zeit vor Klageerhebung verlangt, so hat das Gericht auch über die vor Klageerhebung fällig gewordenen Beträge durch Klageabweisung zu entscheiden. Erhöhungsklage und Widerklage auf Herabsetzung des titulierten Betrages betreffen verschiedene Streitgegenstände, so daß die Werte zu addieren sind (Hamm KoRsp GKG § 19 Nr 48 m Anm Schneider). Der Betrag der **Rückstände** (siehe dort) für die Zeit vor Klageeinreichung ist dann für die Streitwertberechnung dem Jahresbetrag des § 17 I GKG zuzurechnen, § 17 IV GKG; da Rückstände immer gezahlt und nur schwer beitreibbar sind (§ 818 III BGB!), ist der Nennwert nur mit einem Bruchteil anzusetzen (Koblenz KoRsp GKG § 17 Nr 75 m Anm Schneider). Der Streitwert für Klagen auf Zu- oder Abschlag gem § 642d I richtet sich nach dem auf der Grundlage des Regelbedarfs (§ 1615f BGB) nach freiem Ermessen zu bemessenden Jahresbetrag (§ 17 I 2 GKG). **Bei vertragl Unterhalt:** der Unterschiedsbetrag gemäß § 9.

● **Abänderungssperre** (§ 25 I 4 GKG) ist zugleich Beschwerdesperre; angemessene Verlängerung geboten (BGH MDR 79, 577: 1 Monat), wenn ein Festsetzungsbeschluß erst nach Fristablauf bekanntgegeben worden ist (Schleswig SchlHA 78, 180). Maßgebender Zeitpunkt ist die Erledigung der Hauptsache selbst, nicht die Beendigung eines Rechtsmittelzuges bei Fortsetzung in der unteren Instanz (BGHZ 70, 367 f = MDR 78, 553). Gilt auch für das Beweissicherungsverfahren (Täuber AnwBl 78, 231; Schneider MDR 79, 270 gg LG München AnwBl 78, 231).

● **Abfindungsvergleich:** Vereinbarte Kapitalabfindung oder sonstige Leistungen unmaßgebl (LAG Mainz AnwBl 81, 35); zu bewerten ist nur der verglichene Gegenstand (Celle KoRsp GKG § 17 Nr 11 m Anm. Lappe; Frankfurt Rpfleger 71, 116; Düsseldorf VersR 77, 868; falsch Frankfurt KoRsp GKG § 17 Nr 24 m abl Anm. Lappe). Bloß sprachl Einbeziehung bereits geregelter Rechtsverhältnisse in den Vergleich wirkt nicht werterhöhend (Schleswig SchlHA 80, 23). Bei Interesse an Titelschaffung für freiwillig gezahlten Unterhalt Schätzung nach § 3 (Zweibrücken KoRsp GKG § 17 Nr 7 m Anm Schneider).

● **Abgesonderte Befriedigung** aus einem Pfandrecht (§§ 47 ff KO): § 6. Kein Abzug vorgehender Pfandrechte (RG JW 39, 498; Karlsruhe OLGE 35, 25). Ebenso bei Geltendmachung eines Absonderungsrechts nach § 4 KO (Bremen Rpfleger 57, 274).

● **Ablehnung** eines **Richters** kontrovers. **a)** Streitwert gleich Hauptsache: BGH NJW 68, 796 (einschränkend dahin: Bezieht sich Ablehnung auf bestimmten Einzelanspruch oder bestimmbaren Teilanspruch, dann Wert nur dieser; ebenso zB Hamm MDR 78, 582; Schleswig Rpfleger 62, 425; Frankfurt MDR 62, 226; München ZSW 81, 97 [m abl Anm Müller], wenn Gutachten „in ausschlaggebendem Maße prozeßentscheidend ist"). **b)** Streitwert nicht gleich der Hauptsache, sondern geringer (nach § 3 frei zu schätzen), maßgebend allein Interesse des Antragstellers an Nichtteilnahme des abgelehnten Richters am weiteren Verfahren (zB Frankfurt MDR 80, 145; Zweibrücken ZSW 80, 260; München WRP 72, 541; Braunschweig NdsRpfl 66, 146; BFH Rpfleger 77, 250); Werte dann zwischen 1/10 u 1/5 der Hauptsache. **c)** Zutreffend Köln (MDR 76, 322; ZSW 81, 44 m zust Anm Müller): eine nach § 12 GKG zu bewertende nichtvermögensrechtl Angelegenheit (ebenso Bamberg MDR 82, 589; Nürnberg KoRsp GKG § 12 Nr 63 m Anm Schneider = MDR 83,

846; Schneider MDR 68, 888; Müller ZSW 81, 44; Lappe NJW 82, 1737). Indiz dafür auch, daß im Ablehnungsverfahren keine Kostenerstattung nach § 91 stattfindet (Schneider DRiZ 79, 186). – **Schiedsrichter** (§ 1032). Vergleichbare Rechtslage: Hauptsache (Hamm JMBlNRW 78, 87) oder § 3 (Düsseldorf NJW 54, 1492; Rpfleger 67, 1) oder nichtvermögensrechtlich. – **Sachverständiger:** Ebenso; entweder Hauptsache (Nürnberg JurBüro 66, 876; im Ergebnis München JurBüro 80, 1055) oder § 3 (Bremen JurBüro 76, 1356; OVG Lüneburg NJW 67, 269) oder § 12 GKG (Köln MDR 76, 322; ZSW 81, 44 m zust Anm Müller; ebenso für Zwischenstreit über **Zeugnisverweigerung** Rpfleger 73, 321 [hier bewertet Hamburg, NJW 70, 1239, nach § 3]).

● **Abnahme:** einer gekauften Sache: § 3, Interesse des Klägers an der Abnahme (zB an dem Freiwerden des Lagerraums), nicht Kaufpreis oder Wert der abzunehmenden Sache (BGH KoRsp ZPO § 3 Nr 499), es sei denn, es wird zugleich auf Zahlung des Kaufpreises geklagt (KG JurBüro 60, 169; Rpfleger 62, 154). Bei Pflicht zur Bierabnahme nicht Gewinneinbuße, sondern Umsatzminderung der Brauerei (Neustadt MDR 62, 413; Bamberg MDR 77, 935). Zuschlag für das Brauereiinteresse an Umsatzstetigkeit vertretbar (Braunschweig JurBüro 79, 436).

● **Abrechnung:** s unter Auskunft, Rechnungslegung, Stufenklage.

● **Abstandszahlung** (§ 1 AbzG): Nicht das Erfüllungsinteresse, sondern Betrag der Abstandszahlung maßgebend (LG Münster AnwBl 78, 147).

● **Abstraktes Schuldanerkenntnis:** s unter Schuldanerkenntnis.

● **Abtretung:** Klage auf Abtretung: **a)** einer Forderung, gleichgültig, ob die Abtretung zwecks Erfüllung oder Sicherstellung erfolgt: nach § 6 S 1 der Betrag der Forderung; bei wiederkehrenden Leistungen § 9; **b)** einer Hypothek oder Grundschuld: § 6 S 1 und 2; voller Betrag der Hypothek oder geringerer Grundstückswert (OLG Köln JMBlNRW 69, 274); ist die Hypothek dem Kläger bereits verpfändet: § 3 (Kiel OLGE 31, 5); **c)** einer Nachlaßforderung gegen einen sich weigernden Miterben: Abzug eines dem Anteil des Beklagten entsprechenden Betrages (BGH MDR 75, 741; näher Schneider JurBüro 77, 433); **d)** von vertragl Unterhaltsleistungen: § 9.

● **Abwehrklage** gegen Eingriffe in das Eigentum des Klägers: § 3, Interesse des Klägers an der Beseitigung, RGZ 3, 394. Bei der Abwehrklage wegen überstarken Lärms ist die Behauptung des Klägers über die Stärke des Lärms maßgebend und die danach anzunehmende Minderung der Mieterträgnisse des klägerischen Grundstücks zu kapitalisieren, RG Recht 09 Nr 2969.

● **Allgemeine Geschäftsbedingungen:** § 22 AGBG; bei Verbandsklage (§§ 13 ff) auf Unterlassung oberste Streitwertgrenze 500 000 DM; maßgebend das Interesse des Klägers (§ 3), den Anspruch auf Unterlassung durchzusetzen. Regelstreitwerte lassen sich kaum begründen (aA Hamm KoRsp AGBG Nr 1 m krit Anm Schneider); Anlehnung an §§ 12 II, 13 I GKG zu erwägen. Zusammenstellung der Rspr in Schneider, StrW-Komm unter „AGB-Gesetz".

● **Altenteil:** Streitwert seiner dingl Sicherung nach § 6 ZPO der Betrag der zu sichernden Forderung. Für Gebührenberechnung gilt nicht § 9, sondern § 17 I GKG, soweit sich der Altenteil im Rahmen der gesetzl Unterhaltspflicht hält. Sonst § 9, weil Leibrente kein gesetzl Unterhalt (LG Freiburg AnwBl 73, 169). Wohnrecht: § 3.

● **Anerkenntnis:** Erklärung nach § 307 verändert den Streitwert noch nicht. Ab Urteilsverkündung ermäßigt er sich auf den Kostenwert (Frankfurt AnwBl 81, 155). Teilanerkenntnis mindert den Streitwert einer Beweisaufnahme, soweit erhebliche Tatsachen unstreitig gestellt werden (Köln KoRsp ZPO § 3 Nr 692 m Anm Schneider; Frankfurt AnwBl 81, 155; s dazu Schneider MDR 85, 356).

● **Anfechtungsklage:** § 6, weil es nach § 7 AnfG um die Zurückgabe des anfechtbar erworbenen Gegenstandes geht; maßgebend die Forderung des Anfechtenden einschließlich Zinsen und Kosten oder der Verkehrswert des Gegenstandes, wenn er geringer ist (BGH WPM 82, 435 u 1443); Belastungen sind abzuziehen (RGZ 151, 167; JW 36, 2798). Verfügungsverfahren zur Sicherung eines auf Duldung der Zwangsvollstreckung gerichteten Anfechtungsanspruchs ¼ der Hauptsache (LG Bayreuth KoRsp ZPO § 3 Nr 501); – **des Konkursverwalters:** § 3; Streitwert nach dem Wert des zurückzugewährenden Gegenstandes unter Abzug der darauf ruhenden Belastungen (RG 151, 319); wirtschaftl Betrachtungsweise legt Anwendung des § 6 S 2 nahe, so daß der geringere Wert von Anspruch oder Gegenstand maßgebend ist (KG HRR 29 Nr 843; JW 29, 844). Nebenforderungen (§ 4 I) bleiben in allen Fällen außer Betracht (RG JW 29, 844); – **eines Grundstückskaufvertrages:** § 3; grundsätzl Grundstückswert (Verkehrswert) nach Abzug der Belastungen, die schon bei Verkauf bestanden haben (RGZ 47, 375), aber nicht ohne weiteres Verkäuflichkeitswert, sondern Bemessung danach, in welchem Maße Gläubiger auf Befriedigung rechnen kann (RGZ 151, 167, 169) oder die niedrigere Forderung, § 6 S 2. Einzelheiten u weitere Nachw bei Schneider StrW-Komm Nichtigkeitsklage Nr 4. **Mietgrundstück:** sein Verkehrswert (= wahrscheinlicher Verkaufserlös) entscheidet. Dabei ist der Ertragswert Rechnungsfaktor, regelmäßig aber nicht gleich dem Verkehrswert (Frankfurt MDR 60, 507); zur Berechnungsmethode s Nürnberg JurBüro 67, 163; – **einer Hypothekeintragung oder Hypothekabtretung:** Wert der Hypothek unter Berücksichtigung des durch die Vorbelastung beeinträchtigten Grundstückswertes (Kiel JVBl 35, 236); – **eines festgestellten gesetzl Unterhaltsanspruches nach dem AnfG:** bei Schätzung nach § 3 sind die künftig fällig werdenden Unterhaltsbeträge nach dem 12½fachen Jahresbetrag des Unterhalts anzunehmen (RGZ 139, 238; OLG Schleswig SchlHA 70, 18); – **eines Aktionärs gegen Beschlüsse der Hauptversammlung** einer AG bzw Klage auf Feststellung der **Nichtigkeit** eines Hauptversammlungsbeschlusses: § 3, Festsetzung unter Berücksichtigung der gesamten im Einzelfall gegebenen Verhältnisse und des Interesses der Gesellschaft an der Aufrechterhaltung oder Gültigkeit des angefochtenen Beschlusses (§§ 247, 254 II AktG; RGZ 157, 62; BGH KoRsp AktG § 247 Nr 8 m Anm Schneider; KG Rpfleger 62, 154). Möglichkeit gem § 247 II AktG „gespaltenen" Streitwerts (= Herabsetzung auf einen Teil für wirtschaftlich schwache Partei); in diesem Fall ist zunächst der nach § 247 I AktG maßgebl Wert zu ermitteln (Frankfurt JurBüro 76, 347). Mehrere angefochtene Beschlüsse sind gesondert zu bewerten, auch wenn sie innerlich zusammenhängen (Frankfurt WPM 84, 655; Schneider MDR 85, 355). – **von Beschlüssen von GmbH-Gesellschaftsversammlungen:** Wertfestsetzung entspr §§ 3 ZPO, 247 AktG (LG Bayreuth JurBüro 85, 768). Geschäftsanteil des Klägers begrenzt Streitwert der Anfechtungs- oder Nichtigkeitsklage nicht (KG Rpfleger 62, 154); – **eines einen Geschäftsführer abberufenden Gesellschafterbeschlusses:** s unter „Arbeitnehmer".

● **Anwaltsbeiordnung** (§§ 78b, 116): Beabsichtigte Hauptsache soll maßgebend sein (Bremen, JurBüro 77, 91; Zweibrücken JurBüro 77, 1001). Dabei wird Parallele zum Ablehnungsverfahren gezogen (s unter „Ablehnung"). Diese Bewertung ist sachwidrig; richtig Schätzung nach § 3.

● **Arbeitnehmer** (§ 17 III GKG): Jeder unselbständig Beschäftigte, also auch Geschäftsführer einer GmbH, dessen Beschäftigungsverhältnis auf einem Dienstvertrag beruht (Bamberg JurBüro 75, 65), auch ein freier Mitarbeiter (BGH KoRsp GKG § 17 Nr 78), nicht aber der selbständige Handelsvertreter (Frankfurt MDR 74, 1208; Schneider BB 76, 1300). Leitende Stellung und hohe Vergütung für sich allein belanglos; kontrovers wird dies für Gehalts- und Pensionsklagen von Mitgliedern des Vertretungsorgans einer Gesellschaft. BGH (MDR 79, 35) berechnete nach § 9, hat diese Rspr jedoch nunmehr aufgegeben (KoRspr GKG § 17 Nr 27 m Anm Schneider); richtig ist es, auf den Einzelfall abzustellen und bei arbeitnehmerähnl Stellung mit sozialer Abhängigkeit § 17 III GKG anzuwenden (Koblenz MDR 80, 319; Schleswig KoRsp GKG § 17 Nr 21 m Anm Schneider; weitere Nachw bei Schneider StrW-Komm Arbeitnehmer Nr 4; ferner Schneider Jur-Büro 69, 803; für Insolvenzsicherungsklagen BGH ZIP 80, 780).

● **Arbeitsgerichtsverfahren (Lit:** *Tschischgale/Satzky*, Kostenrecht in Arbeitssachen, 3. Aufl. 1982; Hecker AnwBl 84, 116). Allgemeines Streitwertrecht ist anwendbar, soweit nicht spezielle arbeitsgerichtliche Vorschriften anwendbar sind, auf die besonders einzugehen ist. Zur Orientierung diene folgende Gliederungsübersicht:

I) Streitwertfestsetzung im Urteil
II) Kündigungsfeststellungsklage
1) Geltungsbereich
2) Dreifaches Monatsentgelt
3) Arbeitslohn
4) Ermessen
5) Mehrere Kündigungen
6) Zusätzliche Leistungen
7) Nebenwirkungen
8) Änderungskündigung
III) Prozeßvergleich
IV) Weitere Einzelfragen
1) Abfindung
2) Abmahnung
3) Auflösungsantrag
4) Drittschuldnerprozeß
5) Klage und Widerklage
6) Konkurs
7) Nichtvermögensrechtliche Streitigkeiten
8) Nichtzulassungsbeschwerde
9) Trennung
10) Verweisung
11) Weiterbeschäftigung
12) Wettbewerbsverbot
13) Wiederkehrende Leistungen
a) Eingruppierungsstreitigkeiten
b) Leistungsansprüche
14) Zeugnis
V) Arbeitsgerichtliches Beschlußverfahren
1) Grundlagen
2) Streitwertbemessung
3) Einzelfälle
a) Betriebsratswahl
b) Gesamtbetriebsratswahl
c) Ausschluß eines Betriebsratsmitglieds
d) Zustimmungsersetzungsverfahren
e) Einigungsstellenbesetzungsverfahren
f) Sozialplananfechtung
g) Mitbestimmungsrecht des Betriebsrats
h) Gewerkschaftseigenschaft
i) Statusverfahren

I) Streitwertfestsetzung im Urteil gem §§ 61 I, 69 II ArbGG hat nach BAG (MDR 84, 84 m Anm Schneider) nicht nur Bedeutung für den Gebührenstreitwert, sondern auch Bindungswirkung für das Berufungsgericht, soweit sie nicht offensichtlich unrichtig ist (BAG AnwBl 84, 146), zB wenn bei eingeklagtem Bruttobetrag auf den Nettobetrag festgesetzt wird (LAG Baden-Württemberg KoRsp ArbGG § 61 Nr 15 m Anm Schneider). Daneben können Parteien und Anwälte die Festsetzung des Gebührenstreitwerts nach §§ 25 GKG, I 99 BRAGO betreiben (LAG Hamm EzA ArbGG 1979 § 61 Nr 10 = AnwBl 84, 149; LAG München EzA ArbGG 1979 § 12 Nr 28 = AnwBl 85, 96), da § 24 S 1 GKG unanwendbar ist (§ 12 VII 3 ArbGG).

II) Kündigungsfeststellungsklage. Bewertung nach § 12 VII 1 ArbGG, jedoch in der ordentlichen Gerichtsbarkeit unanwendbar (BGH KoRsp GKG § 17 Nr 78). Es handelt sich um eine **vermögensrechtliche Streitigkeit** (BAG BB 80, 152), auch wenn nach Änderungskündigung ein Arbeitnehmer-Vertragsangebot unter dem Vorbehalt angenommen wird, daß keine finanziellen Auswirkungen eintreten (aA LAG Berlin EzA ArbGG 1979 § 64 Nr 4). Ebenso, wenn die Parteien über die Sozialwidrigkeit einer Änderungskündigung streiten, mit der der Arbeitgeber eine Rückgruppierung durchsetzen will (LAG Köln EzA ArbGG 1979, § 12 Nr 13). **1) Geltungsbereich** für alle Klagen, die das Bestehen eines Arbeitsverhältnisses (auch Berufsausbildungsverhältnis: BAG KoRsp ArbGG § 12 Nr 95) zum Gegenstand haben (sog Bestandsstreitigkeiten), auch außerhalb eines Kündigungsschutzverfahrens (LAG Köln AnwBl 83, 39; LAG Berlin AnwBl 83, 35) und solche, mit denen Feststellung begehrt wird, ein Vertrag sei umzugestalten oder abzuschließen (LAG Köln JurBüro 85, 1242), ein Vertragsverhältnis sei ein Arbeitsverhältnis, nicht ein Handelsvertreterverhältnis (BAG AP § 72 ArbGG 1953 [Streitwertrevision] Nr 16). **2) Dreifaches Monatsentgelt** maßgeblich, auch für Berufsausbildungsverhältnisse (LAG Düsseldorf EzA ArbGG 1979 § 12 Nr 30; LAG Frankfurt AnwBl 85, 100), und selbst dann, wenn das KSchG nicht anwendbar ist (allg Praxis; zB LAG Berlin AnwBl 81, 154). Jedoch keine Anwendung auf Klage monatlicher Zahlung einer Witwenrente (LAG Hamm MDR 72, 723); wohl auf außergerichtliche Verhandlungen über vorzeitige Beendigung eines Dienstvertrages (LAG Hamm KoRsp ArbGG § 12 Nr 78; aA LG Köln KoRsp ArbGG § 12 Nr 77 m abl Anm Schneider). **3) Arbeitslohn** ist das Entgelt, das der Arbeitnehmer bei Fortbestand des Arbeitsverhältnisses in den ersten drei Monaten nach dem streitigen Beendigungszeitpunkt beanspruchen könnte (BAG BB 73, 1262); beim Chefarzt zB nicht nur die effektiven Gehaltsbezüge, sondern auch Nebeneinnahmen mitzubewerten (LAG Hamm AnwBl 76, 166). Trennungsentschädigungen sind nicht Lohn, sondern Aufwendungsersatz, auch wenn sie pauschaliert werden (LAG Frankfurt AP 12 ArbGG 1953 Nr 14; AuR 66, 280). Sonderleistungen wie Weihnachtsgratifikation und zusätzliches Urlaubsgeld sind überhaupt nicht zu berücksichtigen (LAG Köln DB 82, 1226). **4)** Wertberechnung nach **Ermessen,** wobei das Beschwerdegericht als Tatsacheninstanz *eigenes* Ermessen ausübt (ganz hM, so jetzt auch LAG Niedersachsen KoRsp ArbGG § 12 Nr 75 m Anm Schneider). Der Drei-Monatsbetrag ist nicht nur Höchststreitwert, sondern auch regelmäßig zutreffender Wert (LAG Hamm EzA § 12 ArbGG 1979 Nr 4 = KoRsp ArbGG § 12 Nr 33). Er darf unterschritten werden, zB wenn sich das Klageinteresse auf einen kürzeren Zeitraum beschränkt, wie bei Umwandlung der fristlosen Kündigung in eine ordentliche mit zweiwöchiger Frist (LAG Hamm, AP § 12 ArbGG Nr 19 m zust Anm Lappe; KoRsp ArbGG § 12 Nr 33; LAG Frankfurt AnwBl 79, 389; LAG Düsseldorf AnwBl 82, 316; LAG München AnwBl 81, 456; LAG Hannover AnwBl 82, 215). Soweit der Streitgegenstand deutlich über den Vierteljahreszeitraum hinausgeht, sollte das dreifache Monatseinkommen angesetzt werden (LAG Hamm AP § 12 ArbGG Nr 19 m zust Anm Lappe; nähere Abstufung bei LAG Hamm EzA ArbGG 1979 § 12 Nr 4). Voller Wert immer, wenn Arbeitnehmer festgestellt haben will, daß das Arbeitsverhältnis auf unbestimmte Zeit fortbestehe (LAG Düsseldorf AnwBl 82, 316; LAG München AnwBl 81, 456; LAG Hamm AnwBl 82, 312; LAG Hannover AnwBl 85, 99). Das gilt auch bei kurzer Dauer des Arbeitsverhältnisses (LAG Hamm EzA § 12 ArbGG 1979 Nr 1). Abwegig die Auffassung des BAG (EzA ArbGG 1979 § 12 Nr 36 m abl Anm Schneider), § 12 VII 1 ArbGG stelle ein vom allgemeinen Streitwertrecht unabhängiges eigenes Bewertungssystem dar (die LAG weichen durchgehend ab, s zB LAG Niedersachsen KoRsp ArbGG § 12 Nr 129 m Anm Schneider m Nachw; s weiter zB KoRsp ArbGG § 12 Nr 132, 135, 138, 143, 147; Stahlhacke ArbGG, 2. Aufl. 1986, § 12 Rn 18–21). **5)** Wendet sich der Arbeitnehmer in **getrennten** Prozessen gegen Kündigungen, dann ist selbständig zu bewerten und zu addieren (LAG Hannover AnwBl 85, 99; LAG Suttgart AnwBl 85, 99). Bei getrennten Klagen gegen zwei Arbeitgeber als Gesamtschuldner/Gesamtgläubiger oder zusätzlich gegen den Betriebserwerber, dann darf nicht in beiden Rechtsstreitigkeiten nach dem Höchstwert beziffert werden (LAG Hamm MDR 82, 435 KoRsp ArbGG § 12 Nr 100 =MDR 85, 348; Stahlhacke, ArbGG 2. Aufl. 1986, § 12 Rn 23, 24). **Mehrfach ausgesprochene Kündigungen** mit unterschiedlichen Lösungszeitpunkten, die in demselben Prozeß angegriffen werden, fallen nicht unter die Höchstgrenze des § 12 VII 1 ArbGG, sind also zusätzlich zu bewerten, wobei jedoch nicht jedesmal der volle Wert anzusetzen ist (LAG Hamm KoRsp ArbGG § 12 Nr 92; LAG Köln EzA ArbGG 1979 § 12 Nr 29; LAG Kiel AnwBl 85, 99; Schneider MDR 85, 270). Abweichend will das BAG (EzA § 12 ArbGG Nr 34 m abl Anm Schneider; ebenso LAG Berlin KoRsp ArbGG § 12 Nr 108 u LAG

Bremen Nr 137, je m abl Anm Schneider) nur einfach bis zur Höchstgrenze bewerten (dagegen auch Stahlhacke, ArbGG, 2. Aufl 1986, § 12 Rn 18–21). **6)** Werden **zusätzliche Gehaltsbezüge** für einen *hinter* dem Kündigungstermin liegenden Zeitraum gefordert, ist der Wert des Leistungsantrages hinzuzurechnen (überwiegende Praxis der LAG; s Wenzel BB 84, 1494 m Nachw; ferner zB die LAG Hamm AnwBl 84, 147; Berlin AnwBl 84, 151; Hamburg AnwBl 84, 150; Saarland JurBüro 85, 591; Düsseldorf KoRsp ArbGG § 12 Nr 141). Eingeklagte Entgeltansprüche aus der Zeit *vor* Kündigung müssen dem Feststellungswert ohnehin zugerechnet werden; für den Streitwert ist es unerheblich, daß Ansprüche durch Klagenhäufung verfolgt werden. Bei Feststellungsantrag auf Weiterzahlung ist von dem nach § 12 VII 2 ArbGG zu berechnenden Betrag (hM, zB LAG Hamm AnwBl 84, 152; aA LAG Nürnberg KoRsp ArbGG § 12 Nr 130 m abl Anm Schneider) ein Abschlag von 20% zu machen (LAG Hamm KoRsp ArbGG § 12 Nr 72). Ist aber die Klage auf künftige Leistung lediglich streitig, ob das Arbeitsverhältnis durch Kündigung beendet worden ist, dann ist nach § 12 VII 1 zu bewerten (LAG Baden-Württ KoRsp ArbGG § 12 Nr 70). Rückstände sind nicht hinzuzurechnen (§ 12 VII 2 Hs 2 ArbGG). **7) Nebenwirkungen** des Feststellungsstreits rechtfertigen grundsätzlich keine Werterhöhung, zB weil beiläufig die Frage geklärt wird, ob eine Vertragspartei sich nach § 75 HGB rechtmäßig von einem Wettbewerbsverbot losgesagt hat (LAG Hamm KoRsp ArbGG § 12 Nr 37). Anders aber bei Klagenhäufung wegen Gehaltszahlung (s II 6); so ist etwa eine hilfsweise beanspruchte Entlassungsentschädigung aus einem Sozialplan (nicht die Abfindung nach den §§ 9, 10 KSchG s III, IV 1) zu berücksichtigen, wenn der Hilfsantrag urteilsmäßig beschieden oder durch Vergleich erledigt wird (LAG Hamm KoRsp ArbGG § 12 Nr 40; aA LAG Frankfurt BB 77, 1549). **8)** § 12 VII 1 ArbGG gilt auch für die **Änderungskündigung** (LAG Baden-Württemberg KoRsp ArbGG § 12 Nr 88; LAG Hamm EzA ArbGG 1979 § 12 Nr 14), eingeschlossen die Klage auf Feststellung der Unwirksamkeit einer Entziehung von Leitungsfunktionen (LAG KoRsp ArbGG § 12 Nr 145). Bei ihr ist zu unterscheiden: Lehnt der Arbeitnehmer die Annahme der Kündigung unter dem Vorbehalt gem § 2 KSchG ab, dann ist nach § 12 VII 1 ArbGG zu bewerten, weil es dann um eine Vollkündigung geht (LAG Düsseldorf KoRsp ArbGG § 12 Nr 140). Nimmt er den Vorbehalt an, dann ist bei Verschlechterung der Bezüge der nach § 12 VII 2 ArbGG zu berechnende Differenzbetrag bis zum Grenzwert des § 12 VII 1 ArbGG maßgebend (LAG München EzA ArbGG 1979 § 12 Nr 28; Wenzel DB 77, 726). Verringern die geänderten Bedingungen die Lohn- oder Gehaltsbezüge nicht, dann ist auf die mit der Änderung verbundene soziale Einbuße oder den Prestigeverlust abzustellen (LAG Hamm KoRsp ArbGG § 12 Nr 52, 59; Wenzel MDR 69, 976) und unterhalb des Dreimonatseinkommens zu bewerten (vgl LAG Stuttgart KoRsp ArbGG § 12 Nr 131 m Anm Schneider). Die soziale Verschlechterung kann bei gleichzeitiger wirtschaftlicher Verschlechterung streitwerterhöhend wirken (Wenzel MDR 69, 976). Ein Antrag auf Weiterbeschäftigung zu den bisherigen Bedingungen erhöht den Streitwert nicht (LAG Stuttgart AnwBl 86, 160).

III) Prozeßvergleich: Die im Kündigungsschutzprozeß ausgehandelte Abfindung nach den §§ 9, 10 KSchG bleibt bei der Bewertung des Vergleichs unberücksichtigt, § 12 VII 1 Hs 2 ArbGG (LAG Mainz AnwBl 81, 35); andere Entlassungsentschädigungen sind zu berücksichtigen, etwa ein Sozialplan-Abfindungsanspruch (LAG Hamburg AnwBl 84, 315). Aber keine Erhöhung des Vergleichswerts bei Beilegung des Streits über künftige Entgeltansprüche, die nicht rechtshängig geworden sind (BAG AP § 12 ArbGG 1953 Nr 16). Einbeziehung eingeklagter Entgeltansprüche aus der Zeit hinter der Kündigung erhöhen entgegen BAG AP § 12 ArbGG Nr 17 den Vergleichswert ohne Verrechnung mit dem Feststellungswert (s II 6), ebenso bei Regelung rückständiger Entgeltansprüche. Gesondert zu bewerten und zu addieren sind weiter der mitgeregelte Verzicht auf Zahlung einer Karenzentschädigung, Freistellung von der Arbeitsleistung unter Fortzahlung der Bezüge (LAG Kiel AnwBl 81, 503). Waren die mitgeregelten Ansprüche nicht streitig, dann wird nur das Titulierungsinteresse berücksichtigt (str, ausführlich Schneider Streitwert-Kommentar, Vergleich Nr 5; Markl GKG, 2. Aufl 1983, KV 1170 Rn 2), ebenso bei Gehaltszahlung unter Freistellung von der Arbeit (LAG Köln KoRsp § 3 Nr 815). Keine zusätzliche Bewertung der Erwähnung einer unstreitigen Verpflichtung des Arbeitgebers zur Zeugniserteilung, zumal ein solcher Anspruch nicht vollstreckbar ist (LAG Baden-Württemberg NZA 84, 99 = KoRsp ArbGG § 12 Nr 91 m Anm Schneider; Schneider MDR 85, 270; 86, 269; aA LAG Bremen AnwBl 84, 155: 500 DM); erst recht erhöht die salvatorische Klausel, alle gegenseitigen Ansprüche seien erledigt, den Streitwert nicht (LAG Rheinland-Pfalz NZA 84, 99 = KoRsp ArbGG § 12 Nr 91 m Anm Schneider).

IV) Weitere Einzelfragen: 1) Abfindung gem §§ 9, 10 KSchG wird dem Streitwert der Kündigungsfeststellungsklage nicht hinzugerechnet, auch wenn der Arbeitnehmer den Abfindungsbetrag selbst beziffert (LAG Hamm KoRsp ArbGG § 12 Nr 65 = MDR 83, 170), wohl die Abfindung nach § 113 III BetrVG (LAG Bremen EzA ArbGG 1979 § 12 Nr 22). Streiten die Parteien darüber, ob eine Vereinbarung über die Zahlung einer Abfindung zustande gekommen war und ist der

Abfindungsanspruch von einem anhängigen Kündigungsschutzprozeß unabhängig, dann ist der Betrag der Zahlungsklage maßgebend (LAG Düsseldorf EzA ArbGG 1979 § 12 Nr 3). **2) Abmahnung:** Streit über ihre Berechtigung ist vermögensrechtliche Angelegenheit (BAG MDR 82, 694). Klage auf Entfernung aus der Personalakte wird mit einem Monatseinkommen bewertet (LAG Bremen KoRsp ArbGG § 12 Nr 73; LAG Hamm MDR 84, 877 = KoRsp ArbGG § 12 Nr 93 m Anm Schneider; LAG Rhld-Pfalz EzA ArbGG 1979 § 64 Nr 9, hat Ansatz von halbem Monatseinkommen als nicht offensichtlich falsch iS des § 61 I ArbGG angesehen, aber keine Gebührenwertentscheidung getroffen). **3) Auflösungsantrag:** Der neben dem Feststellungsantrag nach § 4 KSchG gestellte Antrag, das Arbeitsverhältnis gegen Festsetzung einer Abfindung aufzulösen, bleibt unbewertet (§ 12 VII 1 Hs 2 ArbGG), auch wenn die geforderte Abfindung beziffert wird (LAG Hamm MDR 83, 170). Auch bei außergerichtlichen Verhandlungen über vorzeitige Beendigung ist § 12 VII 1 ArbGG anzuwenden (LAG Hamm KoRsp ArbGG § 12 Nr 78; aA LG Köln KoRsp ArbGG § 12 Nr 77 m abl Anm Schneider). **4) Drittschuldnerprozeß:** Klagt der Unterhaltsgläubiger gepfändete wiederkehrende Leistungen ein, so bestimmt sich der Streitwert nach dem dreifachen Jahresbetrag unter Außerachtlassung der Rückstände, sofern nicht ein geringerer Gesamtbetrag geltend gemacht wird; § 17 I GKG ist nicht anzuwenden (LAG Hamm MDR 83, 170). **5) Klage und Widerklage** sind im Urteil wertmäßig zu addieren, da § 5 S 2 ZPO nicht gilt (BAG AP § 72 ArbGG 1953 Nr 24; §§ 22, 23 BAT Nr 85). **6) Konkurs:** Der Wert einer Klage auf Feststellung eines Schadensersatzanspruches nach § 22 II KO orientiert sich an der zu erwartenden Konkursquote, mindestens aber 10% (LAG Rhld-Pfalz ZIP 83, 595, s zur Konkursfeststellungsklage Schneider MDR 74, 101). **7) Nichtvermögensrechtliche Streitigkeiten,** zB Untersagen der Behauptung über Verantwortung bei Inventarverlust, beurteilen sich zwar nicht mehr nach einem Regelwert, sind aber gleichwohl im Regelfall mit einem nicht unter 4000 DM liegenden Betrag zu beziffern (LAG Hamm MDR 84, 156; 80, 613). **8) Nichtzulassung:** Ist die Partei, die eine Nichtzulassungsbeschwerde einlegt, bei objektiver Klagenhäufung teilweise unterlegen, dann bestimmt sich der Streitwert für die Nichtzulassungsbeschwerde nur nach der Höhe des abgewiesenen Begehrens (BAG KoRsp ArbGG § 12 Nr 35). **9) Trennung:** Die getrennten Verfahren sind streitwertmäßig selbständig und ohne Abschlag zu berechnen, auch wenn verfahrensrechtlich für die Trennung keine Veranlassung bestand (aA LAG Hamm KoRsp ArbGG § 12 Nr 74 m abl Anm Schneider). **10) Verweisung:** Da für das ArbGG-Verfahren teilweise andere Streitwertvorschriften gelten als für die ordentliche Gerichtsbarkeit, ist eine Wertfestsetzung des verweisenden Gerichts für das angewiesene Gericht nicht maßgeblich. Dieses muß den Streitwert für seine Gerichtsbarkeit eigenverantwortlich festsetzen (Tschischgale/Satzky S 27). **11) Weiterbeschäftigung:** Der Anspruch des Arbeitnehmers auf Weiterbeschäftigung ist vermögensrechtlicher Natur (LAG Hamm KoRsp ArbGG § 12 Nr 20 m zust Anm Schneider; EzA § 12 ArbGG 1979 Nr 1 m Anm Dütz; LAG Bremen KoRsp ArbGG § 12 Nr 30). Bewertung kontrovers: zwischen dem einfachen und dem doppelten Monatsentgelt mit Tendenz zur Festsetzung auf das Zweimonatseinkommen (s Nachw bei Schneider Anm IV zu ArbG Münster EzA ArbGG § 12 Nr 20; ferner LAG München, Düsseldorf, Hamm KoRsp ArbGG § 12 Nr 94, 120, 136, 149). Wird der Beschäftigungsanspruch durch Klagenhäufung mit dem Feststellungsantrag des Kündigungsschutzprozesses verbunden, dann sind die Werte gem § 5 ZPO zu addieren (LAG Mainz AnwBl 83, 86; LAG Hamm MDR 80, 347; KoRsp ArbGG § 12 Nr 68; AnwBl 84, 152; LAG Düsseldorf EzA ArbGG 1979 § 12 Nr 7; JurBüro 85, 767; LAG Hamburg AnwBl 84, 316; Stahlhacke, ArbGG 2. Aufl 1986, § 12 Rn 25–27; aA BAG EzA ArbGG 1979 § 12 Nr 34 m abl Anm Schneider; weitere Nachweise MDR 86, 185 zu Fn 78), ebenso wie bei zusätzlichen Entgeltansprüchen (s II 6). Der Wert einer Beschwerde gegen die Festsetzung eines Zwangsgeldes zur Erzwingung eines Beschäftigungsanspruches ist nach LAG Düsseldorf (AnwBl 81, 63) auf die Höhe des Zwangsgeldes festzusetzen, begrenzt durch den Wert der Hauptsache. Diese Auffassung ist abzulehnen, weil sie dem Grundsatz zuwiderläuft, den Wert von Erzwingungsverfahren nach § 3 ZPO zu schätzen (s unter „Ordnungs- und Zwangsmittelfestsetzung"). **12) Wettbewerbsverbot:** Der Streit über die Wirksamkeit einer nachvertraglichen Wettbewerbsabrede richtet sich regelmäßig nach dem Betrag des letzten Jahreseinkommens, begrenzt durch die Höhe der zu zahlenden Karenzentschädigung (LAG Düsseldorf EzA ArbGG 1979 § 12 Nr 2 im Anschluß an LAG Hamm AnwBl 81, 106; 84, 156). **13) Wiederkehrende Leistungen, a) Eingruppierungsstreitigkeiten:** Wertvorschrift ist § 12 VII 2 ArbGG. Maßgebend der Wert des dreijährigen Unterschiedsbetrages der begehrten Vergütung, sofern nicht der Gesamtbetrag der geforderten Leistung geringer ist (LAG Hamburg AnwBl 84, 157; LAG Bremen KoRsp ArbGG § 12 Nr 81); bei mehr als drei zurückliegenden Anspruchsjahren ist auf die letzten drei Jahre abzustellen (LAG Hamm KoRsp ArbGG § 12 Nr 150). Diese Sonderregelung gilt immer, wenn wegen der Eingruppierung des Arbeitnehmers in eine bestimmte (regelmäßig bessere) Lohn- oder Gehaltsgruppe gestritten wird. Von dem üblichen Abschlag für Feststellungsklagen wird meist abgesehen (LAG Niedersachsen JurBüro 80,

1517; LAG Hamburg AnwBl 84, 157); das erscheint zutreffend, weil § 12 VII 2 ArbGG ohnehin eine Streitwert-Privilegierung enthält, die nicht weiter herabgesetzt zu werden braucht (aA LAG Bremen AnwBl 84, 164: Abschlag von 20%). Dabei sind innerhalb des Streitwertrahmens, der durch den dreifachen Jahresbetrag begrenzt wird, Rückstände einzuberechnen (LAG Niedersachsen JurBüro 80, 1375). Die Unsicherheit darüber, ob das Vertragsverhältnis überhaupt noch für die Dauer von drei Jahren weiterbestehen wird, ist selbständig zu schätzen und nicht mit der Dauer der ordentlichen Kündigung gleichzusetzen (LAG Niedersachsen JurBüro 80, 1375). Sonderleistungen wie Treueprämien, zusätzliche Urlaubsgelder und Gratifikationen bleiben bei der Berechnung des Differenzbetrages für drei Jahre außer Ansatz (BAG KoRsp ArbGG § 12 Nr 36). **b) Leistungsansprüche:** Im Prozeß über laufende Rentenbezüge werden dem dreifachen Jahresbetrag (§ 12 VII 2 ArbGG) keine Rückstände aus der Zeit vor Klageerhebung hinzugerechnet, mögen sie rechtshängig gemacht worden sein oder nicht (LAG Hamm AnwBl 81, 504). § 12 VII 2 Hs 2 ArbGG erfaßt auch den Fall, daß eine vom Beklagten erklärte und für die Wertermittlung an sich erhebliche Aufrechnung Rückstände einschließt (LAG Hamm MDR 82, 1052). Verbindet der Arbeitnehmer mit der auf vier Monatsbezüge beschränkten Leistungsklage den Feststellungsantrag, der Arbeitgeber sei zur Weiterzahlung des vertraglichen Monatsentgelts verpflichtet, dann ist die Feststellungsklage mit dem um 20% gekürzten Betrag des 32fachen Monatsbezugs zu bewerten (LAG Hamm DB 83, 1264). § 12 VII 2 ArbGG gilt auch für Streitigkeiten wegen Ansprüchen, die der Arbeitnehmer unmittelbar gegen eine Unterstützungskasse geltend macht, die nicht sein Arbeitgeber ist (LAG Stuttgart AnwBl 81, 507). **14) Zeugnis:** Der Antrag auf Erteilung eines qualifizierten Zeugnisses ist regelmäßig mit einem Monatseinkommen zu bewerten (LAG Saarbrücken AnwBl 77, 253; LAG Frankfurt BB 71, 653; LAG Hamburg AnwBl 84, 155; 85, 98), wobei es nach LAG Düsseldorf (AnwBl 79, 26) nicht darauf ankommt, ob der Anspruch streitig ist (LAG München KoRsp ZPO § 3 Nr 820 m Anm Schneider setzt dann 500 DM fest; siehe auch zur Einbeziehung in einen Vergleich oben Ziff III). Bei kurzer Beschäftigungszeit kann ein geringerer Betrag ausreichen (LAG Düsseldorf AnwBl 79, 76). Bei Auszubildenden ist der Zeugnisanspruch ebenfalls regelmäßig nach der Höhe des letzten monatlichen Vergütungsanspruchs zu bemessen (LAG Hamm AR-Blattei, Zeugnis Nr 23).

V) Arbeitsgerichtliches Beschlußverfahren (vgl Vetter NZA 86, 182). **1) Grundlagen:** In dem besonders ausgestalteten und von der Amtsmaxime beherrschten Verfahren (§§ 80 ff ArbGG) werden hauptsächlich *betriebsverfassungsrechtliche Streitigkeiten* entschieden. Daneben kommen Fragen der *Tariffähigkeit* und der *Tarifzuständigkeit* sowie Angelegenheiten nach dem *Mitbestimmungsgesetz* in Betracht (§ 2a ArbGG). Das Verfahren ist gerichtskostenfrei (§ 12 V ArbGG), so daß eine Streitwertfestsetzung im wesentlichen nur nach § 8 BRAGO stattfindet. Kein Vertrauenszwang; keine Gerichtsgebühren in der Beschwerdeinstanz (LAG Hamm AR-Blattei, Arbeitsgerichtsbarkeit VIII Nr 78, 97). Antrags- und beschwerdeberechtigt wegen des Wertansatzes sind Anwalt, Auftraggeber und gfls der nach §§ 20, 40 oder 76 BetrVG erstattungspflichtige Arbeitgeber (LAG Baden-Württemberg BB 80, 1695). **2) Streitwertbemessung:** Bei bezifferten Ansprüchen (Kosten der Betriebsratstätigkeit, der Betriebsratswahl usw) ist der geltend gemachte Betrag maßgebend (LAG Bremen AnwBl 84, 164); sonst der nach billigem Ermessen zu schätzende Wert. Fehlt es an tatsächlichen Anhaltspunkten für eine Schätzung oder ist die Angelegenheit nichtvermögensrechtlich, zB der Anspruch des Betriebsrates auf Untersagung des Einsatzes von Fremdfirmen-Arbeitnehmern (LAG Bremen KoRsp ArbGG § 12 Nr 76), Bewertung auf 4 000 DM, gfls niedriger oder höher, jedoch nicht unter 300 DM und nicht über 1 Mill DM (§ 8 II BRAGO). Musterprozeß ist kein erhöhender Umstand, da das öffentliche Interesse oder die grundsätzliche Bedeutung ebenso wie ein hinter dem Antrag stehendes wirtschaftliches Interesse unerheblich sind (LAG Hamm BB 76, 1019). Bei Verwerfung des Antrages mangels Rechtsschutzinteresses kann der Wert von 4 000 DM unterschritten werden (LAG Baden-Württemberg/Stuttgart AnwBl 82, 312; s dazu auch Schneider Anm KoRsp GKG § 29 Nr 4). Wegen der großen Zahl der anfallenden Streitigkeiten – meist nichtvermögensrechtlicher Natur – besteht erhebliche Unsicherheit in der Bewertung (s zur richtungweisenden Judikatur des LAG Hamm: Wenzel DB 77, 722 ff). **3) Einzelfälle: a) Betriebsratswahl:** Anfechtung nach § 19 BetrVG bei einem Betrieb mit rd 70 Arbeitnehmern einschließlich Heimarbeitern bei normalem Verfahrensablauf mit 10 000 DM zu bewerten (LAG Hamm MDR 75, 260). Anfechtung bezüglich einer Arbeitnehmergruppe von rd 3 600 Personen bei komplexem Sachverhalt mit umfangreichem Verfahren (eingehende Beweisaufnahme mit Ortstermin) Bewertung mit 75 000 DM (LAG Hamm BB 76, 746). **b) Gesamtbetriebsratsbildung:** Feststellung der Notwendigkeit wurde fallbezogen mit 6 000 DM bewertet (LAG Düsseldorf EzA § 8 BRAGO Nr 1). Erhöhung des Darlehensbudgets für die Mitarbeiter des Gesamtbetriebsrats: Wert der Zinsvergünstigung (LAG Bremen KoRsp BRAGO § 8 Nr 19). **c) Ausschluß eines Betriebsratsmitglieds** aus dem Betriebsrat: 4 000 DM (LAG Hamm DB 71, 1728 [= 3 000 DM nach altem GKG]; LAG Hamm hat später analog § 12 VII 1 ArbGG festgesetzt, wie Wenzel [DB 77, 724] berichtet). **d) Zustimmungsersetzungsverfahren** nach § 103 II BetrVG, das die fristlose Entlassung eines Betriebsratsmitgliedes ermöglichen soll, von LAG Hamm analog § 12 VII 1 ArbGG bewertet (Wenzel DB 77, 724). Ersetzung der Zustimmung des Betriebsrates zu personellen Maßnahmen der Geschäftsleitung: 4 000 DM (LAG Hannover AnwBl 84, 166), zur Einstellung von Arbeitnehmern mit befristetem Arbeitsvertrag: Bei gleichgelagerten Fällen Herabsetzung auf je 2 000 DM, aber Verdoppelung wegen Entscheidung über zwei Maßnahmen bei neun Betroffenen, also 36 000 DM (LAG Bremen AnwBl 84, 165). Anhängigmachen mehrerer Verfahren hintereinander führt zur Werterermäßigung bei den nachfolgenden Verfahren; nicht verbundene Verfahren haben jedoch selbständige Streitwerte (LAG Baden-Württemberg/Stuttgart AnwBl 82, 313). Ersetzung der vom Betriebsrat **verweigerten Zustimmung** nach § 100 II BetrVG: 4 000 DM (LAG Hamm AuR 74, 313). Geht es dabei sachlich um eine Änderungskündigung, ist deren Bewertung bestimmend (LAG Hamm AuR 74, 313). Geht es um eine Eingruppierung, die nicht ohne Zustimmung des Betriebsrats vorgenommen werden kann, ist der Wert für Eingruppierungsprozesse leitend, aber wegen der verminderten Rechtskraftwirkung der Entscheidung im Beschlußverfahren angemessen zu kürzen (LAG Hamm DB 76, 1019: von 23 400 DM vermindert auf 20 000 DM; LAG Hamm AR-Blattei, Arbeitsgerichtsbarkeit VIII Nr 97: 9 404 DM auf 7 500 DM; LAG Düsseldorf EzA § 8 BRAGO Nr 3 = KoRsp BRAGO § 8 Nr 23: Kürzung um 25%). Rückgängigmachung der Freistellung eines Betriebsratsmitglieds analog § 12 VII ArbGG zu bewerten (LAG Baden-Württemberg BB 80, 1695). Erzwingung der Einleitung des Zustimmungsverfahrens nach § 99 IV BetrVG: 20% des Zustimmungsersetzungsverfahrens (LAG Hamm KoRsp BRAGO § 8 Nr 23). **e) Das Einigungsstellenbesetzungsverfahren** (§ 98 ArbGG) ist mit 4 000 DM hinreichend bewertet, wenn es um die Person des Vorsitzenden geht (LAG Baden-Württemberg BB 80, 321). Ist Streitursache, daß die sachliche Zuständigkeit der Einigungsstelle bezweifelt wird, muß der Wert in Relation zum Gegenstand des beabsichtigten Einigungsverfahrens gebracht werden (LAG Baden-Württemberg BB 80, 321; LAG Hamm DB 72, 880 – bei erstrebten Sozialplanverhandlungen 10% des Mehraufwands des Arbeitgebers). Ist die Einigungsstelle gebildet, wird jedoch im regulären Beschlußverfahren darüber gestritten, ob sie die Zuständigkeit zur Verhandlung über einen Sozialplan besitzt, kann im Einzelfall ¼ des strittigen Sozialplanvolumens zugrunde gelegt werden (LAG Hamm DB 76, 1244). **f) Sozialplananfechtung,** § 76 V 4 BetrVG, zu bewerten nach dem wirtschaftlichen Mehraufwand, den der Arbeitgeber durch die Anfechtung vermeiden will (LAG Berlin DB 76, 1388). **g)** Feststellung des **Mitbestimmungsrechts des Betriebsrats** individuell nach § 8 II 2 BRAGO zu bewerten, Hilfswert 4 000 DM (LAG Stuttgart AnwBl 85, 100). Wegen Umgestaltung einer über zwei Jahrzehnte bestehenden betrieblichen Versorgungsordnung, die in einem Betrieb mit rd 850 Arbeitnehmern für rd 650 Arbeitnehmer bedeutsam war, vom LAG Hamm mit 15 000 DM bewertet (AR-Blattei, Arbeitsgerichtsbarkeit VIII Nr 72). **h)** Feststellung der **Gewerkschaftseigenschaft** eines Arbeitnehmerverbands ist fallbezogen (s dazu BVerfG DB 82, 231) mit 100 000 DM bewertet worden (LAG Hamm AR-Blattei, Arbeitsgerichtsbarkeit VIII Nr 73). Ein deswegen eingeleitetes Verfügungsverfahren wegen der Teilnahme an einer Betriebsräteversammlung ist nach dem Wert des Teilnahmerechts zu beziffern (LAG Hamm AR-Blattei, Arbeitsgerichtsbarkeit VIII Nr 117: 8 000 DM). **i) Statusverfahren** nach § 5 III BetrVG für leitende Angestellte: Gegenstandswert regelmäßig nicht unter 8 000 DM anzusetzen, sofern es sich nicht um Massenverfahren handelt (LAG München AnwBl 84, 160).

• **Arrestverfahren:** Schätzung nach § 3 (§ 20 I GKG). Die obere Grenze ist bei Sicherung einer Geldforderung deren Betrag; für Unterhaltsforderungen gilt § 17 I GKG (Bamberg Rpfleger 83, 127), wobei die Regelung des § 20 II 1 GKG für Anordnungen nach § 620 Nr 4, 6 richtungweisend ist, schematische Angleichung ohne Rücksicht auf den Einzelfall aber vermieden werden sollte (Zweibrücken KoRsp GKG § 17 Nr 42 m Anm Schneider). In der Regel geringerer Wert; Schneider ZMR 76, 194 m Nachw. Die Bruchteilswerte liegen meist im Bereich von ⅓ bis ½ (Judikatur kaum übersehbar; Nachw bei Schneider StrW-Komm Arrest Nr 1 ff). Kostenpauschale wirkt nicht streitwerterhöhend; Argument: § 4 (so KG Rpfleger 62, 121; aA Köln MDR 62, 60). Desgleichen sind unbeachtlich die Schwierigkeiten, Vermögensgegenstände des Schuldners für den Vollzug des Arrestes ausfindig zu machen (LG Darmstadt JurBüro 76, 1090). Wert der Beschwerde gegen Ablehnung einer Fristsetzung nach § 926 I = Verfahrenswert (Frankfurt ZIP 80, 1144).

• **Aufgebotsverfahren** (§§ 946 ff): § 3, Interesse des Antragstellers. Abzustellen ist auf das Aufgebotsobjekt, zB Grundeigentum (§ 977) oder dingliche Rechte (§§ 982–987 a): § 6, bei Sparkassenbüchern, Schuldscheinen und anderen Beweisurkunden oder Legitimationspapieren: Schätzung nach § 3 auf 10–20% des Nennbetrages.

• **Aufhebung,** Auflösung, Rückgängigmachung oder Nichtigerklärung eines gegenseitigen **Ver-**

trages, besonders bei **Wandlungsklage:** § 3, Interesse des Klägers an dem Nichtbestehen des Vertrages unter Berücksichtigung der Vor- und Nachteile, die der Kläger einerseits bei Auflösung usw andererseits bei Fortsetzung des Vertrages zu erwarten hätte, n i c h t der Wert oder Verkaufspreis der Sache, RGZ 52, 427; 66, 330, oder der Wert der beiderseitig zu bewirkenden Rückleistungen: RGZ 46, 422. Bei Klage auf Wandlung und Rückzahlung des Kaufpreises oder Rückgabe der geleisteten Sache (zB Rückauflassung des Grundstücks) ist jedoch Streitwert: der Kaufpreis oder Wert der Sache ohne Abzug der auf ihr ruhenden Schulden und Lasten. In den einschlägigen Fällen kommt es immer entscheidend darauf an, welcher Klageantrag gestellt wird; insbesondere wenn es um die Vertragsnichtigkeit geht, muß das **Freistellungsinteresse** des Klägers eindeutig herausgearbeitet werden (Saarbrücken KoRsp ZPO § 3 Nr 427 m Anm Schneider; Bremen KoRsp ZPO § 3 Nr 450 m Anm Schneider; weitere Nachw bei Schneider StrW-Komm Nichtigkeitsklagen Nr 4); – **der Gemeinschaft:** § 3; Interesse des Klägers an der Gemeinschaft, nicht Höhe der Teilungsmasse (Karlsruhe OLGE 15, 51; München KoRsp ZPO § 3 Nr 72 [1/10 des Wertes des Gesamtguts]); die Aufhebung einer Gemeinschaft, auch einer **nichtehelichen Lebensgemeinschaft,** vollzieht sich in Stufen entsprechend den darauf auszurichtenden Klageanträgen, beispielsweise zunächst auf Zustimmung zur Aufhebung der Gemeinschaft an bestimmten Gegenständen, sodann zur Zustimmung zum Verkauf und schließlich zur Zustimmung zur Erlösverteilung. Da diese stufenförmige Klagenhäufung (näher H. Schneider DGVZ 85, 51) auf das einheitliche Ziel der Auskehrung des anteiligen Erlöses gerichtet ist, sind die Werte der Einzelansprüche nicht zu addieren, sondern das Leistungsbegehren als höchstwertiger Anspruch bestimmt den Streitwert (Köln KoRsp ZPO § 5 Nr 55), wobei der unstreitige Anteil des klagenden Miteigentümers abzuziehen ist (wie bei Miterben, s unter „Erbrechtliche Ansprüche"); s auch unter „Auseinandersetzung"; – **der fortgesetzten Gütergemeinschaft** (§ 1495 BGB): § 3; Wert des Anteils des klagenden Abkömmlings am Gesamtgut; jedoch geringer (etwa auf die Hälfte) festzusetzen, weil Klage nur der Vorbereitung der Auseinandersetzung dient (BGH JurBüro 73, 121); – **der Zugewinngemeinschaft** (vorzeitiger Zugewinnausgleich [§§ 1385, 1386 BGB]): § 3; Interesse des Klägers an der Aufhebung; idR auf 1/4 des zu erwartenden Zugewinnausgleichs. Kann geringer bewertet werden, wenn bereits ein Scheidungsverfahren anhängig und Auflösung der Ehe in nicht allzu weiter Ferne zu erwarten (BGH MDR 73, 393). Bei Verbindung der Klage auf vorzeitigen Zugewinnausgleich mit Klage auf Ausgleichsforderungszahlung sind die Werte zusammenzurechnen (§ 5 ZPO; KG Rpfleger 65, 354; s auch unten unter „Zugewinngemeinschaft"); – bei **Erbengemeinschaft** vgl „Erbrechtliche Ansprüche"; – Klage auf Aufhebung eines **Schiedsspruchs** (§ 1041): Interesse des Klägers am Freiwerden von den ihm durch Schiedsspruch auferlegten Leistungen ohne Zinsen und Kosten (BGH MDR 57, 95).

• **Auflassung:** Bei Klage auf Erteilung der Auflassung oder Rückauflassung: § 6; Verkehrswert des Grundstückes ohne Schuldenabzug (hM, zB München MDR 81, 501; Schleswig KoRsp ZPO § 6 Nr 80 m Anm Schneider; Karlsruhe AnwBl 80, 502); dies auch bei Klage auf Herausgabe eines Grundstücks: Braunschweig AnwBl 72, 319; jedoch nach Karlsruhe NJW 68, 110 u LG Köln NJW 77, 255, bei Klage auf Herausgabe und Auflassung abzügl der dingl Belastungen. Bei Klage auf Entgegennahme der Auflassung Schätzung nach § 3 gem dem Interesse des Klägers (RGZ 77, 400) unter Berücksichtigung der von dem Kläger noch zu entrichtenden Leistungen (RG JW 05, 24). § 3 auch dann anzuwenden, wenn der Beklagte mit der Klage gezwungen werden soll, dem Hinterlegungsnotar mitzuteilen, daß der Kläger den Kaufpreis gezahlt habe (Karlsruhe KoRsp ZPO § 3 Nr 669 m Anm Schneider). Verkehrswert des aufzulassenden Grundbesitzes nach hM auch dann maßgebend, wenn Beklagter die Auflassung nur verweigert, weil er eine geringfügige Gegenforderung geltend macht (zB München MDR 81, 501; Bamberg JurBüro 82, 886; Stuttgart AnwBl 82, 528; Frankfurt JurBüro 83, 916). Diese Auffassung ignoriert wirtschaftl Gesichtspunkte völlig und kann zu absurden Ergebnissen führen (Frankfurt Rpfleger 70, 357: unstr Hauptleistung 184 000 DM, str Gegenleistung 84 DM!); die hM wird daher zunehmend abgelehnt (so zB Vollkommer Rpfleger 70, 354; 73, 62; Lappe Anm KoRsp ZPO § 6 Nr 38; Schneider JurA 71, 95 f; MDR 79, 180; Köln [2. ZS] KoRsp ZPO § 6 Nr 78 m zust Anm Lappe; [17. ZS] KoRsp ZPO § 6 Nr 83; Frankfurt MDR 81, 589; München KoRsp ZPO § 6 Nr 96 m Anm Schneider; Celle KoRsp ZPO § 6 Nr 97 m Anm Schneider; Bamberg KoRsp ZPO § 3 Nr 663 m Anm Schneider; LG Köln KoRsp ZPO § 3 Nr 426 m Anm Schneider u Lappe). Wird nur wegen der Gegenleistung ein **Rechtsmittel** eingelegt, dann ist aber ledigl darauf abzustellen (allg M; KG OLGZ 79, 348; Frankfurt KoRsp ZPO § 6 Nr 71); die Gegenleistung wird aber durch den Wert der Klageforderung begrenzt (Saarbrücken KoRsp ZPO § 6 Nr 66 m Anm Schneider). – Klage eines **Miterben** gegen einen anderen Miterben auf Erteilung der Auflassung eines Grundstücks an die Erbengemeinschaft: jetzt ausgetragen, daß der Anteil des beklagten Miterben am Nachlaß nicht berücksichtigt wird, so daß § 3 und nicht § 6 anzuwenden ist (s unter „Erbrechtliche Ansprüche"). – Bei Klage auf Rückauflassung eines inzwischen vom Beklagten bebauten Grundstücks ist Streitwert der Verkehrswert des Grundstücks einschließl des Bauwerks (Frankfurt NJW 61, 2264). Bei Rückauflassung eines ideellen Grundstücksanteils ist der anteilige Verkehrswert des Gesamtgrundstücks maßgebend (Schleswig Rpfleger 80, 293). Belastungen bleiben immer unberücksichtigt.

● **Auflassungsvormerkung:** Klage auf Eintragung: § 6, Verkehrswert des Grundstücks unter Berücksichtigung von Belastungen, die die wirtschaftl Nutzung wesentl beeinträchtigen (Dienstbarkeiten), nicht aber von Hypotheken und Grundschulden (Zweibrücken Rpfleger 67, 2; Bamberg JurBüro 76, 1094). Bei einstweiliger Verfügung auf Eintragung und ebenso bei Klage auf Löschung einer Vormerkung ist nach § 3 zu bewerten und maßgebend das Interesse des Klägers an freier Verfügung über sein Grundstück, dessen lastenfreier Wert obere Grenze ist (Neustadt Rpfleger 57, 238; Celle AnwBl 68, 229; Schleswig SchlHA 66, 85). Einzelne Bewertungen: Nürnberg AnwBl 70, 55 (50% des Grundstückswertes wegen grundsätzl Nichtveräußerbarkeit des Grundstücks); Celle Rpfleger 70, 248 (1/10 des Kaufpreises wegen des nicht mehr bestehenden Auflassungsanspruchs); München BB 76, 1295 u Celle KoRsp ZPO § 3 Nr 835 (1/4 des Grundstückswertes); Bamberg JurBüro 76, 1247 (1/10 des Grundstückswertes als untere Schätzungsgrenze); BGH NJW 73, 654/655 unter III (Interesse an der ungehinderten Verwertung des Grundeigentums; Vormerkung durch Versteigerung erloschen; daher nur 5% des Verkaufswertes); Nürnberg NJW 77, 857 (Interesse nur von Fall zu Fall ermittelbar).

● **Auflösung** eines Vertrags s „Aufhebung"; – einer Gesellschaft oder GmbH (§§ 61 ff GmbHG): § 3, persönl Interesse des Klägers (Hamm GmbHR 55, 226). Feststellung der Auflösung eines Vertrages ist nach dem Interesse des Klägers an der Freistellung von seinen Verpflichtungen zu bewerten, nicht nach dem Wert des Leistungsgegenstandes selbst (Celle NdsRpfl 84, 14; AnwBl 84, 448 = KoRsp ZPO § 3 Nr 704 m Anm Schneider; München KoRsp ZPO § 3 Nr 706 m Anm Schneider; AG Bremen-Blumenthal KoRsp ZPO § 3 Nr 675 m Anm Schneider).

● **Aufopferungsanspruch:** Rentenansprüche aus Aufopferung sind nur nach § 17 II GKG mit dem fünffachen Betrag des einjährigen Bezugs zu berechnen, BGHZ 53, 172.

● **Aufrechnung: Zuständigkeit** richtet sich nur nach § 5 Hs 2; zur Rechtsmittelbeschwer vgl Rn 19 vor § 511. Der **Gebührenstreitwert** (der die Wertgrenzen für AG und LG nicht verschiebt) bestimmt sich nach § 19 III GKG. **Erklärung:** Prozessuale Aufrechnungserklärung genügt, wenn und soweit sie im Rechtsstreit vorgetragen wird (Schneider JurBüro 69, 785). Im Werkvertragsrecht Aufrechnung nur bei wirklichen Schadensersatzforderungen, nicht wenn Gewährleistungsrechte (Wandelung, Minderung, Schadensersatz wg Mängeln) geltend gemacht werden; das ist **Abrechnung** mit der Folge, daß Klageanspruch gfls von vornherein nur in geringerer Höhe entsteht als er eingeklagt worden ist (Köln, Düsseldorf, LG Bayreuth KoRsp GKG § 19 Nr 17, 87, 116, je m Anm Schneider; teilweise aA Düsseldorf KoRsp GKG § 19 Nr 88 m Anm Schneider; s dazu Schneider MDR 85, 267). Anders, wenn darüber hinausgehende Ansprüche aus positiver Vertragsverletzung hilfsweise zur Aufrechnung gestellt werden. Die Rechtsverteidigung muß deshalb juristisch genau qualifiziert werden; beispielsweise keine Addition, wenn der Beklagte Herabsetzung des Kaufpreises wegen „Wegfalls der Geschäftsgrundlage" verlangt oder die Anpassung der Gegenleistung auf „positive Vertragsverletzung" stützt und diese Klageabwehr irrig als „Aufrechnung" in den Prozeß einführt (Köln KoRsp GKG § 19 Nr 81; Koblenz KoRsp GKG § 19 Nr 107 m Anm Schneider) oder gegenüber einer Darlehensklage mit einem Anspruch wegen Belastung mit der Rückzahlungspflicht „aufgerechnet" wird (BGH KoRsp GKG § 19 Nr 109) oder nur scheinbar bestritten wird, um sich auf ein vertragliches Aufrechnungsverbot mit „bestrittenen Ansprüchen" berufen zu können (BGH KoRsp GKG § 19 Nr 92 m Anm Schneider u Lappe). Primäraufrechnung auch dann, wenn Beklagter von der Begründetheit der Klageforderung ausgeht, aber Unzuständigkeit rügt und für den Fall, daß er damit nicht durchdringt, Aufrechnung erklärt (str, s Schneider MDR 86, 183 m Nachw). § 19 III GKG ist auch dann anwendbar, wenn eine **Vollstreckungsgegenklage** neben anderen Einwendungen mit hilfsweiser Aufrechnung begründet wird (BGHZ 48, 356). **Streitigsein** von Klageforderung und Gegenforderung ist Voraussetzung der Addition, da § 19 III GKG die *hilfsweise* Aufrechnung mit *bestrittener* Gegenforderung verlangt; die sog **Primäraufrechnung** fällt also nicht darunter (wohl bei mehreren hilfsweise gestaffelten Gegenforderungen, s unten). Deshalb keine Addition, wenn Kläger nur verbal-unsubstantiiert bestreitet, um ein vertragliches Aufrechnungsverbot für „bestrittene Ansprüche" einwenden zu können (BGH KoRsp GKG § 19 Nr 92 m Anm Schneider u Lappe) oder wenn nur Prozeßvoraussetzungen gerügt werden (irrig Frankfurt KoRsp GKG § 19 Nr 106 m abl Anm Schneider u Lappe). Bei Klage nur auf Zinsen aus einer bestrittenen Hauptforderung und Aufrechnung gg die Hauptforderung, um den akzessorischen Zinsanspruch zu Fall zu bringen, handelt es sich um eine zur Wertaddition führende Eventualaufrechnung (KG KoRsp GKG § 19 Nr 110). Wendet **Bürge** gegenüber dem Gläubiger ein, der Hauptschuldner habe aufgerechnet, dann ist § 19 III GKG bei Eventualstellung dieser Verteidigung analog anzuwenden (aA BGH NJW 73, 146). **Entscheidung** in der Instanz nötig (KG KoRsp GKG § 19 Nr 49); daran fehlt es, wenn das Gericht die Aufrechnung nicht zuläßt und deshalb nicht darüber entscheidet, zB wegen § 530 II oder § 393 BGB oder wegen § 55 KO (Oldenburg MDR 84, 239); dann darf nicht addiert werden (BGH Warneyer 74 Nr 142; KoRsp GKG § 19 Nr 85; Schleswig SchlHA 79, 126; Frankfurt JurBüro 71, 311); nicht zu verwechseln mit dem Fall, daß die Gegenforderung wegen fehlender Substantiierung sachlich beschieden und aberkannt wird! Auch keine Addition, wenn der Beklagte sich primär mit einem Zurückbehaltungsrecht, hilfsweise mit Aufrechnung verteidigt, die Zurückbehaltungseinrede aber durchgreift (LG Bayreuth JurBüro 80, 1865). Über die Hilfsaufrechnung wird auch nicht entschieden, wenn **Versäumnisurteil** gegen den Beklagten ergeht (LAG Rheinland-Pfalz KoRsp GKG § 19 Nr 10). Ebenso keine Entscheidung, wenn Berufung gg ein Urteil eingelegt wird, das über Klage und Hilfsaufrechnung befunden hat, die Berufung dann aber zurückgenommen wird (Karlsruhe KoRsp GKG § 19 Nr 16 m Anm Schneider gg BGH aaO Nr 15 u 19 m abl Anm Schneider). **Mehrere Gegenforderungen,** die hilfsweise gestaffelt zur Aufrechnung gestellt und beschieden werden, führen zur mehrfachen Addition (BGHZ 73, 249; Zweibrücken Rpfleger 85, 328), und zwar für jede Forderung bis zur Höhe der Klageforderung (München NJW 70, 58; Stuttgart Justiz 70, 184; LG Bayreuth JurBüro 78, 894); aA Köln (JMBlNRW 79, 70) und Frankfurt (MDR 80, 587 m abl Anm Schneider), die bei mehrfacher Aufrechnung nur einmal addieren wollen (dagegen auch Schneider Anm KoRsp GKG § 19 Nr 23). Bei Aufrechnung gegen unstreitige Klageforderungen mit hilfsweise gestaffelten streitigen Gegenforderungen sind diese unter Abzug des Wertes der Klage zu addieren (LG Hannover JurBüro 82, 423; Frankfurt JurBüro 83, 257; Hamm, Bremen KoRsp GKG § 19 Nr 112, 113 m zust Anm Schneider; Aufgabe der gegenteiligen Ansicht in der Vorauflage und in Streitwert-Kommentar 7. Aufl 1986 Aufrechnung Nr 11; aA Lappe NJW 83, 1468). Die Wertberechnung ist für **jede Instanz selbständig** anzustellen; es ist also nur erstinstanzlich zu addieren, wenn im ersten Rechtszug über die streitige Gegenforderung mitentschieden worden ist, die höhere Instanz jedoch wegen Berufungsrücknahme nicht entscheidet (Celle JurBüro 85, 911; KG JurBüro 85, 913; Schleswig JurBüro 86, 1064 m weiteren Nachw) oder die Klage als unschlüssig oder an sich unbegründet abweist (Saarbrücken KoRsp GKG § 19 Nr 16; KG KoRsp GKG § 19 Nr 49). Frankfurt (AnwBl 80, 503; ebenso LG Berlin KoRsp GKG § 19 Nr 27 m abl Anm Schneider) will unter Berufung auf Lappe (Komm z GKG § 19 Anm 16 u Anm zu KoRsp GKG § 19 Nr 31) erstinstanzl Wertaddition in diesem Fall rückwirkend entfallen lassen; ebenso jetzt BGH KoRsp GKG § 19 Nr 92 m abl Anm Schneider u zust Anm Lappe; s dagegen Schneider MDR 81, 178; 86, 183; Markl GKG § 19 Rn 26a mwNachw). **Rechtskraftgrenze,** § 322 II, gilt nur bei urteilsmäßiger Entscheidung, nicht beim Urkunden- oder Wechselvorbehaltsurteil (Frankfurt KoRsp GKG § 19 Nr 105) und nicht bei **Prozeßvergleich;** bei diesem ist die gesamte verglichene Gegenforderung hinzuzurechnen (Frankfurt MDR 80, 64; Köln JurBüro 79, 566; München JurBüro 78, 1226), sofern die Gegenforderung abschließend geregelt worden ist (LG Bayreuth JurBüro 80, 1219); Abstriche, wenn die Realisierbarkeit der Aufrechnungsansprüche zweifelhaft ist (Frankfurt MDR 81, 57). Ein erhöhter Vergleichswert ist jedoch nie für die Verfahrensgebühren zugrunde zu legen (Köln MDR 79, 412; Frankfurt KoRsp GKG § 19 Nr 30 m ausführlicher Anm Schneider; aA München KoRsp GKG § 19 Nr 14 m abl Anm Lappe).

● **Auseinandersetzung** einer Gütergemeinschaft richtet sich nach dem Wert des begehrten Anteils (Frankfurt KoRsp ZPO § 3 Nr 444 m Anm Schneider), auch wenn die Parteien sich vergleichen und im Vergleich die Auflassung von Grundstücken erklären (Frankfurt KoRsp ZPO § 3 Nr 445) oder nur um die Art der Teilung streiten (Schleswig SchlHA 79, 57). S auch unter „Aufhebung – der Gemeinschaft".

● **Ausgleichsanspruch** des Handelsvertreters: Klage auf Auskunft = ⅕ der erwarteten Zahlung (BGH BB 60, 796). Zur Berechnung des Streitwerts des Ausgleichsanspruchs und der Karenzentschädigung s Karlsruhe Justiz 71, 306. Wird bei einem unbezifferten Antrag der Ausgleichsanspruch vom Gericht in einem Versäumnisurteil beziffert, so ist Streitwert der höhere Urteilsbetrag (Köln VersR 73, 1065). Lit: Schneider DB 76, 1298.

● **Auskunft oder Buchauszugserteilung:** § 3, Interesse des Klägers oder Abwehrinteresse des unterlegenen Beklagten in der Rechtsmittelinstanz (s dazu Schneider MDR 86, 266 zu Fn 137). Angriffsinteresse des Klägers nicht identisch mit Hauptsache, sondern nur Teilwert, der nach § 3 zu schätzen ist. Nürnberg (MDR 60, 507 m Nachw) und Celle (NdsRpfl 60, 177; 61, 221 m Nachw) nehmen ⅕ bis ⅒, KG (Rpfleger 62, 120) und München (MDR 72, 247) ⅕ bis ¼, Köln (VersR 76, 1154) u Bamberg (JurBüro 85, 576) im Regelfall ¼ an. Maßgebend ist, in welchem Maß die Durchsetzbarkeit der Ansprüche des Klägers von der Auskunft des Beklagten abhängt; Interesse um so höher zu bewerten, je geringer seine Kenntnisse und sein Wissen über die zur Begründung des Leistungsanspruchs maßgeblichen Tatsachen sind (s BGH KoRsp ZPO § 3 Nr 613 m Anm Schneider). Schätzung nach objektiven Anhaltspunkten der Klagebegründung bei Einreichung (Köln NJW 60, 2295); spätere geringere Bezifferung als zunächst angenommen unerheblich (Frankfurt KoRsp GKG § 18 Nr 18; Karlsruhe ebenda Nr 22). Auskunft hat neben Klage auf Feststellung der Schadensersatzpflicht selbständigen Streitwert (Stuttgart NJW 59, 890). Begehrt Kläger zunächst nur Auskunftserteilung und geht er nach im Prozeß erteilter Auskunft zur Schadensersatzklage über, so bildet nur der (höhere) Wert der Schadensersatzklage den Streitwert; ein gesonderter Wert für die zunächst erhobene Auskunftsklage ist nicht hinzuzurechnen (Celle Betrieb 71, 865). Abwehrinteresse des Beklagten wird in erster Linie durch den voraussichtlichen Aufwand an Zeit und Kosten bestimmt, der für ihn mit der Auskunfterteilung oder Rechnungslegung verbunden ist (BGH KoRsp ZPO § 3 Nr 668 m Anm Schneider; WPM 85, 764), entspricht also nicht dem Interesse des Klägers an der Auskunft oder Versicherung, wie Saarbrücken (JurBüro 85, 1238 = KoRsp ZPO § 3 Nr 768 m abl Anm Schneider) meint (BGH KoRsp ZPO § 3 Nr 754 m Anm Schneider, ferner aaO Nr 758, 823). Wohl ist das Interesse des Beklagten zwangsläufig nach oben begrenzt durch das Interesse des Klägers (Düsseldorf JW 33, 2769; Stuttgart 37, 228). Belanglos, ob die Parteien auch über den Grund des Leistungsanspruchs streiten. – Vorlage einer bestimmten Urkunde ist wie Auskunfts- oder Rechnungslegungsanspruch mit einem Bruchteil des Leistungsbegehrens zu bewerten (Köln MDR 83, 321; ¼). Vorlage eines Nachlaßverzeichnisses gemäß § 2215 BGB und auf Auskunfterteilung bezügl des Verbleibs von Erbschaftsgegenständen: § 3, Interesse des Klägers daran, Schwierigkeiten bei der Ermittlung des Bestandes der Erbschaft, die ohne begehrte Auskunft auftreten würden, zu vermeiden (KG JurBüro 73, 151). Klage mit dem Ziel, den Auskunftsanspruch nach § 2314 I 2 BGB durch Einholung eines Gutachtens zu realisieren, nach dem Auskunftsinteresse zu bewerten, nicht nach den Kosten, wie München meint (KoRsp ZPO § 3 Nr 641 m abl Anm Schneider).

● **Ausländische Währung.** Für in ausländischer Währung ausgedrückte Geldschuld, die durch Zahlung in ausländischer Währung zu erfüllen ist, oder bei Vollstreckbarerklärung eines ausländischen Urteils (§§ 722, 723) oder eines ausländischen Schiedsspruchs (§ 1044) oder Schiedsvergleichs (§ 1044a) sind die Geldbeträge in deutsche Währung umzurechnen, wobei als Zeitpunkt für die Umrechnung nach § 4 I die Klageeinreichung oder der Eingang des Antrages bei Gericht maßgebend ist. Soweit die sachl Zuständigkeit erster Instanz von dieser Wertberechnung abhängt, ist der ermittelte Wert endgültig, spätere Veränderungen berühren die Zuständigkeit grundsätzl nicht (§ 261 III Nr 2). Dieser für die Zuständigkeit endgültige Wert gilt auch für die Gebührenberechnung, wenn und soweit er geringer wird. Erhöht sich der Umrechnungsbetrag, weil zB der Wechselkurs gestiegen ist, so ist den im Rechtszug entstandenen Gebühren der bei Beendigung der Instanz maßgebende höhere Wert zugrunde zu legen (§ 15 GKG).

● **Ausscheiden eines Kommanditisten.** Ist es unstreitig und klagt der persönl haftende Gesellschafter deshalb auf Verurteilung zur Mitwirkung der Anmeldung zum Handelsregister: § 3 (Leistungsklage auf Abgabe einer Willenserklärung); maßgebl Interesse des Klägers an der Offenlegung des wirkl Beteiligungsverhältnisses nach außen (Köln MDR 71, 768).

● **Ausschluß** aus einer Gesellschaft (§ 140 HGB), auch atypischen stillen (Köln JurBüro 70, 427) oder aus einer Genossenschaft: § 3; maßgebend nicht Kapitalanteil des Beklagten, sondern Interesse des Klägers an dem Ausschluß; Ausgangspunkt hierfür Wert der Geschäftsanteile der Kläger (BGHZ 19, 175; Frankfurt JurBüro 85, 1083). Ausschluß aus Gemeinschaft der Wohnungseigentümer: Streitwert nach den Miteigentumsanteilen der Kläger, höchstens nach dem des Beklagten (LG Nürnberg-Fürth JurBüro 64, 830). – **Ausschlußklage** GmbH: § 3, idR nach dem Verkehrswert der Gesellschaftsanteile (Neustadt MDR 64, 605; Rpfleger 67, 1). – **Vereine:** s. dort.

● **Aussetzungsbeschluß:** Für Beschwerde gegen Aussetzung ist Streitwert das nach § 3 zu schätzende Interesse der Parteien an der Entscheidung über die Aussetzung (BGHZ 22, 283; Frankfurt JurBüro 79, 1072 u Köln MDR 73, 683: je ⅕ der Hauptsache, wobei besondere Umstände des Einzelfalles zu einer Erhöhung oder Herabsetzung führen können; vgl dazu zusammenfassend: Schneider MDR 73, 542). Aussetzung hindert nicht Streitwertfestsetzung: Hamm MDR 71, 495.

● **Aussonderung** im Konkurs: § 6.

● **Baubeschränkung:** § 7.

● **Bauhandwerkersicherungshypothek:** Maßgebend ist das Interesse des Gläubigers bei Antragstellung (LG Frankfurt AnwBl 83, 556). Auszugehen ist vom Wert der zu sichernden Forderung (KG Rpfleger 62, 156) ohne Kosten (LG Tübingen BauR 84, 309). Auch bei Klage auf Einräumung der Sicherungshypothek ist nur die Forderung maßgebend, selbst wenn Werklohn miteingeklagt wird (Köln VersR 74, 673; Frankfurt JurBüro 77, 1136). Streitwert des Verfügungsverfahrens bemißt sich nach § 3 (§ 20 I GKG), § 6 ist nicht Ausgangspunkt (irrig LG Saarbrücken AnwBl 81, 70 m abl Anm Schneider in KoRsp ZPO § 3 Nr 514). Wichtigste Bemessungsfaktoren sind Forderungshöhe, Sicherungsinteresse und Rangwahrung der Vormerkung. Häufiger Wertansatz ¼ bis ⅓ (Frankfurt JurBüro 77, 719; Bremen JurBüro 82, 1052 [Aufgabe von AnwBl 76, 441]; Celle KoRsp ZPO § 3 Nr 781).

● **Baulandverfahren:** Wenn Geldentschädigung verlangt wird, ist deren Höhe maßgebend (§ 6). Für Umlegungsverfahren gilt § 3, wobei die Schätzung vom Verkehrswert der beteiligten Grundstücke auszugehen hat; der Streitwert selbst ist jedoch niedriger anzusetzen, zB für das Begehren, den Umlegungsplan aufzuheben, ⅕ der eingeworfenen Fläche (BGHZ 39, 317; 51, 341; BGH MDR 78, 648; Bamberg JurBüro 83, 1538). Abwehr eines Umlegungsplanes mit dem Ziel eines Grundstückstausches, um Bebauung abzuwehren, nicht höher als ⅕ (aA anscheinend Bamberg KoRsp ZPO § 3 Nr 610 mit Anm Schneider). Bei Bekämpfung der Einbeziehung und damit Entziehung eines Grundstückes in die Umlegung kann, wenn totaler Eigentumsverlust ohne Bodenausgleich droht, voller Verkehrswert geboten sein (Düsseldorf KoRsp §§ 161, 168 BBauG Nr 6). Geht es andererseits nur um Vermeidung von Erschwernissen, zB bei der Grundstückszufahrt, dann ist entsprechend gering zu bewerten (Karlsruhe AnwBl 74, 377: ⅒ der in die Umlegung einbezogenen Fläche). Enteignende Belastung eines Grundstücks mit einer beschränkt persönlichen Leitungsdienstbarkeit: Beschwer = Verkehrswertdifferenz mit und ohne Belastung (BGH KoRsp BBauG §§ 161, 162 Nr 27). Vorzeitige Besitzeinweisung, § 116 BauGB, entsprechend §§ 20 GKG, 221 BauGB nach § 3 frei zu schätzen (Hamburg NJW 65, 2404: ⅓ des Flächenwerts; Nürnberg JurBüro 65, 155: ¼; BGH MDR 74, 30: ⅕). Bei Abwehr eines Enteignungsverfahrens: § 6 (BGH Warneyer 67 Nr 208). Unbezifferte Entschädigungsansprüche folgen den allg Bewertungsregeln (Köln JurBüro 70, 606; München Rpfleger 68, 361: der Betrag, der auf der Grundlage des Klagevorbringens als angemessene Entschädigung zu berechnen ist, wobei bezifferte Mindest- oder Höchstbeträge als Grenzwerte beachtet werden müssen). Weitere Einzelheiten bei Schneider StrW-Komm Baulandverfahren Nr 1 ff.

● **Bauverpflichtung:** Verpflichtung, auf einem städtischen Erbbaugrundstück ein Wohnhaus zu errichten, Festsetzung nach § 3 zu einem Betrag, der sich erheblich unter den Baukosten hält (Frankfurt Rpfleger 57, 390).

● **Bedingte Ansprüche** oder ungewisser Erfüllungszeitpunkt: Schätzung nach § 3 (BGH MDR 82, 36), maßgebend gegenwärtiges Interesse des Klägers unter Abschätzung der Wahrscheinlichkeit des tatsächlichen Eintritts der Voraussetzungen (RG JW 08, 13). Nach RGZ 118, 321 gilt § 6, also kein Abzug, wenn Forderung bedingt oder betagt; aA (§ 3) Nürnberg Rpfleger 63, 178.

● **Befreiung** (s auch „Schuldbefreiung“) von einer Bürgschaftsverpflichtung oder von der persönl Haftung für eine Hypothek: idR Betrag der Hauptforderung, nicht der Summe, auf die der Bürge oder persönl haftende Schuldner wahrscheinl oder möglicherweise in Anspruch genommen werden könnte (Karlsruhe AnwBl 73, 168). Ist die Klage auf Befreiung von der persönl Schuld und zugleich von der dingl Haftung gerichtet, so ist der Wert nur einmal anzusetzen; s dazu KG JurBüro 68, 466 (Freistellung von Forderung und der dafür bestellten Hypothek bei Gesamtschuldverhältnis). Bei Klage gegen Dritten auf Befreiung von einer gesetzl Unterhaltspflicht: § 3 BGH (NJW 74, 2128), – von Schadensersatzpflichten: nicht § 3, sondern ziffernmäßige Schadensersatzpflicht des Klägers (BAG MDR 60, 616). Bei Anspruch auf Freistellung von einer unbezifferten Verbindlichkeit macht Frankfurt (KoRsp ZPO § 3 Nr 655 mit Anm Schneider) Abschlag von 20% wie bei Feststellungsbegehren.

● **Berichtigung nach § 319:** Hauptsachewert, wenn von der Berichtigung die Vollstreckungsfähigkeit des Urteils abhängt (Frankfurt JurBüro 80, 1893). Bei der Berichtigungsbeschwerde ist auf das Änderungsinteresse des Beschwerdeführers abzustellen (Zweibrücken KoRsp ZPO § 3 Nr 695).

● **Berichtigung des Grundbuchs:** § 3 (Saarbrücken AnwBl 78, 106); Interesse des Klägers, nicht Wert des Grundstücks. Bei Klage auf Einwilligung in die Berichtigung des Grundbuchs, wenn zugleich Feststellung des Eigentums bezweckt wird: Grundstückswert ohne Abzug von Lasten (BGH MDR 58, 676; kritisch dazu Schneider StrW-Komm Berichtigung des Grundbuchs Nr 2). Geringerer Wert jedenfalls dann, wenn es nur um formelle Rechtslage geht, zB weil wahre Eigentums- oder Rechtsverhältnisse unstreitig oder rechtskräftig festgestellt sind (LG Bayreuth JurBüro 79, 1884).

● **Berufung:** Es entscheidet das Interesse des Berufungsklägers an der begehrten Abänderung, § 14 I GKG (grundsätzl die während der Begründungsfrist gestellten Anträge, München MDR 74, 590; BGH NJW 74, 1256), bei Streitgenossen Zusammenrechnung der je selbständigen Beschwer (BAG KoRsp ZPO § 5 Nr 59; s unter „Streitgenossen" u § 546 Rn 14), bei erfolgloser Eventualaufrechnung doppelte Beschwer (s unter „Aufrechnung"). Bei Berufung gegen ein Zwischenurteil, das Ausländersicherheit anordnet, entspricht die Beschwer der Höhe der Sicherheitsleistung (Karlsruhe MDR 86, 593). Zur Berufung wegen der Gegenleistung vgl Schneider MDR 86, 183 zu BGH WPM 85, 1457; Interesse des Rechtsmittelklägers an der Aufrechterhaltung der Verurteilung Zug um Zug erhöht seine Beschwer nicht (BGH KoRsp ZPO § 3 Nr 829). Kommt es nicht mehr zur Antragstellung, so entscheidet die Beschwer des Berufungsführers im ersten Rechtszug (§ 14 I 2 GKG). Der Berufungskläger ist nur beschwert, soweit das Erstgericht seinen Anträgen nicht stattgegeben hat. Nimmt er zurück, nachdem er geringerwertigen Antrag gestellt hatte, ist dies dann unbeachtl, wenn der Antrag offensichtl nicht auf Durchführung des Rechtsmittels gerichtet war (BGHZ [GSZ] 70, 365 = KoRsp GKG § 14 Nr 3 m Anm Schneider; BGH WPM 78, 438; Schneider NJW 78, 768). Das ist immer dann anzunehmen, wenn nachträgl ein Antrag unterhalb der Rechtsmittelbeschwer gestellt wird, wobei dann zweifelhaft ist, ob die volle Beschwer anzusetzen ist (so BGHZ 70, 365; Hamm AnwBl 79, 273; LG Lübeck SchlHA 79, 44 = KoRsp GKG § 14 Nr 5 m krit Anm Schneider) oder die Mindestbeschwer (dafür Schneider JurBüro 78, 802). Die Frage ist nach wie vor umstritten. Gegen BGHZ 70, 365 haben sich ausgesprochen: Hamm MDR 78, 1030 = KoRsp GKG § 14 Nr 4 m Anm Schneider u MDR 79, 571; Celle MDR 79, 1033 = KoRsp GKG § 14 Nr 14 m Anm Schneider, dafür Hamm AnwBl 79, 273. – Streitwert bei wechselseitig eingelegten Rechtsmitteln: § 19 II GKG. Diese Bestimmung ist aber nicht anwendbar, wenn gegen das Urteil der verurteilte Gesamtschuldner und der Kläger, der gegen den anderen Gesamtschuldner abgewiesen ist, Berufung einlegen; hier ist einfacher Wert anzunehmen (BGHZ 7, 152). Ist teils zugesprochen, teils abgewiesen, so ist der Streitwert der Rechtsmittel beider Beschwerden zusammenzurechnen. Wird auf die Berufung gegen ein klagezusprechendes Teilurteil dieses aufgehoben und Klage antragsgemäß ganz abgewiesen, ist Streitwert der Berufungsinstanz der volle Wert der Klage; ohne Belang, ob Antragstellung prozessual zulässig ist oder nicht (KG Rpfleger 62, 154). Ist Berufung wegen Zinsverurteilung eingelegt, so Streitwert die Summe der Zinsen bei Abschluß der zweiten Instanz, § 15 I GKG (Köln JurBüro 72, 244; Celle JurBüro 71, 237). Bei Teilurteil zur Hauptsache und Schlußurteil über die Kosten sind die Berufungen gegen beide zu verbinden (§ 517 S 2); (erst) ab dann ein Streitwert (ohne Kosten, § 22 I GKG); bis zur Verbindung selbständige Werte (Schneider MDR 82, 265; undifferenziert Köln MDR 57, 173 u Frankfurt JurBüro 81, 1732). Zur nur **vermeintlichen Beschwer** s unter „Rechtsmittelinstanz".

● **Berufungszurücknahme:** Die Kosten für das Verfahren über Anträge auf Verlustigerklärung des Rechtsmittels und auf Kostenentscheidung nach Zurücknahme des Rechtsmittels sind nicht nach dem Wert der Hauptsache, sondern nach einem Streitwert zu berechnen, der dem Betrag der Kosten entspricht, die in der Rechtsmittelinstanz bis zu dem Antrag auf Erlaß der Verlustigerklärung und auf Kostenentscheidung erwachsen sind (BGHZ 15, 394; hM). Richtiger dürfte es sein, im Anschluß an RGZ 155, 382 u RG JW 38, 1627 in Anwendung des § 3 auf einen oberhalb des Kosteninteresses liegenden Betrag zu schätzen, da immerhin der Rechtsmittelverlust beurkundet wird (so Schneider JurBüro 70, 899). Nur so läßt sich auch der Streitwert sachgerecht bestimmen, wenn nur der Antrag auf Erlaß des Verlustigkeitsbeschlusses gestellt wird, für den schwerlich der Kostenstreitwert maßgebend sein kann (zutr Herget Anm zu KoRsp BRAGO § 31 Ziff 1 Nr 81).

● **Beschwerde:** Es fällt eine Wertgebühr an, so daß ein Beschwerdewert festzusetzen ist, auch wenn vorinstanzlich eine Festgebühr anzusetzen war (Köln MDR 76, 56; Frankfurt JurBüro 83, 584). Bei Angriff gegen prozeß- oder sachleitende Zwischenentscheidungen ist das Interesse des Beschwerdeführers an der begehrten Entscheidung maßgebend, so auch bei Beschwerde gegen Aussetzungsbeschluß (BGHZ 22, 283); also nicht Hauptsachewert (so Düsseldorf JMBlNRW 56, 187; Hamm NJW 71, 2317), sondern Bruchteil davon (⅓ bis ⅕: Nürnberg KoRsp ZPO § 3 Nr 224 u 265; Köln MDR 73, 683). Wenn mehrere in einer Sache ergangene Kostenfestsetzungsbeschlüsse angefochten werden, sind gesonderte Beschwerdewerte festzusetzen (Stuttgart KoRsp § 5 Nr 44 m Anm Schneider gg Nürnberg JurBüro 75, 191). Sachverständiger gegen Androhung von Ordnungsgeld nach § 411 II: ⅕ des zulässigen Höchstbetrages (1 000 DM: Art 6 I EGStGB; München [im Anschluß an Köln Rpfleger 76, 138 für einstweilige Einstellung] ZSW 81, 68 [70] = KoRsp ZPO § 3 Nr 521 m Anm Schneider).

● **Beseitigungsklage:** § 3, Interesse des Klägers an der Beseitigung des Zustandes; KG JurBüro 56, 348 (Entfernung von Reklameanlage). S auch unter „Überbau".

● **Besichtigung** von Mieträumen durch Wohnungssuchende: § 3, idR eine Monatsmiete.

● **Besitzeinräumung:** Verkehrswert, § 6 (LG Bayreuth JurBüro 77, 1116); bei nur vorläufiger Besitzübertragung eines Grundstücks Jahresbetrag der fiktiven Monatsmiete (Schneider MDR 86, 266; übersetzt Düsseldorf KoRsp GKG § 20 Nr 75 m Anm Schneider).

● **Besitzstörungsklage:** § 3, Interesse des Klägers an der Beseitigung. Hoch anzusetzen, wenn Besitz besonders aggressiv und unter Verletzung von Strafgesetzen gestört wird (Köln JMBlNRW 76, 71). Bei Störung des Wohnungsbesitzes Wert der Unterlassungsklage nicht höher als Klage über das Bestehen oder die Dauer des Mietverhältnisses, § 16 I GKG (Neustadt Rpfleger 67, 2). Ebenso, wenn Störung an Grundstücksflächen – Parkplatz, Garten, Wiese usw – abgewehrt werden soll, die zusammen mit einem Gebäude benutzt werden (Zweibrücken KoRsp ZPO § 6 Nr 100; Schneider MDR 85, 272).

● **Betagte Ansprüche:** § 3, das gegenwärtige Interesse des Klägers unter Berücksichtigung der größeren oder geringeren Zeitdauer bis zum Fälligkeitstermin (Celle JW 26, 210; LG Bielefeld KoRsp ZPO § 3 Nr 483). S auch unter „Bedingte Ansprüche" u „Fälligkeit".

● **Beweisgebühr:** Nur der Wert des Beweisgegenstandes maßgebend, auch wenn Verfahrensstreitwert höher liegt (Düsseldorf JurBüro 83, 1042; LAG Hamm KoRsp GKG § 21 Nr 3). Anerkenntnis mindert Beweisgebühr nur, soweit es die Beweiserheblichkeit und Beweisbedürftigkeit ausräumt (Schneider MDR 85, 356; s unter „Anerkenntnis"). Klageerweiterung erhöht den Streitwert, wenn die Beweisaufnahme sich darauf bezieht (Frankfurt KoRsp ZPO § 3 Nr 620), ebenso bei Kurswertsteigerungen während der Beweisaufnahme (Hamm JurBüro 81, 1860: Zahlung von US-Dollar). Vaterschaftsklage erstreckt sich auch auf Anspruch auf Regelunterhalt (Hamm KoRsp GKG § 12 Nr 93 m Anm Schneider).

● **Beweissicherung:** Bewertung sehr umstritten (Knacke NJW 86, 36; Schneider MDR 86, 267). Manche bestimmen den Streitwert nach dem Wert, den der zu sichernde oder abzuwehrende Anspruch bei Eingang des Antrags hat (Nachw Schneider StrW-Komm „Beweissicherungsverfahren" Nr 3) oder nach der Summe der Ansprüche des Antragstellers, die vom Ergebnis der Beweisaufnahme abhängen. Er beschränkt sich nicht auf schon anhängige Ansprüche (vgl zB LG Verden KoRsp ZPO § 3 Nr 618 mit Anm Schneider; LG München AnwBl 83, 175; LG Koblenz AnwBl 82, 198; LG Nürnberg-Fürth AnwBl 82, 437), was bei Durchführung des Hauptverfahrens gfls zur Kostenquotierung zwingt (Hamm MDR 79, 677; Schleswig JurBüro 85, 216; Schneider MDR 86, 267). Richtiger erscheint Abstellen auf das Interesse an sich an der Maßnahme, das nicht gleich dem Interesse an der Hauptsache ist (BayVGH JR 73, 82), sondern nur Bruchteil davon, etwa ½ bis ¾ (zB LG Karlsruhe AnwBl 84, 614; LG Bayreuth JurBüro 84, 108).

● **Bezugsverpflichtung:** Klageantrag auf Verurteilung des Beklagten, seinen gesamten Bedarf an einer Ware beim Kläger zu decken, und Antrag auf Verurteilung des Beklagten, anderen Bezug zu unterlassen, haben denselben Gegenstand; maßgebl Interesse des Klägers ergibt sich aus dem Gewinnverlust, der durch die Klage verhindert werden soll (KG Rpfleger 69, 443) und nach dem durchschnittlichen Jahresgewinnausfall zu berechnen ist (Bamberg JurBüro 85, 441). Daneben sind neben Gewinnverlust auch andere Faktoren wie Werbewirkung und Stetigkeit des Umsatzes zu berücksichtigen (Bamberg MDR 77, 935). S ferner oben „Abnahme" sowie Schneider MDR 79, 177 u Anm zu LG Bayreuth KoRsp GKG § 20 Nr 23 (Bierbezug).

● **Bindung** nach § 24 GKG: Voraussetzung eindeutige Zuständigkeitsentscheidung (Köln JurBüro 75, 1354); nicht genügend Erlaß einer Sachentscheidung mit (unterstellter) stillschweigender Zuständigkeitsprüfung, zB Abweisung einer unbezifferten Schmerzensgeldklage, so daß Gebührenstreitwert unterhalb der Grenze der §§ 71 I, 23 Nr 1 GVG festgesetzt werden darf (KG MDR 80, 853).

● **Bürgschaft:** Für Feststellung des Bestehens oder Nichtbestehens gilt § 6, maßgebend ist die zu sichernde Forderung, nicht der Betrag, bis zu dem sie wahrscheinl einmal in Anspruch genommen wird (Frankfurt AnwBl 80, 460; Stuttgart MDR 80, 678). Bei Klage gegen Hauptschuldner und Bürgen gemeinsam auf Zahlung keine Zusammenrechnung, weil nur einmalige Leistung gefordert werden kann (LG Kaiserlautern Rpfleger 66, 347). – Wird mit Zahlungsklage gleichzeitig Herausgabe der Bürgschaftsurkunde verlangt, so wird der Herausgabeanspruch nicht bewertet, wenn wirtschaftl von der Zahlung gedeckt (Bamberg JurBüro 74, 1437). Wird nur die Urkunde herausverlangt, dann ist gem § 3 nach dem Interesse des Klägers zu schätzen (Hamm JurBüro 81, 434; Düsseldorf JurBüro 81, 1893), in der Regel 20–30% der Forderung (Stuttgart MDR 80, 678; LG Köln AnwBl 82, 437), evtl voller Forderungsbetrag, wenn die volle Inanspruchnahme des Klägers verhindert werden soll (Frankfurt AnwBl 80, 460). Auch wenn die Bürgschaftsforderung die Klageforderung übersteigt, ist von dieser auszugehen und ein Mehrbetrag-Aufschlag zu schätzen (Stuttgart MDR 80, 678). Gegenansprüche, deretwegen zurückbehalten wird, bleiben unberücksichtigt (Hamm JurBüro 81, 434). Interesse an Verhinderung mißbräuchlicher Benutzung besonders gering, wenn gesicherte Forderung unstreitig erloschen und dies leicht zu belegen ist (Hamm JurBüro 81, 434).

● **Darlehen:** Klage auf Gewährung eines zugesicherten Darlehens oder auf Abschluß eines Darlehensvertrages: Höhe der Darlehenssumme (BGH NJW 59, 1493; Köln JurBüro 60, 305). Für die Beschwer ist die aberkannte Differenz maßgebend (BGH WPM 85, 279); bei Klage auf Fortbestehen der Verpflichtung aus einem Darlehensvertrag wegen Nichtigkeit eines Ablösungsvertrages ist der bereits empfangene und bei Klageerfolg zurückzuzahlende Ablösungsbetrag wertmindernd zu berücksichtigen (BGH KoRsp ZPO § 3 Nr 745).

● **Dienstbarkeiten:** § 7.

● **Dingliche Sicherung:** § 6.

● **Dritter.** Klagt ein Dritter auf Feststellung der Nichtigkeit eines Vertrages, so bestimmt sich der Streitwert nach dem Interesse des Dritten (BGH Rpfleger 55, 101; s auch RG WarnRsp 1910, 381).

● **Drittwiderspruchsklage:** s unter „Widerspruchsklage".

● **Duldung** einer Handlung ist gem § 3 nach Klägerinteresse zu schätzen. Duldung der Zwangsvollstreckung bemißt sich gem § 6 nach der Höhe der Forderung, deretwegen vollstreckt werden soll (ohne Nebenforderungen: § 22 I GKG iVm § 4 ZPO) oder, falls geringer, Wert des Vollstreckungsobjekts (Bamberg JurBüro 77, 1277); Belastungen, die die wirtschaftl Nutzung beeinträchtigen (Grunddienstbarkeiten!) sind abzuziehen, vorübergehende Belastungen (Hypotheken, Grundschulden usw) nicht (Schneider StrW-Komm Duldungsklage Nr 4). Ist Duldungsklage mit Zahlungsklage verbunden, keine Zusammenrechnung nach § 5; es entscheidet Streitwert der Zahlungsklage. § 6 gilt auch für Klagen auf Duldung der ZwV nach AnfG (Frankfurt MDR 55, 496). Nicht hierher gehören Fälle, in denen sich Haftungsbeschränkung erst in der ZwV zeigen kann (ZPO §§ 781, 786, BGB § 419). Bei ihnen ist ohne Rücksicht auf den Wert der Haftungsmasse nur der Zahlungsanspruch wertbestimmend (RGZ 54, 411; 137, 50).

● **Ehelichkeitsanfechtung,** § 640 II Nr 2; § 12 II 3 GKG. Regelstreitwert des § 12 IV GKG von 4 000 DM ist nach den Umständen des Einzelfalles zu erhöhen, aber auch nach Lage des Falles zu ermäßigen (Zweibrücken JurBüro 84, 1541). Bei Klagenhäufung gegenüber mehreren Kindern sind die Anfechtungsklagen einzeln zu bewerten und die Werte zu addieren (Zweibrücken JurBüro 84, 1541).

● **Ehesachen** (§ 606): Für die Wertermittlung ist der Zeitpunkt der Einreichung des Scheidungsantrages maßgebend (§ 12 I GKG iVm § 4 I ZPO). Bei Einreichung schon erkennbare Einkommensverschlechterung, etwa wegen schon ausgesprochener Kündigung, ist zu berücksichtigen (Düsseldorf KoRsp GKG § 12 Nr 108 u 91 m Anm Schneider). Ist bei Beendigung des Rechtszugs der Wert höher als zu Beginn, so ist § 15 I GKG anzuwenden (Zweibrücken AnwBl 83, 174). Mindestwert immer 4 000 DM (§ 12 II 4 GKG), also auch wenn das dreifache mtl Nettoeinkommen der Eheleute (§ 12 II 3 GKG) darunter liegt. Höherbewertung, wenn Umfang und Bedeutung der Sache sowie Vermögens- und Einkommensverhältnisse dazu Anlaß geben (§ 12 II 1 GKG). Alle Bemessungsfaktoren sind rechtl gleichrangig. **Umfang der**

Sache erheblich bei ausgedehnter Beweisaufnahme und langer Dauer des Verfahrens. Anwendung ausländischen Rechts kann einen Schwierigkeitszuschlag rechtfertigen (Zweibrücken JurBüro 84, 899: 20% bei italienischem Recht). Einverständliche Scheidung rechtfertigt Streitwertermäßigung (zB Düsseldorf AnwBl 86, 250). Vorprozessual aufgewandte Arbeitszeit des Anwalts jedoch belanglos (Bamberg JurBüro 76, 217; Schleswig SchlHA 76, 132; Köln JurBüro 76, 1538; grundsätzlich Schneider NJW 74, 1691). **Nettoeinkommen** berechnet sich nach Abzug eines Betrages für jedes unterhaltsberechtigte Kind, meist 300 DM mit Tendenz zu 500 DM (zB Düsseldorf FamRZ 86, 706; Saarbrücken JurBüro 82, 1378; Hamm AnwBl 84, 504; 85, 255; Nürnberg FamRZ 86, 194). Berücksichtigung von **Schulden** umstritten (s Schneider Anm KoRsp GKG § 12 Nr 105); sachgerecht und am praktischsten volle Anrechnung; Bruchteilsansätze sind wenig praktikabel (s Düsseldorf KoRsp GKG § 12 Nr 107 m abl Anm Schneider). **Bedeutung** der Sache grundsätzl für alle Eheleute gleich und deshalb zieml belanglos; kein „Prominentenstreitwert". **Vermögen** ist nach seinem Ertrag zu berücksichtigen (Düsseldorf JurBüro, 74, 1409), soweit es den vermögenssteuerfreien Betrag übersteigt (Nachw Lappe Anm zu Braunschweig KoRsp GKG § 12 Nr 29). Meist wird Privatvermögen mit 10%, Betriebsvermögen mit 5% streitwerterhöhend berücksichtigt, wobei Freibeträge für Eltern und Kinder zugebilligt werden, die sich an § 6 VermögenssteuerG orientieren (Einzelheiten bei Schneider StrW-Komm „Ehesachen" Nr 34 ff; s auch Schneider MDR 85, 354; 86, 265; Nürnberg FamRZ 86, 194). Nachahmenswert Köln (KoRsp GKG § 12 Nr 110 m zust Anm Schneider), das ein Familieneigenheim mit dem Betrag der ersparten Kaltmiete von drei Monaten berücksichtigt. **Folgesachen:** Ihr Streitwert wird mit dem der Scheidungssache addiert (§ 19 a GKG); zum Aufschlag bei Vorhandensein mehrerer Kinder s die Übersicht bei Schneider Anm zu Köln GKG § 12 Nr 25. Über die im **Verbund** stehenden Folgesachen und deren Bewertung s Schneider StrW-Komm Folgesachen. Die Einheit der Angelegenheit iS des § 19 a GKG bleibt auch nach Abtrennung erhalten (Bamberg JurBüro 80, 1864). **Versorgungsausgleich:** § 17 a GKG; 1 000 DM Mindestwert, der auch anzusetzen ist, wenn über die Anwartschaften kein Streit besteht (Düsseldorf FamRZ 79, 170); Bewertung entfällt, wenn gerichtl Anfragen ergeben, daß keiner der Ehegatten Anwartschaften erworben hat (Hamm JurBüro 79, 1336; München JurBüro 79, 1549). **Vergleich in Ehesachen** kann nicht über die Scheidung der Ehe abgeschlossen werden, wohl aber über Folgesachen. Maßgebend ist, worüber die Ehegatten sich vergleichen, nicht, welche Leistungen letztendlich vereinbart werden. Der wechselseitige Unterhaltsverzicht wird heute mit 2 400 bis 3 600 DM bewertet (zB Düsseldorf JurBüro 79, 250; JurBüro 84, 1542). Bewilligung von **Prozeßkostenhilfe** beeinflußt die Streitwerthöhe nicht unmittelbar, zeigt aber an, daß sich die Einkommens- und Vermögensverhältnisse der Parteien im untersten wirtschaftlichen Bereich bewegen und deshalb der Mindeststreitwert von 4 000 DM regelmäßig angemessen ist (Hamm KoRsp GKG § 12 Nr 85 m zust Anm Schneider; Koblenz KoRsp GKG § 12 Nr 90; Schneider MDR 85, 354; str, aA zB Düsseldorf KoRsp GKG § 12 Nr 91 m Anm Schneider; Zweibrücken KoRsp GKG § 12 Nr 73 m Anm Schneider; Hamm JurBüro 84, 733).

● **Eidesstattliche Versicherung:** s. Offenbarungsversicherung.

● **Eigentumsklage.** Klage auf Feststellung des Eigentums oder Erteilung der Auflassung: § 6; bei bloßer Feststellung kann Kläger-Interesse jedoch geringer als bei einem Leistungsurteil sein und Abschlag rechtfertigen (aM KG MDR 70, 152). Soweit nur Miteigentum betroffen ist, ledigl anteiliger Streitwert. Handelt es sich nur um die Ausübung des Eigentumsrechts (Eigentumsstörungsklage), dann gilt § 3: Interesse des Klägers an der von ihm behaupteten Art und Weise der Ausübung bzw an der Beseitigung der Störung. Bei der Klage auf Eigentums- u Besitzverschaffung an einem Grundstück: dessen Verkehrswert abzügl der dingl Belastungen (Karlsruhe Justiz 67, 240). Wegen der meist sehr hohen Werte bebauter Grundstücke ist genau zu klären (§ 139), welches Interesse der Kläger verfolgt und ob er dazu auch den richtigen Antrag formuliert hat (s Schneider StrW-Komm Nichtigkeitsklagen Nr 4).

● **Eigentumsvorbehalt:** s. § 6 Rn 6. Stützt sich Herausgabeklage auf ihn, ist der Sachwert maßgebend; ebenso Feststellung der Wirksamkeit des Eigentumsvorbehalts (Hamm MDR 58, 250); Wertminderung durch Gebrauch geht ab, nicht jedoch die bereits geleistete Teilzahlung (Frankfurt NJW 70, 334).

● **Einstweilige Anordnung** im Eheprozeß, § 620: Soweit sich Verfahren auf die **vermögensrechtl Gegenstände** des § 620 S 1 Nr 4, 6 bis 9 ZPO bezieht, berechnen sich die Gerichts- u Anwaltsgebühren nach demselben Streitwert. Bei vorläufiger Regelung des Unterhalts gegenüber einem Kind im Verhältnis der Ehegatten zueinander (§ 620 S 1 Nr 4) oder des Unterhalts eines Ehegatten (§ 620 S 1 N 6): Streitwert jeweils der 6-Monatsbezug des vom Gericht festgesetzten Betrages (§ 20 II 1 GKG). Bei Benutzung der Ehewohnung (§ 620 S 1 Nr 7): Mietwert (= vertraglich vereinbarter Mietzins nebst übl Nebenleistungen) für 3 Monate (§ 20 II 2 GKG). Benutzung des Hausrats (§ 620 S 1 Nr 7): Interesse an Benutzung (idR ¼ des tatsächl Sachwerts), § 20 II 2 GKG. Herausgabe oder Benutzung der zum persönl Gebrauch eines Ehegatten oder Kindes bestimmten Sachen (§ 620 S 1 Nr 8): Streitwert bei Herausgabe ein Bruchteil des Sachwertes, bei Benutzung das Interesse daran (§ 12 I GKG iVm § 3 ZPO). Beim Prozeßkostenvorschuß (§ 620 S 1 Nr 9): der verlangte Betrag. Für EA in **nichtvermögensrechtl Angelegenheiten** des § 620 S 1 Nr 1–3 u 5 ZPO (Regelung der elterl Sorge, des persönl Umgangs des nichtsorgeberechtigten Elternteils mit dem Kind, der Kindesherausgabe an den anderen Elternteil u des Getrenntlebens) gibt es im GKG keine Wertvorschriften, weil sie **gerichtsgebührenfrei** sind. In jedem dieser Fälle ist für die **Berechnung der Anwaltsgebühren** ein **Ausgangswert** von 1 000 DM maßgebend (§ 8 II 3 BRAGO); bezieht sich die EA auf mehrere Kinder, so ist nur einfache Bewertung zulässig, aber Anhebung mögl. Beim Getrenntleben (§ 620 S 1 Nr 5): Mindestwert von 600 DM (§ 8 II BRAGO iVm § 12 II 4 GKG). Treffen in einem EA-Verfahren vermögensrechtl u nichtvermögensrechtl Ansprüche zusammen, so ist dies im Hinblick auf die Gerichtsgebührenfreiheit des nichtvermögensrechtl Anspruchs nur bei RA von Bedeutung. Sämtl Ansprüche sind getrennt abweichend von § 12 III GKG zu bewerten u ihre Werte zusammenzurechnen. **Streitwertbeschwerde** auch zulässig, wenn die einstweilige Anordnung nach § 620c S 2 unanfechtbar ist (Schneider MDR 87, Heft 2; aA Köln KoRsp GKG § 25 Nr 102 m abl Anm Schneider).

Bei Klage auf Feststellung des **Bestehens der nichtehel Vaterschaft** (§ 641 d) Streitwert für EA über einstw Unterhaltszahlung oder entspr Sicherheitsleistung: sechsmonatiger Unterhaltsbezug, § 20 II 1 GKG; wenn nur Sicherheitsleistung verlangt wird, ist ein Abschlag vorzunehmen. Bei **einstweiliger Verfügung nach § 1615o BGB** Bewertung nach § 3 (§ 20 I GKG), wobei in der Regel der geforderte Betrag anzusetzen ist, weil mit Zahlung der Leistungsanspruch praktisch endgültig befriedigt wird. Für EA nach § 127 a ist der geforderte Kostenbetrag maßgebend.

● **Einstweilige Einstellung der Zwangsvollstreckung:** Das durch Einstellungsanträge gem §§ 707, 719, 779, 771 III, 785, 786 eingeleitete Verfahren ist nur nach dem vollstreckungsfähigen Anspruch ohne Zinsen und Kosten (§ 4) zu bewerten, bei Klageabweisung also nur nach dem Kostenerstattungsanspruch. Es ist jedoch nicht gem § 6 der volle Wert anzusetzen, sondern gem § 3 wegen der lediglich einstweiligen Vollstreckungshinderung ein Bruchteil, idR ⅕ des Hauptsachewertes (heute wohl hM; Hillach/Rohs, Streitwert 5. Aufl 1984 § 70 C I; Köln VersR 76, 975; Hamm FamRZ 80, 476; KG Rpfleger 82, 308; auch BGH KoRsp ZPO § 3 Nr 642 sowie München MDR 81, 1020, das auf ⅒ ermäßigt hat, weil es nur um die Sicherheitsleistung ging). Bei der Grundstücksversteigerung ist vom Grundstückswert auszugehen, begrenzt durch die Höhe der Forderung des Gläubigers (Stuttgart Justiz 86, 413).

● **Einstweilige Verfügung:** § 20 I GKG verweist auf § 3. Im allgemeinen Streitwert unter dem der Hauptsache, weil das für Eilverfahren bezügl des Streitwerts maßgebende Interesse des Antragsstellers an der Sicherung (Sicherstellung) im Regelfall das Befriedigungsinteresse nicht erreicht. Das gilt auch für den Vollzug (Köln KoRsp GKG § 20 Nr 79 m zust Anm Schneider mwNachw; str). **Bei den meisten einstw Verfügungen** bleibt es darum bei einer **Bruchteilsbewertung** im Rahmen der unteren Hälfte des Hauptsachewertes, am häufigsten wohl bei ⅓. Die Rspr neigt dazu, in kritischen Fällen bis zum Hauptsachewert zu gehen, zB bei Herausgabe (Saarbrücken KoRsp GKG § 20 Nr 8), Prozeßkostenvorschuß (Schleswig SchlHA 78, 22), Grundbuch-Widerspruch, wenn Rechtsvereitelung droht (Bamberg JurBüro 78, 1552) oder wenn die Verfügung der Verwirklichung des Hauptsachebegehrens nahe kommt (Frankfurt AnwBl 83, 89). Bei **Unterhaltsverfügungen** wird meist in Anwendung des § 17 I GKG der einjährige Unterhaltsbetrag angesetzt, weil die einstw Verfügung trotz ihrer Vorläufigkeit auf endgültige Befriedigung geht (zB Hamm JurBüro 79, 875; Düsseldorf JurBüro 82, 285). Indessen handelt es sich auch hier nur um eine einstweilige Regelung; der Antragsteller kann jederzeit zur Hauptklage gezwungen werden. Daher Angleichung an § 20 II 1 GKG und Festsetzung auf sechsmonatigen Betrag angebracht, zumal die einstw Verfügung nicht länger als für die voraussichtl Dauer des Unterhaltsprozesses gegeben werden sollte (Hamburg MDR 79, 854; Zweibrücken JurBüro 82, 1379; München JurBüro 85, 917; Nürnberg JurBüro 85, 1235; Düsseldorf JurBüro 86, 253; Lappe Anm KoRsp GKG § 20 Nr 19). Demgegenüber hat Köln (FamRZ 80, 349) den Verfügungszeitraum auf zwei Jahre bemessen, was zu einer entsprechenden Anhebung des Streitwertes führen muß. Hamm (KoRsp GKG § 20 Nr 80 m abl Anm Schneider) bewertet ohne Abzug nach der titulierten Leistung. Zu Unterlassungsverfügungen in Wettbewerbssachen s unter „Gewerblicher Rechtsschutz". Nach Einlegung eines **Kostenwiderspruchs** ist das weitere Verfahren nach dem Kosteninteresse zu bewerten (Frankfurt WRP 82, 226; KG WRP 82, 530); das gilt auch für ein sich anschließendes Beschwerdeverfahren (Hamm JurBüro 82, 267).

Ist Streitgegenstand der Hauptsache ein **nichtvermögensrechtl Anspruch,** so bildet § 12 II 1 GKG die **Berechnungsgrundlage** bei der Anwendung der §§ 20 I GKG, 3 ZPO. Der Wert ist unter Berücksichtigung aller Umstände des Einzelfalles, insbes des Umfangs u der Bedeutung der Sache u der Vermögens- u Einkommensverhältnisse der Parteien, nach Ermessen zu bestimmen. Mindeststreitwert aber nach § 12 II 3 Hs 1 GKG 600 DM. Ehrkränkende Behauptungen im Wahlkampf können nach Bamberg (JurBüro 73, 459) den Hauptsachewert erreichen, weil es gerade auf die Wahlkampfzeit ankommt. Jedoch sollten die häufig maßlosen Selbstüberschätzungen bedeutungsloser Parteimitglieder Anlaß geben, die Werte ziemlich gering zu halten (Köln VersR 74, 151; Hamm NJW 73, 1017). Verfügungsanträge auf Unterlassung ehrkränkender Äußerungen sind in erster u zweiter Instanz gleich zu bewerten, wenn das Interesse an einer klärenden Entscheidung im zweiten Rechtszug durch den inzwischen eingetretenen Zeitablauf nicht nachgelassen hat (Köln BB 74, 1184).

Streitwert des **Aufhebungsverfahrens** bemißt sich danach, welchen Wert der aufzuhebende Titel bei Erhebung (Einreichung) der Aufhebungsklage (§§ 936, 927) noch hat (Celle Rpfleger 69, 96). Er ist auf einen geringen Betrag festzusetzen, wenn ledigl über den formalen Fortbestand der einstw Verfügung gestritten wird (Frankfurt JurBüro 69, 343) oder nur über die formale Aufhebung zu entscheiden ist (Bamberg JurBüro 74, 1150). Wird im Aufhebungsverfahren die Hauptsache mitverglichen, sind die Streitwerte zu addieren (Hamburg MDR 59, 401). Beschwerdewert gegen Ablehnung einer Fristsetzung nach § 926 I = Verfahrenswert (Frankfurt ZIP 80, 1144).

● **Einwilligung:** Für Klagen auf Einwilligung in die Herausgabe einer hinterlegten Sache § 6 (KG AnwBl 78, 107); s ferner unter „Berichtigung des Grundbuchs".

● **Entmündigungsverfahren:** (§ 12 II GKG). Wegen des schwerwiegenden Eingriffs in die Persönlichkeitssphäre des Betroffenen sind regelmäßig 4 000 DM angemessen (Köln KoRsp GKG § 12 Nr. 34).

● **Erbbauzins:** Erhöhungsklage wird nicht nach § 16 GKG berechnet, sondern nach § 9, weil Erbbaurechte gegenüber Mietverhältnissen langfristige Rechtsverhältnisse sind, deren vorzeitige Beendigung die Ausnahme darstellt und der Erbbauzins auch die dingliche Rechtsstellung abgilt (München JurBüro 77, 1002; Koblenz JurBüro 77, 1132; Braunschweig KoRsp ZPO § 9 Nr 24).

● **Erbrechtliche Ansprüche:** Der BGH hat in mehreren Entscheidungen (zuletzt MDR 75, 741) bei der Bewertung von Miterbenstreitigkeiten maßgebl auf die wirtschaftl Betrachtungsweise abgestellt; dadurch ist ein Großteil der älteren Rspr, auch derjenigen des BGH selbst, überholt (vgl Schneider JurBüro 77, 433). Grundsätzl ist von § 3 auszugehen. Der unstreitige Miteigentumsanteil eines am Rechtsstreit beteiligten Erben bleibt immer außer Ansatz, auch soweit nach § 6 zu bewertende Herausgabe- und Eigentumsansprüche geltend gemacht werden. Stehen sich dagegen am Nachlaß **unbeteiligte Dritte** und die Miterben als Parteien gegenüber, dann ist voll zu bewerten. Im einzelnen:

Klage eines **Miterben gegen Dritten,** der nicht Miterbe ist, nach § 2039 BGB auf Leistung an die Erbengemeinschaft oder auf Grund einer Einzugsermächtigung an ihn selbst: Wert der ganzen eingeklagten Leistung, nicht nur des Anteils des Klägers (vgl m Nachw Schneider Rpfleger 82, 268 ff). **Erbunwürdigkeitsklage:** Wert entspricht der Beteiligung des Beklagten am Nachlaß (BGH NJW 70, 197; Frankfurt JurBüro 71, 540); die Tatsache der Rückwirkung der Erbunwürdigkeitsklage führt nicht dazu, daß der Wert des Nachlasses im Zeitpunkt des Erbfalls maßgebl wäre (§ 4 I 1). Bei Klage auf **Feststellung der Nichtigkeit eines Testaments** oder einer sich aus einer behaupteten Testamentsauslegung ergebenden Rechtsfolge: Nicht Wert des ganzen Nachlasses, sondern Interesse des Klägers an der begehrten Feststellung (BGH LM § 3 ZPO Nr 9 u 11; KG Rpfleger 62, 154). Geltendmachung einer nachlaßzugehörigen **Forderung gegen Miterben als Schuldner:** Anteil des Beklagten ist abzuziehen; Geltendmachung der Forderung eines Miterben gegen Nachlaß: Anteil des Klägers ist abzuziehen; RGZ 156, 264/265; BGH LM ZPO § 6 Nr 5 u NJW 67, 443. Herausgabeklage gegen Erbunwürdigen: der gesamte Nachlaß ist wertbestimmend (Schneider, StrW-Komm Miterbe [Erbunwürdigkeit]). Der Streitwert der **Erbteilungsklage** richtet sich nach dem Interesse des klagenden Miterben auf Zustimmung zum Auseinandersetzungsplan, so daß die Erbquote des Klägers maßgebend ist (BGH NJW 75, 1415). Darüber, wie hierbei im einzelnen zu bewerten ist, vgl Schneider JurBüro 77, 435. Ist bei der Erbauseinandersetzung über den nachlaßzugehörigen Grundbesitz die Verteilung nur hinsichtl einzelner Grundstücke streitig, so bemißt sich der Wert für die Auseinandersetzungsklage nur nach dem VerkWert derjenigen Nachlaßgrundstücke, über deren Verteilung Streit besteht, auch wenn der der Klage zugrunde liegende Teilungsplan den gesamten nachlaßzugehörigen Grundbesitz betrifft; Erbquoten der Parteien sind ausnahmsweise nicht zu berücksichtigen (BGH Rpfleger 69, 239). Wird die Erbauseinandersetzung über ein Nachlaßgrundstück in der Weise verlangt, daß das Grundstück an Kläger gg Zahlung einer Abfindung übertragen u aufgelassen wird, so ist das Eigentum an dem Grundstück streitig; Streitwert ist aber gleichwohl nicht der volle Grundstückswert, sondern dieser unter Abzug des Kläger-Miterbenanteils (KG Rpfleger 69, 214 ist durch BGH MDR 75, 741 überholt; s Schneider StrW-Komm Miterbe [Erbauseinandersetzung]). Bei Klage auf **Zustimmung zum Auseinandersetzungsplan** in einzelnen Beziehungen: § 3 (BGH NJW 75, 1415 mwN: Interesse des Klägers am Auseinandersetzungsplan). **Auskunft über Nachlaßbestand:** § 3. Bei Klage eines Dritten gegen sich weigernde Miterben auf **Erteilung der Löschungsbewilligung** hinsichtlich einer für Erbengemeinschaft eingetragenen Hypothek oder Auflassung eines nachlaßzugehörigen Grundstücks ist Streitwert entgegen früherer Rspr (BGH NJW 56, 1071) der Anteil des die Löschung verweigernden Miterben (Frankfurt JurBüro 81, 757; Schneider MDR 82, 270 zu V 2). Bei der Miterbenklage auf Genehmigung eines notariellen Vertrages zur Erfüllung eines Vermächtnisses ist entsprechend dem Interesse des Klägers, von seiner eigenen Schuld befreit zu werden, nur der Anteil einer Partei, nach § 6 S 2 der höhere, anzusetzen, nicht der Grundstückswert, wie Bamberg meint (KoRsp ZPO § 6 Nr 90 m abl Anm Schneider). Bei Klage eines Miterben gegen einen Dritten auf Feststellung der **Nichtigkeit eines Vertrages der Erbengemeinschaft mit dem Dritten** ist Streitwert der volle Vertragswert (Schneider Jur Büro 77, 440 zu 6; in der abw Entscheidung des BGH JurBüro 54, 231 ist die später, BGH MDR 77, 741, praktizierte wirtschaftl Betrachtungsweise noch nicht berücksichtigt). Das Interesse eines Dritten ist Streitwert für dessen Klage auf Feststellung der Nichtigkeit eines zwischen Erbengemeinschaft u einem anderen abgeschlossenen Vertrages; dies ergibt sich aus BGH Rpfleger 55, 101. Klagen Miterben gegen einen anderen auf Feststellung der Wirksamkeit eines von der Erbenmehrheit abgeschlossenen Pachtvertrags, so bestimmt sich der Streitwert nicht nach der Höhe des Pachtzinses, sondern nach dem Interesse der Kläger (BGH LM GKG aF § 10 Nr 10). – Klage gegen einen Miterben auf **Mitwirkung bei der Auflassung** eines zum Nachlaß gehörenden Grundstückes an einen Dritten: der Streitwert ist auf die Erbquote des Beklagten zu beschränken (Schneider JurBüro 77, 439 zu 4; BGH NJW 56, 1071 ist überholt). Klagt ein Miterbe gegen einen anderen auf Berichtigung des Grundbuchs durch Eintragung der Erbengemeinschaft, so ist der Streitwert ebenfalls der Wert des Grundstücks abzüglich Quotenanteil des bereits eingetragenen verklagten Miterben (BGH MDR 58, 676); ebenso bei Zustimmung zur Löschung (Frankfurt JurBüro 81, 775). Bei Klage eines Miterben gegen einen anderen Miterben auf **Unterlassung der Eigentumsumschreibung** eines nachlaßzugehörigen Grundstücks auf sich allein ist Streitwert der Quotenanteil des Klägers (Köln JurBüro 75, 939). Klagen zwei Miterben gegen den dritten Miterben auf **Auflassung eines Nachlaßgrundstücks** auf einen der Kläger, so Streitwert Quotenanteil des verklagten Miterben (KG HuW 50, 454). Macht ein Miterbe infolge Erblasseranordnung die Auflassung eines Nachlaßgrundstückes gegen einen anderen Miterben geltend, so Streitwert Grundstücksverkehrswert abzügl Erbanteil des klagenden Miterben (BGH NJW 75, 1415). Nach Bamberg JurBüro 73, 768 ist, wenn Kläger Grundstück bebaut, dieser Bauwert abzuziehen. – Bei Klage auf **Feststellung der erbbaurechtlichen Ausgleichspflicht** iSd § 2050 BGB ist Streitwert das Interesse, das Kläger an der Ausgleichung hat (BGH FamRZ 56, 381). Klage auf Vorlegung eines **Nachlaßverzeichnisses** und **Auskunft** über Nachlaßgegenstände: Interesse des Klägers hieran, nicht Wert des Nachlasses (Köln MDR 59, 223; Schleswig JurBüro 59, 169). Dem Wert der inventarisierten Gegenstände kann aber Bedeutung als Indiz für Streitwert zukommen (KG JurBüro 73, 151). Klage auf Feststellung, daß gesetzliche Erbfolge eingetreten: Streitwert nach Erbanteil des Klägers (Schleswig SchlHA 58, 83; Bamberg JurBüro 75, 1367), jedoch mit Abschlag von 20% wegen bloßer Feststellung (Köln KoRsp ZPO § 3 Nr 443 m Anm Schneider = JMBlNRW 79, 235). Macht ein Miterbe in erster Linie sein **Vorkaufsrecht** nach §§ 2034, 2035 BGB geltend, verlangt er dazu hilfsweise Zustimmung zur Erbauseinandersetzung, dann ist bei einem sich anschließenden Prozeßvergleich wegen § 19 IV GKG nicht zu addieren, sondern analog § 19 III 2 GKG nur der höherwertige Antrag zu bewerten (LG Bayreuth KoRsp ZPO § 3 Nr 492 m zust Anm Schneider); hM lehnt bei Hilfsanträgen Addition ab (s unter „Eventual- und Hauptantrag").

- **Erfüllung:** s. Vertragserfüllung.
- **Erledigung der Hauptsache:** Bei übereinstimmender Erledigterklärung der Hauptsache ist wertbestimmend der Betrag der bis dahin (Eintritt der Erledigung) entstandenen gerichtl u

außergerichtl Verfahrenskosten, soweit dieser den Wert der Hauptsache nicht übersteigt. Dazu zählen die weiteren nachher noch entstehenden Kosten nicht; diese sind Nebenforderungen iSd § 4 ZPO (RGZ 50, 368). Erklärt zunächst der Kläger die Hauptsache für erledigt u schließt sich der Beklagte dieser Erledigterklärung an, so ist ab Abgabe der Erklärung in mündlicher Verhandlung, also nicht bereits ab schriftlicher Ankündigung, der Kostenwert maßgebend, da die Erklärung nicht zurückwirkt (Köln AnwBl 83, 517; Bamberg JurBüro 78, 1719; aA Koblenz KoRsp ZPO § 3 Nr 804 m abl Anm Schneider).

Nach **teilweiser übereinstimmender Erledigterklärung** ist der Wert des Streitgegenstandes ledigl der Wert des noch streitig gebliebenen Teiles der Hauptsache. Ob anteilige **Zinsen und Kosten** zu berücksichtigen sind, ist umstritten: nur Zinsen (BGHZ 26, 174; Frankfurt JurBüro 78, 590; Bamberg JurBüro 79, 894), Zinsen und Kosten (KG JurBüro 57, 230), weder Zinsen noch Kosten (Köln JMBlNRW 74, 45; BGH LM § 4 ZPO Nr 1; Kurzübersicht bei Schneider Anm KoRsp GKG § 22 Nr 6; ausführlich JurBüro 79, 1589 ff).

Einseitige Erledigungserklärung: Diejenige des Beklagten ist unbeachtl, da er nicht den Streitgegenstand bestimmen und nicht darüber verfügen kann. Hat der Kläger die Hauptsache für erledigt erklärt, während der Beklagte weiter Klageabweisung beantragt, so soll sich nach BGH (zB KoRsp ZPO § 3 Nr 728) ab Erledigungserklärung der Streitwert auf die erfallenen Verfahrenskosten beschränken; die Streitwerte der höheren Instanz sollen in der jeweiligen Summe der Kosten der Vorinstanzen bestehen, die dem nunmehrigen Rechtsmittelkläger durch die angefochtene Entscheidung auferlegt sind, begrenzt durch den Hauptsachewert (BGH KoRsp GKG § 22 Nr 12). Dem kann nicht zugestimmt werden: Entsprechend der Rechtskraftwirkung des die Erledigung feststellenden oder die Klage abweisenden Urteils richtet sich der Streitwert nach wie vor nach dem ursprüngl Streitgegenstand (so ganz überwiegend Rspr und Lit; vgl Schneider MDR 85, 269 u StrW-Komm „Erledigung der Hauptsache" Nr 9). Welche Gerichte heute noch dem BGH folgen, läßt sich nicht abschließend belegen, da selbst die Rspr an einzelnen OLG kontrovers u wechselhaft ist (s Schneider StrW-Komm Erledigung der Hauptsache Nr 6). Da die einseitige Erledigungserklärung den Streitgegenstand (prozessualen Anspruch) unverändert läßt (BGH MDR 61, 587, 588), kann auch nicht davon ausgegangen werden, der Erledigungsantrag des Klägers ändere den Gegenstand des Rechtsstreits in eine Feststellungsklage um (so zB Schleswig JurBüro 76, 238; Hamm WRP 76, 488; Celle KoRsp ZPO § 3 Nr 740 m abl Anm Schneider) mit der Folge, daß nunmehr der Kostenbetrag den Streitwert bestimme. Wegen fortbestehender Streitgegenstandsidentität ist auch die Teil-Erledigungserklärung ohne Einfluß auf die Höhe des Streitwertes (Schleswig AnwBl 85, 204 m Nachw). Nur übereinstimmende Teil-Erledigungserklärungen können den Streitwert mindern, wobei die auf den erledigten Hauptsacheteil entfallenden Kosten unberücksichtigt bleiben (zB KG MDR 77, 940; Frankfurt MDR 83, 1033; Stuttgart MDR 84, 673; Koblenz JurBüro 84, 1395).

Der BGH (Rpfleger 69, 204) bemißt auch die Beschwer des Beklagten bei einem die Erledigung feststellenden Urteil nur nach dem Kosteninteresse, womit insbesondere eine revisionsrichterliche Überprüfung praktisch abgeschnitten wird. Auch diese Auffassung ist abzulehnen und unvereinbar damit, daß es dem Rechtsmittelkläger um die Klärung geht, ob die Klage von Anfang an unbegründet gewesen ist; dieses Interesse ist nicht gleich dem Wunsch nach Kostenfreistellung (Schneider MDR 73, 625; Hamm Rpfleger 73, 144; Köln DB 73, 1399).

Streitwert bei einseitiger **Erledigterklärung** im **Versäumnisverfahren:** Maßgebend der volle Wert des Klageanspruchs. Der Grundsatzstreit wirkt sich auch hier aus, so daß die Gegenmeinung nur den Kostenbetrag ansetzt. Daß dies unrichtig ist, wird hier besonders deutlich, da das Gericht trotz der Säumnis des Beklagten die Schlüssigkeit der Klage prüfen und sie bei Unzulässigkeit oder Unbegründetheit abweisen muß (§ 331 II), was sich nur bei übereinstimmenden Erledigungserklärungen erübrigt.

Bei Teilerfüllung während eines Mahnverfahrens wird die Sache auf Antrag hin nach Widerspruch nur wegen des noch nicht erledigten Anspruchs an das Prozeßgericht abgegeben. Der Streitwert bemißt sich nur nach dem unerledigten Hauptsacheteil, weil der erledigte Teil nicht beim Prozeßgericht rechtshängig wird (Stuttgart KoRsp ZPO § 3 Nr 703 m Anm Schneider), ggf nur nach den Zinsen (Zweibrücken KoRsp ZPO § 3 Nr 751 m Anm Schneider).

• **Ermessen :** § 3. Da Beschwerdegericht Tatsacheninstanz ist (§ 570), übt es an Stelle der Vorinstanz eigenes Ermessen aus (ganz hM).

• **Erörterungsgebühr:** § 31 I Nr 4 BRAGO; wertbestimmend der erörterte Streitteil, der nicht immer gleich der Hauptsache sein muß (Stuttgart AnwBl 83, 522). Deshalb genaue Streitwertfestsetzung nötig; uU muß die Wertdifferenz noch innerhalb eines Termins klargestellt werden, zB wenn umfassender erörtert als verhandelt wird (vgl Schneider JurBüro 80, 176, 177).

● **Errichtung eines Vermögensverzeichnisses:** Für den Streitwert der Klage gilt § 3; höher als der erwartete Leistungsanspruch kann der Streitwert nicht ausfallen. Bei der Verbindung einer Klage auf Vorlage des Vermögensverzeichnisses mit der Klage auf Leistung dessen, was sich nach Vorlage des Verzeichnisses für den Kläger ergibt, ist nur der höhere der verbundenen Ansprüche maßgebend (§ 18 GKG). Wenn neben Vorlage im Rahmen der Stufenklage, § 254, auch noch Leistung der Offenbarungsversicherung verlangt wird, ist dieser Antrag bei Prüfung, welches der höchste Antrag sei, gesondert zu bewerten (Neustadt JurBüro 63, 685).

● **Ersatzvornahme gem § 887:** § 3. Für Ermächtigung und Vorauszahlungsverurteilung Wert der zu erzwingenden Handlung, regelmäßig gleich der Hauptsache, wobei Kostenbetrag Schätzungsanhalt sein kann. Bei Vollstreckung wegen der bezifferten Kostenvorauszahlung deren Höhe.

● **Erwerbsverbot** (s Schneider JurBüro 78, 1603): Entspricht dem „Veräußerungsverbot" (s dort). Wird praktisch im Liegenschaftsrecht auf Grund einstweiliger Verfügung. Bewertung entsprechend den für diese geltenden Grundsätzen (s „Einstweilige Verfügung"), in der Regel also mit ⅓ des Grundstückswertes.

● **Erzwingung von Unterlassungen:** s unter „Ordnungs- und Zwangsmittelfestsetzung".

● **Eventual- und Hauptantrag:** Für den **Zuständigkeitswert** ist immer auf den höchsten Anspruch abzustellen, der zur Rechtsmittelzulässigkeit führen kann, also auch, wenn dies der Hilfsantrag ist und der Hauptantrag unterhalb der Erwachsenheitssumme bleibt (KG OLGZ 79, 348). Nie findet eine Zusammenrechnung statt. Der **Gebührenstreitwert** richtet sich nach § 19 IV GKG, einer gesetzgeberisch verunglückten Vorschrift (Schneider NJW 75, 2106). Obwohl kein sachl Grund vorliegt, bei Eventualaufrechnung zu addieren (§ 19 III GKG), nicht dagegen bei Eventualantrag (§ 19 IV GKG), lehnt die hM es ab, dieses Versehen des Gesetzgebers zu korrigieren und zusammenzurechnen, wenn über alle Anträge rechtskraftfähig entschieden wird (zB KG MDR 85, 419; Düsseldorf MDR 82, 505; mit Recht aA Frankfurt MDR 79, 411 = KoRsp GKG § 19 Nr 24 m Anm Schneider; LAG Hamm KoRsp ArbGG § 12 Nr 40; Schneider NJW 75, 2106). In Abweichung von BGHZ 26, 294 = MDR 58, 238 hat der BGH jetzt jedoch für die Beschwer durch Addition entsprechend der Rechtskraftwirkung berechnet (WPM 83, 1320); da kein zureichender Grund besteht, den Gebührenstreitwert in diesem Fall geringer als die Beschwer anzusetzen, stellt sich damit erneut das Problem der Angleichung des § 19 IV an § 19 III GKG (s Schneider Anm KoRsp ZPO § 5 Nr 54). Stets ist genau zu prüfen, ob § 19 IV GKG tatbestandsmäßig erfüllt ist; so zB nicht bei uneigentl Klagenhäufung nach §§ 255, 259, 510 b oder bloßen Hilfsbegründungen (Schneider MDR 84, 853), hinter denen sich allerdings nicht selten ein versteckter echter Eventualantrag verbirgt, oder wenn ein neuer Hilfsantrag als Klageänderung nicht zugelassen wird (Nürnberg JurBüro 80, 739) oder wenn der Berufungsbeklagte sich damit an eine von Anfang an wegen Versäumung der Berufungsfrist unzulässige Hauptberufung angeschlossen hat (Köln VersR 71, 946). In derartigen Fällen darf nur der Hauptanspruch bewertet werden. Eine Entscheidung über beide Ansprüche liegt jedoch in der Klageabweisung. Bei einem **Prozeßvergleich** richtet sich nach hM auch der Vergleichswert nur nach dem höchsten Anspruch (LG Bayreuth KoRsp GKG § 19 Nr 37 m Anm Schneider); nach der hier vertretenen Auffassung ist zu addieren (Schneider StrW-Komm Hilfsantrag Nr 7 mwNachw; zust weiter Frankfurt KoRsp GKG § 19 Nr 117; aA zuletzt Hamm KoRsp GKG § 19 Nr 114 m abl Anm Schneider). Wenn der Beklagte, der unter Abweisung des Hauptanspruchs auf den Hilfsantrag verurteilt worden ist, dagegen Berufung einlegt, ist das Rechtsmittelgericht nur mit dem Hilfsanspruch befaßt, der deshalb auch allein streitwertbestimmend ist; § 19 IV GKG ist unanwendbar, solange sich der Kläger nicht zur Weiterverfolgung seines Hauptanspruchs anschließt (§ 521).

● **Eventualwiderklage:** Bewertung nach § 19 I, IV GKG. Klage und Widerklage sind zusammenzurechnen, wenn sie denselben Streitgegenstand betreffen; die Hilfswiderklage führt jedoch nur zur Addition, wenn darüber entschieden worden ist (BGH MDR 72, 1028). Das ist (anders als bei § 19 III GKG; Schneider MDR 82, 266 zu II 2) auch dann der Fall, wenn sie im Berufungsrechtszug wegen § 530 I als unzulässig abgewiesen wird (Stuttgart Rpfleger 80, 487) oder wenn das Gericht unter Verstoß gegen § 308 auf die Widerklage eingegangen ist (BGH MDR 74, 36).

● **Fälligkeit:** Klage auf Feststellung fehlender Fälligkeit macht nur die Leistungszeit streitbefangen, so daß die wirtschaftliche Bedeutung der Verzögerung nach § 3 zu schätzen ist (BGH KoRsp ZPO § 3 Nr 13; Schleswig SchlHA 83, 142; LAG Düsseldorf KoRsp ZPO § 3 Nr 782). Ausschlaggebend ist der Zwischenzins zwischen den streitigen Fälligkeitszeitpunkten (Köln KoRsp ZPO § 3 Nr 778). Nur um den Zahlungszeitpunkt geht es auch dann, wenn der Beklagte gegen die Verurteilungsklage lediglich fehlende Fälligkeit einwendet (verkannt von Hamburg MDR 82, 335).

● **Feriensache:** Beschwerdewert bei Beschwerde gegen Ablehnung des Antrags, eine Sache zur Feriensache zu erklären: ⅕ der Forderung (Köln JurBüro 61, 563; Braunschweig NdsRpfl 63, 255).

● **Feststellungsklagen:** Wert des Gegenstandes des Rechts oder Rechtsverhältnisses, dessen Bestehen oder Nichtbestehen festgestellt werden soll, wobei nur Umstände zu berücksichtigen sind, die dem Gericht in der Schlußverhandlung bekannt waren (Bamberg JurBüro 80, 1865). Bei **positiver Feststellungsklage** ist ein Abschlag von 20% gegenüber dem Wert einer entsprechenden Leistungsklage zu machen (so zB BGH JurBüro 75, 1598; Bamberg JurBüro 73, 1089), und zwar auch dann, wenn der Kläger damit rechnen kann, daß sein Gegner (Haftpflichtversicherer, öffentliche Hand) auf ein Feststellungsurteil hin freiwillig zahlen werde (BGH JVBl 66, 12; Hamm KoRsp ZPO § 3 Nr 818 m Anm Schneider; Lappe JVBl 61, 28; für vollen Wert der Leistung Nürnberg JurBüro 62, 648 [Haftpflichtversicherer] u Köln NJW 60, 2248; KG JurBüro 75, 507 [öffentl Hand]). Bei **Verbindung** des uneingeschränkten Feststellungsantrages zum Grund mit einem Leistungsantrag wegen fälliger Rückstände ist zusammenzurechnen, § 5 (BGHZ 2, 74); nicht jedoch, wenn sich Leistungsbegehren und Feststellungsbegehren decken (BGH MDR 70, 127). Bei streitwertmäßig privilegierten Ansprüchen (§ 17 GKG) ist der Abzug vom privilegierten Gebührenstreitwert vorzunehmen. Die **Eigentumsfeststellung** richtet sich nach § 6, so daß es nicht darauf ankommt, welchen Wert das Recht hat, das der Beklagte für sich in Anspruch nimmt (BGH VersR 61, 1094; KG Rpfleger 70, 69); nach München (KoRsp ZPO § 6 Nr 96 m Anm Schneider) jedoch § 3, wenn auf Feststellung des Eigentums ohne Rücksicht auf die Besitzlage geklagt wird (ebenso Celle KoRsp ZPO § 6 Nr. 97 m Anm Schneider), was dann auch zum Abschlag wegen bloß positiver Feststellung führt, der bei Anwendung des § 6 abgelehnt wird (KG Rpfleger 70, 69). Feststellung des Nichtbestehens eines Vertrages (wegen Nichtzustandekommens oder Wandelung): Interesse des Klägers an der Befreiung von seiner Leistungspflicht, das nach der Verschlechterungsdifferenz zwischen Leistung und Gegenleistung zu schätzen ist (s unter „Wandlungsklage"); das gilt auch für die Klage auf Feststellung der Vertragsnichtigkeit (im einzelnen umstritten, s zB Frankfurt AnwBl 82, 247; Schneider StrW-Komm „Nichtigkeitsklagen" Nr 4). Wichtig ist, das Interesse an Hand der Einzelfallumstände herauszuarbeiten und Wertangabe nach § 23 GKG zu verlangen (s Schneider Anm zu Braunschweig KoRsp ZPO § 3 Nr 617). Bei der **negativen (leugnenden) Feststellungsklage** ist wegen der vernichtenden Wirkung eines obsiegenden Urteils der Streitwert so hoch zu bewerten wie der Anspruch, dessen sich der Gegner berühmt (allg Meinung). Irreale Berühmungen sind auf sinnvolle Werte zurückzuführen (Celle KoRsp ZPO § 3 Nr 99; LAG Frankfurt KoRsp ZPO § 3 Nr 284).

Beim Streitwert einer Klage **auf Feststellung der Wirksamkeit oder Unwirksamkeit einer Vaterschaftsanerkennung** (§ 1600b–f BGB) aus § 640 II Nr 1 ZPO ist § 12 II 3 GKG maßgebend, desgleichen für Klagen auf **Feststellung der nichtehelichen Vaterschaft** u bei **Ehelichkeitsanfechtungsklagen** (§ 640 II Nr. 2 ZPO). Da es sich um nichtvermögensrechtliche Streitigkeiten handelt, ist ihr Wert nur für die Gebührenberechnung maßgebend, nicht für die Zuständigkeit oder die Zulässigkeit des Rechtsmittels.

● **Feststellungswiderklage:** Sie betrifft Ansprüche des Klägers, die, ohne Gegenstand der Klage zu sein, zwischen den Parteien streitig sind, deren sich Kläger also in irgendeiner Form berühmt haben muß. Umfang dieser Berühmung für Wert maßgebend. Dies wieder richtet sich nach der Darstellung des Widerklägers (KG Rpfleger 62, 153).

● **Folgesachen:** § 19a GKG nur für Gebührenstreitwert beachtlich. S dazu Schneider StrW-Komm unter „Folgesachen".

● **Freistellung:** s unter „Befreiung".

● **Gebrauchsmusterverletzung:** Bei Unterlassungsklage wegen Verletzung ist Streitwert nach der befürchteten Umsatzeinbuße für die Schutzdauer zu bemessen (Nürnberg JurBüro 67, 162).

● **Gegenleistung:** Nach hM unbeachtl, insbesondere wenn sie als Zurückbehaltungsrecht dem Anspruch auf Herausgabe entgegengesetzt wird (zB Karlsruhe AnwBl 80, 502; aA Frankfurt JurBüro 79, 1885; LG Köln KoRsp ZPO § 3 Nr 476 m Anm Schneider); im einzelnen sehr umstritten (s hier unter „Auflassung" sowie Schneider StrW-Komm Gegenleistung Nr 1 m Weiterverweisungen). Weil die Nichtberücksichtigung der Gegenleistung oft dazu führt, daß der Streitwert den wirtschaftlichen Streitgegenstand verfehlt, besteht eine bereits starke Tendenz zur restriktiven Interpretation des § 6 (s zB Köln KoRsp ZPO § 6 Nr 78 m zust Anm Lappe, 83; München KoRsp ZPO § 6 Nr 96 m Anm Schneider; Celle KoRsp ZPO § 6 Nr 97 m Anm Schneider). Wird nur wegen der Gegenleistung ein **Rechtsmittel** eingelegt, dann bestimmt sich auch nach hM der Rechtsmittelstreitwert ledigl danach (KG OLGZ 79, 348; Frankfurt JurBüro 79, 1885).

● **Gegenseitiger Vertrag:** Klage auf **Erfüllung** hat den Wert der geforderten Leistung ohne Abzug der Gegenleistung, auch wenn der Kläger Erfüllung Zug um Zug verlangt (RGZ 140, 359; Frankfurt AnwBl 80, 502; aA LG Köln KoRsp ZPO § 3 Nr 476 m Anm Schneider).

● **Gemeinschaft:** Für Klagen auf Aufhebung oder auf Ausschluß ist § 3 anzuwenden. Wertbestimmend ist das Interesse des Klägers, bei Teilungsverlangen also der Betrag, den er erlangen will (Frankfurt JurBüro 79, 1195); bei Streit ledigl über die Art und Weise der Teilung geringe Schätzung geboten (Schleswig SchlHA 79, 57).

• **Genehmigung:** Klage auf Einholung einer vormundschaftl Genehmigung nach Frankfurt NJW 59, 680, gleich dem Gegenstandswert des genehmigungsbedürftigen Geschäfts; aA mit Recht Lappe Rpfleger 59, 138: Bewertung durch freie Schätzung nach § 3.

• **Gesamtschuldner:** Keine Zusammenrechnung nach § 5 (BGHZ 23, 339).

• **Geschäftsanteil** GmbH: Streitwert der Verkaufs- nicht der Nennwert (Frankfurt KoRsp ZPO § 3 Nr 469).

• **Gesellschaft:** Klage eines Gesellschafters gegen den anderen auf Befreiung von Gesellschaftsschulden wegen seines Ausscheidens: Gesamtwert der Schulden (RG JW 01, 395). Feststellung der Teilhaberschaft: § 3, Interesse des Klägers am Gewinn (RG JW 98, 597). Bei Feststellung des Bestehens, der Fortdauer oder Auflösung des Gesellschaftsvertrages: Zusammenschau aller in Betracht kommenden Bemessungsfaktoren geboten: Wert der Beteiligung des Klägers, Vorsorge gegen drohende Haftung oder Haftungserweiterung, Zugriff auf ein Auseinandersetzungsguthaben usw; unerheblich die Interessen der übrigen Gesellschafter sowie Folgewirkungen der Auflösung (Köln ZIP 82, 1006). Klage eines GmbH-Gesellschafters gegen GmbH auf Offenlegung der Verhältnisse (Einsicht in die Geschäftsbücher, Bilanzen wegen der Umsätze, Auskunft über Vergütung des Aufsichtsrats usw): mindestens der Gewinn, den Kläger erwarten kann, und der nicht höher sein darf als der Kurswert seiner Anteile (Frankfurt KoRsp ZPO § 3 Nr 31). Bei Ausschluß eines Gesellschafters ist maßgebend der Wert der Gesellschaftsanteile der klagenden Gesellschafter (BGHZ 19, 173). Ist Gegenstand des Streites die Vergütung für die Geschäftsführung in einer OHG und ist der Geschäftsführer schon hochbetagt, so daß er voraussichtlich keine 12½ Jahre tätig sein wird, dann ist der Streitwert nicht nach § 9 mit dem 12½fachen Jahreswert anzusetzen, sondern nach § 3 frei zu schätzen (BGHZ 19, 173). Bei Verbindung der Klage auf Feststellung der Gesellschaftereigenschaft mit der Duldungsklage auf Einsicht in die Geschäftsbücher ist getrennt zu bewerten und dann nach § 5 zusammenzurechnen (Karlsruhe HRR 30 Nr 746). Klagt der Gesellschafter einer OHG eine Gesellschaftsforderung gegen Mitgesellschafter ein, dann ist nicht der volle Forderungsbetrag maßgebend, sondern der Anteil des Beklagten abzuziehen, wie bei § 2039 BGB – s oben „Erbrechtliche Ansprüche".

• **Getrenntleben:** Die sog negative Herstellungsklage auf Feststellung des Rechts zum Getrenntleben ist Ehesache iS des § 606 I. Bewertung nach § 12 II GKG entsprechend den Bemessungsgrundsätzen für Scheidung. **Einstweilige Anordnung:** § 620 Nr 5; mangels einschlägiger Bewertungsvorschrift Analogie zu § 8 II S 3 BRAGO (Bamberg JurBüro 78, 860; Frankfurt Rpfleger 80, 240). Leben die Parteien bereits einverständl getrennt, so ist eine einstw AO weitgehend bedeutungslos und nahe dem Mindestwert anzusetzen (Saarbrücken KoRsp BRAGO § 8 Nr 14).

• **Gewährleistung:** Hilfsweise Verteidigung mit Gewährleistungsrechten ist nicht Eventualaufrechnung, so daß § 19 III GKG unanwendbar ist (s unter „Aufrechnung").

• **Gewerblicher Rechtsschutz:** Meist handelt es sich dabei um Unterlassungsansprüche (vgl Borck WRP 78, 435). Dringendes, aber immer noch offenes Bedürfnis der Praxis nach Regelstreitwerten (Koblenz WRP 81, 159 u 333; s näher Schneider StrW-Komm „Gewerblicher Rechtsschutz" II Einzelheiten). Wichtigste Bemessungsfaktoren sind die Größe des Unternehmens des Anspruchsberechtigten einschließl seines Umsatzes, die Marktstellung des Antragsgegners, der Abschreckungsgedanke und die Gefährlichkeit des jeweiligen Wettbewerbsverstoßes. Das Interesse des Beklagten und dessen Umsatz ist unbeachtl; bedeutsam lediglich als Indiz für Umsatzschmälerung beim Kläger (Nürnberg WRP 82, 551), zB kann aus geringem Umsatz des Verletzers auf geringe Gefährlichkeit des Angriffsfaktors und damit geringere Umsatzeinbuße des Angreifers geschlossen werden; insoweit jedoch Zurückhaltung geboten, obwohl dergleichen Überlegungen oft dadurch nötig werden, daß Angreifer seinen Umsatz nicht offenbaren möchte. Für den wichtigen Bemessungsumstand der „Stärke des Angriffsfaktors" und der dadurch bedingten Umsatzeinbuße beim Verletzten ist der Verschuldensgrad des Verletzers erheblich, so daß insbesondere schuldlose Zuwiderhandlungen eine Wertermäßigung rechtfertigen (Frankfurt JurBüro 83, 1249). Nur die Schadenskausalität der Verletzungshandlung des Beklagten darf berücksichtigt werden, nicht auch parallel laufende Verstöße am Verfahren nicht beteiligter Dritter (LG Mosbach BB 83, 2073). **Verbandsklagen** (Unterlassungsbegehren gemeinnütziger Vereine) sind vermögensrechtliche Angelegenheiten; Kostenrisiko bewertungsunerheblich wegen § 23 a UWG; maßgebend das Interesse der Allgemeinheit an der Beseitigung des bekämpften Zustandes und der Sauberhaltung des Wettbewerbs. Wird ein Verletzer von mehreren Verletzten auf Unterlassung in Anspruch genommen, dann schwächt dies das Interesse an einem Unterlassungstitel ab, weil zu erwarten ist, daß der Verletzer den bereits vorliegenden Titeln nachkommen wird; der Streitwert ist dann geringer zu bemessen (Frankfurt WRP 83, 523; Koblenz WRP 85, 45). Zugunsten wirtschaftl Schwacher ist Streitwertherabsetzung – bei Verbandsklagen bezogen auf das einzelne Verfahren (Stuttgart WRP 83, 709) – möglich (§§ 23a UWG, 31a WZG, 144 PatG, 17a GebrMG, 247 II, III AktG); eine fragwürdige Regelung (Hamburg WRP 79, 382; Schütze JZ 79, 239), deren praktische Anwendung schwierig ist (s Schneider MDR 86, 267). Lambsdorff/Kanz (BB 83, 2215) halten sie sogar für verfassungswidrig. Berechtigt das Bestreben, die drohende Rechtswegsperre durch untragbare Kostenbelastung über eine zurückhaltendere Festsetzung der oft überhöhten Wertansätze abzubauen (so LG Mosbach BB 83, 2073; s dazu Schneider MDR 84, 270; Thesen/Schneider MDR 84, 544 u Herr MDR 85, 187).

● **Grund des Anspruchs:** Die Hauptsache bestimmt den Streitwert.

● **Grundbuchberichtigung:** s unter „Berichtigung des Grundbuchs".

● **Grundschuld:** s unter „Hypothek".

● **Grundstück:** s unter „Auflassung" und „Eigentumsklage". Verkehrswert entscheidend. Macht der Kläger Anspruch auf Auflassung eines Grundstücks geltend, das inzwischen vom Beklagten bebaut wurde, so ist auf den Verkehrswert einschließlich des Gebäudes abzustellen (Frankfurt JurBüro 62, 228). Verkehrswert ist (Köln MDR 59, 223) der Mittelwert zwischen dem Gebäudewert und dem Boden- und Ertragswert. Konjunkturbedingte Überpreise scheiden aus (Köln BB 62, 1176). Bei notarieller Verpflichtung des Beklagten, einen noch zu vermessenden Teil eines Grundstücks auf Verlangen des Klägers herauszugeben, ist der Streitwert für die Klage auf Verurteilung des Beklagten zur Landvermessung nach § 3 ZPO zu schätzen (Köln JurBüro 71, 719).

● **Haftpflichtversicherungsschutz:** § 6, wenn auf Leistung der Versicherungssumme geklagt wird, dagegen § 3, wenn der Abschluß eines Vertrages gefordert wird. Der Anspruch auf Gewährung von Deckungsschutz ist nach dem Betrag zu bewerten, auf den der Versicherungsnehmer haftbar gemacht wird (München VersR 68, 1083). Bei einer Feststellungsklage macht die Rspr den üblichen Abschlag von 20% (Düsseldorf VersR 74, 1034; Hamm VersR 84, 257 = KoRsp ZPO § 3 Nr 684 m krit Anm Schneider). Dabei bleibt jedoch unberücksichtigt, daß ein im Feststellungsprozeß unterliegender Versicherer erfahrungsgemäß ohne zusätzliche Leistungsklage erfüllt, wenn die Höhe des Anspruchs feststeht. In derartigen Fällen sollte vom Feststellungsabschlag abgesehen (so Bamberg JurBüro 81, 433) oder dieser geringer als 20% angesetzt werden (Schneider MDR 85, 268). Auf die Berechtigung der gegen den Versicherten gerichteten Ansprüche kommt es nicht an (Nürnberg JurBüro 68, 542), es sei denn, daß illusionäre Forderungen gestellt werden (Düsseldorf VersR 74, 1034). Kosten einer Rechtsverteidigung gegenüber Ansprüchen des Verletzten sind Gegenstand des Deckungsprozesses (BGH MDR 76, 649). Bei titulierten Ansprüchen rechnen Kosten und Zinsen zum Streitwert. Entgegen BGH MDR 74, 1006 (ebenso zB Frankfurt KoRsp GKG § 17 Nr 26 m Anm Schneider) ist § 9 nur für Zuständigkeit und Zulässigkeit des Rechtsmittels anzuwenden, für das Gebührenrecht aber § 17 II GKG (s Schneider StrW-Komm „Versicherungsschutz" Nr 6). Auf den Direktanspruch nach § 3 Nr 1 PflichtversicherungsG wendet der BGH (MDR 82, 389) jetzt aber § 17 II 1 GKG an. Beim Deckungsschutz-Feststellungsprozeß in der Kfz-Haftpflicht ist wegen der internen Absprachen der Versicherer der Streitwert auf 5 000 DM begrenzt (BGHZ 80, 332). Die Selbstbeteiligung des Versicherten ist vom Streitwert abzuziehen (Frankfurt KoRsp ZPO § 3 Nr 634 m Anm Schneider).

● **Haftungsbeschränkung:** Streitwert gleich Hauptforderung (RGZ 54, 412).

● **Handelsregister:** Klage auf Mitwirkung der Anmeldung zum HR ist Leistungsklage auf Abgabe einer Willenserklärung; Interesse des Klägers an der Offenlegung der wirkl Beteiligungsverhältnisse ist maßgebend (Köln DB 71, 1055). In der Regel ¹⁄₁₀ bis ¼ des Anteils des klagenden Gesellschafters (Bamberg JurBüro 84, 756); geringer, wenn der Sachverhalt unstreitig ist, höher wenn Gegner auf Gesellschafterstellung beharrt (BGH Rpfleger 79, 194). Eintragung einer bestimmten Person als Gesamtprokurist neben einem persönl haftenden Gesellschafter ist mit Bruchteil des Gesellschaftsanteils des Klägers zu bewerten (Köln MDR 74, 53). Generelle Bewertungsregeln lassen sich kaum aufstellen, weil die einschlägigen Fälle nach Art und Umfang der Beteiligung, Wert des Unternehmens, Umsatz, Gewinn, Auswirkungen persönlicher Tätigkeit usw zu verschieden liegen und eine Zusammenschau der individuellen Bewertungsumstände geboten ist (vgl zB BGH KoRsp ZPO § 3 Nr 410 zur Wiedereintragung eines persönlich haftenden Gesellschafters).

● **Handelsvertreter:** Feststellung, daß ein HV-Vertrag aufgelöst sei, bemißt sich gem § 3 (§ 17 III GKG unanwendbar: München JurBüro 85, 574) nach dem Interesse des Klägers, das durch Gegenüberstellung der Vor- und Nachteile infolge der Beendigung zu ermitteln ist (München AnwBl 77, 468). Zusätzl Leistungsantrag auf Ausgleich nach § 89b HGB ist hinzuzurechnen (LG Bayreuth JurBüro 77, 1774).

● **Hausrat:** § 20 II 3 GKG. Nach § 23 HausratsVO ist vom Wert des gesamten Hausrats auszugehen, nicht vom Wert der Anteile der Parteien daran (Schleswig Rpfleger 62, 425); maßgebend ist der Verkehrswert (Verkaufswert), nicht der Wiederbeschaffungswert (Saarbrücken AnwBl 84, 372).

● **Heimfallrecht:** Geltendmachung des Heimfallanspruches (§ 2 Nr 4 ErbbauVO) auf Rückübertragung des Erbbaurechts richtet sich nach dem Wert des Erbbaurechts; § 16 II GKG unanwendbar (Schleswig SchlHA 68, 144). Belastungen bleiben nach hM unberücksichtigt (Bamberg KoRsp ZPO § 3 Nr 785; § 6 Rn 2; zur Gegenmeinung s Schneider StrW-Komm „Heimfallrecht" m Nachw). Bei der Heimfallfeststellungsklage ist der übliche Feststellungsabschlag zu machen (Schneider MDR 86, 184; aA Frankfurt KoRsp ZPO § 6 Nr 106 m abl Anm Schneider u Lappe).

● **Herausgabeklagen:** S zunächst Erläuterungen zu § 6. Klage auf Herausgabe **von bewegl Sachen oder Grundstücken:** Verkehrswert der Sache bei Klageeinreichung (§ 4 I Hs 1), nicht der Kaufpreis, auch nicht der Restkaufpreis (Frankfurt AnwBl 84, 94). Bei der Herausgabeklage des Käufers einer finanzierten Kaufsache sind die Finanzierungskosten außer Betracht zu lassen; wird eine reparaturbedürftige Sache klageweise herausverlangt, ist eine im Verlauf des Rechtsstreits vom Bekl durchgeführte Reparatur beim Streitwert werterhöhend zu berücksichtigen (Köln JurBüro 71, 86). Rechtsverteidigung mit Zurückbehaltungsrecht unbeachtlich, es sei denn, daß Kläger bei unstreitigem Klageanspruch nur wegen gerinfügiger Gegenleistung zurückbehält (OLG Bremen KoRsp ZPO § 6 Nr 107 m zust Anm Schneider; Schneider MDR 86, 184; die hM nimmt auch dann vollen Wert an; ausführlich dazu m Nachw Schneider StrW-Komm Gegenforderung Nr 3–6). Grundstücksbelastungen mindern den Wert nicht (hM, BGH NJW 54, 955; Frankfurt JurBüro 79, 1889; aA LG Köln NJW 77, 255 m abl Anm Schönbach S 856); wohl bei Besitzstörungsklagen (Frankfurt JurBüro 81, 759). – **Kfz-Brief:** Interesse an der mit der Erlangung verbundenen Verfügungsgewalt, das mit einem Bruchteil des Fahrzeugswertes angesetzt wird, meist 1/10 bis allenfalls ½ des Vekehrswertes (s LG Bochum AnwBl 84, 202). – Zur Verbindung des Herausgabeanspruches mit einem eventuellen Schadensersatzanspruch (§§ 255, 510b) s unter „Schadensersatz". – **Urkundenherausgabe:** Entscheidend ist, was mit dem Besitz der Urkunde angestrebt wird, zB Beweisführung: § 3, Verfügungsmöglichkeit über beurkundetes Recht (Wertpapiere!): § 6, bei wirtschaftlich wertlosen Wechseln Schätzwert: § 3 (Köln JurBüro 74, 1438), desgleichen bei Hypotheken- und Grundschuldbriefen, die keine Wertpapiere sind, aber den Wert des verbrieften Rechts erreichen können (RG HRR 33 Nr 1694; Rostock OLGE 37, 82), und bei Sparkassenbüchern; das Herausgabeinteresse des Klägers wird aber bei ihnen idR dem Guthaben entsprechen (München JurBüro 74, 1169), insbes wenn Gefahr besteht, daß der Beklagte über die Einlage verfügt oder auch die Sicherungskarte zum Zweck der Verfügungsgewalt beansprucht wird (KG Rpfleger 70, 96). Ein Grundsatz, daß das Interesse des Klägers dem Betrag des eingetragenen Guthabens gleichzusetzen sei (so KG JurBüro 70, 262 m krit Anm Schneider), besteht nicht. Eine Vollmachturkunde hat keinen eigenen Wert; bestimmend ist das Interesse des Klägers daran, sich gegen Schäden durch Mißbrauch zu schützen (KG Rpfleger 70, 353). Zur Herausgabe einer **Bürgschaftsurkunde** s unter „Bürgschaft". Bei der Klage auf Herausgabe eines Vollstreckungstitels nach Aufrechnung mit einer unstr Gegenforderung ist das Interesse des Klägers maßgebend, eine mißbräuchliche Benutzung des Titels zu verhindern; die Größe dieser Gefahr ist ausschlaggebend (Köln KoRsp ZPO § 3 Nr 451 m Anm Schneider). – Herausgabe eines **Kindes** ist nichtvermögensrechtl Angelegenheit, so daß § 12 II anzuwenden ist (LG Bayreuth JurBüro 78, 1360). Zur **Fristbestimmung** gem §§ 255, 259, 510b s unter „Schadensersatz".

● **Hilfsantrag:** s unter „Eventualantrag".

● **Hilfswiderklage:** s unter „Eventualwiderklage".

● **Hinterlegung:** Wert der Sache bei Sachhinterlegung u Höhe der hinterlegten Summe bei Klage auf Auszahlungseinwilligung (§ 6 ZPO). Derselbe Streitgegenstand ist gegeben, wenn Klage und Widerklage auf Zustimmung zur Auszahlung eines hinterlegten Betrages erhoben werden. Zinsen der Hinterlegungssumme sind keine Nebenansprüche, sondern mitzuberechnen (BGH MDR 67, 280); deshalb auch die Gesamtsumme maßgebend, die das Hinterlegungskonto im Zeitpunkt der Schlußverhandlung aufweist (Köln JurBüro 80, 281). Bei beklagten Streitgenossen mit unterschiedl Berühmung auf die hinterlegte Summe sind die Werte verschieden (Frankfurt Rpfleger 70, 353); bei gemeinsamer Berechtigung an einer hinterlegten Sache ist der Mitberechtigungsanteil abzuziehen (KG AnwBl 78, 107). Wird die Auflassung verweigert, weil noch Streit über einen Differenzbetrag besteht, den der Grundstückskäufer nicht zahlen will, bewertet Düsseldorf (KoRsp ZPO § 3 Nr 431 m Anm Schneider) nur nach dem Differenzbetrag, stellt also entgegen hM auf die Gegenleistung ab.

● **Hypothek:** Klagen auf Eintragung oder Löschung sowie auf Feststellung des Bestehens oder

Nichtbestehens: Streitwert nach § 6; er bestimmt sich nach dem Betrag der Hypothek oder dem geringeren Wert des Grundstücks; die Valutierung bleibt unberücksichtigt (hM, zB Celle MDR 77, 935; Frankfurt JurBüro 77, 720; richtiger erscheint es, mit Hamburg, MDR 75, 876, auf die Höhe der Valutierung und das Löschungsinteresse des Klägers abzustellen). Bei der Miterbenklage ist der Erbanteil des Miterben abzuziehen (Schneider StrW-Komm Löschung Nr 6). Bei Verbindung der Klage auf Werklohn mit Klage auf Einräumung einer Bauwerksicherungshypothek Streitwert: Höhe der Forderung (Köln VersR 74, 673; Frankfurt JurBüro 77, 1135); jedoch Interesse an der Sicherstellung bei Vormerkung für eine Bauhandwerkersicherungshypothek (s dort). Geht es nur um die Beschaffung des Briefes, ist das Interesse am Besitz nach § 3 zu schätzen (Bremen Rpfleger 85, 77 = KoRsp ZPO § 6 Nr 107 m Anm Schneider).

- **Immissionen:** Klage auf Unterlassung (§§ 903, 906, 907, 1004 BGB): § 3, Abschätzung unter Berücksichtigung der Wertminderung des Grundstücks des Klägers bei Zulassung ohne Rücksicht auf die Höhe der Aufwendungen, die der Bekl zur Abwendung der Immissionen erbringen mußte (Schleswig SchlHA 73, 88).

- **Jagd- und Fischereirecht:** Für Klage auf Feststellung der Ausübung (§ 3), Anhaltspunkt der Jahresertrag des Rechts (RG JW 38, 1841; Hamburg NJW 65, 2406). Bei Streit über Bestehen oder Dauer eines Jagdpachtvertrags für die Zuständigkeit § 8 (RG JW 38, 1047), für die Gebühren § 16 GKG.

- **Kapitalabfindung:** Beim Prozeßvergleich ist ihre Höhe unmaßgebl, da sich der Vergleichswert nur danach bestimmt, welcher Gegenstand verglichen worden ist, nicht danach, welche Leistungen übernommen werden (Düsseldorf VersR 77, 868; Frankfurt Rpfleger 71, 116; falsch Frankfurt Rpfleger 80, 239 = KoRsp GKG § 17 Nr 24 m abl Anm Lappe).

- **Kartellsachen:** Maßgebend §§ 12 I GKG, 3 ZPO und Interesse des Beschwerdeführers an der Änderung der Entscheidung der Kartellbehörde und die wirtschaftliche Bedeutung des streitigen Rechtsverhältnisses für ihn (Stuttgart BB 60, 576).

- **Kindesherausgabe:** s unter „Herausgabeklagen“.

- **Kindschaftssachen:** § 640 II ZPO. Streitwert: § 12 II 3 GKG. Wird die Klage auf Feststellung nichtehelicher Vaterschaft mit der Klage auf Zahlung von Regelunterhalt verbunden, dann ist § 12 III GKG anzuwenden und nur der höhere Betrag maßgebend (Köln JurBüro 72, 1093; München DAVorm 81, 681). Vaterschaftsanerkennung: s unter „Feststellungsklagen“.

- **Klage und Widerklage:** Für Zuständigkeit keine Zusammenrechnung (§ 5), für Gebühren § 19 I GKG. Um denselben Gegenstand handelt es sich, wenn die beiderseitigen Ansprüche einander ausschließen, so daß die Zuerkennung des einen Anspruchs notwendig die Aberkennung des anderen bedingt (BGHZ 43, 31), zB nicht, wenn Feststellungsklage auf Verneinung jeglicher Unterhaltspflicht mit Widerklage auf Zahlung bezifferten Unterhalts zusammentrifft (Schleswig SchlHA 82, 75) oder wenn die Ansprüche auf Rückzahlung einer Teilleistung und Erfüllung wegen des Restes zusammentreffen (Celle NdsRpfl 85, 18). Nicht notwendig, daß „dasselbe ökonomische oder außerökonomische Interesse“ betroffen ist (Schneider MDR 77, 180; Nieder NJW 76, 906: beide gg Karlsruhe NJW 76, 247). Unmaßgebl ist auch, ob die Klage im Einzelfall aus einem zusätzlichen, für den Erfolg der Widerklage nicht präjudiziellen Grund abgewiesen wird (KG KoRsp GKG § 19 Nr 42).

- **Klageänderung:** Keine Zusammenrechnung von altem und neuem Antrag (KG Rpfleger 68, 289), sondern getrennte Festsetzung für die Zeit vor und nach Klageänderung (Schneider JurBüro 65, 592).

- **Klageerweiterung:** Dadurch bedingte Streitwerterhöhung wirkt ab Einreichung des Antrages und nur für die danach erfüllten Gebührentatbestände, vor allem also keine Erhöhung der Beweisgebühr bei bereits abgeschlossener Beweisaufnahme (Bamberg JurBüro 77, 960; KG JurBüro 70, 246 m zust Anm Schneider; Schleswig JurBüro 69, 521 m zust Anm Schneider). Nur einmalige Berechnung der Gebühr nach dem höchsten Wert (§§ 13 II 1 BRAGO, 21 III GKG).

- **Klagenhäufung:** § 5, jedoch (argumentum § 19 I 1 GKG) nicht Mehrfachbewertung desselben Streitgegenstandes und erst recht nicht bei bloßer Häufung von Klagegründen (materiell-rechtl Anspruchsgrundlagen). Zusammenrechnung auch, wenn vermögensrechtl und nichtvermögensrechtl Ansprüche verbunden werden, sofern nicht der eine aus dem anderen hergeleitet ist (§ 12 III; s Schneider StrW-Komm Klagenhäufung Nr 8).

- **Klagerücknahme:** Ankündigung eines verminderten Antrages genügt nicht (Schneider MDR 85, 265). Bei Streit darüber, ob Klage wirksam zurückgenommen: Hauptsachewert; ist Klagerücknahme unstreitig, dann Streitwert nur die Kosten (Schneider StrW-Komm Klagerücknahme). Bei vergleichsweiser Vereinbarung einer Klagerücknahmeverpflichtung ist Streitwert die Hauptsache; Kosten des Hauptprozesses bleiben außer Ansatz, selbst wenn Parteien im Vergleich eine von der Regelung des § 269 III abweichende Kostenverteilung vereinbaren (Köln JurBüro 70, 803); werden im Prozeßvergleich die Kosten eines Arrestverfahrens mitgeregelt, so sind diese Kosten dem Streitwert hinzuzurechnen (Köln MDR 71, 58).

● **Konkursfeststellungsklage:** § 148 KO; gilt auch für den unterbrochenen und vom Gläubiger gegen den Konkursverwalter wieder aufgenommenen Rechtsstreit, jedoch erst für die Zeit ab Verfahrensaufnahme (BGH ZIP 80, 479). Bei Klage auch gegen den widersprechenden Gemeinschuldner: Streitwert voller Forderungsbetrag abzüglich der Konkursdividende (BGH Warn 66, 374), deren voraussichtl Höhe durch Auskunft des Konkursverwalters zu ermitteln sein wird (Köln Rpfleger 74, 22) und in der niedrigsten Gebührenstufe anzusetzen ist, wenn nicht mit einer Konkursquote zu rechnen ist (Köln Rpfleger 74, 22; Hamm ZIP 84, 1258; Schneider MDR 74, 101 ff; abwegig Frankfurt, ZIP 86, 1063 = EWiR § 148 KO 1/86 S 919 m abl Anm Schneider, das in diesem Fall 10% der feststellenden Forderung ansetzt). Eigentumsvorbehalt und Absonderungsrecht bleibt unberücksichtigt, es sei denn, daß die Konkursfeststellungsklage mit der Klage auf Feststellung des Rechts auf abgesonderte Befriedigung verbunden wird: Dann ist der höhere Streitwert maßgebend (Hamm ZIP 84, 1258).

● **Kostenfestsetzungsverfahren:** Unterschiedsbetrag der begehrten oder vom erstattungspflichtigen Gegner bestrittenen Kosten gegenüber den festgesetzten Kosten.

● **Lagerkosten** sind keine Nebenforderungen im Sinne des § 4 (vgl § 4 Rn 12) und deshalb dem Hauptanspruch hinzuzurechnen. Veränderungen in der Höhe wirken sich bei der Streitwertbemessung aus.

● **Leasingvertrag:** Ist der Vertrag als Mietvertrag zu werten, dann Streitwert nach § 16 I GKG, nicht nach § 3 ZPO, sofern es um den Bestand des Vertrages geht (Frankfurt MDR 78, 145). Herausgabe des geleasten Gegenstandes: § 6.

● **Lebensversicherung:** Bei Leistungsklage ist der bezifferte Antrag maßgebend. Klage auf Feststellung des Bestehens oder auf Abschluß ist gem § 3 nach dem Interesse des Klägers am Vertrag, nicht nach der Höhe der Versicherungssumme zu schätzen (RG Recht 37 Nr 2968). Negative Feststellungsklage des Versicherten ist nach Interesse an der Befreiung von Prämienzahlungen zu bewerten, längstens nach dem möglichen Kündigungszeitraum (OLG München Recht 1910 Nr 3966).

● **Leistungsklage:** Der formulierte Antrag ist wertbestimmend, auch wenn Gericht entgegen § 308 mehr zugesprochen hat (Schneider MDR 71, 437; BGH MDR 74, 36).

● **Löschung:** Klage auf Löschung einer Hypothek oder Grundschuld: der eingetr Nennbetrag (Frankfurt JurBüro 77, 720; Celle MDR 77, 935; besser Hamburg MDR 75, 846; Köln MDR 80, 1025, die auf Höhe der Valutierung u Löschungsinteresse des Klägers abstellen) oder der geringere Wert des belasteten Grundstücks ohne Abzug vorgehender Pfandrechte. Sicherungshypothek: nach hM ist der Nennwert maßgebend; nach Frankfurt (JurBüro 77, 720 u ihm folgend Köln MDR 80, 1025) die wirklich zur Entstehung gelangte Forderung. Bei Löschung von Eintragungen, die (wie Widerspruch, Vormerkung, Verfügungsbeschränkung) die Bewegungsfreiheit des Eigentümers hemmen oder beeinträchtigen, Schätzung nach § 3 (allg M, zB Saarbrücken AnwBl 79, 114), wobei die Werte meist im Bereich von ⅓–⅒ des objektiven Grundstückswertes (Verkehrswertes) angesiedelt werden (Einzelheiten bei Schneider StrW-Komm Löschung Nr 8, 9). Ist unstr, daß ein durch Vormerkung gesicherter Auflassungsanspruch nicht mehr besteht, dann hat die Grundbucheintragung nur noch formale Bedeutung (Celle NdsRpfl 70, 167; LG Bayreuth JurBüro 79, 1884: ⅒).

● **Mehrere Ansprüche:** s zu § 5.

● **Mietstreitigkeiten:** Für den **Zuständigkeits-** und **Rechtsmittelstreitwert** gilt § 8, vorbehaltlich der Sonderzuständigkeiten nach § 23 Nr 2a GVG, §§ 51, 52 WEG. Da die Zeiträume des § 8 nicht für Wohnungsmietverhältnisse passen, ist nach §§ 3 u 6 zu schätzen, und zwar regelmäßig auf den dreifachen Mieterhöhungsbetrag, wobei ggf ein Feststellungsabschlag von 20% anzusetzen ist (Schneider Anm zu KoRsp ZPO § 3 Nr 808). Unzulässig, die Gebührenprivilegierung des § 16 GKG auf die Berechnung der Rechtsmittelbeschwer zu übertragen (LG Lübeck MDR 85, 1034; LG Berlin MDR 86, 323; Schneider MDR 86, 185 zu 4). – Für den **Gebührenstreitwert** gilt § 16 GKG: Beim Streit über Bestehen (Fortbestehen) oder Dauer eines Miet-(Untermiet-), Pacht-(Unterpacht-) oder ähnl Nutzungsverhältnisses, auch für Nießbrauch (Köln KoRsp GKG § 16 Nr 16). Anwendbar auch, wenn das **Bestehen** oder die **Dauer** eines Mietverhältnisses streitig ist oder ohne Rücksicht darauf wegen Beendigung des Mietverhältnisses **Räumung** oder **Herausgabe** verlangt wird, es sei denn, daß dies ledigl aus einem nichtmietrechtl Grund geschieht (Schneider StrW-Komm Mietstreitigkeiten Nr 2). Das Bestehen oder die Dauer ist auch streitig, wenn sich dies ledigl aus der Einwendung des Beklagten ergibt (BGHZ 48, 177); umgekehrt ist

§ 16 I GKG unanwendbar, wenn die Parteien über ein bestehendes Mietverhältnis nicht streiten, zB bei Klage aus § 259 wegen Besorgnis der Nichterfüllung in der Zukunft (Frankfurt JurBüro 80, 929; Bamberg JurBüro 85, 589) oder ledigl über den Inhalt des Vertrages Meinungsverschiedenheiten bestehen (dann § 3, Koblenz JurBüro 77, 1132). „Streitig" ist der eingeklagte Mietzins auch dann, wenn der Beklagte schweigt (§ 138 III) oder gem § 331 I 1 Versäumnisurteil gegen sich ergehen läßt (s Schneider MDR 85, 271; LG Passau KoRsp GKG § 16 Nr 28 m Anm Schneider). Wird Räumung und Herausgabe **nur aus einem anderen Rechtsgrund** als Miete oder Pacht verlangt und wendet der Beklagte diese auch nicht ein, dann gilt § 6. Streit über **Fortbestand** ist Streit über Bestehen. **Mietzins** sind die in Geld zu zahlenden Leistungen, nach bisheriger Auffassung einschließl der Sonderleistungen und Nebenkosten wie Baukostenzuschuß, Heizkosten, Stromgeld, Treppenbeleuchtung, Wassergeld usw (zB LG Heilbronn MDR 81, 238; LG Flensburg SchlHA 81, 118); Tendenz der neueren Rspr geht dahin, nur noch auf den Netto-Mietzins ohne Berücksichtigung vereinbarter Nebenleistungen abzustellen (LG Kleve JurBüro 85, 423; LG Ulm KoRsp GKG § 16 Nr 9 m Anm Schneider; LG Frankfurt KoRsp GKG § 16 Nr 21 m Anm Schneider; LG Stuttgart Justiz 83, 256; LG Saarbrücken JurBüro 86, 1016). Mangels Gegenleistung sind **unentgeltliche Wohnrechte** nicht mietähnlich ausgestaltet und deshalb nur nach § 3 zu bewerten (LG Bayreuth JurBüro 79, 895). Wird die Räumungsklage mit der Klage auf Zahlung rückständigen Mietzinses verbunden, dann ist der bezifferte Klageanspruch dem nach § 16 GKG ermittelten Wert hinzuzurechnen (§ 5). Auch die **Feststellungsklage,** daß ein Mietverhältnis nicht mehr bestehe, richtet sich nach § 16 GKG (BGH JurBüro 58, 295), wobei aber nur der streitige Zeitraum maßgebend ist (Nachweise bei LG Regensburg KoRsp GKG aF § 16 Nr 3, das selbst aA ist u auf den Jahresbetrag abstellt). Ebenso ist § 16 anzuwenden auf die Feststellungsklage, daß die Kündigung eines Mietverhältnisses erst ab einem zukünftigen Zeitpunkt wirksam erklärt werden kann (Köln KoRsp GKG § 16 Nr 36 m Anm Schneider). Klagen auf **Mietzinserhöhung** sind mit höchstens dem Jahresbetrag der zusätzl Forderung zu bewerten (§ 16 V GKG), ebenso bei Pachtzinserhöhung für Vertrag mit unbestimmter Dauer (Karlsruhe AnwBl 83, 174). Bei **Modernisierungsklagen** (§ 541 a BGB) ist nach § 3 zu schätzen, welche Mieterhöhung der Kläger nach Durchführung der Maßnahmen zu erwarten hat, begrenzt durch den einjährigen Erhöhungsbetrag (LG Mannheim MDR 76, 1025; LG Berlin ZMR 75, 218). Über Einzelheiten vgl ausführlich Schneider StrW-Komm Mietstreitigkeiten.

● **Miteigentum:** Immer, wenn es um die Mitberechtigung geht, ist der unstreitige Anteil des Klägers abzuziehen (Karlsruhe Justiz 80, 148 = KoRsp BRAGO § 8 Nr 20 m Anm Schneider). Bei Klage eines Mitberechtigten auf Unzulässigkeit der Teilungsversteigerung ist Streitwert das Interesse an der Aufrechterhaltung der Gemeinschaft (Hamm JurBüro 77, 1616).

● **Miterben:** s unter „Erbrechtliche Ansprüche".

● **Nachlaßverzeichnis:** Für Vorlegung oder Auskunft wird das Interesse des Klägers gem § 3 bestimmt durch die Schwierigkeiten bei der Ermittlung des Erbschaftsbestandes (KG JurBüro 73, 151).

● **Nebenintervention:** Streit über die Zulässigkeit bestimmt sich nach dem Interesse des Nebenintervenienten auf Zulassung seines Beitritts, das geringer sein kann als der Streitwert des Hauptprozesses, wobei es gleichgültig ist, ob sich der Streithelfer formal den Anträgen der Hauptpartei anschließt; die gegenteilige Auffassung in BGHZ 31, 144 wird zunehmend abgelehnt (s zB Saarbrücken KoRsp ZPO § 3 Nr 739; München AnwBl 85, 647; Hamburg MDR 77, 1026; Koblenz Rpfleger 77, 175; KG MDR 78, 761; Stuttgart KoRsp ZPO § 3 Nr 450 [Aufgabe der früher abw Rspr] m Anm Schneider u Nr 512; Düsseldorf KoRsp ZPO § 3 Nr 465; Köln MDR 74, 53; weitere Nachw bei Schneider JurBüro 74, 273 ff; aA zB Hamburg AnwBl 85, 263; Düsseldorf u Bamberg KoRsp ZPO § 3 Nr 483, 499). Da die Interventionswirkung des § 68 nicht wie ein Leistungsanspruch tituliert, Abschlag von 20% wie bei Feststellungsklagen gerechtfertigt (Schneider MDR 82, 270 u V 2).

● **Nichtigkeitsklage:** s Restitutionsklage.

● **Nichtvermögensrechtliche** Streitigkeiten: § 12 II GKG meint Streitigkeiten, die nicht auf Geld oder Geldeswert gerichtet sind und nicht aus vermögensrechtlichen Verhältnissen entspringen (RGZ 144, 159), zB Unterlassung belästigender Telefonanrufe (BGH VersR 85, 185), Ausschluß aus einem Verein (Köln MDR 84, 153), Anfechtung einer CDU-Delegiertenwahl (KG KoRsp GKG § 12 Nr 88). Abgrenzung kann zweifelhaft werden, zB wenn durch Bildveröffentlichung mit Namensangabe der soziale Geltungsanspruch betroffen, aber auch wirtschaftliche Interessen beeinträchtigt werden (s BGH FamRZ 84, 876). Einseitige Erledigungserklärung verändert die Qualifizierung nicht (BGH KoRsp ZPO § 3 Nr 568 m Anm Schneider). Schmerzensgeldanspruch ist vermögensrechtlich, weil auf Geldzahlung gehend, obwohl der Schaden immateriell ist. Liegen keine besonderen Bemessungsumstände vor, ist entsprechend §§ 12 II 3, 13 I 2 GKG, 8 II

BRAGO von 4 000 DM auszugehen (LAG Hamm KoRsp GKG § 12 Nr 31 m Anm Schneider). Die Vermögens- und Einkommensverhältnisse der Parteien haben nur in Familiensachen Bedeutung; über diese unpraktikable (Koblenz JurBüro 77, 69) Regelung geht die Praxis in Nichtfamiliensachen hinweg (so ausdrücklich Köln KoRsp GKG § 12 Nr 30 m Anm Schneider). Es wäre auch sinnlos, etwa bei Streit über die Umbettung einer Leiche (RGZ 108, 219) oder der Beisetzung in einer bestimmten Grabstätte (RG HRR 31, 138) Lohn- und Gehaltsbescheinigung u dgl von den Parteien anzufordern.

● **Nießbrauch:** Klage auf Einräumung u Löschung: Interesse des Klägers, also § 3, nicht § 7 (Bamberg JurBüro 75, 649) und nicht § 9 (Schleswig SchlHA 86, 46). § 16 GKG, wenn Nießbrauch, zB durch schuldrechtlichen Bestellungsvertrag, als „ähnliches Nutzungsverhältnis" ausgestaltet ist (Köln KoRsp GKG § 16 Nr 16).

● **Notweg:** Bei Klage auf Einräumung eines Notwegs ist bei dem nach § 3 ZPO zu schätzenden Interesse des Klägers an dem Zugang zu seinem Grundstück, nicht auf den Quadratmeterpreis der in Anspruch zu nehmenden Fläche abzustellen (Schneider ZMR 76, 193 m Nachw gg Frankfurt JurBüro 70, 4345). Zuverlässiger Schätzungsanhalt ist die Summe der Kosten für die Herrichtung und Unterhaltung des Notwegs sowie der nach § 917 II 1 BGB zu zahlenden Geldrente.

● **Öffentliche Zustellung:** Ablehnung der Bewilligung nicht gleich Hauptsachewert, wie Zweibrücken (KoRsp ZPO § 3 Nr 631 m abl Anm Schneider) meint, sondern Bruchteil der Hauptsache (§ 3), weil nur ein Schritt auf dem Weg zur Titelschaffung.

● **Offenbarungsversicherung** nach § 807: Für den Rechtsanwalt der Betrag der ganzen, aus dem Vollstreckungstitel noch geschuldeten Forderung, jedoch höchstens 2 400 DM, § 58 III Nr 11 BRAGO; ebenso für den Beschwerdewert (Köln KoRsp ZPO § 3 Nr 822; MDR 76, 56; KG MDR 76, 586; Düsseldorf Rpfleger 85, 37; LG Köln JurBüro 77, 404), also keine Beschwerde-Festgebühr nach KV Nr 1152. Bei Abgabe der eidesstattl Versicherung nach §§ 259, 260, 2006, 2028, 2057 BGB das Interesse des Klägers, also das Mehr, das er auf Grund der eidesstattl Offenbarungsversicherung zu erlangen hofft (BGH KoRsp ZPO § 3 Nr 113; Bamberg JurBüro 72, 1091). Herausgabe-Offenbarungsversicherung aus §§ 883 ZPO, 125 KO, 69 II VglO: § 6. Abwehrinteresse des verurteilten Beklagten in der Berufungsinstanz ist nicht gleich Klägerinteresse an Abgabe, wie Saarbrücken (JurBüro 85, 1238 = KoRsp ZPO § 3 Nr 768 m abl Anm Schneider) meint (s dazu unter „Auskunft").

● **Ordnungs- und Zwangsmittelfestsetzung** (§§ 888, 890 ZPO): Schätzung (§ 3) des Erzwingungsinteresses mit einem Bruchteil des Hauptsachewertes, meist ⅓–¼ (zB Bremen JurBüro 79, 1394; Hamburg WRP 82, 592; München MDR 83, 1029), also nicht Höhe des Zwangs- oder Ordnungsgeldes (München OLGZ 84, 66; Nürnberg MDR 84, 762 = KoRsp ZPO § 3 Nr 710 m Anm Schneider). Die im Urteil enthaltene Androhung wird streitmäßig nicht erfaßt, weil sie nicht den Anspruch selbst betrifft, sondern der Zwangsvollstreckung zurechnet. Auch bei Beschwerde des Schuldners, die erkannte Strafe aufzuheben und den Bestrafungsantrag zurückzuweisen, ist das maßgebende Interesse des Schuldners, die Handlung nicht ausführen zu müssen, nicht ohne weiteres gleich der Höhe der Strafe, die allenfalls Indizwert hat (Düsseldorf MDR 77, 676; Braunschweig JurBüro 77, 1148).

● **Organmitglieder:** s unter „Arbeitnehmer".

● **Pachtstreitigkeiten:** s unter „Mietstreitigkeiten".

● **Patentverletzung:** Streitwertherabsetzung für unvermögende Partei nach § 144 PatG möglich. Patentnichtigkeitsverfahren: Maßgebend ist das Interesse der Allgemeinheit an der Vernichtung des angegriffenen Patents; in der Regel ist das gleich seinem Wert zuzügl entstandener Schadensersatzansprüche (BGH NJW 57, 144).

● **Personalakten-Einsicht:** Nichtvermögensrechtl Streitigkeit (Köln KoRsp GKG § 12 Nr 30); s auch unter „Arbeitsgerichtsverfahren" IV 2.

● **Pfändungs- und Überweisungsbeschluß:** Wertberechnung im Beschwerdeverfahren nach §§ 6 ZPO, 57 II BRAGO (Köln JurBüro 76, 1229; KG MDR 76, 586; LG Köln JurBüro 77, 404), auch für vorausgehende Durchsuchungsanordnung gem § 758 (Köln DGVZ 86, 151 = KoRsp ZPO § 3 Nr 838 m Anm Schneider). Vollstreckt der Gläubiger in Sozialleistungen des Schuldners, die unpfändbar sind, oder ist das Entstehen angeblicher zukünftiger Forderungen völlig unwahrscheinlich, dann ist die niedrigste Gebührenstufe anzusetzen (Köln KoRsp GKG § 17 Nr 22; ZPO § 3 Nr 839). Zinsen und Kosten im Zeitpunkt der Antragseinreichung werden der zu vollstreckenden Forderung hinzugerechnet und sind maßgebend, wenn nicht der Wert des Pfandgegenstandes geringer ist (s dazu Schneider Anm KoRsp ZPO § 3 Nr 775). Bei zukünftig fällig werdendem Arbeitseinkommen kann sich die Vollstreckung über Jahre oder gar Jahrzehnte hinziehen; dann ist der Nennwert herabzuschätzen (AG Freyung MDR 85, 858; Schneider MDR 86, 268 zu 2).

• **Pfandgläubiger:** Bei der Klage auf vorzugsweise Befriedigung (§ 805) sind gem § 6 zu vergleichen die Forderung des Klägers u des Bekl, je ohne Zinsen u Kosten, mit dem Versteigerungserlös einschl der angefallenen Hinterlegungszinsen. Maßgebend ist sodann der geringste Betrag.

• **Pfandrecht:** s Rn zu § 6.

• **Prozeßhindernde Einreden** (§ 296 II) und **Prozeßvoraussetzungen:** Streitwert eines Zwischenstreits nach § 280 ZPO ist gleich dem der Hauptsache (RGZ 40, 417), da Zwischenverfahren bei Fehlen der Prozeßvoraussetzung oder bei Durchgreifen der prozeßhindernden Einrede zur Klageabweisung führen kann. Das gilt nach hM auch für die Rechtsmittelinstanz (BGHZ 37, 264; krit LG Braunschweig NJW 73, 1846, dem zust Schneider StrW-Komm „Einrede" Nr 4). Wert einer Beschwerde gegen beschlußmäßige Rechtswegverweisung nach Hilfsantrag des Klägers: Ein Drittel des Klageanspruchs (LAG Hamm KoRsp ZPO § 3 Nr 777).

• **Prozeßkostenhilfe:** Gerichtskosten fallen nicht an; deshalb Wert nur für die Anwaltsgebühren festzusetzen, der dem der Hauptsache entspricht (§ 51 II BRAGO). Für Beschwerdeverfahren ist zu unterscheiden: Die Anwaltsgebühren bemessen sich auch dann nach § 51 II BRAGO (Karlsruhe Justiz 80, 439); wenn es dagegen nur um Raten oder Ratenhöhe geht, sind auch nur diese Bewertungsobjekt (Lappe Anm KoRsp BRAGO § 51 Nr 21).

• **Räumung:** s unter „Mietstreitigkeiten".

• **Rechnungslegung** (s auch unter „Auskunft"): Maßgebend nach § 3 das Interesse des Klägers daran, daß er die rechnerischen Grundlagen für seinen Leistungsanspruch erlangt und diesen leichter verfolgen kann, sich auch den Aufwand spart, selbst nachzuforschen (BGH KoRsp ZPO § 3 Nr 611 m Anm Schneider). Grundsätzl erheblich niedriger als vorzubereitende Leistungsklagen (Nürnberg MDR 60, 507: 1/10; KG Rpfleger 62, 153: 1/2–1/5; BGH BB 60, 796: 1/5; Köln VersR 76, 1154: 1/4). Kann ohne Abrechnung der Leistungsanspruch nicht weiterverfolgt werden, ist Klage hoch zu bewerten, uU nicht erhebl geringer als Leistungsanspruch selbst (BGH MDR 62, 564: 4/5). Legt Beklagter gegen das ihn zur Rechnungslegung verurteilende Urteil Berufung ein, so ist Rechtsmittelstreitwert sein Interesse, die Rechnung nicht legen zu müssen (BGH NJW 64, 2061; Zweibrücken JurBüro 81, 435). Das Interesse des Beklagten an der Abwehr des Anspruchs ist entsprechend geringer zu bewerten, wenn durch Teilauskunft Unklarheit über die Höhe des Hauptanspruchs schon weitgehend beseitigt ist. Streitwert erhöht sich aber nicht deshalb, weil die Parteien über den Grund des Leistungsanspruchs streiten und die Gründe des Urteils diesen Grund bejaht haben (BGH NJW 64, 2061).

• **Rechtshängigkeit:** s unter „Prozeßhindernde Einreden".

• **Rechtsmittelinstanz:** S auch unter „Berufung". Gebührenwertberechnung nach § 14 GKG, wobei jede Streitwerterhöhung während der Instanz gem § 15 I GKG zu berücksichtigen ist (BGH MDR 82, 299; Schneider MDR 83, 275; irrig Hamburg JurBüro 81, 1546). Die gestellten Rechtsmittelanträge sind maßgebend; unerheblich, ob sie zulässig und wie sie motiviert sind (Karlsruhe NJW 75, 1933). Endet das Rechtsmittelverfahren, ohne daß (fristgerechte) Anträge formuliert werden, dann ist die volle Beschwer maßgebend. Für die Berechnung des Zulässigkeitswertes bleiben ersichtlich unzulässige Erhöhungsanträge unberücksichtigt, mit denen nur die Erwachsenheitssumme erreicht werden soll (BGH NJW 73, 370). Desgleichen sind unbeachtlich Minimalanträge vor Zurücknahme des Rechtsmittels, die lediglich aus Kostengründen gestellt werden (s unter „Berufung"). Bei nur versehentlich eingelegtem Rechtsmittel, insbesondere wenn es an der Beschwer fehlt, ist der Streitwert auf die geringste Gebührenwertstufe festzusetzen (Schneider MDR 85, 265 I 3 m Nachw; Bamberg KoRsp GKG § 14 Nr 29 m Anm Schneider; aA Frankfurt KoRsp GKG § 14 Nr 22 m abl Anm Schneider u Lappe). Zur Beschwer bei Auskunftsverurteilung s unter „Auskunft".

• **Rechtsweg-Zulässigkeit:** s unter „Prozeßhindernde Einreden und Prozeßvoraussetzungen".

• **Regelunterhalt:** § 17 I 2 GKG. Der Jahresbetrag ist nach dem höchsten Regelbedarfssatz ohne Rücksicht auf absetzbare Beträge zu berechnen (Hamm KoRsp GKG § 12 Nr 75 m Anm Schneider).

• **Registeranmeldung:** Bei Eintragungen im Handelsregister ist für die Höhe des Streitwerts ausschlaggebend, ob die anzumeldende Tatsache zwischen den Parteien streitig ist oder nicht; bloß förml Registerbereinigung hat einen wesentlich geringeren Wert als die gegen den Willen eines Gesellschafters vorzunehmende (BGH Rpfleger 79, 194). S auch unter „Handelsregister".

• **Rentenansprüche:** Bei Tötung u Körperverletzung aus §§ 823, 843, 844, 845 BGB; auch § 618 III BGB (Stuttgart JW 34, 2177) für **Zuständigkeit** und **Rechtsmittel** § 9; für **Kosten** § 17 II GKG (5facher Jahresbezug bzw geringerer Gesamtbetrag der geforderten Leistung). Bei schwankenden Bezügen ist von den fünf höchsten Jahresbeträgen auszugehen; bei freiwillig geleisteten Zahlungen mindert sich der Streitwert nicht, solange die Summe der noch ausstehenden Leistungen den fünfjährigen Bezug erreicht (Koblenz GKG § 17 Nr 79 m zust Anm Schneider). Auch bei hochbetagten Personen geht BGHZ 3, 360 im allg vom Regelbetrag aus; doch kann Regelwert des § 9 ausnahmsweise in Schätzung nach § 3 unterschritten werden (BGHZ 3, 360; 19, 172; die Rspr des BGH ist zu eng und formalistisch; ausführl mit Nachw Schneider MDR 77, 270). Feststellungsklage: die negative ist voll, die positive mit Abschlag zu bewerten (BGHZ 1, 43; 2, 276 – 20%; s unter „Feststellungsklagen"). Auf den Deckungsprozeß des Haftpflichtversicherten wendet der BGH (NJW 74, 2128) nicht § 17 GKG an, sondern § 9, was indessen abzulehnen ist (s Schneider MDR 73, 181; s auch unter „Haftpflichtversicherungsschutz"). Analoge Anwendung des § 17 GKG auch auf Berufsunfähigkeitsrente geboten (aA Hamm KoRsp GKG § 17 Nr 84 m krit Anm Schneider). Nicht privilegiert ist die Klage gegen einen Anwalt auf Schadensersatz wegen Verjährenlassens einer Rentenforderung (BGH MDR 79, 302) oder der Eltern auf Ersatz von Unterhaltsaufwendungen wegen fehlgeschlagener Sterilisation (BGH KoRsp GKG § 17 Nr 28 m Anm Schneider), wohl aber die Insolvenzsicherungsklage eines Organmitgliedes (BGH ZIP 80, 780: § 17 III GKG).

● **Restitutionsklage:** (§§ 578 ff): Der Streitwert des abgeschlossenen Verfahrens ist maßgebend (BGH AnwBl 78, 260), aber auch nach oben hin begrenzend (LG Verden JurBüro 56, 227). Zinsen und Prozeßkosten bleiben unberücksichtigt (§§ 4 ZPO, 22 GKG).

● **Revision:** Bewertung wie bei „Berufung" und „Rechtsmittelinstanz" (s dort).

● **Richterablehnung:** s „Ablehnung".

● **Rückauflassung:** Verkehrswert des Grundstücks ohne Berücksichtigung der Belastungen ist maßgebend, § 6. Wird Rückauflassung eines ideellen Grundstücksanteils verlangt, ist nur vom anteiligen Verkehrswert auszugehen (Schleswig Rpfleger 80, 293); ebenso bei Entziehung von Wohnungseigentum (Karlsruhe Rpfleger 80, 308).

● **Rückerstattungsanspruch** nach § 717 II, III: Zinsen und Kosten werden dem Streitwert der Klage nicht zugerechnet, gleichviel, ob sie durch einfachen Inzidentantrag zurückverlangt (BGH NJW 62, 806) oder durch Widerklage (BGH 38, 237 m Nachw) oder selbständige Klage (vgl Johannsen in Anm zu BGH LM § 717 ZPO Nr 6) geltend gemacht werden (s auch Nieder NJW 75, 1001). Wird nach § 717 II **Ersatz weiteren Schadens** verlangt, so gelten die allgemeinen Vorschriften für die Streitwertberechnung: bei Widerklage § 19 I GKG. Für Ansprüche nach §§ 302 IV, 606 II ist ebenso zu bewerten (Johannsen Anm zu LM § 717 ZPO Nr 6).

● **Rücknahme beleidigender Äußerungen:** § 12 II GKG (Neustadt Rpfleger 57, 237); s unter „Nichtvermögensrechtliche Streitigkeiten".

● **Rückstände:** § 17 IV GKG, gilt auch für die Vollstreckungsabwehrklagen (BGH KoRsp GKG § 17 Nr 30). Begriff: diejenigen Raten, die am Tag der Klageeinreichung (Hamburg MDR 83, 1032) datumsmäßig bereits fällig waren (s Schneider MDR 85, 269), wobei aber bei PKH-Antrag mit Klageschrift-Entwurf auf den Zeitpunkt des Eingangs des Entwurfs abzustellen ist (str; Düsseldorf KoRsp GKG § 17 Nr 76 m Anm Schneider m Nachw). In Unterhaltssachen zählt der Einreichungsmonat wegen § 1612 III 1 BGB zu den Rückständen (zB Hamm KoRsp GKG § 12 Nr 75 m Anm Schneider; aA Hamm KoRsp GKG § 17 Nr 33 m abl Anm Lappe; kontrovers). Auch bei der Unterhalts-Stufenklage sind die Rückstände nach dem Zeitpunkt der Klageeinreichung zu berechnen, nicht nach dem Eingang des den Zahlungsanspruch beziffernden Schriftsatzes (Düsseldorf JurBüro 84, 1864); die Bezifferung wirkt also auf den Zeitpunkt der Klageeinreichung zurück (KG AnwBl 84, 612; aA Hamburg KoRsp GKG § 17 Nr 51 m abl Anm Lappe). Bei Klageerweiterung mit Rückwirkung auf den Zeitpunkt der Klageeinreichung ist die Zeit zwischen Einreichungs- und Erweiterungsmonat streitwerterhöhender Rückstand (Karlsruhe KoRsp GKG § 17 Nr 74 m Anm Schneider mwNachw). S auch unter „Abänderungsklage". Bei außergerichtl Einigung fehlt ein solcher Anknüpfungspunkt; mit LG Stuttgart (AnwBl 78, 234) ist dann auf den Zugang des Anschreibens des Anwalts abzustellen, mit dem erstmals das Rentenbegehren geltend gemacht worden ist; kommt es allerdings doch noch zur Klage, gilt nur § 17 IV GKG.

● **Rücktritt:** Wirksamkeit wird meist durch Feststellungsklage geklärt. Bewertung nach § 3 entsprechend dem Interesse des Klägers an der Befreiung von seinen vertraglich übernommenen Verpflichtungen (München JurBüro 84, 1235).

● **Sachverständigenablehnung:** s unter „Ablehnung".

● **Schadensersatz:** Der bezifferte Betrag ist maßgebend. Unbezifferte Klage auf Feststellung der Schadensersatzpflicht: § 3. Wird Feststellung unter Bezifferung in der Begründung verlangt, so ist vom bezifferten Betrag auszugehen und dieser um den Feststellungsabschlag (s unter „Feststellungsklagen") zu kürzen. Bei bezifferter Leistung und Zukunftsfeststellung ist jeder Antrag gesondert zu bewerten und dann zu addieren (§ 5). Bei Verbindung von Herausgabeantrag mit Verurteilung zum Schadensersatz nach fruchtlosem Ablauf einer Frist (§§ 255, 259, 510b) ist nur nach dem Hauptanspruch zu bewerten, also weder gem § 5 ZPO zu addieren noch analog § 19 IV GKG auf den höherwertigen Schadensersatzantrag abzustellen (Schneider MDR 85, 268; aA LG Köln MDR 84, 501 m abl Anm Schneider S 853) noch der Streitwert um einen Bruchteil des Entschädigungsbetrages zu erhöhen (so LG Karlsruhe KoRsp ZPO § 3 Nr 832 m abl Anm Schneider).

● **Schätzung:** § 3; fehlen jegl Anhaltspunkte, dann kann analog § 13 I GKG von 4 000 DM ausgegangen werden (Braunschweig NdsRpfl 77, 126; Köln JurBüro 71, 719; LAG Hamm KoRsp GKG § 12 Nr 31 m Anm Schneider).

● **Schiedsrichterablehnung:** Wert geringer als Hauptsache (s unter „Ablehnung").

● **Schiedsrichterliches Verfahren: Beschlußverfahren** nach § 1045; Anordnung der von den Schiedsrichtern für erforderl erachteten richterl Handlungen, zB eidliche Zeugenvernehmung nach § 1036: § 3, ein Bruchteil des geltend gemachten Schadensersatzanspruchs (RGZ 41, 362; Düsseldorf NJW 54, 1492); **Erlöschen** des Schiedsvertrags (KG NJW 67, 55: Interesse des Antragstellers); Ernennung 1/10: KG Rpfleger 62, 154. **Niederlegung** eines Schiedsspruchs oder schiedsrichterl Vergleichs (§§ 1039, 1044 a): Wert des Gegenstandes, über den der Schiedsspruch ergangen oder ein Vergleich zustande gekommen ist. **Vollstreckbarerklärung** (§§ 1042, 1044 a): ebenso, ohne Nebenforderungen, nicht der vollstreckungsfähige Teil des Schiedsspruchs, es sei denn, der Antrag beschränkt sich auf diesen Teil (Köln KTS 70, 52; Düsseldorf Rpfleger 75, 257; LG Bonn NJW 76, 1981). **Aufhebungsklage** (§ 1041): Interesse des Klägers am späteren Obsiegen, also die Hauptsacheforderung ohne Zinsen und Kosten des schiedsrichterl Verfahrens (BGH MDR 57, 95; Hamburg Rpfleger 58, 36).

● **Schlußurteil:** Sein Streitgegenstand ist maßgebend. Bei Teilurteil über die Hauptsache und Schlußurteil über die Kosten kann trotz § 99 I gg beide Urteile Berufung eingelegt werden; Kostenurteil-Berufung hat dann keinen eigenen Wert (Köln ZZP 69 [1956], 382; Celle NdsRpfl 56, 128). Das gilt aber nicht bei Schlußurteil über das Zinsbegehren, wie Köln (ZZP 70 [1957], 134) meint; bis zur Verbindung (§ 147) ist die Zinsberufung selbständig zu bewerten (BGH KoRsp GKG § 20 Nr 5 [für die Revision]). Bei Teil-Anerkenntnisurteil und Schlußurteil über Hauptsacherest und Kosten bleibt der auf das Anerkenntnis erfallende Kostenanteil unberücksichtigt (Schneider StrW-Komm Schlußurteil Nr 3 gg Nürnberg JurBüro 59, 512).

● **Schmerzensgeld:** s unter „Unbezifferte Klageanträge".

● **Schuldanerkenntnis:** Werden Hauptforderung und Zinsen in ein Schuldanerkenntnis zusammengefaßt, bleiben die Zinsen bei deklaratorischem Anerkenntnis außer Ansatz, während bei abstraktem Anerkenntnis (§§ 780, 781 BGB) die Gesamtsumme maßgebend ist (Köln KoRsp GKG § 22 Nr 8 m Anm Schneider).

● **Schuldbefreiung** (s auch „Befreiung"): Freistellungsinteresse ist nach § 3 zu schätzen (BGH NJW 74, 2128), wobei regelmäßig der volle Schuldbetrag anzusetzen ist (Bremen KoRsp ZPO § 3 Nr 241; BAG MDR 60, 616 [zwingend]); kein Feststellungsabschlag (Köln MDR 85, 769), wohl aber Streitwertermäßigung, wenn der Freistellungserfolg zweifelhaft ist (Lappe Anm KoRsp ZPO § 3 Nr 757; Schneider MDR 86, 182). Bei Freistellung von gesetzl Unterhaltspflicht ist § 17 GKG unanwendbar, weil nicht um die Unterhaltsverpflichtung als solche, sondern um einen selbständigen Schuldgrund gestritten wird (BGH NJW 74, 2128; Naumburg JW 37, 1658; KG Rpfleger 64, 321). Zinsen sind Nebenforderungen auch des Befreiungsanspruchs und bleiben unberücksichtigt (BGH NJW 60, 2336 gg RG DR 40, 2009).

● **Sicherheitsleistung:** Bei einem Ergänzungsantrag nach § 716 bestimmt sich der Wert gem § 3 nach der Ausfallgefahr, die droht, wenn sicherheitslos (§ 708) oder ohne Abwendungsbefugnis (§§ 711, 712) vollstreckt werden kann. Zu bewerten ist mit einem Bruchteil der Hauptsache (Celle NJW 66, 2414). Ebenso bei Vorabentscheidung gem § 718. Werterhöhung bis zum vollen Hauptsachewert nur, wenn ohne Sicherheitsleistung wegen Zahlungsunfähigkeit des Gegners Uneinbringlichkeit droht (KG JurBüro 73, 1083). Bei Beschwerde gg die **Art** der Sicherheitsleistung (s § 108 Rn 16) ist das wirtschaftliche Interesse maßgebend (§ 3), das der Zinsdifferenz bei Geldhinterlegung und anderer Sicherheitsform, insbesondere den Avalkosten bei Bürgschaft entspricht.

● **Sicherungshypothek:** Eintragungsinteresse nach § 3 zu schätzen; bei einstweiliger Verfügung geringer als die Forderung (Frankfurt JurBüro 77, 719); bei Löschungsverlangen eines Miterben Klägeranteil abzuziehen (Frankfurt JurBüro 81, 775). S auch unter „Bauhandwerkersicherungshypothek".

● **Sicherungsübereignung:** § 6; Forderung oder Wert der übereigneten Sache, je nachdem welcher geringer ist, da Sicherungseigentum dem Pfandrecht näher steht als dem Volleigentum (BGH NJW 59, 939; Frankfurt JurBüro 62, 228; Celle NJW 57, 593).

● **Streitgenossen:** Wird von Gesamtschuldnern nur einmal Leistung gefordert oder von ihnen gemeinsam negativ abgewehrt (Koblenz JurBüro 85, 590), zB bei streitgenössischer Vollstreckungsabwehrklage gegen denselben Titel, dann ist der einfache Klagebetrag anzusetzen (RGZ 116, 309; Nürnberg Rpfleger 56, 298; falsch LG Osnabrück NJW 54, 1692 m abl Anm Tschischgale). Ob der zweite Beklagte erst nachträglich in Anspruch genommen wird, ist unerheblich (Koblenz AnwBl 85, 203). Bei subjektiver Klagenhäufung sind die von einzelnen Streitgenossen selbständig verfolgten Ansprüche gem § 5 zu addieren, auch für die Rechtsmittelbeschwer (BGH KoRsp ZPO § 5 Nr 53 m Anm Schneider; BAG NZA 84, 167). Um die wirtschaftl gleiche und deshalb nur einmal zu bewertende Leistung handelt es sich auch, wenn ein Streitgenosse zusätzl auf Duldung in Anspruch genommen wird (Frankfurt JurBüro 57, 316) oder dingl und persönl Klage verbunden werden (Bremen Rpfleger 57, 274) oder neben Werklohnzahlung die Einräumung einer Bauwerksicherungshypothek verlangt (Köln DB 74, 429) oder Feststellung neben Erfüllung begehrt wird (Kiel JVBl 36, 60). Die Einheit des Streitwerts setzt sich im Rechtsmittelverfahren fort, wenn der verurteilte Streitgenosse und der Kläger wegen der Klageabweisung gegenüber dem anderen Streitgenossen Berufung einlegen (BGHZ 7, 152).

● **Streithilfe:** s unter „Nebenintervention".

● **Streitwertbeschwerde:** Bei der Herabsetzungsbeschwerde ist maßgebend der Unterschiedsbetrag zwischen den Gerichts- und Anwaltskosten, die den Beschwerdeführer nach dem festgesetzten Streitwert und dem angestrebten treffen. Bei Beschwerde auf Erhöhung (§§ 9 II, 10 III BRAGO) der Unterschiedsbetrag der Gebühren des beschwerdeführenden Anwalts nach dem festgesetzten und dem angestrebten Streitwert, auch wenn das Beschwerdegericht die Gebührenforderung für übersetzt hält (aA Düsseldorf KoRsp GKG § 25 Nr 67 m Anm Schneider). Die Umsatzsteuer (Mehrwertsteuer) ist mitzuberücksichtigen, desgleichen die Auslagenpauschale des § 26 BRAGO (aA LG Stade AnwBl 82, 438 m abl Anm Chemnitz). Bei Teilabhilfe ist die verbleibende Beschwer maßgebend, jedoch Erhöhung des Wertverlangens beachtlich (sehr str, aA Koblenz KoRsp GKG § 25 Nr 99 m Anm Schneider mwNachw). Die Ablehnung eines Antrags auf Streitwertänderung gem § 25 I 3 GKG ist nicht beschwerdefähig, wohl kann ein Änderungsantrag als Streitwertbeschwerde gedeutet werden (Bamberg JurBüro 80, 1865); einfache Beschwerde nach § 567, wenn die beantragte Streitwertfestsetzung abgelehnt wird (Hamm KoRsp GKG § 25 Nr 100 m Anm Schneider). Bei unzulässiger Streitwertbeschwerde kein Abänderungsrecht des Beschwerdegerichts nach § 25 I 3 GKG (München JurBüro 83, 890; Köln KoRsp GKG § 25 Nr 83; OVG Bremen JurBüro 82, 1344). Soweit die Beschwerde oder die Abänderungsbefugnis reicht, besteht kein Verschlechterungsverbot (Düsseldorf JurBüro 85, 255). Jedoch Beschwerdebefristung und zeitliche Änderungssperre gem § 25 II 3, I 4 GKG, und zwar sechs Monate ab Verfahrenserledigung oder ein Monat bei verspäteter Festsetzung oder unterbliebener Unterrichtung einer Partei (s dazu LG Düsseldorf KoRsp GKG § 25 Nr 81 m Anm Schneider). Wahrung rechtlichen Gehörs unerläßlich (LG Mosbach MDR 85, 593; Schneider MDR 85, 358 m Nachw). Rechtsschutzbedürfnis nur bei erstrebter Beseitigung einer Beschwer gegeben, also nicht für Erhöhungsbeschwerde einer Partei oder Ermäßigungsbeschwerde eines Prozeßbevollmächtigten (Schneider MDR 86, 269). Unerheblich, ob berichtigter Streitwert der Kostenquotierung im rechtskräftigen Urteil die Berechnungsgrundlage entzieht (Karlsruhe KoRsp GKG § 25 Nr 88 m Anm Schneider; OVG Bremen KoRsp GKG § 25 Nr 84; Schneider StrW-Komm „Streitwertbeschwerde II Bindung" m w Nachw; aA BGH MDR 77, 925 m abl Anm Schneider). Zur Streitwertbeschwerde trotz Unanfechtbarkeit einer einstweiligen Anordnung nach § 620c S 2 vgl Schneider MDR 87, Heft 2 u Köln KoRsp GKG § 25 Nr 102 m abl Anm Schneider.

● **Stufenklage** (§ 254): Zusammentreffen von Leistungs- und Vorbereitungsansprüchen (s zu diesen unter „Auskunft", „Rechnungslegung") führt hinsichtlich der Zuständigkeit zur Wertaddition gem § 5 (KG JW 34, 2633), nicht hingegen für den Gebührenstreitwert (§ 18 GKG), und zwar auch dann nicht, wenn der Unterhaltskläger zunächst nur Auskunft verlangt und nach deren Erteilung zum Leistungsanspruch übergeht (Hamm KoRsp GKG § 18 Nr 24 m zust Anm Schneider). Entschieden wird durch Teilurteile in den Vorbereitungsstufen und Schlußurteil in der Leistungsstufe (s näher Schneider Rpfleger 77, 92). Der Leistungsanspruch ist immer der höchste Anspruch, auch wenn er vor Bezifferung wegen Erledigung des Auskunftsbegehrens zurückgenommen wird (Düsseldorf JurBüro 83, 1876). Die Vorbereitungsansprüche werden mit einem Bruchteil davon beziffert, meist ¼ bis ⅖ (zB Köln VersR 76, 1154; Frankfurt JurBüro 73, 766; Bamberg JurBüro 85, 743). Werden fälschlich schon in der ersten mündlichen Verhandlung sämtliche Anträge verlesen, wird aber nur der Vorbereitungsanspruch durch Teilurteil erledigt, dann entfällt auch die Verhandlungsgebühr nur nach dessen Wert (OLG Hamburg JurBüro 78, 1664; str, vgl Schneider MDR 69, 625). Wird auf den Auskunftsanspruch hin bereits die gesamte Klage als unbegründet abgewiesen, ist der noch unbezifferte Leistungsantrag maßgebend und an Hand der Klagebegründung zu bewerten (Köln JurBüro 72, 244; Frankfurt JurBüro 73, 766; LG Bayreuth JurBüro 80, 1869). Unterhaltsrückstände (§ 17 IV GKG) berechnen sich ab Eingang der Stufenklage, nicht ab Bezifferung des Leistungsanspruches (Bamberg JurBüro 85, 743), auch wenn die Klage im Verlaufe des Rechtsstreits erhöht wird (s unter „Rückstände"). Da es für die Bewertung des Leistungsbegehrens nur auf die Vorstellung des Stufenklägers zu Beginn des Rechtsstreits ankommt, ermäßigt sich der Streitwert durch eine spätere Verringerung der Bezifferung oder Verurteilung nicht (Frankfurt JurBüro 85, 443).

● **Teilklagen:** Maßgebend ist, was eingeklagt wird. Erfaßt die Widerklage des Gegners den nicht eingeklagten Rest, dann liegen verschiedene Streitgegenstände vor, so daß zu addieren ist, § 19 I, II GKG (Bamberg JurBüro 79, 252). Wird im höheren Rechtszug ein zusprechendes Teilurteil dahin abgeändert, daß die Klage insgesamt abgewiesen wird, dann ist der Berufungsstreitwert der volle Klagewert (KG Rpfleger 62, 154), desgleichen wenn in verschiedenen Instanzen anhängende Streitteile gemeinsam verglichen werden.

● **Teilleistungen:** Wird nach im Rechtsstreit erbrachten Teilleistungen beantragt „Zahlung abzüglich geleisteter ... DM", so berechnet sich der Streitwert ab dann nur noch nach dem Differenzbetrag (Celle KoRsp ZPO § 3 Nr 800 m Anm Schneider). Das Gericht muß jedoch den Kläger auffordern, sich verbindlich darüber zu erklären, was mit dem nicht mehr verlesenen Teilantrag prozessual geschehen ist: Teilrücknahme (§ 269 I) oder Hauptsacheerledigung (§ 91 a)?

● **Teilungsklagen:** s unter „Aufhebung".

● **Teilungsversteigerung:** § 180 ZVG. Klage auf Unzulässigkeit analog § 771 ist nach § 3 zu bewerten; es geht dann nicht um den Grundstückswert, sondern darum, den Bestand der Miteigentumsgemeinschaft am Grundstück (nicht am Erlös!) zu erhalten, wobei häufig auch der Gefahr einer Verschleuderung vorgebeugt werden soll (Hamm JurBüro 77, 1616).

● **Teilzahlung:** Verbreiteter Fehler, im Prozeß geleistete Zahlungen von der Hauptsumme abzuziehen; dies läuft der Anrechnungsregel des § 367 BGB zuwider (Hamm JurBüro 69, 765) und führt zur Verkürzung der Gebührenansprüche, kann in Grenzfällen sogar ungewollt eine Rechtsmittelzuständigkeit nehmen (s Schneider DRiZ 79, 310 mit Berechnungsbeispielen). Es müssen immer zuerst die zur Hauptforderung verlangten Zinsen getilgt werden, die für den Streitwert unerheblich sind (§§ 4 ZPO, 22 GKG).

● **Testament:** s unter „Erbrechtliche Ansprüche".

● **Testamentsvollstrecker:** Streit über Bestehen oder Dauer ist, da es um die Erhaltung wirtschaftlicher Werte geht, vermögensrechtl Art (s Schleswig JurBüro 66, 152). Feststellungsklage, daß Einsetzung als Testamentsvollstrecker wirksam sei, richtet sich nach § 9, wobei die dem Vollstrecker zu zahlende Jahresvergütung zu vervielfältigen ist (Zweibrücken Rpfleger 67, 2). Streit über Beendigung deckt sich nicht mit dem Wert des Erbteils des klagenden Erben, sondern bleibt wesentl dahinter zurück (Frankfurt JurBüro 61, 90).

● **Titulierungsinteresse:** Zum Rechtsschutzinteresse vgl. Bittmann FamRZ 86, 420. Werden bei der Unterhaltsklage freiwillig gezahlte Leistungen einbezogen, ist nach dem bezifferten Antrag zu bewerten, sofern in diesen die freiwilligen Leistungen nicht ledigl klarstellend aus sprachl Gründen einbezogen sind (Frankfurt AnwBl 82, 198; vgl Schneider MDR 80, 268); voller Betrag auch dann anzusetzen, wenn nach rechtskräftiger Entscheidung bekannt wird, daß ein Teil des Anspruchs bereits tituliert war (Düsseldorf JurBüro 81, 1048). Rein deklaratorische Erklärungen bleiben unbewertet (Zweibrücken JurBüro 81, 737). Werden unstreitige Unterhaltsleistungen in einen Prozeßvergleich einbezogen, dann ist nicht der volle unstreitige Anspruchsteil hinzuzurechnen, sondern der Streitwert um einen nach § 3 zu schätzenden Anteil zu erhöhen, der das Interesse des Berechtigten an der Titulierung ausdrückt (s zB Frankfurt JurBüro 85, 424; Zweibrücken KoRsp GKG § 17 Nr 7 m abl Anm Lappe u zust Anm Schneider; ausführlich m Nachw Schneider StrW-Komm Vergleich Nr 5).

● **Träger-Bewerber-Vertrag:** Verlangt eine Wohnungsbaugesellschaft nach Rücktritt Räumung und Herausgabe, dann ist § 16 II GKG anzuwenden, auch wenn bis zur Eigentumsübertragung kein Nutzungsentgelt vereinbart war (Köln MDR 74, 323; JurBüro 78, 1054).

● **Überbau:** Bewertung nicht nach § 7, sondern nach § 3 (BGH KoRsp ZPO § 7 Nr 2 gg LG Bonn NJW 61, 1823), sofern es nur um die Beseitigung geht. Geht es bei der Abwehrklage aber darum, ob der Beklagte durch eine Grunddienstbarkeit zum Überbau oder einer anderen störenden Maßnahme berechtigt ist, dann ist nach § 7 zu bewerten; es genügt, daß der Beklagte die Berechtigung aus der Grunddienstbarkeit einwendet (aA BGH KoRsp ZPO § 7 Nr 2 m abl Anm Schneider). Nach § 3 darf in diesem Fall nur bewertet werden, wenn der Bestand der Grunddienstbarkeit unstreitig ist und lediglich Differenzen über die Ausübungsstörung bestehen. Bei Beseitigungsverlangen deckt sich das Interesse des Klägers mit der Wertminderung, die sein Grundstück durch den Überbau erleidet (Frankfurt JurBüro 59, 169; LG Bayreuth JurBüro 79, 437; JurBüro 85, 441). § 9, wenn es um die Überbaurente geht (Celle JR 51, 56).

- **Umlegungsverfahren:** s unter „Baulandverfahren".
- **Unbezifferte Klageanträge:** Der Kläger stellt die Entscheidung über seinen Geldanspruch (Schmerzensgeld, Schadensersatz, merkantilen oder technischen Minderwert des Kraftfahrzeugs) in das **Ermessen des Gerichts.** Dann ist Streitwert nach § 3 zu schätzen, wobei beim Rentenschmerzensgeld § 17 II GKG zu berücksichtigen ist (Zweibrücken JurBüro 78, 1550). Bei der Schätzung ist nach dem Betrag zu beziffern, den das Gericht auf Grund der Darlegungen des Klägers als angemessen erachtet (heute allg M, s zB Hamm AnwBl 84, 202; LG Nürnberg-Fürth AnwBl 84, 448; LG Itzehoe AnwBl 85, 43). Es ist also eine „Schlüssigkeitsprüfung in der Klägerstation" anzustellen (LG Saarbrücken AnwBl 80, 358), wobei auch ein Mitverschulden (§ 254 BGB) zu berücksichtigen ist (KG MDR 70, 152). Gelingt dem Kläger der volle Beweis, dann stimmen Schätzungsbetrag und Urteilsbetrag überein (Köln AfP 78, 268). Verändern sich die tatsächl Bemessungsumstände im Verlauf des Rechtsstreits, dann können Schätzungsbetrag und Urteilssumme voneinander abweichen. Wird die Klage wegen Beweisfälligkeit voll abgewiesen oder nimmt der Kläger sie zurück oder vergleichen sich die Parteien darüber, dann bleibt der Schätzungsbetrag streitwertbestimmend (Koblenz JurBüro 77, 718; Frankfurt MDR 76, 432). Die Klageabweisung schließt in diesem Fall keine stillschweigende Zuständigkeitsentscheidung ein, so daß keine Bindung nach §§ 24 GKG, 71 I, 23 Nr 1 GVG eintritt (KG MDR 80, 853). Bleibt der Kläger teilweise beweisfällig und wird er deshalb teilweise abgewiesen, so ist das für den auf Grund des Klägervorbringens geschätzten Streitwert ohne Einfluß, führt aber zur Kostenquotierung, § 92 (Köln MDR 69, 317); ebenso bei teilweiser Klagerücknahme (KG JurBüro 69, 1205). Der Kläger ist berechtigt, den Streitwert durch verbindl Angaben in der Klagebegründung nach oben oder unten zu begrenzen (München NJW 68, 1937; Schleswig JurBüro 71, 613), muß dann aber auch die Kostenfolge tragen, wenn sein Mindestbetrag im Urteil nicht erreicht wird (München NJW 68, 1937; Schleswig SchlHA 61, 270). Das führt zu folgender Kontroverse: Nach BGH (zB VersR 79, 472; KoRsp ZPO § 3 Nr 556 m Anm Schneider = MDR 82, 312) sind Schmerzensgeldklagen erst dann iS des § 253 II Nr 2 hinreichend bestimmt und damit zulässig, wenn der Kläger die Größenordnung seines Begehrens zum Ausdruck bringt. Diese Konkretisierung wird von einem Teil der Rspr als für den Kläger verbindl Mindestangabe behandelt (zB Bamberg JurBüro 78, 588, 1391; KoRsp ZPO § 3 Nr 819 m abl Anm Schneider; Zweibrücken JZ 78, 109; Celle VersR 77, 59; Karlsruhe KoRsp ZPO § 3 Nr 440 m Anm Schneider). Die Gegenmeinung mißt der Angabe nach § 253 II Nr 2 nur Bedeutung für die Rechtsmittelbeschwer zu, nicht für die Festsetzung des Gebührenstreitwerts (München KoRsp ZPO § 3 Nr 462 m zust Anm Schneider; Oldenburg VersR 79, 675; Bamberg VersR 84, 875; Karlsruhe Justiz 85, 167). Dem ist zuzustimmen. Es läuft auf eine *contradictio in adiecto* hinaus, dem Kläger einen unbezifferten Antrag zu gestatten, ihn aber zugleich zu zwingen, sein Begehren in der Klagebegründung kostenrechtl verbindl zu beziffern; im Ergebnis wird dann der dem Wortlaut nach unbezifferte Antrag aus der Klagebegründung heraus doch wieder in einen bezifferten Antrag umgedeutet, worauf in BGH Warneyer 64 Nr 235 richtig hingewiesen worden ist . Die Praxisänderung des BGH unter Verletzung des § 136 GVG ist prozeßrechtlich nicht haltbar, verfassungsrechtlich bedenklich (s Husmann VersR 85, 715) und begründungsmäßig in sich widersprüchlich (Schneider MDR 85, 992). Dunz (NJW 84, 1734), der ihr zustimmt, verkennt schon im Ansatz, daß nach hundertjähriger gegenteiliger Gerichtspraxis (Husmann VersR 85, 716) Gewohnheitsrecht entstanden war, von dem der BGH nicht abweichen durfte (Art 20 III GG). Es ist daher verständlich und legitim, daß in den Tatsacheninstanzen die Rspr des BGH weitgehend ignoriert wird.
- **Unlauterer Wettbewerb:** s unter „Gewerblicher Rechtsschutz".
- **Unterhalt:** Sachl Zuständigkeit: § 9; Kostenstreitwert: § 17 Abs 1, 4 GKG; bei einstw Anordnungen § 20 II GKG, jedoch nicht bei Schadensersatz nach Maßgabe des Unterhaltes, zB wenn Anwalt verjähren läßt (BGH MDR 79, 302) oder Arzt wegen fehlgeschlagener Sterilisation in Anspruch genommen wird (BGH KoRsp GKG § 17 Nr 28 – bedenkl, s Anm Schneider aaO). § 9 gilt auch für Klagen aus § 826 BGB (Düsseldorf FamRZ 80, 377). Maßgebend ist der Jahresbetrag der wiederkehrenden Leistungen, wenn nicht der Gesamtbetrag der geforderten Leistungen geringer ist, soweit es sich um **gesetzl** Unterhaltsansprüche (Eltern, Verwandte, nichtehel Vater, Beschenkter im Fall des § 528 BGB) handelt (sonst § 9). Maßgebend für die Berechnung ist der Zeitpunkt der Klageeinreichung (OLG Düsseldorf AnwBl 86, 407 = KoRsp GKG § 17 Nr 82 m zust Anm Schneider). § 17 I GKG auch anwendbar bei Vertragsregelung, durch die nur der gesetzl Unterhaltsanspruch anerkannt u näher geregelt wird; nicht, wenn durch Vertrag die Pflicht zur Unterhaltsleistung unabhängig u abweichend von der gesetzl Unterhaltspflicht, insbes in stets gleichbleibender Höhe ohne Rücksicht auf Unterhaltsbedürftigkeit des Berechtigten geregelt wird (RG JW 37, 1433, Bamberg BayJMBl 51, 230), wie bei **Altenteilsverträgen.** Soweit Vertragsansprüche über gesetzl Unterhaltspflicht hinausgehen, Streitwert nach § 9 ZPO, im übrigen nach § 17 I GKG (RG DR 40, 2267; Stuttgart Rpfleger 64, 131). Bei **einstw Verfügungen**

auf Unterhalt ist der Streitwert nach §§ 20 I GKG, 3 ZPO frei zu schätzen (s Schneider MDR 86, 266 sowie unter „Einstweilige Verfügung" u „Einstweilige Anordnung"). Zu § 17 IV GKG s unter „Rückstände". Zur Einbeziehung unstreitiger Leistungen s unter „Titulierungsinteresse"; das Gericht hat auf Klarstellung zu dringen, ob auch die freiwilligen Zahlungen vom Klageantrag gedeckt sein sollen (Schneider MDR 86, 184 zu III 1). Zur Unterhaltsstufenklage s „Stufenklage". Über Unterhaltsabänderung s „Abänderungsklage"; zum „Regelunterhalt" s dort. Unterhaltsverzicht unter Eheleuten im Vergleich ist nach § 3 zu schätzen (heute mit etwa 2 400 bis 3 600 DM bewertet, Hamm AnwBl 85, 385; Düsseldorf JurBüro 84, 1542). Bei Einbeziehung altersbedingter zukünftiger Erhöhungen im Abfindungsvergleich ist der Jahreswert nach den höheren zukünftigen Ansprüchen zu berechnen (Bamberg JurBüro 79, 729).

● **Unterlassung:** Der Streitwert bestimmt sich nach der Beeinträchtigung, die von dem beanstandeten Verhalten des Gegners verständigerweise zu besorgen ist u die mit der jeweils begehrten Maßnahme beseitigt werden soll (München Rpfleger 63, 353). Es entscheidet das nach § 3 zu bewertende (Celle JurBüro 74, 1434) Interesse des Klägers am Verbot (Nürnberg JurBüro 65, 748). Bei nichtvermögensrechtl Streitigkeiten gilt § 12 II GKG. Treffen vermögensrechtl und nichtvermögensrechtl Unterlassungsansprüche in einer Klage zusammen, ist bei Herleitung des einen aus dem anderen nur der höhere Wert maßgebend (§ 12 III). Anderenfalls ist zusammenzurechnen. Wenn jedoch das vermögensrechtl Interesse neben dem nichtvermögensrechtl völlig zurücktritt oder umgekehrt, ist nur das überwiegende Interesse zu beziffern (München JurBüro 72, 534; Schneider JurBüro 65, 590). Im Einzelfall ist für die Bewertung das materielle Recht maßgebend, zB Besitzstörung, Ehrverletzung, Wettbewerbswidrigkeit usw, worüber die speziellen Stichwörter informieren.

● **Unzulässigkeit** der Vollstreckungsklausel: Bei Klage aus § 768 das Interesse des Klägers an der einstw Ausschließung der ZwV (§ 3).

● **Urkunden:** s unter „Herausgabe".

● **Urteilsergänzung (§§ 321, 716, 721 I 3):** Interesse des Antragstellers (Celle NJW 66, 2414). Hauptsachewert nach Frankfurt (JurBüro 80, 1893), wenn von der Berichtigung die Vollstreckbarkeit des Titels abhängt.

● **Vaterschaftsanerkenntnis:** s unter „Kindschaftssachen". Wegen des Streitwerts der Klage auf Feststellung der Wirksamkeit oder Unwirksamkeit einer Vaterschaftsanerkennung (§ 640 II Nr 1) s unter „Feststellungsklagen".

● **Veräußerungsverbot:** Bei der Bewertung ist gem § 6 vom Verkehrswert des Grundstücks auszugehen; mit dem Verbot erstrebte weitere wirtschaftl Ziele, zB Veräußerungsgewinn, bleiben unberücksichtigt (Köln KoRsp GKG § 20 Nr 36). S auch unter „Erwerbsverbot".

● **Verbund:** Ist über Scheidungssachen und Folgesachen einheitl zu verhandeln und zu entscheiden (§ 623 I 1), dann sind die Werte der Gegenstände zu addieren (§ 19a GKG). Folgesachen können aber nur mit Scheidungssachen im Verbund stehen, zB nicht mit einem Verfahren auf Trennung von Tisch und Bett nach ausländischem Recht (Koblenz FamRZ 80, 713).

● **Vereine:** Bei Streit über die Mitgliedschaft, wenn ideelle Zwecke verfolgt werden, für Zuständigkeit § 3, für die Gebührenberechnung § 12 II GKG. Bei vermögensrechtl Angelegenheit durchgehend § 3. Trifft beides zusammen, ist getrennt nach § 3 ZPO und § 12 GKG zu bewerten und nach § 5 zu addieren, sofern nicht der eine Anspruch aus dem anderen folgt (dann § 12 III).

● **Vereinfachtes Verfahren zur Abänderung von Unterhaltstiteln:** §§ 641 l–t ZPO, 1612 a BGB iV mit jeweiliger AnpassungsVO. Im Hinblick auf die Festgebühr (nach KV 1164: 10 DM) für den Abänderungsbeschluß nach § 641 p keine Wertvorschrift für Gerichtsgebühren. Daher Streitwert nur für die Berechnung der 5/10 RA-Gebühr (§ 43 a I BRAGO). Dieser ist gleich der Differenz zwischen dem Jahresbetrag der Unterhaltsrente nach dem abzuändernden Titel u dem Jahresbetrag des mit der Abänderung verlangten Unterhalts. Wenn im **Beschwerdeverfahren** verworfen oder zurückgewiesen wird, verfällt die Gebühr nach KV Nr 1181, so daß dann ein Streitwert festzusetzen ist. Maßgebend ist (höchstens) der Jahresbetrag der verlangten Unterhaltsabänderung (§ 17 I GKG). Wird geltend gemacht, die erstattungsfähigen außergerichtl Kosten seien unrichtig festgesetzt (§ 641 p I 4), ist der behauptete Fehlerbetrag wertbestimmend.

● **Verfügungsbeschränkung:** Praktische Bedeutung haben die Erwerbs- und Veräußerungsverbote, die durch einstw Verfügung erwirkt werden (s dazu Schneider JurBüro 78, 1603). Bei der Bewertung ist vom Gegenstand der Hauptsache auszugehen und auf den Grad der Gefährdung abzustellen, die dem Antragsteller droht, wenn zu seinem Nachteil verfügt wird (§ 3). S auch unter „Erwerbsverbot", „Veräußerungsverbot" u „Löschung".

● **Vergleich:** Wert der Ansprüche, die erledigt werden, nicht Wert dessen, was Parteien durch den Vergleich erlangen (Düsseldorf VersR 77, 868; LAG Mainz AnwBl 81, 35) oder welche Leistungen sie übernehmen (ausführlich Schneider Rpfleger 86, 81 ff). Daher muß immer geprüft werden, ob nicht ermäßigende Sondervorschriften für die Gebührenberechnung anwendbar sind, zB §§ 16, 17, 20 GKG. Abstriche, wenn die Realisierbarkeit mitverglichener Forderungen zweifelhaft ist (Frankfurt MDR 81, 87; LAG Hamm MDR 80, 613; LAG Hamburg JurBüro 86, 752; LG Bayreuth JurBüro 81, 606); ebenso wirkt sich wertmindernd aus, wenn die vergleichsweise Regelung dahin geht, daß einem Arbeitnehmer Gehalt unter Freistellung von der Arbeitspflicht gezahlt wird (LAG Köln AnwBl 86, 205 = KoRsp ZPO § 3 Nr 815 m Anm Schneider). Zur Einbeziehung unstreitiger Ansprüche neben streitigen s unter „Titulierungsinteresse"; zur vergleichsweisen Erledigung von Forderungen, die hilfsweise zur Aufrechnung gestellt worden sind, s unter „Aufrechnung". Wird ein durch Prozeßvergleich abgeschlossener Rechtsstreit fortgeführt, weil die Anfechtung erklärt worden ist, bleibt gebührenrechtl und streitwertmäßig die Einheit des Verfahrens erhalten (BGH KoRsp ZPO § 3 Nr 119; Stuttgart KoRsp BRAGO § 13 Nr 30 m Anm Schneider). Mitverglichene und von einer Partei übernommene Kosten oder Zinsen bleiben als Nebenforderungen unberücksichtigt (Düsseldorf JurBüro 84, 1865; Schneider MDR 84, 265). Wird im Hauptprozeß ein noch anhängiges Eilverfahren mitverglichen, ist der Vergleichswert die Summe der Streitwerte beider Verfahren (Hamburg MDR 59, 401; LG Hildesheim JurBüro 63, 772; Schneider MDR 82, 272; aA Frankfurt KoRsp ZPO § 3 Nr 534 m abl Anm Schneider). Werden **Hauptanspruch und Hilfsanspruch** verglichen, dann sind die Streitwerte zu addieren, zumindest ist der höherwertige Hilfsanspruch maßgebend (aA Hamm KoRsp GKG § 19 Nr 114 m abl Anm Schneider, das nur den geringerwertigen Hauptanspruch berücksichtigt).

- **Verlustigerklärung:** s unter „Berufungszurücknahme".

- **Veröffentlichungsbefugnis:** Antrag auf Bewilligung hat auch dann einen eigenen Streitwert, wenn er mit Unterlassungs- oder Schadensklage verbunden wird, da er auf mehr als bloße Unterlassung abzielt (Frankfurt JurBüro 72, 706; Hamburg MDR 77, 142; aA zB Nürnberg JurBüro 67, 72).

- **Versicherungsschutz:** s unter „Haftpflichtversicherungsschutz".

- **Versorgungsausgleich:** § 17a GKG. Mindestwert 1 000 DM, auch bei Rücknahme des Scheidungsantrages (Hamm MDR 81, 415; Zweibrücken JurBüro 86, 1387) oder bei vergleichsweiser Regelung gem § 1587o BGB (Karlsruhe AnwBl 83, 524). Aufklärung nur wegen des Streitwertes nicht erforderlich (Zweibrücken JurBüro 86, 1387). Jedoch muß ein Kosten auslösendes Verfahren eingeleitet worden sein (s Schneider MDR 83, 279 zu 4). Auch bei vorzeitiger Beendigung des Verbundverfahrens durch Tod eines Ehegatten darf eine genaue Streitwertfestsetzung nicht unterbleiben, wenn sie unschwer möglich ist (Zweibrücken KoRsp GKG § 17a Nr 19 m Anm Schneider). Die Erörterung des schuldrechtlichen Versorgungsausgleichs (§ 1587 f BGB) erhöht den Streitwert nicht, wenn nur der öffentlich-rechtliche Versorgungsausgleich (§ 1587b BGB) durchgeführt wird (Stuttgart KoRsp GKG § 17a Nr 20 m Anm Schneider).

- **Verteilungsverfahren (§§ 872 ff ZPO):** Streitwert für Gerichtskosten: Verteilungsmasse ohne Hinzurechnung von Zinsen, aber auch ohne Abzug von Kosten (§§ 12 I, 22 I GKG iVm §§ 5, 6). Bleibt Rest, so gilt § 6. Für RA-Gebühren: § 60 II BRAGO.

- **Vertragserfüllung:** Wert der geforderten Leistung ohne Abzug der Gegenleistung, auch wenn der Kläger Erfüllung Zug um Zug verlangt (RGZ 45, 404; 140, 359). Bei Grundstücken bleiben Belastungen unberücksichtigt, soweit sie den objektiven Wert der Sache nicht beeinflussen. Lasten, die eine Beschränkung oder Beeinträchtigung des Eigentums bedeuten und deshalb den Verkehrswert vermindern, wie zB Grunddienstbarkeiten, setzen auch den Wert des Streitgegenstandes herab (Einzelheiten str; vgl Schneider StrW-Komm Grundstück Nr 6, 7). Bei Streit um Erfüllungsmodalitäten: § 3, Interesse des Klägers (BGH MDR 82, 36). Vermögenslosigkeit des Beklagten mindert bei Zahlungsklagen wegen zweifelhafter Realisierungsmöglichkeit den Wert der Forderung.

- **Verwahrung:** Klage auf Rückgabe der in Verwahrung gegebenen Sache ist nach § 6 zu bewerten, die Klage auf vorzeitige Rückgabe hingegen nach § 3: Klägerinteresse an Zeitverschiebung.

- **Verzugszinsen:** Werden sie aus einer fälligen, jedoch nicht anhängigen Forderung eingeklagt, so bestimmt sich der Streitwert nach § 3, nicht nach § 9 (BGHZ 36, 144). Soweit nur um die Fälligkeit selbst gestritten wird, ist das Interesse an der Hinauszögerung maßgebend (LG Bielefeld KoRsp ZPO § 3 Nr 484 m Anm Schneider); wird die Hauptforderung eingeklagt, dann ist (nur: §§ 4 ZPO, 22 I GKG) deren Betrag maßgebend. Dem kann nicht dadurch ausgewichen werden, daß die Verzugszinsen ausgerechnet und mit der Hauptforderung zu einem einheitlichen Betrag zusammengefaßt werden (Schneider MDR 84, 265 m Nachw).

- **Vollmacht:** Klage auf Herausgabe der widerrufenen Vollmacht richtet sich nach § 3 (Naumburg OLGE 21, 59), desgleichen der Streit, ob Vollmacht (noch) besteht.

● **Vollstreckbarkeitserklärung eines ausländischen Schuldtitels,** also nicht bloß Urteils: Kosten u Zinsen bleiben außer Ansatz; ausgenommen Kosten, die im ausländischen Urteil ziffernmäßig genannt sind (BGH Rpfleger 57, 15; Zweibrücken JurBüro 86, 1404). Bei gesetzlicher Unterhaltspflicht ist § 17 GKG anwendbar, wobei jedoch Rückstände durch den ausländischen Titel bestimmt werden (Zweibrücken JurBüro 86, 1404).

● **Vollstreckungsabwehrklage** (§ 767): Wert des zu vollstreckenden Anspruchs einschließlich der Rückstände (BGH KoRsp GKG § 17 Nr 30) ohne Zinsen u ohne Kosten des Vorprozesses, §§ 22 I GKG, 4 ZPO (BGH NJW 68, 1275; Celle JurBüro 71, 1066; LG Bayreuth JurBüro 80, 929). Erstreckt sich der Antrag nur auf einen Teil des Schuldtitels, ist nur dieser wertbestimmend (BGH NJW 62, 806; Köln Rpfleger 76, 138); unbeachtlich jedoch, daß die titulierte Forderung in Wirklichkeit ganz oder teilweise getilgt ist, wenn uneingeschränkte Abwehrklage erhoben wird, weil der Antrag maßgebend ist (Bamberg JurBüro 84, 1398). Soll die Vollstreckung nur auf unbestimmte Zeit für unzulässig erklärt oder nur eine vereinbarte Fälligkeitsbestimmung durchgesetzt werden, ist das Abwehrinteresse des Klägers gem § 3 zu schätzen (Schleswig SchlHA 83, 142). Bei Verbindung des Antrages, die ZwV aus einer vollstreckbaren Urkunde nach §§ 767, 795 für unzulässig zu erklären, mit dem auf Rückgewähr einer schon bestellten Sicherheit bleibt deren Wert außer Ansatz (BGH KoRsp ZPO § 3 Nr 789 m Anm Schneider). Bei Abwehr von Unterhaltsansprüchen ist § 17 GKG zu beachten. Abwehrklage mehrerer Streitgenossen gegen den selben Titel führt nicht zur Addition (s unter „Streitgenossen").

● **Vollstreckungsklausel:** Klage nach § 731: Wert des zu vollstreckenden Anspruchs (Köln Rpfleger 69, 247). Klage aus § 768: Schätzung nach § 3, grundsätzlich unterhalb des titulierten Forderungsbetrags, weil die Vollstreckung nur zeitweilig verhindert wird; voller Wert, wenn mit den Einwendungen zugleich die materiellrechtl Anspruchsberechtigung des Titelgläubigers ausgeräumt werden soll (Köln MDR 80, 852). Das gilt auch für die Klauselerinnerung nach § 732 (LG Aachen JurBüro 85, 264 = KoRsp ZPO § 3 Nr 732 m systematisch zusammenfassender Anm Schneider). Zinsen und Kosten bleiben immer außer Ansatz, selbst wenn sie durch Festsetzungsbeschluß tituliert sind (Köln aaO). Zeitpunkt für die Bemessung: § 15 II GKG.

● **Vollstreckungsschaden:** s unter „Rückerstattungsanspruch".

● **Vollstreckungsschutz:** Soll wegen einer titulierten Forderung die Vollstreckung ausgesetzt werden, dann kann das Verzögerungsinteresse gemessen werden an dem Betrag, der bei Kreditierung durch ein Geldinstitut aufgewendet werden müßte (AG Siegburg NJW 53, 706 m Anm Berg). Unmaßgeblich ist der Wert des Pfandes (so AG Hannover NdsRpfl 70, 177) und der Forderungsbetrag (so München NJW 53, 1716), da es weder um die Sachherausgabe (wie bei § 883) noch um die endgültige Erfüllungsverweigerung geht.

● **Vorabentscheidung über vorläufige Vollstreckbarkeit:** Geht es bei der Entscheidung nach § 718 um eine Vorabentscheidung zur Sicherheitshöhe, dann ist der Streitwert mit einem Bruchteil der erstrebten Sicherheitsdifferenz festzusetzen, etwa 1/10 (so BGH KoRsp ZPO § 3 Nr 801 m Anm Schneider).

● **Vorkaufsrecht:** Bei Klage auf Feststellung des Bestehens oder Nichtbestehens oder auf Einwilligung in die Löschung wird häufig gem § 3 der halbe Grundstückswert angenommen (BGH JurBüro 57, 224; Celle JurBüro 67, 598; AG Lahnstein JurBüro 78, 1563). Es ist nicht vom vollen Grundstückswert auszugehen, weil der Vorkaufsberechtigte den vereinbarten Kaufpreis zahlen muß (München JurBüro 51, 101; HRR 41 Nr 47). Wird aber zugleich Auflassung verlangt, dann gilt § 6 (BGH Rpfleger 57, 374).

● **Vormerkung:** Maßgebend ist, auf welches Recht sich die Vormerkung bezieht. Schätzung nach § 3. Höchstwert der des Grundstücks nach Abzug der Belastungen, im allgemeinen aber Bruchteil des Verkehrswerts des Grundstücks, zB 1/4 (München KoRsp ZPO § 3 Nr 706 m Anm Schneider). Einstw Verfügung zur Sicherung des Anspruchs auf Auflassung oder auf Eintragung zur Sicherung einer Geldforderung: Bruchteil der Forderung gemäß Interesse an Sicherung (s unter „Einstweilige Verfügung"). Klage auf Löschung auch dann nach § 3, wenn Sicherungshypothek vorgemerkt (München MDR 65, 145). Bewertungsbeispiele: Bamberg JurBüro 75, 940 mit 1/3 bis zu 1/4; Frankfurt JurBüro 75, 512 mit 1/2 des gesicherten Rechts. § 6 scheidet entgegen LG Saarbrücken (AnwBl 81, 70 m abl Anm Schneider in KoRsp ZPO § 3 Nr 514) als Berechnungsbasis aus. Anwaltsgebühr (§§ 57, 59 BRAGO) für Vollziehung ebenfalls nicht nach der Forderung, sondern nach dem Sicherungsinteresse zu berechnen (Frankfurt KoRsp GKG § 20 Nr 58 m Anm Schneider).

● **Vornahme von Handlungen:** Interesse des Klägers unter Berücksichtigung des Kostenaufwandes (§ 3).

● **Vorrangseinräumung:** § 3, da es nur um die Werterhöhung eines Pfandrechts geht; jedoch ist die Sperrklausel des § 6 S 2 zu beachten (Kiel JW 33, 2471). Wird nicht nur Rangverbesserung, sondern zusätzliche Eintragung auf anderen Grundstücken verlangt, gilt nur § 6 (Frankfurt Rpfleger 56, 318). Vorrangseinräumung für eine Reallast (§ 1105 BGB): Schätzung nach § 3 unter Berücksichtigung des § 23 III 1 KostO (Frankfurt MDR 82, 411; dazu Schneider MDR 83, 353 V2).

• **Vorrecht im Konkurs,** § 148 KO: Streitwert ist der Unterschied zwischen dem Wert der Forderung als gewöhnl KonkForderung u als bevorrechtigter Forderung. Ist außer dem Vorrecht auch die Forderung bestritten: Wert der ganzen Forderung.

• **Vorschußzahlungen:** Werden sie unter dem Vorbehalt der Rückerstattung geleistet und deshalb zusammen mit anderen Leistungen gefordert, dann erhöhen sie den Streitwert (Karlsruhe Justiz 65, 144). Werden sie im Verlaufe des Rechtsstreits vorbehaltslos als Teilzahlung erbracht, müssen sie vorweg auf die Zinsen angerechnet werden (§ 387 BGB), da anderenfalls die Streitwert- und die Gebührenberechnung, möglicherweise sogar die Rechtsmittelwerte fehlerhaft ausfallen (Schneider DRiZ 79, 310).

• **Vorzugsweise Befriedigung** aus dem Erlös: Für die Klage aus § 805 gilt § 6 sinngemäß. Zu vergleichen ist die Forderung des vorzugsberechtigten Klägers mit Forderung des Bekl (beide ohne Zinsen u Kosten) sowie der Versteigerungserlös einschl der aufgelaufenen Hinterlegungszinsen; maßgebend ist der geringste Betrag.

• **Wahlschuld** (§ 262 BGB): Bei Wahlrecht des Klägers maßgebend der höhere Anspruch; bei Wahl des Beklagten die geringere Leistung (RGZ 55, 81).

• **Wandlungsklage:** Da der Antrag auf Einwilligung in die Wandelung nicht auf Erlangung von Besitz oder Eigentum gerichtet ist, nicht § 6, sondern § 3. Maßgebend ist nur die sich aus dem Klagevorbringen ergebende Vermögensbeeinträchtigung bei Leistung gegen Empfang der Gegenleistung (RGZ 40, 407; 52, 427; Braunschweig OLGE 17, 75), also weder die Leistung als solche noch die Gegenleistung (Düsseldorf JurBüro 86, 433); erst recht hat eine Zusammenrechnung zu unterbleiben (RGZ 44, 422). Zur Ermittlung des Differenzinteresses s Schneider Anm KoRsp ZPO § 3 Nr 807.

• **Werkvertrag:** Für Werklohnforderung ist deren Betrag maßgebend (§ 6). Herstellungsklage richtet sich nach dem Wert des Werkes, der in der Regel wirtschaftlich mit dem vereinbarten Preis übereinstimmt. Abnahmeklage des Unternehmers nach § 640 BGB bewirkt nur Fälligkeit und ist deshalb lediglich mit einem Bruchteil (etwa ¼) des Werklohns anzusetzen. Rechtsverteidigung des Beklagten mit Gewährleistungsansprüchen führt zur Abrechnung, nicht zur wertaddierenden Aufrechnung gem § 19 III (Düsseldorf KoRsp GKG § 19 Nr 87 m Anm Schneider; teilw abw Düsseldorf AnwBl 84, 612, s auch dazu Anm Schneider aaO). Klage auf Beseitigung eines Mangels: Betrag der hierfür erforderl Aufwendungen.

• **Wertangabe** des Klägers in der Klageschrift hat besondere Bedeutung als Indiz für den wirkl Wert (Bamberg JurBüro 80, 1866; Köln MDR 77, 584 m Nachw) und bleibt im Zweifel maßgebl, bis Irrtum dargetan, auf dem sie beruht (Neustadt JurBüro 61, 457; Köln MDR 85, 153; s auch unter „Abänderung").

• **Wertsicherungsklausel:** Anfechtung einer Angleichungsklausel (zB Beamtenbesoldung) ist nach dem Interesse des Klägers an der Aufrechterhaltung dieser Klausel zu bemessen; dieses Interesse wiederum ist bezogen auf die bei Bestand der Klausel verbleibenden Möglichkeiten der Erhöhung, § 3 (Bamberg JurBüro 62, 689).

• **Wettbewerbsverbot:** Streit über die Gültigkeit Betrag der höchsten gem §§ 74 II, 74 a I 2 HGB geschuldeten Karenzentschädigung (LAG Hamm AnwBl 81, 106).

• **Widerklage:** § 5, für Gebührenstreitwert § 19 I GKG. Zusammenrechnung zB bei Klage auf Zahlung des Restkaufpreises und Widerklage auf Erstattung der Anzahlung oder bei Klage auf Unterhaltserhöhung und Widerklage auf Herabsetzung der bisherigen Unterhaltsrente (Schleswig AnwBl 84, 205; Karlsruhe AnwBl 84, 203). Keine Zusammenrechnung zB, wenn die Parteien mit Klage und Widerklage wechselseitig die Einwilligung des Gegners zur Auszahlung eines Bausparguthabens begehren (Düsseldorf JurBüro 84, 1868). Abzustellen ist immer auf die wirtschaftliche Identität der gegensätzlichen prozessualen Anträge. Die Widerklage kann daher denselben Gegenstand wie die Klage betreffen, auch wenn die Klage aus einem zusätzlichen, für die Widerklage nicht erfolgspräjudiziellem Grund abzuweisen ist (KG Rpfleger 81, 31).

• **Widerruf:** Nichtvermögensrechtlich (§ 14 II GKG), wenn ehrkränkende Äußerungen betreffend, sonst § 3, zB wegen geschäftsschädigender Äußerungen. Wird zugleich Unterlassung verlangt, sind beide Ansprüche getrennt zu bewerten und ist zu addieren (Düsseldorf AnwBl 80, 358). Bei Zusammentreffen von Widerrufs- und Unterlassungsansprüchen betreffend Ehre und geschäftlichen Bereich ist nur nach § 3 zu schätzen (Celle NdsRpfl 70, 207).

● **Widerspruch:** Bei Grundbuch-Löschungsklage gem § 3 das Interesse des Klägers an der Löschung des Widerspruchs; ebenso für begehrte Eintragung. Hat die Widerspruchslöschung nur formale Bedeutung, ist der Wert sehr gering anzusetzen (LG Bayreuth KoRsp ZPO § 3 Nr 463: 1/10 des Grundstückswerts).

● **Widerspruchsklage nach § 771:** Gemäß § 6 der Betrag der Pfandforderung bei Klageeinreichung ohne Zinsen und Kosten (§ 4 S 1) oder der geringere Wert des Pfandgegenstandes (BGH WPM 83, 246, KoRsp ZPO § 6 Nr. 105). Der Wert der zu sichernden Forderung ist daher mit dem Wert des Pfandrechts zu vergleichen und dann der Streitwert auf den geringsten Wert festzusetzen. Zahlungen auf die VollstrForderung in der Zeit zwischen ZwV u Einreichung der Drittwiderspruchsklage des von der Vollstreckung betroffenen Berechtigten verringern den Streitwert (Schleswig Rpfleger 62, 426). Dies gilt auch für Tilgungen auf andere Weise wie zB durch Ausfolgung von Verwertungserlösen (Schleswig JurBüro 57, 179/180). Widerspruchsklage, um die Teilungsversteigerung gem § 180 I ZVG zu verhindern, ist nicht nach § 6, sondern nach § 3 zu schätzen, wobei Klägerinteresse häufig nur ein Bruchteil des Grundstückswertes ausmachen wird (Frankfurt Rpfleger 75, 322; Karlsruhe KoRsp ZPO § 3 Nr 586). Bei Widerspruchsklage gegen Anschlußpfändung sind Pfandrechte vorgehender Pfandgläubiger vom Wert der Pfandsache nicht abzuziehen (BGH NJW 52, 1335). Bei einheitl Widerspruchsklage gegen mehrere Gläubiger ist Streitwert der zusammengezählte Wert der Forderungen der pfändenden Gläubiger oder der (einmalige) Wert des gemeinsamen Pfandgegenstandes, wenn dieser geringer ist (so zutreffend LG Essen NJW 56, 1033 mit zust Anm von Tschischgale): nach München, MDR 77, 935, soll der Streitwert für jeden der VollstrGläubiger in der Höhe festzusetzen sein, in der von diesem die Vollstr betrieben wird. S hierzu ausführl Schneider StrW-Komm Drittwiderspruchsklage Nr 11–13 m weiteren Nachw.

● **Widerspruchsklage des Nacherben nach § 773:** Anteil des alleinklagenden Miterben (RG HRR 32, 1954). Es liegt hier anders als bei der Klage aus § 2039 BGB, wo allerdings der ganze Anspruch vom Miterben als Prozeßstandschafter anhängig gemacht wird (s dazu Schneider Rpfleger 82, 268); nur diesen Fall betrifft RGZ 149, 193.

● **Wiederaufnahme des Verfahrens:** §§ 578 ff; s unter „Restitutionsklage".

● **Wiederkaufsrecht** nach Siedlungsrecht: Interesse des Berechtigten, BGH JurBüro 72, 778; vgl auch BGHZ 57, 356.

● **Wiederkehrende Leistungen:** Für Zuständigkeits- und Rechtsmittelwert gilt § 9; keine wiederkehrenden Leistungen sind einmalige bezifferte Ansprüche, die nur nach Zeitabschnitten berechnet werden, zB Lagergelder oder Urlaub mit Vollpension (RGZ 13, 396; 23, 363) sowie nicht ununterbrochene Nutzungen, für die § 6 oder § 9 gilt (Celle OLGE 13, 72; München OLGE 33, 147) oder unregelmäßige, nur gelegentl wiederkehrende Leistungen, für die § 3 gilt (LG Hamburg JW 29, 2634). Rückstände berechnen sich nach der Forderung, § 6 (RGZ 19, 421; KG Rpfleger 51, 474). Für den **Gebührenwert** sind die §§ 17, 20 GKG zu beachten, die jedoch nicht gelten für Schadensersatzklagen auf wiederkehrende Leistungen, zB Klage aus § 826 BGB (Düsseldorf FamRZ 80, 377) oder Regreßklagen gegen Anwalt wegen Verjährenlassens (BGH MDR 79, 302) oder Unterhaltsersatzansprüchen wegen fehlgeschlagener Sterilisation (BGH KoRsp GKG § 17 Nr 28 m Anm Schneider).

● **Willenserklärung:** Abzustellen ist darauf, welcher Erfolg mit der erzwungenen Erklärung erstrebt wird. Schätzung nach § 3, zB für Abgabe der Erklärung des Beklagten an den Notar, der Kaufpreis sei bezahlt (Karlsruhe KoRsp ZPO § 3 Nr 699 m Anm Schneider).

● **Wohnrecht:** Als unentgeltliches ist es nicht mietähnl ausgestaltet, so daß dann nicht § 16 GKG, sondern § 3 anzuwenden ist (LG Bayreuth JurBüro 79, 895), wobei Anlehnung an § 24 II KostO zulässig ist. Keine freie Schätzung ist es, wenn innerhalb des § 3 grundsätzlich nach § 16 GKG gewertet wird (so LG Bayreuth JurBüro 81, 756; s auch unter „Mietstreitigkeiten"). Richtig erscheint eine Orientierung zwischen den Werten des § 16 GKG und des § 24 KostO, wobei wesentlich ist, ob im Einzelfall der soziale Schutzzweck des § 16 GKG zum Tragen kommen muß. Für das mietähnl Wohnrecht gilt dagegen § 16 I GKG (Frankfurt MDR 63, 937; Köln JMBlNRW 68, 177), nicht aber bei Streit darüber, ob ein Wohnrecht dingl gesichert werden muß (Köln JMBlNRW 68, 177); in solchen Fällen gilt § 3 (Frankfurt MDR 57, 506; 63, 937; KG JurBüro 67, 294; Köln JMBlNRW 68, 177).

● **Wohnungseigentum:** § 48 II WEG. Räumungs- u Herausgabeklage des Wohnungseigentumsverkäufers gg Käufer: § 6, nicht GKG § 16 (BGH Warneyer 67 Nr 122); der Verkehrswert ist maßgebend (Frankfurt AnwBl 84, 203). Die Entziehungsklage nach § 18 WEG (sog Abmeierungsklage) bestimmt sich nach dem Verkehrswert der Eigentumswohnung ohne Belastungen (Karlsruhe Rpfleger 80, 308), nicht nach dem kaum bezifferbaren Interesse der übrigen Miteigentümer an der Trennung von dem Störer (so Celle KoRsp WEG § 18 Nr 1 m abl Schneider).

● **Zahlungen, teilweise:** Führen sie zur Antragsermäßigung („abzüglich gezahlter ... DM"), verändern sie den Gebührenstreitwert und vermindern die Beschwer des anschließend ergehenden Urteils; sie sind vorweg auf die Zinsen zu verrechnen (Schneider DRiZ 79, 310). Zahlungen zwischen den Instanzen verändern ebenfalls den Gebührenstreitwert, nicht jedoch den Rechtsmittel-Zulässigkeitswert (BGH MDR 78, 210).

● **Zeugnisverweigerung:** Der Wert des Beschwerdeverfahrens ist nach Nürnberg (KoRsp ZPO § 3 Nr 103) gleich dem Wert des Beweisgegenstandes, zu dem der Zeuge vernommen werden soll, so daß auch der Hauptsachewert angesetzt werden kann (KG JurBüro 68, 739); nach Karlsruhe (Rpfleger 66, 84) ist der Wert unterhalb des Beweisgegenstandes anzusetzen; richtig ist es, mit Köln (Rpfleger 73, 321) eine nichtvermögensrechtl Angelegenheit zu bejahen und nach § 12 GKG zu bewerten (s auch unter „Ablehnung").

● **Zinsen:** s Rn zu § 4. Auch als Verzugsschaden geltend gemachte übergesetzl Zinsen bleiben als Nebenforderung außer Betracht, auch wenn sie im Klageantrag ausgerechnet sind und mit der Hauptforderung zu einem einheitl Forderungsbetrag zusammengefaßt werden (zB BGH KoRsp ZPO § 4 Nr 2; LM § 4 Nr 5; WPM 81, 1092; Köln KoRsp GKG § 22 Nr 5) oder mit der Hauptsumme auf Grund eines deklaratorischen Schuldanerkenntnisses verlangt werden (Köln KoRsp GKG § 22 Nr 8) oder von einer Partei vergleichsweise übernommen werden (Düsseldorf JurBüro 84, 1865). Von Anwaltsseite wird immer wieder versucht, diese eindeutige und völlig hM zu umgehen (vgl die Falschinformation bei Strohm/Herrmann in BRAK-Mitt 83, 21). Selbständige Berücksichtigung nur, soweit Zinsen aus einer nicht eingeklagten Hauptforderung neben der eingeklagten verlangt werden (BGH WPM 81, 1092; Frankfurt JurBüro 78, 590) oder die Summe aus Kapital und Zinsen aus einem abstrakten Schuldanerkenntnis gefordert wird (Schneider Anm zu KoRsp GKG § 22 Nr 8). Auch bei Klage auf Befreiung von Verbindlichkeit sind deren Zinsen Nebenforderungen nach § 4 (BGH NJW 60, 2336). Desgleichen bleiben Zinsen im Wechselprozeß trotz Art 49 Nr 2 WG unberücksichtigt, so daß der Übergang zur Klage aus dem Grundverhältnis den Streitwert nicht verändert (irrig Hamm KoRsp ZPO § 4 Nr 53 m abl Anm Schneider = AnwBl 84, 504 m abl Anm Chemnitz). Der mit der Berufung geltend gemachte Zinsanspruch wird aber Hauptsache, soweit ledigl gegen den abgewiesenen Teil dieses Anspruchs ein Rechtsmittel eingelegt wird. Der Gebührenstreitwert bemißt sich nach dem im Zeitpunkt des Urteilserlasses oder des Vergleichsabschlusses geltend gemachten Zinsanspruch (Celle MDR 71, 404). Teilzahlungen müssen nach § 367 BGB vorweg auf die Zinsen verrechnet werden, weil dies für Streitwert und Zulässigkeitswert ausschlaggebend sein kann (s Schneider DRiZ 79, 310). S auch Rn 11 zu § 4.

● **Zugewinngemeinschaft:** Klage auf vorzeitigen Ausgleich nach §§ 1385, 1386 BGB bemißt sich nach dem Interesse an der vorzeitigen Auflösung, nicht nach der Höhe der erwarteten Forderung (BGH FamRZ 73, 133; s auch Schumann NJW 60, 567). In der Regel ¼ des erwarteten Betrages (Schleswig SchlHA 79, 180); noch weniger, wenn Scheidungsklage bereits anhängig ist und Eheauflösung kurzfristig ansteht (BGH FamRZ 73, 133). Zugewinnausgleichsanspruch kommt nicht in den Verbund (§ 19a GKG), wenn kein dahingehender Antrag gestellt wird (Frankfurt JurBüro 79, 1682). Bei Klage auf Sicherstellung des künftigen Anspruchs regelmäßig die Höhe der geforderten Sicherheitsleistung (München JurBüro 77, 721). Verlangen vorzeitigen Zugewinnausgleichs verbunden mit Verlangen der Zahlung des Ausgleichs begründen mehrere selbständige Streitwerte, die zu addieren sind (KG JurBüro 63, 492); bei einer Stufenklage gilt § 18 GKG (Frankfurt JurBüro 69, 170). Auskunftswiderklage gegenüber dem Zahlungsanspruch des Klägers hat keinen eigenen Wert (Zweibrücken KoRsp GKG § 19 Nr 98 m abl Anm Lappe; Koblenz KoRsp GKG § 19 Nr 104 m zust Anm Schneider u abl Anm Lappe).

● **Zug-um-Zug-Leistungen:** Nach hM ist der Streitwert die vom Kläger begehrte Leistung ohne Abzug der Gegenleistung; dies gilt sowohl bei gegenseitigen Verträgen wie in anderen Fällen, wobei es gleichgültig ist, ob der Kläger die Gegenleistung von vornherein anbietet oder erst die Verteidigung des Bekl dahin geht, daß er nur bei Gegenleistung des Klägers zu leisten habe (RGZ 140, 359; RG HRR 34, Nr 41; hM, aA LG Köln JR 80, 245 = KoRsp ZPO § 3 Nr 476 m Anm Schneider u Lappe; Köln KoRsp ZPO § 6 Nr 83 m Anm Schneider). Ist nur die Gegenleistung streitig, kommt es nur auf deren Wert an (allg M für die Rechtsmittelinstanz [BGH NJW 74, 654 = JR 73, 432 m zust Anm Kuntze; KG OLGZ 79, 348], muß aber auch für den ersten Rechtszug gelten, wenn schon aus der Klageschrift folgt, daß nur die Gegenleistung streitig ist [Hamburg OLGE 39, 27; Rostock OLGE 41, 241; RGZ 140, 358; s näher StrW-Komm Zug-um-Zug-Leistung Nr 4]). Bei uneingeschränktem Antrag wird der Kläger durch Verurteilung Zug um Zug beschwert, so daß für sein Rechtsmittel auf den Wert der noch zu erbringenden Gegenleistung abzustellen ist, begrenzt durch den Wert des Klageanspruchs (BGH KoRsp ZPO § 3 Nr. 560). Wird der Beklagte Zug um Zug gegen eine von ihm nicht begehrte Nachbesserung verurteilt, richtet sich die Beschwer nach den vollen Kosten der versagten Nachbesserung ohne Rücksicht auf diejenigen der zuerkannten (BGH WPM 85, 1457). Hingegen erhöht das Interesse des Rechtsmittelklägers an der Aufrechterhaltung einer Verurteilung Zug um Zug seine Beschwer nicht (GBH KoRsp ZPO § 3 Nr 829).

• **Zwangsversteigerung:** Für Anwaltsgebühren wegen § 68 III BRAGO anderer Wert als für Gerichtsgebühren, §§ 28, 29 GKG (LG Bonn KoRsp BRAGO § 10 Nr 18). Im Beschwerdeverfahren über Zuschlag Schätzung des Beschwerdewertes nach § 3 (KG KoRsp GKG § 29 Nr 4; Bamberg JurBüro 79, 1863; Bremen JurBüro 84, 89 [Aufgabe von Rpfleger 77, 421]; LG Bayreuth JurBüro 78, 892; Schneider MDR 76, 181 zu Ziff 7). Klage analog § 771: s unter „Widerspruchsklage nach § 771". Bei Beschwerde gegen Teilungsplan das Interesse an einer Planänderung, § 3 (Bamberg KoRsp ZPO § 3 Nr 460). Beschwerdewert bei Verkehrswertfestsetzung nach § 74 a V ZVG ⅕ der Differenz zwischen festgesetztem und angestrebtem Wert (Celle Rpfleger 82, 435). Die Befriedigungsfiktion des § 114 a ZVG ist für den Beschwerdewert unerheblich und begrenzt nicht auf das absolute Mindestgebot von $^5/_{10}$ gem § 85 a I ZVG (aA AG Offenbach KoRsp GKG § 29 Nr 5 m Anm Schneider). Bei Verwerfung unzulässiger Beschwerden (zB §§ 568 II ZPO; 30 b III 2, 74 a V 3 ZVG) ganz geringer Wert angebracht, da es nicht zur Sachprüfung kommt (aA KG KoRsp GKG § 29 Nr 4 m abl Anm Schneider). Der Streitwert für die **Zuschlagsgebühr** (§ 29 II 1 GKG), richtet sich nach dem Meistgebot ohne Berücksichtigung der Befriedigungsfiktion des § 114 a ZVG (str, s Schneider MDR 85, 357 sowie die Nachw in KoRsp GKG § 29 Nr 5 ff, jetzt wohl wieder allg M, s LG Flensburg Rpfleger 86, 72 m Anm Schriftleitung). **Einstellungsbeschwerde** nach § 180 II: § 3 unter Abwägung der widerstreitenden Interessen auf sofortige Versteigerung und Aussetzung für 6 Monate (LG Passau KoRsp ZPO § 3 Nr 798).

• **Zwangsvollstreckung:** Bei Festsetzung eines Streitwerts für Gerichtsgebühren entbehrl, weil Festgebühr von 12 DM zu erheben. Für die Anwaltsgebühr: Betrag der zu vollstreckenden Geldforderung einschließl Nebenforderung; wenn zu pfändender Gegenstand geringeren Wert, dann dieser (§ 57 II BRAGO). Hinsichtl des Beschwerdewerts ist § 57 II 1 BRAGO analog anzuwenden, auch soweit es um die Durchsuchungsanordnung gem § 758 geht (Köln DGVZ 86, 151 = KoRsp ZPO § 3 Nr 838 m Anm Schneider; s näher unter „Pfändungs- und Überweisungsbeschluß". Nach § 58 III Nr 11 BRAGO ist zu bewerten die Offenbarungsversicherung (s dort) sowie Schneider MDR 77, 270 Nr 4. Bei ZwV nach § 883 gilt § 6. Zur Erzwingung einer unvertretbaren Handlung (§ 888): Interesse des Gläubigers an der Vornahme der Handlung, bei Beschwerde des Schuldners: dessen Interesse an der Nichtausführung maßgebend, also nicht die Höhe des Zwangsgeldes (Braunschweig JurBüro 77, 1148), es sei denn, Schuldner mache geltend, es sei zu hoch festgesetzt worden (LAG Berlin KoRsp ZPO § 3 Nr 4). Erzwingung einer Handlung oder Unterlassung (§ 890): ebenfalls § 3 ohne Berücksichtigung der Höhe des Ordnungsgeldes (KG WRP 75, 444; Nürnberg JurBüro 79, 872; Bremen JurBüro 79, 1379). Zeitpunkt der Bewertung: § 15 II GKG; es entscheidet der einzelne Vollstreckungsantrag. Gesuch um Einstellung, Beschränkung oder Aufhebung des ZwV, §§ 707, 719, 769, 785, nicht Hauptbetrag ohne Zinsen und Kosten (so KG Rpfleger 70, 36), sondern Schätzung nach § 3 auf regelmäßig ⅕ (Köln Rpfleger 76, 138; KG FamRZ 80, 476). Bei Einstellung der ZwV aus klageabweisendem Urteil wegen des Kostenanspruchs deshalb ebenfalls weniger als der zu erstattende Kostenbetrag (aA BGHZ 10, 249).

• **Zwischenfeststellungsklage:** Streitgegenstand nach § 256 II ZPO regelm umfassender als ursprünglicher Streitgegenstand; aber Abschlag, da Feststellung begehrt wird (vgl Meyer JR 55, 253). Die Widerklage aus § 717 II 2 erhöht den Streitwert nur, wenn weitergehender Schadensersatz verlangt wird (unrichtig daher LG Berlin MDR 78, 345; s dagegen Schneider MDR 79, 268 zu Ziff 6). Streitwert für Zwischenurteil, durch das **a)** Beitritt des Nebenintervenienten zurückgewiesen wird, bemißt sich nach dem Interesse des Nebenintervenienten an der Zulassung des Beitritts (BGH NJW 53, 745), **b)** Verpflichtung der Klagepartei zur Sicherheitsleistung für ProzKosten ausgesprochen wird, Wert der Hauptsache (Hamburg MDR 74, 53).

• **Zwischenstreit** über die Einrede der örtl Unzuständigkeit gleich Streitwert des mit der Klage geltend gemachten vollen Anspruchs (KG MDR 57, 366; Hamm NJW 69, 243; Düsseldorf Rpfleger 72, 463), im Berufungsverfahren jedoch geringerer Wert (LG Braunschweig NJW 73, 1846; Schneider StrW-Komm Einrede Nr 4; s auch unter „Prozeßhindernde Einreden"). Beschwer der Berufung gegen ein Zwischenurteil auf Leistung einer Ausländersicherheit ist gleich der Höhe der angeordneten Sicherheitsleistung (Karlsruhe MDR 86, 593).

4 *[Nebenforderungen]*

(1) Für die Wertberechnung ist der Zeitpunkt der Einreichung der Klage, in der Berufungs- und Revisionsinstanz der Zeitpunkt der Einlegung des Rechtsmittels, bei der Verurteilung der Zeitpunkt des Schlusses der mündlichen Verhandlung, auf die das Urteil ergeht, entscheidend: Früchte, Nutzungen, Zinsen und Kosten bleiben unberücksichtigt, wenn sie als Nebenforderungen geltend gemacht werden.

(2) Bei Ansprüchen aus Wechseln im Sinne des Wechselgesetzes sind Zinsen, Kosten und Provision, die außer der Wechselsumme gefordert werden, als Nebenforderungen anzusehen.

I) Abs 1 Hs 1. § 4 greift ein bei Ermittlung der sachlichen **Zuständigkeit** für die 1. Instanz u bei Feststellung, ob die Berufung (§ 511 a), die Revision (§ 546 II) oder die Beschwerdesumme (§ 567 II) gegeben ist. Als **Zeitpunkt für die Wertberechnung** ist maßgebend: 1

1) Im ersten Rechtszug: a) bei Klagen und Verfahren ohne Klage (Beweissicherung [KG Rpfleger 66, 180], Arrest, einstw Verfügung usw) der **Tag des Eingangs** der Klageschrift oder der Antragsschrift **bei Gericht,** ausgehend vom Antrag (vgl Köln JMBlNRW 74, 45). **Steigen oder Sinken** des Wertes bei gleichbleibendem Prozeßgegenstand ist ohne Einfluß auf die durch Rechtshängigkeit (Klagezustellung) begründete Zuständigkeit (§ 261 III Nr 2). Erhöht sich der Streitgegenstand selbst, etwa durch Klageerweiterung, kann gem § 506 Verweisung vom AG an LG beantragt werden. Bei Veränderung des Wertes des unveränderten Streitgegenstandes zwischen Einreichung u Zustellung der Klage ist maßgebend, welcher Antrag durch Zustellung rechtshängig wurde. 2

b) Für das **Mahnverfahren** ist immer das AG sachl zuständig (§ 689), so daß insoweit dem Eingang des das Verfahren einleitenden Mahnantrags (§ 690) keine Bedeutung zukommt. Eine Wertberechnung kann erst nach Widerspruch gg den Mahnbescheid (§ 694 I) u Überleitung der Sache in das streitige Verfahren erforderl werden. Da sich die Abgrenzung der Zuständigkeit des AG von derjenigen des LG nach dem Wert des Streitgegenstands richtet u erstmals nach Abgabe der Streitsache (§ 696 I 4) eine Prüfung der sachl Zuständigkeit durch das vom Antragsteller nach § 690 I Nr 5 bezeichnete Abgabegericht stattfindet, entspricht der Tag des Akteneingangs bei dem in Empfang nehmenden Gericht dem nach § 4 I maßgebenden Zeitpunkt der „Klageeinreichung". Daher Verweisung vom AG zum LG auf Antrag nach § 281, wenn die Zuständigkeitsprüfung ergibt, daß das AG sachl nicht zuständig ist. Bei alsbaldiger (vgl § 270 III) Abgabe nach Widerspruch gg Mahnbescheid u Antrag auf Durchführung des Streitverfahrens gilt bereits mit der Zustellung des Mahnbescheids (§ 693 I) die Rechtshängigkeit als eingetreten, so daß Wertveränderung bei unverändertem Streitgegenstand ohne Bedeutung ist. 3

2) In der Rechtsmittelinstanz der Tag des Eingangs der Rechtsmittelschrift bei dem Rechtsmittelgericht (§§ 518 I, 553 I, 569). Enthält erst die Berufungsbegründungsschrift die Anträge (§ 519 III Nr 1), so ist als Zeitpunkt der Einlegung der Berufung iSd § 4 der Tag des Eingangs der Berufungsbegründung anzusehen (Düsseldorf NWJ 71, 147/148). 4

3) Bei der Verurteilung der Schluß der mündl Verhandlung, auf den das Urteil ergeht, oder in den Fällen des § 128 II 2 u III 2 der dem Schluß der mündl Verhandlung entsprechende Zeitpunkt. 5

4) Beim Gebührenstreitwert: § 15 I GKG betrifft nur die bei Beendigung der Instanz noch andauernde Werterhöhung des an sich unveränderten Streitgegenstandes, zB bei Ansteigen des Börsenkurses bei Wertpapieren oder des Marktpreises bei bestimmten Warenlieferungen. Gegenüberzustellen sind der Wert bei Instanzbeginn (Klageeinreichung, Rechtsmitteleinlegung usw) u der Wert bei Instanzbeendigung. Ergibt dieser Vergleich eine Werterhöhung, so ist dieser Berechnung aller im jeweiligen Rechtszug entstandenen Gebühren zugrunde zu legen. Vorübergehende, bei Instanzende nicht mehr vorhandene Werterhöhungen bleiben unberücksichtigt. Ändert sich jedoch der Streitgegenstand selbst (zB durch Klageerweiterung), so ist § 15 I GKG nicht anwendbar. In diesem Fall sind je nach Verfahrensabschnitten für die Zeit vor und nach Klageerweiterung unterschiedl Gebührenwerte anzunehmen (Bremen JurBüro 76, 484 mwN). 6

Trennung (§ 145), **Verbindung** (§ 147), **Teilurteil** (§ 301) sind ohne Einfluß auf den Zuständigkeitsstreitwert; den Gebührenstreitwert verändern sie nur für die Zukunft. Soweit es für den Gebührenstreitwert bei **Rechtsmitteln** auf den Wert der Beschwer ankommt (§ 14 I 2 GKG), ergibt sich dieser aus dem Antrag des Rechtsmittelklägers in der Vorinstanz u dem, was ihm die Vorinstanz aberkannt hat (s dazu Celle MDR 75, 767); wenn Rechtsmittelanträge fehlen oder verspätet eingereicht werden, ist der Gebührenstreitwert danach zu bemessen, inwieweit der Rechtsmittelführer in der Vorinstanz unterlegen ist, § 14 I GKG. **In der Zwangsvollstreckung,** die als besondere kostenrechtl Instanz gilt, bestimmt § 15 II GKG als für die Gebührenberechnung maßgeblichen Zeitpunkt die Prozeßhandlung (= Antrag), die die Vollstreckung einleitet. 7

8 **II) Nebenforderungen (Abs 1 Hs 2)** sind von der eingeklagten Hauptsache abhängige, mit ihr in demselben Rechtsstreit von derselben Partei gegen denselben Gegner verfolgte, wenn auch getrennt von der Hauptsache berechnete Forderungen. Andere als die in § 4 genannten Forderungen sind der Hauptsache **hinzuzurechnen,** insbesondere Schäden, dazu rechnen auch die Zinsen u Kosten bei der Klage des Bürgen gegen den Hauptschuldner.

9 **1) Früchte** einer Sache sind deren natürl Erzeugnisse oder die sonst aus der Sache ihrer Bestimmung gemäß gewonnene Ausbeute (§ 99 I BGB), ferner die Erträge, die eine Sache vermöge eines Rechtsverhältnisses, zB eines Mietverhältnisses, gewährt (§ 99 III BGB). Früchte eines Rechts sind die Erträge, die das Recht seiner Bestimmung gemäß gewährt, zB Darlehenszinsen.

10 **2) Nutzungen** sind die Früchte einer Sache oder eines Rechts sowie die Vorteile, die der Gebrauch der Sache oder des Rechts gewährt, § 100 BGB.

11 **3) Zinsen** (auch die in § 866 II 1, Schleswig JurBüro 82, 913) sind die vom Schuldner nach Gesetz oder Vereinbarung zu entrichtende fortlaufende Entschädigung für die Überlassung eines Kapitals. Werden neben einer Hauptforderung Verzugszinsen geltend gemacht, so sind diese bei der Berechnung des Streitwertes nicht besonders zu berücksichtigen. Dies gilt auch dann, wenn die Verzugszinsen im Klageantrag ausgerechnet sind und mit der Hauptforderung zu einem einheitlichen Forderungsbetrag zusammengefaßt (Schneider MDR 84, 265 m Nachw) oder in eine Wechselforderung aufgenommen werden (irrig Hamm KoRsp ZPO §4 Nr 53 m abl Anm Schneider = AnwBl 84, 504 m abl Anm Chemnitz); anders für Zinsen aus einem nicht oder nicht mehr im Streit stehenden Teil der Hauptforderung (BGHZ 26 174; WPM 81, 1092; zur str Behandlung von Zinsen bei teilweiser Hauptsacheerledigung s § 3 Rn 16 unter „Erledigung von Hauptsache"). Erledigt sich im Mahnverfahren die Hauptforderung vor Eingang der Akten beim Streitgericht, dann bestimmt fortan nur der noch offene Zinsanspruch den Streitwert (OLG Zweibrücken KoRsp ZPO § 3 Nr 791 mwNachw). Auch Zinsen als Schaden gem § 288 II BGB bleiben unberücksichtigt (RGZ 158, 350), soweit eine zugehörige Hauptforderung besteht (BGH KoRsp ZPO § 4 Nr 30). Bei Zusammenfassung von Darlehen und Kreditgebühren in einem Betrag bleiben die Gebühren Nebenforderung (Bamberg JurBüro 76, 343; aA München JurBüro 76, 237). Die Zinsen für die Hauptschuld sind auch dann Nebenforderungen, wenn der Bürge dafür in Anspruch genommen wird (BGH MDR 58, 765; anders bei Vorgehen des Bürgen gegen den Hauptschuldner, Rn 8); bei Klage auf Befreiung von Schuld sind deren Zinsen auch Nebenforderungen des Befreiungsanspruchs (BGH NJW 60, 2336; MDR 76, 649); Nebenforderung auch Steuersäumniszuschläge, wenn sie mit der Steuerhauptforderung eingeklagt werden (BGHZ 66, 91). Zinsen auf die im Streit befindl Hauptforderung bleiben auch dann Nebenforderungen, wenn sie erst mit der Anschlußberufung in den Rechtsstreit eingeführt werden (Schleswig SchlHA 76, 14; Köln KoRsp ZPO § 4 Nr 49 m Anm Schneider), desgleichen bei Anfechtung des Teilurteils in der Hauptsache und der Schlußurteils-Kostenentscheidung (Frankfurt JurBüro 81, 1732); anders, wenn der Zinsanspruch durch Klagerücknahme (§ 269 I) oder Verzicht hinsichtlich der Hauptforderung (§ 306) oder durch Beschränkung des Rechtsmittelantrages auf das Zinsbegehren verselbständigt wird (§ 511 a Rn 24). Hinterlegungszinsen sind streitwertmäßig Teil der hinterlegten Masse und hinzuzurechnen (BGH MDR 67, 280), wobei die Gesamtsumme auf dem Hinterlegungskonto im Zeitpunkt der Schlußverhandlung maßgebend ist (Köln JurBüro 80, 281). Die Beschwer einer Zinsforderung mit ungewissem Erfüllungszeitpunkt ist gem § 3 frei zu schätzen (BGH Rpfleger 81, 396).

12 **4) Kosten.** Gemeint sind die **vor** Klageerhebung entstandenen (RG JW 31, 1035), sofern sie neben der Hauptleistung gefordert werden, zB Kosten eines Vorprozesses (RGZ 56, 256), Mahnkosten (OLG Bamberg KoRsp ZPO § 4 Nr 54), die anläßl einer Unfallfinanzierung erfallenen Bearbeitungsgebühren (Köln JMBlNRW 74, 45). Protestkosten, die Kosten des vorangegangenen Schiedsgerichtsverfahrens, auch wenn sie besonders berechnet werden (Hamburg JW 25, 2055); bei Anträgen aus § 1041 die Kosten des Schiedsverfahrens (BGH MDR 57, 95); die Kosten eines zur Begründung des Anspruchs und zur Vorbereitung der Klage eingeholten Gutachtens oder die Kosten der Befriedigung aus dem Grundstück bei Klage auf Duldung der Zwangsvollstrekkung aus Grundschuld (BGH LM § 3 ZPO Nr 6). Im **Deckungsprozeß** des Versicherers gegen den Haftpflichtversicherer sind die gegen den Geschädigten rechtskräftig festgesetzten Kosten hinzuzurechnen, da es sich um einen Befreiungsanspruch handelt (BGH MDR 76, 649). Bei der **Klage aus § 826 BGB** auf Titelherausgabe und Unterlassung der Vollstreckung bleiben die festgesetzten Kosten außer Ansatz (BGH NJW 68, 1275). Bei einem bloßen Kosten-Schlußurteil ist der Streitwert für die gegen Teil- und Schlußurteil eingelegten Berufungen nur nach dem Wert der Hauptsache anzusetzen (Frankfurt JurBüro 81, 1732; Köln KoRsp ZPO § 4 Nr 49 m Anm Schneider).

III) Unter **Abs 2** fallen alle Ansprüche aus Art 45 ScheckG, der Art 48 I WG entspricht. Diskontspesen u die Wechselunkosten, die der Kläger im Regreßweg bezahlt hat u gegen den Bürgen mit der Wechselsumme einklagt, sind Hauptforderung (KG OLGE 21, 63). 13

IV) Gebührenberechnung: Bei Handlungen, die außer dem Hauptanspruch auch Früchte, Nutzungen, Zinsen oder Kosten als Nebenforderungen betreffen, wird der Wert der Nebenforderung nicht berücksichtigt. Bei Handlungen, die Früchte, Nutzungen, Zinsen oder Kosten als Nebenforderungen ohne den Hauptanspruch betreffen, ist der Wert der Nebenforderungen maßgebend, soweit er den Wert des Hauptanspruchs nicht übersteigt. Bei Handlungen, welche die Kosten des Rechtsstreits ohne den Hauptanspruch betreffen, ist der Betrag der Kosten maßgebend, soweit er den Wert des Hauptanspruchs nicht übersteigt, § 22 Abs 1 bis 3 GKG. 14

5 *[Zusammenrechnung]*

Mehrere in einer Klage geltend gemachte Ansprüche werden zusammengerechnet; dies gilt nicht für den Gegenstand der Klage und der Widerklage.

I) Geltungsbereich: 1) Hs 1 gilt bei vermögensrechtl Streitigkeiten für **a)** Zuständigkeitsstreitwert (§§ 23, 23 a GVG), **b)** Rechtsmittelstreitwert (§§ 511 a I, 567 II), **c)** Wert der Beschwer bei der Revision (§ 546 II), **d)** hilfsweise (§ 12 I GKG) für den Gebührenstreitwert. 1

2) Hs 2 gilt nur für den Zuständigkeitsstreitwert. Durch das Verbot der Wertaddition soll verhindert werden, daß die sachl Zuständigkeit des LG eintritt u Verweisung nach § 560 beantragt wird. Nur der höhere Wert (der Klage oder auch der Widerklage) ist für die Zuständigkeit entscheidend. Im Falle der Widerklage richtet sich der Gebührenstreitwert nach § 19 I GKG. Betreffen Klage u Widerklage **denselben Streitgegenstand,** so berechnen sich die Gebühren nach dem einfachen Wert des Gegenstands, anderenfalls nach der Summe der beiden Werte. § 5 Hs 2, wonach für die Bemessung des Zuständigkeitsstreitwerts die Zusammenrechnung der Klage u Widerklage zu unterbleiben hat, gilt nicht für die Beschwer bei Berufung u Revision: Unterliegt eine Partei mit Klage u Widerklage, so sind in bezug auf die Beschwer bei einem Rechtsmittel beide Werte zusammenzurechnen (allg M; die aA LG Gießen, NJW 75, 2206 [dazu Schneider NJW 76, 112], ist isoliert geblieben). 2

II) Zusammenrechnung nach § 5 grundsätzl bei objektiver (§ 260 u subjektiver (§§ 59 ff) Klagenhäufung, wenn die mehreren Ansprüche verschiedene Streitgegenstände haben (BGH AnwBl 76, 339; KG Rpfleger 62, 155), und zwar unabhängig von der Verfahrensart, also auch im Mahn-, Arrest- oder Verfügungsverfahren. Das gilt auch im Streitgenossenprozeß (s § 3 Rn 16 unter „Streitgenossen"). Die Frage, wann zusammenzurechnen ist und wann nicht, läßt sich nur an Hand des einzelnen Falles prüfen und beantworten. Besonders **wichtige Prozeßlagen:** 3

1) Haupt- u Hilfsanträge: Nie Addition zur Ermittlung des **Zuständigkeitsstreitwerts;** bewertet wird allein der höhere der beiden Ansprüche. Den **Gebührenstreitwert** bildet der höhere Hilfsantrag, wenn über ihn entschieden worden ist (§ 19 IV GKG; s näher § 3 Rn 16 unter „Eventual- und Hauptantrag"); Hilfsbegründungen für denselben Anspruch sind wertmäßig immer unbeachtlich (Bremen JurBüro 79, 731). Ergeht über den Hilfsanspruch keine Entscheidung oder ist er gleich hoch oder niedriger (als der Hauptanspruch), so bleibt er unberücksichtigt. Eine für den Gebührenstreitwert maßgebl Entscheidung über den (höheren) Hilfsantrag liegt vor, wenn sich nach Ansicht des Gerichts der Hauptanspruch als unbegründet erweist u nach dem begründeten Hilfsantrag erkannt oder wenn die Klage wegen Nichtbegründetheit des Haupt- u Hilfsanspruchs in vollem Umfang abgewiesen wird. 4

2) Klage u Hilfswiderklage: Bei Hilfswiderklage, die nicht denselben Streitgegenstand betrifft, sind die Werte erst zu addieren, wenn der Eventualfall, für den die Widerklage erhoben ist, eintritt (BGH MDR 72, 1028). Tritt er nicht ein, so erhöht der eventuelle Widerklageantrag den Streitwert auch dann nicht, wenn das Gericht über den Antrag hinausgehend über die Widerklage befunden hat (BGH MDR 74, 36). Der Streitwert einer hilfsweise erhobenen Widerklage ist bei Beendigung des Rechtsstreits durch Vergleich nur dann dem Streitwert der Klage hinzuzurechnen, wenn die Forderung der Hilfswiderklage zur endgültigen Bereinigung in den Vergleich einbezogen worden ist (Köln JMBlNRW 75, 143). 5

3) Rechtsmittel: § 5 gilt, wenn ein Rechtsmittel von mehreren oder gg mehrere Streitgenossen eingelegt wird, hinsichtlich der wirtschaftlich nicht identischen Einzelbelastungen, und zwar unabhängig davon, ob alle beschwerten Streitgenossen (BGHZ 23, 333 [338]) oder nur einer von ihnen (BGH MDR 81, 398; KoRsp ZPO § 5 Nr 55 m Anm Schneider) das Rechtsmittel einlegt und ob dies durch getrennte Schriftsätze geschieht (BAG NZA 84, 167; s auch § 546 Rn 14). 6

7 **4) Zusammenrechnung** findet zB statt bei der Stufenklage nach § 254 (für den Gebührenstreitwert aber § 18 GKG; s Schneider Rpfleger 77, 92); Häufung bereits fälliger und künftiger Raten im Fall des § 9; Klage auf Rückzahlung erbrachter Vertragsleistungen nach Vertragsanfechtung und Widerklage auf vollständige Erfüllung (Celle NdsRpfl 85, 1); Unterlassungsansprüche gegen mehrere Unterlassungsschuldner, da diese keine Gesamtschuldner sind (Koblenz WRP 85, 45); Berufung und Anschlußberufung bezüglich verschiedener Streitgegenstandsteile (LG Berlin JurBüro 85, 259). Auch vermögensrechtliche und nichtvermögensrechtliche Ansprüche werden addiert, wobei aber für den Gebührenwert die Einschränkung des § 12 III GKG zu beachten ist.

8 **5) Keine Zusammenrechnung:** Wird neben einem Anspruch ein anderer geltend gemacht, der nur aus diesem folgt oder auf dasselbe Interesse ausgerichtet ist oder nur den Zweck verfolgt, ihn zu rechtfertigen oder ihm als Voraussetzung oder Begründung zu dienen, so liegt nur das Begehren einer einheitl Leistung vor. Es greift das sog **Additionsverbot wegen wirtschaftlicher Identität** ein (ausführlich dazu Frank Anspruchsmehrheiten im Streitwertrecht, 1986, S 164 ff, 206). **Beispiele für Klagen:** Leistung und Duldung (KG AnwBl 79, 229); Hauptschuldner und Bürge (LG Kaiserslautern Rpfleger 66, 347): Feststellung der Erfüllung und Schuldscheinrückgabe oder Löschung der dingl Sicherheit; Rückerstattung der Anzahlung aus einem Kaufvertrag und Feststellung, daß der Beklagte sich in Annahmeverzug befindet (LG Mönchengladbach KoRsp ZPO § 5 Nr 57 m Anm Schneider); Werklohn und Sicherungshypothek oder Rückzahlung eines Kredits und Herausgabe der Sicherungsobjekte (Frankfurt KoRsp ZPO § 5 Nr 43; München MDR 68, 697); Inanspruchnahme von Gesamtschuldner als Streitgenossen; Zahlung des Kaufpreises und Abnahme der Ware oder Herausgabe der unter Eigentumsvorbehalt gelieferten Ware (Hamburg MDR 65, 394). Weder Addition noch Werterhöhung tritt ein, wenn ein Herausgabeantrag verbunden wird mit dem Antrag auf Leistung von Schadensersatz nach fruchtlosem Fristablauf, was nach §§ 255, 259, 260, 510b möglich ist (Schneider MDR 85, 268; aA LG Köln MDR 84, 501 m abl Anm Schneider S 853).

9 **6) Aufrechnung:** Ebenso wie bei der Widerklage (§ 5 Hs 2 – § 19 I GKG) ist auch bei Aufrechnung zwischen Zuständigkeitswert, Rechtsmittelwert und Gebührenwert zu unterscheiden. Für den **Zuständigkeitsstreitwert** werden Klageforderung u Gegenforderung nicht zusammengerechnet, wohl für den Gebührenstreitwert, wenn und soweit über die Gegenforderung mit Rechtskraftwirkung (§ 322 II) entschieden wird (§ 19 III GKG; s näher § 3 Rn 16 unter „Aufrechnung"). In der **Rechtsmittelinstanz** verwischen sich diese erstinstanzl Grundsätze, weil dort die sog materielle Beschwer des aufrechnenden Beklagten durchschlägt (s Rn 24 vor § 511), so daß insoweit im Ergebnis die Regelung des § 19 III GKG gilt.

6

[Besitz, Sicherstellung, Pfandrecht]

Der Wert wird bestimmt: durch den Wert einer Sache, wenn es auf deren Besitz, und durch den Betrag einer Forderung, wenn es auf deren Sicherstellung oder ein Pfandrecht ankommt. Hat der Gegenstand des Pfandrechts einen geringeren Wert, so ist dieser maßgebend.

1 **I)** Wertvorschrift für Zuständigkeit und Rechtsmittelzulässigkeit; auf **Gebührenstreitwert** nur analog anzuwenden, wobei Verfassungsgrundsatz der Verhältnismäßigkeit verlangt, daß dann der wirkliche wirtschaftliche Streit der Parteien maßgebend ist (Köln KoRsp ZPO § 6 Nr 78 m zust Anm Lappe, Nr 83; ähnlich Frankfurt JurBüro 81, 759); aA die hM, die § 6 auch gebührenrechtlich rein formal anwendet, wogegen sich jedoch die Rspr zunehmend wendet (vgl zB München KoRsp ZPO § 6 Nr 96 m Anm Schneider; Celle KoRsp ZPO § 6 Nr 97 m Anm Schneider = NdsRpfl 83, 184). München u Celle aaO wenden § 3 statt § 6 an, wenn nicht zugleich um den Besitz gestritten wird. Der eigentlich tragende Grund für die restriktive Auslegung ist jedoch der, daß § 6 für die Berechnung des Gebührenstreitwerts nur entsprechend anwendbar ist (s Köln KoRsp ZPO § 6 Nr 78 = ZIP 81, 781; Schneider MDR 84, 266).

2 **1) Wert einer Sache** ist maßgebend bei Klagen um **Besitz,** nach hA „erst recht" bei Streit um das **Eigentum** (Rn 1). Zu schätzen (§ 3) ist der **Verkehrswert** bei Einreichung von Klage oder Rechtsmittel, nicht der Liebhaberwert (RGZ 48, 382) und nicht der Einheitswert. Nach hM bleiben auf dem Grundstück ruhende Grundpfandrechte, Nießbrauch außer Betracht (zB BGH ZIP 82, 221; weitere Nachw bei Schneider StrW-Komm „Grundstück" Nr 6; aA Köln KoRsp ZPO § 6 Nr 83; LG Hannover JurBüro 74, 878; LG Köln NJW 77, 255; Kramer NJW 72, 2177). Belastungen, die die wirtschaftl Nutzung des Grundstücks selbst mindern, verringern aber auch nach BGH (JurBüro 58, 387; ebenso Schleswig KoRsp ZPO § 6 Nr 80 m Anm Schneider) den Streitwert, zB Wegerechte. Außer Betracht bleiben nach hM auch Gegenleistungen, selbst wenn nur sie streitig

sind (näher dazu § 3 Rn 16 unter „Auflassung"); die Gegenleistung ist maßgebend, wenn nur ihretwegen ein Rechtsmittel eingelegt wird (allg M; Saarbrücken AnwBl 79, 153 = KoRsp ZPO § 6 Nr 66 m Anm Schneider). § 6 ist entsprechend anzuwenden bei Anfechtung außerhalb des Konkurses (BGH KoRsp ZPO § 6 Nr 82), nicht dagegen für die Klage aus § 771 auf Ausschluß der Berechtigung zur Teilungsversteigerung nach § 180 I ZVG, für die § 3 gilt (Karlsruhe KoRsp ZPO § 3 Nr 586).

2) Der **Besitz einer Sache** ist Gegenstand des Streits, wenn der Klageanspruch auf Erlangung oder Wiedererlangung des Besitzes (§ 861 BGB) gerichtet ist (zB bei Klagen auf Räumung von Grundstücken, Übergabe, Rückgabe oder Herausgabe von Sachen), auch wenn der Anspruch aus einem obligatorischen Rechtsverhältnis hergeleitet wird (zB bei Klage aus einem Kaufvertrag). Bei Besitzstörung (§ 862 BGB) gilt § 3 (Zweibrücken KoRsp ZPO § 6 Nr 100). 3

a) Man unterscheidet **unmittelbaren, mittelbaren, Eigen- und Fremdbesitz.** § 6 trifft bei allen Besitzklagen zu, gleichgültig, ob das Recht, auf Grund dessen die Sache in Anspruch genommen wird, dingl (zB Eigentum, Dienstbarkeit) oder obligatorisch (Verschaffungsanspruch) ist. Auch wenn nur das **Eigentum** an der Sache strittig ist, ist nach ganz überwiegender Ansicht (Rn 1) § 6 anzuwenden: Klage auf **Feststellung** des Eigentums (KG NJW 70, 334; nach Frankfurt JurBüro 85, 278 = KoRsp ZPO § 6 Nr 106 m Anm Schneider u Lappe auch des Heimfallrechts); auf **Auflassung** (Celle NdsRpfl 62, 111) oder Rückauflassung (Schleswig Rpfleger 80, 239) oder Rückenteignung (München JurBüro 79, 896), wobei immer auf den Verkehrswert zur Zeit der Klageerhebung abzustellen ist (München JurBüro 79, 896) und bei Auflassung wegen eines ideellen Grundstücksteils nur der entsprechende Teilwert angesetzt wird (Schleswig Rpfleger 80, 239). Hatte der Beklagte das aufzulassende Grundstück bebaut, so ist Streitwert der Verkehrswert des Grundstücks einschließl Gebäudewert (Frankfurt NJW 61, 2264). 4

b) Bei Klagen auf **Herausgabe von Sachen** ist auf den Endzweck des Prozesses Rücksicht zu nehmen, insbesondere auf das zugrunde liegende Rechtsverhältnis und den vom Kläger verfolgten Zweck (München JurBüro 84, 1401). Für Herausgabeansprüche aus **Miet- oder Pachtverhältnis** gilt die Sondervorschrift des § 8. Insoweit ist gebührenrechtlich die Vorschrift des § 16 GKG zu beachten, die hin und wieder fälschlich auch für die Berechnung der Rechtsmittelbeschwer herangezogen wird (s zB LG Hannover KoRsp ZPO § 3 Nr 529 m abl Anm Lappe; LG Münster KoRsp ZPO § 3 Nr 679 m abl Anm Schneider). Bei Klage des Mieters auf Duldung der Wegnahme eingebauter Sachen: § 6 (nach dem idR verminderten Wert dieser Sachen, den sie nach der Trennung von den Mieträumen haben, KG Rpfleger 71, 227). Auch die Klage auf Einwilligung in die Herausgabe einer hinterlegten Sache richtet sich nach § 6, wobei gemeinsame Berechtigung mehrerer Personen zur Empfangnahme den Streitwert anteilig verringern kann (KG AnwBl 78, 107). Ebenso gilt § 6 (und nicht § 16 GKG) für die auf Vertragsnichtigkeit gestützte Herausgabeklage des Wohnungseigentumsverkäufers (Frankfurt JurBüro 79, 1888), wobei den Verkehrswert übersteigende Belastungen unberücksichtigt bleiben (Karlsruhe AnwBl 82, 375). Bei Vorgehen auf Grund Vertragsnichtigkeit, zB Anfechtung, kann auch § 3 einschlägig sein; es kommt auf die auszulegenden Anträge an (s Bremen KoRsp ZPO § 3 Nr 450 m Anm Schneider). 5

c) Bei Klagen auf **Herausgabe eines Pfandes** oder eines **sicherungsübereigneten** Gegenstandes wegen Erfüllung der gesicherten Forderung bestimmt sich der Streitwert nach dem Wert der Forderung (ohne Nebenforderungen!), wenn dieser geringer ist als der Sachwert (ratio des § 6). Diese Regelung ist als **allgemeiner Rechtsgrundsatz** zu verstehen, der wiederum Ausdruck wirtschaftlicher Betrachtungsweise im Streitwertrecht ist. In der Rspr des BGH hat sich die wirtschaftliche Betrachtungsweise zB durchgesetzt in der Neubewertung von Miterbenstreitigkeiten ab BGH MDR 1975, 741 (dazu Schneider JurBüro 77, 433) oder in der Bewertung der Anfechtung außerhalb des Konkurses (WPM 82, 435 u 1443) und der Drittwiderspruchsklage (WPM 83, 246). Dies ist bei allen Bewertungen nach § 6 zu berücksichtigen. Wird auf Rückzahlung des Darlehens und Herausgabe der Sache geklagt: Streitwert nach dem geringeren Wert (Frankfurt JurBüro 62, 228). Ebenso bei Klage auf Sicherungsübereignung einer Sache. Anders, wenn sich die Herausgabeklage auf Eigentumsvorbehalt stützt; dann entscheidet der Sachwert (Stuttgart AnwBl 59, 51; Bamberg KoRsp ZPO § 6 Nr 6), selbst wenn die Sachen wegen eines noch ausstehenden Restbetrages vom Vorbehaltsverkäufer zurückverlangt werden (Frankfurt NJW 70, 334); Zeitablauf kann Sachwert mindern (KG Rpfleger 62, 156). Werden die Sachen durch die Rücknahme selbst in ihrem Wert nachhaltig vermindert (zB durch Abriß von barakkenartigen Hallen), so ist deren Wert nach Abriß und Herausgabe maßgebend. 6

d) Bei Klagen auf **Herausgabe von Urkunden** usw ist der Zweck der Klage zu ermitteln. Handelt es sich um den Besitz der Urkunde, so fragt es sich, was der Kläger, wenn er in den Besitz gelangt, mit ihr unter gewöhnl Verhältnissen erreichen kann. Der Besitz von Inhaberpapieren 7 und dgl kommt dem Betrag der darin verbrieften Forderung bzw dem Kurswert gleich (RGZ 46, 401). Bei Klage auf Herausgabe von Schuldscheinen, Hypotheken- u Grundschuldbriefen und dgl, bei denen die beurkundete Forderung nicht an jeden Inhaber geleistet werden kann, trifft § 3 zu, wenn es sich nur um die Herausgabe, nicht auch um die beurkundete Forderung handelt. Der Wert einer Klage auf Herausgabe einer **Bürgschaftsurkunde** bestimmt sich gem § 3 nach dem Interesse des Klägers, nicht nach der gesicherten Forderung (Stuttgart MDR 80, 678; Hamm JurBüro 81, 432; Düsseldorf JurBüro 81, 1893; LG Köln AnwBl 82, 437), kann aber entsprechend § 6 dem Forderungsbetrag gleichzusetzen sein, wenn die Inanspruchnahme des Bürgen verhindert werden soll und der Streit daher letztl um die gesicherte Forderung selbst geht (Frankfurt AnwBl 80, 460). Bei der Freistellungsverpflichtung eines Gesamtschuldners gegenüber einem anderen liegt es ähnl; grundsätzl § 3, aber voller Schuldbetrag, wenn Gefahr der Inanspruchnahme droht (KG JurBüro 68, 466; Karlsruhe AnwBl 74, 394; Hamburg KoRsp ZPO § 6 Nr 72 m Anm Schneider). Siehe auch § 3 Rn 16 unter „Herausgabeklagen".

8 **II) Betrag einer Forderung: 1)** Ist die **Forderung selbst** Streitgegenstand, dann ist vorbehaltlich der §§ 8, 9 ihr Nennbetrag maßgebend, desgleichen bei ihrer **Sicherstellung.** Auf den Rechtsgrund der verlangten Sicherheit (Vertrag, Gesetz) kommt es ebensowenig an wie auf die Mittel der Sicherstellung, zB Eintragung einer Vormerkung im Grundbuch aus §§ 648, 883 BGB, Sicherungsübereignung, Abtretung einer Forderung, Bürgschaftsleistung.

9 **2) Pfandrecht:** S 2 trifft zu bei Streit, ob ein **Pfandrecht** besteht oder nicht, ob es erloschen ist oder aufgehoben werden muß, ferner bei Klage des Eigentümers von bewegl oder unbewegl Sachen oder Rechten an diesen auf Feststellung der Freiheit seines Eigentums von Pfandrechten, bei Klage auf Rangeinräumung, Pfandherausgabe zwecks Verkaufs und bei Klagen, mit denen der Eigentümer der Pfandsache wegen Tilgung der Pfandschuld Quittungsleistung und Löschungsbewilligung fordert. Ob das Pfandrecht auf Vertrag, Gesetz oder auf Pfändung gestützt ist, ist gleichgültig. Solange ein Pfandrecht noch nicht begründet, sondern nur erstrebt wird, ist allein die Forderung wertbestimmend und § 6 S 2 noch nicht anzuwenden (München Rpfleger 59, 74). Bei Berechnung der dem Pfandrecht zugrunde liegenden Forderungen sind **Zinsen und Kosten** nicht zu berücksichtigen (§ 4 I). Bei Klage auf Bewilligung der **Löschung,** auf Feststellung des Erloschenseins **einer Hypothek oder Grundschuld** oder der auf Erteilung einer löschungsfähigen Quittung bemißt die hM den Streitwert nach dem Betrag der eingetragenen Forderung, soweit er im Grundbuch gelöscht werden soll, ohne Rücksicht darauf, ob und in welcher Höhe die der Hypothek zugrunde liegende persönl Forderung besteht und ob diese streitig ist und ohne Abzug vorgehender Pfandrechte. Richtig erscheint es statt dessen, die Höhe der Valutierung zu berücksichtigen (Nachw bei § 3 Rn 16 unter „Löschung" u „Hypothek"). Für eine Klage auf Abtretung eines wertlosen Grundpfandrechts ist bei Streitwertbemessung nur ein Erinnerungswert anzusetzen (Köln MDR 69, 678). Bei Streit über ein **Vermieterpfandrecht** ist Streitwert die Mietzinsforderung des Vermieters, und, wenn die streitigen Sachen des Mieters einen geringeren Wert haben, deren gewöhnl Verkaufswert, nicht der voraussichtl Versteigerungserlös.

10 **3)** Wird mit der Pfand- oder der Löschungsklage die Klage auf Feststellung des Nichtbestehens der Forderung verbunden, so ist Streitwert nur der Betrag der Forderung; § 6 S 2 trifft nicht zu. Beim Streit über den **Vorrang** einer Hypothek ist Streitwert der Betrag des vor- oder zurücktretenden Postens oder der Grundstückswert, je nachdem welcher geringer ist. Klage auf Verschaffung eines Rangvorbehalts: Interesse am Zurückdrängen der eingetragenen vorgehenden Rechte, jedoch höchstens der Grundstückswert, wenn dieser wegen Überlastung geringerwertig ist (Schneider JurBüro 69, 1029).

11 **4)** Zu **einzelnen Prozeßklagen,** zB Widerspruchsklage aus § 771, Vollstreckungsgegenklage nach §§ 767, 796, Berichtigung des Grundbuchs usw, s den Streitwertschlüssel zu § 3 Rn 16.

7 *[Grunddienstbarkeiten]*

Der Wert einer Grunddienstbarkeit wird durch den Wert, den sie für das herrschende Grundstück hat, und wenn der Betrag, um den sich der Wert des dienenden Grundstücks durch die Dienstbarkeit mindert, größer ist, durch diesen Betrag bestimmt.

1 **I) Anwendungsbereich: 1) Grunddienstbarkeiten** (§§ 1018 ff BGB) sind Rechte, die dem **jeweiligen** Eigentümer eines (herrschenden) Grundstücks an einem anderen (dienenden) Grundstück zustehen u welche dahin gehen, **a)** daß der Berechtigte das dienende Grundstück in einzelnen Beziehungen benutzen darf (zB Gehen, Fahren über das Grundstück) oder **b)** daß er die Vor-

nahme gewisser Handlungen auf dem Grundstück verbieten kann (zB gewisse Stellen dürfen nicht mit Fenstern versehen werden) oder **c)** daß die Ausübung gewisser Rechte, die sich von Gesetzes wegen aus dem Eigentum des dienenden Grundstücks gegenüber dem herrschenden Grundstück ergeben, ausgeschlossen wird (zB der Eigentümer des dienenden Grundstücks verzichtet gegenüber dem herrschenden Grundstück auf das Recht, ein Gewerbe zu betreiben, bei dem Geräusche entstehen, und zwar auch insoweit, als gemäß § 906 BGB das herrschende Grundstück zur Duldung verpflichtet wäre).

2) § 7 trifft zu bei Klagen auf **Bestellung** einer Grunddienstbarkeit, auf **Feststellung des Bestehens** oder **Nichtbestehens** oder des **Umfanges** (RG JW 08, 277), auf **Unterlassung** der Beeinträchtigung einer Grunddienstbarkeit gemäß § 1027 BGB, wenn der Umfang der Grunddienstbarkeit streitig ist (KG OLGE 33, 73), sowie bei servitut-ähnlichen nachbarrechtl Eigentumsbeschränkungen, zB **Licht-** oder **Fensterrecht** (BGH Rpfleger 59, 112; Schleswig Rpfleger 57, 2; RGZ 67, 81) und bei der Klage auf Duldung eines **Notweges** oder **Überbaues** (RGZ 29, 406; 67, 79; str, s § 3 Rn 16 unter „Überbau"). 2

Richtet sich die **Abwehrklage aus § 1004 BGB** (actio negatoria) gegen einen Beklagten, der kein Recht für sich in Anspruch nimmt, so gilt § 3; § 7 nur dann, wenn die Störung in der Ausübung einer (angemaßten) Grunddienstbarkeit besteht. S auch § 3 Rn 16 unter „Auflassungsvormerkung". 3

3) Die in § 7 genannten Werte sind nach § 3 zu schätzen, wobei es gem § 4 auf den Zeitpunkt der Klageeinreichung bzw Rechtsmitteleinlegung ankommt. Ist auch auf Beseitigung der Anlage geklagt, so sind die hierfür nötigen Kosten zu berücksichtigen. In der **Rechtsmittelinstanz** (RGZ 63, 100) wird der Streitwert nach dem Interesse des Rechtsmittelklägers an der Abänderung der angefochtenen Entscheidung bemessen (BGHZ 23, 205). Für die Bemessung der Beschwer ist § 7 nicht anwendbar, da nur das Interesse des Rechtsmittelführers als der unterlegenen Partei maßgebend ist. 4

II) Nicht § 7, sondern § 3 ist anzuwenden, wenn es sich um **rein schuldrechtl Verpflichtungen** handelt, zB um die Duldung der Durchlegung von Wasserleitungsröhren, um die Unterlassung von Bauten oder die Entnahme von Wasser, **um eine beschränkte persönl Dienstbarkeit** (§ 1090 BGB; s BGH KoRsp ZPO § 7 Nr 2) oder eine **Reallast** (§ 1105 BGB); hier aber § 9, wenn nur die Beseitigung der Beeinträchtigung einer an sich weder hinsichtl des Bestehens noch des Umfangs streitigen Grunddienstbarkeit Gegenstand der Klage ist (RG JW 08, 277). Zur Anwendung des § 7 bei dinglichem Recht zum Überbau s § 3 Rn 16 unter „Überbau". 5

8 *[Miete, Pacht]*

Ist das Bestehen oder die Dauer eines Pacht- oder Mietverhältnisses streitig, so ist der Betrag des auf die gesamte streitige Zeit fallenden Zinses und, wenn der fünfundzwanzigfache Betrag des einjährigen Zinses geringer ist, dieser Betrag für die Wertberechnung entscheidend.

I) Für die **Gebührenrechnung** ist der Streitwert nach § 16 GKG zu bemessen (s bei § 3 Rn 16 unter „Mietstreitigkeiten"). Völlig falsch ist die vereinzelt anzutreffende Praxis, auch die Rechtsmittelbeschwer nach § 16 GKG zu bemessen (s LG Hannover KoRsp ZPO § 3 Nr 529 m abl Anm Lappe; LG Münster KoRsp ZPO § 3 Nr 679 m abl Anm Schneider; Lappe NJW 84, 1212; 85, 1875; richtig LG Berlin MDR 85, 1034). 1

II) Für die **Zuständigkeit** gilt § 8. **1) Geltungsbereich.** § 8 bestimmt außer dem Zuständigkeitswert auch den Rechtsmittelwert, wenn Streit über Bestehen oder Dauer eines Miet- oder Pachtverhältnisses besteht; beachte aber die ausschließl Zuständigkeit nach §§ 23 Nr 2a GVG, 29a ZPO. 2

a) § 8 gilt (abweichend von § 16 II GKG) für alle Gegenstände **(bewegl und unbewegl Sachen, Rechte).** Nutzungsverhältnisse, die nicht unter Miete oder Pacht fallen, richten sich nicht nach § 8; insoweit gilt für den Gebührenstreitwert § 16 GKG, für den Zuständigkeitsstreitwert § 6 (KG OLGE 29, 78). § 8 trifft auch zu bei Haupt- oder Untermiete (Kiel HRR 33, 1242), bei Jagdpacht (RG JW 38 1047; BGH Rpfleger 62, 168); bei Räumungsklagen, wenn die begehrte Verurteilung auch eine Entscheidung über das streitige Bestehen oder die streitige Fortdauer des Pacht- oder Mietverhältnisses einschließt (BGH LM ZPO § 9 Nr 1), etwa wenn der Beklagte sich gegenüber der dinglichen Herausgabeklage auf Miete oder Pacht beruft. Bei Klage auf Feststellung, daß ein Mietverhältnis wegen fristloser Kündigung ab bestimmtem Tag nicht mehr bestehe, gelten §§ 8 ZPO und 16 GKG, nicht § 3 (BGH NJW 58, 1291). 3

4 **b) § 8 gilt nicht** bei Klagen auf **Zahlung** von Miet- oder Pachtzinsen, Leistung von Reparaturen, ordnungsgemäße Bewirtschaftung, bei Klagen Dritter oder gegen sie bezügl des Mietrechts (BGH LM § 256 ZPO Nr 25); nicht bei Klagen auf Abschluß eines Mietvertrags und nicht, wenn nur die Folgen der Auflösung des Miet- oder Pachtverhältnisses streitig sind, und bei Klagen des Vermieters auf Räumung bei unbestrittenem Ende der Mietzeit (hierzu §§ 3, 6; RG JW 32, 1058).

5 **2)** Die **„streitige Zeit"** beginnt mit Klageeinreichung (§ 4 I), falls nicht ein späterer Zeitpunkt vom Kläger behauptet wird; Säumnis des Beklagten (§ 331 I 2) oder Geständnisfiktion (§ 138 III) sind unerheblich, weil es auf den Vortrag des Klägers ankommt (LG Passau KoRsp GKG § 16 Nr 28 m Anm Schneider). Die streitige Zeit endet mit dem Tag, an dem der Vertrag unbestritten ablaufen würde, bei Verträgen auf festbestimmte Zeit nach deren Ablauf, bei Verträgen mit Kündigungsfristen oder auf unbestimmte Zeit mit dem Tag, auf den derjenige hätte kündigen können, der die längere Bestehenszeit behauptet (BGH NJW 58, 1291). Im **Rechtsmittelverfahren** ist nicht die Einlegung des Rechtsmittels maßgebend, da § 8 auf „die gesamte streitige Zeit" abstellt und insoweit § 4 I verdrängt (BGH MDR 59, 1009). Dies gilt auch beim Streit, ob eine Kündigung ohne Einhaltung einer Frist berechtigt war, oder wenn gem § 257 Klage auf künftige Räumung an einem bestimmten Kalendertag erhoben wird, es sei denn, daß die Zeit nach diesem Tag streitig würde. Kein Abschlag, weil nur Feststellungsklage (BGH NJW 58, 1291).

6 **3) „Zins"** ist nicht nur der eigentliche (in Geld zu zahlende oder in Naturalien zu erbringende) Miet- oder Pachtbetrag, sondern dazu rechnen auch vertragl Gegenleistungen anderer Art (zB Übernahme von öffentl Abgaben u sonstigen Lasten, Feuerversicherungsprämien, Instandsetzungskosten, Baukostenzuschüsse u dgl), ausgenommen Leistungen, insbesondere nebensächl Art, die im Verkehr nicht als Entgelt für die Gebrauchsüberlassung angesehen werden (BGH MDR 56, 349). Übernahme des Wildschadens bei Jagdpacht bleibt grundsätzl außer Betracht (BGH NJW 62, 446). Bei wechselnden Jahresbeträgen ist vom höchsten Jahresbetrag der strittigen Zeit auszugehen (BGHZ 7, 335).

9 *[Wiederkehrende Nutzungen und Leistungen]*

Der Wert des Rechts auf wiederkehrende Nutzungen oder Leistungen wird nach dem Wert des einjährigen Bezugs berechnet, und zwar:

auf den zwölfundeinhalbfachen Betrag, wenn der künftige Wegfall des Bezugsrechts gewiß, die Zeit des Wegfalls aber ungewiß ist;

auf den fünfundzwanzigfachen Betrag, bei unbeschränkter oder bestimmter Dauer des Bezugsrechts. Bei bestimmter Dauer des Bezugsrechts ist der Gesamtbetrag der künftigen Bezüge maßgebend, wenn er der geringere ist.

1 **I) 1) Geltungsbereich.** § 9 gilt für den **Zuständigkeits-** und den **Rechtsmittel**streitwert. Für den **Gebühren**streitwert gilt § 9 nur, soweit nicht § 17 GKG eingreift (Rn 2). Auch setzt § 9 voraus, daß das **Stammrecht** selbst **Streitgegenstand** ist und nicht nur einzelne Leistungen eingeklagt werden. Das Stammrecht wird voll geltend gemacht bei der **negativen Feststellungsklage** (BGHZ 2, 277; St/J/Schumann ZPO § 9 Rn 5), nicht dagegen bei der positiven Feststellungsklage (BGHZ 1, 43; RGZ 166, 76), bei der der übliche ⅕-Abschlag zu machen ist (zB BGH VersR 68, 278; Hamm AnwBl 77, 111). Das Stammrecht muß erfahrungsgemäß 12½ Jahre dauern können (BGHZ 36, 144), sonst gilt § 3.

2 **2) Wiederkehrend** sind Nutzungen und Leistungen, wenn sie sich in regelmäßigen oder unregelmäßigen Zeitabschnitten als einheitl Folgen eines Rechtsverhältnisses ergeben.

3 **a) § 9 ist nicht anwendbar,** wenn es sich um einmalige (zB Lagergeld), ununterbrochen fortdauernde (zB ein Wohnrecht oder ein Nießbrauch, München OLGE 33, 147; Düsseldorf JMBlNRW 51, 117; aA Schleswig Rpfleger 62, 426), nur vorübergehend wiederkehrende oder nicht gleichbleibende Nutzungen oder Leistungen handelt (die Rente ist zB für die ersten Jahre niedriger u erhöht sich im Laufe der Jahre [RGZ 66, 424]). Dann Festsetzung nach § 3; ebenso, wenn auf Entrichtung einer erst in Zukunft beginnenden Rente geklagt wird oder das Recht bedingt ist, die jährl Leistungen erst nach einer Reihe von Jahren beginnen sollen (RGZ 26, 409), ferner bei Klage gegen Dritte auf Befreiung von der gesetzl Unterhaltspflicht, also nicht entspr Anwendung des § 17 II GKG (vgl BGH Rpfleger 74, 428; dagegen soll § 9 anwendbar sein auf den Schadensersatzanspruch der Eltern wegen fehlgeschlagener Sterilisation, BGH KoRsp GKG § 17 Nr 29 m abl Anm Schneider).

4 **b) § 9 trifft zu** bei Leibrenten (§§ 759 ff BGB), Reallasten (§ 1105 BGB) oder Altenteil (Altsitz, Ausgeding, LG Freiburg AnwBl 73, 169), bei Rentenansprüchen aus unerlaubter Handlung

(§§ 843, 844 BGB) und aus § 75 Einl ALR (BGHZ 7, 335), Klage auf Überbau- oder Notwegrenten (BGB §§ 912, 917), auf die Rente aus §§ 520, 845 BGB (BGH Rpfleger 52, 419), auf Dienst- oder Versorgungsbezüge, soweit nicht die Sondervorschrift des § 17 II GKG eingreift (str für Ansprüche von Organmitgliedern, s § 3 Rn 16 unter „Arbeitnehmer"). Die Klage auf Erhöhung des Erbbauzinses errechnet sich aus § 9, 2. Alternative (München JurBüro 77, 1002; Frankfurt JurBüro 77, 1132). Die Grundsätze zur Bewertung von Mieterhöhungsklagen gelten nicht für Klagen auf Erhöhung des Erbbauzinses, für die § 9 maßgebend ist (Braunschweig KoRsp ZPO § 9 Nr 24; Celle JurBüro 72, 517). Entsprechend ist die Klage gegen einen Anwalt auf Schadensersatz wegen Verlusts einer durch § 17 II 1 GKG privilegierten Rentenforderung ihrerseits nicht privilegiert, sondern nach § 9 zu bewerten (BGH MDR 79, 302). Zur **Deckungsklage** des Versicherten gegen seinen Versicherer s § 3 Rn 16 unter „Haftpflichtversicherungsschutz".

3) Einjähriger Bezug. Rückstände bis zur Klageeinreichung (Klageeingang bei Gericht) sind hinzuzurechnen (RGZ 77, 325; § 17 IV GKG), danach nicht mehr (BGH NJW 60, 1459). Auch für die Berechnung des Beschwerdegegenstandes der Rechtsmittelinstanz sind nur die bis zur Klageeinreichung, nicht die bis zur Einlegung des Rechtsmittels fällig gewordenen Rückstände hinzuzurechnen (RGZ 114, 274; KG JW 38, 2286); § 4 I Hs 1 greift nicht ein (BGH NJW 60, 1459; BAG AP § 17 GKG Nr 1). In **Unterhaltssachen** ist das Klagebegehren maßgebend ohne Rücksicht darauf, ob der Beklagte in bestimmter Höhe schon freiwillig Zahlungen geleistet hat (s dazu § 3 Rn 16 unter „Titulierungsinteresse"). Beim Übergang von der Feststellungs- zur Leistungsklage sind die bis zur Erhebung der Leistungsklage fällig gewordenen Teilbeträge hinzuzurechnen (RGZ 77, 324; BGHZ 7, 335). Bei bekannten unterschiedl Rentenbeträgen verschiedener Zeitabschnitte sind die Höchstjahresleistungen zugrunde zu legen (RGZ 160, 83; BGHZ 7, 335). 5

4) Der künftige Wegfall ist gewiß, die Zeit ungewiß bei Klagen auf Unterhaltsgewährung bis zur ersten wirtschaftl Selbständigkeit des Kindes, bei Klage auf Zahlung von Unterhaltsrenten u Altenteilsleistungen wegen der unberechenbaren Lebensdauer. Ist gewiß, daß Rechte weniger als 12½ Jahre dauern werden, trifft § 3 zu (RGZ 24, 375; 37, 382). Aber auch bei Rentenansprüchen hochbetagter Personen ist grundsätzl gem § 9 der 12½fache Jahresbetrag anzunehmen (BGHZ 3, 362). Der BGH macht davon Ausnahmen (s JurBüro 62, 342; BGHZ 19, 176), die jedoch nur Sonderfälle betreffen, in denen das vorzeitige Ableben gewiß war. Seine Rspr ist im Prinzip zu eng und wegen der enorm hohen Streitwerte des § 9 auch unsozial. Es muß stärker auf den Einzelfall abgestellt und darf nicht verlangt werden, daß § 9 nur dann unanwendbar sei, wenn seine Voraussetzungen mit einer an Sicherheit grenzenden Wahrscheinlichkeit nicht gegeben sind (s ausführl Schneider MDR 76, 270 ff). 6

5) Unbeschränkte Dauer des Bezugsrechts liegt vor bei Rentenschuld oder einer aktiv vererbl Reallast oder bei einer Überbaurente (KG OLGE 23, 77). 7

6) Bestimmte Dauer des Bezugsrechts. Beispiel: A hat sich verpflichtet, dem B bzw dessen Erben 30 Jahre lang jährl 1200 DM Rente zu zahlen. Bei Klage auf 1500 DM Rückstand und künftige Leistung ist Streitwert: 1500 DM + 25 × 1200 DM. Das LG ist sachl zuständig. Wäre die Rente nur noch 2 Jahre zu zahlen, so wäre Streitwert: 1500 DM + 2 × 1200 DM und für die Klage das AG zuständig (§ 23 Nr 1 GVG). 8

II) § 9 ist für die Gebührenwertfestsetzung in folgenden Fällen nicht anzuwenden:

1) Bei **Ansprüchen auf Erfüllung** einer auf **gesetzl** Vorschrift beruhenden **Unterhaltspflicht** wird der Wert des Rechts auf die wiederkehrenden Leistungen, falls nicht der Gesamtbetrag der geforderten Leistungen geringer ist, auf den Betrag des einjährigen Bezugs berechnet (§ 17 I, IV GKG), wobei jedoch die bis zur Klageeinreichung fällig gewordenen Rückstände dem Streitwert hinzuzurechnen sind, s § 3 Rn 16 unter „Unterhalt". 9

2) Bei **Ansprüchen auf Entrichtung einer Geldrente** wegen **Tötung** eines Menschen oder der **Verletzung** des **Körpers** oder **der Gesundheit** eines Menschen (§§ 843, 844, 845, 618 III BGB) wird gemäß § 17 II GKG der Wert des Rechts auf die wiederkehrenden Leistungen, falls nicht der Gesamtbetrag der geforderten Leistungen geringer ist, auf den **fünffachen** Betrag des **einjährigen Bezugs** berechnet. Der dreifache Jahresbetrag ist maßgebend für die Berechnung des Wertes bei Geltendmachung der Ansprüche auf wiederkehrende Leistungen aus dem Arbeitsverhältnis, wenn nicht der Gesamtbetrag der geforderten Leistung geringer ist, § 17 III GKG. Ist der Rentenanspruch auf Vertrag gestützt, so ist der Wert nach § 9 zu berechnen (§ 17 II 2 GKG; BGH Rpfleger 53, 57). Bei einer Klage aus vertraglichen Rentenansprüchen ist bei der Streitwertermittlung für die Kapitalisierung nach § 9 der höchste Jahresbetrag maßgebend, soweit die gesamte 25jährige Dauer mit diesem Betrag streitig ist (Bamberg JurBüro 71, 537). 10

3) Ist **in einem Verfahren nach § 620 S 1 Nr 6** ZPO der Unterhalt eines Ehegatten zu regeln, so wird der Wert des Rechts auf Unterhalt nach dem sechsmonatigen Bezug berechnet (§ 20 II 1 11

GKG). Für das nichtehel Kind im Verfahren nach § 641 d ist der Wert der Unterhaltspflicht mit dem sechsmonatigen Bezug anzusetzen (§ 20 II 1 GKG).

10 *[Verstoß gegen sachliche Zuständigkeit]*

Das Urteil eines Landgerichts kann nicht aus dem Grunde angefochten werden, weil die Zuständigkeit des Amtsgerichts begründet gewesen sei.

1 **1) Allgemeines. a) Zweck:** Einschränkung des Zuständigkeitsstreits; Grund: Die höhere Instanz ist der niedrigeren (zumindest) gleichwertig; vgl auch Rn 4.

2 **b) Anwendungsbereich:** § 10 gilt uneingeschränkt für die sachliche Zuständigkeit im Verhältnis AG/LG (Rn 3; § 1 Rn 5), mit Einschränkungen auch für die funktionelle (Rn 4; § 1 Rn 6), **nicht** aber für die örtliche (§ 1 Rn 7; insoweit greifen die §§ 512 a, 549 II ein). Er findet nicht nur auf Urteile (Rn 5), sondern auch auf Beschlüsse (Rn 6) Anwendung.

3 **2) Voraussetzungen. a) Verstoß gegen die sachliche Zuständigkeit** im Verhältnis LG/AG. § 10 bezieht sich auf **jede Art** sachlicher Zuständigkeit, nicht nur auf die streitwertabhängige gem §§ 23 Nr 1, 71 I GVG, sondern auch auf die Fälle der ausschließlichen Zuständigkeit des AG (§ 1 Rn 10; allgM, vgl R-Schwab § 39 III 1 a mN; BL Anm 1 A), **nicht** aber auf das Verhältnis der ordentlichen Gerichtsbarkeit zu den **Arbeitsgerichten** (StJSchumann Rn 11, allgM), desgleichen nicht im Verhältnis zu anderen **Sondergerichten,** wie den Schiffahrtsgerichten (Celle MDR 62, 223); Grund: Im Verhältnis zu den Spezialgerichten trifft der Grundgedanke des § 10 (Rn 1) nicht zu; Umkehrschluß aus § 48 I ArbGG.

4 **b)** Für die **funktionelle Zuständigkeit** gilt § 10 grundsätzlich nicht (Hamm OLGZ 74, 46 = MDR 74, 239; vgl auch Rpfleger 76, 220); doch läßt der Grundgedanke des § 10 – kein Rechtsmittel für den, den die fehlerhafte Verfahrensgestaltung begünstigt – auch hier Ausnahmen zu: so, wenn die **höhere,** statt der **ersten** Instanz entscheidet (Stettin JW 31, 1829), auch bei Zuständigkeitsverfehlung zwischen dem Rechtspfleger des LG und dem des AG (KG AnwBl 84, 383 = JurBüro 84, 1571 im Anschluß an Hamm Rpfleger 76, 220), vor allem wenn **Richter statt Rechtspfleger** entscheidet; § 8 I RpflG bestimmt zwar nur die Wirksamkeit der Geschäfte, die der Richter unter Überschreitung seiner funktionellen Zuständigkeit vornimmt; nach hL gilt aber auch § 10 (StJSchumann Rn 16). Nimmt der **Richter** Geschäfte des **Urkundsbeamten** der Geschäftsstelle vor, so sind diese dennoch **wirksam** (analog § 8 I RpflG, wie hier R-Schwab § 26 I 3, str, aA 10. Aufl und zum FGG RG 110, 313/315; BGH NJW 57, 990 = Rpfleger 57, 346 (zust Keidel); Keidel-Winkler FG § 29 Rdnr 30 sowie zur ZPO Hamm NJW 66, 1519 – sämtl betr Beschwerde zu Protokoll des Richters statt des UdG, förmelnd; aA und zutr Düsseldorf Rpfleger 76, 65; Hamm Rpfleger 76, 259; zum ganzen vgl auch Vollkommer, Formenstrenge und prozessuale Billigkeit, 1973, S 14, 32 f, 243). Entscheidet die Kammer des LG **(Kollegium)** anstelle des zuständigen streitentscheidenden **Einzelrichters** (§ 348), greift § 10 **nicht** ein (ebenso ThP Anm 1 c, str; aA R-Schwab § 39 III 1 a), denn die Zuständigkeitsverfehlung beeinträchtigt zugleich das Verfahren (vgl § 355).

5 **c) Zuständigkeitsbejahende Entscheidung. aa)** Jedes streitige **Urteil** genügt, nicht dagegen Versäumnisurteile (Rn 7). Ob sich das LG – ausdrücklich oder stillschweigend – in den Gründen des Endurteils oder durch Zwischenurteil nach § 280 II für zuständig erklärt, ist gleichgültig.

6 **bb)** § 10 gilt entsprechend für **Beschlüsse** (hM, Köln MDR 59, 1020 für Kostenentscheidung nach § 91 a; R-Schwab § 39 III 1 a; StJSchumann Rn 2). Zur analogen Anwendung vgl Pohle in (ablehnender) Anm zu BAG AP Nr 1 zu § 16 ArbGG.

7 **3)** Die **Rechtsfolge** besteht in der **Unanfechtbarkeit** der positiven Zuständigkeitsentscheidung (Ausschluß der Geltendmachung der Unzuständigkeit mit Rechtsmitteln). Dagegen kann bei Erlaß eines Versäumnisurteils (Rn 5) die Unzuständigkeit noch durch Einspruch (§ 338) gerügt werden.

11 *[Bindende Entscheidung über Unzuständigkeit]*

Ist die Unzuständigkeit eines Gerichts auf Grund der Vorschriften über die sachliche Zuständigkeit der Gerichte rechtskräftig ausgesprochen, so ist diese Entscheidung für das Gericht bindend, bei dem die Sache später anhängig wird.

1 **1) Allgemeines. a) Zweck:** Einschränkung des Zuständigkeitsstreits, Verhinderung von negativen Kompetenzkonflikten. Die Bindungswirkung gem Rn 4 verfolgt ähnliche Ziele wie die von Verweisungs- und Abgabebeschlüssen (Rn 5).

b) Anwendungsbereich: § 11 gilt unmittelbar für die **sachliche Zuständigkeit** (§ 1 Rn 5), sinngemäß nach allgemeiner Meinung auch für die **funktionelle Zuständigkeit** (§ 1 Rn 6; vgl München NJW 56, 187; Oldenburg FamRZ 78, 345; StJ II 1; BL Anm 1; ThP Anm 1a), nach der ausdrücklichen Vorschrift des § 48 I ArbGG **auch** für das Verhältnis der ordentlichen Gerichte zur **Arbeitsgerichtsbarkeit, nicht** aber für die **örtliche** Zuständigkeit (allgM), **nicht** auch im Verhältnis der ordentlichen Gerichte zu **anderen besonderen Gerichten** (zB Rheinschiffahrtsgericht, § 14 GVG). 2

2) Voraussetzung ist eine rechtskräftige Verneinung der Zuständigkeit (Rn 2) des angegangenen Gerichts. Entscheidung durch **Urteil** (rechtskräftige Prozeßabweisung, §§ 322, 705) ist nicht unerläßlich, in Frage kommen auch **rechtskräftige Beschlüsse,** zB im Vollstreckungsverfahren (München NJW 56, 187), nicht aber gewöhnliche Beschlüsse. 3

3) Rechtsfolge. Die **Bindungswirkung** an die die Zuständigkeit verneinende Entscheidung besteht auch dann, wenn das zuerst angegangene Gericht in Wirklichkeit, wie zB im Fall des § 893 II, ausschließlich zuständig gewesen wäre (RG 66, 17). Die Rechtskraft der Entscheidung (Rn 3) geht der bindenden Wirkung eines Verweisungsbeschlusses (Rn 5) vor (München NJW 56, 187). Ein Verweisungsbeschluß gem § 281 ist daher für das Gericht, an das verwiesen wird, nicht bindend, wenn dieses Gericht bereits früher durch eine rechtskräftige Entscheidung seine sachliche Unzuständigkeit ausgesprochen hat. 4

4) Verweisung und Abgabe. Zu einer die Zuständigkeit verneinenden Entscheidung (Rn 3) kommt es nicht, wenn die Voraussetzungen für eine Verweisung (§§ 281, 506; §§ 48 I, 48a IV ArbGG) oder Abgabe (§§ 696, 700 III) vorliegen. Die Bindungswirkung eines Verweisungsbeschlusses umfaßt – weitergehend als die der Unzuständigkeitsentscheidung, Rn 4 – auch die Zuständigkeit des Adressatgerichts, § 281 II 2. Zur Verweisung zwischen den verschiedenen Rechtswegen vgl § 17 GVG mit Anm. 5

Zweiter Titel

GERICHTSSTAND

12 *[Allgemeiner Gerichtsstand; Begriff]*
Das Gericht, bei dem eine Person ihren allgemeinen Gerichtsstand hat, ist für alle gegen sie zu erhebenden Klagen zuständig, sofern nicht für eine Klage ein ausschließlicher Gerichtsstand begründet ist.

Lit: *Baur,* Zuständigkeit aus dem Sachzusammenhang, FS F. von Hippel, 1967, 1; *Geimer,* Eine neue internationale Zuständigkeitsordnung in Europa, NJW 76, 441; *ders,* Die Prüfung der internationalen Zuständigkeit, WM 86, 117; *Gravenhorst,* Die Aufspaltung der Gerichtszuständigkeit nach Anspruchsgrundlagen, 1972; *Lerch,* Zuständigkeit kraft Sachzusammenhangs? DRiZ 86, 17; *Rimmelspacher,* Alternative und kumulative Gerichtszuständigkeit, AcP 174, 509; *Schumann,* Examensprobleme der örtlichen Zuständigkeit im Zivilprozeß, JuS 84, 865; 85, 39, 122 und 203; *Schwab,* Streitgegenstand und Zuständigkeitsentscheidung, FS Rammos, Athen 1979, S 845; *Spellenberg,* Örtliche Zuständigkeit kraft Sachzusammenhangs, ZVglRWiss 79 (1980), 89 (rechtsvergleichend); *ders,* Zuständigkeit bei Anspruchskonkurrenz und kraft Sachzusammenhangs, ZZP 95, 17.

I) Allgemeines

1) Begriff. Gerichtsstand bedeutet in dem (freilich nicht ganz einheitlichen) Sprachgebrauch der ZPO nur die **örtliche Zuständigkeit** (vgl hierzu bereits § 1 Rn 7); in den Fällen der §§ 40 II, 802 umfaßt „Gerichtsstand" auch die sachliche Zuständigkeit (zu dieser § 1 Rn 5, 9–23). 1

2) Zur **Bedeutung** der Zuständigkeitsordnung im allgemeinen vgl § 1 Rn 2. **Grundgedanken** der Regelung der örtlichen Zuständigkeit: In der Zuständigkeitsregelung hat der Gesetzgeber eine allgemeine, an der Natur der Sache und dem Gerechtigkeitsgedanken orientierte prozessuale Lastenverteilung vorgenommen. Es handelt sich keineswegs um reine „Zweckmäßigkeitsvorschriften", die so oder auch anders getroffen werden könnten (abzulehnen daher LG München I NJW 73, 1617), sondern um eine Regelung mit ausgesprochenem **Gerechtigkeitsgehalt** (zutr Löwe NJW 70, 2238; dazu krit Ott NJW 72, 422; wie hier ferner LG München I BB 73, 167 und 355 mit zust Anm Trinkner; StJSchumann Rn 12 vor § 12; Schlosser-Graba, AGBG, 1977, § 9 Rn 86; Schiller NJW 79, 637), die einen „wesentlichen Grundgedanken des Prozeßrechts" iSv § 9 II Nr 1 AGBG enthält (LG Berlin, AGBE I, § 9 Nr 62). Bereits aus der Natur der Sache folgt, daß der 2

Angreifer den Angegriffenen an dessen Ort aufzusuchen hat („actor sequitur forum rei"; dazu ie Wacke JA 80, 654). Dem Vorteil des Klägers, der nicht nur das Ob, sondern auch den Zeitpunkt und die Art des Klageangriffs bestimmt, entspricht die Vergünstigung des Beklagten, den ihm ohne und meist gegen seinen Willen aufgezwungenen Rechtsstreit nicht auch noch unter zusätzlichen Erschwerungen an einem auswärtigen Gericht führen zu müssen („favor defensionis"; dazu Bernhardt, Zivilprozeßrecht, S 86 f; Löwe NJW 70, 2238 f; Geimer NJW 73, 1151; Wacke JA 80, 655; BGH 88, 335 = NJW 84, 739; Rpfleger 86, 229). Der Gerechtigkeitsgehalt insbes des allgemeinen Gerichtsstands (§§ 12, 13) zeigt sich namentlich in neueren, zwingend ausgestalteten Teilregelungen (§§ 6 a, b AbzG; § 26 FernUSG; auch § 29 a) sowie in der starken Beschränkung der Prorogationsfreiheit durch die Gerichtsstandsnovelle vom 21. 3. 1974 (vgl dazu Rn 8 vor § 38). Indem die gesetzliche Zuständigkeitsordnung dafür sorgt, daß jede Sache vor das am günstigsten gelegene Gericht kommt, gewährleistet sie zugleich die sachgerechte Ausübung des als Grundrecht ausgestalteten **Anspruchs auf rechtliches Gehör** (Art 103 I GG). Aus ihr ergibt sich schließlich der **„gesetzliche Richter"** (Art 101 I 2 GG; vgl hierzu auch Rn 18; § 1 Rn 2).

3 **3) Anknüpfungspunkte der örtlichen Zuständigkeit.** Die gesetzliche Zuständigkeitsordnung knüpft in erster Linie (allgemeiner Gerichtsstand gem § 12) an die örtlichen Verhältnisse des **Beklagten** an (Wohnsitz [Aufenthalt], uU auch früherer, bei natürlichen Personen, §§ 13–16; Sitz bei nichtphysischen Personen, §§ 17–19). Weitere Anknüpfungspunkte sind die **Sachnähe** (Belegenheitsort der Sache, § 24; des Wohnraums, § 29 a; des Vermögens und des Streitobjektes, § 23; Erfüllungsort bei Verträgen, § 29; Begehungsort bei unerlaubten Handlungen, § 32), der **Sachzusammenhang** (§§ 25, 33, 34) und die **Konzentration** (§§ 22; auch §§ 27, 28). **Kein** Anknüpfungspunkt ist idR der Wohnsitz (Sitz) des Klägers (Antragstellers); Ausnahmen: §§ 23 a, 606 II 2, 640 a I, 641 a, 689 II; § 371 IV HGB; § 6 a I AbzG; § 7 I HaustürWG; § 26 I FernUSG (nicht hierher gehört § 22, da er nicht nur für Aktivprozesse der juristischen Personen [Personenvereinigung], sondern auch für Klagen der Mitglieder untereinander gilt). **Kein** Anknüpfungspunkt ist schließlich die Staatsangehörigkeit der Prozeßparteien (Ausnahme: § 606 b).

4 **4) Regelung der örtlichen Zuständigkeit.** Der 2. Titel des Ersten Abschnitts regelt den **allgemeinen Gerichtsstand** (§§ 12–18; Rn 6), enthält eine Reihe von praktisch bedeutsamen **besonderen Gerichtsständen** (§§ 20–35; Rn 7) sowie zuständigkeitsrechtliche **Hilfsnormen,** die auch bei Störungen und Lücken der allgemeinen Zuständigkeitsordnung ein im Einzelfall zuständiges Gericht gewährleisten (§§ 36, 37). Die Regelung ist nicht erschöpfend. Weitere Vorschriften über Gerichtsstände finden sich über sämtliche Bücher der ZPO verstreut sowie außerhalb der ZPO in zahlreichen Sondergesetzen (Rn 7); vielfach handelt es sich dabei um ausschließliche Gerichtsstände (§ 40 Rn 8 ff). Die Zuständigkeit in Fällen, in denen am Ort des Gerichtsstands derzeit keine deutsche Gerichtsbarkeit ausgeübt wird, regelt das **Zuständigkeitsergänzungsgesetz** vom 7. 8. 1952 (BGBl I S 407). Wegen seiner wichtigsten Bestimmungen vgl die 10. Aufl Vorbem 3.

5 Im Anwendungsbereich des **EuGVÜ** (s auch Schlußanhang II) wird die innerstaatliche Zuständigkeitsordnung durch die unmittelbar anzuwendenden Zuständigkeitsvorschriften des Übereinkommens (Art 5–18) verdrängt. Das EuGVÜ regelt nicht nur die internationale Zuständigkeit der Vertragsstaaten, sondern – weitgehend – auch die **örtliche Zuständigkeit** für Rechtsstreitigkeiten mit Beziehung zu mehreren Vertragsstaaten. Der Zuständigkeitskatalog des Übereinkommens („europäische Zuständigkeit") ist vom deutschen Richter bereits im Erkenntnisverfahren unmittelbar anzuwenden (vgl hierzu näher den Überblick von Piltz NJW 79, 1071, Spellenberg EuR 80, 329 und bei StJSchumann Einl Rn 788 ff). Auf die „europäischen" Gerichtsstände wird im Zusammenhang mit den entsprechenden ZPO-Vorschriften jeweils hingewiesen.

II) Arten der Gerichtsstände

6 **1) Allgemeiner Gerichtsstand und besondere Gerichtsstände. a)** Der **allgemeine Gerichtsstand** ist für **alle** Klagen gegen eine Person gegeben, sofern nicht im Einzelfall ein ausschließlicher Gerichtsstand (Rn 8) begründet ist (vgl § 12). Erschöpfende Regelung: §§ 12–19. Danach wird der allgemeine Gerichtsstand bestimmt für Beklagte, die **natürliche Personen** sind, in folgender Reihenfolge: (inländischer) Wohnsitz, hilfsweise (inländischer) Aufenthaltsort, hilfsweise (inländischer) letzter Wohnsitz (Einzelheiten: §§ 13–16); für beklagte **juristische Personen** (parteifähige Gebilde) durch den Sitz (§ 17), für den beklagten Staat (Fiskus) durch den Sitz der vertretungsberechtigten Behörde (§§ 18, 19).

7 **b) Besondere Gerichtsstände** sind alle anderen; sie sind immer nur für **bestimmte Arten von Klagen** gegeben. Regelung: §§ 20–34; vgl. ferner innerhalb der ZPO etwa: §§ 64 (Hauptintervention), 486 (Beweissicherung), 603 (Wechselprozeß), 689 II (Mahnverfahren); zahlreiche Gerichtsstände sind enthalten im 6. Buch (Familien-, Kindschafts- und Entmündigungsverfahren, §§ 606, 621 II, 640 a I, 648), im 8. Buch (Zwangsvollstreckung, zB §§ 731, 764, 767, 771, 802; Arrest und

einstweilige Verfügung, §§ 919, 937, 942, 943) und im 9. Buch (Aufgebotsverfahren, §§ 946, 978). Auch durch andere Gesetze werden vielfach (besondere) Gerichtsstände begründet; Beispiele: §§ 6 a, b AbzG; § 26 FernUSG; § 14 AGBG; § 48 VVG. Häufig handelt es sich dabei um ausschließliche Gerichtsstände (dazu § 40 Rn 5 ff). Auch durch Rechtsverordnung kann ein besonderer Gerichtsstand geschaffen werden, zB durch § 17 der VO über die Allgemeinen Beförderungsbedingungen für den Straßenbahn- und Obusverkehr v 27. 2. 1970 (BGBl I S 230); ferner enthalten besondere Gerichtsstände die durch Rechtsverordnung erlassenen Allgemeinen Versorgungsbedingungen für Elektrizität (AVBEltV vom 21. 6. 1979, BGBl I S 684), Gas (AVBGasV vom 21. 6. 1979, BGBl I S 676), Wasser (AVBWasserV vom 20. 6. 1980, BGBl I S 750) und Fernwärme (AVBFernwärmeV vom 20. 6. 1980, BGBl I S 742), jeweils § 34 aaO; Text vgl Rn 11 vor § 38.

2) Ausschließliche und nicht ausschließliche Gerichtsstände, a) Ausschließliche Gerichtsstände sind nur die, die ausdrücklich so bezeichnet sind; sie gehen allen anderen Gerichtsständen vor (vgl § 12, letzter Hs), dh die Klage kann (zulässig) **nur** im ausschließlichen (nicht auch im allgemeinen oder in einem besonderen) Gerichtsstand erhoben werden (keine Wahlmöglichkeit gem § 35); die Begründung einer Zuständigkeit kraft Vereinbarung (§ 38) oder kraft rügeloser Einlassung ist ausgeschlossen (§ 40 II). Fälle ausschließlicher Gerichtsstände: § 40 Rn 8 ff. 8

b) Nicht ausschließliche Gerichtsstände unterliegen im Rahmen der §§ 38 ff der Prorogation; sie verdrängen den (nicht ausschließlichen) allgemeinen und etwa sonst bestehende besondere Gerichtsstände nicht. Beispiele: §§ 12, 13; 29; 32. 9

3) Konkurrenz mehrerer Gerichtsstände. a) Trifft ein ausschließlicher Gerichtsstand mit einem (mehreren) nicht ausschließlichen zusammen, wird dieser (werden diese) verdrängt (Rn 8). Es ist deshalb **stets** zu prüfen, ob ein ausschließlicher Gerichtsstand gegeben ist. 10

b) Treffen mehrere nicht ausschließliche Gerichtsstände zusammen, hat der Kläger die Wahl (§ 35). Die Wahl wird ausgeübt durch Klageerhebung oder Verweisungsantrag (§ 281); dadurch werden die anderen Gerichte nicht unzuständig (jedoch besteht Sperre gem § 261 III Nr 1). 11

III) Die prozessuale Behandlung der örtlichen Zuständigkeit

1) Rüge und Amtsprüfung der fehlenden Zuständigkeit. Insoweit gelten im wesentlichen die gleichen Grundsätze wie bei der sachlichen Zuständigkeit (vgl § 1 Rn 16–20). Auf verschiedene Besonderheiten bei der örtlichen Zuständigkeit wird im folgenden hingewiesen. **a) Rüge.** Die örtliche Zuständigkeit ist Zulässigkeitsvoraussetzung für die Klage (Prozeßvoraussetzung), ihr Fehlen kann vom Beklagten gem §§ 282 III, 296 III gerügt werden. Nach Einlassung zur Hauptsache setzt die Rügemöglichkeit voraus, daß der Zuständigkeitsmangel nicht bereits gem § 39 S 1 geheilt ist. Rüge in der höheren Instanz: Rn 16. 12

b) Amtsprüfung. Das Vorliegen des Gerichtsstandes ist in erster Instanz (vgl ie Rn 14) **von Amts wegen** zu prüfen (nach rügeloser Verhandlung des Beklagten ist § 39 S 1 zu beachten). Im Parteiprozeß ist der Beklagte vor Verhandlungsbeginn über die Unzuständigkeit und das Rügerecht zu **belehren** (§ 504). Die Zuständigkeitsprüfung hat auch bei **Säumnis** des Beklagten zu erfolgen. Die aus der Klage ersichtlichen Behauptungen über das Vorliegen eines Gerichtsstands gelten vorbehaltlich § 331 I 2 als zugestanden; bei Klagen in den Gerichtsständen der §§ 29, 38 sind daher Zuständigkeits-(Erfüllungsorts-)vereinbarungen nachzuweisen. Will das AG oder LG seine sachliche Zuständigkeit verneinen und den Rechtsstreit an das ArbG verweisen (§ 48 I ArbGG), braucht es nicht vorab die örtliche Zuständigkeit zu prüfen (BAG BB 81, 616). 13

c) Grundlage der Zuständigkeitsprüfung. Ob das angegangene Gericht örtlich zuständig ist, muß die Klage ergeben. Die den Gerichtsstand begründenden Tatsachen (zB der Wohnsitz oder Aufenthalt des Beklagten beim allgemeinen Gerichtsstand, §§ 12, 13, 16) sind, weil von dem geltend gemachten Anspruch unabhängig, vom Kläger nachzuweisen (RG 29, 373; 49, 72). Ergibt sich die Zuständigkeit zugleich aus den zur Begründung des erhobenen Anspruchs vorgebrachten Tatsachen (wird zB ein Anspruch aus unerlaubter Handlung oder Vertragserfüllung in den Gerichtsständen gem § 32 bzw § 29 geltend gemacht oder ein Eigentumsanspruch in dem gem § 24), so genügt die schlüssige Behauptung der die örtliche Zuständigkeit begründenden Tatsachen (Nürnberg NJW 85, 1297 mwN); eines besonderen Nachweises dieser Tatsachen bedarf es für die Zuständigkeit nicht (RG 127, 179 und 566; BGH NJW 64, 498; Celle VersR 78, 570; R-Schwab § 39 I 2; Jauernig § 12 I; zur Ausnahme bei ausschließlicher sachlicher Zuständigkeit gem § 2 I Nr 1–3 ArbGG vgl § 1 Rn 18). Der Grund hierfür liegt darin, daß sonst im bes Gerichtsstand keine *Sach*entscheidung *gegen* den Kläger ergehen könnte. 14

d) Maßgeblicher **Zeitpunkt** für das Vorliegen der Zuständigkeitsvoraussetzungen ist der des Verhandlungsschlusses. Nachträglicher Eintritt der Zuständigkeit genügt (RG 52, 136; 95, 268). War jedoch einmal die Zuständigkeit gegeben, besteht sie unabhängig von einer Veränderung der sie begründenden Umstände fort (§ 261 III Nr 2). 15

16 **e)** In der **höheren Instanz** ist die Rügemöglichkeit stark eingeschränkt (Beispiel für Ausnahme: BGH NJW 86, 2437), die Amtsprüfung ausgeschlossen (vgl § 1 Rn 17; wegen §§ 512 a, 549 II vgl unten Rn 18, sowie § 549 Rn 16); dagegen ist im arbeitsgerichtlichen Verfahren eine Prüfung der verneinten örtlichen Zuständigkeit noch in der Revisionsinstanz zulässig (BAG NJW 83, 839).

17 **2) Folgen der Unzuständigkeit. a) Entscheidungen über die Zuständigkeit.** Die **Bejahung** der Zuständigkeit erfolgt idR in den Gründen des Endurteils oder einem besonderen Zwischenurteil (§ 303 oder § 280 II). Ist dagegen die vom Beklagten erhobene **Rüge** der örtlichen Unzuständigkeit **begründet** (Rn 12), und stellt der Kläger nicht den erforderlichen Antrag (entfällt bei §§ 696, 700 III) auf Verweisung an das zuständige Gericht (§ 281), so ist die Klage durch **Prozeßurteil** abzuweisen. Nach Rechtskraft des Urteils kann beim zuständigen Gericht neu geklagt werden, die Unterbrechung der **Verjährung** gilt in diesem Fall als nicht erfolgt (§ 212 I BGB, vgl aber auch § 212 II BGB). Bei beschlußmäßiger Verweisung an das zuständige Gericht verbleibt es dagegen bei der Unterbrechung der Verjährung durch die Klageerhebung (§ 209 I BGB; § 212 I gilt nicht). Soll durch die Klage eine gesetzliche **Ausschlußfrist** gewahrt werden, so genügt zur Fristenwahrung, daß die Klage innerhalb der Frist vor einem örtlich oder sachlich unzuständigen Gericht erhoben wird, selbst bei ausschließlicher Zuständigkeit (BGH 34, 230; 35, 374; BGH NJW 62, 2154; Gegenteil wäre nicht zu vertretende Förmelei, vgl Vollkommer, Formenstrenge und prozessuale Billigkeit, 1973, S 31).

18 **b) Anfechtbarkeit.** In vermögensrechtlichen Streitigkeiten (§ 1 Rn 13) kann ein Rechtsmittel nicht darauf gestützt werden, daß die örtliche Zuständigkeit fälschlich bejaht wurde (§§ 512 a, 549 II). Ein gleichwohl hierauf gestütztes Rechtsmittel ist unstatthaft und als unzulässig zu verwerfen (BAG MDR 83, 874, str; für Zurückweisung als unbegründet StJGrunsky § 512 a Rn 3 mwN; BGH MDR 80, 203 = ZZP 93, 331 mit Anm Waldner). Die Rechtsmittelbeschränkung gilt jedoch nicht, wenn die **internationale Zuständigkeit** gerügt wird (BGH [GZS] 44, 46; 49, 385; 57, 74; 59, 25, zuletzt BGH NJW 78, 2202 = MDR 78, 1015, stRspr). Allgemein zur internationalen Zuständigkeit oben IZPR Rn 101 ff und speziell hierzu dort Rn 177 f. Durch einen **Verstoß gegen Zuständigkeitsvorschriften,** der auf einer irrtümlichen Verkennung der Rechtslage beruht, wird keine Partei ihrem *gesetzlichen Richter* „entzogen"; anders bei Willkür oder offensichtlicher Unrichtigkeit der Entscheidung (ie § 16 GVG Rn 2 mwN).

19 **c)** Bei **Erschleichung** des Gerichtsstands besteht die Einrede der Arglist, die zur Verneinung der Zuständigkeit und zur Klageabweisung führt (RG 51, 176; 102, 222). Umgekehrt kann ausnahmsweise eine treuwidrig erhobene Zuständigkeitsrüge unbeachtlich sein, so daß dann ein – an sich – unzuständiges Gericht zur Sache verhandeln und sachlich gegen den Beklagten entscheiden kann (ebenso BL Übers 4 B vor § 12; StJSchumann § 1 Rn 12); jedoch ist zu beachten, daß der Beklagte, der die Unzuständigkeit geltend macht, ohne sachliche Einwendungen gegen den Anspruch zu haben, allein deshalb idR noch nicht arglistig handelt; die sachliche Begründetheit des Anspruchs ist gerade vom **zuständigen** Gericht zu prüfen (so zutr Frankfurt MDR 80, 318 = RIW/AWD 80, 60 für internationale Zuständigkeit; Düsseldorf BB 77, 1523 für Zuständigkeit eines Schiedsgerichts).

20 **3) Teilweise („gespaltene") örtliche Zuständigkeit.** Ist der Klageantrag auf mehrere Klagegründe (materiellrechtliche Anspruchsgrundlagen, zB Vertrag und Delikt) gestützt, so ist nach hM das angegangene Gericht nur für den Klagegrund zuständig, hinsichtlich dessen die Zuständigkeitsvoraussetzungen erfüllt sind (zB nur für Delikt), nicht aber auch für die übrigen **konkurrierenden Klagegründe** (zB aus Vertrag). Greift der Klagegrund, für den das Gericht zuständig ist, nicht durch, so ist die Klage abzuweisen, teils als unbegründet (im Beispiel, soweit Delikt verneint wurde), im übrigen als unzulässig (im Beispiel hinsichtlich des vertraglichen Klagegrundes; BGH NJW 74, 411; 86, 2437 = MDR 86, 667, stRspr; vgl hierzu Waldner MDR 84, 190 mwN, ferner Einl Rn 85); eine Verweisung des nicht sachlich erledigten Klagegrundes an das hierfür zuständige Gericht soll ausscheiden (so BGH NJW 71, 564 = JZ 71, 337 mit Anm Grunsky; Frankfurt MDR 82, 1023; Lerch DRiZ 86, 18; ThP Vorbem III 3 vor § 12, noch hM). Dieses Ergebnis wird zunehmend als unbefriedigend empfunden (krit zur hM Gravenhorst, Die Aufspaltung der Gerichtszuständigkeit nach Anspruchsgrundlagen – Schriften zum Prozeßrecht Bd 30 – 1972; Geimer NJW 74, 1045; Schwab, FS Rammos, 1979, S 851 f; Spellenberg ZVglRWiss 79, 89, 125). Abweichende Lösungsvorschläge: Anerkennung eines Gerichtsstands des **Sachzusammenhangs** für sämtliche konkurrierenden Klagegründe bei Zuständigkeit für einen von ihnen (so de lega lata Baur, FS F. von Hippel, 1967, 20 f; Rimmelspacher AcP 174, 540; R-Schwab § 36 VI 2; Schwab aaO S 854 f; Waldner MDR 84, 191; Walter FamRZ 83, 364; LG Köln NJW 78, 329 = MDR 78, 409; de lege ferenda vgl Holtgrave ZZP 86, 8 zu § 32 a Entw; ferner Bericht der Kommission für das Zivilprozeßrecht, 1977, S 69, 275; einschränkend Spellenberg ZZP 95, 35: Zusammenhangsklage nur in Fällen ausschließlicher Zuständigkeit); Zulassung einer im klageabwei-

senden Endurteil auszusprechenden **Teilverweisung** hinsichtlich des nicht erledigten Klagegrundes, die (abw von § 281 II 1) erst mit Rechtskraft des Endurteils wirksam wird (dafür namentlich StJ § 276 II 2; Jauernig § 12 II; Ritter NJW 71, 1218).

Stellungnahme: Ein allgemeiner Gerichtsstand des Sachzusammenhangs widerspricht dem jetzigen System der besonderen Gerichsstände (ebenso BGH VersR 80, 846; Flieger NJW 79, 2603; StJSchumann § 1 Rn 10; § 32 Rn 17); bei mehrfach begründeter Klage ist der allgemeine Gerichtsstand zu wählen (§ 35; Frankfurt MDR 82, 1023; Lerch DRiZ 86, 18). Aus diesem Grund scheidet auch bei gespaltener *örtlicher* Zuständigkeit die Bestimmung *eines* für *sämtliche* Anspruchsgrundlagen zuständigen Gerichts gem § 36 Nr 6 aus (anders bei gespaltener *sachlicher* Zuständigkeit, wo gerade diese Möglichkeit fehlt; zutr Waldner MDR 84, 191; vgl auch BGH NJW 83, 1913 = MDR 83, 296 und § 36 Rn 29). Die Teilverweisung hinsichtlich eines bestimmten Klagegrundes (rechtlichen Gesichtspunkts) ist zwar in der ZPO nicht vorgesehen, ihre Anerkennung liegt jedoch im Rahmen einer sinnvollen Fortbildung des § 281 (Vermeidung einer Verdoppelung der Prozesse, uU auch von materiellen Rechtsnachteilen bei fehlender Verweisungsmöglichkeit, vgl Rn 17 a aE). Verweisungsmöglichkeiten ohne ausdrückliche gesetzliche Grundlage sind auch anderweit anerkannt worden (zB im Verhältnis zwischen ordentlicher streitiger und freiwilliger Gerichtsbarkeit; BGH 40, 1 und dazu § 281 Rn 2; § 13 GVG Rn 4 und § 17 GVG Rn 1). 21

13 *[Allgemeiner Gerichtsstand des Wohnsitzes]*
Der allgemeine Gerichtsstand einer Person wird durch den Wohnsitz bestimmt.

I) Allgemeines

1) Bedeutung. Der allgemeine Gerichtsstand (Begriff: § 12 Rn 6) einer **natürlichen Person** (für juristische Personen gilt § 17) wird durch ihren inländischen (Rn 14, 16 f) Wohnsitz (Rn 3 ff) bestimmt (**Wohnsitzgerichtsstand,** Rn 11 ff). Die Staatsangehörigkeit des Beklagten ist ohne Bedeutung (vgl § 12 Rn 3). Personen mit ausländischem Wohnsitz haben (abgesehen von der Sondervorschrift des § 15) im Inland keinen allgemeinen Gerichtsstand und müssen, sofern nicht ein besonderer Gerichtsstand eingreift, im Ausland verklagt werden. Nur bei gänzlich wohnsitzlosen Personen wird der allgemeine Gerichtsstand durch den inländischen Aufenthaltsort, hilfsweise durch den früheren inländischen Wohnsitz begründet (§ 16). 1

2) Abgrenzung. Die **Konkursmasse** ist nicht rechtsfähig (§ 50 Rn 28a) und hat damit keinen „Sitz“ iS von § 17; in massebezogenen Verfahren hat der Konkursverwalter die Stellung einer Partei kraft Amtes (vgl Rn 21 vor § 50). Damit allein steht freilich noch nicht fest, daß es für den *maßgeblichen Ort* entscheidend auf die persönlichen Verhältnisse des Konkursverwalters ankommt (zutr Teske KTS 84, 280 gegen BGH 88, 334 ff); näher Rn 15 und die dortigen Hinw. 2

II) Wohnsitz

1) Der **Begriff** des **Wohnsitzes** ist in der ZPO nicht bestimmt und den §§ 7–11 BGB zu entnehmen. Trotz dieser (stillschweigenden) Bezugnahme auf materiellrechtliche Normen bleibt für den Wohnsitzgerichtsstand der Begriff des Wohnsitzes ein **prozeßrechtlicher** (wichtig für die Anwendbarkeit der lex fori, dazu Rn 14, 17). Die gesetzliche Regelung unterscheidet zwischen dem **selbständigen** (gewählten; §§ 7, 8 BGB) und dem **abgeleiteten** (gesetzlichen; §§ 9, 11 BGB) Wohnsitz. 3

2) Selbständiger Wohnsitz. a) Begriff. Wohnsitz ist (im Gegensatz zum **Aufenthalt,** vgl § 16) der Ort, an dem sich jemand **ständig** niederläßt, in der Absicht, ihn zum Mittelpunkt seiner wirtschaftlichen und gesellschaftlichen Tätigkeit zu machen (vgl § 7 I BGB). Ist der Ort (politische Gemeinde) in mehrere Gerichtsbezirke aufgeteilt (vgl § 19), entscheidet der betreffende Gemeindeteil (BVerfG NJW 80, 1619). 4

b) Abgrenzung, Begründung und Aufhebung. aa) Das Bestehen eines Wohnsitzes wird nicht dadurch ausgeschlossen, daß der Inhaber des Wohnsitzes sich meistens an anderen Orten aufhält. Durch Untersuchungshaft oder Eintritt in eine Strafanstalt zur Strafverbüßung wird ein Wechsel des Wohnsitzes nicht bewirkt. In der Regel besteht auch kein Wohnsitz am Lehr-, Arbeits- oder Dienstplatz, insbesondere bei Frauen mit häufigem Platzwechsel (Hausangestellten; BayObLGZ 49/51, 205, 328). 5

bb) Der Wohnsitz wird **aufgehoben,** wenn die Niederlassung mit dem Willen aufgegeben wird, sie aufzuheben (§ 7 III BGB). Polizeiliche Abmeldung, Anwesensveräußerung, unstete Lebensweise oder häufige Abwesenheit genügen nicht für die Annahme, der Wohnsitz sei aufgehoben. 6

7 **cc) Minderjährige,** die verheiratet sind oder waren, können einen Wohnsitz selbständig begründen und aufheben (§ 8 II BGB). **Geschäftsunfähige** oder **in der Geschäftsfähigkeit Beschränkte** können ohne den Willen ihres gesetzlichen Vertreters einen Wohnsitz weder begründen noch aufheben (§ 8 I BGB). Ein **zu Entmündigender** verliert durch seine Unterbringung in einer Pflegeanstalt noch nicht den bisherigen Wohnsitz. Auch wenn er für geisteskrank erklärt wird, muß eine ausdrückliche oder schlüssige, auf Verlegung des bisherigen Wohnsitzes an den Ort der Pflegeanstalt zielende Handlung des Vormundes dazu kommen, damit dieser als Wohnsitz des Entmündigten gelten kann. Wird für eine **gebrechliche volljährige Person** Gebrechlichkeitspflegschaft (vgl § 1910 BGB) mit dem Recht der „Aufenthaltsbestimmung" angeordnet und verbringt der Pfleger den Pflegebedürftigen in ein – nicht am Ort des bisherigen Wohnsitz gelegenes – Altenheim, so wird allein dadurch ein Wohnsitz am nunmehrigen Aufenthaltsort *nicht* begründet (BayObLGZ 1985, 161 ff).

8 **3) Abgeleiteter Wohnsitz. a)** Die **Ehefrau** ist als solche in der Begründung ihres Wohnsitzes nicht beschränkt. Der frühere abgeleitete Wohnsitz ist durch Aufhebung des § 10 BGB aF (Art I GleichberG) beseitigt. Dies gilt auch bei Minderjährigkeit (§ 8 II BGB und oben Rn 7).

9 **b)** Ein **minderjähriges Kind** teilt den Wohnsitz seiner Eltern (§ 11 BGB). Haben die Eltern einen gemeinsamen Wohnsitz, so teilt das Kind diesen; haben sie getrennte Wohnsitze, so hat das Kind einen – abgeleiteten – Doppelwohnsitz (BGH 48, 228; BayObLGZ 69, 299). Auf den Zeitpunkt der Begründung der getrennten Wohnsitze kommt es nicht an (Karlsruhe FamRZ 69, 657; Köln MDR 71, 581). Die Eltern können für das Kind einen vom gesetzlichen Doppelwohnsitz abweichenden gewillkürten Wohnsitz begründen. Die hierfür erforderliche Einigung (§§ 7 III, 8 I, 11 S 3 BGB) ist auch stillschweigend möglich und anzunehmen, wenn sich die Eltern über den dauernden Aufenthalt des Kindes bei einem von ihnen einig sind. Dann hat das Kind nur dort seinen Wohnsitz (Düsseldorf OLGZ 68, 122, 124). Fehlt einem Elternteil das Personensorgerecht, so hat das Kind nur den Wohnsitz des personensorgeberechtigten Elternteils (§ 11 S 1, 2. Hs BGB). Für **nichteheliche** und **angenommene** (adoptierte) **Kinder** bestehen keine Sonderregeln. Wird die Ehelichkeit eines Kindes angefochten, gilt für diesen Rechtsstreit § 11 BGB. Das Kind behält den Wohnsitz, bis es ihn rechtsgültig (vgl hierzu § 8 I BGB) aufhebt (§ 11 S 3 BGB).

10 **c) Berufssoldaten** haben ihren Wohnsitz am Standort (§ 9 BGB).

III) Wohnsitzgerichtsstand

11 **1) Anwendungsbereich.** Er ist für alle gegen den Beklagten zu erhebenden Klagen gegeben, soweit kein ausschließlicher Gerichtsstand eingreift (§ 12, letzter Hs, § 12 Rn 6). Er gilt namentlich auch für konkursrechtliche Anfechtungsklagen (Hamburg BB 57, 274; vgl dazu auch § 32 Rn 12 mwN), desgleichen für Klagen auf Aufhebung eines Erbvertrages (Celle MDR 62, 992).

12 **2) Maßgeblicher Zeitpunkt.** Maßgebend ist der Wohnsitz bei Klageerhebung. Es genügt jedoch, wenn der Beklagte seinen Wohnsitz bis zum Schluß der mündlichen Verhandlung in den Bezirk des angerufenen Gerichts verlegt hat (RG 52, 136 und allgemein § 12 Rn 15). Gibt der Beklagte nach Klageerhebung seinen bisherigen Wohnsitz auf, so bleibt das angegangene Gericht gleichwohl zuständig (§ 261 III Nr 2).

13 **3)** Bei **mehrfachem Wohnsitz** (§ 7 II BGB) wird an jedem der mehreren Wohnsitze der allgemeine Gerichtsstand begründet (RG 102, 86); der Kläger kann zwischen ihnen wählen (§ 35).

14 **4) Maßgeblicher Ort. a)** Beim Passivprozeß eines **Ausländers** ist der inländische Wohnsitz nach deutschem Recht (Rn 3 ff), nicht nach dem anzuwendenden ausländischen Heimatrecht zu bestimmen (BGH Betrieb 75, 2081; str; vgl R-Schwab § 35 I 1 mN); Grund: Rn 2; dies gilt auch für den abgeleiteten Wohnsitz eines minderjährigen Kindes (StJSchumann § 13 Rn 1, 6 mwN; offengelassen BGH NJW 82, 1215); Sonderregelung für EWG-Bereich: Rn 17.

15 **b)** Bei Passivprozessen betr die **Konkursmasse** ist nach der Rspr des BGH für den allg Gerichtsstand der Wohnsitz des Konkursverwalters maßgebend, *nicht* dagegen der Wohnsitz/Sitz des Gemeinschuldners, der Sitz/Ort der Belegenheit der Masse oder der Sitz der Verwaltung der Masse (BGH 88, 331 = NJW 84, 739 = MDR 84, 201 = ZZP 98, 86 = KTS 84, 275 = ZIP 84, 82 = WM 83, 1357 = Rpfleger 84, 68, str; aA zB Kuhn/Uhlenbruck, KO, 10. Aufl, § 6 Rn 30b und c; K. Schmidt NJW 84, 1341; Teske KTS 84, 277; Tintelnot ZZP 98, 89; Olzen JR 84, 286). Dem kann nur für den Konkurs einer natürlichen Person zugestimmt werden, da es insofern an einem anderen geeigneten Anknüpfungsort fehlt (insoweit zutr BGH 88, 334 f); zum Konkurs einer Handelsgesellschaft vgl näher § 17 Rn 6.

IV) Internationaler Rechtsstreit

16 **1)** Ein **ausländischer Wohnsitz** scheidet zwar für § 13 aus (vgl Rn 1; Grund: Keine Begründung der Zuständigkeit eines ausländischen Gerichts), ist aber mittelbar insofern für die (örtliche und

internationale) Zuständigkeit der deutschen Gerichte von Bedeutung, als er bestehende inländische Hilfsgerichtsstände ausschließen kann (vgl zB zu § 16 oben Rn 1).

2) Im **Anwendungsbereich des EuGVÜ** (dazu Anhang II) bestimmt der Wohnsitz des Beklagten die internationale Zuständigkeit des Vertragsstaats, in dessen Hoheitsgebiet er sich befindet (Art 2 EuGVÜ). Diese „europäische" Wohnsitzzuständigkeit gilt – vorbehaltlich bestehender ausschließlicher Zuständigkeiten (zu diesen vgl Art 16 EuGVÜ) – umfassend, so daß insoweit von einer allgemeinen europäischen Zuständigkeit gesprochen werden kann (vgl Geimer NJW 1976, 441). Die Bestimmung eines im Inland gelegenen Wohnsitzes erfolgt nach inländischem Recht (Art 52 I EuGVÜ), die eines im Ausland gelegenen nach dem Recht des betreffenden Vertragsstaats (Art 52 II EuGVÜ). 17

14 (weggefallen)

15 *[Allgemeiner Gerichtsstand für deutsche öffentliche Bedienstete ohne inländischen Wohnsitz]*

(1) Deutsche, die das Recht der Exterritorialität genießen, sowie die im Ausland beschäftigten deutschen Angehörigen des öffentlichen Dienstes behalten den Gerichtsstand ihres letzten inländischen Wohnsitzes. Wenn sie einen solchen Wohnsitz nicht hatten, haben sie ihren allgemeinen Gerichtsstand am Sitz der Bundesregierung.

(2) Auf Honorarkonsuln ist diese Vorschrift nicht anzuwenden.

Abs I und Abs II wurden neu gefaßt durch Art 1 Nr 1 der Gerichtsstandsnovelle (in Kraft seit 1. 4. 1974, vgl Rn 1 vor § 38).

1) Allgemeines. a) Bedeutung. Erweiterung des allgemeinen Gerichtsstands (§§ 12, 13) über die Grenzen der §§ 7–11 BGB hinaus (vgl § 13 Rn 2, 3 ff) durch Schaffung eines Hilfsgerichtsstands für bestimmte Personen, die im Inland keinen Wohnsitz haben. Anknüpfungspunkt für den Hilfsgerichtsstand ist unmittelbar der letzte inländische Wohnsitz, hilfsweise der Sitz der Bundesregierung. Die jetzige Fassung vermeidet die Konstruktion eines **fiktiven inländischen Wohnsitzes** (§ 15 aF: „... behalten hinsichtlich des Gerichtsstands den Wohnsitz, den sie im Inland hatten." Im übrigen „gilt der Sitz der Bundesregierung als ihr Wohnsitz"). 1

b) Zweck: Erleichterung der Rechtsverfolgung; ohne § 15 müßte ein inländischer Gerichtsstand jeweils besonders vereinbart werden (§ 38 II). 2

c) Abgrenzung: Etwa bestehende besondere Gerichtsstände (§§ 20–34) werden durch § 15 nicht berührt (allgM, zB BL Anm 1). Durch § 29a wird § 15 jedenfalls dann nicht ausgeschlossen, wenn das Grundstück im Ausland liegt (LG Bonn RIW/AWD 75, 49). Der ausschließliche Gerichtsstand in Ehesachen gem § 606 geht jedoch § 15 vor, zumal er selbst eine Ersatzzuständigkeit vorsieht (Düsseldorf FamRZ 68, 467 mit zust Anm Beitzke). 3

2) Persönlicher Anwendungsbereich. § 15 gilt für **a) Exterritoriale Deutsche,** dh Deutsche, die im Ausland nach Völkerrecht exterritorial sind (vgl zum Begriff §§ 18, 19 GVG mit Anm); 4

b) im Ausland dauernd **beschäftigte,** dort nicht exterritoriale **deutsche Angehörige des öffentlichen Dienstes,** also Beamte, Angestellte und Arbeiter des Bundes, eines Landes, einer Körperschaft oder einer Anstalt des öffentlichen Rechts, auch die Berufskonsuln, nicht aber Honorarkonsuln (II; zu deren Rechtsstellung vgl das Konsulargesetz vom 11. 9. 1974, BGBl I S 2317, bes §§ 1, 20 ff: „Honorarkonsularbeamte"). 5

3) Rechtsfolge: Fortbestand des allgemeinen Gerichtsstands des letzten Inlandswohnsitzes trotz der Wohnsitzaufgabe; in Ermangelung eines letzten Inlandswohnsitzes erstmalige Begründung eines allgemeinen Gerichtsstands am Sitz der Bundesregierung. 6

16 *[Allgemeiner Gerichtsstand von Personen ohne Wohnsitz]*
Der allgemeine Gerichtsstand einer Person, die keinen Wohnsitz hat, wird durch den Aufenthaltsort im Inland und, wenn ein solcher nicht bekannt ist, durch den letzten Wohnsitz bestimmt.

1 **1) Allgemeines. a) Bedeutung.** Ergänzung von §§ 12, 13 durch Schaffung von zwei allgemeinen Hilfsgerichtsständen für Personen ohne Wohnsitz, nämlich des **Gerichtsstands des Aufenthaltsorts** (Rn 4, 7) und den des **letzten Wohnsitzes** (Rn 5, 8); hierzu allgemein § 13 Rn 1.

2 **b) Abgrenzung.** Neben § 16 können grundsätzlich besondere Gerichtsstände gegeben sein; eine Ausnahme bildet der besondere Gerichtsstand des Aufenthalts gem § 20; Grund: In diesem Fall hat der Beklagte zwar einen Wohnsitz, hält sich aber woanders auf. Sonderregelungen mit ausschließlichen Gerichtsständen des Aufenthaltsorts schließen § 16 aus (zB § 14 I 2 AGBG; § 24 I 2 UWG).

3 **c) Anwendungsbereich.** § 16 gilt nur für den Wohnsitzlosen selbst; wegen seiner Ehefrau und Kindern vgl § 13 Rn 8, 9. Im EWG-Rechtsstreit sind die Gerichtsstände des § 16 anwendbar (vgl Art 4 EuGVÜ).

4 **2) Voraussetzungen und Nachweis. a) Gerichtsstand des Aufenthaltsorts.** Gänzliche Wohnsitzlosigkeit des Beklagten ist erforderlich, also Fehlen (nicht bloß: Unbekanntsein; aA Düsseldorf OLGZ 66, 303) sowohl eines im Inland als auch im Ausland gelegenen Wohnsitzes. Ausländischer Wohnsitz schließt daher § 16 aus (für EWG-Bereich: Art 3 EuGVÜ). Ob ein Wohnsitz im Ausland besteht, richtet sich idR nach ausländischem Recht (Wieczorek Anm A I, str; für EWG-Bereich vgl Art 52 II EuGVÜ; vgl auch § 13 Rn 17). § 16 trifft etwa zu bei Landfahrern, herumziehenden Artisten, politischen Flüchtlingen. Der Kläger muß den Gerichtsstand des § 16 behaupten (§ 331) und beweisen. Zum **Nachweis** der Wohnsitzlosigkeit genügt, daß ein Wohnsitz trotz ernstlich angestellter Ermittlungen (Polizeiauskunft) nicht bekannt ist. Rügt der Beklagte die örtliche Unzuständigkeit des Gerichts, muß er nachweisen, daß er zur Zeit der Klageerhebung an einem anderen Ort seinen Wohnsitz hatte (OLG 19, 131).

5 **b) Gerichtsstand des letzten Wohnsitzes.** Der inländische Aufenthaltsort des wohnsitzlosen (Rn 4) Beklagten muß **unbekannt** sein. Bekannter ausländischer Aufenthalt schließt § 16 nicht aus. Der Kläger hat zusätzlich zu den Erfordernissen gem Rn 4 noch nachzuweisen, daß der jetzige Aufenthalt des Beklagten unbekannt ist und daß der Beklagte seinen letzten Wohnsitz im Bezirk des angerufenen Gerichts hatte. Nachträgliches Bekanntwerden des jetzigen Aufenthalts führt keine Unzuständigkeit des Gerichts herbei (§ 261 III Nr 2; RG 27, 401).

6 **3) Rechtsfolge:** Begründung von allgemeinen Gerichtsständen (Rn 1). Die Zuständigkeit gem § 16 umfaßt grundsätzlich **alle** Klagen (§ 12 Rn 6); § 16 gilt auch in den Fällen, in denen auf den allgemeinen Gerichtsstand verwiesen ist (zB im Entmündigungsverfahren, § 648; Aufgebotsverfahren, § 1005). Maßgebend sind folgende Orte:

7 **a) Aufenthaltsort.** Das ist der Ort, an dem sich jemand – wenn auch nur vorübergehend (Durchreise kann uU genügen, KG OLGZ 73, 151) oder unfreiwillig (Justizvollzugsanstalt, BayObLG VersR 85, 742) – aufhält; er braucht nur so lange zu dauern, bis die Klage zugestellt ist. Vorübergehende Unterbrechung hebt den für längere Zeit beabsichtigten Aufenthalt nicht auf (vgl BGH MDR 84, 134 zu Art 12 EGBGB).

8 **b) Letzter** (im Gerichtsbezirk gelegener) **Wohnsitz.** Zum Begriff: § 13 Rn 3 ff.

17 *[Allgemeiner Gerichtsstand des Sitzes juristischer Personen]*
(1) Der allgemeine Gerichtsstand der Gemeinden, der Korporationen sowie derjenigen Gesellschaften, Genossenschaften oder anderen Vereine und derjenigen Stiftungen, Anstalten und Vermögensmassen, die als solche verklagt werden können, wird durch ihren Sitz bestimmt. Als Sitz gilt, wenn sich nichts anderes ergibt, der Ort, wo die Verwaltung geführt wird.

(2) Gewerkschaften haben den allgemeinen Gerichtsstand bei dem Gericht, in dessen Bezirk das Bergwerk liegt, Behörden, wenn sie als solche verklagt werden können, bei dem Gericht ihres Amtssitzes.

(3) Neben dem durch die Vorschriften dieses Paragraphen bestimmten Gerichtsstands ist ein durch Statut oder in anderer Weise besonders geregelter Gerichtsstand zulässig.

1 **1) Allgemeines. a) Bedeutung. I 1** begründet für nahezu sämtliche nichtphysischen Personen (Einzelheiten: Rn 2–6) den allgemeinen Gerichtsstand des **Sitzes** (Rn 9, 10) und stellt damit das Gegenstück zum allgemeinen Wohnsitzgerichtsstand der natürlichen Personen dar (§ 13). Der

Ort des Sitzes selbst richtet sich nach allgemeinem Recht. Insoweit wird nur durch eine **Ergänzungsnorm** sichergestellt, daß stets ein (feststellbarer) Sitz vorhanden ist **(I 2;** Rn 10). Ein zusätzlicher (nicht ausschließlicher) Gerichtsstand kann für die juristische Person usw durch Begründung eines **Nebensitzes (III;** Rn 13) geschaffen werden.

b) Anwendungsbereich. Unter § 17 fallen alle passiv Parteifähigen, die nicht natürliche Perso- 2
nen sind, ausgenommen Bundes- und Landesfiskus (insoweit Sonderregelung gem §§ 18, 19). Die Aufzählung in **I 1** ist nur beispielhaft und nicht abschließend. Im einzelnen gilt I 1 für

aa) alle **juristischen Personen des öffentlichen Rechts** außer dem Fiskus (I 1: „Gemeinden", 3
„Korporationen"); Beispiele: Gebietskörperschaften, öffentlich-rechtliche Körperschaften und Anstalten, Zweckverbände, Träger der Sozialversicherung, Innungen;

bb) alle **juristischen Personen des Privatrechts** (I 1: „Gesellschaften", „Genossenschaften", 4
„andere Vereine", „Stiftungen, Anstalten und Vermögensmassen"); hierher gehören die rechtsfähigen Kapitalgesellschaften (AG, GmbH, eG), ferner die eingetragenen Vereine (§ 21 BGB) und die rechtsfähigen Stiftungen (§ 80 BGB);

cc) alle **passiv parteifähigen Personenvereinigungen ohne eigene Rechtspersönlichkeit;** Bei- 5
spiele: Personenhandelsgesellschaften (OHG und KG, §§ 124, 161 II HGB), nichtrechtsfähige Vereine (§ 50 II), namentlich die (arbeitsrechtlichen) Gewerkschaften (vgl auch § 10 ArbGG und BGH 50, 325) und, soweit sie nicht bereits als eingetragene Vereine unter Rn 4 fallen, die politischen Parteien (§ 3 ParteienG; vgl auch § 50 Rn 21).

dd) Inwieweit § 17 I einer entsprechenden Anwendung auf **sonstige Vermögensmasse ohne** 6
eigene Rechtspersönlichkeit, insbes die *Konkursmasse,* zugänglich ist, ist umstritten. Eine verbreitete bejahende Ansicht gelangt bei Verfahren, die materiell gegen die Konkursmasse gerichtet sind, zur Bejahung eines allgemeinen Gerichtsstands am *Verwaltungsmittelpunkt (Sitz) der Masse* (so bisher Jaeger/Henckel, KO, 9. Aufl, § 6 Rn 60; Mentzel/Kuhn/Uhlenbruck, KO, 9. Aufl, § 6 Rn 30; Baur/Stürner, Zwangsvollstreckungs-, Konkurs- und Vergleichsrecht, 11. Aufl, Rn 1028; 14. Aufl Rn 6; neuerdings Teske KTS 84, 281 mwN). Nach der Ablehnung dieser Auffassung durch den BGH (BGH 88, 331 [335 f] = NJW 84, 739; weitere Nachw in § 13 Rn 15) wird an ihr nicht mehr uneingeschränkt festgehalten. Beim Konkurs einer natürlichen Person scheidet eine entspr Anwendung von § 17 aus; insoweit führt die Parteistellung des Konkursverwalters zur Anknüpfung an dessen Wohnsitz (§ 13 Rn 15). Auch bei der durch den Konkurs aufgelösten Handelsgesellschaft (§ 131 Nr 3 HGB; § 262 I Nr 3 AktG; § 60 I Nr 4 GmbHG) ist allein der Konkursverwalter Partei (Rn 21 vor § 50), so daß nur eine *entspr* Anwendung von § 17 in Frage kommt. Die allg gegen den Ort der Belegenheit der Masse (Sitz der Verwaltungsführung) geltend gemachten Gründe (vgl BGH 88, 335) greifen gegenüber dem mit Publizität ausgestatteten Gesellschaftssitz (vgl Rn 9) nicht durch; etwaigen Unsicherheiten über die Vermögensbelegenheit der Masse oder den Ort der Verwaltungsführung (vgl BGH 88, 335) kommt keine Bedeutung zu. Andererseits folgt aus der Identität von Konkursmasse und Gesellschaftsvermögen eine Organstellung des Konkursverwalters, so daß die Anknüpfung an den Sitz der (rechtlich noch fortbestehenden) Gesellschaft innerlich gerechtfertigt ist („moderne Organtheorie"; in diesem Sinne überzeugend K. Schmidt NJW 84, 1341; iErg übereinstimmend auch die Vertreter eines allg Massegerichtsstands, zB Kuhn/Uhlenbruck, KO, 10. Aufl, § 6 Rn 30 b und c; Teske KTS 84, 281 f; Tintelnot ZZP 98, 89 ff; Olzen JR 84, 286).

c) Abgrenzung. Der Gerichtsstand gem § 17 ist nicht ausschließlich, daneben kommen beson- 7
dere Gerichtsstände in Frage (insbes gem § 21, bei Versicherungsgesellschaften ist § 48 VVG zu beachten). Bei den Kapitalgesellschaften ist für die wichtigsten gesellschaftlichen Klagen (insbes Anfechtungs- und Nichtigkeitsklagen) der Gerichtsstand des Gesellschaftssitzes als **ausschließlicher** ausgestaltet (vgl §§ 132, 246, 249, 275 AktG; §§ 61 III, 75 GmbHG; § 51 III GenG).

d) EWG-Bereich. Im Anwendungsbereich des **EuGVÜ** ist der Sitz von Gesellschaften und 8
juristischen Personen dem Wohnsitz gleichgestellt (Art 2, 3, 53 EuGVÜ). Zur Bedeutung des Wohnsitzes vgl § 13 Rn 1. Für bestimmte wichtige Klagen des Gesellschaftsrechts (insbes Auflösungs- und Nichtigkeitsklagen) begründet der Sitz der Gesellschaft oder juristischen Person die ausschließliche Zuständigkeit (Art 16 Nr 2 EuGVÜ).

2) Allgemeiner Gerichtsstand von juristischen Personen usw. **a) Sitz:** Maßgebender Ort ist in 9
erster Linie der **Sitz (I 1).** Er ergibt sich aus Gesetz, Verleihung (beides häufig bei juristischen Personen des öffentlichen Rechts) oder aus der **Satzung** (dem **Statut**). Bei den juristischen Personen des Privatrechts (Kapitalgesellschaften, eingetragene Vereine) ist **satzungsmäßige** Festlegung des Sitzes und Registerpublizität vorgeschrieben (vgl §§ 5, 23 III Nr 1, 39, 278 III AktG; §§ 3 I, 10 GmbHG; § 6 Nr 1 GenG; § 57 I, 59 BGB; zum Sitz der GmbH näher Wessel BB 84, 1057). Auch Personenhandelsgesellschaften haben ihren Sitz zum Handelsregister anzumelden (§§ 106 II

Nr 2, 161 II HGB). Keinen Sitz im Rechtssinn hat der nichtrechtsfähige Verein; insoweit gilt I 2 (Wieczorek Anm B I d 2). Bei einem – nur ausnahmsweise zulässigen: BayObLGZ 1985, 111 = ZIP 85, 929 – **Doppelsitz** gilt § 17 an jedem Ort.

10 **b) Verwaltungsort (I 2).** Fehlt ein (satzungsmäßig usw) bestimmter Sitz (Rn 9), greift I 2 ein. Der Ort, wo die Verwaltung geführt wird, ist der Mittelpunkt der gesamten geschäftlichen Oberleitung. Er ist der Tätigkeitsort der Geschäftsführung und der dazu berufenen Vertretungsorgane, mithin bei einem Unternehmen der Ort, wo die grundlegenden Entscheidungen der Unternehmensleitung effektiv in laufende Geschäftsführungsakte umgesetzt werden (so BGH ZIP 86, 644 mN für den „Verwaltungssitz" iS des IPR).

11 **c)** Der **Ort der Belegenheit des Bergwerks (II)** ist maßgebend bei rechtsfähigen bergrechtlichen Gewerkschaften (Ausnahme von I 1). Liegt das Grubenfeld eines Bergwerks in verschiedenen Gerichtsbezirken, so ist bei jedem der allgemeine Gerichtsstand begründet (RG 32, 384).

12 **d) Beginn und Ende.** In zeitlicher Beziehung ist der allgemeine Gerichtsstand von der Entstehung der juristischen Person an gegeben und dauert bis zu deren Vollbeendigung. Er besteht namentlich auch nach Auflösung und während der Abwicklung fort (vgl § 49 II BGB; §§ 156, 161 II HGB; §§ 5, 264 II, 278 III AktG; § 69 II GmbHG; §§ 6, 12, 87 II GenG).

13 **3) Gerichtsstand des Nebensitzes (III).** Der allgemeine Gerichtsstand des Sitzes (Rn 9, 10) ist für die juristische Person nicht durch Satzung abdingbar. Jedoch besteht die Möglichkeit, durch einen satzungsmäßigen **Nebensitz** einen weiteren allgemeinen Gerichtsstand zu begründen (für ihn gilt § 35). Besondere (ausschließliche) Gerichtsstände können durch die Satzung nicht begründet werden (aA BGH NJW 60, 98 für öffentlich-rechtliche Körperschaften bei entsprechender gesetzlicher Ermächtigung), insbesondere besteht nach Einführung des Formzwangs für die Prorogation (§ 38 II, III) keine Möglichkeit mehr, Mitglieder für bestimmte Rechtsverhältnisse auf einen satzungsmäßig bestimmten Gerichtsstand zu verweisen (LG Frankfurt NJW 77, 538 [540]; überholt Wieczorek C I b; zum früheren Rechtszustand vgl 11. Aufl Anm 3 mwN).

18 *[Allgemeiner Gerichtsstand des Fiskus]*

Der allgemeine Gerichtsstand des Fiskus wird durch den Sitz der Behörde bestimmt, die berufen ist, den Fiskus in dem Rechtsstreit zu vertreten.

Lit: *Geißler*, Die Geltendmachung von Ansprüchen aus Truppenschäden nach dem NATO-Truppenstatut, NJW 80, 2615; *Leiss*, Die Vertretung des Reichs, des Bundes und der Länder vor den ordentlichen Gerichten, 1957 (teilw überholt). Eine Zusammenstellung von Vorschriften über die Vertretung des Staates findet sich bei *Piller-Hermann*, Justizverwaltungsvorschriften (Loseblatt, 2. Aufl, 1985) unter Nr 5c, speziell zur Drittschuldnervertretung bei *Stöber*, Forderungspfändung, 7. Aufl 1984, Anh 4–17.

I) Allgemeines

1 **a) Begriffe: Fiskus** ist der Staat (Bund oder Land) in seiner Eigenschaft als Vermögensträger. Gegensatz: Hoheitsträger.

2 **b)** § 18 begründet den **allgemeinen** Gerichtsstand (vgl Rn 5; § 12 Rn 6); daneben etwa bestehende **besondere** Gerichtsstände (zB gem § 29) bleiben unberührt (vgl Tappermann NJW 73, 2095 für Lohnansprüche). In diesem Fall besteht Wahlrecht gem § 35.

3 **c)** § 18 knüpft an die **gesetzliche Vertretung** an; mit der Passivlegitimation hat das nichts zu tun. **Welche Behörde** vertretungsberechtigt ist, bestimmen die verfassungs- und verwaltungsrechtlichen Organisationsnormen des Bundes- (Rn 5) oder Landesrechts (Rn 16 ff). Die Regelung ist häufig undurchsichtig, die Bestimmung der vertretungsberechtigten Behörde im Einzelfall schwierig (vgl BL Anm 1). Hilfe bieten uU Streitverkündung (vgl Sedemund-Treiber ZRP 70, 126) oder Gerichtsstandsvereinbarung, zB bei Bauvertrag (vgl BGH MDR 85, 835 zu § 18 Nr 1 VOB/B). Verbesserungen sind im Zusammenhang mit einer Reform des Rechts der Gerichtsstände geplant (vgl Holtgrave ZZP 86, 8; Rogge DRiZ 71, 195; Bericht der Kommission für das Zivilprozeßrecht, Bonn 1977, S 66 f).

4 **d)** Die gesetzliche Vertretung des **ausländischen Fiskus** im Prozeß bestimmt sich nach den Gesetzen des ausländischen Staates (BGH 40, 197 = NJW 64, 203; zust Dölle, FS Riese, 1964, S 282).

II) Die Vertretung des Fiskus des Bundes

5 **1) Allgemeines.** Es gibt keine einheitliche Vertretungsbehörde (BGH 8, 197), vielmehr vertritt jeder Bundesminister den Bund innerhalb seines Geschäftsbereichs für **alle** Rechtsgründe, aus

denen Ansprüche geltend gemacht werden (BGH NJW 67, 1755). Soweit eine Zuordnung zu einem bestimmten Geschäftsbereich ausscheidet, wird der Bund (hilfsweise) vom Bundesfinanzminister vertreten (allgM; BL Anm 2). Zur Vertretung des Bundes in den einzelnen Geschäftsbereichen vgl Rn 6–15; nur Überblick. Eingehend Wieczorek-Leiss, ZPO, 2. Aufl, § 51 D IVb (1976) und StJSchumann Rn 8 ff (1979). Zur Vertretung des **Deutschen Reiches** vgl 11. Aufl Anm 2. Die richtige Bezeichnung der Vertretungsbehörde gehört nicht zu den zwingenden Förmlichkeiten der Klage; eine bestehende Klagefrist ist auch dann gewahrt, wenn in der Klageschrift die Vertretungsbehörde unrichtig angegeben, sie aber noch innerhalb der Frist an die richtige Vertretungsbehörde weitergeleitet wird (Zweibrücken OLGZ 78, 108; für die Geltendmachung von Truppenschäden nach dem NATO-Truppenstatut s Geißler NJW 80, 2617).

2) Einzelne Geschäftsbereiche. a) Bundesminister der Finanzen. Rechtsgrundlagen: Anordnung über die Vertretung der Bundesrepublik Deutschland im Bereich der Bundesfinanzverwaltung vom 15. 11. 1972 (BAnz Nr 233) idF vom 19. 1. 1976 (BAnz Nr 20); Bestimmungen über das Verfahren nach der Zustellung von Pfändungs- und Überweisungsbeschlüssen oder Pfändungsbenachrichtigungen für den Bereich der Bundesfinanzverwaltung vom 15. 11. 1972 (BAnz Nr 233); Ausführungsanweisung zur Vertretungsanordnung und zu den Pfändungsbestimmungen vom 15. 11. 1972 (BAnz Nr 233). **Vertretungsbehörde** ist grundsätzlich der Bundesminister für Finanzen, soweit nicht andere nachgeordnete Behörden vertretungsbefugt sind (zB Bundesoberbehörden der BFV, Oberfinanzdirektionen, Hauptzollämter, Bundesvermögensämter, Zollfahndungsämter, Bundesforstämter; zur Vertretungstätigkeit im Bereich der Bundesvermögensverwaltung vgl Hummel DÖV 70, 368 und im Aufgabenbereich Verteidigungslasten die Übersicht in BAnz Nr 223 vom 29. 11. 1980). 6

b) Bundesminister der Justiz. Rechtsgrundlagen: Anordnung über die Vertretung des Bundes im Geschäftsbereich des Bundesministers der Justiz vom 25. 4. 1958 (BAnz Nr 82) idF der Bek vom 10. 10. 1958 (BAnz Nr 201), vom 8. 6. 1961 (BAnz Nr 113) und vom 4. 2. 1971 (BAnz Nr 29); Anordnung über die Vertretung des Bundes im Geschäftsbereich des Bundesministers der Justiz bei Klagen aus dem Beamtenverhältnis vom 8. 12. 1971 (BGBl I S 2014). **Vertretungsbehörde** ist iZw der Bundesminister der Justiz, in ihren Geschäftsbereichen die Präsidenten des Bundespatentgerichts und des Deutschen Patentamts und die Leiter der Justizbeitreibungsstellen. Der Generalbundesanwalt ist über seinen Geschäftsbereich hinaus Vertretungsbehörde des Bundesgerichtshofs, des Bundesverwaltungsgerichts, des Bundesfinanzhofs und des Bundesdisziplinargerichts in bürgerlichen Rechtsstreitigkeiten. 7

c) Bundesminister des Innern. Rechtsgrundlagen: Anordnung über die Vertretung der Bundesrepublik Deutschland im Geschäftsbereich des Bundesminister des Innern vom 9. 4. 1976 (GMBl S 162); Anordnung über die Vertretung des Bundes bei Klagen aus dem Beamtenverhältnis im Geschäftsbereich des Bundesministers des Innern vom 26. 1. 1968 (BGBl I S 121). **Vertretungsbehörde** ist grundsätzlich der Bundesminister des Innern als oberste Dienstbehörde. Er hat seine Befugnisse insoweit auf einige nachgeordnete Behörden übertragen, zB auf das Bundesverwaltungsamt, Statistische Bundesamt, Bundeskriminalamt, Bundesamt für Zivilschutz. Zuständige Vertretungsbehörde bei Ausgleichsansprüchen wegen **Atomschäden** nach § 38 II AtomG (Reaktorunfall in Tschernobyl) ist das *Bundesverwaltungsamt* in Köln; vgl Richtlinie des BdI vom 31. 5. 1986, BAnz Nr 95, S 6417; dazu näher Schneider/Stoll BB 86, 1237. 8

d) Bundesminister für Verkehr (einschließlich Bundesbahn und Bundesstraßenverwaltung). aa) Allgemein. Rechtsgrundlage: Bek über die Vertretung der BRD in Rechtsstreitigkeiten im Bereich des Bundesministers für Verkehr vom 10. 1. 1956 (BAnz Nr 10). **Vertretungsbehörde** ist danach der Bundesminister für Verkehr, in ihren Geschäftsbereichen sind es die nachgeordneten Behörden (zB die Wasser- und Schiffahrtsverwaltung). 9

bb) Bundesbahn. Rechtsgrundlagen: Bundesbahngesetz idF vom 22. 12. 1981 (BGBl I S 1689); Verwaltungsordnung der Deutschen Bundesbahn vom 13. 5. 1982 (Verkehrsblatt 1982, S 218); AllgAnordnung über die Übertragung von Befugnissen und die Regelung von Zuständigkeiten auf dem Gebiet des Beamtenrechts im Bereich der Deutschen Bundesbahn vom 26. 1. 1976 (BGBl I S 404). **Vertretungsbefugt** sind innerhalb ihres Geschäftsbereichs der Vorstand und die Hauptverwaltung der Deutschen Bundesbahn, soweit ihnen die erste Entscheidung zusteht, sowie die zentralen Stellen, die Bundesbahndirektionen und die Geschäftsbereiche Bahnbus (§ 19 Verwaltungsordnung iVm § 2 II Bundesbahngesetz; vgl auch BGH WM 85, 1324 mwN). 10

cc) Bundesfernstraßenverwaltung. Rechtsgrundlagen: Art 90 GG; 1. AllgVerwaltungsvorschrift für die Auftragsverwaltung der Bundesautobahnen und Bundesstraßen vom 3. 7. 1951 (BAnz Nr 132) iVm Landesrecht. **Vertretungsbefugt** sind die Länder, die ermächtigt sind, diese Vertretungsbefugnis auf nachgeordnete Landesbehörden zu übertragen. 11

12 **e) Bundesminister für das Post- und Fernmeldewesen. aa)** Er leitet die Verwaltung des Post- und Fernmeldewesens, die die Bezeichnung **„Deutsche Bundespost"** führt und unter diesem Namen handeln, klagen und verklagt werden kann (§§ 1, 4 Postverwaltungsgesetz vom 24. 7. 1953, BGBl I S 676, zuletzt geändert durch Art 17 des G vom 26. 6. 1981, BGBl I S 537). **Rechtsgrundlagen:** VO über die Vertretung der Deutschen Bundespost vom 1. 8. 1953 (BGBl I S 715), zuletzt geändert durch VO vom 23. 3. 1984 (BGBl I S 494); Anordnung zur Übertragung von Zuständigkeiten für den Erlaß von Widerspruchsbescheiden und die Vertretung des Dienstherrn bei Klagen aus dem Beamtenverhältnis im Geschäftsbereich des Bundesministers für das Post- und Fernmeldewesen vom 25. 9. 1979 (BGBl I S 1669), geändert durch Anordnung vom 6. 7. 1982 (BGBl I S 960). **Vertretungsbefugt** sind danach in Zivilsachen idR die örtlich zuständigen (§ 3 VertrVO) Präsidenten der Oberpostdirektion. Ausnahmen bestehen für den Bundesminister selbst, ferner für kontoführende Postscheckämter und Postsparkassenämter als Drittschuldnervertreter (§ 2 Nr 3 und 4 VertrVO).

13 **bb)** Die dem BPMin nachgeordnete **Bundesdruckerei,** die nicht Teil der Deutschen Bundespost ist, wird von dem sie leitenden Präsidenten vertreten.

14 **f) Bundesminister der Verteidigung. Rechtsgrundlagen:** Verwaltungsanordnung über die Vertretung des Bundes in Prozessen im Bereich des Bundesministers der Verteidigung vom 21. 3. 1969 (VMBl 185); Allgemeine Anordnung über die Übertragung von Zuständigkeiten im Widerspruchsverfahren und über die Vertretung bei Klagen aus dem Beamten- oder Wehrdienstverhältnis im Bereich des Bundesministers der Verteidigung vom 9. 6. 1976 (BGBl I S 1492) mit Änderungen vom 10. 9. 1980 (BGBl I S 1682) und vom 10. 7. 1985 (BGBl I S 1498); Verwaltungsanordnung über die Vertretung des Bundes in Verfahren des Versorgungsausgleichs nach § 53b FGG im Geschäftsbereich des Bundesministers der Verteidigung vom 27. 2. 1980 (VMBl 162); **Vertretungsbehörden** sind in der Regel die Wehrbereichsverwaltungen I–VI ausnahmsweise der Bundesminister der Verteidigung selbst, aber nur die Wehrbereichsverwaltungen III und V in Verfahren des Versorgungsausgleichs nach § 53b FGG; als Drittschuldner wird der Bund vertreten durch den zuständigen Wirtschaftstruppenteil bei Pfändung von Bezügen wehrpflichtiger Soldaten, durch das Bundeswehrverwaltungsamt bei Pfändung von Bezügen im Ausland stationierter wehrpflichtiger Soldaten, durch das zuständige Wehrbereichsgebührnisamt bei Pfändung von Bezügen von Soldaten, Beamten, Richtern und Angestellten, durch das zuständige Wehrbereichsgebührnisamt, die zuständige Standortverwaltung, die zuständigen Erprobungsstellen oder Marinearsenalbetriebe bei Pfändung von Bezügen von Arbeitern, je nachdem von welcher Stelle der Lohn gezahlt wird (jedoch durch das Wehrbereichsgebührnisamt III bei an Auslandsdienststellen versetzten Arbeitern), durch die die Auszahlung anordnende Behörde bei Pfändung sonstiger Ansprüche (Verwaltungsanordnung über die Vertretung des Bundes als Drittschuldner im Bereich des Bundesministers der Verteidigung vom 20. 11. 1981 (VMBl 1982, 7 = BAnz Nr 9 vom 15. 1. 1982). Für Zivilrechtsstreitigkeiten aus Baumaßnahmen des Bundes und für Rechtsstreitigkeiten vor den Verwaltungs- und Zivilgerichten in Angelegenheiten der Landbeschaffung für militärische Zwecke oder deren Rückabwicklung im Verteidigungsressort ist idR die Oberfinanzdirektion Vertretungsbehörde.

15 **g) Zuständige Vertretungsbehörden bei Stationierungsschäden** sind die Behörden der unteren Verwaltungsstufe der Verteidigungslastenverwaltung (Art 8 NTS-AG), soweit von den Landesregierungen nichts Abweichendes bestimmt ist (Text und Übersicht: Palandt, BGB, 35. Aufl, 1976, NTS-AG Art 8 Anm 3; vgl näher Heitmann BB 80, 1349; Grasmann BB 80, 910; zusammenfassend Geißler NJW 80, 2615 mwN). Zur Wahrung der Klagefrist gem Art 12 III NTS-AG bei unrichtig bezeichneter Vertretungsbehörde vgl Rn 5 aE.

III) Die Vertretung des Fiskus der Länder

(nur Überblick; eingehende Darstellung mit umfassenden Nachweisen bei Wieczorek-Leiss § 51 Anm D V; StJSchumann Rn 51 ff).

16 **1) Baden-Württemberg. Rechtsgrundlagen:** Art 49 II BWVerf; Anordnung der Landesregierung über die Vertretung des Landes in gerichtlichen Verfahren vom 17. 1. 1955 (GBl 8), geändert durch Änderungsanordnung der Landesregierung vom 19. 6. 1973 (GBl 210); Bek der Ministerien über die Vertretung des Landes in gerichtlichen Verfahren vom 21. 1. 1980 (GBl 81), geändert durch Bek vom 10. 6. 1983 (GBl 221). Neben den Ministerien sind als **allgemeine Vertretungsbehörden** ua die Mittelbehörden, die Präsidenten der obersten Landesgerichte, die Kassen und Bezirksrevisoren, seit Aufhebung der Landesanwaltschaft (VO vom 11. 4. 1983, GBl 185) vor allem aber auch die Landratsämter zuständig. **Besondere Vertretungsbehörden** sind im Justizbereich die Staatsanwaltschaften, die Gerichtskassen und die Vollzugsanstalten.

2) Bayern. Rechtsgrundlage: VO über die gerichtliche Vertretung des Freistaats Bayern und über das Abhilfeverfahren (VertretungsVO) idF der Bek vom 8. 2. 1977 (GVBl 88), abgedr und erläutert bei Ostler, Bay Justizgesetze, 3. Aufl, 1977 Nr 4, zuletzt geändert durch VO vom 11. 12. 1984 (GVBl 530). **Allgemeine Vertretungsbehörden** sind (je unter bestimmten Voraussetzungen) das Bay Staatsministerium der Finanzen und die Bezirksdirektionen (s auch BayVGH in BayVBl 73, 76; 77, 151). Daneben sind ausnahmsweise und für bestimmte Sonderfälle **besondere Vertretungsbehörden** zur Vertretung befugt (zB Bezirksrevisoren, Gerichtskassen, Staatsanwaltschaften, Finanzämter ua); Überblick bei Eder BayVBl 69, 157. 17

3) Berlin (West). **Vertretungsbehörde** Berlins ist außer dem Regierenden Bürgermeister jedes Mitglied des Senats im Rahmen seines Geschäftsbereichs (LG Berlin JR 1954, 181). **Rechtsgrundlagen** für die Vertretung Berlins sind die VO zur Durchführung des AllgZuständigkeitsges idF vom 22. 11. 1984 (GVBl 1947) sowie die Verwaltungsvorschriften vom 10. 11. 1979 betreffend die Grundsätze für die Behandlung von Rechtsstreitigkeiten Berlins (ABl 2110), für den Bereich der Landesjustizverwaltung darüber hinaus die Anordnung über die Vertretung des Landes Berlin im Geschäftsbereich des Senators für Justiz vom 16. 9. 1977 (ABl 1368). 18

4) Bremen wird nach Art 118 I 2 BremVerf durch den Senat nach außen vertreten. Dabei sind der Präsident des Senats oder sein Stellvertreter ermächtigt, rechtsverbindliche Erklärungen für die Freie Hansestadt abzugeben (Art 118 I 3). Nach Art 120 BremVerf sind die Mitglieder des Senats innerhalb ihres Geschäftsbereichs vertretungsbefugt. Der Senator für Justiz und Verfassung vertritt den Justizfiskus. 19

5) Hamburg. Rechtsgrundlagen: Gesetz über die Verwaltungsbehörden idF vom 30. 7. 1952, mehrfach geändert, zuletzt am 21. 12. 1984 (GVBl 296); Anordnung über die Vertretung der Freien und Hansestadt Hamburg vom 2. 2. 1954 (AmtlAnz 111); Gesetz über die Formbedürftigkeit von Verpflichtungserklärungen vom 18. 9. 1973 (GVBl 405); Bezirksverwaltungsgesetz vom 22. 5. 1978 (GVBl 178), zuletzt geändert am 27. 6. 1984 (GVBl 135). **Vertretungsbehörden** sind der Senat und allgemein die Finanzbehörde; im übrigen sind **vertretungsbefugt** im Rahmen ihres Geschäftsbereichs die Fachbehörden und die Bezirksämter. 20

6) Hessen wird gem Art 103 HessVerf vom Ministerpräsidenten vertreten. Dieser hat die Vertretungsbefugnis (mit bestimmten Vorbehalten) den Ministern, diese wiederum haben sie nachgeordneten Behörden delegiert. **Rechtsgrundlagen:** Anordnung des Hess Ministerpräsidenten vom 16. 9. 1974 (StAnz S 1729) mit Änderung vom 11. 3. 1983 (StAnz S 810); Anordnung des Hess Ministers der Justiz vom 17. 11. 1978 (StAnz S 2473); Anordnung des Hess Ministers des Innern vom 9. 10. 1974 (StAnz S 1883) mit Änderung vom 8. 2. 1980 (StAnz S 386); Anordnung des Hess Ministers der Finanzen vom 30. 7. 1982 (StAnz S 1451); Anordnung des Hess Ministers für Wirtschaft und Technik vom 19. 7. 1978 (StAnz S 1557); Anordnung des Hess Kultusministers vom 25. 9. 1978 (ABl KM S 750) mit Änderungen vom 4. 10. 1978 (StAnz S 2087) und vom 3. 9. 1979 (StAnz S 1913); Anordnung des Hess Sozialministers vom 23. 3. 1982 (StAnz S 762); Anordnung des Hess Ministers für Landwirtschaft, Forsten und Naturschutz vom 1. 5. 1985 (StAnz S 897); Anordnung des Hess Ministers für Umwelt und Energie vom 30. 12. 1985 (StAnz 1986, S 125). **Vertretungsbehörden** sind im Bereich der Finanzverwaltung idR die Oberfinanzdirektion Frankfurt (Main), im Bereich der inneren Verwaltung idR der Regierungspräsident, im Bereich der Justizverwaltung idR die Staatsanwaltschaft, die Leiter der zuständigen Gerichtskasse und die Bezirksrevisoren. 21

7) Niedersachsen. Rechtsgrundlagen: Art 28 VorlNdsVerf; Gemeinsamer Runderlaß der Staatskanzlei und sämtlicher Ministerien idF vom 16. 10. 1979 (NdsMBl S 1802), mehrfach geändert, zuletzt am 5. 12. 1985 (NdsMBl S 1060). **Vertretungsbehörde** ist jeder Minister in Angelegenheiten seines Geschäftsbereichs, der federführende Minister, wenn mehrere Geschäftsbereiche berührt werden; innerhalb der einzelnen Geschäftsbereiche: Die Bezirksregierungen und die Oberfinanzpräsidenten in allen Angelegenheiten ihres Aufgabenbereichs und des Aufgabenbereichs der ihnen unterstellten Behörden; die Generalstaatsanwälte in allen Angelegenheiten der Justizbehörden, die Bezirksrevisoren in ihrem Zuständigkeitsbereich. 22

8) Nordrhein-Westfalen. Art 59 VerfNRW regelt nur die Vertretung des Landes durch den Präsidenten des Landtages in Rechtsgeschäften und Rechtsstreitigkeiten der Landtagsverwaltung. Iü sind keine allgemeinen Bestimmungen über die fiskalische Vertretung des Landes ergangen. Insbesondere betrifft Art 57 VerfNRW nur die staats- und völkerrechtliche Vertretung des Landes – durch Beschluß der Landesregierung auf den Ministerpräsidenten übertragen (Bek vom 8. 2. 1960, GVBl 13) –, nicht dagegen die Vertretung im zivilrechtlichen Rechtsverkehr und in Rechtsstreitigkeiten aller Art. Es wird davon ausgegangen, daß das Recht der einzelnen Minister, ihren Geschäftsbereich nach Art 55 II VerfNRW selbständig und unter eigener Verantwortung zu leiten, auch die Befugnis umfaßt, das Land in diesem Rahmen zu vertreten und Ver- 23 tretungsregelungen für ihren Bereich zu treffen. Im Bereich der inneren Verwaltung gilt die preuß Praxis fort, daß im Zweifel der Regierungspräsident Vertretungsbehörde ist. Im Geschäftsbereich des Finanzministers richtet sich die Vertretung des Landes – soweit nicht durch Gesetz oder RechtsVO etwas anderes bestimmt ist – nach dem Runderlaß des Finanzministers vom 1. 3. 1982 (SMBl NW 20020); für Klagen aus dem Richter- oder Beamtenverhältnis gilt im Geschäftsbereich des Justizministeriums die VO vom 19. 11. 1982 (GVBl 757), zuletzt geändert durch VO vom 7. 11. 1985 (GV NW S 674) und die Vertretungsordnung vom 16. 8. 1984 (JMBl NW S 206) für die übrigen Angelegenheiten in diesem Bereich. **Vertretungsbehörden** im Justizbereich sind außer dem Justizminister ua die Generalstaatsanwälte, die Leiter der Oberjustizkassen, die Leiter der Gerichtskassen, die Bezirksrevisoren und die Präsidenten der Justizvollzugsämter.

24 **9) Rheinland-Pfalz. Rechtsgrundlagen:** Art 104 VerfRhPf; Verf der Landesregierung vom 11. 9. 1951 (MinBl 684), zuletzt geändert am 31. 3. 1960 (MinBl 409). Für die verschiedenen Geschäftsbereiche bestehen besondere Vertretungsordnungen. **Allgemeine Vertretungsbehörden** sind in Verfassungsstreitsachen das Ministerium der Justiz und – abgesehen von bestehenden Vorbehalten und besonderen Regelungen (zB für Bezirksrevisoren: Koblenz Rpfleger 85, 172) – in allen Sachen der Justizverwaltung die Generalstaatsanwälte, in allen Sachen der Finanzverwaltung die Oberfinanzdirektionen, in allen Sachen der inneren Verwaltung die Regierungspräsidenten.

25 **10) Saarland. Rechtsgrundlagen:** Gesetz vom 15. 11. 1960 (ABl 920); Bek des Justizministeriums vom 27. 4. 1962 (ABl 348) idF der Bek des Ministeriums für Rechtspflege vom 14. 6. 1977 (ABl 605); Gemeinsamer Erlaß vom 21. 12. 1978 (ABl 1979 S 33). **Vertretungsbehörden** sind die zuständigen Minister im Rahmen ihres Geschäftsbereichs, hilfsweise der Ministerpräsident. Jeder Minister kann sein Vertretungsrecht auf nachgeordnete Behörden übertragen (§ 4 des Ges vom 15. 11. 60; vgl ie ABl 1961, 177; 1962, 348; 1968, 317). Im Bereich der Justizverwaltung sind dies namentlich der Leitende Oberstaatsanwalt, der Leiter der Gerichtskasse, die Leiter der Justizvollzugsanstalten und die Bezirksrevisoren.

26 **11) Schleswig-Holstein. Rechtsgrundlagen:** Erlaß des Ministerpräsidenten über die Vertretung des Landes SchlH vom 30. 10. 1950 (ABl 461), ergänzt durch die Erlasse vom 14. 4. 51 für den Bereich des Oberfinanzpräsidenten (ABl 229), zuletzt geändert durch Erlaß vom 15. 4. 1978 (ABl 176). **Vertretungsbehörden** sind die Fachminister im Rahmen ihres Geschäftskreises. Sie haben die Vertretungsbefugnis auf nachgeordnete Behörden übertragen. Im Bereich der Justizverwaltung sind dies namentlich der Generalstaatsanwalt und die Bezirksrevisoren bei den Landgerichten (Erlaß des Justizministers vom 16. 1. 1967, ABl 30). Für die Bereiche Ernährung, Landwirtschaft und Forsten, Wirtschaft und Verkehr sowie Finanzen vgl ie ABl 1968, 333; 1980, 611; 1985, 353.

19 *[Mehrere Gerichtsbezirke am Behördensitz]*

Ist der Ort, an dem eine Behörde ihren Sitz hat, in mehrere Gerichtsbezirke geteilt, so wird der Bezirk, der im Sinne der §§ 17, 18 als Sitz der Behörde gilt, für die Bundesbehörden von dem Bundesminister der Justiz, im übrigen von der Landesjustizverwaltung durch allgemeine Anordnung bestimmt

1 Gilt nur für den allgemeinen Gerichtsstand des Fiskus (§ 18 Rn 5 ff, 16 ff), trotz des Zitats von § 17 nicht für sonstige juristische Personen, insbes nicht für die (in mehrere Gerichtsbezirke geteilte) Gemeinde selbst (notfalls ist gem § 36 Nr 2 vorzugehen). Von **Bedeutung** praktisch nur noch für Berlin: Amtsgericht Schöneberg (VOBl 1949 I S 128). Ohne Anordnung entscheidet die Lage des Dienstgebäudes der Behörde.

20 *[Besonderer Gerichtsstand des Aufenthaltsorts]*

Wenn Personen an einem Ort unter Verhältnissen, die ihrer Natur nach auf einen Aufenthalt von längerer Dauer hinweisen, insbesondere als Hausgehilfen, Arbeiter, Gewerbegehilfen, Studierende, Schüler oder Lehrlinge sich aufhalten, so ist das Gericht des Aufenthaltsortes für alle Klagen zuständig, die gegen diese Personen wegen vermögensrechtlicher Ansprüche erhoben werden.

1 **1)** Beginn der Regelung der **besonderen Gerichtsstände** (§§ 20–34 und dazu allgemein § 12 Rn 7 mit Überblick über die wichtigsten Fälle). Da die Erhebung der Klage im allgemeinen Gerichts-

stand des Beklagten mit Schwierigkeiten verbunden sein kann, läßt das Gesetz besondere Gerichtsstände wegen bestimmter Ansprüche zu. Der Kläger hat in solchen Fällen die **Wahl** zwischen dem allgemeinen und dem besonderen Gerichtsstand (§ 35 und § 12 Rn 10, 11).

2) Besonderer Gerichtsstand des Aufenthaltsorts: a) Anwendungsbereich. aa) Person des Beklagten: jede **natürliche** (nicht: juristische) Person, einerlei, ob prozeßfähig oder nicht (arg § 57 II), ob In- oder Ausländer (aber Rn 5 beachten). Sie hat zwar einen Wohnsitz, hält sich aber woanders auf (Abgrenzung zu § 16: dort hat sie keinen Wohnsitz). 2

bb) Klagegegenstand: Vermögensrechtliche Ansprüche (§ 1 Rn 13). Zusammenhang der Klage mit dem Aufenthalt ist nicht erforderlich (Rn 5). 3

cc) Im Anwendungsbereich des **EuGVÜ** ist § 20 nicht anwendbar, wenn der Beklagte in einem (ausländischen) Vertragsstaat seinen Wohnsitz hat (Art 2, 3, 5 ff, 52 EuGVÜ). 4

b) Voraussetzungen. Erforderlich ist **Aufenthalt von längerer Dauer** zwecks Erreichung eines bestimmten Zweckes (RG 30, 326). Die Aufzählung („Haushaltsgehilfen ...") ist nur beispielhaft. § 20 trifft auch zu bei Saisonarbeit, Strafhaft, Heimunterbringung (LG Wuppertal DAVorm 68, 204), Kuraufenthalten, Wochenend- und Ferienaufenthalt in „Zweit-Haus" (Koblenz NJW 79, 1309), Abwicklung eines größeren Geschäfts durch einen selbständigen Gewerbeunternehmer, Ableistung von (auswärtigem) Vorbereitungsdienst als Beamter und von Wehrdienst als Soldat (LG Verden MDR 64, 766). **Nicht** genügt Aufenthalt an der Arbeitsstätte tagsüber oder **vorübergehender Aufenthalt,** zB eines Geschäftsreisenden (LG Karlsruhe ZZP 38, 426). Nicht nötig ist Entstehung der Schuld während des „Aufenthalts". 5

c) Rechtsfolgen: Zuständigkeitsbegründung mit Wahlrecht des Klägers (Rn 1). 6

21 *[Besonderer Gerichtsstand der gewerblichen Niederlassung]*

(1) Hat jemand zum Betrieb einer Fabrik, einer Handlung oder eines anderen Gewerbes eine Niederlassung, von der aus unmittelbar Geschäfte geschlossen werden, so können gegen ihn alle Klagen, die auf den Geschäftsbetrieb der Niederlassung Bezug haben, bei dem Gericht des Ortes erhoben werden, wo die Niederlassung sich befindet.

(2) Der Gerichtsstand der Niederlassung ist auch für Klagen gegen Personen begründet, die ein mit Wohn- und Wirtschaftsgebäuden versehenes Gut als Eigentümer, Nutznießer oder Pächter bewirtschaften, soweit diese Klagen die auf die Bewirtschaftung des Gutes sich beziehenden Rechtsverhältnisse betreffen.

1) Allgemeines

1) Bedeutung. Erleichterung der Rechtsverfolgung **gegen** Gewerbetreibende (Rn 2) durch Schaffung eines besonderen Gerichtsstands (§ 12 Rn 7) für bestimmte vermögensrechtliche Klagen (Rn 10, 11) am Ort der Niederlassung (Rn 6, 7); Ergänzung von §§ 13, 17. **Für** Klagen und Mahnanträge des Inhabers der Niederlassung gilt § 21 **nicht** (vgl BGH NJW 78, 321 Nr 8; § 689 Rn 3). Für Klagen, die sich auf den Geschäftsbetrieb einer inländischen Zweigstelle eines ausländischen **Kreditinstituts** beziehen, ist § 21 **unabdingbar** (§ 53 III KWG; für Mahnverfahren vgl aber § 689 II 2). 1

2) Anwendungsbereich. Kläger: Jedermann, **Beklagte:** Gewerbetreibende (Rn 5) jeder Art, natürliche und juristische Personen, namentliche Einzelkaufleute (§§ 1, 5 HGB) und Handelsgesellschaften (§ 6 HGB), aber auch Inhaber von freien Berufen (Wieczorek Anm B Ia; BGH 88, 336) und Landwirte (arg **II;** Rn 12). Die im Gerichtsstand des § 21 erhobene Klage richtet sich gegen den **Inhaber** der Niederlassung, **nicht** gegen diese selbst; die Niederlassung (Rn 6) ist weder parteifähig noch Partei. Möglich ist jedoch, daß der Inhaber unter der Firma der Zweigniederlassung verklagt wird (vgl BGH 4, 62). 2

3) Abgrenzung. Der Gerichtsstand des § 21 **konkurriert** mit dem allgemeinen Gerichtsstand gem §§ 13, 17 (vgl BGH 88, 336), ferner mit etwa bestehenden besonderen Gerichtsständen, zB gem § 22 (BGH NJW 75, 2142), bei Klagen gegen Versicherer mit der unabdingbaren Sonderzuständigkeit gem § 48 VVG. In den Fällen der § 24 UWG; § 14 AGBG; §§ 71, 238 KO; § 2 VglO ist der Gerichtsstand der Niederlassung ausschließlich (Verdrängung von § 21). 3

4) Internationaler Rechtsstreit. Im Anwendungsbereich des **EuGVÜ** begründet der in einem anderen Vertragsstaat als der (Wohn-)Sitz gelegene Ort der Niederlassung oder Agentur die internationale und örtliche Zuständigkeit für Streitigkeiten aus dem Betrieb der Niederlassung (Art 5 Nr 5 EuGVÜ; LG Köln RIW/AWD 80, 215); Linke IPRax 82, 46). Greift Art 5 Nr 5 EuGVÜ nicht ein, ist § 21 anwendbar (München RIW/AWD 83, 127). Zweigniederlassung (zur autonomen 4

Auslegung grundlegend EuGH RIW/AWD 79, 56; Saarbrücken RIW/AWD 80, 798) oder Agentur eines Versicherers in einem anderen Vertragsstaat als dem seines Sitzes steht für Streitigkeiten aus dem Betrieb der Zweigniederlassung dem Sitz gleich (Art 8 III EuGVÜ). Allgemein ist für **ausländische Versicherungsunternehmen** der Gerichtsstand der inländischen Zweigniederlassung unabdingbar (§ 109 VAG und dazu Prölss/Schmidt/Frey, VAG, 9. Aufl 1983, § 109 Rn 1 und 3; vgl auch LG Frankfurt VersR 75, 993); er ist ihr allg Gerichtsstand iS von § 689 II 1 (vgl dort Rn 3); für **ausländische Investmentgesellschaft** ist der Wohnsitz oder Sitz des Repräsentanten unabdingbarer Gerichtsstand (§ 6 II AuslInvestmG); für **ausländisches Kreditinstitut** mit inländischer Zweigniederlassung vgl Rn 1 aE. Errichtet eine ausländische Firma eine inländische „Generalrepräsentanz" (Rechtsform: GmbH), so wird dadurch der Gerichtsstand des § 21 begründet (München RIW/AWD 75, 346 = WM 75, 872; Frankfurt WM 85, 477). Im Anwendungsbereich des **Warschauer Abkommens** begründet für **ausländische Fluggesellschaften,** die im Inland keine Niederlassungen haben, der Sitz der selbständigen Agentur, deren sie sich zum Abschluß von Luftfrachtverträgen bedienen, den Gerichtsstand der Geschäftsstelle gem Art 28 WA (BGH 84, 339 = NJW 83, 518 = MDR 83, 25 dazu Giemulla/Mölls NJW 83, 1953). Allgemein zur internationalen Zuständigkeit in Fällen des § 21 Geimer WM 76, 146; EuR 77, 357.

II) Voraussetzungen des Gerichsstands der gewerblichen Niederlassung

5 **1) Gewerbliche Niederlassung. a) Gewerbe** ist jedes auf Erwerb abzielende Unternehmen einer natürlichen oder juristischen Person iwS (vgl Rn 2). Nicht hierher gehören öffentliche Anstalten sowie Privaterziehungsheime und private Lehranstalten.

6 **b) Niederlassung. aa) Begriff:** Jede von dem Inhaber an einem anderen Ort als dem seines (Wohn-)Sitzes für eine gewisse *Dauer* errichtete, auf seinen Namen und für seine Rechnung betriebene und (in der Regel) zum *selbständigen Geschäftsabschluß und Handeln berechtigte* Geschäftsstelle. Die Niederlassung muß bei Klageerhebung bestehen. Anmeldung als Gewerbebetrieb und Eintragung ins Handelsregister sind als solche weder erforderlich noch genügend (BayObLG Rpfleger 80, 486). Bei **mehreren** Niederlassungen gilt § 21 für jede.

7 **bb) Arten.** Als Niederlassung iS des § 21 kommen sowohl Haupt- als auch Zweigniederlassung(-en) in Frage; die **Hauptniederlassung** insbes dann, wenn sich am Sitz der Gesellschaft (vgl § 17 Rn 9) nicht zugleich der Verwaltungsort (vgl § 17 I 2 und dort Rn 10) befindet; dann begründet der Verwaltungsort den Ort der Niederlassung iS des § 21; eine **Zweigniederlassung** dann, wenn sie sich an einem vom (Wohn-)Sitz des Inhabers (entspricht idR dem Ort der Hauptniederlassung) verschiedenen Ort befindet.

8 **c) Die Selbständigkeit der Niederlassung** (vgl die Begriffsbestimmung in Rn 6) kann bei Zweigbetrieben fehlen. Entscheidend ist nicht das innere Verhältnis zum Hauptunternehmen, sondern ob nach außen der Anschein einer **selbständigen** Niederlassung erweckt wird (RG HRR 39, 111; OLG Köln NJW 53, 1834; AG Freiburg NJW 77, 2319). Die Eintragung der Zweigniederlassung im Handelsregister (vgl § 13 HGB) ist für § 21 zwar nicht nötig, wirkt aber gegen den Eingetragenen (RG 50, 428). **Beispiele für** selbständige Niederlassungen: Filiale eines Bankgeschäfts, Generalagentur einer Versicherungsgesellschaft, Zweigniederlassung einer Maschinenfabrik oder eines Kaufmanns, wenn sie selbständiger Mittelpunkt, wenigstens für einen bestimmten Kreis seiner geschäftlichen Beziehungen ist (OLG 19, 51), inländische „Repräsentanz" einer ausländischen Stammfirma (Frankfurt WM 85, 477; vgl auch Rn 4), örtliche Buchungsstelle eines Reiseveranstalters (AG Freiburg NJW 77, 2319; MünchKomm*Löwe* § 651 g Rn 23), örtliches Büro eines Spezialunternehmens als Außenstelle zur Durchführung von Abbruch- und Sprengarbeiten (Saarbrücken RIW/AWD 80, 798 für Art 5 Nr 5 EuGVÜ), uU vertraglich bezeichneter Sitz einer „Arbeitsgemeinschaft" von Bauunternehmern (BayObLGZ 85, 317, im Einzelfall verneinend).

9 Dagegen trifft § 21 **nicht zu:** auf Filialen und gewöhnliche Agenturen, die ihre Weisungen vom Hauptgeschäft empfangen und in der Regel zum selbständigen Geschäftsabschluß nicht berechtigt sind; auf Agenturen auch dann nicht, wenn die Agenten Abschlußvollmacht haben und ein Warenlager halten (str; aA Wieczorek Anm B I a arg Art 5 I Nr 5 EuGVÜ; Sondervorschrift: § 48 VVG); auf bloße Annahme- und Verkaufsstellen; auf „Geschäftsstellen" von ausländischen Fluggesellschaften (München RIW/AWD 83, 128; aA wohl BGH 84, 339 = NJW 83, 528 für Art 28 WA, selbständige Agentur), bloße „Anlaufstellen" und Kontaktbüros (offenlassend BAG NJW 85, 2911 = AP Nr 23 IPR Arbeitsrecht mit Anm Beitzke, anders aber zurecht für „Anwerbungsbüros" ausländischer Firmen Bendref RIW 86, 186 f mwN); auf eine Fabrik oder ein Warenlager ohne Verkaufsorganisation (vgl auch RG 41, 66); auf ein Baubüro (vgl aber Rn 8 aE), einen Lagerplatz oder einen Messestand (RG 69, 308). **Äußerer Anschein** entscheidet: Düsseldorf MDR 78, 930; München RIW/AWD 83, 128.

2) Klageanspruch. a) Es muß sich um einen **vermögensrechtlichen Anspruch** (§ 1 Rn 13) handeln (Wieczorek Anm A II). 10

b) Die Klage muß eine **Beziehung zum Geschäftsbetrieb der Niederlassung** aufweisen (BGH NJW 75, 2142). Hierfür ist nicht erforderlich, daß der Klageanspruch unmittelbar aus dem Geschäftsbetrieb der Niederlassung hervorgegangen ist; ebensowenig braucht das Geschäft am Ort der Niederlassung selbst oder von ihm aus abgeschlossen zu sein; das Rechtsgeschäft muß nur mit *Rücksicht* auf den Geschäftsbetrieb der Niederlassung abgeschlossen sein oder als dessen Folge erscheinen (RG 23, 424; 30, 326). Der Zusammenhang ist etwa gegeben bei Klagen gegen das Hauptunternehmen aus vertraglichem Verschulden der Zweigstelle (§ 278 BGB); ferner bei Ansprüchen, die sich auf die Begründung oder Aufhebung der ganzen Niederlassung beziehen (StJSchumann Rn 15, str; aA LG Hamburg MDR 76, 760 mN); dagegen trifft § 21 nicht zu für einen Anspruch aus Vermögensübernahme (§ 419 BGB) durch das Hauptgeschäft, wenn die Niederlassung das übertragene Vermögen verwaltet (BGH 4, 62 = LM Nr 2 zu § 50 ZPO). 11

III) Landwirtschaftliche Niederlassung

Abs II trifft zu, wenn jemand ein „Gut" auf seinen Namen und seine Rechnung durch einen anderen bewirtschaften läßt (RG 44, 350). Er kommt in Frage bei Klagen aus Rechtsgeschäften, die zum Zweck der Gutsbewirtschaftung geschlossen sind, und aus unerlaubter Handlung (einschließlich der Gefährdungshaftung), die der Inhaber des Gutes als solcher zu vertreten hat, **nicht** dagegen bei Klagen, die auf Begründung oder Aufhebung der Gutsbewirtschaftung Bezug haben, weil sie nicht die Bewirtschaftung betreffen, und Klagen in bezug auf das Eigentum an den im Gut benützten Sachen sowie bei Klagen gegen den Verpächter oder Verwalter. 12

22

[Besonderer Gerichtsstand der Mitgliedschaft]

Das Gericht, bei dem Gemeinden, Korporationen, Gesellschaften, Genossenschaften oder andere Vereine den allgemeinen Gerichtsstand haben, ist für die Klagen zuständig, die von ihnen gegen ihre Mitglieder als solche oder von den Mitgliedern in dieser Eigenschaft gegeneinander erhoben werden.

1) Allgemeines. a) Der besondere Gerichtsstand der Mitgliedschaft ermöglicht es, das Mitgliedschaftsverhältnis als solches betreffende Rechtsstreitigkeiten (Rn 6) im allgemeinen Gerichtsstand der Personenvereinigung (Rn 2) geltend zu machen. Allgemeiner Gerichtsstand ist der des Sitzes (§ 17 I 1 und dort Rn 9), des Verwaltungsorts (§ 17 I 2) und ein satzungsmäßig bestimmter Gerichtsstand gem § 17 III (dort Rn 13; uU kann auch § 17 II in Frage kommen, vgl Rn 2). Grund: Konzentration der die inneren Rechtsbeziehungen der Personenvereinigung betreffenden Rechtsstreitigkeiten beim Gericht des Sitzes usw (BGH 76, 235 = NJW 80, 1470 [1471]). 1

b) Anwendungsbereich. § 22 gilt für alle unter § 17 fallenden Personenvereinigungen (§ 17 Rn 2), ferner für die bergrechtliche Gewerkschaft (§ 17 II), wenn als Verein organisiert (Pörtner JW 30, 392). **Nicht** unter § 22 fallen die Gesellschaft des BGB (§ 705 BGB) und die stille Gesellschaft (§§ 335 ff HGB). Eine neuere Ansicht will aus den Gründen, die zur Beschränkung der Prorogationsfreiheit geführt haben (Sicherung des Wohnsitzgerichtsstands; vgl Rn 8 vor § 38) § 22 bei überregionalen **Massenvereinen** nicht mehr anwenden (vgl LG Frankfurt NJW 77, 538 für arbeitsrechtliche Gewerkschaft; Voosen VersR 75, 499 und LG Hannover VersR 79, 341 für VVaG, diesen zust StJSchumann Rn 1; aA BGH NJW 80, 343; Müller/Guntrum/Plugge NJW 77, 1809; Löwe VersR 75, 1067 und hM). Dem ist nicht zuzustimmen, da einerseits Vereine von überörtlicher Bedeutung bereits bei Schaffung des § 22 nicht unbekannt waren (vgl die umfassende Aufzählung in § 22), durch die Gerichtsstandsnovelle andererseits nur dem Mißbrauch der Privatautonomie (§§ 38 ff) entgegengetreten werden sollte, eine Änderung der gesetzlichen Zuständigkeitsordnung aber nicht beabsichtigt war (ebenso nunmehr BGH NJW 80, 343 und diesem zust Dütz EzA Anm zu § 22 ZPO Nr 1). Wohl aber kann im Einzelfall die Berufung auf den Gerichtsstand des § 22 **rechtsmißbräuchlich** sein, wenn der Verein durch irreführende Angaben in den Beitrittsverhandlungen seinen Sitz verschleiert hat (Celle VersR 75, 993; aA insoweit LG Hannover VersR 75, 994; LG Karlsruhe VersR 76, 1029; zum „Gerichtsstand der Mitgliedschaft für Großverbände" zusammenfassend Dütz Betrieb 77, 2217 ff mwN). 2

c) Abgrenzung. Der Gerichtsstand gem § 22 gilt sowohl für vermögensrechtliche wie nicht vermögensrechtliche Ansprüche (Wieczorek Anm A). Er ist nicht ausschließlich und konkurriert mit anderen Gerichtsständen (insbes dem allgemeinen Gerichtsstand des beklagten Mitglieds gem §§ 13, 17). Für bestimmte (nicht unter § 22 fallende, Rn 5) Klagen von Mitgliedern gegen die Gesellschaft (juristische Personen) ist der Gerichtsstand des Sitzes ausschließlich (vgl § 17 Rn 7). 3

4 **d) EWG-Bereich.** Ein besonderer Gerichtsstand der Mitgliedschaft ist dem **EuGVÜ** nicht bekannt; zur ausschließlichen internationalen Zuständigkeit des Vertragsstaates des **Sitzes** für bestimmte wichtige gesellschaftsrechtliche Klagen vgl § 17 Rn 8.

5 **2) Voraussetzungen des Mitgliedschaftsgerichtsstands. a) Parteien.** Die Klage muß sich stets gegen ein **Mitglied** einer Personenvereinigung iS der Rn 2 richten, **nicht** gegen Dritte (zB Klage eines Versicherungsvereins gegen seine Vertreter) oder die Personenvereinigung selbst (dann gilt § 17). Kläger kann die Personenvereinigung (Rn 6) oder ein anderes Mitglied sein (Rn 7). Die Mitgliedschaft braucht im Zeitpunkt der Klageerhebung **nicht mehr** zu bestehen; § 22 gilt auch bei Klagen gegen ausgeschiedene Mitglieder (Celle VersR 75, 993; LG Bochum ZIP 86, 1386) und gegen Rechtsnachfolger von Mitgliedern (RG 54, 207). § 22 greift schließlich auch ein, wenn durch die Klage die Mitgliedschaft erst begründet werden soll zB durch Klage auf Zahlung der Erstprämie; (vgl StJSchumann Rn 7). § 22 ändert nichts an der **Parteifähigkeit.** Ein unter § 22 fallender nur passiv parteifähiger Verein ist nicht für Klagen gegen Mitglieder aktiv parteifähig (Wieczorek Anm 1 II). Arbeitsrechtliche **Gewerkschaften** sind trotz ihrer Organisation als nichtrechtsfähige Vereine nicht nur passiv, sondern auch aktiv parteifähig (BGH 50, 325 und § 50 Rn 22) und können daher im Gerichtsstand des § 22 klagen (ThP Anm 1a; Müller/Guntrum/Plugge NJW 77, 1809, str; aA Schrader MDR 76, 725; vgl auch Rn 2).

6 **b) Klagen: aa) Klagen der Personenvereinigung gegen ihre Mitglieder als solche.** Erforderlich ist, daß die Klage das Rechtsverhältnis der Mitgliedschaft als solches betrifft; nicht genügt, daß aus anderen Gründen (Vertrag, Delikt) gegen ein Mitglied geklagt wird. **Beispiele:** Unter § 22 fallen die Klage der VVaG gegen ihre Mitglieder auf rückständige Prämien (Celle VersR 75, 993; LG Karlsruhe VersR 76, 1029; str; vgl Rn 2) und auf Rückzahlung zu Unrecht empfangener Leistungen (Manthey VersR 72, 327); die Klagen von arbeitsrechtlichen Gewerkschaften gegen Gewerkschaftsmitglieder auf Zahlung rückständiger Beiträge (BGH NJW 80, 343, str; vgl Rn 2 und 5); die Klage des Konkursverwalters einer GmbH gegen die Gesellschafter als solche auf Zahlung der Geschäftsanteile; **nicht** dagegen Klagen aus einer unerlaubten Handlung des Vorstands oder Aufsichtsratsmitglieds, auch wenn diese Personen Gesellschaftsmitglieder sind; **nicht** die Geltendmachung eines Regreßanspruchs (§ 158c VVG) eines VVaG aus einer unerlaubten Handlung des Mitglieds (LG Karlsruhe NJW 65, 1607, str).

7 **bb) Klagen von Mitgliedern als solchen gegeneinander.** Rn 6 gilt entsprechend. **Beispiele:** Klage von Gesellschaftern einer OHG gegeneinander aus dem Gesellschaftsverhältnis, zB eine Auflösungs- oder Ausschließungsklage gem §§ 133, 140 HGB, Ausgleichsklage des zahlenden Gesellschafters (BayObLG BB 78, 1685), Klagen aus einer „mittelbaren Beteiligung" eines Kapitalgebers an einer Publikums-KG (Gieseke DB 84, 973), **nicht** dagegen die Klage des Mitglieds eines Vereins gegen ein anderes Mitglied wegen eines Anspruchs privater Natur.

8 **cc) Prospekthaftungsklagen.** Mitglieder von Anlagegesellschaften können Ansprüche aus irreführender Prospektgestaltung gegen den der sog Prospekthaftung (vgl BGH 71, 284; 72, 382; 77, 175 ff; 79, 337; 83, 224; 84, 143; zusammenfassend Köndgen, Theorie der Prospekthaftung, 1983) unterliegenden Personenkreis auch dann im Gerichtsstand gem §§ 17, 22 geltend machen, wenn die als Beklagte in Anspruch genommenen Personen nicht Mitglieder der Gesellschaft sind, ihr jedoch als Gründer, Initiatoren oder Gestalter nahestehen (BGH 76, 231 = NJW 80, 1470 = MDR 80, 560). Dieser vom BGH in Erweiterung des Wortlauts von § 22 bejahte **Prospekthaftungsgerichtsstand** am Gesellschaftssitz ist zu begrüßen, da im Hinblick auf die Vielzahl gleichartiger Verfahren der Konzentrationszweck (Rn 1) auf ihn voll zutrifft und der als Beklagte in Frage kommende Personenkreis sich wegen seiner „Nähe" zur Gesellschaft auch zuständigkeitsrechtlich wie ein Gesellschafter behandeln lassen muß.

23 *[Besonderer Gerichtsstand des Vermögens und des Streitobjekts]*

Für Klagen wegen vermögensrechtlicher Ansprüche gegen eine Person, die im Inland keinen Wohnsitz hat, ist das Gericht zuständig, in dessen Bezirk sich Vermögen derselben oder der mit der Klage in Anspruch genommene Gegenstand befindet. Bei Forderungen gilt als der Ort, wo das Vermögen sich befindet, der Wohnsitz des Schuldners und, wenn für die Forderungen eine Sache zur Sicherheit haftet, auch der Ort, wo die Sache sich befindet.

Lit: *Geimer*, Zur Rechtfertigung des Vermögensgerichtsstandes, JZ 84, 979; *Schack*, Vermögensbelegenheit als Zuständigkeitsgrund, ZZP 97, 46; *E. Schumann*, Aktuelle Fragen und Probleme des Gerichtsstands des Vermögens, ZZP 93, 408; *ders*, Der internationale Gerichtsstand des Vermögens und seine Einschränkungen, Studi in onore di Enrico Tullio Liebman, Milano 1979, Bd 2, S 839 (zit: FS Liebman)

I) Allgemeines

1) Bedeutung. § 23 enthält zwei besondere Gerichtsstände (Rn 6 ff und 14 ff; § 12 Rn 7) für vermögensrechtliche Ansprüche (§ 1 Rn 13) gegen Personen, die im Inland keinen (Wohn-)Sitz haben (Einzelheiten: Rn 2–4; gegenseitiges Verhältnis: Rn 14). **Zweck:** Ermöglichung der Rechtsverfolgung im Inland durch Begründung der **internationalen Zuständigkeit** (vgl BGH 94, 158). Die **Hauptbedeutung** des § 23 liegt bei Klagen gegen Ausländer, deshalb auch Bezeichnung des Gerichtsstands als „Ausländerforum" (ie Schack ZZP 97, 48 ff). Als „exorbitanter Gerichtstand" ist er international unerwünscht, verstößt aber weder gegen Völker- (BGH NJW 84, 2037; vgl auch Rn 4) noch gegen Verfassungsrecht (offengeblieben in BVerfG 64, 1 [18 f]); eine einschränkende Auslegung ist jedoch geboten (so überzeugend Schumann, FS Liebman, S 852 ff; ZZP 93, 432; Geimer JZ 84, 981; Rn 3 und 5); deshalb ist die Zuständigkeit gem § 23 nicht gegeben, wenn über die Vermögensbelegenheit hinaus jegliche Beziehung des Rechtsstreits zum Gerichtsstaat fehlt (Hausmann IPRax 82, 51 [56] mwN; Beitzke in Anm zu BAG AP Nr 23 IPR Arbeitsrecht; Frankfurt WM 82, 754 = Rpfleger 82, 301, str; krit Schack ZZP 97, 65 ff). 1

2) Anwendungsbereich. a) Verfahren. § 23 ist nicht nur im **Klage-** (vgl S 1), sondern auch im **Arrestverfahren** (§ 919; LG Frankfurt NJW 76, 1044 [1046]; Frankfurt Rpfleger 82, 302; OLGZ 83, 99 [100]; vgl auch Rn 4) anzuwenden; er trifft ferner zu bei § 722 (Klage auf Zulässigkeit der Zwangsvollstreckung aus dem Urteil eines ausländischen Gerichts), § 768 (Klage auf Erteilung der Vollstreckungsklausel) und § 828 II (Zwangsvollstreckung in Forderungen). 2

b) Parteien. Kläger: Jedermann, auch Ausländer (Schack ZZP 97, 65 ff mN, hM; stark einschränkend Schumann, FS Liebman, S 863 ff; ZZP 93, 432: Nur Kläger mit inländischem Wohnsitz ohne Rücksicht auf Staatsangehörigkeit); **Beklagter:** jede natürliche oder juristische Person oder passiv parteifähige Personenmehrheit (wie § 17 Rn 2–6), die im Inland (und im Alt-EWG-Gebiet, dazu Rn 4) keinen **Wohnsitz** (§ 13), **Sitz** (§ 17) oder **wohnsitzlosen allgemeinen Gerichtsstand** (§§ 15, 16; näher Rn 5) haben, entgegen der hM (Koblenz OLGZ 75, 282; LG Frankfurt NJW 76, 1044 [1046]; 12. Aufl) jedoch nicht der **ausländische Fiskus,** auf den § 23 nach Wortlaut und Sinngehalt nicht zutrifft (überzeugend Schumann ZZP 93, 433 ff, str; aA Schack ZZP 97, 64 mN). Das Gebiet der **DDR** ist zwar im Sinne des § 23 nicht Ausland (vgl Einl Rn 106 und IZPR Rn 188 f). § 23 ist aber entsprechend anzuwenden, wenn ein Einwohner der Bundesrepublik einen vermögensrechtlichen Anspruch gegen eine Person erhebt, die ihren Wohnsitz in der DDR hat, in der Bundesrepublik aber Vermögen besitzt (BGH 4, 65 = NJW 52, 182; BGH NJW 71, 196; Frankfurt MDR 55, 615; Pernutz NJW 68, 235). 3

c) EWG-Bereich. Im Anwendungsbereich des EuGVÜ scheidet § 23 für Klagen gegenüber Personen, die ihren Wohnsitz (Sitz) in einem Vertragsstaat haben, aus (Art 3, 53 EuGVÜ; Frankfurt OLGZ 83, 99 [101]). Jedoch bleibt auch diesem Personenkreis gegenüber § 23 für reine Sicherungsverfahren (Arrest) anwendbar (Art 24 EuGVÜ; Frankfurt RIW/AWD 83, 290; vgl zum ganzen auch § 919 Rn 2). 4

3) Abgrenzung. Ausschließlichen besonderen Gerichtsständen weicht § 23 (zB § 24 UWG bei Wettbewerbsklagen). Auch allgemeine (vgl Rn 3) und besondere Gerichtsstände, die an früheren inländischen Wohnsitz oder den Aufenthalt anknüpfen (§§ 15, 16, 20), schließen den nur **subsidiär** eingreifenden Vermögensgerichtsstand (Rn 6 ff) aus (ebenso Schumann, FS Liebman, S 852, 854; StJSchumann, Rn 5; ThP Anm 1c, str; aA Schack ZZP 97, 57; das Beispiel in Rn 15 betrifft den Gerichtsstand des Streitobjekts); ebenso verdrängt der von einer ausländischen juristischen Person gem § 17 III begründete Gerichtsstand den des § 23 (StJSchumann Rn 9 mN gegen hM). Das gleiche hat für den Gerichtsstand der Niederlassung (§ 21) eines ausländischen Versicherungsunternehmens zu gelten, wenn die inländische Zweigniederlassung ihrer Bedeutung nach einem Nebensitz iS von § 17 III entspricht (LG Frankfurt VersR 75, 993). **Konkurrenz** besteht mit den sonstigen besonderen Gerichtsständen, zB gem §§ 21 (vgl BAG NJW 85, 2911), 23a, 29, 32. 5

4) Abdingbarkeit. Die aus § 23 folgende internationale Zuständigkeit kann durch zulässige (internationale) Prorogation (vgl § 38 II) abbedungen werden (BGH 94, 158 ff = NJW 85, 2090 = BauR 85, 475). Die Gerichtsstandsvereinbarung gem § 18 Nr 1 VOB/B betrifft jedoch *nur* die örtliche, nicht zugleich die internationale Zuständigkeit (BGH 94, 158 f). Ein Ausschluß von § 23 scheidet aus, soweit durch Art 31 I CMR die inländische internationale Zuständigkeit zwingend begründet ist (vgl Art 41 I CMR; Hamburg VersR 84, 687). 5a

II) Besonderer Gerichtsstand des Vermögens

Er setzt voraus, daß sich im Zeitpunkt der Klageerhebung (Rn 13) im Bezirk des Gerichts (Rn 10–12) Vermögen des Beklagten (Rn 7–9) befindet. Das Vorhandensein der Voraussetzungen des § 23 muß der **Kläger behaupten** (vgl § 331) und bei Widerspruch des Beklagten **beweisen** (RG 75, 149). 6

7 **1) Vermögen** iS von **S 1, 1. Alt** ist jeder geldwerte Gegenstand, dem ein selbständiger Vermögenswert zukommt (RG 75, 152; BAG NJW 85, 2911; einschränkend Schack ZZP 97, 56 ff; vgl zum Begriff Schumann FS Liebman, S 856) und der dem Vollstreckungszugriff unterliegt (Frankfurt WM 82, 754 = Rpfleger 82, 301; Geimer JZ 84, 981; Beitzke in Anm zu BAG AP Nr 23 IPR Arbeitsrecht, str; aA 14. Aufl). **Beispiele** für **Bejahung** von Vermögen: Eine von dem Schuldner oder einem Dritten für ihn zur Aufhebung des Arrests hinterlegte Sicherheit (RG 34, 356; ebenso Frankfurt OLGZ 83, 99 [100]), selbst wenn es nicht zu einer Pfändung gekommen ist (Frankfurt aaO); ein Anspruch auf Schuldbefreiung (Hamburg VersR 75, 830); eine eigene Forderung des Beklagten an den Kläger, soweit sich nicht Tilgung ergibt; bedingte oder betagte Ansprüche (RG 75, 418); der Anspruch auf Erstattung der Kosten des schwebenden Prozesses (RG 145, 15) oder auf Rückgabe des einem Anwalt gezahlten Prozeßkostenvorschusses. Auch die Forderung aus einem zweiseitigen, von keiner Seite erfüllten Vertrag; ein im Besitz des Klägers oder Beklagten befindliches Haupt- oder Kontokorrentbuch des Beklagten; der Anteil eines Abkömmlings am Gesamtgut der fortgesetzten Gütergemeinschaft (RG 75, 414); bedingte und befristete Rechte, vor allem Anwartschaften. Die Bezahlung einer **gepfändeten** Forderung durch den inländischen Drittschuldner an den ausländischen Gläubiger gilt für § 23 als nicht bewirkt (Karlsruhe Justiz 70, 87). Auf den **Wert** des im Inland gelegenen Vermögens im Verhältnis zum geltend gemachten Anspruch kommt es nicht an (Schack ZZP 97, 58, 61 f; Geimer JZ 84, 980; für Ausnahme bei extremem Mißverhältnis StJSchumann Rn 16), insbes braucht das inländische Vermögen nicht zur Befriedigung des Klageanspruchs auszureichen (BGH WM 80, 410).

8 **Kein Vermögen** sind dagegen: Der Anspruch auf Erteilung einer Quittung oder einer Auskunft; Handakten (RG 24, 415); Kleidungsstücke am Leib; bei vorübergehendem Aufenthalt im Inland üblicherweise mitgeführte Gegenstände, wie zB Koffer, Fotoapparat, Uhr, Schmuck, Bargeld (so mit Recht Schack ZZP 97, 58, 62); bloße Erwartungen oder künftige Ansprüche; Forderung bei bestehender Aufrechnungslage (str; vgl Schumann, FS Liebman, S 863, StJSchumann Rn 14 mN).

9 Hinsichtlich der **Kosten eines Vorprozesses** greift der Gerichtsstand des Vermögens dann ausnahmsweise nicht Platz, wenn die Klagepartei den Prozeß nur deshalb angestrengt hat, um die Kostenforderung des Beklagten dadurch zu schaffen (RG HRR 39, 1047; allgemein zur Gerichtsstandserschleichung bei § 23 R-Schwab § 36 I 3 mwN).

10 **2) Ort des Vermögens. a)** Bei **körperlichen Gegenständen** (§ 90 BGB) entscheidet die Lage der Sache.

11 **b) Forderungen** sind dort belegen, wo der **(Dritt-)Schuldner** seinen Wohnsitz (Sitz) hat **(S 2, 1. HS),** Bankguthaben also am Sitz (§ 17) der Bank (BAG RIW 84, 318). Beispiel: A in München schuldet dem nun in London ansässigen B 5000 DM aus Darlehen. C hat von B 3000 DM zu fordern. C kann den B in München verklagen, muß aber beweisen, daß A bei Klagezustellung noch Schuldner des B war. Befindet sich der Wohnsitz (Sitz) des Drittschuldners im Ausland, greift § 23 nicht ein (Hamburg MDR 77, 759). Bei Forderungen aus **Inhaberpapieren,** Wechseln oder anderen indossablen Papieren ist der Ort, wo sich das Papier befindet, der Wechsel untergebracht ist (RG 107, 44), nicht der Wohnsitz des Schuldners für den Gerichtsstand des § 23 maßgebend (RG 58, 8). Der Geschäftsanteil einer **GmbH** ist sowohl am Sitz der Gesellschaft als auch am Wohnsitz oder Sitz der Gesellschafter belegen (Frankfurt MDR 58, 108). Die Enteignung einer Osthypothek berührt nicht die ihr zugrundeliegende persönliche Forderung, deren Schuldner seinen Wohnsitz im Zeitpunkt der Enteignung im Westen hat (LG Hamburg NJW 57, 505). **Gewerbliche Schutzrechte,** zB **Patente** sind in erster Linie am (inländischen) Geschäftssitz, hilfsweise am Wohnsitz des bestellten Inlandsvertreters, hilfsweise beim Sitz des Patentamts belegen (§§ 25 PatG; 20 GebrMG; 35 WZG; dazu LG München I GRUR 62, 165).

12 **c) Gesicherte Forderungen (S 2, 2. HS).** Haftet für die Forderung eine Sache zur Sicherung (zB kraft Pfand- oder Zurückhaltungsrecht, Vertrages oder Arrestes), so wird **sowohl** durch die Forderung **als auch** durch die haftende bewegliche oder unbewegliche Sache **selbständig** der Gerichtsstand des § 23 begründet. Beispiel: A in München schuldet dem im Ausland ansässigen B 5000 DM, für die auf dem Grundstück des A in Augsburg eine Hypothek eingetragen ist. C hat einen Anspruch gegen B. Er kann ihn entweder in München (Wohnsitz des Drittschuldners A) oder in Ausburg verklagen.

12a **d) Fiktives Vermögen.** Ist in *Sortenschutzstreitigkeiten* ein Verfahrensvertreter bestellt, so gilt der Ort, an dem er seinen Geschäftsraum (hilfsweise: Wohnsitz) hat, als der Ort belegenen Vermögens iS von § 23 (§ 38 V SortenschutzG).

13 **3)** Maßgebender **Zeitpunkt** ist der der Klageerhebung, also der Zustellung der Klageschrift (§ 253 I), nicht der Einreichung der Klage oder des Mahnantrags (Karlsruhe Justiz 70, 87; str); spätere Entfernung des Vermögensgegenstands schadet nicht (§ 261 III Nr 2; anders für den Fall

der Aufrechnung Schumann, FS Liebman, S 863 gegen hM), doch genügt für § 23, daß die örtliche Beziehung am Schluß der mündlichen Verhandlung besteht (vgl § 12 Rn 15).

III) Besonderer Gerichtsstand des Streitobjekts (S 1, 2. Alt)

Der Gerichtsstand ergänzt den gem Rn 6 ff (Frankfurt MDR 81, 322). Er hat selbständige **Bedeutung,** wenn der Klagegegenstand nicht zum Vermögen des Beklagten gehört (sonst greift Rn 7 f ein). Die Voraussetzungen gem Rn 1–13 gelten mit folgenden Besonderheiten: 14

a) Streitobjekte. Der mit der Klage in Anspruch genommene **Gegenstand** kann eine Sache, ein dingliches Recht an einer fremden Sache, eine Forderung (auch die angeblich gegen den Kläger bestehende und von diesem geleugnete, vgl BGH 69, 45 und unten Rn 16), eine Erbschaft, überhaupt ein Vermögensrecht jeder Art sein. Nicht nötig ist, daß sich der Gegenstand im Besitz des Beklagten befindet (RG 51, 255). **Beispiel:** A verlangt von der schwedischen Artistin B, die zur Zeit in München auftritt, die Herausgabe eines ihm zu Eigentum gehörigen wertvollen Ringes, den B einer Freundin in Mannheim zur Aufbewahrung übergeben hat. B kann sowohl in München (§ 16 oder § 20) als auch in Mannheim (§ 23 S 1, 2. Alt) verklagt werden. 15

b) In Anspruch genommen wird der Gegenstand durch jede Leistungs- oder (auch negative, vgl BGH 69, 45 = NJW 77, 1637) Feststellungsklage. Berühmt sich der ausländische Gläubiger einer Forderung gegen den inländischen Schuldner, ist für die negative Feststellungsklage der Wohnsitzgerichtsstand des Klägers als des Schuldners der angeblichen Forderung gegeben (BGH 69, 45 = NJW 77, 1637; JZ 79, 231 mit abl Anm Maier-Reimer). 16

23 a *[Besonderer Gerichtsstand für Unterhaltssachen]*

Für Klagen in Unterhaltssachen gegen eine Person, die im Inland keinen Gerichtsstand hat, ist das Gericht zuständig, bei dem der Kläger im Inland seinen allgemeinen Gerichtsstand hat.

1) a) **Eingefügt** durch § 12 AusfG vom 18. 7. 1961 (BGBl I S 1033) zum Haager Übereinkommen über die Anerkennung und Vollstreckung von Entscheidungen aus dem Gebiet der Unterhaltspflicht gegenüber Kindern vom 15. 4. 1958 (BGBl 1961 II S 1005) und seit 1. 1. 1962 in Kraft. 1

b) Bedeutung. Hilfsgerichtsstand zur Erleichterung der Geltendmachung und Durchsetzung von Unterhaltsansprüchen (Rn 6). 2

c) Anwendungsbereich. § 23 a ist entsprechend anzuwenden, wenn der Beklagte seinen Wohnsitz in der DDR hat (Pernutz NJW 68, 236; LG Bonn DAVorm 72, 484). Im Geltungsbereich des **EuGVÜ** wird § 23 a durch Art 5 Nr 2 EuGVÜ verdrängt. 3

d) Abgrenzung. Soweit die Unterhaltssache Familiensache (§ 23 b I Nr 5, 6 GVG, § 621 I Nr 4, 5) und zugleich Scheidungsfolgesache (§ 623 I 1) ist, kann § 23 a durch den ausschließlichen (Hilfs-) Gerichtsstand gem § 606 II 2 verdrängt werden (vgl § 621 II 1). Wird die Abänderung eines Unterhaltstitels verlangt (Rn 5), gehen bestehende ausschließliche Zuständigkeiten vor (vgl §§ 641 l III; 642 b I 4; 643 a III). 4

2) Voraussetzungen. a) Klage in Unterhaltssachen ist jede Leistungs-, Feststellungs- oder Gestaltungs-(Abänderungs-)klage gem § 323 (BayObLGZ 85, 19 = FamRZ 85, 617; insoweit aber Rn 4 beachten), deren Gegenstand ein Unterhaltungsanspruch (Rn 6) ist. Bei Abänderungsklagen (§ 323) muß der Kläger nicht der Unterhalts*berechtigte* sein (BayObLGZ 85, 19 mN). § 23 a gilt sinngemäß auch für Arrest- und Verfügungsverfahren (vgl §§ 919, 937), **nicht** jedoch für Statusverfahren (§§ 640 ff). 5

b) Unterhaltssache umfaßt Unterhaltsansprüche aller Art, gleichviel ob sie auf Gesetz oder auf Vertrag beruhen. Beispiele: Unterhaltsansprüche von Verwandten (§§ 1601 ff BGB), insbes (ehelichen oder nichtehelichen) Kindern; von Ehegatten (§ 1360 BGB) oder früheren Ehegatten (§§ 1569 ff BGB); von Verletzten und Hinterbliebenen von Getöteten (vgl §§ 843, 844 BGB) usw. Durch den Übergang des Anspruchs kraft Gesetzes (§§ 1607 II 2; 1608 BGB) oder seine Überleitung durch eine Behörde (vgl zB §§ 90 f BSHG) ändert sich an seiner Natur als Unterhaltsanspruch nichts (vgl auch Rn 8). 6

c) Fehlen eines inländischen Gerichtsstands des Beklagten. Es darf auch nicht der des § 23 gegeben sein. 7

3) Rechtsfolge. Der Gerichtsstand des Unterhalts knüpft an an den inländischen allgemeinen Gerichtsstand des **Klägers** (vgl §§ 13, 16); dieser ist nicht notwendig der des Unterhaltsberechtigten. § 23 a kommt auch dem klagenden Rechtsnachfolger sowie dem nach § 323 klagenden Unterhaltsverpflichteten zugute (vgl Rn 5 und 6 aE). 8

24 *[Ausschließlicher dinglicher Gerichtsstand]*
(1) Für Klagen, durch die das Eigentum, eine dingliche Belastung oder die Freiheit von einer solchen geltend gemacht wird, für Grenzscheidungs-, Teilungs- und Besitzklagen ist, sofern es sich um unbewegliche Sachen handelt, das Gericht ausschließlich zuständig, in dessen Bezirk die Sache belegen ist.

(2) Bei den eine Grunddienstbarkeit, eine Reallast oder ein Vorkaufsrecht betreffenden Klagen ist die Lage des dienenden oder belasteten Grundstücks entscheidend.

I) Allgemeines

1 **1) Bedeutung.** Die §§ 24–26 regeln den sog dinglichen Gerichtsstand (forum rei sitae); lediglich im Fall des § 24 ist dieser örtlich ausschließlich (Rn 18); § 25 gibt bei Verbindung von dinglichen und persönlichen Klagen unter bestimmten Voraussetzungen einen (nicht ausschließlichen) Gerichtsstand des Sachzusammenhangs, § 26 für bestimmte selbständig erhobene persönliche Klagen einen weiteren Wahlgerichtsstand (§ 35).

2 **2) Anwendungsbereich.** § 24 gilt nur für **unbewegliche Gegenstände (I:** „unbewegliche Sachen"). Der Begriff ist nach bürgerlichem Recht zu bestimmen, der des unbeweglichen Vermögens in § 864 ist nicht einschlägig. Unbewegliche Gegenstände sind demnach:

3 **a) Grundstücke** und ihre wesentlichen **Bestandteile** (§§ 93, 94 BGB: Gebäude, Pflanzen), auch **Rechte,** die (nicht wesentliche) Grundstücksbestandteile sind (vgl § 96 BGB), also die in Abs **II** genannten subjektiv-dinglichen Rechte (Grunddienstbarkeit, § 1018 BGB; Reallast im Fall des § 1105 II BGB; Vorkaufsrecht im Fall des § 1094 II BGB), **nicht** das Zubehör (§§ 97, 98 BGB, § 865 II 2); **nicht** sonstige Rechte an Grundstücken, wie Hypotheken, Grund- und Rentenschulden.

4 **b) Grundstücksgleiche Rechte.** Es sind dies nach Bundesrecht das **Erbbaurecht** (§ 11 ErbbauVO), ferner bestimmte Rechte nach Landesrecht (vgl Art 63, 67 ff, 191 EGBGB) wie Berg- und Fischereirechte; zu den (früheren) bayer Apothekenrealrechten vgl 11. Aufl Anm 1 mit Nachw.

5 **c) Bruchteile von Grundstücken** oder grundstücksgleichen Rechten, insbes Miteigentumsanteile (§ 1008 BGB) und Wohnungseigentum (§§ 1, 2 WEG). Zu besonderen dinglichen Gerichtsständen nach WEG vgl Rn 6.

6 **3) Abgrenzung.** Der dingliche Gerichtsstand besteht ferner in den Fällen der §§ 800, 978, 983, 1005 II. Für Streit wegen Entziehung des **Wohnungseigentums** zwischen Wohnungseigentümern und zwischen Eigentümer und Dauerwohnberechtigten ist das Amtsgericht (Streitgericht) des belegenen Grundstücks zuständig, aber nicht ausschließlich (§§ 51, 52 WEG); im übrigen entscheidet das Gericht der FGG (§ 43 WEG). An die Belegenheit des Wohnraums knüpft der ausschließliche Gerichtsstand gem § 29 a an. Im Anwendungsbereich des **EuGVÜ** begründet der Belegenheitsort der unbeweglichen Sache die ausschließliche internationale Zuständigkeit für dingliche Klagen sowie unbewegliche Sachen betreffende Miet- und Pachtklagen (Art 16 Nr 1 EuGVÜ), einschließlich reiner Miet-(Pacht-)zinsklagen, auch bei nur kurzer Vertragsdauer (EuGH NJW 85, 905 = RIW 85, 238; BGH WM 85, 1246; zur Überlassung einer Ferienwohnung vgl § 29 a Rn 4). Art 16 Nr 1 EuGVÜ gilt nicht für Streitigkeiten aus Pacht eines Ladengeschäfts, wenn der Verpächter nicht zugleich Eigentümer des Grundstücks ist (EuGH NJW 78, 1107 = RIW/AWD 78, 336).

II) Voraussetzungen

7 Der dingliche Gerichtsstand ist gegeben, wenn die unbewegliche Sache (Rn 2 ff) Gegenstand einer der in Abs **I** genannten Klagen ist (Rn 8–17). Die Aufzählung dient der Vermeidung von Abgrenzungsschwierigkeiten. Die Klageart (Leistungs-, positive oder negative Feststellungsklage) und die materiell-rechtliche Einordnung des geltend gemachten Anspruchs sind gleichgültig, die Schlüssigkeit der Klagebegründung ist für die Zuständigkeit unerheblich, die *Behauptung* der Zuständigkeitstatsachen genügt (vgl § 12 Rn 14).

8 **1) Eigentumsklagen.** Hierunter fallen **a)** Klagen, die ein **bestehendes Eigentum** (auch Miteigentum) derart zum Gegenstand haben, daß mit Rechtskraftwirkung darüber entschieden wird, nämlich die Klage auf Feststellung des Eigentums, auf Berichtigung des Grundbuchs durch Eintragung des Klägers als wahren Eigentümer (§ 894 BGB); aber auch **b)** Klagen, bei denen das Eigentum nur Anspruchsgrundlage ist, ohne von der Rechtskraft ergriffen zu werden. Beispiele: Klage des Eigentümers einer unbeweglichen Sache gegen den Besitzer, der ihm die Sache vorenthält, auf **Herausgabe** (Vindikationsklagen, § 985 BGB); Klage auf Beseitigung von Beeinträchtigungen nach § 1004 BGB (Celle VersR 78, 570); Klage aus §§ 905, 906 ff (Nachbarrecht), § 1053 BGB (Nießbrauch).

9 **Keine Eigentumsklagen** sind dagegen: Die Erbschaftsklage (§§ 2018 ff BGB; Grund: Grundstück ist nur Nachlaßbestandteil); die Klage aus der Anwartschaft des Nacherben (§ 2113 BGB);

die Klage des persönlichen Gläubigers auf Einräumung des Eigentums (Auflassung), auch bei Vormerkung, wohl aber Klagen des Vorgemerkten aus §§ 883 II, 888 BGB gegen den Dritterwerber; **nicht** hierher gehören ferner die Wandelungsklage oder die Klage aus Nichtigkeit des obligatorischen Vertrags sowie die Gläubigeranfechtungsklagen, die ein Grundstück betreffen (KG JW 26, 1595; Wieczorek Anm B IIc 1; aA LG Hamburg MDR 72, 55).

2) Klagen aus dinglicher Belastung. a) Gegenstand sind die **beschränkten dinglichen Rechte:** Erbbaurecht; Grunddienstbarkeiten; Nießbrauch; beschränkte persönliche Dienstbarkeiten, dingliches Vorkaufsrecht (auch ein gesetzliches, nicht aber das des Miterben nach § 2034 BGB, da dieses den Erbanteil, nicht das Grundstück selbst erfaßt), Reallasten (§ 1105 BGB, nicht Ansprüche aus persönlicher Haftung auf Rückstände, vgl § 1108 BGB und dazu § 25 Rn 6), Hypotheken-, Grund- und Rentenschulden. Ohne große praktische Bedeutung: Die Altrechte nach Art 184 EGBGB und die landesrechtlich vorbehaltenen (vgl Rn 4); öffentlich-rechtliche Lasten (RG 38, 350); **Vormerkung:** nicht, wenn der Vorgemerkte den gesicherten Anspruch gegen den Schuldner, wohl aber, wenn er die Rechtsfolgen aus §§ 883 II, 888 BGB gegen den Dritterwerber geltend macht. 10

b) Geltendmachung: Klage auf Feststellung des Rechts; Abwehrklagen aus §§ 1027, 1065, 1090 BGB; Leistungsklagen auf Erfüllung (§§ 1094, 1105 BGB usw), insbesondere auf Duldung der Zwangsvollstreckung (§ 1147 BGB) bei Grundpfandrechten, wobei die Formulierung des Antrags (etwa Zahlung aus dem Grundstück) nichts an dem Charakter der Klage ändert. Klage auf Grundbuchberichtigung durch Wiedereintragung einer irrtümlich gelöschten dinglichen Belastung (§ 894 BGB; Celle NJW 54, 961), Klage auf Umschreibung einer Hypothek in eine Eigentümergrundschuld und die Klage gegen den Ehegatten auf Duldung der Zwangsvollstreckung in entspr Vermögensrechte (§ 743), aber auch entspr andere Duldungsklagen (§§ 737, 745, 748). 11

Nicht unter § 24 fällt die Klage auf Begründung oder Übertragung einer dinglichen Last (BGH 54, 201), die Klage bei Streit, ob ein Pfandrecht an einer Hypothek zu Recht besteht oder nicht (RG 51, 231), wohl aber, wenn – in diesem Fall – der Eigentümer klagt (RG 149, 192). 12

3) Klagen, die die Freiheit von einer dinglichen Belastung geltend machen. a) Rechte: wie Rn 10, ferner alle Vorbemerkungen. **b) Geltendmachung:** Negative Feststellungsklage; Klage des Eigentümers auf Grundbuchberichtigung (§ 894 BGB), Vorlegung und Aushändigung des Briefes sowie sonstiger Urkunden (bei gänzlicher Befriedigung § 1144 BGB), Klage des Eigentümers auf Löschung oder Bewilligung der Umschreibung, auf Löschung einer Hypothekenvormerkung oder eines Teils der Vormerkung (OLG 20, 289), Klage auf Herabsetzung des Zinsfußes oder Änderung der Kündigungsbestimmungen; aber auch (schuldrechtliche!) Klagen auf Befreiung des Grundstücks von Belastung, zB § 1169 BGB, Löschung einer nach KO oder AnfG anfechtbar erworbenen Hypothek (LG Itzehoe MDR 83, 674); § 37 KO; § 7 AnfG (bestritten! aA 9. Aufl; wie hier StJSchumann Rn 22 Fußnote 44; BL § 24 Anm 2C). 13

Nicht: Klage auf Übertragung einer Grundschuld wegen Wegfalls des Sicherungsgrundes (BGH 54, 201), Klage auf Löschung einer Hypothekenpfändung (RG 51, 231), Klage gegen Dritte auf Erfüllung einer persönlichen Verpflichtung, die Löschung zu bewirken (RG 25, 288), Klage des Hypothekengläubigers auf Rückschaffung beweglicher Sachen auf das Grundstück, Klage auf Feststellung der Unwirksamerklärung einer Kündigung (OLG 20, 288). 14

4) Grenzscheidungsklagen. Der Eigentümer eines Grundstücks verlangt von seinem Nachbarn Errichtung fester Grenzzeichen oder Mitwirkung bei Wiederherstellung verrückter oder unkenntlich gemachter Grenzzeichen (§ 919 BGB) oder eigentliche Grenzscheidung (§ 920 BGB). 15

5) Teilungsklagen, wenn es sich um die Teilung einzelner unbeweglicher Sachen handelt; hierher: Klage aus § 749 BGB (Klage eines Teilhabers auf Aufhebung der Gemeinschaft), §§ 1008 ff: Klage der Miteigentümer nach Bruchteilen einer unbeweglichen Sache auf Teilung; **nicht:** Klage betreffend die Auseinandersetzung unter Gesellschaftern oder Miterben, Klage auf Teilung einer Vermögensmasse oder von Erträgnissen. 16

6) Besitzklagen: §§ 861 (Wiedereinräumung), 862 (Störungsbeseitigung), 869 (Verübung verbotener Eigenmacht), 1029 (Störung in der Ausübung einer Grunddienstbarkeit) BGB; **nicht:** Klage auf Einräumung des Besitzes, zB auf Grund Kaufs oder Miete oder Klage gegen den Erbschaftsbesitzer. 17

III) Rechtsfolgen. 1) Ausschließlicher Gerichtsstand (vgl allgemein § 12 Rn 8). Ausgeschlossen sind der allgemeine, besondere und vereinbarte Gerichtsstand (§ 40 II), auch der der Widerklage (§ 33 II). 18

2) Ort. a) Maßgebend ist, wo das Grundstück **belegen** ist **(I),** einerlei, wer klagt (RG 86, 280). Liegt das Grundstück in mehreren Gerichtsbezirken, ist nach § 36 Nr 4 zu verfahren, belanglos ist der Ort der Störung (RG 86, 278). 19

20 **b)** Bei **subjektiv-dinglichen** Rechten entscheidet die Lage des dienenden (belasteten) Grundstücks **(II). aa) Grunddienstbarkeit:** § 7 Rn 1.

21 **bb) Reallast** ist die dingliche Belastung eines Grundstücks des Inhalts, daß an den Berechtigten (zu dessen Gunsten die Belastung erfolgt) gewisse wiederkehrende Leistungen zu entrichten sind (§ 1105 BGB). Reallast und Vorkaufsrecht können zugunsten bestimmter Personen (subjektiv-persönlich), aber auch wie die Grunddienstbarkeit zugunsten des jeweiligen Eigentümers eines anderen Grundstückes (subjektiv-dinglich: §§ 1094 II, 1105 II BGB) bestellt werden.

22 **cc) Vorkaufsrecht** ist die dingliche Belastung eines Grundstücks, wonach der, zu dessen Gunsten die Belastung erfolgt, zum Vorkauf für den Fall berechtigt ist, daß der Eigentümer das Grundstück veräußert (§ 1094 BGB). Das persönliche Vorkaufsrecht (§§ 504 ff BGB) betreffende Klagen fallen nicht unter § 24. Wohl aber Klagen aus Nachbarrecht (Rn 8); bestimmend ist die Lage des **defensiven** Grundstücks.

25 *[Dinglicher Gerichtsstand des Sachzusammenhangs]*

In dem dinglichen Gerichtsstand kann mit der Klage aus einer Hypothek, Grundschuld oder Rentenschuld die Schuldklage, mit der Klage auf Umschreibung oder Löschung einer Hypothek, Grundschuld oder Rentenschuld die Klage auf Befreiung von der persönlichen Verbindlichkeit, mit der Klage auf Anerkennung einer Reallast die Klage auf rückständige Leistungen erhoben werden, wenn die verbundenen Klagen gegen denselben Beklagten gerichtet sind.

1 **1) Allgemeines. a) Bedeutung.** Erleichterung der Rechtsverfolgung durch Ermöglichung (kein Zwang, vgl Rn 2) der Verbindung (§ 260) von (im Gerichtsstand des § 24 zu erhebender) **dinglicher** und **persönlicher** Klage gegen denselben Beklagten bei materiellrechtlicher Abhängigkeit der zugrundeliegenden Ansprüche. Der Gerichtsstand des Sachzusammenhangs für die persönliche Klage ist dann von Bedeutung, wenn der Beklagte seinen allgemeinen Gerichtsstand nicht im Bezirk des belegenen Grundstücks (§ 24) hat und dort sich auch kein (sonstiger) besonderer Gerichtsstand befindet. Die übrigen Voraussetzungen für die Klagenverbindung müssen vorliegen; insbes muß das Gericht sachlich zuständig sein. Bei Klage gegen **verschiedene Beklagte** treffen §§ 60, 36 Nr 3 zu.

2 **b)** Der Gerichtsstand des § 25 ist **nicht ausschließlich;** er begründet keine selbständige Zuständigkeit für die genannten persönlichen Klagen (Rn 4–6). Die Unbegründetheit der dinglichen Klage macht das angegangene Gericht für die mit ihr verbundene persönliche Klage nicht unzuständig.

3 **2) Voraussetzungen.** Das Gericht des dinglichen Gerichtsstands (§ 24) ist für folgende **persönliche Klagen** (Rn 4–6) örtlich zuständig, wenn sie mit der jeweils genannten dinglichen Klage verbunden und gegen den gleichen Beklagten gerichtet sind.

4 **a) Schuldklage** ist die Klage gegen den **persönlichen Schuldner** auf Leistung oder Feststellung; verbundene dingliche Klage: Klage aus **Hypothek** (§ 1113 BGB), **Grundschuld** (§ 1191 BGB) oder **Rentenschuld** (§ 1199 I BGB) auf Duldung der Zwangsvollstreckung in das Grundstück (Zahlung aus dem Grundstück; vgl § 1147 BGB; Fall des § 24 Rn 11). Bei der Hypothek haftet in der Regel (Ausnahmen kommen infolge §§ 892, 1138 BGB vor) auch irgendeine Person **(persönlich)** für die durch die Hypothek gesicherte Schuld. Das gleiche wird meist bei Grund- und Rentenschulden der Fall sein, wenn auch das Schuldverhältnis dabei nicht zum Ausdruck gebracht werden darf. § 25 trägt der materiellrechtlichen Verknüpfung von Grundpfandrecht und persönlicher Forderung Rechnung.

5 **b) Klage auf Befreiung von der persönlichen Schuld** ist auch die negative Feststellungsklage und die auf Anfechtung oder Aufhebung gerichtete Klage; verbundene dingliche Klage: Klage des Eigentümers gegen den Hypothekengläubiger auf **Umschreibung** der kraft Gesetzes zur Eigentümergrundschuld gewordenen Hypothek und auf Löschung einer Hypothek, Grundschuld oder Rentenschuld (vgl §§ 1143, 1163, 1168, 1170 ff, 1173 BGB; Fall von § 24 Rn 13).

6 **c) Der Klage auf rückständige Leistungen aus der Reallast** liegt idR zugleich die persönliche Verpflichtung des jeweiligen Eigentümers zugrunde (§ 1108 BGB); verbundene dingliche Klage aus der Reallast: § 1105 BGB (Fall von § 24 Rn 10).

26 *[Dinglicher Gerichtsstand für persönliche Klagen]*

In dem dinglichen Gerichtsstand können persönliche Klagen, die gegen den Eigentümer oder Besitzer einer unbeweglichen Sache als solche gerichtet werden, sowie Klagen wegen Beschädigung eines Grundstücks oder hinsichtlich der Entschädigung wegen Enteignung eines Grundstücks erhoben werden.

1) Allgemeines. Bedeutung. Ausdehnung des dinglichen Gerichtsstands (§ 24) auf bestimmte persönliche Klagen, an denen Grundstückseigentümer (-besitzer) aktiv oder passiv beteiligt sind. Der **Gerichtsstand** entspricht § 24 Rn 19 ff, ist aber nicht ausschließlich („können" – nicht müssen – „erhoben werden"), jedoch (im Gegensatz zu § 25, dort Rn 2) **selbständig.** § 24 geht vor. 1

2) Voraussetzungen. Die erweiterte Zuständigkeit (Rn 1) gilt für folgende Klagen: **a) Persönliche Klagen gegen den Eigentümer oder Besitzer eines Grundstücks als solchen.** Eigentümer oder Besitzer müssen gerade in dieser ihrer Eigenschaft passiv sachbefugt sein. **Beispiele:** Klage auf Gestattung der Besichtigung (§ 809 BGB) oder das Aufsuchen einer Sache (§§ 867, 1005 BGB); auf Vorkehrung zur Abwendung der von einem Gebäude oder einem anderen Werk drohenden Gefahr (§ 908 BGB); auf Entschädigung wegen Überbaues (§ 913 BGB); auf Gestaltung der Benützung einer der in § 921 BGB bezeichneten Einrichtung und auf Ersatz von Unterhaltskosten (§ 922 BGB); die Klage auf Ersatz von Verwendungen, die nach §§ 994, 999 II, 1000 ff BGB der Besitzer und gem § 1049 BGB der Nießbraucher gegen den Eigentümer erheben kann; auch die Klage auf Einräumung einer Bauhandwerkerhypothek durch den Besteller/Eigentümer (Braunschweig OLGZ 74, 211; ThP Anm 1a; Wieczorek Anm B I, so jetzt auch StJSchumann Rn 4, str; aA BL Anm 2 A). **Nicht** hierher gehören: Die Klage auf Schadensersatz wegen Einsturz eines Gebäudes, wenn es sich nicht um die Beschädigung des Nachbargrundstücks handelt, und die Klage wegen des persönlichen Anspruchs gegen den Eigentümer aus der Reallast (§ 1008; vgl dazu auch § 25 Rn 6). 2

b) Klagen des Eigentümers oder Besitzers wegen Grundstücksbeschädigung. Der **Grund** der Grundstücksbeschädigung ist belanglos. Maßgebend ist die Lage des beschädigten Grundstücks. **Beispiele:** Klage aus §§ 823, 826 ff (unerlaubte Handlung), § 904 S 2 (Nothilfe), §§ 836, 837 ff BGB (Ersatz des durch Einsturz eines benachbarten Gebäudes entstandenen Schadens, wenn es sich um Beschädigung des Nachbargrundstücks handelt), §§ 29 ff BJagdG (Wild- und Jagdschaden). 3

c) Klagen auf Enteignungsentschädigung. Vgl § 15 Nr 2 EGZPO. Landesrechtlich ist meist der Gerichtsstand der belegenen Sache für ausschließlich zuständig erklärt (vgl zB Art 45 I 2 BayEG vom 11. 11. 74, GVBl 610, ber 814; dazu auch Ostler, BayJustizgesetze, 3. Aufl 1977, Nr 166). Vgl auch § 159 BBauG, § 81 II BLG. § 26 gilt auch bei enteignungsgleichen Eingriffen. 4

27 *[Besonderer Gerichtsstand der Erbschaft]*

(1) Klagen, welche die Feststellung des Erbrechts, Ansprüche des Erben gegen einen Erbschaftsbesitzer, Ansprüche aus Vermächtnissen oder sonstigen Verfügungen von Todes wegen, Pflichtteilsansprüche oder die Teilung der Erbschaft zum Gegenstand haben, können vor dem Gericht erhoben werden, bei dem der Erblasser zur Zeit seines Todes den allgemeinen Gerichtsstand gehabt hat.

(2) Ist der Erblasser ein Deutscher und hatte er zur Zeit seines Todes im Inland keinen allgemeinen Gerichtsstand, so können die im Abs. 1 bezeichneten Klagen vor dem Gericht erhoben werden, in dessen Bezirk der Erblasser seinen letzten inländischen Wohnsitz hatte; wenn er einen solchen Wohnsitz nicht hatte, so gilt die Vorschrift des § 15 Abs. 1 Satz 2 entsprechend.

1) Allgemeines. a) Bedeutung. § 27 begründet für bestimmte erbrechtliche Streitigkeiten (kasuistische Umschreibung: Rn 3) einen nicht ausschließlichen besonderen Gerichtsstand. **Zweck:** Zusammenfassung der Prozesse über einen Erbfall bei einem sachnahen Gericht. Daß sich Nachlaßgegenstände tatsächlich im Gerichtsbezirk befinden oder befunden haben, ist aber nicht erforderlich. 1

b) Gerichtsstand. Er knüpft an an den **allgemeinen Gerichtsstand** des Erblassers zur Zeit seines Todes (§§ 12–16). Mehrheit von allgemeinen Gerichtsständen des Erblassers hat Mehrheit von Gerichtsständen der Erbschaft zur Folge (RG 35, 418). Es besteht Wahlrecht gem § 35. Für den Fall, daß der Erblasser deutscher Staatsangehöriger war und zur Zeit seines Todes keinen inländischen allgemeinen Gerichtsstand hatte, stellt Abs **II Hilfsgerichtsstände** zur Verfügung (letzter inländischer Wohnsitz, hilfsweise Sitz der Bundesregierung). **Grund.** In allen Fällen, in denen erbrechtliche Verhältnisse nach deutschen Gesetzen zu beurteilen sind (vgl Art 24 EGBGB), muß auch ein inländischer Gerichtsstand gewährleistet sein (Mot; vgl auch Zweibrük- 2 ken OLGZ 85, 414 für FGG). Für erbrechtliche Streitigkeiten **vor** dem Erbfall gilt § 27 nicht (Celle MDR 62, 992; vgl Palandt/Edenhofer § 1922 Anm 1c; BGH 37, 137).

3 **2) Voraussetzungen.** Gegenstand der folgenden Klagen sind Ansprüche und Rechtsverhältnisse, die durch den Erbfall als solchen entstanden sind. Die Parteirollen der Beteiligten sind gleichgültig. Die **Klagen können erhoben werden** gegen den Erben, den Nachlaßverwalter (RG 26, 380), den Testamentsvollstrecker, den mit einem Vermächtnis Beschwerten oder dessen Rechtsnachfolger. An eine **Zeit** wie im § 28 ist die Klageerhebung nicht gebunden. Zur Begründung der Zuständigkeit genügt, daß die Klage auf einen der in Rn 4–9 genannten Klagegründe (Anspruchsgrundlagen) gestützt ist (s allg § 12 Rn 14); ob diese wirklich vorliegen, ist gleichgültig (dann ggf Abweisung der Klage als unbegründet). Auch auf die Rechtsschutzform (Leistungs-, Feststellungs-, Gestaltungsklage) kommt es grundsätzlich nicht an (Ausnahme: Rn 4). Die zutreffende Antragstellung richtet sich nach dem materiellen Recht und ist für die Zuständigkeitsfrage ohne Belang; zur Erbteilungsklage näher Rn 9.

4 **a) Klagen auf Feststellung des Erbrechts,** dh der durch Gesetz (§§ 1922, 2032 BGB), Testament (§ 2087 BGB) oder Erbvertrag (§ 2278 BGB) sich ergebenden Rechtsnachfolge in einen Nachlaß oder Anteil an demselben. **Erbe** ist auch der Fiskus (§ 1936 BGB) und der Nacherbe (§ 2100 BGB). Das Nachfolgerecht bei fortgesetzter Gütergemeinschaft (§ 1483 I BGB) ist kein Erbrecht. Die Erbrechtsfeststellung erfolgt idR durch Feststellungsklage (§ 256 ZPO), auch durch Klage auf Feststellung der Gültigkeit oder Ungültigkeit einer letztwilligen Verfügung; weitere Beispiele: Geltendmachung von Anfechtung (§§ 2078 ff BGB) und Verzicht (§ 2346 BGB); möglich ist auch Gestaltungsklage (Erbunwürdigkeitsklage gem § 2342 BGB). **Nicht** hierher gehören die Klage des Erbschaftskäufers (§ 2374 BGB, nur schuldrechtlich) und die Klage wegen eines Rechts an einzelnen Nachlaßgegenständen.

5 **b) Ansprüche gegen den Erbschaftsbesitzer.** Erbschaftsbesitzer ist, wer auf Grund eines vermeintlichen oder angemaßten Erbrechts Vermögensrechte aus der Erbschaft erlangt hat (§§ 2018–2027, 2029, 2030, 2037, nicht auch § 2028 BGB – Einzelklagen des Erben auf Auskunft, bestr; aA StJSchumann Rn 8). In der Regel: Klage auf Feststellung des Erbrechts, verbunden mit der Klage auf Herausgabe. Unter § 27 fällt nur die das Gesamterbe betreffende Klage (zB auf Auskunft, eidesstattliche Versicherung und Herausgabe, vgl Nürnberg OLGZ 81, 115), **nicht** auch Einzelklage (§§ 985, 989 f, 2029 BGB), zB gegen einen vermeintlichen Vermächtnisnehmer oder Beauftragten des Erblassers (Köln OLGZ 86, 212 = Rpfleger 86, 96), oder die Klage auf Herausgabe eines zu Unrecht ausgestellten Erbscheins oder eines Testamentsvollstreckerzeugnisses. Dem Erbschaftsbesitzer steht dessen Erbe gleich (Nürnberg OLGZ 81, 116 f).

6 **c) Ansprüche aus Vermächtnis.** Vermächtnis ist eine Anordnung des Erblassers, durch die er einer Person von Todes wegen einen Vermögensvorteil zuwendet, ohne sie zum Erben einzusetzen (§§ 1932, 1939, 1941, 1969, 2150, 2174, 2279, 2299 BGB). Der Vermächtnisnehmer ist, soweit der Erbe beschwert ist, Nachlaßgläubiger (§§ 2174, 1967 BGB).

7 **d) Ansprüche aus sonstiger Verfügung von Todes wegen:** Auflage (§ 2192 BGB); Schenkung auf den Todesfall (§ 2301 BGB).

8 **e) Pflichtteilsansprüche.** Klage gegen den Erben auf Zahlung (§§ 2303 ff BGB); Anspruch auf Pflichtteilsergänzung (§ 2329 BGB); Klage gegen den erbunwürdigen Pflichtteilsberechtigten (§ 2345 II BGB). Den Pflichtteilsansprüchen gleich stehen **Erbersatzansprüche** von nichtehelichen Kindern gem § 1934a BGB (zutr StJSchumann Rn 10).

9 **f) Klage auf Teilung der Erbschaft.** Klage der Erben betreffend die Zulässigkeit der Auseinandersetzung (§§ 2042 ff BGB), auch bei Fortsetzung der allgemeinen Gütergemeinschaft nach § 1483 II BGB; **nicht** Klage auf Aufhebung oder Auseinandersetzung der fortgesetzten Gütergemeinschaft (§§ 1495 ff BGB), abgesehen von §§ 1482, 1483 II BGB (StJSchumann Rn 11). Der Kläger muß einen *Plan für die Auseinandersetzung* vorlegen und auf *Zustimmung* zu einem entsprechenden Auseinandersetzungsvertrag klagen (Palandt/Edenhofer § 2042 Anm 5b; Lange-Kuchinke, Erbrecht, 2. Aufl, § 46 III 6a mwN in Fn 186). Zuständigkeit des Nachlaßgerichts zur Vermittlung der Erbauseinandersetzung: §§ 86 ff FGG.

28 *[Erweiterter Gerichtsstand der Erbschaft]*

In dem Gerichtsstand der Erbschaft können auch Klagen wegen anderer Nachlaßverbindlichkeiten erhoben werden, solange sich der Nachlaß noch ganz oder teilweise im Bezirk des Gerichts befindet oder die vorhandenen mehreren Erben noch als Gesamtschuldner haften.

1) Allgemeines. a) Bedeutung. Zeitlich begrenzte (Rn 3, 4) Erweiterung des Erbschaftsgerichtsstands (§ 27) für Nachlaßverbindlichkeiten, die über den Kreis der bereits in § 27 erfaßten Erbfallschulden (vgl Palandt/Edenhofer § 1967 Anm 3; § 27 Anm 6–8) hinausgehen (Einzelheiten: Anm 2). **b) Gerichtsstand:** Nicht ausschließlich (§ 12 Rn 9), wie § 27 (vgl dort Rn 2). 1

2) Voraussetzungen. a) Gegenstände der Klagen. Es muß sich um andere (dh als die in § 27 genannten) **Nachlaßverbindlichkeiten** handeln, also Nachlaßverbindlichkeiten, die vom Erblasser selbst herrühren (§ 1967 BGB) und auch Nachlaßerbenschulden (Palandt/Edenhofer § 1967 Rn 4). Hierher gehören: dingliche Ansprüche, die gegen ihn begründet waren, sowie die den Erben als solchen treffenden Verbindlichkeiten: § 1963 BGB (Anspruch der Mutter des noch nicht geborenen Erben), § 1967 (Zahlungsanspruch des Lebensgefährten gegen die Erben, Saarbrücken FamRZ 79, 796), § 1968 BGB (Beerdigungskosten), § 1969 BGB (30tägiger Unterhalt der Angehörigen des Erblassers), Ansprüche aus Rechtsgeschäften des Testamentsvollstreckers oder Nachlaßpflegers (§§ 2205–2207 BGB), Ansprüche aus einer Geschäftsführung des Beauftragten (§ 672 BGB) oder ohne Auftrag im Interesse der Erbschaft (§§ 683, 684 BGB), **nicht** Ansprüche des Erbschaftskäufers (§§ 2371 ff BGB) und der Erben. 2

b) Zeitliche Begrenzung. aa) Ist nur **ein** Erbe vorhanden, so ist die Klage im Gerichtsstand des § 28 zulässig, solange sich auch nur ein Stück des Nachlasses, sei es auch noch so geringwertig, im Gerichtsbezirk befindet. Bei Forderungen gilt § 23 S 2 entspr (StJSchumann Rn 4). 3

bb) Wenn **mehrere** Erben vorhanden sind, besteht der Gerichtsstand, solange diese als **Gesamtschuldner** für die streitige Nachlaßverbindlichkeit gem §§ 2058 ff, 421 ff BGB haften. Ende der Gesamthaftung und damit des besonderen Gerichtsstandes: §§ 2060, 2061 BGB. Daß § 28 vorliegt, muß der Kläger, den Wegfall der Gesamthaftung müssen die Erben beweisen. Daß sich noch ein Stück des Nachlasses im Gerichtsbezirk befindet oder je befunden hat, ist nicht nötig (BayObLG NJW 50, 310). 4

29 *[Besondere Gerichtsstände des gesetzlichen und vereinbarten Erfüllungsorts]*

(1) Für Streitigkeiten aus einem Vertragsverhältnis und über dessen Bestehen ist das Gericht des Ortes zuständig, an dem die streitige Verpflichtung zu erfüllen ist.

(2) Eine Vereinbarung über den Erfüllungsort begründet die Zuständigkeit nur, wenn die Vertragsparteien Kaufleute, die nicht zu den in § 4 des Handelsgesetzbuchs bezeichneten Gewerbetreibenden gehören, juristische Personen des öffentlichen Rechts oder öffentlich-rechtliche Sondervermögen sind.

Lit: *Brehm/John/Preusche,* § 29 ZPO und Erfüllungsortsvereinbarungen, insbesondere in Arbeitsverträgen, NJW 75, 26; *dies,* Sperrwirkung von Erfüllungsortsvereinbarungen nach der Gerichtsstandsnovelle? RdA 75, 295; *Lüderitz,* Fremdbestimmte internationale Zuständigkeit?, Versuch einer Neubestimmung von § 29 ZPO, Art 5 Nr 1 EuGVÜ, FS Zweigert 1981, 233; *Merz,* Die Wirkung der Neufassung von § 29 ZPO auf unter AGB geschlossenen Verträge, WM 75, 114; *Piltz,* Der Gerichtsstand des Erfüllungsortes nach dem EuGVÜ, NJW 81, 1876; *Rewolle,* Der Gerichtsstand des Erfüllungsortes in arbeitsrechtlichen Streitigkeiten, insbes bei wechselnden Beschäftigungsorten, BB 79, 170; *Schack,* Der Erfüllungsort im deutschen, ausländischen und internationalen Privat- und Zivilprozeßrecht, 1985 (dazu *Geimer* NJW 86, 643); *Spellenberg,* Der Gerichtsstand des Erfüllungsortes im europäischen Gerichtsstands- und Vollstreckungsübereinkommen, ZZP 91, 38; vgl ferner das zu § 38 angegebene allgemeine Schrifttum.

I) Allgemeines

1) Neufassung. Abs I neu gefaßt, Abs II neu eingefügt durch Art 1 Nr 2 der Gerichtsstandsnovelle, in Kraft seit 1. 4. 1974; Übergangsregelung: Rn 2 vor § 38. Die Neufassung des Abs I bringt eine sprachliche Verbesserung (Generalklausel statt Kasuistik), bedeutet aber keine sachliche Änderung des bisherigen Rechtszustands. Im scharfen Gegensatz zur bisherigen Rechtslage haben dagegen nach Abs II Vereinbarungen über den Erfüllungsort grundsätzlich keine zuständigkeitsbegründende Wirkung mehr (Rn 26). 1

2) Bedeutung. Nach der Neuregelung enthält § 29 keinen einheitlichen Erfüllungsortsgerichtsstand mehr; vielmehr ist zwischen den Gerichtsständen des gesetzlichen (Rn 21 ff) und des vereinbarten Erfüllungsorts (Rn 26 ff) zu unterscheiden. Die praktische Bedeutung des Gerichtsstands des gesetzlichen Erfüllungsorts ist begrenzt; da nach § 269 I BGB im Zweifel der Wohnsitz des Schuldners Erfüllungsort (hierzu näher Rn 24) und der Schuldner im Regelfall Beklagter ist, dürfte der Gerichtsstand gem § 29 I, § 269 I BGB häufig mit dem allgemeinen Gerichtsstand des Beklagten (§§ 12, 13) zusammenfallen. Der Gerichtsstand des vereinbarten Erfüllungsorts ist 2 aber auf den vollkaufmännischen Verkehr beschränkt (§ 29 II). Die bisherige Kennzeichnung des „forum contractus" als „der wichtigste besondere Gerichtsstand des Geschäftsverkehrs" (BL Anm 1 A) dürfte daher in dieser Allgemeinheit nicht mehr zutreffen.

3 **3) Abgrenzung.** Ein zusätzlicher Gerichtsstand des **Zahlungsorts** besteht bei Wechsel- und Scheckklagen (§§ 603, 605a), eine Sonderregelung im Aufgebotsverfahren (§ 1005). Für Klagen aus einigen sozial bedeutsamen Verträgen – Wohnraummiete, Abzahlungsgeschäfte, Haustürgeschäfte, Fernunterrichtsverträge – wird der Erfüllungsortsgerichtsstand durch eine ausschließliche Zuständigkeit am Ort des schutzbedürftigen Vertragspartners verdrängt (vgl § 29a; § 6a, b AbzG; § 7 HaustürWG; § 26 FernUSG); für Versicherungsverträge vgl auch § 48 VVG.

4 **4) Internationaler Rechtsstreit.** Die das Schuldverhältnis beherrschenden Sachnormen bestimmen bei einem Rechtsstreit mit Auslandsbeziehungen den Erfüllungsort (BGH NJW 81, 2642 [2643]; Geimer NJW 1976, 1290). Im Geltungsbereich des **EuGVÜ** begründet der vertragliche Erfüllungsort die internationale und örtliche Zuständigkeit für das Gericht, in dessen Bezirk er sich befindet (vgl Art 5 Nr 1 EuGVÜ; ausf dazu Piltz NJW 81, 1876 mN; Schack aaO, Rn 303 ff); maßgebend für die Bestimmung des Erfüllungsorts ist diejenige Verpflichtung, die den Gegenstand der Klage bildet (EuGH NJW 77, 490; BGH 74, 139; dazu Geimer EuR 77, 353). Die Bestimmung des Erfüllungsorts erfolgt nicht vertragsautonom, sondern nach dem inländischen (Kollisions-)Recht des mit der Sache zuerst befaßten Gerichts (EuGH NJW 77, 491; BGH NJW 82, 2733; 81, 1905; 85, 562; grundlegend: Schlosser, Gedächtnisschrift für Bruns, 1980, S 52 ff; krit Lüderitz, FS Zweigert 1981, 235 ff; Schack aaO, Rn 327 ff), also zB nach EKG (BGH NJW 81, 1185). Dieser Gerichtsstand steht auch dann zur Verfügung, wenn das Zustandekommen des Vertrags, aus dem der Anspruch hergeleitet wird, streitig ist (EuGH RIW/AWD 82, 280 = AnwBl 82, 245; BGH NJW 82, 2733). An sich gegebene ausschließliche Zuständigkeit wird durch Art 5 Nr 1 EuGVÜ verdrängt (BGH 82, 114). Eine **Vereinbarung** über den Erfüllungsort bedarf jedenfalls im kaufmännischen Verkehr nicht der Prorogationsform des Art 17 I EuGVÜ (so jetzt EuGH NJW 80, 1218 = RIW/AWD 80, 726; BGH RIW/AWD 80, 725; BGH NJW 85, 560 f, früher str; vgl 12. Aufl mwN zur Gegenansicht). Abschluß durch AGB-Vereinbarung ist möglich (selbst Prorogationsform steht dem nicht entgegen: § 38 Rn 27), jedoch sind an die Einbeziehung von AGB strenge Anforderungen zu stellen. Für die Einbeziehung der ADSp (vgl dort § 65) soll stillschweigende Unterwerfung genügen (BGH NJW 85, 560; strenger Bremen RIW/AWD 78, 747). Sonderregeln gelten für Klagen in Versicherungs- und Abzahlungssachen (Art 7 ff, 13 ff EuGVÜ). Der Gerichtsstand des „Zahlungsorts" (§ 603) gilt im EG-Rechtsstreit nicht (LG Göttingen RIW/AWD 77, 235; Piltz NJW 81, 1876).

II) Anwendungsbereich

5 Unter § 29 fallen alle **Streitigkeiten** (Rn 16 ff) aus **Vertragsverhältnissen. 1) Vertragsverhältnis. a) Begriff.** Vertragsverhältnisse iS des § 29 sind **alle schuldrechtlichen Verpflichtungsverträge,** mögen sie auch öffentlich-rechtlicher Natur sein (StJSchumann Rn 1; vgl auch §§ 54 ff VwVfG), dann aber besteht idR die Zulässigkeit des ordentlichen Rechtswegs nicht (vgl § 40 II 1 VwGO; BGH 87, 9 [15 f] = NJW 83, 2311 [2312]).

6 Den Verträgen **gleichgestellt** werden bestimmte vertragsähnliche gesetzliche Sonderbeziehungen, nämlich **aa)** das Rechtsverhältnis zwischen der Vertragspartei und dem in Anspruch genommenen **Vertreter ohne Vertretungsmacht** (§ 179 I BGB; der Erfüllungsort des nicht zustandegekommenen Vertrages gilt: Hamburg MDR 75, 227) sowie **bb)** das gesetzliche Schuldverhältnis der **Vertragsverhandlungen** bei Verschulden bei Vertragsschluß (BayObLG VersR 85, 741 [743]; München NJW 80, 1531 mN; Schack aaO, Rn 154 mN, hM; aA LG Essen NJW 73, 1703; LG Arnsberg NJW 85, 1172; vgl auch die Bsp in Rn 20). Die Anwendung von § 29 auf *culpa in contrahendo* entspricht der materiellrechtlichen Qualifizierung als *vertragsähnlicher* Haftungstatbestand (vgl Jauernig/Vollkommer, BGB, 3. Aufl, § 276 Anm V 1; vgl auch die Gleichstellung von „Vertragsverletzung" und „Verletzung von Pflichten bei den Vertragsverhandlungen" in § 11 Nr 7 AGBG). Zur Bestimmung des Erfüllungsorts s Rn 25 unter „Nebenpflicht".

7 In persönlicher Hinsicht findet § 29 Anwendung auf die **Vertragsparteien** einschließlich der Dritten bei Verträgen zugunsten Dritter (§ 328 BGB), auf ihre Sonder- und Gesamtrechtsnachfolger und auf die abgeleitet Haftenden, zB die Gesellschafter der vertragsschließenden Gesellschaft gem §§ 128, 161, 171 HGB, darüber hinaus auch für die nach den Grundsätzen über das Verschulden bei Vertragsschluß persönlich haftenden Dritten (**„Sachwalter"**; vgl ie Jauernig/*Vollkommer, BGB, 3. Aufl, § 276 Anm VI 2e*), da insofern die Übereinstimmung von vertraglichen und quasi-vertraglichen Regelungen sicherzustellen ist.

8 **b) Abgrenzung. Nicht** in den Anwendungsbereich des § 29 fallen dagegen: **aa)** Schuldverhältnisse aus **einseitigen** Willenserklärungen (zB § 657 BGB);

bb) alle schuldrechtlichen **Verfügungsverträge** (zB Zession, § 398 BGB); 9

cc) alle **dinglichen Verträge** (zB gem §§ 873, 925, 929 BGB); 10

dd) alle **familienrechtlichen Verträge** (zB das Verlöbnis, § 1298; ebenso R-Schwab § 36 II 1, str; 11
aA StJSchumann Rn 33);

ee) alle **erbrechtlichen Verträge** (zB Erbvertrag, §§ 2274 ff BGB); 12

ff) alle **prozeßrechtlichen Verträge** (zB Schiedsvertrag, §§ 1025 ff; BGH 7, 185). 13

gg) Nach hL fallen ferner **nicht** unter § 29 die **gesetzlichen Verpflichtungen** (§§ 368, 371 BGB; 14
vgl RG 28, 434; str; zutr aA Schack aaO, Rn 154) sowie die **gesetzlichen Schuldverhältnisse** (Geschäftsführung ohne Auftrag, §§ 677 ff BGB [BayObLG MDR 81, 233]; ungerechtfertigte Bereicherung, §§ 812 ff BGB; vgl aber andererseits Rn 6 aE). § 29 soll auch dann nicht gelten, wenn ein nichtiger oder angefochtener Vertrag über § 812 BGB rückabgewickelt werden soll (vgl RG 49, 421; BGH JZ 62, 315 = NJW 62, 739; LG Arnsberg NJW 85, 1172). Doch wirkt sich das Gegenseitigkeitsverhältnis des unwirksamen Vertrags nach der herrschenden Saldotheorie auch noch auf die Rückabwicklung aus (vgl von Caemmerer, FS Rabel, S 386; Larenz, Schuldrecht II, 12. Aufl, § 70 III; Palandt/Thomas § 818 Anm 6 Db), so daß die Anwendung des § 29 gerechtfertigt erscheint (ebenso Schack aaO, Rn 155).

hh) Nicht unter § 29 fallen schließlich Ansprüche aus Inhaberpapieren (§ 794 BGB), die 15
Anfechtungsklage aus § 29 KO (RG 30, 402; Karlsruhe MDR 79, 681), die Aussonderungsklage (RG 31, 392) sowie Ruhegeldansprüche gegen den Träger der Insolvenzsicherung gem §§ 7, 9 BetrAVG (vgl LG Stuttgart BB 77, 752).

2) Streitigkeiten. § 29 gilt für **alle Klagen** (gleich, welche Klageart und welche Prozeßart), mit 16
denen Rechte aus einem Vertragsverhältnis (Rn 5, 6) geltend gemacht werden. Hervorzuheben sind folgende Klagemöglichkeiten:

a) Klagen auf **Feststellung** des Bestehens oder Nichtbestehens eines Vertrags oder eines 17
(selbständigen) Vertragsteils (§ 256 ZPO). Beispiel: Für die negative Feststellungsklage des Darlehensnehmers gegen die kreditgewährende Bank ist der Wohnsitz des Darlehensnehmers maßgebend (LG Saarbrücken WM 85, 939; vgl auch Rn 25 unter „Darlehensvertrag"). Ergeben sich – wie idR – aus dem festzustellenden Vertragsverhältnis mehrere Verpflichtungen, so ist für die Zuständigkeit iS von I auf den für den Kläger „hauptsächlichen Anspruch" abzustellen (so Frankfurt RIW/AWD 80, 585; Wieczorek Anm B III d 1).

b) Klagen auf **Erfüllung einer Vertragspflicht** in Haupt- und/oder Nebensache (zB Vertrags- 18
strafe, Sicherheitsleistung, sonstige selbständige Nebenpflicht). Hierher gehört auch die Klage auf **Abnahme** der Waren (§ 433 II BGB), auf **Rückgewähr** wegen vertraglich vorbehaltenen Rücktritts (§ 346 BGB), entgegen der hL aber auch im Fall des § 326 BGB, da die Rückgewährsansprüche keine Bereicherungsansprüche sind (zu diesen Rn 14), sondern die Rückabwicklung gesetzlich auf § 346 BGB beruht: § 327 S 2 BGB regelt nur den Umfang der Haftung (vgl Jauernig/Vollkommer, BGB, 3. Aufl, § 346 Anm 1 c; § 347 Anm 3); die Klage gegen den Gesellschafter der OHG wegen einer Schuld der letzteren (§§ 128, 161, 171 HGB), die Klage gegen einen Ehegatten (§ 743) auf Duldung der Zwangsvollstreckung.

c) Klagen auf **Aufhebung, Umgestaltung** und **Inhaltsänderung** des Vertrags. Hierher gehört 19
die Klage aus §§ 133, 140 HGB, die Klage auf Bestimmung des Leistungsinhalts (§§ 315, 318, 343 BGB), auf Herabsetzung der Vertragsstrafe (§ 343 BGB), des Mäklerlohnes (§ 655 BGB), des Anwaltshonorars (§ 3 III BRAGO). Weiter zu nennen die **Wandlungsklage:** Wohl wird der mangelhaft erfüllte Kaufvertrag nicht durch einseitige Gestaltungserklärung des Käufers gewandelt (da § 467 BGB den § 349 BGB ausspart), sondern durch Vertrag zwischen Verkäufer und Käufer; wird aber Klage nötig, so schlägt die (verdeckte) Gestaltungswirkung des Wandlungsurteils durch (vgl Larenz NJW 51, 499; Schuldrecht II, 12. Aufl, § 41 II a; aA BGH 85, 367 [372 f mwN]). Ebenso bei Minderung; dagegen nach hM **nicht** die Klage auf **Rückgewähr des Geleisteten** (nach infolge Anfechtung wegen Irrtums usw erfolgter Vertragsauflösung; vgl aber Rn 14), es sei denn, daß sie auf eine besondere Vertragspflicht gestützt wird; auch nicht die Klage auf Quittungsleistung oder Rückgabe des Schuldscheins nach Bereinigung der Schuld (RG 28, 424 und Rn 14).

d) Klagen auf **Schadensersatz wegen Nicht- oder Schlechterfüllung von Haupt- und Neben-** 20
pflichten. Hierher gehören namentlich die Schadensersatzklagen bei zu vertretenden Leistungsstörungen (§§ 325, 326 BGB) einschließlich **positiver Vertragsverletzung** (vgl BGH NJW 74, 410 betr Verletzung von Unterlassungspflicht; BayObLG VersR 85, 741 [743]) und **Verschulden bei Vertragsschluß** (Rn 6 aE; vgl auch Düsseldorf MDR 69, 930); ferner die Klage auf das negative Vertragsinteresse wegen Vereitelung des Zustandekommens des Vertrags (§§ 122, 179 BGB), die Klage auf Rückgabe des zur Sicherung der Erfüllung eines nichtigen Vertrags Gegebenen (OLG 5, 18; vgl auch allg Rn 14).

III) Gerichtsstand des gesetzlichen Erfüllungsorts (Abs I)

21 **1) Gerichtsstand. a) Wirkung.** § 29 begründet eine nicht ausschließliche Zuständigkeit (vgl § 12 Rn 9), die jedoch nur im Rahmen des Abs II abbedungen werden kann (hierzu näher Rn 26). Der Gerichtsstand besteht neben dem allgemeinen (häufig aber mit diesem identisch, vgl Rn 2) oder einem anderen besonderen Gerichtsstand; das gilt auch im Verhältnis zum allg Gerichtsstand des Konkursverwalters (zutr und klarstellend LG Köln ZIP 85, 496 zu – insoweit mißverständlich – BGH 88, 331; vgl auch § 13 Rn 15; § 17 Rn 6). Zu ausschließlichen Zuständigkeiten bei bestimmten Verträgen vgl Rn 3. Bei mehreren Erfüllungsorten gilt § 35.

22 **b) Prüfung.** Vgl zunächst § 12 Rn 12–16, zum Zusammenfallen von zuständigkeits- und anspruchsbegründenden Tatsachen noch § 1 Rn 18. Ob § 29 eingreift, ist nach dem Klägervortrag zu beurteilen. Stützt sich der Kläger auf Vertrag, so entfällt § 29 nicht, wenn sich der Vertrag als nichtig erweist (Celle NJW 66, 1975). Ein hilfsweise auf §§ 123, 812 BGB gestützter Anspruch auf Rückgewähr kann bei primärem Wandelungsanspruch nicht vom Gericht des § 29 iVm § 467 BGB geprüft werden (BGH JZ 62, 315 = NJW 62, 739; vgl aber Rn 14 und allg § 12 Rn 20, 21).

23 **2) Bestimmung des gesetzlichen Erfüllungsorts. a)** Maßgebend ist der Ort, wo die (primäre) **streitige Verpflichtung** zu erfüllen war, mag auf ihre Feststellung, Erfüllung, Aufhebung oder auf Schadensersatz wegen ihrer Nichterfüllung geklagt werden. Die streitige Verpflichtung ist im Falle des Schadensersatzes damit die Verpflichtung, wegen deren nicht gehöriger Erfüllung Schadensersatz verlangt wird, nicht die Ersatzpflicht (RG JW 01, 397).

24 **b)** Der gesetzliche **Ort der Vertragserfüllung** ergibt sich aus dem bürgerlichen Recht, also in erster Linie aus einer besonderen gesetzlichen Bestimmung (zB §§ 374, 604, 697, 700, 811, 1194 BGB; § 36 VVG), hilfsweise aus § 269 BGB, soweit dort nicht auf Parteivereinbarung verwiesen ist. Er ist also in erster Linie aus den **Umständen,** insbesondere aus der **Natur des Schuldverhältnisses** zu entnehmen; ist dies nicht möglich, so ist er der Ort, an dem der **Schuldner** zur Zeit der Entstehung des Schuldverhältnisses seinen **Wohnsitz** hatte (§ 269 I BGB), bei gewerblichen Verpflichtungen der Ort seiner gewerblichen Niederlassung (§ 269 II BGB). Beim **gegenseitigen Vertrag** (§§ 320 ff BGB) ist der Erfüllungsort für die Verbindlichkeiten beider Vertragsteile in der Regel selbständig zu bestimmen (BayObLG BB 83, 1696). Verkauft zB ein Nürnberger Kaufmann an den in München wohnhaften A Waren, so ist Erfüllungsort für die Zahlung des Kaufpreises München, für die Klage auf Lieferung der Ware Nürnberg. Will der Kläger Befreiung von seiner Verbindlichkeit, so entscheidet der Ort, in dem diese bei Bestehen des Vertrags zu erfüllen wäre. Bildet das Bestehen oder Nichtbestehen des Vertrags als einheitliches Ganzes den Gegenstand des Streites, so ist sowohl am Erfüllungsort der einen wie auch an dem der anderen Verpflichtung ein Gerichtsstand begründet.

25 **3) Einzelfälle**

- Klagen aus **Auftrag:** der Ausführungsort (RG 12, 35).

- Für Gebührenanspruch des **Anwalts** der Ort seiner Kanzlei (BGH 97, 82 = NJW 86, 1178; Celle MDR 80, 673 mwN; BayObLG MDR 81, 233), auch wenn Vergütung für die Erstattung eines Rechtsgutachtens verlangt wird (LG Hamburg AnwBl 75, 237; MDR 76, 318); für die beiderseitigen Leistungen aus dem Anwaltsvertrag ist der Ort Erfüllungsort, wo der Anwalt seine Tätigkeit entfaltet (Celle NJW 66, 1975 = OLGZ 67, 309; Düsseldorf AnwBl 70, 232; BGH WM 81, 411); s auch „Rechtsanwalt".

- **Arbeitsvertrag:** Gemeinsamer Erfüllungsort für die beiderseitigen Leistungspflichten ist der wirtschaftliche und technische Mittelpunkt des Arbeitsverhältnisses (LArbG Nürnberg BB 69, 1271; eingehend mNachw Süße ArbuR 70, 47; Rewolle BB 79, 170 „Schwerpunkttheorie"), idR der Ort der Arbeitsstätte (Betriebssitz: BGH ZIP 85, 157; Tappermann NJW 73, 2096; für die Kündigungsschutzklage Brehm/John/Preusche NJW 75, 27), im Bergbau also die Schachtanlage (BAG 41, 123 [131, 132]). Ist die Arbeit an ständig wechselnden Orten zu erbringen, so richtet sich der Erfüllungsort nach dem Ort des Betriebs, von dem aus der Arbeitnehmer seine Weisungen erhält (Grunsky, ArbGG, 4. Aufl, § 2 Rn 39; LArbG Rheinland-Pfalz NZA 85, 540); s auch unter „Dienstvertrag". Der obligatorische Teil von Tarifverträgen ist in deren räumlichem Geltungsbereich zu erfüllen (ArbG Düsseldorf BB 68, 794).

- **Architektenvertrag:** Ein gemeinsamer Erfüllungsort für die beiderseitigen Leistungspflichten besteht nicht (München BauR 86, 243, str; aA Werner/Pastor, Der Bauprozeß, 5. Aufl 1986, Rn 339: wie Bauvertrag). Sind dem Architekten sämtliche Architektenleistungen übertragen, ist Erfüllungsort der Architektenleistung der Ort des Bauwerks (Stuttgart BauR 77, 72 mit zust Anm Locher), nicht der des Architektenbüros (aA AG Lübeck MDR 81, 233); Erfüllungsort für das Architektenhonorar ist der Wohnsitz (Sitz) des Auftraggebers (Nürnberg BauR 77, 70, str; aA AG Lübeck MDR 81, 233; Werner/Pastor, Der Bauprozeß, 5. Aufl 1986, Rn 339).

• **Ausbildungsvertrag:** Gemeinsamer Erfüllungsort für die beiderseitigen Leistungspflichten ist der Ort, an dem die Unterrichtskurse durchgeführt werden (Karlsruhe NJW-RR 86, 351).

• **Bauwerkvertrag:** Gemeinsamer Erfüllungsort für die beiderseitigen Verpflichtungen ist idR der Ort, wo das *Bauwerk* errichtet wird (BGH NJW 86, 935 mN = BB 86, 350; BayObLGZ 83, 64 [66]; Köln RIW 84, 315; LG Konstanz BauR 84, 87; Werner/Pastor, Der Bauprozeß, 5. Aufl 1986, Rn 339, str; aA LG Konstanz, Wiesbaden, Braunschweig BauR 84, 86, 88; 85, 721; Schack aaO, Rn 70); dies gilt nicht bei *bloßen* Tiefbauarbeiten (BayObLGZ 85, 317); Tatfrage ist, ob der Sitz einer „Arge" einen gemeinsamen Erfüllungsort für Leistungsansprüche der Gesellschafter begründet (BayObLGZ 85, 318). Erfüllungsort für die Bewilligung der Eintragung einer *Bauhandwerkersicherungshypothek* (§ 648 BGB) ist der des betroffenen Grundstücks (Köln RIW 85, 571).

• **Bankdarlehen:** s „Darlehensvertrag".

• **Beförderungsvertrag:** s „Frachtvertrag".

• **Beherbergungsvertrag:** der Beherbergungsort (AG Garmisch-Partenkirchen NJW 71, 762); anders, wenn der Gast den Ferienort nicht aufsucht und die bestellte Leistung nicht in Anspruch nimmt; dann ist das Gericht des allgemeinen Gerichtsstands des Gastes zuständig (AG Freyung MDR 79, 850; LG Bonn MDR 85, 588; Schack aaO, Rn 83, str; **aA** AG St Blasien MDR 82, 1017; Nettesheim BB 86, 548 mwN; wie hier anscheinend Nürnberg NJW 85, 1297, das maßgeblich auf eine Erfüllungsortabrede – „Barzahlung bei Abreise" – abstellt); ebenso beim Ferienhaus- und Kurgastvertrag der Ort der Vermietung (AG Neuss NJW-RR 86, 1210; LG Flensburg SchlHA 67, 267).

• **Bürgschaft:** Wohnort des Bürgen, wenn nicht die Maßgeblichkeit des Erfüllungsorts der Hauptverbindlichkeit ausdrücklich vereinbart ist (RG 34, 17; 73, 263; s auch Hamburg NJW 52, 1020 und Vollkommer Rpfleger 74, 365 mwN). Der Wechselbürge kann aber bei dem Gericht des Zahlungsorts des Wechsels verklagt werden (§ 603 und Düsseldorf NJW 69, 380).

• **Culpa in contrahendo:** vgl Rn 6.

• **Darlehensvertrag:** Wohnsitz des Schuldners (§§ 269, 270 I, IV BGB), bei Bankdarlehen nicht das Geschäftslokal der kreditgewährenden Bank (Vollkommer BB 74, 1316; Liesecke WM 75, 214 [224]; LG Saarbrücken WM 85, 939, str; aA AG Hamburg BB 74, 1316); vgl Rn 17.

• **Dienstvertrag:** Gemeinsamer Erfüllungsort ist der Ort, wo die Dienste nach dem Vertrag zu leisten sind (LArbG Bremen RdA 62, 48; LG Hamburg NJW 76, 199), idR also der *Betriebssitz* (BGH ZIP 85, 157 für GmbH-Geschäftsführervertrag); dies gilt idR auch bei auswärtiger Beschäftigung (wie beim Arbeitsvertrag, vgl dort); eine Ausnahme besteht dann, wenn außerhalb des Betriebssitzes ein selbständig organisierter Geschäftsbetrieb mit eigener Rechnungs- und Kassenführung eingerichtet ist (vgl BGH ZIP 85, 157; dazu LAG Düsseldorf BB 85, 340).

• **Energieversorgungsverträge:** Wohnsitz des Abnehmers, soweit kein besonderer (durch Rechtsverordnung bestimmter) Gerichtsstand eingreift (dazu nunmehr § 12 Rn 7 aE).

• **Frachtvertrag:** Bei Klage (Empfänger selbst klageberechtigt: § 435 HGB) gegen den Frachtführer (zB auf Schadensersatz wegen *Transportschäden* am Frachtgut): der Ablieferungsort (vgl Baumbach/Duden, HGB, § 425 Anm 2 C; Düsseldorf RIW/AWD 80, 665 mN; LG Bochum RIW 85, 147; insoweit auch zutr LG Köln VersR 79, 1018 iü aber bedenkl, vgl Anm Knorre). Beim *Seefrachtvertrag* ist Erfüllungsort der Bestimmungshafen (Bremen VersR 85, 987).

• **Geldschuld:** hier ist der Zahlungsort nicht notwendig auch Leistungs- und damit Erfüllungsort (vgl §§ 270 IV, 269 I BGB; Rn 3 und 24); s auch „Kaufvertrag" und „Zahlungsanspruch".

• **Handelsgesellschaft:** Bei Klagen gegen eine Handelsgesellschaft und die haftenden Gesellschafter ist der Erfüllungsort der gleiche (vgl Rn 7).

• **Handelsvertretervertrag:** Erfüllungsort für die Verpflichtung des Unternehmers zur Erteilung eines Buchauszuges (§ 87 c II HGB) ist idR der Sitz des Unternehmers (Düsseldorf NJW 74, 2185); das gleiche gilt für den Provisionsanspruch; s auch „Provisionsklage".

• **Heueranspruch:** BArbG BB 63, 977 = Betrieb 63, 836.

• **Hotelaufnahmevertrag:** s Beherbergungsvertrag.

• **Kaufvertrag:** Am Wohnort des **Käufers** ist zu stellen: die Klage auf Zahlung des Kaufpreises (RG 65, 322; LG Braunschweig BB 74, 571) oder auf Empfangnahme der übersandten, aber nicht abgenommenen Ware (RG 49, 72), die Klage des Verkäufers wegen Abnahmeverzug des Käufers (RG 55, 423), auch wenn für die Lieferung der Ware und Zahlung des Kaufpreises der Wohnort des Verkäufers als Erfüllungsort vereinbart worden war; die Klage auf Rückgabe von Verpackungsmaterial (OLG 40, 420). Der Wohnort des **Verkäufers** ist Erfüllungsort für die Klage auf

Zahlung des Kaufpreises, wenn es sich um einen Ladenkauf handelt (OLG 41, 244; RG 102, 282 – ein Teil des Kaufpreises wurde gezahlt, für den anderen ein Scheck ausgestellt, der nicht eingelöst wurde), ferner nach hM für die Klage des Käufers auf Rückgewähr des Kaufpreises bei Nichtigkeit des Kaufvertrags (RG 49, 421, hierzu aber oben Rn 14). Beim **EKG-Kauf** (idR *Versendungkauf*) ist der Sitz des Verkäufers Erfüllungsort sowohl für die Verpflichtung des Käufers zur Kaufpreiszahlung (Art 59 I EKG; BGH 74, 136 [141] = NJW 79, 1783; BGH 78, 258 [260]; Hamm RIW 85, 406) als auch für die Lieferungspflicht des Verkäufers (Art 19 II EKG; BGH 78, 257 [260] = NJW 81, 1158). Ist dagegen „Fernkauf" (Fall von Bringkauf) vereinbart, ist die Niederlassung des Käufers Erfüllungsort (s Celle RIW 85, 571 [575]). Für die **Wandlungsklage** gilt folgendes: Hat der Käufer den Kaufpreis noch nicht gezahlt und klagt er auf Rückgängigmachung des Vertrags, so ist der Gerichtsstand an seinem **Wohnsitz,** da hier die streitige Verpflichtung zu erfüllen wäre, §§ 269, 270 BGB. Ist der Vertrag beiderseitig erfüllt und klagt Käufer auf Rückzahlung des Kaufpreises (auf Zurücknahme der Kaufsache oder Ersatz der gemachten Aufwendungen) Zug um Zug gegen Rückgewähr der Kaufsache, so ist Erfüllungsort und damit Gerichtsstand der Ort, wo sich die Kaufsache zur Zeit der Wandlung nach dem Vertrag befindet („Austauschort"), da an diesem Ort die Kaufsache zurückzugewähren ist (RG 55, 112; 57, 12; DRZ 49, 458; BGH NJW 62, 739 = MDR 62, 399; BGH 87, 104 [109 f] = NJW 83, 1479 [1480] mN = MDR 83, 660, hM, str; aA LG Krefeld MDR 77, 1018; ebenso im Fall des Rücktritts vom Kaufvertrag: Nürnberg NJW 74, 2237); dies muß auch bei schadensersatzrechtlicher Rückabwicklung des Kaufvertrags gelten wie bei Klage auf „großen" Schadensersatz gem § 463 BGB (aA LG Tübingen MDR 86, 756), ferner auch bei der Klage auf Rückzahlung des Kaufpreises, wenn die Sache untergegangen oder versteigert und der Erlös an ihre Stelle getreten ist (OLG 35, 29; bestritten; aA StJSchumann Rn 32 Fußnote 95). Ist die Kaufsache dagegen dem Verkäufer schon zurückgegeben und klagt der Käufer **nur** auf Rückzahlung des Kaufpreises, so soll Erfüllungsort der Wohnsitz des Verkäufers sein (so RG 31, 383; StJSchumann Rn 32, str); abzulehnen, denn durch die Rückgabe darf der Käufer den ihm günstigen Gerichtsstand bei der Rückabwicklung nicht verlieren (ebenso BL § 29 Anm 3 Aa; Bötticher SJZ 48, 738; Celle SJZ 48, 764; Staudinger/Honsell, § 465 Rn 19; Schack aaO, Rn 97). Beim **EKG-Kauf** ist demgegenüber Erfüllungsort für die Kaufpreisrückgewähr nach Vertragsaufhebung der Sitz des Verkäufers (BGH 78, 257 = NJW 81, 1158 = MDR 82, 313; Piltz RIW 86, 172). **Der Ort der belegenen Grundstücke** ist Erfüllungsort bei der Klage auf Wandlung eines bereits vollzogenen Grundstücksaustauschvertrags und Rückauflassung des Grundstücks (RG 70, 198).

● **Mietvertrag:** Zwar ist der Ort des Mietgrundstücks nicht regelmäßig Erfüllungsort für den Mietzins (RG 140, 67). Dies ist jedoch der Fall beim Beherbergungs- und Kurgastvertrag (s oben) und bei Mietverhältnissen über Wohnraum iSv § 29 a I; für Wohnraum iSv § 29 a II gelten dagegen die allgemeinen Zuständigkeitsvorschriften.

● Bei Klage auf das **negative Vertragsinteresse** wegen Betrugs: Ort, wo der Beklagte seine Verpflichtung aus aufgehobenem Vertrag zu erfüllen hatte.

● **Nebenpflicht:** Erfüllungsort der Hauptverpflichtung (RG 55, 105); einschr BGH NJW 85, 562 für Verträge ohne Hauptleistungspflicht). Bei Verletzung von Hinweis- und Beratungspflichten (Bedienungsanleitung) durch den Verkäufer *(positive Vertragsverletzung)* ist Erfüllungsort für die Schadensersatzpflicht der Ort, wo die Sache abzuliefern ist, beim „Fernkauf" also der Ort des *Käufers* (Celle RIW 85, 575 für EKG-Kauf).

● **Provisionsklage** des Handelsvertreters (Agenten) auf Auszahlung der Provision: Wohnort bzw Handelsniederlassung des Provisionsschuldners (Frankfurt RIW/AWD 80, 585); s auch „Handelsvertretervertrag".

● **Rechtsanwalt:** vgl § 34; sonst beruflicher Wohnsitz: § 27 II BRAGO; s oben „Anwalt".

● **Reisevertrag** (§§ 651 a ff BGB): Klage des Reiseveranstalters auf den Reisepreis: Wohnsitz des Reisenden (MünchKommLöwe § 651 g Rn 22); Klage des Reisenden: uU Zielort der Reise (unpraktisch; vgl MünchKommLöwe aaO Rn 25); häufig hilft aber § 21 (dort Rn 8) weiter.

● **Schickschuld:** Erfüllungsort ist mit Leistungsort sachgleich, so daß § 29 nicht die Zuständigkeit am Ort des Empfängers begründet (LG Mannheim MDR 61, 598); s auch „Darlehensvertrag".

● **Steuerberater:** Kanzleiort (LG Darmstadt AnwBl 84, 503; vgl auch unter „Anwalt").

● **Transportverträge:** s „Frachtvertrag".

● **Vertragsstrafe:** Klage auf Zahlung am Erfüllungsort der Hauptverbindlichkeit (RG 15, 435).

● **Verwahrungsvertrag:** Ort, wo sich die Sache befindet (§§ 697, 700 BGB).

● **Unterlassungspflicht:** Ort, an dem der Schuldner bei Entstehung des Schuldverhältnisses seinen Wohnsitz hatte (RG 51, 311; BGH NJW 74, 410 mit Anm Geimer S 1045), außer es kommt von vorne herein eine Zuwiderhandlung nur an einem bestimmten Ort in Betracht (BGH NJW 74, 410; 85, 562).

● **Werkvertrag:** Für Klage wegen Verpflichtungen des Unternehmers dessen Wohnsitz (OLG 40, 363); bei Klage betreffend die Ausführung eines Baues einschließlich des Sicherungsanspruches aus § 648 BGB der Ort der Ausführung des Baues (BayObLGZ 83, 64 [66]); bei **Kfz-Reparatur** ist Erfüllungsort sowohl für die Werkleistung als auch die Zahlungspflicht der Ort der Reparaturvornahme (Sitz der Werkstatt), Düsseldorf MDR 76, 496; Frankfurt DB 78, 2217.

● **Zahlungsanspruch** ist am Schuldnerwohnsitz geltend zu machen; s auch „Geldschuld"; Vereinbarung eines Akkreditivs zwecks Regelung einer Zahlungsverpflichtung begründet keinen Erfüllungsort hinsichtlich der Verpflichtung zur Zahlung (BGH NJW 81, 1905 mwN).

● **Zug-um-Zug-Leistung:** in der Regel der Ort, wo sich die Sache dem Vertrag entsprechend befindet (RG 70, 199; Stuttgart NJW 82, 529); zur Rückgabe der Kaufsache nach Wandelung s „Kaufvertrag", „Wandelungsklage".

IV) Gerichtsstand des vereinbarten Erfüllungsorts (Abs **II**)

1) Allgemeines. Erfüllungsortsvereinbarungen mit Gerichtsstandsfolge sind nur noch **ausnahmsweise** unter den Voraussetzungen der Rn 27–29 zulässig. Die grundsätzliche Beseitigung des Gerichtsstands des vereinbarten Erfüllungsorts entspricht dem grundsätzlichen Prorogationsverbot (Rn 8 vor § 38), das sonst durch Abschluß von Erfüllungsortsvereinbarungen mit Gerichtsstandswirkungen umgangen werden könnte (Nürnberg NJW 85, 1296 [1298]; Schack aaO, Rn 173). Nicht berührt worden ist die Möglichkeit, mit bürgerlichrechtlicher Wirkung weiter Erfüllungsortsvereinbarungen abzuschließen (Rn 30). **26**

2) Voraussetzungen. a) Personenkreis. Erfüllungsortsvereinbarungen mit Gerichtsstandswirkung können nur noch Vollkaufleute, juristische Personen des öffentlichen Rechts und öffentlich-rechtliche Sondervermögen abschließen. Der Personenkreis des Abs II entspricht dem der gem § 38 I unbeschränkt Prorogationsfähigen (vgl näher § 38 Rn 18). **27**

b) Vereinbarung. Die Erfüllungsortsvereinbarung braucht kein beiderseitiges Handelsgeschäft zu sein (vgl §§ 343 ff HGB). Für ihr Zustandekommen gilt nichts besonderes, formloser Abschluß ist möglich (vgl auch Rn 4). Befindet sich die Vereinbarung in AGB (Erfüllungsortsklausel), muß sie wirksam in den Hauptvertrag einbezogen sein (Hamm BB 83, 1814 f). Ist die Einigung beiderseitiges Handelsgeschäft (idR der Fall), braucht die Formvorschrift des § 2 AGBG nicht eingehalten zu sein (§ 24 S 1 Nr 1 AGBG), auch Einbeziehung durch „stillschweigende Unterwerfung" unter die AGB des anderen Teils ist möglich (BGH NJW 85, 560 = VersR 85, 56 für ADSp). Die Klausel unterliegt aber im Einzelfall der Kontrolle auf ihre inhaltliche Angemessenheit (vgl § 9 iVm § 24 S 2 AGBG). **28**

c) Darlegung und Prüfung von Amts wegen. Die Voraussetzungen gem Rn 27, 28 sind substantiiert darzulegen (LG München I NJW 73, 59 Nr 20; ie Schack aaO, Rn 177). Im Säumnisverfahren gilt das Vorbringen zur Ausfüllung des Abs II (zB Vollkaufmannseigenschaft des Beklagten) nicht mehr als zugestanden (§ 331 I 2) und ist vom Kläger nachzuweisen (wie § 38 Rn 43). Iü gilt Rn 22. **29**

3) Rechtsfolgen. a) Zuständigkeitsbegründende Wirkung haben nur Vereinbarungen gem Abs II (Rn 21 gilt entspr), nicht aber sonstige Erfüllungsortsvereinbarungen, bei denen die Voraussetzungen gem Rn 27, 28 nicht vorliegen. Diese sind jedoch nicht wirkungslos; sie entfalten volle bürgerlichrechtliche Wirkung, nur die „mittelbare" (indirekte) prozessuale Gerichtsstandsfolge fehlt („wirkungsgeminderte" Erfüllungsortsvereinbarung). *Fiktive* („abstrakte") Erfüllungsortvereinbarungen, durch die ein materiellrechtlicher Leistungsort (§ 269 I BGB) überhaupt nicht begründet werden soll, sind *auch* im vollkaufmännischen Verkehr unwirksam (zutr Schack aaO, Rn 174); in Frage kommt nur eine Aufrechterhaltung als Gerichtsstandsvereinbarung im Wege der Umdeutung (dafür StJSchumann Rn 43 aE, abl Schack aaO, offenlassend Nürnberg NJW 85, 1298). Für eine Unterscheidung zwischen (unwirksamen) „abstrakten" und (wirksamen) „echten" Erfüllungsortvereinbarungen im nichtkaufmännischen Verkehr (so StJSchumann Rn 23 a, 23 b; Schumann, FS Larenz, 1983, S 600 ff) ist damit kein Raum, da Abs II sonst jeden selbständigen Anwendungsbereich verlöre (iErg ebenso Schack aaO, Rn 182; offenlassend Nürnberg NJW 85, 1298). **30**

b) Auswirkungen auf den Gerichtsstand des gesetzlichen Erfüllungsorts. Kommt auch der „wirkungsgeminderten" Erfüllungsortsvereinbarung (Rn 30) keine „positive" Zuständigkeitswirkung zu, so soll sie nach einer im Schrifttum vertretenen Ansicht wenigstens insofern eine mittelbare Auswirkung auf die Zuständigkeit entfalten, als die bürgerlichrechtlich wirksame Änderung des Erfüllungsorts die ohne die Vereinbarung gegebene Zuständigkeit gem § 269 I BGB am **31**

gesetzlichen Erfüllungsort (Rn 23 ff) beseitigt („negative" Zuständigkeitsfolge, auch „Sperrwirkung" genannt; in diesem Sinne Brehm/John/Preusche NJW 75, 26 und RdA 75, 295; Merz WPM 75, 114). Die Ansicht ist abzulehnen, da sie nicht unter Abs II fallenden Erfüllungsortsvereinbarungen indirekt Zuständigkeitswirkungen beilegt. Da nach der Neuregelung im nicht vollkaufmännischen Verkehr nicht nur die positive, sondern auch die negative Prorogation (Derogation) grundsätzlich ausgeschlossen ist (Rn 9 vor § 38), kann eine aus dem gesetzlichen Erfüllungsort (Rn 23 ff) sich ergebende Zuständigkeit auch durch eine Erfüllungsortsvereinbarung nicht abbedungen werden, da sonst der Erfolg einer unzulässigen Derogation erreicht würde (zust Schack aaO, Rn 184). Beispiel: Ist der gesetzliche Erfüllungsort für die Lohnzahlungspflicht Hamburg (Ort der Erbringung der Dienstleistung, vgl Rn 25 Stichw „Arbeitsvertrag", „Dienstvertrag"), der Sitz des Dienstberechtigten aber München, so wird durch die Vereinbarung „Erfüllungsort München" die Zuständigkeit des Gerichts in Hamburg gem § 29 I, § 269 I BGB nicht berührt (grundsätzlich aA Brehm/John/Preusche aaO, die allerdings für den Fall der Kündigungsschutzklage mit gewundener Begründung [krit dazu ThP Anm 5] zum gleichen Ergebnis kommen wie hier).

29a *[Ausschließlicher Gerichtsstand für Wohnraummietsachen]*

(1) Für Klagen auf Feststellung des Bestehens oder Nichtbestehens eines Mietvertrages oder Untermietvertrages über Wohnraum, auf Erfüllung, auf Entschädigung wegen Nichterfüllung oder nicht gehöriger Erfüllung eines solchen Vertrages ist das Amtsgericht ausschließlich zuständig, in dessen Bezirk sich der Wohnraum befindet. Das gleiche gilt für Klagen auf Räumung des Wohnraums oder auf Fortsetzung des Mietverhältnisses auf Grund der §§ 556a, 556b des Bürgerlichen Gesetzbuchs.

(2) Absatz 1 ist nicht anzuwenden, wenn es sich um Wohnraum der in § 556a Abs. 8 des Bürgerlichen Gesetzbuchs genannten Art handelt.

Lit: *Gerischer*, Zur Anwendung von § 29a ZPO, ZMR 68, 193; *Haase*, Bestimmt § 29a ZPO auch eine ausschließliche sachliche Zuständigkeit des Amtsgerichts, JR 69, 210; *Hummel*, § 29a ZPO und seine Auswirkungen auf andere Bestimmungen, ZMR 68, 97; *Matthes*, Die Zuständigkeit der Arbeitsgerichte für Klagen auf Räumung von Werkwohnungen, BB 68, 551; *Pergande*, Das neue soziale Mietrecht, NJW 68, 129.

I) Allgemeines

1 **1) Entstehung.** Eingefügt – gleichzeitig mit § 1025a (vgl dort) – durch das 3. MietRÄndG vom 21. 12. 1967 (BGBl I S 1248; zur Entstehungsgeschichte näher BGH 89, 275 [282 f mwN]; Landfermann NJW 85, 2609 f mwN). Die vor Inkrafttreten des § 29a (1. 1. 1968) einmal begründete Zuständigkeit ist durch den neuen ausschließlichen Gerichtsstand nicht mehr berührt worden (Düsseldorf JMBl NRW 69, 90).

2 **2) Bedeutung.** § 29a bestimmt **zwei** Zuständigkeiten: Die ausschließliche **örtliche** Zuständigkeit der Belegenheit des Wohnraums und die ausschließliche **sachliche** Zuständigkeit des **Amtsgerichts** (Rn 15). **Zweck:** Schutzvorschrift zugunsten des sozial schwächeren Mieters BGH 89, 275 [281 f mN] = NJW 84, 1615 = MDR 84, 574) im Rechtsstreit beim ortsnahen Gericht um die Wohnung als seinem Lebensmittelpunkt (vgl BGH 94, 16 zu §§ 556a, 564b BGB). Ausgleich des durch die AG-Zuständigkeit bedingten Instanzenzuges: Zur Wahrung einer einheitlichen Rspr sieht Art III des 3. MietRÄndG (idF des ÄndGes vom 5. 6. 1980 BGBl I S 657) eine Vorlage des LG an das übergeordnete OLG (in Bayern BayObLG; vgl BayObLG NJW 81, 581) vor, wenn es „bei der Entscheidung einer Rechtsfrage, die sich aus einem Mietvertragsverhältnis über Wohnraum ergibt oder den Bestand eines solchen Mietvertragsverhältnisses betrifft", von der Entscheidung des BGH oder eines OLG abweichen will, oder wenn eine solche Rechtsfrage von grundsätzlicher Bedeutung ist („**Rechtsentscheid**"; dazu allg BGH 89, 275 [277 ff mN]; Karlsruhe Justiz 84, 201; Dänzer/Vanotti NJW 80, 1777; Landfermann NJW 85, 2609). Da die Fassung des § 29a in engem Zusammenhang mit dem materiellen Mietrecht steht, kann auch die Frage, wie diese Norm auszulegen ist, Gegenstand eines Vorlagebeschlusses zwecks Herbeiführung eines Rechtsentscheids sein (BGH 89, 275 [280] = NJW 84, 1615 = MDR 84, 574).

3 **3) Abgrenzung.** Verhältnis zur (nicht ausschließlichen) Zuständigkeit gem § 23 Nr 2a GVG (vgl auch § 23 GVG Rn 4): § 29a ist teils enger (wegen der Ausnahme des in Abs II genannten Wohnraums, vgl Rn 5), teils weiter (umfaßt auch die Klagen des Vermieters auf Zustimmung zur Mieterhöhung gem § 2 MHRG, vgl Rn 13).

4 **4) Internationaler Rechtsstreit.** § 29a gilt nur für im **Inland** belegenen Wohnraum (Wieczorek Anm A), schließt aber die deutsche internationale Zuständigkeit für Streitigkeiten über im **Aus-**

land belegenen Wohnraum nicht aus, sofern eine sonstige inländische Zuständigkeit (zB gem §§ 12, 13) gegeben ist (LG Bonn NJW 74, 427 mit iErg zust Anm von Geimer S 2189; Geimer RIW 86, 136). Im Anwendungsbereich des **EuGVÜ** begründet die Lage der unbeweglichen Sache auch die ausschließliche örtliche und internationale Zuständigkeit für die die unbewegliche Sache betreffenden Miet- und Pachtklagen (Art 16 Nr 1 EuGVÜ). Dies gilt auch bei der – selbst kurzfristigen Vermietung von Ferienhäusern und -wohnungen (EuGH NJW 85, 905 = RIW 85, 238; BGH WM 85, 1246; LG Bochum RIW 86, 135; krit Rauscher NJW 85, 987 f; Geimer RIW 86, 136), nicht jedoch für Klagen, die sich nur mittelbar auf die Nutzung der Miet-(Pacht-)sache beziehen, wie Klagen auf Ersatz von Aufwendungen und Entschädigung für entgangene Urlaubsfreude bei Vermietung von Ferienwohnungen (EuGH NJW 85, 905; BGH WM 85, 1246 f). Der europäische Belegenheitsgerichtsstand gilt ferner nicht, wenn die Ferienwohnung von einem Reiseveranstalter als Reiseleistung geschuldet (dann uU einheitlicher *Reisevertrag* iS von §§ 651 a ff BGB, vgl dazu LG Frankfurt NJW 82, 1949; Frankfurt NJW 84, 2045) oder – bei fehlender Mehrheit von Reiseleistungen iS von § 651 a BGB – ein Reisevertrag iS von § 631 BGB geschlossen wurde (vgl BGH 61, 279).

II) Anwendungsbereich

Unter § 29 a fallen alle Rechtsstreitigkeiten (Rn 7 ff) aus Mietvertragsverhältnissen über Wohnraum.

1) Wohnraum ist jeder zum Wohnen (insbes zum Schlafen, Essen, Kochen, zur dauernden privaten Nutzung) bestimmte Raum (Palandt/Putzo Einf 8 a vor § 535). **a)** Der **Begriff** (vgl auch § 721 Rn 2) entspricht dem des BGB (insoweit zutr Hamm ZMR 86, 11); dies steht freilich einer eigenständigen Bestimmung des Begriffs des Wohnraummietvertrags (Rn 6) nicht entgegen (verkannt von Hamm ZMR 86, 11). Der Kläger muß die den Begriff Wohnraum ausfüllenden Merkmale schlüssig behaupten (München MDR 77, 497; 79, 939; StJSchumann Rn 4). **b) Ausgenommen** ist der in **II** genannte Wohnraum, also der nur vorübergehend vermietete und der vom Vermieter ganz oder überwiegend eingerichtete, der nicht zum dauernden Gebrauch für eine Familie überlassen ist (§§ 556 a VIII, 565 III BGB). Beispiele: Ferien- oder Sommerwohnung (AG Neuss NJW-RR 86, 1210; wegen der in einem Vertragsstaat des EuGVÜ gelegenen Ferienwohnung vgl Rn 4); Wohnung des eine längere Reise antretenden Wohnungsinhabers (ThP Anm 1 a), idR nicht aber Wohnheimplätze (Hamm NJW-RR 86, 810; MDR 86, 676 = ZMR 86, 234). **Nicht** unter **I** fällt auch der im Eigentum (vgl § 95 I 1 BGB) des *Wohnungsinhabers* selbst stehende Wohnraum (vgl BGH 92, 75 f zu §§ 564 a, 564 b BGB). Beispiel: Wohnraum in einem vom Wohnungsinhaber auf nur zu einem vorübergehenden Zweck überlassenen Grundstück errichteten Behelfsheim (München MDR 79, 939). Grund: Der verfahrensrechtliche Schutz des § 29 a ergänzt den materiellrechtlichen Schutz des sozialen Mietrechts, das aber für den Eigentümer selbstgeschaffenen Wohnraums gerade nicht gilt (BGH 92, 75 f). 5

2) Wohnraummietvertrag. § 29 a gilt für alle Miet- und Untermietverträge über Wohnraum (Rn 5). Sind Dritte gem § 328 BGB in einen Mietvertrag einbezogen (echte **Mietverträge zugunsten Dritter**), so gilt § 29 a auch für sie (wie § 29 Rn 7; abw für den bes Fall, daß der Dritte lediglich aufgrund eines Abwicklungsvertrags begünstigt ist, München Rpfleger 72, 31 = ZMR 73, 84). § 29 a gilt auch für mietvertraglich Mithaftende (zB gem §§ 414 ff BGB), nicht aber mithaftende **Dritte** (Nichtmieter), zB (selbstschuldnerische) Bürgen (Müller, Das Grundeigentum 84, 813 ff; vgl auch § 6 a AbzG Rn 11). Gleichgültig ist, ob der Mietvertrag (noch) besteht und überhaupt – wirksam – zustandegekommen ist (vgl **I 1:** „Nichtbestehen"). Beim **Mischmietvertrag** (Begriff: Palandt/Putzo Einf 9 vor § 535) soll der überwiegende Charakter entscheiden, § 29 a also keine Anwendung finden, wenn der Geschäftsraum (zB Gaststätte) überwiegt (so Celle MDR 86, 324; Hamm ZMR 86, 11 mN, hM); die gänzliche Herausnahme dieser *auch Wohnraum* betreffenden Mietverhältnisse aus dem Anwendungsbereich des § 29 a (so Hamm ZMR 86, 11) ist abzulehnen. Da es für § 29 a auf den Wert des Wohnraums nicht ankommt, kann es auch auf den geringeren Wertanteil der Wohnraumkomponente nicht ankommen; im übrigen ist die Anknüpfung an schwer bestimmbare Merkmale wie „überwiegender Charakter" oder „Schwerpunkt" mit der klare Verhältnisse verlangenden Zuständigkeitsordnung unvereinbar (wie hier: LG Aachen MDR 86, 240 mit zust Anm Vollkommer; LG Kiel SchlHA 76, 94; BL-Hartmann Anm 1; mit Einschr auch LG Flensburg MDR 81, 57). Erfolgt die Vermietung als **Werkswohnung,** ist § 29 a anwendbar, eine Zuständigkeit der Arbeitsgerichte besteht nicht (LG Detmold ZMW 68, 321; LAG Tübingen NJW 70, 2046; Kleffmann ZMR 82, 131). Das Mietobjekt muß dem Mieter *selbst* als Wohnraum dienen (BGH 94, 15 f); nicht ausreichend für § 29 a ist daher die Anmietung von Wohnraum **zur Weitervermietung** (BGH 84, 90; 94, 14; NJW 81, 1377), gleichgültig, ob ein Fall von gewerblicher Miete vorliegt oder nicht (BGH 94, 15 f; Karlsruhe NJW 84, 373 f). Beispiele für Verneinung von Wohnraummietverträgen: Miete von Wohnanlage zur Weitervermietung an 6

Betriebsangehörige (**Werkförderungsvertrag;** BGH NJW 81, 1377 = MDR 81, 752 = ZMR 81, 332) oder auf dem Wohnungsmarkt (**Bauherrenmodell**), zur Bereitstellung von Wohnräumen an Streitkräfte (BGH 94, 11 = NJW 85, 1772 = MDR 86, 46), zur Weitervermietung im Rahmen einer sozialen Zielsetzung durch eine gemeinnützige Organisation (Karlsruhe NJW 84, 373). Im Verhältnis zwischen dem (gewerblichen) Hauptmieter und dem Untermieter findet dagegen § 29 a Anwendung (vgl BGH 94, 16); soweit ausnahmsweise dem Wohnungsinhaber (Untermieter) gem § 242 BGB Schutzrechte unmittelbar gegenüber dem (Haupt-)Vermieter zustehen (vgl BGH 84, 90), wird auch § 29 a anzuwenden sein. § 29 a gilt auch für Streitigkeiten über Bestehen und Kündigung von (Alten-)Heimverträgen, soweit der Mietcharakter überwiegt (vgl Staehle NJW 78, 1360).

III) Wohnraummietstreitigkeiten

7 **1) Überblick.** Die Beschreibung der einzelnen **Streitgegenstände** (leider Kasuistik statt Generalklausel; KG ZMR 83, 377 [380]: wenig geglückte Gesetzesvorschrift), für welche die Zuständigkeit gilt, entspricht im wesentlichen der früheren Fassung des § 29 (vgl BGH 89, 283; zu deren Änderung vgl § 29 Rn 1); sie ist nicht erschöpfend (BGH 89, 283; vgl Rn 12–14). § 29 a gilt sowohl für Leistungs-, Feststellungs- als auch Gestaltungsklagen (zu diesen Rn 12); darüber hinaus auch für Arrest und einstweilige Verfügung (KG ZMR 83, 377 [380]; StJSchumann Rn 13). § 29 a ist weit, jedenfalls nicht eng auszulegen (Braxmaier WM 86, Sonderbeil Nr 3, S 21).

8 **2) Einzelne Streitigkeiten über Wohnraum: a)** Klagen auf **Feststellung** des Bestehens oder Nichtbestehens eines (Unter-)Mietvertrags (**I 1;** § 256) sowie auf Feststellung des (Nicht-)Bestehens einzelner Pflichten aus dem Mietvertrag (Karlsruhe ZMR 84, 18 [19]; LG Essen ZMR 70, 31). Beispiel: Klage des Mieters auf Feststellung der Mietzinsminderung (vgl § 537 I 1 BGB), gleichgültig, ob der auf die Minderung entfallende Mietzinsteil einbehalten oder bezahlt wurde (BGH WM 85, 1213).

9 **b)** Klagen auf **Erfüllung** eines (Unter-)Mietvertrags (**I 1**). Hierher gehören nicht nur Klagen auf rückständigen Mietzins (LG Mannheim NJW 69, 1071) und auf Gebrauchsüberlassung, sondern auch solche auf Erfüllung von Abwicklungspflichten. Beispiel: Klage auf vertragsmäßige Rückgewähr einer Mietkaution, auf Ersatz von auf die Wohnung gemachten Verwendungen (§ 547 BGB; Düsseldorf ZMR 85, 383); eines Vorschusses für Wohnungsausstattung und auf Erstattung vorprozessualer Anwaltskosten (München NJW 70, 955); Streit um Einbehalt von Mietzins (§ 537 BGB, vgl Rn 8), um Zurückhaltung der vom Mieter in die Mieträume eingebrachten Sachen; zum vertraglichen Räumungsanspruch vgl Rn 11.

10 **c)** Klagen auf **Entschädigung** wegen Nichterfüllung oder nicht gehöriger Erfüllung des Vertrags (**I 1**). Hierher gehören etwa die Schadensersatzklagen einer Mietvertragspartei aus positiver Vertragsverletzung der anderen (vgl München Rpfleger 72, 31), zB des Mieters wegen vorgeschobenen Eigenbedarfs des Vermieters (AG Heidelberg WuM 75, 67).

11 **d)** Klagen auf **Räumung des Wohnraums (I 2).** § 29 a gilt nicht nur für den vertraglichen Anspruch auf Räumung (vgl § 556 I BGB; dann bereits Fall von Rn 9: vertraglicher Abwicklungsanspruch), sondern auch dann, wenn der Räumungsanspruch als einheitlicher Streitgegenstand zugleich auf § 985 BGB gestützt wird (allgM; vgl ThP Anm 1 b; BL Anm 1). Zweifelhaft ist die Rechtslage, wenn die Räumung mit der **Nichtigkeit** des Mietvertrags begründet wird, etwa im Weg des § 260 auf Feststellung der Nichtigkeit des Mietvertrags (im Gegensatz zur Auflösung für die Zukunft) und auf Herausgabe aus § 985 BGB geklagt wird. Folgt man hier der zu § 29 vertretenen hL, wonach für Rückgewähransprüche aus Bereicherung nicht der vertragliche Erfüllungsortsgerichtsstand gegeben ist (vgl § 29 Rn 14), so wäre § 29 a für den zuletzt genannten Streitgegenstand nicht gegeben (vgl StJSchumann § 29 Rn 12 zu Fußnote 30; BGH LM Nr 1 zu § 29 ZPO; München MDR 77, 497; Hamm ZMR 68, 270; LG Ravensburg ZMR 86, 169; Gerischer ZMR 68, 193, str). Die Aufspaltung der Zuständigkeit (für den negativen Feststellungsantrag gilt § 29 a I 1, vgl Rn 8) erscheint bedenklich und ist abzulehnen. Zusätzlich zu den in § 29 Rn 14 genannten allgemeinen Gründen ist zu berücksichtigen, daß nach dem Wortlaut von § 29 a I 2 die Zuständigkeit des AG für Räumungsklagen schlechthin und unabhängig von einem vertraglichen Klagegrund iS der Rn 6 besteht (ebenso ThP Anm 1 b; Wieczorek Anm B II; StJSchumann Rn 19; LG Bochum RIW 86, 136 zu Art 16 Nr 1 EuGVÜ). § 29 a ist aber nicht anwendbar, wenn ein Baubetreuer vom Kaufvertrag (!) zurückgetreten ist und Rückgewähr der Wohnung (§ 346 BGB) vom Käufer verlangt (Gerischer aaO).

12 **e)** Klagen auf **Fortsetzung des Mietverhältnisses** aufgrund der §§ 556 a, 556 b BGB (**I 2**). Soweit es zu richterlicher Vertragsgestaltung kommt (vgl § 556 a III BGB), handelt es sich um Gestaltungsklagen. § 29 a gilt auch für die wiederholte Fortsetzungsklage gem dem (in I 2 nicht angeführten) § 556 c BGB (ThP Anm 1 b; BL Anm 1, allgM).

f) § 29 a gilt, über den Gesetzeswortlaut hinaus, auch für Klagen des Vermieters auf **Zustimmung zur Mieterhöhung** gem § 2 MHRG (= Art 3 des 2. WKSchG); ergibt sich der Erhöhungsanspruch auch ex lege, so hat er doch im Mietvertrag seinen Grund und ist daher im weiteren Sinne Erfüllungsanspruch (vgl Palandt/Putzo 2. WKSchG MHRG § 2 Rn 7c; ThP Anm 1b; BL Anm 1; Wieczorek Anm A IIb 2; Fehl NJW 74, 928; iErg ebenso Löwe NJW 72, 2022, der den sozialen Schutzzweck des § 29 a für die Erhöhungsklage betont). 13

g) § 29 a gilt über den Gesetzeswortlaut hinaus auch für Klagen des Mieters auf **Erstattung mietpreisrechtlich nicht geschuldeter Leistungen,** unabhängig von der Anspruchsgrundlage (so jetzt grundlegend BGH 89, 275 [281 ff, 283] = NJW 84, 1615 = MDR 84, 574, früher str), da der Zweck dieser Norm (Rn 2) eine extensive Auslegung über den Wortlaut hinaus gebietet. 14

IV) Gerichtsstand in Wohnraummietsachen

1) Ausschließliche Zuständigkeit. Das AG, in dessen Bezirk sich der Wohnraum iSv § 29 a I befindet, ist **örtlich und sachlich ausschließlich** zuständig (Stuttgart Justiz 69, 103; München Rpfleger 71, 440; Düsseldorf ZMR 85, 383; LAG Tübingen NJW 70, 2046, hM; aA hins der sachlichen Zuständigkeit Haase JR 69, 210; vgl zur Entstehungsgeschichte Landfermann NJW 85, 2609 mN). Damit sind Prorogation und Schiedsvertrag ausgeschlossen (§§ 40 II; 1025 a; vgl allg § 12 Rn 8), anders dagegen bei Wohnraum iSv § 29 II (vgl dazu § 29 Rn 25 „Mietvertrag"). 15

2) Folge von Verstößen gegen § 29 a. Eine Nichtbeachtung des § 29 a bei Verweisungen (§ 281) beeinträchtigt die Bindungswirkung des Verweisungsbeschlusses grundsätzlich nicht (Düsseldorf Rpfleger 76, 186; Frankfurt OLGZ 79, 451 mN; offenlassend: Karlsruhe ZMR 84, 18 [19]). 16

Anhang nach § 29 a

Besondere Gerichtsstände für Streitigkeiten aus Abzahlungs- und Haustürgeschäften sowie Fernunterrichtsverträgen

§ 6a AbzG

[Ausschließlicher Gerichtsstand in Abzahlungssachen]

(1) Für Klagen aus Abzahlungsgeschäften ist das Gericht ausschließlich zuständig, in dessen Bezirk der Käufer zur Zeit der Klageerhebung seinen Wohnsitz, in Ermangelung eines solchen seinen gewöhnlichen Aufenthaltsort hat.

(2) Eine abweichende Vereinbarung ist jedoch zulässig für den Fall, daß der Käufer nach Vertragsschluß seinen Wohnsitz oder gewöhnlichen Aufenthaltsort aus dem Geltungsbereich dieses Gesetzes verlegt oder sein Wohnsitz oder gewöhnlicher Aufenthaltsort im Zeitpunkt der Klageerhebung nicht bekannt ist.

§ 6b AbzG

[Ausschließlicher Gerichtsstand für Klagen aus Sukzessivlieferungsverträgen und Verträgen auf wiederkehrende Leistung]

§ 6a gilt entsprechend für Klagen aus Geschäften im Sinne des § 1c.

Lit: *Evans/von Krbek*, Zum Gerichtsstand bei Abzahlungskäufen, NJW 75, 861; *Gerlach*, änderung des Abzahlungsgesetzes, NJW 69, 1939; *Lieser/Bott/Grathwohl*, Das Abzahlungsrecht in der Reform, Betrieb 71, 901; *Löwe*, Der Gerichtsstand beim finanzierten Abzahlungsgeschäft für Klagen der Finanzierungsbank, NJW 71, 1825; *ders*, Die Abdingbarkeit des ausschließlichen Gerichtsstands bei Abzahlungskäufen, NJW 73, 1162; *Meyer*, Zum Gerichtsstand bei Abzahlungskäufen usw, MDR 71, 812; *Ott*, Zur Anwendung des § 6 a AbzG, NJW 71, 124; *Petermann*, Die Reform des Abzahlungsgesetzes, Rpfleger 70, 79; *Scholz*, Die 2. Novelle zum Abzahlungsgesetz, MDR 74, 881, 969; *Schumann*, Die Änderung des Zivilprozeßrechts und des Gerichtsverfassungsrechts in den Jahren 1973 und 1974, JA 75, 423; *Weidner*, Der Gerichtsstand bei Abzahlungsgeschäften, NJW 70, 1870; ferner die Kommentare zum AbzG von *Klauss/Ose*, 1979, *Ostler/Weidner*, 6. Aufl 1971, *Putzo* in Palandt, 45. Aufl 1986, *Westermann* in Münchner Kommentar BGB, Bd III 1, 1980, *Reich* in Alternativkommentar BGB, Bd 3, 1979, *Weitnauer/Klingsporn* in Erman, 7. Aufl 1981 sowie *BL*, 44. Aufl 1986, Anh nach § 29.

I) Allgemeines

1 **1) Fassung und Inkrafttreten.** § 6a, ins AbzG 1894 eingefügt durch Gesetz vom 1. 9. 1969 (BGBl I S 1541), in Kraft seit 1. 1. 1970, wurde mit Wirkung vom 1. 7. 1977 geändert durch Art 9 Nr 3a der Vereinfachungsnovelle (vgl Einl Rn 13 ff; Streichung des bish Abs II Nr 2 und des bish Abs III); § 6b, eingefügt durch Gesetz vom 15. 5. 1974 (BGBl I S 1164), ist in Kraft seit 1. 10. 1974. **Übergangsregelung:** § 6a I umfaßt auch Klagen aus Abzahlungsgeschäften (§ 1 AbzG), die vor dem 1. 1. 1970 abgeschlossen worden sind (zulässig: BVerfG 31, 222 = NJW 71, 1449); dagegen soll § 6b nicht für vor dem 1. 10. 1974 abgeschlossene Sukzessivlieferungsgeschäfte (§ 1c iVm § 6b AbzG) gelten (so BGH NJW 76, 1354 = BB 76, 479 ohne Auseinandersetzung mit der bei § 6a AbzG angenommenen unechten Rückwirkung).

2 **2) Zweck und Bedeutung.** §§ 6a, 6b AbzG sind soziale Schutzgesetze zugunsten des Abzahlungskäufers iwS (vgl LG Hechingen NJW 72, 952). Sie verfolgen auf dem Teilbereich der Abzahlungs- und der ihnen gleichgestellten Geschäfte ähnliche Zwecke wie sie später allgemein mit der Gerichtsstandsnovelle (Rn 8 vor § 38) verwirklicht worden sind (für Aufhebung des „überflüssig" gewordenen § 6a AbzG daher Scholz BB 74, 571). Die unterlassene Angleichung des § 6a AbzG an die Neuregelung der Prorogation (§ 38) führte zu folgenden Unstimmigkeiten: Unterschiedlicher Umfang des – nicht – geschützten Personenkreises, vgl § 38 I einerseits, § 8 AbzG andererseits (dazu Rn 7); unterschiedlicher Umfang des Prorogationsverbots; § 6a I AbzG betrifft nur die örtliche Zuständigkeit, § 38 auch die sachliche (dazu Rn 3); unterschiedliche Fassungen hinsichtlich der Formanforderungen der noch zugelassenen Prorogation; vgl § 6a II AbzG einerseits, § 38 III Nr 2 andererseits (dazu Rn 14); vgl hierzu näher Schumann JA 75, 426 f.

3 **3) Abgrenzung. a)** § 38 ist im Anwendungsbereich des § 6a I AbzG (örtliche Zuständigkeit) ausgeschlossen (§ 40 II 1) im übrigen (sachliche Zuständigkeit) ist **Prorogation** im Rahmen des § 38 (also namentlich gem Abs III Nr 1) zulässig.

4 **b)** Der ausschließliche Gerichtsstand für das **Mahnverfahren** (§ 689 II) geht § 6a I AbzG vor (arg Streichung der besonderen Mahnverfahrensprorogation gem § 6a III aF).

5 **c)** Für Streitigkeiten aus **Fernunterrichtsverträgen** geht § 26 FernUSG vor; wegen § 7 HaustürWG vgl dort Rn 8, 12. Für Klagen von Versorgungsunternehmen aus **Versorgungsverträgen** (Elektrizität, Gas, Wasser, Fernwärme) gilt für den prorogationsfähigen Personenkreis (im wesentlichen wie § 38 I, III Nr 2) ein besonderer Gerichtsstand gem § 34 der durch RechtsVO erlassenen Allg Versorgungsbedingungen (Nachw: § 12 Rn 7 aE; vgl auch Rn 11 vor § 38).

6 **d)** § 6a AbzG gilt nur für **Inlandsgeschäfte** (arg § 6a II); im Anwendungsbereich des EuGVÜ gilt eine dem § 6a AbzG ähnliche Zuständigkeitsregelung, die nur in beschränktem Umfang der abweichenden Vereinbarung unterliegt (Art 13–15 EuGVÜ). Zum Begriff des Teilzahlungskaufs: EuGH RIW/AWD 78, 685.

II) Anwendungsbereich

7 **1) Personenkreis.** Unter § 6a I fallen alle Personen ausgenommen die im Handelsregister eingetragenen Kaufleute (§ 8 AbzG) einschließlich der eingetragenen Scheinkaufleute (§ 5 HGB). Unter den Schutz des AbzG fallen daher auch Minderkaufleute (§ 4 HGB) und die nicht ins Handelsregister eingetragenen Vollkaufleute, selbst wenn das Abzahlungsgeschäft ein Handelsgeschäft (§§ 343, 344 HGB) darstellt (weitergehend als § 38, vgl dort Rn 18; kritisch dazu Scholz BB 74, 571 und MDR 74, 973). Unerheblich für die Anwendbarkeit des AbzG ist die Kaufmannseigenschaft des Verkäufers (LG Hamburg NJW 83, 1742 = MDR 83, 758).

8 **2) Abzahlungsgeschäfte und gleichgestellte Verträge. a) Abzahlungsgeschäft ieS** (§ 1 AbzG) ist jeder **Kaufvertrag** (Werklieferungsvertrag) über eine bewegliche Sache, bei dem der Kaufpreis in Teilzahlungen zu entrichten ist (BGH 87, 115 = NJW 83, 1490); Vereinbarung von mindestens **zwei Raten** ist erforderlich (BGH 70, 378 = NJW 78, 1315 = MDR 78, 749). Entgegennahme einer Anzahlung unter Stundung des Kaufpreisrestes genügt nicht (BGH NJW 79, 874; 80, 1680). **Keine** Begriffsmerkmale sind die Übergabe der Sache (jetzt hM, vgl Knippel JR 80, 93 mN; aA – differenzierend – Medicus, FS Larenz 1983, 421 ff) oder die Vereinbarung eines Rücktrittsvorbehalts iSv § 455 BGB (LG Hamburg NJW 83, 1743 mwN). Beweislast: IdR Verkäufer für Barkauf (BGH NJW 75, 206, str; einschr BGH NJW 80, 1680). **Bewegliche Sachen** iS des AbzG sind auch in Schiffsregister eingetragene Schiffe (KG NJW-RR 86, 476; wegen Bezugsbindung in Grundstücksvertrag vgl Rn 10).

9 **b)** Auf **verdeckte Abzahlungsgeschäfte** und **Umgehungsgeschäfte** finden die Vorschriften des AbzG entspr Anwendung **(§ 6 AbzG).** Zur ersteren Gruppe gehören namentlich der **(dritt-)finanzierte Kauf** (sog B-Geschäft), bei dem das in Raten rückzahlbare Darlehen und der Kaufvertrag Teilstücke eines wirtschaftlich (und zT auch rechtlich) einheitlichen Geschäfts bilden (vgl BGH 83, 301 [304]; 91, 9 [14 mwN] und 339; 95, 353, stRspr, vgl die Nachw bei Canaris, Bankvertragsrecht,

2. Aufl, Rn 1401; Darstellung: Palandt/Putzo Anh zu § 6 AbzG); ferner **Mietkaufverträge** (BGH 62, 42; 94, 204; WM 86, 1181), **Leasingverträge** aber idR nur, soweit dem Leasingnehmer (Mieter) nach Vertragsende ein Erwerbsrecht (insbes eine Kaufoption) eingeräumt ist (vgl BGH 94, 183 f, 199 mwN; BGH NJW-RR 86, 595 = WM 86, 482; Köln NJW-RR 86, 475 und 671, stRspr) oder der vollständige Wertverzehr der Leasingsache während der Festmietzeit bereits bei Vertragsabschluß feststeht (BGH 94, 195, 206 ff; zust Ziganke BB 85, 1091); auf die Länge (Kürze) der Dauer der Festmietzeit oder auf die Preisgestaltung (Gesamtaufwand des Leasingnehmers entspricht im wesentlichen dem Teilzahlungspreis iS von § 1 a I AbzG) soll es nicht entscheidend ankommen (BGH 94, 210 ff; 94, 226, 228 f, str; aA zB Stuttgart NJW 84, 1628; vgl näher Peters NJW 85, 1498 ff; Palandt/Putzo Einf 4 d dd vor § 535 und § 6 AbzG Anm 2 b bb; Canaris, Bankvertragsrecht, 2. Aufl, Rn 1728 ff). Umgehungsgeschäfte: Kredit durch eigenes Kreditbüro des Verkäufers; uU „Umschuldung".

c) Teilleistungs-, Sukzessivlieferungs- und Dauerbezugsverträge (§ 6 b iVm § 1 c AbzG). Damit wird der Kreis der in den Schutzbereich des AbzG einbezogenen Geschäfte über die durch Vorleistung (und damit Kreditgewährung des Verkäufers oder eines Dritten) gekennzeichneten Abzahlungsgeschäfte und finanzierten Verträge (Rn 8, 9) auf andersartige Vertragsformen, die sich wirtschaftlich idR gleich belastend für den Käufer (Besteller) auswirken, erweitert. In Frage kommen (einzelne Vertragstypen: § 1 c Nr 1–3 AbzG): **Teilleistungsverträge**, dh Verkauf von in Raten auszuliefernder Sachgesamtheit, zB Bettwäsche- (vgl BGH NJW 77, 714: verschiedene Aussteuersortimente) oder Möbelgarnitur; Lexikonwerk; **Dauerbezugsverträge** über gleichartige Sachen, zB Zeitschriftenabonnement; **Sukzessivlieferungsverträge und Wiederkehrschuldverhältnisse**, zB Bierlieferungsvertrag (BGH 78, 248 = NJW 81, 230), auch wenn die Bierbezugsverpflichtung in einem Grundstückskaufvertrag übernommen wurde (BGH 97, 127 = NJW 86, 1680), Franchisevertrag (BGH BB 86, 1115 = ZPI 86, 781), Bausatzvertrag (BGH NJW 81, 453), Buchgemeinschaftsvertrag, Buchreihenvertrag (BGH NJW 76, 1354), Schallplattenring; Versorgungsverträge über den Bezug von Elektrizität, Gas, Wasser und Fernwärme, soweit die Kunden nicht zum prorogationsfähigen Personenkreis gehören (vgl Rn 5); in entspr Anwendung von § 1 c AbzG auch Sparkaufverträge (Ansparverträge; vgl Stuttgart NJW 80, 1798), nicht dagegen **reine Werkverträge** (vgl § 1 b IV AbzG), wie der typische Fertighausvertrag mit Errichtungsverpflichtung des Veräußerers (BGH 87, 112 = NJW 83, 1489). 10

III) Ausschließlicher Gerichtsstand in Abzahlungs- und gleichgestellten Sachen

1) Klagen aus Abzahlungsgeschäften und gleichgestellten Verträgen: §§ 6 a, 6 b AbzG umfassen sämtliche Ansprüche, die aus einem Abzahlungsgeschäft (Rn 8–10) im Sinne eines „einheitlichen Lebensvorganges" abgeleitet werden (OLG München WM 72, 986), also nicht nur Erfüllungs-, Gewährleistungs- und Schadensersatzansprüche bei Bestand des Geschäfts, Rückabwicklungsansprüche bei Rücktritt (auch wenn die Klage ausdrücklich auf § 985 BGB gestützt wird: LG Düsseldorf NJW 73, 1047), sondern auch Bereicherungsansprüche bei anfänglicher Nichtigkeit oder Anfechtung (Hamm BB 83, 213) sowie Ansprüche aus Delikt, soweit es mit dem Abzahlungsgeschäft im Zusammenhang steht (zB bei § 123 BGB; ebenso D. Meyer MDR 71, 812, str; aA Palandt/Putzo § 6 a AbzG Anm 2 c; Ostler/Weidner § 6 a Anm 2; Scholz MDR 73, 454), **nicht** aber Ansprüche gegen am Abzahlungsgeschäft nicht beteiligte mithaftende **Dritte** (Bürgen, Mitdarlehensnehmer; aA LG Frankfurt Rpfleger 74, 364 mit abl Anm Vollkommer; kein Widerspruch zu BGH 64, 268; 91, 44 ff, wonach sich der *materiellrechtliche* Schutz des AbzG auch auf „auf Käuferseite stehende" mithaftende Dritte erstreckt). Unter § 6 a AbzG fallen daher nach allgemeiner Meinung auch die (Darlehens-)Ansprüche des **Finanzierungsinstituts** beim sog B-Geschäft („finanzierter Kauf"; München WM 72, 986; LG Mannheim NJW 70, 2112 = Rpfleger 71, 33; Scholz MDR 73, 452; vgl dazu Rn 9) und schließlich die Ansprüche aus für die einzelnen Darlehens-(Kaufpreis-)Raten gegebenen **Wechseln** oder **Schecks** beim C-Geschäft, sofern sich diese in der Hand des Finanzierungsinstituts, einer Refinanzierungsbank, des Verkäufers oder eines bösgläubigen Dritten befinden (ebenso BGH 62, 110 = NJW 74, 747; WM 86, 1179; Stuttgart MDR 73, 321, hM; aA Evans/von Krbek NJW 75, 861). Die Rechtsschutzform – Klage auf Leistung oder Feststellung – ist für § 6 a I AbzG gleichgültig. 11

2) Ausschließliche örtliche Zuständigkeit. a) Zuständiges Gericht (§ 6 a I AbzG). Örtlich ausschließlich zuständig ist das Gericht des Wohnsitzes (gewöhnlichen Aufenthaltsorts) des Abzahlungskäufers im Zeitpunkt der Klageerhebung. Für die **sachliche** Zuständigkeit gelten die allgemeinen Vorschriften (vgl § 1 Rn 16 ff und oben Rn 3). **Wohnsitz:** §§ 7–11 BGB, dazu § 13 Rn 3 ff. **Gewöhnlicher Aufenthaltsort:** abweichend vom Gerichtsstand des Aufenthalts gem § 16 (vgl dort Rn 7) genügt bloß vorübergehender Aufenthalt nicht (ebenso Palandt/Putzo § 6 a AbzG Anm 3 e, der aber § 606 heranzieht). Maßgebender **Zeitpunkt** ist der der Begründung der Rechtshängigkeit (§§ 253, 261 I), also im Streitverfahren der der Zustellung der Klageschrift (§ 253 I), bei Einleitung im Mahnverfahren (vgl dazu Rn 4) ist der Zeitpunkt der Zustellung des Mahnbescheids 12 maßgebend, sofern die Sache „alsbald" nach der Erhebung des Widerspruchs abgegeben wird oder Vollstreckungsbescheid ergangen ist (§§ 696 III, 700 II und zum früheren Rechtszustand LG Essen Rpfleger 70, 99 und Knittel Betrieb 70, 37, str; aA Palandt/Putzo § 6 a, 6 b AbzG Anm 3 f: stets Zeitpunkt der Abgabe maßgebend). Ein Wechsel des Wohnsitzes (gewöhnlichen Aufenthaltsorts) nach Rechtshängigkeit ist für die Zuständigkeit ohne Bedeutung (§ 261 III Nr 2). Der Gerichtsstand des § 6 a I AbzG ist unabhängig von den **Parteirollen** und gilt deshalb auch für die Klage des Abzahlungskäufers gegen den Verkäufer (BGH NJW 72, 1861), auch für die **Widerklage** (§§ 33 II, 40 II). Bei **mehreren Abzahlungskäufern** auf der Passivseite gilt § 36 Nr 3, auf der Aktivseite § 35 entspr (so iErg Thümmel NJW 86, 558; vgl auch § 35 Rn 1), eine Bestimmung des zuständigen Gerichts entspr § 36 Nr 3 (so BGH NJW 72, 1861) ist entbehrlich.

13 **b) Prüfung der Zuständigkeit.** Die ausschließliche örtliche Zuständigkeit des Wohnsitzgerichts gem § 6 a I AbzG hat das angegangene Gericht in erster Instanz in jedem Stadium des Prozesses **von Amts wegen** zu beachten, nicht nur im Säumnisverfahren (München WM 72, 986), sondern auch bei rügeloser Einlassung des Abzahlungskäufers (§ 39 S 1 gilt nicht, vgl § 40 II 2), auch noch nach streitiger Verhandlung, jedoch nicht mehr in der Rechtsmittelinstanz (LG Berlin NJW 75, 2024; StJGrunsky § 512 a Rn 2; aA LG Hannover NJW 71, 1847; vgl hierzu auch § 40 Rn 2 aE mit weiteren Hinw). Ist der Rechtsstreit im Mahnverfahren eingeleitet (ausschließlicher Gerichtsstand: § 689 II) und anschließend an ein anderes als das gem § 6 a I AbzG ausschließlich zuständige Gericht abgegeben worden (vgl §§ 690 I Nr 5, 692 I Nr 1, 696 I, 700 III), so ist dieses in seiner Zuständigkeit nicht gebunden (§ 696 V) und kann die Sache unter den Voraussetzungen des § 281 an das zuständige Gericht verweisen. Eine Amtsverweisung (vgl § 6 a III AbzG aF) ist nicht mehr möglich. Der Käufer kann auf sein Verweisungsrecht verzichten (BGH NJW 72, 1861).

IV) Vereinbarung von Hilfsgerichtsstand (§ 6 a II AbzG)

14 1) Eine **Form** der Vereinbarung ist (abw von § 38 III Nr 2) nicht ausdrücklich vorgeschrieben, ergibt sich jedoch für die Erklärung des Abzahlungskäufers aus §§ 6 a, 6 b iVm 1 a, 1 c AbzG – halbe Schriftlichkeit (für – volle? – Schriftlichkeit der Prorogationsabrede Schumann JA 75, 427).

15 2) Der **Inhalt** der Vereinbarung entspricht § 38 III Nr 2 (vgl dort Rn 38).

§ 7 HaustürWG

[Ausschließlicher Gerichtsstand für Klagen aus Haustürgeschäften und ähnlichen Geschäften]

(1) Für Klagen aus Geschäften im Sinne des § 1 ist das Gericht ausschließlich zuständig, in dessen Bezirk der Kunde zur Zeit der Klageerhebung seinen Wohnsitz, in Ermangelung eines solchen seinen gewöhnlichen Aufenthaltsort hat.

(2) Eine abweichende Vereinbarung ist jedoch zulässig für den Fall, daß der Kunde nach Vertragsschluß seinen Wohnsitz oder gewöhnlichen Aufenthaltsort aus dem Geltungsbereich dieses Gesetzes verlegt oder sein Wohnsitz oder gewöhnlicher Aufenthaltsort im Zeitpunkt der Klageerhebung nicht bekannt ist.

Lit: *Gilles* NJW 86, 1131; *Knauth* WM 86, 509; *Löwe* BB 86, 821; *Magoulas/Schwartze* JA 86, 225; *Teske* ZIP 86, 624.

1 **1) Fassung.** Das Gesetz über den Widerruf von Haustürgeschäften und ähnlichen Geschäften vom 16. 1. 1986 (BGBl I S 122) ist am 1. 5. 1986 in Kraft getreten. Nach der Übergangsvorschrift seines § 9 II 2 findet § 7 auch Anwendung auf Klagen aus Geschäften iSd § 1, die vor dem 1. 5. 1986 abgeschlossen worden sind. Diese sog unechte Rückwirkung ist verfassungsrechtlich unbedenklich (vgl die entspr Regelung zu § 6 a AbzG im Anh § 29 a, §§ 6 a, 6 b AbzG Rn 1).

2 **2) Anwendungsbereich. a) Personenkreis.** Beteiligte an Haustürgeschäften iwS sind Gewerbetreibender und Kunde. **aa) Gewerbetreibender.** Das ist diejenige Partei, die bei Abschluß des Vertrages „geschäftsmäßig" handelt (vgl § 6 Nr 1, 2. Alt HaustürWG). Geschäftsmäßigkeit des Abschlusses liegt vor, wenn die Partei die Absicht hat, Abschlüsse gleicher Art zu wiederholen und sie dadurch zu einem dauernden oder wenigstens wiederkehrenden Bestandteil ihrer Beschäftigung zu machen (vgl allg RGSt 61, 51; 72, 315; BGH NJW 86, 1051). Betrieb eines (Handels-)Gewerbes (vgl §§ 1 ff HGB) wird vielfach vorliegen, ist aber nicht erforderlich, jede andere nicht nur gelegentlich ausgeübte (gewerbliche oder freiberufliche) Tätigkeit genügt; Gewerbetreibender kann insbes auch ein Handwerker oder Minderkaufmann (iS von § 4 HGB) sein.

3 **bb) Kunde** ist diejenige Vertragspartei, die den Vertrag nicht „in Ausübung einer selbständigen Erwerbstätigkeit" abschließt (§ 6 Nr 1, 1. Alt HaustürWG). Maßgeblich ist damit die Natur

des konkreten Vertrags als (einseitiges) „Verbrauchergeschäft" (vgl Rn 7; ie Teske ZIP 86, 630 f). Juristische Personen können niemals „Kunde" iS von § 1 HaustürWG sein, der Einzelvollkaufmann und Selbständige allerdings dann, wenn das Geschäft den privaten (nichtberuflichen) Bereich betrifft (ie Teske ZIP 86, 635).

b) Haustür- und ähnliche Geschäfte. Bei den in § 1 I HaustürWG umschriebenen **entgeltlichen Verträgen** liegt der **Ort der Vertragsanbahnung** außerhalb eines ständigen Geschäftslokals des Gewerbetreibenden. Die Fallgruppenbildung (§ 1 Nr 1–3 HaustürWG) erscheint im Hinblick auf die Gesetzesüberschrift („ähnliche Geschäfte") und das Umgehungsverbot (§ 5 I HaustürWG) als nicht abschließend (str, vgl Gilles NJW 86, 1139; Teske ZIP 86, 629, 632; aA Löwe BB 86, 828). **Form** des Geschäfts: Nicht notwendig schriftlich (aber Schriftform der Widerrufsbelehrung: § 2 I 2 HaustürWG), auch mündlich (allgM), **nicht** fernmündlich (zutr Löwe BB 86, 824 f); Grund: Überrumpelungssituation fehlt. 4

aa) Vertrag über entgeltliche Leistung. In Frage kommen alle gegenseitigen Verträge (§§ 320 ff BGB), zB Kauf-, Dienst-(Leistungs-)- und Werkverträge (§§ 433 ff, 611 ff, 631 ff BGB), ferner entgeltliche Verträge, die nicht gegenseitige Verträge sind (zB Maklerverträge, § 652 BGB, § 93 HGB). **Nicht** unter das Gesetz fallen alle (streng) *einseitig verpflichtenden Verträge* (zB Bürgschaft, § 765 BGB, Schuldanerkenntnis, § 781 BGB, Wechselakzept, Art 25, 28 WG), alle *einseitigen* (dh nichtvertraglichen) *Verpflichtungserklärungen* (zB Vereinsbeitritt, uU aber Fall von § 5, wie bei Beitritt zu Luftrettungsvereinen, dazu Löwe BB 86, 823; Teske ZIP 86, 629), alle sofort beiderseitig voll erfüllten *Bagatellverträge* (Wert nicht über DM 80, vgl § 1 II Nr 2 HaustürWG), alle Verträge mit *notarieller Beurkundung* der Kundenerklärung (§ 1 II Nr 3 HaustürWG sowie die in der Bereichsausnahme aufgeführten Vertragstypen (Rn 8). 5

bb) Ort der Vertragsanbahnung. § 1 I HaustürWG nennt 3 Fallgestaltungen. Danach müssen die mündlichen (vgl Löwe BB 86, 825) Vertragsverhandlungen, die zur Abgabe der Willenserklärung des Kunden geführt haben, an einem der folgenden Orte stattgefunden haben: α) am **Arbeitsplatz** des Kunden oder im Bereich einer **Privatwohnung (I Nr 1 – Haustürgeschäft ieS);** dieser Tatbestand liegt nicht vor, wenn der Hausbesuch auf Initiative des Kunden zustandegekommen ist (II Nr 1; Einzelheiten: Gilles NJW 86, 1141 f; Teske ZIP 86, 633); β) anläßlich einer **Freizeitveranstaltung,** die von der anderen Vertragspartei oder von einem Dritten (auch) in ihrem Interesse durchgeführt wurde **(I Nr 2 – Ausflugs- und Kaffeefahrt-Geschäft);** weitere Beispiele: Fahrten zu Sportveranstaltungen, Einladungen zu Filmvorführungen und dgl (ie Löwe BB 86, 825); γ) in **Verkehrsmitteln** oder im Bereich **öffentlich zugänglicher Verkehrswege (I Nr 3 – Überrumpelungsgeschäft ieS);** umfaßt sind alle „anreißerisch" zustande gebrachten Geschäfte (ie Löwe BB 86, 825 f). 6

cc) Einseitiges Verbrauchergeschäft. Bei dem Vertrag muß es sich auf Seiten des Kunden um ein Verbrauchergeschäft iS von Rn 3 handeln. Auf *beiderseitige* Verbrauchergeschäfte findet das Gesetz keine Anwendung. Die negative Fassung von § 6 HaustürWG stellt klar, daß bei Vorliegen der Voraussetzungen von § 1 I HaustürWG (Rn 5–6) idR ein einseitiges Verbrauchgeschäft gegeben ist und der Gewerbetreibende (Rn 2) den Ausnahmetatbestand des § 6 Nr 1 HaustürWG dartun und beweisen muß. 7

c) Bereichsausnahmen. Nicht unter das HaustürWG fallen folgende Vertragsarten: **Versicherungsverträge** (§ 6 Nr 2 HaustürWG); **Abzahlungsgeschäfte** iS des AbzG, **Unterrichtsverträge** iS des FernUSG, Kaufverträge über ausländische **Investmentanteile** iS des AuslInvestmG und **Anteilscheine** iS des KAAG (vgl § 5 II HaustürWG); unter gewissen Voraussetzungen (Bestellung aufgrund eines Verkaufsprospektes, Einräumung von uneingeschränktem Rückgaberecht) auch **Versandhandelsgeschäfte** (vgl § 5 III HaustürWG; Einzelheiten: Teske ZIP 86, 630). 8

3) Ausschließlicher Gerichtsstand. a) Er umfaßt **alle Klagen** (Rechtsstreitigkeiten) aus Haustür- und ähnlichen Geschäften (Rn 4 ff), also nicht nur Rechtsstreitigkeiten, die sich aus der Ausübung des Widerrufsrechts (§§ 2, 3 HaustürWG) ergeben, sondern auch (wie bei den Gerichtsständen der §§ 29, 29 a ZPO; § 6 a AbzG), alle Klagen, unabhängig von Klageart und Prozeßart, mit denen Rechte aus dem Vertragsverhältnis geltend gemacht werden, wie zB Klagen auf Feststellung des Bestehens oder Nichtbestehens eines Haustürgeschäfts, auf Erfüllung von Vertragspflichten, Abnahme, Rückgewähr, Gewährleistung, Schlechtleistung insbes aus positiver Vertragsverletzung und Verschulden bei Vertragsverhandlungen, auf Aufhebung, Umgestaltung und Inhaltsänderung (vgl § 29 Rn 16 ff; § 29 a Rn 7 ff). Gleichgültig ist die **Parteirolle** des Kunden, er kann sowohl als Kläger auftreten als auch Beklagter sein. 9

b) Zuständiges Gericht ist das, in dessen Bezirk der Kunde im Zeitpunkt der Klageerhebung (§ 253 I) seinen allgemeinen Gerichtsstand (vgl §§ 12, 13, 16) hat. § 7 macht den allgemeinen Gerichtsstand des Kunden in Passivprozessen zum ausschließlichen und erweitert ihn (über §§ 12, 13 hinaus) bei Aktivprozessen zu einem (ausschließlichen) Klägergerichtsstand. 10

11 **c) Zuständigkeitsprüfung.** Das Gericht prüft die ausschließliche Zuständigkeit (§§ 12 Hs 2; 40 II) in erster Instanz von Amts wegen (§ 296 III; § 12 Rn 12). Wird im Gerichtsstand des § 7 geklagt, muß sich aus der Klageschrift oder ergänzendem Vorbringen (vgl § 139 II) ergeben, daß Ansprüche aus einem Haustürgeschäft iS des § 1 HaustürWG Gegenstand des Rechtsstreits sind (Rn 4 ff). Die Prüfung erfolgt auf der Grundlage des Klagevorbringens; ist bestritten, ob ein Haustür- oder ähnliches Geschäft abgeschlossen wurde, so erfolgt, wie stets, wenn zuständigkeits- und anspruchsbegründende Tatsachen zusammenfallen, keine Beweisaufnahme im Rahmen der Prüfung der Klagezulässigkeit, sondern der Begründetheit und ggf Abweisung der Klage als unbegründet (vgl § 12 Rn 14; § 29 Rn 22; § 32 Rn 19). Ist die Klage bei einem gem § 7 unzuständigen Gericht erhoben (selten, da bei Klage gegen den Kunden der ausschließliche Gerichtsstand idR mit seinem allgemeinen Gerichtsstand zusammenfällt) und rügt der Kunde die fehlende Zuständigkeit im Hinblick auf die Haustürgeschäftsnatur, so ist über die fraglichen Umstände des Vertragsschlusses (Rn 6) vorab Beweis zu erheben, da anspruchs- und zuständigkeitsbegründende Tatsachen nicht zusammenfallen.

12 **d) Konkurrenzen** zu den Gerichtsständen gem § 6 a AbzG, § 26 FernUSG, § 6 II AuslInvestmG treten nicht auf; Grund: Rn 8. Allgemein zur Konkurrenz mehrerer ausschließlicher Zuständigkeiten § 35 Rn 4. Im Mahnverfahren gilt ausschließlich § 689 (Löwe BB 86, 831).

13 **e) Zugelassene Gerichtsstandvereinbarung.** Zulässig ist die Vereinbarung eines sog Hilfsgerichtsstandes für den Fall, daß der Kunde nach Vertragsschluß keinen allgemeinen Gerichtsstand im Inland hat oder sein allgemeiner Gerichtsstand nicht bekannt ist (§ 7 II HaustürWG). In Einzelfällen kommt es zu wenig sinnvollen Überschneidungen. So ist ein Vollkaufmann bei Abzahlungsgeschäften uneingeschränkt prorogationsfähig (§ 8 AbzG, § 38 I), auch bei einem Haustürgeschäft (§ 5 II HaustürWG), jedoch nicht, wenn es sich um ein Bar- oder Kreditgeschäft ohne Ratenzahlung handelt (§§ 1 I, 6 I 1. Alt HaustürWG; oben Rn 3).

§ 26 FernUSG

[Ausschließlicher Gerichtsstand in Fernunterrichtssachen]

(1) Für Streitigkeiten aus einem Fernunterrichtsvertrag oder über das Bestehen eines solchen Vertrages ist das Gericht ausschließlich zuständig, in dessen Bezirk der Teilnehmer seinen allgemeinen Gerichtsstand hat.

(2) Eine abweichende Vereinbarung ist nur zulässig, wenn sie ausdrücklich und schriftlich

1. nach dem Entstehen der Streitigkeit oder

2. für den Fall geschlossen wird, daß der Teilnehmer nach Vertragsschluß seinen Wohnsitz oder seinen gewöhnlichen Aufenthaltsort aus dem Geltungsbereich dieses Gesetzes verlegt oder sein Wohnsitz oder gewöhnlicher Aufenthaltsort im Zeitpunkt der Klageerhebung nicht bekannt ist.

1 **1) Fassung.** Das am 1. 1. 1977 in Kraft getretene Gesetz zum Schutz der Teilnehmer am Fernunterricht (Fernunterrichtsschutzgesetz – FernUSG) vom 24. 8. 1976 (BGBl I S 2525) wurde mit Wirkung vom 1. 7. 1977 durch die Vereinfachungsnovelle (Einl Rn 2 ff) geändert (§ 26 Abs II Nr 3 und Abs III betr das Mahnverfahren wurden gestrichen, Art 9 Nr 20 der Vereinfachungsnovelle).

2 **2) Ausschließliche örtliche Zuständigkeit (Abs I).** Maßgebend ist der **allgemeine Gerichtsstand** (§§ 12–16) des Teilnehmers; gleichgültig ist, in welcher Parteirolle er sich befindet (vgl § 6 a AbzG Rn 12). **Fernunterrichtsvertrag** ist der zwischen Veranstalter und Teilnehmer geschlossene gegenseitige Vertrag, durch den sich der Veranstalter dazu verpflichtet, das Fernlehrmaterial einschließlich der vorgesehenen Arbeitsmittel in den vereinbarten Zeitabständen zu liefern, den Lernerfolg zu überwachen und die eingesandten Arbeiten innerhalb angemessener Zeit sorgfältig zu korrigieren, und der Teilnehmer dazu, die vereinbarte (nach Zeitabschnitten bemessene) Vergütung zu entrichten (Einzelheiten: § 2 FernUSG). Die auf den Vertragsschluß gerichtete Willenserklärung des Teilnehmers bedarf der schriftlichen Form (§ 3 FernUSG). Das FernUSG findet auch auf Verträge entspr Anwendung, die darauf abzielen, die Zwecke eines Fernunterrichtsvertrags in einer anderen Rechtsform zu erreichen (§ 8 FernUSG). Eine solche Umgehungsform ist das durch Einschaltung eines Finanzierungsinstituts – drittfinanzierte – Geschäft (Reich, Verbraucherkredit; 1979, Rn 187). Zur Anwendung des FernUSG näher Bartl NJW 76, 1993; Dörner BB 77, 1739 und NJW 79, 241; Faber/Schade, FernUSG, Kommentar, 1980; Haagmann, Das Recht des Fernunterrichts in freier Trägerschaft, 1983; Heinbuch, Theorien und Strategien des Verbraucherschutzes am Beispiel des Fernunterrichtsschutzgesetzes, 1983.

3) **Zugelassene Zuständigkeitsvereinbarungen: a)** nachträgliche Prorogation (wie § 38 III Nr 1, vgl dort Rn 31 ff; **b)** Vereinbarung von Hilfsgerichtsstand (wie § 38 III Nr 2, vgl dort Rn 37 ff). 3

30 *[Besonderer Gerichtsstand des Meß- oder Marktortes]*

Für Klagen aus den auf Messen und Märkten, mit Ausnahme der Jahr- und der Wochenmärkte, geschlossenen Handelsgeschäften (Meß- und Marktsachen) ist das Gericht des Meß- und Marktortes zuständig, wenn die Klage erhoben wird, während der Beklagte oder sein zur Prozeßführung berechtigter Vertreter sich am Ort oder im Bezirk des Gerichts aufhält.

1) Besonderer, nicht ausschließlicher (§ 12 Rn 9) Wahlgerichtsstand (§ 35), der oft mit dem des § 29 konkurriert. 1

2) **Voraussetzungen. a)** Vertragsabschluß über ein Handelsgeschäft iS der §§ 343 ff HGB auf einem dem kaufmännischen Großverkehr dienenden Markt. Nicht hierher: Standmiete, Zeche der Messebesucher oder Geschäfte, die vor Beginn oder nach Schluß der Messe abgeschlossen wurden. 2

b) Zustellung der Klage an den Beklagten in Person oder seinen zur Prozeßführung berechtigten Vertreter (§§ 171 I, III, 173; nicht: Handlungsbevollmächtigten, § 54 II HGB) **am Ort der Messe.** Ersatzzustellung (§§ 181 ff) ist ausgeschlossen (Wieczorek Anm B I). Die Klage kann auch **später** bei dem Gericht des Meß- und Marktortes erhoben werden, wenn der Beklagte oder sein Vertreter, sei es auf einer folgenden Messe oder sonstwie, sich dort treffen läßt und sich so lange aufhält, daß die Klagezustellung erfolgen kann. 3

3) **Behandlung** der Meß- und Marktsachen. Ladungs- und Einlassungsfrist: §§ 217, 274 III, 520 III, 555 II; Feriensache: § 200 II Nr 3 GVG. 4

31 *[Besonderer Gerichtsstand der Vermögensverwaltung]*

Für Klagen, die aus einer Vermögensverwaltung von dem Geschäftsherrn gegen den Verwalter oder von dem Verwalter gegen den Geschäftsherrn erhoben werden, ist das Gericht des Ortes zuständig, wo die Verwaltung geführt ist.

1) **Voraussetzungen.** Eine **Vermögensverwaltung** liegt nur vor, wenn die Befugnis zum selbständigen Abschluß von Geschäften und zur Einziehung der Gegenleistung, sowie die Pflicht zur Rechnungsvorlegung besteht. Die Verwaltung kann beruhen: auf Gesetz (elterliche Sorge, Vormundschaft, Testamentsvollstreckung [BayObLG 1958, 453], Nachlaßverwaltung, Wohnungseigentum [BAG NJW 74, 1016]), auf Vertrag (Dienstvertrag, Auftrag, Gesellschaft, Gütergemeinschaft [§§ 1422 ff BGB]) oder auf vertragsähnlichem Verhältnis (Geschäftsführung ohne Auftrag). Nicht unter § 31 fällt die Tätigkeit des einfachen Agenten, auch wenn ihm ein Lager überlassen ist, wohl aber eines Generalagenten einer Versicherungsgesellschaft. 1

2) **Rechtsfolgen.** Besonderer, nicht ausschließlicher (§ 12 Rn 9) Wahlgerichtsstand (§ 35). **Ort:** der der **Führung der Verwaltung,** das ist der, wo der Verwalter regelmäßig tätig ist, insbes wo sich der Geschäftsraum (Kasse; Buchführung) befindet (RG 50, 410). Der Sitz der Aufsichtsbehörde oder die Lage des Vermögens sind gleichgültig. Der Gerichtsstand dauert nach Beendigung der Verwaltung fort. 2

32 *[Besonderer Gerichtsstand der unerlaubten Handllungen]*

Für Klagen aus unerlaubten Handlungen ist das Gericht zuständig, in dessen Bezirk die Handlung begangen ist.

Lit: *Deutsch*, Gedanken zum Gerichtsstand der unerlaubten Handlung (insbes bei Persönlichkeits- und Wettbewerbssachen), MDR 67, 88; *Landwehr*, Die Stellung des Geschädigten nach dem neuen Kraftfahrzeughaftpflichtversicherungsgesetz vom 5. April 1965, VersR 65, 1113; *E. Schneider*, Bemerkungen zum Gerichtsstand der unerlaubten Handlung (§ 32 ZPO) im Wettbewerbs- und Zeichenrecht, MDR 65, 253; *ders*, Zur Anwendung des § 32 ZPO im Wettbewerbs- und Zeichenrecht, MDR 66, 733; *Schwab*, Streitgegenstand und Zuständigkeitsentscheidung, FS Rammos, Athen 1979, S 845; vgl auch das zu § 12 genannte allgemeine Schrifttum.

I) Allgemeines

1 **1) Bedeutung.** Der besondere Gerichtsstand der unerlaubten Handlung (forum delicti commissi) beruht auf dem Gedanken der **Sachnähe.** Am Begehungs-(Tat-)ort (Rn 16) kann die Sachaufklärung und Beweiserhebung am besten erfolgen. Die in dem Wahlgerichtsstand (Rn 18) liegende Begünstigung des Klägers (Verletzten) rechtfertigt sich aus der geringeren Schutzwürdigkeit des Interesses des Deliktschuldners, an seinem allgemeinen Gerichtsstand (§§ 12, 13) verklagt zu werden.

2 **2) Abgrenzung.** Dem § 32 inhaltlich entsprechende Wahlgerichtsstände enthalten zahlreiche Vorschriften des **Haftpflichtrechts,** so § 14 HaftpflG, § 20 StVG, § 56 LuftVG, § 94 a ArzneiMG. In **Wettbewerbssachen** sieht § 24 II UWG eine ausschließliche Zuständigkeit des Gerichts, in dessen Bezirk die wettbewerbswidrige Handlung begangen ist, vor (nicht zwingend im Warenzeichenrecht: § 33 WZG). Zum Verhältnis von § 32 zu § 24 II UWG vgl Rn 10. Für **Wild- und Jagdschaden** bestehen vielfach landesrechtliche Sondervorschriften; vgl die Ausführungsgesetze der Länder zu § 35 BJagdG.

3 **3) Ausländischer Begehungsort.** Im Anwendungsbereich des **EuGVÜ** begründet eine unerlaubte Handlung (und ihr gleichgestellte Handlungen) die internationale und örtliche Zuständigkeit am Gericht des Ortes, an dem das schädigende Ereignis eingetreten ist (Art 5 Nr 3 EuGVÜ). Maßgeblich ist danach (zT abw von § 32) der Ort des ursächlichen Geschehens und des Schadenseintritts (EuGH NJW 77, 493 = RIW/AWD 77, 356, zust Rest RIW/AWD 77, 669; Karlsruhe RIW/AWD 77, 719) der unerlaubten Handlung (weit auszulegen: BGH NJW 85, 561). **Bsp:** Bei einer im Ausland verhängten, sich aber im Inland schädigend auswirkenden Liefersperre ist die deutsche internationale Zuständigkeit gem Art 5 Nr 3 EuGVÜ gegeben (vgl – unter irriger Anwendung von § 32 – BGH NJW 80, 1224 mit zu Recht krit Anm von Schlosser; gleichfalls krit die Anm von Kropholler JZ 80, 532 und Böhlke RIW/AWD 80, 218). – Eine weitere Zuständigkeit ist gegeben, soweit strafprozessuale Adhäsionsverfahren bestehen (Art 5 Nr 4 EuGVÜ). Zum Begehungsort von Wettbewerbsmaßnahmen bei Wettbewerb zwischen Inländern im Ausland vgl BGH 40, 391 und dazu Beitzke JuS 66, 139.

II) Anwendungsbereich

4 **1) Sachlicher Geltungsbereich:** Klagen aus **unerlaubter Handlung. a)** den **Begriff** bestimmt das bürgerliche Recht; er ist im weiteren Sinn zu verstehen (BGH NJW 74, 411) und umfaßt jeden rechtswidrigen Eingriff in fremde Rechtssphäre (vgl BGH NJW 56, 911).

5 **b) Fallgruppen.** Unter § 32 fallen danach: **aa)** die Tatbestände der §§ 823–826, 829, 831, 833–839 BGB, gleichviel also, ob der Täter je nach der Einzelbestimmung für schuldhaftes, vermutet schuldhaftes oder auch nur für nicht vorwerfbares, aber im Rechtssinn ursächliches Handeln (Unterlassen) haftet. Die Verletzung des durch § 823 I BGB geschützten **allgemeinen Persönlichkeitsrechts** kann damit im Gerichtsstand des § 32 geltend gemacht werden (Helle, Der Schutz der Persönlichkeit, der Ehre und des wirtschaftlichen Rufes im Privatrecht, 2. Aufl 1969, S 182) und zwar auch dann, wenn für den persönlichkeitsrechtlichen Beseitigungsanspruch ausnahmsweise ein rechtswidriges Handeln des Störers nicht erforderlich ist (München Urt v 23. 4. 1970, 1 U 1414/69, Vorentscheidung zu BGH 57, 325, dort hierzu keine Stellungnahme, vgl jetzt § 549 II). Wegen der für § 32 in Frage kommenden Rechtsschutzformen s Rn 14.

6 **bb)** Ansprüche wegen verbotener Eigenmacht (§§ 858 ff BGB), auf Schadensersatz aus § 992 BGB.

7 **cc)** aus gesetzlicher **Gefährdungshaftung:** §§ 1, 2, 3, 14 HaftpflG; §§ 7 ff, 20 StVG; § 56 LuftVG § 22 II WasserhaushaltsG (BGH 80, 1 [3]); §§ 25 ff AtomG; § 84 ArzneiMG (vgl hierzu Rn 2).

8 **dd)** aus **unberechtigter Zwangsvollstreckung:** §§ 302 IV, 600 II, 717 II, 945 ZPO (obwohl hier nicht rechtswidrig gehandelt wurde), wenn in selbständiger Klage geltend gemacht.

9 **ee)** aus Verletzung **sonstiger absoluter Rechte,** vor allem gewerblicher Schutzrechte (Urheber-, Patent-, Warenzeichen-, Muster-, Firmen-, Namensrechte); dazu Deutsch, MDR 67, 88.

10 **ff) aus unlauterem Wettbewerb:** § 24 UWG bestimmt zwar ausschließlichen Gerichtsstand: neben ihm gilt aber wahlweise § 32, wenn Anspruch zugleich auf unerlaubte Handlung gestützt wird (BGH 15, 338; Köln NJW 70, 476); ebenso für Ansprüche aus **ZugabeVO** (BGH NJW 56, 911); das Gericht der unerlaubten Handlung kann auch nach UWG prüfen (BGH NJW 54, 1932 = LM § 32 Nr 1) wie umgekehrt (Wieczorek Anm A IIc 2). Die in § 13 I UWG bezeichneten Verbände sind grundsätzlich nicht berechtigt, Unterlassungsansprüche aus § 24 UWG außerhalb des Gerichtsstandes des § 24 UWG geltend zu machen (Bamberg MDR 65, 302). Zum Gerichtsstand der Unterlassungsklagen von Verbänden: Pastor in WRP 62, 84.

gg) aus Verstoß gegen kartellrechtliche Bestimmungen, zB Schadensersatzansprüche (§ 35 GWB) wegen Verhängung einer Liefersperre (BGH NJW 80, 1224, zT bedenklich, vgl Rn 3) oder Belieferungsansprüche (§ 26 II GWB) bei Diskriminierung (Stuttgart BB 79, 390, zust Winkler BB 79, 402; Frankfurt DB 86, 1223; s auch Rn 17). 11

c) Abgrenzung. Nicht unter § 32 fallen: Klagen auf Grund nur schuldhafter Verletzung **vertragsmäßiger** Verbindlichkeiten, auch Unterlassungsklagen, die auf Verletzung vertraglicher Unterlassungspflicht gestützt sind (BGH NJW 74, 411); Klagen aus ungerechtfertigter Bereicherung (§§ 812 ff BGB); anders bei § 852 BGB; Ansprüche aus *gesetzlichen* Ausgleichsverhältnissen (zB gem § 840 II BGB), auch wenn unerlaubte Handlungen (§§ 823, 831 BGB) zugrundeliegen; Haftung des Wirtes (§ 701 BGB); Ansprüche aus außerehelichem Beischlaf, insbesondere auf Unterhalt nichtehelicher Kinder; Verlöbnisbruch (§§ 1298, 1300 BGB); Ansprüche aus einem Schuldverhältnis ohne Vorliegen einer unerlaubten Handlung (Beispiel: Vertragsstrafe), wohl aber bei arglistiger Täuschung bei Vertragsschluß (Eingehungsbetrug) und bei Betrug bei Vertragserfüllung; Verletzung vormundschaftlicher Pflichten (§ 1833 BGB); Verletzung der Pflichten des Pflegers und Testamentvollstreckers (§§ 1915, 2219 BGB). Nach §§ 29 ff KO oder § 3 AnfG anfechtbare Rechtshandlungen (Hamm MDR 66, 764; StJSchumann Rn 24 mwN; Kuhn/Uhlenbruck, KO, 10. Aufl, § 29 Rn 51; aA 9. Aufl und RG 84, 253); Aufopferungsansprüche (LG Flensburg SchHA 58, 204); die bloße Berühmung eines Rechts (Pawlowski, BB 65, 849; zu Kostenerstattungsansprüchen aus Schutzrechtsverwarnungen vgl Rn 17 aE). **Nicht gilt § 32** ferner für Ansprüche auf Gegendarstellung nach PresseG (vgl BGH NJW 63, 151; BayObLGZ 1958, 189; Frankfurt NJW 60, 2059; Neumann-Duesberg NJW 60, 2034; Palandt/Thomas Einf vor § 823 Rn 9 b und 10; Helle, aaO – Rn 5 – S 182, 194). 12

Zum **Zusammentreffen** der Verletzung einer Vertragspflicht mit einer unerlaubten Handlung vgl näher Rn 20.

2) Persönlicher Geltungsbereich: Einerlei ist, ob sich die **Klage gegen den Täter, Mittäter, Anstifter oder Gehilfen,** deren Rechtsnachfolger oder solche Personen richtet, die kraft Gesetzes oder Vertrages eine Haftung für andere tragen, wie zB die Vereine nach § 31 BGB, den Geschäfts- oder Dienstherrn nach § 831 BGB, den persönlich haftenden Gesellschafter im Fall der Inanspruchnahme gem §§ 161 II, 128 HGB (BayObLG Rpfleger 80, 156). § 32 gilt weiterhin für den Direktanspruch gegen den Pflichtversicherer gem § 3 PflVG (BGH NJW 83, 1799; BayObLG NJW 85, 570) und den Rückgriff gem § 158 f. VVG (München OLGZ 67, 174 = NJW 67, 55), darüber hinaus auch für die Haftung von „Leuten" des Luftfrachtführers gem Art 25 A WA, da insoweit die Gerichtsstandsregelung des Art 28 WA nicht anwendbar ist (BGH NJW 82, 524 [525] mwN). Bei **mehreren Haftenden** bestimmt sich der Gerichtsstand für jeden selbständig. 13

3) Arten der Klagen. Gleichgültig ist, welches prozessuale Begehren aus der unerlaubten Handlung hergeleitet wird: also Leistungs- oder die positive, aber auch die negative Feststellungsklage; Klage auf Schadensersatz, auf Beseitigung (Widerruf; BGH 31, 308; NJW 61, 1914). § 32 gilt demnach auch für die vorbeugende Unterlassungsklage; ob für die negatorische Unterlassungsklage (§ 1004 BGB) ist bestritten; für analoge Anwendung OLG München, Urt vom 23. 4. 1970 (oben Rn 5); KG OLG 17, 94; R-Schwab § 36 II 7; so jetzt auch StJSchumann Rn 26 mit Fußnote 37; aA Wieczorek Anm B I a 2 und B III b. 14

Nicht nötig ist, daß die Klage nur auf unerlaubte Handlung gestützt wird; diese muß aber mit den Klagegrund bilden (vgl RG HRR 1938 Nr 459 und näher Rn 20). 15

III) Gerichtsstand des Begehungsorts

1) Begehungsort: a) Allgemeines. Anknüpfungspunkt ist der Ort, an dem die unerlaubte **Handlung begangen ist** („Ort der Begangenschaft", Tatort). Grund: Rn 1. Tatort ist jeder Ort, an dem auch nur eines der wesentlichen Tatbestandsmerkmale verwirklicht worden ist (RG VZS 72, 42, 44). Das ist bei den Begehungsdelikten sowohl der Ort, an dem der Täter gehandelt hat **(Handlungsort),** als auch der Ort, an dem in das geschützte Rechtsgut eingegriffen wurde (sog **Erfolgsort**). Der Schadensort als solcher ist ohne Belang (BGH 52, 111); denn der Tatort ist nur der Begehens-, nicht auch der Schadensort (Neumann-Duesberg NJW 55, 697; Schönke DRZ 49, 459). Nur dann, wenn der Schadenseintritt selbst zum Tatbestand der Rechtsverletzung gehört, ist der Ort des Schadenseintritts Verletzungs- und damit Begehensort (BGH 40, 395). Bsp: Die wettbewerbswidrige Diskriminierung wirkt sich am Sitz des Diskriminierten aus (vgl BGH NJW 80, 1224; Stuttgart BB 79, 390 und Winkler dort S 402; aA Frankfurt DB 86, 1223; vgl dazu auch Rn 11 und 17). Durch bloße Vorbereitungshandlungen wird der Gerichtsstand nicht begründet. Bei **Unterlassungen** ist der Ort maßgebend, wo zu handeln war (Karlsruhe MDR 60, 56). Im übrigen gilt der Erfolgsort. 16

17 **b) Einzelfragen: Briefdelikt:** Enthält ein in Deutschland geschriebener, nach dem Ausland abgesandter und dort geöffneter **Brief** eine unerlaubte Handlung (zB einen Erpressungsversuch), so ist diese Handlung als einheitliches Delikt aufzufassen, dessen Tatbestand sich örtlich an den Ort der Absendung und an den der Empfangnahme des Briefes knüpft. Die unerlaubte Handlung des Briefschreibers ist demnach auch in Deutschland begangen worden (BGH 40, 391, 394 = NJW 64, 970). – **Boykottaufruf:** Er ist begangen am Ort der Verlautbarung und am Ort des Zugangs an den Boykottadressaten (Frankfurt NJW-RR 86, 1189), aber auch am Sitz des Boykottierten (BGH NJW 80, 1225; aA Frankfurt aaO; vgl auch Rn 16). – **Distanzdelikt:** Wo der Tatbestand einer unerlaubten Handlung, zB eines Betruges, sich aus verschiedenen Handlungen und Vorgängen zusammensetzt und diese an mehreren, zu verschiedenen Gerichtsbezirken gehörigen Orten sich vollziehen, ist nicht bloß das Gericht, in dessen Bezirk der letzte den Tatbestand vollendende Erfolg, zB beim Betrug die Vermögensbeschädigung, eingetreten ist, sondern jedes Gericht zuständig, in dessen Bezirk eine dieser zum Tatbestand gehörigen Handlungen begangen wurde (RG 72, 42, 44). Bei der Widerrufsklage wegen **ehrverletzender unwahrer Behauptungen** liegt der Handlungsort (Rn 16) dort, wo die fraglichen Äußerungen getan wurden, der Erfolgsort beim Sitz des Geschädigten (vgl BGH 89, 201 zu Art 12 EGBGB). – Bei Verstößen gegen die **Preisbindung** ist der Gerichtsstand des § 32 nur am Ort der Preisunterbietung gegeben (Stuttgart NJW 62, 400; Düsseldorf BB 62, 976 und 63, 1320, GRUR 64, 45; Frankfurt BB 62, 1350; LG Köln WRP 68, 414; vgl (in diesem Sinn) auch BGH 35, 329; BGH JZ 64, 329; aA: – wegen des Eingriffs in den eingerichteten Gewerbebetrieb auch am Sitz des preisbindenden Unternehmens (Köln NJW 61, 835) und überall, wo die Ausstrahlung des Gewerbebetriebs verletzt ist (LG Mannheim MDR 65, 302; zust Lichtenstein und Körner, GRUR 66, 243; Giefers WRP 69, 143; abl Schneider MDR 66, 734). – **Pressedelikt:** Ist die unerlaubte Handlung durch **Verbreitung von Druckschriften,** zB ehrkränkende Presseberichterstattung, erfolgt, so ist der Gerichtsstand des § 32 auch an Orten begründet, an welche die Druckschrift der Bestimmung des Verbreiters gemäß gelangt ist (BGH NJW 77, 1590; Köln MDR 73, 143; Düsseldorf BB 71, 411; Hamburg WRP 85, 351; Karlsruhe GRUR 85, 556; LG Berlin BB 83, 1817 m abl Anm Jensko; sog „fliegender Gerichtsstand" der Presse, s Neumann-Duesberg NJW 55, 697; Helle aaO Anm 5). § 7 II StPO ist nicht entspr anwendbar. Die gleichen Grundsätze gelten idR auch für mittels der Presse begangene Delikte (Besonderheiten gelten bei wettbewerbswidrigen Anzeigen in Zeitschriften; dazu sogleich „unlauterer Wettbewerb"). Bei schriftlicher Ehrverletzung ist aber Begehungsort auch dort, wo sie den Empfänger erreicht (BGH 40, 394 und oben „Brief"). – **Sittenwidrige Ausnutzung von Vollstreckungstiteln** (§ 826 BGB; Rn 72 ff vor § 322): Begehungsort ist überall dort, wo bereits Vollstreckungsmaßnahmen stattgefunden haben, bei Lohnpfändung (§ 829 III) also der Sitz des Arbeitgebers (vgl Frankfurt WM 86, 287). – **Unlauterer Wettbewerb** durch Zeitungsanzeige wird nur in dem räumlichen Bereich begangen, in dem die Anzeige mit der Eignung zur Beeinflussung des Wettbewerbs als Wettbewerbshandlung in Erscheinung trat (Celle NJW 63, 2131; Köln WRP 72, 590; Düsseldorf BB 81, 387; Karlsruhe GRUR 85, 557 mN; München NJW-RR 86, 1163 = MDR 86, 679 = WRP 86, 357, hM, str; aA Hamburg WRP 85, 351). Bei Versenden eines Prospekts entscheidet der Versendungsbereich (München BB 86, 425). Bei (unlauterer) Anzeigenwerbung im Ausland ist die Zuständigkeit der deutschen Gerichte jedenfalls dann gegeben, wenn die Zeitschriften im Wege des regelmäßigen Zeitschriftenvertriebs ins Bundesgebiet verbracht werden und es um die Frage der Zulässigkeit der Werbung im Inland geht (BGH NJW 71, 323). Zur Bestimmung des Begehungsorts bei Wettbewerbshandlungen im Ausland vgl Rn 3 aE. – **Urheberrechtsverletzungen:** Für Klagen von Verwertungsgesellschaften wegen Verletzung von (wahrgenommenen) Urheber- und Leistungsschutzrechten ist das Gericht ausschließlich zuständig, in dessen Bezirk die Verletzungshandlung vorgenommen worden ist oder der Verletzer seinen allgemeinen Gerichtsstand hat (§ 17 des Gesetzes über die Wahrnehmung von Urheberrechten und verwandten Schutzrechten v 9. 9. 1965, BGBl I 1294). Ort der Verletzungshandlung ist der der Vornahme der Handlung, zB der (unlizenzierten) Musikaufführung, nicht der des Sitzes der Verwertungsgesellschaft (zB der **GEMA**). Daß der Verletzer dort die Lizenz einzuholen gehabt hätte, ist für den Verletzungsort ebenso unerheblich wie ein Schadenseintritt am Gesellschaftssitz (so jetzt BGH 52, 108 = NJW 69, 1532, früher str; dazu s 10. Aufl). – **Warenzeichenverletzungen:** Da bei Immaterialgüterrechten der Schadenseintritt nicht zur Verletzungshandlung gehört, genügt die bloße Schädigung des Rechtsinhabers durch die Verletzungshandlung zur Begründung eines Gerichtsstands an seinem Sitz nicht (vgl BGH 52, 111; aA und abzulehnen Köln WPR 69, 389). Vielmehr ist das Gericht zuständig, in dessen Bezirk die Verletzungshandlung begangen worden ist. Besteht diese im Inverkehrbringen einer (schutzrechtswidrig hergestellten) Ware, so ist die Handlung nicht nur am Ort des Verkaufs der Ware begangen, sondern überall dort, wo wesentliche, auf Warenabsatz gerichtete Teilhandlungen vorgenommen worden sind (LG Mainz BB 71, 143). Doch kann bei Verletzung eines Warenzeichens ein Gerichtsstand

nach § 32 auch dann gegeben sein, wenn zwar im Bezirk des Gerichts noch keine Verletzungshandlung festgestellt ist, wenn aber nach der Art und Werbung des Beklagten mit einer Verletzungshandlung ohne weiteres zu rechnen ist (Düsseldorf DRZ RR 50 Nr 1000); dagegen kann nach **Schutzrechtsverwarnungen** der Kostenerstattungsanspruch weder im Gerichtsstand des § 24 II UWG noch dem des § 32 geltend gemacht werden (LG Berlin WRP 79, 823; str; aA LG Konstanz WRP 78, 566).

2) Zuständigkeit. a) Allgemeines. § 32 begründet einen nicht ausschließlichen, auf den Klagegrund der unerlaubten Handlung beschränkten (Rn 20) Wahlgerichtsstand (§ 35). Bei mehreren Begehungsorten (Rn 16; häufig) besteht Zuständigkeit an jedem; § 35 gilt auch insoweit. Derogation der Zuständigkeit aus § 32 ist unter den Voraussetzungen der §§ 38 ff möglich, insbesondere, nachdem die unerlaubte Handlung begangen ist (vgl § 38 III Nr 1); dagegen ist zweifelhaft, ob für Klagen aus künftigen unerlaubten Handlungen (insoweit auch § 40 I zu beachten!) anstelle der Zuständigkeit gem § 32 eine andere **vereinbart** werden kann (idR verneinend Stuttgart BB 74, 1270). 18

b) Zur **Begründung** der Zuständigkeit ist nicht erforderlich, daß die unerlaubte Handlung tatsächlich begangen ist. Vielmehr genügt, daß der Kläger schlüssig Tatsachen **behauptet,** aus denen sich das Vorliegen einer unerlaubten Handlung ergibt (RG 95, 268; 129, 475; LG Mannheim Justiz 68, 283). Dies gilt zumindest insoweit, als zuständigkeits- und anspruchsbegründende Tatsachen zusammenfallen (vgl § 12 Rn 14). Werden diese Tatsachen nicht erwiesen, ist die Klage unbegründet, nicht etwa nur unzulässig. Zu Unrecht stellt Hamm (MDR 66, 764) auf die **Begründetheit** des mit Konkursanfechtung konkurrierenden Anspruchs aus unerlaubter Handlung ab; der **schlüssige** Tatsachenvortrag begründet § 32; ist er dies nicht, so ist die angesprochene Zuständigkeit nicht gegeben, Klage also unzulässig (vgl Deutsch MDR 67, 88). 19

c) Bei **Konkurrenz** mehrerer Klagegründe (materiellrechtlicher Anspruchsgrundlagen) ist nach hM die Zuständigkeit für jeden einzelnen gesondert zu prüfen. Trifft etwa die Verletzung einer Vertragspflicht mit einer unerlaubten Handlung zusammen und ist im Gerichtsstand des § 32 geklagt, so kann das Gericht nur über den Deliktanspruch (nicht auch den vertraglichen Anspruch) sachlich entscheiden (vgl BGH NJW 74, 411 mit krit Anm Geimer S 1045; BGH NJW 86, 2437 mwN = MDR 86, 667). Gegen den teilweise befürworteten Gerichtsstand des Sachzusammenhangs bestehen Bedenken (so auch StJSchumann Rn 17; Flieger NJW 79, 2603; Baumgärtel/Laumen JA 81, 214 f). Die Klageabweisung im Gerichtsstand gem § 32 hindert nicht die Klagewiederholung aus einem anderen Rechtsgrund vor einem anderen Gericht (BGH VersR 78, 59; zum ganzen näher Einl Rn 85 und § 12 Rn 20). 20

33 *[Besonderer Gerichtsstand der Widerklage]*

(1) Bei dem Gericht der Klage kann eine Widerklage erhoben werden, wenn der Gegenanspruch mit dem in der Klage geltend gemachten Anspruch oder mit den gegen ihn vorgebrachten Verteidigungsmitteln im Zusammenhang steht.

(2) Dies gilt nicht, wenn für eine Klage wegen des Gegenanspruchs die Vereinbarung der Zuständigkeit des Gerichts nach § 40 Abs. 2 unzulässig ist.

Lit: *Bork,* Die Widerklage, JA 81, 385; *Eickhoff,* Inländische Gerichtsbarkeit und internationale Zuständigkeit für Aufrechnung und Widerklage (Schriften zum Prozeßrecht, Bd 84), 1985; *Gaul,* Das Zuständigkeitsverhältnis der ZK zur KfHS bei gemischter Klagenhäufung und (handelsrechtlicher) Widerklage, JZ 84, 57; *Haase,* Besondere Klagearten im Zivilprozeß (Widerklage), JuS 67, 405; *Lorff,* Die Widerklage, JuS 79, 569; *Nieder,* Die Widerklage mit Drittbeteiligung, ZZP 85, 437; *ders,* NJW 75, 1000; *ders,* MDR 79, 10; *Pfaff,* Widerklagezuständigkeit bei prorogationswidriger Klageerhebung, ZZP 96, 334; *Prütting/Weth,* Teilurteil zur Verhinderung der Flucht in die Widerklage? ZZP 98 (1985), 131; *E. Schneider,* Die Zulässigkeit der Feststellungs(wider)klage, MDR 73, 270; *Schröder,* Widerklage gegen Dritte, AcP 164, 517; *Spieß,* Die Auswirkungen der petitorischen Widerklage auf die Besitzklage, JZ 79, 717; *Wieser,* Zur Widerklage eines Dritten gegen einen Dritten, ZZP 86, 36.

I) Allgemeines

1) Fassung. Abs II neu gefaßt durch Art 1 Nr 3 der Gerichtsstandsnovelle, in Kraft getreten am 1. 4. 1974 (vgl Rn 1 vor § 38). Die Neufassung des Abs II ist eine durch die Änderung der §§ 38–40 erforderlich gewordene Anpassung. Nach Abs II nF sind Widerklagen trotz grundsätzlicher Unzulässigkeit von Gerichtsstandsvereinbarungen im gleichen Umfang von früher möglich. 1

2 **2) Bedeutung:** Die Stellung des § 33 im Abschnitt über den Gerichtsstand, auch § 145 II, vor allem aber der Gesetzeswortlaut ergeben, daß § 33 nur einen zusätzlichen **besonderen Gerichtsstand** des Sachzusammenhangs für die Widerklage schafft, deren Gegenstand mit dem der Klage im Zusammenhang steht (konnex ist), diesen Zusammenhang aber **nicht** als **besondere Prozeßvoraussetzung** für jede Widerklage verlangt; sonst müßte es im § 33 I „nur" heißen; wie hier die überwiegende Ansicht im Schrifttum (vgl StJSchumann Rn 6; BL Anm 1; ThP Anm 1a; Wieczorek Anm A I; Jauernig § 46 II, str; aA R-Schwab § 99 II 2c; BGH 40, 187; BGH NJW 75, 1228 = JuS 75, 739 [offen geblieben in BGH 53, 168]). **Beispiel:** A in München verklagt B in Bremen. Hat B gegen A einen konnexen Gegenanspruch, gibt § 33 den Gerichtsstand für die Widerklage in Bremen; ist der Gegenanspruch nicht konnex, muß B den A in München verklagen. Wohnen aber Kläger und Beklagter in München, ist die Zuständigkeit für die Widerklage aus §§ 12, 13 gegeben, so daß § 33 nicht eingreift. Nach der hier abgelehnten Gegenmeinung wäre die nicht konnexe Widerklage **deshalb** unzulässig, auch wenn für die Klage und Widerklage München zuständig wäre. Dieser Zulässigkeitsmangel wird freilich als heilbar (§ 295) angesehen (R-Schwab § 99 II 2d mN; die hM wendet dagegen § 39 an, vgl Rn 3), so daß der Meinungsstreit keine allzugroße praktische Bedeutung hat (so im Erg auch Prütting ZZP 98, 154).

3 3) Der **besondere Gerichtsstand** beruht auf dem Gedanken des **Sachzusammenhangs** (einheitliche Verhandlung und Entscheidung von Zusammengehörigem; dadurch Vermeidung einer Vervielfältigung und Zersplitterung der Prozesse; BGH NJW 81, 2642 [2643]); die durch ihn begründete **Privilegierung** des Beklagten (Widerklägers) erklärt sich daraus, daß der Kläger als Angreifer aufgetreten ist und als solcher auch die Lasten eines Gegenangriffs tragen soll (vgl R-Schwab § 99 II 4). Die Regel: „Wo der Kläger sein Recht sucht, dort muß er auch Recht nehmen", ist daher keine bloße Zweckmäßigkeitsvorschrift, sondern hat Gerechtigkeitsgehalt (vgl hierzu Pfaff ZZP 96, 352; krit Eickhoff aa0, S 116; vgl auch unten Rn 30). Der Gerichtsstand des § 33 ist nicht ausschließlich; er kann also im Rahmen der §§ 38 ff ausgeschlossen werden. Umgekehrt wird die fehlende Zuständigkeit nach § 33 (kein Zusammenhang zwischen Klage und Widerklage) gem § 39 S 1 geheilt.

4 Eine Einschränkung des Anwendungsbereichs von Abs I enthält Abs **II: I** gilt nur für vermögensrechtliche (§ 1 Rn 13) Widerklagen (§ 40 II); auch bei solchen ist er ausgeschlossen, wenn für den Gegenanspruch eine ausschließliche Zuständigkeit besteht (zB aus § 24; vgl iü § 40 Rn 8 ff). Zur Widerklage in nichtvermögensrechtlichen Streitigkeiten vgl Rn 23.

5 **4) Internationaler Rechtsstreit.** Aus § 33 kann sich auch die internationale Zuständigkeit ergeben (BGH NJW 81, 2642; MDR 85, 911 mN; WM 85, 1509, stRspr). Im Anwendungsbereich des **EuGVÜ** ist das Gericht der Klage für Widerklagen, die auf denselben Vertrag oder Sachverhalt wie die Klage selbst gestützt sind, international und örtlich zuständig (Art 6 Nr 3 EuGVÜ). Zur Zulässigkeit der Derogation der internationalen Widerklagezuständigkeit vgl auch Rn 30 f.

II) Die Widerklage als besondere Klageart

6 **1) Begriff. Widerklage** ist die während der Rechtshängigkeit (Rn 17) einer Streitsache von dem Beklagten (dem Widerkläger) gegen den Kläger (den Widerbeklagten) bei demselben Gericht in dem Verfahren über die Vorklage erhobene Gegenklage, mittels welcher ein von dem Anspruch der Vorklage verschiedener Anspruch geltend gemacht wird. Zur Auflockerung der „subjektiven Grenzen" der Widerklage in der neueren Rspr und Lit vgl näher Anm 19 f. Beispiel: A hat B auf Zahlung von 2000 DM beim AG X verklagt. B bestreitet, überhaupt etwas schuldig zu sein, behauptet aber zugleich, A schulde ihm laut der letzten Abrechnung 950 DM. Diesen Anspruch kann er auch durch Erhebung einer Widerklage beim AG X geltend machen (vgl auch § 5, 2. HS und Rn 11).

7 **2) Wesen.** Die Widerklage ist **echte Klage besonderer Art,** daher erfordert ihre Zulässigkeit zusätzlich das Vorliegen besonderer Prozeßvoraussetzungen (vgl Rn 11). Ist sie erhoben (Rn 9), ist ein selbständiges Prozeßrechtsverhältnis begründet, das sein eigenes Schicksal hat (vgl Rn 17). Als echte Klage (§ 253; vgl Rn 8 f), muß sie einen selbständigen Streitgegenstand haben (Bork JA 81, 385 [389]). Beantragt daher der auf Leistung Verklagte festzustellen, daß er den geforderten Betrag nicht schulde, so ist dies als Widerklage unzulässig. Auslegung als Klageabweisungsantrag aber möglich (§ 139). Dagegen geht es über die bloße Verneinung des Klageantrags hinaus, wenn der Beklagte gegenüber der Klage auf Feststellung des Eigentums (Erbrechts usw) des Klägers Widerklage mit dem Antrag auf Feststellung seiner Berechtigung erhebt; Grund: Mit der Abweisung der positiven Feststellungsklage des Klägers steht eine Berechtigung des Beklagten noch nicht fest. Bei einer Teilklage ist eine negative Feststellungswiderklage hinsichtlich der ganzen Forderung zulässig, da insoweit ein selbständiger Streitgegenstand vorliegt.

3) Abgrenzung. Die Widerklage ist Gegen**angriff,** nicht ein Angriffs- oder Verteidigungsmittel iS der §§ 282, 296, 528 (BGH NJW 81, 1217; VersR 82, 345 [346]; WM 86, 864 [866]; zu den daraus folgenden Konsequenzen vgl Rn 9). Verschieden von der Widerklage ist die **Aufrechnung.** Sie ist ein Verteidigungsmittel und darauf gerichtet, die Klageforderung als erloschen ansehen zu lassen (§ 389 BGB). Wie der Begriff, so sind auch die Voraussetzungen beider prozessualer Vorgänge völlig verschieden. Die Voraussetzungen der Aufrechnung richten sich, auch wenn sie im Prozeß erklärt wird, nach den Grundsätzen des bürgerlichen Rechts. Der rechtliche Zusammenhang ist für die Aufrechnung sachlich-rechtlich ohne Bedeutung; im Prozeß vgl allerdings §§ 145 III, 302 I; § 33 II ist nicht entspr auf den Aufrechnungseinwand anwendbar (Schreiber ZZP 90, 408; s zum ganzen auch § 145 Rn 19, 20). 8

4) Erhebung und Behandlung der Widerklage. a) Erste Instanz: die Widerklage kann in der mündlichen Verhandlung (bis zu deren Schluß) erhoben werden (§§ 256 II, 261 II, 297) – auch bei Nichterscheinen des Klägers (RG 28, 407) – oder durch Einreichung eines zuzustellenden [Widerklage-]Schriftsatzes (§§ 253, 271, 496); dieser muß bei handelsrechtlicher Widerklage bereits den Antrag gem § 96 I GVG enthalten (ie Gaul JZ 84, 63). Die ausdrückliche Bezeichnung als „Widerklage“ ist nicht erforderlich, zur Gewährleistung der richtigen prozessualen Behandlung aber zweckmäßig. Die Widerklage ist auch noch im Nachverfahren nach vorangegangenem Zwischen-, Grund- oder Vorbehaltsurteil (§§ 302, 599) möglich, im schriftlichen Verfahren aber nicht mehr nach dem dem Verhandlungsschluß entsprechenden Zeitpunkt gem § 218 II 2. Zur Widerklage nach übereinstimmender Erledigungserklärung vgl Rn 17. Eine Zurückweisung der Widerklage selbst oder der zu ihrer Begründung vorgetragenen Tatsachen als *verspätet* gem § 296 ist nicht möglich (§ 296 Rn 4; vgl auch oben Rn 8); auch durch ein – an sich mögliches – *Teilurteil* über die Klage (vgl § 301 I) darf Vorbringen, das für die Widerklage relevant ist, nicht gem § 296 zurückgewiesen werden (§ 301 Rn 5, 7). Grundsätzliche Kritik an der dadurch eröffneten „Flucht in die Widerklage“ üben Prütting/Weth ZZP 98, 131, 150 ff; ihr ist nicht zuzustimmen, da eine unterschiedliche Berücksichtigung von Prozeßstoff bei der Entscheidung über Klage und Widerklage die Gefahr sich widersprechender Entscheidungen erhöht und Mißbräuche bei der Erhebung der Widerklage bisher nicht hervorgetreten sind (im Erg wie hier BGH WM 86, 864 [867]; zum ganzen näher § 301 Rn 5). 9

b) In der **Berufungsinstanz** (die Berufung muß statthaft sein) ist die Widerklage nur zuzulassen, wenn der Kläger zustimmt (rügelose Einlassung auf die Widerklage genügt) oder das Gericht die Geltendmachung für sachdienlich hält (§ 530 I). In der **Revisionsinstanz** ist wegen § 561 eine Widerklage grundsätzlich ausgeschlossen (BGH 24, 279); Ausnahmen: Inzidentanträge auf Schadensersatz nach §§ 302 IV, 600 II, 717 II und III, 1042c II; vgl hierzu § 717 Rn 11; Einzelfragen erörtert Nieder NJW 75, 1000. 10

c) Rechtliche Behandlung der Widerklage im übrigen: **Wertberechnung:** Zuständigkeitswert: § 5, Gebührenwert: § 19 I GKG und dazu Karlsruhe NJW 76, 247 mit Anm Nieder S 901. **Trennung:** § 145 II; **Teilurteil:** § 301. Bei den Voraussetzungen der Zulässigkeit der Widerklage ist zwischen den **allgemeinen Prozeßvoraussetzungen,** die erfüllt sein müssen (Rn 12 ff) und den **besonderen Prozeßvoraussetzungen der Widerklage** (Rn 17 ff) zu unterscheiden. 11

III) Die allgemeinen Prozeßvoraussetzungen

1) Die **sachliche Zuständigkeit** wird durch § 33 nicht berührt. **Das Gericht,** bei dem die Klage angebracht wurde, **muß für die Widerklage sachlich zuständig** sein. Gehört die Widerklage als Klage vor ein Gericht gleicher Ordnung wie das Gericht der Vorklage, so ist sie zulässig. Würde die Widerklage, wenn sie als Klage erhoben würde, vor ein AG gehören, ist die Klage aber beim LG anhängig, so ist das LG auch für die Widerklage zuständig (arg § 10). Wird bei einem AG eine Widerklage erhoben, die als Klage vor das LG gehören würde, so kann das AG durch Vereinbarung der Parteien zuständig werden. Beantragt eine Partei vor weiterer Verhandlung zur Hauptsache die Verweisung an das LG, so hat das AG dies durch Beschluß auszusprechen (§ 506; § 5, 2. HS beachten). Wird Verweisungsantrag nicht gestellt und die mangelnde Zuständigkeit auch nicht gemäß § 39 geheilt, so ist die Widerklage wegen Unzuständigkeit abzuweisen. Wird vor der Zivilkammer des LG eine Widerklage erhoben, die vor die KfHS gehört, so ist die Zivilkammer für beide Klagen zuständig (Gaul JZ 84, 62 mN). Wird dagegen vor der KfHS der Klage eine nichthandelsrechtliche Widerklage entgegengesetzt, so sind beide Klagen auf den vor der Verhandlung zur Hauptsache zu stellenden Antrag des Widerklägers an die Zivilkammer zu verweisen (§ 99 GVG; ie Gaul JZ 84, 62). Wird ein solcher Antrag nicht gestellt, so kann die Verweisung an die Zivilkammer auch von Amts wegen erfolgen, solange nicht über diese ein Beschluß verkündet worden ist (§§ 99 II, 97 II GVG). 12

Zulässig ist gegen eine persönliche Klage eine dingliche Widerklage mit ausschließlichem Gerichtsstand (§ 24), wenn für beide Klagen der Gerichtsstand der gleiche ist. Ist für die vor dem 13

LG erhobene Widerklage das **Amtsgericht ausschließlich** zuständig (§ 1 Rn 11), so ist die Widerklage auf Antrag abzutrennen (§ 145 II) und an das AG zu verweisen (§ 281), andernfalls ist sie als unzulässig abzuweisen; das gleiche gilt bei sachlicher Zuständigkeit (§ 2 I Nr 2, 3 ArbGG) des **Arbeitsgerichts** für den Gegenanspruch (48 I ArbGG iVm § 281). Die in der 11. Aufl eingehend erörterte Streitfrage, ob in den Fällen, in denen bei dem LG als Berufungsgericht eine Widerklage erhoben wurde, die zur sachlichen Zuständigkeit des LG gehört, eine Verweisung des LG (Berufungskammer) an sich selbst (erstinstanzliche Zivilkammer) möglich ist (bejahend 11. Aufl Anm 4 a (2)), dürfte sich durch die Beschränkung der Zulässigkeit der Widerklage in der Berufungsinstanz praktisch erledigt haben. Immer dann, wenn zur Sicherung des Instanzenzuges für den Widerbeklagten eine derartige Verweisung geboten erschiene, dürfte eine Zulassung der Widerklage durch das Gericht nicht sachdienlich sein (§ 530 I und Rn 10).

14 2) Die **örtliche Zuständigkeit** muß gewahrt sein. Ist das Gericht der Klage nicht bereits aus einem sonstigen Grunde für die Widerklage örtlich zuständig (vgl Rn 2), kommt es darauf an, ob die Voraussetzungen für den besonderen Gerichtsstand gem § 33 (Rn 3) vorliegen. Um den besonderen Gerichtsstand zu begründen, muß der mit der Widerklage geltend gemachte Anspruch mit dem Klageanspruch oder mit den gegen ihn vorgebrachten Verteidigungsmitteln im Zusammenhang stehen.

15 **a) Zusammenhang mit dem Klageanspruch.** Ein solcher ist vorhanden, wenn die geltend gemachten Forderungen auf ein gemeinsames Rechtsverhältnis zurückzuführen sind, beide also aus dem gleichen Rechtsverhältnis hervorgehen, ohne daß gerade die völlige Identität des unmittelbaren Rechtsgrundes vorhanden sein muß. Es genügt jedoch nicht, daß die Gegenforderung sich nur auf die Sache bezieht, die Gegenstand der Klage ist; denn es ist nicht ein Zusammenhang mit dem Gegenstand, sondern ein rechtlicher Zusammenhang mit der Forderung und mit deren Grund vorausgesetzt. Beispiele: Zusammenhang besteht zwischen dem Kaufpreisanspruch des Verkäufers und dem Anspruch des Käufers auf Erstattung des Mangelbeseitigungsaufwands (BGH 52, 34); zwischen dem Recht zum Besitz bzw dem Recht zur Vornahme der störenden Handlung des Besitzstörers und den Besitzschutzansprüchen (§§ 861, 862 BGB) des Besitzers, trotz der Einwendungsbeschränkung des § 863 BGB (BGH 53, 169; 73, 358 und unten Rn 29). Wird auf Zahlung des Mietzinses geklagt, so ist die Widerklage aus Kauf nicht konnex. Widerspruchslose Einlassung auf die Widerklage enthält Vereinbarung der Zuständigkeit, sofern eine solche Vereinbarung zulässig ist (vgl § 40 und oben Rn 3).

16 **b) Zusammenhang mit Verteidigungsmitteln.** Verteidigungsmittel ist alles, was zur Abwehr der Klage vorgebracht wird. Rechnet der Beklagte gegen die Klageforderung mit einer nicht konnexen Gegenforderung auf, so kann er wegen des überschießenden Restes dieser Gegenforderung im Gerichtsstand des § 33 Widerklage erheben, da die hiermit rechtshängig gemachte Forderung mit dem Verteidigungsmittel der Aufrechnung in Zusammenhang steht (zust Prütting ZZP 98, 153). Doch muß das Verteidigungsmittel prozessual **und** sachlich zulässig sein (was es zB nicht ist in den Fällen der §§ 393 f BGB).

IV) Die besonderen Prozeßvoraussetzungen der Widerklage

17 **1) Rechtshängigkeit.** Die Klage muß **rechtshängig** sein (Celle FamRZ 81, 791), die Rechtshängigkeit muß noch fortdauern. Wird die Klage zurückgenommen (§ 269) oder ist sie anderweitig erledigt, so ist eine Widerklage nicht mehr zulässig (Celle NJW 63, 1555; RG 34, 366). Die verschiedentlich vertretene Ansicht (vgl Bork JA 81, 385 [387]; München OLGZ 65, 40), daß auch noch in der mündlichen Verhandlung über die Kosten des Rechtsstreites, nachdem die Parteien die Klage in der Hauptsache für erledigt erklärt haben, eine Widerklage erhoben werden könne, ist nicht zu billigen. Haben die Parteien den Rechtsstreit in der Hauptsache für erledigt erklärt, so ist eben insoweit die Streitsache nicht mehr rechtshängig und es liegen die Voraussetzungen zur Erhebung der Widerklage nicht mehr vor. Daß noch über die Kosten zu entscheiden ist, rechtfertigt in diesem Fall die Möglichkeit zur Erhebung der Widerklage ebensowenig wie bei der Situation nach Klagezurücknahme (s § 269 III 3). In dem Fall des OLG München OLGZ 65, 40 ist übersehen, daß der Beklagte zwischen dem erledigenden Ereignis (Herausgabe der klageweise verlangten Sache) und der nachfolgenden Erledigterklärung Zeit zur Erhebung der Widerklage – auf Verwendungsersatz nach § 1001 S 1 BGB – gehabt hätte. Ist dagegen die Widerklage rechtswirksam erhoben, so dauern ihre Rechtshängigkeit und ihr Gerichtsstand fort, auch nach Zurücknahme oder sonstiger (zB durch Zahlung in der Hauptsache bewirkter) Erledigung der Hauptklage, auch nach deren Abweisung wegen Unzuständigkeit (vgl LG München I NJW 78, 953). Scheidet der Kläger nach wirksamer Erhebung der Widerklage infolge Parteiwechsels als Kläger aus, bleibt das Gericht gem § 261 III Nr 2 für die ursprüngliche Widerklage gegen ihn zuständig (Koblenz FamRZ 83, 939).

2) Subjektive Grenzen. Die Widerklage muß **von dem Beklagten der Vorklage** erhoben und – zumindest **mit – gegen die Personen** gerichtet sein, welche die Klage erhoben haben. Widerkläger oder Widerbeklagter können auch Streitgenossen oder die Hauptintervenienten sein. Unzulässig ist die Widerklage von Nebenintervenienten im eigenen Namen (BGH LM Nr 12 zu § 33), auch im Fall des § 69. In der neueren Rspr und Literatur wird eine **Parteierweiterung mit Hilfe der Widerklage** in gewissen Grenzen zugelassen. Folgende Fallgruppen sind zu unterscheiden: 18

a) Der Beklagte erhebt eine mit der Klage in rechtlichem Zusammenhang stehende „Widerklage" gegen den Kläger und **zugleich** gegen einen bisher am Rechtsstreit nicht beteiligten Dritten (Fallgestaltung in BGH 40, 185 = NJW 64, 44, dazu Anm Putzo NJW 64, 500 und Anm Johannsen LM Nr 6 zu § 33; BGH 69, 43; s auch Schröder AcP 164, 517; BGH 56, 75; BGH NJW 66, 1928; NJW 75, 1228; NJW 81, 2642). 19

b) Der Beklagte erhebt die mit der Klage zusammenhängende „Widerklage" **nur** gegen einen bisher am Rechtsstreit nicht beteiligten Dritten, ohne – Unterschied zu a – den Kläger mitzuverklagen (Fallgestaltung in BGH LM Nr 11 zu § 33 = NJW 71, 466; Frankfurt VersR 69, 546; Düsseldorf NJW 70, 51; München MDR 84, 498; dazu beiläufig auch BGH 65, 268). Hier ist auch der Fall einzuordnen, daß im Wege des *Parteiwechsels anstelle* des zunächst widerbeklagten Klägers (Bsp: Personenhandelsgesellschaft) später einer oder mehrere Dritte (Bsp: die Gesellschafter der Personenhandelsgesellschaft) „widerverklagt" werden sollen (vgl BGH 91, 132 = NJW 84, 2104). 20

c) Ein Dritter oder ein Streithelfer des Beklagten erhebt eine mit der Klage zusammenhängende „Widerklage" gegen den Kläger **allein** oder gegen den Kläger **und** einen am Rechtsstreit bisher nicht beteiligten Dritten (Fallgestaltung in BGH LM Nr 12 zu § 33 = MDR 72, 600 = JR 73, 18 [dazu Fenge] = ZZP 86, 67 [dazu Wieser 36 ff]; Karlsruhe ZZP 88, 451 mit Anm Greger). 21

Die Rspr des BGH läßt die Widerklage allgemein nur im Fall a) unter den Voraussetzungen der als **Klageänderung** behandelten Parteierweiterung zu (BGH 40, 189; 56, 75; 69, 44; dahingestellt gelassen in BGH LM Nr 11 und 12 zu § 33; zusammenfassend BGH NJW 75, 1228 = JuS 75, 739 mit umfangr Nachw; BGH NJW 81, 2642: „nunmehr gefestigte Rechtsprechung"). In der Regel nicht zugelassen werden dagegen die isoliert gegen einen Nichtkläger erhobene Widerklage (Fall b) und die von einem Dritten erhobene Widerklage (Fall c), doch wird die Möglichkeit einer Prozeßverbindung gem § 147 offengelassen (BGH LM Nr 11 und 12 zu § 33; BGH WM 85, 1510). Soweit die Widerklage zulässig ist (also bei Sachdienlicherklärung gem § 263, uU bei Verbindung gem § 147) gilt der besondere Gerichtsstand des § 33 auch für den in den Prozeß hereingezogenen Dritten (zweifelnd BGH 69, 44; WM 85, 1510), für eine Bestimmung nach § 36 Nr 3 ist kein Raum (BGH NJW 66, 1028). Soweit die genannten Voraussetzungen fehlen, ist die Widerklage als unzulässig abzuweisen (BGH LM Nr 12 zu § 33, sub III; München MDR 84, 498). Weitergehend wird im Schrifttum die Zulassung der Widerklage von und gegen Dritte befürwortet (so etwa von Schröder auch für die Fälle b und c, AcP 164, 517 [534], von Fenge im Fall c, JR 73, 19). In einem Fall besonders enger gesellschaftsrechtlicher Verflechtung der Gruppe b (Rn 20) läßt der BGH die „Widerklage" nunmehr dann zu, wenn der zwischen Klage und „Widerklage" gegen den Dritten bestehende rechtliche Zusammenhang so eng ist, daß „der verklagten Partei der Gegenangriff auch dann zu ermöglichen ist, wenn die widerbeklagte Partei nicht die Klägerin selbst ist" (BGH 91, 132 [135] = NJW 84, 2105). 22

Stellungnahme: Auch in einem **anhängigen** Rechtsstreit können sowohl der Kläger als auch der Beklagte durch **gewöhnliche Klage** weitere Personen zu Beteiligten machen (§§ 261 III, 253), Dritte können zusammen mit selbständiger Klageerhebung die Verbindung zu einem anhängigen Verfahren beantragen. Ob es zu einer einheitlichen (aber § 61) Verhandlung und Entscheidung dieser Klagen kommt oder nicht, entscheidet sich nach den Regeln über die Streitgenossenschaft (§§ 59, 60) und die Prozeßverbindung bzw -trennung (§§ 145, 147), abzulehnen ist die „Klageänderungstheorie" (s zum Parteibeitritt § 263 Rn 9). Wegen § 147 muß aber die als Beklagte in den Prozeß hineinzuziehende Partei beim Gericht des Hauptprozesses ihren allgemeinen oder einen besonderen Gerichtsstand haben, sonst bleibt nur der Weg des § 36 Nr 3 (Johannsen, Anm LM Nr 6 zu § 33, aA BGH NJW 66, 1028; offen geblieben in BGH 69, 44 und BGH NJW 81, 2642 [2643]). § 33, der seinen Grund darin hat, daß der Kläger den Beklagten vor dem Gericht des Hauptprozesses **angegriffen** hat (vgl Rn 3), trifft auf den Dritten gerade nicht zu; so nun auch BGH NJW 81, 2642 [2643] für den Fall, daß es sich bei dem Dritten um einen bisher am Verfahren nicht beteiligten **Ausländer** handelt. Die bloße Sachdienlicherklärung (§ 263) der „Widerklage" ersetzt den Gerichtsstand nicht, denn der ZPO ist ein allgemeiner Gerichtsstand des Sachzusammenhangs fremd (iErg ebenso Putzo NJW 64, 500; ThP Anm 3c). Nur soweit sich die Rechtskraft eines im Hauptprozeß ergehenden Urteils auf den Dritten erstrecken würde, trifft ihn auch der „Gerichtsstandseffekt" des § 33 (vgl R-Schwab § 99 II 4; Nieder ZZP 85, 437; Wieser ZZP 86, 43; Greger ZZP 88, 545). Das gleiche muß auch im umgekehrten Fall der 23

Rechtskraftwirkung im Verhältnis der neuen, in den Prozeß einzubeziehenden Partei zur bisherigen gelten (im Erg daher zutr BGH 91, 132 = NJW 84, 2104, wo das gegen den Mitgesellschafter zu erstreitende Urteil gegen die Gesellschaft – Klägerin – „verbindlich" war, vgl aaO S 134 bzw 2105). Fehlen die Voraussetzungen für eine Prozeßverbindung, so ist die „Widerklage" abzutrennen bzw von Anfang an als selbständiges Verfahren zu führen; für eine Abweisung der „Widerklage" als unzulässig ist kein Raum (Wieser aaO 40 und Fenge JR 73, 20, beide gegen BGH; Greger aaO 445 gegen Karlsruhe). Eingehend zum ganzen noch Nieder, Die Parteienhäufung und einheitliche Streitpartei, Wien 1966, S 21 ff, 158 ff.

24 **3) Gleiche Prozeßart für Klage und Widerklage.** Die Widerklage muß in derselben Prozeßart wie die Hauptklage erhoben und in dieser zulässig sein. Unzulässig ist die Widerklage im Urkunden- und Wechselprozeß (§ 595 I) und in den Klageverfahren nach einer Entmündigung (§§ 667 II, 679 IV, 684 IV, 686 IV), beschränkt zulässig im Ehe- und Statusverfahren (§§ 610 II, 633 II, 638, 640 S 2); zur Zulässigkeit einer Ehelichkeitsanfechtungswiderklage vgl Bremen OLGZ 1965, 195. Es ist unzulässig, in einer Familiensache eine Widerklage aufgrund eines nicht familienrechtlichen Anspruchs zu erheben (BGH 97, 81 = NJW 86, 1178 = FamRZ 86, 347 mit Anm Bosch; Düsseldorf FamRZ 82, 512). Im Arrest- und einstweiligen Verfügungsverfahren gibt es keine Widerklage; doch ist hier bei Sachzusammenhang eine **Gegenverfügung** zulässig (LG Köln MDR 59, 40; einschr Weber WRP 85, 527 mwN).

V) Sonderfälle

25 **1) Zwischenfeststellungswiderklage:** §§ 256 II, 261 II, vgl dort; **Zwischenanträge** gem §§ 717 II und III: vgl dort Rn 13; s auch oben Rn 10.

26 **2) Hilfswiderklage:** Zulässig, wenn der Hauptantrag des Beklagten auf Abweisung der Klage und sein Hilfsantrag auf Verurteilung des Klägers nach der Widerklage in einem wirklichen Eventualverhältnis stehen (BGH 21, 13 = NJW 56, 1478). Beispiel: Beklagter rechnet mit Gegenforderung auf und beantragt deshalb Abweisung; für den Fall, daß Aufrechnung nicht zulässig ist, erhebt er Widerklage auf Zahlung der Gegenforderung (BGH NJW 61, 1862 = LM § 33 Nr 5); in diesem Fall darf nicht unentschieden bleiben, ob Aufrechnung zulässig. Seltener Hilfswiderklage für den Fall, daß der primäre Widerklageantrag erfolgreich ist. BGH MDR 65, 292: Widerklage zulässig, mit der der Widerkläger hilfsweise zurückverlangt, was Kläger in der Hauptklage gegen ihn erstritten hat: so Hilfswiderklage gemäß § 259, mit der Käufer aus Wandlung die Beträge zurückverlangt, die er auf Grund Verurteilung auf Kaufpreisklage künftig zahlen müßte (BGH NJW 65, 140); in diesem Fall wird es allerdings bei richtiger Absicht – sog Herstellungstheorie im Gegensatz zur Vertragstheorie (dazu Jauernig/Vollkommer, BGB, 3. Aufl, § 462 Anm 2 a) – nicht zu einer Verurteilung des beklagten Käufers kommen, da der Wandlungseinwand bereits zur Klageabweisung führt (vgl auch BGH 85, 371 und Jauernig/Vollkommer, BGB, § 465 Anm 2 b bb).

27 **Unzulässig** ist die (parteierweiternde) **Hilfswiderklage eines (gegen einen) Dritten.** Hierbei handelt es sich nach richtiger Ansicht nicht um eine Widerklage (Rn 6), sondern um eine selbständige Klage, die sich nach den §§ 59, 60 richtet (Rn 20, 21). Eine Einbeziehung eines weiteren Streitgenossen unter einer Bedingung ist aber nicht zulässig, da das gegen ihn begründete Prozeßrechtsverhältnis nicht in der Schwebe gelassen werden darf (vgl § 60 Rn 10; StJLeipold Rn 3 vor § 59; s auch Einl Rn 59; § 253 Rn 1).

28 **3) Wider-Widerklage:** Sie ist – gegebenenfalls auch hilfsweise – zulässig (BGH MDR 59, 571 = LM § 164 BGB Nr 15). Dann unterliegt sie nicht den Fesseln des § 263 (Klageänderung), sondern folgt den Regeln der Widerklage.

29 **4)** Die **petitorische Widerklage** gegenüber der **Besitzschutzklage ist zulässig** (BGH 53, 166 = NJW 70, 707; 73, 355 = NJW 79, 1358; zust Hagen JuS 72, 124; Palandt-Bassenge § 863 Anm. 2; StJSchumann Rn 13; ThP Anm 2 a bb, str; Kritik übt Spieß JZ 79, 718; s auch oben Rn 15). Bedenken wegen einer Beeinträchtigung des Besitzschutzprozesses bestehen (entgegen Spieß aaO) nicht, denn auch die Erhebung der (petitorischen) Widerklage ändert nichts daran, daß Einwendungen aus dem Besitzrecht nicht gegenüber dem Besitzschutzanspruch geltend gemacht werden können (§ 863 BGB). Ist aber die Besitzschutzklage entscheidungsreif, so kann und muß über sie sofort durch Teilurteil entschieden werden, § 301. Auch in dem Ausnahmefall gleichzeitiger Entscheidungsreife von Klage und Widerklage iS ihrer Stattgabe droht kein Konflikt einander widersprechender Verurteilungen, denn die Klage ist in entspr Anwendung von § 864 II BGB abzuweisen und der Widerklage ist stattzugeben (BGH 73, 359; krit Spieß aaO).

30 **5) Widerklage und Gerichtsstandsvereinbarungen.** § 33 begründet einen besonderen Gerichtsstand für die konnexe Widerklage (Rn 2). Fehlt er, etwa bei mangelndem Zusammenhang oder in den Fällen der „Widerklage" gegenüber Dritten (Rn 19 f), kann das Gericht der Hauptklage

durch Prorogation oder rügelose Verhandlung (§ 39) zuständig werden. Andererseits können der nicht ausschließliche (Rn 3) Gerichtsstand des § 33 und damit auch die aus ihm folgende internationale Zuständigkeit (Rn 5) durch negative Prorogation (Derogation) abbedungen werden (BGH 52, 30; 59, 116; NJW 81, 2644 = ZZP 96, 364; MDR 85, 911 = WM 85, 1509; Eickhoff aaO, S 130 ff; Geimer NJW 62, 2181; aA Eisner NJW 70, 2141; von Falkenhausen RIW/AWD 82, 386). Die gleichwohl erhobene Widerklage ist dann wegen fehlender örtlicher Zuständigkeit unzulässig. Da der Gerichtsstand des § 33 jedoch alteingewurzelten Gerechtigkeitsvorstellungen entspricht und zugleich im Gerichtsinteresse liegt (vgl hierzu näher Pfaff ZZP 96, 334 [351 f] mwN und Rn 3), sind an die Derogation der Widerklagezuständigkeit strenge Anforderungen zu stellen (vgl zB BGH WM 83, 1017 [1018]). Durch Auslegung ist jeweils zu ermitteln, ob die Parteien mit einer positiven Gerichtsstandsvereinbarung zugleich die Widerklagezuständigkeit eines anderen Gerichts ausschließen wollten (hierzu näher § 38 Rn 2 und 14).

Rechtsprechung (die Fälle betreffen internationale Rechtsstreitigkeiten; krit Pfaff ZZP 96, 31
334): Die schlichte Vereinbarung des Sitzes des Lieferers als Gerichtsstand schließt die Widerklage des Käufers nicht aus, wenn der Lieferer am Sitz des Käufers klagt (BGH 39, 116 = NJW 72, 1671 mit Anm Geimer dort 2179). Selbst wenn sich der Verkäufer bei Begründung einer ausschließlichen Zuständigkeit (dazu § 38 Rn 14) des Gerichts seines Sitzes das Recht vorbehält, den Käufer an dessen Domizil zu verklagen, ist damit noch kein hinreichend deutlicher Ausschluß der Widerklagezuständigkeit des Wohnsitzgerichts des Käufers für den Fall zum Ausdruck gebracht, daß der Verkäufer dort klagt (aA BGH 52, 30 = NJW 69, 1563, abl dazu Eisner NJW 70, 2141); dies muß erst recht gelten, wenn der Kläger bei vereinbarter ausschließlicher Zuständigkeit des Gerichts seines Sitzes, **ohne** einen derartigen Vorbehalt am Beklagtensitz Klage erhebt (aA BGH NJW 81, 2644 = ZZP 96, 364; WM 86, 202; abl dazu Pfaff ZZP 96, 334).

34 *[Besonderer Gerichtsstand des Hauptprozesses]*

Für Klagen der Prozeßbevollmächtigten, der Beistände, der Zustellungsbevollmächtigten und der Gerichtsvollzieher wegen Gebühren und Auslagen ist das Gericht des Hauptprozesses zuständig.

1) Allgemeines. a) Bedeutung. § 34 enthält nicht nur einen besonderen (nicht ausschließlichen) Wahlgerichtsstand (§ 35) für Gebührenklagen (Rn 4) des begünstigten Personenkreises (Rn 3), sondern regelt auch die sachliche Zuständigkeit (Rn 5). **Grund** der Regelung: Sachzusammenhang (BGH 97, 83 = NJW 86, 1178). **Bedeutung** für Rechtsanwälte ist gering, da im Anwendungsbereich des Festsetzungsverfahrens (§ 19 BRAGO; vgl hierzu näher Rn 5) die Gebührenklage ausgeschlossen ist (Rechtsschutzbedürfnis fehlt). 1

b) Anwendungsbereich: Gilt nicht für **Notare;** diese haben ihre Gebühren nach §§ 154, 155 KostO geltend zu machen. Gegenstandslos ist § 34 für **Gerichtsvollzieher;** für diese gelten nun §§ 1 I Nr 7, 8 I JBeitrO; § 9 I GVKostG. 2

2) Voraussetzungen. a) Personenkreis. Kläger der Gebührenklage (Rn 4) können sein: Prozeßbevollmächtigte, auch Verkehrsanwälte (RG 58, 110) und Unterbevollmächtigte, Beistände (§ 90) und Zustellungsbevollmächtigte (§ 174); **Beklagte:** Vollmachtgeber und deren Bürgen (OLG 7, 273); ferner die Rechtsnachfolger dieser Personen. § 34 gilt **nicht** für Klagen des **Vollmachtgebers** gegen den Prozeßbevollmächtigten oder für Klagen gegen die kostenpflichtige **Gegenpartei.** Von letzterer zu erstattende Kosten werden in einem besonderen Verfahren festgesetzt, § 104. 3

b) Klagegegenstand: Gebühren und Auslagen, die in dem Rechtsstreit (Prozeß-, Mahn-, Arrest-, Beweissicherungs-, Zwangsvollstreckungs- oder Aufgebotsverfahren) kraft Gesetzes oder Vereinbarung entstanden sind. § 34 trifft nicht zu in Strafsachen (OLG 23, 85) und bei außergerichtlicher Tätigkeit (zB Scheidungsfolgenvereinbarung, vgl BGH 97, 84 = NJW 86, 1179). Bei Rechtsanwälten kommen nur Streitigkeiten in Frage, die außerhalb des Gebührenrechts liegen, also Klagen, die im wesentlichen den Grund des Gebührenanspruchs betreffen, nicht aber den Streit, welche Gebühren angefallen sind und in welcher Höhe; also nicht bei Streit über die richtige Berechnung der Gebühren; hier erfolgt Festsetzung gemäß § 19 BRAGO. Die hM hält § 19 BRAGO für die Festsetzung der Gebühren der Rechtsbeistände nicht für anwendbar. 4

3) Rechtsfolgen. Zuständig ist das **Gericht des Hauptprozesses,** das ist das Gericht, das in erster Instanz mit der Sache befaßt war, bei einer FamSache aber die allg Prozeßabteilung des AG (BGH 97, 79 = NJW 86, 1178 = FamRZ 86, 347 mit Anm Bosch = Rpfleger 86, 180 = ZZP 99, 468 mit Anm Sojka; Karlsruhe OLGZ 86, 127, str; aA Walter JZ 86, 589). Grund: § 34 betrifft nur die örtl und sachl Zuständigkeit, nicht aber die gesetzlich geregelte Geschäftsverteilung (BGH 5

97, 82, 85 = NJW 86, 1178 f, offenlassend für KfH mwN); iü würde nach der aA, je nachdem, ob das Familiengericht entschieden hat oder nicht (§ 35, vgl oben Rn 1), der Rechtsmittelzug verändert (vgl § 119 I Nr 1 GVG idF des UÄndG, dazu Einl Rn 24); deshalb ist die Rechtslage bei der KfH – entgegen Walter JZ 86, 589 – *nicht* vergleichbar. Ebenso wird nach einem Arbeitsrechtsstreit durch § 34 nicht die Zuständigkeit des Arbeitsgerichts begründet (Zweibrücken FamRZ 82, 85; BL Anm 1 B; aA StJSchumann Rn 18). Hat die erstinstanzliche Zuständigkeit infolge einer Verweisung (§ 281) gewechselt, ist das neue Gericht zuständig (Wieczorek Anm C II), auch wenn die Verweisung unberechtigt war (AG München AnwBl 74, 27). Beim Gericht des Hauptprozesses sind auch die in der höheren Instanz entstandenen Kosten einzuklagen. Es ist zuständig ohne Rücksicht auf den Wert des Streitgegenstandes, da durch § 34 diesem Gericht auch die sachliche Zuständigkeit für die Kostenklagen übertragen ist (vgl die Nachw oben).

35 *[Wahlrecht des Klägers bei Mehrheit von Gerichtsständen]*

Unter mehreren zuständigen Gerichten hat der Kläger die Wahl.

1 **1) Allgemein** zum Wahlrecht des Klägers bei Konkurrenz mehrerer (nicht ausschließlicher) allgemeiner oder besonderer Gerichtsstände: § 12 Rn 10, 11. Auch bei mehreren ausschließlichen Gerichtsständen greift § 35 ein. In Mahnverfahren mit subjektiver Antragshäufung können die mehreren Antragsteller zwischen den gem § 689 II für sie zuständigen Gerichten wählen; für eine Gerichtsstandsbestimmung ist kein Raum (BGH NJW 78, 321 = MDR 78, 207 = Rpfleger 78, 12; § 689 Rn 3); dies gilt allg bei aktiver Streitgenossenschaft, wenn die Zuständigkeit an den Klägerwohnsitz anknüpft (im Erg ebenso Thümmel NJW 86, 556). Fälle: § 6 a I AbzG (dort Rn 12); § 797 V (dort Rn 8); vgl auch § 36 Rn 14.

2 Die **Ausübung der Wahl** (Folge: Wahlrecht erlischt) erfolgt durch Klageerhebung beim zuständigen (zum unzuständigen vgl Rn 3) Gericht (Köln MDR 80, 763, allgM), nicht durch Gesuch um Arrest oder einstweilige Verfügung (Karlsruhe NJW 73, 1509), nicht durch Mahnantrag (hM, aber str). Abzulehnen ist die zT im Schrifttum vertretene Ansicht (vgl namentlich StJSchlosser § 696 Anm 9; BL § 696 Rn 5 C; Holch, Das gerichtliche Mahnverfahren nach der Vereinfachungsnovelle, 1978, Rn 119 aE; Crevecœur NJW 77, 1322; Menne NJW 79, 200; Kratzer Betrieb 78, 478), wonach sich der Kläger bei Prozeßeinleitung im Mahnverfahren als Konsequenz der Abgabeautomatik gem §§ 696, 700 III so behandeln lassen müsse, als habe er den allgemeinen Gerichtsstand des Beklagten gewählt. Es trifft zwar zu, daß die Voraussetzungen für eine Verweisung gem § 281 an einen bestehenden konkurrierenden Gerichtsstand an sich nicht vorliegen, da das Adressatgericht gem §§ 12, 13 zuständig ist. Da der Antragsteller im Mahnverfahren aber keine Zuständigkeitswahl hat (§ 689 II) und durch die Amtsabgabe offensichtlich die Verwendbarkeit dieser Verfahrensart für den Antragsteller nicht eingeschränkt werden sollte, ist mit der überwiegenden Gegenansicht die Wahl (§ 35) noch nach Amtsabgabe durch Verweisungsantrag (§ 281 I) zuzulassen (ebenso BGH NJW 79, 984 = MDR 79, 556 = Rpfleger 79, 195; NJW 84, 242 [243] = MDR 84, 223 = Rpfleger 84, 26 [27]; BayObLG Rpfleger 78, 419; StJSchumann Rn 2; ThP § 690 Anm 2 e; Haack NJW 80, 675 mwN; Schäfer NJW 85, 298; Schimpf AnwBl 85, 497; Gerhardt, Zivilprozeßrecht [Fälle und Lösungen], 3. Aufl, S 2 f; eingehend zum ganzen § 696 Rn 9; § 697 Rn 3).

3 **2)** Ist die Klage beim **unzuständigen Gericht** erhoben, kann der Kläger noch durch Verweisungsantrag (§ 281 I 2) wählen, desgleichen durch neue Klage nach Abweisung der ersten als unzulässig. Durch Rücknahme der erhobenen Klage lebt das Wahlrecht wieder auf und ist dem Kläger anderweitige Wahl möglich (LAG Kiel AP Nr 1 zu § 276 ZPO [aF] mit Anm Pohle). Bei der **Ausübung der Wahl** ist der Kläger frei (Folge der in den besonderen Gerichtsständen zum Ausdruck kommenden Begünstigung des Klägers; vgl § 20 Rn 1); er braucht nicht den Gerichtsstand zu wählen, in dem geringere Kosten entstehen (Köln MDR 76, 496; KG Rpfleger 76, 323; StJSchumann Rn 4, str; zu den kostenrechtlichen Folgen der Weiterverweisung Mümmler Büro 79, 1455).

35 a *[Besonderer Gerichtsstand der Unterhaltsklage des Kindes]*

Das Kind kann die Klage, durch die beide Eltern auf Erfüllung der Unterhaltspflicht in Anspruch genommen werden, vor dem Gericht erheben, bei dem der Vater oder die Mutter einen Gerichtsstand hat.

1 **1) Allgemeines. a) Eingefügt** durch Art 2 Nr 1 Gleichberechtigungsgesetz.

b) Bedeutung. Gem § 1606 III BGB sind beide Eltern nebeneinander dem Kinde unterhaltsverpflichtet. Das Kind hat die Wahl, wen es in Anspruch nehmen will. Da es aber seit Inkrafttreten des GleichberG den abgeleiteten Wohnsitz der Ehefrau nicht mehr gibt, kann auch während der Ehe die Mutter einen anderen Gerichtsstand haben als der Vater. Damit das Kind, das beide Eltern auf Unterhalt in Anspruch nehmen will, nicht gleichzeitig an verschiedenen Orten klagen muß, war § 35a als sozialstaatliche Prozeßnorm notwendig (Gottwald JA 82, 65). 2

c) Abgrenzung. Der gesetzliche Unterhaltsanspruch eines ehelichen Kindes ist Familiensache (§ 23b I Nr 5 GVG, § 621 I Nr 4); ist sie zugleich Scheidungsfolgesache (§ 623 I 1), geht die bestehende ausschließliche Zuständigkeit gem § 621 II vor. 3

2) Voraussetzungen. § 35a gilt nur bei gemeinsamer Klage gegen beide Eltern. Wird nur ein Elternteil verklagt, dann ist die Klage bei dessen Gerichtsstand (§§ 12 ff) zu erheben. Ist dagegen die Klage einmal zulässig erhoben, dann ist es unschädlich, wenn der Elternteil aus dem Rechtsstreit ausscheidet, an dessen Gerichtsstand die Klage erhoben wurde. Dieser neue Gerichtsstand besteht auch nach einer Scheidung der Ehe. Er kann aber nur in Anspruch genommen werden, wenn keiner der Eltern das Kind vertritt, wenn also entweder eine Unterhaltspflegschaft besteht oder das Kind selbst prozeßfähig ist. Sonst § 1629 II 1, 2. HS BGB. Hierüber s Donau in MDR 57, 709. § 35a gilt auch für Klagen des nichtehelichen Kindes. 4

36 *[Gerichtliche Bestimmung der Zuständigkeit]*

Das zuständige Gericht wird durch das im Rechtszuge zunächst höhere Gericht bestimmt:

1. **wenn das an sich zuständige Gericht in einem einzelnen Falle an der Ausübung des Richteramtes rechtlich oder tatsächlich verhindert ist;**
2. **wenn es mit Rücksicht auf die Grenzen verschiedener Gerichtsbezirke ungewiß ist, welches Gericht für den Rechtsstreit zuständig sei;**
3. **wenn mehrere Personen, die bei verschiedenen Gerichten ihren allgemeinen Gerichtsstand haben, als Streitgenossen im allgemeinen Gerichtsstand verklagt werden sollen und für den Rechtsstreit ein gemeinschaftlicher besonderer Gerichtsstand nicht begründet ist;**
4. **wenn die Klage in dem dinglichen Gerichtsstand erhoben werden soll und die Sache in den Bezirken verschiedener Gerichte belegen ist;**
5. **wenn in einem Rechtsstreit verschiedene Gerichte sich rechtskräftig für zuständig erklärt haben;**
6. **wenn verschiedene Gerichte, von denen eines für den Rechtsstreit zuständig ist, sich rechtskräftig für unzuständig erklärt haben.**

I) Allgemeines

1) Bedeutung. Die §§ 36, 37 ergänzen die **gesetzliche** Zuständigkeitsordnung (§§ 12–35a) durch die Möglichkeit einer **gerichtlichen** Zuständigkeitsbestimmung in den Fällen, in denen aus tatsächlichen oder rechtlichen Gründen ein im Einzelfall zuständiges Gericht nicht (zweifelsfrei) feststellbar ist. Die §§ 36, 37 gewährleisten damit die Lückenlosigkeit des Rechtsschutzes. 1

2) Anwendungsbereich: jedes der ZPO unterliegende Verfahren, gleich welcher Prozeßart (RG 139, 351), so etwa im Beweissicherungsverfahren, wenn mehrere Zeugen in einem einheitlichen Verfahren zu vernehmen sind (RG DJR 40 Nr 2964) oder eine Augenscheinseinnahme durch einen Sachverständigen wegen Baumangel durchgeführt werden soll (München NJW-RR 86, 1189 = Rpfleger 86, 263); im Vollstreckungsverfahren der §§ 828 ff (vgl BayObLGZ 85, 397 = NJW-RR 86, 397 = Rpfleger 86, 98), etwa soweit es sich um die Zwangsvollstreckung in eine Forderung handelt, die mehreren Gläubigern gemeinschaftlich, sei es nach Bruchteilen oder in einem Gesamtverhältnis, zusteht (vgl Rn 14), im Offenbarungsverfahren (Frankfurt Rpfleger 78, 260), im Prozeßkostenhilfeverfahren (BGH NJW 82, 1000 = FamRZ 82, 43; BayObLGZ 85, 101) oder im Mahnverfahren (BGH Rpfleger, 78, 13; BAG Rpfleger 75, 127; BayObLGZ 85, 315); ferner im Verfahren vor den Arbeitsgerichten (§ 46 II ArbGG). 2

§ 36 wird **entsprechend** angewandt auf die Bestimmung der sachlichen und funktionellen Zuständigkeit (Rn 14 [vgl BGH 90, 156], 21 und 22), ferner bei Zuständigkeitsstreitigkeiten zwischen Gerichten verschiedener Gerichtszweige (Rn 23 und 31), zur entsprechenden Anwendung für den Fall einer mehrfachen Klagebegründung bei ausschließlicher Spezialzuständigkeit vgl Wieczorek Anm D IIIa 4 und § 12 Anm A Ib 2; verneinend die hM, vgl § 12 Rn 20. Gesetzlicher Fall entspr Anwendung: § 606 II 4. 3

4 **3) Bestimmendes und bestimmtes Gericht. a)** Die **Bestimmung der Zuständigkeit** erfolgt durch das höhere Gericht, das ist im Fall der Nr 1 das im Instanzenzug übergeordnete Gericht, allgemein bei Beteiligung eines Familiengerichts zumindest das OLG (BGH NJW 79, 2249 mwN = MDR 79, 918 = FamRZ 79, 911; neuere Rspr sämtlicher OLG – Nachw bei BGH aaO; ferner: BayObLGZ 79, 283 f mN; 80, 78 – ausgenommen nur Zweibrücken FamRZ 78, 346; vgl hierzu auch allg Rn 29 ff), im übrigen (Nr 2–6) das nächste gemeinschaftlich übergeordnete Gericht. Die Bestimmung trifft beim OLG der (für Kompetenzkonflikte zuständige) allgemeine Zivilsenat (Düsseldorf Rpfleger 78, 328; Jauernig, FamRZ 77, 765; abw Gestaltung im Fall Bremen FamRZ 78, 775), soweit nicht feststeht, daß es sich um eine Familiensache handelt (Düsseldorf FamRZ 77, 725: dann Familiensenat). Für § 36 kommen daher in Frage: LG, OLG, der Bundesgerichtshof (vgl § 9 EGZPO), in Bayern das BayObLG. Bei ausschließlicher Beteiligung **bay Gerichte** ist ohne Rücksicht auf eine Revisionszuständigkeit das BayObLG zuständig, wenn die betreffenden Gerichte verschiedenen bayerischen Oberlandesgerichtsbezirken angehören (BayObLGZ 1983, 64 [65]), bei Kompetenzkonflikten zwischen Familiengericht und -senat (BayObLGZ 79, 283) oder bei unter § 36 fallenden Kompetenzkonflikten innerhalb desselben bayerischen Oberlandesgerichts, auch bei Beteiligung eines Familiensenats (BGH NJW 79, 2249 = MDR 79, 918 = FamRZ 79, 911; BayObLGZ 85, 220 mN = NJW-RR 86, 7, stRspr). Bei Beteiligung von Gerichten verschiedener Gerichtszweige käme nach Errichtung des GemS (RsprEinhG v 19. 6. 1968, BGBl I S 661) dieses Gericht als gemeinsame oberste Instanz in Frage (dafür Wieczorek Anm D VIa 5, aA hM; zum Verhältnis der ordentlichen zu den Arbeitsgerichten vgl Rn 31).

5 **b) Bestimmt werden** kann nur ein dem bestimmenden Gericht nachgeordnetes Gericht seines Bezirks. Ist danach eine Bestimmung nicht möglich, so hat das zunächst höhere Gericht (zB OLG) zu bestimmen. Bei der Bestimmung besteht freie Wahl im Fall der Nr 1; eines der beteiligten Gerichte ist zu bestimmen bei Nrn 2–4; in den Fällen der Nrn 5 und 6 kann uU auch ein am Kompetenzkonflikt nicht beteiligtes „drittes" Gericht zu bestimmen sein (vgl die Fallgestaltung in Hamm FamRZ 79, 314; Bestimmung von Vormundschaftsgericht bei Streit zweier Familiengerichte; dazu näher Rn 28). Besteht freie Wahl (vgl aber Rn 28), sind für ihre Ausübung Zweckmäßigkeitsgesichtspunkte maßgebend (Effektivität des Rechtsschutzes; Erleichterung der Prozeßführung). Bsp: BGH NJW 83, 1913 [1914] = MDR 83, 296 [297]; BAG 44, 224 = ZIP 84, 223; BayObLG RIW/AWD 80, 727.

6 **4) Zuständigkeitsbestimmung. a) Rechtsnatur.** Die gerichtliche Zuständigkeitsbestimmung stellt einen Akt der Rechtsprechung dar (StJSchumann Rn 1; BL Anm 1 A; RG 125, 310), nicht der Justizverwaltung; seine Besonderheit besteht darin, daß er außerhalb des Verfahrens ergeht, für das das Gericht bestimmt wird (R-Schwab § 38 I; wichtig für Rn 8).

7 **b) Zeitpunkt.** Die Bestimmung kann **vor** Klageerhebung erfolgen (vgl BGH NJW 80, 1281 = Rpfleger 80, 219 [220]), aber auch noch **nach Rechtshängigkeit** (allgM, vgl StJSchumann Rn 2), auch in den Fällen der Nrn 3 und 4 (vgl Rn 16), im Fall der Nr 3 auch noch **nach** Erhebung der **Zuständigkeitsrüge** (BGH 88, 333), solange noch **keine Beweisaufnahme** stattgefunden hat (BayObLGZ 85, 316 mN; ie Rn 16); die Bestimmung ist auch im Zeitabschnitt nach **Unterbrechung** gem § 240 vor Aufnahme gem § 246 KO möglich (BayObLGZ 85, 315); **zeitliche Grenze** in den Fällen der Nrn 5 und 6: Bestimmung erst, wenn rechtskräftige Entscheidungen vorliegen (ie Rn 21 und 26).

8 **c) Prüfung.** Das bestimmende Gericht prüft nur die Voraussetzungen des Bestimmungsverfahrens, also namentlich die des in Frage kommenden Tatbestandes, nicht dagegen die Prozeßvoraussetzungen des Folge-(Haupt-)verfahrens (BayObLGZ 74, 459 = MDR 75, 407 = Rpfleger 75, 99 für Parteifähigkeit; München Rpfleger 78, 185 für Mißbrauch der Zuständigkeitsrüge) oder gar die Erfolgsaussicht der Klage (BGH JZ 51, 17; vgl auch Rn 6); allerdings muß für den Bestimmungsantrag ein schutzwürdiges Interesse bestehen (BayObLGZ 79, 294; 80, 79).

9 **d)** Wegen des **Bestimmungsverfahrens** im übrigen, namentlich zu der Frage, ob stets ein **Antrag** einer Partei (vgl § 37) erforderlich oder auch Bestimmung von Amts wegen zulässig ist, vgl § 37 Rn 2.

10 **e)** Für Gerichte, an deren Sitz deutsche Gerichtsbarkeit nicht mehr ausgeübt wird (zB Gebiet östlich der Oder-Neiße-Linie, sonstige aus dem „Großdeutschen Reich" infolge des Zusammenbruchs wieder ausgegliederte Gebiete, nicht aber für Österreich und die DDR), sind Ersatzgerichte durch das **Zuständigkeitsergänzungsgesetz** vom 7. 8. 1952 (BGBl I S 407) bestimmt worden; vgl auch BGH 7, 307.

II) Die einzelnen Fälle der Zuständigkeitsbestimmung

11 **1) Verhinderung des zuständigen Gerichts (Nr 1). a) Rechtliche Verhinderung:** Der einzige bzw sämtliche Richter des Gerichts und die Stellvertreter sind von der Ausübung des Amtes ausgeschlossen (§ 41; RG 44, 394) oder abgelehnt (§ 42).

b) Tatsächliche Verhinderung: bei Überschwemmung, Stillstand der Rechtspflege (vgl aber München SJZ 47, 93). 12

2) Ungewißheit der Zuständigkeit (Nr 2). Beispiel: A und B haben Streit wegen der Grenze ihrer nebeneinanderliegenden Grundstücke; das eine Grundstück liegt im AG-Bezirk X, das andere im AG-Bezirk Z; hier ist ungewiß, zu welchem AG-Bezirk die streitige Grenzscheide gehört. Will A Klage erheben, so muß er zunächst ein Gesuch um Bestimmung des zuständigen Gerichts stellen, da es sich um das Eigentum handelt und nur der dingliche Gerichtsstand gegeben ist, § 24. So auch, wenn der Ort nach § 32 ungewiß ist. Gilt weiter, wenn die örtliche Grenze der Gerichtsbezirke selbst ungewiß ist, von ihr aber die Zuständigkeit abhängt. 13

3) Gerichtsstandsbestimmung bei Streitgenossenschaft (Nr 3). a) Anwendungsbereich. 14 Wegen der in Frage kommenden Verfahren gilt Rn 2, 3. Nr 3 ist zB anwendbar im Beweissicherungsverfahren (RG 164, 308), im Arrestverfahren (RG 36, 347), im Aufgebotsverfahren, im Konkursverfahren (BGH JZ 51, 376 zu § 71 KO) und im Zwangsvollstreckungsverfahren, so wenn gegen mehrere Schuldner, denen eine zu pfändende Forderung gemeinschaftlich zusteht, einheitlich vollstreckt werden soll (BayObLGZ 1959, 270). Nr 3 bezieht sich nicht nur auf die **örtliche** (insoweit allgM), sondern auch auf die **sachliche** Zuständigkeit (so jetzt überzeugend BGH 90, 156 ff, bisher str, aA 14. Aufl). Bei **Wechsel-** und **Scheck**klagen ist für Gerichtsstandsbestimmung nach Nr 3 kein Raum (§ 603 II, 605a). Eine örtlich oder sachlich **ausschließliche** Zuständigkeit findet die Bestimmung nicht (BGH 90, 155 [159 f]). Nr 3 gilt für **alle Arten der Streitgenossenschaft,** nicht nur die notwendige gem § 62 (insoweit allgM), sondern auch die einfache gem §§ 59, 60 (BGH FamRZ 86, 660 = Rpfleger 86, 229; aA StJSchumann Rn 11). Für eine entspr Anwendung von § 36 Nr 3 nicht nur für die **passive,** sondern – über seinen Wortlaut hinaus – auch für die **aktive** Streitgenossenschaft (dafür 14. Aufl) besteht kein Bedürfnis, da die mehreren Kläger in den in Frage kommenden Fällen der Abzahlungsgeschäftsklagen (§ 6a I AbzG) oder Vollstreckungsgegenklagen gem § 797 V das zuständige Gericht entspr § 35 selbst bestimmen können (§ 35 Rn 1; näher Thümmel NJW 86, 556); das gleiche gilt bei subjektiver Antragshäufung im Mahnverfahren (§ 689 Rn 3). Im Geltungsbereich des **EuGVÜ** besteht der internationale und örtliche Gerichtsstand der Streitgenossenschaft bei dem Gericht, in dessen Bezirk einer der Beklagten seinen Wohnsitz hat (Art 6 Nr 1 EuGVÜ). Im EG-Rechtsstreit besteht also stets ein (gemeinsamer) allgemeiner Gerichtsstand für die Klagen gegen sämtliche Streitgenossen (vgl München RIW/AWD 80, 728; Grunsky JZ 74, 644 re).

b) Voraussetzungen. aa) Fehlender gemeinsamer Gerichtsstand. Nr 3 ist nur dann anwendbar, wenn für mehrere als Streitgenossen im allgemeinen Gerichtsstand zu verklagende Personen hinsichtlich sämtlicher Klagegründe **kein gemeinschaftlicher allgemeiner oder besonderer Gerichtsstand** im Inland gegeben ist (BayObLG NJW 50, 310; MDR 81, 233). Dabei ist dem Regelfall der Nr 3, daß sämtliche Streitgenossen im Inland ihren allgemeinen Gerichtsstand haben, die Fallgestaltung gleichzustellen, daß ein Streitgenosse (etwa ein Ausländer), zwar nicht seinen allgemeinen, aber einen **besonderen Gerichtsstand** (zB nach § 23) im Bundesgebiet hat (BGH NJW 71, 196; gilt nicht im Geltungsbereich des EuGVÜ, dazu Rn 14 aE). In Fällen mit **Auslandsberührung** setzt Nr 3 voraus, daß gegenüber sämtlichen Streitgenossen die internationale Zuständigkeit gegeben ist (BGH NJW 80, 2646 = FamRZ 81, 23). Eine Bestimmung des zuständigen Gerichts nach § 36 Nr 3 kann nicht erfolgen, wenn für den Rechtsstreit ein **gemeinschaftlicher besonderer Gerichtsstand** besteht (§§ 27, 29, 32, 35a, 771; BGH NJW 86, 935) oder eine gem §§ 38, 40 zulässige Prorogation vorliegt (BGH NJW 83, 996 = MDR 83, 466); ein gemeinsamer ausländischer Gerichtsstand (zB ausländischer Unfallort) bleibt jedoch außer Betracht (BayObLG NJW 85, 570; VersR 86, 299). Trotz Fehlens eines gemeinschaftlichen Gerichtsstands scheidet aber eine Gerichtsstandsbestimmung auch dann aus, wenn der Kläger den Mangel selbst herbeigeführt hat. Hat ein gemeinsamer allgemeiner Gerichtsstand bestanden und ist dieser nur deshalb verlorengegangen, weil der Kläger mit einem Streitgenossen eine Gerichtsstandsvereinbarung getroffen hat, so ist für eine Gerichtsstandsbestimmung nach Nr 3 kein Raum (BGH LM Nr 6 zu § 36 Nr 3). Das gleiche gilt, wenn ein gemeinschaftlicher vereinbarter Gerichtsstand bestanden hat und dieser verloren gegangen ist, weil der Kläger nicht an diesem, sondern vor einem anderen Gericht geklagt hat, das gem § 39 für einen Streitgenossen zuständig geworden ist (Düsseldorf MDR 69, 672). Eine Gerichtsstandsbestimmung scheidet auch dann aus, wenn dem Kläger, der die Klage nicht in dem gemeinsamen besonderen Gerichtsstand erhoben hat, im Zeitpunkt der Klageerhebung die Existenz des später mitzuverklagenden Streitgenossen nicht bekannt war (München Rpfleger 78, 185). Da, von Ausnahmefällen abgesehen (RG GRUR 39, 930), das nach § 32 zuständige Gericht den Sachverhalt auch nach den Vorschriften des UWG zu prüfen hat (§ 32 Rn 10), bedarf es bei Geltendmachung von Ansprüchen aus Handlungen, die auf die Vorschriften des UWG und des BGB gestützt werden, keiner Zuständigkeitsbestimmung nach Nr 3 (BGH NJW 54, 1932). Kein Raum für § 36 Nr 3, wenn von zwei Kla- 15 gegründen sich einer gegen alle Streitgenossen, der andere nur gegen einen von ihnen richtet und für beide Klagegründe am selben Ort besondere Gerichtsstände begründet sind (BayObLGZ 1962, 297). Bei Widerklage unter Einbeziehung eines Dritten: s § 33 Rn 26.

16 **bb) Zeitpunkt** (vgl allg Rn 7). Der **Wortlaut** („verklagt werden sollen") geht vom Regelfall einer Zuständigkeitsbestimmung **vor** Anhängigkeit (Rechtshängigkeit) des Rechtsstreits aus (vgl BayObLG Rpfleger 80, 436 mN; Konsequenzen für das Mahnverfahren: § 696 Rn 6); er ist, wie allg anerkannt, zu eng. § 36 Nr 3 kann auch **nach Klageerhebung** angewendet werden (BGH NJW 78, 321 = Rpfleger 78, 53), insbes nach Eintritt der Rechtshängigkeit bei vorangegangenem Mahnverfahren (BGH Rpfleger 78, 369; Düsseldorf Rpfleger 78, 184; Vollkommer in Anm zu LG Duisburg Rpfleger 78, 223), auch wenn im anhängigen Rechtsstreit die **Einrede der örtlichen Unzuständigkeit** schon erhoben ist (BGH 88, 333, stRspr), jedoch nicht mehr, nachdem hinsichtlich der Streitgenossen **bindende Verweisungen** an verschiedene Gerichte ergangen sind (Düsseldorf Rpfleger 77, 142; str; vgl BL Anm 3 Cc mwN), ferner idR nicht mehr nach Durchführung einer **Beweisaufnahme** (BayObLGZ 85, 316 mwN; im Einzelfall aA Düsseldorf Rpfleger 80, 299) oder nach Erlaß einer **Sachentscheidung** gegen einen der beiden Beklagten (BGH NJW 78, 321 = Rpfleger 78, 53). Das bestimmende Gericht hat nur die **Auswahl** unter den Gerichten, die für den allgemeinen Gerichtsstand der einzelnen künftigen Beklagten **zuständig** sind (BGH FamRZ 86, 661 = Rpfleger 86, 229).

17 *Beispiel:* A, im AG-Bezirk Ansbach wohnend, schuldet dem B in Nürnberg 2000 DM. Für diese Schuld hat C in Augsburg die Bürgschaft übernommen und auf die Einrede der Vorausklage verzichtet. A und C zahlen nicht. Die Klage gegen die beiden muß im allgemeinen Gerichtsstand der Schuldner gestellt werden, weil ein gemeinschaftlicher besonderer Gerichtsstand nicht gegeben ist. Da beide Schuldner in verschiedenen Gerichtsbezirken wohnen, hat B zunächst um die Bestimmung des zuständigen Gerichts nachzusuchen. Das Gesuch ist, da das AG Ansbach und Augsburg zu verschiedenen OLG-Bezirken gehören, an das BayObLG in München zu richten (BayObLG 1958, 154). Es ist auch noch zulässig, wenn Klage gegen A schon erhoben war. B kann selbstverständlich auch getrennte Klagen stellen.

18 **cc) Prüfungsumfang und zu bestimmendes Gericht** (vgl allg Rn 5, 8; § 37 Rn 3). Geprüft wird nicht Zulässigkeit oder Schlüssigkeit der Klage, sondern nur Zulässigkeit des Gesuchs, also außer dem Rechtsschutzinteresse des Antragstellers (BayObLG Rpfleger 80, 436 mN) vor allem, ob §§ 59, 60 schlüssig vorgetragen sind, dh es ist von den Behauptungen des Antragstellers auszugehen (BayObLGZ 1983, 65; 1985, 316; VersR 81, 626; 82, 371; RIW/AWD 80, 727; aA Zweibrükken MDR 83, 495). Eine Amtsermittlung findet nicht statt; es genügt, daß nach dem Parteivortrag zB ein der Bestimmung entgegenstehender gemeinsamer Gerichtsstand (Rn 15) nicht zuverlässig feststellbar ist (BayObLGZ 85, 317). Die Bestimmung des zuständigen Gerichts erfolgt nach *Zweckmäßigkeitsgesichtspunkten* (vgl BGH 90, 157). Beispiel: Bedeutung des Rechtsstreits für die einzelnen Streitgenossen, Konzentration einer Mehrzahl von Verfahren gegen denselben Beklagten (BAG 44, 225); eine bestehende ausschließliche Zuständigkeit steht einer abw Bestimmung nicht notwendig entgegen (BGH 90, 159 ff). *Grenzen* des Wahlrechts: Rn 16 aE.

19 **4) Bezirksüberschreitendes Grundstück (Nr 4).** Nr 4 setzt voraus, daß es sich um ein Grundstück oder um mehrere gem § 890 BGB rechtlich zu einer Einheit verbundene Grundstücke handelt, die in verschiedenen Gerichtsbezirken liegen. Nur in diesem Falle kann ein zuständiges Gericht aus den in Frage kommenden Gerichten bestimmt werden (RG 91, 42). Andernfalls, also namentlich, wenn es sich um zwei selbständige Grundstücke handelt, die nur äußerlich in der Hand desselben Eigentümers vereinigt, auf einem gemeinschaftlichen Blatt vorgetragen und mit einer Gesamthypothek belastet sind, ohne zu einer Einheit gem § 890 BGB vereinigt zu sein, kann eine Bestimmung des zuständigen Gerichts nicht erlangt werden; es ist vielmehr die dingliche Klage in beiden Gerichtsbezirken zu stellen (RG 91, 42). Nr 4 trifft auch bei Gesamthaft anderer Grundstücke (RG 143, 295), so auch bei Kraftloserklärung eines Hypotheken- oder Grundschuldbriefes im Aufgebotsverfahren, wenn die belasteten Grundstücke in verschiedenen Bezirken liegen, zu (RG 45, 389; BGH JZ 51, 151; BayObLG Rpfleger 77, 448). Zur Anwendung des § 36 Nr 4 für Klagen aus Gesamthypothek vgl Willenberg ZMR 63, 101; RG 85, 132.

20 *Beispiel:* A will gegen B, der quer über die Wiese des A fährt, die teils im Gerichtsbezirk Z, teils im Gerichtsbezirk U liegt, und eine Grunddienstbarkeit dieses Inhalts an dem Grundstück des A zu haben behauptet, Klage auf Feststellung des Nichtbestehens der Grunddienstbarkeit erheben. Die Klage kann nur bei dem Gericht erhoben werden, in dessen Bezirk die Sache belegen ist, § 24. Da das Grundstück in zwei verschiedenen Gerichtsbezirken liegt, muß das zuständige Gericht von dem zunächst höheren bestimmt werden, mag auch für das Grundstück nur ein Grundbuchblatt angelegt sein (RG 86, 279).

5) Positiver Kompetenzkonflikt (Nr 5). Erklärung der sachlichen, örtlichen oder funktionellen Zuständigkeit durch rechtskräftiges Zwischen- oder Endurteil (RG 121, 21). Der Kompetenzkonflikt muß – ebenso wie im Fall der Nr 6 (Rn 26) – **nach Rechtshängigkeit** bei beiden Gerichten entstanden sein (BGH NJW 80, 1281 = Rpfleger 80, 219 [220]). Ist aber bereits rechtskräftig sachlich entschieden, so ist für § 36 Nr 5 kein Raum. 21

6) Negativer Kompetenzkonflikt (Nr 6). a) Begriff. Er ist gegeben, wenn sich mehrere Gerichte in einem rechtshängigen Verfahren (Rn 26) durch rechtskräftige (unanfechtbare) Entscheidung (Rn 24, 25) für örtlich, sachlich oder funktionell (Beispiele: Rn 30) unzuständig erklärt haben, ein Gericht aber in Wahrheit zuständig ist. 22

b) Anwendungsbereich: Nr 6 gilt unmittelbar (nur) für Zuständigkeitsstreitigkeiten der ordentlichen Gerichte in sämtlichen Verfahren nach der ZPO, also nicht nur im Erkenntnis-, sondern auch im Vollstreckungs-, Aufgebots- (RG 54, 206; 121, 20) und sonstigen Verfahren (vgl Rn 2). Zur **entsprechenden** Anwendung auf Zuständigkeitskonflikte zwischen einzelnen Spruchkörpern desselben Gerichts und Gerichten verschiedener Verfahrensordnungen und Rechtswege vgl die „Fallgruppen" unten Rn 29 f. 23

c) Voraussetzungen. aa) Unzuständigkeitserklärung durch zwei (beide) **Gerichte.** Die Unzuständigkeitserklärung kann durch Prozeß- (nie Sach-)urteil oder Beschluß ausgesprochen sein. Als taugliche **Entscheidungen** für das Bestimmungsverfahren nach Nr 6 wurden ferner anerkannt: Nach § 127 II S 2 unanfechtbare Entscheidungen im Prozeßkostenhilfeverfahren (BGH NJW 72, 111 = Rpfleger 72, 13 zu § 127 S 2 aF); bindende Verweisungsbeschlüsse gem § 281 (BGH NJW 78, 888 = Rpfleger 78, 174; BayObLGZ 85, 397 [398] = NJW-RR 86, 421 = Rpfleger 86, 98), gem § 102 GVG (vgl Frankfurt Rpfleger 80, 231) und der Verweisung gleichstehende bindende Abgabebeschlüsse (Düsseldorf Rpfleger 78, 327 zu § 18 HausrVO); aber auch die Ablehnung der Übernahme des Rechtsstreits gegenüber dem verweisenden Gericht durch (unzulässige) Zurück- (BAG NJW 70, 1702; 72, 1216; 74, 1840; Frankfurt OLGZ 80, 202) oder Weiterverweisung (BGH NJW 64, 46), **nicht** dagegen formlose Aktenabgaben (BGH NJW 79, 2614 = MDR 79, 918 = FamRZ 79, 790; BayObLGZ 85, 101; Frankfurt Rpfleger 80, 231 mwN), namentlich vor Rechtshängigkeit (BGH NJW 80, 1281 = Rpfleger 80, 219 und näher Rn 25), ferner nicht Verweisungsbeschlüsse wegen anderweitiger Rechtshängigkeit mit Rücksicht auf § 261 III Nr 1 (BGH NJW 80, 290). Der **Streit** der beteiligten Gerichte muß gerade die **Zuständigkeit** und darf nicht andere Fragen (zB die der Anhängigkeit der Sache) betreffen (Düsseldorf FamRZ 86, 821). 24

bb) „Rechtskräftige" Unzuständigerklärung. Die Unzuständigerklärung (Rn 24) muß unanfechtbar und verbindlich sein. Bei einem Urteil (vgl auch § 17 GVG) ist Eintritt der Rechtskraft erforderlich. Bei Verweisungs-(Abgabe-)beschlüssen folgt die Bindungswirkung idR aus einer bes gesetzlichen Vorschrift, zB § 281 II 2, § 102 S 2 GVG, § 46 I 3 WEG, § 18 I 3 HausrVO ua. Im Gegensatz zu dem Verweisungsbeschluß des Rechtspflegers gem § 697 II aF, dem iVm § 276 II 2 aF (eingeschränkte: Rn 28) Bindungswirkung zukam, ist der Abgabebeschluß gem § 696 I für das Empfangsgericht nicht bindend (§ 696 V) und damit keine Entscheidung iS der Nr 6. Soweit im **Einzelfall** einem Verweisungsbeschluß ausnahmsweise keine Bindungswirkung zukommt (so bei willkürlicher oder mißbräuchlicher Verweisung und Verweisung unter Verletzung des rechtlichen Gehörs, vgl BVerfG 61, 37 = NJW 82, 2367; BGH 71, 72 mwN; BGH NJW 84, 740; Frankfurt OLGZ 80, 203 und näher § 281 Rn 17), steht dies einer Bestimmung gem Nr 6 nicht entgegen, vielmehr ist die fehlende Bindungswirkung bei der Bestimmung des zuständigen Gerichts zu beachten (Frankfurt aaO; näher Rn 28). Ist die vorherige Anhörung zurecht unterblieben (zB wegen § 834; vgl auch § 37 Rn 3), liegt ein Fall dieser Ausnahme nicht vor (BayObLGZ 85, 397 [400] = NJW-RR 86, 421 = Rpfleger 86, 98). Im Rahmen der **entsprechenden Anwendung** der Nr 6 (vgl Rn 23) steht der Zuständigkeitsbestimmung die fehlende Verbindlichkeit (Unabänderlichkeit der Verweisungs-(Abgabe-)beschlüsse nicht entgegen; vielmehr genügt insoweit die tatsächliche beiderseitige Kompetenzleugnung (BGH NJW 78, 1531 [1532]; NJW 83, 1062 = MDR 83, 466 = Rpfleger 83, 160; zust Frankfurt Rpfleger 80, 231 unter Verkennung der Voraussetzungen Rn 26). Erforderlich ist aber zumindest, daß die Entscheidung den Verfahrensbeteiligten **bekannt gemacht** worden ist (BGH FamRZ 84, 37; BayObLG FamRZ 85, 800). 25

cc) Anhängiger Rechtsstreit. Die Unzuständigkeitserklärung (Rn 24) muß in einem Rechtsstreit ergangen sein. „Rechtsstreit" setzt **Rechtshängigkeit** der Streitsache (§§ 253 I, 263 I) voraus, bloße Anhängigkeit genügt idR nicht (vgl BGH NJW 80, 1281 = Rpfleger 80, 219), anders aber im Mahnverfahren (BayObLG VersR 82, 371; ie § 696 Rn 10). Im Rahmen der **entsprechenden Anwendung** der Nr 6 (vgl Rn 23) muß die Antragsschrift idR der Gegenpartei zugestellt sein (BGH NJW 80, 1281 = Rpfleger 80, 212; FamRZ 81, 138; NJW 82, 1000), ausnahmsweise nur ist die Zustellung entbehrlich (BGH NJW 83, 1062 = MDR 83, 466 = Rpfleger 83, 160). Abzulehnen ist die Ansicht des BGH (NJW 83, 1062 = MDR 83, 466 = Rpfleger 83, 160), der nunmehr im 26

Interesse der Vermeidung von Zuständigkeitsstreitigkeiten eine (vorläufige) Bestimmung bereits **vor Rechtshängigkeit** zuläßt, da verbindliche Entscheidungen über die Zuständigkeit noch gar nicht vorliegen und die Bestimmung unter Umständen fehlgeht. Zuzustimmen ist aber der Auffassung des BayObLG, das vom Erfordernis der Rechtshängigkeit dann eine Ausnahme zuläßt, wenn die Wirksamkeit der Klagezustellung nicht ohne weiteres geklärt werden kann (BayObLG VersR 85, 742). Soweit eine vorherige Mitteilung überhaupt zu unterbleiben hat (Beispiel: § 834), kann diese auch nicht im Bestimmungsverfahren verlangt werden (BayObLGZ 85, 397 [400] = Rpfleger 86, 98; vgl auch § 37 Rn 3). Der Rechtsstreit darf auch zum Zeitpunkt der Einleitung des Bestimmungsverfahrens **noch nicht abgeschlossen** sein, dh es muß noch eine gerichtliche Entscheidung zu treffen sein (BAG NJW 83, 472); daran fehlt es zB, wenn im Mahnverfahren (dazu Rn 2) nur der erlassene Vollstreckungsbescheid (§§ 699, 700) noch – auch von Amts wegen (§ 699 IV) – zuzustellen ist (BAG aaO).

27 **dd) Zuständigkeit** eines beteiligten Gerichts. Nach dem Wortlaut der Nr 6 muß eines der Gerichte, die sich für unzuständig erklärt haben (Rn 24) tatsächlich zuständig sein. Die Rspr läßt von diesem Erfordernis aus Gründen der Prozeßökonomie Ausnahmen zu, wenn ein drittes (am Kompetenzkonflikt nicht beteiligtes) Gericht ausschließlich zuständig ist und der erforderliche Verweisungsantrag bereits im Bestimmungsverfahren gestellt wird (BGH 71, 70 = NJW 78, 1163 = MDR 78, 650 = Rpfleger 78, 211; vgl auch das weitere Beispiel oben Rn 5).

28 **d) Bestimmung des zuständigen Gerichts.** Zu bestimmen ist das wirklich zuständige Gericht (BVerfG 29, 49), wobei allerdings für Zweckmäßigkeitserwägungen Raum ist (BGH NJW 83, 1913 [1914] = MDR 83, 296 [297]). Grenze: Art 101 I 2 GG (vgl Waldner MDR 84, 190). Im Bestimmungsverfahren sind aber nicht nur die allg Zuständigkeitsvorschriften, sondern auch verfahrensrechtliche Bindungswirkungen (§ 281 II 2) zu beachten (BayObLGZ 85, 19 und 389); die Bindungswirkung des ersten Verweisungsbeschlusses wirkt daher im **Bestimmungsverfahren** fort (BAG 42, 63; BayObLGZ 85, 19 f mwN und 389, stRspr). Allerdings geht die Bindungswirkung nicht über den Verweisungsgrund hinaus (vgl BGH NJW 64, 1417; BayObLG MDR 83, 322 Nr 69; 86, 326 und § 281 Rn 16). Der **Bindungswille** des verweisenden Gerichts kann **beschränkt** sein, zB bei übersehener Spezialzuständigkeit (zB gem § 29a; vgl auch München NJW 72, 61; Frankfurt OLGZ 79, 452), Gerichtsstandsvereinbarung (BayObLGZ 85, 390) oder bei nicht geprüfter örtlicher oder sachlicher Zuständigkeit (BayObLGZ 82, 381 [383]; 85, 387 [389 f]), zB gem §§ 797 V, 802 (BayObLGZ 82, 381 = MDR 83, 322 Nr 68; sa § 281 Rn 16). Offenbar gesetzeswidrige Verweisungsbeschlüsse sind aber im Bestimmungsverfahren nicht zu beachten (BGH 71, 72; ie Schimpf AnwBl 85, 500 mN), so die Verweisung nach Erlaß einer Sachentscheidung (im Nachverfahren des Urkundenprozesses, vgl BGH NJW 76, 330; BAG NJW 72, 1216) und Verweisungsbeschlüsse, die unter Verletzung des Gebots des rechtlichen Gehörs ergangen sind (BVerfG 61, 37; BGH 71, 69 = NJW 78, 1163 = MDR 78, 650 = Rpfleger 78, 211; BAG NJW 71, 1719; Düsseldorf OLGZ 73, 245) oder auf Willkür beruhen (BayObLGZ 85, 20; 391, 400 f); unrichtige Rechtsanwendung allein schließt aber die Bindungswirkung nicht aus (BayObLGZ 85, 391). Als zuständiges Gericht kann uU auch ein am Kompetenzkonflikt nicht beteiligtes (drittes) ausschließlich zuständiges Gericht zu bestimmen sein (vgl Rn 27).

29 **e) Fallgruppen einzelner Kompetenzkonflikte.** Vgl zunächst oben Rn 23. **aa)** Zuständigkeitskonflikte zwischen einzelnen **Spruchkörpern** desselben Gerichts. Nr 6, § 37 gelten entspr, wenn sich ZK und KfHS eines LG untereinander für unzuständig erklärt haben (Frankfurt Rpfleger 80, 231; Braunschweig NJW 79, 223 mwN; Gaul JZ 84, 65 mwN); ferner im Verhältnis von Berufungskammer und erstinstanzlicher ZK desselben LG (Oldenburg NJW 73, 810); im Verhältnis von ZK und Kammer für Baulandsachen (Oldenburg MDR 77, 497); beim Amtsgericht im Verhältnis von Familiengericht zur allgemeinen Prozeßabteilung (vgl BGH 71, 270 = NJW 78, 1531 [1532 mwN]; ie Bosch FamRZ 86, 819 mwN) oder zum Vormundschaftsgericht (BGH NJW 81, 126; zust Schlüter/König FamRZ 82, 1159 [1168]) oder einem sonstigen Gericht der freiwilligen Gerichtsbarkeit (Zweibrücken FamRZ 78, 345; Düsseldorf Rpfleger 78, 327) oder zwischen zwei Familiengerichten (Koblenz FamRZ 86, 366), zwischen LG (Zivilkammer) und Familiengericht (BGH NJW 83, 1913 = MDR 83, 296; dazu Waldner MDR 84, 190), beim Oberlandesgericht im Verhältnis zwischen allgemeinem Zivilsenat und Familiensenat (BGH 71, 264 = NJW 78, 1531 – grundlegend; BayObLGZ 85, 100 mN; 85, 220 = NJW-RR 86, 7 = FamRZ 85, 1058, stRspr; zur Bestimmungszuständigkeit des BayObLG in Familiensachen, in denen der Rechtszug zum BGH führt, s bereits mN Rn 4); zwischen Prozeßgericht und Vollstreckungsgericht (BGH NJW 82, 2070; BAG 42, 63); **nicht** dagegen beim Zuständigkeitsstreit zwischen technischen und juristischen Beschwerdesenaten des **Bundespatentgerichts** (BGH MDR 72, 397); zuständig ist hier das Präsidium, denn es handelt sich um Fragen der Geschäftsverteilung, nicht um eine gesetzliche Zuständigkeitsregelung (zusammenfassend zum negativen Kompetenzkonflikt zwischen zwei Gerichtsabteilungen vgl P. Müller DRiZ 78, 15 mwN).

bb) Streit über die Zuständigkeit im Instanzenzug. Grundsätzlich gelten auch hier die Vorschriften der Nr 5 und 6 (BGH NJW 72, 111; NJW 78, 891; NJW 85, 2537; FamRZ 85, 1242; BayObLGZ 79, 284; vgl Rn 22). **Keine** Zuständigkeitsbestimmung dagegen bei bloßen Meinungsverschiedenheiten zwischen Beschwerde- und Erinnerungsgericht über den Verfahrensgang (BGH NJW 79, 719 = MDR 79, 212 = Rpfleger 79, 13). 30

cc) Zuständigkeitskonflikte zwischen Gerichten verschiedener Verfahrensordnungen. Nr 6 findet entspr Anwendung im Verhältnis der ordentlichen Gerichte der streitigen Gerichtsbarkeit (auch der Familiengerichte) zu denen der **freiwilligen Gerichtsbarkeit** (BGH NJW 81, 126 betr Familiengericht – Vormundschaftsgericht; BGH NJW 84, 740; betr LG – WEG-Gericht; – Konsequenz der beiderseits bindenden Abgabemöglichkeit bei echten Streitsachen, vgl BGH NJW 80, 2467; 84, 740 und Hamm MDR 83, 940 zu § 46 WEG), im Verhältnis der ordentlichen Gerichte zu den **Arbeitsgerichten** (BGH 17, 168; 44, 14; BGH NJW 64, 1416 = MDR 64, 574 = LM Nr 4 zu § 36 Nr 6; BAG 42, 63) sowie der Arbeitsgerichte zu den **Sozialgerichten** (BAG NJW 84, 751 = MDR 84, 346). Den negativen Kompetenzkonflikt zwischen Zivil- und Arbeitsgerichten (usw) entscheidet das **zuerst** angegangene oberste Bundesgericht (BGH 44, 14 = NJW 65, 1596; 76, 330; BAG NJW 71, 581; 74, 1840; Betrieb 84, 302 f, stRspr; aA Wieczorek Anm D VI a 5, vgl oben Rn 4). Danach kann als zuständiges Gericht der BGH ein Arbeitsgericht, das BAG zB ein Landgericht bestimmen. Beispiel: Verweist ein LG, an das ein Rechtsstreit vom ArbG verwiesen worden ist, entgegen der durch § 48 ArbGG, §§ 11, 281 angeordneten Bindung an den Verweisungsbeschluß die Sache an das ArbG zurück, so ist der BGH zur Entscheidung des Kompetenzkonflikts berufen. Als zuständiges Gericht ist das LG zu bestimmen ohne Prüfung, ob das ArbG seine Zuständigkeit zu Recht verneint hat (BGH 17, 168 = NJW 55, 948). Ferner ist der BGH zur Entscheidung eines negativen Zuständigkeitsstreits auch dann berufen, wenn das ArbG, an das ein AG zurückverwiesen hat, dem BGH die Akten zur Bestimmung des zuständigen Gerichts zuleitet (BGH NJW 64, 1416). 31

dd) Zuständigkeitskonflikte zwischen Gerichten verschiedener Rechtswege. Auch insoweit gilt der Prioritätsgrundsatz gem Rn 31 (vgl auch § 17 GVG Rn 2), so daß im Verhältnis der Arbeits- zur Verwaltungsgerichtsbarkeit das BAG (BAG NJW 71, 581) und das BVerwG bzw im Verhältnis von Arbeits- und Sozialgerichtsbarkeit das BAG (NJW 84, 751 f = MDR 84, 346) und das BSG iS der Nr 6 zur Bestimmung zuständig sind; auch der BGH hält sich in einem solchen Fall für bestimmungsbefugt (vgl BGH NJW 56, 630). Sachgerecht wäre die Bestimmung durch den (aus den beteiligten Gerichtsbarkeiten gebildeten) GemS (vgl Rn 4). 32

37 *[Bestimmungsverfahren]*

(1) Die Entscheidung über das Gesuch um Bestimmung des zuständigen Gerichts kann ohne mündliche Verhandlung ergehen.

(2) Der Beschluß, der das zuständige Gericht bestimmt, ist nicht anfechtbar.

1) Bestimmungsverfahren. Vgl allgemein zur gerichtlichen Zuständigkeitsbestimmung § 36 Rn 6 ff. **a) Einleitung. aa)** Regelmäßig durch Antrag (**„Gesuch", I),** schriftlich oder zu Protokoll der Geschäftstelle; der Antrag unterliegt nicht dem Anwaltszwang, für die Vollmacht gilt § 88 II. In den Fällen des § 36 Nr 3 und 4 ist mit dem Gesuch die Klage vorzulegen. **Antragsteller** kann sein: der Kläger oder ein Nebenintervenient, in den Fällen des § 36 Nr 1 und 5 auch der Beklagte oder sein Streitgehilfe. 1

bb) Von Amts wegen durch Vorlage eines der am Kompetenzkonflikt beteiligten Gerichte in den Fällen des § 36 Nr 5 und 6 (nunmehr stRspr von BGH, BAG, BayObLG und zahlreichen OLG; so namentlich BGH NJW 79, 1048 mN; 85, 2537; BAG 42, 63; BayObLGZ 78, 197; 80, 78; 82, 381 [382]; 85, 18 [19]; 99 [100] und 387 [389]; Düsseldorf Rpfleger 78, 62 und 102; Frankfurt OLGZ 78, 475 = MDR 78, 762 = Rpfleger 78, 260; Rpfleger 80, 231; München FamRZ 78, 49 und 349; ebenso: StJSchumann Anm 1; ThP § 36 Anm 1 b für Nr 6; Vollkommer Rpfleger 76, 176; 78, 62; aA zB BL § 36 Anm 1 C mwN); folglich besteht im Bestimmungsverfahren auch keine Bindung an den gestellen Antrag (Hamm FamRZ 80, 66). Im Rahmen seines Zuständigkeitsbereichs ist auch der Rechtspfleger zur Vorlage befugt (BayObLGZ 85, 397 [399] = Rpfleger 86, 98 zu § 20 Nr 17 RpflG). 2

b) Entscheidung. Das Gericht prüft unter Anhörung des Gegners (Art 103 I GG; StJSchumann § 36 Rn 1; ThP Anm 2 a, str) bei fakultativer mündlicher Verhandlung und Freibeweis seine Zuständigkeit und das Vorhandensein der Voraussetzungen des § 36. Die allg Ausnahmen vom Grundsatz vorgängigen Gehörs in Vollstreckungs- und Eilsachen (vgl §§ 834, 921) gelten auch im 3

Bestimmungsverfahren (vgl BayObLGZ 85, 397 [400] = NJW-RR 86, 421 = Rpfleger 86, 98; vgl auch § 36 Rn 25, 26). Die Prozeßvoraussetzungen und die Schlüssigkeit der zu erhebenden Klagen sind in diesem Verfahren noch nicht zu prüfen (§ 36 Rn 8), wohl aber die Prozeßfähigkeit des Antragstellers (ThP § 36 Anm 1d, str; aA BL Anm 1 A). Der vor Klagezustellung ergangene Beschluß ist dem Antragsteller formlos mitzuteilen (§ 329 II). Wird die Klage zugestellt, ist beglaubigte Beschlußabschrift beizufügen. Erging der Beschluß nach Klageerhebung: Übersendung an beide Parteien. War mündliche Verhandlung angeordnet: Verkündung (§ 329 I 1), keine Zustellung; keine Kostenentscheidung, da die Kosten des Verfahrens nach § 36 solche der Hauptsache sind (str, vgl Schmidt AnwBl 84, 552); dies gilt auch dann, wenn ein Hauptsacheprozeß nicht durchgeführt wird (Düsseldorf MDR 83, 848 = AnwBl 83, 526).

4 **c) Anfechtung (II) und Nachprüfung.** Gegen die Zurückweisung des Gesuchs durch das LG besteht die einfache Beschwerde, § 567 I, III. Gegen den bestimmenden Beschluß gibt es keine Beschwerde des Prozeßgegners **(II).** Wenn der Bestimmungsbeschluß unter Verletzung des rechtlichen Gehörs (Art 103 I GG; Rn 3) ergangen ist, wird man ausnahmsweise seine Anfechtung zulassen müssen (so Waldner, Aktuelle Probleme des rechtlichen Gehörs, Erlanger jur Diss 1983, S 285; str; vgl auch BVerfG 61, 37 = NJW 82, 2367 zu § 281; s dort Rn 14).

5 Das als zuständig bestimmte Gericht ist an den Beschluß **gebunden** (BGH FamRZ 80, 671; zum – uU beschränkten – Umfang der Bindungswirkung vgl Jauernig NJW 78, 1271 gegen – zu weitgehend – AG Lübeck NJW 78, 649) und auch im Prozeß zur Nachprüfung der Gerichtsstandsbestimmung nicht befugt (RG 86, 404). Soweit der **Bindungswille** des bestimmenden Gerichts **beschränkt** ist, ist aber das „bestimmte" Gericht an der – erneuten – Überprüfung seiner Zuständigkeit nicht gehindert (vgl Schimpf AnwBl 85, 500 mN; Beispiel: München NJW-RR 86, 1189); das gleiche gilt, wenn der erhobenen Klage ein anderer Tatbestand oder ein anderes Rechtsverhältnis zugrundegelegt ist als im Gesuch angegeben oder eine andere Klage als die dem bestimmenden Gericht vorgelegt, erhoben ist (OLG 25, 60).

6 **2) Rechtsfolgen a) des Antrags.** Die Einreichung des Gesuchs unterbricht, wenn binnen drei Monaten nach Entscheidung hierüber Klage erhoben wird, Verjährung und Ersitzung, §§ 210, 941 BGB. Das Gesuch steht auch einer Klageerhebung iS des § 215 II BGB mit der sich aus § 210 BGB ergebenden Einschränkung (Klageerhebung binnen drei Monaten nach Gesuchserledigung) gleich (BGH 53, 270).

7 **b) der Entscheidung.** Das bestimmte Gericht wird durch den Beschluß zuständig, im Fall des § 36 Nr 5 entgegen der rechtskräftigen Zuständigkeitsbejahung des nicht bestimmten Gerichts, im Fall des § 36 Nr 6 entgegen der rechtskräftigen Zuständigkeitsverneinung des bestimmten Gerichts. Die bei einem beteiligten, nicht für zuständig erklärten Gericht bereits eingetretene Rechtshängigkeit (im Fall des § 36 Nr 3 sind die Klagen gegen die – späteren – Streitgenossen bereits erhoben, vgl § 36 Rn 16) geht auf das für zuständig erklärte über (StJSchumann § 36 Rn 2; nicht gesehen von Düsseldorf in Rpfleger 77, 142; zutr aber Rpfleger 78, 184).

8 **3) Aktenordnung** § 39 Nr 6.

9 **4) Gebühren: a)** des **Gerichts:** keine, § 1 Abs 1 GKG; **b)** des **Anwalts:** Die Bestimmung des zuständigen Gerichts – darunter fällt auch die Bestimmung des zuständigen Revisionsgerichts durch das BayObLG (§§ 7 Abs 2, 8 Abs 1 EGZPO); Hartmann, Kostengesetze, BRAGO § 37 Anm 4 B – gehört zum Rechtszug, § 37 Nr 3 BRAGO; ist der RA nicht zum ProzBevollmächtigten bestellt: Schriftsatzgebühr nach § 56 BRAGO. – Hinsichtl der Einlegung der Revision bei dem BayObLG s Gerold/Schmidt BRAGO § 56 Rdnr 6 Abs 3 (13/20 der vollen Gebühr).

Dritter Titel

VEREINBARUNG ÜBER DIE ZUSTÄNDIGKEIT DER GERICHTE

Vorbemerkungen

Lit: *Baumgärtel*, Wert und Unwert der Prorogationsnovelle, FS Fr. Weber, 1975, 23 (gekürzt ZRP 75, 254); *ders*, Die Vereinbarung der internationalen Zuständigkeit usw, FS Kegel, 1977, 285; *Beitzke*, Gerichtsstandsklauseln in auslandsbezogenen Dienst- und Arbeitsverträgen, RIW/AWD 76, 7; *Bülow*, Prorogationsgemäße Klage der durch das Prorogationsverbot geschützten Partei, VersR 76, 415; *Diederichsen*, Die neuen Grenzen für Gerichtsstandsvereinbarungen, BB 74, 377 (Erwiderungen von *Scholz* und *Schulz/Jander* BB 74, 570); *Geimer*, Zuständigkeitsvereinbarungen zugunsten und zu Lasten Dritter, NJW 85, 533; *Gottwald*, Grenzen internationaler Gerichtsstandsvereinbarungen, FS Karl Firsching, 1985, 89; *Katholnigg*, Internationale Zuständigkeitsvereinbarungen nach neuem Recht, BB 74, 395; *Klunzinger*, Die Novellierung des Rechts der Gerichtsstandsvereinbarung, JR 74, 271; *Kornblum*, Der Kaufmann und die Gerichtsstandsnovelle, ZHR 138 (1974), 478; *Löwe*, Das neue Recht der Gerichtsstandsvereinbarungen, NJW 74, 473; *ders*, VersR 75, 1067 (Entgegnung zu Voosen, vgl unten); *Meyer/Lindemann*, Gesamtrechtsnachfolge bei Gerichtsstandsvereinbarungen gem § 38 Abs 1 ZPO, JZ 82, 592; *Rahmann*, Ausschluß staatlicher Gerichtszuständigkeit, 1984; *Reinelt*, Darlegung und Nachweisung bei der Prorogation im Säumnisverfahren nach § 331 Abs 1 Satz 2 ZPO, NJW 74, 2310; *Samtleben*, Internationale Gerichtsstandsvereinbarungen nach dem EWG-Übereinkommen und nach der Gerichtsstandsnovelle, NJW 74, 1590; *Schiller*, Gerichtsstandsklauseln in AGB zwischen Vollkaufleuten und das AGB-Gesetz, NJW 79, 636; *Schlosser*, Neues Primärrecht der Europäischen Gemeinschaften, NJW 75, 2132; *Schröder*, Die Bestimmungen für Gerichtsstandsvereinbarungen, Büro 74, 681; *Schütze*, Internationale Gerichtsstandsvereinbarungen, Betrieb 74, 1417; *Vollkommer*, Die Gerichtsstandsbegründung durch den Parteiwillen nach der Zivilprozeßnovelle 1974, Rpfleger 74, 129; *ders*, Vorprozessuale Gerichtsstandsvereinbarungen im Verfahren vor den Arbeitsgerichten, RdA 74, 206; *Voosen*, Das neue Recht der Gerichtsstands- und Erfüllungsortsvereinbarungen und sein Verhältnis zu den Vereinen im allgemeinen und zu den Versicherungsvereinen auf Gegenseitigkeit im besonderen, VersR 75, 499 (Entgegnung von *Löwe* VersR 75, 1067); *Wirth*, Gerichtsstandsvereinbarungen im internationalen Handelsverkehr, NJW 78, 460 (dazu Entgegnung von *Piltz* NJW 78, 1094); vgl ferner das zu § 29 und § 39 angegebene Schrifttum.

I) Neufassung der §§ 38–40

1) Durch das Gesetz zur Änderung der ZPO vom 21. 3. 1974 (BGBl I S 753) – sog **Gerichtsstandsnovelle** –, in Kraft getreten am 1. 4. 1974, sind ua die §§ 15, 29, 33 II, 38, 39, 40 II, 331 I 2, 504 II geändert, neu gefaßt bzw neu eingefügt worden. Der völlig neugestaltete § 38 ist das Kernstück der Novelle. Änderung durch die VereinfNov: Rn 7. 1

2) Die **Übergangsregelung** (Art 3 der Gerichtsstandsnovelle) lautet: 2

Die Vorschriften der Artikel 1 und 2 Nr 1 und 3 finden auch Anwendung auf Verträge, die vor dem Inkrafttreten dieses Gesetzes abgeschlossen worden sind, sofern Streit- oder Mahnverfahren hieraus erst nach Inkrafttreten anhängig werden.

a) Anwendungsbereich. aa) Art 1 enthält die Änderungen der ZPO. 3

bb) Mit **„Verträgen"** sind die Gerichtsstands-(Erfüllungsorts-)vereinbarungen gemeint. 4

cc) „Anhängigkeit" ist rechtstechnisch im Gegensatz zur „Rechtshängigkeit" (vgl §§ 253 I, 261 I, 696 III, 700 II) zu verstehen. Maßgebend ist damit nicht der Zeitpunkt der Zustellung des prozeßeinleitenden Schriftstücks, sondern derjenige der **Einreichung** (Eingangsstempel!). Die Novelle findet auf „alte", dh vor dem 1. 4. 1974 abgeschlossene Gerichtsstands-(Erfüllungsorts-)vereinbarungen dann keine Anwendung, wenn in dem Verfahren die Prozeßeinleitungsschrift (Klage, Antrag) vor dem 1. 4. 1974 eingereicht worden ist, mag die Sache auch erst nach dem 1. 4. rechtshängig geworden sein. Dagegen erfaßt sie „alte" Gerichtsstands-(Erfüllungsorts-)vereinbarungen in Verfahren, in denen die Prozeßeinleitungsschrift erst am 1. 4. 1974 oder später bei Gericht eingegangen ist. Auf den Zeitpunkt des Abschlusses der Vereinbarung kommt es nicht an, dieser kann beliebig weit zurückliegen. Der Novelle kommt damit **unechte Rückwirkung** zu. Verfassungsrechtliche Bedenken gegen diese Regelung bestehen aus den gleichen Gründen wie bei § 6a AbzG nicht (BVerfG 31, 222). 5

b) Rechtsfolgen. Die vor dem 1. 4. 1974 abgeschlossenen, allgemein und uneingeschränkt abgefaßten und auf künftige Streitigkeiten bezogenen Alt-Gerichtsstandsvereinbarungen sind seit dem 1. 4. 1974 unwirksam (Diederichsen BB 74, 383; AG Köln Rpfleger 74, 270; AG Wilhelmshaven Rpfleger 74, 407), sofern nicht die Voraussetzungen der vollkaufmännischen (§ 38 Rn 17 ff) oder der internationalen (§ 38 Rn 23 ff) Prorogation vorliegen. Eine Aufrechterhaltung von uneingeschränkt abgefaßten Altvereinbarungen als wirkungsgeminderte Prorogation kommt nach Beseitigung der besonderen Mahnverfahrensprorogation (in diesem Fall befürwortend insbes Baumgärtel BB 74, 1175; Herbst Rpfleger 74, 248) nur noch im Fall des § 38 III Nr 2 in Frage (so München MDR 76, 764; zust StJLeipold Rn 7 vor § 38). 6

3) Die erst am 1. 4. 1974 eingeführte besondere **Mahnverfahrensprorogation** ist am 1. 7. 1977 durch Aufhebung von § 38 III Nr 2b idF der Gerichtsstandsnovelle durch Art 1 Nr 1 der Vereinfachungsnovelle (Einl Rn 2) beseitigt worden. Beschränkt auf das Mahnverfahren gilt nun ein besonderer ausschließlicher Gerichtsstand am Wohnsitz des Antragstellers (vgl näher § 689 II mit Anm, ferner Einl Rn 10). Zu den zahlreichen Streitfragen der früheren Mahnverfahrensprorogation vgl Baumgärtel BB 74, 1173; Vollkommer BB 76, 613 und die Rspr-Übersicht Rpfleger 76, 164. Die in kurzen Zeitabständen mit völlig entgegengesetzter Tendenz erfolgten Änderungen des Mahnverfahrens sind ein abschreckendes Beispiel einer nicht aufeinander abgestimmten, 7

unausgereiften Augenblicksgesetzgebung; berechtigte Kritik übt Huhn, Rechtspfleger Information (Bund Deutscher Rechtspfleger, Landesverband Berlin) 1977 Nr 12.

II) Grundsatz des Prorogationsverbots

8 **1) Zweck.** Nach dem früheren Rechtszustand (vor dem 1. 4. 1974, vgl Rn 1) galt in vermögensrechtlichen Angelegenheiten bei Fehlen eines ausschließlichen Gerichtsstands der Grundsatz der Prorogationsfreiheit (§§ 38–40 aF). Stark erleichtert wurde der Abschluß von Gerichtsstandsvereinbarungen weiter durch den Grundsatz der Formfreiheit (BGH 59, 29; s 11. Aufl, Einl VII C 4a und § 38 Anm 4a). Diese Grundsätze haben in der Praxis zu schweren Mißständen geführt, denn durch die Aufnahme von Gerichtsstands-(Erfüllungsorts-)klauseln in Allgemeine Geschäftsbedingungen (AGB) und Formularverträgen (FV) ist der gesetzliche Regelgerichtsstand bei nahezu sämtlichen Massengeschäften des täglichen Lebens zum Nachteil des Verbrauchers durch einen dem Unternehmer günstigen (meist seinem Firmensitz entsprechenden) „vereinbarten" Gerichtsstand ersetzt worden. Im „vereinbarten" Gerichtsstand endete aber eine überdurchschnittlich hohe Zahl von Verfahren durch Versäumnisurteil, von denen erfahrungsgemäß ein beträchtlicher Teil nicht der materiellen Rechtslage entsprach (vgl die Ausf der Abg Dr Schöfberger und Dr Hauser in der 70. Sitzung des Dt Bundestags vom 12. 12. 1973, Prot S 4315 f). Die Novelle hat den Grundsatz der Prorogationsfreiheit beseitigt; an seine Stelle getreten ist ein **grundsätzliches Prorogationsverbot** (BGH NJW 83, 159 [162]; Jauernig, ZPR, § 11 III). Mit ihm erstrebt das Gesetz die Wiederherstellung der – in der Rechtswirklichkeit weitgehend beiseite geschobenen – gesetzlichen Zuständigkeitsordnung. Ebenfalls beseitigt ist der Grundsatz der Formfreiheit. Soweit Gerichtsstandsvereinbarungen überhaupt noch zugelassen sind, unterstehen diese grundsätzlich strengem **Formzwang** (§ 38 II und III), die „stillschweigende" Prorogation ist insoweit abgeschafft (Ausnahme: § 38 I); selbst rügelose Einlassung zur Hauptsache bildet keinen Fall der „stillschweigenden" Prorogation mehr (vgl die unterschiedlichen Fassungen von § 39 nF und aF). Die **zwingende** Regelung des § 38 hat Gerechtigkeitsgehalt (BGH NJW 83, 1320 [1322] = BB 83, 524 [527]; rechtspolitische Kritik üben Bettermann ZZP 91, 392 f; Jauernig, ZPR, § 11 II).

9 **2) Bedeutung.** Der Grundsatz des Prorogationsverbots ist **zwingend** und **unabdingbar.** Obwohl § 38 nicht in § 13 AGBG erwähnt wird, entspricht es allgemeiner Meinung, daß Gerichtsstandsklauseln in AGB im Wege der Unterlassungsklage einer gerichtlichen Überprüfung zugeführt werden könnten (BGH NJW 83, 1320 [1322]; 85, 320 [322 mwN]). Der Grundsatz gilt für die Vereinbarung der **örtlichen** und **sachlichen** Zuständigkeit (München MDR 75, 494 = Rpfleger 75, 141, arg a §§ 39 S 2, 504), die **positive** und die **negative** Prorogation (zu diesen Begriffen vgl § 38 Rn 2). Auch die Vereinbarung der **internationalen** Zuständigkeit ist vielfachen Schranken unterworfen (vgl § 38 Rn 2, 14, 30), so daß es zweifelhaft erscheint, ob insoweit noch von einem Grundsatz der Parteiautonomie gesprochen werden kann (zum Problem: Gottwald, FS Firsching, 1985, S 89, 95 ff). Das grundsätzliche Prorogationsverbot bewirkt eine starke Aufwertung des **allgemeinen Gerichtsstands,** insbesondere der §§ 12, 13. Dieser wird durch eine Reihe von gleichzeitig eingeführten **Schutzvorschriften** gesichert bzw gewährleistet. Durch Abschluß einer Erfüllungsortsvereinbarung können die Wirkungen einer unzulässigen Prorogation nicht erreicht werden (§ 29 II mit Rn 26). Die rügelose Einlassung zur Hauptsache begründet im Parteiprozeß keine Zuständigkeit, wenn die vorgeschriebene Belehrung über die örtliche und sachliche Unzuständigkeit unterblieben war (§§ 39 S 2, 504 Rn 2). Die bloße Behauptung einer Gerichtsstands-(Erfüllungsorts-)vereinbarung reicht im Säumnisverfahren zur Zuständigkeitsbegründung nicht mehr aus (§ 331 I 2, Rn 6). Umgehungen durch (pseudo-)internationale Zuständigkeitsvereinbarungen verhindert die Schranke gem § 38 II 3.

10 **3) Ausgestaltung.** Der Grundsatz des Prorogationsverbots ist im Gesetz nicht ausdrücklich ausgesprochen. Er ergibt sich aus der Beseitigung der §§ 38, 39 aF und der Ausnahmeregelung des § 38. Danach wird der Grundsatz durch **vier** im einzelnen genau umschriebene Fälle von noch zugelassenen Gerichtsstandsvereinbarungen durchbrochen (§ 38 Rn 17–40). Das Vorliegen der jeweiligen Voraussetzungen der besonderen Prorogationstatbestände (zB Kaufmannseigenschaft; Schriftform; Zeitpunkt; Ausdrücklichkeit usw) ist **Wirksamkeitsbedingung** der Prorogation. Einen weiteren – fünften – Fall der zugelassenen Prorogation bildet die Gerichtsstandsvereinbarung in Tarifverträgen (§ 38 Rn 41).

11 **4) Nicht** betroffen vom Prorogationsverbot sind in **Rechtsverordnungen** enthaltene Gerichtsstandsbestimmungen. Beispiele: Die in den „Allgemeinen Versorgungsbedingungen" (Zusammenstellung: § 12 Rn 7) enthaltenen besonderen „Gerichtsstände" für zum prorogationsfähigen Personenkreis (vgl § 38 Rn 10) gehörige Kunden als Beklagte; übereinstimmender Wortlaut von je § 34 aaO:

„(1) Der Gerichtsstand für Kaufleute, die nicht zu den in § 4 des Handelsgesetzbuchs bezeichneten Gewerbetreibenden gehören, juristische Personen des öffentlichen Rechts und öffentlich-rechtliche Sondervermögen ist am Sitz der für den Kunden zuständigen Betriebsstelle des . . .-versorgungsunternehmens.

(2) Das gleiche gilt, 1. wenn der Kunde keinen allgemeinen Gerichtsstand im Inland hat oder 2. wenn der Kunde nach Vertragsschluß seinen Wohnsitz oder gewöhnlichen Aufenthalt aus dem Geltungsbereich dieser Verordnung verlegt oder sein Wohnsitz oder gewöhnlicher Aufenthalt im Zeitpunkt der Klageerhebung nicht bekannt ist."

38 *[Die noch zugelassenen Fälle von Gerichtsstandsvereinbarungen]*

(1) Ein an sich unzuständiges Gericht des ersten Rechtszuges wird durch ausdrückliche oder stillschweigende Vereinbarung der Parteien zuständig, wenn die Vertragsparteien Kaufleute, die nicht zu den in § 4 des Handelsgesetzbuchs bezeichneten Gewerbetreibenden gehören, juristische Personen des öffentlichen Rechts oder öffentlich-rechtliche Sondervermögen sind.

(2) Die Zuständigkeit eines Gerichts des ersten Rechtszuges kann ferner vereinbart werden, wenn mindestens eine der Vertragsparteien keinen allgemeinen Gerichtsstand im Inland hat. Die Vereinbarung muß schriftlich abgeschlossen oder, falls sie mündlich getroffen wird, schriftlich bestätigt werden. Hat eine der Parteien einen inländischen allgemeinen Gerichtsstand, so kann für das Inland nur ein Gericht gewählt werden, bei dem diese Partei ihren allgemeinen Gerichtsstand hat oder ein besonderer Gerichtsstand begründet ist.

(3) Im übrigen ist eine Gerichtsstandsvereinbarung nur zulässig, wenn sie ausdrücklich und schriftlich

1. nach dem Entstehen der Streitigkeit oder

2. für den Fall geschlossen wird, daß die im Klageweg in Anspruch zu nehmende Partei nach Vertragsschluß ihren Wohnsitz oder gewöhnlichen Aufenthaltsort aus dem Geltungsbereich dieses Gesetzes verlegt oder ihr Wohnsitz oder gewöhnlicher Aufenthalt im Zeitpunkt der Klageerhebung nicht bekannt ist.

I) Allgemeines

1) Begriff und Arten der Prorogation. a) Begriff. Prorogation ist die Vereinbarung (Rn 5 ff) zwischen den Parteien (Rn 10) eines künftigen oder gegenwärtigen Rechtsstreits über die Zuständigkeit (Rn 3) eines erstinstanzlichen Gerichts (Rn 13). 1

b) Arten. Durch die Prorogation können (fehlende) Gerichtsstände begründet und vorhandene abbedungen werden. Die **positive** Prorogation begründet die Zuständigkeit eines Gerichts, die **negative** schließt sie aus **(Derogation).** Zum Ausschluß der Widerklagezuständigkeit vgl § 33 Rn 30. Kombination von positiver und negativer Prorogation ist zulässig und häufig der Fall. Wird neben der (positiven) Vereinbarung eines bestimmten Gerichtsstandes die Zuständigkeit aller übrigen (an sich zuständigen) Gerichte ausgeschlossen, ist **ausschließliche Zuständigkeit** vereinbart. Auslegungsfrage, wann diese im Einzelfall als gewollt anzunehmen ist (Rn 14). Der Ausschluß der Zuständigkeit sämtlicher Gerichte, ohne daß noch ein zuständiges Gericht verbliebe, ist unzulässig (Wieczorek Anm A IVa mwN; eine Würdigung als Fall des vertraglichen Ausschlusses der Klagbarkeit [vgl dazu StJLeipold Rn 63] ist idR nicht gewollt, zutr StJLeipold Rn 68; zum ganzen näher unten Rn 30). Die **nationale Prorogation** betrifft nur die Zuständigkeit der (untereinander gleichwertigen) innerstaatlichen Gerichte, unberührt läßt sie die inländische Gerichtsbarkeit. Die **internationale Prorogation** betrifft die internationale Zuständigkeit und damit die Entscheidungskompetenz der innerstaatlichen Gerichte überhaupt („Gerichtsbarkeitsvereinbarung"). Sie ist jetzt abweichend von der nationalen Prorogation geregelt (Rn 23 ff). Bei Vorliegen ihrer Voraussetzungen kann – unter Abdingung an sich gegebener inländischer Gerichtsstände – die Zuständigkeit des ausländischen Gerichts auch als **ausschließliche** vereinbart werden (BGH 49, 124 = NJW 68, 356 = ZZP 82, 302 mit Anm Walchshöfer 304; BGH NJW 86, 1438; BAG NJW 84, 1320; Bremen VersR 85, 987). Dies soll nach der Rspr des BGH auch dann gelten, wenn das Urteil des prorogierten ausländischen Gerichts mangels Verbürgung der Gegenseitigkeit im Inland (Staat des derogierten Forums) nicht anerkannt wird (BGH 49, 124; BGH NJW 71, 325 und 985), und selbst dann, wenn der Schuldner kein Vermögen im Staat des prorogierten Gerichts, wohl aber Vermögen im Inland hat (BGH NJW 71, 985; str; aA Walchshöfer ZZP 82, 304 und NJW 72, 2164; Gottwald, FS Firsching, 1985, S 99 ff mwN; BAG NJW 70, 2180; LAG Düsseldorf NJW 72, 2200; München OLGZ 66, 38; Pfaff ZZP 94, 334 [339]). Zum ganzen auch Rn 14 und eingehend IZPR Rn 138 ff. 2

3 **2) Anwendungsbereich.** Gegenstand der Prorogation kann sein: die örtliche, die sachliche und die internationale Zuständigkeit. Die Zuständigkeit eines besonderen Gerichts (§ 14 GVG) können die Parteien nicht vereinbaren. Ferner kann nicht vereinbart werden der Rechtsweg (ordentlicher oder Verwaltungsrechtsweg), die funktionelle Zuständigkeit (BGH VersR 77, 430), insbesondere der Instanzenzug, ein bestimmter einzelner Spruchkörper des Gerichts, die freiwillige, statt der streitigen Gerichtsbarkeit und umgekehrt. – In Patentstreitsachen kann nur ein als Patentgericht bestelltes Landgericht vereinbart werden (BGH 8, 16 = NJW 53, 262); für Binnenschiffahrtssachen: BGH 3, 308; Landwirtschaftssachen: BGH LM § 1 LVO Nr 6. – § 38 gilt in jedem der ZPO unterliegenden Verfahren, nicht nur im Urteils-, sondern auch im Beschlußverfahren, etwa betreffend eine einstweilige Verfügung (München NJW 52, 67; ThP Vorbem 3 vor § 38; Wieczorek Anm A III b). Im arbeitsgerichtlichen Verfahren sind die §§ 38 ff nur noch von geringer praktischer Bedeutung (vgl Rn 41). **Grenzen der Prorogation:** Rn 14, 22, 30, 41; vgl auch § 33 Rn 30 f.

4 **3) Rechtsnatur.** Die Prorogation ist **Prozeßvertrag,** denn sie hat ausschließlich prozessuale Wirkungen und ihre Voraussetzungen sind (spätestens seit der Gerichtsstandsnovelle) weitgehend durch das Prozeßrecht geregelt (§§ 38–40; auch § 1025 II entspr). Daß dieses in gewissem Umfang durch den verwendeten Begriff der „Vereinbarung" auf das materielle Recht verweist (vgl Rn 5 ff), steht einer prozessualen Qualifizierung nicht entgegen (ebenso: StJLeipold Rn 44; R-Schwab § 37 I; Jauernig § 11 IV; ThP Vorbem 2 vor § 38; Baumgärtel, Wesen und Begriff der Prozeßhandlung einer Partei im Zivilprozeß, 2. Aufl 1972, § 27 I 4; Vervessos, Die Begründung der gerichtlichen Zuständigkeit durch den Parteiwillen, Thessaloniki 1961, 28, 43 f; Kornblum FamRZ 73, 416; Geimer NJW 71, 324, str; aA – für die vorprozessuale Prorogation – BGH 49, 384; 57, 75; 59, 27; BGH NJW 71, 323; Wieczorek Anm C; BL Anm 2 A; Wirth NJW 78, 461; 11. Aufl Anm 3 mwN; offenlassend BAG NJW 84, 1320 = RIW 84, 316 = AP Nr 12 zu § 38 ZPO Internationale Zuständigkeit mit Anm Beitzke).

5 **4) Vereinbarung. a) Abschluß und Wirksamkeit. Zustandekommen** und **Rechtsbeständigkeit** des Prorogationsvertrags richten sich, soweit nicht die zwingenden prozeßrechtlichen Vorschriften eingreifen (vgl Rn 4, aber auch Rn 16 und 17 ff), weitgehend nach materiellrechtlichen Vorschriften (BGH NJW 83, 2772 [2773] = WM 83, 1084 [1085 f]; §§ 145 ff; 119, 123; 134, 138 BGB, ergänzt durch §§ 2 ff, 9, 24 AGBG). Bei **Auslandsbeziehung** gilt bei *Vereinbarung* der Zuständigkeit eines deutschen Gerichts grundsätzlich die lex fori, jedoch ist im Rahmen der Verweisung auf das materielle Recht (vgl Rn 4) auch Anwendung ausländischen Rechts möglich (vgl BAG NJW 79, 1119 mit – insoweit krit – Anm Geimer JZ 79, 648; hierzu näher IZPR. Auch für einen wirksamen *Ausschluß* der deutschen internationalen Zuständigkeit ist Wahrung der Prorogationsform (§ 38 II, III) erforderlich (BGH NJW 86, 1438; BAG NJW 84, 1320 = RIW 84, 316); dies gilt auch dann, wenn nach dem Recht des prorogierten Forums eine Gerichtsstandsvereinbarung formlos möglich ist (BAG NJW 84, 1320; im Erg auch BGH NJW 86, 1438 mit insoweit zust Anm Geimer). Bei AGB-Vereinbarung ist insoweit § 10 Nr 8 AGBG zu beachten (Palandt/Heinrichs, BGB, 45. Aufl, § 9 AGBG Anm 7 g; Gottwald, FS Firsching, 1985, S 97). Für die **Fähigkeit** zum vorprozessualen Abschluß gelten §§ 108 f BGB, nicht § 52 (str).

6 **Stellvertretung** ist zulässig (§§ 164 ff BGB gelten, nicht § 78, auch bei Vereinbarung für Rechtsstreit im Zuständigkeitsbereich des LG), jedoch ermächtigt die Vollmacht zum Abschluß eines materiellrechtlichen Vertrags idR nicht auch zum Abschluß einer Gerichtsstandsvereinbarung (besondere Vollmacht erforderlich: München NJW 74, 195 mit zust Anm Vollkommer, str; aA R-Schwab § 37 I 1).

7 **Gesetzliche Vertretung** ist möglich, jedoch dürfte bei Abschluß durch einen Ehegatten die Gerichtsstandsvereinbarung nicht gegen den anderen wirken, da sie nicht zu den Geschäften zur angemessenen Deckung des Lebensbedarfs gehört (vgl § 1357 BGB idF des 1. EheRG; unter der Geltung von § 1357 BGB aF, der aber von „häuslichem Wirkungskreis" sprach, str; wie hier AG München MDR 62, 572, aA LG Düsseldorf NJW 66, 553). Gerichtsstandsvereinbarung **zugunsten Dritter** ist möglich (EuGH NJW 84, 2760 zu Art 17 EuGVÜ; allg Geimer NJW 85, 533; zur Schriftform vgl Rn 27).

8 Die Prorogation unterliegt teilweise dem **Formzwang** (Schriftform; schriftliche Bestätigung; Ausdrücklichkeit; vgl Abs II, III; § 26 II FernUSG; zu § 6 a AbzG vgl dort [Anhang nach § 29 a] Rn 11; Art 17 EuGVÜ); greifen die genannten besonderen Formvorschriften nicht ein, ist der Abschluß formfrei möglich (Koblenz BB 83, 1635), auch wenn für den Hauptvertrag eine Form vorgeschrieben ist (RG 140, 149, str). **Mängel:** Aus § 139 BGB folgt, daß eine Gerichtsstandsvereinbarung auch für den Streit über die Nichtigkeit oder das Zustandekommen des Vertrags gilt, dessen Bestandteil sie ist (BGH LM Nr 4 zu § 38 ZPO; KG BB 83, 213, stRspr), dagegen nicht bei Streit gerade über die Wirksamkeit der Gerichtsstandsklausel selbst (ThP Anm 4 vor a). Die

Gerichtsstandsvereinbarung bedarf grundsätzlich **nicht** der Form des **Hauptvertrags** (vgl BGH 69, 265 f). Ist die Gerichtsstandsabrede formgerecht begründet, geht sie auch bei formlos zustandegekommener **Einzelrechtsnachfolge** auf den Rechtsnachfolger über (BGH NJW 78, 1585 = BB 78, 927 für § 1027; BGH NJW 80, 2023). Sie wirkt zugunsten des am Vertrag beteiligten Dritten (Rn 7), bindet aber beim Schuldbeitritt den Beitretenden *nur* bei Wahrung der Prorogationsform (BGH NJW 84, 1438 mit Anm Geimer).

Ein **Verbot** von den Niederlassungsgerichtsstand gem § 21 ausschließenden Vereinbarungen enthält § 53 III KWG (vgl § 21 Rn 1); s auch § 6a II AbzG. Gerichtsstandsklauseln in **Allgemeinen Geschäftsbedingungen** sind im nicht kaufmännischen Verkehr gem § 9 AGBG unwirksam. § 38 hat Gerechtigkeitsgehalt und zählt zu den wesentlichen Grundgedanken einer gesetzlichen Regelung iSd § 9 II Nr 1 AGBG (BGH NJW 83, 1320 [1322] und 2026; 85, 320 [322]; Ulmer/Brandner/Hensen, AGBG 5. Aufl, Anh §§ 9–11 Rn 401; Palandt/Heinrichs, BGB, 45. Aufl, § 9 AGBG Anm 7g). Die Unwirksamkeit kann auch im Wege einer Unterlassungsklage gem § 13 AGBG geltend gemacht werden (Rn 9 vor § 38). Bereits wegen mangelnder Bestimmtheit ist die Klausel „Gerichtsstand ist X, soweit dies gesetzlich zulässig ist" unwirksam (LG München BB 79, 702); zum vollkaufmännischen Verkehr s Rn 22. 9

b) Parteien. Unbeschränkt prorogationsbefugt sind nur Vollkaufleute und diesen Gleichgestellte (Abs **I**). Die Parteien des Rechtsstreits müssen die des Vertrags sein oder deren (Gesamt- oder Sonder-) Rechtsnachfolger (Rn 8 aE); diese müssen im Fall des Abs I nicht dem prorogationsbefugten Personenkreis angehören, denn entscheidend für die Wirksamkeit der Prorogation ist das Vorliegen der subjektiven Kriterien des Abs I zum Zeitpunkt des Vertragsschlusses (Koblenz BB 83, 1635; StJLeipold Rn 48; Ackmann ZIP 82, 461; Meyer/Lindemann JZ 82, 592; str; aA 13. Aufl; BL Anm 3 A; LG Trier NJW 82, 286 = ZIP 82, 460). Unter dieser Voraussetzung wirkt die Prorogation für und gegen den Konkursverwalter und Rechtsnachfolger wie jeder andere Vertrag, nicht jedoch gegen den Bürgen (OLG 1, 239) und Streitgenossen (soweit nicht § 62 gilt), wohl aber für den begünstigten Dritten (Rn 7), den Zessionar (OLG 17, 79), gegen den Schuld(mit-)übernehmer unter den Voraussetzungen von Rn 8 sowie gegen den (vollkaufmännischen) selbstschuldnerischen Bürgen, wenn er in der Bürgschaftsurkunde erklärt hat, auf jeden wie immer gearteten Einwand zu verzichten (BayZ 30, 346). 10

c) Zeitpunkt. aa) Vorprozessual uneingeschränkt zulässig ist die Prorogation nur in den Fällen der Abs I, II und III Nr 2; insoweit ist Abschluß bereits mit dem Hauptvertrag möglich. Im übrigen ist die Zeitschranke gem Abs III Nr 1 zu beachten (Rn 33). 11

bb) Nach Rechtshängigkeit ist die Prorogation auf das angegangene oder ein anderes Gericht nur zulässig, solange das angegangene Gericht (noch) nicht zuständig (geworden) ist (BGH NJW 76, 626; BAG BB 74, 1124; Grund: § 261 III Nr 2). Ist dagegen die Klage beim zuständigen Gericht erhoben worden (oder ist es nach § 39 zuständig geworden), so wird es durch die nachträgliche Prorogation eines anderen nicht mehr unzuständig (BGH NJW 53, 1140; 63, 585 = JZ 63, 754 mit zust Anm Zeuner = LM Nr 10 zu § 263 [aF]); verkannt von LG Waldshut-Tiengen MDR 85, 941; aA LG Flensburg SchlHA 79, 39 für den Fall versehentlich unterlassener Klagebeschränkung nach vorangegangenem Mahnverfahren). Aus dem gleichen Grund kann auch die nachträgliche Prorogation die Wirkung der Verweisung (§ 281) nicht beseitigen (München OLGZ 65, 187; StJLeipold Rn 58, Fußnote 92 mN; aA Düsseldorf NJW 61, 2355; Oldenburg MDR 62, 60). Eine Ausnahme ist jedoch zur Korrektur offensichtlich unrichtiger Verweisungsbeschlüsse anzuerkennen (zutr LG Aurich NdsRpfl 79, 147). Erläßt das Gericht in der unrichtigen Annahme, die Zuständigkeit könne noch durch eine Gerichtsstandsvereinbarung nach Rechtshängigkeit beseitigt werden, einen Verweisungsbeschluß, ist dieser aber bindend (Düsseldorf OLGZ 76, 475). 12

d) Inhalt und Auslegung. aa) Zuständiges Gericht. Die Einigung muß sich auf ein **bestimmtes** oder zumindest **bestimmbares** (StJLeipold Rn 61 und Fußn 94) erstinstanzliches (Rn 3) Gericht beziehen. Dies ist bei Anknüpfung des Gerichtsstands am Sitz eines Vertragspartners (zB Verfrachter) zu bejahen, mag auch die Person des Vertragspartners aus der Vereinbarung (zB Konossement) allein nicht eindeutig bestimmbar sein (Bremen VersR 85, 987); ausreichend ist auch die Anknüpfung an den Sitz einer Prozeßpartei (LG Frankfurt RIW 86, 543). Ob dem Bestimmtheitserfordernis bei Vereinbarung des noch unbestimmten Wohnsitzes eines künftigen Zessionars als Gerichtsstand genügt ist, ist zweifelhaft (bejahend: Hamm NJW 55, 995; Düsseldorf JMBl NRW 58, 130; Frankfurt MDR 65, 582; str; aA LG Kiel NJW 55, 995; LG Nürnberg–Fürth NJW 64, 1138). Das Bestimmtheitsgebot schließt die Vereinbarung von **Wahlgerichtsständen** (zuständig ist das LG X oder das LG Y je nach Wahl einer Partei) nicht aus. Steht das Wahlrecht dem späteren Beklagten zu, so hat ihn der Kläger vor Klageerhebung aufzufordern, dieses Recht in angemessener Frist auszuüben (BGH NJW 83, 996 = BB 83, 278 = MDR 83, 466). Die einseitige (freie) Bestimmung des Gerichtsstands kann dagegen einer Vertragspartei nicht über- 13 lassen werden (Karlsruhe OLGZ 1973, 479 = Justiz 73, 389 = Betrieb 74, 184). Die Vereinbarung der ausschließlichen Zuständigkeit eines Gerichts in den deutschen Ostgebieten gilt als nicht erfolgt (§ 5 I ZustErgG).

14 **bb) Art der Zuständigkeit:** Die Parteien können vereinbaren, daß ein Gericht **ausschließlich oder neben** dem gesetzlich zuständigen Gericht zuständig sein soll (Rn 2). Ausnahme: § 40. Was gewollt ist, ist im Einzelfall durch Auslegung zu ermitteln (Hamburg RIW/AWD 83, 124). Nach der Rspr des RG und des BGH spricht eine Vermutung weder für die Ausschließlichkeit der Zuständigkeit des prorogierten Gerichts noch gegen sie (RG 159, 254; BGH 59, 119 = NJW 72, 1671; BGH LM Nr 6 zu § 38 ZPO unter VII; BAG NJW 70, 2180; München RIW 86, 381 [382]; StJLeipold Rn 62; str; aA ThP Anm 4 b). Internationale Gerichtsstandsvereinbarungen sollen dagegen „in der Regel" dahin auszulegen sein, daß das prorogierte Gericht für Ansprüche gegen diejenige Vertragspartei, um deren Heimatrecht es sich handelt, ausschließlich zuständig ist (BGH NJW 73, 422 Nr 3 mit Anm Geimer S 951 = ZZP 86, 332 mit Anm Walchshöfer; München RIW/AWD 82, 281 [282]; aA Hamburg RIW/AWD 83, 124 [126]). Ein vereinbarter Klägergerichtsstand schließt aber im Zweifel eine Klage am Sitz im Land des Beklagten nicht aus (München RIW 86, 382; im Einzelfall aA Frankfurt RIW 85, 71; vgl auch Art 17 III EuGVÜ). Eine (wirksam) vereinbarte ausschließliche Zuständigkeit ist auch dann zu verneinen, wenn das Urteil des prorogierten Gerichts im Staat des derogierten Forums mangels Verbürgung der Gegenseitigkeit nicht anerkannt wird (München MDR 57, 45; aA BGH VersR 74, 470 = WM 74, 242 mit Anm Geimer S 910 = AWD 74, 221 mit Anm von Hoffmann; vgl auch Rn 2 aE). Allgemein darf die **Derogation** der inländischen Zuständigkeit nicht zu einer Rechtsverweigerung führen (instruktiv: BAG NJW 79, 1119 mit insoweit zust Anm Geimer JZ 79, 648; vgl ferner Gottwald, Eickhoff, OLG Bremen, je aaO, oben Rn 2; zu den Grenzen der internationalen Prorogation vgl auch Rn 30). Ist das Heimatgericht des ausländischen Vertragspartners als ausschließlich zuständig vereinbart, so kann auch der Einwand der **Aufrechnung** mit einer Forderung aus dem Vertrag grundsätzlich nur vor diesem Gericht erhoben werden (BGH 60, 85 = NJW 73, 421 mit Anm Geimer S 951; aA für inländische Prorogation Schreiber ZZP 90, 409) und der inländische **Widerklagegerichtsstand** ausgeschlossen sein (BGH NJW 81, 2644; WM 86, 202; vgl dazu auch § 33 Rn 30, 31). Zur Rechtslage nach Art 17 EuGVÜ vgl den Vorlagebeschluß des BGH in RIW/AWD 78, 475 und dazu EuGH RIW/AWD 78, 814 = NJW 79, 1100 und BGH NJW 79, 2477 – Aufrechnungsausschluß durch Gerichtsstandsvereinbarung bejahend; abl von Falkenhausen RIW/AWD 82, 386.

15 **cc) Konkurrenz mit Schiedsvertrag:** Treffen bei einem Lieferungsvertrag im Außenhandel eine (formularmäßige) Gerichtsstandsklausel mit einem im Einzelfall geschlossenen Schiedsvertrag zusammen und rufen die Parteien übereinstimmend nicht das Schiedsgericht, sondern das staatliche Gericht an, so gilt in der Regel die Gerichtsstandsklausel (BGH 52, 30).

16 **5) Allgemeine Zulässigkeitsvoraussetzungen** für die Prorogation sind: **a) Vermögensrechtliche Streitigkeiten** (§ 40 II und Rn 2 dort; § 1 Rn 13); **b) bestimmtes Rechtsverhältnis** (§ 40 I und Rn 3 dort); **c) bestimmtes (bestimmbares) Gericht** (Rn 13); **d) Fehlen eines ausschließlichen Gerichtsstands** (§ 40 II und Rn 5 f dort) oder eines besonderen **Prorogationsverbots** (Rn 9).

II) Die einzelnen Fälle von zugelassenen Gerichtsstandsvereinbarungen

17 **1) Gerichtsstandsvereinbarung in Handelssachen („vollkaufmännische" Prorogation, Abs I):** Grund der Ausnahme vom Prorogationsverbot (Rn 8 ff vor § 38): Mangelnde Schutzwürdigkeit des beteiligten Personenkreises. Zur Anwendbarkeit bei internationaler Prorogation vgl Rn 25.

18 **a) Der Personenkreis.** Unbeschränkt prorogationsfähig sind Vollkaufleute, jur Personen des öffentlichen Rechts und öffentlich-rechtliche Sondervermögen (zB Bundespost und Bundesbahn). Vollkaufleute sind Einzelpersonen, die ein Grundhandelsgewerbe iS des § 1 II HGB in kaufmännischer Weise (vgl § 4 HGB) betreiben, ferner die Handelsgesellschaften (OHG, KG, AktG, GmbH, eG; § 6 HGB) und die übrigen Vollkaufleute gem §§ 2, 3 II, 5 HGB. Ausgenommen aus der Regelung des Abs I sind damit die Minderkaufleute, also Gewerbetreibende, deren Betrieb nach Art und Umfang einen in kaufmännischer Weise eingerichteten Geschäftsbetrieb nicht erfordert, § 4 HGB. Nicht unter Abs I fallen ferner die nicht eingetragenen Scheinkaufleute (Vollkommer Rpfleger 75, 34; aA Frankfurt BB 74, 1366 = MDR 75, 232; Lindacher ZZP 96, 486 [504]). Die persönlich haftenden Gesellschafter einer OHG sind auch in eigener Person Vollkaufleute (StJLeipold Rn 4; Häuser JZ 80, 761), nicht dagegen die Kommanditisten (Baumbach/Duden, HGB, § 161 Anm 2 B mwN). Einzelfragen erörtert Kornblum ZHR 138, 484 ff.

19 Kein gesetzliches Merkmal ist die Eintragung als Kaufmann ins Handelsregister. Auch der nicht eingetragene Vollkaufmann kann daher „kaufmännisch" prorogieren. Allerdings wird ein erforderlicher Nachweis der Kaufmannseigenschaft (Rn 43 und § 331 Rn 6) idR nur durch Vorlage eines Handelsregisterauszugs zu erbringen sein. Maßgeblicher **Zeitpunkt** für Vorliegen der

Kaufmannseigenschaft: Abschluß der Gerichtsstandsvereinbarung (Kornblum ZHR 138, 484 Fußn 48a). Unerheblich ist auch, ob die Gerichtsstandsvereinbarung ein Handelsgeschäft (§ 343 HGB) betrifft oder nicht (hM, vgl Häuser JZ 80, 761 mit umfassenden Nachw, str).

b) Die Vereinbarung. Sie ist **formfrei** möglich und kann daher ausdrücklich oder stillschweigend, gleichzeitig mit und im Hauptvertrag oder als besondere Abrede getroffen werden. Nicht erforderlich ist, daß die Prorogation für beide Teile ein Handelsgeschäft (§§ 343, 344 HGB) ist. Im Interesse einer möglichst eindeutigen Abgrenzung von der nur eingeschränkt zulässigen „nachträglichen" Prorogation ist vielmehr bewußt von diesem Erfordernis abgesehen worden (Bericht des Rechtsausschusses, BT-Drucks 7/1384, S 3). Abs I ist deshalb auch auf private Geschäfte von Vollkaufleuten anwendbar (Löwe NJW 74, 475; Scholz BB 74, 570; Kornblum ZHR 138, 482; Schultz MDR 74, 548; aA Diederichsen BB 74, 379). 20

Eine **stillschweigende Vereinbarung** wird aber nur dann als vorliegend angesehen werden können, wenn die übereinstimmende Willensmeinung irgendwie (durch schlüssige Handlungen) nach außen erkennbar geworden ist. Beispiele: Schlüssige Bezugnahme auf AGB des Rechtsvorgängers (vgl Koblenz BB 83, 1635); aus ausdrücklicher (positiver) Prorogation folgt – stillschweigende – Derogation an sich gegebener Zuständigkeiten (BGH MDR 85, 911 = WM 85, 1509). Ist überhaupt nicht erkennbar, daß die Zuständigkeitsfrage in den Kreis der Erwägungen getreten ist, so kann man nicht auf eine stillschweigende Vereinbarung schließen (Lindemann DR 39, 453 = Anm zu RG 159, 254). Bei der Auslegung der Willenserklärung können **Handelsbräuche** (§ 157 BGB; § 346 HGB; § 24 S 2, 2. Hs AGBG) heranzuziehen sein. Beispiel: Nach Handelsbrauch gilt beim waggonweisen Handel mit Importobst im Verhältnis zwischen dem am Großmarkt München ansässigen Verkäufer (Importeur) und einem durch einen Münchener Fruchtagenten vertretenen auswärtigen Käufer München als zuständigkeitsbegründender Ablieferungsort (stRspr der Münchener Gerichte, zB München, Urt v 30. 4. 1969 – 7 U 1428/68). Wo **Schweigen** als Willenserklärung gilt, genügt auch dieses. Beispiel: Schweigen auf kaufmännisches Bestätigungsschreiben (BGH NJW 71, 323 mit Anm Geimer; zur „schriftlichen Bestätigung" einer Gerichtsstandsvereinbarung vgl Rn 28). 21

Beim Vertragsschluß unter Verwendung von **Allgemeinen Geschäftsbedingungen** und **Vertragsformularen** ist für den Personenkreis des Abs I die beschränkende Formvorschrift des § 2 AGBG nicht anzuwenden, wenn die Gerichtsstandsvereinbarung ein Handelsgeschäft ist (§ 24 S 1 Nr 1 AGBG). **Einzelfragen:** Im Verkehr mit einem Spediteur gilt kraft stillschweigender Unterwerfung die Gerichtsstandsklausel gem **ADSp** § 65b (AG Köln RIW 86, 384; allg BGH 96, 138; Abgrenzung zu Abs II: BGH NJW 85, 560). Auch im vollkaufmännischen Verkehr genügen aber bloße *Fakturenvermerke* (Gerichtsstandsklausel auf kaufmännischer Rechnung) nicht (Hamburg ZIP 84, 1241), auch nicht bei ständiger Geschäftsverbindung. Die Gerichtsstandsvereinbarung in VOB-Bauverträgen gem **VOB/B** § 18 (dazu BGH 94, 158 = NJW 85, 2090 = RIW 85, 649) dürfte auch bei einem vollkaufmännischen Auftraggeber idR unwirksam sein, da Bauunternehmer wegen § 2 HGB idR nicht zum prorogationsfähigen Personenkreis gehören (vgl zB Köln RIW 84, 315). Eine Gerichtsstandsklausel in einem nur schwer zu entziffernden Klauselwerk (Kleinstdruck) wird aber auch gegenüber einem Kaufmann nicht Vertragsinhalt (BGH NJW 83, 2772 [2773] = MDR 84, 121 = RIW 83, 872 [874]); gegen Überspannung aber Bremen VersR 85, 988). Die wirksam einbezogene Gerichtsstandsklausel unterliegt jedoch der **Inhaltskontrolle** (vgl § 24 S 2, 1. Hs AGBG), insbes gem § 9 II Nr 1 AGBG iVm §§ 12 ff (BGH NJW 83, 1320 [1322] mit umfassenden Nachweisen). In Übereinstimmung mit dem Rechtszustand vor dem 1. 4. 1974 (dazu 11. Aufl, Anhang nach §§ 38–40 Anm 3a) dürften jedoch Gerichtsstandsklauseln im vollkaufmännischen Verkehr idR nicht zu beanstanden sein (so Schiller NJW 79, 637; Löwe/von Westphalen/Trinkner, AGBG, § 9 Rn 95; Ulmer/Brandner/Hensen, AGBG, 5. Aufl, Anh §§ 9–11 Rz 401; Palandt/Heinrichs, BGB, 45. Aufl, § 9 AGBG Anm 7g; Koblenz BB 83, 1635); überraschend und damit gem § 3 AGBG unwirksam ist auch unter Kaufleuten eine Klausel, die ein Gericht zuständig macht, das weder zum Hauptsitz noch zur Niederlassung des Verwenders oder des Kunden in Beziehung steht (LG Konstanz BB 83, 1372; Karlsruhe NJW 82, 1950 [1951]; weitergehend Staudinger/Schlosser, § 3 AGBG Rz 11). 22

2) Gerichtsstandsvereinbarung in Auslandssachen („internationale" Prorogation, Abs II): 23
a) Allgemeines. aa) Zweck. Der Ausnahmetatbestand des Abs II wurde im Interesse der Erleichterung des internationalen Rechtsverkehrs geschaffen. Vorbild der Regelung ist Art 17 EuGVÜ. Die zu dieser Vorschrift ergangene Rspr kann daher auch zur Auslegung des Abs II verwertet werden (vgl Rn 27 und insbes Baumgärtel, FS Kegel, 1977, S 302).

bb) Abgrenzung zur internationalen Prorogation nach dem EuGVÜ. Dieses Abkommen (dazu Schlußanhang II) geht den allgemeinen ZPO-Vorschriften – auch dem späteren § 38 II – als **Spezialregelung** vor (allgM, vgl zB BGHZ 82, 110 [114 f]; BGH NJW 80, 2023; München NJW 82, 24

1951 = VersR 82, 78; Karlsruhe 82, 1950; Celle RIW 85, 572; Köln RIW 84, 315; ferner Samtleben NJW 75, 1606; Baumgärtel, FS Fr. Weber, 1975, 31; ThP Vorbem 4a; BL Anm 4 A; mit Einschränkungen auch Katholnigg BB 74, 396 [dazu sogleich]). Abs II (und auch Abs I: Piltz NJW 78, 1094; vgl dazu Rn 25) findet daher im Anwendungsbereich des Art 17 EuGVÜ keine Anwendung; dies ist dann der Fall, wenn eine in einem Vertragsstaat (zZ Belgien, Bundesrepublik, Frankreich, Italien, Luxemburg, Niederlande) wohnende Partei mit einer anderen (im gleichen oder in einem anderen Vertragsstaat oder außerhalb der Vertragsstaaten wohnenden) Partei einen Gerichtsstand in einem anderen Vertragsstaat vereinbart (vgl Art 17 I EuGVÜ und dazu näher Samtleben NJW 74, 1594 mwN; Karlsruhe NJW 82, 1950). Wird gem Art 17 EuGVÜ ein inländischer Gerichtsstand vereinbart, gilt die **Schranke** des Abs II S 3 **nicht** (LG München I NJW 75, 1607; Samtleben NJW 74, 1596 und 75, 1606; Schlosser NJW 75, 2132; aA Katholnigg BB 74, 396 Fußn 11 unter Verkennung, daß Art 17 EuGVÜ nicht nur die Vereinbarung der internationalen, sondern auch der örtlichen Zuständigkeit ermöglicht; differenzierend Baumgärtel, FS Kegel, 1977, S 298). Ist eine inländische Partei nicht an der Gerichtsstandsvereinbarung beteiligt, ist (als ungeschriebene Voraussetzung der internationalen Prorogation) bei Vereinbarung eines inländischen Gerichtsstands eine ausreichende Inlandsberührung erforderlich (LG Hamburg RIW/AWD 76, 228).

25 **cc) Abgrenzung zur vollkaufmännischen Prorogation (Abs I).** Nach der im Schrifttum überwiegend vertretenen Ansicht stellt Abs II keine abschließende Sonderregelung für die internationale Zuständigkeitsvereinbarung dar; der unbeschränkt prorogationsfähige Personenkreis (Rn 18) soll vielmehr auch gem Abs I (also stillschweigend und formlos, vgl Rn 20, 21) internationale Zuständigkeitsvereinbarungen treffen können (so Samtleben NJW 74, 1595; Katholnigg BB 74, 395; Löwe NJW 74, 475; Putzo NJW 75, 502; Eickhoff aaO [Lit zu § 33] S 138 f; ThP Anm 2a und Anm 2b aa; BL Anm 3 C; beiläufig auch BGH MDR 85, 911 = WM 85, 1509: § 38 I *und* II); demgegenüber sieht die Gegenansicht in Abs I eine auf den inländischen Geschäftsverkehr beschränkte Regelung und wendet Abs II auch auf internationale Zuständigkeitsvereinbarungen von Vollkaufleuten an (so AG Berlin-Charlottenburg NJW 75, 502 [mit abl Anm von Putzo und Samtleben S 1606] = RIW/AWD 76, 40; Wieczorek Anm C Id 1 [Beschränkung von I auf „inländische" Gerichtsstände]), jedenfalls soweit es um die **Derogation** einer gegebenen inländischen internationalen Zuständigkeit geht (so Nürnberg NJW 85, 1296 f mN, auch zur aA). Im Hinblick auf die besondere Tragweite der internationalen Prorogation und im Interesse einer Harmonisierung der Form der internationalen Prorogation sollten die Formerfordernisse des Abs II als Mindestform der internationalen Zuständigkeitsvereinbarung auch bei einem Abschluß durch Vollkaufleute **entsprechend** angewendet werden (vgl Vollkommer Rpfleger 74, 134; für Art 17 EuGVÜ im gleichen Sinne Piltz NJW 78, 1094; LG Siegen NJW 78, 2456 = RIW/AWD 80, 286).

26 **b) Anwendungsbereich und Personenkreis.** Alleiniger Anknüpfungspunkt der Regelung ist der Wohnsitz (Sitz) der vertragschließenden Parteien (Domizilprinzip). Dagegen spielen Staatsangehörigkeit und Kaufmannseigenschaft keine Rolle. Auch Minder- und Nichtkaufleute können in der erleichterten Form des Abs II prorogieren (LG München I NJW 75, 1606 zu Art 17 EuGVÜ). Voraussetzung hierfür ist lediglich, daß mindestens eine der Vertragsparteien im Inland keinen allgemeinen Gerichtsstand (§§ 12 ff, 17) hat. Hat eine Partei neben einem Auslandswohnsitz zusätzlich *auch* einen inländischen Wohnsitz, ist Abs II nicht anwendbar (BGH NJW 86, 1438 [1439]). Unerheblich ist, ob besondere inländische Gerichtsstände (§§ 20 ff) bestehen (vgl aber Rn 29). Als Vertragsparteien kommen daher nur in Frage: (Mindestens) eine Partei mit Wohnsitz (Sitz) im Ausland und eine Partei (oder mehrere Parteien) mit Wohnsitz (Sitz) im Inland oder mehrere Parteien, die sämtlich ihren Wohnsitz (Sitz) im Ausland haben. Keine Anwendung findet Abs II auf die internationale Prorogation, wenn sämtliche vertragschließenden Parteien ihren (einen) allgemeinen Gerichtsstand im Inland haben. Dann gilt bei Beteiligung von Nicht-(Minder-)kaufleuten Abs III Nr 1 (so auch BGH NJW 86, 1438 [1439]). Zur entsprechenden Anwendung von Abs II bei Beteiligung lediglich von Vollkaufleuten vgl Rn 25.

27 **c) Vereinbarung. aa) Form:** „Schriftlich" oder „schriftlich bestätigt" **(Abs II S 2),** sog **halbe Schriftlichkeit** genügt. α) **Schriftform** verlangt nicht unbedingt Einhaltung des § 126 BGB (so aber ThP Anm 3d bb; Löwe NJW 74, 475; Katholnigg BB 74, 397); denn Abs II ist Art 17 EuGVÜ nachgebildet (vgl Rn 23); Schriftwechsel der Parteien (vgl § 127 S 2 BGB) reicht aus (vgl Samtleben NJW 74, 1595 mN; offenlassend BAG RIW 84, 319 = AP Nr 12 zu § 38 ZPO Internationale Zuständigkeit). Das Formgebot schließt die Verwendung von **AGB,** in denen sich eine Gerichtsstandsklausel befindet, an sich nicht aus (zu den an die drucktechnische Gestaltung zu stellenden Mindestanforderungen vgl BGH NJW 83, 2772). In diesem Fall liegt aber eine „schriftlich abgeschlossene" Zuständigkeitsvereinbarung nur vor, wenn der (von beiden Parteien unterzeichnete) Vertragstext eine **ausdrückliche Bezugnahme** auf die (auf der Rückseite der Vertragsurkunde abgedruckten oder dieser beigefügten) AGB enthält (EuGH NJW 77, 494 = RIW/

AWD 77, 104 mit Anm Müller S 163; BGH MDR 77, 1013; RIW/AWD 77, 649; Celle RIW 85, 572 – sämtl zu Art 17 EuGVÜ; allg Nürnberg NJW 85, 1296); eine **stillschweigende Unterwerfung** unter AGB genügt für Abs II niemals (BGH NJW 85, 560 für ADSp). Bei Bezugnahme im Vertragstext auf frühere Angebote, die ihrerseits auf AGB mit Gerichtsstandsklausel verweisen, ist die Schriftlichkeit nur dann gewahrt, wenn der Hinweis ausdrücklich erfolgt ist und die Partei ihm bei Anwendung normaler Sorgfalt nachgehen kann (EuGH NJW 77, 494; BGH RIW/AWD 77, 649). Bei der Zuständigkeitsvereinbarung zugunsten eines Dritten genügt Einhaltung der Schriftform durch die vertragsschließenden Parteien (EuGH NJW 84, 2760; Geimer NJW 85, 533).

β) Welche Anforderungen an die **schriftliche Bestätigung** der mündlich abgeschlossenen 28
Zuständigkeitsvereinbarung zu stellen sind, ist in Schrifttum und Rspr umstritten. Teils wird die eigene Bestätigung der Partei, die sich auf die Zuständigkeitsvereinbarung beruft, für ausreichend gehalten (so ThP Anm 3d bb; Samtleben NJW 74, 1595; wohl auch Katholnigg BB 74, 397), so daß uU dem Schweigen auf ein Bestätigungsschreiben zuständigkeitsbegründende Wirkung zukäme. Da dadurch das Erfordernis einer echten vertraglichen Einigung (II S 2: „Vereinbarung") in bedenklicher Weise ausgehöhlt würde, wird zT als „schriftliche Bestätigung" nur ein Schriftstück angesehen, das von der Partei ausgeht, der die Gerichtsstandsvereinbarung entgegengehalten werden soll (so Vollkommer Rpfleger 74, 135; Baumgärtel, FS Kegel, 1977, S 302; Wirth NJW 78, 463; Frankfurt RIW/AWD 76, 533; LG Heidelberg ebendort). Nach der entspr anwendbaren (Rn 23) Rspr des EuGH zu Art 17 EuGVÜ ist dem Formerfordernis iS dieser Bestimmung auch dann genügt, wenn eine mündliche Gerichtsstandsvereinbarung durch die von der Vereinbarung im konkreten Fall begünstigten Partei schriftlich bestätigt wurde und die andere Partei nicht widersprochen hat (EuGH WM 86, 752 = NJW 85, 2893 [LS]; BGH WM 86, 402). Als „Bestätigung" ist allerdings ein Schriftstück iS eines handelsrechtlichen Bestätigungsschreibens erforderlich (Hamburg ZIP 84, 1241 = RIW 84, 916), eine Rechnung mit dem Aufdruck „Auftragsbestätigung" genügt nicht (Hamburg aaO). **Nicht** ausreichend ist auch, daß die die Gerichtsstandsklausel enthaltenden AGB *erst mit dem* Bestätigungsschreiben übersandt werden (vgl Baumgärtel, FS Kegel, 1977, S 302); eine Ausnahme besteht aber dann, wenn zwischen den Parteien eine laufende Geschäftsverbindung auf der Grundlage der AGB einer Partei mit Gerichtsstandsklausel besteht (EuGH NJW 77, 495; BGH RIW/AWD 77, 432; 80, 725; München RIW/AWD 82, 281 [282 mN]; Rspr-Übersicht EuGH: Geimer EuR 77, 361). Eine „Bestätigung" liegt schließlich dann **nicht** vor, wenn eine Partei der anderen – ohne vorangegangenen mündlichen Vertragsschluß – erstmals schriftlich ein Angebot mit Gerichtsstandsabrede macht und die andere dieses stillschweigend annimmt (vgl dazu BAG RIW 84, 319 = AP Nr 12 zu § 38 ZPO Internationale Zuständigkeit).

bb) Inhalt: Grundsätzlich kann der internationale Gerichtsstand frei gewählt werden. Nur 29
wenn eine Partei einen allgemeinen Gerichtsstand im Inland hat und eine inländische Zuständigkeit begründet werden soll, besteht keine Wahlfreiheit; dann muß an das Gericht angeknüpft werden, bei dem die inländische Partei ihren allgemeinen oder einen besonderen Gerichtsstand hat **(Abs II S 3)**. Durch die zum Schutz des inländischen Verbrauchers eingeführte Vorschrift soll verhindert werden, daß das inländische Prorogationsverbot durch Gerichtsstandsvereinbarungen in Scheinauslandsgeschäften mit Briefkastenfirmen umgangen wird. Daneben kommt auch eine **Inhaltskontrolle** gem § 9 AGBG in Frage (vgl Landfermann RIW/AWD 77, 448; vgl auch allg Rn 22). Eine Gerichtsstandsvereinbarung des Inhalts, daß jede Partei vor ihrem Wohnsitzgericht zu verklagen ist, ist möglich (BGH NJW 79, 2478 und dazu Rn 14 aE).

Eine internationale Gerichtsstandsklausel kann uU wegen **Verstoßes gegen die guten Sitten** 30
(§ 138 BGB), wegen **Rechtsmißbrauchs** (§ 242 BGB; § 1025 II entspr) oder **inhaltlicher Unangemessenheit** (§§ 9, 10 Nr 8 AGBG) unwirksam sein (vgl BGH NJW 83, 2772 f = RIW/AWD 83, 873; Bremen VersR 85, 987 f; Gottwald, FS Firsching, 1985, S 96 f); sie unterliegt insoweit der **Inhaltskontrolle** (vgl bereits Rn 2, 5). Beispiele: Derogation des inländischen Gerichtsstands für Ansprüche aus vorsätzlicher sittenwidriger Schädigung (vgl Hamburg RIW/AWD 82, 669); Bestimmung eines Gerichts, das den Rechtsstreit nicht entscheiden will oder kann; Gerichtsstandsvereinbarung zur Umgehung zwingender Schutzvorschriften des inländischen Rechts, zB des Termineinwands der nicht börsentermingeschäftsfähigen Partei (BGH NJW 84, 2037 = RIW 85, 78; dazu krit Häuser/Welter WM 85, Sonderbeilage Nr 8, S 16); zur zwingenden Verfrachterhaftung vgl BGH NJW 83, 2772. Allgemein darf eine internationale Gerichtsstandsvereinbarung, insbes die Derogation der inländischen Zuständigkeit, nicht einem Verzicht auf Rechtsschutz gleichkommen (Gottwald, FS Firsching, 1985, S 98; Eickhoff [Lit zu § 33], S 131 ff, 135; StJLeipold Rn 70; BGH AWD 74, 222; BAG NJW 79, 1119; Bremen VersR 85, 988).

3) Gerichtsstandsvereinbarung nach Streitentstehung („nachträgliche" Prorogation, Abs III 31
Nr 1: a) Personenkreis. Unter Abs III Nr 1 fallen alle Personen, die nicht vollkaufmännisch pro-

rogieren können, also Privatpersonen, Minderkaufleute, Personengemeinschaften ohne Rechtsfähigkeit (BGB-Gesellschaft, nichtrechtsfähiger Verein) sowie die juristischen Personen des Privatrechts, die nicht bereits kraft ihrer Form Kaufleute sind (vgl § 6 HGB), also namentlich die eingetragenen Idealvereine. Der schutzbedürftige Personenkreis ist im Gesetz allgemein umschrieben, auf Schutzbedürfnis im Einzelfall kommt es nicht an. Nur beschränkt prorogationsfähig ist daher auch ein Rechtsanwalt, Wirtschaftsprüfer usw. Eingehend zum ganzen Kornblum ZHR 138, 486 ff.

32 **b) Die Vereinbarung.** Durch die Anforderungen an Form, Abschlußzeitpunkt und notwendigen Inhalt soll gewährleistet werden, daß Gerichtsstandsvereinbarungen nur noch in voller Kenntnis ihrer Tragweite und ohne Ausnutzung von wirtschaftlicher, sozialer oder „intellektueller" Überlegenheit durch einen Partner zustande kommen.

33 **aa) Zeitschranke:** Abschluß „nach Entstehen der Streitigkeit". Der frühestzulässige Zeitpunkt liegt notwendig **nach** dem des Abschlusses des Hauptvertrags, aber schon **vor** dem der Rechtshängigkeit (bei späterer Vereinbarung ist Rn 12 zu beachten). „Entstanden" ist eine Streitigkeit, sobald die Parteien über einen bestimmten Punkt des Hauptvertrags uneins sind und ein gerichtliches Verfahren unmittelbar oder in Kürze bevorsteht (vgl Vollkommer Rpfleger 74, 132; Wolf ZZP 88, 346; im Erg übereinstimmend: Löwe NJW 74, 475; Diederichsen BB 74, 380; ThP Anm 2c; aA BL Anm 5 Ba: irgendeine Unsicherheit genügt; bedenklich). Die Zeitschranke hat zur Folge, daß die Gerichtsstandsvereinbarung nicht zugleich mit dem Hauptvertrag (BGH NJW 86, 1439), sondern nur noch als Sondervereinbarung getroffen werden kann (einschr Geimer NJW 86, 1439 für den Fall eines Vergleichs).

34 **bb) Form:** „Schriftliche" Vereinbarung verlangt Schriftform iS des § 126 BGB (ebenso ThP Anm 3d cc; R-Schwab § 37 I 2b; aA BL Anm 5 A mN). Formzwecke sind Warnung und Übereilungsschutz, ferner Sicherung einer Beweisurkunde (vgl § 331 Rn 6). Das Gebot „ausdrücklicher" Vereinbarung erschöpft sich nicht in dem Verbot stillschweigender Prorogation. Ausdrücklichkeit verlangt vielmehr, daß der Inhalt des Prorogationsvertrags (zuständiges Gericht; bestimmtes Rechtsverhältnis) in der Prorogationsurkunde selbst klar und eindeutig niedergelegt ist (Ausdrücklichkeit iSv „völliger Klarheit über die Rechtslage" – in anderem Zusammenhang BGH 82, 182 [187]). Die Urkunde soll auch den Zeitpunkt der Streitentstehung und ihrer Errichtung erkennen lassen (vgl Rn 33). Durch bloße Bezugnahme auf eine in AGB enthaltene Gerichtsstandsklausel kann die Vereinbarung nicht getroffen werden (BGH NJW 83, 1320 [1322]; Rn 9).

35 **cc) Stellvertretung.** Bevollmächtigte müssen durch eine Vollmacht ausgewiesen sein, die speziell zum Abschluß der Gerichtsstandsvereinbarung legitimiert (Vollkommer NJW 74, 196 und Rpfleger 74, 133; vgl Rn 6).

36 **c) Sondervorschrift:** § 26 II Nr 1 FernUSG; vgl Anh nach § 29a.

37 **4) Hilfsweise Gerichtsstandsvereinbarung („subsidiäre" Prorogation, Abs III Nr 2): a) Voraussetzungen. aa) Fälle** (alternativ). (1) Nachträgliche Verlegung des (zZ des Abschlusses des Hauptvertrags im Inland gelegenen) Wohnsitzes (§ 13) oder gewöhnlichen Aufenthaltsorts (§ 16) ins Ausland. Grund: Besondere Schutzwürdigkeit des Klägers, dem bei reinem Inlandsgeschäft die erschwerte Rechtsverfolgung im Ausland nicht zuzumuten ist. Die Regelung ist auf Vertragsabschlüsse mit Gastarbeitern zugeschnitten. (2) Nachträglicher unbekannter Wohnsitz (Aufenthalt). Grund der Zulassung der Prorogation in diesem Fall ist die mangelnde Schutzwürdigkeit des Beklagten. **Sondervorschriften** (sie gelten auch bei ausschließlichem Gerichtsstand): § 6a II AbzG, § 7 II HaustürWG, § 26 II Nr 2 FernUSG.

38 **bb)** Die **Vereinbarung** muß schriftlich und ausdrücklich getroffen werden, die Fälle des Abs III Nr 2 (**„Zukunftsklausel"**) müssen ausdrücklich bezeichnet sein, uneingeschränkte Formulierung genügt nicht (LAG Düsseldorf Rpfleger 84, 360 mwN = BB 85, 340). Verwendung von Formularvordrucken ist zulässig. Zur Aufrechterhaltung von Altvereinbarungen Rn 6 vor § 38.

39 **b) Rechtsfolgen:** „Subsidiäre" Zuständigkeit, allgemeiner Gerichtsstand (§§ 13, 16) geht vor. Der vereinbarte **Hilfsgerichtsstand** greift daher nur ein, wenn der zZ des Abschlusses des Hauptvertrags gegebene (inländische) allgemeine Gerichtsstand nachträglich entfallen ist.

40 **c) Sondervorschriften:** § 6a II AbzG, § 26 II Nr 2 FernUSG; vgl dazu Anh nach § 29a.

41 **5) Gerichtsstandsvereinbarung in Arbeitssachen. a) „Kollektive" Prorogation in Tarifverträgen.** Durch **§ 48 II ArbGG** idF des Art 2 der Gerichtsstandsnovelle (vgl Rn 1 vor § 38) ist die Prorogationsbefugnis der Tarifvertragsparteien aufrechterhalten und erweitert worden. Die Vorschrift lautet idF der Bek vom 2. 7. 1979 (BGBl I S 853):

(2) Die Tarifvertragsparteien können im Tarifvertrag die Zuständigkeit eines an sich örtlich unzuständigen Arbeitsgerichts festlegen für

1. bürgerliche Rechtsstreitigkeiten zwischen Arbeitnehmern und Arbeitgebern aus einem Arbeitsverhältnis und aus Verhandlungen über die Eingehung eines Arbeitsverhältnisses, das sich nach einem Tarifvertrag bestimmt,
2. bürgerliche Rechtsstreitigkeiten aus dem Verhältnis einer gemeinsamen Einrichtung der Tarifvertragsparteien zu den Arbeitnehmern oder Arbeitgebern.

Im Geltungsbereich eines Tarifvertrags nach Satz 1 Nr 1 gelten die tarifvertraglichen Bestimmungen über das örtlich zuständige Arbeitsgericht zwischen nicht tarifgebundenen Arbeitgebern und Arbeitnehmern, wenn die Anwendung des gesamten Tarifvertrags zwischen ihnen vereinbart ist. Die in § 38 Abs 2 und 3 der Zivilprozeßordnung vorgesehenen Beschränkungen finden keine Anwendung.

Beispiel für **tarifvertragliche** Prorogation: BAG BB 75, 790. **b) Individualvertragliche Prorogation.** Daneben ist auch in **Arbeitssachen** noch eine **einzelvertragliche** Zuständigkeitsvereinbarung gem § 46 ArbGG in Verb mit § 38 II, III möglich (s allg Vollkommer RdA 74, 214). Das EuGVÜ findet auch auf Arbeitsverhältnisse Anwendung (LAG Rheinland-Pfalz NZA 85, 540), so daß Art 17 Abs II vorgeht (vgl allg oben Rn 24). Inwieweit bei auslandsbezogenen Dienst- und Arbeitsverträgen nunmehr Art 17 EuGVÜ eine Erweiterung der bisher nur in engen Grenzen zugelassenen **internationalen** Prorogation gebracht hat, ist zweifelhaft und ie umstr (hierzu näher Beitzke RIW/AWD 76, 7 ff; Birk RdA 83, 149 ff). Das BAG läßt internationale Zuständigkeitsvereinbarungen allg (auch im Anwendungsbereich von § 38 II, III) zu, stellt aber an die Derogation der inländischen Zuständigkeit (auch gem § 23) strenge Anforderungen (vgl BAG NJW 79, 1119 mit Anm Geimer JZ 79, 648; BAG NJW 84, 1320 = RIW 84, 316 = AP Nr 12 zu § 38 ZPO Internationale Zuständigkeit mit Anm Beitzke; ArbG Hamburg BB 80, 1695; LAG Düsseldorf Rpfleger 84, 360 sowie EuGH RIW/AWD 80, 285).

III) Rechtsfolgen

1) a) Klageforderung. Die **Zuständigkeit** ist entweder **fakultativ** (tritt neben bestehende Gerichtsstände, § 35 gilt) oder **ausschließlich** (bestehende Zuständigkeiten werden verdrängt; gesetzlicher Fall: Art 17 I EuGVÜ) oder **subsidiär** (inländischer allgemeiner Gerichtsstand geht vor; gesetzlicher Fall: Abs III Nr 2, vgl Rn 39). Was gewollt ist, bestimmt der Prorogationsvertrag und ist ggf durch dessen Auslegung (§§ 133, 157 BGB) zu ermitteln (vgl Rn 14). **b) Gegenforderungen.** Wird mit einer Forderung, für die wirksam eine ausschließliche Zuständigkeit bei einem anderen Gericht vereinbart worden ist, **Widerklage** erhoben, ist die Widerklage *unzulässig* (§ 33 Rn 30 f); wird mit einer solchen Forderung die **Aufrechnung** im Prozeß erklärt, führt die Zuständigkeitsvereinbarung zu einem *Aufrechungsverbot* vor dem unzuständigen Gericht (oben Rn 14; § 145 Rn 19, 20), das allerdings durch rügelose Verhandlung des Klägers wirkungslos wird (so im Erg EuGH NJW 85, 2893 zu Art 17, 18 EuGVÜ; vgl § 39 Rn 4, 7). 42

2) Amtsprüfung des vereinbarten Gerichtsstands. Das Vorliegen der vereinbarten Zuständigkeit ist (in den Grenzen des § 39) von Amts wegen zu prüfen. Im **Säumnisverfahren** genügt daher auch die substantiierte und schlüssige Behauptung einer zugelassenen Gerichtsstandsvereinbarung zur Bejahung der Zuständigkeit nicht mehr (§ 331 I 2), vielmehr ist die Gerichtsstands-(Erfüllungsorts-)vereinbarung **nachzuweisen** (vgl § 335 I Nr 1). Ist die Gerichtsstandsvereinbarung von einem Vertreter geschlossen, muß auch die Vertretungsmacht nachgewiesen sein (Wieczorek Anm C I d 3 aE). Die Darlegungs- und Beweislast für das Vorliegen einer formgerechten Prorogation (Abs II und III) oder die uneingeschränkte Prorogationsfähigkeit der Parteien (insbesondere Vollkaufmannseigenschaft; Abs I und § 29 II) trifft voll den Kläger (Baumgärtel BB 74, 1174 Fußn 28; unrichtig Unruh NJW 74, 1114; Reinelt NJW 74, 2313). 43

Der Nachweis der **„nachträglichen" Prorogation** (Abs III Nr 1) erfolgt durch Vorlage der eigens hierfür geschaffenen Prorogationsurkunde (Vollkommer Rpfleger 74, 139 und 252 mit Fußn 38; ferner zur früheren (schriftlichen) Mahnverfahrensprorogation Vollkommer BB 76, 613 und mit Rspr-Nachw Rpfleger 76, 169; Marburger NJW 74, 1926; Hornung Rpfleger-Jahrbuch 75, 311; Wirth NJW 78, 464 [zu § 38 II und Art 17 EuGVÜ], str; aA Reinelt NJW 74, 2313). 44

Bei Geltendmachung **„vollkaufmännischer" Prorogation** bedarf es keines Nachweises der Kaufmannseigenschaft der Parteien, soweit sich diese aus ihrer Rechtsform (OHG, KG, GmbH, AG, KGaA, eG usw; vgl § 6 HGB) ergibt (Baumgärtel BB 74, 1174; Unruh NJW 74, 1112; Kornblum Rpfleger 74, 386; Vollkommer Rpfleger 75, 33). Grund: Die Gefahr, daß aus einem durch ein unzuständiges Gericht erlassenen Vollstreckungsbescheid gegen einen zum geschützten Personenkreis (Rn 31) gehörenden Schuldner vollstreckt werden könnte, besteht in diesem Fall nicht, selbst wenn die Schuldnerbezeichnung nicht korrekt war (vgl Vollkommer Rpfleger 75, 33). Bei Einzelkaufleuten wird Vollkaufmannseigenschaft idR nur durch die Vorlage eines Handelsregisterauszugs nachgewiesen werden können (Vollkommer Rpfleger 74, 139; Hornung Rpfleger-Jahrbuch 1975, 311, wohl auch Baumgärtel BB 74, 1174; aA Reinelt NJW 74, 2313; zur insoweit noch bedeutsamen Rspr zur vollkaufmännischen Prorogation im Mahnverfahren vgl die Nachw 45 bei Vollkommer Rpfleger 76, 165), wenn auch sonstige Beweismittel nicht schlechthin ausgeschlossen sind (Frankfurt MDR 75, 232 = BB 74, 1366). Der Nachweis, daß Beklagter als nicht eingetragener Scheinkaufmann aufgetreten ist, genügt für § 38 I nicht (Rn 18).

46 Waren die „zuständigkeitsbegründenden" **Urkunden der Klage nicht beigefügt,** sind sie – uU unter Ablehnung eines Antrags auf Versäumnisurteil (§ 335 Nr 1) – anzufordern (§§ 139 II, 273 II Nr 1). Legt sie der Kläger trotz Aufforderung nicht vor, ist die Klage durch unechtes Versäumnisurteil als unzulässig abzuweisen.

39 *[Zuständigkeitsbegründung durch rügelose Einlassung zur Hauptsache]*

Die Zuständigkeit eines Gerichts des ersten Rechtszuges wird ferner dadurch begründet, daß der Beklagte, ohne die Unzuständigkeit geltend zu machen, zur Hauptsache mündlich verhandelt. Dies gilt nicht, wenn die Belehrung nach § 504 unterblieben ist.

Lit: *Geimer,* Die Prüfung der internationalen Zuständigkeit, WM 86, 117; *Müller,* Besteht die Belehrungspflicht des Amtsgerichts nach § 504 ZPO auch bei nachträglicher Unzuständigkeit nach § 506 I ZPO, MDR 81, 11; *Prütting,* Internationale Zuständigkeit kraft rügeloser Einlassung, MDR 80, 368, *Sandrock,* Die Prorogation der internationalen Zuständigkeit durch hilfsweise Sacheinlassung des Beklagten, ZvglRWiss 78 (1979), 177; *Schröder,* Einlassung vor ausländischen Gerichten als Anerkennungsgrund im deutschen Recht, NJW 80, 473; *Schütze,* Zur Bedeutung der rügelosen Einlassung im internationalen Zivilprozeßrecht, RIW/AWD 79, 590; *Wackenhuth,* Zur Behandlung der rügelosen Einlassung in nationalen und internationalen Schiedsverfahren, KTS 85, 425.

1 **1) Allgemeines. a) Neugefaßt** durch Art 1 Nr 5 der Gerichtsnovelle, in Kraft seit 1. 4. 1974 (Rn 1 vor § 38). Art 1 Nr 2 der Vereinfachungsnovelle hat die Verweisung auf § 504 der Neufassung (bisheriger § 504 II nunmehr § 504 nF) angeglichen.

2 **b) Grund der Neufassung.** Nach dem neuen Recht kann auch nach Rechtshängigkeit eine Zuständigkeitsvereinbarung auf das angegangene (unzuständige) Gericht idR nicht mehr stillschweigend getroffen werden (vgl § 38 III Nr 1). Eine Beibehaltung der bish Fassung („Stillschweigende Vereinbarung ist anzunehmen ...") schied daher aus. Aus diesem Grund ist S 1 als selbständige Kompetenznorm formuliert. Durch den im Zusammenhang mit der Erweiterung des § 504 neugeschaffenen S 2 soll verhindert werden, daß durch Zuständigkeitsbegründung gem S 1 der Beklagte ohne und gegen seinen Willen den gesetzlichen Gerichtsstand verliert.

3 **c)** Der **Anwendungsbereich** des § 39 entspricht dem der Prorogation (§ 38 Rn 3); die Schranken der Prorogation gelten auch für die Zuständigkeitsbegründung gem § 39 (§ 38 Rn 16 a, b, d und unten Rn 11). § 39 gilt nicht im Säumnisverfahren gegen den Beklagten; gegen ihn kann Versäumnisurteil nur ergehen, wenn das angegangene Gericht zuständig ist; behauptete Zuständigkeitsvereinbarung gilt nicht als zugestanden (§ 331 I 2; zur Amtsprüfung vgl auch § 38 Rn 43).

4 § 39 gilt **entsprechend** (str; nach aA unmittelbar, so zB Geimer NJW 79, 1784; WM 86, 117) für die **internationale** (BGH NJW 79, 1104 = RIW/AWD 79, 418; WM 85, 1507 [1509]; Frankfurt OLGZ 83, 99 [101]; Köln OLGZ 86, 210 = MDR 86, 239 = Rpfleger 86, 96; Schütze RIW/AWD 79, 590, hM) und die **interlokale Zuständigkeit** (BGH 82, 17 [20]). Bei Anwendung auf ausländischen Rechtsstreit soll jedoch keine Belehrungspflicht bestehen (Frankfurt NJW 79, 1787; Prütting MDR 80, 368; str). **Nicht** entsprechend anwendbar ist § 39 im schiedsgerichtlichen Verfahren bei rügeloser Einlassung in Fällen einer „mängelbehafteten" Schiedsvereinbarung (ie Wackenhuth KTS 85, 429 ff).

Im **EG-Bereich** gilt Art 18 EuGVÜ; danach begründet rügelose Einlassung (vorbehaltlich bestehender ausschließlicher Zuständigkeiten gem Art 16) die Zuständigkeit; dies gilt auch bei *Aufrechnung* mit einer Forderung, für die gem Art 17 eine ausschließliche Zuständigkeit bei einem anderen Gericht vereinbart worden war (EuGH NJW 85, 2893 = ZIP 85, 1228 = RIW 85, 313; vgl auch allg Sandrock ZvglRWiss 78, 177 und hier Schlußanhang II.

5 **2) Voraussetzungen.** Die Zuständigkeitsfolge (Rn 11) tritt ein, wenn der ordnungsgemäß belehrte (Rn 10) Beklagte vor dem unzuständigen Gericht rügelos zur Hauptsache verhandelt (Rn 6 ff). **a) Rügelose** Verhandlung zur Hauptsache. Ausdrückliche Rüge ist idR geboten, jedoch kann uU – Geltendmachung in vorrangig behandelter Parallelsache – auch konkludente Erklärung in Frage kommen (Prütting MDR 80, 369). Der Beklagte darf die Zuständigkeitsrüge (vgl § 282 III) bis zum Beginn der Verhandlung zur Hauptsache (Rn 6 ff) nicht geltend gemacht haben (BGH WM 85, 1509). Da andererseits die Zuständigkeitsrüge mit der Wirkung der Rn 11 stets bis zu diesem Zeitpunkt zulässig ist, verbleibt neben der Sonderregelung des § 39 für die

§§ 282 III, 296 III kein Anwendungsbereich (ebenso Frankfurt OLGZ 83, 99 [101 f mwN]; aA Grunsky JZ 77, 206; StJLeipold Rn 13; BL Anm 1). Zulässig und geboten (bei Bejahung der Zuständigkeit droht sonst VU) ist Rüge und vorsorgliches Verhandeln zur Sache (EuGH RIW/AWD 82, 48 f für Art 18 EuGVÜ). Vorprozessualer Verzicht auf das Rügerecht ist nur in den Formen und Schranken der Prorogation zulässig (ThP Anm 2c; BL Anm 1 mwN). Zuständigkeitsrüge kann uU als widersprüchliches Verhalten (§ 242 BGB) unbeachtlich sein; Beispiel: Rüge des beklagten Verwenders von AGB, wenn die Klage bei dem (unwirksam) vereinbarten formularmäßigen Gerichtsstand erhoben ist (Bülow VersR 76, 417).

b) Verhandeln zur Hauptsache. aa) Nicht hierunter fällt Verhandeln über Prozeßvoraussetzungen, Prozeßhandlungen, Anträge zum Verfahrensgang. 6

bb) Notwendig sind also Erklärungen zum Streitgegenstand (bei objektiver oder subjektiver Häufung – §§ 59, 60, 260 – für jeden einzelnen gesondert zu prüfen). **Beispiele:** Antrag auf Klageabweisung, wenn diese aus sachlichen Gründen begehrt wird; uU die bloße Bitte, sich nach § 283 äußern zu dürfen (BGH LM Nr 3 zu § 39 ZPO). In der **Erhebung einer Widerklage** liegt ein Verhandeln zur Hauptsache, wenn nur der Zusammenhang mit der Klage (§ 33) die Zuständigkeit für sie begründet. Dem steht die sachliche Einlassung des *Klägers* auf eine **Widerklage** gleich, wenn für die Widerklageforderung eine (abweichende) vereinbarte ausschließliche Zuständigkeit besteht (so EuGH NJW 85, 2893 zu Art 18 EuGVÜ für Aufrechnung; vgl auch BGH WM 85, 1509 – § 39 im Einzelfall verneinend – und allg § 38 Rn 42). Auch die Erklärung der **Hauptsache** für **erledigt** (§ 91 a) fällt darunter. 7

cc) Im **schriftlichen Verfahren** (§ 128 II, III) und im Verfahren nach Aktenlage (§§ 251 a, 331 a) entscheidet rügelose schriftliche Einlassung zur Hauptsache. Doch ist Vorbehalt der Zuständigkeitsrüge bei Beantragung des schriftlichen Verfahrens zulässig (BGH NJW 70, 198). 8

dd) Im **Säumnisverfahren** greift § 39 ein, wenn der Beklagte gegen den säumigen Kläger Versäumnisurteil beantragt (nicht aber bei Säumnis des Beklagten, vgl Rn 3); da aber der Einspruch des Klägers gem § 342 wirkt, kann der Beklagte noch in der Verhandlung gemäß § 343 die Unzuständigkeit des angerufenen Gerichts rügen; der Beklagte kann sich aber auch darauf beschränken, die Unzuständigkeit des vom Kläger angerufenen Gerichts zu rügen; dann ergeht streitiges Urteil auf Abweisung der Klage als unzulässig. 9

c) Zuständigkeitsbelehrung vor dem Amtsgericht (§ 504). Die Belehrung des Beklagten hat vor der Verhandlung zur Hauptsache zu erfolgen und hat sich auf die sachliche **und** örtliche Unzuständigkeit des Amtsgerichts und auf die Folgen einer rügelosen Einlassung zur Hauptsache zu erstrecken. Der Beklagte ist auf das Rügerecht gem § 282 III und die Rechtsnachteile bei Unterlassung der Rüge (§ 39 S 1) hinzuweisen. (Einschränkung bei internationaler Zuständigkeit: Rn 4). Belehrungspflicht besteht vor Amtsgericht schlechthin, auch wenn der Beklagte durch einen Anwalt vertreten ist (BL Anm 3; Vollkommer Rpfleger 74, 137). S 2 gilt sowohl für die von Anfang an fehlende als auch die erst nachträglich eingetretene Unzuständigkeit, umfaßt also auch die Fälle des § 506 I; diese (ergänzende) Auslegung ist im Interesse der Erreichung des Gesetzeszwecks (Schutz des Beklagten vor nicht gewollter Zuständigkeitsbegründung, vgl Rn 2) geboten (zutr Müller MDR 81, 11 gegen LG Hamburg MDR 78, 940; wie hier § 506 mit Rn). 10

3) Zuständigkeitsfolge. Die Zuständigkeit des angegangenen Gerichts ist die gesetzliche Folge der rügelosen Einlassung. Sie tritt unabhängig vom Willen und den Vorstellungen der Parteien und ihrer Vertreter ein. Ist Zuständigkeit gem S 1 begründet, ist für eine spätere Rüge der Unzuständigkeit gem § 296 III kein Raum. Ist dagegen die vorgeschriebene Zuständigkeitsbelehrung unterblieben (S 2), so kann die fehlende Zuständigkeit noch bis zum Schluß der mündlichen Verhandlung erster Instanz gerügt werden (in der höheren nur noch in sehr engen Grenzen, vgl §§ 512 a, 529 II, 549 II und dazu § 40 Rn 2 aE mit weiteren Hinw). Bei nichtvermögensrechtlichen Ansprüchen oder Bestehen eines ausschließlichen Gerichtsstands (zB § 6 a AbzG; § 29 a) begründet rügelose Einlassung – auch bei Belehrung – keine Zuständigkeit (§ 40 II S 2). 11

40 *[Schranken der Prorogation]*

(1) Die Vereinbarung hat keine rechtliche Wirkung, wenn sie nicht auf ein bestimmtes Rechtsverhältnis und die aus ihm entspringenden Rechtsstreitigkeiten sich bezieht.

(2) Eine Vereinbarung ist unzulässig, wenn der Rechtsstreit andere als vermögensrechtliche Ansprüche betrifft oder wenn für die Klage ein ausschließlicher Gerichtsstand begründet ist. In diesen Fällen wird die Zuständigkeit eines Gerichts auch nicht durch rügeloses Verhandeln zur Hauptsache begründet.

I) Allgemeines

1 **1) Fassung.** Abs II neu gefaßt durch Art 1 Nr 6 der Gerichtsstandsnovelle, in Kraft seit 1. 4. 1974 (Rn 1 vor § 38). Die **Neufassung** des Abs II war erforderlich, weil der geänderte § 39 rügelos Einlassung nicht mehr als Fall der stillschweigenden Prorogation, sondern als selbständigen Zuständigkeitsgrund ausgestaltet hat. Da wie bisher die Zuständigkeitsbegründung gem § 39 nur in den Grenzen des Abs II eintreten soll, mußte der Fall des rügelosen Verhandelns besonders erwähnt werden.

2 **2) Bedeutung. Abs I, II 1** enthalten allgemeine Schranken für jede Art der Prorogation (Vereinbarung der örtlichen, sachlichen oder internationalen Zuständigkeit, für letztere BGH MDR 85, 911 mN = WM 85, 1509, str, vgl auch Rn 6). Auch bei Erfüllung der übrigen Voraussetzungen eines Falles der zugelassenen Gerichtsstandsvereinbarung ist die Zuständigkeitsvereinbarung bei Verstoß gegen die Prorogationsschranken unzulässig und damit unwirksam. Aus **Abs I, II 1** ergeben sich daher durch Umkehrschluß die allgemeinen Zulässigkeits-(Wirksamkeits-)voraussetzungen der Prorogation (vgl § 38 Rn 16). In § 40 geregelt sind: **Bestimmtes Rechtsverhältnis** (Rn 3 f), **vermögensrechtlicher Anspruch (II 1;** § 1 Rn 13) und **Fehlen ausschließlicher Zuständigkeit** (Rn 5 ff). Die beiden zuletzt genannten Voraussetzungen gelten auch für die Zuständigkeitsbegründung durch rügeloses Verhandeln zur Hauptsache (**II 2** iVm § 39). § 40 ist **zwingend.** Die Unwirksamkeit der Zuständigkeitsvereinbarung und namentlich das Vorliegen eines ausschließlichen Gerichtsstands sind (bis zum Schluß der mündlichen Verhandlung in erster Instanz) von Amts wegen zu beachten (§§ 282 III, 296 III gelten nicht, arg II 2); in der höheren Instanz sind Amtsprüfung und Zuständigkeitsrüge stark eingeschränkt (§§ 512 a, 529, 549 II, 566; vgl dazu § 1 Rn 17; § 12 III 1). Besonderheiten gelten für die „subsidiäre" Prorogation in bestimmten Fällen ausschließlicher Gerichtsstände des Verbraucherschutzrechts (vgl § 38 Rn 37).

II) Bestimmtes Rechtsverhältnis (Abs I)

3 **1) Allgemeines.** Zum Rechtsverhältnis vgl § 256 Rn 3; Bestimmtheit verlangt hinreichende Individualisierung der konkreten Rechtsbeziehung. Vereinbaren A und B, die beide ein bestimmtes Handelsgewerbe betreiben: „Für alle Streitigkeiten, die sich aus dem zwischen den Vertragsteilen am ... geschlossenen Vertrag ergeben, soll das **AG** X zuständig sein", so ist diese Vereinbarung, da sie sich auf ein bestimmtes Rechtsverhältnis und die daraus entspringenden Rechtsstreitigkeiten bezieht, rechtswirksam. Wenn also A wegen einer aus dem Vertrag mit B entstandenen Forderung gegen diesen beim **LG** X klagen würde, so könnte B der Klage die Rüge der Unzuständigkeit entgegenhalten; es wäre jedoch zulässig, die Zuständigkeit des LG X für diesen einzelnen Prozeß besonders zu vereinbaren.

4 **2)** Die **Bestimmtheit fehlt** bei Vereinbarung über ganze Kategorien von Klagen (StJLeipold Rn 1). Beispiele: A vereinbart mit B: „Für alle Streitigkeiten, die evtl zwischen uns entstehen, soll das AG X zuständig sein". Die Vereinbarung ist ohne rechtliche Wirkung. Unzulässig ist auch die Vereinbarung eines Gerichts für alle aus der bestehenden Geschäftsverbindung entstehenden Streitigkeiten (RG 36, 422). Ist der Vertrag unter Verwendung von AGB geschlossen, die die Klausel enthalten: „Zuständig für alle Klagen, auch im Urkunden- und Wechselprozeß, ist das Gericht X" und steht im Zeitpunkt des Vertragsschlusses noch nicht fest, auf welche bestimmten Wechsel sich die Abrede bezieht, so dürfte ein Gerichtsstand jedenfalls für **Wechselklagen** nicht wirksam begründet worden sein (so auch Löwe/von Westphalen/Trinkner, AGBG, § 9 Rn 95). Eine Zuständigkeitsvereinbarung in AGB und FV (zB: „Erfüllungsort und Gerichtsstand ist X") umfaßt im Zweifel nur die **vertraglichen** Ansprüche, nicht auch solche aus **unerlaubter Handlung** (OLG Stuttgart BB 74, 1270; vgl auch § 32 Rn 18).

III) Ausschließliche Zuständigkeit (Abs II 1)

5 **1) Allgemeines. a)** „Gerichtsstand" iS von II 1 meint nicht nur die örtliche, sondern auch die sachliche und internationale Zuständigkeit (vgl Rn 2; § 1 Rn 1); zum **Begriff** der ausschließlichen Zuständigkeit vgl § 12 Rn 8.

6 **b) Arten** der ausschließlichen Zuständigkeit. Möglich ist ausschließliche **örtliche** Zuständigkeit (Rn 8), ausschließliche **sachliche** Zuständigkeit (Rn 9) und ausschließliche **örtliche und sachliche** Zuständigkeit (Rn 10). Soweit Ausschließlichkeit nur in einer bestimmten Richtung besteht (Rn 8 und 9), ist Prorogation im übrigen zulässig. Im Falle des § 23 Nr 2 GVG ist das AG, in demjenigen des § 71 I das LG nicht ausschließlich sachlich zuständig; es kann daher für eine amtsgerichtliche Sache die Zuständigkeit des LG und umgekehrt vereinbart werden (RG 9, 349). Ein ausschließlicher inländischer Gerichtsstand begründet zugleich die ausschließliche internationale Zuständigkeit (Rn 2, str, vgl näher IZPR Rn 101 ff). Abs II gilt nur für die **Derogation** (Einschränkung) einer bestehenden ausschließlichen internationalen Zuständigkeit, steht aber deren Erweiterung nicht entgegen (Köln OLGZ 86, 210 = MDR 86, 239 = Rpfleger 86, 96). Er schließt

weitergehende Schranken für die Derogation einer bestehenden nicht ausschließlichen internationalen Zuständigkeit nicht aus (vgl dazu § 38 Rn 30 mwN).

c) Abgrenzung. Keinen ausschließlichen, aber einen zwingenden (unabdingbaren, vgl § 48 II VVG) besonderen Gerichtsstand für **Versicherungssachen** begründet § 48 I VVG); str ist, ob dieser Gerichtsstand auch dem geschädigten Dritten bei der Direktklage gegen den Versicherer gem § 3 Nr 1 PflVG zugutekommt (verneinend LG München VersR 74, 738 mit abl Anm von Schade). Für ausländische Versicherungsunternehmen ist der Gerichtsstand der Zweigniederlassung **unabdingbar** (§ 109 VAG; vgl § 21 Rn 4). Die **vertragsmäßige** Begründung eines ausschließlichen Gerichtsstandes (§ 38 Rn 14; oben Rn 6) steht einer anderweitigen Vereinbarung (oder Zuständigkeitsbegründung nach § 39) nicht entgegen. In **nichtvermögensrechtlichen** Streitigkeiten ist die Prorogation ausgeschlossen (II 1), unabhängig davon, ob eine ausschließliche Zuständigkeit besteht; dies ist freilich idR der Fall (Rn 10). 7

2) Fälle von ausschließlichen Zuständigkeiten. a) Ausschließliche örtliche Zuständigkeit: Dinglicher Gerichtsstand, § 24; Abzahlungsgeschäfte, § 6 a, b AbzG (vgl Anh nach § 29 a); Haustürgeschäfte, §§ 1, 7 HaustürWG (vgl Anh nach § 29 a); Fernunterrichtsverträge, § 26 FernUSG (Anh nach § 29 a); Wettbewerbssachen, § 24 UWG (BGH MDR 85, 911); Konkursfeststellungsklage, § 146 II KO; § 6 II AuslInvestmG; Rückgriffshaftung der Eisenbahn nach Art 51 des Internationalen Übereinkommens über den Eisenbahnfrachtverkehr (CIM) vom 25. 10. 1952 (BGBl 1956, II S 33, 277); wegen Versicherungsverträgen vgl Rn 7. 8

b) Ausschließliche sachliche Zuständigkeit des LG: § 71 II GVG (vgl auch § 1 Rn 11); § 87 I GWB; § 38 I Sortenschutzgesetz. 9

c) Ausschließliche sachliche und örtliche Zuständigkeit: Wohnraummietsachen, § 29 a (dort Rn 15); Mahnverfahren, § 689 II (BGH NJW 85, 322 f); Hauptintervention, § 64; Beweissicherungsverfahren, § 486 III; Wiederaufnahmeverfahren, § 584; Ehe- und Familiensachen, §§ 606, 621; Kindschaftssachen, § 641 a; Entmündigungssachen, §§ 648, 665, 676, 679, 684 ff; Zwangsvollstreckungssachen, §§ 722, 731, 764, 767 ff, 796, 797, 800, 802, 805, 828, 853 ff, 873, 879, 887–890; Aufgebotsverfahren, §§ 957, 1005; Konkursverfahren, §§ 71, 146, 164, 214, 236, 238; gesellschaftsrechtliche Klagen, §§ 246 III, 249, 275, 278 III AktG; § 61 GmbHG; §§ 51, 109, 112 GenG; Verbandsklage gegen AGB-Verwender, § 14 AGBG; Börsensachen, § 49 BörsG. 10

d) Vorbehalte für **landesrechtliche** ausschließliche Gerichtsstände: Landesrechtliche Aufgebotsverfahren, § 11 EGZPO; Klagen auf Feststellung der Entschädigungssumme im Zwangsenteignungsverfahren, § 15 Nr 2 EGZPO; vgl aber auch Art 14 III S 4 GG sowie § 26 Rn 4 mit weiteren Hinw. 11

Vierter Titel

AUSSCHLIESSUNG UND ABLEHNUNG DER GERICHTSPERSONEN

Lit: *Arzt*, Ausschließung und Ablehnung des Richters im Wiederaufnahmeverfahren, NJW 71, 1112; *Birmanns*, Richterablehnung in Zivilsachen, ZRP, 82, 269; *Brandt-Janczyk*, Richterliche Befangenheit durch Vorbefassung im Wiederaufnahmeverfahren, 1978; *Gießler*, Richterablehnung wegen außerprozessualer Erörterung der Ehesache mit einem Eheberater, NJW 73, 981; *Günther*, Unzulässige Ablehnungsgesuche und ihre Bescheidung, NJW 86, 281; *Horn*, Der befangene Richter, 1977 (dazu Besprechung *Teplitzky* MDR 77, 700; *Arzt* ZZP 91, 88); *Knöpfle*, Besetzung der Richterbank, insbes Richterausschließung und Richterablehnung, in: Bundesverfassungsgericht und Grundgesetz, Festgabe aus Anlaß des 25jährigen Bestehens des BVerfG, Bd I, 1976, S 142; *Kornblum*, Probleme der schiedsrichterlichen Unabhängigkeit, 1968; *Krekeler*, Der befangene Richter, NJW 81, 1633; *Riedel*, Das Postulat der Unparteilichkeit des Richters – Befangenheit und Parteilichkeit – im deutschen Verfassungs- und Verfahrensrecht, 1980; *Schmid*, Ablehnung eines Richters wegen früherer richterlicher Tätigkeit, NJW 74, 729 (dazu Entgegnung Stemmler, vgl unten); *E. Schneider*, Der Verlust des Rechts auf Befangenheitsablehnung im Folgeprozeß, MDR 77, 441; *ders*, Befangenheitsablehnung und Richterpersönlichkeit, DRiZ 78, 42; *Seibert*, Befangenheit und Ablehnung, JZ 60, 85; *Stemmler*, Nochmals: Ablehnung eines Richters wegen früherer richterlicher Tätigkeit, NJW 74, 1545; *Teplitzky*, Probleme der Ablehnung wegen Befangenheit, NJW 62, 2044; *ders*, Richterablehnung wegen Befangenheit, JuS 69, 318; *ders*, Auswirkungen der neuen Verfassungsrechtsprechung auf Streitfragen der Richterablehnung wegen Befangenheit, MDR 70, 106; *Wand*, Zum Begriff „Besorgnis der Befangenheit" in § 19 BVerfGG, in: Freiheit und Verantwortung im Verfassungsstaat, Festgabe zum 10jährigen Jubliläum der Gesellschaft für Rechtspolitik, 1984, S 515; *Wassermann*, Die Richterablehnung gem § 42 ff ZPO in der Rspr der Berliner Zivilgerichte, JR 61, 402; *ders*, Richterablehnung wegen Befangenheit, NJW 63, 429; *ders*, Der soziale Zivilprozeß, 1978, S 169 ff; *ders*, Zur Richterablehnung im verfassungsgerichtlichen Verfahren, FS Martin Hirsch, 1981, S 465. – **Rspr-Übersicht** betr OLG Celle: NdsRpfl 71, 230.

Vorbemerkungen

1 **I) Zweck und Bedeutung.** Ausschließung und Ablehnung (§§ 41–48) dienen der Sicherung der **Unparteilichkeit** der Rechtsprechung im konkreten Rechtsstreit und damit zugleich der Gewährleistung des gesetzlichen Richters (Art 101 I 2 GG; § 16 S 2 GVG; eingehend dazu Riedel, Das Postulat der Unabhängigkeit des Richters, 1980, S 225 ff; Wand aaO, S 519 ff, 530). Dieses Gebot erschöpft sich nicht in einer – formalen – Vorausbestimmung des zur Entscheidung des einzelnen Rechtsstreits berufenen Richters (vgl § 1 Rn 2), sondern verlangt – inhaltlich – weiter Vorkehrungen dafür, daß im einzelnen Verfahren **Neutralität** und **Distanz** des Richters gegenüber den Parteien des Verfahrens gewährleistet sind (BVerfG 21, 146; 42, 78). Die gebotene Unparteilichkeit des Richters ist jedoch nicht mit Passivität und Gleichgültigkeit gegenüber der Rechtsverwirklichung im Prozeß zu verwechseln; sie steht insbesondere einer aktiven Wahrnehmung der richterlichen Aufklärungs- und Fürsorgepflicht nicht entgegen (vgl § 42 Rn 26). „Die richterliche Unparteilichkeit ist kein wertfreies Prinzip, sondern an den Grundwerten der Verfassung orientiert, insbesondere am Gebot sachgerechter Entscheidung im Rahmen der Gesetze unter dem Blickpunkt materialer Gerechtigkeit" (BVerfG 42, 65 [78] = NJW 76, 1391 = Rpfleger 76, 389 mit Anm Stöber und Vollkommer; näher Riedel aaO S 9 ff, 166 ff, 184 ff mwN).

2 Das Gesetz unterscheidet zwischen Gründen, die dem Richter die Befugnis entziehen, in einem Verfahren sein Amt auszuüben **(Ausschließungsgründe,** § 41 Nr 1–6), und Gründen, die der Partei das Recht geben, ihn **abzulehnen** (§ 42). Die Ausschließung tritt kraft Gesetzes ein (§ 41 Rn 15) und ist vom Gericht in jedem Stadium des Prozesses von Amts wegen zu beachten (§ 48 I, 2. Hs). Die Ablehnung eines Richters wegen Besorgnis der Befangenheit bedarf stets besonderer Geltendmachung durch die Partei (Ablehnungsgesuch, § 44) oder den Richter selbst (Ablehnungsanzeige, § 48 I, 1. Hs) und führt nur bei einer entsprechenden gerichtlichen Entscheidung (Begründeterklärung der Fremd- oder Selbstablehnung, §§ 46 II, 48 I) zum Ausscheiden des Richters aus dem Prozeß (§ 42 Rn 7 mit weiteren Hinw).

II) Anwendungsbereich

3 1) §§ 41–48 finden **unmittelbar** Anwendung in sämtlichen Verfahrensarten der ZPO auf **jeden** Richter, auch die ehrenamtlichen Richter der KfHS (Handelsrichter, §§ 105 ff GVG, § 45a DRiG). Auf die ZPO-Regelung ist (mit gewissen Modifikationen) verwiesen in §§ 27 VI, 86 PatG, § 11 LwVG, §§ 72 Nr 2, 75 V 1 GWB, § 54 VwGO, § 51 FGO, § 60 SGG. Die unvollständige Regelung des § 6 FGG wird durch §§ 42 ff ergänzt (BayObLG NJW 75, 699; Rpfleger 72, 131 im Anschluß an BVerfG 21, 147). **Entsprechende Anwendung** finden die §§ 41–48 auf den Rechtspfleger (§ 10 RpflG) und den Urkundsbeamten (§ 49). **Sondervorschriften** gelten für den Schiedsrichter (§ 1032, auch § 41 Nr 1, vgl dort Rn 6), den Gerichtsvollzieher (§ 155 GVG), den Sachverständigen (§ 406) und den Dolmetscher (§ 191 GVG). Über die gesetzlich geregelten Fälle hinaus erscheint eine entspr Anwendung auf alle innerhalb eines justizförmigen Verfahrens tätigen Amtsträger möglich (so AG Hildesheim KTS 85, 131).

4 **2)** Eine **selbständige Regelung** enthalten §§ 22–31 StPO und (teilw) § 19 BVerfGG (vgl dazu Knöpfle aaO; Schumann JZ 73, 484; Wand aaO; Wassermann, FS Martin Hirsch, 1981, 465).

41 *[Ausschließung von der Ausübung des Richteramts]*

Ein Richter ist von der Ausübung des Richteramtes kraft Gesetzes ausgeschlossen:

1. **in Sachen, in denen er selbst Partei ist oder bei denen er zu einer Partei in dem Verhältnis eines Mitberechtigten, Mitverpflichteten oder Regreßpflichtigen steht;**
2. **in Sachen seines Ehegatten, auch wenn die Ehe nicht mehr besteht;**
3. **in Sachen einer Person, mit der er in gerader Linie verwandt oder verschwägert, in der Seitenlinie bis zum dritten Grade verwandt oder bis zum zweiten Grade verschwägert ist oder war;**
4. **in Sachen, in denen er als Prozeßbevollmächtigter oder Beistand einer Partei bestellt oder als gesetzlicher Vertreter einer Partei aufzutreten berechtigt ist oder gewesen ist;**

5. in Sachen, in denen er als Zeuge oder Sachverständiger vernommen ist;

6. in Sachen, in denen er in einem früheren Rechtszuge oder im schiedsrichterlichen Verfahren bei dem Erlaß der angefochtenen Entscheidung mitgewirkt hat, sofern es sich nicht um die Tätigkeit eines beauftragten oder ersuchten Richters handelt.

Nr 3 idF von Art 7 Nr 2a AdoptG vom 2. 7. 1976 (BGBl I S 1757), in Kraft seit 1. 1. 1977; Grund: Erwähnung der Adoption im Hinblick auf §§ 1754, 1767 II BGB gegenstandslos.

I) Allgemeines

1) Begriffe. Ausschließung ist die kraft Gesetzes eintretende (Rn 15) Unfähigkeit des Richters (Rn 3) zur Ausübung des Richteramts in einem bestimmten Rechtsstreit (Rn 4). Die Aufzählung der Ausschlußgründe in Nr 1–6 (Rn 6 ff) ist erschöpfend (hM, zB BVerwG NJW 80, 2722; Zweibrücken OLGZ 74, 292; R-Schwab § 25 I 1c aE), den Ausschlußgründen ähnliche Fallgestaltungen sind jedoch stets als Ablehnungsgrund zu würdigen (vgl § 42 Rn 11 ff). 1

2) Abgrenzung. Keine Ausschlußgründe iS von § 41 sind Hinderungsgründe, die der Ausübung richterlicher Tätigkeit überhaupt entgegenstehen, wie fehlende Richteramtsbefähigung (§§ 5 ff DRiG; LSG Essen NJW 57, 1455), bestimmte körperliche und geistige Gebrechen (Geisteskrankheit, Willensunfähigkeit, vgl R-Schwab § 25 I 1c; zur Bedeutung der Blindheit vgl Wieczorek B IIa 2), fehlende geschäftsverteilungsplanmäßige Zuständigkeit (vgl dazu München MDR 75, 584). In diesen Fällen ist das Gericht nicht ordnungsgemäß besetzt. Geltendmachung: §§ 539, 551 Nr 1, 579 I Nr 1. 2

II) Voraussetzungen der Ausschließung

1) Allgemeines. a) Richter. Ausgeschlossen sein kann immer nur ein Richter als eine **natürliche Person,** niemals das Gericht als solches (vgl auch § 42 Rn 3). 3

b) Sache. Der Ausschluß bezieht sich immer nur auf ein **einzelnes Verfahren,** bei Verbindung (§§ 59, 60, 147) auch auf die verbundenen Verfahren, solange die Verbindung besteht. Kommt es auf **dieselbe** Sache an, ist nicht Gleichheit des Verfahrens erforderlich; Gleichheit des Streitgegenstandes (Streitpunktes) genügt (RG 152, 10; ThP Anm 2d, e, f). 4

c) Grundgedanken der gesetzlichen Regelung: Unvereinbar mit der „Distanz" des Richteramts (Rn 1 vor § 41) iS einer fehlenden eigenen Beteiligung ist die Parteistellung des Richters, seines Ehegatten oder bestimmter naher Verwandter und Verschwägerter (Nr 1–3); unvereinbar mit seiner „Neutralität" ist die Stellung als Interessenvertreter einer Partei (Nr 4); aus prozessualen Gründen (§ 286) unvereinbar sind die Funktionen von Richter und Beweismittel (vernommener Zeuge und Sachverständiger: Nr 5), ferner die Funktionen als erkennender und auf Rechtsmittel hin tätig werdender Richter (Nr 6; Garantie des Rechtsmittelzuges durch einen „neuen" Richter); weitergehend erkennen verschiedene neuere Verfahrensordnungen die Vorbefassung des Richters in einem vorangegangenen Verfahren als Ausschließungsgrund an; Grund: Sicherung der richterlichen Unbefangenheit. Beispiele: § 22 Nr 4 StPO (Tätigkeit ua als Staatsanwalt); § 23 II StPO (Ausschluß des erkennenden Richters im Wiederaufnahmeverfahren); § 86 II Nr 1 PatG (Mitwirkung im patentamtlichen Verfahren); § 86 II Nr 2 PatG (Mitwirkung im Patenterteilungs- oder Einspruchsverfahren); §§ 54 II VwGO, 51 II FGO (weit auszulegen: BFH BB 78, 1052), 60 II SGG (Mitwirkung bei einem vorausgegangenen Verwaltungsverfahren); § 18 I Nr 2 BVerfGG (Tätigkeit in derselben Sache von Amts oder Berufs wegen; eng auszulegen: BVerfG 47, 107). 5

2) Ausschließungsgründe. a) Selbstbeteiligung des Richters (Nr 1). Das **Verbot des Richters in eigener Sache** gilt als allg Rechtsgrundsatz (BGH 94, 98; Wand aaO, S 519 mN) auch für private Amtsträger, die in einem justizförmigen Verfahren mit Neutralität tätig werden (BGH 94, 92 = NJW 85, 1903: Schiedsrichter; im Erg wohl zu weitgehend AG Hildesheim KTS 85, 130: Mitglied von Gläubigerausschuß iS von § 87 KO; vgl auch allg Rn 3 vor § 41). **aa) Partei** ist iwS zu verstehen, sowohl formelle als auch materielle Parteistellung genügt, entscheidend ist der Umfang der Rechtskraftwirkung oder -erstreckung (§§ 265, 325, 727). Partei ist auch der Streitgehilfe (§§ 66 ff) oder Dritte iS der §§ 75 ff. Streitverkündung allein (§§ 72, 73) begründet keine Ausschließung. Kein Fall der Nr 1 ist die Mitgliedschaft bei einem rechtsfähigen Verein, einer Aktiengesellschaft oder Körperschaft (vgl auch unten Rn 7 und § 42 Rn 11). 6

bb) Mitberechtigung, Mitverpflichtung, Regreßpflicht: Zugehörigkeit zu einer Gläubiger- oder einer Schuldnermehrheit gemäß §§ 421 ff BGB; einer Gesellschaft, zB einer OHG; Haftung als Bürge. Mitverpflichtet ist zB auch ein Richter, der Mitglied des verklagten nicht rechtsfähigen Vereins ist (RG 57, 90; JW 31, 227); haftet das Mitglied allerdings persönlich nicht über den Anteil am Vereinsvermögen und Beitrag hinaus, so ist der Richter nicht ausgeschlossen, wenn ihn diese Haftung nicht wirtschaftlich belastet, so bei Zugehörigkeit eines ehrenamtlichen Richters 7 am ArbG zu einer Gewerkschaft, die Prozeßpartei ist (BAG NJW 61, 2371 = AP Nr 1 zu § 41 mit zust Anm Pohle in SAE 62, 52; BAG AP Nr 6 zu § 322 ZPO; aA Müller, Der Sachverständige im gerichtlichen Verfahren, 1973, 109 Anm 350) ; doch uU (zB bei vermutlichem oder mittelbarem Interesse des Richters am Ausgang des Verfahrens) Ablehnung wegen Besorgnis der Befangenheit (vgl § 42 Rn 11 und 29).

8 **b) Beteiligung des Ehegatten des Richters (Nr 2):** Wie Nr 1, nur ist auf die Verhältnisse des Ehegatten abzustellen; bei Verlöbnis oder nichtiger Ehe gilt § 42 Rn 12.

9 **c) Beteiligung von nahen Verwandten und Verschwägerten des Richters (Nr 3):** Wie Nr 1, nur ist auf die Verhältnisse des Verwandten (§ 1589 BGB und Anm zu § 383) oder Verschwägerten (§ 1590 BGB) abzustellen. Verwandtschaft ist auch die nichteheliche (§§ 1600 a ff BGB) und die durch Adoption begründete (§§ 1754 ff BGB; vgl dazu vor Rn 1). Im zweiten Grad in der Seitenlinie Verschwägerte: Die Ehegatten der Geschwister des Richters und die Geschwister seines Ehegatten. Kein Ausschließungsgrund: Verwandtschaft mit dem Prozeßbevollmächtigten, Beistand oder gesetzlichen Vertreter der Partei. Bei Parteien kraft Amtes schließt sowohl die Beziehung zu ihr (zB Konkursverwalter) als auch zu der Person aus, deren Sache sie führt (zB Gemeinschuldner).

10 **d) Interessenwahrnehmung für eine Partei in der gleichen Sache (Nr 4).** Prozeßbevollmächtigter: § 81; Beistand: § 90; gesetzlicher Vertreter: § 51. Kein Ausschließungsgrund: Bestellung als Zustellungsbevollmächtigter (§ 174) oder Mitwirkung als Urkundsperson (§§ 2231, 2276 BGB) in dem dem Rechtsstreit zugrundeliegenden Geschäft oder als Schiedsrichter (Hamburg BB 57, 378). Tätigwerden in anderer Sache genügt nicht (BGH NJW 79, 2160 zu § 22 Nr 4 StPO), dann aber uU Fall von § 42 (dort Rn 15).

11 **e) Richter als Beweismittel im gleichen Verfahren (Nr 5).** Wirkliche Vernehmung als Zeuge (Sachverständiger) ist erforderlich **(„vernommen ist")**, nicht genügend, daß „vernommen werden soll". Beweisbeschluß auf eigene Vernehmung ist daher zulässig (RG 44, 394). Ausgeschlossen ist der Richter auch dann, wenn er in einem *anderen* Verfahren zu *demselben Sachverhalt* als Zeuge vernommen worden ist (BGH NJW 83, 2711 = MDR 83, 681 für Strafprozeß). Dienstliche Äußerung zählt nicht (BVerwG MDR 80, 168). Der Richter, der im Kostenfestsetzungsverfahren zur Prüfung des Kostentatbestandes ergänzende Erklärungen über den Verfahrensablauf abgab, ist dadurch nicht gehindert, über die Erinnerungen gegen die Kostenfestsetzung zu entscheiden (München NJW 64, 1377).

12 **f) Mitwirkung an der angefochtenen Entscheidung (Nr 6). aa) Grundsatz:** Wer in dem Verfahren als Richter **entschieden** hat, darf bei dem Urteil im Rechtsmittelverfahren nicht mitwirken; die in Rn 5 genannten Sondervorschriften betr Fälle „ausschließender" Vorbefassung.

13 **bb) Voraussetzungen:** Erforderlich ist Mitwirkung beim **Erlaß** (§ 309; nicht Verkündung) der mit einem (ordentlichen) Rechtsmittel (§§ 511 ff; 545 ff; 567 ff) **angefochtenen** Entscheidung. In Erweiterung des Wortlauts der Nr 6 bejaht die neuere Rspr einen Ausschluß auch dann, wenn der Richter an einer dem angefochtenen Urteil **vorausgehenden** und von diesem **bestätigten Entscheidung** mitgewirkt hat (noch weitergehend die Wertung in § 86 II Nr 1 PatG; § 54 II VwGO); so für das gem § 343 bestätigte Versäumnisurteil BAG NJW 68, 814; für die auf Widerspruch aufrechterhaltene einstweilige Verfügung München NJW 69, 754; str aA Baumgärtel/Mes, Anm zu AP Nr 3 zu § 41 ZPO. Die Anfechtung mit einem außerordentlichen Rechtsbehelf (§§ 579, 580) wird – entgegen § 23 II StPO – nicht für ausreichend gehalten (vgl Rn 14).

14 **cc) Einzelfragen (Fälle von Nr 6 verneint).** Von der Ausübung seines Amtes ist aber **nicht ausgeschlossen** ein Richter, der lediglich nur das Urteil verkündet, nach Streitverhandlung einen Beweisbeschluß erlassen oder ausgeführt hat (RG 105, 17); der an einem Vorlagebeschluß an das BVerfG (gem Art 100 GG) oder den EuGH (gem Art 177 II EWGV) mitgewirkt hat (BFH 129, 251); der das Urteil im Urkundenprozeß beim AG erlassen und in der zweiten Instanz über das von einem anderen Richter erlassene angefochtene erstinstanzielle Vorbehaltsurteil zu entscheiden hat (RG 148, 199). Der erkennende Richter des AG kann im Berufungsverfahren beauftragter oder ersuchter Richter sein (Nr 6, letzter Hs); andererseits kann ein Richter, der am LG in einer Sache als beauftragter oder ersuchter Richter tätig war, an der Entscheidung des OLG in derselben Sache mitwirken. **Nicht ausgeschlossen** ist ferner der Richter, der nach einer Restitutions- oder Nichtigkeitsklage (BGH NJW 81, 1273 = MDR 81, 481 mN, vgl aber § 42 Rn 18; ausgenommen hiervon Fall des § 580 Nr 5) oder nach Rückverweisung durch das Rechtsmittelgericht (§§ 538 f, 565, 566 a) erneut mit der Sache befaßt wird (BVerwG NJW 75, 1241); im Nachverfahren der Richter, der im Urkundenprozeß mitgewirkt hat (RG 148, 199); von der Mitwirkung im Betragsverfahren der höheren Instanz ist nicht ausgeschlossen der Richter, der im ersten Rechtszug an der Entscheidung über den Grund (§ 304) mitgewirkt hat (BGH NJW 60, 1762); von der Entscheidung über Einwendungen gegen die Zulässigkeit der Erteilung der Vollstreckungs-

klausel ist nicht ausgeschlossen der Richter, der die Klausel erteilt hat (Frankfurt OLGZ 68, 170); desgleichen nicht von der Entscheidung über die Vollstreckungsgegenklage der Richter, der am Verfahren wegen Einwendungen gegen die Zulässigkeit der Vollstreckungsklausel mitgewirkt hat (BGH NJW 76, 2135 = MDR 76, 838 = BB 76, 725). Ein Fall der Ausschließung liegt ferner nicht vor, wenn nach Zurückweisung nunmehr beim unteren Gericht ein Richter tätig wird, der bei dem die Zurückweisung aussprechenden Urteil mitgewirkt hat (Beispiel: Ein Richter am OLG wurde inzwischen als Vorsitzender Richter ans LG versetzt); denn hier liegt kein Fall der „Nachprüfung" einer „angefochtenen Entscheidung" vor (s RG 148, 199; vgl aber auch § 42 Rn 17).

III) Rechtsfolgen der Ausschließung

1) Allgemeines. Liegt einer der in § 41 bezeichneten Fälle vor, so ist der Richter kraft Gesetzes von der Ausübung seines Amtes ausgeschlossen; er muß sich, ohne daß eine Partei einen Antrag stellt, vom Verfahren fernhalten (§ 47 Rn 2; § 48 Rn 7). An die Stelle des ausgeschlossenen Richters tritt der nach dem Geschäftsverteilungsplan bestimmte Vertreter (§§ 21 e, 21 g GVG). Ist kein Vertreter (mehr) vorhanden, ist nach § 36 Nr 1 vorzugehen. Hat der Richter Zweifel an der Ausschließung, kann er eine Entscheidung von Amts wegen herbeiführen (§ 48 I, letzter Hs). Hält der Richter einen Ausschließungsgrund nicht für gegeben, kann ihn jede Partei in Form eines Ablehnungsgesuchs geltend machen (§ 42 I). 15

2) Verstoß. Hat der ausgeschlossene Richter bei einer Entscheidung mitgewirkt, ist diese nicht nichtig (vgl auch § 7, 2. Hs FGG), aber anfechtbar (§§ 551 Nr 2, 579 I Nr 2, 577 II 3). Unschädlich ist Mitwirkung an der Verkündung (Rn 14). Mitwirkung bei anderen Prozeßhandlungen des Gerichts macht diese nicht nichtig (grundlegend BGH NJW 81, 133 = MDR 81, 64 für strafprozessualen Eröffnungsbeschluß), doch müssen sie während der Instanz in ordnungsmäßiger Besetzung der Richterbank wiederholt oder zurückgenommen werden (Düsseldorf DRiZ 80, 110 für Strafprozeß). Andernfalls liegt ein wesentlicher Verfahrensmangel (§ 539) vor, der, wenn die Entscheidung auf ihm beruht (vgl § 549 I), zur Aufhebung und idR zur Zurückverweisung führt (Frankfurt NJW 76, 1545). Nichtigkeitsklage (§ 579 Nr 2) ist aber nur dann gegeben, wenn der ausgeschlossene Richter bei der Entscheidung selbst mitgewirkt hat. Eine Ausnahme besteht dann, wenn der Ausschließungsgrund mit für unbegründet erklärter Ablehnung (vgl § 42 I, Hs 1) geltend gemacht war (vgl § 551 Nr 2, Hs 2; § 579 I Nr 2, Hs 2); dann scheidet ein absoluter Revisionsgrund (Nichtigkeitsgrund) aus (BGH 95, 305 = MDR 86, 493 = GRUR 85, 1039). Unkenntnis des Richters vom Ausschließungsgrund ist belanglos. Da die Beachtung des § 41 im öffentlichen Interesse liegt (vgl Rn 1 vor § 41), kann § 295 nicht gelten (Frankfurt NJW 76, 1545; StJLeipold Rn 5; aA R-Schwab § 25 I 3 b). 16

Prozeßhandlungen der Partei vor dem ausgeschlossenen Richter sind wirksam. 17

42 *[Ablehnung des Richters]*

(1) Ein Richter kann sowohl in den Fällen, in denen er von der Ausübung des Richteramts kraft Gesetzes ausgeschlossen ist, als auch wegen Besorgnis der Befangenheit abgelehnt werden.

(2) Wegen Besorgnis der Befangenheit findet die Ablehnung statt, wenn ein Grund vorliegt, der geeignet ist, Mißtrauen gegen die Unparteilichkeit eines Richters zu rechtfertigen.

(3) Das Ablehnungsrecht steht in jedem Falle beiden Parteien zu.

Alphabetische Übersicht

I) Allgemeines

1 Die Ablehnung eines Richters setzt voraus, daß mit einem zulässigen **Ablehnungsgesuch** einer Partei (Rn 3 ff) ein **Ablehnungsgrund** glaubhaft (vgl § 44 II) gemacht wird oder daß der Richter selbst eine entsprechende Anzeige abgegeben hat (§ 48). Ablehnungsgründe sind sämtliche Ausschließungsgründe (**I;** dazu § 41 Rn 6 ff), ferner die Besorgnis der Befangenheit (**I, II;** Rn 8 ff). Nach einer Klarstellung in den neuen Verfahrensordnungen ist die Besorgnis der Befangenheit stets dann begründet, wenn der Richter der Vertretung einer Körperschaft angehört (hat), deren Interessen durch das Verfahren berührt werden (§ 54 III VwGO; § 51 III FGO; § 60 III SGG).

2 **Das Ablehnungsrecht** steht den **Parteien** zu **(III)**, auch dem Streitgehilfen (§ 67); soweit einer Behörde Beteiligtenstellung zukommt, hat sie auch ein Ablehnungsrecht (Celle NdsRpfl 85, 173). Der Prozeßbevollmächtigte hat kein selbständiges Ablehnungsrecht aus eigener Person (BayObLG NJW 75, 699 mwN; Karlsruhe Justiz 84, 57, uU aber die Partei: vgl Rn 13). **Beiden** Parteien steht das Ablehnungsrecht zu, also auch der **anderen** Partei, selbst wenn der Befangenheitsgrund nur die eine betrifft (vgl E. Schneider Büro 77, 1183). Die Ablehnung kann bis zur Entscheidung über das Gesuch **widerrufen** werden (RG JW 28, 106). Folgen der Ablehnung: Rn 7.

II) Ablehnungsrecht

3 **1) Voraussetzungen** eines zulässigen Ablehnungsgesuchs (§ 44) sind: **a) Bestimmter Richter.** Die Ablehnung muß sich auf einen einzelnen (oder mehrere einzelne) Richter beziehen, nicht ablehnbar ist das Gericht als solches oder ein ganzer Spruchkörper (BGH NJW 74, 55 = JZ 74, 65; BayObLG Rpfleger 82, 264), auch nicht ein einzelner Richter lediglich wegen seiner Zugehörigkeit zu einem Gericht oder Spruchkörper (BayObLGZ 85, 312; Günther NJW 86, 282); eine Ausnahme kommt in Frage, wenn der Ablehnungsgrund gerade in der Mitwirkung an einer Kollegialentscheidung besteht (BVerwG MDR 76, 783; VG Stuttgart JZ 76, 278); im Einzelfall kann allerdings die Ablehnung eines Spruchkörpers als Ablehnung bestimmter Mitglieder zu verstehen sein (vgl hierzu § 44 Rn 2).

b) Rechtzeitigkeit. Ablehnen kann die Partei bis zur Stellung von Anträgen (§ 43), ausnahmsweise auch noch später (§ 44 IV); auch noch im Tatbestandsberichtigungsverfahren, § 320 (BGH NJW 63, 46 = LM Nr 4 zu § 42; Frankfurt MDR 79, 940; zum uU fehlenden Rechtsschutzinteresse sogleich unten). Die Zeitgrenze des § 43 gilt nicht bei Ablehnung wegen § 41. Auch nach dem Erlaß einer nicht abänderbaren (vgl § 318) Entscheidung zur Hauptsache unter Mitwirkung des abzulehnenden Richters ist die Ablehnung nicht notwendig ausgeschlossen, da sich der Ablehnungsgrund erst aus den Entscheidungsgründen ergeben kann (Rn 22; § 44 Rn 5; zu eng und abzulehnen daher BayObLG NJW 68, 802 und ihm folgend BFH 130, 21). Keinesfalls entfällt auch nach einer Sachentscheidung unter Mitwirkung des abzulehnenden Richters allgemein das Rechtsschutzinteresse für ein Ablehnungsverfahren, denn es können noch Nebenentscheidungen zu treffen sein (hierzu § 46 Rn 18) oder bei Entscheidungen, die der Anfechtung unterliegen, kann die erfolgreiche Ablehnung noch mit Rechtsmitteln (Rechtsbehelfen) geltend gemacht werden (hierzu § 47 Rn 6). Beispiel für fehlendes Rechtsschutzinteresse im Einzelfall: Bei Erfolg der Ablehnung scheidet die erstrebte Tatbestandsberichtigung im Hinblick auf § 320 IV 2 aus (vgl Frankfurt MDR 79, 940). **Äußerste Zeitschranke** für die Ablehnung ist damit erst die abschließende Erledigung des Rechtsstreits durch eine *unanfechtbare* Entscheidung (zu eng BayObLGZ 85, 310: vom abgelehnten Richter *nicht mehr abänderbare*, instanzbeendigende Entscheidung). 4

c) Form und Glaubhaftmachung: § 44. 5

d) Rechtsschutzbedürfnis: Es fehlt in den Fällen der **rechtsmißbräuchlichen Ablehnung.** Soll durch die Ablehnung das Verfahren offensichtlich nur **verschleppt** werden oder werden mit ihr **verfahrensfremde Zwecke verfolgt,** so ist das Ablehnungsgesuch unzulässig (vgl § 26a I Nr 3 StPO). Das gleiche gilt bei Wiederholung eines zurückgewiesenen Ablehnungsgesuchs ohne neue Gründe (KG FamRZ 86, 1022), bei einem nicht ernsthaft gemeinten oder unter einem Vorwand gestellten Ablehnungsgesuch (Bsp: Ausschaltung eines nicht genehmen Richters als taktische Manipulation, vgl LSG Hessen MDR 86, 436; näher Rn 29) und bei Gesuchen, die grobe Beleidigungen und Beschimpfungen der beteiligten Richter enthalten (Karlsruhe NJW 73, 1658, aber Zurückhaltung geboten; einschränkend Stuttgart OLGZ 77, 107 = Justiz 76, 391; vgl auch Einl Rn 50). Rechtsmißbräuchliche Ablehnungsgesuche kann das Gericht in alter Besetzung als unzulässig verwerfen (RG 44, 402; 92, 230; BGH NJW 74, 55; BFH BB 72, 865; Braunschweig NJW 76, 2025; KG MDR 83, 60 [Nr 83] ; Koblenz MDR 85, 850 = Rpfleger 85, 368; LAG Rheinland-Pfalz EzA § 49 ArbGG 1979 Nr 2; Engel Rpfleger 81, 84 f, hM, nach Köln OLGZ 79, 471 f Gewohnheitsrecht), doch sind insoweit strenge Anforderungen zu stellen (zutr Zweibrücken MDR 80, 1026). Die an dieser Rechtsprechung aus rechtsstaatlichen Gründen geübte Kritik (Gloede NJW 72, 2067; ihm zust ThP § 45 Anm 2a) ist nach deren gesetzlicher Kodifizierung in der neuen StPO (dort § 26a) nicht mehr berechtigt (so auch überzeugend Günther NJW 86, 289 ff). Querulatorische Wiederholung der zurückgewiesenen Ablehnung kann überhaupt unberücksichtigt bleiben (vgl BVerfG 11, 5 = MDR 61, 26; jedoch ist insoweit Zurückhaltung geboten: vgl Engel Rpfleger 81, 84 f mN; Günther NJW 86, 290; vgl auch Einl Rn 50). Ebenso mißbräuchliche Ablehnung eines ganzen Gerichts oder Senats ohne ernsthafte Gründe (StGH Bremen MDR 58, 901). Zum ganzen näher Rn 3 aE; § 44 Rn 2 und § 45 Rn 4. 6

2) Rechtsfolgen der Ablehnung: Der Richter scheidet erst aus dem Prozeß aus, wenn die Ablehnung gerichtlich **für begründet erklärt** ist; nur dann steht der abgelehnte Richter dem ausgeschlossenen gleich (vgl §§ 551 Nr 3, 579 I Nr 3; § 46 Rn 10). Bis zur rechtskräftigen Erledigung des Ablehnungsgesuchs (§ 47 Rn 1) trifft den Richter eine Wartepflicht (§ 47); das gilt namentlich auch dann, wenn das Ablehnungsgesuch bereits zurückgewiesen worden ist (§ 46 Rn 11 und § 47 Rn 1). Entscheidet das Gericht vor (ohne) Entscheidung über das Ablehnungsgesuch und ohne Mitwirkung des abgelehnten Richters in der Sache, ist es **nicht ordnungsgemäß besetzt** (§§ 551 Nr 1, 579 I Nr 1, Art 101 I 2 GG; s auch § 46 Rn 4). 7

III) Besorgnis der Befangenheit (Abs II)

1) Allgemeines. a) Befangenheit des Richters ist gleichbedeutend mit **Parteilichkeit** und **Voreingenommenheit.** Befangenheit meint eine unsachliche innere Einstellung des Richters zu den Beteiligten oder zum Gegenstand des konkreten Verfahrens (vgl Riedel, Das Postulat der Unparteilichkeit des Richters, 1980, S 86). 8

b) Als Gründe, die geeignet sind, **Mißtrauen gegen die Unparteilichkeit des Richters zu rechtfertigen,** kommen nur objektive Gründe in Frage, die vom Standpunkt des Ablehnenden aus bei vernünftiger Betrachtung die Befürchtung wecken können, der Richter stehe der Sache nicht unvoreingenommen und damit nicht unparteiisch gegenüber; rein subjektive, unvernünftige Vorstellungen des Ablehnenden scheiden aus (BayObLG NJW 75, 699 mwN; Rpfleger 80, 193; Köln VersR 80, 93; Köln OLGZ 83, 121 [122]). Nicht erforderlich ist, daß der Richter tatsächlich befangen ist; unerheblich ist, ob er sich für befangen hält (BVerfG 32, 290; 35, 253; 43, 127); ent- 9 scheidend ist allein, ob aus der Sicht des Ablehnenden genügend objektive Gründe vorliegen, die nach der Meinung einer ruhig und vernünftig denkenden Partei Anlaß geben, gegen die Unparteilichkeit des Richters mißtrauisch zu sein (BGH 77, 72; BayObLG DRiZ 77, 245; Köln NJW-RR 86, 420; LAG Frankfurt AP Nr 5 zu § 49 ArbGG 1953; Rosenberg JZ 51, 214; Krekeler NJW 81, 1633); die Ablehnungsgründe dürfen also nicht nur im Glauben der ablehnenden Partei wurzeln; demgegenüber tritt eine abw Ansicht für einen mehr subjektiven, an der Person des Ablehnenden orientierten Maßstab ein (so etwa Horn, Der befangene Richter, 1977, S 94 ff, 125, 127; Wassermann, FS Martin Hirsch, 1981, S 479; Berglar ZRP 84, 4 [7 f]; Dütz JuS 85, 753). Da für die Beurteilung der Befangenheitsbesorgnis von der *Person des Ablehnenden* auszugehen ist, enthält auch der zutr objektive Maßstab bereits eine subjektive Komponente (eingehend Vollkommer EzA § 49 ArbGG 1979 Nr 4, Anm S 28 ff); zu weit gehen dürfte es daher, wenn die objektive Prüfung vom Standpunkt einer „idealen Partei" aus vorgenommen wird (so aber ArbG Frankfurt NJW 84, 143; VGH Mannheim NJW 86, 2068; zurecht krit Dieterich RdA 86, 5). Wird die Ablehnung eines Richters auf mehrere, innerlich zusammengehörige und sich ergänzende Vorgänge gestützt, so sind diese in ihrer Gesamtheit zu würdigen (Nürnberg BayJMBl 54, 162 und hierzu Rn 28; § 43 Rn 8).

10 Nach dem Sinngehalt des **Abs II** ist in Zweifelsfällen im Sinne einer Stattgabe des Ablehnungsgesuchs, nicht seiner Zurückweisung, zu entscheiden (so BayObLGZ 74, 131 = BayJMBl 74, 133; Horn aaO S 127; Teplitzky MDR 70, 107, str; aA E. Schneider DRiZ 78, 44). In Anlehnung an die in den Ausschlußgründen des § 41 zum Ausdruck kommenden vertypten Fälle fehlender „Distanz" und „Neutralität" des Richters (vgl Rn 1 vor § 41) lassen sich auch für die Besorgnis der Befangenheit **Fallgruppen** bilden (Rn 11 ff). Vor deren schematischer Übertragung ist jedoch zu warnen, die Umstände des Einzelfalls sind jeweils zu berücksichtigen.

11 **2) Fallgruppen. a) Mittelbare Beteiligung des Richters am Rechtsstreit und eigenes Interesse am Prozeßausgang.** Zugehörigkeit des Richters zu einer juristischen Person, die Prozeßpartei ist (kein Fall von § 41 Nr 1, vgl dort Rn 6), wird idR Besorgnis der Befangenheit begründen. Dies gilt insbesondere dann, wenn der Richter einem Vertretungsorgan der juristischen Person angehört (Wertung aus § 54 III VwGO, § 51 III FGO, § 60 III SGG, dazu Rn 1; vgl nunmehr § 49 III E-VwPO: „Besorgnis der Befangenheit ist stets begründet, wenn der Richter ... der Vertretung oder dem Vorstand einer juristischen Person angehört, deren Interessen durch das Verfahren unmittelbar berührt werden." Bsp: Richter ist Kreistagsabgeordneter bei Landkreis als Partei, vgl Celle NdsRpfl 76, 91) oder bei wirtschaftlichem Wert des Mitgliedschaftsrechts; Beispiel: Richter ist Großaktionär im Prozeß der Aktiengesellschaft (KG NJW 63, 451); anders aber bei bloßer Verbandsmitgliedschaft (LG Göttingen Rpfleger 76, 55: Sparkassenzweckverband) oder bei Mitgliedschaft in Massenorganisation, zB ADAC (ThP Anm 2 a aa) oder Gewerkschaft (Rn 29). Ist eine **politische Partei** Prozeßpartei, kann die im allgemeinen für § 42 belanglose Parteimitgliedschaft (vgl Koblenz NJW 69, 1177; VGH Mannheim NJW 75, 1048 und Rn 29) uU eine Ablehnung rechtfertigen (ie Gilles DRiZ 83, 45 ff mwN; Dütz JuS 85, 752 mwN; zur politischen Betätigung vgl Rn 31). Zu weit gehen dürfte die Ansicht des LG Berlin (NJW 56, 1402), wonach die Ablehnung von Richtern auf Probe in Prozessen gegen den Justizfiskus immer begründet sei, wenn der obersten Dienstbehörde im Rechtsstreit der Vorwurf vorsätzlich unerlaubter Handlung gemacht wird (ebenso E. Schneider DRiZ 76, 45).

12 **b) Nahe persönliche Beziehungen zu einer Partei,** soweit nicht § 41 Nr 2, 3 eingreift. Beispiele: Verlöbnis, auch früheres, mit der Partei; enge Freundschaft oder Feindschaft; nicht frühere enge Bekanntschaft (LG Bonn NJW 66, 160 mit Anm Rasehorn NJW 66, 666); nähere, über das bloße Kollegialitätsverhältnis (vgl dazu Rn 29) hinausgehende berufliche oder private Beziehungen des Richters zu seinem Kollegen, der Partei ist, nicht schon die gemeinsame Zugehörigkeit zum gleichen OLG (BGH LM Nr 2 zu § 42), wohl aber die Zugehörigkeit zum gleichen Spruchkörper; ist ein Handelsrichter persönlich haftender Gesellschafter einer Partei, können sämtliche Richter seiner KfHS abgelehnt werden (Nürnberg NJW 67, 1864; Hamm MDR 78, 583 = BB 78, 558; zur Ablehnung von Handelsrichtern vgl ferner KG NJW 63, 451), bei verhältnismäßig großer Zahl von ehrenamtlichen Richtern anders für das Arbeitsgericht LAG Kiel SchlHA 68, 213. Das Lehrauftragsverhältnis eines Richters begründet keine Besorgnis der Befangenheit im Prozeß der betreffenden Hochschule (OVG Münster NJW 75, 2119); desgleichen sind bloß allgemeine geschäftliche Beziehungen des Richters zu einer Partei kein Befangenheitsgrund (LG Regensburg FamRZ 79, 525).

13 **c) Nahe persönliche Beziehungen zum Prozeßvertreter einer Partei,** zB nahe Verwandtschaft (Richter ist der Bruder des Anwalts der Partei); für Ehe, Verlöbnis, Freundschaft, Feindschaft gilt Rn 12 entsprechend. Starke persönliche Spannungen zwischen dem Richter und dem Prozeßbevollmächtigten können uU einen Ablehnungsgrund bilden, wenn die ablehnende Einstel-

lung des Richters in dem Verfahren selbst in Erscheinung getreten ist (BayObLGZ 74, 446 = NJW 75, 699 = Rpfleger 75, 93; BFH 123, 305 = BB 78, 33; Karlsruhe Justiz 84, 57); jedoch genügen (sachliche) Differenzen zwischen Richter und Anwalt über die Korrektheit des Verhaltens des Prozeßbevollmächtigten im allg nicht (abzulehnen LG Kassel AnwBl 86, 104).

d) Interessenwahrnehmung für eine Partei (über die Fälle des § 41 Nr 4 hinaus). Beispiele: 14
Erteilung von Rat und Empfehlung an eine Partei außerhalb des Verfahrens (eingehend: Riedel, Das Postulat der Unabhängigkeit des Richters, 1980, S 163) oder Privatgutachten durch den Richter. Nicht hierher gehören Aufklärung und Belehrung einer Partei im Rahmen der richterlichen Prozeßleitung gem §§ 139, 278 III; vgl dazu Rn 26. Zur sachwidrigen Benachteiligung (Bevorzugung) einer Partei im laufenden Verfahren vgl Rn 20 ff.

e) Vorbefassung. Die frühere Tätigkeit (Mitwirkung) des Richters in der gleichen oder einer 15
anderen Sache kann zu einer vorzeitigen – uU endgültigen – „Festlegung" des Richters führen, die einer unvoreingenommenen Entscheidung der vorliegenden Sache entgegensteht (Rspr sehr zurückhaltend, vgl Rn 26; **Lit:** *Riedel*, Das Postulat der Unabhängigkeit des Richters, 1980, S 115 ff, 152 ff; zum Strafprozeß: *Brandt-Janczyk*, Richterliche Befangenheit durch Vorbefassung im Wiederaufnahmeverfahren, 1978, und *Krekeler* NJW 81, 1633 [1637]). Nach hM genügt die Mitwirkung des Richters an einem früheren Verfahren, auch über den gleichen Sachverhalt, das zu einer der Partei ungünstigen Entscheidung geführt hat, grundsätzlich nicht als Ablehnungsgrund (grundlegend: Saarbrücken OLGZ 76, 469 mwN = NJW 76, 1459 [L]; Frankfurt Rpfleger 80, 300). Im einzelnen ist zwischen prozeßrechtlich typischer und prozeßrechtlich atypischer Vorbefassung zu unterscheiden; erstere begründet für sich allein nie ein Ablehnungsrecht (Fälle: Rn 16), wohl aber kann letztere auch ohne das Hinzutreten besonderer Umstände die Ablehnung rechtfertigen (Fälle: Rn 17). Ein Sonderproblem bildet die Mitwirkung in Vor- und Wiederaufnahmeprozeß (Rn 18). Ist der Richter mit mehreren **gleichzeitig** anhängigen Verfahren der Partei befaßt, kann sich der in einem Verfahren gegebene Ablehnungsgrund auch auf die anderen auswirken (Rn 19).

aa) Fälle prozeßrechtlich typischer Vorbefassung sind gegeben bei Mitwirkung des Richters 16
im Prozeßkostenhilfe- und Klageverfahren (Hamm OLGZ 77, 105 mwN = NJW 76, 1459; allgM); im Arrest(Verfügungs-)- und Hauptsacheverfahren (Saarbrücken OLGZ 76, 473 mwN = NJW 76, 1459 [L]); im Urkunden- und Nachverfahren (Schmid NJW 74, 730); an der Einstellung der Zwangsvollstreckung oder anderen Entscheidungen im Vollstreckungsverfahren und in der Hauptsache (Frankfurt Rpfleger 80, 300); bei Entscheidung nach Aufhebung und Zurückverweisung durch denselben Spruchkörper (allgM, vgl Karlsruhe OLGZ 84, 102 [104], arg § 565 I 1; aA Stemmler NJW 74, 1545; nur bei Hinzutreten besonderer Umstände: LG Kiel AnwBl 75, 207); bei Mitwirkung im früheren Verfahren und im Verfahren auf Vollstreckungsgegenklage und Abänderungsklage (Schmid NJW 74, 730); in Vor- und im Regreßprozeß (BGH NJW 68, 710; aA Baur, FS Larenz, S 1073; Stemmler NJW 74, 1546); Mitwirkung an Aussetzungsbeschluß im Patentverletzungsprozeß und Nichtigkeitsberufungsverfahren (BGH NJW-RR 86, 738 = MDR 86, 670).

bb) Fälle prozeßrechtlich atypischer Vorbefassung. Hierher gehören: Die Versetzung des in 17
erster Instanz in der Sache tätigen Richters an das Berufungsgericht und den (später) mit der Entscheidung über die Berufung befaßten Spruchkörper, auch wenn ein Fall des § 41 Nr 6 (Mitwirkung am angefochtenen Urteil) nicht vorliegt (LG Würzburg NJW 73, 1932); die Rückkehr des Rechtsmittelrichters zum Tatsachengericht (vgl auch § 41 Rn 14); die frühere Befassung des Zivilrichters mit dem gleichen Sachverhalt als Anklagevertreter (LG Würzburg MDR 85, 850; Nürnberg MDR 63, 602 = BayJMBl 63, 81; s auch BGH NJW 79, 2160 zu § 26 Nr 4 StPO), als Strafrichter (Koblenz NJW 67, 2213; einschränkend Hamm NJW 70, 568; aA für Verkehrsunfall Karlsruhe MDR 70, 148 und Stuttgart Justiz 70, 261) oder als Organ der Justizverwaltung (vgl BayObLGZ 1985, 182 unter Hinweis auf § 54 II VwGO).

cc) Mitwirkung in Vorprozeß und Wiederaufnahmeverfahren. Da eine dem § 23 II StPO (dazu 18
BVerfG 63, 77 [79]) entsprechende Vorschrift im Zivilprozeß fehlt, kann die bloße Mitwirkung an der im Wiederaufnahmeverfahren angefochtenen Entscheidung für sich allein keinen Ablehnungsgrund bilden (zutr Zweibrücken OLGZ 74, 292 = NJW 74, 955 = MDR 74, 406; aA Düsseldorf NJW 71, 1221; Stemmler NJW 74, 1545; offen geblieben in BGH NJW 81, 1273 [1274] = MDR 81, 481); die Gegenansicht liefe der Sache nach auf die Schaffung eines neuen Ausschließungsgrundes hinaus (Karlsruhe OLGZ 75, 243; vgl auch § 41 Rn 1). Jedoch ist der Wertung des § 23 II StPO (eingehend: Brandt-Janczyk aaO S 87 ff) dadurch Rechnung zu tragen, daß je nach der Eigenart des vorgebrachten Restitutions-(Wiederaufnahme-)grundes Besorgnis der Befangenheit angenommen wird (Karlsruhe OLGZ 75, 244), so etwa bei Geltendmachung pflichtwidrigen Verhaltens des Richters (Zweibrücken OLGZ 74, 293), anders dagegen bei Neubeurteilung des Sachverhalts (Karlsruhe OLGZ 75, 244).

19 **dd) Mitwirkung in mehreren gleichzeitig anhängigen Verfahren der Partei:** Inwieweit sich ein in einem Verfahren gegebener Ablehnungsgrund auch auf die anderen auswirkt (sog „übergreifender Ablehnungsgrund"; dazu Frankfurt OLGZ 80, 109 mN; vgl auch § 43 Rn 7) ist Frage des Einzelfalls und hängt vom konkreten Ablehnungsgrund ab (Frankfurt FamRZ 86, 291). Die Erfolglosigkeit des Antragstellers in einem anderen Verfahren vor dem abgelehnten Richter begründet allein noch nicht die Befangenheit (BayObLG Rpfleger 80, 193). War die erfolgreiche Ablehnung auf Voreingenommenheit gegen die Person des Ablehnenden gestützt, greift der Ablehnungsgrund auch in den anderen Verfahren durch (Celle NdsRpfl 76, 215; Nürnberg MDR 65, 667); andererseits begründet die Selbstablehnung (§ 48) des Richters in einem früheren Verfahren als solche nicht schon einen Befangenheitsgrund für ein späteres Verfahren zwischen den gleichen Parteien mit anderem Verfahrensgegenstand (Frankfurt FamRZ 86, 291; vgl auch § 47 Rn 3 aE).

20 **f) Verstöße gegen die Pflicht des Richters zu unvoreingenommener und neutraler Amtsführung** (vgl Rn 1 vor § 41; zur Abgrenzung von der richterlichen Aufklärungs- und Hinweispflicht vgl Rn 26). Hierher gehören alle Fälle unsachlichen, auf Voreingenommenheit hindeutenden Verhaltens im laufenden Verfahren.

21 **aa) Verstoß gegen das prozessuale Gleichbehandlungsgebot.** Der allgemeine Gleichheitssatz (Art 3 I GG) gebietet die „Gleichheit der Parteien vor dem Richter" und verbietet jede richterliche Willkür (Einl Rn 99). Verstöße gegen diese grundlegenden Richteramtspflichten können den Verdacht der Befangenheit begründen. **Beispiele:** Die **Verfahrensweise** des Richters entbehrt jeder gesetzlichen Grundlage und/oder erweckt den Anschein der Willkür (BayObLG DRiZ 77, 244; vgl auch E. Schneider Büro 77, 1341, 1343 und die Rspr-Beispiele in Rn 24); Nichtrüge beleidigender Äußerungen des Beklagten gegenüber dem Kläger, aber Verhängung einer Ordnungsstrafe gegen den darauf beleidigend widerredenden Kläger.

22 **bb) Negative Einstellung gegenüber einer Partei, Bevorzugung der anderen.** Beispiele: Versehen der Schriftsätze einer Partei mit unsachlichen Randbemerkungen (JW 33, 2020; Koblenz NJW 59, 906); kränkendes Verhalten gegenüber einer Partei, zB durch **unsachliche Äußerungen** in der mündlichen Verhandlung (BGHSt NJW 76, 1462; KG NJW 75, 1842) oder durch Formulierungen in den schriftlichen Entscheidungsgründen (vgl Frankfurt MDR 79, 940; Berglar ZRP 84, 7; vgl dazu ferner Rn 4; § 44 Rn 5); schroffer und ungehöriger Ton im Schriftverkehr (LG Bayreuth NJW-RR 86, 678: Eingabe gehöre in den „Papier-Abfalleimer"); Bezeichnung des Verhaltens des Beklagten als „Theater" kann uU genügen (Schmidt-Leichner NJW 77, 1805 gegen BGHSt dort S 1829); Bezeichnung des Verhältnisses der Unterhaltsklägerin zu ihrem Freund als „Bratkartoffelverhältnis" (aA Schleswig SchlHA 79, 51 und Schneider Büro 79, 1126); Bezeichnung des Handelns des Beklagten als offensichtlich betrügerische Schiebung (OLG 25, 61); Verwendung von **Schimpfworten** gegen die Partei oder ihren Vertreter, nicht notwendig aber schon die Kennzeichnung des Parteivertreters als „prozeßunfähiger Psychopath" (vgl BGH 77, 73); Erstattung von **Strafanzeige wegen Prozeßbetrugs** oder **Aussetzung** und Zuleitung der Akten an die Staatsanwaltschaft (LG Würzburg MDR 85, 850; Frankfurt MDR 84, 499; 86, 943; vgl aber auch Rn 29); nicht der Erlaß einer der Partei unerwünschten Beweisanordnung (körperliche Untersuchung: Köln VersR 80, 93); umfangreiches rechtstatsächliches Material aus Amtsgerichtsprozessen würdigt Horn aaO S 24 ff, 96 ff.

23 **cc) Negative Stimmungen (Gereiztheit, Ungeduld, Unmutsäußerungen).** Beispiele: Unangemessene Mimik und Gestik während des Parteivortrags (OVG Lüneburg DRiZ 74, 194 mit krit Anm Koch S 293); heftige Unmutsäußerungen gegenüber einem Rechtsanwalt (Nürnberg MDR 67, 310; vgl auch oben Rn 13); Wortentziehung gegenüber dem Anwalt, der bittet, die Zeugenaussage wörtlich zu protokollieren (Nürnberg AnwBl 62, 282); wiederholte Unterbrechung der Partei und Wortentzug, da ihr beabsichtigtes Vorbringen bereits bekannt sei (BVerwG NJW 80, 1972 f).

24 **dd) Ungebührliche Verfahrensweise, evident mangelnde Sorgfalt, willkürliche Benachteiligung.** Das prozessuale Vorgehen des Richters entbehrt einer ausreichenden gesetzlichen Grundlage und entfernt sich so sehr von dem normalerweise geübten Verfahren, daß sich für die dadurch betroffene Partei der Eindruck einer sachwidrigen auf Voreingenommenheit beruhenden Benachteiligung aufdrängt (vgl BayObLG DRiZ 77, 245; LG Bayreuth NJW-RR 86, 678). Beispiele: Langandauernde Nichtbearbeitung des Prozeßkostenhilfeverfahrens unter Nichtbeantwortung der Erinnerungsschreiben der Partei (Hamm JMBl NRW 76, 111; zum Fall *ungebührlicher Verfahrensverzögerung* vgl auch die Wertung aus § 1032 II); Sichleitenlassen von gefühlsmäßigen Überlegungen ohne Bereitschaft zur Mühe der Rechtsfindung (Celle AnwBl 84, 502); unzulängliche Stellungnahme des Richters zu den zum Ablehnungsantrag führenden Vorgängen in der dienstlichen Äußerung gem § 44 (Frankfurt MDR 78, 409 = Rpfleger 78, 100; Köln NJW-RR 86, 420; LG Bochum AnwBl 78, 101); willkürliche Festsetzung eines überhöhten Kostenvorschus-

ses, um die Rechtsverteidigung der Partei zu erschweren (vgl Karlsruhe OLGZ 84, 103 – im Einzelfall verneinend); willkürliche, das Recht auf Gehör verkürzende Ablehnung eines begründeten Antrags auf Terminsverlegung (vgl BayObLG MDR 86, 416 – im Einzelfall verneinend).

ee) Beeinträchtigung des richterlichen Vertrauensverhältnisses. Insoweit kommen vor allem Verstöße gegen das *Prinzip der Parteiöffentlichkeit* (einseitige Kontaktaufnahme zu einer Partei hinter dem Rücken der anderen) und die *„Vorentschiedenheit des Richters"* (vorzeitige *Festlegung* auf eine bestimmte Meinung) in Frage (ie Laumen, Das Rechtsgespräch im Zivilprozeß, 1984, S 279 ff). Beispiele: Der Richter bringt zum Ausdruck, daß er sich auf Grund privaten Augenscheins bereits eine bestimmte Meinung über den Streitgegenstand gebildet habe (Düsseldorf MDR 56, 557); der Richter ermittelt in einem Scheidungsprozeß außerhalb der Verhandlung Einzelheiten des Ehelebens der Parteien durch Rücksprache mit der als Zeugin in Frage kommenden Eheberaterin (Frankfurt NJW 72, 2310, nicht verallgemeinern, keinesfalls genügt jede Vorbesprechung mit Beweismittel als Ablehnungsgrund, Rasehorn NJW 73, 288 iü krit zu diesem Gießler dort S 981); Weigerung, den schriftsätzlich angekündigten Antrag einer Partei „anzunehmen" und ihn im Protokoll festzuhalten (Köln OLGZ 71, 376), wie überhaupt die mangelnde Bereitschaft, das Prozeßvorbringen einer Partei vollständig zur Kenntnis zu nehmen und entsprechend zu würdigen (Hamm VersR 78, 646); die Nichtweiterleitung eines eingereichten Schriftsatzes an die Gegenseite (LG Verden AnwBl 80, 290), auch wegen unsachlicher, den Gegner kränkender oder beleidigender Formulierungen (LG Frankenthal FamRZ 77, 562, zw; eingehend zur Behandlung von Schriftsätzen mit beleidigendem Inhalt Walchshöfer MDR 75, 11); Festhalten an früherer, im Rechtsmittelzug für unrichtig erklärter Rechtsansicht im Widerspruch zur Rechtsmittelinstanz ohne erkennbaren Grund (Frankfurt MDR 84, 408; anders, wenn der Richter unter Aufrechterhaltung seiner Rechtsauffassung im Rechtsstreit die Rechtsmeinung der Rechtsmittelinstanz zugrundelegt, vgl Karlsruhe OLGZ 84, 102 [104]); grundlose Mißbilligung des Verhaltens des Prozeßbevollmächtigten als standeswidrig (LG Kassel AnwBl 86, 104; vgl aber auch Rn 13); das Vertrauensverhältnis zu einer Partei schwer belastende Ungeschicklichkeiten und Mißgriffe des Richters (Frankfurt MDR 78, 409 = Rpfleger 78, 100); Aufforderung zur Abgabe von Parteierklärungen in ultimativer Form (VGH Kassel NJW 83, 901), wie überhaupt jede Beeinträchtigung der Dispositionsfreiheit der Parteien (Laumen, Das Rechtsgespräch im Zivilprozeß, 1984, S 280); Urteilsverkündung vor rechtskräftiger Erledigung des Ablehnungsgesuchs (Hamburg HambJVBl 75, 107); zu weitgehend Köln NJW-RR 86, 420, das bereits Terminsbestimmung genügen läßt); Erweiterung der teilweise bewilligten Prozeßkostenhilfe erkennbar nur zu dem Zweck, die Zuständigkeit des angerufenen Gerichts herbeizuführen (Hamm AnwBl 73, 109); Sichbewirtenlassen durch eine Partei mit einem gewissen Aufwand anläßlich eines Ortstermins (BL Anm 2 B, „Bewirtung"); nicht zu billigen ist aber die Ansicht, daß allein schon dann, wenn sich ein Richter von dem Anwalt der einen Partei zu einem auswärtigen Beweisaufnahmetermin in dessen Kraftwagen mitnehmen läßt, objektive Gründe vorlägen, die geeignet sind, Mißtrauen gegen die Unparteilichkeit des Richters zu erregen (so aber Kassel NJW 56, 1761; aA zu Recht Frankfurt NJW 60, 1622). 25

3) Abgrenzung. a) Richterliche Aufklärungspflicht und Prozeßleitung. Ein im Rahmen der richterlichen Aufklärungspflicht (§§ 139, 278 III) gebotenes richterliches Verhalten begründet niemals einen Ablehnungsgrund, selbst wenn dadurch die Prozeßchancen einer Partei verringert werden (BVerfG 42, 78 = NJW 76, 1391 = Rpfleger 76, 389; BSG MDR 86, 85 = AP Nr 1 zu § 106 SGG und dazu Rn 1 vor § 41). Bei der Bestimmung der Grenzen von prozeßrechtlich gebotener Aufklärung und Belehrung einer Partei und Neutralitätspflicht ist zu berücksichtigen, daß die Vereinfachungsnovelle die richterliche Aufklärungs-, Hinweis- und Fürsorgepflicht wesentlich verstärkt hat und das Gericht zu einer umfassenden Erörterung des Rechtsstreits in tatsächlicher und rechtlicher Hinsicht (Führung eines Rechtsgesprächs) verpflichtet ist (vgl E. Schneider MDR 77, 969 ff; Franzki DRiZ 77, 162, 165; Riedel, Das Postulat der Unparteilichkeit des Richters, 1980, S 166 mit umfangr Nachw; Laumen, Das Rechtsgespräch im Zivilprozeß, 1984, S 274 ff; oben Einl Rn 2, 15 ff). Die bisher zur Abgrenzung von § 42 II zu § 139 ergangene Rspr ist deshalb nur noch mit Vorbehalt zu verwerten (zutr E. Schneider MDR 77, 972 ff und DRiZ 78, 45 f). **Keinen Ablehnungsgrund bilden daher vorläufige Meinungsäußerungen,** durch die sich der Richter noch nicht abschließend festgelegt hat (BayObLG DRiZ 80, 432; KG FamRZ 79, 322; BVerwG NJW 79, 1316). Beispiele: Äußerungen zur Erfolgsaussicht eines Antrags (BGH 77, 73; BVerwG NJW 79, 1316; Köln NJW 75, 788 und MDR 59, 396) wie überhaupt die Äußerung von Rechtsansichten (Franzki DRiZ 77, 165; Bender/Belz/Wax, Das Verfahren nach der Vereinfachungsnovelle, 1977, S 73; Hartmann NJW 78, 1457; Wassermann, Der soziale Zivilprozeß, 1978, S 174; Karlsruhe OLGZ 78, 224; Frankfurt Rpfleger 78, 100; erweiternd auch für tatsächliche Gesichtspunkte KG FamRZ 79, 322); im Rahmen eines geführten Rechtsgesprächs gegebener Rat zu einem Vergleich (LG Hamburg MDR 66, 421); die Anregung zur Stellung oder Rücknahme auch 26 völlig neuer Anträge (E. Schneider MDR 77, 972 mwN, str; aA für Anregung von Anschlußberufung KG JW 31, 1104; von Rechtsmittelrücknahme Oldenburg NJW 63, 451; von Erledigungserklärungen VGH Kassel NJW 83, 901; kritisch zur bish Rspr Vollkommer Rpfleger 76, 395); der Hinweis, durch Vorlage einer Abtretungserklärung die Sachlegitimation darzutun (E. Schneider NJW 70, 1884 gegen Frankfurt ebenda; diesem aber zust Dittmar NJW 71, 56); der Hinweis auf bestehende **Einreden und Gegenrechte,** zB **Verjährung, Aufrechnung, Zurückbehaltungsrecht** (sehr str, insbes die Zulässigkeit eines Hinweises auf die Verjährungseinrede; **aA** die bisher überwiegende M, zB Köln MDR 79, 1027; Bremen NJW 86, 999 mN; Hamburg NJW 84, 2710; LG Berlin NJW 86, 1000; Prütting NJW 80, 364/365 mwN in Fußn 55; Stürner, Die richterliche Aufklärung im Zivilprozeß, 1982, Rn 80; ferner § 139 Rn 11; wie hier dagegen schon Bender/Belz/Wax, Das Verfahren nach der Vereinfachungsnovelle, 1977, S 8; E. Schneider MDR 77, 974; 79, 974; NJW 86, 1316; Schmidt JZ 80, 157 zu Fußn 72; Riedel, das Postulat der Unparteilichkeit des Richters, 1980, S 170 ff, 184; Laumen, Das Rechtsgespräch im Zivilprozeß, 1984, S 219 ff, 224; LG Frankfurt MDR 80, 145; LG Braunschweig NdsRpfl 79, 146; LG Hamburg NJW 84, 1904; LG Darmstadt MDR 82, 236 mit zustimmender Anm Schneider sowie überzeugend Wacke/Seelig NJW 80, 1170 und Seelig, Die prozessuale Behandlung materiellrechtlicher Einreden usw, 1980, S 90 f, 97 f, 109 f unter Hinweis auf den Grundgedanken des § 278 III, wonach ein von der Partei erkennbar übersehener Gesichtspunkt nur dann zur Entscheidungsgrundlage gemacht werden darf, wenn das Gericht dazu die Gelegenheit zur Stellungnahme gegeben hat; darin liegt kein Eingriff in die prozessuale Chancengleichheit, denn keine Partei hat eine schutzwürdige Aussicht auf Aufrechterhaltung eines ihr günstigen Rechtsirrtums ihres Gegners; zum Problem ferner Peters, Richterliche Hinweispflichten und Beweisinitiativen im Zivilprozeß, 1983, S 135 ff, der „jedenfalls" die Konkretisierung einer undeutlichen Berufung auf den Zeitablauf zulassen will; im Erg wie hier auch Hermisson NJW 85, 2562, da der Richter auch bei einem *unzulässigen* Hinweis jedenfalls einer *vertretbaren* Rechtsmeinung folgt, vgl Rn 28); Würdigung des Beweiswerts einer Zeugenaussage oder Nichtzulassung bestimmter Fragen in der Beweisaufnahme (Köln JMBlNRW 57, 64); Anregung nach Durchführung der Beweisaufnahme, einen weiteren Zeugen zu vernehmen (Frankfurt NJW 76, 2025); Bestehen auf Einhaltung einer angemessenen Karenzzeit vor Erlaß eines Versäumnisurteils (LG Mannheim Justiz 68, 142) oder Rückruf bei dem Anwalt der Partei und Anfrage, ob dieser noch komme, vor Erlaß eines Versäumnisurteils (Hamburg NJW 61, 128).

27 **Sitzungspolizeiliche Maßnahmen gegen Dritte** (Zuhörer) begründen grundsätzlich kein Ablehnungsrecht für die Parteien; etwas abweichendes kann uU gelten, wenn eine Partei das Interesse der Öffentlichkeit gezielt hervorgerufen hat (so LG Berlin MDR 82, 154 betr Räumungsprozeß gegen Hausbesetzer, zweifelhaft; vgl auch allg Molketin MDR 84, 10).

28 **b) Richterliche Entscheidungstätigkeit.** Einer Partei ungünstige Ausführungen im Rahmen der richterlichen *Begründungspflicht* rechtfertigen keine Befangenheitsbesorgnis, insbs wenn sie eine erst vorläufige Beurteilung darstellen (BGH NJW-RR 86, 738 = MDR 86, 670). Auch **Verfahrensverstöße oder fehlerhafte Entscheidungen** sind grundsätzlich kein Ablehnungsgrund (BayObLG DRiZ 77, 245; FamRZ 79, 737; MDR 80, 945; Rpfleger 80, 193; Zweibrücken MDR 82, 940; Waldner NJW 80, 217 f). Dies gilt auch bei einer Überschreitung der richterlichen Befugnisse gem § 139 (grundsätzlich verkannt von VGH Kassel NJW 83, 901 [902]; insoweit zutr Hermisson NJW 85, 2562, vgl Rn 25 – „Verjährung"). Etwas anderes gilt nur dann, wenn Gründe dargetan werden, die dafür sprechen, daß die Fehlerhaftigkeit auf einer unsachlichen Einstellung des Richters gegenüber der ablehnenden Partei (KG JR 57, 64; Köln OLGZ 71, 380; Zweibrücken MDR 82, 940) oder auf Willkür beruht (BayObLG DRiZ 77, 244; vgl dazu auch Rn 20 ff). UU kann sich auch aus dem Zusammenhang ergeben, daß prozeßleitende Entscheidungen, die für sich betrachtet dem Gesetz entsprechen, geeignet sein können, das Mißtrauen einer Partei zu rechtfertigen (Nürnberg BayJMBl 54, 162; Köln NJW-RR 86, 420). Gerade der in Wirklichkeit parteiische Richter wird um ein äußerlich einwandfreies Verfahren bemüht sein (vgl Moll ZRP 85, 244 unter Hinweis auf Daube, FS von Caemmerer, 1978, S 13 und Gedächtnisschrift für Kunkel, 1984, S 37).

29 c) Das **eigene Verhalten der ablehnenden Partei** begründet als solches nie einen Ablehnungsgrund. Durch Angriffe auf den Richter, wie Dienstaufsichtsbeschwerden, Strafanzeigen wegen Rechtsbeugung (oder Vorlage entsprechender Rechtsgutachten wie im Fall Hoechst, vgl Strecker ZRP 84, 123), Anträge auf Einleitung von Disziplinarmaßnahmen, wiederholte (erfolglose) Ablehnungsgesuche in früheren Prozessen kann eine Partei einen ihr unbequemen Richter nicht ausschalten (zutr München NJW 71, 384; auch BAG AP Nr 2 zu § 42 ZPO mit zust Anm Vollkommer; aA LG Aachen MDR 65, 667; differenzierend Frankfurt Rpfleger 80, 300 = NJW 80, 1805 [L]; LG Ulm MDR 79, 1028 mN; grundlegend verkannt von Moll ZRP 85, 246). Grund: Ablehnung als Manipulationstaktik ist Rechtsmißbrauch (LSG Hess MDR 86, 436; vgl auch Rn 6). Dies

muß auch dann gelten, wenn sich der Richter durch eine Strafanzeige gegen die Partei zur Wehr gesetzt hat (München und BAG, je aaO; zur Abgrenzung bei Strafanzeigen *ex officio* Rn 22). Auch die Mitwirkung des Richters an einer dienstaufsichtlichen Tätigkeit in bezug auf eine Partei (Anwalt) begründet keine Befangenheitsbesorgnis (LG Bonn NJW 73, 2069). Anders ist aber zu entscheiden, wenn im Ablehnungsgesuch Tatsachen glaubhaft gemacht sind, die den Richter als befangen erscheinen lassen. Ist der Richter allerdings bereits in drei laufenden Prozessen **erfolgreich** abgelehnt worden, kann er auch im vierten Rechtsstreit von der gleichen Partei abgelehnt werden (Nürnberg MDR 65, 667; vgl auch Rn 19).

d) Gesellschaftlicher Standort und Person des Richters. Die Ablehnung setzt einen in der Person des zur Entscheidung berufenen Richters liegenden „individuellen" Ablehnungsgrund voraus (vgl Rn 9 ff); dafür genügt eine allgemeine *„Sozialbefangenheit"* des Richters nicht (vgl Dütz JuS 85, 753; Vollkommer EzA § 49 ArbGG 1979 Nr 4, Anm S 28). Vom Richter wird erwartet (vgl § 38 DRiG), daß er sich bei der Entscheidung des Einzelfalls von sich daraus ergebenden Einflüssen freihält (vgl auch die Wertung in § 18 II BVerfGG). **Keine Ablehnungsgründe** sind daher idR (uU anders bei Hinzukommen bes Umstände, vgl Rn 31) die Mitgliedschaft des Richters in einer **politischen Partei** (BVerfG 11, 3; 43, 128; Koblenz NJW 69, 1177; VGH Mannheim NJW 75, 1048; ie Gilles DRiZ 83, 48; Dütz JuS 85, 752; Moll ZRP 85, 245; Vollkommer, FS Hubmann, 1985, S 457 mwN; vgl Rn 11 und zur politischen Betätigung vgl Rn 31); die Zugehörigkeit zu bestimmter Religion oder Weltanschauung; die Mitgliedschaft eines *ehrenamtlichen Richters* am ArbG in einer **Gewerkschaft** (BAG NJW 68, 862 = AP Nr 2 zu § 41 ZPO mit insoweit zust Anm Wieczorek = SAE 69, 134 mit insoweit zust Anm Baumgärtel/Mes; BAG BB 78, 100; eingehend Riedel aaO S 98 ff) oder Arbeitgebervereinigung (BL-Hartmann Anm 2 B; vgl auch § 20 ArbGG); die Mitgliedschaft eines *Berufsrichters*, auch der Arbeitsgerichtsbarkeit, bei einer Gewerkschaft (BVerfG NJW 84, 1874 = AP § 42 ZPO Nr 7 = EzA § 49 ArbGG 1979 Nr 4; Dieterich RdA 86, 6; Kempen ArbuR 85, 6; Remmers, FS Wassermann, 1985, S 168; Vollkommer, FS Ernst Wolf, 1985, S 664 f, 667; zur gewerkschaftlichen Betätigung vgl Rn 32); die Zugehörigkeit des Berufsrichters zum gleichen Gericht oder zur gleichen Justizbehörde wie die Partei (BGH NJW 57, 1400) oder deren naher Angehöriger; Beispiel: Partei ist Kollegensohn oder Sohn des Dienstvorgesetzten des Richters (Celle NdsRpfl 63, 37 und 231); zum **Kollegialitätsverhältnis** als möglichem Ablehnungsgrund vgl auch oben Rn 12). Das **Geschlecht** des Richters bzw der Richterin als solches bildet auch bei sexualbezogenem Verfahrensgegenstand keinen Ablehnungsgrund (BayObLG DRiZ 80, 432). 30

e) Politische Betätigung des Richters. Bei der ihm freistehenden politischen Betätigung sind dem Richter durch die Pflicht zur Wahrung seiner Unabhängigkeit (§ 39 DRiG) und die Notwendigkeit der Erhaltung einer funktionsfähigen Rechtspflege (BVerfG NJW 83, 2691) Grenzen gezogen (vgl allg Sendler NJW 84, 689; Schmidt-Jortzig NJW 84, 2057; Remmers, FS Wassermann, 1985, S 165; Dieterich RdA 86, 6; Vollkommer, FS Hubmann, 1985, S 447 ff; vgl auch die in BGH NJW 84, 2471 wiedergegebene Bay „Gemeinsame Bekanntmachung"). Ein Verstoß gegen die Mäßigungs- und Zurückhaltungspflicht (vgl OVG Lüneburg NJW 86, 1126) begründet allerdings für sich allein noch keinen Ablehnungsgrund (nicht genügend beachtet von VGH Kassel NJW 85, 1105; dagegen zutr Göbel NJW 85, 1057; Moll ZRP 86, 31; Dieterich RdA 86, 6; Vollkommer EzA § 49 ArbGG 1979 Nr 4, Anm S 31 mN; wohl auch BL-Hartmann Anm 3 B – „Politische Äußerung"). Maßgebend für die „individuelle" Befangenheitsbesorgnis (vgl Rn 29) sind stets die Umstände des Einzelfalls (dazu näher Vollkommer, FS Hubmann, 1985, S 458 f). Bei allgemein- und gesellschaftspolitischen Stellungnahmen des Richters (öffentliche Initiative; Unterschriftsaktion; offener Brief; Diskussionsbeitrag in öffentlicher Veranstaltung; Engagement in Bürgerinitiative) wird sie idR zu verneinen sein, mag im Einzelfall auch die gebotene Mäßigung außer acht gelassen sein und der Prozeßgegenstand eine gewisse „Nähe" zu dem betreffenden Thema aufweisen (VGH Mannheim NJW 86, 2068 = Justiz 85, 454); nicht ausreichen dürften idR auch ein gemeinsames umweltpolitisches Engagement von Richter und einer Prozeßpartei (ArbG Frankfurt NJW 84, 142 = EzA § 49 ArbGG 1979 Nr 4 mit zust Anm Vollkommer; wohl auch Dieterich RdA 86, 5; aA wohl Rüthers DB 84, 1623 und Schmidt-Jortzig NJW 84, 2057, 2059), wohl aber ausgeprägte politische Gegnerschaft (R-Schwab § 25 II 2a; Moll ZRP 85, 245), desgleichen auch das Bestehen eines *inneren Zusammenhangs* zwischen der öffentlichen Meinungsäußerung des Richters und dem Verfahrensgegenstand (vgl VGH Kassel NJW 85, 1105, zust Dütz JuS 85, 753 Fußn 148, aA Göbel NJW 85, 1058 ff). Ein besonders strenger Befangenheitsmaßstab gilt insoweit nach stRspr des BVerfG (zuletzt JA 86, 511) im verfassungsgerichtlichen Verfahren (ie Zuck MDR 86, 894 mwN). 31

f) Auch **gewerkschaftliche Betätigung** ist dem Berufsrichter, auch der Arbeitsgerichtsbarkeit, grundsätzlich gestattet (BVerfG NJW 84, 1874; zust zB Dieterich RdA 86, 6; insoweit krit etwa Rüthers DB 84, 1622; Hanau ZIP 84, 1165; Dütz JuS 85, 753). Im Hinblick auf die von den Gewerk- 32 schaften im Arbeits-(rechts-)leben eingenommene Gegnerschaftsstellung gelten die für die politische Betätigung des Richters gezogenen Grenzen (Rn 31) in gesteigertem Maß für gewerkschaftliches Engagement (ie sehr str; stark einschränkend außer Rüthers, Hanau, Dütz, je aaO, ferner etwa Berglar ZRP 84, 8; weitergehend etwa Kempen, Fangmann und Zachert ArbuR 85, 1, 7 und 14; Schuldt DB 84, 2509; Fangmann/Zachert, Gewerkschaftliche und politische Betätigung von Richtern, 1986; zusammenfassend zum ganzen Vollkommer, FS Ernst Wolf, 1985, S 659 ff). Für eine Ablehnung kommt es wieder auf die Einzelumstände an. Unbedenklich ist im allg die Mitarbeit des Richters in einem gewerkschaftlichen Arbeitskreis „Arbeitsrecht" (BVerfG NJW 84, 1874), anders aber uU je nach Organisation, Teilnehmerkreis und Thematik des Arbeitskreises, insbes bei einseitiger Kontaktaufnahme zwischen Richter und Anwalt eines anhängigen oder bevorstehenden konkreten Rechtsstreits (vgl Rüthers DB 84, 1624 f; Moll ZRP 85, 245 f; Dieterich RdA 86, 6); bei vereinsmäßiger Solidarisierung des Richters mit typischen Interessen einer Partei (Hanau ZIP 84, 1165; Moll ZRP 85, 247); bei Erarbeitung von Rechtsstandpunkt der Gewerkschaft auf dem Gebiet der eigenen Rechtsprechungstätigkeit (Rüthers DB 84, 1625), bei gewerkschaftsbezogenem Streitgegenstand, zB Koalitionsstreitigkeiten (ie str, vgl etwa Berglar ZRP 84, 8; zum ganzen auch Vollkommer, FS Ernst Wolf, 1985, S 667 f).

33 **g) Öffentliche Kundgabe von Rechtsansichten.** Frühere richterliche Publikationen sind unter dem Gesichtspunkt der „Festlegung" (Rn 25) unbedenklich, da der Richter schon von Berufs wegen gezwungen ist, sich zu Rechtsfragen laufend eine Meinung zu bilden und dabei stets „für neue und bessere Argumente offen zu bleiben" (Sendler, Zum Schreiben in eigener Sache, in: Freiheit und Verantwortung im Verfassungsstaat, 1984, S 413, 430; ders NJW 84, 693; Hess LSG MDR 86, 436). Die **frühere Kundgabe einer Rechtsansicht,** insbes die *Äußerung einer wissenschaftlichen Meinung zu einer Rechtsfrage* in einer Fachzeitschrift, bildet daher keinen Ablehnungsgrund (vgl den allg Rechtsgedanken gem § 18 III Nr 2 BVerfGG und dazu Schumann JZ 73, 486 ff; uU aber anders, wenn die Ansicht im Zusammenhang mit einem anhängigen Verfahren – BVerfG 35, 253 mit abw Meinungen S 257; BVerfG 37, 268; LG Berlin DRiZ 78, 57 [Leserbrief]; Sendler NJW 84, 694 – oder als Prozeßparteivertreter – dazu LG Aachen MDR 63, 602 mit Anm Teplitzky – geäußert ist). Die Interpretation einer früheren Entscheidung durch einen mitwirkenden Richter begründet im allg nicht die Besorgnis der Befangenheit in einem ähnlich liegenden Fall (BVerfG 46, 16; dazu allg Sendler, in: Freiheit und Verantwortung im Verfassungsstaat, 1984, S 428 ff; zum ganzen auch Riedel, Das Postulat der Unparteilichkeit des Richters, 1980, S 137 ff mwN).

34 **h)** Kein Ablehnungsgrund ist nach allgM die **Nichteignung** („relative Unfähigkeit") des Richters (vgl Riedel aaO S 58 ff), wenngleich nicht zu verkennen ist, daß es insoweit an geeigneten anderen Behelfen im Einzelverfahren (vgl allg §§ 34, 35 DRiG) fehlt (vgl hierzu auch § 41 Rn 2); zur Besetzungsrüge bei Übermüdung des Richters vgl BVerwG NJW 81, 413 und allg § 551 Rn 2. Ein Ablehnungsgesuch gegen einen Richter kann schließlich nicht darauf gestützt werden, eine im **Geschäftsverteilungsplan** getroffene Regelung sei grundgesetzwidrig (Stuttgart Justiz 70, 261) oder der Richter sei wegen Verletzung von § 21 g II GVG nicht der **gesetzliche Richter** (offengelassen von München MDR 75, 584).

43 *[Verlust des Ablehnungsrechts]*

Eine Partei kann einen Richter wegen Besorgnis der Befangenheit nicht mehr ablehnen, wenn sie sich bei ihm, ohne den ihr bekannten Ablehnungsgrund geltend zu machen, in eine Verhandlung eingelassen oder Anträge gestellt hat.

I) Allgemeines

1 **1) Bedeutung.** Die **zeitliche Beschränkung** des Ablehnungsrechts dient der schnellen und endgültigen Klärung der weiteren Mitwirkung des Richters am Verfahren nach Bekanntwerden eines Ablehnungsgrundes (Hamm NJW 67, 1864); die Partei, die den Ablehnungsgrund kennt, soll keine Dispositionsbefugnis hinsichtlich des Zeitpunkts der Geltendmachung haben (Koblenz MDR 86, 60). § 43 konkretisiert die allgemeine Prozeßförderungspflicht der Partei (vgl §§ 282 I, 296 II) für das Ablehnungsverfahren. Der Verlust des Ablehnungsrechts (Rn 7) ist Präklusionsfolge für säumiges Verhalten (iErg übereinstimmend KG NJW 75, 1842: Verwirkung).

2 **2) Anwendungsbereich.** § 43 gilt nur für § 42 (dort Rn 8 ff), nicht für § 41; anwendbar sowohl im mündlichen als auch im schriftlichen Verfahren (§ 128 II, III; hier aber Rn 3 beachten), in **zeitlicher** Hinsicht bis zur Endentscheidung der Instanz (vgl § 46 Rn 18). Wegen im Laufe des Prozesses entstandener Ablehnungsgründe vgl Rn 7. Entspr anwendbar in den FGG-Verfahren (Stuttgart Rpfleger 75, 93 mwN; Köln OLGZ 74, 422, str).

II) Voraussetzungen

1) Bekanntsein des Ablehnungsgrundes. Kenntnis des Prozeßbevollmächtigten wirkt gegen die Partei (Hamburg MDR 76, 845), Kennenmüssen (vgl § 122 II BGB) des Ablehnungsgrundes genügt zur Ausschließung der Ablehnung nicht (OLG 37, 204). Kenntnis muß den gesamten Komplex (vgl Rn 8) einschließlich der Person des Richters umfassen; daran kann es im schriftlichen Verfahren (vgl Rn 2) uU fehlen (vgl Köln OLGZ 1974, 422 betr FGG-Verfahren). Jede ablehnungsberechtigte Partei hat das Recht auf Bekanntgabe der Namen der am Verfahren mitwirkenden Richter (BayObLG Rpfleger 78, 17; vgl auch § 24 III 2 StPO). 3

2) Einlassung in eine Verhandlung. Die **Verhandlung** kann mündlich oder schriftlich sein, die Hauptsache oder einen prozessualen Streitpunkt betreffen. Als **Einlassen** in eine Verhandlung genügt jedes prozessuale und der Erledigung eines Streitpunkts dienende Handeln der Parteien unter Mitwirkung des Richters (Koblenz MDR 86, 60), zB Abgabe von mündlichen Erklärungen (OVG Bremen NJW 85, 823), Einreichung von Schriftsätzen, wegen der Auslösung der Abhilfeprüfung (§ 571) auch Einlegung der Beschwerde (Koblenz MDR 86, 60) und dgl. Handeln eines Vertreters steht dem persönlichen Handeln der Partei gleich; die aktive Teilnahme an einer Beweisaufnahme reicht aus (Köln OLGZ 74, 424). 4

3) Antragstellung: mündlich oder schriftlich zur Sache (vgl aber § 297), Einverständniserklärung mit einer Entscheidung im schriftlichen Verfahren nach § 128 II (München MDR 80, 146), zu prozessualen Fragen, auch Gegenvorstellungen (Düsseldorf MDR 57, 364), nicht aber bloßer Vertagungsantrag (RG 36, 378; BL Anm 2 B; ThP Anm 2d; StJLeipold Rn 5, str; aA Hamburg MDR 61, 152; LG Tübingen MDR 82, 411). Vorgänge im Zusammenhang mit der Antragstellung liegen **nicht vor** dieser (Köln OLGZ 74, 424); durch die gegenteilige Auslegung des § 43 würde das Ablehnungsrecht für die Partei in unzumutbarer Weise beschränkt (Köln OLGZ 71, 376). 5

4) Nichtgeltendmachung des Ablehnungsgrundes. Geltend machen kann ihn die Partei oder in ihrem Namen der Prozeßbevollmächtigte (vgl § 42 III und dort Rn 2). Geltendmachung genügt aber für sich allein zur Erhaltung des Ablehnungsrechts grundsätzlich nicht; hat die Partei ein Ablehnungsgesuch (§ 44) angebracht, muß sie mit Rücksicht darauf idR Antragstellung und Verhandlung (Rn 4, 5) verweigern, wenn sie ihr Ablehnungsrecht nicht verlieren will (München MDR 54, 552); zu möglichen Ausnahmen vgl Rn 8. 6

III) Rechtsfolgen

1) Verlust des Ablehnungsrechts. Präkludiert sind nur Ablehnungsgründe, die **vor** dem maßgebenden Zeitpunkt (Rn 4, 5) liegen, nicht solche, die **später** entstanden oder bekanntgeworden sind (§ 44 IV; vgl Frankfurt OLGZ 79, 453 = MDR 79, 762: Ablehnungsgründe, die während der Verhandlung entstehen, müssen bis zum Schluß der mündlichen Verhandlung geltend gemacht werden). Die Präklusionsfolge ist ferner auf den **anhängigen Rechtsstreit** beschränkt, und hindert die Partei nicht, den Ablehnungsgrund in einem anderen späteren Verfahren geltend zu machen (Stuttgart Justiz 73, 92; Teplitzky NJW 67, 2318 und DRiZ 74, 24 mwN, hM, str; aA Hamm NJW 67, 1864; vermittelnd ThP Anm 1 und E. Schneider MDR 77, 443: „Sachzusammenhang" zwischen den mehreren Verfahren entscheidend; ebenso Koblenz MDR 86, 60 für das Verhältnis PKH-Verfahren/Hauptprozeß). 7

2) Ausnahmen: Kein Verlust des Ablehnungsrechts, wenn Verhandlung und Antragstellung (Rn 4, 5) durch ein inkorrektes gerichtliches Verfahren veranlaßt waren; Beispiel: Verhandlung zur Abwendung eines Versäumnisurteils, wenn der abgelehnte Richter entgegen § 47 weiterverhandelt (KG NJW 75, 1842). Wird die Ablehnung auf einen „Gesamttatbestand" gestützt, kommt es für den Zeitpunkt entscheidend auf den letzten „Teilakt" an; Schranke: Umgehung des Verwirkungstatbestands (vgl BPatG GRUR 85, 434; LG Düsseldorf ZIP 85, 632; s auch Rn 1). 8

44 *[Ablehnungsgesuch]*

(1) Das Ablehnungsgesuch ist bei dem Gericht, dem der Richter angehört, anzubringen; es kann vor der Geschäftsstelle zu Protokoll erklärt werden.

(2) Der Ablehnungsgrund ist glaubhaft zu machen; zur Versicherung an Eides Statt darf die Partei nicht zugelassen werden. Zur Glaubhaftmachung kann auf das Zeugnis des abgelehnten Richters Bezug genommen werden.

(3) Der abgelehnte Richter hat sich über den Ablehnungsgrund dienstlich zu äußern.

(4) Wird ein Richter, bei dem die Partei sich in eine Verhandlung eingelassen oder Anträge gestellt hat, wegen Besorgnis der Befangenheit abgelehnt, so ist glaubhaft zu machen, daß der Ablehnungsgrund erst später entstanden oder der Partei bekanntgeworden sei.

I) Ablehnungsgesuch (Abs I)

1 **1) Form:** Schriftlich, zu Protokoll der Geschäftsstelle (**I,** 2. Hs) und mündlich: Anbringung auch in der mündlichen Verhandlung vor dem zur Entscheidung zuständigen Gericht. Kein Anwaltszwang, § 78 II. Bis zur Entscheidung (§ 46 II) ist das Gesuch widerruflich (R-Schwab § 25 II 3 a). Die **Empfangszuständigkeit** gem **I** ist Zulässigkeitsvoraussetzung (KG FamRZ 86, 1024).

2 **2) Inhalt. Individualisierung des Ablehnungsgrundes** ist erforderlich (BVerwG MDR 76, 783 mN). Die bloße Erklärung einer Partei, sie lehne den Richter ab, werde die Begründung nachbringen, ist kein Ablehnungsgesuch (Köln MDR 64, 423 mit Anm Teplitzky). Der **Richter** muß **namentlich bezeichnet** oder sonst zweifelsfrei **bestimmbar** sein (Pohle zu BAG AP Nr 3 zu § 49 ZPO; BFH NJW 73, 536; vgl auch § 42 Rn 3 mwN; Auskunftsrecht der Partei: § 43 Rn 3). Aus Gründen der Prozeßökonomie läßt aber die Rechtsprechung **Ausnahmen** zu, wenn der Ablehnungsgrund nur nach Gattungsmerkmalen bestimmt ist (Zugehörigkeit zu einer Gewerkschaft, einem bestimmten Gericht und dgl; vgl BAG NJW 68, 862 = AP Nr 2 zu § 41 ZPO mit insoweit abl Anm Wieczorek = SAE 69, 134 mit insoweit abl Anm Baumgärtel/Mes; LAG Kiel SchlHA 68, 213) oder wenn der Ablehnungsgrund aus konkreten, in einer Kollegialentscheidung enthaltenen Anhaltspunkten hergeleitet wird (BVerwG MDR 76, 783; VG Stuttgart JZ 76, 278; Günther NJW 86, 283).

II) Glaubhaftmachung (Abs II)

3 **Gegenstand:** Die Tatsachen, die den Ablehnungsgrund ergeben. **Mittel:** § 294; Einschränkung: Keine eidesstattliche Versicherung der Partei (**II 1,** 2. Hs). „Zeugnis des abgelehnten Richters" **(II 2)** ist die dienstliche Äußerung gem Abs III. Stillschweigende Bezugnahme darauf (vgl II 2) soll bei anwaltlichem Ablehnungsgesuch nicht ohne weiteres zu unterstellen sein (so Frankfurt OLGZ 77, 24 = NJW 77, 767 gegen Wieczorek Anm C II a). Glaubhaftmachung entfällt bei Offenkundigkeit (§ 291) und bei Unterstellung der geltend gemachten Tatsachen als wahr (VGH Mannheim NJW 75, 1048). Letzter Zeitpunkt: Bis zur Entscheidung (ThP Anm 2).

III) Dienstliche Äußerung (Abs III)

4 Sie hat idR schriftlich zu erfolgen (BL Anm 3; Grund: Nachprüfbarkeit), jedoch ist mündliche Anhörung des abgelehnten Richters durch das beschließende Gericht (§ 45 Rn 2) möglich (Beispiel: Anhörung des Amtsrichters durch das LG im Fall des § 45 II 1; rechtstatsächliche Angaben dazu bei Horn aaO S 79). Die dienstliche Äußerung ist auch im Verfahren gem § 48 abzugeben (Frankfurt NJW 76, 1545). Sie besteht in der Äußerung zu den Tatsachen des Ablehnungsgesuchs (arg „Zeugnis" in II), Ausführungen zur Zulässigkeit oder Begründetheit des Gesuchs haben zu unterbleiben (ThP Anm 3). Die Äußerung erübrigt sich bei querulatorischen Gesuchen (BVerfG 11, 3). Mängel der Stellungnahme sind uU für § 42 bedeutsam (vgl dort Rn 24 zu LG Bochum AnwBl 78, 101). Zum Erfordernis des rechtlichen Gehörs für die ablehnende Partei vgl § 46 Rn 3. Abs III ist entspr anwendbar auf den abgelehnten Sachverständigen (Koblenz OLGZ 77, 375 = NJW 77, 395 [L]). Die dienstliche Äußerung ist Teil der richterlichen Tätigkeit iS von § 26 DRiG (BGH 77, 72 = NJW 80, 2530 = DRiZ 80, 391).

IV) Ablehnung nach Einlassung oder Antragstellung (Abs IV)

5 Zum beschränkten Umfang der Präklusionswirkung bei Verhandlung oder Antragstellung vgl § 43 Rn 7 und 8. Zur Glaubhaftmachung bei nachträglicher Entstehung (Kenntnis) des Ablehnungsgrundes gilt § 294 uneingeschränkt; die Beschränkung gem II 1, 2. Hs ist für die Tatsachen gem Abs IV nicht anzuwenden (allgM). Zeitpunkt der Geltendmachung: vor der nächsten auf die Entstehung oder das Bekanntwerden des Ablehnungsgrundes folgenden Verhandlung (§ 43 Rn 4) oder Antragstellung (§ 43 Rn 5). Letzte zeitliche Schranke der rechtskräftige Abschluß des Rechtsstreits (§ 42 II 1 b; vgl auch § 43 Rn 7 sowie § 46 Rn 18).

6 **V) Gebühren** des **Gerichts:** Keine (§ 1 Abs 1 GKG).

45 *[Zuständigkeit zur Entscheidung über das Ablehnungsgesuch]*

(1) Über das Ablehnungsgesuch entscheidet das Gericht, dem der Abgelehnte angehört; wenn dieses Gericht durch das Ausscheiden des abgelehnten Mitglieds beschlußunfähig wird, das im Rechtszuge zunächst höhere Gericht.

(2) Wird ein Richter beim Amtsgericht abgelehnt, so entscheidet das Landgericht, in Kindschaftssachen und bei Ablehnung eines Familienrichters das Oberlandesgericht. Einer Entscheidung bedarf es nicht, wenn der Richter beim Amtsgericht das Ablehnungsgesuch für begründet hält.

Abs II idF des UÄndG vom 20. 2. 1986 (BGBl I, S 301), in Kraft seit 1. 4. 1986.

I) Ablehnung beim Kollegialgericht (Abs I)

1) Anwendungsbereich: I bezieht sich auf sämtliche Kollegialgerichte, also LG, OLG, BayObLG und BGH. 1

2) Zuständigkeit a) des Gerichts, dem der **abgelehnte Richter angehört (I, 1. Hs).** Es entscheidet bei Ablehnung eines Mitglieds eines Kollegialgerichts (Rn 1), auch des Einzelrichters im Fall des § 348 (Karlsruhe OLGZ 78, 256), des Vorsitzenden einer KfH (BayObLG MDR 80, 237 = DRiZ 80, 72), jeweils ohne die Mitwirkung des Abgelehnten (allgM; gilt auch für die Entscheidung über die Zulässigkeit des Ablehnungsgesuchs: Hamburg MDR 54, 423; zu den Ausnahmen vgl Rn 4). Das Gericht gem Abs I, 1. Hs ist – vorbehaltlich einer anderen Regelung im Geschäftsverteilungsplan (vgl ThP Anm 2a) – der durch seinen geschäftsplanmäßigen Vertreter ergänzte Spruchkörper (Zivilkammer, KfH, Senat) des Abgelehnten. Beim ArbG entscheidet die vollbesetzte Kammer (§ 49 I ArbGG), gegebenenfalls das LAG (§ 49 II ArbGG); beim BAG der Senat in voller Besetzung (BAG AP Nr 2 zu § 42 ZPO mit Anm Vollkommer). 2

b) des im Rechtszug zunächst höheren Gerichts (I, 2. Hs). Werden so viele Mitglieder abgelehnt, daß die Kammer oder der Senat beschlußfähig wird, und kann die Beschlußfähigkeit auch nicht durch Eintreten von geschäftsplanmäßigen Vertretern hergestellt werden, so ist das Gesuch dem übergeordneten Gericht zur Entscheidung vorzulegen (RG 16, 413). 3

c) Abweichend von Rn 2 entscheidet der Spruchkörper ausnahmsweise (Zweibrücken, MDR 80, 1025) in **alter Besetzung unter Mitwirkung des abgelehnten Richters** über unzulässige Ablehnungsgesuche in folgenden Fällen: Ablehnung eines ganzen Gerichts als solchen (BGH NJW 74, 55 mwN, stRspr); offenbar grundloses (Bsp: Manipulation der Richterbank, Hess LSG MDR 86, 436; vgl § 42 Rn 29), nur der Verschleppung dienendes und damit rechtsmißbräuchliches Gesuch (RG 44, 402; BFH BB 74, 1103 und BB 76, 1206; Braunschweig NJW 76, 2025; Köln OLGZ 80, 351; KG FamRZ 85, 729 [730]; 86, 1022; LAG Rheinland-Pfalz EzA § 49 ArbGG 1979 Nr 2, stRspr; Günther NJW 86, 288 ff); Gesuch mit grob verunglimpfendem Inhalt (Karlsruhe NJW 73, 1658 und NJW 74, 915, str; im Regelfall aA Stuttgart OLGZ 77, 108 mwN). In solchen Fällen kann das Gesuch auch unberücksichtigt bleiben (BVerfG 11, 5; StGH Bremen MDR 58, 901; Hamm NJW 76, 978; BFH BB 72, 865), § 47 gilt insoweit nicht (KG FamRZ 86, 1022; Engel Rpfleger 81, 84 f; Vollkommer Anm zu LAG Rheinland-Pfalz EzA § 49 ArbGG 1979 Nr 2; vgl hierzu auch § 42 Rn 6; § 47 Rn 3 sowie Einl Rn 50). 4

II) Ablehnung beim Amtsgericht (Abs II)

1) Hält der Richter beim Amtsgericht (keine sachliche Änderung gegenüber dem „Amtsrichter" der aF; Anpassung an den neuen Sprachgebrauch, vgl etwa § 27 III StPO) das Ablehnungsgesuch für **begründet (II 2),** genügt ein Aktenvermerk und Abgabe der Akten an den Stellvertreter. Vorlegung der Akten an das gem **II 1** zur Entscheidung berufene Gericht ist nicht erforderlich. Nur in den übrigen Fällen kommt es zu einem förmlichen Ablehnungsverfahren (Rn 6, 7). 5

2) In allen gewöhnlichen Zivilprozessen (dh außer den Verfahren gem Rn 7) entscheidet das übergeordnete Landgericht (Zivilkammer, § 72 GVG, uU KfHS, 100 GVG; krit Birmanns ZRP 82, 269). Macht der Richter beim Amtsgericht von der gewohnheitsrechtlichen Verwerfungskompetenz mißbräuchlicher Gesuche (vgl § 42 Rn 6) Gebrauch, wird dadurch der Instanzenzug (LG – OLG) nicht berührt (Köln OLGZ 79, 471 = MDR 79, 850; KG FamRZ 85, 729 f mN, auch zur aA,str; aA Koblenz MDR 85, 850 = Rpfleger 85, 368). Grund: In den genannten Fällen hat eine (Sach-)Entscheidung „über das Ablehnungsgesuch" noch nicht stattgefunden; sie trifft erstmals das LG. Bei Ablehnung eines ersuchten Richters entscheidet das LG, zu dessen Bezirk das ersuchte AG gehört (LG Düsseldorf Rpfleger 80, 114). 6

3) Zur Entscheidung über die Ablehnung eines **Familienrichters** oder des Richters in einer Kindschaftssache ist das OLG zuständig **(II 1),** in einer Familiensache der Familiensenat (BGH NJW 79, 1463; § 119 GVG Rn 14). Das OLG entscheidet auch, wenn der Familienrichter ein Ablehnungsgesuch als rechtsmißbräuchlich verworfen (unbeachtet gelassen) hat (KG FamRZ 86, 1022; vgl auch Rn 4, 6); dies ist die Folge davon, daß durch die Verwerfung durch den abgelehnten Richter selbst der Instanzenzug AG (Familiengericht) – OLG nicht verändert wird (vgl Rn 6). Durch die Neuregelung (in Kraft seit 1. 4. 1986, vgl oben vor Rn 1; vorher str, vgl 14. Aufl) wurde die ursprünglich (bis 1977) bestehende Übereinstimmung von Entscheidungszuständigkeit im Ablehnungsverfahren und Rechtsmittelzuständigkeit (§ 119 I Nr 1, 2) wieder hergestellt. Dies erscheint im Hinblick auf den mitunter engen Zusammenhang zwischen dem geltend gemachten Ablehnungsgrund mit dem Hauptsacheverfahren sachgerecht. Die Zuständigkeitsänderung hat allerdings die – bewußt in Kauf genommene – Konsequenz, daß die Zurückweisung des Ablehnungsgesuches wegen § 567 III 1 nicht mehr mit der sofortigen Beschwerde (§ 46 II) 7 anfechtbar ist (vgl § 46 Rn 14). Der Wegfall der Rechtsmittelkontrolle macht eine bes eingehende und umfassende Prüfung der Ablehnungsanträge durch die OLG erforderlich; eine entspr Erwartung ist im Gesetzgebungsverfahren ausdrücklich geäußert worden (vgl BT-Drucks 10/2888, S 43, 50; BT-Drucks 10/4514, S 25). Da durch Ablehnungsentscheidungen stets der gesetzliche Richter (Art 101 I 2 GG) tangiert ist, verbleibt bei grob fehlerhaften Entscheidungen die Verfassungsbeschwerde (vgl § 46 Rn 21).

8 4) Bei Ablehnung des **Rechtspflegers** entscheidet der Amtsrichter in erster, das LG in 2. Instanz; § 46 II gilt entspr, §§ 10 S 2, 28 RpflG (ie § 49 Rn 5).

46 *[Ablehnungsverfahren]*

(1) Die Entscheidung über das Ablehnungsgesuch kann ohne mündliche Verhandlung ergehen.

(2) Gegen den Beschluß, durch den das Gesuch für begründet erklärt wird, findet kein Rechtsmittel, gegen den Beschluß, durch den das Gesuch für unbegründet erklärt wird, findet sofortige Beschwerde statt.

I) Verfahren (Abs I)

1 **Verfahrensgrundsätze** sind: **a) Fakultative** (freigestellte) **Mündlichkeit** (vgl dazu § 128 Rn 5). Mündliche Verhandlung ist aber idR entbehrlich.

2 **b)** Grundsatz der **Amtsermittlung** (Frankfurt OLGZ 80, 109; Hamm Rpfleger 74, 404; BL Anm 1; StJLeipold Rn 1; ThP Anm 1b – unter Aufgabe der früheren abw Ansicht –, nunmehr hM).

3 **c) Rechtliches Gehör.** Bei mündlicher Verhandlung wird der Gegner notwendig gehört, iü ist seine Anhörung geboten, soweit das Gesuch nicht offensichtlich unzulässig oder unbegründet ist. Bedenklich ist die Ansicht (vgl Düsseldorf Rpfleger 75, 257 mN), demzufolge der Gegner am Ablehnungsverfahren nicht (formell) beteiligt sein soll; aus dem grundsätzlichen Anhörungsgebot (Abs I) folgt gerade die formelle Beteiligung (zutr Schellhammer ZP Rn 1272). Zu der dienstlichen Äußerung (§ 44 III) muß die ablehnende Partei Stellung nehmen können, andernfalls ist sie nicht verwertbar (Art 103 I GG; vgl BVerfG 24, 56 [62] = MDR 68, 820; Koblenz Büro 76, 1684; Braunschweig NJW 76, 2024 [2025]; VGH Kassel NJW 83, 901); eine Ausnahme besteht bei nur formelhafter Äußerung des abgelehnten Richters (Köln MDR 73, 57) oder wenn diese keine neuen Angaben zu einem unstreitigen Sachverhalt enthält (Karlsruhe OLGZ 84, 101 [102]). Hat die ablehnende Partei in der Beschwerdeinstanz Gelegenheit zur Stellungnahme gehabt, ist der Verfahrensfehler **geheilt** (Koblenz OLGZ 77, 111; VGH Kassel NJW 83, 901). Soweit der Gegner zum Ablehnungsverfahren zugezogen worden ist (vgl dazu oben), dürfte die Mitteilungspflicht auch ihm gegenüber bestehen (arg § 42 III).

4 **d) Verbescheidung.** Über jedes – nicht offensichtlich mißbräuchliche (dazu § 42 Rn 6; § 45 Rn 4) – Ablehnungsgesuch **muß** das Gericht entscheiden. Es darf nicht deshalb unbeschieden bleiben, weil sich das Gericht vertagt und im neuen Termin ohne den abgelehnten Richter tätig wird (BAG 14, 48 = MDR 63, 533; Richterablehnung beim LAG: AP Nr 1 zu § 45 ZPO mit Anm Pohle).

5 **e)** Die Verfahrensvorschriften im Rahmen der Richterablehnung sind vom Gericht **zwingend** einzuhalten, da diese das Grundrecht auf den gesetzlichen Richter sichern (BAG 14, 48 [50]), für die ablehnende Partei sind sie jedoch **dispositiv,** da sie das Gesuch jederzeit zurücknehmen kann (Pohle Anm zu AP Nr 1 zu § 45 ZPO).

II) Entscheidung (Abs I)

6 **1) Form und Verlautbarung.** Die Entscheidung ergeht stets (auch nach mündlicher Verhandlung; dann gilt § 329 I) durch **Beschluß.** Der stattgebende Beschluß wird, wenn nicht verkündet, beiden Parteien formlos übersandt; der zurückweisende dem Gesuchsteller zugestellt (§ 329 III iVm § 46 Abs II).

7 **2) Inhalt. a) Formel. aa)** Ist das Gesuch unzulässig (zeitlich: § 43; inhaltlich: § 44 ist nicht erfüllt; der Gesuchsteller ist prozeßhandlungsunfähig; es wird trotz Rechtskraft der Ablehnung mit gleichem Inhalt wiederholt; es ist rechtsmißbräuchlich), so wird es **„als unzulässig abgewiesen“** (R-Schwab § 25 II 5); ist es zulässig, aber nicht begründet, so wird es **„als unbegründet abgewiesen“** (zB der Ablehnungsgrund ist nicht schlüssig vorgebracht oder nicht glaubhaft gemacht). Andernfalls wird es **„für begründet erklärt“.**

8 **bb)** Für eine **Kostenentscheidung** ist kein Raum; Grund: Im Ablehnungsverfahren findet eine Kostenerstattung nicht statt (Düsseldorf Rpfleger 75, 257, str; aA bei Zurückweisung des

Gesuchs Nürnberg MDR 80, 1026; StJLeipold Rn 5); zur Rechtsmittelinstanz vgl auch Rn 20.

b) Begründungszwang. Für den **zurückweisenden** Beschluß besteht Begründungszwang nach allgemeinen Grundsätzen (vgl Düsseldorf OLGZ 72, 245 und § 329 Rn 24). Dagegen soll der **stattgebende** Beschluß keiner Begründung bedürfen (vgl Wieczorek Anm B I). Die weitgehend so verfahrende Praxis ist nicht zu billigen. Der Begriff der Befangenheit (§ 42 I und II) bedarf stets wertender Konkretisierung im Einzelfall (§ 42 Rn 9, 10); daß der Ablehnungsgrund offenkundig ist oder sich allein aus dem Ablehnungsgesuch ergibt, dürfte nur selten der Fall sein (stets dann nicht, wenn mehrere Ablehnungsgründe geltend gemacht sind). Ist die Ablehnung auf das Verhalten des Richters, insbes seine Verfahrensweise gestützt (vgl § 42 Rn 20 ff und 27), ist die Begründung bereits nobile officium gegenüber dem ersten Richter. Im übrigen entspricht die Bekanntgabe der Ablehnungsgründe im stattgebenden Beschluß der Schwere des Eingriffs in die normative Vorausbestimmtheit des gesetzlichen Richters (vgl BVerfG 31, 163 [165] und Rn 1 vor § 41) und der Rücksichtnahme auf die Rechtsstellung des Gegners, für den sonst leicht der Eindruck entstehen könnte, ihm werde „grundlos" der gesetzliche Richter entzogen. 9

3) Wirkungen. a) Der **stattgebende** Beschluß ist **sofort** wirksam. Seine Wirkungen sind – auch bei übergreifendem Ablehnungsgrund (vgl dazu § 42 Rn 19) – auf das einzelne Verfahren, in dem er ergangen ist, beschränkt (BayObLG Rpfleger 80, 194). Der mit Erfolg abgelehnte Richter steht dem ausgeschlossenen gleich (vgl dazu § 41 Rn 15). Mitwirkung an der Entscheidung ist absoluter Revisions- und Nichtigkeitsgrund (§§ 551 Nr 3; 579 I Nr 3). Entsprechendes gilt bei Stattgabe auf sofortige Beschwerde. 10

b) Der **zurückweisende** Beschluß entfaltet Rechtswirkungen erst mit Eintritt der (formellen) Rechtskraft (II iVm § 577), also mit ungenutztem Ablauf der Notfrist (§ 577 II) oder mit Zurückweisung der sofortigen Beschwerde. Der abgelehnte Richter darf daher nach Zurückweisung des Ablehnungsgesuchs **nicht** sofort wieder tätig werden, insbesondere auch nicht im Zeitabschnitt zwischen der Zurückweisung des Gesuchs und der Einlegung der sofortigen Beschwerde (Konsequenz der Auslegung des Begriffs „Erledigung" in § 47, dort Rn 1); darauf, daß die sofortige Beschwerde gegen den Zurückweisungsbeschluß keine aufschiebende Wirkung hat (vgl die Aufzählung in § 572 I), kommt es wegen § 47 nicht an (vgl dort Rn 3). 11

III) Rechtsmittel und Rechtsbehelfe

1) Der **stattgebende Beschluß** (Rn 10), durch den die Ablehnung für begründet erklärt wird, ist (auch für die Gegenpartei) grundsätzlich **unanfechtbar (II Hs 1),** auch wenn er erst im Beschwerdeverfahren ergeht (RG 51, 146; StJLeipold Rn 2). Ferner besteht kein Beschwerderecht wegen unterbliebener Beschlußfassung, wenn der abgelehnte Richter die Ablehnung anerkennt und sein Stellvertreter eintritt (vgl 11. Aufl, Anm 3 e; § 45 II 2). 12

Eine **Ausnahme** von II Hs 1 wird für den Fall zugelassen, daß der anfechtenden Gegenpartei kein rechtliches Gehör (Art 103 I GG) gewährt worden ist (dann sofortige Beschwerde; so Frankfurt OLGZ 79, 468 = MDR 79, 940; zust BL Anm 2 A; Deubner NJW 80, 267 Fußnote 34). Damit wird entgegen einer verbreiteten Meinung (einschr aber ThP Einl I 4 g) bei Verletzung des rechtlichen Gehörs eine Erweiterung des Instanzenzugs anerkannt. Dem ist unter der Voraussetzung zuzustimmen, daß sonst Verfassungsbeschwerde eingelegt werden müßte (ebenso Waldner, Aktuelle Probleme des rechtlichen Gehörs, Erlanger jur Diss 1983, S 285; vgl auch allg Einl Anm 100 aE). 13

2) Der **zurückweisende Beschluß** unterliegt der **sofortigen Beschwerde (II Hs 2): a) Statthaftigkeit.** Sie besteht gegen den das Gesuch (als unzulässig oder unbegründet) zurückweisenden Beschluß (berichtigende Auslegung von **II, Hs 2,** vgl Zweibrücken MDR 80, 1025; ThP Anm 3 b), außer wenn das **OLG** entschied (§ 567 III); deshalb auch keine Nachprüfung der OLG-Entscheidung durch den BGH, weder inzident (BGH 95, 302 [306] = MDR 86, 493; BayObLGZ 1985, 307 [312] = FamRZ 86, 291, arg § 548) noch als Beschwerdeinstanz (BGH 85, 145 [148]; BGH NJW 66, 2062). Verfassungsrechtliche Bedenken bestehen insoweit nicht (vgl zu §§ 28 II 2, 304 StPO BVerfG 45, 363 = NJW 77, 1815 und BGH NJW 77, 1829). Dies gilt auch, soweit das OLG, wie zB in Familien- und Kindschaftssachen gem § 45 II 1 erstinstanzlich über das Ablehnungsgesuch entscheidet (§ 45 Rn 7). Unanfechtbar sind auch die zurückweisenden Beschlüsse des **Bundespatentgerichts** (Nichtzitat von § 46 ZPO in § 86 I PatG; vgl BGH 95, 305 f = MDR 86, 493). 14

b) Beschwerdeberechtigt ist stets der Antragsteller, aber auch der Gegner, der nicht auf ein neues Ablehnungsgesuch zu verweisen ist (zutr BL Anm 2 B); daraus folgt aber formelle Beteiligung des Gegners (aA ansch Hamm Rpfleger 74, 404). 15

c) Einlegung. Für die Beschwerde besteht (eingeschränkter) Anwaltszwang nach §§ 569 II, 78 III; also nicht, wenn der Richter (der allg Zivilabteilung) beim Amtsgericht abgelehnt wurde (Hamburg MDR 63, 140); auch nicht für die Beschwerde gegen den Beschluß, durch den die 16

Ablehnung von Richtern des Landgerichts als Berufungsgericht für unbegründet erklärt worden ist, § 569 II 2 (Düsseldorf MDR 61, 61); wohl aber bei Ablehnung des Einzelrichters des erstinstanziell tätigen LG (Köln MDR 63, 687 = JMBl NRW 63, 144). Eine Ablehnungsbeschwerde gegen den Familienrichter scheidet als Folge von § 45 II 1 nF aus (§ 45 Rn 7).

17 **d) Gegenstand** des Verfahrens sind die im Gesuch vorgetragenen Ablehnungsgründe. Deshalb können mit der Beschwerde keine **neuen** Ablehnungsgründe geltend gemacht werden (BayObLGZ 1985, 307 [313 f mwN] = MDR 86, 60 = FamRZ 86, 291; s auch § 570 Rn 3). Sind diese nicht ohnehin bereits präkludiert (§ 43 Rn 7), sind sie mit einem neuen Ablehnungsantrag (§ 44 I) geltend zu machen.

18 **e) Kein nachträglicher Wegfall des Rechtsschutzbedürfnisses.** Wurde trotz Beschwerde gegen den das Gesuch zurückweisenden Beschluß entgegen § 47 (dort Rn 3) die Instanz durch Endentscheidung abgeschlossen, bleibt die Beschwerde nicht nur in Ausnahmefällen (so noch 13. Aufl), wenn zB die Instanz nochmal mit der Sache befaßt werden kann, wie bei Tatbestandsberichtigung (BGH LM Nr 4 zu § 42), wie bei Rechtsbehelfen ohne Devolutiveffekt: Einspruch (§ 342), Widerspruch (§ 924), Erinnerung (KG MDR 54, 570), Nachverfahren nach Verkündung eines Vorbehaltsurteils im Urkundenprozeß (Frankfurt OLGZ 79, 453 = MDR 79, 762; OLGZ 85, 377 = NJW 86, 1000 = MDR 85, 1032), Anhängigkeit einer Folgesache iS von § 623 (KG FamRZ 86, 1022), oder wenn die – wegen § 47 möglicherweise fehlerhafte – Entscheidung angefochten werden kann (so StJLeipold Rn 3 und § 44 Rn 5; BayObLGZ 1985, 307 [311 mwN] = FamRZ 86, 291 = Rpfleger 85, 488 [L]; einschr KG FamRZ 86, 1025), sondern allgemein zulässig (BFH GS 134, 525 = BStBl 82 II, 217; Braunschweig NJW 76, 2024; ThP Anm 3 b; Wieczorek Anm B II d; Kahlke ZZP 95, 288 [295 ff mN]; Schneider MDR 83, 188; vgl auch § 579 Rn 4, sehr str; **aA** RG 66, 46; BayObLG NJW 68, 802; Frankfurt OLGZ 85, 377 = NJW 86, 1000 = MDR 85, 1032; BL § 46 Anm 2 B), also auch dann, wenn zwischenzeitlich unter Mitwirkung des (erfolglos) abgelehnten Richters eine nicht rechtsmittelfähige Entscheidung ergangen ist (zur Begründung s § 47 Rn 6 und 7). Zur entsprechenden Problematik bei Ablehnung eines Schiedsrichters vgl § 1045 Rn 3.

19 **f) Kein nachträglicher Wegfall des Beschwerderechts.** Eine Partei, die vor dem erfolglos abgelehnten Richter **weiter verhandelt,** behält gleichwohl das Beschwerderecht gegen den die Ablehnung abweisenden Beschluß (JW 31, 1104).

20 **g) Kosten.** Bei erfolgloser Beschwerde gilt § 97 I, die Kosten der erfolgreichen Beschwerde sind solche des Rechtsstreits (Frankfurt NJW-RR 86, 740 = Rpfleger 86, 193 mwN; ThP Anm 3 c; StJLeipold Rn 5, str; aA Celle Rpfleger 83, 173; Hamm Rpfleger 74, 404, zust E. Schneider Büro 77, 1183: außergerichtliche Kosten auch des Beschwerdeverfahrens nicht erstattungsfähig; offenlassend Frankfurt MDR 84, 408; zum Problem s auch § 91 Rn 13 „Richterablehnung").

21 **3) Sonstige Rechtsmittel und Rechtsbehelfe.** Mitwirkung eines erfolgreich abgelehnten Richters an der Entscheidung ist absoluter Revisions- und Nichtigkeitsgrund (§§ 551 Nr 3; 579 I Nr 3; 577 II 3), der mit ordentlichen und außerordentlichen Rechtsmitteln geltend gemacht werden kann (vgl auch § 41 Rn 16); Mitwirkung des abgelehnten Richters vor rechtskräftiger Erledigung (vgl § 47 Rn 1) des Ablehnungsgesuchs bildet einen (uU heilbaren) Verfahrensmangel (hierzu näher § 47 Rn 4 ff). Die **Verfassungsbeschwerde** – wegen Verstoß gegen Art 101 I 2 GG – ist gegen fehlerhafte Entscheidungen im Ablehnungsverfahren nur gegeben, wenn sie auf willkürlichen Erwägungen beruhen (BVerfG 11, 6; 31, 164; BayVerfGH NJW 82, 1746).

22 **4)** Im **arbeitsgerichtlichen Verfahren** findet gegen Entscheidungen im Ablehnungsverfahren kein Rechtsmittel statt (§ 49 III ArbGG). Die Vorschrift bedarf einschränkender Auslegung für den Fall, daß das Ablehnungsgesuch *unter Mitwirkung des abgelehnten Richters* als rechtsmißbräuchlich verworfen wurde (vgl § 42 Rn 6; § 45 Rn 4). Hier muß aus verfassungsrechtlichen Gründen (Art 101 I 2 GG) eine gerichtliche Überprüfung des Verwerfungsbeschlusses eröffnet sein; der Wortlaut von § 49 III ArbGG steht nicht entgegen, da er offensichtlich nur *sachliche* Entscheidungen „über die Ablehnung" (§ 49 I ArbGG) *ohne Mitwirkung* des abgelehnten Richters (§ 49 II ArbGG) meint (eingehend Vollkommer in abl Anm zu LAG Rheinland-Pfalz EzA § 49 ArbGG 1979 Nr 2).

23 **IV) Gebühren: 1)** des **Gerichts:** keine für den die Entscheidung enthaltenden Beschluß (s Rn 6), § 1 Abs 1 GKG; jedoch bei Ablehnung eines Schiedsrichters (§ 1032): ½ Verfahrensgebühr, KV Nr 1146; s dazu § 1029 Rn 4. Beschwerdeverfahren (§ 1045 III): 1 Gebühr, wenn Beschwerde verworfen oder zurückgewiesen wird, KV Nr 1181; sonst frei; **2)** des **Anwalts:** Die Ablehnung gehört zum Rechtszug, § 37 Nr 3 BRAGO. Ist der RA nicht als ProzBevollmächtigter bestellt, so Schriftsatzgebühr des § 56 BRAGO; **3) Streitwert:** s § 3 Rn 16 „Ablehnung".

47 *[Unaufschiebbare Amtshandlungen]*
Ein abgelehnter Richter hat vor Erledigung des Ablehnungsgesuchs nur solche Handlungen vorzunehmen, die keinen Aufschub gestatten.

1) Anwendungsbereich a) in zeitlicher Hinsicht. Ein Gesuch ist schon dem Wortsinn nach erst erledigt, wenn seine Behandlung **endgültig** abgeschlossen ist, also mit **rechtskräftiger** Entscheidung (so zutreffend RG JW 02, 249; Hamburg MDR 65, 141; Düsseldorf JMBl NRW 78, 44; R-Schwab § 25 II 6 b; StJLeipold Rn 1; Wieczorek Anm B; BL Anm 1; ThP Anm 1; Teplitzky MDR 70, 106; E. Schneider Büro 77, 614; Kahlke ZZP 95, 288 [300 f], hM, str; aA RG 66, 47 [arg § 572]; KG MDR 54, 750; BFH GS 134, 525 = BStBl 82 II, 217 [220]; offen gelassen von KG OLGZ 78, 107 mwN = Rpfleger 77, 219). Diese Auslegung ist zur Sicherung des verfassungsmäßigen Rangs (Art 101 I 2 GG) des Ablehnungsrechts geboten (vgl Rn 1 vor § 41). Die abw Rspr des BFH beruht auf Besonderheiten des finanzgerichtlichen Verfahrens (keine sofortige Beschwerde gegen die Zurückweisungsentscheidung, vgl BFH 134, 525 = BStBl 82 II, 219) und ist deshalb nicht auf den Zivilprozeß übertragbar. 1

b) § 47 gilt nur für die **Ablehnung** wegen Befangenheit, ein **ausgeschlossener** Richter darf keinerlei Amtshandlungen vornehmen (vgl § 41 Rn 15). 2

2) Handlungsverbot des abgelehnten Richters. Wenn es sich nicht um ein offensichtlich mißbräuchliches Gesuch handelt (dann gilt § 42 Rn 6 und § 45 Rn 4), darf er **nur** Handlungen vornehmen, die keinen Aufschub dulden. Unaufschiebbar sind nur solche Handlungen, die einer Partei wesentliche Nachteile ersparen oder bei deren Unterlassung Gefahr im Verzug ist (BPatG GRUR 85, 373). Dazu gehören: Maßnahmen der Sitzungspolizei (§§ 177–180 GVG; LSG Essen NJW 73, 2224); Terminaufhebungen (nicht aber: Terminsbestimmung, vgl Köln NJW-RR 86, 420, auch nicht Zuendeführung eines Termins, vgl § 49 Rn 4 für Versteigerungsrechtspfleger); Eilentscheidungen, zB Arrest und einstweilige Verfügung (auch durch Urteil), Beweissicherung, in Ausnahmefällen auch Endurteile. Der abgelehnte Richter hat namentlich jede Handlung zu unterlassen, durch die die Entscheidung über das Ablehnungsgesuch beeinflußt werden könnte (ThP Anm 1 a). Die Verpflichtung zur Enthaltung von weiterer Amtstätigkeit **beschränkt** sich auf das Verfahren, in dem der Antrag gestellt ist; schweben mehrere Verfahren, bedarf es entsprechend weiterer Ablehnungsgesuche (BayObLG Rpfleger 80, 193; s auch § 46 Rn 10). 3

3) Rechtsfolgen bei Verletzung der Wartepflicht. Entgegen dem Handlungsverbot (Rn 3) vorgenommene Amtshandlungen des abgelehnten Richters sind nicht unwirksam (arg § 579 I Nr 3), leiden aber an einem schweren (aber heilbaren) Verfahrensmangel. 4

a) Wird die Ablehnungsbeschwerde später als unbegründet zurückgewiesen, so wird damit der ursprünglich gegebene Verfahrensfehler nachträglich **geheilt** (KG Rpfleger 77, 219 = ZZP 90, 419; BayVerfGH NJW 82, 1746). 5

b) Wird dem Ablehnungsgesuch noch in der Beschwerdeinstanz **stattgegeben,** so liegt zwar nach dem Wortlaut der Normen kein Fall der §§ 551 Nr 3, 579 I Nr 3 vor, da die Ablehnung im Zeitpunkt der Entscheidung unter Mitwirkung des erfolglos abgelehnten Richters noch nicht für begründet „erklärt war" (RG 66, 47; RAG 34, 1204; R-Schwab § 25 II 5; BL § 47 Anm 2 B, str; aA Kollnig NJW 67, 2046), allerdings verlangt das Gebot der Selbstkorrektur von Verfassungsverstößen (Art 101 I 2 GG) innerhalb der ordentlichen Gerichtsbarkeit ohne Inanspruchnahme des BVerfG (vgl BVerfG 50, 96 [99] für § 513 II; s auch Einl Rn 100; § 567 Rn 41) eine entsprechende Anwendung dieser Vorschriften für den Fall, daß an der Entscheidung ein (zunächst ohne Erfolg) abgelehnter Richter mitgewirkt hat und die Ablehnung später für begründet erklärt worden ist (so BFH GS 134, 525 [531] = BStBl 82 II, 217 [221] für §§ 116 I Nr 2, 119 Nr 2 FGO; wohl auch Kahlke ZZP 95, 288 [301 f]; offenlassend KG FamRZ 86, 1025 f). Im einzelnen gilt folgendes: Ist gegen die Entscheidung in der Hauptsache ein Rechtsmittel zulässig, führt der Verfahrensmangel zur Aufhebung (§ 551 Nr 3 entspr); war im Zeitpunkt der Entscheidung über die sofortige Beschwerde (§ 46 II) die Rechtsmittelfrist bereits abgelaufen, liegt ein Wiedereinsetzungsgrund (§ 233) vor, so daß die Partei den Verfahrensmangel noch im Wege der Wiedereinsetzung geltend machen kann (zutr BFH GS 134, 531 = BStBl 82 II, 221). Ist gegen die Hauptsacheentscheidung kein Rechtsmittel statthaft, findet Nichtigkeitsklage entspr § 579 I Nr 3 statt. 6

c) Kommt es im Fall des § 46 Rn 18 aus prozessualen Gründen zu **keiner Entscheidung** über die Ablehnungsbeschwerde mehr, kann der Verfahrensfehler (Verstoß gegen § 47) unter den Voraussetzungen der Rn 6 mit den gegen die Entscheidung bestehenden ordentlichen Rechtsmitteln geltend gemacht werden (vgl BFH BB 72, 1543; KG FamRZ 86, 1025; ferner BFH BB 75, 259, wo aber Besetzungsmangel – §§ 551 Nr 1, 579 I Nr 1 – angenommen ist; so auch BFH BB 78, 903, insoweit aA R-Schwab § 25 III 6 b). Dagegen ist nach der Ansicht, die das Rechtsschutzbedürfnis für die sofortige Beschwerde auch nach instanzbeendender Entscheidung allgemein 7 bejaht (vgl § 46 Rn 18), über die Begründetheit des Ablehnungsgesuchs ausschließlich im Beschwerdeverfahren – jedoch mit Bindung für das Rechtsmittelverfahren in der Hauptsache – zu entscheiden (so Karlsruhe Justiz 78, 72).

48 *[Selbstablehnung; Amtsprüfung der Ausschließung]*

(1) Das für die Erledigung eines Ablehnungsgesuchs zuständige Gericht hat auch dann zu entscheiden, wenn ein solches Gesuch nicht angebracht ist, ein Richter aber von einem Verhältnis Anzeige macht, das seine Ablehnung rechtfertigen könnte, oder wenn aus anderer Veranlassung Zweifel darüber entstehen, ob ein Richter kraft Gesetzes ausgeschlossen sei.

(2) Die Entscheidung ergeht ohne Gehör der Parteien.

I) Sog Selbstablehnung (Abs I 1. Hs)

1 **1) Allgemeines.** Die Bezeichnung ist irreführend, da dem Richter ein eigenes Ablehnungsrecht nicht zusteht (zutr Jauernig ZPR § 14 II). Er ist nur befugt, eine Mitteilung („Anzeige"; Rn 3) zu machen, über die entschieden werden muß (Rn 4). Die der Selbstablehnung stattgebende Entscheidung stellt (deklaratorisch) das Vorliegen eines Ausschließungsgrundes fest oder bewirkt bei Bejahung der Besorgnis der Befangenheit (konstitutiv) das Ausscheiden des Richters aus dem Prozeß. Die Regelung gilt entspr in FGG-Verfahren (BayObLG Rpfleger 79, 423; Frankfurt OLGZ 80, 110).

2 **2) Voraussetzungen: a)** Der Richter hält einen Ablehnungsgrund (vgl § 42 I), also entweder einen Ausschließungsgrund (§ 41) oder Umstände, die die Besorgnis der Befangenheit (§ 42 II) begründen können, für vorliegend oder zweifelhaft;

3 **b)** entsprechende **Anzeige** des Richters. Sie ist Mitteilung von Tatsachen (auch Rechtsverhältnissen), nicht Antrag. **Nicht** genügt, daß dem Richter aus sonstigen Gründen eine Entscheidung in der Sache unangenehm ist (Beispiel: Kollegalitätsverhältnis zu Partei oder deren nahem Angehörigen; vgl Celle NdsRpfl 63, 231, dort auch S 37: Der Vater einer Partei ist Dienstvorgesetzter der Richter eines Landgerichts; vgl auch § 42 Rn 12), wohl aber ernstlicher Gewissenskonflikt (Wieczorek Anm A I).

4 **3) Rechtsfolgen:** Die **Wartepflicht** gem § 47 gilt bis zur Entscheidung (Rn 10) entsprechend (StJLeipold Rn 5). Die Abgabe der Anzeige gem Rn 3 ist **Dienstpflicht** des Richters (BVerfG JZ 77, 792 [794] für BVerfRichter); sie gilt sowohl für den Einzel-(Amts-)richter als auch für das Mitglied eines Kollegialgerichts. Die Pflicht zur Selbstablehnung besteht unabhängig davon, ob ein Ablehnungsrecht der Parteien (noch) besteht oder (zB wegen § 43) verloren ist; die Selbstablehnung hindert die Parteien nicht, ein Ablehnungsgesuch anzubringen. Formloses Ausscheiden des Richters und Tätigwerden seines Vertreters scheidet bei Selbstablehnung auch beim Amtsgericht aus (kein Fall des § 45 II 2; vgl auch Rn 8). Anders, wenn eine Partei, auch auf Anregung des Richters, ihn ablehnt und der Amtsrichter sich der Ablehnung anschließt.

II) Amtsprüfung der Ausschließung (Abs I 2. Hs)

5 **1) Allgemeines.** Das Gericht hat von Amts wegen in jedem Stadium des Verfahrens zu prüfen, ob ein mitwirkender Richter kraft Gesetzes ausgeschlossen ist. Grund: Gesetzlicher Richter (Art 101 I 2 GG; Rn 1 vor § 41), ordnungsgemäße Besetzung, Vermeidung von Nichtigkeitsgründen (§§ 551 Nr 1, 2; 579 I Nr 1, 2).

6 **2) Voraussetzungen:** Es bestehen Zweifel daran, ob in der Person des Richters ein Ausschließungsgrund (§ 41) gegeben ist. Beispiel: Anregungen von anderen Richtern oder Prozeßbeteiligten. **Nicht** genügt, daß Anhaltspunkte für die Befangenheit eines Richters bestehen; lehnt es in diesem Fall der Richter ab, eine Anzeige gem Rn 3 abzugeben, kann nicht von Amts wegen über seine Befangenheit entschieden werden (vgl BVerfG 46, 38 = JZ 77, 793); jedoch hat jedes (andere) Mitglied des Gerichts die Möglichkeit, den Parteien die Verdachtsgründe mitzuteilen und ihnen damit Gelegenheit zu einer Fremdablehnung zu geben.

7 **3) Rechtsfolgen.** Ist der Ausschließungsgrund **evident,** erübrigt sich eine Entscheidung (Rn 10); der Richter scheidet ohne weiteres aus dem Verfahren aus und an seine Stelle tritt der geschäftsplanmäßige Vertreter. Ist die Ausschließung des Richters zweifelhaft, ist (deklaratorisch) zu entscheiden.

III) Verfahren und Entscheidung

8 **1) Zuständigkeit:** wie § 45. Über die Anzeige des Amtsrichters hat stets das LG zu entscheiden (JW 31, 2052), ein Ausscheiden ohne Entscheidung ist nicht möglich (vgl aber Rn 4).

2) **Verfahrensgrundsätze:** Es gilt Amtsermittlung und Freibeweis (wie § 46 Rn 2). Die **Parteien** sind am Verfahren als einem rein innerdienstlichen Vorgang nicht beteiligt, haben keinen Anspruch auf **rechtliches Gehör (II;** Verfassungsmäßigkeit str; bejahend BGH NJW 70, 1644; Waldner, Aktuelle Probleme des rechtlichen Gehörs, Erlanger jur Diss 1983, S 177 f mwN, hM; aA Schneider JR 77, 270; Wieczorek Anm B II b, beide unter Hinweis auf BVerfG 24, 62; Jauernig ZPR § 14 II; Metzner ZZP 97, 196; LG Regensburg FamRZ 79, 525, zust Schneider Büro 79, 1444) und kein Recht auf Einsicht in die Ablehnungsanzeige (Oldenburg MDR 72, 615: Kein Aktenbestandteil). 9

3) Die **Entscheidung** ergeht stets durch Beschluß. In ihm wird das (Nicht-)Vorliegen eines Ausschließungsgrundes festgestellt oder die Besorgnis der Befangenheit für (un)begründet erklärt. Für eine Kostenentscheidung ist kein Raum. Der Beschluß ist dem Richter auf dem Dienstweg zu eröffnen. Eine Mitteilung an die Parteien erfolgt nicht. 10

4) Eine **Anfechtung** der Entscheidung durch die Parteien oder durch den Richter findet nicht statt (Bremen FamRZ 76, 112 mwN; ebenso BGHSt 25, 127 zu § 30 StPO). Auch kann das in der Sache ergehende Urteil nicht mit der Begründung angefochten werden, daß einer der mitwirkenden Richter wegen Besorgnis der Befangenheit hätte abgelehnt werden können und er von dem Sachverhalt, der die Ablehnung rechtfertigte, keine Anzeige gemacht habe (BGH LM Nr 4 zu § 302 ZPO; bedenklich im Hinblick auf die Mitteilungspflicht vgl Rn 4; abl zum BGH auch Teplitzky JuS 69, 325 N 109). 11

49 *[Ausschließung und Ablehnung des Urkundsbeamten]*

Die Vorschriften dieses Titels sind auf den Urkundsbeamten der Geschäftsstelle entsprechend anzuwenden; die Entscheidung ergeht durch das Gericht, bei dem er angestellt ist.

I) Urkundsbeamter der Geschäftsstelle

§ 49 findet auf den Urkundsbeamten, auch Referendare in ihrer Eigenschaft als (stellvertretende) Urkundsbeamte Anwendung und gilt für jede Tätigkeit, insbes die Aufnahme von Protokollen (§§ 159–165) und Erteilung vollstreckbarer Ausfertigungen (§ 724). § 41 Nr 6 kann zutreffen, wenn der Urkundsbeamte in der Sache früher als Rechtspfleger tätig war, nicht aber bei Erlaß eines Vollstreckungsbescheids (§ 700) im vorangegangenen Mahnverfahren; Grund: Wegfall der Schlüssigkeitsprüfung (vgl §§ 690 I Nr 3, 699 I; aA BL Anm 1). Kein Ausschließungsgrund: Verwandtschaft oder sonstiges engeres Verhältnis zwischen Richter und Urkundsbeamten, möglicherweise aber Ablehnungsgrund. Das Ablehnungsgesuch kann vor dem abgelehnten Urkundsbeamten selbst zur Niederschrift erklärt werden. Bei Verstoß besteht gegen die Amtshandlung des Urkundsbeamten kein Rechtsbehelf (der Behelf des § 584 II betrifft den Rechtspfleger, vgl § 20 Nr 1 RpflG). Wird ein **Urteil** angefochtern, weil ein kraft Gesetzes ausgeschlossener Urkundsbeamter das Protokoll geführt habe und dieses beweisunkräftig sei, so ist das Urteil aufzuheben und die Sache zurückzuverweisen (OLG 23, 159). 1

II) Rechtspfleger

1) **Allgemeines.** § 49 gilt nicht für den Rechtspfleger; zu dessen (zT richterähnlicher) Rechtsstellung allgemein Böttcher Rpfleger 86, 205 f mN; Wallner ZRP 85, 233 (bejahend); Bassenge/Herbst, FGG/RpflG, Vorbem III vor § 1 RpflG mwN und Herbst RpflBl 77, 9 (verneinend); offen gelassen in BayVerfGH NJW 82, 1746 mwN). Gem § 10 RpflG sind jedoch für die Ausschließung und Ablehnung des Rechtspflegers die für den Richter geltenden Vorschriften (also §§ 41–48) entsprechend anzuwenden. **Abgrenzung:** Die Vorschriften gelten nicht für den am Festsetzungsverfahren als Vertreter der Staatskasse beteiligten Bezirksrevisor (Koblenz Rpfleger 85, 172). Beispiel für **Ausschluß des Rechtspflegers** (§ 41 Nr 6 entspr): Wer als Kostenbeamter die Kostenrechnung aufgestellt hat, kann nicht in der gleichen Sache als Rechtspfleger den Geschäftswert festsetzen oder über die Erinnerung gegen den Kostenansatz entscheiden (Bay ObLGZ 74, 329 = Rpfleger 74, 391 [393]). 2

Besorgnis der Befangenheit (§ 42 Rn 8 ff) ist etwa gegeben bei unüblicher und ordnungswidriger Sachbehandlung von Eingaben (LG Bayreuth NJW-RR 86, 678 – Schreiben gehöre „in den Papier-Abfalleimer"; vgl auch § 42 Rn 22, 24); ferner, wenn der Rechtspfleger im Kostenfestsetzungsverfahren dem Vertreter der Staatskasse (Bezirksrevisor) Akten mit Festsetzungsvorschlag und Anfrage, ob Einverständnis bestehe, zuleitet (LG Bamberg Rpfleger 72, 111 [112]); gem § 139 gebotene Hilfestellungen im Konkurs- und Zwangsversteigerungsverfahren, auch für den Antragsteller, begründen keine Besorgnis der Befangenheit des Rechtspflegers (vgl auch LG Göttingen Rpfleger 76, 55 und allgemein § 42 Rn 26); bei der Teilungsversteigerung ist der 3

Rechtspfleger sogar verpflichtet, vor der Erteilung des Zuschlags die Einstellungsbewilligung oder Antragsrücknahme anzuregen, wenn die Durchführung des Versteigerungsverfahrens zu wesentlichen Vermögensverlusten für den rechtlich unerfahrenen Antragsteller führen würde (BVerfG 42, 65 [76] = Rpfleger 76, 389 mit Anm von Stöber und Vollkommer). Im Konkursverfahren hat der Rechtspfleger jede Beeinträchtigung der Dispositionsfreiheit der Beteiligten zu vermeiden (vgl allg § 42 Rn 25). Beispiel: Einflußnahme auf das Abstimmungsverhalten in der Gläubigerversammlung (LG Düsseldorf ZIP 85, 631). Offensichtlich **mißbräuchliche Ablehnungsgesuche** kann der Rechtspfleger selbst verwerfen (so Schriftleitung Rpfleger 85, 368, str; wie § 42 Rn 6).

4 Den abgelehnten Rechtspfleger trifft die **Wartepflicht** gem § 47; zu den unaufschiebbaren Amtshandlungen gehört nicht die Abhaltung eines Versteigerungstermins (LG Konstanz Rpfleger 83, 490 f; aA Weber Rpfleger 83, 492 f).

5 **2) Verfahren.** Über die Ablehnung des Rechtspflegers entscheidet der nach § 28 RpflG zuständige Richter, § 10 S 2 RpflG. Gegen den Beschluß des Richters, durch den das Gesuch für unbegründet erklärt wird, findet die sofortige Beschwerde zum LG statt (BayVerfGH NJW 82, 1746; Braunschweig Rpfleger 70, 167 für FGG-Verfahren, für das aber die ZPO-Vorschriften entsprechend gelten). Für das Verfahren gelten die gleichen Grundsätze wie bei der Richter-Ablehnung, so zB der Amtsermittlungsgrundsatz (Frankfurt OLGZ 80, 110 und allg § 46 Rn 1–5). Gegen die Verwerfung eines Ablehnungsgesuchs als mißbräuchlich durch den Rechtspfleger (Rn 3) ist die Erinnerung gegeben, über die der Richter gem § 28 RpflG sachlich entscheidet; gegen die zurückweisende Erinnerungsentscheidung findet die sofortige Beschwerde statt (§ 11 III RpflG in Verb mit § 46 II).

6 **III) Gerichtsvollzieher:** vgl § 155 GVG.

Zweiter Abschnitt

PARTEIEN

Erster Titel

PARTEIFÄHIGKEIT, PROZESSFÄHIGKEIT

Vorbemerkungen

Übersicht

Lit: zu Parteibegriff und Parteibestimmung: *Baumgärtel*, Die Kriterien zur Abgrenzung von Parteiberichtigung und Parteiwechsel, FS Schnorr von Carolsfeld 1972, 19 = Büro 73, 169; *de Boor*, Zur Lehre vom Parteiwechsel und Parteibegriff, 1941; *Henckel*, Parteilehre und Streitgegenstand im Zivilprozeß, 1961;

zu Prozeßführungsbefugnis: *Berg*, Die Prozeßführungsbefugnis im Zivilprozeß, JuS 66, 461; *Bettermann*, Zur Verbandsklage, ZZP 85, 133; *Calavros*, Urteilswirkungen zu Lasten Dritter, 1978; *Diederichsen*, Die Funktion der Prozeßführungsbefugnis in ihrer Beschränkung auf Drittprozesse, ZZP 76, 400; *Frank*, Die Verschiebung von Prozeßrechtsverhältnissen mit Hilfe der gewillkürten Prozeßstandschaft, ZZP 92, 321; *Grunsky*, Die Prozeßführungsbefugnis des Beklagten, ZZP 76, 49; *ders*, Grundlagen des Verfahrensrechts, 2. Aufl 1974, § 28; *Hadding*, Zur Einzelklagebefugnis des Gesellschafters einer Personalgesellschaft, JZ 75, 159; *Heintzmann*, Die Prozeßführungsbefugnis, 1970; *ders*, Vollstreckungsklausel für den Rechtsnachfolger bei Prozeßstandschaft, ZZP 92, 61; *Henckel*, aaO; *Homburger-Kötz*, Klagen Privater im öffentlichen Interesse, 1975; *Koch*, Über die Entbehrlichkeit der „gewillkürten Prozeßstandschaft", JZ 84, 809; *Leipold*, Die Verbandsklage zum Schutz allgemeiner und breit gestreuter Interessen in der Bundesrepublik Deutschland, in: *Gilles*, Effektivität des Rechtsschutzes und verfassungsmäßiger Ordnung, 1983, 57; *Lüke*, Die Prozeßführungsbefugnis, ZZP 76, 1; *Michaelis*, Der materielle Gehalt des rechtlichen Interesses bei der Feststellungsklage und bei der gewillkürten Prozeßstandschaft, FS Larenz 1983, 443; *Schwab*, Die prozeßrechtlichen Probleme des § 407 II BGB, Gedächtnisschrift für Bruns, 1980, S 181; *Sinaniotis*, Prozeßstandschaft und Rechtskraft, ZZP 79, 78; *Tiedtke*, Der Testamentsvollstrecker als gesetzlicher oder gewillkürter Prozeßstandschafter, JZ 81, 429; *Urbanczyk*, Zur Verbandsklage im Zivilprozeß, 1981;

zu Einziehungsermächtigung: *Brehm*, Die Klage des Zedenten nach der Sicherungsabtretung, KTS 85, 1; *Rüßmann*, Einziehungsermächtigung und Klagebefugnis, AcP 172, 520; *Henckel*, Einziehungsermächtigung und Inkassozession, FS Larenz, 1973, 643.

I) Zweiparteienprinzip

Der Zivilprozeß hat zur Voraussetzung, daß **zwei Parteien** einander gegenüberstehen, von denen die eine angreift, die andere den Angriff abwehrt. Da, wo das Zweiparteien-Verhältnis sich nicht von selbst ergibt, wird der Parteiengegensatz vom Gesetzgeber künstlich geschaffen, um die Möglichkeit eines prozeßrechtlichen Streitverfahrens und damit einer spruchrichterlichen Entscheidung auch in solchen Fällen zu erlangen (Parteistellung kraft Amtes); denn ohne Parteigegensatz ist kein Prozeß möglich. Deshalb kann nicht die eine fiskalische Stelle eines Staates gegen die andere klagen. Allerdings sind Streitigkeiten zwischen Organen und Organmitgliedern juristischer Personen (sog **Insichprozesse**) eingeschränkt möglich (Häsemeyer ZHR 144, 265; Teichmann in: FS Mühl, 1981, 663). Ebenso erlischt der Prozeß, wenn etwa **durch Erbgang** die Rechte des Klägers und Beklagten sich in einer Hand vereinigen. Doch kann eine Partei zugleich Mitglied der aus einer Personenmehrheit gebildeten Gegenpartei sein (Gesellschafter klagt gegen seine OHG und umgekehrt). Das gleiche gilt, wenn die aus einer Personenmehrheit bestehende Rechtsgemeinschaft (wie die Wohnungseigentümergemeinschaft) als solche nicht parteifähig ist (vgl § 50 Rn 27), aber auf der Klageseite ein Fall notwendiger Streitgenossenschaft (§ 62 I vorliegt; Grund: Die dann *gebotene* gemeinsame Klageerhebung (Rechtsverfolgung) kann nicht zugleich *unzulässig* sein. Beispiel: Einklagung eines der Wohnungseigentümergemeinschaft gegen einen einzelnen Wohnungseigentümer zustehenden Anspruchs (vgl § 62 Rn 13 und 16). Immer nur zwei Personen sind am Prozeß beteiligt. Klagen daher Streitgenossen oder wird gegen Streitgenossen geklagt, so liegen ebensoviele Prozeßrechtsverhältnisse vor. Dritte, die sich am Rechtsstreit beteiligen (Nebenintervenient, § 66), sind nicht Partei. Beachte aber § 794 I Nr 1, wonach Dritte zum Vergleichsabschluß beigezogen werden können. 1

II) Parteibegriff

1) Formeller im Gegensatz zum materiellen Parteibegriff. Partei ist diejenige (natürliche oder juristische) Person, von welcher oder gegen welche im eigenen Namen staatlicher Rechtsschutz begehrt wird (vgl R-Schwab § 40 I 1). 2

Der Parteibegriff der ZPO ist also (im Gegensatz zum Beteiligten der FGG) **rein formell** (BGH 86, 160 [164]). Das bedeutet: Er ist unabhängig vom sachlichen Recht. Beispiel: Der Kläger klagt auf Herausgabe einer Sache nach § 985 BGB; durch die Behauptung dieses Rechts und durch dessen Geltendmachung im Wege der Klage wird er Partei, auch wenn in Wahrheit ein Dritter Eigentümer ist. Steht ihm der behauptete Anspruch nicht zu, ist seine Klage unbegründet. Umgekehrt wird der Beklagte dadurch Partei, daß der Kläger gegen ihn Rechtsschutz begehrt (Klagezustellung), auch wenn er in Wahrheit nicht Besitzer der Sache ist; dann ist er nicht der **richtige** Beklagte; die Klage gegen ihn ist unbegründet. Auch daß das behauptete sachliche Rechtsverhältnis (zB bei Feststellungsklage) überhaupt nicht besteht, ändert nichts an der formellen Parteirolle von Kläger und Beklagtem. 3

2) Abgrenzung. Partei ist nicht der **Bevollmächtigte,** da nicht in seinem Namen prozessiert wird; ebensowenig der **gesetzliche Vertreter;** wohl aber die Partei kraft Amtes; auch der Staats- 4 anwalt in den Fällen der §§ 632, 646, 666, 675, 679, 686; in Sonderfällen bestimmte Behörden: vgl hierzu § 50 Rn 24 und StJLeipold § 50 Rn 11.

5 **3) Bedeutung der Parteistellung.** Da die Partei Träger des Prozeßrechtsverhältnisses ist, kann sie in dessen Rahmen nicht Nebenintervenientin oder Zeugin sein. Wohl aber kann der Streitgenosse jeder Partei des Prozeßrechtsverhältnisses beitreten und in diesem auch – beschränkt – Zeuge sein (ie § 61 Rn 4). Die Parteieigenschaft entscheidet für Gerichtsstand, Prozeßkostenhilfe, Rechtshängigkeit, Rechtskraft und Zwangsvollstreckung. Sie ist daher ein Zentralbegriff des Zivilprozesses.

III) Bestimmung der Partei

6 **1) Parteibezeichnung. a)** Wichtig ist **genaue** Parteibezeichnung: vgl §§ 130 Nr 1, 253 II Nr 1, IV; 690 I Nr 1; 313 I Nr 1; 750 I. Die Parteien eines Prozeßrechtsverhältnisses bestimmen grundsätzlich, wer das Verfahren in Gang setzt. Der Kläger, der Antragsteller (im Mahn-, Arrest-, Zwangsvollstreckungsverfahren) bestimmt in der Klage (im Mahnantrag im Arrestgesuch, durch den Antrag auf Zwangsvollstreckung) den Beklagten (Antragsgegner, Schuldner). Die Bezeichnung ist **auslegungsfähig** (BGH 4, 328; BGH MDR 77, 924; 84, 47 = NJW 83, 2448 f; München OLGZ 81, 89 [90 mN]); hierzu können neben der Angabe des Klagegrundes und der zutr Bezeichnung des Vertreters oder persönlich haftenden Gesellschafters (vgl BGH Rpfleger 78, 439) auch spätere Prozeßvorgänge dienen (R-Schwab § 41 II 1; Baumgärtel aaO S 26, 33). Bei Klage gegen eine **Firma** (dazu näher § 50 Rn 25) ist deren Inhaber bei Begründung der Rechtshängigkeit Partei (Frankfurt BB 85, 1219 = MDR 85, 676). Ist ein Kaufmann unter seiner Firma verklagt (§ 17 HGB), bleibt er Partei, auch wenn die Firma nach Rechtshängigkeit den Inhaber wechselt (München NJW 71, 1615 mit Nachw; Frankfurt aaO).

7 **b) Ungenaue** oder **unrichtige Parteibezeichnungen** sind unschädlich und können jederzeit von Amts wegen **berichtigt** werden, wenn die **Identität** der Partei trotz Berichtigung **gewahrt** bleibt (LAG München LAG-E § 319 Nr 1; vgl § 319 Rn 14; nach Frankfurt OLGZ 77, 361 Fall des § 264 Nr 1). Das Gericht hat die **Amtspflicht** (§ 139), auf die Berichtigung hinzuwirken (Hamm Büro 77, 1420). Bei unrichtiger äußerer Parteibezeichnung ist grundsätzlich die Person als Partei anzusehen, die erkennbar durch die Parteibezeichnung betroffen sein soll (BGH MDR 78, 307; 87, 47 = NJW 83, 2448 [2449]), bei betriebsbezogenem Handeln also im Zweifel der hinter der Falschbezeichnung stehende wahre Rechtsträger (BGH 91, 152). **Beispiele:** Deckname statt wahrer Name; OHG statt KG; Einzelfirma statt Gesellschaftsfirma; nicht eingetragene Firma statt Unternehmensinhaber (BGH MDR 84, 47); „GmbH i.G." statt Vorgründungsgesellschaft (BGH 91, 152; vgl auch § 50 Rn 39); „Gutsherrschaft" statt des Eigentümers (BayObLGZ 52, 347; Wohnungseigentümergemeinschaft statt der einzelnen Wohnungseigentümer (vgl § 10 I WEG und BGH NJW 77, 1686 = MDR 77, 924; hierzu näher § 50 Rn 27); Zweigniederlassung oder als Firmeninhaber Auftretender statt der Firma (München OLGZ 81, 89); Behörde statt des Fiskus; Vertreter statt des Vertretenen (Frankfurt OLGZ 77, 363); gegen Konkursmasse oder Nachlaß statt gegen entsprechende Partei kraft Amtes oder die unbekannten Erben. Berichtigung auch bei falscher juristischer Bezeichnung, zB bei Klage wegen Enteignungsentschädigung gegen Präsidenten eines Verwaltungsbezirks, der grundsätzlich das Land vertritt, statt gegen die Bundesrepublik (BGH WM 72, 1128).

8 **2) Falsche Partei.** Hier ist zu unterscheiden: **a)** Die Klage ist gegen den richtigen Beklagten gezielt, sie wird aber **versehentlich einem Dritten** zugestellt (vgl die Fallgestaltung in Düsseldorf MDR 86, 504). Da die Zustellung „nicht die Aufgabe hat, die Partei zu bestimmen, sondern sie zu finden" (R-Schwab § 41 II 1), ist der Dritte nicht Partei geworden (Frankfurt MDR 85, 676 = BB 85, 1219). Er kann aber diejenigen Prozeßhandlungen (ohne Anwaltszwang, str; aA StJLeipold Rn 11 aE vor § 50 gegen Voraufl; R-Schwab § 41 II 1) vornehmen, die notwendig sind: Also beantragen, daß er – durch Beschluß – aus dem Rechtsstreit entlassen werde und der Kläger bei Veranlassung der falschen Zustellung die ihm bisher entstandenen Kosten zu erstatten habe (München OLGZ 85, 73; Frankfurt MDR 85, 676; Abgrenzung zur vom Kläger *nicht* veranlaßten fehlgegangenen Zustellung: Düsseldorf MDR 86, 504) oder aber Rechtsmittel bzw Einspruch einlegen, wenn gegen ihn schon ein Urteil ergangen ist (BGH 4, 328; vgl auch BGH 24, 91 = NJW 57, 989 = LM § 274 Abs 2 Ziff 7 Nr 2 mit Anm Rietschel; BGH MDR 78, 307; München Rpfleger 85, 326 = AnwBl 85, 590; vgl auch § 319 Rn 21; § 511 Rn 3).

9 **b)** Die Klage ist irrtümlich gegen den **falschen Beklagten** gerichtet. Dieser wird Partei, da der Willensakt des Klägers entscheidet; die Klage gegen ihn muß dann als unbegründet abgewiesen werden; doch kann hier gewillkürter Parteiwechsel helfen; s Anm zu § 263).

10 **c)** Die im Prozeß als Partei auftretende Person ist mit der wahren Partei **nicht identisch.** Dies ist im Parteiprozeß stets von Amts wegen, im Anwaltsprozeß aber nur auf Rüge zu beachten (vgl

§ 88, R-Schwab § 41 IV). Sind sich die Beteiligten darüber einig, daß der Handelnde nicht mit der wahren Partei identisch ist, so sind die von ihm vorgenommenen Prozeßhandlungen unbeachtlich; der Rechtsstreit wird mit der wahren Partei fortgesetzt; aus Gründen der Prozeßklarheit wird (mit BL Grundz 3 A vor § 50 gegen R-Schwab § 41 IX 1; ThP Anm III 2c vor § 50) die falsche Partei entspr § 56 durch Beschluß auf ihren Antrag aus dem Rechtsstreit zu entlassen sein. Entsteht über die Frage der Identität aber Streit, so ist dieser Zwischenstreit (zB zwischen dem Kläger und der Person, die zu Unrecht behauptet, mit dem Beklagten identisch zu sein) entspr § 71 durch unechtes Zwischenurteil zu entscheiden, das mit sofortiger Beschwerde anfechtbar ist (Göhler NJW 59, 1115; R-Schwab aaO); ergibt sich jedoch, daß der Handelnde doch mit der wahren Partei identisch ist, wird der Rechtsstreit mit ihm fortgesetzt; dann kann die Identität durch (echtes) Zwischenurteil (§ 303) festgestellt werden. Prozeßhandlungen der falschen Partei wirken nicht für oder gegen die wahre Partei, können allerdings von dieser genehmigt werden. Ein auf das Handeln der falschen Partei auf den Namen der wahren ergangenes Urteil wirkt aber nach formeller Rechtskraft für und gegen die letztere, wobei ein solches Urteil nach allgemeinen Regeln formell rechtskräftig wird (Zustellung an die falsche Partei, Rechtsmittelverzicht durch diese, StJLeipold Rn 13 vor § 50 und R-Schwab § 41 IV 2). Hilfe für die wahre Partei: ZPO §§ 551 Nr 5; 579 I Nr 4. Zu dem früher viel erörterten **Sonderfall,** daß die Scheidungsklage (jetzt: Scheidungsantrag) des Mannes seiner Geliebten zugestellt wird, die im Scheidungsverfahren (im Einverständnis mit dem Mann) als die verklagte Ehefrau auftritt, vgl die 11. Aufl mwN.

d) Die nichtexistente Partei: Existiert die Partei nicht, in deren Namen geklagt oder die verklagt wird, so ist die Klage als unzulässig auf Kosten dessen abzuweisen, der das Verfahren in Gang gebracht hat. Zur Kostenentscheidung zu Lasten des Dritten und zur Möglichkeit für die in Wahrheit doch existierende Partei, sie ohne Rücksicht auf § 99 mangels Kostenentscheidung zwischen den Parteien mit Berufung oder Revision anzugreifen, vgl BGH LM § 99 ZPO Nr 6 = NJW 59, 291. Existiert eine Partei nicht, so ist ein Urteil wirkungslos, was nicht nur durch Einwendungen gegen die Erteilung der Vollstreckungsklausel oder Erinnerungen gegen die Zwangsvollstreckung (§§ 732, 766), sondern auch durch ordentliche oder außerordentliche Rechtsmittel (vgl § 551 Nr 5, 579 I Nr 4) geltend gemacht werden kann (BGH MDR 59, 121 = JZ 59, 127; Hamburg MDR 76, 845; R-Schwab § 41 V; StJLeipold § 50 Rn 42; BL Grundz 3 B vor § 50). Häufig wird in diesen Fällen aber nur eine falsche Parteibezeichnung zu berichtigen sein. 11

Der Fall der nichtexistenten Partei liegt auch vor, wenn die Klage gegen einen schon **Verstorbenen** erhoben wird. Tod einer Partei während Rechtshängigkeit: §§ 239, 246. Tod des Klägers nach Klagevollmacht: § 86; die Klage ist also tatsächlich für den Erben erhoben, somit genügt bloße Parteiberichtigung (Fallgestaltung in Hamm NJW-RR 86, 739). 12

3) Parteiänderung: Siehe zu § 263. Abgrenzung zur Parteiberichtigung (Rn 7 ff): Baumgärtel FS Schnorr von Carolsfeld, 1972, 19 = Büro 73, 169; Bsp: BGH NJW 83, 2448 f = MDR 84, 47; München OLGZ 81, 90. 13

IV) Eigenschaften der Partei und ihre Bedeutung

1) Eigenschaften: a) Parteifähig ist, wer im Rechtsstreit Partei sein kann, also jeder Rechtsfähige – siehe § 50 Rn 1 und § 56 Rn 1; 14

b) prozeßfähig ist, wer – selbst oder durch einen selbst bestellten Vertreter – Prozeßhandlungen vornehmen oder entgegennehmen kann; s § 52 Rn 1 und § 56 Rn 1; 15

c) postulationsfähig ist, wer in eigener Person rechtswirksam prozessual handeln kann; das ist grundsätzlich jeder Prozeßfähige (vgl § 79), im Anwaltsprozeß aber nur der bei dem Prozeßgericht zugelassene Rechtsanwalt (§ 78 I), im Arbeitsgerichtsprozeß vor dem LAG auch sog Verbandsvertreter, § 11 II ArbGG. 16

2) Bedeutung. Die Eigenschaften a, b und c sind **Prozeßhandlungsvoraussetzungen:** fehlen sie einer Partei, ist die von ihr oder ihr gegenüber vorgenommene Prozeßhandlung unwirksam; die Eigenschaften a und b sind darüber hinaus **Prozeßvoraussetzungen** („Voraussetzungen der Zulässigkeit der Klage", vgl § 282 III): fehlen sie, so ist das ganze Verfahren unzulässig und die Klage deshalb abzuweisen (BGH NJW 62, 1510). S auch § 50 Rn 5, 6, § 52 Rn 11 ff, § 56 Rn 10 ff; § 78 Rn 3. Ist der Mangel der Prozeßfähigkeit übersehen oder verkannt worden, findet eine Wiederaufnahme des Verfahrens statt (§ 579 I Nr 4; BGH 84, 24 [27]). 17

V) Gesetzliche Prozeßstandschaft

1) Prozeßführungsbefugnis. a) Verhältnis zu Sachbefugnis und Verfügungsbefugnis. Sachbefugnis ist ein Begriff des materiellen Rechts. Der Gläubiger einer Forderung ist aktiv-, ihr Schuldner passivlegitimiert (sachbefugt). Steht die eingeklagte Forderung nicht dem Kläger, sondern einem Dritten zu, wird die Klage wegen mangelnder Aktivlegitimation des Klägers als unbegründet abgewiesen; ist nicht der Beklagte, sondern ein Dritter Schuldner der Forderung, 18 wird die Klage wegen mangelnder Passivlegitimation des Beklagten ebenfalls als unbegründet abgewiesen. Grundsätzlich ist der Inhaber eines Rechts befugt, es in eigenem Namen einzuklagen; das Gegenstück hierzu ist, daß jemand prozeßführungsbefugt ist, ohne Inhaber des Rechts zu sein. Tritt der Kläger die rechtshängige Forderung ab, so ist nun nicht mehr er, sondern der Zessionar aktivlegitimiert; § 265 beläßt aber dem Kläger die Prozeßführungsbefugnis, die also dem Neugläubiger nicht zusteht, obwohl er Inhaber des Rechts geworden ist. Im Prozeß entspringt die Prozeßführungsbefugnis der **behaupteten** Inhaberschaft des geltend gemachten Rechts. Freilich kann eine Partei im Prozeß auch fremde Rechte im eigenen Namen geltend machen (Konsequenz des formellen Parteibegriffs, vgl Rn 2, 3); dann ist die Prozeßführungsbefugnis – das prozessuale Seitenstück zur materiellrechtlichen **Verfügungsbefugnis** – besonders festzustellen (ie Rn 21 ff). **Prozeßführungsbefugnis** ist das Recht, über das behauptete (streitige) Recht einen Prozeß als die *richtige* Partei im eigenen Namen zu führen, ohne daß eine (eigene) materiellrechtliche Beziehung zum Streitgegenstand vorzuliegen (behauptet zu werden) braucht.

19 **b) Bedeutung.** Die Prozeßführungsbefugnis ist **Prozeßvoraussetzung** (Voraussetzung der Zulässigkeit der Klage, § 282 III). Es genügt also, wenn sie am Schluß der letzten mündlichen Verhandlung vorliegt. Ihr Fehlen führt zur Abweisung der Klage als unzulässig (BGH 31, 280; 36, 187 [191]; NJW 62, 633 = LM § 62 ZPO Nr 9; NJW 83, 684 [685]; BVerfG NJW 83, 1133). Klagt im obigen Beispiel der Kläger eine Forderung ein, die nach seinem Vortrag nicht ihm, sondern einem Dritten zusteht, so muß er seine Prozeßführungsbefugnis dartun, die von Amts wegen geprüft wird, und sie notfalls beweisen. Sie ist nicht Prozeßhandlungsvoraussetzung; allerdings wirken die von oder gegenüber der nicht prozeßführungsbefugten Partei vorgenommenen Prozeßhandlungen nicht gegenüber der in Wahrheit prozeßführungsbefugten. Daher auch nur Rechtskrafterstreckung unter bestimmten Voraussetzungen (hierzu näher Rn 42–46).

20 **c) Arten der Prozeßstandschaft.** Ist jemand befugt, ein fremdes Recht in eigenem Namen einzuklagen, spricht man von Prozeßstandschaft. Man unterscheidet gesetzliche (Rn 21 ff) und gewillkürte Prozeßstandschaft (Rn 32 ff). Hauptfallgruppen der gesetzlichen Prozeßstandschaft sind die Prozeßführung kraft Amtes (Rn 21) und kraft gesetzlicher Ermächtigung, wobei sich die gesetzliche Ermächtigung aus dem Prozeßrecht oder aus dem materiellen Recht ergeben kann (Rn 22 und 23 ff); wichtiger Sonderfall der gewillkürten Prozeßstandschaft (Rn 32 ff) ist die Einziehungsermächtigung (Rn 40).

21 **2) Fälle der gesetzlichen Prozeßstandschaft: a) Prozeßführung kraft Amtes.** Hierher gehören: Der Konkursverwalter, § 6 KO (BGH 88, 334 mwN = NJW 84, 739; ZIP 86, 585 und näher § 51 Rn 7), der Zwangsverwalter, § 152 ZVG (BGH ZIP 86, 584; § 51 Rn 7); der Nachlaßverwalter, §§ 1985 I, 1984 I 3 BGB; der Testamentsvollstrecker, §§ 2212, 2213 I 1 BGB; der Nießbrauchsverwalter, § 1052 BGB; s § 51 Rn 7. Diesen Fällen ist gemeinsam, daß die Partei kraft Amtes (Prozeßgeschäftsführung kraft Amtes, s Lüke ZZP 76, 6 ff) das Vermögen oder eine bestimmte Vermögensmasse des materiellen Rechtsträgers an dessen Stelle – auch gegen seinen Willen – allein verwaltet und darüber verfügt (vgl BGH ZIP 84, 83 für Konkursverwalter). Dem Rechtsträger selbst ist die Prozeßführungsbefugnis entzogen (BGH 79, 245 [248] = NJW 81, 1097; verfassungsrechtlich unbedenklich: BVerfG 51, 408 zu § 6 I KO; einschr Berkemann JuS 80, 876). S auch unten Rn 22 aE.

22 **b) Prozeßführung kraft gesetzlicher Ermächtigung des Prozeßrechts.** Hauptfall: § 265 ZPO. Der Kläger tritt die eingeklagte Forderung während des Rechtsstreits ab. Er führt den Rechtsstreit trotz Verlustes der Aktivlegitimation in Prozeßführungsbefugnis für den Zessionar fort, wobei er allerdings – um nicht sachlich zu unterliegen! – den Antrag auf Leistung an diesen umstellen muß (vgl § 265 Rn 8); fällt er in Konkurs, führt der Konkursverwalter den die Masse berührenden Prozeß in doppelter Prozeßstandschaft (BGH ZIP 86, 583 [584]). Hierher gehören auch die Fälle, in denen der streitbefangene Gegenstand **während des Rechtsstreits** verpfändet, mit einem Nießbrauch belastet, in denen weiter die rechtshängige Forderung für einen Gläubiger des Klägers gepfändet und diesem überwiesen wird (§§ 1074, 1077, 1281, 1282 BGB; §§ 829, 835 ZPO). Mit Recht werden diese Fälle in **Anwendung des § 265** gelöst: Soweit hier die Belastung die volle Sachbefugnis des Verpfänders usw einschränkt, gleichzeitig diesen Teil auf den Pfandgläubiger usw überträgt, führt der bisherige Vollrechtsinhaber also den Rechtsstreit in Prozeßstandschaft für seinen Gläubiger fort, muß jedoch Leistung an diesen beantragen (BGH ZIP 86, 584). § 325 I gilt dann aber auch hier (BGH 86, 337 [339] = NJW 83, 886 [887] = MDR 83, 486; Bettermann, Die Vollstreckung des Zivilurteils in den Grenzen seiner Rechtskraft, 1948, S 68 ff, 144; Blomeyer § 92 III; vgl auch Heintzmann aaO S 13 ff; zum Fall der Überweisung der gepfändeten Forderung vgl Rn 30). Kein Fall des § 265 ist aber Wechsel oder Beendigung der Prozeßführungsbefugnis, etwa einer Partei kraft Amtes; so zutr ThP § 265 Anm 3d; Heintzmann aaO S 28 ff; R-Schwab § 46 IV 3; aA Grunsky, Die Veräußerung der streitbefangenen Sache 1969 S 95 ff;

StJSchL §265 III. In diesen Zusammenhang gehört auch die Prozeßführungsbefugnis des Zedenten im Fall des §407 II BGB (hierzu näher Schwab, Gedächtnisschrift für Bruns, 1980, S 184; Brehm KTS 85, 9).

c) Prozeßführung kraft gesetzlicher Ermächtigung des materiellen Rechts: aa) Prozeßführung für **Gesamthandsgemeinschaften:** §§ 1422, 1428, 1429 S 2; 1454 S 2; 1487 I; 2039 BGB. Hierzu zählt auch die beschränkt zulässige Einzelklagebefugnis eines BGB-Gesellschafters *(actio pro socio)* auf Leistung an die Gesellschaft (vgl BGH 12, 312; 17, 340; 39, 14; MünchKomm/Ulmer, BGB, §705 Rn 171; entspr gilt für die handelsrechtlichen Personengesellschaften OHG und KG, vgl BGH NJW 73, 2199; 85, 2830, sowie für die GmbH, vgl Berger ZHR 149 [1985], 599, 604 ff mwN). Das sind also die Fälle, wo die Befugnis zur Prozeßführung umfassender ist als die Sachbefugnis; der materielle Anspruch steht der Gesamthand zu; **ein** Gesamthänder ist befugt, ihn im eigenen Namen einzuklagen (vgl zu §2039 BGB Blomeyer AcP 149, 385; aber auch Baur FamRZ 62, 508). Die Prozeßführungsbefugnis eines Gesamthänders schließt weder die der Gesamthand noch die anderer Gesamthänder aus. Klagt ein Miterbe gemäß §2039 BGB auf Grundbuchberichtigung, der sich dem Beklagten gegenüber arglistig verhalten hatte, widersprechen die übrigen Miterben der Prozeßführung, so kann dies zur Abweisung der Klage als unzulässig wegen **Mißbrauches** der Prozeßführungsbefugnis führen (BGH 48, 367). Beachte, daß §2039 BGB nicht gilt, wenn auf Feststellung eines Gestaltungsrechts (zB §767), wohl aber, wenn auf Feststellung eines Leistungsanspruchs geklagt wird. – Bei der **Bruchteilsgemeinschaft** (§§ 741 ff BGB) ist der einzelne Mitberechtigte hinsichtlich des gemeinsamen Gegenstandes (zB gemeinsame Forderung) als Prozeßstandschafter prozeßführungsbefugt, soweit die Klageerhebung eine notwendige Verwaltungsmaßnahme iS des **§ 744 II BGB** darstellt (BGH 94, 120 f = NJW 85, 1826; MünchKomm/K. Schmidt, BGB, §§ 744, 745 Rn 36, 39; Heintzmann aaO S 18 ff). Wegen §§ 432 I 2, 1011 S 2 BGB s unten Rn 27. 23

bb) Das Prozeßführungsrecht des **Ehegatten** geht in den Fällen der §§ 1368, 1369 I, III BGB über seine jeweilige Sachbefugnis hinaus (hL; vgl Eickmann Rpfleger 81, 213 [214] mN; Jauernig/Schlechtriem, BGB, 3. Aufl, §1368 Anm 3a mwN). Den Fall einer Prozeßstandschaft des **Elternteils** gegenüber dem (minderjährigen) Kind begründet während des Getrenntlebens oder der Anhängigkeit einer Ehesache §1629 III BGB (vgl MünchKomm/Hinz §1629 Rn 39; BGH NJW 83, 2084) für die Geltendmachung von Unterhaltsansprüchen, und zwar sowohl im (BGH FamRZ 85, 471) als außerhalb des Verbundverfahrens (Sedemund-Treiber FamRZ 86, 213 Fußn 24, früher str, vgl Budde MDR 85, 983). 24

cc) Streitig ist, ob hierher auch die Fälle der §§ 1074, 1077, 1281, 1282 BGB gehören, wenn nämlich der Pfandgläubiger oder Nießbraucher seine Rechtsstellung bereits **vor Rechtshängigkeit** des belasteten Gegenstandes erworben hatte. Entgegen R-Schwab §46 II 2f, g beruht hier die Prozeßführungsbefugnis der beschränkt dinglich Berechtigten auf ihrem materiellen Recht, mit dem sie sich deckt und dessen Bestehen daher nicht Prozeßvoraussetzung, sondern Frage der Sachbefugnis ist. 25

dd) Sonstige **Einzelfälle** gesetzlicher Prozeßstandschaft: Prozeßführung des **Verwalters einer Wohnungseigentümergemeinschaft** im Rahmen seiner gesetzlichen Befugnisse dem §27 WEG (wegen weitergehender Ermächtigung vgl Rn 49); ähnlich die Verfahrensgeschäftsführung der FGG-Verfahren nach §43 I 1 WEG (BayObLGZ 1965, 193); die Klage der obersten Landesbehörde auf Nachzahlung an den Heimarbeiter (§25 HArbG); die Schutzklage des Verlegers anonymer Werke für den Urheber (§10 II 2 UrhG); die Ersatzklage der Gemeinde wegen Beschädigung von Bundeseinrichtungen im Rahmen der Auftragsverwaltung (BGH 73, 1). 26

ee) Die hL sieht ferner in dem Recht eines von **mehreren Gläubigern einer unteilbaren Leistung** (§432 I 2 BGB) und dem eines von mehreren **Miteigentümern,** die Ansprüche aus dem Eigentum Dritten gegenüber hinsichtlich der ganzen Sache geltend zu machen (§1011 BGB), Fälle gesetzlicher Prozeßstandschaft (BGH 79, 245 [247] = NJW 81, 1097; NJW 85, 2825). Richtiger dürfte es sein, in §§ 432 I 2, 1011 Hs 2 BGB eine **materielle** Beschränkung des Anspruchs zu sehen, für die aber mit diesem beschränkten Inhalt der einzelne Gläubiger (Miteigentümer) voll aktiv legitimiert ist. Probleme der Prozeßstandschaft erheben sich dann nicht (so auch Hadding FS Ernst Wolf, 1985, S 129 f; anders und im Sinne der hM nunmehr freilich StJLeipold Rn 37 vor §50 gegen Voraufl). Die Verneinung der Rechtskrafterstreckung (BGH 79, 245 [247 f] = NJW 81, 1097; keine Abweichung in BGH NJW 85, 2825, wo der Miteigentümer der Prozeßführung *zugestimmt* hatte und damit zugleich ein Fall der Rn 32 ff vorlag) stützt das hier vertretene Ergebnis (ebenso Hadding aaO S 130 unter Hinw auf §432 II BGB; vgl auch Rn 39). 27

ff) Inwieweit **Verbände,** die satzungsgemäß Rechte (Interessen) ihrer Mitglieder wahrnehmen, dabei in gesetzlicher Prozeßstandschaft auftreten oder eigene Rechte bzw Interessen der Allgemeinheit geltend machen, ist zweifelhaft und läßt sich nicht allgemein beantworten; für die 28 beiden wichtigsten Fälle der **Verbandsklage,** die der Verbände zur Förderung gewerblicher Interessen (§ 13 II Nr 2 UWG; § 12 I RabattG) und der Verbraucherschutzverbände (§ 13 II Nr 3 UWG; § 13 AGBG), wird das Vorliegen einer gesetzlichen Prozeßstandschaft überwiegend verneint (vgl allgemein Leipold, in Gilles: Effektivität des Rechtsschutzes 1983, S 57 ff; Urbanczyk, Zur Verbandsklage im Zivilprozeß, 1981, S 42 ff; zur Wettbewerbsklage Knieper NJW 71, 2251 mN; Hadding JZ 70, 305; M. Wolf BB 71, 1293; zur AGB-Klage Staudinger/Schlosser § 13 AGBG Rn 4; Ulmer/Brandner/Hensen § 13 AGBG Rn 22 f; Reinel, Die Verbandsklage nach dem AGBG, 1979; für ein abw kollektivrechtliches Verständnis der Verbandsklage im Sinne einer gesetzlichen Prozeßstandschaft durch eine private Partei kraft Amtes nunmehr Gilles ZZP 98, 9 f). Für das **Klagerecht** eines Interessenverbands gem § 13 II Nr 2, 3 UWG genügt eine (bloße) entsprechende Satzungsbestimmung nicht (BGH NJW 86, 1347 = ZIP 86, 395 = WRP 86, 201); hinzukommen muß die tatsächliche aktive Verfolgung der satzungsmäßigen Aufgaben (BGH NJW 86, 1347); die dafür erforderliche sachliche und persönliche Ausstattung muß vorliegen (BGH NJW-RR 86, 1041; WM 86, 1034); eine bloße *Abmahn- und Klagetätigkeit* genügt nicht (BGH NJW 86, 1347; München MDR 86, 502; Köln WRP 85, 659; von Ungern-Sternberg NJW 81, 2328). Für das Klagerecht eines **Verbraucherschutzverbandes** ist nicht erforderlich, daß der Verbraucherschutz Hauptzweck ist; es genügt, daß er wesentlicher Vereinszweck ist (BGH WM 86, 619). Das Vorgehen gegen die Zwangsvollstreckung aus Titeln über sittenwidrige Forderungen ist vom Klagerecht eines Verbraucherschutzverbandes nicht gedeckt (Hamm NJW-RR 86, 459). Die Prozeßführungsbefugnis fehlt einem **Mischverband,** der gleichrangig der Förderung gewerblicher Interessen (§ 13 II Nr 2 UWG) und der Wahrnehmung von Verbraucherinteressen (§ 13 II Nr 3 UWG; § 13 AGBG) dient (BGH NJW 83, 1061 mwN; anders bei deutlichem Überwiegen der einen Zweckbestimmung und -verfolgung: BGH NJW 85, 1032 f). Möglich ist, daß ein Verband aufgrund einer *Ermächtigung* seiner (sämtlichen) Mitglieder vorgeht (Beispiele: Rn 38); die Ermächtigung eines einzelnen Mitgliedes kann die fehlende satzungsmäßige Aufgabe nicht ersetzen (Köln WRP 85, 659). Da das RBeratG ein Schutzgesetz zugunsten der Anwaltschaft ist, kann ein örtlicher *Anwaltsverein* gem §§ 1, 13 UWG und aus § 823 II BGB, Art 1 §§ 1, 8 RBeratG in Prozeßstandschaft für seine Mitglieder deren Unterlassungsansprüche geltend machen (BGH 48, 15 mit nicht überzeugender Annahme gewillkürter Prozeßstandschaft; LG Hamburg AnwBl 69, 143); dagegen ist ein Recht des *Bundesverbandes der deutschen Binnenschiffahrt* zur Geltendmachung von Amtshaftungsansprüchen seiner Mitglieder verneint worden (BGH 89, 1 = NJW 84, 2220 = VersR 84, 350); Grund: Die allgemeine satzungsmäßige Aufgabe der Interessenwahrung gibt noch keine Klagebefugnis für Schadensersatzansprüche der Mitglieder (BGH 89, 4). Ein Klagerecht des Verbandes als Zessionar kann durch Abtretung (§ 398 BGB) begründet werden (vgl BGH 89, 4). Jedoch fehlt einer auf berufständischer Grundlage gebildeten Vereinigung iS von Art 1 § 7 RBeratG (hier: Rechtsschutzstelle der Ärzte-, Zahnärzte- und Tierärzteschaft) die Prozeßführungsbefugnis für eine Klage auf Bezahlung einer an sie **abgetretenen** Forderung ihres Mitgliedes, wenn die gerichtliche Geltendmachung allein im Interesse des Zedenten liegt (Oldenburg NdsRpfl 79, 36). Zur Schutzklage der Verwertungsgesellschaft (zB Gema) vgl § 1 WahrnehmungsG vom 9. 9. 1965 (BGBl I S 1294).

29 **gg) Kein** Fall von Prozeßstandschaft liegt vor, wenn der Kläger Ersatz des **Drittschadens** durch Klage auf Leistung an den Drittgeschädigten oder wenn der Versprechensempfänger bei **Vertrag zugunsten Dritter** auf Leistung an den Begünstigten klagt (§ 335). Denn der Kläger ist Inhaber des sachlichen Anspruchs, also aktiv legitimiert und damit prozeßführungsbefugt.

30 **d) Prozeßführungsmacht kraft Richterspruchs.** Hierher gehören: Die Überweisung einer gepfändeten Forderung zur **Einziehung;** die Überweisung an Zahlungs Statt überträgt das Recht selbst, so daß der Gläubiger mit der Überweisung die volle Sachbefugnis und damit automatisch die Prozeßführungsmacht erlangt. Streitig ist die Rechtslage bei Überweisung zur Einziehung; auch hier wird man entgegen Lüke, ZZP 76, 23 ua, mit StJLeipold Rn 36 vor § 50, Heintzmann aaO S 15 von einer Spaltung des materiellen Rechts ausgehen müssen, die dem partiellen Rechtsnachfolger (also dem Pfand-, Pfändungsgläubiger, dem Nießbraucher) eine materielle Verfügungsmacht gibt, der dann eine Prozeßführungsbefugnis von selbst entspringt; nach dieser Ansicht liegt in diesen Fällen keine Prozeßstandschaft vor.

31 **e) Passive Prozeßführungsbefugnis.** Sie ist vor allem bedeutsam bei Prozessen gegen Parteien kraft Amtes oder gegen prozeßführungsbefugte Verwalter gemeinschaftlichen Vermögens (§ 1422 BGB). Wenn der auf Herausgabe Verklagte die streitbefangene Sache während des Rechtsstreits veräußert, bleibt er passiv prozeßführungsbefugt, obwohl die Sachbefugnis auf den neuen (vielleicht bösgläubigen) Besitzer übergeht; hat der Gläubiger die Forderung nach rechtskräftiger Verurteilung des Schuldners abgetreten, ist er für die Wiederaufnahmeklage des Schuldners passiv prozeßführungsbefugt, obwohl die Sachbefugnis auf den Zessionar übergegangen ist (BGH 29, 329 = NJW 59, 939); ist Nachlaßverwaltung angeordnet, so sind für Nachlaß-

erbenschulden (vgl Palandt/Edenhofer § 1967 Rn 4) sowohl der Erbe wie der Nachlaßverwalter passiv prozeßführungsbefugt; jener hinsichtlich seines Privatvermögens, dieser hinsichtlich des Nachlasses. Die Klage auf Notwegeinräumung gegen einen von zwei Bruchteilseigentümern eines Grundstücks ist nach hM mangels (passiver) Prozeßführungsbefugnis unzulässig (BGH 36, 187; dazu JuS 62, 238 und Grunsky ZZP 76, 49 ff; vgl aber auch § 62 Rn 18). Abänderungsklagen sind gegen die am Titel beteiligten Parteien zu richten (BGH NJW 83, 684 [685] und § 323 Rn 30).

f) Prozeßführungsrecht und Güterstände: s Anhang nach § 51. 32

3) Rechtsfolgen bei gesetzlicher Prozeßstandschaft: a) Allgemeines. Die **Parteistellung** mit 33
den sich aus ihr ergebenden Konsequenzen (Rn 5) kommt dem Prozeßstandschafter zu, der Rechtsträger (alleiniger Rechtsinhaber; ggf Mit- oder Teilberechtigter des geltend gemachten Rechts) ist im Prozeß Dritter (Rn 3). Inwieweit die Folgen der Prozeßführung durch den Rechtsfremden (nicht allein Berechtigten) auch den Rechtsinhaber (weitere Mit- oder Teilberechtigte) treffen (Rechtskraft, Vollstreckbarkeit, Rechtshängigkeit), ist allgemein nicht geregelt und ie umstritten (dazu näher Rn 34–41). Ob das Urteil, das für oder gegen den Prozeßführungsbefugten erging, für den Rechtsträger selbst Rechtskraftwirkung hat und vollstreckbar ist, kann nur für den betreffenden Einzelfall beantwortet werden; umstr ist, ob die Rechtskrafterstreckung der Grundsatz ist oder die Ausnahme bildet (vgl hierzu Bettermann, Die Vollstreckung des Zivilurteils in den Grenzen seiner Rechtskraft, 1948; Blomeyer § 92; Calavros, Urteilswirkungen zu Lasten Dritter, 1978, S 49 ff; Henckel, Parteilehre und Streitgegenstand im Zivilprozeß, 1961, S 41 ff; R-Schwab § 46 V; Sinaniotis ZZP 79, 91 ff und ZZP 70, 448; Heintzmann, Die Prozeßführungsbefugnis, 1970, S 98 ff; ders ZZP 92, 61; Gottwald ZZP 91, 1).

b) Fälle von Rechtskrafterstreckung. Eine Rechtskrafterstreckung im Verhältnis zwischen 34
Prozeßführungsbefugtem und Rechtsträger wird von der hL bejaht in folgenden Fällen:

aa) bei Prozeßführung durch eine **Partei kraft Amtes** und zwar uneingeschränkt beim Konkursverwalter (BGH 88, 334) und beim Nachlaßverwalter, eingeschränkt gem § 327 I beim Testamentsvollstrecker;

bb) aufgrund gesetzlicher Anordnung (§ 325) in den Fällen des **§ 265,** s oben Rn 22; hierher 35
gehören auch Pfändung, Verpfändung, Belastung mit Nießbrauch der **schon rechtshängigen** Forderung. Beachte für den Sonderfall der Mehrfachpfändung (§§ 853, 856 I) die Rechtskraftwirkung der Beiladung in § 856 IV, V. Bei Abtretung **vor Rechtshängigkeit** der Forderung gilt die Urteilswirkung gem § 407 II BGB;

cc) bei der **ehelichen Gütergemeinschaft:** das im Prozeß des Alleinverwalters des ehelichen 36
Gesamtguts (§ 1422 BGB) ergangene Urteil wirkt Rechtskraft für und gegen den anderen Ehegatten, aber nur in Ansehung des Gesamtguts (§ 1422 S 2 BGB; vgl näher § 51 Anh Rn 6); ebenso bei Notprozeßführung gemäß § 1429 BGB und im Fall des § 1431 BGB, wenn der Verwalter in die Führung des Erwerbsgeschäfts eingewilligt hat (RGRK-BGB, § 1431 Rn 13; Gernhuber § 38 VII, 12; Erman § 1422 Rn 5). Im Fall der Revokation (§§ 1428, 1455 Nr 8 BGB) findet keine Rechtskrafterstreckung statt (hM; vgl Palandt/Diederichsen § 1428 Rn 1; Heintzmann aaO S 86 mN zu Fußn 331; vgl zum ganzen auch § 51 Anh Rn 15–17);

dd) bei der Geltendmachung von **Unterhaltsansprüchen des Kindes** durch einen Elternteil im 37
eigenen Namen während des Getrenntlebens oder bei Anhängigkeit einer Ehesache gem § 1629 III (vgl dort S 2 und oben Rn 24).

c) Ablehnung der Rechtskrafterstreckung. Praktisch stellt sich die Frage nur bei zuungunsten 38
des Prozeßstandschafters ergangenen Entscheidungen; hat der Prozeßstandschafter obsiegt, kann der materielle Rechtsträger die Prozeßführung noch nachträglich genehmigen und sich so die Urteilsrechtskraft zunutze machen (vgl Blomeyer § 92 I 3; allg zur (vorherigen) Zustimmung des Rechtsträgers unten Rn 54).

aa) Fälle. Sind an einem gemeinschaftlichen Vermögen oder Recht mehrere beteiligt, so wirkt nach hM (vgl Rn 39 mN) das gegen den Prozeßstandschafter ergangene Urteil nicht auch gegen die übrigen Mit-(Teil-)Berechtigten. So wirkt das Urteil zuungunsten des klagenden Gesamtleistungsgläubigers im Falle des § 432 BGB nicht auch gegen den anderen Gesamtleistungsgläubiger (vgl auch § 432 II und oben Rn 27); im Falle der Klage eines Mitberechtigten gem § 744 II BGB nicht auch gegen den anderen Mitberechtigten; im Falle der Herausgabeklage eines Miteigentümers gem § 1011 BGB nicht auch gegen den anderen Miteigentümer (BGH 79, 245 [247 f]; NJW 85, 2825; vgl auch Rn 27); im Fall der Klage eines einzelnen Miterben auf „Leistung an alle Erben" gem § 2039 BGB nicht auch gegen die übrigen Miterben; im Falle der Einzelklage eines Gesellschafters *(actio pro socio)* auf Leistung an die Gesellschaft (Rn 23) nicht auch gegen die übrigen Gesellschafter; im Fall der Klage eines Ehegatten im Güterstand der Zugewinngemeinschaft gem §§ 1368, 1369 III BGB nicht auch gegen den anderen Ehegatten.

39 **bb) Allgemeiner Grundsatz?** Die hM (vgl BGH 79, 245 [248]; Sinaniotis aaO S 91 ff; Calavros aaO S 55 ff; R-Schwab § 46 V 2) sieht den Grund für die unterschiedliche Behandlung darin, daß in den zu b) aufgeführten Fällen (Rn 34–37) die Prozeßführungsmacht des Prozeßstandschafters gleichzeitig zum Ausschluß einer Prozeßführung durch den Rechtsträger selbst führt, was in den übrigen Fällen nicht zutreffe. Heintzmann (aaO S 83 ff, 98 ff) sieht das entscheidende Kriterium für die Rechtskrafterstreckung in der Rechtsnachfolge in die Prozeßführungsbefugnis. Dies führt zT zu sehr unbefriedigenden Ergebnissen: hat der Drittschuldner den Prozeß gegen den Verpfänder einer Forderung nach § 1281 BGB, oder gegen den Vollstreckungsschuldner einer gepfändeten und zur Einziehung überwiesenen Forderung (der ja auf Feststellung oder auf Leistung auf den Vollstreckungsgläubiger klagen kann) oder hat der Erwerber einer Hausratsache gegen den Ehegatten des unwirksam verfügenden anderen Gatten (§§ 1368, 1369 BGB) gewonnen, sieht er sich danach einer neuen Klage des Pfandgläubigers usw gegenüber. Mit Recht weist Bettermann aaO S 145 ff darauf hin, daß die hL nur das Interesse des nicht Klagenden aber Anspruchsmitberechtigten im Auge hat, das des Dritten aber völlig übersieht.

40 **d) Vollstreckbarkeit.** Der obsiegende Prozeßstandschafter kann aus dem Urteil die Vollstrekkung betreiben (er ist Klauselberechtigter nach § 724, s dort Rn 3 mwN) und ist als **Vollstrekkungsgläubiger** gem § 2 AnfG anfechtungsberechtigt (BGH NJW 83, 1678). Soweit eine Erstrekkung der Rechtskraftwirkung auf den Rechtsträger stattfindet (vgl Rn 34–37), ist die **Vollstrekkungsklausel** zumindest in entspr Anwendung von § 727 (§ 731) auf ihn umzuschreiben, wenn der Prozeßstandschafter die Vollstreckung ablehnt oder verzögert oder die Vollstreckung aus dem ursprünglichen Titel aus einem sonstigen Grund nicht durchgeführt werden kann (BGH NJW 83, 1678; Heintzmann ZZP 92, 67 ff; Schwab, Gedächtnisschrift für Bruns, 1980, S 188 im Fall des § 407 II BGB; aA KG Rpfleger 71, 103; zum ganzen näher § 727 Rn 13 mwN).

41 **e) Rechtshängigkeit.** Soweit Rechtskrafterstreckung auf den Rechtsträger anzunehmen ist, steht der Klage des Rechtsinhabers entspr § 261 III Nr 1 die Einrede der **Rechtshängigkeit** entgegen, wenn der Prozeßstandschafter klagt (BGH 78, 7 = NJW 80, 2463; Schwab, Gedächtnisschrift für Bruns, 1980, S 185).

VI) Gewillkürte Prozeßstandschaft

42 **1) Allgemeines. a) Begriff:** Gerichtliche Geltendmachung fremder Rechte (idR schuld- oder sachenrechtlicher Ansprüche, vgl Rn 46) im eigenen Namen aufgrund Ermächtigung (Rn 45) durch den Rechtsinhaber (dazu allg Rn 18–20). **b)** Die **Zulässigkeit** der gewillkürten Prozeßstandschaft wird teilw mit § 185 BGB gerechtfertigt (vgl Grunsky, Grundlagen des Verfahrensrechts, 2. Aufl § 28 I 4; Heintzmann aaO S 94 ff). Diese Begründung versagt aber bei dem objektiven Erfordernis des Vorliegens eines berechtigten Eigeninteresses des Ermächtigten an der Prozeßführung (Rn 44); darauf kann nicht verzichtet werden, da sonst eine freie Disposition über die Parteirollen und damit auch die Möglichkeit deren „willkürlicher" Verschiebbarkeit eröffnet wäre. Umgekehrt werden neuerdings grundsätzliche Bedenken gegen die gewillkürte Prozeßstandschaft geäußert (so von Frank ZZP 92, 321; Koch JZ 84, 809), jedoch zu unrecht: Die gewillkürte Prozeßstandschaft ist nicht „entbehrlich", denn durch die vorgeschlagenen Alternativen (Vollrechtsübertragung; Eigenprozeßführung mit Hilfe eines Prozeßbevollmächtigten) werden die Zwecke der gewillkürten Prozeßstandschaft (Berücksichtigung der „größeren Sachnähe" bei der Prozeßführung, vgl BGH NJW 86, 423; Freistellung des Rechtsträgers von Kostenbelastung; uU – zeitweilige – Geheimhaltung) teils nicht erreicht, teils aber werden die mit der gewillkürten Prozeßstandschaft verbundenen Gefahren überhaupt nicht vermieden (so bei der Vollrechtsübertragung an eine vermögenslose Partei zum Zwecke der Prozeßführung). Einer gezielten mißbräuchlichen Verschiebung der Parteirollen (Klage von vermögensloser Partei als Prozeßstandschafter) kann durch Verneinung des schutzwürdigen Eigeninteresses (Rn 33) entgegengetreten werden (vgl BGH 96, 151 [154] = NJW 86, 850 = WM 86, 57).

43 **c) Arten:** Anzuerkennen ist die gewillkürte **aktive** Prozeßstandschaft, bei der der Kläger „offen" (Rn 37) als Prozeßstandschafter auftritt; nur soweit der Prozeßstandschafter der bisherige Rechtsinhaber ist, kommt (wegen § 407 II BGB) auch eine „verdeckte" Prozeßstandschaft in Frage (vgl Rn 47, 51). Eine gewillkürte **passive** Prozeßstandschaft ist dagegen unzulässig, da es auch keine materiellrechtliche Verpflichtungsermächtigung gibt (von Brunn, Die gewillkürte Prozeßstandschaft, 1933, S 74 ff mN; offengelassen in BGH NJW 83, 684 [685]). Eine **Vollstrekkungsstandschaft** – Vollstreckungsermächtigung des Titelgläubigers an einen Dritten ohne Übertragung des titulierten Anspruchs – scheitert an § 727 und ist nicht anzuerkennen (so BGH 92, 349; vgl auch § 767 Rn 11); sie ist nicht zu verwechseln mit der zT ebenso bezeichneten Vollstreckungsbefugnis des Prozeßstandschafters (dazu Rn 56).

44 **2) Voraussetzungen. a) Rechtliches Interesse.** Für eine wirksame Übertragung der Prozeßführungsbefugnis auf einen Dritten verlangt die hM und stRspr zu Recht außer der Ermächti-

gung des Rechtsinhabers (Rn 45, 47) einschränkend ein schutzwürdiges **eigenes rechtliches Interesse** des Ermächtigten an der Prozeßführung im eigenen Namen (so BGH 4, 165; 30, 166; 89, 2; 92, 349 mN; 94, 121; 96, 152 ff = NJW 86, 850 = WM 86, 57; BGH NJW 86, 423; NJW-RR 86, 158; WM 85, 614; 86, 1201; StJLeipold Rn 41 vor § 50; BL-Hartmann Grundz § 50 Anm 4 C; R-Schwab § 46 III 1; ThP § 51 Anm IV 4; Henckel, FS Larenz, 1973, S 654; Michaelis, FS Larenz, 1983, S 462 ff, str; aA Larenz, Schuldrecht I, Allg Teil, 13. Aufl 1982, § 34 V c mN in Fußn 77; Grunsky, Grundlagen des Verfahrensrechts, 2. Aufl, § 28 I 4; Heintzmann aaO S 94 ff); ein lediglich wirtschaftliches Interesse genügt nicht (BGH VersR 85, 155). Die Gegenansicht ist abzulehnen, denn im Hinblick auf die weittragenden prozessualen Folgen (Rn 5) kann die Bestimmung der Parteirollen nicht der unkontrollierten Parteidisposition überlassen bleiben (ie Rn 53). Ein eigenes rechtliches Interesse an der Prozeßführung ist gegeben, wenn die Entscheidung Einfluß auf die eigene Rechtslage des Prozeßführungsbefugten hat (R-Schwab § 46 III 1; eingehend hierzu Michaelis, FS Larenz, 1983, S 462 ff mwN). Beispiele aus der Rspr hierzu: Rn 49, 50.

b) Ermächtigung. Die Zustimmung des Rechtsinhabers zur aktiven Prozeßführung eines Drit- 45
ten ist Prozeßhandlung, nicht bürgerlichrechtliches Rechtsgeschäft (StJLeipold Rn 43 vor § 50, str), jedoch richten sich **Erteilung, Bestand und Mangel** der Ermächtigung – vergleichbar dem Fall von § 38 Rn 4, 5 – im allgemeinen nach bürgerlichrechtlichen Grundsätzen; Erteilung ist deshalb auch stillschweigend möglich (BGH 94, 122; NJW 81, 2640); Beispiel: Geltendmachung von Gewährleistungsansprüchen durch *einen* Ehegatten bei *gemeinsamer* Errichtung eines Hauses durch Ehegatten (BGH 94, 122 = NJW 85, 1826). Die Ermächtigung muß sich auf einen **bestimmten Anspruch** (eine bestimmte Rechtsstreitigkeit) beziehen; eine Generalermächtigung für alle Rechtsstreitigkeiten einer bestimmten Art ist unwirksam (Köln WRP 85, 659). **Widerruf** ist bis zur Klageerhebung *jederzeit* zulässig (Rosenberg JZ 52, 137; BGH NJW-RR 86, 158 = WM 85, 1324, str; aA Heintzmann aaO S 104 mwN); jedenfalls läßt er dann die Prozeßführungsbefugnis des Ermächtigten unberührt (arg § 265 II 1, so StJLeipold 44; arg § 261 III Nr 1, so BGH NJW-RR 86, 158).

c) Übertragbarkeit der Prozeßführungsbefugnis. Die gewillkürte Prozeßstandschaft setzt idR 46
Abtretbarkeit des geltend zu machenden Rechts voraus und scheidet bei höchstpersönlichen Rechten, die ihrem Wesen nach nur vom Rechtsinhaber geltend gemacht werden können, idR aus (vgl BGH NJW 83, 1560 [1561 mwN]; MDR 78, 1019; HessStGH NJW 80, 2406; BVerwG NJW 83, 1133; StJLeipold Rn 43 vor § 50 mwN). Beispiele: Ansprüche auf Schmerzensgeld, aus Beeinträchtigung der Persönlichkeit (vgl dazu Rn 50). Die Übertragbarkeit der Prozeßführungsbefugnis setzt aber *nicht notwendig* auch Übertragbarkeit der Forderung voraus (so klar Michaelis, FS Larenz, 1983, S 463 ff, 469, 484; im Erg auch Köln MDR 79, 935). Beispiele: Grundbuchberichtigungsanspruch gem § 894 BGB; Eigentumsherausgabeanspruch gem § 985 BGB (dazu Rn 49).

d) Geltendmachung und Prüfung von Amts wegen. Im Prozeß muß sich der Prozeßstand- 47
schafter grundsätzlich auf die ihm erteilte Ermächtigung berufen und zum Ausdruck bringen, wessen Recht er geltend macht (BGH 94, 122 mwN = NJW 85, 1826; NJW 85, 2825 mN), außer es ist für alle Beteiligten eindeutig klar, welches Recht eingeklagt wird (BGH 78, 6). Eine Ausnahme von dem Offenkundigkeitsgrundsatz besteht in den Fällen, in denen der Kläger nach außen befugt als Rechtsinhaber auftritt (Beispiel: Zedentenklage bei stiller Sicherungszession; vgl BGH NJW 78, 698; Brehm KTS 85, 5 ff, 11; hierzu Rn 51 f) oder jedenfalls ein eigenes Klagerecht als Mitberechtigter mitverfolgt (BGH NJW 85, 2825). **Prüfung und Entscheidung** bei **Streit** um die Prozeßführungsbefugnis: Das Vorliegen der Voraussetzungen der gewillkürten Prozeßstandschaft (Rn 44–46) ist nach den Grundsätzen der *Amtsprüfung* festzustellen (vgl BGH WM 85, 1324; 86, 1201). Bei Bejahung Zwischenurteil (§ 303) oder in den Gründen des Endurteils, bei Verneinung: Endurteil, dagegen gesetzliche Rechtsmittel; vgl iü Anm 19.

e) Abgrenzung. Nicht hierher gehören: **Treuhandzession,** da der Treuhänder formal sachbe- 48
rechtigt und daher notwendig auch prozeßführungsbefugt ist (Henckel, FS Larenz, 1973, 647 mwN, 649); das gleiche gilt für die **Inkassozession** (BGH NJW 80, 991; WM 85, 614); ein eigenes rechtliches Interesse an der Geltendmachung der Forderung braucht daher nicht geprüft zu werden (BGH NJW 80, 991; WM 85, 614). Ferner nicht das **offene Prokuraindossament** (Art 18 WG): der Indossatar klagt als Vertreter, also nicht im eigenen Namen; der verdeckte Prokuraindossatar wieder in eigenem Namen; er tritt als Rechtsinhaber auf. Wird stille Sicherungszession mit entsprechender Rückermächtigung verbunden, kommt Prozeßstandschaft in der Person des Zedenten in Frage (vgl hierzu Rn 51).

2) Fälle der gewillkürten Prozeßstandschaft. a) Prozeßstandschaft zulässig: Der Verkäufer 49
eines angeblich lastenfrei verkauften Grundstücks klagt als Prozeßstandschafter für den Käufer auf **Berichtigung** (§ 894 BGB) gegen den buchberechtigten Dritten (RG JW 37, 541; BGH NJW 86, 1676). Der Pächter klagt mit Zustimmung des Eigentümers in Prozeßstandschaft gegen den

nicht berechtigten Besitzer auf **Herausgabe** an sich selbst gem § 985 BGB (BGH NJW-RR 86, 158 = WM 85, 1324). Der Sicherungsgeber klagt mit Ermächtigung des Sicherungsnehmers (-eigentümers) auf Herausgabe der sicherungsübereigneten Gegenstände (BGH 96, 185 = NJW 86, 424 = WM 86, 20). Der Gesellschafter einer BGB-Gesellschaft macht im Einverständnis mit den übrigen Gesellschaftern einen **Gesellschaftsanspruch** im eigenen Namen geltend (Düsseldorf ZIP 85, 1000; soweit ein Fall der *actio pro socio* vorliegt, kommt gesetzliche Prozeßstandschaft der Fallgruppe Rn 23 in Frage). Der beherrschende Gesellschafter einer **GmbH** macht Schadensersatzansprüche der Gesellschaft geltend (BGH WM 86, 1201). Ein **Miteigentümer** eines Grundstücks klagt mit Zustimmung des anderen gem § 1011 BGB (BGH NJW 85, 2825). Ein **Ehegatte** macht mit Zustimmung des anderen Gewährleistungsansprüche aus gemeinsamem Hausbau geltend (BGH 94, 117 = NJW 85, 1826). Der Verkäufer einer Forderung macht die dem Käufer (Zessionar) **abgetretene Forderung** gerichtlich geltend (BGH NJW 79, 924 = MDR 79, 288; vgl auch Schwab, Gedächtnisschrift für Bruns, 1980, S 185, 187 f; Brehm KTS 85, 4 f). Im Fall der **Drittschadensliquidation** klagt der Geschädigte den Anspruch des Vertragspartners des Schädigers ein (BGH 25, 259 = NJW 57, 1838 = LM § 662 HGB Nr 4); Prozeßführung des **Bundes für ein Land** bei Anspruch desselben auf Ersatz gezahlter Renten gegen Dritte (BGH 30, 162 = NJW 59, 1725 = LM § 683 BGB Nr 7); Prozeßführung der **Krankenkasse für den Verletzten** bei Anspruch für Verdienstschaden gem § 10 LohnFG (BGH NJW 85, 2194). – **Rückermächtigung:** Der **Nachlaßverwalter** kann den Erben ermächtigen, Nachlaßansprüche im eigenen Namen geltend zu machen (BGH 38, 281; dazu Bötticher JZ 63, 582). Der **Pfändungsgläubiger,** der die Forderung gepfändet hat und dem sie zur Einziehung überwiesen wurde (§§ 829, 835) kann den Gläubiger ermächtigen, die Forderung klageweise geltend zu machen (BGH NJW 86, 423). Zur problematischen Ermächtigung des Gemeinschuldners durch den **Konkursverwalter** zur Geltendmachung von Masseforderungen vgl näher Rn 50. – Der **Verwalter einer Wohnungseigentümergemeinschaft** kann über seine Befugnisse nach § 27 WEG (Rn 26) hinaus durch Mehrheitsbeschluß der Wohnungseigentümer zur gerichtlichen Geltendmachung von Gewährleistungsansprüchen im eigenen Namen ermächtigt werden (BGH 74, 267; 81, 35; NJW-RR 86, 755; ebenso für Ansprüche gegen Wohnungseigentümer LG Bochum Rpfleger 85, 438; weitergehend Scholzen ZMR 81, 3: auch Ansprüche gegen Mieter). Die Wohnungseigentümergemeinschaft kann auch (gem § 21 WEG) die einzelnen Wohnungseigentümer ermächtigen, wegen Mängeln am gemeinschaftlichen Eigentum selbständig Minderungsklagen zu erheben (BGH NJW 83, 453). – Für die Geltendmachung einer **Wechselforderung,** auch wenn das gleiche Ziel durch ein Ermächtigungsindossament erreicht werden kann (BGH WM 83, 302 [303]). – Zur Zulässigkeit der **Einziehungsermächtigung** vgl Rn 51, 52 mit Beispielen. – **Verbandsklagen** (dazu allg Rn 28): Ein Verband zur Förderung gewerblicher Interessen iS des § 13 I UWG macht *Unterlassungsansprüche* seiner Mitglieder geltend (BGH NJW 81, 2304; 83, 1559 [1561 mwN]); er kann sich hierbei des Gerichtsstands der gegen den Rechtsträger begangenen unerlaubten Handlung (§ 32) bedienen (Düsseldorf OLGZ 65, 34). Bei der Geltendmachung von *Schadensersatzansprüchen* der Mitglieder ist grundsätzlich eine entspr **Ermächtigung** durch die Mitglieder erforderlich, soweit sie sich nicht bereits aus der Satzung ergibt (BGH 89, 2 f = NJW 84, 2220 = VersR 84, 350 – „Binnenschiffahrts-Verband"). Ein Brauereiinteressenverband kann in eigenem Namen entspr seiner Satzung das Eigentum an den Bierflaschen seiner Mitglieder gegenüber einem Altglashändler geltend machen (BGH MDR 56, 154 mit Anm Pohle = JZ 56, 62 = ZZP 69, 30 = LM § 50 ZPO Nr 6); eine Genossenschaft Unterlassungsansprüche von Mitgliedern bei entsprechender Ermächtigung in der Satzung (BGH MDR 76, 652).

50 **b) Prozeßstandschaft unzulässig:** Für die Geltendmachung von Masseansprüchen durch den Gemeinschuldner aufgrund einer Ermächtigung des *Konkursverwalters,* wenn damit das Kostenrisiko zu Lasten der Gegenpartei ausgeschlossen werden soll oder wenn bei einer juristischen Person eine Betriebsfortsetzung nach Prozeßende ausscheidet (BGH 35, 184; 96, 153 f; dazu Diederichsen MDR 63, 94); für die Geltendmachung von *abgetretenen* Kundenforderungen für die *Hausbank* mit deren Ermächtigung, wenn die Zedentin eine verschuldete vermögenslose GmbH ist und keine Aussicht auf eine Geschäftsfortführung besteht (BGH 96, 151 = NJW 86, 850 = WM 86, 57; für die Geltendmachung von Ansprüchen auf Unterlassung bestimmter Arbeitskampfmaßnahmen gegen eine Gewerkschaft durch Arbeitgeberverband für seine Mitglieder (BAG NJW 83, 1750 = MDR 83, 697); für Schmerzensgeldansprüche der volljährigen Tochter durch Vater (BGH LM § 847 BGB Nr 3); Anspruch auf Entschädigung wegen Beeinträchtigung des Persönlichkeitsrechts (BGH NJW 69, 1110); Geltendmachung der dem Hauptvermieter gegen den Untermieter zustehenden Räumungs- und Herausgabeansprüche durch den Hauptmieter in Prozeßstandschaft (LG Köln WuM 59, 22 = ZMR 59, 131). Die Mieterhöhungsklage (§§ 2, 3 MHRG) kann bei mehreren Vermietern nicht von einem zugleich in gewillkürter Prozeßstandschaft für die anderen erhoben werden (AG Stuttgart ZMR 73, 159, zw; vgl aber auch

oben Rn 27); eine GmbH kann nicht gegen einen an den Geschäftsführer persönlich gerichteten Ordnungsstrafenbescheid des Unfallversicherungsträgers in Prozeßstandschaft klagen (BSG VersR 74, 881); ist die Überlassung des Rechts aus der Dienstbarkeit zur Ausübung nicht gestattet, so kann der Dritte auch nicht Prozeßstandschafter sein (BGH NJW 64, 2296; dazu Berg, JuS 66, 461 [465] und Riedel Rpfleger 66, 132). Stehen Ansprüche mehreren Mitberechtigten anteilsmäßig zu (wie zB den Vertragserben im Fall des § 2287 BGB), so genügt das bloße Kosteninteresse und die technische Erleichterung bei der Teilung nicht (so BGH 78, 4 = NJW 80, 2462).

3) Einziehungsermächtigung. a) Begriff: Hierunter versteht man die – im Zweifel frei widerrufliche – Ermächtigung eines anderen zur Einziehung und auch zur gerichtlichen Geltendmachung einer Forderung in der Weise, daß der Ermächtigte befugt ist, die (ihm nicht übertragene) Forderung im eigenen Namen geltend zu machen, dh die Leistung vom Schuldner an sich selbst zu verlangen (vgl Larenz, Schuldrecht I, 13. Aufl, § 34 V c; BGH 82, 283 [288]). Zur Abtretung der Forderung ist der Ermächtigte grundsätzlich nicht befugt (BGH 82, 283 [288]). **Beispiel:** Der **Treuhand-(Sicherungs-)zessionar** ermächtigt den Treugeber, die zedierte Forderung im eigenen Namen geltend zu machen. **Abgrenzung** zu Inkassozession: Rn 52. 51

b) Die **Zulässigkeit** der Einziehungsermächtigung war lange umstritten, wird aber heute ganz überwiegend im Hinblick auf § 185 BGB – zT iVm § 362 II BGB – bejaht (vgl BGH 4, 164; 23, 17 [21]; 75, 391; 82, 283 [288]; Jahr AcP 168, 9; Brehm KTS 85, 2 f; Larenz, Schuldrecht I, 13. Aufl, § 34 V c, S 542 mwN; nach Esser/Schmidt, Schuldrecht I, 6. Aufl 1984, § 37 I 5c, S 612 Gewohnheitsrecht). Hier wird die Ausübung des Forderungsrechts dem Ermächtigten überlassen, der Überlassende bleibt aber Rechtsinhaber; der Ermächtigte klagt in eigenem Namen, also in (gewillkürter, uU aber „verdeckter“) Prozeßstandschaft (Rn 43); deren Zulässigkeit setzt aber (s oben Rn 44) ein Eigeninteresse des Ermächtigten voraus (vgl zB BGH 82, 283 [288]; WM 85, 614, str; aA insoweit Larenz aaO S 544; Henckel, FS Larenz, 1973, S 643 ff, 654; offenlassend Frankfurt MDR 84, 228 = [ausf] WM 84, 56 [57]). *Beispiele* für Eigeninteresse: Erzielung von Provision (ThP § 51 Anm IV 4 a bb), Sicherung für eigene Ansprüche, Befreiung von sonst bestehender Unterhaltspflicht (BGH WM 85, 613 [615]); eine GmbH ermächtigt einen Gesellschafter, der nicht Geschäftsführer ist, aber 98% der Geschäftsanteile innehat, eine Gesellschaftsforderung in eigenem Namen geltend zu machen (BGH NJW 65, 1962; im Schrifttum zT abgelehnt). Soweit *Offenkundigkeit* nicht verlangt wird (Rn 47), bleiben die Voraussetzungen der Prozeßführungsbefugnis praktisch ungeprüft („verdeckte“ Prozeßstandschaft; vgl Brehm KTS 85, 5 ff). Nicht zu verwechseln mit der bloßen Einziehungsermächtigung ist die **treuhänderische Zession** (zur **Sicherung,** zum **Inkasso**), bei der der Zessionar Inhaber des Vollrechts wird (zur Abgrenzung BGH WM 85, 614; Henckel, aaO S 655 ff); klagt er das Recht ein, beruht seine Prozeßführungsbefugnis auf seiner Sachlegitimation (Rn 48). Vgl auch BGH Betrieb 67, 377, wonach der klagende Zedent auch dann als Prozeßführungsbefugter für den Zessionar handelt, wenn er auf Leistung an sich klagt: das Rechtsschutzinteresse für die Prozeßstandschaft entspringe dem ihm vom sachbefugten Zessionar erteilten Geschäftsbesorgungsauftrag. Ist bei der **stillen Sicherungszession** der Zedent (wie idR) prozeßführungsbefugt, so wird durch seine Klage die Verjährung auch dann unterbrochen, wenn die Sicherungszession nicht offengelegt wird (BGH NJW 78, 698). Dies ist die notwendige prozessuale Konsequenz der Anerkennung der „verdeckten“ Prozeßstandschaft (so im Erg auch Brehm KTS 85, 14). Weitere Beispiele: Ermächtigung des **Bauträgers** zur Geltendmachung abgetretener Gewährleistungsansprüche (BGH 70, 394); Ermächtigung des **Vorbehaltskäufers** beim verlängerten Eigentumsvorbehalt zur Einziehung des Kaufpreises für gelieferte und weiterveräußerte Ware (BGH 72, 15; 75, 393 f; 82, 50 [60]); Ermächtigung des **Vorbehaltsverkäufers** zur Geltendmachung des Herausgabeanspruchs hinsichtlich der der Hausbank sicherungsübereigneten Vorbehaltsware (BGH NJW 86, 424; dazu bereits Rn 49). 52

5) Rechtsfolgen bei der gewillkürten Prozeßstandschaft. a) Allgemeines. Die gewillkürte Prozeßstandschaft führt zu einer „Verschiebung der Prozeßrechtsverhältnisse und damit der Parteirollen (vgl Frank ZZP 92, 321; Koch JZ 84, 811; BGH 96, 153) mit den sich daraus ergebenden Konsequenzen für Zeugenstellung (BGH 94, 123; WM 85, 613 [615]), Prozeßkostentragungspflicht (BGH 96, 153), Prozeßkostenhilfe (zur Problematik: BGH 96, 153 f), Vollstreckbarkeit und Rechtskraft (dazu Rn 54, 56). Diese Auswirkungen sind bei der Bejahung des schutzwürdigen Eigeninteresses des Ermächtigten an der Prozeßführung (Rn 44) zu berücksichtigen (BGH 96, 151 = NJW 86, 850). 53

b) Rechtskrafterstreckung. Das im Rechtsstreit des Prozeßstandschafters ergangene Urteil wirkt für und gegen des Rechtsinhaber Rechtskraft (BGH 78, 7; NJW 57, 1635 f; NJW-RR 86, 158: BAG NJW 83, 1750 [1751]; R-Schwab § 46 V 4; Blomeyer § 92 I 3, allgM); dies ist die Folge davon, daß die Prozeßführung auf dem Willen des Rechtsträgers beruht. Die Rechtskrafterstreckung tritt auch dann ein, wenn ein Mit-(Teil-)berechtigter der Prozeßführung des (gesetzlichen) Pro- 54 zeßstandschafters *zugestimmt* hat, mag auch die (insoweit zugleich gegebene) gewillkürte Prozeßstandschaft im Prozeß nicht offengelegt worden sein (BGH NJW 85, 2854 mwN; vgl oben Rn 47). In den Fällen der „Rückermächtigung" an den selbst nicht prozeßführungsbefugten Rechtsträger erstreckt sich die Rechtskraft auf den Träger der Verwaltungs- und Verfügungsbefugnis; Beispiel: Der Testamentsvollstrecker hat der Prozeßführung durch den Erben zugestimmt (vgl Palandt/Edenhofer § 2212 Anm 3; BGH 38, 287).

55 **c) Rechtshängigkeit.** Während des Prozesses des Prozeßstandschafters ist der Gegner vor einem – zweiten – Prozeß des Rechtsinhabers durch die Einrede der Rechtshängigkeit (§ 261 III Nr 1) geschützt (BGH NJW-RR 86, 158); zum Widerruf der Ermächtigung vgl Rn 45.

56 **d) Vollstreckbarkeit.** Vollstreckungsbefugt ist der Prozeßstandschafter (BGH 92, 349; LG Bochum Rpfleger 85, 438). Eine Titelumschreibung auf den Rechtsinhaber ist, in entspr Anwendung von § 727 (§ 731) wie bei gesetzlicher Prozeßstandschaft möglich (Rn 40; ie § 727 Rn 13); war Einziehungsermächtigung erteilt, muß diese widerrufen sein, da sonst kein Fall der Rechtsnachfolge iS des § 727 vorliegt (vgl Brehm KTS 85, 5 mwN, str).

57 **e) Aufrechnung.** Der Prozeßgegner kann, da der Ermächtigende weiterhin Forderungsinhaber bleibt, auch im Verfahren mit dem Prozeßstandschafter mit Forderungen gegen den Ermächtigenden, nicht aber gegen den Prozeßstandschafter aufrechnen (Palandt/Heinrichs § 398 Anm 8d). Darüber hinaus ist die Aufrechnung mit dem gegen den Prozeßstandschafter erworbenen Kostenerstattungsanspruch gegen den Ermächtigenden zulässig (KG MDR 83, 752).

50 *[Parteifähigkeit]*

(1) Parteifähig ist, wer rechtsfähig ist.

(2) Ein Verein, der nicht rechtsfähig ist, kann verklagt werden; in dem Rechtsstreit hat der Verein die Stellung eines rechtsfähigen Vereins.

Übersicht

Lit: *Fenn*, Zur aktiven Parteifähigkeit von gewerkschaftlichen Bezirksverbänden im Zivilprozeß, ZZP 86, 177; *U. Huber*, Die Parteifähigkeit der Personalgesellschaften des Handelsrechts und ihr Wegfall während des Prozesses, ZZP 82, 224; *Hüffer*, Die Gesamthandsgesellschaft in Prozeß, Zwangsvollstreckung und Konkurs, FS Stimpel, 1985, 165; *Jung*, Zur Partei- und Grundbuchunfähigkeit nichtrechtsfähiger Vereine, NJW 86, 157; *Kainz*, Die Parteifähigkeit regionaler Untergliederungen politischer Parteien im Zivilprozeß, NJW 85, 2616; *K. Schmidt*, Die Partei- und Grundbuchfähigkeit nichtrechtsfähiger Vereine, NJW 84, 2249.

I) Allgemeines

1 **1) Begriff der Parteifähigkeit.** Parteifähigkeit ist die Fähigkeit, Aktiv- oder Passivsubjekt (Haupt- oder Nebenpartei) eines Prozesses zu sein, also die Fähigkeit, im Urteilsverfahren Kläger, Beklagter oder Nebenintervenient, im Beschlußverfahren Antragsteller oder Antragsgegner, im Vollstreckungsverfahren Gläubiger oder Schuldner sein zu können. Die Parteifähigkeit entspricht im wesentlichen der **Rechtsfähigkeit** des bürgerlichen (materiellen) Rechts (vgl **Abs I**), ist aber weiter als diese (vgl auch § 61 VwGO, § 70 SGG). Parteifähig sind insbesondere **natürliche** und **juristische Personen** (Rn 10 und 11), **Vereinigungen,** soweit ihnen das Recht zusteht, zu klagen (Rn 16 f und 19 f) sowie in bestimmten Einzelfällen **Behörden** (Rn 23). Ein Nachlaß als solcher kann nicht Partei sein, da er nicht rechtsfähig ist (Rn 27).

Die Parteifähigkeit eines **Ausländers** richtet sich nach ausländischem Recht (BGH 51, 28, hM, str). Nachdem Art 10 EGBGB durch Vereinsgesetz vom 5. 8. 1964 (BGBl I S 593) aufgehoben ist, werden rechtsfähige **juristische Personen und Handelsgesellschaften** des **Auslands** im Inland allgemein – und damit auch als parteifähig – anerkannt. Anknüpfungspunkt ist der Sitz der Verwaltung; nach dessen Recht beurteilen sich ihre Rechts- und Parteifähigkeit (BGH 40, 197; 51, 27; 53, 383; 97, 269 [271 mwN] = WM 86, 642; Stuttgart NJW 74, 1628 mit iErg zust Anm Cohn NJW 75, 499; vgl auch Rn 40). § 23 BGB gilt nur für Vereine nach §§ 21, 22, nicht für im Ausland rechtsfähige (vgl Palandt/Heldrich Anm 4 nach Art 10 EGBGB). Zur Parteifähigkeit **ausländischer Stiftungen:** BGH LM Nr 13 zu § 50. Volkseigene Kombinate der **DDR** sind rechts- und damit parteifähig (München OLGZ 86, 189 = NJW 86, 387 irrig: „prozeßfähig"). 2

2) Beginn und Ende der Parteifähigkeit

a) Beginn: Maßgebend ist grundsätzlich der Beginn der Rechtsfähigkeit, jedoch wird in gewissem Umfang bereits früher eine beschränkte Parteifähigkeit angenommen (nasciturus: Rn 11; Gründervereinigung: Rn 39). 3

b) Ende. aa) Grundsatz. Die Parteifähigkeit endet mit dem Verlust der Rechtsfähigkeit, beim *Menschen* also mit Tod oder Todeserklärung; bei *juristischen Personen* (und den ihnen gleichgestellten Personenhandelsgesellschaften) mit ihrem Erlöschen, also bei Handelsgesellschaften und Vereinen (dazu Rn 16, 17 ff) noch **nicht** mit der *Auflösung* (§ 262 AktG; § 60 GmbHG; § 78 GenG; §§ 131, 160 II HGB; §§ 41, 49 II BGB) oder mit der *Löschung* der Gesellschaft usw in dem jeweiligen (Handels-, Genossenschafts-, Vereins-)Register (zB gem § 273 I 2 AktG), bei Anstalten und Stiftungen noch **nicht** mit der Aufhebung, sondern **erst mit der Vollbeendigung** nach Abwicklung (BGH 74, 213; NJW-RR 86, 394 mN, hM, str); maßgebend ist damit allein die Vermögenslosigkeit der (aufgelösten) Gesellschaft (vgl BGH 94, 108), nicht die *Registerlöschung* als solche (LG Hamburg NJW-RR 86, 914; Hamburg EWiR § 50 ZPO 2/86, 629 [Marotzke]; aA zT das Schrifttum, vgl mN zur aA BGH NJW-RR 86, 394; ferner Stuttgart ZIP 86, 647 mwN: Doppeltatbestand). Das gilt auch für nichtrechtsfähige Vereine hinsichtlich ihrer passiven Parteifähigkeit. 4

bb) Ausnahmen. Auch die beendete Gesellschaft gilt insoweit als **aktiv parteifähig** als sie ein Vermögensrecht in Anspruch nimmt, zB als Klägerin das eingeklagte Recht (vgl das Beispiel in Rn 4b) oder als Beklagte den ihr bei von Anfang an unbegründeter Klage zustehenden Kostenerstattungsanspruch geltend macht (BGH NJW-RR 86, 394); fiktive Parteifähigkeit besteht auch im Zulassungsstreit (Rn 8); ein nicht aktiv parteifähiges Gebilde ist insoweit **passiv parteifähig,** als gegen es Rechte geltend gemacht werden sollen, die anderweit nicht durchsetzbar wären (BGH ZIP 86, 643: § 50 II entspr; vgl dazu die Beispiele in Rn 40). 4a

cc) Einzelfragen bei verschiedenen Vereinigungen. α) **GmbH.** Eine GmbH *in Liquidation* („i.L.") ist nach Ablehnung des Antrags auf Konkurseröffnung mangels Masse solange noch passiv parteifähig, als sie noch verteilungsfähiges Vermögen hat (BGH 94, 108). Ist eine GmbH *wegen Vermögenslosigkeit von Amts wegen gelöscht* (§ 1 LöschungsG), so ist sie dennoch in einem Rechtsstreit parteifähig, der Ansprüche zum Gegenstand hat, die sich nach der Löschung als vorhanden herausstellen (BGH NJW 57, 1359 = BB 57, 726; BGH MDR 58, 765; Düsseldorf MDR 79, 318; Bokelmann NJW 77, 1131; Kirberger Rpfleger 75, 343; zur Vertretung vgl BGH MDR 86, 139 und § 51 Rn 4) oder wenn Ansprüche gegen die Gesellschaft geltend gemacht werden, die kein Aktivvermögen voraussetzen (BAG NJW 82, 1831 – Zeugnisanspruch). Das gleiche gilt, wenn die wegen Vermögenslosigkeit gelöschte GmbH ernstlich ein Recht für sich in Anspruch nimmt (Frankfurt OLGZ 79, 193 mN); das mit der Klage geltend gemachte Recht genügt (BGH 75, 182 f). Ergibt sich dessen Nichtbestehen, ist der Rechtsstreit durch Sachurteil, nicht durch Prozeßurteil zu erledigen (BGH Betrieb 59, 110); vgl auch Düsseldorf OLGZ 66, 129. Eine nicht ins Handelsregister eingetragene *in Gründung* befindliche GmbH („iG") ist entspr § 50 II passiv parteifähig (ie Rn 39); wird die „GmbH iG" *aufgelöst,* ändert sich an deren passiver Parteifähigkeit nichts, solange noch Vermögen vorhanden ist (Hamm WM 85, 659); in diesem Fall wird die GmbH „iG iL" nicht durch den Geschäftsführer, sondern durch die Gesellschafter gemeinschaftlich vertreten, da nun das personenrechtliche Element durchschlägt (BGH LM § 11 GmbHG Nr 12; aA BAG AP § 11 GmbHG Nr 1 mit insoweit kritischer Anm Hueck). β) **Genossenschaft.** Ist eine eGen nach Rechtshängigkeit aufgelöst und in der Folge nach Beendigung der Liquidation während des Berufungsverfahrens gelöscht worden, so ist der Rechtsstreit wegen Vollbeendigung (Rn 4) erledigt, sofern nicht die Klage von Anfang an unbegründet war (vgl BGH NJW-RR 86, 394). γ) Bei Verschmelzung von **Aktiengesellschaft** und Genossenschaft vgl §§ 339 ff AktG; § 93b GenG; siehe auch RG 134, 94. δ) Der **Verein,** dessen Name während des Rechtsstreits im Vereinsregister gelöscht wird, verliert dadurch seine Parteifähigkeit nicht (BGH NJW 84, 668 = MDR 84, 118). Der voll abgewickelte im Register gelöschte Verein kann als Schuldner im Zwangsvollstreckungsverfahren kein Rechtsmittel mehr einlegen (Düsseldorf OLGZ 66, 129). 4b

5 **3) Bedeutung der Parteifähigkeit.** Die Parteifähigkeit ist **Prozeßvoraussetzung** und **Prozeßhandlungsvoraussetzung** (vgl Rn 17 vor § 50). **a)** Als **Prozeßvoraussetzung** muß sie spätestens im Zeitpunkt der letzten mündlichen Verhandlung, sei es auch in der Revisionsinstanz, gegeben sein; andernfalls muß die Klage als unzulässig abgewiesen werden (vgl Rn 9 vor § 253). Das soll auch bei **Wegfall** der Parteifähigkeit **während des Passivprozesses** (Vollbeendigung der Liquidation tritt zB ein, vgl Rn 4) gelten, soweit nicht einer der anerkannten Fälle fingierter – fortbestehender – Parteifähigkeit (vgl dazu Rn 4b und 8; § 56 Rn 10) vorliegt (so BGH 74, 214 = NJW 79, 1592 = MDR 79, 822 mit krit Anm Theil JZ 79, 567; BGH NJW 82, 238 = JR 82, 102 m zust Anm Grundmann); solange der Passivprozeß schwebt, fehlt es jedoch an einer Vollbeendigung der Abwicklung (zutr BAG NJW 82, 1831 = JZ 82, 372 m Anm Theil; BFH 125, 107 [110]; R-Schwab § 43 III 2b; vgl zum ganzen auch § 56 Rn 10 mwN). Der Mangel der Parteifähigkeit kann nachträglich durch Genehmigung (etwa durch die nunmehr rechtsfähig gewordene Personenvereinigung) geheilt werden und zwar noch in der Revisionsinstanz (BGH 51, 27).

6 **b)** Als **Prozeßhandlungsvoraussetzung** muß sie, wenn die Klage wirksam sein soll, schon bei deren Erhebung und während des ganzen Rechtsstreits vorliegen. Prozeßhandlungen, die von oder gegenüber einem Parteiunfähigen vorgenommen wurden, sind daher unwirksam. Doch auch insoweit kann die parteifähig gewordene Partei rückwirkend genehmigen, wozu sie aber auch nach Treu und Glauben nicht verpflichtet ist (BGH WM 72, 1129, 1131; R-Schwab § 43 III 1b). Der nachträgliche **Wegfall** der Parteifähigkeit unterbricht den Rechtsstreit gem § 239, nicht aber bei anwaltlicher Vertretung gem § 246 I (dazu BGH NJW-RR 86, 394).

7 **c)** Die Rüge des Mangels der Parteifähigkeit ist **unverzichtbar** (§ 295 II). Sie kann auch noch mit einem Rechtsmittel oder der **Nichtigkeitsklage** (§ 579 I Nr 4 entsprechend) geltend gemacht werden (BGH MDR 59, 121).

8 **d) Zulassungsstreit.** Macht ein Parteiunfähiger geltend, er sei parteifähig, kann er hierzu einen Anwalt bestellen und Rechtsmittel einlegen (BGH 24, 91; 74, 212 [215]; Düsseldorf MDR 77, 759), einer (auf Wegfall der Parteifähigkeit gestützten) Erledigungserklärung des Gegners widersprechen und Klageabweisung beantragen (BGH NJW-RR 86, 394); im Streit über die Parteifähigkeit (sog Zulassungsstreit) ist auch der Parteiunfähige parteifähig (BGH NJW 82, 238 mwN; NJW-RR 86, 394; R-Schwab § 43 IV 2, allgM; vgl auch § 56 Rn 13).

9 **e)** Zur **Prüfung** der Parteifähigkeit und zu den Folgen ihres Mangels s weiter § 56. – **Nichtexistenz** der Partei: Rn 11 vor § 50.

II) Parteifähigkeit von Personen, Vereinigungen und Verbänden

10 In den Fällen der Rn 11 und 12 ergibt sich die Parteifähigkeit (Rn 1) ohne weiteres aus der **Rechtsfähigkeit (Abs I),** dh aus der Fähigkeit, Träger von Rechten und Pflichten zu sein (zur Anknüpfung bei Auslandsberührung vgl Rn 2; 19a); in den Fällen der Rn 17 ff, 21 ist die Parteifähigkeit nicht rechtsfähigen Personenvereinigungen durch Gesetz besonders verliehen; im Fall der Rn 22 ist sie durch richterliche Rechtsfortbildung anerkannt. Parteifähig sind:

11 **1) alle natürlichen Personen,** das sind alle Menschen mit der Vollendung der Geburt (§ 1 BGB), wenn sie in diesem Augenblick gelebt haben; Lebensfähigkeit ist nicht erforderlich. Die Leibesfrucht ist nicht rechtsfähig, doch stehen ihr bereits gewisse Rechte zu, die den Gegenstand rechtlicher Fürsorge bilden können; vgl §§ 1912, 1918 BGB (Pflegschaft für eine Leibesfrucht zur Wahrnehmung ihrer Rechte), §§ 1923, 2043, 2108, 2178 (Rechte der Leibesfrucht und deren Schutz). Soweit noch nicht geborene (erzeugte) Personen rechtsfähig sind, ist eine entsprechend beschränkte Parteifähigkeit anzuerkennen (Bergerfurth, Der Zivilprozeß, 4. Aufl, Rn 15 mwN). Verschollene sind rechtsfähig, solange sie nicht für tot erklärt sind. Die Rechtsfähigkeit des Menschen endet mit seinem Tod.

12 **2)** alle **juristischen Personen** des öffentlichen und privaten Rechts. Man versteht hierunter rechtlich geregelte Personenvereinigungen und Vermögensmassen, die, mit einem selbständigen, der Verfügungsgewalt einer einzelnen Person entrückten Vermögensbereich ausgestattet, gewisse dauernde Zwecke teils öffentlicher, teils privater Natur mit Hilfe dieses Vermögens verfolgen. Eine juristische Person entsteht dadurch, daß einer Organisation als Einheit Rechtsfähigkeit zuteil wird; die einmal entstandene Parteifähigkeit besteht fort, solange noch Vermögen der juristischen Person vorhanden ist (vgl hierzu näher Rn 4).

13 **a) Juristische Personen des öffentlichen Rechts.** Hierher gehören: **aa)** Die Bundesrepublik Deutschland und die Länder – soweit Träger privater Rechte und Verbindlichkeiten spricht man hier von Fiskus – sowie als weitere **Gebietskörperschaften** des öffentlichen Rechts die Gemeinden und Kreise. Partei ist stets die juristische Person des öffentlichen Rechts, nicht – bei Gliederung in einzelne Verwaltungszweige – die einzelne Behörde, sofern ihr nicht Parteifähigkeit kraft besonderer gesetzlicher Regelungen zuerkannt ist (vgl hierzu näher Rn 24).

bb) Sonstige rechtsfähige **Körperschaften und Stiftungen** des öffentlichen Rechts: Bundesanstalt für Arbeitsvermittlung und Arbeitslosenversicherung (§ 2 AVAVG); die Träger der Sozialversicherung nach RVO (vgl § 29 SGB IV); die Religionsgemeinschaften (vgl Art 140 GG in Verb mit Art 137 V WRV), die Industrie- und Handelskammern; die Bundesbank; die Universitäten (vgl BGH 77, 15; 96, 363; nicht aber zB ein Universitätsklinikum als solches: BGH 96, 363; die Jagdgenossenschaften; Handwerksinnungen und -kammern. 14

cc) Parteifähig als – teilrechtsfähige – **Sondervermögen** des Bundes sind auch die **Deutsche Bundesbahn** (§ 2 I BBahnG idF vom 22. 12. 1981, BGBl I S 1689) und die **Deutsche Bundespost** (§ 4 I PostVerwG vom 24. 7. 1953, BGBl I S 676). 15

b) Juristische Personen des Privatrechts sind nach BGB eingetragene Vereine (§§ 21 ff BGB; vgl dazu BGH NJW 83, 993 mN) und Stiftungen (§ 80 BGB), auf Grund anderer Gesetze: die AktGes und KommanditG aA (§§ 1, 278 I AktG), die Erwerbs- und Wirtschaftsgenossenschaften (§ 17 GenG), die GmbH (§ 13 GmbHG), der Versicherungsverein auf Gegenseitigkeit. Zur Parteifähigkeit von **Liquidationsgesellschaften** vgl Rn 4b, zur beschränkten Parteifähigkeit der **Gründervereinigungen** vgl Rn 39. 16

3) Handelsgesellschaften (soweit sie nicht bereits unter Rn 16 fallen). **a) Offene Handelsgesellschaft** (§§ 105–160 HGB). Sie kann unter ihrer Firma Rechte erwerben und Verbindlichkeiten eingehen, Eigentum und andere dingliche Rechte an Grundstücken erwerben, vor Gericht klagen und verklagt werden, § 124 I HGB. Damit ist die OHG zwar parteifähig (RG 86, 65), aber keine juristische Person. Die Gesellschafter sind Träger des Gesellschaftsvermögens, sie sind dessen Miteigentümer zur gesamten Hand. Die scharfe Sonderung des gesamthänderisch gebundenen Vermögens zwingt dazu, als **Partei die OHG selbst** anzusehen, nicht die Gesellschafter in ihrer gesamthänderischen Verbindung (so die hL BGH 62, 132, 133; LM § 50 Nr 13 = NJW 60, 1204 beiläufig; StJLeipold Rn 13 mwN in Fußn 14; BL Anm 2 D a; ThP Anm 2 c; U. Huber ZZP 82, 224, 236; Lindacher JuS 82, 592). **Hieraus folgt:** Rechtsstreit zwischen OHG und ihren Gesellschaftern ist möglich. Im Prozeß der OHG kann ein Gesellschafter **Nebenintervenient** sein; der nicht vertretungsberechtigte Gesellschafter wird als Zeuge, der vertretungsberechtigte wegen § 455 I als Partei vernommen, denn die OHG als Personenvereinigung ist handlungs- und damit prozeßunfähig; sie handelt durch die vertretungsberechtigten Gesellschafter. Zur **Zwangsvollstreckung** ins OHG-Vermögen ist ein Titel gegen sie notwendig. Damit ist aber keine Vollstreckung ins Vermögen der Gesellschafter möglich (§§ 124 II, 129 IV HGB; BGH 62, 133). § 736 ZPO gilt nur für die BGB-Gesellschaft. Der einzelne Gesellschafter kann die Forderung seiner OHG nicht als **Prozeßstandschafter** geltend machen (BGH 10, 103; 12, 310); eine analoge Anwendung der §§ 432, 2039 BGB ist hier nicht möglich (Hueck, das Recht der OHG, § 16 II 4 Fußn 9 und § 23 IV zu Fußn 22; vgl auch Rn 23 vor § 50). **Gesellschafterwechsel** während des Rechtsstreits ist auf diesen ohne Einfluß (BGH 62, 133; Lindacher JuS 82, 592). **Auflösung der OHG** während des Rechtsstreits (also Eintritt ins Abwicklungsstadium, nicht Vollbeendigung) ändert nichts an der Parteirolle und -fähigkeit der OHG, da die Abwicklungsgesellschaft mit ihr identisch ist, also auch die gleiche Rechtsform hat; ändern kann sich wegen § 146 I HGB nur die Vertretungsmacht, was über §§ 171 III, 241, 246 ZPO prozessual bedeutsam werden kann (vgl Baumbach/Duden, HGB, § 124 Anm 5 E; Weipert, HGB § 124 Anm 26); wird die OHG während des Rechtsstreits **voll beendet,** so gilt: **im Passivprozeß** hat sich der Rechtsstreit gegen die OHG erledigt (§ 91 a), der Kläger hat aber die Möglichkeit im Wege der Parteiänderung (§ 263) den Prozeß gegen einen oder alle Gesellschafter fortzusetzen (BGH 62, 131 [132]; NJW 82, 238 mwN; Fischer in FS Hedemann 1958, 85 ff; aA RGZ 124, 146 [151]; BFH BB 83, 2042 mN); **im Aktivprozeß:** die bisherigen Gesellschafter führen den Prozeß als notwendige Streitgenossen fort, mit dem Antrag, den Beklagten zur Leistung an den Gesellschafter zu verurteilen, dem der Gegenstand des Rechtsstreits bei der Auseinandersetzung zugeteilt worden war; insoweit klagen die anderen gemäß § 265 als Prozeßstandschafter. Bei Vollbeendigung durch **Übernahme** der OHG durch einen Gesellschafter mit Aktiven und Passiven: hier keine Sonderrechtsnachfolge wie bei der Auseinandersetzung, sondern Gesamtrechtsnachfolge (vgl Hueck aaO § 31 VI und § 33 1c Fußnote 6). Es gilt also nicht § 265, sondern § 239 analog (BL § 239 Anm 2 A; ThP 239 Anm 2 b; anders Baumbach/Duden, HGB, § 142 Anm 3 A; anders auch Huber aaO; es liege kein gesetzlicher Parteiwechsel kraft Gesamtrechtsnachfolge des Übernehmers vor, sondern der Rechtsstreit setze sich nunmehr gegen nur diesen unter den Voraussetzungen des gewillkürten Parteiwechsels fort. – **Streitgenossenschaft** bei Klage gegen OHG und ihre Gesellschafter (§ 128 HGB) siehe Anm zu § 62. 17

b) Kommanditgesellschaft. Sie hat grundsätzlich dieselbe rechtliche Natur wie die OHG, § 161 II HGB, ist, wie diese, keine juristische Person (RG 32, 399), kann jedoch unter ihrer Firma Rechte erwerben, Verpflichtungen eingehen, klagen und verklagt werden. Neben der KommGes 18 haften die persönlich haftenden Gesellschafter für die Verbindlichkeiten der Gesellschaft persönlich, §§ 161 II, 124 HGB; der Kommanditist haftet den Gläubigern der Gesellschaft dagegen nur bis zur Höhe seiner Einlage unmittelbar, soweit die Einlage noch nicht geleistet ist, § 171 HGB. Im übrigen gilt das gleiche wie bei der OHG.

19 **c)** Parteifähig ist auch die **Reederei** (§ 489 HGB; so BGH MDR 60, 665; StJLeipold Rn 14 mwN in Fußn 20, str).

19a **d)** Bei **ausländischen Handelsgesellschaften** richtet sich die Rechts- und Parteifähigkeit nach dem Recht ihres *Sitzes* (BGH 97, 269 [271 mN] = WM 86, 642; oben Rn 2), nach Sitzverlegung ins Inland mithin nach deutschem Recht (ie BGH aaO). Trotz fehlender Eintragung ins Handelsregister ist aber eine solche ausländische Handelsgesellschaft dann passiv parteifähig, wenn sie in Deutschland Geschäfte tätigt (so allg Nürnberg RIW 85, 494 mN; enger BGH ZIP 86, 643 f; vgl auch Rn 40).

20 **4) Verbände.** Sie sind, soweit nicht – wie etwa die rechtsfähigen Verbraucherverbände gem § 13 II Nr 1 AGBG – in der Rechtsform einer juristischen Person organisiert (dann gilt Rn 12 f), nur parteifähig, wenn ihnen die Parteifähigkeit durch besonderes Gesetz verliehen (Rn 21) oder die Parteifähigkeit im Weg der Rechtsfortbildung anerkannt ist (Rn 22 und 23).

21 **a) Politische Parteien.** Gem § 3 des Parteiengesetzes idF vom 15. 2. 1984 (BGBl I S 243) kann die Partei (auch als nicht rechtsfähiger Verein) nun unter ihrem Namen klagen und verklagt werden. Das gleiche gilt idR für ihre Gebietsverbände der jeweils höchsten Stufe (§ 3 S 2; Landesverband, vgl BGH 73, 277 mN; vgl auch Rn 31); nicht aktiv parteifähig sind dagegen die örtlichen Unterorganisationen (Bezirks-, Kreis- und Ortsverbände: Frankfurt OLGZ 84, 468 [469 f mwN] = MDR 84, 1030 = NVwZ 85, 684; ebenso Zweibrücken OLGZ 86, 145 = NJW-RR 86, 181 = Rpfleger 86, 12; dazu krit – Erweiterung der aktiven Parteifähigkeit befürwortend – Kainz NJW 85, 2616; Seifert, Die politischen Parteien im Recht der Bundesrepublik Deutschland, 1975, S 438 mN); für die *passive Parteifähigkeit* gilt idR § 50 II (Frankfurt OLGZ 84, 468 [470 mwN] = MDR 84, 1030); zu den an die erforderliche organisatorische Selbständigkeit zu stellenden Anforderungen näher Rn 31.

22 **b) Gewerkschaften.** Die Parteifähigkeit der Gewerkschaften (wie die der **Arbeitgeberverbände)** ergibt sich für das arbeitsgerichtliche Verfahren aus § 10 ArbGG. Für den Zivilprozeß ist seit BGH 50, 325 die aktive Parteifähigkeit der Gewerkschaften allgemein anerkannt (vgl schon vorher BGH 42, 210); dies soll – im Gegensatz zum arbeitsgerichtlichen Verfahren (vgl dazu Grunsky, ArbGG, § 10 Rdnr 15 mwN) – allerdings nicht für die Unterorganisationen der Gewerkschaften (Landesverband, Bezirksverwaltungen usw; vgl Rn 31) gelten (BGH MDR 72, 859 = ZZP 86, 177 = LM Nr 25 zu § 50, str; krit dazu Fenn ZZP 86, 177; anders auch bei horizontaler Organisationsstruktur Wesel JZ 76, 605); jedoch wird eine beschränkte aktive Parteifähigkeit immer dann angenommen werden können, soweit Eingriffe Dritter in die Organisation oder den Betätigungskreis abgewehrt werden sollen (vgl BGH ZZP 86, 214 im Anschluß an BGH 42, 216). Die Gewerkschaftseigenschaft eines Arbeitnehmerverbandes setzt außer der Tariffähigkeit voraus, daß er entweder durch die Zahl seiner Mitglieder oder kraft seiner Stellung im Arbeitsleben einen besonderen Einfluß im Sinne eines Druckes ausüben kann (BAG NJW 86, 1708).

23 **c) Sonstige nichtrechtsfähige Verbände** sind nicht allgemein aktiv parteifähig, auch soweit es sich um nichtrechtsfähige Vereine mit großer Mitgliederzahl **(Massenorganisationen)** handelt, wie etwa den Verband Deutscher Studentenschaften (VDS; vgl München NJW 69, 617, str; aA zT das Schrifttum, zB Jung NJW 86, 157 mN in Fußn 4; hierzu näher Rn 32). Jedoch ist eine beschränkte aktive Parteifähigkeit insoweit anzuerkennen, als die nicht rechtsfähige Organisation Rechtsschutz gegen eine rechtswidrige Beeinträchtigung ihrer Tätigkeit durch Privatpersonen und konkurrierende Organisationen nachsucht (vgl BGH 42, 216 f und Rn 22). Eine **Bürgerinitiative** ist deshalb zur Durchsetzung eines presserechtlichen Gegendarstellungsanspruchs aktiv parteifähig (LG Aachen NJW 77, 255 mwN; aA Seitz/Schmidt/Schoener NJW 80, 1553 [1557]; weitergehend für Verwaltungsstreitverfahren Schmidt JZ 78, 297); damit ist jedoch für ein eigenes Verbands-Klagerecht noch nichts ausgesagt (vgl VGH Mannheim NJW 80, 1811), dieses folgt insbes noch nicht aus dem Vereinszweck (BVerwG NJW 81, 362); allg zur Verbandsklage Rn 28 vor § 50 sowie StJSchumann Einl Rn 527 mwN.

24 **5) Behörden** und **Stellen** sind nur kraft besonderer gesetzlicher Bestimmungen Partei und insoweit auch parteifähig (vgl § 61 Nr 3 VwGO; zum gegenteiligen Grundsatz vgl oben Rn 13). Beispiele: Der Staatsanwalt ist Partei bei Nichtigkeits- bzw Ehefeststellungsklage sowie in Entmündigungssachen (vgl §§ 23, 24 EheG; §§ 631 bis 638, 645 ff); das Jugendamt, die Träger der gesetzlichen Rentenversicherung sowie bestimmte Versorgungsträger sind uU Beteiligte in familiengerichtlichen Verfahren (vgl § 78 II 3 und dort Rn 44); die den Verwaltungsakt erlassende Stelle in Baulandsachen, § 162 S 2 BBauG; das Finanzamt im finanzgerichtlichen Verfahren, § 63

I FinGO; die Universitätsfakultät in Promotionssachen (VGH Mannheim VerwRSpr 21, 251); der Betriebsrat im arbeitsgerichtlichen Verfahren (vgl Grunsky, ArbGG, § 10 Rdnr 24).

III) Nicht parteifähige Gebilde

1) Firma des Einzelkaufmanns. Der in das Handelsregister eingetragene Einzelkaufmann (Vollkaufmann) betreibt Handelsgeschäfte und gibt Unterschriften unter seiner Firma ab; auch kann er unter seiner Firma **klagen,** wenn er ein Recht geltend macht, das in dem Geschäftsbetrieb entstanden oder erworben ist; ein Kaufmann kann unter seiner Firma **verklagt** werden, wenn die Verpflichtung, der das geltend gemachte Recht entspricht, in dem Geschäftsbetrieb entstanden oder übernommen worden ist, § 17 HGB. Träger der Rechte und Pflichten, deshalb auch Partei, ist aber nicht die Firma, die kein selbständiges Rechtsgebilde ist, sondern der Inhaber der Firma, von dem oder gegen den der Anspruch geltend gemacht wird, also regelmäßig, wer zu der Zeit, als der Anspruch rechtshängig wurde, Inhaber der Firma war (Frankfurt BB 85, 1219; vgl auch Rn 6 vor § 50). Bezieht sich ein Rechtsstreit auf den Geschäftsbetrieb einer Filiale, kann er unter deren Firma geführt werden (BGH 4, 65 = BB 52, 42). Ist eine Firma in der Klage als OHG bezeichnet, während eine solche nicht besteht, sondern die Firma einem Einzelkaufmann zusteht, so ist letzterer als verklagt anzusehen (RG 157, 375). Erlischt die Firma während des Prozesses, so führt der Inhaber den Prozeß unter seinem bürgerlichen Namen weiter. Das gegen einen Kaufmann unter seiner Firma ergangene Urteil ist in dessen gesamtes Vermögen vollstreckbar. Das Vollstreckungsorgan muß aber feststellen, daß die Person, in deren Vermögen es vollstrecken will, zur Zeit des Rechtshängigwerdens Inhaber der Firma war. Veräußert der unter seiner Firma verklagte Kaufmann sein Geschäft während des Prozesses, so bleibt er Partei (Frankfurt BB 85, 1219; vgl auch Rn 8 vor § 50), selbst wenn die Schuld auf Grund Vereinbarung zwischen Veräußerer und Erwerber oder dadurch, daß der Erwerber die Firma fortführt (§ 25 II HGB), auf den Erwerber übergegangen ist. Das Urteil ist nur gegen den vollstreckbar, der zur Zeit des Rechtshängigwerdens Inhaber der Firma war. Geschieht die Veräußerung nach der Rechtskraft des Urteils und ist die Schuld mitübernommen, so haftet der Erwerber neben dem Veräußerer; gegen den Erwerber kann unter Vorlage öffentlicher Urkunden die Vollstreckungsklausel erteilt werden, wenn er die Firma fortführt, § 25 I HGB, §§ 729 II, 730 ZPO. Stirbt der unter seiner Firma verklagte Kaufmann während des Prozesses, so finden die §§ 239–252 Anwendung, selbst wenn seine Erben das Geschäft unter der alten Firma fortführen. Stirbt er nach rechtskräftiger Verurteilung, so ist zur Vollstreckung gegen die Erben – auch in das Geschäftsvermögen – Vollstreckungsklausel gegen die Erben gemäß §§ 727 ff ZPO erforderlich. 25

2) BGB-Gesellschaft (Lit: *Hüffer,* FS Stimpel, 1985, 165). Die Gesellschaft des BGB (§§ 705 ff BGB) ist weder aktiv noch passiv parteifähig (BGH 80, 222 [227]; Eickmann Rpfleger 85, 85; aA Hüffer aaO S 176 ff; 181 für „vermögenstragende GbR"; Lindacher JuS 86, 541 f); also Klage aller Gesellschafter und gegen alle Gesellschafter erforderlich (vgl aber für Sonderfall BGH 39, 14). Die geschäftsführenden Gesellschafter sind nur Stellvertreter bzw Prozeßbevollmächtigte (RG JW 33, 55). Zur Zwangsvollstreckung in das Gesellschaftsvermögen ist ein gegen alle Gesellschafter ergangenes Urteil notwendig (§ 736 ZPO, vgl aber auch § 714 BGB). Zur beschränkten Parteifähigkeit von **Vorgesellschaften** (Gründervereinigungen) vgl Rn 39. Nicht parteifähig sind weiter die **stille Gesellschaft** (§§ 230 ff HGB) sowie **nichtrechtsfähige Vereine,** wenn sie **klagen** wollen (hierzu näher Rn 29 ff). 26

3) Die **Wohnungseigentümergemeinschaft** nach WEG ist – ebenso wie auch andere Gemeinschaften iS der §§ 741 ff BGB – nicht rechts-(partei-)fähig (BGH NJW 77, 1686 = MDR 77, 924; BayObLG Rpfleger 85, 102; vgl auch § 10 I WEG). Im Verkehrsinteresse läßt allerdings die Rspr Erleichterungen bei der *Parteibezeichnung* zu; so genügt in der Klageschrift die Kurzbezeichnung „Wohnungseigentümergemeinschaft X – Straße – vertreten durch den Verwalter Y –" (vgl BGH 78, 173 = NJW 81, 283; LG Hannover MDR 86, 59 = Büro 85, 1732; LG Kempten Rpfleger 86, 93; vgl auch Rn 7 vor § 50); dies gilt insbes, wenn die Wohnungseigentümer auf der Kläger-(Gläubiger-)seite stehen (so LG Hannover, LG Kempten, je aaO; weitergehend BGH NJW 77, 1686 für § 209 BGB; abl für Grundbuchverkehr BayObLG Rpfleger 85, 102). Möglich ist auch, daß sämtliche Miteigentümer bei Gläubigerstellung den WEG-Verwalter ermächtigen, die den Wohnungs-(Mit-)eigentümern gemeinsam zustehenden Rechte im eigenen Namen als Partei im Wege der gewillkürten Prozeßstandschaft geltend zu machen (vgl Rn 49, 56 vor § 50); dagegen ist eine „passive" Prozeßstandschaft des WEG-Verwalters bei Inanspruchnahme der Wohnungseigentümer ausgeschlossen (Rn 43 vor § 50). 27

4) Die **Konkursmasse** ist kein selbständiges Sondervermögen mit eigener Rechtspersönlichkeit (BGH 88, 335; anders die – ältere – „Organtheorie"; vgl dazu Teske KTS 84, 279 mwN; zur „modernen" Organtheorie vgl § 17 Rn 6). Prozeßführungsbefugt für die Masse ist der Konkursverwalter als Partei kraft Amtes (Rn 21 vor § 50; § 51 Rn 7). 28

28a 5) Der **Nachlaß** als solcher kann nicht Partei sein, da er nicht rechtsfähig ist; er wird auch nicht durch den Testamentsvollstrecker vertreten, sondern letzterer ist Partei kraft Amtes (Rn 21 vor § 50; § 51 Rn 7).

IV) Beschränkte Parteifähigkeit

29 **1) Nichtrechtsfähiger Verein (Abs II). a) Allgemeines (Lit:** *Reichert/Dannecker/Kühr*, Handbuch des Vereins- und Verbandsrechts, 3. Aufl 1984; *Sauter-Schweyer*, Der eingetragene Verein, 13. Aufl 1986; *Stöber*, Vereinsrecht, 4. Aufl 1980; *Jung* NJW 86, 157). **aa) Begriff.** Das BGB unterscheidet rechtsfähige und nichtrechtsfähige Vereine. Unter einem **Verein** versteht man eine rechtliche Verbindung von Personen zu gemeinsamen Zwecken idealer oder materieller Art von nicht nur vorübergehender Dauer. Im Gegensatz zur Gesellschaft (§§ 705 ff BGB) ist für den Vereinsbegriff die Veränderlichkeit des Personenbestandes der Mitglieder ein wesentliches Merkmal. Wenn die Verfassung eines nichtrechtsfähigen Vereins dem Vereinsbegriff entsprechen soll, so darf nach der Satzung der Austritt oder das sonstige Ausscheiden oder der Eintritt eines Mitgliedes den Bestand des Vereins nicht berühren. Bestimmt die Satzung, daß durch das Ausscheiden eines Mitglieds, sei es durch Tod oder durch Kündigung, die als Verein begründete Personenverbindung aufgelöst ist, so handelt es sich bei dieser Personenverbindung nicht um einen Verein, sondern um eine Gesellschaft der §§ 705 ff BGB. Andererseits erscheint eine als Gesellschaft begründete Personenverbindung als Verein, wenn sie körperschaftlich gebildet ist, einen Gesamtnamen führt und satzungsgemäß vom Wechsel der Mitglieder unabhängig ist. In dem letzteren Erfordernis ist auch enthalten, daß die Personenverbindung auf einen größeren Mitgliederbestand eingerichtet und die Dauer der Verbindung auf eine längere Zeit berechnet sein soll. Die Bestimmung, daß die Vereinigung trotz Wechsel der Mitglieder fortbestehen soll, kann auch ohne ausdrückliche Festsetzung aus dem gesamten Inhalt der Satzung entnommen werden. In dieser Beziehung kann namentlich der Gebrauch des Ausdrucks „Verein" von Bedeutung sein.

30 Ein **nichtrechtsfähiger Verein** (§§ 21, 22, 23, 55 BGB) mit Parteifähigkeit iS des § 50 II ZPO ist nur dann vorhanden, wenn er eine vereinsmäßige Organisation und die sonstigen obigen Merkmale der Körperschaft hat, ohne aber rechtsfähig zu sein; mit seiner Vollbeendigung endet auch seine passive Parteifähigkeit (Rn 4, 4b).

31 **bb) Unterorganisation von Hauptverband.** Selbständige nichtrechtsfähige Vereine im Sinne des **Abs II** können auch örtliche Verwaltungsstellen, nachgeordnete Verbandsstufen oder Untergliederungen eines Hauptverbandes sein, die als solche notwendig abhängig und den Weisungen des Hauptverbandes unterworfen sind (BGH 90, 331 = NJW 84, 2223 = MDR 84, 737 = JZ 84, 682). Voraussetzung ist nur, daß die Untergliederung eine eigene Organisation (zB eigenen Vorstand; eigene Mitgliederversammlung) besitzt, selbständig bestimmte satzungsgemäße Aufgaben im Interesse der Mitglieder wahrnimmt und über „wirtschaftliche Selbständigkeit" verfügt; nicht erforderlich ist, daß Zweck und Organisation der Untergliederung in einer von dieser selbst beschlossenen Satzung festgelegt sind; sie können sich auch aus der Satzung des Hauptvereins ergeben (BGH 90, 331 [333 f]. Beispiele: Orts- und Kreisverbände eines Gesamtverbandes, zB „Ortsgruppe" eines Gebietsverbandes (BGH 90, 331; vgl auch BGH 73, 278); Unterbezirke und Bezirke einer politischen Partei (Zweibrücken NJW-RR 86, 181 = Rpfleger 86, 12; vgl auch Karlsruhe OLGZ 78, 226 und oben Rn 21).

32 **cc) Rechtsstellung.** Die **rechtsfähigen,** in das Vereinsregister des Amtsgerichts eingetragenen Vereine besitzen aktive und passive (Rn 16), die **nichtrechtsfähigen** (nicht eingetragenen) Vereine grundsätzlich nur passive Parteifähigkeit, soweit nicht spezialgesetzlich (Rn 21) oder im Wege der Rechtsfortbildung (Rn 22, 23) Ausnahmen anerkannt sind. Für eine Fortentwicklung iS einer *allgemeinen* Bejahung der Parteifähigkeit des nichtrechtsfähigen Vereins iS von § 50 **I** (dafür etwa Jauernig ZPR § 19 II 2; Zeiss ZPR § 22 II 2; eingehend mwN Jung NJW 86, 157) fehlt es an einer ausreichenden Legitimation (zutr Karsten Schmidt NJW 84, 2249).

33 **b) Aktivprozesse des nichtrechtsfähigen Vereins. aa)** Inhaber des Vermögens, Träger der Rechte und Verbindlichkeiten eines nichtrechtsfähigen Vereins sind die **Mitglieder** zur gesamten Hand (vgl § 54 BGB), Aktivprozesse können nur von ihnen gemeinsam geführt werden. Auch wenn die Satzung bestimmt, daß der „Vorstand den Verein in allen Rechtsstreitigkeiten vertritt", kann der Vorstand nicht für den Verein in eigenem Namen, sondern nur namens der einzeln aufzuführenden Mitglieder klagen; denn eine solche Satzungsbestimmung ermächtigt den Vorstand nicht, Rechte des Vereins in eigenem Namen gerichtlich geltend zu machen (so auch München MDR 55, 33 = BayJMBl 55, 16). Nach §§ 54, 714 BGB gilt der Vorstand, wenn ihm nach der Vereinssatzung die Befugnis zur Geschäftsführung zusteht, im Zweifel als ermächtigt, die Vereinsmitglieder als solche Dritten gegenüber zu vertreten. Es steht ihm daher im Aktivprozeß des Vereins Vertretungsmacht zu. Zu seiner Legitimation bedarf der Vorstand keiner besonderen

schriftlichen Vollmacht aller Vereinsmitglieder, es genügt vielmehr die Vorlage der Urkunde (Satzung), aus der sich die Vertretungsmacht des Vorstandes für das Gericht ergibt (RG 57, 90). Der Vorstand des Vereins kann daher auch auf Grund der in der Satzung enthaltenen Vertretungsmacht für den Verein einem RA Prozeßvollmacht erteilen. Die Mitglieder des klagenden nichtrechtsfähigen Vereins sind in der Klage, spätestens aber bis zur letzten mündlichen Verhandlung mit ihrem Namen aufzuführen. Fehlt auch nur ein Mitglied, muß Klageabweisung erfolgen (vgl § 62 Rn 13). Angabe nur des Vereins in der Klageschrift genügt nicht dem § 253 II 1; vgl auch Wapler NJW 61, 439. Nachholung der Angabe der Mitglieder in 2. Instanz ist keine Klageänderung, sondern lediglich zulässige Berichtigung der Parteibezeichnung.

Ob allgemein eine **Klage des Vorstandes** (oder anderer einzelner Mitglieder) als Prozeßstandschafter der übrigen Mitglieder **in eigenem Namen** zulässig ist, ist bestritten. Das erforderliche Eigeninteresse kann in der gesamthänderischen Beteiligung des Mitglieds am Vereinsvermögen liegen. Die treuhänderische Übertragung des Vermögens an den Vorstand oder einzelne Mitglieder (vgl JW 32, 201), die diesem je nach Art der Übertragung eigene Sachbefugnis oder doch Prozeßführungsbefugnis und damit eigene Parteistellung gibt, versagt bei höchstpersönlichen Rechten. Der BGH (42, 210; 43, 245) hat daher den (als nichtrechtsfähige Vereine organisierten) Gewerkschaften die aktive Parteifähigkeit zunächst zur Geltendmachung nicht abtretbarer Ansprüche zuerkannt; nach BGH 50, 325 sind Gewerkschaften im Zivilprozeß allgemein als aktiv parteifähig anerkannt (vgl hierzu näher Rn 22). 34

bb) Der **Wechsel der Vereinsmitglieder** seit Klagezustellung bleibt ebenso einflußlos wie die nach Klagezustellung erfolgte Auflösung des nichtrechtsfähigen Vereines, da die bei der Klageerhebung vorhandenen Mitglieder Partei bleiben (RG 57, 90). Es sind daher auch die Namen der nach der Klagezustellung aus dem Verein ausgeschiedenen Vereinsmitglieder anzugeben; diesen geht die Klageberechtigung gemäß § 265 II ZPO, §§ 54, 738 BGB nicht dadurch verloren, daß sie nach der Klageerhebung aus dem Verein ausgeschieden sind (RG 78, 105), oder der nichtrechtsfähige Verein aufgelöst wurde. Mitglieder, die erst nach der Klagezustellung dem Verein beigetreten sind, können nur im Wege nachträglicher subjektiver Klagenhäufung als Mitkläger in den Prozeß eintreten (RG 78, 105; JW 32, 201). Soll zwischen zwei Gruppen von Vereinsmitgliedern zum Austrag gebracht werden, wer von ihnen die berufene Vertretung des Vereins ist, so kann keine von ihnen namens des Vereins klagen. Vielmehr müssen die Prätendenten persönlich klagen und ihren Anspruch auf ihre Mitgliedsrechte und Berufung in die Vereinsämter stützen. Gewillkürte Prozeßstandschaft des Wortführers wird hier in der Regel zulässig sein. – Die Mitglieder eines nichtrechtsfähigen Vereins sind im Aktivprozeß des Vereins nicht zeugnisfähig, da sie selbst Partei sind; ihre Parteivernehmung ist zulässig. 35

c) Passivprozesse des nichtrechtsfähigen Vereins. „Verklagt werden“ ist im weitesten Sinne zu verstehen. Ein nichtrechtsfähiger Verein kann daher Passivbeteiligter im ordentlichen Rechtsstreit, Mahnverfahren, Beweissicherungsverfahren, Arrestverfahren usw sein. § 50 ändert an der sachlichen Haftung der Handelnden aus § 54 BGB und der Mitglieder nichts. Soll gegen einen nichtrechtsfähigen Verein ein Anspruch geltend gemacht werden, so hat der Kläger die Wahl, ob er dem Verein als solchen allein, die einzelnen Mitglieder allein oder den Verein als solchen und die sämtlichen Mitglieder des Vereins als Gesamtschuldner verklagen will (bestr). Die Klage gegen den Verein als solchen und die einzelnen Vereinsmitglieder empfiehlt sich dann, wenn der Kläger über die Verurteilung des Vereins und Erlangung eines Titels zur Zwangsvollstreckung in das Vereinsvermögen (§ 735) hinaus eine Verurteilung der einzelnen Mitglieder zu persönlicher Leistung und zur Zahlung aus anderen Mitteln als dem Vereinsvermögen erzielen will. In diesem Falle hat die Klagezustellung an alle Vereinsmitglieder zu erfolgen. Ist der Verein allein verklagt, so genügt Klagezustellung an ein Mitglied des Vorstandes, § 171. 36

Erlangt ein verklagter, nichtrechtsfähiger Verein **nach Klagezustellung Rechtsfähigkeit** (vgl §§ 21–23 BGB), so kann der Rechtsstreit gegen den eingetragenen Verein, der sich als Fortsetzung des nichteingetragenen Vereins darstellt, fortgeführt werden, ohne daß eine Klageänderung vorliegt (RG 85, 256). Nach Auflösung des Vereins tritt an die Stelle des Vorstandes der Liquidator (§§ 47 ff BGB). Der **Eintritt der Liquidation** ändert nichts an der passiven Parteifähigkeit des nichtrechtsfähigen Vereins (s allg Rn 4). Eine nach Beendigung der Liquidation erhobene Klage richtet sich gegen die namentlich zu bezeichnenden Mitglieder des früheren Vereins zZt der Auflösung (RG 34, 169). 37

Die **Rechtsstellung** des beklagten nichtrechtsfähigen Vereins entspricht voll der eines beklagten rechtsfähigen Vereins **(II Hs 2)**. Im Passivprozeß des nichtrechtsfähigen Vereins sind die Mitglieder des Vereins zeugnisfähig. Der Vorstand des nichtrechtsfähigen Vereins ist nicht gesetzlicher Vertreter iS des § 51, hat aber die Rechtsstellung eines solchen (§ 26 BGB; RG 69, 300). Fehlt einem zu verklagenden nichtrechtsfähigen Verein der verfassungsmäßige Vorstand, 38 so ist dieser gemäß § 29 BGB auf Antrag eines Beteiligten durch das AG zu bestellen; vorher ist Klage nicht möglich (RG 69, 300); § 57 trifft nicht zu. Die Legitimation des Vorstandes des beklagten Vereins ist gemäß § 56 von Amts wegen zu prüfen. Daraus, daß der nichtrechtsfähige Verein im Passivprozeß die Stellung eines rechtsfähigen Vereins hat, folgt, daß er **alle Prozeßhandlungen** eines Beklagten vornehmen kann und sich nicht bloß auf die Bekämpfung der Klage selbst beschränken muß (ie Jung NJW 86, 159). Er kann also nicht nur die Aufrechnung erklären und einen Prozeßvergleich (§ 794 I Nr 1) abschließen, sondern auch **Widerklage** (§ 33) und Zwischenfeststellungsklage und -widerklage (§ 256 II) erheben, auf Urkundenherausgabe klagen (§ 429), den Prozeß über die zur getrennten Verhandlung verwiesene Aufrechnungseinrede betreiben (§§ 145, 302), das Verfahren nach einem Vorbehaltsurteil (§§ 302, 599) weiter betreiben und in demselben (nicht in einem gesonderten Prozeß) den Anspruch auf Schadensersatz wegen ungerechtfertigter Vollstreckung (§§ 302, 600, 717) verfolgen, die Wiederaufnahme- (§ 578) und Vollstreckungsklagen (§ 767) erheben, die Aufhebung eines Arrestes (§ 927) und einer einstweiligen Verfügung beantragen, um Festsetzung der Prozeßkosten (§§ 103, 104) nachsuchen, die Zwangsvollstreckung in Ansehung der Widerklageansprüche und der bezeichneten Ansprüche auf Schadensersatz und auf Kostenerstattung betreiben. Zur Klagestellung aus §§ 771, 805, 731, 878 ist er dagegen nicht befugt; hier müssen alle Mitglieder als Kläger auftreten (str). Er kann keine Forderungsüberweisung (§ 835) für sich begehren, da er im Prozeß gegen den Drittschuldner nicht klagen könnte. Auch Streithelfer (§§ 66, 74) kann ein nichtrechtsfähiger Verein nicht sein (str; zum ganzen eingehend Jung NJW 86, 159 f, tendenziell für weite Auslegung von II Hs 2).

39 **2) Vorgesellschaften und Gründervereinigungen (Abs II entspr). Lit:** *Lieb,* FS Stimpel, 1985, S 399. Die **Vorgesellschaft** (Vor-GmbH, Vor-AG, Vor-eG) ist eine notwendige Vorstufe zur juristischen Person (BGH 80, 129 [136 ff]; ZIP 1983, 933 [934]) auf die weitgehend die für die spätere Rechtsform gültigen Rechtsgrundsätze anzuwenden sind (BGH 79, 241 mwN; 91, 151, stRspr). Eine Vorgesellschaft (Vor-GmbH usw) entsteht erst mit Abschluß eines wirksamen Gesellschaftsvertrages oder eines gleichstehenden Errichtungsakts (vgl §§ 1, 2 I GmbHG); auf die „Vorgründungs-"Gesellschaft ist das GmbH-(usw)Recht noch nicht anwendbar (§§ 705 ff BGB, uU §§ 105 ff HGB gelten; zur Abgrenzung: BGH 91, 151). Die *Vorgesellschaft* ist **passiv parteifähig,** wenn sie im Rechtsverkehr selbst wie eine juristische Person aufgetreten ist (BGH 79, 241 mwN). Allerdings genügt nicht allein das Tätigwerden der Vorgesellschaft für die spätere GmbH (usw), wohl aber die Versendung eines Werbeprospekts (BGH 79, 241 mwN; Hamm WM 85, 658). Hat eine geplante Handelsgesellschaft den Gewerbebetrieb bereits vollkaufmännisch aufgenommen, muß von Fall zu Fall entschieden werden, inwieweit Vorschriften des Rechts der offenen Handelsgesellschaft auf sie anzuwenden sind (OHG bei Vor-GmbH bejahend BayObLG BB 78, 1685; verneinend im Einzelfall BGH 72, 49 f). Tritt die auch werbende Gründergesellschaft in Liquidation, wird sie nicht durch den vorgesehenen Vorstand (Geschäftsführer), sondern durch die Gesellschafter vertreten, da nun das personenrechtliche Element wieder durchschlägt (BayObLGZ 65, 294; BGH NJW 63, 859; offenlassend Hamm WM 85, 659). Entspr Grundsätze gelten für die Stiftung im Errichtungsstadium (vgl Schwinge BB 78, 527). Diese Grundsätze sind dagegen unanwendbar im Fall der nunmehr zugelassenen Einmanngründung bei der GmbH (§§ 1, 7 II 3, 8 II 2 GmbHG). Insoweit kommt es vor der Entstehung der GmbH zur Bildung eines Sondervermögens, dessen – nicht verfügungsbefugter – Rechtsträger der Einmanngründer ist (ie str, vgl Fezer JZ 81, 616 f). Die Vor-KG („KG iG"), die kein Grundhandelsgewerbe iS von § 1 II HGB betreibt (andernfalls greifen §§ 161 II, 123 II HGB ein), ist BGB-Gesellschaft (BayObLG NJW-RR 86, 30).

40 **3) Ausländische in der Bundesrepublik nicht rechtsfähige Gesellschaften (Abs II entspr;** vgl bereits Rn 2, 19 a). Sie sind in der Bundesrepublik passiv parteifähig, soweit dies zur Durchsetzung bestehender Ansprüche erforderlich ist (BGH 97, 269 = WM 86, 642 = JZ 86, 651 = EWiR § 50 ZPO 1/86, 627 [Großfeld]). Beispiele: Der Vormerkungsberechtigte verlangt gem § 888 BGB Zustimmung zur Eintragung des vorgemerkten Rechts von der (grundbuchverfahrenswidrig) als Eigentümerin im Grundbuch eingetragenen nicht rechtsfähigen Anstalt ausländischen Rechts (BGH ZIP 86, 643); der Grundpfandgläubiger erhebt Klage gem §§ 1147, 1148 gegen die als Eigentümerin im Grundbuch eingetragene nicht rechtsfähige ausländische Gesellschaft (BGH aaO S 644).

51 *[Prozeßführung, gesetzliche Vertretung]*
(1) Die Fähigkeit einer Partei, vor Gericht zu stehen, die Vertretung nicht prozeßfähiger Parteien durch andere Personen (gesetzliche Vertreter) und die Notwendigkeit einer besonderen Ermächtigung zur Prozeßführung bestimmt sich nach den Vorschriften des bürgerlichen Rechts, soweit nicht die nachfolgenden Paragraphen abweichende Vorschriften enthalten.

(2) Das Verschulden eines gesetzlichen Vertreters steht dem Verschulden der Partei gleich.

Abs II ist eingefügt worden durch die Vereinfachungsnovelle vom 3. 12. 1976 (BGBl I, S 3281), in Kraft getreten am 1. 1. 1977, als Ersatz für § 232 I (Art 1 Nr 3). Zur Übergangsregelung siehe Einleitung Rn 31.

I) Anwendungsbereich

§ 51 I regelt die Prozeßführung nur recht unsystematisch und auch lediglich unter Hinweis auf die Vorschriften des BGB und den Vorrang der ZPO. Zu unterscheiden sind: **a)** die **Prozeßfähigkeit** (näher dazu § 52), **b)** die **gesetzliche Vertretung Prozeßunfähiger** (s dazu Rn 2 ff) und **c)** die **Prozeßführungsbefugnis** (näher Rn 18 ff vor § 50). 1

II) Gesetzliche Vertretung Prozeßunfähiger

1) Begriff. Die **Vertretungsmacht des gesetzlichen Vertreters** (dessen Stellung bei juristischen Personen ihre Organe einnehmen) beruht nicht auf dem rechtsgeschäftlichen Willen des Vertretenen (Vollmacht, § 80), sondern auf dem Gesetz oder auf staatlicher Anordnung. 2

2) Beispiele. a) Gesetzliche Vertreter natürlicher Personen. Für **unter elterlicher Sorge stehende Minderjährige** sind dies die Eltern gemeinsam (§ 1629 I 2 BGB idF des SorgeRÄnderungsgesetzes vom 18. 7. 1979, BGBl I S 1061; im Rahmen seines Wirkungskreises (zB Geltendmachung von Unterhaltsansprüchen) das gem §§ 1685, 1690 als *Beistand* (und damit als Pfleger: § 1690 II BGB) bestellte *Jugendamt* (Düsseldorf FamRZ 85, 641; zur Prozeßvertretung des Jugendamts in Unterhaltssachen vgl auch die Mitt in AnwBl 84, 548); für **nichteheliche Kinder** nur die Mutter (§ 1705 BGB), soweit nicht Pflegerbestellung notwendig ist (§ 1706 BGB). – Für **nicht unter elterlicher Sorge stehende Minderjährige:** der Vormund (§§ 1773, 1793 BGB); der Amtsvormund (§§ 37 ff, 54 JWG); in Verhinderungsfällen der Pfleger (§§ 1795 ff, 1909 BGB); für prozeßunfähige **Volljährige:** der Vormund (§§ 1896, 1906 BGB) oder Pfleger. Gesetzliche Vertreter sind ferner der Pfleger eines Abwesenden (§ 1911 BGB), einer Leibesfrucht (§ 1912 BGB), des unbekannten Beteiligten (§ 1913 BGB, s Hamm NJW 74, 505), sowie für Erben der Nachlaßpfleger (§§ 1960, 1961 BGB). Die Vertretungsbefugnis des Abwesenheitspflegers erstreckt sich nur auf die Besorgung vermögensrechtlicher Angelegenheiten; in persönlichen Angelegenheiten insbesondere in Ehescheidungsprozessen, kann der Pfleger den Abwesenden nicht vertreten (RG 126, 262; s § 53). 3

b) Gesetzliche Vertreter juristischer Personen des **Privatrechts:** Die Aktiengesellschaft vertritt der Vorstand (§ 78 AktG), der Aufsichtsrat gegenüber Vorstandsmitgliedern (§ 112 AktG; dazu BGH ZIP 86, 1381), in Anfechtungsprozessen der Vorstand und Aufsichtsrat oder der letztere (§ 246 II AktG), die Kommanditgesellschaft und die Kommanditgesellschaft auf Aktien vertreten die persönlich haftenden Gesellschafter (§§ 161 II, 170 HGB, § 278 AktG); die OHG die nach dem Gesellschaftsvertrag erforderliche Anzahl von vertretungsberechtigten Gesellschaftern, da § 744 II BGB kein Recht des Gesellschafters begründet, Klage im Namen der Gesellschaft ohne Zustimmung der vertretungsberechtigten Gesellschafter zu erheben (BGH NJW 55, 1027 = MDR 55, 468); die GmbH der Geschäftsführer (§ 35 GmbHG), die GmbH & Co.KG die Komplementär-GmbH, diese wiederum der Geschäftsführer, die Erwerbs- und Wirtschaftsgenossenschaften (§§ 24, 26 II GenG) der Vorstand, uU mit dem Aufsichtsrat (§ 51 III GenG und dazu BGH NJW 78, 1325) und Vereine der Vorstand (§ 26 II BGB). 4

Während der **Abwicklung** der Handelsgesellschaften, Genossenschaften und Vereine treten an die Stelle des Vorstandes die Abwickler (RG 116, 118). Der Umfang der Vertretungsmacht der Liquidatoren einer GmbH ist nicht beschränkt (Stuttgart ZIP 86, 647). Der Abwicklungspfleger eines mangels Mitglieder erloschenen Vereins ist gesetzlicher Vertreter nicht des ehemaligen Vereins, sondern der an der Abwicklung Beteiligten (BAG Betrieb 67, 813). – Zur gesetzlichen Vertretung einer wegen Vermögenslosigkeit nach dem LöschungsG **gelöschten GmbH** durch einen vom Gericht gem § 2 III LöschungsG neu zu bestellenden Liquidator vgl BGH MDR 86, 139 mwN; LG Hamburg NJW-RR 86, 914; zur analogen Anwendung des LöschungsG auf die GmbH & Co.KG s K. Schmidt BB 80, 1500.

c) Gesetzliche Vertreter juristischer Personen des öffentlichen Rechts, also Körperschaften, Anstalten, Stiftungen: Wer sie vertritt, bestimmt die Organisationsnorm für die jeweilige Person, also zB die Gemeindeordnung usw. Vgl auch Anm zu § 18. 5

6 **d)** Die gesetzliche Vertretung von **Ausländern** bestimmt ihr Recht (BGHZ 40, 197); die von Staatenlosen das deutsche Recht.

7 **e) Parteien kraft Amtes, also nicht gesetzliche Vertreter** und auch nicht Organe – zB der Konkursmasse (zum, wegen im wesentlichen gleicher Ergebnisse, fruchtlosen Theorienstreit vgl StJLeipold Rn 31, 32 vor § 50; Heintzmann, Die Prozeßführungsbefugnis, 1970, S 30 ff; Jauernig § 18 V 4; aA offenbar BGH 88, 331 [334 f], dazu mit Recht krit Teske KTS 84, 280 f) – sind: der **Konkursverwalter:** er vertritt weder den Gemeinschuldner, noch die Konkursgläubiger, noch die Konkursmasse; seine ihm im öffentlichen Interesse übertragene Funktion ist es, den Konkurs abzuwickeln; in eigener Parteistellung wahrt er die Rechte des Gemeinschuldners und die der Konkursgläubiger an der Konkursmasse; er entnimmt seine Legitimation unmittelbar aus dem Gesetz, nicht aus fremden Rechten (vgl BGH 88, 334 mwN); er führt den Prozeß in eigenem Namen (Rn 21 vor § 50); in den engen Grenzen der ihm gestellten Aufgaben auch der gem § 106 KO bestellte **Sequester** (Urban MDR 82, 441, str; gänzlich abl C. Paulus ZZP 96, 356 ff, 363 mwN); der **Testamentsvollstrecker,** §§ 2197 ff BGB: er ist nicht Vertreter des Nachlasses, der Erben oder des Erblassers (vgl ie Tiedtke JZ 81, 429). Er bekleidet ein Amt privatrechtlicher Natur und handelt vermöge eigenen, durch dieses Amt ihm übertragenen Rechtes (RG 46, 298); der **Nachlaßverwalter,** §§ 1981 ff BGB: die Rechtsstellung des Nachlaßverwalters ist gleich der des Konkursverwalters (vgl BGHZ 38, 282); der **Zwangsverwalter,** § 152 ZVG (vgl RG 80, 314; BGH ZIP 86, 584 f); der **Nießbrauchsverwalter,** § 1052 BGB; Sachpfleger ist auch der Pfleger eines **Sammelvermögens** gemäß § 1914 BGB; er macht Ansprüche der Veranstalter hinsichtlich des Sammelvermögens im eigenen Namen geltend; will er daneben den Klageanspruch hilfsweise als Pfleger für unbekannte Beteiligte (§ 1913 BGB), also als deren Vertreter geltend machen, so ist dies als eventuelle subjektive Klagehäufung unzulässig (BGH NJW 72, 2302 – LS). Eine Klage ist gegen ... als Konkursverwalter, Testamentsvollstrecker usw zu richten, da sonst auf Grund des Urteils gegen den Beklagten persönlich, also in sein Privatvermögen, vollstreckt werden könnte. Die Partei kraft Amtes ist somit kraft Gesetzes prozeßführungsbefugt; s vor § 50 Rn 21.

8 **3) Voraussetzungen einer wirksamen gesetzlichen Vertretung. a)** Die gesetzliche Vertretungsmacht der in Rn 3–7 Genannten muß als **Prozeßvoraussetzung** mindestens zZ der letzten mündlichen Verhandlung, als **Prozeßhandlungsvoraussetzung** im Zeitpunkt der Prozeßhandlung vorliegen (wie Rn 17 vor § 50, § 50 Rn 5, § 52 Rn 12). Die von einem gesetzlichen Vertreter ohne Vertretungsmacht erhobene Klage ist unzulässig, die von ihm vorgenommenen Prozeßhandlungen sind im einzelnen unwirksam, wie die eines Prozeßunfähigen; wie dort können sie aber vom wahren Vertreter oder (§ 108 III BGB) von der während des Rechtsstreits selbst prozeßfähig gewordenen Partei genehmigt werden, und zwar noch in der Revisionsinstanz (BGH VRS 67, 330). Ohne Anhörung des gesetzlichen Vertreters ist dem Prozeßunfähigen kein rechtliches Gehör gewährt worden (BayVerfGH Rpfleger 76, 350 mit zust Anm von Kirberger). Wird jemand fälschlicherweise vom Gericht als gesetzlicher Vertreter behandelt, so kann er sich durch Antrag und Beschwerde dagegen wenden (Köln Rpfleger 76, 323).

9 **b)** Die Vertretung muß auch gerade den Wirkungskreis erfassen, auf den sich der Prozeß bezieht. Den **Umfang** der Vertretungsmacht wie auch ihr **Ende** bestimmt das materielle Recht.

10 **c)** Der gesetzliche Vertreter muß seinerseits **prozeßfähig** (§ 52) sein (Zweibrücken ZIP 83, 941 mN). Meist wird schon nach materiellem Recht die Bestellung eines Prozeßunfähigen zum gesetzlichen Vertreter unwirksam sein; dann fehlt die Vertretungsmacht. Ist dies ausnahmsweise nicht der Fall, so zB beim Verlust der Prozeßfähigkeit während des Rechtsstreits (Zweibrücken ZIP 83, 941), sind seine Prozeßhandlungen die eines Prozeßhandlungsunfähigen, da die Bestellung nicht prozeßhandlungsfähig macht; im Ergebnis so auch die hM; abw StJLeipold § 51 Rn 25.

11 Ist gesetzlicher Vertreter eine nicht prozeßfähige (vgl dazu § 52 Rn 2) **juristische Person** oder **Behörde** (Beispiele: Komplementär-GmbH einer Handelsgesellschaft; das Jugendamt im Fall der Rn 3), muß der gesetzliche Vertreter selbst wiederum durch eine prozeß-(handlungs-)fähige Person gesetzlich vertreten sein, so die Komplementär-GmbH durch den Geschäftsführer, das Jugendamt durch den gem §§ 46, 37 S 2 JWG mit der Angelegenheit konkret betrauten Bediensteten (dazu Düsseldorf FamRZ 85, 641 [642]).

11a **d)** Die **Prüfung** der Vertretungsmacht und die Folgen ihres Fehlens im einzelnen: s zu § 56; beachte auch § 57.

12 **e) Besondere Vertretungsformen: aa)** Bei **Einzelvertretung** ist jeder einzelne zur Vertretung befugt, aber auch gemeinschaftliche Vertretung aller Einzelvertreter ist möglich. **bb)** Bei **Gesamtvertretung** müssen alle Gesamtvertreter bei der Vornahme von Prozeßhandlungen gemeinsam handeln; dagegen können Prozeßhandlungen auch einem einzelnen Gesamtvertreter gegenüber vorgenommen werden (vgl § 171 III).

f) Besondere Ermächtigung des gesetzlichen Vertreters **zur Prozeßführung. aa)** im ganzen: §§ 607 II, 640b S 2 ZPO, §§ 1595 II, 1597 I BGB. **bb)** Hinsichtlich einzelner Prozeßhandlungen: s Anm zu § 54. 13

4) Wirkungen der gesetzlichen Vertretungsmacht. a) Für den Prozeßunfähigen handelt im Prozeß der gesetzliche Vertreter – entweder selbst oder durch einen postulationsfähigen Bevollmächtigten. **Partei** ist allein der **Vertretene,** für den die Handlungen des Vertreters unmittelbar und ausschließlich wirken. Dem Vertretenen fallen auch die Kosten des Rechtsstreits zur Last; in sein Vermögen kann allein vollstreckt werden. Allerdings wird der gesetzliche Vertreter im Prozeß wie eine Partei behandelt; zB Parteivernehmung (§ 455 I), Verschuldenszurechnung (§ 51 II). 14

b) Zur **Bezeichnung** des gesetzlichen Vertreters im vorbereitenden Schriftsatz s § 130 Nr 1, in der Klage § 253 IV, im Urteil § 313 I Nr 1. 15

c) Das **Verschulden des gesetzlichen Vertreters** während der Prozeßführung wird als Verschulden der Partei behandelt **(Abs II).** Vgl dazu Rn 18. 16

d) Der Tod des Vertreters oder das Ende seiner Vertretungsmacht unterbricht gemäß § 241 (§ 246). Ist der gesetzliche Vertreter verhindert, sein Amt auszuüben (er soll zB von dem Minderjährigen selbst verklagt werden), so ist vom Vormundschaftsgericht ein anderer Vertreter zu bestellen (bei Gefahr im Verzug: § 57). 17

5) Das **Verschulden des gesetzlichen Vertreters** wird der Partei als eigenes Verschulden zugerechnet **(Abs II).** Für die gewillkürte Vertretung gilt § 85 II. **a) Allgemeines.** Grund für diese früher in § 232 II aF enthaltene Regelung ist, das Prozeßrisiko nicht zu Lasten des Gegners der gesetzlich vertretenen Partei zu verschieben. Die Partei soll in jeder Weise so behandelt werden, als wenn sie den Prozeß selbst geführt hätte (BGH 2, 205 = NJW 51, 963; BGH 66, 124). 18

b) Begriff des Verschuldens. Verschulden liegt vor, wenn die übliche, von einer ordentlichen Prozeßpartei zu fordernde Sorgfalt außer acht gelassen wurde (BGH VersR 85, 139; vgl auch § 85 Rn 12); es umfaßt auch Absicht (BVerfG 67, 208 [213]). 19

c) Anwendungsbereich. Der Grundsatz des Abs II gilt für jedes Verschulden im Rahmen der Prozeßführung. Er gilt auch im Rahmen von Statusprozessen und verstößt insoweit auch nicht gegen das Grundgesetz (BVerfG 35, 41 = NJW 73, 1315; BGH NJW 72, 584; VersR 72, 766 und 75, 571; ablehnend aber von Schlabrendorff BVerfG 35, 51). Abs II gilt auch in Entschädigungssachen (BGH VersR 64, 284) und im verwaltungsgerichtlichen Verfahren über § 173 VwGO (BVerwG NJW 62, 459). Eine entsprechende Vorschrift enthält § 22 II S 2 FGG. S im übrigen Scheffler in NJW 64, 997 und (für das Verfahren der Privat- und Nebenklage im Strafprozeß) Kohlhaas NJW 67, 191. Strittig ist die Anwendbarkeit dieses Grundsatzes im arbeitsgerichtlichen Kündigungsschutzprozeß (vgl hierzu § 85 Rn 11). 20

Anhang nach § 51

Prozeßführungsrecht und Güterstände

I) Allgemeines

Bis zum Inkrafttreten des Gleichberechtigungsgrundsatzes (1. 4. 1953) war gesetzlicher Güterstand der Güterstand der Verwaltung und Nutznießung des Mannes am eingebrachten Gut der Frau (§§ 1363 ff BGB aF). Er ist als gesetzlicher Güterstand seit dem 1. 4. 53 außer Kraft getreten; von da an galt als gesetzlicher Güterstand Gütertrennung (BVerfG NJW 54, 65; BGHZ 10, 266). **Seit dem 1. 7. 58 gilt auf Grund des GleichberG als gesetzlicher Güterstand die Zugewinngemeinschaft** (§§ 1363 ff BGB nF). S aber auch die Übergangsbestimmungen in Art 8 I Nr 2–7 GleichberG. **Vertragliche Güterstände** seit dem 1. 7. 58 (§§ 1408 ff BGB nF): Die Gütertrennung (§ 1414 BGB nF) und die Gütergemeinschaft (§§ 1415 ff BGB nF). – Die vertraglichen Güterstände der Errungenschaftsgemeinschaft (§§ 1519 ff BGB aF) und der Fahrnisgemeinschaft (§§ 1549 ff BGB aF) gibt es nunmehr nur noch, wenn die Ehegatten nichts anderes vereinbart und am 1. 7. 1958 in einem dieser Güterstände gelebt haben (Art 8 I Nr 7 GleichberG). 1

Güterrechtsstreitigkeiten sind **Familiensachen,** auch wenn Dritte am Verfahren beteiligt sind (§ 621 I Nr 8; vgl § 621 Rn 57 ff). Für das Verfahren gelten die Vorschriften des Landgerichtsprozesses entsprechend (§ 621b); es besteht unabhängig vom Streitwert Anwaltszwang (§ 78 II 1 Nr 3).

II) Gesetzlicher Güterstand der Zugewinngemeinschaft

2 Er gilt für alle dem deutschen Recht unterstehenden Ehen, für die kein vertraglicher Güterstand besteht. Jeder Ehegatte bleibt grundsätzlich Eigentümer des Vermögens, das ihm im Zeitpunkt der Eheschließung bereits gehört und das er nach der Eheschließung erwirbt; es gibt keine gemeinsame Vermögensmasse kraft Güterstandes (BGH 92, 198). Der Zugewinn, den die Ehegatten in der Ehe erzielen, wird jedoch nach Beendigung der Zugewinngemeinschaft ausgeglichen (§ 1363 II BGB). Da jeder Ehegatte grundsätzlich sein Vermögen selbst verwaltet (§ 1364 BGB), ist er auch für **Rechtsstreitigkeiten,** die sein Vermögen betreffen, **allein** aktiv und passiv prozeßführungsbefugt. Da jedoch die Ehegatten sich nur mit Zustimmung des anderen Ehegatten verpflichten können, über ihr Vermögen im ganzen (§ 1365 I BGB; BGH 77, 293) und über ihnen gehörende Gegenstände des ehelichen Haushaltes (§ 1369 I BGB) zu verfügen, bedarf ein Ehegatte für eine solche Verfügung der Einwilligung des anderen Ehegatten, nicht aber für Verzicht und Anerkenntnis als reine Prozeßhandlungen. Nimmt man insoweit – unzutreffend! – Doppelnatur an, wäre der streitende Ehegatte nicht befugt, über den Streitgegenstand zu disponieren, so daß kein Anerkenntnisurteil ergehen könnte. Auch ist der andere Ehegatte berechtigt, die sich aus der Unwirksamkeit einer solchen Verfügung ergebenden Rechte gegen die Dritten in eigenem Namen gerichtlich geltend zu machen (§§ 1368, 1369 III). Insoweit ist (neben dem verfügenden Ehegatten) auch der andere Ehegatte prozeßführungsbefugt (Rn 24 vor § 50). Der Herausgabeanspruch geht auf Wiederherstellung der früheren Besitzlage; falls der Ehepartner den Besitz nicht übernehmen will, auf Herausgabe an den Kläger allein, str; vgl die Nachweise bei Gernhuber § 35 VI 3 Fußn 10. Das gegen einen Gatten ergehende Urteil hat nach allgemeiner Meinung keine Rechtskraftwirkung gegen den anderen (vgl Rn 38 vor § 50); dafür besteht aber kein triftiger Grund, wenn der Nichtverfügende sein Revokationsrecht nach § 1368 BGB ausübt; er ist kraft Gesetzes prozeßführungsbefugt und wahrt ja sein eigenes Interesse. Gleichwohl nimmt die hL bei gemeinsamer Klage – insoweit mit Recht – notwendige Streitgenossenschaft an (Baur FamRZ 62, 510); Grund: Unteilbarkeit des Streitgegenstandes (vgl StJLeipold § 62 Rn 8 bei N 16 aber auch Rn 9). **Wegen der Zwangsvollstreckung in das Vermögen eines Ehegatten** s Anm zu § 739.

III) Vertraglicher Güterstand der Gütertrennung

3 Sie tritt ein, wenn die Ehegatten den gesetzlichen Güterstand ausschließen oder aufheben, falls sich nicht aus dem Ehevertrag (§ 1408 BGB) etwas anderes ergibt, die Ehegatten also keinen anderen Güterstand vereinbaren. Das gleiche gilt, wenn der Ausgleich des Zugewinns ausgeschlossen oder die Gütergemeinschaft aufgehoben wird (§ 1414 BGB). Die Ehegatten sind vermögensrechtlich voneinander unabhängig. Ihr Vermögen ist wie das von Nichtverheirateten zu behandeln. Ein Ehegatte hat hinsichtlich des Vermögens des anderen Ehegatten weder das Recht der Verfügung noch das Recht der Prozeßführung. Beide Ehegatten sind bezüglich ihres Vermögens aktiv und passiv allein legitimiert. Die Prozeßführungsbefugnis eines Ehegatten wird auch nicht dadurch ausgeschlossen oder beschränkt, daß er sein Vermögen ganz oder teilweise der Verwaltung des anderen Ehegatten überläßt (§ 1413 BGB). – **Wegen der Zwangsvollstreckung** s Anm zu § 739.

IV) Vertraglicher Güterstand der Gütergemeinschaft

4 Das Vermögen der Ehegatten, das diesen im Zeitpunkt der Eheschließung gehört und das sie während der Gütergemeinschaft erwerben, wird gemeinschaftliches Vermögen beider Ehegatten (Gesamtgut), ohne daß die einzelnen Gegenstände, einschließlich der Rechte an Grundstükken und Schiffen, durch Rechtsgeschäft übertragen zu werden brauchen (§ 1416 BGB). Daneben gibt es noch ein Sondergut und ein Vorbehaltsgut beider Ehegatten. Für die einzelnen Vermögensmassen gilt folgendes:

5 **A) Das Gesamtgut.** Haben die Ehegatten im Ehevertrag keine Bestimmung getroffen, so verwalten sie das Gesamtgut gemeinschaftlich (§§ 1421 S 2, 1450 I 1; BGH 91, 289). Sie können aber auch die gemeinschaftliche Verwaltung ausschließen und vereinbaren, daß das Gesamtgut vom Mann oder der Frau allein verwaltet wird (§ 1421 S 1 BGB).

6 **1) Ist nur ein Ehegatte verwaltungsberechtigt,** so gilt folgendes: **a)** In **Aktivprozessen,** die das Gesamtgut betreffen, ist grundsätzlich der Ehegatte allein prozeßführungsbefugt, dem die Verwaltung zusteht (§ 1422 BGB). Er bedarf hierzu nicht der Einwilligung des anderen Ehegatten. Er klagt auf Leistung an sich, da er berechtigt ist, die zum Gesamtgut gehörenden Sachen in Besitz zu nehmen (§ 1422 BGB; RG 67, 265). Zu Prozeßhandlungen, die eine Verfügung über das Gesamtgut im ganzen (§ 1423 BGB), eine Verfügung über ein zum Gesamtgut gehörendes Grundstück (§ 1424 BGB) oder die eine Schenkung von Gegenständen aus dem Gesamtgut (§ 1425 BGB) in sich schließen (Vergleich), bedarf er der Einwilligung des anderen Ehegatten

(Ersetzung der Einwilligung durch das Vormundschaftsgericht: § 1426 BGB). Der verwaltungsberechtigte Ehegatte führt den Rechtsstreit im **eigenen** Namen; der andere Ehegatte ist nicht Partei, kann daher als Zeuge vernommen werden und Nebenintervenient sein. Soweit der Verwalter prozeßführungsbefugt ist, hat das Urteil auch Rechtskraftwirkung hinsichtlich des anderen Gatten, soweit er am Gesamtgut beteiligt ist (Erman § 1422 Rn 5; vgl auch Rn 36 vor § 50).

b) Passivprozesse: Der Verwalter ist hinsichtlich des Gesamtguts **allein** prozeßführungsbefugt, der andere Gatte kann also Zeuge sein. **Unterscheide:** 7

aa) Persönlicher Schuldner ist der **Verwalter** selbst; dann haften das Gesamtgut, Vorbehalts- und Sondergut des Verwalters (§§ 1417, 1418, 1437 I BGB; Zwangsvollstreckung gemäß § 740 I). Da nur ein Gatte verwaltet, genügt Klausel gegen ihn, um den Zugriff ins gesamthänderisch gebundene Vermögen zu geben. 8

bb) Persönlicher Schuldner ist der **nichtverwaltende Gatte:** Dafür haftet regelmäßig das Gesamtgut (§ 1437 I, Ausnahmen §§ 1438–1440 BGB); weiter haften Vorbehalts- und Sondergut des Schuldners. Da aber für die Gesamtgutsschulden des nichtverwaltenden Gatten der Verwalter auch persönlich gesamtverbindlich haftet (§ 1437 II BGB), kann sich der Gläubiger des nichtverwaltenden Gatten insoweit auch aus Vorbehalts- und Sondergut des Verwalters befriedigen. 9

α)Klagt der Gläubiger also nur gegen den nichtverwaltenden Gatten: dann zur Zwangsvollstreckung in dessen Sonder- und Vorbehaltsgut. 10

β) Klagt er nur gegen den gesamtverbindlich haftenden Verwalter: dann Vollstreckung in Gesamtgut und in Sonder- und Vorbehaltsgut des Verwalters. 11

γ) Klagt er gegen beide Gatten als Gesamtschuldner (die dann nur hinsichtlich ihrer Haftung mit dem Gesamtgut notwendig, im übr aber einfache Streitgenossen sind), kann er in alle fünf Vermögensmassen der Eheleute vollstrecken. 12

cc) Klagt der Gläubiger gegen den persönlich schuldenden Verwalter auf **Leistung und** gegen den anderen Gatten auf **Duldung der Zwangsvollstreckung** ins Gesamtgut, so ist das Rechtsschutzbedürfnis für die Duldungsklage fraglich. § 739 gibt dieses jedenfalls nicht. Denn wenn ein Titel gegen den Verwalter vorliegt, muß der andere Gatte die Zwangsvollstreckung ins Gesamtgut jedenfalls dulden, da die Vermutung für die Zugehörigkeit zum Gesamtgut spricht (vgl StJ Münzberg § 740 Anm V 2; BL § 739 Anm 1 B; Palandt/Diederichsen § 1437 Anm 5; Erman § 1437 Rn 4). Erst bei in Aussicht stehender Beendigung der Gütergemeinschaft gibt § 743 das Rechtsschutzbedürfnis für die Duldungsklage gegen den nicht Verwaltenden, die in Wahrheit als Klage auf künftige Leistung (§§ 257 ff) nur unter deren besonderen Prozeßvoraussetzungen zulässig ist. Mit Ende der Gemeinschaft tritt der Nichtverwalter als Mitverwalter neben den bisherigen Alleinverwalter (§ 1472 I BGB). Dem trägt § 743 vollstreckungstechnisch Rechnung. **Beachte:** Wird aus dem Titel gegen den Verwalter allein in Sonder- oder Vorbehaltsgut des anderen Gatten vollstreckt, so hat dieser § 771 (StJMünzberg § 739 Anm II 1 und § 740 Anm V 2). Nach ThP § 739 Anm 4 daneben § 766 (aA BL § 739 Anm 3); dieser Rechtsbehelf kann sich aber jedenfalls nicht auf § 809, sondern nur auf den Umstand stützen, daß kein Titel gegen den Nichtverwalter vorliegt. 13

c) Prozeßführungsrecht des nichtverwaltenden Gatten: aa) Grundsatz. Er darf immer mit Zustimmung des Verwalters prozessieren (gewillkürte Prozeßstandschaft); das vom BGH geforderte schutzwürdige Interesse ergibt sich in der Regel daraus, daß der Gatte mit Träger des materiellen Rechts ist (vgl BGH NJW 63, 279). 14

bb) Sonderfälle: §§ 1428–1433 BGB. α) **Die Notprozeßführung** des § 1429 BGB. Führt der Notverwalter den Prozeß in eigenem Namen (§ 1429 I 1 Hs 2 BGB), so ist zur Zwangsvollstreckung ins Gesamtgut gleichwohl ein Titel gegen den Verwalter notwendig (Erman § 1429 Rn 2; § 1437 Rn 4), auch wegen der Kosten; hL vgl StJLeipold Rn 48 aE vor § 50. Führt er ihn im Namen des Verwalters, so ist Vollstreckung aus dem Titel in das Gesamtgut möglich. Bei Wegfall der Behinderung während des Rechtsstreits gilt § 1433 BGB (Palandt/Diederichsen § 1433 Anm 2). Das erstrittene Urteil hat **Rechtskraftwirkung** hinsichtlich des Gesamtguts (Erman § 1422 Rn 5; vgl auch Rn 36 vor § 50). 15

β) Die Prozeßführung des Ehegatten, der ein **Erwerbsgeschäft** betreibt: § 1431 BGB. Hat der Verwalter eingewilligt (beachte § 1431 II BGB), so wirkt das im Prozeß des anderen Gatten ergehende Urteil auch für und gegen das Gesamtgut (RGRK § 1431 Anm 10). Für die Zwangsvollstreckung gelten §§ 741, 774. Rechtsbehelfe des anderen Gatten § 774: wenn er den Geschäftsbetrieb nicht kannte; wenn Gläubiger den Mangel der Einwilligung kannte; wenn es sich nicht um eine Geschäftsschuld handelte. § 774 und 766: wenn bei Rechtshängigkeit sein Einspruch gegen Erwerbstätigkeit oder Widerruf der Einwilligung im Güterrechtsregister eingetragen war (so StJMünzberg § 774 Anm I, vgl auch StJMünzberg § 741 Anm II). 16

17 γ) **Schutzprozeßführung** nach § 1428 BGB. Klage auf Leistung an sich oder an den Verwalter (Rückumschreibung im Grundbuch auf die Gesamthand). Beachte: ob das Urteil in diesem Fall **Rechtskraft** gegen den Verwalter wirkt, ist bestr, wird aber überwiegend, wie iF des § 1368 BGB, verneint (RGRK § 1428 Anm 4; Erman § 1428 Rn 1, § 1368 Rn 15; Schutz des Dritten durch Streitverkündung an Verwalter).

18 δ) **Fortdauer** der Prozeßführungsbefugnis bei anhängigem Rechtsstreit, § 1433 BGB. Durch Eheschließung partielle Rechtsnachfolge des anderen Gatten. Der bisher allein Sachbefugte behält (wie in § 265!) die alleinige Prozeßführungsbefugnis. Also auch **Rechtskraftwirkung** (§ 325). Tritt der andere Gatte dem Prozeßführer als Nebenintervenient bei, so ist er wegen § 265 II Nebenintervenient nach § 66, nicht nach § 69 (so richtig Palandt/Diederichsen § 1433 Anm 1 gegen Erman zu § 1433 Rn 1 und RGRK § 1433 Anm 4).

19 **d) Für die Kosten aller von den Ehegatten geführten Prozesse haftet immer das Gesamtgut,** also auch wenn das Urteil in der Hauptsache dem Gesamtgut gegenüber nicht wirksam ist (§ 1438 II BGB).

20 **2) Beide Gatten verwalten das Gesamtgut: a) Aktivprozesse:** Echte notwendige Streitgenossenschaft (s § 62 Rn 13). Beide Gatten müssen gemeinsam klagen, sonst ist die Klage unzulässig. Klage auf Leistung an beide. Kein Bedürfnis nach Analogie zu § 2039 BGB. Ermächtigt einer den anderen zur Alleinprozeßführung: gewillkürte Prozeßstandschaft.

21 **b) Passivprozesse:** Wegen § 740 II ist zur Zwangsvollstreckung ins Gesamtgut ein Titel gegen beide nötig, dessen materielle Grundlage § 1459 II 1 BGB ist. Titel können in getrennten Prozessen erstritten werden. Bei gemeinsamer Klage gegen beide Ehegatten sind sie grundsätzlich einfache Streitgenossen (BGH 23, 73; ThP § 62 Anm 2c; BL § 62 Anm 3 C; StJLeipold Rn 65 vor § 50). Soweit aber der Titel den Zugriff ins Gesamtgut eröffnen soll: notwendige Streitgenossen (BGH WM 75, 619; RGRK § 1450 Anm 16; Erman § 1450 Rn 3; StJLeipold Rn 65 vor § 50). Da wirtschaftlich die Bedeutung der Zugriffsmöglichkeit ins Gesamtgut weit wichtiger ist, muß der Charakter der Gesamthandschuld – aus ihr insoweit die notwendige Streitgenossenschaft folgend – stärker betont werden, als dies in der Literatur geschieht. Beispiel: Klage eines Gläubigers gegen beide Gatten. Im Termin erscheint der Ehemann, nicht aber die Ehefrau; dann ist Versäumnisurteil gegen sie möglich, aber nur Verurteilung zur Leistung aus ihrem Sonder- und Vorbehaltsgut, da sie hinsichtlich der Haftung mit dem Gesamtgut vom Mann vertreten ist (§ 62 I) – vgl Erman § 1450 Rn 3.

22 **c)** Auch im Fall der gemeinsamen Verwaltung des Gesamtgutes ist **ausnahmsweise ein Ehegatte allein handlungs- und damit prozeßführungsberechtigt** und zwar: Bei Verhinderung des anderen Ehegatten durch Krankheit oder Abwesenheit (§ 1454 BGB); bei Streitigkeiten aus einem allein und selbständig geführten Erwerbsgeschäft (§ 1456 BGB); zur Geltendmachung eines zum Gesamtgut gehörenden Rechtes gegen den anderen Ehegatten (§ 1455 Nr 6 BGB); zur Fortsetzung eines Rechtsstreits, der beim Eintritt der Gütergemeinschaft anhängig war (§ 1455 Nr 7 BGB); zur gerichtlichen Geltendmachung eines zum Gesamtgut gehörenden Rechts gegen einen Dritten, wenn der andere Ehegatte allein über das Recht verfügt hat (§ 1455 Nr 8 BGB); zur gerichtlichen Geltendmachung eines Widerspruchsrechts gegenüber einer Zwangsvollstreckung in das Gesamtgut (§ 1455 Nr 9 BGB); und des an die Stelle des Widerspruchsrechts tretenden Bereicherungsanspruchs (BGH 83, 76 [78] = NJW 82, 1810 [1811]); zur Ergreifung aller gerichtlichen Maßnahmen, die zur Erhaltung des Gesamtgutes notwendig sind, wenn mit dem Aufschub Gefahr verbunden ist (§ 1455 Nr 10 BGB) und zur Führung aller Prozesse, solange ein Ehegatte unter elterlicher Sorge oder unter Vormundschaft steht (§ 1458 BGB).

23 **d) Zwangsvollstreckung:** § 740 II. Ohne Bedeutung ist hier § 739, da § 1459 BGB beide Ehegatten immer samtverbindlich haften läßt. **Beispiel:** Beide Ehegatten verwalten das Gesamtgut; während der Ehe begeht Ehemann unerlaubte Handlung. Hierdurch entsteht eine Gesamtgutsschuld, für die auch die Frau haftet – § 1459 II BGB –, die aber im Innenverhältnis dem Mann zur Last fällt – § 1463 I 1 BGB. Endet die Gütergemeinschaft vor der Vollstreckung, so muß die Frau die Beendigung ihrer Haftung nach § 767 geltend machen, womit sie die Zwangsvollstreckung in ihr Sonder- und Vorbehaltsgut vereitelt. Das Gesamtgut haftet weiter. Die Zwangsvollstreckung hierin hat die Frau zu dulden.

24 **B) Das Sondergut.** Sondergut der Ehegatten sind die Gegenstände, die nicht durch Rechtsgeschäft übertragen werden können (§ 1417 BGB), zB die in §§ 399, 400 BGB als nicht abtretbar und die in §§ 514, 549, 613, 664 II, 847, 1059, 1300 BGB als „nicht übertragbar" erklärten Forderungen und Rechte. Da jeder Ehegatte sein Sondergut selbständig verwaltet (§ 1417 III BGB), ist er bei allen Rechtsstreitigkeiten, die das Sondergut betreffen, allein prozeßführungsbefugt. Da Nutzungen und Erträgnisse des Sondergutes dem Gesamtgut zufallen (§ 1417 III BGB; Verwaltung „für

Rechnung des Gesamtgutes"), so ist, falls solche eingeklagt werden, auf Leistung an denjenigen zu klagen, der das Gesamtgut verwaltet (s Rn 6).

C) Das Vorbehaltsgut. Vorbehaltsgut der Ehegatten ist: **1.** was durch Ehevertrag zum Vorbehaltsgut erklärt ist (§ 1418 II Nr 1 BGB); **2.** was von einem der Ehegatten von Todes wegen oder durch Schenkung erworben wird, wenn der Dritte bestimmt, daß der Erwerb Vorbehaltsgut sein soll (§ 1418 II Nr 2 BGB); **3.** der Erwerb aus Mitteln des Vorbehaltsgutes oder der an die Stelle des Vorbehaltsgutes tretende Ersatz (§ 1418 II Nr 3 BGB). – Sein Vorbehaltsgut verwaltet jeder Ehegatte selbständig und zwar für eigene Rechnung (§ 1418 BGB). Jeder Ehegatte ist daher auch in Rechtsstreitigkeiten, die sein Vorbehaltsgut betreffen, allein sach- und prozeßführungsbefugt. 25

V) Ende der Gütergemeinschaft

1) Während des Rechtsstreits. a) Durch Tod eines Gatten; unterscheide: **aa)** Die Gütergemeinschaft wird nicht fortgesetzt (§§ 1483 ff BGB). Dann sind nunmehr Gesamthänder: der Überlebende und die Erbengemeinschaft des Verstorbenen. **Starb** nun der **Alleinverwalter:** §§ 239, 246. **Starb der andere:** dann jedenfalls Änderung in der Prozeßführungsbefugnis, die jetzt den beiden Trägern der Liquidationsgesamthand gemeinsam zusteht (§ 1472 BGB), also auch § 239 analog (vgl für das alte Güterrecht BGH LM § 265 Nr 1). Aufnahmerecht also gemeinsam für den Gesamthänder. 26

bb) Die Gütergemeinschaft wird **fortgesetzt:** Hier ist der Überlebende immer Alleinverwalter (§§ 1487, 1422 BGB). Aufnahmerecht nach Unterbrechung (§ 239), somit für den neuen Verwalter des Gesamtguts der fortgesetzten Gütergemeinschaft (vgl RG 148, 146). 27

cc) Beachte: Notgeschäftsführung gemäß § 1472 IV BGB. 28

b) Beendigung in anderer Weise als durch Tod: aa) Für das **Abwicklungsstadium** gilt: hatten beide Gatten verwaltet, so tritt keine Änderung ein. Hatte nur einer verwaltet, so ändert sich die Prozeßführungsbefugnis (§ 1472 I BGB). Dies ist kein Fall des § 265, sondern analog § 239 zu behandeln; vgl StJSchumann/Leipold § 239 Anm I 5. 29

bb) Tritt während des Rechtsstreits **Vollbeendigung** ein: Soweit hier der Gegenstand des Rechtsstreits oder die Forderung bei der Auseinandersetzung einem der bisherigen Gesamthänder zugeteilt ist, liegt Einzelrechtsnachfolge unter Lebenden vor, also § 265. Somit führen der oder die bisherigen Parteien den Prozeß als Prozeßstandschafter für den Rechtsträger weiter. 30

2) Ende der Gütergemeinschaft nach Rechtskraft. a) Aktivprozesse. Bei **gemeinsamer Verwaltung** taucht kein Problem auf, da das Urteil für beide Gatten erging. 31

Bei **Einzelverwaltung** ist zu unterscheiden: **aa)** während des Liquidationsstadiums erfolgt die Klauselerteilung nach § 744; **bb)** nach Vollabwicklung erfolgt die Klauselerteilung für den Erwerber des Gegenstands, der streitbefangen war; Klauselumschreibung nach §§ 265, 325, 727 (StJMünzberg § 744 Rn 6). 32

b) Passivprozesse. Bei Einzelverwaltung: **Beispiel:** War der verwaltende Mann zur Leistung verurteilt worden und tritt zunächst die Gütergemeinschaft nach Rechtskraft in Liquidation, so erfolgt die Klauselumschreibung nach § 744 gegen die Frau „in Ansehung des Gesamtguts". Wurde aber vorher die Gütergemeinschaft bereits auseinandergesetzt, dann greift nun die persönliche Haftung auch der Frau nach § 1480 BGB ein; die Umschreibung erfolgt daher uneingeschränkt (StJMünzberg § 744 Anm I aE). Die Frau muß dann die gegenständliche Haftungsbeschränkung durch Gegenklage nach §§ 786, 785, 767 geltend machen. Ähnliches gilt bei gemeinsamer Verwaltung, wenn die Außenhaftung des anderen Gatten nach § 1459 II 1 BGB im Hinblick auf die interne Lastenverteilung zunächst geendet hatte (§§ 1459 II 2 BGB), dann aber gemäß § 1480 BGB wieder aufgelebt ist. 33

VI) Fortgesetzte Gütergemeinschaft (§§ 1483 ff BGB)

Sie tritt ein, wenn die Ehegatten durch Ehevertrag vereinbart haben, daß die Gütergemeinschaft nach dem Tode eines Ehegatten zwischen dem überlebenden Ehegatten und den gemeinschaftlichen Abkömmlingen fortgesetzt wird. Folgende **Vermögensmassen** sind zu unterscheiden: 34

1) Vorbehaltsgut des überlebenden Ehegatten (§ 1486 I BGB) ist, was dieser bisher als Vorbehaltsgut gehabt hat oder was er nach § 1418 II Nr 2, 3 BGB als Vorbehaltsgut erwirbt. Die anteilsberechtigten Abkömmlinge können Vorbehaltsgut nicht besitzen. Der überlebende Ehegatte kann über sein Vorbehaltsgut frei verfügen, ist also für alle Prozesse, die das Vorbehaltsgut betreffen, allein aktiv und passiv legitimiert und prozeßführungsbefugt. 35

2) Sondergut des überlebenden Ehegatten (§ 1486 II BGB) ist, was er bisher als Sondergut gehabt hat oder was er als Sondergut erwirbt (s hierzu § 1418 II BGB). Der überlebende Ehegatte kann frei verfügen und ist im Rechtsstreit allein sach- und prozeßführungsbefugt. 36

37 **3)** Das **Gesamtgut** besteht aus dem bisherigen ehelichen Gesamtgut (§ 1483 I BGB), soweit es nicht an nichtanteilsberechtigte Abkömmlinge fällt (§ 1483 II BGB) und aus dem Vermögen, das der überlebende Ehegatte aus dem Nachlaß des verstorbenen Ehegatten oder nach dem Eintritt der fortgesetzten Gütergemeinschaft erwirbt. Das Vermögen, das ein gemeinschaftlicher Abkömmling zZ des Eintritts der fortgesetzten Gütergemeinschaft hat oder später erwirbt, gehört nicht zum Gesamtgut, § 1485 BGB. Hinsichtlich des Gesamtguts der fortgesetzten Gütergemeinschaft hat der überlebende Ehegatte die rechtliche Stellung des allein verwaltungsberechtigten Ehegatten, die anteilsberechtigten Abkömmlinge dagegen die rechtliche Stellung des anderen Ehegatten, § 1487 I BGB. Der überlebende Ehegatte verwaltet infolgedessen das Gesamtgut; er ist bei der Verfügung über das Gesamtgut an die Einwilligung sämtlicher anteilsberechtigten Abkömmlinge in den Fällen gebunden, in denen der allein verwaltungsberechtigte Ehegatte während der allgemeinen ehelichen Gütergemeinschaft der Einwilligung des anderen Ehegatten bedarf. Der Überlebende hat im Prozeß die Stellung, die bei der Gütergemeinschaft der allein verwaltungsberechtigte Ehegatte hat. Den anteilsberechtigten Abkömmlingen kommt die Stellung wie der des anderen Ehegatten bei der ehelichen Gütergemeinschaft zu.

38 **Nach Beendigung** der fortgesetzten Gütergemeinschaft (§§ 1494 ff BGB) findet die Ansehung des Gesamtguts der fortgesetzten Gütergemeinschaft die Auseinandersetzung statt, § 1497 I BGB. Bis zu ihr finden auf das Rechtsverhältnis der Teilhaber am Gesamtgut die §§ 1419, 1472, 1473 BGB Anwendung (§ 1497 II BGB). Es gilt daher das gleiche, wie unter Rn 26 ff hinsichtlich der allgemeinen Gütergemeinschaft ausgeführt.

39 **4) Vermögen der anteilsberechtigten Abkömmlinge.** Es besteht aus dem Vermögen, das die anteilsberechtigten Abkömmlinge außer ihrem Anteil an dem Gesamtgut der fortgesetzten Gütergemeinschaft besitzen oder späterhin erwerben; es fällt nicht in das Gesamtgut der fortgesetzten Gütergemeinschaft (§ 1485 II BGB) und haftet nicht für Gesamtgutverbindlichkeiten (§ 1489 III BGB), wie auch das Gesamtgut nicht für Schulden der anteilsberechtigten Abkömmlinge haftet. Hinsichtlich ihres eigenen Vermögens sind die anteilsberechtigten Abkömmlinge allein prozeßführungsbefugt.

40 **VII)** Zur heute praktisch bedeutungslosen **Errungenschafts-** und **Fahrnisgemeinschaft** (vgl §§ 1519–1548 bzw §§ 1549–1557 BGB aF, aufrechterhalten nach Maßgabe von Art 8 I Nr 7 GleichberG) s 10. Aufl zu § 52 Anm F.

52 *[Prozeßfähigkeit]*

Eine Person ist insoweit prozeßfähig, als sie sich durch Verträge verpflichten kann.

Abs II (betr die Ehefrau) ist mit Wirkung vom 1. 7. 1977 aufgehoben worden durch das 1. EheRG vom 14. 6. 1976 (vgl Art 6 Nr 6).

I) Begriff der Prozeßfähigkeit

1 **1)** Prozeßfähigkeit ist die Fähigkeit, Prozeßhandlungen selbst oder durch selbst bestellte Vertreter wirksam vorzunehmen oder entgegenzunehmen. Fehlt die Prozeßfähigkeit und ist die Partei deshalb nicht nach den Vorschriften der Gesetze vertreten, liegt ein Nichtigkeitsgrund (§ 579 I Nr 4) und zugleich Versagung des rechtlichen Gehörs (Art 103 I GG) vor (BGH 84, 24 [29] = NJW 82, 2449 [2451] = MDR 82, 1004 [1005]), ohne daß es auf ein Verschulden des Gerichts ankäme.

2 **2)** Ist ein Rechtssubjekt (natürliche oder juristische Person) parteifähig (§ 50 Rn 1), so ist damit nur gesagt, daß in seinem Namen ein Prozeß geführt werden kann. Dahingestellt bleibt, ob es selbständig vor Gericht auftreten (dh Prozeßhandlungen irgendwelcher Art vornehmen) darf oder zur Führung des Prozesses eines gesetzlichen Vertreters bedarf. Der Hinweis in § 51 I auf die Vorschriften des bürgerlichen Rechts ist insofern gegenstandslos (hM), als in § 52 die Prozeßfähigkeit selbständig geregelt ist. Danach ist nur **prozeßfähig,** wer **sich (selbständig)** durch Verträge **verpflichten kann,** gleichgültig, ob er den Prozeß für sich oder als Vertreter für einen anderen (§ 79) führen will. Im Anwaltsprozeß muß auch der Prozeßbevollmächtigte selbst prozeßfähig sein (arg §§ 51 ff, 78 ff, 244; BVerfG 37, 67, 76, 78; ie § 78 Rn 20). Nach ganz hM können nur **natürliche** (nicht juristische) **Personen** prozeßfähig sein, s BGH NJW 74, 880; Schumann FamRZ 76, 574; aA Jauernig § 20 II mwN; beiläufig auch BGH 94, 108; vgl näher § 51 Rn 11; Rn 7 vor § 78 und unten Rn 7, 10a.

II) Prozeßfähige Personen

3 **1) Unbeschränkte volle Prozeßfähigkeit.** Im allgemeinen sind die unbeschränkt Geschäftsfähigen voll prozeßfähig. Dabei wird die Geschäftsfähigkeit einer Person nach den Gesetzen des

Staates beurteilt, dem sie angehört (Art 7, 27, 29, EGBGB; dies gilt auch im Verhältnis zur DDR; vgl auch § 55; BGH JZ 56, 535).

2) Gegenständlich beschränkte Prozeßfähigkeit. Die zum selbständigen Betrieb eines Erwerbsgeschäfts – hierunter fällt auch ein wissenschaftlicher und künstlerischer Erwerb – mit Zustimmung des gesetzlichen Vertreters und Genehmigung des Vormundschaftsgerichts ermächtigten Minderjährigen über 7 Jahre (§§ 112, 114 BGB) und die in § 113 BGB bezeichneten Personen sind für die aus dem Erwerbsgeschäft bzw Arbeitsverhältnis sich ergebenden Streitigkeiten voll geschäfts- und damit prozeßfähig. Auch kann eine jugendliche prozeßunfähige Partei gegen ihre Bestrafung wegen Ungebühr selbständige Beschwerde einlegen, sofern sie nur strafmündig ist (Neustadt NJW 61, 885); ebenso bei Straffestsetzung nach § 890 (LG Traunstein MDR 63, 57). 4

3) Erweiterte Prozeßfähigkeit in Ehe-, Ehelichkeits- und Entmündigungssachen. Zugunsten Minderjähriger und Entmündigter ist die Prozeßfähigkeit in bestimmten Verfahren erweitert. Die erweiterte Prozeßfähigkeit besteht in Ehesachen (§ 607 I; insoweit keine gesetzliche Vertretung; Ausnahme § 30 EheG; s auch § 607 II), in Sachen betreffend die Anfechtung der Ehelichkeit eines Kindes (§ 640 b) und in Entmündigungssachen (§§ 664 II, 675, 679 III, 684 I, 686 II; vgl auch allg BGH 70, 256 = NJW 78, 993). Die erweiterte Prozeßfähigkeit gilt auch für Rechtsbehelfe (Anfechtungsklage, Aufhebungsklage) im Entmündigungsverfahren (Waldner NJW 82, 317; vgl ie § 679 Rn 3); insoweit ist dem Entmündigten wie dem gegenständlich beschränkt Prozeßfähigen (Rn 4) auch Geschäftsfähigkeit zur Mandierung eines Rechtsanwalts (ohne Genehmigung des Vormunds bzw gesetzlichen Vertreters) zuzubilligen, denn dies ist doch gerade der Sinn der Prozeßfähigkeit (so mit Recht Hamburg NJW 71, 199; Nürnberg NJW 71, 1274 mit zustimmender Anm Büttner; Lappe Rpfleger 82, 10 [11]). 5

4) Erweiterte Prozeßfähigkeit im Zulassungsstreit. Im Streit um die Prozeßfähigkeit einer Partei wird diese als prozeßfähig behandelt (Hamm AnwBl 82, 70 mN; vgl ie § 56 Rn 13). 6

III) Prozeßunfähige Personen

Prozeßunfähig sind sowohl Geschäftsunfähige (Rn 7) als auch beschränkt Geschäftsfähige (Rn 8), in bestimmten Fällen auch voll Geschäftsfähige (Rn 9, 10).

1) Geschäftsunfähigkeit. Prozeßunfähig, weil geschäftsunfähig, sind: juristische Personen und die ihnen gleichgestellten parteifähigen Handelsgesellschaften, Vereine und Verbände, ferner Minderjährige unter 7 Jahren (§ 104 Nr 1 BGB) und die wegen Geisteskrankheit Entmündigten (§ 104 Nr 3 BGB). Zur Annahme der Prozeßunfähigkeit eines nicht entmündigten Geisteskranken (§ 104 Nr 2 BGB) genügt die Feststellung des tatsächlichen Vorhandenseins der Geisteskrankheit (BGH NJW-RR 86, 157 = WM 86, 59). Das Prozeßgericht hat gleichviel, ob eine Entmündigung stattgefunden hat oder nicht, die Geisteskrankheit selbständig festzustellen (BGH aaO); es kann eine solche selbst dann als vorhanden annehmen (praktisch nur nach Anhörung eines sachverständigen Gutachters), wenn ein Entmündigungsverfahren eingeleitet war, die Entmündigung aber abgelehnt oder auf die Klage des Entmündigten aufgehoben wurde. Zur Beweislast vgl § 56 Rn 9. 7

2) Beschränkte Geschäftsfähigkeit. Prozeßunfähig, weil beschränkt geschäftsfähig, sind: Minderjährige über 7 Jahre (§§ 107 ff BGB) für andere als die aus §§ 112, 113 BGB sich ergebenden Prozesse. Das gleiche gilt gemäß § 114 BGB für die wegen Geistesschwäche (§ 645), Verschwendung, Trunksucht oder Rauschgiftsucht (§ 680) Entmündigten und die nach § 1906 BGB unter vorläufige Vormundschaft Gestellten. 8

3) Geschäftsfähige Pflegebefohlene. Volljährige Gebrechliche (§ 1910 BGB) und Abwesende (§ 1911 BGB) sind trotz Pflegerbestellung prozeßfähig. In vom Pfleger geführten Prozessen werden sie aber wie Prozeßunfähige behandelt (ie § 53 Rn 1). Das gleiche gilt für einen abwesenden Beschuldigten (§ 290 StPO) hinsichtlich des beschlagnahmten Vermögens (§ 292 II StPO). 9

4) Gegenständlich beschränkte Prozeßunfähigkeit. Die Geschäftsfähigkeit und damit die Prozeßfähigkeit können auch für einen beschränkten Kreis von Angelegenheiten – etwa die mit einem Eheprozeß oder einem bestimmten Streitkomplex zusammenhängenden – wegen Vorliegens einer geistigen Störung ausgeschlossen sein (BGH 18, 184 = NJW 55, 1714; MDR 71, 465; LSG NRW MDR 85, 701); dies auch bei einem Rechtsanwalt (BGH 30, 117). Aber keine Beschränkung bei besonders schwierigen Geschäften (BGH NJW 53, 1342). 10

5) Tritt für die prozeßunfähige Partei ein **gesetzlicher Vertreter** auf, muß dieser entweder *selbst* prozeßfähig sein oder (im Fall einer juristischen Person oder Behörde) durch eine prozeßfähige Person ordnungsgemäß vertreten sein (ie § 51 Rn 11). 10a

IV) Bedeutung der Prozeßfähigkeit

11 Die Prozeßfähigkeit ist **Prozeßvoraussetzung** (Rn 12), **zugleich aber Prozeßhandlungsvoraussetzung** (Rn 13; Rn 17 vor § 50).

12 **1)** Als **Prozeßvoraussetzung** (§ 282 III) muß sie spätestens im Zeitpunkt der letzten mündlichen Verhandlung gegeben sein; andernfalls Abweisung der Klage als unzulässig (BGH NJW-RR 86, 157 [158] = WM 86, 59), soweit nicht eine Behebung des Mangels in Frage kommt (BGH NJW-RR 86, 119; § 56 Rn 11). Die Rüge dieses Mangels ist unverzichtbar (§§ 295 II, 296 III). Verliert eine Partei die Prozeßfähigkeit während des Rechtsstreits: § 241 (§ 246); nunmehr handelt der gesetzliche Vertreter prozessual (§ 453!). Erwirbt sie eine Partei während des Rechtsstreits, führt sie ihn nunmehr selbst weiter (BGH NJW 83, 2084 [2085 mwN]). Stirbt die prozeßunfähige Partei vor der Entscheidung, greifen §§ 239, 246 ein. Ein gegen einen Prozeßunfähigen ergangenes Urteil (zur Frage der Rechtskraft vgl Rn 13) ist vollstreckbar. Bei der Zwangsvollstreckung soll die Prozeßfähigkeit nach der – abzulehnenden – bisher hM nur insoweit eine Rolle spielen, als der Schuldner mitwirken muß (Frankfurt JurBüro 76, 658), oder an ihn (dh gemäß § 171 an seinen gesetzlichen Vertreter; s LG Frankfurt NJW 76, 757) zuzustellen ist, vgl ThP Vorbem VII 2d vor § 704; Frankfurt Rpfleger 75, 441). Nach zutr Auffassung (Jauernig, Zwangsvollstreckungs- und Konkursrecht, § 1 VI; Waldner, Aktuelle Probleme des rechtlichen Gehörs, 1983, S 220) ist Partei- und Prozeßfähigkeit in jedem Falle Voraussetzung eines fehlerfreien Vollstreckungsverfahrens (eingehend mwN hier Rn 16 vor § 704).

13 **2) Prozeßhandlungsvoraussetzung.** Fehlt sie, sind die von oder gegenüber einer prozeßunfähigen Partei vorgenommenen Prozeßhandlungen unwirksam. Beispiel: Erteilung von Prozeßvollmacht (§ 80 Rn 3). Ist allerdings ein Urteil (Vollstreckungsbescheid) ergangen, ohne daß die Prozeßunfähigkeit einer Partei bemerkt wurde, so bewirkt die Rücknahme eines Rechtsmittels durch die prozeßunfähige Partei gleichwohl die Rechtskraft des Urteils (BGH LM § 52 Nr 3, Anm Rosenberg FamRZ 58, 95; StJLeipold § 56 Rn 2). Die Zustellung an einen Prozeßunfähigen ist unwirksam (BGH NJW-RR 86, 1119); sie setzt eine Rechtsmittelfrist nicht in Lauf. Rechtskraft tritt erst nach Ablauf der absoluten Rechtsmittelfristen (§§ 516, 552), bei einem Versäumnisurteil überhaupt nicht ein, da keine Einspruchsfrist läuft (arg Art 103 I GG; R-Schwab § 44 VI 6; Rosenberg JZ 51, 43; ThP Anm zu § 171; Waldner, Aktuelle Probleme des rechtlichen Gehörs, 1983, S 219; aA RG 121, 64; 162, 225; Wieczorek § 51 Anm A IV e 2; BL § 56 Anm 1 C; StJLeipold § 56 Rn 2).

14 **3) Mangel und Heilung.** Der **Mangel** ist **heilbar** durch die Genehmigung des – uU erst zu bestellenden (vgl Frankfurt Rpfleger 84, 101) – gesetzlichen Vertreters oder der nachträglich prozeßfähig gewordenen Partei (s dazu Karlsruhe FamRZ 73, 273; einschränkend: keine Genehmigung mit rückwirkender Kraft bei prozessualen Notfristen, LG Paderborn NJW 75, 1748), die konkludent in der Fortführung des Rechtsstreits gesehen werden kann. Nach dem Tode des prozeßunfähigen Klägers kann auch ein einzelner Miterbe den Rechtsstreit aufnehmen und durch Genehmigung der Prozeßführung den Mangel heilen (BGHZ 23, 212 = NJW 57, 906). Die Genehmigung kann nur die Prozeßführung im ganzen, nicht aber nur einzelne Prozeßhandlungen erfassen (RG 110, 229).

15 **4) Prüfung** der Prozeßfähigkeit, Folgen und Geltendmachung ihres Fehlens s § 56.

53 *[Prozeßunfähigkeit bei Pflegschaft]*

Wird in einem Rechtsstreit eine prozeßfähige Person durch einen Pfleger vertreten, so steht sie für den Rechtsstreit einer nichtprozeßfähigen Person gleich.

I) Zulässige Pflegerbestellung für eine prozeßfähige Person

1 **1) Rechtsstellung von Pfleger und Pflegebefohlenem.** Erhält eine geschäftsfähige Person einen **Pfleger** (zB ein Gebrechlicher, § 1910 BGB, ein Abwesender oder ein unbekannter Beteiligter, §§ 1911, 1913, 1960 BGB), so bleibt sie geschäftsfähig (Düsseldorf OLGZ 81, 105) und damit prozeßfähig. Der Pflegebefohlene kann selbständig klagen und verklagt werden. Wenn aber der Pfleger namens des Pflegebefohlenen klagt oder an seiner Stelle in den Prozeß eintritt (RG 52, 224), so verliert der Vertretene die Fähigkeit, den Prozeß in eigener Person weiterzuführen (BFH BB 83, 301); der Pfleger wird sein gesetzlicher Vertreter (vgl § 51 Rn 2; aA BGH 48, 147 [160 f]; BFH BB 83, 301: Bevollmächtigter kraft Hoheitsakts), aber nur für den konkreten Rechtsstreit (StJLeipold Rn 17), für die Anhangsprozesse allerdings nur, wenn der Pfleger sie tatsächlich führt (R-Schwab § 44 II 2b). Zustellungen sind dann an den Pfleger zu richten (BFH BB 83, 301). Zur Vertretung des Schuldners im Verfahren der eidesstaatlichen Versicherung ist der Gebrech-

lichkeitspfleger nur berufen, wenn ihm die Verwaltung des Schuldnervermögens übertragen ist (KG OLGZ 68, 428; vgl auch Celle FamRZ 69, 492). Ist für eine Person ein Pfleger für die Vertretung in allen gerichtlichen Verfahren bestellt (§ 1910 II, III BGB), so kann der Pflegebefohlene auch nicht als Vertreter eines Dritten vor Gericht auftreten (Stuttgart JurBüro 76, 1098). Der Pfleger kann Prozeßhandlungen des Pflegebefohlenen heilend **genehmigen** (BGH 41, 106), auch schlüssig durch Fortführung des vom Pflegebefohlenen begonnenen Verfahrens (Köln Rpfleger 71, 30). Tritt der Pfleger in den Prozeß ein, hat er seine Bestellung durch Vorlage der Bestallungsurkunde oder einer beglaubigten Abschrift nachzuweisen (BFH BB 83, 301). In seiner *materiellrechtlichen* Verfügungsbefugnis wird der geschäftsfähige Pflegebefohlene durch § 53 auch während des Prozesses nicht beschränkt (Düsseldorf OLGZ 81, 106). Der Wille des Pfleglings geht *insoweit* dem des Pflegers vor (Düsseldorf aaO). Das gleiche gilt auch für eine *beabsichtigte* Klage des Pflegers (Düsseldorf OLGZ 83, 120).

2) Anwendungsbereich. § 53 ist auch in Ehesachen anwendbar (BGH 41, 303, hM, aber str; aA BL Anm 1; vgl auch Hamburg MDR 63, 761). In den Fällen der §§ 494 II, 779 II ist § 53 sinngemäß anzuwenden. § 53 gilt **nicht** für den nach § 57 bestellten Vertreter (StJLeipold Rn 14), insbes wenn dieser untätig bleibt. Die Partei, an deren Prozeßfähigkeit Zweifel bestanden, kann in diesem Fall selbst Rechtsmittel einlegen (BGH NJW 66, 2210). 2

3) Abgrenzung. Ist die Pflegerbestellung für eine (partiell) geschäftsunfähige und damit (insoweit) **prozeßunfähige Person** erfolgt (zulässig: BGH 41, 106; Beispiel: § 52 Rn 10), ist § 53 **nicht** anwendbar (LSG NRW MDR 85, 701). Die Prozeßführung des Pfleglings selbst ist unzulässig (unwirksam), auch soweit der Pfleger in dem Verfahren **nicht tätig** wird. 3

II) Pflegerbestellung ohne gesetzliche Grundlage

Ist die Pflegerbestellung ohne gesetzliche Grundlage erfolgt, so ist sie grundsätzlich nicht nichtig (BGH 41, 106), sondern nur aufhebbar (BGH FamRZ 1974, 302, aA Koblenz FamRZ 1974, 223). Stellt sich dies im Rechtsstreit heraus, ist das Verfahren auszusetzen, damit die Parteien die Pflegerbestellung durch das Vormundschaftsgericht zurücknehmen lassen können (BGHZ 41, 303). Die Rechts- und Prozeßhandlungen des Pflegers bleiben unwirksam, auch wenn es sich hinterher ergibt, daß der Abwesende schon zZ der Einleitung der Pflegschaft nicht mehr am Leben war. 4

54 *[Besondere Ermächtigung zu Prozeßhandlungen]*

Einzelne Prozeßhandlungen, zu denen nach den Vorschriften des bürgerlichen Rechts eine besondere Ermächtigung erforderlich ist, sind ohne sie gültig, wenn die Ermächtigung zur Prozeßführung im allgemeinen erteilt oder die Prozeßführung auch ohne eine solche Ermächtigung im allgemeinen statthaft ist.

§ 54 gilt nur für den gesetzlichen Vertreter; die Beschränkung des § 83 greift also hier nicht ein. Zu reinen Prozeßhandlungen ist eine bürgerlichrechtliche Ermächtigung nicht notwendig (R-Schwab § 53 II 3b). Materiellrechtliche Willenserklärungen, die im Verlauf eines Rechtsstreits abgegeben werden, unterstehen umgekehrt wieder an sich dem bürgerlichen Recht (StJLeipold Rn 2). § 54 ist somit nur von Bedeutung für den Prozeßvergleich, der zugleich Prozeßhandlung ist und materielle Willenserklärungen enthält (s § 794 Rn 3); hier ist also zB im Falle des § 1822 Nr 12 BGB die Genehmigung des Vormundschaftsgerichts nötig. Anders bei Anerkenntnis und Verzicht (§§ 306, 307), da sie reine Prozeßhandlungen sind (vgl zum Verzicht: BGH LM § 306 ZPO Nr 1 = JZ 56, 62 mit Anm Pohle JZ 56, 53; ie Rn 5, 7 vor §§ 306, 307). 1

55 *[Prozeßfähigkeit von Ausländern]*

Ein Ausländer, dem nach dem Recht seines Landes die Prozeßfähigkeit mangelt, gilt als prozeßfähig, wenn ihm nach dem Recht des Prozeßgerichts die Prozeßfähigkeit zusteht.

I) Anwendbares Recht. Es genügt, wenn ein Ausländer entweder nach dem Recht seines Heimatstaates (Art 7 I EGBGB) oder nach dem am Ort des Prozeßgerichts 1. Instanz geltenden Recht prozeßfähig ist. Dagegen richtet sich die Parteifähigkeit nur nach ausländischem Recht. Erkennt der Heimatstaat die Entmündigung eines Ausländers im Inland (Art 8 EGBGB) nicht an, ist er gleichwohl prozeßunfähig (BGHZ 19, 240). Für Staatenlose gilt Art 5 II EGBGB entsprechend, doch kommt auch ihnen § 55 zugute, wenn sie nur nach dem Recht des Prozeßgerichts prozeßfähig wären. 1

2 **II) Bürger der DDR sind keine Ausländer** iS der Vorschrift. Vgl Einl Rn 106.

56 *[Amtsprüfung von Parteifähigkeit usw; vorläufige Zulassung]*

(1) Das Gericht hat den Mangel der Parteifähigkeit, der Prozeßfähigkeit, der Legitimation eines gesetzlichen Vertreters und der erforderlichen Ermächtigung zur Prozeßführung von Amts wegen zu berücksichtigen.

(2) Die Partei oder deren gesetzlicher Vertreter kann zur Prozeßführung mit Vorbehalt der Beseitigung des Mangels zugelassen werden, wenn mit dem Verzuge Gefahr für die Partei verbunden ist. Das Endurteil darf erst erlassen werden, nachdem die für die Beseitigung des Mangels zu bestimmende Frist abgelaufen ist.

Lit: *Hager*, Die Rechtsbehelfsbefugnis des Prozeßunfähigen, ZZP 97, 174; *Martin*, Prozeßvoraussetzungen und Revision 1974 (dazu J. *Blomeyer* AcP 177, 463); *Rimmelspacher*, Zur Prüfung von Amts wegen im Zivilprozeß, 1966; *Sauer*, Die Reihenfolge der Prüfung zur Zulässigkeit und Begründetheit einer Klage im Zivilprozeß, prozeßrechtliche Abhandlungen Heft 36, 1974 (dazu *Lindacher* ZZP 90, 131).

I) Allgemeines

1 Die Parteifähigkeit, die Prozeßfähigkeit, die gesetzliche Vertretungsmacht und die nur ausnahmsweise notwendige Ermächtigung zur Prozeßführung (im ganzen!) sind **Prozeßvoraussetzungen** (§ 282 III); vgl. zunächst Rn 17, 47 vor § 50; § 50 Rn 5; § 52 Rn 12. Für diese – nicht nur die in Abs I ausdrücklich aufgeführten – Prozeßvoraussetzungen stellt § 56 I den **Grundsatz der Amtsprüfung** auf (Rn 2 ff).

II) Prüfung von Amts wegen (Abs I)

2 **1) Zeitlicher Anwendungsbereich des Grundsatzes der Amtsprüfung.** Ob die Prozeßvoraussetzungen erfüllt sind, hat das Gericht **in jeder Verfahrenslage und in jedem Rechtszug** von Amts wegen zu prüfen (§ 56), dh sowohl in der **Berufungsinstanz** (s Koblenz NJW 77, 55), als auch in der **Revisionsinstanz** (s BGH 86, 184 [188 f mN] = NJW 83, 997; NJW-RR 86, 157 = WM 86, 59, die an die Tatsachenfeststellungen zu den Prozeßvoraussetzungen nicht gebunden ist (BGHZ 18, 98; BGHZ 31, 279 = NJW 60, 523; FamRZ 69, 477) und auch neues Tatsachenvorbringen (ohne die Beschränkungen des § 561) zu berücksichtigen hat (BGH NJW-RR 86, 157). Das Revisionsgericht ist nicht verpflichtet (aber berechtigt), eine eventuelle Beweisaufnahme zu dieser Frage durchzuführen (BAG AP Nr 5 zu § 56 ZPO mit teilw krit Anm Rimmelpacher = BB 78, 158 [L]). Das Revisionsgericht kann die Prozeßfähigkeit einer Partei auch für den Zeitpunkt der letzten mündlichen Verhandlung vor dem Berufungsgericht feststellen (BGH NJW 70, 1683) oder das Berufungsurteil aufheben und dem **Berufungsgericht** die erforderliche Prüfung übertragen (BGH NJW-RR 86, 158). Beispiel: Einholung von Sachverständigengutachten über (fehlende) Prozeßfähigkeit (vgl BayObLG ZIP 86, 93 [94]). Erneute Prüfung auch durch das Berufungsgericht nach Zurückverweisung, selbst wenn der Sachverhalt unverändert ist, wenn nicht das Revisionsgericht die Frage ausdrücklich und abschließend erörtert hat (BGH LM KRG § 2 Nr 2).

3 Im **Wiederaufnahmeverfahren** (§ 579 I Nr 4) ist das Gericht an die Beurteilung der Prozeßfähigkeit im Hauptprozeß nicht gebunden (BGH 84, 24; krit Gaul, FS Kralik, Wien 1986, S 158, 171 ff).

4 **2) Bedeutung des Grundsatzes der Amtsprüfung. a) Befugnisse und Pflichten des Gerichts.** Amtsprüfung bedeutet nicht, daß das Gericht von Amts wegen (Untersuchungsmaxime) ermittelt und aufklärt (RG 160, 338/348; BAG NJW 58, 1699); vielmehr macht der Vorsitzende nur **auf** die **Bedenken aufmerksam** (§ 139 II), fordert die Parteien auf, die Zulässigkeitsvoraussetzungen darzutun, notfalls die erforderten Nachweise (§ 335 I Nr 1) zu beschaffen (vgl allg Baumgärtel BB 74, 1174) und etwa vorhandene Mängel zu beheben (Rn 11). Notfalls Fristsetzung zum Nachweis zB der Prozeßfähigkeit (Hamburg MDR 66, 594). Weiteres **Beispiel:** Zur **Prüfung der Legitimation** des gesetzlichen Vertreters gehört, ob ihn die zuständige Behörde bestellt hat; doch darf die Vertretungsmacht im allgemeinen nicht deshalb verneint werden, weil nicht alle materiellrechtlichen Voraussetzungen für die Anordnung zB einer Pflegschaft gegeben waren (BGH VRS 8, 412/414; BGHZ 33, 195 = NJW 61, 22). Stellt sich aber während des Rechtsstreits die Fehlerhaftigkeit der Pflegerbestellung heraus, so ist das Verfahren auszusetzen, damit die Parteien sie aufheben (§ 148) lassen können (BGHZ 41, 303 = MDR 64, 664).

5 **b) Ausschluß der Parteidisposition.** Die in § 56 genannten Prozeßvoraussetzungen sind **unverzichtbar** (vgl § 296 III), ihr Mangel unterliegt **nicht** der **Heilung** durch Anerkenntnis, Verzicht

oder rügelose Einlassung (§ 295 II), ein ausdrückliches oder fingiertes (§ 331 I 1) Geständnis der die Prozeßvoraussetzung begründenden Tatsachen **bindet nicht** (allg Marburger NJW 74, 1923).

c) Die **Reihenfolge der Prüfung** der verschiedenen Prozeßvoraussetzungen ist umstr (s etwa Koblenz NJW 77, 56). Zum in jüngerer Zeit immer mehr in Frage gestellten Vorrang der Prüfung der Prozeßvoraussetzungen gegenüber den sachlich-rechtlichen Voraussetzungen s Jauernig, FS Schiedermair, 1976, S 289 mwN, das oben genannte Schrifttum sowie Rn 9 ff vor § 253. Der Schutz Nichtprozeßfähiger gebietet jedenfalls einen Prüfungsvorrang der Prozeßfähigkeit und der gesetzlichen Vertretung (zutr Lindacher ZZP 90, 137, 141 f). 6

d) In dem **Sonderfall** der Prüfung der Prozeßfähigkeit eines Anwalts als Prozeßbevollmächtigter verlangt das BVerfG ein besonderes Verfahren mit bestimmten Rechtsschutzgarantien (Rechtsanwalt muß Hauptbeteiligter sein; ihm muß besonderes Rechtsmittel zustehen: BVerfG 37, 67; hierzu auch § 52 Rn 1; § 78 Rn 20). 7

3) Beweis. Bei der Prüfung ist das Gericht an die allgemeinen Beweisvorschriften nicht gebunden; es überzeugt sich im Wege des **Freibeweises** (Köln Rpfleger 71, 30; Frankfurt JurBüro 76, 658; str; aA StJLeipold Rn 7; R-Schwab § 78 V 2c; Rimmelspacher aaO S 171 ff); dieser unterliegt nicht den Grundsätzen der Unmittelbarkeit und Parteiöffentlichkeit; das Gericht ist in der Auswahl seiner Beweismittel frei: Einholung amtlicher Auskünfte; Verwertung von Zeugenaussagen aus einem anderen Rechtsstreit im Wege des Urkundenbeweises; alles ohne Beweisbeschluß (BGH NJW 51, 441 = JZ 51, 238). 8

4) Beweislast. Grundsatz: Wer aus behaupteten Prozeßvoraussetzungen Rechte für sich herleitet, muß ihr Vorliegen beweisen; regelmäßig muß also der ein Sachurteil begehrende Kläger beweisen, daß er und der Beklagte partei- und prozeßfähig und gegebenenfalls ordnungsgemäß gesetzlich vertreten sind (s BAG Betrieb 74, 1244; str; vgl unten mwN). Umgekehrt liegt die Beweislast beim Beklagten, wenn er ein Versäumnisurteil oder ein Verzichtsurteil (ThP Vorbem zu § 253 Anm III A) gegen den Kläger begehrt. Nach BGH 86, 184 (189) = NJW 83, 996 (997) ist davon auszugehen, daß nach der Lebenserfahrung Störungen der Geistestätigkeit Ausnahmeerscheinungen sind, weshalb es der sich hierauf berufenden Partei obliegt, entsprechende Tatsachen darzulegen, andernfalls auf Grund allgemeiner Erfahrung von der Prozeßfähigkeit der betreffenden Partei auszugehen ist. Läßt sich allerdings gleichwohl nach Erschöpfung aller erschließbaren Erkenntnisquellen nicht klären, ob die Partei geschäftsunfähig ist, muß sie im Ergebnis als nicht prozeßfähig angesehen werden (BGHZ 18, 184; 86, 184 [189]; NJW-RR 86, 157 [158] = WM 86, 59; Baumgärtel, Beweislast, § 104 Rn 8, 9, str; aA StJLeipold Rn 9). Ob der gesetzliche Vertreter im Rahmen seiner **Vertretungsmacht** handelt, muß er nachweisen; gelingt ihm dies nicht, muß die von ihm erhobene Klage als unzulässig abgewiesen werden (BGHZ 5, 242 = NJW 52, 818). 9

5) Folgen eines Mangels. Je nachdem, in welchem Verfahrensstadium der Mangel auftritt oder bekannt wird, sind folgende Fallgestaltungen zu unterscheiden: **a)** Der Mangel tritt erst **während des Rechtsstreits** ein: Unterbrechung nach §§ 239, 241, 246; diese Vorschriften greifen auch ein, wenn eine prozeßfähige Person während des Rechtsstreits stirbt (JW 17, 295). Wird eine juristische Person während des Rechtsstreits aufgelöst, so tritt sie in Liquidation, was an ihrer Parteifähigkeit nichts ändert; tritt Vollbeendigung ein, so kann § 265 eingreifen, wenn bei der Liquidation der streitbefangene Gegenstand einem Dritten (Mitglied, Gesellschafter) zugeteilt wurde; die Parteifähigkeit der (vollbeendeten) juristischen Person bleibt insoweit aufrechterhalten (BAG NJW 82, 1831; BFH 125, 107 [110]; StJLeipold § 50 Rn 34; R-Schwab § 43 III 2, Blomeyer § 7 III 2; abw U. Huber ZZP 82, 224 ff; aA BGH 74, 212 und dazu § 50 Rn 5); eine wegen Vermögenslosigkeit von Amts wegen gelöschte GmbH ist ausnahmsweise in einem Rechtsstreit parteifähig, dessen Gegenstand ein Anspruch ist, der sich nach der Löschung als vorhanden herausstellt (BGH LM § 74 GmbHG Nr 1; LG München I Rpfleger 74, 371; Kirberger Rpfleger 74, 343), in der Regel hat sich der Rechtsstreit erledigt (§ 91 a; BGH NJW 82, 238; vgl ie § 50 Rn 5). Zur Frage der Vertretung einer derartig gelöschten Gesellschaft s § 51 Rn 4 aE. Zum Verlust der Parteifähigkeit der OHG bei Vollbeendigung: s Rn 4 zu § 50. 10

b) Der Mangel lag von Anfang an vor: Dann ist die Klage (bei Unbeheblichkeit des Mangels) als unzulässig abzuweisen; die Kosten trägt der Veranlassende, so auch der falsche gesetzliche Vertreter (BGH VersR 75, 344; MDR 55, 468; München MDR 55, 176; Düsseldorf Rpfleger 80, 437; Schneider Rpfleger 76, 229; StJLeipold Rn 13 mwN in N 39; aA Renner MDR 74, 353; Köln Rpfleger 76, 102). Zur **Behebung des Mangels** ist den Parteien durch Vertagung Gelegenheit zu geben (BGH NJW-RR 86, 1119). Aussetzung nur, wenn die Voraussetzungen der §§ 148 ff erfüllt sind (RG 18, 383; vgl aber auch BGHZ 41, 303 und Anm zu § 53). Einstweilige Zulassung nach § 56 II s Rn 18. In höherer Instanz ggf Aufhebung der Entscheidung und Verweisung der Sache zur erneuten Entscheidung an die untere Instanz (Köln Rpfleger 76, 102). Ist die Instanz durch **Pro-** 11

zeßvergleich beendet, so ist der Antrag der prozeßunfähigen Partei auf Fortsetzung des Rechtsstreits wegen der Unwirksamkeit des geschlossenen Vergleichs unzulässig (BGH 84, 184 [188] = NJW 83, 996 [997]). **Heilung** der Nichtigkeit (nur) der **ganzen** Prozeßführung (RG 110, 230) durch **rückwirkende Genehmigung** (vgl § 551 Nr 5) des wahren gesetzlichen Vertreters, der partei- oder prozeßfähig gewordenen Partei ohne Zustimmung des Gegners (RG 126, 263; BayObLG Rpfleger 80, 289 für FGG; Urbanczyk ZZP 95, 339 [355]).

12 **c) Säumnis.** Abweisung der Klage durch unechtes Versäumnisurteil (s vor § 330), wenn Unheilbarkeit des Mangels feststeht; sonst Ablehnung des Versäumnisurteils, wenn nur der Nachweis fehlt (§ 335 I Nr 1).

13 **d)** Bei **Streit, ob ein Mangel vorliegt,** ist gemäß § 280 durch Zwischenurteil (wenn er verneint wird) oder durch klageabweisendes Endurteil (wenn Mangel unheilbar) zu entscheiden. War die Klageerhebung ordnungsgemäß, tritt aber in der Verhandlung ein falscher *gesetzlicher Vertreter,* zB ein nicht legitimiertes Vorstandsmitglied auf, so ist dieses durch beschwerdefähigen Beschluß zurückzuweisen (KG NJW 68, 1635); dann Versäumnisurteil gegen die nun nicht mehr vertretene Partei. Ist die *Partei- oder Prozeßfähigkeit* einer Partei im Streit, gilt sie bis zur rechtskräftigen Feststellung des Mangels als partei- bzw prozeßfähig (BGH 24, 91 = NJW 57, 989; BGH LM § 331 ZPO Nr 1; BGH 70, 256 = NJW 78, 993; NJW 82, 238; NJW-RR 86, 157, 394 und 1119; vgl auch § 50 Rn 8); sie ist also in der Lage, in diesem Streit den Richter als befangen abzulehnen (Koblenz JurBüro 77, 113; Köln NJW 71, 569), und kann auch **Rechtsbehelfe,** insbes mit dem Ziel, eine andere Beurteilung ihrer Partei- oder Prozeßfähigkeit zu erreichen, einlegen (BGH 70, 212 [215]; 86, 184 [186] = NJW 83, 996; NJW-RR 86, 394 und 1119; Kirberger JuS 76, 643 und noch weitergehend § 9 I Nr 3 des Entwurfs einer Verfahrensordnung für die freiwillige Gerichtsbarkeit (FrGO), in: Bericht der Kommission für das Recht der freiwilligen Gerichtsbarkeit, 1977; auch Beschwerde gegen den Beschluß auf Aussetzung bis zur Klärung der Frage der Prozeßfähigkeit (Köln JMBlNRW 72, 117; eingehend zur Rechtsbehelfsbefugnis von Prozeßunfähigen Hager ZZP 97, 174 ff).

14 **e) Rechtsmittelzug.** Zeigt sich in der oberen Instanz, daß der zur Zahlung verurteilte Rechtsmittelkläger nicht parteifähig ist (eine bereits liquidierte OHG beispielsweise), so ist nicht das Rechtsmittel als unzulässig zu verwerfen, sondern die Klage vom Revisionsgericht als unzulässig abzuweisen (BGHZ 18, 98 [106]; Koblenz NJW 77, 55; OLG Karlsruhe FamRZ 73, 273). Hatte das Erstgericht die Klage wegen Mangels der Partei- oder Prozeßfähigkeit abgewiesen, so ist das Rechtsmittel der hierwegen beschwerten Partei zulässig, wird also als unbegründet abgewiesen, wenn das Zweitgericht zum gleichen Ergebnis kommt (Nürnberg BayJMBl 55, 65). Erging Urteil gegen den falschen gesetzlichen Vertreter, so ist es durch ihn und durch den wahren Vertreter anfechtbar (RG 86, 342; JW 31, 1855). Jedoch steht dem falschen gesetzlichen Vertreter, wenn deswegen die Klage abgewiesen wurde, das Rechtsmittel nur insoweit zu, als er sich gegen die Verneinung seiner Vertretungsmacht wendet (RG aaO; JW 16, 130; BL Anm 1 D).

15 **f)** Bleibt der Mangel **unentdeckt,** so gibt § 579 I Nr 4 dem nicht ordnungsgemäß Vertretenen (BGH 63, 78 = NJW 74, 2283) die Nichtigkeitsklage gegen das rechtskräftige Urteil, und zwar bei Fehlen der Parteifähigkeit in analoger Anwendung; die Nichtigkeitsklage ist auch dann zulässig, wenn im Urteil des Hauptprozesses ein Mangel der Prozeßfähigkeit geprüft, aber verneint wurde (BGH 84, 24 [27 ff]; krit Gaul FS Kralik, Wien 1986, S 158, 171 ff), da § 579 I Nr 4 den Schutz des Prozeßunfähigen bezweckt, und Nichtdurchführung des Wiederaufnahmeverfahrens Verweigerung des Anspruchs auf rechtliches Gehör bedeutet (BGH 84, 24 [28 f]). Darüber hinaus behandelt die Rechtsprechung Prozeßhandlungen trotz des ihnen anhaftenden Mangels als wirksam, um im Interesse der Rechtssicherheit den Eintritt der formellen Rechtskraft zu erleichtern: Nach RG (121, 63; 162, 223) und BGH (FamRZ 58, 58; MDR 63, 391; NJW 70, 1680) beginnt die Rechtsmittelfrist mit Zustellung an den Partei- oder Prozeßunfähigen bzw an den falschen gesetzlichen Vertreter; ebenso BVerwG NJW 70, 962; LG Paderborn NJW 75, 1748; BL Anm 1c; aA BFH BB 83, 301; Niemeyer NJW 76, 742; LG Frankfurt NJW 76, 757. Rechtsmittelverzicht oder -rücknahme durch den Prozeßhandlungsunfähigen oder durch den falschen gesetzlichen Vertreter lassen nach BGH LM § 52 Nr 3 die Rechtskraft eintreten; ebenso BL § 56 Anm 1 C mwN; bedenklich! Vgl § 171 Rn 2. Bleibt unentdeckt, daß der Mangel erst während des Rechtsstreits eintrat (vgl oben Rn 10), kann Rechtskraft eintreten, obwohl nach §§ 241, 246 zu verfahren gewesen wäre; die Nichtigkeitsklage führt dann eben nur zur Aufnahme des nunmehr als unterbrochen geltenden Rechtsstreits (Blomeyer § 30 III 3).

III) Vorläufige Zulassung (Abs II)

16 **1) Form der Entscheidung.** Die Zulassung mit Vorbehalt erfolgt **formlos;** lediglich bei einem Streit über die Zulassung ergeht ein fristsetzender (Verlängerung: § 224 II) unanfechtbarer **Beschluß** (s auch BL Anm 2 C; aA ThP Anm 2 b: stets Beschluß des Gerichts notwendig).

2) Voraussetzungen der vorläufigen Zulassung **(S 1): a)** Behebbarer Mangel hinsichtlich einer Prozeßvoraussetzung. **b)** Gefahr im Verzug für die betreffende Partei. **c)** Beseitigung des Mangels oder Nachweis der Prozeßvoraussetzung ist in angemessener Zeit möglich. 17

3) Folgen. a) Bei Zurückweisung des Antrags: Beschwerde nach § 567. **b)** Bei vorläufiger Zulassung, aber Nichtbeseitigung des Mangels bis zum Schluß der auf den Ablauf der Frist folgenden mündlichen Verhandlung: Abweisung als unzulässig durch Endurteil **(S 2).** In die Parteibezeichnung des Urteils ist der Name der unvertretenen prozeßunfähigen Partei bzw des nicht legitimierten gesetzlichen Vertreters aufzunehmen. Alles zwischenzeitliche prozessuale Geschehen ist unwirksam. **c)** Bei Beseitigung des Mangels und ggf Beibringung der erforderlichen Genehmigung (soweit Prozeßhandlungsvoraussetzungen in Frage stehen) bis zum Schluß der auf den Ablauf der Frist folgenden mündlichen Verhandlung: Verhandlung zur Sache. 18

57 *[Besondere Vertreter]*

(1) Soll eine nicht prozeßfähige Partei verklagt werden, die ohne gesetzlichen Vertreter ist, so hat ihr der Vorsitzende des Prozeßgerichts, falls mit dem Verzuge Gefahr verbunden ist, auf Antrag bis zu dem Eintritt des gesetzlichen Vertreters einen besonderen Vertreter zu bestellen.

(2) Der Vorsitzende kann einen solchen Vertreter auch bestellen, wenn in den Fällen des § 20 eine nicht prozeßfähige Person bei dem Gericht ihres Aufenthaltsortes verklagt werden soll.

I) Allgemeines

Der Kläger hat den gesetzlichen Vertreter des Beklagten zu ermitteln oder dessen Bestellung durch den Richter der freiwilligen Gerichtsbarkeit herbeizuführen, zB §§ 29, 1961 BGB; § 85 AktG. Falls für den Kläger **Gefahr in Verzug ist** (RG 105, 402, vgl auch Dunz NJW 61, 441), also sich die Bestellung des gesetzlichen Vertreters verzögern würde und dem Kläger dadurch unverhältnismäßig hoher Schaden entstünde, so **muß für den Beklagten zwecks Klageerhebung ein besonderer** (gesetzlicher!) **Vertreter** (Prozeßpfleger oder Notvertreter; im Anwaltsprozeß ein Anwalt, sonst eine geeignete prozeßfähige Person) bestellt werden. Für den **Kläger** kann kein besonderer Vertreter nach § 57 bestellt werden. Grund: Die prozessuale Geltendmachung von Rechten soll nicht an der Vertretungslosigkeit des prozeßunfähigen *Gegners* scheitern (BGH 93, 10; LAG Niedersachsen MDR 85, 170). § 57 gilt nicht in der Zwangsvollstreckung, so daß die Bestellung eines besonderen Vertreters für das Verfahren der eidesstattlichen Versicherung nicht möglich ist (KG OLGZ 68, 428, 430). In Ehesachen gilt § 57 nur, wenn eine Gebrechlichkeitspflegschaft bestellt werden kann (BayObLGZ 1965, 483 [486]). § 57 gilt auch für juristische Personen (Ausscheiden des Vorstandes und Aufsichtsrates einer Aktiengesellschaft: JW 26, 2899; Klage gegen vermögenslose GmbH ohne Geschäftsführer: LAG Nds MDR 85, 170). 1

II) Voraussetzungen der Bestellung eines besonderen Vertreters

1) Bestellung nach Abs I. a) Es muß eine **Klage** oder ein Gesuch um Arrest, einstweilige Verfügung oder Mahnbescheid **beabsichtigt** sein. Nach RG 105, 404 ist die Bestellung eines besonderen Vertreters ausnahmsweise auch nach Zustellung der Klage an den geschäftsunfähigen Beklagten zulässig, wenn die Prozeßunfähigkeit oder das Fehlen der gesetzlichen Vertretung erst später erkannt wird (so auch BGH JZ 51, 238; LM § 56 Nr 1; LAG Nds MDR 85, 170). Können außerhalb des Prozesses die Voraussetzungen für die Bestellung eines gesetzlichen Vertreters nicht geklärt werden, kann § 57 entsprechend angewendet werden (BGH NJW 62, 1510); grundsätzlich jedoch erst, wenn die zuständige Behörde abgelehnt hat, einen gesetzlichen Vertreter zu bestellen, es sei denn, daß der Rechtsverfolgung Gefahr droht (Saarbrücken NJW 67, 1617). 2

b) Die beabsichtigte Klage muß gegen einen vor Rechtshängigkeit **Prozeßunfähigen ohne gesetzlichen Vertreter** gerichtet sein. Wird der Beklagte erst im Laufe des Prozesses prozeßunfähig oder fällt sein gesetzlicher Vertreter weg, so gilt § 241 (Unterbrechung des Verfahrens; ebenso ThP Anm 1c; BL-Hartmann Anm 1b; aA StJLeipold Rn 2; LAG Nds MDR 85, 170); vgl aber § 246. 3

c) Für den Kläger muß **Gefahr im Verzug** sein. 4

d) Der Kläger muß die Maßnahme durch nicht dem Anwaltszwang unterliegenden **Antrag** (§ 78 I) – Glaubhaftmachung genügt, RG 105, 402 – (auch in Mahn- und Arrestverfahren, nicht auch bei Wiederaufnahmeklage) beantragt haben. 5

2) Bestellung nach Abs II. Gefordert werden ebenfalls die Voraussetzungen von Rn 2, 3 und 5 sowie des § 20. Gefahr im Verzug ist nicht nötig. 6

III) Vertreterbestellung

7 **1)** Die **Entscheidung** über die Vertreterbestellung ergeht ohne mündliche Verhandlung durch unanfechtbare Verfügung des Vorsitzenden des Prozeßgerichts (der Kammer, die der Kläger anrufen will) bzw des Amtsrichters. Unterschied zwischen Abs I und Abs II: Bei Vorliegen der Voraussetzungen **hat** im Falle des **Abs I** der Richter den Vertreter zu bestellen; im Falle des **Abs II kann** er es. Es erfolgt eine formlose Mitteilung an den Kläger, § 329 II 1. Gegen die Zurückweisung des Antrages ist die einfache **Beschwerde** nach § 567 gegeben. Der bestellte besondere Vertreter braucht das Amt nicht anzunehmen; deshalb kein Beschwerderecht für ihn.

8 **2)** Für seine **Vergütung** haftet dem Vertreter der Beklagte aus Geschäftsführung ohne Auftrag (§§ 683, 670; 1835 II BGB entspr; vgl KG JW 39, 566 [567]) und neben ihm der zu den Kosten Verurteilte; Berücksichtigung bei der Kostenfestsetzung. Es besteht kein Anspruch gegen den Staat (KG JW 39, 567). Da der besondere Vertreter einem gesetzlichen gleichsteht (Rn 9), kann seine Vergütung nicht nach § 19 BRAGO gegen die eigene Partei festgesetzt werden (München Rpfleger 71, 441; Rpfleger 74, 205; str, aA: Schneider MDR 72, 155).

IV) Rechtsfolgen der Vertreterbestellung

9 **1) Rechtsstellung des Vertreters.** Der bestellte Vertreter nimmt – gegenständlich beschränkt auf den konkreten Prozeß (Rn 2) – die Stellung eines **gesetzlichen Vertreters** ein (München MDR 72, 155). Sein **Amt endet** mit Eintritt (nicht schon mit Bestellung) des ordentlichen gesetzlichen Vertreters, mit Widerruf der Bestellung (auch Enthebung auf Antrag) oder Prozeßfähigkeit des Beklagten. Die Prozeßhandlungen des Prozeßpflegers sind wirksam und bleiben es, auch wenn seine Bestellung zurückgenommen wird (weil ihre Voraussetzungen nicht vorlagen oder wieder entfallen sind), auch wenn es sich zeigt, daß der Pflegebefohlene selbst prozeßfähig war oder wenn der wahre gesetzliche Vertreter den Rechtsstreit übernimmt.

10 **2) Prozeßführung durch den Pflegebefohlenen.** Wird der bestellte Vertreter nicht tätig, kann der Vertretene selbst Rechtsmittel einlegen; § 53 gilt dann nicht (BGH NJW 66, 2210). Der Pflegling nach § 57 kann nach Nachweis seiner Prozeßfähigkeit die Prozeßführung wieder an sich ziehen; für die Prüfung ist er insoweit prozeßfähig (Celle ZZP 79, 151; vgl auch § 56 Rn 13).

11 **V) Gebühren: 1)** des **Gerichts:** Keine (§ 1 Abs 1 GKG); **2)** des **Anwalts:** Die Vertreterbestellung gehört zum Rechtszug, § 37 Nr 3 BRAGO. Ist der RA nicht als Bevollmächtigter tätig, so Schriftsatzgebühr nach § 56 BRAGO. Auch wenn der bestellte Vertreter Rechtsanwalt ist, steht ihm kein Vergütungsanspruch gegen die Staatskasse zu.

58 *[Gerichtlicher Vertreter bei herrenlosem Grundstück oder Schiff]*

(1) Soll ein Recht an einem Grundstück, das von dem bisherigen Eigentümer nach § 928 des Bürgerlichen Gesetzbuchs aufgegeben und von dem Aneignungsberechtigten noch nicht erworben worden ist, im Wege der Klage geltend gemacht werden, so hat der Vorsitzende des Prozeßgerichts auf Antrag einen Vertreter zu bestellen, dem bis zur Eintragung eines neuen Eigentümers die Wahrnehmung der sich aus dem Eigentum ergebenden Rechte und Verpflichtungen im Rechtsstreit obliegt.

(2) Absatz 1 gilt entsprechend, wenn im Wege der Klage ein Recht an einem eingetragenen Schiff oder Schiffsbauwerk geltend gemacht werden soll, das von dem bisherigen Eigentümer nach § 7 des Gesetzes über Rechte an eingetragenen Schiffen und Schiffsbauwerken vom 15. November 1940 (Reichsgesetzbl. I S 1499) aufgegeben und von dem Aneignungsberechtigten noch nicht erworben worden ist.

1 **I) Allgemeines. 1)** Die Aufgabe des Eigentums an einem **Grundstück** erfolgt durch Verzicht gegenüber dem Grundbuchamt und Eintragung in das Grundbuch, § 928 BGB. Die Befugnis zur Aneignung des Grundstücks steht dem Fiskus oder dem gemäß Art 129 EGBGB Berechtigten zu. Es ist möglich, daß das Grundstück längere Zeit herrenlos bleibt. Will nun eine Person ein Recht an dem Grundstück, zB eine Hypothek, Grundschuld, Reallast oder Zinsen aus diesen während dieser Zeit durch Klage geltend machen, so muß der Vorsitzende des nach § 24 zuständigen Gerichts auf Antrag, der keinem Anwaltszwang unterliegt, einen Vertreter bestellen, dem bis zur Eintragung des neuen Eigentümers die Vertretung der Rechte desselben obliegt. Gefahr im Verzug braucht nicht vorzuliegen. Formlose Mitteilung der Bestellung an den Antragsteller, § 329 II S 1. Tritt der Fall des § 928 BGB nach Klageerhebung ein, so bleibt der bisherige Eigentümer legitimiert, § 265. Der Vertreter ist nicht Partei kraft Amtes, sondern gesetzlicher Vertreter des künftigen Eigentümers; so die hL. Keine Pflicht zur unentgeltlichen Annahme des Vertreteramtes (s § 57 Rn 7, 8). Die **Bestellung** gilt auch für das Vollstreckungsverfahren (OLG 35, 32), im Mahnverfahren scheidet sie aus (Streichung von § 688 I 2 aF mit Wirkung vom 1. 7. 77).

2) Der Verzicht auf das Eigentum an einem **Schiff** muß dem Registergericht gegenüber erklärt und in das Schiffsregister eingetragen werden (§ 7 Ges v 15. 11. 1940). 2

II) Gegen die **Antragszurückweisung** ist die einfache Beschwerde, § 567, gegeben. Für die Kosten des Vertreters haftet der Antragsteller, ihm haftet das Grundstück, Schiff oder Schiffsbauwerk, § 1118 BGB; §§ 10 II, 162 ZVG; zur persönlichen Haftung des Erstehers des Grundstücks vgl Goedeke DR 40, 48. Das Amt des Vertreters endet mit der Eintragung des neuen Eigentümers (Fiskus, Erstehers), mit dem Aufhören der Herrenlosigkeit oder mit dem Widerruf durch den Vorsitzenden. 3

III) Gebühren wie bei § 57 Rn 11. 4

Zweiter Titel

STREITGENOSSENSCHAFT

Lit: *Bettermann*, Streitgenossenschaft, Beiladung, Nebenintervention und Streitverkündung, ZZP 90 (1977), 121; *Denk*, Das Verhältnis von Schadensersatzanspruch und Direktanspruch bei Kraftfahrt-Haftpflichtschäden, VersR 80, 704; *Fenge*, Rechtskrafterstreckung und Streitgenossenschaft zwischen Hauptschuldner und Bürgen, NJW 71, 1920; *Gottwald*, Grundprobleme der Streitgenossenschaft im Zivilprozeß, JA 82, 64; *Hassold*, Die Voraussetzungen der besonderen Streitgenossenschaft, 1970; *Holzhammer*, Parteihäufung und einheitliche Streitpartei, 1966; *Kornblum*, Die Rechtsstellung der BGB-Gesellschaft und ihrer Gesellschafter im Zivilprozeß, BB 70, 1445; *Lindacher*, Die Streitgenossenschaft, JuS 86, 379 und 540; *Martens*, Streitgenossenschaft und Beiladung, VerwA 60 (1969), 197 f, 356 f; *Merle*, Die Verbindung von Zustimmungs- und Ausschlußklage bei den Personenhandelsgesellschaften, ZGR 79, 67; *Naendrup*, Gemeinschaftlichkeit im Verfahren, ZZP 86 (1973), 233; *Schumann*, Das Versäumen von Rechtsbehelfsfristen durch einzelne notwendige Streitgenossen, ZZP 76 (1963), 381; *Schwab*, Die Voraussetzungen der notwendigen Streitgenossenschaft, FS Lent 1957, S 271 f; *Selle*, Die Verfahrensbeteiligung der notwendigen Streitgenossen usw, Diss Münster 1976; *P. Ulmer*, Gestaltungsklagen im Personengesellschaftsrecht und notwendige Streitgenossenschaft, FS Gessler 1971, S 269; *Waldner*, Die Klage auf Duldung eines Notwegs gegen Grundstücksmiteigentümer, JR 81, 184.

59 *[Häufung von Parteien]* **Mehrere Personen können als Streitgenossen gemeinschaftlich klagen oder verklagt werden, wenn sie hinsichtlich des Streitgegenstandes in Rechtsgemeinschaft stehen oder wenn sie aus demselben tatsächlichen und rechtlichen Grunde berechtigt oder verpflichtet sind.**

60 *[Streitgenossenschaft bei gleichartigen Ansprüchen]* **Mehrere Personen können auch dann als Streitgenossen gemeinschaftlich klagen oder verklagt werden, wenn gleichartige und auf einem im wesentlichen gleichartigen tatsächlichen und rechtlichen Grunde beruhende Ansprüche oder Verpflichtungen den Gegenstand des Rechtsstreits bilden.**

I) Allgemeines

1) Überblick. §§ 59, 60 enthalten den **Begriff** der Streitgenossenschaft; §§ 61, 62 die Grundsätze, die bei der nicht notwendigen und der notwendigen Streitgenossenschaft gelten, und § 63 Gemeinsames für beide Arten von Streitgenossenschaften. Die Haftung der Streitgenossen für die Kostenerstattung richtet sich nach § 100; für die Gebühren des Gerichts gilt § 59 GKG; für die Gebühren des Anwalts § 6 BRAGO. 1

2) Begriff der Streitgenossenschaft. Streitgenossenschaft besteht, wenn die Prozesse mehrerer Kläger oder gegen mehrere Beklagte äußerlich verbunden sind. Entscheidend ist also, daß mindestens **auf einer Seite mehrere Parteien** stehen; dagegen kommt es nicht darauf an, ob ein parteifähiges Gebilde, zB eine AG, ein rechtsfähiger Verein, aus mehreren Personen besteht oder von mehreren Personen vertreten wird. 2

3 **3) Entstehung der Streitgenossenschaft.** Die Streitgenossenschaft entsteht: **a)** durch Klage durch oder gegen mehrere Parteien (§§ 59, 60 aktive bzw passive Streitgenossenschaft); **b)** durch Eintritt eines weiteren Klägers oder Beklagten während des Prozesses (vgl dazu Anm zu § 263); **c)** durch Eintritt mehrerer Gesamtrechtsnachfolger an die Stelle einer Partei; **d)** durch Verbindung mehrerer Prozesse (§ 147); **e)** im Fall des § 856 II.

3a **4) Anwendungsbereich.** Die §§ 59–63 gelten in allen Prozeßarten der ZPO, insbes auch bei Arrest und einstweiliger Verfügung, im Mahnverfahren, ferner in der Zwangsvollstreckung; sie sind entspr anwendbar im arbeitsgerichtlichen Verfahren (§§ 46 II ArbGG), **nicht** aber im FGG-Streitverfahren (KG ZMR 84, 249 [250] zu WEG).

II) Voraussetzungen der Streitgenossenschaft

4 Eine **einheitliche Klage** durch oder gegen mehrere Parteien ist nur unter bestimmten **Voraussetzungen zulässig** (§§ 59, 60), die allerdings weit auszulegen sind, weil die äußerliche Verbindung mehrerer Prozesse aus Gründen der Prozeßökonomie oft zweckmäßig ist (Lindacher JuS 86, 379 f). **Geboten** ist eine gemeinsame Klageerhebung aus prozessualen Gründen niemals; über den materiellrechtlichen Zwang zu einheitlicher Klageerhebung in gewissen Fällen vgl Rn 11 ff zu § 62. Die Zulässigkeitsvoraussetzungen der §§ 59, 60, von denen mindestens eine gegeben sein muß, sind folgende:

5 **1) Rechtsgemeinschaft** in Ansehung des Streitgegenstandes (§ 59); darunter wird hier das materielle Recht verstanden, um das gestritten wird. Die wichtigsten Fälle bilden Miteigentum, Gesamthandsgemeinschaften, Gesamtschuld sowie die Verhältnisse von Hauptschuldner und Bürge (s Gaul JZ 84, 60) und zwischen persönlichem Schuldner und dem Eigentümer einer dinglich haftenden Sache. Beispiele: Gemeinschaftliche vertragliche Verpflichtung gem § 427 BGB, etwa mehrerer BGB-Gesellschafter (vgl BayObLG 85, 317: „Arge"); anteilige Haftung mehrerer „Bauherren" einer Bauherrengemeinschaft (Werner/Pastor, Bauprozeß, 5. Aufl 1986, Rn 339); Klage auf Freigabe eines für mehrere Beteiligte hinterlegten Betrags (vgl BGH 88, 332).

6 **2) Identität** des tatsächlichen **und** rechtlichen Grundes; dabei genügt Identität eines präjudiziellen Rechtsverhältnisses. Ein Beispiel bilden die Gläubiger- oder Schuldnerstellung aus einem einheitlichen Vertrag.

7 **3) Gleichartigkeit** von Ansprüchen auf Grund eines im wesentlichen gleichartigen tatsächlichen und rechtlichen Grundes (§ 60, s BGH NJW 75, 1228); es ist hierbei also nicht erforderlich, daß der Tatsachenstoff auch nur teilweise identisch ist, vielmehr genügt Gleichartigkeit. **Beispiele:** Die Ansprüche mehrerer Geschädigter aus einem Verkehrsunfall; die Ansprüche mehrerer Käufer oder Versicherungsnehmer, die Kauf- bzw Versicherungsverträge unter gleichartigen Bedingungen abgeschlossen haben (StJLeipold § 60 Rn 3); Ansprüche mehrerer Unterhaltsgläubiger (zB Kinder aus verschiedenen Ehen) gegen den gleichen Unterhaltsschuldner oder Abänderungsanspruch (§ 323 I) gegen mehrere Unterhaltsgläubiger (BGH FamRZ 86, 660 = Rpfleger 86, 229); die Klage des Wechselinhabers gegen mehrere Wechselschuldner; Klage des Bauunternehmers gegen anteilig haftende Mitglieder einer Bauherrengemeinschaft (BayObLG 83, 64 [66 mN]); Klage des Arbeitgebers gegen Pensions-Sicherungs-Verein und Arbeitnehmer bei Streit über die Berechtigung von Widerruf einer Versorgungszusage (BAG 44, 223). Bei Inanspruchnahme von Unfallschuldner und Pflichtversicherer liegt der Fall der Rn 5 – Gesamtschuld (vgl § 3 Nr 1, 2 PflVersG) – vor (BayObLG RIW/AWD 80, 727). Grundsätzlich fehlt bei Klage des Maklers gegen Vertragsparteien des vermittelten Geschäfts die notwendige Gleichartigkeit der Ansprüche (Zweibrücken MDR 83, 495).

III) Folgen bei Nichtvorliegen der Voraussetzungen einer Streitgenossenschaft

8 Ist eine einheitliche Klage erhoben worden, ohne daß eine der Voraussetzungen der Verbindung vorliegt, so ist das Gericht auf Rüge (§ 295 I) verpflichtet, die **Verfahren zu trennen,** falls nicht § 147 eine Verbindung zuläßt. Trennt das Gericht, weil die einheitliche Klage unzulässig war, so ist für das weitere Verfahren die sachliche Zuständigkeit des Landgerichts zu verneinen, wenn sie bis dahin nur auf Streitwertaddition beruht hatte; § 261 III Nr 2 ändert daran nichts, denn § 5 gilt nur bei zulässigerweise verbundenen Klagen. Andernfalls könnte durch unzulässige Verbindung die sachliche Zuständigkeit des Landgerichts erschlichen werden (unklar StJLeipold Rn 9 vor § 59).

IV) Gesonderte Zulässigkeitsprüfung

9 Da zu jedem Streitgenossen ein gesondertes Prozeßrechtsverhältnis besteht und die mehreren Verfahren nur äußerlich verbunden sind, ist für jeden Prozeß gesondert (vgl aber §§ 5, 603 II) zu prüfen, ob alle **Prozeßvoraussetzungen** (zB Zuständigkeit, Zulässigkeit der gewählten Verfahrensart) vorliegen. Ist das bezüglich eines der Streitgenossen nicht der Fall, so ist die Klage insoweit als unzulässig abzuweisen.

1) Das gilt insbesondere, wenn die **Klage** für oder gegen einen Streitgenossen oder ein Klageantrag **unzulässigerweise von einer außerprozessualen Bedingung abhängig** gemacht ist. Unzulässig ist es vor allem, die Klage gegen einen der Beklagten von dem (meist negativen) Ausgang des Verfahrens gegen einen anderen Beklagten abhängig zu machen, denn es handelt sich bei dem Verfahren gegen diesen anderen Beklagten um einen selbständigen Prozeß und mithin gegenüber dem ersten Beklagten um eine außerprozessuale Bedingung; str, aA R-Schwab § 65 IV 3b; wie hier BL § 59 Anm 1, ThP § 60 Anm 1d. Häufig wird aber die „bedingte Klage" gegen einen angeblichen weiteren Schuldner als eine zulässige Streitverkündung an diesen anzusehen und in diesem Sinn auszulegen sein, denn Zweck der Maßnahme des Klägers ist es, das Ergebnis ein und desselben Verfahrens gegen mehrere Gegner einheitlich zu verwerten, von denen (nur) einer die Klagesumme schuldet. Unzulässig ist die eventuelle subjektive Klagehäufung, zB: Sammlungspfleger (§ 1914 BGB) macht den Klageanspruch in eigener Person (vgl § 51 Rn 7), hilfsweise als Pfleger für unbekannte Beteiligte (§ 1913 BGB), also als deren gesetzlicher Vertreter geltend (BGH Betrieb 73, 1013-LS = NJW 72, 2302-LS). 10

2) Außerdem muß im Verhältnis zu jedem Streitgenossen die **gewählte Verfahrensart** zulässig sein; soweit das zu verneinen ist, muß das Gericht das Verfahren abtrennen. 11

61 *[Prozessuale Stellung der Streitgenossen]*

Streitgenossen stehen, soweit nicht aus den Vorschriften des bürgerlichen Rechts oder dieses Gesetzes sich ein anderes ergibt, dem Gegner dergestalt als einzelne gegenüber, daß die Handlungen des einen Streitgenossen dem anderen weder zum Vorteil noch zum Nachteil gereichen.

I) Verbindung der Verfahren

Die **Verfahren** für oder gegen alle Streitgenossen sind **äußerlich verbunden.** 1

1) Die Streitgenossen können sich durch einen gemeinsamen **Prozeßbevollmächtigten** vertreten lassen; in diesem Fall sind **Schriftsätze** des Gegners nur in einem Exemplar zuzustellen, § 189 I. Die Streitgenossen können gemeinschaftliche Schriftsätze einreichen. 2

2) Behauptungen und Beweisantritte (BGH LM Nr 1 zu § 61) eines jeden Streitgenossen in der mündlichen Verhandlung sind, wenn die Umstände nicht etwas anderes ergeben, allen Streitgenossen zuzurechnen (StJLeipold § 61 Rn 9). 3

3) Solange die Streitgenossenschaft besteht, kann keiner der Streitgenossen im Prozeß eines anderen Streitgenossen **Zeuge** sein, außer für Beweisthemen, die nur den Prozeß des anderen betreffen (BGH MDR 84, 47 mN; BAG JZ 73, 59; Hamm NJW-RR 86, 391 [392]; Schneider MDR 82, 372, hM; aA – uneingeschränkte Zeugenstellung – Jauernig § 81 III; Lindacher JuS 86, 381 mN; vgl auch § 373 Rn 5). Für eine **Parteivernehmung** gilt § 449. 4

4) Die Beweiswürdigung über eine in allen Verfahren entscheidungserhebliche Behauptung kann, wenn gleichzeitig entschieden wird, nur einheitlich ausfallen. 5

5) Bedarf es für eine bestimmte Form der Entscheidung der **Zustimmung der Streitgenossen** (insbesondere nach §§ 128 II, 349 III), so ist die Zustimmung aller Streitgenossen nötig; will das Gericht von der Zustimmung Gebrauch machen, die nur ein Streitgenosse erteilt hat, so muß es dieses Verfahren nach § 145 abtrennen. 6

6) Die Entscheidung kann gegenüber allen Streitgenossen durch einheitliches **Urteil** ergehen. Beim Sieg der Streitgenossen greift § 708 Nr 11 nur ein, wenn die Summe der allen Streitgenossen zugesprochenen Beträge 1 500 bzw 2 000 DM nicht überschreitet; andernfalls gilt für jeden Streitgenossen § 709 S 1 (J. Blomeyer NJW 67, 2346, allerdings noch für § 709 Nr 4 aF). 7

II) Selbständigkeit der Verfahren

Im übrigen ist aber, soweit nicht notwendige Streitgenossenschaft (§ 62) vorliegt, das **Verfahren eines jeden Streitgenossen selbständig. 1)** Jeder Streitgenosse kann sich durch einen anderen **Prozeßbevollmächtigten** vertreten lassen; wegen der Kosten s § 91 Rn 13 „Streitgenossen". Jeder Streitgenosse kann tatsächliche Behauptungen usw unabhängig von und auch im Widerspruch zu anderen Streitgenossen vorbringen. Behauptungen des gemeinsamen Gegners können im Verhältnis zu einem Streitgenossen nach §§ 228 I, 331 I S 1 als zugestanden gelten, während sie im übrigen bestritten bleiben. Gesteht ein Streitgenosse, so wirkt § 288 nur gegen ihn; bestreitet ein anderer, so ist frei zu würdigen (§ 286), so daß die gleiche Tatsache verschieden verwertet werden muß (Gottwald JA 82, 65). Jeder Streitgenosse kann über seinen **Prozeß frei verfügen,** insbesondere durch Klageänderung, Klagerücknahme, Anerkenntnis, Verzicht und 8

Vergleich, ebenso über das umstrittene materielle Recht. Streitgenossen des Beweisführers sind Dritte im Sinne von § 428. Alle **Fristen** laufen für jeden Streitgenossen gesondert (KG VersR 75, 350); Fragen der **Säumnis** und der **Unterbrechung** oder **Aussetzung** des Verfahrens sind gegenüber jedem Streitgenossen gesondert zu beurteilen.

9 **2)** Die **Entscheidung** kann gegenüber den einzelnen Streitgenossen unterschiedlich lauten. **a)** Für **gesonderte Entscheidungen** gegenüber den Streitgenossen gilt § 301. **b)** Wird gegenüber allen Streitgenossen in einem **einheitlichen Urteil** entschieden, so wirkt das **Rechtsmittel eines jeden Streitgenossen** nur für ihn. Das **Rechtsmittel des gemeinsamen Gegners** kann zwar, muß aber nicht gegen alle Streitgenossen gerichtet werden. Bezeichnet der gemeinsame Gegner nur einen der siegreichen Streitgenossen als Rechtsmittelbeklagten, so ist der andere Streitgenosse an dem Verfahren der höheren Instanz nicht beteiligt (daran kann der Gegner aus Kostengründen interessiert sein!) und die **Rechtskraft** des Urteils wird nur im Verhältnis zu dem bezeichneten Rechtsmittelbeklagten gehemmt. **c)** Legen mehrere Streitgenossen gegen das sie beschwerende Urteil Rechtsmittel ein, so werden für den Wert des Beschwerdegegenstandes die auf die einzelnen Streitgenossen entfallenden Beschwerdewerte **zusammengerechnet** (BAG NZA 84, 167; vgl auch § 5 Rn 6; § 511a Rn 17 f).

62 *[Notwendige Streitgenossenschaft]*

(1) Kann das streitige Rechtsverhältnis allen Streitgenossen gegenüber nur einheitlich festgestellt werden oder ist die Streitgenossenschaft aus einem sonstigen Grunde eine notwendige, so werden, wenn ein Termin oder eine Frist nur von einzelnen Streitgenossen versäumt wird, die säumigen Streitgenossen als durch die nicht säumigen vertreten angesehen.

(2) Die säumigen Streitgenossen sind auch in dem späteren Verfahren zuzuziehen.

I) Allgemeines

1 § 62 begründet eine Ausnahme von dem Grundsatz des § 61, daß die Handlungen eines Streitgenossen den übrigen weder zum Vorteil noch zum Nachteil gereichen. Das kann prozessuale (Rn 2 ff) oder materiellrechtliche Gründe (Rn 11 ff) haben. Man spricht dann – uneinheitlich – von besonderer oder zufällig notwendiger (Alternative 1, vgl Rn 2) bzw von echter oder eigentlich notwendiger (Alternative 2, vgl Rn 11) Streitgenossenschaft, klarer wohl von notwendiger Streitgenossenschaft **aus prozessualen** bzw aus **materiellrechtlichen** Gründen (so auch Lindacher JuS 86, 381 f mN). In beiden Fällen spricht man von **notwendiger Streitgenossenschaft.** Der Grundsatz der Selbständigkeit der Verfahren gegenüber den einzelnen Streitgenossen gilt zwar auch hier, aber stark eingeschränkt: gegenüber notwendigen Streitgenossen muß einheitlich entschieden werden. Die gesetzliche Regelung ist **abschließend** und **zwingend** (BAG 42, 401); eine *Erweiterung* der Fälle notwendiger Streitgenossenschaft im Wege der **Parteivereinbarung** oder durch Tarifvertrag ist **nicht** möglich (BAG 42, 400). Beispiel: Keine notwendige Streitgenossenschaft für den Fall der Haftung von Gesamtschuldnern (BAG aaO; vgl unten Rn 10, 17).

II) Notwendige Streitgenossenschaft aus prozessualen Gründen (I, 1. Alt)

2 **1) Begriff. Aus prozessualen Gründen** zunächst ist die Streitgenossenschaft eine **(„zufällig") notwendige** („zufällige" „uneigentliche" Streitgenossenschaft, BayObLG BB 73, 959), wo die Rechtskraft der gegenüber nur einem Streitgenossen ergangenen Entscheidung sich auch auf den anderen Streitgenossen erstrecken würde („solidarische" Streitgenossenschaft, s Bettermann ZZP 90, 122; zur Rechtskraft Köln VersR 74, 64). Hier müßte aus prozessualen Gründen auch dann einheitlich entschieden werden, wenn die Prozesse nacheinander durchgeführt werden; infolgedessen ist bei gleichzeitigen Prozessen notwendige Streitgenossenschaft anzunehmen (BGH 92, 354).

3 **2) Fallgruppen der notwendig einheitlichen Entscheidung: a)** Hierher gehören zunächst die gesetzlich geregelten Fälle der **Rechtskrafterstreckung** der §§ 326, 327 (Vor- und Nacherbe; Erbe und Testamentsvollstrecker); § 856 II, IV (mehrere Pfändungsgläubiger), § 636a (Ehenichtigkeitsklage, s dazu auch BGH NJW 76, 1590), § 638 (Ehefeststellungsklage), §§ 640h, 641k (Statusklagen), §§ 146, 147 S 1 KO (Feststellungsklagen wegen angemeldeter Forderungen), § 111 II GenG (Feststellungsklagen wegen Beitragspflicht), § 249 I S 1 AktG (Feststellungsklage wegen Nichtigkeit eines Hauptversammlungsbeschlusses). Für die notwendige Streitgenossenschaft ist unerheblich, ob die Rechtskrafterstreckung – allseitig – sowohl bei Verurteilung als auch Klageabweisung eintritt oder – einseitig – entweder bei Klagestattgabe oder Klageabweisung (R-Schwab § 50 II; Lindacher JuS 86, 382 mN). Wegen der Erörterung weiterer – problematischer – Fälle vgl unten Rn 6–8; vgl ferner auch § 69 Rn 2.

b) Gestaltungsklagen zugunsten mehrerer Interessenten können häufig schon nach materiellem Recht nur durch die mehreren Personen als Streigenossen erhoben werden (dazu Rn 19). Aus prozessualen Gründen (Gefahr eines Widerspruchs in Gestaltungswirkungen, vgl Lent JhJ 90, 42) ist die Streitgenossenschaft darüber hinaus eine notwendige, wo zwar auch einer der Kläger allein hätte klagen können, das Gestaltungsurteil aber zugunsten der mehreren Personen wirkt, die tatsächlich gemeinsam geklagt haben, so bei Erbunwürdigkeitsklage (§ 2342 BGB), bei der Ehenichtigkeitsklage (§§ 23, 24 EheG), bei Klagen im Bereich des Entmündigungsrechts, §§ 664; 666 III S 2; 679; bei der Aufhebungsklage in der fortgesetzten Gütergemeinschaft (§ 1496 BGB), bei der Anfechtungsklage gegen Gesellschafterbeschlüsse (§§ 248 S 1 AktG, 51 V GenG), so bei der Nichtigkeitsklage gegen Aktiengesellschaften, Genossenschaften und GmbHs (§§ 275 IV AktG, 96 GenG, 75 II GmbHG), uU bei der gemeinschaftlichen Vollstreckungsabwehrklage gem § 767 (Thümmel NJW 86, 53, 536). Bei der gesellschaftsrechtlichen Auflösungsklage ist zu unterscheiden: Bei Personengesellschaften sind sämtliche Gesellschafter als Kläger oder Beklagte notwendig am Prozeß beteiligt (§ 133 HGB); bei der Aktiengesellschaft ist ein Beschluß der Hauptversammlung erforderlich (§ 262 AktG); bei der GmbH muß bei der Auflösungsklage eines Gesellschafters gegen die GmbH (§ 61 II GmbHG) den Mitgesellschaftern rechtliches Gehör gewährt werden (BVerfG 60, 7 [15]; zust Schlosser, Zivilprozeßrecht I, Rn 14). 4

c) Zur Notwendigkeit einheitlicher Entscheidung wegen **Unteilbarkeit des Streitgegenstandes** siehe unten Rn 16. 5

d) Erstreckung sonstiger Urteilswirkungen. Schwierigkeiten bereiten die Fälle, in denen das rechtskräftige Urteil gegenüber einem Streitgenossen zwar gegen die übrigen wirken würde, aber nur bezüglich einer **Vorfrage** des ihnen gegenüber rechtshängigen Streitgegenstandes. So liegt es nach §§ 129 I, 161 II HGB bei Klagen gegen eine OHG oder KG und gegen deren Gesellschafter; die Schuld der Gesellschaft ist Vorfrage im Prozeß gegen die Gesellschafter (Rn 7). Ferner gehören hierher die Fälle der Klagen gegen Hauptschuldner und Bürgen sowie sonst akzessorisch Haftende (Verpfänder; Eigentümer des Hypothekengrundstücks; Pflichtversicherer; Rn 8, 8 a). 6

aa) OHG und Gesellschafter als Streitgenossen. Entgegen der Rspr des RG (123, 154; 163, 206) hat der BGH (BGH 54, 251; 63, 54; VersR 85, 548) einfache Streitgenossenschaft zwischen der OHG und ihren mitverklagten Gesellschaftern angenommen, und zwar auch dann, wenn der Gesellschafter sich nur mit den Einwendungen der OHG, nicht auch mit solchen verteidigt, die in seiner Person begründet sind; so auch die nunmehr hM (München NJW 75, 505 mit zust Anm Geimer NJW 75, 1087; StJLeipold Rn 12; Henckel, Parteilehre S 202; Hassold aaO S 115; R-Schwab § 50 II 1d; Schiller NJW 71, 410; Braxmaier in Anm zu BGH LM Nr 13 = 54, 521; Lindacher JuS 86, 383). Nach der hier bis zur 14. Aufl vertretenen Gegenansicht liegt notwendige Streitgenossenschaft jedenfalls insoweit vor, als der Gesellschafter sich nicht mit nur in seiner Person begründeten Einwendungen verteidigt; hieran wird nicht mehr festgehalten; da die OHG durch *Rechtsgeschäft* die Haftung des Gesellschafters erweitern kann (§ 128 HGB), muß sie auch *prozessual* von der Prozeßführung des Gesellschafters unabhängig sein, was nur bei einfacher Streitgenossenschaft der Fall ist (so nunmehr auch Blomeyer § 108 III 2a unter Aufgabe des gegenteiligen Standpunkts der Voraufl). 7

bb) Hauptschuldner und Bürge als Streitgenossen. Das Problem begegnet ähnlich bei Klagen gegen Hauptschuldner und Bürgen (§§ 767, 768 BGB) sowie gegen den persönlichen **Schuldner** und den **Eigentümer** der dinglich haftenden beweglichen (§ 1211 BGB) oder unbeweglichen (§ 1137 BGB) Sache und in ähnlichen Rechtslagen, wenn auch in diesen Fällen nur der Sieg des verklagten persönlichen Schuldners dem haftenden Streitgenossen zugute kommt (BGH 76, 230; WM 71, 614; hM, aber nicht unstreitig; aA zB R-Schwab § 157 II 1). Das Schrifttum spricht hier teils von materieller Tatbestandswirkung, teils von Präklusion und lehnt fast einmütig das Vorliegen einer notwendigen Streitgenossenschaft ab (StJLeipold Rn 11 mwN in N 25; R-Schwab § 50 II 1; ThP Anm 4; Fenge NJW 71, 1920; Gottwald JA 82, 69; Gaul JZ 84, 60 mN); so auch BGH NJW 69, 1480, obwohl BGH 76, 230; NJW 70, 279; WM 71, 614 von Rechtskrafterstreckung spricht, wenn dem Bürgen der Prozeßsieg des Hauptschuldners zugute kommt; dazu Fenge NJW 71, 1919, wonach die Rechtskrafterstreckung nicht stets zugleich eine notwendige Streitgenossenschaft impliziere. 8

cc) Pflichtversicherer und Versicherungsnehmer als Streitgenossen. Im Prozeß gegen den Pflichtversicherer (Direktklage, § 3 Nr 1, 2 PflVersG) und Schädiger/Versicherungsnehmer (Haftpflichtklage) sind beide Haftende, obwohl ihnen wechselseitig die Klageabweisung gegen den anderen Verpflichteten zugutekommt (§ 3 Nr 8 PflVersG), nur *einfache* Streitgenossen (so BGH 63, 53; NJW 78, 2155; 82, 997 und 999; R-Schwab § 50 II 2b; StJLeipold Rn 13 mwN; ThP Anm 3a bb; Denk VersR 80, 707 f, hM; aA 14. Aufl mwN). Die Drittwirkung zugunsten des akzes- 8a sorisch haftenden Versicherers ist – wie beim Bürgen – Folge der materiellrechtlichen Abhängigkeit; die Drittwirkung zugunsten des Versicherungsnehmers will eine Inanspruchnahme des Versicherers im Regreßwege nach Abweisung der Direktklage verhindern (zum ganzen auch Koussoulis, Beiträge zur modernen Rechtskraftlehre, 1986, S 175 ff).

9 **3) Abgrenzung. a) Allgemeines.** Zufällig notwendige Streitgenossenschaft besteht also grundsätzlich dann, wenn aus *prozessualen Gründen* einheitlich entschieden werden muß, nämlich wegen Rechtskrafterstreckung des im Verhältnis zu einem Streitgenossen ergehenden Urteils im Verhältnis auch zu dem anderen Streitgenossen. **Keine** zufällige **notwendige Streitgenossenschaft** besteht dagegen, wo nur das anzuwendende *materielle Recht* oder Gründe der *Logik* die einheitliche Entscheidung erzwingen. Das wird deutlich, wenn man die Situationen vergleicht, daß die **Prozesse gegen mehrere Gegner** einerseits **gleichzeitig** bzw andererseits **nacheinander** geführt werden. Wo bei nacheinander geführten Prozessen die Rechtskraft des ersten Urteils im zweiten Verfahren nicht bindet (sondern allenfalls aus Gründen des materiellen Rechts oder der Logik eine einheitliche Entscheidung notwendig oder wünschenswert ist), dort besteht bei gleichzeitigen Prozessen nur einfache Streitgenossenschaft (BGH 92, 354); in solchen Fällen gibt es keinen Grund, § 62 anzuwenden und zB ein Versäumnisurteil gegen einen Streitgenossen zu verbieten; denn prozessual sind abweichende Sachurteile nicht unvereinbar, weil die Rechtskraft eines jeden der Urteile nur zwischen den Parteien selbst wirkt.

10 **b) Fälle nicht notwendig einheitlicher Entscheidung.** Daher besteht keine notwendige Streitgenossenschaft, wo gegenüber mehreren Streitgenossen lediglich über eine einheitliche **Vorfrage** zu befinden ist, so bei Klagen gegen mehrere **Gesamtschuldner** (arg § 425 II BGB; BAG 42, 402), auch wenn sie zugleich Träger einer Gesamthandsgemeinschaft sind (Passivprozesse der gesamten Hand), wie bei Prozessen gegen mehrere Gesellschafter (§ 128 S 1 HGB) oder Miterben bei der Gesamtschuldklage (§ 2058 BGB); anders aber bei der Gesamthandklage nach § 2059 II BGB (unten Rn 17, 18); wegen der Klage gegen Ehegatten in Gütergemeinschaft s Anhang zu § 51 Rn 21. Keine notwendige Streitgenossenschaft ferner bei Aktivprozessen mehrerer Unterhaltsberechtigter gegen den Schädiger nach § 844 BGB, mehrerer **Gesamtgläubiger** (arg § 429 II BGB) oder im Feststellungsstreit zwischen mehreren Gesellschafter-Miterben und einem *Dritten* über die Mitgliedschaft in der Gesellschaft (Hamburg ZIP 84, 1226; *anders* bei Mitgliedsschaftsstreit *nur* unter Gesellschaftern: Rn 21). Nicht notwendige Streitgenossen sind auch das Land als Inhaber der Gewässeraufsicht und der Eigentümer des Gewässers im Rechtsstreit über dessen Benutzung durch einen Dritten (OVG Lüneburg SchlHA 75, 130).

III) Notwendige Streitgenossenschaft aus materiellrechtlichen Gründen (I, 2. Alt)

11 **1) Allgemeines. a) Begriff.** Aus **materiellrechtlichen Gründen** ist die Streitgenossenschaft eine „echte" oder „eigentlich" notwendige (§ 62, 2. Alt.: „aus sonstigem Grunde"), wo die Klage nur Erfolg haben kann, wenn sie durch oder gegen mehrere Parteien erhoben wird, wo also die Klage durch oder gegen nur eine Partei mangels Prozeßführungsbefugnis als unzulässig (BGH 30, 195; 36, 187; 92, 353; NJW 84, 2210; vgl auch StJLeipold Rn 25) abzuweisen wäre. Beachte, daß die notwendige Gemeinsamkeit hier nicht erst im Zeitpunkt der Entscheidung, sondern schon bei Verfahrensbeginn einsetzt; erst recht muß hier die Entscheidung einheitlich sein.

12 **b) Überblick** über die in Frage kommenden **Fallgruppen.** Eigentlich notwendige Streitgenossenschaft kommt nur bei Leistungs- (Rn 13 ff und 17 f) und Gestaltungsklagen (Rn 19 f), nicht dagegen bei Feststellungsklagen (Rn 21) vor. Hauptanwendungsfälle sind die Aktivprozesse von Gesamthandsberechtigten (Rn 13 und 16) und die aktiven Gestaltungsklagen (Rn 19).

13 **2) Aktivprozesse von Gesamthändern und sonstigen Mitberechtigten. a) Notwendigkeit gemeinschaftlicher Klageerhebung.** Mehrere Kläger müssen gemeinsam auf Leistung klagen, wenn das Recht einer von ihnen gebildeten Gesamthandsgemeinschaft zusteht **(Aktivprozesse der gesamten Hand),** soweit nicht eine *actio pro socio* in Betracht kommt (s Kornblum JuS 76, 572; Hassold JuS 80, 32). So die Partner einer BGB-Gesellschaft (vgl Palandt-Thomas § 709 Anm 1 b; zu weitgehend R-Schwab § 50 III 1 a α, vgl dazu BGH 39, 15), grundsätzlich die Mitglieder eines nichtrechtsfähigen Vereins (vgl § 50 Rn 33), die gemeinsam verwaltenden Ehegatten bei Gütergemeinschaft, mehrere für einen Nachlaß ernannte Testamentsvollstrecker (Hamburg MDR 78, 1031), die eine gemeinsame Forderung geltend machenden Mitglieder einer Bruchteils-(zB WEG-)Gemeinschaft (Palandt-Thomas, BGB, § 747 Anm 3 d), nach BAG NJW 72, 1388 auch die Angehörigen einer Rechtsanwaltssozietät, wenn sie eine zu dieser in unmittelbarer Beziehung stehende Forderung einklagen, da hier in der Regel Gesamthandsverhältnis Anspruchsgrundlage (wohl Gesellschaft des BGB) sei; ferner grundsätzlich auch die Miterben, dazu aber unten Rn 16 zu § 2039 BGB.

b) Fälle bestehender Einzelprozeßführungsbefugnisse von Mit- und Teilberechtigten. In gewissen Fällen der Rechtsgemeinschaft gibt das Gesetz jedem einzelnen der Rechtsinhaber die Rechtsmacht, einen aus der Gemeinschaft erwachsenden Anspruch geltend zu machen: **aa)** Hierzu räumt es ihm in der Regel eine über seine Sachbefugnis hinausgehende **Prozeßführungsbefugnis** ein: so in den Fällen der **§§ 1011, 1422, 2039 BGB** (vgl BGH 79, 245 [247]; 92, 351 [353]; Palandt/Bassenge § 1011 Anm 2; Palandt/Edenhofer § 2039 Anm 1a; oben Rn 23, 27 vor § 50; Anhang zu § 51 Rn 6), der Not- (§§ 744 II, 1455 Nr 10; 1472 III Hs 2 BGB) und der Schutzprozeßführung (Anhang zu § 51 Rn 15, 17), des Revokationsrechts nach § 1368 BGB (s Anhang zu § 51 Rn 2). 14

bb) Das Gesetz kann aber auch materiell jedem in einer Rechtsgemeinschaft mit anderen Stehenden einen eigenen **materiellrechtlichen Anspruch** einräumen (für den er dann selbstverständlich auch prozeßführungsbefugt ist), dessen sachlicher Inhalt aber mit Rücksicht auf die Mitberechtigung der anderen Gemeinschafter beschränkt ist. Im einzelnen ist vieles streitig; vgl StJLeipold Rn 37 vor § 50; § 62 Rn 8; Hassold aaO S 111. Hierunter können eingeordnet werden (vgl auch Rn 27 vor § 50): Der Fall des § 432 BGB (vgl Larenz Schuldrecht I § 36 Ib), die gemeinsame Legitimation nach §§ 1077; 1011 (soweit nicht als Fall der Rn 14), 1281 S 2; 1128 III BGB; vgl auch § 18 WEG (dazu Palandt/Bassenge Anm 5b). In Frage kommen weiter die Mitberechtigung von Pfändungspfandgläubiger und Vollstreckungsschuldner bei zur Einziehung (§ 935 I) überwiesener Forderung (vgl Rn 30 vor § 50) und die Mitgläubigerstellung von Ehegatten bei „Schlüsselgewaltsgeschäften" iS von § 1357 BGB (dazu Rn 16 aE). 15

c) Notwendige Streitgenossenschaft bei gemeinsamer Prozeßführung wegen Unteilbarkeit des Streitgegenstands? Klagen nun in solchen Fällen mehrere in der Rechtsgemeinschaft gebundene Anspruchsinhaber gemeinsam, was sie nicht müssen (keine echte notwendige Streitgenossenschaft im Sinne der zweiten Alternative des § 62, vgl Rn 11), was sie aber können, so nötigt richtiger Ansicht nach die **Unteilbarkeit des Streitgegenstandes** zur einheitlichen Entscheidung, also zur Annahme einer zufällig notwendigen Streitgenossenschaft im Sinne des § 62, erste Alternative (ebenso StJLeipold Rn 8 mN in Fußn 17; Blomeyer § 108 III 2b; Lindacher JuS 86, 383, sehr str; aA BGH 92, 351 [353 f] = NJW 85, 385 = MDR 85, 218 = JZ 85, 633 mit insoweit zust Anm Waldner). **Beispiele:** Wer dem Urteil im Rechtsstreit des nach **§ 2039 BGB** prozeßführenden **Miterben** Rechtskraftwirkung für und gegen die übrigen beimißt (so Wieczorek § 62 A IIb 1), muß schon aus diesem Grund (siehe Rn 3) die Notwendigkeit einheitlicher Entscheidung bejahen. Doch lehnt die hM hier Rechtskrafterstreckung ab. Dementsprechend nehmen BGH 23, 207; Palandt/Edenhofer § 2039 Anm 1a; Gottwald JA 82, 68 einfache Streitgenossenschaft an, wenn die Miterben gemeinsam klagen, was sie können, aber nicht müssen. Für notwendige Streitgenossenschaft in diesem Fall aber: OGH 3, 242; Düsseldorf OLGZ 79, 459 (beiläufig); StJLeipold § 62 Rn 18; ThP Anm 2b; R-Schwab § 50 III 1a α (aber aus dem Gesichtspunkt einseitiger Rechtskrafterstreckung); Blomeyer AcP 159, 387/405; Erman § 2039 Rn 2 und BL Anm 2 C (aber nur, wenn alle Miterben gemeinsam, also aus ihrer gesamthänderischen Berechtigung heraus, klagen); Lange/Kuchinke, Erbrecht, 2. Aufl, § 45 III 4d S 766 mwN z Fußn 150. Auch das auf die Prozeßführung gem **§ 1011 BGB** gegen einen **Miteigentümer** ergangene Urteil entfaltet keine Rechtskraft gegen die übrigen Miteigentümer (vgl Rn 38 vor § 50); jedoch machen die gemeinsam vorgehenden Miteigentümer nicht von ihrer *Einzelprozeßführungsbefugnis* Rn 14 f) Gebrauch, sondern machen das ihnen zu ideellen Bruchteilen (§ 1008 BGB) gemeinsam zustehende *identische Recht* geltend, so daß ein Fall notwendiger Streitgenossenschaft vorliegt (so die bisher hM, vgl RG 60, 270; 163, 168; MünchKomm/Schmidt § 1011 Rn 7 mN; aA BGH 92, 351 = NJW 85, 385 = MDR 85, 218; im Erg wie hier Waldner JZ 85, 635, der aber einen Fall der Rechtskrafterstreckung *zugunsten* der übrigen Miteigentümer annimmt). Hierher gehört auch die (zulässige) gemeinsame Klage von **Gläubiger und Pfändungspfandgläubiger** gegen den Drittschuldner auf Leistung an den Pfändungspfandgläubiger (vgl StJMünzberg § 835 Rn 21 f, 32 f) sowie die (zulässige, aber nicht gebotene) gemeinsame Klage von Ehegatten aus „Schlüsselgewaltgeschäften" gem § 1357 BGB (vgl Baur, FS Beitzke, 1979, S 111, 117 ff; aA Gottwald JA 82, 68: einfache Streitgenossenschaft). 16

3) Passivprozesse von Mitberechtigten, Gesamthandsklagen. a) Gegen mehrere Beklagte braucht nach richtiger Ansicht (StJLeipold Rn 19; vgl auch BGH 23, 73; BAG 42, 402) niemals notwendig gemeinsam auf Leistung geklagt zu werden. Geschieht es doch, so liegt einfache Streitgenossenschaft vor (Gottwald JA 82, 69 mN). Daß es zur Vollstreckung eines Titels gegen mehrere bedarf (zB nach § 747), ändert daran nichts, denn diese Titel können auch nacheinander erstritten werden. Das gilt zB für die **Räumungsklage** gegen mehrere Mieter (RG 68, 221), für Klagen gegen gemeinsam verwaltende Ehegatten bei **Gütergemeinschaft,** grundsätzlich auch für Klagen gegen Ehegatten aus **Schlüsselgewaltgeschäften** (Baur, FS Beitzke, 1979, 111, 112 ff), für Klagen gegen **Miterben** zur Vollstreckung in den ungeteilten Nachlaß (so die ganz herrschende Meinung: Lange/Kuchinke aaO § 52 IV 2b mit Nachweisen in Fußnote 39), für Klagen 17 gegen Miterben auf die von ihnen gemeinsam geschuldete und zu erklärende Auflassung (BGH NJW 63, 1611) sowie nach zutr Ansicht (anders hM) für Klagen auf **Unterlassung** (zB von Immissionen) und **Duldung** (zB von Notweg) gegen Grundstücksmiteigentümer (Karlsruhe Justiz 86, 213; LG Nürnberg-Fürth NJW 80, 2478, insoweit zust Waldner JR 81, 185; dazu sogleich Rn 18).

18 **b)** Dagegen nimmt die Rspr eigentlich notwendige Streitgenossenschaft (also mit dem Zwang zur Klage gegen sie gemeinsam, bei Gefahr der Abweisung als unzulässig) an: so bei der **Gesamthandklage** nach 2059 II BGB; Beispiel: Klage gegen mehrere Miterben, durch die eine dingliche Belastung eines Nachlaßgrundstücks geltend gemacht wurde (RG 157, 33); weiter bei der Klage gegen Miterben auf Löschung eines Widerspruchs im Grundbuch (vgl BGH NJW 63, 1612). Ebenso (wegen § 747 S 2 BGB) bei Klage gegen mehrere Bruchteilseigentümer, durch die eine **Verfügung über das ganze Grundstück** (Bestellung oder Duldung eines **Notwegs,** Einräumung einer Grunddienstbarkeit, Auflassung) erzwungen werden soll (vgl BGH 36, 187 = NJW 62, 633; NJW 84, 2210 mwN = MDR 85, 37). Doch besteht in all diesen Fällen kein Zwang zur einheitlichen Klage, sondern nur zur einheitlichen Entscheidung, *wenn* einheitlich gegen die Verpflichteten geklagt wurde; so zutr Waldner JR 81, 185; LG Nürnberg-Fürth NJW 80, 2478 gegen die überwiegende Ansicht, die bei **Gesamthandschuld** (dazu Kornblum BB 70, 1445) Zwang zur gemeinschaftlichen Klage gegen die Gesamthänder annimmt (vgl StJLeipold § 62 Rn 20). Von dieser Notwendigkeit sieht jedoch auch der BGH ab, wenn die nicht mitverklagten Schuldner vor Klageerhebung erklärt hatten, zur Leistung verpflichtet und erfüllungsbereit zu sein (vgl BGH NJW 62, 1722; NJW 82, 441 [442] und unten Rn 30). Bei Klagen gegen **Mitgesellschafter** auf *Mitwirkung* bei Aufstellung von Bilanzen liegt daher nur einfache Streitgenossenschaft vor (BGH WM 83, 1279 f), notwendige aber bei Klage auf *Feststellung* der Bilanz (BGH aaO 1280). Scheiden bei einer KG sämtliche Gesellschafter aus und treten zu gleicher Zeit unter Fortführung des Betriebes und der Firma neue Gesellschafter ein, so können diese jedenfalls nicht einen ausgeschiedenen Kommanditisten allein auf Ausstellung einer Rechnung nach § 14 UStG in Anspruch nehmen (BGH NJW 75, 310).

19 **4) Gestaltungsklagen. a)** Sie müssen **durch mehrere Kläger** gemeinsam erhoben werden, wenn das materielle Recht den gestaltenden Ausspruch nur auf Antrag mehrerer Parteien gestattet. Dies gilt nach §§ 133, 140 HGB, wenn das Gericht eine OHG für aufgelöst oder einen Gesellschafter für ausgeschlossen erklären soll; hier müssen alle Gesellschafter entweder auf der Kläger- oder auf der Beklagtenseite beteiligt sein (Haarmann/Holtkamp NJW 77, 1396; vgl auch BGH 91, 133 mN für Feststellungsklage und dazu Rn 21). Allerdings genügt es, wenn die **Ausschließungsklage** gegen mehrere Gesellschafter gerichtet ist, daß sie von den nicht auszuschließenden Gesellschaftern erhoben wird (BGH 64, 253). Widerspricht ein nicht auszuschließender Gesellschafter, soll die Klage auf Zustimmung (§ 894) mit der Ausschließungsklage verbunden werden können (so BGH 68, 84; krit Haarmann/Holtkamp NJW 77, 1396, zustimmend Merle ZGR 79, 69 ff mwN, sehr str). Bei einer auf mißbräuchliche Stimmrechtsausübung eines Gesellschafters gestützten **Anfechtungsklage** ist dieser Gesellschafter mit zu verklagen (BGH 88, 330; arg Art 103 I GG); eine Ausnahme gilt nur dann, wenn dieser Gesellschafter bereits als Streithelfer der Gesellschaft am Rechtsstreit teilnimmt (BGH 88, 330 f). Einheitliche Klageerhebung ist ferner geboten, wenn das Gericht nach §§ 117, 127 HGB die **Geschäftsführungsbefugnis** oder **Vertretungsmacht** eines Gesellschafters **entziehen** soll. Notwendige Streitgenossenschaft liegt auch vor, wenn dem Urteil Gestaltungs- oder Tatbestandswirkung zukommt, die nur zugunsten mehrerer materiell Berechtigter eintreten kann. Streitig ist, ob hierher auch die **Wandlungsklage** mehrerer Käufer gehört. **Beispiel:** Der wandlungsberechtigte Käufer ist verstorben und von mehreren Miterben beerbt worden. Trotz § 2039 BGB müssen hier alle Miterben gemeinsam auf Wandlung klagen (§§ 467, 356 BGB). Die Leistungsklage auf Rückzahlung des Kaufpreises führt mit Rechtskraft des Urteils gemäß § 465 BGB zu einer Änderung der Rechtsbeziehungen zwischen den Parteien: Von nun an ist das Wahlrecht des Käufers zwischen den einzelnen Rechtsbehelfen bei Sachmängeln ausgeschlossen. Nach Ansicht von Larenz, Schuldrecht II, § 41 II a soll darin eine „verdeckte Gestaltungswirkung" liegen (vgl auch die Nachweise bei StJLeipold § 62 Rn 15 in N 56) mit der Folge echter notwendiger Streitgenossenschaft im Wandlungsprozeß (so ausdr auch 13. Aufl). Vom Standpunkt der zutr Herstellungstheorie der Wandlung aus ist diese Konsequenz abzulehnen (zutr BGH 85, 367 [372 f]; Räfle ZIP 82, 376 mN; Jauernig/Vollkommer, 3. Aufl, § 365 Anm 2 b aa). Die Gestaltungswirkung der Rücktrittserklärung (§§ 349, 356 BGB) beruht ausschließlich auf der materiellen Willenserklärung, weshalb Klagen **aus** vollzogenem Rücktritt nicht hierher gehören. Wohl aber wieder die Klagen auf Nichtigerklärung einer Gesellschaft, auch einer faktischen (vgl BGH 3, 285; 6, 133; 9, 157). Erbunwürdigkeitsklage (§ 2341 BGB) gegen einen von mehreren Erben muß von den übrigen nicht gemeinsam erhoben werden; klagen aber mehrere, sind sie wegen Identität des Streitgegenstandes notwendige Streitgenossen (vgl Hassold aaO S 111).

b) Eine Gestaltungsklage, die notwendig **gegen mehrere Beklagte** erhoben werden muß, ist die Auflösungsklage nach § 133 HGB gegen mehrere widersprechende Gesellschafter; wer einverstanden ist, braucht nicht mitverklagt zu werden (BGH NJW 58, 418). Ebenso die Ausschließungsklage (§ 140 HGB) gegen mehrere Gesellschafter (BGH 64, 253 = JZ 76, 95 mit zust Anm von Ulmer; vgl dazu auch Rn 19). 20

5) Feststellungsklagen. Auch bei Beteiligung mehrerer an dem festzustellenden Rechtsverhältnis muß eine Feststellungsklage grundsätzlich nicht notwendig gegen **mehrere Beklagte** und **durch mehrere** Kläger erhoben werden, sofern nur ein Rechtsschutzbedürfnis für die Klage durch oder gegen eine einzelne Partei gegeben ist. Im übrigen gelten die Grundsätze für die Leistungsklage entsprechend, dh auch bei der Feststellungsklage ist notwendige Streitgenossenschaft in beiden Alternativen des § 62 I möglich und immer dann anzunehmen, wenn sich das Feststellungsbegehren auf das gesamte Recht bezieht und das Prozeßführungsrecht für die Leistungsklage den Mitberechtigten nur gemeinsam zusteht (StJLeipold Rn 22, 23; R-Schwab § 50 III 1bβ; Henckel aaO S 92 Fußn 161, S 93; Gottwald JA 82, 69; aA 14. Aufl: notwendige Streitgenossenschaft nur im Fall der 1. Alt); die Einzelklage ist danach dann unzulässig, wenn „ausschließlich die Feststellung interessiert, daß der Kläger mit allen Bestreitenden in einem gemeinschaftlichen Rechtsverhältnis steht oder wenn die Feststellung des angegriffenen Rechts gegenüber einzelnen Bestreitenden ohne jeden Wert wäre" (so Hassold aaO S 41). **Beispiele:** Am Feststellungsstreit *zwischen den Gesellschaftern* einer Personenhandelsgesellschaft über die *Mitgliedschaft* einer Partei müssen – wie bei der Ausschließungsklage (dazu Rn 19) – *sämtliche* Gesellschafter beteiligt sein (BGH 91, 133 mN); das muß auch für den Prozeß gelten, in dem von einem (einem Teil der) Gesellschafter auf Feststellung geklagt wird, daß ein anderer Gesellschafter ausgeschieden sei (Fall notwendiger Streitgenossenschaft wegen Identität des Streitgegenstandes, str; aA BGH 30, 195 – abzulehnen aus den in Rn 16 genannten Gründen). Dagegen sind mehrere Gesellschafter-Miterben, die mit einem *Dritten* über ihre Mitgliedschaft in der Gesellschaft streiten, keine notwendigen Streitgenossen (Hamburg ZIP 84, 1226 [1229]). Anders, wenn mehrere Patentanwälte gemeinsam Antrag nach § 23 IV PatG stellen: § 62 in beiden Alternativen (BGH MDR 67, 819). 21

IV) Die Wirkungen der notwendigen Streitgenossenschaft

1) Allgemeines. Die **Wirkungen der notwendigen Streitgenossenschaft** sind in § 62 nicht erschöpfend geregelt. Auch notwendige Streitgenossen sind gesonderte Streitparteien, die zu dem gemeinsamen Gegner in je einem besonderen Prozeßrechtsverhältnis stehen. Aber § 62 will eine einheitliche Entscheidung ermöglichen. Im allgemeinen gibt bei Divergenzen die Stellung desjenigen Streitgenossen den Ausschlag, dessen Position dem gemeinsamen Gegner gegenüber die bessere ist. Dieser Grundsatz hilft in allen Einzelfragen, zB bei dem Problem, wie zu verfahren ist, wenn ein Unterbrechungsgrund in der Person nur eines der notwendigen Streitgenossen eingetreten ist. 22

2) Die **Zulässigkeit der Klage** ist im Verhältnis zu jedem Streitgenossen gesondert zu prüfen. Ist die Klage eines notwendigen Streitgenossen als unzulässig abzuweisen, so ist bei zufällig notwendiger Streitgenossenschaft der Prozeß auf Grund der zulässigen Klagen weiterzuführen; bei eigentlich notwendiger Streitgenossenschaft führt die Unzulässigkeit einer Klage zur Unzulässigkeit auch der übrigen Klagen; s auch Rn 30. 23

3) Die **Prozeßhandlungen** des gemeinsamen Gegners und jedes einzelnen Streitgenossen sind für jedes Prozeßrechtsverhältnis gesondert wirksam und zu beurteilen. Jeder Streitgenosse kann sich durch einen anderen Prozeßbevollmächtigten vertreten lassen; **Zustellungen** sind an jeden Streitgenossen zu bewirken; die **Verhandlung** nur eines Streitgenossen **zur Hauptsache** wirkt nicht auch gegen die anderen nach §§ 39, 267, 282 III; die **Behauptungen** oder das **Bestreiten** durch einen Streitgenossen wirken nur für und gegen diesen, soweit nicht die übrigen sich ausdrücklich oder konkludent anschließen. Das **Geständnis** eines Streitgenossen, das nach § 290 ihn bindet, ist nach § 286 gegenüber den anderen frei zu würdigen. 24

Die stets zulässige (bestr! AA ThP § 62 Anm 6a; Blomeyer § 109 IV 3b; BL Anm 4 Bc; wie hier StJLeipold § 62 Rn 35; Gottwald JA 82, 70) **Rücknahme der Klage** durch einen notwendigen Streitgenossen macht im Fall echter notwendiger Streitgenossenschaft die Klage der übrigen unzulässig. AA die hM, die dies nur für die Fälle der notwendigen Streitgenossenschaft aus prozessualen Gründen (oben Rn 2) zugesteht, bei der eigentlich notwendigen Streitgenossenschaft (§ 62 Alt 2) aber mit dem Argument leugnet, daß der Zwang zur gemeinsamen Klage ihre Rücknahme durch einen Streitgenossen ausschließe (RG 78, 104; R-Schwab § 50 IV 1a; BL § 60 Anm 4 Bc; wie hier StJLeipold Rn 35), es sei denn, der Rücknehmende wäre aus der die Streitgenossenschaft begründenden Rechtsgemeinschaft ausgeschieden. Eine materielle Rechtspflicht, im Rechtstreit zu verbleiben, kann aber die prozessuale Handlungsbefugnis nicht beschränken; ihre 25

Verletzung ist im Innenverhältnis abzuwickeln; soll der Streitgenosse wider bessere Erkenntnis gezwungen werden können, einen aussichtslosen Prozeß weiterzuführen? Vgl hierzu auch Säkker JZ 67, 51.

26 **Anerkenntnis, Verzicht und Klageänderung** entfalten ihre Wirkung nur, wenn sie durch alle (anwesenden) Streitgenossen erfolgen. Hatte nur der von mehreren Streitgenossen allein Verhandelnde anerkannt, ergeht zwar Anerkenntnisurteil gegen alle; die Wirkung des Anerkenntnisses entfällt aber in Richtung gegen die übrigen Streitgenossen, wenn diese Berufung eingelegt haben; dann ist das Anerkenntnis in seiner Beweiskraft nach § 286 frei zu würdigen.

27 Die Wirksamkeit eines durch einen einzelnen abgeschlossenen **Prozeßvergleichs** hängt von dessen materieller Verfügungsmacht über den Streitgegenstand im ganzen ab (vgl StJLeipold § 62 Rn 34); fehlt diese, beendet der Vergleich den Rechtsstreit nicht (R-Schwab § 132 I 4).

28 **4)** Bei **Säumnis** eines der Streitgenossen wirkt das Verhalten des oder der (auch nur für sich, OLG Köln VersR 70, 678) verhandelnden Streitgenossen auch für und gegen den Abwesenden. Der Antrag auf Erlaß eines Versäumnisurteils gegen den Säumigen ist daher gemäß § 335 I Nr 1 als unzulässig durch Beschluß zurückzuweisen. Eine etwaige Entscheidung ergeht gegen alle als kontradiktorische und berücksichtigt das prozessuale Verhalten (auch in früheren Verhandlungen) nur des oder der anwesenden Streitgenossen. Bei Säumnis aller Streitgenossen darf Versäumnisurteil nur (str; richtig StJLeipold § 62 Rn 32; Gottwald JA 82, 70) ergehen, wenn die Voraussetzungen hierfür gegenüber allen Streitgenossen vorliegen; auch hier entscheidet also das prozessuale Verhalten desjenigen Streitgenossen, dessen Position gegenüber dem gemeinsamen Gegner die günstigste ist. Nach BSG NJW 72, 1388 soll der Säumnis der Tod eines notwendigen Streitgenossen gleichstehen, in diesem Fall also eine Aussetzung des Verfahrens nicht angängig sein. Dies ist abzulehnen, da der Schutzgedanke des § 62 nicht zum Nachteil der Gesamtrechtsnachfolger des verstorbenen Genossen ausschlagen darf.

29 **Unterbrechung oder Aussetzung eines Verfahrens** wirkt nicht unmittelbar auf die der übrigen notwendigen Streitgenossen; wegen des Zwangs zur einheitlichen Entscheidung darf aber bei Stillstand **eines** Verfahrens auch im anderen nicht entschieden werden (R-Schwab § 50 IV 3d).

30 **5)** Die **Entscheidung** muß gegen alle Streitgenossen einheitlich (s BGH 63, 53; 68, 84; Köln VersR 74, 64) und darf nicht durch Teilurteil gegen nur einen Streitgenossen ergehen. Ausnahme: wenn der andere Schuldner leistungsbereit ist, BGH LM § 62 Nr 10 = NJW 62, 1722; NJW 75, 1459; NJW 82, 441 [442]. Sowohl bei prozessual, als auch bei materiell notwendiger Streitgenossenschaft ist nur die Sachentscheidung notwendig einheitlich. Die Klage gegen einen von mehreren zufällig notwendigen Streitgenossen kann daher wegen Fehlens einer Prozeßvoraussetzung als unzulässig abgewiesen, im übrigen aber zugesprochen werden. In den Fällen der echten notwendigen Streitgenossenschaft (Alternative 2 des § 62) allerdings führt die Unzulässigkeit einer Klage auch zur Abweisung der übrigen (zB BGH 30, 195).

31 **6) Rechtskräftig** wird ein Urteil so lange nicht, als der Gegner oder auch nur ein notwendiger Streitgenosse ein Rechtsmittel einlegen können; s Rn 32. Das gleiche gilt für Einspruch und Wiederaufnahmeklage. Die **Rechtskraft** des Urteils **zugunsten** (nur insoweit ist dem Grundgedanken der Entscheidung RG 132, 351 zuzustimmen) eines der notwendigen Streitgenossen kommt auch den übrigen Streitgenossen zugute, gleichgültig ob das Urteil unter Verstoß gegen Verfahrensgesetze zustande kam oder nicht; anders, wenn gesetzwidrig Teilversäumnisurteil gegen einen notwendigen Streitgenossen erging; dann keine Rechtskraft **gegen** die anderen Streitgenossen (vgl ThP Anm 12a). Daher muß der gemeinsame Gegner ein Urteil zugunsten aller Streitgenossen gegenüber jedem von diesen rechtzeitig mit einem Rechtsmittel anfechten (RG 61, 398; OVG Lüneburg SchlHA 75, 130), wenn er vermeiden will, daß das Rechtsmittel gegen nur einen der notwendigen Streitgenossen wegen der Rechtskraft zugunsten der übrigen Streitgenossen als unbegründet (nach BGH 23, 75; FamRZ 1975, 406; Gottwald JA 82, 71 als unzulässig, richtig aber R-Schwab § 50 IV 2) zurückgewiesen wird.

32 **7)** Das **Rechtsmittel** eines jeden Streitgenossen ist gesondert zu beurteilen. So kann ein Streitgenosse die durch Zustellung an ihn in Lauf gesetzte Frist wahren, während ein anderer die gegen ihn laufende versäumt. Gleichwohl wird auch der säumige Streitgenosse Partei im Rechtsmittelverfahren **(Abs II):** er muß geladen werden und kann selbst Prozeßhandlungen vornehmen. Dies gilt nach jetzt überwiegender Ansicht (E. Schumann ZZP 76, 381; StJLeipold § 62 Rn 42; ThP § 62 Anm 11b) auch dann, wenn die Rechtsmittelfrist gegen den Untätigen schon abgelaufen war, als der Tätige sein noch zulässiges Rechtsmittel eingelegt hatte. Aus diesem Grund erübrigt sich eine gesonderte Verwerfung des verspäteten Rechtsmittels des untätigen Streitgenossen: die Rechtslage ist der bei mehrfach eingelegtem Rechtsmittel ähnlich (vgl hierzu BGH 24, 179). Erst wenn das Rechtsmittel des Tätigen zurückgenommen oder als unzulässig verworfen wird, muß auch über das des Untätigen entschieden werden (so überzeugend Schumann

aaO, ihm folgend StJLeipold und ThP je aaO; aA BL Anm 4 Db). Die durch § 62 II dem Untätigen zukommende Parteistellung auch im Rechtsmittelzug ändert aber nichts daran, daß die Kostenlast nach § 97 nur den trifft, der das Rechtsmittel rechtzeitig eingelegt hat.

63 *[Prozeßbetrieb; Terminsladung von Amts wegen]*
Das Recht zur Betreibung des Prozesses steht jedem Streitgenossen zu; zu allen Terminen sind sämtliche Streitgenossen zu laden.

I) Anwendungsbereich. § 63 gilt für die **einfache** wie für die **notwendige Streitgenossenschaft.** 1
Das Recht, den Prozeß zu betreiben, folgt aus der Selbständigkeit des Prozeßrechtsverhältnisses eines jeden Streitgenossen gegenüber dem gemeinsamen Gegner. Die rechtskräftige Entscheidung gegenüber einem einfachen Streitgenossen schließt diesen von dem weiteren Verfahren aus; die Rechtskraft der Entscheidung gegenüber einem notwendigen Streitgenossen ändert nichts daran, daß er auch weiterhin zuzuziehen ist (vgl Rn 32 zu § 62).

II) Ladung sämtlicher Streitgenossen. Soweit danach nicht einzelne (einfache) Streitgenossen 2
ausgeschieden sind, müssen zu Terminen alle Streitgenossen geladen und müssen die Termine in den Fällen der §§ 340a, 520, 555 allen Streitgenossen bekanntgemacht werden. Bei Verstoß gegen § 63 kann gegen einen nicht erschienenen Streitgenossen, der nicht geladen war, kein Versäumnisurteil ergehen; dagegen hindert ein Verstoß gegen § 63 ein Versäumnisurteil gegen den gemeinsamen Gegner nicht, wenn nur dieser ordnungsgemäß geladen war und ein erschienener Streitgenosse das Versäumnisurteil beantragt.

Dritter Teil

BETEILIGUNG DRITTER AM RECHTSSTREIT

Lit: *Bettermann*, Streitgenossenschaft, Beiladung, Nebenintervention und Streitverkündung, ZZP 90 (1977), 121; *Bischof*, Die Streitverkündung, JurBüro 84, 969, 1141, 1309; *Bruns*, Erweiterung der Streitverkündung, FS Schima, 1969, S 111; *Eibner*, Möglichkeiten und Grenzen der Streitverkündung, Erlanger Diss 1986; *Häsemeyer*, Die Interventionswirkung im Zivilprozeß – prozessuale Sicherung materiellrechtlicher Alternativverhältnisse, ZZP 84 (1971), 179; *Kittner*, Streithilfe und Streitverkündung, JuS 85, 703; 86, 131; *Lammenett*, Nebenintervention, Streitverkündung und Beiladung usw, Diss Köln 1976; *Martens*, Grenzprobleme der Interventionswirkung, ZZP 85 (1972), 77; *Picker*, Hauptintervention, Forderungsprätendentenstreit und Urheberbenennung, FS Flume, 1978, Bd I, 649; *Ritter*, Zur unfreiwilligen Beteiligung an fremdem Rechtsstreit nach deutschem und italienischem Zivilprozeßrecht, in: Juristische Beiträge der Deutsch-Italienischen Vereinigung, 1971, 61; *Schneider*, Über die Interventionswirkungen im Folgeprozeß, MDR 61, 3; *K. Schreiber*, Der Ausschluß verzögerten Vorbringens im Zivilprozeß als Folge von Streitverkündung, Rechtskraft oder arglistigem Verhalten, Jura 80, 75; *Schwanecke*, Nebenintervention und Rechtskraftwirkung, Diss Heidelberg 1975; *Stahl*, Beiladung und Nebenintervention 1972; dazu Besprechung von *Habscheid* ZZP 86 (1973), 101; *Stettner*, Das Verhältnis der notwendigen Beiladung zur notwendigen Streitgenossenschaft im Verwaltungsprozeß, 1974; *Werres*, Die Wirkungen der Streitverkündung und ihre Grenzen, NJW 84, 208; *Wieser*, Das rechtliche Interesse des Nebenintervenienten, 1965; *ders*, Die Interventionswirkung nach § 68 ZPO, ZZP 79 (1966), 246; *ders*, Streitverkündung im Verfahren zur Feststellung der nichtehelichen Vaterschaft, FamRZ 71, 393.

Vorbemerkungen

I) Formen der Drittbeteiligung. Nimmt ein Dritter den Gegenstand eines Rechtsstreits ganz 1
oder teilweise für sich in Anspruch, so muß er klagen. Nach § 64 ist es möglich, diese Klage gegen die beiden Parteien des schon schwebenden Hauptprozesses bei dem Bericht des letzteren zu stellen **(Hauptintervention;** praktisch äußerst selten). Hat ein Dritter ein rechtliches Interesse daran, daß in einem Rechtsstreit eine Partei obsiegt, so kann er dem Prozeß beitreten; er wird dadurch Streithelfer der von ihm unterstützten Partei **(Nebenintervenient),** §§ 66–71.

Erfolgt dieser Beitritt nicht, so hat die Hauptpartei die Möglichkeit, den Dritten (am Rechtsstreit Interessierten) zum Beitritt durch **Streitverkündung** zu veranlassen, §§ 72–77.

2 **II) Notwendige Beiladung von Amts wegen.** In Kindschaftssachen (§ 640) besteht die Amtspflicht zur **Beiladung** eines – am Rechtsstreit nicht als Partei beteiligten – Elternteils oder Kindes (§ 640e), um diesen Gelegenheit zum Beitritt zu geben (BGH 76, 302 f = NJW 80, 1693 und § 640 e Rn 1). Eine Ausdehung des § 640e auf Fälle der „Drittbetroffenheit" von weiteren Verfahrensbeteiligten befürworten Calavros, Urteilswirkungen zu Lasten Dritter, 1978, 153; Waldner, Aktuelle Probleme des rechtlichen Gehörs, 1983, S 243; verneinend für den außerehelichen Erzeuger im Ehelichkeitsanfechtungsprozeß BGH 83, 391 (393 f); vgl dazu auch § 640e Rn 1. Das BVerfG 60, 7 (15) verlangt, den von einer Entscheidung betroffenen Dritten zumindest von der Klageerhebung in Kenntnis zu setzen (Bsp: Mitgesellschafter bei Auflösungsklage eines Gesellschafters gegen die GmbH); ist dies versäumt worden, ist ihr das Urteil zuzustellen (BGH 89, 121 [125] = NJW 84, 353 zu § 640e; vgl auch Marotzke ZZP 98, 459 und unten § 69 Rn 7).

64 *[Hauptintervention]*

Wer die Sache oder das Recht, worüber zwischen anderen Personen ein Rechtsstreit anhängig geworden ist, ganz oder teilweise für sich in Anspruch nimmt, ist bis zur rechtskräftigen Entscheidung dieses Rechtsstreits berechtigt, seinen Anspruch durch eine gegen beide Parteien gerichtete Klage bei dem Gericht geltend zu machen, vor dem der Rechtsstreit im ersten Rechtszuge anhängig wurde.

I) Voraussetzungen der Zulässigkeit einer Hauptintervention (Einmischungsklage)

1 **1) Ein schwebender Rechtsstreit** (auch Urkunden- oder Wechselprozeß) zwischen zwei Personen muß gegeben sein. Keine Hauptintervention im Arrest- und Mahnverfahren (hinsichtlich des letzteren aA Schilken JR 84, 447 mwN, str). Der Rechtsstreit darf nicht durch Klagerücknahme, Vergleich oder Urteil bereits erledigt sein.

2 **2) Interventionsprozeß.** Der Hauptintervenient (Dritte), der im Hauptprozeß auch Nebenintervenient (Streitgehilfe) der einen Partei gewesen sein kann (RG 46, 404), muß die **strittige Sache** (das Recht an ihr oder das strittige Recht) ganz oder teilweise **für sich in Anspruch nehmen,** sei es als ausschließliches Recht (Eigentum) oder als stärkeres Recht (weil es zB ihm zur Einziehung überwiesen worden ist). Für die Inanspruchnahme des Rechts ist **Identität der Klageforderung,** abgesehen vom Subjekt, erforderlich (BAG 43, 316 = AP Nr 2 zu § 1 TVG Tarifverträge – Seniorität). Nicht nötig ist Identität der Rechtsschutzform der Interventionsklagen. Die Hauptintervention kann durch Leistungsklage gegen die eine Partei des Hauptprozesses und Feststellungsklage gegen die andere Partei erhoben werden; entscheidend ist nur, daß mit beiden Klagen dasselbe Ziel verfolgt wird (BAG 43, 317).

II) Rechtsfolgen der Hauptintervention

3 In dem Interventionsprozeß werden die beklagten Parteien **Streitgenossen,** auch ohne Vorliegen der Voraussetzungen der §§ 59, 60. Ob eine notwendige oder einfache Streitgenossenschaft vorliegt, hängt von der Lage des Falles ab (RG 100, 61). Zur Hauptintervention bei Veräußerung des Streitgegenstandes: § 265 II.

4 Das im Interventionsprozeß ergehende **Urteil** wirkt nur zwischen dem Hauptintervenienten und den Parteien des Hauptprozesses, nicht dagegen zwischen den Parteien des Hauptprozesses. Im Fall des § 1086 BGB kann der Eigentümer, der nicht Nießbrauchsbesteller ist, nach §§ 64, 771 vorgehen (vgl Palandt/Bassenge § 1086 Anm 2b). Der Testamentsvollstrecker kann als unbeteiligter Dritter Hauptinterventionsklage erheben, wenn ein Nichtberechtigter gegen einen anderen Nichtberechtigten verbotene Eigenmacht geübt hat (Düsseldorf MDR 70, 1017).

III) Zuständigkeit

5 **Das Gericht erster Instanz ist ausschließlich** örtlich und sachlich zuständig, auch wenn der Hauptprozeß in der Rechtsmittelinstanz schwebt. Hauptprozeß und Interventionsprozeß gehen nebeneinander her, wenn sie in derselben Instanz schweben, sie können aber verbunden werden, § 147 (kritisch zur Trennung von Interventions- und Hauptprozeß Picker aaO S 707). Zur Aussetzung des Hauptprozesses bis zur rechtskräftigen Entscheidung des Interventionsprozesses: § 65. Die Klagezustellung erfolgt an die Prozeßbevollmächtigten des Hauptprozesses (RG 15, 428). – Statt der Interventionsklage ist die Klage im allgemeinen Gerichtsstand gegen die Par-

teien des Hauptprozesses möglich (RG 64, 322). Bei Verweisung des Hauptprozesses ist auch der Einmischungsprozeß mit zu verweisen (LG München I NJW 67, 787).

IV) Streitwert und Gebühren: Wie im ordentlichen Prozeß. 6

65

[Aussetzung des Hauptprozesses]

Der Hauptprozeß kann auf Antrag einer Partei bis zur rechtskräftigen Entscheidung über die Hauptintervention ausgesetzt werden.

Die Aussetzung erfolgt **auf Antrag einer Partei** des Hauptprozesses, nicht auch des Hauptintervenienten (aA Picker aaO S 707 ff, 710 unter Berufung auf das Schutzinteresse des Intervenienten). Unabhängig davon ist die Aussetzung von Amts wegen, § 148. Die Zuerkennung des Anspruchs im Interventionsprozeß erledigt den Hauptprozeß. Wurde im Hauptprozeß zuerst ein Urteil erlassen, so kann es ohne Rücksicht auf die Interventionsklage vollstreckt werden; keine Einstellung der Vollstreckung mit Rücksicht auf den Interventionsprozeß. Möglich ist aber Arrest oder einstweilige Verfügung. Damit besteht auch die Möglichkeit, zur Einstellung der Zwangsvollstreckung zu gelangen (§ 938), denn das Urteil des Interventionsprozesses wirkt nicht zwischen den Parteien des Hauptprozesses. Gegen die Ablehnung des Antrags ist sofortige **Beschwerde** gegeben, gegen den nach mündlicher Verhandlung erlassenen Aussetzungsbeschluß die einfache Beschwerde, § 252. 1

66

[Nebenintervention, Zulässigkeit]

(1) Wer ein rechtliches Interesse daran hat, daß in einem zwischen anderen Personen anhängigen Rechtsstreit die eine Partei obsiege, kann dieser Partei zum Zwecke ihrer Unterstützung beitreten.

(2) Die Nebenintervention kann in jeder Lage des Rechtsstreits bis zur rechtskräftigen Entscheidung, auch in Verbindung mit der Einlegung eines Rechtsmittels, erfolgen.

I) Voraussetzungen der Zulässigkeit einer Nebenintervention (Streithilfe)

1) Überblick: Ein Rechtsstreit (Rn 2) muß zwischen anderen Parteien (Rn 5) anhängig sein (Rn 4); der Nebenintervenient muß am Obsiegen einer Partei ein rechtliches Interesse haben (Rn 8 ff). Für den Beitritt (Rn 14 ff) müssen die allgemeinen Prozeßhandlungsvoraussetzungen vorliegen (Rn 14). Die besonderen Zulassungsvoraussetzungen der Nebenintervention (Rn 1 ff, 8 ff) werden nur auf Rüge geprüft (Rn 14; zum Verfahren: § 71). 1

2) Anhängiger Rechtsstreit. a) Rechtsstreitigkeiten sind Klageverfahren jeder Art, nicht nur mit vermögensrechtlichem Gegenstand, sondern auch in Familien- und Kindschaftssachen (vgl §§ 640e, 641b), zB Ehelichkeitsanfechtung (BVerfG 21, 132 [138]; BGH 76, 302; 83, 391 (395) = NJW 82, 1652 [1653]; NJW 84, 353). Der Beitritt ist aber nicht nur bei Klage möglich, sondern richtiger Ansicht nach in sämtlichen Verfahren, in denen die ergehende Entscheidung die Rechtslage des Nebenintervenienten rechtlich beeinflussen kann (R-Schwab § 47 II 1 a), so zB im Arrest- und Verfügungsverfahren (ThP Anm 2; Blomeyer § 112 I 1; StJLeipold Rn 6; Düsseldorf NJW 58, 794); im Mahnverfahren (R-Schwab § 47 II 1 a; Wieczorek, § 66 A I a, str; aA 13. Aufl; BL § 66 Anm 2 A; StJLeipold Rn 6); im Verfahren nach den §§ 722, 731, 767, 768, 771, 805, 891 (vgl Donau NJW 55, 413; Schleswig SchlHA 60, 343); im arbeitsgerichtlichen Verfahren (vgl BAG 42, 356 zu § 110 ArbGG). 2

Die Vorschriften über die Nebenintervention (und damit auch Streitverkündung) sind **nicht anzuwenden** im Beweissicherungs- (Postelt BauR 80, 35 und LG Köln dort S 97; aA Mickel BB 84, 438; differenzierend Eibner aaO, S 39), schiedsrichterlichen, Entmündigungs-, Aufgebots- (OLG 20, 298), Konkurs- (Frankfurt Rpfleger 78, 417) oder Erinnerungsverfahren (§ 766; Oldenburg NdsRpfl 55, 35). Zur entsprechenden Anwendung in Verfahren (besonders echten Streitverfahren) der freiwilligen Gerichtsbarkeit vgl BGH 38, 110; 70, 346. 3

b) Der Rechtsstreit muß **anhängig** sein; Rechtshängigkeit ist nicht erforderlich (BGH 92, 251 [257] = NJW 85, 328 = MDR 85, 222; ThP Anm 3 b; Wieczorek § 66 Anm A I 2; Schellhammer, Zivilprozeß, Rn 1382; Schilken JR 84, 447; aA 13. Aufl; BL § 66 Anm 2 A; StJLeipold § 66 Rn 6), denn ein Interesse an einem Beitritt kann bereits vor Rechtshängigkeit gegeben sein, zB im Mahnverfahren zwecks Einlegung des Widerspruchs. Der Rechtsstreit darf **noch nicht beendet** sein (BVerfG 60, 7 [13]; BGH NJW 84, 353). Folgen für den Zeitpunkt des Beitritts: Rn 15 f. 4

5 **3) Rechtsstreit zwischen anderen Personen. a)** Der Nebenintervenient (Streitgehilfe) muß eine **von den Parteien verschiedene Rechtspersönlichkeit** sein. Also können beitreten einer juristischen Person, dem verklagten nichtrechtsfähigen Verein (§ 50 II) die jeweiligen Mitglieder; der Aktiengesellschaft ihre Aktionäre (Neustadt NJW 53, 1266); der OHG ihre Gesellschafter (RG 102, 303; BGH 62, 133), und zwar auch die vertretungsberechtigten (bestr; aA R-Schwab § 47 II 1d; wie hier StJLeipold § 66 Rn 8; Hueck, Das Recht der offenen Handelsgesellschaft § 22 II 1). Der Rechtsinhaber kann der Partei kraft Amtes beitreten; also der Erbe dem Nachlaßverwalter oder dem Testamentsvollstrecker; der Gemeinschuldner dem Konkursverwalter; der Schuldner dem Zwangsverwalter – und jeweils umgekehrt.

6 **b)** Bei **Streitgenossenschaft** liegen in Wahrheit mehrere selbständige, aber verbundene Prozesse vor. Also kann ein Streitgenosse dem anderen (BGH 68, 85), aber auch dem Gegner beitreten (BGH 8, 72), selbst wenn er noch nicht rechtskräftig aus dem Rechtsstreit ausgeschieden ist (BGH VersR 85, 80; vgl auch Fallgestaltung in BGH LM § 66 Nr 1). Rechtskräftig verurteilte Beklagte können, wenn ihnen im zweiten Rechtszug von einem anderen Beklagten der Streit verkündet wird, auch dem Kläger als Nebenintervenient beitreten (Schleswig NJW 50, 704).

7 **c)** Der **gesetzliche Vertreter** einer Partei kann dieser nicht als Nebenintervenient beitreten (hL, vgl R-Schwab § 47 II 1d).

II) Das rechtliche Interesse (Interventionsgrund)

8 **1) Begriff und Abgrenzung. a) Rechtliches** Interesse am Obsiegen einer Partei hat jemand dann, wenn die Entscheidung des Rechtsstreits (durch Inhalt oder Vollstreckung) mittelbar oder unmittelbar auf seine privat- oder öffentlich-rechtlichen Verhältnisse rechtlich günstig oder ungünstig einwirkt (s München GRUR 76, 388). Eine Zulassung erfolgt schlechthin auch dann, wenn sich das Interesse des Nebenintervenienten auf einen Teil der Hauptsache beschränkt (Düsseldorf MDR 66, 852).

9 **b) Nicht** genügt also ein **ideales** oder ein **rein wirtschaftliches Interesse,** zB im Falle des Beitritts des Geschädigten im Deckungsprozeß, den der Schädiger gegen seinen Haftpflichtversicherer führt (München VersR 76, 73). Es genügt auch nicht das Interesse des Aktionärs am Obsiegen seiner Aktiengesellschaft im Hinblick auf seine Dividende; nicht das eines Mitglieds des Gläubigerausschusses, der nicht selbst Konkursgläubiger ist, um den Beitritt im Anfechtungsprozeß des Konkursverwalters zu rechtfertigen (RG 36, 367; JW 37, 3042); beitrittsberechtigt sind hier aber die Konkursgläubiger.

10 Nicht genügt ein **tatsächliches Interesse:** Klagt der Geschädigte gegen den Schädiger den Teil seines Anspruchs ein, der nicht auf den Sozialversicherer des Geschädigten übergegangen ist, so kann der Sozialversicherer in diesem Prozeß nicht als Nebenintervenient beitreten (Köln MDR 71, 849; dazu auch BAG NJW 68, 73). Entgegen der hL ist auch der Gemeinschuldner berechtigt, seinem Konkursverwalter im Rechtsstreit nach § 146 KO beizutreten, denn das Urteil berührt seine Forderung, wenn auch der Konkursverwalter prozeßführungsbefugt ist (in diesem Sinne auch StJLeipold § 66 Rn 13); der Prozeßbevollmächtigte kann seiner Partei im zweiten Rechtszug nicht im Interesse seines Anspruchs auf Erstattung der Kosten der ersten Instanz beitreten (RG 169, 51). Wegen des Interesses in Patentnichtigkeitsverfahren vgl BGH 4, 5 = NJW 52, 381. Wer in einem anderen Prozeß mit gleichartigem Sachverhalt vom Kläger wegen Verletzung desselben Patents verklagt ist, hat kein rechtliches Interesse am Beitritt (München GRUR 76, 388).

11 **2) Hauptfallgruppen. a)** Das Urteil wirkt gegen den Nebenintervenienten **Rechtskraft. Beispiele:** §§ 325, 326, 327, 727 ZPO; § 129 I HGB; § 407 II BGB; vgl auch § 69 Rn 2. Das gleiche gilt, wenn der Nebenintervenient von der **Gestaltungswirkung** eines Urteils betroffen wird; nach BGH 68, 85 kann zB der auf Zustimmung zur Ausschließung eines Gesellschafters verklagte Mitgesellschafter dem in demselben Verfahren Auszuschließenden als Streithelfer gemäß § 66 beitreten; aA Haarmann/Holtkamp NJW 77, 1396: Der auf Zustimmung Verklagte ist notwendiger Streitgenosse des Auszuschließenden aus prozeßrechtlichen Gründen (vgl auch § 62 Rn 20). Ist in dem gegen die Gesellschaft gerichteten Anfechtungsstreit zugleich die Feststellung begehrt, daß bei Nichtberücksichtigung der Stimmabgabe eines Gesellschafters ein bestimmter Beschluß zustandegekommen ist, und der betreffende Gesellschafter nicht bereits als Streitgenosse mitverklagt worden (vgl § 62 Rn 21), kann er jedenfalls der beklagten Gesellschaft als Streithelfer beitreten (vgl BGH 88, 330 f).

12 **b)** Aus dem Urteil droht **Vollstreckung** in das Vermögen des Nebenintervenienten: **Beispiele:** § 729 II ZPO iVm § 25 HGB; §§ 740 ff ZPO iVm dem Güterrecht der Gütergemeinschaft (s Anhang zu § 51). Zum Beitrittsrecht eines Gatten im Prozeß des anderen in den Fällen der §§ 1365, 1369 BGB vgl Baur FamRZ 58, 257.

c) Das streitige Rechtsverhältnis ist für die rechtlichen Beziehungen des Nebenintervenienten zu einer Partei **vorgreiflich.** Hierher gehören zunächst die Fälle von **akzessorischer Schuld und Haftung.** Im Prozeß gegen den persönlichen (Haupt-)Schuldner kann daher Nebenintervenient sein: der Bürge (§ 767 I 1 BGB), der Verpfänder (§ 1210 BGB), der Hypothekenbesteller (§ 1113 BGB), der Schuldmitübernehmer; ferner der Gesellschafter im Prozeß gegen die OHG (§ 128 HGB), der Untermieter im Prozeß gegen den Hauptmieter (§ 556 III BGB), der Haftpflichtversicherer im Haftpflichtprozeß (Köln VersR 65, 951 f; LG Osnabrück VersR 60, 92). Ein Hauptfall der Vorgreiflichkeit ist weiter gegeben, wenn der Nebenintervenient einen **Regreßanspruch** behauptet oder befürchtet. Beispiele: Wurde eine Forderung zediert, kann der Altgläubiger dem Neugläubiger in seinem Rechsstreit gegen den Schuldner beitreten, da er bei Abweisung der Klage dem Zessionar für den rechtlichen Bestand der Forderung haftet (§ 437 BGB). Der Verkäufer einer Ware kann seinem Käufer beitreten, wenn dieser vom Drittkäufer wegen eines Sachmangels belangt wird; der Hauptschuldner im Prozeß des Gläubigers gegen den Bürgen wegen dessen Rückgriffsrecht (BGH 86, 267 [272]); der beurkundende Notar der auf Vertragserfüllung klagenden Partei im Hinblick auf seine Amtshaftung (§ 19 BNotO) bei Formunwirksamkeit; der Eigentümer einer Pfandsache im Rechtsstreit zwischen Verpfänder und Pfandgläubiger (JW 10, 190); ein Gesamtschuldner oder Gesamtgläubiger im Prozeß seines Mitverpflichteten bzw Mitberechtigten; der Vollstreckungsschulder im Interventionsprozeß nach § 771 oder im Verfahren nach § 805; der Geschädigte im Deckungsprozeß des Versicherungsnehmers gegen den Haftpflichtversicherer, wenn dieser auch dem Geschädigten die Leistung verweigert (München NJW 67, 635). Zum rechtlichen Interesse am Beitritt in Patentnichtigkeits- und Gebrauchsmusterlöschungsverfahren vgl BPatG BB 67, 772; s auch München WRP 76, 330. Kein rechtliches Interesse besteht bei einem angeblichen, mit Sicherheit aussichtslosen Regreßanspruch (Frankfurt NJW 70, 817). 13

d) Ein rechtliches Interesse besteht für den **Träger des materiellen Rechtsverhältnisses** ohne formelle Parteistellung im Prozeß (Fälle von **Prozeßstandschaft**). Beispiele: Beitreten kann immer der Rechtsinhaber, wenn ein Dritter den Prozeß im eigenen Namen führt, so der Treugeber im Prozeß des Treuhänders (RG 145, 188); so in den Fällen der §§ 1074, 1285 BGB; § 841 ZPO; ferner der Kommittent dem Kommissionär und umgekehrt. Ein rechtliches Interesse kann sich auch aus **gesetzlich begründeten Mitwirkungs- und Aufsichtsrechten** ergeben. Nebenintervenienten können daher sein: Die Bundesanstalt für den Güterfernverkehr im Rechtsstreit, den der Fuhrunternehmer gemäß § 23 II GüKG gegen seinen Vertragspartner führt (Stuttgart NJW 65, 824; Bamberg VersR 65, 1006); das Versorgungsamt, das die Rente der Klägerin bei Unterliegen des unterhaltspflichtigen Beklagten kürzen könnte (LG Flensburg FamRZ 74, 534); der Rechtsträger der staatlichen Kommunalaufsicht auf seiten eines mit einer Eingruppierungsfeststellungsklage überzogenen Landkreises (BAG RdA 79, 191 [L]). 13a

e) Rechtliches Interesse bei Statusprozessen. Im Ehelichkeitsanfechtungsstreit des Mannes gegen das Kind (§§ 1594, 1599 I BGB) hat der Dritte, der als außerehelicher Erzeuger des Kindes in Betracht kommt, schon im Hinblick auf § 1615b BGB ein rechtliches Interesse an der Abweisung der Anfechtungsklage und kann daher auf seiten des *beklagten Kindes* als (einfacher: § 69 Rn 2) Nebenintervenient beitreten (BGH 83, 391 [395] = NJW 82, 1652 [1653] = MDR 82, 749) und Rechtsmittel gegen das der Klage stattgebende Urteil einlegen (BGH 76, 299 = NJW 80, 1693; 92, 275 [276] = NJW 85, 386 = MDR 85, 129 = JZ 85, 339 mit iErg zust Anm Braun). Nimmt der Dritte dagegen die Vaterschaft für sich in Anspruch, kann er auch auf seiten des *Anfechtungsklägers* beitreten (Braun JZ 85, 339; offengelassen in BGH 76, 304); ein Widerspruch zu der höchstpersönlichen Natur des zeitlich befristeten Anfechtungsrechts (vgl §§ 1593–1595 BGB) liegt darin nicht, wenn man einen Fall des § 69 verneint (so zutr Braun aaO und § 69 Rn 2). 13b

III) Beitritt des Nebenintervenienten

1) Vorliegen der Prozeßhandlungsvoraussetzungen und Prüfung. Sind die Voraussetzungen in Rn 2–13 erfüllt, ist der Beitritt in der Form des § 70 zulässig, auch hinsichtlich eines Teils des Streitgegenstandes (Düsseldorf MDR 66, 852). Der Beitritt ist **Prozeßhandlung,** also muß der Nebenintervenient die **Prozeßhandlungsvoraussetzungen** (Partei-, Prozeßfähigkeit, gesetzliche Vertretung, Postulationsfähigkeit, Vollmacht) erfüllen; sie sind von Amts wegen zu prüfen. Fehlen sie, wird die Nebenintervention durch nach § 567 anfechtbaren Beschluß zurückgewiesen (R-Schwab § 47 III 1; Blomeyer § 112 II 1; ThP § 66 Anm 4a, str; aA Wieczorek B IIc: § 71 entspr). Jedenfalls kann der unwirksame Beitritt dann keine Interventionswirkungen nach § 68 entfalten. Die übrigen Voraussetzungen dagegen werden nur auf Rüge geprüft; Mängel heilen also nach § 295. Bei Streit: s zu § 71. 14

2) Zeitpunkt des Beitritts (Abs II). Der Prozeß muß schon und noch anhängig (Rn 4) sein, auch in der höheren Instanz. **Abs II** stellt klar, daß der Beitritt auch in Verbindung mit der **Einlegung** 15

eines Rechtsmittels erfolgen kann (BGH 89, 124 = NJW 84, 353; MDR 82, 650). Darunter fallen auch **Rechtsbehelfe** (Einspruch, RG 102, 189; Antrag auf Wiedereinsetzung in den vorigen Stand, Wieczorek A Ib 2 mwN, str; zweifelnd BVerfG 60, 7 [13]; aber auch Wiederaufnahmeklage, StJLeipold Rn 7; BL Anm 3, hM; aA RG 89, 425; vermittelnd BayObLG NJW 74, 1147: bei Beitritt im Vorprozeß). Entgegen dem Wortlaut von **II** steht daher die **formelle Rechtskraft** einer ergangenen Entscheidung dem Beitritt nicht notwendig entgegen (so aber anscheinend BGH 89, 124 = NJW 84, 353; offengelassen in BVerfG 60, 7 [13]); zur maßgeblichen Zustellung vgl auch § 69 Rn 7).

16 Wird der Beitritt (erst) **nach Schluß der mündlichen Verhandlung** erklärt, kann er gem §§ 296 a, 156 unberücksichtigt bleiben, denn der Streithelfer muß die erreichte Prozeßlage (Instanzbeendigung) hinnehmen (§ 67); er hat keinen Anspruch auf Wiedereröffnung der mündlichen Verhandlung (§ 156; vgl Köln MDR 83, 409). Die Kosten eines gem § 296 a unberücksichtigt gebliebenen Beitritts sind vom Streithelfer selbst zu tragen (Köln MDR 83, 409 und näher § 101).

17 3) **Rücknahme der Nebenintervention.** Die Rücknahme ist in der Form des § 269 II mit der Kostenfolge des § 269 III möglich (KG MDR 59, 401). Nach Rücknahme kann der Streithelfer der anderen Partei beitreten (BGH 18, 110 = NJW 55, 1316). Die Zustimmung ist nicht nötig, da die Interventionswirkung des § 68 durch die Rücknahme nicht beseitigt wird (StJLeipold § 70 Rn 7). Prozeßhandlungen des Nebenintervenienten bleiben gleichwohl wirksam (ThP Anm 5 b bb).

18 4) der **Streitwert** bemißt sich grundsätzlich nach dem *eigenen* Interesse des Streithelfers, auch wenn er die gleichen Anträge wie die unterstützte Partei stellt (München AnwBl 85, 646, str; ie § 3 Rn 16 „Nebenintervention").

67 *[Rechtsstellung des Nebenintervenienten]*

Der Nebenintervenient muß den Rechtsstreit in der Lage annehmen, in der er sich zur Zeit seines Beitritts befindet; er ist berechtigt, Angriffs- und Verteidigungsmittel geltend zu machen und alle Prozeßhandlungen wirksam vorzunehmen, insoweit nicht seine Erklärungen und Handlungen mit Erklärungen und Handlungen der Hauptpartei in Widerspruch stehen.

Lit: *Fuhrmann*, Verspätetes Vorbringen des Streithelfers, NJW 82, 978; *Gerhardt*, Zum Recht des Konkursverwalters, im Prozeß als Nebenintervenient die Konkursanfechtung geltend zu machen, KTS 84, 177; *Schulze*, Verspätetes Vorbringen durch den Streithelfer, NJW 81, 2663.

I) Die Rechtsstellung des Nebenintervenienten im allgemeinen

1 Der Nebenintervenient (Streitgehilfe, Streithelfer) ist weder Partei, noch gesetzlicher Vertreter der Hauptpartei, sondern Dritter: **Gehilfe der Hauptpartei** kraft eigenen Rechts (RG 64, 68). Im entscheidenden Teil des Urteils (§ 313 I Nr 1) erscheint er nicht. Der Nebenintervenient kann sich in der Hauptsache weder eine Verurteilung erstreiten, noch kann er (mit Ausnahme des Kostenpunkts, §§ 101 I, 100) verurteilt werden. Der einfache Nebenintervenient (nicht der nach § 69) kann Zeuge sein, jedoch sollte seine Anhörung entspr §§ 273 II Nr 3, 141 jedenfalls dann möglich sein, wenn ihm die Hauptpartei die Prozeßführung praktisch überläßt (zutr Bischof JurBüro 84, 980); durch seinen Tod oder Konkurs wird das Verfahren nicht unterbrochen (anders im Fall des § 69). Das prozessuale Wahrheitsgebot gilt auch für den Nebenintervenienten (BGH NJW 82, 281 [282]).

II) Die einzelnen Befugnisse des Nebenintervenienten

2 1) **Seine Befugnisse** sind verschieden, je nachdem, ob er einfacher (unselbständiger; § 67) oder streitgenössischer (§ 69) Nebenintervenient ist. In beiden Fällen muß er den Rechtsstreit in der Lage annehmen, in dem er sich zZ des Beitritts befindet. Er kann die Hauptpartei, ohne sie zu fragen, zur Wahrung seiner eigenen Interessen am Ausgang des Rechtsstreits unterstützen, darf aber nie zum Nachteil der Hauptpartei handeln (BGH NJW 76, 292) und kann insoweit seinen eigenen Standpunkt nicht zur Geltung bringen (BGH NJW 82, 281 [282]). Er darf sich nicht in Widerspruch zu Erklärungen und Handlungen seiner Partei im Prozeß stellen (Köln NJW 75, 2109; Frankfurt MDR 83, 232 [233]). Das Prozeßgeschehen kann der Nebenintervenient nicht mehr ändern. Auf Angriffs- und Verteidigungsmittel, auf die die Hauptpartei verzichtet oder die die Hauptpartei versäumt hat, können weder der unselbständige noch der streitgenössische Nebenintervenient zurückkommen, eingetretene Verspätungslagen muß er hinnehmen (Rn 4). Eine wirksame Gerichtsstandsvereinbarung bindet auch den Nebenintervenienten (Hamburg VersR 67, 1173). Die zZ des Beitritts durch Zwischen- oder Teilurteil erledigten Streitpunkte können auch fernerhin nicht mehr Gegenstand der Verhandlung sein. Prozeßhandlungen, deren Vornahme von der Hauptpartei verwirkt wurde, können nicht mehr für sie durch den Nebenin-

tervenienten geltend gemacht werden, insbesondere kann die Einhaltung einer von der Hauptpartei versäumten Notfrist nach dem Beitritt des Nebenintervenienten nicht mehr durch denselben nachgeholt werden. Er darf vor allem den Prozeßgegenstand nicht ändern oder auf ihn einwirken durch: Klagerücknahme, -änderung (s dazu BAG BB 74, 372), -beschränkung und -erweiterung, es sei denn, ein entgegenstehender Wille der Partei ist nicht feststellbar (BGH NJW 76, 292; zu einer weiteren Ausnahme s aE); durch Zustimmung zur Klageänderung durch den Gegner gegen seine Partei; durch Verzicht, Anerkenntnis (vgl auch Rn 9); er kann weder Wider- noch Zwischenfeststellungsklage erheben (Rn 8) oder Inzidentantrag nach §§ 302 IV 4, 600, 717 II, III stellen. Auch kann er ein Patentnichtigkeitsverfahren nach Klagerücknahme durch die Hauptpartei nicht fortführen (BPatG NJW 65, 760). Doch kann der Nebenintervenient die Klage ändern, wenn er allein Rechtsmittel eingelegt hat und wenn er der Rechtsnachfolger der Hauptpartei geworden ist (München MDR 72, 616). Hat ferner etwa die Partei ihr Rechtsmittel (nur) zurückgenommen, so setzt sich der Nebenintervenient mit der Prozeßfortsetzung nicht in Widerspruch zur Hauptpartei (BGH 76, 302 = NJW 80, 1693).

2) Der Nebenintervenient kann alle der Hauptpartei selbst zustehenden Prozeßhandlungen 3
wirksam vornehmen. Er kann für die Hauptpartei den Richter ablehnen, alle Beweismittel geltend machen, durch sein Auftreten in der mündlichen Verhandlung von der unterstützten säumigen Partei ein Versäumnisurteil abwenden (RG 102, 303), einem Dritten den Streit verkünden. Widerruft allerdings die Partei in der mündlichen Verhandlung sofort die Erklärung des Streithelfers, so verliert diese ihre Wirkung; ebenso bei unverzüglichem schriftlichen Widerruf im schriftlichen Verfahren (s München JurBüro 77, 94). Die Einwirkung des Nebenintervenienten auf die Zustellung eines Urteils an den Gegner der Hauptpartei ist durch die nunmehr amtswegige Zustellung (§ 270 I) entfallen. Allderdings kann der Nebenintervenient für die Hauptpartei den Antrag nach § 317 I 3 auf Hinausschiebung der Zustellung stellen, wenn die Hauptpartei zumindest teilweise unterlegen ist (zur früheren Rechtslage s 11. Aufl Anm 3). Der Nebenintervenient kann auch außerhalb der mündlichen Verhandlung das Einverständnis mit einer schriftlichen Entscheidung wirksam erklären, soweit die Hauptpartei nicht widerspricht (BayOLGZ 63, 240). Zur umstr Frage des Widerrufs eines Geständnisses der Partei durch den Streithelfer s BGH NJW 76, 293 f und § 288 Rn 5 mwN.

Bei der **Präklusion verspäteten Vorbringens** ist allgemein auf die Hauptpartei abzustellen 4
(Fuhrmann NJW 82, 979; Bischof JurBüro 84, 980 ff). Der Nebenintervenient muß eine in der Person der Hauptpartei begründete Präklusion hinnehmen (Schulze NJW 81, 2664; BL § 67 Anm 2 C). Fristsetzende Verfügungen sind der **Partei** zuzustellen (vgl § 329 Rn 47) und dem Streithelfer formlos gem § 329 II 1 mitzuteilen (Bischof JurBüro 84, 982, str). Eine Zurechnung von Verspätungsverschulden des Streithelfers scheidet mangels einer Zurechnungsnorm aus (§ 278 BGB ist unanwendbar; Fuhrmann NJW 82, 979 mwN; Schulze NJW 81, 2663; Bischof JurBüro 84, 980).

3) Der Nebenintervenient kann namens der Hauptpartei (s dazu KG VersR 75, 453) **Rechts-** 5
mittel (auch Einspruch) **einlegen und begründen** (BGH VersR 85, 551), sich den vom Gegner der Hauptpartei eingelegten Rechtsmitteln anschließen (RG 68, 14), auch wenn die Hauptpartei es nicht tut. Eine Rechtsmitteleinlegung durch den Nebenintervenienten ist aber nur solange möglich, als **die Rechtsmittelfrist für die Hauptpartei** läuft (BGH NJW 86, 257; BAG BB 74, 41; NZA 85, 68 = AP Nr 2) und die Streithilfe nicht rechtskräftig zurückgewiesen ist (BGH NJW 82, 2070 = MDR 82, 650). Das Urteil muß dem Nebenintervenienten nicht von Amts wegen zugestellt werden (BGH NJW 86, 257). Der Nebenintervenient kann zwar *in seiner Person* liegende Wiedereinsetzungsgründe geltend machen (so wohl Waldner JR 84, 158 f mN zur aA und hM), jedoch trifft ihn eine Erkundigungspflicht (BGH NJW 86, 257), deren Verletzung Wiedereinsetzung ausschließt (BAG NZA 85, 68 = AP Nr 2). Im übrigen wirken Fristverlängerungen, die dem Nebenintervenienten (zB zur Begründung des Rechtsmittels) gewährt werden, auch zugunsten der Hauptpartei (BGH NJW 82, 2069). Für die **Zulässigkeit** ist die Höhe der **Beschwer der Partei** maßgebend (BAG AP § 511 Nr 1; BGH NJW 81, 2062; Köln NJW 75, 2108; insoweit zust Gorski NJW 76, 811). Es bedarf keiner ausdrücklichen Erklärung des Nebenintervenienten, das Rechtsmittel namens der Hauptpartei einlegen zu wollen; s auch KG VersR 75, 453. In dem in der Rechtsmittelinstanz ergehenden Urteil ist gleichwohl die Hauptpartei aufzuführen. Haben Hauptpartei und Nebenintervenient ein Rechtsmittel eingelegt, so ist das des Nebenintervenienten idR nur als unterstützendes und nicht als eigenständiges Rechtsmittel anzusehen (BGH NJW 82, 2069; VersR 85, 551). Die Rechtsmittelbegründung (§§ 519, 554) des Nebenintervenienten wirkt zugleich als solche der Hauptpartei. Die Hauptpartei, die neben dem Nebenintervenienten Rechtsmittel eingelegt hat, aber in der Rechtsmittelinstanz nicht mündlich verhandelt, gilt als durch den Nebenintervenienten vertreten; es ist also kein Versäumnisurteil gegen die Hauptpartei möglich, solange der Nebenintervenient verhandelt. **Nimmt** die Hauptpartei ihr **Rechtsmittel zurück,** wird derNebenintervenient, der selbständig ein Rechtsmittel eingelegt hat, in dessen

Durchführung nicht gehindert (BGH 76, 301 = NJW 80, 1693), es sei denn, die Hauptpartei hat ausdrücklich oder durch schlüssige Handlungen das Gegenteil zu erkennen gegeben (RG 97, 215); in diesem Fall ist das Rechtsmittel als unzulässig zu verwerfen (BGH 92, 279; Hamm OLGZ 84, 338 [340]). Ist die Hauptpartei in der Rechtsmittelinstanz völlig untätig, kann der Nebenintervenient aber sowohl das von ihm als auch das von der Hauptpartei eingelegte Rechtsmittel beschränken oder zurücknehmen (BayObLG NJW 64, 302).

6 Unterliegt der Nebenintervenient in der Rechtsmittelinstanz, so sind ihm die **Kosten** des Rechtsmittels allein aufzuerlegen. Hat auch die Hauptpartei ein Rechtsmittel eingelegt, so gelten die §§ 97, 101. Hat nur der Streithelfer einer Partei Berufung eingelegt und mit diesem Rechtsmittel Erfolg gehabt, führt aber die Revision des Gegners zur Wiederherstellung des Urteils der ersten Instanz, so hat der Streithelfer die Kosten beider Rechtsmittel zu tragen (BGH LM § 67 Nr 3). Zur Kostentragung nach Rücknahme des Widerspruchs des Streitgehilfen durch die Partei s München JurBüro 77, 94.

7 Die Frist nach § 320 II **(Tatbestandsberichtigung)** beginnt für den Nebenintervenienten mit der Zustellung des vollständigen Urteils an eine der Parteien, nicht erst an ihn zu laufen (BGH NJW 63, 1251).

8 Der Nebenintervenient darf **nicht im eigenen Namen** vorgehen, wie wenn er selbst Partei wäre. Im eigenen Namen kann er ein Rechtsmittel nur dann einlegen, wenn eine Entscheidung gegen ihn selbst ergangen ist, zB ihm die Kosten auferlegt sind. Anträge gegen den Nebenintervenienten und Rechtsmittel, die nur gegen ihn gerichtet sind, sind unzulässig. Rechtsmittel des Gegners müssen gegenüber der Hauptpartei eingelegt werden (RG 34, 390). Die Erhebung **einer Widerklage gegen den Nebenintervenienten** ist nicht zulässig (vgl allg § 33 Rn 18 ff). Einem vom Nebenintervenienten für die Hauptpartei eingelegten Rechtsmittel kann sich der Gegner anschließen, auch wenn die Hauptpartei den Prozeß nicht mehr betreibt. Aus der Stellung als Streithelfer erwächst nicht das Recht zur **Widerklage** (BGH JR 73, 18) oder **Zwischenfeststellungsklage** (§ 256 II), etwa über das Fehlen einer eigenen Einstandspflicht (BAG VersR 86, 176 = DB 85, 1538).

9 **4) Der Nebenintervenient darf materiell über den Streitgegenstand nicht verfügen;** er kann nicht mit Wirkung für und gegen die Hauptpartei einen Vergleich abschließen oder mit einer Forderung der Hauptpartei aufrechnen (BGH NJW 66, 930; Düsseldorf MDR 74, 406), wohl aber materielle Einreden der Hauptpartei (Verjährung, Vorausklage, Zurückbehaltung) vorbringen (BGH VersR 85, 80). Ein Streithelfer kann Prozeßhandlungen, die die Rechtsstellung der unterstützten Partei zugleich materiellrechtlich verändern, nicht vornehmen, ohne dazu von ihr legitimiert zu sein (Düsseldorf MDR 74, 406). In seiner *eigenen Person* begründetete Einreden und Einwendungen des Streithelfers sind idR materiellrechtlich unerheblich (zB § 387 BGB); trifft das ausnahmsweise nicht zu, kann der Streithelfer das Recht ausüben und die eingetretene Rechtsänderung prozessual geltend machen. Beispiel: Aufrechnung mit eigener Gegenforderung bei bestehender Gesamtschuld gem §§ 421, 422 I 2 BGB (vgl Gerhardt KTS 84, 181; ThP Anm 3d, str; aA BL Anm 2 C). Der Konkursverwalter kann als Streithelfer des Schuldners idR nicht die Anfechtbarkeit (iS der §§ 30 ff KO) des Erwerbs der geltend gemachten Forderung geltend machen (Hamm ZIP 86, 725 bei Ablauf der Anfechtungsfrist; aA Gerhardt KTS 84, 187, 191).

68 *[Wirkung der Nebenintervention]*

Der Nebenintervenient wird im Verhältnis zu der Hauptpartei mit der Behauptung nicht gehört, daß der Rechtsstreit, wie er dem Richter vorgelegen habe, unrichtig entschieden sei; er wird mit der Behauptung, daß die Hauptpartei den Rechtsstreit mangelhaft geführt habe, nur insoweit gehört, als er durch die Lage des Rechtsstreits zur Zeit seines Beitritts oder durch Erklärungen und Handlungen der Hauptpartei verhindert worden ist, Angriffs- oder Verteidigungsmittel geltend zu machen, oder als Angriffs- oder Verteidigungsmittel, die ihm unbekannt waren, von der Hauptpartei absichtlich oder durch grobes Verschulden nicht geltend gemacht sind.

Übersicht

I) Allgemeines

1) Überblick. § 68 bestimmt, welche Wirkung der Beitritt eines Nebenintervenienten in einem späteren Rechtsstreit (meist Regreßprozeß, vgl § 66 Rn 13) zwischen ihm und der von ihm unterstützten Hauptpartei hat. Die Interventionswirkung (Rn 8 ff) besteht in einer rechtskraftähnlichen (Rn 9) Bindungswirkung im Folgeprozeß an das im Hauptprozeß ergangene Urteil (Ausnahmen: Rn 11). Die Interventionswirkung gem HS 1 ist als Urteilswirkung **von Amts wegen** zu beachten (BGH 16, 228; 96, 54, hM, str; zur Rechtskraft vgl Rn 12 vor § 322), die Einrede mangelhafter Prozeßführung (HS 2) dagegen nur bei Geltendmachung (Bischof JurBüro 84, 1147 mwN). 1

2) Internationaler Rechtsstreit. Im Anwendungsbereich des EuGVÜ werden die Wirkungen, welche die in der Bundesrepublik Deutschland ergangenen Entscheidungen nach den §§ 68, 72 bis 74 gegenüber Dritten haben, auch in den anderen Vertragsstaaten anerkannt (Art V Abs 2 S 2 des Protokolls vom 27. 9. 1968, Abdruck 14. Aufl, Anh V, Texte I ZPR, S 2550). 2

II) Voraussetzungen der Interventionswirkung

1) Es muß ein **wirksamer,** nicht gemäß § 71 zurückgewiesener **Beitritt** erfolgt sein. Eine spätere Rücknahme (s § 70 Rn 1) schadet nicht (RG 61, 289; StJLeipold Rn 2). Unschädlich ist es auch, wenn der Beitritt verfahrenstechnisch (§ 70) fehlerhaft war, ferner, wenn es an den Voraussetzungen für den Beitritt überhaupt gemäß § 66 mangelte, so BGH WM 1972, 346 bei ungerügtem Fehlen des rechtlichen Interesses. Keine Interventionswirkung tritt allerdings ein, wenn ein Mangel in den Prozeßhandlungsvoraussetzungen (vgl § 66 Rn 14) vorlag. 3

2) Es muß ein **rechtskräftiges Sachurteil zuungunsten der Hauptpartei** vorliegen (wie § 74 III, vgl dort Rn 6); genügend ist auch ein Grundurteil (§ 304; RG 123, 95) oder ein Teilurteil (§ 301) und zwar auch für den noch nicht mitentschiedenen Teil der eingeklagten Forderung (BGH NJW 69, 1480 = ZZP 83, 220 Anm Wieser), wenn es insoweit tragende Feststellungen enthält (ie Rn 10 unter ee). Keine Interventionswirkung entfaltet das bloße Prozeßurteil (Eibner aaO, S 66, hM; aA ThP Anm 2c unter unzutr Berufung auf Martens ZZP 85, 94), ferner nicht der Prozeßvergleich (BGH Betrieb 67, 814; ThP Anm 2c), auch nicht der in der höheren Instanz geschlossene; anders, wenn die Parteien ihre Rechtsmittel vergleichsweise zurückgenommen haben, da dann das hierdurch rechtskräftige Ersturteil inhaltlich bestehen bleibt (BGH NJW 69, 1480). 4

3) Der Nebenintervenient kann die Interventionswirkung **beseitigen,** wenn er im Vorprozeß gehindert war, seinen Standpunkt zur Geltung zu bringen (BGH NJW 82, 281 [282]; ausführlich unten Rn 11, 12). 5

III) Subjektiver Umfang der Interventionswirkung

1) Von der Bindungswirkung betroffene Parteien. Die Interventionswirkung entfaltet sich **nur zwischen** dem Nebenintervenienten und der von ihm **unterstützten** Hauptpartei **(HS 1),** nicht aber der Gegenpartei (BGH 92, 277); Versuche, die subjektiven Grenzen der Interventionswirkung mit Hilfe materiellrechtlicher Erwägung (§ 242 BGB) zu erweitern, sind abzulehnen (ie § 74 Rn 7). Die Interventionswirkung wirkt immer nur **zuungunsten des Nebenintervenienten,** nicht zuungunsten der unterstützten Hauptpartei (vgl Wieser ZZP 79, 288; Eibner aaO, S 73 ff, str; aA StJLeipold Rn 12; Häsemeyer ZZP 84, 198 f). Dies folgt für den Fall vorangegangener Streitverkündung aus § 74 III („gegen") und dem Zweck der Streitverkündung (§ 72 Rn 1). Ein unterschiedlicher Inhalt der Interventionswirkung ohne und bei Streitverkündung ist aber ausge- 6 schlossen. Allerdings ist die Interventionswirkung in dem Sinne **unteilbar,** daß sie dem Nebenintervenienten nur uneingeschränkt oder überhaupt nicht entgegengehalten werden kann; eine Aufspaltung in der Hauptpartei günstige Teile unter Weglassung der übrigen ist nicht möglich (ThP Anm 3d; Eibner aaO, S 77 f, 124).

7 **2)** Zur **Erstreckung** der Interventionswirkung in subjektiver Hinsicht durch Parteivereinbarung vgl Rn 13.

IV) Objektiver Umfang der Interventionswirkung

8 **1) Allgemeines.** Den Inhalt der Bindungswirkung umschreibt **HS 1** dahin, daß der Nebenintervenient mit dem Einwand der „unrichtigen Entscheidung" des Vorprozesses („Rechtsstreit, wie er dem Richter vorgelegen" hat) ausgeschlossen ist; gegenüber der damit auch im Verhältnis zu sich selbst als „richtig" zugrundezulegenden Vorentscheidung hat der Nebenintervenient (anders als bei Rechtskraft) die *Einrede der mangelhaften Prozeßführung durch die Hauptpartei* (**HS 2,** 1. Satzteil), die freilich grundsätzlich nur insoweit greift, als der Nebenintervenient selbst durch das prozessuale Verhalten der Hauptpartei an einer Beeinflussung des Entscheidungsinhalts gehindert war; dies ist der Inhalt von HS 2, 2. Satzteil (Einzelheiten: Rn 11, 12).

9 **2) Umfang der Bindungswirkung (HS 1). a) Beschränkung auf tragende Feststellungen des Ersturteils.** Die Bindungswirkung des rechtskräftigen Urteils des Vorprozesses beschränkt sich nicht nur (wie die Rechtskraft) auf den Entscheidungssatz, dh den Bestand der im Tenor der Entscheidung ausgesprochenen Rechtsfolge, sondern erstreckt sich auch auf den beurteilten *Tatsachenkomplex* und die inhaltliche „Richtigkeit" der Entscheidung und damit auf deren **tatsächliche und rechtliche Grundlagen,** umfaßt also auch die tragenden Feststellungen des Ersturteils, die sog „Entscheidungselemente" (BGH 8, 72; 36, 215; 70, 187 [192]; 85, 252 [255 mN]; 96, 50 [53]; R-Schwab § 47 IV 6; Bischof JurBüro 84, 1141 ff). „Tragende Feststellungen" sind jedoch nur die hinreichenden und notwendigen Bedingungen der Erstentscheidung. Nicht dazu gehört alles „überflüssige Beiwerk" wie etwa außer bloßen Rechtsansichten, unmaßgeblichen Hilfserwägungen, *obiter dicta* und dgl (Vollkommer NJW 86, 264 gegen München aaO; Bischof JurBüro 84, 1143; eingehend Eibner aaO, S 86 ff, 105). Was zu den „tragenden Feststellungen" des Ersturteils gehört, beurteilt sich nicht danach, was das Erstgericht *selbst* als entscheidungserheblich angesehen hat, sondern ausschließlich danach, worauf die Entscheidung *objektiv* nach zutr Rechtsauffassung *beruht* (Vollkommer NJW 86, 264). In der Erstreckung auf die Entscheidungselemente zeigt sich ein wesentlicher Unterschied der Interventionswirkung gegenüber der Rechtskraftwirkung (vgl BGH NJW 83, 2032 [2033]); zum Einwand mangelhafter Prozeßführung der Hauptpartei vgl. bereits oben Rn 8 und näher Rn 11, 12.

10 **b) Einzelfragen. aa)** Keine Bindungswirkung entfalten sog **überschießende Feststellungen,** das sind Feststellungen, die im Erstprozeß nicht erheblich sind und daher bei korrektem Verfahren im Erstprozeß gar nicht zu klären waren (verkannt in München NJW 86, 263 mit krit Anm Vollkommer). Bsp: Stellt das Gericht im Vorprozeß gegen den Geschäftsherrn iS von § 831 I BGB irrig Verschulden der Hilfsperson fest, so kann diese im Regreßprozeß (vgl § 840 II BGB) ihr Verschulden (zB gem § 823 I BGB) bestreiten, da es im Vorprozeß auf diese Tatsache überhaupt nicht ankam (vgl Palandt/Thomas, BGB, § 831 Anm 1, 2 A). **bb)** Auch bei **fehlenden Feststellungen,** die das Gericht an sich bei gehöriger Ausschöpfung des Prozeßstoffs hätte treffen müssen, ist kein Raum für eine Bindungswirkung (BGH 85, 256). **cc)** Auch **„Mehrfachbegründungen"** des Ersturteils nehmen an der Bindung nicht teil, denn der Nebenintervenient ist praktisch gehindert, allein die ihn belastende Zusatzbegründung im Rechtsmittelweg mit Erfolg anzugreifen (zutr Eibner aaO, S 101 ff). **dd)** Möglich ist eine Interventionswirkung bei **Unaufklärbarkeit von Tatsachen** (sog *non liquet*-Entscheidung). War im Vorprozeß eine Tatsache unaufklärbar und ist die (beweisfällige) Hauptpartei deshalb aus Gründen der Beweislast unterlegen, so nimmt auch die Unaufklärbarkeit der Tatsache als tragender Entscheidungsgrund an der Interventionswirkung teil (BGH 85, 258, str; aA StJLeipold § 68 Rn 5: nur die Rechtsfolge). Daraus ergeben sich im Folgeprozeß nachteilige Konsequenzen für den (nunmehr) beweisbelasteten Nebenintervenienten: Der im Folgeprozeß für die gleiche Tatsache (wie die im Vorprozeß unterlegene Hauptpartei) beweispflichtige Nebenintervenient kann nicht mehr zum Beweis dieser Tatsachen zugelassen werden (BGH 16, 218; 85, 252 [258 mN], str; aA StJLeipold Rn 5 N 16). Dies gilt jedoch nicht, wenn der Nebenintervenient im Folgeprozeß nicht die Beweislast trägt; dann kann es zu einer zweimaligen non liquet-Entscheidung zuungunsten der Hauptpartei kommen. Dies gilt auch dann, wenn die Hauptpartei im Erstprozeß zu Unrecht als beweispflichtig behandelt wurde (ausf BGH 85, 252). **ee) Teilklagenproblematik.** Nach hM ist die Interventionswirkung nicht auf den *Streitgegenstand* (Einl Rn 60 ff) des Erstprozesses beschränkt, bei *Teilklagen* soll es daher keine der Rechtskraft (vgl Rn 47 vor § 322) entsprechende Beschränkung der Interventionswirkung geben (so BGH NJW 69, 1480 = ZZP 83, 220; VersR 85, 569; StJLeipold Rn 5, str; aA R-Schwab

§ 47 IV 6b; Häsemeyer ZZP 84, 179; unterscheidend Wieser ZZP 79, 281). Dies wird (begrifflich) mit der „Unteilbarkeit" der getroffenen Feststellung (zB der Wirksamkeit einer Vollmacht) begründet; bedenklich, da wegen der Rechtskraftbegrenzung (Rn 47 vor § 322) hinsichtlich des nicht rechtskräftig entschiedenen Forderungsteils widersprechende Entscheidungen möglich sind (näher Eibner aaO, S. 115 ff). **ff)** Keine Bindungswirkung entfaltet das Urteil für einen im Vergleich zum Erstprozeß **ähnlichen Sachverhalt** (aA Martens ZZP 85, 93), denn dieser hat dem Erstrichter „nicht vorgelegen" (HS 1). **gg)** Nicht in Interventionswirkung erwächst die Entscheidung über **Prozeßvoraussetzungen;** diese sind für jeden Prozeß selbständig festzustellen.

V) Einrede schlechter Prozeßführung (HS 2)

1) Keine Bindung an Feststellungen, die der Nebenintervenient nicht beeinflussen konnte. 11
Soweit der Nebenintervenient im Vorprozeß daran gehindert war, auf die Feststellungen des Gerichts Einfluß zu nehmen, bleiben ihm seine Einwendungen im Folgeprozeß gem **HS 2** erhalten. Dies ist eine Ausprägung von Art 103 I GG (so zutr Eibner aaO, S 106) und folgt aus den **Beschränkungen** der Rechtsstellung des Nebenintervenienten im Vorprozeß gem § 67 (eingehend Bischof JurBüro 84, 1142, 1148).

2) Fallgruppen. Die Einrede der (angeblich) mangelhaften Prozeßführung der Hauptpartei 12
setzt voraus (vgl BGH NJW 76, 292 = LM Nr 1 zu § 73; Bischof JurBüro 84, 1147 ff), daß der Nebenintervenient im Vorprozeß aus einem der folgenden Gründe an einer seine eigenen Interessen wahrenden Prozeßführung gehindert war: **a) Unabänderliche Lage des Rechtsstreits vor dem möglichen Beitritt (HS 2, 1. Var).** In allen Fällen, in denen zum maßgeblichen Zeitpunkt bereits den Nebenintervenienten *bindende Prozeßlagen* eingetreten waren (vgl § 67 Rn 2, 4), scheidet eine Bindung im Folgeprozeß aus. Beispiel: Streitverkündung nach Verhandlungsschluß bei nicht rechtsmittelfähiger Entscheidung (vgl Köln MDR 83, 409). **b) Hypothetischer Widerspruch zur Prozeßführung der Hauptpartei (HS 2, 2. Var).** Der Nebenintervenient kann in dem neuen Prozeß noch diejenigen Einreden, Rechtsbehelfe usw erfolgreich vorbringen, die er im Vorprozeß nicht (mehr) geltend machen konnte, weil er sich damit *in Widerspruch* zum Vorbringen der Hauptpartei (vgl § 67 Rn 2) begeben hätte (BGH NJW 82, 281 [282]). Er kann daher im Folgeprozeß noch geltend machen, daß er durch die zeitliche oder sachliche *Begrenzung* seiner Tätigkeit im Vorprozeß zur Unterstützung der Hauptpartei (§ 67 Rn 2 ff, 9) gehindert war, Angriffs- oder Verteidigungsmittel geltend zu machen, Beweismittel einzuführen, Rechtsbehelfe zu ergreifen oder weiter zu verfolgen oder seinen eigenen Standpunkt zur Geltung zu bringen (BGH NJW 82, 281 [282]). Beispiel: Bestreitet der auf Zahlung von Werklohn als Auftraggeber in Anspruch genommene Beklagte seine Haftung gem §§ 631, 632 BGB damit, er habe bei der Auftragserteilung nur im Namen und mit Vollmacht eines Dritten gehandelt (§ 164 I BGB) und verkündet der Kläger diesem daraufhin den Streit, so kann dieser im Folgeprozeß noch einwenden, er sei mit der Auftragserteilung nur für den Fall einverstanden gewesen, daß ein Vierter die Kosten übernehme, der (im Vorprozeß) Beklagte habe den Vertrag im Namen und mit Vollmacht des Vierten geschlossen (vgl Bischof JurBüro 84, 969). Die Wirkung eines Geständnisses durch die Hauptpartei im Vorprozeß kann den Nebenintervenienten im Folgeprozeß idR nicht binden (Hamm NJW 55, 873), wohl aber dann, wenn der Nebenintervenient dieses Geständnis nach § 290 hätte erfolgreich (notfalls mit Rechtsmittel: BGH NJW 76, 293) widerrufen können (vgl München NJW 56, 1927, str: § 67 Rn 3 aE), dies aber unterlassen hatte. Rechtsmittel mit geringen Erfolgsaussichten braucht aber der Nebenintervenient nicht zu ergreifen (BGH NJW 76, 292 [294]). **c)** Dem Nebenintervenienten **unbekannte Angriffs- und Verteidigungsmittel,** die von der Hauptpartei absichtlich oder aus grobem Verschulden nicht geltend gemacht wurden **(HS 2, Var 3;** selten). **d)** Beim **streitgenössischen Nebenintervenienten** (§ 69) ist lediglich HS 2, Var 2 (oben b) unanwendbar (Bischof JurBüro 84, 1148 f). **e)** Zu Besonderheiten bei **doppelter Streitverkündung** s § 72 Rn 11.

VI) Vereinbarungen über die Interventionswirkung

1) Die **Erstreckung der Interventionswirkung auf Dritte** ist zulässig (R-Schwab § 48 IV 2b; 13
einschr StJLeipold Rn 3; aA Wieczorek A IVa). Dies folgt daraus, daß die Parteien über die Tatsachengrundlage des Prozesses verfügen können (Verhandlungsmaxime). Die vom Gesetz (nicht notwendig: vgl § 74 II, III) vorgesehene Beteiligung des Dritten ist Ausfluß des rechtlichen Gehörs, auf das verzichtet werden kann. Schließlich wird auch uU eine Rechtskrafterstreckung durch Parteivereinbarung zugelassen (§ 325 Rn 43a; eingehend Eibner aaO, S 127 ff).

2) Abdingung der Interventionswirkung. Die Parteien können die eingetretene Interventions- 14
wirkung einverständlich beseitigen. Das folgt daraus, daß ein Zwang zum Beitritt nicht besteht und die Interventionswirkung überwiegend im Parteiinteresse liegt (näher Eibner aaO, S 138).

69 *[Streitgenössische Nebenintervention]* **Insofern nach den Vorschriften des bürgerlichen Rechts die Rechtskraft der in dem Hauptprozeß erlassenen Entscheidung auf das Rechtsverhältnis des Nebenintervenienten zu dem Gegner von Wirksamkeit ist, gilt der Nebenintervenient im Sinne des § 61 als Streitgenosse der Hauptpartei.**

I) Voraussetzungen der streitgenössischen Nebenintervention

1 Es müssen zunächst die zu § 66 dargelegten Voraussetzungen vorliegen, weiter die in § 69 geforderte Rechtskrafterstreckung: Das Urteil wirkt in bestimmten Fällen nach bürgerlichem Recht oder nach Verfahrensrecht – der Gesetzeswortlaut ist also zu eng bzw überholt (vgl BGH 92, 277) – unmittelbar auf die Rechtsbeziehungen des Nebenintervenienten **zum Gegner** der von ihm unterstützten Partei ein (BGH 92, 277; dazu näher Rn 2). Hierunter fallen:

2 **1)** Die **Rechtskrafterstreckung.** Sie muß gerade das Rechtsverhältnis (Begriff: BGH 92, 278) zwischen dem Streithelfer und dem *Prozeßgegner* der unterstützten Partei betreffen (BGH 92, 277 mN = NJW 85, 386 = MDR 85, 129), *nicht* genügt das Verhältnis zur unterstützten Partei (insoweit schützt § 68 HS 2, dort Rn 11, 12). **Beispiele:** §§ 76 IV, 326, 327, 636 a (BGH 30, 140 = NJW 59, 2207), 636, § 640 e iVm § 640 h S 1 (BGH 89, 123 = NJW 84, 353 = JR 84, 156 mit Anm Waldner; s auch sogleich unter „Abgrenzung"), 728, 856 IV ZPO; § 147 KO; § 111 II GenG; § 61 II GmbHG (BVerfG 60, 9); §§ 248, 249 AktG; §§ 407 II, 408 BGB; §§ 128, 129 HGB (§ 62 Rn 7; § 325 Rn 35); vgl im einzelnen zu § 62. Der Pensionssicherungsverein ist im Rentenanpassungsstreit gem § 7 BetrAVG streitgenössischer Nebenintervenient (BGH 93, 387; wohl auch BAG DB 85, 1538 = VersR 86, 176). **Abgrenzung:** In den Fällen der §§ 265, 325 ist der der Partei beitretende (materielle) Rechtsnachfolger nur ein *einfacher Nebenintervenient* (§ 265 II S 3). Das gleiche gilt – trotz §§ 1615 b BGB – für den dem beklagten Kind beitretenden außerehelichen Erzeuger im Fall des Ehelichkeitsanfechtungsstreits gem § 1593 BGB, § 640 II Nr 2 (BGH 92, 275 = NJW 85, 386 = MDR 85, 129 = JZ 85, 339 [iErg zust Braun] = ZZP 99, 98 [iErg zust Denecke]; Hamm OLGZ 84, 338).

3 **2)** Die **Gestaltungswirkung; Beispiele:** § 23 EheG; §§ 1496, 2342 BGB; §§ 248, 249, 252, 256 VII, 275 AktG; §§ 51 V, 75, 96 GenG (BGH 7, 383); ferner die Fälle, in denen das Gesetz zur Gestaltungsklage durch oder gegen mehrere Personen zwingt, zB §§ 117, 127, 140 HGB (vgl BGH NJW 58, 418 = LM § 133 HGB Nr 3); § 666 III, 679 ZPO.

4 **3)** Die **erweiterte Vollstreckbarkeit; Beispiele:** §§ 729, 740, 741, 742, 743 ZPO.

II) Rechtsstellung des streitgenössischen Nebenintervenienten

5 Unter den in Rn 1 genannten Voraussetzungen „gilt" der beigetretene Nebenintervenient als Streitgenosse der unterstützten Partei und zwar hat er – da sich die Voraussetzungen des § 69 mit denen des § 62 decken – regelmäßig die Stellung eines **notwendigen Streitgenossen.** Gleichzeitig aber ist er Nebenintervenient. Aus dieser Doppelstellung ergeben sich (gegenüber § 67 Rn 2) erweiterte Befugnisse.

6 **1) Als Nebenintervenient** führt er einen fremden Prozeß, er muß den Rechtsstreit so annehmen, wie er im Zeitpunkt des Beitritts liegt (RG 93, 92); er kann keine Widerklage erheben und keine Anträge für sich stellen, er kann weder für sich in der Hauptsache etwas bestreiten, noch, abgesehen von den Kosten, verurteilt werden, da er als Streitgenosse gilt, nicht selbst Partei ist. An eine bei seinem Eintritt bereits laufende Frist ist auch er gebunden (RG 93, 31).

7 **2)** Da er **als Streitgenosse** gilt, kann er selbständig, und zwar – anders als bei der gewöhnlichen Nebenintervention (vgl § 67 Rn 2, 8) – auch gegen den Widerspruch der von ihm unterstützten Partei Angriffs- und Verteidigungsmittel vorbringen und Prozeßhandlungen vornehmen (BGH 89, 124 = NJW 84, 353; 92, 276 = NJW 85, 386). Hat die Hauptpartei eine Frist (zB die Rechtsmittelfrist) oder einen Termin versäumt, liegt eine Versäumung nicht vor, wenn der streitgenössische (selbständige) Nebenintervenient die Frist gewahrt hat, bzw in dem Termin anwesend war. Die Einspruchs- und Rechtsmittelfrist wird ihm gegenüber nur durch die **Zustellung des Urteils an ihn** (nicht schon durch diejenige an die Hauptpartei) in Lauf gesetzt (BGH 89, 125 = NJW 84, 353). Der Nebenintervenient des § 69 kann selbständig ohne und gegen den Willen der unterstützten Partei Einspruch oder ein Rechtsmittel einlegen (RG 44, 345; Bischof JurBüro 84, 976 mwN). Er kann nur als Partei vernommen werden; seine Vernehmung als Zeuge ist unzulässig. Er kann von einem ausländischen Kläger Sicherheitsleistung verlangen, wie er selbst als Ausländer Sicherheit für die Prozeßkosten leisten muß; **Unterbrechungsgründe** (§§ 239, 240) in seiner Person wirken auf den Rechtsstreit ein; er kann **Wiedereinsetzung** auch für sich, dann aber nur aus Gründen in seiner Person beantragen (R-Schwab § 47 V 2 b; StJLeipold Rn 10; Waldner JR 84, 159).

3) Er **darf** aber **nicht** die Klage zurücknehmen, den Streitgegenstand ändern, Zwischenfeststellungsklage (§ 256 II) erheben (R-Schwab § 47 V 2a; StJLeipold Rn 7, hM, str; offenlassend BAG DB 85, 1538 = VersR 86, 176), das von der Hauptpartei eingelegte Rechtsmittel zurücknehmen. Ein Patentnichtigkeitsverfahren kann er nach Klagerücknahme durch die Hauptpartei nicht fortführen (BGH NJW 65, 760). Er kann anerkennen und verzichten, auch zugestehen, doch nimmt der Widerspruch der Hauptpartei diesen Prozeßhandlungen ihre Wirkungskraft, so daß nach § 286 frei zu würdigen ist (ebenso umgekehrt). Ist die Hauptpartei säumig oder schweigt sie, kann er sowohl anerkennen als auch verzichten (R-Schwab § 47 V 2b). 8

4) Die **Interventionswirkung des § 68** gilt auch für den Nebenintervenienten nach § 69; soweit ihn aber die Rechtskraft des Urteils auch im Verhältnis zur Hauptpartei (vgl aber Rn 1) erfaßt, kann er diese nicht gemäß § 68 beseitigen. 9

III) Kosten

Es gelten die §§ 101 II, 100. Unterliegt der streitgenössische Nebenintervenient, so ist er mit der Hauptpartei zu den Kosten des Hauptprozesses heranzuziehen. 10

70 *[Beitritt des Nebenintervenienten]*

(1) Der Beitritt des Nebenintervenienten erfolgt durch Einreichung eines Schriftsatzes bei dem Prozeßgericht und, wenn er mit der Einlegung eines Rechtsmittels verbunden wird, durch Einreichung eines Schriftsatzes bei dem Rechtsmittelgericht. Der Schriftsatz ist beiden Parteien zuzustellen und muß enthalten:

1. **die Bezeichnung der Parteien und des Rechtsstreits;**
2. **die bestimmte Angabe des Interesses, das der Nebenintervenient hat;**
3. **die Erklärung des Beitritts.**

(2) Außerdem gelten die allgemeinen Vorschriften über die vorbereitenden Schriftsätze.

I) Form des Beitritts. Der **Beitritt** (als Prozeßhandlung) kann im **Parteiprozeß** schriftlich oder zu Niederschrift der Geschäftsstelle erklärt werden (vgl die Erleichterung des § 496). Möglich ist auch ein Beitritt zwecks Abschluß eines Vergleichs; dann ist die Aufführung des Nebenintervenienten im Rubrum der Vergleichsniederschrift notwendig, damit eine vollstreckbare Ausfertigung gegen ihn erteilt werden kann. Im **Anwaltsprozeß und Rechtsmittelverfahren** muß der Beitrittsschriftsatz (bestimmender Schriftsatz gemäß § 129 I) von einem Anwalt unterzeichnet sein (allg BGH 92, 254). Die Zustellung an die Parteien bzw ihre Anwälte, § 176, erfolgt von Amts wegen, vgl §§ 270, 212a; beachte auch § 133. Der Beitritt kann im Rechtsmittel- oder Einspruchsschriftsatz enthalten sein (vgl § 66 II und dort Rn 15); im ersten Fall Einreichung beim Rechtsmittelgericht. Die **Zurücknahme** des Beitritts ist jederzeit in der Form des § 269 II möglich, aber ohne Zustimmung des Gegners (OLG 13, 84). Nach erfolgter Zurücknahme kann der Nebenintervenient auch dem Gegner der von ihm bisher unterstützten Partei oder erneut der zuerst unterstützten Partei beitreten (RG 61, 289; BGH 18, 110; vgl auch § 66 Rn 17). 1

II) Notwendiger Inhalt des Beitrittsschriftsatzes und Mängel. Genügt der Schriftsatz nicht den inhaltlichen Anforderungen der Nrn 1–3, so erfolgt keine Berücksichtigung eines Mangels von Amts wegen; deshalb ist auch ein – selbst stillschweigender – Verzicht auf die Rüge des Mangels möglich, § 295 (RG 77, 364; 124, 145). Die Mängel sind heilbar (§ 295; BGH NJW 76, 292). Werden sie gerügt, ergeht eine Entscheidung gemäß § 71. Zur **bestimmten Angabe des Interesses genügt** die Bezugnahme auf die Streitverkündung oder ein anderes im Besitz beider Parteien befindliches Schriftstück (RG 124, 145). Die Glaubhaftmachung ist erst im Verfahren nach § 71 I erforderlich. Die Rüge des Mangels aus § 70 I Nr 1–3 ist ein Antrag auf Zurückweisung der Nebenintervention. Zur Zuziehung des Nebenintervenienten bis zur rechtskräftigen Zurückweisung der Intervention s § 71. Die Erfordernisse des § 70 sind nachholbar, auch noch nach Mängelrüge, aber vor rechtskräftiger Zurückweisung. 2

71 *[Entscheidung über den Antrag auf Zulassung der Nebenintervention]*

(1) Über den Antrag auf Zurückweisung einer Nebenintervention wird nach mündlicher Verhandlung unter den Parteien und dem Nebenintervenienten entschieden. Der Nebenintervenient ist zuzulassen, wenn er sein Interesse glaubhaft macht.

(2) Gegen das Zwischenurteil findet sofortige Beschwerde statt.

(3) Solange nicht die Unzulässigkeit der Intervention rechtskräftig ausgesprochen ist, wird der Intervenient im Hauptverfahren zugezogen.

I) Der Antrag auf Zurückweisung einer Nebenintervention (Abs I)

1 **1) Die Zurückweisung der Nebenintervention** kann **jede Partei** und **jeder Streitgenosse beantragen.** Im Falle des Beitritts nach Streitverkündung hat der Streitverkünder (§ 72 ff) ein Antragsrecht nur, wenn der Nebenintervenient dem Gegner beitritt (OLG 41, 450). Im Anwaltsprozeß ist der Antrag aus dem vorbereitenden Schriftsatz zu verlesen (§ 297). Wird der Zulassung nicht widersprochen, so ergeht keine Entscheidung über die Zulässigkeit der Nebenintervention als solche (BGH 38, 111), ggf aber über die (Zulässigkeit der) vom Nebenintervenienten vorgenommene Prozeßhandlung (zB Rechtsmitteleinlegung; vgl BGH 76, 301, 302).

2 **2)** Über den Antrag auf Zurückweisung ist **mündlich zu verhandeln** (§ 78 I greift ein; ein schriftliches Verfahren § 128 II ist möglich); es gilt § 297. Der Nebenintervenient muß sein Interesse glaubhaft machen (§ 294); andernfalls ist die Nebenintervention unzulässig (BAG NJW 68, 73). Dabei genügt, daß zB der angedrohte Rückgriff nicht mit Sicherheit als aussichtslos erscheint (Frankfurt NJW 70, 817). Es erfolgt eine allgemeine (nicht nur beschränkte) Zulassung des Beitritts, auch wenn sich das rechtliche Interesse nur auf einzelne Streitpunkte des Prozesses bezieht.

3 **Erscheint der Nebenintervenient nicht,** kann gegen ihn kein Versäumnisurteil ergehen; es ist auf Grund einseitigen Parteivortrags und der Beitrittsschrift zu entscheiden (vgl BAG NJW 68, 73). Gleiches gilt bei Säumnis der widersprechenden Partei. Beim Ausbleiben des Nebenintervenienten und der widersprechenden Partei ergeht, wenn nicht Vertagung erfolgt, eine Entscheidung nach Aktenlage, § 251 a.

4 **3)** Fehlt dem Nebenintervenienten eine von Amts wegen zu prüfende persönliche **Prozeßhandlungsvoraussetzung,** zB die Prozeßfähigkeit, so ist die Nebenintervention ohne Zwischenstreit von Amts wegen durch Beschluß zurückzuweisen, der nach § 567 anfechtbar ist (R-Schwab § 47 III 1; s auch § 66 Rn 14).

II) Das Zwischenurteil über die Zulassung oder Zurückweisung des Beitritts (Abs II)

5 **1)** Das Zwischenurteil lautet auf Zulassung oder Zurückweisung des Beitritts. Die Zustellung des Urteils erfolgt von Amts wegen, § 270 I. Zulässig ist auch eine Entscheidung über die Zulassung des Beitritts im Endurteil (RG 38, 402; BGH NJW 82, 2070 = MDR 82, 650), die ebenfalls mit der sofortigen Beschwerde anfechtbar ist (vgl BGH VersR 85, 551).

6 **2)** Die **Beschwerdefrist** beträgt 2 Wochen nach Urteilszustellung, § 577. **Beschwerdeberechtigt** ist bei Zurückweisung des Beitritts nicht nur der Nebenintervenient (so aber StJLeipold Rn 8; 14. Aufl, str), sondern – insbes nach Streitverkündung (arg §§ 74 I, III, 68) – auch die unterstützte Hauptpartei (BL Anm 2; ThP Anm 2b; Frankfurt NJW 70, 817), bei Zulassung der Nebenintervention beide Hauptparteien, wenn die Zulassung nach vorausgegangener Streitverkündung (§§ 72, 74) erfolgte, nur der Gegner der unterstützten Partei. Nach Rechtskraft des Endurteils ist keine Anfechtung der Entscheidung über die Zulassung des Beitritts möglich. Gegen die Entscheidung des LG über die Beschwerde ist die weitere sofortige Beschwerde zum OLG gegeben; Entscheidungen des OLG über eine Nebenintervention sind unanfechtbar, § 567 III. Nach rechtskräftiger Zurückweisung der Nebenintervention ist ihre Wiederholung möglich, wenn ein neues rechtliches Interesse glaubhaft gemacht wird, über das die ergangene Entscheidung nicht befunden hat (RG 23, 341).

7 **3)** Die **Kosten des Zwischenstreits** aus § 71 fallen bei Zulassung der Nebenintervention ohne Rücksicht auf den Ausgang des Prozesses der widersprechenden Partei, bei Zurückweisung des Beitritts dem Nebenintervenienten zur Last (OLG 23, 124). Hat das Gericht, ohne über die Zulassung des Beitritts entschieden zu haben, im Endurteil die Kosten des Zwischenstreits einer Partei auferlegt, so liegt darin eine die Zulassung aussprechende Entscheidung, die rechtskräftig wird, wenn sie nicht mit sofortiger Beschwerde angefochten wird (BGH NJW 63, 2027 = LM § 71 Nr 4). Die Entscheidung des Endurteils über die Kosten der Nebenintervention ist nicht mit sofortiger Beschwerde anfechtbar (RG 19, 413).

III) Die Beteiligung des Nebenintervenienten am Verfahren (Abs III)

8 Der Nebenintervenient hat ein Recht darauf, daß ihm alle Schriftsätze, Terminsbekanntmachungen und Ladungen zugestellt werden. Ist der Nebenintervenient nicht oder nicht richtig geladen, können die erschienenen Parteien nicht verhandeln; es kann gegen die vom Nebenintervenienten unterstützte nicht erschienene Partei kein Versäumnisurteil ergehen, auch wenn sie ordnungsgemäß geladen ist. **Gleiches gilt,** wenn im Termin die unterstützte Partei ausbleibt,

der Nebenintervenient aber für sie auftritt. Nicht erforderlich ist die Zustellung des im Prozeß zwischen den Parteien ergehenden Urteils an den Nebenintervenienten; Ausnahme im Falle des § 69. Solange der Nebenintervenient **nicht** rechtskräftig (vgl Rn 6) **zurückgewiesen** ist, kann er noch wirksam Prozeßhandlungen vornehmen (BGH VersR 85, 551). Beispiel: Rechtsmitteleinlegung gegen das Urteil zugleich mit sofortiger Beschwerde gegen die Zurückweisung gem II (vgl Rn 5). Wurde der Nebenintervenient entgegen der Vorschrift **nicht zugezogen,** so hindert dies jedenfalls nicht, eine Entscheidung nach dem Antrag der Hauptpartei zu erlassen (OGH 1, 253). Die Frist nach § 320 II (Tatbestandsberichtigung) beginnt für den Nebenintervenienten mit Zustellung des vollständigen Urteils an eine der Parteien, nicht erst mit Zustellung an den Nebenintervenienten (BGH LM § 320 Nr 5).

IV) Gebühren: 1) des **Gerichts:** Für das Zwischenurteil fällt – neben den Gebühren in der Hauptsache (KV Nr 1016, 1017) – keine besondere Gebühr mehr an. Ist über die Zulassung des Beitritts im Endurteil erkannt, so 2facher Satz der Urteilsgebühr, wenn Urteil Begründung enthält und auch enthalten muß (KV Nr 1016), od einfacher Satz, wenn Begründung nach § 313a entbehrlich. – Für das Beschwerdeverfahren nach § 71 II: eine Gebühr, und zwar unabhängig vom Ausgang des Beschwerdeverfahrens; **2)** des **Anwalts:** Der Zwischenstreit gehört zum Rechtszug (§ 37 Nr 3 BRAGO), daher keine besondere Prozeßgebühr; eine Verhandlungs- od Beweisgebühr kann nur dann anfallen, wenn im Hauptprozeß keine mündl Verhandlung od Beweisaufnahme stattgefunden hat. Ist der RA des Nebenintervenienten nicht im Hauptprozeß tätig, dann erhält er für seine Tätigkeit im Zwischenstreit die Gebühren nach § 31 BRAGO. In jedem Fall muß der Streitverkündete nach § 70 einer Prozeßpartei formell beigetreten sein, damit sein Anwalt seinen Mandenten in der mündlichen Verhandlung „vertreten" und dadurch die Prozeßgebühr bzw die Verhandlungsgebühr verdienen kann (Hamm MDR 75, 943 = JurBüro 75, 913; Hamburg JurBüro 79, 209). Der Anwalt des Streithelfers des Beklagten kann auch ohne Formulierung u Protokollierung eines eigenen Antrags durch schlüssige Anschließung an den Klageabweisungsantrag zur Sache verhandeln (KG NJW 71, 104 = Rpfleger 70, 443 = AnwBl 71, 107). – Für das Beschwerdeverfahren: 5/10 Gebühr des § 31 I Nr 1 nach § 61 I Nr 1 BRAGO; **3) Streitwert:** s § 3 Rn 16 „Nebenintervention". 9

72 *[Zulässigkeit der Streitverkündung]*

(1) Eine Partei, die für den Fall des ihr ungünstigen Ausganges des Rechtsstreits einen Anspruch auf Gewährleistung oder Schadloshaltung gegen einen Dritten erheben zu können glaubt oder den Anspruch eines Dritten besorgt, kann bis zur rechtskräftigen Entscheidung des Rechtsstreits dem Dritten gerichtlich den Streit verkünden.

(2) Der Dritte ist zu einer weiteren Streitverkündung berechtigt.

I) Allgemeines

1) Streitverkündung (Prozeßhandlung) **ist die Benachrichtigung** eines am Prozeß nicht beteiligten Dritten von dem Schweben des Prozesses, um ihm die Möglichkeit der Prozeßbeteiligung oder -übernahme zu geben (§§ 74 I, 67) und sich selber den nachfolgenden Rückgriffprozeß gegen den Dritten wegen § 68 zu erleichtern (zum Unterschied zur „assignation en garantie" nach französischem Recht s Karlsruhe/Freiburg NJW 74, 1060). **Dritter** (Streitverkündungsempfänger, Streitverkündeter) kann auch der Streitgenosse des Verkünders oder des Gegners sein (Neustadt MDR 58, 342); nicht aber der Gegner selbst. Der Streitverkündete ist nicht verpflichtet beizutreten; unterläßt er es aber, wird er gemäß § 74 II, III iVm § 68 in dem späteren Prozeß mit allen Ausführungen tatsächlicher und rechtlicher Art nicht mehr gehört, die im Vorprozeß geltend gemacht werden konnten (RG 45, 354; ie § 68 Rn 8 ff, 11 f). Der **Zweck** der Streitverkündung besteht damit darin, im Verhältnis zu einem Dritten die Streitverkündungs-(Interventions-)wirkung (§§ 74 III, 68) herbeizuführen. Die Streitverkündung ist ein **im Interesse des Streitverkünders** geschaffener Behelf, der dazu bestimmt ist, durch die Bindung des Richters im Folge-(Regreß-)prozeß an die Ergebnisse des Erstprozesses dem Streitverkünder das Risiko eines doppelten Prozeßverlustes in den Fällen abzunehmen, in denen er wegen der materiellrechtlichen Abhängigkeit der im Erst- und Folgeprozeß geltend gemachten (zu machenden) Ansprüche jedenfalls in *einem* Prozeß obsiegen muß (grundlegend Häsemeyer ZZP 84, 182 ff; Eibner aaO S 26 ff; Karlsruhe OLGZ 84, 232 f = Justiz 84, 133). Zur **Pflicht** des pfändenden Gläubigers zur Streitverkündung s § 841. Die **Prüfung** der Zulässigkeit der Streitverkündung (Rn 2 ff) erfolgt nicht im Hauptverfahren, sondern im Folgeprozeß (BGH NJW 82, 281 [282 mN], hM; vgl § 73 Rn 1; § 74 Rn 5; zT abw Bischof JurBüro 84, 1309 ff); allerdings können im Fall eines Beitritts Heilungs- (§ 295) und Bindungswirkungen (vgl § 71 II) zu beachten sein (vgl § 73 Rn 2). Wegen der **materiell-rechtlichen** Folgen der Streitverkündung s § 74 Rn 8. 1

2) Internationaler Rechtsstreit. Im Anwendungsbereich des EuGVÜ kann in der Bundesrepublik Deutschland jede Person, die ihren Wohnsitz in einem anderen Vertragsstaat hat, nach den Vorschriften über die Streitverkündung (§§ 72–74, 68) vor Gericht geladen werden (Art V Abs 1 S 2 des Protokolls vom 27. 9. 1968, vgl § 68 Rn 2). 2

II) Voraussetzungen der Streitverkündung

3 **1) Anhängiger Rechtsstreit.** Die Streitverkündung ist in einem anhängigen Rechtsstreit bis zu seiner rechtskräftigen Entscheidung zulässig (wie § 66 Rn 4), also auch in der Rechtsmittelinstanz und zwischen den Instanzen (vgl Schwab,.FS Schnorr v Carolsfeld, 1973, S 455). **Anwendungsbereich:** wie § 66 Rn 2; § 72 gilt **nicht** entspr im Grundbuchverfahren (BayObLG Rpfleger 80, 153).

4 **2) Verhältnis zum Dritten. a) Allgemeines.** Die Partei muß gegen den Dritten (Rn 1) im Fall eines ihr **ungünstigen Ausgangs** des Rechtsstreits einen zum eingeklagten Anspruch in einem bestimmten Abhängigkeitsverhältnis stehenden Anspruch (Rn 5) erheben können oder es muß ihr ein Anspruch des Dritten drohen (Rn 8). Ungünstiger Ausgang des Rechtsstreits meint das **Unterliegen** in der Sache iS des Ergehens einer ungünstigen rechtskraftfähigen Sachentscheidung; ein Mißerfolg in der Zwangsvollstreckung genügt nicht (Eibner aaO, S 58 ff). Die Streitverkündung ist unzulässig für den Fall des **günstigen** Prozeßausgangs (Karlsruhe OLGZ 84, 232 f = Justiz 84, 133). **b) Subjektive Sicht des Streitverkünders.** Nicht erforderlich ist, daß der Drittanspruch (Rn 5) wirklich besteht. Für die Wirksamkeit der Streitverkündung ist allein die **berechtigte Annahme** des Streitverkünders ausschlaggebend, bei ungünstigem Ausgang des Rechtsstreits die erwähnten Ansprüche zu haben oder befürchten zu müssen; es kommt also nicht darauf an, welchen Ausgang der Rechtsstreit tatsächlich nimmt (BGH 65, 131; BGH VersR 62, 952); desgleichen nicht darauf, ob der zZ der Streitverkündung angenommene Anspruch tatsächlich geltend gemacht wird (BGH 65, 132: Gleichheit des wirtschaftlichen Ziels genügt). Ein rechtliches Interesse am Obsiegen des Unterstützten hat der Streitverkündete immer dann, wenn der Rückgriff nicht mit Sicherheit als aussichtslos bezeichnet werden kann (Frankfurt NJW 70, 817).

5 **3) Art des Drittanspruchs. a) Erweiternde Auslegung von I.** Die in **I** genannten Ansprüche „*auf Gewährleistung oder Schadloshaltung*“ sind nicht als abschließende Aufzählung, sondern nur als beispielhafte Umschreibung zu verstehen. Nach allg Meinung ist der Wortlaut von I zu eng. Ein Gesetzgebungsvorhaben aus dem Jahr 1967, die genannten Ansprüche in I ersatzlos zu streichen (vgl § 72 idF des Entw der Beschleunigungsnovelle, wiedergegeben in: Bericht der Kommission für das Zivilprozeßrecht, 1977, S 241), ist im Hinblick auf die weite Interpretation des § 72 I nicht mehr weiterverfolgt worden (vgl dazu auch Sedemund-Treiber ZRP 70, 126). Wesentlich ist allein, daß der Drittanspruch, dessentwegen die Streitverkündung erfolgt, mit dem im Erstprozeß (vom Streitverkünder) geltend gemachten Anspruch in einem Verhältnis der wechselseitigen Ausschließung (*Alternativverhältnis*) steht (ie Häsemeyer ZZP 84, 182 ff; Eibner aaO, S 45 ff; eingehend Rn 9). Für das Verhältnis zwischen Partei und Dritten kommen damit im einzelnen folgende **Ansprüche** in Frage: Gewährleistungsansprüche (Rn 6), Regreßansprüche (Rn 7), Ansprüche auf Schadloshaltung (Rn 8) und sonstige Ansprüche aus (rechtlichen) Alternativverhältnissen (Rn 9).

6 **b) Ansprüche auf Gewährleistung** wegen Sach- und Rechtsmängeln: §§ 459, 437, 440 I; 445; 480; 493; 481; 365 (Leistung an Erfüllungs Statt); 537, 581; 600; 634 ff, 651; 651 d; 523, 1624; 2182, 2376 BGB; §§ 377, 378 HGB.

7 **c) Regreßansprüche,** also Ansprüche des Streitverkünders gegen den Verkündeten auf Ersatz des Schadens, den der Prozeßverlust für den Verkünder zur Folge hat; zB Rückgriffsansprüche des verurteilten Bürgen gegen den Hauptschuldner, § 774 BGB; Ersatzansprüche des Versenders gegen den Spediteur oder Lagerhalter wegen Verlustes, Minderung, Beschädigung oder verspäteter Lieferung des Gutes, §§ 414, 424, 439 HGB; der Ausgleichsanspruch des Gesamtschuldners nach § 426. Hat eine Bank sich im Hinblick auf § 945 für einen Arrestkläger verbürgt, sich wegen dieser Schuld durch einen Drittverpfänder absichern lassen, so kann sie – wenn dieser sie wegen angeblicher Erledigung der Bürgschaftsschuld auf Rückgabe der Sicherheit verklagt – dem Arrestbeklagten nicht den Streit verkünden, da der Anspruch, den sie zu besorgen hat, einer aus dem Bürgschaftsvertrag, nicht aber ein solcher im Sinn von § 72 ist (BGH WM 72, 346).

8 **d) Ansprüche auf Schadloshaltung** (Beispiel s bei BGH VersR 74, 1028) umfassen die Fälle, in denen die Partei selbst einen Schadensersatz- oder Regreßanspruch gegen den Dritten in Anspruch nimmt (insbes die Fälle der Rn 7), aber auch einen alternativen Erfüllungsanspruch (Rn 9; vgl Bamberg OLGZ 79, 210). Der Fall der **Besorgung des Anspruchs eines Dritten** liegt vor bei Drohen einer (eigenen) Schadensersatzpflicht der Partei; das trifft immer dann zu, wenn die Partei den Prozeß über ein fremdes Recht führt, gleichviel ob in eigenem Interesse (Pfandgläubiger, Überweisungsgläubiger) oder in fremdem Interesse (Kommissionär, Spediteur, Frachtführer, Lagerhalter), die Fälle der §§ 75, 76.

9 **e)** Hierher gehören in Erweiterung des Wortlauts von **I** (Rn 5) auch **Ansprüche aus Alternativverhältnissen,** also Ansprüche des Streitverkünders gegen Dritte, die *alternativ* statt des zuerst Verklagten als Schuldner der eingeklagten Leistung oder von Schadensersatz in Betracht kom-

men (BGH 8, 72 [80]; 85, 252 [254 f]; NJW 82, 281 [282]; MDR 86, 127 = VersR 85, 569; Häsemeyer ZZP 84, 188). Beispiele: Streitverkündung gegenüber dem Baubetreuer durch den Bauherrn im Prozeß gegen den Bauunternehmer wegen behaupteter Baumängel (BGH 70, 187 = NJW 78, 643 mit teilweise krit Anm Häsemeyer NJW 78, 1165); gegenüber der alternativ in Frage kommenden Vertragspartei (BGH 85, 252 [254 f]; zB § 651 b BGB; Mieter/Vermieter wegen Werklohns vgl Bamberg OLGZ 79, 209; Vertretener [§ 164 I BGB]/Vertretener [§ 164 II BGB] vgl BGH NJW 82, 281 [282]; streupflichtige Ortsgemeinde oder Gemeindeverband [BGH MDR 86, 127 = VersR 85, 569]). Besteht dagegen von vorne herein nur eine *kumulative Haftung* von Partei und Dritten und scheidet auch eine wenigstens teilweise alternative Schuldnerschaft aus, ist § 72 nicht anwendbar (BGH 65, 131). Beispiel: Mehrere haften als Gesamtschuldner (Hamburg VersR 84, 1049). Haften die Gesamtschuldner aber nicht im gleichen Umfang, ist insoweit Alternativität zu bejahen (BGH 70, 191 = NJW 78, 643). Die alternativ in Betracht kommenden Ansprüche brauchen allerdings weder auf derselben Rechtsgrundlage zu beruhen noch ihrem sonstigen Inhalt und Umfang nach identisch zu sein (BGH 65, 132; StJLeipold Rn 14 Fußn 15; Eibner aaO, S 47 ff). An einem Fall von Alternativität fehlt es auch dann, wenn (zunächst nur) ein *Primärschuldner* (wie der „andere“ in den Fällen der § 839 I 2 BGB, § 19 I 2 BNotO) haftet und ein Zweitschuldner nur *subsidiär* in Anspruch genommen werden kann (vgl Hamm MDR 85, 588). Auch eine nur *tatsächliche* („natürliche“) – im Gegensatz zur „rechtlichen“ – Alternativität (entweder ist A oder B der Schädiger) genügt nicht, da durch die Streitverkündung dem Streitverkünder nicht die Beweislast abgenommen werden soll (ie Häsemeyer ZZP 84, 195 ff).

III) Weitere Streitverkündung (Abs II)

Das Recht des Dritten zur weiteren Streitverkündung ist unabhängig davon, ob er dem Prozeß beigetreten ist. Es ist etwa praktisch bedeutsam im Falle des mehrstufigen Warenabsatzes mit Käuferregreß, wenn der Letztverkäufer seinem Verkäufer und dieser wiederum seinem Verkäufer den Streit verkündet. Stand es einer Partei frei, im Wege weiterer Streitverkündung (§ 72 II) einen Dritten an die Entscheidung auch in einem nachfolgenden Rechtsstreit gemäß § 74 zu binden und machte sie von diesem Recht keinen Gebrauch, so kann sie in der Regel dem neuen Vortrag des Dritten in dem späteren Rechtsstreit nicht entgegenhalten, sein Verhalten stelle die arglistige Ausnützung einer formalen Rechtsstellung dar und sei daher unzulässig (BGH LM § 242 BGB [B] Nr 9; vgl auch § 74 Rn 7). Dem Streitverkündeten steht aus der Verkündung allein gegen den Verkünder weder aus Auftrag noch aus Geschäftsführung ohne Auftrag ein Anspruch auf Ersatz der durch den Beitritt entstandenen Anwaltskosten zu (LG Lüneburg NJW 63, 1111). 10

IV) Doppelte Streitverkündung

Liegen die Voraussetzungen der Streitverkündung (Rn 3 ff) im Verhältnis einer jeden Partei des Vorprozesses zu dem Dritten vor (Beispiel: Der Kläger des Vorprozesses möchte bei Klageabweisung den Dritten gem § 179 BGB in Anspruch nehmen, der Beklagte bei Verurteilung wegen schuldhafter Überschreitung des Auftragsverhältnisses gem §§ 276, 662, 675 BGB), so kann **jede Partei** dem Dritten den Streit verkünden; der Dritte kann hier allerdings stets nur *einer* Partei beitreten. Entgegen Werres (vgl NJW 84, 210) kommt es nicht zu einer – sich aufhebenden – doppelten Interventionswirkung, sondern nur zur Interventionswirkung im Verhältnis zur *unterlegenen* Partei, wobei der Umfang gem § 68 HS 2 iVm § 67 beschränkt sein kann. War der Streitverkündete der (später) *obsiegenden* Partei beigetreten, so ist bei der Bestimmung der Interventionswirkung im Folgeprozeß der unterlegenen Partei der eingeschränkte Umfang gem § 68 HS 2 iVm § 67 zu beachten, daß sich der Streitverkündete mit dem Vorbringen der unterstützten Partei nicht in Widerspruch setzen durfte. Ist der Streitverkündete dagegen der (später) unterlegenen Partei beigetreten, ergeben sich keine Besonderheiten. Das gleiche gilt, wenn der Streitverkündete überhaupt keiner Partei beigetreten ist; dann ist die Streitverkündung der (später) obsiegenden Partei belanglos (zum ganzen näher Eibner aaO, S 107 ff). 11

73 *[Form der Streitverkündung]*

Zum Zwecke der Streitverkündung hat die Partei einen Schriftsatz einzureichen, in dem der Grund der Streitverkündung und die Lage des Rechtsstreits anzugeben ist. Der Streitsatz ist dem Dritten zuzustellen und dem Gegner des Streitverkünders in Abschrift mitzuteilen. Die Streitverkündung wird erst mit der Zustellung an den Dritten wirksam.

I) Form der Streitverkündung. Der Streit wird verkündet im Partei- und Anwaltsprozeß durch Einreichung eines Schriftsatzes bei Gericht oder Erklärung zu Protokoll des Urkundsbeamten. Es handelt sich um einen bestimmenden Schriftsatz (BGH 92, 253), der **nicht** dem **Anwaltszwang** 1 unterliegt (BGH 92, 254 = NJW 85, 328 = MDR 85, 222 = AnwBl 85, 381) und den die hRspr, wenn er von einem Anwalt ausgeht, den für bestimmende Schriftsätze entwickelten Formanforderungen unterwirft (s § 130 Rn 5 ff); Wirksamkeitsvoraussetzung für die Streitverkündung soll damit bei Auftreten eines Anwalts die *eigenhändige Unterzeichnung durch den Anwalt* sein (BGH 92, 255 f), während für den Schriftsatz der unvertretenen *Partei* gleiche Formstrenge nicht gelten soll (BGH 92, 255). Diese Unterscheidungen sind künstlich (krit zur hM allg Vollkommer, Formenstrenge und prozessuale Billigkeit, 1973, S 260 ff) und zwingen die hM, den (übertriebenen) Formzwang durch Anerkennung von Heilungsmöglichkeiten wieder aufzulockern (BGH 92, 256; vgl Rn 2). Die Zustellung an den Dritten erfolgt von Amts wegen (§ 270 I) idR formlos (§ 270 II; Köln NJW 81, 2263 [2264]); eine formlose Mitteilung an den Gegner des Streitverkünders genügt. Die Unterlassung der Mitteilung macht die Streitverkündung nicht ungültig, berechtigt aber im Falle des § 74 I den Gegner zum Antrag auf Vertagung. Überflüssig ist es, in den Schriftsatz bzw die Niederschrift den ganzen Akteninhalt, eine Ladung oder die Aufforderung, sich am Rechtsstreit zu beteiligen, aufzunehmen. Wesentlich ist nur die **Erklärung,** daß der Streit verkündet werde, und die Angabe des **Grundes der Streitverkündung** (vgl § 72 Rn 5 f) und die Bezeichnung des Anspruchs (Grund: § 209 BGB). Über die Zulässigkeit der Streitverkündung wird im Prozeß der Hauptparteien nicht verhandelt und entschieden (vgl aber § 74 Rn 5). Sie hat nur für einen etwaigen späteren Prozeß Bedeutung. Die Kosten einer Streitverkündung, die von dem Streitverkünder zu tragen sind und nicht zu den Kosten des Rechtsstreits gehören, können, soweit sie notwendig waren, nur in dem späteren Prozeß gegen den Dritten als Nebenforderung geltend gemacht werden; nach erfolgtem Beitritt gelten für die seit dem Beitritt entstandenen Kosten die §§ 101 I, 100.

2 **II)** Für die **Heilung von Mängeln** der **Form** des Streitverkündungsschriftsatzes gelten die allg Grundsätze (§ 130 Rn 7, 9); Beispiel: Bezugnahme auf den mangelhaften Streitverkündungsschriftsatz in einem ordnungsgemäß unterzeichneten Schriftsatz (BGH 92, 256). Eine Heilung von **Mängeln im Beitritt** erfolgt nach § 295 (weitergehend Bischof JurBüro 84, 1313 f: auch der Streitverkündung); es entscheidet die Verhandlung im Erstprozeß im Falle des Beitritts, andernfalls die erste Verhandlung im Folgeprozeß (BGH 96, 53). Zur Heilung von Mängeln durch ein Verhalten des Streitverkündeten im Folgeprozeß (BGH NJW 76, 293 = LM Nr 1 zu § 73; Bischof JurBüro 84, 1314 f).

74 *[Wirkung der Streitverkündung]*

(1) Wenn der Dritte dem Streitverkünder beitritt, so bestimmt sich sein Verhältnis zu den Parteien nach den Grundsätzen über die Nebenintervention.

(2) Lehnt der Dritte den Beitritt ab oder erklärt er sich nicht, so wird der Rechtsstreit ohne Rücksicht auf ihn fortgesetzt.

(3) In allen Fällen dieses Paragraphen sind gegen den Dritten die Vorschriften des § 68 mit der Abweichung anzuwenden, daß statt der Zeit des Beitritts die Zeit entscheidet, zu welcher der Beitritt infolge der Streitverkündung möglich war.

I) Beitritt nach Streitverkündung (Abs I)

1 **1) Voraussetzungen. a)** Der Beitritt muß **formell** den Anforderungen des § 70 entsprechen (RG 124, 145) s dort Rn 1, 2, im Anwaltsprozeß durch Einreichung eines Schriftsatzes bei Gericht (Anwaltszwang); s § 70 Rn 1. Der Dritte kann statt dem Streitverkünder dessen Gegner als Nebenintervenient beitreten (BGH LM § 66 Nr 1); widerspricht der Verkünder, genügt nicht der Hinweis auf die Verkündung, vielmehr muß der Beitretende gem § 66 I ein rechtliches Interesse am Beitritt auf der Gegenseite dartun (Stuttgart MDR 70, 148 LS; Verhältnis zum Streitverkünder: Rn 5). Der Beitritt enthält keine Haftungsanerkennung.

2 **b)** Darüber hinaus müssen die **materiellen** Voraussetzungen des § 66 erfüllt sein, dh der Dritte muß ein rechtliches Interesse am Obsiegen einer Partei haben (ie § 66 Rn 8).

3 **2) Prüfung und Verfahren.** Tritt der Verkündete bei, so wird die Zulässigkeit der Nebenintervention wie sonst geprüft. Für die Zuziehung des Beigetretenen zum Verfahren gilt § 71; ist der Beitritt zurückgewiesen worden, treten die (prozessualen) Rechtsfolgen des § 74 III nicht ein, da der Streitverkündete keine Einflußmöglichkeit auf das Verfahren hat (arg Art 103 I GG). Für die *materiellrechtlichen* Folgen vgl Rn 9.

4 **3) Rechtsstellung des Beitretenden. Nach erfolgtem Beitritt** hat der Dritte die Stellung eines Nebenintervenienten; die Grundsätze über die Nebenintervention (§§ 66, 67, 68, 69, 71) finden Anwendung.

II) Nichtbeitritt (Abs II)

Tritt der Dritte nicht bei, so wird der Rechtsstreit ohne Rücksicht auf ihn fortgeführt. Die Zulässigkeit der Streitverkündung muß dann im Folgeprozeß geprüft werden, um feststellen zu können, ob die Verkündung die prozessualen und sachlich-rechtlichen Folgen ausgelöst hat (BGH 65, 131; 70, 189; BGH VersR 62, 952; Bamberg OLGZ 79, 210). Ein Nichtbeitritt im Verhältnis zum Streitverkünder liegt auch dann vor, wenn der Streitverkündete (unter Beachtung von § 66 I) der **anderen Partei** beitritt (BGH NJW 83, 821; ThP Anm 1a; Bischof JurBüro 84, 972). 5

III) Nebeninterventionswirkung (Abs III)

1) Voraussetzungen der Interventionswirkung. Die Streitverkündung entfaltet nur dann Interventionswirkung, wenn sie **a)** formgültig erklärt wurde (§ 73), **b)** gem § 72 zulässig war, **c)** der Dritte die Möglichkeit hatte, auf den Erstprozeß Einfluß zu nehmen (BGH NJW 82, 281 [282]; vgl ie § 68 Rn 5, 11, 12), **d)** der Erstprozeß durch eine rechtskräftige Sachentscheidung beendet ist (ie § 68 Rn 4), **e)** der Erstprozeß für den Streitverkünder ungünstig ausgegangen ist (R-Schwab § 48 IV, str; aA BGH 65, 127 [131]; 70, 187 [189]). 6

2) Inhalt und Umfang der Interventionswirkung. Im späteren Prozeß kann der Nebenintervenient bzw der nicht Beitretende der streitverkündenden Partei (Hauptpartei iS des § 68) gegenüber ohne deren Zustimmung Einwendungen tatsächlicher und rechtlicher Art nicht mehr geltend machen, wenn sie im Vorprozeß vorgebracht werden konnten, es sei denn, es liegt einer der in § 68 HS 2 (dort Rn 11, 12) bezeichneten Fälle vor (RG 123, 95; 120, 297). Beachte den vorverlegten **Zeitpunkt** in Abs **III.** Irgendwelche Wirkung gegenüber einem anderen als dem Streitverkünder, insbesondere gegenüber dem Gegner der Hauptpartei hat die Streitverkündung des Vorprozesses nicht (RG 84, 293). Neuerdings wird im Verhältnis zwischen dem Streitverkündeten und dem Gegener der Hauptpartei unter bestimmten Voraussetzungen eine materiell-rechtliche Präklusionswirkung aus § 242 BGB befürwortet (so K. Schreiber Jura 80, 81 ff; zurecht krit Eibner aaO, S 71); das ist jedenfalls dann bedenklich, wenn die Gegenpartei des Vorprozesses ihrerseits den Streit verkünden und damit die Interventionswirkung gem Abs **III,** § 68 herbeiführen konnte (vgl § 72 Rn 10). Die Streitverkündung im Schiedsgerichtsverfahren hat nicht die Wirkung des § 68, wenn der Streitverkündungsempfänger völlig untätig geblieben ist (BGH BB 64, 1397 = LM § 68 Nr 2). Die Interventionswirkung kann sich immer nur auf das Urteil beziehen, das zwischen dem Streitverkünder und seiner Gegenpartei ergeht (BGH VersR 69, 1039). Zur Inlandswirkung der Streitverkündung im ausländischen Verfahren s Milleker ZZP 80, 288. 7

IV) Materiell-rechtliche Folgen der Streitverkündung

1) Die **zulässige Streitverkündung** (§ 72 Rn 3–9) unterbricht die Verjährung (§ 209 II Nr 4 BGB), und zwar auch dann, wenn der Verkünder im Vorprozeß wider Erwarten obsiegt (BGH 36, 212 = NJW 62, 387; 65, 131 = NJW 76, 39; Hamburg VersR 84, 1049). Beachte aber § 215 BGB! Sie unterbricht die Ersitzung, § 941 BGB iVm § 209 II Nr 4 BGB und erhält Mängeleinreden: vgl §§ 478, 485, 639 BGB; §§ 414, 423, 439 HGB. Wird die Klage **zurück**genommen, gilt hinsichtlich der Verjährungsunterbrechung § 215 II BGB entspr (Wieczorek C IIb, str; aA R-Schwab § 48 IV 3). 8

2) Ist die **Streitverkündung unzulässig,** sollen ihr nach hM auch (vgl Rn 6) keine materiellrechtlichen Wirkungen zukommen (BGH 65, 130; 70, 189; StJLeipold § 72 Rn 8; ThP Anm 1b; Palandt/Heinrichs § 209 Anm 6e, bedenkl); ist die Streitverkündung **als unzulässig zurückgewiesen** worden, gilt § 212 BGB entspr, da die Streitverkündung gem § 209 II Nr 4 BGB der Klage gleichsteht (so auch R-Schwab § 48 IV 1, der aber § 215 II BGB anwendet). 9

75 *[Gläubigerstreit (Prätendentenstreit)]*

Wird von dem verklagten Schuldner einem Dritten, der die geltend gemachte Forderung für sich in Anspruch nimmt, der Streit verkündet und tritt der Dritte in den Streit ein, so ist der Beklagte, wenn er den Betrag der Forderung zugunsten der streitenden Gläubiger unter Verzicht auf das Recht zur Rücknahme hinterlegt, auf seinen Antrag aus dem Rechtsstreit unter Verurteilung in die durch seinen unbegründeten Widerspruch veranlaßten Kosten zu entlassen und der Rechtsstreit über die Berechtigung an der Forderung zwischen den streitenden Gläubigern allein fortzusetzen. Dem Obsiegenden ist der hinterlegte Betrag zuzusprechen und der Unterliegende auch zur Erstattung der dem Beklagten entstandenen, nicht durch dessen unbegründeten Widerspruch veranlaßten Kosten, einschließlich der Kosten der Hinterlegung zu verurteilen.

I) Voraussetzungen

1) Inanspruchnahme der Forderung durch einen Dritten. Beansprucht ein Dritter die – durch Leistungs-, nicht schon durch Feststellungsklage (BGH KTS 81, 217 [218]) –, bereits rechtshängig 1 gewordene Forderung ganz oder teilweise für sich, so steht **ihm** der Weg der Hauptintervention (§ 64) offen. Der **Beklagte** kann sich dem Risiko des Prozesses gegen den Kläger bei Ungewißheit über dessen Gläubigerstellung gemäß § 372 S 2 BGB entziehen. Dem entspricht die prozessuale Möglichkeit nach § 75, der allerdings nur geringe praktische Bedeutung hat. Da eine Hinterlegung vorgesehen ist, muß der Gegenstand des Rechtsstreits eine Forderung auf Leistung hinterlegungsfähiger Gegenstände (§ 372 S 1 BGB) sein. Das Recht zur Hinterlegung regelt § 75 aber selbständig und unabhängig von § 372 BGB. **Beispiel:** A hat den B auf Zahlung verklagt. Verlangt C, weil ihm die Forderung abgetreten worden ist, diese für sich, so kann ihm B den Streit verkünden. B kann nun den eingeklagten Betrag der Hauptforderung einschließlich der geltend gemachten Nebenforderung (hierunter fallen nicht die dem Kläger entstandenen Prozeßkosten) nach Eintritt des Dritten C unter Verzicht auf das Recht der Zurücknahme (§§ 376, 378 BGB) hinterlegen und Entlassung aus dem Rechtsstreit beantragen. § 75 trifft insbesondere auch bei Pfandbestellung und Sicherungsübereignung zu (RG 34, 400).

2 2) Es muß eine **Streitverkündung** gemäß §§ 72–74 erfolgen.

3 3) Der Dritte muß dem Streit **beitreten. Tritt der Dritte nicht ein** und erhebt er auch keine, an sich mögliche, Hauptintervention, so geht der Prozeß zwischen den bisherigen Parteien weiter. Die Streitverkündung wirkt gegen den Dritten im Rahmen der §§ 74, 68. Statt als neue Partei **einzutreten,** kann sich der Dritte aber auch darauf beschränken, als streitverkündeter Nebenintervenient dem Verkünder beizutreten (BGH KTS 81, 217 [218]).

II) Rechtswirkungen

4 1) Tritt der Dritte in den Rechtsstreit ein, so ist von dem Beklagten **der Antrag auf Entlassung** aus dem Rechtsstreit in der mündlichen Verhandlung in Gegenwart des Klägers und beigetretenen Dritten zu stellen (§ 297); eine schriftliche Entscheidung (§ 128 II) ist bei allseitigem Einverständnis zulässig. Wird dem Antrag stattgegeben, so ergeht ein Endurteil (OLG 37, 95): Der Beklagte wird aus dem Rechtsstreit entlassen; die Entlassung erfolgt durch End-, nicht durch Zwischenurteil (R-Schwab § 134 I 1 a; StJLeipold Rn 9; BL Anm 3 B; aA ThP Anm 3 a), da wie im Fall des § 239 (dort Rn 9) die Entscheidung für den ausscheidenden Beklagten den Rechtsstreit endgültig beendet (so auch StJLeipold Rn 9; BL Anm 3 B).

5 Wird der Beklagte aus dem Rechtsstreit entlassen, so sind ihm in dem Entlassungsurteil die **Kosten** aufzuerlegen, die er dem Kläger durch unbegründeten Widerspruch (unbegründetes Bestreiten des Bestehens der Forderung) verursacht hat. Im übrigen ist über die sonstigen gesamten Kosten des Rechtsstreits im Schluß-Endurteil zu entscheiden.

6 **2) Ist dem Entlassungsantrag stattgegeben,** so hat der Kläger zu beantragen: I) Es wird festgestellt, daß der von ... bei ... hinterlegte Betrag dem Kläger zusteht. II) Der Beklagte hat in die Auszahlung des hinterlegten Betrages an den Kläger einzuwilligen (s RG 63, 322). Antrag des Beklagten: I) Die Klage wird abgewiesen. II) Der Kläger hat in die Auszahlung des von ... bei ... hinterlegten Betrages an den Beklagten einzuwilligen. Die Auszahlung durch die Hinterlegungsstelle erfolgt erst nach Rechtskraft des Urteils.

7 3) Wird der **Antrag** des Beklagten **auf Entlassung zurückgewiesen,** weil die Voraussetzungen nicht erfüllt sind, der Dritte zB nicht eingetreten, die Hinterlegung nicht nachgewiesen ist, so geschieht dies nicht durch gemäß § 567 anfechtbaren Beschluß (s 10. Aufl; BL § 75 Anm 3 B), sondern durch Zwischenurteil (StJLeipold § 75 Rn 9), das wie ein unechtes Zwischenurteil (analog §§ 71, 135 III, 387 III) für den Beklagten und den vergeblich seinen Eintritt Erklärenden anfechtbar ist; allein die Notwendigkeit baldiger Rechtskraft dieser Entscheidung zwingt zur sofortigen Beschwerde. Die Zulassung des Eintritts führt zu einem Parteiwechsel, ist also in der Revisionsinstanz nicht mehr möglich.

8 4) Im **Schlußurteil** zwischen den beiden Prätendenten muß nun auch über die Kosten entschieden werden, soweit dies nicht schon nach § 75 S 1 (Rn 5) geschehen ist. Sie sind dem unterliegenden Prätendenten aufzuerlegen; hierüber muß das Gericht entscheiden. Notfalls gilt § 321. Für die Rechtskraftwirkung des Urteils gelten keine Besonderheiten. Mit der Abweisung der Klage des einen Prätendenten ist die Auszahlungsberechtigung des anderen noch nicht rechtskräftig festgestellt (Rn 21 vor § 322; so auch Picker, FS Flume, S 718/719); soll über die Auszahlungsberechtigung beider Parteien rechtskraftfähig entschieden werden, muß der Beklagte Widerklage erheben (so Zweibrücken OLGZ 80, 238 f; aA ansch StJLeipold Rn 11). Sie liegt in einer Antragsfassung gem Rn 6.

9 **III) Gebühren: 1)** des **Gerichts:** Keine besondere Urteilsgebühr für das den Entlassungsantrag des Beklagten zurückweisende Zwischenurteil (s Rn 7); für das über die Entlassung ergehende Endurteil nur dann Urteilsgebühr (KV Nr 1016 oder Nr 1017), wenn in der Hauptsache eine Urteilsgebühr nicht anfällt, § 27 GKG; **2)** des **Anwalts:** Die Streit-

verkündung wird durch die Prozeßgebühr abgegolten; hM: s Hartmann, KostGes, BRAGO § 31 Anm 5 E „Streitverkündung".

76 *[Urheberbenennung des Besitzers]*

(1) Wer als Besitzer einer Sache verklagt ist, die er auf Grund eines Rechtsverhältnisses der im § 868 des Bürgerlichen Gesetzbuchs bezeichneten Art zu besitzen behauptet, kann vor der Verhandlung zur Hauptsache unter Einreichung eines Schriftsatzes, in dem er den mittelbaren Besitzer benennt, und einer Streitverkündungsschrift die Ladung des mittelbaren Besitzers zur Erklärung beantragen. Bis zu dieser Erklärung oder bis zum Schluß des Termins, in dem sich der Benannte zu erklären hat, kann der Beklagte die Verhandlung zur Hauptsache verweigern.

(2) Bestreitet der Benannte die Behauptung des Beklagten oder erklärt er sich nicht, so ist der Beklagte berechtigt, dem Klageantrag zu genügen.

(3) Wird die Behauptung des Beklagten von dem Benannten als richtig anerkannt, so ist dieser berechtigt, mit Zustimmung des Beklagten an dessen Stelle den Prozeß zu übernehmen. Die Zustimmung des Klägers ist nur insoweit erforderlich, als er Ansprüche geltend macht, die unabhängig davon sind, daß der Beklagte auf Grund eines Rechtsverhältnisses der in Abs 1 bezeichneten Art besitzt.

(4) Hat der Benannte den Prozeß übernommen, so ist der Beklagte auf seinen Antrag von der Klage zu entbinden. Die Entscheidung ist in Ansehung der Sache selbst auch gegen den Beklagten wirksam und vollstreckbar.

I) Voraussetzungen der sog Urheberbenennung (laudatio auctoris)

1) Dem unmittelbaren Besitzer einer beweglichen Sache oder eines Grundstücks muß eine Klage auf Vorlegung (§ 809 BGB), Aufsuchung (§ 867 BGB) oder Herausgabe (§§ 985, 1007 II, 1227 BGB) zugestellt sein. § 76 ist nicht anwendbar bei rein schuldrechtlicher Herausgabeklage (OLG 42, 3). Der Besitz als solcher muß passiv legitimieren; das ist nicht der Fall bei §§ 861, 1007 I BGB. 1

2) Der Beklagte muß **behaupten,** daß er die Sache zB als Nießbraucher, Pfandgläubiger, Pächter, Mieter, Verwahrer, Entleiher, Beauftragter, Nachlaßpfleger, Nachlaßverwalter, Testamentsvollstrecker usw (§ 868 BGB) besitzt. 2

3) Der Beklagte muß vor der Verhandlung zur **Hauptsache** (nicht schon wegen Rügen, die die Zulässigkeit der Klage betreffen) einen Schriftsatz einreichen, in dem er den mittelbaren Besitzer benennt, diesem den Streit verkündet und die Ladung des mittelbaren Besitzers zur Erklärung beantragt. Die Zustellung des bei Gericht einzureichenden Schriftsatzes und der Ladung erfolgt von Amts wegen. Form: Grundsätzlich wie zu § 73, also im Anwaltsprozeß durch Schriftsatz (ohne Anwaltszwang; vgl Wieczorek § 73 A II und StJLeipold § 78, Rn 29), im amtsgerichtlichen Prozeß gilt § 496. Terminsbestimmung, Zustellung und Ladung des Benannten erfolgen von Amts wegen (§§ 214, 215, 216, 497). Mängel der Benennung heilt § 295. 3

II) Bestreiten oder Schweigen des Benannten (Abs II)

Der Beklagte kann wählen, ob er den Prozeß fortsetzen oder dem Klageantrag genügen will. Im letzteren Fall setzt er sich dem mittelbaren Besitzer gegenüber keiner Haftung aus. 4

III) Übernahme des Prozesses (Abs III)

Es besteht keine Verpflichtung des Benannten zur Prozeßübernahme. *„Erkennt"* er das Vorbringen des Beklagten zu den Besitzverhältnissen *„als richtig an"* (Fall von § 288, auch schlüssig möglich: Zweibrücken JurBüro 83, 1865), so kann er diesem als Streitgehilfe beitreten und als solcher seine Rechte geltend machen (RG 32, 31); weiter kann er Hauptintervention (§ 64) erheben oder den Prozeß **übernehmen (III 1);** der Parteiwechsel vollzieht sich dann ohne bes gerichtliche Entscheidung (Zweibrücken JurBüro 84, 1866). Im letzteren Fall ist die Zustimmung des Klägers nur nötig, insoweit er Ansprüche geltend macht, bei denen die Passivlegitimation des Beklagten nicht oder nicht **nur** auf seinem Besitz beruht (zB mit § 985 BGB konkurrierende Herausgabeansprüche auf Grund Leihe, Verwahrung usw; Schadensersatzansprüche aus §§ 823, 989 ff BGB; wegen positiver Vertragsverletzung; Ansprüche auf Herausgabe von Früchten der streitbefangenen Sache). 5

IV) Ausscheiden des Beklagten (Abs IV)

Über den Antrag des Beklagten ist mündlich zu verhandeln. Die (für den Parteiwechsel gem III idR nicht erforderliche: Rn 5) **Entbindung von der Klage** erfolgt durch ein mit **Berufung anfechtbares Endurteil** (OLG 43, 3). Der Prozeß geht nun zwischen dem Kläger und dem Prozeß- 6 übernehmer weiter. Über die Gesamtkosten des Rechtsstreits ist im Schlußendurteil zu entscheiden (so auch Köln NJW 54, 238). Das Schlußendurteil **wirkt auch gegen den ausgeschiedenen Beklagten;** gegen ihn kann auf Grund der Vollstreckungsklausel, in die er aufzunehmen ist (§ 750) vollstreckt werden. Die Abweisung des Antrags erfolgt durch Zwischenurteil; aA 10. Aufl; BL § 76 Anm 5 A (Beschluß, wogegen einfache Beschwerde nach § 567). Wie hier StJLeipold § 76 Rn 18 und Wieczorek § 76 B III, der in sinngemäßer Anwendung von § 71 II aber sofortige Beschwerde dagegen zuläßt.

7 **V) Gebühren** wie § 75 Rn 9.

77 *[Urheberbenennung bei Eigentumsbeeinträchtigungsklagen]*

Ist von dem Eigentümer einer Sache oder von demjenigen, dem ein Recht an einer Sache zusteht, wegen einer Beeinträchtigung des Eigentums oder seines Rechtes Klage auf Beseitigung der Beeinträchtigung oder auf Unterlassung weiterer Beeinträchtigungen erhoben, so sind die Vorschriften des § 76 entsprechend anzuwenden, sofern der Beklagte die Beeinträchtigung in Ausübung des Rechtes eines Dritten vorgenommen zu haben behauptet.

1 **§ 77 trifft zu,** wenn wegen Beeinträchtigung des Eigentums, die in anderer Weise als durch Entziehung oder Vorenthaltung des Besitzes erfolgt, § 1004 BGB, oder wegen Beeinträchtigung eines sonstigen dinglichen Rechts, zB einer Dienstbarkeit (§ 1027 BGB) geklagt wird.

2 **§ 77 findet keine Anwendung** bei persönlichen Klagen auf Schadensersatz oder Feststellungsklagen. Die Benennung des Urhebers wird nicht dadurch ausgeschlossen, daß Benennender (Dienstverpflichtete) und Urheber (Dienstberechtigte) als Streitgenossen verklagt sind.

Vierter Titel

PROZESSBEVOLLMÄCHTIGTE UND BEISTÄNDE

Lit: *Borgmann/Haug,* Anwaltshaftung, 2. Aufl. 1986; *Commichau,* Die anwaltliche Praxis in Zivilsachen, 1983; *Friese,* Die freie Advokatur als notwendiger Bestandteil der Rechtspflege im demokratischen Rechtsstaat, AnwBl 85, 601; *Fuchs,* Der Syndikusanwalt im Arbeitsgerichtsprozeß, AnwBl 70, 213; *Isele,* Bundesrechtsanwaltsordnung, 1976; *Jeßnitzer,* Bundesrechtsanwaltsordnung, 3. Aufl 1985; *Kapp,* Die Prozeßvertretung beim BFH, BB 84, 481; *Keil,* Die Vertretung des Fiskus im Prozeß, Tübinger Diss. 1959; *Lingenberg/Hummel,* Kommentar zu den Grundsätzen des anwaltlichen Standesrechts, 1981; *Lukes,* Der beschränkt Geschäftsfähige als Prozeßvertreter, ZZP 69 (1956), 141; *zur Megede,* Entlastung der Gerichte in Zivilsachen durch Rechtsanwälte? FS Wassermann, 1985, S 765; *Ostler,* Die deutschen Rechtsanwälte (1871–1971), 2. Aufl 1982; *ders,* Stellung und Haftungsrisiko des Rechtsanwalts in Zivilsachen, JA 83, 109; *Penzkofer/Täube,* Factoring und RechtsberatungsmißbrauchsG, Betrieb 69, 313; *Rath,* Die Prozeßunfähigkeit des Rechtsanwalts im Zivilprozeß, ZZP 89 (1976), 450; *Rinsche,* Die Haftung des Rechtsanwalts und Notars, 2. Aufl 1986; *Rüggeberg,* Behörden und juristische Personen als Prozeßbevollmächtigte? NJW 70, 309; R. *Schneider,* Verfassungsrechtliche Grundlagen des Anwaltsberufs, NJW 77, 873; *Stürner,* Verbandsmäßig organisierte Massenklage, JZ 78, 499; *Urbanczyk,* Probleme der Postulationsfähigkeit und Stellvertretung, ZZP 95, 339; *Vollkommer,* Die Stellung des Anwalts im Zivilprozeß, 1984; *Wirtz,* Rechtsberatungsbefugnis der Verbände in Angelegenheiten des Ausländerrechts, NJW 68, 1025.

Vorbemerkungen

I) Arten von Vertretern im Prozeß

Nach der ZPO hat man zu unterscheiden:

1 1) den **gesetzlichen Vertreter** einer Partei (Eltern, Vormund, Pfleger), dessen Vertretungsmacht auf dem Gesetz, nicht auf dem Willen des Vertretenen beruht; s § 51; der Prozeßpfleger des § 57 hat einstweilen die Stellung eines gesetzlichen Vertreters.

2 2) den **bevollmächtigten Vertreter,** der durch den Willen des Vertretenen auf Grund seiner Vollmacht zur Vertretung berufen ist. Hierher gehören auch die richterlich beigeordneten Vertreter (Prozeßkostenhilfe-Anwalt, § 121, soweit ihm Prozeßvollmacht erteilt wurde, vgl § 121 Rn 30; Notanwalt §§ 78b, 78c; 668).

3) den **Beistand** gemäß § 90; s dort. Zu **Rechtsbeiständen** gem dem RBeratG und **Prozeßagenten** gem § 157 ZPO vgl näher Rn 9 mit weiteren Hinw. 3

4) den **sonstigen Vertreter.** Für einzelne Prozeßhandlungen bevollmächtigt sind die Terminsvertreter (§ 83 II), die Zustellungsbevollmächtigten (§§ 174, 175 ZPO, § 30 BRAO), der Urkundsbeamte in den Fällen der §§ 166 II, 753 II; der Gerichtsvollzieher bei der Zustellung und Zwangsvollstreckung (vgl R-Schwab § 27 III 3 aE). 4

II) Prozeßvollmacht

1) Ihre **Erteilung** ist Prozeßhandlung (s § 80 Rn 5); für einen im Inland zu führenden Prozeß gilt für die Rechtsbeständigkeit und die Rechtswirkungen der Prozeßvollmacht deutsches Recht (BGH LM § 325 Nr 10). Ihre wirksame Erteilung ist Prozeßhandlungsvoraussetzung, nicht Prozeßvoraussetzung (R-Schwab § 55 II 1; StJLeipold § 80 Rn 3; ThP Vorbem § 78 Anm I); anders zT die Lehre – so Blomeyer § 9 IV 2 –, aber zu Unrecht: hat ein unwirksam Bevollmächtigter Klage erhoben, so erfolgt Prozeßabweisung mangels ordnungsmäßiger Begründung des Prozeßrechtsverhältnisses; diese allerdings, aber eben auch nur sie allein ist Prozeßvoraussetzung. Wird die – wirksam erteilte – Vollmacht während des Rechtsstreits unwirksam, so ist der nunmehr vollmachtlose Vertreter zurückzuweisen; gegen die dann säumige Partei kann Versäumnisurteil ergehen. Zur Wirkung der Prozeßvollmacht: s § 85. Diese **Außenwirkung** ist zu unterscheiden vom Innenverhältnis zwischen Vollmachtgeber und Prozeßbevollmächtigtem (zur Abstraktheit der Prozeßvollmacht vgl Köln MDR 74, 310). 5

2) Das **Innenverhältnis,** auf dem die Erteilung der Vollmacht beruht, ist regelmäßig ein Geschäftsbesorgungsvertrag des bürgerlichen Rechts (§ 675), so vor allem beim Rechtsanwalt und beim Rechtsbeistand; als der Vollmacht zugrunde liegende Verpflichtungsverhältnisse sind aber auch Dienst- oder Werkvertrag, Auftrag, Gesellschaft möglich (eingehend Borgmann/Haug aaO §§ 8 ff). Dann ist die Prozeßvollmacht häufig Bestandteil einer umfassenderen, zugleich materiell-rechtlichen Vollmacht, wie beim Prokuristen (§ 49 HGB), beim Handlungsbevollmächtigten (§ 54 HGB), beim Gesellschafter (§ 714 BGB). 6

3) Prozeßbevollmächtigter kann im Anwaltsprozeß nur der beim Prozeßgericht zugelassene (deutsche; zu Besonderheiten im Rahmen der EG s Rn 16) Rechtsanwalt sein, im Parteiprozeß jeder beliebige Prozeßfähige (§ 79), also auch ein bei diesem Gericht nicht zugelassener Rechtsanwalt. Zum Begriff und zur Bedeutung der Postulationsfähigkeit s Rn 16, 17 vor § 50 und § 78 Rn 20. Prozeßbevollmächtigter kann nur eine natürliche, nicht auch eine juristische Person (zB Steuerberatungsgesellschaft; Wirtschaftsprüfungsgesellschaft) sein (BVerfG HFR 78, 420; BFH NJW 77, 776; vgl hierzu auch § 78 Rn 20; Anm zu § 79; § 80 Rn 1). Zum Vertretungszwang vor dem BFH nach dem Entlastungsgesetz vom 8. 7. 1975 (BGBl I S 1861) s Offerhaus NJW 79, 1275 und 2077; Bergerfurth Rn 420 ff. Einen Nichtanwalt kann das Gericht unter den Voraussetzungen des § 157 II zurückweisen. 7

4) Das den materiellen Geschäftsbesorgungsvertrag zwischen dem Rechtsanwalt und seinem Klienten beschränkende und modifizierende Standesrecht ist in der **Bundesrechtsanwaltsordnung** vom 1. 8. 1959 (BGBl I 565, mehrfach geändert, zuletzt durch das 3. Gesetz zur Änderung des DRiG vom 25. 7. 1984, BGBl I 995) geregelt. 8

III) Rechtsbeistände

1) Im übrigen ist die **geschäftsmäßige Besorgung fremder Rechtsangelegenheiten** einschließlich der Rechtsberatung und die Einziehung fremder oder zur Einziehung zedierter Forderungen an eine behördliche Genehmigung geknüpft (**Rechtsberatungsgesetz** – RBerG – vom 13. 12. 1935, bereinigte Fassung im BGBl III 303–12, zuletzt geändert durch Gesetz vom 18. 8. 1980, BGBl I S 1507) nebst AVO vom 13. 12. 1935 (RGBl I 1481) und vom 3. 4./25. 6. 1936 (RGBl I 359, 514); vgl weiter die AVO vom 13. 4. 1937 (RGBl I 456) und vom 29. 3. 1938 (RGBl I 359). **Sinn und Zweck** dieses Gesetzes ist es, die Allgemeinheit vor Schäden aus einer unzureichenden Rechtsberatung zu bewahren und die weitgehenden Bindungen unterliegende Anwaltschaft nicht mit einer unübersehbaren Zahl von Personen konkurrieren zu lassen, die solchen Bindungen nicht unterliegen (BGH 83, 210 [215]; Koblenz ZMR 84, 50 [51]). Das weiter geltende Gesetz ist mit dem Grundrecht der freien Berufswahl – Art 12 GG – vereinbar (BVerfG 41, 390; BGH LM RBeratG StS § 1 Nr 1); verfassungswidrig sind allerdings die Bedürfnisprüfung gem Art 1 § 1 II des Gesetzes (BVerwG 2, 85) sowie die örtliche Begrenzung der Erlaubnis gem § 1 I 1 der AVO (BVerfG 41, 378, 393 ff). **Geschäftsmäßigkeit** ist gegeben, wenn der Berater in *Wiederholungsabsicht* handelt; Indiz hierfür ist die *Entgeltlichkeit* seiner Tätigkeit (BGH NJW 86, 1051 f). 9

Rechtsbeistand ist, wem die Justizverwaltung die Erlaubnis zur geschäftsmäßigen Besorgung fremder Rechtsangelegenheiten für einen bestimmten Sachbereich (Art 1 § 1 I 2, 3 RBerG) erteilt hat. Zur Rechtsnatur eines Negativattests seitens des Land-(Amts-)gerichtspräsidenten (vgl 10

BGH NJW 69, 922). Juristischen Personen (zB GmbH) kann die Erlaubnis idR nicht erteilt werden (OVG Koblenz NJW 80, 1866: Steuerberatungs-GmbH).

11 **Prozeßagenten** sind Personen, denen das mündliche Verhandeln vor Gericht durch Anordnung der Justizverwaltung gestattet ist (§ 157 III; s dort Rn 8). Auch sie sind zur Rechtsberatung ermächtigt und können die Berufsbezeichnung Rechtsbeistand führen. Gebührenerstattung bei Vertretung durch Rechtsbeistände: Art IX § 1 KostRÄndG vom 26. 7. 1957 (BGBl 861).

12 Die **Erlaubnis** gemäß Art 1 § 1 RBerG berechtigt noch nicht zum Auftreten in der mündlichen Verhandlung gemäß § 157 III ZPO; dazu bedarf es einer gesonderten Erlaubnis durch die Justizverwaltung (vgl Hamm OLGZ 80, 265 = Rpfleger 80, 233). Wer aber als Prozeßagent gemäß § 157 III ZPO zugelassen werden will, dem muß die Erlaubnis nach dem RBerG entweder bereits erteilt worden sein oder zumindest gleichzeitig erteilt werden (Hamm OLGZ 80, 265 mN = Rpfleger 80, 233). Gegen die Versagung der Erlaubnis nach dem RBerG soll nach hM der **Rechtsweg zu den Verwaltungsgerichten** gegeben sein (so BGH 83, 350 [356]; BGHSt 28, 199 [203]; Sieg NJW 64, 1307), während gegen die Versagung nach § 157 III das Verfahren gem §§ 23, 24 II EGGVG eröffnet ist (vgl § 157 Rn 8 und § 23 EGGVG Rn 4). Diese Doppelspurigkeit ist unbefriedigend; der Behelf gem § 23 EGGVG sollte einheitlich zugelassen werden.

12a **Abgrenzung.** Der **Erlaubnis**pflicht unterliegt **nicht** die Rechtsberatung und Rechtsbetreuung von **Behörden** und **Körperschaften des öffentlichen Rechts** im Rahmen ihrer Zuständigkeit (Art 1 § 3 Nr 1 RBerG). Beispiele: Beratung und Unterstützung des *Jugendamts* gem § 51 JWG, zB bei der Geltendmachung von Unterhaltsansprüchen (vgl dazu die Mitt AnwBl 84, 548); Schuldnerberatung durch das *Sozialamt* im Rahmen von § 8 BSHG, durch kirchliche – und wohl auch – freie Wohlfahrtsverbände (vgl Schulz-Rackoll/Groth ZRP 86, 105).

13 Die dem **Anwaltsangestellten** auf Grund von Art 1 § 6 I, II RBerG erlaubte Rechtsbesorgung wird nicht durch die Berufsüblichkeit, sondern durch die Bedürfnisse der Praxis des Anwalts bestimmt (BVerwG vom 9. 12. 1965, Buchholz 355 RBeratG Nr 13).

14 Ein **Verstoß** gegen das RBeratG führt nicht zur Unwirksamkeit der Prozeßhandlungen des nicht zugelassenen Rechtsberaters (KG OLGZ 66, 112). **Nichtig** (§ 134 BGB) ist allerdings der mit dem Rechtsberater geschlossene Geschäftsbesorgungsvertrag (vgl BGH 88, 243 mN). Unerlaubte Rechtsbesorgungstätigkeit verstößt idR auch gegen § 1 UWG (Köln NJW-RR 86, 917 = AnwBl 86, 346).

15 2) Aus der **Rspr** zum **RBerG: Schuldenregulierungsaufträge** sind im allg unzulässig (BGH AnwBl 82, 108 mwN; zu ausnahmsweise zulässiger Schuldnerberatung vgl Rn 12 a), desgleichen Hilfe und Beratung für insolvente Kaufleute auf genossenschaftlicher Basis durch ehemaligen Rechtsanwalt (Frankfurt ZIP 85, 1077); zulässig ist eine **Umschuldung** durch eine **Bank** (Frankfurt BB 83, 398), nicht aber durch einen **Kreditvermittler** (Hamburg WRP 79, 138 [139]); unzulässig ist auch die **Gläubigerberatung,** zB durch Übernahme der Tätigkeit als **Poolverwalter** für eine Vielzahl von Gläubigern bei Insolvenz (Koblenz BB 84, 2018); unzulässig ist die Rechtsberatung durch einen ausländischen Rechtsanwalt von einem in der BRD unterhaltenen Zweigbüro aus (BGH MDR 69, 568), jedoch ist dem ausländischen **EG-Anwalt** (vgl dazu Rn 16) die Rechtsbesorgungserlaubnis für sein Heimatrecht und EG-Recht zu erteilen (Art 1 § 1 Nr 5 RBerG; Haack AnwBl 85, 559). Unzulässig ist der Beistand bei Geltendmachung von Schadensersatzansprüchen eines Haftpflichtversicherungsnehmers durch einen **Versicherungsmakler** (BGH NJW 67, 1562; anders für Ansprüche gegen den Versicherer Spielberger VersR 84, 1013 ff, 1016); zur Tätigkeit einer **Wirtschaftsprüfungsgesellschaft,** die nach Feststellung von Verstößen gegen die Preisbindung gegen den betreffenden Händler vorgeht, vgl BGH 48, 12; allgemein-rechtliche Beratung, wie die Ausarbeitung von Darlehens- und Gesellschaftsverträgen gehört nicht mehr zur zulässigen Rechtsbesorgung eines (auch selbst anwaltlich beratenen) **Steuerberaters und Wirtschaftsprüfers** (so BGH AnwBl 86, 111; Hamm WM 86, 174), dagegen aber die Beratung über gegen sich selbst bestehende Schadensersatzansprüche (BGH 83, 17 [24], keine „fremden" Rechtsangelegenheiten). Die Übernahme der **Schadensregulierung** durch den Inhaber von Mietwagen- oder Kfz-Werkstattunternehmen (auch nach Abtretung der Forderungen erfüllungshalber) verstößt gegen das RBerG (BGH 47, 364; BGH NJW 74, 557; 85, 1224, stRspr). Das gleiche gilt für die Finanzierung eines Unfallschadens durch eine **Bank,** wenn sie Teilstück einer umfassenden Schadensregulierung ist (BGH 61, 317 – „Unfallhelferring"; BGH NJW 77, 38); dabei ist gleichgültig, ob der Einziehung der Schadensersatzforderung eine Abtretung zugrunde liegt (BGH NJW 77, 431; krit zur Rspr Canaris ZIP 80, 709). Soweit eine Forderungsabtretung im wesentlichen der Sicherung des Mietwagenunternehmers dient, ist sie dagegen zulässig (BGH NJW 74, 1244; 85, 1223 = MDR 84, 999 = VersR 84, 986). **Nicht** erlaubnispflichtig ist der Erwerb und die Einziehung von Forderungen durch eine Bank im Rahmen eines **echten** (BGH 76, 125) oder **unechten Faktoring** (BGH 58, 364). **Anlageberatung** ist keine Rechtsberatung (vgl BGH

NJW 80, 1855). Zur Rechtsberatung und **Maklertätigkeit** vgl BGH NJW 81, 2685 [2686] (Belehrungspflicht über Sperrfrist gem § 564 b II Nr 2 S 2 BGB); in Gegensatz zum Makler (zu diesem BGH NJW 74, 1328) und dem **Patentwirtschaftler** (dazu München JZ 78, 352 mit iErg zust Anm Schlenger) ist dem **Architekten** die Ausarbeitung von Vertragsentwürfen nicht gestattet (BGH 70, 12 = NJW 78, 322). Zur Abgrenzung von Rechtsberatung und Tätigkeit eines **Helfers in Steuersachen:** BGH LM § 1 RBeratG Nr 12; vgl dazu auch BGH 36, 321; **Rechtsschutzversicherung,** BGH LM § 5 RBeratG Nr 3; konkrete Rechtsauskünfte an den Bezieher einer landwirtschaftlichen Fachzeitschrift werden nicht durch das RBerG, Art 1 § 5 Nr 1, gedeckt, BGH LM ebenda Nr 1; **Erbensucher** als Rechtsberater: LG Detmold MDR 1970, 417; Rechtsbetreuung von **Genossenschaftsmitgliedern:** BGH NJW 69, 2202; Köln MDR 69, 758; zum Umfang der erlaubten Rechtsberatung von **Frachtprüfern** vgl Braunschweig BB 84, 1515; **berufsständische Vereinigungen** iSv Art 1 § 7 RBerG sind ärztliche Privatverrechnungsstellen (Düsseldorf NJW 69, 2289), örtliche Mietervereine (Hamburg MDR 85, 332; Koblenz ZMR 84, 51), örtliche Haus- und Grundeigentümervereine (OVG Münster NJW-RR 86, 861) und Gewerkschaften (BGH 83, 210 [213] = MDR 82, 641; BGH NJW 81, 1553), dagegen **nicht** ein Verein von Wohnungssuchenden (Frankfurt NJW 82, 1003 [1004]) oder ein Interessenverband zur Mietrechtsberatung (Frankfurt WRP 83, 417); **Verbraucherzentralen** sind befugt, Verbrauchern außergerichtlichen Rechtsrat zu erteilen (Art 1 § 3 Nr 8 RBerG, eingefügt durch Ges vom 18. 8. 1980 BGBl I S 1507); allg zur erlaubnisfreien Rechtsberatungstätigkeit von **Verbänden** gegenüber ihren Mitgliedern Urbanczyk, Zur Verbandsklage im Zivilprozeß, 1981, S 200 ff bes 204 ff. Die Beteiligung an einem in der Rechtsform einer Gesellschaft (vgl dazu §§ 3, 10 AVO) betriebenen Rechtsberatungsunternehmen verstößt gegen das RBerG, wenn der beitretende Gesellschafter nicht im Besitz der personengebundenen Erlaubnis ist (vgl BGH 62, 238 ff). Auch der geschäftsmäßige Erwerb von Forderungen zur Einziehung auf eigene Rechnung bedarf der Erlaubnis (Nürnberg OLGZ 76, 236), doch ist **Inkassobüros** für die außergerichtliche Einziehung von Forderungen eine Bereichserlaubnis erteilt (Art 1 § 1 I 2 Nr 4 RBerG, eingefügt durch Ges vom 18. 8. 1980, BGBl I S 1507). Rechtsberatung ausländischer Arbeitnehmer durch den Leiter einer Einrichtung der freien gemeinnützigen Wohlfahrtspflege ist unzulässig (Köln NJW 73, 437). Die *geschäftsmäßige* Rechtsberatung von **Hochschullehrern** fällt unter das RBerG (Bornemann MDR 85, 192). – **Lit:** *Altenhoff/Busch/Kampmann*, RBerG, 7. Aufl 1983; *Schorn*, Die Rechtsberatung, 2. Aufl 1967; vgl ferner *Penzkofer/Täube, Stürner* und *Wirtz* aaO (LitVerz).

IV) Ausländische Rechtsanwälte

Die in einem EG-Mitgliedsstaat niedergelassenen Anwälte können unter bestimmen Voraussetzungen in der BRep Deutschland „vorübergehend" (dh iS einer grenzüberschreitenden Dienstleistung) die Tätigkeit eines Rechtsanwalts ausüben (Gesetz zur Durchführung der EG-Richtlinie zur Erleichterung der tatsächlichen Ausübung des freien Dienstleistungsverkehrs der Rechtsanwälte vom 16. 8. 1980, BGBl I S 1453). Sie haben dabei die Berufsbezeichnung ihres Herkunftsstaats zu verwenden, also zB „Avocat", „Advocate", „Barrister", „Solicitor" usw (vgl § 1 aaO) und auf Verlangen ihre Anwaltseigenschaft nachzuweisen (§ 2 aaO). Die Berufsbezeichnung „Rechtsanwalt" darf nicht geführt werden (§ 2 I 2 aaO). Bei der Ausübung ihrer Tätigkeiten, soweit sie mit der Vertretung im Bereich der Rechtspflege oder vor Behörden zusammenhängen, haben sie die Rechte und Pflichten eines deutschen Rechtsanwalts, soweit diese nicht die Zugehörigkeit zu einer Rechtsanwaltskammer, den Wohnsitz sowie die Kanzlei betreffen (§ 3 I aaO). In gerichtlichen Verfahren dürfen die ausländischen Anwälte als „Vertreter" *nur im Einvernehmen* mit einem Rechtsanwalt handeln, der selbst in dem Verfahren Bevollmächtigter ist (§ 4 I aaO). In Verfahren, in denen Anwaltszwang besteht (vgl § 78 Rn 4 ff), ist § 52 BRAGO entsprechend anzuwenden, dh der Prozeßbevollmächtigte kann dem ausländischen Anwalt nur die Ausführung der Parteirechte in seinem Beistand überlassen § 4 III aaO). Vom EG-Anwalt allein vorgenommene Prozeßhandlungen sollen auch in Verfahren ohne Anwalts-(Vertretungs-)zwang mangels Postulationsfähigkeit *unheilbar unwirksam* sein (so LSG Stuttgart NJW 85, 583, bedenklich); der EG-Anwalt sollte jedenfalls einem nicht rechtskundigen Bevollmächtigten iS von § 79 gleichstehen. Kurzer Überblick: NJW 80, 2399; JZ-GD 80, 188; eingehend – zT krit – Brangsch NJW 81, 1177; Haack AnwBl 85, 554. Einem EG-Anwalt darf die Zulassung als Rechtsanwalt im Inland nicht *deshalb* versagt werden, weil er bereits in seinem Heimatland niedergelassen ist (EuGH NJW 85, 1275; dazu Borggreve RIW 84, 988 ff). 16

78 *[Anwaltsprozeß]*

(1) Vor den Landgerichten und vor allen Gerichten des höheren Rechtszuges müssen die Parteien sich durch einen bei dem Prozeßgericht zugelassenen Rechtsanwalt als Bevollmächtigten vertreten lassen (Anwaltsprozeß).

(2) In Familiensachen müssen sich die Parteien und Beteiligten nach Maßgabe der folgenden Vorschriften durch einen bei dem Gericht zugelassenen Rechtsanwalt vertreten lassen:

1. die Ehegatten in Ehesachen und Folgesachen in allen Rechtszügen, am Verfahren über Folgesachen beteiligte Dritte nur für die weitere Beschwerde nach § 621e Abs. 2 vor dem Bundesgerichtshof,

2. die Parteien und am Verfahren beteiligte Dritte in selbständigen Familiensachen des § 621 Abs. 1 Nr. 8 in allen Rechtszügen, in selbständigen Familiensachen des § 621 Abs. 1 Nr. 4 und 5 nur vor den Gerichten des höheren Rechtszuges,

3. die Beteiligten in selbständigen Familiensachen des § 621 Abs. 1 Nr. 1 bis 3, 6 nur für die weitere Beschwerde nach § 621e Abs. 2 vor dem Bundesgerichtshof.

Vor dem Familiengericht ist auch ein bei dem übergeordneten Landgericht zugelassener Rechtsanwalt zur Vertretung berechtigt. Das Jugendamt, die Träger der gesetzlichen Rentenversicherungen sowie die in § 6 Abs. 1 Nr. 2, § 8 Abs. 1 des Angestelltenversicherungsgesetzes genannten Körperschaften und Verbände brauchen sich in den Fällen des Satzes 1 Nr. 1 und 3 nicht durch einen Rechtsanwalt vertreten zu lassen.

(3) Diese Vorschriften sind auf das Verfahren vor einem beauftragten oder ersuchten Richter sowie auf Prozeßhandlungen, die vor dem Urkundsbeamten der Geschäftsstelle vorgenommen werden können, nicht anzuwenden.

(4) Ein Rechtsanwalt, der nach Maßgabe der Absätze 1 und 2 zur Vertretung berechtigt ist, kann sich selbst vertreten.

Übersicht

Lit: *Bergerfurth,* Der Anwaltszwang und seine Ausnahmen, 1981; *ders,* Zur geplanten Änderung des Eherechts: Anwaltszwang usw, FamRZ 85, 545; *Brüggemann,* Zur Frage des Anwaltszwangs im Verfahren auf einstweilige Anordnung nach den §§ 620 ff ZPO, FamRZ 77, 289; *Hertel,* Der Anwaltszwang (Göttinger Diss), 1979; *Jost,* Anwaltszwang und einverständliche Scheidung, NJW 80, 327; *Krauth,* Nochmals: Anwaltszwang und Behördenprivileg, DÖV 80, 370; *Matschke,* Anwaltszwang (Editorial), AnwBl 85, 503; *Mes,* Prozeßvergleich und Anwaltszwang in Ehesachen, Rpfleger 69, 273; *Ostler,* Anwaltszwang und Behördenprivileg, DÖV 80, 713 (Erwiderung auf Tiedemann DÖV 80, 123); *Zuck,* Anwaltszwang im Verfassungsbeschwerdeverfahren und Fachanwalt für Verfassungsrecht, AnwBl 85, 609; vgl ferner das vor § 78 genannte Schrifttum.

Abs 1 S 2, eingefügt durch das 1. EheRG, wurde durch Art 3 Nr 2 des UÄndG vom 20. 2. 1986 gestrichen und durch Abs II (neu) ersetzt; die bish Abs 2 und 3 wurden in geänderter Fassung nunmehr Abs 3 und 4. Die Neuregelung ist seit 1. 4. 1986 in Kraft. Zur Übergangsvorschrift des Art 6 Nr 4 UÄndG bei Güterrechtsprozessen vgl den Hinweis zu dem (gestrichenen) § 78 a.

I) Allgemeines zum Anwaltszwang

1) Begriffe: Anwaltszwang ist die Notwendigkeit der Vertretung der Partei (Rn 7) durch einen beim Prozeßgericht (Rn 21) zugelassenen Rechtsanwalt (Rn 20); der Anwaltszwang ist ein Unterfall des *Vertretungszwangs*, bei dem Vertretung durch irgendeinen Rechtsanwalt (Fälle des „gelockerten Anwaltszwangs": Rn 12, 50) oder einen sonstigen bes qualifizierten Vertreter (Bsp: Verbandsvertreter gem § 11 II 2 ArbGG) genügt. Verfahren mit Anwaltszwang heißen **Anwaltsprozeß.** Gegensatz ist der **Parteiprozeß,** in dem die Parteien den Rechtsstreit selbst oder durch jede prozeßfähige Person als Vertreter führen können (§ 79). Besteht kein Anwaltszwang, handelt es sich auch dann um einen Parteiprozeß, wenn beide Parteien durch beim Prozeßgericht zugelassene Rechtsanwälte vertreten sind. Im Anwaltsprozeß fehlt der Partei die **Postulationsfähigkeit** (Begriff: Rn 16 vor § 50; sie kommt allein dem Vertreter gem Rn 20 ff zu). Dadurch ist die Partei selbst nicht von der **Mitwirkung** am Verfahren ausgeschlossen: Sie kann im Anwaltsprozeß mit ihrem Anwalt erscheinen und neben ihm das Wort verlangen (§ 137 IV) und wirksam Geständnisse abgeben (§ 288 Rn 5). Das Gericht soll die Partei zuziehen und persönlich anhören (§ 278 I 2). Es kann ihr persönliches Erscheinen anordnen; dann besteht eine Pflicht zum Erscheinen (§§ 141, 273 II Nr 3, IV; 279 II; 613; 640 I iVm § 613). 1

2) Bedeutung. a) Zwecke des Anwaltszwangs. Der Anwaltszwang dient einer geordneten Rechtspflege und liegt zugleich im Interesse der Prozeßparteien. Verfahrensbezogene Zwecke sind: Prozeßvorbereitung und Prozeßverhütung; durch die notwendige Einschaltung von Anwälten wird der Prozeßstoff gefiltert und aufbereitet (Beibringungsgrundsatz!), effektive Mündlichkeit der Verhandlung ermöglicht, prozessuale Chancengleichheit zwischen den Parteien hergestellt und der Streit versachlicht. Parteibezogene Zwecke sind der Verfahrens- und Gefahrenschutz, Warn- und Beratungsfunktion (eingehend Vollkommer, Die Stellung des Anwalts im Zivilprozeß, 1984, S 16 ff mwN; teilw krit Jauernig, Zivilprozeßrecht, 21. Aufl 1985, § 16 I). In engem Zusammenhang mit dem Anwaltszwang steht der **Lokalisierungsgrundsatz** (§ 18 BRAO), der eine vertrauensvolle Zusammenarbeit zwischen Gericht und Anwalt fördert („Arbeitsgemeinschaft") und einen reibungslosen und unmittelbaren Verkehr zwischen allen Prozeßbeteiligten als Voraussetzung für eine zügige Verfahrenserledigung gewährleistet (Vollkommer aaO S 19 f; AG Hofgeismar FamRZ 84, 1028). **b)** Der Anwaltszwang bildet eine **wesentliche Verfahrensgarantie** des Landgerichts- und Eheprozesses (Vollkommer aaO S 22, 56; unten Rn 28). **c) Anwaltszwang als „formale Ordnungsvorschrift".** Die Zwecke des Anwaltszwangs gestatten es nicht, ihn beiseite zu schieben, wenn die konkrete Verfahrensgestaltung im Einzelfall eine Anwaltsmitwirkung als nicht geboten erscheinen läßt; als formale Ordnungsvorschrift ist § 78 vielmehr strikt anzuwenden (vgl BGH 86, 163). Das schließt freilich in Zweifelsfragen eine Berücksichtigung der Zwecke des Anwaltszwangs bei der wertenden Bestimmung der Grenzen seines Umfangs nicht aus (so anscheinend auch BGH 86, 165 ff und Vollkommer aaO S 22 f). 2

3) Rechtsfolgen bei Verstößen gegen den Anwaltszwang: Die – zwingenden – Vorschriften über den Anwaltszwang sind von Amts wegen zu beachten und unterliegen nicht dem Parteiverzicht oder Rügeverlust gem § 295 I (Grund: § 295 II). Die **Postulationsfähigkeit** ist Prozeßhandlungsvoraussetzung (vgl Rn 17 vor § 50, nicht: Prozeßvoraussetzung; unrichtig insoweit LG Mainz MDR 80, 406). Handelt im Anwaltsprozeß die nicht postulationsfähige Partei selbst oder ihr nicht postulationsfähiger Vertreter, sind ihre Prozeßhandlungen unwirksam (BAG 42, 307 mwN; Düsseldorf FamRZ 80, 798 [800 mwN]; Stuttgart FamRZ 81, 789; Schmidt NJW 82, 811), erscheint sie im Termin ohne zugelassenen Anwalt, ist sie säumig iS der §§ 330 ff. Eine rückwirkende **Heilung** des Mangels der Postulationsfähigkeit durch nachträgliche Genehmigung des postulationsfähigen Anwalts scheidet aus (BGH 90, 249 [253]; BSG MDR 85, 963; LSG Stuttgart NJW 85, 583). Beispiele: Die von einem nicht postulationsfähigen Anwalt unterzeichnete Klageschrift wird nach Ablauf einer bestehenden Klagefrist (zB § 41 I KO) vom postulationsfähigen Prozeßbevollmächtigten unterzeichnet (BGH 90, 253). Die vom nicht postulationsfähigen Rechtsanwalt eingelegte Berufung wird nicht (rückwirkend) wirksam, wenn der beim OLG zugelassene Rechtsanwalt sie nach Fristablauf genehmigt (Bremen OLGZ 65, 41; ebenso für unwirksame Erledigungserklärung Köln MDR 82, 1024; für unwirksame Klageerhebung LG Mainz MDR 80, 406 unter Verkennung, daß bei Fehlen einer Klagefrist die nachträgliche Genehmigung der förmlichen Neuvornahme gleichsteht; ebenso Bergerfurth Rn 210 Fußnote 359); soweit der Mangel aber die Prozeßvoraussetzung der Ordnungsmäßigkeit der Klageerhebung betrifft, ist Heilung durch Genehmigung (§ 551 Nr 5; BL Anm 1 E), die auch in der Bezugnahme eines postulationsfähigen Anwalts auf Schriftsätze eines Nichtpostulationsfähigen liegen kann (Karlsruhe AnwBl 79, 430; Stuttgart FamRZ 81, 789), oder gem § 295 I möglich (nach BGH 65, 46 [48]; Stuttgart FamRZ 81, 789 mN 3 ohne Rückwirkung; für weitergehende Heilungsmöglichkeiten bei Formmängeln allg Vollkommer, Formenstrenge und prozessuale Billigkeit, 1973, S 356 ff). §§ 551 Nr 5, 579 I Nr 4 gelten nicht, wenn der Mangel übersehen wurde (ausf Urbanczyk ZZP 95, 339 [355 ff]; StJLeipold Rn 10; Köln MDR 82, 1024, str; aA 13. Aufl; Bergerfurth Rn 210).

II) Anwaltszwang vor den Kollegialgerichten (I)

4 **1) Gerichte mit Anwaltszwang: a) Allgemeines.** Anwaltszwang herrscht in allen Verfahren (Ausnahmen für bestimmte Prozeßhandlungen s Rn 46 ff) vor dem **LG, OLG, BGH** und **BayObLG** sowie in bestimmtem Umfang vor dem AG als Familiengericht (dazu näher Rn 27 ff).

5 **b) Einzelne Gerichte.** Gleichgültig ist beim **LG,** ob es sich um eine erstinstanzliche oder eine Berufungskammer handelt, ob die vollbesetzte Zivilkammer oder der Einzelrichter (§ 348) tätig wird (anders beim beauftragten und ersuchten Richter, dazu Rn 46 (b), ob der Vorsitzende der KfHS allein entscheiden kann (§ 349 II) oder nicht. Besonderheiten bestehen bei der Baulandkammer (Rn 50), der Wiedergutmachungskammer (Rn 51) und aufgrund von Konzentrationsermächtigungen gebildeten Spezialkammern (Rn 52). Beim **OLG** gilt Anwaltszwang auch für das Verfahren vor dem Einzelrichter (§ 524); vor dem auswärtigen Zivilsenat (§ 116 GVG) ist jeder beim Stammgericht zugelassene Rechtsanwalt postulationsfähig (vgl auch Anm zu § 116 GVG). Besonderheiten bestehen für den (aufgelockerten) Anwaltszwang beim **BayObLG** (Rn 20). Arbeitsgerichtliches Verfahren: § 79 Rn 3.

6 **c)** Zum Begriff des **Prozeßgerichts** s Rn 21.

7 **2) Dem Anwaltszwang unterliegende Parteien: a) Grundsatz:** Dem Anwaltszwang unterliegen die (aber auch nur die) Parteien (Begriff: Rn 2 vor § 50; BGH 86, 160 [164]) und zwar sowohl Haupt- als auch Nebenparteien, nicht dagegen Dritte. Bsp: Parteien sind Kläger und Beklagter, Antragsteller und Antragsgegner (vgl § 622 III), der Nebenintervenient (§ 66), der Streitverkündete ab Beitritt (vgl § 74 Rn 1), ferner die in den §§ 75–77 bezeichneten Personen; nicht dagegen der unbeabsichtigt in den Prozeß gezogene Dritte (Rn 8 vor § 50), desgleichen nicht der einem Prozeßvergleich betretende Dritte (BGH 86, 160, str; vgl Rn 11). Zum – stark eingeschränkten – Anwaltszwang für *„Beteiligte"* und *„beteiligte Dritte"* in Familiensachen vgl die Sonderregelung gem **Abs 2 S 1 und 3** (ie Rn 39 ff).

8 **b) Ausnahmen** bestehen nur für den **Staatsanwalt** in Entmündigungssachen (§§ 632, 666, 679) und die selbst beim Prozeßgericht **als Rechtsanwalt zugelassene** Partei (Rn 55).

9 **3) Dem Anwaltszwang unterliegende Prozeßhandlungen: a) Vornahme von Prozeßhandlungen.** Vom Anwaltszwang umfaßt ist das **gesamte** Verfahren vor dem Prozeßgericht (Begriff: Rn 21); er gilt also grundsätzlich für **alle Prozeßhandlungen,** soweit keine Ausnahmen vom Anwaltszwang eingreifen (vgl dazu Rn 46 ff). Unter den Anwaltszwang fallen daher alle verfahrensgestaltenden Handlungen, wie bestimmende und vorbereitende Schriftsätze (vgl § 130 Nr 6), Anträge, Erklärungen, aber auch materiellrechtliche Rechtsgeschäfte (zB gem §§ 119, 123, 389 BGB), soweit sie im Prozeß abgegeben werden (Einzelfragen: Rn 12). Dagegen steht § 78 der Wirksamkeit *außergerichtlicher Verträge* über die Verpflichtung zur Vornahme von Prozeßhandlungen nicht entgegen (BGH NJW 84, 805; WM 86, 1061, stRspr); Beispiele: Klage-(Rechtsmittel-) zurücknahmeversprechen (BGH WM 86, 1061); vertraglicher Rechtsmittelverzicht (Rn 12); Verpflichtung zur Zustimmung zur Sprungrevision (BGH MDR 86, 313; vgl auch Rn 13, 16); § 78 gebietet, daß der Rechtsanwalt die notwendigen Prozeßhandlungen unter eigener Verantwortung selbst vornimmt (BGH JR 54, 463); wegen Unterzeichnung und Einreichung einer von der Partei selbst verfaßten Rechtsmittelschrift durch den Rechtsanwalt s § 519 Rn 5; näher zur sog nur „formellen" Unterzeichnung von Schriftsätzen Vollkommer, Formenstrenge und prozessuale Billigkeit, 1973, S 26, 255 f mwN.

10 **b)** Was die **Entgegennahme von Prozeßhandlungen** betrifft, so gilt Anwaltszwang für die mündliche Verhandlung, während der Erklärungen nur an den zugelassenen Anwalt zu richten sind. Außerhalb der mündlichen Verhandlung kann die Partei selbst Erklärungen entgegennehmen; ist aber in einem anhängigen Rechtsstreit schon ein Prozeßbevollmächtigter bestellt, muß ihm zugestellt werden (§ 176), wobei auch die Zustellung an den nicht postulationsfähigen Anwalt wirksam ist (vgl für den umgekehrten Fall BGH 31, 32 = NJW 59, 2307).

11 **c) Einzelne Prozeßhandlungen.** Bei verschiedenen Prozeßhandlungen herrscht Streit, ob sie überhaupt unter den Anwaltszwang fallen oder ob sie doch von einem nicht beim Prozeßgericht zugelassenen Anwalt vorgenommen werden können (Einschränkung der Postulationsfähigkeit; zB Rn 12, 13). **Überblick: aa)** Der **Prozeßvergleich** (§ 794 I Nr 1) unterliegt dem Anwaltszwang (Stuttgart Justiz 65, 86; Tempel, FS Schiedermair, 1976, S 527; StJLeipold Rn 16 mwN – auch zur Gegenansicht – in N 28; Blomeyer 2. Aufl § 65 VI; Bergerfurth Rn 220 mwN) und zwar auch der vor dem **Einzelrichter** geschlossene (Celle OLGZ 75, 353; Hamm NJW 72, 1998, str; aA Koblenz

NJW 71, 1043; MDR 76, 940 mN; Köln NJW 73, 907; vgl auch Anm zu § 279 und zu § 348; offengelassen BGH 86, 160 [163]). Kein Anwaltszwang besteht aber für den dem Vergleich beitretenden **Dritten** (BGH 86, 160 = NJW 83, 1433 = MDR 83, 573 mit abl Anm Bergerfurth JR 83, 371 f; aA 13. Aufl). Für den **Vergleich in Ehesachen** (Scheidungsfolgesachen und Familiensachen iS der Rn 31, 34) ist dagegen der Anwaltszwang zu bejahen (ebenso: Zweibrücken FamRZ 85, 1071 mN; BGH FamRZ 86, 458 für Rechtszustand vor dem 1. 7. 1977; eingehend mwN Rn 33, auch zum Vergleich im Verfahren der *einstweiligen Anordnung*). Der im **Prozeßkostenhilfeverfahren** geschlossene Prozeßvergleich (§ 118 I 3) unterliegt nicht dem Anwaltszwang (dort Rn 10).

bb) Klage-(Rechtsmittel-)zurücknahme- und -verzichtserklärungen. Ist der Rechtsstreit im **Mahnverfahren** eingeleitet worden, kann nach Abgabe an das LG (vgl § 696 I 1) bis zum Beginn der mündlichen Verhandlung der Antrag auf Durchführung des streitigen Verfahrens (§ 696 IV 2 iVm § 78 II; LG Frankfurt Rpfleger 79, 429) und die Klage ohne Anwaltszwang zurückgenommen werden (Koblenz MDR 84, 322); ist bereits Vollstreckungsbescheid ergangen, kann die Klage auch durch einen beim Prozeßgericht nicht zugelassenen Anwalt wirksam zurückgenommen werden (zutr LG Bonn NJW-RR 86, 223 f; insoweit aA Koblenz MDR 84, 322). Ist das Verfahren durch Rechtsmittel in die höhere Instanz gelangt, so kann der (in der Rechtsmittelinstanz noch nicht vertretene) Rechtsmittelbeklagte die **Klage** noch durch den Anwalt der Vorinstanz **zurücknehmen** lassen (BGH 14, 210; Koblenz Rpfleger 74, 117; Vollkommer Rpfleger 74, 89; StJLeipold Rn 30; Bergerfurth Rn 234; aA Mattern AnwBl 70, 304). Ist in einer „bayerischen Sache" beim BayObLG Revision eingelegt worden und ist der Rechtsstreit in der Folge an den BGH gelangt, so kann die **Rücknahme der Revision** (der **Verzicht** darauf) noch von dem beim BGH nicht zugelassenen Anwalt der Vorinstanz erklärt werden (GSZ BGH 93, 14 = NJW 85, 1157 = MDR 85, 379, st Rspr seit RG 132, 92; vgl auch Rn 13). Hat die Partei selbst (oder durch einen nicht postulationsfähigen Vertreter) ein Rechtsmittel eingelegt, kann sie es in gleicher Weise auch wieder zurücknehmen (BFH 128, 24 [25 mwN]; BB 78, 1104; LG Bremen NJW 79, 987; Bergerfurth Rn 242). Der nach Urteilserlaß *außergerichtlich* einseitig oder vertraglich erklärte **Rechtsmittelverzicht** unterliegt nicht dem Anwaltszwang (BGH WM 84, 484; NJW 85, 2335), wohl aber als *Prozeßhandlung* (BGH NJW 84, 1465; vgl auch Rn 9 sowie § 514 Rn 6; § 566 Rn 2). 12

cc) Anträge und Erklärungen nach Klage-(Rechtsmittel-)rücknahme. Für den Verlust- und Kostenantrag gem §§ 515 III 2, 566 verlangt der BGH in stRspr (außer in bayerischen Revisionssachen) volle Postulationsfähigkeit; wird die Berufung (Revision) zu einem Zeitpunkt zurückgenommen, zu dem der Rechtsmittelgegner in der Rechtsmittelinstanz noch nicht vertreten war, so soll der Verlust- und Kostenantrag vom Anwalt der Vorinstanz nicht wirksam gestellt werden können (BGH NJW 70, 1320; BGH MDR 77, 302 = Rpfleger 77, 98; BGH NJW 78, 1262 = Rpfleger 78, 172 mwN; Celle Rpfleger 73, 314); diese Rspr steht im Widerspruch zu der Erleichterung der Klage-(Rechtsmittel-)rücknahme (Rn 12) und ist als sachlich nicht gebotene Überspitzung des Anwaltszwangs abzulehnen (ebenso Köln MDR 76, 1025 = Rpfleger 76, 407; Mümmler JurBüro 84, 17 ff mwN; Vollkommer Rpfleger 74, 91; 77, 98; ThP § 515 Anm 5c; BL § 78 Anm 1 Cb; StJGrunsky § 515 Rn 23; Bergerfurth Rn 246). Auflockerungen sind in bayerischen Revisionssachen anerkannt; so kann der nicht beim BGH zugelassene (vor dem BayObLG postulationsfähige) Prozeßbevollmächtigte des Revisionsbeklagten die Anträge gem §§ 566, 515 III 2 stellen (GSZ BGH 93, 15 f = NJW 85, 1157 = MDR 85, 379). Kein Anwaltszwang besteht nach OLG Karlsruhe für die **Zustimmung** des Antragsgegners zur **Rücknahme des Scheidungsantrags** (OLGZ 77, 478; wegen der Zustimmung zur Klagerücknahme i allg vgl Anm zu § 269). 13

dd) Kein Anwaltszwang besteht für die Einlegung der **Durchgriffserinnerung** gem §§ 11, 21 RpflG (Frankfurt und Stuttgart Rpfleger 71, 214 bzw 145; Zweibrücken NJW 73, 908; Koblenz JurBüro 80, 1353; Bergerfurth Rn 270 mwN; aA Bamberg JurBüro 74, 1286 und 73, 758; differenzierend Bremen JuS 72, 729). Für das mit der Erinnerung verbundene Wiedereinsetzungsgesuch besteht auch in der Beschwerdeinstanz kein Anwaltszwang (Düsseldorf Rpfleger 1974, 429). Zum ganzen näher Anm zu § 104. 14

ee) Anwaltszwang besteht für den **Fristverlängerungsantrag** gem §§ 519 II 3, 554 II 2 HS 2 (BGH 93, 303 mN = NJW 85, 1558 [1559]) und für die **Beschwerde** gegen die Ablehnung einer **einstweiligen Verfügung,** die beim LG beantragt war (Frankfurt MDR 81, 763; 83, 233; Hamm MDR 82, 674; Düsseldorf OLGZ 83, 358; Bergerfurth Rn 267 und NJW 81, 353; § 569 Rn 19, § 922 Rn 13, str; aA München NJW 84, 2414; Hamburg MDR 81, 939; ThP § 569 Anm 3b aa; Hamm MDR 78, 940, soweit keine mündliche Verhandlung stattgefunden hat) und allg für die **sofortige** Beschwerde an das OLG (Hamm Rpfleger 78, 421); vgl auch Rn 46 (h) und Anm zu § 569 II). 15

ff) Die Einwilligung in die **Sprungrevision** (§ 566 a II 2) kann von einem vor dem Revisionsgericht nicht postulationsfähigen Rechtsanwalt erklärt werden (BGH NJW 75, 830; MDR 86, 313 = JZ 85, 1064; arbeitsgerichtliches Verfahren: BAG EzA ArbGG 1979 § 76 Nr 4; vgl auch § 79 Rn 4). 16

17 **gg)** Für das **Vollstreckungsverfahren nach §§ 887 ff** besteht Anwaltszwang, wenn das LG erstinstanzlich entschieden hat, und zwar auch, wenn der Titel eine einstweilige Verfügung ist, die ohne mündliche Verhandlung ergangen ist (Koblenz WRP 85, 293 mwN = GRUR 85, 573; Frankfurt Rpfleger 79, 148 mwN; Hamm MDR 85, 242 = WRP 85, 173 [für § 890]; Nürnberg NJW 83, 2950 = MDR 84, 58; ausf Pastor, Die Unterlassungsvollstreckung nach § 890 ZPO, 3. Aufl 1982, S 103 ff; Bergerfurth Rn 273, str; aA StJLeipold § 78 Rn 14; StJMünzberg § 891 Anm I 1).

18 **hh)** Das Verfahren auf **Benennung eines Schiedsrichters** durch das zuständige LG (§§ 1029 II, 1045) unterliegt dem Anwaltszwang (Frankfurt JurBüro 74, 1592).

19 **ii)** Kein Anwaltszwang besteht für den **Verweisungsantrag** nach § 696 V **nach vorangegangenem Mahnverfahren** (so zutr LG Hof Rpfleger 79, 390; Zinke NJW 83, 1081 [1082 mN], sehr str; ie § 696 Rn 8), sowie für eine **Anspruchsbegründung** gem § 697 I im Zeitraum zwischen Abgabe und Terminsbestimmung (BGH 84, 136 ff).

III) Postulationsfähiger Anwalt

20 **1) Zulassung beim Prozeßgericht: a) Zulassung.** Postulationsfähig (vgl Rn 1) in Verfahren mit Anwaltszwang (Rn 4 ff) ist nur der beim Prozeßgericht (Rn 21) gemäß den §§ 6 ff, 18 ff, 164 ff BRAO **zugelassene Anwalt** (Lokalisierungsgrundsatz). Der Lokalisationsgrundsatz (§ 18 BRAO) steht mit dem Anwaltszwang in engem Zusammenhang (BGH 93, 14) und ermöglicht erst die volle Verwirklichung seiner Zwecke (AG Hofgeismar FamRZ 84, 1028; Rn 2). Der postulationsfähige Anwalt muß prozeßfähig sein. Die Prüfung der Prozeßfähigkeit eines Anwalts muß in einem verselbständigten Verfahren erfolgen, in dem der Anwalt Hauptbeteiligter ist, und das mit einer rechtsmittelfähigen Entscheidung (Zwischenurteil analog §§ 71, 387) endet (BVerfG 37, 82 = NJW 74, 1279; dazu auch Rath ZZP 80, 450). Im familiengerichtlichen Verfahren ist die Postulationsfähigkeit gem **Abs 2 S 2** erweitert (dazu Rn 45). Vor dem **BayObLG** ist jeder beim LG, OLG oder BGH zugelassene Anwalt postulationsfähig (§§ 7, 8, EG ZPO iVm Art 21 BayAGGVG; vgl auch § 227 BRAO und näher Anm zu § 8 EGZPO sowie GSZ BGH 93, 14 ff = NJW 85, 1157 = MDR 85, 379; Ostler, Bayer. Justizgesetze, 4. Aufl 1986, Art 21 AGGVG Rn 3; Bergerfurth Rn 62 ff sowie oben Rn 12 f); weitere Ausnahmen: Rn 50 ff. **Fehlt** die Postulationsfähigkeit (s dazu BGH 66, 59), so ist bei Einlegung eines Rechtsmittels dieses als unzulässig zu verwerfen (BVerwG MDR 76, 781; vgl allg auch Rn 3; Rn 17 vor § 50). Die Postulationsfähigkeit des Anwalts erstreckt sich auch auf **eigene Sachen** (iwS, vgl Rn 55).

21 **b) Prozeßgericht** ist das Gericht, bei dem der Rechtsstreit anhängig ist oder durch eine Prozeßhandlung anhängig gemacht werden soll. Dieses Gericht hat den Mangel der Vertretung von Amts wegen zu berücksichtigen (Rn 3). Berufung und Revision sind beim **Rechtsmittelgericht** durch einen dort zugelassenen Anwalt einzulegen (Ausnahme für das Revisionsverfahren: § 8 EGZPO; s auch dort). Besteht für das **Beschwerdeverfahren** Anwaltszwang, kann die Beschwerdeschrift beim Beschwerdegericht durch einen dort oder beim Gericht der Vorinstanz zugelassenen Anwalt eingelegt werden (§§ 569 I, 577 II; RG 10, 373; Nürnberg NJW 79, 169, str; aA § 569 Rn 15). Auch bestimmte gegenüber dem Prozeßgericht vorzunehmende Rücknahmeerklärungen kann der Vorinstanzanwalt vornehmen (**Einschränkung** des Lokalisierungsgrundsatzes). So kann der Rechtsmittelbeklagte die Klage noch durch den Anwalt der unteren Instanz zurücknehmen lassen (Rn 12). Ein nicht beim BGH zugelassener Rechtsanwalt, der befugterweise eine Revision beim BayObLG eingelegt hat, kann den Verzicht auf dieses Rechtsmittel gegenüber dem Revisionsgericht auch dann erklären, wenn das Verfahren inzwischen an den BGH gelangt ist (Rn 12).

22 **2) Vertretung des Anwalts: a)** Die Vertretungsfähigkeit des Rechtsanwalts wird durch seine Zulassung bei Gericht bestimmt; ein **Vertretungsverbot nach der BRAO** (§§ 114, 114 a) führt zur Zurückweisung des Rechtsanwalts, wenn er vor Gericht auftreten will, macht aber die von ihm vorgenommenen Prozeßhandlungen (Annahme von Zustellungen) nicht unwirksam.

23 **b) Einzelne Vertreter.** Dem zugelassenen Rechtsanwalt steht sein **allgemeiner Vertreter** (General-Substitut), den er für die Dauer bis zu 1 Monat selbst bestellen kann (§ 53 II 1 BRAO), gleich (BGH NJW 81, 1740 [1741]). Bei längerer Verhinderung bestellt die Justizverwaltung (§§ 53 II 2, 163 BRAO) auf Antrag des Rechtsanwalts oder auch von Amts wegen. Durch amtliche Bestellung wird der allgemeine Vertreter, der nicht notwendig Rechtsanwalt sein, sondern nur die Befähigung zum Richteramt haben muß, im gleichen Umfang postulationsfähig, wie es der Vertretene war (s auch BGH NJW 75, 543); hat dieser selbst den Vertreter bestellt, muß letzterer aber seinerseits postulationsfähig, dh beim gleichen Gericht zugelassen sein.

24 Das gleiche gilt für den durch den Rechtsanwalt bestellten **Untervertreter** (§ 52 I BRAO). Voraussetzung einer wirksamen Untervollmacht ist einzelfallbezogene Weisung und Möglichkeit der Aktenkenntnis (fehlt bei „Kartellanwalt“: Düsseldorf NJW 76, 1324; Voß AnwBl 86, 185). Das gilt auch in Entschädigungssachen (BGH LM § 224 BEG 1956 Nr 5).

Stirbt ein Rechtsanwalt, wird seine Zulassung zurückgenommen oder erlischt sie, kann ein **Abwickler** bestellt werden (§ 55 BRAO), der die gleichen Befugnisse (Postulationsfähigkeit) hat, wie der Rechtsanwalt, für den er tätig wird. Dieser kann sich aber nur in seiner Eigenschaft als Abwickler, nicht aber bei einer Vertretung für seine eigene Praxis auf die Zulassung des Verstorbenen bei einem bestimmten OLG berufen (BGH VersR 73, 470). 25

c) Kein Vertreter ist der **Beistand** nach § 52 II BRAO: Dies ist ein (uU auch ausländischer: Rn 16 vor § 78) Rechtsanwalt, dem der Prozeßbevollmächtigte im Anwaltsprozeß in der mündlichen Verhandlung den Vortrag und die Antragstellung überträgt (für den Parteiprozeß: § 90). Bsp: Zur Verhandlung zugezogener, nicht postulationsfähiger **Verkehrsanwalt** (Bauer/Fröhlich FamRZ 83, 122). Beistand in diesem Sinne kann auch der dem Rechtsanwalt zur Ausbildung zugewiesene Stationsreferendar (§ 59 BRAO) sein, aber nur ein solcher, nicht etwa ein nur nebenberuflich beim Anwalt arbeitender Referendar. 26

IV) Anwaltszwang in Familiensachen (II)

1) Grundgedanken der Neuregelung. a) Entstehungsgeschichte. Durch das 1. EheRG wurde für einen Teil der Familiensachen der Anwaltszwang eingeführt. Die Regelung war auf mehrere Vorschriften verstreut (§§ 78 I 2, 78 a, 621 e IV, je aF), zT übermäßig kompliziert (so der „gespaltene" Anwaltszwang in Güterrechtsstreitigkeiten) und, was den Anwaltszwang im Verbund für Drittbeteiligte betraf, sachlich zu weitgehend (so ausdrücklich die Begründung, BT-Drucks 10/2888, S 15; einschränkend bereits BGH NJW 79, 108 = FamRZ 78, 889; BGH NJW 80, 1958 und 2260 = FamRZ 80, 990 und 991). Das UÄndG faßt die Regelung in einer einzigen Vorschrift zusammen, beschränkt sich aber nicht auf eine Klarstellung und stärkere Übersichtlichkeit, sondern bestimmt den Umfang des Anwaltszwangs, insbesondere für Drittbeteiligte, neu und zwar im Sinne einer wesentlichen Einschränkung. 27

b) Der als „abschließend" gedachten Regelung (vgl BT-Drucks 10/2888, S 22) liegen folgende **Grundgedanken** zugrunde: In **Ehesachen** (§ 606 I 1) wird an der wichtigen Verfahrensgarantie des Anwaltszwangs, die bis zum 1. 7. 1977 (Inkrafttreten des 1. EheRG) bereits aus der landgerichtlichen Zuständigkeit folgte, auch nach Übergang dieser Verfahren in die familien- (und damit amts-)gerichtlichen Zuständigkeit im Hinblick auf die große Tragweite dieser Angelegenheiten für die Lebensverhältnisse der Ehegatten festgehalten. Der als wesentliche Verfahrensneuerung eingeführte Verhandlungs- und Entscheidungsverbund von Scheidungs- und anderen Familiensachen führt für die Ehegatten notwendig zu einer Erstreckung des Anwaltszwangs auf sog. **Folgesachen** (§ 623 I 1). Für die übrigen „selbständigen" **familiengerichtlichen Verfahren** orientiert sich der Anwaltszwang an der Rechtsnatur des Verfahrensgegenstandes; sog FGG-Familiensachen (§ 621 I Nr 1–3, 6, 7, 9) sind idR anwaltsfrei (Ausnahme: dritte Instanz), bei sog ZPO-Familiensachen besteht Anwaltszwang nur in den höheren Instanzen, in Güterrechtssachen jedoch auch in der ersten Instanz. Beim Anwaltszwang für Drittbeteiligte wird nicht (mehr) danach unterschieden, ob die Familiensache (§ 621 I) selbständig oder im Verbund geführt wird. Bestimmte **Behörden und Körperschaften** sind als Drittbeteiligte gänzlich vom Anwaltszwang ausgenommen (sog Behördenprivileg). 28

c) Neuregelung. II regelt den Anwaltszwang in Familiensachen abschließend für alle Instanzen; ein Rückgriff auf **I** scheidet daneben aus; dagegen sind **III** und **IV** ergänzend auf die Verfahren gem II anzuwenden. Die geänderte Formulierung im Einleitungssatz („in Familiensachen" gegenüber der aF: „vor den Familiengerichten") bringt zum Ausdruck, daß sich der Anwaltszwang im familiengerichtlichen Verfahren danach richtet, ob (wirklich) eine Familiensache vorliegt (sog materielle Anknüpfung; vgl BT-Drucks 10/2888, S 22); ein Widerspruch zum Übergang zur formellen Anknüpfung bei der Rechtsmittelzuständigkeit liegt darin nicht (zutr Bergerfurth FamRZ 85, 546). 29

2) Anwaltsprozesse in Familiensachen. In Familiensachen ist der Umfang des Anwaltszwangs in objektiver (Verfahrensarten; Verfahrensgestaltung) und subjektiver Hinsicht (Parteien, Beteiligte) beschränkt. Soweit für die erste Instanz Anwaltszwang besteht, handelt es sich um „Anwaltsprozesse", für die die Vorschriften über das Verfahren vor den Landgerichten entsprechend gelten (§§ 608, 621 b, 624 III). Der Anwaltszwang in Familiensachen erfährt **Modifizierungen,** die sich aus der Geltung des Untersuchungsgrundsatzes ergeben (Rn 33). 30

a) Ehesachen. aa) Der Anwaltszwang besteht in **allen Instanzen (II Nr 1).** 31

bb) Verfahren. Es handelt sich nach dem abschließenden Katalog in § 606 I 1 um Verfahren auf Scheidung, Aufhebung oder Nichtigerklärung einer Ehe, ferner (positive und negative) Ehefeststellungsklage sowie Herstellungsklagen (zum Begriff: Rn 2 vor § 606). Nach wie vor umstritten – und durch das UÄndG nicht geklärt – ist, inwieweit das **einstweilige Anordnungsverfahren** als „Teil" des Eheverfahrens (vgl §§ 620 ff) „Ehesache" oder im Hinblick auf den Regelungsgegen- 32 stand (§ 620 entspricht weitgehend § 621) „Folgesache" iS von **II 1 Nr 1** ist (vgl § 620a IV 2) und damit grundsätzlich dem Anwaltszwang unterliegt. Da für die Antragstellung Protokollform zugelassen ist (§ 620a II 2, IV 1), scheidet Anwaltszwang für die Verfahrenseinleitung aus (§ 78 III); das muß auch für sich anschließende Gegenäußerungen und Ergänzungen, ferner Aufhebungs- und Abänderungsanträge gem § 620b gelten, so daß der Anwaltszwang auf die Fälle der mündlichen Verhandlung beschränkt ist (so Frankfurt FamRZ 77, 799; Düsseldorf FamRZ 78, 709; Brüggemann FamRZ 77, 289; hier Philippi § 620a Rn 9, str; aA Bergerfurth, Der Anwaltszwang und seine Ausnahmen, 1981, Rn 341 f mwN). Da aber die Ehesache insgesamt kein Parteiprozeß ist, kann die sofortige Beschwerde nicht gem § 569 II 2 anwaltsfrei eingelegt werden (Brüggemann FamRZ 77, 291; hier Philippi § 620c Rn 13 mwN, hM, str; aA Hamm FamRZ 85, 1146 mwN, auch zur hM).

33 **cc) Stellung des anwaltlich nicht vertretenen Gegners.** Im Hinblick auf den im Familien-Anwaltsprozeß geltenden Untersuchungsgrundsatz (§§ 616, 617) erfahren die allg Grundsätze eine **Modifikation.** Bestellt der Gegner keinen Anwalt (kein Versäumnisurteil: § 612 IV; amtswegige Beiordnung von Rechtsanwalt: § 625), kann er zwar nicht wirksam handeln, insbesondere keine Anträge stellen, ist jedoch von der Mitwirkung am Verfahren nicht ausgeschlossen (zum Problem: Jost NJW 80, 327); er ist gem § 613 persönlich anzuhören und kann die Zustimmung zur Scheidung erklären, eine erteilte Zustimmung widerrufen (§ 630 II), eheerhaltende Tatsachen vorbringen, entsprechende Beweisanträge stellen und sich auf die Härteklausel gem § 1568 BGB, § 616 III berufen (hierzu § 616 Rn 7; § 630 Rn 8). Umstritten ist, ob der nicht anwaltlich vertretene Antragsgegner einen **Scheidungsfolgenvergleich** (vgl § 630 I Nr 3, III: vollstreckbarer Schuldtitel) abschließen kann (dafür: München Rpfleger 86, 409; Tiarks NJW 77, 2303; ThP § 630 Anm 5c; Philippi FamRZ 82, 1083; offenlassend BGH NJW 85, 1963 = FamRZ 85, 166 mit umfassenden Nachw). Die dargestellte Rechtsstellung des Antragsgegners im Scheidungsverfahren rechtfertigt keine Ausnahme von dem Grundsatz, daß der im Anwaltsprozeß geschlossene **Prozeßvergleich** dem Anwaltszwang unterliegt (Rn 11). Daß Vergleiche uU auch in Verfahren (Verfahrensabschnitten) ohne Anwaltszwang (§§ 118, 279 I 2, 78 III) geschlossen werden können, ist keine Besonderheit des Eheverfahrens und steht dem Anwaltszwang bei Abschluß im Anwaltsprozeß – wie auch sonst – nicht entgegen. Die Möglichkeit, daß die materiellrechtlich verfügungsbefugten Parteien ohne Anwaltsmitwirkung bürgerlichrechtliche Vereinbarungen über den Gegenstand des Prozeßvergleichs treffen können, besteht auch im allgemeinen Anwaltsprozeß; deshalb kann aus der Regelungsbefugnis der (unvertretenen) Partei gem § 630 I Nr 3 nichts gegen den Anwaltszwang beim Prozeßvergleich hergeleitet werden; die ausdrücklich vom Anwaltszwang ausgenommenen Erklärungen gem § 630 II 2 decken einen Vergleichsabschluß gerade nicht; daß bestimmte Ansprüche isoliert im anwaltsfreien Verfahren geltend gemacht werden könnten, ist ganz allgemein bei Einbeziehung in einen Prozeßvergleich im Anwaltsprozeß ohne Bedeutung. Nicht bezweifelt werden kann aber, daß die notwendige beiderseitige Anwaltsmitwirkung gerade beim Scheidungsfolgenvergleich von der Beratungs- und Schutzfunktion des Anwaltszwangs gefordert wird (im Erg ebenso: BGH FamRZ 86, 458 für Rechtszustand vor 1. 7. 77; allg Zweibrücken FamRZ 85, 1071; AG Hofgeismar FamRZ 84, 1027; Jost NJW 80, 328; Bergerfurth, Anwaltszwang, 1981, Rn 354 ff; § 630 Rn 15 und § 794 Rn 7). Allerdings dürften Vergleiche im Verfahren der **einstweiligen Anordnung** (Rn 32) auch von anwaltlich nicht vertretenen Parteien geschlossen werden können (arg §§ 620a II 2, 78 III; so Koblenz MDR 76, 940; Brüggemann FamRZ 77, 290 mwN in Fußn 7, sehr str, aA StJLeipold § 78 Rn 17 mwN; StJSchlosser § 620a Rn 8 mwN; Bergerfurth aaO Rn 342; mit Einschränkungen auch Jost NJW 80, 329).

34 **b) Folgesachen (II 1 Nr 1)** sind die in dem Katalog des § 621 I abschließend aufgeführten „anderen" Familiensachen (zB Sorgerechts-, Unterhalts-, Versorgungsausgleichsverfahren usw), über die im Verbundverfahren mit einer Scheidungssache „für den Fall der Scheidung" zugleich zu entscheiden ist oder war (Begriff: § 623 I 1). Damit ist sichergestellt, daß das gesamte **Verbundverfahren** als Anwaltsprozeß geführt wird, gleichgültig, ob es sich um ZPO- oder FGG-Folgesachen handelt (vgl BGH NJW 79, 766 = MDR 79, 480 = FamRZ 79, 232). Nur die für den Fall der **Scheidung** erstrebte Regelung iS von § 621 ist Folgesache; bei anderen Ehesachen (zB Ehenichtigkeitsverfahren) gilt der Verhandlungs- und Entscheidungsverbund mit Anwaltszwang nicht (BGH NJW 82, 2386 = FamRZ 82, 586). Der Anwaltszwang besteht **in allen Rechtszügen (II 1 Nr 1).** Auch eine nachträgliche Abtrennung von Scheidungs- und Folgesache (vgl § 628) ändert an dem einmal begründeten Anwaltszwang nichts, so daß auch bei einer **abgetrennten FGG-Folgesache** nach Rechtskraft des Scheidungsurteils die Beschwerde des Ehegatten (vgl §§ 629a II 1, 621e I) nur durch einen beim OLG zugelassenen Rechtsanwalt eingelegt werden kann (BGH NJW 81, 233 = MDR 81, 126 = FamRZ 81, 24; VersR 85, 1185 [1186]; ie § 628 Rn 19; Abgrenzung zur Abtrennung wegen Drittbeteiligung gem § 623 I 2: Rn 41; Abgrenzung zur isolierten Familiensache: Rn 38).

c) Güterrechtssachen (§ 621 I Nr 8) sind Verfahren, in denen Ansprüche aus dem ehelichen Güterrecht (§§ 1363–1561 BGB) geltend gemacht werden (ie § 621 Rn 57 ff). Sie sind in allen Instanzen unabhängig von der Verfahrensart (selbständiges oder Verbundverfahren) und unabhängig vom Streitwert **Anwaltsprozesse.** Soweit diese Ansprüche als Folgesache (§ 623 I 1) geltend gemacht werden, folgt der Anwaltszwang bereits aus **II 1 Nr 1;** bei Durchführung als selbständige Familiensachen sind sie Anwaltsprozesse gem **II 1 Nr 2 HS 1,** für die das Verfahren vor dem LG gilt (§ 621b). Der früher streitwertabhängige „gespaltene" Anwaltszwang ist seit dem 1. 4. 1986 abgeschafft (vgl die Übergangsvorschrift gem Art 6 Nr 4 UÄndG, abgedruckt zu § 78 a). 35

3) Parteiprozesse (anwaltsfreie Verfahren) in Familiensachen. Alle sonstigen Familiensachen gem § 621 I (außer Nr 8) sind in erster Instanz Parteiprozesse (§ 79 iVm § 495 ff ZPO) bzw anwaltsfreie Verfahren (§ 621 a I iVm FGG). Für die höhere Instanz ist nach der Natur des Verfahrensgegenstandes zu unterscheiden: 36

a) Selbständige Unterhaltssachen. Für die ZPO-Familiensachen, das sind die **Unterhaltsprozesse** gem § 621 I Nr 4 und 5 (Kindes- und Ehegattenunterhalt) gilt Anwaltszwang vor den Gerichten des **höheren Rechtszuges (II 1 Nr 2 HS 2),** also OLG und BGH (§§ 119 I Nr 1, 133 GVG). 37

b) Selbständige FGG-Familiensachen. Es handelt sich um Sorgerechts- und Umgangssachen, Herausgabestreitigkeiten zwischen Eltern, Versorgungsausgleich, Ehewohnungs- und Hausratssachen, Stundung des Zugewinnausgleichs und Übertragung von Vermögensgegenständen unter Anrechnung auf den Ausgleich (§ 621 I Nr 1–3, 6, 7, 9; vgl § 621 a I 1). Das Verfahren kann in erster und zweiter (Beschwerde-)Instanz anwaltsfrei geführt werden (§ 621 a I 1 und Umkehrschluß aus II 1 Nr 3: „nur"; § 78 I gilt nicht, vgl Rn 29). Bei Einlegung der befristeten **Erstbeschwerde** zum OLG (§ 621 e I, III) braucht daher die Beschwerdeschrift nicht von einem Rechtsanwalt unterzeichnet zu sein (BGH NJW 78, 1165). In *den* FGG-Familiensachen, in denen die weitere Beschwerde stattfindet (vgl § 621 e II iVm § 621 I Nr 1–3, 6), besteht für das Verfahren der **weiteren Beschwerde** vor dem BGH Anwaltszwang **(II 1 Nr 3).** 38

4) Dem Anwaltszwang unterliegende Parteien und Beteiligte. a) Allgemeines. Die gesetzliche Regelung unterscheidet „Parteien", „Ehegatten", „Beteiligte", „beteiligte Dritte" und regelt den Anwaltszwang in subjektiver Hinsicht für die verschiedenen familiengerichtlichen „Anwaltsprozesse" und das Rechtsmittelverfahren differenziert. Beseitigt ist damit die unter § 78 I 2 aF für den Verbund vertretene Gleichstellung von Parteien und Beteiligten für den Anwaltszwang. Kennzeichnend für die Neuregelung ist demgegenüber, daß für Beteiligte Anwaltszwang in wesentlich geringerem Umfang besteht als für die „Parteien" (II 1 Nr 1); eine Gruppe von besonders wichtigen Beteiligten (ua Jugendamt, Träger der gesetzlichen Rentenversicherung) ist gänzlich aus dem Anwaltszwang herausgenommen (II 3; dazu Rn 44). **Partei** ist im Sinne des formellen Parteibetriffs (Rn 2 ff vor § 50) zu verstehen. In den zivilprozessualen Familiensachen kommen sowohl „Ehegatten" als auch „beteiligte Dritte" als Parteien in Frage. Parteien in *Ehesachen* (§ 606 I) und *Folgesachen* (§ 623 I 1) sind die Ehegatten, ferner der die Nichtigkeitsklage oder Feststellungsklage erhebende Staatsanwalt (§ 24 I EheG; §§ 634, 638 S 1) sowie im Fall der Doppelehe auch der frühere Ehegatte (§§ 20, 24 EheG); in *Güterrechtssachen* (§ 621 I Nr 8) die Ehegatten, frühere Ehegatten und „am Verfahren beteiligte Dritte"; Beispiel: Der verklagte Bereicherungsschuldner bei unwirksamer Vermögensverfügung eines Ehegatten iS von §§ 1365, 1368 BGB (vgl dazu § 621 Rn 59); in *Unterhaltssachen* (§ 621 I Nr 4, 5) sind regelmäßig nur die Ehegatten Partei, auch soweit Kindesunterhalt geltend gemacht wird (Folge von § 1629 III 1 BGB; vgl dazu Rn 24 vor § 50), ferner volljährige Kinder als Kläger (zutr BGH FamRZ 83, 474; 85, 471 [473]; vgl auch § 623 Rn 8). **Beteiligte** sind die Antragsteller in FGG-Familiensachen, die zugezogenen oder zuzuziehenden unmittelbar in ihrer Rechtsstellung Betroffenen und die mit selbständigen Verfahrensrechten ausgestatteten Behörden und Stellen (vgl Baur, Freiwillige Gerichtsbarkeit I, 1955, S 143). Beteiligte sind in Sorgerechts-, Umgangs- und Herausgabeverfahren außer den Eltern das minderjährige eheliche Kind (vgl § 59 FGG) und das Jugendamt (§ 48 a I Nr 3, 4, 6 JWG; § 64 k III 3 FGG); beim Versorgungsausgleich die Träger der gesetzlichen Rentenversicherung und die Träger der Versorgungslast (§ 53 b FGG; § 1587 b I, II BGB), aber auch sonstige öffentlich-rechtliche Versorgungsträger (§ 1 III des Gesetzes zur Regelung von Härten im Versorgungsausgleich vom 21. 2. 1983, BGBl I S 105); im *Wohnungsregelungsverfahren* auch der Vermieter und die weiter in § 7 HausratsVO Genannten. 39

b) Umfang des Anwaltszwangs in subjektiver Hinsicht. aa) Ehegatten unterliegen als Parteien voll dem Anwaltszwang in allen Instanzen der Familien-Anwaltsprozesse, also in *Ehesachen, Folgesachen* und selbständigen *Güterrechtssachen* **(II 1 Nr 1 HS 1; Nr 2 HS 1);** „Ehegatte" iS von II 1 Nr 1 ist auch der klagende frühere Ehegatte im Fall der §§ 20, 24 EheG. In *selbständigen Unterhaltssachen* besteht für die Ehegatten als Parteien Anwaltszwang nur für die höheren Instanzen **(II 1 Nr 2 HS 2);** in erster Instanz ist das Verfahren anwaltsfrei (Rn 37). In *selbständig* 40 *geführten FGG-Familiensachen* besteht für die Ehegatten als Beteiligte Anwaltszwang nur für das Verfahren der weiteren Beschwerden (§ 621e II) vor dem BGH **(II 1 Nr 3);** das Verfahren erster und zweiter Instanz ist anwaltsfrei (Rn 38).

41 **bb) Drittbeteiligte in ZPO-Familiensachen.** In *Ehesachen* (§ 606 I 1) ist eine Parteistellung von Nichtehegatten (ausgenommen die Fälle der §§ 20, 24 EheG) nicht möglich. In *Folgesachen* (§ 623 I 1) scheidet eine Drittbeteiligung aus, soweit es um zivilprozessuale Familiensachen (§ 621 I Nr 4, 5, 8) geht; dies ist die Folge davon, daß diese Familiensachen bei Drittbeteiligung abgetrennt werden (§ 623 I 2 iVm § 621 I Nr 4, 5, 8) und damit den Folgesachencharakter verlieren (so ausdr BT-Drucks 10/2888, S 22; Bergerfurth FamRZ 85, 546 f). Bei der weiteren selbständigen Verfahrensführung unterliegt der Dritte als Partei voll dem Anwaltszwang in *Güterrechtsstreitigkeiten* und in den höheren Instanzen bei *Unterhaltsstreitigkeiten* **(II 1 Nr 2;** vgl dazu die Beispiele oben Rn 39).

42 **cc) Beteiligte in FGG-Familiensachen.** FGG-Familiensachen sind bei *selbständiger Verfahrensführung* in erster und zweiter Instanz anwaltsfrei (Rn 38); Anwaltszwang besteht auch für Drittbeteiligte nur für das Verfahren der weiteren Beschwerde (§ 621e II) vor dem BGH **(II 1 Nr 3),** soweit nicht die wichtige Befreiung gem **II 3** eingreift (dazu Rn 44). Beispiele: Dem Anwaltszwang unterliegt der Minderjährige, der von seinem Beschwerderecht gem § 59 FGG Gebrauch machen will (Vollmachtserteilung an BGH-Anwalt wirksam: § 59 III FGG); ferner die unter § 1 III des Gesetzes zur Regelung von Härten im Versorgungsausgleich vom 21. 2. 1983 fallenden öffentlich-rechtlichen Versorgungsträger beim Versorgungsausgleich (vgl BT-Drucks 10/2888, S 23).

43 An dieser Rechtslage ändert sich für die Drittbeteiligten auch dann nichts, wenn die Familiensache im Verbundverfahren (§ 623 I 1) geführt wird und damit Folgesache ist **(II 1 Nr 1 HS 2).** Der Grund für den unterschiedlichen Umfang des Anwaltszwangs bei Folgesachen für Ehegatten und Drittbeteiligte liegt darin, daß bei Ehegatten die Frage der Postulationsfähigkeit im Verbundverfahren für Scheidungs- und Folgesache nur notwendig einheitlich beantwortet werden kann; andererseits ist für die Prozeßführung von Drittbeteiligten die Interessenlage bei isolierter Verfahrensführung und Beteiligung im Verbundverfahren völlig gleich, so daß bei ihnen für eine Erweiterung des Anwaltszwangs im Verbundverfahren kein Grund ersichtlich ist (Bergerfurth FamRZ 85, 547; eingehend BT-Drucks 10/2888, S 22).

44 **5) Befreiungen vom Anwaltszwang (Behördenprivileg).** Anwaltszwang besteht für (Dritt-)Beteiligte in (selbständig oder im Verbund geführten) FGG-Familiensachen nur für die weitere Beschwerde (Rn 42 f). Insoweit befreit **II 3** eine Gruppe besonders wichtiger Behörden, Körperschaften, Anstalten und Verbände vom Anwaltszwang, so daß diese – privilegierten – Beteiligten sich im Verfahren der weiteren Beschwerde vor dem BGH nicht durch einen Rechtsanwalt vertreten lassen müssen. Vom Anwaltszwang sind nach der abschließenden Aufzählung in II 3 befreit: **a)** in den (selbständig oder im Verbund als Folgesache geführten) Sorgerechts-, Umgangs- und Herausgabeverfahren gem § 621 I Nr 1–3 das **Jugendamt** (§§ 12 ff JWG). **b)** im (selbständig oder im Verbund als Folgesache geführten) Versorgungsausgleich gem § 621 I Nr 6 iVm § 1587b I, II BGB, § 53b II FGG die **Träger der gesetzlichen Rentenversicherungen;** das sind vor allem die Träger der Arbeiterrentenversicherung (Landesversicherungsanstalten nach RVO, Seekasse, Bundesbahnversicherungsanstalt), der Angestelltenversicherung (Bundesversicherungsanstalt für Angestellte in Berlin) und der Knappschaftsversicherung (Bundesknappschaft in Bochum); zusätzlich sind vom Anwaltszwang befreit die in **§ 6 I Nr 2, § 8 I AVG** genannten **Körperschaften und Verbände;** das sind bestimmte öffentlich-rechtliche Körperschaften und öffentlich-rechtliche Verbände wie etwa Bund, Länder, Gemeinden, Gemeindeverbände, Bundesanstalt für Arbeit, Bundesbank, Landesbanken, als öffentlich-rechtliche Körperschaften anerkannte Religionsgemeinschaften, kommunale Sparkassen, kommunale Zweck- und Spitzenverbände (zB deutscher Städtetag), Verband deutscher Rentenversicherungsträger. Das Gesetz geht bei diesem Kreis von Beteiligten davon aus, daß sie die erforderlichen Rechtskenntnisse für die Behandlung der betreuten Angelegenheit auch im Verfahren der weiteren Beschwerde vor dem BGH besitzen (BT-Drucks 10/2888, S 23). Eine *allgemeine* Befreiung von Behörden vom Anwaltszwang („Behördenprivileg") entspr § 29 I 3 FGG, § 166 I SGG wird dagegen durch **II 3** nicht eingeführt; so müssen sich etwa die in § 1 III des Gesetzes zur Regelung von Härten im Versorgungsausgleich vom 21. 2. 1983 genannten öffentlich-rechtlichen Versorgungsträger (vgl Palandt/Diederichsen, BGB, 45. Aufl 1986, Anh III zu § 1587b, § 1 HRG Anm 3a) als Beteiligte vor dem BGH durch einen Rechtsanwalt vertreten lassen (BT-Drucks 10/2888, S 23). **c)** Der **Staatsanwalt** als Partei in Ehesachen (Rn 39) unterliegt nicht dem Anwaltszwang; dies folgt bereits aus **II 1 Nr 1** („Ehegatten"; vgl Bergerfurth FamRZ 85, 546 Fußn 5).

6) Erweiterte Postulationsfähigkeit II 2 begründet für das Familiengericht eine Lockerung des Zulassungserfordernisses gem **I** (vgl dazu bereits Rn 20). Die Regelung erklärt sich aus der früheren landgerichtlichen Zuständigkeit in Ehesachen (Rn 28) und dient der Besitzstandswahrung für die Anwaltschaft (vgl Diederichsen NJW 77, 606). Das UÄndG hat sie unverändert übernommen (vgl 14. Aufl, Rn 33). Im Rahmen der erweiterten Postulationsfähigkeit besteht auch das Selbstvertretungsrecht gem **IV** (Rn 55); der beim LG zugelassene Anwalt kann sich daher vor allen Familiengerichten des LG-Bezirks selbst vertreten (ThP Anm 4c). **45**

V) Ausnahmen vom Anwaltszwang (Abs III)

1) Kein Anwaltszwang herrscht **a)** vor dem **AG** mit Ausnahme der in Abs II aufgeführten Verfahren vor dem Familiengericht (s dazu Rn 30 ff); **b)** im Verfahren vor dem **beauftragten** (s dazu Schneider DRiZ 77, 14) oder **ersuchten Richter** (nicht auch vor dem Einzelrichter, §§ 348 ff), zB im Rahmen eines Güteversuchs (vgl § 279). Ist ein Richter beauftragt (zB gem § 375 I), so begründet die irrtümliche Bezeichnung als „Einzelrichter" keinen Anwaltszwang (BGH 77, 264 [272 f] = NJW 80, 2307 [2309] = MDR 80, 915; vgl auch Rn 5 und 11). Das Kollegialgericht kann in jeder Lage des Verfahrens die Parteien dorthin mit der Folge des § 78 II verweisen (Düsseldorf NJW 75, 2298 mit zust Anm Jauernig, str; zurecht angezweifelt in BGH FamRZ 86, 458); jedoch ist bei Abschluß eines Prozeßvergleichs ohne (vgl Rn 11) Anwaltsmitwirkung (Umgehung von Abs I?) Zurückhaltung geboten (zutr Bergerfurth Rn 222; offenlassend BGH aaO). **c)** vor dem **Rechtspfleger** (§ 13 RpflG; zu den Folgen für die Durchgriffserinnerung vgl Rn 14), so zB im Mahnverfahren bis zur Überleitung ins streitige Verfahren, Prozeßkostenhilfe- und Kostenfestsetzungsverfahren (vgl ie §§ 20, 21 RpflG); **d)** im Zustellungsverfahren vor dem **Gerichtsvollzieher** (§ 166 und Anm dort). Die Zulassung beim Prozeßgericht ist nicht erforderlich für die Zustellung von Anwalt zu Anwalt gem § 198 (vgl BGH 31, 32, 35); das gleiche gilt für die Beglaubigung gem § 170 II). **e)** für Erklärungen und Anträge **Dritter,** zB bei Streitverkündung; **f)** im **Justizverwaltungsverfahren; g)** für Prozeßhandlungen, die vor dem **Urkundsbeamten** vorgenommen werden können (zB Erklärungen zu Protokoll; vgl dazu den Überblick in Rn 47), auch wenn sie tatsächlich nicht vor ihm, sondern durch Schriftsatzeinreichung vorgenommen worden sind; **h)** im (schriftlich geführten) **Beschwerdeverfahren,** wenn der Rechtsstreit im ersten Rechtszug nicht als Anwaltsprozeß zu führen ist oder war, wenn es die **Prozeßkostenhilfe** betrifft oder durch einen **Zeugen** oder **Sachverständigen** eingeleitet wurde (§§ 569 II, 573 II); vgl hierzu auch Rn 15; ferner § 569 Rn 13 ff; § 573 Rn 11 ff. Die Beschwerde im Verfahren betreffend die Festsetzung der Rechtsanwaltskosten gegen die eigene Partei unterliegt nicht dem Anwaltszwang, § 19 V BRAGO. **46**

2) Vom **Anwaltszwang** sind danach **befreit: a)** das Gesuch um **Bestimmung des zuständigen Gerichts,** wenn für die Klage kein Anwaltszwang besteht (§ 37); **b)** die **Ablehnung** eines Richters oder Sachverständigen (§§ 44, 406); **c)** der Antrag auf **Kostenfestsetzung** und die Erinnerungen gegen die letztere (§§ 103, 107); **d)** der Antrag auf **Rückgabe einer Sicherheit** (§§ 109, 715); **e)** der Antrag auf Bewilligung von **Prozeßkostenhilfe** (§ 118); **f)** das Gesuch um **Aussetzung** des Verfahrens (§ 248); **g)** die **Entschuldigung eines Zeugen** (§ 381); **h)** die **Zeugnis- oder Gutachtenabgabeverweigerung** (§§ 386, 408); **i)** das Gesuch um **Sicherung des Beweises** (§ 486); **k)** die Klage und alle Erklärungen im **Parteiprozeß** (§ 496); **l)** die Erklärung der **Beschwerde** gem § 569 II 2 und **Gegenerklärungen** gem § 573 II 2 (Rn 46 [h]); **m)** Anträge auf Änderung einer **Entscheidung des Urkundsbeamten** (§§ 576, 732) in allen Instanzen; wegen der Durchgriffserinnerung s Rn 14 und Anm zu § 104); **n)** Anträge auf **Entmündigung** oder Wiederaufhebung einer solchen (§§ 647, 676, 685); **o)** Gesuche um Erlassung von **Arresten und einstweiligen Verfügungen** (§§ 920, 936; zur Beschwerde gegen Zurückweisung s Rn 15; **p)** Anträge auf **einstweilige Anordnungen** in Ehe- (§ 620 a II 2, IV) und Kindschaftssachen (§ 641 d II 2); **q)** soweit überhaupt (auch) Prozeßhandlungen: Zustimmung zum Scheidungsantrag und Widerruf (§ 630 II); **r)** Anträge auf Erlassung des **Aufgebots** (§ 947). **47**

In allen diesen Fällen erstreckt sich die Befreiung vom Anwaltszwang nur auf die betreffende Handlung, **nicht auf das sich anschließende Verfahren** (Köln NJW 72, 2317), zB das weitere Verfügungs-, Beschwerde- oder Vollstreckungsverfahren, str; aA zB Frankfurt NJW 78, 172; zu §§ 887 ff Rn 17, zum einstweiligen Anordnungsverfahren (§ 620 a) aber auch Rn 11 mwN. **48**

3) Anwaltszwang herrscht ferner **nicht** für Handlungen, die keine Prozeßhandlungen im engeren Sinne sind, wie die Niederlegung von Urkunden nach § 134, die Einreichung von Schriftsätzen bei der Geschäftsstelle (vgl jedoch § 130 Nr 6 und Rn 1), die Gesuche um Erteilung von Ausfertigungen und Abschriften, vor allem nicht für den Auftrag zur Zustellung (Rn 46 (d)); die Streitverkündung an einen Dritten (§ 73 Rn 1; § 76 Rn 3). Für das **Beschwerdeverfahren:** s § 569 Abs 2 und oben Rn 21. **49**

50 4) Der **Anwaltszwang** ist in einer Reihe von Fällen weiter **eingeschränkt,** zT durch eine Lockerung des Lokalisierungsprinzips (Rn 20). **a)** In **Baulandsachen** besteht für den Beteiligten, der keine Anträge zur Hauptsache gestellt hat, kein Anwaltszwang (§ 222 III 2 BauGB; zB bei Beschwerde gegen Kostenentscheidung, s Koblenz NJW 83, 2036). Anwaltsfrei sind damit zB der an die Verwaltungsbehörde gerichtete Antrag auf gerichtliche Entscheidung gem § 217 BauGB (BGH 41, 183), der Antrag auf Aktenlageentscheidung gem § 227 II BauGB (KG NJW 70, 614) und der Antrag auf Anordnung der aufschiebenden Wirkung der Anfechtung einer vorzeitigen Besitzeinweisung (Koblenz NVwZ 86, 336); dem Anwaltszwang unterliegen dagegen alle Anträge zur Hauptsache (vgl BGH MDR 86, 30) wie zB schriftsätzliche Ankündigung von Sachanträgen (München MDR 69, 61) und Anträge auf Zwangsmaßnahmen gem § 224 BBauG (Bremen OLGZ 68, 252).

51 **b)** In **Entschädigungssachen** besteht vor dem LG (Entschädigungskammer) kein Anwaltszwang (§ 224 I BEG); im Wege der Prozeßkostenhilfe kann auch ein beim Prozeßgericht nicht zugelassener Anwalt beigeordnet werden (§ 224 III BEG).

52 **c)** Vor **Spezialkammern,** die aufgrund einer gesetzlichen Konzentrationsermächtigung gebildet worden sind, ist auch der Rechtsanwalt postulationsfähig, der bei dem LG zugelassen ist, vor das die Sache andernfalls gehören würde. Fälle: § 143 III 1, IV PatG; § 19 III 1, IV GebrMG; § 32 III 1, IV WZG; § 38 III SortenschutzG; § 27 III 1, IV UWG; § 105 IV 1, V UrhG; § 14 III, IV AGBG; § 89 III GWB.

53 **d)** Das **arbeitsgerichtliche Verfahren** ist in erster Instanz Parteiprozeß (§ 11 I ArbGG), im höheren Rechtszug herrscht aufgelockerter Anwalts-(Vertretungs-)zwang (§ 11 II ArbGG).

54 **e)** In **streitigen Landwirtschaftssachen** (Landpachtsachen iS von § 1 Nr 1 a LwVG) ist das erstinstanzliche Verfahren vor dem AG als Landwirtschaftsgericht anwaltsfrei (§ 48 I 1 LwVG iVm § 79); vor dem OLG und dem BGH besteht Anwaltszwang (§ 48 I 1 LwVG iVm § 78 I; hierzu Pikalo NJW 86, 1475).

VI) Selbstvertretungsmacht des Rechtsanwalts (Abs IV)

55 **Der Rechtsanwalt kann sich selbst vertreten** in eigenen Sachen (Hauptanwendungsfall: Honorarklage, vgl dazu Bosch FamRZ 86, 349 f) und solchen Angelegenheiten, in denen er in Parteistellung kraft Amtes, zB als Konkursverwalter, Testamentsvollstrecker, Zwangsverwalter oder als besteller Pfleger (JW 29, 518, BSG MDR 74, 348) handelt; er handelt auch hier grundsätzlich „als Rechtsanwalt" und damit als Prozeßbevollmächtigter (so auch KG NJW 55, 593). Abs IV ist auf andere Rechtskundige, Behörden oder nicht zugelassene Rechtsanwälte nicht auszudehnen. Postulationsfähig ist der Rechtsanwalt in eigener Sache in all den Fällen, in denen er bei der Vertretung einer Partei postulationsfähig ist. Zur entsprechenden Anwendung von Abs IV bei der Vertretung vor dem BFH s BFH BB 76, 728. Bedenken gegen die Verfassungsmäßigkeit des (jetzigen) Abs IV unter dem Gesichtspunkt des Gleichheitssatzes erhebt zuunrecht Hertel aaO S 116, 119; schon im Hinblick auf das bestehende **Zulassungserfordernis** (Abs IV mit I; vgl Rn 2, 20) fehlt es gerade an einer Vergleichbarkeit mit anderen volljuristischen Berufen.

78 a (weggefallen)

§ 78 a wurde gestrichen durch Art 3 Nr 3 des UÄndG vom 20. 2. 1986, in Kraft seit 1. 4. 1986. Für Güterrechtsprozesse gilt nunmehr (unabhängig vom Streitwert) Anwaltszwang, vgl § 78 II 1 Nr 2 und dort Rn 35. Für vor dem 1. 4. 1986 anhängig gewordene Güterrechtssachen verbleibt es bei dem bish Rechtszustand. Dies gilt auch dann, wenn der Rechtsstreit bei Inkrafttreten in der Rechtsmittelinstanz anhängig war, später aber in die erste Instanz zurückverwiesen wurde (vgl Sedemund-Treiber FamRZ 86, 217). Die **Übergangsvorschrift des Art 6 Nr 4 UÄndG** bestimmt:

In Familiensachen des § 621 Abs. 1 Nr. 8 der Zivilprozeßordnung sind § 78 Abs. 1 Satz 2 Nr. 3, die §§ 78 a, 569 Abs. 2 Satz 2 und § 621 b der Zivilprozeßordnung in ihrer bisherigen Fassung weiterhin anzuwenden, wenn die Klage vor dem Inkrafttreten dieses Gesetzes eingereicht worden ist.

78 b *[Notanwalt]*

(1) Insoweit eine Vertretung durch Anwälte geboten ist, hat das Prozeßgericht einer Partei auf ihren Antrag für den Rechtszug einen Rechtsanwalt zur Wahrnehmung ihrer Rechte beizuordnen, wenn sie einen zu ihrer Vertretung bereiten Rechtsanwalt nicht findet und die

Rechtsverfolgung oder Rechtsverteidigung nicht mutwillig oder aussichtslos erscheint. Über den Antrag kann ohne mündliche Verhandlung entschieden werden.

(2) Gegen den Beschluß, durch den die Beiordnung eines Rechtsanwaltes abgelehnt wird, findet die Beschwerde statt.

I) Allgemeines

1) Zweck: Gewährleistung der Rechtsverfolgung (-verteidigung): Besteht Anwaltszwang, darf der Rechtsschutz nicht am Fehlen eines postulationsfähigen Vertreters scheitern (vgl BVerwG NJW 79, 2117). 1

2) Anwendungsbereich. § 78 b gilt nicht, soweit keine Vertretung durch einen Anwalt geboten ist (§ 78 I), also vor allem nicht im Parteiprozeß. § 78 b gilt nicht nur für die Parteien, sondern auch für den Nebenintervenienten. In Prozeßkostenhilfeverfahren gilt § 121, in Scheidungssachen gilt § 625, in Entmündigungssachen gelten §§ 668, 679 III, 686 II 2. § 78 b ist **entspr** anwendbar in Verfahren mit Vertretungszwang vor dem BFH (BFH NJW 78, 448); das gleiche gilt auch für das Klageerzwingungsverfahren nach § 172 StPO (Koblenz NJW 82, 61; aA die hM, vgl Düsseldorf JZ 85, 1116 = Rpfleger 85, 454 mwN, auch zur aA; Celle NdsRpfl 85, 20). 2

II) Voraussetzungen

1) Die **Rechtsverfolgung** darf **nicht mutwillig oder aussichtslos** sein. „Hinreichende" Aussicht auf Erfolg (so § 114 S 1) ist nicht erforderlich. Wirtschaftliche Gesichtspunkte haben außer Betracht zu bleiben. Maßgebend ist die Zumutbarkeit der Übernahme des Mandats für den Rechtsanwalt (so Bergerfurth Rn 167). Aussichtslosigkeit besteht, wenn ein günstiges Ergebnis auch bei anwaltlicher Beratung ganz offenbar nicht erreicht werden kann (Schleswig NJW 61, 366; vgl auch BVerwG WM 67, 32 und zum ganzen auch § 114 Rn 50 ff). 3

2) Die Partei muß einen zu ihrer Vertretung bereiten Rechtsanwalt **nicht gefunden** haben. Ob dies erfüllt ist, muß von Fall zu Fall entschieden werden; die Anforderungen insoweit dürfen wegen Rn 1 nicht überspannt werden. § 78 b greift nicht schon dann ein, wenn die Prozeßkostenhilfe mangels Erfolgsaussicht versagt, der Anwalt der Partei sodann mangels Vorschuß das Mandat niedergelegt hatte (BGH NJW 66, 780; dazu auch Karlsruhe Justiz 71, 25). In einer Großstadt muß zumindest eine Anzahl von Rechtsanwälten nachweislich vergeblich gebeten worden sein (KG OLGZ 77, 247; Koblenz NJW 82, 61 [StPO]; vgl auch BFH NJW 78, 448). Steht eine Partei unter Pflegschaft, ist ihr Pfleger postulationsfähiger Rechtsanwalt und gehört die Prozeßführung zu seinem Wirkungskreis, so liegt keine Notsituation iS des Abs I vor (BVerwG NJW 79, 2117). 4

III) Verfahren

1) Erforderlich ist ein **Antrag** ohne Anwaltszwang schriftlich oder zur Niederschrift der Geschäftsstelle – Erleichterung gem § 129 a – an das zuständige Prozeßgericht. Zu den Anforderungen an die Begründung des Vorbringens des Antragstellers, er finde keinen Rechtsanwalt zu seiner Vertretung, vgl Koblenz Rpfleger 71, 441. Die Entscheidung ergeht bei fakultativer mündlicher Verhandlung durch **Beschluß** (arg Abs II) des (vollbesetzten) Prozeßgerichts (nicht: des Vorsitzenden; vgl auch Rn 6); er ist den Parteien formlos mitzuteilen (§ 329 II 1). 5

2) Sind die **Voraussetzungen erfüllt, muß** dem Antrag stattgegeben werden. Es besteht kein Ermessen (Grund: Rn 1). Der stattgebende Beschluß lautet nur auf Beiordnung „eines" Rechtsanwalts **(Grundentscheidung).** Er ist unanfechtbar. Die Auswahl eines bestimmten Rechtsanwalts obliegt dem Vorsitzenden im Verfahren nach § 78 c (dort Rn 3). 6

3) Gegen die **Ablehnung des Antrags** ist Beschwerde (kein Anwaltszwang!) gegeben. Zum Umfang der Prüfung s Karlsruhe Justiz 71, 25; BSG MDR 71, 959. Hat das LG als Berufungsgericht den Antrag nach § 78 b wegen Fehlens der Voraussetzungen abgelehnt, so ist die Beschwerde an das OLG zulässig (Schleswig SchlHA 61, 143); beachte aber § 567 III. Das Beschwerdegericht ist nicht befugt, die Verneinung der Erfolgsaussicht durch das LG als Berufungsgericht sachlich nachzuprüfen (Koblenz Rpfleger 71, 441; aA Wieczoreck § 78 a Anm B IV: voller Prüfungsumfang). 7

IV) Gebühren: a) des **Gerichts:** Keine; **b)** des **Anwalts:** Erteilt die Partei dem beigeordneten RA Prozeßvollmacht, so ist er gewillkürter ProzBevollmächtigter u kann die Regelgebühren des § 31 BRAGO verdienen. Soweit die Partei den Vorschuß (§ 78 c II) nicht zahlt, hat der Notanwalt die Möglichkeit, die Aufhebung seiner Beiordnung beim Prozeßgericht zu beantragen; er ist kein im Wege der Prozeßkostenhilfe beigeordneter Anwalt (Hartmann, Kostengesetze, BRAGO § 121 Anm 2 B Abs 4) und hat daher auch keinen Vergütungsanspruch gegen die Staatskasse. 8

78c *[Auswahl und Beiordnung eines Rechtsanwalts]*

(1) Der nach § 78b beizuordnende Rechtsanwalt wird durch den Vorsitzenden des Gerichts aus der Zahl der bei dem Prozeßgericht zugelassenen Rechtsanwälte ausgewählt; § 78 Abs. 2 Satz 2 gilt entsprechend.

(2) Der beigeordnete Rechtsanwalt kann die Übernahme der Vertretung davon abhängig machen, daß die Partei ihm einen Vorschuß zahlt, der nach der Bundesgebührenordnung für Rechtsanwälte zu bemessen ist.

(3) Gegen eine Verfügung, die nach Absatz 1 getroffen wird, steht der Partei und dem Rechtsanwalt die Beschwerde zu. Dem Rechtsanwalt steht die Beschwerde auch zu, wenn der Vorsitzende des Gerichts den Antrag, die Beiordnung aufzuheben (§ 48 Abs. 2 der Bundesrechtsanwaltsordnung), ablehnt. Die Beschwerde ist jedoch nicht zulässig, wenn der Vorsitzende des Berufungsgerichts die Verfügung erlassen hat. Eine weitere Beschwerde ist ausgeschlossen.

Eingefügt durch Art 1 Nr 2 PKHG vom 13. 6. 1980 (BGBl I S 677) mit Wirkung vom 1. 1. 1981. Abs II ist unverändert der bisherige § 78b III, Abs I (idF des UÄndG vom 20. 2. 1986) und III entsprechen (mit geringfügigen redaktionellen Änderungen) dem früheren § 116b I 1 und III.

I) Allgemeines

1 **1) Bedeutung: Ergänzung** von § 78b, der nur zu einer Grundentscheidung führt, die noch der näheren Ausführung bedarf (§ 78b Rn 6). § 78c regelt die **Auswahl** des in Betracht kommenden Anwalts (**Abs I;** Rn 3), teils die **Voraussetzungen,** unter denen der Anwalt zum Tätigwerden verpflichtet ist (**Abs II;** Rn 12) und die zugehörigen Rechtsbehelfe (**Abs III;** Rn 6 ff).

2 **2) Anwendungsbereich:** § 78c gilt **unmittelbar** in sämtlichen Fällen der Beiordnung eines Notanwalts gem § 78b (vgl Abs I HS 1); nach ausdrücklicher Vorschrift (vgl § 625 I 1 HS 2) ferner **„sinngemäß"** die Abs I und III bei amtswegiger Beiordnung eines Anwalts an den nicht vertretenen Scheidungsantragsgegner (§ 625); § 78c gilt ferner entsprechend im Prozeßkostenhilfeverfahren, soweit die Partei keinen zu ihrer Vertretung bereiten Anwalt findet (§ 121 IV). Die Nichterwähnung von § 78c in § 121 – vgl dagegen § 625 I 1 HS 2 – beruht auf einem Redaktionsversehen (§ 121 IV war im urspr Gesetzentwurf – BT-Drucks 8/3068, dort § 119 – noch nicht enthalten und ist erst während des Gesetzgebungsverfahrens vom Rechtsausschuß eingefügt worden, vgl BT-Drucks 8/3694; dabei wurde die entspr Ergänzung des § 78c übersehen).

II) Auswahlverfahren

3 **1) Voraussetzungen. a) Zuständig** ist beim Kollegialgericht der Vorsitzende, beim Amts-(Familien-)gericht (vgl § 78 Rn 27 ff) der Familienrichter. Es handelt sich um ein reines **Amtsverfahren,** das keine Anträge kennt, wie denn auch die Partei kein Recht auf Beiordnung eines bestimmten Rechtsanwalts hat. Der Vorsitzende trifft die Auswahl nach **pflichtgemäßem Ermessen,** wobei er etwaige Wünsche oder Bedenken der Partei oder des als Notanwalt auszuwählenden Rechtsanwalts zu berücksichtigen hat. Da im unmittelbaren Anwendungsbereich der Vorschrift (vgl Rn 2) die Partei einen übernahmebereiten Anwalt nicht gefunden haben darf (§ 78b Rn 4), wird es idR an einem geeigneten Parteivorschlag fehlen; die Beiordnung eines Anwalts, der die Übernahme aber bereits abgelehnt hat, wird kaum je sachgerecht sein, weil sich in diesem Fall das erforderliche Vertrauensverhältnis zwischen Anwalt und Partei schwerlich einstellen wird (zutr Bergerfurth aaO Rn 154).

4 Der **Personenkreis** beschränkt sich auf die beim Prozeßgericht zugelassenen Rechtsanwälte **(Abs I HS 1);** in den Fällen des § 78 II 2 (vgl dazu § 78 Rn 45) kann für den 1. Rechtszug vor dem Familiengericht auch ein beim (dem AG) übergeordneten LG zugelassener Rechtsanwalt beigeordnet werden **(Abs I HS 2).** Das kann sein ein Landgerichtsanwalt mit Singular- oder Simultanzulassung für das LG, in dessen Bezirk das AG seinen Sitz (vgl § 24 BRAO) oder auch ein Amtsgerichtsanwalt mit Simultanzulassung für das übergeordnete LG (§ 23 BRAO). Entscheidend ist allein, ob der Auszuwählende schon und noch zugelassen ist; unbeachtlich ist dagegen die Einverständniserklärung sowohl des Anwalts als auch der Partei.

5 **b)** Die **Auswahlentscheidung** ergeht grundsätzlich durch Verfügung (vgl Abs III 1), ist aber auch in Form eines Beschlusses zulässig. Sie lautet stets auf Beiordnung eines namentlich bestimmten Rechtsanwalts, nicht auf eine Anwaltsgemeinschaft (Sozietät) als solche; eine Ablehnung der Beiordnung kann der Vorsitzende niemals aussprechen (hierfür Beschluß des Prozeßgerichts gem § 78b erforderlich). Die Beiordnungsverfügung wird den Parteien und dem ausgewählten Anwalt formlos mitgeteilt (§ 329 II 1) und kann nicht eher Wirksamkeit erlangen als die Beiordnungs-Grundentscheidung nach § 78b (dort Rn 6). Eine **Änderung** der einmal getroffenen Auswahlentscheidung ist bei Zustimmung aller Beteiligten jederzeit möglich, andernfalls nur bei Vorliegen wichtiger Gründe (vgl §§ 45, 48 II BRAO und Rn 9).

2) Rechtsbehelfe gegen die Auswahl (Abs III). a) Einfache Beschwerde (§ 567) der **Partei** mit dem Ziel, ihr einen anderen Anwalt beizuordnen. Fälle: Bei der Auswahl ist ein Wunsch der Partei nicht berücksichtigt worden (vgl aber Rn 3) oder das Ermessen ist sonst nicht sachgemäß ausgeübt worden; der Fall, daß eine Auswahl überhaupt abgelehnt wurde, dürfte praktisch nicht vorkommen (vgl Rn 5). 6

b) Einfache Beschwerde des **beigeordneten Anwalts** mit dem Ziel der Aufhebung der Beiordnung. Fälle: Beiordnung ohne ausreichende Gründe gegen den Wunsch einer Partei (RG 35, 369); Bestehen sonstiger eigener wichtiger Gründe gegen seine Beiordnung, wie zB Kollision mit anderen Berufspflichten oder Hinderungsgründe gem § 45 BRAO. 7

c) Ein **nicht beigeordneter Rechtsanwalt** hat kein eigenes Beschwerderecht. 8

d) Ein Anwalt kann nach § 48 II BRAO die **Aufhebung** der Beiordnung beantragen, wenn ein wichtiger Grund vorliegt, der bei der Beiordnung noch nicht geprüft worden ist. Der Aufhebungsantrag kann jederzeit, auch noch nach Tätigwerden des beigeordneten Rechtsanwalts gestellt werden. Zuständig für die Aufhebung ist in jedem Fall der Vorsitzende (vgl III 2; aA zum wortgleichen § 116 b III 2 aF Hamm MDR 71, 139: nach Tätigwerden des beigeordneten Anwalts das Prozeßgericht; aber über den Bestand der Grundentscheidung – vgl § 78 b Rn 6 – wird nicht entschieden!). Gegen die **Ablehnung des Aufhebungsantrags** hat in jedem Fall der Rechtsanwalt die einfache **Beschwerde (Abs III 2).** Wird dem Aufhebungsantrag stattgegeben, gibt es kein Rechtsmittel. Bei Aufhebung der Beiordnung eines Anwalts ohne dessen Antrag und gegen seinen Willen ist in entspr Anwendung von Abs III 2 ebenfalls die Beschwerde zulässig (Hamm NJW 49, 517). 9

e) In den Fällen der Rn 6–9 ist eine **Beschwerde unzulässig,** wenn die Auswahl-, Ablehnungs- oder Aufhebungsverfügung von dem Vorsitzenden des Berufungsgerichts (sowohl Berufungskammer beim LG als auch Senat beim OLG) erlassen worden ist **(Abs III 3).** Die Beschwerdeentscheidung ist ausnahmslos unanfechtbar (keine weitere Beschwerde, **Abs III 4).** 10

III) Rechtsfolgen bei Beiordnung

1) Übernahmepflicht. Als **Folge** der Beiordnung ist der ausgewählte Rechtsanwalt verpflichtet, die Vertretung der Partei zu übernehmen (§ 48 I Nr 2 BRAO). Diese Übernahmepflicht ist nicht nur Berufspflicht des Anwalts (vgl BGH 60, 255 [258]), sondern begründet auch einen bürgerlich-rechtlichen Abschlußzwang (vgl Borgmann/Haug, Anwaltspflichten-Anwaltshaftung, 1979, S 37 f; zur entsprechenden Rechtslage im Prozeßkostenhilfeverfahren vgl § 121 Rn 29). Der notwendig abzuschließende Vertrag zwischen dem Anwalt und der Partei wird weder durch die Beiordnungsentscheidung des Prozeßgerichts noch durch die Auswahlverfügung des Vorsitzenden ersetzt (vgl BGH 60, 258). Prozeßbevollmächtigter wird der beigeordnete Rechtsanwalt erst mit der Erteilung der Prozeßvollmacht durch die Partei (vgl § 80 Rn 1 und 5). Jedoch können ihn ab Zugang der Beiordnungsverfügung bestimmte Betreuungspflichten treffen (RG 115, 60 [66]; Borgmann/Haug, aaO S 38 f). 11

2) Vorschuß (Abs II). Dieser bemißt sich nach § 17 BRAGO und kann vom Rechtsanwalt sowohl für bereits entstandene als auch für voraussichtlich noch entstehende Gebühren und Auslagen in angemessener Höhe gefordert werden. Der Anwalt kann die Übernahme der Vertretung von einer solchen Vorschußzahlung abhängig machen. Weigert sich die Partei zu zahlen, so ist die Beiordnung auf Antrag des Anwalts in gleicher Weise aufzuheben wie auch sonst beim Vorliegen wichtiger Gründe (s Rn 9). 12

79 *[Parteiprozeß]*

Insoweit eine Vertretung durch Anwälte nicht geboten ist, können die Parteien den Rechtsstreit selbst oder durch jede prozeßfähige Person als Bevollmächtigten führen.

1) Parteiprozeß. Die Vertretung durch einen Anwalt ist **nicht geboten** im Verfahren vor dem AG (zu den Ausnahmen s § 78 II; vgl dort Rn 30 ff) und im Fall des § 78 III (dort Rn 46 ff). Hier kann also auch eine nicht rechtskundige Privatperson Vertreter (Rn 2) sein, insbes kann auch der nicht zugelassene Rechtsanwalt oder ein Untervertreter (nicht aber durch Büroangestellte: LAG Berlin BB 80, 994; vielmehr gilt auch insoweit § 78 Rn 22 ff) den Prozeß führen; dies gilt auch beim ArbG (LAG Hamm BB 76, 555) und SozG (LSG Suttgart NJW 85, 582). Insoweit steht er anderen Prozeßbevollmächtigten gleich – vorbehaltlich der zu beachtenden §§ 104 II, 135, 157 II, 170, 198, 212 a, 317 IV, 397 II ZPO und § 65 VII Nr 4 GKG. 1

2) Prozeßbevollmächtigter. a) Vertreter sein kann nur eine *prozeßfähige* (also natürliche: § 52 Rn 2) Person, gleich ob Inländer oder Ausländer, ob rechtskundig oder nicht (LSG Stuttgart 2

NJW 85, 582). **Vertreter kann nicht sein** eine Personenvereinigung, zB juristische Person (BFH NJW 77, 776 betr Steuerberatungsgesellschaft; vgl auch OVG Berlin NJW 74, 2255 für das verwaltungsgerichtliche Verfahren; ferner AG Hannover NdsRpflG 69, 286 und Rostock JW 22, 517; s auch Rn 7 vor § 78). Im Zweifel gilt die Vollmacht aber als deren handlungs- und damit prozeßfähigem Organ erteilt; auch eine **Behörde** kann nicht Prozeßbevollmächtigter eines anderen sein (BFH AnwBl 69, 13, dazu Rüggeberg NJW 70, 309), auch nicht das **Jugendamt** in Unterhaltsprozessen gem § 51 JWG, uU aber der mit der Angelegenheit ordnungsgemäß betraute Bedienstete als natürliche Person (Beispiel: Düsseldorf FamRZ 85, 641; vgl auch die Mitt in AnwBl 84, 548 und § 51 Rn 3 und 11). **Vertreter** kann auch **nicht** sein, wer die Prozeßführung *geschäftsmäßig* betreibt, ohne im Besitz der erforderlichen *Erlaubnis* gem Art 1 § 1 RBerG zu sein (Rn 3; ferner Rn 15, 16 vor § 78).

3 **b) Prozeßunfähige Vertreter** sind zurückzuweisen (zum Verfahren bei Anwalt vgl § 78 Rn 3); die ihnen erteilte Prozeßvollmacht ist unwirksam (BGH 30, 112); die von ihnen vorgenommenen Prozeßhandlungen sind aber genehmigungsfähig. Prozeßunfähig ist auch der Geschäftsbeschränkte (§ 52 Rn 8). Prozeßfähig ist (§ 52) nur, wer sich selbst durch Verträge verpflichten kann. § 165 BGB gilt sonach für die Vornahme von Prozeßhandlungen nicht. Damit ist nicht zu verwechseln der Wegfall der **Postulationsfähigkeit** nach § 157 II. Er läßt die Wirksamkeit der Prozeßvollmacht und der bis zur Zurückweisung des Vortrags vorgenommenen Prozeßhandlungen unberührt (s zu einer gleichgelagerten Frage Köln MDR 74, 310). Die Postulationsfähigkeit soll auch fehlen, wenn die Prozeßvertretung gegen das **RBerG** verstößt (so LSG Stuttgart NJW 85, 582 für ausländischen Anwalt, bedenklich, vgl Rn 16 vor § 78).

4 **3) Arbeitsgerichtliches Verfahren.** Vor dem ArbG besteht kein Vertretungszwang. Das gilt auch für die Zustimmung zur Sprungrevision gem § 76 ArbGG (BAG EzA ArbGG 1979 § 76 Nr 4). Als Prozeßbevollmächtigte sind auch sog **Verbandsvertreter** (Einzelheiten: § 11 ArbGG zugelassen. Vor dem LAG und dem BAG besteht aufgelockerter Anwaltszwang (§ 11 II 1 ArbGG); daneben sind vor dem LAG auch Verbandsvertreter zugelassen (§ 11 II 1 ArbGG). Die Postulationsfähigkeit von Verbandsvertretern ist beschränkt auf solche Rechtsstreitigkeiten von Verbandsmitgliedern, deren Streitgegenstand in den Aufgabenbereich des Verbandes fällt (BAG BB 86, 1784).

80 *[Prozeßvollmacht]*

(1) Der Bevollmächtigte hat die Bevollmächtigung durch eine schriftliche Vollmacht nachzuweisen und diese zu den Gerichtsakten abzugeben.

(2) Das Gericht kann auf Antrag des Gegners die öffentliche Beglaubigung einer Privaturkunde anordnen. Wird der Antrag zurückgewiesen, so ist dagegen kein Rechtsmittel zulässig. Bei der Beglaubigung bedarf es weder der Zuziehung von Zeugen noch der Aufnahme eines Protokolls.

I) Person des Bevollmächtigten

1 **Bevollmächtigter** ist auch der nach den §§ 78b, 78c, 121 beigeordnete Anwalt, wenn ihm seine Partei Vollmacht erteilt hat. Die Beiordnung allein ersetzt die Bevollmächtigung nicht (Schleswig SchlHA 49, 366). Der Bevollmächtigte muß prozeßfähig sein (R-Schwab § 54 II 5a; Jauernig § 21 III 2, seit Herabsetzung des Volljährigkeitsalters allg M; vgl StJLeipold § 79 Rn 1); zur Prüfung der Prozeßfähigkeit eines Anwalts § 78 Rn 3), andernfalls ihn das Gericht zurückweist. Er muß nicht postulationsfähig sein, so daß die Vollmacht mit Abschluß der Instanz auch dann nicht erlischt, wenn der Rechtsanwalt für die höhere nicht zugelassen ist (vgl § 81 Rn 3, 6 und § 86 Rn 11). Der nicht postulationsfähige Bevollmächtigte seinerseits muß, um handeln zu können, einem Postulationsfähigen Untervollmacht erteilen.

II) Vollmacht

2 Die Vollmacht ist wie im bürgerlichen Recht auch hier von dem ihr zugrunde liegenden **Grundgeschäft** (Auftrag, Geschäftsbesorgung nach § 675 BGB; zu den Mandatsbedingungen ausf Bunte NJW 81, 2657) begrifflich zu trennen (Abstraktheit; vgl Rn 5, 6 vor § 78), allerdings bestimmt das Grundverhältnis bei Beauftragung einer Sozietät auch die Prozeßvollmacht (vgl Rn 6; § 85 Rn 16). Zu unterscheiden ist ferner die Erteilung (s Rn 3 f) der Vollmacht von ihrem Nachweis (s Rn 7 f).

3 **1) Erteilung. a) Allgemeines.** Erteilt der Vollmachtgeber dem Bevollmächtigten nur die Befugnis, für ihn in seinem Namen im Rechtsstreit zu handeln, so ist dies nach hL eine Prozeßhandlung (ausf Urbanczyk ZZP 95, 339 [344 f] mwN auch zur Gegenansicht). Daher muß der Vollmachtgeber prozeßfähig sein (BVerwG BayVBl 84, 57; Ausnahme: § 52 Rn 4), daher wird sie

nach deutschem Recht beurteilt, auch wenn sie im Ausland erteilt wird (BGH 40, 203 = LM § 325 Nr 10; Zweibrücken RIW/AWD 75, 347; LG Frankfurt RIW/AWD 80, 291).

b) Sie wird erteilt durch **einseitige empfangsbedürftige Willenserklärung** (§ 167 BGB) gegenüber dem Bevollmächtigten, dem Prozeßgegner oder dem Gericht (vgl Frankfurt NJW 70, 1886; insoweit wird sie auch ohne Kenntnisnahme des Bevollmächtigten wirksam, BGH VersR 74, 548); sie wird wirksam mit Zugang (§ 130 BGB). Die umstrittene Frage, ob sich ihre Rechtsbeständigkeit nach bürgerlichem Recht richtet (dafür R-Schwab § 54 II 1; ThP Anm 1a; dagegen StJLeipold Rn 4 und 5; BL Anm 1 B, der aber eine neben der Prozeßvollmacht hergehende sachlich-rechtliche Vollmacht annimmt, die er dem BGB unterstellt) ist praktisch nicht allzu bedeutsam, da § 87 die Außenwirkung des Erlöschens der Vollmacht besonders regelt; s dort. 4

c) Die Erteilung (nach hM Prozeßhandlung, StJLeipold Rn 4; Baumgärtel, Prozeßhandlung, 2. Aufl S 173 ff; BGH MDR 64, 410; ZZP 71, 413; str) ist **formlos wirksam** (§ 89 II; vgl BGH 40, 203), sie kann deshalb auch stillschweigend erteilt werden (BGH FamRZ 81, 865 [866]), doch wird sie wegen des erforderlichen Nachweises gemäß Abs I idR schriftlich erteilt (vgl auch § 88). In dem Antrag auf Bewilligung von Prozeßkostenhilfe, in dem nicht um die Beiordnung eines bestimmten Anwalts gebeten wird, liegt keine Bevollmächtigung des später Beigeordneten (BGH 2, 228); hiernach ist die Benennung eines Anwalts im Prozeßkostenhilfeantrag mit der Bitte um Beiordnung schlüssig als Vollmachtserteilung anzusehen (offenlassend BGH VersR 86, 580); die **Beiordnung allein** begründet noch **kein** Vertretungsverhältnis zwischen dem beigeordneten Anwalt und der Partei (BGH 60, 258; BSG MDR 78, 347 = BB 78, 502); vielmehr verbleibt der Partei auch nach der Beiordnung noch die Entscheidung, ob sie dem ihr beigeordneten Anwalt Prozeßvollmacht erteilen will oder nicht (vgl auch § 78c Rn 11; § 85 Rn 19). Die Bestellung zum **Sachwalter** gem § 91 VglO enthält **keine** Prozeßvollmacht des Vergleichsschuldners (BGH NJW 78, 2602). 5

d) Sind mehrere Anwälte in einer **Sozietät** verbunden, entscheidet die Verkehrsauffassung, ob der Anwaltsvertrag nur mit dem das Mandat entgegennehmenden Anwalt oder auch mit dessen Sozien zustandekommt (BGH 83, 328 [329 f]); Kriterien vgl BGH 56, 355 [359 f]. Dies gilt auch für eine gemischte Sozietät zwischen Rechtsanwalt, Steuerberater und Wirtschaftsprüfer (BGH 83, 328 [330]). Im Zweifel ist aber **Einzel**vollmacht anzunehmen, wenn im unmittelbaren Zusammenhang mit der Beauftragung eines Anwalts einer Sozietät nur eine auf diesen ausgestellte Vollmacht unterzeichnet wird (BGH 70, 251 mwN; aber auch hier andere Auslegung möglich, vgl BGH MDR 78, 746). 6

2) Nachweis. a) Nachzuweisen sind Haupt- und Untervollmacht und zwar im **Anwaltsprozeß** nur auf eine Rüge des Gegners hin (§ 88 I), im **Parteiprozeß** von Amts wegen (§ 88 II), es sei denn, es tritt ein Rechtsanwalt auf (§ 88 II aE). Insoweit erfolgt die Prüfung erst auf eine entsprechende Rüge des Gegners hin (§ 88 I). Kein Nachweis im Mahnverfahren: § 703. 7

b) Zum Nachweis **erforderlich** und **ausreichend** ist **aa) Schriftliche (Prozeß-)Vollmacht** in deutscher Sprache oder in sie übersetzt. Eigenhändige Namensunterschrift des Ausstellers oder Unterzeichnung mittels gerichtlichen oder notariell beglaubigten Handzeichens sind erforderlich, § 126 BGB. Bei Firmen genügt die Unterzeichnung mit ihrem Namen (JW 29, 3142). Ungenügend ist Unterstempelung, ebenso faksimilierte Unterschrift (Köln Rpfleger 70, 335); Namensunterschrift mit arabischen Schriftzeichen ist aber nicht schlechthin ausgeschlossen (VGH München NJW 78, 510). Erforderlich ist die Angabe des Bevollmächtigten, von diesem unterzeichnetes Begleitschreiben soll nicht genügen (so BFH DB 84, 2284; für weitgehende Formfreiheit Vollkommer, Formenstrenge und prozessuale Billigkeit, 1973, S 249 mit Nachw zu N 4 ff). Zulässig sind Bevollmächtigung durch Telegramm (SeuffA 68, 254), Vollmachtserteilung zu Protokoll der Geschäftsstelle oder zum Sitzungsprotokoll. Dann ist eine entsprechende Feststellung erforderlich; nicht genügt die einfache Bezeichnung des Vertreters als Bevollmächtigten. Das Datum der Vollmacht ist nicht erforderlich (RG Gruch 44, 1159). Zum Vollmachtsnachweis kann auch die ausdrückliche schriftsätzliche Bezeichnung eines für sie tätig gewordenen Anwalts als „Prozeßbevollmächtigter" durch die Partei genügen (BGH VersR 84, 851). Die **Bezugnahme** auf eine zu *anderen Akten* eingereichte (General-)Vollmacht genügt idR nicht als Vollmachtsnachweis (BGH NJW-RR 86, 1253; BL-Hartmann Anm 2 Bb), wohl aber auf eine hinterlegte allgemeine Prozeßvollmacht (Rn 11). Im Zwangsvollstreckungsverfahren genügt für den im Titel angeführten Prozeßbevollmächtigten die Berufung auf die Prozeßakten (vgl StJLeipold Rn 36). 8

bb) Keine besondere Prozeßvollmacht brauchen – bei Vorzeigung einer entsprechenden Urkunde, zB eines Auszugs aus dem Handelsregister – vorzulegen: **Generalbevollmächtigte** für ihren Ermächtigungskreis, **Prokuristen** für alle den Betrieb des Handelsgewerbes betreffenden Streitigkeiten (§ 49 HGB), **Handlungsbevollmächtigte,** wenn ihnen allgemein die Prozeßführung übertragen ist (§ 54 HGB), der geschäftsführende **Gesellschafter** (§ 705 BGB) und der **Vorstand** 9 des nichtrechtsfähigen Vereins (§ 54 BGB); eine, auch weitgehende Vollmacht zur Vornahme von Rechtsgeschäften umfaßt idR nicht die Prozeßführung (Saarbrücken NJW 70, 1464). Wer **gesetzlicher Vertreter** ist oder kraft Gesetzes einen Prozeß führen kann (s § 1422 BGB), bedarf keiner Vollmacht.

10 **c) Fehlt der Vollmachtsnachweis,** so ist § 89 anwendbar. Das Gericht kann zum Vollmachtsnachweis eine Frist setzen (vgl § 67 III 2 HS 2 VwGO). Liegt die Vollmacht bis zum Schluß der mündlichen Verhandlung nicht vor, gilt § 89 Rn 8. Ist im Urteil der Bevollmächtigte aufgeführt, braucht er dem Vollstreckungsgericht idR nicht noch einmal eine Vollmacht vorzulegen (vgl Rn 8).

11 d) Mit **Abgabe zu den Gerichtsakten** wird die Vollmacht deren dauernder Bestandteil, daher erfolgt keine Zurückgabe. Möglich ist die Hinterlegung **allgemeiner Prozeßvollmacht** beim AG und die Bezugnahme hierauf in der einzelnen Akte. Generalvollmachten sind nach Feststellung in den Akten zurückzugeben (JW 30, 667).

III) Beglaubigung

12 Die **Anordnung** der öffentlichen Beglaubigung geschieht durch Fristsetzung in einem unanfechtbaren (§ 567 I; bei Ablehnung: Abs II S 2) Beschluß, aber nur auf Antrag, nie von Amts wegen. Die Beglaubigung einer von einer öffentlichen Behörde ausgestellten Vollmacht (§ 437) kann nicht verlangt werden. **Die Kosten der Beglaubigung** kann der Vollmachtgeber von dem unterliegenden Gegner erstattet verlangen, auch wenn er die Beglaubigung nicht verlangt hatte (JW 1891, 4). Bei Nichtbeibringung der Beglaubigung nach einstweiliger Zulassung sind dem Bevollmächtigten persönlich die dem Gegner durch die Zulassung entstandenen Kosten aufzuerlegen, § 89 I 3 (RG 51, 98).

13 **IV) Gebühr** des **Gerichts** für Anordnung der öffentl Beglaubigung: Keine; Beglaubigungsgebühr (des Notars): § 45 I iVm § 141 KostO.

81 *[Umfang der Prozeßvollmacht]*

Die Prozeßvollmacht ermächtigt zu allen den Rechtsstreit betreffenden Prozeßhandlungen, einschließlich derjenigen, die durch eine Widerklage, eine Wiederaufnahme des Verfahrens und die Zwangsvollstreckung veranlaßt werden; zur Bestellung eines Vertreters sowie eines Bevollmächtigten für die höheren Instanzen; zur Beseitigung des Rechtsstreits durch Vergleich, Verzichtleistung auf den Streitgegenstand oder Anerkennung des von dem Gegner geltend gemachten Anspruchs; zur Empfangnahme der von dem Gegner zu erstattenden Kosten.

I) Allgemeines

1 Die Prozeßvollmacht ist im Anwaltsprozeß **Generalvollmacht** mit gesetzlich bestimmtem Umfang (§§ 81, 83 I), da die Sicherheit des Prozeßrechtsverkehrs grundsätzlich keine Prüfung des Umfangs der Vollmacht verträgt (Grundgedanke wie §§ 50, 126 HGB; § 82 AktG); nur im Parteiprozeß ist eine **Spezialvollmacht** möglich (§ 83 II).

II) Prozeßhandlungen

2 **Die Prozeßvollmacht ermächtigt zur Führung des ganzen Prozesses** in allen Instanzen, also

1) zu allen Handlungen, die sich auf den **Betrieb des Verfahrens** beziehen (zB: Vereinbarung der Zuständigkeit eines Gerichts, Antrag auf schriftliche Entscheidung oder Entscheidung nach Aktenlage, Geständnis, Erklärung auf einen Antrag betreffend die Parteivernehmung, Klagerücknahme, -erweiterung, -änderung, Widerklage, Zustellungsauftrag, Entgegennahme von Zustellungen (§ 176), Zwangsvollstreckungshandlungen, Rückforderung einer Sicherheit).

3 2) zur **Rechtsmitteleinlegung** und zum **Rechtsmittelverzicht** (vgl Hamburg NJW 72, 775, das allerdings das Mandatsverhältnis – § 675 BGB – stillschweigend auf die Instanzen beschränkt ansieht, für die der Rechtsanwalt postulationsfähig ist; jedoch endet die Vollmacht nicht mit Beendigung der Instanz, vgl § 86 Rn 11). Auch soweit der Prozeßbevollmächtigte für die Rechtsmittelinstanzen nicht postulationsfähig ist, kann er einen **Bevollmächtigten für die höheren Instanzen** bestellen; zur Instanzvollmacht vgl auch Rn 6.

4 3) zur Vertretung im **Wiederaufnahmeverfahren** und in den durch die **Zwangsvollstreckung** hervorgerufenen Verfahren (nach §§ 731, 767, 771). Die Drittwiderspruchsklage gehört aber nicht zur Instanz iS des § 176. Sie *muß* also nicht, *kann* aber – wegen § 81, s auch zu § 178 – dem Prozeßbevollmächtigten des Klägers (Drittwiderspruchsbeklagten) zugestellt werden.

5 4) zum (gerichtlichen) **Vergleich, Anerkenntnis, Verzicht** und Erlaß des Anspruchs.

5) zur **Bestellung eines Vertreters** für einzelne Prozeßhandlungen **(Unterbevollmächtigten),** zB zur Wahrnehmung eines Termins (vgl § 53 BRAGO); dann ist Untervollmacht für den einzelnen Rechtsstreit erforderlich, unwirksam ist eine allgemeine „Kartellabsprache" zwischen Anwälten (Düsseldorf NJW 76, 1324); zulässig ist auch die (Unter-)Bevollmächtigung für das (ganze) Verfahren vor den höheren Instanzen (sog Instanzvollmacht; vgl dazu RG 44, 358 und Rn 11; **nicht:** Weitergabe der Bevollmächtigung als Ganzes BGH NJW 81, 1727 [1728]). Zum Grundverhältnis zwischen dem Unterbevollmächtigten und dem Hauptvollmachtgeber vgl AG Herzberg AnwBl 1968, 360 und Seltmann VersR 74, 98. Anwälte einer Sozietät haben im Zweifel Untervollmacht zur wechselseitigen Entgegennahme von Zustellungen (§ 84 Rn 1 mN). Das Recht zur Bestellung eines Untervertreters endet nicht schon mit der Kündigung des Mandats, sondern erst mit wirksamer (vgl § 87) Beendigung der Prozeßvollmacht (BGH NJW 80, 999). 6

6) zur **Empfangnahme** der von dem Gegner zu erstattenden Kosten (zur Empfangnahme des Streitgegenstandes oder anderer Leistungen – auch im Zwangsvollstreckungsverfahren – nur, wenn sich die Vollmacht ausdrücklich darauf erstreckt; RG 33, 385; Frankfurt Rpfleger 86, 392). 7

7) zur Vertretung im **Kostenfestsetzungs-,** (Hamm Rpfleger 78, 421 [422]), **Streitwertbeschwerde-** (Stuttgart JurBüro 75, 1102), **Prozeßkostenhilfe-** und **Beweissicherungsverfahren** und in dem mit dem Hauptprozeß zusammenhängenden Verfahren betreffend einen Arrest (allerdings ist dafür im Innenverhältnis die Erteilung eines besonderen Auftrages erforderlich, Köln JurBüro 75, 185), eine einstweilige Verfügung oder einstweilige Anordnung aus § 620 (s § 82), nicht jedoch für selbständige Prozesse aus den §§ 302 IV 4, 323, 324, 600 II, 717, 893, 945; aber für das Nachverfahren zB gemäß § 599 (s Hamm JurBüro 76, 1644). 8

8) Die vom **Nebenintervenienten** des Beklagten erteilte Prozeßvollmacht umfaßt auch dessen Vertretung als Beklagter, wenn die Klage auf den Nebenintervenienten erstreckt wird (BGH NJW 72, 52). 9

III) Materiellrechtliche Erklärungen

1) Grundsatz. Die Prozeßvollmacht ermächtigt den Bevollmächtigten ferner zur Abgabe und Annahme **rechtsgeschäftlicher** empfangsbedürftiger Willenserklärungen **materiellrechtlichen Inhalts,** soweit sie sich auf den Gegenstand des Rechtsstreits beziehen, so zB zur Abgabe einer Anfechtungserklärung wegen Irrtums oder Betrugs (RG 48, 218), zur Aufrechnung (RG 50, 426), zur Erklärung des Rücktritts von einem Vertrag (RG 50, 138), zur Beseitigung des Annahmeverzugs durch Annahmeerklärung und zur Ausübung des Wahlrechts (RG 53, 81; vgl auch BGH 31, 206); zur Auflassung (Saarbrücken OLGZ 69, 210) und zur Kündigung (BAG BB 78, 207). Gleichgültig ist dabei, ob diese Erklärung im Prozeß oder außerhalb abgegeben wird (BAG BB 78, 207 = AP Nr 2 mit Anm von Rimmelspacher). 10

2) Einzelfragen. Sie ermächtigt als **Prozeßvollmacht** nicht zu einem abstrakten (§ 781 BGB) oder auch deklaratorischen Anerkenntnis des **sachlichen** Anspruchs (BGH NJW 82, 1809 [1810]), nicht zu einem Erlaß (§ 397 BGB), grundsätzlich auch nicht zu einem außergerichtlichen Vergleich (aA StJLeipold Rn 11; R-Schwab § 54 II 6 a/β; ThP Anm 3 a; wie hier BL Anm 3); wenn BAG NJW 63, 1469 meint, die Prozeßvollmacht umfasse auch die sachlichrechtliche Vollmacht zum Abschluß eines außergerichtlichen Vergleichs, so kann dies im Einzelfall zutreffen, liegt aber nicht im Wesen der Prozeßvollmacht. Nach BGH 31, 206 = LM § 81 Nr 3 mit Anm Schuster ermächtigt die Prozeßvollmacht nicht dazu, gegenüber einer Behörde materiellrechtliche Willenserklärungen abzugeben, deren Wirksamkeit von der Vorlegung einer öffentlich beglaubigten Vollmacht abhängt. Auftrag und Prozeßvollmacht zur Erhebung einer Räumungsklage ermächtigen den Rechtsanwalt auch, schon vor Prozeßbeginn zu kündigen, LG Hamburg MDR 71, 578. Die Prozeßvollmacht in einer Haftpflichtversicherungssache ermächtigt nur dann zur Entgegennahme des Abfindungsvertrags durch den Rechtsanwalt, wenn dieser hierzu ausdrücklich ermächtigt oder ein dahingehender Wille des Mandanten aus den Umständen zu entnehmen ist (Koblenz VersR 69, 1003). **Nicht** von der Prozeßvollmacht umfaßt sind **Rechtswahlvereinbarungen** (Schack NJW 84, 2739); insoweit ist eine **besondere** Vollmacht (Rn 12) erforderlich. 11

IV) Beschränkung und Erweiterung der Vollmacht

Zur Zulässigkeit und Wirkung der **Beschränkung** des gesetzlichen Umfangs der Prozeßvollmacht dem Gegner gegenüber s § 83. Zur **Erweiterung** der Prozeßvollmacht über den Umfang des § 81 (Ermittlung gemäß § 133 BGB) s BAG BB 78, 207 = AP Nr 2 mit Anm Rimmelspacher. **Sonder**vollmacht in Ehe- und Kindschaftssachen: §§ 609, 624, 640; vgl dazu auch § 88 Rn 2. 12

82 *[Geltung für Nebenverfahren]*

Die Vollmacht für den Hauptprozeß umfaßt die Vollmacht für das eine Hauptintervention, einen Arrest oder eine einstweilige Verfügung betreffende Verfahren.

1 § 82 ist wegen § 83 unabdingbar. Die Vorschrift gilt auch für Verfahren nach § 620. Die Hauptinterventionsklage muß (RG 15, 428), die Ausfertigung des Arrestes und der einstweiligen Verfügung können (nicht müssen) dem für den Hauptprozeß bestellten Gegenanwalt zugestellt werden (RG 45, 364; Frankfurt MDR 84, 58 mN; vgl auch § 922 Rn 11). Die Vollmacht zur Erwirkung eines Arrestes usw umfaßt nicht die Vertretung im Hauptprozeß. Die Prozeßvollmacht für die Scheidungssache (§ 609) erstreckt sich auf die Folgesachen (§ 624 I).

83 *[Beschränkung der Prozeßvollmacht]*

(1) Eine Beschränkung des gesetzlichen Umfanges der Vollmacht hat dem Gegner gegenüber nur insoweit rechtliche Wirkung, als diese Beschränkung die Beseitigung des Rechtsstreits durch Vergleich, Verzichtsleistung auf den Streitgegenstand oder Anerkennung des von dem Gegner geltend gemachten Anspruchs betrifft.

(2) Insoweit eine Vertretung durch Anwälte nicht geboten ist, kann eine Vollmacht für einzelne Prozeßhandlungen erteilt werden.

I) Beschränkung der Vollmacht (Abs I)

1 Im **Innenverhältnis** zwischen Vollmachtgeber und Bevollmächtigtem kann die Vollmacht beliebig beschränkt werden. Die nach Abs I für den Anwaltsprozeß zulässige Beschränkung ist **gegenüber dem Prozeßgegner** nur wirksam, wenn sie diesem unzweideutig mitgeteilt wird (BGH 16, 167); dies geschieht durch schriftliche oder auch mündliche gesonderte Mitteilung oder Aufnahme in die dem Gegner mitzuteilende Vollmachtsurkunde. Andere als die in Abs I genannten Beschränkungen haben dem Gegner gegenüber keine rechtliche Wirkung, auch wenn sie in die Vollmachtsurkunde aufgenommen sind; so zB die Beschränkung auf die „Wahrung der Nichteinlassung" (BGH NJW 76, 1581).

2 **Überschreitet** der Bevollmächtigte **seine Vollmacht** insoweit, so kann er sich seinen Vollmachtgebern gegenüber schadensersatzpflichtig machen, die vorgenommene Prozeßhandlung ist jedoch gegenüber dem Prozeßgegner voll wirksam. Überschreitet der Prozeßbevollmächtigte dagegen **die nach Abs I wirksame Beschränkung,** ist diese seine Prozeßhandlung mangels einer Prozeßhandlungsvoraussetzung unwirksam (Prozeßvergleich, s insoweit Anm zu § 88); Anerkenntnis- oder Verzichtsurteil sind in diesem Fall nach § 551 Nr 5 oder § 579 I Nr 4 anfechtbar.

II) Vollmacht für einzelne Prozeßhandlungen (Abs II)

3 **Abs II** trifft im Anwaltsprozeß nicht zu; in ihm kann nur eine Prozeßvollmacht für das ganze Verfahren erteilt werden. Eine Vollmacht für einzelne Handlungen ist nur als Untervollmacht oder außerhalb des Anwaltszwanges (s § 78) möglich. Im Parteiprozeß dagegen ist eine Terminsvollmacht, die zu allen im Termin vorkommenden Prozeßhandlungen, also auch zum Vergleich, Anerkenntnis ermächtigt, möglich. Mit Vornahme der Einzelhandlung ist das Vollmachtsverhältnis erloschen. Die Grenzen der Vollmachtsbeschränkung **(Abs I)** gelten im Parteiprozeß nicht (Bergerfurth ZPR Rn 39; StJLeipold Rn 5).

4 **Abs II** ermöglicht keine beschränkte **Genehmigung** einzelner Prozeßhandlungen bei gleichzeitiger Nichtgenehmigung der Prozeßführung im ganzen; dies ist mit den prozessualen Rechtsklarheitsinteressen unvereinbar (zutr BGH 92, 142 f; vgl auch allg § 89 Rn 10).

84 *[Mehrere Bevollmächtigte]*

Mehrere Bevollmächtigte sind berechtigt, sowohl gemeinschaftlich als einzeln die Partei zu vertreten. Eine abweichende Bestimmung der Vollmacht hat dem Gegner gegenüber keine rechtliche Wirkung.

1 **I) Vertretungsmacht mehrerer Bevollmächtigter:** Mehrere Prozeßbevollmächtigte haben im Außenverhältnis (zwingend) Einzelvollmacht, eine Gesamtvollmacht ist nur für das Innenverhältnis bedeutsam. **Beispiel:** A erteilt in Sachen gegen B wegen einer Forderung den assoziierten Rechtsanwälten Huber I und II Prozeßvollmacht. Jeder der beiden Anwälte kann den A in dem Prozeß vertreten. Ist in die Vollmacht die Beschränkung aufgenommen: „Beide Anwälte können nur gemeinschaftlich handeln", so ist doch dem Gegner (und dem Gericht) gegenüber

jeder einzeln zu handeln berechtigt. Geben die beiden Anwälte einander **widersprechende Erklärungen** ab, so gilt, falls sie zeitlich auseinander liegen, die letzte, es sei denn, daß die Partei an die erste Erklärung oder Prozeßhandlung gebunden ist. Bei mehreren Bevollmächtigten ist die **Zustellung** an **einen** ausreichend (BVerwG NJW 75, 1795 [1796]), maßgebend für den Beginn der Rechtsmittelfrist ist deshalb die erste Zustellung, wenn mehreren Bevollmächtigten zugestellt wird (BVerwG NJW 84, 2115 mwN). In einer **Anwaltssozietät** (s dazu ausführlich Kornblum BB 73, 218; Borgmann/Haug, Anwaltspflichten-Anwaltshaftung, 1979, S 154 ff) ist grundsätzlich jeder Anwalt als berechtigt anzusehen, für einen Sozius Zustellungen entgegenzunehmen (BGH MDR 69, 1001 = LM § 176 Nr 7; BGH NJW 80, 999 mwN; ebenso bei mehreren Bevollmächtigten, BVerwG NJW 75, 1796). Im Urteil sind sämtliche Hauptbevollmächtigte aufzuführen, die dem Gericht bekanntgegeben sind.

Beruht die Prozeßvollmacht auf einer **umfassenden materiellrechtlichen Ermächtigung,** die 2
nur mehreren gemeinschaftlich zusteht (Gesamtprokura, § 48 II HGB oder in den Fällen des § 28 BGB, § 35 II GmbHG), so wird § 84 durch die sachlich-rechtliche Vorschrift verdrängt. Das ist im Rechtsstreit wenig praktikabel. Stirbt der in Bürogemeinschaft mit einem anderen Rechtsanwalt verbundene Prozeßbevollmächtigte, so ist ersterer nicht ohne weiteres bevollmächtigt, den Prozeß weiterzuführen (Stuttgart Justiz 69, 224).

II) Gebühren des Anwalts: Jeder tätig gewordene RA kann die Vergütung voll verlangen, § 5 BRAGO; diese Vor- 3
schrift ist jedoch bei Beauftragung einer Anwaltsgemeinschaft nicht anwendbar.

85 *[Wirkungen der Prozeßhandlungen und des Verschuldens des Bevollmächtigten]*

(1) Die von dem Bevollmächtigten vorgenommenen Prozeßhandlungen sind für die Partei in gleicher Art verpflichtend, als wenn sie von der Partei selbst vorgenommen wären. Dies gilt von Geständnissen und anderen tatsächlichen Erklärungen, insoweit sie nicht von der miterschienenen Partei sofort widerrufen oder berichtigt werden.

(2) Das Verschulden des Bevollmächtigten steht dem Verschulden der Partei gleich.

Abs II ist neu eingefügt worden durch die Vereinfachungsnovelle. Die Bestimmung ist seit dem 1. 7. 1977 in Kraft und ersetzt für den Bereich der gewillkürten Vertretung (zur gesetzlichen s § 51 II) § 232 II aF. Die Umstellung hat nur klarstellende Bedeutung (keine inhaltliche Änderung der prozessualen Rechtslage; vgl BGH VersR 82, 950).

I) Bedeutung

1) Abs I entspricht dem § 164 I BGB; er regelt nicht die bürgerlich-rechtlichen Verpflichtungen, 1
die für die Partei aus Handlungen des Prozeßbevollmächtigten entstehen (vgl auch Rn 4), sondern nur die prozessualen Wirkungen, die solche Handlungen als **Prozeßhandlungen** für den Rechtsstreit erzeugen (RG 96, 477). Insoweit gilt er aber auch für rechtsgeschäftliche Willenserklärungen, soweit diese von der Prozeßvollmacht mit umfaßt sind, s § 81 Rn 10. Dagegen wird die Partei durch **rechtliche** Ausführungen ihres Vertreters nicht gebunden, sie kann sie jederzeit widerrufen (RG 32, 407). *Reine* Rechtsausführungen des Prozeßbevollmächtigten dürften auch idR nicht für eine – uU materiellrechtlich erhebliche – Rechtsberühmung der *Partei* ausreichen (zutr Traumann DB 86, 262 f).

2) Abs II enthält eine besondere prozessuale Zurechnungsnorm für das Verschulden des 2
rechtsgeschäftlichen Vertreters **(Grundsatz der Verschuldenszurechnung;** gesetzliche Vertreter: § 51 II). Grundgedanke: Die Partei, die ihren Rechtsstreit durch einen Vertreter, als Person ihres Vertrauens (BGH NJW 82, 2324 [2325]), führen läßt, soll in jeder Weise so behandelt werden, als wenn sie den Prozeß selbst geführt hätte (BGH 2, 207 = NJW 51, 963; BGH 66, 124). Durch eine Berufung auf Vertreterverschulden soll die Partei nicht die Folgen von prozessualen Fehlern und Versäumnissen abwenden können, denn durch die Stellvertretung würde dann das Prozeßrisiko zu Lasten des Prozeßgegners verschoben werden (Düsseldorf OLGZ 86, 97 = FamRZ 86, 288; ie Vollkommer, Die Stellung des Anwalts im Zivilprozeß, 1984, S 37 ff). Die Verschuldenszurechnung verstößt, auch soweit es sich um Familien-, Kindschafts- und sonstige Statussachen (vgl Rn 11) handelt, nicht gegen das Grundgesetz (BVerfG 35, 41 [46 ff]; 60, 253 [271 ff]; BGH NJW 79, 1414; vgl auch § 51 Rn 20 mN). Die Regelung ist in diesem Teilbereich gleichwohl rechtspolitisch bedenklich (vgl die abw Meinung des Richters von Schlabrendorff BVerfG 35, 51 ff; krit auch Leipold ZZP 93, 237 [255 f]); Vollkommer aaO, S 41 f, 56).

3) Der Partei zuzurechnen ist auch die **Kenntnis** des Bevollmächtigten. Soweit es auf die 3
Kenntnis bestimmter Umstände ankommt, gilt § 166 BGB sinngemäß (RG 146, 348; BGH 51, 141 = NJW 69, 925; vgl auch Braunschweig OLGZ 65, 441: auch § 105 II BGB entspr). Der § 166 I BGB

zugrundeliegende allgemeine Rechtsgedanke, wonach „derjenige, der einen anderen mit der Erledigung bestimmter Angelegenheiten in eigener Verantwortung betraut, sich das in diesem Rahmen erlangte Wissen des anderen zurechnen lassen muß" (BGH 94, 239 mwN), trifft voll gerade auf den Prozeßbevollmächtigten zu. Beispiel: Kenntnis des Ablehnungsgrundes (vgl § 43 Rn 3). Insoweit rechnet die Rspr das Verschulden des Prozeßbevollmächtigten der Partei auch bei der Wahrung materiellrechtlicher Fristen (zB §§ 1594, 1600 h VI BGB) zu (BGH 81, 353 [356]).

4 **4)** Dagegen bildet § 85 **keine** Grundlage für die Zurechnung des (deliktischen) sittenwidrigen Verhaltens des Bevollmächtigten gegenüber der Partei (VG Stade NJW 83, 1509 arg: Rechtspflegeorgan). Bei der sittenwidrigen Urteilserschleichung kommt daher eine Zurechnung des sittenwidrigen Verhaltens eines Vertreters nur im Rahmen des § 831 BGB in Frage (vgl Düsseldorf FamRZ 57, 222); zu den Voraussetzungen der Klage auf § 826 BGB allgemein Rn 72 ff vor § 322. Eine Erstreckung des „allg" Grundsatzes des § 85 II auf den gesamten vor- und nachprozessualen Bereich (Klagevorbereitung, insbes -androhung; Vollstreckungsmaßnahmen) befürwortet von Caemmerer, FS Weitnauer, 1980, S 261, 278 f.

II) Bindung der Partei an Prozeßhandlungen des Bevollmächtigten und Widerruf (Abs I)

5 **1) Prozeßhandlungen. a)** Prozeßhandlungen können im **Parteiprozeß** durch die Partei selbst erfolgen. Doch ist sie auch hier an die sogenannten Bewirkungshandlungen ihres Prozeßbevollmächtigten gebunden, dh an Prozeßhandlungen, die das Prozeßrechtsverhältnis gestalten. Bei gleichzeitiger und widersprechender Vornahme entscheidet die Handlung der Partei. Gleichzeitig ist hier nicht wörtlich, sondern sinngemäß zu verstehen.

6 **b)** Im **Anwaltsprozeß** ist allein der Prozeßbevollmächtigte postulationsfähig (vgl § 78 Rn 20 ff). Es gelten also nur die Prozeßhandlungen des Anwalts und zwar nicht nur die Be-, sondern auch die Erwirkungshandlungen. Anderes gilt nur für die in **Abs I S 2** genannten Erklärungen (Rn 7).

7 **2) Widerruf tatsächlicher Erklärungen. a)** Die miterschienene Partei kann sowohl im **Parteiprozeß,** wo sie postulationsfähig ist, wie im **Anwaltsprozeß** (§ 137 IV) den tatsächlichen Erklärungen einschließlich der Geständnisse ihres Bevollmächtigten widersprechen. Sie muß **sofort widerrufen** oder **berichtigen;** dann gilt nur die Parteierklärung. Ihr Inhalt sind nach Abs I S 2 Geständnis, eigene tatsächliche Erklärungen, Stellungnahme zu solchen des Gegners.

8 **b)** Doch schließt § 85 I 2 nicht aus, daß die Partei auch **späterhin** Erklärungen ihres Prozeßbevollmächtigten widerruft, soweit sie eigene Erklärungen **widerrufen** könnte. Im Parteiprozeß gilt dann nur die Erklärung der Partei; widerspricht diese im Anwaltsprozeß der ihres Bevollmächtigten, so muß das Gericht nach § 286 abwägen; es wird hierbei meist zugunsten der Partei entschieden, da der Bevollmächtigte seine Information von ihr erhielt (BGH LM § 141 Nr 2; VersR 69, 58).

9 **c)** Die Partei kann auch im Anwaltsprozeß und selbst bei der Parteivernehmung nach § 445 Tatsachen **zugestehen,** die ihr Anwalt vorher bestritten hatte (BGH 8, 235, bestr).

III) Verschulden des Bevollmächtigten (Abs II)

10 **1) Allgemeines. a) Bedeutung.** Grundsätzlich stehen das Verschulden des (jedes: Rn 16 ff) Bevollmächtigten im Rahmen der Prozeßführung und seine Säumnis dem der Partei gleich. Zum Verschulden des Bevollmächtigten vgl Rn 2 und 12 ff. **Abgrenzung:** Für die Zurechnung des Verschuldens des *gesetzlichen Vertreters* gilt § 51 II (vgl dort Rn 18 f).

11 **b) Anwendungsbereich.** Abs II gilt auch in **Statusverfahren** (vgl Rn 2; § 51 Rn 20 mit weiteren Hinw), zB in Familien- und Kindschaftssachen (so BGH NJW 79, 1414 = FamRZ 79, 567 = MDR 79, 742; Hamm NJW 77, 2078 mit Anm Ostler; hier § 640 Rn 52) sowie gem § 173 VwGO auch im **Asylverfahren** (BVerfG 60, 253 = NJW 82, 2425). Zur Geltung dieser Vorschrift auch im Rahmen von § 10 StrEG s BGH 66, 122. Jedoch ist Abs II **nicht** auf die Wahrung von Klage- und Anfechtungsfristen anzuwenden, so nicht auf die Anfechtungsfrist gem § 664 I gegen einen Entmündigungsbeschluß (LG Tübingen NJW 77, 1693 mit zust Anm von Grunsky), ferner nicht auf die **Klagefrist gem § 4 KSchG** (ebenso: LAG Hamm MDR 74, 698; 81, 172; 81, 258; 83, 349 = NJW 83, 1631; AnwBl 84, 158; LAG Hamburg BB 86, 1020, stRspr; Wenzel BB 75, 791; 81, 678 und MDR 78, 278 mwN; sehr str; aA LAG Frankfurt BB 76, 139; NZA 84, 40; LAG München BB 81, 915; LAG Mainz NJW 82, 2461; Grundstein BB 75, 523; StJLeipold Rn 23 mwN in N 57; für analoge Anwendung LAG Berlin BB 79, 167). Auf das – nichtkontraktorische – **PKH-Verfahren** ist § 85 II seiner Zweckbestimmung als Schutzvorschrift zugunsten des Gegners (Rn 2) nicht anwendbar (Düsseldorf OLGZ 86, 97 = FamRZ 86, 288); auch wird es idR an der Erteilung einer Prozeßvollmacht an den im PKH-Verfahren auftretenden Anwalt fehlen (vgl Rn 20).

12 **c) Voraussetzungen** der Verschuldenszurechnung: **aa) Verschulden** des Bevollmächtigten (dazu § 51 Rn 19); dieser Begriff bedarf einschränkender Auslegung: er umfaßt außer – auch

leichter (BGH VersR 85, 139) – Fahrlässigkeit (insoweit abw von § 276 I 1 BGB) nicht jede Form von Vorsatz; der Partei nicht zugerechnet werden kann die vorsätzlich sittenwidrige Schädigung durch den prozeßbevollmächtigten Anwalt; eine besonders leichtfertige, an „Gewissenlosigkeit" grenzende Außerachtlassung der anwaltlichen Berufspflichten steht sittenwidriger Schädigung gleich (VG Stade NJW 83, 1509; Vollkommer aaO, S 43, 56; oben Rn 4; aA hM: *jedes* Verschulden, vgl BL-Hartmann Anm 3 Aa; ThP § 233 Anm 4b). Entscheidend für das Verschulden ist ein **objektiv-typisierter Maßstab** (so StJLeipold Rn 20; Prinz VersR 86, 317 ff mit Rspr-Überblick; nur insoweit zutr auch München NJW-RR 86, 63 = MDR 86, 62 = AnwBl 85, 646; nach aA soll für das prozessuale Verschulden ein subjektiver Maßstab gelten, vgl Borgmann/Haug, Anwaltshaftung, 2. Aufl 1986, S 152 f, 345 mwN). Verschuldensmaßstab bei anwaltlicher Vertretung ist damit nicht mehr (wie unter der Geltung des auf „unabwendbare Zufälle" abstellenden § 233 I aF) „äußerste" und „größtmögliche Sorgfalt", sondern die **übliche, von einem ordentlichen Rechtsanwalt zu fordernde Sorgfalt** (BGH NJW 85, 495 [496]; 1710 [1711 mN]; VersR 82, 495; 83, 374 [375]; ThP § 233 Anm 4b; BL-Hartmann § 233 Anm 3 A [anders aber noch § 85 Anm 3 Ab: „größtmögliche Sorgfalt"]; Vollkommer, FS Ostler, 1983, S 139 ff und aaO, S 43, 57; aA und insoweit abzulehnen zB München AnwBl 85, 646; DB 84, 2193; vgl auch hier § 51 Rn 19 und § 233 Rn 12 f). Die Anforderungen an die Sorgfaltspflicht des Anwalts dürfen dabei nicht überspannt werden (BGH NJW 82, 2670 Nr 11; 85, 1711; VersR 84, 240; 85, 47; LAG Stuttgart NJW 86, 603; krit zu der zT abw – zu strengen – Rspr: Förster NJW 80, 432; Prinz VersR 86, 319 f; vgl auch Einl Rn 94 und 100), dh die Beachtung der Sorgfalt muß im Einzelfall auch **zumutbar** sein (BGH NJW 85, 1711). Der objektive Fahrlässigkeitsbegriff ermöglicht es bei verschiedenen **Gruppen von Bevollmächtigten** unterschiedliche Verschuldensmaßstäbe anzulegen. Beispiele: An den Referendar als amtlich bestellten Vertreter des Anwalts sind geringere Anforderungen zu stellen als an den Anwalt selbst (Vollkommer AP Nr 62 zu § 233 ZPO Anm unter III gegen BAG), an einen generalbevollmächtigten juristischen Laien geringere als an einen Rechtskundigen (BGH VersR 85, 1185). Das **Verschulden kann ausgeschlossen** sein bei plötzlicher schwerer Erkrankung des Bevollmächtigten selbst (BGH VersR 84, 761 f) oder eines nahen Angehörigen (BGH VersR 85, 47) sowie in physischen und psychischen Ausnahmesituationen (BGH VersR 84, 988; 85, 393 [394 mN]). **Unerheblich** ist für **Abs II,** ob die Partei selbst ein Verschulden trifft, insbes ob sie den Prozeßbevollmächtigten überwachen und kontrollieren konnte (BGH VersR 84, 850 f: in Strafhaft befindliche Partei).

bb) Personenkreis. Bevollmächtigte iS des **Abs II** sind nicht nur die von der Partei rechtsgeschäftlich bestellten Vertreter (Rn 16), sondern auch von diesem beauftragte Unterbevollmächtigte und zugezogene Hilfskräfte von einer gewissen Selbständigkeit (Rn 17), nicht dagegen sonstige Hilfskräfte, insbes nicht das Büropersonal (Rn 20). 13

cc) Typische **Beispiele** aus der neueren Rspr: **Verschulden** wurde bejaht bei Einreichung einer **nicht unterzeichneten Berufungsbegründungsschrift** (BGH VersR 80, 765 und 942), uU aber unschädlich bei ausreichender Unterschriftskontrolle des Büros (BGH MDR 85, 83 = JZ 85, 451 = VersR 85, 285); **mangelnder Überwachung** neu beschäftigter Büroangestellter (BGH VersR 82, 545); Überlassung von **Fristberechnung** in **Feriensache** durch Büroangestellte (BGH VersR 86, 574); **Organisationsmängel** bei Postabgängen (BGH VersR 83, 271; 84, 789; 86, 365), insbes in Fristsachen (BGH VersR 85, 145 mwN; 85, 1185); Anfertigung von **Rechtsmittelschriften** durch **Büropersonal** (BGH VersR 82, 769 f); **Übermittlungsfehlern,** die bei einem fernmündlichen Auftrag zur Berufungseinlegung eintreten (BGH VersR 84, 240); Unterzeichnung einer **fehlerhaft** oder **unvollständig** adressierten **Rechtsmittelschrift** (BGH NJW 82, 2670 und 2670 f m Anm Ostler; LAG Stuttgart NJW 86, 603); Unterzeichnung eines **fristwahrenden Schriftsatzes** an ein OLG durch dort nicht zugelassenen Anwalt (BGH VersR 84, 87); Unterlassung der Wahl des **schnellstmöglichen Übermittlungsweges** für Rechtsmittelauftrag (BGH NJW-RR 86, 287); unterlassene Nachprüfung bei **handschriftlichen Änderungen des Eingangsstempels** auf einem zugestellten Urteil (BGH NJW 85, 1711 = MDR 85, 570); Veranlassung einer unentschuldigten **Terminsversäumung** durch die gem § 141 geladene Partei (Köln NJW 78, 2515); ungeprüfte **Fristmitteilung** durch den Prozeßbevollmächtigten und unbesehene Übernahme durch den Rechtsmittelanwalt (BGH NJW-RR 86, 614 = MDR 86, 469 = JZ 86, 406 = VersR 86, 468). 14

Dagegen **kein Verschulden** bei Fristversäumung und Verkennung des Instanzenzuges aufgrund noch nicht endgültig geklärter Zuständigkeitsfragen in der Rspr (BGH VersR 80, 191); wenn der RA der bisherigen (nunmehr aufgegebenen) Rspr des BGH (BGH NJW 85, 1701 [1710]) oder der Ansicht eines OLG folgt, die auch in den gängigen Handkommentaren vertreten wird (BGH NJW 85, 495); wenn sich der RA bei rechtzeitiger Absendung von Rechtsbehelfen auf normalen Postlauf verläßt (BAG NJW 86, 603); wenn der RA darauf vertraut, daß sein sonst zuverlässiges Personal seine Anweisungen befolgt (BGH VersR 84, 662 und 873; 85, 140 und 889; 86, 166); bei Rücknahme eines zulässigen Rechtsmittels auf richterlichen Rat (BGH NJW 81, 576 = 15

MDR 81, 303 = FamRZ 81, 140); wegen Nichtkennens erst neu veröffentlichter höchstrichterlicher Rspr in Fachzeitschriften (BGH NJW 79, 877; VersR 79, 232 und 375; vgl aber auch allg BGH NJW 83, 1665). Materialreich zum Anwaltsverschulden, insbesondere zur Wiedereinsetzung: Borgmann/Haug, Anwaltspflichten-Anwaltshaftung, 1979, S 253 ff, 259 ff; Rspr-Übersichten (BGH): Walchshöfer JurBüro 85, 321; 86, 321; dazu auch Förster NJW 80, 432; Sziegoleit, Aufgabenteilung zwischen Anwalt und Kanzlei im Recht der Wiedereinsetzung, Erlanger jur Diss 1985 sowie ie § 233 Rn 12 ff.

16 **2) Bevollmächtigte iS von Abs II.** Bevollmächtigte sind **rechtsgeschäftlich bestellte Vertreter** jeder Art, die in eigenverantwortlicher Weise für die Partei in einem Rechtsstreit tätig werden (BGH VersR 84, 239). Bevollmächtigte sind daher: **a)** Wer von der **Partei unmittelbar** beauftragt ist, insbesondere der **Prozeßbevollmächtigte** (nicht nur der Rechtsanwalt, RG 156, 208), der als **Sozius** mitbeauftragte Rechtsanwalt (BGH 83, 328; BGH MDR 78, 746; BFH NJW 84, 1992); der **Verkehrs-(Korrespondenz-)anwalt** (BGH NJW 82, 2447; VersR 84, 240 [241]; auch der ausländische: BGH NJW-RR 86, 288; Bauer/Fröhlich FamRZ 83, 123); der einstweilen **ohne Vollmacht zugelassene Vertreter,** wenn später genehmigt wird (RG 138, 354); der von der Partei mit der Wahrnehmung ihrer Interessen im Rechtsstreit betraute **Rechtsanwalt,** auch wenn er beim Prozeßgericht nicht zugelassen (BGH VersR 79, 466 und 577) und der zugelassene Anwalt noch nicht bestellt ist (BGH LM § 232 Nr 6); wer als **Nichtanwalt** die Korrespondenz mit dem Prozeßbevollmächtigten führt (BGH VersR 81, 79; 85, 1185 [1186 mN]); eine **Versicherungsgesellschaft,** die für die Partei den Schriftwechsel mit dem Prozeßbevollmächtigten führt, nach Übernahme der Handakten (BGH LM § 233 Nr 30).

17 **b)** Neben dem von der Partei beauftragten Rechtsanwalt dessen **amtlich bestellter Vertreter** (BGH VersR 82, 144 [145]; 84, 585; BAG NJW 73, 343 = AP Nr 62 zu § 233 ZPO mit krit Anm von Vollkommer [Referendar als amtlich bestellter Vertreter]); der **Zustellungsbevollmächtigte** so lange, bis der Rechtsanwalt das Erlöschen der Vollmacht dem Gericht anzeigt (RG JW 35, 2431; nicht genügt die gem § 87 fortbestehende [Zustellungs-]Vollmacht: Rn 24); **sonstige Unterbevollmächtigte des Rechtsanwalts** nur, falls ihnen die Sache zur selbständigen Bearbeitung übertragen ist (BGH NJW 65, 1020; VersR 84, 239 f und 443; BAG NJW 70, 1703; zB **nicht** der Terminvertreter: BGH VersR 79, 255) und wenn sie zur Anwaltschaft zugelassen sind (im Interesse der Partei, die die Gewähr haben muß, daß ihr Prozeß in für sie verbindlicher Weise, wenn schon nicht vom beauftragten Rechtsanwalt selbst, so doch mindestens von einem standesrechtlich gebundenen Vertreter geführt wird); daher sind **keine Bevollmächtigte** iS von **Abs II angestellte Assessoren und Referendare** (vgl BGH LM § 232 Nr 22); wohl aber der Stationsreferendar (s dazu BGH JurBüro 76, 1048 = VersR 76, 92). Dagegen kommt es auf die Postulationsfähigkeit nicht an: Bevollmächtigter ist auch der beim Berufungsgericht nicht zugelassene Sozius (BGH LM § 232 Cb 11 = NJW 65, 1020 und BGH NJW 67, 1279; BGH VersR 70, 928; 78, 669; 79, 466 und 577; 82, 848 mwN); nicht beizupflichten ist BGH LM § 233 Nr 7 und Nr 72 insoweit, als dort auf die Postulationsfähigkeit abgestellt ist.

18 Die Rspr des BGH stellt im übrigen zu der Frage, wann ein vom beauftragten Rechtsanwalt mit der Sache befaßter **anderer Anwalt** als Bevollmächtigter der Partei und wann als bloßer juristischer **Hilfsarbeiter** der Praxis anzusehen ist (dazu Rn 20), darauf ab, ob er die Sache oder einen wesentlichen Teilbereich *selbständig bearbeitet* (s BGH LM § 232 Nr 15, Nr 27 und Cb 11 = NJW 65, 1020; BGH VersR 82, 83 [84] und 770 [771]; 84, 240 und 443) oder ob er zu einer *untergeordneten Mitwirkung* bei einzelnen Handlungen zugezogen wurde (BGH VersR 79, 232; BVerwG NJW 85, 1178). Gleichgültig ist dagegen, aus welchem Grund der andere Rechtsanwalt in der geschilderten Weise tätig wird, ob er **Sozius** des Prozeßbevollmächtigten (vgl BGH VersR 78, 521; 79, 232) oder **angestellter Anwalt** ist (BGH VersR 84, 443; BVerwG NJW 85, 1178) und welche *allg Stellung* er in der Kanzlei des prozeßbevollmächtigten Anwalts einnimmt (BGH VersR 84, 240). Allerdings ist die Unterschriftsbefugnis insoweit unerheblich (vgl BGH VersR 78, 665 [666]), es genügt idR Aktenvorlage (BGH VersR 77, 720).

19 Vertreter ist auch, wer als Entgelt für die Mitbenutzung der Kanzlei einzelne Sachen für den beauftragten Rechtsanwalt bearbeitet (BGH LM § 233 Nr 72); wer als **freier Mitarbeiter** eines anderen Rechtsanwalts regelmäßig Fristsachen zur Nachprüfung vorgelegt bekommt (München NJW 74, 755); desgleichen wer auf Grund allgemeiner Vereinbarung für eilige Fälle für einen Kollegen tätig wird (BGH NJW 62, 1248); desgleichen der **Urlaubsvertreter** (BGH NJW-RR 86, 614 = MDR 86, 469 = VersR 86, 468), auch ohne förmliche Untervollmacht (BGH VersR 75, 1150), auch der **Kanzleiabwickler** gem § 55 BRAO (vgl § 55 II 4; BGH VersR 84, 989), **nicht** jedoch der mit der Bearbeitung der Sache nicht befaßte, lediglich in Bürogemeinschaft mit dem Prozeßbevollmächtigten arbeitende Rechtsanwalt (BGH VersR 79, 160).

3) Abgrenzung (vgl bereits Rn 17). **Nicht unter Abs II fallen** die **Angestellten** (für den Fall des unterbevollmächtigten juristischen Mitarbeiters: BGH NJW 74, 1512; BGH VersR 74, 365) des von der Partei beauftragten Rechtsanwalts (die ZPO kennt keine dem § 278 BGB entsprechende Vorschrift), Assessoren (s dazu BVerwG NJW 77, 773) und Referendare (sofern nicht amtlich bestellt; vgl Rn 17), der als bloßer (weisungsgebundener) juristischer Hilfsarbeiter der Praxis zugezogene Rechtsanwalt (BGH LM § 232 Cb 11 = NJW 65, 1020; BGH VersR 76, 885; 79, 960; 82, 71 und 84); das (ordnungsgemäß ausgewählte und überwachte) **Büropersonal** (sonst Organisationsverschulden des Anwalts selbst; s Anm zu § 233). Ferner fällt nicht unter Abs II der **amtlich bestellte Vertreter** eines Rechtsanwalts nach dessen Tod (BGH NJW 82, 2324 = VersR 82, 190) und der vom Gericht ausgewählte **im Prozeßkostenhilfeverfahren** (§ 121) oder gem §§ 78b, c der Partei **beigeordnete** Rechtsanwalt (BGH 60, 258 zum alten Recht), solange ihm die Partei noch keine Prozeßvollmacht erteilt hat (vgl § 78c Rn 11; § 80 Rn 5; weitergehend BSG MDR 78, 347 = BB 78, 502: auch bei Vollmachtserteilung; unklar insoweit Düsseldorf OLGZ 86, 96 = FamRZ 86, 288; vgl auch Rn 11 und 22). Vertreter nach Abs II ist auch nicht, wer lediglich als Bote für die Partei tätig wird, der Postbeamte, Gerichtsvollzieher (RG 48, 409); überhaupt, wer keine Verfügungsmacht in der Sache selbst hat, zB Ersatzperson nach § 181 (BSG NJW 63, 1645). 20

4) Hat die Partei **mehrere Vertreter** (gleichzeitig oder nacheinander, insbesondere für verschiedene Instanzen), so haftet sie für das Verschulden eines jeden von ihnen, vorausgesetzt, daß es in die Vertretungszeit fällt (BGH LM § 232 Cb 3; daher auch für Verschulden des früheren Prozeßbevollmächtigten, gleichgültig, in welchem Stadium der Prozeß sich jetzt befindet, BGH 2, 205 = NJW 51, 963, s auch § 233 Rn 23 unter „mehrere Anwälte"). 21

5) Beginn und Ende der Vertretung. a) Die **Vertretung beginnt** mit der Annahme des Mandats durch den Vertreter (BGH 47, 322 mwN; 50, 83), nicht schon mit der Auftragserteilung (BGH NJW 67, 1567; VersR 82, 950). Hat sich der Anwalt fernmündlich mit der Übernahme des Mandats einverstanden erklärt, ist er damit Vertreter, auf den – späteren – Zeitpunkt des Eingangs des Auftragsschreibens kommt es nicht an (BGH NJW 80, 2261). Der im Prozeßkostenhilfeverfahren beigeordnete Anwalt wird Vertreter nicht schon mit der Beiordnung, sondern erst mit der Vollmachtserteilung durch die Partei und die Annahme des Rechtsanwalts (BGH VersR 71, 646; 73, 446 noch zum alten Recht; s auch § 78c Rn 11). Noch keine Vertretereigenschaft hat der Anwalt, dem das an einen anderen Rechtsanwalt gerichtete Auftragsschreiben auf dessen Weisung lediglich wiedergegeben wird (BGH NJW 63, 296). 22

b) Die **Vertretung endet** im Normalfall (zur Kündigung gem § 87 vgl Rn 24, 25) mit der **Erledigung** des erteilten Auftrages (ggf erst mit der Annahme des Mandats durch den Rechtsmittelanwalt, an welchen die Sache vom Rechtsanwalt der Vorinstanz weitergegeben wurde; s BGH VersR 78, 722; s auch § 86 Rn 1); in diesem Fall besteht die Pflicht des Erstanwalts, das Zustellungsdatum richtig mitzuteilen (BGH NJW 85, 1709 = AnwBl 85, 519; VersR 86, 462; zur Fortdauer der Vertretung durch den Berufungsanwalt bis zur Mitteilung des Zustellungsdatums des Berufungsurteils an den Mandanten s BGH VersR 85, 90). Bei einer **Bestellung für die Instanz** obliegt dem Rechtsanwalt jedenfalls noch die Mitteilung an die Partei über die Urteilszustellung (BGH 2, 205 = NJW 51, 963; NJW 80, 999; VersR 85, 1185 [1186]), in besonderen Fällen auch danach noch die Pflicht zur Rückfrage (BGH LM § 233 Fc 23) und Belehrung über Fristen (BGH LM § 233 Fd 18; BGH VersR 72, 886; NJW 77, 1198). Die Fristwahrung obliegt den Anwälten beider Instanzen gleichermaßen (BGH VersR 70, 1133; NJW-RR 86, 614 = MDR 86, 469 = VersR 86, 468; s hierzu auch § 233 Rn 23 unter „mehrere Anwälte"). Ist das Mandat beendet, so entsteht nicht dadurch ein neues Vertretungsverhältnis im Sinn von Abs II, daß der Rechtsanwalt von der Partei nochmals um Rat befragt wird (BGH LM § 232 Nr 9). 23

c) Endet das Mandat vorzeitig durch **Kündigung,** kommt es für **Abs II** allein auf das *Innenverhältnis* an (BGH VersR 85, 1185 [1186]); die Fortdauer der Außenvollmacht gem § 87 I (vgl dort Rn 4) und zugleich gewisser nachwirkender Schutzpflichten zugunsten der Partei genügt für eine Verschuldenszurechnung nicht mehr (BGH VersR 85, 1186). Der Grund hierfür liegt darin, daß bereits mit dem – noch nicht zum Erlöschen der Vollmacht führenden – Vollmachtswiderruf das die Zurechnung rechtfertigende Vertrauensverhältnis (Rn 2) gestört ist. Bei einer **Niederlegung** im schwebenden Verfahren ist noch Belehrung hinsichtlich der Begründungsfrist erforderlich, wenn nach der Rechtsmitteleinlegung niedergelegt wurde (BGH 7, 280 = NJW 53, 504); dagegen besteht keine Mitteilungs- und Belehrungspflicht bei Niederlegung vor Urteilserlaß; § 87 steht nicht entgegen (BGH LM § 232 Nr 14; bedenklich BGH NJW 53, 703). 24

86 *[Fortdauer der Vollmacht bei Tod usw]*

Die Vollmacht wird weder durch den Tod des Vollmachtgebers noch durch eine Veränderung in seiner Prozeßfähigkeit oder seiner gesetzlichen Vertretung aufgehoben; der Bevollmächtigte hat jedoch, wenn er nach Aussetzung des Rechtsstreits für den Nachfolger im Rechtsstreit auftritt, dessen Vollmacht beizubringen.

I) Erlöschen der Prozeßvollmacht

1 Die Prozeßvollmacht erlischt: **1) mit der endgültigen Prozeßbeendigung,** dh durch endgültige Entscheidung in der Sache, nicht zB bei Abweisung der Klage wegen Unzuständigkeit. Zwangsvollstreckung und Wiederaufnahme des Verfahrens gehören zum Prozeß. Hat der Prozeßbevollmächtigte der 1. Instanz für die Rechtsmittelinstanz einen anderen Anwalt bevollmächtigt, so endet seine Vertretung mit der Annahme des Vertretungsauftrages durch den Rechtsmittelanwalt (BGH VersR 78, 722); allerdings können an ihn trotzdem noch alle nicht unter § 176 fallenden Zustellungen erfolgen; nach Beendigung der Rechtsmittelinstanz kann er Kostenfestsetzung, Zwangsvollstreckung usw beantragen; bei Wegfall des Anwalts der höheren Instanz kann dem Prozeßbevollmächtigten der Vorinstanz zugestellt werden (RG 103, 336).

2 **2) durch Widerruf,** der auch durch schlüssige Handlungen erfolgen kann; er wirkt dem Gegner gegenüber mit der Anzeige des Erlöschens, im Anwaltsprozeß durch die Anzeige der Bestellung eines anderen Anwalts (§ 87 I). Dies gilt nach Celle (NdsRpfl 71, 135) auch für das anschließende Zwangsvollstreckungsverfahren, nicht aber für das anschließende Kostenfestsetzungsverfahren, für das kein Anwaltszwang besteht (KG NJW 72, 543; vgl hierzu näher § 87 Rn 3).

3 **3) durch den Tod des Prozeßbevollmächtigten** (vgl auch § 673 BGB). Ist ein Rechtsanwalt, für den ein Stellvertreter (§§ 53, 54 BRAO) bestellt ist, gestorben, so sind Rechtshandlungen, die von dem Stellvertreter oder ihm gegenüber vor der Löschung des Rechtsanwalts in der Liste der zugelassenen Anwälte vorgenommen worden sind, nicht deshalb unwirksam, weil der Rechtsanwalt zur Zeit der Bestellung des Vertreters vor oder zur Zeit der Vornahme der Rechtshandlung nicht mehr gelebt hat, allerdings ist der gem § 54 BRAO bestellte amtliche Vertreter des Rechtsanwalts nicht Bevollmächtigter der Partei iS des § 85 II (BGH NJW 82, 2324 [2325]). Wegen der Möglichkeit, hier einen Abwickler zu bestellen vgl § 55 BRAO.

4 **4) durch Verlust der Prozeßfähigkeit oder Löschung in der Anwaltsliste,** sei es, daß sie auf Antrag des Anwalts oder infolge rechtskräftigen Ausschlusses aus der Anwaltschaft erfolgt (BL Anm 2 Ad; R-Schwab § 54 II 7b). Dafür spricht vor allem das Schutzbedürfnis der Partei (vgl BGH 30, 112). Das „Vertretungsverbot" (§ 150 BRAO) schließt in sich das Verbot des schriftlichen Verkehrs mit dem Gericht, berechtigt aber zur Empfangnahme von Zustellungen.

5 **5) durch den Konkurs des Vollmachtgebers** (RG 118, 160; BGH NJW 64, 47; Böhle/Stamschräder KO § 23 Anm 8; StJLeipold Rn 8; aA BL Anm 2 Be; vgl Jäger/Lent KO 8. Aufl § 23 Anm 9a).

6 **6) durch Beendigung des** der Vollmacht zugrunde liegenden **Kausalverhältnisses** (§ 168 S 1 BGB; ThP § 87 Anm 1d), also zB des Geschäftsbesorgungsvertrages beim Anwalt, des Anstellungsverhältnisses beim Prokuristen; aber auch hier gilt § 87 I, vgl BGH 43, 137.

7 7) Die – im Parteiprozeß! – auf einzelne Prozeßhandlungen beschränkte Vollmacht (vgl § 83 Rn 3) erlischt, wenn ihr **Zweck erfüllt** ist.

II) Kein Erlöschen der Prozeßvollmacht

8 Keine Erlöschungsgründe für die Prozeßvollmacht sind: **1) der Tod des Vollmachtgebers** (zum Tod der vertretenen Partei: vgl §§ 239 I, 246 I Hs 1 und näher Rn 12, 13). War dem Bevollmächtigten bei Klageerhebung oder Rechtsmitteleinlegung der Tod seines Vollmachtgebers unbekannt, so gilt die Klage als für die Erben erhoben, das Rechtsmittel namens der Erben eingelegt (RG 68, 391; Saarbrücken NJW 73, 854, 857). Ein gegen eine verstorbene Partei erlassenes Urteil wirkt für und gegen die Erben (RG 124, 150; BGH 40, 203). Da die Erben durch den Prozeßbevollmächtigten des Erblassers wirksam vertreten waren (Rn 12), liegt kein Fall von § 579 I Nr 4 vor (Schleswig MDR 86, 154).

9 **2) der Wegfall der Prozeßfähigkeit der Partei oder die Veränderung** in ihrer **gesetzlichen Vertretung** (§ 246; vgl auch BGH NJW 83, 996 [997]); ferner die Beendigung einer Parteistellung kraft Amtes und der Wechsel einer Partei kraft Amtes. **Beispiele:** Die von dem Prozeßfähigen erteilte Prozeßvollmacht bindet nach Entmündigung der Partei deren gesetzlichen Vertreter (BGH LM § 52 Nr 6). Vormund A hat Rechtsanwalt B Prozeßvollmacht erteilt; B bleibt Bevollmächtigter, wenn A seines Amtes enthoben oder die Partei prozeßfähig wird. Durch die Aufhebung des Konkurses wird im Prozeß des Konkursverwalters der Gemeinschuldner Partei: hatte der Konkursverwalter einem Anwalt Prozeßvollmacht erteilt, läuft sie für den Gemeinschuldner bis zur Kündigung des Geschäftsbesorgungsvertrags weiter. War der Konkursverwalter selbst Anwalt und

hat er den Prozeß selbst geführt, bedarf er einer neuen Vollmacht des früheren Gemeinschuldners.

3) das Erlöschen der Prozeßkostenhilfe (§ 124 Rn 25). Ist an Stelle eines früheren im Prozeß- 10
kostenhilfeverfahren beigeordneten Anwalts, dessen Vollmacht widerrufen worden ist, vom Gericht ein neuer Anwalt beigeordnet worden, so müssen alle Zustellungen an den früheren Anwalt erfolgen, bis die Anzeige von der neuen Vollmachtserteilung dem Gericht bzw Gegner erstattet ist (RG 95, 338).

4) die Beendigung der Instanz und zwar auch dann nicht, wenn der Prozeßbevollmächtigte 11
für den oberen Rechtszug nicht mehr postulationsfähig ist (Grund: Recht des Prozeßbevollmächtigten zur Bestellung eines Vertreters für die höhere Instanz, vgl § 81 Rn 3).

III) Rechtsfolgen bei Fortbestand der Vollmacht

1) Fortsetzung des Verfahrens. In den unter II Nr 1–4 angeführten Fällen (Rn 8–11) tritt **keine** 12
Unterbrechung des Verfahrens ein (zu den Fällen der Rn 8, 9 vgl §§ 239 I, 241 I, 246 I Hs 1); der Prozeß wird von dem Bevollmächtigten weitergeführt (Konsequenz aus **Hs 1**). Ist im Fall der Rn 8 der Erbe nicht bekannt, wird der Rechtsstreit ggf (Rn 13) für und gegen den unbekannten Rechtsnachfolger fortgesetzt (OVG Münster NJW 86, 1707), bei entspr Umfang der Vollmacht des Prozeßbevollmächtigten (§ 81 Rn 3) auch in der höheren Instanz (OVG Münster aaO); fehlt dem Bevollmächtigten insoweit die Postulationsfähigkeit, kann er auch einen Vertreter für die Rechtsmittelinstanz bestellen (so Schleswig MDR 86, 154, str; aA hier Stephan § 246 Rn 2, offenlassend OVG Münster NJW 86, 1707).

2) Verfahren nach Aussetzung. Hat im Falle des Todes des Vollmachtgebers der Bevollmäch- 13
tigte oder der Gegner die Aussetzung des Verfahrens beantragt (vgl § 246 I Hs 2), so erlischt dadurch die Vollmacht nicht (Folge: alle Zustellungen haben an den Bevollmächtigten zu erfolgen); vor Aufnahme der Sache hat aber der Bevollmächtigte – im Anwaltsprozeß (§ 88 I) und bei Auftreten eines Rechtsanwalts (§ 88 II aE) auf Verlangen des Gegners, ansonsten von Amts wegen (§ 88 II) – die Vollmacht des Rechtsnachfolgers nachzuweisen **(Hs 2).** Eine einstweilige Zulassung nach § 89 ist möglich.

87 *[Erlöschen der Vollmacht]*

(1) Dem Gegner gegenüber erlangt die Kündigung des Vollmachtvertrags erst durch die Anzeige des Erlöschens der Vollmacht, in Anwaltsprozessen erst durch die Anzeige der Bestellung eines anderen Anwalts rechtliche Wirksamkeit.

(2) Der Bevollmächtigte wird durch die von seiner Seite erfolgte Kündigung nicht gehindert, für den Vollmachtgeber so lange zu handeln, bis dieser für Wahrnehmung seiner Rechte in anderer Weise gesorgt hat.

Lit: *Schmellenkamp,* Der Prozeßbevollmächtigte als Zustellungsempfänger, AnwBl 85, 14.

I) Wirkung der Kündigung der Partei gegenüber dem Gegner und dem Gericht (Abs I)

1) Anzeigeerfordernis. a) Parteiprozeß. Der Wortlaut der Vorschrift ist unklar und veraltet 1
(zutr Kritik übt Schmellenkamp AnwBl 85, 14). Entzieht die **Partei** ihrem Prozeßbevollmächtigten das Mandat, so bedeutet das rechtlich Kündigung (Widerruf) des der Vollmacht zugrunde liegenden Kausalvertrags (Auftrag, Geschäftsbesorgung). Mit ihm **erlischt** grundsätzlich auch **die Vollmacht** (§ 168 S 1 BGB). Doch gilt dies nicht, wenn die Bevollmächtigung dem Gegner oder dem Gericht mitgeteilt worden oder der Bevollmächtigte als solcher aufgetreten war. Dann besteht die Vollmacht solange fort, bis ihr Widerruf dem Gericht und dem Gegner mitgeteilt ist **(Anzeige).** Wird der Widerruf nur dem Gericht oder nur dem Gegner mitgeteilt, erlischt die Vollmacht auch nur im Verhältnis zu diesem Empfänger. Das Gericht kann im Einzelfall auch der Urkundsbeamte der Geschäftsstelle sein, so, wenn ein Urteil bereits verkündet und nur noch von Amts wegen zuzustellen ist. Das Anzeigeerfordernis gem Abs I gilt **nicht** für andere Erlöschungsgründe (vgl § 86 Rn 1, 3–5). Entsprechendes gilt, wenn der **Prozeßbevollmächtigte** das Mandat niederlegt. Ist das Mandats-(Vollmachts-)verhältnis in Wirklichkeit nicht beendet, zB mangels Zugangs einer Kündigung an die unerreichbare Partei, so bleibt die Vollmacht trotz der (unrichtigen) Niederlegungsanzeige gegenüber dem Gericht bestehen (BVerwG MDR 84, 170 f; Schmellenkamp AnwBl 85, 15 mwN, str).

b) Im **Anwaltsprozeß** muß zur Mitteilung des Widerrufs noch die Anzeige der **Bestellung eines** 2
neuen Anwalts hinzukommen, um die Vollmacht zu beendigen. Auslegungsfrage, ob in der (schlichten) Bestellungsanzeige des neuen Prozeßbevollmächtigten die Widerrufsanzeige hin-

sichtlich des bisherigen liegt (idR verneinend BGH NJW 80, 2309 = MDR 80, 833; Frankfurt Rpfleger 86, 391). Für die Anzeige iS von **I Hs 2** ist unerläßlich, daß der *anstelle* des bisherigen Prozeßbevollmächtigten bestellte neue Anwalt *namentlich* bezeichnet ist (BGH VersR 85, 1185 [1186]); Grund: § 176.

3 **2) Anwendungsbereich. a) Abs I** betrifft – über den zu engen Wortlaut hinaus (vgl auch Rn 1) – nicht nur das Verhältnis zum **Gegner,** sondern auch das zum **Gericht** (BGH NJW 80, 999; VersR 85, 1185 [1186]; Schmellenkamp AnwBl 85, 15, allgM). Dies folgt aus dem **Sinn** von § 87, der darin besteht, einen zügigen Prozeßfortgang im Interesse von Gegner und Gericht sicherzustellen (vgl Köln FamRZ 85, 1278; Schmellenkamp AnwBl 85, 15 und 16). **b) Abs I Hs 2** gilt nur für das eigentliche dem Anwaltszwang (§ 78) unterliegende Hauptverfahren, **nicht** dagegen für **selbständige Nebenverfahren, in denen die Partei selbst handeln kann.** Zur Beendigung der Vollmacht genügt daher die bloße Erlöschungsanzeige gem Rn 1 im *Kostenfestsetzungsverfahren* (arg § 103 II; so Koblenz Rpfleger 78, 261; Hamm Rpfleger 78, 421 [422]; München Rpfleger 79, 465 mwN; wohl auch Bremen NJW-RR 86, 358 = Rpfleger 86, 99, das Abs **II** anwendet, str) und im *Streitwertbeschwerdeverfahren* (arg § 5 III GKG; vgl auch Stuttgart JurBüro 75, 1102). Stellt der Gläubiger oder Schuldner im Zwangsvollstreckungsverfahren selbst die Anträge, so ist daraus zu entnehmen, daß die Vertretungsmacht des Bevollmächtigten nicht mehr besteht (OLG 27, 34). Andererseits gilt die im Arrestverfahren einem Anwalt ausgestellte Vollmacht weiter, wenn im Hauptprozeß ein anderer Anwalt bevollmächtigt wurde (OLG 29, 86).

4 **3) Rechtsfolgen.** Der bisherige Bevollmächtigte ist bis zum Zeitpunkt gem Abs I (Rn 1, 2) berechtigt und verpflichtet, seinen Mandanten im Prozeß weiterhin sowohl **passiv** als auch **aktiv** zu vertreten. **a)** Da die **passive** Vertretungsmacht fortdauert, müssen zB alle Zustellungen an den bisherigen Anwalt erfolgen (BGH VersR 85, 1185 [1186]; Köln MDR 76, 50), auch bei einer zwischenzeitlichen Verweisung des Rechtsstreits an ein anderes Gericht (Köln FamRZ 85, 1278). Nimmt der Anwalt Zustellungen entgegen, hat er die Partei unverzüglich davon zu unterrichten (BGH NJW 80, 999; vgl aber § 85 Rn 24); zur Geltung des § 87 auch im Rahmen des § 176 s dort Rn 12 und ferner eingehend Schmellenkamp AnwBl 85, 14 ff. Die *vor* Erlöschen der Vollmacht dem Vertreter gegenüber vorgenommenen Prozeßhandlungen bleiben wirksam; eine Wiederholung ist nicht geboten; uU kann im Parteiprozeß unter dem Gesichtspunkt des Art 103 I GG ausnahmsweise eine erneute Ladung der Partei in Betracht kommen (vgl BVerfG Rpfleger 83, 116, für Terminsladung im Einzelfall verneinend).

5 **b)** Der bisherige Anwalt ist weiterhin auch zur **aktiven** Vertretung berechtigt (BGH 31, 32 [35]; BAG NJW 82, 2519 = AP Nr 1 mit zust Anm Stephan, str; aA 13. Aufl; Hamm JMBlNRW 78, 88; Wieczorek Anm B I), denn § 87 differenziert lediglich danach, wer das Vollmachtsverhältnis kündigt. Aus Gründen der Rechtssicherheit ist auch ein Umkehrschluß aus Abs II abzulehnen (BAG NJW 82, 2519 = AP Nr 1 im Anschluß an die Rspr des BGH, str; aA 13. Aufl mwN). Eine Rechtsmittelrücknahme durch den bisherigen Anwalt im Zeitraum zwischen Mandatsentziehung und dem Zeitpunkt gem Abs I (Rn 1, 2) bleibt daher wirksam (BAG NJW 82, 2519 = AP Nr 1 mit zust Anm Stephan; aA Hamm JMBlNRW 78, 88).

II) Fortdauer der Handlungsbefugnis bei Kündigung durch den Bevollmächtigten (Abs II)

6 **Abs II** enthält eine **Ausnahme** von **I,** durch die im Fall wirksamer Erlöschensanzeige die *Rechte* des Prozeßbevollmächtigten *erweitert* werden (vgl Schmellenkamp AnwBl 85, 16). Abs II begründet keine Verpflichtung (BGH 43, 137); wird der bish Prozeßbevollmächtigte aber tätig, treffen ihn die gleichen Verpflichtungen wie bei fortbestehender Prozeßvollmacht (Bremen NJW-RR 86, 359); insoweit ist der Schutz der vertretenen Partei durchaus gesichert (zutr Schmellenkamp AnwBl 85, 16 gegen Hamm NJW 82, 1887). Ein Handeln des Vertreters kann zweckmäßig sein zur Abwendung der Haftung für unzeitige Kündigung §§ 671, 675 BGB. Zustellungen dürfen an den Bevollmächtigten weiter erfolgen (weitergehend Schmellenkamp AnwBl 85, 17: müssen). Jedoch braucht der (bisherige) Prozeßbevollmächtigte an einer Zustellung gem § 198 nicht mitzuwirken (Bremen NJW-RR 86, 359). Legt ein Anwalt die Vertretung einer Partei nieder, kündigt er also das Vertragsverhältnis mit ihr, so ist er nicht mehr ihr Vertreter iS des § 85 II (vgl BGH 47, 322; LM § 232 ZPO Nr 14; VersR 85, 1185 [1186]). Sein Verschulden ist ihr nicht mehr zuzurechnen (vgl § 85 Rn 24).

7 Das **Kostenfestsetzungsverfahren** kann der (frühere) Prozeßbevollmächtigte für die gem § 2 LöschG wegen Vermögenslosigkeit gelöschte Partei betreiben (Hamburg MDR 86, 324). In **Entschädigungssachen** kann bei einer Entscheidung ohne mündliche Verhandlung ein schriftlich gestellter Antrag nicht deshalb unberücksichtigt bleiben, weil der Prozeßbevollmächtigte des Antragstellers dem Gericht angezeigt hat, daß er die Vertretung niedergelegt habe (BGH LM § 87 Nr 2).

88 *[Mangel der Vollmacht]*
(1) Der Mangel der Vollmacht kann von dem Gegner in jeder Lage des Rechtsstreits gerügt werden.

(2) Das Gericht hat den Mangel der Vollmacht von Amts wegen zu berücksichtigen, wenn nicht als Bevollmächtigter ein Rechtsanwalt auftritt.

Abs II wurde neugefaßt mit Wirkung vom 1. 7. 1977 durch die Vereinfachungsnovelle.

I) Vollmachtsmangel

1 Dieser kann in folgendem begründet sein: Die Vollmacht war nicht erteilt worden, sie wurde widerrufen oder ist sonst erloschen, ihr Umfang wird überschritten (§ 83), sie ist (nach Ablauf der Beibringungsfrist) nicht nachgewiesen. Vollmacht ist keine Prozeßvoraussetzung, sondern eine Prozeßhandlungsvoraussetzung. Zu den Folgen des Mangels s Rn 5 vor § 78.

II) Prüfung der Vollmacht

2 1) Bei **Vertretung durch Rechtsanwälte** (nicht nur im **Anwaltsprozeß,** vgl Rn 4) erfolgt eine Prüfung des Mangels – in jeder Lage des Rechtsstreits – **nur auf unverzichtbare Rüge** des Gegners **(Abs I),** nicht von Amts wegen. Dies gilt nunmehr auch in Ehe-, Familien- und Kindschaftssachen (§§ 606, 609, 640), soweit Anwälte als Bevollmächtigte auftreten (§ 609 Rn 4 mwN, str; aA Bergerfurth, Der Anwaltszwang und seine Ausnahmen, 1981, Rn 339). Geprüft wird die **Vollmacht** (auch Untervollmacht: BGH VersR 84, 781 f) lediglich auf Rüge (ThP Anm 3; BL Anm 1 B), auch in den Verfahrenslagen, in denen eine anwaltschaftliche Vertretung nach § 78 II nicht notwendig ist, zB im Verfahren vor dem beauftragten oder ersuchten Richter oder im Kostenfestsetzungsverfahren. Allerdings erfolgt im Kostenfestsetzungsverfahren keine Prüfung der Vollmacht für das vorausgegangene Hauptsacheverfahren (LG Bonn AnwBl 83, 518 f). Im Mahnverfahren braucht weder ein Rechtsanwalt noch ein sonstiger Bevollmächtigter seine Vollmacht nachzuweisen (§ 703), auch nicht auf Rüge. Eine Prüfung von Amts wegen erfolgt aber, wenn ein Prozeß überhaupt nicht vorliegt. Beispiele: Der Anwalt stellt – ohne Klage zu erheben – einen Antrag auf Prozeßkostenhilfe; er beantragt die Erlassung eines Arrestes oder einer einstweiligen Verfügung; die eigene Partei rügt die Scheinvollmacht ihres Vertreters (Saarbrücken NJW 70, 1464); ein anderer Anwalt als der Prozeßbevollmächtigte beantragt Kostenfestsetzung. Ist aus dem Kopf des Urteils des LG usw (§ 313 I Nr 1) der bevollmächtigte Vertreter ersichtlich, so sind an diese Feststellung auch die Behörden und Gerichte gebunden, die das Urteil zu vollziehen haben: Vollstreckungsgericht, Gerichtsvollzieher, Konkursgericht; nach überwiegender Meinung auch das Grundbuchamt. Doch trägt dies dem Bedürfnis nach Rechtssicherheit im Grundstücksverkehr nicht genügend Rechnung, wenn man an die Auflassung im Prozeßvergleich vor dem Landgericht denkt; vgl Palandt/Bassenge § 925 Anm 4c.

3 Tritt ein Anwalt als Bevollmächtigter auf, so ist die **Rüge** notwendige Voraussetzung für die Vollmachtsprüfung. Die Rüge ist in **jeder Lage des Rechtsstreits** zulässig und kann den Mangel auch zu einem früheren Zeitpunkt geltend machen (in diesem Fall aber uU Heilung durch Genehmigung eingetreten). **Rücknahme** der Rüge ist möglich, ein **Verzicht auf das Rügerecht** unwirksam (vgl StJLeipold Rn 2). Die in der **unteren Instanz** erklärte Rüge wirkt in der höheren fort, Wiederholung ist unnötig (BGH NJW-RR 86, 1253). Die Rüge betrifft **alle** von dem Rechtsanwalt vorgenommenen **Prozeßhandlungen,** die von einer ihm erteilten Vollmacht gedeckt gewesen wären (vgl § 81 Rn 2–8, 10), insbs auch eine Rechtsmitteleinlegung (BGH aaO).

4 **2)** Im **Parteiprozeß** ist zu unterscheiden (vgl **Abs II**): Grundsätzlich erfolgt die Prüfung der Vollmacht von Amts wegen (über diesen Begriff vgl Anm zu § 56; zur Ausnahme im Mahnverfahren s § 703 und Rn 2), es sei denn, ein **Anwalt tritt als Bevollmächtigter auf** (§ 88 II aE). In diesem Fall gilt Rn 2. Im **verwaltungsgerichtlichen Verfahren** ist II Hs 2 wegen des geltenden Untersuchungsgrundsatzes nur *mit Einschränkungen* entspr anwendbar: Auch bei Auftreten eines Anwalts als Prozeßbevollmächtigter ist das Vorliegen der Vollmacht ausnahmsweise von Amts wegen zu prüfen, wenn begründete Zweifel an der Bevollmächtigung des Anwalts bestehen (BVerwG NJW 85, 2963 [2964]; BayVBl 84, 57, str). Im finanzgerichtlichen Verfahren gilt nur II Hs 1 (entspr), Hs 2 ist *nicht* entspr anwendbar (BFHE 133, 344 = NJW 81, 2432 Ls). Die Prüfung von Amts wegen erfolgt bereits bei Klageeinreichung, wenn die Einstellung der Zwangsvollstreckung beantragt ist, sonst in der ersten mündlichen Verhandlung. Steht fest, daß der Mangel unbehebbar ist, muß eine Terminsansetzung unterbleiben (R-Schwab § 55 II 1; BL § 88 Anm 1 C; § 78 a II gilt nur im Anwaltsprozeß). Eine Rüge des Gegners regt die Amtsprüfung nur an; für einen Rügeverzicht ist kein Raum (StJLeipold Rn 7).

5 **3) Prüfung durch den Urkundsbeamten.** Ist im Urteil der Bevollmächtigte als Vertreter aufgeführt, darf der Urkundsbeamte die Erteilung von Protokollen, Urteilsabschriften und der voll-

streckbaren Ausfertigung und die Erlassung des Kostenfestsetzungsbeschlusses nicht mehr von der Vorlage der Vollmacht abhängig machen. Er wird aber zweckmäßig die Vollmacht anfordern, zumal das Rechtsmittelgericht (auch bei Rügeverzicht) von Amts wegen zu prüfen hat, ob in der Vorinstanz die Vollmacht in Ordnung war. Im Festsetzungsverfahren betr die PKH-Vergütung (§§ 121, 128 BRAGO) ist ein erstmaliger Vollmachtsnachweis idR entbehrlich, wenn der Anwalt im Hauptverfahren als Prozeßbevollmächtigter aufgetreten ist (LG Berlin Rpfleger 78, 269).

III) Verfahren

6 **1)** Hatte ein **vollmachtloser Vertreter** die **Klage erhoben** und ist der **Mangel nicht zu beheben,** so daß ein Verfahren nach § 89 ausscheidet, muß die Klage sofort als unzulässig abgewiesen werden (GemS OGB BGH 91, 114), und zwar auch bei Säumnis, sowohl der Klagepartei wie des Gegners, durch kontradiktorisches Urteil (sogenanntes unechtes Versäumnisurteil). Wird der schon im ersten Rechtszug vorliegende Mangel erst in der Rechtsmittelinstanz aufgedeckt, so muß, auch wenn das Rechtsmittel wegen des Mangels unzulässig ist, doch unter Aufhebung des Ersturteils die Klage als unzulässig abgewiesen werden (R-Schwab § 55 II 2; Köln MDR 82, 239; vgl BGH 40, 197). Das ohne Vollmacht eingelegte Rechtsmittel ist dagegen als unzulässig zu verwerfen (BGH LM Nr 1). Wird ein Mangel der Vollmacht erst vom Gericht der weiteren Beschwerde erkannt, darf das Beschwerdegericht nicht auf eine Heilung dieses Mangels hinwirken, wenn dadurch das gerade wegen dieses Verfahrensmangels zulässige Rechtsmittel im Hinblick auf § 568 II unzulässig würde (Köln Rpfleger 76, 101).

7 **2)** War die **Klage ordnungsgemäß erhoben,** so sind die **von oder gegenüber dem vollmachtlosen Vertreter vorgenommenen Prozeßhandlungen** unwirksam. Sein Rechtsmittel ist als unzulässig zu verwerfen (GemS OGB BGH 91, 114 f = NJW 84, 2149 = MDR 84, 732), sofern er es nicht zurücknimmt, was er wirksam tun kann (BFH 128, 24; zur Kostentragungspflicht s Rn 11). Die von ihm vertretene Partei ist säumig und der Vertreter selbst wird durch – mit einfacher Beschwerde anfechtbaren – Beschluß oder in den Gründen des Endurteils zurückgewiesen (vgl R-Schwab § 55 II 3; StJLeipold Rn 9), falls der Mangel unbehebbar ist. Die Genehmigung läßt die Hinausweisung des vollmachtlosen Vertreters unberührt (BAG NJW 65, 1041). Andernfalls kann das Gericht – auch ohne nach § 89 zu verfahren – vertagen oder (im schriftlichen Verfahren) eine angemessene **Beibringungsfrist** bestimmen, um den Vertreter die Möglichkeit zu geben, seine Vollmacht nachzubringen (vgl Frankfurt OLGZ 80, 281; § 89 Rn 7 f). Dann erfolgt eine Zurückweisung des Antrags auf Versäumnisurteil nach § 335 I Nr 1. Zur mündlichen Verhandlung über seine Vollmacht muß der Vertreter zugelassen werden (BL § 88 Anm 2A; StJLeipold Rn 3, 6). Ihm obliegt es hierbei, die Vollmacht nachzuweisen; eine Amtsermittlung findet nicht statt. Mit der Zurückweisung scheidet der falsche Vertreter auch als Zustellungsempfänger aus (Zweibrücken MDR 82, 586; StJLeipold Rn 9). § 176 besagt nichts anderes: Denn die durch Anzeige der Vertretungsmacht seitens des falschen Vertreters erfolgte Bestellung im Sinne des § 176 gilt eben dann nicht mehr. Der vom Gegner erfolgreich gerügte Vollmachtsmangel kann, wenn der Berufungskläger keine schriftliche Vollmacht zu den Akten gibt, im Revisionsverfahren nicht mehr geheilt werden (BGH MDR 71, 483, str; vgl StJLeipold § 89 Rn 14 mwN in Nr 39, 40).

8 **3) Urteile** ergehen **auf den Namen der nicht vertretenen Partei** (s dazu BFH BB 74, 449; Frankfurt OLGZ 80, 282 f). Sie hat alle statthaften Rechtsmittel, nach Rechtskraft die Nichtigkeitsklage nach § 579 I Nr 4. Nach Köln Rpfleger 70, 355 soll aber der vollmachtlose Vertreter im Eingang der Entscheidung angeführt werden und zwar mit dem Vermerk, daß er als Verfahrensbevollmächtigter aufgetreten sei. Sind dem vollmachtlosen Vertreter die Kosten auferlegt worden (Rn 11), ist er insoweit beschwerdebefugt (so mit Recht Frankfurt OLGZ 80, 280 für FGG-Verfahren).

9 **4) Bleibt der Mangel verborgen,** erfolgt die Zustellung an den „bestellten" vollmachtlosen Vertreter, womit die Rechtsmittelfrist zu laufen beginnt. Die Partei kann dann selbst Rechtsmittel ergreifen, um den Mangel der Vollmacht zu rügen, nach Rechtskraft Nichtigkeitsklage erheben (§ 579 I Nr 4; Bsp: BGH NJW 83, 883). Sie kann aber auch die Prozeßführung genehmigen – § 89 II, dort Rn 9 ff.

IV) Vergleich ohne Vollmacht

10 Ist die Wirksamkeit eines Vergleichs von der Nachbringung der Vollmacht innerhalb einer bestimmten Frist abhängig, so ist bei deren Nichteinhaltung ein neuer Termin anzusetzen. Der Vergleich ist rechtsunwirksam und muß neu geschlossen werden. Ist im Vergleich keine Frist zur Beibringung der Vollmacht bestimmt worden, aber seine Rechtswirksamkeit von der Vollmachtsvorlage abhängig gemacht, kann eine vollstreckbare Ausfertigung erst erteilt werden, wenn die Vollmacht zu den Akten gebracht ist. Bei Verzögerung ist von Amts wegen ein neuer

Termin zu bestimmen. Wird die Vollmacht nachgebracht, so ist der Termin aufzuheben und auf Antrag eine vollstreckbare Ausfertigung zu erteilen. Gleiches gilt, wenn sich eine Partei im Vergleich nur „verpflichtet, Vollmacht nachzubringen", die Wirksamkeit des Vergleichs aber nicht davon abhängig gemacht worden ist. Die letzterwähnte Fassung des Vergleichs ist nicht zu empfehlen, da der Richter von Amts wegen zu prüfen hat, ob eine ordnungsgemäße Vollmacht vorliegt. Zur Frage der Wirksamkeit eines Prozeßvergleichs, der mit Zustimmung eines nach den Grundsätzen der Anscheinsvollmacht als vertretungsberechtigt anzusehenden leitenden Angestellten einer Partei von dem durch diesen Angestellten bevollmächtigten Rechtsanwalt abgeschlossen worden ist, BGH MDR 70, 41 = LM Nr 2.

V) Kosten

Wird die Klage mangels Vollmacht als unzulässig abgewiesen, so trägt die Kosten derjenige, 11
der das Auftreten des falschen Vertreters veranlaßt hat (R-Schwab § 55 II 2; BGH LM § 102 Nr 1; § 97 Nr 4; NJW-RR 86, 1253; E. Schneider Rpfleger 76, 229), also meist der (vollmachtlose) Vertreter selbst (BGH LM Nr 1; NJW 83, 883 [884] = MDR 83, 292 mwN) auch wenn er die Klage zurückgenommen hat (München MDR 55, 176; Hamburg MDR 56, 431) und auch in der höheren Instanz, wenn er Rechtsmittel eingelegt hat (BGH NJW 83, 883 [884] = MDR 83, 292). Ein vollmachtloser Vertreter kann sich der Prozeßkostenpflicht nicht dadurch entziehen, daß er sein Mandat niederlegt (BFH BB 75, 1142) oder das Rechtsmittel zurücknimmt (BFH 128, 24 [25]). Hat allerdings die vollmachtlos vertretene Partei die Klage oder ein Rechtsmittel zurückgenommen, so trägt immer sie nach den §§ 269 III, 515 III, 566 die Kosten (Düsseldorf JW 30, 574). Kostenpflichtig kann auch die geschäftsunfähige Partei sein, die dem gutgläubigen Vertreter Vollmacht erteilt oder auch der Gegner, wenn er die Klage einem vollmachtlosen Vertreter hat zustellen lassen. Allerdings trägt der angeblich Vertretene die Kosten, wenn er das Auftreten des vollmachtlosen Vertreters veranlaßt hat (Köln Rpfleger 70, 355; Frankfurt OLGZ 80, 282). Die Gegenansicht (zB Renner MDR 74, 353 und früher StJP § 89 Anm IV 1 a und § 88 Anm III 2 b) will die Kosten in strenger Anwendung des § 91 immer der falsch vertretenen Partei selbst auferlegen und sie auf einen gesonderten Ersatzprozeß verweisen. Die ist wenig billig und prozeßökonomisch, auch konstruktiv nicht zwingend, da mit der endgültigen Zurückweisung des falschen Vertreters durch Abweisung der von ihm unzulässig erhobenen Klage nun auch offenkundig ist, daß die Partei nie ordnungsgemäß in den Prozeß eingeführt wurde (zutr E. Schneider Rpfleger 76, 229 mN; jetzt auch StJLeipold Rn 14 unter Aufgabe des Standpunkts der Vorauflage; vgl auch München MDR 55, 176 sowie ferner noch Pecher AcP 171, 49 f).

89 *[Einstweilige Zulassung vollmachtloser Vertreter]*

(1) Handelt jemand für eine Partei als Geschäftsführer ohne Auftrag oder als Bevollmächtigter ohne Beibringung einer Vollmacht, so kann er gegen oder ohne Sicherheitsleistung für Kosten und Schäden zur Prozeßführung einstweilen zugelassen werden. Das Endurteil darf erst erlassen werden, nachdem die für die Beibringung der Genehmigung zu bestimmende Frist abgelaufen ist. Ist zu der Zeit, zu der das Endurteil erlassen wird, die Genehmigung nicht beigebracht, so ist der einstweilen zur Prozeßführung Zugelassene zum Ersatz der dem Gegner infolge der Zulassung erwachsenen Kosten zu verurteilen; auch hat er dem Gegner die infolge der Zulassung entstandenen Schäden zu ersetzen.

(2) Die Partei muß die Prozeßführung gegen sich gelten lassen, wenn sie auch nur mündlich Vollmacht erteilt oder wenn sie die Prozeßführung ausdrücklich oder stillschweigend genehmigt hat.

I) Allgemeines

Zeigt sich ein Vollmachtsmangel (s § 88 Rn 1) eines Prozeßbevollmächtigten, dessen Behebbar- 1
keit nicht ausgeschlossen ist (sonst Verfahren gemäß § 88 Rn 6, 7), so kann das Gericht vertagen (vgl § 88 Rn 7). Es kann statt dessen auch nach § 89 verfahren, womit es die Möglichkeit eröffnet, mit dem einstweilen zugelassenen Vertreter unverzüglich in die Sachverhandlung einzutreten.

II) Einstweilige Zulassung

1) Voraussetzungen. Der **Nichtbeibringung** der Vollmacht steht gleich die Nichtvornahme der 2
vom Gericht angeordneten Beglaubigung der schriftlichen Vollmacht, § 80 II.

2) Verfahren. a) Die **Zulassung zur Prozeßführung** geschieht durch unanfechtbaren 3
Beschluß (Braunschweig NdsRpfl 73, 253) oder stillschweigend, wenn der Gegner nicht widerspricht (RG 67, 151). Die Zulassung liegt im pflichtgemäßen Ermessen des Gerichts (BAG AP § 89 Nr 1; LAG Hamm MDR 76, 699).

4 **b) Sicherheitsleistung.** Soll die Zulassung gegen Sicherheitsleistung erfolgen, so wird zunächst bis zur Beibringung der Sicherheitsleistung vertagt (§ 108). Die Rückgabe der Sicherheitsleistung erfolgt nach § 109; mit Beibringung der Vollmacht und Genehmigung der bisherigen Prozeßführung ist die Veranlassung weggefallen.

5 **c) Fristsetzung:** §§ 224, 225; vgl auch § 67 III 2 Hs 2 VwGO. Eine zu kurze Frist kann den Anspruch des prozeßbeteiligten Vollmachtgebers auf rechtliches Gehör verletzen (BFH DB 80, 2020).

6 **3) Rechtsfolgen.** Während der Dauer der Zulassung ist der Zugelassene ebenso zu behandeln, wie wenn er die Vollmacht nachgewiesen hätte; es kann Beweisbeschluß und Beweisaufnahme erfolgen, aber keine Entscheidung (auch kein Versäumnis- oder Vorbehaltsurteil, kein Zwischenurteil nach § 280 und keine Verweisung nach § 281) ergehen. Zum Vergleich und zur Nachbringung der Vollmacht s § 88 Rn 10.

III) Verfahren nach Zulassung; Endurteil

7 **1) Beibringung der Vollmacht. Wird innerhalb** der Frist (Rn 5) oder – wegen § 231 II auch noch nach ihrem Ablauf bis zum Schluß der mündlichen Verhandlung, auf die das Urteil ergeht (RG 30, 400) – eine **ordnungsgemäße Vollmacht beigebracht,** so steht der Verkündung des Endurteils nichts mehr im Weg.

8 **2) Nichtbeibringung der Vollmacht.** Wird die Vollmacht bis zur Verkündung des Urteils **nicht nachgebracht,** so ist die vom vollmachtlosen Vertreter erhobene Klage als unzulässig abzuweisen (s § 88 Rn 1) und der einstweilen zur Prozeßführung Zugelassene ohne Rücksicht auf ein Verschulden seinerseits (JW 18, 571) von Amts wegen durch (bei entspr Beschwerdewert, vgl § 567 II) mit sofortiger Beschwerde analog § 99 II (vgl StJLeipold Rn 9) anfechtbaren Beschluß zu den Kosten zu verurteilen, die dem Gegner **durch die einstweilige Zulassung** entstanden sind (RG 107, 58; JW 37, 553; Frankfurt Rpfleger 52, 432; Nürnberg BayJMBl 55, 65; München MDR 55, 176; zur Geltung von § 567 III auch in diesem Fall s BGH VersR 75, 344). Damit sind nicht zu verwechseln die Kosten des Rechtsstreits selbst, über die gem den Grundsätzen zu § 88 Rn 11 zu entscheiden ist (VGH Mannheim NJW 82, 842). Fallen diese hierdurch dem falschen Vertreter insgesamt zur Last und erläßt das Gericht über die Zulassungskosten keinen gesonderten Beschluß, so muß dem falschen Vertreter (neben der Möglichkeit, die Kosten mit der Hauptsache anzufechten, § 99 I) auch die sofortige Beschwerde analog § 99 II insofern eröffnet sein, als im Kostenausspruch auch die Zulassungskosten enthalten sind (vgl Rn 29 vor § 511). Dies gilt nicht, wenn der vollmachtlose Vertreter bereits hinausgewiesen war (BAG NJW 65, 1041); § 567 III 1 gilt auch hier (BGH JZ 57, 182 – zu § 102; s auch oben). Ist jemandem fälschlich als Vertreter (zB eines Vereins) die Klage zugestellt worden, trifft Abs I S 3 nicht zu; er hat keinen Anspruch auf Kostenerstattung gegen den Kläger (OLG 23, 53). Schadensersatz nach Abs I S 3 Hs 2 muß in einem eigenen Rechtsstreit geltend gemacht werden (vgl AG Hamburg NJW-RR 86, 1120).

IV) Genehmigung der Prozeßführung (Abs II)

9 **1) Allgemeines.** Die von oder gegenüber einem Vertreter ohne Vollmacht vorgenommenen Prozeßhandlungen können von der Partei nachträglich genehmigt werden. **Beispiele:** Ein nur mit mündlicher Vollmacht versehener Vertreter hat einen unbedingten Vergleich abgeschlossen. Das AG hat den Mangel der Vollmacht übersehen. Nachträgliche Genehmigung (durch Vollmachtsvorlage) macht den Vergleich rechtswirksam und vollstreckbar. Ein Entmündigter erteilt einem Anwalt Vollmacht, der gegen ein Urteil Berufung einlegt; der nachträglich bestellte gesetzliche Vertreter des Geschäftsunfähigen kann die Prozeßführung durch den Anwalt nachträglich genehmigen, indem er ihm Prozeßvollmacht erteilt (vgl GemS BGH 91, 115). Der Prozeßbevollmächtigte erteilt dem Anwalt, der Rechtsmittel eingelegt hat, Untervollmacht (BGH VersR 84, 781). Eine Klage wird dem Hausverwalter A als Vertreter des B zugestellt. A hatte keine Prozeßvollmacht. Seine Prozeßführung wird wirksam, wenn er nachträglich die Vollmacht vorlegt.

10 **2) Gegenstand der Genehmigung** kann nur die Prozeßführung im ganzen sein, eine Beschränkung auf einzelne Prozeßhandlungen unter gleichzeitiger Nichtgenehmigung der Prozeßführung im übrigen ist nicht möglich (BGH 92, 140 ff mN; ThP § 89 Anm 4; str; aA Saarbrücken NJW 70, 1464 [1465]; 13. Aufl und StJLeipold Rn 16 für Beschränkung im Rahmen des § 83 I, dh Genehmigung der Prozeßführung mit Ausnahme des das Verfahren beendenden Aktes; vgl auch § 83 Rn 3). Die Genehmigung deckt daher die **gesamte** bisher erfolgte Prozeßführung, von der die Partei im **allgemeinen Kenntnis** hatte, nicht aber einen Rechtsmittelverzicht durch den falschen Vertreter, der der Partei bei Erteilung der Genehmigung unbekannt war (BGH 10, 147 = LM § 89 Nr 12 m Anm Lersch). Schließlich muß die Partei die Prozeßführung des falschen Vertreters auch dann gegen sich gelten lassen, wenn der Mangel unentdeckt blieb und die Nichtigkeitsklage gem § 579 I Nr 4 versäumt wurde.

3) Zeitpunkt. Die Genehmigung der Prozeßführung kann nur bis zum Schluß der mündlichen Verhandlungen erfolgen, auf Grund deren ein den Vertreter wegen fehlender Vollmacht zurückweisendes Urteil ergeht. Eine Nachreichung der Vollmacht ist deshalb in der Rechtsmittelinstanz nicht mehr möglich, wenn die Vorinstanz die **Klage** wegen des Mangels als unzulässig abgewiesen hatte (BGH LM Nr 3 zu § 80; BAG NJW 65, 1041; ist die **Berufung** als unzulässig verworfen worden, kann der Vollmachtsmangel nicht mehr in der Revisionsinstanz durch rückwirkende Genehmigung geheilt werden (GemS OGB BGH 91, 111 [114 ff mwN] = NJW 84, 2149 = MDR 84, 732). Ist der Mangel dagegen in der unteren Instanz unentdeckt geblieben oder verneint worden, so ist auch noch in der Rechtsmittelinstanz eine Genehmigung möglich (vgl §§ 551 Nr 5, 579 I Nr 4); in diesen Fällen kann die Genehmigung sogar noch nach Eintritt der Rechtskraft erklärt werden (§ 579 Rn 8). Der Grund für die unterschiedliche Behandlung liegt darin, daß das ohne Vollmacht eingelegte Rechtsmittel *schwebend unwirksam* ist und mit der Zurückweisung durch die instanzbeendende Entscheidung *endgültig unwirksam* wird (vergleichbar dem Fall von § 177 II aE BGB). Bei der Zurückweisung des Rechtsmittels als unzulässig fehlt es daher in der höheren Instanz an einer der Heilung zugänglichen genehmigungsfähigen Rechtslage (vgl GemS OGB aaO S 116). Ist dagegen die Zurückweisung in der Vorinstanz **zuunrecht** erfolgt, kann dies im Rechtsmittelweg, ggf in Verbindung mit einer nachträglichen Genehmigung, noch erfolgreich geltend gemacht werden (vgl Frankfurt OLGZ 84, 193 [196, 198]; wohl auch GemS OGB aaO S 115, 117). 11

4) Die Genehmigung **wirkt** auf den Zeitpunkt der Vornahme der Prozeßhandlung (zB Klageerhebung, Rechtsmitteleinlegung) **zurück** (RG 161, 351; BGH 92, 137 [140]); zweifelnd zur Rückwirkung BSG MDR 71, 615, wenn die Vollmacht oder die Genehmigung in der Absicht der Prozeßverschleppung oder aus grober Nachlässigkeit verspätet beigebracht wurden; dann sind aber §§ 296, 528 zu beachten. 12

5) Rechtsfolgen. a) Prozessuale Rechtsfolgen. Die rückwirkende Genehmigung heilt grundsätzlich nur die prozessualen Folgen des Vollmachtmangels. Hat zB ein Nichtbevollmächtigter eine Pfändungsankündigung zustellen lassen und wird sie nachträglich dem Gericht, Gegner oder Vertreter gegenüber ausdrücklich oder stillschweigend genehmigt, so geht diese Vorpfändung der in der Zwischenzeit für einen anderen erfolgten Pfändung vor (RG 64, 217; 86, 246). 13

b) Materiellrechtliche Folgen. Mit der Einreichung des Antrages auf Erlaß eines demnächst zugestellten Mahnbescheids wird die **Verjährung** auch dann unterbrochen, wenn der Mahnbescheid ohne Vollmacht des Gläubigers beantragt worden war, dieser aber später genehmigt hatte (BGH LM § 209 BGB Nr 10). Das gleiche gilt für die Klage selbst (BGH 33, 221). Hat dagegen ein sachlich nicht Berechtigter eine Forderung eingeklagt, so wird die Verjährung auch dann nicht unterbrochen, wenn die Forderung während des Rechtsstreits vom wahren Gläubiger abgetreten und die Prozeßführung genehmigt wird (BGH LM § 185 BGB Nr 8, arg: § 185 II BGB gilt nicht entsprechend). Weiterhin hat die rückwirkende Genehmigung **keine** materiellrechtlichen Wirkungen gem § 847 I 2 aE BGB (BGH 69, 325 = NJW 78, 214 [215]). 14

90 *[Beistand]*

(1) Insoweit eine Vertretung durch Anwälte nicht geboten ist, kann eine Partei mit jeder prozeßfähigen Person als Beistand erscheinen.

(2) Das von dem Beistand Vorgetragene gilt als von der Partei vorgebracht, insoweit es nicht von dieser sofort widerrufen oder berichtigt wird.

I) Beistand (Abs I) – nur im Parteiprozeß, für den Anwaltsprozeß vgl § 52 II BRAO und § 78 Rn 26 – kann auch ein beim Prozeßgericht nicht zugelassener Anwalt sein. Zur Zurückweisung anderer Personen s § 157 II. Beistand kann nur sein, wer (selbst) prozeßfähig (§ 52 Rn 2) ist; der Kreis entspricht dem der möglichen Prozeßbevollmächtigten (§ 79 Rn 2), das Jugendamt kann daher nicht Beistand iS von Abs **I** sein (vgl die Mitt AnwBl 84, 548 f), wohl aber der gem § 37 S 2, 3 JWG bestellte Beamte (Düsseldorf FamRZ 85, 642). Der Beistand bedarf keiner Vollmacht; er muß selbst prozeßfähig sein und darf auch nur in Anwesenheit der Partei verhandeln. In Ehesachen hat der nach § 625 I beigeordnete Rechtsanwalt die Stellung eines Beistandes (§ 625 II). Nur die Partei darf mit einem Beistand erscheinen, nicht der bevollmächtigte Vertreter. **Abs II:** Der **Vortrag des Beistandes** ist der der Partei, wenn diese nicht sofort widerspricht (§ 85 I 2). Erstattung der durch die Zuziehung des Beistandes entstandenen Kosten nach § 91 I 1. 1

II) Anwaltsgebühren: Entspricht die Tätigkeit des RA als Beistand – dem Umfang nach – der Tätigkeit eines ProzBevollmächtigten, dann ist er bezüglich der Gebühren wie ein ProzBevollmächtigter zu behandeln, § 19 BRAGO. Der in 2 einer Scheidungssache nach § 625 I ZPO als Beistand dem Antragsgegner beigeordnete RA hat Anspruch auf die Vergütung eines ProzBevollmächtigten, kann jedoch keinen Vorschuß verlangen, § 36a I BRAGO.

Fünfter Titel

PROZESSKOSTEN

Vorbemerkungen

1 **I) Prozeßkosten** sind Aufwendungen der Parteien aus Anlaß der Prozeßführung. In einem Rechtsstreit entstehen **Gerichtskosten** nach dem GKG, die die Staatskasse für die Tätigkeit der Gerichte erhebt, und **außergerichtl Kosten** (Anwaltsgebühren, Auslagen der Parteien, Zustellungskosten, Reisekosten für die Wahrnehmung von Terminen usw). Die ZPO bestimmt in §§ 91 ff nur, **wem** die Kosten aufzuerlegen sind, „wer sie zu tragen hat"; sie regelt nicht, **welche** gerichtlichen und außergerichtlichen Kosten der Höhe nach anfallen und wer sie zahlen muß.

2 **II)** Wer der Staatskasse gegenüber **Kostenschuldner** ist, bestimmt allein das GKG (§§ 49–54, 56–66, 68, 69). Zu unterscheiden sind:

3 **1) Antragstellerhaftung.** Kostenschuldner ist nach § 49 S 1 GKG, wer das Verfahren beantragt hat. Unter „Antrag" ist diejenige Prozeßhandlung zu verstehen, die das Verfahren einleitet, also die Einreichung der Klageschrift, des Scheidungsantrags, der Rechtsmittelschrift, des Antrags auf Erlaß eines Arrestes oder einer einstw Verfügung usw.

4 **2) Entscheidungsschuldnerhaftung.** Danach haftet, wem durch gerichtl Entscheidung die Kosten des Verfahrens auferlegt sind (§ 54 Nr 1 GKG). Diese Haftung erlischt, soweit die sie begründende Entscheidung durch eine andere gerichtl Entscheidung aufgehoben oder abgeändert wird (§ 57 S 1 GKG). Ein Prozeßvergleich hat diese Wirkung nicht (KG Rpfleger 72, 380; Düsseldorf Rpfleger 74, 234), wohl aber eine Klagerücknahme (Kostenbeschluß nach § 269 III), auch die Erledigungserklärung in der Rechtsmittelinstanz, die das Urteil der Vorinstanz wirkungslos werden läßt.

5 **3) Übernahmeschuldnerhaftung.** Auch haftet nach § 54 Nr 2 GKG, wer die Kosten in bestimmter Form gegenüber dem Gericht übernommen hat, insbesondere durch Prozeßvergleich oder dem Gericht mitgeteilten außergerichtlichen Vergleich. Bei fehlender Kostenvereinbarung gilt § 98 (§ 54 Nr 2 Hs 2 GKG).

6 **4) Haftung** für die Kostenschuld **eines anderen kraft Gesetzes.** Hier kann die Staatskasse nach § 54 Nr 3 GKG den kraft Gesetzes haftenden Dritten ohne weiteres in Anspruch nehmen, also ohne Feststellung der Haftpflicht durch eine gerichtl Entscheidung, auch wenn nur auf Duldung gehaftet wird (BGH LM § 99 GKG aF Nr 3).

7 **5) Haftung des Vollstreckungsschuldners** für die notwendigen Kosten der Zwangsvollstreckung (§ 54 Nr 4 GKG).

8 **6) Mehrere Kostenschuldner** haften als Gesamtschuldner (§ 58 Abs 1 GKG); soweit aber einer Partei die Kosten durch gerichtl Entscheidung (§§ 91 ff) auferlegt oder von ihr gemäß § 54 Nr 2 GKG übernommen worden sind, soll die Haftung anderer Kostenschuldner, zB des siegreichen Klägers, nur geltend gemacht werden, wenn die Zwangsvollstreckung in das Vermögen der primär Haftenden erfolglos geblieben ist oder aussichtslos erscheint (§ 58 II 1 GKG). War der in die Prozeßkosten verurteilten Partei PKH bewilligt worden, so soll (= darf!) die Staatskasse die andere gesamtschuldnerisch haftende Partei (Zweitschuldnerin) wegen der Kosten, von deren Berichtigung (Zahlung) die arme Partei einstweilen befreit ist (§ 122), nicht in Anspruch nehmen (§ 58 II 2 GKG). Der Schutz gilt aber nur, wenn es sich bei dem Erstschuldner um einen Entscheidungsschuldner (§ 54 Nr 1 GKG) handelt, nicht, wenn die arme Partei sog Übernahmeschuldnerin (§ 54 Nr 2 GKG) ist, zB wenn diese in einem Vergleich die Kostentragungspflicht übernommen hat (s § 123 Rn 6).

9 **III)** Die ZPO berührt alle diese Fragen nicht, sondern regelt nur, inwieweit die Parteien **in ihrem Verhältnis zueinander** verpflichtet sind, die eigenen Prozeßkosten endgültig zu tragen

oder die dem Gegner entstandenen zu erstatten, und wie dieser **Kostenerstattungsanspruch** geltend zu machen ist (Kostenfestsetzung: §§ 103–107). Die **Erstattungsvorschriften** der §§ 91 ff gelten für alle in der ZPO geregelten Verfahren, in denen ein **Streit** zwischen Parteien vorliegt. Das Wort „Rechtsstreit" ist daher weit auszulegen. Selbst das Kostenfestsetzungsverfahren (§§ 103 ff) zählt dazu, nicht hingegen das PKH-Verfahren (s dazu § 118 Rn 21–24).

IV) Der **prozessuale Kostenerstattungsanspruch** (Lappe Justizkostenrecht, 1982, § 32) kann nur in demjenigen Rechtsstreit geltend gemacht werden, in dem er erwächst (BGH NJW 83, 284). Er entsteht als aufschiebend bedingter Anspruch mit Klageerhebung (Rechtshängigkeit), wandelt sich mit Erlaß des Kostenausspruchs (AG Köln MDR 59, 313 mit zust Anm Pohle) zum auflösend bedingten und wird mit Eintritt der Rechtskraft oder in den Fällen der §§ 269 III, 515 III, 566 kraft Gesetzes unbedingt. Fällig wird er schon vor Rechtskraft, wenn das Urteil vorläufig vollstreckbar ist (BGH Rpfleger 76, 176). Vor der Kostenentscheidung kann der Anspruch zwar abgetreten, gepfändet und im Konkurs angemeldet, es kann mit ihm aber nicht aufgerechnet werden (Düsseldorf NJW 62, 1400). Als auflösend bedingter Anspruch ist er aufrechenbar, im Rechtsstreit selbst aber nur, wenn er rechtskräftig oder unstreitig ist (s §§ 103, 104 Rn 21 unter „Aufrechnung"). Er **verjährt** in 30 Jahren (§§ 195, 218 BGB; München NJW 71, 1755); § 196 Nr 15 BGB gilt nur zwischen RA und Mandanten. 10

V) Neben ihm kann ein **materiellrechtl Anspruch** auf Ersatz von Prozeßkosten bestehen (Schneider MDR 81, 353 ff; Lappe Justizkostenrecht, 1982, § 31; grundlegend jetzt Becker-Eberhard, Grundlagen der Kostenerstattung bei Verfolgung zivilrechtlicher Ansprüche, 1985, und Siebert, Die Prinzipien des Kostenerstattungsrechts und die Erstattungsfähigkeit vorgerichtlicher Kosten des Rechtsstreits, 1985). Er entsteht nicht kraft Veranlassung, wie der prozessuale KE, sondern setzt stets eine **materiellrechtl Anspruchsgrundlage** voraus (KG WRP 80, 413; Zweibrükken, JurBüro 83, 1874; AG Geißlingen VersR 79, 482 m Nachw), zB § 467 S 1 BGB (AG Albstadt AnwBl 79, 160), positive Vertragsverletzung (BGH NJW 83, 284; LG Wiesbaden AnwBl 79, 186), §§ 670, 677, 683 BGB bei Abschlußschreiben nach einstweiliger Verfügung (Prelinger AnwBl 84, 533 m Nachw) oder wegen der Kosten für die Bearbeitung der Drittschuldnererklärung nach § 840 I (Eckert MDR 86, 799), §§ 823 I, 831 BGB (BGH NJW 83, 284; 86, 2244), §§ 1004, 683 BGB für vorprozessuale anwaltliche Abmahnung (BGHZ 53, 399; BGH MDR 81, 24; KG WRP 80, 413; Nürnberg WRP 80, 854), nicht aber analoge Anwendung des § 91 (BGH NJW 83, 284 zu III; NJW 86, 2243, 2245; Becker-Eberhard Grundlagen der Kostenerstattung S 128 ff), und deshalb auch nicht für Beweissicherungsverfahren ohne nachfolgenden Prozeß (BGH MDR 83, 204; Düsseldorf MDR 82, 414). Ausschluß seiner Geltendmachung durch Gesetz ist möglich, zB § 12a I 1 ArbGG (Wenzel MDR 66, 971). Der Begriff des materiellen KE ist sinnvoll nur zu verwenden, wenn er in Beziehung zu einem begonnenen oder doch wenigstens in Aussicht genommenen Prozeß gesetzt wird. Er erfaßt daher **nicht** die **reinen Prozeßkosten** (Gebühren und Auslagen nach BRAGO und GKG), die wegen und ab Einleitung eines Gerichtsverfahrens durch bloße Veranlassung (nach Siebert, Prinzipien des Kostenerstattungsrechts, kraft Aufopferung) ausgelöst werden, und ebenso nicht bei reinen Schadenspositionen wie etwa Reparaturkosten usw. Der materiellrechtliche Anspruch ist beschränkt auf vorprozessuale oder außerprozessuale Kosten, die in bezug auf einen möglichen oder geführten Rechtsstreit aufgewendet worden sind, aber nicht kraft Veranlasserhaftung, sondern kraft Verschuldens-, evtl. auch Gefährdungshaftung ersetzt werden müssen. 11

Man spricht insoweit von **Vorbereitungskosten.** Die Rspr hat mit Hilfe dieses Begriffes den Anwendungsbereich des § 91 wesentlich erweitert, um das einfache und schnellere Kostenfestsetzungsverfahren mit dem Ziel zur Verfügung zu stellen, einen gesonderten Rechtsstreit entbehrlich zu machen. Vorbereitungskosten haben daher eine **Doppelnatur:** Werden sie im Festsetzungsverfahren verfolgt, dann macht der Gläubiger einen prozessualen KE geltend; werden sie außerhalb des Festsetzungsverfahrens verfolgt, kann er nur nach materiellem Recht vorgehen. Auch die **Verfahrensweisen** sind **grundverschieden:** summarisches Verfahren mit Glaubhaftmachung und Rechtspflegerprüfung bei §§ 103 ff; Strengbeweisverfahren bei Geltendmachung im Prozeß mit Richterzuständigkeit. Wie der Berechtigte vorgeht, steht ihm frei (grundsätzlich dazu Becker-Eberhard, Grundlagen der Kostenerstattung bei der Verfolgung zivilrechtlicher Ansprüche, 1985; aA infolge unterlassener Differenzierung BGHZ 75, 235). Er darf das Festsetzungsverfahren wählen, ist aber auch befugt, die Kosten mit einzuklagen, was sich insbesondere dann empfehlen wird, wenn teilweises Unterliegen droht, da sonst an sich voll zu ersetzende Vorbereitungskosten kraft der Kostenquotierung im Urteil auch im Festsetzungsverfahren nur anteilig zur Erstattung kommen könnten (s Nürnberg MDR 77, 936 [937]; Bremen VersR 77, 371 [372]; LG Hechingen VersR 86, 350, 351; Schneider ZZP 76 [1963], 474 u MDR 65, 963). Möglich ist auch die Einklagung in einem besonderen 12

Rechtsstreit, etwa nach Rücknahme in der Hauptsache; nur dieser Weg besteht, wenn in der gerichtlichen Entscheidung der Kostenpunkt übersehen worden ist und ein Ergänzungsurteil (§ 321) nicht mehr möglich ist. Erledigt sich die Hauptsache nach Einreichung der Klage durch Erfüllung, dann kann der Kläger die **Klage ändern** und seinen Anspruch auf Ersatz der bis dahin erfallenen Kosten einschließlich der reinen Prozeßkosten umstellen (Köln MDR 68, 590; Sannwald NJW 85, 898), auch noch zwischen den Instanzen (Schneider MDR 79, 499; § 91a Rn 21 u Rn 21 vor § 511), muß dann aber den Kostenantrag beziffern (BGH Warneyer 1979, 382 zu c; WPM 81, 387) oder bei Bezifferungsschwierigkeiten (s dazu Lang AnwBl 83, 508) auf Feststellung klagen (BGH WPM 81, 232 u 387). Auch übereinstimmende Erledigungserklärungen sind möglich mit der Folge, daß das Gericht dann im Rahmen der Billigkeitsprüfung nach § 91a das Bestehen eines materiellen KE zu Lasten des Beklagten berücksichtigen darf (Köln MDR 79, 407; Nürnberg NJW 75, 2206 [2208]; Smid ZZP 97, 1984, 308 ff; s auch Schneider DGVZ 77, 129 zur Berücksichtigung noch im Vollstreckungsverfahren). LG Freiburg (JurBüro 84, 1736) berücksichtigt den materiellen Anspruch auch bei Erledigung zwischen Anhängigkeit und Rechtshängigkeit trotz Widerspruchs des Beklagten.

In seiner Untersuchung über die „Prinzipien des Kostenerstattungsrechts" (Rn 11) hat Siebert die Erstattungsfähigkeit vorprozessualer Parteikosten auf die beiden zusammentreffenden Voraussetzungen zurückgeführt, daß (1) der Aufwendende die Absicht der Prozeßführung gegen einen zumindest schon objektiv feststehenden Gegner mit Blick auf den späteren Streitgegenstand hatte (Prozeßführungsabsicht) *und* (2) die kostenverursachende Maßnahme offensichtlich in erster Linie der Prozeßführung diente und ihr Ergebnis auch in den späteren Prozeß eingeführt wurde (Prozeßbezogenheit).

13 Die Doppelnatur des materiellen KE wegen Vorbereitungskosten ist auch bei der **Rechtskraftabgrenzung** zu beachten (s dazu ausführlich u teilweise abweichend Becker-Eberhard, Grundlagen der Kostenerstattung, oben Rn 11). Werden solche Kosten im Rechtsstreit oder im Feststellungsverfahren zuerkannt, ist ein dahin gehender Anspruch endkräftig erledigt. Werden solche Positionen aberkannt, können sie innerhalb eines gleichen Verfahrens nicht weiter verfolgt werden, zB keine neue Prüfung in einem Festsetzungsverfahren nach Absetzen in einem früheren Festsetzungsverfahren (Kubisch JW 35, 3497), keine neue Klage nach Aberkennung in einem Erkenntnisverfahren, auch wenn lediglich ein Prozeßurteil ergangen ist (aA Frankfurt OLGZ 85, 379 = AnwBl 85, 210; s dagegen §§ 103, 104 Rn 21 unter „Rechtskraft"). Kostenbelastung kraft Gesetzes wegen Rücknahme (§ 269 III 2) steht jedoch nicht der Geltendmachung eines materiellrechtlichen Anspruchs (Rn 11) entgegen (Schleswig SchlHA 86, 12). Dagegen hindert die Aberkennung im Festsetzungsverfahren nicht die gesonderte Einklagung, und die Aberkennung im Erkenntnisverfahren hindert nicht die nachträgliche Festsetzung (München Rpfleger 76, 255; Koblenz MDR 86, 324; Bamberg JurBüro 71, 88; Nürnberg MDR 77, 936; Köln JurBüro 77, 1773; Frankfurt 83, 283 [für Beweissicherungskosten]); wohl hindert bei materiellrechtlicher Geltendmachung ein Prozeßvergleich den Wechsel in das Kostenfestsetzungsverfahren (Hamburg JurBüro 81, 439). Der BGH (LM § 252 BGB Nr 18 unter irriger Berufung auf BGHZ 45, 257 [einstweilige Verfügung und Hauptsache] u auf RG DR 39, 1796) nimmt dagegen Rechtskrafterstreckung bei unverändertem Sachverhalt an. Das ist in sich widersprüchlich, weil im Festsetzungsverfahren nicht materiellrechtlich und im Erkenntnisverfahren nicht nach den Kriterien des § 91 geprüft werden darf; wo aber eine Prüfung verboten ist, kann schwerlich aus der Nichtprüfung eine Rechtskraftwirkung hergeleitet werden. Über Einzelheiten u praktisch wichtige Fallgruppen vgl Schneider MDR 81, 357 zu Ziff IV, V; grundsätzlich und zu Abgrenzungsproblemen vgl Loritz, Die Konkurrenz materiell-rechtlicher und prozessualer Kostenerstattung, 1981, sowie die in Rn 11 genannten Monographien von Becker-Eberhard u Siebert.

14 **VI) Parteiabreden** über die Kostenerstattung binden nur intern; das Gericht muß nach den §§ 91 ff entscheiden (BGHZ 5, 251). Für die Frage der Erstattung von Verfahrenskosten ist stets darauf abzustellen, ob kostenauslösende Maßnahmen unter Anlegung objektiver Maßstäbe gerechtfertigt waren (KG AnwBl 77, 109), nicht darauf, was die erstattungsberechtigte Partei persönl für nötig hielt.

15 **VII)** Die nach § 308 II von Amts wegen gemäß §§ 91 ff zu treffende Kostenentscheidung, die auch bei erfolglosem Rechtsmittel abgeändert werden darf (BGH WPM 81, 46; s § 521 Rn 24), kann nur zwischen dem Kläger und dem Beklagten als den Prozeßparteien ergehen. Der **gegen einen Dritten** auf Grund vertragl Vereinbarung bestehende Anspruch auf Ersatz von Prozeßkosten kann nicht im Prozeß gegen den Hauptschuldner geltend gemacht werden (BGH NJW 57,

303). Dritte sind nur in Sonderfällen kostenerstattungspflichtig; vgl §§ 89, 101, 380, 390, 409. Sie müssen selbständig auf Zahlung der Kosten verklagt werden.

91 *[Umfang der Kostenpflicht und Rechtsverhältnis der Parteien untereinander]*

(1) Die unterliegende Partei hat die Kosten des Rechtsstreits zu tragen, insbesondere die dem Gegner erwachsenen Kosten zu erstatten, soweit sie zur zweckentsprechenden Rechtsverfolgung oder Rechtsverteidigung notwendig waren. Die Kostenerstattung umfaßt auch die Entschädigung des Gegners für die durch notwendige Reisen oder durch die notwendige Wahrnehmung von Terminen entstandene Zeitversäumnis; die für die Entschädigung von Zeugen geltenden Vorschriften sind entsprechend anzuwenden.

(2) Die gesetzlichen Gebühren und Auslagen des Rechtsanwalts der obsiegenden Partei sind in allen Prozessen zu erstatten, Reisekosten eines Rechtsanwalts, der nicht bei dem Prozeßgericht zugelassen ist und am Ort des Prozeßgerichts auch nicht wohnt, jedoch nur insoweit, als die Zuziehung zur zweckentsprechenden Rechtsverfolgung oder Rechtsverteidigung notwendig war. Der obsiegenden Partei sind die Mehrkosten nicht zu erstatten, die dadurch entstehen, daß der bei dem Prozeßgericht zugelassene Rechtsanwalt seinen Wohnsitz oder seine Kanzlei nicht an dem Ort hat, an dem sich das Prozeßgericht oder eine auswärtige Abteilung dieses Gerichts befindet. Die Kosten mehrerer Rechtsanwälte sind nur insoweit zu erstatten, als sie die Kosten eines Rechtsanwalts nicht übersteigen oder als in der Person des Rechtsanwalts ein Wechsel eintreten mußte. In eigener Sache sind dem Rechtsanwalt die Gebühren und Auslagen zu erstatten, die er als Gebühren und Auslagen eines bevollmächtigten Rechtsanwalts erstattet verlangen könnte.

(3) Zu den Kosten des Rechtsstreits im Sinne der Absätze 1, 2 gehören auch die Gebühren, die durch ein Güteverfahren vor einer durch die Landesjustizverwaltung eingerichteten oder anerkannten Gütestelle entstanden sind; dies gilt nicht, wenn zwischen der Beendigung des Güteverfahrens und der Klageerhebung mehr als ein Jahr verstrichen ist.

Übersicht Rn

1 **I) Kostenentscheidung. 1)** Wer die Kosten des Rechtsstreits zu tragen hat, muß das Gericht **von Amts wegen** entscheiden, § 308 II. Fehlt der Kostenausspruch, ist die Entscheidung auf Antrag zu ergänzen, § 321.

2 **2) Kostenpflichtig ist der Unterliegende** ohne Rücksicht darauf, ob er geschäftsfähig oder prozeßfähig ist, wie auch der prozessuale Kostenerstattungsanspruch der obsiegenden Partei durch deren Geschäftsunfähigkeit nicht berührt wird (München Rpfleger 70, 290). Haftungsbeschränkung in der Hauptsache erstreckt sich nicht auf die Kostenpflicht. Auch wenn Kläger nur auf Grund einer Gesetzesänderung siegt, trägt der Beklagte die Kosten (BGHZ 37, 233), der auch dann unterlegen ist, wenn der letztl siegreiche Kläger seine Klage ohne Streitwertminderung zulässig geändert hatte. Ein **vollmachtloser Vertreter** kann selbst mit den Kosten belastet werden, und zwar ohne die Möglichkeit, sich durch Verweisung auf die Haftung eines anderen vollmachtlosen Vertreters zu entlasten, den der vollmachtlos Vertretene nicht in Anspruch nehmen will (BGH NJW 83, 883); der hinter dem Vollmachtlosen stehende unwirksam Vertretene ist dann kostenpflichtig, wenn er das vollmachtlose Auftreten veranlaßt hat (BGH WPM 81, 1332 u 1353; 86, 1128; ausführlich Schneider Rpfleger 76, 229 ff). Auch gegen eine **nichtexistente Partei** können Prozesse eingeleitet werden. Wird das nicht bemerkt, ist die rechtskräftige Kostenentscheidung unvollstreckbar. Jedoch kann der tatsächlich Handelnde, wenn er feststeht und aus dem Rubrum ersichtlich ist, im Festsetzungsverfahren als Kostenschuldner aufgeführt werden (Düsseldorf Rpfleger 80, 437). Wird es bemerkt, muß die Klage abgewiesen werden, und zwar mit einer Kostenentscheidung gegen den Kläger, damit die natürlichen oder juristischen Personen, die im Prozeß die Nichtexistenz geltend gemacht haben, ihre Kostenforderungen in das Festsetzungsverfahren einbringen können (Hamburg MDR 76, 845; Schneider, Kostenentscheidung, 2. Aufl 1977, S 74 f). Ebenso liegt es bei Abweisung der Klage mangels Parteifähigkeit des Beklagten (Schleswig SchlHA 78, 178). Prozeßhandlungen kann die nicht existente Partei jedoch nicht vornehmen; das wäre ein Widerspruch in sich. Wer für eine nicht existierende Partei unwirksame Anträge stellt, wird entsprechend den Grundsätzen über vollmachtlose Vertretung selbst kostenpflichtig (Zweibrücken JurBüro 84, 621 zu § 269 III). Davon zu unterscheiden sind die Fälle, in denen wegen unvollständiger Namensangabe unklar ist, wer verklagt werden soll; derjenige, dem wegen seines Namens zugestellt wird, darf dann einen Anwalt mit der Wahrneh-

mung seiner Interessen beauftragen und kann bei späterer Klarstellung eine Kostenentscheidung zu seinen Gunsten verlangen (München MDR 84, 946). Ein klageabweisendes Urteil ergeht jedoch in derartigen Fällen nicht (Frankfurt MDR 85, 676). Wegfall der Parteifähigkeit im Verlaufe des Verfahrens führt zur Unzulässigkeit; jedoch ist für die Kostenentscheidung Parteifähigkeit zu fingieren (BGH NJW 82, 238; Karlsruhe WRP 85, 714). Unerheblich sind spätere Veränderungen der Parteistellung; daher entfällt der Erstattungsanspruch einer GmbH nicht, wenn während des Rechtsstreits ihre Auflösung im Handelsregister eingetragen worden ist (Frankfurt MDR 79, 319). Versehentliche Urteilszustellung an unbeteiligten namensgleichen Dritten macht diesen nicht zur Partei, berechtigt ihn jedoch, durch entsprechende Prozeßhandlungen den falschen Rechtsschein zu beseitigen (München KoRsp ZPO § 103 B Nr 32).

3) Nach § 91 sind der unterliegenden Partei die gesamten Kosten des Rechtsstreits aufzuerlegen; warum die Partei unterliegt, ist gleichgültig (Hamm MDR 82, 676: Verzichtsurteil; Schleswig JurBüro, 1064: erfolgslose Eventualaufrechnung; s aber § 96). Bei teilweisem Unterliegen: § 92. Ausnahmen enthalten die §§ 91 a, 93, 93 a–d, 94, 96, 97 II, 238 III, 281 III 2 und 344. Man spricht in diesen Fällen von **Kostentrennung.** 3

4) Wirksame Aufrechnung des Beklagten nach Klageerhebung führt zur Kostenteilung (früher str, vgl RZG 50, 389; KG MDR 76, 846 gg Celle VersR 76, 50; LG Kiel SchlHA 77, 117; LG Arnsberg NJW 74, 320); heute zwingend wegen § 19 III GKG (s § 92 Rn 3). Wurde die Forderung erst nach Klageerhebung aufrechenbar, ist vom Kläger nach § 91 a zu verfahren, so daß der Beklagte die Kosten trägt. 4

5) Der **Kostenausspruch des Rechtsmittelgerichts** umfaßt auch die Kosten der Vorinstanz, wenn das angegriffene Urteil abgeändert wird, sonst § 97. Um Auslegungszweifeln vorzubeugen, kann tenoriert werden, daß die belastete Partei die „gesamten Kosten des Rechtsstreits" oder die „Kosten beider Rechtszüge" trägt. 5

II) Anfallende Kosten. 1) Prozeßbezogene Kosten. Die unterlegene Partei hat die noch nicht erhobenen Gerichtskosten zu zahlen (§ 54 Nr 1 GKG) und dem obsiegenden Gegner zu ersetzen: die von ihm gezahlten, ihn aber nach der Kostengrundentscheidung nicht oder nicht im vollen Umfang treffenden Gerichtskosten u die ihm entstandenen außergerichtl Kosten im Rahmen des § 91. Sind im Kostenausspruch die Kosten gegeneinander aufgehoben und wird eine Prozeßpartei nach §§ 58, 49 S 1 GKG von der Staatskasse auf Zahlung der vollen Gerichtskosten in Anspruch genommen, so hat sie gg den Gegner nach § 92 I 2 einen Erstattungsanspruch in Höhe des sie nicht treffenden Teiles (idR der Hälfte) der Gerichtskosten. Die obsiegende Partei kann aber Gerichtskosten, die zu Unrecht gegen sie angesetzt worden sind und die sie bezahlt hat, nicht vom Gegner zurückverlangen, sondern muß sich an die Gerichtskasse halten (LG Berlin JurBüro 84, 116). 6

2) Prozeßfremde Kosten. Kosten, die eine hinter einer Prozeßpartei stehende Stelle im eigenen Interesse für den Prozeß geltend gemacht hat, stellen grundsätzl keine eigenen Kosten der Partei dar und sind nicht zu erstatten (KG DR 41, 158). Anders, wenn auch die Partei selbst sonst berechtigterweise die entspr Maßnahmen ergriffen hätte und dem Dritten seinen Aufwand zu ersetzen hatte (KG JW 35, 2069). 7

3) Parteien kraft Amtes (Testamentsvollstrecker, Nachlaß-, Konkursverwalter usw) haften für die Prozeßkosten nicht persönl; Schuldner ist die Vermögensmasse, für die der Rechtsstreit geführt wurde (München JW 22, 1594). 8

III) Kosten des „Rechtsstreits". 1) Ein Rechtsstreit muß stattfinden; auf die Kosten zu seiner Abwendung ist § 91 unanwendbar (Bamberg JurBüro 82, 601; jedoch kommt ein materieller Kostenerstattungsanspruch in Betracht, s Rn 11 vor § 91). **Zum Rechtsstreit gehören** beispielsweise: das Güteverfahren gemäß § 91 III; die Widerklage; das Mahnverfahren (§§ 688 ff); die Urteilszustellung; das Richterablehnungsverfahren; die Kosten für die sachgemäße Vorbereitung des Prozesses (Kosten eines Gutachtens); die Bestimmung des zuständigen Gerichts (§ 36); das Beweissicherungsverfahren; das mit Verweisung oder Abgabe endende Verfahren vor einem nicht (oder nicht mehr) zuständigen Gericht (§§ 281, 506, 696, 700); das Verfahren über die Berichtigung oder Ergänzung eines Urteils (§§ 319 ff; Hamburg OLGE 19, 114; bei Zurückweisung des Ergänzungsantrags muß das Urteil nach § 321 einen Kostenausspruch enthalten, s § 321 Rn 10); die einstw Anordnung in den Prozessen nach §§ 767, 771 (RGZ 50, 356); Schutzanträge gemäß §§ 711 ff sowie der Anordnungen der §§ 707, 719 und das Verfahren vor den Rechtsmittelgerichten, es sei denn, es ist wie zB im Beschwerdeverfahren über die Kosten eine besondere Entscheidung ergangen. Zum **PKH-Prüfungsverfahren** vgl § 118 Rn 22–24. 9

2) Nicht zum Rechtsstreit gehören vor allem das Zwangsvollstreckungs- und das Arrestvollzugsverfahren. Ist im Verfahren über die Anordnung eines Arrestes oder einer einstw Verfü- 10 gung fehlerhaft die Kostenentscheidung unterblieben, so hilft § 321; sonst deckt die Kostenentscheidung im Hauptprozeß die versäumte im Arrestverfahren. Die im Eilverfahren ergangene Kostenentscheidung umfaßt nicht die Kosten eines selbständigen Beweissicherungsverfahrens (KG AnwBl 84, 102). Siegt der im Verfahren der einstw Verfügung Unterlegene im Hauptprozeß, so kann er die ihm im Verfahren der einstw Verfügung rechtskräftig auferlegten Kosten nicht ersetzt verlangen (BGHZ 45, 251, abl Baur JZ 66, 530).

11 3) **Einzelheiten** zur Erstattung und Festsetzung: unten Rn 13 und §§ 103, 104 Rn 21.

12 IV) **Die Kostenfestsetzung** obliegt dem Rechtspfleger, der an die (auslegungsfähige) Kostengrundentscheidung gebunden ist. Er hat vor allem zu prüfen, ob angemeldete Kosten entstanden sind und ob sie zur zweckentsprechenden Rechtsverfolgung oder Rechtsverteidigung notwendig waren (Einzelheiten bei Rn 13 u in Rn 21 zu §§ 103, 104). **Zweckentsprechend** ist eine Maßnahme, die eine verständige Prozeßpartei bei der Führung des Rechtsstreits in dieser Lage als sachdienlich ansehen mußte. **Notwendig** sind dann alle Kosten, ohne die die zweckentsprechenden Maßnahmen nicht getroffen werden könnten; es gibt also auch notwendige Kosten für nicht zweckentsprechende Maßnahmen, und für zweckentsprechende können überflüssige Kosten aufgewandt werden (Schneider MDR 65, 215). Zu beachten ist, daß jede Partei die Kosten ihrer Prozeßführung, die sie im Falle ihres Sieges vom Gegner erstattet verlangen will, so niedrig zu halten hat, wie sich dies mit der vollen Wahrung ihrer berechtigten prozessualen Belange vereinbaren läßt (s Schneider MDR 74, 887; allg M). Die aus der Sicht einer wirtschaftl denkenden Partei nicht als erforderl erscheinenden Aufwendungen (Kosten) sind daher grundsätzl nicht erstattbar. Deshalb kann auch ein RA in eigener Sache wegen der Information seines Prozeßbevollmächtigten keine Verkehrsgebühr verlangen (s Rn 13 unter „Rechtsanwalt"). Die Pflicht, die Prozeßkosten niedrig zu halten, beruht letztlich auf Treu und Glauben (Schleswig JurBüro 83, 1089; KG KoRsp ZPO § 91 B – Vorbereitungskosten Nr 17), geht aber natürlich nicht so weit, daß die Partei ihrerseits unlautere Maßnahmen ergreift, etwa den kostenlosen Voranschlag eines Handwerkers einholt, um die Kosten eines Sachverständigengutachtens zu ersparen, obwohl die Auftragsvergabe noch völlig ungewiß ist (KG aaO). Das Gebot zum kostensparenden Vorgehen gilt auch im Verhältnis des Anwalts zu seinem Mandanten und kann dazu führen, daß der Gebührenanspruch zu kürzen ist (Düsseldorf JurBüro 86, 387). Nicht entstandene Kosten sind nie zu erstatten. Sog fiktive Kosten können im Erstattungsverfahren nur Berücksichtigung finden, wenn sie durch den Anfall nichterstattbarer Kosten vermieden oder erspart worden sind (s Schneider JurBüro 66, 103 u §§ 103, 104 Rn 21 unter „Gebührenauswechslung").

13 V) **Einzelfälle** (alphabetisch geordnet; s auch den Schlüssel zu §§ 103, 104 Rn 21)

● **Ablichtungen, Abschriften:** Nach § 27 I 2 BRAGO fallen erstattungsfähige Schreibauslagen für den Anwalt an, soweit Abschriften oder Ablichtungen zur sachgemäßen Bearbeitung der Rechtssache erforderlich waren. Erstattung (ohne kleinlichen Maßstab: Frankfurt JurBüro 82, 744), soweit die Abschrift (Ablichtung) – bezogen auf den Zeitpunkt der Herstellung (Bamberg JurBüro 84, 1358) – **zur zweckentspr Rechtsverfolgung oder Rechtsverteidigung notwendig** war. Schreibauslagen (und Ablichtungen: Hamburg MDR 81, 58) sind nicht erstattungsfähig, soweit sie zu den **allgemeinen Geschäftsunkosten** (§ 25 I BRAGO) rechnen. Dazu gehören außer der für das Gericht bestimmten Urschrift vornehmlich: Abschriften davon für die Handakten, den Mandanten und den Gegner, ferner Abschriften (Ablichtungen) jeder gerichtlichen Entscheidung einschließlich Prozeßvergleich für Handakten und Mandanten, auch Beweisniederschriften und eine Rentenauskunft des Versorgungsträgers für Mandanten (Schleswig SchlHA 73, 229; Bamberg JurBüro 86, 68). Die im Einverständnis mit dem Auftraggeber zusätzlich gefertigten Abschriften (Ablichtungen) sind nur unter den Voraussetzungen des § 91 I 1 erstattungsfähig, also zB Ablichtungen für Zustellung an Gegner (LG Nürnberg-Fürth VersR 66, 600; aA Nürnberg JurBüro 65, 295), **Urkundenablichtungen** als Anlagen gem § 131 (hM, zB Stuttgart AnwBl 74, 355; Frankfurt Rpfleger 75, 31; aA Frankfurt JurBüro 78, 1342), sofern der Gegner die Urkunde nicht bereits besitzt (Koblenz JurBüro 81, 383) und Urkunden, die zum Beweis zu den Akten gereicht werden (Privatgutachten: OVG Lüneburg AnwBl 84, 322) sowie bei unersetzbaren Originalen (Bamberg JurBüro 81, 1679; LG Frankfurt AnwBl 82, 319). Erstattungspflichtig Ablichtungen, die durch ungewöhnlich **große Personenzahl** auf einer Parteiseite notwendig werden (Schleswig SchlHA 83, 143; München Rpfleger 78, 152; Schneider Anm KoRsp BRAGO § 27 Nr 28), auch soweit wirtschaftlich am Verfahren beteiligte Dritte zu informieren sind, zB Versicherungsgesellschaften im Haftpflichtprozeß (Düsseldorf Rpfleger 73, 316; LG Flensburg AnwBl 79, 391); darüber hinaus nicht (Schleswig JurBüro 73, 966; Frankfurt NJW 74, 2095), zB nicht die durch eine Streitverkündung entstandenen Fotokopierkosten im Verhältnis zum Prozeßgegner (Koblenz KoRsp ZPO § 91 B – Auslagen Nr 18) oder Herstellung von Ablichtungen, um einzelne Vorstandsmitglieder (Hamm JurBüro 82, 288) oder den Rechtsschutzversicherer (aA LG Düsseldorf AnwBl 83, 557) zu unterrichten. Ablichtung von **Fachliteratur** fällt unter § 25 I BRAGO (Schleswig KoRsp BRAGO § 27 Nr 39 m Anm Schneider); Notwendigkeit fehlt bei Gerichtsentscheidungen (LAG Hamm MDR 81, 789; aA LAG Köln JurBüro 84, 872 m abl Anm Müller), insbesondere wenn sie unerheblich sind (Schleswig SchlHA 82, 60). Für Ablichtungen aus **Behörden-** oder **Gerichtsakten** gilt § 27 I 2 BRAGO: soweit zur sachgemäßen Bearbeitung der Rechtssache geboten, zB ein für die Prozeßbearbeitung wichtiges Gutachten, das gem § 134 I auf der Geschäftsstelle niedergelegt ist (LG Berlin JurBüro 82, 230), oder wichtige andere Schriftsätze, von denen der Gegner zu wenig Überstücke eingereicht hat (München Rpfleger 82, 311). Das hat grundsätzlich der Prozeßbevollmächtigte selbst zu entscheiden (VG Freiburg AnwBl 78, 184). Bei der Überprüfung seiner Entscheidung ist großzügig zu verfahren (Frankfurt AnwBl 79, 437; LG Essen JMBlNRW 79, 104), Kürzung also die Ausnahme, zB bei offensichtlich wahlloser Ablichtung ersichtlich bedeutungsloser Schriftstücke in großer Menge (LG Essen JMBlNRW 79, 104). Wo Ablichtung beschleunigt, ist sie immer gerechtfertigt (KG Rpfleger 75, 107). Bei sehr umfangreichen Urkundensammlungen (ganze Akten) kann Beschränkung auf wesentliche Teile angebracht sein (Hamburg JurBüro 78, 1511), es sei denn, daß genaue Kenntnis der Akten bedeutsam ist (Frankfurt MDR 78, 498). Ist bei einzelnen Urkunden deren äußeres Erscheinungsbild oder der Gesamtinhalt besonders wichtig oder handelt es sich um unersetzliche Urkunden, ist Ablichtung zur sachgemäßen Bearbeitung immer geboten (Schleswig JurBüro 78, 1512). Bei eingereichten **Fotos** sind deren Herstellungskosten erstattbar, wenn die Bilder nicht unwesentl zur Vermittlung des Streitstoffes beitragen und damit möglicherweise die Kosten einer Beweisaufnahme vermieden werden (Hamburg JurBüro 77, 1444).

• **Abmahnung:** Im Wettbewerbsrecht werden anwaltliche Kosten für die Abmahnung außerhalb des Rechtsstreits nach materiellem Recht erstattet (Schneider MDR 81, 353 [360 zu 2]; Prelinger AnwBl 84, 533; Koblenz WRP 81, 226; LG Düsseldorf NJW 82, 239; zur Mehrfachabmahnung vgl Virneburg WRP 86, 315). Ob sie im Prozeß zu den Kosten des Rechtsstreits gerechnet werden können, ist zweifelhaft. Die Rspr verneint das weitgehend (zB Frankfurt MDR 85, 414; Schleswig SchlHA 85, 179; Düsseldorf Rpfleger 82, 352; KG WRP 82, 25; s näher Borck WRP 81, 438; Melullis WRP 82, 1). Das hat dann zur Folge, daß die Abmahnungskosten neben den Kosten des Verfügungsverfahrens gesondert geltend gemacht werden können (LG Hamburg WRP 81, 60). Wegen des verbreiteten Abmahnungs-Mißbrauchs strenge Prüfung angebracht. Keine Erstattung der Kosten für Sammlung und Sichtung von Tatsachen- und Beweismaterial durch Auswerten von Zeitungsinseraten (KG MDR 85, 414). BGH (KoRsp ZPO § 91 B – Vertretungskosten Nr 46) verlangt sogar mit Recht von einem abmahnenden Fachverband eine Ausstattung, die es ihm ermöglicht, Wettbewerbsverstöße ohne Einschaltung eines Rechtsanwalts zu verfolgen (ebenso LG Kaiserslautern WPM 84, 407). Zurechnung zu den Kosten des Rechtsstreits scheidet jedenfalls dann aus, wenn die Abmahnung den wettbewerblichen Unterlassungsanspruch erst entstehen läßt (Hamm Rpfleger 74, 202) oder gar Kosten für unterbliebene Abmahnung angesetzt werden (Hamburg WRP 72, 536; Karlsruhe MDR 76, 497; Nürnberg JurBüro 78, 1070).

• **Abschlußschreiben:** Sein Zweck ist es, einen bei Gericht anhängigen Wettbewerbsstreit dadurch außergerichtlich zu beenden, daß der Gegner zu einer Verzichtserklärung aufgefordert wird und ihm bei erfolglosem Anschreiben das Kostenrisiko der Hauptsache nach § 93 zugeschoben wird. Die Anwaltsgebühr für das Abschlußschreiben (LG Lübeck WRP 81, 62: 7,5/10 hält sich im Rahmen der Billigkeit) muß notfalls materiellrechtlich eingeklagt werden (LG Lübeck WRP 81, 62; LG Hamburg WRP 81, 58). S auch bei „Abmahnung".

• **Abtretung:** S unter „Forderungsabtretung"

• **Allgemeine Geschäftsunkosten:** Solche, die durch Zuziehung eines Anwalts zum Vertragsabschluß entstehen, sind nicht erstattungsfähig (Koblenz NJW 78, 1751). Aus dem Gebot kostensparender Prozeßführung folgt, daß Erstattungsfähigkeit nicht begründet werden kann, indem die Rechtsabteilung juristisch verselbständigt oder ein Mitglied der Abteilung als (angestellter) Rechtsanwalt zugezogen wird (Koblenz JurBüro 79, 1370; Köln JurBüro 80, 723). Auch eine anteilige Umlegung allgemeiner Geschäftskosten, etwa in der Höhe, die bei anwaltlicher Vertretung entstanden wäre, findet nicht statt (AG Saarbrücken AnwBl 79, 185).

• **Allgemeiner Prozeßaufwand:** Er ist für RA mit den gesetzl Gebühren abgegolten (§ 25 I BRAGO). Für Partei keine Erstattung an Einkommenseinbuße durch Ausfall einer Maschinenanlage wegen Beweisaufnahme (Stuttgart Justiz 81, 204), Zeitaufwand des Liquidators (Hamm Rpfleger 82, 82), Unterrichtung des Haftpflichtversicherers (Stuttgart Rpfleger 82, 233), wohl für bezahlten oder nachzuarbeitenden Urlaub zur Terminswahrnehmung gem ZSEG (Celle JurBüro 82, 107; Stuttgart Justiz 82, 157) oder für Abschleppkosten anläßlich der Begutachtung eines PKW (Frankfurt JurBüro 83, 274). **Verdienstausfall der Partei** durch Terminswahrnehmung grundsätzlich erstattungsfähig (zB Hamm JurBüro 66, 611; Stuttgart JurBüro 82, 599; KG Rpfleger 83, 172), nicht aber Prozeßvorbereitung wie Durcharbeiten des Prozeßstoffs oder Anfertigung von Schriftsätzen (zB Nürnberg JurBüro 66, 879; Stuttgart Rpfleger 74, 26; Koblenz Rpfleger 76, 408; Schleswig JurBüro 81, 122), auch nicht bei entgeltlicher Beauftragung Dritter, etwa mit der Sammlung und Sichtung von Tatsachen- und Beweismaterial (KG MDR 85, 414; Hamburg MDR 85, 237), es sei denn, daß die Eigenleistung der Partei nicht zumutbar ist (bezahlte Schreibkraft für ungewöhnlich umfangreichen Schriftsatz: OVG Hamburg Rpfleger 84, 329) oder der Partei die erforderlichen besonderen Kenntnisse und Fähigkeiten fehlen (KG MDR 85, 414). Bei dem in eigener Sache vor einem auswärtigen Gericht prozessierenden Rechtsanwalt ist das nicht so, weshalb er für die Information keine Verkehrsgebühr erstattet bekommt (Düsseldorf Rpfleger 84, 37). Vorbereitende Hilfsarbeiten einer Partei für den gerichtlichen Sachverständigen, etwa Grabungsarbeiten, sind immer zu erstatten, wenn sie der Berufstätigkeit der Partei zuzuordnen sind oder den üblichen Prozeßaufwand übersteigen (s dazu KG JurBüro 81, 1388; Schleswig JurBüro 80, 1589; 84, 1403 = KoRsp ZPO § 91 B – Auslagen Nr 15 m Anm Lappe).

● **Angestellte:** Der Anwalt schuldet die Tätigkeit persönlich; was seine Angestellten leisten, wird durch die gesetzlichen Gebühren mit abgegolten (§ 25 I BRAGO). Davon macht § 4 BRAGO eine Ausnahme für **allgemeine Vertreter** oder zur Ausbildung zugewiesene **Referendare.** Der **Assessor** ist nicht gleichgestellt, auch nicht, wenn alle Voraussetzungen der Zulassung zur Anwaltschaft vorliegen (aA Frankfurt MDR 75, 767 m abl Anm Lappe in KoRsp BRAGO § 4 Nr. 21). Der Verdienstausfall eines als Zeugen geladenen Angestellten gilt als erforderl und erstattungsfähige Aufwendung der Partei (LG Essen MDR 62, 909 u Rpfleger 73, 316). Für die Prozeßvertretung durch eigene Angestellte kann der Sieger außer Auslagen keine Kostenerstattung verlangen. Nimmt bei einer Handelsgesellschaft deren gesetzl od sonstiger Vertreter notwendigerweise einen Gerichtstermin wahr, so stellt dessen Arbeitszeitversäumnis für sie grundsätzl einen entschädigungsfähigen Nachteil iS von § 91 I 2 dar (München NJW 73, 1375; Hamburg MDR 74, 590; JurBüro 79, 108; Stuttgart Justiz 78, 405; Hamm Rpfleger 78, 419; Frankfurt KoRsp ZPO § 91 B – Auslagen Nr 43 m Anm von Eicken). Zum Erstattungsausschluß bei zentralisierter Rechtsabteilung s „Mehrkosten"; vgl auch „Arbeitsgerichtsverfahren" (aE) u „Behörde".

● **Anwaltswechsel:** Die dadurch hervorgerufenen Kosten sind insoweit zu erstatten, „als in der Person des RA ein Wechsel eintreten mußte" (§ 91 II 3), was nur angenommen werden kann, wenn weder die Partei noch den ersten Anwalt ein Verschulden daran trifft. So liegt es zB, wenn der Prozeßbevollmächtigte sich infolge eigener Nachlässigkeit gezwungen sieht, das Mandat niederzulegen (Hamburg JurBüro 85, 1871). § 91 II 3 ist Ausdruck des Grundsatzes, daß jede Partei die Kosten ihrer Prozeßführung so niedrig zu halten hat, wie es sich mit einer ihre Rechte wahrenden Prozeßführung verträgt (s näher Schneider MDR 81, 451). Daher zB nicht notwendig, daß der zum Konkursverwalter bestellte RA das kostengünstigere Vertragsverhältnis mit dem früheren Prozeßbevollmächtigten des Gemeinschuldners beendet (Frankfurt JurBüro 79, 694) oder sich mehrere Minister der Bundesregierung durch jeweils eigene Anwälte vertreten lassen (Köln JMBlNRW 70, 159) oder ein besonderer Anwalt für eine Widerklage bestellt wird (KG MDR 75, 499; Hamburg MDR 71, 935). Unnötiger und damit nicht erstattungsfähiger Anwaltswechsel grundsätzlich dann, wenn die Gründe bei der Partei liegen (Frankfurt JurBüro 83, 122), etwa bei **Mandatsentziehung** (Düsseldorf MDR 73, 59), insbesondere wegen aufgetretener Differenzen (Hamburg MDR 73, 324), auch wenn dies seitens des Erben (Köln JurBüro 74, 757) oder des Nachlaßverwalter-RA geschieht (Frankfurt Rpfleger 78, 419). Bei Anfechtung eines Prozeßvergleichs kommt es darauf an, wie lange der Abschluß zurückliegt (Düsseldorf JMBlNRW 63, 73: notwendig bei Ablauf von zehn Jahren; KG JurBüro 1968, 130: nicht nach sieben Jahren). **Tod einer Partei** macht Anwaltswechsel nicht nötig; es müßten schon konkrete Umstände vorliegen, die es für den Erben dringend geboten erscheinen lassen, einen anderen Anwalt zu beauftragen (Hamburg MDR 79, 762). **Tod des Anwalts** macht Wechsel notwendig, auch wenn ein Abwickler nach § 55 BRAO bestellt wird (Frankfurt MDR 80, 1026; Hamburg JurBüro 85, 1870), es sei denn, daß von vornherein eine Sozietät beauftragt war (Karlsruhe Justiz 84, 395), zu der auch der Abwickler gehört (Hamm Rpfleger 69, 168). Notwendigkeit aber zu bejahen, wenn ein nicht zur Sozietät gehörender sachbearbeitender angestellter Anwalt nach dem Tode des Kanzleiinhabers die Kanzlei als selbständiger Rechtsanwalt fortführt (aA VGH Baden-Württemberg KoRsp ZPO § 91 B – Vertretungskosten Nr 132 m abl Anm von Eicken). **Krankheit des Anwalts** reicht für sich nicht aus, allenfalls bei langer Dauer (München MDR 70, 428). **Zulassungsaufgabe** ist danach zu beurteilen, worauf sie beruht. Nicht notwendig bei freiwilliger Aufgabe oder Wechsel der Zulassung (Köln JurBüro 74, 471, 475; Frankfurt JurBüro 80, 141, eingeschränkt in AnwBl 84, 205; Notwendigkeit bejaht bei Wechsel zum OLG: Rpfleger 86, 66). Es besteht grundsätzlich kein Anlaß, den sich in der Sphäre des Auftraggebers abspielenden Wechsel finanziell dem Gegner anzulasten, der damit am wenigsten zu tun hat. Für den Anwalt besteht gegenüber dem Mandanten eine Hinweispflicht, deren Verletzung die Erstattungspflicht des Gegners ausschließt (Düsseldorf MDR 79, 147; Hamburg MDR 81, 767; Bamberg JurBüro 84, 1562; Frankfurt AnwBl 84, 205; Rpfleger 86, 66). Notwendiger Wechsel, wenn Zulassungsaufgabe wegen Änderung der Gerichtsorganisation geschieht, die den Umsatz spürbar senken wird (Koblenz JurBüro 78, 1068). Ausscheiden aus der Anwaltschaft wegen Überwechselns in den öffentlichen Dienst ist entsprechend zu behandeln (Neustadt MDR 61, 946; München Rpfleger 70, 97); RA hat ebenfalls Hinweispflicht (Nürnberg JurBüro 72, 518; AnwBl 72, 129). Praxisaufgabe wegen Alters und Krankheit macht Wechsel notwendig (Frankfurt JurBüro 74, 1599; Braunschweig JurBüro 73, 871). Bei **Interessenkollision** kommt es darauf an, ob der Anwalt sie vorhersehen konnte (Frankfurt JurBüro 77, 554; Nürnberg JurBüro 67, 920). Nicht genügend, daß Prozeßbevollmächtigter von der eigenen Partei als Zeuge benannt worden ist (Hamm Rpfleger 76, 435) oder daß der Gegner ihn benannt hat (München MDR 67, 503). Zum Wechsel bei Widerspruch im Mahnverfahren siehe unten unter „Mahnverfahren"; entscheidend ist, ob mit Widerspruch zu rechnen war (ausführlich Schneider MDR 79, 441). Bei Klage vor **unzuständigem Gericht** werden dem Kläger die Mehrkosten nach § 281 III 1 auferlegt, die aber in Höhe anderenfalls entstandener notwendiger Verkehrsanwaltskosten erstattungsfähig sein können (Frankfurt AnwBl 82, 384). Im **Eilverfahren** kann Notwendigkeit des Wechsels bejaht werden, wenn der Antragsteller weder mit einer mündlichen Verhandlung noch mit einem Widerspruch des Antragsgegners rechnen mußte, was wohl nur in wettbewerblichen Unterlassungsansprüchen angenommen werden kann (Schleswig JurBüro 81, 385; Bamberg JurBüro 78, 1029). Bloße Ungewißheit reicht nicht aus (Hamburg MDR 78, 849), im Zweifel ist sogar mit mündlicher Verhandlung zu rechnen (Hamm Rpfleger 73, 29; Düsseldorf WRP 77, 268). Dringendes Erwirken einer einstweiligen Verfügung beim AG der belegenen Sache (§ 942) kann es für den Antragsteller notwendig machen, einen beim Gericht der Hauptsache nicht zugelassenen Anwalt zu mandatieren (Zweibrücken JurBüro 85, 1715). **Parteiwechsel** auf der Beklagtenseite durch Klageänderung führt zum doppelten Gebührenanfall (Schneider Anm KoRsp BRAGO § 31 Ziff 1 Nr 28) und begründet Notwendigkeit des Wechsels (München JurBüro 66, 49; Celle NJW 71, 1757). Bei Streitgenossen, die zunächst einen gemeinsamen Anwalt bestellt haben, besteht grundsätzlich keine Notwendigkeit, daß einzelne von ihnen später einen neuen Anwalt beauftragen (Koblenz MDR 79, 407; s auch unten unter „Streitgenossen").

• **Arbeitsgerichtsverfahren:** Im Urteilsverfahren erster Instanz ist die Kostenerstattung ausgeschlossen (§ 12a I 1 ArbGG), auch für den Nebenintervenienten (LAG Baden-Württemberg AP § 12a ArbGG 1979 Nr 2). Darauf muß der Anwalt den Mandanten hinweisen, will er sich nicht schadensersatzpflichtig machen (LG München KoRsp ArbGG § 12a Nr 17). Nach der Rspr des BAG (s Wenzel MDR 66, 971 m Nachw) ist auch ein materiellrechtlicher Erstattungsanspruch ausgeschlossen (aA für § 840 II das LG Tübingen MDR 82, 944 = Rpfleger 82, 392). In zweiter Instanz gibt es eine Kostenerstattung, wobei Verbandsvertreter zugunsten der von ihnen vertretenen Partei für das Festsetzungsverfahren gebührenrechtlich wie Anwälte behandelt werden (§ 12a II 1 ArbGG), ohne daß diese fiktiven Kosten eigens angemeldet zu werden brauchen (LAG Hamm MDR 80, 612). Das LAG als Berufungsgericht entscheidet über einen erstmals vor ihm gestellten Antrag auf Erlaß einer einstweiligen Verfügung nicht als Gericht des ersten Rechtszuges iS des § 12a I 1 ArbGG, so daß Kostenerstattung möglich ist (LAG Baden-Württemberg AnwBl 81, 35). Wird dagegen der Erlaß einer einstweiligen Verfügung beim ordentlichen AG der belegenen Sache beantragt (§ 942), so wird das AG stellvertretend für das ArbG tätig, was eine Kostenerstattung ausschließt (AG Iserlohn KoRsp ArbGG § 12a Nr 14). Zur Erstattung nach **Verweisung** s unter „Verweisung". Vor dem ArbG entstandene Anwaltskosten sind jedoch insoweit erstattungsfähig, als die Partei durch die Beauftragung des RA eigene Reisekosten erspart hat (LAG Köln AnwBl 85, 274; LAG Hamm MDR 71, 877), Reisekosten des nicht am Sitz des BAG ansässigen RA, aber nur, wenn seine Zuziehung zur zweckentspr Rechtsverfolgung notwendig war (LAG Hamm BB 59, 815; LAG Düsseldorf BB 59, 1173); nach LAG Frankfurt (AnwBl 63, 23) stets, außer im Fall des Rechtsmißbrauchs. Nach BAG (MDR 63, 254) kommt es darauf an, ob die außerhalb Kassels wohnende Partei einen an ihrem Wohnsitz oder im Bezirk des erst- oder zweitinstanzlichen Gerichts ansässigen Anwalt mit der Vertretung vor dem BAG beauftragt hat; dann ist Erstattungsfähigkeit immer zu bejahen, sonst von den Reisekosten des Anwalts nur diejenigen, die auch für einen Anwalt aus den genannten Bereichen angefallen wären. Auch im ersten Rechtszug ist bei schwieriger Sach- und Rechtslage mindestens eine Informationsreise zum Prozeßbevollmächtigten als notwendig anzusehen (LAG Mainz BB 59, 960). Innerbetriebliche Vertretungskosten infolge Zeitversäumnis sind nicht erstattungsfähig (LAG Frankfurt NJW 68, 863), wohl aber Reisekosten einer oHG, die ihren Sitz nicht am Ort des Prozeßgerichts hat, auch wenn sich ein Gesellschafter dort ständig aufhält (LAG Rheinland-Pfalz MDR 76, 258). Ein RA, der arbeitsgerichtliche Prozesse als Konkursverwalter führt, kann der Masse eine Vergütung in Rechnung stellen (LG Würzburg JurBüro 74, 736). Vor dem ArbG vergleichsweise übernommene Anwaltskosten sind erstattungs- und festsetzungsfähig (LAG München AnwBl 79, 67). Kosten einer arbeitsgerichtlichen Drittschuldnerklage sind als Zwangsvollstreckungskosten erstattungsfähig (LG Düsseldorf AnwBl 81, 75). Bestimmt eine Verwaltungsanordnung, daß die Vertretung des Bundes in Prozessen vor sämtl Arbeitsgerichten eines Bundeslandes ausschließlich in der Hand einer Bundesmittelbehörde liegt, obwohl es sich um einen Geschäftsbereich mit vollständigem bundeseigenem Verwaltungsunterbau handelt, so sind die hierdurch entstehenden Reisekosten und Aufwendungen nicht erstattungsfähig (ArbG Münster AP § 91 ZPO Nr 25). Die Einräumung eines Sonderstatus bei der Erstattung von Reisekosten für Behörden mit zentraler Rechtsabteilung liefe dem Grundgedanken des § 12a I 1 ArbGG zuwider. Entscheidendes Kriterium ist deshalb auch hier nur, ob die Terminswahrnehmung durch Bedienstete am Ort des Prozeßgerichts die Gewährleistung einer ordentlichen Prozeßführung ausschließen würde, wobei aber die Behörde für sich nicht in Anspruch nehmen kann, sie werde nur durch Bedienstete mit speziellen arbeitsrechtlichen Kenntnissen ordentlich vertreten (LAG Hamm AP § 61 ArbGG 1953 Kosten Nr 15; LAG Köln EzA § 91 ZPO Nr 4 m ausführlicher Anm Schneider). Vielmehr gilt der Grundsatz der Gleichberechtigung, so daß innerbetrieblich bedingte Vertretungskosten nicht erstattungsfähig sind (LAG Frankfurt NJW 68, 863). S auch unter „Angestellte", „Behörde" u „Mehrkosten". – Kostenerstattung in **Personalvertretungsangelegenheiten:** Eich MDR 85, 885.

● **Auskunft**-Einholung über den Schuldner. Kosten sind nur bei besonderem Anlaß zu erstatten. Einholung einer Auskunft beim Anwalt über die Rechtslage vor Anhängigwerden einer Sache ist nicht erstattungsfähig (Hamburg OLGE 25, 67), wohl dagegen Kosten der polizeil Wohnungsauskunft u der Ermittlung der unbekannten genauen Anschrift des Bekl.

● **Ausländer:** Eine ausländische Partei, die im Inland prozessiert, darf sich erstattungsfähig eines Korrespondenzanwalts bedienen (Hamm JurBüro 81, 1860; Stuttgart AnwBl 82, 25; Frankfurt AnwBl 84, 619; Hamburg JurBüro 86, 1085), wobei sie zwischen einem inländischen und einem ausländischen Verkehrsanwalt wählen darf (Stuttgart JurBüro 81, 870). Nicht notwendig, daß der Verkehrsanwalt neben dem Prozeßbevollmächtigten an Verhandlungs- u Beweisterminen teilnimmt, weil die Partei ihm besonders vertraut (Bamberg JurBüro 86, 438). Die Rspr tendiert neuerdings dahin, auch ausländische Parteien einer strengeren Notwendigkeitsprüfung zu unterwerfen (Frankfurt JurBüro 85, 1102; Celle KoRsp ZPO § 91 B – Vertretungskosten Nr 131; Hamm AnwBl 85, 591; gg Bevorzugung auch von Eicken Anm zu Hamburg KoRsp ZPO § 91 B – Vertretungskosten Nr 134), zB kostensparende Mitwirkung bei Wirtschaftsgesellschaften zu fordern (Köln JurBüro 86, 1028, Hamburg JurBüro 86, 1085). Reisekosten der ausländischen Partei zur Information des deutschen Prozeßbevollmächtigten müssen im Kostenfestsetzungsverfahren geltend gemacht werden; Einklagen mit der Hauptforderung ist unzulässig (Köln MDR 81, 763). Bedient sich die ausländische Partei zur Prozeßführung ihrer inländischen Vertriebsgesellschaft, sind die für inländische Parteien geltenden Erstattungsgrundsätze anzuwenden (Stuttgart Justiz 82, 262; Düsseldorf AnwBl 83, 560). Siehe auch unter „Übersetzungskosten" u „Verkehrsanwalt".

● **Ausländischer Anwalt:** Die Höhe der zu erstattenden Kosten richtet sich nach der GebO, die für das betreffende Land gilt, in dem der ausländische Anwalt zugelassen ist. Übersteigen die Gebühren hiernach Sätze der BRAGO, so bedarf es des Nachweises, daß dem ausländischen Anwalt die Gebühren auch zustehen (KG Rpfleger 62, 158). Die Kosten des ausländischen Anwalts, der der Beweisaufnahme im Ausland beiwohnte oder dem Kläger bei seinem Prozeß im Inland als Korrespondenzanwalt diente, sind erstattungsfähig (Hamburg OLGE 23, 105); nach Düsseldorf (MDR 59, 671) nur, wenn der Rechtsstreit für die Partei bedeutsam ist.

● **Auslobungskosten** für die Benennung eines Unfallzeugen rechnen nach Koblenz (VersR 75, 933) zu den erstattungsfähigen Kosten, wenn während des Rechtsstreits ausgelobt wird. Vorprozessuale Auslobung müßte dann dem Bereich der Vorbereitungskosten zugewiesen werden, so daß ebenfalls Geldtendmachung im Festsetzungsverfahren möglich wäre.

● **Ausscheiden** einer zu Unrecht in den Prozeß gezogenen Partei: Erstattung richtet sich nach der Kostenentscheidung, wobei für Rücknahme und Parteiwechsel § 269 III 2 gilt. Möglich die Abwälzung der Kostenlast durch Umstellung der Klage gegen den Ausscheidenden auf materiellrechtliche Anspruchsgrundlage, aber nur zwischen den Prozeßparteien, nicht soweit Dritter haftet (s Schneider MDR 81, 355 zu III 4 c, V 8). S auch unter „Parteiwechsel".

● **Aussöhnungsgebühr** (§ 36 II BRAGO): Macht der RA Bemühungen um eine Eheaussöhnung glaubhaft, so spricht eine Vermutung dafür, daß eine darauf zustande gekommene Aussöhnung dadurch gefördert worden ist, selbst wenn der Anwalt bei der Aussöhnung selbst nicht mitgewirkt hat; dann ist es Sache des Kostenschuldners, darzutun und glaubhaft zu machen, daß die anwaltl Bemühungen nicht ursächl waren (KG MDR 72, 156).

● **Auswärtige Abteilung:** Mehrkosten, die durch Schaffung von Außenabteilungen beim AG oder beim Kollegialgericht anfallen, sind erstattungsfähig, wenn der Prozeßbevollmächtigte an einem der beiden Gerichtsorte wohnt oder residiert (Schneider MDR 83, 811; AG Aurich NdsRpfl 77, 167; aA LG Konstanz MDR 83, 847; LG München MDR 85, 589 m abl Anm Schneider). Ebenso für Auslagerung einer Schulabteilung LAG Niedersachsen Rpfleger 84, 33.

● **Auswärtiger Anwalt: a)** Die Partei mandiert einen beim Prozeßgericht zugelassenen, aber nicht an dessen Sitz oder dem der „Auswärtigen Abteilung" (s dort) wohnhaften RA. Die hierdurch entstehenden Mehrkosten (s Köln AnwBl 77, 24) sind nicht erstattungsfähig; denn die Parteien haben die Pflicht, die Kosten niedrig zu halten. Die Mehrkosten machen nicht immer den vollen Betrag der Reisekosten aus, so wenn der RA einen auswärtigen Beweistermin am Ort seiner Niederlassung wahrnimmt, zu dem ein am Gerichtsort ansässiger RA Reisekosten hätte berechnen können. Das bestimmt § 91 II 2.

b) Die Partei mandiert einen beim Prozeßgericht nicht zugelassenen und an dessen Ort auch nicht wohnhaften Anwalt (§ 91 II 1, Hs 2). Dessen **Reisekosten** sind nach § 91 II 1 Hs 2 nur erstattungsfähig, wenn die Zuziehung notwendig war, zB weil nur er mit der entscheidungserheblichen Spezialmaterie vertraut ist (LAG Düsseldorf AnwBl 81, 504). Wäre auf jeden Fall eine Informationsreise zu einem Anwalt am Ort des Prozeßgerichts notwendig geworden, sind Reisekosten des auswärtigen Anwalts fiktiv bis zu dieser Höhe erstattungsfähig (Karlsruhe AnwBl 82, 203; LG Koblenz AnwBl 82, 24).

● **Bankbürgschaft:** siehe unter „Sicherheit".

● **BayObLG-Zuständigkeit:** Die Kosten des im Zuständigkeitsprüfungsverfahrens vor dem BayObLG für den Revisionsbeklagten mitwirkenden Rechtsanwalts, der nicht beim BGH zugelassen ist, sind nicht erstattungsfähig (München JurBüro 81, 58). Weitere Nachweise dazu bei Schneider Anm KoRsp BRAGO § 56 Nr 6.

● **Beamte:** Die Bundesbahn kann als Prozeßpartei Erstattung der Fahrtkosten für notwendige Reisen ihrer Beamten beanspruchen, auch wenn die Beamten Freifahrscheine benutzen (München Rpfleger 57, 423; aM Stuttgart VersR 54, 501), jedoch keine Erstattung anteiliger Besoldung für Terminswahrnehmung (LG Frankenthal 8. 10. 82 – 1 T 209/82). S auch „Behörde".

● **Bearbeitung** des Prozesses durch die Partei oder Angestellte einschl Zeitversäumnis begründet grundsätzlich keinen prozessualen Kostenerstattungsanspruch (Schleswig JurBüro 81, 122; s. bei „Allgemeiner Prozeßaufwand" u „Angestellte"). Wohl aber Erstattung von Auslagen, die Partei zur Vorbereitung eines gerichtlichen Sachverständigengutachtens macht, wenn dadurch Hilfskräfte des SV überflüssig werden, zB bei Aufbau eines Baugerüstes (Schleswig JurBüro 80, 1589); desgleichen Aufwendungen zur Beseitigung von Schäden, die der SV anläßlich der Besichtigung angerichtet hat, um Begutachtung vornehmen zu können, zB Abschlagen von Verputz an der Hauswand (Koblenz JurBüro 78, 120; aA KG JurBüro 78, 1247).

● **Befragung** eines Anwalts in Erwartung des Rechtsstreits gehört nicht zu den Kosten des Rechtsstreits (Hamburg OLGE 25, 67). Anders kann es sein, wenn sich die Partei mit einem RA ihres Wohnorts berät, ob die auswärts zu erhebende Klage aussichtsreich ist, also in besonders gelagerten Fällen für notwendige Beratung von Klageerhebung oder Klageerwiderung (Bamberg JurBüro 71, 431); dann können die Kosten (§ 20 BRAGO) erstattungsfähig sein (Schleswig JurBüro 59, 28).

● **Behörde:** Wird eine Behörde an ihrem allgemeinen Gerichtsstand oder an dem Gerichtsstand des in ihrem Bezirk liegenden Tatorts verklagt, läßt sie aber aus Zweckmäßigkeitsgründen die Prozesse zentral durch eine Behörde an einem anderen Ort bearbeiten, sind Reisekosten eines Beamten der Zentralbehörde zu den Terminen nur zu erstatten, soweit sie auch entstanden wären, wenn ein Beamter der regulären Vertretungsbehörde erschienen wäre (Nürnberg MDR 80, 1027; LAG Hamm EzA ZPO § 91 Nr 5; LAG Niedersachsen Rpfleger 84, 33). Dem kann sich die Behörde auch nicht dadurch entziehen, daß sie einen Beamten eigens zur Wahrnehmung von Gerichtsterminen bestimmt (aA AG Essen MDR 84, 500 = KoRsp ZPO § 91 B – Auslagen Nr 14 m krit Anm von Eicken). Ob die Behörde sich durch einen Anwalt hätte vertreten lassen dürfen, ist entgegen VG Stade (Rpfleger 86, 278) unbeachtlich. Ebenso hat der Unterliegende nur die Kosten eines einzigen Prozeßbevollmächtigten zu erstatten, wenn in einem Rechtsstreit der Fiskus durch mehrere in ihrem Geschäftsbereich betroffene Behörden vertreten wird und diese je einen eigenen Prozeßbevollmächtigten beauftragen, selbst wenn die einander widerstreitenden Interessen der verschiedenen Geschäftsbereiche des Fiskus aus rechtlichen Gründen die Beauftragung eines gemeinsamen Prozeßbevollmächtigten nicht erlauben (Köln Rpfleger 80, 157; LAG Köln EzA § 91 ZPO Nr 4 mit ausführlicher Anm Schneider). Nicht erstattungsfähig auch anteilige Personalkosten für Zeitversäumnis eines Behördenbediensteten infolge Terminswahrnehmung (OVG Koblenz NJW 82, 1115; Hamm MDR 78, 1026; krit v Oppeln-Bronikowski Rpfleger 84, 342; aA LG Frankfurt MDR 85, 589). S auch unter „Angestellte".

● **Berufsständische Organisationen:** Keine Erstattung der von ihr für die außergerichtl Vertretung ihrer Mitglieder geforderten Vergütung (LG Köln AnwBl 60, 63 mit Anm Chemnitz); s auch unter „Mietervereinigungen".

● **Berufung:** Der Berufungsbeklagte darf grundsätzlich sofort nach Rechtsmitteleinlegung einen RA mit seiner Vertretung im Berufungsverfahren beauftragen (Frankfurt JurBüro 79, 110; Düsseldorf JurBüro 82, 555), nach Hamm (Rpfleger 78, 427) aber erst, wenn die Berufung förmlich zugestellt worden ist. Zweifelhaft ist die Erstattungsfrage, wenn die Berufung erklärtermaßen nur zur Fristwahrung eingelegt wird. Alle möglichen Ansichten werden dann vertreten (Nachw bei von Eicken KoRsp ZPO § 91 A 4.1.1.0.2): Prozeßgebühr erstattungsfähig, nicht erstattungsfähig, erstattungsfähig die erste Hälfte der Prozeßgebühr, nicht aber die zweite, die anfällt, weil der Prozeßbevollmächtigte des Berufungsbeklagten schriftlich den Antrag auf Zurückweisung der Berufung ankündigt, ohne die Begründungsschrift abzuwarten, falls Unkenntnis auf Mandantenverschulden beruht; dann aber volle Prozeßgebühr aus Kostenstreitwert zusätzlich für Antrag nach § 515 III 2 (Koblenz KoRsp BRAGO § 31 Ziff 1 Nr 52 m Anm Schneider); keine Erstattung mit der Einschränkung, daß durch die vorläufige Zurückstellung der Beauftragung eines Anwalts keine Nachteile drohen, erstattungsfähig, wenn der Berufungskläger sich die Begründungsfrist verlängern läßt. War die Bestellung verfrüht, sind auch die Kosten für den Antrag nach § 515 III 2 überflüssig gewesen und deshalb nicht erstattungsfähig. Wird die Berufung als unzulässig verworfen (§ 519 b), ist für den Gegenanwalt die volle Prozeßgebühr zu erstatten, wenn er erst nach Schriftsatzeinreichung den Verwerfungsbeschluß zugestellt erhält (Düsseldorf MDR 80, 239). Einschaltung eines Verkehrsanwalts kann immer erst ab Zustellung der Berufungsbegründung erforderlich werden (Düsseldorf NJW 74, 245; Hamm JurBüro 84, 1835). Der „sicherste Weg" ist eine Vereinbarung mit dem erstinstanzlichen Prozeßbevollmächtigten (Karlsruhe Rpfleger 85, 167), wobei jedoch vereinbarte Fristen eingehalten oder verlängert werden müssen (Schleswig AnwBl 84, 620).

● **Besprechungsgebühr:** Hat der RA vor Protokollierung des Prozeßvergleichs auftragsgemäß außergerichtliche Verhandlung abgetrennt geführt, so hat er neben der Geschäftsgebühr auch die Besprechungsgebühr verdient. Erstattungsfähigkeit wird aber überwiegend verneint (Düsseldorf NJW 63, 168; KG NJW 62, 2110; aA München NJW 63, 2330; Köln JurBüro 65, 634).

● **Bestimmung des zuständigen Gerichts:** Im Verfahren nach § 36 Nr 3 sind auch Kosten eines Anwalts erstattungsfähig, der nicht bei dem als zuständig bestimmten Gericht zugelassen ist (Zweibrücken JurBüro 85, 925).

● **Beweissicherung:** Kosten sind solche des Hauptprozesses und zu erstatten (hM, Nachw bei von Eicken KoRsp ZPO § 91 A 1.2.2). Deshalb ist im Beweissicherungsverfahren nicht gesondert über dessen Kosten zu entscheiden (BGHZ 20, 4), wohl bei Rücknahme oder Zurückweisung als unzulässig (LG Hanau AnwBl 84, 378; LG Wuppertal AnwBl 86, 156; LG Köln JurBüro 86, 599; s näher § 490 Rn 5–7). Ergeht eine Kostenentscheidung, dann ist sie Festsetzungstitel (LG Berlin JurBüro 86, 440). Ob die Sicherungskosten notwendig waren, ist nach der Zeit ihrer Aufwendung zu beurteilen, so daß unerheblich ist, ob das Sicherungsergebnis im Rechtsstreit verwertet wird (Hamburg JurBüro 81, 1396; Nürnberg NJW 72, 771; KG JurBüro 70, 266 m zust Anm Schneider). Voraussetzung für die Festsetzbarkeit ist jedoch, daß der Kostentitel in der Hauptsache auch zwischen den Parteien des Beweissicherungsverfahrens als Gegnern ergangen ist (s näher m Nachw von Eicken KoRsp ZPO § 91 A 1.2.2.1). Bei Abtretung sind die Sicherungskosten im Rechtsstreit des Zessionars als Vorbereitungskosten erstattungsfähig (Celle NJW 63, 54; KG JurBüro 81, 1392). Bei nur teilweiser Identität des Streitgegenstandes kommt nur anteilige Kostenerstattung in Betracht (Nachw von Eicken KoRsp ZPO § 91 A 1.2.2.2). Der gedeckte Bruchteil der Kosten ist zu schätzen (Hamburg JurBüro 83, 1257). Sind mehrere Rechtsstreitigkeiten Hauptsachen eines einzigen Beweissicherungsverfahrens, dann sind dessen Kosten entsprechend den Hauptsachestreitwerten verhältnismäßig aufzuteilen (Düsseldorf NJW 76, 115; Nürnberg NJW 72, 953). Wegen der nicht abgedeckten Differenz kann ein einklagbarer (LG Kiel NJW-RR 86, 357) materiellrechtlicher Kostenerstattungsanspruch gegeben sein (BGH MDR 83, 204; Düsseldorf MDR 82, 414; Rn 11 vor § 91). Wird der Hauptsacheprozeß nicht geführt, so daß es nicht zu einer Kostenentscheidung kommt, oder wird – gleichbedeutend – das Ergebnis der Beweissicherung in einem anderen Prozeß verwendet (Koblenz JurBüro 81, 1070), dann fehlt es an einem Erstattungstitel (s dazu Bank JurBüro 82, 978). Der Gläubiger muß die Sicherungskosten einklagen (BGHZ 20, 4; Hamburg MDR 71, 852). Die Kostenübernahme im Prozeßvergleich erfaßt auch die Kosten des Beweissicherungsverfahrens (Hamburg MDR 86, 591), sofern keine abweichende Regelung getroffen wird (Schleswig SchlHA 82, 173; Stuttgart Rpfleger 82, 195; Frankfurt VersR

81, 265); eine solche abweichende Vereinbarung ist die Kostenaufhebung gegeneinander (Frankfurt JurBüro 83, 1875). Da der Wille der Parteien maßgebend ist, kommt es nicht darauf an, ob bei streitiger Kostenentscheidung die Sicherungskosten den Gerichtskosten zugerechnet werden oder nicht (aA Nürnberg MDR 82, 941; Hamm Rpfleger 82, 80).

● **Beweistermin: a)** Die Beweisaufnahme ist parteiöffentlich, § 357 I. Daher hat die Partei das Recht, bei auswärtigem Beweistermin anwesend zu sein, und zwar die nicht anwaltschaftl vertretene Partei selbst oder durch einen Anwalt (Düsseldorf MDR 62, 416), die vertretene durch ihren Anwalt. Doch dürfen die Kosten der Terminswahrnehmung durch den Prozeßbevollmächtigten diejenigen bei Beauftragung eines Beweisanwalts (§ 54 BRAGO) nicht oder doch nicht wesentlich übersteigen. Dabei ist jedoch zu berücksichtigen, daß der Prozeßanwalt grundsätzlich dazu berufen ist, einen Beweistermin selbst wahrzunehmen, auch wenn dies mit einer weiten Reise verbunden ist (Frankfurt JurBüro 82, 238).

b) Umgekehrt sind die Kosten eines Vertreters bei der Beweisaufnahme nur bis zur Höhe der Kosten zu erstatten, welche die Wahrnehmung des Termins durch den eigenen Anwalt verursacht hätte (Reisekosten und Tagegelder, Frankfurt JurBüro 77, 969; Schleswig JurBüro 77, 1737), sofern nicht erhebliche Verhinderungsgründe gegeben sind, etwa daß der Hauptbevollmächtigte gleichzeitig anderen Termin hatte und keiner verlegt werden konnte (Celle NJW 60, 162; Bamberg JurBüro 75, 375, 379; Hamm MDR 84, 587). Bei Verhinderung des Prozeßbevollmächtigten kann es, wenn der Termin nicht verlegt werden kann, unter besonderen Umständen notwendig sein, daß der mit dem Streitstoff gut vertraute Verkehrsanwalt der Partei an ihrer Stelle den Termin wahrnimmt. Die Reisekosten des Verkehrsanwalts sind dann als ersparte Parteiauslagen erstattbar (München NJW 64, 1480). Umgekehrt sind aber auch die die Kosten eines Vertreters übersteigenden Kosten der Wahrnehmung des Termins durch den eigenen Anwalt erstattungsfähig, wenn dies iSd § 91 I 1 notwendig war (Nürnberg NJW 65, 1443), selbst wenn es sich um weite Reisen handelt (Stuttgart Justiz 84, 182: von Ravensburg nach Braunschweig).

c) Nimmt die Partei selbst neben ihrem Anwalt am Beweistermin teil, so sind ihre Kosten nur ausnahmsweise zu erstatten, wenn sachlich geboten, zB bei besonders verwickeltem Sachverhalt (Düsseldorf NJW 54, 1815), oder wenn die Partei in der Lage ist, aus eigenem Wissen die Beweisaufnahme entscheidend zu fördern oder es sich um eine für den Rechtsstreit besonders wichtige Beweisaufnahme handelt (Schleswig Rpfleger 62, 427; München NJW 64, 1480; Bremen JurBüro 76, 92) oder gerade die Partei selbst in der Lage ist, Zeugen oder Sachverständigen Vorhaltungen zu machen und Fragen zu stellen (Hamm Rpfleger 84, 431; KG JurBüro 82, 1247; München JurBüro 81, 1022). Diese einschränkende Rspr ist bedenklich. Als Grundsatz sollte gelten, daß die Partei immer das Recht hat, neben ihrem Anwalt einer Beweisaufnahme beizuwohnen. Es läßt sich so gut wie nie ausschließen, daß der Verlauf einer Zeugenvernehmung durch die Anwesenheit der Partei und ihre nicht delegierbare Detailkenntnis beeinflußt wird (zutr Frankfurt MDR 72, 617).

d) Die Kosten für die Wahrnehmung eines vom Sachverständigen anberaumten Besichtigungstermins sind jedenfalls dann erstattungsfähig, wenn der Sachverständige schwierige Fragen zu beantworten hat und sein Gutachten für die Entscheidung von besonderer Bedeutung ist. Findet eine Augenscheinseinnahme durch einen Sachverständigen im Anwesen einer Partei statt, so kann diese keine Aufwandsentschädigung beanspruchen (Stuttgart Justiz 73, 350).

e) Einen Beweistermin im Ausland braucht der Prozeßbevollmächtigte nicht wahrzunehmen, wenn es sich um einfache, klare Tatsachenbeweisthemen handelt. Zu ersetzen sind hier regelmäßig nur die Kosten eines Substituten (KG NJW 38, 965). Anders, wenn es sich um einen komplizierten und wichtigen Rechtsstreit handelt und es auf persönliche Ausübung des Fragerechts der Partei ankommt (Bremen JurBüro 76, 92).

f) Erledigt die Partei für den Sachverständigen anstelle einer Hilfskraft Vorarbeiten, zB Freilegung einer Kellermauer, sind ihre tatsächlich entstandenen Kosten erstattungsfähig (KG Rpfleger 81, 201). Schleswig (SchlHA 80, 221) hält die „übliche Vergütung" für erstattungsfähig, wenn die Arbeiten dem Geschäftsbereich einer fachkundigen Partei zuzurechnen sind (betraf Aufbau eines Baugerüstes).

● **Detektivkosten** sind nur insoweit erstattungsfähig, als sie sich, gemessen an den wirtschaftl Verhältnissen der Parteien und an der Bedeutung des Streitgegenstandes in vernünftigen Grenzen halten, die erstrebten Feststellungen nach den Umständen des einzelnen Falles wirkl notwendig waren und die Klarstellung nicht anderweitig einfacher und zweckentsprechender erfolgen konnte (Schleswig JurBüro 78, 435). Diese Voraussetzungen fehlen beispielsweise, wenn ein Detektiv für konkrete Testkäufe eingeschaltet wird (Schleswig JurBüro 84, 920). Die vorher angebotenen Beweismittel müssen ausgeschöpft sein (Bamberg JurBüro 76, 1251). Es kommt dabei nicht darauf an, ob die Ermittlungen den Prozeßausgang beeinflußt haben, wie die ältere Auffassung annahm, sondern ob eine vernünftige Partei berechtigten Grund gehabt hätte, einen Detektiv einzuschalten (zB Köln JMBlNRW 69, 116; Hamburg MDR 69, 402; Koblenz JurBüro 75, 373); wohl ist die Beeinflussung des Prozeßausgangs Indiz für die Notwendigkeit (s zB Schleswig JurBüro 78, 435). Die für vergebliche Überwachungsversuche des Detektivs angefallenen Kosten sind nur dann erstattungsfähig, wenn diese Tätigkeit zumindest in einem richtungweisenden Zusammenhang mit dem späteren Erfolg seiner Bemühungen stand (München JurBüro 70, 517). Nicht erstattbar sind nach München (MDR 70, 429) die für Beschaffung von Beweismaterial aufgewendeten Detektivkosten jedenfalls dann, wenn das Ergebnis der Ermittlungen nicht in das Verfahren eingeführt wurde, selbst wenn zur Beauftragung des Detektivs in diesem Zeitpunkt ein berechtigter Anlaß bestanden hat. Immer ist nötig, daß der Auftrag an den Detektiv zur Bestätigung eines bestimmten festen Verdachts erteilt worden ist (Frankfurt JurBüro 81, 922; LG Berlin JurBüro 82, 1561), die Partei also einen dementsprechend genau umrissenen Auftrag erteilt und sich über den Stand der Ermittlungen laufend informieren läßt (Frankfurt VersR 78, 1145). Wegen der oft ungewöhnlich hohen Detektivrechnungen ist Notwendigkeit und Höhe der Aufwendungen durch Vorlage von Ermittlungsberichten und Rechnungen nachzuweisen (so mit Recht Frankfurt VersR 78, 1145). Insbes bei Erfolgshonoraren ist strenge Prüfung nötig.

● **Eidesstattliche Versicherung** der Partei, von einem Anwalt aufgenommen, ist nicht erstattungsfähig, sondern durch die Prozeßgebühr abgegolten (KG OLGE 15, 80).

● **Einstweilige Verfügung:** Hat ein am Wohnort des Antragstellers residierender Anwalt eine einstw Verfügung erwirkt und beauftragt die Partei nach Anordnung mündl Verhandlung einen beim Prozeßgericht zugelassenen Anwalt, so sind die Mehrkosten nur erstattungsfähig, wenn der Antragsteller davon ausgehen durfte, daß die einstweilige Verfügung ohne mündliche Verhandlung erlassen und der Gegner keinen Widerspruch einlegen werde (Schleswig AnwBl 82, 60), was nur ausnahmsweise der Fall ist (Koblenz JurBüro 81, 602; 82, 1081; s auch unter „Anwaltswechsel"). Bei Antragszurücknahme kann Gegner Kostenbeschluß beantragen, falls eine einstweilige Verfügung noch nicht erlassen war, jedoch nur, wenn er am Verfahren beteiligt war (Schleswig SchlHA 80, 44; KG JurBüro 80, 1430), jedoch nicht Mehrgebühren für einen Sachantrag nach Antragsrücknahme vor Zustellung, und zwar ohne Rücksicht auf Kenntnis davon (KG JurBüro 80, 1430 – keine Abweichung von KG JurBüro 74, 1271, da dort zugestellt worden war). Wurde der Antrag auf Erlaß einer einstw Verfügung ohne Anhörung des Gegners zurückgewiesen, hatte dieser jedoch anderweitig von dem Verfahren Kenntnis erlangt, so hat er Anspruch auf Erstattung der Kosten seiner Rechtsverteidigung (KG Rpfleger 81, 161; München MDR 82, 412). Ist der RA indessen vor Hinausgabe des Beschlusses nicht mehr zu den Akten tätig geworden, so sind keine Kosten des Rechtsstreites entstanden und können deshalb auch nicht festgesetzt werden. Die Kosten gestellter, aber nicht vernommener Zeugen sind nur erstattungsfähig, wenn Partei davon ausgehen durfte, daß eidesstattliche Versicherungen nicht genügen und das Gericht die Zeugen vernehmen werde (Schleswig JurBüro 81, 760; Frankfurt JurBüro 77, 555). Hinzuziehung eines Sachverständigen ist erstattungsfähig, wenn zur Rechtsverteidigung im Eilverfahren notwendig (Düsseldorf ZIP 81, 540).

● **Entmündigung:** Kosten des Verfahrens nach § 658 sind auch die Anwaltskosten des Antragstellers, dessen Entmündigungsantrag zurückgewiesen wurde (LG Bonn NJW 65, 402).

● **Filiale:** S unter „Angestellte".

● **Forderungsabtretung:** Sie darf den Beklagten nicht belasten (KG Rpfleger 62, 158), auch nicht durch Abtretung an einen Dritten, der einen Verkehrsanwalt in Anspruch nimmt (Koblenz KoRsp ZPO § 91 B – Vertretungskosten Nr 190), oder bei Abtretung durch Ausländer an deutschen Kläger (Koblenz VersR 81, 87). Kosten eines noch vom Altgläubiger betriebenen Beweissicherungsverfahrens trägt der nach Abtretung oder Pfändung im Prozeß unterliegende Neugläubiger (Celle NJW 63, 54).

● **Geld:** Erhebung und Ablieferung ist nicht erstattungsfähig; auch nicht die Hebegebühr nach § 22 BRAGO (Schleswig Rpfleger 62, 428; Celle VersR 71, 236). Erstattungsfähigkeit wird hingegen bejaht, wenn der Schuldner unaufgefordert an den mit der Einziehung beauftragten Gläubiger-RA zahlt (Frankfurt MDR 81, 856; Düsseldorf AnwBl 80, 264) oder wenn der Gläubiger ein schutzwürdiges Interesse an der Einschaltung eines RA hat, zB zur Überwachung unregelmäßiger Raten (AG Friedrichsstadt JurBüro 61, 242), in Eilfällen (Frankfurt Rpfleger 52, 445) oder wenn sich der Beklagte im Prozeßvergleich zur Zahlung an den RA verpflichtet hatte (KG Rpfleger 81, 410). S auch unter „Inkassobüro".

● **Gerichtsvollzieher:** Bei Zustellung durch den GV kann der Erstattungspflichtige sich nicht darauf berufen, der billigere Weg einer Zustellung von Anwalt zu Anwalt habe gewählt werden müssen (LG Hamburg MDR 57, 623).

- **Gutachten:** S „Privatgutachten" und „Vorbereitungskosten".
- **Hausbesitzervereinigung:** S unter „Mieter- und Vermietervereinigungen".
- **Hebegebühr** (§ 22 BRAGO): S unter „Geld".
- **Hinterlegungskosten:** S unter „Sicherheit".
- **Inkassobüro:** (Jäckle, Die Erstattungsfähigkeit der Kosten eines Inkassobüros, 1978; derselbe, JZ 78, 675; Rentsch/Bersiner BB 86, 1245; Löwisch NJW 86, 1725; Jäckle NJW 86, 2692: alle zum Verzugsschaden). Die Einziehungskosten sind neben denen eines in derselben Sache tätig gewordenen RA nicht erstattungsfähig (LG Mosbach Rpfleger 84, 199). Aus dem Gebot, die Kosten niedrig zu halten (§ 91 Rn 12), folgt, daß Inkassogebühren nicht erstattungsfähig sind, soweit sie die gesetzlichen Gebühren eines RA übersteigen (LG Detmold JurBüro 76, 244; Lappe Rpfleger 85, 282). Bei Hineinnahme als Verzugsschaden in den Mahnbescheid muß mit Widerspruch gerechnet werden (Koblenz KoRsp ZPO § 91 B-Vertretungskosten Nr 57). S auch unter „Geld".
- **Juristische Person:** Sie kann keine Entschädigung für zeitl Aufwand ihrer Organe oder sonstiger Mitarbeiter aus Anlaß der Bearbeitung eines Rechtsstreits verlangen; auch ist Mehraufwand, weil sie ihre Geschäfte nicht vom satzungsmäßigen Sitz aus führen läßt, nicht erstattungsfähig (Hamm Rpfleger 68, 289). S auch „Behörde" u „Mehrkosten".
- **Kanzleiverwalter:** Der für einen verstorbenen RA bestellte RA kann für die Durchführung schwebender Prozesse nur diejenigen Kosten beanspruchen, die durch die Tätigkeit des verstorbenen RA noch nicht entstanden waren (Düsseldorf JMBlNRW 1954, 215).
- **Klageerweiterung:** Wird der Kläger im Amtsgerichtsprozeß durch die Rechtsverteidigung des Beklagten veranlaßt, die Klage auf einen die Zuständigkeit des Landgerichts begründenden Streitwert zu erweitern, dann muß er mit der Erweiterung von vornherein einen beim Landgericht zugelassenen Rechtsanwalt beauftragen, wenn die Unzuständigkeitsrüge des Beklagten zu erwarten ist (Düsseldorf MDR 84, 320). Läßt er den zur Verweisung führenden erweiterten Antrag zunächst vom ersten Prozeßbevollmächtigten verlesen, obwohl dieser beim zuständigen Landgericht nicht zugelassen ist, dann liegt insoweit kein notwendiger Anwaltswechsel vor.
- **Klagerücknahme:** Der Anwalt des Beklagten verdient die Prozeßgebühr, wenn er in entschuldbarer Unkenntnis der Rücknahme einen Klageerwiderungsschriftsatz einreicht (Bamberg JurBüro 76, 197 mwN; München AnwBl 85, 44). Bei Klagerücknahme gegen einen von zwei Streitgenossen kann dieser nur die Hälfte der Kosten des gemeinsamen Anwalts und der Erhöhung nach § 6 I 2 BRAGO erstattet verlangen (Koblenz JurBüro 85, 774; s näher unter „Streitgenossen" zu 3). Nimmt der Kläger die Klage zurück, nachdem er ein Versäumnisurteil gegen den Beklagten erwirkt u dieser dagegen Einspruch eingelegt hatte, so umfaßt die Kostenpflicht des Klägers auch die Kosten der Säumnis des Beklagten (Stuttgart MDR 76, 51).
- **Konkurs:** Wird der Konkurseröffnungsantrag erst im Beschwerdeverfahren zurückgewiesen, so hat der Antragsteller zwar die Kosten des Eröffnungsverfahrens und des Beschwerdeverfahrens zu tragen; nicht aber dem Gemeinschuldner die Ausgaben für die Verwaltung der Masse zu erstatten (BGH NJW 61, 2016). Der RA als Konkursverwalter kann die Kosten für den Schriftwechsel mit dem von ihm bestellten Prozeßbevollmächtigten nicht als Verkehrsanwalt erstattet verlangen (KG Rpfleger 81, 411; Stuttgart Rpfleger 83, 501); an der mdl Verhandlung nimmt er als Partei teil (Stuttgart JurBüro 83, 1835). Kein notwendiger Anwaltswechsel, wenn der Konkursverwalter-RA den Rechtsstreit nach Aufnahme anstelle des vom Gemeinschuldner beauftragten früheren Prozeßbevollmächtigten fortführt (Koblenz JurBüro 84, 1085).
- **Kostenantrag:** Eine durch Antrag nach § 279 III 3 ausgelöste Verhandlungsgebühr nach dem Kostenstreitwert ist erstattungsfähig, auch wenn der Antrag zwar schon schriftsätzlich gestellt war, das Gericht aber erst in der mündlichen Verhandlung über den wiederholten Antrag entschieden hat (LG Berlin JurBüro 84, 921).
- **Kostenwiderspruch:** Nach Einlegung in Eilsachen erfallen die erstattungsfähige Prozeß- und Verhandlungsgebühr nur aus dem Streitwert des Kosteninteresses, da mit dem Widerspruch der Streit auf den Kostenpunkt beschränkt wird (Frankfurt JurBüro 82, 283; Hamburg JurBüro 85, 283; aA KG KoRsp ZPO § 91 B – Vertretungskosten Nr 108: zusätzlich eine erstattungsfähige 5/10-Prozeßgebühr aus dem Verfügungsstreitwert).
- **Kreditkosten:** Zinsen und Kosten eines Kredits zur Finanzierung des Rechtsstreits sind nicht erstattungsfähig (Köln KoRsp ZPO § 91 B – Auslagen Nr 20; materiellrechtliche Verfolgung nicht ausgeschlossen (s Rn 11 vor § 91). Auch Kosten einer Kreditbeschaffung, um die Vollstreckung zu ermöglichen oder abzuwenden, zB Darlehenszinsen oder Zinseinbußen infolge Einsatzes eigenen Kapitals sind nicht erstattungsfähig (Düsseldorf Rpfleger 81, 121; s näher „Sicherheit").

● **Lichtbilder:** Vorlage von Fotografien zur Vermittlung optischer Eindrücke über entscheidungserhebliche Sachverhalte fördern erfahrungsgemäß das Verfahren, zB Bilder über die Straßenführung im Verkehrsunfallprozeß, Grundstückslage im Nachbarstreit, Zustand einer Sache im Gewährleistungsprozeß, äußere Verletzung in Schmerzensgeldverfahren (LG Flensburg JurBüro 85, 777). Erstattungsfähigkeit grundsätzlich zu bejahen, zumal es sich fast immer um verhältnismäßig geringe Kosten handelt.

● **Mahnschreiben** sind keine Kosten des Rechtsstreits und können deshalb nicht im Kostenfestsetzungsverfahren berücksichtigt werden (LG Essen AnwBl 83, 564); sie können jedoch als Verzugsschaden mit eingeklagt werden. Zu wettbewerbsrechtlichen Abmahnschreiben s unter „Abmahnung".

● **Mahnverfahren:** Kein Kläger muß es wählen. Deshalb sind die Kosten des Erkenntnisverfahrens auch dann erstattungsfähig, wenn Kläger im Mahnverfahren zum Ziel gekommen wäre. Hat in einem zur Zuständigkeit des LG gehörenden Verfahren ein dort nicht zugelassener Anwalt den Mahnbescheid beantragt u wird nach Widerspruch die Sache an das LG abgegeben, so sind die durch Bestellung eines am LG zugelassenen Anwalts entstandenen Mehrkosten erstattungsfähig, wenn der Gläubiger nicht mit einem Widerspruch des Schuldners rechnen mußte. Das ist hM, jedoch vor allem in Einzelheiten umstritten (Nachw bei von Eicken KoRsp ZPO § 91 A 4.2.3.1). Mit einem Widerspruch zu rechnen ist zB, wenn der Beklagte bestritten hat (Stuttgart Justiz 80, 199) oder ein Scheck nicht eingelöst worden ist (Bamberg JurBüro 82, 233) oder der Gläubiger übersetzte Ansprüche, auch hinsichtlich der Zinsen (Koblenz ZIP 81, 1078), in das Mahnverfahren einbringt (Koblenz Rpfleger 79, 70). Nicht zu rechnen ist mit einem Widerspruch, wenn der Schuldner zur Forderung schweigt (Stuttgart JurBüro 78, 438; weitere Nachw Schneider MDR 79, 442) oder Teilzahlungen erbracht hat (Zweibrücken JurBüro 79, 222) oder Sicherungspapiere (Scheck, Wechsel) hingegeben hat (München MDR 77, 320; Düsseldorf AnwBl 85, 590; differenzierend Schneider MDR 79, 443). Auch mit einem Widerspruch aus bloßen **Verzögerungsgründen** braucht nicht gerechnet zu werden (KG NJW 75, 933; Bamberg JurBüro 78, 237; Hamburg JurBüro 82, 1359; Schneider MDR 79, 442; a.A zB Hamm JurBüro 78, 385; Koblenz AnwBl 80, 165; Düsseldorf AnwBl 84, 626). Die **Beweislast** liegt beim Gläubiger (Koblenz MDR 79, 320; Zweibrücken JurBüro 79, 1323; Schleswig JurBüro 85, 235; aA [Beweislast beim Schuldner] Köln JurBüro 79, 213 u 715; München Rpfleger 79, 387; AnwBl 82, 119; Oldenburg AnwBl 80, 515; Schleswig SchlHA 83, 59; ausführlich dagegen Schneider MDR 79, 444). War mit Widerspruch zu rechnen, sind Mehrkosten insoweit erstattungsfähig, als durch die Beauftragung des weiteren Anwalts Kosten einer Informationsreise und Gebühren des späteren Prozeßbevollmächtigten erspart worden sind (KG JurBüro 77, 1732; Frankfurt JurBüro 79, 1666). Diese Grundsätze gelten auch für das Urkunden-, Wechsel- und Scheckmahnverfahren (Koblenz JurBüro 82, 407; München JurBüro 81, 74; Hamm Rpfleger 79, 268). Wird eine Mahnsache gemäß § 696 I 1 an das im Mahnantrag nach § 690 I Nr 5 zutreffend (Schleswig SchlHA 81, 133; JurBüro 81, 1244) als das Gericht des allgemeinen Gerichtsstandes des Antragsgegners bezeichnete Gericht abgegeben und sodann auf Antrag des Klägers an das kraft Vereinbarung zuständige Gericht weiterverwiesen, dann sind die Kosten immer erstattungsfähig, die durch Beauftragung des Anwalts entstehen, der bei dem Abgabegericht tätig wird (KG MDR 82, 151 = JR 82, 367 m zust Anm Ackman; Düsseldorf JurBüro 81, 1681; AnwBl 82, 250; Stuttgart JurBüro 82, 1681; Zweibrücken Rpfleger 83, 497; Frankfurt AnwBl 83, 566; ausführlich Schneider MDR 79, 445 u Demharter MDR 81, 540). Konzentration aller Mahnverfahren eines Großunternehmens auf einen einzigen Anwalt macht Mehrkosten nicht erstattungsfähig (Düsseldorf KoRsp ZPO § 91 B – Vertretungskosten Nr 81).

● **Mehrheit von Prozessen:** Wird ein Anspruch oder werden mehrere Ansprüche oder der Hauptanspruch u die Nebenforderungen durch **mehrere Klagen** verfolgt oder werden mehrere Streitgenossen in getrennten Prozessen belangt, so sind die dadurch entstandenen Mehrkosten nur erstattungsfähig, wenn zureichende Gründe für die Notwendigkeit dieses Vorgehens gegeben sind (Hamburg JurBüro 83, 1255); ebenso bei mehreren gleichgerichteten Unterlassungsklagen gegen denselben Wettbewerbsverletzer (Düsseldorf MDR 72, 522 m Anm Schneider) oder bei nachträglicher Geltendmachung eines zusätzlichen Anspruches aus einem einheitlichen Lebensverhältnis in einem selbständigen Prozeß statt im bereits anhängigen Rechtsstreit (Hamm JurBüro 77, 550; Düsseldorf JurBüro 82, 602).

● **Mehrkosten:** Außer denjenigen nach § 281 III (§§ 103, 104 Rn 21 unter „Mehrkosten wegen Unzuständigkeit") oder denen infolge „Mehrheit von Prozessen" (s dort) geht es häufig um Kosten, die dadurch entstehen, daß eine Partei Rechtsstreitigkeiten an verschiedenen Orten von einer Zentrale aus führt anstatt die Nebenstelle, Filiale, Zweigniederlassung usw tätig werden zu lassen. Dadurch anfallende Mehrkosten, meist Reisekosten, sind nicht erstattungsfähig, weil eine solche Zentralisierung eine betriebsinterne Angelegenheit ist, die nicht auf Kosten des Gegners mitfinanziert werden kann (München Rpfleger 69, 136; Hamm MDR 72, 877; KoRsp ZPO § 91 B – Auslagen Nr 46; Bamberg JurBüro 76, 90; Nürnberg MDR 80, 1027; Stuttgart Justiz 83, 120; Frankfurt JurBüro 85, 1884); s auch unter „Angestellte" u „Behörde". Dieser Erstattungsausschluß kann auch nicht durch Einschaltung eines Verkehrsanwalts umgangen werden (München Rpfleger 69, 309). Zu weitgehend aber Köln (Rpfleger 86, 235), das nicht auf das Vorhandensein einer Rechtsabteilung abstellt, sondern darauf, ob deren Einrichtung wegen der Größe des Unternehmens zumutbar sei; wie dies im Einzelfall festgestellt werden soll, ist unerfindlich. Hiervon ist zu unterscheiden die Wahl des Klägers unter mehreren Gerichtsständen. Sie steht ihm grundsätzlich frei (Köln MDR 76, 496; KG Rpfleger 76, 323), führt aber dann zum Erstattungsausschluß von Mehrkosten, wenn die konkrete Wahl das Verfahren ohne Vorteil für den Kläger verteuert, zB wenn nach einem Verkehrsunfall in Hamburg dort geklagt wird (§ 32), obwohl beide Parteien in München wohnen und es nur um die Höhe des Schadens geht (Gebot, die Kosten niedrig zu halten, s Rn 12).

● **Mehrwertsteuer:** Entfällt nicht auf Zinsen (EuGH NJW 83, 505; Frankfurt MDR 83, 225; s Schneider DGVZ 83, 113). S im übrigen unter „Umsatzsteuer".

● **Meinungsumfrage:** Wird sie zur Vorbereitung eines Eilverfahrens von einer Partei veranlaßt, kommt Erstattungsfähigkeit (anders als im Hauptprozeß) in Betracht, wenn die Partei annehmen durfte, das Gericht werde in der mündlichen Verhandlung von ihr Glaubhaftmachung von Tatsachen verlangen, die nur durch Meinungsumfrage aufklärbar seien; dann kommt es nicht darauf an, ob die Umfrage Entscheidungsgrundlage wird (Hamm MDR 79, 234).

● **Mieter- und Vermietervereinigungen:** Es verstößt gegen das RBerG, wenn sich die Mieter- und Hausbesitzervereine von ihren Mitgliedern zur Deckung ihrer tatsächl Auslagen und Aufwendungen ein auf der Grundlage des für Rechtsanwälte und Rechtsbeistände ausgebildeten Gebührensystems berechnetes Entgelt zahlen lassen (BGH NJW 55, 422; LG Hagen WM 63, 155). Deshalb entgegen verbreiteter Praxis Kostenerstattung bei Prozeßführung durch einen Mieterverein als Bevollmächtigten der Höhe nach begrenzt durch die Kosten, die angefallen wären, wenn die Partei den Rechtsstreit unvertreten geführt hätte (LG Düsseldorf JurBüro 82, 1722), es sei denn, daß der Geschäftsführer des Mieterschutzvereins selbst Rechtsbeistand ist (LG Aachen JurBüro 83, 270). Kosten eines zur Begründung des Mieterhöhungsverlangens eingeholten Sachverständigengutachtens gehören nicht zu den Kosten des Rechtsstreits und sind deshalb nicht erstattungsfähig (LG Düsseldorf JurBüro 83, 280; LG Ellwangen MDR 81, 232; LG Bielefeld Rpfleger 81, 70; Wiek WuM 81, 169; Meier ZMR 84, 149; aA LG München MDR 79, 403).

● **Ordnungsgeldbeschwerde:** Anders als im Erzwingungsverfahren (§ 890) keine Erstattung im Beschwerdeverfahren wegen Zeugen- und Sachverständigenablehnung (§§ 141 III, 406), da kein Streit zwischen den Parteien (grundsätzlich Hamm JurBüro 79, 117). Ausnahmsweise aber Kostenentscheidung nach § 91 zwischen den Prozeßparteien, wenn das Gericht eine Partei zur Stellungnahme auffordert oder es um Ablehnungsgründe geht, die das Verhältnis einer Partei zum Sachverständigen betreffen (Hamm JurBüro 79, 117; Schneider DRiZ 79, 186); dann auch Erstattung der Beschwerdekosten (§ 61 I Nr 1 BRAGO).

● **Parteiwechsel:** Durch den Wechsel des Klägers wird für den ProzAnwalt des im Rechtsstreit verbleibenden Beklagten keine neue kostenrechtl Instanz eröffnet (Riedel/Sußbauer), womit aber noch nicht gesagt ist, daß der ausscheidende Kläger damit auch von seiner Erstattungsschuld gegenüber dem im Prozeß verbliebenen Beklagten frei wird (von Eicken Anm zu Koblenz KoRsp ZPO § 91 B – Vertretungskosten Nr 54); dagegen liegen beim Beklagtenwechsel mehrere Angelegenheiten nach § 6 I BRAGO vor.

● **Patentanwaltskosten:** S § 143 IV, V PatG. In Patent-, Gebrauchsmuster- u Warenzeichensachen keine Prüfung, ob Zuziehung des Patentanwalts notwendig war (Düsseldorf GRUR 80, 136), wohl ob überhaupt technische Fragen streitig waren (zB Frankfurt GRUR 83, 435; Koblenz VersR 83, 466), also nicht, wenn es nur um unzulässige Werbung geht (Hamburg JurBüro 75, 1103). Für den Patentanwalt in eigener Sache fehlt eine dem § 91 II 4 entsprechende Vorschrift; keine analoge Anwendung (Frankfurt WRP 79, 657; aA BPatG GRUR 82, 293). Läßt er sich durch einen Prozeßbevollmächtigten vertreten, darf ihm die Informationsreise zur mündlichen Unterrichtung nicht wegen möglicher schriftlicher Information versagt werden (Hamm JurBüro 86, 918). Kosten der Mitwirkung eines Patentanwalts nach § 32 V WZG sind dem Prozeßbevollmächtigten, der selbst Patentanwalt ist, neben den allgemeinen Gebühren zu erstatten (München MDR 84, 62).

● **Postgebühren:** BRAGO § 26. Bei mehreren gebührenrechtlichen Angelegenheiten erfallen Pauschbeträge mehrfach, auch wenn die Angelegenheiten zusammenhängen, zB Vorverfahren und Nachverfahren im Wechsel- oder Scheckprozeß (LG Aachen AnwBl 69, 141; LG Kiel MDR

69, 1021), desgleichen bei notwendigem Anwaltswechsel (Oldenburg JurBüro 82, 718), bei Ehesachen u Verfahren auf Erlaß einstweiliger Anordnungen u Vergleich (str, vgl Riedel/Sußbauer § 26 Rn 6 m Nachw). Keine Pauschale für fiktive Informationsreisen statt nicht notwendigem Verkehrsanwalt (Hamburg JurBüro 73, 523).

● **Privatgutachten: Lit:** *E. Schneider* ZZP 76 [1963], 445; MDR 65, 963 u JurBüro 67, 619. Die Kosten eines **vor dem Rechtsstreit** eingeholten Privatgutachtens sind ausnahmsweise erstattungsfähig, wenn eine ausreichende Klagegrundlage nur durch einen Sachverständigen beschafft werden konnte, das Gutachten also zur Vorbereitung der Rechtsverfolgung oder -verteidigung im Sinne des § 91 II erforderl („prozeßbezogen" Zweibrücken JurBüro 83, 1399) war (Hamburg JurBüro 81, 439; München ZSW 80, 98; Bamberg JurBüro 79, 909; LG Hechingen VersR 86, 350), vorausgesetzt, daß die eigene Sachkunde der Partei nicht ausreicht (Koblenz Rpfleger 80, 194). Erstattungsfähigkeit kann nicht mit der Begründung verneint werden, es habe ein Beweissicherungsverfahren nach § 485 durchgeführt werden können (Stuttgart Justiz 80, 328). Ob Privatgutachten Erfolg gehabt hat, ist nicht entscheidend, da es auf die objektive Erforderlichkeit und Geeignetheit aus der Sicht der Partei ankommt (KG AnwBl 81, 452; Bremen JurBüro 79, 1711 [Aufgabe von Rpfleger 65, 158]; enger zB Frankfurt JurBüro 84, 1038; LG Berlin JurBüro 85, 126; ausführl Nachw bei von Eicken KoRsp ZPO § 91 A 2.2). Indiz dafür ist Verwertung durch das Gericht (Stuttgart VersR 79, 849), desgleichen Ursächlichkeit für Vergleichsabschluß (LG Braunschweig MDR 79, 320). Vorprozessuale Rechtsgutachten über inländisches Recht grundsätzlich nicht erstattungsfähig (Koblenz Rpfleger 86, 107 = KoRsp ZPO § 91 B Vorbereitungskosten Nr 24 m Anm von Eicken; Frankfurt Rpfleger 78, 385; Bamberg JurBüro 83, 918); anders über ausländisches Recht, wenn Partei des Gutachtens zu ihrer Rechtsverteidigung bedurfte und es erkennbar darauf ankam (Hamburg JurBüro 83, 707) oder Gericht zum Vortrag unbekannten ausländischen Rechts aufforderte (Frankfurt Rpfleger 78, 385). Vorprozessual vom Haftpflichtversicherer eingeholtes GA zur außergerichtlichen Schadensabwicklung selbst dann nicht erstattungsfähig, wenn es im späteren Prozeß für die Darlegung Bedeutung gewinnt (Koblenz ZSW 80, 237 m Anm Müller; Karlsruhe VersR 80, 337 [s dazu Hoenicke VersR 83, 104]; aA Frankfurt Rpfleger 80, 392 = KoRsp ZPO § 91 B – Vorbereitungskosten Nr 7 m abl Anm von Eicken AnwBl 81, 114; Bamberg VersR 81, 74; LG Stade JurBüro 82, 600). Erstattungsfähigkeit zu bejahen, wenn Privatgutachten als präsentes Beweismittel zur Glaubhaftmachung im Eilverfahren benötigt wird (Schleswig JurBüro 79, 1518). GA zur Begründung des Verlangens des Vermieters auf Zustimmung zur Mieterhöhung ist nicht erstattungsfähig (s unter „Mieter- und Vermietervereinigungen"). Privatgutachten vor Einlegung der Revision erstattungsfähig, wenn ohne GA Verstoß des Berufungsgerichts gegen Denkgesetze und Erfahrungssätze nicht gerügt werden könnte (Hamm JurBüro 78, 1079).

Die Kosten eines **während des Rechtsstreits** von einer Partei eingeholten Privatgutachtens sind nur ausnahmsweise zu erstatten (Frankfurt JurBüro 82, 443; Hamburg JurBüro 82, 287; Bamberg JurBüro 80, 132), zB wenn die Partei anderenfalls ihrer Darlegungslast nicht genügen könnte (Köln JurBüro 78, 1075; Koblenz JurBüro 81, 129; Hamburg JurBüro 82, 1723) und insbesondere aus dem Gesichtspunkt der **Waffengleichheit:** Gegner hat GA eines SV eingereicht (Köln JurBüro 79, 900; Hamburg JurBüro 82, 287; Bamberg JurBüro 82, 603). Privatgutachten nötig zur Überprüfung, Erschütterung oder Widerlegung des gerichtlich eingeholten GA (Koblenz Rpfleger 78, 328; ZSW 80, 236 m Anm Müller). Voraussetzung ist immer, daß das Privatgutachten in den Prozeß **eingeführt** wird (Schleswig SchlHA 78, 108; Frankfurt JurBüro 84, 1083). Notwendigkeit stets zu bejahen, wenn Gericht Substantiierung verlangt, die ohne GA nicht möglich ist (Koblenz JurBüro 81, 129), zB bei Klärung technischer Vorgänge (Koblenz ZSW 80, 235 m Anm Müller) oder zweifelhafter Echtheit einer Unterschrift (Nürnberg MDR 75, 936).

Höhe der Kosten richtet sich nicht nach ZSEG; Angemessenheit ist vielmehr nach freiem Ermessen zu beurteilen (München ZSW 80, 98), wobei zB einem Wirtschaftsprüfer bei schwierigen Fragen der Unternehmensbewertung ein Stundensatz von 200 DM zugebilligt werden kann (München ZSW 80, 98). Werden erstattungsfähige Aufwendungen für Privatgutachten in mehreren Rechtsstreitigkeiten verwendet, können diese Kosten in den einzelnen Verfahren nur mit einem Teilbetrag berücksichtigt werden, wobei neben dem Verhältnis der Streitwerte die Bedeutung der gutachtlichen Tätigkeit für die einzelnen Verfahren zu berücksichtigen ist (Bamberg JurBüro 71, 624). Entgegen LG Essen (ZSW 81, 223) gibt es keinen Grundsatz des Erstattungsrechts, wonach nur vorprozessuale Gutachten öffentlich bestellter und vereidigter Sachverständiger erstattungsfähig seien.

● **Prozeßkostenhilfe:** Im Bewilligungsverfahren gibt es keine Kostenerstattung und folglich auch keine Kostenentscheidung, auch nicht im Beschwerderechtszug (§ 118 Rn 23). Beiordnung eines Verkehrsanwalts nach § 121 III enthält nicht die bindende Feststellung der Erstattungspflicht des Gegners; Notwendigkeit muß geprüft werden (Frankfurt AnwBl 82, 381).

● **Prozeßstandschaft:** Bei gewillkürter Prozeßstandschaft erstattungsfähig nur die Kosten der Partei, nicht die des hinter ihr stehenden Rechtsträgers (München Rpfleger 80, 232).

● **Ratsgebühr** (§ 20 BRAGO): Nicht erstattungsfähig, wenn die Voraussetzungen für die Inanspruchnahme eines Verkehrsanwalts nicht vorlagen (Oldenburg JurBüro 78, 1811); anders wenn eine unerfahrene Partei durch Klagezustellung überrascht wird (Bamberg JurBüro 81, 548; Frankfurt JurBüro 85, 1410) oder die Partei sich im amtsgerichtlichen Prozeß anwaltlichen Rat holt, aber keinen Prozeßbevollmächtigten bestellt (LG Berlin MDR 82, 499) oder eine ausländische Partei sich über die Rechtslage bei Streit zur örtlichen Zuständigkeit unterrichtet (Bamberg JurBüro 78, 857) oder der Revisionsbeklagte im Revisionsverfahren nicht anwaltlich vertreten ist (München JurBüro 80, 1664). Daß eine Partei vor einem auswärtigen Gericht prozessieren muß, rechtfertigt nicht die Einholung anwaltlichen Rates am Wohnsitz vor Beauftragung des Prozeßbevollmächtigten (Stuttgart JurBüro 82, 552). Bei Berechnung fiktiver Informationskosten kann nur ausnahmsweise eine zusätzliche Ratsgebühr berücksichtigt werden (LG Bonn Rpfleger 85, 212 = KoRsp ZPO § 91 B – Vertretungskosten Nr 103 m Anm von Eicken).

● **Rechtsanwalt:** Seine Kosten sind in allen Verfahren, auch im Parteiprozeß und im Mahnverfahren zu erstatten, soweit die einzelne Maßnahme zur zweckentsprechenden Führung des Rechtsstreits notwendig war (München Rpfleger 72, 417). Der Anwalt, der sich **selbst vertritt,** kann seine Kosten auch für die Wahrnehmung eines auswärtigen Beweistermins bis zur Höhe der Kosten eines auswärtigen Anwalts verlangen, darüber hinaus, wenn die persönl Anwesenheit erforderl war (Kiel OLGE 37, 103; RGZ 51, 11). Keine Erstattung der Verkehrsgebühr oder von Informationskosten (München JurBüro 82, 1034, 1035; Düsseldorf Rpfleger 84, 34; Schleswig JurBüro 86, 884). Soweit Gebührenaufschlag nach § 6 I 2 BRAGO im Prozeß zwischen Sozietätsanwälten und dem Mandanten bejaht wird (zB Stuttgart Rpfleger 80, 308 = KoRsp BRAGO § 6 Nr 65 m Anm Schneider; verneinend zB Saarbrücken KoRsp BRAGO § 6 Nr 48 m Anm Schneider; Riedel/Sußbauer § 6 Rn 11), wird vielfach die Erstattungsfähigkeit abgelehnt, sei es durch einengende Auslegung des Mandatsvertrages mit Hilfe des § 157 BGB (München JurBüro 79, 1647; Stuttgart Justiz 79, 297) oder wegen Verstoßes gegen § 242 BGB (Hamburg JurBüro 79, 1312 = KoRsp BRAGO § 6 Nr 41 m Anm Schneider).

● **Rechtsbeistand:** Seine Vergütung entspricht derjenigen der Rechtsanwälte.

● **Rechtsgutachten:** S unter „Privatgutachten".

● **Referendar,** der einem RA zur Ausbildung zugewiesen ist: § 4 BRAGO.

● **Reisekosten, a) der Partei:** Erstattungsfähig sind Fahrkosten, Reiseaufwand und Zeitversäumnis, auch Kosten öffentl Verkehrsmittel innerhalb des Wohnorts. Maßgebend sind die Bestimmungen des ZuSEG; § 91 I 2 Hs 2 (BVerwG Rpfleger 84, 158 m Anm Hellstab). PKW-Kosten erstattungsfähig, wenn Benutzung der Bundesbahn nicht viel billiger gewesen wäre (München AnwBl 82, 201). Begriff der „Reise" setzt voraus, daß Partei die Grenzen der politischen Gemeinde überschreitet, in der sie wohnt (Stuttgart JurBüro 84, 762); tatsächliche Entfernung unerheblich (Stuttgart JurBüro 84, 762 gg Köln Rpfleger 76, 141). Reisekosten zur Teilnahme am Verhandlungstermin auch bei anwaltlicher Vertretung grundsätzlich erstattungsfähig (Koblenz JurBüro 85, 1404). Notwendig entstanden sind die Reisekosten der Partei immer, wenn das Gericht ihr persönl Erscheinen angeordnet hatte (Frankfurt JurBüro 85, 770; dann auch Anreisekosten aus dem Ausland erstattungsfähig: Frankfurt MDR 79, 762) oder aus sonstigen Gründen, zB wegen verwickelter Sachlage, die Wahrnehmung des Termins durch die Partei neben ihrem Anwalt zweckmäßig war und schriftsätzliches Vorbringen nicht genügt hätte (Bamberg JurBüro 83, 436; Hamburg JurBüro 82, 603), wobei zu beachten ist, daß die Anwesenheit der Partei im Verhandlungstermin in aller Regel die rasche Erledigung des Rechtsstreits fördert (Koblenz JurBüro 79, 442) und damit der Gesetzestendenz zur Prozeßbeschleunigung entspricht (s § 278 I 2). Deshalb auch Teilnahme am Beweistermin neben dem Prozeßbevollmächtigten regelmäßig sachdienlich und damit Reisekosten zum Termin erstattungsfähig (Frankfurt Rpfleger 80, 156). Es darf aber nicht lediglich auf den subjektiven Standpunkt der Partei abgestellt werden (RGZ 32, 387; von Eicken Anm zu KoRsp ZPO § 91 B – Auslagen Nr 29). Hat die Partei bei demselben Gericht mehrere Termine in verschiedenen Sachen wahrgenommen, so haftet ihr zwar jeder unterlegene Gegner für die Reisekosten des Tages; sie können aber nur einmal verlangt werden. Zweckmäßig ist die Verteilung der Reisekosten auf die verschiedenen Sachen u neuer Kostenfestsetzungsantrag, falls Beitreibung bei einem Schuldner erfolglos war. Die Reisekosten der Partei zur einmaligen, ersten Information ihres nicht an ihrem Wohnort befindl Anwalts sind erstattungsfähig, es sei denn, es handelt sich um eine ganz einfache Sache aus ihrem Lebens- und Geschäftsbereich (Hamm MDR 85, 59), in der schrifl Information mögl war (Koblenz JurBüro 81, 1071); die Kosten dürfen aber nicht höher sein als Verkehrsanwaltskosten (LG Bayreuth JurBüro 81, 135). **Fiktive Reisekosten** der Partei zum Prozeßanwalt sind nicht erstattungsfähig, auch wenn die Sache nicht so einfach war, daß die Partei auf schriftl Informationen hätte verwiesen werden können, tatsächl aber weder ein VerkAnwalt beauftragt noch eine Reise durchgeführt wurde (KG Rpfleger 75, 100). Wird der auswärts wohnende Beklagte auf Grund einer Gerichtsstandvereinbarung beim Wohnsitzgericht des Klägers verklagt, so sind seine Reisekosten auch dann erstattungsfähig, wenn sie höher als der Streitgegenstand und die Anwaltsgebühren sind (LG Hamburg MDR 65, 213 m Anm Schneider). In einfach gelagerten Fällen kann dies aber nur bis zur Höhe der Gebühr eines Prozeßbevollmächtigten und eines Verkehrsanwalts gelten (Jena OLGE 40, 356). Reisekosten der Partei sind grundsätzlich von dem Ort aus zu berechnen, von dem die Partei tatsächl zureist (Schleswig JurBüro 71, 259). Parteireisekosten zu einem Termin vor dem Revisionsgericht sind ausnahmsw erstattungsfähig, wenn der BGH die Vergleichsanregungen gegeben hat (Schleswig JurBüro 71, 255). Hat der Prozeßbevollmächtigte die Reise der Partei zum Termin für nötig gehalten und veranlaßt, so ist nach Lage der Sache besonders eingehend die Notwendigkeit der Auslagen zu prüfen (KG DR 39, 325), jedoch nicht bindend (aA Frankfurt MDR 84, 148 = KoRsp ZPO § 91 B – Auslagen Nr 11 m abl Anm Lappe). Für die Erstattungspflicht notwendiger Reisen ist es bedeutungslos, ob die Partei sich eines bezahlten Vertreters bedient hat; die diesem entstandenen Kosten sind in Höhe der ersparten Parteikosten abzurechnen (Frankfurt JurBüro 79, 595 u 1519; KG MDR 85, 148).

b) des Anwalts zum Prozeßgericht sind nur erstattungsfähig, wenn am Sitz des Gerichts kein Anwalt ist, den die Partei beauftragen konnte. Keine Erstattung der Reisekosten des beim LG zugelassenen, aber an einem anderen Ort wohnhaften Anwalts; jedoch Ausgleich in Höhe ersparter Reisekosten der Partei (Frankfurt AnwBl 82, 489; Karlsruhe MDR 82, 64; s auch unter „Auswärtige Abteilung"). Da Verhandlungstermine vor einem auswärtigen AG der prozeßbevollm RA grundsätzl selbst wahrzunehmen hat, sind durch Unterbevollmächtigung entstand Kosten regelm nur im Rahmen ersparter eigener Reisekosten des Prozeßbevollm erstattungsfähig (Celle NdsRpfl 77, 21). Reisekosten zum auswärtigen Termin sind nur bis zu den Gebühren eines Beweisaufnahmeanwalts (§ 54 BRAGO) erstattungsfähig, es sei denn, daß die Terminswahrnehmung durch den Prozeßbevollmächtigten notwendig war (Frankfurt MDR 62, 908). Besichtigung eines streitbefangenen Grundstücks zur Vorbereitung der Klageerwiderung kann notwendig sein (VG Stuttgart AnwBl 85, 544). Reisekosten des sog. **„Simultananwalts"** sind grundsätzl nur insoweit erstattungsfähig, als sie die Kosten nicht übersteigen, die bei Beauftragung eines am Gerichtsort ansässigen Rechtsanwalts entstanden wären (Frankfurt JurBüro 80, 140). Reisekosten spezialisierter auswärtiger Anwälte können erstattungsfähig sein, wenn ein vergleichbarer ortsansässiger Anwalt nicht beauftragt werden kann (LAG Düsseldorf ZIP 80, 471: Betriebsrentenrecht; ArbG Bochum NJW 78, 775: Hochschulrecht). Der Anwalt darf das für ihn bequemste und zeitgünstigste Verkehrsmittel wählen; diese Wahl ist grundsätzlich auch für die Erstattungspflicht beachtlich (Bamberg JurBüro 81, 1305). **Kraftfahrzeug:** Kosten des eigenen Kfz einschließlich Parkgebühren (LG Freiburg MDR 82, 764) sind grundsätzl erstattungsfähig. Bei **Flugreisen** (s München MDR 66, 937) ist auch die Flugunfallversicherung erstattungsfähig (Hamm NJW 73, 2120; Düsseldorf AnwBl 78, 471). An Fahrtkosten sind die Sätze nach § 28 BRAGO zu erstatten. **Übernachtungskosten** sind notwendig, wenn entweder die Reise unzumutbar früh hätte angetreten werden müssen (Karlsruhe Justiz 85, 473) oder vor dem Termin Rücksprachen vorgesehen und erforderlich waren (Frankfurt JurBüro 85, 1090).

● **Revisionsverfahren:** Verkehrsanwalt grundsätzlich überflüssig (Karlsruhe Justiz 81, 16). Die Kosten des im Zuständigkeitsprüfungsverfahren vor dem BayObLG für den Revisionsbeklagten mitwirkenden RA, der nicht beim BGH zugelassen ist, sind nicht erstattungsfähig (München JurBüro 81, 58), auch nicht bei Rüge unterlassener Sachverhaltsaufklärung (Frankfurt JurBüro 81, 1068). Äußert sich der Berufungsanwalt gegenüber dem BGH zur Frage der Beschwer oder der Annahme nach § 554b, sind seine Kosten erstattungsfähig (München MDR 79, 66 = KoRsp BRAGO § 56 Nr 9 m ausführl Anm Schneider; MDR 84, 950; aA Stuttgart AnwBl 82, 199).

● **Richterablehnung:** Nach KG Rpfleger 62, 156, ist das Verfahren zur Richterablehnung kein Teil des zwischen den Parteien bestehenden Streits, sondern ein Streit zwischen einer Partei mit dem Gericht. Kosten einer Beschwerde im Verfahren über Richterablehnung grundsätzl also nicht erstattungsfähig. Demgegenüber bejahen zB Stuttgart (AnwBl 79, 22), Nürnberg (MDR 80, 1026) u Frankfurt (MDR 81, 1024 = KoRsp BRAGO § 61 Nr 28 m krit Anm Schneider; JurBüro 86, 761) die Erstattungsfähigkeit immer, weil dem Gegner rechtliches Gehör gewährt werden müsse. Dem ist zu folgen, wenn ausnahmsweise eine Kostenentscheidung getroffen wird (Schneider DRiZ 79, 186; zust Düsseldorf Rpfleger 85, 208). Außergerichtliche Kosten werden auch dann nicht erstattet (Celle NdsRpfl 83, 92).

● **Sachverständigenablehnung:** Ebenso wie bei „Richterablehnung" (s dort) grundsätzlich keine Erstattung, weil kein Streit zwischen den Parteien geführt und deshalb nicht über die Kosten entschieden wird; ausnahmsweise Erstattung, wenn über die Kosten zu entscheiden ist, weil Gegner zur Stellungnahme aufgefordert wird oder aus tatsächlichen Gründen persönlich am Ablehnungsverfahren beteiligt ist (Hamm JurBüro 79, 117; Schneider DRiZ 79, 186).

● **Sachverständigengebühren:** Hat das Gericht die Entschädigung festgesetzt, dann kann der Erstattungspflichtige dem Gegner nicht entgegenhalten, anstatt die Gebühren zu zahlen, habe er den Gerichtskostenansatz gem § 5 GKG angreifen müssen (Stuttgart Justiz 83, 119). Bestellt eine Partei einen Sachverständigen zur mündlichen Verhandlung, kommt keine höhere Vergütung als die nach ZSEG zu berechnende in Betracht (Frankfurt JurBüro 83, 1253). Zu vorbereitenden Hilfsarbeiten einer Partei für den Sachverständigen s „Allgemeiner Prozeßaufwand".

● **Schäden:** Lagergeld, Futterkosten, Zinsverluste usw sind, weil keine Aufwendungen für die Prozeßführung, keine Prozeßkosten u müssen eingeklagt werden.

● **Schiedsgutachten:** Die Kosten eines vor oder nach Prozeßbeginn eingeholten Schiedsgutachtens zählen nicht zum Rechtsstreit (Frankfurt Rpfleger 75, 30; Düsseldorf MDR 82, 674). Bei einem sog Sachverständigenverfahren über die Schadenshöhe vor Inanspruchnahme einer Feuerversicherung sind die Sachverständigen als Schiedsgutachter tätig geworden; deren Kosten sind daher wie Schiedsgutachterkosten im allgemeinen im nachfolgenden Rechtsstreit nicht erstattungsfähig (München MDR 77, 848). Beträge, die der Beklagte zur Einholung eines Schiedsgutachtens aufgrund eines im Prozeß geschlossenen „Zwischenvergleichs" aufgewendet hat u bei Rechtswirksamkeit dieser Abmachung endgültig zu tragen hätte, gehören auch im Falle späterer Klagerücknahme nicht zu den gegen den Kläger festsetzbaren Prozeßkosten (KG NJW 74, 912).

● **Schreibauslagen:** S unter „Ablichtungen, Abschriften".

● **Schutzschrift:** Ein der ZPO unbekannter Begriff, der für Eilverfahren in Wettbewerbssachen entwickelt worden ist (grundlegende Darstellung: May, Die Schutzschrift im Arrest- und Einstweiligen Verfügungs-Verfahren, 1983, zu den Kostenfragen S 109 ff). Sie wird vorprozessual zur Abwehr eines befürchteten Verfügungsantrages bei Gericht eingereicht oder unmittelbar nach Eingang des Verfügungsantrages und soll dem Richter des Eilverfahrens Kenntnisse verschaffen, die ihn davon abhalten, eine Entscheidung ohne mündliche Verhandlung zu treffen (§ 937 II). Kostenerstattung wird heute überwiegend bejaht, wenn ein Verfügungsantrag eingereicht und damit ein Prozeßrechtsverhältnis begründet wird (Frankfurt Rpfleger 86, 318), gleichgültig ob die Schutzschrift vor oder nach ihm bei Gericht eingeht (Nachw bei von Eicken KoRsp ZPO § 91 A 4.1.1.0.4), auch wenn der RA, der die Schutzschrift verfaßt hat, nicht beim Eilgericht zugelassen ist (Hamburg Rpfleger 79, 28). Unerheblich auch, ob die Schrift tatsächliche oder nur rechtliche Ausführungen enthält (KG JurBüro 80, 1357) und wie der Antragsgegner vom Eingang der Antragsschrift Kenntnis erlangt hat (Hamburg JurBüro 85, 401). Entgegen Düsseldorf (WRP 80, 561) Kostenerstattung auch, wenn der Verfügungsantrag vor Zustellung an den Gegner zurückgenommen wird (Köln NJW 73, 2071; Hamburg WRP 77, 495; Stuttgart WRP 79, 818), jedoch dann nicht, wenn die Schutzschrift erst nach Zurücknahme des Verfügungsantrags bei Gericht eingeht (Köln JurBüro 81, 1827).

● **Sicherheit** (s auch §§ 103, 104 Rn 21 unter „Sicherheitsleistung" sowie § 788 Rn 5): Kosten einer vom Gläubiger laut Urteil zu beschaffenden Sicherheit zur Durchführung der ZwV oder der Beschaffung einer Bankbürgschaft sind erstattungsfähig, ebenso, wenn nicht Gericht, sondern Gläubiger die Bürgschaftsgestellung einräumt (Schleswig JurBüro 85, 940); desgleichen die Bürgschaftskosten des Beklagten zur Abwendung der Vollstreckung aus einem Versäumnisurteil (vgl Schneider MDR 74, 888; BGH LM ZPO § 104 Nr 4; Frankfurt JurBüro 83, 601; Schleswig JurBüro 84, 140; ältere abw Rspr ist überholt). Bürgschaftskosten des Vollstreckungsgegenklägers gem Einstellungsbeschluß nach § 769 sind nur in Höhe der den Gegner belastenden Kostenquote erstattungsfähig (Frankfurt KoRsp ZPO § 91 B – Auslagen Nr 44), also nicht voll (so aber Frankfurt MDR 78, 233). Kosten der Sicherheitsleistung durch einen Ausländer nach § 110 sind erstattungsfähig (Hamm NJW 56, 1642), nicht hingegen Kreditkosten zur Beschaffung der Sicherheit (Düsseldorf Rpfleger 81, 121) und Anwaltskosten (str, s von Eicken KoRsp ZPO § 91 A 5.4.0).

● **Sondervergütung:** Honorarvereinbarung, § 3 BRAGO, des Anwalts ist nur erstattungsfähig, wenn der Gegner sie vertraglich übernommen hat.

● **Sozietät:** Es ist umstritten, ob die Sozietät im Rechtsstreit mit dem Mandanten (auf der Aktivseite wegen nicht gezahlten Honorars, auf der Passivseite wegen Haftung für Schlechterfüllung) mit der Rechtsfolge des § 6 I 2 BRAGO als Auftraggebermehrheit behandelt werden darf. Richtiger Auffassung nach ist § 6 I 2 BRAGO auf diesen Fall nicht anzuwenden, sondern die Sozietät gegenüber dem Mandanten als Einheit anzusehen, jedenfalls fehlt ein sachlicher Grund für die

Aufspaltung der Mandate (Bamberg JurBüro 85, 1876). Dann stellt sich die Erstattungsfrage mangels Gebührenanfalls nicht. Wird dagegen die Anwendbarkeit des § 6 I 2 BRAGO bejaht, ist zusätzlich zu prüfen, ob dieses Vorgehen dem Gebot zur möglichst sparsamen Prozeßführung entspricht; das wird heute wohl überwiegend verneint (Nachw bei von Eicken KoRsp ZPO § 91 A 4.1.2.0.1); die Zubilligung eines erhöhten Erstattungsanspruches verstieße jedenfalls gegen Treu und Glauben (Hamburg KoRsp ZPO § 6 BRAGO Nr 41 m Anm Schneider; Bamberg JurBüro 85, 773; Koblenz KoRsp ZPO § 91 B-Vertretungskosten Nr 58). In Rechtsstreitigkeiten, an denen die Sozietät außerhalb eines Mandatsvertrages beteiligt ist, zB als Mieter, ist Erstattungsfähigkeit immer dann zu bejahen, wenn ein Fall des § 6 I 2 BRAGO vorliegt.

● **Spezialanwalt:** Seine Zuziehung kommt vor allem in Streitigkeiten des gewerblichen Rechtsschutzes in Betracht (s die Übersicht bei von Eicken KoRsp ZPO § 91 A 4.4.1.2). Erstattung der dadurch anfallenden Mehrkosten (zwei Anwälte!) sehr problematisch. Grundsätzlich muß ein RA sich die erforderlichen Kenntnisse für das übernommene Mandat selbst verschaffen (Stuttgart AnwBl 81, 196; Koblenz JurBüro 84, 922). Der Kläger ist zwar an einem qualifizierten Rechtsschutz interessiert; er darf ihn aber grundsätzlich nicht auf Kosten seines Gegners finanzieren. Dagegen spricht auch der Ausschluß der Kostenerstattung für übergesetzliche Honorarvereinbarungen in § 91 II 1.

● **Standesrecht:** Verstöße, zB gegen § 46 BRAGO, beeinflussen die Wirksamkeit von Prozeßhandlungen nicht; soweit diese gebührenrechtliche Tatbestände erfüllen, fallen auch die entsprechenden Kosten erstattungsfähig an (Hamburg JurBüro 80, 720). Mandatsniederlegung, weil die eigene Partei Versäumnisurteil erwirkt hat, führt nicht zur Mehrkostenerstattung (LG Bonn AnwBl 84, 102).

● **Steuerberaterkosten:** Erstattungsfähig nur, soweit es sich um die übliche Vergütung (§§ 612 II, 632 II BGB) handelt; die AllGo bindet nicht. Brauchbare Vergleichsgrundlage für die Feststellung der üblichen Vergütung ist die BRAGO. Das Honorar ist insbes dann erstattbar, wenn durch die Zuziehung des Steuerberaters der Partei ihre Darlegungspflicht ermöglicht wurde (München MDR 77, 848). Die Zuschläge nach § 3 III und § 6 I AllGO sind nicht erstattungsfähig, weil sie ersichtl dasjenige überschreiten, was dem Rechtsanwalt nach der BRAGO zusteht (VG Darmstadt NJW 64, 120).

● **Strafanzeige:** Anwaltskosten sind als Vorbereitungskosten erstattungsfähig, wenn sie dazu dienten, Ermittlungen in Gang zu setzen, ohne die der Kläger eine unerlaubte Handlung des Beklagten nicht hätte nachweisen können (KG AnwBl 83, 563; LG Frankfurt MDR 82, 759).

● **Streitgenossen:** Folgende Situationen sind zu unterscheiden:

1) Zwischen Streitgenossen, die gemeinsam auf der Kläger- oder der Beklagtenseite stehen, kommt es zu keiner internen Kostenerstattung, da die Kostenentscheidung des Urteils dieses Innenverhältnis nicht erfaßt, es sei denn, daß im Urteilstenor oder im Prozeßvergleich ein Innenausgleich vorgesehen ist.

2) Verschiedentlich wird angenommen, es stehe jedem Streitgenossen frei, einen **eigenen Anwalt** mit seiner Vertretung zu beauftragen (Schleswig JurBüro 81, 435; Frankfurt AnwBl 85, 647). Nach dieser Auffassung ist der Gegner stets erstattungspflichtig, gleichgültig ob von vornherein oder nachträglich verschiedene Prozeßbevollmächtigte bestellt werden, sofern nur nicht mehr Anwälte als Streitgenossen beauftragt werden (zB Nürnberg AnwBl 82, 74; Frankfurt AnwBl 81, 149 = KoRspr ZPO § 91 B-Vertretungskosten Nr 26 m abl Anm von Eicken). Düsseldorf (AnwBl 81, 70) macht nur die Einschränkung, die mehrfache Beauftragung sei bei Rechtsmißbrauch unbeachtlich (ebenso Hamm Rpfleger 78, 329; Stuttgart Justiz 80, 20). Die Notwendigkeit eines Anwaltswechsels wird in solchen Fällen gar nicht geprüft (München AnwBl 78, 482), auch nicht, wenn mehrere verklagte Anwälte sich selbst vertreten (München JurBüro 81, 138). Diese Auffassung ist abzulehnen; vielmehr ist nach § 91 III 3 zu beurteilen, ob in derartigen Fällen die Beauftragung eines je eigenen RA oder ein späterer Wechsel vom gemeinsamen Anwalt zu je eigenen Anwälten aus sachlichen Gründen geboten war (so zB Hamm MDR 79, 676; Rpfleger 81, 29; Koblenz MDR 79, 407; Karlsruhe VersR 79, 944; Stuttgart Justiz 80, 20; Rpfleger 80, 194; Hamburg JurBüro 82, 767; München Rpfleger 83, 495; Bamberg JurBüro 86, 923). Der Erstattungsberechtigte muß daher sachliche Gründe für die Aufspaltung des Mandats darlegen und glaubhaft machen (Hamm JurBüro 79, 1060; Stuttgart Justiz 80, 20; v Eicken Anm zu KoRsp ZPO § 91 B – Vertretungskosten Nr 174), anderenfalls er sich dem Vorwurf rechtsmißbräuchlicher Kostenerhöhung aussetzt, zB wenn eine GmbH & Co KG und die GmbH als persönlich haftende Gesellschafterin im Rechtsstreit als Streitgenossen verschiedene Prozeßbevollmächtigte beauftragen (Hamm Rpfleger 78, 329; bedenklich Düsseldorf AnwBl 81, 70). Diese Grundsätze sind auch im Verhältnis zwischen Kläger und seinem Haftpflichtversicherer zu beachten (Köln AnwBl 85, 534 m zust Anm Chemnitz: Arzthaftungsprozeß), insbesondere aber im Rechtsstreit mit Fahrzeughalter und Haftpflichtversicherer als Streitgenossen anzuwenden (sehr str; vgl. die Nachweise bei v Eicken KoRsp ZPO § 91 A 4.1.2.0.2 sowie Karlsruhe VersR 79, 944; Schleswig JurBüro 81, 610 gg Nürnberg AnwBl 81, 74; Schleswig JurBüro 84, 1563; Düsseldorf MDR 85, 148).

3) Bei Beauftragung eines **gemeinsamen Anwalts** durch Streitgenossen ist umstritten, in welcher Höhe der siegreiche Genosse die dem gemeinsamen Anwalt geschuldeten Kosten vom Gegner erstattet verlangen kann, wenn der andere Streitgenosse unterliegt. Heute werden dazu zwei Ansichten vertreten:

a) Kostenerstattung in voller Höhe, ohne daß im Festsetzungsverfahren die Frage erörtert wird, ob der Erstattungsberechtigte selbst diese Kostenschuld erfüllt hat oder – etwa wegen Mittellosigkeit des mithaftenden unterlegenen Streitgenossen – letztlich wird erfüllen müssen. Die Ausgleichspflicht aus dem Innenverhältnis bleibt unberücksichtigt (BGH JurBüro 69, 941 m abl Anm Schneider; weitere Nachw bei von Eicken KoRsp ZPO § 91 A 4.1.3.0). Zu den dabei auftretenden Schwierigkeiten, die bis zur Bemühung des Rechtsschutzbedürfnisses und dem Zwang zur Vollstreckungsgegenklage reichen, s Frankfurt AnwBl 85, 648 = KoRsp ZPO § 100 Nr 57 m Anm von Eicken.

b) Nach der zutreffenden Gegenmeinung kann der siegreiche Streitgenosse nur eine **seinem Kopfteil entsprechende Erstattung** verlangen, es sei denn, er lege dar und mache glaubhaft, daß der unterlegene Streitgenosse zahlungsunfähig ist; das Innenverhältnis oder tatsächlich geleistete Zahlungen bleiben grundsätzlich außer Betracht. Diese Auffassung überwiegt heute (s die Nachw bei von Eicken KoRsp ZPO § 91 A 4.1.3.0).

c) Bei dieser Kontroverse handelt es sich letztlich um ein **Scheinproblem,** weil der Zusammenhang zwischen der Fassung der Kostenentscheidung und der Ausgestaltung des darauf aufbauenden Kostenfestsetzungsverfahrens ignoriert wird (s zB Lappe MDR 58, 655; Rpfleger 80, 263; Schneider JurBüro 69, 943). Wer die Baumbach'sche Formel in der Kostengrundentscheidung verwendet, muß sie folgerichtig im Kostenfestsetzungsverfahren durchhalten und darf dem obsiegenden Streitgenossen keinen vollen Erstattungsanspruch geben. Dazu müßte vielmehr die Grundentscheidung anders tenoriert werden, etwa so, daß „der Kläger die außergerichtlichen Kosten des Beklagten A" oder „der ausscheidende Beklagte A die Kosten des Klägers" zu tragen haben. Diskussionsgegenstand kann daher logisch und systematisch korrekt nur die Frage sein, ob an der Baumbach'schen Formel festzuhalten ist oder ob die Kostengrundentscheidung so zu fassen ist, als würde jeder Streitgenosse selbständig prozessieren (s Hamburg MDR 78, 647 = KoRsp ZPO § 100 Nr 19 m Anm Lappe; LG Hamburg NJW 67, 1670 m Anm Schneider S 1970). Da die Zivilrechtspraxis an der Baumbach'schen Formel festhält, die sich seit Jahrzehnten bewährt hat, ist gegen den BGH der zweiten Auffassung zu folgen.

d) Nach keiner der beiden Ansichten ist es zulässig, daß der allein obsiegende Streitgenosse auch die **Erhöhung der Prozeßgebühr** nach § 6 I 2 BRAGO *voll* für sich festsetzen läßt (München JurBüro 78, 1806; Hamm JurBüro 78, 62 Stuttgart Justiz 79, 231; Koblenz JurBüro 79, 1817; LG Berlin JurBüro 83, 1260). Ob er sie anteilig erstattet verlangen kann, richtet sich nach § 91 II 3 ZPO. Ferner können Streitgenossen mit Einzelfestsetzungen in der Endsumme nie mehr erstattet verlangen, als sie gemeinsam schulden (Schleswig SchlHA 78, 178).

e) Sind die Streitgenossen am Gesamtstreitwert **unterschiedlich beteiligt,** kann bei unterschiedlichem Prozeßausgang jeder Genosse vom Gegner nur Erstattung entsprechend seiner wertmäßigen Beteiligung am Rechtsstreit verlangen (Nachw bei von Eicken KoRsp ZPO § 91 A 4.1.3.1). Das gilt auch für Mehrkosten nach einem Versäumnisurteil gegen lediglich einen Streitgenossen, selbst wenn die Kosten im Schlußurteil den Streitgenossen als Gesamtschuldnern auferlegt worden sind (LG Münster JurBüro 78, 753).

4) Verkehrsanwalt. Kein Streitgenosse braucht sich des anderen Genossen zur Informationserteilung zu bedienen. Haben mehrere Streitgenossen sich desselben Verkehrsanwalts bedient, dann ist bei der Berechnung der Verkehrsanwaltskosten unter dem Gesichtspunkt ersparter Informationsreisekosten zu berücksichtigen, daß jeder Streitgenosse grundsätzlich berechtigt ist, sich mit seinem Prozeßbevollmächtigten wenigstens einmal zu besprechen (Bamberg JurBüro 72, 314). Haben die Streitgenossen einen gemeinsamen Prozeßbevollmächtigten bestellt, dann sind auch die Kosten eines gemeinsamen Verkehrsanwalts nur zu erstatten, wenn dessen Einschaltung iSd § 91 notwendig war (Hamburg MDR 84, 588; Düsseldorf Rpfleger 84, 32; str, s die Nachw bei von Eicken KoRsp ZPO § 91 A 4.4.0.2).

● **Streithelfer.** Er kann von dem in die Kosten der Streithilfe verurteilten Gegner der Hauptpartei Erstattung auch der Schreibauslagen verlangen, die er zur Information aus den Gerichtsakten anfertigen läßt (Düsseldorf VersR 79, 870). S auch die Erl zu § 101.

● **Streitverkündungskosten** oder die Kosten des Zwischenstreits über die Zulassung gem § 71 sind nicht erstattungsfähig (Schleswig SchlHA 75, 66; Düsseldorf Rpfleger 78, 62; Frankfurt AnwBl 80, 258; Hamburg OLGE 23, 124). Auch dann nicht, wenn der Gläubiger den Streit verkünden muß (§ 841), weil dies nicht das Verhältnis zum Beklagten betrifft.

● **Streitwertfestsetzung:** Gerichtsgebühren fallen nicht an (§ 25 III GKG). Außergerichtl Kosten werden nicht erstattet. Schätzungskosten nach § 26 GKG werden entweder einer Partei auferlegt (§ 26 S 1 GKG) oder sie werden von der Staatskasse getragen, so daß Erstattung nicht in Betracht kommt (s dazu Markl GKG § 26 Rn 5).

● **Terminswahrnehmung:** Wahrnehmung eines Termins iS des § 54 S 2 BRAGO ist auch die Teilnahme an einem vom gerichtlich bestellten Sachverständigen durchgeführten Besichtigungstermin. Die Kosten sind erstattungsfähig in der Höhe, wie sie bei Terminswahrnehmung durch den Prozeßbevollmächtigten selbst angefallen wären (LG Itzehoe Rpfleger 82, 442).

● **Testkauf:** Im Bereich des gewerblichen Rechtsschutzes kommt es oft zu Testkäufen. Ob die Aufwendungen dafür im Rechtsstreit erstattungsfähig sind, ggf in welcher Höhe und wem die Kaufsache zusteht, oder ob diese Kosten aus materiellrechtlicher Anspruchsgrundlage selbständig eingeklagt werden müssen, ist umstritten (s die Rspr bei von Eicken KoRsp ZPO § 91 A 3.0). Nicht erstattungsfähig (Hamm MDR 85, 414). Dann erstattungsfähig, wenn im Rahmen eines schon vorher gefaßten Entschlusses zur Rechtsverfolgung getestet wird (Düsseldorf JurBüro 86, 99; WRP 86, 33 = EWiR § 91 ZPO 1/86, 309 m Anm Lindacher) und kostenschonende Maßnahmen getroffen worden sind (Frankfurt WRP 85, 349); erstattungsfähig, soweit notwendig (Koblenz KoRsp ZPO § 91 B – Auslagen Nr 36 m Anm von Eicken). Bei derart uneinheitlicher Judikatur keine sichere vorprozessuale Prognose möglich.

● **Treuhandstelle:** Die Kosten der Prozeßvertretung durch eine genossenschaftl Treuhandstelle sind nicht erstattungsfähig (Celle NJW 62, 811; LG Berlin JW 38, 2765; LG Aachen JMBlNRW 57, 163; aA LG Köln NJW 58, 1689 m abl Anm Bode S 2073).

● **Übersetzungskosten** fremdsprachlicher Urkunden sind erstattungsfähig (vgl Ott AnwBl 81, 173), dagegen nicht der Schriftverkehr zwischen Partei und Anwalt (Düsseldorf Rpfleger 83, 367); wohl sind einer der deutschen Sprache nicht kundigen ausländischen Prozeßpartei die Kosten der Übersetzung aller wesentl Schriftstücke, vorzulegenden Urkunden, überhaupt des Schriftwechsels mit dem eigenen Prozeßanwalt, gerichtl Entscheidungen und Verfügungen zu erstatten (Düsseldorf AnwBl 83, 560; s näher von Eicken KoRsp ZPO § 91 A 2.4.1.1.–3). Übersetzt der RA selbst wörtlich, teilt er also nicht nur den Inhalt eines Schriftstücks in der fremden Sprache mit, so sind solche Übersetzungskosten erstattungsfähig, wenn die Tätigkeit den üblichen Rahmen überschreitet, da sie insoweit nicht schon durch die Prozeßgebühr des § 31 I Nr 1 BRAGO abgegolten ist (Hamburg JurBüro 71, 685; Karlsruhe Justiz 76, 315; ausführlich Schneider JurBüro 67, 689). Entschädigt wird nach § 17 ZSEG.

● **Umsatzsteuer (Mehrwertsteuer):** Anspruch des RA auf Gebühren, Schreibauslagen, Reisekosten, Porti, Fernsprech- und Telegrammgebühren ergibt sich aus § 25 II BRAGO. Keine Mehrwertsteuer für vom RA verauslagte Gerichtskosten. Erstattungsfähigkeit ist unabhängig davon, ob die Partei vorsteuerabzugsberechtigt ist (Koblenz MDR 83, 852; weitere Nachw von Eicken KoRsp ZPO § 91 A 4.7.6). Auch ausländisches Unternehmen muß dem Gegner ohne Rücksicht auf eigene Umsatzsteuerpflicht die Mehrwertsteuer erstatten (Frankfurt Rpfleger 84, 116). Maßgebend ist der Steuersatz bei Fälligwerden der Vergütung (Hamm Rpfleger 82, 237; Düsseldorf AnwBl 83, 334). Bei Vertretung in eigener Sache fällt für den Anwalt Umsatzsteuer an (§ 1 I Nr 2 b UStG 1980), die zu erstatten ist (Stuttgart JurBüro 86, 443, unterscheidend, ob es um eine private oder berufliche Angelegenheit geht). Keine Erstattung von Mehrwertsteuer auf fiktive Reisekosten (Koblenz AnwBl 79, 116).

● **Unterbevollmächtigter:** Bestellt die Partei, regelmäßig wegen weiter Entfernung vom Sitz des Prozeßgerichts oder wegen besonderen Vertrauens (LG Essen AnwBl 83, 564), einen in ihrer Nähe residierenden Anwalt als Hauptbevollmächtigten und einen Unterbevollmächtigten am Sitz des Prozeßgerichts, dann sind die Mehrkosten nicht erstattungsfähig, soweit sie die Kosten eines Prozeßbevollmächtigten am Prozeßgericht und eines notwendigen Verkehrsanwalts am Wohnsitz der Partei übersteigen (Bamberg JurBüro 79, 597; Stuttgart Justiz 79, 99). Gebühr des § 56 I Nr 1 BRAGO für Einreichung eines Schriftsatzes kann bei Notwendigkeit dieser Tätigkeit ebenfalls erstattungsfähig sein (Hamburg JurBüro 79, 722). Unterbevollmächtigter kann auch eine Erörterungsgebühr verdienen, die erstattungsfähig ist, wenn keine weitere Gebühr aus § 31 I Nr 4 BRAGO beansprucht wird (München MDR 79, 505). Wäre Verkehrsanwalt zuzubilligen gewesen, kommt Erstattung bis zur Höhe von dessen fiktiven Kosten in Betracht (Bamberg JurBüro 83, 121, 772; 85, 130; LG Freiburg AnwBl 84, 98).

● **Urteil:** Erstattungsfähig sind nur Schreibauslagen für die zusätzl gerichtl Ausfertigungen und die Zustellungskosten; Festsetzung wegen § 788 nicht nötig (Stuttgart JW 30, 3352).

• **Verbindung:** Verklagt der Kläger, durch verschiedene Anwälte vertreten, in getrennten Prozessen denselben Beklagten und kommt es nachher zur Verbindung dieser Verfahren, dann sind ab Prozeßverbindung nur noch die neu erfallenden Kosten eines Anwalts erstattungsfähig (Celle KoRsp ZPO § 91 B – Vertretungskosten Nr 62). Die Anwaltskosten vor Verbindung sind nur dann insgesamt zu erstatten, wenn für den Kläger Anlaß bestand, zwei getrennte Verfahren einzuleiten und sich durch verschiedene Anwälte vertreten zu lassen.

• **Verdienstausfall:** S unter „Allgemeiner Prozeßaufwand".

• **Vergleich:** Umfang der Kostenübernahme muß bei Zweifeln durch Auslegung ermittelt werden (s §§ 103, 104 Rn 21 unter „Auslegung" u „Prozeßvergleich"), was zB nach Köln (Rpfleger 77, 148 gg Hamm JurBüro 77, 1456) dazu führen kann, daß die Kosten einer vorangegangenen Zwangsvollstreckung erfaßt sind. Die Vergleichsgebühr des Verkehrsanwalts ist grundsätzlich nicht zu erstatten (Bamberg JurBüro 83, 772; Hamburg MDR 84, 949), ausnahmsweise zB dann, wenn der Gegner sich wegen Vergleichsverhandlungen unmittelbar an den Verkehrsanwalt gewandt hat (Koblenz MDR 84, 587), eine Partei völlig rechts- und schreibungewandt ist (Hamburg MDR 83, 1034) oder der Vergleich ohne Einschaltung des Verkehrsanwaltes nicht zustande gekommen wäre (von Eicken Anm zu KoRsp ZPO § 91 B – Vertretungskosten Nr 37). Keinesfalls reicht es aus, daß der Verkehrsanwalt die Partei in derjenigen mündlichen Verhandlung, in der der Prozeßvergleich abgeschlossen worden ist, neben dem Prozeßbevollmächtigten beraten hat (so aber Frankfurt KoRsp ZPO § 91 [B – Vertretungskosten] Nr 25 m abl Anm von Eicken); der Senat verwechselt das Erfallen der Gebühr für den Verkehrsanwalt mit ihrer Erstattungsfähigkeit.

• **Vergleichsverwalter:** Anders als beim Konkursverwalter wird seine Tätigkeit als Verkehrsanwalt nicht durch die Vergleichsverwaltervergütung abgegolten (Köln AnwBl 83, 562).

• **Verkehrsanwalt:** Wohnt eine Partei nicht im Bezirk oder in der Nähe des Gerichts und ist sie nicht fähig, einen dort residierenden, also auswärtigen Anwalt sachgemäß zu informieren, vor allem, weil die Rechtslage nicht einfach ist, dann darf sie einen an ihrem Ort oder in dessen nächster Nähe befindlichen Anwalt damit betrauen, den Prozeßstoff zu sichten und den am Prozeßgericht wohnhaften Anwalt zu informieren. Dieser ist dann der Prozeßbevollmächtigte, der andere der Verkehrsanwalt (§ 52 BRAGO). Ob die Gegenpartei dessen Gebührenanspruch gegen den Auftraggeber erstatten muß, richtet sich nach § 91 II 3.

1) Erstattungsgrundsätze. Die Mehrkosten sind nur ausnahmsweise erstattungsfähig. Zur Abgrenzung werden inhaltsarme Umschreibungen verwandt, zB Erstattungsfähigkeit zu bejahen, wenn der Partei die unmittelbare mündliche Information ihres auswärtigen Prozeßbevollmächtigten aus sachlichen Gründen unmöglich oder aus persönlichen Gründen unzumutbar ist oder wenn die Kosten einer unmittelbaren Information die des Verkehrsanwalts erreichen oder überschreiten würden. Die einschlägige Rspr ist kaum noch überschaubar, wechselt von OLG-Bezirk zu OLG-Bezirk und ist oft innerhalb eines Bezirks noch in sich widersprüchlich (s die Nachw bei von Eicken KoRsp ZPO § 91 A 4.4.0–4.4.5.2). Die Schwierigkeiten werden damit prinzipiell in den Einzelfall verlagert (was ist aus sachlichen Gründen unmöglich? was ist aus persönlichen Gründen unzumutbar?), was indessen unumgänglich ist, nachdem alle Versuche, allgemeingültige Abgrenzungskriterien zu entwickeln, gescheitert sind. Möglich ist es allenfalls, typische Sachverhaltsgruppen herauszustellen. Richtlinien dafür sind: Soweit eine Partei auch mit Rücksicht auf die Schwierigkeiten ihres Falles in der Lage ist, den Prozeßbevollmächtigten unmittelbar schriftlich zu informieren, hat sie keinen Anlaß, auf Kosten des Gegners einen Verkehrsanwalt zwischenzuschalten (Koblenz JurBüro 85, 1873). Außer Schreibungewandtheit können zB auch Alter, Krankheit oder Körperbehinderung die Zuziehung eines Verkehrsanwalts rechtfertigen, jedoch grundsätzlich nur bis zur Höhe der Kosten einer sonst notwendigen Informationsreise der Partei zu ihrem Prozeßbevollmächtigten (zB Hamm AnwBl 83, 559; Oldenburg AnwBl 83, 558; Stuttgart AnwBl 83, 567). Untauglich sind Versuche, die Zumutbarkeit solcher Informationsreisen durch Zeit- oder Entfernungskriterien zu bestimmen, weil dies zu einer willkürlichen und formalistischen Einschränkung der Erstattungskriterien führen würde. Auch im gewerblichen Rechtsschutz ist auf die Umstände des Einzelfalles abzustellen (Nachw bei von Eicken KoRsp ZPO § 91 A 4.4.1.2). Daß sich eine Partei, meist größere Unternehmen, regelmäßig von einem bestimmten Anwalt beraten läßt, rechtfertigt keine Begünstigung hinsichtlich der Erstattung von Verkehrsanwaltsgebühren. Auch hier kommt es darauf an, ob sie nach ihren persönlichen Eigenschaften und Fähigkeiten in der Lage war, den Prozeßbevollmächtigten selbst zu informieren, was bei einem kaufmännisch geführten Unternehmen (Düsseldorf AnwBl 84, 380; Koblenz JurBüro 85, 618) und damit auch bei Wettbewerbsverbänden in der Regel anzunehmen ist (Stuttgart JurBüro 83, 1836); sie müssen sich ggf so organisieren, daß sie zur eigenen Information in der Lage sind (Frankfurt MDR 85, 327; JurBüro 84, 111). Das gilt auch für Haftpflichtversicherungsgesellschaften (Schleswig JurBüro 82, 411). Geht es im Rechtsstreit um Spezialmaterien, kann die Zuziehung eines **RA mit Spezialkenntnissen** erstattungsfähig sein, wenn am Ort des Prozeßgerichts kein Anwalt mit den notwendigen Kenntnissen und Erfahrungen zu finden ist (s unter „Spezialanwalt").

2) Einzelheiten (in alphabetischer Reihenfolge): **Ausländischer Verkehrsanwalt** wird ebenfalls nach den Grundsätzen des § 91 II beurteilt (Stuttgart Justiz 82, 262; Düsseldorf AnwBl 83, 560; s auch unter „Ausländer"). Eine deutsch sprechende Partei kann sich in Deutschland selbst informieren (Frankfurt Rpfleger 82, 311). Während sich die Erstattungsfähigkeit nach deutschem Recht richtet, ist die Höhe der Kosten des ausländischen Verkehrsanwalts nach dessen Heimatrecht zu beurteilen (Hamm AnwBl 73, 171); jedoch keine Berufung auf Honorarvereinbarung (Hamburg MDR 80, 589) und Begrenzung der Höhe nach den Kosten eines inländischen Anwalts einschließlich fiktiver Reise- und Dolmetscherkosten (LG Köln AnwBl 82, 532). – **Beweisanwalt,** Kostenerstattung nur in der Höhe, wie durch seine Einschaltung Reisekosten des Prozeßbevollmächtigten vermieden worden sind (Schleswig JurBüro 77, 1737). Nicht notwendig, daß Verkehrsanwalt zusammen mit Hauptbevollmächtigtem an Verhandlungs- und Beweisterminen teilnimmt (Bamberg JurBüro 86, 438). S auch unter „Beweistermin". – **Eheleute.** Klagt ein Ehegatte, ist die ihm vom anderen Ehegatten in Rechnung gestellte Verkehrsgebühr nicht erstattungsfähig (Koblenz JurBüro 83, 758; Köln JurBüro 83, 1047). – **Eilverfahren** (Arrest und einstweilige Verfügung) werden von der Rspr hinsichtlich der Prüfung der Notwendigkeit eines Verkehrsanwalts begünstigt wegen der Eilbedürftigkeit und der Haftung nach § 945 (zB Stuttgart Justiz 82, 262), ohne daß die Einzelfallprüfung übergangen werden darf (Schleswig JurBüro 79, 1668). War für das Verfügungsverfahren die Notwendigkeit eines Verkehrsanwalts bejaht worden, wird sie regelmäßig im parallel verlaufenden Hauptverfahren auch zu bejahen sein (Köln AnwBl 80, 76). Nehmen jedoch beide Anwälte an einem Beweistermin vor dem Rechtshilfegericht teil, sind nur die (geringeren) Kosten eines Anwalts erstattungsfähig (Köln AnwBl 80, 76). – **Hausanwalt,** ständige Beratung durch ihn rechtfertigt nicht die Einschaltung als Verkehrsanwalt (Hamm WRP 79, 222; Bamberg JurBüro 78, 1022; Koblenz JurBüro 78, 1373). – **Konkursverwalter,** der als RA im Rechtsstreit tätig wird, kann nicht zugleich als Verkehrsanwalt liquidieren (Stuttgart Rpfleger 83, 500). – **Prozeßkostenhilfe.** Beiordnung eines Verkehrsanwalts im Bewilligungsverfahren (§ 121 Rn 18, 19) bindet nicht bei der Notwendigkeitsprüfung im Kostenfestsetzungsverfahren (Hamm Rpfleger 83, 328). Umgekehrt kann die Zuziehung eines Verkehrsanwalts durch die hilfsbedürftige Partei auch dann erstattungsfähig sein, wenn das Prozeßgericht die Beiordnung nicht für erforderlich gehalten hat (München NJW 61, 929). – **Prozeßvergleich.** Die Vergleichsgebühr des Verkehrsanwalts ist grundsätzlich nicht erstattungsfähig, da es in aller Regel nicht nötig ist, daß die Partei beim Vergleichsabschluß von zwei Anwälten vertreten wird. Einzelheiten bei von Eicken KoRsp ZPO § 91 A 4.4.3.3: Die Notwendigkeit, weil seine Mitwirkung für das Zustandekommen des Vergleichs ausschlaggebend war, muß dargelegt werden; erforderlich ist, daß der Vergleich ohne Mitwirkung des Verkehrsanwalts nicht zustande gekommen wäre (Frankfurt Rpfleger 86, 151 = KoRsp ZPO § 91 B – Vertretungskosten Nr 172 m Anm v Eicken; JurBüro 86, 759). Deshalb sollte auch entgegen Stuttgart (AnwBl 80, 263) Erstattung einer Vergleichsgebühr verneint werden, wenn der Prozeßbevollmächtigte erst nach Rücksprache mit dem Korrespondenzanwalt seiner Partei bereit ist, abzuschließen (Schneider KoRsp Anm II 2 zu BRAGO § 23 Nr 5). Anders, wenn der erstinstanzliche Anwalt unmittelbar vom Prozeßbevollmächtigten des Gegners angesprochen wird. Daß für den Verkehrsanwalt Vergleichsgebühr angefallen ist, besagt selbstverständlich nicht, daß sie auch erstattet werden muß (München MDR 81, 681; irrig Frankfurt AnwBl 82, 248). – **Rechtsmittelverfahren.** Da der Sachverhalt regelmäßig bereits weitgehend im ersten Rechtszug geklärt wird und darüber ein Urteil vorliegt, braucht der erstinstanzliche Prozeßbevollmächtigte grundsätzlich nicht zum Verkehrsanwalt für den zweiten Rechtszug bestellt zu werden, so daß auch eine Verkehrsgebühr nur ganz ausnahmsweise erstattungsfähig ist (ausführliche Nachweise bei von Eicken KoRsp ZPO § 91 A 4.4.3.2). Das gilt auch für die ausländische Partei (Hamburg JurBüro 83, 1715). Ausnahme setzt voraus, daß der zweitinstanzliche Prozeßbevollmächtigte in tatsächlicher Hinsicht nicht in der Lage ist, ohne Hilfe des Verkehrsanwalts vorzutragen oder daß erstinstanzlich der Sachverhalt nicht hinreichend geklärt ist und hinsichtlich der maßgeblichen Umstände der erstinstanzliche Prozeßbevollmächtigte besser unterrichtet ist als die Partei selbst. – **Scheckprozeß** macht Zuziehung eines Verkehrsanwalts regelmäßig nicht nötig (Bamberg JurBüro 78, 1022), auch nicht bei Geltendmachung eines Wechselanspruchs aus dem eigenen Geschäftsbereich eines Kaufmanns (Düsseldorf JurBüro 81, 75). – **Staat.** Nur Kosten eines Anwalts erstattungsfähig, wenn ein Rechtsstreit die Geschäftsbereiche mehrerer Minister berührt und sich diese durch verschiedene Anwälte vertreten lassen (s unter „Behörde"). – **Streitgenossen** mit einem gemeinsamen Prozeßbevollmächtigten können die Kosten eines gemeinsamen Verkehrsanwalts nur erstattet verlangen, wenn dessen Einschaltung zur zweckentsprechenden Rechtsverfolgung notwendig war oder wenigstens bewirkt hat, daß die Streitgenossen von der Bestellung eines weiteren Prozeßbevollmächtigten abgesehen haben (KG JurBüro 82, 1038). Die Beauftragung eines gemeinsamen Prozeßbevollmächtigten enthebt für sich allein noch nicht der Notwendigkeitsprüfung (Hamburg MDR 84, 588). Einzelheiten, auch zur erhöhten Verkehrsgebühr (§ 52 BRAGO) bei von Eicken KoRsp ZPO § 91 A 4.4.0.2. – **Streithelfer.** Notwendigkeit, einen Verkehrsanwalt einzuschalten, kann auch bei ihm gegeben sein (Frankfurt AnwBl 78, 68). Es gelten die allgemeinen Grundsätze. – **Vormund.** Ist er RA, dann stehen ihm für die Unterrichtung des auswärtigen Prozeßbevollmächtigten die Verkehrsanwaltsgebühren nur zu, wenn ein nicht rechtskundiger Vormund erstattungsfähig einen Verkehrsanwalt hätte einschalten dürfen (Koblenz VersR 81, 865; Schleswig SchlHA 79, 60).

• **Verklarungsverfahren:** Insoweit keine Kosten des sich daran anschließenden Rechtsstreits, als sie einem Unfallbeteiligten entstanden sind, der nur am Verklarungsverfahren, nicht aber am Rechtsstreit beteiligt war (Köln VersR 69, 1004).

• **Versicherungsgesellschaft:** Aufwendungen an Stelle der Partei sind erstattungsfähig, soweit sie auch die Partei aus eigenen Mitteln hätte aufwenden dürfen (KG JW 36, 3330; 38, 1336; Breslau JW 39, 569). Verkehrsanwalt zur Information des Prozeßbevollmächtigten nicht notwendig (Schleswig JurBüro 82, 411). Hinsichtlich der Erstattungsfähigkeit von Gutachten s unter „Privatgutachten" u wegen Beauftragung mehrerer Anwälte im Haftpflichtprozeß unter „Streitgenossen".

• **Versorgungsausgleich:** Die Nachprüfung der vom Familienrichter ohne Zuziehung eines SV angestellten Berechnung des Versorgungsausgleichs, insbesondere auf ihre rechtliche Begründetheit, ist Aufgabe des Prozeßbevollmächtigten; zieht dieser dazu einen Rentenberater heran, sind die Kosten nicht erstattungsfähig (Stuttgart Justiz 80, 442; Bamberg JurBüro 81, 275). Anwaltskosten im Beschwerdeverfahren sind erstattungsfähig, auch wenn der RA beim OLG nicht postulationsfähig ist und deshalb nur die Stellung eines Beistands hat (Zweibrücken Rpfleger 82, 157). Weil RA und Mandant im Besitz der Unterlagen sein müssen, sind die dafür erforderlichen Ablichtungskosten erstattungsfähig (Köln AnwBl 82, 114).

• **Vertreter:** Ist das persönliche Erscheinen einer Partei zur Sachverhaltsaufklärung angeordnet und entsendet diese gemäß § 141 III 2 einen Vertreter, der zur Aufklärung in der Lage ist, dann werden die Vertreterkosten wie Parteikosten erstattet (Koblenz JurBüro 77, 99), also grundsätzlich nur in der Höhe, wie sie bei eigener Terminswahrnehmung durch die Partei entstanden wären (KG KoRsp ZPO § 91 B – Auslagen Nr 22). Ebenso für einen Geschäftsinhaber, der keine Mitarbeiter hat (LG Köln JurBüro 81, 1077).

• **Verwaltungsgerichtliche Vorverfahren:** Ist ein Verwaltungsvorverfahren gesetzl vorgeschrieben, so sind die dort erwachsenen Anwaltskosten (§ 118 BRAGO) im nachfolgenden Prozeß erstattungsfähig, sofern die Vertretung durch einen Anwalt iSd § 91 I 1 ZPO geboten war (München AnwBl 76, 93).

• **Verweisung:** S auch „Mahnverfahren" u „Anwaltswechsel". Im Verhältnis der ordentl Gerichtsbarkeit zur Arbeitsgerichtsbarkeit gilt § 9 GKG: Wenn der Rechtsstreit vom ArbG an das ordentl Gericht verwiesen wird, bleiben die beim ArbG angefallenen RA-Kosten von der Erstattung ausgeschlossen (allg M; § 12a I 1 ArbGG). Sie sind aber erstattungsfähig, soweit durch die Beauftragung des RA höhere Reisekosten der Partei erspart wurden (München AnwBl 64, 264). Wird nach Verweisung an das Landgericht der ursprüngliche Prozeßbevollmächtigte nunmehr als Verkehrsanwalt tätig, hängt die Erstattungsfähigkeit der Verkehrsanwaltskosten davon ab, ob seine Einschaltung für das weitere Verfahren notwendig war (Hamburg JurBüro 83, 771). Wird ein Rechtsstreit vom ordentlichen Gericht an das Arbeitsgericht verwiesen und die beklagte Partei bei beiden Gerichten von demselben Anwalt vertreten, so hat der obsiegende Kläger dem Beklagten die vor dem ordentlichen Gericht entstandenen Anwaltskosten auch dann zu erstatten, wenn sie in gleicher Höhe vor dem Arbeitsgericht erneut anfallen (ebenfalls allg M; zB LAG München AnwBl 85, 103; LAG Frankfurt AnwBl 85, 104; LAG Schleswig-Holstein KoRsp ArbGG § 12a Nr 26 m Anm Lappe). Unterliegt der Kläger nach Verweisung, hat er ebenfalls die vollen Kosten zu erstatten, die beim ordentlichen Gericht erfallen sind, mögen sie auch vor dem ArbG erneut angefallen sein (LAG Baden-Württemberg AnwBl 79, 29 [mit falschen LS]; LAG Stuttgart AnwBl 79, 28; LAG Niedersachsen JurBüro 78, 748). Wird der Kläger lediglich zur Tragung der Mehrkosten verurteilt, die durch Klage beim unzuständigen Gericht erfallen sind, dann bleibt er voll erstattungspflichtig; denn Mehrkosten sind in diesem Fall die Anwaltskosten vor dem ordentlichen Gericht auch dann, wenn der Beklagte sich vor dem ArbG weiterhin anwaltlich vertreten läßt (str, Nachw bei Schneider Anm zu KoRsp ArbGG § 12a Nr 34, von Gierke-Braune/Hiekel Rpfleger 85, 226). Der im Mahnverfahren und später nach der

Verweisung im Verfahrensabschnitt vor dem LG als Verkehrsanwalt tätige RA kann nur die 10/10 Gebühr des § 52 BRAGO erhalten, weil die Mahngebühr des § 43 I Nr 1, aber auch die Widerspruchsgebühr des § 43 I Nr 2 BRAGO auf die Verkehrsgebühr anzurechnen sind (München NJW 69, 1217). Bei Mehrkostenauferlegung kann der letztlich obsiegende Kläger die Kosten der Einschaltung des früheren Prozeßbevollmächtigten als Verkehrsanwalt bei Notwendigkeit erstattet verlangen (Bremen JurBüro 78, 1405; Hamburg JurBüro 83, 771). Unterbleibt der Kostenausspruch nach § 281 III 2 versehentlich, kommt eine Korrektur im Festsetzungsverfahren in Betracht (Frankfurt MDR 81, 58; Bamberg JurBüro 85, 123; Lappe Anm zu KoRsp ZPO § 91 B – Allgemeines Nr 14; str, aA die hM, s §§ 103, 104 Rn 21 unter „Mehrkosten"). Das gleiche gilt, wenn der Beklagte in einem Prozeßvergleich die Kosten des Rechtsstreits vorbehaltlos übernommen hat (Schleswig JurBüro 80, 1585).

- **Vollstreckungsbescheid:** Die Gebühr für das Erwirken ist erstattungsfähig, wenn innerhalb der Widerspruchsfrist kein Widerspruch erhoben wurde (§ 43 BRAGO).

- **Vorbereitungskosten:** S Rn 12 vor § 91. Sie sind nur erstattungsfähig, wenn sie in Beziehung auf einen bestimmten Rechtsstreit entstanden sind (Koblenz JurBüro 81, 1070). Das ist nicht der Fall, wenn sie nur aufgewandt worden sind, um die Entschließung vorzubereiten, ob ein Rechtsstreit überhaupt eingeleitet werden soll (Hamm JurBüro 85, 1401) oder wenn sie zur Abwendung eines Rechtsstreits aufgewendet worden sind (Schleswig JurBüro 81, 582), wenn sie von einem selbständigen Verfahren mit eigener Kostenentscheidung erfaßt werden, zB bei einstweiliger Verfügung im Verhältnis zur Hauptsache (BGHZ 45, 257). In Betracht kommt aber die Geltendmachung eines materiellen Kostenerstattungsanspruchs (s Rn 11 vor § 91). Häufiger Streitpunkt ist die Erstattungsfähigkeit vorprozessual eingeholter Gutachten, deren Erstattungsfähigkeit nur ausnahmsweise bejaht wird (Stuttgart JurBüro 85, 122; Bamberg JurBüro 85, 617; s unter „Privatgutachten"). S auch unter „Allgemeiner Prozeßaufwand", „Detektivkosten", „Reisekosten der Partei"; Einzelnachweise in KoRsp ZPO § 91 B – Vorbereitungskosten. Zum Verfahren auf Bewilligung von Prozeßkostenhilfe s § 118 Rn 22 ff.

- **Vorpfändung:** Deren Kosten sind erstattungsfähig, da sie eine vollstreckungsrechtlich sachdienliche Maßnahme darstellt. Anders verhält es sich, wenn sonstige Vollstreckungsmaßnahmen eine Befriedigung des Gläubigers in angemessener Zeit sicher erwarten lassen oder der Gläubiger mit Rücksicht auf die persönlichen und finanziellen Verhältnisse des Schuldners keinen Anlaß hat, an der freiwilligen Erfüllung zu zweifeln.

- **Vorprozesse:** Nicht selten liegt es so, daß nach einem schädigenden Ereignis, insbesondere bei Straßenverkehrsunfällen, vorab Straf- oder Zivilprozesse geführt werden, bevor es zu dem die endgültige Regulierung einleitenden Hauptprozeß kommt. Die Erstattung der dafür aufgewandten Kosten ist nur auf Grund materiellrechtlicher Anspruchsgrundlage möglich (s dazu Rn 11 ff vor § 91). Das Kostenfestsetzungsverfahren des letzten Rechtsstreits scheidet dafür aus, weil die vorangegangenen Prozesse selbständig waren und mit einer eigenen Kostengrundentscheidung geendet haben (Einzelheiten dazu bei Klimke VersR 81, 17 ff).

- **Vorsorglicher Prozeßauftrag an Anwalt:** Erlangt der Antragsgegner von einem gegen ihn gerichteten Verfügungsantrag ohne gerichtliche Anordnung Kenntnis, so kann er zur vorsorglichen Wahrung seiner Rechte einem RA Prozeßauftrag erteilen. Die entstehenden Kosten sind erstattungsfähig (München JurBüro 64, 664 u 845 m Anm Schneider), jedoch nur soweit nötig, zB nicht für Einreichung eines Schriftsatzes mit Abweisungsantrag vor Zustellung (KG JurBüro 80, 1430; s unter „Einstweilige Verfügung").

- **Wahl des Gerichtsstandes:** Entgegen wohl hM (s § 35 Rn 3) darf der Kläger auch bei der Gerichtsstandswahl nicht nach Belieben verfahren; wählt er nicht den Weg, der geringere Kosten verursacht, bedarf es dazu eines zureichenden Grundes, um die Erstattungsfähigkeit zu bejahen (aA Frankfurt KoRsp ZPO § 91 B – Allgemeines Nr 40 m krit Anm Lappe).

- **Warenzeichensachen:** Inanspruchnahme eines Patentanwalts stets erstattungsfähig, wie sich aus § 32 V WZG ergibt; er muß aber am Verfahren mitgewirkt haben (Koblenz JurBüro 84, 1402). Im Bestrafungsverfahren nach § 890 ist ebenfalls Notwendigkeit der Zuziehung festzustellen (Düsseldorf JMBlNRW 69, 238 u GRUR 70, 534). Zuziehung eines zweiten RA, der nicht Patentanwalt ist, wird nicht erstattet (Düsseldorf JMBlNRW 75, 191), auch nicht bei Verzicht auf Beauftragung eines Patentanwalts (Düsseldorf JurBüro 86, 1084). Nicht erstattungsfähig vorprozessuale Kosten, die aufgewandt worden sind, um den Inhaber eines eingetragenen Zeichens unter Androhung von Löschungsanträgen aufzufordern, die Zeichenbenutzung glaubhaft zu machen (BGH MDR 81, 24). Bei konkretem Verdacht wiederholter Verletzungen darf ein Detektivbüro mit Testkäufen beauftragt werden (Stuttgart JurBüro 83, 1090).

- **Wohnungseigentümer:** Kosten des Verwalters zur Information der Wohnungseigentümer über einen Rechtsstreit können prozeßbezogene Kosten und damit erstattungsfähig sein (aA LG Braunschweig KoRsp WEG § 47 Nr 10 m krit Anm von Eicken).

● **Zeitversäumnis** der Partei ist nur erstattungsfähig, soweit es sich um solche durch notwendige **Reisen** oder notwendige Wahrnehmung von Terminen handelt, nicht auch für Bearbeitung des Prozesses (BGHZ 66, 114; Schleswig JurBüro 81, 122), erst recht nicht für reisebedingten entgangenen Urlaubsgenuß (Köln JurBüro 86, 445). Handelsgesellschaften wird der Zeitaufwand ihrer gesetzlichen oder sonstigen Vertreter erstattet (Stuttgart Justiz 78, 405; Hamburg JurBüro 79, 108; Karlsruhe Justiz 81, 441; aA Hamm MDR 84, 673; Rpfleger 78, 419). Macht eine Partei Überstunden oder nimmt sie bezahlten Urlaub, kommt Nachteilsentschädigung gem § 2 III ZSEG in Betracht (KG Rpfleger 83, 172), ebenso für die juristische Person (Koblenz MDR 82, 590). Mangels Notwendigkeit keine Erstattung, wenn ein Unternehmen seine Rechtsabteilung juristisch verselbständigt (Rechtsbeistandbüro) oder ein Mitglied der Abteilung als selbständigen Anwalt in Anspruch nimmt (Koblenz JurBüro 79, 1370; Köln JurBüro 80, 723; s unter „Mehrkosten"). Bemessung der Entschädigung unter Berücksichtigung des von der Partei versäumten Erwerbs gemäß § 91 I 2 iVm §§ 2, 9, 10, 11 ZSEG. Im Parteiprozeß kann die Partei sich selbst vertreten. Die dadurch entstehenden Kosten dürfen aber die Kosten der Vertretung durch einen Anwalt nicht übersteigen. Dies gilt insbesondere, wenn die Partei nicht im Bezirk des Prozeßgerichts wohnt. Keine Zeitversäumnis der Partei für die Information des am gleichen Ort wohnhaften Anwalts oder Rechtsbeistandes, die Grenze der politischen Gemeinde muß überschritten werden (Hamm JurBüro 81, 144; s auch unter „Reisekosten der Partei"); anders daher bei Gängen zum auswärts wohnenden Anwalt, wenn eine schriftl Information angesichts des Bildungsgrades der Partei und der Natur des Rechtsverhältnisses nicht mögl war. Hat die Partei einen Prozeßbevollmächtigten, so sind ihre Zeitversäumniskosten für Terminswahrnehmung nur zu erstatten, wenn ihr persönliches Erscheinen angeordnet und sie geladen war oder wenn ihr Erscheinen im Termin aus anderen Gründen (es handelt sich zB um verwickelte Verhältnisse) als notwendig zu erachten war, wobei ein großzügiger Maßstab anzulegen ist (Frankfurt MDR 72, 617; s näher unter „Beweistermin").

● **Zeugengebühren** des von der Partei gestellten und vom Gericht **vernommenen** Zeugen sind erstattungsfähig, wenn Gestellung notwendig oder zweckmäßig war (Koblenz JurBüro 83, 1661; ausführlich Schneider JurBüro 66, 721), was vornehmlich in Verfügungssachen der Fall sein kann (Frankfurt JurBüro 85, 1402). Kosten eines zur Glaubhaftmachung einer Behauptung beigebrachten Zeugen nur erstattungsfähig, wenn Glaubhaftmachung auf einfachere Weise nicht mögl war; jedoch ja, wenn damit zu rechnen war, daß das Gericht einen Zeugen, der schon eine eidesstattl Versicherung abgegeben hatte, selbst würde hören wollen (Schleswig JurBüro 81, 760; Hamm NJW 74, 234; aA Frankfurt JurBüro 77, 555). Verzichtet ein Zeuge gegenüber dem Gericht auf Zeugengebühren, so verzichtet er dadurch nicht ohne weiteres auch gegenüber der beweisführenden Partei auf die Erstattung seiner Auslagen (KG JurBüro 82, 1247). Die in einem solchen Falle von der Partei an den Zeugen geleisteten Zahlungen gehören zu den notwendigen Parteiauslagen (also keine Gerichtskosten! Hamburg JurBüro 79, 598) bis zur Höhe des Betrages, der dem Zeugen aus der Staatskasse zu erstatten wäre, wenn er nicht verzichtet hätte (München JurBüro 81, 1245; Frankfurt JurBüro 79, 595; KG MDR 75, 762). Die Kosten des Rechtsstreits umfassen auch die von einer Partei unmittelbar an Zeugen gezahlten Entschädigungen (München JurBüro 81, 1245).

● **Zinsen** von Kostenbeträgen, die im Laufe des Prozesses an Anwalt und Gericht bezahlt wurden, sind nicht erstattungsfähig (Frankfurt Rpfleger 78, 329), desgleichen nicht Kreditkosten für Beschaffung von Geldmitteln (München Rpfleger 80, 352) oder Zinsverlust infolge Hinterlegung einer zu erbringenden Sicherheit (s unter „Sicherheit").

● **Zurücknahme des Rechtsmittels:** § 515 III. Erstattung, wenn die Mandierung des zur Abwehr des zurückgenommenen Rechtsmittels zugezogenen RA durch den Rechtsmittelbeklagten nach der Zustellung des Rechtsmittels erfolgt ist. Vor Begründung erstattungsfähig eine halbe Prozeßgebühr aus dem Hauptsachewert und die volle Prozeßgebühr aus dem Kostenstreitwert (Koblenz MDR 83, 414; JurBüro 82, 1352). S näher unter „Berufung". Kosten, die anfallen, weil der Rechtsmittelbeklagte dem Gericht einen Wohnungswechsel nicht angezeigt hat und deshalb verspätet über Rücknahme informiert worden ist, sind nicht erstattungsfähig (LG Berlin JurBüro 84, 921).

● **Zustellung:** Kosten der öffentlichen Zustellung oder der durch Vermittlung des GV sind erstattungsfähig, wenn Partei berechtigtes Interesse an schneller und zuverlässiger Zustellung hat, wie bei einstweiliger Verfügung (KG Rpfleger 81, 121) oder wenn etwa aus Gründen in der Person des Gegners Anlaß besteht, den nachweisbar sichersten Weg einzuschlagen.

● **Zwangsvollstreckungskosten** sind erstattungsfähig (§ 788) und können nach § 104 festgesetzt werden. Kosten des Einstellungsverfahrens gem § 769 sind Rechtsstreitkosten (§ 767) und nicht nach § 788 festsetzbar (München MDR 86, 946). Keine Erstattung der Mehrkosten, die entstehen, weil Gläubiger den Vollstreckungsschuldner durch seinen zweitinstanzlichen Prozeßbevollmächtigten unter Vollstreckungsandrohung zur Leistung auffordert, die angedrohte Maßnahme dann aber durch den erstinstanzlichen Prozeßbevollmächtigten erwirken läßt (Frankfurt Rpfleger 81, 161).

- **Zweigniederlassung:** S unter „Angestellte", „Auswärtige Abteilung" u „Mehrkosten".

91a *[Erledigung der Hauptsache]*

(1) Haben die Parteien den Rechtsstreit in der Hauptsache für erledigt erklärt, so entscheidet das Gericht über die Kosten unter Berücksichtigung des bisherigen Sach- und Streitstandes nach billigem Ermessen. Die Entscheidung ergeht durch Beschluß.

(2) Gegen die Entscheidung findet sofortige Beschwerde statt. Vor der Entscheidung über die Beschwerde ist der Gegner zu hören.

Übersicht

Lit: *Baumgärtel,* Berücksichtigung neuer Tatsachen und Beweise bei der Beschwerdeentscheidung nach § 91 a Abs 2 ZPO, MDR 69, 803; *Bergerfurth,* Hilfsanträge zur Erledigung der Hauptsache? NJW 68, 530; *Beuermann,* Erledigung der Hauptsache im schriftlichen Vorverfahren, DRiZ 78, 311; *Blomeyer, J.,* Die Schuldtilgung durch den Beklagten nach Einreichung der Klage als Kostenproblem, NJW 82, 2750; *Brox,* Zur Erledigung der Hauptsache im Zivilprozeß, JA 83, 289; *Bücking,* Zur Möglichkeit der Erledigung der Hauptsache vor Anhängigkeit des Verfahrens, ZZP 88, 307; *Deubner/Blomeyer,* Grundprobleme der Erledigung der Hauptsache, JuS 62, 205; *Göppinger,* Die Erledigung des Rechtsstreits in der Hauptsache, 1958; *Gottwald,* Rechtsmittelzulässigkeit und Erledigung der Hauptsache, NJW 76, 2250; *Habscheid,* Die Rechtsnatur der Erledigung der Hauptsache, FS Lent 1957, S 153; *ders,* Die Erledigung des Rechtsmittels, NJW 60, 2132; *ders,* Der gegenwärtige Stand der Lehre von der Erledigung des Rechtsstreits in der Hauptsache, JZ 63, 579 und 624; *Hase,* Verjährung von wettbewerbsrechtlichen Unterlassungsansprüchen und Erledigung der Hauptsache im einstweiligen Verfügungsverfahren, WRP 85, 254; *Haubelt,* „Erledigung der Hauptsache" vor Rechtshängigkeit? ZZP 89, 192; *Heintzmann,* Die Erledigung des Rechtsmittels, ZZP 87, 199; *Lindacher,* Der Meinungsstreit zur „einseitigen Erledigungserklärung", JurA 70, 687; *Linke,* Die Erledigung der Hauptsache vor Rechtshängigkeit, JR 84, 48; *Lüke,* Zur Erledigung der Hauptsache, FS Weber, 1975, S 323; *Merz,* Weitere Sachverhaltsaufklärung nach Erledigung der Hauptsache?, ZMR 83, 365; *Mohr,* Erledigendes Ereignis zwischen Anhängigkeit und Rechtshängigkeit, NJW 74, 935; *Mössner*, Die einseitige Erklärung der Erledigung der Hauptsache, NJW 70, 175; *Ostendorf*, Die Erledigung der Hauptsache im Zivilprozeß, DRiZ 73, 387; *Pohle*, Zur rechtlichen Bedeutung der Erledigungserklärung nach deutschem Zivilprozeßrecht, FS Maridakis 1963, Bd 2, S 427; *Reinelt*, „Erledigung der Hauptsache" vor Anhängigkeit, NJW 74, 344; *Rixecker*, Die nicht erledigende Erledigungserklärung, ZZP 96, 505; *ders*, Erledigung im Verfahren der Stufenklage, MDR 85, 633; *Sannwald*, Übergang auf die Kostenklage nach „Erledigung" der Hauptsache vor Rechtshängigkeit, NJW 85, 898; *Smid*, Verfahren und Kriterien der Kostenentscheidung nach § 91a ZPO, ZZP 97 (1984), 245; *ders*, Zur Gewährung rechtlichen Gehörs zur Vorbereitung der Kostenentscheidung bei Erledigung des Rechtsstreits in der Hauptsache, MDR 85, 189; *E. Schneider*, Sachverhaltsaufklärung nach Erledigung der Hauptsache, MDR 76, 885; *ders*, Kostenentscheidung im Zivilurteil, 2. Aufl 1977, § 25; *Schulz*, Die Erledigung von Rechtsmitteln, JZ 83, 331; *Schwab*, Die einseitige Erledigungserklärung, ZZP 82, 127; *Stöhr*, Neuer Weg bei der einseitigen Erledigung vor Rechtshängigkeit? JR 85, 490; *Ulrich*, Die Erledigung der Hauptsache im Wettbewerbsprozeß, GRUR 1982, 14; *Weber*, Zur Kostenentscheidung bei Erledigung zwischen Anhängigkeit und Rechtshängigkeit, DRiZ 79, 243; *Wosgien*, Konkurs und Erledigung der Hauptsache, 1984.

I) Allgemeines

1) Bedeutung und Überblick. Zahlt der Beklagte nach Erhebung der Klage die Klageforderung, so ist die zunächst zulässige und begründete Klage dadurch gegenstandslos geworden, der Rechtsstreit ist in der Hauptsache erledigt. Um eine Abweisung seiner Klage zu vermeiden, kann der Kläger sie zurücknehmen oder auf den geltend gemachten (prozessualen) Anspruch verzichten; stets wäre er kostenpflichtig: §§ 269, 306, 91; vgl aber auch § 626 I 2. Hier greift *zum Schutz des Klägers* § 91a ein: Haben beide Parteien die Hauptsache für erledigt erklärt, so ist diese der Entscheidung des Gerichts entzogen, das nach den gesetzlichen Grundsätzen des § 91a durch Beschluß über die Kosten befindet (**übereinstimmende Erledigungserklärung der Parteien,** Rn 8 ff). Der Beklagte ist aber nicht gezwungen, sich der Erledigungserklärung des Klägers anzuschließen. Ist er der Ansicht, daß nicht ein nach Einreichung der Klage eingetretenes Ereignis – zB der zufällige Untergang der von ihm herausverlangten Sache – den Rechtsstreit erledigt hat, sondern daß die Klage schon von Anfang an abweisungsreif (unzulässig oder unbegründet) war, so kann er die Abweisung der Klage beantragen, um den Schutz der Urteilsrechtskraft zu erlangen. Hat er recht, wird die Klage abgewiesen; war sie entgegen seiner Meinung doch erledigt worden, so stellt das Gericht dies durch Urteil fest. Die Kostenentscheidung folgt dann nicht dem § 91a, sondern dem § 91 (**einseitige Erledigungserklärung des Klägers,** Rn 34 ff). Dagegen hat die **einseitige Erledigungserklärung des Beklagten** auf den Prozeß keinen Einfluß; sie stellt nur eine weitere Einwendung dar (vgl Rn 52). Besonderheiten bestehen, wenn die Hauptsache – übereinstimmend oder nur einseitig – **teilweise** für erledigt erklärt wird (dazu Rn 53 ff). Ist der Beklagte der Meinung, die ursprünglich unbegründete Klage sei *nachträglich* begründet geworden (wie zB bei Fälligwerden der Klageforderung während des Rechtsstreits), so kann er noch im Prozeß **„sofort" anerkennen** und damit der Kostenbelastung entgehen (§ 93); das Vorliegen (Nichtvorliegen) der Voraussetzungen des § 93 kann mit der Kostenbeschwerde nachgeprüft werden (§ 99 II). 1

2) Erledigungserklärung und erledigendes Ereignis. a) Die **Erledigungserklärung** ist stets Prozeßhandlung, und zwar (bei übereinstimmender Abgabe) Bewirkungshandlung (Rn 9), bei einseitiger Vornahme durch den Kläger Erwirkungshandlung (Antrag; Rn 35). 2

b) Das **Erledigungsereignis** ist eine Tatsache, die eine ursprünglich zulässige und begründete Klage nachträglich gegenstandslos (unzulässig oder unbegründet) macht (vgl BGH NJW 86, 589 = MDR 85, 570 = ZIP 85, 833; BAG 19, 343; NZA 85, 636 mwN; StJLeipold Rn 5). Für eine Erledigung ist daher an sich (Einschränkungen folgen aus Rn 12) **kein** Raum, wenn die Klage bereits vor (ohne den) Eintritt des Erledigungsereignisses unzulässig (BAG NZA 85, 636, str; aA Frankfurt MDR 81, 676) oder unbegründet gewesen ist (BGH 79, 275 [276 mN] = NJW 81, 990 mN = MDR 81, 493; NJW 86, 589 = MDR 85, 570; BAG 19, 347; 45, 330 hM, str; aA KG NJW 65, 698). Einen abw Erledigungsbegriff vertritt der BGH im Kartellverwaltungsverfahren (BGH WM 86, 534 = MDR 86, 560 = ZIP 86, 397; dazu näher Rn 58 unter diesem Stichwort; allg aA ferner vor allem BVerwG NJW 65, 1035 = ZZP 79, 299 mit zust Anm von Walchshöfer dort S 296; zusammenfassend Walchshöfer ZZP 90, 186 ff mwN und Brox JA 83, 289 [292 ff mN]). Damit ist jedoch, was häufig verkannt wird, über den frühestmöglichen **Zeitpunkt,** von dem an der Eintritt des Erledigungsereignisses zu berücksichtigen ist, noch nichts ausgesagt (dazu näher Rn 6). 3

Beispiele für Erledigung: Erfüllungshandlungen jeder Art, zB Zahlung der eingeklagten Schuld, Herausgabe des geforderten Gegenstands, Räumung des herausverlangten Wohnraums, Abdruck der verlangten Gegendarstellung durch das Presseorgan (vgl Karlsruhe OLGZ 79, 353), 4

Wegfall der Wiederholungsgefahr durch Übernahme einer strafbewehrten Unterlassungsverpflichtung (vgl BGH 81, 222) gegenüber einer Unterlassungsklage (Hamm GRUR 84, 68 [70 mN]; KG BB 79, 487 mit Anm Lachmann), Abschluß eines die Kostenfrage offenlassenden gerichtlichen oder außergerichtlichen Vergleichs (Rn 30, 31), unter bestimmten Voraussetzungen auch die Aufrechnung (§ 389 BGB) mit einer Gegenforderung (näher Rn 60); der Tod einer Partei in Ehesachen (§ 619) und bei höchstpersönlichen Ansprüchen (BGH NJW-RR 86, 369); Zeitablauf bei Ausschlußrechten (vgl BGH MDR 84, 665); uU auch eine nachträglich eintretende Rechtsänderung (BFH 119, 407; vgl auch Rn 58).

5 **Keine** Erledigungsereignisse stellen dagegen dar: Erfüllungshandlungen zur Abwendung der Zwangsvollstreckung (BGH 94, 268 [274 mN] = NJW 85, 825), zB Zahlung unter Vorbehalt (vgl BGH WM 77, 1307 [1308]; nicht notwendig ausdrücklich, vgl BGH 80, 269 [272]); Eintritt und Einrede der Verjährung (Schleswig NJW-RR 86, 38, str, vgl Rn 58); die Erledigung nur eines von **mehreren Klagegründen** ist noch keine Erledigung des Rechtsstreits (Düsseldorf MDR 78, 763). Vgl zu zahlreichen Einzelheiten aus der Rspr Rn 29 und Rn 58.

6 **c) Zeitpunkt.** Das Erledigungsereignis (Rn 3) ist beachtlich, wenn es nach Anhängigkeit (Einreichung von Klage, Mahnantrag, Antrag auf Arrest oder einstweilige Verfügung) und vor rechtskräftiger Beendigung des Rechtsstreits eingetreten ist; eine Erledigung ist damit insbesondere auch im **Zeitabschnitt zwischen Anhängigkeit und Rechtshängigkeit** (§§ 261, 696 III) möglich. Bei der übereinstimmenden Erledigungserklärung wird dieses Ergebnis mit Rücksicht auf die Dispositionsbefugnis der Parteien und die eingeschränkte Prüfungsaufgabe des Gerichts allgemein anerkannt (ie Rn 16) und sogar – weitergehend – eine Erledigung vor Anhängigkeit für möglich gehalten (vgl die Nachw aaO). Bei der **einseitigen Erledigungserklärung** gebieten der Schutz des Klägers und die Berücksichtigung von Gesichtspunkten der Prozeßökonomie das gleiche Ergebnis (aA BGH 83, 12, sehr str; ie Rn 41, 42). Im Eilverfahren und allg in den modernen Verfahrensordnungen stellt sich die Frage nach einer Erledigung **vor Rechtshängigkeit** nach Anhängigkeit nicht, da hier die beiden Zeitpunkte zusammenfallen (Eintritt der Rechtshängigkeit schon mit Einreichung der Klage: §§ 81, 90 VwGO; 64, 66 FGO; 90, 94 SGG bzw des verfahrenseinleitenden Antrags: Rn 5 vor § 916).

7 **3) Anwendungsbereich. a)** § 91 a gilt für alle kontradiktorischen Verfahren der **ZPO,** in denen eine Kostengrundentscheidung möglich ist. Seine Anwendbarkeit wurde **bejaht** in folgenden Verfahren: *Arrest und einstweilige Verfügung* (Rn 32, 58). *Zwischenstreit* nach § 71 (Oldenburg VersR 66, 1173; Rn 58). *Zwangsvollstreckungsverfahren* (Hamburg MDR 57, 234), insbes bei Verhängung von Ordnungsmitteln nach §§ 887, 888, 890 (Koblenz AnwBl 84, 216; Rn 58), das Erinnerungsverfahren nach § 766 (LG Frankenthal Rpfleger 84, 361), das Zwangsversteigerungsverfahren (LG Deggendorf FamRZ 64, 49; Rn 58). **Nicht allg** und nur unter bes Voraussetzungen anwendbar ist § 91 a im *Beweissicherungsverfahren* ohne nachfolgenden Hauptprozeß (Rn 58), im *Beschwerdeverfahren* nach §§ 620 ff wegen § 620 g (Rn 58), im *Prozeßkostenhilfeverfahren* (vgl Tschischgale JurBüro 61, 111; hierzu auch KG MDR 67, 132 und Rn 58). **Ausgeschlossen** ist § 91 a im *Mahnverfahren* (str, vgl Rn 58) und im *Konkursantragsverfahren* (str, vgl Rn 58). In *Scheidungs- und Scheidungsfolgesachen* ist § 93 a I 1 eine die allg Kostenvorschriften verdrängende Sonderregelung, die auch bei Hauptsacheerledigung § 91 a ausschließt (BGH FamRZ 83, 683; NJW-RR 86, 369; AnwBl 84, 502; vgl auch Rn 58).

7a **b) Sondernormen** für einzelne Verfahrensarten der ZPO enthalten die §§ 93 a (vgl Rn 7 aE), 619, 640, 640 g. Dem § 91 a **entspr Regelungen** enthalten: § 161 II VwGO; § 138 I FGO; § 193 I HS 2 SGG; § 83 a ArbGG (arbeitsgerichtliches Beschlußverfahren).

7b **c)** Eine **entspr Anwendung** der Grundsätze über die Hauptsacheerledigung **außerhalb des Zivilprozesses** ist – zT mit Modifikationen – in folgenden Verfahren anerkannt: *Patentnichtigkeitsverfahren* (BGH MDR 84, 665; Rn 58); echte *Streitverfahren der freiwilligen Gerichtsbarkeit* (BGH NJW 82, 2505 [2506 mN]; Stuttgart OLGZ 85, 396; Rn 58); *Verwaltungsstreitverfahren* nach BRAO (BGH 50, 197; 84, 149 [151]; Rn 58); *Kartellverwaltungsverfahren* (BGH MDR 86, 560; Rn 58); zum Verhältnis von § 91 a zu § 96 II GWB s Köln MDR 86, 1025 (L). Allg zur Erledigung außerhalb des Zivilprozesses Müller-Tochtermann NJW 59, 421.

II) Übereinstimmende Erledigungserklärung der Parteien (Fall des § 91 a)

8 **1) Wesen der Erledigungserklärung.** Sie ist **Prozeßhandlung** und muß als solche wirksam sein, dh die Prozeßhandlungsvoraussetzungen müssen vorliegen.

9 **a)** Sie ist **Bewirkungshandlung,** da die übereinstimmende Erklärung beider Parteien den Prozeß gestaltet: Die Rechtshängigkeit der Hauptsache endet, anhängig bleibt nur der Kostenpunkt.

10 **b)** Die Erklärung ist **dem Gericht gegenüber** abzugeben, in mündlicher Verhandlung mündlich (BGH NJW 68, 992; 84, 1901, hM; aA Grunsky, Grundlagen des Verfahrensrechts, 2. Aufl,

S 107; LAG Hamm NJW 72, 2063 mit zust Anm Walchshöfer NJW 73, 294), im schriftlichen Verfahren nach § 128 II schriftlich, bei fakultativer mündlicher Verhandlung mündlich oder schriftlich, im schriftlichen Vorverfahren gem § 276 schriftlich (ebenso Nürnberg MDR 82, 943; Beuermann DRiZ 78, 311; StJLeipold Rn 16, str; aA ThP Anm 2 c, hM, vermittelnd BL Anm 2 B: Einwilligungserklärung gem § 128 II idR in Erledigungserklärung enthalten, dagegen LG Nürnberg-Fürth NJW 81, 2586), denn Sinn dieses Verfahrensabschnitts ist es gerade, in der Hauptsache unstreitige Sachen schon vor der mündlichen Verhandlung zu erledigen (vgl §§ 307 II, 331 III). Die Erklärung braucht nicht ausdrücklich, sondern kann auch **schlüssig** (konkludent) erfolgen (BFH BB 79, 1595), etwa dadurch, daß die Parteien keine Anträge mehr zur Hauptsache stellen, oder daß der Beklagte der Erklärung des Klägers nicht widerspricht (BGH 21, 298). Auch in der Aufrechterhaltung eines eingeschränkten Klageantrags (Verurteilung zur Zahlung „unter Anrechnung der während des Rechtsstreits geleisteten Zahlungen") kann nach OLG Frankfurt uU eine konkludente Erledigungserklärung liegen (MDR 77, 56 – i Erg bedenklich; wird den Hinweisen gem § 139 nicht Folge geleistet, ist die Klage abzuweisen; ebenso Schneider MDR 83, 370). Im Streitverfahren kann die schriftsätzliche Erklärung, die Hauptsache sei erledigt, idR bis zur mündlichen Verhandlung **widerrufen** werden (BGH NJW 68, 991 = WM 68, 452; LG Nürnberg-Fürth NJW 81, 2586 [2587 mN]). Einer beiderseitigen Erledigungserklärung als Voraussetzung für eine Kostenentscheidung nach § 91 a bedarf es ausnahmsweise nicht im Falle der Erledigung der Hauptsache nach § 89 BVerfGG (BGH 23, 333).

c) Die übereinstimmende Erledigungserklärung gestaltet das Prozeßrechtsverhältnis. Sie ist daher grundsätzlich **unwiderruflich** (BVerwG WM 64, 553; Köln VersR 74, 605) und **nicht anfechtbar** (aA München JurBüro 76, 971; für Anfechtung wegen Willensmängeln Grunsky, Grundlagen des Verfahrensrechts, 2. Aufl, S 111), es sei denn, es läge ein Restitutionsgrund vor (Düsseldorf NJW 64, 822 Anm Habscheid; BL Anm 2 C; StJLeipold Rn 19; Pohle, FS Maridakis, S 446; Ostendorf DRiZ 73, 387; aA – gemeinsamer Widerruf mit rückwirkender Wiederherstellung der Rechtshängigkeit –: ThP Anm 4 d; aber die übereinstimmende Erklärung ist eben kein Prozeßvertrag, der, wie der Vergleich durch actus contrarius wieder aufgehoben werden könnte). **11**

2) Wirkung der Erklärung. Haben die Parteien übereinstimmend für erledigt erklärt, so ist das **Gericht daran gebunden:** Es muß nach § 91 a verfahren, ohne Rücksicht darauf, ob tatsächlich ein Fall der Erledigung vorliegt (allgM, vgl BGH 83, 14 f; RIW/AWD 77, 434; Düsseldorf NJW 64, 822; BFH BB 74, 1423). Aus diesem Grund kommt es auch nicht auf den Zeitpunkt der tatsächlichen Erledigung an (ie Rn 16), noch ist der Kläger gehalten, den Grund der Erledigung anzugeben (KG NJW 63, 1408). Dies gilt auch für echte Streitverfahren der freiwilligen Gerichtsbarkeit (BGH NJW 82, 2505 [2506 mN]; Stuttgart OLGZ 85, 396; aA BayEGH, Ehrengerichtliche Entscheidungen IX, 153). Bereits ergangene, noch nicht rechtskräftige **Entscheidungen** werden ex tunc **wirkungslos** (§ 269 III 1 entspr; Hamm MDR 85, 591; VGH München NJW 86, 2068 [einschr]; StJLeipold Rn 21). **12**

3) Hilfsweise Erledigungserklärung. Erklären **beide** Parteien unter primärer Aufrechterhaltung ihrer streitigen Anträge den Rechtsstreit nur **hilfsweise** für erledigt, so ist dies **gegenstandslos** (vgl OVG RhPfalz JZ 77, 796; Donau JR 56, 171; StJLeipold Rn 17). Ist in einem solchen Falle tatsächlich erledigt, so ist dies durch Feststellungsurteil auszusprechen, nicht aber gemäß § 91 a zu verfahren (Neustadt NJW 63, 1985). Zulässig ist jedoch eine bedingte Erledigungserklärung für den Fall, daß ein widerruflich geschlossener Prozeßvergleich widerrufen wird (Frankfurt MDR 78, 499). **13**

Hat der **Kläger** (einseitig) für erledigt erklärt (dazu ie Rn 34 ff), braucht der Beklagte nicht zwischen Klageabweisung und Erledigungserklärung zu wählen, sondern kann primär Klageabweisung beantragen und hilfsweise die Erledigung erklären (BFH BB 80, 1842; Bergerfurth NJW 68, 532 mN, str; aA LG Köln NJW 68, 1481; ThP Anm 7 vor a); das gebietet die Rücksichtnahme auf das mit der Wahlentscheidung verbundene Kostenrisiko. **14**

Hat der **Beklagte** für erledigt erklärt, schließt sich dann der Kläger dem an, aber nur vorsorglich, während er primär den Hauptsacheantrag aufrechterhält, so muß über diesen entschieden werden. Es ergeht keine Kostenentscheidung nach § 91 a, wenn der Sachantrag nicht (mehr) begründet ist (BGH NJW 67, 564, str; aA Bergerfurth NJW 67, 530, 532; Bamberg VersR 75, 891). **15**

4) Zeitpunkt der Erledigungserklärung und Eintritt der Erledigung. Zu dieser Frage ist gerade in jüngerer Zeit vieles str geworden. Zunächst einmal ist zwischen dem Zeitpunkt des Eintritts des erledigenden Ereignisses (vgl Rn 3, 4) und dem Zeitpunkt der Abgabe der Erledigungserklärung (vgl Rn 2) zu unterscheiden. Dies wird häufig nicht deutlich genug gemacht. Das **erledigende Ereignis** kann bei der übereinstimmenden Erledigungserklärung, da das Gericht die Zulässigkeit und Begründetheit der Klage nicht zu überprüfen hat (s dazu Rn 12), auch nach hM (vgl Rn 6) bereits vor Rechtshängigkeit (so BGH 21, 298; 83, 14; Köln NJW 78, 111; VersR 80, 463; **16**

Deubner JuS 62, 206; KG NJW 63, 1408; Hamm MDR 84, 852; Karlsruhe Justiz 85, 51), ja sogar vor Anhängigkeit eingetreten sein (so auch ausdrücklich ThP Anm 6; Reinelt NJW 74, 344; Nürnberg NJW 75, 2206; LG Augsburg ZMR 79, 190; dort auch zu den in diesen Fällen anwendbaren Kostenerstattungsgrundsätzen). Der maßgebliche Zeitpunkt für die Erfolgsprognose (Rn 24) bei Erledigung im „Zwischenstadium" ist der der *Einreichung der Klage*, nicht der der Zustellung (LG München I ZMR 86, 125 unter Hinweis auf – richtig – BGH 21, 298 [301]; Blomeyer NJW 82, 2751; Karlsruhe Justiz 85, 51 [52]).

17 **Die Erledigungserklärung** bedarf dagegen zu ihrer Wirksamkeit der Begründung eines Prozeßrechtsverhältnisses, dh des Eintritts der Rechtshängigkeit (so auch ThP Anm 6; KG MDR 67, 133; Hamburg VersR 63, 249; Nürnberg NJW 75, 2206; München NJW 76, 974; Köln NJW 78, 111). Fehlt die Klagezustellung, so ist der Kläger auf die Verfolgung des materiellen Kostenanspruchs in einem neuen Verfahren zu verweisen (insbesondere KG MDR 67, 133). Unschädlich ist es auch, wenn die Erklärung erst Monate nach dem erledigenden Ereignis erfolgt, wenn das Verfahren inzwischen geruht hat (Nürnberg JurBüro 64, 835). Die Anschließung ist auch noch möglich, wenn über die zunächst bestrittene Erledigung bereits ein Endurteil ergangen ist (Hamburg NJW 70, 762). Die Erledigungserklärung ist gegenstandslos, wenn die Hauptsache **nicht mehr anhängig** ist (Hamm MDR 79, 407), zB bei bloßem Kostenwiderspruch gegen eine einstweilige Verfügung, die der Schuldner gegen sich gelten läßt (Hamm aaO). Zur einseitigen Erledigungserklärung bei Hauptsacheerledigung vor Rechtshängigkeit vgl unten Rn 40 f.

18 **5) Erledigungserklärung in der Rechtsmittelinstanz. a) Allgemeines.** Die übereinstimmenden Erledigungserklärungen sind in allen **Rechtsmittelzügen,** so in der Berufungsinstanz (BGH NJW 86, 852 = MDR 85, 125), in der Beschwerdeinstanz (München NJW 69, 617; KG MDR 78, 498), auch in der Revisionsinstanz zulässig (BGH LM Nr 2; VersR 85, 441; WM 86, 534; BAG AP § 91 a Nrn 2, 7, 9 mit Anm Baumgärtel). Zur Nichtanwendung von § 91 a bei Nichtannahme der Revision nach teilweiser Erledigung der Hauptsache nach Einreichung der Revisionsbegründungsschrift s BGH NJW 77, 1883 (L) = MDR 77, 912 = BB 77, 970. Nach Hamm NJW 73, 1376 kann die Erledigungserklärung bedingt für den Fall der Zulässigkeit der Berufung abgegeben werden. Erklären die Parteien den *Rechtsstreit* im Umfang des *Hauptrechtsmittels* für erledigt, so wird dadurch ein eingelegtes (unselbständiges) Anschlußrechtsmittel nicht miterledigt und bleibt daher wirksam (kein Fall des § 522: BGH NJW 86, 852 = MDR 85, 125). Zur Frage, ob die Hauptsache auch **zwischen den Instanzen** für erledigt erklärt werden kann vgl unten Rn 21.

19 **b) Gegenstand der Erledigungserklärung.** Nicht das Rechtsmittel selbst, sondern immer nur die **Hauptsache** (zu diesem Begriff s Hamm VersR 74, 329) kann für erledigt erklärt werden; so mit Recht Habscheid (NJW 60, 2132); Göppinger (aaO S 299); grundsätzlich auch StJLeipold Rn 52; Blomeyer § 98 III; ThP Anm 3 b. **AA:** BGH 34, 203; KG MDR 86, 592 mN; Stuttgart ZZP 76, 473; LG Bochum ZZP 97, 215; Schulz JZ 83, 331. Aber auch wenn das angegriffene Endurteil durch den Eintritt der Fälligkeit oder durch die Änderung der Gesetzgebung nachträglich richtig wird, macht dies das Rechtsmittel unbegründet, nicht gegenstandslos. Vgl auch Frankfurt NJW 67, 1811. Vgl für Ausnahmefälle der sog „prozessualen Überholung" des Rechtsmittels Saarbrükken NJW 71, 386: Die Beschwerde des Gläubigers und Beklagten nach § 767 gegen die vorläufige Einstellung der Zwangsvollstreckung war durch Obsiegen des Schuldners in seiner Gegenklage überholt; Hauptsache dieses Nebenverfahrens (§ 769) war aber die Einstellung der Zwangsvollstreckung. Hauptsache des Nebenverfahrens der Beschwerde gegen einen Aussetzungsbeschluß ist die Frage der Verfahrensaussetzung, nicht das eingelegte Rechtsmittel (VGH München NJW 86, 2068). Entgegen Waldner (ZZP 97, 217 ff) ist auch durch die Fallgestaltung in LG Bochum ZZP 97, 215 ein Bedürfnis für eine Erledigung *des Rechtsmittels* nicht bewiesen. Ergeht irrtümlich gegen einen *Dritten* ein Urteil und setzt sich dieser zurecht (vgl Rn 8 vor § 50) mit dem gegebenen Rechtsmittel zur Wehr, so wird durch die Urteilsberichtigung (§ 319) entgegen LG Bochum aaO sein Rechtsmittel nicht „erledigt", vielmehr sein Anspruch, aus dem Prozeß entlassen zu werden, erfüllt. Gerichtskosten sind bei dieser Fallgestaltung nicht zu erheben (§ 8 GKG), seine außergerichtlichen Kosten sind ihm vom Kläger, der ja den Rechtsstreit und damit seine Kosten veranlaßt hat, zu erstatten (vgl Rn 8 vor § 50; im Erg nahekommend Waldner aaO S 220, abw LG Bochum aaO).

20 **c) Voraussetzungen.** Die übereinstimmende Erledigungserklärung im Rechtsmittelzug setzt zunächst voraus, daß das **Rechtsmittel statthaft und zulässig** ist (BAG AP Nr 9; BGH 50, 197; WM 86, 534). Das ist nicht der Fall, wenn eine Teilerledigung nach der Revisionsbegründung eintritt, die Revision jedoch nicht angenommen wird (BGH MDR 77, 912 = BB 77, 970). Das unzulässige Rechtsmittel ist trotz beiderseitiger Erledigterklärung zu verwerfen (München MDR 59, 673). Voraussetzung der Zulässigkeit des Rechtsmittels ist ua die **Beschwer** des Rechtsmittelführers. Da hierfür der Zeitpunkt der Einlegung des Rechtsmittels maßgebend ist, wird dieses nicht

unzulässig, wenn sich die **Hauptsache nach seiner Einlegung** (etwa durch Erfüllung, Räumung) **erledigt** (hM, vgl BGH NJW 67, 564 = MDR 67, 300; StJLeipold Rn 48, 51). Str ist, ob dies auch gilt, wenn das **Rechtsmittel erst nach Erledigung** eingelegt worden war; dies verneinen BGH LM Nr 4; Nürnberg MDR 68, 420; Bamberg VersR 76, 890; Hamm NJW 75, 1843; BL Anm 4 und auch Habscheid MDR 54, 589 für den Fall, daß der abgewiesene Kläger die **zwischen den Instanzen** und **vor** Einlegung seines Rechtsmittels angebotene Erfüllung durch den Beklagten vorbehaltslos annimmt; zust ThP Anm 6b aa. Zutr weisen aber StJLeipold Rn 48 darauf hin, daß hier nicht die (nunmehr allerdings weggefallene) materielle, sondern die formale Beschwer des Klägers (Existenz des klageabweisenden Urteils) entscheidet; wie hier BGH NJW 75, 539; Frankfurt MDR 71, 853; Stuttgart NJW 62, 540; Köln MDR 79, 498 (insoweit zust E. Schneider); Karlsruhe Justiz 80, 472; Hamm GRUR 84, 68 [69 f mN]; Hamburg WRP 83, 425 f; VGH Baden-Württemberg Justiz 75, 112; Gottwald NJW 76, 2251; Göppinger aaO S 290 ff; R-Schwab § 133 III 4a; LG Bonn NJW 73, 1934; wohl auch BGH NJW 58, 995; einschränkend (wenn das angeblich erledigende Ereignis auf Maßnahmen des Beklagten ohne Mitwirkung des Klägers beruht) Zweibrücken OLGZ 75, 44. Für den entsprechenden Fall der Zulässigkeit einer **Beschwerde** bejahend Schleswig SchlHA 74, 59; LG Berlin ZMR 76, 137 (letzteres allerdings mit Einschränkung).

6) Erledigungserklärung zwischen den Instanzen. Die unter Rn 20 aufgezeigten Schwierigkeiten (instruktiv E. Schneider MDR 79, 499) mit ihrer wenig prozeßökonomischen Lösung haben ihren Grund letztlich darin, daß nach hM die übereinstimmende Erledigterklärung im streitigen Verfahren nur auf Grund (obligatorischer) mündlicher Verhandlung erklärt werden kann (vgl aber oben Rn 10), eine solche aber nach Abschluß der Instanz vor dieser nicht mehr möglich ist. Eine im Vordringen befindliche neuere Meinung spricht sich demgegenüber für die Möglichkeit aus, daß die Parteien auch **„zwischen den Instanzen"** die Hauptsache für erledigt erklären, ohne gezwungen zu sein, zu diesem Zweck ein Rechtsmittel einzulegen (vgl Blomeyer § 64 II 2; R-Schwab § 130 II 2; Jauernig § 42 VI 2a; Walchshöfer NJW 73, 294; E. Schneider, Kostenentscheidung im Zivilurteil, 2. Aufl S 142; LAG Hamm NJW 72, 2063). Konstruktiv wird dies dadurch erreicht, daß entweder vom Erfordernis der obligatorischen mündlichen Verhandlung abgegangen wird (vgl Grunsky, Grundlagen des Verfahrensrechts, 2. Aufl, S 107) oder aber bei Festhalten hieran die Anberaumung eines Termins zur mündlichen Verhandlung vor dem Erstgericht nach Urteilserlaß vor Rechtsmitteleinlegung zugelassen wird, in dem die Parteien dann die Hauptsache für erledigt erklären können (vgl R-Schwab aaO), wie dies für die Urteilsergänzung etwa § 321 vorsieht. Ein Verstoß gegen § 318 läge hierin nicht, da die Kostenentscheidung nach § 91a (und die Einwirkung des Vorgangs auf die Wirkungskraft des schon erlassenen Urteils entspr § 269 III S 1) ja auf Grund einer neuen Entwicklung des Verfahrens – eben durch die Erledigterklärung – erfolgt. Der letztgenannte Weg dürfte vorzuziehen sein (Schwab, FS Schnorr von Carolsfeld, 1973, S 453). 21

7) Verfahren und Entscheidung. a) Durch die übereinstimmende Erledigungserklärung ist die Rechtshängigkeit in der Hauptsache beendet (Rn 9), jedoch ist der Streit im Kostenpunkt noch anhängig. Besondere Kostenanträge sind nicht erforderlich (aber üblich), die **Kostenentscheidung** ergeht **von Amts wegen** (§ 308 II); hM, aber str; aA zB Brox JA 83, 289 [290 mN]; wie hier BL Anm 3 A; ThP Anm 6a bb; Smid ZZP 97, 273; sie erübrigt sich aber, wenn die Parteien eine Kostenentscheidung nicht wollen (vgl Schneider NJW 69, 88), etwa, weil sie sich auch insoweit verglichen haben. **Form** der Entscheidung: Beschluß (**I 2;** vgl dazu näher Rn 23). 22

b) Verfahren. Es ist summarisch und kontradiktorisch (Rn 24 ff). Die Entscheidung ergeht auf Grund **mündlicher Verhandlung** (BGH NJW 68, 992; Bamberg NJW-RR 86, 998) durch zu verkündenden oder im Falle des § 128 II oder eines schriftlichen Vorverfahrens (Rn 10) durch zuzustellenden Beschluß (§ 329 III; Bamberg NJW-RR 86, 998), der zu begründen ist (LG Stuttgart ZMR 60, 124). Im Arbeitsgerichtsverfahren (auch ohne mündliche Verhandlung; vgl Wenzel MDR 78, 176 mN; LAG Hamm NJW 72, 2063), vor dem vollbesetzten Arbeitsgericht (LAG Hamm KostRspr § 91a ZPO zum Arbeitsgerichtsverfahren). Der notwendige Inhalt des Beschlusses beschränkt sich auf die Kostenentscheidung. Der Zusatz: Der Rechtsstreit ist in der Hauptsache erledigt oder für erledigt erklärt worden, ist überflüssig. Einer ausdrücklichen Aufhebung der im Rechtsstreit schon ergangenen Entscheidungen (Versäumnisurteil, Urteil erster Instanz) bedarf es nicht, da sie von selbst wirkungslos werden. Doch mag § 269 III S 2 sinngemäß angewendet werden (Rn 12 aE). Der Beschluß ist ein „Urteil in einer Rechtssache" gemäß § 839 II BGB (BGH 13, 142). 23

c) Inhaltliche Kriterien. aa) Die Entscheidung nach § 91a ist eine **Ermessensentscheidung** (vgl **I 1,** aE). Da bei Ausübung des Ermessens der **bisherige Sach- und Streitstand** zu berücksichtigen ist (zur Zulässigkeit weiterer Beweisaufnahme vgl Rn 26), sind in **diesem** Zusammenhang die näheren Umstände und die Motive, die zur Abgabe der Erledigungserklärung geführt haben, 24 zu berücksichtigen. Als Folge hiervon wird im allgemeinen der ohne die Erledigungserklärung zu erwartende Verfahrensausgang bei der Kostenentscheidung den Ausschlag geben (BGH LM Nr 1 letzter Abs und Nr 6; BAG BB 85, 2180), dh es wird idR der die Kosten zu tragen haben, dem sie auch nach den **allgemeinen kostenrechtlichen Bestimmungen der ZPO** aufzuerlegen gewesen wären (§§ 91 ff; Düsseldorf FamRZ 82, 431; Zweibrücken NJW 86, 939). Auch der Rechtsgedanke des **§ 93** ist anzuwenden (Frankfurt MDR 82, 328; Bamberg FamRZ 84, 303; Düsseldorf OLGZ 85, 74; Celle ZIP 85, 823; Karlsruhe Justiz 85, 52; Hamm NJW-RR 86, 1121; KG MDR 80, 942; zur sog „reziproken" Anwendung des § 93 zugunsten des Klägers vgl Rn 25), desgleichen der des **§ 97 II** (Frankfurt WRP 84, 692); wegen § 93 a vgl Rn 7 aE mwN. Das Gericht ist bei der Entscheidung nach § 91 a jedoch nicht schlechthin gehalten, die Grundsätze der §§ 91 ff anzuwenden. Insbesondere braucht es in rechtlich schwierig gelagerten Fällen nicht jede für den Ausgang bedeutsame Rechtsfrage zu überprüfen (BGH 67, 345 f; LM Nr 1 und Nr 6; NJW 54, 1038; Frankfurt GRUR 79, 808); eine summarische Prüfung der Erfolgsaussichten ist ausreichend (BGH 67, 345; Stuttgart NJW 55, 1192; s aber auch Neustadt MDR 56, 558 und 685). Steht nach einem außergerichtlichen Vergleich auf Grund des bisherigen Sach- und Streitstandes nicht endgültig fest, wer obsiegt hätte, kann der Grundgedanke des **§ 98** mit herangezogen werden (Bremen OLGZ 80, 224 = MDR 79, 500; Düsseldorf JMBlNRW 71, 215; LG Itzehoe AnwBl 83, 557). Das Gericht ist bei einer Kostenverteilung im Vergleich an diese Bestimmung nicht gebunden (Hamm MDR 76, 148; zum ganzen auch Rn 30, 31). Unter besonderen Umständen (arg „Billigkeit") kann von den für die prozessuale Erstattungspflicht geltenden Grundsätzen abgegangen werden, wenn die materielle Kostenerstattungspflicht davon abweicht (so Nürnberg NJW 75, 2206). Dies gilt insbes dann, wenn sich die *materielle Kostenerstattungspflicht* des Beklagten ohne besondere Schwierigkeiten feststellen läßt (BGH MDR 81, 126 mN; Köln NJW-RR 86, 223 = OLGZ 86, 237; Karlsruhe Justiz 85, 52; LAG Hamm MDR 82, 695, str; aA Smid ZZP 97, 308 ff; MDR 85, 192). Wegen der Kostenentscheidung bei Erledigung der Hauptsache durch Gesetzesänderung s KG MDR 54, 489; hiernach trifft die Kostenlast nach § 91 a auch in diesem Fall den, der ohne die Gesetzesänderung unterlegen wäre (anders aber BFH 119, 407). **§ 93 b** ist zu beachten (LG Mannheim ZMR 67, 183), desgleichen **§ 344** (Stuttgart Justiz 84, 19).

25 **bb)** Im Rahmen der **Billigkeitsentscheidung** gem **Abs I S 1** kann im Einzelfall auch berücksichtigt werden, ob sich eine Partei durch das Erledigungsereignis (zB Abgabe einer Unterwerfungserklärung in einem Unterlassungsprozeß) freiwillig in die Rolle des Unterlegenen begeben hat (BAG AP Nr 7 zu § 91 a); jedoch ist ein allgemeiner Grundsatz, wonach die Kosten stets der Partei aufzuerlegen seien, die sich freiwillig in die Rolle des Unterlegenen begibt, nicht anzuerkennen (zutr Karlsruhe MDR 86, 240; Celle NJW-RR 86, 1061; vgl auch bereits Vollkommer in Anm AP Nr 7 zu § 91 a). Beispiel: Erfüllungshandlung zur Vermeidung unwirtschaftlicher und zeitaufwendiger Auseinandersetzungen; zur Unterwerfungserklärung im Wettbewerbsprozeß näher Rn 58. Abzulehnen ist die Auffassung von Smid, wonach die Zustimmung des Beklagten zur Erledigungserklärung des Klägers grundsätzlich zu Lasten des Beklagten gehen soll (ZZP 97, 301 ff; MDR 85, 191 f), da sie den Beklagten zur Führung eines Erledigungsstreits (Rn 34 ff) zwingt. Grundsätzlich abzulehnen ist mit Schneider auch die Entscheidung des LG Traunstein (MDR 62, 827), wonach auch die wirtschaftlichen Verhältnisse der Parteien zu berücksichtigen sein sollen. Der Grundsatz des **§ 93** (zu dessen Heranziehung s bereits oben Rn 24) ist auch anzuwenden, wenn der Beklagte während des Rechtsstreits erfüllt, so daß der Kläger wegen der folgenden Erledigungserklärung zu keinem Anerkenntnisurteil mehr gelangt (Celle NdsRpfl 64, 135 und VersR 66, 548; Zweibrücken JurBüro 66, 429; LG Köln ZMR 61, 229; Köln VersR 77, 576; KG MDR 80, 942; München VersR 79, 480). Zu berücksichtigen ist auch im Rahmen einer „reziproken" Anwendung des Grundgedankens von § 93, ob der **Beklagte dem Kläger Veranlassung zur Klage gegeben** hat (Köln NJW-RR 86, 223 = OLGZ 86, 237; MDR 85, 505; Karlsruhe Justiz 75, 391; Köln VersR 80, 463 mwN; Koblenz FamRZ 78, 826). Hat der Beklagte nach gemeinsamer Erledigungserklärung die Kostenpflicht anerkannt, sind ihm analog § 307 im Kostenbeschluß nach § 91 a die Kosten aufzuerlegen (BGH MDR 85, 914 = JZ 85, 853 = JurBüro 85, 1649).

26 **d) Berücksichtigung neuer Tatsachen und Beweismittel.** Da vom *bisherigen Sach- und Streitstand* auszugehen ist (vgl **I 1**), sollen zwar idR **neue Tatsachen und Beweismittel** in den Rechtsstreit nicht mehr eingeführt werden; eine Beweisaufnahme durch Vorlage von Urkunden oder Beiziehung von Akten oder die Verwertung von Beweisergebnissen aus anderen Prozessen ist aber nicht grundsätzlich ausgeschlossen (BGH 13, 145; 21, 300; Göppinger ZZP 67, 467; Pohle MDR 50, 644; München MDR 57, 299; Köln MDR 69, 848; R-Schwab § 87 III 7 a; Schneider MDR 76, 885; Merz ZMR 83, 365 f mN, str; gegen die Zulässigkeit jeder weiteren Beweisaufnahme München JurBüro 79, 1196 [auch keine Vernehmung „präsenter" Zeugen]; BL Anm 3 Ac; vgl aber auch Rinsche NJW 71, 1349). Aber auch über die Notwendigkeit dieser Maßnahmen entscheidet das Gericht nach billigem Ermessen. Jedenfalls ist das **rechtliche Gehör** zu gewähren

(vgl auch BVerfG 34, 159; 60, 313 [317] = NJW 82, 1691; 67, 99 f; eingehend Smid ZZP 97, 274 ff). Auch wird einem Beweisantrag insbesondere dann stattzugeben sein, wenn eingewandt wird, das Verfahren nach § 91 a sei unzulässig, weil sich die Parteien wegen der Kosten außergerichtlich geeinigt hätten (deshalb unrichtig Düsseldorf JMBlNRW 52, 135). Auch kann noch in der **Beschwerdeinstanz** neues Beweismaterial (zB Vorlage einer Urkunde) berücksichtigt werden, wenn es für eine angemessene Kostenentscheidung von Bedeutung ist. Hinsichtlich des Zeitpunkts für die Beurteilung des Sach- und Streitstands in der Beschwerdeinstanz s auch MDR 58, 112, Baumgärtel MDR 69, 803 und Merz ZMR 83, 365 [366]. Kommt es nicht mehr zur Durchführung einer (ohne die Erledigung gebotenen) Beweisaufnahme, so sind die Kosten idR gegeneinander aufzuheben (Frankfurt BB 78, 331; krit zu dieser Rspr Smid ZZP 97, 278); dies kann auch dann gelten, wenn in einem vorangegangenen Eilverfahren eine bestimmte Glaubhaftmachung nicht gelungen ist (Frankfurt aaO).

8) Anfechtung der Entscheidung. Sie erfolgt durch sofortige Beschwerde nach **Abs II 1** mit §§ 567 ff, 577; aber keine weitere: § 568 III (KG MDR 78, 498 = Rpfleger 78, 103). Der Beschluß ist unanfechtbar, wenn auch gegen das Sachurteil kein Rechtsmittel statthaft wäre, zudem im Fall des § 567 III S 1. Beachte 567 II. Die Kostenentscheidung des OLG nach § 91 a ist auch dann nicht anfechtbar, wenn sie in einem streitigen Urteil über einen anderen Streitgegenstand (Widerklage) steckt (BGH WM 67, 533). Die **unselbständige Anschlußbeschwerde** ist entspr § 521 zulässig (ebenso KG MDR 79, 763 mwN; Kirchner NJW 76, 610, hM; aA München NJW 74, 2011). Wegen der Einschränkung neuen Vorbringens in der Beschwerdeinstanz (in Abweichung von § 570) vgl oben Rn 26. Jedenfalls muß der Gegner unter Gewährung einer angemessenen Frist (1½ Arbeitstage sind zu kurz, s BVerfG 60, 313 [317 f]) **gehört** werden **(Abs II 2;** Art 103 I GG; vgl BVerfG 17, 268; 34, 159; 60, 313 [317]; 64, 224 [227]; Schleswig JurBüro 63, 718) es sei denn, die Beschwerde bleibt erfolglos. § 10 gilt auch hier (Köln MDR 59, 1020; Rpfleger 64, 289). Darauf, daß das Gericht erster Instanz sachlich zur Sachentscheidung nicht zuständig gewesen sei, kann die Beschwerde nicht gestützt werden (Rechtsgedanke des § 529; vgl Saarbrücken OLGZ 69, 31). Wird über die Kosten nach übereinstimmender Erledigungserklärung fehlerhaft durch Urteil statt durch Beschluß entschieden, dann ist sowohl sofortige Beschwerde, als auch Berufung gegeben (BGH MDR 59, 554 = LM § 511 Nr 13; Köln MDR 63, 60 – Meistbegünstigungsgrundsatz; dazu allg Rn 29 vor § 511); über eine solche Berufung darf das Rechtsmittelgericht durch Beschluß entscheiden, gegen den keine Revision stattfindet (BGH LM Nr 23). Zum **Beginn der Frist** zur Einlegung der sofortigen Beschwerde: s Rn 28 und näher § 577 Rn 6 ff und § 329 Rn 27. Der Beschluß ist **Titel für die Kostenfestsetzung** gemäß § 794 I Nr 3. 27

9) Rechtskraft. Der Beschluß nach § 91 a wird nach allgemeinen Regeln formell rechtskräftig. Auch wenn er auf Grund mündlicher Verhandlung verkündet wurde, beginnt die Beschwerdefrist stets mit der Amtszustellung zu laufen, §§ 577 II 1; 329 III. Der Beschluß entfaltet keinerlei materielle Rechtskraft hinsichtlich der erledigten Hauptsache, über die nicht entschieden wurde. Der Rechtsstreit kann also vom Kläger wieder erneuert werden (Hamm FamRZ 81, 1065; BL Anm 2 C aE; ThP Anm 11 b aa, str; aA zB Brox JA 83, 289 [295]; R-Schwab § 133 II 4 wegen Fehlens des Rechtsschutzbedürfnisses). Das ist nicht unbillig gegenüber dem Beklagten: Hat er der Erledigung zugestimmt, so ist diese auch regelmäßig eingetreten und eine neue Klage daher aussichtslos; andernfalls kann er eine sachliche Entscheidung über die Frage der Erledigung erzwingen, indem er sich der Erklärung des Klägers nicht anschließt. Dann schützt ihn die Rechtskraft des nun ergehenden Urteils – s hierzu unten Rn 46. Eine andere Frage ist, ob der Beschluß gem § 91 a Rechtskraft hinsichtlich der Kostentragungspflicht entfaltet, maW, ob die beschwerte Partei eine Korrektur der Kostenentscheidung mit einer späteren Schadensersatzklage erreichen kann. Bejaht man eine materielle Rechtskraft des Beschlusses gem § 91 a (so Smid ZZP 97, 281 f), ist dies zu verneinen. 28

10) Besonderheiten der Erledigungserklärung in verschiedenen Verfahren (vgl auch die alphabetische Übersicht in Rn 58). **a) Einzelfragen aus der Rechtsprechung.** Erklären die Parteien einen Rechtsstreit, der bei einem **unzuständigen Gericht** eingeleitet war, für erledigt, so kommt eine Verweisung allein wegen der Kostenentscheidung nicht mehr in Frage; nach allg Grundsätzen (Rn 24) treffen den Kläger die kostenmäßigen Folgen der Anrufung des unzuständigen Gerichts (Frankfurt MDR 81, 676; München OLGZ 86, 69 = MDR 86, 61). Zur Erledigung der Hauptsache im **Mieterhöhungsverfahren** und der entsprechenden Kostenentscheidung s AG Hildesheim NdsRpfl 76, 112; AG Oberhausen ZMR 74, 158 und LG Verden JurBüro 76, 812 mit ablehnender Anm Schalhorn S 1101. Zur Kostenentscheidung bei Erledigung der Hauptsache in **Kindschaftssachen** s Schlicht DAVorm 75, 535. Gibt in **Wettbewerbsprozessen** (ausführlich Ulrich GRUR 82, 14 mwN; ferner Rn 58) der Beklagte nach vorangegangener Abmahnung eine *strafbewehrte Unterwerfungserklärung* ab, trifft ihn noch nicht stets die (volle) Kostentragungspflicht (vgl Stuttgart WRP 84, 576; Karlsruhe WRP 85, 103; KG BB 79, 487 mit Anm von Lach- 29 mann; Hamm JurBüro 81, 278); zur Erledigung der Hauptsache durch Unterwerfung zugunsten Dritter vgl Borck WRP 78, 7. Eine im *Verfügungsverfahren* abgegebene Unterwerfungs- und Abschlußerklärung (vgl § 926 Rn 4) erledigt auch eine parallel erhobene *Hauptsacheklage*, jedoch kann § 93 (vgl Rn 24) uU zur Kostenbelastung des Klägers führen (Hamm MDR 86, 241). Zur Frage, wer nach Erledigung der Hauptsache die Kosten gemäß § 91 a trägt, wenn der Antragsgegner auf Abmahnung wegen eines **Wettbewerbsverstoßes** ein einfaches Unterlassungsversprechen abgegeben hat und erst nach Anrufung des Gerichts ein Strafgedinge eingegangen ist, Düsseldorf WRP 71, 534; von Bedeutung ist, ob der Beklagte (Antragsgegner) durch unzulängliche vorprozessuale Aufklärung Veranlassung zur Klage (zum Verfügungsantrag) gegeben hat (wegen Einzelheiten vgl Köln WRP 79, 392; 79, 816; 83, 42 f; Düsseldorf GRUR 79, 191 = WRP 79, 39; Frankfurt GRUR 79, 338 = WRP 79, 311; Stuttgart WRP 78, 837).

30 **b)** Haben sich die Parteien in einem **gerichtlichen Vergleich** über die Hauptsache und die Kosten geeinigt, ist für eine Entscheidung nach § 91 a kein Raum. Auch wenn mangels anderer Vereinbarung § 98 eingreift, besteht kein der Entscheidung bedürftiger Kostenstreit. Anders, wenn der Vergleich keine Kostenregelung enthält und die Parteien durch Ausschluß des § 98 kundgetan haben, daß der Kostenstreit nicht beigelegt ist. Dann ist Raum für eine Entscheidung nach § 91 a (BGH NJW 65, 103; MDR 70, 46 = LM Nr 30; Zweibrücken OLGZ 83, 80 [81]; Bamberg JurBüro 84, 1740); dabei kann auch der Inhalt des Vergleichs und der Umfang des wechselseitigen Nachgebens mit berücksichtigt werden (München NJW 73, 154; Bamberg aaO; allg Rn 25); insoweit ist aber Zurückhaltung geboten (zutr Schumacher NJW 73, 716 gegen München). Zum Vergleich in Ehesachen vgl Rn 58 – „Ehesachen".

31 **c)** Zum **außergerichtlichen Vergleich** vgl zunächst § 98 Rn 5. Haben sich die Parteien außergerichtlich – mit oder ohne Kostenregelung – verglichen und die Erledigung angezeigt, ist der Rechtsstreit (für das Gericht bindend: Rn 12) erledigt und muß auf jeden Fall eine Entscheidung gem § 91 a getroffen werden (so zutr Bremen OLGZ 80, 223 mNachw = MDR 79, 500; Frankfurt MDR 84, 674, str; aA zB Hamm MDR 76, 147; AnwBl 82, 72 [73 mN] bei Kostenregelung). Im Rahmen der Ermessensentscheidung (Rn 24) ist allerdings der Vergleichsinhalt und (bei fehlender Kostenregelung) idR der Grundgedanke des § 98 zu berücksichtigen (Bremen OLGZ 80, 224 mNachw; Frankfurt MDR 84, 674), str; aA: mutmaßlicher Prozeßausgang auf der Grundlage des Vergleichs (so München NJW 70, 1329) oder ohne den Vergleich entscheidet (so Zweibrücken JurBüro 74, 759; aber: freiwillige Unterwerfung im außergerichtlichen Vergleich ist mitzuberücksichtigen, Rn 25).

32 **d)** Die Erledigung des Verfahrens auf **Arrest oder einstweilige Verfügung** (s allg § 922 Rn 4): Hauptsache ist hier nicht der zu sichernde materielle Anspruch, sondern die begehrte Rechtsfolge auf einstweilige Regelung oder Sicherung (Ulrich GRUR 82, 14 [15]). Auch hier kann nur nach § 91 a entschieden werden, wenn beide Parteien übereinstimmend für erledigt erklären (München NJW 63, 1014); zur Erledigung bei einstweiliger Verfügung gemäß § 648 BGB: Hamburg MDR 60, 323; LG München MDR 63, 418; wegen Besitzstörung: Frankfurt WM 59, 27. Vgl auch Aderhold NJW 61, 1804; Schlüter ZZP 80, 447. Bei übereinstimmender Erledigterklärung nach Ablauf der Vollziehungsfrist des § 929 II trägt der Arrestkläger die Kosten (Neustadt JurBüro 61, 567; Hamburg NJW 64, 600; zur einseitigen Erklärung vgl Rn 58). Zur Kostentragung durch den Gläubiger im Arrestaufhebungsverfahren s München MDR 76, 761 und Frankfurt MDR 82, 328. Nach Erlaß einer einstweiligen Verfügung kann die Hauptsache vor Klageerhebung im Verfahren nach § 926 für erledigt erklärt werden, mit der Wirkung, daß über die Kosten des gesamten Verfahrens nach § 91 a zu entscheiden ist (Frankfurt NJW 60, 251). Zur Frage der Erledigung des Verfügungsverfahrens durch Entscheidung im Hauptsacheprozeß vgl Nürnberg NJW 67, 205 (krit Göppinger ebenda S 177); vgl auch Düsseldorf NJW 72, 1955. Zur Frage der Erledigung in der Hauptsache bei einstweiligen Verfügungen mit befristeten Unterlassungen s Düsseldorf WRP 74, 94; bei Eintritt der kurzen Verjährung des gesicherten Unterlassungsanspruchs s Rn 58 – „Verjährung". Zur Erfüllung der Forderung als Erledigungsgrund im **Arrestverfahren** (§§ 926, 927) vgl Schlüter ZZP 80, 447.

33 **e)** Erledigungserklärung bei **Nebenintervention** und **Streitgenossenschaft:** Bei einfacher Streitgenossenschaft wirkt die Erklärung für jedes Prozeßrechtsverhältnis gesondert. Bei notwendiger ist sie nur wirksam, wenn alle Streitgenossen für erledigt erklären, da die Erledigung nur einheitlich eingetreten sein kann; allerdings muß die Kostenregelung selbst nicht notwendig einheitlich sein (BGH MDR 85, 914 [915]). Aus dem gleichen Grund verliert die Erklärung der Partei durch Widerspruch des streitgenössischen Nebenintervenienten ihre Wirkung, nicht aber durch solche des einfachen. Zur Kostenverteilung, wenn von zwei beklagten Streitgenossen einer durch Klagerücknahme ausscheidet und im übrigen die Hauptsache für erledigt erklärt wird: Frankfurt MDR 63, 317 = JurBüro 63, 364.

III) Einseitige Erledigungserklärung des Klägers

1) Allgemeines. Erklärt der Kläger allein die Hauptsache für erledigt, während der Beklagte seinen Klageabweisungsantrag aufrechterhält, so endet die Rechtshängigkeit der Klage nicht, wie durch die übereinstimmende Erledigungserklärung der Parteien (vgl Rn 9). Nunmehr zeigt sich, daß diese einseitige Erklärung eine nach § 264 Nr 2 stets zulässige Beschränkung (und damit Änderung) des Klageantrags ist (vgl Hodes ZZP 66, 386 [389]; ThP Anm 2 c; Mössmer NJW 70, 175; Göppinger JurBüro 75, 1409, sog Klageänderungstheorie, hM, früher sehr str). Das Gericht hat nunmehr darüber zu entscheiden, ob die Klage – tatsächlich (iS der Rn 3 ff) – erledigt ist (BGH 91, 127 = NJW 84, 1901; 91, 241 f; 94, 274; München OLGZ 86, 69) und dies ggf festzustellen (Rn 45). Abzulehnen sind abweichende Einordnungsversuche. Die einseitige Erledigungserklärung des Klägers ist kein Verzicht auf eine Sachentscheidung nach § 306 (BGH LM Nr 16, vgl aber Lindacher JurA 70, 687), auch keine privilegierte Form der Klagerücknahme (dafür StJLeipold Rn 39; Blomeyer § 64 I; vgl auch Schleswig SchlHA 66, 13). Eine Umdeutung in diesem Sinne entspricht regelmäßig nicht dem Willen des Klägers, der sich durch die Erklärung ja gerade der Kostenlast nach den §§ 91, 306 oder 269 entziehen will (vgl BGH NJW 61, 775; Bemmann NJW 60, 230; Saarbrücken OLGZ 67, 181). Trotz der zunehmenden Einigkeit im Ausgangspunkt ist auch der neueren Rspr eine abschließende Klärung von wesentlichen Fragen noch nicht gelungen (vgl Rn 40 f). 34

2) Wesen der einseitigen Erledigungserklärung. Die einseitige Erledigungserklärung ist **Prozeßhandlung,** und zwar als Antrag (und zwar Feststellungsantrag: Rn 37) Erwirkungshandlung (so auch bei anderem Ausgangspunkt R-Schwab § 133 III 2), also frei widerruflich (Frankfurt NJW 67, 1811; vgl auch OVG Münster ZMR 66, 349 und oben Rn 10). Der Kläger kann gemäß § 264 Nr 2 im Laufe des Rechtsstreits wieder zu seinem ursprünglichen Klageantrag übergehen oder diesen **hilfsweise** aufrechterhalten (BGH MDR 65, 641; WM 82, 1260 mN; BFH BB 79, 1757; s auch Ostendorf DRiZ 73, 388 sowie bereits Rn 13) oder aber **hilfsweise** die Feststellung der Erledigung beantragen (vgl BGH NJW 75, 539 [540]; Schleswig NJW 73, 1933; Bergerfurth NJW 68, 530; str; vgl Rn 15), letzteres aber nicht schon in der Klage selbst (so zutr Göppinger aaO S 64). 35

3) Zeitpunkt der Erledigungserklärung. Die Erledigungserklärung muß **nach Rechtshängigkeit** abgegeben werden (vorher fehlt es an einem zu erledigenden „Rechtsstreit") und kann es noch in der **höheren Instanz** (Rn 37) einschließlich der Revisionsinstanz (Rn 39). Vom Zeitpunkt der Abgabe der Erklärung scharf zu unterscheiden ist der des Eintritts des Erledigungsereignisses, der auch früher liegen kann (Rn 40). Erfolgt eine „Erledigungserklärung" vor Zustellung der Klage, wird mit Zustellung nur Anspruch auf Erstattung der bis dahin entstandenen Kosten rechtshängig (KG MDR 82, 941). 36

a) In **erster Instanz** ist die einseitige Erledigungserklärung bis zum Schluß der mündlichen Verhandlung (vgl § 128 Rn 18) in der für Sachanträge (Rn 35) geltenden Form (vgl § 270 Rn 3) möglich (BGH NJW 84, 1901). Der Antrag lautet auf Feststellung der Erledigung (vgl Rn 45) und (wegen § 308 II an sich entbehrlich) auf Verurteilung des Beklagten in die Kosten. Ist das Erledigungsereignis erst im Berufungsrechtszug eingetreten, gilt das gleiche für die **Berufungsinstanz.** 37

b) Zwischen den Instanzen ist die einseitige Erklärung (anders als im Fall der Rn 21) nicht möglich (arg § 318; vgl Schwab, FS Schnorr von Carolsfeld, 1973, S 453), jedoch ist Rechtsmitteleinlegung zum Zweck der Erklärung der Erledigung in der höheren Instanz zulässig (Hamm GRUR 84, 68 mwN; Karlsruhe WRP 85, 103, str). Die Beschwer als Rechtsmittelvoraussetzung (Rn 8 ff vor § 511) wird durch die Erledigung als solche nicht berührt (Hamm GRUR 84, 69; Karlsruhe WRP 85, 103; Gottwald NJW 76, 2250; vgl auch Rn 49). 38

c) Auch in der **Revisionsinstanz** ist die einseitige Erledigungserklärung – trotz der für Klageänderungen bestehenden Beschränkungen (dazu § 561 Rn 10) – zulässig (BGH NJW 65, 537 mit abl Anm von Putzo S 1018; BGH MDR 76, 568 = ZZP 90, 185 mwN mit insoweit zust Anm von Walchshöfer; BGH WM 86, 534; wegen bestehender Besonderheiten vgl näher Rn 51). 39

4) Zeitpunkt des Eintritts der Erledigung. Während bei der übereinstimmenden Erledigungserklärung im Hinblick auf die Dispositionsbefugnis der Parteien und die beschränkte Prüfungsaufgabe des Gerichts dem Zeitpunkt des Eintritts des Erledigungsereignisses praktisch keine Bedeutung für die Kostenentscheidung zukommt (vgl Rn 16), ist im Fall der einseitigen Erledigungserklärung die tatsächliche Erledigung vom Gericht nachzuprüfen (Rn 34, 44), so daß es für den Inhalt der Entscheidung samt der Kostenfolge (Rn 47) entscheidend auf die Grenzziehung beim Erledigungsereignis in zeitlicher Hinsicht ankommt (dazu Rn 6). Vom Standpunkt des engeren, auf den Zeitpunkt der Begründung der **Rechtshängigkeit** (§ 261 I) abstellenden Erledigungsbegriffs aus kommen als Erledigungsereignisse nur Vorgänge **nach** diesem Zeitpunkt in Frage, so daß für eine Erledigung **vor** Rechtshängigkeit danach kein Raum ist (in diesem Sinne schon die bisher überwiegende Ansicht, nunmehr auch BGH 83, 12 [14 mN] = NJW 82, 1598 = 40

MDR 82, 657 und StJLeipold Rn 11 und 38; BL Anm 2 Ab; ThP Anm 7 a bb; Bücking ZZP 88, 308 mN; Linke JR 84, 48 mwN, auch zur aA, dazu näher Rn 41 f). Ist das klaglosstellende Ereignis vorher eingetreten, so muß der Kläger, will er eine Klageabweisung (vgl Rn 47) vermeiden, nach der hM die Klage mit der Kostenfolge des § 269 III zurücknehmen und die bezifferten Kosten in einem neuen Prozeß geltend machen (BGH 83, 12 [16] = NJW 82, 1598 [1599] = MDR 82, 657 [658]) oder den zu beziffernden materiellrechtlichen Kostenerstattungsanspruch im Wege der Klageänderung im ursprünglichen Prozeß geltend machen (BGH 83, 12 [16] = NJW 82, 1598 [1599] = MDR 82, 657 [658]; zu den dabei auftretenden Schwierigkeiten zuletzt Weber DRiZ 79, 243; Rixecker ZZP 96, 508 f; Linke JR 84, 50 f; Sannwald NJW 85, 898 f). Gegen den von Sannwald weiter vorgeschlagenen Ausweg einer Kosten-„Feststellungsklage" (NJW 85, 899 f) bestehen Bedenken, da sie überhaupt keine Leistungsklage vorbereiten, sondern unmittelbar im Kostenfestsetzungsverfahren (§§ 103 ff) „konkretisiert" werden soll (zurecht krit Stöhr JR 85, 491 f).

41 Demgegenüber hält eine verbreitete Gegenansicht bei *weiter* Ausdehnung des Erledigungsbegriffs auch die Feststellung der Erledigung im Zeitabschnitt zwischen **Einreichung** (Anhängigkeit) und **Zustellung** (Rechtshängigkeit) **der Klage** mit der Folge einer Kostenentscheidung nach den Grundsätzen der Rn 47 für zulässig (so: KG OLGZ 80, 241; AG Weilhelm MDR 85, 148 [Verfügungsverfahren]; Rixecker ZZP 96, 505; Blomeyer NJW 82, 2750; R-Schwab § 133 I zu Fußn 5; E. Schneider, Kostenentscheidung im Zivilurteil, 2. Aufl, S 138; ders JurBüro 79, 1121; weitere Nachweise in BGH 83, 12 [13] und 13. Aufl). IdR zum gleichen Ergebnis aber mit anderer Begründung kommt die Lehre von der „reziproken" Anwendung des § 93 (dh zugunsten des Klägers); danach treffen den Kläger dann keine Kosten, wenn der Beklagte durch sein Verhalten zur Einreichung der Klage oder des Mahnantrags Veranlassung gegeben hat und der Kläger „sofort" nach der Erfüllungshandlung die Hauptsache für erledigt erklärt (so: Blomeyer NJW 82, 2570; Weber DRiZ 79, 245; Haubelt ZZP 89, 192; ThP Anm 7 c cc; Nürnberg JurBüro 78, 745). Eine abw Begründung will bei der Kostenentscheidung *auch* nach einseitiger Erledigungserklärung (zur übereinstimmenden vgl Rn 24) die materielle Kostenerstattungspflicht des Beklagten berücksichtigen (so LG Freiburg MDR 84, 237; zust E. Schneider MDR 84, 549). Dem entspricht die von der ZPO-Kommission vorgeschlagene Ergänzung des (nunmehrigen) § 269 (§ 271 aF) um folgenden weiteren Absatz:

> „Hat der Beklagte durch sein Verhalten Anlaß zur Einreichung der Klage gegeben, so hat er die Kosten zu tragen, wenn der Ablaß vor Rechtshängigkeit weggefallen ist und die Klage darauf sofort zurückgenommen wird. Das Gericht entscheidet hierüber auf Antrag durch Beschluß . . ."

(Bericht der Kommission für das Zivilprozeßrecht, Bonn 1977, S 306 und dazu S 227).

42 Solange eine der vorgeschlagenen Ergänzung des § 269 entsprechende Vorschrift fehlt (*für* eine entspr ZPO-Änderung Stöhr JR 85, 490), verdient der **weite Erledigungsbegriff,** der eine gerichtliche Erledigungsfeststellung auch im Zeitraum zwischen Anhängigkeit und Rechtshängigkeit ermöglicht, den Vorzug. Der Wortlaut des – auf die einseitige Erledigungserklärung ohnehin nicht unmittelbar anwendbaren – § 91 a („Rechtsstreit") steht nicht entgegen, da für die Erledigungserklärung Rechtshängigkeit verlangt wird (Rn 36) und es nur darum geht, ob für den Inhalt der ohnehin zu treffenden gerichtlichen Entscheidung (Rn 45) das vor Rechtshängigkeit eingetretene Ereignis beachtlich ist. Sachgründe, die einer Berücksichtigung entgegenstünden, sind nicht erkennbar. Umgekehrt führt die Gegenansicht zu erheblichen prozessualen Schwierigkeiten und benachteiligt den Kläger, der sich völlig „verfahrensgerecht" verhalten hat. Da dem – dem Einfluß des Klägers idR entzogenen – Zustellungszeitpunkt maßgebliche Bedeutung zukommt, hängt der Inhalt der Entscheidung weitgehend vom Zufall ab. Dies verstößt aber auch gegen den Rechtsgedanken der Rückwirkung der Zustellung auf den Zeitpunkt der Einreichung der Klageschrift bzw des Mahnantrags (vgl §§ 207, 270 III, 693 II). Schutzwürdige Belange des Beklagten werden (entgegen BGH 83, 15) nicht berührt. Fehlt es an einer Erledigung, ist der Beklagte durch § 91 geschützt; ist aber ein Erledigungsereignis eingetreten, so kann sich der Beklagte der Erledigungserklärung des Klägers anschließen mit der Folge, daß im Rahmen der Entscheidung gem § 91 a auch die Frage der Klageveranlassung berücksichtigt wird (vgl Rn 25; verkannt in BGH 83, 15). Daß im Beschlußverfahren gem § 91 a nicht die vollen Verfahrensgarantien des Urteilsverfahrens gelten (Rn 22 ff, insbes Rn 26), ist im Hinblick auf die Beschränkung des Streits auf die Kosten sachgerecht und vom Beklagten hinzunehmen. Schließlich entspricht die Maßgeblichkeit des Einreichungszeitpunkts für die Erledigung auch der Rechtslage im Verfügungsverfahren und nach den modernen Verfahrensordnungen, denen ein Auseinanderfallen von Anhängigkeit und Rechtshängigkeit unbekannt ist (vgl Rn 6; § 922 Rn 4).

43 **5) Gerichtliche Prüfung. a) Allgemeines.** Nur die einseitige Erklärung zwingt das Gericht zur Prüfung, ob tatsächlich erledigt ist: **ob also die zunächst zulässige und begründete Klage nachträglich gegenstandlos geworden ist** (BGH 83, 12 [13]; 91, 127; NJW 86, 589 mN; zum Erledigungsereignis s Rn 3, zum maßgeblichen Zeitpunkt Rn 44). Der **Beklagte seinerseits** ist nicht gehalten, dieser Erklärung zuzustimmen, kann vielmehr weiter Sachabweisung der geänderten Klage beantragen, auch hilfsweise für erledigt erklären (str, vgl Rn 14). Er hat **stets ein berechtigtes Interesse** daran, eine rechtskraftentfaltende Entscheidung zu bekommen, wenn er einmal mit einer Klage überzogen worden ist, braucht also nicht ein besonderes Rechtsschutzinteresse daran darzutun, daß die Klage abgewiesen wird, weil sie von Anfang an unzulässig oder unbegründet war (BGH MDR 76, 568 = ZZP 90, 185 mwN; BGH NJW 69, 237 mit Anm Deubner S 796; MDR 79, 1000 = WM 79, 1128; VersR 80, 384 mN; NJW 82, 767 [768], str).

b) Prüfung der Erledigung. Das Gericht muß nun im ordentlichen Streitverfahren – notfalls durch Beweisaufnahme – prüfen, ob die Hauptsache erledigt ist, ob also die eingereichte Klage zulässig und begründet war (dazu Rn 3), aber durch ein nach Anhängigkeit eingetretenes Ereignis gegenstandslos geworden ist (BGH 83, 12 [13]; 91, 127; Köln WRP 85, 660; ie Rn 3 ff, 34, 43). Der maßgebliche **Zeitpunkt** ist der des Eintritts des erledigenden Ereignisses (BGH NJW 86, 589 = MDR 85, 570 = ZIP 85, 833). Der Kläger hat nach allg Grundsätzen (StJLeipold Rn 40; E. Schneider MDR 84, 550) Zulässigkeit und Begründetheit der Klage zum maßgeblichen Zeitpunkt, soweit streitig, auch den Eintritt des erledigenden Ereignisses zu beweisen. Zur Bedeutung eines Versäumnisurteils gegen den Beklagten auf Feststellung der Erledigung vgl Zweibrücken NJW 68, 110. Ist die Klage von Anfang an **unzulässig** oder **unbegründet,** muß sie auch dann abgewiesen werden, wenn die Hauptsache als erledigt erklärt wurde (BGH 83, 12 [13 mN]; NJW 86, 589 = MDR 85, 570; Rn 3); dies gilt auch dann, wenn der Beklagte den Klageanspruch vorbehaltlos erfüllt hat (BGH NJW 81, 686 = MDR 81, 399). War die Klage im maßgeblichen Zeitpunkt unzulässig, kommt eine **Verweisung** (auch auf hilfsweise gestellten Verweisungsantrag) nicht mehr in Frage (München OLGZ 86, 67 [69] = MDR 86, 61 f); dies ist die Folge der Beziehung der Entscheidung auf den Zeitpunkt des Eintritts des erledigenden Ereignisses. 44

6) Entscheidung. a) über die Erledigung. Gelingt dem Kläger der Nachweis der Erledigung (vgl Rn 44), so ergeht ein streitiges Feststellungsurteil: Es wird festgestellt, daß der Rechtsstreit in der Hauptsache erledigt ist. Dies ist eine **Sachentscheidung** (BGH NJW 68, 2243; München OLGZ 86, 67 [70] = MDR 86, 61 f). Mit dieser Feststellung wird ein Sachurteil der Vorinstanz von selbst wirkungslos; doch erscheint die nicht notwendige Aufhebung desselben zur Klarstellung zweckmäßig (Düsseldorf Betrieb 70, 771). Andernfalls wird der Kläger mit seiner Klage abgewiesen (BGH 37, 137), und zwar mit seiner jetzigen Feststellungsklage (Saarbrücken OLGZ 67, 181). Zum Urteilstenor s Ostendorf DRiZ 73, 388 f und Bücking DRiZ 74, 227. Um dies zu vermeiden, kann der Kläger seinen ursprünglichen Sachantrag **hilfsweise** aufrechterhalten (vgl Rn 35). 45

b) Rechtskraft. Als Sachentscheidung wirkt das Urteil materielle Rechtskraft (s dazu Koenigk NJW 75, 529): Die **Feststellung der Erledigung** spricht aus, daß die bis zur Rechtskraft anhängig gewesene Hauptsache (BGH NJW 61, 1210; Deubner JuS 62, 209) gegenstandslos geworden ist (Schwab ZZP 72, 136; ThP Anm 11 b bb). Hieran ist das Gericht bei einer neuen Klage gebunden (Schleswig JurBüro 84, 1741). Die Rechtskraftwirkung der Klageabweisung ist wie auch sonst aus den Gründen zu erschließen, so daß rechtskräftig entschieden sein kann, daß die Klage entgegen dem Feststellungsbegehren deshalb nicht erledigt ist, weil sie entweder von Anfang an unzulässig (München OLGZ 86, 67 [70] = MDR 86, 61 f) oder unbegründet gewesen war (vgl OVG Münster NJW 62, 71; LG Münster MDR 64, 63; LG Tübingen NJW 64, 2021; LG Bochum MDR 82, 675), oder aber – und hierauf ist zu achten! – daß die Klage zwar zulässig und begründet war, daß sie sich aber nachträglich nicht erledigt hat. Im letzteren Fall wird es angebracht sein, den Kläger gemäß § 139 zu befragen, ob er seinen ursprünglichen Sachantrag nicht hilfsweise aufrechterhalte. 46

c) Die **Kostenentscheidung** folgt dem § 91 (BGH 83, 12 [15 mN]; BFH BB 79, 1757; VGH Mannheim NJW 78, 774; VGH Saarlouis NJW 78, 121; Smid ZZP 97, 297), nicht dem § 91 a; hM, aber nicht unstreitig (aA zB R-Schwab § 134 III 5 a; Stuttgart NJW 62, 1872). Doch folgt dies zwingend aus der Erwägung, daß es sich um ein streitiges Sachurteil handelt (ebenso VGH Saarlouis aaO mN zur Gegenansicht). § 91 ist auch dann anzuwenden, wenn der auf Klageabweisung beharrende Beklagte den Klageanspruch vorbehaltslos erfüllt hat (vgl Rn 44 aE); für eine Heranziehung des Grundgedankens aus § 307 zum Nachteil des Beklagten ist bei der Kostenentscheidung des Erledigungsfeststellungsstreits kein Raum (BGH NJW 81, 686 = MDR 81, 399). 47

d) Streitwert: Äußerst umstr ist, ob das *Kosteninteresse* (so in der Regel BGH stRspr, zB NJW 82, 768 mN; WM 82, 1260; Koblenz MDR 84, 671; Schleswig SchlHA 76, 31; Düsseldorf MDR 79, 676; Ulrich GRUR 82, 14 [27]), der *bisherige Wert der Hauptsache* (so BGH NJW 82, 768 [für Ehrenschutzsache]; allg Frankfurt MDR 84, 320 mN; München AnwBl 85, 384 mN; Hamm MDR 82, 327 f; Celle AnwBl 80, 254; Göppinger Justiz 75, 156) oder ein davon *ermäßigter Betrag* (zB 50 %: so München NJW 75, 2021) maßgebend ist; zur Teilerledigungserklärung s München MDR 48

76, 759; Düsseldorf MDR 79, 676; zum ganzen eingehend § 3 Rn 16 „Erledigung der Hauptsache" – „Einseitige Erledigungserklärung". Zu den äußerst umstr Fragen näher Göppinger Justiz 75, 156; BGH NJW 82, 768 mN; München MDR 76, 759 und Frankfurt MDR 83, 1033 (zu Teilerledigungserklärung); Hamm Rpfleger 73, 144; Schleswig SchlHA 76, 31; München NJW 75, 2021. **Stellungnahme:** Die Streitgegenstände im ursprünglichen Klageverfahren und im Erledigungsstreit sind nicht identisch und können damit auch nicht wertgleich (§ 3) sein. Das ist die Konsequenz aus der *Klageänderung* (Rn 34) und der Entscheidung über den *geänderten* Antrag (Rn 45, 46). Daß das Gericht *als Vorfrage* die Zulässigkeit und Begründetheit der ursprünglichen Klage noch zu prüfen hat (Rn 44), ändert daran nichts (vgl allg Rn 28 vor § 322). Den Vorzug verdient daher die zuerst genannte Auffassung.

49 **7) Rechtsmittel:** Aus Rn 47 folgt, daß dieses Sachurteil nach allgemeinen Regeln anfechtbar ist. Wird also die Klage entgegen dem Antrag des Klägers auf Feststellung der Erledigung abgewiesen, ist er hierdurch beschwert. Die Beschwerdesumme richtet sich nach dem Streitwert des Feststellungsantrags, vgl § 3 Rn 16 „Erledigung". Daß es dem Kläger bei einer solchen Anfechtung wirtschaftlich vornehmlich oder ausschließlich auf eine Abänderung der ihn belastenden Kostenentscheidung ankommt, nimmt seiner Berufung weder das Rechtsschutzbedürfnis noch macht es sie gemäß § 99 I unzulässig (BGH 57, 224 = LM Nr 31 Anm Buchholz). Hat allerdings in einem solchen Fall das Gericht fälschlich nach den Grundsätzen des § 91 a entschieden – und dadurch den Beklagten im Kostenpunkt beschwert –, so muß diesem hiergegen ein Rechtsmittel eröffnet werden: Da sich die Anfechtung des in der Hauptsache zu seinen Gunsten ergangenen Urteils wegen § 99 I verbietet, muß ihm in Anwendung der Grundsätze zur Anfechtung einer fehlerhaften Entscheidung (vgl allg Rn 28 ff vor § 511) die sofortige Beschwerde in dem oben Rn 27 dargelegten Umfang zugestanden werden (insoweit offen BGH NJW 63, 48). Zur Anfechtung der **„Kostenmischentscheidung"** vgl unten Rn 56.

50 Wird **in der zweiten Instanz** auf Berufung hin die Hauptsache für erledigt erklärt, so ist das Ersturteil stets aufzuheben. Hatte das Gericht irrig durch Beschluß nach § 91 a entschieden, so muß das Beschwerdegericht diesen aufheben und die Sache an das Erstgericht zurückverweisen (Neustadt MDR 63, 1019).

51 **In der Revisionsinstanz** kann die Erledigung der Hauptsache jedenfalls berücksichtigt werden, wenn die erledigenden Tatsachen unstreitig (BGH WM 86, 534 = ZIP 86, 398) oder bereits in der Vorinstanz festgestellt sind (vgl BGH 26, 31 [37] = NJW 58, 98); gegen die einseitige Erledigterklärung durch den Kläger in der Revisionsinstanz bestehen keine durchgreifenden Bedenken (vgl BGH NJW 65, 537 = LM Nr 21, abl Putzo NJW 65, 1018, und BGH ZZP 90, 185 mit insoweit zust Anm Walchshöfer = MDR 76, 568 = WM 76, 481); ohne Einschränkung für die Zulässigkeit auch StJLeipold Rn 14 und 51. Die grundsätzlichen Bedenken Putzos gegen eine Erledigungserklärung in der Revisionsinstanz wegen § 561 erscheinen dann nicht durchschlagend, wenn man den Antrag auf Feststellung der Erledigung unter § 264 Nr 2 einordnet, wie dies ThP Anm 2 c selbst tun; vgl hierzu auch Walchshöfer ZZP 79, 299 in Anm zu BGH ebenda S 294 = NJW 65, 537. Bei einseitiger Erledigungserklärung des Klägers in der Revisionsinstanz ist zu prüfen, ob die Klageforderung bis zu dem die Erledigung begründenden unbestrittenen Ereignis beanstanden hat oder nicht, BGH aaO. Ist das erledigende Ereignis bestr, bleibt es ohne Nachteil für den Kläger unberücksichtigt (vgl Smid ZZP 97, 299).

IV) Einseitige Erledigungserklärung des Beklagten

52 Der **Beklagte** kann den Rechtsstreit nicht für erledigt erklären (str, vgl Bergerfurth NJW 68, 530; Schulz JZ 83, 331 [333]; aA R-Schwab § 133 III 3), da er über den Streitgegenstand nicht verfügen kann. Falls seine Erklärung nicht als Anerkenntnis zu deuten ist (§ 139), was naheliegt, wenn er zB Rechtsmittelkläger ist! – und der Kläger ihr widerspricht, ist über den Rechtsstreit nach Maßgabe der Sachanträge des Klägers zu entscheiden; hatte sich die Klage tatsächlich erledigt, ist sie abzuweisen (BGH MDR 61, 125 = LM § 308 Nr 6 = ZZP 74, 210 – abl Schwab), nach Ansicht von BFH NJW 80, 1592 und BStBl II, 407 [408] wegen fehlenden Rechtsschutzbedürfnisses als unzulässig (bedenklich, denn die Sachprüfung – vgl Rn 43, 45 f – hat bereits stattgefunden). Wie hier StJLeipold Rn 50; ThP Anm 8 und BL Anm 2 E; LG Lübeck DAVorm 74, 468.

V) Teilweise Erledigung

53 **1) Begriff.** Sie kann einen von mehreren Klageansprüchen (BGH LM § 99 Nr 10) oder einen Teil eines Klageanspruchs betreffen. Vgl Düsseldorf OLGZ 66, 172. Zum Streitwert vgl Hamm Rpfleger 73, 101; München MDR 76, 759; Bamberg JurBüro 74, 1440 (bei Vergleich); zum Gebührenstreitwert des Rechtsanwalts s Göppinger Justiz 75, 156; zu Zinsen und Kosten beim Streitwert nach teilweiser Hauptsacheerledigung E. Schneider JurBüro 79, 1589.

2) Übereinstimmende Erledigungserklärung. a) Kostenmischentscheidung. Erklären die Parteien einen Teil der Hauptsache übereinstimmend für erledigt, ist insoweit über die Kosten sachlich nach den Grundsätzen des § 91a, über den streitig gebliebenen Teil aber nach § 91 zu entscheiden (Kostenmischentscheidung). Formal ist die Kostenentscheidung nach § 91a in das Urteil mithereinzunehmen, so daß über die gesamten Kosten äußerlich **einheitlich** im Kostenpunkt des Urteils entschieden wird und kein gesonderter Beschluß nach § 91a ergeht (BGH LM Nr 5, Nr 15 = NJW 62, 2252; § 99 Nr 10 = NJW 63, 583; Hamm JurBüro 81, 278); vgl auch (für Beschwerdeverfahren der „streitigen" freiwilligen Gerichtsbarkeit) BGH 50, 187. Soweit die Kostenmischentscheidung auf § 91a gestützt ist, kann sie gem Abs II mit der **sofortigen Beschwerde** angefochten werden (BGH NJW 64, 660 mN; Köln VersR 80, 463 mwN; StJLeipold Rn 34; BL Anm 5 B; Abgrenzung zur Berufung: Rn 56). 54

Besonderheit bei Teilrechtsmittel: Legt gegen ein Urteil, durch das ein Teil der **Klageforderung abgewiesen** worden ist, nur der Kläger Berufung ein und wird dann dieser Teil der Klageforderung für erledigt erklärt, so ist über die **gesamten** Kosten des Rechtsstreits durch Beschluß zu entscheiden (Celle MDR 78, 234 mwN). Vgl weiter für die Kosten eines in der Berufung erledigten Teilurteils Frankfurt NJW 70, 334, wonach über die Kosten des Rechtsmittels dann getrennt gemäß § 91a zu entscheiden ist, wenn dieses ansonsten auch nur teilweise Erfolg gehabt hätte. Zur Entscheidung des Revisionsgerichts durch Beschluß bei Teilerledigung in der Revisionsinstanz s BGH MDR 1976, 379. 55

b) Anfechtung der Kostenentscheidung. Die Kostenentscheidung kann dann jedenfalls selbständig mit der sofortigen Beschwerde angefochten werden (BGH 40, 265 = LM Nr 18 Anm Johannsen), und zwar auch dann, wenn in der gemischten Kostenentscheidung die Aufteilung nach § 91 und § 91a nicht ersichtlich gemacht war. Doch kann das Beschwerdegericht nur nachprüfen, soweit die Kostenentscheidung den für erledigt erklärten Teil der Hauptsache betrifft, also auf § 91a beruht; vgl dazu auch Düsseldorf JMBlNRW 71, 32. § 567 III gilt aber auch dann, BGH NJW 67, 1131 – in Abgrenzung zu BGH 40, 265. Umgekehrt ergreift die Berufung gegen das Urteil in der Hauptsache auch die Kostenentscheidung, soweit sie den nach § 91a erledigten Teil betrifft (KG MDR 86, 241 mwN; ThP Anm 12c, hM) und falls insoweit dem § 567 II genügt ist (München NJW 73, 289). Nach Saarbrücken (OLGZ 69, 29) soll über diesen Teil der Kostenentscheidung (§ 91a) durch Teilurteil entschieden werden können. Dann erübrigt sich die Einlegung der sofortigen Beschwerde nach § 91a; aA insoweit München NJW 70, 761. Wird die Berufung gegen das Urteil mit einheitlicher Kostenentscheidung nach § 91 und § 91a zurückgenommen, so ist über die in ihr steckende Beschwerde nach § 91a II auch nach Berufungsrücknahme zu entscheiden, wenn das Rechtsmittel in der Notfrist des § 577 II eingelegt worden war (LG Essen MDR 66, 154). Haben die Parteien für einen der mehreren Klageansprüche die Hauptsache für erledigt erklärt und ergeht über die restlichen Ansprüche Anerkenntnisurteil, so kann das über die gesamten Kosten ergehende Schlußurteil nicht mit der Berufung angefochten werden (BGH LM § 99 Nr 10). 56

3) Einseitige Erledigungserklärung des Klägers. Hat nur der Kläger teilweise für erledigt erklärt, dann ist über die gesamten Kosten nach § 91 zu entscheiden. Die Kostenentscheidung kann nach der hier vertretenen Auffassung nicht selbständig angegriffen werden, weder mit der Berufung (§ 99 I), noch mit der sofortigen Beschwerde, da weder ein Fall des § 91a II S 1 noch ein Fall des § 99 II vorgelegen haben. S die Nachweise oben zu Rn 49. 57

VI) Einzelfälle (alphabetisch geordnet) 58

- **Anfechtung:** s Konkurs.
- **Anschlußberufung:** Wird das Hauptrechtsmittel in der Berufungsverhandlung übereinstimmend für erledigt erklärt, wird die Anschlußberufung davon nicht erfaßt. § 522 ist nicht analog auf die beiderseitige Erledigungserklärung des Hauptrechtsmittels anwendbar (BGH NJW 86, 852 = MDR 85, 125; aA München MDR 84, 320; Habscheid/Lindacher NJW 64, 2395). Grund: nach § 522 soll eine Anschlußberufung dann ihre Wirkung verlieren, wenn eine Abänderung des angefochtenen Urteils zum Nachteil des Anschlußberufungsklägers nicht mehr möglich ist. Im Falle einer beiderseitigen Erledigungserklärung kann jedoch die Kostenentscheidung des Rechtsmittelgerichts nach § 91a zu einer dem Anschlußrechtsmittelkläger nachteiligen Abänderung der vorinstanzlichen Kostenregelung führen (so BGH MDR 85, 125).
- **Arbeitsgerichtliches Beschlußverfahren:** Nach den §§ 83a I, 90 II, 95 S 4 ArbGG kann eine Erledigung des Verfahrens nur von allen Beteiligten gemeinsam erklärt werden, wobei die Zustimmung eines Beteiligten als erteilt gilt, wenn er sich nicht innerhalb einer gesetzten Frist gegenteilig äußert (§ 83a III ArbGG). Die Grundsätze über die einseitige Erklärung der Erledigung der Hauptsache sind ebenfalls im arbeitsgerichtlichen Beschlußverfahren anwendbar (so

BAG NJW 85, 2911 = NZA 85, 634 [635]; Lepke DB 75, 1938 [1988, 1990]). Hierdurch soll es dem Antragsteller ermöglicht werden, auch in den Rechtsmittelinstanzen – eine Rücknahme des Antrags ist nur mit Zustimmung aller Beteiligten möglich (§§ 87 II 3, 92 II 2 ArbGG) – eine Beendigung des Verfahrens zu erreichen.

● **Arrest und einstweilige Verfügung:** Als Erledigungsereignis kommt der Wegfall der Dringlichkeitslage in Frage (Beispiel: Köln WRP 85, 660 [661]). Der fruchtlose Ablauf der Vollziehungsfrist nach § 929 II stellt dagegen kein die Hauptsache erledigendes Ereignis dar (Düsseldorf WRP 85, 640 [642]). Zur **übereinstimmenden Erledigungserklärung** vgl Rn 32. **Einseitige Erledigungserklärung:** Wird ein ursprünglich zulässiger und begründeter Arrest-(Verfügungs-)antrag durch ein erledigendes Ereignis unzulässig oder unbegründet, ist dies durch Urteil festzustellen (Köln WRP 85, 660 mwN). Erledigt sich der Verfügungsantrag nach Eingang beim Gericht aber vor Zustellung an den Gegner, liegt ein erledigendes Ereignis vor (AG Weilheim MDR 85, 148). Im **Aufhebungsverfahren** gem § 926 ist die Erhebung der Hauptsacheklage erledigendes Ereignis (Frankfurt MDR 82, 328). Erklären die Parteien –auch nach *verspäteter* – Erhebung der Hauptsacheklage das Aufhebungsverfahren für erledigt, treffen die Kosten den Gläubiger (Frankfurt aaO); Grund: § 93 entspr. Umfang der zu erstattenden Kosten: Frankfurt Rpfleger 86, 281.

● **Aufrechnung:** Eine Aufrechnung führt zu einer Erledigung der Hauptsache, wenn die Gegenforderung erst nach Rechtshängigkeit der Klage entstanden oder aufrechenbar geworden ist. Es ist nicht auf den Zeitpunkt der Aufrechnungserklärung, sondern auf den Zeitpunkt des Eintritts der Aufrechnungslage abzustellen (aA LG Kiel SchlHA 77, 117). Im Falle einer einseitigen Erledigungserklärung ist die Klage als unbegründet abzuweisen, wenn die Aufrechnungslage vor Rechtshängigkeit der Klage gegeben war; Grund: die Klage war vor dem Erledigungsereignis zwar zulässig, aber nicht begründet (arg § 389 BGB: vgl auch BGH NJW 86, 588). Eine Erledigung der Hauptsache ist auch dann gegeben, wenn der Kläger eine hilfsweise zur Aufrechnung gestellte Gegenforderung des Beklagten anerkennt und mit dieser (unbedingt) aufrechnet (so Braunschweig MDR 63, 767). Die Kosten eines durch übereinstimmende Erklärung der Parteien infolge Aufrechnung beendeten Prozesses sind gegeneinander aufzuheben, wenn ohne das erledigende Ereignis der Verfahrensausgang ungewiß gewesen wäre (so LG Kiel aaO; aA Smid ZZP 97, 245 [306, 301]: zunächst geht die Zustimmung zu der Erledigungserklärung des Klägers zu Lasten des Beklagten, abzulehnen vgl Rn 25; BGH NJW 86, 588 [589]).

● **Baulandsache:** Die Grundsätze über die Erledigung der Hauptsache sind anwendbar (§§ 161 I, 162 III, 168 BBauG). Eine Entscheidung nach § 91a kann jedoch nur gegenüber denjenigen Beteiligten ergehen, welche Anträge zur Hauptsache gestellt haben (Koblenz NJW 83, 2036).

● **Beschwerdeverfahren:** Tritt während des Beschwerdeverfahrens eine Erledigung der Hauptsache (zB durch Tod des zur Auskunft verpflichteten [geschiedenen] Ehegatten nach § 1587e BGB, BGH NJW-RR 86, 369) ein, kann der Antragsteller diese unter Beschränkung der Beschwerde auf den Kostenpunkt für erledigt erklären. Bei Zustimmung des Gegners ist über die Kosten nach § 91a zu entscheiden, ansonsten nach § 91. Umstritten ist (s dazu Rn 19), ob die Erledigung der Hauptsache nur die Beschwerde (so BFH DB 83, 2124; offen gelassen VGH München NJW 86, 2068) oder den gesamten Rechtsstreit erfaßt (diff Schulz JZ 83, 331). Wird eine Beschwerde trotz eines erledigenden Ereignisses nicht für erledigt erklärt, ist sie als unbegründet abzuweisen. Zur Kostenentscheidung im Beschwerdeverfahren vgl Schulz aaO; bei einstweiligen Anordnungen nach § 620g vgl Rn 8 f mwN zu § 620g.

● **Beweissicherungsverfahren:** Wird ein Beweissicherungsverfahren **in der Hauptsache** durch übereinstimmende Erklärung der Parteien für erledigt erklärt, ist eine Kostenentscheidung nicht veranlaßt (LG Frankfurt MDR 85, 148). Für eine Kostenentscheidung in einem erledigten Beweissicherungsverfahren ohne anhängiger Hauptsache ist nur Raum, wenn ohne Erledigungserklärung der Antrag als unzulässig hätte abgewiesen werden müssen (so Hamm MDR 85, 415; vgl auch Altenmüller NJW 76, 92 [97]).

● **Drittschuldnererklärung:** Die Drittschuldnerklage gem § 840 ist nicht erledigt, wenn – erst – die prozessuale Einlassung des beklagten Drittschuldners ergibt, daß die gepfändete Forderung von Anfang an nicht bestanden hat (BGH 79, 275 [276] = NJW 81, 990 = MDR 81, 493). Eine Erledigung liegt auch dann nicht vor, wenn der auf Auskunft verklagte Drittschuldner eine (negative) Erklärung im Sinne von § 840 I 1 abgibt; Grund: § 840 I 1 gewährt keinen einklagbaren Anspruch auf Auskunft (BGH 91, 126 [130]). Bei einseitiger Erledigungserklärung ist für eine Kostenentscheidung nach § 91a und damit für eine Berücksichtigung der materiellrechtlichen Kostenerstattungspflicht des Beklagten gem § 840 II 2 im Rahmen der Kostenentscheidung kein Raum (BGH WM 79, 1128 = MDR 79, 1000 = JurBüro 79, 1640); der Kläger kann jedoch den Erstattungsanspruch gem §§ 263, 264 Nr 3 im anhängigen Rechtsstreit mit der Feststellungsklage geltend machen (BGH 79, 275 [280 f] = NJW 81, 990 = MDR 81, 493).

• **Drittwiderspruchsklage:** Die Freigabe der gepfändeten Sache ist ein Erledigungsereignis (Neustadt MDR 61, 65); vgl auch „Zwangsvollstreckung".

• **Ehesachen:** s Scheidungs- und Scheidungsfolgesachen.

• **Feststellungsklage:** Beantragt der Kläger aufgrund eines erledigenden Ereignisses (Wegfall des Feststellungsinteresses) die Hauptsache für erledigt zu erklären, hängt die Entscheidung des Gerichts davon ab, ob die Feststellungsklage ursprünglich zulässig und begründet war (BGH 37, 137 = NJW 62, 1723 = LM § 256 Nr 74; BGH NJW 74, 183). Zur Frage der völligen Erledigung eines Feststellungsantrags bei Übergang zur Leistungsklage vgl BGH VersR 64, 529. Der Wegfall des Rechtsschutzinteresses während des Rechtsbeschwerdeverfahrens nach §§ 100 ff PatG stellt eine Erledigung der Hauptsache während des Rechtsbeschwerdeverfahrens dar. Keine Erledigung der bereits in der Revisionsinstanz anhängigen Feststellungswiderklage des Beklagten tritt ein, weil der Kläger eine Leistungsklage über denselben Streitgegenstand in erster Instanz anhängig macht (BGH NJW 68, 50). Zur Kostenregelung bei Wegfall des Feststellungsinteresses (Köln MDR 60, 772).

• **Freiheitsentziehungsverfahren:** Im Freiheitsentziehungsverfahren ist die Erledigung in jeder Verfahrenslage von Amts wegen zu prüfen (BGH 75, 378).

• **Freiwillige Gerichtsbarkeit:** Im Verfahren der freiwilligen Gerichtsbarkeit fehlt eine gesetzliche Regelung für den Fall der Erledigung der Hauptsache. Im **echten Streitverfahren** bindet eine *beiderseitige Erledigungserklärung* nach wohl überwiegender Meinung das Gericht. Das Gericht darf keine Sachentscheidung mehr treffen. Auch dann nicht, wenn die Hauptsache tatsächlich nicht erledigt ist. Die Kostenentscheidung ist isoliert anfechtbar (so Stuttgart OLGZ 85, 395 [396] mwN). Im Falle der *einseitigen Erledigungserklärung* hat das Gericht zu prüfen, ob der ursprünglich zulässige und begründete Antrag durch ein Ereignis später unzulässig und unbegründet wurde. Hier trifft das Gericht eine Entscheidung in der Sache selbst, mit der Folge, daß die Kostenentscheidung nicht isoliert anfechtbar ist (Stuttgart aaO). In den **sonstigen Verfahren** ist das Gericht an eine beiderseitige Erledigungserklärung der Parteien nicht gebunden. Hier haben die Beteiligten keine Dispositionsbefugnis über den Verfahrensgegenstand (BGH NJW 82, 2505 [2506 mwN]). **WEG-Verfahren** sind echte Streitverfahren der freiwilligen Gerichtsbarkeit. Die gegen den Widerspruch eines Beteiligten getroffene Feststellung, daß die Hauptsache erledigt sei, stellt eine Hauptsachenentscheidung dar (Stuttgart aaO).

• **Gegendarstellung:** Zur Erledigung durch erzwungenen Abdruck einer Gegendarstellung nach § 11 PresseG (Hamburg OLGZ 66, 295; Karlsruhe OLGZ 79, 351).

• **Kartellverwaltungsverfahren (§§ 51 ff GWB):** Hier ist nicht erforderlich, daß im Falle einer einseitigen **Erledigungserklärung** die (Rechts-)Beschwerde bis zum Eintritt des Erledigungsereignisses zulässig und begründet war (vgl allg Rn 3). Tritt eine Erledigung deswegen ein, weil der zugrundeliegende Verwaltungsakt gegenstandslos wird, ist nur noch zu prüfen, ob der Verwaltungsakt keine Wirkungen mehr äußern kann und damit gegenstandslos wird (BGH MDR 86, 560 = WM 86, 533 [534] = ZIP 86, 397).

• **Kindschaftssachen:** Rn 29.

• **Klagerücknahme:** „Erledigungs"-erklärung nur wegen des Kostenrisikos ist als Klagerücknahme zu werten (VGH Mannheim NJW 74, 964; aA Czermak NJW 74, 1478).

• **Konkurs:** Eine übereinstimmende Erledigungserklärung scheidet im *Konkursantragsverfahren* deshalb aus, weil hier kein kontradiktorisches Verfahren vorliegt (str; aA Uhlenbruck KTS 83, 341 [344]; LG Düsseldorf KTS 85, 360; AG Soltau NdsRpfl 85, 187 [LS]). Erfüllt der Antragsgegner (Schuldner) die Forderung des Antragstellers (Gläubiger), so hat der Antragsteller die Kosten entweder nach § 72 KO, § 91 ZPO oder nach § 72 KO, § 269 III ZPO zu tragen. Auch die Grundsätze über eine **einseitige Erklärung der Erledigung** der Hauptsache sind nicht anwendbar (so LG Rottweil ZIP 86, 43; aA LG Düsseldorf Rpfleger 85, 252 = ZIP 85, 697 = KTS 85, 359; Uhlenbruck aaO). Die Leistung des Schuldners beseitigt zwar die Antragsbefugnis des Konkursgläubigers (§ 103 II KO), jedoch ist die erfüllte Forderung nicht „Hauptsache" des Eröffnungsverfahrens. Hauptsache des Konkurseröffnungsverfahrens ist die Zahlungsunfähigkeit des Gemeinschuldners (§ 102 KO). Durch die Erfüllung der Forderung liegt aber die Annahme nahe, daß Zahlungsunfähigkeit nicht vorgelegen habe, sondern nur eine vorübergehende Zahlungsstockung (LG Rottweil aaO).
In dem vom Konkursverwalter betriebenen *Anfechtungsprozeß* tritt mit Beendigung des Konkursverfahrens die Erledigung der Hauptsache ein (RG 58, 414; StJLeipold Rn 6 zu § 91 a; offen gelassen BGH 83, 102 [106] = NJW 82, 1765 [1766]). Erkennt der Konkursverwalter einen Anspruch an und wird daraufhin der verfrüht aufgenommene Rechtsstreit übereinstimmend für erledigt erklärt, hat der Kläger die Kosten zu tragen (Celle ZIP 85, 823: § 93 entspr). Zur Erledi-

gung der Hauptsache in einem Rechtsstreit **vor oder nach Konkurs**eröffnung unter Beteiligung des Konkursverwalters eingehend Wosgien, Konkurs und Erledigung der Hauptsache, 1984.

● **Mahnverfahren:** Die (teilweise) Zahlung auf einen Mahnbescheid führt nicht zur „Erledigung", sondern nur zur (teilweisen) Beendigung des Mahnverfahrens (arg § 699 I 2 HS 2; so KG MDR 83, 323 = Rpfleger 83, 162; aA Hofmann Rpfleger 82, 325 [328]; Stuttgart MDR 84, 673). Der Streitwert im Streitverfahren nach Widerspruch gegen den Mahnbescheid bemißt sich dann nach dem Restanspruch (so Stuttgart aaO; vgl allg Rn 48). Will der Schuldner geltend machen, daß er keinen Anlaß zur Einleitung des Mahnverfahrens gegeben habe, muß er zum Zweck eines Anerkenntnisses (§ 93) Widerspruch einlegen (KG MDR 80, 492). Hat der Antragsgegner die Hauptforderung mit Ausnahme der Kosten vor Erhebung eines Widerspruchs voll beglichen, erfolgt Überleitung ins streitige Verfahren nur noch in Höhe der Verfahrenskosten.

● **Mieterhöhungsverfahren:** Rn 29.

● **Neues Vorbringen im zweiten Rechtszug:** Im Rahmen der Kostenentscheidung nach § 91 a ist auch der Rechtsgedanke des § 97 II (Obsiegen aufgrund eines neuen Vorbringens in zweiter Instanz) anwendbar (Frankfurt WRP 84, 692; vgl auch BGH NJW-RR 86, 369).

● **Nichtigerklärung eines Gesetzes:** Wird während des Rechtsstreits das der Klage zugrundeliegende Gesetz vom BVerfG gemäß Art 100 I GG für ungültig erklärt, ist dies kein Fall der nachträglichen Erledigung der Hauptsache, vielmehr ist der Kläger mit seiner Klage abzuweisen, da sie von Anfang an unbegründet war (BGH NJW 65, 296 = LM § 91 Nr 16). Ebensowenig ist § 91 a bei einer Nichtigerklärung eines Gesetzes aufgrund einer Verfassungsbeschwerde anwendbar (BVerfG 66, 152 [153]). Eine Erstattung von Auslagen nach § 34 III BVerfGG kommt nicht in Betracht (BVerfG aaO). Eine **Gesetzesänderung** (vgl Rn 24) stellt dagegen einen Erledigungsgrund dar. Hierfür bestehen häufig besondere gesetzliche Kostenregelungen (Überblick: StJLeipold Rn 54) des Inhalts, daß jede Partei ihre außergerichtlichen Kosten trägt, die Gerichtskosten geteilt und die gerichtlichen Gebühren niedergeschlagen werden. § 91 a gilt entsprechend im Fall des Art 12 Nr 7 c des 1 EheG.

● **Parteifähigkeit:** Verliert der Beklagte während des Rechtsstreits seine Rechts- und Parteifähigkeit, ist die Hauptsache erledigt, sofern die Klage bis zu diesem Zeitpunkt zulässig und begründet war (BGH NJW 82, 238 = JZ 82, 843 = JR 82, 102 m Anm Grundmann).

● **Patentnichtigkeitsverfahren** (s auch Feststellungsklage): Aufgrund einer übereinstimmenden Erledigungserklärung der Parteien kann der Rechtsstreit in der Hauptsache im Patentnichtigkeitsverfahren vor dem PatG oder dem BGH für erledigt erklärt werden. Dabei ist § 91 a über § 110 III 2 PatG (§ 84 II PatG) entsprechend anwendbar, ohne daß zu prüfen ist, ob die Klage durch das erledigende Ereignis unzulässig oder unbegründet geworden ist (BGH MDR 84, 665 = LM Nr 3 zu § 110 PatG 1981 = GRUR 84, 339; s allg Rn 12). Die Kosten hat grundsätzlich diejenige Partei zu tragen, die unterlegen wäre, wenn das erledigende Ereignis nicht eingetreten wäre (BGH MDR 84, 50). Jedoch geht es im Rahmen einer Billigkeitsentscheidung nicht an, die Klärung unübersichtlicher Probleme für den Ausgang der Kostenentscheidung maßgebend sein zu lassen (BGH MDR 61, 510). Hat der Nichtigkeitsbeklagte durch seinen Verzicht (Erledigungsereignis) auf das Patent und die Ansprüche daraus den Klageanspruch sofort anerkannt und nicht durch sein Verhalten zur Erhebung der Klage Anlaß gegeben, entspricht es der Billigkeit, die Kosten des Rechtsstreits in entsprechender Anwendung des § 93 dem Kläger aufzuerlegen (PatG GRUR 78, 40; vgl auch BGH NJW 61, 510).

● **Presserecht:** s Gegendarstellung.

● **Prozeßkostenhilfeverfahren:** Das Prozeßkostenhilfeverfahren ist kein kontradiktorisches Verfahren. Der nach § 118 zu hörende (spätere) Prozeßgegner ist nicht Partei dieses Verfahrens. Nur die Staatskasse steht dem Antragsteller gegenüber (vgl Düsseldorf FamRZ 86, 288). Erklären die (späteren) Prozeßparteien im Prozeßkostenhilfeverfahren die Hauptsache für erledigt, darf keine Entscheidung nach § 91 a ergehen (KG MDR 67, 133; vgl Tschischgale JurBüro 61, 111).

● **Räumungsklage:** Zieht der Mieter, der die Berechtigung der Kündigung im Räumungsschutzprozeß bestreitet, während des Prozesses aus, erledigt sich der Rechtsstreit in der Hauptsache. Die Herbeiführung des Erledigungsereignisses geht nicht notwendig zu Lasten des Mieters (so LG Stuttgart ZMR 76, 92; LG Hannover ZMR 74, 177 [178]; Merz ZMR 83, 365 ff; s allg Rn 25). Werden die Mietrückstände nach Einreichung aber vor Zustellung der auf § 554 I BGB gestützten Klage beglichen und wird hierauf die Räumungsklage für erledigt erklärt, kommt es für die Prüfung der Wirksamkeit der Kündigung auf den Zeitpunkt der *Einreichung* der Klage an (LG München ZMR 86, 125; s allg Rn 16).

● **Rechtsanwaltskammer:** Ein Verfahren nach **§ 91 BRAO,** in dem ein Beschluß der Kammerversammlung für nichtig erklärt werden soll, ist durch den Tod des Antragstellers in der Hauptsache erledigt, ohne daß es einer Erledigungserklärung der Parteien oder des Gerichts bedarf (BGH NJW 76, 1541 = BGH 66, 297 ff).

• **Rechtsmittelverfahren:** s Beschwerdeverfahren, ferner allg Rn 19.

• **Rechtsentscheid:** Die *Erklärung* der Hauptsacheerledigung nach Vorlage an das Obergericht gem Art III des 3. MietRÄndG (vgl § 29 a Rn 2) erledigt nicht das **Vorlageverfahren,** denn das erkennende Gericht hat den **Rechtsentscheid** im Rahmen seiner Entscheidung gem § 91 a zu berücksichtigen (BayObLG NJW 81, 581).

• **Schadensersatzansprüche nach § 717 II:** Die Wirkungslosigkeit eines erstinstanziellen Urteils infolge übereinstimmender Erledigungserklärung in einer Rechtsmittelinstanz (s allg Rn 12, 18 ff) stellt keine „Aufhebung" eines für vorläufig vollstreckbaren Urteils im Sinne des § 717 II dar (BGH MDR 72, 765 = NJW 72, 1283). Dies gilt auch im Falle einer einseitigen Erledigungserklärung (BVerwG NJW 81, 699). Grund: es wird keine Entscheidung über die Richtigkeit des erstinstanzlichen Urteils getroffen.

• **Scheidungs- und Scheidungsfolgesachen:** Ist ein Scheidungsurteil ergangen und tritt nach Erlaß des Scheidungsurteils ein die Hauptsache erledigendes Ereignis in den Rechtsmittelinstanzen ein (vgl dazu BGH NJW-RR 86, 369), so ist eine Kostenentscheidung nicht nach § 91 a, sondern nach § 93 a zu treffen (vgl auch Rn 7). § 93 a I 1 enthält eine die allgemeinen Kostenvorschriften verdrängende Sonderregelung, die in Konsequenz der Abkehr des Gesetzgebers vom Schuldprinzip grundsätzlich die kostenmäßige Gleichbehandlung der Ehegatten vorsieht (so BGH NJW-RR 86, 369). Hat jedoch die Durchführung des Rechtsmittelverfahrens und damit die Entstehung weiterer Kosten ein Ehegatte „mutwillig" veranlaßt, so hat dieser die Kosten nach §§ 91 a, 97 III zu tragen (so Konsequenz aus KG FamRZ 84, 67 [68]). Kostenentscheidungen, die Scheidungsfolgesachen betreffen, welche der freiwilligen Gerichtsbarkeit zugeordnet sind, müssen nach den Regeln der ZPO und nicht nach § 13 a FGG getroffen werden (KG aaO). Wird Berufung gegen ein Prozeßurteil (Abweisung des Scheidungsantrags als unzulässig) eingelegt und stirbt der Anstragsteller während des Berufungsverfahrens, ist jedoch über die Kosten nach § 91 a (kein Erlaß eines Scheidungsurteils) zu entscheiden (Bamberg FamRZ 84, 302). Innerhalb eines Prozeßurteils besteht kein Bedürfnis, daß die Wirkungslosigkeit des angefochtenen Urteils festgestellt wird (aaO; s allg Rn 12). Ist der Antragsgegner in dem Scheidungsprozeß nicht vertreten gewesen, ist die von der Antragstellerin angezeigte einseitige Erledigung der Hauptsache durch Endurteil auszusprechen (Schleswig SchlHA 66, 167); Grund: § 78 II, dort Rn 33. Bei Tod eines Ehegatten ist das Verfahren in der Hauptsache als erledigt (§ 619) anzusehen. Es handelt sich um den Fall einer gesetzlichen Erledigung, denn die Erledigung folgt unmittelbar aus dem Gesetz. Weder ist für **Erledigungserklärungen** noch – insoweit str – für eine **Erledigungsfeststellung** Raum (so Bamberg FamRZ 84, 302).

• **Streitgenossenschaft:** Rn 33.

• **Stufenklage:** Haben die Parteien den *Auskunftsanspruch* einer Stufenklage übereinstimmend für erledigt erklärt, so kann trotz beiderseitigen Kostenantrags kein Beschluß gemäß § 91 a erlassen werden (Düsseldorf JurBüro 83, 1876; Rixecker MDR 85, 633). Dem Auskunftsanspruch kommt im Rahmen einer Stufenklage keine selbständige Bedeutung zu (so Koblenz NJW 63, 912). Der Sach- und Streitstand im Zeitpunkt der beiderseitigen Erledigungserklärung kann erst im Zusammenhang mit der Kostenentscheidung über die restliche Hauptsache berücksichtigt werden (Düsseldorf aaO; Rixecker aaO). Zur Kostenentscheidung s Rixecker aaO. Erklärt der Kläger **einseitig** die Erledigung des Auskunfts- oder Rechnungslegungsbegehrens, muß das Gericht (nach Rixecker) ihn auf die Bedenken gegen einen solchen Antrag hinweisen (§ 139). Grund: im Laufe eines Rechtsstreits kann jederzeit unter Abstandnahme von vorbereiteten Ansprüchen (1 Stufe) auf die (bezifferte) Leistungsklage übergegangen werden (§ 264 Nr 2; BGH 94, 268 [275]; Rixecker aaO). Hält der Kläger den Antrag aufrecht, hat das Gericht durch Urteil die Feststellung der Erledigung der ersten Stufe als unzulässig abzuweisen (so Rixecker aaO). Wird bei einer Stufenklage **nach Erteilung** der Auskunft die Hauptsache hinsichtlich des Zahlungsantrags übereinstimmend für erledigt erklärt, muß im Rahmen einer Kostenentscheidung nach § 91 a auf den Zahlungsantrag des Klägers abgestellt werden. War der Auskunfts- und Rechnungslegungsanspruch begründet, hat der Beklagte die Kosten zu tragen (so auch KG NJW 70, 903; Stuttgart NJW 69, 1216, str; aA Zweibrücken NJW 86, 939 mwN; s allg Rn 25). Widerspricht der Beklagte der Erledigungserklärung, muß die Klage abgewiesen werden, wenn die Auskunfts- oder Rechnungslegung ergab, daß ein Anspruch nicht besteht (Rixecker aaO, str). Über die Kosten ist in reziproker Anwendung des § 93 zu entscheiden (so auch Rixecker aaO).

• **Ungeklärter Sachverhalt** (Prozeßausgang): Es erfolgt eine Kostenaufhebung (BGH WM 84, 64 [65]; Frankfurt BB 78, 331). Die durch Verweisung verursachten Kosten sind hierbei auszusondern (LG Stuttgart ZZP 74, 131 [134, 135]). Zur Frage der Beweiserhebung vgl Rn 26.

● **Unterlassungsanspruch:** s Wettbewerbsprozeß.

● **Vergleich:** s auch Rn 30, 31. Ist die Kostenregelung im Vergleich der Entscheidung des Gerichts überlassen, ist das eine „andere Vereinbarung" im Sinne des § 98. Das Gericht muß nach § 91 a entscheiden (Bamberg JurBüro 84, 1740).

● **Verjährung:** Die Einrede der Verjährung stellt kein erledigendes Ereignis dar (ebenso: Schleswig NJW-RR 86, 38 [39] mwN bei Unterlassungsanspruch nach UWG; Ulrich GRUR 82, 14 [19], str; aA Karlsruhe WRP 85, 288 = GRUR 85, 454; differenzierend Hase WRP 85, 254 ff). Praktische Bedeutung gewinnt diese Streitfrage im Verfügungsprozeß wegen fehlender Unterbrechungswirkung des Verfügungsantrags. Sinn und Zweck des § 91 a ist es nicht, nachlässige Prozeßführung des Klägers kostenmäßig zu begünstigen (Koblenz aaO). Eine Unterbrechung der Verjährung durch den Kläger ist jederzeit durch Klage zur Hauptsache möglich. Tut er dies nicht, kann er nicht die Privilegierung des § 91 a in Anspruch nehmen. Eine nach Erledigungserklärung eingetretene Verjährung bleibt unberücksichtigt (AG Hannover NdsRpfl 68, 103; s allg Rn 44).

● **Versäumnisverfahren:** Eine übereinstimmende Erklärung der Parteien, daß die Hauptsache erledigt sei, scheidet im Versäumnisverfahren aus. Die Geständnisfiktion des § 331 bezieht sich nur auf das klägerische Tatsachenvorbringen und nicht auf fiktive Prozeßhandlungen des Beklagten. Erklärt der Kläger im Versäumnisverfahren die Hauptsache für erledigt, ist dies eine einseitige Erledigungserklärung. Im Rahmen der Schlüssigkeitsprüfung muß geprüft werden, ob die Klage zum Erledigungszeitpunkt zulässig und begründet war. Es müßte dann nach allgemeinen Grundsätzen ein Versäumnisurteil über Erledigungsfeststellung und Kosten ergehen. Eine verbreitete Praxis begnügt sich mit bloßer Kostenentscheidung. Dies ist unbedenklich, wenn in der Kostenentscheidung eine stillschweigende Erledigungsfeststellung gesehen wird. Nach LG Aachen bemißt sich der Streitwert des weiteren Rechtsstreits nach den bis dahin entstandenen Kosten (AnwBl 84, 373; ebenso Koblenz JurBüro 79, 1840; vgl allg Rn 48).

● **Verwaltungsstreitverfahren** nach **§ 111 BNotO:** Im Verfahren nach § 111 BNotO handelt es sich um ein streitiges Verfahren der **freiwilligen Gerichtsbarkeit** (vgl dort). Bei Erledigung des Verfahrens ist über die Kosten in entsprechender Anwendung des § 91 a zu entscheiden (BGH DNotZ 73, 438).

● **Verwaltungsverfahren:** Anstelle des § 91 a tritt der inhaltlich entsprechende § 161 II VwGO. § 161 II VwGO regelt nur die Beendigung des Verfahrens durch übereinstimmende Erklärung der Beteiligten, daß das Verwaltungsverfahren in der Hauptsache erledigt sei. Jedoch ist diese Vorschrift auch analog anwendbar, wenn der Kläger die Hauptsache für erledigt erklärt (Kopp, VwGO, Rn 20 zu § 161, 1986). Besondere Kostenregelungen sind im Rahmen der Entscheidung nach § 161 II VwGO zu berücksichtigen (Kopp aaO). Im übrigen gelten die zu § 91 a ZPO entwickelten Grundsätze (vgl BayVGH BayVBl 84, 501). Zur Erledigung eines Rechtsmittels im Verwaltungsprozeß s **Beschwerdeverfahren.**

● **Verweisung (unzuständiges Gericht):** Haben die Parteien **übereinstimmend** die Erledigung der Hauptsache vor einem unzuständigen Gericht erklärt, ist eine Verweisung des Rechtsstreits allein wegen der Kosten nicht mehr möglich, da durch die Erledigungserklärung ein Rechtsstreit in der Hauptsache nicht mehr rechtshängig ist. Über die Kosten hat das Gericht zu entscheiden, bei dem die Hauptsache anhängig war (Frankfurt MDR 81, 676). Hat der Beklagte, bevor er der Erledigungserklärung des Klägers zugestimmt hat, die Unzuständigkeit des Gerichts gerügt, muß das Gericht im Rahmen einer Kostenentscheidung seine Zuständigkeit prüfen. Die durch die Anrufung des unzuständigen Gerichts verursachten Kosten hat der Kläger zu tragen (im Ergebnis auch Hamburg GRUR 84, 62, das Grundgedanke des § 281 III anwendet). Eine Verweisung ist auch dann ausgeschlossen, wenn nur **der Kläger** den Rechtsstreit in der Hauptsache für **erledigt erklärt** (München MDR 86, 61 [62] = OLGZ 86, 69). Durch den Widerspruch des Beklagten zur Erledigungserklärung des Klägers muß das Gericht zwar eine Sachentscheidung treffen, diese ist jedoch notwendig begrenzt auf die Prüfung der Zulässigkeit des Antrags zum maßgeblichen Zeitpunkt (München aaO; s allg Rn 45).

● **Wechselprozeß:** Wird das Vorverfahren eines Wechselprozesses in der Hauptsache für erledigt erklärt, ist der mutmaßliche Ausgang des Nachverfahrens im Rahmen einer Kostenentscheidung nach § 91 a zu berücksichtigen (Hamm MDR 63, 317).

● **Wettbewerbsprozeß** (s auch Rn 29): Im Wettbewerbsprozeß sind die Grundsätze über die ein- und beidseitige Erledigungserklärung anwendbar (vgl Seibt, Handbuch des Wettbewerbsrechts, 1986, § 71 Rn 1 ff; § 84 Rn 147 ff). Häufigster Fall einer Erledigung ist der Wegfall des Rechtsschutzinteresses und der Wiederholungsgefahr (ausführlich Ulrich GRUR 82, 14 [16]). Das Rechtsschutzinteresse für eine Hauptsacheklage entfällt dann, wenn der Verletzer die einstweilige Verfügung durch Abschlußerklärung als endgültige Regelung anerkennt (Hamm MDR 86, 241; vgl auch Ulrich aaO). Eine durch Vertragsstrafe gesicherte Unterwerfungserklärung beseitigt die Wiederholungsgefahr (Karlsruhe WRP 85, 102 [103]). Dies gilt auch dann, wenn der Verletzer wegen der Verletzungshandlung gegenüber einem Dritten eine strafbewehrte Unterwerfungsverpflichtung eingegangen ist (Hamm GRUR 84, 68 mwN; zur Abgabe einer Unterwerfungserklärung bei unterbliebener Abmahnung s Stuttgart WRP 84, 576). Die Kosten können dem (Verfügungs-)Beklagten nicht schon deshalb auferlegt werden, weil er eine Unterwerfungserklärung abgegeben hat (Celle NJW-RR 86, 1061; Stuttgart WRP 84, 576; Karlsruhe WRP 85, 102 [103]; KG BB 79, 487 mit Anm Lachmann; s allg Rn 25). Zur Frage der Verjährung von Unterlassungsansprüchen s Verjährung.

• **Zurückbehaltungsrecht nach § 273 BGB:** Erhebt der Beklagte die Einrede des Zurückbehaltungsrechts, leistet dann aber doch, führt das geltend gemachte Zurückbehaltungsrecht nicht zu einer Unzulässigkeit oder Unbegründetheit der Klage zum Zeitpunkt des erledigenden Ereignisses. Grund: das Zurückbehaltungsrecht beseitigt nicht die Fälligkeit des Anspruchs (§ 274 BGB; Jauernig/Vollkommer, BGB, 3. Aufl § 274 Anm 4 d). Die Kosten treffen den Beklagten.

• **Zwangsversteigerungsverfahren:** Ein Zwangsversteigerungsverfahren erledigt sich grundsätzlich nicht schon dadurch, daß der Schuldner den betreibenden Gläubiger befriedigt. Jedoch ist über die Kosten des Verfahrens nach § 91 a selbständig zu entscheiden, wenn der Beitritt des Gläubigers und damit die Anordnung der Zwangsversteigerung wegen dessen geltend gemachten Anspruchs abgelehnt worden war und dem Rechtsmittel des Gläubigers gegen den ihm nachteiligen Beschluß des AG dadurch die Beschwer genommen wird, daß der Schuldner den Gläubiger befriedigt (Schleswig Rpfleger 62, 430).

• **Zwangsvollstreckung:** Auf das kontradiktorisch ausgestaltete **Erinnerungsverfahren** ist § 91 a entsprechend anwendbar (Hamburg MDR 57, 234). Der Richtervorbehalt des § 20 Nr 17 a RpflG gilt auch für eine (isolierte) Kostenentscheidung nach § 91 a (LG Frankenthal Rpfleger 84, 361). Im **Verfahren nach § 767** stellt die Aufrechnung ein erledigendes Ereignis dar, wenn die Aufrechnungslage erst nach Schluß der letzten Tatsachenverhandlung des Vorprozesses eingetreten ist (s allg Rn 62 ff vor § 322). Rechnet der Vollstreckungsabwehrkläger (Vollstreckungsschuldner) mit einer Forderung auf, die nach Rechtshängigkeit der Vollstreckungsabwehrklage fällig wurde, hat er die Verfahrenskosten entsprechend § 91 a zu tragen. Grund: zum Zeitpunkt der Erhebung der Vollstreckungsabwehrklage war diese unbegründet (arg § 389 BGB; Nürnberg JurBüro 64, 835). Erledigt sich eine Zwangsvollstreckungshauptsache vor Entscheidung über einen Vollstreckungsantrag nach **§§ 887, 888, 890** so muß eine Kostengrundentscheidung ergehen. Sie ist vom Prozeßgericht selbst nach materiellen Gesichtspunkten und nicht vom Kostenrechtspfleger zu treffen (Koblenz AnwBl 84, 216 [217] = JurBüro 82, 1897). Im Rahmen der Kostenentscheidung entsprechend § 91 a (vgl auch Göppinger NJW 67, 177 [180]) hat das Gericht zu prüfen, inwieweit der Vollstreckungsantrag zulässig und begründet gewesen wäre (Koblenz aaO). Zur Auswirkung der Erledigung der Hauptsache auf ein Ordnungsmittelverfahren nach § 890 vgl Ulrich GRUR 82, 14 [23 ff]). Eine Erledigung der Hauptsache tritt nicht ein, wenn der Beklagte nur zur Abwendung der Zwangsvollstreckung leistet (BGH 94, 268 = NJW 85, 2405 = WM 85, 830; VersR 76, 724; Nürnberg OLGZ 73, 39; Karlsruhe OLGZ 79, 353; BAG BB 75, 842; Hamm NJW 75, 1843; s allg Rn 5).

• **Zwischenstreit nach § 71:** § 91 a findet auch in einem selbständigen Zwischenverfahren nach § 71 Anwendung (Oldenburg VersR 66, 1173). Wird der Hauptprozeß für erledigt erklärt, ist über die Kosten der Nebenintervention unter Berücksichtigung der Erfolgsaussicht des Klagebegehrens zu entscheiden (BGH MDR 85, 914 [915] = JZ 85, 853 [854] = JurBüro 85, 1649). Bei einer streitgenössischen Nebenintervention braucht die Entscheidung über die Kosten der Nebenintervention nicht der auf dem Anerkenntnis des Beklagten beruhenden Kostenregelung zu folgen (BGH aaO). Schließen die Parteien ohne Mitwirkung des Streithelfers einen Vergleich über die Kosten des Rechtsstreits, ist für die Entscheidung über die Kosten der Streithilfe grundsätzlich der Inhalt des Vergleichs maßgeblich (Celle AnwBl 83, 176 mwN). Für eine Anwendung des § 91 a betreffend die Kosten der Nebenintervention ist kein Raum (Celle aaO).

VII) Gebühren: 1) des **Gerichts:** Der Beschluß nach § 91 a Abs 1 ZPO ist gebührenfrei (vor KV Nr 1018, 1019), wenn bereits eine Gebühr nach KV Nr 1014, 1016 (erstinstanzl ProzVerf) entstanden ist. Das gleiche gilt in folgenden Fällen: **59**

a) im Berufungsverf (vor KV 1028, 1029), wenn eine Gebühr bereits nach KV Nr 1024, 1026 entstanden ist,

b) im erstinstanzl Verf üb Anträge auf Vollstreckbarerklärung eines Schiedsspruchs od schiedsrichterl Vergleichs od über Anträge auf Vollstreckbarerklärung ausländ Schuldtitel oder auf Erteilung der Vollstreckungsklausel zu ausländ Schuldtiteln usw – s IV 1 u 2 vor KV 1080 – (vor KV Nr 1084, 1085), wenn bereits eine Gebühr nach KV Nr 1082 entstanden ist,

c) im erstinstanzl Verf nach § 3 Abs 2 des AusfG z Vertrag zwischen der Bundesrepublik Deutschland und der Republik Österreich – s IV 3 vor KV Nr 1090 – (vor KV Nr 1094, 1095), wenn bereits eine Gebühr nach KV Nr 1092 entstanden ist,

d) in Scheidungssachen u Folgesachen
aa) erstinstanzl Verf (vor KV Nr 1118, 1119), wenn bereits eine Gebühr nach KV Nr 1114, 1116 entstanden ist, und
bb) Berufungsverf, Beschwerden nach §§ 621e Abs 1, 629a Abs 2 ZPO (vor KV Nr 1128, 1129), wenn eine Gebühr schon nach KV Nr 1124, 1125 entstanden ist.

Dadurch soll verhindert werden, daß in derselben Instanz neben einer UrtGebühr auch noch eine Beschlußgebühr erhoben wird. Soweit die Voraussetzungen für die Gebührenfreiheit nicht gegeben sind, wird 1 (ganze) Entscheidungsgebühr erhoben, wenn der Beschluß nach § 91a Abs 1 eine schriftl Begründung enthält, von der bei entspr Anwendung des § 313a ZPO auch nicht abgesehen werden konnte, dagegen ½ Entscheidungsgebühr, wenn der Beschluß keine schriftl Begründung enthält od bei entspr Anwendung des § 313a ZPO nicht zu enthalten brauchte. Danach ist **1** (ganze) Gebühr zu erheben in den Fällen KV Nr 1018, 1028, 1038, 1084, 1094, 1118, 1128, 1138, ½ Gebühr aber in den Fällen KV Nr 1019, 1029, 1039, 1085, 1095, 1119, 1129, 1139. In erstinstanzl Verf über Anträge auf Anordnung, Aufhebung od Abänderung eines Arrestes oder einer einstw Verfügung fällt für eine Entscheidung nach § 91a keine Gebühr an, „da es nicht angemessen erscheint, eine Gebühr für die bloße Entscheidung üb die Kosten nach Erledigung der Hauptsache zu erheben, wenn eine Gebühr für eine Entscheidung über den Sachantrag durch Beschluß nicht erhoben wird" (amtl Begründung: BT-Drucks 7/2016 S 85), aber in der Berufungsinstanz ist für einen Beschluß nach § 91a ½ Gebühr anzusetzen, wenn dieser eine schriftl Begründung enthält, von der bei entspr Anwendung des § 313a ZPO auch nicht abgesehen werden konnte (KV Nr 1063); die Gebühr ermäßigt sich auf ¼, wenn der Beschluß entweder keine schriftl Begründung hat oder eine solche bei entspr Anwendung des § 313a ZPO nicht zu enthalten braucht (KV Nr 1064). Im Falle der teilweisen Erledigung kann eine Beschlußgebühr nach KV Nrn 1018/1019, 1028/1029, 1038/1039 usw (s oben) nicht anfallen, da eine Entscheidung in der Form eines Beschlusses nach § 91a nicht ergeht. Für die Berechnung der UrtGebühr bei teilweiser Erledigung kommt eine Erhöhung des Streitwerts um den Kostenbetrag nicht in Betracht (Drischler/Oestreich/Heun/Haupt, GKG Teil VII KV-Nrn 1018/1019 Rd-Nr 4; vgl auch Teil VIII „Erledigterklärung" II). – Erledigungserklärungen nach § 91a stehen in jeder Instanz der Zurücknahme der Klage, des Antrags, des Rechtsbehelfs, des Rechtsmittels uä nicht gleich (KV Nr 1006, 1012, 1021, 1031, 1111, 1121, 1131), so daß die zu Beginn der Instanz erfallene Gebühr für das Verf im allgemeinen durch die übereinstimmende Erklärung der Parteien, die Hauptsache sei erledigt, weder wegfällt noch sich ermäßigt. Für das Beschwerdeverf (Abs 2): 1 (ganze) Gebühr nach KV Nr 1180. Die Rücknahme der Beschwerde führt keine Ermäßigung herbei, so daß der Ausgang des Beschwerdeverf auf die angefallene Beschwerdegebühr ohne Bedeutung ist.

2) des **Anwalts:** keine besondere Gebühr, da die Tätigkeit durch die bereits verdiente ProzGebühr abgegolten wird, §§ 37 Nr 7, 31 Abs 1 Nr 1 BRAGO. War noch nicht verhandelt u wird der Antrag auf Kostenauferlegung an den Gegner in der mündl Verhandlung gestellt, dann erwächst dem RA eine 10/10 Verhandlungsgebühr bei streitiger Verhandlung, § 31 Abs 1 Nr 2 BRAGO, eine 5/10 Verhandlungsgebühr bei nichtstreitiger Verhandlung, § 33 Abs 1 S 1 BRAGO, aus dem Wert der bis zur Erledigungserklärung angefallenen Kosten. Die erwachsene Verhandlungsgebühr ermäßigt sich durch eine spätere Teilerledigungserklärung der Hauptsache nicht; zur Teilerledigung vgl i übr Schneider, JurBüro 69, 558 in Anm zu OLG Hamburg. – Für das Beschwerdeverf erhält der RA die 5/10 Gebühr des § 61 Abs 1 Nr 1 BRAGO.

3) Streitwert: s § 3 Rn 16 unter „Erledigung der Hauptsache"

92 *[Teilweises Unterliegen jeder Partei]*

(1) Wenn jede Partei teils obsiegt, teils unterliegt, so sind die Kosten gegeneinander aufzuheben oder verhältnismäßig zu teilen. Sind die Kosten gegeneinander aufgehoben, so fallen die Gerichtskosten jeder Partei zur Hälfte zur Last.

(2) Das Gericht kann der einen Partei die gesamten Prozeßkosten auferlegen, wenn die Zuvielforderung der anderen Partei verhältnismäßig geringfügig war und keine besonderen Kosten veranlaßt hat oder wenn der Betrag der Forderung der anderen Partei von der Festsetzung durch richterliches Ermessen, von der Ausmittlung durch Sachverständige oder von einer gegenseitigen Berechnung abhängig war.

Lit: *Schneider*, Kostenentscheidung im Zivilurteil, 2. Aufl 1977, § 22 mit Schrifttumsangaben, Berechnungsbeispiele in §§ 45 ff; *Olivet*, Die Kostenverteilung im Zivilurteil, 1980; zur Benutzung des Taschenrechners: *Elert* MDR 76, 177; *Held* u *Freckmann* DRiZ 84, 317 u 437.

1 **I) Abs 1. 1)** Werden in einem Urteil oder Vergleich die Kosten **gegeneinander aufgehoben,** so hat jede Partei ihre eigenen Kosten (für Vertretung, Zeitversäumnis usw) u die Hälfte der Gerichtskosten zu tragen (Vergleich: s § 98). Lautet der Kostenausspruch: „Jeder Teil trägt seine Kosten", so treffen jede Partei die ihr erwachsenen Kosten u damit auch die von ihr bezahlten Gerichtskosten. Für eine Kostenfestsetzung ist kein Raum (LG Fürth JW 27, 535). Aufhebung gegeneinander ist insbesondere dann geboten, wenn nur eine Partei anwaltlich vertreten ist, weil sie sonst für ihre sparsame Prozeßführung bestraft würde (aA LG Hamburg Rpfleger 85, 374 m abl Anm Schneider = KoRsp ZPO § 92 Nr 29 m abl Anm Lappe). Zur Kostenquotierung bei **Teilvergleich** s § 92 Rn 2.

2 **2)** Werden die **Kosten verhältnismäßig geteilt,** so hat grundsätzl das Verhältnis der Kostenteile dem der Prozeßerfolge umgekehrt zu entsprechen (RG JW 38, 276). Verteilungsmaßstab ist der Gebührenstreitwert, der wiederum vom Streitgegenstand abhängt, so daß zB die Kosten

eines isolierten Beweissicherungsverfahrens im Verhältnis der behaupteten zu den festgestellten Baumängeln zu verteilen sind (LG Verden JurBüro 83, 1897). Sind keine eindeutigen Anhaltspunkte für den Umfang des beiderseitigen Unterliegens vorhanden, ist Kostenaufhebung gegeneinander angebracht (BGH KoRsp ZPO § 92 Nr 8). Streitwertrelation auch im Verhältnis zwischen rückständigem und laufendem Unterhalt maßgebend, obwohl die Rückstände entgegen der Privilegierung in § 17 I GKG gem § 17 IV GKG voll anzusetzen sind (Lappe Anm zu Braunschweig KoRsp ZPO § 92 Nr 16). Überhaupt kein Teilunterliegen, wenn Kläger nur mit einem von mehreren materiellrechtlichen Ansprüchen durchdringt, da nicht diese maßgebend sind, sondern allein auf den prozessualen Anspruch (Streitgegenstand) abzustellen ist. Erstreckt sich die Kostenentscheidung zur Hauptsache auch auf die Kosten eines Vorverfahrens, dann ist bei der Quotierung darauf zu achten, ob die Streitwerte beider Verfahren gleich sind; zB trägt der Antragsteller eines Beweissicherungsverfahrens ohne Rücksicht auf den Ausgang der Hauptsache die Kosten des Sicherungsverfahrens allein, soweit dieses sich auf Ansprüche erstreckte, die im nachfolgenden Hauptprozeß nicht verfolgt worden sind (Schleswig JurBüro 85, 216). Falsche Kostenverteilung ist möglichst als Bruchteilsverteilung auszulegen (RG JW 39, 362; Köln KoRsp ZPO § 103 B Nr 38; s auch Rn 5 sowie §§ 103, 104 Rn 21 unter „Auslegung"), kann aber nicht mit § 319 berichtigt werden (Schneider MDR 80, 762; Hillach/Rohs, Handbuch des Streitwerts, 5. Aufl. 84, S 439 m Nachw; aA Markl, GKG 2. Aufl 83, § 25 Rn 15 a). **Verhältnismäßige Teilung** kann nach Bruchteilen (Quoten) oder Prozentsätzen (dafür van Gelder DRiZ 85, 102) vorgenommen werden (dann Festsetzungsverfahren nach § 106) oder nach bestimmten Beträgen (zB von den Gesamtkosten hat Kläger 100 DM, den Rest der Beklagte zu tragen) erfolgen; vgl Lappe Rpfleger 63, 74. Zugrundelegung eines genauen mathematischen Verhältnisses ist nicht nötig (RG JW 38, 2767). Teilung nach anderen Gesichtspunkten (es werden zB dem Kläger die durch Mehrforderung von 180 DM entstandenen Kosten auferlegt) ungesetzl und muß durch Auslegung in quotenmäßige Belastung umgesetzt werden.

3) Teilunterliegen ist vor allem gegeben, wenn der Kläger mit einem Teil des (teilbaren) prozessualen Anspruchs oder bei **Klagenhäufung** (§ 260) einschließlich Stufenklage (§ 254; s Rixecker MDR 85, 633) mit einem der prozessualen Ansprüche abgewiesen ist; ob Haupt- oder Nebenforderung ist gleichgültig (BGH LM ZPO § 92 Nr 7). Auch wenn Beklagter nur bedingt, befristet, Zug um Zug (Engelhard JW 38, 2941) verurteilt wird, obwohl uneingeschränkte Klage erhoben worden ist; wenn mehrere Beklagte nach Kopfteilen, statt gesamtverbindl verurteilt werden. Der Beklagte hat auch dann einen Teil der Kosten zu tragen, wenn der Kläger mit seiner streitigen **Klageforderung wegen Aufrechnung** mit einer Gegenforderung ganz (dann Kostenaufhebung gegeneinander, Köln MDR 82, 941) oder teilweise abgewiesen wird (BGH KoRsp ZPO § 92 Nr 27; Hamm JurBüro 84, 424; 85, 932; Köln MDR 83, 226 = KoRsp ZPO § 92 Nr 22 m Anm Lappe; Celle VersR 76, 50; LG Arnsberg NJW 74, 320; Schleswig SchlHA JurBüro 86, 1064). Die Quotierung ist auf den Gesamtstreitwert zu beziehen, § 19 III GKG (Frankfurt, JurBüro 82, 1701, will auf „das Prozeßergebnis" abstellen, ohne daß dies zu wesentlichen Abweichungen führen könnte). Lappe (Anm KoRsp ZPO § 92 Nr 22) hält bei mehrfacher und teilweise erfolgloser Aufrechnung die Anwendung des § 96 für geboten. 3

4) Im **Eheprozeß** gilt § 93 a. 4

5) Unzulässig ist die Kostenverteilung nach Verfahrensgegenständen (Hamm KoRsp ZPO § 92 Nr 30) oder **Verfahrensabschnitten** (vgl aber München NJW 58, 2070 für Wiederaufnahmeverfahren) oder nach prozeßbeendigenden Vorgängen (Hamm WRP 81, 111: Verurteilung des Beklagten in die Kosten „soweit das Klagebegehren anerkannt" oder „soweit die Hauptsache für erledigt erklärt worden" ist), nicht jedoch nach Zeitabschnitten (Köln MDR 81, 590; Koblenz JurBüro 84, 1395); ausnahmsweise möglich bei Streitwertminderung, vor allem durch Teilrücknahme, BFHE 141, 333, 338, unter Berufung auf Zschockelt u Schneider MDR 81, 536 ff). Im Einzelfall kann es erforderlich sein, die auf einzelne Prozeßabschnitte erfallenen Kosten wenigstens überschlägig zu berechnen und aus den Einzelergebnissen die Gesamtquote zu bilden (s Schneider, Kostenentscheidung im Zivilurteil § 22 VII). Werden **Klage und Widerklage** abgewiesen, dürfen nicht dem Kläger die Kosten der Klage, dem Widerkläger die der Widerklage auferlegt werden; vielmehr ist nach dem Verhältnis der Streitwerte zu quotieren; doch muß berücksichtigt werden, wenn nur für die Klage Beweisaufnahme notwendig war (BGHZ 19, 176). Übersehene Widerklage-Rücknahme mit entsprechend falscher Kostenentscheidung kann nicht über § 319 korrigiert werden (aA Köln MDR 80, 761 m abl Anm Schneider). Bei **Beweisaufnahme zu einem Anspruchsteil** mit Teilerfolg können die Beweiskosten selbständig ausgequotelt werden. Beispiel: Klage auf 10 000 DM; Gutachten zu 5 000 DM mit Ergebnis, daß davon nur 1 000 DM begründet sind. Gutachterkosten: 1 000 DM. Kostentenor: „Kläger trägt ⅖, Bekl ⅗, ausgenommen die Kosten der Beweisaufnahme, die Kläger zu ⅘, Beklagter zu ⅕ trägt." 5

6 **6)** § 92 ist auch anzuwenden, wenn von mehreren **Streitgenossen** der eine obsiegt, die anderen unterliegen (BGHZ 8, 325; zur Tenorierung vgl Dahmen DRiZ 79, 343 u Herget DRiZ 81, 144). Die Quotierung der Kostenentscheidung im Urteil erstreckt sich dabei auch auf den Mehrbetrag nach § 6 II 1 BRAGO (München AnwBl 83, 568). Nimmt der Kläger die Klage gegen einen Streitgenossen zurück, dann sind ihm sofort durch Beschluß die außergerichtlichen Kosten dieses Streitgenossen aufzuerlegen; über alle sonstigen Kosten ist wie bei jeder teilweisen Klagerücknahme im Schlußurteil zu entscheiden (Köln MDR 76, 496; Zweibrücken JurBüro 83, 1881). Die obsiegende Partei kann jedoch im Einzelfall ein schutzwürdiges Interesse daran haben, daß der Erstattungsanspruch insgesamt tituliert wird, zB wegen drohenden Vermögensverfalls des Gegners oder wegen Unterbrechung des Rechtsstreits gegen den im Prozeß verbliebenen Streitgenossen wegen Konkurseröffnung (Zweibrücken JurBüro 83, 1881). S näher § 100 Rn 2.

7 **7)** Nach einem **Teilurteil** mit vorbehaltener Kostenentscheidung ist für die Gesamtkostenverteilung im Schlußurteil auch dann vom Ergebnis der Teil-Sachentscheidung auszugehen, wenn ein Restitutionsgrund geltend gemacht wird, da offenbleibt, ob mit seiner Hilfe das Teilurteil beseitigt werden kann (BGHZ 76, 50). Antragserfordernis des § 269 III besteht bei Teilrücknahme nicht (Schneider MDR 80, 762).

8 **8)** Wird der Hauptantrag des Klägers abgewiesen, seinem Hilfsantrag aber stattgegeben, dann ist Kostenteilung geboten (Frank, Anspruchsmehrheiten im Streitwertrecht 1986 S 263 ff m Nachw), und zwar unabhängig davon, ob der Hauptantrag höherwertig war (so aber BGH LM § 92 ZPO Nr 8). Unterliegt der Kläger mit seinem **Hauptantrag,** während er mit einem erst im zweiten Rechtszug zulässigerweise gestellten **Hilfsantrag** obsiegt, dann sind ihm die Kosten des ersten Rechtszuges voll aufzuerlegen, auch wenn sie in höherer Instanz votiert werden (irrig BGH NJW 57, 543; s dazu Frank aaO 270 ff). Der nicht beschiedene Hilfsantrag beeinflußt die Kostenentscheidung nicht, auch nicht über § 96, da er keine Mehrkosten auslöst (Frank aaO S 262; irrig Merle ZZP 83 [1975], 467, der die Rücknahmevorschriften, §§ 269 III 2, 515 III 1, analog anwenden will, was aber mit dem Belastungsprinzip des § 92 II 1 iVm § 19 IV GKG unvereinbar ist).

9 **9)** Kosten der **Anschlußberufung** s § 521 Rn 24, 32; der **Anschlußrevision** s § 556 Rn 9.

10 **II) Abs 2.** Hauptanwendungsfall ist, daß die Zuvielforderung keinen Übergang des Streitwerts in eine höhere Wertstufe veranlaßt (RGZ 134, 194; 32, 647). Beide Voraussetzungen des § 92 II: „keine Veranlassung besonderer Kosten" und „Geringfügigkeit der Zuvielforderung" müssen zusammentreffen (RGZ 42, 84; auch RGZ 142, 83). Zur geringfügigen Mehrforderung Karlsruhe Justiz 67, 143.

11 Wird der Kläger mit dem größten Teil seiner Forderung abgewiesen, so trifft Abs 1 zu (KG OLGE 20, 303), auch wenn dieselbe Wertstufe vorliegt, beispielsweise wenn die streitwertmäßig nicht zu berücksichtigenden (§§ 4 I ZPO, 22 I GKG) Kosten und Zinsen der Höhe nach an die Hauptforderung heranreichen (AG Freiburg AnwBl 84, 99). Abs 2 häufig, wenn Verurteilung nur Zug um Zug erfolgt. Nicht nur zugunsten des Klägers, sondern auch sinngemäß zugunsten des Beklagten kann Abs 2 angewendet werden (RGZ 142, 84). Ohne weiteres auch entsprechende Anwendung in der Rechtsmittelinstanz. Dort kann Quotierung auf die erste Instanz zurückwirken, zB bei teilweiser Unbegründetheit eines Schmerzensgeldanspruchs, auch wenn er nicht beziffert ist oder keinen Mindestbetrag festlegt (Celle NdsRpfl 67, 125), hingegen nicht bei Festsetzung eines Ordnungsgeldes nach richterlichem Ermessen gem § 890, wenn es in der Beschwerdeinstanz herabgesetzt wird, weil die Höhe den Streitwert nicht beeinflußt und der Gläubiger darauf auch keinen Einfluß hat (München MDR 83, 1029 = OLGZ 1984, 66; im Ergebnis auch Hamm MDR 80, 233). **Ganz geringfügige Beträge** können zu einem Staffelsprung in der Gebührentabelle führen und lösen dann Mehrkosten von Pfennigen oder Groschen aus. In solchen Fällen ist § 92 II analog anzuwenden und von einer Kostenquotierung, die in die Tausendstel gehen könnte, abzusehen (Schneider, Kostenentscheidung im Zivilurteil, 2. Aufl 1977, § 22 XI).

12 **Vom richterl Ermessen abhängig:** zB nach § 287 (bei Schadensermittlung) oder BGB § 315, HGB § 355: Wird im Klageantrag ein bestimmter Betrag als Schadensersatz verlangt und ein wesentl geringerer Betrag zugesprochen, so sind in der Regel die Kosten entsprechend zu verteilen. Unzulässig ist es hier, unter Bezugnahme auf § 92 II dem Bekl alle Kosten aufzuerlegen mit der Begründung, der Betrag der Forderung sei von der Festsetzung durch richterl Ermessen abhängig. Begehrt der Kläger nur scheinbar Zahlung eines vom Gericht festzusetzenden Betrags, in Wahrheit aber einen bestimmten Betrag, so ist nach § 92 zu teilen, wenn er weniger bekommt als verlangt (BGH LM § 249 [Gb] BGB Nr 3; vgl Frankfurt NJW 60, 890; Braunschweig Rpfleger 64, 97). Doch berechtigt eine unverbindl Erklärung über die Höhe des ins Ermessen

gestellten Schmerzensgeldes noch nicht, ihm einen Teil der Kosten aufzuerlegen, wenn weniger zugesprochen als begehrt wird (BGH KoRsp ZPO § 92 Nr 4; im einzelnen str wegen der kontroversen Streitwertberechnung, s § 3 Rn 16 unter „Unbezifferte Klageanträge").

93 *[Sofortiges Anerkenntnis]*
Hat der Beklagte nicht durch sein Verhalten zur Erhebung der Klage Veranlassung gegeben, so fallen dem Kläger die Prozeßkosten zur Last, wenn der Beklagte den Anspruch sofort anerkennt.

Übersicht

Lit: *Schneider*, Kostenentscheidung im Zivilurteil, 2. Aufl 1977, § 26 mit Zusammenstellung des Schrifttums und Berechnungsbeispielen in § 57. S ferner *Heyers* BauR 80, 20 (zu einstweiligen Verfügungen nach §§ 648, 885 BGB) sowie *Liesegang* JR 80, 95 (allgemein für einstweilige Verfügungen).

I) Geltungsbereich. 1) Unmittelbare Anwendung. § 93 ist in allen Verfahren anwendbar, in denen anerkannt werden kann, also bei Leistungs-, Feststellungs- und Gestaltungsklagen sowie bei Klagen aus §§ 257, 259, 767, 771, 878; nach BGH (MDR 84, 578) auch in Patentnichtigkeitsverfahren. Daß Anerkenntnis*urteil* ergeht, ist nicht vorausgesetzt; anwendbar daher auch in Beschlußverfahren, allerdings nicht im Mahnverfahren vor Widerspruch. Unanwendbar in Ehe-, Status-, Entmündigungs- und Aufgebotsverfahren, weil die Parteien dort nicht über den Streitgegenstand verfügen können; für das vereinfachte Verfahren auf Abänderung von Unterhaltstiteln s jedoch § 641 o I 2. Sonderregelung in § 49 VglO. 1

2) Analoge Anwendung (s auch Rixecker MDR 85, 635). In „sinngemäßer Umkehrung" wird die Geltung des § 93 auch für den Kläger bejaht, der die bei Rechtshängigkeit zulässige und 2 begründete, dann aber unbegründet gewordene Klage sofort auf die Kosten beschränkt (s dazu Frankfurt OLGZ 81, 99; WRP 79, 799). Hierbei handelt es sich aber in der Regel um andere Fälle; *Entweder* Klageänderung auf den materiellen Kostenerstattungsanspruch (s Rn 11 f vor § 91), bei der §§ 91, 92, 97 anzuwenden sind. *Oder* in der Beschränkung liegt eine Erledigungserklärung, die bei Einverständnis des Gegners nach § 91 a zu beurteilen ist, wobei dann allerdings im Rahmen des billigen Ermessens der Grundgedanke des § 93 zu berücksichtigen ist (s Schneider, Kostenentscheidung im Zivilurteil, 2. Aufl 1977, § 25 X), auch in sog reziproker Anwendung, soweit ein materieller Kostenerstattungsanspruch (Rn 11 vor § 91) zu bejahen ist (Köln NJW-RR 86, 22; s dazu auch Stöhr JR 85, 490, 493). Zahlt der Verzugsschuldner vor Zustellung der Klageschrift, ist er kostenpflichtig, wenn die Klage sofort zurückgenommen wird (AG Offenbach MDR 84, 1032; Schneider MDR 84, 548). In den Fällen des § 840 beruht die Kostenbelastung hinsichtlich der zum ursprünglichen Klageantrag angefallenen Kosten (materiell-rechtliche) auf § 840 II 2 (BGH WPM 81, 386, 388). Keine Anwendung des § 93 auf den Klageverzicht, sondern Entscheidung nach § 91 (Hamm MDR 82, 676; Koblenz WRP 86, 298 mwNachw).

3 **II) Veranlassung** zur Klageerhebung = Anrufung des Gerichts (Bamberg JurBüro 82, 1884) hat der Beklagte gegeben, wenn sein Verhalten vor Prozeßbeginn (BGH NJW 79, 2040) ohne Rücksicht auf Verschulden (Zweibrücken JurBüro 82, 1083) und materielle Rechtslage (Schleswig JurBüro 82, 1569) gegenüber dem Kläger so war, daß dieser annehmen mußte, er werde ohne Klage nicht zu seinem Recht kommen (RGZ 118, 264; Koblenz DAVorm 78, 451, 606). Das gilt auch für die Gerichtswahl; verzichtet eine Partei auf die Einrede der örtlichen Unzuständigkeit, dann muß bei der Kostenentscheidung die Anrufung des unzuständigen Gerichts unberücksichtigt bleiben (Karlsruhe OLGZ 1985, 495). Maßgebender Zeitpunkt für die Prüfung der Klageveranlassung ist nicht die Abgabe des Anerkenntnisses, sondern die letzte mündliche Verhandlung, auf die hin das Anerkenntnisurteil ergeht. Ungeachtet dessen, daß auf das vorprozessuale Verhalten des Beklagten abzustellen ist, kann seine spätere Verhaltensweise diese frühere Veranlassung indizieren (Frankfurt MDR 84, 149; Zweibrücken JurBüro 82, 1083; Schneider, Kostenentscheidung im Zivilurteil, 2. Aufl 1977, 156; Stein/Jonas/Leipold ZPO § 93 Rn 12 mwN; aA BGH MDR 79, 106; München MDR 84, 409 gg MDR 66, 682). Daß diese Prozeßlage als „nachträgliche Klageveranlassung" bezeichnet wird, soll nicht den Grundsatz aufheben, daß lediglich das vorprozessuale Verhalten maßgebend ist. Aber wer nicht einmal nach Klageerhebung erfüllt, von dem war die freiwillige Leistung auch nicht früher zu erwarten; die Nichtanwendung des § 93 auf solche Fälle würde den leistungsunwilligen Beklagten kostenrechtlich begünstigen, was gewiß nicht der Gesetzeszweck ist (s auch Rn 6 „Geldschulden"). Zutreffend hat daher Düsseldorf (ZIP 84, 1381) Klageveranlassung im Anfechtungsprozeß bejaht, obwohl der sofort anerkennende Beklagte nicht zur freiwilligen Erfüllung aufgefordert worden war, weil diese Aufforderung den Anfechtungszweck hätte vereiteln können. Die Klageveranlassung durch einen Rechtsvorgänger oder Vertreter des Beklagten muß sich dieser zurechnen lassen (s auch Rn 6 „Erbe").

4 **III) Sofort anerkannt** wird der Klageanspruch nur, wenn das Anerkenntnis vorbehaltslos (Frankfurt OLGE 25, 72; s auch Rn 6 unter „Einwendungen") vor Verlesung der Sachanträge (München WRP 85, 446), im frühen ersten Termin (§§ 272 II, 275) und bei schriftlichem Vorverfahren (§ 276) bereits in der Klageerwiderung (Frankfurt WRP 78, 825; KG WRP 79, 310; LG Hamburg MDR 80, 942) erklärt wird. Im Urkundenprozeß ist Anerkenntnis im ersten Termin des Nachverfahrens verspätet (Düsseldorf MDR 83, 496). Wenn der Anspruch erst im Laufe des Rechtsstreits fällig, die Klage geändert oder ergänzt wird, ist auf die nächstfolgende mündliche Verhandlung abzustellen (Hamm OLGE 33, 56; Nürnberg KoRsp ZPO § 93 Nr 9). Stets muß der Beklagte auch erfüllen (str; s Rn 6 unter „Abgabe einer Erklärung", „Geldschulden", „Widerspruchsklage nach § 771").

5 **IV) Entscheidung.** Im Anerkenntnisurteil ist einheitlich über Hauptsache und Kosten zu entscheiden. Bei Teil-Anerkenntnisurteil zur Hauptsache ist über die Kosten nach § 93 im Schlußurteil zu befinden; entgegen OLG Düsseldorf (JMBlNRW 56, 65) darf dann auch durch Beschluß entschieden werden (Schneider, Kostenentscheidung im Zivilurteil, 2. Aufl 1977, 177). Auch in Mischfällen, zB bei teilweisem Anerkenntnis und teilweiser Erledigungserklärung zur Hauptsache ist eine einheitliche Kostenentscheidung zu treffen, wobei tunlichst die Quotenanteile in den Entscheidungsgründen offenzulegen sind (Hamm WRP 81, 111). Fehlerhaft (und nur durch Auslegung korrigierbar; s §§ 103, 104 Rn 21 unter „Auslegung") ist eine Aufteilung nach dem Prozeßgeschehen, etwa Verurteilung des Beklagten in die Kosten „soweit er anerkannt hat" oder „soweit die Hauptsache für erledigt erklärt worden ist".

6 **V) Einzelheiten** (alphabetisch geordnet):

● **Abgabe einer Erklärung:** Das Anerkenntnis, zur Abgabe verpflichtet zu sein, macht dann nicht kostenfrei, wenn die geschuldete Erklärung selbst nicht abgegeben wird (Köln KoRsp ZPO

§ 93 Nr 171), desgleichen nicht die Abgabe einer formlosen Erklärung anstelle der geschuldeten formbedürftigen, zB der Löschungsbewilligung.

● **Abmahnung:** s „Wettbewerbsstreitigkeiten".

● **Anfechtung:** Klageveranlassung liegt bereits in der Vornahme anfechtbarer, den Gläubiger absichtlich benachteiligender Rechtshandlungen mit dem Schuldner (Schleswig MDR 77, 321; s auch LG Kaiserslautern KTS 72, 201). Würde die Aufforderung zur freiwilligen Erfüllung des Rückgewähranspruches den Anfechtungszweck möglicherweise vereiteln, dann räumt das sofortige Anerkenntnis nicht die Klageveranlassung aus (Düsseldorf ZIP 84, 1381).

● **Arrest:** S unter „Einstweilige Verfügung".

● **Aufforderung:** Bei anderen Ansprüchen als fälligen Forderungen ist vor Klageerhebung zur Vermeidung der Kostenfolge des § 93 eine Aufforderung an den Beklagten zur Leistung oder Unterlassung erforderlich (KG NJW 57, 1930). Dabei ist eine hinreichende Überlegungsfrist zu setzen (Hamm VersR 61, 118), es sei denn, daß wegen der dadurch bedingten Verzögerung dem Gläubiger Rechtsnachteile drohen, zB Eintritt der Verjährung. Auch der aus- oder absonderungsberechtigte Kläger hat vorab den Beklagten unter Glaubhaftmachung seines besseren Rechts aufzufordern (Bamberg NJW 53, 109). S auch „Wettbewerbsstreitigkeiten".

● **Aufhebungsverfahren:** S „Einstweilige Verfügung".

● **Auskunftsklage:** Erforderlich, daß die Auskunftspflicht nicht nur anerkannt, sondern die Auskunft auch erteilt wird (Schleswig SchlHA 79, 39; Frankfurt KoRsp ZPO § 93 Nr 137).

● **Bauhandwerkersicherungshypothek:** S „Vormerkung nach §§ 648, 885 BGB".

● **Befreiung von einer Verbindlichkeit:** Eine Zusage, die Freistellung vorzunehmen, genügt grundsätzlich nicht (s auch unter „Geldschulden"). Um die Veranlassung auszuräumen, muß vielmehr befreit werden. Soweit dies nicht durch Geldzahlung geschehen soll, sondern durch Maßnahmen, die zeitaufwendige Vorbereitungen erfordern (zB Grundbuchberichtigung, Sicherheitsleistung, Umschuldung usw), entfällt Veranlassung erst nach Ablauf eines entsprechenden Zeitraums ab Aufforderung.

● **Behörde:** Bei Anmeldung von Schadensersatzansprüchen, insbesondere nach Verkehrsunfall, hat der Geschädigte eine angemessene Bearbeitungszeit einzuräumen; die Behörde kann Klageveranlassung ausräumen, indem sie kurzfristig einen Zwischenbescheid erteilt und danach in angemessener Zeit reguliert (LG Bonn VersR 78, 356).

● **Bestreiten:** S „Einwendungen".

● **Beweislast:** Sie ist unabhängig von derjenigen des materiell-rechtlichen Anspruchs und obliegt für die Voraussetzungen des § 93 dem Beklagten (Köln KoRsp ZPO § 93 Nr 158; Colmar OLGE 27, 43). Bestreitet er materiell-rechtliche Voraussetzungen, die zur Beweislast des Klägers stehen, etwa die Fälligkeit, dann muß er sein Anerkenntnis anpassen, um das Risiko eines *non liquet* zu vermeiden. Diese Beweislastverteilung erklärt sich dadurch, daß mit der Verurteilung entsprechend dem Anerkenntnis die Voraussetzungen des § 91 erfüllt sind und § 93 dazu ein dem Beklagten günstiger Ausnahmetatbestand ist. Anders als bei § 91 a ist es unerheblich, ob und wann der Beklagte die Leistung verweigern durfte; entscheidend ist nur, ob er einen Grund zu der Annahme gesetzt hat, der Kläger werde ohne Klageerhebung nicht zu seinem Recht kommen (Hamburg OLGE 11, 54, 55).

● **Darlegungen gegenüber Beklagtem:** Keine Klageveranlassung, wenn der Kläger trotz Aufforderung des Beklagten seine Ansprüche nicht beziffert und belegt (LG München VersR 79, 459). Dagegen wird der bestreitende Schuldner nicht deshalb kostenfrei, weil der Gläubiger Berechnungszweifel des Beklagten ausräumt, die unbegründet sind (MDR Köln 79, 941).

● **Drittschuldnerprozesse:** Gibt der Drittschuldner erst während des Prozesses eine die Klage aussichtslos machende Auskunft nach § 840 ZPO, dann kann der Gläubiger vom Hauptanspruch durch Klageänderung zum materiellen Kostenerstattungsanspruch übergehen (Rn 11 f vor § 91) oder einseitig (dann § 91) oder übereinstimmend Hauptsacheerledigung erklären (dann § 91 a unter Einbeziehung des Grundgedankens des § 93, s LAG Hannover NJW 74, 768).

● **Duldungsklage:** Um der eigenen Kostenbelastung über § 93 vorzubeugen, muß der Gläubiger, der einen Duldungstitel benötigt (§ 1174 BGB; §§ 737, 743, 745 II, 748 II ZPO), den Duldungsschuldner vorher abmahnen. Der Schuldner hat dann die Möglichkeit, auf eigene Kosten eine vollstreckbare Urkunde nach § 794 I Nr 5 aufnehmen zu lassen und dem Gläubiger anzubieten; der Gläubiger wiederum muß ihm dazu durch Abmahnung Gelegenheit geben (Karlsruhe MDR 81, 939; Saarbrücken MDR 82, 499; München MDR 84, 674; Oldenburg BB 84, 2026; aM Köln NJW 77, 256). Wenn der Grundstückseigentümer nur zur Duldung verpflichtet ist, ist das Erfüllungsverlangen des Gläubigers keine den § 93 ausräumende Abmahnung (Saarbrücken MDR 82, 499).

● **Einstweilige Verfügung:** § 93 ist anwendbar (Köln NJW 75, 457 m Anm Joost S 1172; s auch unter „Wettbewerbsstreitigkeiten"). Bei Erlaß ohne mündliche Verhandlung muß der Gegner seinen Widerspruch auf die Kosten beschränken, wenn er kostenfrei werden will (s unter „Kostenwiderspruch"). Im **Aufhebungsverfahren** trägt derjenige, der die Aufhebung beantragt, die Kosten, wenn der Aufhebungsbeklagte sofort anerkannt und schon vor Antragstellung durch sein Verhalten gezeigt hat, daß der Kläger keinen Nachteil aus der nicht mehr vollziehbaren einstweiligen Verfügung erleiden werde (Karlsruhe Justiz 78, 405; Frankfurt OLGZ 1986, 442), auch nicht wegen der Kosten (Köln Rpfleger 82, 154). **Hauptklage:** Der Beklagte veranlaßt sie, wenn er zunächst Widerspruch gegen die einstweilige Verfügung einlegt, dann aber die ihm gesetzte Frist, diese anzuerkennen und auf die Rechte aus §§ 924, 926 zu verzichten, fruchtlos verstreichen läßt (KG WRP 81, 277, 583). Vom Verletzten kann nicht verlangt werden, zur Vermeidung der Hauptklage auf den Verletzer einzuwirken, ein Vertragsstrafenversprechen abzugeben (KG WRP 81, 145).

● **Einwendungen:** Wer anerkennt und zugleich behauptet, er sei dazu nicht verpflichtet, weil die Forderung des Klägers nicht fällig sei oder er ein Gegenrecht habe usw, wird nur kostenfrei, wenn er sein Anerkenntnis entsprechend faßt, zB den Klageanspruch mit der Maßgabe anerkennt, daß er erst an einem späteren Fälligkeitstag zu zahlen habe oder nur Zug um Zug gegen eine Gegenleistung usw. Anderenfalls hindert der Vorbehalt die Anwendung des § 93. Der Kläger wiederum muß in solchen Fällen entscheiden: Entweder alter Antrag mit dem Risiko der Kostenbelastung, wenn die Einschränkung des Beklagten sich als berechtigt erweist; oder dem Anerkenntnis angepaßter neuer Antrag mit der Rechtsfolge des § 93 zugunsten des Beklagten (s Schneider JurBüro 67, 704). Keine Kostenbefreiung des Beklagten, wenn er den Kläger befriedigt, dabei aber ausdrücklich die Begründetheit des Anspruchs bestreitet (Naumburg JW 36, 2173) oder anerkennt unter gleichzeitigem Bestreiten vollständiger Erfüllung durch den Kläger (wobei unerheblich ist, daß materiell-rechtlich der Kläger die Erfüllungs-Beweislast hat, Köln KoRsp ZPO § 93 Nr 158). Kein sofortiges Anerkenntnis, wenn vorher bestritten oder Klageabweisung beantragt wird (LG Köln JW 31, 1204). Entgegen Bamberg (JurBüro 82, 1884) kommt es nicht darauf an, ob sich das Bestreiten prozeßverzögernd ausgewirkt hat, sondern allein darauf, daß die Verteidigung des Beklagten die Veranlassung zur Klageerhebung indiziert. Nur gegenüber zunächst unschlüssigen Klagen (s dort) ist Wechsel von Verteidigung und Anerkenntnis unschädlich.

● **Erbe:** Als Nachfolger des Erblassers hat er die Möglichkeit, sofort anzuerkennen. Da jedoch die Klageveranlassung des Erblassers als des Rechtsvorgängers – ebenso wie beim gesetzlichen oder rechtsgeschäftlichen Vertreter – zu Lasten des Nachfolgers wirkt, kommt die Anwendung des § 93 nur in Betracht, wenn der Erblasser noch keine Gelegenheit zum Anerkenntnis hatte. Jedoch ist § 93 selbständig anwendbar für die nach Aufnahme des Rechtsstreits entstehenden Kosten. Der aufnehmende Kläger muß deshalb dem Erben Gelegenheit geben, die Fortführung des Rechtsstreits durch Anerkenntnis, bei dürftigem Nachlaß auch unter Vorbehalt der beschränkten Erbenhaftung, zu verhindern (Zweibrücken NJW 68, 1635).

● **Fälligkeit:** Eine verfrühte Klage braucht der Beklagte nicht sofort anzuerkennen, er kann damit bis zum Eintritt der Fälligkeit zuwarten (Rn 4; s auch unter „Unschlüssige Klage"), sofern nicht auf künftige Leistung geklagt werden darf (§ 257). Da in Ehesachen wegen § 617 kein Anerkenntnis möglich ist, wird dort die Kostenbelastung des verfrüht Klagenden durch analoge Anwendung des § 97 II erreicht (s § 97 Rn 1).

● **Feststellungsklage:** Vor Erhebung einer negativen Feststellungsklage ist grundsätzlich keine Abmahnung nötig, da die Berühmung des Beklagten seine fehlende Bereitschaft zum Nachgeben zeigt (Frankfurt JurBüro 81, 1095). Anders, wenn im Rechtsstreit neue Klagegründe vorgebracht werden.

● **Freistellung:** s unter „Befreiung".

● **Geldschulden:** Bei fälligen Geldschulden genügt das Anerkenntnis allein nicht zur Anwendung des § 93; vielmehr muß die geschuldete Leistung auch sofort erbracht werden (Hamm MDR 85, 505; Köln MDR 82, 584; 79, 941; Frankfurt ZIP 80, 1148; Hamburg MDR 79, 63; 71, 591; Schneider Kostenentscheidung im Zivilurteil, 2. Aufl 1977, § 26 II mwNachw; aA BGH NJW 79, 2041; Düsseldorf NJW 67, 162 m abl Anm Deubner S 787; LG Limburg NJW 76, 1899). *Wirtschaftlicher Grund:* Mit einem bloßen Anerkenntnis ist es für den Gläubiger nicht getan; er ist zur Klage veranlaßt, weil er sein Geld haben will; für ein verbales Anerkenntnis kann er sich „nichts kaufen". *Rechtlicher Grund:* Wer nicht einmal unter dem Druck der Klageerhebung eine fällige Forderung bezahlt, zeigt damit, daß der Kläger zur Anrufung des Gerichts allen Anlaß hatte; denn aus diesem Verhalten des Beklagten ergibt sich, daß er erst recht nicht auf bloße Mahnung hin erfüllt hätte. Auch die Gegenmeinung wird kaum anders entscheiden, wenn Zahlungen an einem Kalendertag fällig werden (Hamburg MDR 79, 63). Darüber hinaus gerät sie jedoch in unüberwindbare Schwierigkeiten, wenn der überschuldete oder unpfändbare Beklagte anerkennt (Frankfurt MDR 80, 855; Köln MDR 82, 584).

● **Geschäftsunfähigkeit:** Bloß verbale Aufforderung des Schuldners, der Gläubiger möge ihn wegen Geschäftsunfähigkeit aus der rechtsgeschäftlichen Haftung entlassen, hebt Veranlassung zur Klage nicht auf, solange diese Aufforderung nicht durch Vorlage ärztlicher Zeugnisse oder anderer Urkunden belegt wird (KG VersR 81, 464).

● **Gesetzesänderung:** Ist sie dem Bekl nachteilig, kann er sich nur durch sofortige Anerkenntnis kostenfrei machen (BGHZ 37, 233).

● **Haftpflichtversicherung:** Jedem Kfz-Haftpflichtversicherer, von dem nach einem Verkehrsunfall Zahlung verlangt wird, ist eine angemessene Prüfungsfrist zuzubilligen, vor deren Ablauf eine Klage nicht iS des § 93 veranlaßt ist (allgM, zB München VersR 79, 479, 480; Köln VersR 74, 268; Hamm VersR 71, 187; LG Hamburg VersR 78, 1124). Auch bei zügiger Schadensbearbeitung ist dem Versicherer eine Prüfungszeit von etwa vier Wochen einzuräumen (LG Zweibrücken r + s 86, 112) u eine Fristsetzung von zwei Wochen ab Unfall immer zu kurz (zB LG Düsseldorf VersR 81, 582; LG Ellwangen VersR 81, 564; LG München VersR 73, 871). Scheitert der Regulierungsversuch, ist Zahlung innerhalb 8 Tagen noch angemessen (Köln VersR 83, 451). Macht der Haftpflichtversicherer die sofortige Zahlung zunächst von der Einreichung von Schadensbelegen abhängig oder verweigert er Regulierung, weil es an ordnungsgemäßer Vorlage fehlt (s § 158d III VVG), dann gibt er dadurch noch nicht Anlaß zur Klageerhebung (s Hamm VersR 69, 741 m Anm Jochheim S 862; LG Berlin NJW 63, 498). Bei vorprozessualem Anerkenntnis zu einer Haftungsquote ist in deren Höhe die Klage nicht veranlaßt (Karlsruhe VersR 70, 1112). Wegen der noch nicht anerkannten Restquote muß gfls vom Schädiger die Prüfzeit beachtet werden, die sich uU wegen besonderer Schwierigkeiten oder ausfallender Arbeitstage (LG Ellwangen VersR 81, 564: Weihnachten) verlängern kann. Klageveranlassung kann vom Geschädigten nicht durch Zurückweisung von Teilleistungen, § 266 BGB, geschaffen werden (s Baumgärtel VersR 70, 967). Da § 93 nur den prozessualen Kostenerstattungsanspruch betrifft, kann trotz zu kurzer Fristsetzung ein materiell-rechtlicher Kostenerstattungsanspruch bleiben (s Rn 11 vor § 91).

● **Hauptklage:** s „Einstweilige Verfügung".

● **Hilfsanspruch:** Kostenbefreiendes Anerkenntnis nur, wenn es spätestens in dem Termin abgegeben wird, in dem der Hilfsanspruch erstmals verlesen wird (Köln KoRsp ZPO § 93 Nr 142). Nimmt der Kl nach Anerkenntnis des Hilfsantrages den Hauptantrag zurück, ist der Bekl kostenfrei.

● **Klageänderung:** Maßgebend für sofortiges Anerkenntnis ist der Zeitpunkt, in dem sie erstmals erklärt wird (Nürnberg JurBüro 63, 115), zB bei Übergang von behaupteter vereinbarter Vergütung auf geringere gesetzliche Gebühren der HOAI (Frankfurt MDR 84, 238). S auch unter „Unschlüssige Klage".

● **Klagerücknahme:** § 269 III 2 hat Vorrang (s Düsseldorf JurBüro 82, 1240).

● **Konkurs:** Wird nach begründetem Antrag der Konkurs eröffnet, sodann der Gläubiger befriedigt und das Konkursverfahren im Beschwerdeverfahren aufgehoben, ist der Gemeinschuldner mit den Kosten der Eröffnung zu belasten (Celle NJW 62, 1970). Will der Konkursverwalter Anfechtungsklage erheben, muß er grundsätzlich vorab zur Rückgewähr auffordern (Bamberg KTS 72, 196). Für den Konkursverwalter gilt § 93 bei Aufnahme von Rechtsstreitigkeiten nach § 11 I KO ohne großzügigere Auslegung, obwohl er oft nicht in der Lage ist, sich die zum sofortigen Anerkenntnis erforderlichen Informationen schnell genug zu verschaffen. Vorläufiges Bestreiten im ersten Prüfungstermin (§ 146 KO) ist Bestreiten und hindert die Anwendung des § 93 (Köln KTS 79, 119; LG München WPM 86, 864; str, s die Nachw bei Godau-Schüttke ZIP 85, 1042; Kuhn/Uhlenbruck, KO, 10. Aufl 1986, § 144 Rn 2g, sowie die Hinweise für die Praxis bei Johlke WuB VI B § 146 KO 1.86). Hat er jedoch eine rechtshängige Forderung vorläufig bestritten und sie nach Wiederaufnahme des unterbrochenen Rechtsstreits anerkannt, dann ist er lediglich dann kostenpflichtig, wenn der Gläubiger vor Wiederaufnahme bei ihm angefragt hat, ob das Bestreiten endgültig sei (Düsseldorf ZIP 82, 201).

● **Kostenwiderspruch:** In Arrest- u Verfügungsverfahren kann der Antragsgegner die Hauptsache anerkennen und nur wegen der Kosten Widerspruch einlegen (s Schneider JurBüro 80, 498 mN; Frankfurt AnwBl 85, 642; hM; aA München GRUR 85, 327). Der sog Kostenwiderspruch muß von vornherein und unmißverständlich als solcher erklärt werden (Düsseldorf WRP 86, 273), darf also nicht mit einem Aufhebungsantrag verbunden werden (LG Braunschweig WRP 84, 363). Danach kann der Antragsgegner nicht mehr beachtlich bestreiten, sondern nur noch vorbringen, daß er das Verfahren nicht iS des § 93 veranlaßt habe (Stuttgart WRP 81, 116).

● **Mahnverfahren:** Widerspruch gegen Mahnbescheid schließt sofortiges Anerkenntnis nicht aus (Düsseldorf NJW 67, 162), zB wenn der Beklagte vor dem Verhandlungstermin anerkennt und zahlt, so daß die Hauptsache übereinstimmend für erledigt erklärt wird (KG MDR 80, 942), wohl aber, wenn die Berechtigung des Anspruchs in der Widerspruchsbegründung bestritten wird (Frankfurt MDR 84, 149). Macht der Kläger im Mahnverfahren einen Zahlungsanspruch geltend, von dem er bei streitiger Verhandlung durch Klageänderung auf einen begründeten anderen Anspruch übergehen will, so muß der Beklagte, wenn der Kläger dies unter Bereitschaft der Zurücknahme gem § 696 IV 2 erklärt, den neuen Anspruch sofort anerkennen, anderenfalls er zur geänderten Klage Veranlassung gegeben hat (Frankfurt MDR 81, 410).

● **Prozeßkostenhilfe:** Anerkenntnis erst nach Bewilligung von PKH wirkt nicht kostenbefreiend (Hamm KoRsp ZPO § 93 Nr 143).

● **Räumungsklagen:** Sonderregelung in § 93b.

● **Rechtsvorgänger:** Versäumnisse von Rechtsvorgängern wirken nach; s auch unter „Erbe".

● **Schuldbefreiung:** S unter „Befreiung".

● **Stufenklage:** Sofortiges Anerkenntnis einzelner Stufen ist möglich, analog § 93 auch für den Kläger, wenn Auskunftserteilung oder Rechnungslegung ergibt, daß der Leistungsanspruch unbegründet ist (Rixecker MDR 85, 635 m Nachw).

● **Teilleistungen:** Da der Schuldner zu Teilleistungen nicht berechtigt ist (§ 266 BGB), wird er nur kostenfrei, wenn er den gesamten begründeten Anspruch anerkennt (Schleswig DAVorm 79, 176); anders, wenn Gläubiger Teilleistung nach § 242 BGB nicht hätte ablehnen dürfen (Schleswig SchlHA 83, 138). Bei Teilanerkenntnis keine Teilkostenentscheidung (Schleswig SchlHA 78, 172). Im Haftpflichtprozeß ist § 266 BGB nicht anwendbar (s unter „Haftpflichtversicherung"), zu Teilleistungen im Unterhaltsrecht s bei „Unterhaltssachen".

● **Überschuldung:** Ein Anerkenntnis ist wertlos und nicht kostenabwendend, wenn der Beklagte überschuldet oder unpfändbar ist (Frankfurt MDR 80, 855; Köln MDR 82, 584).

● **Unfallursachen:** S „Haftpflichtversicherung".

● **Unpfändbarkeit:** S „Überschuldung".

● **Unschlüssige Klage:** Erkennt der Beklagte eine unschlüssig begründete Klage an, dann nimmt er damit das Unterliegen im Rechtsstreit auf sich, so daß nur noch die Veranlassung zur Klageerhebung überprüfbar ist (LG Hamburg MDR 66, 854; LG Tübingen MDR 81, 409). In solchen Fällen, also wenn der Kläger Falsches, wenn er zuviel oder zu früh fordert, zB einen noch nicht fälligen Anspruch geltend macht (Karlsruhe MDR 80, 501), erhöhte Verzugszinsen beansprucht (Zweibrücken JurBüro 79, 445), schadet fehlendes Anerkenntnis dem Beklagten nicht. Er kann zuwarten, ob der Kläger sein Begehren richtigstellt und dann noch „sofort" anerkennen. Dagegen fällt es in den Risikobereich des Beklagten, wenn er zunächst bestreitet, weil er Berechnungszweifel hat, die der Kläger dann ausräumt (Köln MDR 79, 941).

● **Unterhaltssachen:** Der Unterhaltsberechtigte hat nach hM stets, also auch bezüglich freiwilliger Leistungen, ein Rechtsschutzinteresse an einem vollstreckbaren Titel (Düsseldorf AnwBl 82, 485; Frankfurt NJW 82, 946; Koblenz FamRZ 86, 826 m Anm Bosch; Köln FamRZ 86, 827; krit dazu Bittmann FamRZ 86, 420). Der Unterhaltsschuldner ist entsprechend verpflichtet, an der Schaffung eines kostengünstigen Titels (§ 794 I Nr 5) mitzuwirken, wozu er vom Berechtigten vorprozessual aufgefordert werden muß (Koblenz FamRZ 86, 826 m Anm Bosch; Karlsruhe FamRZ 84, 584; Düsseldorf AnwBl 82, 485; Stuttgart Justiz 81, 210; Schleswig SchlHA 79, 51; Bamberg FRES 3, 351; AG Calw DAVorm 81, 299; enger Hamburg FamRZ 81, 583, wenn der Unterhaltspflichtige fortlaufend freiwillig vollen Unterhalt gezahlt hat, und Schleswig FamRZ 83, 828 im Verhältnis des Unterhaltsschuldners zu seinem minderjährigen Kind). Erklärt er, nur zu **Teilleistungen** bereit zu sein, dann gibt er in der Regel Veranlassung zur Klage über den vollen Unterhaltsbetrag, da der Berechtigte ein Titulierungsinteresse hat und deshalb sofortiges Anerkenntnis des Teilbetrages nicht gem § 93 kostenfrei macht (Stuttgart NJW 78, 112; Koblenz FamRZ 86, 826 m Anm Bosch; aA Karlsruhe FamRZ 85, 955, wenn nur noch geringfügige, selbständig berechenbare Positionen streitig bleiben). Umgekehrt gibt ein Unterhaltsberechtigter, der weiß, daß er nicht mehr unterhaltsbedürftig ist, Veranlassung zur Klage nach § 323, wenn er gleichwohl vollstreckt; er braucht dann nicht vorher aufgefordert zu werden, auf den Titel zu verzichten, da dies wegen § 323 III mit Rechtsnachteilen verbunden wäre (Braunschweig KoRsp ZPO § 93 Nr 147).

● **Unterlassungsansprüche:** S „Wettbewerbsstreitigkeiten".

● **Unterlassungserklärung:** S „Wettbewerbsstreitigkeiten".

● **Unzuständigkeit:** Verzichtet der Beklagte auf die Einrede, dann wird er bei der Kostenentscheidung nicht damit gehört, der Kläger habe vor dem unzuständigen Gericht geklagt (Karlsruhe OLGZ 1985, 495).

● **Versäumnisurteil:** Erwirken eines Versäumnisurteils gegen den Kläger schließt sofortiges Anerkenntnis nicht aus; auch bei Säumigkeit des Beklagten ist § 93 in der Einspruchsverhandlung noch zu prüfen (§ 342).

● **Vertagung:** § 93 zugunsten des Beklagten unanwendbar, wenn im ersten Termin auf seinen Antrag hin vertagt wird (KG OLGE 33, 36).

● **Verteidigungsabsicht:** Zeigt der Beklagte zunächst seine Verteidigungabsicht (§ 276 I 2) an, dann kann er in einem nachfolgenden Schriftsatz nicht mehr kostenbefreiend anerkennen (Köln KoRsp ZPO § 93 Nr 158), und zwar unabhängig davon, ob das Anerkenntnisurteil ohne mündliche Verhandlung § 307 II 1) oder im Termin (§ 307 I) ergeht. Auch im schriftlichen Verfahren nach §§ 272 II, 276 muß spätestens bis zur Abgabe einer Verteidigungserklärung anerkannt werden; Anerkenntnis in der Erwiderungsschrift ist zu spät (Bremen JurBüro 83, 625).

● **Verwahrung gegen die Kosten:** Die Wendung ist auslegungsbedürftig. Soweit damit das Bestreiten des Anspruchs aufrechterhalten wird, bleibt der Bekl kostenpflichtig. Soweit darin nur ein Hinweis auf seine gesetzliche Kostenfreistellung nach § 93 liegt, ist der Zusatz unerheblich.

● **Verweisung:** Kein sofortiges Anerkenntnis, wenn es erst nach der vom Beklagten beantragten Verweisung an die Kammer für Handelssachen erklärt wird (Saarbrücken MDR 81, 676).

● **Verzicht:** Läßt der Kläger Verzichtsurteil gegen sich ergehen, ist er nach § 91 kostenpflichtig; keine „umgekehrte Anwendung" des § 93 (Hamm MDR 82, 676; s oben Rn 2).

● **Verzug:** Ein in Verzug gesetzter Schuldner hat zur Klage Veranlassung gegeben; eigenes sachwidriges Verhalten des Klägers im Prozeß, zB falsche Antragstellung, kann daran nichts ändern (KG DR 40, 2184). Zu beachten ist, daß gegenüber Dieb, Hehler usw immer Klageveranlassung besteht, da „fur semper in mora" (s auch §§ 848, 849 BGB, die auf Geldansprüche anwendbar sind, BGHZ 8, 298).

● **Vorbehalte:** S „Einwendungen".

● **Vormerkung nach §§ 648, 885 BGB:** Oft wird als Grundsatz angenommen, der Bauhandwerker sei zur Vermeidung der Kostenlast gehalten, den Bauherrn vor Anrufung des Gerichts zur Bewilligung der Vormerkung aufzufordern (zB Düsseldorf NJW 72, 1955; LG Osnabrück NdsRpfl 83, 145). Ob vorherige Aufforderung geboten ist, darf jedoch wegen der Ranggefahr für den Gläubiger nicht nach abstrakter Regel, sondern nur an Hand der Einzelfallumstände beurteilt werden (vgl Heyers BauR 80, 20 m Nachw).

● **Wechselforderung:** Solange der Gläubiger dem Schuldner den Wechsel nicht vorlegt, wird die Forderung nicht fällig (Art 38 I WG) und kann der Schuldner keine Veranlassung zur Klage geben (Saarbrücken MDR 81, 676).

● **Wettbewerbsstreitigkeiten:** Bei ihnen hat § 93 große Bedeutung, vor allem bei einstweiligen Verfügungen, mit deren Hilfe die meisten Wettbewerbsstreitigkeiten erledigt werden. **Grundzüge der Anwendung des § 93:** Der Kläger oder Antragsteller ist im eigenen Interesse gehalten, den wettbewerbswidrig Handelnden vorher *abzumahnen*, ggf den Gegner über ihr bekannte einschlägige Rspr zu unterrichten (Frankfurt AnwBl 84, 513; JurBüro 84, 1087). Anderenfalls läuft er Gefahr, daß ihm bei sofortigem Anerkenntnis des Gegners die Kosten nach § 93 auferlegt werden (München WRP 84, 434). Die Beweislast für den Zugang der Abmahnung liegt beim Abmahnenden (LG Essen MDR 84, 149), kann aber nur praktisch werden, wenn der Abgemahnte sofort anerkennt. Die Abmahnung muß die konkrete Verletzungshandlung und den Wettbewerbsverstoß eindeutig bezeichnen (Koblenz GRUR 81, 671), braucht aber nicht wiederholt zu werden, wenn der Verletzer eine früher abgegebene Unterwerfungserklärung einschränkungslos widerruft (Nürnberg WRP 81, 229). Bei zu unbestimmt vorformulierter Unterlassungserklärung hat der Abgemahnte eine auf die konkrete Verletzungshandlung beschränkte Unterlassungserklärung abzugeben, wenn er die Wiederholungsgefahr ausräumen und der Kostenbelastung entgehen will (Koblenz WRP 83, 700). Versucht er, mit Einlegung des Widerspruchs sein Verhalten sachlich zu rechtfertigen, dann zeigt er damit, daß er Veranlassung zum gerichtlichen Vorgehen gegeben hat (Stuttgart WRP 83, 713). Entbehrlich ist die Abmahnung, auch Verwarnung genannt, bei vorsätzlicher Verletzungshandlung (Karlsruhe WRP 81, 542; Köln WRP 83, 118), bei besonderer Dringlichkeit (LG Hamburg WRP 81, 344), zB bei Sonderveranstaltungen, Räumungsverkäufen usw, bei einstweiligen Verfügungen, die zusätzlich auf eine Sicherstellung gehen (Nürnberg WRP 81, 342), bei kurzfristig angekündigten, zeitgebundenen Werbemaßnahmen (Karlsruhe KoRsp ZPO § 93 Nr 170), auch wenn dem Gegner bereits eine andere gleichgerichtete einstweilige Verfügung zugestellt worden ist (Nürnberg WRP 81, 290). Der Verletzer kann sich auf die fehlende Abmahnung nur berufen, wenn davon auszugehen ist, daß er in diesem Fall eine Unterwerfungserklärung abgegeben hätte (Stuttgart WRP 81, 116). Der Antragsteller muß zur Kostenfreistellung darlegen und beweisen, daß er ausnahmsweise nicht abzumahnen brauchte oder die Kürze der Verwarnungsfrist berechtigt war (Stuttgart WRP 83, 305: 2½ Stunden, um Wiederholung ganzseitiger Zeitungsanzeige zu verhindern). Abmahnung erfolgt schriftlich; telefonische oder telegrafische Abmahnung oder gar Entsendung eines „Abmahnungsboten" kann schon wegen der Beweisschwierigkeiten nicht verlangt werden (Hamm WRP 79, 563; aA Frankfurt WRP 84, 416). Unter Anwesenden, zB bei einer Warenzeichenverletzung auf einer Messe, kann mündliche Abmahnung geboten sein (Frankfurt GRUR 84, 693). Von den Prozeßkosten, die dem Antragsteller mangels Abmahnung aufzuerlegen sind, sind nicht die Kosten abzuziehen, die durch eine Abmahnung entstanden wären (Celle WRP 81, 649). Reagiert der Verletzer auf ein Abmahnschreiben nicht oder gibt er nur eine nicht ausreichende Unterlassungserklärung ab, dann gibt er Veranlassung zur Klageerhebung (Frankfurt WRP 78, 825; JurBüro 85, 131; Hamburg WRP 83, 453). Der zu Unrecht Abgemahnte braucht vor Erhebung einer negativen Feststellungsklage gegen den Abmahner diesen nicht seinerseits abzumahnen, wenn zu erwarten ist, daß dieser der Abmahnung nicht entsprechen wird (Stuttgart WRP 85, 449).

Hat der Unterlassungsgläubiger eine einstweilige Verfügung erwirkt, dann muß er vor **Erhebung der Hauptklage** erneut verwarnen, weil die Abmahnung vor Einleitung des Verfügungsverfahrens nicht auch für das Hauptverfahren wirkt (s dazu BGH WRP 83, 264; Tack WRP 84, 455; Borck WRP 85, 311). Dieses Schreiben nach Erlaß einer einstweiligen Verfügung nennt man **Abschlußschreiben.** Der Verletzer wird dadurch gezwungen, seinen Standpunkt im Hinblick auf die gegen ihn erlassene einstweilige Verfügung erneut zu überdenken und hat die Möglichkeit, sich ohne kostspieligen Hauptprozeß zu unterwerfen. Damit dieser Erfolg erreicht werden kann, muß ihm im Abschlußschreiben eine angemessene Überlegungsfrist gesetzt werden, anderenfalls wieder zu seinen Gunsten § 93 eingreifen kann (Stuttgart WRP 81, 343; KG WRP 78, 213, 451). Zu Einzelfragen vgl Pastor, Der Wettbewerbsprozeß, 3. Aufl 1980; Lang AnwBl 82, 62.

● **Widerspruch:** S „Einstweilige Verfügung".

● **Widerspruchsklage nach § 771:** Zur Vermeidung seiner Kostenlast muß der Kläger dem Gegner das die Vollstreckung hindernde Recht so rechtzeitig vor Klageerhebung ausreichend glaubhaft machen, daß der Beklagte dies noch nachprüfen kann (München WPM 79, 292). Schriftliche Aufforderung zur Freigabe ohne beglaubigte Abschriften oder Ablichtungen von Urkunden (Vertrag, Rechnung usw), die das Eigentumsrecht belegen, genügt nicht, auch nicht bloße privatschriftliche eidesstattliche Versicherung oder Bezugnahme auf Schriftstücke, die sich in Händen Dritter befinden, wohl aber beglaubigte Abschrift einer vor dem Vollstreckungsgericht abgegebenen eidesstattlichen Versicherung (Dresden JW 30, 566; Breslau JW 30, 572). Abgabe einer eidesstattlichen Versicherung erst in oder mit der Klageschrift macht den Kläger kostenpflichtig, wenn der Beklagte nach Zustellung die gepfändeten Gegenstände freigibt. Stets ist zu berücksichtigen, daß eidesstattliche Versicherungen des Widerspruchsklägers oder gar des Vollstreckungsschuldners nur ganz schwache Beweiskraft haben und deshalb häufig nicht zur Glaubhaftmachung hinreichen (KG JW 25, 2340; NJW 49, 956). Ist Interventionsklage erhoben worden und wird das Recht des Dritten erst durch Vernehmung der von ihm benannten Zeugen nachgewiesen, kann bei gleichzeitiger Freigabe noch sofort anerkannt werden (Köln MDR 57, 754; Celle MDR 54, 490). Zu weiteren Einzelheiten vgl Schneider JurBüro 66, 985.

● **Willenserklärung:** S „Abgabe einer Erklärung".

● **Zurückbehaltungsrecht:** Wenn Kl statt uneingeschränkter Leistung nur Zug um Zug fordern darf, muß Bekl mit dieser Einschränkung anerkennen; uneingeschränkter Abweisungsantrag belastet ihn mit den Kosten.

93 a *[Kosten in Ehesachen]*

(1) Wird auf Scheidung einer Ehe erkannt, so sind die Kosten der Scheidungssache und der Folgesachen, über die gleichzeitig entschieden wird oder über die nach § 627 Abs. 1 vorweg entschieden worden ist, gegeneinander aufzuheben; die Kosten einer Folgesache sind auch dann gegeneinander aufzuheben, wenn über die Folgesache infolge einer Abtrennung nach § 628 Abs. 1 Satz 1 gesondert zu entscheiden ist. Das Gericht kann die Kosten nach billigem Ermessen anderweitig verteilen, wenn

1. **eine Kostenverteilung nach Satz 1 einen der Ehegatten in seiner Lebensführung unverhältnismäßig beeinträchtigen würde; die Bewilligung von Prozeßkostenhilfe ist dabei nicht zu berücksichtigen;**

2. eine Kostenverteilung nach Satz 1 im Hinblick darauf als unbillig erscheint, daß ein Ehegatte in Folgesachen der in § 621 Abs. 1 Nr. 4, 5, 8 bezeichneten Art ganz oder teilweise unterlegen ist.

Haben die Parteien eine Vereinbarung über die Kosten getroffen, so kann das Gericht sie ganz oder teilweise der Entscheidung zugrunde legen.

(2) Wird ein Scheidungsantrag abgewiesen, so hat der Antragsteller auch die Kosten der Folgesachen zu tragen, die infolge der Abweisung gegenstandslos werden; dies gilt auch für die Kosten einer Folgesache, über die infolge einer Abtrennung nach § 623 Abs. 1 Satz 2 oder nach § 628 Abs. 1 Satz 1 gesondert zu entscheiden ist. Das Gericht kann die Kosten anderweitig verteilen, wenn eine Kostenverteilung nach Satz 1 im Hinblick auf den bisherigen Sach- und Streitstand in Folgesachen der in § 621 Abs. 1 Nr. 4, 5, 8 bezeichneten Art als unbillig erscheint.

(3) Wird eine Ehe aufgehoben oder für nichtig erklärt, so sind die Kosten des Rechtsstreits gegeneinander aufzuheben. Das Gericht kann die Kosten nach billigem Ermessen anderweitig verteilen, wenn eine Kostenverteilung nach Satz 1 einen der Ehegatten in seiner Lebensführung unverhältnismäßig beeinträchtigen würde oder wenn eine solche Kostenverteilung im Hinblick darauf als unbillig erscheint, daß bei der Eheschließung ein Ehegatte allein in den Fällen der §§ 30 bis 32 des Ehegesetzes die Aufhebbarkeit oder die Nichtigkeit der Ehe gekannt hat oder ein Ehegatte durch arglistige Täuschung oder widerrechtliche Drohung seitens des anderen Ehegatten oder mit dessen Wissen zur Eingehung der Ehe bestimmt worden ist.

(4) Wird eine Ehe auf Klage des Staatsanwalts oder im Falle des § 20 des Ehegesetzes auf Klage des früheren Ehegatten für nichtig erklärt, so ist Absatz 3 nicht anzuwenden.

I) Erfolgreiche Anträge (s auch Anm zu § 637). **1)** Entgegen den erfolgsabhängigen §§ 91, 92 enthält § 93 a I 1, III 1 für den Fall, daß der **Scheidungsantrag** oder die Eheaufhebungs- oder Ehenichtigkeitsklage **durchdringt,** die im Prinzip geltende Regel, daß **die Kosten gegeneinander aufzuheben** sind. Das gilt auch bei Rücknahme hinsichtlich einer Folgesache in erster oder zweiter Instanz (AG Pinneberg SchlHA 84, 184; OLG Frankfurt FamRZ 85, 823). Hingegen sind nach KG (FamRZ 84, 67) die allgemeinen Vorschriften der §§ 91, 91 a, 92 anzuwenden, wenn der Gegner durch verzögerliche oder falsche Angaben über seine Anwartschaften die Rechtsmitteleinlegung mit nachfolgender Hauptsacheerledigung veranlaßt hat. Ist dem Scheidungsantrag stattzugeben u gleichzeitig über im Verbund stehende Folgesachen iSd §§ 623 I 1, 621 I mitzuentscheiden, so sind in dem einheitl Urteil (§ 629 I) die Kosten der Scheidungssache u zugleich die Kosten der Verfahren der Folgesachen gegeneinander aufzuheben (sog „Kostenverbund"), auch wenn ein Dritter – zB Vermieter – am Verfahren beteiligt ist (Hamm FamRZ 81, 695); jedoch ermöglicht § 93 a nicht, den Trägern der gesetzlichen Rentenversicherung Kosten von Scheidungs- und Folgesachen aufzuerlegen (Koblenz KoRsp ZPO § 93 a Nr 14), da die Geltung des § 93 a in Beschwerdeverfahren über den Versorgungsausgleich (Oldenburg KoRsp ZPO § 93 a Nr 13) nichts daran ändert, daß die Kostenentscheidung nur Erstattungsansprüche *zwischen Parteien* regelt. Wenn über die Folgesache der elterl Sorge nach § 627 I vorweg zu entscheiden ist, enthält der darüber ergehende Beschluß keinen eigenen Kostenausspruch; über die Kosten eines solchen vorgezogenen Verfahrens ist erst zusammen mit der einheitl Entscheidung über alle vom Verbund erfaßten übrigen Angelegenheiten zu befinden, wobei auch hier die Regel über die gegenseitige Kostenaufhebung gilt. In einer Folgesache, die nach § 628 I 1 Nr 1–3 abgetrennt worden ist, weil sie noch nicht entscheidungsreif war, und in der deswegen später nach Erlaß des Scheidungsurteils eine isolierte Sach- und Kostenentscheidung zu treffen ist, sind aufgrund ausdrückl Vorschrift des § 93 a I 1 Hs 2 gleichfalls die Kosten des abgetrennten Verfahrens gegeneinander aufzuheben. In diesem Fall betrifft der im Scheidungsurteil enthaltene Kostenausspruch nur die Scheidungssache selbst und die vom Verbund miterfaßten (anderen) Folgesachen. 1

2) § 96 über die Kosten erfolgloser Angriffs- oder Verteidigungsmittel ist anwendbar. 2

3) Über die im Verbund erfaßten Familiensachen ist in einer einheitlichen Kostenentscheidung zu befinden, so daß keine gesonderte Entscheidung über die Kosten des Auskunftsverfahrens im Versorgungsausgleich ergehen darf (Hamm KoRsp ZPO § 93 a Nr 11). Bei **Abtrennung einer Folgesache** nach § 628 sind dagegen zwei getrennte Kostenentscheidungen nötig, eine im Verbundverfahren und eine in der abgetrennten Folgesache, wie aus § 93 a I 1 Hs 2 folgt (Hamm AnwBl 78, 423; Bremen KoRsp ZPO § 93 a Nr 12). Da die abgetrennte Folgesache kostenmäßig aus dem Verbund ausscheidet, muß sie kostenmäßig abgerechnet werden können, was eine gesonderte Streitwertfestsetzung bedingt (Hamm AnwBl 78, 423; str). Die Quotierung ist oft mit unverhältnismäßig großen Schwierigkeiten und entsprechendem Zeitaufwand verbunden. Lappe (Kosten in Familiensachen, 4. Aufl 1983, S 99) schlägt deshalb vor, dem in einer Folgesache Unterlegenen lediglich die dadurch ausgelösten „Mehrkosten" aufzuerlegen. 3

4 **II) Ausnahmen: 1) Anderweitige Kostenverteilung** (§ 93 a I 2, III 2) ist zulässig, wenn dies aus Gründen der Härte oder der Billigkeit angezeigt ist, weil die gegenseitige Kostenaufhebung einen Ehegatten in seiner Lebensführung unverhältnismäßig beeinträchtigen würde oder die Kostenaufhebung gegeneinander unbillig erscheint im Hinblick **a)** auf das vollständige oder teilweise Unterliegen eines Ehegatten in einer Folgesache über den Unterhalt gegenüber dem ehel Kinde oder gegenüber dem anderen Ehegatten oder über Ansprüche aus dem ehel Güterrecht (s § 621 I Nr 4, 5 u 8), **b)** auf die Kenntnis des Eheaufhebungsgrundes (§§ 30 bis 32 EheG) odes des Ehenichtigkeitsgrundes durch einen Ehegatten, **c)** auf die Veranlassung zur Eheeinigung durch arglistige Täuschung oder widerrechtl Drohung.

Zur ungleichen Kostenbelastung soll es nach der Neufassung des § 93 a I 2 genügen, daß sich der eine Ehegatte in einer besseren wirtschaftlichen Situation befindet als der andere. Um dies zu erreichen, soll die bewilligte Prozeßkostenhilfe unberücksichtigt bleiben. Das Gericht hat also seiner Ermessensentscheidung die Fiktion zugrunde zu legen, die hilfsbedürftige Partei müsse für die Prozeßkosten selbst aufkommen, obwohl ihr tatsächlich die Vergünstigung von Raten-PKH oder gar ratenfreier PKH zusteht. Der Hintergedanke dieser Regelung ist die Entlastung der Staatskasse. In der Praxis werden in der Regel die Kosten gem § 93 a I 1 gegeneinander aufgehoben. Das hat zur Folge, daß jede Partei ihre eigenen Anwaltskosten selbst zu tragen hat (§ 92 Rn 1). Ein Kostenfestsetzungsverfahren findet mangels Quotenverteilung nicht statt (§ 106 Rn 1), so daß auch kein Erstattungsanspruch (§§ 123 ZPO, 130 I 1 BRAGO) auf die Staatskasse übergehen kann. Diese kann sich folglich wegen der Zahlungen an den beigeordneten Rechtsanwalt (§ 121 BRAGO) nicht bei der vermögenden Partei erholen. Eine dieser Partei ungünstigere Kostenentscheidung infolge Nichtberücksichtigung bewilligter PKH für den Gegner soll die Rückgriffsstellung der Staatskasse verbessern. Ob dieses Ziel erreicht wird, ist sehr zweifelhaft. Die Regelung in § 91 a I 2 war in der bisherigen Fassung bedeutungslos. Daran wird sich voraussichtlich nichts ändern, weil in den einschlägigen Fällen entweder wegen Gewährung eines Prozeßkostenvorschusses keine PKH bewilligt worden ist oder mangels Leistungsfähigkeit des Pflichtigen die beiderseitigen Vermögensverhältnisse keine andere Kostenentscheidung als Aufhebung gegeneinander gem § 91 a I 1 rechtfertigen.

5 **2)** Der Grundsatz, daß die **Kosten gegeneinander aufzuheben** sind, gilt **nicht** bei der **Ehenichtigkeitsklage** des Staatsanwalts oder der Doppelehe (§ 20 EheG) des früheren Ehegatten (§§ 632 ZPO, 24 EheG), s § 93 a IV. Dies trifft auch bei einer Klage des Staatsanwalts gemäß § 4 Abs 4 des Ges über die Rechtswirkungen einer nachträgl Eheschließung v 29. 3. 51 (BGBl I 215) zu (BGH LM Nachträgl EheschlG § 3 Nr 1). In jedem dieser Fälle hat die unterlegene Partei die Kosten des Rechtsstreits zu tragen (§ 91).

6 **3) Vereinbarungen** der Parteien **über** die **Kosten:** Dem Kostenausspruch im **Scheidungsurteil** kann das Gericht ganz oder nur teilweise eine zwischen den Parteien getroffene Kostenvereinbarung zugrundelegen (§ 93 a I S 3). Gebunden ist das Gericht an eine solche Kostenabrede der Parteien nicht (vgl BGHZ 5, 251 ff, 258). Für andere Ehesachen als die Scheidung besteht nicht die Möglichkeit, daß das Gericht seiner Kostenentscheidung eine Vereinbarung der Parteien über die Prozeßkosten zugrundelegt.

7 **III) Abweisung des Scheidungsantrags. 1)** Der abgewiesene Scheidungsantragsteller hat grundsätzl die Kosten des Scheidungsverfahrens nach § 91 zu tragen. § 93 a II 1 dehnt diese allgemeine Kostentragungspflicht auf die infolge Abweisung des Scheidungsantrags gegenstandlos werdenden (§ 629 III 1) Folgesachen, zB der elterl Sorge, der gesetzl Unterhaltspflicht usw – § 621 I Nr 1 ff –, aus, da diese Folgesachen nur durch die Scheidungssache veranlaßt sind. Den Antragsteller eines abgewiesenen Scheidungsantrags treffen auch die Kosten eines nach § 628 I 1 Nr 1–3 (wegen Nichtentscheidungsreife) oder nach § 623 I 2 (wegen Verfahrensbeteiligung eines Dritten) abgetrennten Folgeverfahrens (s oben Rn 1). Bei Zurückweisung nach § 629 b durch das Berufungsgericht wegen verfrühter Antragstellung (§ 1565 II BGB) kann der Antragsteller nach § 93 a I mit Kosten belastet werden (Düsseldorf FamRZ 82, 1014; Zweibrücken FamRZ 82, 293 u 627; aA Düsseldorf FamRZ 83, 628: § 97 II analog). Wird einer Partei auf Antrag im Urteil über die Abweisung des Scheidungsantrags vorbehalten, eine Folgesache als selbständige Familiensache fortzuführen (§ 629 III 2), so wird diese damit aus dem Verbund gelöst und variiert insoweit ihre Eigenschaft als Folgesache. Über die **Kosten** des bisherigen u nun selbständigen Folgeverfahrens ist eine **besondere** Entscheidung nach allgemeinen Kostenvorschriften zu treffen (§§ 629 III 3, 626 II 3), u zwar in sog prozessualen Folgesachen (§ 621 I Nr 4, 5 u 8) nach §§ 91 ff und in Folgesachen der freiwilligen Gerichtsbarkeit (§ 621 I Nr 1–3, 6, 7 u 9) nach § 13 a FGG (auch § 20 HausrVO). Dieselben Grundsätze gelten, wenn ein Scheidungsantrag zurückgenommen u die Fortführung eines Folgeverfahrens antragsgemäß vorbehalten wird (§ 626 II 3).

2) Eine **anderweitige Kostenverteilung** ist bei Folgesachen der in § 621 I Nr 4, 5 u 8 bezeichneten Art (also bei Unterhalts- oder güterrechtl Ansprüchen) mögl, wenn die Pflicht des Antragstellers zur vollen Kostentragung mit Rücksicht auf den Sach- u Streitstand unbillig erscheint. Dabei kann berücksichtigt werden, wie die gegenstandslos gewordenen Folgeverfahren ausgegangen wären. Zu beachten bleibt, daß diese anderweitige Kostenverteilung aus Billigkeitsgründen sich nicht auf die Kosten der Scheidungssache, sondern ausschl auf die Kosten der ZPO-Folgesachen des § 621 I Nr 4, 5 u 8 bezieht; andere Folgesachen werden davon nicht betroffen. 8

3) Beantragen beide Ehegatten Scheidung und **nehmen** ihren **Antrag später zurück,** dann ist Kostenaufhebung analog § 92 I auszusprechen (Hamm FamRZ 79, 169). Nimmt ein Ehegatte seinen Scheidungsantrag zurück, nachdem der andere Ehegatte einen Scheidungsantrag gestellt hat, so handelt es sich um dasselbe Verfahren mit demselben Streitwert; es ist eine einheitliche Kostenentscheidung nach § 93 a zu treffen (Bamberg KoRsp ZPO § 93 a Nr 10). 9

IV) Die Kosten des Verfahrens einer **einstw Anordnung** (§ 620) gelten nach § 620 g als Teil der Kosten der Hauptsache, dh sie folgen der Kostenentscheidung des Hauptsacherechtsstreits, so daß es gleichgültig ist, welche Partei im Anordnungsverfahren obsiegt oder unterliegt (§§ 91 ff). Die Kosten des Verfahrens einer einstw Anordnung richten sich daher ebenfalls nach § 93 a: Sie werden also bei erfolgreicher Scheidung idR gegeneinander aufgehoben oder aus Billigkeitsgründen anderweitig verteilt bzw bei Abweisung des Scheidungsantrags dem Antragsteller (der Scheidung) aufgebürdet usw. Im allgemeinen ergeht in Anordnungsverfahren keine Kostenentscheidung, da § 620 g als Spezialregelung angesehen wird (s zu § 620 g). Bei Beschwerderücknahme durch beteiligten Versorgungsträger gilt § 13 a I 1 FGG (Hamburg FamRZ 79, 326; Hamm FamRZ 82, 1093; aA München FamRZ 79, 734; § 515 III; Frankfurt FamRZ 82, 1093; § 93 a I). Erledigt sich die Versorgungsausgleichs-Beschwerde in der Hauptsache – Tod einer Partei –, ist nach § 93 a (nicht § 91 a) zu entscheiden (BGH FamRZ 83, 683). S auch § 97 Rn 16. 10

V) Bei **Tod einer Partei** vor Rechtskraft des Scheidungsausspruchs im Verbundurteil ist über die Kosten eines dadurch in der Hauptsache erledigten Verfahrens nicht nach § 91 a, sondern nach § 93 a zu entscheiden (BGH KoRsp ZPO § 93 a Nr 17). 11

93 b *[Kosten bei Räumungsprozessen]*

(1) Wird einer Klage auf Räumung von Wohnraum mit Rücksicht darauf stattgegeben, daß ein Verlangen des Beklagten auf Fortsetzung des Mietverhältnisses auf Grund der §§ 556a, 556b des Bürgerlichen Gesetzbuchs wegen der berechtigten Interessen des Klägers nicht gerechtfertigt ist, so kann das Gericht die Kosten ganz oder teilweise dem Kläger auferlegen, wenn der Beklagte die Fortsetzung des Mietverhältnisses unter Angabe von Gründen verlangt hatte und

1. der Kläger aus Gründen obsiegt, die erst nachträglich entstanden sind (§ 556a Abs. 1 Satz 3 des Bürgerlichen Gesetzbuches), oder

2. in den Fällen des § 556b des Bürgerlichen Gesetzbuches der Kläger dem Beklagten nicht unverzüglich seine berechtigten Interessen bekanntgegeben hat.

Dies gilt in einem Rechtsstreit wegen Fortsetzung des Mietverhältnisses bei Abweisung der Klage entsprechend.

(2) Wird eine Klage auf Räumung von Wohnraum mit Rücksicht darauf abgewiesen, daß auf Verlangen des Beklagten die Fortsetzung des Mietverhältnisses auf Grund der §§ 556a, 556b des Bürgerlichen Gesetzbuches bestimmt wird, so kann das Gericht die Kosten ganz oder teilweise dem Beklagten auferlegen, wenn er auf Verlangen des Klägers nicht unverzüglich über die Gründe des Widerspruchs Auskunft erteilt hat. Dies gilt in einem Rechtsstreit wegen Fortsetzung des Mietverhältnisses entsprechend, wenn der Klage stattgegeben wird.

(3) Erkennt der Beklagte den Anspruch auf Räumung von Wohnraum sofort an, wird ihm jedoch eine Räumungsfrist bewilligt, so kann das Gericht die Kosten ganz oder teilweise dem Kläger auferlegen, wenn der Beklagte bereits vor Erhebung der Klage unter Angabe von Gründen die Fortsetzung des Mietverhältnisses oder eine den Umständen nach angemessene Räumungsfrist vom Kläger vergeblich begehrt hatte.

Lit: *Schneider,* Kostenentscheidung im Zivilurteil, 2. Aufl 1977, § 24.

I) § 93 b gilt bei erfolgreicher Klage oder Widerklage auf sofortige oder künftige Räumung von **Wohnraum** u gemäß Abs 1 S 2 entspr, wenn die Klage (Widerklage) auf Fortsetzung des Mietverhältnisses abgewiesen wird. 1

2 **1)** Die Anwendung von **Abs 1** setzt voraus: **a)** Vermieter muß auf **Räumung** von **Wohnraum** geklagt oder Mieter muß die Fortsetzung des Mietverhältnisses gemäß §§ 556 a–c BGB verlangt haben; Form: § 556 a V BGB; Frist: §§ 556 a VI, 565 d II BGB; Begründung: § 93 b I 1; bloße Bezugnahme auf § 556 a BGB genügt nicht, vielmehr müssen konkrete Gründe angegeben worden sein (LG Mannheim MDR 65, 833).

3 **b)** Mieter muß gleichwohl zur Räumung verurteilt worden sein oder seine Fortsetzungsklage muß deshalb abgewiesen worden sein (§§ 556 a–b, 565 b ff BGB), weil die berechtigten Interessen des Vermieters stärker waren als der an sich berechtigte Widerspruch des Mieters.

4 **c)** Hatte dann der Vermieter aus nachträgl, dh nach Absendung des Kündigungsschreibens (§ 564 a I 2 BGB), eingetretenen Gründen den Prozeß gewonnen (I 1 Nr 1) oder seine berechtigten Interessen dem Mieter nicht unverzügl bekanntgegeben (I 1 Nr 2), so können dem siegreichen Vermieter entgegen § 91 die Kosten ganz oder teilweise auferlegt werden. Hätten allerdings die Gründe des Mieters die Fortsetzung des Mietverhältnisses schon ohne Berücksichtigung der berechtigten Interessen des Vermieters, nicht gerechtfertigt, so scheidet § 93 b I aus (LG Hagen ZMR 65, 141 m Anm Linke). Dies gilt ganz allgemein, wenn der Mieter mit seinem Fortsetzungsbegehren aus anderen Gründen unterliegt als wegen des Überwiegens der berechtigten Interessen des Vermieters, zB wenn der Mieter selbst das Mietverhältnis gekündigt hat (§ 556 a IV Nr 1 BGB), was zum Ausschluß des Fortsetzungsverlangens führt.

5 **2) Abs 2** ist das Gegenstück zu Abs 1, bedingt durch S 2 von Abs. 5 des § 556 a BGB. Der Mieter soll bei Abweisung der Räumungsklage und Verurteilung des Vermieters zur Fortsetzung des Mietverhältnisses (auch unter Anwendung des § 308 a) nicht ohne Kostenfolgen wegkommen, wenn er die vom Vermieter verlangte Auskunft über die Gründe seines Widerspruchs (§ 556 a V 2 BGB) nicht oder nicht unverzügl (§ 121 I 1 BGB) oder nur unvollständig erteilt hat. Dann können dem Mieter als siegreichem Kläger in einem Rechtsstreit wegen Fortsetzung des Mietverhältnisses ganz oder teilweise die Kosten auferlegt werden (Abs 2 S 2).

6 **II) Anerkenntnis des Räumungsanspruchs, Abs 3. 1)** Gegenstand des Rechtsstreits (auch zwischen Mieter u Untermieter: LG Hamm NJW 67, 1865) muß auch hier der Anspruch auf Räumung von Wohnraum sein. Nicht vorausgesetzt ist aber im Gegensatz zu Abs 1, daß dieser Wohnraum Gegenstand eines Mietverhältnisses war. Er kann zB auch aufgrund eines Pachtverhältnisses oder eines anderen Vertragstyps überlassen worden sein.

7 **2)** Der Beklagte muß den Räumungsanspruch sofort (§ 93) vorbehaltl der Räumungsfrist anerkannt haben; ob er Anlaß zur Klage gegeben hat, ist ohne Belang. Ankündigung des Klageabweisungsantrags in der Klageerwiderung (also Bestreiten in einem vorbereitenden Schriftsatz) schadet nicht, wenn im ersten Termin anerkannt wird (LG Hagen MDR 65, 750). Tritt Fälligkeit des Räumungsanspruchs erst während des Prozesses ein, so reicht ein sofortiges Anerkenntnis im darauffolgenden Termin aus (LG Mannheim ZMR 68, 51). Auch bei Anerkenntnis eines Räumungsanspruchs in der mündl Verhandlung ist für die Kostenfrage allein die Begründetheit des Anspruchs entscheidend (LG Köln WM 76, 185). Haben die Mieter den Räumungsanspruch des Vermieters im ersten Verhandlungstermin anerkannt u vorprozessual um eine Räumungsfrist gebeten, so muß nach Erledigterklärung des Räumungsfristverfahrens über die Kosten nach § 91 a unter Berücksichtigung der Rechtsgrundsätze des § 93 b III entschieden werden.

8 **3) Vor Klageerhebung** muß der Beklagte unter Angabe von Gründen (LG Kassel DWW 71, 94) eine **Fortsetzung** des Mietverhältnisses oder eine den Umständen nach angemessene **Räumungsfrist** vergeblich vom Kläger begehrt haben (nicht ausdrückl: LG Hagen NJW 65, 1491). § 93 b III auch anwendbar, wenn Vermieter nach Ablauf der Kündigungsfrist eine nicht ausreichende Räumungsfrist bewilligt hatte (LG Heidelberg WM 82, 302). Bei sofortiger Anerkennung des Räumungsanspruchs durch den Mieter können die Kosten nicht dem obsiegenden Vermieter auferlegt werden, wenn der Mieter vor Klageerhebung nur ganz unbestimmte Äußerungen zur Frage seines endgültigen Auszugs gemacht (LG Hannover ZMR 70, 366) oder diese Frage im unklaren gelassen hat oder von der Errichtung eines Eigenheims im nächsten halben Jahr gesprochen hat (LG Mannheim DWW 76, 89). Unterläßt es der Vermieter, die Kündigung schon vor Klageerhebung auszusprechen, so können ihm auch im Falle seines Obsiegens bei einem unbegründeten Kündigungswiderspruch die Verfahrenskosten teilweise auferlegt werden (AG Weinheim WM 72, 146; ZMW 74, 16). Wenn der Mieter wegen wahrscheinl Auszugs bis zum Ablauf der Kündigungsfrist keine gerichtl Räumungsfrist beantragt u erhält, kann zu seinen Gunsten gleichwohl § 93 b III angewendet, der Mieter also von den Kosten des Räumungsrechtsstreits freigestellt werden (LG Essen ZMR 72, 16). Erhebt der Vermieter zunächst eine auf fristlose Kündigung gestützte Räumungsklage und stellt er im Verlauf des Rechtsstreits sein Klagebegehren auf Räumung wegen ordentl Kündigung um, so kommt es für die Kostenverteilung nach § 93 b III nicht darauf an, ob die fristlose Kündigung zulässig und begründet war; ein Klage-

anerkenntnis des Mieters nach der Umstellung der Klage ist dann noch rechtzeitig u ein vorprozessuales Räumungsfristbegehren nicht erforderl (LG Mannheim MDR 72, 695). Dem von § 93 b III geforderten (vorprozessualen) Verlangen nach einer Räumungsfrist steht das vorprozessuale Fortsetzungsbegehren des Mieters aufgrund seines Widerspruchs gegen die Kündigung nach § 556 a BGB nicht gleich (LG Mannheim MDR 65, 833 Nr 57; LG Kassel MDR 66, 1007). Ist der Widerspruch gegen die Kündigung nach § 556 a BGB nicht fristgerecht erhoben, so können die Widerspruchsgründe uU als Räumungsfristbegehren gemäß § 93 b III gewertet werden (AG Wetter-Ruhr ZMR 65, 143). Für das Begehren einer Räumungsfrist genügt die Bitte um „Nachsicht" nicht (LG Lübeck SchlHA 65, 38; 70, 141); die Räumungsfrist muß wenigstens bestimmbar sein (LG Kassel ZMR 72, 16). Die Anwendung des § 93 b III kann nicht durch verfrühte Räumungsklage ausgeschaltet werden (LG Düsseldorf WM 72, 96).

4) Ist dem Mieter eine **Räumungsfrist** (§ 721 I 1) im Urteil bewilligt worden, so können die Kosten ganz oder teilweise dem Kläger (Vermieter) auferlegt werden. Die beantragte Frist muß der gewährten nicht genau entsprechen (LG Dortmund NJW 66, 258; LG Osnabrück MDR 66, 151); es genügt, daß der Mieter zu erkennen gegeben hat, er sei mit jeder angemessenen Zwischenlösung einverstanden (LG Hagen aaO). Die Bitte des Mieters vor Klageerhebung um Gewährung einer erneuten Räumungsfrist ist angemessen, wenn dem Mieter innerhalb weniger Monate eine neue Wohnung zur Verfügung steht, so daß ihm ein nochmaliger Umzug nicht zuzumuten war. Bei der Bemessung des Kostenanteils ist der Bereitschaft des Vermieters zur Rücksichtnahme und dessen Verständnis für die Situation des Mieters Rechnung zu tragen (LG Mannheim MDR 72, 553; AG Köln WM 72, 146 u 200); der Vermieter braucht sich aber nicht auf immer neuen Räumungsaufschub wegen eines vom Mieter beabsichtigten Neubaus ohne bestimmten Termin einzulassen (LG Mannheim DWW 76, 98). Ziehen die Mieter während des Räumungsprozesses ohne Anerkennung des Räumungsanspruchs des Vermieters aus, dann Kostenentscheidung allein aus § 91 a (LG Köln ZMR 70, 366). 9

93 c

[Kosten bei Klage auf Ehelichkeitsanfechtung]

Hat eine Klage auf Anfechtung der Ehelichkeit oder eine Klage des Mannes, der die Vaterschaft anerkannt hat, seiner Eltern oder des Kindes auf Anfechtung der Anerkennung der Vaterschaft Erfolg, so sind die Kosten gegeneinander aufzuheben. § 96 gilt entsprechend.

I) Anwendungsbereich. 1) Anfechtung der Ehelichkeit (§ 640 II Nr 2) **a)** durch den Mann (§ 1594 BGB), **b)** durch seine Eltern (§ 1595 a BGB), **c)** durch das Kind (§§ 1596 ff BGB); 1

2) Anfechtung der nach § 1600 a BGB erfolgten **Anerkennung der Vaterschaft** (§ 640 II Nr 3) **a)** durch den Mann (§§ 1600 g II, 1600 l BGB), **b)** durch die Eltern des Mannes gegen das Kind (§§ 1600 g II, 1600 l BGB), **c)** durch das Kind gegen den Mann (§§ 1600 g, 1600 l I BGB). 2

3) Hat die **Mutter** (§ 1600 g I BGB) Klage auf Anfechtung der Vaterschaftsanerkennung gegen den Mann erhoben, so gilt § 91, nicht § 93 c. 3

II) Bei **Erfolg einer der Klagen** gem Rn 1, 2 ist nach § 93 c zwingend vorgeschrieben, daß jede Partei ihre eigenen außergerichtl Kosten selbst und die Gerichtskosten zur Hälfte trägt (§ 92 I 2). Bei **Abweisung einer dieser Klagen** fallen allein dem Kläger die Kosten zur Last (§ 91). Nach S 2 können die Kosten eines erfolglosen Angriffs- oder Verteidigungsmittels gem § 96 der obsiegenden Partei, die es geltend gemacht hat, auferlegt werden. 4

III) Wegen § 99 I **keine isolierte Anfechtung** der Kostenentscheidung, selbst wenn § 93 c übersehen worden ist (Frankfurt MDR 82, 152). 5

93 d

[Kosten bei Unterhaltsklagen nichtehelicher Kinder]

(1) In einem Verfahren über Unterhaltsansprüche des nichtehelichen Kindes gegen den Vater ist nicht deswegen ein Teil der Kosten dem Gegner des Vaters aufzuerlegen, weil einem Begehren des Vaters auf Stundung oder Erlaß rückständigen Unterhalts stattgegeben wird. Beantragt der Vater eine Entscheidung nach § 642 f, so hat er die Kosten des Verfahrens zu tragen.

(2) Das Gericht kann dem Gegner des Vaters die Kosten ganz oder teilweise auferlegen, wenn dies aus besonderen Gründen der Billigkeit entspricht.

I) Abs 1. Wird bei einer Klage des Kindes auf Unterhaltsrückstände (§ 1615 d BGB) dem nichtehel Vater auf seinen Antrag ganz oder teilweise Stundung oder Erlaß nach § 1615 i BGB 1 gewährt, so bleibt dies ohne Einfluß auf die Kostentragungspflicht. Das gleiche gilt für die Klage eines Dritten, auf den der Unterhaltsanspruch des nichtehel Kindes nach § 1615b BGB übergegangen ist, wenn dem Vater Stundung oder Erlaß nach § 1615i III BGB zugebilligt wird. Ebenfalls ist es für die Kostenentscheidung ohne Bedeutung, wenn der Vater bei der Klage des Kindes auf Feststellung der nichtehel Vaterschaft antragsgemäß auf Leistung des Regelunterhalts verurteilt worden ist (§ 643 idF des Art 5 Nr 5 NEhelG) und im späteren Nachverfahren (§ 643a) ganz oder teilweise Stundung oder Erlaß rückständiger Unterhaltsbeträge erhält. In allen diesen Fällen ist der Kläger (Kind oder Dritter) ganz kostenfrei zu stellen.

2 Auch bei der **Abänderung der Stundungsentscheidung** nach § 642f hat der Vater, wenn er Antragsteller ist, immer die Kosten des Verfahrens zu tragen, ob er Erfolg hat oder nicht, sei es im Beschlußverfahren, sei es in Verbindung mit einer Abänderungsklage nach § 323 (§ 93d I 2). Bei einem **Antrag des Gegners,** zB des Kindes, gelten die allg Kostenvorschriften der §§ 91 ff.

3 **II) Abs 2.** Aus Gründen der Billigkeit können in den Fällen des Abs 1 dem Kind oder dem Dritten als **Gegner des Vaters** die Kosten ganz oder teilweise auferlegt werden. „Besondere Gründe" der Billigkeit (außergewöhnl Umstände) dürften vorliegen, wenn zB der gesetzl Vertreter des Kindes oder der Dritte ohne gewichtigen Grund die Mitwirkung zu einer gütlichen Regelung verweigert oder sich sonst besonders unsachgemäß verhält.

94 *[Kosten bei nicht mitgeteiltem Übergang des Anspruchs]*

Macht der Kläger einen auf ihn übertragenen Anspruch geltend, ohne daß er vor der Erhebung der Klage dem Beklagten den Übergang mitgeteilt und auf Verlangen nachgewiesen hat, so fallen ihm die Prozeßkosten insoweit zur Last, als sie dadurch entstanden sind, daß der Beklagte durch die Unterlassung der Mitteilung oder des Nachweises veranlaßt worden ist, den Anspruch zu bestreiten.

1 **I)** § 94 ist ein Fall möglicher, aber nicht notwendiger **Kostentrennung.** Nur insoweit sind dem sonst siegreichen Kläger die genau auszusondernden Kosten aufzuerlegen, als sie durch seine Unterlassung (der Mitteilung oder des Nachweises) veranlaßt wurden. Das können die besonderen Kosten für eine bestimmte Beweisaufnahme, uU aber auch die gesamten Prozeßkosten sein, wenn näml der Beklagte zunächst nur die Sachbefugnis des Klägers im schriftl Vorverfahren (§§ 272 II, 276) oder in der mündl Verhandlung (§§ 275, 278) bestreitet, nach deren Klärung aber den Anspruch sofort anerkennt.

2 **II)** Da zur Anwendung des § 94 auch der Übergang der Prozeßführungsbefugnis genügt, kann nur das Bestreiten der Sach- und Prozeßführungsbefugnis durch die Unterlassung der Mitteilung verursacht sein, nicht aber zB das Vorbringen, die Schuld sei durch Erfüllung getilgt.

95 *[Kosten bei Termins- oder Fristenversäumnis usw]*

Die Partei, die einen Termin oder eine Frist versäumt oder die Verlegung eines Termins, die Vertagung einer Verhandlung, die Anberaumung eines Termins zur Fortsetzung der Verhandlung oder die Verlängerung einer Frist durch ihr Verschulden veranlaßt, hat die dadurch verursachten Kosten zu tragen.

1 **I) Zweck:** Der Prozeßverschleppung entgegenzuwirken.

2 **II) Voraussetzungen: 1)** Versäumung eines Termins (§ 216) oder einer Frist (§ 221), auch ohne Verschulden. Entsprechende Anwendung bei Verlegung eines vom Sachverständigen angesetzten Termins (Schleswig SchlHA 75, 135). Die Vorschriften der §§ 238 IV, 344 gehen vor.

3 **2)** In den übrigen Fällen ist Verschulden (vgl § 276 BGB) erforderl; Maßstab die im Prozeß zu beobachtende Sorgfalt. Für ihren Bevollmächtigten muß die Partei einstehen (§§ 51 II, 85 II).

4 **III) Entscheidung** nicht in isoliertem Beschluß (Köln MDR 74, 240), sondern im Kostenausspruch des Urteils (Köln NJW 72, 1999; Stuttgart Justiz 70, 52). Hierbei ist genau auszusondern und das jeweils kostenverursachende Verhalten der Partei konkret zu bezeichnen, nicht etwa zu quotieren. Beispiel: „Der Kläger hat die wegen seiner Säumigkeit im Termin vom ... entstandenen Kosten zu tragen; im übrigen treffen die Kosten des Rechtsstreits den Beklagten". Anfechtung nur der Kostenentscheidung wegen § 99 I unzulässig (RGZ 152, 248).

IV) Verzögerungsgebühr (§ 34 GKG). Lit: *Schneider* JurBüro 76, 5 ff u GKG-Kommentare.

1) § 95 wird ebenso wie § 34 GKG in der Praxis mit gutem Grund nur selten angewendet. Nach 5
§ 34 GKG kann das Gericht in jedem Verfahren, das sich nach der ZPO richtet, einer Partei eine sog Verzögerungsgebühr von ¼ bis ⅟₁ der vollen Gebühr auferlegen (vgl KV Nr 1185), wenn **durch Verschulden** der Partei oder ihres Vertreters (Prozeßbevollmächtigten) die **Vertagung einer mündl Verhandlung** oder die Anberaumung eines neuen Termins zur mündl Verhandlung veranlaßt wurde. Dies gilt auch, wenn die Rechtsstreiterledigung durch schuldhaftes nachträgl Vorbringen von Angriffs- oder Verteidigungsmitteln, Beweismitteln oder Beweiseinreden, zu deren Vortrag die Partei ohne weiteres früher in der Lage gewesen wäre, verzögert worden ist. Verzögerung ist ausgeschlossen, wenn Vorbringen nach §§ 282, 296, 528 zurückgewiesen wird, nicht jedoch, wenn dies möglich gewesen wäre, aber nicht geschehen ist. Hätte das Gericht ohnehin vertagen müssen, so scheidet die Verhängung einer Verzögerungsgebühr aus (Hamm AnwBl 73, 358; LG Koblenz AnwBl 78, 103), desgl wenn das Gericht die Verzögerung hätte abwenden können (Hamm NJW 75, 2026; Düsseldorf AnwBl 75, 235; Zweibrücken JurBüro 78, 269), ebenso, wenn die richterliche Anordnung, die Klage bereits vor der Terminsanberaumung zu beantworten, nicht befolgt wird (München NJW 75, 937).

2) Verfahren: Vor der Verhängung der Gebühr ist in jedem Fall die Anhörung der Partei not- 6
wendig (Hamm MDR 78, 150). Eine wiederholte Festsetzung der Gebühr ist zulässig. Möglich ist auch das Festsetzungsverfahren gegen beide Parteien (München Rpfleger 58, 236). Bei Streitgenossen kann die Gebühr nicht einheitlich, sondern nur gegen jeden Streitgenossen nach dem für ihn maßgebenden Streitwert gesondert festgesetzt werden (Nürnberg JurBüro 65, 300). Die Gebühr ist ohne Rücksicht auf bewilligte Prozeßkostenhilfe oder Gebührenfreiheit einzuziehen. Der Beschluß über die Auferlegung der Verzögerungsgebühr ist zu begründen (Stuttgart NJW 60, 1611); er kann bei hinreichender Beschwer (§ 567 II) nach § 34 II GKG angefochten werden. Bei Verhängung im Berufungsverfahren keine Erhöhung, sondern der Höhe nach genauso festzusetzen wie in der ersten Instanz.

3) Wie der erstinstanzl Beschluß über die Verzögerungsgebühr ist auch das **Beschwerdever-** 7
fahren gerichtsgebührenfrei. Außergerichtl Kosten werden in keiner Instanz erstattet (§ 34 II 2 iVm § 5 IV 2 GKG). Eine Partei, die für die Einlegung der Beschwerde die Hilfe eines Anwalts in Anspruch nimmt, muß dessen Kosten (§ 61 I Nr 1 BRAGO) selbst tragen.

96 *[Kosten erfolgloser Angriffs- und Verteidigungsmittel]*

Die Kosten eines ohne Erfolg gebliebenen Angriffs- oder Verteidigungsmittels können der Partei auferlegt werden, die es geltend gemacht hat, auch wenn sie in der Hauptsache obsiegt.

Lit.: *Schneider,* Kostenentscheidung im Zivilurteil, 2. Aufl 1977, §§ 32, 33 (Kostentrennung).

1) § 96 ist ein Fall der Kostentrennung. Antrag des Gegners ist nicht erforderlich. **Angriffs-** 1
und Verteidigungsmittel: Klagegründe, einfaches Bestreiten, Einreden, zB der Aufrechnung oder der fehlenden Prozeßkostensicherheit (BGH NJW 80, 838, 839), Beweissicherungsanträge (München Rpfleger 73, 411) u dgl, aber auch Beweismittel, **nicht dagegen** die Widerklage und Rechtsmittel. Dem Kläger können hiernach zB, wenn er zunächst aus einem anderen Grund klagt und nach der Beweisaufnahme die Klage auf ungerechtfertigte Bereicherung stützt, im Endurteil (RGZ 13, 413) die Kosten der Beweisaufnahme bezügl des ersten Klagegrundes auferlegt werden, auch wenn er obsiegt. Dem Beklagten können (nicht: müssen) die durch die Beweisaufnahme über eine unbegründete prozeßhindernde Einrede entstandenen Kosten auferlegt werden, selbst wenn die Klage infolge einer anderen Einrede abgewiesen wird. Bei Klagerücknahme geht § 269 vor (§ 269 Rn 18).

II) § 96 gilt auch in Kindschaftssachen u im Verfahren der einstw Anordnung des § 641 d für 2
den Unterhalt des Kindes bei Klage auf Feststellung der nichtehel Vaterschaft, s § 641 d IV. Verfahren der einstw Anordnungen des § 620 ZPO folgen idR der in der Hauptsache ergehenden Kostenentscheidung (§§ 620 g Hs 1, 93 a). In sinngemäßer Anwendung des § 96 (§ 620 g Hs 2) kann das Gericht nach Ermessen in einem Ehescheidungsrechtsstreit über die Kostentragungspflicht in einem Verfahren einstweiliger Anordnungen gem § 620 anders als im Verfahren der Hauptsache entscheiden, so daß insbesondere die Kosten des Anordnungsverfahrens nicht nur bei unzulässigen, sondern auch bei unbegründeten Anträgen auf Erlaß einer einstw Anordnung der in der Hauptsache siegreichen Partei ganz auferlegt werden dürfen (Hamm NJW 71, 2079).

97 *[Kosten der Rechtsmittel]*

(1) Die Kosten eines ohne Erfolg eingelegten Rechtsmittels fallen der Partei zur Last, die es eingelegt hat.

(2) Die Kosten des Rechtsmittelverfahrens sind der obsiegenden Partei ganz oder teilweise aufzuerlegen, wenn sie auf Grund eines neuen Vorbringens obsiegt, das sie in einem früheren Rechtszug geltend zu machen imstande war.

(3) Absatz 1 und 2 gelten entsprechend für Familiensachen der in § 621 Abs. 1 Nr. 1 bis 3, 6, 7, 9 bezeichneten Art, die Folgesachen einer Scheidungssache sind.

Lit: *Schneider,* Kostenentscheidung im Zivilurteil, 2. Aufl 1977, §§ 30, 31 u §§ 59, 60.

1 **I) Erfolglose Rechtsmittel: 1)** Erfolglos ist das Rechtsmittel, wenn es als unbegründet zurückgewiesen oder als unzulässig verworfen oder nur in einem Nebenpunkt (§ 4 I Hs 2) abgeändert wird, zB wegen der Kosten (BGH MDR 59, 209) oder wegen der Zinsen (BayOblGZ 57, 157). „Rechtsmittel" ist auch die Erinnerung nach § 103 III (s §§ 103, 104 Rn 21 unter „Kostentragung") und im Verfahren nach § 19 BRAGO (KG NJW 71, 1322; Hamm MDR 74, 941; s näher Schneider Anm zu KoRsp BRAGO § 19 Nr 16). Zur Kostenentscheidung beim Anschlußrechtsmittel s § 521 Rn 32 (Anschlußberufung), § 554 b Rn 6 (Nichtannahme der Revision) u § 556 Rn 9 (Anschlußrevision).

2 2) § 97 greift auch ein, wenn die Berufung gegen ein Grundurteil nach § 304 erfolglos blieb, auch wenn der Beklagte im Nachverfahren obsiegt, weil – etwa wegen § 254 BGB oder Eingreifens des Quotenvorrechts – vom Schadensersatzanspruch nichts mehr bleibt. Es ist daher nicht zulässig, die Entscheidung über die Kosten des Rechtsmittelverfahrens dem Schlußurteil über das Betragsverfahren zu überlassen (BGHZ 20, 397 = LM ZPO § 97 Nr 9 m Anm Hauß; Schleswig Rpfleger 62, 430). Erstreitet der Kläger mit der Anschlußberufung ein ihm günstigeres Grundurteil nach § 304, so ist die Kostenentscheidung dem Schlußurteil im Betragsverfahren vorzubehalten (BGH VRS 16, 404). Das Revisionsrecht hat dem Beklagten die Kosten beider Rechtsmittel aufzuerlegen, wenn das LG den Anspruch dem Grunde nach für gerechtfertigt erklärt, das OLG aber die Klage abgewiesen hatte und die Revision des Klägers dazu führt, daß unter Aufhebung des oberlandesgerichtl Urteils die Berufung des Beklagten zurückgewiesen wird (BGH MDR 70, 663).

3 3) Obsiegt der Kläger in der Rechtsmittelinstanz nur wegen einer Gesetzesänderung nach Erlaß des angefochtenen Urteils, so trägt der Beklagte die Kosten aller Instanzen, wenn er nicht sofort anerkennt (BGHZ 37, 233).

4 4) Kosten des Rechtsmittels des **Nebenintervenienten:** § 101. Der sich an einem Rechtsmittel nicht beteiligende (notwendige) **Streitgenosse** ist nicht Rechtsmittelpartei u daher auch nicht kostenrechtl als solche zu behandeln (RG HRR 38 Nr 687). Legt ein **RA ohne Vollmacht** der Partei in deren Namen ein Rechtsmittel ein u wird die Einlegung auch nicht nachträgl von ihr genehmigt, so ist das Rechtsmittel auf Kosten des RA als unzulässig zu verwerfen (BGH LM ZPO § 97 Nr 4). Ausnahmsweise ist der Vertretene in die Kosten zu verurteilen, wenn er das Auftreten des vollmachtslos handelnden Rechtsanwalts veranlaßt hat (vgl § 91 Rn 2).

5 5) Haben beide Parteien ein erfolgloses Rechtsmittel eingelegt, so sind die Kosten des Rechtsmittelverfahrens im Verhältnis der beiden Rechtsmittelstreitwerte quotenmäßig aufzuteilen. Werden zwei Streitgenossen als Gesamtschuldner verklagt und obsiegt der Kläger, dann hat bei Unterliegen der Gesamtschuldner auch im zweiten Rechtszug die Kostenentscheidung auf Gesamtschuldnerschaft zu lauten, da materielles Recht maßgebend ist; fehlt im Berufungsurteil ein Gesamtschuldausspruch, schlägt der der ersten Instanz durch. Erreicht die erstinstanzlich siegreiche Partei als Berufungsbeklagte mit neuem Vorbringen die Zurückweisung des Rechtsmittels, ist § 97 II anwendbar, da diese Vorschrift auch gegenüber der erstinstanzlich siegreichen Partei gilt (Hamm NJW 73, 198). Nach einem Teilurteil mit Vorbehalt der Kostenentscheidung ist für die Gesamtkostenverteilung im Schlußurteil das Ergebnis der Teil-Sachentscheidung auch dann maßgebend, wenn ein Restitutionsgrund geltend gemacht wird, da offenbleibt, ob mit seiner Hilfe das Teilurteil beseitigt werden kann (BGH NJW 80, 839).

6 6) Übersehen wird häufig, daß das Rechtsmittelgericht von Amts wegen zu prüfen hat, ob der Kostenausspruch der angefochtenen Entscheidung richtig ist (BGH KoRsp ZPO § 92 Nr 8; WPM 81, 48). Es muß also gegebenenfalls trotz erfolglosen Rechtsmittels die falsche Kostenentscheidung korrigieren, wobei sogar ein beschränkter Rechtsmittelangriff als hinreichender Grund angesehen wird, die gesamte Kostenentscheidung der Vorinstanz zu überprüfen (vgl § 521 Rn 24). Das gilt auch bei nur teilweisem Angriff einer Verbundentscheidung (Karlsruhe KoRsp ZPO § 99 Nr 55) oder bei durch falsche Parteibezeichnung ausgelöster Belastung einer am

Rechtsstreit nicht beteiligten Partei (BGH WPM 81, 46) und sogar hinsichtlich eines am Rechtsmittelverfahren nicht mehr beteiligten Streitgenossen (BGH MDR 81, 928).

II) Erfolgreiche Rechtsmittel: 1) Bei vollem Erfolg ist nach § 91, nicht nach § 97 I über die Kosten zu entscheiden (§ 97 II kann anwendbar sein). Bei Zurückverweisung (§§ 538, 539, 565, 566 a) bleibt der Erfolg offen; deshalb ist die Kostenentscheidung des Rechtsmittelverfahrens dem unteren Gericht zu übertragen, das nach § 91 ff, nicht nach § 97 urteilen muß. 7

2) Bei **teilweisem Erfolg** ist nach § 92 zu verteilen, wobei das Obsiegen und Unterliegen am gesamten Rechtsmittelstreitwert zu messen ist; soweit der Rechtsmittelführer unterliegt, gilt § 97 I. Entscheidet das Rechtsmittelgericht teilweise selbst zur Sache, verweist es aber im übrigen zurück, so muß die Kostenentscheidung der unteren Instanz vorbehalten bleiben, soweit nur zurückverwiesen worden ist; es darf aber auch die ganze Kostenentscheidung übertragen werden, wobei jedoch abzuwägen ist, ob dadurch nicht schutzwürdige Interessen der erstattungsberechtigten Partei (Befriedigung durch Zwangsvollstreckung!) verletzt werden. 8

3) Ist im Beschwerdeverfahren kein Gegner vorhanden (so bei der Streitwertbeschwerde) oder ergeht auf Beschwerde hin eine einstweilige Anordnung (zB nach §§ 719, 769), deren Kosten zum Rechtsstreit gehören und von der im Rechtsstreit unterliegenden Partei zu tragen sind (Frankfurt JurBüro 82, 934; RGZ 50, 356), so ist auch für das Beschwerdeverfahren, soweit sich die Beschwerde als begründet erweist, keine Kostenentscheidung zu treffen. Ebenso, wenn der angefochtene Beschluß als Entscheidung im laufenden Verfahren keiner Kostenentscheidung fähig ist, wie zB die Erklärung zur Feriensache (Nürnberg Rpfleger 59, 63). Insoweit bilden die durch die Beschwerde entstandenen Kosten einen Teil der Gesamtkosten des Rechtsstreits. **Faustregel:** Keine Kostenentscheidung in höherer Instanz, wenn auch vorinstanzlich nicht über die Kosten zu entscheiden war (Frankfurt JurBüro 82, 934). 9

4) In **Beschwerdeverfahren mit Gegner** sind die Kosten bei erfolgloser Beschwerde gem § 97 I dem Beschwerdeführer aufzuerlegen, während bei erfolgreicher Beschwerde § 91 gilt (vgl ausführlich hierzu Schneider, Kostenentscheidung im Zivilurteil, 2. Aufl 1977, § 31). Im Verfahren auf Bewilligung von Prozeßkostenhilfe gibt es keine Kostenentscheidung, auch nicht in der Beschwerdeinstanz (§ 118 Rn 23). 10

III) Kostenlast trotz Obsiegens (Abs 2). 1) Eine Partei kann in der Rechtsmittelinstanz obsiegen, weil sie in ihr neue Klagegründe oder neue Klageanträge, neue Angriffs- und Verteidigungsmittel, neue Beweismittel oder Erklärungen (tatsächliche Behauptungen) u ä vorgebracht hat, die nicht zurückgewiesen worden sind (vgl § 528) und die sie schon im früheren Rechtszug nach der Prozeßlage vom Standpunkt einer vernünftigen, gewissenhaften Prozeßführung aus oder, wie es nun § 282 I ausdrückt: „bei sorgfältiger und auf Förderung des Verfahrens bedachter Prozeßführung" hätte geltend machen müssen, aber aus irgendeinem Grund (Verschleppungsabsicht oder grobe Fahrlässigkeit braucht nicht vorzuliegen: BGHZ 31, 350) nicht geltend gemacht hat. Dann sind ihr die Kosten des Rechtsmittelverfahrens ganz oder teilweise aufzuerlegen. Amtswegige zweitinstanzliche Beweiserhebungen, die zu Prozeßerfolg führen, fallen nicht unter § 97 II (Karlsruhe OLGZ 80, 384); kostenmäßig unerheblich ist auch eine neue rechtliche Beurteilung in höherer Instanz (Bamberg JurBüro 84, 737). Darauf, ob die Gegenpartei das unterlassene Vorbringen bereits gekannt hat, kommt es nicht an (irrig AG Überlingen MDR 84, 588 m abl Anm Schneider). Mit Köln (MDR 73, 324) ist jedoch davon eine Ausnahme zu machen, wenn der Kläger erstinstanzlich wider besseres Wissen eine schriftlich übernommene Verpflichtung bestreitet und dadurch bewirkt, daß der letztlich obsiegende Beklagte erst im zweiten Rechtszug den Schriftvertrag zum Beweis vorlegt; sein Vertrauen auf wahrheitsgemäße Prozeßführung (§ 138 I) ist schutzwürdig (ebenso Frankfurt FamRZ 72, 806). Abs 2 gilt nur für die Rechtsmittelinstanz, nicht für die Kosten der Vorinstanz. Dort kommt aber die sog reziproke Anwendung des § 93 in Betracht (s § 93 Rn 2). 11

2) Werden die Instanzkosten mit Rücksicht auf § 97 II unterschiedlich verteilt, dürfen die Kosten sämtlicher Rechtszüge nicht gegeneinander aufgehoben werden, weil in der höheren Instanz höhere Gebühren anfallen; entweder müssen die Gesamtkosten beider Instanzen gequotelt werden, oder es ist zu tenorieren, daß der Kläger die erstinstanzlichen, der Berufungskläger die zweitinstanzlichen Kosten trägt. 12

3) Praktisch wichtige Anwendungsfälle: Der **Verzicht** des Klägers auf Unterhaltsanspruch, weil der Beklagte im zweiten Rechtszug verspätet seine Leistungsfähigkeit darlegt (Schleswig SchlHA 78, 172). Verspätete Geltendmachung eines **Zurückbehaltungsrechts** durch den Verkäufer mit sofortiger Beschränkung des Klageantrages durch den Käufer nach Erhebung der Einrede (Hamm MDR 78, 402). Erhebung der **Verjährungseinrede** erstmals im zweiten Rechtszug, wobei es gleichgültig ist, ob der Kläger in erster Instanz unterlegen ist oder obgesiegt hat 13

(Hamm VersR 82, 1080). Anders aber, wenn die Frage der Verjährung rechtlich zweifelhaft war (BGH KoRsp ZPO § 97 Nr 12) oder wenn anzunehmen ist, daß der Kläger sich auch bei Erhebung der Einrede schon im ersten Rechtszug nicht mit Klageabweisung zufrieden gegeben hätte (Hamm WRP 79, 327). Die Partei obsiegt erst auf Grund eines erstmals im Berufungsrechtszug gestellten **Hilfsantrages** (Karlsruhe KoRsp ZPO § 97 Nr 19). **Klageänderung** (Düsseldorf WRP 85, 644), etwa durch **Übergang zur Leistungsklage** in zweiter Instanz nach erstinstanzlicher Abweisung mangels Rechtsschutzbedürfnisses trotz Hinweises auf die Möglichkeit der Leistungsklage statt der verfolgten Feststellungsklage (Hamm KoRsp ZPO § 97 Nr 22). Der Beklagte findet sich erst in zweiter Instanz bereit, den Kläger durch Abgabe einer **Unterlassungserklärung** klaglos zu stellen (Frankfurt WRP 76, 47).

14 **4)** § 97 II gilt auch im Verhältnis zum **obsiegenden Berufungsbeklagten,** dem als erstinstanzlichem Sieger wegen Zurückhaltung von Rechtsbehelfen nur dann ein Vorwurf gemacht werden kann, wenn dies mit seiner Prozeßförderungspflicht unvereinbar war (vgl RGZ 127, 63, 67; BGH NJW 60, 818; LM § 97 ZPO Nr 16; Hamm MDR 84, 1032; aA NJW 84, 1244). Nach RG (HRR 28 Nr 1155) u BGH (NJW 54, 1200) ist § 97 II unanwendbar, wenn der Berufungsbeklagte erst im zweiten Rechtszug eine materielle Voraussetzung für sein Obsiegen schafft, etwa eine behördliche Genehmigung zu einem Rechtsgeschäft erwirkt, obwohl dies schon vorinstanzlich möglich gewesen wäre; das ist mit dem Grundgedanken der Vorschrift und erst recht mit der Beschleunigungstendenz der ZPO nicht zu vereinbaren (KG KoRsp ZPO § 97 Nr 27).

15 **5) Belastungsumfang:** Zu den nach § 97 aufzuerlegenden Kosten gehören alle diejenigen, die nur durch das zum Obsiegen führende neue Vorbringen ausgelöst worden sind, also auch die nach der vom Revisionsgericht ausgesprochenen Zurückverweisung (§ 565) in die Berufungsinstanz dort entstehenden Kosten (BGH NJW 67, 203). Ebenso in Ehescheidungssachen, wenn das Rechtsmittelgericht das den Scheidungsantrag abweisende Urteil aufhebt u die Sache an das Gericht zurückverweist, bei dem eine Folgesache zur Entscheidung ansteht (§ 629 b I).

16 **IV)** Abs. 3: **Scheidungsfolgesachen** aus dem Bereich der **freiwilligen Gerichtsbarkeit** (§ 621 I Nr 1–3, 6, 7 u 9) werden für den Fall, daß ein isoliertes Rechtsmittel erfolglos bleibt, im Interesse ihrer einheitl kostenmäßigen Behandlung der Regelung des § 97 I, II unterworfen. Auf die prozessualen Scheidungsfolgesachen (§ 621 I Nr 4, 5 u 8) ist § 97 ohnehin anwendbar, so daß es insoweit keiner besonderen Regelung bedurfte. Legt ein am Scheidungsverfahren unbeteiligter Dritter, zB das Jugendamt oder der Träger der Versorgungslast, hinsichtlich einer Folgesache Rechtsmittel ein, so ist er bei Erfolglosigkeit in die Kosten des Rechtsmittels zu verurteilen (KG FamRZ 81, 381). Zur Beschwerderücknahme s § 93 a Rn 10.

17 Bloßer Zeitablauf ist kein neues Vorbringen. Klagt der Kläger verfrüht und wird er deshalb erstinstanzlich abgewiesen, so kann der Beklagte bei Vollendung der Frist im zweiten Rechtszug seine Kostenlast durch sofortiges Anerkenntnis abwenden (s unter „Fälligkeit" u „Unschlüssige Klage"). In Ehesachen hat er wegen § 617 diese Möglichkeit nicht. Deshalb ist § 97 II analog anzuwenden, wenn der Scheidungskläger verfrüht, nämlich vor Ablauf des Trennungsjahres (§ 1565 II BGB) klagt und die Jahresfrist erst im zweiten Rechtszug abläuft (s Hamburg FamRZ 85, 712 m Nachw).

98 *[Vergleichskosten]*

Die Kosten eines abgeschlossenen Vergleichs sind als gegeneinander aufgehoben anzusehen, wenn nicht die Parteien ein anderes vereinbart haben. Das gleiche gilt von den Kosten des durch Vergleich erledigten Rechtsstreits, soweit nicht über sie bereits rechtskräftig erkannt ist.

Lit: *Schneider,* Kostenentscheidung im Zivilurteil, 2. Aufl 1977, § 29.

1 **I)** § 98 gilt zunächst für den **Prozeßvergleich.** Er ist auch anwendbar, wenn in einem anders gearteten Verfahren (fG!) ein Vergleich geschlossen wird, der einen ordentl Rechtsstreit beendet (Frankfurt NJW 56, 1035; AG Hamburg MDR 58, 46), aber nur hinsichtlich der **Parteien des Rechtsstreits,** nicht für den Dritten, der dem Rechtsstreit nur zum Vergleichsabschluß beigetreten ist (§ 794 I Nr 1). Wegen der Kosten einer Streithilfe s unten § 101 Rn 6 ff. Eine vergleichsweise Kostenregelung wirkt auch gegenüber der Staatskasse, sofern sie nicht bezweckt, diese zu schädigen (LG Köln AnwBl 84, 624).

2 **II)** § 98 unterscheidet zwischen den **Kosten des Vergleichs** (S 1; s auch § 779 BGB) und denjenigen **des Rechtsstreits** (S 2). Erledigt ein Teilvergleich die im übrigen streitig bleibende Hauptsache nur teilweise, so greift hinsichtlich des Teilvergleichs nur § 98 S 1 ein; anders, wenn ein

Restvergleich, zB etwa nach Teilurteil, den Rechtsstreit völlig beendet; dann gelten § 98 S 1 und S 2 (Zweibrücken OLGZ 83, 80). Doch kann im Teilvergleich, der die Hauptsache nur teilweise erledigt, auch eine Kostenregelung vereinbart werden. Unklare Vereinbarungen sind auszulegen (s §§ 103, 104 Anm 21 unter „Auslegung" u „Prozeßvergleich" zu d, e). Enthält ein gerichtl Vergleich keine Bestimmung über die Kosten, so gelten sie als gegeneinander aufgehoben, dh jede Partei hat ihre eigenen Kosten und die Hälfte der Gerichtskosten zu tragen. Wird ein abschließender Vergleich fälschlich als „Zwischenvergleich" bezeichnet, dann erledigt er ungeachtet der irrigen Benennung die Hauptsache. In der darauf gestützten Klageabweisung ist über die Kosten nach § 91 zu entscheiden; § 98 gilt dann nur für die anwaltliche Vergleichsgebühr des § 23 BRAGO (OLG Schleswig SchlHA 77, 135). Kommt es nach dem Teilvergleich zur urteilsmäßigen Entscheidung über die restliche Hauptsache, dann sind die Gesamtkosten gem § 92 I auszuquoteln. Dabei ist zu unterscheiden: Haben die Parteien zum Vergleich keine Kostenvereinbarung getroffen, dann ist in der Gesamtkostenentscheidung jede Partei gem § 98 mit dem halben Kostenanteil zu belasten, der auf den Vergleichswert entfällt; haben sie eine Kostenvereinbarung getroffen, sind die vereinbarten Übernahmequoten in die Gesamtkostenentscheidung zu übernehmen.

III) Die Parteien können den Vergleich durch sog **negative Kostenregelung** im protokollierten Vergleichstext ausdrücklich oder konkludent (Frankfurt JurBüro 83, 1877) auf die Hauptsache beschränken (Zweibrücken OLGZ 83, 80). Da diese damit erledigt ist, muß das Gericht sodann über die Kosten nach § 91a entscheiden (BGH MDR 65, 25; Frankfurt JurBüro 83, 1878; Bamberg JurBüro 84, 1740; LG Itzehoe AnwBl 83, 557 m Nachw), wobei dann nicht das vergleichsweise Nachgeben den Maßstab der Verteilung bildet, sondern der bisherige Sach- und Streitstand, insbesondere also die danach zu beurteilende Erfolgsaussicht. Übernimmt der Beklagte im Vergleich die außergerichtlichen Kosten beider Parteien, ohne daß eine Vereinbarung über die Gerichtskosten getroffen wird, sind diese je zur Hälfte zu tragen (Bremen MDR 79, 500). 3

IV) Vergleich in Ehesachen ist zur Hauptsache nicht zulässig. Nach Düsseldorf (MDR 72, 54) gelten nach Aussöhnung der Parteien eines Scheidungsprozesses und der hierauf erfolgten Klagerücknahme die Kosten des Rechtsstreits gem § 98 als gegeneinander aufgehoben. Bereits vor Erlaß eines Scheidungsurteils ist ein Vergleich über **Kosten** des Scheidungsrechtsstreits mögl; eine solche Kostenvereinbarung kann das Gericht in die Kostengrundentscheidung des Scheidungsurteils nach § 93a I 3 ganz oder teilweise übernehmen. § 98 gilt auch für den Fall, daß ein **Prozeßvergleich** über **Folgesachen** (§§ 623 I, 621) abgeschlossen wird, der keine Kostenregelung enthält (für Anwendung des § 93a dagegen Bergerfurth FamRZ 76, 583), desgl bei Unterhaltsverzicht der Ehegatten ohne Kostenregelung (Braunschweig NdsRpfl 70, 10) sowie bei vergleichsweiser Regelung vermögens-, güter- oder versorgungsrechtlicher Ansprüche (Hamburg MDR 67, 138; Frankfurt JurBüro 64, 867; Köln KoRsp ZPO § 98 Nr 14 m w Nachw in der Anm). Die Kosten derartiger Vergleiche im Rahmen eines Scheidungsverfahrens betreffen aber nie die Hauptsache und fallen deshalb auch nicht unter deren Kostenentscheidung; es ist nur § 98 anzuwenden (Schleswig JurBüro 70, 61; Hamm MDR 75, 147; Koblenz JurBüro 76, 102 u MDR 77, 57; München MDR 77, 848). 4

V) Es kann dem Parteiwillen entsprechen, § 98 sinngemäß auch auf **außergerichtl Vergleiche** anzuwenden, wie dies die überwiegende Ansicht tut (BGHZ 39, 69; Frankfurt JurBüro 83, 1878; München JurBüro 83, 1880; VersR 76, 395). Doch ist dies sorgfältig zu ermitteln. Grundsätzl erledigt der außergerichtliche Vergleich nämlich den Rechtsstreit, so daß über die Kosten nach § 91a zu entscheiden ist (str, Bremen OLGZ 80, 222 gegen BGH MDR 70, 46 u Hamm MDR 76, 147). Im Ergebnis ist diese Kontroverse allerdings nicht von großer Bedeutung, da auch bei Anwendung des § 91a aus Billigkeitsgründen Kostenaufhebung nach § 98 bejaht wird (Bremen OLGZ 80, 222). Zuzustimmen ist der vermittelnden Auffassung von München (NJW 70, 1329), daß es den Parteien freisteht, einen außergerichtlichen Vergleich kostenmäßig dem § 98 oder dem § 91a zu unterstellen. Was gewollt ist, muß durch Auslegung ermittelt werden; ergibt sie, daß eine sachbezogene Klärung gewollt ist, spricht dies für die Anwendung des § 91a, da die Kostenverteilung nach § 98 diese Voraussetzungen nicht erfüllt. Haben die Parteien nicht an die anfallenden Anwaltskosten gedacht, bleibt es nach Oldenburg (AnwBl 86, 252) dabei, daß jede Partei die eigenen Kosten tragen muß. 5

VI) Nimmt der Kläger im gerichtlichen Prozeßvergleich die **Klage zurück,** so ist dies prozessual bedeutungslos (München BayJMBl 52, 149). Gleichwohl soll nach dem Parteiwillen der Vergleich den Rechtsstreit beenden. Dies schließt aber wiederum die Wirksamkeit der Klagerücknahme aus. Daher § 98, nicht § 269 III. Verpflichtet sich der Kläger in einem auch die Kosten regelnden außergerichtlichen Vergleich nur, die Klage zurückzunehmen, so gilt ebenfalls § 98, nicht § 269 III (BGH NJW 61, 460). Enthält der außergerichtliche Vergleich keine Kostenrege- 6 lung, greift § 269 allerdings ein, sofern nicht die Erklärung der Klagerücknahme als Erledigterklärung zu deuten ist, da dann § 91a gilt.

7 **VII) Gebühren: a)** des **Gerichts:** Keine Vergleichsgebühr, wenn sich in einem vor Gericht zur Erledigung des Rechtsstreits abgeschlossenen Vergleich der Streitgegenstand mit dem Vergleichsgegenstand deckt. Übersteigt der Wert des Vergleichsgegenstandes den Wert des Streitgegenstandes, so wird aus dem übersteigenden Vergleichswert eine Vergleichsgebühr zu ¼ erhoben, KV Nr 1170. Da die Vergleichsgebühr eine Art Ersatz für eine nicht ansetzbare allgemeine Verfahrensgebühr (vgl KV Nr 1010, 1020, 1030) darstellt, wird sie nicht erhoben, soweit bereits eine allgemeine Verfahrensgebühr zum Ansatz kommt (vgl München Rpfleger 69, 175 aE; Markl KV 1170 Rn 6). So fällt eine Vergleichsgebühr nicht an, wenn über den in den Vergleich einbezogenen Anspruch vor demselben oder einem anderen Gericht ein Prozeß schwebt u der Vergleichsgegenstand dort bereits mit einer Gebühr für das Verfahren im allgemeinen belegt worden ist (RGZ 150, 102; KG DR 44, 45; München Rpfleger 61, 422). Die allgemeine Verfahrensgebühr, die mit Einreichung der Klage entstanden u fällig geworden ist (§ 61 GKG), bleibt bestehen. Keine Vergleichsgebühr für Vergleiche in einem Verfahren der einstw Anordnung nach §§ 620 ff oder nach § 641d ZPO, da solche Vergleiche in KV Nr 1170 von der Gebührenpflicht ausdrückl ausgenommen sind (Markl KV 1170 Rn 11–13). – **b)** des **Anwalts:** Im Normalfall ¹⁄₁ Vergleichsgebühr (§ 23 BRAGO). Werden nichtanhängige Ansprüche im Vergleich mit erledigt, so ist deren Wert dem Wert des Streitgegenstandes hinzuzurechnen. Der Anwalt erhält also: ¹⁄₁ Prozeßgebühr nach dem Wert der im Prozeß rechtshängigen Ansprüche, dann ½ Prozeßgebühr nach dem Wert der mitverglichenen, den Streitgegenstand übersteigenden Ansprüche (§ 32 BRAGO), zusammen aber nicht mehr als ¹⁄₁ Gebühr aus der Summe der beiden Werte (§ 13 III BRAGO – KG NJW 61, 1481; Düsseldorf AnwBl 64, 20; Zweibrücken JVBl 67, 87) sowie ¹⁄₁ Vergleichsgebühr aus dem Gesamtwert der im Rechtsstreit rechtshängigen u nichtrechtshängigen Ansprüche.

99 *[Anfechtung von Kostenentscheidungen]*

(1) Die Anfechtung der Entscheidung über den Kostenpunkt ist unzulässig, wenn nicht gegen die Entscheidung in der Hauptsache ein Rechtsmittel eingelegt wird.

(2) Ist die Hauptsache durch eine auf Grund eines Anerkenntnisses ausgesprochene Verurteilung erledigt, so findet gegen die Entscheidung über den Kostenpunkt sofortige Beschwerde statt. Vor der Entscheidung über die Beschwerde ist der Gegner zu hören.

1 **I) Ausschluß isolierter Anfechtung (Abs 1). 1)** Ist **über Hauptsache und Kosten entschieden,** so kann die Kostenentscheidung nur zusammen mit dem Urteil angefochten werden. Kein Fall des § 99 I jedoch, wenn der Erlaß einer **Kostenentscheidung abgelehnt** wird (KG KoRsp ZPO § 99 Nr 58; Hamm MDR 81, 413; s § 568 Rn 36) oder wenn eine reine Kostenentscheidung ergeht (Zweibrücken FamRZ 83, 1154: Kostenschlußurteil statt kostenfällige Abweisung eines unzulässigen Klageantrages). Lediglich wegen der Kosten ist auch eine Wiederaufnahme nicht zulässig (BGHZ 43, 239, 245). Auch das Übersehen vorrangiger Kostenvorschriften oder deren fälschliche Heranziehung eröffnet nicht die höhere Instanz (Frankfurt MDR 82, 152 [§ 93c]; Stuttgart JurBüro 81, 1894 [§ 91a]; Koblenz MDR 85, 851 [§ 281 III]). Zulässig ist die Berufung, um eine zwischen den Instanzen eingetretene Erledigung der Hauptsache feststellen zu lassen (s § 511 Rn 21). Zum **Kostenwiderspruch** s § 93 Rn 6. Unanwendbar ist § 99 I auf eine Kostenentscheidung gegenüber einem Dritten, der nicht Prozeßpartei ist, insbesondere also gegenüber dem in die Kosten verurteilten Vertreter ohne Vertretungsmacht (s § 91 Rn 2); er hat die sofortige Beschwerde analog § 99 II (Hamm JMBlNRW 63, 131; LG Stuttgart ZZP 68, 1955, 62) und kann ggf auch die Wiederaufnahme nach §§ 578, 579 betreiben (BGH MDR 83, 292).

2 **2) Entscheidung in der Hauptsache** ist ein Urteil oder Beschluß über den Streitgegenstand, auch über Nebenforderungen (§ 4), über Prozeßvoraussetzungen, über die Vollstreckbarkeit (KG JW 27, 400), über die **materielle Kostenpflicht** (siehe oben vor § 91 Rn 11f) oder auch über **prozessuale Kostenpflicht.** Die Kosten des Rechtsstreits werden auch nicht dadurch zur Hauptsache, daß sie nicht als Nebenanspruch, sondern beziffert und als Hauptsache eingeklagt und zugesprochen werden (BGH KoRsp ZPO § 4 Nr 2; LM § 4 ZPO Nr 5; ganz hM, irreführend daher Strohm/Herrmann BRAK-Mitt 83, 21, s dazu Schneider MDR 84, 265). Ist die Entscheidung in der Hauptsache wegen Nichterreichung der Erwachsenheitssumme unanfechtbar, so gilt dies auch für die Kostenentscheidung (RGZ 104, 369; BGH WPM 82, 1336; Schleswig SchlHA 78, 67; LG Duisburg JurBüro 83, 449). Bei einstweiligen Verfügungen wird ein sog Kostenwiderspruch, also die Anfechtung allein der Kostenentscheidung zugelassen. Folgerichtig ist es dann, gegen das Urteil, das über den Kostenwiderspruch entscheidet, analog § 99 II nicht die Berufung, sondern die sofortige Beschwerde zu geben (so die hM, Frankfurt WRP 84, 416; Celle WRP 83, 157; Köln WRP 83, 43 m Nachw; aA [Urteil unanfechtbar] München WRP 78, 313; Oldenburg NdsRpfl 80, 199; vgl zum Problem Nieder WRP 79, 350). Wird jedoch in einem Aufhebungsverfahren nach § 927 lediglich die Kostenentscheidung des Anordnungsverfahrens nebst Widerspruchsverfahren beanstandet und demgemäß nur über die Kosten entschieden, gibt es kein Rechtsmittel (Hamburg WRP 79, 141).

3) a) Abs 1 gilt gegenüber allen mit **einem Rechtsmittel** anfechtbaren Entscheidungen, nicht dagegen, wenn gegen eine Entscheidung ein Rechtsbehelf (Einspruch gegen ein Versäumnisurteil, Widerspruch gegen einen Mahnbescheid oder gegen eine einstw Verfügung, Erinnerung gegen Kostenfestsetzungsbeschluß) gegeben ist. Es kann also gegen ein Versäumnisurteil nur im Kostenpunkt Einspruch eingelegt, gegen den Mahnbescheid nur wegen der Kosten Widerspruch erhoben werden. Ist über die Hauptsache durch Versäumnisurteil und über die Kosten nach Einspruch durch kontradiktorisches Urteil entschieden, so ist ein Rechtsmittel nach § 99 I ausgeschlossen (BGH KoRsp ZPO § 99 Nr 75; Stuttgart JurBüro 81, 1894); jedoch sollte es analog § 99 II zugelassen werden. Unzulässig ist auch ein Rechtsmittel gegen eine Kostenentscheidung, die gar nicht hätte ergehen dürfen (Frankfurt MDR 82, 152). Das gilt entgegen Frankfurt (MDR 75, 413 m Anm Schneider S 668) auch im Streitwertbeschwerdeverfahren. Da § 99 I nur richterliche Entscheidungen meint, ist die Kostenentscheidung des Rechtspflegers im Festsetzungsverfahren isoliert anfechtbar, jedoch keine Durchgriffsbeschwerde zulässig (Stuttgart Rpfleger 84, 199); über diese hat deshalb der Richter, dem vorgelegt wird, zu entscheiden (§ 21 II 3 RpflG). Zur **Anschlußberufung** s § 521 Rn 24. 3

b) Das Rechtsmittel zur Hauptsache, das automatisch die zugehörige Kostenentscheidung ergreift, muß zulässig eingelegt sein. Dann darf die Zulässigkeit des Rechtsmittels nicht mit der Erwägung angezweifelt werden, es gehe dem Rechtsmittelführer letztlich nur darum, mit Hilfe eines (beschränkten) Rechtsmittels in der Sache die Korrektur der Kostenentscheidung zu ermöglichen (RGZ 102, 290; BGH MDR 76, 482 = JR 76, 246 mit Anm Schreiber). Es ist nicht Aufgabe des Rechtsmittelgerichts, nach den Motiven einer Rechtsmitteleinlegung zu forschen. Diese Beschränkung ist deshalb so wichtig, weil die Rspr es aus Billigkeitsgründen für zulässig ansieht, daß auch bei beschränktem Rechtsmittel, selbst wenn es sich als unbegründet erweisen sollte, die Gesamtkostenentscheidung überprüft wird (s § 97 Rn 6). 4

c) § 99 gilt grundsätzlich nur bei Kostenentscheidungen gegen die Parteien; aber auch gegen Dritte, wenn sie in einem unechten Zwischenstreit Parteistellung haben (§§ 71 II, 135 III, 372 a II iVm § 387 III sowie § 402). Nicht bei anderen Kostenentscheidungen gegen Dritte (BGH KoRsp ZPO § 99 Nr 73), zB nach §§ 380 III, 409 II oder gegen den Vertreter ohne Vollmacht (BGH KoRsp ZPO § 99 Nr 64 u 73; Hamm JMBlNRW 63, 131). In diesen Fällen ist jedoch die Beschwerdesperre des § 567 III zu beachten, die lediglich wegen „greifbarer Gesetzeswidrigkeit" (§ 567 Rn 41) entfallen kann (s BGH KoRsp ZPO § 99 Nr 73). 5

II) Isolierte Anfechtung der Kostenentscheidung durch Beschwerde ist (außer in den Fällen der §§ 91 a II, 269 III 5, 619, 626 I) nach § 99 II beim Anerkenntnisurteil nach § 307 zulässig. Das gilt auch, wenn ein Teil-Anerkenntnisurteil fälschlich eine Kostenentscheidung enthält (Stuttgart NJW 63, 1015); auch wenn Anerkenntnisurteil ohne Antrag des Klägers nach § 307 ergeht (LG Hildesheim NJW 64, 1627) oder wenn zwar anerkannt war, das Gericht aber fälschlich streitiges Urteil erließ (Hamm JMBlNRW 51, 131). Die Beschwerde setzt voraus, daß ein Rechtsmittel statthaft ist; sie ist also nicht gegeben in den Fällen der §§ 567 III, 568 III (BGH VersR 75, 344) oder wenn die Kostenbeschwer nicht erreicht ist (§ 567 II). Hinzu kommen muß, daß auch ein Rechtsmittel in der (nicht angefochtenen) Hauptsache zulässig gewesen wäre, also die Berufungssumme des § 511 a erreicht ist (hM; Schleswig SchlHA 78, 67; LG Köln JurBüro 86, 107; aA Gölzenleuchter/Meier NJW 85, 2813). Streitlose Entscheidung, zB einverständliche Scheidung, rechtfertigt keine analoge Anwendung des § 99 II (Koblenz JurBüro 82, 445). Zur Rechtsmitteleinlegung bei **Hauptsacheerledigung in der Zwischeninstanz** s § 91 a Rn 21, 38 u Rn 21 vor § 511. 6

III) Sonder- und Mischfälle (Lit: *Schneider*, Kostenentscheidung im Zivilurteil, 2. Aufl 1977, § 35 u §§ 47, 48, 49, 55). **1)** Ein **Urteil,** das eine **„gemischte Kostenentscheidung"** enthält, kann einheitl mit der **Berufung** angefochten werden, wenn auch die Entscheidung zur restl Hauptsache angegriffen wird (Hamm MDR 74, 1023; Karlsruhe Justiz 84, 360). 7

2) Sind in einem Rechtsstreit die **Kosten** wegen Abweisung der Klage u wegen sofortigen Anerkenntnisses des Widerklageanspruchs **gegeneinander aufgehoben** worden, so kann der Beklagte diese Kostenentscheidung gem § 99 II gesondert mit der **sofortigen Beschwerde** anfechten. Sie ist zulässig hinsichtlich der Kosten, die auf den anerkannten Anspruchsteil entfallen, unerheblich ist, ob der anerkannte Anspruch oder derjenige, über den streitig entschieden wurde, überwiegt (LG Flensburg NJW 74, 1337; LG Freiburg NJW 77, 2217). 8

3) Wird gegen ein **Teilanerkenntnis- und Schlußurteil** (Hauptforderung anerkannt; streitiges Urteil über Zinsen und Kosten) **Berufung** eingelegt, die deshalb **unzulässig** ist, weil hinsichtl der angegriffenen Zinsentscheidung die Berufungssumme nicht erreicht wird, so kann das Rechtsmittel **als sofortige Beschwerde** nach § 99 II gegen die auf § 93 beruhende Kostenentscheidung **behandelt** werden, sofern die zweiwöchige Frist des § 577 II durch die Berufungseinlegung gewahrt ist (Hamm NJW 74, 2291). Denn die sofortige Beschwerde ist gegen ein Schlußurteil 9 zulässig, das einheitlich über die Kosten eines Teilanerkenntnisses und sonstiger Verfahrenskosten entschieden hat, wenn der Beschwerdeführer nur den Kostenpunkt nachprüfen lassen will (München AnwBl 84, 313; LG Freiburg NJW 77, 2217).

10 4) Enthält das **Schlußurteil auch – oder nur** (Celle NdsRpfl 56, 128; München NJW 65, 447) – **die Kostenentscheidung für das vorangegangene streitige Teilurteil,** so hindert § 99 I nicht, mit dem Teilurteil auch allein die Kostenentscheidung des Schlußurteils anzufechten, soweit sie das angefochtene Teilurteil betrifft (Karlsruhe Justiz 84, 360). Doch muß die Kostenentscheidung selbständig mit Berufung oder Revision angegriffen werden, weil das gegen das Teilurteil eingelegte Rechtsmittel nicht die Kostenentscheidung des Schlußurteils erfaßt (BGH WPM 77, 1428; BGHZ 20, 253). Bei Erlaß eines Teilurteils zur wertmäßig revisiblen Hauptsache und Schlußurteil über wertmäßig nicht revisible Zinsen sowie die Gesamtkosten ist die Schlußkostenentscheidung neben der Hauptsache revisibel, nicht hingegen die Zinsverurteilung, die ein selbständiges Teilurteil darstellt (BGHZ 29, 126). Ebenso der BGH (MDR 84, 222 = NJW 85, 495) für die ersetzende Kostenentscheidung in einem die frühere Kostenentscheidung voll ersetzenden Versäumnisurteil. Beiden Entscheidungen liegt die Überlegung zugrunde, daß die Kostenentscheidung nur eine Ergänzung des Hauptsacheurteils darstellt und mit diesem „ein einheitliches, untrennbares Ganzes" bildet. Dieser Zusammenhang besteht jedoch nicht mehr, wenn gegen das Teilurteil kein Rechtsmittel mehr anhängig ist (BGH KoRsp ZPO § 99 Nr 69).

11 5) Erging **Teilanerkenntnisurteil** und **Schlußurteil über die restliche Hauptsache und die Gesamtkosten** oder nur über diese (München NJW 65, 447), so kann der Beklagte Berufung gegen das Teilanerkenntnisurteil und, solange dieses noch nicht beschieden ist, auch Berufung gegen die sich auf das Teilanerkenntnisurteil beziehende Kostenentscheidung des Schlußurteils einlegen oder sich der Berufung des Gegners insoweit anschließen (BGHZ 17, 392). Doch kann auch die Kostenentscheidung, soweit sie das Teilanerkenntnisurteil betrifft, gesondert nach § 99 II mit sofortiger Beschwerde angefochten werden, und zwar ohne Rücksicht darauf, ob das Schlußurteil die Kosten getrennt ausgeworfen hat oder nicht (vgl zuletzt LG Freiburg NJW 77, 2217 m zahlreichen Nachw).

12 6) Erging **Teilanerkenntnisurteil** und erklärten die Parteien die restliche **Hauptsache für erledigt,** so ist die dann ergehende Kostenentscheidung sowohl nach § 99 II als nach § 91 a II mit sofortiger Beschwerde anfechtbar, wobei jeder Teil der Kostenentscheidung, also der auf §§ 91, 93 wie der auf § 91 a beruhende, selbständig anfechtbar ist (vgl Celle MDR 64, 926). Ebenso umgekehrt bei Teilerledigung und Schlußanerkenntnisurteil (BGH NJW 63, 583).

13 7) Hat das erstinstanzl Gericht im angefochtenen **Urteil über** die **Kosten eines erledigten und** eines **nichterledigten Teils** nach dem Grundsatz der einheitl Kostenentscheidung entschieden, so ist gegen die Kostenentscheidung, die den durch übereinstimmende Erklärung der Parteien erledigten Teil betrifft, das Rechtsmittel der **Berufung** gegeben, wenn auch die Entscheidung zur Hauptsache mit der Berufung angefochten wird (Hamburg, WRP 76, 623; Hamm MDR 74, 1023; München NJW 70, 2114).

14 8) Treffen ein **streitiges Teilurteil und** eine **teilweise Erledigungserklärung** zusammen, so kann die Kostenentscheidung des über die Gesamtkosten einheitlich befindenden Schlußurteils nach § 91 a II angefochten werden, soweit sie sachl auf § 91 a I beruht (Nürnberg MDR 59, 135). Einer gesonderten Anführung der auf den erledigten Teil entfallenden Kosten bedarf es nach heutiger Auslegung des § 99 nicht (Nachw bei Schneider, Kostenentscheidung im Zivilurteil, 2. Aufl 1977, S. 300).

15 9) Bei Teil-Anerkenntnisurteil und teilweiser Klagerücknahme kann die in die einheitliche Kostenentscheidung des Urteils eingeflossene Rücknahmequote allein mit sofortiger Beschwerde angefochten werden. Ebenso, wenn der Kostentenor eines Schlußurteils den streitig gebliebenen Teil der Hauptsache und die auf Teil-Anerkenntnisurteil und Rücknahme entfallenden Belastungsquoten einbezieht, ohne sie im Tenor oder in den Gründen aufzugliedern (LG Freiburg NJW 77, 2217).

16 10) Wenn ein **Teil des Streitgegenstandes** für **erledigt** erklärt ist und über den **Rest ein Anerkenntnisurteil** erging, kann das nunmehr über die Kosten befindende Schlußurteil nicht mit der Berufung angefochten werden (BGH NJW 63, 583). In den Fällen des Teilanerkenntnisses endet der **Instanzenzug** hinsichtl der diesen Teil betreffenden Kosten wegen § 567 III 1 auch dann bei OLG, wenn im Urteil eine einheitl Kostenentscheidung getroffen worden ist und gegen dieses Urteil zulässigerweise Revision eingelegt wird (BGHZ 58, 341).

17 11) **Kostenwiderspruch** s § 93 Rn 6 u § 924 Rn 5. Gegen die daraufhin ergehende Entscheidung ist sofortige Beschwerde statthaft (Celle WRP 83, 157; Teplitzky DRiZ 82, 45 Fn 73, 74).

IV) Gebühren: 1) des **Gerichts:** 1 ganze Geführ für das Beschwerdeverfahren, KV Nr 1180, gleichviel, wie dieses ausgeht, also auch weder Ermäßigung noch Wegfall der Gebühr bei Beschwerderücknahme. Die Gebühr wird mit der Einlegung der Beschwerde fällig (§ 61 GKG). Kostenschuldner: Die Partei, der die Verfahrenskosten auferlegt worden sind (§§ 54, 58 Abs 2 GKG), daneben der Antragsteller (§ 49 GKG), beide gesamtverbindlich. – **2)** des **Anwalts:** 5/10 Gebühr im Beschwerdeverfahren des § 99 II ZPO (§§ 61 I Nr 1, 31 BRAGO); keine Ermäßigung der 5/10 Gebühr nach §§ 32, 33 BRAGO (§ 61 III BRAGO). 18

100 *[Kostenentscheidung bei Mehrheit Unterliegender]*

(1) Besteht der unterliegende Teil aus mehreren Personen, so haften sie für die Kostenerstattung nach Kopfteilen.

(2) Bei einer erheblichen Verschiedenheit der Beteiligung am Rechtsstreit kann nach dem Ermessen des Gerichts die Beteiligung zum Maßstab genommen werden.

(3) Hat ein Streitgenosse ein besonderes Angriffs- oder Verteidigungsmittel geltend gemacht, so haften die übrigen Streitgenossen nicht für die dadurch veranlaßten Kosten.

(4) Werden mehrere Beklagte als Gesamtschuldner verurteilt, so haften sie auch für die Kostenerstattung, unbeschadet der Vorschrift des Absatzes 3, als Gesamtschuldner. Die Vorschriften des bürgerlichen Rechts, nach denen sich diese Haftung auf die im Absatz 3 bezeichneten Kosten erstreckt, bleiben unberührt.

Lit: *Schroers*, Kostenfestlegung bei Streitgenossen VersR 75, 110; *Herget*, Kostenentscheidung bei teilweise gesamtschuldnerisch unterliegenden Beklagten, DRiZ 81, 144 (Erwiderung auf Dahmen DRiZ 79, 343).

I) Geltungsbereich. 1) § 100 regelt seinem Wortlaut nach die Kostenlast nur für den Fall, daß alle Streitgenossen ganz unterliegen (vgl Hamm Rpfleger 74, 271), gilt jedoch auch bei vollem oder teilweisem Obsiegen und für jede Art Streitgenossenschaft (einfache, notwendige, anfängliche oder über § 147 nachträgliche). 1

2) Endet die Streitgenossenschaft während des Rechtsstreits durch Trennung mehrerer verbundener Ansprüche gegen mehrere Beklagte oder durch Ausscheiden eines Streitgenossen (Teilurteil, Teilerledigung nach § 91 a, Rücknahme der Klage gegen einen Beklagten), so wird über die Kosten einheitlich im Schlußurteil entschieden. Doch kann das dazu führen, daß der Kostenerstattungsanspruch des ausscheidenden siegreichen Streitgenossen wegen Verarmung des Zahlungspflichtigen nicht mehr verwirklicht werden kann (BGH NJW 60, 484; München NJW 69, 1123). Auch der Kläger kann ein berechtigtes Interesse daran haben, seinen Kostenerstattungsanspruch gegen den ausscheidenden unterlegenen Streitgenossen sofort durchsetzen zu können. Für solche Fälle ist (Schneider, Kostenentscheidung im Zivilurteil, 2. Aufl 1977, § 28 VII; JR 62, 131; s auch Bull Rpfleger 59, 308; Furtner JZ 61, 626) bei zB gleicher Beteiligung zu tenorieren: „Von den bis zum Erlaß dieses Urteils – des Teilurteils nämlich – entstandenen Kosten des Rechtsstreits trägt der Beklagte die Hälfte. Die eigenen außergerichtlichen Kosten trägt er jedoch voll." Grundsätzlich gibt es jedoch keine Teilkostenentscheidung und damit auch keine Kostenentscheidung nur für das Teilurteil (Schneider, Kostenentscheidung, S 72; Furtner JZ 61, 628; s auch Düsseldorf NJW 70, 568; KG JurBüro 73, 351). Die vorweggenommene Teilkostenentscheidung darf im Schlußurteil nicht unberücksichtigt bleiben (vgl Schneider JR 62, 132; Bull Rpfleger 59, 307; Lappe Rpfleger 59, 308). Bei teilweiser Klagerücknahme (s dazu näher Schneider MDR 61, 545, 643; JR 62, 128; NJW 59, 1168; 64, 1015) gegenüber nur einem Streitgenossen ist keine Teilkostenentscheidung zu treffen (Schneider JR 62, 128; Lappe Anm KoRsp § 271 ZPO aF Nr 15; aA LG Mainz NJW 64, 114). Werden im Haftpflichtprozeß Halter und Versicherer verklagt und erhebt lediglich der Halter Widerklage wegen seines Schadens, dann macht eine Klagerücknahme nach Zahlung durch die Versicherung an den Kläger die Widerklage nicht hinfällig; über sie muß entschieden werden, und zwar so, daß lediglich die auf die Widerklage erfallende Kostenquote tenoriert wird; darüber hinaus unterbleibt eine Kostenentscheidung wegen der außergerichtlichen Erledigung (einschließlich der Klägerkosten) im übrigen (s Schneider VersR 80, 953 zu LG Freiburg S 725, das fälschlich dem Widerkläger die gesamten Kosten auferlegt hat, weil es sich an die außergerichtliche Kostenvereinbarung gebunden sah). 2

II) Haftung nach Abs 1 tritt ein, ohne daß sie in der Urteilsformel besonders festgestellt ist (KG JW 25, 1019). Nicht geregelt in § 100 sind die wichtigen Prozeßlagen des Obsiegens aller Streitgenossen sowie des Unterliegens eines oder einzelner von mehreren Streitgenossen. 3

1) Bei gemeinsamem Obsiegen sind sie nicht Gesamt-, sondern Anteilsgläubiger (zur Kostenfestsetzung s § 91 Rn 13 unter „Streitgenossen"). 4

5 **2) Bei Unterliegen eines oder einzelner von mehreren Streitgenossen** sind die Kosten analog § 92 nach Quoten zu verteilen (BGHZ 8, 327), wobei Gerichtskosten und außergerichtliche Kosten getrennt werden müssen. **Beispiele:**

6 **a)** B und C sind auf Zahlung von 2000 DM verklagt. C wird verurteilt, die Klage gegen B abgewiesen: „Die Gerichtskosten tragen der Kläger und C je zur Hälfte. Der Kläger trägt die außergerichtlichen Kosten des B voll, C die des Klägers zur Hälfte; im übrigen tragen die Parteien ihre außergerichtlichen Kosten selbst."

b) Klage gegen A, B, C auf Zahlung von je 2000 DM. A wird voll, B zur Hälfte verurteilt, die Klage gegen C wird abgewiesen: „Von den Gerichtskosten tragen der Kläger die Hälfte, A ⅔, B ⅙. Der Kläger trägt die außergerichtlichen Kosten des C und die Hälfte der außergerichtlichen Kosten des B. Dieser trägt ⅙, A aber ⅔ der außergerichtlichen Kosten des Klägers. Im übrigen trägt jede Partei ihre außergerichtlichen Kosten selbst."

7 Diese sog Baumbach'sche Formel beherrscht die Praxis völlig; Abweichungen in der Judikatur finden sich nur ganz vereinzelt (zB Hamburg MDR 78, 674; LG Hamburg NJW 67, 1617 mit abl Anm Schneider S 1970; aus dem neueren Schrifttum vgl Beuermann DRiZ 78, 177; Dahmen DRiZ 79, 343; Lappe Rpfleger 80, 263; Herget DRiZ 81, 144). Daß die Berechtigung der Baumbach'schen Formel immer wieder angezweifelt wird und ihre Tragweite kontrovers ist (s die Literaturangaben bei Schneider, Kostenentscheidung im Zivilurteil, 2. Aufl 1977, § 28 vor I), geht darauf zurück, daß unbillige Auswirkungen der Formel im Kostenfestsetzungsverfahren nicht ausgeglichen werden können (s LG Essen JurBüro 76, 1380). Das hat zu einer anhaltenden Erstattungskontroverse geführt, wobei drei Ansichten vertreten werden (s § 91 Rn 13 unter „Streitgenossen" m Nachw): (1) Jeder Streitgenosse kann in voller Höhe Kostenerstattung verlangen ohne Rücksicht darauf, ob er diese Kostenschuld erfüllt hat oder (zB wegen Mittellosigkeit des mithaftenden unterlegenen Streitgenossen) letztlich wird erfüllen müssen. (2) Der siegreiche Streitgenosse kann nur Erstattung in Höhe seines Kopfteils verlangen, außer er legt dar und macht glaubhaft, daß der unterlegene Streitgenosse zahlungsunfähig ist. (3) Der obsiegende Streitgenosse kann mehr als einen Kopfteil erstattet verlangen, wenn er tatsächlich mehr gezahlt hat oder aus dem Innenverhältnis heraus mehr zahlen muß.

8 Die Grundproblematik dieser Kontroverse wird meist nicht gesehen. Es geht dabei nämlich letztlich um ein Scheinproblem, weil der Zusammenhang zwischen der Fassung der Kostenentscheidung und der Ausgestaltung des darauf aufbauenden Kostenfestsetzungsverfahrens verkannt wird (s zB Lappe MDR 58, 655; Rpfleger 80, 263; Schneider JurBüro 69, 943; Kostenentscheidung im Zivilurteil, 2. Aufl 1977, S. 249). Wer die Baumbach'sche Formel in der Kostengrundentscheidung verwendet, muß folgerichtig dieses Abstellen auf das Innenverhältnis im Kostenfestsetzungsverfahren durchhalten und darf dem obsiegenden Streitgenossen keinen vollen Kostenerstattungsanspruch geben. Wer dagegen die Grundentscheidung anders tenoriert und entscheidet, daß „der Kläger die außergerichtlichen Kosten des Beklagten A" oder „der ausscheidende A die Kosten des Klägers" zu tragen hat, der muß auch im Festsetzungsverfahren volle Erstattung ohne Rücksicht auf das Innenverhältnis zubilligen. Diskussionsgegenstand kann daher logisch und systematisch korrekt nur die Frage sein, ob an der Baumbach'schen Formel festzuhalten ist oder ob in der Kostengrundentscheidung von der Berücksichtigung des Innenverhältnisses abzusehen ist, wie Hamburg vorschlägt (MDR 78, 674 = KoRsp ZPO § 100 Nr 19 mit Anm Lappe; LG Hamburg NJW 67, 1670 mit Anm Schneider S 1970). Die Baumbach'sche Formel hat ihre Tücken und kann insbesondere dann zu Schwierigkeiten führen, wenn im Streitgenossenprozeß nur ein Streitgenosse als Rechtsmittelkläger oder Rechtsmittelbeklagter in den höheren Rechtszug gelangt. Streng genommen darf dann das Rechtsmittelgericht die Kostenentscheidung der Vorinstanz nicht abändern, soweit sie den rechtskräftig aus dem Rechtsstreit ausgeschiedenen Streitgenossen betrifft (Köln JMBlNRW 79, 149) mit der Folge, daß bei abändernder Sachentscheidung im höheren Rechtszug die Gesamtkostenentscheidung rechnerisch nicht mehr aufgeht (Schneider, Kostenentscheidung im Zivilurteil, 2. Aufl 1977 S 249). Der BGH (MDR 81, 928; s Schneider MDR 82, 373; unten § 521 Rn 24) läßt es jetzt zu, daß im Rechtsmittelverfahren die vorinstanzliche Kostenentscheidung insgesamt überprüft und abgeändert wird, also auch soweit sie einen im Rechtsmittelverfahren nicht mehr beteiligten Streitgenossen betrifft (insoweit zweifelnd Stephan § 373 Rn 5). Im Hinblick darauf, daß es unmöglich erscheint, die Zivilrechtspraxis dazu zu bewegen, die Baumbach'sche Formel aufzugeben, und weil sich diese Formel im übrigen seit vielen Jahrzehnten bewährt hat, ist schon aus Gründen einer einheitlichen Praxis und der Berechenbarkeit des Rechts daran festzuhalten. Dies zwingt dann dazu, der hM zuzustimmen, dem obsiegenden Streitgenossen also im Kostenfestsetzungsverfahren nur einen anteiligen Erstattungsanspruch zuzubilligen. Abweichende Kostengrundentscheidungen sind notfalls entsprechend umzudeuten (Hamburg MDR 81, 149).

III) Abs 2 trifft zu bei erhebl Verschiedenheit der Beteiligung am Streitgegenstand oder im Verfahren. Die Anwendung der Vorschrift steht im gerichtlichen Ermessen, das um der gerechten Kostenbelastung willen entsprechend dem Grundsatz des § 92 tunlichst ausgeübt werden sollte. Abs 2 ist jedoch nur bei der Kostenentscheidung, nicht auch bei Bemessung des Streitwertes anzuwenden (BGH NJW 57, 713). 9

IV) Abs 3. Besondere Angriffs- oder Verteidigungsmittel (s Rn zu § 96) sind solche, die sich die übrigen Streitgenossen nicht zu eigen gemacht haben. Die Aussonderung ist im Urteil auszusprechen; geschieht dies versehentlich nicht, kann der Fehler nicht im Festsetzungsverfahren berichtigt werden (Schleswig JurBüro 83, 1883). Keine Anfechtung des Urteils durch einen Streitgenossen, weil die Kosten unrichtig verteilt sind (Breslau JW 27, 1498). 10

V) Abs 4. Voraussetzung **gesamtschuldnerischer Haftung** ist, daß sie bezügl der Hauptsache in der Urteilsformel ausgesprochen (Die Bekl haben als Gesamtschuldner ... DM zu bezahlen) oder wenigstens in den Gründen erkennbar gemacht ist (KG NW 33, 1896). Legen zwei erstinstanzlich verurteilte Gesamtschuldner erfolglos Berufung ein, haften sie auch zweitinstanzlich als Gesamtschuldner, sofern sie erstinstanzlich als solche verurteilt worden sind. Es bedarf nicht eines Gesamtschuldnerausspruchs im Berufungsurteil (LG Köln MDR 81, 502), wenngleich er aus Gründen der Klarheit angebracht ist. Ob die Gesamtschuldnerhaftung für die Kosten des Rechtsstreits auch diejenigen der Zwangsvollstreckung erfaßt, ist str (s dazu LG Berlin DGVZ 83, 183 m Nachw). 11

Ist gegen einen von mehreren Gesamtschuldnern Versäumnisurteil, gegen den anderen Anerkenntnisurteil erlassen, so kann in dem ersten Urteil die gesamtverbindl Haftung nicht zum Ausdruck kommen; wohl aber ist in dem Anerkenntnisurteil auszusprechen: „Der Beklagte hat die Kosten des Rechtsstreits zu tragen; insoweit sie ihm gegenüber und dem durch Versäumnisurteil vom ... zur Kostentragung verpflichteten A entstanden sind, haftet er für sie als Gesamtschuldner neben dem erwähnten A" (s dazu Braunschweig OLGE 19, 80). Werden **Hauptschuldner und Bürgen** als Streitgenossen verurteilt, so sind sie trotz § 767 BGB nicht als Gesamtschuldner in die Kosten zu verurteilen (BGH NJW 55, 1398). Das führt indessen zu Schwierigkeiten in der Tenorierung (s dazu Schneider MDR 67, 353), die in der Praxis häufig und verständlicherweise dadurch umgangen werden, daß Hauptschuldner und Bürge doch „als Gesamtschuldner" oder auch „wie Gesamtschuldner" verurteilt werden (s Schneider, Kostenentscheidung im Zivilurteil, 2. Aufl 1977, § 28 III, 30 VI [S 250: in der Rechtsmittelinstanz]). Die Vorschrift des Abs 3 wird durch die Bestimmung in Abs 4 nicht berührt. Auch bei gesamtschuldnerischer Verurteilung muß daher das Gericht prüfen, ob nicht einem der Streitgenossen gem Abs 3 die Kosten allein aufzuerlegen sind. 12

101

[Kosten einer Nebenintervention]

(1) Die durch eine Nebenintervention verursachten Kosten sind dem Gegner der Hauptpartei aufzuerlegen, soweit er nach den Vorschriften der §§ 91 bis 98 die Kosten des Rechtsstreits zu tragen hat; soweit dies nicht der Fall ist, sind sie dem Nebenintervenienten aufzuerlegen.

(2) Gilt der Nebenintervenient als Streitgenosse der Hauptpartei (§ 69), so sind die Vorschriften des § 100 maßgebend.

I) Anwendungsbereich: Abs 1 gilt nur für die **einfache** (unselbständige) **Nebenintervention** (NI) des § 67; bei **streitgenössischer** gilt § 100, aber ohne Abs 4, da der streitgenössische NI nicht zur Hauptsache verurteilt wird. Regelmäßig also Verurteilung in die Kosten nach Kopfteilen; unterschiedliche Quotierung möglich (BGH JZ 85, 853: Entscheidung nach § 91 a bei Anerkenntnis der Hauptpartei). Geregelt ist nur die Kostenpflicht zwischen dem NI und dem Gegner der von ihm unterstützten Hauptpartei (Hamburg JurBüro 80, 932). Eine Erstattungspflicht zwischen diesen kann der Streitverkünder nicht dadurch verhindern, daß er nach Beitritt des NI die Streitverkündung „zurücknimmt"; das ist nicht möglich, weil sie als Prozeßhandlung unwiderruflich ist (Rn 17 vor § 128). Ob und inwieweit der NI von der von ihm unterstützten Partei Ersatz verlangen kann, ist in einem besonderen Rechtsstreit zu entscheiden (RG JW 97, 303 Nr 7). Anders ist es nur dann, wenn gegen den NI selbst eine Kostenentscheidung ergeht, zB wenn er das Rechtsmittel selbst eingelegt und die Partei, der er beigetreten ist, sich daran nicht beteiligt hat (unten Rn 4), desgleichen für den Zulassungsstreit selbst, der bei ungünstigem Ausgang für den NI mit einer Kostenentscheidung nach § 91 gg diesen endet (BAG MDR 67, 954). Darüber, 1 was im einzelnen zu den besonderen Kosten der NI im Gegensatz zu den allgemeinen Kosten des Rechtsstreits gehört, befindet die Kostengrundentscheidung nicht; das wird im Festsetzungsverfahren geklärt (s §§ 103, 104 Rn 21 unter „Nebenintervention").

2 **Die Kosten der NI trägt: 1)** Entweder der **Gegner der Hauptpartei,** soweit er allgemein die Kosten des Rechtsstreits tragen muß, gemäß §§ 91 ff, 269, 98. Soweit diese Kostenentscheidung nicht im Urteil enthalten ist, ergeht sie durch besonderen Beschluß, was insbesondere praktisch wird, wenn die Hauptparteien einen Prozeßvergleich abgeschlossen haben, ohne die Kosten des NI mitzuregeln (s Rn 6 ff). Erklärt der NI erst nach der Schlußverhandlung, aber vor dem Verkündungstermin seinen Beitritt, dann ist über seine Kosten im Urteil nicht mehr zu entscheiden (§§ 67, 296 a); auch Ergänzung nach § 321 scheidet aus, da der NI nicht mehr unterstützen kann und der Beitritt nur noch den rechtsmißbräuchlichen Zweck haben kann, sich einen Kostentitel zu verschaffen (s a Düsseldorf KoRsp ZPO § 101 Nr 28 zum Beitritt nach Vergleichsabschluß). Das gilt erst recht für einen Beitritt nach Schluß der mündlichen Verhandlung mit dem Ziel der Wiedereröffnung nach § 156 (München KoRsp ZPO § 101 Nr 33).

3 **2)** Oder der **NI,** soweit dies nicht der Fall ist; also nie die unterstützte Partei, weil im Verhältnis zwischen ihr und dem NI nie eine Kostengrundentscheidung erlassen wird und auch nicht erlassen werden darf, da zwischen beiden kein Rechtsstreit und damit kein Erstattungsverhältnis begründet worden ist (Hamburg JurBüro 80, 932). Nimmt der NI den Beitritt zurück, gilt zu seinen Lasten § 269 Abs 3 sinngemäß. Nimmt der Verfügungsbeklagte den von seinem Streithelfer eingelegten Widerspruch gegen eine einstw Verfügung zurück, so hat der Verfügungsbeklagte die Kosten des Widerspruchverfahrens, der Streithelfer aber die Kosten der Streithilfe zu tragen (München JurBüro 77, 92).

4 **3)** Legt der NI alleine ein Rechtsmittel ein, wozu er befugt ist (§ 66 II), dann ergeht die Kostengrundentscheidung unmittelbar ihm gegenüber. Legt er neben der Hauptpartei ein Rechtsmittel ein, dann hat diese bei Unterliegen als die prozeßführende Partei die Kosten zu tragen, während der NI nur mit den allein durch ihn verursachten Kosten (zB besondere Angriffs- und Verteidigungsmittel) belastet wird (RGZ 69, 283, 292; BGH NJW 56, 1154), was sich insbesondere bei der Kostenschuld nach §§ 49 S 1, 54 Nr 1 GKG auswirkt (BGHZ 39, 296 = LM ZPO § 101 Nr 5 Anm Kreft). Voraussetzung ist jedoch, daß sich die Hauptpartei überhaupt nicht am Rechtsstreit beteiligt, auch nicht durch tatsächliche Mitwirkung im Verfahren (s Schneider, Kostenentscheidung im Zivilurteil, 2. Aufl 1977, § 30 VII m Nachw; s a RG JW 33, 1065 m Anm Bendix). War die Berufung des NI erfolgreich, führt aber die Revision des Gegners zur Wiederherstellung des Ersturteils, so treffen den NI die Kosten beider Rechtsmittel (BGH MDR 59, 571 m Anm Thieme S 755). Wird ein Rechtsmittel sowohl von der Hauptpartei als auch vom NI eingelegt, erklärt aber die Hauptpartei während der Instanz, daß sie die Durchführung des Rechtsmittels dem NI überlasse, so trägt bis zu dieser Erklärung die Hauptpartei, von dann ab der NI das Kostenrisiko (BGH MDR 58, 419).

5 **4)** Befindet das Urteil nur über die Kosten des Rechtsstreits, so liegt ein Titel über die Kosten der NI nicht vor, weshalb diese nicht festgesetzt werden können (KG Rpfleger 62, 159). Dann Urteilsergänzung nach § 321 (RGZ 22, 421; LG Itzehoe AnwBl 85, 215); die zweiwöchige Antragsfrist (§ 321 II) für die Ergänzung beginnt für Streithelfer erst mit Urteilszustellung an ihn (BGH NJW 75, 218). Anfechtung der Kostenentscheidung nur nach § 99 I.

6 **II) Prozeßvergleich** (Schneider MDR 83, 801). Beenden die Parteien den Rechtsstreit vergleichsweise, so gilt wegen der Bezugnahme in § 101 I die Regel des § 98 sinngemäß auch für die Kosten des NI im Verhältnis zum Gegner der unterstützten Partei. Zwischen NI und unterstützter Partei selbst gibt es nur eine Kostenerstattung, wenn sie im Vergleich vereinbart wird; jedoch kann im Innenverhältnis ein materiellrechtlicher Kostenausgleichsanspruch bestehen, der aber selbständig eingeklagt werden muß. Für das Verhältnis des NI zum Gegner gilt folgendes:

7 **1)** Ist der **NI am Vergleich beteiligt** worden, dann ist die Kostenregelung des Vergleichs maßgebend. Stimmt er ihr zu, obwohl sein Kostenerstattungsanspruch unberücksichtigt bleibt oder gar ausgeklammert wird, dann verbleibt es dabei (BGH MDR 67, 392 = NJW 67, 983).

8 **2)** Wird der **NI nicht am Vergleich beteiligt** (oder übt er einen Widerrufsvorbehalt aus, Karlsruhe Justiz 79, 17), dann beeinträchtigt das nicht den Erstattungsanspruch des NI, und zwar unabhängig davon, ob die Hauptparteien ihn übersehen oder bewußt ausgeklammert haben (BGH MDR 67, 392 = NJW 67, 983; Celle NdsRpfl 86, 100; Hamm VersR 86, 556; aA Celle AnwBl 83, 176; Karlsruhe Justiz 86, 141); auch „Zurücknahme" der Streitverkündung scheidet aus (Rn 1). Denn der Erstattungsanspruch des NI ergibt sich unmittelbar aus dem Gesetz (§ 101 I) und

unterliegt deshalb nicht der prozessualen Disposition der Hauptparteien (BGH aaO; Koblenz MDR 68, 159). Das Übergehen des Erstattungsanspruchs des NI besagt nur, daß insoweit zwischen den Hauptparteien keine vergleichsweise Einigung zustande gekommen ist (BGH MDR 67, 392 = NJW 67, 983; Schleswig SchlHA 65, 264, 265).

3) Auf Antrag (nach Köln, JurBüro 83, 1882, von Amts wegen) des NI muß sein Kostenerstattungsanspruch durch Beschluß (analog §§ 91a I 2, 269 III 3; vgl BGH NJW 61, 460, 461; MDR 67, 392 = NJW 67, 983; heute allg M) vom Gericht **tituliert** werden (v Eicken Anm zu Hamm KoRsp ZPO § 101 Nr 37), es sei denn, die Auslegung des Prozeßvergleichs ergebe bereits, daß der Anspruch des NI doch mitgeregelt ist (Frankfurt AnwBl 78, 466), was aber wegen des Klarheitsgebotes für Titel nur selten der Fall sein wird (München MDR 72, 618; Frankfurt AnwBl 78, 466). Die Zulässigkeit des Beitritts wird anläßlich der Kostenentscheidung nicht mehr nachgeprüft (LG Itzehoe AnwBl 85, 215). Niemals Beschlußtitulierung im Verhältnis zur unterstützten Partei (Hamburg JurBüro 80, 932). Die §§ 320, 321 sind unanwendbar, weil kein Urteil ergänzt wird (Schleswig SchlHA 65, 264). Wird der Prozeßvergleich im Berufungsrechtszug abgeschlossen, dann ist das Berufungsgericht zur Entscheidung über die Kosten des NI zuständig, auch wenn dieser am Berufungsverfahren nicht mehr beteiligt war (Köln JurBüro 83, 1882). 9

4) Die **Quotierung** (ausführlich dazu Schneider MDR 83, 802) hat der Kostenverteilung im Vergleich zu folgen (BGH NJW 61, 460; MDR 67, 392 = NJW 67, 983; Stuttgart Justiz 79, 62; Köln JMBlNRW 83, 197; KG AnwBl 85, 383; Hamm VersR 86, 557 mwNachw; anders die Meinung, nach der die Hauptparteien über die Streithelferkosten verfügen können, s Rn 8). Die Auffassung, daß nach § 91a zu entscheiden sei (so Saarbrücken KoRsp ZPO § 101 Nr 1; Schleswig SchlHA 57, 34; Stuttgart MDR 74, 937 m abl Anm Stürner), dürfte heute überholt sein (so aus der jüngeren Rspr nur noch Celle VersR 79, 155 gg Celle NJW 76, 2170, AnwBl 83, 176 u NdsRpfl 86, 100). Die Übernahme einer Klagerücknahmeverpflichtung ist bedeutungslos, da § 101 I dem § 269 III 2 vorgeht (BGH NJW 61, 460; Hamburg HRR 30 Nr 812; Schleswig SchlHA 78, 177). Soweit der Vergleich die Kosten eines weiteren Prozesses mitregelt, zB die des Hauptverfahrens im Eilverfahren, sind auch die NI-Kosten des mitverglichenen Rechtsstreits zu titulieren (Schleswig SchlHA 78, 177). 10

a) Bei **Kostenaufhebung gegeneinander** sind die Kosten des NI zur Hälfte von ihm selbst und zur Hälfte vom Gegner der unterstützten Partei zu tragen (BGH NJW 61, 460, 461; Celle NdsRpfl 86, 100), wobei unerheblich ist, ob im Einzelfall Parteikosten auf einer Seite höher oder niedriger angefallen sind, zB wegen Einschaltung eines Verkehrsanwalts (BGH NJW 61, 460, 461; KG NJW 53, 1872); ebenso ist zu quotieren, wenn die Hauptparteien die Kosten je zur Hälfte übernommen haben (BGH NJW 61, 460; Karlsruhe Justiz 79, 17). Abzulehnen ist Celle AnwBl 83, 176, das dem NI nur bei hälftiger Teilung einen titulierbaren Erstattungsanspruch zubilligt, ihn dagegen bei Kostenaufhebung leer ausgehen lassen will. 11

b) Übernimmt der Gegner der unterstützten Partei **mehr als die Hälfte,** so muß er diese höhere Quote auch gegenüber dem NI tragen (BGH MDR 67, 392 = NJW 67, 983; Stuttgart Justiz 79, 62; aA Frankfurt NJW 72, 1866: stets nur die Hälfte). Die Bindung des NI an die vergleichsweise Kostenregelung zwischen den Hauptparteien gilt auch, wenn die **unterstützte Partei** mehr als die Hälfte der Kosten oder gar alle übernommen hat, weil nach dem Zweck des § 101 I der NI hinsichtlich der Kosten genauso behandelt werden soll wie die unterstützte Hauptpartei (BGH MDR 67, 392 = NJW 67, 983; Celle NJW 76, 2170; LG Mainz MDR 68, 679). Bei bewußter Schädigung des NI durch ihn benachteiligende Kostenregelung kommt ein materieller Schadensanspruch in Betracht, der aber selbständig geltend zu machen wäre. 12

102 (aufgehoben)

103 *[Kostenfestsetzung, Entscheidung, Erinnerung]*

(1) Der Anspruch auf Erstattung der Prozeßkosten kann nur auf Grund eines zur Zwangsvollstreckung geeigneten Titels geltend gemacht werden.

(2) Das Gesuch um Festsetzung des zu erstattenden Betrages ist bei der Geschäftsstelle des Gerichts des ersten Rechtszuges anzubringen. Die Kostenberechnung, ihre zur Mitteilung an den Gegner bestimmte Abschrift und die zur Rechtfertigung der einzelnen Ansätze dienenden Belege sind beizufügen.

104 **(1) Die Entscheidung über das Festsetzungsgesuch ergeht durch den *Urkundsbeamten der Geschäftsstelle.* Auf Antrag ist auszusprechen, daß die festgesetzten Kosten von der Anbringung des Gesuchs, im Falle des § 105 Abs. 2 von der Verkündung des Urteils ab mit vier vom Hundert zu verzinsen sind. Die Entscheidung ist, sofern dem Gesuch ganz oder teilweise entsprochen wird, dem Gegner des Antragstellers unter Beifügung einer Abschrift der Kostenrechnung von Amts wegen zuzustellen. Dem Antragsteller ist die Entscheidung nur dann von Amts wegen zuzustellen, wenn der Antrag ganz oder teilweise zurückgewiesen wird; im übrigen ergeht die Mitteilung formlos.**

(2) Zur Berücksichtigung eines Ansatzes genügt, daß er glaubhaft gemacht ist. Hinsichtlich der einem Rechtsanwalt erwachsenen Auslagen an Post-, Telegraphen- und Fernsprechgebühren genügt die Versicherung des Rechtsanwalts, daß diese Auslagen entstanden sind.

(3) Über Erinnerungen gegen den Festsetzungsbeschluß entscheidet das Gericht, dessen *Geschäftsstelle* den Beschluß erlassen hat. Die Erinnerungen sind binnen einer Notfrist von zwei Wochen, die mit der Zustellung des Beschlusses beginnt, zu erheben. Die Entscheidung kann ohne mündliche Verhandlung ergehen. Das Gericht kann vor der Entscheidung anordnen, daß die Vollstreckung des Festsetzungsbeschlusses auszusetzen sei. Gegen die Entscheidung des Gerichts findet sofortige Beschwerde statt.

Übersicht

1 **I) Erstattungstitel (§ 103 I).** Das Kostenfestsetzungsverfahren baut als Höheverfahren auf der bindenden Kostengrundentscheidung auf (Schleswig SchlHA 78, 22). Der **vollstreckbare Titel** als Grundlage der Festsetzung sagt aus, *wer* die Verfahrenskosten zu tragen hat (Kostenpflicht). Der noch unbestimmte Betrag der zu erstattenden Kosten wird erst im Verfahren nach §§ 103 ff ermittelt und festgesetzt. Da §§ 91 ff nur die Erstattungspflicht des Gegners regeln, scheidet eine Kostenerstattung zwischen Klägern oder Beklagten aus (LG Berlin Rpfleger 82, 391). Wohl kann der Kostengläubiger Erstattung von Kosten verlangen, die er noch nicht bezahlt hat, für die er aber haftet, es sei denn, daß auch andere haften, etwa der Erstattungsschuldner als Erstschuldner der Gerichtskosten, §§ 54 GKG (Köln Rpfleger 65, 242).

2 **Zur Zwangsvollstreckung geeignete Titel:** Alle dasselbe Verfahren (Koblenz JurBüro 85, 620) betreffenden (Düsseldorf JurBüro 82, 398) rechtskräftigen oder vorläufig vollstreckbaren Urteile und Vergleiche, §§ 118a, 704, 708–712, 794, 800–801; alle anderen zur Vollstreckung geeigneten Titel, § 794. Zur Prüfung, ob ein Titel vorliegt, s Rn 21 unter „Bindung". Ein Vollstreckungsbescheid ist Grundlage für die Festsetzung weiterer, bisher nicht aufgeführter Kosten (LG Detmold JurBüro 79, 1715), auch für die nach seinem Erlaß entstandenen Vollstreckungskosten (LG Berlin JW 36, 2009). **Keine Kostenerstattung** aus einer Entscheidung durch einen Schiedsgutachter (Hamburg JurBüro 82, 769), aus einem nicht rechtskräftigen Scheidungsurteil (Schleswig SchlHA 79, 214) oder einer Kostenentscheidung, die im Anordnungsverfahren entgegen § 620g ZPO vor Erlaß einer Kostenentscheidung in der Ehesache ergangen ist (KG MDR 82, 328). Wird eine Vollstreckungsgegenklage abgewiesen, tituliert dieses Urteil nicht die Kosten eines Vollstreckungsversuchs aus dem erfolglos angegriffenen Titel (Frankfurt Rpfleger 80, 194). Unschädlich, wenn Vollstreckbarkeit des Hauptanspruches fehlt, zB bei Klageabweisung oder Feststellungsurteil. Vollstreckbare Ausfertigung entbehrlich (s BGH WPM 69, 1324), solange nicht Wechsel auf Gläubiger- oder Schuldnerseite eingetreten ist, § 727. **Fehlen des Titels** macht eine Festsetzung nichtig (BAG NJW 63, 1027).

3 **II) Gesuch um Festsetzung (§ 103 II 1).** Einreichung zu Protokoll des Urkundsbeamten der Geschäftsstelle oder schriftlich mit eigenhändiger Unterschrift (RGZ 119, 62). Gesuchsteller ist der aus dem Vollstreckungstitel Berechtigte, also nicht der Verpflichtete; eine dritte Person dann, wenn der Titel sie als Rechtsnachfolger legitimiert, § 727 (Frankfurt KoRsp ZPO §§ 103, 104 A 5.8.2: der Pfändungs- u Überweisungsgläubiger) oder wenn sie am Vergleich (§ 794 Nr 1) teilgenommen hat. Nicht der Wahlanwalt, wohl der für die hilfsbedürftige Partei bestellte Anwalt, § 126; bei Zweifeln ist aufzuklären (Hamburg JurBüro 82, 1179). Antrag ist unerläßliche Verfahrensvoraussetzung. Deshalb ist ein Festsetzungsbeschluß aufzuheben, wenn der Antrag vom Verkehrsanwalt in der Ich-Form ohne Hinweis auf Vertretungsmacht gestellt worden ist (München MDR 81, 502). Antragsfristen sind nicht vorgesehen; Verlust des Antragsrechts durch Verwirkung möglich. Abändernde Berufungsentscheidung macht vorinstanzlichen Feststellungsantrag nicht wirkungslos (Hamm AnwBl 82, 384).

4 **III) Festsetzungsunterlagen (§ 103 II 2):** Titel; Vollmacht; Rechtskraftzeugnis, wenn sonst Vollstreckung aus dem Urteil nicht möglich ist; bei Wechsel auf der Gläubiger- oder Schuldnerseite vor Umschreibung der Vollstreckungsklausel (§ 727) Vorlage öffentlicher oder öffentlich beglaubigter Urkunden über die Rechtsnachfolge und Stellung des Klauselumschreibungsantrages (KG JW 35, 1041 m Anm Jonas S 641). Unerläßlich ist weiter eine Kostenberechnung, aufgeschlüsselt nach den einzelnen Posten (s § 18 BRAGO), die nicht unterschrieben werden muß (KG OLGE 15, 95). Bezugnahme auf Prozeßakten ersetzt die Kostenrechnung nicht. Lediglich bei Gerichtskosten genügt der Antrag auf Mitfestsetzung, wenn sich die Zahlung aus den Akten

ergibt (Kostenmarken, Gebührenstempler). Der Rechtspfleger ist nicht gehalten, bei der Gerichtskasse wegen der Kosten Erkundigungen einzuziehen.

5 **IV) Festsetzungsentscheidung (§ 104 I 1).** Der Rechtspfleger prüft das Vorliegen der Festsetzungsunterlagen (Rn 4), ob die verlangten Kosten entstanden sind, zweckentsprechend und notwendig waren (§ 91 Rn 12) und glaubhaft gemacht sind (Rn 8). Grobe Festsetzungsfehler können das verfassungsrechtliche Willkürverbot verletzen und die Verfassungsbeschwerde rechtfertigen (BVerfG MDR 83, 372 = Rpfleger 83, 84). Als selbständiger Schuldtitel muß der Festsetzungsbeschluß ein vollständiges Rubrum enthalten, er muß selbständig begründet werden, wenn er durch Abweichung den Gläubiger oder den Schuldner beschwert (München Rpfleger 80 146; 71, 64; Stuttgart Justiz 78, 279), desgleichen bei umstrittener Erstattungsfähigkeit (Karlsruhe NJW 71, 764). Die Kostenberechnung des Anwalts darf nicht kurzerhand als Entwurf übernommen werden, weil dies mit einer unzulässigen Korrektur der Schriftsatz-Urkunde verbunden wäre (s Stuttgart Justiz 78, 279; Koblenz Rpfleger 78, 329). Der Erstattungsbetrag ist zu beziffern. Wenn mehrere Personen als Gläubiger oder Schuldner beteiligt sind, muß auch ziffernmäßig erkennbar sein, wieviel jeder von ihnen zu fordern oder zu zahlen hat und ob Gesamtgläubigerschaft oder Gesamtschuldnerschaft besteht (KG JW 34, 2866).

6 **V) Verzinsung (§ 104 I 1).** Nur auf Antrag; dann aber in allen Verfahren, auch im Mahnverfahren (AG Norden AnwBl 62, 316); str für Sozialgerichtsverfahren (s zB SG Bremen AnwBl 79, 30 u SG Berlin AnwBl 82, 32 gg SG Kassel AnwBl 79, 159 u SG Münster AnwBl 82, 394) u in FGG-Verfahren (abl AG Solingen Rpfleger 81, 456). Festgesetzte Vollstreckungskosten sind verzinslich (aA AG Groß-Gerau Rpfleger 82, 38 m abl Anm Lappe). In Ehesachen beginnt die Verzinsungspflicht erst ab Rechtskraft des Urteils (OLG München Rpfleger 81, 71). Antrag kann noch nach Rechtskraft des Festsetzungsbeschlusses nachgeholt werden (München Rpfleger 61, 311; Hamm MDR 78, 676; KG MDR 78, 1027) und ist auch dann ab Eingang des Gesuchs, nicht ab Antragstellung zu verzinsen (KG JurBüro 78, 447; Hamm MDR 78, 676; aA München NJW 61, 465). Bei Einreichung des Festsetzungsgesuchs, ehe der Titel vorliegt, entsteht der Zinsanspruch erst ab Erlaß des Titels (KG NJW 67, 1569). Fälligkeitsvereinbarungen der Parteien über den Kostenerstattungsanspruch haben Vorrang (München Rpfleger 72, 148). Wird der erste Titel durch ein Rechtsmittel beseitigt, beginnt Verzinsungspflicht nicht vor Urteilsverkündung in der Rechtsmittelinstanz (Schleswig JurBüro 69, 889). Ein Prozeßvergleich in zweiter Instanz nimmt dem angefochtenen Urteil die Eigenschaft als Kostengrundentscheidung, so daß Verzinsung erst von einem Antragszeitpunkt nach Vergleichsabschluß verlangt werden kann (str, s Hamm JurBüro 72, 882; aM München NJW 76, 429). Wird zweitinstanzlich die erstinstanzliche Kostenentscheidung abgeändert, setzt unterschiedlicher Verzinsungsbeginn ein: ab Einreichung des ersten Festsetzungsgesuchs nur in Höhe des bestätigten Erstattungsanspruchs (Stuttgart Justiz 77, 460; Hamburg MDR 83, 1030; Frankfurt AnwBl 85, 220; Karlsruhe JurBüro 86, 763; München MDR 86, 503 = Rpfleger 86, 237; aA Düsseldorf, Rpfleger 84, 284 = KoRsp ZPO § 104 B Nr 21 m abl Anm Lappe, u Köln Rpfleger 86, 237, die bei teilweiser Abänderung der Kostengrundentscheidung den Erstattungsanspruch erst ab neuem Festsetzungsgesuch verzinsen). Das erstinstanzliche Festsetzungsgesuch bestimmt den Zinsbeginn insgesamt, wenn ein abänderndes Berufungsurteil vom BGH aufgehoben und die erstinstanzliche Entscheidung wieder hergestellt wird (KG MDR 85, 238). Überholung bereits getroffener Kostenentscheidung durch Prozeßvergleich verlagert Verzinsungsbeginn auf den Festsetzungsantrag nach Vergleichsabschluß (OLG Schleswig JurBüro 75, 1501; OLG München JurBüro 78, 924). Zeitweilige Unterbrechung des Festsetzungsverfahrens durch Konkurs verschiebt nicht den Verzinsungsbeginn ab Einreichung des Gesuchs (Hamm Rpfleger 81, 243).

7 **VI) Zustellung (§ 104 I 3, 4).** Dem zahlungspflichtigen Schuldner ist eine beglaubigte Abschrift des Kostenfestsetzungsbeschlusses oder die Gerichtsentscheidung zur Kostenfestsetzung mit (beglaubigter oder unbeglaubigter) Abschrift der Kostenrechnung von Amts wegen zuzustellen. Wird zur Gewährung rechtlichen Gehörs die Kostenrechnung dem Gegner schon formlos zur Stellungnahme zugesandt, muß mit dem Festsetzungsbeschluß eine Abschrift des Kostenfestsetzungsantrages zugestellt werden, sofern der Beschluß darauf Bezug nimmt (LG Stade NdsRpfl 81, 208). Bei anwaltlicher Vertretung ist dem Prozeßbevollmächtigten erster Instanz zuzustellen, § 176, es sei denn, daß die Partei selbst Erinnerung oder Beschwerde eingelegt hat (str, s § 176 Rn 16). Im Beitreibungsverfahren nach § 126 ist nur dem PKH-Anwalt zuzustellen, nicht dem Prozeßbevollmächtigten erster Instanz (KG JW 38, 54). Nach Anzeige des Erlöschens der Vollmacht oder der Niederlegung des Mandats, auch ohne Neubestellung eines anderen RA, ist nur noch der Partei selbst zuzustellen (Stuttgart Justiz 69, 166; KG MDR 72, 274; Koblenz Rpfleger 72, 54; 78, 316; München MDR 80, 146; aA Celle NdsRpfl 77, 21; Bremen Rpfleger 86, 99), die aber zur Benennung eines Zustellungsbevollmächtigten verpflichtet ist, wenn sie im Ausland wohnt,

§ 174 II (Koblenz Rpfleger 78, 261). Nach Rücklauf der Zustellungsurkunde ist wegen §§ 798, 798a auf der vollstreckbaren Ausfertigung der Tag der Zustellung an den Schuldner zu vermerken, die vollstreckbare Ausfertigung zu erteilen und dem Antragsteller oder seinem Prozeßbevollmächtigten, § 176, formlos zu übersenden. Wird der Antrag teilweise zurückgewiesen, ist Amtszustellung geboten (§§ 104 I 4, 329 III). Die Kosten der Zustellung des Festsetzungsbeschlusses hat der Antragsteller vorzuschießen (aA LG Berlin Rpfleger 86, 73 = KoRsp GKG § 68 Nr 20 m abl Anm Lappe); sie sind auf Grund des Titels festzusetzen (LG Berlin JurBüro 72, 281). Über den Antrag auf öffentliche Zustellung entscheidet der Rechtspfleger selbst (aA Köln KoRsp ZPO § 104 B Nr 13 mit abl Anm Lappe).

VII) Glaubhaftmachung (§ 104 II). Beweisverfahren: § 294. Belege sind in Urschrift, nicht in Abschrift, beizufügen, wenn sie sich nicht bereits in den Akten befinden. Das Sitzungsprotokoll hat wegen seiner Zielsetzung, den erheblichen Verfahrensverlauf festzuhalten, für die kostenrechtliche Beurteilung keine entscheidende Bedeutung; nicht beurkundete Umstände sind zu berücksichtigen (Koblenz JurBüro 80, 1846). Die Kosten müssen tatsächlich erfallen sein. Bei den Postgebühren belegt die Versicherung des Rechtsanwalts (§ 104 II 2) nur das Entstehen, nicht die Höhe. Wird die Notwendigkeit (und damit die Höhe) der Aufwendungen bestritten, ist Einzelnachweis erforderlich (Hamburg JurBüro 81, 454; Frankfurt MDR 82, 418), wobei jedoch der anwaltlichen Versicherung Indizwert beizumessen ist, wenn die Kosten im Verhältnis zum Prozeßstoff angemessen erscheinen (München MDR 82, 760; ebenso wohl auch Hamburg JurBüro 81, 454). Keinesfalls ist es Aufgabe des Gerichts, von sich aus eine ins einzelne gehende Notwendigkeitsprüfung anzustellen (München AnwBl 83, 569). 8

VIII) Erinnerung (§ 104 III 1–4). Gegen die Entscheidung des Rechtspflegers ist die Erinnerung gegeben, die keine aufschiebende Wirkung hat. In Betracht kommt sie gegen die Zubilligung, Nichtzubilligung oder nur teilweise Zubilligung eines verlangten Betrages. Das auf die Höhe beschränkte Anfechtungsbegehren bindet auch dann, wenn feststeht, daß die streitigen Kosten gar nicht entstanden sind (Nürnberg KoRsp ZPO § 104 B Nr 33). Erinnerung auch gegen die Kostenentscheidung im Beschluß zulässig; § 99 I ist darauf nicht anzuwenden, wohl ist die Durchgriffsbeschwerde ausgeschlossen (Stuttgart Rpfleger 84, 199). Gegeben ist sie nur der beschwerten Partei, nicht dem Prozeßbevollmächtigten (KG KoRsp ZPO §§ 103, 104 A 6.1; Düsseldorf MDR 69, 229) oder der Staatskasse (KG JW 35, 797). Wegen eigenen Beitreibungsrechts (§ 126) kann hingegen der PKH-Anwalt auch selbständig Erinnerung einlegen; ist entgegen seinem Antrag auf den Namen der Partei festgesetzt worden, kann er Berichtigung verlangen, muß hingegen Erinnerung einlegen, wenn er den Kostenansatz selbst beanstandet. Dagegen kann mit der Erinnerung nicht der Übergang von einem Verfahren zugunsten der Partei nach § 103 zu einem Verfahren zugunsten des PKH-Anwalts nach § 126 oder umgekehrt erzwungen werden (KG DR 41, 109). 9

1) Zulässig ist Erinnerung erst ab Hinausgehen des unterschriebenen Kostenfestsetzungsbeschlusses aus dem internen Geschäftsbetrieb (Hamm JurBüro 83, 934; Koblenz Rpfleger 82, 295), also nie vor der Entscheidung des Rechtspflegers (Hamm NJW 66, 760; Karlsruhe Justiz 67, 314). Soweit Rechenfehler zu berichtigen sind, genügt Anregung nach § 319. Gegen zu hohen Streitwertansatz des Rechtspflegers ist richterliche Festsetzung zu beantragen (dann Verfahren nach § 107). „Erinnerung" gegen die Höhe des Streitwertes ist als Antrag auf Wertfestsetzung umzudeuten (Frankfurt JurBüro 79, 601, 1873). 10

2) Teilweise Anfechtung des Festsetzungsbeschlusses hindert nicht, nach Aufhebung und Zurückverweisung an den Rechtspfleger nunmehr einen anderen Teil des Festsetzungsbeschlusses anzugreifen (Stuttgart JurBüro 78, 1251). Teil-Erinnerung hindert die Partei auch nicht, nachträglich bisher unbeanstandete Posten anzugreifen, selbst wenn die Erinnerungsfrist abgelaufen ist (Stuttgart Justiz 78, 234); anders, wenn im ursprünglichen Teil-Antrag ein Verzicht auf Erinnerung zu sehen ist, was aber kaum angenommen werden kann. 11

3) Einlegung auch im Anwaltsprozeß durch die Partei selbst möglich, und zwar schriftlich oder telegraphisch oder zu Protokoll des Urkundsbeamten. Sie ist Prozeßhandlung; unzulässig deshalb bedingte Erklärungen, unschädlich hingegen eine fehlerhafte Bezeichnung, zB als Beschwerde oder Gegenvorstellung. Inhaltsverändernde Umdeutungen sind unzulässig; insbesondere kann ein nach Erlaß des Festsetzungsbeschlusses eingehender Schriftsatz nicht dadurch zur Erinnerung werden, daß die Partei erklärt, er möge als solche behandelt werden, wenn diese nachträgliche Erklärung verspätet (§ 104 III 2) ist (Düsseldorf MDR 78, 677; Stuttgart Rpfleger 82, 309). Auch eine Bezugnahme muß innerhalb der Erinnerungsfrist erklärt werden (Hamm Rpfleger 73, 103; Frankfurt Rpfleger 83, 117). 12

4) Unbefristet ist die Erinnerung, wenn der Rechtspfleger die Kostenfestsetzung ohne sachliche Prüfung der Ansätze aus formellen Gründen ganz oder teilweise abgelehnt (KG MDR 85, 13

505 = Rpfleger 85, 208) oder als unzulässig zurückgewiesen hat, zB weil der Titel oder eine sonstige Zulässigkeitsvoraussetzung fehlt (Stuttgart JurBüro 80, 1422 m abl Anm Mümmler). **Befristet** ist die Erinnerung und dann innerhalb einer Notfrist von zwei Wochen ab Zustellung des Festsetzungsbeschlusses einzulegen, wenn der Rechtspfleger sachlich entschieden hat (§ 21 II 1 RpflG), zB eine Gebühr festgesetzt oder abgesetzt hat (zur Abgrenzung formeller und sachlicher Entscheidungen s München Rpfleger 72, 181; Mümmler JurBüro 74, 412). Eine sachliche Entscheidung, mit deren Zustellung die Notfrist zu laufen beginnt, liegt auch darin, daß die Festsetzung zurückgewiesen wird, weil Kosten nicht entstanden oder nicht erstattungsfähig sind (KG Rpfleger 62, 106). Jedoch kein Fristbeginn ab Zustellung, soweit im Festsetzungsbeschluß eine Position unzulässigerweise stillschweigend abgesetzt worden ist (München NJW 66, 2068); desgleichen nicht, wenn die Abschrift der Kostenberechnung des Gegners (nicht Gerichtskostenrechnung: Hamburg JurBüro 85, 1884) nicht beigefügt war und sich die Berechnung auch nicht aus dem Beschluß selbst ergibt (Kiel OLGE 37, 103; Hamburg MDR 69, 936).

14 5) Darüber, wem **zuzustellen** ist, s Rn 7. Berichtigungen, die sachliche Änderungen enthalten, zB nachträgliche Einsetzung des Prozeßbevollmächtigten der Partei (§ 126), verlangen neue Zustellung mit neuem Fristlauf (zur Wirksamkeit der Zustellung nach §§ 198, 212 a vgl München MDR 71, 932). Ist der Festsetzungsbeschluß auf das Urteil oder den Vergleich gesetzt worden (§ 105), läuft die Frist ab Zustellung des Titels; Berechnung nach § 222. Keine Abkürzung oder Verlängerung möglich. Wiedereinsetzung nach §§ 233 ff. Wird die Erinnerung vor einem unzuständigen Geschäftsbeamten zu Protokoll genommen, muß das Protokoll zur Fristwahrung rechtzeitig bei dem zuständigen Gericht eingehen (§ 129 a II 2).

15 **IX) Sofortige Beschwerde (§ 104 III 5).** Ob die Beschwerde befristet ist, hängt davon ab, ob es auch die Erinnerung war. Die Kostenbeschwerde (Beschwer: § 567 II) hat keine aufschiebende Wirkung, §§ 577, 572 (Stuttgart NJW 46, 426; LG Bremen KoRsp ZPO §§ 103, 104 A 3.3.1.3). Es können keine Kosten nachgeschoben werden (Bamberg JurBüro 83, 129); Beschwerdeerweiterung jedoch zulässig bei unverändertem Sachverhalt (Koblenz KoRsp ZPO § 104 B Nr 35, entsprechend dem Berufungsverfahren, s § 519 Rn 31). Änderungswille ist maßgebend, nicht Wortwahl; deshalb ist eine „Erinnerung" gegen die Höhe eines bereits festgesetzten Streitwerts und der darauf beruhenden Kostenfestsetzung als Streitwertbeschwerde zu behandeln (Frankfurt JurBüro 79, 601, 1873). Rechtsbeschwerde ausgeschlossen (BGHZ 97, 10 = MDR 86, 493).

16 1) **Entscheidet der Instanzrichter irrig** abschließend über eine Durchgriffserinnerung, anstatt sie als sofortige Beschwerde vorzulegen, ist dies zulässig; der vorinstanzliche Beschluß darf nicht in eine Nichtabhilfe- u Vorlageentscheidung umgedeutet werden (Hamm Rpfleger 78, 421; Schleswig SchlHA 76, 16; Koblenz JurBüro 76, 1346; KG AnwBl 73, 403). Der Beschluß des Instanzgerichts ist dann aufzuheben, ohne daß dies aber zur Zurückverweisung zwingt (Frankfurt Rpfleger 78, 63; Schleswig JurBüro 76, 16). Da der prozessuale Vorrang der Zulässigkeit vor der Begründetheit kein Selbstzweck ist, darf bei zweifelhafter Zulässigkeit diese offenbleiben und wegen eindeutiger Unbegründetheit zurückgewiesen werden (Hamm MDR 79, 943).

17 2) **Beschwerdeberechtigt** ist die Partei, ihr Prozeßbevollmächtigter, wenn er PKH-Anwalt ist und nach § 126 vorgeht (KG KoRsp ZPO §§ 103, 104 A 6.1). Eine Partei kraft Amtes ist beschwerdeberechtigt, auch wenn ihre Parteifunktion bei Erlaß des Festsetzungsbeschlusses schon beendet war, damit sie die Entlassung aus dem Rechtsstreit erreichen kann (KG JW 27, 1497).

18 3) **Beschwerdegericht** ist das LG, wenn der Rechtspfleger des AG, das OLG, wenn der Rechtspfleger des LG entschieden hat. In Familiensachen ist immer der Familiensenat Beschwerdegericht (BGH MDR 78, 737).

19 4) **Hat das Prozeßgericht** den Rpfleger zu einer bestimmten Kostenfestsetzung **angewiesen** (§ 11 II 3 RpflG) und setzt dieser neu fest, muß sich die Anfechtung gegen den anweisenden Beschluß des Prozeßgerichts richten, nicht gegen den Ausführungsbeschluß des Rechtspflegers (Frankfurt AnwBl 77, 312; JurBüro 83, 132; KG DR 41, 105). Dieser wird unwirksam, wenn der Anweisungsbeschluß vom Beschwerdegericht abgeändert wird; das gilt auch dann, wenn der Ausführungsbeschluß fälschlich durch Erinnerung angefochten und diese nach Nichtabhilfe dem Beschwerdegericht vorgelegt worden ist (KG DR 39, 1186).

20 5) Entschieden wird **ohne mündliche Verhandlung** (§ 573 I), jedoch nach Gewährung rechtlichen Gehörs (§ 103 I GG). Die Beschwerdeentscheidung ist zuzustellen (§ 329 III), und zwar immer dem Prozeßbevollmächtigten (§ 176), auch wenn die Partei selbst sofortige Beschwerde eingelegt hat (Stuttgart DGVZ 62, 43).

21 **X) Einzelheiten zum Verfahren** (alphabetisch geordnet, s auch den Schlüssel zu § 91 Rn 13).

- **Abänderung:** Der Kostenfestsetzungsbeschluß darf nie den Kostenausspruch des Urteils verändern (KG JW 39, 363; Frankfurt JurBüro 82, 744). Der Titel ist für den Rechtspfleger bindend (siehe unter „Bindung"), selbst wenn die Parteien durch außergerichtlichen Vergleich eine andere Regelung getroffen haben (Celle MDR 63, 60). Unzulässig ist auch die Überprüfung der sachlichen Richtigkeit einer Entscheidung im Kostenpunkt (BGH NJW 62, 36; Schleswig SchlHA 78, 22) oder in der Wertfestsetzung (Düsseldorf JurBüro 66, 33), selbst hinsichtlich der Begründungselemente (Hamburg JurBüro 78, 1018). Der Rechtspfleger darf auch seine Nichtabhilfeentscheidung nicht mehr ändern, wenn er die Akten dem Richter vorgelegt hat (München Rpfleger 82, 196). Der Richter darf den Festsetzungsbeschluß abändern oder zur anderweitigen Festsetzung an den Rechtspfleger zurückverweisen (§ 575; §§ 21 II 4, 11 IV RpflG). Änderungsverbot für das Gericht, wenn er über die Erinnerung entschieden hat (§ 577 III).

● **Abgabe:** Gibt das angegangene Gericht vor Zustellung der Klage an das zuständige Gericht ab, dann können die bei dem unzuständigen Gericht erfallenen Kosten des Klägers nicht zu dessen Gunsten festgesetzt werden; das Fehlen einer Kostenentscheidung nach § 281 III 2 ist unerheblich, da diese Vorschrift auf die „Abgabe" unanwendbar ist (Düsseldorf KoRsp ZPO § 91 B – Vertretungskosten Nr 105).

● **Abhilfe:** Der Rechtspfleger darf der fristlosen und der befristeten Erinnerung abhelfen, auch soweit sie sich nur gegen seine Kostenentscheidung richtet (Stuttgart Rpfleger 84, 199), und er muß es, soweit er sie für begründet hält (Frankfurt Rpfleger 79, 388). Bei teilweiser Abhilfe darf der angefochtene Beschluß nicht insgesamt aufgehoben, sondern muß so gefaßt werden, daß der bestätigte Teil des Titels vollstreckungsfähig bleibt (München Rpfleger 84, 285). Unzulässig ist die Vorlage an den Richter unter Offenlassen der Frage, ob abzuhelfen ist (München Rpfleger 81, 412; Düsseldorf Rpfleger 86, 404 = MDR 86, 503; aA Lappe/Meyer-Stolte Rpfleger 86, 405); der Richter darf dementsprechend nicht vorlegen, ohne dem Rechtspfleger Abhilfegelegenheit gegeben zu haben, anderenfalls die Vorlage auf einem Verfahrensmangel beruht (Hamm Rpfleger 86, 277). Unzulässig ist aber auch eine Abhilfe nach „formloser Rückgabe" durch den Richter nach Vorlage; zu einer erneuten Befassung des Rechtspflegers kann es nur nach Zurückverweisung durch den Richter kommen (KG Rpfleger 85, 455). Die Entscheidung des Gerichts, ob einer vorgelegten Erinnerung nicht abzuhelfen und vorzulegen ist, obliegt am LG der Kammer (Schleswig SchlHA 80, 57), dem Einzelrichter dann, wenn dieser nach § 348 entschieden hat (Koblenz Rpfleger 78, 329). Bei der Kammer für Handelssachen ist der Vorsitzende zuständig (§ 349 II Nr 12). Über die Nichtabhilfe ist in Beschlußform zu entscheiden; Vermerk des Berichterstatters oder Einzelrichters über die Ansicht des Kollegiums reicht nicht aus (Koblenz JurBüro 76, 1708). Einer vom Richter für begründet befundenen Erinnerung muß abgeholfen werden; unzulässig, die Abhilfeentscheidung lediglich aufzuheben und im übrigen dem Beschwerdegericht vorzulegen (KG KoRsp ZPO §§ 103, 104 A 6.4.2). Da die – auch teilweise – Abhilfe zugleich Neufestsetzung ist, hat die dadurch beschwerte Partei wieder die befristete Erinnerung. Bei Teilabhilfe darf die abhelfende Instanz keine Kostenentscheidung treffen (München Rpfleger 77, 70). Hat bei Erinnerung beider Parteien der Rpfleger nur einer Erinnerung abgeholfen und neu festgesetzt, bleibt die Erinnerung der anderen Partei wirksam, richtet sich aber nicht ohne weiteres gegen die Neufestsetzung (Hamm JurBüro 77, 96). Zur **Kostenentscheidung** s Rn 21 unter „Kostentragung".

Routinemäßige Abhilfe ohne wirkliche Prüfung, zB wenn der Rpfleger ein Festsetzungsgesuch mit einer offensichtlich falschen Erwägung zurückgewiesen hat, ist verfahrenswidrig und rechtfertigt Aufhebung des Vorlagebeschlusses und Zurückverweisung zur Überprüfung (Frankfurt MDR 80, 234), desgleichen wenn der Rpfleger einen Festsetzungsbeschluß ohne Gründe erläßt, der dagegen eingelegten Erinnerung ohne Begründung nicht abhilft und sodann das Gericht in einem wiederum nicht mit Gründen versehenen Nichtabhilfebeschluß vorlegt (Frankfurt Rpfleger 80, 156). Bei groben Verstößen ist Verfassungsbeschwerde wegen Verletzung des Willkürverbots gegeben (BVerfG MDR 83, 373 = Rpfleger 83, 84).

● **Abtretung:** Der Zessionar des Kostenerstattungsanspruchs kann Festsetzung als Gläubiger nur nach Titelumschreibung gem §§ 727 ff verlangen (Stuttgart Justiz 78, 472), auch wenn er Prozeßbevollmächtigter ist (s § 126 Rn 19). Ohne Titelumschreibung, zB nach bloß schriftlicher Abtretung, ist die Kostenfestsetzung auf den Zessionar wirkungslos (BFH DB 71, 1848).

● **Anschließung:** Erinnerungsgegner kann sich analog § 521 nach Fristablauf anschließen (sog unselbständige Anschlußerinnerung). Zulässigkeitsvoraussetzungen, insbesondere Beschwerdesumme, sind dann nicht erforderlich (Hamburg JurBüro 79, 769; Bamberg JurBüro 78, 592). S auch unter „Anschlußbeschwerde".

● **Anschlußberufung:** Isolierte Entscheidung über ihre Kosten verstößt gegen das Gebot verhältnismäßiger Teilung (§ 92 Rn 2, 5) und muß durch Auslegung (s dort) in eine Kostenquotierung umgesetzt werden (Köln KoRsp ZPO § 103 B Nr 38).

● **Anschlußbeschwerde:** Sie ist ebenso wie die Anschlußerinnerung (s „Anschließung") zulässig, es sei denn, daß mit ihr ein bereits aberkannter Betrag geltend gemacht werden soll, ohne daß der Anschließende dagegen Erinnerung eingelegt hatte (Nürnberg JurBüro 64, 690). Legt der Richter die Erinnerung nach §§ 11 II, 21 II RpflG als sofortige Beschwerde dem Rechtsmittelgericht vor, dann hat er eine danach eingehende Erinnerung des Gegners ohne Rücksicht auf eine Beschwerdesumme dem Rechtsmittelgericht ohne Abhilfeprüfung als Anschlußbeschwerde zuzuleiten (LG Berlin JurBüro 80, 136). Mit der unselbständigen Anschlußbeschwerde können auch Posten nachgeschoben werden (OLG Bamberg JurBüro 81, 1679).

● **Anwaltssozietät:** Ein von einer Sozietät erwirkter Kostenfestsetzungsbeschluß ist im Zweifel dahin auszulegen, daß jeder der namentlich beteiligten Anwälte als Gesamtgläubiger berechtigt sein soll (Saarbrücken Rpfleger 78, 227). Der Titel muß alle Anwälte als Gläubiger bezeichnen; ungenügend zB „Rechtsanwälte A, B und Partner". Bei Wechsel innerhalb der Sozietät muß vor der Titelumschreibung die Rechtsnachfolge durch öffentliche oder öffentlich beglaubigte Urkunde nachgewiesen werden (s Schneider Anm zu KoRsp BRAGO § 19 Nr 10).

● **Anwaltszwang:** Nicht, wenn die Entscheidung des AG angegriffen wird und das LG Beschwerdegericht ist (§§ 78 II, 569 II 2), auch nicht für im Beschwerdeverfahren abzugebende schriftliche Erklärungen (§ 573 II 2; ausführlich Bergerfurth, Der Anwaltszwang und seine Ausnahmen, 1981, Rz 269–271). Ist Beschwerdegericht ein OLG, dann werden drei Meinungen vertreten: **a)** kein Anwaltszwang (KG Rpfleger 71, 63; Hamm JurBüro 71, 799; Düsseldorf Rpfleger 71, 250; 74, 429; Zweibrücken NJW 73, 908; Bamberg JurBüro 78, 1366); **b)** uneingeschränkter Anwaltszwang (Stuttgart NJW 71, 1707; Bamberg JurBüro 85, 1722; Göppingen JR 71, 451); **c)** kein Anwaltszwang für die Einlegung der Durchgriffserinnerung und die Vorlage an das Beschwerdegericht, wohl aber für das weitere Verfahren in der Beschwerdeinstanz (Frankfurt MDR 71, 589; Bremen NJW 72, 1241: auch für jedes neue Vorbringen nach Vorlage). Stets können angeordnete schriftliche Erklärungen von einem beim vorinstanzlichen Gericht zugelassenen Anwalt abgegeben werden (§ 573 II).

● **Arrestbefehl:** S auch „Einstweilige Verfügung". Fehlt eine Kostenentscheidung, können die Kosten der Anordnung auf Grund des Urteils in der Hauptsache nur festgesetzt werden, wenn sie dort einbezogen worden sind (KG JW 30, 3340; s § 922 Rn 8). Für die Kosten der Arrestvollziehung ist der Arrestbefehl Vollstreckungstitel (KG JW 28, 2153). Enthält er eine Kostenentscheidung, ist die Einhaltung der Vollziehungsfrist des § 929 nicht nachzuprüfen (LG Berlin Rpfleger 61, 23; Köln KoRsp ZPO §§ 103, 104 A 2.4.3). Bei gegensätzlichen Kostenentscheidungen im Anordnungs- und Aufhebungsverfahren gem § 927 ist jeder Titel für sich Erstattungsgrundlage (Koblenz KoRsp ZPO § 103 B Nr 46); nach Frankfurt (Rpfleger 86, 281) sind jedoch aus der Kostenentscheidung des Aufhebungsverfahrens nach § 926 II im Gegensatz zum Aufhebungsverfahren nach § 927 nur die zusätzlich entstandenen Kosten zu erstatten.

● **Aufgebotsverfahren:** Im Verfahren zur Ausschließung von Nachlaßgläubigern findet zwischen anmeldendem Gläubiger und dem Antragsteller des Aufgebotsverfahrens mangels Kostenerstattungsanspruchs keine Kostenfestsetzung statt (LG Frankenthal Rpfleger 83, 412).

● **Aufhebung der Kostengrundentscheidung:** Mit der Aufhebung des Titels wird das Festsetzungsverfahren gegenstandslos, auch bei abweichender Kostenentscheidung im Nachverfahren (Koblenz KoRsp ZPO § 103 B Nr 36 m Anm v Eicken); jedoch nicht, wenn die neue Kostengrundentscheidung mit der alten übereinstimmt (Lappe Anm KoRsp ZPO § 103 B Nr 18; aA Hamm JurBüro 79, 770; KG KoRsp ZPO § 104 B Nr 10 m abl Anm Lappe). Bei teilweiser Abänderung können zuvor entstandene Vollstreckungskosten aus dem bestehenbleibenden Titel nur festgesetzt werden, wenn klar ist, auf welchen Teil des ursprünglichen Titels sie entfallen (Frankfurt AnwBl 78, 465). Eine Erinnerung ist nicht mehr vorzulegen und, wenn dies gleichwohl geschieht, als unbeachtlich zurückzugeben (Düsseldorf KoRsp ZPO §§ 103, 104 A 2.6.1); Aufhebung während des Erinnerungsverfahrens macht die Erinnerung mangels Rechtsschutzbedürfnisses unzulässig (Köln JurBüro 65, 755). Der Schadensersatzanspruch aus § 717 II ZPO kann nicht im Kostenfestsetzungsverfahren geltend gemacht werden (LG Lübeck Rpfleger 82, 439).

● **Aufrechnung:** Unzulässig, daß der Kostenschuldner im Festsetzungsverfahren gegen den Erstattungsanspruch aufrechnet (BGHZ 3, 382; Düsseldorf JurBüro 75, 819). Zulässig ist die Aufrechnung mit einem rechtskräftig festgesetzten Kostenerstattungsanspruch (BGH MDR 63, 388; Frankfurt MDR 84, 148), der entgegen hM nicht in einem anderen Verfahren entstanden sein muß (Celle JurBüro 83, 1698). Folgerichtig steht dann auch eine Kostenquotierung der Aufrechnung nicht entgegen (Celle JurBüro 83, 1698 gg Saarbrücken JurBüro 78, 1089). Der rechtskräftigen Festsetzung steht gleich das Einverständnis mit der Aufrechnung (Braunschweig NdsRpfl 76, 114) oder die Unstreitigkeit des Erstattungsanspruchs, wobei es genügt, daß der Aufrechnungstatbestand unstreitig ist, mag auch der Kostengläubiger die Aufrechnungsbefugnis rechtsirrig leugnen (KG MDR 84, 150). Die Abwendungsbefugnis durch Sicherheitsleistung, zB §§ 711,

712, beeinflußt die materiellrechtliche Aufrechnungswirkung nicht (Frankfurt MDR 84, 148). Außerprozessuale Aufrechnung ist schon ab Erlaß der Kostengrundentscheidung möglich, da die fällige Gegenforderung nun bestimmbar ist (LG Tübingen NJW 65, 1608); Geltendmachung mit der Klage aus § 767 möglich. Beim Kostenausgleich nach § 106 liegt es anders, weil dort ein aufrechenbarer Kostenerstattungsanspruch erst mit der Festsetzung bestimmbar ist (Saarbrükken JurBüro 78, 1089; Kuntze JR 76, 334; Pohle MDR 59, 314). Beim Kostenausgleich nach § 106 II 1 führt die verspätete Anmeldung des Erstattungsanspruchs des Gegners nicht zur Änderung der Erstfestsetzung; die Parteien können sich nur durch Aufrechnung oder Klage nach § 767 vor Vollstreckungsnachteilen schützen (s Lappe MDR 83, 992).

- **Auslegung:** Die Kostenfestsetzung soll nur die Grundentscheidung im Titel höhenmäßig konkretisieren. Deshalb muß auch eine unrichtige Kostenentscheidung hingenommen werden, zB eine unzulässige Rückwirkung der PKH-Bewilligung (München Rpfleger 86, 108). Statthaft ist nur die Beseitigung von Unklarheiten durch Auslegung entsprechend dem wirklichen Willen des Gerichts (Braunschweig JurBüro 77, 1775). Dabei ist die Heranziehung und Würdigung anderer Umstände als des Textes des Kostentitels nicht statthaft, insbesondere keine Beweisaufnahme (Schleswig SchlHA 82, 173; Hamm JurBüro 68, 297). Entgegen Koblenz (KoRsp ZPO § 91 B – Allgemeines Nr 37 m abl Anm Lappe) dürfen die Entscheidungsgründe jedoch nicht deshalb unberücksichtigt bleiben, weil der Tenor „eindeutig formuliert“ sei. Am häufigsten wird klärende Auslegung nötig bei mißlungenen Kostenquotierungen nach Teilentscheidungen und im Streitgenossenprozeß, zB wenn die Kosten nach Zeitabschnitten oder nach Verfahrensgegenständen (Hamm KoRsp ZPO § 92 Nr 30) oder „im Verhältnis“ zwischen Parteien verteilt werden (Hamburg KoRsp ZPO § 103 B Nr 14 m Anm v Eicken). Derartige unzulässige Kostenentscheidungen (s § 92 Rn 5) *müssen* durch Auslegung vom Rechtspfleger festsetzungsfähig gemacht werden (Schleswig JurBüro 82, 1404). Auslegung kann auch ergeben, daß nur eine Mehrkostenbelastung gewollt war (Köln KoRsp ZPO § 103 B Nr 38) oder daß gesamtschuldnerisch verurteilte Streitgenossen nur für Kosten haften, deren Entstehung sie mitveranlaßt haben, zB wenn nur zur Verteidigung eines Streitgenossen Beweis erhoben worden ist (Frankfurt JurBüro 81, 1400; zu eng Schleswig JurBüro 83, 1883 = KoRsp ZPO § 100 Nr 47 m krit Anm Lappe). Übernimmt der Kläger im Vergleich nur die außergerichtlichen Kosten eines Streitgenossen, während der durch denselben Anwalt vertretene andere Streitgenosse seine eigenen Kosten selbst tragen soll, dann wird der Parteiwille dahin auszulegen sein, daß der obsiegende Streitgenosse nur den auf ihn entfallenden Kopfteil erstattet verlangen kann (Koblenz JurBüro 81, 1399). Durch Auslegung ist auch zu klären, welche einzelnen Gebühren in eine Kostenvereinbarung einbezogen sind (Koblenz JurBüro 82, 1683: Verkehrsanwalt), desgleichen ob eine Eingabe ungeachtet fehlender Bezeichnung als Erinnerung oder Beschwerde zu behandeln ist; maßgebend ist ein erkennbarer Überprüfungswille (LG Berlin JurBüro 83, 132).
- **Austauschen von Kosten:** s „Fiktive Kosten“.
- **Außergerichtliche Anwaltskosten:** Gebühren für außergerichtliche Vergleichsverhandlungen nach § 118 BRAGO sind nicht nach §§ 103 ff festsetzbar (Köln JurBüro 81, 1187; Frankfurt KoRsp ZPO § 103 B Nr 17 m abl Anm v Eicken), auch dann nicht, wenn sie als „Vorbereitungskosten“ geltend gemacht werden (Schleswig SchlHA 80, 218).
- **Außergerichtliche Vereinbarungen:** Sie sind im Festsetzungsverfahren nur zu beachten, wenn sie unstreitig sind (Bamberg JurBüro 79, 1070), sonst nicht (Hamburg JurBüro 85, 1750; Zweibrücken JurBüro 78, 1881).
- **Aussetzung:** Nicht deshalb zulässig, weil Verfassungsbeschwerde gegen die Streitwertfestsetzung eingelegt worden ist (Schleswig SchlHA 79, 58). Verfahrensaussetzung in zweiter Instanz hindert nicht die Kostenfestsetzung aus dem erstinstanzlichen Urteil (LG Berlin JurBüro 85, 619).
- **Begründungszwang** besteht, wenn der Rpfleger den gestellten Anträgen nicht oder nicht vollständig entspricht (Düsseldorf JurBüro 81, 1540). Spätester Zeitpunkt für die Begründung die Vorlage an das Rechtsmittelgericht (München MDR 80, 146; Frankfurt Rpfleger 84, 477). Bei zweifelhaften oder schwierigen Fragen entsprechend eingehende Auseinandersetzung mit den Argumenten nötig (Düsseldorf JurBüro 181, 1540). Das gilt auch für den Richter, der bei schweren Fehlern des Rechtspflegers nicht mit unbegründetem Nichtabhilfebeschluß vorlegen darf (LG Berlin Rpfleger 81, 311). Verstöße gegen den Begründungszwang sind Verfahrensfehler, die eine Aufhebung und Zurückverweisung rechtfertigen (München KoRsp ZPO §§ 103, 104 A 5.1; Frankfurt JurBüro 83, 451; allg M). Entbehrlich ist eine Begründung, wenn der Kostenfestsetzungsbeschluß aus sich heraus in Verbindung mit der beigefügten Kostenrechnung verständlich und überprüfbar ist.
- **Benachrichtigung:** Von der Nichtabhilfe und der Vorlage der Erinnerung an das Beschwerde-

gericht sind die Parteien zu benachrichtigen (§§ 21 II 4, 11 II 4 RpflG), damit sich der Erinnerungsführer über eine etwaige Rücknahme schlüssig werden kann. Ist die Benachrichtigung versäumt worden, muß Art 103 I GG beachtet werden.

● **Berichtigung:** § 319 I ist auf den Kostenfestsetzungsbeschluß entsprechend anzuwenden (Stuttgart Justiz 80, 439; Hamm MDR 77, 760).

● **Berufung:** Beauftragt der Berufungsbeklagte seinen zweitinstanzlichen RA erst nach Verwerfung der Berufung, dann sind diese Kosten nicht erstattungsfähig, und zwar auch dann nicht, wenn das Mandat während des Laufs einer erfolglosen sofortigen Beschwerde (§ 519b II) erteilt wird (Frankfurt JurBüro 83, 1409). Schließt sich der Beklagte nach Verwerfung seiner Berufung der Berufung des Klägers an, dann tituliert die Kostenentscheidung des Verwerfungsbeschlusses nur die Mehrkosten infolge der verworfenen Berufung; darüber hinaus richtet sich die Erstattung nach dem Kostentenor des Urteils (Saarbrücken KoRsp ZPO §§ 103, 104 A 2.8). Eine rechtskräftige Berufungs-Kostenentscheidung über ein angefochtenes Teil- oder Grundurteil wird durch einen späteren Vergleich, der die „Kosten des Rechtsstreits" nach einem anderen Verhältnis regelt, ohne ausdrückliche Einbeziehung nicht erfaßt (München MDR 82, 760; Schleswig SchlHA 82, 61). Für die Erstattung der Kosten einer Berufung gg ein Auskunfts-Teilurteil bei Stufenklage ist die Kostenentscheidung des Berufungsurteils maßgebend, nicht die des Schlußurteils (LG Aachen JurBüro 83, 282).

● **Beschwer:** Beschwert ist der Unterliegende (s § 91 Rn 2, dort auch zum vollmachtlosen Vertreter und zur nichtexistenten Partei). Scheinbeschwer durch Zustellung an einen namensgleichen Dritten berechtigt zu prozessualen Maßnahmen, um diesen Schein zu beseitigen (München KoRsp ZPO § 103 B Nr 32; s auch § 511 Rn 5). Wird mit der Erinnerung nur die Berücksichtigung einer Gebühr im Kostenausgleichsverfahren nach § 106 erstrebt, die entweder gar nicht oder für beide Parteien erfallen ist, dann fehlt die Beschwer, wenn sich bei Berücksichtigung der Gebühr im Endergebnis nichts zugunsten des Erinnerungsführers ändert (KG Rpfleger 78, 225). Kein Beschwerdegrund auch, daß die Festsetzung nicht in der Form des § 105 vorgenommen worden ist. Bei Anfechtung mehrerer Kostenfestsetzungsbeschlüsse in einer Sache ist für jedes Rechtsmittel eine selbständige Beschwer nötig (Stuttgart JurBüro 79, 609 gg Nürnberg JurBüro 75, 191). Die sofortige Beschwerde ist nur zulässig, wenn der Wert des Beschwerdegegenstandes, also des beanstandeten Betrages, die in § 567 II gesetzte Grenze übersteigt. Anspruchserweiterung im Beschwerdeverfahren nur möglich, wenn die Beschwerde auch ohne Erweiterung zulässig ist (Bamberg KoRsp ZPO §§ 103, 104 A 7.1.2; Düsseldorf Rpfleger 76, 188; Hamm Rpfleger 71, 443). Zinsen nach § 104 I 2 sind bei der Berechnung der Beschwerdesumme zu berücksichtigen (Hamm KoRsp ZPO § 104 B Nr 1). Nachliquidation nur beim Rechtspfleger der unteren Instanz durch neues Festsetzungsgesuch zulässig (Hamburg JurBüro 80, 465). Eine allein auf Nachliquidation beschränkte Durchgriffserinnerung (Beschwerde) ist wegen fehlender Beschwer zu verwerfen (Frankfurt Rpfleger 78, 29; Hamm Rpfleger 76, 326; Celle MDR 75, 498). Zulässig ist es aber, die Begründung der Kostenansprüche im Erinnerungs- oder Beschwerdeverfahren zu ändern (Dresden JW 39, 648; Neustadt MDR 57, 496).

● **Beweissicherung:** Deren Kosten rechnen, wenn das Ergebnis des Beweissicherungsverfahrens im Hauptprozeß verwertet wird, zu den Gesamtkosten und werden auf Grund der Entscheidung in der Hauptsache festgesetzt, selbst wenn sie dort nicht besonders erwähnt sind; auf das Obsiegensverhältnis Sicherungsverfahren zur Hauptsache kommt es nicht an (Hamm JurBüro 83, 1101). Die Notwendigkeit dieser Kosten ist im Festsetzungsverfahren nicht mehr zu prüfen (München Rpfleger 81, 203). Bei Übernahme der Kosten im Prozeßvergleich gilt dieselbe Regelung (KG JW 39, 652), so daß bei Kostenaufhebung die Hälfte der Gerichtskosten des Beweissicherungsverfahrens zu erstatten ist (Braunschweig NdsRpfl 79, 243; Oldenburg MDR 83, 1030); daß die übernehmende Partei am Beweissicherungsverfahren beteiligt war, ist nicht erforderlich (Frankfurt VersR 81, 265). Jedoch keine Festsetzung auf Grund der Kostenentscheidung des Urteils gegen eine Partei, die am Beweissicherungsverfahren nicht beteiligt war (Frankfurt MDR 84, 320). Werden dem Kläger nach Klagerücknahme die Kosten auferlegt, kann der Beklagte auf Grund des Beschlusses nach § 269 III 3 keine Festsetzung der vor Anhängigkeit erfallenen Beweissicherungskosten verlangen (Frankfurt Rpfleger 82, 391; Koblenz JurBüro 84, 924). Gebührenanfall bei Streitwertdifferenz nur nach dem geringeren Wert des Hauptverfahrens (Schleswig JurBüro 82, 1354; KG Rpfleger 86, 106). Bei isoliertem Beweissicherungsverfahren (insbesondere bei Abweisung oder Zurücknahme des Antrags) ist die zu treffende Kostenentscheidung maßgebend (LG Aachen AnwBl 83, 526; s dazu Meier S 494). Zu weiteren Einzelheiten siehe § 91 Rn 13 „Beweissicherung" u § 490 Rn 5 ff.

● **Bindung:** Über die allein zulässige und gebotene Auslegung (s dort) hinaus ist die Kostengrundentscheidung im Festsetzungsverfahren unkorrigierbar bindend, mag ihre sachliche Richtigkeit auch Bedenken ausgesetzt sein (BGH NJW 62, 36; KG Rpfleger 70, 177; Bamberg JurBüro 86, 108). Das gilt zB für fehlerhaft rückwirkend bewilligte PKH (München Rpfleger 86, 108) oder Zuständigkeitsverstöße (Koblenz JurBüro 86, 112) ebenso wie für die Streitwertfestsetzung (Düsseldorf JurBüro 66, 334; Hamm KoRsp ZPO §§ 103, 104 A 3.3.1.3) oder die rechtliche Qualifizierung, zB als Warenzeichenstreitsache iS des § 32 V WZG (KG KoRsp WZG § 32 Nr 21). Ob kostenauslösende Prozeßhandlungen zweckmäßig oder notwendig waren oder ob Verfahrensfehler unterlaufen sind, ist nicht überprüfbar, zB bei Berufungsrücknahme nach Teilurteil (Koblenz JurBüro 80, 762); Versagung rechtlichen Gehörs (Düsseldorf MDR 78, 677); Unzulässigkeit der Kostenentscheidung (LG Dortmund Rpfleger 81, 319); materiellrechtliche Einwendungen (Frankfurt VersR 81, 194); Anträge des Nebenintervenienten (Hamburg KoRsp ZPO § 103 B Nr 12 m Anm v Eicken); getrennte Einklagung zusammenhängender Ansprüche (s unten bei „Mehrere Prozesse"). Jedoch darf trotz Vorliegens eines Kostenbeschlusses gem § 269 III geprüft werden, ob die Klage überhaupt zugestellt worden ist; wenn nicht, war eine Verteidigung dagegen nicht nötig (Schleswig SchlHA 83, 173; JurBüro 84, 604); ebenso Koblenz (JurBüro 84, 481) für eine nicht rechtshängig gewordene Widerklage. Prüfungsfähig ist weiter, ob protokollierte Erklärungen einen als Kostentitel geeigneten Prozeßvergleich darstellen, zB dann nicht, wenn nur einseitig nachgegeben worden ist (München MDR 85, 327 = Rpfleger 85, 164). Die einem Aufhebungsbeschluß zugrunde liegende Rechtsauffassung ist bei Anfechtung des neuen Festsetzungsbeschlusses weiterhin bindend (Hamm Rpfleger 78, 386). Beiordnung eines PKH-Verkehrsanwalts nach § 121 III entbindet nicht von der Notwendigkeitsprüfung (Hamm Rpfleger 83, 328); der Bewilligungsbeschluß als solcher ist jedoch bindend, auch wenn er trotz Fehlens der formellen und inhaltlichen Voraussetzungen ergangen ist (München Rpfleger 83, 503).

• **Bundesverfassungsgericht:** Rechtspfleger darf nicht vorlegen (BVerfGE 30, 170).

• **Darlegung:** Der Erstattungsgläubiger ist darlegungspflichtig, wenn die Berechtigung von Ablichtungskosten zu beurteilen ist (Frankfurt JurBüro 81, 215).

• **Dritte:** Sind sie in der Kostenregelung eines Prozeßvergleichs erwähnt und beigetreten, können sie das Festsetzungsverfahren betreiben (Frankfurt KoRsp ZPO §§ 103, 104 A 1.2).

• **Duldung der Zwangsvollstreckung:** Die dahingehende Verpflichtung eines Ehegatten (zB § 743) darf nur in den Festsetzungsbeschluß übernommen werden, wenn sie auch im Schuldtitel ausgesprochen ist (KG JVBl 40, 40).

• **Durchgriffserinnerung:** Mit der zulässigen Vorlage an das Beschwerdegericht wird die befristete Erinnerung als sog Durchgriffserinnerung zur sofortigen Beschwerde (§ 21 II 4 RpflG u § 104 III 5), unbefristet zur einfachen Beschwerde (§ 11 II 5 RpflG). Der Vorlagebeschluß ist ebenso wie der Nichtabhilfebeschluß des Rechtspflegers unanfechtbar. Eine gleichwohl eingelegte selbständige Beschwerde ist zusammen mit der Durchgriffserinnerung als einheitliches Rechtsmittel zu behandeln (München Rpfleger 71, 427), dagegen nach Hamm (JurBüro 71, 639) zu verwerfen. Die Partei darf das Verfahren selbst betreiben (s oben „Anwaltszwang"). Das Beschwerdeverfahren richtet sich nach §§ 567 ff. Neue Tatsachen können vorgebracht werden (§ 570). Hat der Rechtspfleger das Festsetzungsgesuch aus formellen Gründen ohne sachliche Überprüfung zurückgewiesen, dann ist er auf Grund der zur einfachen Beschwerde gewordenen unbefristeten Durchgriffserinnerung vom Beschwerdegericht zur Sachentscheidung anzuweisen, wenn dieses die formellen Voraussetzungen bejaht. Eine verspätete Durchgriffserinnerung ist vom Beschwerdegericht zu verwerfen (Zweibrücken KoRsp ZPO §§ 103, 104 A 6.5.3).

• **Einstweilige Einstellung:** Nach § 104 III 4 zulässig, aber nicht rechtsmittelfähig (KG und KoRsp ZPO §§ 103, 104 A 7.1.3), auch nicht, wenn vorläufige Einstellung abgelehnt wird (München Rpfleger 73, 31; KG Rpfleger 71, 74). Hat der Schuldner bei anhängigem Hauptprozeß gegen eine vorangegangene einstweilige Verfügung keinen Widerspruch eingelegt, wird die Zwangsvollstreckung aus einem im Verfügungsverfahren ergangenen Festsetzungsbeschluß nicht eingestellt (Karlsruhe Justiz 73, 321).

• **Einstweilige Verfügung:** Die im Rechtmäßigkeitsverfahren (§ 942 I) ergehende Kostenentscheidung deckt auch die vor dem AG angefallenen Kosten (Zweibrücken JurBüro 85, 1715). Der Anwalt, der vor Einleitung eines Verfügungsverfahrens als Verfahrensbevollmächtigter eine Schutzschrift einreicht, ist für das Eilverfahren Prozeßbevollmächtigter und nach § 176 damit auch für den Festsetzungsbeschluß Zustellungsempfänger (Hamburg JurBüro 80, 771). Keine Einstellung aus einem im Verfügungsverfahren ergangenen Festsetzungsbeschluß, wenn die Hauptsache anhängig ist, der Schuldner aber gegen die einstweilige Verfügung keinen Widerspruch eingelegt hat (Karlsruhe Justiz 73, 321). Zu gegensätzlichen Kostenentscheidungen im Anordnungs- und Aufhebungsverfahren s unter „Arrest".

• **Einwendungen:** Berücksichtigung nur, soweit sie unstreitig oder rechtskräftig tituliert sind

(Bamberg JurBüro 85, 621). S „Aufrechnung", „Erfüllung" u „Materiellrechtl Einwendungen".

● **Entmündigung:** Aufwendungen des Entmündigten können nach erfolgreicher Anfechtungsklage weder als Kosten des amtsgerichtlichen Entmündigungsverfahrens noch als Kosten des Anfechtungsprozesses zur Erstattung festgesetzt werden (München MDR 67, 850).

● **Erben:** Lassen sich Erben anwaltlich vertreten, nachdem eine Klage gegen einen vor Klageerhebung Verstorbenen abgewiesen worden ist, ist der Kläger nur erstattungspflichtig, wenn der Kostentenor des Urteils die Erben einbezieht (KG Rpfleger 82, 353). Zur beschränkten Erbenhaftung s „Haftungsbeschränkung".

● **Erfüllung:** Zulässig der Einwand, die zur Erstattung angemeldeten Gerichtskosten, zB für den Sachverständigen, seien vom Erstattungsgläubiger zu Unrecht an die Gerichtskasse gezahlt worden, so daß ihm ein Rückerstattungsanspruch zustehe (Koblenz KoRsp § 91 B – Allgemeines Nr 17; LG Berlin JurBüro 84, 116).

● **Ergänzung des Beschlusses:** Sind angemeldete Kosten versehentlich nicht vom Rechtspfleger beschieden worden, gibt es nicht die Durchgriffserinnerung, sondern nur den Ergänzungsantrag analog § 321 (Hamm Rpfleger 73, 409). Erinnerung bei konkludenter Ablehnung!

● **Familiensachen:** Das Verfahren über Kosten aus einer Familiensache ist selbst Familiensache, auch wenn eine Nicht-Familiensache einbezogen ist, aber eine einheitliche, nicht abtrennbare Kostenentscheidung gefällt wird (BGH MDR 78, 739).

● **Festsetzungsverfahren nach § 19 BRAGO:** §§ 103 ff gelten sinngemäß (§ 19 II 3 BRAGO; s Schneider Anm zu KoRsp BRAGO § 19 Nr 16). Einwendungen oder Einreden des Schuldners, die nicht im Gebührenrecht ihren Grund haben, machen Klage notwendig. Fehlerhafte Berücksichtigung höherer Gebühren im Festsetzungsverfahren zwischen den Parteien ist für das Verhältnis Rechtsanwalt und Mandant nicht präjudizierend (Hamburg JurBüro 81, 1402).

● **Fiktive Kosten:** Zu erstatten sind immer nur tatsächlich entstandene Kosten, nicht auch fingierte (Schneider JurBüro 66, 103). Siehe aber bei „Gebührenauswechslung".

● **Gebührenauswechslung:** Nicht erstattungsfähige entstandene Kosten dürfen durch erstattungsfähige nicht entstandene Kosten, nicht entstandene Gebühren, deren Festsetzung beantragt wird, durch nicht beantragte entstandene ersetzt werden, sofern sie auf denselben Sachverhalt bezogen sind (KG MDR 77, 941; Frankfurt JurBüro 79, 489), zB Reisekosten statt der Korrespondenzgebühr (s § 91 Rn 13 „Mehrere Anwälte" zu a). Nicht austauschbar wegen fehlender Wesensgleichheit Parteiauslagen für Reisekosten von Zeugen gegen Erörterungsgebühr (aA KG KoRsp ZPO § 91 A 4.7.3). Austausch nicht zu verwechseln mit mangelnder Erstattungsfähigkeit fiktiver Kosten (s Schneider JurBüro 66, 103).

● **Gebührenverzicht:** Verzichtet der PV des Klägers gegenüber dem PV des Beklagten auf die halbe Verhandlungsgebühr nach § 33 I 1 BRAGO, so ist dieser Verzicht auch im Festsetzungsverfahren zu berücksichtigen (Bamberg JurBüro 81, 768).

● **Gerichtsferien:** Kein Einfluß auf das Kostenfestsetzungsverfahren, § 202 GVG.

● **Gerichtskostenfreiheit:** Gegen eine nach § 2 GKG gerichtskostenfreie Partei gibt es keinen Erstattungsanspruch wegen Gerichtskosten, sondern für die obsiegende Partei nur Rückforderung gegen die Staatskasse (Frankfurt JurBüro 77, 1778); auch kein Gerichtskostenansatz gegen einen Streitgenossen, den die gerichtskostenfreie Partei im Innenverhältnis freizustellen hat (Köln KoRsp GKG § 2 Nr 5 m Nachw; Düsseldorf ebenda Nr 18 m Anm Schneider).

● **Gesamtschuldner:** Festsetzung gegen sie nur, wenn sich die gesamtschuldnerische Haftung aus dem Titel (Tenor oder Gründen) ergibt, also unerheblich, ob sie hätte ausgesprochen werden müssen (Celle NdsRpfl 70, 12). Bei Streitgenossen-Teilurteilen, zB erst Versäumnisurteil, später Anerkenntnis- oder Streiturteil, ist bei Festsetzungsverfahren gegen beide im Festsetzungsbeschluß klarzustellen, daß Gesamthaftung nur bezüglich des gemeinschaftlich betriebenen Verfahrensabschnittes, darüber hinaus also Einzelhaftung besteht.

● **Haftungsbeschränkung:** Ihr Vorbehalt im Urteil bezieht sich nur auf die Hauptforderung, nicht auf die Kostenentscheidung und ist deshalb nicht in den Festsetzungsbeschluß zu übernehmen (Schleswig JurBüro 78, 1568; Frankfurt Rpfleger 77, 372: § 419 BBG; KG MDR 81, 851 gg KG Rpfleger 64, 290; Hamm MDR 82, 855; Frankfurt JurBüro 77, 1626; Stuttgart JurBüro 76, 675). Aufnahme jedoch geboten, wenn sich der Vorbehalt auf die Kostenentscheidung erstreckt (KG MDR 81, 851; Stuttgart JurBüro 76, 675: Beschränkung der Erbenhaftung; München MDR 80, 147: vollstreckungsbeschränkende Vereinbarung im Prozeßvergleich).

● **Hauptsacheerledigung:** Bei übereinstimmender Erklärung nach Versäumnisurteil können die bisherigen Kosten auf Grund des Versäumnisurteils festgesetzt werden, weil der nach § 91a zu beurteilende Kostenstreit rechtshängig bleibt (Koblenz MDR 80, 320).

• **Hinweispflicht:** Auch der Rechtspfleger muß die §§ 139, 278 III beachten.

• **Klage und Widerklage:** Bei fälschlicher Kostentrennung (s Schneider, Kostenentscheidung im Zivilurteil, 2. Aufl 1977, § 22 II) ist die korrekte Verteilungsquote durch Auslegung (s dort) zu ermitteln. Werden die Kosten der Widerklage dem Beklagten zu 1 auferlegt, die Kosten der Klage zwischen Kläger und Beklagtem zu 2 gequotelt, ist der Beklagte zu 1 im Zweifel nur mit den Mehrkosten der Widerklage zu belasten (s KG JW 39, 362).

• **Konkurs:** Die dem Konkursverwalter auferlegten Kosten in einem von oder gegen ihn aufgenommenen Rechtsstreit sind ungeachtet des Zeitpunktes ihres Entstehens insgesamt Masseschulden (Frankfurt Rpfleger 77, 372; AnwBl 83, 569), auch im Berufungsverfahren (Hamburg JurBüro 79, 447). Im Festsetzungsverfahren kann die Kostenentscheidung nicht mehr überprüft werden (Frankfurt AnwBl 83, 569). Der Gegner muß nach Einstellung mangels Masse gem § 204 KO seine Kosten gegen den Gemeinschuldner festsetzen lassen, auch wenn noch (hinterlegte) Masse vorhanden ist (Schleswig JurBüro 78, 445). Die Erstattungsberechtigung einer GmbH bleibt bestehen, auch wenn nach Eröffnungsablehnung mangels Masse während des Rechtsstreits ihre Auflösung im Handelsregister eingetragen wird (Frankfurt Rpfleger 79, 27).

• **Kosten der Zwangsvollstreckung:** Gläubiger kann sie als Nebenforderung auf Grund des Hauptsachetitels beitreiben (§ 788) oder selbständig festsetzen lassen (BGH WPM 86, 1069; Celle NdsRpfl 63, 65; KG MDR 73, 508; nach Oldenburg, MDR 80, 856, muß er es sogar). Nicht festsetzbar, weil keine Kosten der Zwangsvollstreckung, sind diejenigen zur Eintragung des Rechts oder der Vormerkung nach §§ 894, 895 (Celle NJW 68, 2246). Kosten aus später aufgehobenem Titel können nur festgesetzt werden, wenn sich der neue Titel darauf erstreckt (Stuttgart Rpfleger 78, 455). Haftungsbeschränkungen (s dort) erfassen nur bei ausdrücklicher Erstreckung den Kostenanspruch. Bei vorläufiger Vollstreckung mit anschließender Überholung des Urteils durch Prozeßvergleich kann der Gläubiger die Vollstreckungskosten so festsetzen lassen, wie sie bei einer Vollstreckung wegen der geringeren Vergleichsforderung entstanden wären (Hamburg MDR 81, 763; aA Köln JurBüro 82, 1085). S auch unter „Zuständigkeit".

• **Kostentragung:** Der Festsetzungsbeschluß muß über die Kosten des Festsetzungsverfahrens nach §§ 91 ff mitentscheiden (LG Aschaffenburg JurBüro 84, 287). Bei Erstattungsbereitschaft ohne Festsetzung ist § 93 analog anwendbar; die der Erinnerung nicht entgegentretende Partei bleibt unbelastet (Koblenz JurBüro 84, 446). Bei Zurücknahme der Erinnerung gilt § 515 III entsprechend (LG Essen Rpfleger 64, 183). Bei Wegfall des Kostentitels wird das Rechtsbehelfsverfahren gegenstandslos und die antragstellende Partei entsprechend § 717 II 3 kostenpflichtig (KG Rpfleger 78, 384; Hamm JurBüro 77, 1141; München, JurBüro 70, 268, wendet § 97 I an; LG Berlin, JurBüro 78, 432, befürwortet § 91 a I). Erfolgreiches verspätetes Vorbringen einer Kostenvereinbarung führt zur teilweisen Belastung nach § 97 II (AG Mönchen-Gladbach KoRsp ZPO § 92 Nr 20). Bei **teilweiser Abhilfe** muß eine Teilkostenentscheidung unterbleiben (s § 100 Rn 2); das Beschwerdegericht hat eine einheitliche Gesamtkostenentscheidung zu treffen (Frankfurt JurBüro 85, 1718). Wird auch die Teilabhilfeentscheidung angefochten (siehe unter „Abhilfe"), dann fallen dem Beschwerdegericht zwei selbständige Rechtsmittel an, über die je eigene Kostenentscheidungen zu treffen sind (v Eicken Anm zu KoRsp ZPO § 104 B Nr 36). Wird die unanfechtbare Nichtabhilfeentscheidung aus Rechtsunkenntnis „angefochten", dann sollte darin keine Beschwerde gesehen, sondern der „Beschwerdeführer" ohne Kostenentscheidung über sein Versehen aufgeklärt werden.

• **Kreditkosten:** Zinsen und Kosten des zur Zahlung eines Vorschusses für Gerichts- und Anwaltskosten aufgenommenen Kredits sind nicht festsetzbar (Nürnberg Rpfleger 72, 179).

• **Mängel des Antrags:** Rechtspfleger hat sie durch Rückfragen und Zwischenverfügungen unter Fristsetzung zu beheben, § 139. Offensichtliche Versehen, zB falsche Bezeichnung von Gebühren, sind amtswegig zu berichtigen (Karlsruhe KoRsp ZPO §§ 103, 104 A 3.3.6).

• **Mahnantrag:** Die im Mahnantrag geltend gemachten Kosten des Mahnverfahrens, insbesondere die Auslagen des Antragstellers fallen nicht unter den Hinweis nach § 692 I Nr 2, sondern sind entsprechend §§ 103 ff auf Schlüssigkeit zu prüfen (AG Bonn Rpfleger 82, 71). Ausführlich zur Kostenfestsetzung im Mahnverfahren Hofmann Rpfleger 79, 446; 82, 325 gg Mertes Rpfleger 82, 117. Ergeht nach Rücknahme des Widerspruchs antragsgemäß Vollstreckungsbescheid mit Kostenausspruch gem § 699 III, dann können durch den Widerspruch ausgelöste weitere Kosten des Gläubigers nachträglich festgesetzt werden (Koblenz JurBüro 85, 780). Wegen der Mehrkosten eines Mahnanwalts s § 91 Rn 13 unter „Mahnverfahren".

• **Mandatsniederlegung:** Sie wird schon durch die Anzeige des Prozeßbevollmächtigten wirksam, so daß fortan an die Partei zuzustellen ist (München MDR 80, 146; Koblenz Rpfleger 78, 261; s oben Rn 7).

● **Materiellrechtliche Einwendungen:** Das Festsetzungsverfahren hat nur den Zweck, die Kostengrundentscheidung der Höhe nach zu beziffern. Außerhalb dieser Zielsetzung liegende sonstige Streitigkeiten zwischen den Parteien werden nicht mitentschieden (v Eicken Anm zu KoRsp ZPO § 104 B Nr 17). Deshalb sind materiellrechtliche Einwendungen gegen den Erstattungsanspruch nicht zu berücksichtigen (LAG Düsseldorf LAGE ZPO § 98 Nr 3 S 3). Es gibt also keinen „Austausch" des prozessualen Kostenerstattungsanspruchs gegen materiellrechtliche Ansprüche (Koblenz MDR 74, 1028 m Anm Schneider MDR 75, 325). Unbeachtlich deshalb auch, wenn aus dem Ausgleich aller gegenseitigen Ansprüche im Prozeßvergleich ein Erstattungsverzicht hergeleitet wird (KG JurBüro 70, 62). Für materiellrechtliche Einwendungen und Einreden, zB Verwirkung (Stuttgart Rpfleger 84, 1139), steht nur der Weg über § 775 Nr 4, 5 oder die Vollstreckungsabwehrklage (§ 767) offen (Hamburg JurBüro 70, 1090; Düsseldorf JurBüro 78, 1569), wobei die Sperre des § 767 II nicht gilt (BGHZ 3, 382; Nürnberg JurBüro 65, 314). Aus prozeßökonomischen Gründen macht die Rspr davon eine Ausnahme, wenn die tatsächlichen Voraussetzungen einer Einwendung feststehen, zB durch rechtskräftige Entscheidung, oder zugestanden sind (allg M zB Stuttgart u Hamm Rpfleger 84, 113; s auch „Aufrechnung" u „Einwendung"). Die Geständnisfiktion des § 138 III ZPO reicht dazu aus; für die Beschränkung auf „ausdrückliches Zugestehen" fehlt ein zureichender Grund (v Eicken Anm KoRsp ZPO § 104 B Nr 17).

● **Mehrere Prozesse:** Getrennte Geltendmachung von Ansprüchen in verschiedenen Prozessen erhöht die Gebühren. Darin kann rechtsmißbräuchliches Vorgehen liegen. Im Erkenntnisverfahren kann dies nur im Rahmen der Zulässigkeitsprüfung zur Klage gewertet werden (sog Erschleichung der Zuständigkeit: s § 1 Rn 23). Die Notwendigkeit (§ 91) dieser „Gebührenschinderei" läßt sich nur im Festsetzungsverfahren verneinen und muß dort auch verneint werden (Koblenz Rpfleger 83, 38; Düsseldorf FamRZ 86, 824). Demgegenüber nehmen Hamm (KoRsp ZPO § 91 B – Allgemeines Nr 10 m abl Anm v Eicken) und Bamberg (KoRsp ZPO § 91 B – Allgemeines Nr 13 m abl Anm v Eicken = JurBüro 83, 130 m abl Anm Mümmler) an, die Notwendigkeitsprüfung müsse wegen der Bindung an die Kostengrundentscheidungen der einzelnen Prozesse unterbleiben, was dann dazu führen würde, daß diese Prüfung gänzlich unterbleiben müßte. Hat ein Kläger ohne vertretbaren Anlaß einen Anspruch aufgeteilt und mit mehreren Klagen verfolgt, so müssen die dadurch ausgelösten Mehrkosten im Festsetzungsverfahren zu seinen Lasten abgesetzt werden.

● **Mehrkosten wegen Unzuständigkeit:** Bei Abtrennung Entscheidung durch einheitlichen Kostenfestsetzungsbeschluß (Hamm AnwBl 82, 384). Unterbleibt ihre Abtrennung gem § 281 III 2 versehentlich, dann lehnt die hM eine Korrektur im Festsetzungsverfahren ab (s § 281 Rn 19). Diese Unbilligkeit kann manchmal durch Auslegung verhindert werden (s Braunschweig JurBüro 77, 1755). Auch soweit dieser Weg verschlossen ist, sollte die Erstattungsfähigkeit der Mehrkosten mangels Notwendigkeit, § 91, verneint werden (München NJW 69, 1217, 1307; MDR 81, 58; Schneider MDR 65, 799; Mümmler JurBüro 81, 813 m Nachw).

● **Nachliquidation:** Bei versehentlich übergangenen Posten kann Ergänzung analog § 321 oder erneute Festsetzung beantragt werden (KG Rpfleger 80, 158; s dazu Lappe Anm KoRsp ZPO § 100 Nr 47). Bei vergessenen oder zu niedrig geltend gemachten Positionen ist Nachliquidation ungeachtet der Rechtskraft eines früheren Festsetzungsbeschlusses zulässig (KG JW 29, 877; Hamm JMBlNRW 56, 136; Hamburg MDR 79, 235; 80, 233), wobei auch eine Erinnerung wegen gestrichener Posten gleichzeitig zur Nachliquidation benutzt werden kann (München Rpfleger 69, 394 m Nachw). Über im Erinnerungsverfahren zulässig nachberechnete Kosten kann das Gericht selbst entscheiden (LG Flensburg JurBüro 85, 777).

● **Nebenintervention:** Im Festsetzungsverfahren gibt es keine (Nürnberg JurBüro 63, 233). Der Nebenintervenient des Rechtsstreits ist nur erstattungsberechtigt, wenn dies im Urteil ausgesprochen wird, § 101 (KG Rpfleger 62, 159; AG Wiesbaden AnwBl 82, 24), notfalls nach Ergänzungsverfahren gem § 321 (RGZ 22, 421). Nimmt bei Berufungseinlegung durch Hauptpartei und Streithelfer dieser seine Berufung zurück, dann ist ein Kostenbeschluß, der ihm „die Kosten seiner Berufung" auferlegt, kein Titel zur Festsetzung der außergerichtlichen Kosten des Gegners, die diesem durch die Berufung des Streithelfers möglicherweise entstanden sind (München MDR 79, 497). Zum Kostentitel bei einem Rechtsmittel lediglich des Streithelfers s § 101 Rn 4; zu seinem Erstattungsanspruch, wenn die Parteien sich unter Ausschluß der Interventionskosten vergleichen s § 101 Rn 6 ff. Bei Wechsel des Beitritts zum Gegner der zunächst unterstützten Partei muß sich aus der Kostenentscheidung entnehmen lassen, wer die vor und nach Wechsel entstandenen Interventionskosten trägt (s dazu KG Rpfleger 83, 125).

● **Örtliche Zuständigkeit:** Nichtbeachtung bei der Kostenfestsetzung ist analog §§ 512 a, 10 folgenlos (LG Berlin JurBüro 79, 771).

● **Partei, nichtexistente:** Bei Verurteilung einer nichtexistenten Partei in die Kosten haftet der tatsächlich Handelnde (§ 91 Rn 2) und ist auch im Festsetzungsverfahren Kostenschuldner (Düsseldorf MDR 80, 853). Bei Klage gegen eine nicht existierende Firma und späterer Umstellung auf den Namen des richtigen Beklagten tituliert die Verurteilung des Klägers in die außergerichtlichen Kosten der nicht existierenden Firma nicht die Festsetzung zugunsten des richtigen Beklagten (München Rpfleger 71, 31). Siehe auch bei „Erbe".

● **Parteifähigkeit:** Wird die Klage wegen Parteiunfähigkeit des Beklagten als unzulässig abgewiesen, berührt das nicht die Erstattungspflicht des Klägers (Schleswig SchlHA 78, 178).

● **Parteiwechsel:** Die aus dem Rechtsstreit ausgeschiedene Partei erlangt einen festsetzbaren Erstattungsanspruch, wenn sich aus dem Gesamtinhalt des Urteils, nicht notwendig aus Tenor oder Rubrum, zweifelsfrei ergibt, daß zu ihren Gunsten eine Kostenentscheidung getroffen worden ist (Hamm JurBüro 75, 1503).

● **Postgebühren:** Die anwaltliche Versicherung nach § 104 II 2 macht nur die Entstehung glaubhaft, nicht auch die Höhe (dazu § 91 Rn 13 „Postgebühren"), so daß bei Bedenken gegen die Notwendigkeit Einzelnachweis gefordert werden kann (Hamburg JurBüro 81, 454), wozu bei angemessenen Ansätzen aber kein Anlaß besteht (München MDR 82, 760). Andererseits ist die Versicherung des RA für die Anerkennung der Auslagen nicht unbedingt erforderlich (KG DJR 40 Nr 876), zB nicht bei geringen Beträgen. Erklärt wird sie schriftlich oder zu Protokoll; Unterzeichnung der Kostenberechnung ist keine Versicherung nach § 104 II 2. Überprüfung durch den Rechtspfleger ist veranlaßt, wenn die Post- und Fernsprechauslagen bezogen auf den konkreten Rechtsstreit auffällig hoch sind (Celle JurBüro 72, 69; KG NJW 76, 1272; AG Attendorn JurBüro 78, 537). RA muß auf Verlangen Einzelaufstellung vorlegen (KG JW 39, 434; Hamburg JurBüro 81, 454). Rechtspfleger muß vor Entscheidung auf Bedenken hinweisen, gfls Auflagen machen, zB Vorlage der Handakten verlangen (LG Bremen Rpfleger 51, 480; ArbG Flensburg KoRsp ZPO §§ 103, 104 A 3.1.3). Soweit nur der Pauschsatz nach § 26 BRAGO verlangt wird, handelt es sich um gesetzliche Kosten (§ 91 II), deren Ansatz nicht versichert zu werden braucht (LG Kassel AnwBl 66, 269). Versicherung der Partei fällt nicht unter § 104 II 2. Bei Ablichtungen aus Straf- und Bußgeldakten wird Notwendigkeit zweckentsprechender Rechtsverfolgung im Unfallprozeß vermutet (LG Essen AnwBl 79, 117). Im Verfahren nach § 19 BRAGO muß der Anwalt bei Bestreiten konkret substantiieren und glaubhaft machen (Hamm Rpfleger 75, 264; s näher Schneider Anm KoRsp BRAGO § 19 Nr 14).

● **Prozeßfähigkeit:** Die nicht prozeßfähige Partei gilt für den Streit über ihre Prozeßfähigkeit und deshalb auch für das sich anschließende Kostenfestsetzungsverfahren als prozeßfähig (Hamm AnwBl 82, 70; Frankfurt JurBüro 82, 452). Anwaltsgebühren entstehen jedenfalls nach GoA oder Bereicherungsrecht (OLG Frankfurt JurBüro 82, 452).

● **Prozeßkostenhilfe:** Zur Kostenerstattung s Lappe Rpfleger 84, 129; zur Erstattung der Kosten des Bewilligungsverfahrens s § 118 Rn 24. Die dem beigeordneten Anwalt aus der Staatskasse zu gewährende Vergütung wird abweichend von § 103 II 1 immer vom UdG des Gerichts des Rechtszuges festgesetzt (§ 128 I 1 BRAGO). Der Anwalt des Hilfsbedürftigen darf Festsetzung auf sich beantragen (§ 126; s dort). Fälschliche Festsetzung zugunsten der Partei beschwert den Gegner des Hilfsbedürftigen nicht, weil er durch Zahlung entsprechend dem Festsetzungsbeschluß auch gegenüber dem Anwalt befreit wird (§ 126 Rn 16; Bremen JurBüro 86, 1412). Wohl kann der Gegner des Hilfsbedürftigen bei Obsiegen von ihm verauslagte Gerichtskosten und Vorschüsse für Zeugen- und Sachverständigenentschädigungen festsetzen lassen, was im Ergebnis die PKH zu Lasten des Hilfsbedürftigen entwertet (s § 123 Rn 5 m Nachw). Die Bewilligung als solche bindet einschließlich der Anwaltsbeiordnung, auch wenn die Bewilligungsvoraussetzungen nicht gegeben waren (München Rpfleger 83, 503) oder unzulässige Rückwirkung beschlossen worden ist (München Rpfleger 86, 108). Entgegen Düsseldorf (KoRsp ZPO § 121 Nr 44 m abl Anm v Eicken) darf deshalb auch die für zwei getrennt erhobene Klagen bewilligte PKH im Festsetzungsverfahren nicht ignoriert werden mit der Begründung, die Klagebegehren hätten in einem Prozeß verfolgt werden können. Jedoch ist die Notwendigkeit einzelner Ansätze zu überprüfen, auch die Inanspruchnahme eines Verkehrsanwaltes, selbst wenn er beigeordnet war (Frankfurt AnwBl 82, 381).

● **Prozeßkostenvorschuß:** Vorschüsse, die ein Ehegatte dem anderen gezahlt hat, sowie Prozeßkostenvorschüsse für Unterhaltsklagen zwischen unterhaltsberechtigten Kindern und ihren Eltern oder sonstigen Verwandten (s § 127a) können im Festsetzungsverfahren nicht geltend gemacht werden (heute allg M; s Karlsruhe Rpfleger 81, 408 m Nachw). Festsetzung ausnahmsweise zulässig, wenn Zahlung unstreitig ist (Koblenz JurBüro 82, 448; Rpfleger 85, 209; Bamberg JurBüro 82, 449) oder die erstattungspflichtige Partei die Zahlung offensichtlich unbegründet bestreitet (KG MDR 79, 401) oder die erstattungsberechtigte Partei die Verrechnung selbst beantragt (Zweibrücken Rpfleger 81, 455); Berücksichtigung in diesen Fällen bis zur Höhe desjenigen

Betrages, der sich bei einseitiger Festsetzung gem § 106 II ergäbe (KG MDR 80, 146; Köln KoRsp ZPO §§ 103, 104 A 8.). Außerhalb dieser Ausnahmen muß die Rückzahlungsforderung eingeklagt werden.

● **Prozeßvergleich: a) Titel.** Er ist, wie stets, zur Kostenerstattung notwendig. Vor Entscheidung des Prozeßgerichts können die Parteien die zu erwartende Kostenentscheidung des Urteils nicht mit Wirkung gegenüber dem Gericht vergleichsweise titulieren (§ 308 II), so daß insoweit nur eine rein materiellrechtliche Abmachung getroffen werden kann, wie sie in Ehesachen häufig vorkommt (BGHZ 5, 251). Umgekehrt kann auch nach Rechtskraft eines Urteils über dessen Kostenregelung kein vollstreckbarer Prozeßvergleich mehr abgeschlossen werden (BGHZ 15, 190). Der wirksame, also vor Rechtskrafteintritt abgeschlossene Prozeßvergleich macht ein früheres Urteil als Vollstreckungstitel ungeeignet (München JurBüro 80, 881). Der Vergleich selbst wiederum verliert seine Wirkung als Vollstreckungstitel, wenn darin vereinbart ist, daß er bei Nichtzahlung der Vergleichssumme bis zu einem bestimmten Zeitpunkt hinfällig werden soll und erst danach gezahlt wird, selbst wenn die Parteien sich außergerichtlich über einen späteren Zahlungstermin geeinigt haben (Hamm JurBüro 70, 65). Überprüfung des Vergleichstitels an Hand prozessualen oder materiellen Rechts ist dem Rechtspfleger verwehrt (KG JW 38, 476 u 1187), zB wegen einer Anfechtungserklärung, sofern die Nichtigkeit nicht offensichtlich ist (KG KoRsp ZPO §§ 103, 104 A 2.3 u Köln KoRsp ZPO §§ 103, 104 A 2.3.1); wohl hat er zu prüfen, ob überhaupt ein Vergleichstitel vorliegt (s unter „Bindung“). Ein vor dem Einzelrichter des Kollegialgerichts geschlossener Vergleich ist entgegen hM ein wirksamer Titel gem § 794 I Nr 1, auch wenn eine Partei anwaltlich nicht vertreten war (BGH LM § 826 BGB [Fa] Nr 3; Wüstenberg, RGR-Komm z BGB, 11. Aufl 1968, § 72 EheG Anm 126; aA Bergerfurth, Anwaltszwang und seine Ausnahmen, 1981, Rz 223 m Nachw). Die Erklärung der „Kostenübernahme“ nach Hauptsacheerledigung kann ein Vergleichstitel sein, wenn gegenseitiges Nachgeben feststellbar ist (KG JurBüro 82, 1729). Ein Scheidungsvergleich ist wegen der Kosten des Scheidungsverfahrens kein Vollstreckungstitel (s unten zu c; aA Hamm Rpfleger 82, 481). Erst recht werden Aufwendungen zur Erfüllung eines Scheidungsvergleichs, etwa zur Bestellung einer Grundschuld, nicht mittituliert (aA Saarbrücken JurBüro 84, 1409 = KoRsp ZPO § 103 B Nr 22 m abl Anm Lappe). Bei Vergleich über Arrest- und Hauptverfahren vor demselben Gericht ist gemeinsame Festsetzung möglich (KG MDR 84, 590).

b) Bei mehreren **aufeinanderfolgenden Prozeßvergleichen** kommt es auf den letzten an. Bei einem Vergleich im Arrestprozeß, wonach die Kostenentscheidung der Hauptsache folgen soll, und späterem Vergleich in der Hauptsache ist dessen Kostenregelung auch Grundlage für die Festsetzung der Arrestkosten (KG JW 38, 3056). Wird die Hauptsache nicht verglichen, ist Festsetzung erst nach Rechtskraft der Hauptsacheentscheidung möglich (KG MDR 79, 1029), sofern es überhaupt zu einem eindeutigen Titel kommt, zB nicht, wenn Hauptantrag später erfolglos ist und der Hilfsantrag nur teilweise beschieden wird (Frankfurt KoRsp ZPO §§ 103, 104 A 2.4.3) oder wenn später Widerklage erhoben und deren Kostenanteil ungetrennt in die Kostenentscheidung übernommen wird (Hamm NJW 69, 2149) oder wenn auf Hauptklage verzichtet wird (KG Rpfleger 80, 232). Bei Aufhebung wegen veränderter Umstände (§ 927) kann jede Partei aus der ihr günstigen Kostenentscheidung die Festsetzung betreiben (Hamburg JurBüro 81, 277). Wird im Prozeßvergleich ein anderer Rechtsstreit mitverglichen, dann findet die Kostenfestsetzung nach dem Gesamtvergleich für sämtliche Gebühren nur in demjenigen Rechtsstreit statt, in dem der Prozeßvergleich abgeschlossen wurde (München Rpfleger 78, 149). Wird in einem Vergleich die Kostenregelung eines anderen, schon rechtskräftig abgeschlossenen Verfahrens abgeändert, dann führt das nicht zu einem Festsetzungstitel für die Kosten des rechtskräftigen Verfahrens (KG Rpfleger 72, 64 gg München NJW 69, 2149).

c) Kosten eines **außergerichtlichen Vergleichs** dürfen berücksichtigt werden, wenn dessen Zustandekommen unstreitig (Stuttgart Justiz 80, 353) oder für die prozessuale Erledigung, zB Anerkenntnisurteil, bestimmend ist (Karlsruhe JurBüro 83, 278) oder im Prozeßvergleich die Erstattung bestimmter außergerichtlicher Kosten, etwa der Vergleichsgebühr, vereinbart wird (München NJW 69, 242; Frankfurt MDR 70, 773; AnwBl 78, 466). Fehlt es daran (insoweit ist die abw Entscheidung des OLG Düsseldorf in KoRsp ZPO § 103 B Nr 16 m Anm v Eicken lückenhaft), dann sind insbesondere Gebühren nach § 118 I Nr 1, 2 BRAGO nicht festsetzbar (Frankfurt MDR 80, 60; Düsseldorf MDR 80, 940; München AnwBl 71, 19; Bremen KoRsp ZPO §§ 103, 104 A 2.3.2). Der außergerichtliche Vergleich selbst ist aber nie ein zur Festsetzung geeigneter Titel (LG Berlin JurBüro 66, 167; Tschischgale JurBüro 66, 206). Ein Scheidungsvergleich ist hinsichtlich der Kosten des Scheidungsverfahrens und der obligatorischen Folgesachen kein zur Festsetzung geeigneter Titel (BGHZ 5, 258; Bamberg JurBüro 82, 769; Frankfurt Rpfleger 84, 159; ganz hM; aA Saarbrücken KoRsp ZPO § 103 B Nr 13 m abl Anm Lappe u Hamm KoRsp ZPO § 103 B Nr 15 m abl Anm v Eicken). Eine solche Kostenvereinbarung tituliert nur die Kosten des

Vergleichs selbst. Bezweckt ein außergerichtlicher Vergleich die Erledigung des Rechtsstreits, zB durch Anerkenntnis des Beklagten, dann kann die außergerichtlich erfallene Vergleichsgebühr zu den erstattungsfähigen Kosten des Rechtsstreits selbst gehören (Karlsruhe JurBüro 83, 278). Zur Anrechnungsbegrenzung bei nicht voll deckendem Prozeßkostenvorschuß und Kostenquotierung im Urteil s Karlsruhe Justiz 86, 220.

d) Die **Tragweite des Prozeßvergleichs** ist durch Auslegung zu ermitteln. Der erkennbare Wille der Parteien ist maßgebend (KG MDR 85, 678). Bezeichnung ist nicht entscheidend. Wird etwa ein abschließender Vergleich fälschlich als „Zwischenvergleich" überschrieben, dann erledigt er ungeachtet der irrigen Benennung die Hauptsache; wird dementsprechend die Klage zutreffend kostenfällig abgewiesen, so ist der Kostentenor des Urteils Erstattungstitel; lediglich für die Vergleichsgebühr des § 23 BRAGO gilt § 98 (Schleswig SchlHA 77, 135). Mit der Funktion des Kostenfestsetzungsverfahrens ist es jedoch nicht mehr zu vereinbaren, den zweifelhaften Inhalt eines Prozeßvergleichs durch eine Vertragsauslegung nach Treu und Glauben zu bestimmen (aA Koblenz MDR 82, 854 = KoRsp ZPO § 91 B-Allgemeines Nr 12 m abl Anm Lappe). Grundsätzlich gilt, daß die Übernahme der Kosten sich mangels Einschränkung auf alle notwendigen Kosten erstreckt, also nicht lediglich auf diejenigen, die dem Übernehmer bekannt sind (Düsseldorf AnwBl 78, 426; Hamm MDR 82, 855). Daß eine Vergleichspartei von vorangegangenen Kosten weiß, ist jedoch ein wichtiger Auslegungsumstand, zB wenn es um die Übernahme von Beweissicherungskosten geht, obwohl die Partei an Sicherungsverfahren nicht beteiligt war (Hamm JurBüro 75, 1214). Rechtskräftig abgeschlossene Verfahrensteile sind im Zweifel nur vom Vergleichstitel erfaßt, wenn darüber eine Regelung getroffen worden ist (Frankfurt Rpfleger 81, 29; München MDR 82, 760). Vergleichsweise Kostenübernahme erstreckt sich nicht auf die Kosten des Festsetzungsverfahrens selbst (LG Berlin Rpfleger 53, 269). Ist nicht festzustellen, daß der Vergleich eine (auslegungsfähige) Kostenregelung enthält, dann ist das Festsetzungsverfahren abzulehnen (LAG Hamm LAGE ZPO § 98 Nr 3); notfalls muß ein klärender Feststellungsprozeß geführt werden.

e) Hat eine Partei **die Kosten des Rechtsstreits** übernommen, dann hat sie dem Gegner die diesem entstandenen Kosten zu erstatten, auch soweit der Vergleich über den Gegenstand der Klage hinausgeht (Jena OLGE 39, 110), sofern die Notwendigkeit gem § 91 I 1 zu bejahen ist (Celle NJW 63, 1014; Düsseldorf JurBüro 72, 1083; Hamburg JurBüro 74, 605; Bamberg JurBüro 75, 1368; Hamm MDR 82, 855; Koblenz MDR 82, 854). Sind im Vergleich die **Kosten** des Rechtsstreits **unter die Parteien verteilt,** dann sind die Vergleichskosten einbezogen, so daß der vereinbarte Verteilungsmodus gilt, nicht § 98 S 1 (Hamburg JurBüro 78, 1082). Bei **Kostenaufhebung gegeneinander** kann keine Partei an sich erstattungsfähige Vorbereitungskosten, zB für ein Privatgutachten, zur hälftigen Erstattung ansetzen, weil jede Partei ihre außergerichtlichen Kosten in diesem Fall selbst tragen muß (Koblenz ZSW 81, 100 m Anm Müller). Die Kostenaufhebung gegeneinander erstreckt sich auch nicht ohne weiteres auf die Gerichtskosten eines rechtskräftig erledigten Berufungsverfahrens gegen ein dem Vergleich vorangegangenes Grundurteil (Frankfurt Rpfleger 81, 29), es sei denn, daß die „Gesamtkosten des Rechtsstreits" verteilt worden sind (Koblenz JurBüro 80, 762). Hat vereinbarungsgemäß der **Widerkläger** die Kosten der Widerklage zu tragen, während die übrigen Kosten gegeneinander aufgehoben sind, so bedeutet das im Zweifel, daß auf den Widerkläger vorweg die Mehrkosten der Widerklage entfallen, die es kostenrechtlich an sich wegen der Streitwertaddition nicht gibt und die deshalb nur als Spitzenbetrag abgeschöpft werden können (Koblenz VersR 80, 433). Ein **Teilvergleich** des Inhalts, daß die Parteien „von den Kosten dieses Vergleichs" bestimmte Anteile zu tragen haben, ist wegen mangelnder Klarheit auslegungsbedürftig. Entgegen Bamberg (JurBüro 75, 820) sind im Zweifel nur die Kosten gemeint, die durch den Teilvergleich angefallen sind, nicht etwa die bisherigen Kosten des Rechtsstreits (s v Eicken Anm KoRsp ZPO § 98 Nr 34). Vergleichsweise Übernahme der Gerichtskosten erfaßt auch diejenigen, die durch eine Widerklage angefallen sind (Bamberg JurBüro 77, 1594). Übernimmt der Kläger nur die außergerichtlichen **Kosten eines Streitgenossen,** während der andere Streitgenosse seine Kosten selbst zu tragen hat, dann entspricht es dem Parteiwillen, daß der obsiegende Streitgenosse nur den auf ihn entfallenden Kopfteil erstattet verlangen kann (Koblenz JurBüro 81, 1399). Erstattungsfähig ist aber die Erhöhung der Prozeßgebühr gem § 6 I 2 BRAGO (LG München JurBüro 81, 765). Über die Kosten des Streithelfers, der nicht am Prozeßvergleich beteiligt wird, s § 101 Rn 8. Ein im **Nachverfahren** geschlossener Vergleich, wonach die Gerichtskosten geteilt werden und jede Partei ihre außergerichtlichen Kosten selbst trägt, erfaßt nicht die durch die Vollstreckung des Vorbehaltsurteils entstandenen Kosten; diese trägt der Schuldner (Hamburg Rpfleger 62, 229). Die durch **Anrufung des unzuständigen Gerichts** nach § 281 III 2 erfallenen Mehrkosten sind dann zu erstatten, wenn im Vergleich nur gesagt ist, daß der Beklagte die Kosten des Rechtsstreits übernimmt (Düsseldorf NJW 65, 1385; Köln JurBüro 74, 98; 75, 234; Frankfurt JurBüro 78, 594; Bamberg JurBüro 79, 1713;

Schleswig SchlHA 80, 219). Eine Notwendigkeitsprüfung gem § 91 I 1 findet also nicht statt. Dasselbe gilt für **Säumniskosten** nach § 344 (KG MDR 76, 405; München Rpfleger 79, 345; Düsseldorf MDR 80, 233). Bei bereits entstandenen **Vollstreckungskosten** ist der Prozeßvergleich Titel, wenn ein Übernahmewille feststellbar ist, was durch Auslegung zu klären ist (KG NJW 63, 661; München JurBüro 70, 881; Köln Rpfleger 77, 148; Bamberg JurBüro 79, 1893; Frankfurt MDR 80, 60); eine Auslegungsregel, wonach sich die vergleichsweise Kostenregelung grundsätzlich nicht auf vorangegangene Vollstreckungsverfahren beziehen soll (so Hamm JurBüro 77, 1456) ist abzulehnen. Vergleichsweise Übernahme erstinstanzlicher Parteikosten vor dem **ArbG** sind durch den Vergleich tituliert, wenn über die Aufteilung der „Kosten des Rechtsstreits" hinaus Anhaltspunkte für einen solchen Willen im Vergleichstext zu finden sind (LAG München AnwBl 79, 67). Auch ein Beklagter, dem **Prozeßkostenhilfe** bewilligt worden ist, kann vergleichsweise Kosten übernehmen. Dann kann allerdings der Kläger als Antragsteller der Instanz zur Zweitschuldnerhaftung herangezogen werden, was über § 123 letztlich zur Haftung des Hilfsbedürftigen führt (s § 123 Rn 6).

f) Setzt das Gericht den **Streitwert des Vergleichs** fest, so ist dieser Wert maßgebend. Ein im Vergleich selbst vereinbarter Streitwert hat jedoch Vorrang (Hamm AnwBl 75, 95). Wird ein weiterer Prozeß mitverglichen, dann ist der Vergleichswert durch Addition zu ermitteln und das Festsetzungsverfahren im *verglichenen* Rechtsstreit zu betreiben (München Rpfleger 78, 149). Hat eine Partei in einem Teilvergleich die Kosten übernommen, die den einen bestimmten Sokkelbetrag übersteigenden Teil des Streitgegenstandes betreffen, dann ist der Unterschiedsbetrag der Kosten aus dem Gesamtstreitwert zu berechnen (München JurBüro 64, 352).

• **Ratenzahlung:** Eine entsprechende Vereinbarung im Vergleich bezüglich der Vergleichskosten ist in den Festsetzungsbeschluß hineinzunehmen (Düsseldorf JurBüro 71, 796). Erkennt der Beklagte in einem *außergerichtlichen* Vergleich die Klageforderung unter Kostenübernahme mit Ratenzahlungsbewilligung und Verfallklausel an, so kann der Kläger wegen eines nicht gezahlten Restbetrages den Rechtsstreit fortsetzen und auf Grund des sodann ergehenden Urteils auch die Vergleichsgebühr für den Prozeßbevollmächtigten des Klägers festsetzen lassen (LG Offenburg KoRsp ZPO §§ 103, 104 A 3.4.3).

• **Rechenfehler:** Der Festsetzungsbeschluß ist analog § 319 in jeder Lage des Verfahrens, auch nach Rechtskraft, amtswegig zu berichtigen (Stuttgart Justiz 80, 439; Hamm MDR 77, 760).

• **Rechtliches Gehör:** Gewährung durch schriftliche oder mündliche Anhörung der Partei unter Berücksichtigung aller Eingänge ist verfassungsrechtlich geboten, Art 103 I GG (BVerfG JMBlNRW 83, 72). Dazu ist zunächst die Mitteilung der dem Gesuch beigefügten Kostenrechnung nötig (München NJW 64, 1377). Das Unterbleiben einer Gegenerklärung trotz Aufforderung ist frei zu würdigen und darf als Zugeständnis behandelt werden (KG u Hamburg MDR 76, 406, 585; zu eng Hamm MDR 77, 408, das ausdrückliches Geständnis verlangt). Soweit vom Richter ergänzende Erklärungen zu nicht oder nicht vollständig protokollierten Verfahrensvorgängen eingeholt werden, müssen sie den Parteien bekannt gegeben werden. Stillschweigendes oder begründungsloses Absetzen beantragter Positionen ist unzulässig (München NJW 66, 2068). Bei Versagung rechtlichen Gehörs tendiert die neuere Rspr dazu, trotz Rechtskraft eine Abänderungsbefugnis zu bejahen (München AnwBl 82, 532; s § 567 Rn 41). Völlig fehlerhafte Festsetzung kann gg das verfassungsrechtliche Willkürverbot verstoßen (BVerfGE 62, 189 = MDR 83, 373 = Rpfleger 83, 84).

• **Rechtskraft:** Kostenfestsetzungsbeschlüsse werden hinsichtlich zu- oder aberkannter Kosten formell und materiell rechtskräftig (München AnwBl 82, 532; Frankfurt JurBüro 86, 599). Aufhebung des Titels macht den Festsetzungsbeschluß wirkungslos (s „Aufhebung der Kostengrundentscheidung"). Vorbehaltlich des § 107 gelten auch die §§ 308, 322. Die materielle Rechtskraft erstreckt sich nur auf festgesetzte oder gestrichene Posten, nicht auf den Gesamtbetrag (RGZ 27, 403; München Rpfleger 70, 211). Rechtskräftige Absetzung einer Korrespondenzgebühr steht aber dem ersatzweisen Ansatz fiktiver Reisekosten in einem neuen Festsetzungsbescheid entgegen (Hamburg MDR 65, 308; Bamberg JurBüro 78, 1523; Frankfurt KoRsp ZPO § 104 B Nr 43 m krit v Eicken). Absetzung eines Betrages wegen Beweisfälligkeit steht späterer Festsetzung nach Nachweis der Bezahlung nicht entgegen (München OLGE 33, 65). Fehlerhafter übersetzter Gebührenansatz bei der Festsetzung zwischen Prozeßparteien schafft keine rechtskraftähnliche Wirkung für das Verfahren nach § 19 BRAGO (Hamburg JurBüro 81, 1402). Teilanfechtung eines Kostenfestsetzungsbeschlusses hemmt die Rechtskraft auch hinsichtlich des nicht angefochtenen Entscheidungsteils, so daß im höheren Rechtszug erweitert werden darf (Köln JurBüro 81, 1404). Trotz Eintritts der Rechtskraft tendiert die neuere Rspr dazu, bei Versagung rechtlichen Gehörs Abänderungsbefugnis zu bejahen (München AnwBl 82, 532; s § 567 Rn 41). Rechtskräftige sachlich-rechtliche Aberkennung im **Erkenntnisverfahren** hindert nicht Geltendmachung im Kostenfestsetzungsverfahren und umgekehrt (Rn 13 vor § 91). Wird im Erkenntnisverfahren durch Prozeßurteil abgewiesen, weil es sich um Vorbereitungskosten (Rn 12 vor § 91) handele, die ins Kostenfestsetzungsverfahren gehörten, zB Abmahnkosten (s dazu § 91 Rn 13), dann steht nach Frankfurt (AnwBl 85, 210) die Ablehnung der Festsetzung einer erneuten Zahlungsklage nicht entgegen. Diese Auffassung ist abzulehnen; vielmehr ist die Unzuständigkeit des Erkenntnisgerichts für das Festsetzungsverfahren analog § 11 bindend und zwingt zur Festsetzung (zutr Lappe Anm zu KoRsp ZPO § 91 B – Allgemeines Nr 29).

● **Rechtsschutzbedürfnis:** Sein Fehlen im titelschaffenden Erkenntnisverfahren ist als Angriff auf die Kostengrundentscheidung unbeachtlich (Bamberg JurBüro 79, 1515). Im Festsetzungsverfahren selbst muß es gegeben sein, was zB nicht der Fall ist, wenn die Prozeß- und Verfahrenskosten anderweit beigetrieben werden, etwa Kosten des Mahnverfahrens, die im Vollstreckungsbescheid berücksichtigt sind. Hinsichtlich reiner Prozeßkosten steht nur das Kostenfestsetzungsverfahren offen, nicht eine selbständige Klage (Rn 10, 11 vor § 91; näher Schneider MDR 81, 353 ff).

● **Reformatio in peius:** Das Verschlechterungsverbot gilt auch im Kostenfestsetzungsverfahren (München Rpfleger 82, 196; Oldenburg JurBüro 78, 1811; LG Würzburg JurBüro 79, 1034). Fehlen eines zur Festsetzung geeigneten Titels führt jedoch in höherer Instanz zur Aufhebung des Festsetzungsbeschlusses (Hamm NJW 72, 2047; München Rpfleger 82, 196). Kehrseite des Verschlechterungsverbotes: § 308 I 1 muß beachtet werden.

● **Rückfestsetzung:** Grundsätzliche Voraussetzung, daß ein zur Zwangsvollstreckung geeigneter Titel vorliegt (München MDR 82, 760), daher nicht für Prozeßkostenvorschüsse unter Ehegatten (s „Prozeßkostenvorschuß"). Bei Aufhebung der Kostengrundentscheidung wird Rückfestsetzung weitgehend analog § 717 II unter der Voraussetzung zugelassen, daß die Rückzahlungsforderung nach Grund und Höhe unstreitig oder eindeutig feststellbar ist (Frankfurt MDR 78, 146; Koblenz JurBüro 79, 1896; Düsseldorf Rpfleger 81, 409; Hamm JurBüro 81, 1246; Hamburg JurBüro 81, 1401; Celle JurBüro 85, 1721; Karlsruhe JurBüro 86, 927 unter Aufgabe von Rpfleger 80, 438; München MDR 82, 760 [bei Zugeständnis] aA Köln Rpfleger 76, 220; VG Gelsenkirchen Rpfleger 83, 173). Jede materiellrechtliche Einwendung schließt Rückfestsetzung aus (Frankfurt MDR 78, 146), zB die Aufrechnung (Koblenz KoRsp ZPO § 104 B Nr 32) oder die Behauptung, der Kostenanfall sei vom Gegner verschuldet worden (LG Berlin JurBüro 86, 1248), nicht jedoch rechtsirrige Beurteilung unstreitiger Tatsachen (LG Berlin JurBüro 83, 1885).

● **Sachverständigenkosten:** Wegen Nichtbeteiligung an der Entschädigungsfestsetzung darf nach Koblenz (Rpfleger 85, 333) im Kostenfestsetzungsverfahren noch gerügt werden, die Staatskasse habe den Sachverständigen zu hoch vergütet.

● **Schiedsgutachten:** Kein geeigneter Vollstreckungstitel (Hamburg JurBüro 82, 769).

● **Sequestrationsgebühren:** Entsprechend § 153 ZVG erst nach gerichtlicher Festsetzung zur Höhe erstattungsfähig (Koblenz MDR 81, 855).

● **Sicherheitsleistung:** Kosten der für eine Zwangsvollstreckung nötigen Sicherheitsleistung für Hinterlegung, Bankspesen, Avalprovision usw sind festsetzbar (§ 91 Rn 13 „Sicherheit"), solange sie geboten ist, also nicht mehr nach abänderndem Berufungsurteil (Frankfurt Rpfleger 75, 438). Erstattungsfähigkeit der Kosten für die Beschaffung einer Sicherheit und für den Zinsverlust bei Verwendung von Eigenkapital ist umstritten (s § 788 Rn 5 u KoRsp ZPO § 91 A 5.4.0). Nicht festsetzbar ist die Anwaltsgebühr für die Mitwirkung bei der Beschaffung einer Bürgschaft (Frankfurt MDR 82, 412). Die Vollstreckbarkeit des Kostenfestsetzungsbeschlusses ist ebenso wie diejenige des Urteils von der Sicherheitsleistung abhängig und wie diese abwendbar; beides ist in den Festsetzungsbeschluß zu übernehmen (KG JW 34, 2866; LG Dresden JW 34, 1196). Die Höhe der vom Gericht festgelegten Sicherheit bindet den Rechtspfleger (OLG Nürnberg DGVZ 64, 106) und ist in den Festsetzungsbeschluß zu übernehmen, sofern nicht im Titel Teilvollstreckung vorgesehen ist (LG Berlin JurBüro 83, 1566).

● **Streitgenossen** (s ausführl § 91 Rn 13 unter „Streitgenossen"): Zwischen ihnen findet keine gerichtliche Kostenfestsetzung statt (LG Berlin JurBüro 82, 1723), es sei denn, daß Ausgleichsansprüche im Innenverhältnis eindeutig mittituliert worden sind (Koblenz Rpfleger 80, 444). Eine Kostenaussonderung nach § 100 III kann nur im Titel, nicht im Festsetzungsbeschluß ausgesprochen werden (Schleswig SchlHA 83, 173). Die Kostenquotierung erstreckt sich auch auf den Mehrbetrag nach § 6 II 2 BRAGO (München AnwBl 83, 568). Da mehrere durch denselben Prozeßbevollmächtigten vertretene Streitgenossen im Festsetzungsverfahren dem Kostenschuldner als Einzelgläubiger (nicht als Gesamtgläubiger, so BGH KoRsp ZPO § 100 Nr 56 m abl Anm Lappe) gegenübertreten, muß das Festsetzungsgesuch erkennen lassen, zugunsten welchen Antragstellers welcher Erstattungsbetrag verlangt wird (Köln KoRsp ZPO §§ 103, 104 A 5.5.1;

München JurBüro 81, 1512; Koblenz KoRsp ZPO § 100 Nr 11 m krit Anm v Eicken u Lappe). Sind unterlegene Streitgenossen anteilig, also nicht als Gesamtschuldner erstattungspflichtig, ist ebenso zu verfahren (LG Berlin Rpfleger 78, 422). Gesamtschuldner können einzeln oder anteilig in Anspruch genommen werden (s München AnwBl 85, 42 = KoRsp ZPO § 103 B Nr 25 m Anm Lappe = KoRsp ZPO § 104 B Nr 22 m kontroversen Anm v Eicken u Lappe). Zur Wirkung der Aufrechnung des Schuldners gegenüber einem die Vollstreckung betreibenden Streitgenossen auf den anderen Genossen s Schleswig JurBüro 85, 298. Bei der Kostenausgleichung können die Streitgenossen nicht die fiktiven Kosten der Beauftragung eines je eigenen Anwalts erstattet verlangen (LG München Rpfleger 85, 254).

● **Streithelfer:** S unter „Nebenintervention".

● **Streitwert:** Gerichtliche Festsetzung bindet für das Festsetzungsverfahren. Rechtspfleger darf keinen selbständigen Wertfestsetzungsbeschluß erlassen, hat aber bei Fehlen eines Gerichtsbeschlusses den Wert selbständig zu berechnen und soll nur in Zweifelsfällen dem Gericht vorlegen. Hatte die Partei ihrer Kostenberechnung irrtümlich einen zu niedrigen Streitwert zugrunde gelegt, kann dies durch Nachfestsetzung korrigiert werden (Hamm Rpfleger 82, 80). Beanstandung des Streitwertes ist vor gerichtlicher Festsetzung als Antrag auf Streitwertfestsetzung, danach als Streitwertbeschwerde zu behandeln (Frankfurt JurBüro 79, 601, 1873; Bamberg JurBüro 76, 185). Da das Kostenfestsetzungsverfahren sich am Streitwert des Rechtsstreits orientieren muß, bleibt eine weitergehende vorprozessuale Tätigkeit des Anwalts außer Betracht (Stuttgart JurBüro 81, 219). Änderung der Wertfestsetzung: § 107.

● **Tilgung:** Zahlungen oder Verrechnungen können nur berücksichtigt werden, soweit sie unstreitig sind (Braunschweig NdsRpfl 76, 114; Düsseldorf JurBüro 78, 1569; Hamm JurBüro 79, 54); unbeachtlich ist indessen das Anzweifeln unstreitiger Zahlungen mit offensichtlich verfehlten Gründen (Braunschweig NdsRpfl 76, 114). Beachtlich ist der Einwand, zur Erstattung angemeldete Gerichtskosten seien vom Gegner zu Unrecht angefordert und bezahlt worden (München JurBüro 79, 122). Substantiiert behauptete Erfüllung ist als unstreitig zu behandeln, wenn der Erstattungsberechtigte sich trotz Aufforderung dazu nicht äußert (KG Rpfleger 76, 23; Hamburg JurBüro 76, 516; enger Hamm MDR 77, 408, das ausdrückliches Geständnis verlangt). Berücksichtigte gezahlte Kosten sind im Festsetzungsbeschluß abzusetzen (Schleswig JurBüro 71, 631); nach München (Rpfleger 70, 98) ist ein Tilgungsvermerk anzubringen.

● **Tod einer Partei:** § 246 ist anwendbar (KG Rpfleger 62, 160), sofern der Aussetzungsgrund nicht bereits während des Hauptverfahrens vorgelegen hat, aber vom Kostenschuldner nicht geltend gemacht worden ist (KG MDR 70, 429). Nach Unterbrechung genügt zur Aufnahme ein Festsetzungsgesuch unter Nachweis der Erbfolge.

● **Unterbrechung:** Sie tritt im Festsetzungsverfahren ein bei Konkurseröffnung (München Rpfleger 74, 368; KG Rpfleger 76, 187) und auf Antrag bei Tod einer Partei (s dort), nicht jedoch wegen einer Verfassungsbeschwerde gg die Streitwertfestsetzung (Schleswig SchlHA 79, 58). Auf die Verzinsung des Erstattungsbetrages ab Antrag hat sie keinen Einfluß (Hamm Rpfleger 81, 243). Die Unwirksamkeit eines nach Unterbrechung erlassenen Festsetzungsbeschlusses ist durch Erinnerung geltend zu machen (Stuttgart Justiz 77, 61). Unterbrechung des Hauptverfahrens erfaßt ein bereits laufendes Festsetzungsverfahren; Unterbrechung in zweiter Instanz hindert aber nicht Festsetzung aus erstinstanzlichem Urteil (KG JW 39, 648).

● **Verbindung:** Unzulässig für Kostenfestsetzungsverfahren aus getrennt geführten Prozessen (Hamm KoRsp ZPO § 104 B Nr 15 m Anm Lappe).

● **Verfahren:** Das Kostenfestsetzungsverfahren ist ein selbständiges, zur ersten Instanz gehörendes Nachverfahren, das den allgemeinen Verfahrensgrundsätzen unterliegt, auch unterbrochen werden kann (s „Unterbrechung"). Als ZPO-Verfahren unterliegt es dem Gebot der Schlüssigkeitsprüfung mit der verfahrensrechtlichen Aufklärungspflicht (s im einzelnen Lappe Anm bei KoRsp ZPO § 104 B Nr 14). Rechtliches Gehör (s dort) ist zu gewähren. Sind im Festsetzungsantrag Beträge versehentlich nicht berücksichtigt oder zu niedrig angesetzt, ist darauf hinzuweisen (§ 278 III). Bei tatsächlichen Unklarheiten über den Gebührenanfall, die nicht aus dem Akteninhalt behoben werden können, ist aufzuklären und gfls eine dienstliche Erklärung des Prozeßgerichts einzuholen (Frankfurt MDR 80, 233). Alle Aufklärungsmöglichkeiten stehen dem Rechtspfleger zur Verfügung: schriftliche oder mündliche Anhörung der Parteien, Zeugen, Sachverständigen, Beiziehung von Akten; bei unverhältnismäßig schwierigen Feststellungen zur Höhe darf nach § 287 geschätzt werden (Koblenz KoRsp ZPO §§ 103, 104 A 3.3.4). Praktisch gilt der Untersuchungsgrundsatz (Lappe AnwBl 77, 302 gg Hägele aaO S 138). Stillschweigende oder begründungslose Absetzung beantragter Posten ist unzulässig (München NJW 66, 2068). § 308 I muß befolgt werden (RGZ 35, 427), so daß kein höherer Betrag als der verlangte festgesetzt werden darf, was jedoch auf den Gesamtbetrag der verlangten Kosten zu beziehen ist, nicht auf einzelne Ansätze, hinsichtlich deren ein sog „Austausch" gestattet wird. Grobe Festsetzungsfehler können das Willkürverbot verletzen (s BVerfG MDR 83, 373 = Rpfleger 83, 84). Nach Erinnerungseinlegung gelten bei der Abhilfeprüfung dieselben Verfahrensgrundsätze. Führen sie zu dem Ergebnis, daß Abhilfe geboten ist, kann der Rechtspfleger den Erstattungsbetrag neu festsetzen oder den festgesetzten Betrag ergänzen (München Rpfleger 81, 71). Bei geänderter Kostengrundentscheidung braucht der alte Festsetzungsbeschluß im neuen Beschluß nicht aufgehoben zu werden (Frankfurt KoRsp ZPO § 104 B Nr 16).

- **Verfassungsbeschwerde:** Hauptsachetitel deckt nicht Kosten, die ihretwegen entstanden sind (München Rpfleger 78, 420). Keine Aussetzung wegen einer Verfassungsbeschwerde gegen Streitwertfestsetzung (Schleswig SchlHA 79, 58).

- **Vergleichsverfahren:** Nach seiner Eröffnung ist die Kostenforderung gegen den Kostenschuldner in voller Höhe festzusetzen, nicht nur in Höhe der Vergleichsquote (Schleswig SchlHA 78, 22). Herabsetzung einer ausgeurteilten Hauptforderung im gerichtlichen Vergleichsverfahren und Erlaß sämtlicher Kosten kann nur mit der Vollstreckungsgegenklage geltend gemacht werden (Karlsruhe MDR 77, 935).

- **Verjährung:** Kostenerstattungsansprüche verjähren in 30 Jahren (Hamm MDR 83, 60). Der Erstattungsschuldner kann vorbringen, der Gläubiger selbst habe sich gegenüber seinem eigenen Anwalt auf Verjährung berufen (Koblenz Rpfleger 86, 319), nicht hingegen, daß der Anspruch des RA gegen die erstattungsberechtigte Partei verjährt sei, ohne daß diese sich darauf berufen habe (s dazu Frankfurt MDR 77, 665). Verwirkung kann vor Ablauf der Verjährung zu bejahen sein (s „Verwirkung").

- **Verweisung:** Wird der Rechtsstreit nach Kostenfestsetzung verwiesen, dann ist das neue Gericht (im Umfang der Verweisung: Oldenburg Rpfleger 84, 431) auch Erinnerungsgericht und damit für ein Wiedereinsetzungsgesuch zuständig (Frankfurt Rpfleger 74, 321). Dies gilt auch für Kosten einer Partei, die vor Verweisung durch Parteiwechsel aus dem Rechtsstreit ausgeschieden ist (OLG Zweibrücken JurBüro 1982, 1730). Bei Verweisung vom ArbG an das ordentliche Gericht dürfen die beim ArbG angefallenen RA-Kosten nicht mit festgesetzt werden (Frankfurt MDR 83, 941). Umstritten ist, ob eine vergessene Kostentrennung (§ 281 III 2) im Festsetzungsverfahren korrigiert werden darf, weil diese Kosten nicht notwendig waren (bejahend zB Bamberg JurBüro 85, 123, verneinend Koblenz KoRsp ZPO § 91 B – Allgemeines Nr 14 m krit Anm Lappe; s ferner oben unter „Mehrkosten wegen Unzuständigkeit" u § 281 Rn 19).

- **Verwirkung:** Im Festsetzungsverfahren zu beachten (allg M; s zB LG Bonn Rpfleger 84, 245).

- **Verzicht:** Materiellrechtlicher Einwand, der im Kostenfestsetzungsverfahren nicht zu berücksichtigen ist (Frankfurt AnwBl 81, 114), es sei denn, daß insoweit keine Meinungsverschiedenheiten bestehen (Bamberg JurBüro 81, 768). Der Verzicht des Anwalts auf ein Rechtsmittel gegen die Streitwertfestsetzung nimmt ihm nicht Erstattungsansprüche nach höherem Wert (KG JurBüro 78, 1182).

- **Vollmacht:** Sie wird im Hauptverfahren geprüft und ist im Festsetzungsverfahren nicht mehr zu erörtern (Bamberg JurBüro 77, 1439; LG Bonn AnwBl 83, 518). Bei Vertretung lediglich im Festsetzungsverfahren gilt für den RA § 88 II; andere Bevollmächtigte müssen die Vollmacht, wenn sie sich nicht bei den Akten befindet, vorlegen. Prozeßvollmacht des zweitinstanzlichen Anwalts erstreckt sich nicht auf das Festsetzungsverfahren, auch soweit es um die Erstattung der Kosten des Berufungsverfahrens geht (Köln JMBlNRW 62, 258). Erlöschen durch Anzeige nach § 87 I Hs 1 (Koblenz KoRsp ZPO §§ 103, 104 A 3.1.1), nicht aber durch Löschung im Handelsregister gem § 2 LöschG (Hamburg JurBüro 86, 764).

- **Vollstreckbare Ausfertigung:** Sie ist dem Gläubiger auf Antrag zu erteilen, auch wenn die Zustellung des Festsetzungsbeschlusses gem § 104 I 3 noch nicht ausgeführt worden ist; Ausfertigung ist dann mit Vollstreckungsklausel, aber ohne Zustellungsbescheinigung auszuhändigen (LG Frankfurt Rpfleger 1981, 204).

- **Vollstreckungsbescheid:** Von ihm noch nicht erfaßte weitere Kosten des Verfahrens können in Ergänzung des Bescheides festgesetzt werden (Koblenz JurBüro 85, 780; Schleswig JurBüro 85, 781).

- **Vollstreckungsbeschränkung:** Ist sie im Titel enthalten, muß sie in den Festsetzungsbeschluß aufgenommen werden, wenn sie sich auch auf die Kostenentscheidung erstreckt (München MDR 80, 147; s näher „Haftungsbeschränkung"). Verstoß ist mit der befristeten Erinnerung geltend zu machen (KG JurBüro 84, 1572).

- **Vollstreckungsgegenklage:** Sie ist auch gegen einen Kostenfestsetzungsbeschluß gegeben (BGHZ 5, 251), und zwar ohne die Beschränkung des § 767 II (Schleswig SchlHA 78, 22), zumindest hinsichtlich solcher Einwendungen, die vom Gericht nicht hätten berücksichtigt werden können (Frankfurt JurBüro 82, 766: außergerichtlicher Vergleich). Wird eine Vollstreckungsgegenklage gegen ein Urteil abgewiesen, dann schafft dies keinen Titel für die Festsetzung von Kosten aus früheren Vollstreckungsversuchen, weil diese nicht zur Durchsetzung des neuen Titels aufgewandt worden sind (Frankfurt Rpfleger 80, 194). Wird der Vollstreckungsgegenklage stattgegeben, die Zwangsvollstreckung aus dem angegriffenen Titel also für unzulässig erklärt, dann ist damit nur die Vollstreckbarkeit des titulierten Anspruchs beseitigt, nicht aber die Eignung des abgewehrten Titels als Zwangsvollstreckungsgrundlage im Kostenfestsetzungsverfahren (LG Berlin Rpfleger 82, 482).

● **Vorlage an den Richter:** Zuvor hat der Rechtspfleger abschließend zu entscheiden, ob er der Erinnerung abhelfen muß (s unter „Abhilfe"). Vorzulegen hat er beim Kollegialgericht entweder dem nach § 348 bestellten Einzelrichter (Koblenz Rpfleger 78, 329) oder der Kammer (Schleswig SchlHA 80, 57). Der Richter prüft, nachdem er dem Rechtspfleger Gelegenheit zur Abhilfe gegeben hat (Hamm Rpfleger 86, 227), Zulässigkeit und Begründetheit der Erinnerung, was zu fünf Prozeßlagen führen kann:

a) Ergibt die Prüfung, daß die Erinnerung **unzulässig** ist, so hat sich der Richter einer Entscheidung zu enthalten und die Erinnerung dem Rechtsmittelgericht vorzulegen. Die Beurteilung der Zulässigkeit eines Rechtsmittels obliegt grundsätzl dem Beschwerdegericht (LG Berlin Rpfleger 83, 455 m Nachw).

b) Erachtet der Richter die Erinnerung zwar für **zulässig,** aber **nicht** für **begründet,** so scheidet für ihn eine Abhilfeentscheidung aus, und kommt ebenfalls nur die Vorlage an das Rechtsmittelgericht in Betracht (Frankfurt Rpfleger 79, 388).

c) Ist nach Ansicht des Richters die Erinnerung **zulässig und begründet,** so ist er verpflichtet, über den Rechtsbehelf zu entscheiden. Er darf in diesem Fall die Erinnerung nicht dem Rechtsmittelgericht vorlegen (erste Alternative des § 21 II 3 RpflG; Hamm JMBlNRW 74, 95).

d) Bei **zulässiger,** nach Auffassung des Richters **nur teilweise begründeter** Erinnerung hat dieser über den begründeten Teil zu entscheiden und die Erinnerung im übrigen dem Rechtsmittelgericht vorzulegen (Hamm Rpfleger 71, 14; vgl. auch Bamberg JurBüro 71, 150); nach Stuttgart (Rpfleger 72, 306) sind beim Beschwerdegericht zwei Beschwerden anhängig, wenn der Richter auf Erinnerung den KFBeschluß, durch den der Rechtspfleger die von einer Partei der anderen zu erstattenden Kosten festgesetzt hat, teilweise abändert, im übrigen aber nicht abhilft und nun die durch den richterl Beschluß beschwerte Partei sofortige Beschwerde (§§ 567, 569, 577) erhebt. Kann wegen des engen Zusammenhangs zwischen beiden Beschwerdeverfahren nur einheitlich entschieden werden, ist entspr § 147 zu verbinden.

e) Ein Fall, daß gegen die Entscheidung, falls sie der Richter erlassen hätte, ein **Rechtsmittel nicht gegeben** wäre (zweite Alternative des § 21 II 3 RpflG), liegt vor, wenn der Beschwerdewert die Grenze von 100 DM nicht übersteigt (§ 567 II). Nach hM hat hier der Richter selbst zu entscheiden und darf nicht vorlegen (Nachw bei KoRsp ZPO §§ 103, 104 A 6.5.2). Die Vorlage ist in diesen Fällen auch dann nicht zulässig, wenn durch die Abhilfe des Rechtspflegers oder des Gerichts der Beschwerdewert unter 100 DM absinkt (Hamm MDR 71, 1019). Das gilt auch für eine innerhalb der Erinnerungsfrist erhobene Anschlußerinnerung, die nur hilfsweise eingelegt worden ist (Hamm Rpfleger 78, 455). Das Beschwerdegericht hat jedoch über Erinnerung und Anschlußerinnerung gegen einen Kostenfestsetzungsbeschluß zu entscheiden, wenn der Gegenstandswert auch nur eines Rechtsmittels die Beschwerdesumme von 100 DM übersteigt (Karlsruhe Rpfleger 79, 389).

In den Fällen c) bis e) ist, soweit unzulässigerweise vorgelegt wird, die Sache unter Aufhebung der Nichtabhilfeentscheidung vom Beschwerdegericht an das erstinstanzl Gericht zur Entscheidung in eigener Zuständigkeit zurückzugeben – nicht zurückzuverweisen (hM, zB Koblenz Rpfleger 75, 87; Bamberg JurBüro 79, 912). Praktikabilitätserwägungen sprechen jedoch dafür, daß das Beschwerdegericht in einem solchen Fall auch selbst entscheiden kann (Karlsruhe Rpfleger 73, 219; KG Rpfleger 74, 25; Frankfurt Rpfleger 78, 63).

Greifen beide Parteien mit zulässigen Erinnerungen unterschiedl Posten der Festsetzung an und hält der Richter die Erinnerung der einen Partei für begründet, die der anderen für unbegründet, so hat er über die begründete Erinnerung selbst zu entscheiden und darf nur die für unbegründet gehaltene Erinnerung dem Beschwerdegericht vorlegen, soweit der Beschwerdewert von über 100 DM erreicht ist. Fehlt es an der Beschwerdesumme, so hat der Richter über beide Erinnerungen zu befinden; die Vorlage an das Rechtsmittelgericht ist trotz der Unbegründetheit der einen Erinnerung nicht zulässig.

● **Vorprozessuale Kosten:** Ausführlich Dittmar NJW 86, 2088. Meist handelt es sich um Gebühren nach § 118 BRAGO. Da sie keine Prozeßkosten sind, können sie nicht nach §§ 103 ff festgesetzt werden (Koblenz NJW 78, 1751; JurBüro 82, 80; Hamm JurBüro 78, 385; Schleswig SchlHA 80, 218).

● **Wegfall des Anwalts:** Da das Festsetzungsgesuch nicht dem Anwaltszwang unterliegt (§ 13 RpflG), ist der Wegfall des Anwalts (§ 244) bedeutungslos (Dresden SA 63, 98; Wieczorek § 103 A I a 2; aA Posen OLGE 7, 285; einschränkend St/J/Leipold § 103 Anm 2 [§ 244 nur auf das Festsetzungsverfahren allein anwendbar, also nicht, wenn auch Hauptprozeß unterbrochen wird]). Weitere Zustellungen sind dann an die Partei selbst zu richten.

● **Wegfall des Titels:** Dadurch und auch durch jede Änderung der Kostengrundentscheidung verliert ein Kostenfestsetzungsbeschluß seine Wirkung (München Rpfleger 82, 159; Düsseldorf JurBüro 81, 1097), selbst wenn die aufhebende Entscheidung mit der aufgehobenen übereinstimmt (München AnwBl 82, 124). Kostenpflichtig ist dann diejenige Partei, die die Festsetzung betrieben hat (Düsseldorf JurBüro 81, 1097; KG Rpfleger 78, 384). Wird ein Urteil, aus dem bereits vorläufig vollstreckt worden ist, durch Prozeßvergleich gegenstandslos und hat der Schuldner nunmehr nur einen geringeren Betrag als die Urteilssumme zu zahlen, dann sind die bereits entstandenen Vollstreckungskosten festsetzbar, soweit sie bei einer Vollstreckung wegen der vergleichsweise übernommenen Forderung entstanden wären (Hamburg MDR 81, 763). Zu beachten ist, daß der Festsetzungsantrag durch eine neue Kostenentscheidung im Berufungsurteil nicht wirkungslos wird (Hamm AnwBl 82, 384).

● **Weitere Beschwerde:** Nach § 568 III unzulässig; auch Gehörsverletzung (Art 103 I GG) erschließt keine weitere Instanz (Düsseldorf JurBüro 70, 805; s § 567 Rn 41).

● **Wiedereinsetzung:** Für die Entscheidung zuständig ist der Rechtspfleger, soweit er abhelfen darf und er die Erinnerung sowie das Wiedereinsetzungsgesuch für begründet erachtet (Bergerfurth Rpfleger 71, 397; Lappe Anm KoRsp ZPO § 104 B Nr 13; Stöber Rpfleger 76, 301; Meyer-Stolte, Komm z RPflG, 4. Aufl 1978, S 346; aA [nur der Richter] Düsseldorf MDR 75, 233; München Rpfleger 76, 300; Hamburg Rpfleger 71, 215). Legt er dem Richter vor, so ist dieser auch zur Entscheidung über das Wiedereinsetzungsgesuch zuständig, wenn er dieses und die Erinnerung für begründet erachtet (Bergerfurth Rpfleger 71, 395; Düsseldorf Rpfleger 83, 29). Hilft der Erstrichter ebenfalls nicht ab, dann hat das Beschwerdegericht über das mit der Durchgriffserinnerung verbundene Wiedereinsetzungsgesuch zu entscheiden (Koblenz Rpfleger 76, 11; Düsseldorf Rpfleger 83, 29); ebenso wenn das Erstgericht die Rechtzeitigkeit der Erinnerung zu Unrecht bejaht hat (Schleswig SchlHA 71, 66).

● **Wohnungseigentum:** In Verfahren nach §§ 43 ff WEG ist eine Kostenfestsetzung nur zulässig, wenn die Kostenentscheidung rechtskräftig ist (LG Düsseldorf Rpfleger 81, 204).

● **Zug-um-Zug-Leistung:** Diese Leistungsbeschränkung im Urteilstenor wird nicht in den Festsetzungsbeschluß übernommen (Düsseldorf NJW 71, 1756; Frankfurt MDR 81, 59 u 280).

● **Zurücknahme:** Bei Erinnerung und Beschwerde möglich, solange noch keine nach außen wirksame Entscheidung ergangen ist. Die Rücknahmeerklärung ist unwiderruflich, selbst wenn sie durch eine unrichtige Mitteilung des Gerichts motiviert war (Bremen NJW 56, 1037). § 515 III gilt entsprechend (LG Essen Rpfleger 64, 183). Auch eine volle oder teilweise Zurücknahme des Kostenfestsetzungsantrages, nachdem der Gegner Erinnerung eingelegt hat, ist Prozeßhandlung und damit unwiderruflich bindend (Koblenz JurBüro 76, 1116). – Der Kostentitel gem § 269 III 3 bindet im Festsetzungsverfahren; jedoch darf dort geprüft werden, ob die Klage zugestellt worden und deshalb eine Verteidigung notwendig geworden ist (Schleswig SchlHA 83, 173). Tituliert werden nur die Kosten des durch Rücknahme erledigten Verfahrens; darüber hinaus erwachsende Kosten müssen materiellrechtlich geltend gemacht werden (LG Oldenburg JurBüro 83, 1883).

● **Zurückverweisung:** Der Rechtspfleger hat bei Zurückverweisung an ihn auch über die Kosten des Erinnerungs- oder Beschwerdeverfahrens zu beschließen (Bamberg JurBüro 79, 1713). Das Beschwerdegericht kann die Vorinstanz anweisen, den Streitwert nach einem fiktiven Verfahrensablauf festzusetzen, zB weil das Erstgericht eine Spezialkammer mit besonders großer Sachkunde ist (Hamburg JurBüro 79, 732).

● **Zuständigkeit:** Über die Kostenfestsetzung entscheidet immer der Rechtspfleger des Gerichts erster Instanz, auch über die Kosten des zweiten und dritten Rechtszugs (§ 21 I Nr 1 RPflG) und die Vollstreckungskosten (BGH WPM 86, 1069 m Nachw; s näher § 788 Rn 19). Seine Zuständigkeit erfaßt weiter: Die Kosten von Arrest- oder Verfügungsbeschlüssen des Berufungsgerichts sowie des dort verhandelten Wiederaufnahmeverfahrens (München AnwBl 73, 363); die Festsetzung der Kosten, die das Vollstreckungsgericht tituliert hat (RGZ 85, 132; Schleswig JurBüro 72, 447); Kosten, die auf Grund eines Titels des ersuchten Richters (§§ 380, 400) zu erstatten sind (München OLGE 29, 117); Kosten, die nach Beendigung des Rechtsstreits, aber vor Beginn der

Zwangsvollstreckung notwendig geworden sind (Karlsruhe NJW 55, 1519 m zust Anm Donau). Wird beim LG X ein beim LG Y anhängiger Rechtsstreit mitverglichen und erfaßt die Kostenvereinbarung beide Prozesse, dann können die Kosten bei jedem LG festgesetzt werden (Hamburg JurBüro 55, 368), ausgenommen die Vergleichsgebühr, deren Festsetzung beim LG X zu beantragen ist. Darum können, wenn beim LG ein im Berufungsverfahren anhängiger Rechtsstreit mitverglichen wird, die durch Mitwirkung des Berufungsanwalts beim Vergleichsabschluß angefallenen Kosten nur in das Festsetzungsverfahren beim Vergleichsgericht eingebracht werden (München NJW 72, 2311; Rpfleger 78, 149). Bei Verweisung vom ordentlichen Berufungsgericht an ein Arbeitsgericht obliegt diesem auch die Festsetzung der Kosten des Berufungsverfahrens, über die das Berufungsgericht entschieden hat (LAG Frankfurt KoRsp ZPO §§ 103, 104 A 3.2.1). Ist die Hauptsache eine **Familiensache,** dann ist es auch das zugehörige Kostenfestsetzungsverfahren, selbst wenn die einheitliche Kostenentscheidung eine nicht abtrennbare Nicht-Familiensache einbezieht. Die Festsetzung der Kosten eines schiedsgerichtlichen Verfahrens obliegt nur dem **Schiedsgericht** (Koblenz NJW 69, 1540).

● **Zwangsvollstreckung aus Festsetzungsbeschluß:** Dieser ist Titel nach § 794 I Nr 2. Vollstreckungsvoraussetzungen (Klausel, Zustellung, §§ 750, 795, 724 ff) müssen deshalb erfüllt sein. Klauselerteilung ab Erlaß, nicht erst ab Rechtskraft, jedoch in den Fällen des § 798 Wartepflicht. Bei vereinfachter Kostenfestsetzung nach § 105 bilden Urteil und Beschluß einen einheitlichen Titel, so daß der Beschluß keiner besonderen Vollstreckungsklausel bedarf und deshalb auch die Wartepflicht des § 798 entfällt. Für den Anpassungsbeschluß nach § 641 p, der gem § 641 p I 4 gleichzeitig die Kosten festsetzt und damit tituliert, gilt die Frist der §§ 798, 798 a.

● **Zwischenstreit:** Die darin ergangene Kostenentscheidung trägt die Festsetzung der besonderen Kosten des Zwischenstreits, nicht die des Hauptverfahrens (München JurBüro 70, 45).

22 **XI) Gebühren: 1) des Gerichts:** Kostenfestsetzung u Entscheidung über die Erinnerung sind gerichtsgebührenfrei, § 1 GKG, § 21 II 5 iVm § 11 VI 1 RpflG, wenn es zu keiner Vorlage an das Rechtsmittelgericht kommt (so außer bei der Entscheidung durch den Prozeßrichter auch bei Zurücknahme der Erinnerung vor der Vorlage od bei sonstiger Erledigung). Gerichtsgebührenfreiheit auch dann, wenn Erinnerungsführer nach Mitteilung von der Vorlage an das Beschwerdegericht, aber noch vor dessen Entscheidung seine durch die Vorlage zur Beschwerde gewordene Erinnerung zurücknimmt. Etwa angefallene gerichtl Auslagen (KV Nr 1900 ff) sind zu erheben. Da die Durchgriffserinnerung vom Rechtsmittelgericht als Beschwerde zu behandeln ist, richten sich die Gerichtskosten nach der für das Beschwerdeverfahren geltenden Vorschrift (KV Nr 1181). Danach nur dann eine ganze Gebühr, wenn die Beschwerde verworfen od zurückgewiesen wird. In allen anderen Fällen ist die Beschwerde gerichtsgebührenfrei. Bei teilweisem Erfolg berechnet sich die Gebühr vom erfolglosen Teil, soweit ausscheidbar. – Unterläßt es die Partei, dem KFGesuch die zur Zustellung an den Gegner erforderl Abschrift der Kostenrechnung beizufügen, so läßt der Rechtspfleger durch die Geschäftsstelle die notwendige Abschrift anfertigen; hierfür fallen die gerichtl Schreibauslagen nach KV Nr 1900 Ziff 1b) an, die nicht erstattungsfähig sind: § 121 II (Bay) GAnwZ. – **2) des Anwalts:** Für den Kostenfestsetzungsantrag keine. Wird die Erinnerung durch Vorlage an das Rechtsmittelgericht zur Beschwerde (Rn 21 „Durchgriffserinnerung"), so erhält der Anwalt insgesamt nur eine 5/10 Gebühr, § 61 I Nr 1 BRAGO, die aus dem Wert der bei Einlegung der Erinnerung streitigen Kosten zu entnehmen ist (München Rpfleger 77, 70 = AnwBl 77, 112; dort auch zur Gegenmeinung AnwBl 80, 299; Schleswig SchlHA 80, 166; jedenfalls überwiegt die hier vertretene Ansicht); auch die Auslagenpauschale erwächst dem RA nur einmal (Karlsruhe JurBüro 71, 760; Koblenz Rpfleger 74, 410 sowie Gerold/Schmidt, BRAGO § 61 Rn 17 u Riedel/Sußbauer, BRAGO § 61 Rn 12; LG Düsseldorf JurBüro 85, 218; LG Saarbrücken JurBüro 80, 1200; aM Schumann-Geißinger, BRAGO § 61 Anm 8, 9; Hamm, JurBüro 79, 1327; Hartmann, KostGes BRAGO § 61 Anm 3; vgl dazu auch Gubelt MDR 70, 895 u Mümmler JurBüro 74, 409/419, der jetzt (JurBüro 78, 821) die hM vertritt. Das OLG Düsseldorf hat seine Gegenmeinung (Rpfleger 72, 265 u 79, 76) aufgegeben (KoRsp BRAGO § 61 Nr 38). Der Anwalt des Gegners verdient die 5/10 Beschwerdegebühr, wenn er durch Mitteilung der Beschwerdeschrift am Beschwerdeverfahren beteiligt wurde u geprüft hat, ob eine Stellungnahme abzugeben ist (einhellige Meinung: KG JurBüro 71, 530; München Rpfleger 73, 444; LG Köln AnwBl 71, 54 sowie Frankfurt Rpfleger 77, 185 = JurBüro 77, 675). – Zwei Gebühreninstanzen kommen für den Anwalt dann in Betracht, wenn der Prozeßrichter die v Anwalt (für die Partei) eingelegte Erinnerung nicht an das Beschwerdegericht vorlegt, sondern selbst darüber entscheidet u der Anwalt im Auftrag seiner Partei diese Erinnerungsentscheidung mit (sof) Beschwerde anficht. In diesen Fällen erwächst dem Anwalt die 5/10 Geb sowohl für das Erinnerungsverfahren (§ 61 I Nr 2 BRAGO) als auch für das spätere Beschwerdeverfahren (§ 61 Nr 1 BRAGO). Im Verfahren auf Festsetzung der Kosten gegen die eigene Partei fallen weder Gerichts- noch Anwaltsgebühren an (§ 1 GKG; § 19 II BRAGO). Der betreibende RA haftet als Antragsteller (§ 49 GKG) für die Kosten der Zustellung (KV Nr 1902 iVm § 39 V PostO). Zum KFVerfahren nach §§ 103 ff ZPO s §§ 120 ff GAnwZ, nach § 19 BRAGO s §§ 136 ff GAnwZ. – **3) Streitwert:** s § 3 Rn 16 unter „Kostenfestsetzungsverfahren".

105 *[Vereinfachtes Verfahren]*

(1) Der Festsetzungsbeschluß kann auf das Urteil und die Ausfertigungen gesetzt werden, sofern bei der Anbringung des Gesuchs eine Ausfertigung des Urteils noch nicht erteilt ist und eine Verzögerung der Ausfertigung nicht eintritt. Eine besondere Ausfertigung und Zustellung des Festsetzungsbeschlusses findet in diesem Falle nicht statt. Den Parteien ist der festgesetzte Betrag mitzuteilen, dem Gegner des Antragstellers unter Beifügung der Abschrift der Kostenberechnung. Die Verbindung des Festsetzungsbeschlusses mit dem Urteil soll unterbleiben, sofern dem Festsetzungsgesuch auch nur teilweise nicht entsprochen wird.

(2) Der Anbringung eines Festsetzungsgesuchs bedarf es nicht, wenn die Partei vor der Verkündung des Urteils die Berechnung ihrer Kosten eingereicht hat; in diesem Falle ist die dem Gegner mitzuteilende Abschrift der Kostenberechnung von Amts wegen anzufertigen.

I) Vereinfachte Kostenfestsetzung nach Abs 1 ist **zulässig** auf Grund eines zur Zwangsvollstreckung geeigneten Titels, also auch vollstreckbare Beschlüsse und Vergleiche (LG Berlin DGVZ 59, 185) oder Versäumnisurteile nach § 331 III (LG Stuttgart AnwBl 81, 197). Voraussetzung, daß bei Entscheidung des Gesuchs noch keine einfache oder vollstreckbare (siehe dazu Celle JVBl 62, 95) Urteilsausfertigung erteilt ist und durch die Verbindung der Kostenfestsetzung mit der Erteilung der Urteilsausfertigung keine Verzögerung eintritt. Sie ist **unzulässig** bei Kostenteilung nach Quoten (§ 106 I) und wenn bereits eine Urteilsausfertigung erteilt ist (Celle NdsRpfl 62, 33). Sie ist unter folgenden Voraussetzungen **zulässig aber unzweckmäßig:** Verlangte Kosten werden abgesetzt; die Vollstreckung des Urteils hängt vom Eintritt einer vom Gläubiger zu beweisenden Tatsache ab (§ 726 I); die Verbindung verzögert; es ist noch keine Urteilsausfertigung bestellt; bei Arrest- oder Verfügungstiteln, da diese ohne vollstreckbare Ausfertigung vollstreckt werden, §§ 929 I, 936. 1

II) Verfahren. Nach Verkündung, aber vor Ausfertigung des Urteils beantragt der obsiegende Teil bzw sein Prozeßbevollmächtigter unter Vorlage der Kostenberechnung in Urschrift und Abschrift KF. Der Rpfleger setzt dem Urteil, im Fall des § 317 IV der bei den Akten befindl Urschrift oder Abschrift der Klage oder einem damit zu verbindenden Blatt folgenden Beschluß bei: „Die zu erstattenden Kosten werden einschließlich ... DM Gerichtskosten (Mahnverfahrenskosten) auf ... DM festgesetzt". Nun wird das Urteil und im Anschluß daran der KFBeschluß ausgefertigt. Die Vollstreckungsklausel umfaßt das Urteil und den KFBeschluß, § 795 a. Formlose Übersendung der Kostenrechnung, der beizufügen ist: „Die von Ihnen zu erstattenden Kosten wurden auf den aus der beiliegenden Kostenberechnung ersichtl Betrag festgesetzt." Vermerk über die Übersendung der Kostenrechnung bei der Urschrift des Beschlusses. Übersendung der vollstreckbaren Urteilsausfertigung und des KFBeschlusses an den Antragsteller. Die 2-Wochen-Frist zur Erhebung von Erinnerungen (§ 104 III) beginnt mit Ablauf des Tages der Urteilszustellung an den Schuldner. Verzögert sich die Urteilsausfertigung oder stellt sich nachträglich die Unzulässigkeit der Festsetzung heraus, so kann der Rpfleger die Verbindung des KFBeschlusses mit dem Urteil lösen; Verfügung: „1. Die Verbindung des KFBeschlusses mit dem Urteil wird gelöst. 2. Zustellung einer Ausfertigung des KFBeschlusses an Schuldner." Vermerk des Tages der Zustellung an den Schuldner auf der vollstreckbaren Ausfertigung des KFBeschlusses und formlose Übersendung oder Aushändigung an den Gläubiger bzw dessen Prozeßbevollmächtigten. Der Rpfleger kann auch den auf das Urteil gesetzten KFBeschluß von Amts wegen (zB bei Rechenfehlern, § 319) oder nach Erinnerung ändern; dann Beschluß und Verfahren nach § 104. 2

III) Das Verfahren nach Abs 2 ist nur im Verfahren vor dem AG und LG als Gericht erster Instanz zulässig, weil nur hier KF erfolgt. In der Übergabe der Kostenrechnung liegt das Gesuch um Erteilung vollstreckbarer Ausfertigung. Bei Kostenverteilung nach Bruchteilen Verfahren nach § 106. 3

106 *[Ausgleichsverfahren]*

(1) Sind die Prozeßkosten ganz oder teilweise nach Quoten verteilt, so hat nach Anbringung des Festsetzungsgesuchs die Geschäftsstelle den Gegner aufzufordern, die Berechnung seiner Kosten binnen einer Woche bei der Geschäftsstelle einzureichen. Die Vorschriften des § 105 sind nicht anzuwenden.

(2) Nach fruchtlosem Ablauf der einwöchigen Frist ergeht die Entscheidung ohne Rücksicht auf die Kosten des Gegners, unbeschadet des Rechts des letzteren, den Anspruch auf Erstattung nachträglich geltend zu machen. Der Gegner haftet für die Mehrkosten, die durch das nachträgliche Verfahren entstehen.

I) Abs 1. 1) Der Kostenausgleich soll einheitl über Ansprüche und Gegenansprüche entscheiden. Es handelt sich dabei nicht um Aufrechnung gem § 387 BGB, sondern um die Ermittlung eines einzigen Erstattungsanspruchs (Lappe Anm KoRsp ZPO § 106 Nr 23), der per saldo übrigbleibt und bei Streitgenossen der Festsetzungsgrenze des § 6 II 2 BRAGO unterliegt (München AnwBl 83, 568). Deshalb **muß** der Kostenausgleich ohne Ermessensspielraum in einem Beschluß durchgeführt werden (LG Bonn Rpfleger 84, 33). Der Erstattungsanspruch ist um unstreitig empfangene Prozeßkostenvorschüsse zu kürzen, damit eine Bereicherung des Vorschußempfängers vermieden wird (Frankfurt JurBüro 85, 305; s auch §§ 103, 104 Rn 21 unter „Prozeßkosten- 1 vorschuß“). Kein Verfahren nach § 106 für den durch Vergütung des PKH-Anwalts gem § 130 BRAGO auf die Landeskasse übergegangenen Erstattungsanspruch (Schleswig SchlHA 82, 32). **Quotenverteilung liegt vor:** wenn die außergerichtl Kosten gegeneinander aufgehoben, aber die Gerichtskosten nach Bruchteilen verteilt sind oder wenn die Kosten der ersten Instanz nach Quoten geteilt, die der Berufungsinstanz aber einer Partei ganz auferlegt wurden (Celle OLGE 13, 114). **Keine Quotenverteilung,** wenn die gesamten Kosten gegeneinander aufgehoben werden oder nach Instanzen verteilt werden (Hamburg MDR 79, 942) oder sonst nach Verfahrens- oder Zeitabschnitten oder nach Festbeträgen verteilt wird, auch nicht wenn Kosten ausgesondert werden, zB gem § 281 III 2 (KG Rpfleger 77, 107) oder wenn lediglich die Kosten der Säumnis einer Partei auferlegt worden sind und der Gegner die übrigen Kosten trägt (Bamberg JurBüro 82, 1258; Bremen JurBüro 81, 1734 m Anm Mümmler = KoRsp ZPO § 106 Nr 23 m Anm Lappe). Fehlende Quotierung liegt auch in der fälschlichen Verteilung der Kosten nach Berufung und Anschlußberufung oder nach Klage und Widerklage. In diesen Fällen kann allerdings eine „berichtigende Auslegung“ zur Bejahung einer Quotierung führen (s §§ 103, 104 Rn 21 unter „Auslegung“ u „Klage und Widerklage“). Ein außergerichtlicher Vergleich mit Kostenregelung kann nicht Grundlage eines Kostenausgleichs nach § 106 sein (Karlsruhe VersR 79, 944; s auch §§ 103, 104 Rn 21 unter „Prozeßvergleich“ zu c). Ein unangefochtener Kostenausgleichsbeschluß darf bei unveränderter Kostengrundentscheidung nicht aufgehoben werden, weil eine Partei nachträglich weitere Kosten zur Festsetzung anmeldet; über nachliquidierte Kosten ist in einem gesonderten Festsetzungsbeschluß zu befinden (Saarbrücken AnwBl 80, 299 = KoRsp ZPO § 106 Nr 21 mit Anm Lappe).

2 **2) Kostenfestsetzungsgesuch** zu § 106: „Nach dem Urteil vom ... hat der Kläger ⅖, der Beklagte ⅗ der Kosten des Rechtsstreits zu tragen. Ich überreiche Aufstellung der dem Kläger entstandenen Kosten in Urschrift u Abschrift und ersuche um Festsetzung der Kosten.“

Der Rechtspfleger hat nach Eingang des KFGesuches dem Antragsgegner bzw seinem Prozeßbevollm eine Aufforderung folgenden Inhalts – zweckmäßig unter gleichzeitiger Zustellung einer Abschrift des eingereichten Antrages – von Amts wegen zuzustellen: „In Sachen ... hat der Gegner beantragt, die zu erstattenden Prozeßkosten festzusetzen. Sie werden ersucht, die Berechnung der Ihnen erwachsenen Kosten mit einer zur Mitteilung an den Gegner bestimmten Abschrift der Kostenrechnung und den Belegen binnen einer Woche seit Zustellung dieser Aufforderung bei der GeschSt des AG einzureichen. Nach fruchtlosem Ablauf der Frist wird ohne Rücksicht auf die Ihnen erwachsenen Kosten entschieden.“ – In jedem Fall ist im Kostenausgleichsverfahren dem Gegner **rechtl Gehör** zu gewähren, indem mit der vom Gesetz vorgeschriebenen Aufforderung zur Einreichung eigener Kosten auch eine Abschrift des Kostenausgleichsgesuchs übersandt wird (Art 103 I GG); grob fehlerhafte Berechnungen können das verfassungsrechtliche Willkürverbot verletzen (BVerfG Rpfleger 83, 84 m Anm Lappe). Der Gegner hat sich durch spezifizierte Aufstellung der eigenen Kostenansätze zu erklären, kann sich also nicht lediglich darauf berufen, ihm seien dieselben Gebühren wie der Antragspartei entstanden (KG Rpfleger 51, 95).

3 **II) Abs 2.** Die Kosten der Aufforderung gehören zu den Kosten des Festsetzungsverfahrens (Karlsruhe OLGE 11, 174). Bei bewilligter **Prozeßkostenhilfe** sind die Parteikosten so zu berechnen, wie wenn keine Prozeßkostenhilfe bewilligt worden wäre (Bamberg JurBüro 79, 844; Bremen JurBüro 84, 609; LG Bonn Rpfleger 84, 33), und es ist anzugeben, welcher Betrag dem PKH-Anwalt aus der Staatskasse ersetzt wurde. War beiden Parteien PKH bewilligt worden, so ist zunächst zu ermitteln, welche Kosten jeder Partei überhaupt entstanden sind; sodann ist der Gesamtbetrag der Kosten nach Maßgabe des Urteils zu verteilen und durch Feststellung des Unterschieds des auf jede Partei entfallenden Kostenbetrags der erstattungsfähige Betrag zu ermitteln. Die Summe, die dem erstattungsberechtigten PKH-Anwalt von der Staatskasse bezahlt worden ist, wird hierbei nur insoweit berücksichtigt, als dadurch die an sich erstattungsfähige Forderung gedeckt ist. Zur Kostenausgleichung bei **Teil-PKH** vgl Lappe MDR 84, 638. Genießt eine Partei Gebührenfreiheit, so sind die gerichtl Gebühren (anders bei Auslagen) bei der Festsetzung nicht zu berücksichtigen (KG JW 28, 2163). Sind die Kosten nach Quoten verteilt und kann die hilfsbedürftige Partei außer den PKH-Anwaltskosten noch eigene Auslagen erstattet verlangen, so sind diese bei der nach § 106 vorzunehmenden Ausgleichung verhältnismäßig (München Rpfleger 82, 119 = JurBüro 82, 417 m Anm Mümmler) mit in Ansatz zu bringen. Das sich bei der Ausgleichung ergebende Guthaben der hilfsbedürftigen Partei ist zuerst auf die dem PKH-Anwalt aus der Staatskasse zu erstattenden Beträge, dann auf die nach § 130 BRAGO auf die Staatskasse übergegangene Forderung und nur, soweit dann noch ein Überschuß verbleibt, auf die eigenen Auslagen der Partei zu verrechnen (München Rpfleger 82, 119 = JurBüro 82, 417 m Anm Mümmler; Braun Rpfleger 55, 179).

Der KFBeschluß kann nach Ablauf der **einwöchigen Frist** ohne Rücksicht darauf, ob der Gegner seine Kostenrechnung eingebracht hat, erlassen werden. Geht das Ausgleichsgesuch des Gegners aber noch ein, bevor die Kanzlei den Festsetzungsbeschluß ausgefertigt hat, ist er nicht hinauszugeben, sondern ein neuer Ausgleichungsbeschluß zu fassen (LG Berlin KoRsp ZPO § 106 Nr 35). Zuzustellen ist beiden Parteien bzw ihren Prozeßbevollmächtigten von Amts wegen (Rn 14). Die säumige Partei kann ihre Kosten nachträgl festsetzen lassen. Jedoch ist die nachträgl Berücksichtigung entgegen § 106 nicht rechtzeitig zur Ausgleichung gestellter Prozeßkosten im Erinnerungs- u Beschwerdeverfahren nicht zulässig (Celle NdsRpfl 76, 92); es fehlt dann an einer Beschwer (Hamburg JurBüro 78, 283). Auch liegt für das Gericht keine Veranlassung zur Änderung seiner Entscheidung über das Festsetzungsgesuch des Gegners vor, wenn die Berechnung der säumigen Partei zwar erst nach Absetzung der Entscheidung, aber vor ihrer Ausfertigung und Zustellung eingegangen ist (Köln Rpfleger 75, 66). Eine solche Änderung ist vielmehr verfahrensrechtlich unzulässig; jedoch ist im zweiten Festsetzungsverfahren die Aufrechnung mit dem bereits titulierten Kostenerstattungsanspruch zulässig und gegen eine materiell nicht mehr gerechtfertigte Vollstreckung aus dem ersten Beschluß die Klage aus § 767 gegeben (Lappe MDR 83, 992). Hat der PKH-Anwalt die Kostenausgleichung nicht ausdrückl auf seinen eigenen Namen beantragt, ist die Festsetzung auf den Namen der Partei vorgenommen worden, und will der Anwalt nun die Umschreibung auf seinen Namen haben, so muß auf Antrag die Umschreibung erfolgen, was aber mit der Umschreibung der Vollstreckungsklausel aus § 727 nichts gemein hat (vgl näher § 126 Rn 19). 4

Bei der Kostenausgleichung muß der Anspruch einer Partei auf Erstattung verauslagter Gerichtskosten mit dem Anspruch der anderen Partei auf Erstattung außergerichtl Kosten verrechnet werden; eine getrennte Festsetzung der beiderseitigen Ansprüche ist unzulässig (LG Essen Rpfleger 73, 183). Gebühren, die entweder überhaupt nicht oder auf beiden Seiten erfallen sind, heben sich auf, so daß Erinnerung mit dem Ziel ihrer Berücksichtigung mangels Beschwer unzulässig ist (KG Rpfleger 78, 225). Sind im Berufungsurteil die Kosten beider Rechtszüge nach Quoten verteilt und haben beide Parteien jeweils ihre Kosten für beide Rechtszüge zur Ausgleichung angemeldet, so ist über die Ausgleichung sämtl Kosten einheitl in einem Beschluß zu entscheiden und sind nicht vorab gesondert nur die Kosten eines Rechtszugs auszugleichen (Hamm Rpfleger 77, 373). Werden Streitgenossen, die unterschiedl hohe Klageansprüche geltend gemacht haben, von einem gemeinsamen Anwalt vertreten, so ist beim Kostenausgleich zu ihren Gunsten insgesamt kein höherer Betrag zu berücksichtigen, als sie nach dem zusammengerechneten Gesamtstreitwert gem § 7 II BRAGO ihrem gemeins Anwalt nach § 6 II 2 BRAGO tatsächl zu zahlen haben (Hamburg JurBüro 77, 199; München KoRsp ZPO § 106 Nr 28). 5

III) Anfechtung. Da in dem einheitl Kostenfestsetzungsbeschluß, dessen Entscheidungsformel sich auf das Ergebnis der Verrechnung der gesamten Prozeßkosten beider Parteien beschränkt, zwei Entscheidungen hinsichtl der Gesuche beider Parteien getroffen werden, kann auch jede Entscheidung selbständig nach §§ 21 II, 11 II RpflG bzw § 104 III 5 angefochten werden, soweit eine Beschwer vorliegt. Der Beschwerdeführer ist allerdings nur beschwert in Höhe des Anteils der nicht berücksichtigten Gebühr oder sonstiger Kosten, in deren Höhe der Gegner ihm erstattungspflichtig ist (vgl Hamburg JurBüro 70, 536). Keine Beschwer, wenn mit der Erinnerung die Berücksichtigung einer Gebühr erstrebt wird, die entweder auf beiden Seiten oder gar nicht erwachsen ist (KG Rpfleger 78, 225). Wer die **Kosten des Ausgleichsverfahrens** zu tragen hat, richtet sich nach dem jeweiligen Unterliegen mit dem beanspruchten Kostenbetrag. 6

107 *[Rückwirkung von Streitwert auf frühere Kostenfestsetzung]*

(1) Ergeht nach der Kostenfestsetzung eine Entscheidung, durch die der Wert des Streitgegenstandes festgesetzt wird, so ist, falls diese Entscheidung von der Wertberechnung abweicht, die der Kostenfestsetzung zugrunde liegt, auf Antrag die Kostenfestsetzung entsprechend abzuändern. Über den Antrag entscheidet der *Urkundsbeamte der Geschäftsstelle* des Gerichts des ersten Rechtszuges.

(2) Der Antrag ist binnen der Frist von einem Monat bei der Geschäftsstelle anzubringen. Die Frist beginnt mit der Zustellung und, wenn es einer solchen nicht bedarf, mit der Verkündung des den Wert des Streitgegenstandes festsetzenden Beschlusses.

(3) Die Vorschriften des § 104 Abs. 3 sind anzuwenden.

I) Abs 1. Setzt das Gericht nach Erlaß des KFBeschlusses den Streitwert anders als vom Rechtspfleger angenommen fest, so ist **vor** Rechtskraft des Festsetzungsbeschlusses gegen die- 1 sen Erinnerung oder Beschwerde nach § 21 II RpflG, § 104 III oder Antrag aus § 107, nach Rechtskraft nur dieser gegeben. Bei Festsetzung gem § 106 braucht der Gegner nicht mehr zur Einreichung einer Kostenberechnung aufgefordert zu werden, wenn seine Kosten nach dem neuen Streitwert berechnet werden können. Denn es sind nur Änderungen gestattet bei Positionen, die streitwertabhängig sind. Darüber hinaus bindet die Rechtskraft, so daß keine Nachprüfung betroffener Gebühren dem Grunde nach in Betracht kommt, da § 107 lediglich ermöglicht, die feststehenden Kostenpositionen der Streitwertänderung anzupassen (Hamm KoRsp ZPO § 107 Nr 4; München Rpfleger 73, 258 [Verkehrsanwalt]).

2 **Verfahren.** Der Rechtspfleger wird bei Herabsetzung des Streitwerts folgenden Beschluß erlassen: „In Sachen ... werden infolge Festsetzung des StrWerts auf ... DM durch Beschluß des ... Gerichts vom ... unter Änderung des KFBeschlusses vom ... die von ... dem ... zu erstattenden Kosten auf ... DM festgesetzt". Ausfertigung des Beschlusses wird den Parteien von Amts wegen zugestellt. Vollstreckung aus dem ersten Festsetzungsbeschluß kann gem § 775 Nr 1 verhindert werden. Bereits geleistete Überzahlungen können im Änderungsbeschluß rückfestgesetzt werden, wenn die Überzahlung unstreitig oder eindeutig feststellbar ist (Nachw s §§ 103, 104 Rn 21 unter „Rückfestsetzung"). Ist der Streitwert auf einen **höheren** als den bei KF angenommenen Betrag festgesetzt worden, so ist es zweckmäßig, in dem Änderungsbeschluß „die von dem Schuldner **weiter** zu erstattenden Kosten auf ... DM festzusetzen". Zustellung einer Ausfertigung des Beschlusses an den Gegner des Antragstellers bzw dessen Prozeßbevollmächtigten (§ 176), formlose Übersendung der vollstreckbaren Ausfertigung an den Gläubiger unter Vermerk des Tages der Zustellung des Beschlusses an den Gegner.

3 **II) Abs 2.** Der nicht dem Anwaltszwang unterliegende Antrag auf Änderung des KFBeschlusses ist innerhalb eines Monats nach Verkündung oder Zustellung des Streitwertbeschlusses beim Rechtspfleger des erstinstanzlichen Gerichts anzubringen. Die nicht verlängerungsfähige (§ 224 II) Frist läuft unabhängig davon, ob eine Partei Streitwertbeschwerde oder Gegenvorstellung gegen den Wertansatz erhoben hat. Sie bezieht sich nur auf die erneute Festsetzung (München MDR 83, 137). Ist die Frist versäumt, kann der Schuldner, wenn der nicht geänderte KFBeschluß noch nicht vollstreckt ist, Klage aus § 767 erheben (Köln JW 28, 126; München MDR 83, 137); nach Vollstreckung ist nur noch die Bereicherungsklage (§ 812 BGB) zulässig. Wegen des Gerichtskostenansatzes s § 7 GKG.

4 **III) Abs 3.** Der Änderungsbeschluß ist binnen 2 Wochen ab Zustellung (Notfrist) mit Erinnerung bei dem Gericht anfechtbar, dessen Rechtspfleger ihn erlassen hat; Verfahren wie bei § 104.

5 **IV) Gebühren: 1) des Gerichts:** keine, § 1 GKG; für die Beschwerdeinstanz gilt KV Nr 1181. – **2) des Anwalts:** keine besondere Gebühr; der Antrag nach § 107 gehört zum Rechtszug, § 37 Nr 7 BRAGO.

Sechster Titel

SICHERHEITSLEISTUNG

108 *[Art und Höhe der Sicherheit]*

(1) In den Fällen der Bestellung einer prozessualen Sicherheit kann das Gericht nach freiem Ermessen bestimmen, in welcher Art und Höhe die Sicherheit zu leisten ist. Soweit das Gericht eine Bestimmung nicht getroffen hat und die Parteien ein anderes nicht vereinbart haben, ist die Sicherheitsleistung durch Hinterlegung von Geld oder solchen Wertpapieren zu bewirken, die nach § 234 Abs. 1, 3 des Bürgerlichen Gesetzbuchs zur Sicherheitsleistung geeignet sind.

(2) Die Vorschriften des § 234 Abs. 2 und des § 235 des Bürgerlichen Gesetzbuchs sind entsprechend anzuwenden.

1 **I)** Die §§ 108 ff gelten nur für die vom Gericht angeordneten **prozessualen Sicherheitsleistungen,** die in der ZPO vorgesehen sind, zB in §§ 89, 110–113, 707 usw. Ihr Zweck ist es, Ansprüche der Gegenpartei abzusichern, nicht solche der Staatskasse auf Zahlung der Gerichtskosten (Stuttgart Rpfleger 85, 375). Materiellrechtliche Sicherheitsleistungen richten sich nach §§ 232–240 BGB, durch deren singgemäße Anwendung Lücken in der ZPO-Regelung ausgefüllt werden dürfen. Auch Hinterlegung des streitbefangenen Gegenstandes oder des Erlöses (zB §§ 711, 712, 720, 905) ist Hinterlegung nur zur Sicherung, nicht zur Erfüllung.

II) Art und Höhe der Sicherheit bestimmt das Prozeßgericht, das die Sicherheitsleistung angeordnet hat (BGH MDR 66, 501). Indessen ist auch das Gericht höherer Instanz Prozeßgericht; deshalb kann auch seine Zuständigkeit begründet sein, zB weil die Vorinstanz irrig, aber unanfechtbar, eine Entscheidung abgelehnt hat (BGH MDR 66, 501), vorausgesetzt jedoch, daß die beschwerte Partei dies beantragt (LG Aachen MDR 66, 244). Dem LG Memmingen (NJW 74, 321) ist darin beizupflichten, daß in eiligen Sachen die Zuständigkeit des Berufungsgerichts auch aus prozeßökonomischen Gründen (Vermeidung des zeitraubenden Hin- und Hersendens der Akten) gegeben sein kann. In den Fällen der einstw Einstellung (§§ 707, 719, 732 II, 769) ordnet das Gericht die Sicherheitsleistung an, das die Einstellung verfügt hat, so zB das Vollstreckungsgericht (§ 769 II). 2

Die **Höhe** der Sicherheit **muß** das Gericht nach freiem, pflichtgemäßem, durch das Rechtsmittelgericht nachprüfbarem Ermessen (KG JW 26, 2464) in Geld bestimmen. Über die **Art** der Sicherheit **kann** das Gericht nach freier Wahl eine Bestimmung treffen. Bei entsprechendem Antrag bestimmt das Gericht Höhe und Art im Urteil, anderenfalls nur die Höhe, und die Art gfls bei nachfolgendem Antrag durch Beschluß. Irriges Unterbleiben der Höhebestimmung oder fehlerhafte Berechnung kann nur über §§ 716, 717 ZPO korrigiert werden. Die Anordnung des Gerichts über Art und Höhe der Sicherheitsleistung kann durch gerichtl und außergerichtl **Parteivereinbarung** jederzeit ergänzt oder abgeändert werden. Soweit Parteivereinbarungen in der gerichtl Anordnung noch nicht berücksichtigt sind, können sie durch neue Klage bzw bei der Vereinbarung über die Art durch entspr Abänderungs- oder Ergänzungsantrag (Rn 14) geltend gemacht werden. 3

Bei der **Festsetzung der Höhe** der Sicherheit hat das Gericht von dem auszugehen, was nötig ist, um denjenigen, in dessen Interesse die Sicherheit zu leisten ist, vor mögl Nachteilen oder Schäden zu bewahren. Praktisch ist dies meist der tatsächl Wert des vollstreckbaren Hauptanspruchs zuzügl Zinsen und Kosten. Nach KG (NJW 77, 2270) ist es zulässig, die Höhe der (nach § 709 S 1 anzuordnenden) Sicherheitsleistung derart zu bestimmen, daß Sicherheit **„in Höhe des jeweils beizutreibenden Betrages“** zuzügl eines Vomhundertsatzes dieses Betrages zur Absicherung des (etwaigen) Schadensersatzanspruchs aus § 717 II ZPO zu leisten ist (ebenso Hamburg OLGE 9, 111; Mager ZZP 68 [1955], 166; Schneider, Kostenentscheidung im Zivilurteil, 2. Aufl 1977, S 333); dagegen hält es Karlsruhe (OLGZ 75, 484; ferner Celle NdsRpfl 52, 4; Nürnberg BayJMBl 64, 33) grundsätzlich für **unzulässig,** ein Urteil gegen Sicherheitsleistung in Höhe des jeweils beizutreibenden Betrages für vorläufig vollstreckbar zu erklären, es sei denn, daß es sich um eine Verurteilung zu künftig fällig werdenden Raten handelt. Ist gepfändet und wird die Zwangsvollstreckung einstweilen eingestellt, so wird bei aufrechterhaltener Pfändung die Höhe der Sicherheitsleistung im allgemeinen niedriger zu bemessen sein, denn das Pfandstück kann bei Bewertung der Höhe wertmäßig berücksichtigt werden (Celle NJW 59, 2268). Wird nur **Teilsicherheit** geleistet, so hält Karlsruhe (MDR 55, 617) **Teilvollstreckung** jedenfalls dann für **unzulässig,** wenn sie im Urteil nicht ausdrücklich zugelassen ist. 4

III) 1) Hat das Gericht die Art der Sicherheitsleistung nicht bestimmt, so geschieht sie durch **Hinterlegung von Geld** oder von gemäß § 234 I, III BGB zur Sicherheit geeigneten Wertpapieren. **Geld:** es genügt Überweisung auf das Konto der Gerichtskasse (Dresden OLGE 39, 51). Mit der Einzahlung ist die Verpflichtung zur Sicherheitsleistung erfüllt; eine Verrechnung mit Gerichtskosten ist nicht zulässig (Stuttgart Rpfleger 85, 375). **Wertpapiere** müssen Inhaber- oder blankoindossierte Orderpapiere sein, einen Kurswert haben und mündelsicher sein (s § 1807 I Nr 2–5 BGB; Art 212 EGBGB). Mit Wertpapieren kann Sicherheit nur in Höhe von drei Vierteilen des Kurswerts geleistet werden (§ 234 III BGB); mit zu hinterlegen sind Zins-, Renten-, Gewinnanteil- u Erneuerungsscheine. Der Umtausch hinterlegter Wertpapiere gegen andere, geeignete Wertpapiere oder gegen Geld ist nach § 235 BGB zulässig. Dem Gericht stehen alle Mittel der Sicherheitsleistung zur freien Wahl (Ausnahme § 69 ZVG), und zwar ohne die in §§ 234 ff BGB gezogenen Grenzen. Stets muß jedoch die Art der Sicherheit dem Berechtigten die Befriedigung ermöglichen. Deshalb reicht zB nicht die Hinterlegung eines Hypothekenbriefs; als Sicherheit ungeeignet sind ferner Pfandstücke, da der Gläubiger nach Aufhebung der Pfändung die Sicherheit verlieren könnte (Celle NJW 59, 2268; Schleswig SchlHA 69, 121). 5

2) Das Gericht kann auf Antrag oder von Amts wegen auch **die Art einer anderen Sicherheitsleistung** als durch Geld und Wertpapiere anordnen, zB Hinterlegung von Wertpapieren, die nicht in § 234 BGB aufgeführt sind, von ausländischem Geld und von Kostbarkeiten (§ 5 HinterlO), Sparkassenbüchern (Köln JR 56, 222); jedoch nicht mit einem Pfandstück, das der Gläubiger durch eine Vollstreckungsmaßnahme erlangt hat (Rn 5). 6

3) Besonders zweckmäßig ist **Sicherheitsleistung durch Bürgschaft** (§ 232 II BGB). Der Bürge muß in der schriftl (§ 350 HGB wegen des Nachweises unpraktisch) Bürgschaftserklärung (§ 766 7

BGB) auf die Einrede der Vorausklage (§ 771 BGB) verzichten (§ 239 II BGB analog). Eine sog Ausfallbürgschaft genügt daher nicht. Der Bürge ist tauglich, wenn er ein der Höhe der Sicherheit angemessenes Vermögen besitzt und seinen allgemeinen Gerichtsstand im Inland hat (§ 239 I BGB analog): zB Bürgschaft einer angesehenen Bank oder einer kleineren Genossenschaftsbank, wenn gegen deren Zahlungsfähigkeit keine Bedenken bestehen und ihr Vermögen ausreichend erscheint (Nürnberg Rpfleger 59, 65), so daß sie die Sicherheit des Vollstreckungsschuldners jederzeit gewährleisten kann (LG Düsseldorf DGVZ 77, 42); Bedenken hiergegen muß der Sicherheitsgläubiger vorbringen (Celle NJW 62, 1019).

8 BGH (WPM 66, 378) verlangt selbstschuldnerische Bürgschaft einer **Großbank oder eines öffentl Kreditinstituts.** Eine entsprechende Anordnung ist in der Praxis allgemein üblich; den „deutschen Großbanken“ und „öffentlichen Sparkassen“ stehen von der Tauglichkeit her völlig gleich die Volksbanken und Raiffeisenbanken. Sie fallen jedoch nicht unter diese Formulierung (Düsseldorf WPM 82, 703 = ZIP 82, 366) und sollten jedenfalls bei entsprechendem Hinweis einer Partei miterwähnt werden, da anderenfalls eine Benachteiligung dieser Institute eintreten kann (s aber Köln WPM 82, 994). Deren Kunden verlangen nämlich sonst nicht selten Kostenübernahme, und die Volksbanken oder Raiffeisenbanken müssen sich dem beugen, um dem Abwandern des Kunden entgegenzuwirken. Unrichtig ist die Auffassung des LG Berlin (Rpfleger 78, 331), die Anordnung der Sicherheitsleistung durch selbstschuldnerische Bürgschaft einer „Deutschen Großbank“ sei mangels Bestimmbarkeit unwirksam. Das Gegenteil ist offenkundig; sämtliche Lexika und Nachschlagewerke des Wirtschaftsrechts führen als Großbanken die Nachfolgeinstitute der Deutschen Bank, der Dresdner Bank und die Commerzbank an (s Schneider Anm KoRsp ZPO § 108 Nr 9). An sich bedarf die von einer bekannten Großbank ausgestellte Bürgschaftserklärung, wie das LG Berlin, DGVZ 73, 90, zutreffend entschieden hat, keiner Unterschriftsbeglaubigung und keines Nachweises der Vertretungsbefugnis ihrer Unterzeichner. Allerdings können notarielle Form der Bürgschaftserklärung, Beglaubigung der Unterschriften, Nachweis der Vertretungsmacht der Unterzeichner usw statt der im allgemeinen ausreichenden Schriftform des § 766 BGB (s Hamm DGVZ 76, 117 ff) besonders durch das Gericht angeordnet werden.

9 Die **Bürgschaftserklärung muß** grundsätzlich **unbedingt und unbefristet** sein (§§ 158, 163 BGB), so daß zB in ihr die Haftung nicht von der Vorlage einer das Urteil aufhebenden oder abändernden rechtskräftigen Entscheidung abhängig gemacht werden darf (Bamberg NJW 75, 1664). Zulässig ist die auflösende Bedingung, daß die Bürgschaftsurkunde wieder in den Besitz des Bürgen gelangt, sofern sichergestellt ist, daß die Bürgschaft nicht ohne oder gegen den Willen des Sicherungsberechtigten zum Erlöschen gebracht werden kann, ehe die Veranlassung für die Sicherheitsleistung weggefallen ist (BGH MDR 71, 388; Hamburg MDR 82, 588 = WPM 82, 915; Nürnberg WPM 86, 215). Unwirksam daher die Sicherheitsleistung mit einer Bürgschaft, die durch Rückgabe der Bürgschaftsurkunde an die Bank erlischt, wenn der Gläubiger dem Schuldner nicht die Urkunde, sondern nur eine beglaubigte Abschrift zustellt (München MDR 79, 1029); unzulässig die auflösende Bedingung des Erlöschens, sobald die Veranlassung zur Sicherheitsleistung wegfalle (AG Köln DGVZ 83, 60; aA Nürnberg WPM 86, 216), desgleichen der Vorbehalt der Bank, befreiend hinterlegen zu dürfen (LG Bielefeld MDR 85, 238; AG Gütersloh ZIP 82, 1250; s dazu auch LG Bielefeld ZIP 82, 678). Ausführlich zur Sicherheitsleistung durch Bankbürgschaft Schneider JurBüro 69, 487 u als Vollstreckungsvoraussetzung Noack MDR 72, 287.

10 **4)** Ist Prozeßbürgschaft zugelassen, so ist der Sicherungsberechtigte zur **Annahme der Bürgschaftserklärung,** die der gerichtl Anordnung entspricht, verpflichtet (Zwangsvertrag: Hamburg WPM 82, 915). Erleichterung für Vertragsschluß gem § 151 S 1 BGB: nach allgemeiner Ansicht wird die Annahmeerklärung ersetzt durch die gerichtl Zulassung der Sicherheitsleistung durch Bürgschaft (BayObLG MDR 76, 410 mwN). Wegen des Annahmezwanges kann die Sicherheit wirksam auch durch Hinterlegung der Bürgschaftsurkunde bei der Hinterlegungsstelle des Amtsgerichts geleistet werden, wenn dies vom Gericht gestattet worden ist (Hamburg WPM 82, 915). Entspricht indes die Bürgschaftserklärung nicht den gerichtl Erfordernissen, so besteht insoweit keine Annahmeverpflichtung. Die Unterlassung eines Widerspruchs wird man jedoch als Annahmeerklärung zu deuten haben (Breit JR 26, 161 ff).

11 Die **Bürgschaft entsteht** demnach, wenn die Bürgschaftserklärung dem Sicherungsberechtigten in **Urschrift** zugeht (§ 130 BGB) oder nach § 132 I BGB iVm §§ 166 ff ZPO durch Vermittlung des Gerichtsvollziehers in **beglaubigter Abschrift** zugestellt wird (Nürnberg WPM 86, 215 mwN; Jakobs DGVZ 73, 115, 116). Die **Aushändigung** der **Urschrift** der Urkunde an den Zustellungsadressaten ist erforderl, wenn nach dem Inhalt des Vertrages die Bürgschaft durch die Rückgabe der Urkunde auflösend bedingt ist, also das Erlöschen der Bürgschaft von der Rückgabe des Originals abhängt (München MDR 79, 1029). In diesem Fall kann nur dadurch, daß der

Sicherungsberechtigte in den Besitz der Originalurkunde gelangt, verhindert werden, daß die Bürgschaft vorzeitig ohne oder gegen den Willen des Sicherungsberechtigten durch Rückgabe der Originalurkunde erlischt. Die Zustellung kann auch an den Prozeßbevollmächtigten erfolgen, sofern dessen Vollmacht, wie idR, den Abschluß des Bürgschaftsvertrages mitumfaßt, weil es sich dabei um eine Maßnahme innerhalb des Prozeßmandats handelt (vgl München AnwBl 68, 184). **Zustellung** von **Anwalt zu Anwalt** (§ 198) genügt nach § 132 I BGB **nicht** (LG Landau MDR 59, 929/930; Probst AnwBl 76, 288 Nr 4; aA München OLGZ 65, 292; Frankfurt MDR 78, 490; Sebode JVBl 67, 171 [173, 174]; Noack MDR 72, 287 [289]; Jakobs DGVZ 73, 115 FN 33). § 198 ist deshalb unanwendbar, weil § 132 I BGB die Zustellung nur durch „Vermittlung des Gerichtsvollziehers" vorsieht, so daß nur diese Zustellungsart die erforderliche Wirkung haben kann.

5) Ist eine **„andere Art** der Sicherheitsleistung" genehmigt, zB Hinterlegung von Geld auf ein Anderkonto eines Rechtsanwalts oder Notars (Nachweis durch dem Schuldner zuzustellende notarielle Urkunde), Verpfändung von Sparguthaben (RGZ 124, 220) usw, so ist der Umtausch der Sicherheitsmittel nur mit Genehmigung des Sicherungsberechtigten zulässig, da dieser an der Sicherheit ein Pfandrecht erworben hat. **12**

IV) Verfahren. 1) Die Anordnung der Sicherheitsleistung bedarf eines Antrags in den Fällen der §§ 110 f, 712, 939, 927. Die Entscheidung ergeht hier bei Streit auf Grund mündl Verhandlung oder nach §§ 251 a, 331 a, 128 II u III. In allen anderen Fällen kann sie ohne mündl Verhandlung ergehen. Anordnung durch Urteil in den Fällen der §§ 709, 711, 712, 925, 927, 939, bei § 110 durch Zwischenurteil nach § 280 II, bei §§ 921, 923, 936 durch Arrestbefehl oder einstw Verfügung, in allen übrigen Fällen durch **Beschluß.** **13**

2) Über die **Art der Sicherheitsleistung** kann nach hM stets ohne mündl Verhandlung durch **Beschluß** entschieden werden. Es kann demgemäß durch Beschluß auch eine bereits getroffene Entscheidung vor und nach Einlegung eines Rechtsmittels (Celle SA Bd 79, 221) ergänzt oder geändert werden. Zuständig zu solchen nachträgl Änderungen ist das Gericht, das die zu ändernde bzw zu ergänzende Entscheidung erlassen hat, und zwar die untere Instanz auch dann, wenn die höhere Instanz die Entscheidung der unteren ledigl bestätigt hat (LG Aachen MDR 66, 244). Dies gilt auch, wenn die Sache in der Revisionsinstanz hängt; hier kann aber ausnahmsweise auch das Revisionsgericht eine Anordnung über die Art der Sicherheit erlassen (BGH NJW 66, 1028). **14**

3) Die **Ausführung der Hinterlegung** richtet sich nach der Hinterlegungsordnung. Wird Sicherheit geleistet, so erlangt der Sicherungsberechtigte **ein Pfandrecht** am hinterlegten oder verpfändeten Gegenstand und ein solches am Rückforderungsanspruch des Hinterlegers, wenn hinterlegtes Geld oder Wertpapiere in das Eigentum des Fiskus übergegangen sind (§ 233 BGB). Bei der Bürgschaft erlangt er einen direkten Anspruch gegen den Bürgen. Im Schadensfall kann sich der Sicherungsberechtigte hieraus befriedigen (§ 13 HinterlO, §§ 1233, 765 BGB). Der Bürge haftet nicht nur für den durch die Hinausziehung der Zwangsvollstreckung entstandenen Schaden, sondern für die Urteilssumme selbst (BGH NJW 79, 417; RGZ 141, 196; Düsseldorf JW 32, 2896). Ist die Zwangsvollstreckung nur gegen Sicherheitsleistung zulässig, die in Form einer Bürgschaft (s Rn 7 f) erbracht werden kann, so muß die Bürgschaft auch Sicherheit für den Fall bieten, daß der Schuldner zur Abwendung der Vollstreckung Zahlung leistet (LG München I DGVZ 74, 78). **Kostenerstattung:** s § 91 Rn 13 unter „Sicherheit". **15**

V) Rechtsmittel. Über die **Höhe** der Sicherheitsleistung entscheidet das Gericht mit Selbstbindung nach § 318 im Urteil (Frankfurt OLGZ 70, 172). Soweit nicht § 319 wegen offenbarer Unrichtigkeit eingreift, gibt es nur die Berufung, die sich auf die Vollstreckbarkeitsentscheidung beschränken darf, was aber praktisch nicht vorkommt. Die Entscheidung über die **Art** der Sicherheitsleistung ist unanfechtbar, wenn dazu **kein Parteiantrag** gestellt worden ist (§ 567 I). Ist ein **Antrag gestellt** worden, dann fehlt es bei **Stattgeben** für den Antragsteller an einer Beschwer, für den Antragsgegner an den Voraussetzungen des § 567. Auch § 793 ist unanwendbar, weil die Bestimmung der Art der Sicherheitsleistung noch nicht Beginn der Zwangsvollstreckung ist (Frankfurt JW 25, 1024; MDR 56, 617; Düsseldorf JW 26, 852; Königsberg JW 30, 3865; Karlsruhe HRR 30 Nr 1869; München MDR 69, 581; früher aA KG ZZP 53 [1928], 442 u danach noch Frankfurt MDR 75, 323). Wird ein Antrag auf Gestattung einer besonderen Art der Sicherheitsleistung **abgelehnt,** dann hat der Antragsteller die einfache Beschwerde (KG JW 26, 2464; Jena JW 31, 1829; Nürnberg MDR 59, 65; 61, 61), auch wenn er zwischenzeitlich Berufung eingelegt hat (Düsseldorf MDR 84, 852). Die Ermessensfreiheit bei Bestimmung der Sicherheitsleistung (§ 108 I 1) geht auf das Beschwerdegericht über (KG JW 26, 2464; Nürnberg MDR 61, 61). Der Antragsgegner ist nicht beschwert und hat deshalb kein Rechtsmittel, sondern allenfalls die Möglichkeit der Gegenvorstellung. Er kann jedoch gegen die Zulassung der Sicherheitsleistung in bestimmter Art einen **Abänderungsantrag** stellen (der auch in einer unzulässigen Beschwerde **16**

liegen kann) und hat dann nach hM gegen dessen Zurückweisung seinerseits die einfache Erstbeschwerde nach § 567 I (KG JW 26, 2464; Nürnberg MDR 59, 65; München MDR 69, 581), gfls auch die weitere Beschwerde (Frankfurt MDR 56, 617; Nürnberg MDR 61, 61). Nürnberg (WPM 86, 214 = MDR 86, 241) läßt Abänderungsantrag nur zu, wenn er auf neue Umstände gestützt wird. Demgegenüber verneint Wieczorek (§ 108 Anm B II b 2; ebenso München MDR 84, 321) ein Abänderungsrecht und verweist auf die §§ 707, 719. OLG Frankfurt (MDR 81, 677) will § 718 I anwenden, übersieht dabei aber, daß diese Vorschrift nur die Höhe der Sicherheitsleistung betrifft und deshalb auch nach Einlegung der Berufung die Vorinstanz für die Bestimmung der Art der Sicherheitsleistung zuständig bleibt (s Schneider MDR 83, 905; unten § 718 Rn 1). **Streitwert** s § 3 Rn 16 unter „Sicherheitsleistung".

109 *[Rückgabe der Sicherheit]*

(1) Ist die Veranlassung für eine Sicherheitsleistung weggefallen, so hat auf Antrag das Gericht, das die Bestellung der Sicherheit angeordnet oder zugelassen hat, eine Frist zu bestimmen, binnen der ihm die Partei, zu deren Gunsten die Sicherheit geleistet ist, die Einwilligung in die Rückgabe der Sicherheit zu erklären oder die Erhebung der Klage wegen ihrer Ansprüche nachzuweisen hat.

(2) Nach Ablauf der Frist hat das Gericht auf Antrag die Rückgabe der Sicherheit anzuordnen, wenn nicht inzwischen die Erhebung der Klage nachgewiesen ist; ist die Sicherheit durch eine Bürgschaft bewirkt worden, so ordnet das Gericht das Erlöschen der Bürgschaft an. Die Anordnung wird erst mit der Rechtskraft wirksam.

(3) Die Anträge und die Einwilligung in die Rückgabe der Sicherheit können vor der Geschäftsstelle zu Protokoll erklärt werden. Die Entscheidungen können ohne mündliche Verhandlung ergehen.

(4) Gegen den Beschluß, durch den der im Absatz 1 vorgesehene Antrag abgelehnt wird, steht dem Antragsteller, gegen die im Absatz 2 bezeichnete Entscheidung steht beiden Teilen die sofortige Beschwerde zu.

1 **I) Allgemeines.** Die Sicherheitsleistung dient der Sicherung eines bereits entstandenen oder erst entstehenden Anspruches. Sie soll verhindern, daß jemand, der durch eine vorläufige Maßnahme (zB durch die Vollziehung eines Arrestes, durch die Vollstreckung eines noch nicht rechtskräftigen Urteils) einen Schaden erlitten hat, nach Aufhebung dieser Maßnahme seine Schadensersatzansprüche nicht verwirklichen kann. Das gilt aber nur, solange die Veranlassung zur Sicherheitsleistung besteht; ist sie weggefallen, ist das Interesse des Sicherheitsleistenden schutzwürdig, möglichst bald die Sicherheit zurückzubekommen. § 109 regelt das dazu einzuschlagende Verfahren, auch bei Bürgschaftssicherung (RGZ 156, 164). Für eine Klage auf Einwilligung in die Rückgabe fehlt das Rechtsschutzbedürfnis, soweit § 109 eingreift. Zugelassen wird die Klage immer dann, wenn zwischen den Parteien sachlicher Streit über die Inanspruchnahme der Sicherheit besteht, zB weil der Gesicherte Ansprüche erhebt (RG DJR 38 Nr 211). Wird eine vorläufige Maßregel aufgehoben, zB bei Aufhebung eines Arrests, dann wird die Sicherheit für den Gegner des Sicherheit Leistenden praktisch und § 109 unanwendbar (München Rpfleger 53, 81); gleichwohl wird das Verfahren nach § 109 zugelassen, wenn dem Gegner kein Schaden entstanden ist oder der entstandene Schaden sich endgültig berechnen läßt (RGZ 52, 105; 61, 300; 97, 130). Für die Fälle der vorläufigen Vollstreckbarkeit nach §§ 709 S 1, 711, 712 II 2 gilt zugunsten des Gläubigers, der Sicherheit geleistet hat, die Sonderregelung des § 715. Danach ist auf Antrag durch einen Beschluß die Rückgabe der Sicherheit bzw. das Erlöschen der Bürgschaft anzuordnen, wenn ein Rechtskraftzeugnis (§ 706) für ein zunächst nur vorläufig vollstreckbares Urteil vorgelegt wird. Dieses bedeutend einfachere Verfahren steht nur für den Gläubiger wahlweise neben dem Verfahren nach § 109 I, II zur Verfügung, während der Schuldner, der nach §§ 711 S 1, 712 I 1 Sicherheit geleistet hat, nur die Möglichkeit aus § 109 hat.

2 **II) Abs 1. Voraussetzung für die Fristbestimmung** ist Wegfall der Veranlassung für Sicherheitsleistung sowie ein **Antrag** des Sicherungsverpflichteten.

3 **1) Die Veranlassung** für die Sicherheitsleistung **ist weggefallen,** wenn der unsichere Zustand beendet ist, der bei Sicherheitsleistung vorgelegen hat, wenn also Ansprüche, deren Verwirklichung gesichert werden sollte, nicht oder nicht mehr entstehen können und der abgesicherten Geltendmachung bereits entstandener Ansprüche kein Hindernis mehr entgegensteht (RGZ 61, 300; 97, 130). Ist die Veranlassung zur Sicherheitsleistung nur für einen Teil des Streitgegenstandes weggefallen, dann gilt § 109 für diesen Teil; eine derartige Reduzierung kann auch dann

geboten sein, wenn die Höhe der Sicherheit unzumutbar übersetzt ist (Düsseldorf MDR 82, 412). Nach Wegfall der Veranlassung für die Sicherheitsleistung kann der Schuldner auf die Rückgabe eines zur Abwendung der Zwangsvollstreckung hinterlegten Geldbetrages verzichten und diesen Betrag schuldbefreiend auf die titulierte Forderung anrechnen (BGH WPM 83, 1337). Die Veranlassung entfällt in erster Linie durch ein bestätigendes unanfechtbares Berufungsurteil oder Eintritt der Rechtskraft (Stuttgart Rpfleger 85, 375). Für den wichtigen Fall, daß ein bestätigendes **revisibles Berufungsurteil** ergeht, ist zu unterscheiden: **a)** Der Kläger hat noch nicht vollstreckt; dann darf er jetzt sicherheitslos vollstrecken (§ 708 Rn 10; Hamm NJW 71, 1186). Leistet der Beklagte Abwendungssicherheit gem § 711, die der Kläger durch Gegensicherheitsleistung wirkungslos macht, dann entfällt für den Schuldner die Sicherungsveranlassung, da der Kläger nunmehr vollstrecken kann, ohne daß der Beklagte noch abwenden könnte (Oldenburg Rpfleger 85, 504). Bei doppelter Sicherung des Gläubigers zur Vollstreckung des erstinstanzlichen Urteils und des Schuldners nach einstweiliger Einstellung gem §§ 707, 719 I fällt mit der Einstellung nicht die Veranlassung für die Gläubigersicherheit weg, weil sie auch den möglichen Schaden durch Leistung der Abwehrsicherheit deckt (aA Haakshorst/Comes NJW 77, 2344). **b)** Der Kläger hat erfolgreich vollstreckt; dann bleibt die Veranlassung bis zur Rechtskraft des Berufungsurteils bestehen (BGHZ 11, 303 = LM § 109 ZPO Nr 1 mit Anm Johannsen; München OLGZ 1985, 458). **c)** Der Kläger hat nur die Sicherungsvollstreckung gem § 720 a betrieben, etwa die Eintragung einer Sicherungshypothek erwirkt (§§ 720 I 1b, 866 ff); dann bekommt er seine Sicherheit zurück, weil § 708 Nr 10 vorrangig bleibt (München OLGZ 1985, 457, 459). Nach Wegfall der Veranlassung für die Sicherheitsleistung kann der Schuldner auf die Rückgabe eines zur Abwendung der Zwangsvollstreckung hinterlegten Geldbetrages verzichten und diesen Betrag dann schuldbefreiend auf die titulierte Forderung anrechnen (BGH WPM 83, 1337).

2) Einzelfälle für Wegfall der Veranlassung der Sicherheit: § 89: mit der Beibringung der Genehmigung; **§ 110:** mit der rechtskräftigen Verurteilung des Bekl zur Tragung der Prozeßkosten; **§ 711:** mit der Aufhebung des Urt oder seiner vorläufigen Vollstreckbarkeit, auch wenn Revision eingelegt wird (Hamm MDR 82, 942), oder mit der Sicherheitsleistung des Gläubigers gegen die vom Schuldner gestellte Abwendungssicherheit (Oldenburg Rpfleger 85, 504). **§§ 707, 719, 732, 769, 771 ff:** sobald über die Wiedereinsetzung, die Wiederaufnahme, das Rechtsmittel, die Einwendung gegen die VollstrKlausel, VollstrGegenklage oder Widerspruchsklage oder in dem weiteren Verfahren nach Einspruch zugunsten des Bestellers der Sicherheit eine, wenn auch nur vorläufig vollstreckbare Entscheidung ergangen ist, beim Arrest oder der einstw Verfügung, sobald im ordentl Verfahren wegen des Anspruchs selbst eine rechtskräftige Verurteilung ergangen ist (nicht schon mit der Bestätigung des Arrestes, RGZ 72, 27), ferner in allen Fällen bei Verzicht seitens des Berechtigten, in Arrestsachen auch dann, wenn es nicht zur Vollziehung des Arrestbefehls gekommen und die Frist dafür (§ 929 II, III) abgelaufen ist (RGZ 97, 130). Auch in den Fällen der §§ 805 IV, 827 II, 853, 854 II, 858 II, 885 IV, 930 handelt es sich um Hinterlegung zur Sicherheit, nicht um eine solche zwecks Erfüllung; § 109 ist also auch auf diese Fälle anwendbar (str). Die Veranlassung entfällt auch bei Aufhebung und Zurückverweisung durch das Berufungsgericht oder das Revisionsgericht, weil rechtskräftige Abweisung nicht erforderlich ist (KG Rpfleger 79, 430; Karlsruhe Justiz 84, 425; Rpfleger 85, 32 m Anm Acher; aA Frankfurt Rpfleger 76, 221). Fortbestehen der Veranlassung hat der BGH (Rpfleger 82, 37 = MDR 82, 310) jedoch in dem Fall angenommen, daß nach Revision gegen ein die Zwangsvollstreckung für unzulässig erklärendes Berufungsurteil im Revisionsverfahren die Zwangsvollstreckung aus einer vollstreckbaren Urkunde gegen Sicherheitsleistung einstweilen eingestellt und sodann zurückverwiesen worden war, weil noch nicht feststehe, daß die Zwangsvollstreckung aus der Urkunde unzulässig sei. 4

Die **Veranlassung für Sicherheitsleistung entfällt nicht,** wenn der Gläubiger bereits vor Erlaß des das erstinstanzliche Urteil bestätigenden Berufungsurteils Sicherheit geleistet und mit Erfolg gegen den Schuldner vollstreckt hat (Rn 3 zu b). Sie entfällt auch nicht, wenn der Schuldner zur Abwendung der Zwangsvollstreckung eines für vorläufig vollstreckbar erklärten Urteils hinterlegt hat, dieses Urteil rechtskräftig geworden ist und der Gläubiger nunmehr Auszahlung der Sicherheit zu seiner Befriedigung verlangt. Anders aber, wenn der Schuldner Abwendungssicherheit gem § 711 erbracht hat, die der Gläubiger durch Gegensicherheit wirkungslos macht; dann wird die Sicherheitsleistung des Schuldners frei (Oldenburg Rpfleger 85, 504). Besteht der gesicherte Anspruch nicht, so kann die Hinterlegungsstelle auf Grund der schriftl oder zu Protokoll erklärten Bewilligung des Gesicherten die Sicherheit ohne weiteres herausgeben, s § 13 II 1 Nr 1 HinterlO; genügt ihr die Einwilligung nicht, Anordnung der Hinausgabe auf Grund rechtskräftiger Entscheidung durch das Gericht. Mögl ist auch hier das Verfahren nach § 109, wenn nicht Rückgabe im Prozeß nach § 717 angeordnet ist. 5

6 3) **Antrag** des Sicherungsverpflichteten auf Fristsetzung schriftlich oder Erklärung zu Protokoll der Geschäftsstelle (§ 109 III 1) ohne Anwaltszwang (§ 78 II). Die Prozeßvollmacht umfaßt auch Anträge und Erklärungen nach § 109. Antrag ist Prozeßhandlung. Antragsberechtigt ist auch der Überweisungsgläubiger nach § 835, nicht ein Dritter, der zugunsten der sicherungspflichtigen Partei die Sicherheit geleistet hatte. Dem Bürgen sollte aber das Antragsrecht zugestanden werden (Schreiber JR 79, 249). Der Antrag richtet sich gegen den ursprüngl Gegner oder dessen Rechtsnachfolger. Der Antragsteller hat den Wegfall darzulegen und notfalls zu beweisen.

7 4) **Fristbestimmung durch Gerichtsbeschluß** (§ 109 III 2). Ohne diese ist das weitere Verfahren unzulässig (RGZ 52, 105). **Zuständig** für die Fristbestimmung und die Rückgabeanordnung ist der Rechtspfleger (§ 20 Nr 3 RpflG) des Gerichts, das die Bestellung der Sicherheit angeordnet hat oder infolge Verweisung des Rechtsstreits zuständig geworden ist. Hat die Bestellung der Sicherheit das Rechtsmittelgericht angeordnet, so ist es auch für das Verf nach § 109 zuständig. Hat es nur die Anordnung des Gerichts erster Inst bestätigt, so ist dieses zuständig. Für Arrestverfahren und einstw Verfügung besteht in § 943 eine Sonderregelung. Die Frist ist nach freiem Ermessen zu bestimmen. Beginn und Ende: §§ 221, 222. Fristverlängerung zulässig, § 224. **Inhalt:** Auflage an Gegner, innerhalb der Frist dem Gericht die Einwilligung in die Rückgabe der Sicherheit oder in die Lösung des Bürgschaftsverhältnisses zu erklären oder die Klageerhebung wegen seiner Ansprüche nachzuweisen. Die Folgen müssen nicht angedroht werden (§ 231 I). Beschlußausfertigung ist von Amts wegen an den Gegner des Antragstellers zuzustellen, dem Antragsteller formlos zu übersenden (§ 329 II, III). Er ist unanfechtbar, wenn dem Antrag stattgegeben wird (RGZ 156, 167); nach Frankfurt (OLGZ 76, 382) ist jedoch gegen den Beschluß des Rechtspflegers die Erinnerung zum Richter als Rechtsbehelf eigener Art gegeben. Bei Zurückweisung durch den Rechtspfleger: fristgebundene Erinnerung nach § 11 I, II RpflG; gegen die Entscheidung des Richters sofortige Beschwerde (§§ 109 IV, 577 ZPO, § 11 III RpflG).

8 **III) Abs 2. 1) Rückgabeanordnung** der Sicherheit auf Antrag durch Beschluß nach Fristablauf, wenn Klagezustellung oder Einwilligung nicht nachgewiesen wird. Neuer (zweiter) Antrag kann als bedingter bereits mit dem Fristsetzungsantrag verbunden werden. Dem Antrag ist durch **Beschluß** (ohne Kostenentscheidung) zu entsprechen, wenn die Voraussetzungen für die Fristsetzung vorliegen, wenn der Fristsetzungsbeschluß ordnungsgemäß zugestellt worden und die Frist abgelaufen ist ohne Nachweis von Klagezustellung (§§ 696 III, 717 II genügen) oder Einwilligung. Der Fristablauf ist unschädl, wenn bis zu dem Zeitpunkt, in dem das Gericht die Anordnung der Rückgabe hinausgibt, der Nachweis der Klageerhebung erfolgt ist, § 231 II. Auch wenn Klageerhebung während des Erinnerungs- und Beschwerdeverfahrens nachgeholt und nachgewiesen wird, ist Rückgabe der Sicherheit unzulässig (München OLGZ 66, 549). Die Prozeßvoraussetzungen und die sachl Aussichten der Klage sind im Verfahren nach § 109 nicht zu prüfen. Umgekehrt unterliegt deren Nachprüfung auch nicht dem Prozeßgericht (RGZ 97, 127, 130). Die Einwilligung in die Rückgabe (Prozeßhandlung) ist in der Form der §§ 13 II Nr 1, 14 HinterlO zu erklären. Wird diese Form nicht gewahrt, so ist trotz Erledigungserklärung eine Rückgabeanordnung zu erlassen.

9 2) **Wirkung.** Der rechtskräftige Beschluß (§ 705 mit § 577) ist Nachweis iS von §§ 13 II Nr 2, 14 HinterlO. Keine Rückgabe der Sicherheit vor Rechtskraft des Beschlusses, der die Hinterlegungsstelle bindet. Nicht nötig ist neben dem Beschluß Herausgabeanweisung an die Hinterlegungsstelle. Hat ein **Dritter** in eigenem Namen hinterlegt, so ist die Sicherheit an den Dritten zurückzugeben (Hamm JW 22, 1410). Bei **Sicherheitsleistung durch Bürgschaft** ist ebenfalls nur auf Antrag auszusprechen: „Die Bürgschaft ist erloschen“ oder „Das Erlöschen der Bürgschaft wird angeordnet“ (§ 109). Auf Grund des rechtskräftigen Beschlusses ist die Bürgschaftsurkunde an den Schuldner zurückzugeben oder hat der Gläubiger den Bürgen zu entlassen (vgl RGZ 156, 166). Beschlußausfertigung über die Rückgabe oder das Erlöschen der Bürgschaft ist beiden Parteien bzw deren Prozeßbevollmächtigten zuzustellen (§ 329 II, III).

10 **IV) Abs 4.** Der stattgebende Fristsetzungsbeschluß ist unanfechtbar. Der ablehnende Fristsetzungsbeschluß (Abs 1) sowie der Beschluß über die Rückgabe bzw das Erlöschen (der Bürgschaft) (Abs 2) sind mit (befristeter) Erinnerung anfechtbar (§ 11 I, II RpflG). Hat der Richter darüber entschieden, sofortige Beschwerde (§§ 109 IV, 577 II ZPO, § 11 III RpflG). Jede Anfechtung ist ohne aufschiebende Wirkung (§ 572 I ZPO). In der Beschwerde über den Rückgabe- bzw Erlöschensbeschluß (Abs 2) können auch die Rechtmäßigkeit der Fristsetzung (RGZ 97, 130), also deren Voraussetzungen, nicht aber die Angemessenheit der Fristdauer nachgeprüft werden. Gegen die Entscheidung des Beschwerdegerichts sofortige weitere Beschwerde im Rahmen des § 568 II. Im Beschwerdeverfahren Anwaltszwang, wenn nicht die Sache im ersten Rechtszug als Anwaltsprozeß zu führen war, §§ 569 II 2, 573 II.

V) Die einer Bank aus Anlaß der Übernahme einer Prozeßbürgschaft gegebenen Pfänder brauchen grundsätzl erst zurückgegeben zu werden, wenn der Bank die Bürgschaftsurkunde ausgehändigt wird oder eine Erklärung des Bürgschaftsgläubigers vorliegt, daß sie aus der Bürgschaft entlassen ist (BGH NJW 71, 701), wobei nach § 109 II die rechtskräftige gerichtl Anordnung über das Erlöschen der Bürgschaft vorausgehen wird. 11

VI) Gebühren: 1) des Gerichts: Keine (§ 1 GKG). Auch das Erinnerungsverfahren ist gerichtsgebührenfrei (§ 11 VI 1 RpflG). In der Beschwerdeinstanz: eine ganze Gebühr, soweit die Beschwerde (als unzulässig) verworfen oder zurückgewiesen wird (KV Nr 1181); keine Gebühr aber, wenn der Beschwerde stattgegeben od wenn sie vor einer gerichtl Verfügung zurückgenommen wird (§ 11 VI 2 RpflG). Auslagen (KV Nr 1900 ff) sind zu erheben. – **2) des Anwalts:** Das Verfahren wegen der Rückgabe einer Sicherheit, auch der Anordnung des Erlöschens einer Bürgschaft oder der Erteilung des Notfristzeugnisses (§ 109 I, II, §§ 715 u 706 ZPO) gehört zur (Gebühren-)Instanz (§ 37 Nr 3 u 7 BRAGO), die Tätigkeit des Anwalts wird durch die Prozeßgebühr abgegolten. Ist der RA nicht zum Prozeßbevollmächtigten bestellt, so 5/10 Gebühr nach § 56 BRAGO. Anders als das Erinnerungsverfahren bei der Kostenfestsetzung (§§ 104 ff) gehört das Verfahren auf Erinnerung gegen die Entscheidung des Rechtspflegers (§ 11 RpflG) hier zum Gebührenrechtszug (§ 37 Nr 5 BRAGO); auch hier ist die anwaltl Tätigkeit mit der Prozeßgebühr abgegolten. Nur wenn sich der Auftrag allein auf das Erinnerungsverfahren beschränkt, fällt die 3/10 Gebühr des § 55 S 1 BRAGO an. – Im Falle der sog Durchgriffserinnerung (§ 11 II 3 u 4 RpflG) ist für den Anwalt nur eine Gebühreninstanz gegeben; der Anwalt erhält für die Vertretung sowohl im Erinnerungs- als auch im BeschwVerfahren die 5/10 Gebühr des § 61 I BRAGO nur einmal (vgl Koblenz Rpfleger 74, 410 u München Rpfleger 77, 70). – Nicht zum (Gebühren-)Rechtszug zählt die Tätigkeit des Anwalts gegenüber der Hinterlegungsstelle, so daß er dafür die Gebühren des § 118 BRAGO verdienen kann. – Die Hebegebühr des § 22 BRAGO – gestaffelt nach der Höhe der Beträge od des Wertes – kann dem Anwalt erwachsen für die Erhebung u die Ablieferung der Sicherheit (Geld, Wertpapiere, Kostbarkeiten) an den Auftraggeber. – **3) Streitwert:** Nicht der Wert des Streitgegenstandes des Hauptprozesses, sondern der (meist höhere) Wert der geleisteten Sicherheit (s dazu BayerZ 17, 330/331 aE sowie 10, 333). S auch § 3 Rn 16 „Bürgschaft“. 12

110 *[Sicherheitsleistung von Ausländern]*

(1) Angehörige fremder Staaten, die als Kläger auftreten, haben dem Beklagten auf sein Verlangen wegen der Prozeßkosten Sicherheit zu leisten. Das gleiche gilt für Staatenlose, die ihren Wohnsitz nicht im Inland haben.

(2) Diese Verpflichtung tritt nicht ein,

1. **wenn nach den Gesetzen des Staates, dem der Kläger angehört, ein Deutscher im gleichen Falle zur Sicherheitsleistung nicht verpflichtet ist;**
2. **im Urkunden- oder Wechselprozeß;**
3. **bei Widerklage;**
4. **bei Klagen, die infolge einer öffentlichen Aufforderung angestellt werden;**
5. **bei Klagen aus Rechten, die im Grundbuch eingetragen sind.**

Lit: zur Ausländer-Sicherheitsleistung für Prozeßkosten: *Schneider* JurBüro 66, 447; *Henn* NJW 69, 1374; *Schütze* JZ 83, 383.

I) Verpflichtungstatbestand. Bezweckt ist die Absicherung des Gegners, nicht der Gerichtskasse, so daß diese nicht befugt ist, eine Einzahlung zur Gerichtskasse mit Gerichtskosten zu verrechnen (Stuttgart Rpfleger 85, 375). **1) Angehörige fremder Staaten** sind diejenigen natürlichen Personen, die nicht Deutsche sind, mögen sie im Inland oder im Ausland ihren Wohnsitz haben. Jedoch besteht keine Verpflichtung zur Sicherheitsleistung für den in der DDR wohnenden Kläger und umgekehrt (BGH NJW 73, 145). Bei **Personenvereinigungen** (Gesellschaften, Vereinen, OHG und KG) und juristischen Personen entscheidet der Sitz (§ 17, § 24 BGB), auch bei OHG und KG, wenn deren Gesellschafter Ausländer sind (insoweit aA RGZ 63, 393; Dresden JW 26, 289). Als „Kreditinstitut“ gem § 53 KWG zugelassene Zweigniederlassungen ausländischer Unternehmen sind Angehörige eines fremden Staates (Frankfurt MDR 73, 232). Umgehungsverträge mit einem Deutschen, um die Sicherheitsleistung zu vermeiden, sind unbeachtlich (Naumburg JW 25, 1306: Treuhand; Stuttgart JW 29, 3509: Inkassozession). Davon abgesehen macht Abtretung vom Ausländer an einen Deutschen diesen nicht sicherheitspflichtig (Hamburg VersR 79, 847), nach BGH WPM 84, 1125 = Warneyer 1984 Nr 199 = MDR 85, 212 nicht einmal die Zession an eine klagende vermögenslose deutsche GmbH. Bei Parteien kraft Amtes entscheidet der Sitz der Masse (Nachlaß usw.). 1

2) Staatenlos sind Personen, die weder die deutsche noch eine ausländische Staatsangehörigkeit besitzen. Nach dem Wortlaut des § 110 I 2 dürfen sie im Inland keinen Wohnsitz (§§ 7, 8, 11 BGB) haben. Dies ist seit 1977 geändert durch Art 16 II, III des Übereinkommens über die Rechtsstellung der Staatenlosen (BGBl II 1976, 473; 1977, 235). Danach werden Staatenlose, die ihren gewöhnl Aufenthalt (habitual residence) im Inland haben, den deutschen Staatsangehöri- 2 gen hinsichtl der Befreiung von der Sicherheitsleistung für Prozeßkosten gleichgestellt; der Staatenlose, der seinen gewöhnl Aufenthalt nicht im Inland hat, wird als Kläger ebenso behandelt wie die Angehörigen des Staates, in dem er seinen gewöhnl Aufenthalt hat.

3 **3) Prozeßkostensicherungspflichtig** ist – mag auch der Bekl Nichtdeutscher sein (Düsseldorf NJW 73, 2165; Hamburg OLGE 13, 118) – nur der Kläger der ersten Instanz, auch wenn er später Rechtsmittelbeklagter ist (so auch BGHZ 37, 266 = LM ZPO § 110 Nr 5 mit Anm Johannsen; Stuttgart MDR 57, 552), der Hauptintervenient (§ 64), der Nebenintervenient des Klägers, und zwar der einfache für die Kosten der Nebenintervention, der nach § 69 auch für die der Klage; der Nichtigkeitskläger und der Restitutionskläger (§§ 579, 580), **nicht auch:** der Beklagte, der ein Rechtsmittel oder den Einspruch eingelegt hat (RGZ 31, 385) oder der Widerkläger (anders bei Abtrennung der Widerklage) oder der Nebenintervenient der Beklagten. Die Vermögensverhältnisse des Klägers sind belanglos. **§ 110 gilt nicht** im Mahnverfahren (anders nach Übergang ins Streitverfahren: §§ 696, 697), im amtsgerichtl Entmündigungs- und Aufgebotsverfahren, bei Sicherung des Beweises, im Verfahren über einen Arrest oder eine einstw Verfügung, hier auch nicht nach Widerspruchserhebung (LG Berlin MDR 57, 552; aA Köln JMBlNRW 86, 259). Ferner nicht bei Vollstreckbarerklärung von Schiedssprüchen oder schiedsrichterl Vergleichen (§§ 1042 ff) und nicht in den Fällen des Abs 2.

4 **4) Einrede.** Pflicht zur Sicherheitsleistung für die Prozeßkosten (nicht auch für die Hauptsache oder Prozeßschäden) tritt **nur auf Verlangen** des Bekl oder dessen Streitgehilfen ein. Geltend zu machen ist es als prozeßhindernde Einrede. Die begründet erhobene Einrede führt aber nicht zur Unzulässigkeit der Klage, sondern zur Anordnung nach § 113, „der sog Ausländersicherheit". Wer unberechtigt Sicherheitsleistung verlangt, ist Kostennachteilen nach §§ 96, 97 ausgesetzt (BGH NJW 80, 839). Die Einrede ist wegen § 282 III 1 bis vor der Verhandlung zur Hauptsache, bei Fristsetzung zur Klageerwiderung nach §§ 282 III 2, 275 I 1, 276 I 2 innerhalb dieser Frist geltend zu machen. Erhebung ist auch noch im Berufungsverfahren mögl (vgl RGZ 154, 225), wo sie nur zuzulassen ist, wenn die Partei das verspätete Vorbringen genügend entschuldigt (§ 529 I 2). Verzichtet eine Partei in Anbetracht des geringen Streitwerts auf Sicherheitsleistung, so liegt darin kein Verzicht auch für den später angefallenen erheblich höheren Kostenanteil (LG Schweinfurt NJW 71, 330). Ein klageabweisendes Versäumnisurteil, gegen das zulässig Einspruch eingelegt ist, hindert nicht den Erlaß eines Zwischenurteils, durch das über die Einrede der mangelnden Sicherheit für die Prozeßkosten entschieden wird, und – nach fruchtlosem Fristenablauf – eines Urteils dahin, daß die Klage als zurückgenommen gilt (Bremen NJW 62, 1822).

5 **5) Rechtsmittel.** Ein Zwischenurteil, das Sicherheitsleistung anordnet, ist mit der Berufung anfechtbar (Bremen NJW 82, 2737; Karlsruhe MDR 86, 593; aA Demharter MDR 86, 186); desgleichen ein Urteil, das die Klage gem § 113 wegen mangelnder Sicherheitsleistung für zurückgenommen erklärt (BGH LM ZPO § 547 Abs 1 Nr 1). Unanfechtbar aber ein Zwischenurteil, das der Einrede der mangelnden Sicherheit für die Prozeßkosten zwar stattgibt, aber den Betrag der vom Kläger zu leistenden Sicherheit geringer bemißt, als der Beklagte begehrt hat (BGH MDR 74, 293). Bei einer Revision gegen ein Zwischenurteil, durch das die Einrede der mangelnden Sicherheit für die Prozeßkosten verworfen worden ist, kann der Rechtsmittelkläger zunächst die Einrede der fehlenden Prozeßkostensicherheit des Revisionsverfahrens erheben. Hierüber ist durch Zwischenurteil zu entscheiden, wenn die Verpflichtung zur Sicherheitsleistung bestritten wird und sie für begründet zu erachten ist (BGHZ 37, 264). In der Revisionsinstanz darf die prozeßhindernde Einrede der mangelnden Prozeßkostensicherheit nach § 566 iVm § 529 I als sog verzichtbare Rüge nur zugelassen werden, wenn die Partei, die die Einrede schon in der Berufungsinstanz hätte vorbringen können, die Verspätung genügend entschuldigt. Genügende Entschuldigung für die Verspätung ist auch für „neue", erstmals in der Rechtsmittelinstanz erhobene Rügen erforderlich. Grundsätzlich ausgeschlossen ist die Rüge in der Revisionsinstanz, wenn die Voraussetzungen für eine Sicherheitsleistung bereits in der Berufungsinstanz vorgelegen haben, dort aber nur Sicherheit für die Kosten erster und zweiter Instanz verlangt worden sind (BGH MDR 81, 1011 = NJW 81, 2646).

6 **II) Ausnahmen** gem Abs 1 können sich auch aus anderen Vorschriften und aus Staatsverträgen ergeben; sie sind von Amts wegen zu beachten. **Zu Nr 1:** Behandelt die sog Verbürgung der Gegenseitigkeit, die zur Befreiung von der Sicherheitsleistung führt. Die in manchen Verträgen mit ausländischen Staaten enthaltene Vereinbarung, daß die Angehörigen der Vertragsstaaten „freien und ungehinderten Zutritt zu den Gerichten" haben, gewährt keine Befreiung von Prozeßkostensicherheit, sondern eröffnet nur den Rechtsweg (RGZ 146, 18; 104, 90; KG JW 22, 168). **Zu Nr 2:** Auch bei Erhebung der Einrede im Nachverfahren eines Scheckprozesses ist dem Kläger die Beibringung einer Sicherheit aufzuerlegen, selbst wenn beide Parteien Ausländer sind

und dieselbe Staatsangehörigkeit haben (Hamburg NJW 83, 526). **Zu Nr 5:** Gilt nicht für im Grundbuch lediglich vorgemerkte Rechte. **Prozeßkostenhilfe:** Bewilligung befreit (§ 122 I Nr 2).

III) Beweislast. Der Beklagte, der Sicherheit verlangt, muß beweisen, daß der Kläger Ausländer oder Staatenloser ist. Der Kläger muß seine Befreiung nach Abs 2 oder einem sonstigen Gesetz beweisen (RGZ 146, 9). Dazu genügt nicht die Berufung auf Kommentare zur ZPO (BGH WPM 82, 880). Befreiung von Sicherheitsleistung kraft ausländischen Gewohnheits- oder Richterrechts oder tatsächlicher Übung muß Kläger beweisen (BGH ZIP 82, 113 = WPM 81, 1278); die derzeit tatsächliche Nichtbeachtung dieser vom Kläger nachgewiesenen Rechtslage hat der Beklagte zu beweisen (BGH MDR 82, 662). 7

111 *[Nachträgliche Sicherheitsleistung von Ausländern]*

Der Beklagte kann auch dann Sicherheit verlangen, wenn die Voraussetzungen für die Verpflichtung zur Sicherheitsleistung erst im Laufe des Rechtsstreits eintreten und nicht ein zur Deckung ausreichender Teil des erhobenen Anspruchs unbestritten ist.

I) Ausländersicherheit kann nachträgl verlangt werden, wenn zB der Kläger nachträgl die deutsche Staatsangehörigkeit verliert, also nachträgl die Pflicht zur Sicherheitsleistung eintritt, oder wenn Befreiungen nach § 110 II wegfallen, zB bei Ablaufen eines Staatsvertrages oder bei Übergang vom Urkunden- und Wechselprozeß in den ordentl Prozeß (Einrede jedoch möglich im Nachverfahren, Hamburg NJW 83, 526) und außerdem der Beklagte nicht einen seine Prozeßkosten deckenden Teil des unbestrittenen Anspruchs einbehalten kann. Dabei ist immer § 296 III (genügende Entschuldigung der Verspätung durch den Beklagten) zu beachten. Denn nicht ausreichende Entschuldigung der Verspätung der Rüge der mangelnden Prozeßkostensicherheit und vorausgegangener Verzicht bewirken auch bei nachträgl Geltendmachung den Verlust der Einrede. 1

II) Unberechtigtes Verlangen einer Sicherheitsleistung kann nach §§ 96, 97 kostenpflichtig machen (BGH NJW 80, 839). Soweit der Beklagte die Klageforderung nicht bestreitet, darf er diesen Forderungsteil zur Deckung ihm erwachsender Kosten einbehalten (s auch § 113 III). 2

112 *[Höhe und Befristung der Sicherheitsleistung]*

(1) Die Höhe der zu leistenden Sicherheit wird von dem Gericht nach freiem Ermessen festgesetzt.

(2) Bei der Festsetzung ist derjenige Betrag der Prozeßkosten zugrunde zu legen, den der Beklagte wahrscheinlich aufzuwenden haben wird. Die dem Beklagten durch eine Widerklage erwachsenden Kosten sind hierbei nicht zu berücksichtigen.

(3) Ergibt sich im Laufe des Rechtsstreits, daß die geleistete Sicherheit nicht hinreicht, so kann der Beklagte die Leistung einer weiteren Sicherheit verlangen, sofern nicht ein zur Deckung ausreichender Teil des erhobenen Anspruchs unbestritten ist.

I) Abs 1. Sind die Verpflichtung zur Sicherheitsleistung und die Höhe der Sicherheit unbestritten, so kommt nur Fristsetzung nach § 113 auf Grund mündl Verhandlung durch unanfechtbaren Beschluß in Frage (RGZ 104, 189). Ist die Verpflichtung zur Sicherheitsleistung oder auch nur die Höhe streitig, so ist durch Zwischenurteil (§ 303), das bei Anordnung und Verwerfung der Einrede gem § 280 II anfechtbar ist (§ 110 Rn 5), zu entscheiden (RGZ 104, 190; BGHZ 37, 266; WPM 80, 504 [505]). Wurde irrig durch Beschluß entschieden, Anfechtung nicht mit Beschwerde, sondern nur zusammen mit dem Urteil, doch ist der fehlerhafte Beschluß für den Kläger nicht verbindl (RG JW 26, 373; KG JW 31, 1108). Verwerfung der Einrede ist auch in der Begründung des Endurteils statthaft. 1

II) Abs 2. Die Höhe der Sicherheitsleistung ist nach freiem Ermessen zu schätzen. Sie richtet sich im allg nach den bereits aufgewendeten und voraussichtl noch aufzuwendenden gerichtl und außergerichtl Prozeßkosten, die dem Beklagten in allen Instanzen erwachsen werden (RGZ 155, 241; BGH ZIP 81, 780). Daß auch Gerichtskostenvorschüsse, zB im Berufungsverfahren, zu berücksichtigen sind, berechtigt die Gerichtskasse nicht zu einer späteren Verrechnung mit Gerichtskosten; denn die Sicherheit bezweckt nur den Schutz des Prozeßgegners, nicht der Staatskasse (Stuttgart Rpfleger 85, 375). Das Gericht ist nicht verpflichtet, von vornherein die Kosten aller mögl Instanzen zu berücksichtigen. Es wird vielmehr für gewöhnl genügen, neben den Kosten der ersten Instanz diejenigen Kosten der höheren Instanz zugrunde zu legen, die 2 entstehen, bevor in der höheren Instanz erneut wegen der weiteren Kosten die Einrede der mangelnden Sicherheit für die Prozeßkosten erhoben werden kann (Frankfurt JZ 54, 43; NJW 57, 1442). Ebenso verfährt der BGH; solange nicht feststeht, ob die Revision angenommen wird (§ 554b), werden nur die bis zu dieser Entscheidung anfallenden Kosten berücksichtigt (BGH WPM 80, 504 [505]). Kosten der Widerklage scheiden aus (S 2). Einrede nach § 282 III ist vor der ersten Verhandlung zur Hauptsache im ersten Rechtsweg vorzubringen, anderenfalls bei mangelnder Entschuldigung der Ausschluß nach § 296 III eingreift. Deshalb ist in der höheren Instanz die Rüge nicht mehr zulässig, wenn sie in der Vorinstanz schuldhaft nicht erhoben worden ist (BGH ZIP 81, 780).

3 **III) Abs 3.** Erweist sich der Sicherheitsbetrag nachträgl als zu niedrig, weil zB durch ein eingelegtes Rechtsmittel höhere Prozeßkosten zu erwarten sind oder der Wert der Sicherheitsleistung sich gemindert hat, so kann der Beklagte die nachträgl Erhöhung durch das jeweilige Gericht verlangen, bei dem der Prozeß gerade anhängig ist (RG SA Bd 51, 346). Entsprechend kann der Kläger Herabsetzung der Sicherheit und insoweit Rückgabe nach § 109 verlangen, wenn sich die Sicherheit nachträgl als zu hoch erweist.

4 **IV) Gebühren: 1) des Gerichts:** Für das die Pflicht zur Sicherheitsleistung feststellende u unter Fristsetzung auch deren Höhe bestimmende Zwischenurteil nach § 303 ZPO keine Gebühr. Auch das die Einrede verwerfende Zwischenurteil (§ 280 II ZPO) ist nicht gebührenpflichtig. – **2) des Anwalts:** Die anwaltl Tätigkeit ist durch die Regelgebühren des § 31 BRAGO abgegolten. Ist der Anwalt nicht Prozeßbevollmächtigter, sondern mit einer Einzeltätigkeit beauftragt (zB für das Beschlußverfahren, wenn kein Streit über die Sicherheitsleistungspflicht besteht), so kommt § 56 BRAGO zur Anwendung. **3) Streitwert:** Wert des Streitgegenstandes der Klage (Hamburg MDR 74, 53).

113 *[Fristbestimmung für Sicherheit]*

Das Gericht hat dem Kläger bei Anordnung der Sicherheitsleistung eine Frist zu bestimmen, binnen der die Sicherheit zu leisten ist. Nach Ablauf der Frist ist auf Antrag des Beklagten, wenn die Sicherheit bis zur Entscheidung nicht geleistet ist, die Klage für zurückgenommen zu erklären oder, wenn über ein Rechtsmittel des Klägers zu verhandeln ist, dieses zu verwerfen.

1 **I) Fristbestimmung:** Wenn Verpflichtung zur Sicherheitsleistung u Höhe unstreitig sind, durch unanfechtbaren Beschluß (RGZ 104, 190), sonst durch Zwischenurteil (s § 112 Rn 1). Fristverlängerung durch Gericht zulässig: § 224 II, III. Gegen Fristversäumung keine Wiedereinsetzung (§ 233); doch kann der Kläger die Sicherheit auch nach Fristablauf noch bis zur Entscheidung leisten (S 2).

2 **II) Nach Sicherheitsleistung oder Fristablauf** ist Termin von Amts wegen zu bestimmen und hierzu zu laden. Im Termin kann der Bekl bei nicht geleisteter Sicherheit nur beantragen, die Klage für zurückgenommen zu erklären, nicht aber die Verhandlung zur Hauptsache verweigern; sonst ergeht gegen ihn VersUrteil (Hamburg JW 34, 778).

3 **III) Entscheidung** auf Grund mündl Verh durch Endurteil, das die Klage für zurückgenommen erklärt (mit Folgen des § 269 III). Entscheidet das Gericht statt in der allein zulässigen Form eines Urteils lediglich durch Beschluß, so kann dagegen Beschwerde mit dem Ziel eingelegt werden, die Aufhebung des Beschlusses zu erreichen und damit den Weg für die Entscheidung in richtiger Form freizumachen; die Verlängerung einer abgelaufenen Frist ist ausgeschlossen (Köln JMBlNRW 71, 234). Gegen das Endurteil, das die Klage für zurückgenommen erklärt, gibt es die gewöhnl Rechtsmittel (Berufung, Sprungrevision; BGH LM ZPO § 547 Ziff 1 Nr 1). Dasselbe gilt in der Rechtsmittelinstanz, wenn der Beklagte Rechtsmittelkläger ist und seinen Antrag erstmals in dieser Instanz gestellt hat, oder wenn beide Parteien Rechtsmittel eingelegt haben (§ 529 I). Hat nur der Kläger dies getan, so ist sein Rechtsmittel zu verwerfen. Bei Nichterscheinen des Klägers hat der Beklagte die Wahl zwischen VersUrteil über die Hauptsache (§ 330) oder Urteil nach § 113 (§ 269 III), das nicht als VersUrteil gilt (RGZ 24, 435; 50, 383). Soweit der Beklagte säumig und gegen ihn VersUrteil erlassen ist, kann der Kläger die Sicherheitsleistung nach Einspruch (§§ 338 ff) noch bis zur neuen Entscheidung nachholen. Über VersUrteil gegen den Beklagten ohne mündl Verhandlung s § 331 III.

4 **IV) Gebühren: 1) des Gerichts:** Die Fristbestimmung erfolgt gebührenfrei (§ 1 GKG); für das Zwischenurteil keine Entscheidungsgebühr (s § 112 Rn 4). Für das Endurteil des § 113, auch wenn dieses nur Prozeßurteil ist, dem kein Grund- oder Vorbehaltsurteil vorausgegangen ist, 2 (ganze) Urteilsgebühren, falls das Endurteil eine Begründung enthält u sie enthalten muß (KV Nr 1016), oder 1 (ganze) Urteilsgebühr, wenn das Endurteil keine Begründung enthält od nach § 313a eine solche nicht zu enthalten braucht (KV Nr 1017). Ein gegen die säumige Partei erlassenes VersUrt ist nicht gebührenpflichtig (vor KV Nr 1014, 1016). Auch keine UrtGebühr, wenn statt eines Urteils Beschluß ergangen ist (Hartmann, KostGes zu KV Nr 1014–1017 Anm 1 Abs 2). Im gesamten Verfahren der Instanz kann jede Regelgebühr nur

einmal anfallen (§ 27 GKG); soweit sich der Streitgegenstand ändert, ist nach § 21 GKG zu verfahren. – **2) des Anwalts:** Die anwaltl Tätigkeit ist durch die Regelgebühren des § 31 BRAGO abgegolten. Erläßt das Gericht auf Antrag des Klägers im Falle des § 331 III ohne mündl Verhandlung gegen den Beklagten ein VersUrteil, so erhält der Anwalt als ProzBevollmächtigter des Klägers 5/10 Verhandlungsgebühr für fingierte nichtstreitige Verhandlung (§§ 35, 33 I 1 BRAGO). Diese Verhandlungsgebühr entsteht aber nicht, wenn die Erklärung des Beklagten über seine Verteidigungsabsicht – noch vor Übergabe des von den Richtern unterschriebenen VersUrteils an die Geschäftsstelle – bei Gericht eingeht, dh in den Gerichtseinlauf kommt (Vermerk üb die Uhrzeit!).

Siebenter Titel

PROZESSKOSTENHILFE UND PROZESSKOSTENVORSCHUSS

Vorbemerkungen

Auswahl aus dem Schrifttum (weitere Angaben in der Kommentierung): **Abhandlungen** (in der Reihenfolge des Erscheinens): *Grunsky,* Die neuen Gesetze über die Prozeßkosten- und die Beratungshilfe, NJW 80, 2041; *Wax,* Prozeßkostenhilfe im Unterhaltsprozeß, FamRZ 80, 975; *von Bültzingslöwen,* Das Prozeßkostenhilfegesetz und das Beratungshilfegesetz, DAVorm 80, 869; *Schuster,* Das Gesetz über die Prozeßkostenhilfe, ZZP 93 [1980], 361; *Schneider,* Prozeßkostenhilfe, MDR 81, 1; *Schuster,* Prozeßkostenhilfe bei nachträglicher Verbesserung der wirtschaftlichen Verhältnisse der Partei, NJW 81, 27; *Fischer,* Fälligkeit der Raten bei der Prozeßkostenhilfe vor Gerichten für Arbeitssachen, SchlHA 81, 5; *Holch,* Prozeßkostenhilfe – auf Kosten des Persönlichkeitsschutzes?, NJW 81, 151; *Lappe,* Porzeßkostenhilfe: ansparen oder abzahlen?, Rpfleger 81, 137; *Klinge,* Die Gebührenregelung des Prozeßkostenhilfegesetzes, AnwBl 81, 168; *Plagemann,* Der Rechtsschutz im Sozialrecht, AnwBl 81, 170; *Christl,* Einkommen und Vermögen in der Prozeßkostenhilfe, NJW 81, 785; *Leser,* Prozeßkostenhilfe im arbeitsgerichtlichen Verfahren, NJW 81, 791; *Kohte,* Die wirtschaftlichen Voraussetzungen der Prozeßkostenhilfe unter besonderer Berücksichtigung des arbeitsgerichtlichen Verfahrens, DB 81, 1174; *Schneider,* Prozeßkostenhilfe – eine Zwischenbilanz, MDR 81, 793; *Behr/Hantke,* Prozeßkostenhilfe für die Zwangsvollstreckung, Rpfleger 81, 265; *Behr,* Prozeßkostenhilfe für die Unterhaltsvollstreckung, DAVorm 81, 718; *Putzier/Derleder,* Die Inadäquanz des PKHG für das Scheidungskostenrecht, ZRP 82, 9; *Bergerfurth,* Ehescheidungsprozeß, 5. Aufl 1982, S 176 ff; *Brehm,* DAVorm 82, 497, Prozeßkostenhilfe für die Zwangsvollstreckung; *Pentz,* Keine Prozeßkostenhilfe für das Prozeßkostenhilfeverfahren, NJW 82, 1269; *Greißinger,* Anwaltliche Aufklärungspflicht, AnwBl 82, 288; *Schuster,* Prozeßkostenhilfe in der Bewährung, SGb 82, 177; *Jansen,* Probleme der Instanzgerichte bei Anwendung des PKHG, SGb 82, 185; *Christl,* Unterhalt und Kindergeld als Einkommen in der Prozeßkostenhilfe, JurBüro 82, 1441; *Finger,* Prozeßkostenhilfe für das Bewilligungsverfahren?, AnwBl 83, 17; *Künkel,* Probleme aus (mit) dem Recht der Prozeßkostenhilfe, DAVorm 83, 335; *Christl,* Rückwirkende Bewilligung von Prozeßkostenhilfe einschließlich rückwirkender Anwaltsbeiordnung, MDR 83, 537 u 624; *Behn,* Ratenprozeßkostenhilfe in mehreren Instanzen, Rpfleger 83, 337; *Müller-Alten,* Reform der Prozeßkostenhilfe in Familiensachen, ZRP 84, 11; *Wax,* Die Rspr zur Prozeßkostenhilfe im Familienrecht, FamRZ 85, 10; *Schneider,* Prozeßkostenhilfe – Reformziel und Realität, Festschrift für R. Wassermann, 1985, S 819 ff; *ders,* Die neuere Rspr zum Prozeßkostenhilferecht, MDR 85, 441 u 529; *Herget,* Vergütung des PKH-Anwalts, MDR 85, 617. **Kommentare:** *Birkl,* Prozeßkosten- und Beratungshilfe, 2. Aufl 1981; *Schoreit/Dehn,* BeratungshilfeG – PKHG, 2. Aufl 1985; *Schuster,* Prozeßkostenhilfe, 1980; *Vogel,* Porzeßkostenhilfe in familiengerichtlichen Verfahren, 1984. – Zu Besonderheiten im sozialgerichtlichen Verfahren s *Behn,* Probleme der Prozeßkostenhilfe, 1985 (vornehmlich Aufsatz-Nachdrucke).

Die **bundeseinheitlichen Durchführungsbestimmungen** zum Gesetz über die Prozeßkostenhilfe (DB-PKHG) sind in den Justizministerialblättern der Länder abgedruckt, zB JMBlNRW 81, 14.

I) Regelungsgrundsätze. Die Diskussion über die „Funktion der Prozeßkosten" (Pawlowski JZ 75, 197 m N) hat über das Kostenrisiko als Rechtswegsperre (Fechner JZ 69, 349) und das problematische Verhältnis von Kostenentscheidung zu Streitwert (Schneider JurA 71, 57) auch das Thema „Armut und Recht" (Eike Schmidt JZ 72, 679) einbezogen. Mit dem „Gesetz über die Prozeßkostenhilfe" v 13. 6. 80 (BGBl I S 677) ist das als unzulänglich empfundene alte „Armenrecht" durch ein neues System der Kostenhilfe abgelöst worden. Dabei ist der Gedanke des „Ratenarmenrechts" aufgegriffen worden. Seine Zulässigkeit wurde nach altem Recht überwiegend verneint, aber im Ergebnis durch uneingeschränkte Bewilligung des Armenrechts in Verbindung 1 mit einer Anordnung der Nachzahlung in Raten (BGHZ 10, 139) doch ermöglicht. Nunmehr ist die **Ratenzahlung** der unvermögenden Partei das Grundprinzip der Prozeßkostenhilfe. Ausgangspunkt für die Berechnung ist dabei die Anlage-Tabelle zu § 114 (Abdruck § 115 Rn 3). Bei ganz niedrigen Einkommen entfallen die Raten, so daß der Prozeß von der Partei kostenfrei geführt werden kann. Die Tabellensätze sind unabhängig von der Höhe des Streitwertes und stellen lediglich auf das Nettoeinkommen ab, wobei Unterhaltsverpflichtungen berücksichtigt werden. Die Belastungen der Nettoeinkommen bewegen sich zwischen 5 % im unteren Einkommensbereich und 22 % im oberen Bereich. Gleichzeitig ist die Dauer der Ratenzahlung auf 48 Monatsraten begrenzt, und zwar unabhängig von der Höhe des Streitwertes oder der Dauer des Rechtsstreits oder der Zahl der Instanzen.

2 Der besondere **Vorteil der Tabelle** ist, daß die nach altem Recht unaufhebbare Unsicherheit darüber beseitigt worden ist, wann eine Partei außerstande sei, „ohne Beeinträchtigung des für sie und ihre Familie notwendigen Unterhalts die Kosten des Prozesses zu bestreiten" (§ 114 I 1 aF). Der **Nachteil** dieser minuziösen Berechnungsweise liegt darin, daß der nach altem Recht wesentlich größere Bewertungsspielraum des Richters erheblich eingeschränkt worden ist. Die Möglichkeiten, durch Anpassung der Ermessensausübung an den konkreten Fall die aussichtsreiche Prozeßführung zu fördern, die nutzlose zu hemmen und die gütliche Beilegung durch Vergleich zu unterstützen, sind geringer geworden.

3 Unverändert geblieben ist insbesondere die Notwendigkeit einer Erfolgsvorprüfung (§ 114), die selbständige Bewilligung für jede Instanz (§ 119 I 1), die Erstattungspflicht gegenüber dem Gegner (§ 123) und die (nunmehr jedoch zeitlich begrenzte) Nachzahlungspflicht unter besonderen Voraussetzungen (§ 124). Das alte „Armutszeugnis" existiert als Beweismittel nicht mehr.

4 Die ZPO-Regelung über die PKH, die auch für den Arbeitsgerichtsprozeß gilt, ist durch das gesetzestechnische Mittel der Bezugnahme in eine Reihe **anderer Verfahrensgesetze** integriert worden: § 209 I BEG; § 29 III EGGVG; §§ 172 III 2, 379 III StPO; § 120 II StVollzG; § 14 FGG (hierauf wird wiederum in anderen Vorschriften verwiesen, zB in § 9 LwVG); § 73a I 1 SGG; § 166 VwGO; § 142 I FGO; § 130 PatG (hierauf wird in anderen Vorschriften verwiesen, zB § 138 III PatG, § 12 II GebrMG, §§ 44 V 2, 46 III 2 SortenschutzG).

5 **II) Begleitende Regelung.** PKH kann nur **im gerichtlichen Verfahren** gewährt werden. Finanzielle Entlastung bei der Beratung für die Wahrnehmung von Rechten außerhalb (nach Reuter, NJW 85, 2011, auch innerhalb) eines gerichtlichen Verfahrens ist im BeratungshilfeG vom 18. 6. 80 vorgesehen und geregelt. Auf dem Gebiet des **gewerblichen Rechtsschutzes** sind die Entlastungsmöglichkeiten über die Herabsetzung des Streitwerts beibehalten worden (§§ 247 II AktG, 144 PatG, 23a UWG, 31a WZG, 17a GebrMG; s dazu § 116 Rn 4). Spezielle **kostenrechtliche Vergünstigungen** finden sich vornehmlich im GKG: Gerichtskostenfreiheit für Bund und Länder (§ 2); Nichterhebung von Kosten wegen unrichtiger Sachbehandlung (§ 8; ebenso § 16 KostO); vorläufige Freistellung von der Vorauszahlungspflicht (§ 65 VII). Der Kostenbeamte darf nach § 10 KostVfg in besonderen Fällen vom Ansatz der Kosten absehen. Diese gesetzlichen Regelungen werden durch die PKH nicht ausgeschlossen. Insbesondere sind Bewilligung von PKH und Streitwertherabsetzung in Prozessen des gewerblichen Rechtsschutzes nebeneinander möglich (BGH LM § 53 PatG Nr 1). Im **Arbeitsgerichtsverfahren** gilt zusätzlich § 11a ArbGG: Beiordnung eines Anwalts (s § 114 Rn 15, 27).

6 Die Möglichkeit der **Gewährung von Reiseentschädigung an mittellose Personen** und Vorschußzahlungen an Zeugen und Sachverständige (s dazu § 122 Rn 39) gilt unverändert fort.

7 **III) Geltungsbereich. 1)** Die Bewilligung von PKH ist **sachlich und persönlich nicht begrenzt.** *Sachlich* gilt sie für alle selbständigen Verfahren, zB Mahnverfahren, Beweissicherung während, aber auch selbständig vor einem Hauptverfahren (LG Saarbrücken BauR 85, 607; LG Köln MDR 85, 1033; LG Aurich MDR 86, 504; LG Düsseldorf MDR 86, 857; aA LG Bonn MDR 85, 415; s auch § 490 Rn 5), wobei Bewilligung für den Antragsgegner entgegen LG Hannover (JurBüro 86, 765) nicht grundsätzlich ausgeschlossen werden kann, ferner für Arrest, einstweilige Verfügung, Zwangsvollstreckung usw; auch das Verfahren nach § 36 Nr 6 ist bewilligungsfähig (aA BGH MDR 84, 214 = KoRsp ZPO § 114 Nr 66 m abl Anm Lappe). Wird die Bewilligung wegen eines möglichen Anspruchs auf Prozeßkostenvorschuß (§ 115 Rn 46) versagt, ist für dessen Geltendmachung PKH zu bewilligen (Bamberg FamRZ 86, 484). *Persönlich* sind alle Verfahrensbeteiligten hilfefähig, also auch der Streithelfer (BGH MDR 66, 318) sowie Staatenlose und Ausländer ohne Rücksicht auf verbürgte Gegenseitigkeit (BT-Drucks 8/2694 S 17). Auch ihnen kann aber ein Anspruch auf Prozeßkostenvorschuß zustehen (§ 127a Rn 6) und der PKH-Bewilligung entgegenstehen (München MDR 86, 242). Das Bewilligungsverfahren fällt nicht unter das Richterprivileg des § 839 II 1 BGB, so daß Rechtsverstöße die Amtshaftung auslösen können (Hamm FamRZ 86, 80; ebenso für das alte Armenrecht BGH VersR 84, 77; NJW 60, 98).

2) Prozeßkostenhilfe kann nur für bereits **gerichtlich anhängige** Verfahren bewilligt werden (§ 114 Rn 28), also nicht für Schiedsgerichtsverfahren (Stuttgart BauR 83, 486); auch keine Bewilligung für das PKH-Verfahren selbst (ganz hM; BGHZ 91, 311 mit Nachweisen = MDR 84, 931 mit krit Anm Waldner) einschließlich des PKH-Beschwerdeverfahrens (Karlsruhe Justiz 84, 345; LAG München JurBüro 84, 474). PKH für das Bewilligungsverfahren ließe sich auch praktisch nicht von PKH für das Hauptverfahren abgrenzen, da in beiden Fällen die hinreichende Erfolgsaussicht (auch) der beabsichtigten Haupt-Rechtsverfolgung mit geprüft werden müßte, desgleichen die subjektive Hilfsbedürftigkeit, die ohnehin häufig an §§ 115 III ZPO, 51 BRAGO scheitern würde. Es fehlt insoweit auch an einem Schutzbedürfnis, da insoweit das BerHG eingreift (BGHZ 91, 311; AG Wuppertal AnwBl 84, 459; Pentz NJW 82, 1270). Deshalb scheidet Bewilligung auch für „steckengebliebene" PKH-Verfahren aus, wenn sich das gleichzeitig betriebene **Hauptverfahren erledigt** hat (Frankfurt FamRZ 84, 305; Bamberg JurBüro 86, 1252; SG Schleswig SchlHA 84, 416; Pentz NJW 85, 1820; aA Köln FamRZ 84, 916, aber noch vor BGHZ 91, 311). Wegen der möglichen Inanspruchnahme von Beratungshilfe ist heute auch kein Raum mehr für die nach altem Recht praktizierte vorläufige Beiordnung eines Rechtsanwalts im Bewilligungsverfahren zur Unterstützung einer geschäftsungewandten Partei (s Köln MDR 80, 407 u § 119 Rn 3). Zur Bewilligung von PKH für einen **Vergleich** oder bei verfahrenswidriger **Beweisaufnahme** s § 118 Rn 8, 11 u 16. 8

114 *[Subjektive und objektive Voraussetzungen]*

Eine Partei, die nach ihren persönlichen und wirtschaftlichen Verhältnissen die Kosten der Prozeßführung nicht, nur zum Teil oder nur in Raten aufbringen kann, erhält auf Antrag Prozeßkostenhilfe, wenn die beabsichtigte Rechtsverfolgung oder Rechtsverteidigung hinreichende Aussicht auf Erfolg bietet und nicht mutwillig erscheint. Für die Bewilligung der Prozeßkostenhilfe sind die nachfolgenden Vorschriften und die diesem Gesetz als Anlage 1 beigefügte Tabelle maßgebend.

Übersicht

I) Partei. Gemeint sind nur **natürliche Personen,** auch Staatenlose und Ausländer. Für diese gelten keine Bewilligungsbeschränkungen; insbesondere ist das Erfordernis der verbürgten Gegenseitigkeit bei Ausländern entfallen, das verfassungswidrig war (Berkemann JZ 79, 545). 1

Inländische **juristische Personen** und **parteifähige Vereinigungen** können PKH nach § 116 beantragen, ausländische juristische Personen erhalten keine PKH.

2 **1)** Der **Parteibegriff** ist nicht auf Kläger und Beklagte beschränkt, so daß auch der Nebenintervenient antragsberechtigt ist (BGH MDR 66, 318; Stuttgart DAVorm 84, 610; Frankfurt FamRZ 84, 1041), auch wenn er dem Kläger beitritt (Bremen AnwBl 81, 72 [zu § 640e S 3]; Habscheid ZZP 65 [1952], 477), sofern dies nicht mutwillig ist (Düsseldorf FamRZ 80, 1147; Koblenz JurBüro 83, 285).

3 **2)** Bei **Streitgenossen** sind die PKH-Voraussetzungen für jede Partei selbständig zu prüfen. Ist die Vertretung durch einen gemeinsamen Anwalt interessengerecht, dann ist die Bewilligung auf den Erhöhungsbetrag von § 6 I 2 BRAGO zu beschränken (LG Frankfurt JurBüro 83, 1106, 1107). Die für Streitgenossen mit je eigenem Anwalt entwickelten Erstattungsregeln (s § 91 Rn 13 unter „Streitgenossen" 2) sind zugleich Maßstäbe für die Bewilligung von PKH, auch im Haftpflichtprozeß (KG MDR 84, 852). Bei **Anspruchshäufung** oder **Klage und Widerklage** sind die Bewilligungsvoraussetzungen für jeden Anspruch selbständig nach den Verhältnissen im Zeitpunkt der Einzelentscheidung zu beurteilen. Sind bei objektiver Klagenhäufung, zB Eheaufhebung, hilfsweise Scheidung, beide Ansprüche hinreichend erfolgversprechend, ist für beide PKH zu bewilligen (Karlsruhe FamRZ 63, 297).

4 **3)** Bei **Vertretung** entscheidet die Vermögenslage des Vertretenen. Beantragt ein Nachlaßpfleger für die unbekannten Erben einer verstorbenen Prozeßpartei Bewilligung von PKH, dann ist auf den Bestand des Nachlasses abzustellen (BGH NJW 64, 1418; siehe § 116 Rn 5). Maßgebend sind die Vertretungsverhältnisse im Zeitpunkt der Entscheidung, so daß nicht darauf abgestellt werden darf, daß die Vertretungsmacht (zB durch das Jugendamt) demnächst wegen Volljährigkeit erlischt (LG Wuppertal DAVorm 79, 369).

5 **4)** Der Grundsatz, daß es für die Erfolgs- und Vermögensprüfung nur auf die Person des Antragstellers ankommt, der den Rechtsweg beschreiten will, gilt auch dann (anders in § 116!), wenn **hinter dem Hilfsbedürftigen vermögende Gläubiger** stehen, die am Ausgang des Rechtsstreits interessiert sind, weil letztlich ihnen ein erstrittener Betrag zufließen würde (Düsseldorf NJW 58, 2021).

6 **a)** Anders ist es dann, wenn der Hilfsbedürftige nur vorgeschoben wird, um auf diese Weise Prozeßkosten zu ersparen, zB bei einer (deshalb sittenwidrigen) Abtretung (BGHZ 47, 289; RGZ 81, 175; Köln MDR 54, 174). In diesem Fall mangelt es wegen der Unwirksamkeit der Abtretung zugleich an der hinreichenden Erfolgsaussicht. Ebenso ist zu entscheiden, wenn vermögende Miterben einen hilfsbedürftigen Miterben die Interessen der Gemeinschaft allein gerichtlich verfolgen lassen (BGH VersR 84, 989) oder wenn eine Interessengemeinschaft von einem hilfsbedürftigen Interessenten einen Musterprozeß führen läßt (OVG Lüneburg JurBüro 86, 604); dann ist die Hilfsbedürftigkeit Aller Bewilligungsvoraussetzung. In diesem Zusammenhang ist auch eine zumindest bedenkliche Praxis mancher Sozialbehörden zu erwähnen: Erlangt jemand Sozialhilfe nach dem BSHG, dann wird regelmäßig nachgeforscht, ob er früher Veräußerungsverträge abgeschlossen hat. Stellt sich – wie nicht selten – heraus, daß Jahre zuvor ein Hausgrundstück an einen Verwandten übereignet worden ist, dann ist die Sozialbehörde bestrebt, den Erwerber nachträglich deswegen in Anspruch zu nehmen, etwa aus § 528 BGB wegen (gemischter) Schenkung (s dazu Staudinger/Reuss, BGB, § 516 Rn 21 ff). Anstatt nun, ihrer Amtspflicht entsprechend, diesen Anspruch gem § 90 BSHG auf sich überzuleiten und daraus vorzugehen, kommt es vor, daß der Hilfsbedürftige vorgeschoben wird. Die Sozialbehörde beauftragt (und honoriert) einen Anwalt, der für den Hilfsbedürftigen PKH zur Durchsetzung des Schenkungs-Rückgewähranspruchs beantragt. Auf diese Weise entlastet sich die Sozialbehörde von Prozeßkosten. Bei einem solchen Umgehungsverfahren fehlt es dem Hilfsbedürftigen für den PKH-Antrag am Rechtsschutzbedürfnis; er ist als unzulässig abzuweisen.

7 **b)** Wird ein Recht **zur Einziehung übertragen,** so kommt es auf die Vermögensverhältnisse des früheren und des jetzigen Gläubigers an (KG OLGE 25, 82; BGH KoRsp ZPO § 114 Nr 100 – Prozeßstandschaft –; VersR 84, 989 – Erbengemeinschaft). Diese Doppelprüfung ist immer geboten, wenn ein Rechtsstreit ausschließlich im Drittinteresse geführt wird (Celle MDR 63, 767; Hamm VersR 82, 381: hilfsbedürftige Mutter verfolgt Recht ihrer mitversicherten vermögenden Kinder). Anders liegt es, wenn der zur Prozeßführung befugte Kläger die Klageforderung zur Sicherung seiner Schulden an eine Bank abgetreten hat, weil es dann an einem rechtsmißbräuchlichen Vorschieben fehlt (Hamm VersR 82, 1068). Ebenso liegt es, wenn der materiell Berechtigte schon hinreichend gesichert ist und deshalb den Prozeß selbst nicht führen würde (Celle JurBüro 86, 766). Wird die eingeklagte Forderung von einem vermögenden Gläubiger des Klägers **gepfändet** und diesem zur Einziehung überwiesen, dann kommt es gleichwohl nur auf

die Vermögensverhältnisse des Klägers = Pfändungsschuldners an. Auch wenn er den Antrag auf Zahlung an den Pfändungsgläubiger umstellen muß, bleibt er weiterhin an der Zahlung durch den Beklagten interessiert, da diese ihn von seiner Schuld befreit (s BGHZ 36, 380 = MDR 62, 398).

5) Im **Ehescheidungsverfahren** ist nicht das Gesamteinkommen der Parteien maßgebend, sondern das Einkommen, das jede Partei für sich hat (s § 115 Rn 11). 8

6) **OHG und KG** sind als parteifähige Vereinigungen nach § 116 zu beurteilen (im Ergebnis so schon früher die Rspr: Stuttgart NJW 75, 2022 mN). 9

7) Der **Rechtsnachfolger** übernimmt nicht die Rolle der hilfsbedürftigen Partei, kann daher auch nicht nach § 54 Nr 3 GKG als Kostenschuldner in Anspruch genommen werden, wenn dem Erblasser ratenfreie PKH bewilligt worden war (KG KoRsp ZPO § 114 Nr 112). Umgekehrt muß aber der Erbe wegen seiner selbständigen Stellung die Kosten eines von ihm fortgeführten Rechtsstreits voll bezahlen, wenn er nicht für sich auf Antrag PKH bewilligt erhält. Die vom Erblasser gezahlten Raten sind dann jedoch anzurechnen. 10

8) Bei **Parteiwechsel** muß die neue Partei ebenfalls um Bewilligung von PKH für sich nachsuchen, anderenfalls trägt sie die volle Kostenlast. 11

9) Die **Antragsberechtigung kann** durch den Gang des Verfahrens **verlorengehen.** Beispiel: Kinder werden durch den Vater gesetzlich vertreten, klagen gegen die Mutter auf Unterhalt und erstreiten ein obsiegendes Urteil. Die Mutter legt Berufung ein, so daß die Kinder Berufungsbeklagte werden. Zwischen den Instanzen geht die elterliche Sorge vom Vater auf die Mutter über. Dann sind die Kinder in dem vom Vater fortgeführten Rechtsstreit nicht mehr gesetzlich vertreten und können keine PKH bekommen (Schleswig SchlHA 80, 72). 12

II) Antrag, der mit der Klage verbunden werden kann (§ 117 Rn 6), ist unerläßlich, da keine amtswegige Fürsorge gewährt wird. Jedoch kann richterliche Fürsorgepflicht (Einl Rn 19) einen entsprechenden Hinweis gebieten. Im Zweifel erstrebt die Partei Bewilligung für die gesamte Instanz (Koblenz AnwBl 78, 316; LAG Bremen AnwBl 82, 443; § 119 Rn 17). Zur Substantiierungspflicht, Vorlage von Belegen und den tatsächlichen Feststellungen des Gerichts siehe §§ 117, 118. Wie stets kann Auslegung geboten sein; zB kann ein unbegründeter PKH-Antrag für das eigene Scheidungsbegehren als Antrag zur Bewilligung für die Rechtsverteidigung aufzufassen sein (Hamburg FamRZ 83, 1133). Einleitung des PKH-Verfahrens rechtfertigt noch nicht Einstellung der Zwangsvollstreckung nach § 769 I, sondern nur Maßnahmen nach § 769 II (Karlsruhe FamRZ 84, 186; Hamburg FamRZ 82, 622; Frankfurt FamRZ 82, 724; aA St/J/Münzberg ZPO § 769 Rn 5–7 im Anschluß an Weyer NJW 67, 1969). 13

Kein Anwaltszwang (§§ 117, I, 78 II); bei anwaltlicher Vertretung fehlende Unterschrift unschädlich, wenn Urheberschaft feststeht (Frankfurt AnwBl 83, 319). Gesuch ist für die Gebührenberechnung nach § 17 IV GKG der Klageeinreichung gleichzustellen (§ 3 Rn 16 „Rückstände"). Verjährung wird gem § 203 II BGB durch Einreichung des Antrages gehemmt (s § 117 Rn 3). Rechtsmitteleinlegung nur für den Fall, daß die gleichzeitig beantragte PKH bewilligt wird, ist jedoch wegen der darin liegenden Bedingung unzulässig und führt zur Verwerfung (BGHZ 4, 54; KoRsp ZPO § 114 Nr 54; KG FamRZ 81, 484), es sei denn, daß der PKH-Schriftsatz zugleich die unbedingte Berufungseinlegung enthält (BGH FamRZ 86, 1087). Nach Bewilligung von PKH kommt jedoch Wiedereinsetzung in Betracht. **Feriensache** nur, wenn es auch der Rechtsstreit selbst wäre; Übersehen des § 200 GVG ist jedoch nicht beschwerdefähig (München MDR 82, 59). 14

1) Stillschweigende Bewilligungsanträge, wie sie früher bezüglich des Armenrechts immer wieder angenommen worden sind (zB Hamburg AnwBl 72, 232), sind mit dem stark formalisierten PKH-Verfahren (s §§ 115, 117) nicht mehr vereinbar. Insbesondere dürfen vergessene Anträge nicht wie gestellte behandelt werden, um Versäumnisse unschädlich zu machen (bedenklich daher AG Stuttgart AnwBl 82, 254). Wohl liegt in der Einreichung eines Antrages durch einen RA der konkludent erklärte Antrag, diesen zugleich mit Bewilligung der PKH nach § 121 beizuordnen (Hamm JurBüro 78, 1565; Düsseldorf MDR 81, 502), und im PKH-Antrag kann der Beiordnungsantrag nach § 11 a ArbGG (Rn 27) enthalten sein (LAG Bremen MDR 56, 525 = Rpfleger 86, 279 = LAGE ArbGG § 11 a Nr 3). Ebenso kann es sich bei Klageerweiterung vor oder nach bewilligter PKH verhalten (LAG Düsseldorf JurBüro 86, 609) oder bei Abschluß eines Prozeßvergleichs, der über den gerichtlichen Streitgegenstand hinausgeht, zumal wenn das Gericht ihn angeregt oder befürwortet hatte (LAG Köln EzA ZPO § 127 Nr 7 Anm Schneider; ArbG Bochum AnwBl 84, 624; Schneider MDR 85, 441 zu III; aA Bamberg JurBüro 86, 606; diese Problematik überschneidet sich mit derjenigen der „stillschweigenden PKH-Bewilligung", s § 120 Rn 3). 15

16 2) Die **Ablehnung eines Antrages** erledigt das durch ihn eingeleitete Verfahren; (AG Groß-Gerau Rpfleger 81, 116). Bewilligung von PKH kommt dann nur auf einen erneut gestellten Antrag hin in Betracht (RGZ 157, 96), vorausgesetzt, daß dieser ebenfalls im noch anhängigen Verfahren gestellt wird. Anders liegt es, wenn ein PKH-Antrag innerhalb der Instanz gestellt worden, aber trotz Weiterbetreibens der Hauptsache nicht beschieden worden ist (Einzelheiten bei § 119 Rn 17–22). Obsiegt der Hilfsbedürftige nach rechtzeitig gestelltem PKH-Antrag im Erkenntnisverfahren, dann entfällt dadurch nicht das Rechtsschutzbedürfnis an der noch ausstehenden Bewilligungsentscheidung. Der Anspruch auf PKH ist rechtlich selbständig und unabhängig vom Kostenerstattungsanspruch aus § 103. Jedoch kann die Entscheidung (mit erklärtem, § 139, nicht bloß unterstelltem) Einverständnis des Prozeßbevollmächtigten des Hilfsbedürftigen zurückgestellt werden, weil der Erstattungsgegner solvent ist (BVerfGE 62, 392, 397: Bundesland als Erstattungsschuldner).

17 Die Wiederholung eines abgelehnten Antrages ist zulässig (BVerfGE 56, 139, 145), zumal wegen Veränderung der wirtschaftlichen Verhältnisse (§ 120 Rn 14, 15), da ablehnende PKH-Beschlüsse nicht materiell rechtskräftig werden (§ 127 Rn 16). Lediglich die **querulatorische Wiederholung** abgelehnter Anträge (siehe § 567 Rn 13) ohne neues Vorbringen oder Vorlage neuer Belege begründet keinen Anspruch auf Wiederholung der bereits durchgeführten Prüfung, da es dann am Rechtsschutzbedürfnis fehlt. Inkorrekte Formulierungen sind umzudeuten (s § 127 Rn 16; § 577 Rn 15), zB die Bitte um „Rechtshilfe" in einen PKH-Antrag (BayObLG JurBüro 84, 773) oder ein wiederholter Antrag in eine PKH-Beschwerde. Im Zweifel ist Rückfrage nötig: §§ 139, 278 III.

18 3) **Nach Abschluß der Instanz** oder gar des Rechtsstreits kommt eine Bewilligung von PKH nicht mehr in Betracht (s § 119 Rn 18). Zur rückwirkenden Bewilligung bei rechtzeitig gestelltem, aber verspätet beschiedenem Antrag s § 119 Rn 19.

19 **III) Ende der Antragswirkung.** 1) Wird die **Bewilligung** der PKH nach § 124 **aufgehoben,** hätte aber auch bei richtigen Angaben über die objektiven oder subjektiven Bewilligungsvoraussetzungen ein Anspruch auf PKH (unter ungünstigeren Bedingungen für den Hilfsbedürftigen) bestanden, dann ist mit der Aufhebung eine Neuberechnung vorzunehmen (LAG Bremen MDR 83, 789; LAG Köln EzA ZPO § 120 Nr 2 m Anm Schneider; s auch § 124 Rn 19). Der ursprüngliche Antrag kann dann als fortgeltend behandelt werden (LAG Bremen Rpfleger 83, 365). Falls dagegen Bedenken bestehen, ist der Hilfsbedürftige mit dem Aufhebungsbeschluß auf die Möglichkeit der Stellung eines neuen Antrages hinzuweisen (§ 278 III). S zur Teilkausalität falscher Angaben § 124 Rn 8.

20 2) **Stirbt der Antragsteller** während des PKH-Bewilligungsverfahrens, dann erledigt sich dieses dadurch (§ 119 Rn 15). Auch wenn ein RA das Bewilligungsverfahren geführt hat, kann nicht nach §§ 239, 246 ausgesetzt werden (Bremen OLGZ 65, 183). Erben müssen einen eigenen Antrag mit neuen Belegen über ihre persönlichen und wirtschaftlichen Verhältnisse stellen.

21 3) Wie der Tod der Partei wirkt ihr **Ausscheiden aus dem Prozeß** (KG MDR 69, 849), wozu jedoch nicht lediglich Vertreterwechsel rechnet, etwa wenn der ermittelte Erbe den Rechtsstreit an Stelle des Nachlaßpflegers fortführt (KG aaO). Erlöschen der Bewilligung wirkt nur für die Zukunft, was wichtig ist wegen der Anrechnung schon gezahlter Monatsraten.

22 4) Bei **juristischen Personen** endet die Bewilligung mit deren Erlöschen (Beendigung der Liquidation), nicht bereits mit der Auflösung.

23 5) Welche **Auswirkungen** derartige Veränderungen **auf die Vollmacht** des RA haben, ergibt sich aus §§ 86, 87. Stirbt der Hilfsbedürftige nach Bewilligung unter Beiordnung eines RA, so gilt die Beiordnung solange als fortbestehend, wie der Anwalt von dem Tode noch keine Kenntnis hat und die Unkenntnis nicht auf Verschulden beruht (Düsseldorf Rpfleger 50, 94); sein Anspruch gegen die Staatskasse (§ 121 BRAGO) besteht deshalb analog § 674 BGB für Tätigkeiten in der Zwischenzeit zwischen Tod und Kenntnis davon (KG DR 39, 584; 41, 2407). Bei Tod vor Bewilligung werden dagegen keine Ansprüche des RA begründet (LG Berlin Rpfleger 68, 198); es verhält sich dann ebenso wie bei Tätigkeit nach Bewilligung in Kenntnis des Todes der Partei (Frankfurt JurBüro 66, 777). Dann darf auch nicht mehr bewilligt werden, um dem RA einen Vergütungsanspruch gegen die Staatskasse zu verschaffen (Hamm MDR 77, 409).

24 6) Der Tod der Partei berührt nie die **Rechtsstellung ihres Gegners,** hat insbesondere keinen Einfluß auf die diesem gewährte Bewilligung von PKH.

25 **IV) Kosten der Prozeßführung.** Das sind die gerichtlichen Gebühren und Auslagen (§ 1 I GKG), die Anwaltskosten (§ 1 I BRAGO) und die Kosten des Gerichtsvollziehers im Erkenntnisverfahren (§ 1 I GVKostG), also nicht die Kosten der späteren Zwangsvollstreckung. Insoweit bedarf es einer besonderen Bewilligung.

V) Subjektive Voraussetzungen. Die maßgebenden persönlichen und wirtschaftlichen Verhältnisse im Zeitpunkt der Beschlußfassung (OLG Frankfurt JurBüro 82, 1260; OLG Karlsruhe JurBüro 83, 452; OLG Hamm OLGZ 84, 192; OLG Hamburg JurBüro 1984, 614; 615; OLG Saarbrücken JurBüro 85, 600; s auch § 119 Rn 20) sind nach **§ 115** zu beurteilen (s dort). Eine Partei, die keine Raten zahlen kann, ist kostenfrei. Soweit sie aus ihrem Vermögen **teilweise Prozeßkosten** aufzubringen vermag, wird PKH ebenfalls bezogen auf die Gesamtkosten bewilligt (vgl § 115 Rn 54 u § 120 Rn 8–10). 26

In **§ 11a I ArbGG** sind die subjektiven Bewilligungsvoraussetzungen entsprechend § 114 I 1 ZPO aF formuliert, was zu Ungereimtheiten führt. Mit Leser (NJW 81, 791) ist § 11a I 1 ArbGG hinsichtlich der Beurteilung der Hilfsbedürftigkeit als durch § 114 I 1 nF ersetzt anzusehen. Antrag nach § 11a ist neben PKH-Antrag möglich (Lepke DB 81, 1928), kann aber auch darin als ein Weniger enthalten sein (Rn 15). Zum **gewerkschaftlichen Rechtsschutz** s § 115 Rn 40, zum Prozeßkostenvorschuß für **arbeitsrechtliche Streitigkeiten** s § 115 Rn 46, zur **Fälligkeitsregelung** des § 12 IV ArbGG s § 120 Rn 11. 27

VI) Objektive Voraussetzungen. Es muß sich um die Durchführung eines **Gerichtsverfahrens** handeln (s Rn 8 vor § 114); für den vorgerichtlichen Bereich kommt Beratungshilfe in Betracht (§ 1 I BerHG). Anhängigkeit genügt. Vergleich im Bewilligungsverfahren gem § 118 I 3 bewirkt, daß es nicht mehr zum Hauptverfahren kommen kann, so daß auch nachträgliche Bewilligung für das Erkenntnisverfahren ausscheidet (Stuttgart AnwBl 86, 414; aA Bamberg JurBüro 83, 454, 455); das folgt daraus, daß der letzte Erkenntnisstand für die Bewilligung maßgebend ist (§ 119 Rn 20) und hängt nicht davon ab – wie Stuttgart und Bamberg aaO meinen –, ob Anhängigkeit oder Rechtshängigkeit zu fordern ist. Darauf kommt es nur für die ganz andere Frage an, ob die Bewilligung für den Vergleichsabschluß beschränkt werden darf, wenn die Hauptsache schon anhängig/rechtshängig ist. Dann ist unbeschränkt zu bewilligen, wenn in einer wenigstens anhängigen Streitsache der Rechtsstreit selbst verglichen wird (§ 279), beschränkt auf den Vergleichsabschluß, wenn ein Vergleich im Termin zur mündlichen Erörterung (§ 118 I 3) zustande kommt (s Schneider MDR 81, 794 f; unten § 118 Rn 8, 11). Die Einreichung einer Schutzschrift zur Abwehr einer einstweiligen Verfügung (siehe § 91 Rn 13 unter „Schutzschrift") kann prozeßbezogen sein, zB in Wettbewerbssachen, ist es aber nicht in Unterhalts-Familiensachen (s Düsseldorf FamRZ 85, 502). Auch für Gerichtsverfahren darf das Gericht der einkommensschwachen Partei PKH nur bewilligen, wenn die Führung des Prozesses oder die Rechtsverteidigung aus Rechtsgründen vertretbar erscheint. Das ist zu verneinen bei Fehlen hinreichender Erfolgsaussicht oder bei Mutwilligkeit, nicht jedoch, weil amtswegig Beweis erhoben werden muß (LSG Mainz AnwBl 81, 409) oder weil eine weniger effektive Rechtsverfolgung möglich wäre (Oldenburg NdsRpfl 82, 13). Unterbleibt die Prüfung dieser Tatbestandsmerkmale ohne zureichenden Grund, dann verstößt die Versagung von PKH gegen Art 3 I GG (BVerfGE 56, 144; Waldner, Aktuelle Probleme des rechtlichen Gehörs, 1983, 102). 28

1) Hinreichende Erfolgsaussicht ist nur ein relativer Begriff. Er steht nicht isoliert neben der Prüfung der Einkommens- und Vermögensverhältnisse (§ 115). Je dubioser die Person des Antragstellers oder der von ihm verfolgte Anspruch ist, um so strenger sind die Bewilligungsvoraussetzungen zu prüfen, etwa bei der Scheidung von Scheinehen (Rn 54) oder notorischen Querulanten. Wo zur Erfolgsprüfung das Vorhandensein einer die Kosten deckenden Masse gehört, darf die Masselosigkeit nicht durch PKH-Bewilligung ersetzt werden (LG Frankenthal Rpfleger 85, 504). Auch ist zu berücksichtigen, daß sich mit der Höhe des Streitwertes das finanzielle Risiko des Gegners vergrößert, mangels eines erstattungsfähigen Gegners auf seinen Kosten sitzen zu bleiben (s dazu Lappe MDR 85, 463). Schließlich ist die Erfolgsaussicht prozeßbezogen zu beurteilen. Entscheidungen anderer Gerichte oder Vorentscheidungen, zB Arreste, einstweilige Verfügungen, präjudizieren nicht, dürfen aber selbstverständlich bei der Beweisprognose (Rn 35) berücksichtigt werden (LAG Rheinland-Pfalz LAGE ZPO § 114 Rn 9). Eine abschließende Wertung ist erst nach Stellungnahme des Gegners, im Prozeß nach Klage- oder Rechtsmittelerwiderung, möglich (s § 119 Rn 29). Verfahrenswidrig ist es, PKH zur Rechtsverteidigung gegen noch nicht rechtshängige Begehren zu bewilligen (Zweibrücken FamRZ 85, 301). 29

2) Rechtsanwendungsgrundsätze. Hinreichende Erfolgsaussicht für Rechtsverfolgung und Verteidigung liegt vor, wenn das Gericht den Rechtsstandpunkt des Antragstellers auf Grund seiner Sachdarstellung und der vorhandenen Unterlagen für zutreffend oder zumindest vertretbar hält und in tatsächlicher Hinsicht – uU nach Erhebungen gemäß § 118 – zumindest von der Möglichkeit der Beweisführung überzeugt ist (LSG NRW, SGb 84, 490, drückt es so aus, daß nach summarischer Prüfung der Sach- und Rechtslage eine gewisse Wahrscheinlichkeit dafür bestehen müsse, daß dem Begehren des Antragstellers ganz oder teilweise entsprochen werde). So liegt es auch dann, wenn der Beklagte zur Abwehr der Klage PKH beantragt und sein Vor- 30 bringen zur Beweiserhebung über den Klagevortrag zwingt (Köln JMBlNRW 66, 188). Die Beweisprognose schließt eine hier zulässige Beweisantizipation ein (Rn 35). Zur Erfolgsprüfung gehört auch die selbständige Ermittlung und Anwendung ausländischen Rechts durch das Gericht (München DAVorm 80, 753).

31 **a)** Die **Anforderungen** an die rechtlichen und tatsächlichen Erfolgsaussichten dürfen nicht überspannt werden, LAG Berlin AnwBl 84, 163; LAG Düsseldorf LAGE ZPO § 114 Nr 5, schlüssige Darlegung mit Beweisantritt genügt (Hamm VersR 83, 577; s auch Rn 34). Deshalb ist in § 114 nur „hinreichende" Erfolgsaussicht gefordert. Die rechtlichen Erwägungen haben sich auf die Zulässigkeit unter Einschluß sämtlicher Prozeßvoraussetzungen, insbesondere auch der Zuständigkeit, und auf die Begründetheit zu erstrecken.

32 **b)** Wird die **Zuständigkeit in der Hauptsache** verneint, dann bleibt das angegangene Gericht gleichwohl für die Entscheidung über PKH zuständig (§ 127 I 1), muß das Gesuch also gegebenenfalls als unbegründet abweisen. Zulässigkeit der beabsichtigten Hauptsache und Zulässigkeit des PKH-Verfahrens dürfen nicht miteinander verwechselt werden. Zulässigkeit und Begründetheit des Hauptverfahrens sind vielmehr im PKH-Verfahren gleichwertige Prüfungspositionen der Begründetheitsstation, so daß ein zulässiger PKH-Antrag als unbegründet abgewiesen werden darf, weil die beabsichtigte Rechtsverfolgung unzulässig ist.

33 **c)** Fehlt die **sachliche oder örtliche Zuständigkeit,** dann darf innerhalb des PKH-Verfahrens analog § 281 an das zuständige Hauptsache-Gericht verwiesen werden, das dann auch über den PKH-Antrag zu entscheiden hat. Jedoch ist dazu ein Antrag des Hilfsbedürftigen (und für den Gegner Gewährung rechtlichen Gehörs, BayObLG FamRZ 80, 1034) nötig, der auf einer Entscheidung durch das angegangene Gericht bestehen kann (Köln NJW 60, 1623). Anders als im Erkenntnisverfahren (§ 281 II) tritt jedoch für das angewiesene Gericht keine Bindung zur Hauptsache ein, was früher teilweise angenommen wurde (BayObLG 64, 1573; Düsseldorf Rpfleger 79, 431; Frankfurt NJW 62, 499). Es ist nur gezwungen, über den PKH-Antrag zu entscheiden, darf also seinerseits den Antrag mit der Begründung zurückweisen, ihm fehle die Zuständigkeit für den beabsichtigten Rechtsstreit (Hamburg NJW 73, 812; Karlsruhe OLGZ 85, 123). Demgegenüber verneint Düsseldorf (FamRZ 86, 180) auch eine Verweisungsbindung für das PKH-Verfahren, weil nach § 36 Nr 6 verfahren werden könne (BGH NJW 83, 1062). S auch § 281 Rn 17.

34 **d)** Das PKH-Verfahren dient nicht dem Zweck, über **zweifelhafte Rechtsfragen** abschließend vorweg zu entscheiden (Schneider MDR 77, 622 m Nachw). Deshalb darf hinreichende Erfolgsaussicht nicht verneint werden, wenn die entscheidungserhebliche Rechtsfrage schwierig und nicht eindeutig geklärt ist (BGH FamRZ 82, 367 mwNachw; KG FamRZ 83, 291). Bewilligungserheblich können auch aufklärungsbedürftige tatsächliche Schwierigkeiten sein, etwa wenn es um die Sittenwidrigkeit eines Ratenkreditvertrages geht (s dazu Hamm NJW 85, 2275; Bamberg JurBüro 85, 1415; Düsseldorf NJW-RR 86, 48; Koblenz NJW-RR 86, 49 u 405; München NJW-RR 86, 409 m Anm Schriftltg); umfangreiche Beweiserhebungen in anderen Verfahren dürfen aber berücksichtigt werden (Nürnberg MDR 85, 1033). Das für die PKH zuständige Gericht entscheidet zwar nach seiner Rechtsauffassung, wird jedoch eine abweichende Ansicht des ihm übergeordneten Gerichts berücksichtigen müssen, da letztlich davon die hinreichende Erfolgsaussicht abhängt. Aus diesem Grunde ist hinreichende Erfolgsaussicht auch zu bejahen, wenn ernstliche Bedenken gegen die Verfassungswidrigkeit eines Gesetzes bestehen (Frankfurt FRES 4, 255); es erübrigt sich dann, im Rahmen des PKH-Prüfungsverfahrens nach Art 100 I GG vorzulegen (Hamburg VersR 71, 835). Die Auffassung des KG (MDR 70, 242; ebenso Karlsruhe DAVorm 74, 192), auch nicht geklärte, grundsätzliche, neue, schwierige und zweifelhafte Rechtsfragen müßten im Bewilligungsverfahren abschließend entschieden werden, verstößt gegen Art 3 I, 103 I GG und ist durchgehend abgelehnt worden. So darf nur verfahren werden, wenn das Gericht sich schon eine abschließende Meinung gebildet hat und deshalb auch urteilsmäßig entscheiden könnte (LG Itzehoe u Schleswig SchlHA 84, 147, 148). Soweit Rechtsfragen nicht besonders schwierig und kontrovers sind, ihre Beantwortung aber nur im Zusammenhang mit tatsächlichen Feststellungen möglich ist, muß ebenfalls bewilligt und diese Klärung dem Erkenntnisverfahren vorbehalten werden (Schneider MDR 77, 621). Insbesondere geht es nicht an, in derartigen Fällen die Beweiserhebung in das PKH-Prüfungsverfahren zu verlagern (BGH MDR 60, 117; Wax FamRZ 80, 976) oder die Entscheidung im Bewilligungsverfahren so lange hinauszuschieben, bis in der bereits laufenden Hauptsache Beweis erhoben worden ist, und dann abzulehnen (s § 118 Rn 13). Notfalls ist Verzögerungsbeschwerde einzulegen (§ 119 Rn 20 aE).

35 **e)** Die **rechtlichen Maßstäbe der Erfolgsprüfung** sind im Bewilligungsverfahren dieselben wie in der Hauptsache (LG Itzehoe u Schleswig SchlHA 84, 147, 148). Es darf nicht vorkommen, daß in einer Instanz PKH bewilligt und dann ohne Sachverhaltsveränderung im Urteil eine dem Hilfsbedürftigen ungünstige andere Ansicht vertreten wird. Mitwirkendes Verschulden ist zu

berücksichtigen, selbst wenn sich der Schädiger nicht darauf berufen hat (KG MDR 79, 672); Verjährung steht der Erfolgsaussicht nur entgegen, wenn die Einrede erhoben wird (LG Siegen DAVorm 78, 651), wobei mE auch im PKH-Verfahren entsprechend § 278 III auf den Zeitablauf als solchen hinzuweisen ist (Nachw § 42 Rn 26; § 139 Rn 11; wie hier ausführl Seelig, Die prozessuale Behandlung materiell-rechtlicher Einreden, 1980). Hier wird zugleich deutlich, wie wichtig es ist, den Gegner vor einer abschließenden Entscheidung zu hören (§ 118 I 1). Seine Stellungnahme kann die vorläufig bejahte hinreichende Erfolgsaussicht wieder beseitigen, wobei dies durchaus nicht nur durch die Erhebung echter Einreden (Verjährung, Zurückbehaltung ua) geschehen kann, sondern zB auch durch Berufung auf Haftungsausschlüsse (§§ 831 I 2, 832 I 2 BGB; 18 I 2 StVG usw). Auch bloßes Bestreiten kann dazu genügen, wenn es substantiiert ist (§ 138 II–IV) und der Hilfsbedürftige dadurch in unüberwindliche Beweisschwierigkeiten gerät. Denn bei der Erfolgsprognose (Wahrscheinlichkeit des angestrebten Erfolges) müssen uU angebotene Beweise antizipierend gewürdigt werden (Hamburg DAVorm 84, 708; Nürnberg JurBüro 86, 286). Das **Verbot der Beweisantizipation** (s dazu Schneider, Beweis und Beweiswürdigung, § 12 m Nachw) gilt im PKH-Prüfungsverfahren nur begrenzt (s ausführlich Schneider MDR 87, Heft 1; München Rpfleger 86, 194; Hamburg DAVorm 84, 708; Nürnberg JurBüro 86, 286; Künkel DAVorm 83, 350; verkannt vom LG Duisburg AnwBl 84, 458). Hinreichende Erfolgsaussicht kann zB zu verneinen sein, wenn Urkundenbeweis, insbesondere notarielle Beurkundung, durch interessierte Zeugen widerlegt werden soll. Ebenso liegt es, wenn der Antragsteller sich nur auf Parteivernehmung nach § 445 berufen kann. Gründliche Anhörung des Gegners liegt deshalb nicht zuletzt auch im objektiven Interesse des Antragstellers, dem nicht damit gedient ist, mit PKH einen Prozeß zu verlieren, der ihn dem Kostenerstattungsanspruch des Gegners nach § 123 aussetzt. Auch im PKH-Prüfungsverfahren darf der Richter keine Beweisprognosen stellen, soweit ihm die erforderliche Sachkunde fehlt, zB in bau- und maschinentechnischen Angelegenheiten oder in Arztprozessen (Celle VersR 82, 553). Im höheren Rechtszug ist die Rechtsmittelbegründung oder -erwiderung abzuwarten (§ 119 Rn 29). Das Gericht kann davon ausgehen, daß vorinstanzliche Verfahrensfehler vom beizuordnenden RA erkannt und gerügt werden (SG Schleswig SchlHA 84, 148). Fristversäumungen, die nicht durch Wiedereinsetzungen heilbar sind, stehen der Bewilligung entgegen (BayObLG JurBüro 84, 773). Zur Beweisantizipation im Bewilligungsverfahren für die zweite Instanz s § 119 Rn 29.

3) Teilweise Erfolgsaussicht. a) Die Erfolgsprüfung kann ergeben, daß ein Anspruch lediglich teilweise erfolgversprechend ist oder von mehreren Ansprüchen nur einer oder die Rechtsverfolgung bei mehreren Beklagten nur einem gegenüber durchgreifen wird. Dann ist PKH nur zur Geltendmachung dieser beschränkt erfolgversprechenden Rechtsverfolgung oder Rechtsverteidigung (Bamberg JurBüro 81, 611) zu bewilligen. Bleibt im Berufungsverfahren der hinreichend erfolgreiche Teilanspruch unterhalb der Erwachsenheitssumme des § 511 a, dann muß PKH aus diesem Grund versagt werden (Nürnberg MDR 85, 1033). Bei Klagen aus § 847 BGB (Schmerzensgeld) ist die Bezifferung häufig erst im Erkenntnisverfahren möglich. Dann ist PKH nur zur Geltendmachung eines in das Ermessen des Gerichts zu stellenden Schmerzensgeldes, also für eine Klage mit unbestimmtem Antrag zu bewilligen. Verlangt der Antragsteller dagegen einen bestimmt bezifferten Betrag oder nennt er einen Mindestbetrag oder ergibt sich aus dem Sachverhalt die hinreichende Erfolgsaussicht für einen genau bezifferbaren Betrag, dann muß bei der Bewilligungsprüfung davon ausgegangen werden (Karlsruhe NJW 57, 593). Auf kostenverringernde Teilklagen darf der Antragsteller nicht verwiesen werden, da nie abzusehen sein wird, ob der Gegner bei Verurteilung den Gesamtbetrag zahlt, zumal die Höhe noch streitig werden kann (abzulehnen daher Rasehorn NJW 61, 591 u Frankfurt FamRZ 84, 809). Entsprechend ist bei der **Stufenklage** (§ 254) keine Beschränkung der PKH-Bewilligung auf den Rechnungslegungsantrag zulässig, weil Auskunfts-, Rechnungslegungs- und Leistungsstufe eine einheitliche kostenrechtliche Instanz bilden, die in Teilurteilen abgewickelt wird (Schneider Rpfleger 77, 92) und auch der noch unbezifferte Leistungsanspruch bereits mit Erhebung der Stufenklage rechtshängig wird (BGH MDR 61, 751). Das war zum Armenrecht allg M (Köln NJW 62, 814; München Rpfleger 81, 43; Schneider MDR 778, 620) und gilt auch für das PKH-Recht (Köln JurBüro 83, 285; AnwBl 86, 456; Karlsruhe FamRZ 84, 501; Zweibrücken JurBüro 84, 773; Saarbrükken JurBüro 84, 1250; Koblenz FamRZ 85, 953; Frankfurt JurBüro 86, 79; KG OLGZ 1986, 111; Düsseldorf JurBüro 86, 1685). Neuerdings wird demgegenüber auch die Auffassung vertreten, bei der Stufenklage sei entweder die Bewilligung auf die einzelnen Verfahrensstufen zu beschränken (Frankfurt FamRZ 85, 415; Düsseldorf FamRZ 84, 510; 85, 417) oder bei einheitlicher Bewilligung diejenige für den Leistungsantrag unter den Vorbehalt der Bewilligungskonkretisierung nach Abschluß der Auskunftsstufe zu stellen (so Karlsruhe FamRZ 84, 501; Koblenz FamRZ 85, 416; Düsseldorf FamRZ 86, 286; Bamberg FamRZ 86, 372). Begründet wird diese Abweichung damit, nur so könne verhindert werden, daß der Hilfsbedürftige später unbegrün- 36 dete überhöhte Leistungsanträge stelle (Künkel DAVorm 83, 348). Dabei wird jedoch übersehen, daß damit die Kostenbelastung des Hilfsbedürftigen nach § 92 I verbunden wäre und insoweit auch Erstattungspflicht begründet würde (§ 123). Obendrein würde sich der Prozeßbevollmächtigte durch Stellen eines ersichtlich unbegründeten Leistungsantrages schadensersatzpflichtig machen (OLG Düsseldorf FamRZ 86, 288 = OLGZ 1986, 96). Die Begründungen für diese „Amputations-Bewilligung" beruhen maßgeblich auf einer Verkennung der streitwertmäßigen und gebührenrechtlichen Behandlung der Stufenklage (s Schneider MDR 86, 552). Bei zutreffender rechtlicher Beurteilung bedarf es der Beschränkung nicht, weil von vornherein PKH für den Leistungsantrag nur in dem Umfang bewilligt wird, der im Bewilligungszeitpunkt auf Grund der tatsächlichen Darlegungen des Stufenklägers von diesem erwartet werden kann. Will er später einen höheren Zahlungsantrag stellen, dann muß er sich die PKH erweitern lassen oder die Mehrkosten selbst tragen (s näher Schneider MDR 86, 552). Damit diese Differenzierung klargestellt wird, ist bereits bei Verfahrensbeginn der nach § 3 zu schätzende unbezifferte Leistungsantrag in einem Streitwertbeschluß zu bewerten (KG OLGZ 1986, 115), wie dies auch im PKH-freien Rechtsstreit geboten ist; die häufig anzutreffende einheitliche Wertfestsetzung für sämtliche in der Stufenklage verbundenen Ansprüche ist falsch (Schneider Rpfleger 77, 92, 93). Soweit Köln über die hier abgelehnte Auffassung hinaus sogar die Bewilligung von PKH für die **Rechtsverteidigung** gegen eine Stufenklage bis zur Bezifferung des Leistungsanspruches nach Auskunftserteilung zurückstellen will (s FamRZ 85, 623), liegt darin ein Verstoß gegen das Beschleunigungsgebot (§ 118 Rn 13 aE) und gegen Art 103 I GG, da die Nichtentscheidung gleich Ablehnung ohne Berücksichtigung des Vorbringens des Hilfsbedürftigen ist (s dazu § 119 Rn 19); dieses Verfahren kann Amtshaftungsansprüche begründen (Rn 8 vor § 114).

Um angesichts der neuerdings kontroversen Rspr von vornherein Zweifel auszuschließen, kann im Bewilligungsbeschluß klargestellt werden, daß PKH für die Stufenklage insgesamt bewilligt wird, jedoch für die Leistungsstufe beschränkt auf einen Zahlungsantrag mit einem bezifferten Streitwert (s Schneider MDR 86, 552). Natürlich setzt dies voraus, daß auch wirklich eine Stufenklage erhoben worden und nicht etwa der Leistungsantrag nur angekündigt, aber nicht gestellt worden ist (Düsseldorf FamRZ 86, 488). – Bei der Erfolgsprüfung im **Rechtsmittelverfahren** (§ 119 Rn 29) kann sich ergeben, daß zwar die Beschwer (§ 511 a) erreicht wird, der Rechtsmittelantrag aber nur teilweise erfolgversprechend ist und dieser begründete Teil unterhalb der Mindestbeschwer liegt. Dann will Nürnberg (MDR 85, 1033 = FamRZ 85, 1152) PKH wegen Unzulässigkeit des Rechtsmittels versagen. Das ist indessen mit §§ 4 I ZPO, 14 I 1 GKG und der ratio des § 546 II 2 (s § 546 Rn 20) unvereinbar und verschlechtert die Rechtsstellung des Hilfsbedürftigen gegenüber derjenigen eines vermögenden Rechtsmittelführers, dessen Rechtsmittel hinsichtlich der Zulässigkeit nur nach der Beschwer, nicht nach der Erfolgsaussicht beurteilt wird (zutr Lappe Anm KoRsp ZPO § 114 Nr 115).

37 **b)** Bei lediglich teilweiser Erfolgsaussicht ist die **Berechnung** nach § 115 VI auf die anfallenden Kosten nach dem **Streitwert** dieses Teils zu beziehen. Paßt der Antragsteller auf einen Hinweis des Gerichts (§ 139) seine beabsichtigte Rechtsverfolgung oder Rechtsverteidigung der Beurteilung des Gerichts an, so ist ab dann von voller hinreichender Erfolgsaussicht auszugehen. Zur Anwaltsvergütung bei Teilbewilligung s § 121 Rn 49.

38 **c)** Die Bewilligung von **PKH für beide Parteien** gleichzeitig ist möglich. In vermögensrechtlichen Sachen wird die Prüfung der objektiven Voraussetzungen jedoch nicht häufig zu dem Ergebnis führen, daß sowohl für die Klageforderung wie für die Verteidigung dagegen hinreichende Erfolgsaussicht zu bejahen ist. Denkbar ist dies dann, wenn die beiderseits schlüssigen Ausführungen durch Beweisanträge gestützt sind. In diesem Fall kann auch Anlaß bestehen, ausnahmsweise im PKH-Prüfungsverfahren Zeugen vorweg zu vernehmen (§ 118 I 5).

39 **4) Vollstreckungsaussichten.** Sie können bereits bei der Prüfung der Erfolgsaussicht den Ausschlag geben. Das Ziel jeder Klage ist Befriedigung des Klägers. Steht aber wegen Vermögenslosigkeit des Gegners anfänglich und endgültig fest, daß ein gegen ihn erwirktes Urteil nicht vollstreckt werden könnte, dann fehlt für die erstrebte Anspruchsbefriedigung die hinreichende Erfolgsaussicht (LG Wuppertal Rpfleger 85, 210). Beispiel: Ein Ausländer besitzt in Deutschland kein zugriffsfähiges Vermögen, das deutsche Urteil aber wäre im Heimatstaat nicht vollstreckbar (AG u LG Tübingen FamRZ 64, 318–321). Jedoch ist bei einer derartigen Prognose äußerste Zurückhaltung zu beachten. Besondere Umstände, zB drohende Verjährung, Verschlechterung oder Verlust von Beweismitteln, wahrscheinliche Rückkehr eines Gastarbeiters nach Deutschland usw, können Anlaß geben, trotz der Vollstreckungsbedenken PKH zu bewilligen (s auch Rn 56). Darüber hinaus sollte ein Bewilligungshindernis grundsätzlich nur angenommen werden, wenn die Verwirklichung des Anspruches auf lange Sicht aussichtslos erscheint (Wax FamRZ 80, 975). Fehlende Erfolgsaussicht kann sich auch aus der Hilfsbedürftigkeit des Antragstellers ergeben, wenn dieser nur Zug um Zug fordern, aber die Gegenleistung nicht aufbringen kann, §§ 756, 765 (Düsseldorf MDR 82, 59).

Ob diese Fallgestaltung auch oder nur oder besser unter dem Gesichtspunkt der Mutwilligkeit (unten Rn 50 ff) beurteilt wird, wie dies ein Großteil der Praxis tut (s auch Wax FamRZ 80, 975), ist nebensächlich, da es hierbei im Grunde nur um klassifizierende Formulierungsfragen geht. Deren Beantwortung beeinflußt das Beurteilungsergebnis nicht. 40

VII) Besondere Verfahren. 1) Unterhaltsklagen (s auch Rn 53). Die Erfolgsprüfung darf nicht so ausgedehnt werden, daß die Hauptsache praktisch vorweggenommen wird (Frankfurt FamRZ 78, 433; Wax FamRZ 80, 975). Allerdings wird durch den Zwang zur Vorlage von Belegen und Unterlagen (§§ 117, 118), die in der Regel über nahezu alle erheblichen Umstände beigebracht werden können, im PKH-Verfahren meist weitergehende Aufklärung erreicht werden als in sonstigen Fällen. Dem im väterlichen Haushalt lebenden Kind steht nach § 1615 f BGB kein Anspruch auf Regelunterhalt zu, so daß dafür auch keine PKH bewilligt werden darf (Karlsruhe DAVorm 84, 490; KG DAVorm 84, 491). Für den Neufestsetzungsantrag nach § 642 b ist PKH auch ohne Nachweis einer vergeblich versuchten gütlichen Einigung zu gewähren (AG Geldern DAVorm 74, 675); jedoch ist ein solcher Versuch im Prüfungsverfahren angebracht (§ 118 I 3). Bei freiwilligen Zahlungen ohne Verpflichtungserklärung nach § 794 Nr 5 kann der Berechtigte ein schutzwürdiges Interesse an der Erlangung eines Titels haben (Nürnberg FamRZ 86, 187; grundsätzliche Bedenken bei Bittmann FamRZ 86, 420), insbesondere wenn der Schuldner sich weigert, einen mit keinen Kosten verbundenen Vollstreckungstitel beim Jugendamt (§§ 49, 50 JWG) zu schaffen. Hat der Unterhaltsberechtigte einen derartigen Titel (in Besitz! Celle DAVorm 86, 364) oder einen nach § 620 I Nr 6 erwirkt, dann kann es am Rechtsschutzbedürfnis für eine Unterhaltsklage fehlen, jedenfalls aber erscheint sie mutwillig (Saarbrücken FamRZ 79, 537; Hamm FamRZ 80, 708; Frankfurt FamRZ 82, 1223; Karlsruhe AnwBl 82, 491; Wax FamRZ 80, 975); er kann die negative Feststellungsklage des Verpflichteten abwarten (Künkel DAVorm 83, 348; s auch Rn 53). Zur Berechnung der streitwertmäßigen Rückstände (§ 17 IV GKG) s § 3 Rn 16 unter „Rückstände". Bei der Abänderungsklage muß die wesentliche Änderung der Verhältnisse (§ 323 I) konkret dargelegt werden; bloße Hinweise auf Unterhaltstabellen genügen dazu nicht (KG FamRZ 78, 932). Kein Verweis auf das vereinfachte Verfahren gem § 641 I, wenn wesentlich höherer Unterhalt gefordert wird (§ 323 V; Schleswig DAVorm 85, 808). – Für **Unterhaltsverfügungen** wird ein Verfügungsgrund verneint, wenn der Antragsteller die Möglichkeit nicht genutzt hat, nachehelichen Unterhalt im Rahmen des Scheidungsverbundverfahrens zu fordern (Koblenz FamRZ 86, 77; Frankfurt FamRZ 86, 367). **Mutwilligkeit** ist von Düsseldorf (FamRZ 85, 502) angenommen worden für das Stellen eines Schutzschriftantrages zur Abwehr einer drohenden einstweiligen Verfügung (s oben Rn 28). 41

2) Scheidungsverfahren. a) Der Ehescheidungsantrag (§ 622) kann nach § 1564 S 1 BGB sowohl von einem Ehegatten wie von beiden übereinstimmend gestellt werden. Da jede Partei ein Antragsrecht hat, ist dem Gegner, der ebenfalls die Scheidung beantragt, die PKH nicht schon deshalb zu versagen, weil der andere Ehegatte bereits Scheidung begehrt. Auch bei einverständlicher Scheidung, bei der lediglich ein Ehegatte den Antrag stellt, der andere aber zustimmt (§ 630 I Nr 1), erscheint die Rechtsverfolgung des zustimmenden Ehegatten grundsätzlich nicht als aussichtslos oder mutwillig (Nachw in Rn 43), zumal die Zustimmung zur Scheidung bis zum Schluß der mündlichen Verhandlung widerrufen werden kann (§ 630 II 1). Soweit Karlsruhe (FamRZ 79, 847, teilweise abweichend von FamRZ 78, 924) und Hamm (JurBüro 83, 614) in diesem Fall die hinreichende Erfolgsaussicht bejahen, aber Beiordnung eines RA ablehnen, steht § 121 II 1 entgegen (Hamburg FamRZ 83, 1133). Darüber hinaus ist immer hinreichende Aussicht anzunehmen, daß der Hilfsbedürftige auch bei einverständlicher Scheidung mit Hilfe eines Anwalts seine prozessuale Lage verbessern kann; daß er selbst geschieden werden will, ist dafür kein Hindernis. Das ergibt sich schon daraus, daß mit der Scheidungssache die Folgesachen verbunden sind (§ 632 I 1) und dieser Sachzusammenhang bei der Bewilligung im Gesetz (§ 624 II) berücksichtigt ist. Deshalb muß auch PKH für das Scheidungsverfahren und die Verbundsachen einheitlich bewilligt werden (Hamm NJW 78, 171; Karlsruhe FamRZ 85, 724), so daß eine selbständige Prüfung der Erfolgsaussicht für Verbundsachen und Scheidungsantrag ausscheidet (Bamberg JurBüro 80, 765; Hamm FamRZ 77, 800; aA KG FamRZ 80, 714). Jedoch gilt diese Verknüpfung nur für die bei Bewilligung des Scheidungsverfahrens bereits anhängigen Folgesachen. Denn nur insoweit ist überhaupt eine gerichtliche Prüfung möglich. Für später anhängig gemachte Folgesachen ist deshalb zusätzliche Bewilligung erforderlich, die wiederum dann ausscheidet, wenn das übrige Verfahren abgeschlossen ist (s § 624 Rn 7). Der rechtzeitig gestellte neue Antrag darf jedoch auch nachträglich beschieden werden (Hamburg FamRZ 80, 1053). 42

43 **b)** Zur hinreichenden Erfolgsaussicht genügt nach hM in Scheidungssachen, daß ein durch anwaltliche Tätigkeit verfolgbares Verfahrensziel erkennbar ist, also die Partei ihre Lage verbessern kann und will; es wird nicht auf die Erfolgsaussicht des Abweisungsantrages abgestellt (Karlsruhe FamRZ 85, 724 m umfassenden Nachw; aA Düsseldorf JurBüro 85, 461). Anders jedoch, wenn eine Partei kein konkretes Rechtsziel verfolgt und sich völlig passiv verhält (Karlsruhe FamRZ 85, 724; Düsseldorf JurBüro 82, 1731) oder wenn sich die (derzeitige) Unbegründetheit des Begehrens aus dem eigenen Vorbringen ergibt (Zweibrücken FamRZ 83, 1132: § 1566 I BGB; Hamburg FamRZ 83, 133; Düsseldorf FamRZ 86, 697: § 1565 II BGB). Zur **Mutwilligkeit** s Rn 54.

44 **c)** Bei **einverständlicher Scheidung nach § 1566 I BGB** ist die materiellrechtliche Voraussetzung des vollstreckbaren Schuldtitels über Unterhaltsregelung, Ehewohnung und Hausrat (§ 630 I Nr 3, III) keine Voraussetzung für Bewilligung von PKH; für diese genügt die Mitteilung in der Antragsschrift, die Eheleute würden die erforderlichen Erklärungen zu gerichtlichem Protokoll abgeben (KG MDR 80, 675; zur Rückwirkung der Bewilligung bei Abwarten des Titels s § 119 Rn 18). Bei Bewilligung des Armenrechts für einen Scheidungsantrag vor Ablauf des Trennungsjahres (§ 1565 II) ist für die Erfolgsaussicht auf den Zeitpunkt des frühestmöglichen Termins zur mündlichen Verhandlung abzustellen (Hamm, Bamberg, Köln, Celle KoRsp ZPO § 114 Übers B a).

45 **d)** Wegen der auch in Familiensachen nötigen Erfolgsprüfung können Folgesachen von der PKH-Bewilligung ausdrücklich ausgenommen werden (§ 624 II), was dann aber einer tragfähigen Begründung bedarf (zB wegen Mutwilligkeit).

46 **3) Abstammungsklage.** Bei der Beurteilung der Erfolgsaussichten einer Vaterschaftsfeststellungsklage (§ 640 II Nr 1) ist nicht allzu streng zu verfahren, da etwa erforderliche Gutachten erst im Erkenntnisverfahren einzuholen sind (vgl Bamberg FamRZ 71, 199; Hamburg DAVorm 86, 367). Daß der Gegner im Ausland wohnt, ist kein Grund, PKH zu versagen (Hamm DAVorm 79, 199; KG ZBlJugR 76, 255; s aber Rn 39), desgleichen nicht, daß Beweiserhebungen und Vollstrekkung notfalls im Ausland stattfinden müssen; insoweit kann erheblich werden, ob der Heimatstaat des Ausländers dem Haager Übereinkommen über das auf Unterhaltsverpflichtungen gegenüber Kindern anzuwendende Recht vom 24. 10. 1956 (ausführlich dazu Staudinger/Kropholler, BGB Vorb 1 ff vor Art 18) sowie dem Übereinkommen über die Anerkennung und Vollstreckung von Entscheidungen auf dem Gebiet der Unterhaltspflicht gegenüber Kindern vom 15. 4. 1958 beigetreten ist (siehe Celle NdsRpfl 74, 105). Für die **positive** Abstammungsklage eines erst mehrere Monate alten nichtehelichen Kindes, in dessen Empfängniszeit die Mutter Mehrverkehr hatte, fehlt (noch) die Erfolgsaussicht, weil die unerläßliche Einholung eines erbbiologischen Gutachtens erst möglich ist, wenn das Kind etwa drei Jahre alt ist (Düsseldorf JMBlNRW 63, 228; aA Frankfurt DAVorm 85, 508; zur Beweisprognose siehe auch Düsseldorf FamRZ 64, 314). Bewilligung jedoch, wenn noch andere Beweise zu erheben sind, da dann wegen des Gutachtens auszusetzen ist (§ 640 f). Hinreichende Erfolgsaussicht ist auch zu verneinen, wenn die Mutter des nichtehelichen Kindes während der Empfängniszeit der gewerbsmäßigen Unzucht nachgegangen ist; dann steht zum Nachweis der Vaterschaft des Beklagten lediglich ein erbbiologisches Einmanngutachten zur Verfügung, das keinen Strengbeweis erbringen kann (Düsseldorf JMBlNRW 67, 281). Liegen dagegen ernsthafte tatsächliche Anhaltspunkte für die Nichtvaterschaft vor, wozu auch Mehrverkehr der Kindesmutter ausreicht, und ist Abstammungsbegutachtung möglich, dann ist für eine **negative** Abstammungsklage dem Kläger PKH zu gewähren, ohne daß bereits im Prüfungsverfahren ein Gutachten einzuholen ist (Karlsruhe NJW 62, 1305). Ebenso, wenn besondere Umstände dafür sprechen, das Einmanngutachten werde vollen Beweis für die Vaterschaft des Beklagten erbringen (Köln FamRZ 57, 182 mwNachw). PKH ist zu versagen, wenn auf Grund des bereits vorliegenden Beweisergebnisses die Vermutung des § 1600 o BGB entkräftet wird (KG DAVorm 70, 365).

47 **4) Ehelichkeitsanfechtung. a)** Art 103 I GG schließt nicht aus, daß bei Entscheidungen über PKH des im Ehelichkeitsanfechtungsverfahren beklagten Kindes die **Erfolgsaussicht** geprüft und verneint wird (BVerfGE 7, 53; 9, 256; Köln DAVorm 83, 959). Engherzige Prüfung ist jedoch unangebracht (Stuttgart DAVorm 85, 1017). Nach Düsseldorf (DAVorm 79, 292) ist hinreichende Erfolgsaussicht schon zu bejahen, wenn eine gewisse, nicht einmal überwiegende Wahrscheinlichkeit für den Klageerfolg besteht. Bei Notwendigkeit einer Beweiserhebung ist beiden Parteien PKH zu bewilligen (Künkel DAVorm 83, 248), also grundsätzlich schon dann, wenn zwar keine bestimmten Behauptungen für einen Mehrverkehr der Mutter aufgestellt sind, jedoch ein Antrag auf Einholung eines serologischen oder erbbiologischen Gutachtens gestellt ist (Karlsruhe MDR 64, 1004; FamRZ 68, 35; Köln JR 58, 261), da das Ergebnis des Gutachtens nicht vorweggenommen werden darf (Gedanke der verbotenen Beweisantizipation). Muß allerdings

davon ausgegangen werden, daß eine Begutachtung keinen Beweis erbringen wird, dann fehlt hinreichende Aussicht auf Erfolg (Stuttgart FamRZ 64, 314; Karlsruhe NJW 62, 1305; s auch Rn 46). Auf jeden Fall darf das Gutachten erst im Hauptsacherechtsstreit eingeholt werden (Koblenz DAVorm 72, 74). Die Begutachtung ist auch das ausschlaggebende Beweismittel, so daß hinreichende Erfolgsaussicht zu bejahen ist, wenn die Klage in erster Linie darauf und nicht so sehr auf die Aussage der Mutter gestützt wird (Düsseldorf DAVorm 79, 292; Bamberg DAVorm 71, 16). Deshalb ist auch die Verteidigung des Kindes gegen die Anfechtung seiner Ehelichkeit nicht schon deshalb aussichtslos, weil ein Geständnis der Mutter über den Verkehr mit einem anderen Mann vorliegt oder weil der klagende Ehemann und die Kindesmutter übereinstimmend erklärt haben, das Kind stamme nicht vom Kläger ab, denn dadurch werden Vermutungen der §§ 1591, 1592 BGB noch nicht ausgeräumt (Frankfurt AnwBl 72, 322). Die Kindesmutter hat Anspruch auf PKH unter Anwaltsbeiordnung, wenn sie als **Nebenintervenientin** beitritt (Bremen AnwBl 81, 72; Stuttgart DAVorm 84, 610; Frankfurt FamRZ 84, 1041; Saarbrücken AnwBl 84, 624). Der Beitritt kann jedoch mutwillig sein, wenn die Mutter als gesetzliche Vertreterin des beklagten Kindes dessen Anwalt die Vollmacht erteilt hat und ihn ausschließlich informiert (Düsseldorf FamRZ 80, 1147); nach Düsseldorf (DAVorm 82, 478) auch dann, wenn die Abstammung nach Aussage der Kindesmutter nur durch Blutgutachten geklärt werden kann.

b) Versagung der PKH kommt in Betracht, wenn die Ergebnisse eines vorangegangenen Scheidungsverfahrens den Antrag des beklagten Kindes auf Abweisung der Klage als nicht hinreichend erfolgversprechend erscheinen lassen (Karlsruhe Justiz 64, 167). Ebenso liegt es natürlich erst recht, wenn die Verteidigung des Kindes die Anfechtungsklage des Mannes für begründet hält, ihr also nichts Erhebliches entgegensetzt (Düsseldorf DAVorm 85, 1032 u 1033; Koblenz FamRZ 86, 371), sich ungünstige Erklärungen der Mutter zu eigen macht (Köln DAVorm 83, 959) oder sie gar unterstützt (hM, vgl zB Koblenz AnwBl 83, 319; Köln DAVorm 83, 227; Schleswig SchlHA 85, 14; aA Celle MDR 83, 323 [unter Aufgabe von MDR 71, 489]; Frankfurt DAVorm 83, 306; 84, 706; aA Hamburg DAVorm 84, 708; Nürnberg DAVorm 85, 917; München DAVorm 85, 1034). PKH für die **Widerklage des Kindes** ist zu versagen, wenn der übereinstimmende Sachvortrag der Parteien die Anfechtung rechtfertigt, da dann die Widerklage nur dasselbe Ziel wie die Klage verfolgt (KG OLGZ 70, 161; Celle MDR 71, 489). Bewilligung von PKH für die Widerklage kommt allerdings dann in Betracht, wenn die Rechtsstellung des Kindes anderenfalls gefährdet wäre, etwa wegen drohenden Fristablaufs infolge Klagerücknahme oder Verzichts des Klägers. Jedoch müssen Anhaltspunkte dafür bestehen, so daß von diesem Ausnahmesachverhalt nicht grundsätzlich ausgegangen werden kann, da sonst PKH immer ohne weiteres bewilligt werden müßte (so allerdings Düsseldorf FamRZ 69, 550). 48

5) Entmündigungsverfahren. Erfolgsaussichten der Anfechtungsklage nach § 664 sind erst abschließend zu beurteilen, wenn der Entmündigte persönlich unter Zuziehung eines Sachverständigen vernommen worden ist, § 654 (Düsseldorf NJW 76, 451). Erfolgsprüfung ohne diese Voraussetzung ist nur ausnahmsweise möglich, wenn genügend Beweisumstände, zu denen auch medizinische Beurteilungen gehören müssen, bereits ein eindeutiges Persönlichkeitsbild erlauben. 49

VIII) Mutwilligkeit. 1) Begriff. Zu der positiven Feststellung hinreichender Erfolgsaussicht muß als Bewilligungsvoraussetzung hinzu kommen die **negative Feststellung fehlender Mutwilligkeit** der beabsichtigten Rechtsverfolgung oder Rechtsverteidigung. In § 114 I 2 aF und noch im Entwurf der BR zum ProzeßkostenhilfeG war der wichtigste Fall der Mutwilligkeit näher bestimmt: 50

> „Die Rechtsverfolgung ist auch dann als mutwillig anzusehen, wenn mit Rücksicht auf die für die Betreibung des Anspruchs bestehenden Aussichten eine nicht die Prozeßhilfe beanspruchende Partei von einer Prozeßführung absehen oder nur einen Teil des Anspruchs geltend machen würde."

Daran hat sich sachlich durch die Streichung des § 114 I 2 aF nichts geändert (Wax FamRZ 80, 975). Eine Rechtsverfolgung ist dann mutwillig, wenn eine verständige, nicht hilfsbedürftige Partei ihre Rechte nicht in gleicher Weise verfolgen würde oder wenn die Partei den von ihr verfolgten Zweck auf einem billigeren als dem von ihr eingeschlagenen Weg erreichen könnte (Köln FamRZ 83; 736). Diese Umschreibung ist zwangsläufig mit Wertungen verbunden. Die begriffliche Abgrenzung von „Mutwilligkeit" setzt daher immer voraus, daß Vergleichsfälle berücksichtigt werden, wie sie in der Rspr entschieden worden sind, wobei zu berücksichtigen ist, daß vorwerfbares Fehlverhalten des Prozeßbevollmächtigten nicht den Mutwilligkeitsvorwurf gegenüber dem Hilfsbedürftigen rechtfertigt (Düsseldorf FamRZ 86, 288). Vor allem darf dem Hilfsbedürftigen nicht verwehrt werden, den sichereren Weg oder den weitergehenderen Rechtsschutz zu wählen (Frankfurt NJW-RR 86, 944).

51 **2) Richtungweisende Judikatur.** Bei zwei gleichwertigen prozessualen Wegen kein Beschreiten des kostspieligeren (Hamburg FamRZ 81, 1095: Versorgungs-Auskunftsverfahren isoliert statt im Verbund; Oldenburg NdsRpfl 81, 253: Klage statt Beratungshilfe; Zweibrücken FamRZ 85, 1150: Negative Unterhaltsfeststellungsklage statt Beschlußverfahren nach § 620 f oder (Hamm FamRZ 83, 1150; Schleswig SchlHA 84, 164) nach § 620 b II (aA hier Köln FamRZ 84, 717). Erhebung einer neuen Klage statt Klageerweiterung ist mutwillig (LAG Düsseldorf LAGE ZPO § 114 Nr 7; JurBüro 86, 605). Gleichwertige Rechtsverfolgung setzt aber grundsätzlich gerichtliche Kontrolle voraus. Im Verhältnis zwischen freiwilliger privater Schlichtung und staatlichem Rechtsweg hat dieser grundsätzlich Vorrang, so daß es nicht als mutwillig angesehen werden kann, wenn sofort geklagt wird (aA LG Aurich NJW 86, 792 m abl Anm Matthies – Gutachter- und Schlichtungsstelle im Arztprozeß). Hier muß insbesondere berücksichtigt werden, daß bei einem dem Geschädigten günstigen Ausgang für ihn kein Titel geschaffen wird, daß aber bei einem ihm ungünstigen Ausgang mit Rücksicht darauf voraussichtlich im PKH-Bewilligungsverfahren die hinreichende Erfolgsaussicht verneint wird. Infolgedessen kann der Zwang zur Anrufung der Schlichtungsstelle die hilfsbedürftige Partei gegenüber einer vermögenden Partei benachteiligen. Es kann nicht als mutwillig angesehen werden, wenn der Geschädigte dies von vornherein zu verhindern sucht. Oft ergibt sich die Mutwilligkeit aus einer Übermaßreaktion: Der Schuldner hat seine Schuld anerkannt und um Stundung gebeten, der hilfsbedürftige Gläubiger will gleichwohl klagen, anstatt den Erlaß eines Mahnbescheides zu beantragen (Stuttgart JW 36, 2663). Ähnlich liegt es, wenn auf Anfechtung der Vaterschaftsanerkennung geklagt, die Unrichtigkeit des Anerkenntnisses aber nicht dargelegt wird (Köln FamRZ 83, 736). Aus dem Kreis der zum Teil begüterten Miterben wird ein völlig vermögensloses Mitglied zur Einklagung eines Anspruchs der Erbengemeinschaft gemäß § 2039 BGB vorgeschoben (KG JW 38, 696; Köln MDR 54, 174) oder der vermögende Gläubiger tritt die Forderung an einen vermögenslosen Dritten ab, der unter den Vergünstigungen der PKH klagen soll (Neustadt MDR 56, 489); s dazu oben Rn 5–7. Zu Streitgenossen mit je eigenem Anwalt vgl Rn 3. Zu „Asyl-Ehen" vgl Rn 54. Zur selbstverschuldeten Hilfsbedürftigkeit s § 115 Rn 28. Die völlige Vermögenslosigkeit des Gegners kann nicht nur bei der Erheblichkeitsprüfung beachtlich sein (oben Rn 39), sondern auch das Werturteil der Mutwilligkeit stützen (KG JW 35, 2292); ebenso wenn der Hilfsbedürftige nur Zug um Zug fordert, er aber die Gegenleistung nicht aufbringen kann, da er dann wegen §§ 756, 765 nie vollstrecken könnte (Düsseldorf MDR 82, 59).

52 **3) Verhalten des Antragstellers** (nicht des Prozeßbevollmächtigten, Düsseldorf FamRZ 86, 288). **a)** Von der hilfsbedürftigen Partei kann ebenso wie von der vermögenden erwartet werden, daß sie sich **aktiv am Verfahren beteiligt** (Düsseldorf FamRZ 79, 158, 159). Unterläßt sie das, dann kann dies den Vorwurf der Mutwilligkeit rechtfertigen (Hamm FRES 4, 385). Namentlich bei völliger Untätigkeit, unterbleibender Information des RA mit der dadurch heraufbeschworenen Gefahr des Unterliegens im Prozeß kann das Parteiverhalten für die Entscheidung über noch nicht bewilligte PKH ausschlaggebend sein. Voreiligkeit kann der Bewilligung von PKH ebenfalls entgegenstehen, so wenn eine Partei mit ihrer Klage nicht zuwartet, bis geklärt ist, inwieweit ein Sozialversicherungsträger Leistungen erbringen wird und der Anspruch nach RVO übergeht (Düsseldorf MDR 57, 745). Ebenso liegt der umgekehrte Fall, daß Unterhaltsrückstände eingeklagt werden, die bereits durch Sozialhilfe abgedeckt worden sind, so daß der Antrag auf Abführung an das Sozialamt lauten müßte. Zur Überschneidung mit der Hilfsbedürftigkeit kann es kommen, wenn die Erfolgsaussicht eines Unterhaltsprozesses entfällt, weil der Unterhaltsberechtigte sich nicht um eine Erwerbstätigkeit bemüht (Stuttgart DAVorm 86, 728). Nachteile durch Saumseligkeit können sich für den Hilfsbedürftigen ergeben, wenn er Unterlagen nicht rechtzeitig vorlegt; dann geht das Hauptverfahren weiter mit der möglichen Folge, daß tatsächliche Feststellungen vor Bewilligung im Bewilligungszeitpunkt zu seinen Lasten berücksichtigt werden müssen (§ 119 Rn 20). Unterbleibende Mitwirkung des Antragstellers kann zwar zur Versagung von PKH führen, darf aber nicht mit Auferlegung von Ratenzahlung „geahndet" werden (s dazu Hamm FamRZ 86, 1013). Zur Mutwilligkeit bei **Ehelichkeitsanfechtungsklagen** s Rn 47 aE; zur **selbstverschuldeten Hilfsbedürftigkeit** s § 115 Rn 28; zum Verstoß gegen die Mitwirkungspflicht im **Aufhebungsverfahren nach § 124** s dort Rn 19; zur grundlosen **Mandatskündigung** s § 121 Rn 34. Bei versäumter **Richterablehnung** im Bewilligungsverfahren wirkt der Verlust des Ablehnungsrechts (§ 43) im Hauptverfahren fort (Koblenz JurBüro 86, 611 unter Berufung auf Schneider MDR 77, 441, 443 f).

53 **b)** Die Erhebung einer Klage auf Unterhalt statt des Erwirkens einer einstweiligen Anordnung nach § 620 ist nicht mutwillig, wohl aber die Klage auf volle Leistung, wenn der Unterhalt schon nach § 620 I Nr 6 tituliert ist (oben Rn 41) oder der Unterhalt teilweise freiwillig gezahlt und nicht versucht wird, den Schuldner insoweit zur Abgabe einer vollstreckbaren Verpflichtungserklärung nach § 794 Nr 5 zu veranlassen (Künkel DAVorm 83, 348; Wax JR 85, 467; umfas-

sende Erörterung der Rechtslage bei Künkel NJW 85, 2665). Wird Unterhalt regelmäßig in der Monatsmitte gezahlt, dann ist eine Klage mit dem einzigen Ziel, Zahlung am Monatsanfang zu erzwingen, mutwillig (Schleswig SchlHA 78, 19 [44]), desgleichen die Klage auf Ausgleichung des Zugewinns ohne Auskunft über den Stand des Endvermögens (Schleswig SchlHA 78, 84) oder die Einleitung der Zwangsvollstreckung, obwohl der Schuldner beanstandungslos leistet (LG Schweinfurt DAVorm 85, 507). Zahlt der Vater auf Grund Scheidungsfolgenvergleichs Kindesunterhalt an die Mutter, dann ist die darauf gerichtete Unterhaltsklage des Kindes mutwillig (Schleswig SchlHA 84, 164). Die negative Feststellungsklage zur Beseitigung eines nach § 620 f fortwirkenden Anordnungstitels (BGH FamRZ 83, 355) ist mutwillig, wenn nachehelicher Unterhalt in derselben Höhe geschuldet wird (Hamm FamRZ 84, 297 m Anm Braeuer), die Vollstreckungsgegenklage ist es, wenn der Unterhaltsgläubiger erklärt hat, daß er aus einem Titel nicht mehr vollstrecken werde (AG Lahnstein, bestätigt vom OLG Koblenz, FamRZ 84, 1236); allerdings wird hinzu kommen müssen, daß der Titelgläubiger auch den Titel zurückgibt (s Frankfurt NJW-RR 86, 944). Auch die nutzlose Verdoppelung der Parteistellung kann mutwillig sein, etwa wenn Anschlußberufung erhoben werden soll, um dasselbe Ziel wie die Berufung zu erreichen, oder wenn bei unzweifelhafter Leistungsfähigkeit Unterhalts-Auskunftsklage erhoben werden soll (Schleswig FamRZ 86, 1031) oder statt der kostengünstigeren Auskunftsklage (§ 1605 BGB) auf Verdacht hin Leistungsverurteilung erstrebt wird (Hamm FamRZ 86, 924).

c) Besondere Maßstäbe für die Erfolgsaussicht gelten im **Scheidungsverfahren.** Mutwilligkeit 54
ist insbesondere nicht deshalb zu bejahen, weil das angestrebte Verfahrensziel schon durch den Scheidungsantrag des Gegners erreicht wird (oben Rn 42), es sei denn, daß die Partei sich nicht verfahrensfördernd beteiligt (oben Rn 52). Da jeder Ehegatte ein Recht auf einen eigenen Scheidungsantrag hat, ist es auch nicht mutwillig, wenn der Scheidungsantrag von der nichtvermögenden Partei gestellt wird, da darin kein unlauteres Vorschieben wie bei Miterben oder Abtretung (Rn 51) liegt (Hamm FamRZ 86, 1013, 1014). Aus wiederholter Antragsrücknahme kann noch nicht ohne weiteres auf mangelnde Ernstlichkeit und damit Mutwilligkeit des letzten Scheidungsbegehrens geschlossen werden (Frankfurt Fam RZ 82, 1224). Anders liegt es jedoch, wenn die Rücknahme nicht mit dem Ziel der Eheerhaltung erklärt wird, sondern um für ein längere Zeit nicht betriebenes Scheidungsverfahren erneute Bewilligung beantragen zu können. Dahinter steht das Gebühreninteresse des bereits beigeordneten Prozeßbevollmächtigten. Dessen Vorgehen ist mutwillig. Dafür hat jedoch der Hilfsbedürftige nicht einzustehen, da im PKH-Bewilligungsverfahren § 85 II unanwendbar ist (Düsseldorf FamRZ 86, 288; übersehen von Hamm Rpfleger 85, 415). Der RA hat sich dadurch aber schadensersatzpflichtig gemacht mit der Folge, daß zum anrechenbaren Vermögen des Hilfsbedürftigen ein Kostenfreistellungsanspruch gehört (§ 115 Rn 46). Er ist jedoch beschränkt auf die im ersten Verfahren bereits vom Prozeßbevollmächtigten verdienten Gebühren und die bereits angefallenen Gerichtskosten, so daß nur insoweit PKH versagt, darüber hinaus aber bewilligt werden muß (was wiederum Düsseldorf FamRZ 86, 288) übersehen hat. In Betracht kommt auch, beide Scheidungsverfahren als einen einheitlichen gebührenrechtlichen Auftrag anzusehen und den zweiten Scheidungsantrag umzudeuten in den Antrag auf Fortsetzung des ersten Verfahrens (so Hamm JurBüro 86, 292); dagegen bestehen aber deshalb Bedenken, weil dies gerade nicht gewollt ist und dem die Antragsrücknahme im ersten Verfahren entgegensteht. Grundsätzlich sollte PKH für die Scheidung einer Ehe versagt werden, die nur geschlossen worden war, um einem **Ausländer** eine **Aufenthaltserlaubnis** zu verschaffen (zust Otto StAZ 85, 88; aA Spangenberg FamRZ 85, 1105). Eine solche Ehe ist zwar wirksam und nur nach Ablauf des Trennungsjahres (§ 1565 II) zu scheiden (KG FamRZ 85, 73 u 1042; Karlsruhe FamRZ 86, 680; allg M). Es ist aber grundsätzlich rechtsmißbräuchlich, wenn der eigene Geldbedarf durch Eingehen einer Scheinehe in der von vornherein bestehenden Absicht befriedigt wird, sich alsbald auf Kosten der Allgemeinheit von der Ehegattenstellung freizuprozessieren. Diese schlichte Einsicht sollte nicht durch Leerformeln über das „Wesen der Ehe“ oder das öffentliche Interesse am Wegfall der Steuervorteile für Verheiratete (so Hamburg FamRZ 83, 1230!) verdunkelt werden. Die Rspr stellt mit Recht auf den Einzelfall ab, tendiert auch zur Verweigerung von PKH, legt jedoch unterschiedlich strenge Maßstäbe an (s zB Celle FamRZ 83, 593; 84, 279 im Gegensatz etwa zu Köln FamRZ 83, 592; Hamburg FamRZ 83, 1230; ausführlich Schneider MDR 84, 636; Wax FamRZ 85, 11). Auf jeden Fall sind die Vermögensverhältnisse einschließlich des Anspruchs auf Prozeßkostenvorschuß äußerst streng zu prüfen. Die Versagung von PKH wegen fehlender Hilfsbedürftigkeit, zB Einsatz der Ehescheidungsvergütung (zB Karlsruhe FamRZ 86, 681), der eigenen Arbeitskraft usw (Schneider MDR 84, 636), beruht auf der Anwendung einfachen Rechts und ist der verfassungsrechtlichen Überprüfung nicht zugänglich (BVerfGE 67, 245 = FamRZ 84, 1206 = NJW 85; 425; 67, 251 = Rpfleger 85, 78). Die Mithilfe eines Anwalts bei Erschleichung der Aufenthaltserlaubnis durch Eingehen einer Scheinehe rechtfertigt die Ausschließung aus der Anwaltschaft (BGH FamRZ 86, 257).

55 **d) Mutwilligkeit und mangelndes Rechtsschutzbedürfnis** können sich ungeachtet der begrifflichen Selbständigkeit am Fall überschneiden. Wird beispielsweise erweiterte PKH lediglich zu dem Zweck begehrt, eine dem Sinn nach einseitige Antragsfassung umformulieren zu lassen, dann ist dieses Verlangen prozessual nicht schutzwürdig (Köln JurBüro 70, 67), gleichzeitig aber auch mutwillig, weil eine vermögende Partei sich einer solchen Prozeßführung enthalten würde. Derselbe Dualismus in der Bewertung besteht, wenn Beschwerde im PKH-Bewilligungsverfahren eingelegt wird mit dem Ziel, im PKH-Verfahren eine Beschwerdeentscheidung des späteren Berufungsgerichts herbeizuführen, durch die die noch offenen Sachfragen erster Instanz präjudiziert würden (Köln aaO). Hierher ist auch der Fall zu rechnen, daß ein Vollstreckungstitel begehrt wird, dessen Vollstreckung im Ausland aussichtslos und deshalb gar nicht beabsichtigt ist (LG Wuppertal Rpfleger 85, 210) oder daß trotz unzweifelhafter Wirksamkeit einer Rechtsmittelrücknahme PKH zur Erwirkung eines Verlustigkeitsbeschlusses nach § 515 III begehrt wird (BGH JurBüro 81, 1169). Möglich ist auch das Zusammentreffen fehlenden Rechtsschutzinteresses mit dem Fehlen hinreichender Erfolgsaussicht (vgl Saarbrücken FamRZ 86, 194: Hochrechnung des gesamten zukünftigen Unterhalts und Hineinnahme dieses Betrages in den Klageantrag, um die Voraussetzungen für einen Arrestbefehl zu schaffen).

56 **4) Beispiele für Verneinung der Mutwilligkeit:** Klage beim unzuständigen Gericht mit deswegen nötig werdendem Verweisungsantrag (Schleswig SchlHA 81, 126). Nach einer rechtlich fehlerhaften Verweisung des Rechtsstreits an ein anderes Gericht wird die Klage zurückgenommen, um sie erneut vor dem verweisenden Gericht zu erheben (LG Verden NdsRpfl 64, 178). – Verjährung des Anspruches droht und andere Unterbrechungsmaßnahmen als Klageerhebung entfallen. – Der Beklagte ist zwar mittellos, es läßt sich aber nicht ausschließen, daß er zukünftig wieder der Zwangsvollstreckung unterliegendes Vermögen erwirbt; außerdem muß dem Hilfsbedürftigen grundsätzlich die Möglichkeit eröffnet werden, auf Grund eines vollstreckbaren Urteils wenigstens teilweise Befriedigung zu erlangen (vgl Karlsruhe JW 33, 2403; s auch oben Rn 39). – Erhebung einer Abänderungsklage trotz der Erklärung des Gegners, wegen eigenen Einkommens einen Unterhaltsanspruch „zZ nicht geltend zu machen", weil diese Erklärung weniger weit reicht als ein (Anerkenntnis-) Abänderungstitel (Frankfurt NJW-RR 86, 944). Anders, wenn der mit der Vollstreckungsklausel versehene Titel zurückgegeben und dazu erklärt wird, Ansprüche aus dem Urteil würden nicht mehr geltend gemacht. – Anders als früher zu beurteilen ist die Mutwilligkeit einer Klage auf Herstellung der ehelichen Lebensgemeinschaft (§ 1353 BGB), obwohl obsiegendes Urteil nicht vollstreckbar ist (§ 888 II); der damit ursprünglich bezweckte „moralische Appell" an den Ehegatten, der sich abgewandt hat, ist ein Anachronismus (Wacke, Münchener Kommentar, § 1353 Anm 6 ff); deshalb sollte schon nach geltendem Recht eine Mutwilligkeitsprüfung, zumindest Erfolgsprüfung angestellt werden, da die Lebensumstände des Partners eine Herstellungsklage von vornherein als sinnlos erweisen können. Insoweit ist der Fall vergleichbar, daß ein nichteheliches Kind seine Mutter durch Auskunftsklage zwingen will, den Erzeuger zu benennen, da auch dieser Weg ungeachtet des damit bezweckten moralischen Appells aussichtslos und ungeeignet ist (Düsseldorf DR 40, 740; VG Berlin DAVorm 80, 128).

57 **IX) Zeitpunkt der Beurteilung.** Maßgebend für die Prüfung der Erfolgsaussicht und des Fehlens der Mutwilligkeit ist immer der Erkenntnisstand im Zeitpunkt der Beschlußfassung (str, s § 119 Rn 20). Bei Bewilligung von PKH für einen Scheidungsantrag vor Ablauf des Trennungsjahres (§ 1565 II BGB) kommt es darauf an, ob hinreichende Erfolgsaussicht im Zeitpunkt des frühestmöglichen Termins zur mündlichen Verhandlung bestehen wird (Nachw KoRsp Übers B a vor § 114 ZPO).

115 *[Einsatz von Einkommen und Vermögen]*

(1) Soweit aus dem Einkommen Raten aufzubringen sind, ergibt sich deren Höhe aus der Tabelle. Zum Einkommen gehören alle Einkünfte in Geld oder Geldeswert. § 76 Abs. 2 des Bundessozialhilfegesetzes ist entsprechend anzuwenden; von dem Einkommen sind weitere Beträge abzusetzen, soweit dies mit Rücksicht auf besondere Belastungen angemessen ist.

(2) Die Partei hat ihr Vermögen einzusetzen, soweit dies zumutbar ist; § 88 des Bundessozialhilfegesetzes ist entsprechend anzuwenden.

(3) Eine gesetzliche Unterhaltspflicht wird bei Anwendung der Tabelle nicht berücksichtigt, soweit eine Geldrente gezahlt wird; die Geldrente wird vom Einkommen der Partei abgezogen, soweit dies angemessen ist.

(4) Hat ein Unterhaltsberechtigter eigenes Einkommen, wird er bei der Anwendung der Tabelle nicht berücksichtigt. Dies gilt nicht, wenn bei einer Zusammenrechnung der Einkommen der Partei und des Unterhaltsberechtigten eine geringere oder keine Monatsrate zu zahlen ist.

(5) Eine Partei, deren Einkommen die in der Tabelle festgelegte Obergrenze übersteigt, erhält Prozeßkostenhilfe, wenn die Belastung mit den Kosten der Prozeßführung ihren angemessenen Lebensunterhalt erheblich beeinträchtigen würde. Die in der Tabelle festgesetzte Höchstrate ist in diesem Falle um den Einkommensteil, der die Obergrenze übersteigt, zu erhöhen.

(6) Prozeßkostenhilfe wird nicht bewilligt, wenn die Kosten vier Monatsraten und die aus dem Vermögen aufzubringenden Teilbeträge voraussichtlich nicht übersteigen.

Übersicht

Lit: *Schneider*, Mitwirkungspflichten der armen Partei bei der Kostenaufbringung, MDR 78, 269; *Zankl/Zankl*, Prozeßkostenrisiko-Tabelle, BB Beilage 2/1984; *Christl*, Einkommen und Vermögen in der Prozeßkostenhilfe, NJW 81, 785; *Behn*, Ratenprozeßkostenhilfe in mehreren Instanzen, Rpfleger 83, 337.

I) Die Berechnungsstufen. Zu ermitteln ist vorab das Einkommen (Abs 1 S 1) unter zumutbarem Einsatz des Vermögens (Abs 2). Sind die voraussichtlichen Kosten der Instanz (§ 119 I S 1) nicht höher als das Vierfache der monatlich zumutbaren Belastung, dann entfällt PKH (Abs 3); anderenfalls ist aus der Tabelle (nachstehend Rn 3) abzulesen, ob und welche Monatsraten festzusetzen sind. Liegt die finanzielle Leistungsfähigkeit oberhalb der Tabellengrenze für Hilfsbedürftigkeit, dann ist weiter zu prüfen, ob die Obergrenze zu erhöhen ist, um erhebliche Beeinträchtigungen des angemessenen Lebensunterhaltes zu verhindern (Abs 5). Die Prüfung der subjektiven Voraussetzungen kann also uU vier Stufen durchlaufen: **1.** Einkommen (Abs 1); **2.** Vermögen (Abs 2); **3.** Untere Grenze (Abs 6); **4.** Obere Grenze (Abs 5). 1

Einkommen und Vermögen stehen dabei in keinem Rangverhältnis. Genügendes Einkommen kann ebenso wie hinreichendes Vermögen zur Versagung von PKH führen. Es gibt keinen „Grundfall" (wie Christl NJW 81, 786, meint), erst recht besteht entgegen Behr/Hantke (Rpfleger 81, 268) kein Zwang, bei der Prüfung einsetzbaren Vermögens zu beginnen; es ist völlig gleichgültig, ob PKH wegen hohen Einkommens oder hohen Vermögens versagt wird (zust Schuster SGb 82, 179). Wohl ist es *zweckmäßiger*, mit der Prüfung des Einkommens zu beginnen, da es in den meisten Fällen die einzige Finanzierungsgrundlage des Hilfsbedürftigen ist (ebenso Kohte DB 81, 1175). 2

II) Die Tabelle (Anlage 1 zu § 114): Unabhängig von der Zahl der Rechtszüge und der Höhe des Streitwerts sind höchstens achtundvierzig Monatsraten nach der folgenden Tabelle aufzubringen: 3

Nettoeinkommen auf volle Deutsche Mark abgerundet monatlich							Monatsrate
Bei Unterhaltsleistungen auf Grund gesetzlicher Unterhaltspflicht für							
	0	1	2	3	4	5 Personen*	Deutsche Mark
bis	850	1 300	1 575	1 850	2 125	2 400	0
	900	1 350	1 625	1 900	2 175	2 450	40
	1 000	1 450	1 725	2 000	2 275	2 550	60
	1 100	1 550	1 825	2 100	2 375	2 650	90
	1 200	1 650	1 925	2 200	2 475	2 750	120
	1 300	1 750	2 025	2 300	2 575	2 850	150
	1 400	1 850	2 125	2 400	2 675	2 950	180
	1 500	1 950	2 225	2 500	2 775	3 050	210
	1 600	2 050	2 325	2 600	2 875	3 150	240
	1 800	2 250	2 525	2 800	3 075	3 350	300
	2 000	2 450	2 725	3 000	3 275	3 550	370
	2 200	2 650	2 925	3 200	3 475	3 750	440
	2 400	2 850	3 125	3 400	3 675	3 950	520

* Bei Unterhaltsleistungen für mehr als 5 Personen erhöhen sich die in dieser Spalte angeführten Beträge um 275 Deutsche Mark für jede weitere Person.

Zum Verständnis der Tabelle sind **drei Grundaussagen** zu beachten:

4 **1) Übersteigt das Nettoeinkommen** einer Partei **den Mindestbetrag** der ersten Stufe (850 DM) **nicht,** dann zahlt sie überhaupt **keine Raten,** ist also endgültig kostenfrei und unterliegt auch nicht der Sperre des § 115 VI, da sie schlechthin ratenfrei ist. Ihr Prozeßbevollmächtigter wird lediglich von der Staatskasse honoriert, sofern er nicht später gegen den unterliegenden Gegner einen Erstattungsanspruch nach § 126 I erlangt oder die Bewilligung aufgehoben wird (§ 124).

5 **2) Der Betrag von 2400 DM,** der in der Tabelle als letzter und höchster angesetzt ist, **besagt noch nicht, daß darüber hinaus keine PKH zu gewähren ist.** Unter den Voraussetzungen des Abs 5 ist das der Fall (s unten Rn 63 ff).

6 3) Eine **Partei,** die Monatsraten zu zahlen hat, wird **nach 48 Raten endgültig kostenfrei.** Was darüber hinaus an Kosten anfällt, übernimmt die Staatskasse befreiend für den Hilfsbedürftigen. Diese Kostensperre ist in Anl 1 zu § 114 dahin konkretisiert, daß sie unabhängig von der Zahl der Rechtszüge gilt, wobei allerdings die Ratenhöhe variabel ist (Bischof AnwBl 81, 372). Das bedeutet jedoch nicht, daß die Sperre auch unabhängig von der Zahl der Verfahren zu beachten ist. Gemeint sind nur Rechtszüge innerhalb eines identischen Verfahrens (s dazu Schneider, Anm zu EzA ZPO § 120 Nr 2). Mahnverfahren und Erkenntnisverfahren, Erkenntnisverfahren und Vollstreckung sind in diesem Sinne selbständig und nicht den Rechtszügen vergleichbar (s dazu § 119 Rn 5). Die Zahlungssperre der 48 Monatsraten gilt deshalb nur für die je selbständigen Verfahren. Zweifelhaft kann sein, wie bei Monaten mit ausgefallenen Raten zu berechnen ist.

7 a) Soweit die Partei **keine Ratenzahlungen** erbracht hat, weil **wegen Kostendeckung** die Zahlungspflicht einstweilen eingestellt worden war (§ 120 III), zählen diese Monate bei der Ermittlung der Höchstgrenze von 48 Monaten nicht mit. Denn Voraussetzung der zeitlichen Begrenzung ist, daß die Partei ratenpflichtig oder wegen Unvermögens davon befreit war.

8 b) Bei **Veränderungen der Ratenhöhe** oder **zeitweiligem Wegfall der Ratenzahlungspflicht** wegen verschlechterter Vermögensverhältnisse rechnen die Monate mit unterschiedlicher Ratenhöhe oder mit Ratenfreiheit bei der zeitlichen Begrenzung der 48 Monatsraten mit (Hamm FamRZ 86, 1014, 1015; Bischof AnwBl 81, 371). Zur Ratenveränderung in höherer Instanz s § 119 Rn 33.

9 **III) Einkommen (Abs 2 S 2).** Der Einkommensbegriff („alle Einkünfte in Geld oder Geldeswert") ist der Vorschrift des § 76 I BSHG entnommen. Da nur das **verfügbare** Einkommen zur Kostendeckung eingesetzt werden kann, müssen unvermeidbare Ausgaben abgezogen werden. Was im einzelnen abzusetzen ist, legt § 115 I 3 HS 1 durch Bezugnahme auf § 76 II BSHG fest (s Rn 17 ff).

10 **1) Berechnungsgrundsätze des BSHG.** Die wörtliche Übernahme des Einkommensbegriffs des § 76 I BSHG mit dem Ziel, das AR in Sozialhilfe im Bereich der Rechtspflege umzugestalten (BT-Drucks 187/79 S 25), führt zur Übernahme der sozialrechtlichen Regeln der Einkommensermittlung und damit auch der VO zur Durchführung des § 76 BSHG v 28. 11. 62 (BGBl I S 692; LAG Düsseldorf LAGE ZPO § 115 Nr 19 S 42). Sie wird bei Prüfung von PKH-Anträgen herange-

zogen werden müssen, stellt aber für den Richter keine bindende Anweisung dar (Bamberg JurBüro 82, 293; FamRZ 84, 721), sondern hat für ihn lediglich Wegweiser-Funktion (Schneider Rpfleger 80, 366; Wax FamRZ 80, 976; Kohte DB 81, 1174; Vollkommer Anm LAGE ZPO § 115 Nr 12 S 20; KG FamRZ 82, 623).

2) Einkünfte. a) Grundsätze. Berücksichtigt werden darf nur, was verfügbar ist (Düsseldorf NJW 82, 1791 [1792 zu 2]), insoweit aber auch sämtliche Einkünfte, gleich welcher Art, also auch Unterhaltszahlungen Dritter (Koblenz Rpfleger 85, 323), etwa der Eltern an den Antragsteller (Bamberg JurBüro 85, 1108) oder Unterhaltszahlungen für ein beim Antragsteller wohnendes Kind (Koblenz FamRZ 85, 624; Nürnberg FamRZ 84, 408). Maßgebend sind nur die Einkünfte des Antragstellers, nicht das Familieneinkommen, so daß Ehegatteneinkommen nicht zusammengerechnet werden; das ist heute in allen Gerichtsbarkeiten h M (vgl zB Schleswig SchlHA 81, 147; Celle NdsRpfl 86, 103; LAG Hamm MDR 82, 436; LAG Düsseldorf EzA ZPO § 115 Nr 9; LAGE ZPO § 115 Nr 19; LAG Baden-Württemberg LAGE ZPO § 114 Nr 8; LAG Köln LAGE § 115 Nr 12; LAG Berlin LAGE ZPO § 115 Nr 14; OVG Münster FamRZ 84, 604; Rpfleger 86, 406; LSG Berlin MDR 84, 612; Schneider MDR 81, 793; Christl NJW 81, 788; Kohte DB 81, 1176; aA LAG Bremen EzA ZPO § 114 Nr 3 m abl Anm Schneider = NJW 82, 2462; LAG Berlin MDR 82, 436). Eine vermittelnde Auffassung wird von Vollkommer vertreten (Anm LAGE ZPO § 115 Nr 12), der dem Ehegatten mit dem geringeren Einkommen die Hälfte des Unterschiedsbetrages zwischen seinem Einkommen und dem höheren Einkommen des anderen Ehegatten anrechnen will. Dem haben sich LAG Köln (LAGE ZPO § 115 Nr 15) und LAG Düsseldorf (LAGE ZPO § 115 Nr 18) angeschlossen. Das LAG Düsseldorf (LAGE ZPO § 115 Nr 18) geht dabei noch weiter; es verneint (zutreffend, Rn 46) einen Anspruch auf Prozeßkostenvorschuß für arbeitsrechtliche Streitigkeiten, überträgt dann aber den Vollkommerschen Verteilungsvorschlag auf das Unterhaltsrechtsverhältnis zwischen Eltern und Kindern. Dieser Anrechnungsmethode, die das PKH-Verfahren erheblich kompliziert, bedarf es jedoch nicht. Die Einkünfte des nicht beteiligten Ehegatten können nämlich über § 115 VI erfaßt werden (s Christl Rpfleger 83, 97): ungünstigere Tabellenspalte bei fehlendem Unterhaltsanspruch ohne Erhöhung der Einkünfte des Antragstellers (s Rn 27); auch kann ein Anspruch auf Prozeßkostenvorschuß bestehen (Rn 46). Daß bei der Einzelberechnung Ungereimtheiten auftreten können (s Schuster PKH § 115 Rn 7), beruht auf unzulänglicher gesetzlicher Regelung. Einzelberechnung auch dann, wenn Eheleute gemeinsam einen vermögensrechtlichen Anspruch einklagen wollen, zB Herausgabe eines geschenkten Grundstücks nach Schenkungswiderruf wegen groben Undanks verlangen (§§ 530 I, 531 II, 812 I 2 BGB). Würde dann auf das gemeinsame Einkommen abgestellt, könnten sich erhebliche Fehlbelastungen ergeben. **Beispiel** (aus der Praxis): Eheleute wollen gemeinsam klagen; Rente des Mannes 999,90 DM, Unterhaltshilfe für beide 352,60 DM; unentgeltliches Wohnrecht 350,– DM. Dann beträgt das gemeinsame Einkommen 1 702,50 DM. Da die Tabelle nicht auf zwei Personen abgestellt ist, könnte für jeden Ehegatten nur die Hälfte, also 1 702,50 : 2 = 851,25 DM angesetzt werden. Das würde für jeden Ehegatten bei Interpolation wegen der überschießenden 1,25 DM (unten Rn 72) zur ratenfreien Bewilligung von PKH, ohne Interpolation dagegen zur Bewilligung mit monatlichen Raten von 40,– DM für jeden, insgesamt also 80,– DM führen. Bei der gebotenen Einzelberechnung ergibt sich dagegen beim Ehemann ein Einkommen von 999,90 + 176,30 (halbe Unterhaltshilfe) + 175,– (halbe Wohnungsnutzung) = 1 351,20 DM, bei der Ehefrau 176,30 + 175,– = 351,30 DM. Die Ehefrau ist also ratenfrei, der Ehemann zahlt nach der Tabelle (Ehefrau als einzige Unterhaltsberechtigte) mit Interpolation monatlich 40,– DM, ohne Interpolation monatlich 60,– DM. Zu Leistungen des **Lebensgefährten** s Rn 14. 11

Führen beide Ehegatten **gemeinsam** einen **Rechtsstreit gegen einen Dritten,** dann sind sie gemeinsam Partei. Das steht einer Einzelberechnung entgegen. In diesem Fall ist auf das gemeinsame Einkommen und Vermögen abzustellen. Hamburg (FamRZ 86, 187) will im Anschluß an Bischof (AnwBl 81, 369, 370) bei Raten-PKH jeden Ehegatten mit der Hälfte der Monatsrate belasten und einen etwa gebotenen Ausgleich dem Innenverhältnis überlassen. Das läßt sich nur in den Fällen vertreten, in denen der eine Ehegatte gegen den anderen einen Anspruch auf entsprechenden Prozeßkostenvorschuß hat (Rn 46). In allen anderen Fällen ist zwar vom gemeinsamen Einkommen und Vermögen auszugehen, jedoch jeder Ehegatte nur nach Maßgabe seiner finanziellen Verhältnisse mit dem entsprechenden Ratenanteil zu belasten.

Kleinliche Berechnung ist zu vermeiden, zB sind Essenszuschüsse außer Betracht zu lassen (Christl NJW 81, 787; aA BVerwG FEVS 21, 161), desgleichen vermögenswirksame Leistungen und geringfügiger Lohnsteuerjahresausgleich (Düsseldorf FamRZ 81, 986; Frankfurt FamRZ 83, 633). Bei Freiberuflichen und Gewerbetreibenden (vgl LG Neuwied DAVorm 81, 487) hat der **Lebenszuschnitt** oft indiziellen Erkenntniswert, zB Putzfrau, Zweitwagen, kostenaufwendiger Luxuswagen (Frankfurt ZIP 82, 226). In erster Linie kommen jedoch Geldleistungen in Betracht, 12 also Lohn, Gehalt, anteiliges Urlaubs- und Weihnachtsgeld (Düsseldorf FamRZ 81, 986; Frankfurt FamRZ 83, 632), auch Zuschläge für Schicht-, Sonn- und Feiertage sowie Nachtarbeit und Überstundengeld (BGH NJW 80, 2251), die aber bei damit verbundenen besonderen Belastungen (Abs 1 S 3 HS 2) nicht voll oder gar nicht anzusetzen sind, wenn sie nur in geringem Umfang anfallen oder berufsüblich sind (BGH NJW 80, 2251). **Wohngeld** rechnet zum Einkommen (BGH VersR 80, 923), desgleichen die Berlinzulage (Bremen FamRZ 84, 1244) sowie Auslandszuschuß nach § 55 BBesG, wobei Mehraufwendungen, die durch den Auslandsaufenthalt bedingt sind, nur im Umfang des tatsächlichen Anfallens abgezogen werden dürfen (BGH DAVorm 80, 286). Unentgeltliches Wohnen ist ebenso wie kostenlose Überlassung eines PKW ein anrechenbarer geldwerter Vorteil (Köln FamRZ 81, 489). Zu erwähnen sind weiter **Natural- und Sachbezüge** (Vollkommer Anm LAGE ZPO § 115 Nr 12 S 20) wie Gewährung von Kost und Logis als Teilvergütung des Arbeitgebers, daher auch Naturalleistungen des Unterhaltspflichtigen (LAG Bad-Württ BB 84, 1810), erst recht natürlich Unterhalt in Geld (oben Rn 11). Normalerweise handelt es sich bei den Einkünften um solche, die in regelmäßigen Zeitabständen empfangen werden, insbesondere Lohn- und Gehaltszahlungen an festliegenden Kalendertagen. Wesentlich ist das nicht; auch unregelmäßig wiederkehrende und selbst einmalige Leistungen sind Einkünfte. Unerheblich ist weiter, ob sie aus unselbständiger (Arbeiter, Angestellter, Beamter) oder selbständiger (Freiberufler) Tätigkeit anfallen (zur Feststellung des Netto-Einkommens eines Taxi-Fahrers s Schleswig DAVorm 80, 220). Einkünfte sind auch Einnahmen, die aus Vermietung und Verpachtung (unter Abzug der notwendigen Ausgaben bis zur Höhe der Einnahmen: BGH JurBüro 84, 51), Kapitalvermögen, Zuwendungen eines Unterhaltspflichtigen (München DAVorm 80, 223; LG Bonn JurBüro 84, 129; s oben Rn 11), Schenkungen, testamentarischen Anordnungen usw herstammen. Auf den Rechtsgrund kommt es nicht an, insbesondere braucht der Leistungsempfänger keinen Rechtsanspruch auf die Leistung zu haben. Umgekehrt ist ein **Rechtsanspruch** nicht ohne weiteres gleichzusetzen mit Einkommen. Wer zB sein bebautes Grundstück notariell veräußert, erwirbt einen Anspruch auf den Kaufpreis. Gleichwohl ist der Erlös nicht Einkommen, sondern Vermögen, da er lediglich im Austausch an die Stelle des Vermögensobjektes „bebautes Grundstück" getreten ist. Daß der Gegenwert nicht mehr die Form einer unbeweglichen Sache hat, wie es etwa beim Grundstückstausch der Fall wäre, ist unmaßgeblich. Auch wenn eine Partei ihr Vermögen mangels Zumutbarkeit nicht einzusetzen hat (§ 115 II), sind daraus fließende Erträge dem Einkommen zuzurechnen (§ 115 I 2). Ansprüche auf Leistung als solche bleiben aber bedeutungslos, solange sie nicht durch tatsächlichen Zufluß von Geld oder Geldeswert an den Berechtigten realisiert werden. Jedoch sind Ansprüche auf geldwerte Leistungen dann schon dem „Einkommen" zuzurechnen, wenn sie ohne weiteres und alsbald durchgesetzt werden können (BVerwG NDV 65, 342; BVerwGE 21, 208); anderenfalls hätte es der Anspruchsberechtigte in der Hand, durch Ruhenlassen des Anspruchs sein Einkommen zu schmälern.

13 **Einmalige Einkünfte,** die nicht dem Vermögen zuzurechnen sind, haben oft den Zweck, die über einen längeren Zeitraum geleistete Tätigkeit abzugelten. Derartige Zuwendungen – zB Weihnachts- oder Urlaubsgeld (Rn 12), Gratifikationen, Erfolgszulagen (s dazu Christl NJW 81, 787) – sind auf die Zeitspanne umzulegen, für die sie gewährt werden (Wax FamRZ 80, 976; Frankfurt FamRZ 82, 418). Das kann dann dazu führen, daß die zu berücksichtigende Summe geringer ausfällt, weil die Aufteilung auf zurückliegende, nicht mehr zählende Einkommensmonate zu beziehen ist.

14 **b) Persönliche Zuwendungen,** die ein anderer gewährt, ohne dazu aus rechtlichen oder sittlichen Gründen verpflichtet zu sein, sollen nach § 78 II BSHG außer Betracht bleiben, soweit ihre Berücksichtigung für den Empfänger eine besondere Härte bedeuten würde. Dahinter steht der auch in § 843 IV BGB zum Ausdruck gekommene allgemeine Rechtsgrundsatz, daß freiwillige Leistungen Dritter nicht berücksichtigt werden sollen, wenn sie lediglich mit dem Ziel gewährt werden, eine bestimmte Person zu begünstigen (Bamberg FamRZ 86, 699, 700; vgl für Haftpflichtfälle BGHZ 21, 116; 22, 74 uö). Die Behandlung solcher persönlicher Hilfen als „Einkünfte" würde im übrigen nur dazu führen, daß sie nicht mehr (oder nur verdeckt und verschleiert) gewährt würden. Deshalb ist es auch bedenklich, Geldzuwendungen oder Betreuungsleistungen eines Lebensgefährten dem Einkommen des Hilfsbedürftigen zuzurechnen (so Köln FamRZ 84, 304; Hamm FamRZ 84, 409). Das gilt jedenfalls, soweit es sich nicht um regelmäßige Leistungen, sondern um nicht in die Lebensführung einplanbare Zuwendungen handelt, insbesondere nicht um Geschenke aus besonderem Anlaß – Geburtstag, Jubiläum u dgl – oder naturale Dienstleistungen wie nachbarliche Hilfe oder ein „Trinkgeld" für eine solche Hilfe. Dauernde freiwillige Zahlungen, etwa für Miete und Studium, müssen hingegen dem Einkommen zugerechnet werden (Bamberg JurBüro 85, 1108).

c) Keine Einkünfte sind **Erstattungsbeträge.** Wer etwa Fahrkosten auslegt und sie zurückerhält, empfängt keine (zusätzliche) Leistung, sondern es wird lediglich durch Abrechnung das Gleichgewicht der Vermögenslage wiederhergestellt. Deshalb ist es auch belanglos, wenn solche Ausgleichsabrechnungen zur Vereinfachung in bestimmten Zeitabständen vorgenommen werden oder wenn sie aus arbeitsökonomischen Gründen wertgerecht pauschaliert werden. **15**

d) Die Zurechnung von **Kindergeld** (nicht zu verwechseln mit Kindergeldzuschuß neben der Rente, s LAG Düsseldorf LAGE ZPO § 115 Nr 13) zum Einkommen ist umstritten. Alle denkbaren Ansichten werden vertreten (s Petri MDR 85, 16): Nicht zu berücksichtigen (zB Frankfurt FamRZ 82, 418; Schleswig SchlHA 83, 139; Bremen FamRZ 84, 411; LAG Bremen Rpfleger 86, 319 = LAGE ZPO § 115 Nr 16), hinzuzurechnen (zB Düsseldorf FamRZ 81, 986; FamRZ 82, 625; Bamberg JurBüro 85, 1250; LAG Düsseldorf LAGE ZPO § 115 Rn 16), hinzuzurechnen soweit es dem Antragsteller im Verhältnis zum anderen Ehegatten zusteht (Nürnberg JurBüro 84, 1093), zur Hälfte zu berücksichtigen (Bamberg FamRZ 84, 607; OVG Bremen JurBüro 85, 1412; Wax FamRZ 80, 976). Richtig erscheint es, das Kindergeld dem Einkommen desjenigen zuzurechnen, an den es gezahlt wird. Es ist verfehlt, in PKH-Prüfungsverfahren Ermittlungen darüber anzustellen, wohin das Kindergeld tatsächlich fließt (insoweit zutreffend OLG Frankfurt FamRZ 82, 418, das aber hieraus den umgekehrten Schluß zieht, Kindergeld überhaupt nicht zu berücksichtigen). **Renten** sind Einkommen (Bremen FamRZ 81, 988). Jedoch kann sondergesetzlich vorgeschrieben werden, daß sie nicht als Einkommen anzusehen sind, zB § 292 II LAG; ebenso § 77 II BSHG für Schmerzensgeldrenten nach § 847 BGB. Umstritten ist, ob **Hilfe zum Lebensunterhalt** (§ 11 BSHG) dem Einkommen hinzuzurechnen ist (verneinend LSG Niedersachsen NdsRpfl 84, 24; Wax FamRZ 80, 975; bejahend Celle NdsRpfl 85, 311 m w Lit-Nachw; Hamm JurBüro 86, 768). Nach dem Einkommensbegriff des § 115 I 2 (Rn 9) ist Anrechnung geboten. Praktische Bedeutung hat diese Kontroverse jedoch deshalb nicht, weil derjenige, der Hilfe zum Lebensunterhalt nach dem BSHG zu beanspruchen hat, so arm ist, daß ihm stets ratenfreie PKH zu bewilligen ist (ebenso Hamm JurBüro 86, 767). **16**

3) Abzugsfähige Belastungen (Abs 1 S 3 Hs 1). Einkommen ist nicht das ausgezahlte Gehalt oder der Lohn, sondern der Betrag, der verbleibt, wenn alle absetzbaren Positionen davon abgezogen worden sind. Durch Bezugnahme auf § 76 II BSHG ist in § 115 I 3 festgelegt, welche Aufwendungen vom Einkommen abzusetzen sind, nämlich **17**

1. die auf das Einkommen entrichteten Steuern,
2. die Pflichtbeiträge zur Sozialversicherung einschließlich der Arbeitslosenversicherung,
3. die Beiträge zu öffentlichen oder privaten Versicherungen oder ähnlichen Einrichtungen, soweit diese Beiträge gesetzlich vorgeschrieben oder nach Grund und Höhe angemessen sind,
4. die mit der Erzielung des Einkommens verbundenen notwendigen Ausgaben.

Diese Regelung ist Ausdruck des sog **Nettoprinzips.** Es gebietet, die Prüfung der Hilfsbedürftigkeit danach auszurichten, worüber der Hilfsbedürftige tatsächlich verfügen kann.

a) Zu Nr 1: Andere als die auf das Einkommen entrichteten – nicht die voraussichtlichen! – Steuern (vornehmlich Lohnsteuer und Kirchensteuer) dürfen nicht abgesetzt werden, zB nicht die Erbschaftssteuer. **18**

b) Zu Nr 2: Es handelt sich um die Beiträge, die von Gesetzes wegen zur Kranken-, Renten-, Unfall- und Arbeitslosenversicherung bei bestehender Versicherungspflicht zu leisten sind. Das gilt auch für versicherungspflichtige Selbständige, etwa für die Handwerkerversicherung oder die Unfallversicherung sowie die nach dem Gesetz über Altershilfe für Landwirte zu zahlenden Beträge. **19**

c) Zu Nr 3: Gesetzlich vorgeschriebene Beiträge, etwa Kfz-Haftpflichtversicherung oder für freiwillige Mitgliedschaft in der gesetzlichen Kranken- und Rentenversicherung (OVG Lüneburg, FEVS 8, 183). Bei gesetzlich nicht vorgeschriebenen Beiträgen ist ihre Angemessenheit zu prüfen. Absetzbar sind etwa Beiträge für Lebens- oder Sterbegeldversicherungen, (Bamberg JurBüro 81, 611), private Kranken- und Unfallversicherungen, Gebäude-Haftpflichtversicherung des Grundstückseigentümers, Hausratsversicherungen, Hagelversicherung beim Landwirt usw. In derartigen Fällen ist die „Angemessenheit", obwohl eine Frage des Einzelfalles, grundsätzlich zu bejahen. Ebenso wird gegen OVG Lüneburg (FEVS 9, 27) auch für Ausbildungs- oder Aussteuerversicherungen zu entscheiden sein. Der Inhalt des Versicherungsvertrages muß gegebenenfalls mit in die Prüfung einbezogen werden. So kann ein Krankenversicherungsvertrag als solcher absatzfähig sein, nicht aber der hohe Beitragsanteil für den Aufenthalt erster Klasse oder für Tagegelder. Wird dies verneint, sind die Beiträge nur in angemessener (verkürzter) Höhe vom Einkommen abzusetzen. **20**

21 **d) Zu Nr 4:** Fahrtkosten zur Arbeitsstätte, Ankauf von Arbeitsmaterial, Werkzeug usw; die Möglichkeiten sind unbegrenzt, so daß konkrete Darlegungen des Hilfsbedürftigen unerläßlich sind. Die Höhe der Absetzungen muß gfls geschätzt werden. Auch müssen die Ausgaben notwendig sein. Kein Anlaß zB, einen Pkw zu halten, um zur Arbeitsstätte zu gelangen, wenn diese ohne weiteres zu Fuß oder bequem mit öffentlichen Verkehrsmitteln zu erreichen ist (Bamberg FamRZ 84, 721).

22 **4) Überschneidungen.** Einkommen (§ 115 I) und Vermögen (§ 115 II) unterliegen verschiedenen Bewertungs- und Absetzungsregeln. Das kann bei Überschneidungen erheblich werden. Abzugrenzen ist durch die Feststellung, ob eine Leistung zur Zeit der Stellung des Antrages auf PKH dem Hilfsbedürftigen bereits zugeflossen war (dann handelt es sich um Vermögen) oder ob sie ihm noch zufließen wird (dann handelt es sich um Einkommen).

23 **5) Besondere Belastungen (Abs 1 S 3 Hs 2).** Neben den nach § 76 II BSHG absetzbaren Beträgen sind im PKH-Verfahren weitere Beträge absetzbar, „soweit dies mit Rücksicht auf besondere Belastungen angemessen ist." Der Richter gewinnt dadurch den unerläßlichen Spielraum für die Bewilligung von PKH (Kohte DB 81, 1176). Verfehlt wäre es jedoch, sich dabei an die gängigen Unterhaltstabellen zu binden (Bültzingslöwen DAVorm 80, 872). Der Richter hat vielmehr eine Ermessensentscheidung zu treffen, für die der Regelungszweck der PKH richtungsweisend ist, die hilfsbedürftige Partei nicht wegen der Führung eines Rechtsstreits übermäßig in ihrer Lebensführung einzuschränken und zum Verzicht auf angemessenen Lebensunterhalt zu zwingen (LAG Nürnberg LAGE ZPO § 115 Nr 17 S 33).

24 Besondere Belastungen dieser Art sind insbesondere **Schuldverpflichtungen** (nicht zu verwechseln mit laufenden Ausgaben des täglichen Bedarfs, Düsseldorf MDR 84, 150, wie Zeitung, Radio, Fernsehen, Telefon usw) und Abzahlungsverpflichtungen, soweit sie schon vor Antragstellung eingegangen waren, der angemessenen Lebensführung dienten und jetzt noch getilgt werden müssen (Bamberg FamRZ 86, 699; KG FamRZ 84, 412; Köln FamRZ 83, 835; Kothe DB 81, 1176). Bei gesamtschuldnerischer Haftung Abzug nur in Höhe der Innenquote, sofern nicht der Anteil des zahlungsunfähigen oder zahlungsunwilligen Mitschuldners übernommen werden muß (Bamberg JurBüro 86, 456). Unangemessen wäre es, Abzahlungsverpflichtungen wegen Anschaffungskrediten zu berücksichtigen, die der Antragsteller erst nach Beginn des Rechtsstreits aufgenommen hat und sich dadurch selbst verschuldet hat (Rn 28); anders jedoch, wenn es sich um lebenswichtige Anschaffungen handelt (KG AnwBl 81, 507), was darzulegen und glaubhaft zu machen ist. **Kostenerstattungsansprüche** (§ 123) und **PKH-Raten** aus einem früheren Bewilligungsverfahren sind besondere Belastungen, die bei der erforderlichen Neuberechnung im Antragsverfahren zu berücksichtigen sind (Düsseldorf JurBüro 84, 931; LG Verden NdsRpfl 83, 159; Behn Rpfleger 83, 337); die Belastung des Hilfsbedürftigen wird dadurch allerdings zwangsläufig und unvermeidbar höher als bei der Verfolgung mehrerer Ansprüche in einem Prozeß, in dem jede spätere Ratenfestsetzung die frühere gegenstandslos macht (s § 119 Rn 33). Abzugsfähig sind weiter **Ausgaben aus familiären Gründen** wie zusätzliche ärztliche Behandlungskosten (Düsseldorf FamRZ 81, 76), Ausgaben für Nachhilfeunterricht (Düsseldorf FamRZ 81, 59) oder zur Beschaffung einer Wohnungseinrichtung oder wegen notwendigen Wohnungswechsels mit Mieterhöhung und Abtragung von Mietrückständen, auch erhebliche Mietnebenkosten. Zur Berücksichtigung höherer als in die Tabelle eingearbeiteter **Mieten** s Rn 76. Zins- und Tilgungsbelastungen aus dem Erwerb eines Einfamilienhauses sind absetzbar (München MDR 81, 852; zust Schneider MDR 81, 793 zu I 2; Bamberg FamRZ 86, 699, 700; aA Bamberg JurBüro 81, 611), jedoch um einen fiktiven Mietzins zu kürzen (Bamberg FamRZ 84, 721; LAG Nürnberg LAGE ZPO § 115 Nr 17; OVG Bremen JurBüro 85, 1411; LG Dortmund MDR 82, 413), der entsprechend dem Tabellenansatz (s Rn 76) mit rd 20 % des Monats-Nettoeinkommens angesetzt werden kann (OVG Bremen JurBüro 85, 1411); LAG Nürnberg (LAGE ZPO § 115 Nr 17) zieht 10% des Einkommens ab. Auch insoweit ist aber vorausgesetzt, daß der Abzug angemessen ist und nicht dazu dient, die Folgen wirtschaftlich unvertretbarer Verschuldung, insbesondere nach Einleitung des Verfahrens, auszugleichen (Bamberg FamRZ 86, 699). Bei **Familienereignissen** treten nicht selten besondere Belastungen auf, etwa durch Geburt, Heirat oder Tod eines Angehörigen. Prämien für Aussteuerversicherung (Frankfurt FamRZ 82, 419) und angemessene Lebensversicherung (Bamberg JurBüro 81, 611) dienen der Zukunftssicherung und sind besondere Belastungen, desgleichen Aufwendungen für Fortbildung und Weiterbildung oder Umschulung sowie zusätzliche Ausgaben wegen körperlicher Gebrechen, etwa für Stärkungsmittel. Problematisch ist der schleichende **Währungsverfall.** Er wirkt sich beispielsweise in allen Haushalten durchgehend aus wegen der sprunghaft angestiegenen Energiekosten für Strom und Heizöl. Die dadurch bedingte reale Einkommensminderung muß berücksichtigt werden (ebenso von Bültzingslöwen DAVorm 80, 871); es geht nicht an, die wirtschaftlichen Folgen dieser Entwicklung auf den Hilfsbedürftigen abzuladen, weil sich der Belastungsbetrag nur schwer beziffern

läßt (so aber KG FamRZ 84, 412). Im Ergebnis würde das auch vielfach nur dazu führen, daß der Hilfsbedürftige sich in anderen lebenswichtigen Bereichen verschulden müßte und die dadurch entstehenden Abzahlungsverpflichtungen als Einkommensminderung abzusetzen wären. Auch ist kein zureichender Grund dafür ersichtlich, warum erhöhte Mietnebenkosten nicht ebenso behandelt werden sollen wie die gegenüber dem Tabellensatz erhöhte Miete, die berücksichtigt wird (s Rn 76). Zutreffend hat daher der BFH (BB 85, 386) entschieden, es müsse als besondere Belastung berücksichtigt werden, „daß die Tabellenwerte der Anlage 1 zu § 114 den Stand vom 1. Januar 1979 wiedergeben und deshalb die in der Zwischenzeit eingetretene Steigerung der Lebenshaltungskosten nicht zum Ausdruck bringen." Diese Steigerung hat der BFH unter Berufung auf Eberl (Steuerberater 84, 41) mit mtl 100 DM berücksichtigt (s auch Rn 76).

6) Unterhaltsberechtigte Personen (Abs 3, 4). Wie sich Unterhaltspflichten des Hilfsbedürfti- **25**
gen auf die Berechnung seines Einkommens auswirken, bestimmt sich nach der Tabelle zu § 114 (Abdruck bei § 115 Rn 3) und § 115 III, IV. Diese gesetzliche Regelung hat in der praktischen Anwendung völlig versagt, wozu allerdings die obergerichtliche Rspr das ihre beigetragen hat (s dazu Schneider MDR 84, 813; Wax FamRZ 85, 14). Um die einschlägige Judikatur überhaupt einordnen zu können, ist es unerläßlich, sich einen systematischen Überblick über die in Betracht kommenden Sachverhalte zu verschaffen, die nachstehend in den Rn 25–27 erörtert werden:

- A. Der Unterhaltsberechtigte wohnt im Haushalt
  - I. Er wohnt vollständig dort
    - 1. Er hat kein eigenes Einkommen
    - 2. Er hat eigenes Einkommen
      - a) Das Einkommen liegt über dem Tabellensatz
      - b) Das Einkommen entspricht dem Tabellensatz
      - c) Das Einkommen liegt unter dem Tabellensatz
  - II. Er wohnt teils im Haushalt, teils außerhalb
- B. Der Unterhaltsberechtigte wohnt nicht im Haushalt
  - I. Er wird in der Tabelle nicht mitgezählt (dann einschlägig § 115 IV)
  - II. Er wird in der Tabelle mitgezählt (dann einschlägig § 115 III).

Unterhaltsleistungen sind bereits in die Tabelle eingearbeitet. Anders als in § 850c I ist die Berücksichtigung der Personen, für die eine gesetzliche Unterhaltspflicht besteht, nicht auf fünf begrenzt; die Kopfzahl ist maßgebend. Der Unterhalt muß jedoch tatsächlich geleistet werden, gleich ob bar oder durch Betreuung, § 1606 III 2 BGB (Bremen FamRZ 81, 988; Frankfurt FamRZ 82, 419; Bamberg FamRZ 83, 204; 86, 486; Braunschweig NdsRpfl 85, 72; Koblenz FamRZ 85, 726; Celle NdsRpfl 86, 103; aA Karlsruhe AnwBl 86, 46; Stuttgart NJW 84, 2108: Betreuungsleistungen sind nicht zu berücksichtigen; Oldenburg FamRZ 83, 1265: Betreuungsleistungen seien nur neben gleichzeitiger Leistung von Bar- oder Naturalunterhalt zu berücksichtigen). Es besteht eine tatsächliche Vermutung dafür, daß der im Haushalt lebende Unterhaltsberechtigte auch (wenigstens) betreut wird; insoweit genügt es deshalb, auf die Unterhaltsverpflichtung abzustellen (so Nürnberg FamRZ 84, 409; Bremen FamRZ 82, 831). Übersteigen die Unterhaltsleistungen die pauschalierten Tabellenbeträge, dann sind die Mehrleistungen besondere Belastungen nach § 115 I 3. Nach Bremen (FamRZ 84, 411) bei Miterfüllung fremder Unterhaltspflicht Kopfzahlverdoppelung (dagegen Frankfurt FamRZ 85, 826). Sind beide Ehegatten barunterhaltspflichtig und leisten beide auch noch Betreuungs- und Naturalunterhalt, dann ist dem Antragsteller nach Celle (NdsRpfl 86, 103, 104) der halbe Wert des vom anderen Ehegatten geleisteten Betreuungs- und Naturalunterhalts als Einkommen anzurechnen und folglich (LAG Bremen Rpfleger 82, 439; OVG Münster Rpfleger 86, 406) der Tabellenfreibetrag bei den Ehegatten nur anteilig zu berücksichtigen. Das führt zu einer Komplizierung des PKH-Verfahrens, die kaum noch nachvollziehbar ist. Auch in diesen Fällen hat es dabei zu verbleiben, daß die Unterhaltsfreibeträge bei jedem Ehegatten ungeteilt berücksichtigt werden (Christl Rpfleger 83, 97).

Nach § 115 III wird eine gesetzliche Unterhaltspflicht bei Anwendung der Tabelle nicht berücksichtigt, soweit nur eine Geldrente gezahlt wird. Hierbei kann es sich nur um Fälle handeln, in denen der Unterhaltsberechtigte nicht im Haushalt des Unterhaltsverpflichteten lebt (Rn 27); denn das Mitwohnen im Haushalt schließt Betreuungsleistungen des Unterhaltspflichtigen schon durch die Gewährung von Unterkunft ein (s Nürnberg FamRZ 84, 409; Bremen FamRZ 82, 831). Relevant kann diese Unterhaltsleistung im Verhältnis zu dem anderen Unterhaltspflichtigen sein, bei dem der Unterhaltsberechtigte wohnt. In diesem Fall ist die Unterhaltsrente des Außenstehenden eigenes Einkommen des Unterhaltsberechtigten, so daß § 115 IV im Verhältnis zu dem Unterhaltsverpflichteten anwendbar ist, bei dem der Unterhaltsberechtigte wohnt (s dazu Rn 26).

26 Die gesetzliche **Unterhaltspflicht für im Haushalt lebende Personen** ist in der Weise in die Tabelle eingearbeitet worden, daß für die erste Person 450 DM, für jeden weiteren Unterhaltsberechtigten 275 DM angesetzt werden. Personen mit eigenem Einkommen sind nicht unterhaltsberechtigt und in der Tabelle nicht zu berücksichtigen (§ 115 IV 1). Ist ihr Einkommen jedoch **geringer als der pauschalierte Tabellensatz,** dann besteht wegen der Differenz ein Anspruch auf Unterhalt. Auch dann ist dieser Unterhaltsberechtigte grundsätzlich bei Anwendung der Tabelle nicht zu berücksichtigen. Ist sein Einkommen sehr gering, dann kann es für den Hilfsbedürftigen günstiger sein, wenn das Einkommen des Unterhaltsberechtigten seinen eigenen Einkünften hinzugerechnet und der Unterhaltsberechtigte in der Tabelle berücksichtigt wird. Ob und unter welchen Voraussetzungen dies geboten sei, war in der Rspr umstritten (vgl KG FamRZ 82, 625; Bamberg FamRZ 84, 607; Nürnberg FamRZ 84, 408; JurBüro 84, 1093; Schleswig SchlHA 86, 11 = NJW-RR 86, 561). § 115 IV 2 macht deshalb eine Ausnahme vom Grundsatz der Nichtberücksichtigung eines Unterhaltsberechtigten. Ergeben sich für den Hilfsbedürftigen günstigere Bewilligungsvoraussetzungen, wenn das Einkommen des Unterhaltsberechtigten seinem eigenen Einkommen hinzugerechnet wird, dann ist so zu rechnen und zugleich zugunsten des Hilfsbedürftigen der Unterhaltsberechtigte bei Anwendung der Tabelle zu berücksichtigen. Der Einkommensbegriff ist für beide Personen derselbe (s Rn 9 ff).

27 Wenn **Unterhaltsberechtigte nicht im Familienverband** leben oder sich überwiegend nicht mehr im Haushalt des Antragstellers aufhalten, sind die Freibeträge der Tabelle unanwendbar, da sie keine Zahlung von Unterhaltsrenten vorsieht (§ 115 III; Schneider MDR 81, 2) und deshalb dem Einzelfall nicht gerecht werden kann (Schuster PKH S 36). In solchen Fällen ist deshalb die Unterhaltsrente vom Einkommen der Partei abzuziehen, soweit dies angemessen ist (§ 115 III). Die Wertung „angemessen" ist im Gesetz nicht einmal näherungsweise konkretisiert. Das hat bereits zu der bis 1986 geltenden Fassung des § 115 I 4 zu schier undurchschaubaren Differenzierungen geführt (s Schneider MDR 84, 813; Christl NJW 81, 788 f; JurBüro 82, 1144 f). Angesichts dessen erscheint es richtig, grundsätzlich davon auszugehen, daß es angemessen ist, eine Unterhaltsrente in voller Höhe vom Einkommen des Hilfsbedürftigen abzuziehen, so wie dies auch zu altem Recht ganz überwiegend vertreten worden ist (vgl Nürnberg JurBüro 83, 610; FamRZ 84, 409; Hamburg JurBüro 84, 611; Braunschweig NdsRpfl 85, 72; Koblenz Rpfleger 85, 322; Bamberg FamRZ 86, 699, 700; LAG Baden-Württemberg LAGE ZPO § 114 Nr 8 S 10; OVG Münster FamRZ 84, 603; AG Nürtingen FamRZ 82, 1225; Bischof AnwBl 81, 369 f; Schuster PKH S 36). Darauf, ob die Tabellensätze überschritten oder unterschritten werden, kommt grundsätzlich nicht an, da die realen Leistungen das Einkommen vermindern und die Berücksichtigung dieser Tatsache in aller Regel angemessen ist. Eine davon abweichende Wertung ist nur dann vertretbar, wenn übermäßige Zahlungen geleistet werden; diese sind dann als abzugsfähige Belastung nur im Rahmen des Angemessenen zu berücksichtigen. Leistungen in Höhe der Tabellenfreibeträge können nie unangemessen sein.

Unterhaltsrente und Naturalunterhalt (zu Internatskosten vgl Schleswig SchlHA 80, 186) können zusammentreffen, zB wenn ein studierendes Kind an Wochenenden nach Hause kommt und dort verpflegt wird, für die übrige Zeit aber feste Geldbeträge empfängt, mit denen es sich selbst unterhalten muß. In solchen Mischfällen ist der Geldwert des Naturalunterhaltes zu schätzen und die Summe beider Beträge als besondere Belastung vom Einkommen abzuziehen.

28 **7) Selbstverschuldete Hilfsbedürftigkeit.** Den Antragsteller treffen Mitwirkungspflichten bei der Kostenaufbringung (siehe dazu Schneider MDR 78, 269). Er darf keine Abzahlungsverpflichtungen begründen, indem er nach Anhängigkeit des Rechtsstreits Anschaffungskredite aufnimmt (Zweibrücken Rpfleger 81, 366; JurBüro 86, 289; Bamberg FamRZ 85, 503; s auch Rn 24), anstatt Rücklagen zu bilden (Frankfurt FamRZ 86, 485; Zweibrücken JurBüro 86, 289; Bamberg JurBüro 86, 1414), oder vor Prozeßbeginn unnötige finanzielle Belastungen eingeht (Stuttgart JZ 56, 325; BGH VersR 84, 77, 79), das Konto abräumt (Koblenz FamRZ 85, 301), erhebliche Geldmittel „zum Fenster hinauswirft" (s Karlsruhe FamRZ 85, 414) oder vorhandene Mittel verschenkt (Frankfurt FamRZ 82, 416; Bamberg FamRZ 85, 503 = NJW-RR 86, 5; Danzig DJR 38 Nr 1723). Verschulden muß festgestellt werden. Zweifelhaft ist indessen der **Verschuldensgrad**. Nicht erforderlich ist, daß die Partei in der Absicht gehandelt hat, Kostenbefreiung für den Prozeß zu erlangen (Bamberg JurBüro 86, 1415; FamRZ 85, 503; aA Köln FamRZ 83, 635). Andererseits geht es nicht an, soziale Hilfe allein wegen moralischer oder intellektueller Indolenz zu versagen. Deshalb ist eine Wertung des konkreten Verhaltens des Hilfsbedürftigen unerläßlich. Zu fordern ist weniger als Absicht und mehr als bloße Gleichgültigkeit. Der dazwischen liegende und ausschlaggebende Tatbestand ist wohl am ehesten faßbar mit dem Begriff der Böswilligkeit. Diese muß aber feststehen (Köln FamRZ 83, 635; Frankfurt AnwBl 82, 491; Bamberg FamRZ 85, 1068). Nach aA reicht schon grobe Fahrlässigkeit aus (Köln FamRZ 85, 414; Karlsruhe NJW-RR = JurBüro 86, 126; wohl auch Frankfurt FamRZ 86, 925 = EzFamR ZPO § 115 Nr 1 m krit Anm

Schneider). Dies ist indessen mit der sozialrechtlichen Zielsetzung der PKH unvereinbar und läuft auf moralisierendes Bestrafen hinaus. Dies belegt Karlsruhe (NJW-RR 86, 799), wonach schon „wirtschaftlich unvernünftiges Verhalten" ausreichen soll, PKH zu versagen; noch krasser verhält es sich bei Frankfurt (FamRZ 86, 925 = EzFamR ZPO § 115 Nr 1 m Anm Schneider), wonach sogar die Befolgung eines wirtschaftlich verfehlten anwaltlichen Rates genügt (obwohl der Hilfsbedürftige für Anwaltsverschulden nicht einzustehen hat, Düsseldorf FamRZ 86, 288). Ein „Verschulden gegen sich selbst" wird allerdings häufig Böswilligkeit indizieren, die sich ohnehin nur schwer nachweisen läßt. Kausalität allein genügt nie (BGH FRES 10, 342). Abzulehnen in der Begründung (wohl nicht im Ergebnis) Köln FamRZ 85, 415, das dem Hilfsbedürftigen moralisierend anlastet, daß er sich mit dem Ziel rascher Bildung von Reichtum verlustreich an steuerbegünstigten Kapitalanlagen beteiligt habe. Diese Beschränkung der Bewilligungsvoraussetzungen dürfte verfassungswidrig sein (s BVerfGE 67, 250 u 255). Die Beweisschwierigkeiten dürfen nicht dadurch umgangen werden, daß einer Partei angelastet wird, sie habe es unterlassen, von ihrem bisherigen Einkommen Beträge zur Bezahlung der Kosten zurückzulegen, obwohl ihr dies möglich gewesen wäre (BGHZ 10, 139). Es gibt weder den Grundsatz, unterlassene Vermögensbildung durch vorausschauende Rücklagen sei gleich Vermögen, noch den, daß vorwerfbares Herbeiführen des Unvermögens – Böswilligkeit ausgenommen (s KG NJW 82, 112) – stets wie vorhandenes Vermögen zu behandeln sei (Schleswig SchlHA 79, 40; Frankfurt AnwBl 82, 491). Auch darf nicht etwa aus der Tatsache, daß eine Partei anwaltlich vertreten ist, ihre Zahlungsfähigkeit hergeleitet werden; bedenklich ist es aber, wenn sie mit dem RA ein Sonderhonorar vereinbart hat. Leistet der Hilfsbedürftige ständig einem Dritten ganz oder teilweise unentgeltliche Dienste, die normalerweise vergütet werden, dann gehören die möglichen Vergütungsansprüche zum Einkommen (BGH FRES 6, 286). Das gilt auch für eindeutige Ansprüche auf Wohngeld, die nicht realisiert werden (LAG Freiburg NJW 82, 847 [848]). Zum möglichen Verkauf von Vermögensgegenständen s Rn 41; zum zumutbaren Einsatz der **Arbeitskraft** s Rn 45; zur **mutwilligen Klagerücknahme** s § 114 Rn 54. **Fremdverschulden,** auch das des eigenen Prozeßbevollmächtigten, ist dem Hilfsbedürftigen **nicht** zuzurechnen (Düsseldorf FamRZ 86, 288).

IV) Einsatz des Vermögens (Abs 2). Die Partei hat ihr Vermögen in dem Umfang zur Begleichung der Prozeßkosten aufzubringen, wie ihr dies zumutbar ist; das wurde schon nach altem Recht von ihr verlangt (Köln JurBüro 70, 526). Ebenso wie beim Einkommen (oben Rn 10) nimmt § 115 II wieder auf das **BSHG** Bezug und erklärt dessen **§ 88** für entsprechend anwendbar. Die Vorschrift hat folgenden Wortlaut: **29**

(1) Zum Vermögen im Sinne dieses Gesetzes gehört das gesamte verwertbare Vermögen.

(2) Die Sozialhilfe darf nicht abhängig gemacht werden vom Einsatz oder von der Verwertung

1. eines Vermögens, das aus öffentlichen Mitteln zum Aufbau oder zur Sicherung einer Lebensgrundlage oder zur Gründung eines Hausstandes gewährt wird,
2. (aufgehoben durch Art 21 des 2. HaushaltsstrukturG).
3. eines angemessenen Hausrats; dabei sind die bisherigen Lebensverhältnisse des Hilfesuchenden zu berücksichtigen,
4. von Gegenständen, die zur Aufnahme oder Fortsetzung der Berufsausbildung oder der Erwerbstätigkeit unentbehrlich sind,
5. von Familien- und Erbstücken, deren Veräußerung für den Hilfesuchenden oder seine Familie eine besondere Härte bedeuten würde,
6. von Gegenständen, die zur Befriedigung geistiger, besonders wissenschaftlicher oder künstlerischer, Bedürfnisse dienen und deren Besitz nicht Luxus ist,
7. eines kleinen Hausgrundstücks, besonders eines Familienheims, wenn der Hilfesuchende das Hausgrundstück allein oder zusammen mit Angehörigen, denen es nach seinem Tode weiter als Wohnung dienen soll, ganz oder teilweise bewohnt,
8. kleinerer Barbeträge oder sonstiger Geldwerte; dabei ist eine besondere Notlage des Hilfesuchenden zu berücksichtigen.

(3) Die Sozialhilfe darf ferner nicht vom Einsatz oder von der Verwertung eines Vermögens abhängig gemacht werden, soweit dies für den, der das Vermögen einzusetzen hat, und für seine unterhaltsberechtigten Angehörigen eine Härte bedeuten würde. Dies ist bei der Hilfe in besonderen Lebenslagen vor allem der Fall, soweit eine angemessene Lebensführung oder die Aufrechterhaltung einer angemessenen Alterssicherung wesentlich erschwert würde.

Nach **§ 89 BSHG** kann bei Vorhandensein von Vermögen, das nicht sofort verwertbar ist oder dessen sofortige Verwertung eine Härte bedeutet, dem Hilfsbedürftigen ein Darlehen gewährt werden. Nach **§ 90 BSHG** kann dem Hilfsbedürftigen, der Ansprüche gegen Dritte hat, sofortige Hilfe gewährt werden unter gleichzeitigem Bewirken des Überganges der Forderung gegen den Dritten auf den Sozialhilfeträger. Diese Regelungen sind für das PKH-Verfahren nicht übernommen worden, scheiden also als Form der PKH aus (Bremen FamRZ 82, 832). **30**

31 **1) Begriff des Vermögens.** Die Bezugnahme auf § 88 BSHG besagt, daß dessen Vermögensbegriff maßgebend ist: das ganze verwertbare Vermögen. Auch Forderungen rechnen dazu (LAG Düsseldorf JurBüro 86, 608), zB solche auf Schadensersatz (Düsseldorf FamRZ 86, 288 = OLGZ 1986, 96) oder auf Prozeßkostenvorschuß (Rn 46). Verwertbarkeit zum Einsatz für Prozeßkosten setzt kurzfristige Nutzungsmöglichkeit voraus; Zukunftshoffnungen genügen nicht (Bremen FamRZ 83, 637). Ebenso wie beim Kapital (Rn 38) müssen auch Forderungen verfügbar (realisierbar) sein, der Schuldner muß also zahlungsbereit sein oder es müssen Vollstreckungsaussichten bestehen (Bamberg FamRZ 1985, 504); nur äußerstenfalls kommt Kreditaufnahme in Betracht (s dazu Rn 42). Die Rspr erweiterte vereinzelt (s zB Bamberg NJW-RR 86, 62; Frankfurt NJW-RR 86, 798; s auch Schneider Rpfleger 85, 51) den Vermögensbegriff auf bloße Erwartungen, etwa auf Geldleistungen, die vom Antragsteller erstrebt werden. Das entspricht nicht dem Gesetz, erklärte sich jedoch als Tendenz, die Nichtberücksichtigung späteren Vermögenserwerbs in § 124 zu umgehen (Karlsruhe FamRZ 86, 372, 373; s § 124 Rn 17 m Nachw). Entfällt bei unverwertbarem Vermögen später das Verwertungshindernis, dann kann dies nur für die Zukunft wirken, beseitigt also nie rückwirkend die Hilfsbedürftigkeit des Antragstellers. Zu berücksichtigende Schulden, deren Wegfall gewiß ist, werden bereits als Zahlungsmodalität in den Bewilligungsbeschluß aufgenommen (§ 120 I 2; s dort Rn 14).

32 **2) Unverwertbarkeit.** Da der Vermögensbegriff durch § 88 I BSHG auf verwertbares Vermögen eingeengt ist, ergeben sich bei der Abgrenzung normative Schwierigkeiten. Denn die Frage, was an Vermögen für Prozeßkosten als verwertbar oder nicht verwertbar zu gelten hat, läuft jedenfalls in Grenzfällen auf ein Werturteil hinaus, ohne daß dafür subsumierbare Maßstäbe vorgegeben sind. § 88 II BSHG beseitigt diese Schwierigkeiten teilweise durch einen Katalog bestimmter Vermögensbestandteile, die bei der Beurteilung der subjektiven Voraussetzungen für Bewilligung von PKH außer Betracht bleiben müssen.

33 **a) § 88 II Nrn 1, 7 BSHG** schützen den Hilfsbedürftigen vor Verlust der Lebensgrundlage, die seine Existenz und die seines Hausstandes gewährleisten. Ihm bleibt einmal alles, was er aus öffentlichen Mitteln dafür empfangen hat, wobei allerdings vorausgesetzt ist, daß diese Mittel ausdrücklich für den genannten Zweck gewährt worden sind. Weiter sollen ihm ein kleines bewohntes Anwesen erhalten bleiben. Nach der Streichung des § 88 II Nr 2 BSHG muß dem Hilfsbedürftigen das zur alsbaldigen Beschaffung eines kleinen Hausgrundstücks angesammelte Vermögen nicht mehr belassen werden. Infolgedessen zählt jetzt auch ein den Schonbetrag des § 88 II Nr 8 BSHG (s Rn 36) übersteigendes Bausparguthaben zum einsetzbaren Vermögen (Hamburg FamRZ 84, 71; anders noch Düsseldorf JurBüro 83, 290). Auch die Bausparraten sind nicht mehr absetzbar (OVG Münster FamRZ 84, 604). Dementsprechend erstreckt sich der Schutz des „kleinen Hausgrundstücks" und des „Familienheims" nur auf selbstgenutzte Objekte (Frankfurt FamRZ 86, 925 = EzFamR ZPO § 115 Nr 1), nicht auf den Veräußerungs- oder Versteigerungserlös (Schleswig JurBüro 84, 1250 = SchlHA 84, 56; Hamm OLGZ 84, 192 = MDR 84, 500), selbst wenn beabsichtigt ist, damit eine (unter § 88 II Nr 7 BSHG fallende) Eigentumswohnung zu erwerben (Schleswig SchlHA 84, 128). Vorgesehener und notwendiger Verkauf des Einfamilienhauses infolge Scheidung hebt den Bestandsschutz auf (OLG Frankfurt FamRZ 86, 925; s dazu Rn 41). Bestandsschutz hat jedoch eine mit dem Erlös bereits erworbene Eigentumswohnung (Zweibrücken JurBüro 85, 1109) oder ein nur vorübergehend vermietetes Familienheim, das den Zweck noch nicht verloren hat, den Eheleuten und ihren Kindern als Wohnung zu dienen (Bremen FamRZ 84, 919). Ein zum Schonvermögen zählendes kleines Hausgrundstück (oder ein Miteigentumsanteil daran, Hamm Rpfleger 84, 432) hat personenbezogene sowie sach- und wertbezogene Kriterien: Zahl der Hausbewohner und ihre Wohnbedürfnisse, Größe und Wert des Gebäudes (OVG Münster KoRsp ZPO § 115 Nr 54; VGH München NJW 85, 2044; Hamburg JurBüro 84, 614). Bei übergroßen Objekten kommt die Inanspruchnahme von Kredit in Betracht (s Rn 42–44; zur Anrechnung eines fiktiven Mietzinses s Rn 24).

34 **b) § 88 II Nrn 3, 5 BSHG:** Der vorhandene Hausrat gehört zur unverwertbaren Lebensgrundlage (siehe auch § 811 Nr 1 ZPO). Die Einschränkung der Angemessenheit ist aufgegeben, wenn es sich um Familien- und Erbstücke handelt, deren Veräußerung persönliche Beziehungen zerstören würde. Diese Ausnahme ist nicht auf Hausrat beschränkt, sondern erstreckt sich zB auch auf Schmuck, Ölgemälde, Antiquitäten u dgl, auch wenn sie nicht als „Hausrat" anzusehen sind.

35 **c) § 88 II Nrn 4, 6 BSHG:** Dem Hilfsbedürftigen darf nicht die Grundlage der Berufsausbildung und Erwerbstätigkeit entzogen werden; deshalb sind alle dazu unentbehrlichen Gegenstände unverwertbar. Der Begriff der „Unentbehrlichkeit" ist dabei entsprechend § 811 Nr 5 ZPO auf die „Erforderlichkeit" zu beschränken. Alle Gegenstände, die der Berufsausbildung und der Erwerbstätigkeit förderlich sind, sollten dem Hilfsbedürftigen belassen werden. Die anderenfalls auftretenden Verwertungsschwierigkeiten stünden zudem in keinem Verhältnis zum möglichen

Erfolg. Ob ein Handwerker einen kleineren oder größeren Kombiwagen fährt, ob er mit einer Bohrmaschine kleineren Ausmaßes zu Rande käme usw, sind letztlich müßige Fragen, da es für ihn auf keinen Fall zumutbar wäre (§ 115 II Hs 1), die höherwertigen Vermögensstücke zu veräußern, von dem Erlös geringerwertige anzuschaffen und den vielleicht verbleibenden kleinen Differenzbetrag als Prozeßkostenaufwand einzusetzen. Das allgemeine Persönlichkeitsrecht verlangt weiter, daß kein Hilfsbedürftiger von der Befriedigung seiner wissenschaftlichen oder künstlerischen Bedürfnisse durch den Zwang abgeschnitten wird, die diesen Bedürfnissen dienenden Gegenstände zu veräußern. Bücher, Musikinstrumente, Malutensilien, Bastelwerkzeuge usw sind deshalb unverwertbares Vermögen. Die Begriffe „wissenschaftlich" und „künstlerisch" müssen hier weit gefaßt werden, wie sich aus dem im Gesetz enthaltenen Oberbegriff „geistige Bedürfnisse" herleiten läßt; insbesondere sind Gegenstände handwerklicher Tätigkeit, bei der es nicht um Dienstleistungen geht, schutzwürdig, und der Verbleib solcher Sachen beim Hilfsbedürftigen ist höherwertig als ihre (oft überhaupt nicht mögliche oder wegen des Wertverlustes unzumutbare) Versilberung.

d) § 88 II Nr 8 BSHG: Die „kleineren Barbeträge oder sonstigen Geldwerte" sind im Einzelfall besonders schwierig zu beziffern. Die DurchführungsVO zu § 88 II Nr 8 legt Freibeträge fest, die zu beachten sind (Bültzingslöwen DAVorm 80, 873; Christl NJW 81, 785). Sie binden jedoch den Richter nicht, der Kleinigkeitskrämereien vermeiden sollte (Schneider MDR 81, 793 Ziff I 4; Kothe DB 81, 1179). Die Rspr beachtet die Schongrenze von 4000 DM (Düsseldorf JurBüro 84, 929; Hess VGH KoRsp ZPO § 115 Nr 49; VG Freiburg NJW 83, 1926; OVG Bremen JurBüro 85, 1412: für Bausparguthaben). 36

3) Zumutbarer Einsatz (§ 115 II Hs 1). Daß in § 115 II Hs 1 die Zumutbarkeit, das Vermögen einzusetzen, besonders herausgestellt worden ist, verdeutlicht die Selbständigkeit des Richters gegenüber den BSHG-Regelungen (zust Bamberg JurBüro 82, 293; s auch oben Rn 10). Die Bezugnahme auf § 88 II BSHG ist deshalb im wesentlichen dahin zu verstehen, daß der Hilfsbedürftige keinesfalls seine Vermögenssubstanz und damit seine Existenzgrundlage zu gefährden braucht. Insoweit besteht weitgehend sachliche Übereinstimmung zum alten Recht (siehe dazu Schneider MDR 78, 271), so daß auch die ältere Judikatur in wesentlichen Teilen noch aussagekräftig ist. 37

a) PKH ist nicht zu bewilligen, wenn der Antragsteller zwar kein laufendes Einkommen, aber greifbares Vermögen, insbesondere **verfügbares Kapital** hat. Die Verweisung auf Kapitalvermögen scheidet hiernach aus, wenn der Hilfsbedürftige aus tatsächlichen oder rechtlichen Gründen nicht imstande ist, seine Vermögensmittel zur Betreibung des Prozesses einzusetzen, etwa weil Ansprüche noch nicht tituliert oder aus anderen Gründen nicht realisierbar sind (Hamm FamRZ 84, 724; Bamberg FamRZ 85, 504). Erst recht geht es nicht an, bloße Hoffnungen dem Vermögen hinzuzurechnen, etwa die erwartete Erfüllung des eingeklagten Anspruchs, für den PKH beantragt wird (Zweibrücken JurBüro 86, 1251; s auch Rn 31); deshalb auch keine Bewilligung unter „Zugriffsvorbehalt" (s Schneider Rpfleger 85, 51). 38

b) Wirtschaftlich zweckgebundenes Vermögen braucht der Antragsteller in der Regel nicht anzugreifen (RGZ 147, 192). Dazu rechnen neben vermögenswirksamen Leistungen (Rn 12), Kündigungsschutzabfindungen (LAG Bremen NJW 83, 248; LAG Berlin NJW 81, 2775; LAG Hamburg BB 80, 1801; aA LAG Berlin BB 83, 2187), Zahlungen nach dem „Contergan-Stiftungsgesetz" (Celle FamRZ 83, 1156), insbesondere Schmerzensgeldbeträge, die der Hilfsbedürftige bereits empfangen hat (Hamm AnwBl 81, 72; Frankfurt NJW 81, 2129 [2130] m Nachw); die gegenteilige Auffassung (zB Karlsruhe NJW 59, 1373; VersR 57, 256) ist nur mit der Einschränkung vertretbar, daß hohe Zahlungen bei verhältnismäßig geringem Streitwert teilweise für Prozeßkosten zu verwenden sind (Schneider MDR 78, 271; so wohl auch Bremen VersR 58, 111; LG Dortmund VersR 74, 503). Die Grundrente für einen Kriegsbeschädigten nach § 31 BVG bleibt (anders als im Unterhaltsrecht: BGH FRES 8, 280; Celle FamRZ 83, 1156) wegen ihrer Ausgleichsfunktion unberücksichtigt, nicht dagegen eine Witwenrenten-Abfindung (KG FamRZ 82, 623). Nicht einzusetzen ist auch ein Sparguthaben, das durch Prämiensparvertrag festgelegt ist und vor Fristablauf nicht gekündigt oder gepfändet werden kann (LG Karlsruhe MDR 80, 765). Der Hilfsbedürftige braucht nicht den Verlust von Zinsvergünstigungen hinzunehmen, der mit dem Einsatz langfristig angelegter Spargelder verbunden wäre (BGH VersR 78, 670; Düsseldorf FamRZ 86, 1123). Anders jedoch bei Bausparverträgen (Rn 33) und bei Festgeldanlagen, die immer nur kurzfristig vorgenommen werden und lediglich hohe Verzinsung des Barguthabens bezwecken. Festverzinsliche Wertpapiere als reine Vermögensanlage sind dem frei verfügbaren Kapital gleichzustellen. Sind größere Beträge im Wege des Zugewinnausgleichs an den Antragsteller geflossen, so handelt es sich nicht um zweckgebundenes Kapitalvermögen; sein Einsatz ist deshalb zuzumuten (Bamberg FamRZ 86, 484). Die wirtschaftliche Zweckbindung, die mit 39 zinsgünstigen Ratensparverträgen und vergleichbaren Geldanlagen verbunden ist, endet mit dem vertraglich vorgesehenen Auszahlungszeitpunkt. Der Anspruch darauf rechnet schon jetzt zum Vermögen und ist gem § 120 I 2 bei den Bewilligungsmodalitäten zu berücksichtigen (Düsseldorf FamRZ 86, 1123).

40 **c)** In Haftpflichtprozessen sind die Parteien zunehmend durch eine **Rechtsschutzversicherung** abgedeckt. Dann besteht keine Hilfsbedürftigkeit (BGH KoRsp ZPO § 114 Nr 71), es sei denn, daß der Deckungsschutz abgelehnt worden ist (LAG Düsseldorf AnwBl 82, 77) oder die Deckungssumme nicht ausreicht (BGH VersR 81, 1070). Stellt sich nachträglich heraus, daß der vom Versicherer abgelehnte Anspruch auf Gewährung von Rechtsschutz begründet war und wird ihm entsprochen, so ist § 124 Nr 3 zu prüfen. Ebenso verhält es sich bei Bestehen einer Haftpflichtversicherung, die einen Anspruch auf Übernahme der Prozeßkosten begründet (KG VersR 79, 449). Die Verweisung des Hilfsbedürftigen auf **gewerkschaftlichen Rechtsschutz** mit Anwaltsbeiordnung ist wegen anderer Zielsetzung dieser Institution grundsätzlich ausgeschlossen (Kohte DB 81, 1177; Schuster SGb 82, 181). Die LAG-Rspr (ihr zust Brommann RdA 84, 342) tendiert mittlerweile jedoch eindeutig zur Verneinung der Hilfsbedürftigkeit, wenn der Antragsteller nicht darlegt, gewerkschaftlicher Rechtsschutz werde ihm verweigert oder sei für ihn aus besonderen Gründen unzumutbar (LAG Hannover AnwBl 84, 164; LAG Frankfurt ZIP 84, 1410; LAG Kiel NJW 84, 830 m abl Anm Grunsky; LAG Bremen NJW 85, 223; ArbG Herne DB 84, 784), etwa weil sein Rechtsbegehren im Gegensatz zu den Interessen seiner Gewerkschaft stehe (LAG Düsseldorf JurBüro 86, 607). Dagegen spricht das in § 121 II 1 zum Ausdruck gekommene verfassungsrechtliche Gebot der Waffengleichheit (s § 121 Rn 10). – Den Rechtsschutzfällen vergleichbar sind die Sachverhalte, in denen der Hilfsbedürftige bereits aus anderen Gründen anwaltlichen Schutz hat (s § 121 Rn 1: Rechtsanwalt als Pfleger oder Konkursverwalter). Zu **Schadensersatzansprüchen gegen** den eigenen **Anwalt** s Rn 46.

41 **d) Der Verkauf von Vermögensgegenständen** kann nur in den Grenzen des § 88 II Nr 4, 6 BSHG in Betracht kommen, zB wenn der berufstätige Antragsteller einen teuren Pkw fährt und bei Wechsel auf einen kleineren Wagen mehrere Tausend DM Verkaufserlös zurückbehielte (Karlsruhe MDR 81, 410). Eine Veräußerung sollte aber nur in Ausnahmefällen verlangt werden, zB wenn arbeitsloser Antragsteller einen Luxuswagen fährt (Frankfurt Rpfleger 82, 159). Unzumutbar ist immer die Veräußerung von Eigentum an einem Hausgrundstück (OVG Bremen JurBüro 83, 1720; s Rn 33). Anders verhält es sich, wenn ein Verkauf vorgesehen und nicht zu umgehen ist. Die Ehescheidung führt häufig dazu, daß das gemeinsame Einfamilienhaus nicht mehr finanziert werden kann und deshalb entweder verkauft oder versteigert werden muß. Ist der Verkauf zu marktgerechten Bedingungen möglich, verweigert aber ein Ehegatte die Zustimmung, dann kann er nicht als hilfsbedürftig angesehen werden, weil er einsetzbares Vermögen hat (Frankfurt FamRZ 86, 925 mit allerdings unzulänglicher Begründung, s Schneider Anm zu EzFamR ZPO § 115 Nr 1).

42 **e)** Wer Vermögen hat, hat **Kredit.** Im Rahmen des Zumutbaren erscheint es deshalb nicht schlechthin ausgeschlossen, vom Hilfsbedürftigen zu verlangen, auch Kreditmöglichkeiten auszuschöpfen (s Frankfurt MDR 79, 587; Hamm Rpfleger 84, 432; Bamberg JurBüro 85, 606). Die Aufnahme eines Personalkredits war schon nach altem Recht die Ausnahme. Daran hat sich nichts geändert, da anderenfalls die mit der Einführung der PKH geplante Verbesserung der Stellung des Hilfsbedürftigen in eine Verschlechterung umschlüge (so auch die Gegenäußerung der Bundesregierung in BT-Drucks 8/3068 S 53). Kann Kredit durch Belastung von Grundbesitz ohne weiteres und alsbald beschafft werden, dann ist dieser Weg begrifflich gangbar. Diese Voraussetzungen werden jedoch in praxi meist nicht gegeben sein (zum Problem der PKH für Hauseigentümer s ausführlich Schneider Rpfleger 80, 49 m Nachw). Häufig ist schon die Beleihung als solche unzumutbar, zB die hypothekarische Belastung des hälftigen Miteigentumsanteils am eigengenutzten Einfamilienhaus (KG JurBüro 77, 1622; OVG Bremen JurBüro 83, 1720), insbesondere wenn die Kostenlast gering ist (Köln JurBüro 71, 96). Darüber hinaus darf nicht übersehen werden, daß Banken oder Sparkassen Hälfteanteile an einem Grundstück nicht wegen eines Kleinkredits zu beleihen pflegen. Wer für einen solchen Kleinkredit nicht gut genug ist, mit dem werden erst gar keine Beleihungsverträge abgeschlossen. Auch reine Personalkredite werden erfahrungsgemäß nicht an Personen gewährt, die kein entsprechendes eigenes Einkommen haben. Deshalb geht es auch nicht an, die Hilfsbedürftigkeit unter Hinweis auf solche Möglichkeiten zu verneinen (Köln JurBüro 71, 96). Bei der hypothekarischen Beleihung eines Miteigentumsanteils wäre nicht einmal auszuschließen, daß es nach Abschluß des Rechtsstreits zur Zwangsversteigerung und damit zu einer völlig unzumutbaren Vermögenseinbuße käme (KG NJW 77, 1827). Jedoch mögen Fälle denkbar sein, in denen auch dieser Grundsatz wegen des Zusammenhanges von Prozeßziel und Kreditaufnahme durchbrochen werden muß (allerdings nicht, weil ein Rechtsstreit bevorsteht, wie Bremen [FamRZ 82, 832] meint), vor allem, um

der Möglichkeit entgegenzuwirken, sich vor Stellung des PKH-Antrages hilfsbedürftig zu machen (was wohl bei der sehr weitgehenden Entscheidung des OVG Münster FamRZ 86, 188, ausschlaggebend war). So ist etwa dem Vermieter keine PKH zur Durchführung eines Räumungsprozesses zu bewilligen, wenn ihm zugemutet werden kann, sich durch geringfügige Belastung seines Hausgrundstücks die erforderlichen Prozeßkosten zu beschaffen, die er aus seinem Nettoeinkommen nicht tragen kann (LG Mannheim Rpfleger 70, 178). Ebenso kann es sich verhalten, wenn die Veräußerung des Grundbesitzes ohnehin geplant ist (Hamburg JurBüro 84, 614; Bamberg JurBüro 84, 1580) oder sogar schon verkauft worden ist, die Erfüllung aber noch aussteht, weil sich die Übertragung des Eigentums verzögert hat, zB wegen noch fehlender behördlicher Genehmigung. Unzulässig ist eine Bewilligung mit der Zahlungsanordnung, die Prozeßkosten müßten später aus zu erwartendem Vermögenserwerb beglichen werden (Bremen FamRZ 83, 637; Schleswig SchlHA 84, 56; aA Frankfurt, FamRZ 84, 809, bezüglich der zu erwartenden Erfüllung der Klageforderung).

Bei der Prüfung, ob Kreditaufnahme zumutbar ist, muß auch berücksichtigt werden, daß ein Hilfsbedürftiger **keine Zinsen** zu zahlen hat, PKH mit Ratenzahlung also wirtschaftlich ein zinsloser Ratenkredit der Landeskasse ist. Gegen diese gesetzliche Regelung würde verstoßen, wenn der Antragsteller auf einen Personalkredit verwiesen würde, ohne daß bei der vorangegangenen Berechnung die dann anfallenden Darlehenszinsen berücksichtigt worden sind. **43**

Wird ein Antragsteller auf die ihm zumutbare Aufnahme eines Kredits verwiesen, dann ist zu prüfen, **wie sich die Rückzahlung auf seine monatlichen Nettoeinkünfte auswirkt.** Es darf nicht der Sachverhalt herbeigeführt werden, daß der Hilfsbedürftige durch die Abzahlungsverpflichtung ungünstiger als nach den Sätzen der Tabelle belastet wird. Richtiger erscheint daher von vornherein die Berechnung, daß die bei Kreditaufnahme anfallenden monatlichen Beträge für Zinsen und Tilgung unmittelbar als zumutbare Einsatzbeträge für die Begleichung der Prozeßkosten berücksichtigt werden. Auch dann und erst recht bei Verweis auf einen Personal- oder Sachkredit ist eine genaue Durchrechnung der finanziellen Verhältnisse unerläßlich. Der Zins- und Tilgungsdienst des dem Antragsteller angesonnenen Darlehens muß ermittelt und beim Einkommen abgesetzt werden. Zahlenmäßig nicht abgesicherte Prognosen, um scheinbar oder anscheinend „frisierten" Vermögensangaben entgegenzuwirken (so OVG Münster FamRZ 86, 188), sind nicht zulässig. Genaue Berechnung kann dazu führen, daß PKH bewilligt werden muß, weil der Hilfsbedürftige anderenfalls durch die Bedienung eines Kredits höher belastet würde als durch die monatlichen Raten der Tabelle, zumal diese mit der zeitlichen Sperre der 48 Monatsraten verbunden ist. Nur wenn die Kreditkosten je Monat geringer sind als eine nach der Tabelle errechnete Monatsrate, kommt ein Verweis auf Inanspruchnahme eines Darlehens in Betracht. Berücksichtigt man indessen die ständigen Veränderungen auf dem Geldmarkt infolge der Zinssatzveränderungen, so müßte in Kauf genommen werden, daß bei steigenden Kreditzinsen, die auf den Darlehensnehmer umgelegt werden, eine Neuberechnung verlangt werden kann. Das führt dann zu beträchtlichen Berechnungsschwierigkeiten, da mittlerweile ein Teil der Prozeßkosten gezahlt sein wird. Im Ergebnis erscheint es angesichts all dieser Zweifel und Schwierigkeiten richtiger, § 115 II dahin auszulegen, daß der Verweis auf die Aufnahme eines Darlehens grundsätzlich mit der Zielsetzung der PKH **unvereinbar** ist (Düsseldorf JurBüro 84, 931; Christl NJW 81, 790; Kohte DB 81, 1176; Schneider MDR 81, 2; Rpfleger 85, 49; Schuster PKH S 44; Schoreit/Dehn § 115 Rn 44; Vogel, PKH im familiengerichtlichen Verfahren, 1984, S 20; Wohlnick, Familiengerichtsverfahren II 95). Dafür sprechen auch Stellen in den Gesetzesmaterialien. In BT-Drucks 8/3068 S 53 ist die Zweckwidrigkeit herausgestellt, die Möglichkeit einer Kreditaufnahme als vorrangig vor der Bewilligung von PKH anzusehen. Mit Recht ist hervorgehoben, daß eine solche Regelung den Richter bei der Prüfung der Bewilligungsvoraussetzungen immer zwingen würde, die Kreditwürdigkeit einer Partei zu untersuchen – ein ebenso unerfreuliches wie unergiebiges Unterfangen. Die mit dem Tabellensystem angestrebte Vereinfachung und Erleichterung wäre damit nicht zu vereinbaren. Außerdem müßte damit gerechnet werden, daß erhebliche Entscheidungsdivergenzen in der Rspr aufträten. Schließlich spricht für die hier vertretene Auffassung, daß – anders als bei der Erheblichkeitsprüfung – eine Vernehmung von Zeugen und Sachverständigen zur Feststellung der genauen Einkommens- und Vermögensverhältnisse nicht zulässig ist (§ 118 II 4 und § 118 Rn 17; Wax FamRZ 80, 977; Schuster ZZP 93 [1980], 369 f) und den Beschwerdeweg öffnet (§ 127 Rn 24). **44**

f) Die vom Gericht festgestellte (Köln FamRZ 83, 637) Fähigkeit, durch zumutbare **Arbeit** Geld zu verdienen und so die Prozeßführung zu finanzieren, ist wie vorhandenes Vermögen zu behandeln (Karlsruhe FamRZ 85, 954 = NJW 85, 1787; KG NJW 82, 112; FamRZ 74, 4453; Frankfurt MDR 62, 138; Stuttgart DAVorm 86, 728; Hamm FamRZ 86, 1013; Koblenz FamRZ 86, 1014; Wax FamRZ 80, 976; ebenso aus unterhaltsrechtlicher Sicht BGH FRES 6, 286 u Düsseldorf FamRZ 80, 1008). Anderenfalls wäre die Rspr nicht in der Lage, sich arbeitsunlustiger Antragsteller zu **45**

erwehren (vgl Schneider MDR 78, 270 m Nachw). Die fiktive Berechnung möglicher Einkünfte durch Nutzung der Arbeitskraft ist jedoch auf klare Fälle zu beschränken, wobei allerdings vorsätzliches rechtsmißbräuchliches Verhalten nicht festgestellt werden muß (Christl NJW 81, 786; s auch Rn 28), obgleich es häufig vorliegen wird (vgl KG NJW 82, 112), etwa bei der Scheidung von Asylehen (s § 114 Rn 54). Unerläßlich ist immer die Feststellung der tatsächlichen Voraussetzungen der schuldhaften Arbeitsverweigerung, insbesondere also die Klärung der realen Arbeitsmöglichkeiten (Karlsruhe NJW 85, 1787 = AnwBl 86, 161, 162). Ein Arbeitsloser braucht nicht von sich aus substantiiert darzulegen, daß und auf welche Weise er sich erfolglos um Arbeit bemüht (Hamm FamRZ 86, 1013). Sprechen allerdings die Umstände für ungenutzte Erwerbsmöglichkeiten, dann sind auf Verlangen des Gerichts konkrete Bemühungen darzulegen und glaubhaft zu machen (Koblenz FamRZ 86, 1014). In Unterhaltssachen kann darüber hinaus mangelndes Bemühen um Arbeitsaufnahme auch die hinreichende Erfolgsaussicht entfallen lassen (s Stuttgart DAVorm 86, 728; § 114 Rn 52).

46 4) **Ansprüche gegen Dritte auf Vorleistung,** für die ggf ihrerseits PKH beantragt werden kann (Bamberg FamRZ 86, 484). Auch Ausländern ist PKH zu versagen, wenn sie nach deutschem Recht Prozeßkostenvorschuß fordern können (Karlsruhe Justiz 86, 48). Das kann auch ein Anspruch gegen den eigenen Prozeßbevollmächtigten sein, der pflichtwidrig vermeidbare Kostenschulden begründet hat, etwa weil er grundlos einen Scheidungsantrag zurückgenommen und sodann ein erneutes Scheidungsverfahren eingeleitet hat (Düsseldorf FamRZ 86, 288 = OLGZ 1986, 96; übersehen von Hamm JurBüro 86, 292). In diesem Fall darf PKH aber nur wegen der doppelt anfallenden Gebühren verweigert werden, da nur insoweit ein Schaden entstanden sein kann (was wiederum Düsseldorf FamRZ 86, 288 = OLGZ 1986, 96, übersehen hat). Darüber, daß in diesem Fall keine Mutwilligkeit der Partei angenommen werden kann, s § 114 Rn 54. Verweisung an Dritte kommt jedoch nur in Betracht, soweit dies **zumutbar, alsbald realisierbar** und **nicht mit Rechtseinbußen verbunden** ist (LG Dortmund DAVorm 86, 366; w Nachw unten; deshalb kein Verweis auf § 28 BSHG, s Oldenburg NdsRpfl 82, 13). Zum Vermögen rechnet insbesondere ein Anspruch auf **Prozeßkostenvorschuß,** uU auch ein Rückzahlungsanspruch nach Leistung (KG FamRZ 81, 464 m Nachw); jedoch besteht keine Vorschußpflicht, soweit der Pflichtige selbst höher als nach den Tabellensätzen belastet würde (Schleswig SchlHA 81, 114; s auch Künkel DAVorm 83, 345). Es kommt nicht lediglich auf die Rechtslage an. Ebenso wie ein nicht unterhaltspflichtiger Dritter leistungsmindernd geltend machen kann, daß er auf Grund einer moralischen Pflicht jemandes Lebensunterhalt bestreite (Köln NJW 74, 706: Stiefvater für vaterlose Kinder), sind solche tatsächlichen Leistungen bei der Belastungsprüfung desjenigen zu berücksichtigen, der diese Zuwendungen erhält (KG FamRZ 83, 1267; München DAVorm 80, 220; Christl NJW 81, 787). Das gilt um so mehr, wenn darauf zusätzlich auch ein Rechtsanspruch besteht. Hierbei handelt es sich so gut wie ausschließlich um Beziehungen zu Unterhaltspflichtigen. Die Kosten lebenswichtiger Prozesse, deren Wurzel im familienrechtlichen Verhältnis liegt, werden dann demjenigen Lebensbedarf zugerechnet, für den der Unterhaltspflichtige nach § 1610 BGB aufzukommen hat (BGHZ 31, 386). Bei **arbeitsrechtlichen Streitigkeiten** ist das nicht der Fall (Kohte DB 81, 1178; Wacke MüKo § 1360 a Rn 28; Wenz RGRK-BGB 12. Aufl § 1360 a Rn 29; LAG Hamm MDR 82, 436 = EzA ZPO § 115 Nr 3 m Anm Schneider [dort weitere Nachw]; Vollkommer Anm LAGE ZPO § 115 Nr 12 S 13, 17; LAG Baden-Württemberg BB 84, 1810; NZA 86, 140; LAG Köln LAGE ZPO § 115 Nr 12, 15; LAG Düsseldorf LAGE ZPO § 115 Rn 18, 19; ArbG Wiesbaden NZA 84, 301). Bedenken dagegen auch bei LAG Berlin LAGE ZPO § 115 Nr 14, wenn und soweit der in Anspruch zu nehmende Ehegatte seinerseits für die Führung eines eigenen Prozesses PKH-Berechtigter wäre, weil dann der angemessene Familienunterhalt beeinträchtigt würde (aA LAG Berlin u LAG Rheinland-Pfalz EzA ZPO § 115 Nr 2, 4; wohl auch LAG Nürnberg JurBüro 84, 1577 u LAG Düsseldorf AnwBl 84, 162). Stets muß die individuelle Situation des Hilfsbedürftigen berücksichtigt werden. Es muß insbesondere geprüft werden, ob ihm die Inanspruchnahme eines Anverwandten zumutbar ist (KG FamRZ 83, 1267; LG Stuttgart DAVorm 76, 169 u 220), zB nicht, wenn ein Kind gezwungen würde, gegen seine Eltern eine einstweilige Verfügung zu erwirken (LG Düsseldorf DAVorm 74, 269), oder wenn es auf diese Weise die Scheidungsklage der Eltern finanzieren müßte (Köln FamRZ 86, 1031, 1032; 59, 20; Celle NJW 63, 1363). Auch dürfen dem Hilfsbedürftigen durch Verweisung auf einen Prozeßkostenvorschuß keine Nachteile erwachsen (KG DAVorm 85, 1009). Voraussetzung für die Verweisung auf den Anspruch auf Leistung eines Prozeßkostenvorschusses ist deshalb, daß ein solcher Anspruch unzweifelhaft besteht und kurzfristig durchsetzbar ist (Köln NJW 75, 353; FamRZ 85, 1067; Bamberg FamRZ 79, 846; Frankfurt NJW 81, 2129 [2130]), was etwa bei Erwirken einer einstw Verfügung auf Notunterhalt grundsätzlich zu verneinen ist, nicht jedoch auch für das sich anschließende Widerspruchsverfahren (Düsseldorf FamRZ 82, 513; kritisch zur oft schematisierenden Judikatur Cambeis AnwBl 80, 176). Keinem Hilfsbedürftigen kann zugemutet werden, dem eigenen Rechtsstreit einen unsicheren Unterhaltsprozeß vorzuschalten. Das Fehlen eines Anspruches kann sich auch aus der Prozeßlage ergeben; nach Abschluß einer Instanz zB kann ein nachträglich gestellter Antrag auf Leistung von Prozeßkostenvorschuß durch einstweilige Anordnung für diese abgelaufene Instanz keinen Erfolg haben (Karlsruhe FamRZ 80, 1037). Umgekehrt ist auch die Situation des Unterhaltsverpflichteten gebührend zu berücksichtigen. Seine Vorschußpflicht bestimmt sich nicht nach der Tabelle zu § 114, sondern nach Billigkeit (Köln FamRZ 84, 723 u 1256; LG Bonn JurBüro 84, 129) und ist jedenfalls dann wegen Unzumutbarkeit zu verneinen, wenn er bei eigener Führung des beabsichtigten Rechtsstreits selbst prozeßkostenhilfeberechtigt wäre (Köln FamRZ 82, 416; München AnwBl 83, 176; Karlsruhe FamRZ 84, 919; KG FamRZ 85, 1067; Koblenz FamRZ 86, 284; LAG Berlin LAGE ZPO § 115 Nr 14). Hamm (FamRZ 85, 826) schützt den Vorschußpflichtigen dadurch, daß der Anspruch auf Prozeßkostenvorschuß nicht nur durch die 48 Raten der Tabelle begrenzt wird, sondern auch durch den Zeitpunkt des Instanzabschlusses. Abzulehnen ist die Rspr, wonach dem Hilfsbedürftigen Raten in der Höhe auferlegt werden sollen, wie sie der Unterhaltspflichtige bei eigener Prozeßführung aufbringen müßte (so Frankfurt NJW 81, 2129; München AnwBl 84, 314; LAG Nürnberg JurBüro 84, 1577; LAG Düsseldorf AnwBl 84, 162; OVG Münster Rpfleger 86, 406; LSG Berlin MDR 84, 612). Erst recht ist es verfehlt, in derartigen Fällen die Zahlungspflicht des Hilfsbedürftigen zeitlich so weit hinauszuschieben, daß er den Anspruch auf Prozeßkostenvorschuß realisieren kann (so Bremen FamRZ 84, 919); dies liefe im Ergebnis auf eine unzulässige vorweggenommene Nachzahlungsanordnung hinaus (s Bremen FamRZ 83, 637; Schleswig SchlHA 84, 56; Schneider Rpfleger 85, 51). Bedenklich weitgehend OVG Münster (FamRZ 86, 188), das dem Prozeßkostenvorschußpflichtigen sogar die Verpflichtung zur Kreditaufnahme auferlegen will, dies allerdings an sehr strenge Prüfungsvoraussetzungen knüpft (s dazu Rn 42–44).

a) Grundsätzlich besteht auch eine **Unterhaltspflicht der Kinder gegenüber ihren Eltern,** 47
soweit diese einen lebenswichtigen Prozeß führen müssen. Jedoch wird man einem Kind schwerlich zumuten können, den Scheidungsprozeß seiner Eltern zu finanzieren und damit dergestalt in die eheliche Auseinandersetzung einzugreifen, daß die Auflösung der Ehe seiner Eltern von ihm gefördert wird (Celle NJW 63, 1363; Köln MDR 68, 151). Anders liegt es zB, wenn es um die Durchsetzung altenteilsähnlicher Ansprüche (Celle NJW 56, 1158 m abl Anm Pohlmann S 1404) oder um die Führung eines Mietprozesses (LG Münster WuM 65, 15; LG Bonn MDR 58, 243) geht. Auch in solchen Fällen ist aber abzuwägen, ob das unterhaltspflichtige Kind in gesicherten finanziellen Verhältnissen lebt und durch den Prozeßkostenvorschuß nicht seinerseits übermäßig belastet wird (Celle NdsRpfl 46, 111; s Rn 46).

Entsprechend erstreckt sich die **Unterhaltspflicht der Eltern** auf die Verpflichtung, einem 48
(auch volljährigen: Celle NdsRpfl 85, 283) Kind Prozeßkostenvorschuß zu leisten, wenn dieses einen lebenswichtigen Prozeß führen will, da dann die Kosten des Rechtsstreits als Aufwendungen anzusehen sind, die der künftigen Lebensstellung des Kindes dienen (§§ 1601, 1610 BGB). Beispiele: Ehescheidung (Bamberg JurBüro 84, 125; Düsseldorf FamRZ 75, 45); Ehelichkeitsanfechtung (s § 640 Rn 51); Schadensersatzklage wegen Gesundheitsbeschädigung durch Verkehrsunfall (Bamberg MDR 53, 556); Schmerzensgeldklage (Köln FamRZ 79, 964).

Wann ein Rechtsstreit als **persönliche lebenswichtige Angelegenheit** anzusehen ist, die einen 49
Anspruch gegen einen Unterhaltspflichtigen auf Leistung von Prozeßkostenvorschuß begründet, ist eine Frage des materiellen Rechts (s dazu die Kommentierungen zu § 1360 a IV 1 BGB).

b) Ein Anspruch auf Prozeßkostenvorschuß wird in seiner Bedeutung für den Hilfsbedürfti- 50
gen häufig dadurch relativiert, daß seine **alsbaldige Realisierung** ebenso wie das schutzwürdige Interesse des Antragstellers an der schnellen Durchführung des Hauptverfahrens berücksichtigt werden muß (vgl zB KG DAVorm 84, 491; Bamberg JurBüro 85, 1107). Nur so ist in etwa finanzielle Chancengleichheit zwischen Hilfsbedürftigem und vermögender Partei erreichbar (Bamberg FamRZ 79, 846). Die Durchsetzung dringlicher Verfügungs- oder Unterhaltsansprüche u dgl darf deshalb nicht an der abstrakten Möglichkeit eines Prozeßkostenvorschusses scheitern. Daß der Anspruch auf Leistung von Prozeßkostenvorschuß mit erheblichen rechtlichen und tatsächlichen Schwierigkeiten verbunden ist, die es dem Antragsteller unzumutbar machen, seine Rechtsverfolgung auf längere und ungewisse Zeit zurückzustellen, hat er darzutun (Düsseldorf FamRZ 85, 198, 199); dann allerdings ist ihm PKH zu bewilligen (KG DAVorm 80, 106; LG Augsburg FamRZ 72, 374). Ein solcher Fall liegt etwa vor, wenn bereits fruchtlose Pfändungen oder Strafhaft des Pflichtigen bekannt geworden sind (KG NJW 71, 197) oder wenn der Vater in Jugoslawien lebt (LG Stuttgart DAVorm 75, 169).

c) Die **Prozeßkostenvorschußpflicht zwischen Ehegatten** ist in § 1360 a IV 1 BGB geregelt. Sie 51
erstreckt sich auf Rechtsstreitigkeiten zwischen Ehegatten und auf solche eines Ehegatten gegen einen Dritten, vorausgesetzt, daß auch dieser Streit eine persönliche Angelegenheit

betrifft und die Vorschußleistung der Billigkeit entspricht. Getrenntleben der Ehegatten hebt die Vorschußpflicht nicht auf (§ 1361 IV 4 BGB). Für das Verhältnis zwischen geschiedenen Ehegatten gilt dagegen keine gesetzliche Regelung, so daß nur analoge Anwendung des § 1360a IV 1 BGB in Betracht kommt, die vom BGH (MDR 84, 211 = NJW 84, 291) verneint wird.

52 **d)** Bei **unverheirateten minderjährigen Kindern,** die **Unterhaltsansprüche** oder **Vaterschaftsfeststellungsklagen** anhängig machen wollten, wurde nach § 118 II 3 aF die Armut vermutet, so daß die wirtschaftlichen Verhältnisse der Eltern grundsätzlich nicht dargelegt zu werden brauchten und deshalb auch die Prüfung einer Prozeßkostenvorschußpflicht der Mutter jedenfalls bei nichtehelichen Kindern entbehrlich war. Diese Regelung ist nicht in das neue Recht übernommen worden. Sachlich gilt sie aber selbstverständlich fort, da sie auf Erkenntnis- und Erfahrungssätze zurückgeht, deren soziologische Voraussetzungen unverändert sind (s dazu KG DAVorm 71, 246). Deshalb ist dieses Erfahrungswissen auch bei der Verbindung von Unterhalts- und Abstammungsklage gültig (Karlsruhe FamRZ 79, 345). Der Grundsatz der Berücksichtigung einer bestehenden Prozeßkostenvorschußpflicht wird dadurch jedoch nicht aufgehoben. Das Kind muß darlegen, warum der Unterhaltspflichtige nichts vorschießen kann; das Gericht muß prüfen, ob das zutrifft (KG DAVorm 80, 106). Bestehen im Einzelfall gegenteilige Anhaltspunkte, ist ihnen nachzugehen (Köln DAVorm 79, 365; Düsseldorf FamRZ 71, 454; LG Berlin MDR 70, 851). Auch hier gilt aber, daß es dem Kind nicht zumutbar ist, strittige Ansprüche zu verfolgen und auf ungewisse Zeit seine eigenen schutzwürdigen rechtlichen Interessen zurückzustellen (Köln DAVorm 83, 739; LG Augsburg FamRZ 72, 374; LG Paderborn DAVorm 74, 398). In der Praxis sind die Schwierigkeiten oft derart groß, daß insbesondere bei nichtehelichen Müttern von einer Prüfung ganz abgesehen wird (vgl Frankfurt DAVorm 71, 251; LG Lübeck DAVorm 73, 97; zust Behr DAVorm 81, 723).

53 **e)** Problematisch ist das Recht auf Prozeßkostenvorschuß bei **auf Dauer angelegten nichtehelichen Lebensgemeinschaften** (s dazu Hamm FamRZ 81, 493 m Anm Bosch). Ein entsprechender Anspruch ist zu verneinen (Schneider MDR 81, 795; Vollkommer Anm LAGE ZPO § 115 Nr 12 S 16). Wohl sind die vermögensrechtlichen Vorteile eines solchen Zusammenlebens zu Lasten des Antragstellers zu berücksichtigen, so daß aus diesem Grund ein Anspruch auf Prozeßkostenvorschuß gegen Angehörige, zB gegen Eltern, entfallen kann (vgl Schneider MDR 81, 793 Ziff II 6; s aber auch Rn 14).

54 **V) Teilweise Hilfsbedürftigkeit. 1)** PKH erhält auch derjenige, der die **Kosten** der Prozeßführung **nur zum Teil aufbringen** kann (§ 114 I 1; s bereits oben § 114 Rn 26). Solche Fälle werden insbesondere dann auftreten, wenn ein Teil der Prozeßkosten aus dem Vermögen bestritten werden kann (§ 115 II). Die Bewilligung erstreckt sich auf die gesamten Kosten der Instanz; es ist jedoch anzuordnen, daß die Partei einen Vermögensanteil selbst einzusetzen hat, was unabhängig von Ratenzahlung oder Ratenfreiheit der Fall sein kann. Darüber, wie der **Bewilligungstenor** in solchen Fällen zu fassen ist, s § 120 Rn 10.

55 **2)** Die finanzielle Fähigkeit, für einen Teil der Kosten aufzukommen, darf nicht mit der lediglich **teilweisen Bejahung der Erfolgsaussicht** verwechselt werden (oben § 114 Rn 3). In diesem Fall ist die Kostenbelastung von vornherein aus derjenigen Rechtsverfolgung oder Rechtsverteidigung zu berechnen, die hinreichend erfolgversprechend erscheint (§ 115 VI ist zu beachten; Rn 56). Beide Sachverhalte können zusammentreffen, so daß dann der Hilfsbedürftige die nach dem erfolgversprechenden Teil seines Begehrens berechneten Kosten teilweise aus seinem Vermögen zu tragen hat und nur noch wegen des verbleibenden Kostenrestes Bewilligung von PKH in Betracht kommt.

56 **VI) Ausschluß der PKH (Abs 6). 1)** Beim Erfallen von Kostenbeträgen, die die Summe von **4 Monatsraten** nicht übersteigen, ist es der Partei zuzumuten, sich die erforderlichen Mittel auf andere Weise zu beschaffen, zB durch Überziehung des Girokontos oder durch Darlehensaufnahme. Der Verfahrensaufwand für das Bewilligungsverfahren stünde in keinem Verhältnis zum Entlastungseffekt. Eine Partei, deren Einkommen im ratenfreien Bereich liegt, kann von der Sperre des § 115 VI nicht betroffen werden, da von ihr überhaupt keine eigenen Kostenbeiträge verlangt werden dürfen.

57 **2) Abs 6** ist als **Muß-Vorschrift** ausgestaltet, so daß der Richter keinen Ermessensspielraum hat, solange sich die Kosten innerhalb der Grenze von 4 Monatsraten halten (zust BayObLG FamRZ 84, 73). Das kann im Einzelfall zu einer unbilligen Härte führen, da der Hilfsbedürftige insoweit auch keine Hilfe in besonderen Lebenslagen nach § 27 BSHG bekommt (Gottschick/Giese, BSHG, 9. Aufl 1985, § 27 Rn 2.2).

58 **3)** Die Bewilligungsgrenze des Abs 3 gilt **für jedes selbständige Verfahren.** Die erforderliche Prüfung ist für jede Instanz vorzunehmen (§ 119 S 1). Deshalb ist es unstatthaft, selbständige

Instanzen bildende Vorgänge gemeinsam zu beurteilen und zu bescheiden, etwa das Erkenntnisverfahren und das spätere Vollstreckungsverfahren in einem einheitlichen Bewilligungsverfahren zu erledigen (s dazu § 119 Rn 11). Selbst innerhalb der Zwangsvollstreckung ist PKH nicht pauschal, sondern nur für dasjenige Vollstreckungsverfahren zu gewähren, das in die Zuständigkeit des angerufenen Gerichts fällt (§ 119 Rn 12). Bei der Einleitung einzelner Verfahren auf Erlaß einstweiliger Anordnungen im Scheidungsprozeß (§ 620) führt dieser Grundsatz jedoch zu derart abwegigen Ergebnissen, daß er dort aufgegeben werden muß (s § 119 Rn 6).

4) Die Einschränkung im Gesetz, daß vier Monatsraten „voraussichtlich" nicht überschritten 59
werden, darf nicht so verstanden werden, daß die dafür unerläßliche Rechenoperation durch eine Schätzung ersetzt werden dürfe. Alles, was rechnerisch genau bestimmbar ist, muß auch **zahlenmäßig exakt eingesetzt** werden. Der Richter muß deshalb die in Betracht kommenden Gebührentatbestände ermitteln, bei den Anwälten auch die Unkostenpauschale (§ 26 BRAGO) und die Umsatzsteuer (§ 25 II 1 BRAGO) berücksichtigen. Gebührenrechtliche Sondertatbestände wie etwa die Erhöhung der Prozeßgebühr bei mehreren Auftraggebern (§ 6 I 2 BRAGO) dürfen nicht übersehen werden.

5) Besondere Unsicherheitsfaktoren sind die betragsmäßig ins Gewicht fallenden Beweisko- 60
sten (GKG-KostVerz Nr 1904; § 31 I Nr 3 BRAGO) sowie die Bezifferung des Streitwertes als Grundlage der Kostenberechnung. Insbesondere von der Höhe des Streitwerts kann es abhängen, ob die Bewilligungsgrenze des § 115 VI überschritten wird oder nicht. Deshalb ist im Bewilligungsverfahren vor der Wertfestsetzung **rechtliches Gehör** zu gewähren (Art 103 I GG; LG Mosbach MDR 85, 593; Schneider DRiZ 78, 204), bevor die Kostenprognose auf einen bestimmten kritischen Wertansatz gestützt wird. Die nachlässige Praxis, die oft erst nach Abschluß der Instanz oder gar des höheren Rechtszuges zu einer korrekten Bezifferung führt (s dazu zB Schneider AnwBl 77, 233), ist mit der Regelung des § 115 VI unvereinbar.

6) In **Familiensachen** ist die Berechnung der voraussichtlich anfallenden Kosten besonders 61
schwierig. In Scheidungssachen ist der Umfang des Verbundes beispielsweise im voraus kaum zu übersehen, soll aber wegen der Streitwertaddition nach § 19a GKG Berechnungsgrundlage sein. Hier bleibt nur die Schätzung, und zwar im Zweifel zugunsten des Antragstellers.

In **Unterhaltssachen** ist zu beachten, daß bei Stellung eines PKH-Antrages unter Beifügung 62
eines Entwurfs der Klageschrift die Bezifferung der den Streitwert nach § 17 IV GKG erhöhenden Rückstände auf den Eingang des PKH-Antrages zu beschränken ist (s § 3 Rn 16 unter „Rückstände").

VII) Abweichen von der Tabelle (Abs 5). 1) Der Betrag von 2 400 DM, der in Spalte 0 der 63
Tabelle als höchster angesetzt ist, besagt nicht, daß darüber hinaus keine PKH gewährt werden dürfe, hat also nicht die Ausschlußfunktion wie § 115 VI. PKH erhält nämlich nach § 115 V auch diejenige Partei, deren Einkommen zwar oberhalb der Tabellensätze liegt, deren **angemessener Lebensunterhalt** aber bei voller Belastung mit den Prozeßkosten erheblich beeinträchtigt würde. Hierbei handelt es sich um eine Wertung der Gesamtumstände unter Berücksichtigung des bisherigen Lebenszuschnitts des Antragstellers. Der Begriff „angemessener Lebensunterhalt" (s § 1610 BGB) erlaubt eine großzügigere Beurteilung, die jedoch durch das zusätzliche Erfordernis der „erheblichen Beeinträchtigung" wieder stark relativiert wird. Im Ergebnis dürfte daher die Ausnahme des Abs 5 im wesentlichen auf den „notwendigen Unterhalt" des § 114 I 1 aF hinauslaufen. Der „erheblich beeinträchtigte angemessene Lebensunterhalt" liegt zwischen dem angemessenen (§ 1610 BGB) und dem sog notdürftigen Unterhalt (§ 1611 BGB).

Die Belastung mit Kosten kann den angemessenen Lebensunterhalt auch dann erheblich 64
beeinträchtigen, wenn der Hilfsbedürftige sich **freiwillig belastet,** dies jedoch auf einer moralisch schutzwürdigen Einstellung beruht, zB wenn ein Stiefvater die mit in die Ehe gebrachten Kinder seiner Frau unterhält (Köln NJW 74, 706).

Die zahlreichsten Anwendungsfälle zu § 115 V werden in einem Bereich liegen, der die letzte 65
Stufe der Tabelle gerade überschreitet, zB bei einem Einkommen eines Ledigen von 2 430 DM, der dann PKH mit Monatsraten von 520 + 30 = 550 DM zu zahlen hat (§ 115 V 2). Bei verhältnismäßig geringfügigen Überschreitungen der höchsten Einkommensstufe sollte die Bewilligung großzügig gehandhabt, dem Tatbestandsmerkmal der „erheblichen Beeinträchtigung des angemessenen Lebensunterhalts" also keine gesteigerte Bedeutung beigemessen werden, da der gesamte Mehrbetrag ohnehin abgeschöpft und auf die Ratenhöhe umgelegt wird.

2) Ergibt die Wertung, daß PKH zu gewähren ist, dann ist die Differenz zwischen dem Tabel- 66
lenhöchstbetrag von 2 400 DM und der zugehörigen Rate von 520 DM der sog **verfügungsfreie Selbstbehalt,** der (2 400 − 520 =) 1 880 DM beträgt. Er bleibt dem Antragsteller immer, gleichgültig wie hoch sich sein Einkommen beläuft. Berechnungsbeispiel zu Abs 5: Nettoeinkommen

2 800 DM. Selbstbehalt 1 880 DM. Monatsrate die Differenz (2 800 minus 1 880) 920 DM (statt 520 DM).

67 **3)** Die Ausnahme des Abs 5 war geboten, weil anderenfalls ab 2 401 DM die Prozeßkostenhilfe völlig entfallen würde. Die Fälle werden jedoch nicht häufig sein, in denen eine Partei mit **sehr hohem Einkommen** die Prozeßkosten nur in Raten aufbringen kann. Beispiel: Einkommen 7 000 DM. Selbstbehalt 1 880 DM. Monatsrate (7 000 minus 1 880 =) 5 120 DM. Hier wird sich in der Regel entweder die Sperre des § 115 VI auswirken oder die Partei trotz hohen Streitwerts die Kosten im Ergebnis voll tragen (48 Monatsraten machen im Beispiel zusammen 245 760 DM aus).

68 **4)** Partei ist auch in § 115 V nicht der **Rechtsnachfolger.** Insbesondere muß der Erbe die Kosten aus eigenen Mitteln aufbringen, wenn er dazu in der Lage ist. Die vom Verstorbenen bereits gezahlten Raten sind bei der Berechnung der auf den Erben entfallenden Kosten abzusetzen.

69 **VIII) Benutzung der Tabelle. 1)** Unabdingbare Voraussetzung ist, daß neben den voraussichtlichen Prozeßkosten (§ 115 VI) auch die **Einkommens- und Vermögensverhältnisse möglichst genau berechnet und beziffert** werden, da hiervon Tabellensprünge abhängen können. Eine genaue Bezifferung ist nur dann entbehrlich, wenn feststeht, daß das Einkommen unterhalb 850 DM (Beginn der Ratenzahlungspflicht nach der Tabelle) liegt (ebenso Wax FamRZ 80, 976), wobei immer auf den einzelnen Antragsteller abzustellen ist, auch bei Eheleuten (Rn 11).

70 **2)** Die statistisch häufigsten Fälle der Hilfsbedürftigkeit sind ohne weiteres mit der Tabelle zu lösen. Die völlig mittellose Partei zahlt keine Raten; fallen solche an, ist deren Höhe im Bewilligungsbescheid festzusetzen (§ 120 I). Der Beginn der Ratenzahlung ist unabhängig vom Verfahrensstand, setzt aber Fälligkeit der Kostenschuld voraus (§ 120 Rn 11). Unabhängig von der Zahl der Rechtszüge sind höchstens 48 Monatsraten aufzubringen (Einleitung zur Tabelle; s Rn 3). Soweit bereits Prozeßkosten bezahlt worden sind, entfällt eine ratenweise Tilgung. Für die Kostenprognose nach § 115 VI ist von den noch unbeglichenen Differenzkosten auszugehen, so daß auch die Bewilligungssperre des § 115 VI darauf zu beziehen ist. Ob die Raten in lückenloser monatlicher Aufeinanderfolge gezahlt werden, hat auf die Gesamthöhe keinen Einfluß. Das Gesetz stellt nicht auf einen Zeitraum von 48 Monaten, sondern auf 48 Raten ab. Selbstverständlich sind diese Raten nur bis zur Höhe der Prozeßkosten aufzubringen (§ 120 III Nr 1).

71 **3)** Bei **Unterhaltsleistungen** auf Grund gesetzlicher Unterhaltspflicht ist in der Tabelle für den ersten Unterhaltsberechtigten stets ein Betrag von 450 DM, für jeden weiteren Unterhaltsberechtigten von 275 DM eingesetzt (Rn 25, 26). Ein Einzelkläger, der verheiratet ist und ein Kind hat, ist deshalb bis zu einem monatlichen Nettoeinkommen von (850 + 450 + 275 =) 1 575 DM von Prozeßkosten befreit. Sind bei nur einem Arbeitseinkommen beide Eheleute Prozeßpartei, was in erster Linie bei Ehescheidungen der Fall ist, dann müssen beide in der für sie maßgebenden Berechnung als Einzelkläger behandelt werden, da jeder für sich PKH beantragt (Rn 11). Im Beispielsfall (verheiratet, ein Kind) ist deshalb der Freibetrag durch folgende Addition zu ermitteln: 850 + 850 + 275 + 275 = 2 250 DM. Ratenzahlung setzt erst oberhalb dieses Betrages ein. Diese Berechnung erklärt sich dadurch, daß die erste Unterhaltsstufe nicht lediglich mit 450 DM, sondern mit dem vollen Selbstbehalt von 850 DM zu beziffern, Kinderzuschlag von 275 DM aber zugunsten jeder Partei zu berücksichtigen ist. Denn sowohl Vater wie Mutter unterhalten das Kind, naturaliter oder durch Geldzuwendungen (s Rn 25, 26).

72 **4) Interpolation.** Die Tabelle ist kein Tarif, wie etwa die vom Gegenstandswert abhängigen Gebührentabellen der BRAGO oder des GKG, sondern ein **Belastbarkeitsmaßstab.** Deshalb muß sie interpoliert werden (Köln KoRsp ZPO § 115 Nr 1 m zust Anm Lappe). Ohne Anpassung würde eine Mark mehr oder weniger darüber entscheiden, ob die Monatsraten zwischen 20 und 80 DM höher lägen oder nicht und der Differenzbetrag 48mal anfiele. Lediglich im Bereich bis 850 DM (eine Person) ist die genaue Berechnung für die Null-Grenze bestimmend. Das Problem der Interpolation der Tabelle hat der Gesetzgeber ausweislich der Motive übersehen. Praktische Schwierigkeiten können sich nicht ergeben, da es sich nicht verzögerlich auswirken kann, eine Monatsrate statt mit 240 DM mit 230 DM zu beziffern. Die hM lehnt gleichwohl die Interpolation ab (zB Düsseldorf NJW 81, 1792 zu 5; Hamm Rpfleger 81, 455; München MDR 82, 761), praktiziert sie aber tatsächlich, indem sie ungerechte Fehlbelastungen (Schuster SGb 82, 181) „durch entsprechende Auf- oder Abrundung zur nächsten Tabellenstufe" vermeidet (Hamm Rpfleger 81, 455; Christl NJW 81, 790; Wax FamRZ 85, 14). Der 5. Deutsche Familiengerichtstag hat sich dafür ausgesprochen, die Auf- und Abrundungen sowie Interpolationen bei Zwischenwerten gesetzlich zu regeln (FamRZ 83, 1199, 1203).

Die Tabelle baut sich auf abgerundeten monatlichen Einkommensbeträgen auf, wobei die Staffelsprünge bei 50 DM beginnen und zu Ende 200 DM betragen. Da die Monatseinkommen fast immer zwischen den Leitbeträgen liegen, ist die Tabelle dem Real-Einkommen anzupassen und dadurch die konkrete Monatsrate zu ermitteln. 73

Bei der Interpolation sind die Staffelsprünge in der Tabelle jeweils mit 100 % anzusetzen. Das dazwischen liegende reale Monats-Nettoeinkommen gibt dann den Prozentsatz an, um den das Nettoeinkommen über dem erreichten (und überschrittenen) Staffelbetrag liegt. Beispiel: In der Spalte 0 der Tabelle macht der Sprung von Stufe 1 100 auf die nächsthöhere (1 200) den Betrag von 100 DM aus. Bei einem Nettoeinkommen von 1 175 DM macht die Steigerung 75 % des Tabellensprungs aus. Der entsprechende Ratensprung bei diesen Stufen macht 30 DM aus (Erhöhung von 90 DM [bei 1 100 DM Einkommen] auf 120 DM [bei 1 200 DM Einkommen]). Deshalb ist die Grundrate von 90 DM um 75 % von 30 DM = 22,50 DM auf insgesamt 112,50 DM anzuheben. Das ist die konkret errechnete Monatsrate, die bei einem Nettoeinkommen von 1 175 DM anfällt. 74

Dabei muß aber immer beachtet werden, daß der Richter **keine mathematische Gleichheit** zu verwirklichen hat. Ihm bleibt auch hier ein Gestaltungsspielraum (arg § 115 I 2, II, V). Bei monatlichem Nettoeinkommen eines Ledigen von 1 402 DM bleibt es bei der Monatsrate von 180 DM; es ist nicht etwa die nächsthöhere Rate von 210 DM festzusetzen. Umgekehrt beträgt die Monatsrate auch dann 210 DM, wenn das Einkommen sich auf 1 499 DM beläuft, also 1 DM hinter dem Eckbetrag von 1 500 DM zurückbleibt. Würde anders gerechnet, träten ungleiche und ungerechte Belastungen ein. Vor allem aber drohte dann die Gefahr, daß im Nebenverfahren der PKH um Pfennigbeträge gestritten würde, weil sie einen Staffelsprung nach unten oder oben auslösen könnten. Die gleichen Ergebnisse wie bei Interpolation lassen sich bei Minimalüberschreitungen dadurch erreichen, daß geringfügige Überschreitungen der Eckwerte vernachlässigt werden (so Behr/Hantke Rpfleger 81, 269 zu c und die hM, s Rn 72). In den Mittelbereichen zwischen den Tabellensprüngen versagt dieser Weg jedoch. Abgesehen davon ist diese Ausgleichungsmethode willkürlich. Behr/Hantke sprechen der Tabelle für Eckwert-Toleranzen bis zu 10 % die Verbindlichkeit ab; das läßt sich schwerlich aus dem Gesetz herleiten. 75

5) Probleme der Tabelle. Einer ihrer Nachteile ist, daß sie inflationäre Entwicklungen nicht berücksichtigt, die notwendige Anpassung an die veränderten Lebenshaltungskosten aber unterbleibt. Die schon an verfassungswidrige Benachteiligung reichende Untätigkeit des Gesetzgebers (Hoppenz ZRP 86, 189) ist umso bedenklicher, als der Schematismus der Tabelle bereits im Ansatz sachwidrige Ungleichbehandlung in Kauf nimmt. So machen beispielsweise die Mietkosten einen wesentlichen Teil des Lebensaufwandes aus. Sie sind aber auf dem Dorf wesentlich niedriger als in der Stadt; und in Städten verschiedener Bundesländer, die der Einwohnerzahl nach vergleichbar sind, fallen sie teilweise ebenfalls sehr unterschiedlich aus. Derartige Besonderheiten können nach geltendem Recht nur als besondere Belastungen nach § 115 I 3 u V einigermaßen angemessen berücksichtigt werden (s auch Bültzingslöwen DAVorm 80, 871); denn die Miete ist in der Tabelle einheitlich mit einem Pauschbetrag von 156 DM berücksichtigt worden (BT-Drucks 8/3068 S 19/20). Da die Kaltmiete diesen Betrag heute durchgehend übersteigt, muß die dadurch bedingte übermäßige Belastung durch Abzug vom Einkommen berücksichtigt werden. Der Abzug ist vom Einkommen des Antragstellers vorzunehmen, nicht vom Ehegatteneinkommen (so aber LAG Düsseldorf, JurBüro 86, 1250, in Anlehnung an die von Vollkommer vertretene Berechnungsweise, s dazu Rn 11). Ausgehend von der Überlegung, daß der Pauschbetrag von 156 DM rund 18 % des Tabellengrenzbetrages ausmacht (KG FamRZ 83, 1265), tendiert die Rspr dahin, Mehrkosten vom Einkommen abzusetzen, soweit sie 18 % des Nettoeinkommens übersteigen (vgl zB KG FamRZ 84, 412, 413; Frankfurt MDR 84, 409; Celle NdsRpfl 85, 311; Bamberg FamRZ 86, 700; LAG Düsseldorf LAGE ZPO § 115 Nr 18; LSG NW MDR 84, 260), wobei str ist, ob vom Nettoeinkommen nach Absetzung aller Ausgaben (Frankfurt MDR 84, 409) oder nur nach Abzug von Steuern und Sozialversicherungsbeiträgen (Köln FamRZ 83, 633 u 635) auszugehen ist (s zu den Berechnungsunterschieden Schneider Anm in EzA ZPO § 115 Nr 10). Teilweise wird der absetzbare Mehrbetrag auch mit „bis 20 %" des Nettoeinkommens berechnet (so Celle NdsRpfl 86, 103, 104; Hamburg FamRZ 84, 188 u die Empfehlung des 5. Deutschen Familiengerichtstages, FamRZ 83, 1199, 1201) oder auch nur mit 10% (so LAG Nürnberg LAGE ZPO § 115 Nr 17). Andere wiederum setzen den Mehrbetrag ab, der die Kaltmiete spürbar übersteigt (KG FamRZ 82, 624), während wieder andere Gerichte jeden Abzug verweigern (OLG Düsseldorf MDR 84, 150; LAG Freiburg NJW 82, 847). Sachgerecht, einfach und klar ist es gegenüber all diesen Differenzierungen, die den Pauschbetrag von 156 DM übersteigende Kaltmiete voll vom Einkommen abzusetzen (so OLG Düsseldorf NJW 81, 1791; LAG Hamm EzA ZPO § 115 Nr 10 m zust Anm Schneider). Gerechtfertigt ist lediglich die Einschränkung, daß ein hoher Mietzins nicht berücksichtigt wird, wenn für den Antragsteller die Möglichkeit besteht, in seiner 76

Umgebung eine seinen Verhältnissen angemessene Wohnung wesentlich billiger anzumieten (Bamberg JurBüro 85, 1258). Die **Mietnebenkosten,** insbesondere diejenigen für Beheizung, lassen sich mit dem pauschalen Abzug von rund 18 % allerdings nicht erfassen. Angesichts dieser Probleme in der Anwendung der Tabelle sollte der Richter bemüht sein, jeder schematischen Handhabung entgegenzuwirken und den dazu erforderlichen Ermessensfreiraum für sich in Anspruch zu nehmen.

77 **IX) Berechnungsfehler.** Da dem Gericht lediglich die Kostengrundentscheidung obliegt, nicht die Berechnung der Kostenhöhe, die in das selbständige Festsetzungsverfahren nach §§ 103 ff verwiesen ist, wird die genaue Kostenprognose häufig fehlerbehaftet sein. Neben der unrichtigen Gebührenberechnung kommen als sonstige Fehlerquellen vor allem in Betracht spätere Streitwertänderungen (§ 25 GKG) oder unerwartet hohe Beweiskosten, zB durch Sachverständigengutachten. Objektiv richtige Berechnungen können weiter dadurch fehlerhaft werden, daß Anträge erweitert werden (§ 264) oder die Klage geändert (§ 263) oder Widerklage erhoben wird usw. Dann ist zu prüfen, wie sich das auf die bereits bewilligte PKH auswirkt.

78 **1) Veränderung** der Umstände **zugunsten des Hilfsbedürftigen.** Sie kann dadurch eintreten, daß nunmehr die Bewilligungssperre der 4 Monatsraten (Abs 6) überschritten ist oder die Monatsraten nunmehr übersetzt sind oder jetzt eine erhebliche Beeinträchtigung (Abs 5) bejaht werden muß. In diesen Fällen kann der Hilfsbedürftige beantragen, die PKH neu zu berechnen. Gegen die Ablehnung eines darauf gerichteten Antrags hat er die Beschwerde (§ 127 II 1).

79 **2) Veränderung** der Umstände **zugunsten der Staatskasse.** Hier ist zu unterscheiden, ob die Kostenverringerung durch nachträgliche Vorgänge im Prozeß eingetreten ist oder ob die anfänglich gegebenen unveränderten tatsächlichen und rechtlichen Gegebenheiten nur fehlerhaft beurteilt worden sind. **Nachträgliche Veränderungen** sind grundsätzlich bedeutungslos (arg § 124 Nr 3). **Anfänglich irrige Berechnung** dagegen fällt unter § 124 Nr 3 (s dort Rn 11). Dort ist die Rede von den „Voraussetzungen für die Prozeßkostenhilfe". Damit ist die bewilligte PKH gemeint, also die Hilfe in der Form des Bewilligungsbeschlusses. Sind aber die unveränderten Gegebenheiten infolge eines Berechnungsfehlers nur irrtümlich als gesetzmäßige Voraussetzungen der PKH-Gewährung angenommen worden, dann haben sie in Wirklichkeit nicht vorgelegen. Folglich kann nach § 124 Nr 3 ein aufhebender Beschluß ergehen, der jedoch mit einer Neuberechnung und Neubewilligung zu verbinden ist, wenn auch jetzt noch ein Anspruch auf PKH gegeben ist, sich also lediglich die Belastbarkeit des Hilfsbedürftigen vergrößert (Hamburg MDR 86, 243). Jedoch wird bei der Ausübung der Ermessensentscheidung nach § 124 (arg „kann") Zurückhaltung geboten sein, zumal wenn sich nur geringfügige Abweichungen zur Bewilligung ergäben. Das Vertrauen des Hilfsbedürftigen in die richtige Berechnung der PKH sollte tunlichst nicht enttäuscht werden (Bamberg FamRZ 84, 1244; grundsätzlich übereinstimmend Schoreit/Dehn PKH § 124 Rn 12). Für die neue Bewilligungsentscheidung ist nur der Richter zuständig, nicht der Rechtspfleger (LAG Bremen Rpfleger 83, 365).

80 **3) Unerhebliche Veränderungen.** Wirken sich Fehler oder Sachverhaltsveränderungen im Ergebnis nicht auf die konkreten Bewilligungsmodalitäten aus, belasten sie also insbesondere den Hilfsbedürftigen nicht, dann bleibt es bei dem Bewilligungsbeschluß. Einem Änderungsantrag und ebenso einer Beschwerde gegen dessen Ablehnung darf wegen fehlenden Rechtsschutzbedürfnisses nicht stattgegeben werden.

116

[Parteien kraft Amtes; jur. Personen; parteifähige Vereinigungen]

Prozeßkostenhilfe erhalten auf Antrag

1. **eine Partei kraft Amtes, wenn die Kosten aus der verwalteten Vermögensmasse nicht aufgebracht werden können und den am Gegenstand des Rechtsstreits wirtschaftlich Beteiligten nicht zuzumuten ist, die Kosten aufzubringen;**
2. **eine inländische juristische Person oder parteifähige Vereinigung, wenn die Kosten weder von ihr noch von den am Gegenstand des Rechtsstreits wirtschaftlich Beteiligten aufgebracht werden können und wenn die Unterlassung der Rechtsverfolgung oder Rechtsverteidigung allgemeinen Interessen zuwiderlaufen würde.**

§ 114 Satz 1 letzter Halbsatz ist anzuwenden. Können die Kosten nur zum Teil oder nur in Teilbeträgen aufgebracht werden, so sind die entsprechenden Beträge zu zahlen.

Lit: *Schneider,* DB 78, 287 (Durchgriff auf vermögende Personen); *Uhlenbruck* ZIP 82, 288 (PKH im Konkurs).

I) 1) Allgemeines. Die Bestimmung entspricht § 114 III, IV aF, ist aber dahin abgeändert worden, daß bei hinreichender Erfolgsaussicht und Hilfsbedürftigkeit PKH gewährt werden muß (früher: „kann"). Das Gericht hat daher bei Vorliegen der Bewilligungsvoraussetzungen keinen Ermessensspielraum mehr. 1

2) Die Regelung des § 116 ist selbständig. **Das Tabellensystem und die Beschränkung der Teilzahlungen auf 48 Monatsraten sind unanwendbar** (Schneider MDR 81, 284; Röwer MDR 81, 348; Schoreit/Dehn PKH § 116 Rn 12). Die unter § 116 fallenden Personenvereinigungen oder Vertreter von selbständigen Vermögensmassen müssen daher bei teilweiser Leistungsfähigkeit (Satz 2) so lange Teilzahlungen erbringen, bis die gesamten Kosten der Prozeßführung beglichen sind (irrig Birkl PKH § 116 Rn 4). 2

Auch hier sind aber die Kosten nur in der Weise ganz oder teilweise in Raten aufzubringen, die das Gericht im Bewilligungsbeschluß (§ 120 I) festgesetzt hat. Desgleichen ist die Bewilligungssperre des § 115 VI zu beachten, da sie nicht tabellenabhängig ist; außerdem sollen die unter § 116 fallenden Amtspersonen, juristische Personen oder parteifähige Vereinigungen gegenüber natürlichen Personen nicht begünstigt, sondern finanziell stärker als diese zur Kostenfinanzierung herangezogen werden. 3

3) Eine begleitende Regelung ist die Möglichkeit der Streitwertherabsetzung zugunsten (nur) einer kapitalschwachen Partei (§§ 247 AktG, 23 a UWG, 31 a WZG, 17 a GebrMG; 144 PatG); s dazu Schneider, Streitwert-Kommentar „Gewerblicher Rechtsschutz" Nr 1 ff. 4

II) Parteien kraft Amtes sind Personen, die zwar als Partei auftreten, dabei aber kraft des ihnen übertragenen Amtes nur die Belange anderer vertreten und nicht mit ihrem eigenen Vermögen für die Kosten aufzukommen haben, zB Testamentsvollstrecker, Nachlaßverwalter und Konkursverwalter. Dagegen sind Nachlaßpfleger und Pfleger der Leibesfrucht (§§ 1960, 1912 BGB) gesetzliche Vertreter, so daß im Rechtsstreit des von ihnen Vertretenen dieser seine Hilfsbedürftigkeit nachweisen muß (§§ 114, 115). Bei der Nachlaßpflegschaft für den unbekannten Erben (§ 1960 I 2 BGB) ist diese Prüfung nicht möglich, so daß auf das Nachlaßvermögen abzustellen ist (BGH NJW 64, 1418). 5

Macht die Partei kraft Amtes keine Ansprüche geltend, die zur verwalteten Vermögensmasse gehören, sondern **eigene,** zB wenn der Testamentsvollstrecker von den Erben Leistungen für seine Tätigkeit fordert, dann handelt er außerhalb seiner Amtsstellung, so daß es für die subjektiven Voraussetzungen nur auf seine eigenen wirtschaftlichen Verhältnisse ankommt. 6

1) Am Gegenstand des Rechtsstreits wirtschaftlich beteiligt sind zB bei der Testamentsvollstreckung die Erben, Vermächtnisnehmer und Pflichtteilsberechtigte, bei der Nachlaßverwaltung die Erben und die Nachlaßgläubiger, beim Konkurs der Gemeinschuldner und die Konkursgläubiger. Nach altem Recht (§ 114 III aF) kam es nur darauf an, ob sie in der Lage waren, den Prozeß zu finanzieren. Nunmehr muß ihnen dies (nicht nur möglich, sondern auch) zumutbar sein. 7

Grunsky (NJW 80, 2044) hält die Bewilligung nach Nr 1 auf Testamentsvollstrecker nicht für anwendbar, weil die Erben ohne eine solche Anordnung des Erblassers nur PKH erhalten könnten, wenn deren Voraussetzungen bei ihnen persönlich vorlägen. Die Erben sind jedoch wirtschaftlich beteiligt; deshalb ist ihre individuelle Einstandspflicht für die Prozeßkosten nach den Maßstäben des § 116 Nr 1 zu prüfen und darf entgegen Grunsky nicht davon ausgegangen werden, den Erben sei die Aufbringung der Kosten immer zuzumuten. Im Ergebnis bedeutet das, daß den Erben bei Testamentsvollstreckung keine Ratenzahlung nach den Maßstäben der §§ 114, 115 bewilligt werden kann, weil die Tabelle auf § 116 unanwendbar ist. Es käme daher allenfalls eine einengende Auslegung des § 116 Nr 1 dahingehend in Betracht, die monatlichen Belastungen der Erben – dann aber jedes einzelnen! – auf 48 Monatsraten zu begrenzen. Das ist aber nicht zu befürworten. Wenn der Erblasser Testamentsvollstreckung anordnet, um noch nach seinem Tode die sachdienliche vermögensrechtliche Betreuung des Nachlasses zu sichern, besteht kein Anlaß, diese Maßnahmen ganz oder teilweise auf Kosten der Allgemeinheit zu finanzieren. 8

Eine Ungleichbehandlung von Erbengemeinschaften mit und ohne Testamentsvollstrecker ist deshalb nicht zu befürchten, weil auch § 116 Nr 1 nur fordert, was den wirtschaftlich Beteiligten **zumutbar** ist. Deren Schlechterstellung besteht daher einzig darin, daß sie für die Kosten voll, also ohne Beschränkung auf 48 Monatsraten, einstehen müssen. Gerade das ist aber wegen der Personenmehrheit gerechtfertigt, ganz abgesehen davon, daß solche Fälle praktisch kaum vorkommen, da diese Raten, multipliziert mit der Zahl der Erben, wohl immer die Prozeßkosten abdecken. 9

10 **2)** Klagt ein **Sequester** Forderungen ein, dann verlangt OLG Hamburg (ZIP 85, 1012) von ihm die Darlegung, wer die Gläubiger des Unternehmens sind, welche von ihnen bei Konkurseröffnung bevorrechtigt wären und warum es für sie unzumutbar sei, die Kosten des Rechtsstreits aufzubringen. Demgegenüber verlangt Johlke (ZIP 85, 1013) in einschränkender Auslegung des § 116 lediglich Glaubhaftmachung, daß die Kosten nicht aus der verwalteten Vermögensmasse aufgebracht werden können; die Kostenaufbringung sei wegen rechtlicher und tatsächlicher Ungewißheit regelmäßig unzumutbar. Das Erfordernis der **Zumutbarkeit** wird in erster Linie praktisch, wenn **zahlungsfähige Konkursgläubiger** nicht bereit sind, Masseprozesse zu finanzieren, weil die zu erwartende Quote so gering ist, daß ihnen ein weiteres Risiko nicht tragbar erscheint (ausführl Uhlenbruck ZIP 82, 288). Anders als früher müssen aussichtsreiche Masseprozesse nicht mehr an dieser verständlichen Einstellung der Konkursgläubiger scheitern.

11 **a) Maßgebend** für die Frage, ob die zur Prozeßführung benötigten Mittel aus der Konkursmasse aufgebracht werden können, ist **der tatsächlich vorhandene Bestand an Barmitteln** (LG Kiel MDR 59, 134). Darüber hinaus muß der Konkursverwalter die zur Masse gehörenden **Sachen verwerten** und **Forderungen einziehen,** um den Barbestand zu schaffen oder zu vergrößern (Jäger/Henckel, KO § 6 Rn 74).

12 **b)** Auf die **Möglichkeit einer Darlehensaufnahme** kann der Konkursverwalter verwiesen werden, wenn Gewährung und Rückzahlung gesichert sind.

13 **c) Wirtschaftlich beteiligt** sind die Konkursgläubiger, wenn sie Befriedigung aus der Masse zu erwarten haben. Nachrangige Konkursgläubiger sind wirtschaftlich unbeteiligt, wenn die Masse nur zur Verteilung an vorrangige Gläubiger ausreicht (Köln KTS 58, 125; Koblenz KTS 58, 144). Wer als bevorrechtigter Gläubiger auch ohne Führung des Rechtsstreits mit voller Befriedigung zu rechnen hat, ist am Prozeß wirtschaftlich nicht beteiligt (Köln JW 36, 345).

14 **d)** Für diejenigen Gläubiger, deren **Forderung vom Konkursverwalter bestritten** wird, entfällt heute eine Vorschußpflicht, da sie ihnen nicht zumutbar ist (anders früher KG JW 37, 50).

15 **e)** Soweit den Konkursgläubigern die **Finanzierung möglich und zumutbar** ist, ist dem Konkursverwalter PKH zu versagen (Hamburg MDR 74, 939). Ist die **öffentliche Hand** am Gegenstand des Rechtsstreits wirtschaftlich beteiligt, dann ist PKH ebenfalls zu versagen (BGH MDR 77, 741); das gilt auch für die Gerichtskosten, da für § 116 Nr 1 die Kostenbefreiung des § 2 I GKG unmaßgeblich ist (Köln NJW 76, 1982 gg Stuttgart NJW 74, 867 m abl Anm Stürner).

16 **f)** Sind nur **einige Gläubiger zur Finanzierung** des Rechtsstreits **bereit** und ist der Rest alleine dazu nicht in der Lage, dann muß PKH versagt werden, da auf die Gesamtheit der Gläubiger abzustellen ist, denen der Prozeßerfolg zugute käme (Jaeger/Henckel, KO, § 6 Rn 77).

17 **g) Kleinliche Prüfung** der Vermögensverhältnisse der Gläubiger ist **unangebracht.** Das Gericht wird sich auf die **Angaben des Konkursverwalters** in der Regel verlassen dürfen. Dessen Sache ist es, durch Rundschreiben die wirtschaftlich Beteiligten zur Stellungnahme und zum Aufbringen der Kosten zu veranlassen (Gilbert DR 41, 306); die Beweislast dafür, daß den wirtschaftlich Beteiligten die erforderlichen Mittel fehlen, hat allerdings er.

18 **h)** Der **Gemeinschuldner selbst** ist weder bei der Verwaltung noch bei der Verwertung des zur Konkursmasse gehörenden Vermögens beteiligt (§ 6 KO). Deshalb kann ihm auch nicht zur Mitwirkung am Konkursverfahren PKH bewilligt werden (LG Traunstein NJW 63, 959). Dieser Fall ist nicht zu verwechseln mit der **Nebenintervention des Gemeinschuldners.** Diese ist zulässig, wenn es um freies Vermögen geht, da dann ein Interventionsinteresse begründet ist; die Bewilligungsvoraussetzungen sind dann in der Person des Gemeinschuldners und nicht nach § 116 Nr 3 zu prüfen (Jaeger/Henckel, KO § 6 Rn 107 gg BGH LM § 114 ZPO Nr 11; wie dieser dagegen Mentzel/Kuhn/Uhlenbruck, KO § 6 Rn 31).

19 **i)** Klagt der Gemeinschuldner nach Abschluß des Konkurses eine Forderung ein, die dem Konkursverwalter nicht bekannt gewesen ist, dann kommt eine **Nachtragsverteilung** nach § 166 II KO in Betracht. Sie fällt als **Fortsetzung des Konkursverfahrens** in den Pflichtenkreis des bisherigen Konkursverwalters, so daß nicht die Vermögensverhältnisse des Gemeinschuldners maßgebend sind, sondern § 116 Nr 1 anzuwenden ist (Köln JurBüro 69, 1224).

III) Inländische juristische Personen (Nr 2). Zu den in Betracht kommenden Personenvereinigungen s § 50 Rn 12 ff. – Die Bewilligung setzt voraus:

20 **1)** Die beabsichtigte **Rechtsverfolgung oder Rechtsverteidigung** muß hinreichend **erfolgversprechend** iS des § 114 S 1 sein.

21 **2)** Die **Unterlassung der Rechtsverfolgung** oder Rechtsverteidigung **darf nicht dem allgemeinen Interesse zuwiderlaufen,** was in der Antragsbegründung darzulegen ist (BFH BB 82, 1536). Damit sind die Fälle gemeint, in denen die juristische Person, zB eine gemeinnützige Stiftung,

an der Erfüllung ihrer der Allgemeinheit dienenden Aufgaben gehindert würde, wenn der Rechtsstreit nicht durchgeführt werden könnte. Verfassungsrechtliche Bedenken gegen diese Regelung bestehen nicht (BVerfGE 35, 360; Celle NJW-RR 86, 741; Bamberg JurBüro 82, 1733). Das allgemeine Interesse fordert die Prozeßführung, wenn die Entscheidung größere Kreise der Bevölkerung oder des Wirtschaftslebens ansprechen und soziale Auswirkungen nach sich ziehen würde (BGH WPM 86, 405). Es sollen also auch juristische Personen geschützt werden, die sonst zur Entlassung einer großen Zahl von Arbeitern oder Angestellten gezwungen wären, oder wenn zahlreiche Kleingläubiger betroffen wären (BGH NJW 86, 2058). Das ist nicht der Fall, wenn der Geschäftsbetrieb bereits eingestellt ist (Celle NJW-RR 86, 741, 742). Die Unterlassung der Rechtsverfolgung oder Rechtsverteidigung läuft nicht schon dann den allgemeinen Interessen zuwider, wenn eine überschaubare Zahl von Gläubigern eines zahlungsunfähigen Unternehmens sich deshalb mit geringeren Quoten zufrieden geben muß (Bamberg JurBüro 82, 1733) oder wenn bei der Entscheidung des Rechtsstreits Rechtsfragen von allgemeinem Interesse zu beantworten sind (BGHZ 25, 183; BGH NJW 65, 585; BFH NJW 74, 256). Das bloße Interesse an einer richtigen Entscheidung (BGHZ 25, 183; BGH WPM 86, 405), ist daher ebensowenig ein Allgemeininteresse wie das, daß die juristische Person ihre Steuern oder Sozialversicherungsbeiträge eintreiben und begleichen kann (Köln JMBlNRW 64, 114; JurBüro 85, 1259; Bamberg JurBüro 82, 1733). Auch die materiellrechtliche Anspruchsgrundlage ist unwesentlich, etwa daß der Zahlungsanspruch auf eine strafbare Handlung gestützt wird (Köln JurBüro 85, 1259).

3) Die juristische Person selbst darf nicht in der Lage sein, die Kosten des Rechtsstreits aufzubringen. Ihre **Mittellosigkeit** läßt sich am zuverlässigsten durch eine Auskunft der Industrie- und Handelskammer feststellen. **22**

4) Die an der Prozeßführung **wirtschaftlich Beteiligten** dürfen ebenfalls nicht in der Lage sein, die Kosten aufzubringen, wobei es – anders als in Nr 1 – nicht erheblich ist, ob ihnen die Finanzierung des Prozesses zuzumuten ist (insoweit unrichtig München GmbHR 86, 46 = JurBüro 86, 127). Wirtschaftlich beteiligt ist derjenige, auf dessen Vermögenslage sich Obsiegen oder Unterliegen der juristischen Person wirtschaftlich auswirkt (RGZ 148, 196). Auch einem **eingetragenen Idealverein** kann PKH nur unter der Voraussetzung bewilligt werden, daß seine Mitglieder vermögenslos sind (KG NJW 55, 469); in der Regel wird es auch am allgemeinen Interesse an der Rechtsverfolgung fehlen (Düsseldorf MDR 68, 331 – Yacht-Klub). Daß die Kosten von den wirtschaftlich Beteiligten nicht aufgebracht werden können, ist Bewilligungsvoraussetzung und muß vom Antragsteller glaubhaft gemacht werden (§ 118 II 1). Ob diese Beteiligten für sich selbst noch konkrete Vermögensvorteile erhoffen, darauf kommt es nicht an (München GmbHR 86, 46 = JurBüro 86, 127). **23**

5) Durch § 116 Nr 2 sind **juristische Personen schlechter gestellt** als natürliche Personen, da die Bewilligung von PKH an strengere Voraussetzungen als nach § 114 gebunden ist. Mit dem GG ist das vereinbar (BVerfGE 35, 356 ff; Bamberg JurBüro 82, 1733; aA Birkl PKH § 116 Rn 2). Bei der Anwendung des § 116 Nr 2 ist jedoch allgemeines Verfassungsrecht zu berücksichtigen (§ 19 III GG). Insbesondere darf die Versagung von PKH nicht auf eine Versagung der Eigentumsgarantie (Art 14 III 4 GG) hinauslaufen (BVerfG 35, 356; Schneider DB 78, 287). **24**

IV) Ausländische juristische Personen sind solche, die ihren Sitz im Ausland haben. Ihnen kann PKH nicht gewährt werden. Bei Überschneidungen zwischen Nr 1, 2, insbesondere wenn der Konkursverwalter einer ausländischen juristischen Person PKH beantragt, gilt der Ausschluß ebenfalls. **25**

V) Parteifähige Vereinigungen. 1) Dazu rechnen insbesondere **OHG** und **KG** (s näher § 50 Rn 17, 18). Sie sind den juristischen Personen gleichgestellt. PKH kann ihnen erst bewilligt werden, wenn die Prozeßkosten weder aus dem Gesellschaftsvermögen noch aus dem eigenen Vermögen der Gesellschafter aufgebracht werden können (BGH NJW 54, 1933; Stuttgart NJW 75, 2022); die Gesellschaftsmitglieder sind immer wirtschaftlich beteiligt. Kann sich die verklagte mittellose persönlich haftende Gesellschafterin vom Prozeßbevollmächtigten der mitverklagten KG oder OHG und des anderen Komplementärs, die beide nicht hilfsbedürftig sind, mitvertreten lassen, dann ist ihr PKH grundsätzlich zu versagen (Frankfurt BB 74, 1458; s auch § 114 Rn 3). **26**

Die BGB-Gesellschaft, deren Parteifähigkeit verneint wird (Staudinger/Kessler BGB, Vorb 62 ff vor § 705), fällt nicht unter Nr 2, sondern unter § 114. Ebenso liegt es zB bei der **Miteigentümergemeinschaft** oder der **Erbengemeinschaft.** Klagt nur ein Mitglied, zB nach § 2039 BGB, dann ist dessen Unvermögen unbeachtlich, wenn er nur vorgeschoben wird, um billig zu prozessieren (Schneider DB 78, 288; Staudinger/Werner, BGB § 2039 Rn 29). **27**

28 **2)** Das **Allgemeininteresse** kann die Rechtsverfolgung oder Rechtsverteidigung auch dann fordern, wenn es sich bei der parteifähigen Vereinigung um eine OHG oder KG mit **natürlichem Komplementär** handelt, also eine natürliche Person unbeschränkt haftet (§§ 128, 161 HGB). Die dagegen vorgetragenen Bedenken (vgl Kollhosser ZRP 79, 302 zu VIII 3) haben die gesetzliche Neuregelung nicht beeinflussen können.

29 **VI) Teilweise Leistungsfähigkeit (§ 116 S 3)** führt zur Bewilligung mit beziffertер Selbstbeteiligung (s § 115 Rn 54). Zulässig ist es auch, PKH in der Weise zu bewilligen, daß sämtliche Kosten zu zahlen sind, die Leistung jedoch in vom Gericht nach § 120 I festzusetzenden Teilbeträgen zu erfolgen hat, jedoch ohne Begrenzung auf 48 Monatsraten.

30 **VII) Erfolgsaussicht (§ 116 S 2):** Siehe § 114 Rn 28 ff.

117 *[Substantiierung des Antrags]*

(1) Der Antrag auf Bewilligung der Prozeßkostenhilfe ist bei dem Prozeßgericht zu stellen; er kann vor der Geschäftsstelle zu Protokoll erklärt werden. In dem Antrag ist das Streitverhältnis unter Angabe der Beweismittel darzustellen.

(2) Dem Antrag sind eine Erklärung der Partei über ihre persönlichen und wirtschaftlichen Verhältnisse (Familienverhältnisse, Beruf, Vermögen, Einkommen und Lasten) sowie entsprechende Belege beizufügen.

(3) Der Bundesminister der Justiz wird ermächtigt, zur Vereinfachung und Vereinheitlichung des Verfahrens durch Rechtsverordnung mit Zustimmung des Bundesrates Vordrucke für die Erklärung einzuführen.

(4) Soweit Vordrucke für die Erklärung eingeführt sind, muß sich die Partei ihrer bedienen.

1 **I) Antragstellung (Abs 1 S 1). 1)** Das **Gesuch,** das im Zweifel auf Bewilligung für die ganze Instanz gerichtet ist (Koblenz AnwBl 78, 316), ist anzubringen bei dem Gericht, bei dem der Rechtsstreit schwebt oder anhängig gemacht werden soll (RGZ 68, 252). Das kann auch die Rechtsmittelinstanz sein (§ 119 S 1). Zur Bindungswirkung bei Verweisung im PKH-Verfahren an eine andere Gerichtsbarkeit s § 281 Rn 17. Bei der **Einzelrichterzuständigkeit** ist zu unterscheiden: **a)** In normalen Zivilsachen ist die Kammer zuständig, solange keine **Einzelrichterübertragung** stattgefunden hat; ab Übertragung geht der Antrag an den Einzelrichter (§ 348). In **Handelssachen** ist immer der Vorsitzende der Kammer für Handelssachen zuständig (§ 349 II 7). **b)** In **Berufungssachen** ist die Kammer oder der Senat zuständig, der Einzelrichter dann, wenn er im Einverständnis mit den Parteien auch in der Sache zu entscheiden hat (s § 524 Rn 62). **c)** Wird PKH nach Beendigung der Instanz für die Zwangsvollstreckung beantragt, dann ist das **Vollstreckungsgericht** (Rechtspfleger: § 20 Nr 5 RpflG) zuständig, das sachnäher ist und die Bewilligungsvoraussetzungen besser beurteilen kann (Celle NdsRpfl 81, 232), wobei § 117 I 2 entfällt, soweit sich Sachverhaltsdarstellung u Beweisanträge auf das titelschaffende Erkenntnisverfahren beziehen. **d)** Handelt es sich jedoch um eine **Vollstreckung nach den §§ 887, 888, 890,** dann ist das Prozeßgericht kraft ausdrücklicher Regelung zuständig; anders bei der Vollstreckung nach § 889, die dem AG als Vollstreckungsgericht obliegt (§ 764 I), bei dem deshalb auch isolierte PKH-Anträge zu stellen sind. **e)** Das AG als Vollstreckungsgericht ist ebenfalls für die PKH-Bewilligung zur **Vollstreckung aus einstweiligen Anordnungen** nach §§ 620, 641 d, 641 f zuständig (Düsseldorf FamRZ 79, 843; Celle, FamRZ 79, 57). Das **Familiengericht** ist nur zuständig, soweit es im Vollstreckungsverfahren als Prozeßgericht tätig werden muß (§§ 887, 888, 890; Koblenz FamRZ 78, 605).

2 **2)** Das Gesuch muß vom Antragsteller stammen und grundsätzlich auch von ihm unterschrieben sein (LAG Düsseldorf EzA § 117 ZPO Nr 4 m Anm Schneider). Es kann **schriftlich** eingereicht, aber auch **zur Niederschrift der Geschäftsstelle** des (zuständigen) Prozeßgerichts oder jedes beliebigen Amtsgerichtes erklärt werden. Von dort ist es dann gemäß § 129 a II unverzüglich an das zuständige Prozeßgericht weiterzuleiten. Bei Aufnahme zu Protokoll ist der Antragsteller sachgemäß zu beraten und durch Hinweise und Fragen zu veranlassen, sich zu den subjektiven und objektiven Voraussetzungen der Bewilligung von PKH erschöpfend zu erklären. Wird das Gesuch in der mündlichen Verhandlung gestellt, dann ist es zu Protokoll zu nehmen. Anwaltszwang besteht nicht (§ 78 II). Bei **Einreichung** des Antrages **durch einen RA** ist dieser im Zweifel als für das Verfahren bevollmächtigt anzusehen, auch wenn eine Vollmacht nicht beiliegt. Stellt ein Anwalt im Hauptverfahren das Gesuch, dann hat das Gericht nach § 88 II von der Bevollmächtigung auszugehen.

3 **3)** Die Einreichung des PKH-Gesuches unterbricht gem § 203 II BGB die Verjährung (BGHZ 70, 235; einschränkend Feuring MDR 82, 898 m Nachw), auch wenn der Antragsgegner = Schuldner nachträglich befristet auf die Erhebung der Einrede verzichtet (BGH VersR 81, 483). Die Hemmungswirkung dauert fort, solange der Antragsteller bei zumutbarer Sorgfalt gehindert ist, das Verfahren sachgemäß zu betreiben, insbesondere die Bewilligungsunterlagen beizubringen (BGH VersR 81, 61). Da das Gesuch Prozeßhandlung ist, unterbricht es auch die nach § 211 II BGB neu laufende Verjährungsfrist, soweit ihm das Gericht bei ordnungsgemäßer Behandlung entsprechen muß (RGZ 151, 133).

4 **4)** Wenn die **prozessualen Voraussetzungen** für die Stellung eines Antrages auf PKH fehlen, ist er als unzulässig zurückzuweisen. Beispiele: Der Antragsteller ist **prozeßunfähig** (Celle NdsRpfl 64, 62); das Hauptverfahren ist bereits **rechtskräftig** abgeschlossen. Vor jeder Zurückweisung aus Gründen dieser Art ist der Antragsteller auf die Zulässigkeitsmängel hinzuweisen (§§ 139, 278 III; Art 103 I GG).

5 **5)** Die **Wiederholung** eines auf denselben Sachverhalt gestützten abgelehnten Bewilligungsantrages ist nicht zulässig (wohl Wiederholung nach Nichtbenutzung des Vordrucks, s Rn 19). Das ergibt sich aus § 127 II 2, wonach für einen solchen Sachverhalt nur die Beschwerde vorgesehen ist. Bei letztinstanzlichen Entscheidungen kann jedoch **Gegenvorstellung** (§ 567 Rn 19 ff) erhoben werden, die das beschließende Gericht zu einer Überprüfung seiner Entscheidung veranlassen wird. Anders liegt es, wenn sich nach Ablehnung eines Bewilligungsantrages die subjektiven oder objektiven **Voraussetzungen geändert** haben. Dann steht es der Partei frei, einen hierauf gestützten neuen Antrag zu stellen, der ein selbständiges Verfahren in Gang setzt. Ein solcher Fall ist auch gegeben, wenn die **Einkommensverhältnisse** sich **verschlechtert** haben (§ 120 Rn 15) oder das **Gericht fehlerhaft berechnet** hat (s dazu § 115 Rn 77).

6 **6) Bei gleichzeitiger Einreichung von PKH-Gesuch und Klage** wird neben dem PKH-Verfahren auch der Rechtsstreit als solcher eingeleitet. Wegen der weitreichenden Folgen der Klageerhebung hat der Antragsteller deutlich zu machen, daß er die Klage nur für den Fall der PKH-Bewilligung einreichen will (BGHZ 4, 333; zur bedingten Rechtsmitteleinlegung vgl § 114 Rn 14). Erledigt sich die Hauptsache vor dem PKH-Verfahren, scheidet Bewilligung aus (s Rn 8 vor § 114). Verkennung dieser Rechtslage kann unrichtige Sachbehandlung iS des § 8 GKG sein (§ 119 Rn 19).

7 **a)** Eine solche Klarstellung geschieht etwa dadurch, daß die Klageschrift als **Entwurf** oder als „beabsichtigte Klage" (Celle MDR 63, 687) bezeichnet oder daß sie **nicht unterschrieben** wird. Im Zweifel ist Rückfrage geboten. Fehlt eine Klarstellung und läßt sie sich auch durch Hinweis nicht herbeiführen, so kann die formlose Übermittlung durch gleichzeitige Übersendung der Klageschrift und des PKH-Gesuchs an den Gegner zur Stellungnahme nicht als Zustellung der Klage angesehen werden, insbesondere nicht, wenn die Übersendung mit dem Begleitvermerk „im PKH-Prüfungsverfahren" geschieht. Ist eindeutig nur ein PKH-Gesuch gestellt worden, dann kann dieses auch nicht dadurch zur Klageschrift werden, daß das Gericht den Schriftsatz als Klage behandelt; nur der Kläger ist befugt, den Streitgegenstand zu bestimmen (Hamm FamRZ 80, 1127). Verkennung dieser Rechtslage durch das Gericht kann Kostenniederschlagung gem § 8 GKG gebieten (OVG Hamburg Rpfleger 86, 68; § 119 Rn 20).

8 **b)** Die Heilungsvorschrift des § 187 für Zustellungsmängel ist auf solche Sachverhalte unanwendbar (BGHZ 7, 270; VersR 68, 369). Die Klage wird in diesem Fall lediglich **anhängig** (§ 270 III), jedoch nicht rechtshängig (BGH NJW 72, 1373). Um den Hilfsbedürftigen kostenmäßig nicht zu benachteiligen, ist bei Klagen auf wiederkehrende Leistungen, also vor allem in **Unterhaltsprozessen,** die Summe der **Rückstände** auf die Zeit bis zur Einreichung des PKH-Antrages zu beschränken, § 17 IV GKG (§ 3 Rn 16 unter „Rückstände").

9 **c) Nach Bewilligung von PKH** oder nach Zahlung des Vorschusses (§ 65 I S 1 GKG) läßt das Gericht die Klage zustellen. Wird eine Klage als durch die Bewilligung von PKH bedingt eingereicht, dann gilt der Entwurf der Klageschrift nach Bewilligung von PKH als die eingereichte Klageschrift, so daß nunmehr diese zuzustellen ist. Der für § 270 III maßgebliche Zeitpunkt ist in diesem Fall derjenige der PKH-Bewilligung.

10 **d)** Wird mit dem PKH-Gesuch ein Antrag auf Erlaß eines **Arrestes** oder einer **einstweiligen Verfügung** verbunden, dann ist das Eilgesuch als sofort gestellt anzusehen und unverzügliche Zustellung zu veranlassen, da § 65 I S 1 GKG unanwendbar ist.

11 **e)** Bei **Abänderungsklagen** ist nach § 323 III maßgebender Zeitpunkt bei vorgeschaltetem PKH-Verfahren der Tag, an dem das PKH-Gesuch dem Gegner zugeht, und zwar auch dann, wenn nicht zugleich unbedingt Klage erhoben wird (§ 323 Rn 42 m Nachw). Anderenfalls würde die hilfsbedürftige Partei gegenüber der vermögenden Partei benachteiligt, was durch verfas-

sungskonforme Auslegung (Art 3 I, 20 I GG) zu verhindern ist. Die Möglichkeit einer Zustellung ohne Vorschuß nach § 65 VII 4 GKG (§ 111 IV GKG aF) ist entgegen Heyde (NJW 72, 1867) kein Ersatz, da im Zeitpunkt der Antragstellung offen ist, ob die Klage überhaupt durchgeführt wird; außerdem würde auch dieses Vorgehen die Rechtsverfolgung des Hilfsbedürftigen erschweren und ihn damit benachteiligen, abgesehen davon, daß die Regelung des § 65 VII 4 GKG vielfach nicht bekannt ist, jedenfalls aber ihre Kenntnis bei einem Laien nicht vorausgesetzt werden darf. Der Zugang des PKH-Antrages beim Gegner bestimmt deshalb auch dann den Abänderungszeitpunkt des § 323 III, wenn das Gesuch mit der Begründung zurückgewiesen wird, die subjektiven Voraussetzungen der Bewilligung seien nicht gegeben, weil der Antragsteller einen Antrag auf Prozeßkostenvorschuß (s § 115 Rn 46) gegen den Antragsgegner habe. Die jeweilige Auffassung zu dieser Streitfrage wirkt sich auch bei der rechtlichen Beurteilung fehlerhaften Vorgehens des Gerichts aus. Behandelt dieses eine mit PKH-Antrag eingereichte unbedingte Klage irrig als Klageentwurf, dann genügt nach beiden Auffassungen die Zustellung, um den Zeitpunkt des § 323 III festzulegen (Köln FamRZ 80, 1144). Wird dagegen ein bloßer Entwurf irrig als Klage behandelt, dann ist das nach der hier vertretenen Auffassung unerheblich, nach der Gegenmeinung ist in diesem Fall § 323 III noch nicht erfüllt (Hamm FamRZ 80, 1127).

12 f) **Berufung:** Eine Partei, die für die Durchführung der Berufung um Bewilligung von PKH nachsuchen will, braucht sich nicht schon um die Beschaffung der in den §§ 117 II, 118 II bezeichneten Unterlagen zu bemühen, bevor ihr das verkündete Urteil in vollständiger Fassung zugestellt worden ist; ihr ist soviel Zeit zu lassen, wie sie benötigt, um die Gründe des Urteils zu überprüfen. Deshalb braucht sie auch nicht vorsorglich zur Fristwahrung Berufung einzulegen (BAG NJW 72, 1877).

13 **II) Substantiierung (Abs 1 S 2).** Der Antragsteller darf nicht darauf vertrauen, daß das Gericht amtswegig für ihn tätig wird (LAG Hamm MDR 82, 83), sondern er hat selbst die objektiven Bewilligungsvoraussetzungen mit eigenen Angaben und Unterschrift (LAG Düsseldorf EzA § 117 ZPO Nr 4 m Anm Schneider) im Antrag darzulegen. Er muß also den Sachverhalt schildern und angeben, wie er ihn gegebenenfalls beweisen kann. Dabei ist der noch nicht anwaltlich Vertretene nachhaltig auf die Hilfe desjenigen angewiesen, der den Antrag zu Protokoll nimmt oder ihn bearbeitet. Hinweise und Fragen (§§ 139, 278 III) sind unerläßlich, wenn Lücken oder Unklarheiten in der Darstellung erkennbar werden. Andererseits ist der Antragsteller verpflichtet, nach Kräften bei der Klarstellung und Aufklärung des Streitverhältnisses mitzuwirken. **Mangelnde Bereitschaft** dazu kann der Bewilligung entgegenstehen, wenn sie zum Ausdruck bringt, daß der Antragsteller seine Sache selbst nicht ernstlich betreiben will (§ 114 Rn 52). Aus unterlassener Mitwirkung bei der Sachaufklärung können auch Rückschlüsse auf den Wahrheitsgehalt des Parteivorbringens gezogen werden (Köln DAVorm 80, 850), was sich ebenfalls ungünstig auf die Erfolgsprognose auswirken kann. Wiederholung eines abgelehnten Antrages s Rn 5, 19.

14 **1) Sachdarstellung.** Die Darlegung des Streitverhältnisses soll die sachliche Prüfung nach § 118 vorbereiten. Dazu gehören die Angabe der beabsichtigten Anträge, die tatsächlichen Behauptungen und die Benennung der Beweismittel. In Unterhalts- und Abänderungsklagen genügt es nicht, sich lediglich auf veröffentlichte Unterhaltstabellen zu berufen, sondern es müssen die Einzelfall-Umstände geschildert werden. Derartige Angaben sind nur entbehrlich, soweit sie sich aus bereits gebildeten Akten ergeben (Nürnberg JurBüro 84, 610), insbesondere also in Vollstreckungssachen (Bobenhausen Rpfleger 84, 396) oder in der Rechtsmittelinstanz, weil ihr das Streitverhältnis aus den vorinstanzlichen Feststellungen bekannt ist (BGH LM ZPO § 118 Nr 3). Darzulegen sind, falls Zweifel bestehen, auch Statthaftigkeit und sonstige Zulässigkeitsvoraussetzungen des Rechtsmittels, etwa daß die Rechtsmittelsumme erreicht ist (BGH NJW 58, 63).

15 **2) Beweismittel.** Maßgebend sind nur die im Erkenntnisverfahren verwertbaren Beweismittel, in erster Linie also Urkunden und Zeugen, ferner Sachverständige und Augenschein, notfalls auch die Parteivernehmung. Diese ist subsidiär (§ 445) und deshalb allein nur dann ausreichend, wenn der Gegner zuvor angehört worden ist (§ 118 I 1) **und** seine Stellungnahme dem Beweisantritt auf Parteivernehmung nicht die hinreichende Erfolgsaussicht nimmt (siehe dazu § 114 Rn 35). **Eidesstattliche Versicherungen** zum Beweis in der Hauptsache genügen nur, soweit sie ausnahmsweise zugelassen sind (insbesondere bei Arrest und einstweiliger Verfügung), also nie im strengbeweislichen Erkenntnisverfahren. Wird lediglich **aussichtslose Parteivernehmung** oder unbeachtliche eidesstattliche Versicherung oder schriftliche Zeugenerklärung u dgl angeboten, dann darf die Bewilligung erst abgelehnt werden, wenn der Antragsteller auf den Beweismangel hingewiesen und ihm Gelegenheit zu weiteren Beweisanträgen gegeben worden ist.

16 **III) Vermögensverhältnisse (Abs 2).** 1) Darzulegen ist alles, was nach § 115 geprüft werden muß. Auch hier sind Rückfragen vor Ablehnung wegen Fehlens der subjektiven Voraussetzun-

gen unerläßlich (Art 103 I GG). Wenn die Partei den Antrag ohne anwaltliche Hilfe stellt, ist sie vor einer Ablehnung ihres Begehrens gfls persönlich anzuhören, oder es ist ihre Anhörung nach § 20 Nr 4a RpflG zu veranlassen.

2) Vordrucke (Abs 3, 4) müssen vom Antragsteller benutzt werden (Nürnberg FamRZ 85, 824), 17 auch in der Rechtsmittelinstanz (§ 119 Rn 27). Vollständiges Ausfüllen der Abschnitte B–E des Formulars wird zunehmend auch von Sozialhilfeempfängern verlangt (Oldenburg FamRZ 83, 636; AG Besigheim FamRZ 84, 71), jedenfalls wenn das Gericht bestimmte Fragen stellt (so Stuttgart FamRZ 84, 304). Der Benutzungszwang ist aber darauf beschränkt. Die Ausfüllung sonstiger Formulare, etwa über den Versorgungsausgleich, darf nicht mit der PKH-Bewilligung verknüpft werden (Hamm FRES 4, 358). Unvollständiges Ausfüllen ist unschädlich, wenn Lükken durch eine beigefügte zusätzliche Erklärung geschlossen werden können (BGH FamRZ 85, 1018 = NJW 86, 62; NJW 83, 2145; irrig Köln MDR 82, 152), selbst eine fehlende Unterschrift ist dann unschädlich (BGH FamRZ 85, 1018 = MDR 86, 302 = Warneyer 1985 Nr 225); bei unveränderten Verhältnissen genügt sogar die Bezugnahme auf eine vorinstanzlich abgegebene Vordruckerklärung (BGH FamRZ 83, 579). Da Formularbenutzung nur Hilfe für das Gericht ist, nicht prozessuale oder materielle Entscheidungsvoraussetzung (s Schneider MDR 82, 89), dürfen die subjektiven Voraussetzungen sogar ohne ausgefülltes Formular festgestellt werden (Schneider MDR 81, 678; Mümmler JurBüro 81, 1582; str, aA LG Hamm JurBüro 81, 1581, das jedoch verkennt, daß § 117 keine dem § 691 entsprechende Sanktion setzt, vgl Schneider MDR 82, 89). Ein unvollständiger Antrag darf wiederholt werden (Rn 5, 19).

a) Kein Benutzungszwang – wohl Benutzungsrecht! – der Vordrucke für die Erklärung eines 18 minderjährigen unverheirateten Kindes, wenn es einen Unterhaltsanspruch geltend macht, und für die Erklärung eines minderjährigen unverheirateten nichtehelichen Kindes, wenn es die Feststellung der Vaterschaft betreibt (Oldenburg NdsRpfl 81, 215). Das entspricht der früheren Regelung in § 118 II 3 aF, die in diesen Fällen von der Vorlage eines Armutszeugnisses absah. Abweichend vom alten Recht müssen jedoch die vom Vordruck befreiten Antragsteller die Erklärung über die persönlichen und wirtschaftlichen Verhältnisse gem § 117 II insbesondere wegen der Möglichkeit eines Prozeßkostenvorschusses (s § 115 Rn 46; Künkel DAVorm 83, 346) unter Vorlage von Belegen (Rn 21) abgeben (KG DAVorm 80, 106; 84, 323, 491; NJW 82, 111; Oldenburg NdsRpfl 81, 215 u FamRZ 83, 636; Düsseldorf DAVorm 81, 772; Bamberg JurBüro 83, 290; Karlsruhe OLGZ 84, 451). Beabsichtigte Statusverfahren ehelicher Kinder sind ebenso zu behandeln (Frankfurt DAVorm 84, 215). In der Regel genügt indessen die einfache Erklärung im Bewilligungsantrag über Einkommens- und Vermögensverhältnisse. Formzwang besteht nicht.

b) Abs 4 hat nicht den Zweck, eine Prozeßhandlung zu formalisieren und unter eine Zulässig- 19 keitsvoraussetzung zu stellen, wie etwa § 253 II für die Klage oder § 569 II 1 für die Beschwerde. Das zeigt sich vor allem bei den Anforderungen, die in der Rechtsmittelinstanz gestellt werden (s § 119 Rn 27). Die **Nichtbenutzung der Vordrucke** macht daher einen Antrag nicht unzulässig, sondern nur prüfungsunfähig mit der Folge, daß er als **unbegründet** zurückzuweisen ist, weil er nicht iS des § 117 II substantiiert ist (LAG Hamm MDR 82, 83; Schneider MDR 82, 89; aA Köln MDR 82, 152; LG Konstanz MDR 81, 677 m abl Anm Schneider). Die Zurückweisung eines Antrags wegen Nichtbenutzung des Vordrucks hindert auch nicht die Stellung eines neuen formgerechten Antrags (Oldenburg NdsRpfl 81, 167; SG Schleswig SchlHA 84, 148; s auch oben Rn 5); es tritt also keine materielle Abweisungsrechtskraft ein, da noch keine Beurteilung der subjektiven Voraussetzungen stattgefunden hat.

c) Die Vordrucke sind nur für natürliche Personen bestimmt. **Parteien kraft Amtes,** juristi- 20 sche Personen und parteifähige Vereinigungen bedienen sich ihrer nicht. Ihre finanzielle Verhältnisse sind in der Regel so vielgestaltig, daß sie nicht mit vorprogrammierten Fragen erfaßbar sind. Das gilt insbesondere, wenn auch noch eine zumutbare Kostenbelastung wirtschaftlich Beteiligter zu prüfen ist (§ 116). Der Antrag ist daher individuell zu begründen.

3) Belege. Hierbei handelt es sich lediglich um die schriftlichen Unterlagen zur Glaubhaftma- 21 chung der persönlichen und wirtschaftlichen Verhältnisse des Hilfsbedürftigen (Karlsruhe FamRZ 86, 372), nicht um die Beweismittel des § 117 I 2, die zur Prüfung der objektiven Voraussetzungen (hinreichende Erfolgsaussicht, § 114) vorgelegt werden müssen. Sind die Angaben ohnehin glaubhaft, brauchen keine Belege mehr vorgelegt zu werden (Karlsruhe FamRZ 86, 372). Eine Beweisaufnahme im Bewilligungsverfahren durch Vernehmung von Zeugen oder Sachverständigen nur zur Feststellung der Vermögensverhältnisse ist unzulässig (§ 118 II 3; s § 118 Rn 16). **Beizufügen** bedeutet nicht, daß Antrag und Belege zusammen eingehen müssen; die Belege dürfen nachgereicht werden (Oldenburg NdsRpfl 81, 166; Köln FamRZ 85, 828; BFH BB 63, 1656). Sind die vorgelegten Unterlagen lückenhaft oder genügen sie dem Gericht nicht, dann muß es den Antragsteller zur Ergänzung oder zur Vorlage der gewünschten Unterlagen auffordern (Schleswig SchlHA 82, 71). Legt er dar, daß er bemüht ist, die noch fehlenden Unterlagen beizubringen, oder ergibt sich dies aus den Umständen, hat das Gericht seine Entscheidung zurückzustellen, gfls nach Fristsetzung, weil sonst Art 103 I GG verletzt wird. Das Gericht braucht sich die Unterlagen nicht selbst zu beschaffen, muß aber entgegen Oldenburg (NdsRpfl 81, 166 [167 zu b] = KoRsp ZPO § 117 Nr 1 m Anm Schneider; ebenso anscheinend Oldenburg FamRZ 83, 636), auf das Fehlen hinweisen und darf nicht kurzerhand den Antrag ablehnen (KG DAVorm 84, 491; Stuttgart MDR 84, 58), auch nicht bei anwaltlicher Vertretung (irrig auch LAG Düsseldorf EzA ZPO § 117 Nr 6; ausführlich dazu Schneider MDR 86, 113). Bringt der Antragsteller die Belege nicht bei, dann fehlt die Entscheidungsgrundlage, und der Antrag ist als unbegründet zurückzuweisen (BGH KoRsp ZPO § 115 Nr 8; BayObLG FamRZ 84, 73; Nürnberg JurBüro 84, 610; LAG Hamm JurBüro 81, 1578).

118 *[Verfahren; Tatsachenfeststellung; Kosten]*

(1) Vor der Bewilligung der Prozeßkostenhilfe ist dem Gegner Gelegenheit zur Stellungnahme zu geben, wenn dies nicht aus besonderen Gründen unzweckmäßig erscheint. Die Stellungnahme kann vor der Geschäftsstelle zu Protokoll erklärt werden. Das Gericht kann die Parteien zur mündlichen Erörterung laden, wenn eine Einigung zu erwarten ist; ein Vergleich ist zu gerichtlichem Protokoll zu nehmen. Dem Gegner entstandene Kosten werden nicht erstattet. Die durch die Vernehmung von Zeugen und Sachverständigen nach Absatz 2 Satz 3 entstandenen Auslagen sind als Gerichtskosten von der Partei zu tragen, der die Kosten des Rechtsstreits auferlegt sind.

(2) Das Gericht kann verlangen, daß der Antragsteller seine tatsächlichen Angaben glaubhaft macht. Es kann Erhebungen anstellen, insbesondere die Vorlegung von Urkunden anordnen und Auskünfte einholen. Zeugen und Sachverständige werden nicht vernommen, es sei denn, daß auf andere Weise nicht geklärt werden kann, ob die Rechtsverfolgung oder Rechtsverteidigung hinreichende Aussicht auf Erfolg bietet und nicht mutwillig erscheint; eine Beeidigung findet nicht statt. Hat der Antragsteller innerhalb einer von dem Gericht gesetzten Frist Angaben über seine persönlichen und wirtschaftlichen Verhältnisse nicht glaubhaft gemacht oder bestimmte Fragen nicht oder ungenügend beantwortet, so lehnt das Gericht die Bewilligung von Prozeßkostenhilfe insoweit ab.

(3) Die in Absatz 1, 2 bezeichneten Maßnahmen werden von dem Vorsitzenden oder einem von ihm beauftragten Mitglied des Gerichts durchgeführt.

Übersicht

1 **I) Rechtliches Gehör (Abs 1 S 1). 1) Notwendigkeit.** Die Anhörung des Gegners ist **zwingend.** Sie steht nicht im Ermessen des Gerichts, das auch in formlosen Verfahren an Art 103 I GG gebunden ist (BVerfGE 20, 282). Die vorherige Stellungnahme des Gegners ist nur dann entbehrlich, wenn dies „aus besonderen Gründen unzweckmäßig erscheint." Unter welchen Voraussetzungen dies anzunehmen ist, ist im Gesetz nicht gesagt. Die Ausnahme ist tatbestandlich sehr unklar und muß im Hinblick auf Art 103 I GG eng ausgelegt werden.

2 **a)** Angesichts der klaren Regelung in § 118 ist die Annahme verfehlt, der Antragsgegner habe weder ein Recht auf Anhörung noch auf Einblick hinsichtlich der Erklärungen nach § 117 II (§ 299 Rn 4). Sie ist anfangs nur vereinzelt im Schrifttum vertreten worden (Holch NJW 81, 151; Schmidt JR 83, 353; Pentz NJW 83, 1037). Dann hat sie der BGH (BGHZ 89, 65 = JR 84, 202 m

zust Anm Waldner = MDR 84, 307 m abl Anm Schneider) übernommen und sich damit in Gegensatz zur bis dahin ganz hM gestellt (Frankfurt JurBüro 82, 1260 [1262]; Bremen FamRZ 82, 832; Celle MDR 82, 761 [Aufhebung von LG Stade NdsRpfl 82, 65]; Karlsruhe MDR 82, 1025; Köln MDR 83, 323 Nr 73; Hamm FamRZ 84, 306; LAG Hamburg MDR 82, 527 = KoRsp ZPO § 118 Nr 4 m zust Anm von Eicken; LAG Frankfurt AuR 83, 348; Künkel DAVorm 83, 347; Bischof AnwBl 81, 374; Schultz MDR 81, 525; Schneider MDR 81, 797; Vogel, PKH im familiengerichtlichen Verfahren S 40; Bobenhausen Rpfleger 84, 396). Köln (MDR 85, 328 m abl Anm Schneider) hat sich dem BGH angeschlossen; Düsseldorf (Rpfleger 84, 200) u LG Tübingen (Justiz 84, 58) beschränken das Einsichtsrecht auf Erklärungen, die vom Sachvorbringen abtrennbar sind, wobei Düsseldorf aaO die gänzlich abwegige Ansicht vertritt, dem Prozeßbevollmächtigten könne vorgeschrieben werden, je eigene Schriftsätze für die Erfolgsaussicht und die Hilfsbedürftigkeit abzufassen. Stahlhacke (ArbGG 2. Aufl 1986 § 11a Rn 13) erstreckt das Anhörungsverbot sogar auf die Beschwerdeinstanz. Die das Gehörsrecht verneinende Auffassung läuft auf eine Außerkraftsetzung des § 299 I hinaus. Prozeßökonomisch ist diese Auffassung abwegig, weil in den zahlenmäßig einschlägigsten Familiensachen nur vom Gegner Fehlangaben berichtigt werden können. Daran besteht angesichts der erschwerten Aufhebungsvoraussetzung des § 124 ein dringendes Interesse. Wenig hilfreich für die Praxis ist der Vorschlag Schusters (SGb 82, 182), das Gericht solle die Angaben „so diskret wie möglich behandeln und sie den am Verfahren Beteiligten nur dann zur Kenntnis gelangen lassen, wenn dies unumgänglich notwendig" sei. Entweder hat der Gegner ein Einsichtsrecht oder er hat es nicht; keinesfalls ist das Gericht befugt, über Art 103 I GG zu disponieren. Auch das **DatenschutzG** steht der Anhörung nicht entgegen. Es ist tatbestandlich nicht erfüllt. In der Verfahrenseinleitung liegt zudem die Einwilligung zur Unterrichtung des Gegners; außerdem ist Art 103 I GG immer vorrangig (LAG Hamburg MDR 82, 527; Frankfurt JurBüro 82, 1260 [1262]).

Verfehlt ist es, das Äußerungsrecht des Gegners mit der Begründung abzuschwächen, er sei 3
am PKH-Verfahren nicht als Antragsgegner beteiligt, und die Bewilligungsentscheidung greife nicht unmittelbar in seine Rechte ein (so Bettermann JZ 62, 676; Holch NJW 81, 151). Diese formale Argumentation verkennt die praktische Bedeutung der Bewilligung; von ihr hängt insbesondere ab, ob der Rechtsstreit überhaupt durchgeführt wird, ob der Gegner einstweilige Kostenbefreiung erlangt (§ 122 II) und ob er am Ende gar trotz Obsiegens der Zahlende ist (s dazu Lappe MDR 85, 463, 464). Darüber hinaus ist nicht selten gerade der Gegner die einzige Person, an Hand deren Angaben die objektiven und subjektiven Bewilligungsvoraussetzungen (§§ 114, 115) überprüft werden können. Schließlich hängt es auch von seiner Einlassung ab, ob hinreichende Erfolgsaussicht angenommen werden kann, etwa wenn als Beweismittel lediglich Parteivernehmung angeboten wird, der Gegner aber in seiner Stellungnahme die unter Beweis gestellten Behauptungen des Antragstellers substantiiert bestreitet. Ebenso kann der Gegner beispielsweise durch Erhebung von Einreden (Verjährung, Zurückbehaltung) oder Einwendungen auf die Bewilligungsentscheidung ausschlaggebenden Einfluß nehmen (s näher § 114 Rn 35). Die Notwendigkeit, das Gegenvorbringen zu berücksichtigen, ist unverkennbar. Um die These vom fehlenden Einsichtsrecht durchhalten zu können, gibt der BGH seine Prämisse auf und meint, „insoweit" sei der Gegner kraft Gesetzes am PKH-Verfahren beteiligt (also doch!) und habe deshalb auch Anspruch auf rechtliches Gehör (BGHZ 89, 66, 67). Ein solchermaßen gespaltenes Verfahren läßt sich indessen weder aus den §§ 114 ff noch aus den Gesetzesmaterialien ableiten. Es handelt sich, methodisch gesehen, um eine Zweckbehauptung, die unerwünschte Konsequenzen einer falschen Grundansicht verdecken soll.

b) Dem Gegner des Hilfsbedürftigen ist deshalb **uneingeschränkt rechtliches Gehör zu** 4
gewähren. In diesem Sinne ist auch die Rspr des BVerfG zu verstehen, wonach auch derjenige Anspruch auf rechtliches Gehör hat, der lediglich in „parteiähnlicher Stellung" am Verfahren beteiligt ist (BVerfGE 13, 141; 17, 361; 21, 273; s auch BayVerfGH JZ 62, 673). Daraus folgt, daß der Ausnahmetatbestand des § 118 I 1 entsprechend eng gehalten werden muß. Er ist einmal dann gegeben, wenn mit dem Antrag auf PKH-Bewilligung zugleich **Eilanträge** verbunden sind, deren Erfolg von einer Überraschungswirkung abhängt, die durch eine vorherige Anhörung des Schuldners wegen der damit verbundenen Warnung vereitelt werden könnte (BVerfGE 7, 99; 9, 98; 19, 51). Beispiele: Arrest (s § 922 I 1); einstweilige Verfügung (§ 937 II); Forderungspfändung (§ 834; s auch Bobenhausen Rpfleger 84, 396); Nachtzeit-Vollstreckung und Wohnungsdurchsuchung (§§ 761, 758; vgl Schneider NJW 80, 2377 ff; aA Behr/Hantke Rpfleger 81, 269, aber irrig, da die Einschränkung „Gefahr im Verzug" in Art 13 II GG u BVerfGE 51, 97 übersehen worden ist). Vorherige Anhörung kann weiter unzweckmäßig sein, wenn eine **Leistungsverfügung auf Unterhalt** begehrt wird und auf seiten des Antragstellers eine **Notlage** besteht. Schließlich kommen Sachverhalte in Betracht, in denen eine vorherige Anhörung ihren **Schutz- und Informationszweck** nicht erreichen könnte, etwa bei der Notwendigkeit einer öffentlichen Zustellung (§ 203).

In derartigen Fällen ist die Gewährung rechtlichen Gehörs **alsbald nachzuholen,** damit der Gegner wenigstens nachträglich auf die gerichtliche Entscheidung Einfluß nehmen kann.

5 **2) Ausführung.** Gegenstand der Anhörung sind die vom Gegner zu seiner Rechtsverteidigung vorzubringenden Tatsachen. Die Anhörung ist keine Parteivernehmung (§§ 445 ff). Werden im PKH-Bewilligungsverfahren ausnahmsweise Zeugen oder Sachverständige (uneidlich: Abs 2 S 3) vernommen, dann müssen (Abs 1 S 1) Antragsteller und Antragsgegner Gelegenheit erhalten, anwesend zu sein. Sie müssen also rechtzeitig schriftlich vom Termin benachrichtigt werden. Anwaltszwang besteht nicht für die Abgabe der Stellungnahme (§§ 78 II, 118 I 2). Sind die Beteiligten jedoch bereits anwaltlich vertreten, dann sind ihre Vertreter zu informieren. § 141 ist im Bewilligungsverfahren nicht anwendbar, so daß das persönliche Erscheinen nicht erzwungen werden kann, insbesondere kein Ordnungsgeld wegen unentschuldigten Fernbleibens verhängt werden darf (Hamm JMBlNRW 59, 181).

6 **3) Form der Stellungnahme (Abs 1 S 2).** Der Gegner kann sich schriftlich oder zu Protokoll der Geschäftsstelle äußern, mündlich dann, wenn ein Erörterungstermin bestimmt wird (Abs 1 S 3). Sieht er von einer Gegenerklärung ab, dann ist entsprechend § 138 III davon auszugehen, daß die Angaben des Antragstellers zutreffen. Jedoch muß sich das Gericht Gewißheit verschafft haben, daß dem Gegner die Stellungnahme möglich war, insbesondere also, daß die ihm übersandten Durchschriften der Schriftsätze des Antragstellers zugegangen sind. Die (überspannte: Schneider MDR 79, 621/22) Anforderung des BVerfG (BVerfGE 36, 88), das Gericht müsse formlose Mitteilungen durch Beifügen einer rückgabepflichtigen Empfangsbescheinigung überwachen, wird in der Praxis mit Recht nicht befolgt. Wenn es im Einzelfall erforderlich erscheint, kann förmlich zugestellt werden.

7 **II) Erörterungstermin (Abs 1 S 3). 1)** Es handelt sich um eine gegenüber § 118 I 1 qualifizierte Form der Äußerung des Gegners. Dahinter steht das Ziel (s § 279) der gütlichen Streitbeendigung. Die mündliche Erörterung soll helfen, Unklarheiten zu beheben und die Einigungsbereitschaft zu fördern. Ihr Ausmaß ist durch § 127 I 1 begrenzt, wonach im PKH-Verfahren ohne mündliche Verhandlung zu entscheiden ist. Es ist nicht statthaft, den Erörterungstermin des § 118 I 3 zu einer mündlichen Verhandlung auszuweiten mit der Folge, daß entgegen § 114 I 1 nicht lediglich hinreichende, sondern endgültige Erfolgsaussicht geprüft und damit praktisch der Hauptprozeß vorweggenommen würde (Hamm MDR 83, 674). Das würde auch gegen das Gebot verstoßen, die Entscheidung über das PKH-Gesuch nicht ungebührlich lange hinauszuzögern (Rn 13).

8 **2) Vergleich.** Er muß außerhalb Anwaltszwangs im Verfahren nach § 118 vor Bewilligung abgeschlossen werden (Köln AnwBl 82, 113). Kommt er bei der Anhörung des Gegners zustande, dann genügt die Einigung der Parteien über den Gegenstand des PKH-Gesuchs. Abweichend von dem Grundsatz, daß PKH nicht für das Bewilligungsverfahren selbst gewährt wird (Rn 8 vor § 114), ist Bewilligung für den PKH-Vergleich zulässig, weil anderenfalls der kostenmindernde Zweck des Sühneverfahrens nach § 118 I 3 verfehlt würde (Schneider MDR 81, 793 Ziff II 3 c; ganz hM, zB Stuttgart AnwBl 86, 414 sowie die Nachw in Rn 11). Gebührenrechtlich wird dann von der Bewilligung das gesamte Bewilligungsverfahren erfaßt (Stuttgart AnwBl 86, 414; Frankfurt FamRZ 82, 1225; str, aA Hamburg JurBüro 83, 287; Bamberg JurBüro 83, 455; Mümmler JurBüro 86, 1577). Anders als beim Prozeßvergleich über die Hauptsache (§ 119 Rn 10) kann hier ein umfassender Gesamtvergleich abgeschlossen werden, der ohne weiteres in das Bewilligungsverfahren fällt, auch wenn er Gegenstände erfaßt, die über die beabsichtigte Rechtsverfolgung hinausgehen; die freiwillige Übernahme von Leistungen indiziert die hinreichende Erfolgsaussicht. Bewilligung von PKH für einen solchen Vergleich ist zulässig (Rn 11).

9 **a)** Der Vergleich kann auch vom beauftragten oder ersuchten Richter protokolliert werden oder vor dem nach § 20 Nr 4 a RpflG beauftragten Rechtspfleger. Ein protokollierter Vergleich ist **Vollstreckungstitel nach § 794 I Nr 1** und beendet das PKH-Verfahren. Wird er vor einem unzuständigen Organ geschlossen, etwa vor dem dazu nicht beauftragten Rechtspfleger, dann handelt es sich um einen außergerichtlichen Vergleich, der Grundlage einer Klage aus der Vergleichsvereinbarung sein kann.

10 **b) Anwaltszwang** besteht für den Vergleichsabschluß **nicht,** wohl bei Abschluß erst nach vollständiger Bewilligung (Köln AnwBl 82, 113). Erklärt eine Partei, daß sie sich ohne Beratung durch einen Anwalt nicht vergleichen könne oder wolle, so ist der Versuch zur gütlichen Beilegung als gescheitert anzusehen.

11 **c) Für das PKH-Verfahren** als solches gibt es **keine Bewilligung von PKH** und keine Beiordnung eines Rechtsanwalts (Rn 8 vor § 114). Nach Bewilligung wiederum ist für einen Vergleich im Bewilligungsverfahren gemäß § 118 I 3 kein Raum mehr. Dann kann nur noch die Hauptsa-

che verglichen werden. Die Bewilligung von PKH „für den Vergleich“ ist gem § 119 S 1 gleichbedeutend mit Bewilligung für den gesamten Rechtszug (Schneider MDR 81, 793 Ziff II 3b, aa); fehlerhafte willentliche Beschränkung durch das Gericht ist wirksam (Zweibrücken JurBüro 85, 1418), muß aber auf Beschwerde hin abgeändert werden. Umgekehrt deckt die Bewilligung für die Hauptsache ohne weiteres die Prozeßerledigung durch Vergleich (Schneider MDR 81, 793 Ziff II 3b, bb). Werden in den Vergleich zur Hauptsache nicht oder anderweit anhängige Streitigkeiten zwischen den Parteien einbezogen, dann ist aus prozeßökonomischen Gründen entsprechend der *ratio* des PKHG ausnahmsweise die Ausdehnung der Bewilligung auf den Gesamtvergleich zulässig, was jedoch beschlossen werden muß (Schneider MDR 81, 793 Ziff II 3a; allg M, zB Frankfurt FamRZ 82, 1225; Köln MDR 83, 323; Hamm AnwBl 85, 654). Außergerichtliche Vergleiche werden von der Bewilligung nicht gedeckt (Schneider MDR 85, 814 m Nachw). Zur **verfahrenswidrigen Beweiserhebung** statt Bewilligung s Rn 16.

d) Eine **Klagerücknahme nach Abschluß eines Vergleichs** ist **nicht mehr möglich** (KG JW 38, 12
3311). Denn entweder wird der Vergleich lediglich im PKH-Verfahren abgeschlossen, also vor Klageerhebung; oder er wird danach abgeschlossen und erledigt dann die Hauptsache. In Betracht kommt Klagerücknahme allerdings dann, wenn der Inhalt des Vergleichs gerade darin besteht, den Kläger oder Rechtsmittelführer zur Abgabe dieser Erklärung zu verpflichten. Genaue Beurteilung ist wegen der möglichen Kostenbelastung aus § 269 III geboten.

III) Tatsachenfeststellung (Abs 2). 1) Beschleunigungsgebot. Das PKH-Prüfungsverfahren ist 13
beschränkt auf das Vorliegen der Voraussetzungen der §§ 114, 115. Der Antragsteller muß bei der Aufklärung mitwirken (§ 114 Rn 52); unvollständige und widersprüchliche Angaben über Sachverhalt und Vermögensverhältnisse gehen zu seinen Lasten (Schleswig SchlHA 78, 197). Saumseligkeit kann ihn irreparabel benachteiligen, wenn das Verfahren weiter geht und zu ihm ungünstigen tatsächlichen Feststellungen führt (s § 114 Rn 52). Ein Verstoß gegen die Mitwirkung bei der Sachaufklärung kann auch Indizwert bei der Beurteilung des Wahrheitsgehaltes des Parteivorbringens haben und sich ungünstig auf die Feststellung hinreichender Erfolgsaussicht auswirken (Köln DAVorm 80, 850). Davon abgesehen entscheidet das Gericht nach pflichtgemäßem Ermessen, wie weit es bei der Prüfung gehen will. Das Verfahren soll beschleunigt durchgeführt werden (Künkel DAVorm 83, 337) und darf nicht zu einem Vorprozeß ausarten (Köln JMBlNRW 66, 188; Frankfurt AnwBl 75, 238; JurBüro 82, 774). Andererseits braucht das Gericht einen nicht durch Fristen beschränkten Spielraum für eine ausreichende Klärung der Sach- und Rechtslage, zumal der Gegner ausführlich angehört werden muß (BGH NJW 60, 98). Das kann zu Verzögerungen führen, die aber keine monatelange Bearbeitung rechtfertigen. Auf keinen Fall ist es statthaft, über die Bewilligung erst nach Verhandlung und Beweiserhebung in der Hauptsache zu entscheiden oder die Entscheidung hinsichtlich des Antragstellers im Streitgenossenprozeß hinauszuschieben, bis die Beweisaufnahme im Verfahren gegen den anderen Streitgenossen durchgeführt worden ist (Düsseldorf JurBüro 80, 1085). Erst recht ist es unzulässig, über § 118 II 2, 3 amtswegig unter Verstoß gegen Beweislastgrundsätze aufzuklären (Hamm FamRZ 86, 80: Mißbrauch). Dagegen ist die Beschwerde gegeben (§ 119 Rn 20 aE). Ein solches Vorgehen kann Kostenniederschlagung nach § 8 GKG rechtfertigen (§ 119 Rn 20 aE) und Amtshaftung auslösen (Rn 8 vor § 114). Deshalb ist es auch nicht zulässig, das PKH-Bewilligungsverfahren nach §§ 148, 149 oder sonstigen Vorschriften wegen eines anderweit schwebenden Rechtsstreits auszusetzen (Stuttgart NJW 50, 229; KG NJW 53, 1474 [2.ZS]; Oldenburg MDR 57, 554; Hamm FamRZ 85, 827; LG Itzehoe SchlHA 60, 112); auch dagegen gibt es die Beschwerde (Hamm FamRZ 85, 827). Auch eine Unterbrechung nach §§ 239, 244 findet nicht statt; der Tod des Anwalts beeinflußt den Verfahrensablauf nicht (BGH NJW 66, 1126), der Tod der Partei beendet das Bewilligungsverfahren (s § 119 Rn 15). Köln (FamRZ 85, 632) verstößt gegen das Beschleunigungsgebot, wenn es die Bewilligungsentscheidung zur Rechtsverteidigung gegen eine Stufenklage (siehe dazu § 114 Rn 36) zurückstellt, bis der Kläger auf eine ihm erteilte Auskunft hin den Zahlungsantrag beziffert. Denn dann kann die anfänglich gegebene hinreichende Erfolgsaussicht der Rechtsverteidigung später zu Lasten des Hilfsbedürftigen zu verneinen sein, wobei sich dann zusätzlich die Streitfrage stellt, ob auf den Eingang des Antrages oder auf den Zeitpunkt der Entscheidung abzustellen ist (§ 119 Rn 19, 20).

2) Glaubhaftmachung (Abs 2 S 1). Sie darf nicht mit der Darlegungslast (§ 117 Rn 16) verwech- 14
selt werden. Das Gericht oder der von ihm beauftragte Rechtspfleger (§ 20 Nr 4a RpflG) können Glaubhaftmachung (§ 294) der zur Begründung der Klage oder der Rechtsverteidigung vorgebrachten Tatsachen verlangen. Das gilt auch für die Tatsachen, aus denen die Hilfsbedürftigkeit gefolgert werden soll (Schleswig SchlHA 82, 71, s Rn 18, 19). Eine eidesstattliche Versicherung zur Hilfsbedürftigkeit (Düsseldorf JurBüro 86, 457; zur Erfolgsaussicht s § 117 Rn 15), sollte nur zur Behebung konkreter Zweifel angefordert werden (Düsseldorf AnwBl 86, 162). Die eV einer

Person, die später als Zeuge in Betracht kommen kann, sollte jedoch grundsätzlich nicht angefordert werden, weil die damit verbundene strafbewehrte Festlegung des Versichernden die spätere Zeugenaussage im strengbeweislich ablaufenden Hauptverfahren in einer der Wahrheitsfindung abträglichen Weise fixieren kann. Daraus, daß § 118 II 3 die Zeugenvernehmung grundsätzlich ausschließt, muß gefolgert werden, daß auch die eidesstattliche Versicherung nur sekundäre Bedeutung haben kann: Wenn „auf andere Weise nicht geklärt werden kann ...". Anderenfalls könnte die gesetzliche Beweisbeschränkung durch Vorlage eidesstattlicher Versicherungen unschwer umgangen werden. Eidesstattliche Versicherungen des Hilfsbedürftigen selbst sollten nur zugelassen werden, soweit keine Belege beigebracht werden können, zB nicht für das Arbeitseinkommen, wohl für die Negativerklärung, kein Barvermögen, Sparbuch usw zu besitzen (zurückhaltend auch BGH r + s 85, 310).

3) Amtsaufklärung. Zu unterscheiden ist diejenige zur **Erfolgsprüfung** (Abs 2 S 2, 3) und die zur Klärung der **Einkommens- und Vermögensverhältnisse** (Abs 2 S 4; unten Rn 18), was insbesondere in Statusprozessen erheblich wird (vgl § 114 Rn 46–48; § 117 Rn 18).

15 **a) Möglichkeiten (Abs 2 S 2).** Das Gericht kann Erhebungen anstellen, insbesondere die **Vorlage von Urkunden und Vorakten** anordnen sowie **Auskünfte** von anderen Behörden oder von Privatpersonen einholen. Jedoch sollte dies unterbleiben, wenn damit eine erhebliche Verzögerung des Verfahrens verbunden ist. Davon abgesehen ist die schriftliche Anhörung unbeschränkt zulässig. Ein Beweisbeschluß ist nicht nötig, kann sich aber im Fall des § 118 II 3 aus Gründen der Klarheit empfehlen. Eine Entscheidung des Gerichts darüber, ob es Erhebungen anordnet oder ablehnt, ist unanfechtbar, sofern sie nicht als verfahrenswidrige Verzögerung auf eine Ablehnung hinausläuft (§ 119 Rn 20 aE). Beiziehung und Verwertung von **Strafakten,** regelmäßig in Haftpflichtprozessen, bedarf keines Antrages und kann vom Antragsteller nicht durch Widerspruch verhindert werden (KG VersR 72, 104). Entsprechend können Erhebungen im PKH-Bewilligungsverfahren in späteren Prozessen oder anderen Bewilligungsverfahren urkundenbeweislich verwertet werden; soweit Aussagen protokolliert worden sind, hat jedoch der Antrag auf Vernehmung wegen des Grundsatzes der Unmittelbarkeit Vorrang.

16 **b) Grenzen (Abs 2 S 3).** Die Vernehmung von Zeugen und Sachverständigen ist im Gesetz eindeutig als Ausnahme herausgestellt, zB wenn der Aufwand gering, die „hinreichende Erfolgsaussicht" dürftig und der Streitwert hoch ist. Das PKH-Prüfungsverfahren soll nicht den Hauptprozeß entscheiden. Deshalb ist es rechtsfehlerhaft, wenn über die Bewilligung erst beschlossen wird, nachdem die gesamte Beweisaufnahme in der Hauptsache durchgeführt worden ist und dadurch Entscheidungsreife eingetreten ist (Frankfurt AnwBl 75, 238). Das Bewilligungsverfahren muß so beschleunigt abgewickelt werden, daß die glaubhaft gemachten Ausführungen der Beteiligten und nicht der Verlauf der Hauptsache Entscheidungsgrundlage sind. Die **subsidiäre Vernehmung von Zeugen oder Sachverständigen** kommt daher nur unter der Voraussetzung in Betracht, daß anderenfalls die zur Entscheidung im Bewilligungsverfahren unerläßliche tatsächliche Aufklärung nicht erzielt werden kann. Ausnahmsweise Vernehmung von Zeugen kann zB sachdienlich sein, wenn Kläger und Beklagter PKH beantragen, bei beiden die subjektiven Voraussetzungen vorliegen und Klage sowie Verteidigung schlüssig und unter Beweis gestellt sind. Dann kann es prozeßökonomisch und kostensparend sein, durch eine (teilweise) vorgezogene Beweisaufnahme Klärung darüber anzustreben, wo wirklich Erfolgsaussicht besteht. Bei **Beweiserhebung unter Verstoß gegen § 118 II 3** muß der Hilfsbedürftige durch separate PKH-Bewilligung geschützt werden (Köln MDR 83, 323 = Rpfleger 83, 124; nur scheinbar aA LG Aachen MDR 86, 504, s dazu Schneider MDR 86, 857). Eine verfahrenswidrige Beweiserhebung vor der Bewilligungsentscheidung steht der Ablehnung gleich und ist deshalb beschwerdefähig (§ 119 Rn 20 aE).

17 **Zeugen- und Sachverständigenbeweis** ist nach § 118 II 3 nur erlaubt, um Feststellungen zur hinreichenden Erfolgsaussicht zu treffen; für die Ermittlung der Einkommens- und Vermögensverhältnisse darf aber eine **Behördenauskunft** eingeholt werden (Rn 19). Haben Tatsachen, die für die Beurteilung der hinreichenden Erfolgsaussicht erheblich sind, gleichzeitig Bedeutung für die Einkommensverhältnisse und für die Vermögensverhältnisse, zB in Unterhaltsstreitigkeiten, dann dürfen Feststellungen mit Hilfe von Zeugen oder Sachverständigen auch bei der Prüfung der subjektiven Voraussetzungen berücksichtigt werden. § 118 II 3 stellt nur ein Verbot der Zeugen- und Sachverständigenvernehmung für die isolierte Einkommensprüfung auf.

18 **IV)** Die **Mitwirkungspflicht des Hilfsbedürftigen** (§ 114 Rn 52) ist durch § 118 II 4 wesentlich verstärkt und vor allem durch drohende Ablehnungsentscheidung sanktioniert worden. Es ist Aufgabe des Hilfsbedürftigen und nicht des Gerichts, die persönlichen und wirtschaftlichen Verhältnisse darzulegen, glaubhaft zu machen und konkrete Fragen alsbald zu beantworten. Kommt er diesen Anforderungen nicht nach und betreibt er sein eigenes PKH-Verfahren nach-

lässig, dann hat das Gericht sich nicht um weitere Aufklärung zu bemühen, sondern die Bewilligung kurzerhand zu versagen. Eine solche Ablehnung wirkt keine Rechtskraft. Wiederholt der Hilfsbedürftige seinen Antrag mit genügenden Darlegungen und macht er diese glaubhaft, dann kann nunmehr PKH bewilligt werden, jedoch frühestens ab Einreichung des neuen Gesuchs (§ 119 Rn 19).

Es kann auch so liegen, daß die Lücken in den Darlegungen oder in der Glaubhaftmachung sich nur auf die Beurteilung auswirken, ob Ratenzahlung anzuordnen ist und ggf in welcher Höhe. Dann ist PKH zu bewilligen, jedoch auf Grund des dem Hilfsbedürftigen ungünstigeren Sachverhalts. Die Lücken in der Darlegung oder in der Glaubhaftmachung zur Höhe gehen zu seinen Lasten. Das wird insbesondere dann praktisch, wenn wegen der ungenügenden Mitwirkung des Hilfsbedürftigen zweifelhaft bleibt, ob er ein höheres Einkommen als angegeben hat oder ob behauptete Zahlungsverpflichtungen in der angegebenen Höhe bestehen und getilgt werden.

Behördenauskünfte waren früher nach § 118 II 4 vorgesehen, wenn sich das Gericht über die Einkommens- und Vermögensverhältnisse des Antragstellers keine ausreichende Gewißheit verschaffen konnte. Diese Auskünfte betrafen **nur** die Einkommens- und Vermögensverhältnisse. Die **tatsächlichen** Ermittlungen regelt § 118 II 2, 3 (Rn 16, 17). An dieser Befugnis des Gerichts hat sich trotz der Streichung des § 118 II 4 aF nichts geändert. Nur wird das Gericht mit Rücksicht auf § 118 IV nF strengere Anforderungen an die Mitwirkungspflicht des Hilfsbedürftigen stellen und bei Verstoß dagegen in der Regel von eigenen Ermittlungen absehen und das Gesuch ablehnen (Rn 18). Anders zu verfahren, bietet sich insbesondere dann an, wenn der Hilfsbedürftige ersichtlich unbeholfen, schreibungewandt oder der deutschen Sprache nicht hinreichend mächtig ist. Die Möglichkeit amtswegiger Ermittlungen entbindet den Antragsteller jedoch nicht von der Pflicht des § 117 II, Belege beizufügen (LAG Hamm JurBüro 81, 1578). Zur Auskunft **zuständige Behörden** sind solche, die öffentlich-rechtliche Leistungen an den Antragsteller erbringen, erbracht haben oder die mit entsprechenden Vorgängen befaßt sind. Hinzu kommen die durch § 118 II 2 gedeckten Arbeitgeberauskünfte (Lohnbescheinigungen). **Auskunftsbeschränkungen** müssen vom Gericht beachtet werden. Insbesondere ist das *Steuergeheimnis* und die *ärztliche Schweigepflicht* (etwa im Zusammenhang mit Rentenauskünften) zu beachten. Soweit gesetzliche Auskunftsbeschränkungen bestehen, muß die Einwilligung des Antragstellers eingeholt werden. Heute ist darüber hinaus das *Datengeheimnis* (§ 5 DatenschutzG) zu beachten, so daß auch Arbeitgeberauskünfte entgegen bisheriger Praxis nicht nach Belieben angefordert werden dürfen (vgl Wax FamRZ 80, 976; ausführlich Becker SchlHA 80, 25 ff). 19

V) Zuständigkeit (Abs 3). Die Durchführung der Maßnahme nach § 118 obliegt dem **Vorsitzenden** oder einem von ihm **beauftragten Mitglied des Gerichts** (dem Berichterstatter). Die Beauftragung eines Rechtspflegers nach §§ 20 Nr 4 a RPflG hat in der Praxis keine Bedeutung erlangt, ist auch nicht zu empfehlen, da sie das Verfahren verzögert und der einheitlichen Beurteilung aller wesentlichen Umstände (s dazu Schneider Rpfleger 80, 365) abträglich ist. 20

VI) Kostentragung. 1) Gerichtskosten. Gebühren erfallen nicht (§ 1 GKG). Auslagen durch Vernehmung von Zeugen oder Sachverständigen sind Gerichtskosten nach GKG-KostV Nr 1904 und von demjenigen zu tragen, dem die Kosten des Rechtsstreits auferlegt werden (§ 118 I S 5). Kommt es nicht zu einer Verurteilung, weil das Bewilligungsverfahren mit Versagung endet, dann haftet der Hilfsbedürftige nach § 49 S 1 GKG als Antragsteller. Bei Zurückweisung einer Beschwerde gegen einen die PKH versagenden Beschluß erfällt zu Lasten des Beschwerdeführers eine Gerichtsgebühr (§ 49 GKG, GKG-KostV Nr 1181), die mit der Beschwerdeentscheidung fällig wird (§ 61 GKG). Bei teilweiser Zurückweisung schuldet der unterlegene Beschwerdeführer die Gebühr aus dem zurückgewiesenen Teil. Bei Abschluß eines Vergleichs (§ 118 I 3) kann es zur Übernahmehaftung nach § 54 Nr 2 GKG kommen, ein Gesichtspunkt, der nicht selten vom mitwirkenden Anwalt übersehen wird. Näheres dazu § 123 Rn 5. 21

2) Kostenerstattung (Abs 1 S 4). a) Grundsatz. Das PKH-Bewilligungsverfahren ist kein Prozeß, sondern staatliche Daseinsfürsorge, und sieht deshalb **keine Kostenerstattung** vor, auch nicht bei Zurücknahme der PKH-Beschwerde (BGH KoRsp ZPO § 127 Nr 14) und nicht analog § 269 III bei Rücknahme eines Klageantrags, der nicht zugestellt worden ist (Celle AnwBl 83, 92). Auch die Gebühr des § 51 BRAGO ist nicht erstattungsfähig. Eine Kostenentscheidung ist deshalb nicht zu treffen (Köln JMBlNRW 77, 177; Bamberg JurBüro 84, 296). Die klare gesetzliche Regelung des § 118 I 4 darf nicht durch Billigkeitserwägungen ersetzt werden (Schleswig SchlHA 78, 40). Bei Verzug oder Verschulden kann jedoch ein materiellrechtlicher Kostenerstattungsanspruch (s Rn 11 vor § 91) bestehen (Karlsruhe AnwBl 82, 491). 22

23 **b) Beschwerdeverfahren.** Der Ausschluß der Kostenerstattung gilt auch im Beschwerdeverfahren (hM, vgl zB Zweibrücken JurBüro 83, 459; Karlsruhe AnwBl 84, 456), wobei es gleichgültig ist, ob die Erstattung auf die Beschwerdeentscheidung gestützt wird (Bremen OLGZ 66, 167; Celle NJW 67, 56) oder auf eine zugunsten des Gegners in der Hauptsache ergangene Kostenentscheidung (Koblenz JurBüro 81, 776; Karlsruhe AnwBl 80, 198; Köln NJW 75, 1286; München NJW 70, 1555); demgegenüber will München (25. ZS, MDR 82, 414 u Rpfleger 83, 292) eine Kostenentscheidung nach § 97 I gg die Staatskasse treffen (von München [5. ZS] MDR 82, 761 mit Recht abgelehnt; unzutreffend daher auch LAG Köln EzA ZPO § 120 Nr 2 m abl Anm Schneider zu III 7). Zweifelhaft kann sein, wie eine **zu Unrecht oder überflüssigerweise erlassene Kostenentscheidung** im PKH-Bewilligungsverfahren zu behandeln ist. Wollte das Gericht mit seiner Entscheidung Erstattungsansprüche für Parteikosten begründen, dann ist dies bindend mit der Folge, daß im Festsetzungsverfahren die sachliche Richtigkeit dieser Kostengrundentscheidung nicht mehr überprüft werden darf; entgegen § 118 I 4 müssen in diesem Fall auch die im PKH-Bewilligungsverfahren angefallenen Parteikosten zur Erstattung festgesetzt werden (Schneider JurBüro 69, 1144). Wollte dagegen das Gericht lediglich zum Ausdruck bringen, daß die gesetzliche Regelung gelte, dann kann sich die Auferlegung von Kosten nur auf Gerichtskosten beziehen (Bamberg Rpfleger 51, 329). Ob die eine oder andere Auslegung der Kostengrundentscheidung geboten ist, hängt vom Einzelfall ab. Ein Hinweis auf § 97, der lediglich die Parteikosten betrifft, spricht für eine gewollte Begründung von Kostenerstattungsansprüchen, insbesondere wenn ein eigens formulierter Kostentenor beigegeben wird. Dagegen spricht die Tenorierung der „kostenfälligen" oder „kostenpflichtigen" Zurückweisung der Beschwerde; sie stellt meist nur eine routinemäßige Formulierung dar, mit der keine abweichende Auslegung des § 118 I 4 bezweckt ist. Diese Erfahrung in Verbindung mit der verbreiteten Unkenntnis über kostenrechtliche Detailregelungen wird in der Regel die Auslegung des Tenors rechtfertigen, daß mit ihm keine im Gesetz nicht vorgesehenen Erstattungsansprüche begründet werden sollten. Ein solcher Ausspruch ist dann lediglich als unwesentliche inhaltslose Floskel zu behandeln.

24 **c) Nachfolgender Prozeß.** Die Bewilligung von PKH berührt die wechselseitige Kostenerstattungspflicht der Parteien auf Grund der im Hauptprozeß ergehenden Kostenentscheidung nicht (§ 123). Der letztlich Obsiegende kann daher, gleichviel ob er der Hilfsbedürftige war oder nicht, die Prozeßkosten vom Gegner beitreiben, ebenso der für den Hilfsbedürftigen bestellte Anwalt (§ 126). Hinsichtlich der für sich allein nicht erstattungsfähigen Kosten des PKH-Bewilligungsverfahrens ist die Rechtslage kontrovers. Auszugehen ist davon, daß die einer Partei im Bewilligungsverfahren entstandenen Unkosten, die nicht zu den Kosten der Hauptsache rechnen, Vorbereitungskosten iS des § 91 sind (hM, zB Karlsruhe AnwBl 80, 198; Hamm Rpfleger 73, 317 u 407 m Nachw; LG Freiburg JurBüro 82, 770; LG Duisburg JurBüro 81, 771; aA Koblenz Rpfleger 75, 99 = MDR 74, 1028; JurBüro 86, 1412, s dazu Rn 25). Daraus folgt, daß der im Hauptprozeß **obsiegende Hilfsbedürftige** auch insoweit einen Erstattungsanspruch erlangt (Köln NJW 75, 1286; Karlsruhe MDR 79, 147; Frankfurt Rpfleger 79, 111; Schleswig SchlHA 80, 166; Stuttgart JurBüro 86, 936), wobei es belanglos ist, ob ihm PKH erst im Beschwerdeverfahren gegen die vorinstanzliche Ablehnung bewilligt worden ist (Karlsruhe Justiz 80, 204; aA Schleswig JurBüro 69, 526). Anders verhält es sich **hinsichtlich des am Ende obsiegenden Gegners** der hilfsbedürftigen Partei. Sein Erstattungsanspruch ist durch § 118 I 4 abschließend geregelt, und zwar verneinend; deshalb kann er seine zusätzlichen Auslagen des Bewilligungsverfahrens nicht auf Grund des Kostentitels der Hauptsache erstattet verlangen (Koblenz JurBüro 81, 772; Karlsruhe MDR 79, 147; Frankfurt JurBüro 78, 1083; Schleswig SchlHA 78, 75; 80, 165; Köln NJW 75, 1286; aA LG Duisburg JurBüro 81, 771). Wohl hat auch er nur die zur zweckentsprechenden Rechtsverfolgung notwendigen Kosten (§ 91 I 1) zu erstatten, so daß zB Kosten eines nach § 121 III beigeordneten Verkehrsanwalts abzusetzen sind, wenn dessen Inanspruchnahme nicht erforderlich war (Frankfurt AnwBl 82, 381).

25 Es ist nicht zu verkennen, daß der Erstattungsausschluß für den Gegner des Hilfsbedürftigen **unbillig** ist. Gleiche Behandlung (Art 3 I GG) verlangt, daß entweder beide Parteien bei Obsiegen erstattungsberechtigt sind oder keine Partei. Das gilt insbesondere nach Ablösung des Armenrechts durch die PKH, deren erklärter gesetzgeberischer Zweck es ist, die wirtschaftliche Gleichstellung der Parteien zu verstärken. Es sprechen daher gute Gründe dafür, der Auffassung des OLG Koblenz (Rpfleger 75, 99 [100] = MDR 74, 1028; JurBüro 86, 1412) zu folgen und den Hauptsachekostentitel als schlechthin ungeeignet zur Festsetzung etwaiger Gebühren des Bewilligungsverfahrens anzusehen.

26 **d) Vergleich.** Ohne Regelung des Kostenpunktes steht bereits § 98 einer Erstattung entgegen und schafft die Rechtslage des § 118 I 4. Jedoch können durch Kostenvereinbarungen Erstattungsansprüche begründet werden; § 118 I 4 steht dann nicht entgegen (KG JW 37, 2795).

3) Streitwert: s § 3 Rn 16 unter „Prozeßkostenhilfe". 27

VII) Gebühren: 1) des Gerichts: keine, § 1 GKG, wohl Auslagen für Zeugen und Sachverständige, § 118 I 5. Kommt es nicht zum Prozeß, weil zB PKH nicht bewilligt oder der diesbezügl Antrag zurückgenommen worden ist, so haftet der Antragsteller für sämtliche Auslagen des PKH-Prüfungsverfahrens gegenüber der Staatskasse gem § 49 GKG; unter den Voraussetzungen des § 10 KostVfg wird dabei der Kostenbeamte von einem Auslagenansatz absehen können. Vergleich nach § 118 I 3 Hs 2: Nur wenn der Wert des Gegenstands des Vergleichs denjenigen des Anspruchs oder der Ansprüche übersteigt, deretwegen um PKH nachgesucht worden ist (zB bei einem oder mehreren in den Vergleich einbezogenen Ansprüchen, die nicht Gegenstand des PKH-Prüfungsverfahrens waren), erwächst aus dem übersteigenden Betrag die in KV Nr 1170 bestimmte ¼-Vergleichsgebühr. 28

2) des Anwalts: Der ausschließlich mit der Vertretung im PKH-Verfahren beauftragte RA erhält die Gebühren des § 31 BRAGO zu 5/10 (§ 51 BRAGO). Ist ein Erörterungstermin angesetzt, so wird idR eine 5/10-Verhandlungsgebühr (§ 31 I Nr 2 BRAGO) nicht entstehen, da eine Ausweitung des nur zur Erörterung bestimmten Termins zu einer mündlichen Verhandlung nicht statthaft ist, um eine Vorwegnahme des Hauptprozesses zu vermeiden (s dazu oben Rn 7). Jede Gebühr kann nicht nur dem RA des Antragstellers, sondern auch dem RA des Antragsgegners erwachsen. In jedem Rechtszug erhält der RA die betreffende Gebühr aus § 31 BRAGO für mehrere Verfahren im Rahmen der PKH nur einmal (§ 51 I 2 BRAGO). Eine Ermäßigung dieser Gebühren tritt nicht ein, weil die Anwendung der §§ 32, 33 I, II BRAGO ausgeschlossen ist (§ 51 I 3 BRAGO). Wird im PKH-Verfahren ein Vergleich (§ 118 II 3) protokolliert, so steht dem mitwirkenden RA (beider Parteien) eine volle (10/10-)Vergleichsgebühr (§ 23 BRAGO) zu, die in der Rechtsmittelinstanz 13/10 beträgt, und – soweit andere Ansprüche in den Vergleich einbezogen werden – zusätzlich nach § 32 II BRAGO eine 5/10-Prozeßgebühr aus dem Wert der einbezogenen Ansprüche (s dazu im einzelnen Schneider in Anm zu KoRsp BRAGO § 32 Nr 9 (Karlsruhe) sowie Hartmann, KostGes, BRAGO § 23 Anm 4 A Abs 2 u B aE). Da der im Wege der PKH nach § 121 beigeordnete RA die Vergütung aus der Staatskasse nur im Umfang seiner Beiordnung beanspruchen kann (§ 122 BRAGO), muß die Beiordnung auf weitere in den Vergleich einzubeziehende Ansprüche ausgedehnt werden (auf entsprechenden Antrag!), damit der RA die Vergleichsgebühr nach dem Wert des Gesamtvergleichs und die zusätzliche 5/10-Prozeßgebühr aus der Staatskasse erhalten kann. Eine Ausnahme gilt in Ehesachen, in denen die Beiordnung im Hauptprozeß idR auch den Abschluß eines Vergleichs für die in § 122 III BRAGO genannten Angelegenheiten mitumfaßt. – Wird der zunächst im PKH-Prüfungsverfahren tätige RA im nachfolgenden Hauptverfahren Prozeßbevollmächtigter, so werden dessen im PKH-Verfahren verdiente Gebühren auf die im anschließenden Rechtsstreit entstehenden **gleichartigen** Gebühren **angerechnet** (§ 37 Nr 3 BRAGO).

VIII) Aktenordnung: §§ 13 II und V, 13a I und III, 38 I und IV, 39a I; Muster: 20, 22, 21, 23, 25a. 29

119 *[Bewilligung für jeden Rechtszug]*

Die Bewilligung der Prozeßkostenhilfe erfolgt für jeden Rechtszug besonders. In einem höheren Rechtszug ist nicht zu prüfen, ob die Rechtsverfolgung oder Rechtsverteidigung hinreichende Aussicht auf Erfolg bietet oder mutwillig erscheint, wenn der Gegner das Rechtsmittel eingelegt hat.

Übersicht

I) Beschränkung auf den Rechtszug (Satz 1). 1) Begriff der Instanz: PKH ist für jede Instanz besonders zu beantragen und zu bewilligen. Zur „Instanz", die kostenrechtlich zu verstehen ist (§ 27 GKG, Hamm MDR 83, 847; LG Verden NdsRpfl 83, 159) gehören bis hin zum Urteil oder Vergleich (Düsseldorf AnwBl 82, 378) das Verfahren nach Einspruch (§ 338), nach Verweisung des Rechtsstreits (§§ 281, 506 ZPO; 48 ArbGG; 96 ff GVG), nach Aufhebung und Zurückverweisung, das Nachverfahren im Urkunden- oder Wechselprozeß (Kiel JW 26, 2590) oder nach Grund- oder Vorbehaltsurteil, alle Verfahrensabschnitte zur Erledigung einer Stufenklage (s § 114 Rn 36), Anordnungsverfahren nach § 620 und das zugehörige Änderungsverfahren nach § 620b (KG JurBüro 80, 1673; Hamm Rpfleger 84, 34), die streitwerterhöhende Eventualaufrechnung des Gegners (LG Berlin AnwBl 79, 273), das Kostenfestsetzungsverfahren, das Verfahren auf Urteilsergänzung (§ 321), jedoch nicht mehr das Zwangsvollstreckungsverfahren erster Instanz (s 1

Rn 11). Kosten, die durch Nebenverfahren innerhalb des Instanzablaufs entstehen, zB Richterablehnung, verfahrensbezogene Beschwerden usw, werden durch die Kosten des Rechtszuges abgedeckt (Bischof AnwBl 81, 373). Ein zwischen den Instanzen abgeschlossener Prozeßvergleich rechnet noch zur unteren Instanz (Schellhammer, ZPR Rn 634), so daß bewilligte PKH sich darauf erstreckt (jedoch nicht auf den außergerichtlichen Vergleich, Rn 2).

2 **a)** In **Scheidungssachen** erstreckt sich die Bewilligung von PKH ohne weiteres auf die in § 624 II genannten, im **Verbund stehenden Folgesachen** (nicht einstweilige Anordnungen: unten Rn 6), soweit diese entweder von Amts wegen betrieben werden (§ 623 III) oder im Zeitpunkt der Bewilligungsentscheidung schon anhängig oder wenigstens angekündigt waren (s § 624 Rn 7). Ein über Folgesachen abgeschlossener Vergleich wird dementsprechend von der PKH-Bewilligung mit abgedeckt (Hamm NJW 78, 171 u 895), nicht jedoch der außergerichtliche Vergleich (Schneider MDR 85, 814 m Nachw; Bamberg JurBüro 86, 606). Deshalb ist es auch unstatthaft, nur die hinreichende Erfolgsaussicht für Folgesachen zu bejahen und PKH für das Scheidungsverfahren wegen fehlender Erfolgsaussicht abzulehnen, weil kein besonderer Antrag zum Scheidungsbegehren gestellt werden soll, oder umgekehrt (s § 114 Rn 42). Zur Einordnung der Scheidungsvereinbarung gem § 630 III als Prozeßvergleich s München Rpfleger 86, 408 u § 630 Rn 15.

3 **b) Beschränkung von PKH** auf selbständige Verfahrensabschnitte innerhalb der Instanz ist zulässig, zB für ein Wiedereinsetzungsverfahren oder einstweilige Einstellung nach §§ 707, 719, 769, soweit zusätzliche Gebühren anfallen (vgl § 707 Rn 23). Für Abtrennbarkeit wird die Notwendigkeit einer Kostenentscheidung regelmäßig Indiz sein. Nicht statthaft ist dagegen Beschränkung auf bestimmtes begrenztes **Vorbringen,** zB nicht auf die Erhebung einer Einrede (Schneider JurBüro 69, 112) oder auf ein einzelnes Beweismittel (Celle, NdsRpfl 69, 158). Ebenso ist im Gesetz **keine Bewilligung** von PKH **nur für das PKH-Prüfungsverfahren** vorgesehen (Rn 8 vor § 114).

4 **c)** Unselbständig ist die **Fortsetzung eines durch Prozeßvergleich beendeten Verfahrens** nach Anfechtung des Vergleichsvertrages. Die Wirksamkeit der Anfechtungserklärung ist im alten Verfahren selbst zu prüfen, so daß sich die PKH-Bewilligung ohne weiteres darauf erstreckt. Gebührenrechtlich handelt es sich um eine Angelegenheit, die mit den im alten Verfahren verdienten Gebühren abgegolten ist.

5 **2) Nicht zur Instanz gehören:** Das **Beweissicherungsverfahren,** da es sich um ein gerichtliches Verfahren handelt und zumindest eine Zulässigkeitsprüfung gem § 485 möglich ist (s § 490 Rn 5 u die Nachw in Rn 7 vor § 114); **Rechtsmittelverfahren** gegen Zwischenurteile nach §§ 280 II, 302, 304; das **Beschwerdeverfahren,** (Hamm Rpfleger 81, 322), auch wenn die Beschwerde nicht beim Beschwerdegericht eingereicht wird (Königsberg JW 29, 872); die **Nichtigkeits- und Restitutionsklagen** (§§ 578 ff); die **Hauptinterventionsklage** (KG JW 38, 34); **Nebenverfahren,** für die im GKG-KostVerz besondere Gebühren vorgesehen sind, etwa Arrest und einstweilige Verfügung, ggf auch einstweilige Einstellung (Rn 3). Die PKH für das Arrestverfahren erstreckt sich nicht ohne weiteres auf das Arrest-Aufhebungsverfahren nach § 927 (RG JW 35, 801), wohl aber gilt die Bewilligung für eine einstweilige Verfügung auch für das Widerspruchsverfahren (Hamm 3 WF 515/78). Das **Mahnverfahren** ist selbständig; für das Streitverfahren, das sich anschließt, muß deshalb PKH besonders beantragt und bewilligt werden (LG Berlin NJW 72, 2312; Schoreit/Dehn § 119 Rn 1 aE). Die gegenteilige Auffassung (Bischof AnwBl 81, 372) kann schon deshalb nicht richtig sein, weil im Mahnverfahren keine Schlüssigkeitsprüfung stattfindet (Vogel PKH im familiengerichtlichen Verfahren S 70 f) und die Kosten des Mahnverfahrens, die selbständig berechnet werden müssen, geringer sind als die des Erkenntnisverfahrens (GKG-KostVerz Nr 1000), so daß die Berechnung der PKH für das Mahnverfahren wegen § 115 VI nicht auch für das Erkenntnisverfahren maßgebend sein kann (s Schneider MDR 81, 793 Ziff II 4).

6 **a)** Die PKH für eine **Scheidungssache** erstreckt sich nicht auf das Verfahren wegen **einstweiliger Anordnungen** nach § 620. In § 624 II sind nur zwei Folgesachen (s dazu Rn 2) erwähnt, zu denen nach § 623 I 1, 621 I die Anordnungsverfahren nicht gehören. Deshalb ist besondere Bewilligung nötig (Bamberg FamRZ 86, 701 m Nachw). Eine entsprechende Anwendung des § 624 II verbietet sich, weil es sich bei einstweiligen Anordnungen gebührenrechtlich um **besondere Angelegenheiten** handelt (§ 41 I BRAGO) und deshalb § 122 III 2, 3 BRAGO folgerichtig eine gesonderte Beiordnung des PKH-Anwalts verlangt (Hamm JurBüro 80, 1539), die dann aber auch die Vertretung in einem Termin erfaßt, der später auf Abänderungsantrag des Gegners nach § 620b II anberaumt wird (KG Rpfleger 80, 488; Hamm MDR 83, 847). Die Bewilligungs-Selbständigkeit des Anordnungsverfahrens ist sehr problematisch, weil in der Praxis oft mehrfach hintereinander einstweilige Anordnungen beantragt werden. Regelmäßig werden dann wegen des geringen Streitwerts (§ 20 II GKG) die vier Monatsraten des § 115 VI nicht erreicht, so daß der Antragsteller die Kosten immer selbst tragen müßte. Dieses Ergebnis liefe dem Zweck

der PKH zuwider. Es läßt sich nur dadurch umgehen, daß spätere Anordnungsanträge nur noch auf hinreichende Erfolgsaussicht überprüft werden. Bezüglich der subjektiven Voraussetzungen ist auf die Bewilligung in der Scheidungssache abzustellen und deshalb „nach Maßgabe der bereits bewilligten PKH" zu beschließen (s Schneider MDR 81, 793 Ziff III 1); haben sich die Vermögensverhältnisse indessen zwischenzeitlich wesentlich verbessert, kann dies berücksichtigt werden und zur Ratenanordnung führen (Karlsruhe FamRZ 85, 1274).

Die im Scheidungsverfahren bewilligte PKH erstreckt sich auf die Rechtsverteidigung gegen eine vom Gegner erhobene **Widerklage** (§ 122 III S 3 Nr 4 BRAGO). Bei Klagerücknahme entfällt die PKH-Bewilligung für die Widerklage nicht (Nürnberg NJW 70, 2301). 7

b) Die im **Kindschaftsprozeß** bewilligte PKH erstreckt sich nicht ohne weiteres auf das Anordnungsverfahren nach § 641 d (Hamm FamRZ 71, 596 = NJW 72, 261). 8

c) Da die PKH nur für den jeweiligen prozessualen Anspruch gilt, für den sie bewilligt wurde, deckt sie nicht die **Klageerweiterung,** eine **Widerklage** und deren Bekämpfung (ausgenommen in Scheidungssachen, § 122 III Nr 4 BRAGO) oder **Zwischenanträge.** In all diesen Fällen ist ein Antrag und zusätzliche Bewilligung erforderlich. Die für eine **Feststellungsklage** bewilligte PKH erstreckt sich nicht ohne weiteres auf eine sich daraus entwickelnde Leistungsklage (Breslau HRR 32 Nr 374). In **höherer Instanz** muß die Bewilligungsbeschränkung genau beachtet werden: PKH für die Rechtsverteidigung deckt nicht die Einlegung eines Anschlußrechtsmittels, Bewilligung für ein Rechtsmittel nicht die Verteidigung gegen ein Anschlußrechtsmittel des Gegners (unzutreffend KG JW 35, 796), da die Erfolgsprüfung hinsichtlich der nicht primär angefochtenen Vorentscheidung unterbliebe). 9

d) Geht der Streitwert eines **Prozeßvergleichs** über denjenigen des Rechtsstreits hinaus, weil **sonstige Ansprüche mitverglichen** worden sind, dann erstreckt sich PKH nicht auf diese zusätzlichen Ansprüche. Dazu ist ein besonderer Bewilligungsbeschluß nötig (vgl Schneider MDR 85, 814). 10

3) Insbesondere die Zwangsvollstreckung (Lit: *Behr/Hantke* Rpfleger 81, 265; *Behr* DAVorm 81, 718 [Unterhaltsvollstreckung]; *Brehm* DAVorm 82, 497; *Bobenhausen* Rpfleger 84, 394). **a)** PKH für ein beabsichtigtes Vollstreckungsverfahren darf nur nach selbständiger Prüfung auf **besonderen Antrag** hin bewilligt werden (LG Heilbronn DAVorm 82, 583; LG Frankenthal Rpfleger 82, 235; LG Bayreuth JurBüro 82, 1735; LG Bielefeld AnwBl 82, 534; Rpfleger 85, 39; LG Gießen Rpfleger 83, 456; zum dahingehenden Verfassungsgebot s BVerfGE 56, 139). Der im Erkenntnisverfahren gestellte Antrag kann sogleich auf Bewilligung von PKH auch für das Vollstrekkungsverfahren gestellt werden. Bei Zuständigkeit des Vollstreckungsgerichts für die Bewilligung ist der Antrag dorthin weiterzuleiten (LG Wuppertal DAVorm 86, 908, 909); denn aus der Ausklammerung der PKH-Bewilligung für die Zwangsvollstreckung und der strikten Beschränkung auf die Instanz ist zu folgern, daß das Prozeßgericht zur Bewilligung für den Rechtsstreit „einschließlich der Zwangsvollstreckung" nur noch zuständig ist, soweit es zugleich später Vollstreckungsgericht ist, zB bei §§ 887, 888, 890 (zust LG Frankenthal Rpfleger 82, 235; LG Stuttgart AnwBl 82, 309; Künkel DAVorm 83, 352). Für einen Bewilligungs-Vorgriff dürften jedoch meist die Beurteilungsvoraussetzungen fehlen, da jedenfalls bei einem vermögenden Gegner nicht vermutet werden kann, er werde im Falle des Unterliegens nur unter dem Druck einer Zwangsvollstreckung erfüllen (LG Wuppertal DAVorm 86, 908). Anders kann es liegen, wenn auch der Gegner arm ist. Beim Antragsteller wird die Regelvoraussetzung für diesen Ausnahmefall die sein, daß er unterhalb der Einkommensgrenze für Ratenzahlung liegt; andernfalls würde § 115 VI umgangen, der für jedes selbständige Verfahren die selbständige Prüfung verlangt, ob die voraussichtlichen Kosten vier Monatsraten übersteigen. Diese Bewilligungsgrenze darf nicht durch Zusammenfassen selbständiger Verfahren verändert werden (§ 115 Rn 58; LG Frankenthal Rpfleger 82, 236). 11

b) Die Bewilligung ist als Einzelbewilligung nur für ein bestimmtes Verfahren auszusprechen, das in die Zuständigkeit des angegangenen Vollstreckungsgerichts fällt (LG Oldenburg DAVorm 82, 477; 81, 874; Behr/Hantke Rpfleger 81, 267). Diejenige für die Zwangsvollstreckung umfaßt nicht **Zwangsvollstreckungsprozesse,** insbesondere nicht solche aus §§ 767, 771 (KG JW 38, 3134). Dagegen erstreckt sie sich auf das Verfahren vor dem Grundbuchamt, wenn mit der Eintragung der im Prozeßverfahren erwirkte Vollstreckungstitel durchgesetzt wird (KG JW 31, 2035). Für die Arrestpfändung (§ 930 I 3) ist die PKH-Zuständigkeit des Arrestgerichts, für die Eintragung einer Zwangshypothek die des Grundbuchamts gegeben (Behr/Hantke Rpfleger 81, 266). Soweit Zweifel über den Umfang der Bewilligung aufkommen können, ist dem durch genaue Bezeichnung des abgedeckten Einzelverfahrens im Bewilligungsbeschluß vorzubeugen; gfl sind einbezogene Verfahrensabläufe im Beschlußtenor oder in den Gründen zu erwähnen. 12

13 **c)** Aus dem Grundsatz, daß im Zwangsvollstreckungsverfahren PKH immer nur für ein bestimmtes Verfahren bewilligt wird (Rn 11), ergeben sich wegen der geringen Gebühren ähnliche Schwierigkeiten wie bei Anordnungsverfahren neben der Scheidungssache (Rn 6). Es ist nicht im voraus abzusehen, wieviel Vollstreckungsmaßnahmen erforderlich sein werden, um den Gläubiger zu befriedigen. Die Einzelbewilligung würde im Ergebnis häufig dazu führen, daß wegen der Bewilligungssperre des § 115 VI trotz Hilfsbedürftigkeit überhaupt keine PKH gewährt würde. Dem läßt sich nur durch Kostenaddition bei Fortgang des Verfahrens entgegenwirken (ähnlich Behr/Hantke Rpfleger 81, 270). Brehm (DAVorm 82, 497; ebenso zB LG Detmold AnwBl 83, 34; LG Bad Kreuznach DAVorm 83, 960; LG Fulda Rpfleger 84, 34 = KoRsp ZPO § 119 Nr 28 m Anm Lappe) bejaht, um diesen Schwierigkeiten auszuweichen, PKH-Bewilligung für die Vollstreckung im ganzen; AG Aalen (DAVorm 83, 396) folgt dem für die Vollstreckung aus Unterhaltstiteln minderjähriger Kinder, die durch das Jugendamt vertreten werden. Dem ist dann zuzustimmen, wenn von vornherein erkennbar ist, daß Kostenfreiheit besteht (LG Frankenthal MDR 82, 585; LG Oldenburg DAVorm 81, 874; LG Ellwangen DAVorm 84, 194; LG Wuppertal DAVorm 86, 908, 909; AG Itzehoe DAVorm 86, 909); dann ist es prozeßökonomisch, Einzelbewilligungen durch eine Pauschalbewilligung zu ersetzen, sofern die Zuständigkeit des Gerichts dafür besteht (Rn 11), worauf gerade in Unterhaltssachen zu achten ist. Die Praxis wehrt sich auf diese Weise gegen unverhältnismäßigen Arbeitsaufwand für Gläubiger und Gericht, versucht also nach der treffenden Formulierung des AG Itzehoe (DAVorm 86, 909, 910) „einer übermäßigen Bürokratisierung der PKH-Gewährung für die Zwangsvollstreckung entgegenzusteuern". Grundsätzlich entspricht jedoch nur die Bewilligung für einen bestimmten Antrag der gesetzlichen Regelung (LG Kleve DAVorm 280, 900; LG Koblenz DAVorm 85, 920; LG Hagen DAVorm 85, 922; LG Berlin DAVorm 86, 662; Künkel DAVorm 83, 352), ohne die sinnlose Vollstreckungsversuche nicht verhindert werden können (zutr Bobenhausen Rpfleger 84, 396).

14 **d)** Die **objektiven Bewilligungsvoraussetzungen** des § 114 S 1 müssen beachtet werden (§ 114 Rn 39). Der Hilfsbedürftige muß den kostengünstigsten Vollstreckungsweg wählen, zB nicht Zwangsversteigerung wo Lohnpfändung genügt (Behr DAVorm 81, 721). Auch aus diesem Grund ist die Bewilligung immer nur für ein bestimmtes Vollstreckungsverfahren zu beschließen (Behr DAVorm 81, 721; Bobenhausen Rpfleger 84, 396).

15 **II) Maßgebender Zeitpunkt. 1) Grundsätze. a)** PKH wird bewilligt durch zu verkündenden oder den Parteien und Anwälten formlos mitzuteilenden Beschluß. Sie **beginnt** mit dem Wirksamwerden des Bewilligungsbeschlusses (s § 567 Rn 3). **b)** Sie **endet** mit dem Abschluß des Verfahrens oder durch Aufhebung der Bewilligung (§ 124). Ein weiterer Beendigungsgrund ist der Tod der hilfsbedürftigen Partei (Frankfurt MDR 85, 238). Das war früher ausdrücklich klargestellt (§ 122 aF), gilt der Sache nach aber fort. Denn mit dem Tode tritt Zweckbeendigung ein, da ab dann für eine soziale Hilfe kein Raum mehr ist, PKH aber nicht die Aufgabe hat, dem die Partei vertretenden Anwalt einen Vergütungsanspruch gegen die Staatskasse trotz fehlender oder entfallener PKH-Voraussetzungen zu verschaffen. Deshalb darf PKH auch nicht mehr nach dem Tode der antragstellenden Partei bewilligt werden (Hamm Rpfleger 77, 108). Tod der hilfsbedürftigen Partei wirkt jedoch nur in die Zukunft, so daß der Erbe nicht als Rechtsnachfolger für die Kosten der Prozeßführung des Erblassers haftet, dem ratenfreie PKH bewilligt worden war (KG Rpfleger 86, 281 = KoRsp GKG § 54 Nr 11 m zust Anm Schneider; irrig Frankfurt Rpfleger 85, 123 = KoRsp GKG § 29 Nr 22 m abl Anm Schneider). Erbenhaftung kann nicht ohne rückwirkende Beseitigung der Bewilligung durch Gerichtsbeschluß eintreten. **Nachlaßkonkurs:** § 124 Rn 7. **c)** Die **Leistung von 48 Monatsraten** (§ 115 Rn 6) beendet die PKH nicht, sondern läßt wegen höherer Prozeßkosten jegliche Kostenschuld des Hilfsbedürftigen entfallen.

16 **2) Beantragt der Beklagte im schriftlichen Vorverfahren** innerhalb der ihm für die Anzeige seiner Verteidigungsabsicht gesetzten Frist des § 276 I 1 die Bewilligung von PKH und läuft diese Frist ab, bevor das Gericht über den PKH-Antrag entscheiden kann, dann ist in entsprechender Anwendung des § 337 S 1 der Erlaß eines etwa schon in der Klageschrift beantragten schriftlichen Versäumnisurteils solange ausgeschlossen, bis über das PKH-Gesuch beschlossen worden ist (Schneider MDR 85, 377). Darüber hinaus wird dem Antragsteller insbesondere bei abschlägiger Entscheidung durch entsprechende Terminierung noch die erforderliche Überlegenszeit einzuräumen sein, damit er sich auf die neue Verfahrenslage einstellen kann (Art 3 I, 103 I GG).

17 **3) Rückwirkung** (s Blümler MDR 83, 96 ff; Christl MDR 83, 537 ff, 624 ff). **a)** Der **Zeitpunkt, ab dem die Bewilligung wirksam** wird, muß im Beschluß (§ 120 I) festgelegt werden. Wird das versäumt, kann Ergänzung beantragt werden. Anderenfalls ist der Zeitpunkt des Existentwerdens des Beschlusses maßgebend (§ 567 Rn 3), frühestens das Beschlußdatum. Die Bewilligung hat keine rückwirkende Kraft (RGZ 126, 301). Daraus folgt, daß auch der Eingang des Antrages

grundsätzlich nicht der maßgebende Bewilligungszeitpunkt ist, wenn im Beschluß nichts gesagt ist. Da aber der Wille des Antragstellers dahin geht, ihm ab Einreichung des Antrages PKH zu gewähren (§ 114 Rn 17) und das Gericht dies weiß, ist im Regelfall davon auszugehen, daß dann, wenn sich im Beschluß keine besondere Datierung findet, die **Bewilligung auf den Zeitpunkt des Einganges eines** bewilligungsfähigen (Karlsruhe FamRZ 85, 1263) **Antrages zurückwirken soll.** Das ergibt sich aus den Umständen und braucht deshalb vom Gericht nicht ausdrücklich hervorgehoben zu werden (Hamm AnwBl 79, 439; Koblenz MDR 78, 850; Celle NdsRpfl 77, 165 u 166; Hamburg JurBüro 85, 1655; Frankfurt AnwBl 86, 255; Düsseldorf Rpfleger 86, 108; LAG Bremen MDR 82, 965; Lappe Kosten in Familiensachen, 1983, RZ 652; Blümler MDR 83, 98). Wenn nämlich das Gericht einen anderen Zeitpunkt wählen wollte, müßte es den Antrag teilweise zurückweisen, da ein inhaltlich uneingeschränktes Gesuch um Gewährung von PKH auf Bewilligung insgesamt gerichtet ist (Koblenz MDR 78, 850; Frankfurt AnwBl 86, 255 = KoRsp ZPO § 119 Nr 52 m Anm v Eicken). Es erscheint deshalb mißverständlich, in derartigen Fällen davon zu sprechen, das Gericht lege seinem Beschluß rückwirkende Kraft bei; es gibt lediglich einem Antrag voll statt (zust Blümler MDR 83, 98). Daß zwischen der Stellung des Antrages und der Beschlußfassung eine zeitliche Differenz liegt, ist unvermeidbar und nichts Besonderes; das gilt durchgehend für das gerichtliche Verfahren. Daß PKH nicht durch schlüssiges Verhalten des Gerichts bewilligt werden kann (§ 120 Rn 3), schließt die Auslegung des Bewilligungsbeschlusses nicht aus und zwingt nicht zu der Annahme, Schweigen des Gerichts sei gleich Datierung auf den Zeitpunkt der formlosen Mitteilung des Beschlusses (so aber Christl MDR 83, 628 ff m Nachw in Fn 98). Das OLG Karlsruhe (OLGZ 1985, 459) will einen uneingeschränkten Bewilligungstenor dahin auslegen, daß die Bewilligung erst ab Vorliegen eines vollständigen Antrages beschlossen worden sei. Das verstößt indessen gegen den prozessualen Grundsatz, daß ein Tenor aus sich heraus, allenfalls unter Heranziehung seiner Begründung ausgelegt werden muß. Es geht nicht an, ihn aus den PKH-Unterlagen oder sonstigen Aktenbestandteilen zu interpretieren. Hinzu kommt, daß dadurch nur neue Unsicherheiten geschaffen werden. Es kann nämlich sehr zweifelhaft sein, wann ein PKH-Antrag „den gesetzlichen Mindestanforderungen, die eine Verbescheidung ermöglichen, genügt" (OLG Karlsruhe OLGZ 1985, 460). Welche Zweifel dabei auftreten können, zeigt BGH MDR 86, 302). Widersprüchlich BGH Rpfleger 85, 164 = NJW 85, 921, wonach bei rechtzeitiger Bewilligungsentscheidung der Zugang des Beschlusses, bei verzögerter Entscheidung (s Rn 19) der (frühere!) Zeitpunkt der Antragstellung maßgebend sein soll (s dazu Schneider MDR 85, 530). Eine auf den Zeitpunkt der Antragstellung zurückwirkende Bewilligung ist auch noch möglich, wenn zwischenzeitlich ein **Vergleich** abgeschlossen worden ist (Bamberg JurBüro 81, 611); bei Widerrufsvergleich genügt Antragstellung vor Fristablauf (AG Groß-Gerau MDR 81, 853). Voraussetzung ist jedoch, daß die Bewilligungsunterlagen vorliegen (Rn 19); anderenfalls muß PKH versagt werden, sofern das Gericht nicht gestattet, fehlende Unterlagen innerhalb einer Frist nachzureichen und diese Frist gewahrt wird. Entsprechend kann bei **Hauptsache-Erledigung** einem vor Erledigung gestellten PKH-Antrag zu dem Zweck stattgegeben werden, die Erledigungserklärung abzugeben und einen Kostenantrag zu stellen (Köln FamRZ 81, 486). Durch eine dem Hilfsbedürftigen günstige Hauptsacheentscheidung entfällt nicht sein Rechtsschutzbedürfnis an der noch ausstehenden Bewilligung (s § 114 Rn 16). Bei rückwirkender Bewilligung ist auch die **Anwaltsbeiordnung** rückwirkend zu beschließen (Lappe, Kosten in Familiensachen Rz 652; Christl MDR 83, 539, dieser auch zu den gebührenrechtlichen Problemen). Ein **fehlerhaft vorverlegtes Bewilligungsdatum** bindet den Kostenbeamten (München Rpfleger 86, 108) und schafft für den beigeordneten Anwalt einen Vertrauenstatbestand (Bamberg JurBüro 86, 768).

b) Zusätzliche Zweifelsfragen ergeben sich, wenn ein PKH-Antrag erst mit Abschluß der Instanz (zugleich mit Erlaß des Urteils) oder gar nach Verkündung beschieden wird (zwischenzeitlich eingetretene Rechtskraft in der Hauptsache steht nicht entgegen: Frankfurt MDR 83, 137; Hamburg FamRZ 83, 1230; Bäumler MDR 83, 100) und hindert auch nicht die Beschwerde (vgl zB BayObLG FamRZ 84, 73; Celle MDR 85, 591; Schleswig SchlHA 84, 174). Jedoch sind mehrere Verfahrenslagen zu unterscheiden. **aa)** Wird ein **Bewilligungsantrag erst nach Abschluß der Instanz gestellt** oder ein abgelehnter Antrag danach wiederholt (§ 114 Rn 16), dann darf ihm nicht mehr stattgegeben werden (Karlsruhe AnwBl 82, 77; Düsseldorf NJW-RR 86, 550; Bamberg JurBüro 86, 1574; LAG Düsseldorf EzA ZPO § 127 Nr 6; OVG Bremen JurBüro 84, 1092 mwNachw; Lepke DB 85, 493). So darf zB keine PKH für ein Anordnungsverfahren nach § 620 bewilligt werden, wenn im Zeitpunkt der Antragstellung die Anordnung bereits erlassen oder der Anordnungsantrag schon zurückgenommen war (Karlsruhe FRES 5, 318); desgleichen kommt die Beiordnung eines Verkehrsanwalts nicht mehr in Betracht, wenn ein dahingehender Antrag erst nach Instanzbeendigung gestellt wird (Zweibrücken JurBüro 80, 1888). Die Instanz ist nicht abgeschlossen, solange die Widerrufsfrist für einen Vergleich läuft (AG Groß-Gerau 18

MDR 81, 853). Die Gründe dafür, warum ein PKH-Antrag nicht gestellt oder ein abgelehnter vor Ablauf der Instanz nicht wiederholt worden ist, sind unmaßgeblich. Auch ein gebotener, aber unterlassener Hinweis des Gerichts (§§ 139, 278 III) ersetzt keinen Antrag.

19 **bb)** Jede **Rückwirkung ist doppelt begrenzt: durch Begründetheit und Einreichung.** Solange die hinreichende Erfolgsaussicht (§ 114) fehlt oder die Hilfsbedürftigkeit (§ 115) nicht feststeht, darf nicht bewilligt werden; nach Eintritt dieser Voraussetzungen darf nur ab dann, also nicht rückwirkend PKH gewährt werden (Düsseldorf FamRZ 86, 697). Auch bei Vorliegen dieser Bewilligungsvoraussetzungen ist jede Rückwirkung **durch den Zeitpunkt der Einreichung des Gesuchs begrenzt.** Für die Zeit vor Antragstellung gibt es keine Bewilligung (allg M, zB Hamburg KoRsp ZPO § 119 Nr 46 m Anm von Eicken; DAVorm 86, 367; LAG Köln LAGE ZPO § 119 Nr 3; LAG Bremen MDR 82, 965 = EzA § 119 ZPO Nr 1 m Anm Schneider) und keine Anwaltsbeiordnung (Zweibrücken JurBüro 80, 1888). Ist ein rechtzeitig gestellter PKH-Antrag **abgelehnt** worden und wird er nach Abschluß der Instanz **wiederholt,** dann ist nicht der erste, sondern der zweite Antrag maßgebend (Rn 18 zu aa). Ist ein PKH-**Antrag rechtzeitig gestellt,** aber vom Gericht aus Versehen oder wegen nachlässiger Sachbearbeitung **verspätet beschieden** worden, dann kann das gegen Art 103 I GG verstoßen (RGZ 160, 157; BGH LM ZPO § 548 Nr 2; LSG Hamburg JurBüro 83, 1181 u Behn JurBüro 83, 1129) und zB die Versäumnis-Berufung nach § 513 II rechtfertigen (München JurBüro 85, 1268; Schneider MDR 85, 375; s auch § 513 Rn 7) oder zur Nichterhebung von Kosten nach § 8 GKG führen (VGH Bad-Württ NJW 85, 218 = KoRsp GKG § 8 Nr 51 m Anm Schneider; OVG Hamburg Rpfleger 86, 68). In solchen Fällen verliert der Hilfsbedürftige dadurch nicht seinen Anspruch auf Bewilligung (BGH Rpfleger 81, 477). Er kann ihn auch noch nach Abschluß der Instanz mit der PKH-Beschwerde verfolgen (§ 127 Rn 27) und Bewilligung bis zur Antragstellung erreichen (BGH DAVorm 81, 864; Bamberg JurBüro 86, 1574). In derartigen Fällen ist es gerechtfertigt, von einer Rückwirkung zu sprechen. Die Judikatur macht jedoch eine **wesentliche Einschränkung:** Rückwirkende Bewilligung von PKH nach Beendigung der Instanz kommt nur in Betracht, wenn darüber vor Beendigung der Instanz **positiv hätte entschieden werden können** (allg M, zB Karlsruhe JurBüro 85, 1263; zu den formellen Anforderungen an den Antrag s § 117 Rn 17, 21). Das setzt voraus, daß der Hilfsbedürftige alles ihm Zumutbare getan hat, um eine Bewilligungsentscheidung, notfalls durch Beschwerdeeinlegung, noch während der Instanz herbeizuführen (BGH Rpfleger 81, 477; VersR 83, 241; Zweibrücken Jur Büro 82, 1259; LAG Hamburg MDR 83, 964; Christl Rpfleger 82, 115 mwNachw; zur Wiedereinsetzung s Rn 32). Daran fehlt es zB, wenn er es schuldhaft versäumt hat, die erforderlichen Bewilligungsunterlagen rechtzeitig einzureichen (BGH VersR 84, 600; Nürnberg JurBüro 84, 773; Bamberg JurBüro 85, 141; LAG München JurBüro 84, 747) oder wenn die Prozeßbevollmächtigten des Berufungsklägers zwei Wochen vor Ablauf der Begründungsfrist das Mandat niederlegen und der Beklagte selbst am Tage des Fristablaufs einen Bewilligungsantrag ohne Unterlagen einreicht (Köln MDR 83, 942). In derartigen Fällen ist eine Beschwerde als unbegründet zurückzuweisen, nicht als unzulässig zu verwerfen (§ 117 Rn 17, 19; irrig VGH München NJW 80, 2093). Anwaltsverschulden wird dem Hilfsbedürftigen nicht über § 85 II zugerechnet (Düsseldorf FamRZ 86, 288; anders für Wiedereinsetzungsverschulden, BGH VersR 84, 989, 990). Mit Rücksicht auf das komplizierte Nachweisverfahren der subjektiven Voraussetzungen sollten jedoch großzügige Maßstäbe angelegt werden. Wird dem Antrag ohne erklärte Einschränkung stattgegeben, dann liegt darin Bewilligung ab Antragstellung (Rn 17). Wird nur ab Entscheidungsreife bewilligt (s BGH MDR 82, 217 = NJW 82, 446; Blümler MDR, 98), dann ist dieser Zeitpunkt im Beschluß zu datieren. Fallen Antragstellung, Formularbenutzung (§ 117 IV) und Belegvorlage (§ 117 II) auseinander, dann ist frühester Bewilligungszeitpunkt die Einreichung des ausgefüllten Formulars, und zwar entgegen LAG Düsseldorf (JurBüro 84, 1575 = EzA ZPO § 119 Nr 2) auch im arbeitsgerichtlichen Verfahren. Wegen fehlender Unterlagen kann dem Hilfsbedürftigen eine Frist gesetzt werden, die den Bewilligungszeitpunkt hinausschiebt, wenn sie beachtet wird (Köln Rpfleger 84, 330; LAG Nürnberg JurBüro 84, 1579); unberechtigtes Anfordern von Unterlagen durch das Gericht darf den Hilfsbedürftigen jedoch nicht benachteiligen (KG DAVorm 84, 323). **Ratenzahlung** ist auch bei zurückwirkender Bewilligung frühestens ab Beschlußfassung anzuordnen, da anderenfalls eine Kapitalschuld gegenüber der Staatskasse begründet würde, die mit dem System der PKH unvereinbar wäre (ebenso Christl Rpfleger 82, 116).

20 **cc)** Unabhängig davon, auf welchen Zeitpunkt die Bewilligung zurückwirkt (Rn 19), stellt sich die andere Frage, auf welchen **Zeitpunkt** das Gericht **für die Prüfung der Bewilligungsvoraussetzungen** abzustellen hat. Grundlage jeder gerichtlichen Entscheidung in der Tatsacheninstanz ist grundsätzlich der letzte Erkenntnisstand des Gerichts, also der Sach- und Streitstand im Zeitpunkt der Entscheidung, bei Verfahren ohne mündliche Verhandlung folglich derjenige der Beschlußfassung. Daß dies für die Beurteilung der **subjektiven Voraussetzungen** (§ 115) gilt

(Frankfurt JurBüro 82, 1260; Saarbrücken JurBüro 85, 600; Zweibrücken JurBüro 86, 1251; auch Hamburg JurBüro 84, 614, 615), folgt aus § 124 Nr 3, wonach sogar eine bereits gewährte PKH aufgehoben werden kann, wenn die Voraussetzungen dafür nicht vorgelegen haben (verkannt von Karlsruhe JurBüro 83, 452). Für die Beurteilung der **objektiven Voraussetzungen** (Erfolgsprognose gem § 114) ist der letzte Sach- und Streitstand zwangsläufig Entscheidungsgrundlage, wenn alsbald nach Entscheidungsreife, also nach Vorlage der erforderlichen Unterlagen, entschieden wird. Ebenso liegt es, wenn das Gericht zwar die Bewilligungsentscheidung verzögert, sich aber im Verzögerungszeitraum die tatsächliche Entscheidungsgrundlage nicht oder nur zugunsten des Hilfsbedürftigen geändert hat. Umstritten ist dagegen, welche Entscheidungsgrundlage maßgebend ist, wenn das Gericht die Entscheidung über einen ordnungsgemäß gestellten und belegten Antrag verzögert und im Zeitpunkt der Beschlußfassung die hinreichende Erfolgsaussicht wegen zwischenzeitlicher Veränderungen des Sach- und Streitstandes für den Hilfsbedürftigen ungünstiger zu beurteilen ist. Richtiger Ansicht nach ist auch dann der letzte Sach- und Streitstand maßgebend, selbst wenn dies zu einer dem Hilfsbedürftigen nachteiligen Entscheidung führt. Für die Veränderung der **rechtlichen Beurteilung** dürfte das außer Streit sein. Der BGH (Rpfleger 82, 196 = MDR 82, 564 = NJW 82, 1104 = FamRZ 82, 367) hat dazu ausgeführt:

> „Maßgebend für die rechtliche Beurteilung ist der Erkenntnisstand des Gerichts im Zeitpunkt der Entscheidung. Ein bedürftiger Verfahrensbeteiligter kann sich nicht darauf berufen, daß ihm die Prozeßkostenhilfe hätte bewilligt werden können, wenn das Gericht sein Gesuch vor Klärung der Rechtslage entschieden hätte. Das Gericht darf die Erfolgsaussicht nicht wider bessere Erkenntnis bejahen."

Tatsächliche Veränderungen sind nicht anders zu behandeln. Auch das hat der BGH entschieden (BGH Warneyer 1984 Nr 291), so daß insbesondere zwischenzeitlich erhobene Beweise berücksichtigt werden müssen, auch wenn sie die hinreichende Erfolgsaussicht entfallen lassen, die im Zeitpunkt der frühestmöglichen Entscheidung noch bestanden hat (Frankfurt AnwBl 82, 533; MDR 83, 137; 86, 857; Düsseldorf JurBüro 86, 386; Hamm FamRZ 86, 80; JurBüro 86, 295 u 1730; Karlsruhe FamRZ 85, 1274; Saarbrücken JurBüro 85, 600; Zweibrücken JurBüro 86, 458; BFH BB 84, 2249; LSG Baden-Württemberg KoRsp ZPO § 118 Nr 19 m Anm Schneider; OVG Koblenz NJW 82, 2834 m Anm Bönker in AnwBl 83, 278; LAG Düsseldorf JurBüro 86, 608; LAG Köln LAGE ZPO § 114 Nr 6; LAG Schleswig-Holstein NZA 84, 173; LG Dortmund AnwBl 84, 222; Künkel DAVorm 83, 336, 350; Sommer SGb 83, 60; Schneider Rpfleger 85, 430). Die zum alten (Armen-)Recht ergangene Rspr (Nachw bei Schneider MDR 77, 618; ferner Braunschweig JurBüro 80, 137; Düsseldorf JurBüro 80, 1085) berücksichtigte bei verzögerter Entscheidung eine zwischenzeitliche Veränderung der Tatsachengrundlagen nicht, sondern stellte auf die Entscheidungsgrundlage im Zeitpunkt der frühestmöglichen Beschlußfassung ab. Dem ist ein Teil der Rspr für das PKH-Recht aus Billigkeitserwägungen für den Ausnahmefall gefolgt, daß die mögliche Entscheidung ohne schuldhaftes Versäumnis des Antragstellers unterblieben ist (Braunschweig JurBüro 80, 137; Düsseldorf FamRZ 84, 305; DAVorm 85, 1009; JurBüro 86, 933; Frankfurt JurBüro 82, 775; 83, 451; 85, 1255; LG Kiel SchlHA 82, 152; VGH Bad-Württ Justiz 85, 410). Dem kann aus mehreren Gründen nicht zugestimmt werden (s ausführlich dazu Schneider Rpfleger 85, 430):

Zunächst einmal ist die Auffassung des LG Bochum (JurBüro 86, 290) abzulehnen, das diese Rechtsfrage nur von Fall zu Fall entscheiden will. Das ist methodisch unhaltbar. Ein Gesetz muß generell und für alle Einzelfälle ausgelegt werden; es ist ein Widerspruch in sich, die abstrakte Auslegung davon abhängig zu machen, wie der jeweilige Einzelfall entschieden werden soll. Die generelle Auslegung ergibt: Aus dem Katalog des § 124 Nr 1–3 läßt sich der Grundgedanke ableiten, daß PKH immer auf die wirklich gegebenen Voraussetzungen zu beziehen ist, nicht auf irrtümlich angenommene. Mit dieser Grundaussage des Gesetzes ist es unvereinbar, der Bewilligung einen nicht gegebenen Sachverhalt zugrunde zu legen, etwa eine Klagerücknahme (Bamberg JurBüro 86, 123) oder gar die Rechtskraft der Hauptsacheentscheidung zu ignorieren (Frankfurt MDR 86, 857; BFH BB 84, 2249). Selbst aus einer pflichtwidrigen Verzögerung der Bewilligungsentscheidung läßt sich kein schutzwürdiger Vertrauenstatbestand des Hilfsbedürftigen auf eine fehlerhafte Entscheidung herleiten. Kein Gericht ist befugt, wider besseres Wissen falsch zu entscheiden. Kein Rechtsuchender hat einen schutzwürdigen Anspruch auf Besserstellung wegen anfänglich unvollkommener Erkenntnismöglichkeiten des Gerichts. Zudem ließe sich in vielen Fällen nachträglich nicht einmal zuverlässig sagen, wie das Gericht in einem früheren Zeitpunkt entschieden hätte, am wenigsten vom Beschwerdegericht. Ebensowenig könnte zuverlässig festgestellt werden, ab wann die Antragsbearbeitung pflichtwidrig verzögert worden sei. Für die Verzögerung können einleuchtende Gründe bestimmend gewesen sein, etwa die Aussicht auf eine gütliche Regelung, weil der Haftpflichtversicherer des Gegners Vergleichsbereitschaft zu erkennen gegeben hat (s dazu Lange ZfV 63, 75). Die Pflicht des Gerichts, richtig zu entscheiden, hat Verfassungsrang (Art 20 III GG). Daß die Entscheidung verzögert wird, ist kein zureichender Grund für eine Bewilligung von PKH ohne Vorliegen der Bewilligungsvoraussetzungen. Sozialhilfe hat nicht den Zweck, auf Kosten der Allgemeinheit aussichtslose Prozesse zu finanzieren oder Rechtsuchende durch Gewährung finanzieller Hilfe, auf die sie objektiv keinen Anspruch haben, für enttäuschte Erwartungen zu entschädigen. Es muß deshalb bei dem allgemeinen Rechtsgrundsatz bleiben, der zB auch für Regreßprozesse gilt (RGZ 142, 333; BGH VersR 79, 183), daß das Gericht bei seiner Entscheidung, wann auch immer sie ergehen mag, nur von den im Zeitpunkt der Beschlußfassung feststehenden tatsächlichen und rechtlichen Umständen zur hinreichenden Erfolgsaussicht und zur Hilfsbedürftigkeit auszugehen hat. Das wird insbesondere bei der Fallgestaltung deutlich, daß in der Beschwerdeinstanz über ein PKH-Gesuch nach Rechtskraft eines dem Hilfsbedürftigen ungünstigen Urteils zu entscheiden ist. Das Beschwerdegericht muß dann die rechtskräftige Hauptsacheentscheidung beachten (Frankfurt MDR 83, 137; 86, 857; BFH BB 84, 2249; Hamm FamRZ 85, 825; zur Berücksichtigung einer Hauptsache-Erledigung s Rn 8 vor § 114). Daß das Beschwerdegericht die rechtskräftige Hauptsacheentscheidung für falsch hält, ist unmaßgeblich, weil ihm diese Prüfung nur auf Grund eines Berufungsverfahrens erlaubt ist; deshalb ist auch die Auffassung Blümlers (MDR 83, 100 f) unrichtig, der in diesem Fall die Rechtskraft ignorieren will, wenn die Vorentscheidung an schwerwiegenden oder offensichtlichen Mängeln leide, denn auch Verfahrensfehler, die zur Anwendung des § 539 führen könnten, werden von der Rechtskraft gedeckt.

Die Gegenmeinung würde im Ergebnis dazu führen, daß auf dem Umweg über eine Rückwirkung trotz Fehlens hinreichender Erfolgsaussicht PKH für das PKH-Prüfungsverfahren gewährt würde (so zutr Zweibrücken JurBüro 86, 458), was wiederum allgemein als unzulässig angesehen wird (Rn 8 vor § 114). Davon abgesehen sprechen auch wirtschaftliche Gründe dagegen, eine sachlich unrichtige Entscheidung zu treffen, um dem Hilfsbedürftigen die Rechtswohltat der PKH zu verschaffen. Denn die fehlerhafte Bewilligungsentscheidung geht kostenmäßig zu Lasten des nicht hilfsbedürftigen obsiegenden Gegners, der seinen Erstattungsanspruch nicht oder nur sehr schwer wird durchsetzen können. Schließlich darf nicht übersehen werden, daß der Antragsteller selbst hinreichende prozessuale Möglichkeiten hat, den ihm ungünstigen Folgen einer verzögerten Bewilligungsentscheidung vorzubeugen. Er kann sich von vornherein auf die Stellung eines PKH-Antrages beschränken (BGH Rpfleger 82, 196, 197 = FamRZ 82, 367), da ihm keine verjährungsrechtlichen Nachteile drohen (BGHZ 70, 237; § 117 Rn 3). Diese Möglichkeit besteht auch im Rechtsmittelverfahren, da bei Bewilligung von PKH Wiedereinsetzung in den vorigen Stand gewährt werden muß (Rn 22, 32). Bei Erlaß eines Beweisbeschlusses vor Bewilligungsentscheidung kann der Antragsteller PKH für die Beweisaufnahme beantragen (Köln MDR 83, 323 = Rpfleger 83, 124). Die Beweiserhebung zur Hauptsache unter Übergehung eines entscheidungsreifen PKH-Antrages ist darüber hinaus gleichbedeutend mit der Ablehnung der Bewilligung (Düsseldorf FamRZ 86, 485). Ebenso wie bei unzulässiger Aussetzung des Bewilligungsverfahrens nach § 148 (s § 118 Rn 13), bei extrem weiter Terminierung oder überlanger Klageerwiderungsfrist (St/J/Leipold § 276 Rn 25) ist deshalb die Beschwerde nach §§ 127, 567 (nicht nur die Dienstaufsichtsbeschwerde, wie Karlsruhe, Justiz 75, 271, meint) gegeben (Düsseldorf FamRZ 86, 485; Hamburg JurBüro 84, 614, 615; Karlsruhe OLGZ 84, 98 = NJW 84, 985; Celle MDR 85, 592 = NdsRpfl 85, 137; LAG Berlin MDR 84, 258; aA OVG Münster KoRsp ZPO § 127 Nr 62; OVG Bremen NJW 84, 992, s dagegen Schneider Rpfleger 85, 433). Das Beschwerdegericht hat dann die Möglichkeit, den Erstrichter anzuweisen (§ 575), vor Weiterführung des Hauptverfahrens über den Antrag zu entscheiden. Lehnt der Richter es grundlos ab, trotz Entscheidungsreife über den PKH-Antrag zu beschließen, dann liegt in dieser Gesetzesverletzung (§ 300 I), die zugleich gegen Art 103 I GG verstoßen kann (Rn 19), auch ein Ablehnungsgrund nach § 42 I. Kostenmäßig kann die Entscheidungsverzögerung eine unrichtige Sachbehandlung iS des § 8 GKG darstellen (OVG Hamburg Rpfleger 86, 68 = KoRsp GKG § 8 Nr 63 m Anm Schneider; VGH Bad-Württ NJW 85, 218). Amtshaftungsansprüche nach § 839 BGB, Art 34 GG sind nicht ausgeschlossen, da PKH-Verfahren nicht vom Spruchrichterprivileg gedeckt sind (BGH VersR 84, 77, 79 = MDR 84, 383; NJW 60, 98; s auch Rn 8 vor § 114).

21 Christl (MDR 83, 626 f) stimmt den vorstehenden Ausführungen grundsätzlich zu, bejaht aber rückwirkende Bewilligung von PKH nach dem früheren Stand der Erfolgsaussicht, wenn eine Partei gebührenauslösende Prozeßhandlungen vornehmen mußte, bevor über ihren Antrag hätte entschieden werden können, etwa wenn aus Beschleunigungsgründen eine Beweisaufnahme eingeleitet worden ist (der von Christl aaO weiter erwähnte Fall der Verjährungsunterbrechung ist jedoch nicht einschlägig, weil § 203 II BGB analog anzuwenden ist, BGHZ 70, 235). Dem steht jedoch entgegen, daß PKH nur für den Rechtsstreit als solchen, nicht für einzelne Verfahrensabschnitte zu bewilligen ist (Schneider Rpfleger 85, 432). Auch Blümler (MDR 83, 99) stimmt der hier vertretenen Auffassung grundsätzlich zu, jedoch mit der Einschränkung, wenn das Gericht vor der Entscheidung über das PKH-Gesuch eine Beweisaufnahme durchgeführt habe, sei es hinsichtlich der Prüfung der Erfolgsaussicht „an seiner bisherigen Handlungsweise festzuhalten" (ähnlich argumentiert Künkel DAVorm 83, 336, 350). Dem steht indessen entgegen, daß es keine „Prozeßkostenhilfe nach Billigkeit" gibt und folglich auch innerhalb der Erfolgsprüfung nicht mit einem *venire contra factum proprium* des Gerichts argumentiert werden darf (zust Christl MDR 83, 625). Chemnitz (AnwBl 82, 534) tritt für eine zeitliche Vorverlegung der Entscheidungsgrundlage bei verzögerter Beschlußfassung mit dem Argument ein, anderenfalls würde das Gericht „dazu verleitet, die Entscheidung über den PKH-Antrag bis zur Entscheidung in der Sache zu verzögern, um der Staatskasse Ausgaben zu ersparen." Abgesehen davon, daß die Tendenz umgekehrt dahin geht, PKH vorschnell und auf Grund oft unzulänglicher Sachprüfung zu bewilligen (s zB Hamm FamRZ 84, 1121 aE; Schneider, Festschrift für Wassermann 1985 S 833, weshalb den Bezirksrevisoren die Verschlechterungsbeschwerde eingeräumt worden ist, § 127 III (s § 127 Rn 32), sind derartige Verdächtigungen keine diskutablen Argumente.

dd) Bei der Rückwirkung ist zu unterscheiden, ob sich der PKH-Antrag auf die Bewilligung **für den ersten Rechtszug** (Beschwerde nach § 127 II 2 Hs 1) **oder für das Berufungsverfahren** (keine Beschwerde, § 127 II 2 Hs 2) bezieht. Im zweiten Fall geht es hinsichtlich der Rückwirkung um Sachverhalte, in denen der Antrag vor Ablauf der Einlegungs- oder Begründungsfrist nach §§ 156, 519 gestellt, aber erst nach Fristablauf beschieden wird. Im Zeitpunkt der (unanfechtbaren: § 127 II 2 Hs 2) PKH-Entscheidung ist die Berufung bereits wegen Fristversäumnis unzulässig (§ 519b I), so daß Erfolgsaussicht nur bejaht werden kann, wenn gleichzeitig die Unzulässigkeit durch Wiedereinsetzung in den vorigen Stand (§ 238 I 1) beseitigt werden kann (s Rn 32; § 233 Rn 23 unter „Prozeßkostenhilfe"). 22

4) Fehlerhafte Bewilligung ist wirksam, solange der Bewilligungsbeschluß nicht in höherer Instanz aufgehoben wird, zB wenn das Prozeßgericht unter Überschreitung seiner Zuständigkeit PKH auch für die Zwangsvollstreckung gewährt (Behr/Hantke Rpfleger 81, 266). Zur fehlerhaften Beiordnung s § 121 Rn 4. 23

III) Kostenrechtliche Auswirkungen. 1) Ist PKH rückwirkend bewilligt worden, dann muß dies beachtet werden. Der **Kostenbeamte ist** daran **gebunden** und darf nicht prüfen, ob die Rückwirkung rechtsfehlerhaft sei (Naumburg JW 36, 952; Düsseldorf Rpfleger 71, 267). Bereits überwiesene Kosten, die in den Bewilligungszeitraum fallen, sind zurückzuzahlen, § 9 II KostVfg (§ 122 Rn 5, 10). Irrtümlich zurückgezahlte Beträge können ohne Rücksicht auf PKH-Bewilligung wieder eingezogen werden. 24

2) Für die **Vergütung des Anwalts** wirkt sich die Bewilligung dahin aus, daß sie alle gebührenrechtlich erheblichen Tätigkeiten ab dem Zeitpunkt des Wirksamwerdens erfaßt, grundsätzlich also alle Handlungen ab Einreichung des Gesuchs (München MDR 70, 519). Tätigkeiten, die vor diesem für die Beiordnung maßgebenden Zeitpunkt liegen, lösen keine Ansprüche gegen die Staatskasse aus (BGH KoRsp BRAGO § 122 Nr 8; Hamm Rpfleger 74, 448; KG Rpfleger 78, 390). Ist zweifelhaft, ob verschiedene Prozeßverfahren vor oder nach PKH-Bewilligung und Beiordnung zur gemeinsamen Verhandlung und Entscheidung verbunden worden sind, dann ist für die Berechnung der Gebühren des beigeordneten Anwalts von getrennten Prozessen auszugehen, weil sich Unklarheiten in der Tragweite des Bewilligungsbeschlusses nicht zuungunsten des beigeordneten Anwalts auswirken dürfen, sondern in die Risikosphäre der Staatskasse fallen (Hamm JurBüro 79, 865). 25

IV) Bewilligungserleichterung in der höheren Instanz (Satz 2). Der Grundsatz, daß jede Instanz die Voraussetzungen für die Bewilligung von PKH für sich prüfen und bescheiden muß (Satz 1), wird für den höheren Rechtszug durchbrochen (Satz 2). Da auch dort ein **neuer Antrag erforderlich** ist, müssen die allgemeinen Antragserfordernisse gegeben sein, zB muß die gesetzliche Vertretung klagender Kinder fortbestehen (Schleswig SchlHA 80, 72). Hinsichtlich der besonderen Bewilligungsvoraussetzungen ist zwischen Hilfsbedürftigkeit und hinreichender Erfolgsaussicht zu unterscheiden. 26

1) Hilfsbedürftigkeit. a) Das Gericht des höheren Rechtszuges hat die subjektiven Voraussetzungen für die Bewilligung von PKH neu, selbständig und ohne Bindung an das Ergebnis der vorinstanzlichen Prüfung zu beurteilen. Deshalb muß dem Antrag wiederum eine auf dem Vordruck (§ 117 III) abgegebene Erklärung beigefügt werden (BGH NJW 83, 2145 = MDR 83, 832 Nr 39). Das bedeutet nicht, daß sämtliche Unterlagen neu einzureichen sind. Die Bezugnahme auf eine vorinstanzliche Formularerklärung kann ausreichen, wenn die Verhältnisse unverändert geblieben sind und dies klargestellt wird (BGH VersR 86, 342). Das ausnahmslose Verlangen der Benutzung des Vordruckes liefe dem mit § 117 IV verfolgten Zweck zuwider (BGH NJW 83, 2146 = MDR 83, 833). Das höhere Gericht wird deshalb zunächst einmal vom Aktenstand ausgehen und **ergänzende Nachweise** verlangen, wenn es sie für erforderlich hält (BFH BB 83, 27

1656). Versichert die Partei selbst oder durch ihren Anwalt, daß sich die Einkommens- und Vermögensverhältnisse nicht geändert haben, so wird das in der Regel genügen. Sind auf Verlangen des Gerichts ergänzende Belege einzureichen, dann ist es unerheblich, ob dies innerhalb der Rechtsmittelfrist geschieht (BGH LM ZPO § 119 Nr 4). Eine Partei, der im ersten Rechtszug PKH bewilligt worden war, darf jedoch mit einer Bewilligung für das Berufungsverfahren nur rechnen, wenn sie an ihrer Hilfsbedürftigkeit auch mit Rücksicht auf zwischenzeitliche Einkommenserhöhungen keine Zweifel zu haben braucht (BGH MDR 75, 129). Darauf muß sie sich bei der Wahrung der zu beachtenden Fristen einrichten (BGH MDR 75, 129) und rechtzeitig alle für die Entscheidung über das Gesuch wesentlichen Angaben unter Vorlage von Belegen machen (BFH BB 78, 292). Hilfsbedürftigkeit entfällt trotz PKH-Bewilligung in der Vorinstanz, wenn eine Rechtsschutzversicherung für den höheren Rechtszug Deckungsschutz zusagt (BGH ZIP 81, 1034; KG VersR 79, 479); die Eintrittspflicht des Versicherers besteht auch für die Kosten anwaltlicher Prüfung der Erfolgsaussicht des beabsichtigten Rechtsmittels (BGH ZIP 81, 1034).

28 **b)** Da das höhere Gericht in der Überprüfung völlig frei ist, ist es auch nicht gehindert, die Einkommens- und Vermögensverhältnisse einer Partei, die vorinstanzlich zur Bewilligung von PKH geführt haben, **abweichend** im Sinne der Hilfsbedürftigkeit **zu beurteilen,** zB weil eine besondere Belastung nicht berücksichtigt wird (zu Ratenveränderungen in den Instanzen s Rn 33). Solche Divergenzen sind unerfreulich und sollten grundsätzlich vermieden werden. Die Partei hat ein schutzwürdiges Vertrauensinteresse daran, daß ihre Hilfsbedürftigkeit von verschiedenen Gerichten nicht unterschiedlich bewertet wird. Eine Bindungswirkung läßt sich allerdings nicht vertreten, da anderenfalls das Gericht des höheren Rechtszuges gezwungen wäre, erkennbar gewordene Bewertungsfehler zu tolerieren. Selbstverständlich ist aber das höhere Gericht **an die Sperre der 48 Monatsraten gebunden,** da diese auf die Kosten sämtlicher Instanzen bezogen ist (s dazu § 115 Rn 6). Diese Begrenzung kann praktisch werden bei Aufhebung und Zurückweisung mit doppelten Rechtsmittelzügen oder bei nach Grund und Höhe getrennten Verfahrensabläufen mit Rechtsmitteleinlegung. Ratenänderung in höherer Instanz: Rn 33.

29 **2) Erfolgsprüfung. a) Regel.** War der Hilfsbedürftige vorinstanzlich unterlegen, ist höherinstanzlich die hinreichende Erfolgsaussicht uneingeschränkt zu prüfen. Ist sie nur teilweise zu bejahen, muß PKH schon dann bewilligt werden, wenn der Verurteilungsbetrag die Erwachsenheitssumme erreicht, mag auch der als erfolgversprechend angesehene Anspruchsteil unterhalb der Mindestbeschwer liegen (§ 114 Rn 36). Hatte der Hilfsbedürftige im vorangegangenen Rechtszug **obsiegt,** dann erlangt er Bestandsschutz dahingehend, daß das Rechtsmittelgericht die hinreichende Erfolgsaussicht einer Rechtsverteidigung des Hilfsbedürftigen gegenüber einem Rechtsmittel des Gegners nicht mehr verneinen darf (s aber Rn 31). Unerheblich ist, ob bereits vorinstanzlich PKH bewilligt worden war (Lauterbach JZ 54, 197; Wieczorek § 120 Anm B II), da sonst die anfangs vermögende Partei schlechter gestellt würde als eine durchgehend hilfsbedürftige. Allerdings muß feststehen, daß das gegnerische Rechtsmittel auch durchgeführt wird. Höherinstanzliche PKH ist deshalb einem Rechtsmittelbeklagten, der in der ersten Instanz obgesiegt hat, im allgemeinen erst zu gewähren, **wenn der Gegner sein Rechtsmittel begründet hat,** da erst nach Eingang der Begründung feststeht, ob die Verwerfungsvoraussetzungen (§ 519b I) gegeben sind (BGH NJW 54, 149; MDR 82, 217; Köln JurBüro 84, 404; Zweibrücken JurBüro 84, 770; Hamm KoRsp ZPO § 114 Nr 72; aA Karlsruhe JurBüro 86, 1729, aus gebührenrechtlichen Gründen), es sei denn, daß gerade die Zulässigkeit zweifelhaft ist (Lappe Anm zu KoRsp ZPO § 119 Nr 30). Denn erst nach Eingang der Begründung läßt sich feststellen, ob die Voraussetzungen zur Verwerfung des Rechtsmittels (§ 519b I) gegeben sind (BGH NJW 54, 149; KG JR 59, 221). Bis dahin mangelt es am Rechtsschutzbedürfnis für den Antrag auf PKH-Bewilligung (Nürnberg JW 31, 2048). Dementsprechend ist auch ein PKH-Antrag des Berufungsbeklagten verfrüht, solange über ein auch vom Berufungskläger gestelltes PKH-Gesuch nicht entschieden ist; denn auch in diesem Fall steht nicht fest, ob die Berufung bei Ablehnung des PKH-Antrages durchgeführt wird. Damit ist zwar eine gewisse Schlechterstellung der hilfsbedürftigen Partei verbunden, die nicht sofort nach der Rechtsmitteleinlegung zur Rechtsverteidigung übergehen kann, sondern zunächst die Berufungsbegründung und die Entscheidung über den PKH-Antrag des Gegners abwarten muß. Die Gefahr, daß sie infolgedessen weniger Zeit als eine vermögende Partei zur gründlichen Vorbereitung des Verfahrens habe, besteht jedoch bei ordnungsmäßigem Vorgehen des Gerichts deshalb nicht, weil diese Sachlage aus verfassungsrechtlichen Gründen (Art 3 I, 103 I GG) durch **entsprechende Fristenbemessung und Terminbestimmung ausgeglichen** werden muß. Kommt es nicht zur Durchführung des vom Gegner eingelegten Rechtsmittels, dann bleibt immer noch die Möglichkeit, PKH für einen Antrag aus § 515 III ZPO zu bewilligen (BGH DAVorm 81, 863 [866]; Schleswig SchlHA 76, 112), vorausgesetzt, daß die Sperre des § 115 VI nicht eingreift. Hier zeigt sich aber, daß eine ökonomisch denkende Rspr

auch dem vorinstanzlichen Prozeßbevollmächtigten die Antragsbefugnis zuerkennen sollte (siehe § 515 Rn 25). Für das **Revisionsverfahren** liegt es ebenso (BGH DAVorm 81, 863). Bei Anwälten stößt die Bewilligung erst nach Begründung des Rechtsmittels allerdings auf Widerstand. Sie müssen die Berufungsbegründung oder die Erwiderung abfassen, ohne gewiß zu sein, einen Gebührenanspruch gegen die Staatskasse zu erlangen. Wird PKH verweigert, sind sie auf die zahlungsunfähige Partei verwiesen. Es ist aber nicht gerechtfertigt, Rechtsmittelanwälte anders als erstinstanzliche Prozeßbevollmächtigte zu behandeln. Auch diese müssen die Klagebegründung entwerfen, wenn sie für ihren Mandanten PKH beantragen.

Zu beachten ist, daß das höherinstanzliche Gericht im Bewilligungsverfahren freier ist als im Erkenntnisverfahren. Hat etwa der erstinstanzliche Richter PKH bewilligt, aber in der Sache unter Verstoß gegen das Verbot der Beweisantizipation gegen den Hilfsbedürftigen entschieden, dann darf das Berufungsgericht im zweitinstanzlichen PKH-Verfahren die hinreichende Erfolgsaussicht kraft Beweisantizipation verneinen (§ 114 Rn 35), obwohl dies im Erkenntnisverfahren unzulässig ist. Ebenso liegt es bei Zulässigkeitsrügen, die im Erkenntnisverfahren nach §§ 529 III, 529 II unbeachtlich wären, aber im Bewilligungsverfahren zu berücksichtigen sind (Düsseldorf FamRZ 86, 1009).

Sucht der **Streithelfer** des Revisionsbeklagten um PKH nach, so darf das Revisionsgericht 30
nachprüfen, ob die vom Streithelfer beabsichtigte Rechtsverfolgung hinreichend erfolgversprechend und nicht mutwillig ist (BGH, MDR 66, 318). Der Bestandsschutz des § 119 S 2 wirkt nur zugunsten desselben Prozeßbeteiligten. Deshalb ist auch für die **Anschließung** an ein Rechtsmittel eine besondere PKH-Bewilligung nötig. Für die **unselbständige Anschlußrevision** wird PKH nicht gewährt, wenn die Annahme der Revision abgelehnt wird (BGH Warneyer 1984 Nr 291). Das folgt zwingend daraus, daß das Gericht über PKH-Anträge nach dem letzten Erkenntnisstand entscheiden muß (Rn 19).

b) Ausnahmen. Der Gesetzgeber ist bei der Neufassung des § 119 einer Diskussion der sehr 31
problematischen Bindung des höheren Gerichts an die Bindung der Erfolgsprüfung ausgewichen. Schon nach altem Recht hat die Judikatur das damals sog Muß-Armenrecht durch einengende Interpretation wesentlich abgeschwächt. Hinreichende Erfolgsaussicht ist trotz vorinstanzlicher PKH-Bewilligung für den Rechtsmittelbeklagten zB verneint worden wegen einer zwischenzeitlichen **Änderung der Rechtslage** (Celle FamRZ 77, 648) oder einer **Änderung der tatsächlichen Voraussetzungen** (Köln NJW 54, 153; ebenso für das neue Recht Celle NdsRpfl 81, 147). Die Prämisse, unter welchen Voraussetzungen die Regelung des § 119 S 2 durchbrochen werden dürfe, ist allerdings nie exakt definiert worden. Nach BGHZ 36, 281 etwa soll das Verbot der Erfolgsprüfung entfallen, wenn inzwischen Umstände eingetreten oder bekannt geworden sind, die die Rechtswohltat einer einstweiligen Kostenbefreiung für den höheren Rechtszug nicht mehr rechtfertigen. Mit solchen Formulierungen läßt sich aber nicht das Problem lösen, ob nicht auch die bessere Erkenntnis des Rechtsmittelgerichts ein Umstand sein kann, der eine erneute Erfolgsprüfung fordert. Diese Frage drängt sich gerade deshalb auf, weil die hilfsbedürftige Partei nach wie vor bei Unterliegen im höheren Rechtszug dem Gegner kostenerstattungspflichtig bleibt (§ 123). Nun kommen aber erfahrungsgemäß immer wieder Fälle in die höhere Instanz, in denen auf den ersten Blick erkennbar ist, daß das angefochtene Urteil fehlerhaft ist, zB weil eine Anspruchsnorm oder eine andere Vorschrift oder eine höchstrichterliche Rechtsprechung übersehen oder die Beweislastverteilung verkannt worden ist oder weil grobe Fehler in der Anwendung des Beweisrechts oder der Beweiswürdigung begangen worden sind usw. Wenn das Gericht in solchen Fällen ohne weiteres PKH bewilligt, schädigt es sehenden Auges die hilfsbedürftige Partei, die im höheren Rechtszug unterliegen muß und mit den Gerichtskosten sowie den Kosten des Gegenanwalts und der eigenen Ratenzahlungspflicht belastet wird. Es spricht deshalb viel dafür, § 119 S 2 einschränkend dahin auszulegen, dem höheren Gericht eine beschränkte Erfolgsprüfung dahingehend zu gestatten, ob sich das angefochtene Urteil aus tatsächlichen oder rechtlichen Gründen als **offensichtliche Fehlentscheidung** erweist (vgl Schneider MDR 79, 367; zust LG Frankfurt JurBüro 83, 1106 [1107]; B/Hartmann § 119 Anm II b; ThP § 119 Rn 3). Die Rsp wird auf Dauer nicht daran vorbeikommen, zu dieser Problematik eindeutiger als bisher Stellung zu nehmen. Eine solche Entwicklung scheint sich anzubahnen. Nachdem das OLG Köln (OLGZ 80, 492 = VersR 81, 488) Bedenken angemeldet hat, hat das KG (FamRZ 80, 1034) im Anschluß an seine alte Rspr (KG JW 29, 1680; 37, 1430) die Auffassung vertreten, entgegen dem Wortlaut des § 119 S 2 dürfe PKH nicht bewilligt werden, wenn die Vorentscheidung offensichtlich fehlerhaft sei und unter Berücksichtigung einwandfrei neuen Vorbringens in der höheren Instanz zu Lasten des Hilfsbedürftigen abgeändert werden müsse (so jetzt auch Schleswig SchlHA 82, 71; Koblenz FamRZ 85, 301; 86, 81; Bamberg JurBüro 85, 1111). Das KG (FamRZ 80, 1034) stützt sich dabei unter Berufung auf Schneider (MDR 79, 368) darauf, daß nach heutigem Verständnis des § 119 S 2 kein generelles Verbot der Erfolgsprüfung mehr

besteht. Zumindest darf neues Vorbringen in der Rechtsmittelinstanz als Änderung der tatsächlichen Voraussetzungen behandelt werden (so auch KG FamRZ 80, 1034; vgl ferner Celle NdsRpfl 81, 147). Wird § 119 S 2 im Einzelfall gegen seinen Wortlaut ausgelegt, dann muß der Beschluß näher begründet werden, damit ersichtlich ist, welche Besonderheiten des Falles ausschlaggebend waren; anderenfalls hat die Entscheidung verfassungsrechtlich keinen Bestand (BVerfGE 71, 122, 135 f: Verstoß gegen das Willkürverbot; zivilprozessual liegt darin eine sog greifbare Gesetzwidrigkeit, § 567 Rn 41, was in BGH, EzA ZPO § 127 Nr 9 m abl Anm Schneider, und BGH EzFamR FGG § 63 a Nr 1 m abl Anm Schneider, verkannt worden ist).

32 **c) Wiedereinsetzung.** Ist ein PKH-Gesuch innerhalb der Berufungsfrist gestellt und wegen fehlender Hilfsbedürftigkeit zurückgewiesen worden, dann ist bei nicht rechtzeitiger Einlegung des Rechtsmittels die Wiedereinsetzung in den vorigen Stand zu gewähren, wenn die Partei nicht mit der Ablehnung des Gesuchs zu rechnen brauchte (vgl zB BGH VersR 84, 192, 989). So verhält es sich regelmäßig dann, wenn ihr im ersten Rechtszug PKH bewilligt worden war und sich ihre Vermögensverhältnisse zwischenzeitlich nicht geändert haben (BGH JurBüro 76, 1640). Anders liegt es, wenn bei ihr zwischenzeitlich eine erhebliche Einkommenserhöhung eingetreten ist (BGH MDR 75, 129; VersR 81, 61). Legt der Rechtsmittelkläger innerhalb der Rechtsmittelfrist die erforderlichen Unterlagen nicht vor, kann dies zur Ablehnung der Wiedereinsetzung (§ 233) wegen Verschuldens führen (BGH VersR 85, 287, 396; s näher § 233 Rn 23 „Prozeßkostenhilfe").

33 **V)** Werden in verschiedenen Instanzen Raten unterschiedlicher Höhe festgesetzt, dann dürfen mehrere selbständige Verfahren nicht fiktiv wie ein Verfahren behandelt werden (Hamm JurBüro 85, 1256), sondern maßgebend ist ab Festsetzung für die Rechtsmittelinstanz nur die zuletzt bezifferte Rate. Die jeweils spätere Ratenzahlungsanordnung macht die frühere gegenstandslos, gleich in welcher Instanz zuletzt beschlossen wird (BGH Rpfleger 83, 174 = NJW 83, 944; Stuttgart Justiz 85, 137; Hamm FamRZ 86, 1014; Schneider Anm EzA ZPO § 120 Nr 2 S 14; Mümmler JurBüro 81, 8 u 85, 1447). Da die frühere Ratenzahlungsanordnung aufgehoben ist, schuldet der Hilfsbedürftige die vorinstanzlichen Raten nicht mehr, so daß diese auch nicht als besondere Belastung gem § 115 I 3 abgesetzt werden können, wie Behn (Rpfleger 83, 337) meint. Fällt höherinstanzlich die Ratenzahlung ganz weg, dann besteht entgegen KG (Rpfleger 85, 166) dementsprechend auch keine Verpflichtung zur Entrichtung der vorinstanzlich festgesetzten Raten. Fällt die Ratenanordnung höher aus, dann werden die höheren Beträge solange auf die zweitinstanzlichen Kosten angerechnet, bis diese abgedeckt sind; danach setzt die Tilgung der restlichen erstinstanzlichen Kosten ein (vgl Mümmler JurBüro 81, 8; Schoreit/Dehn § 120 Rn 11).

120 *[Festsetzung der Raten; Einstellung]*

(1) Mit der Bewilligung der Prozeßkostenhilfe setzt das Gericht zu zahlende Monatsraten und aus dem Vermögen zu zahlende Beträge fest. Setzt das Gericht nach § 115 Abs. 1 Satz 3 mit Rücksicht auf besondere Belastungen von dem Einkommen Beträge ab und ist anzunehmen, daß die Belastungen bis zum Ablauf von vier Jahren ganz oder teilweise entfallen werden, so setzt das Gericht zugleich diejenigen Zahlungen fest, die sich ergeben, wenn die Belastungen nicht oder nur in verringertem Umfang berücksichtigt werden, und bestimmt den Zeitpunkt, von dem an sie zu erbringen sind.

(2) Die Zahlungen sind an die Landeskasse zu leisten, im Verfahren vor dem Bundesgerichtshof an die Bundeskasse, wenn Prozeßkostenhilfe in einem vorherigen Rechtszug nicht bewilligt worden ist.

(3) Das Gericht soll die vorläufige Einstellung der Zahlungen bestimmen,

1. wenn abzusehen ist, daß die Zahlungen der Partei die Kosten decken;

2. wenn die Partei, ein ihr beigeordneter Rechtsanwalt oder die Bundes- oder Landeskasse die Kosten gegen einen anderen am Verfahren Beteiligten geltend machen kann.

(4) Das Gericht kann die Entscheidung über die zu leistenden Zahlungen ändern, wenn sich die für die Prozeßkostenhilfe maßgebenden persönlichen oder wirtschaftlichen Verhältnisse wesentlich geändert haben. Auf Verlangen des Gerichts hat sich die Partei darüber zu erklären, ob eine Änderung der Verhältnisse eingetreten ist. Eine Änderung zum Nachteil der Partei ist ausgeschlossen, wenn seit der rechtskräftigen Entscheidung oder sonstigen Beendigung des Verfahrens vier Jahre vergangen sind.

I) Bewilligungsbeschluß (Abs 1). Bewilligung und Ratenfestsetzung sind eine Einheit (Hamm Rpfleger 84, 432; zur Anfechtbarkeit s § 127 Rn 32). Es muß eine gerichtliche Entscheidung **verlautbart** werden (§ 567 Rn 3). Die bloße Ankündigung, PKH solle demnächst bewilligt werden, ist noch kein Bewilligungsbeschluß und entgegen KG (FamRZ 86, 925 = EzFamR ZPO § 120 Nr 2 m abl Anm Schneider) auch keine bindende Zusage. Die §§ 38 VwVfG, 34 SGB X sind nicht entsprechend anwendbar. Das Gericht hat im PKH-Verfahren nicht die Stellung einer Behörde, die öffentlich-rechtliche Verwaltungstätigkeit ausübt (s § 1 VwVfG u SGB X). Darüber hinaus verstößt die Auffassung des KG gegen das Gebot, nach dem Erkenntnisstand im Zeitpunkt der Beschlußfassung ohne Bindung an frühere rechtliche Beurteilungen zu entscheiden (§ 119 Rn 20). Der Beschluß muß klar und eindeutig folgende Fragen beantworten: 1

- Wird PKH bewilligt oder nicht?
- Sind Monatsraten zu zahlen oder nicht?
- Wie hoch sind zu zahlende Raten beziffert?
- Ab welchem Datum beginnt die Ratenzahlungspflicht?
- Muß der Antragsteller einen Teil seines Vermögens einsetzen (§ 115 II), gfls in welcher Höhe?
- Ist ein Rechtsanwalt beizuordnen (§ 121)?

Soweit die Beantwortung dieser Fragen zweifelhaft ist, hat der Beschluß dazu eine **Begründung** zu enthalten, etwa zur Berechnung des Nettoeinkommens oder des einsetzbaren Vermögensteils oder der Streitwerthöhe (LAG Hamm BB 81, 1037; LAG Baden-Württ JurBüro 83, 293). Für die Ablehnung der Bewilligung ergibt sich das aus der Beschwerdefähigkeit (§ 127 II 2), desgleichen für die Ratenbewilligung, da diese eine Beschwer setzt (§ 127 Rn 31). Bei ratenfreier Bewilligung kann der Staatskasse ein Beschwerderecht zustehen (§ 127 III 1). Da ihr aber die Entscheidung nicht mitzuteilen ist (§ 127 III 5), erübrigt sich in diesem Fall eine Begründung. 2

1) Eindeutigkeit. Maßgebend ist die Urschrift des Beschlusses; falsche Ausfertigungen beeinflussen den Bewilligungsumfang nicht, schaffen insbesondere keinen Vertrauenstatbestand für Partei oder beigeordneten Anwalt (Stuttgart Justiz 86, 18). Aus der Notwendigkeit, im Bewilligungsbeschluß eine klare einheitliche (Hamm Rpfleger 84, 432) Aussage über den Bewilligungsumfang und die Pflicht zur Ratenzahlung sowie die Höhe der Monatsraten zu machen, ergeben sich gesteigerte Anforderungen an das Erklärungsverhalten des Gerichts. **a)** Eine Bewilligung von PKH durch **schlüssiges Verhalten** ist **ausgeschlossen,** desgleichen die schlüssige Ausdehnung bereits bewilligter PKH auf weitere Ansprüche, auf Klageerweiterung, einen Prozeßvergleich über einbezogene nichtrechtshängige Ansprüche usw. Denn in solchen Fällen müssen zwangsläufig die subjektiven Voraussetzungen neu berechnet werden, da eine höhere Kostenlast zu den Bewertungsfaktoren nach § 115 II, V 1, VI zählt. Umgekehrt gibt es auch keine stillschweigende Bewilligungseinschränkung (Frankfurt JurBüro 86, 79: zur Stufenklage, s auch § 114 Rn 36). Mit der stillschweigenden Ausdehnung einer bereits beschlossenen Bewilligung (s dazu Schneider Anm EzA ZPO § 127 Nr 7 S 42) ist nicht zu verwechseln die Bewilligung nach Klageerweiterung; sie erfaßt auch den erweiterten Antrag, wenn sie keine Einschränkung enthält (LAG Düsseldorf JurBüro 86, 609; LAG Düsseldorf LAGE ZPO § 127 Nr 10). Das früher viel erörterte Problem der **stillschweigenden Erweiterung** des Armenrechtsgesuchs **auf einen Scheidungsfolgenvergleich** (s § 114 Rn 15) hat durch die Neufassung des § 122 III 1 BRAGO an Bedeutung verloren, weil sich nun die Beiordnung des Anwalts im Eheprozeß ohne weiteres auf fast alle Gegenstände erstreckt, die in einem Scheidungsfolgenvergleich geregelt zu werden pflegen. Der in § 122 III 1 BRAGO verwendete Begriff der „Ansprüche aus dem ehelichen Güterrecht" ist weit zu fassen. Soweit sich allerdings der Vergleich auf nicht in § 122 III 1 BRAGO aufgeführte Gegenstände bezieht, bedarf es weiterhin eines zusätzlichen Antrages, der nicht schon im PKH-Antrag für das Verfahren liegt (Düsseldorf JurBüro 81, 399), und einer besonderen PKH-Bewilligung und Beiordnung des Anwalts, etwa wenn es um die im Vergleich übernommene Verpflichtung des Ehemannes geht, die Ehefrau von einer Verbindlichkeit gegenüber einer Bank zu befreien (Stuttgart JurBüro 76, 1062; zur Zulässigkeit dieser PKH-Erstreckung s § 118 Rn 11). Dies gilt jedoch nur für gerichtliche Vergleiche, nicht für außergerichtliche (s § 119 Rn 2). 3

b) Bedingte Bewilligung von PKH ist ebenso unzulässig wie Zahlungserleichterung an Stelle der Bewilligung oder Bewilligung unter Vorbehalt (s Koblenz VersR 80, 1076). Auch bei der **Stufenklage** sind keine Einschränkungen zulässig (s § 114 Rn 36). 4

c) Unzulässig ist es auch, die Entscheidung durch **Aussetzung** nach §§ 148, 149 in der Schwebe zu halten (§ 118 Rz 13); ein solches Vorgehen muß als beschwerdefähige (§ 127 II, III) Ablehnung des Gesuchs behandelt werden (Stuttgart NJW 50, 229; § 119 Rn 20 aE). Deshalb finden auch die Vorschriften über die **Unterbrechung** des Verfahrens keine Anwendung; insbesondere der **Tod** 5

des Prozeßbevollmächtigten ist für den Fortgang des Bewilligungsverfahrens unerheblich (BGH NJW 66, 1126). Der Tod des Antragstellers erledigt das PKH-Verfahren insgesamt (§ 119 Rn 15); der das Hauptverfahren fortsetzende Erbe muß bei Hilfsbedürftigkeit einen neuen Antrag für sich stellen (§ 114 Rn 20).

6 **d)** Nach Abschluß der Instanz ist die **rückwirkende Bewilligung** von PKH nur zulässig, wenn ein in laufender Instanz gestellter Bewilligungsantrag nicht mehr beschieden worden ist (siehe § 119 Rn 18–20).

7 **2) Bezifferung. a)** Bei **Ratenzahlung** ist die Höhe der Raten, nicht aber ihre Zahl festzusetzen (Schleswig SchlHA 81, 114). Sind **keine Raten** zu zahlen, dann genügt es, PKH ohne Zusatz zu bewilligen. Darin liegt die hinreichend deutliche Erklärung, daß die Prüfung der subjektiven Voraussetzungen zu dem Ergebnis fehlender Ratenzahlungspflicht geführt hat (§ 119 Rn 17).

8 **b)** Soweit die Partei aus ihrem **Vermögen** Kosten tragen kann (§ 115 Rn 29–45), ist der von der Partei selbst zu tragende Kostenanteil ebenso wie die zusätzlich aufzubringenden Monatsraten zu beziffern. Die „aus dem Vermögen zu zahlenden Beträge" (Abs 1) können als einmalige feste Zahlungen oder als ratenweise Leistungen festgelegt, müssen aber beziffert werden (Rn 10). **Prozeßkostenvorschuß** rechnet zum Vermögen (§ 115 Rn 46) und ist in voller Höhe an die Staatskasse weiterzuleiten (Celle NdsRpfl 85, 283).

9 **c)** Werden **besondere Belastungen** (§ 115 Rn 23, 24) berücksichtigt, deren Wegfall zeitlich schon feststeht, dann ist die Ratenveränderung oder der Ratenbeginn bereits im Beschluß festzulegen (§ 120 I 2). Dagegen ist nie der Zeitpunkt festzusetzen, in dem die Ratenzahlung endet. Er läßt sich nicht voraussehen, da Zahlungsstörungen auftreten können, die Gesamtzahl der 48 Monatsraten (Anl 1 zu § 114) aber nicht gleichbedeutend mit ununterbrochener Zahlung ist (§ 115 Rn 7, 8).

10 **d)** Die **Form der Bewilligung** bei lediglich teilweiser Hilfsbedürftigkeit (§ 115 Rn 54) ist im PKHG nicht geregelt. Ist der Hilfsbedürftige in der Lage, aus seinem Vermögen einen Kostenanteil zu tragen, dann ist PKH (mit oder ohne Raten) für die gesamten Kosten zu bewilligen, jedoch muß zusätzlich der Betrag der Selbstbeteiligung beziffert werden. Hat beispielsweise der Hilfsbedürftige einsetzbares Barvermögen von 5 000 DM, aber nur geringes Einkommen, dann mag der Bewilligungsbeschluß lauten: „Dem Antragsteller wird PKH (mit mtl Raten von ... DM, beginnend ab ...) bewilligt, soweit die ihm entstehenden Kosten des Rechtsstreits 5 000 DM übersteigen." Oder: „Der Antragsteller hat monatliche Raten von 300 DM sowie einen Kostenbeitrag von 2000 DM zu zahlen." Hat der Antragsteller Rechtsschutz mit einer nicht hinreichenden Deckungssumme, dann ist entsprechend zu tenorieren; die Deckungssumme muß, ebenso wie einsetzbares Barvermögen, beziffert werden. In Betracht kommt auch, daß entsprechend § 115 II 1 aF bestimmte Gebühren oder/und Auslagen (zB hohe Sachverständigenkosten) aus der Bewilligung ausgeklammert werden, weil der Hilfsbedürftige diese Positionen aus eigenem Vermögen aufbringen kann. Hiervon ist zu unterscheiden die lediglich teilweise Erfolgsaussicht. Bei ihr ist uneingeschränkt PKH zu bewilligen, jedoch nur für die (vom Gericht vorzuformulierenden) beschränkten Anträge, hinsichtlich deren hinreichende Erfolgsaussicht bejaht wird (§ 114 Rn 36).

11 **3) Beginn der Ratenzahlung.** Die **Zahlungspflicht setzt sofort ein** (allgemeiner Rechtsgrundsatz des § 271 BGB; s zB §§ 64, 65 GKG, 17 BRAGO, 379 ZPO), vorausgesetzt natürlich, daß schon Gebühren erfallen sind (arg § 120 III 1 u § 61 GKG; s KG Rpfleger 84, 477; Lappe Rpfleger 81, 137; Fischer SchlHA 81, 5; Schneider MDR 81, 793 Ziff II 11 u Anm EzA ZPO § 120 Nr 2 zu III 4; Behr/Hantke Rpfleger 81, 270). Im ArbG-Verfahren Beginn wegen § 12 IV ArbGG mit Instanzbeendigung (LAG Hamm MDR 82, 612; Schneider Anm EzA ZPO § 120 Nr 2 zu III 4; zum sozialgerichtl Verfahren s Behn Sozialversicherung 83, 1 ff, 29 ff). Will das Gericht eine andere Regelung treffen, also nicht an das Wirksamwerden des Beschlusses anknüpfen, muß es dies aussprechen. Der Beginn muß dann kalendermäßig datiert oder zumindest genau berechenbar festgelegt werden. Unzulässig ist die Festsetzung der Ratenzahlung ab Rechtskraft der Hauptsacheentscheidung (Zweibrücken JurBüro 85, 1264). Wenn nichts gesagt ist, sollte auf das **Beschlußdatum** abgestellt werden, da es für die Partei und den Anwalt, aber auch für das Gericht und das Rechtsmittelgericht der eindeutigste zeitliche Anknüpfungstermin ist (s § 119 Rn 17).

12 **4) Wirkung.** Die Staatskasse ist durch den Inhalt des Beschlusses in der Rechtsverfolgung beschränkt (§ 122), ohne aber beschwerdeberechtigt zu sein (str, s § 127 Rn 32).

13 **II) Zahlstelle (Abs 2).** Die Zahlungen sind an die Landeskasse zu leisten und werden durch den Rechtspfleger überwacht (§ 20 Nr 4c RpflG). Deshalb sind ihm als dem Kostenbeamten die Prozeßakten rechtzeitig zur Kontrolle vorzulegen (§ 3 KostVfg). Die vom Richter (Rechtspfleger) bestimmten Beträge werden wie eine Gerichtskostenforderung nach § 4 II KostVfg durch Soll-

stellung der Gerichtskasse zur Einziehung überwiesen (§ 29 KostVfg; BT-Drucks 8/3068 S 29). Die im Verfahren der PKH fälligen Zahlungen (die laufenden Monatsraten sowie die Vermögensbeträge) können mit den Mitteln des Verwaltungszwanges beigetrieben werden, wenn die Partei ihrer Leistungspflicht nicht nachkommt (§ 1 I Nr 4 a JBeitrO).

III) Verbesserung der wirtschaftlichen Verhältnisse. 1) Da nur die gegenwärtigen Verhält- 14
nisse maßgebend sind (Bremen FamRZ 83, 637), darf nicht darauf abgestellt werden, zu welchen Leistungen die Partei nach Ablauf von 48 Monaten imstande wäre. Lediglich **in Aussicht stehende Einkommensverbesserungen** – zB durch Beförderung, Umschulung u dgl – müssen im Zeitpunkt der Bewilligung außer Betracht bleiben. Daher darf entgegen Frankfurt (FamRZ 84, 809) auch eine im Rechtsstreit erst noch durchzusetzende Geldforderung nicht berücksichtigt werden. Damit ist aber noch nicht gesagt, daß solche Veränderungen schlechthin unbeachtlich seien. **2)** Zunächst einmal hat das Gericht zu prüfen, ob **besondere Belastungen,** die nach § 115 I 3 vom Einkommen abgesetzt worden sind, länger als vier Jahre vom Hilfsbedürftigen zu tragen sind. Ist das nicht der Fall, dann berücksichtigt das Gericht bereits im Bewilligungsbeschluß den feststehenden späteren Wegfall der Belastungen und setzt ab diesem Zeitpunkt anders fest (§ 120 I 2). **3)** Darüber hinaus kann auch eine sonstige günstige Änderung der Vermögensverhältnisse einschließlich nicht vorhergesehener vorzeitiger Schuldentilgung die amtswegige Einleitung eines Abänderungsverfahrens veranlassen (§ 120 IV 1). Nach der ursprünglichen Konzeption des PKH-Gesetzes sollten Vermögensverbesserungen unberücksichtigt bleiben, die nach Bewilligung eintraten. Diese von Anfang an unhaltbare und nachhaltig kritisierte Auffassung ist sehr bald auch vom Gesetzgeber als verfehlt erkannt und deshalb durch die Neufassung der §§ 120 IV, 124 Nr 2 beseitigt worden. Systematisch gehört die Regelung des § 120 IV in den Aufhebungskatalog des § 124. Der Sache nach ist damit die **Nachzahlungsanordnung** des § 125 aF wieder eingeführt worden. **4)** Zu den abänderbaren **zu leistenden Zahlungen** (§ 120 IV 1) rechnet auch der Einsatz des Vermögens (§ 115 II), so daß bei späterem erheblichem Vermögenserwerb ohne weiteres sofortige volle Zahlung aller bereits fällig gewordenen Kosten angeordnet werden darf. Dies entspricht der korrespondierenden Regelung in § 124 Nr 2, die bei einem Verstoß gegen die Erklärungspflicht des § 120 IV 2 volle Aufhebung der Bewilligungsentscheidung vorsieht. **5)** Eine **wesentliche Verbesserung** der wirtschaftlichen Verhältnisse ist dann anzunehmen, wenn sie den Lebensstandard des Hilfsbedürftigen verändert hat (s dazu § 124 Rn 17).

6) Dem **Vertrauensschutz** des Hilfsbedürftigen dient die Sperrfrist von vier Jahren (§ 120 15
IV 3). Mit der „sonstigen Beendigung des Verfahrens" ist die Hauptsache gemeint, und zwar nicht lediglich die Instanz, sondern der Rechtsstreit insgesamt. Es handelt sich um eine absolute Frist, die vom Lauf der Gerichtsferien nicht berührt wird und nicht wiedereinsetzungsfähig ist. Ist allerdings das Änderungsverfahren innerhalb der Frist **eingeleitet** worden, dann darf es noch nach Fristablauf abgeschlossen werden. Diese Regelung ist derjenigen des § 10 GKG nachgebildet und findet sich auch in § 124 Nr 3. **7)** Die **Zuständigkeit** des Gerichts zur Abänderung ist durch § 20 Nr 4 c RPflG dem Rechtspfleger übertragen worden. Für Verfahren, in denen bereits vor dem 1. 1. 1987 PKH bewilligt worden war, gilt die Neuregelung nicht. Folgt man indessen der schon zu altem Recht vertretenen Auffassung, daß erheblicher späterer Vermögenserwerb die abändernde Aufhebung bewilligter PKH rechtfertige (s § 124 Rn 17), dann sind davon auch alte Verfahren betroffen.

IV) Verschlechtern sich die Einkommens- und Vermögensverhältnisse des Hilfsbedürftigen, 16
dann kann er wegen veränderter Umstände Neufestsetzung beantragen (Karlsruhe Justiz 83, 388; München OLGZ 1985, 490; Schneider Anm EzA ZPO § 120 Nr 2 zu III 5; Schuster ZZP 93, 1980, 394; Bischof AnwBl 81, 371). **1)** Anders als bei der Vermögensverbesserung (s Rn 14 zu 3–5) ist eine Verschlechterung der wirtschaftlichen Verhältnisse schon dann anzunehmen, wenn sie zu einer dem Hilfsbedürftigen günstigeren Anwendung der Tabelle führt. Hier ist entscheidend, daß er dann einen Rechtsanspruch darauf hat, nur gemäß dem Gesetz belastet zu werden. Bereits der Hinweis auf verschlechterte Vermögenslage, zB im Zusammenhang mit Zahlungsverzögerungen nach § 124 Nr 4, ist als dahingehender Antrag zu deuten (§ 124 Rn 19). Die Überprüfung kann zur Ermäßigung der Raten oder zum gänzlichen Wegfall der Ratenzahlung führen. **2)** Dabei ist jedoch eine selbständige neue Beurteilung geboten; deshalb muß auch dem Hilfsbedürftigen ausnahmslos rechtliches Gehör gewährt werden (LAG Köln EzA ZPO § 120 Nr 2 m zust Anm Schneider zu III 2). Erweist sich die bereits ausgesprochene Bewilligung als falsch, sind zB die angesetzten Raten zu niedrig, dann ist nicht von dieser falschen Vorbewertung auszugehen, sondern von der jetzt gebotenen (vgl Zweibrücken JurBüro 83, 1720); Rechtskraftwirkungen stehen nicht entgegen (§ 127 Rn 16), so daß keine Bindung an die frühere Entscheidung besteht (Karlsruhe FamRZ 86, 1126). Der Rechtspfleger kann nicht neu festsetzen (LAG Bremen KoRsp ZPO § 124 Nr 12; Schneider Anm EzA ZPO § 120 Nr 2 S 22), wohl kann er

angeordnete Ratenzahlungen aussetzen (LAG Hamm EzA § 127 ZPO Nr 5 = JurBüro 84, 1419), zB während eines Mutterschaftsurlaubes nach § 200 IV RVO (LAG Frankfurt ARSt 84, 61).

17 3) Eine verschlechternde **Änderung** wirkt **nur für die Zukunft,** bezogen allerdings auf den Zeitpunkt der Veränderung (Hamm FamRZ 82, 1096; Karlsruhe MDR 83, 1031). Demgegenüber hält Lepke (DB 85, 493) den Zeitpunkt der Antragstellung für maßgebend, weil das Antragsprinzip (s § 114 Rn 13) gelte. Er verkennt jedoch, daß das Antragsprinzip in Konkurrenz steht mit dem sozialen Schutzzweck der PKH. Dieser kann nur erreicht werden, wenn er als vorrangig behandelt wird, weil jeder Änderungsantrag zwangsläufig erst gestellt werden kann, wenn die wirtschaftliche Verschlechterung bereits eingetreten ist. Der beigeordnete Anwalt kann durch eine Bewilligungsveränderung bereits verdiente Gebühren nicht verlieren (s § 119 Rn 25; § 124 Rn 25).

18 4) Vor Abschluß der Instanz entscheidet der Richter über Änderungsanträge; Ablehnung ist beschwerdefähig (§ 127 Rn 30). Nach Abschluß der Instanz bis zum Eintritt der Rechtskraft entscheidet auch der Instanzrichter über Anträge auf Herabsetzung oder Wegfall der Ratenzahlung (Schleswig AnwBl 82, 492; Köln KoRsp ZPO § 124 Nr 11). Ist Rechtskraft eingetreten, dann ist für einen Abänderungsantrag wegen verschlechterter Vermögensverhältnisse, zB Arbeitslosigkeit oder Zwangsvollstreckung aus dem Urteil, nicht mehr das Gericht zuständig, sondern nur noch die Justizverwaltung (Hamburg MDR 83, 234; Bamberg JurBüro 83, 456 m Anm Mümmler; 84, 134; Celle NdsRpfl 83, 1; Köln KoRsp ZPO § 120 Nr 8 m Anm Schneider; Zweibrücken KoRsp ZPO § 120 Nr 9; JurBüro 85, 461 u 1112; Frankfurt JurBüro 86, 1578; Schleswig SchlHA 86, 89; Düsseldorf MDR 86, 325; Oldenburg NdsRpfl 86, 193; JurBüro 85, 461 u 1112; KG u LG Berlin MDR 84, 1032 m Anm der Schriftleitung; Karlsruhe FamRZ 84, 724; Stuttgart FamRZ 86, 1125; LAG München ARSt 84, 56; LAG Hamm KoRsp ZPO § 124 Nr 22; Lepke DB 85, 493 f; Künkel DAVorm 83, 352). Anderenfalls würde in jedem gerichtlichen Verfahren mit bewilligter PKH die Möglichkeit eröffnet, nach Rechtskraft bei jeder Änderung der Vermögenslage das abgeschlossene PKH-Verfahren wieder aufzurollen mit der Folge, daß das Gericht sich auch mit neuen Tatsachen zu befassen und den Gegner anzuhören hätte (§ 118 I 1). Das ist mit der Rechtskraft in der Hauptsache unvereinbar und würde auch zu Ungereimtheiten führen. Eine Partei, die wegen zu erwartender Ratenzahlungen von der Stellung eines PKH-Antrages abgesehen hat oder die unter die Bewilligungssperre des § 115 VI gefallen wäre, müßte die spätere Verschlechterung ihrer Vermögensverhältnisse selbst tragen, während eine Partei mit Raten-PKH geschützt wäre (Stuttgart FamRZ 86, 1125). Träte die Vermögensverschlechterung dadurch ein, daß der Gegner die Verurteilungssumme oder seinen Kostenerstattungsanspruch (§ 123) vollstreckt, müßte uU nach Jahr und Tag das abgeschlossene PKH-Verfahren wieder aufgerollt werden, was mit der Zielsetzung dieses Nebenverfahrens unvereinbar ist. Sie steht der Fortsetzung auch des Nebenverfahrens im beendeten Rechtsstreit entgegen (aA – Instanzgericht bleibt zuständig – Köln MDR 83, 847; FamRZ 84, 920; Düsseldorf JurBüro 84, 932; 85, 1722; AnwBl 86, 254; Nürnberg MDR 85, 415 = OLGZ 85, 116; Schleswig SchlHA 85, 104; Braunschweig NdsRpfl 85, 281; München MDR 85, 941; Karlsruhe FamRZ 86, 1126; LG Braunschweig NdsRpfl 84, 13).

19 **V) Vorläufige Einstellung (Abs 3). 1) Wegen Kostendeckung (Nr 1).** Da der Hilfsbedürftige höchstens 48 Monatsraten, nie aber mehr als die Summe der Prozeßkosten zu zahlen hat, ist ein ständiger Vergleich zwischen der Summe der gezahlten Monatsraten und den noch offenen Prozeßkosten erforderlich. Diese Überwachung obliegt dem Rechtspfleger (§ 20 Nr 4c RPflG). Stellt er fest, daß die Kosten schon durch Ratenzahlung abgedeckt sind, dann hat das Gericht die vorläufige Einstellung der Ratenzahlungen anzuordnen (s dazu Bischof AnwBl 81, 370/371). Dabei sind die bisher angefallenen außergerichtlichen und gerichtlichen Kosten zu addieren, nicht jedoch zukünftig möglicherweise anfallende Gebühren zu berücksichtigen (Schleswig SchlHA 83, 142; Rn 11). Ändert sich die Schlußkostenrechnung später zu Ungunsten des Hilfsbedürftigen, dann ist die Wiederaufnahme der Ratenzahlung anzuordnen, auch wenn wegen Überzahlung nach der früheren Schlußkostenrechnung schon eine Rückzahlung angewiesen worden war (Hamm KoRsp ZPO § 120 Nr 5).

20 Ergibt die Überwachung, daß die Raten demnächst die Kosten abdecken werden, dann ist entweder die Sache auf Frist zu legen, oder es ist mit der Maßgabe vorläufig einzustellen, daß die Zahlungspflicht ab Leistung einer Rate oder mehrerer bestimmter Raten vorläufig endet.

21 **a)** Bei der Prüfung der Kostendeckung kommt es auf die bereits erfallenen und fällig gewordenen Kosten an, da dem Hilfsbedürftigen keine strengere Kostenschuld als einer vermögenden Partei auferlegt wird (Rn 11; KG Rpfleger 84, 477). Erweist sich die ursprüngliche Kostenberechnung als übersetzt, zB wegen nachträglicher teilweiser Klagerücknahme, dann ist nach § 120 III Nr 1 zu verfahren (LG Berlin MDR 82, 413). Bei Unterbrechung des Verfahrens wegen Konkurseröffnung (§ 240) sind Raten nur bis zur Abdeckung der bereits entstandenen Kosten zu entrichten (LG Berlin MDR 82, 413).

b) Nach § 124 I 1 BRAGO werden die verminderten Gebühren des im PKH-Verfahren beigeordneten Anwalts bis zur Höhe der Regelgebühren aufgestockt, soweit die von der Staatskasse eingezogenen Beträge denjenigen Betrag übersteigen, der zur Deckung der in § 122 I Nr 1 erwähnten Kosten und Ansprüche erforderlich ist. Die hM (zB Schleswig AnwBl 84, 457; Köln AnwBl 84, 103; Hamm MDR 85, 149; Stuttgart Rpfleger 85, 164; LAG Nürnberg LAGE ZPO § 120 Nr 3) folgert daraus, daß Kostendeckung iS des § 120 III Nr 1 erst dann gegeben sei, wenn der Anwalt aus den geleisteten Zahlungen die vollen Regelgebühren erhalten habe und gibt folgerichtig dem RA wegen verfrühter Einstellung der Ratenzahlung die Beschwerde (§ 127 Rn 40). Dem ist nicht zu folgen (verfassungsrechtliche Bedenken bei Hartmann KostG BRAGO § 124 Rn 1). § 124 I 1 BRAGO drückt nur aus, daß die Partei Überzahlungen solange **nicht erstattet** bekommt, wie die Regelgebühren ihres Anwalts noch nicht abgedeckt sind, ändert jedoch nichts daran, daß vorläufige Einstellung nach § 120 III Nr 1 geboten ist, sobald Kostendeckung für die durch § 123 BRAGO festgelegten Gebühren des PKH-Anwalts abzusehen ist (ausführlich dazu Schneider Anm EzA ZPO § 120 Nr 3; zust LAG Frankfurt MDR 86, 1054). Die Schwierigkeiten der hM erhellt Koblenz (KoRsp ZPO § 122 Nr 21 m krit Anm v Eicken), wonach die Zahlungen auch dann nicht vorläufig einzustellen sind, wenn der hilfsbedürftige Kläger obsiegt, der in die Kosten verurteilte Gegner aber ebenfalls ratenfreie PKH hatte (s auch § 123 Rn 7). 22

2) Kostenbeitreibungsmöglichkeit (Nr 2). Wird der Beklagte in die Kosten verurteilt, dann ist vorläufig einzustellen und der Ratenrestbetrag von diesem beizutreiben (Köln FamRZ 86, 926); denn er haftet jetzt als Primärschuldner nach §§ 58 II 1, 54 Nr 1 GKG. Schlägt der Versuch fehl, ist Wiederaufnahme der Ratenzahlung gegen den Hilfsbedürftigen anzuordnen (s Bischof AnwBl 81, 374; Hamburg MDR 85, 941; s auch Lappe MDR 85, 463). Daß die Gerichtskasse dem Beklagten Stundung gewährt, rechtfertigt keine Wiederaufnahme der Ratenzahlungen des Klägers (Hamm Rpfleger 82, 197). 23

Ferner ist vorläufig einzustellen, wenn die noch offenen Kostenbeträge von einem Verfahrensbeteiligten gefordert werden können, der sich vergleichsweise zur Übernahme bereit erklärt hat (§ 54 Nr 2 GKG). Wer solche Ansprüche geltend machen kann, ist belanglos. Es kann der Hilfsbedürftige sein (§§ 91, 103), der ihm beigeordnete Rechtsanwalt (§ 126) oder die Staatskasse (§ 125). Maßgebend ist allein, daß die Zahlungspflicht des Hilfsbedürftigen durch die eines anderen Verfahrensbeteiligten überlagert worden ist. 24

3) Kostenansatz. Ist das **Verfahren** in der Instanz **abgeschlossen,** dann hat der Kostenbeamte wie auch sonst die Schlußkostenrechnung über die Gerichtskosten aufzustellen, in die alle nach § 130 BRAGO auf die Staatskasse übergegangenen Ansprüche hineinzunehmen sind (§ 5 X KostVfg). Ergibt die Gegenüberstellung der Kosten und der Zahlungen des Hilfsbedürftigen eine Differenz, so ist sie vom Kostenpflichtigen einzuziehen. 25

121 *[Beiordnung eines Rechtsanwalts]*

(1) Ist eine Vertretung durch Anwälte vorgeschrieben, wird der Partei ein zur Vertretung bereiter Rechtsanwalt ihrer Wahl beigeordnet.

(2) Ist eine Vertretung durch Anwälte nicht vorgeschrieben, wird der Partei auf ihren Antrag ein zur Vertretung bereiter Rechtsanwalt ihrer Wahl beigeordnet, wenn die Vertretung durch einen Rechtsanwalt erforderlich erscheint oder der Gegner durch einen Rechtsanwalt vertreten ist. Ein nicht bei dem Prozeßgericht zugelassener Rechtsanwalt kann nur beigeordnet werden, wenn dadurch weitere Kosten nicht entstehen.

(3) Wenn besondere Umstände dies erfordern, kann der Partei auf ihren Antrag ein zur Vertretung bereiter Rechtsanwalt ihrer Wahl zur Wahrnehmung eines Termins zur Beweisaufnahme vor dem ersuchten Richter oder zur Vermittlung des Verkehrs mit dem Prozeßbevollmächtigten beigeordnet werden.

(4) Findet die Partei keinen zur Vertretung bereiten Anwalt, ordnet der Vorsitzende ihr auf Antrag einen Rechtsanwalt bei.

Übersicht

1 **I) Grundgedanken. 1) Recht auf Anwalt.** Einen Anspruch auf Beiordnung eines PKH-Anwalts (nicht eines Rechtsbeistandes, Rn 6) hat der Hilfsbedürftige immer im Anwaltsprozeß (Abs 1); jedoch widerspricht Selbstbeiordnung eines hilfsbedürftigen Anwalts dem Zweck der PKH (v Eicken Anm KoRsp ZPO § 121 Nr 5 gg München AnwBl 81, 507). Im Parteiprozeß hat er einen Anspruch, wenn der Gegner anwaltlich vertreten ist, sonst nur, wenn er im Einzelfall anwaltlicher Unterstützung bedarf (Abs 2 S 1, Abs 3). Die Fälle, in denen der Gegner nicht anwaltlich vertreten ist und außerdem von der hilfsbedürftigen Partei erwartet werden kann, im Prozeß ihre Rechte selbst so umfassend wahrzunehmen, daß ihr keine Nachteile entstehen können, werden kaum noch vorkommen. Insbesondere Kindschafts- und Unterhaltssachen sind rechtlich so diffizil und für die Partei von so existenzieller Bedeutung, daß die Anwaltsbeiordnung ein Verfassungsgebot ist (BVerfGE 7, 53; LG Berlin Rpfleger 85, 106; s Rn 11). Soweit ein Rechtsanwalt als **Konkursverwalter** oder **Pfleger** tätig wird, hängt die Beiordnung davon ab, ob die nichtanwaltliche Tätigkeit den Beiordnungsfall abdeckt oder nicht. Maßgebend dafür ist, ob die konkrete Tätigkeit auch von einem Nichtjuristen im Rahmen seines Amtes ohne Anwaltshilfe erledigt werden müßte (s Schneider Anm zu KoRsp BRAGO § 1 Nr 4). Problematisch sind insbesondere die Fälle des § 1835 BGB (s dazu Riedel/Sußbauer/Fraunholz BRAGO § 1 Rn 25 ff). Auch bei ihnen darf PKH nicht mit der Begründung versagt werden, der Pfleger habe nach § 1835 II, III BGB einen Aufwendungsersatzanspruch gegen den Pflegling, hilfsweise gegen die Staatskasse (vgl Riedel/Sußbauer/Fraunholz § 1 Rn 29; Bremen FamRZ 86, 189 = NJW-RR 86, 309); aA OVG Bremen (Rpfleger 86, 12 m abl Anm Damrau), das übersieht, daß es dann nicht zum Anspruchsübergang gem §§ 126 ZPO, 130 I 1 BRAGO kommen kann und der Verlierer am Ende den Vorteil hat (s Lappe Anm zu KoRsp ZPO § 114 Nr 90). Pfleger als **Verkehrsanwalt:** Rn 21.

2 Nach der gesetzlichen Regelung sind verschiedene Sachlagen mit unterschiedlichen rechtsbegründenden Voraussetzungen auseinanderzuhalten, nämlich:

- Verfahren mit Anwaltszwang (Rn 5)
- Verfahren ohne Anwaltszwang (Rn 6 ff)
- Beiordnung eines Vermittlungsanwalts (Rn 14 ff)
- Beiordnung mit Kontrahierungszwang (Rn 27 ff)

Gemeinsam ist ihnen die Notwendigkeit, daß die antragstellende Partei vor oder nach Beiordnung einen Mandatsvertrag mit dem Anwalt abschließen und Prozeßvollmacht erteilen muß.

3 **2) Beiordnungsbeschluß.** Die Entscheidungsform der Beiordnung ist ein Beschluß des Prozeßgerichts, der zu verkünden oder der hilfsbedürftigen Partei und ihrem Gegner formlos zu übersenden ist. Maßgebend für den Bewilligungsumfang und die Beiordnung ist die Urschrift, nicht etwa eine fehlerhafte Ausfertigung (§ 120 Rn 3). Vergütungsansprüche des beigeordneten Anwalts entstehen nicht vor Rechtshängigkeit der Klage (Koblenz KoRsp ZPO § 121 Nr 48). Die Bewilligung wird für jede Instanz besonders ausgesprochen (§ 119 S 1). Wegen des **Umfangs der Beiordnung** bestimmt **§ 122 I BRAGO,** daß der Anspruch des PKH-Anwalts sich nach den Beschlüssen richtet, durch die PKH bewilligt und der Rechtsanwalt beigeordnet ist. **§ 122 II, II BRAGO gibt Auslegungsregeln** für diese Beschlüsse. Die Beiordnung für den Hauptprozeß umfaßt danach nicht ohne weiteres die Beiordnung für Angelegenheiten, die mit dem Hauptprozeß nur zusammenhängen (zu Einzelheiten s § 119 Rn 1–14).

3) Fehlerhafte Bewilligung. Maßgebend ist die Urschrift des Beschlusses, nicht die vielleicht fehlerhafte Ausfertigung (§ 120 Rn 3). Eine Beiordnung in der **irrigen Annahme, es sei PKH bewilligt** worden, begründet für den Anwalt keine Rechte gegen die Staatskasse (LG Berlin JurBüro 64, 127). Daß dagegen eine Beiordnung **fehlerhaft rückwirkend** beschlossen worden ist, macht sie nicht unwirksam (§ 119 Rn 24). Entsprechend erlangt auch ein zu Unrecht beigeordneter Rechtsbeistand (Rn 6) einen Gebührenanspruch gegen die Staatskasse (LG Itzehoe KoRsp BRAGO § 121 Nr 1), da im Kostenerstattungsverfahren des § 128 BRAGO die Berechtigung der Beiordnung nicht mehr überprüft werden darf (LG Düsseldorf Rpfleger 60, 130). **Stirbt die Partei vor Auftragserteilung** und Beiordnung, dann entsteht für den Anwalt kein Vergütungsanspruch, auch wenn er in unverschuldeter Unkenntnis des Todesfalles tätig geworden ist (LG Berlin KoRsp BRAGO § 122 Nr 4). Zur Beschwerdebefugnis gegen Beiordnung s § 127 Rn 36–39. 4

II) Anwaltszwang (Abs 1). Wann Anwaltszwang besteht, ergibt sich aus § 78. Die Wahl des Hilfsbedürftigen kann ausdrücklich oder schlüssig erklärt werden. Wird im Bewilligungsverfahren für die Partei ein Anwalt tätig, ist dies konkludenter Ausdruck, daß er gewählt worden ist (Köln MDR 83, 847; München MDR 81, 502; BT-Drucks 187/79 S 29). Bei fehlender Postulationsfähigkeit des Anwalts ist Rückfrage geboten (§§ 139, 278 III). Das Gericht ist an die Wahl gebunden, sofern nicht ein gesetzliches Vertretungsverbot entgegensteht, zB § 45 Nr 2 BRAGO (Schleswig SchlHA 82, 197). Widerruft die Partei vor der Bewilligung ihre Wahl, zB durch Mandatsentzug und Bennung eines anderen Anwalts, dann ist das Gericht daran gebunden (Düsseldorf JurBüro 86, 298). Der ursprünglich gewählte Anwalt hat kein Recht auf Beiordnung und dementsprechend auch kein Beschwerderecht (§ 127 Rn 37). Beigeordnet wird vom Gericht (anders in § 121 IV: der Vorsitzende); auf Beschwerde hin darf das Beschwerdegericht selbst beiordnen (Köln KoRsp ZPO § 121 Nr 17). Die **Wirkung** der Beiordnung berührt nur das Verhältnis des Anwalts zur Staatskasse, nicht zum hilfsbedürftigen Mandanten. Anders als in den Fällen des Abs 4 besteht deshalb auch **kein Kontrahierungszwang.** Aus der Beiordnung als solcher folgt weder eine Prozeßvollmacht noch ein Auftragsverhältnis (Rn 30). Bis zur Vollmachterteilung besteht aber kraft der durch die Beiordnung begründeten **Fürsorgepflicht des Anwalts** eine Berufspflicht zum Tätigwerden für den Hilfsbedürftigen, die sogar Ansprüche gegen die Staatskasse auslösen kann (Rn 31). Das eigentliche Auftragsverhältnis wird erst durch die Vollmachterteilung begründet (§§ 622 ff BGB). Ab dann sind auch Zustellungen und Mitteilungen an den beigeordneten Anwalt zu richten (§ 176). Bei **rückwirkender Bewilligung** (s § 119 Rn 17) ist auch die Beiordnung rückwirkend zu beschließen (Lappe, Kosten in Familiensachen, Rz 652; Christl MDR 83, 539). 5

III) Verfahren ohne Anwaltszwang (Abs 2). 1) Grundsätze. Es soll gewährleistet sein, daß der hilfsbedürftigen Partei in allen Fällen, in denen eine Vertretung durch Anwälte zwar nicht gesetzlich vorgeschrieben, aber sachlich geboten erscheint, ein rechtskundiger Volljurist zur Seite steht. Im Anwaltsprozeß genügt, daß einzelne Prozeßhandlungen von der Partei selbst vorgenommen werden dürfen (BGH MDR 84, 924 = NJW 1984, 2413). Die praktisch wichtigsten Anwendungsgebiete sind der Parteiprozeß und die Zwangsvollstreckung. Zum Rechtsanwalt als **Pfleger** oder **Konkursverwalter** s Rn 1; zur Beiordnung in der **freiwilligen Gerichtsbarkeit** s Rn 10. Beigeordnet wird einer Partei, der entweder PKH schon bewilligt worden ist oder zugleich mit der Beiordnung bewilligt wird, im Beschwerdeverfahren vom Beschwerdegericht (Köln MDR 83, 847). Eine erneute Prüfung der Voraussetzungen der §§ 114, 115 (hinreichende Erfolgsaussicht, fehlende Mutwilligkeit, Hilfsbedürftigkeit) findet nicht statt (LG Berlin FamRZ 85, 106). Solange die Bewilligung der PKH nicht aufgehoben ist (§ 124), ist einziges Kriterium der Beiordnung die **Erforderlichkeit anwaltlicher Vertretung** (s Einzelfälle Rn 11). Beigeordnet werden kann **nur ein Rechtsanwalt,** also kein Rechtsbeistand; das gilt auch für Prozeßagenten, die ab 1. 1. 81 in die Rechtsanwaltskammer aufgenommen worden sind (§ 209 BRAO nF; LSG Rheinland-Pfalz JurBüro 86, 458; OVG Münster KoRsp ZPO § 121 Nr 69; s aber Rn 4!). Bei **Anwaltsgemeinschaften** ist nur ein einziger, namentlich zu benennender Anwalt beizuordnen (Schneider JurBüro 67, 181), und zwar der gewählte oder mangels Benennung derjenige, der den Schriftsatz verfaßt, also diktiert oder unterschrieben hat (Zweibrücken FamRZ 86, 287 = NJW-RR 86, 615). **Zuständig** für die Beiordnung ist das **Prozeßgericht,** nicht der Vorsitzende (dieser nur im Fall des Abs 4). Der Beschluß ergeht ohne mündliche Verhandlung (§ 127 I 1); formlose Mitteilung genügt (§§ 329 II, 127 II; BGH VersR 85, 68). Für das Gericht besteht eine **Pflicht zur Beiordnung,** wenn die Voraussetzungen des § 121 II 1 vorliegen („wird beigeordnet"). Endet die Vertretung des beigeordneten Rechtsanwaltes, so muß ein neuer beigeordnet werden. 6

2) Formelle Voraussetzungen. a) Antrag ist formlos möglich. Er kann einen Antrag nach § 11a ArbGG einschließen (§ 114 Rn 15, 27). Stillschweigender Antrag auf Beiordnung eines Wahlanwaltes ist anzunehmen, wenn ein bestimmter Anwalt für eine Partei PKH beantragt 7 (s Rn 5); entgegen LG Bayreuth (JurBüro 82, 1735) ist davon für Verfahren außerhalb Anwaltszwangs keine Ausnahme zu machen. Der gewählte Anwalt muß vertretungsbereit sein, da kein Kontrahierungszwang besteht. Das Tätigwerden für die Partei zeigt diese Bereitschaft konkludent an.

8 **b) Mehrkosten** dürfen nicht entstehen (Abs 2 S 2; BGH MDR 84, 924 = Warneyer 1984, 172 zur Beiordnung eines OLG-RA im Beschwerdeverfahren nach § 519b II; zu Familiensachen s Rn 42). Auch die vermögende Partei würde verständigerweise diese Kosten vermeiden, zumal sie nicht erstattungsfähig wären (§ 91 II 2). Daß keine weiteren Kosten entstehen können, muß das Prozeßgericht als Beiordnungsvoraussetzung feststellen; ggf ist eine Erklärung des Wahlanwalts gegenüber dem Gericht zu veranlassen, daß er bereit ist, zu den Bedingungen eines beim Prozeßgericht zugelassenen Rechtsanwalts tätig zu werden. Unzulässig ist es dagegen, dem Anwalt diese Einschränkung aufzuzwingen und nur „zu den Bedingungen eines ortsansässigen Anwalts beizuordnen" (Zweibrücken AnwBl 79, 440; Schleswig JurBüro 80, 1725 [s dazu Anm Schneider KoRsp BRAGO § 126 Nr 16]; Celle NdsRpfl 81, 59; Braunschweig AnwBl 85, 570; Karlsruhe Justiz 85, 354; Koblenz JurBüro 85, 1727; LAG Düsseldorf EzA ZPO § 121 Nr 1; LG Aachen JurBüro 85, 1420; LG Frankfurt Rpfleger 86, 402; aA Hamm Rpfleger 82, 483; NJW 83, 507; Celle NdsRpfl 83, 95; LAG Rheinland-Pfalz LAGE ZPO § 121 Nr 2, was dann zwangsläufig auch zur Versagung des Beschwerderechts führt, s § 127 Rn 36). LG Braunschweig (JurBüro 86, 772) verneint die Hinweispflicht an den Wahlanwalt bei Anwaltszwang, weil in § 121 I keine entsprechende Regelung enthalten ist, sieht aber in dem Beiordnungsantrag die konkludente Erklärung, der Antragsteller wolle die Mehrkosten selbst tragen. Die Formulierung „kann nur" in § 121 II 2 hat die Bedeutung von „darf nur". Wird dieses Verbot übersehen, muß der Anwalt ohne Beschränkung honoriert werden.

9 **3) Sachliche Voraussetzungen. a) Erforderlichkeit der Beiordnung** bestimmt sich nach objektiven und subjektiven Merkmalen (Zweibrücken FamRZ 86, 287). Maßgebend sind Umfang, Schwierigkeit und Bedeutung der Sache sowie die Fähigkeit des Hilfsbedürftigen, sich mündlich und schriftlich auszudrücken (zust BVerfG NJW 83, 1599 [1600]). Es muß also ein sachliches und persönliches Bedürfnis nach anwaltlicher Unterstützung bestehen (LG Gießen Rpfleger 83, 456; OVG Bremen JurBüro 84, 133). Tatsächlich verhält es sich aber heute so, daß kein Laie in der Lage ist, einen Rechtsstreit selbst zu führen, ohne das Risiko materiellrechtlicher oder prozessualer Nachteile einzugehen. Der Begriff der Erforderlichkeit einer Vertretung ist deshalb weit auszulegen (Jansen SGb 82, 187) und die Regel-Ausnahme-Fassung des § 121 II 1 in praxi umzukehren: Außerhalb des Anwaltszwanges ist einer Partei grundsätzlich ein Rechtsanwalt beizuordnen, es sei denn, daß der Einzelfall materiellrechtlich und prozessual so einfach gelagert und der Hilfsbedürftige so geschäftsgewandt ist, daß anwaltliche Unterstützung entbehrlich erscheint (so auch die Rspr zum alten Recht, zB Düsseldorf NJW 75, 937; Schleswig SchlHA 76, 183). Die Vertretung durch einen rechtskundigen Beamten steht der anwaltlichen Vertretung nicht gleich (LSG NRW KoRsp ZPO § 121 Nr 32).

10 **b) Waffengleichheit.** Darin wird heute ein aus Art 3 I GG abgeleiteter Verfahrensgrundsatz gesehen (Köln MDR 71, 933 m Nachw). Ebenso wie jetzt in § 121 II 1 ist er auch in § 11a ArbGG ausgedrückt, wurde aber bei nicht notwendiger Anwaltsbeiordnung schon früher angewandt (Frankfurt AnwBl 78, 422), wobei es genügt, daß der Gegner durch ein prozeßerfahrenes Jugendamt vertreten wird (Bremen NJW-RR 86, 309; Düsseldorf AnwBl 84, 455; Hamm AnwBl 82, 254; LG Göttingen DAVorm 80, 411; Künkel DAVorm 83, 388) oder durch einen sachkundigen Bediensteten der öffentlichen Hand oder eines großen Unternehmens, zB einer Versicherungsgesellschaft, (Jansen SGb 82, 187; OVG Hamburg KoRsp ZPO § 121 Nr 16). Deshalb ist auch § 11a ArbGG erweiternd auszulegen und anzuwenden, wenn der Gegner des Arbeitnehmers durch einen Volljuristen vertreten wird, der kein RA ist oder nicht als solcher auftritt (aA LAG Düsseldorf JurBüro 86, 936; s zum **gewerkschaftlichen Rechtsschutz** § 115 Rn 40). Die anwaltliche oder sonst sachkundige Vertretung des Gegners muß aber feststehen (KG FamRZ 86, 1023, 1024). Wegen Verstoßes gegen § 121 II 1 ist OLG Hamm (MDR 83, 409) abzulehnen, das einen Beiordnungsanspruch nur bejaht, wenn der Gegenanwalt einen widerstreitenden Sachantrag stellt und jede Partei eigene Rechte oder Ansprüche verfolgt, die von der Gegenseite bestritten werden. Dabei wird verkannt, daß das Nichtbestreiten in der Regel Ergebnis anwaltlicher Vertretung und Beratung ist. Lediglich insofern ist eine Einschränkung anzuerkennen, als prozeßrechtlich Gegnerschaft bestehen muß (Zweibrücken FamRZ 85, 829), zB nicht zwischen Privatkläger und Beschuldigtem (BVerfGE 63, 380; KG JR 82, 196) oder zwischen Streitgenossen (s dazu auch § 114 Rn 3) oder bei Streithilfe. In Verfahren mit Amtsaufklärung, insbesondere in **fG-Verfahren** können Beteiligte jedoch „Gegner" iS des § 121 II 1 sein (Hamm AnwBl 83, 34; FamRZ 86, 488; LSG Baden-Württemberg KoRsp ZPO § 118 Nr 19 m Anm Schneider); die Rspr ist jedoch zurückhaltend, verneinend zB Zweibrücken (Rpfleger 85, 505) im isolierten Umgangsregelungsverfahren

(aA mit Recht Köln FamRZ 86, 1015), oder Hamm (FamRZ 86, 82) u Bamberg (JurBüro 85, 1419) für isolierte Sorgerechtsverfahren (dagegen mit Recht Hamm FamRZ 85, 623; Koblenz FamRZ 85, 624, im Grundsatz auch Hamm FamRZ 84, 1245); das LSG Baden-Württemberg (KoRsp ZPO § 118 Nr 19 m insoweit abl Anm Schneider) meint sogar, eine Industriearbeiterin sei in der Lage, sich sachgerecht mit sechs ärztlichen Gutachten auseinanderzusetzen! Das Erfordernis der Anwaltsbeiordnung, um Waffengleichheit zu schaffen, kann auch nachträglich eintreten. Sind zunächst beide Parteien nicht anwaltlich vertreten, erteilt aber im Laufe des Verfahrens der Gegner ein Mandat, dann folgt aus § 121 II 1 die Pflicht des Gerichts, nunmehr dem Hilfsbedürftigen auf Antrag nachträglich einen Wahlanwalt beizuordnen. Auf dieses Recht ist er nach § 278 III ggf hinzuweisen.

c) Einzelfälle. Anwaltsbeiordnung geboten für die Anmeldung einer Forderung zur Konkurstabelle (LG Hannover AnwBl 85, 596). Erforderlich ist die Beiordnung in **Abstammungsverfahren** und **Ehelichkeitsanfechtungsprozessen** (München FamRZ 79, 179; Hamm AnwBl 82, 254; Karlsruhe Justiz 85, 354; Düsseldorf JurBüro 86, 130; aA bei tatsächlich und rechtlich „denkbar einfach" gelagertem Sachverhalt Hamm DAVorm 83, 514; Schleswig DAVorm 83, 688 [Hinweis auf das BeratungshilfeG]; Zweibrücken Rpfleger 81, 205); aber die Beurteilung des jeweiligen Verfahrensstandes und insbesondere der einzuholenden Gutachten erfordern Sach- und Rechtskenntnisse, die ein Laie nicht besitzt (Nürnberg DAVorm 79, 502). Ebenso liegt es bei **Unterhaltsverfügungen** wegen Ehegatten- oder Kindesunterhalts im Hinblick auf die komplizierte Berechnung von Leistungsfähigkeit und Bedürftigkeit (Düsseldorf FamRZ 82, 513) oder beim **isolierten Versorgungsausgleichsverfahren** (Hamm AnwBl 78, 461; Schleswig SchlHA 78, 117). Richtiger Auffassung nach ist Beiordnung auch in isolierten Verfahren zur Regelung von **Personensorge** geboten (Frankfurt MDR 80, 674; Düsseldorf FamRZ 80, 390; 81, 695; einschränkend Zweibrücken JurBüro 82, 292: nur bei Übertragung auf Vormund gem § 1671 V BGB; s auch die Nachw in Rn 10). Das gilt jedenfalls immer dann, wenn konkrete Umstände die Mitwirkung eines Anwalts förderlich erscheinen lassen (Hamm FamRZ 82, 1095), zB weil das Gericht die Darlegung eines Rechtsschutzinteresses verlangt (Oldenburg AnwBl 83, 571). Die Gegenmeinung (Bremen KoRsp ZPO § 121 Übers A d; LG Frankenthal DAVorm 84, 320; ausweichend Celle KG FamRZ 80, 390) stellt maßgeblich auf die Geltung des Amtsermittlungsgrundsatzes ab. Das erscheint nicht richtig, weil es wesentlich auch auf die persönliche Fähigkeit der Partei zur sachgerechten Wahrnehmung ihrer Interessen ankommt. Die gerichtliche Fürsorge ist dafür kein Ersatz. Der Richter kann nicht zugleich objektiv sein und gezielt die Interessen einer Partei vertreten. Dazu bedarf es des anwaltlichen Beistandes, den § 121 II 1 gerade gewährleisten will. Zur Beiordnung für die Nebenintervention der Kindesmutter s § 114 Rn 47. Beiordnung auch bei Regelung des Umgangsrechts der nicht sorgeberechtigten Mutter eines nichtehelichen Kindes (LG Berlin FamRZ 85, 106), Unterbringung des Mündels in einer geschlossenen Anstalt (LG Arnsberg FamRZ 84, 1150). Beiordnung ist für jede Einzelbewilligung erforderlich, in der **Zwangsvollstreckung** also für jede Vollstreckungsmaßnahme (LG Bielefeld Rpfleger 85, 39). In der Mobiliarvollstreckung bedarf die Partei regelmäßig nicht anwaltlichen Beistandes, um den Gerichtsvollzieher zu beauftragen, solange nicht rechtliche Schwierigkeiten auftreten, etwa Erinnerungen, Einstellungs- oder Schutzanträge (LG Freiburg JurBüro 86, 129; LG Hannover JurBüro 86, 766; LG Saarbrücken Rpfleger 86, 69), zB bei der Pfändung eines Bankkontos (LG Heidelberg AnwBl 86, 211). Zum RA als **Pfleger** s Rn 1. 11

4) Wirkung der Beiordnung. a) Die Stellung des nach § 121 II 1 beigeordneten Anwalts entspricht voll der Stellung des Wahlanwalts im Anwaltsprozeß. Das gilt auch für die Ansprüche auf Gebühren und auf Auslagenerstattung gegen die Staatskasse. Für diese Kostenerstattung ist die anwaltliche Tätigkeit vor der Beiordnung ohne Bedeutung; insoweit wird die Sache so angesehen, als sei der Anwalt erst mit der Beiordnung in den Rechtsstreit eingetreten (BGH NJW 70, 757; Köln JurBüro 78, 868; KG FamRZ 80, 580). Vorgezogene Tätigkeiten aus prozessualer Fürsorge gegenüber der Partei können aber vergütungsfähig sein (Rn 31). 12

b) Die **Beiordnung deckt alle** zur Erledigung des Rechtsstreits erforderlichen Maßnahmen einschließlich des **gerichtlichen Vergleichs** (nicht des außergerichtlichen: § 119 Rn 2; Schneider MDR 85, 814); nach OLG Düsseldorf (Rpfleger 63, 60 m krit Anm Lappe) auch die Beauftragung eines auswärtigen Beweisanwalts mit der Wahrnehmung eines auswärtigen Beweistermins. Eine Vergütung für die mit dem Hauptprozeß nur zusammenhängenden Angelegenheiten (s § 119 Rn 5–10) erhält der Anwalt lediglich, wenn er auch insoweit beigeordnet worden ist (KG Rpfleger 62, 41). Dagegen steht ihm der Gebührenanspruch zu, wenn PKH unzulässigerweise für eine außergerichtliche Tätigkeit oder rückwirkend bewilligt worden ist (Stuttgart Justiz 70, 50; Düsseldorf Rpfleger 71, 267; s Rn 4). 13

14 **IV) Beschränkte Beiordnung (Abs 3).** Gemeint sind die Fälle des § 52 (Verkehrs- oder Korrespondenzanwalt) und des § 54 (Beweisaufnahmeanwalt) BRAGO. Die Erforderlichkeit der Beiordnung kann im Anwaltsprozeß (Abs 1) ebenso wie im Parteiprozeß (Abs 2) gegeben sein; Abs 3 gilt für beide Sachverhalte. Zuständig für die Beiordnung ist das **Prozeßgericht** (§ 127 I 2), nicht der Vorsitzende (dieser nur in Abs 4). Der Beschluß ergeht auf **formlosen Antrag** derjenigen Partei, die PKH erhalten hat; keine mündliche Verhandlung (§ 127 I 1); formlose Mitteilung genügt. Das Gericht entscheidet nach **pflichtgemäßem Ermessen,** das aber durch die tatbestandliche Voraussetzung der **Erforderlichkeit** wegen besonderer Umstände gebunden ist. Maßgebend sind vornehmlich die rechtlichen und tatsächlichen Schwierigkeiten des Rechtsstreits und die subjektiven Prozeßführungsfähigkeiten der Partei; Beiordnung nur, um die tatsächliche Verhinderung einer Partei am Erscheinen auszugleichen, ist nicht zulässig (OVG Bremen JurBüro 85, 1421). Es ist Sache des Antragstellers, im Gesuch die Gründe für die Notwendigkeit und das Vorliegen dieser besonderen Umstände darzutun. Beigeordnet wird wiederum **der von der Partei gewählte Anwalt;** in der Benennung liegt die Erklärung der Wahl. Für diesen besteht **kein Kontrahierungszwang.** Mit der Beiordnung erlangt er Anspruch auf Ersatz seiner Gebühren und Auslagen nach §§ 121 ff BRAGO.

15 **1) Gemeinsame Voraussetzungen** für die Beiordnung eines Verkehrs- oder Beweisaufnahmeanwalts sind neben dem formlosen Antrag die Bewilligung von PKH im allgemeinen oder für diesen konkreten Zweck. Eine rückwirkende Beiordnung für die Zeit vor Antragstellung ist ebenso wie beim Prozeßbevollmächtigten (§ 119 Rn 19) unzulässig (Zweibrücken JurBüro 80, 1888). Die besonderen Umstände müssen die Beiordnung notwendig machen, um eine sachgerechte Rechtsverfolgung oder Rechtsverteidigung zu gewährleisten. Das ist insbesondere bei **Ausländern** häufig der Fall, bei denen sprachliche Schwierigkeiten mit Rechtsunsicherheit zusammenzutreffen pflegen (BayObLG Rpfleger 78, 315). Der beschränkt beigeordnete Anwalt muß **Rechtsanwalt** nach der BRAO sein (Köln MDR 75, 669; Bamberg NJW 77, 113), so daß ausländische Anwälte oder DDR-Anwälte oder Rechtsbeistände (auch wenn sie nach § 209 BRAO nF in die Anwaltskammer aufgenommen sind) nicht beigeordnet werden dürfen.

16 **2) Beweisaufnahmeanwalt. a)** Beiordnung für einen auswärtigen Beweistermin kommt in Betracht, wenn die Terminswahrnehmung durch einen Vertreter der Partei nötig und sachgerecht ist. Dafür sprechende **besondere Umstände** sind zB Schwierigkeiten der Sach- und Rechtslage oder die unter Umständen höheren Kosten einer Reise des Prozeßbevollmächtigten. Es genügt, wenn die hilfsbedürftige Partei vor dem ersuchten Richter im Scheidungsverfahren zu einem entscheidungserheblichen Sachverhalt, etwa über die Dauer des Getrenntlebens, nach § 1613 angehört oder als Partei vernommen werden soll, weil sie am Erscheinen vor Gericht verhindert oder ihr das Erscheinen wegen großer Entfernung nicht zumutbar ist (§ 613 I 2). Eine solche Beiordnung ist auch nachträglich möglich, wenn sie vor dem ersuchten Richter beantragt worden ist und dieser vor Eintritt in die Beweisaufnahme beschlossen hat, daß die Entscheidung dem Prozeßgericht vorbehalten bleibe (Celle NJW 64, 2068).

17 **b)** Will der Prozeßbevollmächtigte statt der Beiordnung eines Terminsvertreters selbst zum Termin reisen, sollte er in zweifelhaften Fällen eine vorherige gerichtliche Entscheidung nach § 126 II BRAGO über die Erforderlichkeit der Reise herbeiführen.

18 **3) Verkehrsanwalt. a)** Die Beiordnung eines Verkehrsanwaltes setzt voraus, daß bereits ein Prozeßbevollmächtigter die Partei vertritt und ein entsprechender Antrag vor Instanzbeendigung gestellt wird (Zweibrücken JurBüro 80, 1888). **Besondere Umstände** können darin liegen, daß die hilfsbedürftige Partei wegen Schreibungewandtheit oder Rechtsunerfahrenheit, wegen außergewöhnlicher rechtlicher oder tatsächlicher Schwierigkeiten des Streitstoffes den Prozeßbevollmächtigten nicht sachgemäß schriftlich und wegen Unzumutbarkeit einer Reise auch nicht persönlich informieren kann (Düsseldorf FamRZ 80, 390; Bamberg JurBüro 84, 616). Diese Voraussetzungen werden häufig bei Ausländern gegeben sein (s LAG Rheinland-Pfalz LAGE ZPO § 121 Nr 2, S 7). Ist der Mandant reiseunfähig und wohnt er etwa gleich weit entfernt vom Hauptanwalt wie vom Verkehrsanwalt, dann muß er sich die Information durch Besuch des Mandanten selbst beschaffen (Düsseldorf JurBüro 86, 125). Als Kriterium bietet sich die Prüfung an, ob einer vermögenden Partei die Kosten eines Verkehrsanwalts nach § 91 I wegen Notwendigkeit zur zweckentsprechenden Rechtsverfolgung zu erstatten wären (Hamm FamRZ 86, 374; s dazu § 91 Rn 13 unter „Verkehrsanwalt“).

19 **b)** Statt der Beiordnung könnten der hilfsbedürftigen Partei in diesem Fall auch die **Kosten für eine Reise zum Prozeßbevollmächtigten** aus der Staatskasse erstattet werden (KostVerz GKG Nr 1907; vgl Koblenz JurBüro 82, 773). Sie dürfen aber nicht höher ausfallen als die Korrespondenzgebühren, da dann die Beiordnung angebracht ist (Zweibrücken AnwBl 70, 78).

c) Grundsätzlich ist die Beiordnung in **Ehesachen** angebracht, wenn die Partei einen auswärtigen Prozeßbevollmächtigten aus berechtigten Gründen nicht persönlich zur Informationserteilung und Beratung aufsuchen kann (Düsseldorf FamRZ 80, 390; KG NJW 82, 113; enger Zweibrücken JurBüro 84, 133: nicht in einfach gelagerten Scheidungsfällen). Beiordnung auch geboten bei **Wohnungswechsel** während des Verfahrens (Koblenz MDR 77, 233). **20**

d) Der zum **Pfleger** einer kranken oder geschäftungewandten Partei bestellte Anwalt kann dieser im Prozeß außer als Prozeßbevollmächtigter (Rn 1) auch als Verkehrsanwalt beigeordnet werden (OLG Frankfurt NJW 51, 276 m Anm Kornelie; LG Frankfurt AnwBl 79, 274; aA Schleswig SchlHA 76, 140). Zur Notanwalts-Beiordnung in diesem Fall s Rn 25. **21**

e) In **Unterhaltsprozessen,** deren Vorbereitung die Ermittlung von Daten und Zahlen erfordert, liegen besondere Umstände für die Beiordnung eines Korrespondenzanwaltes vor, wenn die Partei schreibungewandt ist und ihr eine Informationsreise nicht zugemutet werden kann (Schleswig SchlHA 78, 101). **22**

f) Für die **Revisionsinstanz** lehnt der BGH (WPM 82, 881) Beiordnung des zweitinstanzlichen Prozeßbevollmächtigten als Verkehrsanwalt grundsätzlich ab. **23**

V) Kein Anwalt vertretungsbereit (Abs 4). 1) Grundsatz. § 121 IV überträgt die für den Hauptprozeß geltende Regelung des § 78b auf das PKH-Verfahren. Das war nötig, da § 121 I vom **Grundsatz des Wahlmandats** ausgeht, also keinen Anwalt einem Kontrahierungszwang unterwirft. Unerheblich ist, ob die hilfsbedürftige Partei von vornherein keinen zur Vertretung bereiten Anwalt findet, oder ob sie durch Anwaltswechsel in diese Lage gerät. Die fehlende Regelung des Auswahlverfahrens ist durch **analoge Anwendung des § 78c** zu ersetzen (Bergerfurth, Der Anwaltszwang und seine Ausnahmen, 1981, S 67 Fn 267). **24**

2) Voraussetzungen. Die **Partei muß** einen Antrag stellen und **darlegen, daß sie keinen Anwalt finden kann,** der bereit ist, mit ihr einen Mandatsvertrag abzuschließen. Daraus folgt, daß sie keinen ihr beizuordnenden Anwalt namentlich benennen muß und daß sie auch kein Recht darauf hat, einen bestimmten Anwalt dem Kontrahierungszwang zu unterwerfen (Celle NJW 54, 721). Die Auswahl obliegt nur dem Vorsitzenden. Der Grund dafür, daß eine Partei keinen Anwalt findet, der bereit ist, sie zu vertreten, liegt häufig in der querulatorischen Veranlagung des Antragstellers. Dadurch verliert er jedoch nicht das Recht auf anwaltliche Vertretung. Ein dahingehender Anspruch wird indessen noch nicht dadurch begründet, daß ein Anwalt sein Mandat niedergelegt hat, etwa weil er nach Nichtbewilligung der PKH keinen Vorschuß erhalten hat (BGH NJW 66, 780). Wohnt die Partei in einer **Großstadt,** muß sie nachweisen, daß sie bei der Anwaltssuche mehrfach erfolglos geblieben ist (KG OLGZ 1977, 245). Abweichend von der grundsätzlich möglichen Beiordnung eines Kläger-RA zum Verfahrensbevollmächtigten (Rn 11) oder Verkehrsanwalt (Rn 21) fehlt ein schutzwürdiges Bedürfnis für die Beiordnung eines Notanwalts, wenn ein Anwalt als Pfleger bestellt ist, dessen Wirkungskreis die Prozeßführung mit umfaßt (BVerwG NJW 79, 2170). **25**

3) Verfahren. Zuständig für Auswahl und Beiordnung ist der **Vorsitzende,** nicht das Kollegium. Er trifft die Auswahl nach **pflichtgemäßem Ermessen** auf Grund seiner Personenkenntnis oder an Hand der Liste der zugelassenen Anwälte. Obwohl die Partei kein Recht auf Beiordnung eines bestimmten Anwaltes hat (Celle NJW 54, 721), fordert unvoreingenommene Ermessensausübung, daß ihre **Vorschläge und Wünsche tunlichst berücksichtigt** werden. Dazu gehört auch, daß möglichst ein mit der jeweiligen Materie gut vertrauter Anwalt beigeordnet wird, auch wenn dies nicht dem Wunsch des Antragstellers entspricht. Es wäre zB sachwidrig, einen vornehmlich als Strafverteidiger tätigen Anwalt in einer Wettbewerbssache beizuordnen. Auch übersteigerte Wünsche können unberücksichtigt bleiben, etwa wenn verlangt wird, einen Anwalt beizuordnen, dessen Ehefrau – ebenfalls Anwältin – den Gegner vertritt (Schleswig SchlHA 78, 84). In der Bitte um Beiordnung eines bestimmten Anwaltes liegt noch nicht die **Vollmachterteilung;** sie setzt das Zustandekommen des Mandatsvertrages voraus. Beigeordnet wird durch Beschluß, der dem Anwalt und der Partei formlos mitzuteilen ist. Zur Beschwerdebefugnis s § 127 Rn 39. **26**

VI) Wirkung der Beiordnung. Beigeordnet wird zur dauernden und uneingeschränkten, also nicht nur vorläufigen Wahrnehmung der Rechte mit der Wirkung, daß Honoraransprüche vom Anwalt gegen den Mandanten nicht geltend gemacht werden können (§ 122 I Nr 3). Wenn keine ausdrückliche Einschränkung gemacht wird, umfaßt die **Beiordnung** die Tätigkeit als Prozeßbevollmächtigter **für den gesamten Rechtsstreit.** **27**

1) Kontrahierungszwang. a) Der nach § 121 I, II, III beigeordnete **Wahlanwalt** ist ihm nicht unterworfen. Er muß dem Mandanten gegenüber zur Vertretung bereit sein. Ist er das, dann allerdings muß er auch die Beiordnung akzeptieren (§ 48 I Nr 1 BRAO). **28**

29 **b) Der Notanwalt** (Abs 4) muß die Vertretung der Partei übernehmen (§ 48 Nr 1 BRAO). Die Beiordnung begründet für ihn die öffentlich-rechtliche Pflicht zum Abschluß des Vertretungsvertrages (BGHZ 27, 166). Er kann jedoch nach § 48 II BRAO beantragen, die Beiordnung aufzuheben, wenn wichtige Gründe dafür gegeben sind. Damit ist gemeint, daß dem Rechtsanwalt die Übernahme oder die Beibehaltung des Mandats aus tatsächlichen Gründen unmöglich oder wegen der Störung des Vertrauensverhältnisses nicht zumutbar ist, zB weil die Partei ihm weder Informationen noch Prozeßvollmacht zu erteilen bereit ist. Kein Ablehnungsgrund liegt jedoch darin, daß der Anwalt die Rechtsverfolgung und Rechtsverteidigung für aussichtslos hält (RGZ 15, 341) oder bereits als Wahlanwalt tätig gewesen ist und wegen Nichtzahlung des Vorschusses gekündigt hat (Hamburg OLGE 25, 83) oder aus der Vertretung in einer früheren Sache noch Gebühren zu beanspruchen hat.

30 **2) Beiordnungsfolgen. a)** Die Beiordnung wird **mit der Bekanntgabe** an die Partei oder den Anwalt **wirksam** (Stuttgart Justiz 79, 137). Entgegen KG (DR 38, 937) ist nicht darauf abzustellen, wann der Beschluß zur Aufgabe bei der Post hinausgegeben und damit existent geworden ist; denn dies hat nur Bedeutung für die Frage, ob er für das Gericht bindend und unabänderlich geworden ist (s § 567 Rn 3, 6). Die **Beiordnung bewirkt** noch **keine Prozeßvollmacht** (BGHZ 2, 227). Erst mit ihrer Erteilung wird der Anwalt Prozeßbevollmächtigter (RGZ 94, 342). Bis zur Vollmachterteilung sind deshalb Zustellungen an die Partei persönlich auszuführen. Jedoch wird dieser Fall nur in § 121 IV praktisch. In den übrigen Fällen wird von vornherein der gewählte Anwalt für die Partei tätig, so daß nach § 88 II vom Vorliegen einer Vollmacht auszugehen ist (s auch LG Berlin Rpfleger 78, 269). Stellt die Partei persönlich das PKH-Gesuch, dann liegt in der Benennung eines Wahlanwalts die Erklärung, daß dieser ab Beiordnung auch als Parteivertreter nach § 176 behandelt werden möge, uU sogar die Vollmachterteilung, die zugleich mit dem Beiordnungsgesuch erklärt werden kann (BGH JurBüro 73, 629). Verschulden des RA im Rechtsstreit ist dem Hilfsbedürftigen gem § 85 II zuzurechnen (BGH VersR 84, 989, 990: für Wiedereinsetzungsverschulden), nicht jedoch im Bewilligungsverfahren (Düsseldorf FamRZ 86, 288 = OLGZ 86, 96; s auch § 115 Rn 46).

31 **b)** Mit der Vollmachterteilung entsteht ein **entgeltlicher Geschäftsbesorgungsvertrag** (§ 675 BGB). Vor dessen Abschluß erlangt der Anwalt noch keine Vergütungsansprüche gegen die Staatskasse; die Beiordnung als solche kann den Mandatsvertrag nicht ersetzen (RGZ 98, 338; 147, 154; BGH JurBüro 73, 629). Wird der Anwalt jedoch fürsorglich für die Partei ohne Auftrag tätig (Rn 33), dann begründet dies eine Haftung gegenüber der Partei aus **Geschäftsführung ohne Auftrag** (RGZ 115, 60) mit der Folge, daß hierfür auch die Staatskasse gegenüber dem Anwalt haftet (Köln JMBlNRW 65, 191; KG Rpfleger 85, 39; BAG ZIP 80, 804).

32 **c)** Zur erfolgreichen Durchführung des Rechtsstreits notwendige Aufwendungen, die der PKH-Anwalt vorlegt, weil seine Partei dazu finanziell nicht in der Lage ist, werden als eigene Auslagen des Anwalts (§ 126 BRAGO) behandelt und sind ihm von der Staatskasse zu erstatten (Stuttgart KoRsp BRAGO § 126 Nr 20 m Anm Schneider; KG Rpfleger 85, 39; Schneider MDR 85, 530; Herget MDR 85, 619/620; aA KG JurBüro 84, 1850; Frankfurt KoRsp BRAGO § 121 Nr 18).

33 **3) Pflichten. a)** Für den Anwalt entstehen bereits vor der Vollmachterteilung und Kontaktaufnahme kraft der Beiordnung **Fürsorge-, Belehrungs-** und **Betreuungspflichten** (Rn 31). Er hat die hilfsbedürftige rechtsungewandte Partei über die gebotenen Maßnahmen und die zu wahrenden Fristen aufzuklären und nach Kräften zu verhindern, daß sie aus Unkenntnis Schaden erleidet. Deshalb muß er auch von sich aus auf die Möglichkeit von PKH-Gewährung hinweisen, wenn er erkennt, daß die Voraussetzungen dafür beim Mandanten gegeben sind (Düsseldorf MDR 84, 937 = AnwBl 84, 444; LG Hannover AnwBl 81, 508; Greißinger AnwBl 82, 288; für die Beratungshilfe gilt gleiches, Herget MDR 84, 529). Verstöße dagegen machen schadensersatzpflichtig (RGZ 115, 60; Düsseldorf FamRZ 86, 288, s § 115 Rn 46). Jedoch keine Fragepflicht nach den finanziellen Verhältnissen, wenn die Partei angeforderte Vorschüsse vorbehaltslos zahlt (Köln NJW 86, 725).

34 **b)** Auch die **Partei hat Pflichten** gegenüber dem Anwalt. Sie hat ihm insbesondere eine Prozeßvollmacht auszustellen und darf diese nicht ohne zureichenden Grund widerrufen. Hat sie mit ihr nacheinander beigeordneten Anwälten **Differenzen herbeigeführt,** die diesen Anwälten ein weiteres Auftreten unmöglich machen (§ 48 BRAO), dann liegt darin auch die **Verletzung ihrer prozessualen Förderungspflicht.** Es kann der Fall eintreten, daß sie nur noch über einen Notanwalt nach Abs 4 vertreten werden kann. Jedoch darf ihr nicht angelastet werden, daß der beigeordnete Rechtsanwalt aus tatsächlichen oder rechtlichen Gründen ohne ihr Dazutun nicht mehr zur Vertretung in der Lage ist (RGZ 87, 289), oder gar, daß sich dieser Anwalt einer Pflichtverletzung schuldig gemacht hat (Kiel JW 32, 2916). Ebenso liegt es, wenn sie Veranlassung hatte, den Mandatsvertrag aus einem Grund zu kündigen, der auch eine vermögende Partei ver-

anlaßt hätte, sich von ihrem Wahlanwalt zu trennen (MDR 61, 508; Braunschweig NJW 62, 256). Die Auffassung (Celle MDR 60, 846; Stettin JW 32, 124), der Hilfsbedürftige könne wegen schuldhafter Zerstörung des Vertrauensverhältnisses zum beigeordneten Anwalt das Recht auf Beiordnung eines anderen Anwaltes erwirken, ist unvereinbar mit der Regelung in § 121 IV; eine solche Rechtsverweigerung wäre überdies verfassungswidrig (Art 3 I; 103 I GG). Wohl kommt in derartigen Fällen die Versagung weiterer PKH wegen Mutwilligkeit in Betracht (s § 114 Rn 52).

4) Beschwerde. Der PKH-Anwalt, der die Vertretung nicht annehmen, weiterführen oder niederlegen will, hat jedoch beim Prozeßgericht unter Darlegung von Gründen (§ 48 II BRAO) die Aufhebung seiner Bestellung zu beantragen (BGHZ 27, 166) und die Entscheidung des Gerichts abzuwarten. Ergeht eine ihm **ungünstige** Entscheidung, ist er nach Maßgabe des § 78c III beschwerdeberechtigt (Bergerfurth, Der Anwaltszwang und seine Ausnahmen, 1981, S 70); ergeht eine ihm **günstige** Entscheidung, dann kann darin wieder eine neue Beschwer für die Partei liegen. Einzelheiten s § 127 Rn 36–39. 35

VII) Anwaltsvergütung (Rspr-Übersicht bei Herget MDR 85, 617). **1) Grundsätze.** Welche Ansprüche der PKH-Anwalt gegen die Staatskasse erlangt, ist in den §§ 121–130 BRAGO geregelt. Für den Bewilligungsumfang ist die Urschrift, nicht eine fehlerhafte Ausfertigung maßgebend (§ 120 Rn 3); vor Klagezustellung entsteht kein Vergütungsanspruch (Rn 3). **a)** Die **Gebührenhöhe** bestimmt sich nach der Tabelle des § 123. Wenn deren Sätze unterhalb der gesetzlichen Vergütung der BRAGO liegen (§ 122 Rn 22), erhält der PKH-Anwalt nach § 124 I BRAGO Gebühren bis zur Höhe der Regelgebühren, soweit die von der Staatskasse eingezogenen Beträge denjenigen Betrag übersteigen, der zur Deckung der in § 122 I Nr 1 bezeichneten Kosten und Ansprüche erforderlich ist. 36

b) Ansprüche gegen den Mandanten sind nach § 122 I Nr 3 für die Dauer der Bewilligung (§ 124) ausgeschlossen (§ 122 Rn 22). Wird mit der Einschränkung beigeordnet, daß keine weiteren Kosten iS des § 121 II 2 entstehen (Rn 8), dann darf der PKH-Anwalt auch keine Reisekosten vom Mandanten verlangen (LAG Rheinland-Pfalz LAGE ZPO § 121 Nr 2, S 4). 37

c) Übliche **Auslagen** wie Post- und Fernsprechgebühren und solche, die sonstwie im Zusammenhang mit seiner Tätigkeit als PKH-Anwalt entstanden und notwendig sind (Koblenz JurBüro 85, 1840), legt der beigeordnete Anwalt einstweilen vor. Nach § 127 BRAGO kann er für entstandene und voraussichtlich entstehende Auslagen einen angemessenen Vorschuß fordern. Dessen Anforderung vom Hilfsbedürftigen ist rechtlich wirkungslos, ebenso die Vereinbarung eines Sonderhonorars. 38

d) Freiwillige Leistungen des Hilfsbedürftigen darf der Rechtsanwalt nach § 3 IV 2 BRAGO annehmen und behalten. Behauptet der Mandant eine Rückzahlungsvereinbarung für den Fall der Bewilligung von PKH, dann ist ein Streit darüber im Erkenntnisverfahren, nicht nach § 19 BRAGO auszutragen (Köln JurBüro 84, 1356 = KoRsp ZPO § 122 Nr 14 m Anm Lappe). Ist der Anwalt bereits vor der Beiordnung als Vertrauensanwalt tätig geworden, dann darf er nicht seine Gebühren von der Staatskasse und zusätzlich noch vom Hilfsbedürftigen die Differenz zur höheren gesetzlichen Vergütung fordern (Koblenz JurBüro 78, 1178; Köln JurBüro 78, 868; KG Rpfleger 84, 246). 39

e) Umgekehrt darf der **mit Rückwirkung beigeordnete** Anwalt trotz § 129 BRAGO sich so behandeln lassen, als sei er bereits am Tage des Beginns der Rückwirkung beigeordnet worden; er ist dann mit der Maßgabe zu entschädigen, daß er der Partei zurückzuzahlen hat, was diese bei diesem Beiordnungszeitpunkt nicht hätte zu zahlen brauchen (Düsseldorf MDR 82, 765). Rückwirkende Bewilligung mit Beiordnung erfaßt jedoch keine Gebührenansprüche bezüglich eines Sachantrags, der vor der Bewilligungsentscheidung schon zurückgenommen worden war (KG Rpfleger 78, 390). Insoweit hat der Anwalt nur Ansprüche gegen die Partei persönlich, nicht gegen die Staatskasse. 40

f) Zur Berechnung der Anwaltsvergütung bei Bewilligung von PKH nur für einen **Teil des Streitgegenstandes** vgl München JurBüro 83, 1205; Stuttgart JurBüro 84, 1196. 41

g) Auf den vor dem **Familiengericht** postulationsfähigen, dort aber nicht residierenden Anwalt, ist die Beschränkung des § 126 I 2 unanwendbar; er hat also Anspruch auf **Mehrkostenvergütung** (Braunschweig AnwBl 83, 570; Celle AnwBl 81, 196; Schleswig JurBüro 81, 584 m zust Anm Mümmler; Schneider Anm KoRsp BRAGO § 126 Nr 16; aA München Rpfleger 81, 205; Celle NdsRpfl 83, 95; Zweibrücken JurBüro 84, 1197; Frankfurt KoRsp BRAGO § 126 Nr 49; Schleswig JurBüro 85, 1662). Deshalb auch keine einschränkende Beiordnung eines auswärtigen Anwalts ohne oder gegen dessen Willen „zu den Bedingungen eines ortsansässigen Rechtsanwalts" (Rn 8). 42

43 **2) Einzelheiten.** Die **Gebührentatbestände,** Auslagen und Auslagenpauschalen sowie die Steuersätze (§ 25 II) sind beim beigeordneten Anwalt dieselben wie bei jedem anderen Prozeßbevollmächtigten. Der PKH-Anwalt hat grundsätzlich keine schlechtere Rechtsstellung als der Prozeßbevollmächtigte einer vermögenden Partei.

44 **a)** Hat ein Anwalt **lediglich das PKH-Prüfungsverfahren** betrieben, dann ist er berechtigt, seine Kosten gegen seinen Mandanten im vereinfachten Verfahren nach § 19 BRAGO festsetzen zu lassen (s dazu Schneider Anm Ziff II zu KoRsp BRAGO § 19 Nr 9 m Nachw). Das gilt entgegen AG Ludwigsburg (JurBüro 84, 1094) auch für Reisekosten in Familiensachen, die von der Bewilligung ausgenommen worden sind, da der Anwalt sonst diese Kosten überhaupt nicht vergütet bekäme (zutr Mümmler, Anm aaO).

45 **b) Das Festsetzungsverfahren bei Ansprüchen gegen die Staatskasse** richtet sich nach § 128 BRAGO. Der Prüfungspflicht des Urkundsbeamten der Geschäftsstelle unterliegt nicht bloß, ob die geltend gemachte Vergütung durch die Beiordnung gedeckt (§ 122 BRAGO) und richtig berechnet ist, sondern auch, ob die zu vergütende Tätigkeit in den Bewilligungszeitraum fällt (Bamberg JurBüro 86, 1252: vorherige Hauptsacheerledigung, s Rn 8 vor § 114) oder ob verlangte Auslagen, vor allem die nicht vorab festgestellten Reisekosten (§ 126 BRAGO), zur sachgemäßen Wahrnehmung der Interessen des Hilfsbedürftigen erforderlich waren, desgleichen ob ein Anwaltswechsel durch den Anspruchsteller verschuldet worden ist und deshalb zu einem Gebührenverlust geführt hat (§ 125 BRAGO). Bei Überzahlungen ist der Einwand fehlender Bereicherung unbeachtlich (Celle AnwBl 81, 455; Köln KoRsp BRAGO § 128 Nr 45; zum Grundsatz des Vertrauensschutzes in diesem Fall s Herget MDR 85, 621 m Nachw).

46 **c)** Eine **sachliche Nachprüfung des Bewilligungsbeschlusses** findet im Festsetzungsverfahren nicht statt. Zuviel gezahlte Gebühren und Auslagen können vom Anwalt nur aufgrund eines neuen Festsetzungsbeschlusses oder eines nach Rechtsmitteleinlegung berichtigten Beschlusses zurückverlangt werden.

47 **d)** Der Vergütungsanspruch des Anwalts gegen die Staatskasse **verjährt** in zwei Jahren (§ 196 I Nr 15 BGB), beginnend mit dem Schluß des Kalenderjahres, in dem der Anspruch fällig geworden ist (§ 201 BGB; München AnwBl 85, 596 m Anm Chemnitz). Fälligkeit tritt ein, wenn eine Kostengrundentscheidung ergangen oder der Rechtszug beendet ist oder das Verfahren länger als drei Monate ruht (§ 16 BRAGO). Der Erlaß eines Streitwertbeschlusses ist unmaßgeblich, so daß auch ein darauf gerichteter Antrag die Verjährung weder hemmt noch unterbricht (München JurBüro 84, 1830). Der Ablauf der Verjährung darf vom Urkundsbeamten nur berücksichtigt werden, wenn die Verjährungseinrede erhoben wird; er selbst kann sie jedoch nicht geltend machen, sondern nur der Gerichtspräsident.

48 **e)** Soweit der Anwalt von der Staatskasse befriedigt wird, **gehen** seine **Vergütungsansprüche** gegen die Partei oder einen ersatzpflichtigen Gegner auf die Staatskasse **über** (§ 130 I BRAGO; § 120 Rn 23), und zwar genau so, wie sie bestanden haben. Diese Kosten bleiben Parteikosten. Die Staatskasse hat kein besseres Recht, als die Partei es hatte. Auch sie ist deshalb bei der Einziehung von der unterlegenen Partei auf einen zur Zwangsvollstreckung geeigneten Titel angewiesen, muß also gegebenenfalls mit dem Einfordern solange zuwarten, bis die Kosten gerichtlich festgesetzt worden sind. Ein zwischen den Parteien hinsichtlich der außergerichtlichen Kosten wirksam abgeschlossener Prozeßvergleich bindet auch die Staatskasse, es sei denn, daß damit bezweckt wird, ihr den Erstattungsanspruch zu nehmen (München JurBüro 73, 751). Vorschüsse (Rn 39) und Zahlungen des Mandanten oder eines Dritten vor oder nach Beiordnung sind zunächst auf die höhere gesetzliche Vergütung (Differenzkosten) anzurechnen (§ 129 BRAGO).

49 **f)** Durch § 130 I 2 BRAGO ist der **Vorrang des Rechtsanwalts** festgelegt; er darf durch den Übergang auf die Staatskasse nicht benachteiligt werden.

50 **g)** Mit dem **Tod der hilfsbedürftigen Partei** endet die PKH (s § 119 Rn 15). Vertritt der beigeordnete Anwalt anschließend den Rechtsnachfolger, ist nur noch allgemeines Gebührenrecht anwendbar. Wird dem Rechtsnachfolger ebenfalls PKH bewilligt und derselbe Anwalt beigeordnet, erhält er die bereits verdienten Gebühren jedoch nicht erneut (§ 13 II BRAGO).

122 *[Wirkungen der Bewilligung]*

(1) Die Bewilligung der Prozeßkostenhilfe bewirkt, daß

1. die Bundes- und Landeskasse

a) die rückständigen und die entstehenden Gerichtskosten und Gerichtsvollzieherkosten,

b) die auf sie übergegangenen Ansprüche der beigeordneten Rechtsanwälte gegen die Partei

nur nach den Bestimmungen, die das Gericht trifft, gegen die Partei geltend machen kann,

2. die Partei von der Verpflichtung zur Sicherheitsleistung für die Prozeßkosten befreit ist,

3. die beigeordneten Rechtsanwälte Ansprüche auf Vergütung gegen die Partei nicht geltend machen können.

(2) Ist dem Kläger, dem Berufungskläger oder dem Revisionskläger Prozeßkostenhilfe bewilligt und ist nicht bestimmt worden, daß Zahlungen an die Bundes- oder Landeskasse zu leisten sind, so hat dies für den Gegner die einstweilige Befreiung von den in Absatz 1 Nr. 1 Buchstabe a bezeichneten Kosten zur Folge.

Übersicht

I) Wirkungen zugunsten des Hilfsbedürftigen (Abs 1). 1) Persönliche Wirkung. Die durch PKH erlangte Sonderrechtsstellung ist auf denjenigen beschränkt, für den die Bewilligung ausgesprochen wird; sie erstreckt sich also insbesondere nicht auf Rechtsnachfolger, Streitgenossen oder Nebenintervenienten, die selbst PKH beantragen müssen (§ 114 Rn 2 ff). Zur Reflexwirkung auf den Gegner siehe unten Rn 31 ff. 1

a) Das Gericht kann die gesetzlichen Wirkungen der Bewilligung von PKH **nicht nach Ermessen** beschränken oder erweitern oder unter Bedingungen stellen (KG JW 36, 3072). 2

b) Auch der **Prozeßbevollmächtigte wird nicht begünstigt;** die der Partei bewilligte PKH umfaßt nicht die Beitreibung der dem Anwalt zustehenden Differenzkosten zu den höheren gesetzlichen Gebühren (AG Meinerzhagen DGVZ 79, 25). 3

c) Vor Bewilligung bereits **bezahlte Beträge** unterliegen nicht den Wirkungen des § 122, da insoweit keine Hilfsbedürftigkeit bestehen kann und diese Leistungen bereits bei der Bewilligung (§ 120) als nicht (mehr) anfallende Kosten unberücksichtigt bleiben (Stuttgart Rpfleger 84, 114; KG Rpfleger 84, 372). Anders verhält es sich, wenn PKH mit Rückwirkung bewilligt wird (§ 119 Rn 19). 4

d) Zahlungen nach Bewilligung oder **zwischen Antrag und Bewilligung,** die über dem Ratenplan liegen, sind zurückzuzahlen, mag es sich dabei um Anwaltskosten (BGH MDR 63, 827) oder um Gerichtskosten (Düsseldorf Rpfleger 86, 108), also auch Gerichtsvollzieherkosten (KG DGVZ 81, 152 m Nachw; LG Berlin MDR 80, 407; AG Friedberg DGVZ 82, 142) handeln. In versehentlichen Zahlungen der Partei oder ihres Anwalt liegt kein Verzicht (KG MDR 81, 852). 5

e) Erwirkt die Partei **Bewilligung erst auf Beschwerde hin,** dann sind ihr die Kosten notwendiger Anwaltsvertretung im Beschwerdeverfahren als Prozeßvorbereitungskosten aus der Staatskasse zu zahlen; bei Abtretung dieses Anspruchs an den Anwalt hat dieser die Forderung analog § 128 BRAGO gegen die Staatskasse (Karlsruhe Justiz 80, 204). 6

f) Die hilfsbedürftige Partei erlangt mit der Bewilligung der PKH ferner einen **Anspruch auf Reisekostenentschädigung** für Fahrten zu einem Gerichtstermin (Rn 39), wenn ihr persönliches Erscheinen angeordnet worden ist oder die Terminswahrnehmung durch sie erforderlich erscheint, sofern sie diese Kosten nicht zusätzlich neben den Monatsraten aufbringen kann (vgl BGHZ 64, 139; Celle NdsRpfl 77, 190). Bei der Entscheidung darüber handelt es sich um einen beschwerdefähigen (§ 127 II 1) Akt der Rechtsprechung im Bereich der PKH (BGHZ 64, 142). Ohne die Gewährung eines solchen Anspruches kann die Gleichstellung mit einer vermögenden Partei nicht erreicht und der Anspruch des Hilfsbedürftigen auf Gewährung rechtlichen Gehörs (Art 103 I GG) nicht erfüllt werden. 7

8 **g) Auslagen** hat die Partei (zu denen des Anwalts s § 121 Rn 38) selbst aufzubringen. Nicht immer ist sie dazu finanziell in der Lage, zB wenn eine erfolgreiche Durchführung des Rechtsstreits nur mit Hilfe eines Privatgutachtens möglich ist. Legt dann der PKH-Anwalt diese Auslagen vor, um dem Prozeßverlust seiner Partei entgegenzuwirken, dann werden sie als seine eigenen Auslagen nach § 126 BRAGO behandelt und sind von der Staatskasse zu erstatten (s § 121 Rn 32, auch zu **Dolmetscherkosten**).

9 **h)** Die **Bewilligung** von PKH und die Beiordnung eines Anwalts (§ 121) **wirkt ab Antragstellung,** wenn im Beschluß kein späterer Zeitpunkt festgesetzt wird (s § 119 Rn 17). Wird **fehlerhaft Rückwirkung** ausgesprochen, dann ist der **Kostenbeamte** daran **gebunden** (§ 119 Rn 24).

10 **i) Vor Bewilligung bereits angesetzte** und der Gerichtskasse zur Einziehung überwiesene **Kosten** sind auf Ersuchen des Kostenbeamten im Soll zu löschen, soweit sie noch nicht gezahlt sind. **Bezahlte Kosten** sind zurückzuzahlen, wenn sie nach dem Zeitpunkt gezahlt worden sind, von dem ab die Bewilligung wirkt (Rn 5). Einbehalten werden nur Zahlungen, die schon vor Bewilligung fällig waren. Wann Fälligkeit eintritt, richtet sich nach §§ 61 ff GKG (s dazu Stuttgart Rpfleger 84, 114; KG JurBüro 84, 1849).

11 **2) Instanzwirkung.** Sie ist in § 119 S 1 festgelegt und reicht bis hin zum Endurteil oder Prozeßvergleich (Düsseldorf AnwBl 82, 378; s § 119 Rn 1). Ist einer Partei PKH nur für den ersten Rechtszug bewilligt worden, muß sie den höheren Rechtszug selbst finanzieren. Ist ihr nur für die Berufungsinstanz PKH bewilligt worden, erlangt sie dadurch keine Befreiung von der Zahlung der erstinstanzlich noch rückständigen Kosten (Köln JW 35, 2356).

12 **3)** Die in §§ 110 ff vorgesehene **Pflicht zur Sicherheitsleistung** besteht nicht für eine Partei, der PKH bewilligt worden ist (Abs 1 Nr 2).

13 **4) Beiordnung eines Gerichtsvollziehers** zur Durchführung von Vollstreckungshandlungen (so § 115 Nr 3 aF) erübrigt sich. Denn Gläubiger der Gerichtvollzieherkosten sind die Landeskassen, so daß es sich hierbei um Gerichtskosten im weiteren Sinne handelt. Die Partei ist deshalb von ihrer Zahlung ohne weiteres befreit, wenn PKH auch oder nur für die Zwangsvollstreckung bewilligt wird. Anspruch auf Zurückerstattung ist auch dann gegeben, wenn der GV Kosten in Unkenntnis bewilligter PKH ansetzt und die Partei zahlt (KG MDR 81, 852). Zur Beiordnung eines Anwalts, um einen GV zu beauftragen, s § 121 Rn 11.

14 **II) Wirkungen zu Lasten der Staatskasse (Abs 1 Nr 1). 1) Ansprüche der Staatskasse** wegen rückständiger und zukünftiger Gerichtskosten einschließlich der Gerichtsvollzieherkosten sowie nach § 130 I 1 BRAGO übergegangener Ansprüche des beigeordneten Anwalts dürfen nur nach Maßgabe des Bewilligungsbeschlusses (§ 120) gegen die Partei verfolgt werden. Das gilt auch für die im Gesetz nicht mehr erwähnten baren Auslagen und die Vergütung von Zeugen und Sachverständigen. Es handelt sich dabei so eindeutig um Gerichtskosten (GKG-KostVerz Nr 1904, 1907), daß eine ausdrückliche Erwähnung überflüssig war. Hierher rechnen auch Kosten, die der Partei dadurch entstanden sind, daß sie auf richterliche Anordnung bestimmte Handlungen vornimmt, sich zB von einem Spezialarzt untersuchen läßt (Marienwerder OLGE 27, 54; s Wieczorek § 115 Anm B I b 1), sowie Reisekosten bei Notwendigkeit oder Anordnung des persönlichen Erscheinens (Rn 7). Soweit sich der Hilfsbedürftige mit einer besonderen Entschädigung gem § 7 ZSEG einverstanden erklärt hat, haftet er uneingeschränkt für den Differenzbetrag zwischen gesetzlicher und vereinbarter Entschädigung (Frankfurt JurBüro 86, 79).

15 **2)** Soweit eine Partei **durch** ihre **Ratenzahlungen** die **Kosten** völlig **abgedeckt** hat, besteht gegen sie überhaupt kein Anspruch mehr. Insoweit ist daher auch ein Übergang nach § 130 BRAGO ausgeschlossen. Hat sie die ihr auferlegten 48 Monatsraten gezahlt, dann ist jegliche Zahlungspflicht gegenüber der Staatskasse erloschen; der obsiegende Gegner ist jedoch erstattungsberechtigt (§ 123).

16 **3)** Bei **eingeschränkter Bewilligung** (§ 114 S 1) mit teilweisem Einsatz des Vermögens (§ 115 II) hat der Hilfsbedürftige die Kosten teilweise in Monatsraten, teilweise voll aus eigenen Mitteln aufzubringen. Die entsprechende Aufteilung muß sich aus dem Bewilligungsbeschluß ergeben (§ 120 Rn 10). In diesem Fall bleiben nur diejenigen Kosten außer Ansatz, die durch PKH abgedeckt werden. Wegen der weiteren Kosten ist der Hilfsbedürftige nicht begünstigt.

17 **a)** Die **Differenzgebühren** werden durch einen Berechnungsvergleich nach dem vollen Streitwert (Gesamtstreitwert) und dem von der PKH gedeckten Streitwertteil berechnet. Eine Kostenschuld der Partei wird also nur in Höhe des Ergänzungsbetrages aus dem Mehr-Streitwert begründet. Die Berechnung der Kostenschuld in der Weise, daß der Mehr-Streitwert als einziger Streitgegenstand des von PKH nicht erfaßten Verfahrensteils fingiert und die dann anfallende Gebühr ermittelt wird, ist nicht mit der Gebührendegression vereinbar (BGHZ 13, 377 gg RGZ 146, 78).

b) Dem **PKH-Anwalt** werden die Gebühren aus der Staatskasse, auch soweit die Sätze nach § 123 BRAGO ermäßigt sind, zu dem Bruchteil erstattet, für den PKH bewilligt ist. Erhält er Zahlungen über die Beträge hinaus, die die arme Partei von den Anwaltskosten selbst zu tragen hat, dann sind die Zuvielzahlungen wie Vorschüsse zu behandeln. **18**

c) Ist PKH wegen **teilweiser Aussichtslosigkeit** der Rechtsverfolgung oder Rechtsverteidigung nur hinsichtlich eines Teiles des Streitgegenstandes bewilligt worden (§ 114 Rn 36), steht es der Partei frei, durch entspr Ermäßigung ihres Begehrens volle Bewilligung von PKH zu erreichen. **19**

d) Ebenso wie die Gebühren sind auch die Auslagen entspr dem Verhältnis des Teilstreitwertes, für den PKH bewilligt ist, zum Gesamtstreitwert aufzuteilen (München NJW 69, 1858). **20**

e) Unterliegt die hilfsbedürftige Partei bei teilweiser PKH-Bewilligung im Rechtsstreit **teilweise,** dann hängt ihre Kostenschuld davon ab, ob sie mit dem PKH-freien oder mit dem restlichen Anspruchsteil unterlegen ist. Läßt sich das nicht klären, zB bei einem einheitlich bezifferten Leistungsantrag oder bei einem Gesamtvergleich, dann ist zugunsten des Hilfsbedürftigen davon auszugehen, daß er in erster Linie mit dem Anspruchsteil unterlegen ist, für den ihm PKH bewilligt worden ist (München NJW 69, 1858). **21**

III) Wirkungen zu Lasten des Rechtsanwalts (Abs 1 Nr 3). 1) Er ist **nicht berechtigt, Ansprüche gegen den Hilfsbedürftigen geltend zu machen** (BGH MDR 63, 698), auch nicht von der Bewilligung ausgeschlossene Reisekosten (§ 121 Rn 37); das wäre auch standeswidrig (Nürnberg AnwBl 83, 570). Seine Vergütung erhält der beigeordnete Anwalt nur aus der Staatskasse (§ 121 BRAGO), und zwar entsprechend dem Umfang seiner Beiordnung (§ 122 BRAGO), berechnet nach der Tabelle des § 123 BRAGO. Die Forderungssperre gegenüber dem Mandanten gilt für alle nach Beiordnung verwirklichten gebührenauslösenden Tatbestände, auch wenn sie bereits vor Beiordnung erfüllt waren, und sie endet erst mit Aufhebung der Bewilligung, noch nicht mit Aufhebung der Beiordnung (KG MDR 84, 410; Bamberg JurBüro 84, 292; Nürnberg JurBüro 84, 293; AG Lörrach AnwBl 84, 454; aA Hamburg MDR 85, 416 = KoRsp ZPO § 122 Nr 17 m abl Anm v Eicken). Das gilt jedoch nur, soweit es sich um denselben Streitgegenstand handelt (v Eicken Anm zu KoRsp ZPO § 122 Nr 8). Zu **freiwilligen Leistungen** des Hilfsbedürftigen s § 121 Rn 39. **22**

a) Hat die Staatskasse **höhere Beträge eingezogen,** als zur Deckung der in § 122 I Nr 1 genannten Kosten erforderlich sind, dann erhält der Anwalt über die Sätze des § 123 BRAGO hinaus zusätzliche Vergütung bis zur Höhe der gesetzlichen Regelgebühren (§ 124 I 1 BRAGO). Zur Zahlungseinstellung wegen Kostendeckung der PKH-Anwaltsgebühren s § 120 Rn 22. Zahlt die Staatskasse die Anwaltsvergütung, so daß dessen Ansprüche gem § 130 I BRAGO übergehen, ist aber der erstattungspflichtige unterlegene Gegner unpfändbar, dann kann zu Lasten des Hilfsbedürftigen die Wiederaufnahme der Ratenzahlungen angeordnet werden (Hamburg MDR 85, 941). **23**

b) Der beigeordnete Rechtsanwalt soll die **Berechnung seiner Vergütung** unverzüglich zu den Akten mitteilen (§ 124 II BRAGO). Mit Aufhebung der Bewilligung (§ 124, nicht auch der Beiordnung: Rn 22) entfällt die Beschränkung des § 122 I Nr 3. Bis dahin darf er jedoch, wenn er bereits vor der PKH-Bewilligung für die Partei als Wahlanwalt tätig geworden ist, auch nicht die Kostendifferenz zwischen Wahlanwaltsgebühren und den Gebühren des § 123 BRAGO gegen die Partei verfolgen (s § 121 Rn 39). **24**

c) Andererseits erhält der PKH-Anwalt **alle Gebühren,** die nach seiner Beiordnung abermals oder neu entstehen, ohne Rücksicht auf seine vorangegangene Tätigkeit (Stuttgart Rpfleger 64, 130); es muß jedoch eine gebührenauslösende Tätigkeit nach der Beiordnung feststellbar sein (Frankfurt JurBüro 66, 777). **25**

d) Der **Abwickler einer Kanzlei** eines verstorbenen beigeordneten Anwalts kann die durch seine Tätigkeit ausgelösten Kosten von der Staatskasse auch dann verlangen, wenn er nicht besonders beigeordnet worden ist (Düsseldorf MDR 64, 66). **26**

e) Kündigt die Partei ihrem gewählten Anwalt **das Mandat,** dann kommt die Beiordnung eines neuen Anwalts nur in Betracht, wenn für die Kündigung ein zureichender Grund vorlag, der vom Hilfsbedürftigen darzulegen und glaubhaft zu machen ist (s § 121 Rn 34). Stirbt die hilfsbedürftige Partei während des Rechtszuges und vertritt der beigeordnete Wahl-Anwalt sodann den Rechtsnachfolger, dann ist allgemeines Gebührenrecht anwendbar; wird dem Rechtsnachfolger auf Antrag ebenfalls PKH unter gleichzeitiger Beiordnung dieses Anwalts bewilligt, dann begründet die erneute Beiordnung als solche keine zusätzlichen Gebührenansprüche (München KoRsp BRAGO § 121 Nr 2). **27**

f) Wird in einem Rechtsstreit ein **weiterer Prozeß mitverglichen,** ist der Anwalt aber nur in einem Verfahren nach § 121 beigeordnet, dann müssen seine Gebühren nach einem Gesamtstreitwert berechnet werden, der durch Addition der Einzelwerte ermittelt wird. Eine getrennte **28**

Berechnung der Gebühren des Anwalts verbietet sich damit. Der Hilfsbedürftige darf bis zur Höhe des von der PKH abgedeckten Streitwertes nicht in Anspruch genommen werden, sondern nur auf die Restvergütung, die auf den nicht gedeckten Wertteil entfällt (Schneider JurBüro 69, 515; Lappe Anm KoRsp BRAGO § 13 Nr 7, beide im Anschluß an BGHZ 13, 373). Die gegenteilige Auffassung (München NJW 69, 938) würde den Hilfsbedürftigen dann mit mehr Anwaltskosten als eine vermögende Partei belasten, wenn die addierten Gebühren nach den Einzelstreitwerten zu einem höheren Betrag als die Vergleichsgebühr aus dem Gesamtstreitwert führt, was wegen der Gebührendegression die Regel ist.

29 2) Ist der **Anwalt lediglich im PKH-Prüfungsverfahren tätig** geworden, dann kann er die Gebühren nach § 51 BRAGO gegen seinen Mandanten im vereinfachten Verfahren nach § 19 BRAGO festsetzen lassen (Schneider Anm Ziff II zu KoRsp BRAGO § 19 Nr 9 m Nachw).

30 3) **Gegen die Erben kann** der RA Ansprüche erst geltend machen und festsetzen lassen, wenn die Bewilligung der PKH aufgehoben wird, § 124 (Nürnberg MDR 70, 688).

31 **IV) Wirkungen hinsichtlich des Gegners.** Gerichts- und Gerichtsvollzieherkosten können von ihm erst eingezogen werden, wenn er rechtskräftig zur Kostentragung verurteilt worden ist **(§ 125 I).** Gerichtskosten, von deren Zahlung der Gegner einstweilen befreit ist, werden von ihm darüber hinaus auch dann eingezogen, wenn der Rechtsstreit ohne Urteil über die Kosten beendet worden ist **(§ 125 II).** Diese Regelung geht dem § 54 Nr 1 GKG vor, der weder Rechtskraft noch Vollstreckbarerklärung verlangt.

32 1) Eine zusätzliche Vergünstigung ist durch Abs II begründet, wenn der **Gegner der vermögenden Partei PKH** bewilligt erhalten hat. **a)** Ist der **Beklagte hilfsbedürftig,** dann ist das ohne Einfluß auf die Zahlungspflicht des Klägers. Von ihm sind die Gebühren, Auslagen und Vorschüsse als Antragsteller der Instanz (§ 49 S 1 GKG) zu erheben. § 122 II ist unanwendbar.

33 **b)** Ist **der Kläger hilfsbedürftig,** dann ist zu unterscheiden: **aa)** Klagen mehrere Personen als **Streitgenossen,** dann erlangt der Beklagte eine Vergünstigung als Kostenschuldner erst, wenn **sämtlichen** Klägern PKH bewilligt worden ist. Ist das der Fall oder klagt **lediglich ein Kläger,** dann kommt es darauf an, welchen Inhalt der Bewilligungsbeschluß hat. **bb)** Sieht der Bewilligungsbeschluß (§ 120 I) die **Zahlung von Monatsraten** oder Leistungen aus dem Vermögen vor, dann wird der Hilfsbedürftige im Verhältnis zum Beklagten wie ein vermögender Kläger behandelt; der Beklagte ist uneingeschränkt gerichtskostenpflichtig; er soll nicht besser gestellt werden als die mit Ratenzahlungen belastete Partei. **cc)** Ist der Hilfsbedürftige dagegen **von Ratenzahlungen befreit,** dann ist auch sein Gegner von der Zahlung rückständiger oder künftiger Gerichts- und Gerichtsvollzieherkosten **einstweilen** befreit. Das gilt aber nur, wenn der Hilfsbedürftige die angreifende Partei, also Kläger oder Rechtsmittelführer ist. Soweit der hilfsbedürftige Kläger in die Rechtsverteidigung gedrängt wird, also als Widerbeklagter oder Rechtsmittelbeklagter streitet, bleibt sein Gegner ohne Einschränkung vorauszahlungs-, vorschuß- und kostenpflichtig. Auch das Anschlußrechtsmittel macht den Hilfsbedürftigen insoweit zur sich verteidigenden Partei.

34 2) Im wesentlichen beschränkt sich die Vergünstigung für den angegriffenen Gegner auf **Auslagenvorschüsse** (§ 68 GKG) und **Antragsschreibauslagen** (§ 56 GKG), die noch nicht vorausgezahlt sind (Frankfurt JurBüro 83, 1727; kritisch Lappe, Kosten in Familiensachen, 4. Aufl 1983, Rz 571 u Anm KoRsp GKG § 58 Nr 25 m Nachw). Bei **Klage und Widerklage** oder wechselseitig eingelegten Rechtsmitteln lassen sich bei identischem Streitgegenstand (§ 19 I, II GKG) die Kosten häufig nicht trennen. Dann tritt Kostenbefreiung für den Gegner ungeachtet seiner Stellung als Prozeßbeteiligter ein (KG OLGZ 1971, 423).

35 3) **Aufhebung der Bewilligung.** Soweit der Gegner nach § 122 II kostenbefreit wird, ist er der hilfsbedürftigen Partei gleichgestellt. Diese Wirkung endet nicht bereits mit Aufhebung der Bewilligung (§ 124), sondern erst, wenn die Voraussetzungen des § 125 I, II (Rn 31) gegeben sind.

36 4) **Problematisch** ist die Rechtslage, wenn der **hilfsbedürftige Beklagte** den Prozeß **verliert** und damit **Entscheidungsschuldner** nach § 54 Nr 1 GKG wird. Die hM beschränkt dann die Haftungsbefreiung des § 58 II 2 GKG auf die noch nicht gezahlten Kosten; der Kläger erhält also Gebühren und Auslagen nur zurück, soweit er Überzahlungen erbracht hat; vorher geleistete Gebühren- und Auslagenvorschüsse werden nicht erstattet (s dazu ausführlich Markl GKG § 58 Rn 15a m Nachw). Zum **Kostenvergleich** der armen Partei und der dadurch begründeten Haftung als Vergleichsschuldner trotz PKH s § 123 Rn 6.

37 5) Macht das Gericht **trotz** Bewilligung **ratenfreier PKH** an den Kläger oder den Rechtsmittelführer die Ladung von Zeugen oder Sachverständigen von einer **Vorschußzahlung des Beklagten** abhängig, dann hat dieser dagegen die Beschwerde (§ 127 II 2), da die Regelung des § 122 II dem GKG vorgeht (RGZ 109, 66; 23, 352).

6) Teilweise Bewilligung von PKH (Rn 16 ff) bewirkt eine entsprechend anteilige Befreiung des Gegners. 38

V) Reiseentschädigungen der Partei. Sie sind in § 122 I nicht erwähnt, rechnen aber nach GKG-KostVerz Nr 1907 zu den gerichtlichen Auslagen. Aus dem Zweck der PKH, einer mittellosen Partei vollen Rechtsschutz zu gewähren, folgt das Gebot der analogen Anwendung des § 122 I Nr 1 auf solche Aufwendungen der Partei (BGHZ 64, 139; München Rpfleger 85, 165; Hamm JurBüro 82, 1406). Seit 1. 10. 77 sind **bundeseinheitlich erlassene Bestimmungen der Länder** über die Gewährung von Reiseentschädigung an mittellose Personen und Vorschußzahlungen an Zeugen und Sachverständige in Kraft (Fundstellen: Ministerialblätter 1977, zB JMBlNRW 77, 549). Die Entscheidung über einen Antrag auf Gewährung von Reiseentschädigung setzt keine erneute Prüfung der Hilfsbedürftigkeit voraus. Wenn und solange PKH bewilligt ist, ist lediglich darauf abzustellen, ob die Bereitstellung dieser Mittel zur Prozeßführung notwendig ist. **Bei Gebrechlichkeit** ist auch ein Vorschuß von Reisekosten für einen Begleiter zu zahlen. Hat die **Partei** Reisekosten **selbst ausgelegt,** dann ist sie iS der landesrechtlichen Entschädigungsvorschriften dennoch als mittellos anzusehen, wenn sie den Betrag nicht entbehren kann, ohne über das Maß des § 115 hinaus belastet zu werden. Der **Anwalt,** der dem Hilfsbedürftigen Reisekosten für Informationserteilung vorstreckt, kann sie als Auslagen nach § 126 BRAGO aus der Landeskasse ersetzt verlangen (Rn 8). Die Reisekostenentschädigung wird **vom Gericht** (womit beim Kollegium der Vorsitzende gemeint ist) **bewilligt;** angewiesen wird sie vom zuständigen Beamten der Geschäftsstelle. In Eilfällen kann auch der aufsichtsführende Richter des Amtsgerichts, in dessen Bezirk sich der Antragsteller aufhält, eine Reiseentschädigung bewilligen. Die Entscheidung darüber ist kein Justizverwaltungsakt, sondern ein Akt der Rechtsprechung und deshalb nach § 127 II 2 beschwerdefähig (BGHZ 64, 139 – zum alten Recht; aA Stuttgart MDR 85, 852 = Rpfleger 86, 29: Beschwerde analog § 128 BRAGO). **Verdienstausfall** ist erstattungsfähig (Stuttgart MDR 85, 852 = Rpfleger 86, 29; aA Frankfurt MDR 84, 500), da anderenfalls der Hilfsbedürftige gegenüber der vermögenden Partei schlechter gestellt würde (s § 91 Rn 13 unter „Allgemeiner Prozeßaufwand"). 39

123 *[Anspruch des Gegners auf Kostenerstattung]*

Die Bewilligung der Prozeßkostenhilfe hat auf die Verpflichtung, die dem Gegner entstandenen Kosten zu erstatten, keinen Einfluß.

I) Grundsatz. Die mit PKH prozessierende Partei ist durch § 122 I nur von der Zahlung der rückständigen und zukünftigen Gerichtskosten sowie der Gebühren und Auslagen des ihr beigeordneten Anwalts befreit. **Unterliegt** sie im Rechtsstreit, dann hat sie **dem obsiegenden Gegner dessen Kosten zu erstatten.** Dieser kann sie nach §§ 103 ff festsetzen lassen und auf Grund dieses Titels gegen den Hilfsbedürftigen vorgehen. **Obsiegt** der Hilfsbedürftige, hat er wegen der Anwaltskosten keinen Erstattungsanspruch gegen die unterlegene Partei, weil er keine schuldet (§ 122 I Nr 3), wohl wegen gezahlter Raten (zu den dann auftretenden Konkurrenzen mit den Rechten des Anwalts und der Staatskasse s Lappe Rpfleger 84, 129). 1

II) Einzelheiten. 1) Kosten, die **dem Gegner im Prüfungsverfahren über die PKH entstanden** sind, braucht der Hilfsbedürftige nicht zu erstatten (§ 118 I 4), auch nicht als sog Vorbereitungskosten nach § 91 I 1 (s § 118 Rn 24). 2

2) Wegen der **Kosten in der Hauptsache** ist der Hilfsbedürftige dem Gegner grundsätzlich uneingeschränkt erstattungspflichtig. Außer den Kosten anwaltlicher Vertretung und den sonstigen Aufwendungen (Porto, Reisekosten; siehe bei § 91) erstreckt sich die Erstattungspflicht auch auf die vom Gegner verauslagten Gerichtskosten. Dies wird dann praktisch, wenn der Gegner von diesen Auslagen nicht nach § 122 II befreit war (§ 122 Rn 33), insbesondere also, wenn er selbst Kläger oder Rechtsmittelführer war. Würde er dann nach § 49 S 1 GKG von der Staatskasse für die Gerichtskosten als Antragsschuldner in Anspruch genommen, dann könnte er seine Kostenlast als Zweitschuldner über die Erstattung nach § 123 im Endergebnis auf den Hilfsbedürftigen verlagern. Um dies zu verhindern, ist in § 58 II 2 GKG angeordnet, daß dann, wenn die in die Kosten verurteilte Partei (§ 54 Nr 1 GKG) PKH bewilligt erhalten hatte, die Haftung eines anderen Kostenschuldners als Zweitschuldner (§ 58 II 1 GKG) nicht geltend zu machen ist. Der Anlaß für eine solche Sperrwirkung entfällt, wenn die Bewilligung der PKH nach § 124 aufgehoben wird. Ab dann darf der obsiegende Kläger als Zweitschuldner in Anspruch genommen werden. 3

a) Problematisch ist, **daß der Zweitschuldner** gegen den Aufhebungsbeschluß **kein Beschwerderecht** nach § 127 II 2 hat, weil er nicht Beteiligter des PKH-Verfahrens ist. Um auch seine 4

Interessen zu wahren, hat der Kostenbeamte ihm gegenüber die Amtspflicht, genau zu prüfen, ob die Voraussetzungen der Zweitschuldnerhaftung nach § 58 II 1 GKG gegeben sind. Gegenüber dem Zweitschuldner hat er seine Beurteilungsgrundlagen offenzulegen (Schneider NJW 80, 560).

5 **b)** Ein **weiteres Problem** tritt dadurch auf, daß § 58 II 2 GKG nach hM nur auf **noch nicht gezahlte** Kosten anwendbar ist, vorher von der vermögenden Partei eingezahlte Gebühren und Auslagen deshalb nicht erstattet werden (§ 122 Rn 36). Hieraus folgt, daß der obsiegende Kläger vom unterliegenden Hilfsbedürftigen die Erstattung verauslagter Gerichtskosten fordern kann, insbesondere also Vorschüsse für Zeugen und Sachverständige. Im Ergebnis führt das über § 123 wieder zu einer Inanspruchnahme des Hilfsbedürftigen, die durch § 58 II 2 GKG gerade verhindert werden soll.

6 **3) Kostenübernahme.** Der Schutz des hilfsbedürftigen Beklagten vor Inanspruchnahme durch die Staatskasse oder auf dem Umweg über die Begründung einer Erstattungspflicht gegenüber dem obsiegenden Kläger wegen der Gerichtskosten ist auf den Fall beschränkt, daß der Hilfsbedürftige Entscheidungsschuldner nach § 54 Nr 1 GKG ist. Soweit er als Übernahmeschuldner (§ 54 Nr 2 GKG) haftet, insbesondere also bei Kostenübernahme in einem Prozeßvergleich, wird er nicht durch § 58 II 2 GKG geschützt (zB Köln KoRsp GKG § 58 Nr 3 m Anm Lappe; Düsseldorf KoRsp GKG § 58 Rn 11 m Anm Lappe; Koblenz MDR 86, 243; verfassungskräftig: BVerfGE 51, 295 = Rpfleger 79, 372), und zwar auch dann nicht, wenn die Kostenübernahme im Prozeßvergleich der materiellen Rechtslage entspricht und der Hilfsbedürftige anderenfalls zur Kostentragung verurteilt worden wäre (Hamm Rpfleger 79, 230). Die Vergleichsparteien können die Inanspruchnahme des Hilfsbedürftigen vermeiden, indem sie den Prozeßvergleich auf die Hauptsache beschränken und wegen der Kosten eine Entscheidung nach § 91 a ZPO beantragen (Koblenz MDR 80, 151). Die am Vergleich mitwirkenden Anwälte müssen, wenn sie kein Haftungsrisiko eingehen wollen (Koblenz KoRsp GKG § 58 Nr 17 m Anm Schneider; MDR 85, 771), ihre Parteien darauf hinweisen (Schneider NJW 80, 560). Auch für das Gericht dürfte eine Hinweispflicht gem § 278 III bestehen, die aber mangels Kenntnis dieses Kostenproblems kaum praktisch werden kann. Zur Kostenschuld des **hilfsbedürftigen Entscheidungsschuldners** gem § 54 Nr 1 GKG s § 122 Rn 36.

7 **4)** Von der **Erstattungspflicht bezüglich der außergerichtlichen Kosten** des obsiegenden Klägers, insbesondere also der Anwaltskosten (§ 91 II 1), kann der Hilfsbedürftige nicht freigestellt werden, außer durch abweichende Kostenvereinbarung im Vergleich. Dementsprechend kann auch bei PKH-Bewilligung für beide Parteien der gem § 130 BRAGO auf die Staatskasse übergegangene Parteikosten-Anspruch gegen den erstattungspflichtigen Gegner ohne Bewilligungsaufhebung (§ 124) geltend gemacht werden (str, s Stuttgart Justiz 86, 42 m Nachw; BGH KoRsp ZPO § 123 Nr 8 [der allerdings die Problematik gar nicht gesehen hat, worauf Lappe in der Anm dazu mit Recht hingewiesen hat]; Düsseldorf Rpfleger 86, 448; aA Koblenz KoRsp ZPO § 122 Nr 21 m abl v Eicken), jedoch nur nach Maßgabe der für diesen geltenden Bewilligung (Stuttgart Justiz 86, 42, aber ebenfalls str, aA v Eicken Anm zu Stuttgart KoRsp ZPO § 123 Nr 7).

8 **5)** Die **erneute Klageerhebung nach Rücknahme** leitet gebührenrechtlich eine **neue Instanz** mit erneutem Anfall der Kosten ein. Die dann statthafte Einrede fehlender Kostenerstattung (§ 269 IV) kann auch gegenüber einem Kläger erhoben werden, dem PKH bewilligt worden ist (arg § 123: „hat keinen Einfluß").

124 *[Aufhebung der Bewilligung]*

Das Gericht kann die Bewilligung der Prozeßkostenhilfe aufheben, wenn

1. **die Partei durch unrichtige Darstellung des Streitverhältnisses die für die Bewilligung der Prozeßkostenhilfe maßgebenden Voraussetzungen vorgetäuscht hat;**
2. **die Partei absichtlich oder aus grober Nachlässigkeit unrichtige Angaben über die persönlichen oder wirtschaftlichen Verhältnisse gemacht oder eine Erklärung nach § 120 Abs. 4 Satz 2 nicht abgegeben hat;**
3. **die persönlichen oder wirtschaftlichen Voraussetzungen für die Prozeßkostenhilfe nicht vorgelegen haben; in diesem Falle ist die Aufhebung ausgeschlossen, wenn seit der rechtskräftigen Entscheidung oder sonstigen Beendigung des Verfahrens vier Jahre vergangen sind;**
4. **die Partei länger als drei Monate mit der Zahlung einer Monatsrate oder mit der Zahlung eines sonstigen Betrages im Rückstand ist.**

Übersicht

1) Grundgedanken. Eine Partei kann bei Verschlechterung ihrer wirtschaftlichen Verhältnisse im Verlauf des Rechtsstreits jederzeit PKH beantragen oder günstigere Ratenzahlung oder Kostenfreiheit erreichen (s § 120 Rn 15). Umgekehrt soll ihr kein Vorteil zu Lasten der Staatskasse (Allgemeinheit) erhalten bleiben, wenn sie die Bewilligung der PKH durch zu mißbilligendes Verhalten erreicht hat (Nr 1, 2) oder die sachlichen Voraussetzungen dafür im Zeitpunkt der Bewilligung nicht vorgelegen haben (Nr 3) oder der Hilfsbedürftige anhaltend gegen seine Ratenzahlungspflicht verstößt (Nr 4). Wenn das Fehlen der subjektiven Bewilligungsvoraussetzungen nicht auf gravierend schuldhaftes Verhalten der Partei zurückzuführen ist, wenn also nur leichte Fahrlässigkeit oder gar Schuldlosigkeit festgestellt werden kann (arg § 124 Nr 1, 2), wird ihr Vertrauen in die Bestandskraft der PKH durch eine **zeitliche Aufhebungssperre** geschützt: Nach Ablauf von vier Jahren ab Rechtskraft oder Prozeßbeendigung anderer Art darf die Bewilligung nicht mehr aufgehoben werden (Nr 3; s auch § 120 IV 3). Der **Anwalt** verliert bereits entstandene Vergütungsansprüche nicht, da die Bewilligungsentscheidung nicht rückwirkend aufgehoben wird; das ist zwar möglich, bedürfte aber besonderer zureichender Gründe, die offengelegt werden müßten (s Düsseldorf JurBüro 82, 1407; s auch § 121 Rn 4). 1

1) Anders als früher (§ 125 aF) gewährleistet der Katalog des § 124 der hilfsbedürftigen Partei einen **Bestandsschutz,** der auch nach dem Tode des Hilfsbedürftigen zu Gunsten des Erben fortwirkt (§ 119 Rn 15). Voraussetzung ist jedoch ein Bewilligungsbeschluß; bloße **Bewilligungsankündigung** genügt nicht (§ 120 Rn 1). Die Bewilligung darf nur aufgehoben werden, wenn einer der gesetzlichen Aufhebungsgründe festgestellt worden ist. **Aufhebung** der Bewilligung ist **inbesondere ausgeschlossen,** wenn: 2

- das Gericht bei erneuter Prüfung die Erfolgsaussicht anders beurteilt (Düsseldorf DAVorm 78, 390; Saarbrücken FamRZ 79, 796), selbst wenn das auf einen Rechtsirrtum (Hamm Rpfleger 84, 432; Lepke DB 85, 492 f; aA Bremen FamRZ 85, 728) oder auf das Ergebnis einer Beweisaufnahme zurückzuführen ist (Köln JurBüro 69, 254; Bamberg JurBüro 73, 168),
- das Gericht bei gleichgebliebenen wirtschaftlichen Verhältnissen aufgrund erneuter Prüfung die Frage der Hilfsbedürftigkeit anders beurteilt (München AnwBl 80, 300; Stuttgart FamRZ 84, 722; Düsseldorf JurBüro 84, 620; 86, 122; so schon die allg M zum alten Recht, zB Schleswig JurBüro 66, 887; München AnwBl 80, 300; LG Bonn JMBlNRW 58, 6; Schneider JurBüro 75, 149; aA Zweibrücken JurBüro 85, 1569 m abl Anm Mümmler),
- das Gesetz geändert worden ist,
- die Rechtsprechung sich geändert hat,
- die Partei am Hauptprozeß untätig bleibt, insbesondere ihren Anwalt nicht informiert und dadurch die Sachaufklärung auch des Gerichts in der Hauptsache erschwert oder verhindert (Köln MDR 75, 236; KG Rpfleger 79, 152).

Um dem Gleichheitsgebot des Art 3 I GG gerecht zu werden, ist es geboten, die noch auf § 125 aF gestützten Nachzahlungsanforderungen in Ratenanordnungen entsprechend der Tabelle zu § 114 umzusetzen. Dies ist von praktischer Bedeutung, weil die Verjährungsfrist für den Nachzahlungsanspruch gem § 195 BGB dreißig Jahre beträgt (s Celle NdsRpfl 85, 188).

2) Die **Kontrolle der subjektiven Aufhebungsgründe** (§ 124 Nr 2–4) obliegt dem Rechtspfleger (§ 20 Nr 4c RpflG). Er wird von Amts wegen tätig (Lepke DB 85, 491) und muß **Anhaltspunkte** oder **Anregungen beachten und ihnen nachgehen,** etwa wenn er vom PKH-Anwalt oder vom Gegner Hinweise erhält, die auf einen Aufhebungsgrund hindeuten. 3

3) Vor jeder Entscheidung über die Aufhebung (oder Änderung: LAG Köln EzA ZPO § 120 Nr 2 m Anm Schneider zu III 2) der Bewilligung ist dem Hilfsbedürftigen, dem beigeordneten Anwalt und dem Gegner **rechtliches Gehör** zu gewähren (Art 103 I GG), ohne daß es auf den Inhalt der Entscheidung ankommt. 4

5 **II) Gemeinsame Voraussetzungen der Aufhebungsgründe.** Es handelt sich um eine Kann-Vorschrift, so daß bei Nr 1–4 durchgehend eine Ermessensentscheidung zu treffen ist (LAG Niedersachsen JurBüro 85, 1585; s insb Rn 10, 12, 19, 20). **1)** § 124 gilt auch für **Parteien kraft Amtes, juristische Personen** und **parteifähige Vereinigungen** (§ 116), wobei auch unrichtige Angaben der wirtschaftlich Beteiligten Aufhebung der Bewilligung rechtfertigen können, ohne daß es darauf ankäme, ob dies demjenigen, der PKH erhalten hat, bekannt war oder hätte bekannt sein müssen.

6 **2) Stirbt die Partei** und stellt sich dann heraus, zB bei Ermittlungen im Nachlaßkonkurs, daß eine der Voraussetzungen der Nrn 1–3 gegeben war, ist ebenfalls Aufhebung der Bewilligung zu prüfen. Rückzahlungsansprüche können in den Nachlaß oder in die Konkursmasse verfolgt werden (vgl RG JW 30, 1521).

7 **3) Das Erlösen der PKH infolge des Todes** der hilfsbedürftigen Partei (§ 119 Rn 15) bewirkt, daß die fälligen, noch nicht abgedeckten Kosten des Rechtsstreits Nachlaßverbindlichkeiten werden. Diese können ohne Bewilligungsaufhebung angefordert werden, es sei denn, daß dem Erben ebenfalls PKH bewilligt wird (Stuttgart JurBüro 74, 1606).

8 **4)** Die **Aufhebung** ist eine **kostenrechtliche Maßnahme,** keine **Bestrafung,** selbst wenn im Einzelfall durch die unrichtige Darstellung ein Straftatbestand verwirklicht worden ist. Die Aufhebungsgründe des § 124 Nr 1–3 bezwecken lediglich, der Partei unter bestimmten Voraussetzungen eine Vergünstigung zu entziehen, auf die sie keinen Anspruch hatte. Dagegen soll keine Partei wegen eines Fehlverhaltens eine Rechtsstellung verlieren, die sie objektiv inne hat. Hieraus folgt, daß die unrichtige Darstellung des Streitverhältnisses (Nr 1) oder der persönlichen Verhältnisse (Nr 2) für die Bewilligungsentscheidung **ursächlich** geworden sein müssen (LAG Düsseldorf LAGE ZPO § 124 Nr 4; aA Hamm Rpfleger 86, 238, aber irrig, da verkannt worden ist, daß Anspruchsvoraussetzung lediglich Hilfsbedürftigkeit und nicht zusätzlich auch redliches Verhalten ist). Der Bewilligungsbeschluß muß also auf den unrichtigen Prämissen beruhen (s dazu § 550 Rn 6 ff). Das ist dann nicht der Fall, wenn die unrichtigen Angaben lediglich entscheidungsunerhebliche Umstände betreffen. Um dies zu klären, sind zwei Schlüssigkeitsprüfungen mit Beweisprognosen anzustellen, eine bezogen auf die vom Hilfsbedürftigen gegebene Darstellung und eine bezogen auf die Darstellung, die er korrekterweise hätte geben müssen. Dabei kann sich auch ergeben, daß die Bewilligungsentscheidung nur teilweise auf unrichtigen Prämissen beruht, etwa wenn bei wahrer Darstellung des Streitverhältnisses die hinreichende Erfolgsaussicht lediglich für einen Teil des Anspruches bejaht worden wäre (BGH FamRZ 84, 677; LAG Bremen MDR 83, 789) oder bei wahren Angaben über die persönlichen und wirtschaftlichen Verhältnisse statt Ratenfreiheit Ratenpflicht oder höhere monatliche Belastung angenommen worden wäre. Ebenso liegt es in Nr 3, wenn die persönlichen oder wirtschaftlichen Voraussetzungen für PKH nur teilweise vorgelegen haben. Auch dann ist die Aufhebung möglich. Sie muß jedoch mit einer neuen (verschlechternden) Entscheidung verbunden werden, damit dem Hilfsbedürftigen diejenige Sozialhilfe erhalten bleibt, auf die er ungeachtet der Unrichtigkeiten einen Anspruch hat. Der ursprüngliche Antrag kann als fortbestehend behandelt werden (§ 114 Rn 19).

9 **III) Die einzelnen Aufhebungsgründe. 1) Täuschung über den Sachverhalt (Nr 1).** Dieser Aufhebungsgrund betrifft die Verletzung der Substantiierungspflicht des § 117 I 2; bedingter Vorsatz genügt (Koblenz FamRZ 85, 301, 302). Das Vortäuschen kann im wahrheitswidrigen Behaupten günstiger Tatsachen, aber auch im Verschweigen rechtshindernder, rechtsmindernder, rechtshemmender oder rechtsvernichtender Tatsachen bestehen, zB wenn Geschäftsunfähigkeit, Erfüllung, Mitverschulden, Einrederechte usw unterdrückt werden. Neben der unrichtigen Darstellung des Sachverhalts oder den vorgespiegelten Folgen einer Rechtsverletzung, zB im Haftpflichtprozeß, kommt in Betracht die bewußt irreführende Benennung untauglicher Beweismittel, zB falscher Zeugen, oder das Nichterwähnen ungünstiger Gegenbeweismittel, vor allem das Unterdrücken beweiskräftiger Urkunden. Unrichtige Angaben und Verschweigen sind jedoch nur dann Aufhebungsgrund, wenn bei wahrheitsgemäßer und vollständiger Darstellung des Sach- und Streitverhältnisses die Erfolgsprüfung des Gerichts ganz oder teilweise anders ausgefallen wäre (Rn 8).

10 **2) Schuldhaft falsche Angaben zur Leistungsfähigkeit (Nr 2).** Hierbei geht es um die Verletzung der Substantiierungs- und Belegpflichten nach §§ 117 II, 118 II 1. Sie kann auch darin liegen, daß die Partei die geplante oder bereits eingeleitete Veräußerung eines Grundstücks verschweigt (v Eicken Anm zu Koblenz KoRsp ZPO § 124 Nr 15 [Hausverkauf nach PKH-Bewilligung]). Nachteile entstehen der Partei nur, wenn ihr Absicht, Vorsatz oder grobe Nachlässigkeit nachgewiesen werden kann. Schuldlos oder leicht fahrlässig gemachte unrichtige Angaben rechtfertigen keine Aufhebung der Bewilligung. **a) Absicht,** die den Vorsatz einschließt, liegt vor,

wenn die Herbeiführung der fehlerhaften Bewilligungsentscheidung das Handlungsmotiv des Antragstellers war. **Direkter Vorsatz** ist der auf diesen Erfolg gerichtete Wille in dem Bewußtsein, daß die falschen Angaben eine unrichtige Bewilligungsentscheidung auslösen können. Zum **bedingten Vorsatz** ist dieser Erfolgswille nicht erforderlich, sondern genügend, daß der Antragsteller in dem Bewußtsein gehandelt hat, seine falschen Angaben könnten zu einer fehlerhaften Bewilligung führen, und daß er mit diesem Erfolg einverstanden war. **Grob fahrlässig** handelt er, wenn er mit seinen falschen Angaben zwar keine fehlerhafte Bewilligung bewirken wollte, dieser Erfolg für ihn jedoch ohne weiteres erkennbar gewesen wäre, wenn er sich irgendwelche Gedanken darüber gemacht hätte. **b)** Daß im Gesetz die Abstufungen zwischen Absicht und grober Nachlässigkeit besonders hervorgehoben worden sind, erklärt sich dadurch, daß das Gericht nach § 124 die Bewilligung nicht aufheben muß, sondern darüber nach **pflichtgemäßem Ermessen** zu entscheiden hat. Bei dieser Ermessensausübung kann es entscheidend auf den Grad der Vorwerfbarkeit ankommen, dem die Partei wegen ihrer falschen Angaben ausgesetzt ist. **c)** Der Aufhebungsgrund der Nr 2 ist unabhängig davon, ob nach Bewilligung eine **Veränderung in den Vermögensverhältnissen** der Partei eingetreten ist (Hamm MDR 75, 1024). Solche Umstände können lediglich Anlaß geben, ein neues Prüfungsverfahren einzuleiten, wozu dann in diesem Fall immer ein neuer Antrag des Hilfsbedürftigen erforderlich ist. **d) Glaubhaftmachung** (§ 118 II 1). Daß einer unehrlichen Partei Mißtrauen entgegengebracht und von ihr besonders klare Darlegungen gefordert werden, liegt nahe und wird durch freie Beweiswürdigung (§ 286 I) gedeckt (vgl zB Düsseldorf JurBüro 86, 296).

Der weitere Aufhebungsgrund der Weigerung des Hilfsbedürftigen, sich über **Veränderungen seiner** persönlichen und wirtschaftlichen **Verhältnisse** zu äußern (§ 120 IV 2) entspricht der Regelung in § 118 II 4. Vor Bewilligung führt ein Verstoß gegen die Mitwirkungspflicht des Hilfsbedürftigen zur Ablehnung seines Gesuches, nach Bewilligung zur Aufhebung. Ebenso wie bei § 118 II 4 (s dort Rn 18) kann die aufhebende Entscheidung abgeändert werden, wenn der Hilfsbedürftige die gem § 120 IV geforderte Erklärung nachholt. Das gilt jedoch nur, solange das Verfahren, in dem PKH bewilligt worden war, nicht rechtskräftig abgeschlossen ist. Die Nachholung der versäumten Erklärung nach Aufhebung der Bewilligung setzt ein neues Prüfungsverfahren in Gang. Das ist aber nach Rechtskraft nicht mehr möglich, weil es dann an einer „beabsichtigten Rechtsverfolgung oder Rechtsverteidigung" (§ 114 I 1) fehlt und das Gericht nicht mehr zuständig ist (§ 120 Rn 17, 18). Für Verfahren, in denen Prozeßkostenhilfe vor dem 1. 1. 1987 bewilligt worden ist, gilt die vorstehend dargelegte Regelung nicht, darf also PKH nicht wegen Verstoßes gegen die Mitwirkungspflicht des Hilfsbedürftigen entzogen werden.

3) Irrige Annahme des Vorliegens der Voraussetzungen für PKH (Nr 3). a) Mit dem Tatbestandsmerkmal „die Prozeßkostenhilfe" in Nr 3 ist die **bewilligte** gemeint. Möglich ist daher auch, daß die wirtschaftlichen Voraussetzungen der Bewilligung nur bezüglich der Ratenfreiheit oder der Ratenhöhe nicht vorgelegen haben (Zweibrücken JurBüro 85, 1569). Beruht der Bewilligungsbeschluß (§ 120 I) auf einer **fehlerhaften Berechnung** (falsche Gebührenberechnung, falscher Streitwert, nicht bedachte hohe Beweiskosten usw) oder auf objektiv fehlerhaften Unterlagen (zB versehentlich unrichtigen Angaben des Arbeitsamtes, LAG Bremen MDR 83, 789), dann haben die Voraussetzungen dieser konkreten Bewilligung nicht vorgelegen. Aufhebung und gfls gleichzeitige Neuberechnung und Neubewilligung ist möglich (s dazu näher § 115 Rn 77–80). Berechnungsfehler, die auf falschen Prämissen (Gebührentatbestände, Streitwert usw) beruhen, dürfen nicht nach § 319 berichtigt werden (Bamberg FamRZ 84, 1244). 11

b) Der Aufhebungstatbestand der Nr 3 setzt kein Verschulden der Partei voraus (Hamm Rpfleger 84, 432), ist aber auch dann zu bejahen, wenn die Partei den Irrtum über das Vorliegen der Bewilligungsvoraussetzungen verschuldet hat, jedoch lediglich **leicht fahrlässig** (arg Nr 2; Stuttgart FamRZ 86, 1124, 1125). Das Gericht hat dann eine Ermessensentscheidung zu treffen (Köln FamRZ 82, 1226; Düsseldorf MDR 82, 765; „kann" legt nicht nur die Zuständigkeit fest, wie B/Hartmann § 124 Anm 2, meinen). Der Verschuldensgrad, erst recht fehlendes Verschulden (vgl LAG Düsseldorf JurBüro 84, 616), ist zu berücksichtigen und kann bei der Ermessensentscheidung den Ausschlag geben. Die Beschlußgründe müssen erkennen lassen, daß das Gericht sein Ermessen ausgeübt hat (Bremen FamRZ 84, 411). 12

c) Inhaltlich entspricht Nr 3 der Nr 2. Ein **Irrtum des Gerichts über den Sach- und Streitstand,** also über die hinreichende Erfolgsaussicht (§ 114 S 1; s Rn 2) im Zeitpunkt der Bewilligung rechtfertigt nie die Aufhebung (Hamm FamRZ 86, 583). 13

d) Hat die Partei absichtlich, vorsätzlich oder grobfahrlässig gehandelt, dann ist der **Aufhebungstatbestand der Nr 2 vorrangig** mit der Folge, daß die Aufhebungssperre von 4 Jahren ab rechtskräftiger Entscheidung oder Beendigung des Verfahrens entfällt (Nr 3 Hs 2). 14

15 **e)** Bei der Prüfung, ob die persönlichen oder wirtschaftlichen Voraussetzungen für PKH vorgelegen haben, darf **nur die Zeit vor Bewilligung** berücksichtigt werden. Miteinander zu vergleichen sind deshalb der Tatbestand des Bewilligungsbeschlusses und der in diesem Zeitpunkt wirklich gegebene Sachverhalt, der erst später bekannt geworden ist (wie Rn 8). Bewertungsumstände, die dem Gericht bei Bewilligung bekannt waren, die es aber nicht zu Lasten des Hilfsbedürftigen berücksichtigt hat (zB der Verkauf eines Hauses, Koblenz KoRsp ZPO § 124 Nr 15), dürfen nicht als erhebliche Veränderungen angesehen werden, da dies auf eine unerlaubte Aufhebung wegen abweichender rechtlicher Beurteilung hinausliefe (Rn 2). Zwar haben auch dann die Bewilligungsvoraussetzungen objektiv nicht vorgelegen (Rn 11 u § 115 Rn 79). Dem fiskalischen Interesse steht jedoch das schutzwürdige Vertrauen des Hilfsbedürftigen entgegen, daß seine finanzielle Belastung nicht von wechselnder Wertung des Gerichts abhängt, zumal er möglicherweise nur im Hinblick auf den Inhalt der Bewilligungsentscheidung das Verfahren durchgeführt hat. Deshalb sollte nach Abschluß des Verfahrens von einer belastenden Änderung ganz abgesehen werden (Bamberg FamRZ 84, 1244). In keinem Fall ist eine rückwirkende Belastung zu beschließen (Zweibrücken Rpfleger 85, 165).

16 **f)** Dies zeigt, wie wichtig **sorgfältige Aufklärung im PKH-Prüfungsverfahren** ist. Das Gericht darf sich nicht damit begnügen, lediglich Angaben entgegenzunehmen, sondern muß selbst um Aufklärung bemüht sein. Fragen nach Sparguthaben oder Ansprüchen gegen Dritte usw erleichtern gfls auch den Nachweis schuldhaft falscher Angaben nach Nr 2. Die Erklärungsvordrucke, die benutzt werden müssen (§ 117 III, IV), erstrecken sich zwar auf solche Fragen, sind aber wie fast alle Behördenformulare von einem so hohen Abstraktionsgrad, daß viele Bürger beim Ausfüllen Verständnisschwierigkeiten haben.

17 **g)** Im Entwurf des Gesetzes über PKH (§ 122 II) war Bewilligungsaufhebung auch für den Fall vorgesehen, daß **ursprünglich vorhandene subjektive Voraussetzungen später entfallen,** zB durch Erwerb von Vermögen im Erbgang oder durch Kapitalzahlungen. Das entsprach der früheren Regelung, wonach eine Partei bei Verbesserung ihrer Vermögensverhältnisse zur Nachzahlung der gestundeten Beträge herangezogen werden konnte (§ 125 aF). Dieser Aufhebungsgrund ist nicht in § 124 enthalten. Er muß jedoch aus dem Zweck der PKH hergeleitet werden, rechtsuchenden Bürgern Sozialhilfe wegen finanziellen Unvermögens zu gewähren. Ergeben sich im Verlaufe des Rechtsstreits Veränderungen in den wirtschaftlichen Verhältnissen des Hilfsbedürftigen, die eine solche Kostenhilfe überflüssig machen, dann muß dies in Grenzen berücksichtigt werden können. Es ist nicht Sinn der PKH, daß vermögende Bürger auf Kosten der Allgemeinheit und evtl der ihnen beigeordneten Rechtsanwälte prozessieren. Wird daher dem Gericht ein Sachverhalt bekannt, der die Hilfsbedürftigkeit der Partei und damit die Voraussetzungen des § 115 entfallen läßt, dann ist die Bewilligung aufzuheben (ebenso Stuttgart NJW 83, 1068; Koblenz Rpfleger 84, 159, 160; JurBüro 85, 1572; Bamberg JurBüro 85, 1566; Frankfurt Rpfleger 86, 69; s auch Schleswig SchlHA 85, 29, 30; AG Friedberg FamRZ 82, 515; ThP § 124 Anm 4; Schellhammer ZPR Rn 1522; Vogel PKH im familiengerichtlichen Verfahren S 106; Wohlnick Familiengerichtsverfahren II 106; Grunsky NJW 80, 2045; Schneider MDR 81, 6 u 799; Röwer MDR 81, 348; Bischof AnwBl 81, 371; Blumenthal Rpfleger 84, 458). Das BVerfG hatte die korrigierende Auslegung des § 124 verfassungsrechtlich gebilligt (NJW 85, 1767). Diese Auslegung wurde aber in der Rspr weitgehend abgelehnt, weil sie nicht vom Gesetzeswortlaut gedeckt sei (vgl Düsseldorf MDR 82, 765; Koblenz AnwBl 83, 571; Bremen FamRZ 83, 637; Köln AnwBl 85, 49; Zweibrücken FamRZ 85, 88; Karlsruhe FamRZ 86, 372 u 373; Frankfurt NJW-RR 86, 798; Stuttgart FamRZ 86, 1124; Köln FamRZ 86, 1124; Schuster NJW 81, 27). Durch die Neufassung des § 120 IV ist die hier vertretene Auffassung nunmehr gesetzlich bestätigt worden. Danach kann das Gericht die Entscheidung über die zu leistenden Zahlungen ändern, wenn sich die für die Prozeßkostenhilfe maßgebenden persönlichen oder wirtschaftlichen Verhältnisse wesentlich geändert haben. Der Hilfsbedürftige hat dem Gericht darüber Auskunft zu erteilen. Kommt er dieser Verpflichtung nicht nach, dann ist ein Aufhebungsgrund nach § 124 Nr 2 gegeben. Dabei sind jedoch **drei Einschränkungen** zu machen: Eine **rückwirkende Aufhebung** ist in diesem Fall unzulässig; die Partei kann also nur für die noch entstehenden Kosten in Anspruch genommen werden (Düsseldorf MDR 82, 765; Koblenz Rpfleger 84, 330; FamRZ 85, 727; Frankfurt Rpfleger 86, 69; für rückwirkende Belastung aber Koblenz Rpfleger 84, 159; FamRZ 85, 725). Ferner sind **Einkommensverbesserungen oder Vermögenserwerb** unbeachtlich, die **nach Zahlung der 48 Monatsraten** eintreten, da dann die Partei endgültig kostenfrei geworden ist. Schließlich besteht eine endgültige Sperre, wenn seit der rechtskräftigen Entscheidung oder der sonstigen Beendigung des Verfahrens **vier Jahre verstrichen** sind (Rn 18).

Voraussetzung für eine verschlechternde Abänderungsentscheidung nach § 120 IV 1 oder eine Aufhebungsentscheidung nach §§ 124 Nr 2, 120 IV 2 ist eine **wesentliche Änderung** der persönlichen oder wirtschaftlichen Verhältnisse des Hilfsbedürftigen. Unerheblich ist, daß § 120 Nr 2 die

Aufhebungsentscheidung tatbestandsmäßig von der Nichtabgabe einer Erklärung nach § 120 IV 2 abhängig macht. Dadurch entsteht keine Gesetzeslücke. Gibt nämlich der Hilfsbedürftige die Erklärung ab und folgt aus ihr eine wesentliche Verbesserung der Vermögensverhältnisse, dann tritt an die Stelle der Aufhebung die Abänderungsentscheidung gem § 120 IV 1, die alle Möglichkeiten des § 120 I ausschöpfen kann: erstmalige Anordnung von Ratenzahlungen oder Erhöhung bereits festgesetzter Raten oder/und Leistungen aus dem Vermögen (s § 120 Rn 14 zu 3 u 4). Es muß sich aber um eine **wesentliche Verbesserung** der Vermögensverhältnisse handeln. Dazu reicht nicht aus, daß das Einkommen des Hilfsbedürftigen sich ein wenig verbessert hat und ihm deshalb statt ratenfreier PKH nunmehr Raten-PKH zu gewähren wäre oder daß bereits festgesetzte Raten erhöht werden könnten. Wesentlich sind vielmehr nur solche Einkommens- und Vermögensverbesserungen, **die den wirtschaftlichen und sozialen Lebensstandard prägen und verändern**. Das ist beispielsweise der Fall, wenn ein arbeitsloser Sozialhilfeempfänger wieder in seinem Beruf tätig wird. Daneben kommt nachträglicher Vermögenserwerb in Betracht, etwa wenn dem Hilfsbedürftigen erhebliche Beträge aus der Veräußerung eines Grundstücks zufließen (Bamberg JurBüro 78, 1407) oder wenn er erhebliche Kapitalzahlungen aus einem Prozeßvergleich oder nach erstinstanzlicher Verurteilung des Gegners erhält; grundsätzlich jedoch nicht bei zweckgebundenen Zuwendungen wie Unterhaltsleistungen oder Schmerzensgeld (s § 115 Rn 39). Bei der Vorprüfung, ob ein Bewilligungsbeschluß auf Grund dieses Aufhebungsgrundes zu erlassen ist, muß besonders beachtet werden, daß das Gericht **Ermessensfreiheit in der Entscheidung** hat (Rn 12). Denn wenn selbst bei Vorliegen der schwerwiegenden Aufhebungsgründe der Nr 1, 2 an der Bewilligung festgehalten werden darf, muß dies erst recht gelten, wenn sich lediglich die finanziellen Verhältnisse verändert haben (*arg a maiore ad minus*). Bei der durch die Neufassung der §§ 120 IV, 124 Nr 2 bestätigten Rechtslage ist kein Raum mehr für das in der Rspr erkennbar gewordene Bemühen, zukünftigen Vermögenserwerb, ja sogar die zu erstreitende Summe als gegenwärtiges Vermögen zu behandeln (vgl zB Bamberg FamRZ 85, 504; Frankfurt FamRZ 84, 809; Hamm Rpfleger 86, 238 aE; ausführlich Schneider Rpfleger 85, 49 sowie § 115 Rn 31, 42).

h) Die **Unabänderlichkeit der Bewilligung** trotz Fehlens ihrer Voraussetzungen vier Jahre ab rechtskräftiger Entscheidung oder Beendigung des Verfahrens entspricht der Verjährungsregelung in § 10 GKG. **Verwirkung** des aus Aufhebung abgeleiteten Kostenanspruchs der Staatskasse gegen den Hilfsbedürftigen kommt daneben nicht in Betracht. **18**

4) Ratenrückstände (Nr 4). Die Kontrolle der Zahlungen und damit auch des Rückstandes obliegt dem Rechtspfleger (§ 20 Nr 4c RpflG). Bevor ein Aufhebungsbeschluß ergeht, muß die Partei auf Rückstände **hingewiesen** werden; sie darf durch die Aufhebung nicht überrascht werden (Art 103 I GG). Daraus, daß in Nr 4 nur vom „Rückstand", nicht vom Verzug die Rede ist, ergibt sich (arg § 285 BGB), daß in diesem Fall **keine Verschuldensprüfung** erforderlich ist; denn Rückstand ist als Tatsache unabhängig davon, ob sie schuldlos oder schuldhaft gesetzt worden ist (zust Dortmund JMBlNRW 83, 162; Schoreit/Dehn § 124 Anm 15; aA Frankfurt FamRZ 83, 1046; Köln Rpfleger 84, 200; Hamm FamRZ 86, 1127: Rückstand = Verzug). Mangelndes Verschulden muß jedoch bei der zu treffenden Ermessensentscheidung (Stuttgart Justiz 86, 14; s oben Rn 5) berücksichtigt werden und kann dabei den Ausschlag geben (LAG Düsseldorf JurBüro 84, 616), zB wenn dem Hilfsbedürftigen der Zahlungsbeginn oder die Zahlstelle nicht mitgeteilt worden ist (LAG Niedersachsen JurBüro 85, 1575). Umgekehrt kann daraus auf Verschulden geschlossen werden, daß die Partei keine Erklärungen abgibt und auf Mahnungen nicht reagiert (Stuttgart Justiz 86, 14; s auch § 114 Rn 52). Ist die Zahlungsverzögerung auf eine Verschlechterung der Einkommensverhältnisse des Hilfsbedürftigen zurückzuführen, dann ist bei Einholung seiner Stellungnahme (Art 103 I GG) ein Hinweis der Partei auf die Verschlechterung ihrer wirtschaftlichen Lage als **Abänderungsantrag** (s § 120 Rn 15) zu deuten (ebenso LG Dortmund JMBlNRW 83, 162; zur Zuständigkeit nach Rechtskraft s § 120 Rn 18). Vor einer Aufhebung muß deshalb die Hilfsbedürftigkeit bindungsfrei erneut beurteilt und insbesondere überprüft werden, ob die im Bewilligungsbeschluß (§ 120 I) festgelegten Monatsraten mit Rückwirkung auf den Zeitpunkt der Vermögensverschlechterung zum Ruhen zu bringen oder zu ermäßigen sind (KG FamRZ 84, 412; Schleswig SchlHA 84, 174; Hamm FamRZ 86, 1127; LG Tübingen Rpfleger 84, 478; LAG Düsseldorf JurBüro 84, 616; LAG Köln EzA ZPO § 120 Nr 2 m Anm Schneider). Dies ist zwar im Gesetz nicht ausdrücklich erwähnt, ergibt sich aber aus dem Zweck der PKH, einem Hilfsbedürftigen diejenige Kostenunterstützung zu gewähren, auf die ihm nach seinen persönlichen und wirtschaftlichen Verhältnissen ein Anspruch zusteht (s Rn 8). **19**

IV) Die Entziehungsentscheidung. 1) Bei der **Ermessensentscheidung** (Rn 12) handelt es sich um gebundenes Ermessen. Eines Antrages bedarf es nicht; wohl gibt jeder Antrag Anlaß zur Klärung, ob amtswegige Überprüfung geboten ist. Mangels Antragsrechts der Parteien kein **20**

Beschwerderecht bei Ablehnung (§ 127 Rn 44). Sämtliche festgestellten Umstände sind gegeneinander abzuwägen, Zweifelsfragen sind vorher zu klären, auch in tatsächlicher Hinsicht (§ 118 II). Der hilfsbedürftigen Partei ist rechtliches Gehör zu gewähren (LAG Köln EzA ZPO § 120 Nr 2 m Anm Schneider; LG Aachen AnwBl 83, 327). Auch wird selten ein Anlaß zur Aufhebung der Bewilligung bestehen, wenn die Kosten bereits dem Gegner durch gerichtliche Entscheidung auferlegt worden sind, so daß er nach § 58 II 1 GKG Erstschuldner geworden ist (s dazu Frankfurt Rpfleger 67, 59 u Hamm Rpfleger 74, 321). **Den Ausschlag wird der Bewilligungsgrund und das Maß eines etwaigen schuldhaften Fehlverhaltens der Partei geben.** Wenn ein Anwalt beigeordnet worden war (§ 121), muß die Aufhebung der Bewilligung in einer Weise geschehen, die den Hilfsbedürftigen vor Nachteilen bewahrt; keine Bewilligungsaufhebung unmittelbar vor Urteilserlaß oder im Schlußtermin (Hamm JMBlNRW 54, 21), notfalls ist eine Verhandlung zu vertagen. Die Ermessensentscheidung muß immer auf den gesamten Rechtsstreit bezogen sein (Celle NdsRpfl 69, 158; Köln JurBüro 69, 254) und muß nachvollziehbar begründet werden (Rn 12). Die **teilweise Aufhebung** von PKH für einzelne Beweismittel oder einzelne Ansprüche oder Anspruchsteile oder gegenüber einem von mehreren Streitgenossen ist unzulässig.

21 **2) Beweislast.** Das Gericht darf nur aufheben, wenn die tatbestandlichen Voraussetzungen eines Aufhebungsgrundes feststehen. Zweifel gehen nicht zu Lasten des Hilfsbedürftigen, sondern verhindern eine aufhebende Entscheidung. Bei der Beweiswürdigung kann jedoch gegen den Hilfsbedürftigen verwertet werden, daß dieser sich an der Aufklärung nicht beteiligt oder sie gar zu erschweren oder zu verhindern trachtet (s § 114 Rn 52; § 118 Rn 13).

22 **3) Zuständig** für die Aufhebung der Bewilligung ist **das Gericht** (Köln MDR 83, 847; LAG Bremen MDR 83, 789). Soweit die Aufhebung auf den Bereich der subjektiven Voraussetzungen bezogen ist (Nrn 2–4), ist das Verfahren auf den Rechtspfleger übertragen (§ 20 Nr 4c RpflG). Hinsichtlich der Aufhebung wegen täuschungsbedingter falscher Beurteilung der hinreichenden Erfolgsaussicht (Nr 1) muß das Gericht immer selbst entscheiden.

23 **4) Entscheidungsform.** Die Aufhebung der Bewilligung geschieht durch Beschluß, der formlos mitzuteilen ist und keine Kostenentscheidung enthält. Zur **Beschwerdebefugnis** s § 127 Rn 43, 44.

24 **V) Rechtsfolgen. 1)** Die Aufhebung der Bewilligung bewirkt, daß die **Vergünstigungen des § 122 entfallen** und der Hilfsbedürftige **alle ungedeckten Kosten schuldet.** Die Gerichtskosten, Gerichtsvollzieherkosten und die nach § 130 BRAGO auf die Staatskasse übergegangenen Ansprüche des beigeordneten Anwalts können uneingeschränkt gegen die Partei geltend gemacht werden. Der **beigeordnete Anwalt** ist unbeschadet des Fortbestehens seiner bereits entstandenen Vergütungsansprüche gegen die Staatskasse (Rn 25) durch § 122 I Nr 3 nicht mehr gehindert, seinen Anspruch auf die gesetzliche Vergütung gegen den Mandanten zu verfolgen, auch Festsetzung nach § 19 BRAGO zu beantragen. Für den **Gegner** hat die Aufhebung die Wirkung, daß seine einstweilige Befreiung von Kosten nach § 122 II entfällt. Ist der Hilfsbedürftige verurteilt worden, die Kosten des Rechtsstreits zu tragen, dann schuldet er sie nach § 54 Nr 1 GKG, und zwar auch diejenigen Beträge, von deren Zahlung der Gegner einstweilen freigestellt war.

25 **2)** Dem **Umfang** nach wirkt die Aufhebung entsprechend der Bewilligung. War PKH für eine Scheidungssache bewilligt worden, dann erstreckt sich die Aufhebung ohne weiteres auch auf die Folgesachen, die mitumfaßt waren. Jedoch kann die Aufhebung keine bereits begründeten Ansprüche Dritter zum Erlöschen bringen. Der einmal beigeordnete Anwalt behält deshalb seinen Anspruch gegen die Staatskasse (Düsseldorf Rpfleger 82, 396; 84, 115; LG Koblenz JurBüro 84, 935; s auch § 119 Rn 25). Seine **Vollmacht** bleibt bestehen, da die Aufhebung kein Erlöschensgrund nach § 87 ist (RGZ 95, 338). Der Gegner des Hilfsbedürftigen muß den Aufhebungsbeschluß hinnehmen und kann sich nicht darauf berufen, er sei zu Unrecht ergangen, so daß er nicht als Zweitschuldner in Anspruch genommen werden dürfe (KG Rpfleger 79, 152).

125 *[Einziehung der Gerichtskosten vom Gegner]*

(1) Die Gerichtskosten und die Gerichtsvollzieherkosten können von dem Gegner erst eingezogen werden, wenn er rechtskräftig in die Prozeßkosten verurteilt ist.

(2) Die Gerichtskosten, von deren Zahlung der Gegner einstweilen befreit ist, sind von ihm einzuziehen, soweit er rechtskräftig in die Prozeßkosten verurteilt oder der Rechtsstreit ohne Urteil über die Kosten beendet ist.

1 **I) Grundgedanken.** Vom Hilfsbedürftigen können Gerichtskosten erst eingezogen werden, wenn die Bewilligung der PKH aufgehoben worden ist (§ 124). In § 125 ist dementsprechend nur

die Einziehung von Gerichtskosten beim Gegner der hilfsbedürftigen Partei geregelt. Dabei ist unterschieden zwischen den Kosten, von denen der Hilfsbedürftige nach § 122 I Nr 1 a freigestellt worden ist (Abs 1) und denjenigen, von denen ihr Gegner gem § 122 II einstweilen befreit ist (Abs. 2). **1)** Ungeachtet dessen, welche Partei einstweilen kostenbefreit war, dürfen die Gerichtskosten und Gerichtsvollzieherkosten vom Gegner immer eingezogen werden, wenn er **rechtskräftig verurteilt** worden ist, die Prozeßkosten zu zahlen. **2)** Kosten, von denen der Gegner nach **§ 122 II** einstweilen befreit war, also dann, wenn der Hilfsbedürftige Kläger oder Rechtsmittelführer war und keine Raten zu zahlen hatte, können vom Gegner auch dann eingezogen werden, wenn der **Rechtsstreit ohne Kostenentscheidung beendet** worden ist. Der wichtigste Anwendungsfall ist die **Kostenübernahme im Prozeßvergleich** (§ 54 Nr 2 GKG). **3)** Wann ein Urteil rechtskräftig wird, läßt sich nicht im voraus sagen. Deshalb ist Vorlage der Akten nach Ablauf der mit Zustellung (§ 317 I 1) beginnenden Rechtsmittelfrist (§§ 516, 552) zur Feststellung der Rechtskraft zu verfügen. Wird der Rechtsstreit nicht betrieben, dann hat der Kostenbeamte bei den Parteien anzufragen, ob er beendet worden ist (§ 9 III 2 KostVfg).

II) Fallgestaltungen. Das Verständnis der abstrakten Regelung in § 125 wird erleichtert, wenn man die einzelnen Einziehungssituationen auseinanderhält:

1) Der Kläger hat PKH. a) Er wird **verurteilt, die Kosten zu tragen.** Dann sind weder von ihm noch vom Beklagten Gebühren und Auslagen zu erheben. Die Voraussetzungen des § 125 sind nicht erfüllt; diese Vorschrift geht den §§ 68, 69 GKG vor. Anders ist es, wenn der Beklagte als Übernahmeschuldner nach § 54 Nr 2 GKG haftet (§ 122 Rn 36). Die Kostenübernahme kann auch in tatsächlicher Zahlung liegen; das sog Starksagen für die Kosten durch den Anwalt ist dagegen nur Garantieübernahme (Hamm Rpfleger 75, 37). Bei teilweiser Kostenübernahme kommt entsprechende Teileinziehung in Betracht. 2

b) ist der **Beklagte zur Kostentragung verurteilt,** so sind von ihm nach Rechtskraft des Urteils alle Gebühren und Auslagen, auch die Antragsschreibauslagen des Klägers (§ 56 GKG), zu erheben. Wird in der Rechtsmittelinstanz die Zahlungspflicht des Beklagten durch einen Vergleich geändert, dann können die Kosten vom Beklagten nicht auf Grund des erstinstanzlichen Urteils beigetrieben werden, da dessen Kostenentscheidung nicht rechtskräftig wird. 3

c) Werden die **Kosten durch Urteil gegeneinander aufgehoben,** dann ist die Hälfte aller Gebühren und Auslagen einschließlich der Antragsschreibauslagen (§ 56 GKG) nach Rechtskraft des Urteils vom Beklagten einzuziehen (§ 92 I 2). Sind die Kosten nach Quoten verteilt, dann ist der auf den Beklagten entfallende Bruchteil von ihm zu erheben. 4

d) Endet der Rechtsstreit ohne Entscheidung, also durch Vergleich oder durch Klagerücknahme ohne Kostenbeschluß (LG Trier Rpfleger 59, 66), durch Anordnung der Verfahrensruhe, ohne daß sie auf Parteiantrag (§ 251) beruht (RGZ 12, 354), oder wird er ohne Anordnung der Verfahrensruhe länger als sechs Monate nicht betrieben, ohne daß die Parteien auf Anfrage gegenteilige Erklärungen abgeben, dann sind vom Beklagten folgende Kosten zu erheben: seine Antragsschreibauslagen (§ 56 GKG) und die auf seinen Antrag entfallenden Auslagen (§§ 88, 69 GKG), selbst wenn der Kläger sie durch Vergleich übernommen hat. Bei Abschluß eines Prozeßvergleichs kommen hinzu diejenigen Kosten, die der Beklagte darüber hinaus übernommen hat (KG JW 37, 578). Tatbestandsmäßig haftet auch der Kläger für alle Kosten als Antragsteller der Instanz (§§ 49, 68, 69 GKG); eine Einziehung bei ihm ist aber ausgeschlossen, solange die Bewilligung von PKH nicht aufgehoben ist (§ 124). Enthält ein dem Gericht mitgeteilter außergerichtlicher Vergleich keine Vereinbarung über die Gerichtskosten, dann ist analog § 98 zu verfahren, also Aufhebung der Kosten gegeneinander zu unterstellen (Lindemann JW 36, 79). Hat der Vergleich einen Mehrwert, dann ist der höhere Wert nicht von der PKH gedeckt; beide Parteien haften gem §§ 49 S 1, 58 GKG für die Gebühren nach GKG-KostVerz Nr 1170 als Gesamtschuldner. Bei Klagerücknahme kann der Beklagte den Antrag auf Erlaß des Kostenbeschlusses nach § 269 III ZPO stellen. Dann ergeht eine Kostenentscheidung, so daß die Prozeßlage zu Rn 2 eintritt. 5

2) Der Beklagte hat PKH. a) Wird dann **der Kläger in die Kosten verurteilt,** sind von ihm alle Gebühren und Auslagen einzuziehen. 6

b) Wird **der hilfsbedürftige Beklagte in die Kosten verurteilt,** so wären an sich nach Urteilserlaß alle Kosten vom Kläger als Zweitschuldner gem §§ 49, 68, 69 GKG einzuziehen, auch die Auslagen, für die der Beklagte nach §§ 68, 69 GKG vorschußpflichtig war. Da aber der Beklagte als Kostenschuldner (§ 54 Nr 1 GKG) PKH genießt, kann die Zweitschuldnerhaftung des Klägers (§§ 49 S 1, 58 I GKG) für die gesamten Gerichtskosten nach § 58 II 2 GKG nicht geltend gemacht werden. Ist der verurteilte hilfsbedürftige Beklagte Antragsteller der Instanz iS des § 49 S 1 GKG (als Beschwerdeführer, Rechtsmittelkläger, Widerspruchseinleger nach § 696 I 1, Einspruchsein- 7 leger nach §§ 700, 341 a), dann ist hinsichtlich des Klägers für dessen Vorschußpflicht § 69 GKG anzuwenden. Die Vorschußpflicht ist nämlich eine endgültige Zahlungspflicht, die unabhängig davon ist, ob der Beklagte in die Kosten verurteilt wird. Auch wenn der Beklagte also zur Kostentragung verurteilt wird oder er die Kosten übernimmt, muß der Kläger die Auslagen nachzahlen, die er nach § 68 GKG vorschußweise zu zahlen verpflichtet war. Da in § 69 S 2 GKG auf § 58 II verwiesen ist, kann der Kläger nach § 123 die von ihm **gezahlten** Kosten gegen den verurteilten Beklagten gem §§ 103 ff festsetzen lassen (s dazu und zur Rückerstattung bereits gezahlter Gerichtskosten § 122 Rn 36; § 123 Rn 3).

8 **c)** Werden die **Kosten durch Urteil gegeneinander aufgehoben** (§ 92), dann ist der Kläger als Entscheidungsschuldner (§§ 54 Nr 1, 68, 69 GKG) wegen der Hälfte aller Gebühren und Auslagen in Anspruch zu nehmen. Die andere Hälfte der Gerichtskosten kann wegen § 58 II 2 GKG nicht von der Staatskasse geltend gemacht werden, da die Antragstellerhaftung (§§ 49, 68, 69 GKG) insoweit nachrangig ist.

9 **d)** Wurde der **Rechtsstreit ohne Entscheidung erledigt,** dann sind die Gebühren und Auslagen vom Kläger einzuziehen (§§ 49, 68, 69 GKG). Hat der hilfsbedürftige Beklagte die Kosten in einem Prozeßvergleich teilweise übernommen (§ 54 Nr 2 GKG), dann kann die Staatskasse den Kläger wegen dieses Kostenanteils als Zweitschuldner in Anspruch nehmen mit der Folge, daß der Kläger diese Kosten über § 123 wieder beim Beklagten hereinholen darf (s § 123 Rn 3).

10 **3) Beide Parteien haben PKH.** Dann kommt die Inanspruchnahme einer Partei wegen § 58 II 2 GKG praktisch nur in Betracht, wenn Übernahmeschuldnerschaft nach § 54 Nr 2 GKG oder Bewilligungsaufhebung nach § 124 vorliegt oder eine Partei ratenfrei, die andere mit Raten belastet ist (s § 123 Rn 3).

11 **III)** Für die **Rechtsmittelinstanz** gelten die Ausführungen zu Ziff II entsprechend. Maßgebend ist, welche Partei das Rechtsmittel eingelegt hat. Der **Rechtsmittelkläger** ist **Antragsteller der Instanz;** für ihn gelten die Ausführungen zum Kläger, für seinen Gegner die zum Beklagten. Bei Erhebung einer **Widerklage** oder Einlegung einer **Anschlußberufung** oder eines **selbständigen Rechtsmittels** fällt die Befreiung des Gegners (§ 122 II) fort. Im Umfang der von ihr eingelegten Anschlußberufung ist daher eine Partei ohne Rücksicht auf PKH-Bewilligung für den Gegner vorschußpflichtig, auch wenn ihr PKH zur Rechtsverteidigung im Berufungsverfahren bewilligt worden ist (Düsseldorf JW 32, 3641; s § 119 Rn 9).

126 *[Beitreibung der Anwaltskosten]*

(1) Die für die Partei bestellten Rechtsanwälte sind berechtigt, ihre Gebühren und Auslagen von dem in die Prozeßkosten verurteilten Gegner im eigenen Namen beizutreiben.

(2) Eine Einrede aus der Person der Partei ist nicht zulässig. Der Gegner kann mit Kosten aufrechnen, die nach der in demselben Rechtsstreit über die Kosten erlassenen Entscheidung von der Partei zu erstatten sind.

Übersicht

1 **I) Selbständiges Beitreibungsrecht.** Der PKH-Anwalt hat ein **eigenes Recht** zur selbständigen Beitreibung seiner Gebühren und Auslagen **gegenüber** dem durch Urteil oder Vergleich (§ 54 Nr 2 GKG) kostenpflichtigen **Gegner**. Für die Festsetzung (§§ 103 ff) ist der Rechtspfleger zuständig (§ 21 I Nr 1 RpflG). Da der Anwalt die Festsetzung im eigenen Namen als Partei betreibt, ist er insoweit auch selbst Kostenschuldner. Die dem Mandanten bewilligte PKH deckt nicht Beitreibung der anwaltlichen Differenzkosten (LG Dortmund Rpfleger 70, 33; AG Meinerzhagen

DGVZ 79, 25); vollstreckt der Anwalt nur ihretwegen, dann braucht er auch nur entsprechende Teilsicherheit zu leisten (Bamberg Rpfleger 81, 455).

1) Entstehung. Das selbständige Beitreibungsrecht **entsteht als auflösend bedingtes Recht** bereits **mit der Verkündung** des vorläufig vollstreckbaren Urteils; unbedingt (endgültig) ist es ab Rechtskraft oder Prozeßvergleich. Die auflösende Bedingung kann eintreten durch eine abändernde Entscheidung oder durch einen Vergleich in der höheren Instanz vor Rechtskraft (Frankfurt MDR 61, 780; KG JW 34, 248). Hat der Anwalt auf Grund eines für **vorläufig vollstreckbar erklärten Urteils** die Kosten festsetzen und beitreiben lassen, dann haftet er persönlich nach § 717 II für den entstandenen Schaden (Hamburg JW 32, 672). Eine **Verwirkung** des Beitreibungsanspruchs ist nur ausnahmsweise denkbar (RG JW 38, 2488; LG Berlin Rpfleger 65, 379 m Nachw). 2

2) Gegenstand. a) Das Beitreibungsrecht des Anwalts umfaßt **nur die nach § 91 erstattungsfähigen Kosten,** also nur solche, die auch eine vermögende Partei wegen der Tätigkeit des Anwalts vom Gegner ersetzt verlangen könnte. 3

b) Sind für die obsiegende Partei infolge Anwaltswechsels nacheinander **mehrere PKH-Anwälte beigeordnet** worden, so hat der einzelne Anwalt nur hinsichtlich der auf ihn entfallenden erstattungsfähigen Beträge ein Beitreibungsrecht. Ist der Gegner nach § 91 nur zur Erstattung der Kosten eines Anwalts verpflichtet, dann schließt die Festsetzung der Gebühren und Auslagen zugunsten eines PKH-Anwalts nach § 124 die weitere Festsetzung dieser Gebühren auf den Namen eines anderen PKH-Anwalts aus. Dieser ist auch nicht berechtigt, gegen den auf den Namen des anderen Anwalts erlassenen Kostenfestsetzungsbeschluß ein Rechtsmittel einzulegen. 4

c) War der während des Rechtsstreits bestellte PKH-Anwalt **vorher** bereits als **Vertrauensanwalt** für die Partei tätig, dann ist der Anspruch aus § 124 beschränkt auf die Vergütung für solche Tätigkeiten, die ab Beiordnung vorgenommen worden sind. 5

d) Bei **Zwangsvollstreckungskosten** ist zu unterscheiden: War der beigeordnete Anwalt **im Hauptprozeß und im Zwangsvollstreckungsverfahren beigeordnet,** dann sind durch die Kostengrundentscheidung auch Vollstreckungskosten nach § 788 I tituliert und können vom Anwalt im eigenen Namen beigetrieben werden. War **PKH nur für die Zwangsvollstreckung bewilligt** und nur insoweit ein Anwalt beigeordnet worden, dann hat der Anwalt einen Beitreibungsanspruch nach § 124, wenn im Vollstreckungsverfahren eine Kostengrundentscheidung ergeht, insbesondere also im Beschwerdeverfahren. Dagegen kann er nicht nach § 126 vorgehen, um den Kostenerstattungsanspruch aus § 788 I geltend zu machen, obwohl er im Hauptverfahren nicht tätig gewesen ist (LG Berlin Rpfleger 79, 346). 6

3) Abgrenzung. a) Der **Kostenerstattungsanspruch des Hilfsbedürftigen** bleibt daneben selbständig erhalten, jedoch beschränkt durch § 124 auf freiwillige Zahlungen (§ 3 IV 2 BRAGO) oder gezahlte Raten (s Lappe Rpfleger 84, 129). 7

b) In der **Prozeßführung** wird die hilfsbedürftige Partei durch § 124 nicht beschränkt, auch wenn dadurch der Kostenanspruch des Anwalts beeinträchtigt wird. Der Anwalt muß es hinnehmen, daß er durch schlechte Prozeßführung, Klagerücknahme, Erledigungserklärung u dgl die Aussicht auf eine Kostenforderung verlieren kann. 8

c) Auch durch **vergleichsweise Kostenregelung** nach Erlaß des Instanzurteils, aber vor seiner Rechtskraft, können die Parteien den Kostenbeitreibungsanspruch des PKH-Anwalts der obsiegenden Partei zu Fall bringen. Der kostenpflichtige Gegner kann dem Anwalt (oder der Staatskasse: § 130 BRAGO) eine vor Urteilsrechtskraft vereinbarte abweichende Kostenregelung entgegenhalten (KG Rpfleger 62, 161 zu § 124, b; Schleswig JurBüro 62, 48). Diesen Rechtsverlust kann der Anwalt nicht durch Vorausabtretung künftiger Erstattungsansprüche des Hilfsbedürftigen abwenden, weil in diesem Fall keine abtretbaren Ansprüche entstehen (Schleswig JurBüro 66, 1064; s auch Rn 3). 9

d) Bei **PKH für beide Parteien** muß der Anwalt der obsiegenden Partei seinen Anspruch gegen die Staatskasse geltend machen, da er anderenfalls der unterlegenen Partei die PKH-Vergünstigung nähme (s Lappe Rpfleger 84, 130 zu 2c). 10

e) Wird sowohl der **Erstattungsanspruch der Partei wie der Beitreibungsanspruch des Anwalts tituliert,** muß der Gegner sich gegen eine doppelte Vollstreckung schützen, indem er die Rechtsbehelfe des Kostenfestsetzungsverfahrens (§ 104 III) ausübt oder Vollstreckungsgegenklage erhebt (Lappe Rpfleger 84, 130 zu d). Gegen eine **Doppelzahlung** in Unkenntnis eines zweiten Beschlusses schützt ihn die Analogie zu §§ 836 II ZPO, 409 BGB. 11

4) Verjährung. Der Vergütungsanspruch des Anwalts gegen seinen Auftraggeber verjährt in **zwei Jahren** (§§ 196 I Nr 15, 198, 201 BGB). Auf die Verjährung des Anspruchs des PKH-Anwalts 12 gegen die Staatskasse sind diese Bestimmungen entsprechend anzuwenden. Gegenüber der eigenen (hilfsbedürftigen) Partei beginnt die Verjährung der Ansprüche jedoch erst mit Erlaß eines Aufhebungsbeschlusses nach § 124 zu laufen (KG JW 38, 2488). Festgesetzte Ansprüche verjähren in dreißig Jahren (§ 218 I BGB).

13 **II) Kostenfestsetzung und Beitreibung. 1) a) Im eigenen Namen** kann der PKH-Anwalt die Festsetzung seiner Gebühren und Auslagen gegen den Gegner verlangen, selbst wenn die hilfsbedürftige Partei auf Kostenerstattung verzichtet hat. Im Festsetzungsverfahren stehen ihm alle **Rechtsbehelfe** aus eigenem Recht zu. Hat der Anwalt für sich festsetzen lassen, dann kann er hieraus allerdings nur für sich die **Zwangsvollstreckung** betreiben. Die **PKH wirkt** nur für den Hilfsbedürftigen, **nicht für den Anwalt,** der deshalb zur Zahlung der Zwangsvollstreckungskosten verpflichtet ist (Rn 6). Für dieses Festsetzungs- und Beitreibungsverfahren ist der **Anwalt selbst Partei** (Rn 1). Auf **Einreden des Gegners** aus der Person des Anwalts sowie auf Einwendungen gegen die Entstehung des Erstattungsanspruches in der Person des Hilfsbedürftigen ist § 767 u gfls § 795 anwendbar (Rn 28).

14 **b)** Zur Festsetzung auf den Namen des Anwalts bedarf es eines **eindeutigen Antrages.** Unklarheiten sind durch Rückfragen zu beheben. Dies wird in der Praxis nicht selten versäumt und hat zur Aufstellung des Auslegungsgrundsatzes geführt, daß ein Anwalt im Zweifel den Kostenfestsetzungsantrag namens seiner Partei stellt (Düsseldorf AnwBl 80, 376; Koblenz JurBüro 82, 775), was dann zur Folge hat, daß er Erfüllungshandlungen des Schuldners gegenüber dem Hilfsbedürftigen gegen sich gelten lassen muß.

15 **c)** Hat der **Schuldner** die **Aufrechnung** mit einer titulierten Forderung gegenüber der hilfsbedürftigen Partei vor Wirksamwerden eines zugunsten der Partei selbst ergehenden Kostenfestsetzungsbeschlusses erklärt, diese Erklärung aber während des Bestehens dieses Beschlusses nicht wiederholt, dann beeinträchtigt diese Aufrechnungserklärung den Beitreibungsanspruch des PKH-Anwalts nicht (KG JW 37, 566; Rpfleger 77, 451).

16 **2)** Die **Festsetzung** der Kosten kann auch **auf den Namen der Partei** beantragt werden, jedoch nur wegen eigener Zahlungen, nicht wegen der Kosten des beigeordneten Anwalts (Rn 7; KG AnwBl 83, 324). Ein Verstoß dagegen ändert jedoch nichts daran, daß der Gegner durch Zahlung frei wird (s unten), so daß ihn die fehlerhafte Festsetzung auf den Namen der Partei auch nicht beschwert (Bremen JurBüro 86, 1413). Dem steht das Recht des PKH-Anwalts auf Festsetzung im eigenen Namen nicht entgegen (Frankfurt JurBüro 79, 714). Die Partei bedarf daher zur Festsetzung auf ihren Namen weder eines Verzichts noch der Zustimmung des Anwalts (Hamm AnwBl 82, 383). Zweifel, für wen der Antrag gestellt wird, sind durch Rückfragen zu klären; ist das nicht mehr möglich, gilt der Auslegungsgrundsatz, daß der Anwalt den Antrag im Zweifel auf den Namen der Partei gestellt hat (Rn 14). Liegen die Parteirollen fest, dann kann der Anwalt eine Mandantenfestsetzung nicht mehr durch Rechtsmitteleinlegung in eine eigene Festsetzung überleiten (Koblenz JurBüro 82, 775 m Anm Mümmler = KoRsp ZPO § 126 Nr 4 m Anm Lappe). Bei Festsetzung auf den Namen der Partei kann der **Gegner** an diese **befreiend zahlen,** auch wenn die Festsetzung auf die Partei fehlerhaft war (Bremen JurBüro 86, 1413), und muß eine von der Partei ihm mitgeteilte Abtretung oder sonstige den Erstattungsanspruch betreffende Verfügung berücksichtigen. Durch diese Festsetzung wird somit das Recht des Anwalts aus § 126 zwar beeinträchtigt, geht aber nicht verloren (BGHZ 5, 255). Rechnet bei einer Kostenfestsetzung auf den Namen der hilfsbedürftigen Partei der unterlegene Prozeßgegner mit einer ihm gegen den Hilfsbedürftigen zustehenden Forderung auf, dann verliert der PKH-Anwalt dadurch seinen Beitreibungsanspruch aus § 126, so daß ein solcher Anspruch auch nicht mehr auf die Staatskasse übergehen kann (LG Bielefeld KoRsp BRAGO § 130 Nr 9 m Anm Schneider). Dem Anwalt bleibt aber die Möglichkeit, gegen die eigene Partei aus **Bereicherungsrecht** vorzugehen (LG Hof ZZP 75, [1962] 376 mit Erörterung Habscheid/Schlosser aaO S 302 ff).

17 **3) Für die Kosten** des Festsetzungsverfahrens **haftet** grundsätzlich **derjenige, auf dessen Namen festgesetzt wird.** Zustellungen können im Festsetzungsverfahren aus § 126 wirksam nur an den PKH-Anwalt selbst, nicht an einen anderen Prozeßbevollmächtigten des Hilfsbedürftigen ausgeführt werden.

18 **4) Doppelte Festsetzung.** Es kann vorkommen, daß die Kosten, sei es auch infolge falsch behandelten Antrags des Anwalts, für die hilfsbedürftige Partei festgesetzt werden und der Anwalt zusätzlich Kostenfestsetzung auf seinen eigenen Namen betreibt. Dann muß er den auf die Partei lautenden Kostenfestsetzungsbeschluß zurückgeben und auf die Rechte daraus verzichten. Er muß weiter den bis dahin geschaffenen Rechtszustand, zB eine zwischenzeitliche Tilgung der Kostenschuld oder eine rechtsgeschäftliche Verfügung des Hilfsbedürftigen über seinen Erstattungsanspruch oder Pfändung durch einen Gläubiger der hilfsbedürftigen Partei (KG JW 38, 3259) gegen sich gelten lassen (BGHZ 5, 255; s auch Hamm Rpfleger 73, 103). Eine Ver-

zichtserklärung der hilfsbedürftigen Partei auf ihr ausgeübtes Festsetzungsrecht kann der PKH-Anwalt auf Grund der ihm erteilten Prozeßvollmacht wirksam für die Partei abgeben (KG Rpfleger 62, 161).

5) Umschreibung. a) An Stelle einer Neufestsetzung des auf den Namen der Partei lautenden Kostenfestsetzungsbeschlusses auf den beigeordneten PKH-Anwalt wird es nach verbreiteter Praxis auch für zulässig angesehen, den Mandanten-Titel in analoger Anwendung des § 727 ZPO auf den Namen des Rechtsanwalts „umzuschreiben" (s zB Bamberg JurBüro 63, 564; Frankfurt AnwBl 66, 266). Tatsächlich handelt es sich jedoch dabei um einen **neuen Festsetzungsantrag,** durch den erstmals das selbständige Beitreibungsrecht des Anwalts aus § 126 geltend gemacht wird (Hamm AnwBl 82, 383; Düsseldorf AnwBl 80, 376). **Wird dem Antrag stattgegeben,** ist damit die Festsetzung auf die Partei selbst hinfällig (BGHZ 5, 251 ff). Eine Umschreibung im vollstreckungsrechtlichen Sinne findet nicht statt (Schleswig SchlHA 79, 181); der alte Titel ist bei Erhalt des neuen Titels zurückzugeben. Es würde der Klarheit dienen, auf diesen Sachverhalt nicht den Begriff der Titelumschreibung anzuwenden, zumal dafür wegen des eigenen Festsetzungsrechts des Anwalts kein Bedürfnis besteht. Daß die gegenteilige Praxis im Grunde auch nichts anderes meint, erhellt daraus, daß auch sie die „Umschreibung" durch Erlaß eines neuen, rechtlich selbständigen Beschlusses vornimmt. 19

b) Für den Anwalt wird durch diesen Beschluß sein Recht aus § 126 auf zwangsweise Beitreibung der Gebühren und Auslagen vom Gegner im eigenen Namen verwirklicht. Der Beschluß hat **keine rückwirkende Kraft,** so daß Zahlungen und sonstige Verfügungen, auch die Pfändung des Erstattungsanspruchs (Hamburg JurBüro 83, 291), aus der Zeit zwischen Zustellung des ersten und des zweiten Beschlusses gegen den Anwalt wirken (Neustadt MDR 58, 614; LG Bielefeld KoRsp BRAGO § 130 Nr 8 m Anm Schneider). **Mit der Zustellung** des zweiten Beschlusses an den Erstattungsschuldner **endet die Verfügungsbefugnis der Partei** (KG JW 38, 3261). Der Schutz des PKH-Anwalts bei einem „Umschreibungsantrag" beginnt bereits mit Kenntnis des Erstattungsschuldners von diesem Antrag. Der **neue Kostenfestsetzungstitel** ist **hinsichtlich der** in Betracht kommenden **Rechtsbehelfe selbständig** (BGHZ 5, 256), was wiederum zeigt, daß kein Fall des § 727 vorliegt. Die **Neufestsetzung** auf den Anwalt ist **solange zulässig, wie** ihm das **Beitreibungsrecht** zusteht, also auch noch nach Rechtskraft des ersten Kostenfestsetzungsbeschlusses. 20

c) Sind im Kostenfestsetzungsbeschluß die **Kosten zweier Anwälte festgesetzt,** dann kommt eine (wirkliche) Umschreibung in Betracht, wenn der eine Anwalt sein Beitreibungsrecht an den anderen abgetreten hat (Frankfurt AnwBl 66, 266; Düsseldorf AnwBl 80, 377), wozu aber erforderlich ist, daß die Abtretungserklärung öffentlich beglaubigt ist (s dazu Schneider Anm KoRsp BRAGO § 19 Nr 10). Ein auf **die Sozietät erwirkter Kostenfestsetzungsbeschluß** ist kein zur Zwangsvollstreckung geeigneter Titel, wenn die einzelnen Sozien nicht namentlich genannt sind, zB das Rubrum auf „RA Dr Klein und Partner" lautet (LG Hamburg AnwBl 74, 166). Wechseln zwischen Titelschaffung und Vollstreckung die Mitglieder der Sozietät, muß die Klausel umgeschrieben werden (AG Wedding DGVZ 78, 31). 21

d) Partei des Umschreibungsverfahrens ist **nur der Anwalt.** Der Hilfsbedürftige muß jedoch nach Art 103 I GG gehört werden, da mit der Neufestsetzung auf den Anwalt der auf ihn lautende erste Festsetzungsbeschluß wirkungslos wird und mit der Zustellung des neuen Beschlusses an den Gegner die Verfügungsbefugnis der Partei endet. Deshalb müssen dem Hilfsbedürftigen gegen die Neufestsetzung auch eigene Rechtsbehelfe zugestanden werden. Da es sich nicht um ein Umschreibungsverfahren handelt, scheidet jedoch die Geltendmachung von Einwendungen gegen die Erteilung der Klausel für den Anwalt analog §§ 732, 768 aus. 22

e) Im neuen Beschluß ist der Rechtssicherheit wegen **ersichtlich zu machen, daß der erste Beschluß** insoweit **wirkungslos geworden ist,** als er die Zahlung derselben Beträge an den Hilfsbedürftigen vorsieht. Der Gegner kann sich außerdem gegen eine doppelte Vollstreckung schützen, indem er entweder gegen den Hilfsbedürftigen Klage aus § 767 erhebt oder die Rechtsbehelfe des § 104 gegen den Beschluß ergreift, falls er das Beitreibungsrecht des Anwalts bestreitet (Rn 11). 23

f) Berichtigung nach § 319 ist nur zulässig, wenn ein echtes Versehen vorliegt, zB der Name des Titelinhabers mit Hilfe von Rotklammern in die Urschrift eingefügt und dabei der falsche Name eingeklammert oder abgeschrieben worden ist. Wird dagegen eine **falsche Entscheidung** getroffen, weil etwa der Rechtspfleger meint, der Anwalt habe Festsetzung auf den Namen der Partei beantragt und er deshalb auch so festsetzt, dann ist § 319 unanwendbar (KG Rpfleger 77, 451 unter Aufgabe von KG NJW 34, 239 u 37, 566) und fehlerhafte „Berichtigung" oder „Umschreibung" rechtsmittelfähig (KG FamRZ 77, 451). 24

25 **III) Einreden gegen das Beitreibungsrecht. 1) Unzulässig** sind nach Abs 2 S 1 **Einwendungen des Gegners** gegenüber dem Anwalt, mit denen **aus den Rechtsbeziehungen zum Hilfsbedürftigen** das Erlöschen des Kostenerstattungsanspruchs geltend gemacht wird (Koblenz Rpfleger 83, 366). Hierher rechnen ua Zahlung an den Hilfsbedürftigen, Verzicht, Erlaßvertrag mit ihm, Aufrechnung mit einer Gegenforderung durch oder gegen die hilfsbedürftige Partei (Koblenz Rpfleger 83, 366; Düsseldorf AnwBl 79, 184). Unzulässig ist auch die Einwendung, die arme Partei habe in einem nach (nicht vor: Rn 9) Urteilsrechtskraft abgeschlossenen Vergleich auf die Kosten verzichtet oder sie übernommen (Köln MDR 56, 363).

26 **2) a) Zulässig** ist nach Abs 2 S 2 die **Aufrechnung** bezüglich solcher **Kosten, die** vom Hilfsbedürftigen dem Gegner nach der im selben Rechtsstreit ergangenen Kostenentscheidung **zu erstatten sind.** Dazu rechnen die Kosten aller Instanzen (Hamm JurBüro 75, 946; Rpfleger 73, 438), nicht diejenigen eines selbständigen Mahnverfahrens (LG Berlin AnwBl 83, 372) oder eines anderen Rechtsstreits (aA Zweibrücken JurBüro 84, 1044 m abl Anm Mümmler).

27 **b)** Während die Aufrechnung gegen den Kostenerstattungsanspruch des PKH-Anwalts mit einer Forderung gegen die arme Partei als „Einrede aus der Person" unzulässig ist (Rn 25), ist eine **Aufrechnung** dann **zu beachten,** wenn sie vom Gegner erklärt worden ist, **bevor** der beigeordnete Anwalt einen **Antrag auf Festsetzung** seiner Differenzgebühren im eigenen Namen gestellt hat (Schleswig SchlHA 79, 181; JurBüro 79, 1205; LG Berlin JurBüro 83, 879). Voraussetzung dafür ist aber, daß eine Aufrechnungslage bestanden, der Hilfsbedürftige also überhaupt einen Erstattungsanspruch wegen eigener Zahlungen (Rn 7) erlangt hatte (KG AnwBl 83, 324; von Eicken Anm KoRsp ZPO § 126 Nr 8; Lappe Anm KoRsp BRAGO § 130 Nr 13 u Rpfleger 84, 129; Mümmler JurBüro 84, 1046), was bei ratenfreier PKH ausscheidet. Mit dem Erlöschen der Kostenerstattungsforderung des Hilfsbedürftigen infolge der Aufrechnungswirkung (§ 389 BGB) erlischt auch das Beitreibungsrecht des Anwalts, da der Schuldner nur einmal zu leisten hat (Hamburg JurBüro 83, 291).

28 **3) a) Zulässig** sind weiter solche Einwendungen, die im Verhältnis des Hilfsbedürftigen zu dem ihm beigeordneten Anwalt begründet sind, etwa daß die Partei schon befreiend an diesen gezahlt oder der Anwalt sein Mandat schuldhaft niedergelegt habe (KG JW 35, 1799). Ihretwegen ist nach §§ 767, 794, 795 vorzugehen. **b) Nicht berührt** wird von Abs 2 S 2 die **Verrechnung von Kosten desselben Rechtsstreits** auf Grund einer Verteilung nach § 92 oder einer Kostentrennung nach §§ 94, 95. Zu beachten sind ferner **Einwendungen gegen die Entstehung des Kostenerstattungsanspruches,** zB die Behauptung einer Vereinbarung über die Kostentragung vor Rechtskraft (Rn 9; BGHZ 5, 251). Eine **Vollstreckungsgegenklage** ist dann gegen die hilfsbedürftige Partei zu richten (BGHZ 5, 252). **c)** Schließlich sind alle Einwendungen zulässig, wenn der Hilfsbedürftige selbst seine Rechte verfolgt.

29 **IV) Der Ersatzanspruch des Anwalts gegen die Staatskasse.** Er besteht für den Anwalt unabhängig von seinem Beitreibungsrecht aus § 126. Die Forderung gegen die Kasse wird nur durch Befriedigung des Anwalts erledigt (KG JW 33, 1782). **1)** Wenn von mehreren Auftraggebern nur einer PKH hat, muß der Anwalt sich zunächst an die vermögenden Auftraggeber halten (Celle JurBüro 84, 1248).

30 **2) Erfüllt die Staatskasse** den Ersatzanspruch des PKH-Anwalts, dann erhält sie nach § 130 BRAGO in Höhe ihrer Zahlung einen unmittelbaren **Erstattungsanspruch an den Gegner.** Dieser Anspruch entsteht aber nur, sofern dem Anwalt ein selbständiges Beitreibungsrecht nach § 126 zugestanden hatte. Daran fehlt es, wenn der Hilfsbedürftige vor Rechtskraft der Kostenentscheidung durch Vereinbarung mit dem Gegner auf einen etwaigen Kostenerstattungsanspruch verzichtet hat (Rn 9) oder wenn der Gegner gegen einen auf den Namen der Partei erlassenen Kostenfestsetzungsbeschluß wirksam aufgerechnet hat (Rn 27). Zahlt die Staatskasse dem PKH-Anwalt die diesem zustehenden Gebühren aus, dann kann in derartigen Fällen kein Erstattungsanspruch nach § 130 BRAGO auf sie übergehen (LG Bielefeld KoRsp BRAGO § 130 Nr 8 m Anm Schneider).

31 **3)** Eine Beitreibung der Staatskasse gegen den Hilfsbedürftigen setzt Aufhebung der Bewilligung voraus (§ 124).

32 **4)** Reicht der **Erlös einer Zwangsvollstreckung** nicht aus, um die für den Hilfsbedürftigen beizutreibende Forderung und die nach §§ 125 I, 788 einzuziehenden Gerichtsvollzieherkosten zu decken, dann darf der Vollstreckungserlös nach § 7 GVKostG bis zur Höhe eines Fünftels zur Deckung dieser Kosten verwendet werden. Hat die Staatskasse die Kosten des Gerichtsvollziehers ersetzt, dann steht ihr das Beitreibungsrecht zu.

127 *[Entscheidung; Beschwerde]*
(1) Entscheidungen im Verfahren über die Prozeßkostenhilfe ergehen ohne mündliche Verhandlung. Zuständig ist das Gericht des ersten Rechtszuges; ist das Verfahren in einem höheren Rechtszug anhängig, so ist das Gericht dieses Rechtszuges zuständig.

(2) Die Bewilligung der Prozeßkostenhilfe kann nur nach Maßgabe des Absatzes 3 angefochten werden. Im übrigen findet die Beschwerde statt, es sei denn, daß das Berufungsgericht die Entscheidung getroffen hat. Die weitere Beschwerde ist ausgeschlossen.

(3) Gegen die Bewilligung der Prozeßkostenhilfe findet die Beschwerde der Staatskasse statt, wenn weder Monatsraten noch aus dem Vermögen zu zahlende Beträge festgesetzt worden sind. Die Beschwerde kann nur darauf gestützt werden, daß die Partei nach ihren persönlichen und wirtschaftlichen Verhältnissen Zahlungen zu leisten hat. Nach Ablauf von drei Monaten seit der Verkündung der Entscheidung ist die Beschwerde unstatthaft. Wird die Entscheidung nicht verkündet, so tritt an die Stelle der Verkündung der Zeitpunkt, in dem die unterschriebene Entscheidung der Geschäftsstelle übergeben wird. Die Entscheidung wird der Staatskasse nicht von Amts wegen mitgeteilt.

Übersicht

I) Schriftliches Verfahren (Abs 1 S 1). 1) Die in § 118 I 3 vorgesehene mündliche Erörterung ist keine mündliche Verhandlung. Da es im Prüfungsverfahren keinen Prozeßgegner gibt, legt § 127 I 1 fest, daß das Bewilligungsverfahren immer nur ein schriftliches Verfahren sein kann. Das entspricht auch dem praktischen Ablauf. 1

Daß die Entscheidungen über Bewilligung, Ablehnung und Aufhebung von PKH nur im schriftlichen Verfahren zu ergehen haben, ist auch sachgerecht; denn die **schriftsätzliche Darlegung** des Antragstellers und die **Beschaffung von Belegen** (§§ 117, 118) stehen ganz im Vordergrund. Da die in § 118 I 3 ausnahmsweise vorgesehene mündliche Erörterung keine mündliche Verhandlung ist und keine sein kann, darf sie auch nicht zu einer solchen umfunktioniert (ausgedehnt) werden. Anderenfalls bestünde die Gefahr, daß entgegen § 114 I 1 statt der hinreichenden Erfolgsaussicht schon die endgültige geprüft und damit unzulässigerweise die Entscheidung im Hauptprozeß vorweggenommen würde (s § 118 Rn 16). 2

2) Beschluß. Eine stillschweigende Entscheidung über PKH-Bewilligung, wie sie früher für das Armenrecht teilweise für möglich gehalten wurde, ist heute ausgeschlossen. Die Bewilligung muß **ausdrücklich vom Gericht erklärt** werden, da nach § 120 die Modalitäten genau festzulegen sind. Da im PKH-Bewilligungsverfahren keine Kostenerstattung vorgesehen ist (§ 118 I 4), ist dem ablehnenden oder bewilligenden Beschluß auch **keine Kostenentscheidung** beizufügen (s § 118 Rn 22). 3

3) Begründung. a) Der Beschluß **muß begründet** werden (s auch § 124 Rn 12). Bei der **Ablehnung** folgt es daraus, daß anderenfalls der Hilfsbedürftige die ihm nach § 127 II 2 zustehende Beschwerde nicht sachgerecht begründen kann und dadurch sein Anspruch auf Gewährung rechtlichen Gehörs (Art 103 I GG) verletzt wird. Bei der **bewilligenden Entscheidung** liegt es ebenso, wenn dem Hilfsbedürftigen Ratenzahlungen oder Zahlungen aus seinem Vermögen auferlegt werden (§ 120 I); er muß dann wissen, auf Grund welcher Überlegungen das Gericht zu den von ihm festgesetzten Beträgen gekommen ist. Hiernach kann von einer Begründung nur 4 abgesehen werden, wenn PKH unter völliger Freistellung des Hilfsbedürftigen bewilligt wird. Ist ein Bewilligungsbeschluß unanfechtbar (§ 127 II 1, 2), so ist eine knappe Begründung jedenfalls dann angebracht, wenn die Entscheidung den Hilfsbedürftigen beschwert. **b)** Bei **Ablehnung** steht es dem Gericht frei, von den beiden Bewilligungsvoraussetzungen (hinreichende Erfolgsaussichten und Hilfsbedürftigkeit) nur eine verneinend zu erörtern, selbst wenn es auch die zweite nicht für gegeben hält. Das ist eine Frage der Begründungsökonomie. Manchmal wird es zweckmäßig sein, auf beide Voraussetzungen einzugehen, auch wenn die eine bejaht, die andere verneint wird, da dann im Beschwerdeverfahren abschließend entschieden werden kann. **c)** Bei **Verstoß gegen die Begründungspflicht** kann auf Beschwerde hin der angefochtene Beschluß aufgehoben und das Verfahren an das Erstgericht zurückverwiesen werden (§ 575 Rn 13).

5 **4) Verlautbarung.** Ein anläßlich der mündlichen Verhandlung über die Hauptsache gefaßter Beschluß kann **verkündet** werden. Anderenfalls ist er den Parteien (§ 176) **formlos mitzuteilen.** Auch ein ablehnender Beschluß ist dem Gegner mitzuteilen, obwohl er nicht beschwerdeberechtigt ist (§ 127 I 1); die Informationspflicht ergibt sich daraus, daß er angehört worden ist (§ 118 I 1; Art 103 I GG).

6 **II) Zuständigkeit (Abs 1 S 2). 1) Grundsatz.** Über die Bewilligung, Ablehnung und Aufhebung (§§ 114, 119, 124) entscheidet bis zum Eintritt der Rechtskraft (§ 120 Rn 18) **dasjenige Gericht, das auch im Hauptverfahren zu entscheiden hat.** Die Zuständigkeit des Kollegialgerichts oder des Einzelrichters (§§ 348, 349) wirkt fort. In der höheren Instanz ist der Einzelrichter nur zuständig, wenn er zur Sachentscheidung berufen ist (§ 524 III). Wird PKH lediglich für die **Zwangsvollstreckung** beantragt, dann obliegt die Entscheidung über den PKH-Antrag und die Beiordnung eines Anwalts dem Vollstreckungsgericht (BGH MDR 79, 564), auch wenn es sich um eine **Familiensache** handelt (BGH aaO; Köln KoRsp ZPO § 114 Nr 159). Zur Verweisung im PKH-Verfahren s § 114 Rn 33.

7 **2) Die funktionelle Zuständigkeit** zur Entscheidung über ein PKH-Gesuch richtet sich danach, wer für die Hauptentscheidung zuständig ist. Das ist nie der beauftragte oder ersuchte Richter, da er nicht entscheidender Richter ist (Schneider DRiZ 77, 13 ff).

8 **a)** In derselben Materie sind **divergierende Zuständigkeiten** möglich, zB hängt die Bewilligung für die Zwangsvollstreckung davon ab, ob der Antrag lediglich für die Zwangsvollstreckung gestellt wird (Rn 6).

9 **b)** Vollstreckungsgericht ist der **Rechtspfleger,** soweit ihm die Zwangsvollstreckung übertragen ist (§ 20 Nr 5 RPflG). Das **Prozeßgericht** bleibt zuständig, wo ihm Vollstreckungsmaßnahmen zugewiesen sind (zB §§ 887, 888, 890).

10 **c)** Ebenso liegt es, wenn **verschiedene Verfahrensabschnitte auf Richter und Rechtspfleger verteilt** sind, zB der Rechtspfleger für das Mahnverfahren zuständig ist (§ 20 Nr 1 RPflG), der Richter aber für das Erkenntnisverfahren (Rn 14).

11 **d)** Der Rechtspfleger ist auch dann funktionell zuständig, wenn eine **Einzelfallübertragung** auf ihn stattgefunden hat (§ 4 I RPflG; s BGHZ 50, 258; Arnold/Meyer-Stolte, RPflG, 3. A. 78, Anm 3. 5). Der Richter ist ausnahmsweise zuständig, wo PKH für eine in die Rechtspflegerzuständigkeit fallende Materie beantragt wird, jedoch eine **richterliche Handlung** nötig ist (§ 20 Nr 5 Hs 2 RPflG), zB in den Fällen der §§ 758, 761 ZPO.

12 **3) Instanzwechsel. a)** Die Bewilligung von PKH geschieht für jeden Rechtszug gesondert (§ 119 I 1). Der neue Rechtszug beginnt nach Abschluß des vorangegangenen für das PKH-Verfahren schon mit Antragstellung, so daß das höhere Gericht bereits zuständig ist, wenn lediglich PKH beantragt, das beabsichtigte Rechtsmittel aber noch nicht eingelegt worden ist (BFH BB 81, 1512; VGH DÖV 82, 868). Ein **innerhalb der Instanz gestellter Antrag** muß dort beschieden werden, auch wenn wegen Einlegung eines Rechtsmittels ein anderes Gericht in der Hauptsache zuständig geworden ist. Nach Zurücksendung der Akten aus der höheren Instanz (§ 544 ZPO) wird das Gericht des ersten Rechtszuges für sämtliche ab dann gestellten Anträge zuständig (RGZ 12, 416).

13 **b)** Treten die Voraussetzungen für die **Aufhebung (§ 124) während der Zwangsvollstreckung** ein, dann ist für die aufhebende Entscheidung das Vollstreckungsgericht zuständig. Das kann der Richter oder der Rechtspfleger sein (Rn 9).

14 **c)** Um einen Instanzwechsel iS der Zuständigkeit handelt es sich auch beim **fortgeführten Mahnverfahren.** Der Rechtspfleger ist für die Bewilligung von PKH im Mahnverfahren zuständig. Für das nachfolgende Streitverfahren ist der Richter zuständig, so daß dafür auch PKH neu bewilligt werden muß (Arnold/Meyer-Stolte, RPflG Anm 4.2.i).

III) Beschwerde (Abs 2). 1) Einlegung. Sie führt zum Verlust eines bereits erkannten Ablehnungsgrundes wegen Befangenheit (Koblenz MDR 86, 60). Zur Gewährung **rechtlichen Gehörs** s § 118 Rn 4. **a)** Vorab ist klarzustellen, ob die als „Beschwerde" bezeichnete Eingabe überhaupt ein Rechtsmittel ist (§ 567 Rn 2, 19; § 577 Rn 15); es kann sich auch lediglich um einen Abänderungsantrag wegen Veränderung der wirtschaftlichen Verhältnisse (§ 120 Rn 16; § 124 Rn 19) handeln (verkannt von Schleswig SchlHA 84, 174). Die Beschwerde ist an **keine Frist gebunden und unterliegt nicht dem Anwaltszwang** (§ 569 II 2). Im Pflegschaftsverfahren ist der geschäftsunfähige Pflegebefohlene auch hinsichtlich des PKH-Verfahrens prozeßfähig (LG Mannheim AnwBl 82, 23). Da das Beschwerdegericht Tatsacheninstanz ist (§ 570), prüft es hinreichende Erfolgsaussicht und Hilfsbedürftigkeit selbständig nach, wird aber in der Regel gem § 575 aufheben und zurückverweisen, soweit es zu den objektiven (§ 114) oder subjektiven (§ 115) Bewilligungsvoraussetzungen abweichend entscheidet und die Vorinstanz die Prüfung der einen oder anderen Voraussetzung offengelassen hat. Die umfassende Prüfungsbefugnis hat das Beschwerdegericht aber auch dann, wenn der Erstrichter lediglich wegen fehlender Hilfsbedürftigkeit (§ 115) oder nur wegen mangelnder Erfolgsaussicht (§ 114) PKH versagt hat; denn dem höheren Gericht fällt das gesamte Bewilligungsverfahren an. Insoweit gilt kein Verbot der Verschlechterung (reformatio in peius), da die Bewilligungsentscheidung einen einheitlichen Beschwerdegegenstand schafft. Allerdings wird gerade in solchen Fällen Zurückverweisung gem § 575 wegen der vorinstanzlich nicht geprüften Bewilligungsvoraussetzungen angebracht sein. Ist PKH mit Ratenanordnung bewilligt worden und greift der Hilfsbedürftige die Ratenanordnung als solche oder die Höhe der Raten an, dann entscheidet das Beschwerdegericht nur im Rahmen dieser ihm anfallenden Beschwer und darf den Hilfsbedürftigen als Beschwerdeführer nicht verschlechtern (Rn 19). Zur vorgreiflichen Beurteilung von Prozeßkostenvorschuß gem § 127a s dort Rn 3. 15

b) Die **Wiederholung eines abgelehnten Antrags** ist möglich, da ablehnende Beschlüsse im PKH-Verfahren keine materielle Rechtskraft wirken (KG DAVorm 68, 98; Karlsruhe FamRZ 86, 1126; OVG Münster KoRsp ZPO, § 127 Nr 22; SG Schleswig SchlHA 84, 148; näher Werner, Rechtskraft und Innenbindung zivilprozessualer Beschlüsse, 1983, S 143–156). Jedoch ist erforderlich, daß bei der Wiederholung neue Gründe vorgebracht werden. Anderenfalls handelt es sich lediglich um eine Gegenvorstellung, bei der kein Anspruch auf erneute Entscheidung besteht. Nach Lepke (DB 85, 493) brauchen zum Wiederholungsantrag keine neuen Tatsachen vorgetragen zu werden. Das würde jedoch zu endlosen querulatorischen Wiederholungen (§ 114 Rn 17) führen, zumal Lepke die Antragswiederholung auch zur verneinten hinreichenden Erfolgsaussicht ohne neues Vorbringen für zulässig hält. Ein praktisches Bedürfnis dafür besteht nicht; die Gegenvorstellung (§ 567 Rn 19 ff) genügt. 16

c) Eine **Beschwerdesumme** ist nicht erforderlich, da die Sperre des § 567 II nicht gilt (früher str, s zB Hamm MDR 58, 934; Stuttgart MDR 76, 491). Die Ausgestaltung der PKH als Sozialhilfe u öffentliche Fürsorge läßt es nicht zu, sie auf eine Prozeßkostenentscheidung zu reduzieren, mag es um die Bewilligung (§ 120) oder um ihre Aufhebung (§ 124) gehen. 17

d) Die **allgemeinen Zulässigkeitsvoraussetzungen** einer Beschwerde müssen gegeben sein (zu den Einzelheiten siehe zu § 567). Keine Beschwer des Kostenschuldners wegen fehlerhafter Festsetzung auf den Namen der Partei (§ 126 Rn 16). 18

e) Gegen Entscheidungen des **Rechtspflegers** ist zuerst Erinnerung einzulegen (§ 11 RPflG). Muß das Beschwerdegericht entscheiden, dann können sich Schwierigkeiten aus dem **Verbot der reformatio in peius** (s dazu § 575 Rn 34 ff) ergeben. Hat beispielsweise die erste Instanz die Höhe der Raten auf 90 DM festgesetzt und beschwert sich der Antragsteller dagegen, weil er meint, nur Raten in Höhe von 40 DM zahlen zu müssen, dann muß das Beschwerdegericht die Beschwerde auch dann zurückweisen, wenn es bei der rechtlichen Beurteilung zu dem Ergebnis kommt, PKH sei zu versagen, zB wegen falscher Berechnung des Einkommens oder Übersehens des § 115 VI (Nürnberg FamRZ 84, 409, 410; Zweibrücken FamRZ 85, 301; JurBüro 83, 1720; FamRZ 85, 301; LAG Düsseldorf LAGE ZPO § 115 Nr 18). Verfahrensrechtlich besteht allerdings auch die Möglichkeit, dieses unangemessene Ergebnis dadurch zu umgehen, daß das Beschwerdegericht nach § 575 mit der Weisung zurückverweist, die Bewilligungsvoraussetzungen erneut zu berechnen (unten Rn 35). Denn bei Aufhebung und Zurückverweisung besteht kein Verschlechterungsverbot mehr (§ 575 Rn 38). Die **Bindungswirkung** für das Erstgericht bestimmt sich nach dem Inhalt der Beschwerdeentscheidung (s § 575 Rn 24 ff), jedoch beschränkt auf das PKH-Verfahren, also keine Bindung für die Hauptsacheentscheidung. Das gilt auch für die Zulässigkeit. **Beispiel:** Abweisung eines PKH-Antrages für eine Zahlungsklage über 6 000 DM. Das Beschwerdegericht bewilligt PKH für eine Klage über 4 000 DM, übersieht dabei aber § 23 Nr 1, 71 I GVG. Dann ist das LG nicht gehindert, die Einrede der sachlichen Unzuständigkeit (§ 282 III) zu berücksichtigen. 19

Zur **Kostenentscheidung** s § 118 Rn 23.

20 **2) Ausschluß der Beschwerde. a)** Nach § 127 II 1 ist die **Bewilligung** von PKH grundsätzlich **unanfechtbar,** wobei allerdings nur der Fall gemeint sein kann, daß sie antragsgemäß ausgesprochen wird und deshalb keine Beschwer durch die Bewilligungsmodalitäten (§ 120) begründet (s Rn 31). Entscheidungen des zuständigen Rechtspflegers stehen der richterlichen Entscheidung gleich (LG Bielefeld Rpfleger 86, 406). Ist eine Beschwerde nach § 620c S 2 ausgeschlossen, dann ist auch die Ablehnung von PKH nicht beschwerdefähig, soweit entgegen der ratio des § 620c S 2 über die Sache entschieden werden müßte (s Rn 21, 22). Die Streitwertbeschwerde nach § 25 GKG im Anordnungsverfahren nach §§ 620, 620b unterliegt jedoch nicht der Beschwerdesperre (KG FamRZ 80, 1142; Schneider MDR 87, Heft 2; aA Hamburg KoRsp GKG § 25 Nr 39 m abl Anm Lappe).

21 **b)** Bei **Ablehnung der Bewilligung** ist die Beschwerde ausgeschlossen, wenn das Berufungsgericht (LG, OLG) entschieden hat (Abs 2 S 2 Hs 2), auch wenn Verletzung rechtl Gehörs gerügt wird (BGH KoRsp ZPO § 127 Nr 3). Das gilt auch für Verfahren der **freiwilligen Gerichtsbarkeit** (BayObLG FamRZ 85, 515 u 520 m Nachw). Der Entscheidung des Berufungsgerichts stehen gleich die Ablehnung der PKH für ein Beschwerdeverfahren (Hamm JMBlNRW 50, 117; Hamm AnwBl 84, 103), also auch dann, wenn das LG als Beschwerdegericht in einem amtsgerichtlichen PKH-Verfahren tätig wird. Ebenso für eine Wiederaufnahmeklage, die nach § 584 vor dem Berufungsgericht zu erheben ist (KG JR 63, 387), oder wenn das LG als Wiederaufnahmegericht gegen ein Berufungsurteil zu entscheiden hat (Naumburg JW 34, 571) oder wenn ein Arrest- oder Verfügungsverfahren erstmals vor dem LG als Berufungsgericht eingeleitet wird (Düsseldorf JW 38, 56) oder in Zwangsversteigerungssachen (Frankfurt Rpfleger 77, 66 Nr 47: §§ 74a V ZVG, str für die Rechtsbeschwerde der fG, s Oldenburg NdsRpfl 84, 120 m Nachw). Dieser Regelung liegt der Gedanke zugrunde, daß in PKH-Verfahren kein Rechtsmittel zu einer Instanz eröffnet werden soll, die nicht mit der Hauptsache (= objektiven Bewilligungsvoraussetzungen, zu den subjektiven s Rn 22) befaßt werden kann (BGHZ 53, 372; BGH KoRsp ZPO § 127 Nr 63; BFH BB 82, 1535; Hamm AnwBl 85, 386). Der Beschwerderechtsweg soll also da enden, wo auch der Hauptsacherechtsweg enden muß (ebenso Wax FamRZ 80, 977), daher auch für Fälle der ausdrücklichen Rechtswegverkürzung wie zB in **Zwangsversteigerungssachen** gem § 30b III 2 ZVG (Stuttgart Justiz 86, 423) oder § 74a V 3 ZVG (Frankfurt Rpfleger 77, 66 Nr 47), desgleichen bei der nicht erreichten Beschwerdesumme, § 511a (Bremen MDR 81, 59; Schleswig SchlHA 82, 29 m Nachw; LG Düsseldorf JurBüro 82, 298; LG Bochum AnwBl 84, 202; LG Hamburg JurBüro 85, 1114; LAG Düsseldorf JurBüro 86, 775). Das wird heute insbesondere in **Familiensachen** praktisch, wo die Beschwerde in **einstweiligen Anordnungen** (§ 620c) und **Folgesachen** (§ 621e) nur begrenzt zugelassen ist. Ist sie ausgeschlossen, ist auch die PKH-Beschwerde versagt (Nachw § 620c Rn 2). Ebenso bei einstweiliger Anordnung auf Leistung eines Prozeßkostenvorschusses wegen § 127a II 1 (Zweibrücken JurBüro 86, 134; § 128 Rn 10). Zur **Ablehnung,** über den PKH-Antrag **zu entscheiden,** s Rn 24.

22 **c)** Der Zweck dieser Rechtsmittelbeschränkung erfaßt jedoch **nur die Sachfrage** selbst, die nicht von einem dafür unzuständigen Gericht präjudiziert werden soll. Wird PKH lediglich wegen fehlender Hilfsbedürftigkeit versagt oder geht es nur um die Ratenzahlung (Rn 30, 31), dann besteht kein Anlaß für den Beschwerdeausschluß (Karlsruhe FamRZ 83, 1253; Hamm FamRZ 80, 386; Düsseldorf FamRZ 78, 258; Schleswig SchlHA 78, 57 u 68; Frankfurt FamRZ 86, 926; LG Mainz Rpfleger 86, 279; LG Hamburg MDR 84, 1032). Voraussetzung dafür ist jedoch, daß die Beschwerde lediglich wegen Hilfsbedürftigkeit geführt wird; ist vorinstanzlich auch die hinreichende Erfolgsaussicht verneint worden, greift das Verschlechterungsverbot ein (Rn 15, 19). Bei Versagung von PKH mangels hinreichender Erfolgsaussicht ist die Beschwerde ausnahmsweise dann zuzulassen, wenn die Vorentscheidung auf einem Verstoß gegen Art 103 I GG beruht und das Beschwerdegericht zur erneuten Entscheidung zurückverweist, ohne auf die Sache einzugehen (LG Kiel MDR 86, 943); dann haben allerdings auch „unverbindliche Hinweise" zur Rechtslage zu unterbleiben. Zu den in MDR 81, 798 befürchteten Abgrenzungsschwierigkeiten kann es dann nicht kommen.

23 **d)** Bei Ausschluß der Beschwerde wegen nicht rechtsmittelfähiger Hauptsache (Rn 21) kommt allenfalls die **ausnahmsweise Zulassung** der Beschwerde **wegen offensichtlicher Gesetzwidrigkeiten** in Betracht (Rn 32), wie dies insbesondere bei Einstellungsbeschlüssen nach §§ 707, 719, 769 praktiziert wird (s § 567 Rn 41; § 707 Rn 22).

24 **e)** Die Beschwerde ist weiter zuzulassen, wenn das Gericht eine **Entscheidung über das PKH-Gesuch ablehnt** oder das Bewilligungsverfahren aussetzt oder seine Entscheidung so verzögert wird, daß dies der Ablehnung gleichkommt (vgl dazu Schneider MDR 85, 529 m Nachw u § 119 Rn 20), was auch durch Eintritt in die Beweisaufnahme zur Hauptsache ohne Bescheidung des

PKH-Antrages geschehen kann (es geht dann nicht um die Anfechtung des Beweisbeschlusses, wie Zweibrücken, JurBüro 84, 1255, meint, sondern um die Einlegung einer Ablehnungsbeschwerde, § 119 Rn 20 aE). Die Zulassung der Beschwerde in solchen Fällen ist deshalb geboten, weil der Hilfsbedürftige sich anderenfalls nicht gegen die Nachteile einer verspäteten Bewilligung, insbesondere nach Abschluß der Instanz, wehren kann. Als weiterer, die Beschwerde eröffnender Verfahrensmangel kommt in Betracht, daß das Gericht entgegen § 118 II 3 (s § 118 Rn 16) Zeugen- oder Sachverständigenbeweis zur Feststellung lediglich der Vermögensverhältnisse erheben will.

f) Die **weitere Beschwerde** (vom LG an das OLG, vom OLG an den BGH) ist immer ausgeschlossen (Abs 2 S 3), auch in Verfahren der freiwilligen Gerichtsbarkeit (BayObLG MDR 86, 769). Es kann sich jedoch um die Wiederholung eines abgelehnten Gesuchs oder eine Gegenvorstellung (Rn 16) oder um einen Änderungsantrag wegen Vermögensverschlechterung (§ 120 Rn 15) handeln. **25**

g) Die nach § 127 II 2, 3 unanfechtbaren Beschlüsse im PKH-Prüfungsverfahren sind als **rechtskräftige Entscheidung iS des § 36 Nr 6** anzusehen, da die hilfsbedürftige Partei anderenfalls ohne Rechtsschutz bliebe (BGH Rpfleger 72, 13; RGZ 167, 224; Schleswig SchlHA 82, 136). **26**

3) Verspätete Einlegung der Beschwerde macht diese nicht unzulässig (Köln FamRZ 85, 828). Wohl ist eine erst **nach rechtskräftigem Abschluß** des Rechtsstreits eingelegte PKH-Beschwerde unzulässig, wenn sie bei Beachtung der prozessualen Sorgfaltspflicht (§ 282 I) früher hätte eingelegt werden können (Schleswig SchlHA 76, 112; Hamm JurBüro 77, 99 u 1779; 86, 1730; Rpfleger 82, 483; Düsseldorf FamRZ 78, 915; Frankfurt OLGZ 80, 78; LAG Düsseldorf JurBüro 86, 936, 937; s auch § 119 Rn 19 m w Nachw; aA Celle JurBüro 85, 1422), was zB nicht möglich ist, wenn über den PKH-Antrag zugleich mit Urteilsverkündung entschieden wird (Frankfurt MDR 83, 137; BFH BB 84, 2249) oder auf Anregung des Gerichts noch Belege nachzubringen sind (BayObLG FamRZ 84, 73). Diese Einschränkungen gelten gem dem Grundsatz der Waffengleichheit auch für die Staatskasse (Hamm MDR 85, 592; LAG Düsseldorf JurBüro 86, 135). **Verwirkung** des Beschwerderechts ist möglich (Hamm JurBüro 86, 1579; s dazu § 567 Rn 8). Keine verspätete Einlegung, wenn der PKH-Antrag vor Abschluß der Instanz gestellt worden ist, darüber aber erst so spät entschieden wird, daß Beschwerdeeinlegung vor Abschluß der Instanz nicht mehr möglich war (Düsseldorf FamRZ 78, 915; Karlsruhe AnwBl 82, 77; Celle MDR 85, 591; Hamm JurBüro 86, 1730). Die **Rspr verlangt** jedoch von der Partei **alsbaldiges Tätigwerden** (s dazu § 119 Rn 19). Zur **rückwirkenden Bewilligung** vgl § 119 (Rn 17–20). Da das Beschwerdegericht immer nach dem Erkenntnisstand im Zeitpunkt seiner Beschlußfassung entscheiden muß, darf PKH nicht mehr bewilligt werden, wenn der Hilfsbedürftige in der schon beschiedenen Hauptsache rechtskräftig unterlegen ist (BFH BB 84, 2249; näher dazu § 119 Rn 20 m Nachw). Das gilt entgegen KG FamRZ 86, 825 auch dann, wenn der Rechtsstreit durch Prozeßvergleich abgeschlossen wird, ohne daß über das PKH-Gesuch des Hilfsbedürftigen beschlossen worden ist; das KG hat Zulässigkeit und Begründetheit der Beschwerde nicht auseinandergehalten. **27**

4) Das Rechtsschutzbedürfnis für eine Beschwerde fehlt, wenn sie lediglich mit dem **Ziel** eingelegt wird, die **erstinstanzlich noch offenen Sachfragen** durch eine Beschwerdeentscheidung des späteren Berufungsgerichts **präjudizieren zu lassen** (Köln JurBüro 70, 67). Auch durch Zeitablauf und Schweigen der Partei kann eine PKH-Beschwerde ausnahmsweise **verwirkt** werden (Schleswig SchlHA 78, 211; 84, 174); dann müssen aber besondere Umstände vorliegen, die die verspätete Rechtsverfolgung als rechtsmißbräuchlich erscheinen lassen (Frankfurt FamRZ 80, 475). **28**

IV) Beschwerdebefugnis. Kein Anwaltszwang (§ 569 II 2). Es gelten die allgemeinen Grundsätze. Die textlich klaren und bündigen Regelungen in § 127 II zur Zulässigkeit der Beschwerde verdecken, daß zahlreiche Fallkonstellationen auftreten können, in denen zweifelhaft ist, ob der Hilfsbedürftige, sein Anwalt oder sein Gegner beschwerdeberechtigt sind. **29**

1) Ablehnung der Bewilligung (Rn 21). **a)** Sie ist für den **Hilfsbedürftigen** immer anfechtbar, mag die Ablehnung mit dem Fehlen hinreichender Erfolgsaussicht oder mit mangelnder Hilfsbedürftigkeit begründet werden. Ihr steht gleich die verfahrenswidrige Verzögerung der Entscheidung (Rn 24 u § 119 Rn 20 aE) und die Ablehnung eines Antrages, die Ratenzahlungen aufzuheben oder abzuändern (Köln MDR 83, 847; Nürnberg AnwBl 85, 219; Karlsruhe FamRZ 85, 724; Lepke DB 85, 490). Zwischen einem Abänderungsantrag in laufender Instanz (§ 120 Rn 18) und Beschwerde hat der Hilfsbedürftige die Wahl (Lepke DB 85, 490). Da das Erstgericht nach § 571 zur Abhilfe berechtigt und ggf verpflichtet ist, laufen beide Wege letztlich auf das gleiche hinaus. **b)** In den Fällen des **§ 116** ist nur der Antragsteller beschwerdeberechtigt, nicht ein am Rechtsstreit wirtschaftlich Beteiligter. Jedoch kann die Partei ihre Beschwerde damit begründen, die Belastungsfähigkeit dieser Personen sei verkannt worden. **c)** Der **Gegner** wird durch die **30**

Ablehnung **nicht beschwert** (s Rn 31), auch daß ihm die Belastung mit einer Prozeßkostenvorschußpflicht droht, reicht nicht aus. **d)** Erst recht wird ein **Rechtsanwalt,** der die hilfsbedürftige Partei im Bewilligungsverfahren vertritt, durch eine ablehnende Entscheidung nicht beschwert.

31 **2) Wird PKH bewilligt,** dann kommt es auf den Inhalt des Bewilligungsbeschlusses an. **a)** Wird dem Gesuch nur **teilweise stattgegeben,** dann wird der Hilfsbedürftige dadurch beschwert. Das ist der Fall, wenn die hinreichende Erfolgsaussicht nur für einen Teil des Begehrens bejaht wird (§ 114 Rn 36) oder wenn vom Hilfsbedürftigen **Vermögenseinsatz** oder **Ratenzahlung** gefordert werden. Denn dann erlangt er nicht die nach dem Gesetz mögliche günstigste Rechtsstellung der Ratenfreiheit (zum Verschlechterungsverbot in diesem Fall s Rn 15, 19). Werden jedoch vom Antragsteller in der Antragsschrift schon Ratenzahlungen angeboten, die das Gericht im Beschluß nach § 120 I übernimmt, dann fehlt es an einer Beschwer, desgleichen, wenn er nach Anhörung einer konkreten Bezifferung zustimmt. Die Ablehnung der Ratenfreiheit hat zwar wegen § 122 II Reflexwirkung auf den Gegner, begründet aber keine prozessuale Beschwer. Daß ihm nach §§ 379, 402 Kostenvorschüsse zur Durchführung der Beweisaufnahme auferlegt werden können, ist keine Folge der Raten-Bewilligung, sondern die Regel; diese Rechtslage tritt auch ein, wenn er Gegner einer vermögenden Partei ist. In der Zulassung der Beschwerde mit der Begründung, bei PKH-Bewilligung mit Ratenfreiheit werde er nach § 122 II von derartigen Vorauszahlungen einstweilen freigestellt. Der **Wahlanwalt** kann bei Bewilligung von PKH unter Einsatz eines Vermögensteiles (§ 115 II) nicht daraus eine Beschwer herleiten, daß der festgesetzte Betrag seine Wahlanwaltskosten nicht abdecke (Düsseldorf JurBüro 84, 936).

32 Die Staatskasse kann **Einwendungen gegen die Kostenrechnung** vorbringen, zB mit der Beschwerde nach § 25 II GKG einen zu hohen Streitwert angreifen (KG AnwBl 84, 612). Sie kann weiter, wie jeder Beteiligte, eine sie belastende **greifbare Gesetzeswidrigkeit** (s § 567 Rn 41) beschwerdeführend geltend machen (Koblenz Rpfleger 83, 174; 84, 367; 85, 302; AnwBl 85, 48; FamRZ 84, 1121; Zweibrücken JurBüro 85, 1264; LAG Düsseldorf EzA ZPO § 127 Nr 6, 8; LAGE ZPO § 127 Nr 9; LAG Köln EzA ZPO § 127 Rn 7 m zust Anm Schneider). Umstritten war, ob die Staatskasse darüber hinaus generell ein Beschwerderecht gegen die Bewilligung von PKH hatte. Überwiegend nahm die Rspr an, die Staatskasse habe kein Beschwerderecht, weder gegen Ratenfreiheit oder Ratenhöhe noch gegen die Beiordnung eines Rechtsanwalts nach § 121 (Düsseldorf FamRZ 82, 732; JurBüro 82, 1409; 83, 133; 84, 620; Rpfleger 82, 440; MDR 83, 138; Frankfurt JurBüro 82, 1739; München JurBüro 83, 618; 84, 617, 937; Hamburg MDR 83, 584; Bamberg MDR 83, 496; Hamm JMBlNRW 83, 177; Rpfleger 84, 368; JurBüro 84, 618; FamRZ 84, 921, 1121; Karlsruhe Justiz 83, 455; JurBüro 85, 147; Zweibrücken JurBüro 83, 1725; FamRZ 85, 88; Oldenburg JurBüro 83, 1726; Celle NdsRpfl 84, 44; 85, 19; Schleswig SchlHA 84, 128; JurBüro 85, 610; Koblenz Rpfleger 83, 174; 84, 367; 85, 302; AnwBl 85, 48; KG Rpfleger 85, 166; LAG Düsseldorf EzA ZPO § 127 Nr 6, 8; LAG Köln EzA ZPO § 127 Nr 7 m zust Anm Schneider; LG München JurBüro 85, 613; LG Bielefeld Rpfleger 86, 406). Eine Mindermeinung bejahte das Beschwerderecht (Nürnberg JurBüro 83, 609 u 618; 84, 1093; Koblenz JurBüro 82, 1738; FamRZ 85, 725; Celle NdsRpfl 82, 251; Hamm Rpfleger 82, 197; 83, 457; FamRZ 84, 724; AnwBl 85, 385; JurBüro 85, 142; Saarbrücken JurBüro 82, 1889; Köln FamRZ 84, 1119; LAG Hamm MDR 82, 613 = EzA ZPO § 127 Nr 1 m abl Anm Schneider; KoRsp ZPO § 127 Nr 44; LAG Köln MDR 82, 788; LAG Baden-Württemberg JurBüro 83, 294). Um zu diesem Ergebnis zu gelangen, ist sogar versucht worden, die Bewilligung von PKH und die Festsetzung von Raten in zwei völlig selbständige Entscheidungen umzudeuten, weil sie in verschiedenen Vorschriften (§ 119 u § 120) geregelt seien (s dagegen Schneider Anm EzA ZPO § 127 Nr 1). Der Beweggrund für diese methodisch unhaltbare Auffassung war, daß immer wieder ungewöhnlich fehlerhafte Bewilligungsbeschlüsse ergehen, bei denen Abhilfe geboten erscheint. Durch die Neufassung des § 127 III ist diese Kontroverse beigelegt worden. Es bleibt dabei, daß der Staatskasse kein Beschwerderecht gegen die Bewilligung von PKH zusteht. Sie kann sich auch nicht beschwerdeführend gegen die Höhe festgesetzter Raten oder gegen die Höhe der aus dem Vermögen zu zahlenden Beträge (§ 120 I) wenden. Wohl kann sie mit der Beschwerde geltend machen, es sei zu Unrecht ratenfreie PKH bewilligt worden oder es seien zu Unrecht keine aus dem Vermögen zu zahlenden Beträge festgesetzt worden. Auch insoweit ist das Rügerecht der Staatskasse eingeschränkt. Sie kann eine Beschwerde nur darauf stützen, daß die Partei nach ihren persönlichen und wirtschaftlichen Verhältnissen Zahlungen leisten müßte. Ausgeschlossen ist danach insbesondere die Rüge, die Partei sei zu Unrecht nicht auf die Möglichkeit verwiesen worden, Ansprüche gegen Dritte auf Vorleistung, insbesondere auf Prozeßkostenvorschuß geltend zu machen (§ 115 Rn 46) oder Vermögensgegenstände zu verkaufen oder Kredit aufzunehmen (§ 115 Rn 41, 42). Im Ergebnis ist die Staatskasse als Beschwerdeführer daher darauf beschränkt, die Ratenberechnung an Hand der Tabelle zu § 114 II überprüfen zu lassen. Die Einführung dieses begrenzten Beschwerderechts geht zurück auf die durch Untersuchungen gestützte Vermutung, daß häufig bei gründlicherer Ermittlung der wirtschaftlichen Verhältnisse und genauerer Beachtung der Maßstäbe des § 115 keine ratenfreie PKH angeordnet worden wäre.

Die Berechtigung dieser Neuerung und vor allem ihre Zweckmäßigkeit ist zweifelhaft. Bedenklich ist die Tendenz, richterliche Entscheidungen in dieser Weise grundsätzlich durch den Bezirksrevisor überprüfen zu lassen. Die Anrufung des Beschwerdegerichts nur wegen der Raten kann auch zu Verfahrensverzögerungen führen, die mit der Grundkonzeption des Zivilprozeßrechts unvereinbar sind. Dem PKH-Verfahren als einem Nebenverfahren wird damit lediglich aus fiskalischen Interessen eine Bedeutung beigemessen, die ihm im Verhältnis zum Hauptverfahren nicht zukommt. Ein weiteres Bedenken ergibt sich aus der verfahrensrechtlichen Stellung des Bezirksrevisors, der für die Staatskasse handelt. Wenn ihm die Beschwerdebefugnis eingeräumt wird, muß ihm zwangsläufig vor der Bewilligungsentscheidung rechtliches Gehör gewährt werden (Art 103 I GG), damit er zur Vermeidung eines Beschwerdeverfahrens auf die richtige Ratenberechnung hinwirken kann. Erst recht wären ihm sämtliche Bewilligungsentscheidungen zuzustellen, die keine Ratenzahlungen und keine Zahlungen aus dem Vermögen vorsehen; denn nur dann, wenn er über derartige Entscheidungen unterrichtet wird, kann er sein Beschwerderecht ausüben. Würde aber so verfahren, bräche der Geschäftsbetrieb der Bezirksrevisoren zusammen. Das war auch dem Gesetzgeber klar. Deshalb hat er in § 127 III 3 angeordnet, daß die Entscheidung der Staatskasse nicht von Amts wegen mitzuteilen sei. Dies läßt sich als antezipierter Verzicht der Staatskasse auf Gewährung rechtlichen Gehörs verstehen. Fraglich ist aber, ob diese Regelung nicht willkürlich ist und deshalb gegen das Gleichheitsgebot des Art 3 GG verstößt; denn im Ergebnis hängt es jetzt vom Zufall ab, ob sachlich gleichgelagerte Fälle gleich behandelt werden, nämlich davon, ob der Bezirksrevisor Kenntnis erlangt oder nicht.

Zeitlich ist das Beschwerderecht der Staatskasse ebenfalls beschränkt. Die Beschwerde muß vor Ablauf von drei Monaten ab Verkündung oder bei nicht verkündeten Beschlüssen ab Existentwerden (§ 567 Rn 3) durch Übergabe an die Geschäftsstelle eingelegt sein.

b) Wird dem Antragsteller **PKH ohne Vermögenseinsatz oder Ratenzahlung** bewilligt, dann 33 ist dieser Beschluß auch für ihn unanfechtbar. In diesem Fall hat allerdings der Gegner ein Recht darauf, daß seine einstweilige Freistellung nach § 122 II vom Gericht beachtet wird. Werden von ihm entgegen dieser Rechtslage **Vorschüsse angefordert,** dann läßt die Rspr die Beschwerde zu (KG OLGZ 1971, 423; RGZ 55, 269; 109, 66).

c) Beschwert wird der Hilfsbedürftige ferner, wenn die **Bewilligung auf** einen **Zeitpunkt nach** 34 **Antragstellung** datiert wird, sofern ihm dadurch finanzielle Nachteile entstehen, oder wenn der Beginn auf einen Zeitpunkt gelegt wird, zu dem er noch gar nicht Kostenschuldner ist (s § 120 Rn 11). Beschwert wird er darüber hinaus entgegen LAG Köln (EzA ZPO § 120 Nr 2 S 9) auch durch eine ihm günstige Bewilligungsänderung, wenn ihm dazu kein rechtliches Gehör gewährt wird, weil bei jeder Abänderung die Frage der Hilfsbedürftigkeit insgesamt neu geprüft und beantwortet werden muß und der Hilfsbedürftige ohne Gehörsgewährung keinen Einfluß darauf nehmen kann (s Schneider Anm III 2 zu LAG Köln aaO).

d) Bei **Beschwerden** des Hilfsbedürftigen **wegen falscher Berechnung** der voraussichtlichen 35 Kosten (§ 115 VI) oder mangelhafter Aufklärung der abzugsfähigen Belastungen wird das Beschwerdegericht **Aufhebung und Zurückverweisung** (§ 575) erwägen. Kommt das Beschwerdegericht zu dem Ergebnis, dem Hilfsbedürftigen sei vorinstanzlich zu Unrecht Prozeßkostenhilfe bewilligt oder die festgesetzten Raten seien zu niedrig berechnet worden, ist eine Zurückweisung unter gleichzeitiger Versagung von PKH oder Ratenermäßigung wegen des Verschlechterungsverbots ausgeschlossen (Rn 15). Aufhebung und Zurückverweisung zur Neuberechnung ohne Beschränkung durch das Verbot der reformatio in peius bleibt jedoch prozessual zulässig (§ 127 Rn 19; § 575 Rn 38; Lappe Anm KoRsp ZPO § 127 Rn 30). Zur Befugnis des Beschwerdegerichts, über die vorinstanzlich offen gelassenen Voraussetzungen des § 114 (hinreichende Erfolgsaussicht) mit zu entscheiden s Rn 15.

3) Anwaltsbeiordnung. a) Anwaltsprozeß (§ 121 I). aa) Die **Partei** hat kein Beschwerderecht 36 bei Beiordnung ihres Wahlanwalts, wohl bei Ablehnung oder Beiordnung eines nicht gewählten Anwalts. **bb)** Der beigeordnete **Wahlanwalt** ist nicht beschwert, wenn er im Bewilligungsverfahren den berücksichtigten Beiordnungswunsch der Partei vertreten hat. Ergibt sich jedoch ein Sachverhalt, der einen wichtigen Grund für die Aufhebung der Beiordnung darstellt (§ 48 II BRAO), dann kann er die Aufhebung seiner Beiordnung beantragen und bei Ablehnung Beschwerde einlegen. Ob er bereits als PKH-Anwalt tätig geworden ist und Ansprüche nach §§ 121 ff BRAGO gegen die Staatskasse erlangt hat, ist unerheblich. Ist er jedoch in Kenntnis der Aufhebungsgründe tätig geworden, dann verliert er bei Anwaltswechsel seinen Gebührenanspruch (§ 125 BRAGO). Gegen die Ablehnung der Beiordnung hat der Anwalt kein Beschwerderecht, weil zwar die Partei, nicht aber er ein Recht auf Beiordnung hat. Das gilt erst recht, wenn die Partei ihre Wahlerklärung vor Bewilligung widerrufen hat (s § 121 Rn 5). Wird der Anwalt nur „zu den Bedingungen eines ortsansässigen Anwalts" beigeordnet, dann ist er nicht beschwert, wenn er damit einverstanden war; eine solche Einschränkung ohne oder gegen seinen Willen ist jedoch unzulässig (§ 121 Rn 8) und beschwert ihn folglich (aA Schleswig SchlHA 85, 127). **cc)** Wird dem **Aufhebungsantrag des beigeordneten Anwalts stattgegeben,** dann liegt darin ein Eingriff in die Rechtsstellung des Hilfsbedürftigen, der deshalb gegen den Aufhebungsbeschluß Beschwerde einlegen kann (KG OLGZ 1971, 421).

37 **b) Parteiprozeß (§ 121 II 1).** Die **Partei** ist beschwert, wenn ihr kein Anwalt beigeordnet wird (LG Göttingen DAVorm 80, 411). Sie kann die ablehnende Entscheidung damit angreifen, der Begriff der „erforderlichen Vertretung" sei verkannt oder die anwaltliche Vertretung des Gegners nicht berücksichtigt worden. Hat sie einen beim Prozeßgericht nicht zugelassenen Rechtsanwalt ausgewählt, dann kann sie sich zwar auch gegen die Ablehnung der Beiordnung dieses Anwalts beschweren, bleibt jedoch damit erfolglos, wenn die Ablehnung darauf gestützt ist, daß diese Beiordnung höhere Kosten ausgelöst hätte (§ 121 II 2; s § 121 Rn 8). Der **nicht beigeordnete Anwalt** hat kein Beschwerderecht, desgleichen nicht der **Gegner.**

38 **c) Beweisanwalt, Verkehrsanwalt (§ 121 III).** Beschwerderecht der Partei gegen die Ablehnung des Anwalts ihrer Wahl; kein Beschwerderecht des Anwalts oder des Gegners. Beschlüsse über die Erforderlichkeit einer Reise des beigeordneten Anwalts (§ 126 II BRAGO) sind weder mit der einfachen noch mit der weiteren Beschwerde anfechtbar (KG JurBüro 86, 1381).

39 **d) Notanwalt (§ 121 IV).** Durch die Beiordnung eines bestimmten Anwaltes wird die **Partei** nur dann beschwert, wenn der Vorsitzende ihre Anregungen und Wünsche nicht berücksichtigt oder sonst sein Ermessen nicht sachgemäß ausgeübt hat; ebenso für § 625 (Oldenburg FRES 4, 406). Der **beigeordnete Anwalt** steht unter Kontrahierungszwang (§ 48 I BRAO), hat jedoch ein Beschwerderecht, wenn gegen die Beiordnung gewichtige Gründe sprechen (§ 48 II BRAO; § 121 Rn 28, 29). Wird eine Beiordnung ohne Antrag des Anwalts gegen dessen Willen aufgehoben, dann hat er auch dagegen die Beschwerde (Hamm NJW 49, 517).

40 **4) Ablehnung der vorläufigen Zahlungseinstellung** (§ 120 III). Beschwert ist nur die Partei, da von ihr weitere Zahlungen verlangt werden, obwohl sie Kostendeckung behauptet. Wird mit der hM eine Einziehungspflicht der Staatskasse auch hinsichtlich der Differenzgebühren zu den Wahlanwaltskosten bejaht (s § 120 Rn 22), dann muß auch ein Beschwerderecht des PKH-Anwalts bejaht werden, wenn die Einstellung der Ratenzahlung vor Deckung der Differenzkosten angeordnet wird (Frankfurt JurBüro 85, 1728).

41 **5) Aufhebung (§ 124). a) Verfahrensfragen.** Hat der nach § 20 Nr 6 RPflG zuständige **Rechtspfleger** entschieden, so ist gegen seine Entscheidung zunächst **Erinnerung** einzulegen (§ 11 I 1, II RPflG). Bei Aufhebung einer Bewilligungsaufhebung **in der Beschwerdeinstanz** sind zwischenzeitlich eingezogene Gerichtskosten an den Hilfsbedürftigen zu erstatten. Desgleichen ist der beigeordnete Anwalt rückzahlungspflichtig, wenn er inzwischen Leistungen vom Mandanten empfangen hat, da zufolge der Aufhebung des Aufhebungsbeschlusses durchgehend das Einziehungsverbot des § 122 I 3 gegolten, der Mandant also keine freiwillige Leistung iS des § 3 IV 2 BRAGO erbracht hat.

42 **b) Unterliegt der Hilfsbedürftige im Beschwerdeverfahren,** so trifft ihn keine Kostenerstattungspflicht, § 118 I 4 (Bremen JurBüro 73, 153). **Unterliegt die Staatskasse** im Erinnerungs- oder Beschwerdeverfahren, dann ist § 97 I ebenfalls unanwendbar (s § 118 Rn 23).

43 **c)** Wird die **Bewilligung aufgehoben,** ist **nur** die hilfsbedürftige **Partei beschwert,** auch wenn mit der „Entziehung" eine inhaltlich unzulässige Bewilligung rückgängig gemacht wird (Koblenz VersR 80, 1076), was aber Rechtens sein kann und die Beschwerde dann unbegründet macht (Schleswig SchlHA 82, 13). Der beigeordnete **Anwalt** wird durch Wegfall der Forderungssperre des § 122 I 3 nur begünstigt (Zweibrücken Rpfleger 84, 115); beschwert wird er, wenn mit der Aufhebung zugleich eine Abänderung verbunden wird, die ihn gebührenrechtlich schlechter stellt (Schleswig SchlHA 82, 13), zB bei fehlerhafter rückwirkender Aufhebung auch der Beiordnung mit Gebührenverkürzung (Zweibrücken Rpfleger 84, 115). Zahlungseinstellung gem § 120 III 1 wegen Deckung der Kosten des § 122 I 1 rechtfertigt die Beschwerde des RA nur dann, wenn mit der hM davon ausgegangen wird, daß die Raten bis zur Deckung der Wahlanwaltskosten eingezogen werden müssen (Stuttgart AnwBl 85, 49; s dagegen § 120 Rn 22). Der **Gegner** ist **nicht beteiligt** und nicht betroffen (§ 123). Die Reflexwirkung, daß er infolge der Aufhebung nunmehr vorschußpflichtig werden kann (§ 122 II), macht ihn nicht zum Beschwerdeberechtigten (Rn 30). Erst recht sind **Dritte nicht beschwerdeberechtigt,** zB nicht der Ehegatte des Hilfsbedürftigen, der infolge der Entziehung der PKH vielleicht prozeßkostenvorschußpflichtig wird.

d) Wird die **Aufhebung der Bewilligung abgelehnt,** dann bleibt die Rechtsstellung der Partei unberührt, so daß sie nicht beschwert ist. Die **Staatskasse** wird durch die Ablehnung beschwert, weil sie weiterhin den Leistungen nach §§ 122 ZPO, 121 ff BRAGO ausgesetzt ist, hat jedoch nur ein begrenztes Beschwerderecht gem § 127 III (s Rn 32). Auch dem **Anwalt** gereicht die ablehnende Entscheidung zum Nachteil, da er weiterhin dem Einziehungsverbot des § 122 I Nr 3 unterstellt bleibt; auch ihm ist aber wegen § 127 II 1 die Beschwerde versagt (anders die früher hM wegen der nicht ins neue Recht übernommenen Nachzahlungsanordnung des § 126 aF; s Hamm AnwBl 72, 285; überholt Schneider MDR 81, 6 u damit auch Lepke DB 85, 490). Die Rechtsfrage ist aber dadurch wieder aktuell geworden, daß infolge der Neufassung der §§ 120 IV, 124 Nr 2 eine Aufhebung der Bewilligungsentscheidung zulässig ist, wenn der Hilfsbedürftige trotz Aufforderung des Gerichts keine Erklärung darüber abgibt, ob eine wesentliche Verbesserung seiner persönlichen und wirtschaftlichen Verhältnisse eingetreten ist. Dabei handelt es sich indessen um eine von Amts wegen vorzunehmende Prüfung; zu entscheiden ist darüber hinaus nach Ermessen. Bei einer solchen Verfahrenslage kann ein Beschwerderecht nur bejaht werden, wenn es im Gesetz vorgesehen ist (§ 567 Rn 33). Das ist nicht der Fall. Jedoch ist einer entsprechenden Anregung des beigeordneten Anwalts nachzugehen. Der **Gegner** hat kein Beschwerderecht (Stuttgart JurBüro 74, 1606; Zweibrücken JurBüro 86, 1096). Auch sein Antrag ist als Anregung zur amtswegigen Überprüfung zu beachten. Soweit er nach § 122 II einstweilen kostenbefreit ist, wird er durch die Ablehnung der Bewilligungsaufhebung sogar begünstigt. 44

6) Kostenanforderung. Ergeht sie ohne Aufhebung der Bewilligung gegen den Hilfsbedürftigen, hat dieser Beschwerde. Richtet sie sich an den Gegner, hat dieser die Beschwerde und kann vorbringen, die Voraussetzungen des § 125 seien nicht gegeben. 45

7) Beitreibung durch den Anwalt (§ 126). Richtet sie sich **gegen den Hilfsbedürftigen,** kann dieser eine Verletzung des § 122 I 3 einwenden. Eine Beschwerdemöglichkeit im PKH-Verfahren besteht nicht, weil der hilfsbedürftige Mandant lediglich die Zahlung zu verweigern braucht. Die Forderung der gesetzlichen Vergütung durch den Anwalt steht außerhalb des Bewilligungsverfahrens. Geht der Rechtsanwalt nach § 126 **gegen den Gegner** vor, kann dieser sich nicht mit der PKH-Beschwerde, sondern nur mit den im Kostenfestsetzungsverfahren (§§ 103 ff) gegebenen Rechtsbehelfen wehren. 46

V) Gebühren im Beschwerdeverfahren: **1)** des **Gerichts:** KV Nr 1181 – **2)** des **Anwalts:** Eine 5/10 Beschwerdegebühr aus § 31 I Nr 1 BRAGO (§ 61 I Nr 1 daselbst).Seine Vergütung erhält der RA nur dann aus der Staatskasse, wenn er für das Beschwerdeverfahren beigeordnet ist (§ 121). – **3) Streitwert a)** für die **Gerichtskosten:** Grundsätzlich das Kosteninteresse des Beschwerdeführers, das – wenn es nicht schon betragsmäßig vorliegt – nach § 3 zu schätzen ist. S auch § 91 Rn 13 unter „Prozeßkostenhilfe". – **b)** für die **Anwaltskosten:** § 51 II BRAGO. 47

127 a *[Prozeßkostenvorschuß in Unterhaltssachen]*

(1) In einer Unterhaltssache kann das Prozeßgericht auf Antrag einer Partei durch einstweilige Anordnung die Verpflichtung zur Leistung eines Prozeßkostenvorschusses für diesen Rechtsstreit unter den Parteien regeln.

(2) Die Entscheidung nach Absatz 1 ist unanfechtbar. Im übrigen gelten die §§ 620a bis 620g entsprechend.

I) Gesetzeszweck. Einstw Anordnungen auf Prozeßkostenvorschuß sind nach § 620 Nr 9 in **Ehesachen** und nach § 621f I für die **Familiensachen** nach § 621 Nr 1–3, 6–9 mögl. § 127a erweitert die Befugnis des Gerichts und gestattet einstw Anordnungen auf Prozeßkostenvorschuß für **alle Unterhaltssachen,** also auch für solche, bei denen keine ausschließl Zuständigkeit des Familiengerichts besteht. Dadurch wird nicht nur die Durchsetzung von Unterhaltsansprüchen erleichtert, sondern häufig auch ein Verfahren auf Bewilligung von PKH entbehrl (s § 115 Rn 46). § 127a ist keine materiellrechtliche Anspruchsgrundlage (Oldenburg FamRZ 82, 384, 386). 1

II) Abgrenzungen. 1) Als Sonderregelung geht § 127a anderen summarischen Verfahren vor, so daß für den Erlaß einer **einstw Verfügung** das Rechtsschutzbedürfnis fehlt (BGH MDR 79, 652; Düsseldorf FamRZ 80, 175). Eine **Klage** auf Prozeßkostenvorschuß ist jedoch an Stelle einer einstw Anordnung zulässig (BGH MDR 79, 652; Hamm KoRsp ZPO § 127a Nr 4). 2

2) Ablehnung der Anordnung oder mangelnde Durchsetzbarkeit eines Anordnungstitels führen zur Bewilligung von PKH (s § 115 Rn 50). Anders soll es nach Frankfurt (KoRsp ZPO § 127a Nr 10) sein, wenn der Antrag auf Erlaß einer einstw Anordnung mangels hinreichender Erfolgsaussicht des beabsichtigten Unterhaltsprozesses zurückgewiesen wird. Dem ist nicht zuzustimmen. In der anschließenden Einleitung eines PKH-Bewilligungsverfahrens liegt keine Umgehung des § 127a II 1; die Ablehnung schafft auch keine Rechtskraft für ein PKH-Verfahren. Die- 3 ses bleibt deshalb mögl, so daß dort auch eine neue, selbständige und gfls beschwerdefähige Erfolgsprüfung vorzunehmen ist. Entsprechend ist das höhere Gericht auf PKH-Beschwerde hin entgegen Zweibrücken (FamRZ 84, 74) nicht gehindert, einen Anspruch auf Prozeßkostenvorschuß zu verneinen, obwohl die Vorinstanz ihn bejaht und deshalb Hilfsbedürftigkeit verneint hatte. Der Beschwerdeausschluß betrifft nur das Verfahren selbst, verbietet aber nicht die vorgreifliche Beurteilung im Bewilligungsverfahren.

4 **III) Unterhaltssachen** sind alle Verfahren, bei denen es um die Leistung von Unterhalt geht: Familienunterhalt außerhalb anhängiger Ehesache (§ 1360 BGB); während des Scheidungsrechtsstreits (§ 620 Nr 9); Getrenntleben (§ 1361 BGB); nachehelicher Unterhalt (§ 1569 BGB; Koblenz KoRsp ZPO § 127 a Nr 5, sofern in diesem Fall Vorschußpflicht bejaht wird, s unten Rn 6); Unterhaltsprozesse bezügl gemeinsamer Kinder oder zwischen nichtehel Kind und Vater oder Mutter oder sonstige Unterhaltsstreitigkeiten zwischen geradlinigen Verwandten (§§ 1601 ff BGB). Auch die Abänderungsklage nach § 323 oder die Wiederaufnahmeklage nach § 578 sind Unterhaltssachen, wobei es unerhebl ist, in welcher Parteirolle der Unterhaltsberechtigte auftritt. Ferner gehören Vollstreckungsgegenklagen nach § 767 dazu (Düsseldorf FamRZ 78, 427), wenn sie zB mit dem Vorbringen erhoben werden, der Unterhaltsanspruch sei weggefallen; desgleichen Verfahren auf Neufestsetzung des Regelunterhalts nach §§ 642 a ff einschl des dazu gehörenden Abänderungsverfahren nach § 643 a. Ob die Unterhaltsansprüche als gesetzl Rechte, als durch Vertrag geregelte gesetzl Ansprüche oder als rein vertragl Rechte geltend gemacht werden, ist unerhebl. Präjudizierende Feststellungsverfahren sind jedoch keine Unterhaltssachen, insbesondere nicht Vaterschaftsfeststellungsprozesse (für diese gilt § 641 d).

5 **IV)** Die **Zuständigkeit** richtet sich nach allg Regeln, die allerdings sehr verworren sind (s Schneider JurBüro 78, 1278; Bosch FamRZ 79, 767). Wird eine Ehe im Verbundverfahren geschieden und nur in Folgesachen Berufung eingelegt, dann ist für eine einstw Anordnung auf Prozeßkostenvorschuß für das Berufungsverfahren nicht das Amtsgericht als Familiengericht, sondern der Familiensenat zuständig (BGH NJW 81, 2305; BayObLG FRES 6, 70). Wird ein Erhöhungsantrag nach § 127 a I für den erstinstanzlichen Unterhaltsprozeß beim FamG gestellt, bleibt dieses auch dann zuständig, wenn vor seiner Entscheidung Berufung eingelegt wird (AG Charlottenburg DAVorm 82, 383 m Nachw). Während der Anhängigkeit eines Unterhaltsprozesses in der Revisionsinstanz ist für einstw Anordnungen das Gericht des ersten Rechtszuges zuständig; wird zwischenzeitl die Ehesache bei einem anderen Familiengericht anhängig gemacht, geht die Zuständigkeit auf dieses Gericht über (BGH MDR 80, 565).

6 **V) Bewilligungsvoraussetzungen.** Der Gegner muß dem Berechtigten, mag er auch Ausländer sein (Karlsruhe MDR 86, 242 = Justiz 86, 48), materiellrechtl zur Leistung von Prozeßkostenvorschuß verpflichtet sein, was auch nach ausländischem Recht der Fall sein kann (zB Oldenburg FamRZ 81, 1176: türkische Eheleute). Die Anspruchsvoraussetzungen des sachl Rechts hat der Antragsteller darzulegen und glaubhaft zu machen (Verweis in § 127 a II 2 auf § 620 a II 3). Dazu muß er auch dartun, daß er die Prozeßführung nicht aus eigenen Mitteln finanzieren kann, der Antragsgegner jedoch auch unter Berücksichtigung einer etwaigen eigenen Kostenlast in der Lage ist, zusätzl seine Vorschußpflicht zu erfüllen. Eine bestehende Vorschußpflicht erstreckt sich auch auf die Kosten des Anordnungsverfahrens selbst (Frankfurt FamRZ 79, 732; Celle KoRsp ZPO § 127 a Nr 13).

7 **1)** Ein **Antrag** ist erforderl. Er ist zulässig, sobald die Unterhaltssache anhängig (nicht notwendig rechtshängig ist). Aus der Bezugnahme auf § 620 a II 1 folgt, daß die Einreichung eines **PKH-Gesuchs** genügt. Gleichzeitige Einreichung des Anordnungsantrages mit der Unterhaltsklage oder dem PKH-Gesuch ist zulässig. Die Antragstellung ist vor jedem Amtsgericht mögl (§§ 127 a II 2; 620 a II 2; 129 a I). Wird das PKH-Gesuch zurückgewiesen, kann immer noch Anordnungsantrag gestellt werden; er ist bis zum rechtskräftigen Abschluß des PKH-Verfahrens zulässig (Düsseldorf KoRsp ZPO § 127 a Nr 17). Zum Außerkrafttreten der einstweiligen Anordnung entsprechend § 620 f S 1 bei Zurücknahme eines PKH-Gesuches vor Rechtshängigkeit s Düsseldorf FamRZ 85, 1271 u § 620 f Rn 8.

8 **2) Materiellrechtliche Prüfung** (in einstweiligen Anordnungen nach deutschem Recht: Karlsruhe MDR 86, 242 = Justiz 86, 48). Da das Verfahren über §§ 114 ff hinaus einer hilfsbedürftigen Partei beschleunigte Rechtsverfolgung ermöglichen will, ist auch eine Erfolgsprüfung iS des § 114 nötig (s dazu § 114 Rn 28 ff). Für aussichtslose oder mutwillige Unterhaltssachen darf die Leistung von Prozeßkostenvorschuß nicht angeordnet werden. Ablehnung wegen Fehlens hinreichender Erfolgsaussicht hindert jedoch nicht Einleitung eines selbständigen PKH-Verfahrens (Rn 3). Umgekehrt verbietet das Beschleunigungsbestreben des § 127 a jeden verzögernden Verweis auf andere Möglichkeiten. Auch unbillige Forderungen dürfen nicht gestellt werden, etwa das Verlangen, bei Pflichtigkeit von Vater und Mutter nur einen Elternteil in Anspruch zu neh-

men, nur weil der andere ein erkennbar aussichtsloses Rechtsmittel eingelegt hat (Zweibrücken KoRsp ZPO § 127a Nr 8).

3) „Kann" in § 127a I hat in erster Linie den Sinn, die **Zuständigkeit des Prozeßgerichts** festzulegen. Ermessensfreiheit soll damit nicht eingeräumt werden. Das Gericht hat vielmehr die Erfolgsaussicht der beabsichtigten Rechtsverfolgung und der Verpflichtung zur Leistung von Prozeßkostenvorschuß zu prüfen und mit dem erforderl Beweismaß der Glaubhaftmachung festzustellen. Dabei ist eine sorgfältige Interessenabwägung erforderlich, da geleisteter Prozeßkostenvorschuß nach erfolglos gebliebenem Unterhaltsprozeß in aller Regel endgültig verloren ist; dieser drohende Schaden des Gegners muß mit in die Abwägung hineingenommen werden. Der Antragsteller wird dadurch nicht unzumutbar in der Rechtsverteidigung beschränkt, da ihm immer noch das Verfahren auf Bewilligung von PKH offensteht (Rn 3). **9**

VI) Verfahren. 1) Es ist durch die Bezugnahme auf §§ 620a–620g eingehend geregelt. Aufhebung und Änderung des Anordnungsbeschlusses, Aussetzung der Vollziehung, Außerkrafttreten und Kostenregelung sind dort behandelt. Abweichend von § 620c gibt es jedoch keine Beschwerde (§ 127a II 1), wobei unerhebl ist, ob der Antrag auf Erlaß einer einstweiligen Anordnung zurückgewiesen oder ob ihm stattgegeben worden ist. Deshalb ist auch eine PKH-Beschwerde ausgeschlossen (§ 127 Rn 21). **10**

2) Ersatz für diese Unanfechtbarkeit ist das **Änderungsverfahren** des § 620b, das sowohl bei stattgebenden wie bei ablehnenden Entscheidungen in Betracht kommt. Jedoch ist dazu ein **neuer Antrag** nötig. Wird in diesem Zusammenhang die Vollziehung einer einstw Anordnung ausgesetzt, dann ist auch der Aussetzungsbeschluß unanfechtbar (Hamm FamRZ 80, 174). Bei späterer Aufhebung des Beschlusses auf Leistung von Prozeßkostenvorschuß kann der Vollstreckungsschaden nicht analog § 717 II zurückverlangt werden (s § 717 Rn 5 aE). **11**

3) Fehlerhafte Entscheidungsform hebt die Unanfechtbarkeit nicht auf. Ergeht die Vorschußanordnung auf Grund mündl Verhandlung durch Urteil statt durch Beschluß, weil das Amtsgericht den Antrag auf Leistung von Prozeßkostenvorschuß als Antrag auf Erlaß einer einstw Verfügung behandelt hat, dann ist die Berufung dagegen unzulässig (Frankfurt FamRZ 79, 537). In solchen Fällen ist der wirkl Antrag aber gar nicht beschieden worden und daher insoweit auch keine Rechtskraft eingetreten; deshalb ist Beschwerde mit dem Ziel mögl, daß die angefochtene Entscheidung aufgehoben und dadurch dem Erstrichter Gelegenheit gegeben wird, erstmals zu entscheiden (Hamm KoRsp ZPO § 127a Nr 3; s § 567 Rn 68; § 568 Rn 36). **12**

VII) Gebühren: 1) des Gerichts: ½ Entscheidungsgebühr nach KV Nr 1160. – Mehrere Entscheidungen innerhalb eines Rechtszugs gelten als eine Entscheidung. **2) des Anwalts:** 10/10 Gebühr des § 31 I Nr 1 BRAGO für den Antrag auf Erlaß der einstw Anordnung (§ 41 I a BRAGO), gegebenenfalls Verhandlungs- oder Erörterungsgebühr. Für mehrere Verfahren nach § 127a ZPO erhält der RA die Gebühren in jedem Rechtszug nur einmal (§ 41 I 2 BRAGO), weil sie eine gebührenrechtl Einheit darstellen (vgl Hamburg MDR 76, 235). Haben sich die Parteien geeinigt, ohne daß ein Antrag auf Erlaß der einstw Anordnung gestellt worden ist, od ist lediglich beantragt, eine Einigung der Parteien zu Protokoll zu nehmen, so erhält der RA nur ½ Prozeßgebühr (§ 41 II BRAGO); vgl Koblenz NJW 76, 153. **3) Streitwert:** Der vom Antragsteller geforderte Prozeßkostenbetrag, wozu auch die Kosten des einstw Anordnungsverfahrens nach § 127a selbst gehören (Frankfurt/M FamRZ 79, 732). **13**

Dritter Abschnitt

VERFAHREN

Übersicht

Die §§ 128 bis 252 regeln den allgemeinen Verfahrensbetrieb des (kontradiktorischen) Streitverfahrens. Die besonderen Verfahrensvorschriften für die verschiedenen Rechtszüge und Verfahrensarten sind im zweiten bis siebenten Buch der ZPO (§§ 253–703a) enthalten. **1**

2 **A)** In der ZPO nicht ausdrücklich geregelt sind allg **Verfahrensgrundsätze,** die sich teilw aus anderen Gesetzen, teilw erst mittelbar aus einzelnen Vorschriften der ZPO ergeben (hierzu: Grunsky, Grundlagen des Verfahrensrechts, 2. Aufl 1974).

I) 1) Rechtliches Gehör (Zu den Grundlagen, dem geschützten Personenkreis u der Durchführung der Gewährung vgl *Brüggemann* JR 69, 361; *Deubner,* Die Verfassungsbeschwerde wegen Verletzung des Anspruchs auf rechtl. Gehör als Rechtsbehelf im Zivilprozeß, NJW 80, 263; zur Problematik der notwendig eigenen Kenntnis aller Mitglieder eines Kollegialgerichts vom Akteninhalt eines Verfahrens als Gebot rechtl Gehörs *Doehring* NJW 83, 851; *von Stackelberg* MDR 83, 364; *Herr* NJW 83, 2131; *Schwartz,* Gewährung und Gewährleistung des rechtl. Gehörs, Diss Berlin 1977; *Henckel* ZZP 77, 321; *Röhl* NJW 64, 273; *Waldner,* Probleme des rechtl Gehörs, Diss Erlangen 1983 und NJW 84, 2925; *Zeuner,* Festschrift für Nipperdey Bd I 1965, S 1013; *Lerche* ZZP Bd 78, 1.)

3 **a)** Der Grundsatz, daß niemand (auch nicht der Ausländer bei fremdprachlichen Eingaben: § 233 Rn 23 bei „Ausländer"; § 184 GVG Rn 2) in seinen Rechten durch gerichtl Maßnahmen betroffen werden darf, ohne vorher Gelegenheit zur Äußerung gehabt zu haben, ergibt sich aus Art 103 GG. Die ZPO regelt die Anhörung des Betroffenen ausdrücklich nur in einzelnen Vorschriften (§§ 99 II, 118 I, 126 III, 137 IV, 225 II, 360, 387, 656, 730, 813 a V, 844 II, 850 b III, 851 b II, 891, 1034 I, 1041 I Nr 4, 1044 II Nr 4, 1045 II), wobei die Anhörung des Gegners teilweise aus Gründen der bes Verfahrensart in das pflichtgemäß auszuübende Ermessen des Gerichts gestellt wird (zB Arrest und einstw Vfg). In diesen Fällen ist der Verfassungsnorm des Art 103 GG dadurch genügt, daß der ohne vorherige Anhörung Betroffene die Möglichkeit einer Überprüfung der Maßnahme im kontradiktorischen Verfahren und ggf Schadensersatzansprüche wegen des Vollzuges der (nur formal, nicht aber sachlich berechtigten) ohne seine Mitwirkung getroffenen Maßnahme erhält (vgl § 945), BVerfGE 57, 346/359; BayObLG Rpfleger 86, 98/99; von Winterfeld NJW 61, 849. Trotz Art 101 I 2 GG kein Anspruch auf rechtl Gehör im Selbstablehnungsverfahren (§ 48); BGH MDR 70, 994 (hierzu kritisch *Metzner* ZZP 97 [1984], 196); anders, wenn der Gegner den Richter abgelehnt hat. Im Verfahren der Prozeßkostenhilfe: § 118 Rn 2–4; § 299 Rn 4; BVerfG NJW 67, 30; BayVerfGH NJW 62, 627.

4 **b) Anspruchsberechtigt** nur die Verfahrensbeteiligten (das sind neben den Parteien deren Streitgehilfen, im Fall §§ 380, 387, 390, 409 auch die Auskunftspersonen, im Fall § 135 II der Anwalt), nicht andere durch die Entscheidung materiell betroffene Personen (zB der Rechtsnachfolger, der den Prozeß nicht übernimmt, § 265).

5 **c) Gegenstand** der Gewährung des rechtl Gehörs ist jeglicher für die Entscheidung maßgebl Prozeßstoff. Dabei dient der Kundgabe des gegnerischen Verbringens außerhalb der mündl Verhandl die Regelung in §§ 132–135, 142, 143, 272, der Kundgabe des vom Gericht für wesentlich Erachteten §§ 139, 278 III. Zur Notwendigkeit der Offenbarung richterl Sachkenntnis s Anm zu §§ 291, 284, 402. Richtlinie: Keine Partei darf durch Verwertung ihr ungünstigen Prozeßstoffs in der Entscheidung überrascht werden (vgl § 278 III, dort Rn 5).

5a Das Recht auf Gehör eröffnet grundsätzlich (Ausnahme § 128 Rn 19) kein Recht auf im Gesetz nicht vorhandene Rechtsbehelfe; es gibt **kein Grundrecht auf einen Instanzenzug:** BVerfGE 1, 433/437; 28, 88/95; 34, 1/6; 42, 252/254; 60, 98; 65, 76/90 = NJW 83, 2929. Ebenso besteht kein Recht der Parteien auf eine von ihnen gewünschte **Verfahrensart,** so auf mündl Verhandlung, wo das Gesetz die schriftl Anhörung der Parteien vorschreibt oder genügen läßt (zB § 128 III; vgl § 128 Rn 8; BVerfGE 6, 19/20; 60, 175/210; BGHZ 13, 265/270). Jedoch wird, wo das Gesetz mündl Verhandlung vorschreibt, das Recht auf Gehör verletzt, wenn das Gericht nach lediglich schriftl Verfahren entscheidet (München MDR 83, 324).

6 **d) Gewährt ist rechtl Gehör** mit Einräumung der Möglichkeit zur Erwiderung auf Erklärungen des Gerichts (§§ 139, 278 III) oder des Gegners (BVerfG NJW 85, 1149; 82, 1453). Das setzt voraus, daß diese Erklärungen dem Berechtigten in mündl Verhandlung oder schriftl (zum Nachweis des Zugangs: BVerfG NJW 74, 133; hierzu kritisch Scheld Rpfleger 74, 212) zugegangen sein müssen und daß der Ablauf einer gesetzten Erklärungsfrist abgewartet wird (BVerfG NJW 82, 1453; 76, 1837; München OLGZ 77, 355). Wo diese Frist angemessen war (zur notw Dauer einer angemessenen Frist s § 275 Rn 4), ist Präklusion verspäteten Vorbringens aus Gründen der Rechtssicherheit u Verfahrensbeschleunigung zulässig, BVerfG NJW 74, 133; 78, 413; 80, 277; 85, 1149; so insbes auch die Zurückweisung verspäteter Angriffs- und Verteidigungsmittel nach § 296. Hat das Gericht einer Partei erwiderungsbedürftige Hinweise gegeben, ohne hierzu eine Erklärungsfrist zu setzen, so ist die Erklärung der Partei hierauf gleichwohl in angemessener Frist einzureichen (BVerfG NJW 82, 1691); welche Zeit hier als noch angemessen anzusehen ist, ergeben die Umstände, also die Dringlichkeit der Sache oder deren Schwierigkeit. Der Partei ist es in diesem Fall zuzumuten, eine 2 Wochen überschreitende Frist mit dem Gericht abzuspre-

chen. – Das Gericht muß das Vorbringen der Parteien (auch wenn es erst am letzten Tag einer gesetzten Frist beim Gericht eingeht: § 222 Rn 2; BVerfG NJW 82, 30; 83, 1453) *zur Kenntnis nehmen* u bei seiner Entscheidung berücksichtigen, soweit es erheblich ist; ein Eingehen auf alle Einzelheiten des Vorbringens in den Entscheidungsgründen ist jedoch nicht geboten (BVerfG 42, 364; 60, 1/5; NJW 76, 747; 78, 989; 80, 278; 82, 1453; 85, 1149; BayVerfGH NJW 77, 243). Das Übergehen eines entscheidungserheblichen Beweisantritts (vgl § 284 Rn 2 ff) wegen Unverhältnismäßigkeit der hierdurch entstehenden Kosten stellt ebenso eine Versagung des rechtl Gehörs dar wie auch die gerichtl Schätzung, wo deren gesetzl Voraussetzungen (§ 287) fehlen (BVerfG NJW 79, 413). Unsachl u beleidigende Eingaben bedürfen regelm keiner Erwiderung, Hamm NJW 76, 978. – Ob eine Partei von der ihr eingeräumten Möglichkeit zur Äußerung Gebrauch macht, ist ihre Sache; insoweit ist das Recht auf Anhörung **verzichtbar** (§ 295 Rn 5, vgl Höfling NJW 83, 1584 mw Nachw). Unverzichtbar für das Gericht dagegen ist der durch Art 103 GG den Gerichten erteilte Auftrag, den Parteien rechtl Gehör zu gewähren (hierzu § 278 Rn 5–9), ihnen also vor der Entscheidung Gelegenheit zu geben, sich zu den Argumenten des Gegners und des Gerichts zu äußern; daher kann keine Partei das Gericht durch einen vorweggenommenen Verzicht von seiner Pflicht zur Gewährung rechtl Gehörs im nachfolgenden Verfahren entbinden (Waldner aaO S 83/84).

e) Streitig ist, ob das Recht auf Gehör den Parteien ein prozessuales Recht auf **Kenntnis des gesamten Prozeßstoffes durch sämtliche Mitglieder des Kollegialgerichts** auf Grund jeweils eigenen Aktenstudiums gibt. Doehring (NJW 83, 851) und von Stackelberg (MDR 83, 364) bejahen ein solches „Grundrecht" der Parteien auf kollegiales Aktenstudium. Dem kann nicht gefolgt werden. Weder das Grundgesetz noch die ZPO schreiben den Kollegialgerichten vor, *wie* diese sich Kenntnis vom Akteninhalt verschaffen, solange nur die Sachentscheidung auf einer gebührenden Berücksichtigung des streitigen Sachvortrages der Parteien beruht (Rn 6); erst wenn das nicht der Fall ist, kann ggf auf eine Versagung des rechtl Gehörs *im Urteil* (ebenso *Beschluß*) ein Rechtsmittel oder letztlich eine Verfassungsbeschwerde (Rn 8) gestützt werden (so im Ergebnis StJL Rn 36; Herr NJW 83, 2131). Ein solcher Rechtsbehelf kann also nicht bereits auf Mängel des Informationsvorgangs im Kollegium gestützt werden, der für die Parteien kaum jemals erkennbar ist, wenn sich die mangelhafte Kenntnis des Streitstoffes durch das Kollegium nicht im Urteil manifestiert. 7

f) Folge der Verletzung des Rechts: stets revisibler Verfahrensfehler, soweit Beschwer daraus herzuleiten (Henckel ZZP 77, 321; Röhl NJW 64, 273). Auf ein Verschulden des Gerichts kommt es hierbei nicht an; daher rechtl Gehör auch verletzt, wenn ein Schriftsatz bei der Entscheidung unberücksichtigt bleibt, der, obwohl eingereicht, nicht zu den Akten gelangte (BVerfG MDR 78, 201). Trägt in diesem Fall der Schriftsatz einen Eingangsstempel mit dem Datum des Tages, an dem die diesen Schriftsatz ignorierende Entscheidung existent wurde (hierzu § 329 Rn 6), so ist zugunsten der Partei davon auszugehen, daß er vom Gericht verfahrensfehlerhaft nicht zur Kenntnis genommen wurde (BGHZ 85, 361/364; BGH NJW 82, 888/889; BSG MDR 85, 700; BVerwG NJW 86, 1125). – Nach Ausschöpfung des Rechtswegs Verfassungsbeschwerde, BVerfGE 11, 218; BVerfG NJW 82, 2367 und 2368. Die Erhebung einer Gegenvorstellung oder Vorschaltrüge zum judex a quo vor Anrufung des Verfassungsgerichts ist lege lata nicht geboten (aM Seetzen NJW 82, 2337). Zur notw Einschränkung eines Mißbrauchs der Verfassungsbeschwerde wegen (angeblicher) Versagung der rechtl Gehörs als „Pannenhilfe" gegen als falsch empfundene Urteile Schumann NJW 85, 1134; BVerfG NJW 85, 1149. 8

2) Dispositionsmaxime: Die Einleitung (teilweise auch die Fortführung, § 250) des Zivilprozesses ist allein Sache der Parteien, die durch Antrag (§§ 253, 688) den Beginn des Verfahrens und seinen Umfang (§ 308) oder seine Beendigung (§§ 269, 515, 91 a, 794 Nr 1) bestimmen. Ausnahmen gelten für die Kostenfrage (§ 308 II) und die Vollstreckbarerklärung (§§ 708, 709, 721, 938). Nur ausnahmsweise ist die Dispostionsmaxime dort eingeschränkt, wo (wie im Ehe- und Kindschaftsrecht und im Entmündigungsverfahren) der Wille der Parteien dem öffentlichen Interesse unterzuordnen ist. Im übrigen sind Vereinbarungen der Parteien über die rechtl Bewertung präjudizieller Rechtsverhältnisse zulässig u für das Gericht bindend, soweit nicht der ordre public verletzt (Baur, Festschrift für Bötticher 1969, 1; Schlosser, Einverständliches Parteihandeln im Zivilprozeß, Tübingen 1968; BGH 49, 384 = NJW 68, 1233; Habscheid, Richtermacht oder Parteifreiheit, ZZP 81, 175; einschränkend Häsemeyer ZZP 85, 207). Zur Zulässigkeit von **Prozeßvereinbarungen** s unten Rn 22. 9

3) Verhandlungsgrundsatz: Grundsätzl darf das Gericht seiner Entscheidung nur das Tatsachenmaterial zugrundelegen, das von den Parteien vorgetragen ist (§ 253). Auf die eigene (vielleicht auch bessere) Sachkenntnis darf es nicht ankommen, soweit die Parteien nicht erkennbar ihre Wahrheitspflicht (§ 138) verletzen. Das Gericht darf auf Berichtigung offenkundiger 10

Unwahrheiten (§ 291) hinwirken, ohne damit den Vorwurf der Befangenheit (§ 42) zu begründen, nicht aber das Vorbringen neuer Tatsachen oder die Stellung neuer Anträge anregen; unberührt hiervon bleibt aber das Fragerecht (§ 139) des Gerichtes, das nur der Aufklärung und Schlüssigstellung des Parteivortrags dient, nicht jedoch durch „gezielte Fragen" in eine unzulässige Ausforschung, dh in die Provokation neuen Tatsachenvorbringens ausarten darf.

10a **Grenzen des Verhandlungsgrundsatzes** bestehen, soweit dieser Grundsatz mit dem Verfassungsrang besitzenden **Gebot des rechtsstaatlichen und fairen Verfahrens** kollidiert (BVerfGE 54, 277/291; Stürner, Parteipflichten bei der Sachverhaltsaufklärung, ZZP 98 [1985], 237). Diese Grenzen ergeben sich aus der Mitwirkungs- und Wahrheitspflicht der Parteien (§ 138 Rn 1–8) sowie der Aufklärungspflicht des Gerichts (§ 139). Die Partei, die eine ihr mögliche und zumutbare Mitwirkung bei der Stoffsammlung und Wahrheitsfindung verweigert, riskiert die Unbeachtlichkeit ihres Bestreitens (§ 138 Rn 10), die Verwirkung prozessualer Rechte (unten Rn 13), die sog Umkehr der Beweislast (Rn 18, 21, 22 vor § 284) sowie eine ihr nachteilige Beweiswürdigung § 286 Rn 14).

11 Zur Aufklärung des Tatsachenvortrages der Parteien darf das Gericht von Amts wegen die Einnahme des Augenscheins sowie die Begutachtung durch Sachverständige (§§ 144, 287), die Vorlage von Urkunden oder Akten (§§ 142, 143) oder zur Vergewisserung über die Richtigkeit einer Beweisaufnahme (nicht also bei ursprünglicher Ungewißheit!) die Anhörung einer oder beider Parteien anordnen (§§ 448, 287). In allen anderen Fällen sind Beweisantritt und -führung allein Sache der Parteien.

12 Ausnahmsweise tritt an die Stelle des Verhandlungs- der **Untersuchungsgrundsatz,** wo das öffentl Interesse am Streitgegenstand eine umfassende (dh vom Parteivorbringen unabhängige) Sachaufklärung gebietet, so in Ehe-, Kindschafts-, Entmündigungs- und Aufgebotssachen (§§ 616, 640, 653, 952 III 986 III).

13 **4) Verwirkung prozessualer Rechte** kann, soweit nicht die Verfassungsgarantie des Gerichtsschutzes (Art 19 IV GG) verletzt wird, über die bereits im Gesetz vorgesehenen Möglichkeiten hinaus (§§ 43, 295, 296, 527–531) eintreten, wenn eine Prozeßhandlung (Rn 17) im Einzelfall vorwerfbar rechtsmißbräuchlich ist, zB Wiederholung von Gesuchen um Prozeßkostenhilfe bei unveränderter Sach- u Rechtslage, Einlegung unbefristeter Rechtsmittel nach unangemessen langer Zeit sofern durch Zeitablauf ein Vertrauenstatbetand geschaffen (BVerfG NJW 72, 675; BAG NJW 62, 463) u sonst der Rechtsfrieden gestört wird (München OLGZ 83, 368). Der Grundsatz von Treu und Glauben beherrscht auch das Verfahrensrecht (BGH 48, 354 = NJW 68, 105; Baumgärtel ZZP 69, 423; 86, 353; Köln Rpfleger 80, 234; zur Verwirkung der Beschwerdebefugnis vgl § 567 Rn 8 u 13; einschränkend für den öffentl rechtl Rechtsschutzanspruch Dütz NJW 72, 1025). Zur Folge schuldhafter Beweisverteilung vgl Rn 21 vor § 284, § 286 Rn 14.

14 **II)** Soweit das Verfahren im Zivilprozeß keine Besonderheit gegenüber dem Strafprozeß aufweist, finden sich weitere Verfahrensnormen im **Gerichtsverfassungsgesetz,** so die Vorschriften über die Öffentlichkeit (§§ 169–175 GVG), die Sitzungspolizei (§§ 176–183 GVG), Gerichtssprache (§§ 184–191 GVG) und über die Beratung und Abstimmung (§§ 192–197 GVG). Vgl die Anm hierzu bei der Erläuterung des GVG.

15 **B) Das Verfahren des Zivilprozesses beginnt** durch die ein Prozeßrechtsverhältnis begründende Prozeßhandlung einer Partei.

16 **I) Das Prozeßrechtsverhältnis** (Einl Rn 52 ff; Nakano ZZP 79, 99): Die Anrufung des Gerichts begründet zwischen diesem einerseits u den Parteien andererseits wie auch zwischen beiden Parteien untereinander das öffentl-rechtl Prozeßrechtsverhältnis, welches von dem Inhalt und Fortbestand der sachl-rechtl Beziehungen zueinander unabhängig ist (vgl § 265). Es begründet den Anspruch gegen das Gericht zur Ausübung der rechtspr Gewalt im Einzelfall (zur Justizgewährungspflicht des Staates Schäfer BayVBl 74, 325) und bedingt, soweit das zur ordnungsgemäßen Ausübung der Rechtspflege nötig ist, öffentl-rechtl Pflichten für die Parteien, deren Mißachtung Zwangsmaßnahmen (vgl § 141 III) auslösen und zum Verlust sachl-rechtl Positionen (§§ 330 ff) führen kann. Das Prozeßrechtsverhältnis ist (vgl den Fall der Verweisung, § 281, der nachträglichen Klageerweiterung. § 264 Nr 2 u 3, und des Parteiwechsels sowie der Prozeßverbindung, § 147 und Prozeßtrennung, § 145) weder an die Person des Gerichts oder der Parteien, noch an den Gegenstand einer Klage unveränderlich gebunden. Es wird begründet oder umgestaltet durch Prozeßhandlungen der Parteien oder des Gerichts.

17 **II) 1) Prozeßhandlungen** (zu deren Auslegung u zu den Folgen von Willensmängeln Bruns, Festschr für Fragistas 1967 II, 73; Baumgärtel ZZP 87, 121; R-Schwab § 63; für eine erweiterte Zulassung der Berücksichtigung von Willensmängeln im Prozeß Orfanides, Prozeßrecht Abhandlungen Heft 54, 1982) sind alle den Prozeßablauf gestaltenden oder bestimmenden Hand-

lungen der Parteien oder des Gerichts. Wo das Gesetz von Prozeßhandlungen spricht (§§ 54, 67, 78 II, 81, 83 II, 85, 230 ff, 249 II), sind Handlungen der Parteien gemeint. Die Prozeßhandlung kann gleichzeitig sachl-rechtl Wirkungen äußern (zB §§ 209, 387, 397 BGB, §§ 306, 307, 794 I Nr 1 ZPO), doch kann sie sich auch in ihrer proz Gestaltungswirkung erschöpfen. Wegen dieser Gestaltungswirkung sind Prozeßhandlungen anders als rechtsgeschäftl Willenserklärungen nicht von Willensmängeln abhängig, nicht anfechtbar (BGH 80, 389 = NJW 81, 2193; BGH 12, 284 = NJW 54, 676; BFH NJW 70, 632; BVerfG NJW 80, 135; einschränkend Arens Willensmängel bei Parteihandlungen im Zivilprozeß 1968) und nur in den vom Gesetz vorgesehenen Fällen (§§ 85, 87, 90 II, 290) widerruflich (Bremen NJW 56, 1037, Düsseldorf NJW 64, 824). Unwiderruflichkeit setzt aber die wirksame Vornahme der Prozeßhandlung voraus; daher frei widerruflich die bloß schriftl Ankündigung einer mündl vorzunehmenden (§ 297) Prozeßhandlung, zB Erledigterklärung (§ 91 a), BGH NJW 68, 991; LG Nbg-Fürth NJW 81, 2587, desgleichen Prozeßanträge, BayOBLGZ 58, 196 = NJW 58, 1827. Wo demnach Widerruf einer erst angekündigten Prozeßhandlung in Betracht kommt, gilt für dessen Rechtzeitigkeit (vor Eintritt der Gestaltungswirkung der Prozeßhandlung) § 130 BGB entsprechend. Kein Widerruf einer Prozeßhandlung, sondern die Ausübung eines selbständigen prozessualen Gestaltungsrechtes ist der vereinbarungsgemäß vorbehaltene Widerruf eines Prozeßvergleiches, weil er die Tatsache, daß ein bedingter Vergleich (regelmäßig ist dieser Vergleich aufschiebend bedingt wirksam, BGHZ 83, 364 = MDR 84, 226; zur Doppelnatur des Vergleichs als Rechtsgeschäft u Prozeßhandlung vgl BGH NJW 72, 159; 85, 1963; zu seinen prozessualen u materiellrechtl Risken vgl Bergerfurth NJW 69, 1797) geschlossen war, nicht rückgängig macht und zB die Stundungswirkung dieses Vergleiches nicht rückwirkend beseitigt (LG Berlin NJW 65, 765; vgl § 794 Rn 10). Wegen Anfechtung eines Prozeßvergleichs s § 279 Rn 3 u § 794 Rn 15. Wegen der (zulässigen) Änderung der Vergleichswiderrufsfrist durch Parteivereinbarung s § 224 Rn 2. Zum (zulässigen) Widerruf eines Beweisantrages s unten Rn 19 und Rn 2 vor § 284.

2) Prozeßhandlungen sind **bedingungsfeindlich,** soweit ihre Wirksamkeit von einem außerprozessualen Ereignis abhängig gemacht wird (zB von einer Handlung eines nicht am Prozeß beteiligten Dritten), weil die Gestaltungswirkung auf den Prozeß niemals ungewiß sein darf (RG 144, 73). Zulässig dagegen ist es, Prozeßhandlungen von innerprozessualen Bedingungen abhängig zu machen, also von dem Erfolg oder Mißerfolg einer eigenen Prozeßhandlung oder einer solchen Handlung des Gegners (RG 157, 379), nicht aber von innerprozessualen Bedingungen, die nicht unmittelbar in Sachentscheidungen beruhen (zB von der Beweiswürdigung des Gerichts abhängen, Stuttgart NJW 71, 1090 m weit Nachw). So sind zulässig die Eventualwiderklage für den Fall, daß die Klage Erfolg hat (BGH 21, 13; NJW 56 1478 und 65, 440), der Eventualantrag auf Verweisung für den Fall, daß das Gericht seine Zuständigkeit verneint. Begrifflich unmöglich ist daher die bedingte Klageerhebung, weil eine innerprozessuale Bedingung nur vorliegen kann, wo ein Prozeßrechtsverhältnis bereits unbedingt besteht; so für die „bedingte" Rechtsmitteleinlegung BAG NJW 69, 446. Zulässig, weil innerprozessual bedingt, ist aber die bedingte unselbständige Anschlußberufung, denn diese ist kein eigentliches Rechtsmittel, sondern Sachantrag innerhalb des gegnerischen Rechtsmittels (BGHZ 80, 146/148; 83, 371/376 = MDR 81, 638; 82, 843; BGH MDR 84, 569). 18

3) Im übrigen ist die Unterscheidung der Prozeßhandlungen in **Bewirkungshandlungen** und **Erwirkungshandlungen** (StJL Rn 172–175; R-Schwab § 64) ohne praktische Bedeutung, solange man, wie hier geschehen, als Prozeßhandlungen nur solche Handlungen versteht, die den Prozeß gestalten und dadurch die prozessualen Rechte des Gegners unmittelbar berühren (zB die Rechtshängigkeit begründen, erweitern oder – im Fall des § 269 – beenden). Sonstige (Erwirkungs-)Handlungen der Parteien im Prozeß wie zB Behauptungen, Beweisangebote (aber § 399!), schriftliche Ausführungen etc sind frei widerruflich und abänderlich. Nur das Geständnis ist nicht frei widerruflich (§ 290). Wegen der Wirkung der Erklärung, ein Vorbringen „fallen zu lassen", vgl BGH 22, 268 = JR 57, 224 und § 296 Rn 19. 19

4) Im **Anwaltsprozeß,** § 78, ist die Ausübung aller Prozeßhandlungen dem Rechtsanwalt vorbehalten; Erklärungen der Partei selbst gewinnen prozessuale Wirkung nur im Rahmen des § 137 IV oder wenn der eigene Anwalt oder der Gegner die sachl-rechtl Wirkung derartiger Erklärungen zum Gegenstand ihres Prozeßvortrages machen (zB bei Anerkenntnis, Geständnis, Verzicht, Aufrechnung). – Die Verletzung von Standespflichten (zB Antrag auf VersUrteil, vgl Rn 12 vor § 330) macht Prozeßhandlung des Anwalts hierwegen nicht unwirksam (vgl entspr für Notar BGH NJW 71, 42/43). 20

Zur Frage der mat-rechtl Wirkung von Prozeßhandlungen (uU Schadensersatzpflicht § 826 BGB): Hellwig NJW 68, 1072; Zeiss, Die arglistige Prozeßpartei 1967; Baumgärtel, Treu u Glauben im Zivilprozeß, ZZP 86, 353. 21

22 **5)** Die Parteien können im Umfang der Dispositionsmaxime (oben Rn 9) durch Prozeßhandlungen auf den Verfahrensablauf einwirken. Sie haben aber auch die Möglichkeit, durch außerprozessuale Rechtsgeschäfte **Prozeßvereinbarungen** über die Gestaltung eines anhängigen oder auch erst bevorstehenden Prozesses zu treffen und sich darin zu einem bestimmten prozessualen Verhalten zu verpflichten. Solche Vereinbarungen unterliegen keinem Anwaltszwang (BGH NJW 84, 805) und finden die Grenze ihrer Wirksamkeit nur in der Verbindlichkeit unverzichtbarer Verfahrensnormen (§ 295 Rn 3–5) und in der Nichtigkeit einer sittenwidrigen (§ 138 BGB) oder Treu und Glauben widersprechenden (§ 242 BGB) Einengung der prozessualen Handlungsfreiheit. Grds zulässig und wirksam sind demnach zB Verträge über eine Klagerücknahme (§ 269 Rn 3), einen Rechtsmittelverzicht (BGHZ 28, 45; 38, 254), eine Sprungrevision statt Berufung (BGH NJW 86, 198), einen Verzicht auf den Urkundenprozeß (RGZ 160, 242), eine Regelung der Beweislast (vor § 284 Rn 23) usw. Eine solche Prozeßvereinbarung ist mangels Rechtsschutzbedürfnis hierfür (Rn 18 vor § 253) regelm nicht selbständig einklagbar, denn sie kann im anhängigen Verf – vorbehaltlich der zulässigen Gegeneinrede der unzulässigen Rechtsausübung, BGH NJW 86, 198; 68, 794; JZ 53, 153; RGZ 161, 350; Hamburg MDR 67, 766 – einredeweise geltend gemacht werden (Baumgärtel, Festschrift für Schima 1969, S 41; Hellwig, Zur Systematik des zivilprozeßrechtl Vertrags 1968; Schlosser, Einverständliches Parteihandeln i Zivilprozeß 1968). Zur Fortwirkung von Prozeßvereinbarungen auf die Rechtsnachfolger (grundsätzlich bejahend) Soehring NJW 69, 1093.

Erster Titel

MÜNDLICHE VERHANDLUNG

128 *[Mündlichkeit. Schriftliches Verfahren]* **(1) Die Parteien verhandeln über den Rechtsstreit vor dem erkennenden Gericht mündlich.**

(2) Mit Zustimmung der Parteien, die nur bei einer wesentlichen Änderung der Prozeßlage widerruflich ist, kann das Gericht eine Entscheidung ohne mündliche Verhandlung treffen. Es bestimmt alsbald den Zeitpunkt, bis zu dem Schriftsätze eingereicht werden können, und den Termin zur Verkündung der Entscheidung. Eine Entscheidung ohne mündliche Verhandlung ist unzulässig, wenn seit der Zustimmung der Parteien mehr als drei Monate verstrichen sind.

(3) Bei Streitigkeiten über vermögensrechtliche Ansprüche kann das Gericht von Amts wegen anordnen, daß schriftlich zu verhandeln ist, wenn eine Vertretung durch einen Rechtsanwalt nicht geboten ist, der Wert des Streitgegenstandes bei Einreichung der Klage fünfhundert Deutsche Mark nicht übersteigt und einer Partei das Erscheinen vor Gericht wegen großer Entfernung oder aus sonstigem wichtigen Grunde nicht zuzumuten ist. Das Gericht bestimmt mit der Anordnung nach Satz 1 den Zeitpunkt, der dem Schluß der mündlichen Verhandlung entspricht, und den Termin zur Verkündung des Urteils. Es kann hierüber erneut bestimmen, wenn dies auf Grund einer Änderung der Prozeßlage geboten ist. Es kann auch ohne Einverständnis der Parteien nach § 377 Abs. 4 verfahren. Die Anordnung nach Satz 1 ist aufzuheben, wenn die Partei, zu deren Gunsten sie ergangen ist, es beantragt oder wenn das persönliche Erscheinen der Parteien zur Aufklärung des Sachverhalts unumgänglich erscheint.

A) Der Grundsatz der Mündlichkeit

1 **I) Anwendungsbereich: 1)** Der Grundsatz der Mündlichkeit dient der Straffung des Parteivorbringens, damit der **Förderung und Beschleunigung** des Verfahrens. Er findet seine Ergänzung im Grundsatz der Unmittelbarkeit, dh der Erörterung des Prozeßstoffes vor dem erkennenden Gericht auch insoweit, als entscheidungserhebl Tatsachen (zB schriftl erstattete SV-Gutachten § 411, schriftliche Zeugenaussagen § 377 III, Ergebnisse auswärtiger Beweisaufnahmen im Wege der Rechtshilfe § 362 oder vor dem beauftragten Richter § 371, Inhalt beigezogener Urkunden § 142 oder Akten § 143) anderweitig vorgetragen oder festgestellt wurden, vgl §§ 285, 355. Ihm unterliegt auch das Gericht, insoweit es gerichtsbekannte, von den Parteien nicht vorgetragenen Tatsachen bei der Entsch verwerten will (§ 291 Rn 2). Er ist nicht identisch mit dem Grundsatz des rechtl Gehörs, weil dieses auch durch Gelegenheit zu schriftl Äußerung gewährt werden kann (Rn 5 u 6 vor § 128).

2) Er gilt nur vor dem **erkennenden Gericht,** also nicht vor dem beauftragten oder ersuchten Richter (§§ 361, 362), nicht vor dem Vorsitzenden des Kollegialgerichts bei prozessualen Vfgen, nicht vor dem Rechtspfleger oder Urkundsbeamten der GeschSt. Das erkennende Gericht wird aber auch durch den Einzelrichter (§ 348) repräsentiert. 2

3) Er gilt nur für die **Verhandlung der Parteien,** also nicht (soweit nicht gesondert vorgeschrieben) für am Verf nicht oder noch nicht (§ 71) beteiligte Dritte; diese unterliegen ihm erst nach erfolgtem Beitritt (§ 66). Zum Gegenstand der Entscheidung darf nur das i der mündl Verh (bei Richterwechsel: in der letzten mündl Verh § 309) Vorgetragene gemacht werden. Vorgetragen idS ist aber auch schriftsätzl Vorbringen, auf das i der mündl Verh lediglich (ausdrücklich oder durch schlüssiges Verhalten) Bezug genommen wurde, § 137 III. Andererseits darf i der mündl Verh auch vorgetragen werden und muß berücksichtigt werden, was nicht schriftsätzlich (§ 129) vorbereitet ist (auch Sachanträge des Klägers § 297), doch ist dann die Erklärungsfrist für den Gegner, § 132, zu beachten und auf Antrag gem § 283 zu verfahren. 3

Keine Verh iS des § 128 ist die Beweisaufnahme; sie darf, wenn die Parteien nur geladen waren, auch bei deren Nichterscheinen durchgeführt werden, § 367; s aber § 370. 4

II) Der Grundsatz der Mündlichkeit gilt nicht uneingeschränkt. Ausgeschlossen ist die mündl Verh im Mahnverfahren bis zum Widerspruch (§§ 688–694), im Fall der richterl Selbstablehnung (§ 48 II, BGH MDR 70, 994), im Pfändungsverfahren gem § 834 und im Verfahren des Arrestes und der einstw Vfg, wenn das Gericht die Dringlichkeit und Begründetheit des Anspruchs bejaht, §§ 921 I, 937 II. Wegen des Verfahrens der Prozeßkostenhilfe s § 118. 5

Auch vor kontradiktorischen Urteilen kann die Notwendigkeit einer mündl Verh entfallen, wenn die Parteien die ihnen eröffnete Möglichkeit des Verhandelns nicht wahrnehmen: §§ 251 a, 331 a, 283. 6

Schließlich ist vielfach die mündl Verh in das Ermessen des Gerichts gestellt, wobei der die mündl Verh anordnende Beschluß unanfechtbar ist (RG 54, 348). 7

Ohne mündl Verhandlung kann das Gericht entscheiden in den Fällen § 37 (Bestimmung des zuständigen Gerichts), §§ 46, 49 (Ablehnung), §§ 109, 715 (Rückgabe der Sicherheit), § 118 (Prozeßkostenhilfe, § 149 (Aussetzung wegen strafb Handlung), §§ 174, 177 (ZustBevollmächtigte), § 204 (öffentl Zust), §§ 225 ff (Abkürzung oder Verlängerung von Fristen), § 248 (Aussetzung des Verfahrens), §§ 273, 296, 356, 431 (Fristsetzung: zur Aufklärung, bei Beweisaufnahmehindernis oder zur UrkVorlage), § 319 (Urteilsberichtigung), § 339 (nachträgl Bestimmung der EinsprFrist), § 490 (Beweissicherung), §§ 519 b, 554 a, 573 (Berufung, Revision, Beschwerde), § 730 (Erteilung der VollstrKlausel bei Rechtsnachfolge), § 732 (Einwendung gegen die Erteilung der VollstrKlausel), § 764 (Entscheidung des VollstrGer), §§ 769 ff (Einstellung der ZwV), §§ 887, 888, 891 (ZwV zwecks Erwirkung der Vornahme e Handlung usw), §§ 921, 926, 934, 937, 942 (Arrest u einstw Vfg), §§ 947, 1020 (Aufgebot), § 1045 (schiedsgerichtl Verfahren). In fast allen diesen Fällen nennt das Gesetz das an die Gerichte gestellte Begehren: Gesuch, nicht Antrag. Entscheidet das Gericht ohne mündl Verh muß es die Beteiligten schriftl hören. Der Gesamtinhalt der Akten bildet die Grundlage der durch Beschluß ergehenden Entscheidung, die den Parteien von Amts wegen zuzustellen, wenn nur einfache Beschw zulässig ist, formlos zu übersenden ist. 8

B) Das schriftl Verfahren

dient als Ausnahme vom Grundsatz der Mündlichkeit der Vereinfachung u Beschleunigung des Prozesses. Es ist zulässig im gesamten Zivilprozeß (Ausnahme § 46 II ArbGG, s aber § 64 II, § 72 III ArbGG), sofern entweder die Parteien dem zustimmen (Abs II) oder Abs III das Gericht ermächtigt, Bagatellverfahren von Amts wegen schriftl durchzuführen. 9

I) Das schriftl Verfahren mit Zustimmung der Parteien (Abs II): 1) Zulässigkeit. Das schriftl Verf darf nur der Vereinfachung und Beschleunigung des Verf, nicht der Verschleppung dienen. Es ist daher unzulässig, wo der Prozeß auf Grund stattgefundener mündl Verh bereits entscheidungsreif (§ 300) ist (BGH 17, 118 = NJW 55, 988; BGH 18, 61 = NJW 55, 1357). Es ist auch zulässig, wenn bereits eine mündl Verh stattgefunden hatte (BGH 17, 120; RG 151, 195). Daher ist die Einverständniserklärung der Parteien, soweit in der mündl Verh abgegeben, nur beachtlich, wenn der Vortrag weiteren Prozeßstoffes noch zu erwarten ist. Das gilt aber nicht, wenn das Einverständnis außerhalb der mündl Verh (zB schriftlich nach Widerruf eines Vergleichs oder im Anschluß an eine bloße Beweisaufnahme) erklärt wird, weil dann die sonst notw (letzte) mündl Verh entbehrlich wird. Letzteres übersieht der BGH, wenn er weiteres Parteivorbringen generell als Zulässigkeitsvoraussetzung des schriftl Verf annimmt (BGH NJW 66, 52). 10

2) Erklärung. Nötig ist die in der mündl Verhandlung, sonst notwendig schriftlich abzugebende (BVerwG NJW 81, 1852) übereinstimmende Erklärung beider Parteien. Für die Partei darf 11 auch deren Streithelfer erklären (§ 67), doch darf die Hauptpartei dem widersprechen, solange sie dem Beitritt als solchem noch widersprechen (§ 71) darf (BayObLG NJW 64, 302). Bei Streitgenossenschaft oder streitgenössischer Nebenintervention (§ 69) müssen alle Genossen zustimmen; bei notwendiger Streitgenossenschaft (§ 62) ersetzt jedoch die in mündl Verh von einem Genossen erklärte Zustimmung die Erklärung des Nichterschienenen. Widersprechen sich die Genossen in der mündl Verh, so kann abgetrennt (§ 145) oder durch Teilurteil (§ 301) entschieden werden; zweckmäßiger ist es dann aber, vom schriftl Verf ganz abzusehen.

12 Die Erklärung ist Prozeßhandlung und unterliegt gem § 78 dem Anwaltszwang. Sie ist, um die Zulässigkeit einer Entscheidung nicht in Frage zu stellen, bedingungsfeindlich (BGH 18, 62; RG 151, 195) und grundsätzlich nicht frei widerruflich (BGH 28, 278, NJW 59, 244 und 62, 1819). Widerruf nur ausnahmsweise zulässig bei durch gegnerischen Sachvortrag wesentlich veränderter Prozeßlage (BGH NJW 70, 1458; BGH 11, 32 = NJW 54, 266; RG 151, 196). Auch der Hinweis des Gerichts auf nicht erkannte rechtl Gesichtspunkte (§ 278 III) kann für die Partei, an die er gerichtet ist, eine wesentlich veränderte Prozeßlage u damit ein Recht auf Widerruf der Zustimmung begründen. Keine unzulässige Bedingung ist die für den Fall des Vergleichswiderrufs abgegebene Einverständniserklärung. Die Erklärung darf insofern modifiziert sein, als bis z Ablauf einer best Frist noch eingehender Sachvortrag noch zu berücksichtigen ist (BGH 18, 62). Eine bedingte Einverständniserklärung (zB für den Fall, daß kein Urteil ergeht) ist absolut unzulässig, rechtfertigt daher auch keinen Beschluß im schriftl Verfahren.

13 Eine unzulässige Bedingung der Einverständniserklärung wäre es, wenn das Einverständnis auf eine schriftl Entscheidung des Einzelrichters oder der Kammer in einer bestimmten Besetzung beschränkt wäre, weil die Parteien dem Einzelrichter nicht die Befugnis zur Vorlage an die Kammer (§ 348 IV), der Kammer nicht die Befugnis zur Entscheidung der entscheidungsreifen Sache in der durch die Geschäftsverteilung vorgeschriebenen Besetzung nehmen können (abw Nürnberg MDR 66, 244).

14 **3) Wirkung: a)** Die Einverständniserklärung ermächtigt (Ermessensfrage, BGH MDR 68, 314) das Gericht, **ohne mündl Verh** unter Verwertung des gesamten mündl oder schriftl vorgetragenen Prozeßstoffes **schriftl zu entscheiden.** Die Frage, ob in diesem Fall **die Besetzung des Richterkollegiums** der Besetzung in einer früheren mündl Verhandlung (analog § 309) entsprechen muß, ist streitig: bejahend Volmer NJW 70, 1300; Vollkommer NJW 68, 1309; Krause MDR 82, 184; grds verneinend RGZ 132, 330/336; BGHZ 11, 27/29; BGH MDR 68, 314. Die Rechtsprechung stellt darauf ab, daß im schriftl Verfahren (ebenso Entscheidung nach Aktenlage § 251 a, § 331 a) eine dem Urteil zugrundeliegende Verhandlung eben fehlt und daher die Identität der Verhandlungsrichter und der entscheidenden Richter (§ 309) nicht geboten sei. Diese Deduktion entspricht zwar dem § 309, damit aber noch nicht dem Art 101 GG. Gesetzlicher Richter ist auch im schriftl Verfahren und bei Entscheidung nach Aktenlage das durch die abstrakte, also jeder Manipulation der Richterbank vorbeugende, Geschäftsverteilung (§§ 21 e, 21 g GVG) vorbestimmte Kollegium. Daher ist nur dieses Kollegium in seiner Zusammensetzung zur Zeit des Beschlusses der schriftl Entscheidung bzw der Entscheidung nach Aktenlage zur Entscheidung berufen; lediglich die geschäftsverteilungsgemäße Ersetzung eines ausgefallenen Richters (vgl § 309 Rn 3) ist ohne weiteres zulässig, nicht jedoch die beliebige Zusammensetzung des entscheidenden Kollegiums bzw die beliebige Bestimmung des entscheidenden Einzelrichters.

15 Soweit demnach ein **Richterwechsel** im schriftl Verfahren nach einer früheren mündl Verhandlung überhaupt zulässig ist, riskieren die Parteien, daß ein ledigl mündl Sachvortrag, soweit er nicht aktenkundig gemacht ist, bei der Entscheidung unberücksichtigt bleibt. Einer vorherigen mündl Antragstellung (§§ 137 I, 297) bedarf es nicht; waren Anträge früher mündl gestellt, so werden sie durch abweichende spätere Anräge in Schriftsätzen gegenstandslos.

16 Die Einverständniserklärung ist durch die darauf folgende **nächste Sachentscheidung verbraucht;** Sachentscheidung idS ist außer dem Urteil auch jede das Urteil unmittelbar vorbereitende, grundsätzlich eine mündl Verhandlung voraussetzende, Entscheidung über Sachanträge der Parteien (zB Beweisbeschluß, Verweisung, Zwischenstreit), daher nicht ledigl prozeßleitende Maßnahmen wie der Beschluß gem § 200 IV GVG (BGH 17, 123) oder Hinweise gem §§ 139, 273, 278 III.

17 **b)** Dem **„Beginn der mündl Verhandlung"** iS der §§ 39, 267 entspricht im schriftl Verf der Eingang der letzten Einverständniserklärung bei Gericht, BGH NJW 70, 198.

18 **c)** Dem **„Schluß der mündl Verhandlung"** mit Präklusionswirkung für späteres Vorbringen iS §§ 136 IV, 296, 296 a, 323 II, 767 II entspricht der vom Gericht mit dem Verkündungstermin zu bestimmende Zeitpunkt, bis zu dem Schriftsätze noch eingereicht werden dürfen. Regelmäßig (aber nicht zwingend) wird beiden Parteien dieselbe Schriftsatzfrist gesetzt. Geht in diesem Fall unmittelbar vor Fristablauf ein Schriftsatz der einen Partei mit neuem entscheidungserhebli-

chem Vorbringen ein, so gebietet es das Recht der anderen Partei auf Gehör, dieser durch Verlängerung der ihr gesetzten Frist Gelegenheit zur Erwiderung zu geben (BVerfGE 50, 280/285) oder die mündl Verhandlung wieder zu eröffnen (§ 156 Rn 3). Wurde eine solche Erklärungsfrist (zB nach Widerruf eines Vergleichs) nicht gesetzt, bleibt schriftl Vorbringen zulässig bis zur nachträgl bestimmten Frist, sonst unter Vorbehalt der Präklusion gem §§ 282, 296 bis zum Verkündungstermin (aM ThP Anm III 3d: nur bis zum Beschluß, der Verkündungstermin i schriftl Verfahren bestimmt). Das Gericht muß entscheidungserhebliches spätes Vorbringen dann dadurch berücksichtigen, daß es den Verkündungstermin verlegt u die Bestimmung einer Erklärungsfrist nachholt, sonst wäre das rechtl Gehör versagt. Wo eine solche Terminsverlegung innerhalb der 3-Monats-Frist nicht mehr möglich ist, muß das Gericht gem § 156 Verhandlungstermin bestimmen (aM Schneider MDR 79, 793/795).

d) Die **Ausschlußwirkung der Fristversäumung** gem § 296a entspricht, wenn hierauf Urteil zum Nachteil des Säumigen ergeht, der Prozeßlage nach einem VersUrt (vgl § 333). Trotzdem sieht das Gesetz für diesen Fall gegen das auf Versäumung beruhende („streitige") Urteil nur die **Berufung** vor, nicht den Einspruch (§ 338). Erreicht ein solches Urteil nicht die Berufungssumme (§ 511a), so wäre es auch im Fall unverschuldeter Fristversäumung nicht mehr anfechtbar. Kramer (NJW 78, 1416) hält in diesem Fall die Berufung auch bei Nichterreichung der Berufungssumme in entspr Anwendung des § 513 II für zulässig; dem ist aus Gründen des Art 103 I GG zuzustimmen (BVerfG NJW 82, 1454; 82, 2368; 83, 2492; 85, 2250; LG Frankfurt NJW 85, 1171; StJL Rn 123; ThP Anm IV 4; Kahlke NJW 85, 2231; BLA § 511a Anm 6; aM BLH § 128 Anm 2 E; LG Bonn NJW 85, 1170 = MDR 84, 674). Das BVerfG (NJW 86, 2305 = MDR 86, 729) hat aber entgegen den Grundsätzen seiner vorgenannten Rechtsprechung eine Verfassungsbeschwerde gegen den Beschluß des LG Bonn (aaO) nicht angenommen, weil „die vom Landgericht getroffene Entscheidung, das Verfahrensrecht biete keine Möglichkeit, in den Fällen des schriftlichen Verfahrens bei Verstoß gegen Art 103 I GG die Berufung auch bei Nichterreichung der Berufungssumme zuzulassen, verfassungsrechtlich nicht zu beanstanden" sei; dieser iS § 31 BVerfGG nicht verbindliche Nichtannahmebeschluß gibt dem § 511a ZPO den Vorrang vor dem Grundrecht auf rechtl Gehör und überzeugt wenig. **19**

e) Die **Entscheidung** ist in einem längstens auf **3 Monate** hinausgesetzten Termin entspr § 310 zu verkünden u gem § 317 zuzustellen. Keine Zustellung an Verkündungs Statt (Frankfurt MDR 80, 320)! Die 3-Monats-Frist beginnt ab Abgabe bzw Zugang der letzten Zustimmungserklärung; ihr Ablauf verbietet Entscheidung ohne (dann nachzuholende) mündl Verhandlung (Franzki DRiZ 77, 165). Ein gleichwohl später i schriftl Verfahren verkündetes Urteil ist verfahrensfehlerhaft iS §§ 539, 550, jedoch allein hierwegen nur dann aufzuheben, wenn es (zB wegen Nichtberücksichtigung von schriftl Vorbringen) auf diesem Fehler beruhen kann. Kein Ablauf der 3-Monats-Frist in den Gerichtsferien (§ 200 I GVG), sofern nicht Feriensache. Sonst kommt eine Verlegung des Verkündungstermins gem § 227 über die 3-Monats-Frist hinaus nicht in Betracht, denn das schriftl Verfahren darf nur der Beschleunigung, nicht der Verschleppung der Entscheidung dienen. – Die 3-Monats-Frist gilt nicht im Verwaltungsstreitverfahren (§ 101 II VerwGO; BVerwG NJW 80, 1482). **20**

II) Das schriftl Verfahren von Amts wegen (ohne Zustimmung der Parteien) ist nur in Bagatellverfahren (ähnl dem früheren Schiedsurteilsverf, § 510c aF) zulässig, wenn (kumulativ!) **1)** der Rechtsstreit einen **vermögensrechtl Anspruch** (§ 40 II) betrifft, dessen Streitwert bei Klageerhebung 500 DM nicht übersteigt; spätere Erhöhung des Streitwerts ist bei gleichbleibendem Streitgegenstand (also nicht bei Klageänderung oder -erweiterung!) unschädlich, sofern hierdurch nicht Anwaltszwang (§ 78 ZPO, § 23 GVG) bedingt; **21**

2) Vertretung durch Rechtsanwalt nicht geboten ist; das richtet sich hier nicht nach § 78 (denn Anwaltszwang besteht bis zum Wert von 500 DM ohnedies nicht), sondern nach der v Gericht ermessensfrei zu prüfenden Frage, ob die Parteien evtl wegen der Schwierigkeit der Sache oder wegen ihrer Unerfahrenheit anwaltschaftlicher Hilfe bzw richterlicher Hilfe in der mündl Verhandlung bedürfen; **22**

3) persönl Erscheinen der Parteien unzumutbar ist, zB wegen großer Entfernung, schlechten Verkehrsverhältnissen, Gebrechlichkeit, Arbeitsüberlastung (vgl ebenso § 141 I). **23**

4) Verfahren: a) Das Gericht (nicht der Vorsitzende) ordnet nach seinem Ermessen ohne notwendige Anhörung der Parteien (Kramer NJW 78, 1411) durch **Beschluß** die schriftl Verhandlung an, bestimmt (wie Rn 18) den Zeitpunkt für Schriftsätze, der dem Schluß der mündl Verhandlung entspricht, sowie den Verkündungstermin. Die 3-Monats-Frist für die Entscheidung (wie in Abs II) gilt hierfür nicht, weil eine diese Frist in Lauf setzende Zustimmung der Parteien nicht erforderlich ist. Anhörung der Parteien vor Anordnung zulässig, aber nicht notwendig, weil jede Partei nachträgl noch mündl Verhandlung beantragen darf. Dieses Antragsrecht darf vom **24**

Gericht nicht dadurch gegenstandslos gemacht werden, daß der Zeitraum für noch zulässige Schriftsätze unangemessen verkürzt wird (BVerfG NJW 83, 2492 = MDR 83, 815; zur Angemessenheit von Erklärungsfristen vgl entsprechend § 275 Rn 4).

25 **b) Die Anordnung wirkt für das ganze Verfahren** bis zum Urteil, auch wenn nach Anordnung Beweis erhoben wird oder sonstige Zwischenentscheidungen ergehen. Schriftl Vernehmung von Zeugen (§ 377 IV) bedarf keines Einverständnisses der Parteien. Nach Beweiserhebung ist (entspr § 285) erneute Bestimmung einer Frist für schriftl Erklärung notwendig, sonst wäre rechtl Gehör versagt. Verkündungstermin kann hier (anders Abs II) gem § 227 verlegt oder gem § 156 aufgehoben werden, soweit erforderlich, so insbes bei veränderter Prozeßlage, zB nach gerichtl Hinweisen gem § 278 III.

26 **c) Aufhebung des schriftl Verfahrens** und Termin z mündl Verhandlung ist zwingend zu bestimmen, wenn die Partei das beantragt, zu deren Gunsten zunächst von mündl Verhandlung abgesehen werden sollte. Ebenso, wenn das Gericht nachträgl erkennt, daß Vertretung durch RA oder mündl Verhandlung sachl geboten; so insbes, wenn nachträgl Ladung der Partei gem § 141 I nötig erscheint.

27 **d)** Die **Entscheidung** ist grundsätzlich kontradiktorisch. Dabei ist Verteidigungsvorbringen des Beklagten, das nach Ablauf der gesetzten Schriftsatzfrist eingeht, entsprechend § 296 a nicht mehr zu berücksichtigen, falls nicht das Gericht in Ausübung pflichtgebundenen Ermessens einen vor Hinausgabe des Urteils noch eingehenden Schriftsatz (entsprechend § 331 III) zum Anlaß nimmt, das schriftliche Verfahren im gebotenen Interesse der gerechten Entscheidung wieder aufzuheben. – Ein Versäumnisurteil sieht (entgegen AG St Blasien MDR 83, 497) das amtsschriftliche Verfahren nicht vor; ebenso ist die Anwendung der Ausschlußfolgen des § 296 hier ausgeschlossen. Das schriftl VersUrteil setzt gemäß § 331 III den Ablauf einer gemäß § 276 gesetzten Frist und eine dahingehende Belehrung gemäß § 277 voraus, was (entgegen Kramer NJW 78, 1415) dem amtsschriftlichen Verfahren widerspricht.

28 **e)** Als kontradiktorisches **Urteil** ist die Entscheidung wegen Nichterreichung der Berufungssumme (§ 511 a) **grds nicht mehr anfechtbar.** Doch kann auch hier aus Gründen des rechtl Gehörs die Berufung entspr § 513 II bei unverschuldeter Versäumung der Schriftsatzfrist trotz Nichterreichung der Berufungssumme zulässig sein (vgl entspr Rn 19).

29 **C) Gebühren: 1)** des **Gerichts:** Bei schriftl Entscheidung (§ 128 Abs 2 u 3 ZPO) neben der allgemeinen Verfahrensgebühr (zB KV Nr 1005, 1010): Urteilsgebühr, wenn ein Endurteil ergeht, das weder Anerkenntnisurteil, Verzichtsurteil noch Versäumnisurteil gegen die säumige Partei ist (zB vor KV Nr 1014, 1016) – diese letzteren 3 Urteilsarten sowie ein Zwischenurteil nach § 303 ZPO lösen keine Urteilsgebühr aus. – **2)** des **Anwalts:** Ergeht in den Fällen des § 128 Abs 2 u 3, der §§ 307 Abs 2, 331 Abs 3 ZPO ohne mündl Verhandlung eine Entscheidung, so fällt dem RA auf Grund der schriftsätzl gestellten Anträge dieselbe Verhandlungsgebühr an, wie wenn mündl verhandelt worden wäre, § 35 BRAGO. Erläßt das Gericht im schriftl Verfahren einen Beweisbeschluß, so erwächst die anwaltl Beweisgebühr, wenn die gebührentatbestandl Voraussetzungen erfüllt werden, s dazu § 273 Rn 13: die dortigen Ausführungen für vorweggenommene Beweiserhebungen gelten bei allen Beweisaufnahmen; s auch § 358a Rn 11. Für den Streitwert der anwaltl Verhandlungsgebühr ist im Falle des § 128 Abs 2 ZPO auf den Zeitpunkt der letzten Zustimmungserklärung der Partei, im Falle des § 128 Abs 3 ZPO auf den Zeitpunkt abzustellen, den das Gericht im Anordnungsbeschluß bestimmt (Hartmann, KostGes, BRAGO § 35 Anm 2 H; s auch oben Rn 24).

129 *[Vorbereitende Schriftsätze]*

(1) In Anwaltsprozessen wird die mündliche Verhandlung durch Schriftsätze vorbereitet.

(2) In anderen Prozessen kann den Parteien durch richterliche Anordnung aufgegeben werden, die mündliche Verhandlung durch Schriftsätze oder zu Protokoll der Geschäftsstelle abzugebende Erklärungen vorzubereiten.

1 I) Zu unterscheiden sind: **1) Vorbereitende Schriftsätze:** Diese enthalten lediglich die Ankündigung des Vorbringens in der späteren mündl Verh. Unmittelbare prozessuale Wirkung äußern sie erst durch den Vortrag (bzw Bezugnahme gem § 137 III) in der mündl Verh oder durch Einverständnis mit schriftl Verfahren (§ 128 II) sowie bei der Entscheidung nach Aktenlage (§§ 251 a, 331 a, 358 a). Vorher dienen sie nur der notwendigen (§ 132) Information des Gegners und des Gerichts über das zu erwartende mündl Vorbringen.

2 Unabhängig vom Eintritt der proz Wirksamkeit kann der materiell-rechtl Inhalt der vorbereitenden Schriftsätze sofort mit ihrem Zugang (§ 130 BGB) wirksam sein, so zB bei Anfechtung, Aufrechnung und sonstigen rechtsgeschäftl Willenserklärungen im Schriftsatz (RG 53, 148); diese materiell-rechtl Wirksamkeit ist nicht auf das anhängige Verf beschränkt (RG 63, 411).

2) Bestimmende Schriftsätze: sind (bewirkende) Prozeßhandlungen mit unmittelbarer Gestaltungswirkung auf das Verf, so zB die Klage, Klagerücknahme, Rechtsmittel, Erledigungserklärung und alle schriftl Anträge, zu deren Erledigung eine mündl Verh nicht erforderlich ist, zB Prozeßkostenhilfe- und Arrestgesuch. 3

II) Folgen der Nichtvorbereitung: Kostenfolge § 95, Verzögerungsgebühr § 34 GKG (Verf hierbei: Stuttgart NJW 70, 1611). Der Gegner darf einseitig, dh ohne Recht des Säumigen auf Gegenerklärung, erwidern, § 283. Bei erkennbarer Verschleppungsabsicht oder Nachlässigkeit darf nachträgliches Vorbringen zurückgewiesen werden, § 296. VersUrteil gegen den Gegner der säumigen Partei ist uU unzulässig, § 335 I 3. 4

III Im Parteiprozeß (§ 79) sind vorbereitende Schriftsätze entbehrlich (§ 496; KG MDR 68, 503), sofern nicht das Gericht gem Abs II Schriftsätze oder Erklärungen zu Protokoll der Geschäftsstelle (§ 129 a) anordnet, doch gelten auch hier § 335 I 3 und § 282. 5

IV) Wegen der Form und des Eintritts der Wirksamkeit bestimmender Schriftsätze s § 130. – Wegen der Erfordernisse für das „Einreichen“ von Schriftsätzen s § 270 Rn 5. – Zur Behandlung fremdsprachlicher Eingaben an das Gericht s § 142 Rn 4, § 233 Rn 23 bei „Ausländer“ und § 184 GVG Rn 3. 6

129 a *[Erklärungen zu Protokoll]*

(1) Anträge und Erklärungen, deren Abgabe vor dem Urkundsbeamten der Geschäftsstelle zulässig ist, können vor der Geschäftsstelle eines jeden Amtsgerichts zu Protokoll abgegeben werden.

(2) Die Geschäftsstelle hat das Protokoll unverzüglich an das Gericht zu übersenden, an das der Antrag oder die Erklärung gerichtet ist. Die Wirkung einer Prozeßhandlung tritt frühestens ein, wenn das Protokoll dort eingeht. Die Übermittlung des Protokolls kann demjenigen, der den Antrag oder die Erklärung zu Protokoll abgegeben hat, mit seiner Zustimmung überlassen werden.

I) Anträge u Erklärungen zu Protokoll der Geschäftsstelle sind an Stelle der nur im Anwaltsprozeß notw Schriftsätze (§ 129 I) im Parteiprozeß (§ 79) zulässig u auf Anordnung des Gerichts (§ 129 II) erforderlich. Mehrfach läßt das Gesetz Erklärungen zu Prot der GeschSt (auch im Anwaltsprozeß) genügen: §§ 44, 109, 118, 118 a, 248, 381, 386, 389, 406, 486, 496, 569, 573, 647, 920, 924, 947, 952. Für alle diese Anwendungsfälle gilt § 129 a. 1

II) Amtspflicht der Geschäftsstelle (§ 839 BGB) jedes Amtsgerichts ist die Entgegennahme u Protokollierung (= öffentl Urkunde iS § 415) durch den Urkundsbeamten. Wer Urkundsbeamter ist, bestimmt das Landesrecht (§ 153 GVG). Zum Protokollinhalt s § 496 Rn 3. Ablehnung des UrkBeamten: § 49. 2

Die GeschSt hat das Protokoll, sofern nicht der Erklärende die Übermittlung an das Prozeßgericht selbst übernimmt, unverzüglich an dieses zu übersenden. Erst mit Zugang beim Prozeßgericht ist die Erklärung als Prozeßhandlung bewirkt. 3

III) Gerichtskosten im Fall des Abs I: keine; vgl dazu Rn 4 zu § 496. Für die Übersendung des Protokolls darf das Briefporto usw nicht als Auslage in der Kostenrechnung angesetzt werden. 4

130 *[Inhalt der vorbereitenden Schriftsätze]*

Die vorbereitenden Schriftsätze sollen enthalten:

1. **die Bezeichnung der Parteien und ihrer gesetzlichen Vertreter nach Namen, Stand oder Gewerbe, Wohnort und Parteistellung; die Bezeichnung des Gerichts und des Streitgegenstandes; die Zahl der Anlagen;**
2. **die Anträge, welche die Partei in der Gerichtssitzung zu stellen beabsichtigt;**
3. **die Angabe der zur Begründung der Anträge dienenden tatsächlichen Verhältnisse;**
4. **die Erklärung über die tatsächlichen Behauptungen des Gegners;**
5. **die Bezeichnung der Beweismittel, deren sich die Partei zum Nachweis oder zur Widerlegung tatsächlicher Behauptungen bedienen will, sowie die Erklärung über die von dem Gegner bezeichneten Beweismittel;**
6. **in Anwaltsprozessen die Unterschrift des Anwalts, in anderen Prozessen die Unterschrift der**

Partei selbst oder desjenigen, der für sie als Bevollmächtigter oder als Geschäftsführer ohne Auftrag handelt.

1 **I)** § 130 enthält für den Inhalt vorbereitender und bestimmender (§ 129 Rn 1–3) Schriftsätze nur Sollvorschriften. Wegen zwingender Formerfordernisse s unten Rn 2 ff und § 253 II (Inhalt der Klageschrift), § 518 II (Berufungsschrift), § 519 III (Berufungsbegründung), § 553 I (Revisionsschrift), § 554 III (Revisionsbegründung), § 587 (Restitutionsklage).

2 **II) Zu Nr 1:** Bezeichnung des gegnerischen ProzBevollm ist zweckmäßig (§ 176; vgl dort Rn 6 und 8), aber nicht erforderl. Benennung des ges Vertreters (insbes bei Kapitalgesellschaften) kann nachgeholt werden (BGH NJW 60, 1007), doch trägt der Kläger das Risiko ordnungsgemäßer Klagezustellung (zB § 209 BGB; Frankfurt MDR 84, 943). Wegen falscher Bezeichnung des ges Vertreters s § 171 Rn 7. Vollmachtsurkunde des KlVertr ist nur im Parteiprozeß vorzulegen (§ 88 II); auch ohne Vorlage ist aber Terminsbestimmung (§ 216) zulässig. Wird jemand als Partei kraft Amtes (zB als Konkursverwalter) verklagt, so ist dies zum Ausdruck zu bringen. Die Angabe des Aktenzeichens des Verfahrens ist zwar nicht zwingend vorgeschrieben (BGH VersR 82, 673), doch trägt bei fehlender Angabe u hierdurch verzögerter Zustellung an den Gegner der Absender die Gefahr verspäteten Zugangs fristgebundener Erklärungen (BGH BB 74, 109; NJW 60, 1007).

3 **Zu Nr 2:** Sachanträge (Rn 4 zu § 270) müssen schriftlich vorbereitet sein (anders § 496), da sie zu verlesen sind, § 297. Anderenfalls müßte der Sachantrag in der mündl Verh handschriftlich (Erklärung zu Protokoll genügt) niedergelegt und verlesen werden (dann aber §§ 132, 283, 296, 335 I 3).

4 **Nr 3 bis 5** sind reine Sollvorschriften. Maxime ist hier die Darlegungs- und Beweislast sowie die Förderungspflicht der Parteien (§ 282). Rechtliche Ausführungen sind nie erforderlich. Die mangelnde Substantiierung einer Klage (so insbes bei Teilklagen oder Anspruchshäufung; vgl § 253 Rn 12, 15 und BGH 11, 192) stellt aber deren Zulässigkeit in Frage. Nur die zulässige Klage unterbricht die Verjährung (RG JW 14, 638; RG 93, 158; BGH NJW 59, 1819) und wahrt die Ausschlußfrist für Klageerhebung (BGH MDR 64, 831). Nachträgl Heilung solcher Mängel wirkt nicht zurück (BGH NJW 57, 263), anders bei verzichtbaren Mängeln iS § 295 (BGH NJW 60, 1947; VersR 71, 343; vgl auch § 253 Rn 22).

5 **Zu Nr 6: a)** Bestimmende Schriftsätze im Anwaltsprozeß (Parteiprozeß s unten Rn 10) müssen die **Unterschrift des zugelassenen Rechtsanwalts** tragen, um dessen Postulationsfähigkeit erkennen zu können: BGH NJW 75, 1704; 76, 966; 80, 291; 84, 2890; 85, 329; für Rechtsmittelschrift s § 518 Rn 22 ff mwN. Die Gegenmeinung (Vollkommer, Formenstrenge u prozessuale Billigkeit 1973, S 126 ff, 260 ff m weit Hinw; ders NJW 70, 1051; JZ 70, 256 u 655; Rpfleger 75, 351; Saarbrükken NJW 70, 434; Späth VersR 74, 625) läßt außer Betracht, daß ohne Unterschrift ein bestimmender Schriftsatz nicht einmal von einem versehentlich abgesandten Entwurf zu unterscheiden wäre, was mit der Rechtssicherheit unvereinbar ist.

6 Daher ersetzt auch die persönl Abgabe des Schriftsatzes durch den RA auf der Geschäftsstelle dessen fehlende Unterschrift nicht, BGH NJW 80, 291. Vertretung i der Unterschrift im Anwaltsprozeß nur durch einen beim Prozeßgericht zugelassenen RA (BGH VersR 73, 86). Ausnahmsweise wird fehlende Unterschrift ersetzt durch Unterschrift unter Beglaubigungsvermerk der beigefügten Abschrift (RG 119, 63; BGH NJW 56, 990; BFH NJW 74, 1582; BAG NJW 73, 1343), selbst wenn die Abschrift nicht im Gerichtsakt bleibt (LM § 519 ZPO Nr 14). Dagegen ersetzt die der Klageschrift beigefügte, von der Partei unterzeichnete, Vollmachtsurkunde die fehlende Unterschrift des Bevollmächtigten (vorbehaltlich § 295, s dort Rn 6) nicht. Keine rückwirkende Heilung des Mangels der Klageschrift einer nicht postulationsfähigen Partei im Anwaltsprozeß, wenn der RA schriftlich auf diese Schrift Bezug nimmt (BGHZ 22, 254 = NJW 57, 263). Zulässig jedoch die Bezugnahme des RA auf die von der Partei selbst eingereichte Anspruchsbegründung im Mahnverfahren gemäß § 697 I, denn diese war im Mahnverfahren noch außerhalb des Anwaltszwanges zulässig (selbst wenn die Anspruchsbegründung erst nach Abgabe gem § 696 beim LG eingereicht wurde): BGHZ 84, 136 = NJW 82, 2002 = MDR 82, 846 = Rpfleger 82, 386. – Wo eine verfahrensbeteiligte Behörde selbst postulationsfähig ist, läßt der Gemeinsame Senat der Obersten Gerichtshöfe (BGHZ 75, 340 = MDR 80, 199) es genügen, wenn die Unterschrift des zeichnungsberechtigten Beamten nur beglaubigt wiedergegeben ist.

7 **b) Form der Unterschrift:** Die Unterschrift des Ausstellers muß, soweit die Rspr nicht fernmeldetechnische Übertragung des Schriftsatzes genügen läßt (unten Rn 11), im Original auf dem beim Gericht eingereichten Schriftsatz angebracht sein, um Zweifel an der Urheberschaft auszuschließen; die nur abgelichtete Originalunterschrift genügt daher nicht (streitig! wie hier BGH NJW 62, 1505; LM § 338 ZPO Nr 1; BAG NJW 56, 1413; BVerwG NJW 55, 1454; 62, 555; RGZ 151, 84,

– LAG Nürnberg NJW 83, 2285 hält unter Berufung auf BVerfG NJW 63, 755 eine nur fotokopierte Unterschrift für ausreichend). Faksimilestempel genügt nicht (RG 151, 82; BGH VersR 70, 184), ebenso nicht ein sog Handzeichen (§ 416 Rn 3; BGH NJW 82, 1467 = MDR 82, 735 = VersR 82, 492). Blankounterschrift genügt (BGH ZZP 80, 315), obwohl regelm standeswidrig. Die Unterschrift braucht nicht unbedingt lesbar sein, wenn sie nur erkennbar individuelle Züge aufweist, die über eine wahllose „Schlangenlinie" hinausgehen (BGH NJW 85, 1227 = MDR 85, 407). Schreibhilfe bei der Unterschriftsleistung steht der eigenhändigen Unterschrift nicht entgegen, solange nicht die Unterschrift einer passiven und willenslosen Person nur noch durch Herrschaft und Willen des „Gehilfen" bestimmt ist (BGH NJW 81, 1900/1901). **Nachholung der fehlenden Unterschrift** ist zulässig, aber für fristgebundene Erklärung nicht rückwirkend (BVerwG NJW 62, 555). Soweit nicht Frist damit versäumt, kann Mangel der fehlenden Unterschrift durch rügelose Verhandlung (§ 295) behoben werden, so für Klageschrift BGH NJW 75, 1704.

Der Schriftsatz im **Anwaltsprozeß** muß vom RA unterschrieben, jedoch (abgesehen von der möglichen standesrechtl Ahndung) nicht notwendig von ihm verfaßt sein (BAG NJW 61, 1599; abw für das Entmündigungsverf BGH JR 54, 463); nötig nur, daß die Unterschrift des RA den ganzen Inhalt deckt. 8

Wo Schriftsatz eines RA erforderlich, genügt nicht die bloße **Bezugnahme** auf den Inhalt von Schreiben der nicht postulationsfähigen Partei oder eines Dritten (BGH NJW 53, 259; BVerwG NJW 62, 218). Zulässig und ausreichend jedoch die Bezugnahme auf den Schriftsatz des Streitgenossen (RG 152, 319), auf vom RA unterzeichneten Schriftsatz im parallelen Arrest- oder Verfügungsprozeß (BGH 13, 246 = NJW 54, 1566), doch muß dann Abschrift dieses Schriftsatzes mitvorgelegt werden. Ausreichend auch die Bezugnahme auf den Inhalt eines vom RA unterzeichneten eigenen (BGH LM § 519 ZPO Nr 36) Gesuchs um Prozeßkostenhilfe (BGH NJW 53, 105; MDR 59, 281). Wegen Bezugnahme s auch § 137 III. 9

Im **Parteiprozeß** bedarf es idR keiner Schriftsätze (s aber § 496 Rn 2 sowie § 129 II), daher auch keiner Unterzeichnung solcher (BGHZ 75, 340 = NJW 80, 172), so auch für Antrag auf Erlaß des Mahn- u Vollstreckungsbescheids (vgl § 690; LG Frankfurt NJW 71, 1947; LG Braunschweig NJW 70, 2302; Späth NJW 71, 1415). Jedoch bedarf es der Unterschrift des Anwalts, wenn dieser außerhalb des Anwaltsprozesses (§ 79), also ohne gesetzliche Notwendigkeit seiner Hinzuziehung, bestimmende Schriftsätze für die von ihm vertretene Partei einreicht (BGHZ 92, 251 = NJW 85, 329 = MDR 85, 222). 10

c) Wo Schriftsatz geboten, läßt die Rspr **Telegramm** genügen, selbst wenn dieses vom Absender telefonisch aufgegeben wurde (RG 151, 82 [86]; BGH JZ 56, 32; NJW 60, 1310; BVerwG NJW 56, 605; BAG AP § 129 ZPO Nr 1; NJW 56, 1413). Soll das Telegramm eine Frist wahren, so ist diese gewahrt, sobald das Telegramm dem Gericht durch die Post telefonisch zugesprochen wird und der Urkbeamte des Gerichts hierüber eine amtliche Notiz fertigt (BGH NJW 60, 1310; abzulehnen daher BayObLG NJW 54, 323, das auf den Zugang der Telegrammschrift abstellt, in diesem Fall aber Wiedereinsetzung in den vorigen Stand gewährt). Wo Telegramm ausreichend, sind auch **Telebrief** (= postalisch fernkopierter Brief; BGHZ 87, 63 = NJW 83, 1498 = MDR 83, 664) und **Fernschreiben** zulässig (BVerfG MDR 85, 816; BGH NJW 82, 1470 = MDR 82, 509; Hamm NJW 61, 2225), sofern diese nur die Unterschriftsleistung der postulationsfähigen Person erkennen lassen (BGH Rpfleger 86, 264 = NJW 86, 1759; BAG MDR 86, 524; BSG MDR 85, 1053; Stuttgart VersR 82, 1082). Der Telebrief (Telekopie) einer Rechtsmittelschrift ersetzt die Schriftform jedoch dann nicht, wenn er von privater Stelle aufgenommen und sodann dem Gericht überbracht wird (BGHZ 79, 314 = MDR 81, 578). Dagegen wird durch Telebrief ein Rechtsmittel zulässig begründet, wenn die Begründungsschrift fernmeldetechnisch im Telekopierverfahren vom Postamt am Gerichtsort aufgenommen und fristgerecht als Postsendung an das Gericht weitergeleitet wird (BFH NJW 82, 2520; BAG NJW 84, 199; BGHZ 87, 63). Das Fernschreiben wahrt (entgegen BGH 65, 10) die Frist auch dann, wenn es am letzten Tag der Frist nach Dienstschluß bis 24 Uhr bei Gericht eingeht (BVerfG 41, 323 = NJW 76, 747; Vollkommer Rpfleger 76, 240), denn Fristen dürfen bis zur letzten Stunde ausgenützt werden (BVerfG 40, 42 = NJW 75, 1405), wenn sie gem § 222 I ZPO, § 188 I BGB „mit Ablauf des letzten Tages" enden. Zur Rechtsmittelbegründung durch Fernschreiben BGH Rpfleger 86, 264 = NJW 86, 1759 = MDR 86, 846; Borgmann AnwBl 85, 197. 11

Lediglich **telefonische Mitteilung** des RA an das Gericht genügt niemals (BFH NJW 65, 174), selbst wenn hierüber amtl Notiz gefertigt. So die herrsch Rspr, obwohl das Telefongespräch des RA mit dem Gericht zumindest so zuverlässig ist wie sein telefonisch aufgegebenes u durchgegebenes Telegramm (vgl hierzu kritisch mwN Stephan in Anm zu BAG AP § 129 ZPO Nr 1). 12

131 *[Beifügung von Urkunden]* **(1) Dem vorbereitenden Schriftsatz sind die in den Händen der Partei befindlichen Urkunden, auf die in dem Schriftsatz Bezug genommen wird, in Urschrift oder in Abschrift beizufügen.**

(2) Kommen nur einzelne Teile einer Urkunde in Betracht, so genügt die Beifügung eines Auszugs, der den Eingang, die zur Sache gehörende Stelle, den Schluß, das Datum und die Unterschrift enthält.

(3) Sind die Urkunden dem Gegner bereits bekannt oder von bedeutendem Umfang, so genügt ihre genaue Bezeichnung mit dem Erbieten, Einsicht zu gewähren.

1 1) Bei Nichtbeachtung der Vorlagepflicht (nicht erzwingbar!) Anordnung gemäß § 142, sonst Rechtsfolge wie bei § 129 (vgl dort Rn 4, 5). Der Gegner hat einen Anspruch auf Ablichtung aller Schriftsätze und deren Anlagen (§ 133), zumindest ein Recht auf Einsichtnahme der dem Gericht vorgelegten Urkunden (§ 134); daneben darf er sich durch die Geschäftsstelle Abschriften fertigen lassen (§ 299; Gebühr hierfür: § 64 GKG, Nr 1900 1b KV; Schuldner der Gebühr ist die säumige Partei), sofern das nicht wegen Überlastung des Gerichts unzumutbar (RG JW 27, 1311). Die Kosten für Ablichtungen sind erstattungsfähig, soweit sachdienl iS des § 91 (OLG München NJW 62, 817; 68, 2115; abw Hamburg MDR 68, 506; vgl § 27 BRAGO). Sondervorschrift für den Urkundenbeweis: § 422, für den Urkundenprozeß § 593 II.

2 2) **Gebühren: Keine** Beweisgebühr für **Anwalt** bei freiwilliger Vorlegung von in den Händen des Beweisführers od des Gegners befindl Urkunden (§ 34 Abs 1 BRAGO).

132 *[Fristen für Schriftsätze]* **(1) Der vorbereitende Schriftsatz, der neue Tatsachen oder ein anderes neues Vorbringen enthält, ist so rechtzeitig einzureichen, daß er mindestens eine Woche vor der mündlichen Verhandlung zugestellt werden kann. Das gleiche gilt für einen Schriftsatz, der einen Zwischenstreit betrifft.**

(2) Der vorbereitende Schriftsatz, der eine Gegenerklärung auf neues Vorbringen enthält, ist so rechtzeitig einzureichen, daß er mindestens drei Tage vor der mündlichen Verhandlung zugestellt werden kann. Dies gilt nicht, wenn es sich um eine schriftliche Gegenerklärung in einem Zwischenstreit handelt.

1 **I)** § 132 soll der **rechtzeitigen Vorbereitung der mündlichen Verhandlung** durch Gericht und Parteien unter hinreichender Gewährung rechtl Gehörs dienen. Die Vorschrift gilt nur für in vorbereitenden Schriftsätzen enthaltene Angriffs- und Verteidigungsmittel iS von §§ 146, 282 II und III, nicht für Sachanträge in bestimmenden Schriftsätzen (hierzu § 282 Rn 2; § 296a Rn 2). Soweit zur Vorbereitung der mündl Verhandlung richterliche Fristen gesetzt wurden (§§ 273–277), gehen diese der Regel des § 132 vor. Ebenso gilt § 132 nur, wo schriftliche Terminsvorbereitung überhaupt vorgeschrieben ist, also im Anwaltsprozeß (§ 78), im Parteiprozeß (§ 79) nur nach Anordnung gemäß § 129 II. Sonderregelung im Urkunden- und Wechselprozeß § 593, für Rechtsmittelschriften und deren Erwiderung §§ 519, 520, 554. Wegen der dem § 132 vorgehenden gesetzlichen Fristen s den **Fristenkatalog** vor § 214 Rn 8.

2 Die **Frist ist eingehalten** erst mit „Zustellung" (formlose Mitteilung genügt im Fall § 270 II) an den Gegner (Eingang bei Gericht 1 Woche vor dem Termin genügt also nicht!), dessen Schutz die Frist dient. Für die Fristenberechnung gelten § 222 ZPO und §§ 187, 188 BGB. – **Abkürzung der Frist** gemäß § 226 ist möglich, darf aber grds nicht der Verkürzung des rechtl Gehörs für den Gegner dienen. **Verlängerung der Frist** ist durch richterliche Fristsetzung (oben Rn 1) oder durch Terminsverlegung (§ 227) möglich. – **Fristenkatalog:** Rn 8 vor § 214.

3 **Nichteinhaltung der Frist** des § 132 führt nur unter den Voraussetzungen des § 296 zur Nichtberücksichtigung. Diese Voraussetzungen fehlen aber, wo Abhilfe gem § 283 möglich ist. Der Gegner ist nicht befugt, allein wegen der Verspätung des Schriftsatzes die Einlassung zu verweigern oder Vertagung zu beantragen, anstatt gemäß § 283 zu erwidern (BVerfG NJW 80, 277; BGH NJW 85, 1539/1543; München MDR 80, 148 = VersR 80, 95 = OLGZ 79, 479). – Die Fristen des § 132 sind **Mindest-Fristen;** sie können durchaus länger zu bemessen sein (sonst Versagung des rechtl Gehörs!), wo im Einzelfall nicht zu vertretende Informationsschwierigkeiten vorliegen (vgl München MDR 80, 147; Hamm NJW 80, 294). Ist das erkennbar der Fall, so ist gem § 227 zu verfahren, falls nicht § 296 die selbst in der Wochenfrist des § 132 vorgetragenen Angriffs- und Verteidigungsmittel als verspätet zu behandeln gebietet (hierzu § 282 Rn 4 und § 296 Rn 16).

II) Nachgereichte Schriftsätze: Nach dem Schluß der mündl Verh (§ 136 IV) nachgereichte Schriftsätze dürfen keinesfalls bei der Entscheidung berücksichtigt werden (§ 296 a; für das schriftl Verfahren s § 128 Rn 18), soweit sie anderes als bloße Rechtsausführungen (arg: für die rechtl Würdigung darf sich das Gericht aller Erkenntnisquellen bedienen) enthalten (BGH NJW 65, 297). Eine verbreitete Meinung (vgl Buchholz NJW 55, 535 mwN) will dem Gericht gestatten, nachgereichte Schriftsätze (ungelesen?) zurückzugeben; das ist abzulehnen: alle dem Gericht eingereichten Schriftsätze sind formell Aktenbestandteil und in Verbindung mit dem Eingangsstempel öffentl Urkunden; sie unterliegen hinsichtlich der Prüfung, ob unzulässig verspäteter Sachvortrag oder zulässige Rechtsausführungen vorliegen, der Prüfung des Gerichts, damit auch des Gegners, der uU „Antrag" gem § 156 stellen könnte (Walchshöfer NJW 72, 1029–1034; Erdsiek NJW 55, 939). Das gleiche gilt für im Anwaltsprozeß unzulässige Schriftsätze der Partei selbst; solche Schriftsätze könnten, obwohl ohne unmittelbare Bedeutung, beachtl rechtsgeschäftl Willenserklärungen enthalten (vgl § 129 Rn 2). 4

§ 132 verbietet nicht, den Inhalt eines erst mit der Erledigterklärung vorgelegten Schriftsatzes bei der Entscheidung gem § 91 a zu berücksichtigen (OLG Frankfurt NJW 57, 1034). 5

133 *[Abschriften]*

(1) Die Parteien sollen den Schriftsätzen, die sie bei dem Gericht einreichen, die für die Zustellung erforderliche Zahl von Abschriften der Schriftsätze und deren Anlagen beifügen. Das gilt nicht für Anlagen, die dem Gegner in Urschrift oder in Abschrift vorliegen.

(2) Im Falle der Zustellung von Anwalt zu Anwalt (§ 198) haben die Parteien sofort nach der Zustellung eine für das Prozeßgericht bestimmte Abschrift ihrer vorbereitenden Schriftsätze und der Anlagen auf der Geschäftsstelle niederzulegen.

§ 133 I gilt im Anwalts- und Parteiprozeß und soll die Information des Gegners durch die GeschSt (§ 270) ermöglichen. Fehlende Abschriften fordert die GeschSt bei der einreichenden Partei an oder fertigt sie auf deren Kosten selbst an (§ 64 GKG, Nr 1900 KV). Wegen der Vorlage von Abschriften vgl Anm zu § 131, wegen der Rechtsfolgen bei Verstoß vgl § 129 Rn 4, 5. Wegen „Einreichen" s Rn 5 zu § 270. Sonderregelung in Familiensachen: § 624 IV. 1

134 *[Einsicht von Urkunden]*

(1) Die Partei ist, wenn sie rechtzeitig aufgefordert wird, verpflichtet, die in ihren Händen befindlichen Urkunden, auf die sie in einem vorbereitenden Schriftsatz Bezug genommen hat, vor der mündlichen Verhandlung auf der Geschäftsstelle niederzulegen und den Gegner von der Niederlegung zu benachrichtigen.

(2) Der Gegner hat zur Einsicht der Urkunden eine Frist von drei Tagen. Die Frist kann auf Antrag von dem Vorsitzenden verlängert oder abgekürzt werden.

§ 134 gilt im Anwalts- und Parteiprozeß. Auch im Anwaltsprozeß kein Anwaltszwang für die Einsichtnahme (Bergerfurth NJW 61, 1239). 1

Die Anordnung zur Vorlage erfolgt auf Antrag des Gegners oder von Amts wegen gem §§ 142, 273. Die auf der GeschSt niedergelegten Urkunden werden nicht Aktenbestandteil (daher § 299 I hier nicht anwendbar), sie sind auf Anforderung gem richterl Anordnung zurückzugeben. Ausnahme für verdächtige Urkunden: § 443. Gegen Ablehnung der Rückgabe einfache Beschwerde § 567. Bis zur Rückgabe ist das Gericht dem Beweisführer verwahrungspflichtig (RG 51, 219). 2

Verweigert der Beweisführer die Vorlage, so bleibt seine Bezugnahme unbeachtet. Unterläßt der Gegner die fristgerechte (Fristverlängerung zulässig § 224) Einsichtnahme, so kann er mit nachträgl Beweiseinrede ausgeschlossen werden, wenn die Verzögerung der Beweiseinrede auf der Nichtausübung des Einsichtsrechts beruht und die Voraussetzungen des Ausschlusses gemäß §§ 282 I, 296 II damit erfüllt sind (aM StJL Rn 4: das Recht auf Einsichtnahme stehe unter keiner Präklusionsdrohung. – Das ist richtig, gilt aber nicht auch für die kausal verzögerte Beweiseinrede). Das Gericht darf (es muß nicht) die Versendung der Urkunde an ein auswärtiges Gericht zur dortigen Einsichtnahme durch den Gegner (meistens durch den Verkehrsanwalt des Gegners) gestatten. Es wird sich hierfür aber bei Originalurkunden der Zustimmung des Beweisführers versichern müssen, denn bei Verlust kommt Haftung aus Verletzung des öffentlrechtl Verwahrungsverhältnisses in Betracht. 3

135 *[Urkunden von Hand zu Hand]*

(1) Den Rechtsanwälten steht es frei, die Mitteilung von Urkunden von Hand zu Hand gegen Empfangsbescheinigung zu bewirken.

(2) Gibt ein Rechtsanwalt die ihm eingehändigte Urkunde nicht binnen der bestimmten Frist zurück, so ist er auf Antrag nach mündlicher Verhandlung zur unverzüglichen Rückgabe zu verurteilen.

(3) Gegen das Zwischenurteil findet sofortige Beschwerde statt.

1 **I)** § 135 gilt im Anwalts- und Parteiprozeß. Der **Zwischenstreit über die Rückgabe der Urkunde** wird zulässig nach Ablauf der Frist des § 134 II oder einer vereinbarten Frist; wurde zwischen den Anwälten eine Rückgabefrist nicht vereinbart, jedoch einseitig vom herausgabeberechtigten Anwalt gesetzt, so ist diese Frist maßgeblich. Parteien sind die Partei, der die Urkunde gehört, und der RA des Gegners (nicht der Gegner selbst). Das Gericht muß (Ausnahme § 128 II) mündl Verh anberaumen. Streitiges Zwischenurteil auch bei Säumnis; kein VersUrteil. Die Kosten sind dem verurteilten RA (nicht seiner Partei) aufzuerlegen, soweit nach Antrag erkannt. Das Zwischenurteil ist gem §§ 794 Nr 3, 883 sofort vollstreckbar. Die sofortige Beschwerde (§ 577) hat keine aufschiebende Wirkung.

2 **II) Gebühren: 1)** des **Gerichts:** Für das Zwischenurteil keine Urteilsgebühr, § 1 Abs 1 GKG. – Beschwerdeverf: 1 Gebühr, soweit die Beschwerde verworfen oder zurückgewiesen wird (KV Nr 1181). **2)** des **Anwalts:** Der Zwischenstreit gehört zum Rechtszug, § 37 Nr 3 BRAGO; die anwaltl Tätigkeit ist also durch die verdiente ProzGebühr abgegolten. – Beschwerdeverf: nach § 61 Abs 1 Nr 1 BRAGO $\frac{5}{10}$ Gebühr des § 31 Abs 1 Nr 1 BRAGO.

136 *[Sitzungs- und Prozeßleitung des Vorsitzenden]*

(1) Der Vorsitzende eröffnet und leitet die mündliche Verhandlung.

(2) Er erteilt das Wort und kann es demjenigen, der seinen Anordnungen nicht Folge leistet, entziehen.

(3) Er hat Sorge zu tragen, daß die Sache erschöpfend erörtert und die Verhandlung ohne Unterbrechung zu Ende geführt wird; erforderlichenfalls hat er die Sitzung zur Fortsetzung der Verhandlung sofort zu bestimmen.

(4) Er schließt die Verhandlung, wenn nach Ansicht des Gerichtes die Sache vollständig erörtert ist, und verkündet die Urteile und Beschlüsse des Gerichts.

1 **I) Aufgaben des Vorsitzenden: 1) In der mündl Verhandlung** obliegt dem Vorsitzenden (dem Amtsrichter gem § 495; dem Einzelrichter gem § 348) in formeller (§§ 173 ff GVG, insbes Sitzungspolizei) und sachlicher Hinsicht die Prozeßleitung. Erst bei Beanstandung entscheidet das Kollegium (§ 140). Der Vorsitzende eröffnet die mündl Verh mit dem Aufruf der Sache (§ 220), er übt das Fragerecht (§ 139) aus, erteilt (wegen Entziehung: § 157 II) den Parteien (den Beisitzenden gem § 139 III) das Wort, sorgt für ordnungsgemäße Protokollierung (§ 163), trifft alle prozeßleitenden Anordnungen, schließt die Verh, leitet die Beratung (§ 194 GVG), in der er die letzte Stimme abgibt (§ 197 GVG), und verkündet die Entsch. Die mündl Verh wird eingeleitet mit der Antragstellung (§§ 137 I, 297); darüber hinaus erfordert die „mündl Verh zur Hauptsache" iS der §§ 269, 295 eine streitige Einlassung zum sachl Inhalt des Klageanspruchs (evtl in Form der Bezugnahme, § 137 III), nicht nur zu Verfahrensfragen (RG 132, 336), vgl § 269 Rn 13.

2 **2) Außerhalb der mündl Verh** obliegen dem Vorsitzenden neben der materiellen Prozeßleitung (zB vorbereitende Anordnungen gem § 273, Sachentscheidungen gem § 944, Durchführung des Sühneversuchs gem § 610 und des Prüfungsverfahrens gem § 118) die sachl Prozeßleitung (zB Terminsbestimmung § 216, Abkürzung von Zwischenfristen § 226 III, Bestimmung der Feriensachen § 200 IV GVG, Bestimmung des Einzelrichters § 524 (OLG München NJW 62, 1114: nach mündl Verh nur durch Beschluß des Kollegiums) und die Ausübung von Justizverwaltungsakten (zB Geschäftsverteilung § 69 GVG, Ausfertigung von Rechts- und Amtshilfeersuchen).

3 Gegen Anordnungen des Vorsitzenden Beschwerde z übergeordneten Gericht (§§ 569, 571), soweit nicht Anrufung des Kollegiums vorgesehen (§ 140 ZPO, § 200 IV S 2 GVG).

4 **II) Schluß der mündl Verhandlung** kann ausdrücklich oder schlüssig (durch Bestimmung des Verkündungstermins § 310) erfolgen. Kein Schluß der mündl Verh bei bloßer Vertagung (§§ 227 III, 335 II, 337). Wegen des „Schlusses der mündl Verh" im schriftl Verf s § 128 Rn 18, bei Entscheidung nach Aktenlage s § 251 a Rn 5. **Folge des Verhandlungsschlusses:** Die Parteien verlieren (vorbehaltlich § 283) das Recht auf Berücksichtigung weiteren Vorbringens, § 296 a. Wegen

der Behandlung nachgereichter Schriftsätze s § 132 Rn 4. Präklusionswirkung: §§ 323 II, 767 II. Säumnisfolgen (§§ 330 ff) erst nach Schluß d mündl Verh (§§ 220 II, 231 II). Der Verhandlungsschluß bestimmt die Richter iS § 309 (vgl Volmer NJW 70, 1300), beendet die Unterbrechungswirkung § 249 III u begründet die Geständnisfiktion des § 138 II.

III) Zur Frage, welcher Zeitpunkt im schriftl Verf dem Beginn und Ende der „mündlichen Verhandlung" entspricht, s § 128 Rn 17, 18. – Wegen der Voraussetzungen für die Wiedereröffnung der (geschlossenen) mündlichen Verhandlung s § 156. 5

137 *[Gang der mündlichen Verhandlung]*

(1) Die mündliche Verhandlung wird dadurch eingeleitet, daß die Parteien ihre Anträge stellen.

(2) Die Vorträge der Parteien sind in freier Rede zu halten; sie haben das Streitverhältnis in tatsächlicher und rechtlicher Beziehung zu umfassen.

(3) Eine Bezugnahme auf Schriftstücke ist zulässig, soweit keine der Parteien widerspricht und das Gericht sie für angemessen hält. Die Vorlesung von Schriftstücken findet nur insoweit statt, als es auf ihren wörtlichen Inhalt ankommt.

(4) In Anwaltsprozessen ist neben dem Anwalt auch der Partei selbst auf Antrag das Wort zu gestatten.

1) Abs I. Partei ist auch der Nebenintervenient, JW 20, 790. Antragstellung durch Verlesung des Antrags oder Bezugnahme auf Schriftsätze, mit Zustimmung des Vors auch mdl zu Protokoll, § 297. Wenn beide Parteien ihre Anträge gestellt haben, beginnt die durch die Antragstellung erst „eingeleitete", also iS des § 128 I durch die schlichte Antragstellung nicht ersetzbare (Zweibrücken OLGZ 83, 329), mündliche Verhandlung, die durch die Zulässigkeit der Bezugnahmen gemäß Abs III nur erleichtert, nicht jedoch entbehrlich wird. Daher hat, sofern nicht die (auch schlüssig mögliche) Bezugnahme ausreicht, der Kl die zur Begründung der Klage dienenden tatsächl Verhältnisse vorzutragen; der Bekl hat sich hierauf zu erklären u die tatsächl Verhältnisse vorzutragen, die den Anspruch des Kl, auch wenn dessen Behauptungen richtig wären, hinfällig machen (Einreden). Hat er solche Einreden nicht, so genügt in der Regel einfaches Bestreiten der vom Kl behaupteten Tatsachen unter Angabe der Gründe hierfür. Nun ist der Kl gezwungen, Beweis anzutreten, wenn nicht ausnahmsweise die Beweislast (Rn 15–24 vor § 284) dem Bekl obliegt. Über die Beweismittel des Klägers hat sich der Bekl, über die des Bekl der Kl zu erklären. Bei Fortsetzung der Verh vor denselben Richtern ist e ausdrückl Wiederholung der früheren Anträge entbehrlich, RG 31, 424, anders bei Richterwechsel BAG NJW 71, 1332 (abw Kirchner NJW 71, 2158), doch kann dann Bezugnahme auf frühere Anträge (§ 297) durch schlüssiges Verhalten erfolgen (StJL § 128 Rn 38). Feststellung der Anträge im Prot: § 160 II Nr 2. 1

2) Abs II. Verlesung der Schriftsätze ist – Ausnahme Abs III – unzulässig; Wortentziehung § 136 II. Der Vortrag der Parteien ist durch den eines Gerichtsmitgliedes nicht ersetzbar RG 54, 7. 2

3) Abs III. Schriftstücke sind Urk aller Art, Briefe, Beiakten, Beweisprot, die bisher in der Sache ergangenen Urt, auch Schriftsätze. Die Bezugnahme auf die gewechselten Schriftsätze ist die Regel geworden. Mündl Erörterung des Streitverhältnisses in tatsächlicher Hinsicht kommt, soweit nicht das Gericht gemäß §§ 139, 278 III hierfür Anlaß gibt, nur selten vor. Daher kann die „Bezugnahme" auch durch schlüssiges Verhalten erfolgen; der ausdrückliche Hinweis auf eines der schriftl Beweisangebote enthält regelm nicht den Verzicht auf die übrigen (Rn 3 vor § 284; Ordemann NJW 64, 1308). Die vorbehaltslose Antragstellung beinhaltet grds die zulässige Bezugnahme auf den gesamten bis dahin vorliegenden Akteninhalt (BGH MDR 81, 1012). Unzulässig ist die Bezugnahme auf den gesamten Inhalt einer vorgelegten umfangreichen Urkunde (zB eines Buches), wenn behauptet wird, die Urkunde enthalte anspruchsbegr Tatsachen; die Bezugnahme muß dann substantiiert erfolgen (BGH NJW 56, 1878). Zur Bezugnahme im Schriftsatz selbst s § 130 Rn 6, zur Bezugnahme in der Rechtsmittelbegründung s Rn 40 zu § 519 u Endemann NJW 69, 1199. 3

4) Abs IV. Das **Recht zur persönlichen Anhörung** hat im AnwProzeß auch die Partei selbst, ebenso ihr gesetzl Vertreter und der Streithelfer. Jedoch steht dieses Recht der Partei (anders als das Fragerecht gemäß § 397 II; s dort Rn 1) nur „neben dem Anwalt", also nur bei dessen Anwesenheit zu (BVerwG NJW 84, 625). Das Übergehen einer Wortmeldung der Partei kann grds Versagung des rechtl Gehörs sein, doch setzt das voraus, daß die Partei sich erkennbar und nachdrücklich zu Wort gemeldet hatte und gegen eine Zurückweisung ihrer Wortmeldung alle 4 prozessualen Rechtsbehelfe (insbes § 140) ausgeschöpft hat (BayVerfGH NJW 84, 1026). Widersprechen sich die Partei und ihr Anwalt: § 85 (vgl Rn 4 zu § 141 u 5 zu § 288). Bei mißbräuchl Rechtsausübung (zB Weitschweifigkeit oder Ablesen vorbereiteter Erklärungen § 137 II) darf der Vors das Wort entziehen, § 136 II. Sonst ist das Recht auf Anhörung aber zwingend (BayVerfGH NJW 61, 1523; RG 10, 424; BGH ZZP 71, 104; abw Röhl NJW 64, 278; OLG Stuttgart JZ 59, 670). Vgl auch §§ 397, 402, 451, 492 für das Recht der Partei auf Abgabe pers Erkl. OLG München (NJW 64, 1480; 66, 2070) gestattet es der Partei, ihr Recht auf pers Erklärung durch den Verkehrsanwalt ausüben zu lassen.

5 Gelegentlich ist die Anhörung der Partei neben ihrem Anwalt zwingendes Formerfordernis des materiellen Rechts, so bei Erbverzicht (§ 2347 II BGB) oder Erbvertrag (§ 2274 BGB) im ProzVergleich (BayObLG NJW 65, 1276). Diese Erklärung der Partei muß, um wirksam zu sein, vor Eintritt des Erbfalls im Protokoll beurkundet sein (§§ 2348, 2276, 2240 BGB); eine nachträgl ProtErgänzung oder -Berichtigung (§ 164) könnte nicht rückwirkend heilen, vgl § 162.

Wegen Aufrechnungserklärung der Partei persönl s § 145 Rn 11. Zur (zeitlichen) Abgrenzung des Rechts der Partei auf Anhörung von ihrem Recht auf Fragestellung in der Beweisaufnahme s § 397 Rn 1.

138 *[Erklärungspflicht der Parteien]*

(1) Die Parteien haben ihre Erklärungen über tatsächliche Umstände vollständig und der Wahrheit gemäß abzugeben.

(2) Jede Partei hat sich über die von dem Gegner behaupteten Tatsachen zu erklären.

(3) Tatsachen, die nicht ausdrücklich bestritten werden, sind als zugestanden anzusehen, wenn nicht die Absicht, sie bestreiten zu wollen, aus den übrigen Erklärungen der Partei hervorgeht.

(4) Eine Erklärung mit Nichtwissen ist über Tatsachen zulässig, die weder eigene Handlungen der Partei noch Gegenstand ihrer eigenen Wahrnehmung gewesen sind.

Lit: *Bernhardt*, Die Aufklärung des Sachverhalts im Zivilprozeß, Festschr für Rosenberg, 1949; *ders*, Wahrheitspflicht u Geständnis im Zivilprozeß, JZ 63, 245; *Benckendorf*, Die Folgen der Verletzung der WahrhPflicht im Zivilprozeß, DRiZ 34, 205; *Olzen*, Wahrheitspflicht der Parteien, ZZP 98 [1985], 403; *von Hippel*, WahrhPflicht u Aufklärungspflicht der Parteien, 1939; E. *Schneider*, ProzFolgen wahrheitswidrigen Vorbringens, DRiZ 63, 342; *Stürner*, Parteipflichten bei der Sachverhaltsaufklärung, ZZP 98 [1985], 237.

1 **I) Die Wahrheitspflicht** obliegt – unabhängig von einer mat-rechtl Offenbarungspflicht, zB §§ 666, 1379, 1891 II, 2027, 2028, 2314 BGB – den Parteien und ihren Bevollmächtigten als öffentlrechtl Pflicht dem Gericht und dem Gegner gegenüber als Voraussetzung einer geordneten Rechtspflege. Sie gilt in jedem Verfahren der ZPO (wegen des schiedsgerichtl Verf BGH 23, 198 = NJW 57, 589).

2 **1) Inhalt der Wahrheitspflicht:** Sie ist Pflicht zur subjektiven Wahrhaftigkeit (die obj Wahrheit zu finden, ist Aufgabe des Gerichts) iS eines Verbotes der wissentlichen Falschaussage und erstreckt sich auf Behauptung und Bestreiten, findet ihre Grenze im subj Wissen der Partei und in der Zumutbarkeit. Daher zulässig (und gem Abs III geboten) jedes Bestreiten, das nicht wider besseres Wissen erfolgt. Abs IV setzt die Möglichkeit des Bestreitens wegen Nichtwissens grundsätz als zulässig voraus. Häufig zwingt das Gesetz die Partei, Tatsachen als anspruchsbegründend zu behaupten, die sie idR nicht wissen kann, so insbes innere Vorgänge des Gegners (Bösgläubigkeit § 932 BGB; geheimer Vorbehalt § 116 BGB; mangelnde Ernstlichkeit § 118 BGB; Arglist, Vorsatz oder Fahrlässigkeit § 823 BGB), Ursächlichkeit oder sogar künftige Ereignisse (künftige Unterhaltspflicht; Eintritt bloß mögl Folgeschäden, BGH NJW 68, 1233). Verboten ist bloß die bewußte Lüge und unbeachtlich die Behauptung „ins Blaue hinein“, sofern das Gericht erfolglos den Vortrag greifbarer Anhaltspunkte angeregt hat (BGH NJW 68, 1233; vgl auch vor § 284 Rn 5 u § 284 Rn 5).

3 **Verstoß** gegen die Wahrheitspflicht ist die bewußte Behauptung unwahrer Tatsachen, ebenso das Verschweigen bekannter Tatsachen, deren Vortrag zur Klarstellung des übr Sachvortrages erforderlich ist (sog Halbwahrheit, BGH NJW 59, 1235; 64, 1074). Zulässig aber der Vortrag lediglich eines Teils der anspruchsbegründenden Tatsachen, sofern dadurch nicht der übrige Sachvortrag bewußt entstellt wird. Die Wahrheitspflicht geht nicht soweit, den Gegner von der Darlegungslast zu befreien. Daher zulässig unsubstantiiertes Bestreiten von Tatsachen, deren Kennt-

nis dem Gegner möglich ist (BGH NJW 74, 1710; 61, 826), solange Zweifel an der Richtigkeit von dessen Behauptung bestehen (Wussow NJW 62, 424).

Kein Verstoß gegen die Wahrheitspflicht, wenn Partei das ihr bekannt falsche Vorbringen des Gegners nicht bestreitet oder als Hilfsbegründung des eigenen Anspruchs auswertet (BGH 19, 387 = NJW 56, 631; BGH MDR 85, 741; 69, 995; NJW 63, 1061). Zulässig auch, wenn Haupt- und Hilfsbegründung sich gegenseitig ausschließen, solange nur keine der beiden Möglichkeiten bewußt falsch. Zulässig (aus Gründen der Zumutbarkeit) ist das Verschweigen oder Bestreiten von Tatsachen, die ehrenrührig sind oder strafrechtl Verfolgung befürchten lassen (RG 156, 269). Zur Zulässigkeit der Eventualanfechtung eines Rechtsgeschäfts i Prozeß vgl BGH NJW 68, 2099; danach darf die Anfechtung für den Fall erklärt werden, daß eine Behauptung des Gegners sich als wahr erweist. 4

Die Wahrheitspflicht ändert nichts an der nur beschränkten Zulässigkeit, ein **falsches Geständnis zu widerrufen** (§ 290). Als Sanktion für Verletzung der Wahrheitspflicht ist daher die Partei an ihrem bewußt falschen Geständnis festzuhalten (BGH NJW 62, 1395), soweit nicht erkennbar beide Parteien arglistig zum Nachteil eines Dritten zusammenwirken. 5

Keine Pflicht des Beweisführers, den für eine für wahr gehaltene Tatsache benannten Zeugen von einer Falschaussage abzuhalten (BGHSt 4, 327 = NJW 53, 1720; hierzu: Bockelmann NJW 54, 697). 6

2) Folgen der Verletzung der Wahrheitspflicht: Erkennbar unwahres Vorbringen bleibt unberücksichtigt, § 286; s hierzu näher Rn 10 a vor § 128. Die Lüge kann als Prozeßbetrug strafbar sein (RGSt 69, 49; 70, 82; 72, 113) und nach erfolgter Verurteilung (§ 581) die Restitutionsklage (§ 580) begründen. Der Prozeßbetrug ist unerlaubte Hdlg iS §§ 823 II, 826 BGB (RG 95, 310; 165, 28; 168, 12; BGH 13, 71; 26, 391; BGH NJW 64, 349 und 64, 1672). 7

II) Die Erklärungspflicht ist Auswirkung der Wahrheitspflicht (Abs I) und der Förderungspflicht. Sie setzt voraus, daß die andere Partei ihrer Darlegungs- und Beweislast genügt hat; andernfalls würde sie in Ausforschung und Umkehr der Darlegungs- und Beweislast ausarten. Niemand muß das ihm nachteilige Vorbringen des Gegners ergänzen oder erläutern (BGH NJW 83, 2879 = MDR 83, 1002; Wussow NJW 62, 424). Verstoß gegen die Erklärungspflicht ist, falls nicht gleichzeitig Verstoß gegen die Wahrheitspflicht, nicht sanktioniert. Aus Abs III ergibt sich jedoch Erklärungslast. Zur notwendigen Substantiierung des Klagevorbringens s § 253 Rn 12. 8

III) Nichtbestreiten wird als Zugeständnis (nicht iS des § 290, weil vorbehaltlich § 296 bis zum Schluß der mündl Verh nachholbar BGH NJW 83, 1496/97 = MDR 83, 661; abw München MDR 84, 321/322 für erstmaliges Bestreiten im 2. Rechtszug, aber dann gilt allenfalls § 528 II, nicht jedoch § 290) fingiert, sofern eine Einlassung nur möglich war (§ 282 Rn 2). Zur Geständnisfiktion im Fall des versäumten oder verspäteten Bestreitens s § 331 Rn 6 und § 296 Rn 33. Abs III gilt im gesamten Verf der ZPO, soweit nicht der Ermittlungsgrundsatz besteht (§§ 617, 640, 641, 670, 679 IV, 686 IV). Anwendbar auch im schriftl Verf. Zur Abgrenzung der Zugeständnisfiktion vom Geständnis (§ 288) vgl Schneider MDR 68, 813. **Keine Geständniswirkung,** wo auch ein Geständnis iS des § 288 unbeachtlich wäre, so bei offenkundiger Unrichtigkeit einer (nicht bestrittenen) Behauptung (BGH MDR 79, 1001; vgl § 288 Rn 7). 9

Das Bestreiten kann ausdrücklich oder durch schlüssiges Verhalten erfolgen, doch bedeutet der Antrag, die Klage abzuweisen, noch kein Bestreiten des gegnerischen Tatsachenvortrags (Schneider MDR 69, 579), selbst wenn Bestreiten wegen fehlender Information des Anwalts unterblieb (abw Frankfurt MDR 69, 579). Im Zweifelsfall muß das Gericht aufklären, ob nicht bestritten, so insbes bei Tatsachen, die eine Partei offensichtl nicht als entscheidungserhebl erkannt hat (LM § 139 ZPO Nr 3). IdR genügt einfaches Bestreiten; so insbes gegenüber unsubstantiierten Behaupten des Gegners, BGH NJW 74, 1710. Substantiiertes Bestreiten hält die Rspr (BGHZ 86, 23/29; 12, 50; BGH NJW 81, 113/114; 61, 828; NJW-RR 86, 60 = MDR 86, 309; Frankfurt NJW 74, 1473; Köln JMBlNRW 75, 176) dort für nötig, wo der Beweis dem Behauptenden nicht möglich oder nicht zumutbar ist, während (nur) der Bestreitende die Verhältnisse genau kennt (Blunck MDR 69, 99; Huber MDR 81, 95; Rn 22 vor § 284). Ungenügend daher das pauschale Bestreiten einer geordneten Zusammenstellung von Rechnungsposten (Köln MDR 70, 1017). Zu dem gleichen Ergebnis führt es, unsubstantiiertes Bestreiten stets genügen zu lassen, das Unterlassen einer zumutbaren Substantiierung des „Bestreitenden" aber gem § 286 als bloße Schutzbehauptung zu übergehen. 10

Das Bestreiten kann, soweit nicht eine Verschleppungsabsicht erkennbar (§§ 296, 528), bis zum Schluß der mündl Verh (§ 136 Rn 4) erfolgen. Im übrigen hat das Nichtbestreiten die Geständniswirkung des § 288 mit der oben (Rn 9) dargelegten Einschränkung bei offenkundiger Unrichtigkeit der nicht bestrittenen Behauptung. 11

12 Anwendungsfall im Säumnisverfahren: § 331 I. Zur Frage des Nichtbestreitens ausländischer Rechtsnormen: § 293 Rn 17; Küppers NJW 76, 489.

13 **IV) Erklärung mit Nichtwissen** genügt nicht als Bestreiten, wo nach der Lebenserfahrung Wissen gegeben sein muß, so bei eigenen Hdlgen oder Wahrnehmungen. Dabei sind „eigene" Hdlgen auch diejenigen des ges Vertreters der Partei; dagegen nicht diejenigen des rechtsgeschäftl bestellten Vertreters, der als Zeuge in Betracht kommt. Bei eigenen Hdlgen u Wahrnehmungen ist substantiierte Einlassung idR zumutbar; ihr Unterlassen hat die Folge des Abs III. Das Gesetz zwingt den, der seine eigene Hdlg oder Wahrnehmung vergessen hat, zur Meidung von Rechtsnachteilen (vorsorglich) zu bestreiten. Er darf das, da er nicht bewußt der Wahrheit zuwider handelt, tun, ohne die Wahrheitspflicht (Abs I) zu verletzen (R-Schwab § 65 VIII). Auch die Prozeßlage (zB die Erwiderung auf neuen Sachvortrag des Gegners im Termin) kann, wo präsentes Wissen hierzu nicht sofort zumutbar ist, vorsorgliches Bestreiten mit Nichtwissen rechtfertigen.

139 *[Aufklärungspflicht des Gerichts]*

(1) Der Vorsitzende hat dahin zu wirken, daß die Parteien über alle erheblichen Tatsachen sich vollständig erklären und die sachdienlichen Anträge stellen, insbesondere auch ungenügende Angaben der geltend gemachten Tatsachen ergänzen und die Beweismittel bezeichnen. Er hat zu diesem Zwecke, soweit erforderlich, das Sach- und Streitverhältnis mit den Parteien nach der tatsächlichen und der rechtlichen Seite zu erörtern und Fragen zu stellen.

(2) Der Vorsitzende hat auf die Bedenken aufmerksam zu machen, die in Ansehung der von Amts wegen zu berücksichtigenden Punkte obwalten.

(3) Er hat jedem Mitglied des Gerichts auf Verlangen zu gestatten, Fragen zu stellen.

Lit: *Peters*, Richterliche Hinweispflichten und Beweisinitiativen im Zivilprozeß, 1983; *Stürner*, Parteipflichten bei der Sachverhaltsaufklärung, ZZP 98 [1985], 237; *Hermisson*, Richterliche Hinweise auf Einrede- und Gestaltungsmöglichkeiten, NJW 85, 2558.

1 **I) 1)** Angesichts der im Zivilprozeß geltenden Verhandlungsmaxime (Rn 10 u 10 a vor § 128) ist es die Aufgabe der Parteien, diejenigen tatsächlichen Behauptungen aufzustellen, die sie der Entscheidung durch das Gericht unterbreiten wollen, und sie, im Falle des Bestreitens durch den Gegner, unter Beweis zu stellen. Aufgabe des Gerichts ist es, Gesetz und Recht im Einzelfall zu verwirklichen (GG Art 20 Abs 3), also dem Recht zum Sieg zu verhelfen. Im Rahmen dieser Aufgabe hat es darauf hinzuwirken, daß das aus seiner Schau Notwendige seitens der Parteien getan wird, um den unterbreiteten Sachverhalt rechtl richtig würdigen zu können. **§ 139 legt** daher **dem Gericht die Pflicht auf, auf die Beibringung des im Rahmen der gestellten Anträge zur Rechtsfindung notwendigen Tatsachen- u Beweismaterials hinzuwirken.** In enger Fühlungnahme mit den Parteien hat es dafür Sorge zu tragen, daß der **unterbreitete Streitfall** (der von dem Kläger bestimmte Streitgegenstand bestimmt auch den Umfang und die Grenze der richterl Aufklärungspflicht; vgl § 308 und Blomeyer § 19 I) in tatsächl u rechtl Hinsicht (zur rechtlichen Aufklärung s § 278 III) gründlich aufgeklärt wird. Das Gericht wird der ihm zukommenden Aufgabe nicht gerecht, wenn infolge mangelhafter Aufklärung und dadurch bedingter Unterlassungen der Parteien eine bestimmte, eben die richtige Entscheidung, nicht ergeht.

2 Die Aufklärungspflicht besteht innerhalb und außerhalb der mündl Verh; sie kommt dem Kollegium wie dem Einzelrichter und in gleicher Weise dem Rechtspfleger zu. Kann sich eine Partei nicht sofort erklären, so hat ihr das Gericht eine angemessene Frist hierzu einzuräumen, dabei nach § 283 zu verfahren oder auch zu vertagen. Zur Gewährung dieses rechtl Gehörs im schriftl Verf s § 128 Rn 18.

3 Wenn auch im allgemeinen keine Pflicht des Gerichts besteht, nach durchgeführter Beweisaufnahme mit den Parteien das Beweisergebnis zu würdigen (BayVerfGH NJW 64, 2295), so ist es andererseits doch geboten, den Parteien die Ansicht über den Stand des Prozesses kundzutun, insbesondere darzulegen, welche Behauptungen das Gericht für bewiesen od nicht für bewiesen hält u welche Folgen sich in rechtl Hinsicht hieraus ergeben können (§ 278 III, BGH NJW 82, 582; VersR 67, 1095). Offenheit des Gerichts in dieser Hinsicht führt oft zu einer gütlichen Beilegung des Rechtsstreites u stößt bei den Parteien auf mehr Verständnis, als wenn das Gericht mit seiner Meinung hinterm Berg hält (s hierzu auch Lepa DRiZ 69, 6; Schneider NJW 70, 1884; Rosenberg ZZP 49, 68 u Kassel SJZ 48, 463; Brumby JR 1956, 177; Hamelbecks NJW 56,

540 und Schuler NJW 56, 857). Überdies dient das Aufklärungsgespräch des Gerichts mit den Parteien nicht nur der Behebung von Fehlleistungen der Parteien; es kann durchaus auch Fehleinschätzungen des Gerichts beheben, bevor diese das Urteil beeinflussen (auch Richter können irren). Andererseits muß das Gericht jeden Anschein der Parteilichkeit vermeiden; die Aufklärung und Erörterung des Streitstoffes läßt leicht den Eindruck eines „Vorurteils" enstehen. Die Parteien sollen auf prozessuale Möglichkeiten und Risiken hingewiesen, nicht über vorgefaßte Ansichten des Gerichts informiert werden, sonst entsteht der Eindruck der Befangenheit (§ 42). Vielfach erfordert aber das Vergleichsgespräch (§ 279) Andeutungen des Gerichts über den mutmaßlichen Prozeßausgang.

Die Abgrenzung, was das Gericht zur Erfüllung seiner Aufklärungspflicht im Einzelfall tun soll und was es, ohne sich mit der Verhandlungsmaxime in Widerspruch zu setzen, ohne gegen seine Aufgabe als unparteiischer Mittler u Richter zwischen den Parteien zu verstoßen u ohne sich der Gefahr der Ablehnung durch eine Partei auszusetzen, nicht tun darf, ist v Einzelfall abhängig. Maßstab für die **Grenzen der Aufklärungsbefugnisse und -pflichten des Gerichts** und für die Zulässigkeit seiner Hinweise bleibt im Einzelfall seine Pflicht zu Neutralität und Gleichbehandlung der Parteien (BVerfGE 52, 130/153; 42, 64/78 = NJW 79, 1925/1928; 76, 1391; StJL Rn 7). 4

2) Umfang u Form der Aufklärung: Die **Aufklärungspflicht** obliegt vor der Verh dem **Vorsitzenden** (§ 273 II), in der Verhandlung auch den Beisitzern (Abs III). Sie erstreckt sich vornehmlich auf die (nur entscheidungserhebl!) Tatsachen sowie auf die Sachdienlichkeit der Anträge; hierbei ist aber die Grenze des § 308 zu beachten. Die rechtl Aufklärung durch das Gericht regelt § 278 III, doch ergänzen sich beide Vorschriften, weil Sach- u Rechtsaufklärung sich oft überschneiden (Schneider MDR 77, 969). 5

Anträge: Der Aufklärung zugänglich sind (mit der Einschränkung gemäß Rn 11!) Sach- u Prozeßanträge, so auch die Abgrenzung von Haupt- und Hilfsantrag, die Antragstellung bei Verfahrensstandschaft u bei Übergang des Streitgegenstands auf einen Dritten (§ 265), die Anpassung des Antrags an eine veränderte Prozeßsituation (§ 91 a); Hinweis nötig, wenn der Sachantrag keinen vollstreckungsfähigen Inhalt hat oder wenn eine Partei falsch oder unvollständig bezeichnet ist. Ebenso Hinweis auf Beweislast, wenn Partei diese erkennbar falsch beurteilt und deshalb keinen Beweisantrag stellt. 6

Tatsachen sind aufzuklären, soweit sie das Verfahren betreffen (Prozeßtatsachen: Partei- u Prozeßfähigkeit, ges Vertretung, Rechtshängigkeit, Rechtskraftwirkung früherer Urteile, Nebeninterventionswirkung § 68 usw) oder materiellrechtl Art sind (fehlende Schlüssigkeit des Vorbringens, Widersprüche, Unklarheiten, Unvollständigkeit, Zweifel an Wahrheit usw). 7

Aufklärung erfolgt durch Fragestellung (diese muß konkret u verständlich sein; die Partei muß Gelegenheit zur Beantwortung in angemessener Frist erhalten; Schleswig SchlHA 82, 29), durch Hinweis vor (§ 273) und im Termin, durch Erörterung im Termin (§ 279) durch Anhörung auch der Parteien persönlich (§§ 138, 141, 279). 8

Grenzen der Aufklärung: Aufzuklären ist alles, was im Sinn einer umfassenden Entscheidung des Streitstoffes u Verwirklichung der materiellen Gerechtigkeit der Klärung bedarf (Schneider MDR 77, 970) und was zur Vermeidung von Überraschungsentscheidungen nötig ist. Aber keine Aufklärung, soweit Tatsachen nicht entscheidungserheblich („zu diesem Zweck, soweit erforderlich ..."). Keine Ausforschung über die Grenzen des Beibringungsgrundsatzes hinaus (Rn 10 vor § 128). Daher ist es (entgegen Schneider MDR 77, 972) nicht Aufgabe des Gerichts, durch Fragen oder Hinweise neue Anspruchsgrundlagen, Einreden oder Anträge (§ 308!) einzuführen, die in dem streitigen Vortrag der Parteien auch nicht zumindest andeutungsweise bereits eine Grundlage haben. (Prütting NJW 80, 364 mit Nachweisen auch auf die im neueren Schrifttum vertretene Gegenmeinung; hierzu s unten Rn 12). – Keine gerichtl Aufklärung, soweit eine Partei bereits auf Unklarheit oder Unvollständigkeit des gegnerischen Vorbringens hingewiesen hat (BGH NJW 84, 310/311). Keine weiteren Hinweise geboten, wo die Partei sich bereits als rechtsblind oder uneinsichtig erwiesen hat. 9

II) Übersicht der zu § 139 vorliegenden Rechtsprechung

1) Was das Gericht tun muß: Mißverständlichen, widersprüchlichen oder mehrdeutigen Sachvortrag einer Partei aufklären, zumindest auf die vom Gericht beabsichtigte Interpretation hinweisen (Köln OLGZ 83, 442). – Hinweisen auf die (von den Parteien oder vom Erstgericht verkannte) Maßgeblichkeit u den Inhalt ausländischen Rechts, § 293 (BGH NJW 76, 474). – Darauf hinwirken, daß unrichtige Parteibezeichnungen berichtigt werden. – Daß der Klageantrag richtig gefaßt wird (RG 41, 376; NJW 49, 232), insbesondere, daß unzweckmäßige Anträge verbessert werden (RG JW 37, 1060), zB, daß ein dem Wesen nach gleichartiger Anspruch, so Ersatz statt 10 (nicht möglicher) Wiederherstellung verlangt wird (RG 169, 356). – Daß unklare Anträge besser gefaßt (RG 75, 227), ungenügende tatsächl Angaben ergänzt u unter Beweis gestellt werden (RG 19, 377; 20, 47 u 201). Die Prozeßabweisung wegen fehlender Substantiierung des Klageantrages ist ohne vorherige Aufklärung unzulässig (§ 278 III; Schneider MDR 77, 972; Siegert NJW 58, 1026). –Daß alle für die Feststellung des Sachverhalts erhebl Erklärungen abgegeben werden (nicht auch, daß neue tatsächl Behauptungen, die erst die Grundlagen für die Entscheidung abgeben sollen, aufgestellt werden, RG 106, 119 und 109, 70; BGH 7, 211 = NJW 52, 1410). Abgrenzungsschwierigkeiten sind hierbei oft unvermeidlich; so darf bei streitiger Sachlegitimation des Klägers das Gericht nicht eine Abtretung an den Kläger anregen, wohl aber, wo eine solche in Betracht kommt, zu deren Nachweis auffordern, Frankfurt NJW 70, 1884 mit Anm Schneider, Dittmar NJW 71, 56. – Läßt der Kläger einen ursprünglichen Hilfsantrag fallen, obwohl dieser nach seinem Vorbringen sachdienlich ist, und ist anzunehmen, daß die Zurücknahme auf einem Versehen beruht, so hat das Gericht aufzuklären, ob die Zurücknahme dem wirklichen Willen der Partei entspricht (LM Nr 4 zu § 139 = NJW 53, 217). – Die verschiedenen Möglichkeiten der rechtl Beurteilung mit den Parteien erörtern (Kassel NJW 49, 232). – Auf den (notwendigen) Übergang von der Feststellungs- zur Leistungsklage hinwirken (aber nur dann), wenn das Gericht den Anspruch für begründet hält. – Auf die Möglichkeit der Erholung eines erbbiologischen Gutachtens hinweisen, wenn anzunehmen ist, daß ein solcher Antrag versehentlich nicht gestellt wurde (BayObLG Rpfleger 49, 471). –Aufklären, warum (ohne Grundangabe) Verzugsschaden statt Prozeßzinsen gefordert werden (RG JW 31, 521). – Bei Vorliegen von Verfahrensmängeln fragen, ob die Partei (soweit nicht 295 durchgreift) auf Rüge verzichtet (RG HRR 32, 791). Im Anwendungsbereich des § 295 ist eine Aufklärung durch das Gericht nur zulässig, wenn anderenfalls die Partei in unzumutbarer Weise überrascht würde (BGH NJW 58, 104 = JZ 58, 60). – Bei mehreren Anträgen klären, ob sie nebeneinander oder nur hilfsweise gestellt sind. – Bei der Feststellungsklage, falls nicht ausreichend dargetan, auf die nähere Darlegung des rechtlichen Interesses hinwirken. – Die rechtsunkundige Partei über die Rechtsfolgen ihres Handelns aufklären, um zu vermeiden, daß sie etwas beantragt, was sie ersichtlich gar nicht erstrebt (RG 92, 256 ist hier zu eng und wird der jetzigen Auffassung über die Aufklärungspflicht nicht mehr gerecht). Dabei ist, wo Rechtsunkenntnis erkennbar oder auch nur möglich, grds **kein Unterschied zwischen der anwaltschaftlich vertretenen u der persönlich auftretenden Partei** zu machen; das Gericht darf nicht untätig sehenden Auges zulassen, daß die anwaltschaftlich schlecht vertretene Partei (es gibt auch schlechte Richter) allein deshalb prozessualen Nachteil erleidet (BGHZ 88, 180 = MDR 83, 1017; BGH Rpfleger 77, 359; Schleswig NJW 82, 2783 = SchlHA 82, 59; Schneider MDR 77, 971); die entgegenstehende Rspr (BGH NJW 84, 310 m abl Anm von Deubner; Schneider NJW 86, 971) ist mit Art 103 I GG u den Zielen der VereinfNovelle nicht mehr vereinbar, zumal das Rechtsgespräch zwischen dem Gericht und den (auch anwaltschaftlich vertretenen) Parteien das wirksamste Mittel ist, Mißverständnisse (evtl auch des Gerichts) auszuräumen und **Überraschungsentscheidungen** zu **vermeiden** (§ 278 Rn 5 u 7). – Auf Benennung von Beweismitteln hinwirken, wenn sich aus dem übrigen Vorbringen ergibt, daß eine tatsächliche Behauptung mit Beweis vertreten werden will und das Unterbleiben des Beweisantritts offensichtl auf einem Versehen oder auf einer erkennbar falschen Beurteilung der Rechtslage beruht (LM § 139 Nr 3). – Wenn auf einen Zeugen in der ersten Instanz verzichtet wurde, klären ob dieser Zeuge in der zweiten Instanz vernommen werden soll (Rn 3 vor § 284). – Nach Erledigung der Hauptsache oder sonst eingetretener prozessual wichtiger Veränderungen (RG 102, 232) auf die Stellung sachl (s auch § 263) neuer Anträge hinwirken (RG 94, 291). – Auf die Möglichkeit hinweisen, daß das Gericht uU zu einer anderen Ansicht hinsichtlich der rechtl Beurteilung tatsächl Vorgänge (zB der Auslegung eines Vertrages) kommt als die Vorinstanz. – Klären, ob ein Verbringen in der ersten Instanz, das erheblich ist, in der zweiten Instanz absichtlich od nur versehentlich nicht wiederholt wurde. – Bei Schadensersatzansprüchen auf die etwa fehlende Substantiierung hinweisen (RG 62, 384; 63, 288). – Bei Klagen auf Schadensersatz aus einem Unfall klären, inwieweit Ansprüche auf einen öffentlichen Versicherungsträger übergegangen sind, nicht aber den Gegner auf die Entlastungsmöglichkeit gem § 831 BGB hinweisen (LM § 139 Nr 6). – Den Kläger zum Nachweis der Zinsforderung in der behaupteten Höhe (wenn mehr als gesetzl) auffordern. – Die Partei auf das ihr nach § 295 zustehende Rügerecht hinweisen, wenn die Partei durch die Entscheidung des Gerichts in unzulässiger Weise überrascht würde (BGH NJW 58, 104). Das Gericht muß die Parteien auf diesen unbekannte Verfahrensvorgänge hinweisen, zB auf schriftl Mitteilung eines geladenen Zeugen, daß über das Beweisthema schriftl Unterlagen vorhanden (BGH NJW 61, 363) – Beantragt Kl gem § 839 BGB Naturalrestitution, obwohl nur Schadensersatz in Geld möglich (RG 156, 40), so muß Gericht, da Anspruchsgrundlage die gleiche, auf Antragsänderung hinwirken (RG 169, 356). – Klagt Kl irrtümlich auf Grundbuchberichtigung statt auf Rückauflassung (BGH 3, 210) oder auf Zahlung eines halben

Geschäftsanteils statt auf Auseinandersetzungsguthaben (BGH 8, 256), muß Gericht aufklären.

2) Was das Gericht nicht tun darf: Einer Partei *neue*, in deren Sachvortrag auch nicht andeutungsweise enthaltene Klagegründe, Einreden und Anträge nahelegen (Hermisson NJW 85, 2558; RG 106, 119), zB einen Antrag auf Zinsleistung anregen (Köln MDR 72, 779), auf ein Zurückbehaltungsrecht (BGH NJW 69, 691/693) oder auf die Verjährung aufmerksam machen (Hamburg NJW 84, 2710 = MDR 84, 672; Bremen NJW 79, 2215; Köln MDR 79, 1027; StJL Rn 24; Hermisson NJW 85, 2558; Prütting NJW 80, 364; abw: Wacke u Seelig NJW 80, 1170; Schneider MDR 79, 974; 77, 974; 82, 236; 84, 672; NJW 86, 1316 und auch Vollkommer hier § 42 Rn 26); zulässig und auch geboten ist aber die richterliche Aufklärung, ob zB ein unsubstantiierter Hinweis des Beklagten auf verjährungsgeeignete Umstände als Verjährungseinrede zu konkretisieren ist (Prütting aaO mwN; Koch NJW 66, 1648). – Auf eine Klageänderung hinwirken. – Die Partei veranlassen, andere Anträge zu stellen, die ihrem Wesen nach auf anderen Anspruchsgrundlagen beruhen (BGH 7, 208; LM Nr 5 zu § 139). – Die Partei auf eine andere **tatsächliche** Begründung ihres Antrages hinlenken (RG 109, 70) oder anspruchsbegründende Tatsachen erst herbeizuführen (Frankfurt NJW 70, 1884; Dittmar NJW 71, 56; s aber Schneider MDR 77, 974; 68, 721/725; NJW 70, 1884). – Eine Partei einseitig rechtl beraten (RG 103, 289; 109, 70). – Auf die Möglichkeit des Entlastungsbeweises hinweisen (LM Nr 6 zu § 139 ZPO). – Im Anwendungsbereich des § 295 auf Rügemöglichkeit hinweisen (Ausnahme nur, wenn Partei sonst unzumutbar überrascht, BGH NJW 58, 104) – Aufklärung in Abwesenheit einer Partei (OLG Oldenbg NJW 63, 451). 11

3) Was das Gericht nicht zu tun braucht: Zu fragen, wenn das Gericht Grund zur Annahme hat, daß der Sachverhalt genügend geklärt ist (RG 136, 401). – Keine nochmalige Aufklärungspflicht in der Berufungsinstanz über Punkte, auf die schon das Erstgericht ersichtlich hingewiesen hat (RG 98, 294, BGH NJW 58, 1590 = MDR 58, 681). – Die Partei unter Bekanntgabe seiner Beweiswürdigung zur Antretung neuer Beweise auffordern. – Keine Aufforderung zum Nachweis ausländischen Rechts (RG 80, 267), vgl § 293. – Auf ungenügende Substantiierung einer Gegenforderung hinweisen, wenn diese erst nach Schluß der mündl Verhandlung erster Instanz entstanden ist und erst durch die Substantiierung die Sachdienlichkeit nach § 530 herbeigeführt würde (LM Nr 7 zu § 139 ZPO). – Nicht unbedingt auf das Rügerecht nach § 295 hinzuweisen (s jedoch BGH NJW 58, 104). Keine Pflicht, auf Möglichkeit des Wiedereinsetzungsgesuchs hinzuweisen, solange nicht die Voraussetzungen einer Wiedereinsetzung von Amts wegen (§ 236 Rn 5) gegeben sind (BGH VersR 65, 981; abw LAG Frankfurt NJW 66, 800); aber Hinweis auf Unvollständigkeit des WE-Gesuchs nötig (KG NJW 74, 1003). 12

4) Die Aufklärungspflicht kann ausgeübt werden: Durch Befragen der Parteien od ihres Vertreters„ durch Erörterung mit den Beteiligten in der mündl Verh; schriftl Aufklärung gem § 273 oder schriftl Verfahren nach § 128 II; Erlaß eines Aufklärungsbeschlusses mit den erforderlichen Auflagen, uU mit Fristsetzung; Anordnung des persönlichen Erscheinens gem § 141. – Parteivernehmung nach §§ 445 ff ist nicht Aufklärung im Sinne des § 139, sondern Beweisaufnahme. 13

Zu Abs II. Von Amts wegen zu berücksichtigen sind: Das Vorliegen eines ausschließlichen Gerichtsstandes (§ 40 II); die Zulässigkeit des Rechtsweges; der Mangel der Partei- od Prozeßfähigkeit, der Legitimation des gesetzl Vertreters u die erforderliche Ermächtigung zur Prozeßführung (§ 56 I); im Parteiprozeß der Mangel der Vollmacht (§ 88 II); die Frage der Zulässigkeit der Berufung u der Revision § 519 b und § 554 a; wie überhaupt schlechthin die Frage der Statthaftigkeit eines Rechtsbehelfes (s §§ 341, 519 b, 554 a, 574, 589). – Die Prüfung „von Amts wegen" nach Abs II besagt nicht, daß das Gericht in den vorstehend aufgeführten Fällen selbst, also amtl Untersuchungen und Nachforschungen anzustellen hätte (RG 160, 47 u 348). Das Gericht hat nur „auf die Bedenken aufmerksam zu machen", die es hat, um den Parteien Gelegenheit zu geben, die erforderlichen Nachweise zu erbringen. Auch im Falle des Abs II wird nämlich die Verhandlungsmaxime nicht zugunsten der Untersuchungsmaxime durchbrochen, das Gericht hat sich vielmehr auch hier in den zu Abs I aufgezeigten Grenzen zu bewegen. 14

III) Verletzung der Aufklärungspflicht ist Revisionsgrund, wenn es sich um Fragen handelt, die nach revisiblem Recht zu entscheiden sind (LM Nr 2 zu § 139; s dort auch Ausnahme) und die Partei vorträgt, was sie vorgebracht hat, bzw unternommen hätte, wenn das Gericht seiner Pflicht aus § 139 nachgekommen wäre (RG JW 31, 1795; BAG AP § 322 Nr 8, § 233 Nr 37; StJL Rn 36). Voraussetzung ist jedoch, daß das BerGericht hätte erkennen müssen, daß die Partei Beweismittel u etwaige noch nötige Behauptungen hätte beibringen können und wollen, daß das Nichtvorbringen daher offenbar auf einem Versehen oder darauf beruht, daß die Partei die Rechtslage erkennbar falsch beurteilt hat (BGH LM § 139 ZPO Nr 3; BayObLGZ 69, 106; Siegert NJW 58, 1026). Unterbliebene Aufklärung kann gegen Art 3 GG verstoßen (BVerfG NJW 76, 1391) und, wenn sie für eine Verfahrensverzögerung auch nur mitursächlich ist, die Zurückweisung verspäteten Parteivorbringens verbieten (§ 296 Rn 3). 15

140 *[Gerichtsentscheidung bei Beanstandung von Anordnungen des Vorsitzenden]* **Wird eine auf die Sachleitung bezügliche Anordnung des Vorsitzenden oder eine von dem Vorsitzenden oder einem Gerichtsmitgliede gestellte Frage von einer bei der Verhandlung beteiligten Person als unzulässig beanstandet, so entscheidet das Gericht.**

1 1) **Gegenstand** der Beanstandung können sein: **a) Anordnungen** (nicht Unterlassungen) des Vorsitzenden (also nicht des Einzelrichters, weil dieser im Rahmen seiner Befugnisse § 348 das Kollegium repräsentiert), soweit diese die Sachleitung (vgl § 136 Rn 1; die Sitzungspolizei ist nicht Sachleitung, sondern formelle Prozeßleitung) betreffen und ihre Unzulässigkeit (nicht genügend also Unzweckmäßigkeit oder Unerheblichkeit) behauptet wird.

2 **b) Fragen** des Vorsitzenden oder eines Beisitzers (§ 139); über Fragen der Parteien vgl § 137 IV und § 397 III.

3 2) **Rügebefugt** sind alle an der Verh beteiligten Personen: Parteien, Streithelfer, Zeugen und Sachverständige; nicht einzelne Mitglieder des Kollegiums (vgl § 177 GVG). Rüge muß in der gleichen mündl Verh erfolgen (§ 295).

4 3) **Entscheidung** durch zu verkündenden (§ 329) u nicht selbständig anfechtbaren Beschluß. Unterbleibt eine Rüge der Anordnung oder Frage in der mündl Verhandlung, so kann auf deren Unzulässigkeit später kein Rechtsmittel gegen das Urteil gestützt werden (StJL Rn 5).

141 *[Persönliches Erscheinen der Parteien]* **(1) Das Gericht soll das persönliche Erscheinen beider Parteien anordnen, wenn dies zur Aufklärung des Sachverhalts geboten erscheint. Ist einer Partei wegen großer Entfernung oder aus sonstigem wichtigen Grunde die persönliche Wahrnehmung des Termins nicht zuzumuten, so sieht das Gericht von der Anordnung ihres Erscheinens ab.**

(2) Wird das Erscheinen angeordnet, so ist die Partei von Amts wegen zu laden. Die Ladung ist der Partei selbst mitzuteilen, auch wenn sie einen Prozeßbevollmächtigten bestellt hat; der Zustellung bedarf die Ladung nicht.

(3) Bleibt die Partei im Termin aus, so kann gegen sie Ordnungsgeld wie gegen einen im Vernehmungstermin nicht erschienenen Zeugen festgesetzt werden. Dies gilt nicht, wenn die Partei zur Verhandlung einen Vertreter entsendet, der zur Aufklärung des Tatbestandes in der Lage und zur Abgabe der gebotenen Erklärungen, insbesondere zu einem Vergleichsabschluß, ermächtigt ist. Die Partei ist auf die Folgen ihres Ausbleibens in der Ladung hinzuweisen.

1 I) 1) Im Rahmen seiner Aufklärungspflicht (§ 139) darf das Gericht als prozeßleitende Maßnahme (§ 136 Rn 1) das persönl Erscheinen einer oder beider Parteien anordnen, soweit die Anhörung der Partei zur Aufklärung des Sachverhalts erforderlich erscheint. Die Anhörung ist **nicht Beweisaufnahme** iS einer Parteivernehmung (§§ 445–455), weil sie nicht der Aufklärung eines streitigen Sachverhalts dient, sondern dem besseren Verständnis dessen, was die Partei behaupten und beantragen will. Daher Anhörung insbes bei Divergenz zwischen Vorbringen des Anwalts und dem – dann idR maßgeblichen, BGH VersR 69, 58 – Vorbringen der Partei selbst. Beweiswirkung hat die Erklärung der Partei aber keinesfalls, BGH MDR 67, 834. Deshalb Anordnung unzulässig allein zur Erhärtung eines bereits erfolgten Sachvortrags, der keiner weiteren Aufklärung iS § 139 bedarf, Köln JR 69, 25; München MDR 78, 147.

2 2) Die Anhörung der Partei erfolgt in der mündl Verh (vor dem Prozeßgericht), also nicht vor einem ersuchten oder beauftragten Richter (abw BLH § 141 Anm 2 A; Köln MDR 86, 152; wie hier: StJL Rn 14; ThP Anm 2), selbst wenn damit eine Gegenüberstellung der Partei mit einem vor dem ersuchten Richter zu vernehmenden Zeugen ermöglicht würde (aM LAG Frankfurt AP § 141 Nr 1); bei Zulässigkeit einer auswärtigen Anhörung hätte es der Zumutbarkeitsvoraussetzung in Abs I 2 nicht bedurft. Keine Anhörung der Partei außerhalb der streitigen mündlichen Verhandlung; daher unzulässig die Anhörung der im Anwaltsprozeß ohne ihren RA erschienenen Partei, wenn der Gegner VersUrteil beantragt (s aber § 279 II für den Sühnetermin!).

3 Die Aussage der Partei (oder ihres Vertreters Abs III) muß nicht (BGH NJW 51, 110), sollte aber im Protokoll festgehalten werden, weil sie der Auslegung des Sachvortrages dient (RG 169, 63; BGH NJW 69, 428). Die Parteien haben aber gem § 160 IV ein Recht, die Aufnahme der Parteiäußerung in das Protokoll zu beantragen, denn eine Anhörung der Partei wäre unzulässig, wenn es hierauf „nicht ankommt“.

Soweit die Erklärung der Partei dem Vorbringen ihres ProzBevollm widerspricht, darf das Gericht (vgl § 85) von der Maßgeblichkeit der Parteierklärung ausgehen (BGH VersR 65, 287; 66, 269; s auch Rn 5 zu § 288). 4

3) Unzulässig ist die Anordnung des persönl Erscheinens des Gegners im PKH-Bewilligungsverfahren (§ 118), weil dieses nicht notw kontradiktorisch ist (Hamm NJW 54, 1688; Pohlmann NJW 54, 947; Jansen NJW 63, 1594). Unzulässig auch die Vorladung u ggf Bestrafung einer Partei vor deren streitiger Einlassung, Celle NdsRpfl 70, 17; NJW 61, 1825; Köln Büro 76, 1113. 5

4) Die Ladung der Partei zur informatorischen Anhörung ist nach Zweck u Rechtsfolge zu unterscheiden von einer dem Sühneversuch (§ 279), der Amtsermittlung (§§ 613, 640, 654, 671, 679) oder der Beweiserhebung (§§ 445–448) dienenden Vorladung. Deshalb ist der Partei der Zweck u die Rechtsgrundlage ihrer Vorladung unter Hinweis auf die Folgen ihres Ausbleibens (Abs III) mitzuteilen; ist das nicht geschehen, so ist die Festsetzung von Ordnungsgeld unzulässig (Köln NJW 74, 1003), denn ohne Mitteilung des Grundes der Vorladung könnte die Partei nicht einmal abwägen, ob sie das Risiko des Nichterscheinens auf sich nimmt (kein Risiko bei Vorladung zum Sühnegespräch § 279 II) oder ob sie gemäß Abs III einen Vertreter entsendet bzw auf ihren ProzBevollmächtigten als geeigneten Vertreter (unten Rn 12) verweist (aM KG MDR 83, 235 und Burger MDR 82, 91). 6

II) Die **Anordnung** erfolgt außerhalb der mündl Verh gem § 273 II 3, sonst durch Beschluß des Gerichts. Der Beschluß ist nicht anfechtbar (§ 567). 7

Angeordnet werden kann das persönl Erscheinen der Partei, ihres ges Vertreters (BGH NJW 65, 106), des streitgenössischen Streithelfers (§ 69), nicht des ProzBevollm oder des gewöhnl Streithelfers. 8

Die Partei ist (abw von § 218) stets persönl formlos (Abs II) unter Angabe des konkreten Gegenstands der beabsichtigten Aufklärung (oben Rn 6) und unter Androhung der Folgen gem Abs III zu laden. Ist Anordnungsbeschluß nicht verkündet, so ist der ProzBevollm u der Gegner von der Ladung der Partei zu benachrichtigen. 9

III) Folgen des Nichterscheinens: Vor Einlassung des Gegners zur Sache kann dessen Erscheinen nicht erzwungen werden, Celle NJW 61, 1825 u NdsRpfl 70, 17; München MDR 78, 147. 10

Die Ladung der Partei dient der Aufklärung ihres eigenen Sachvortrags, also ihrem eigenen Interesse. Da die Partei zur Einlassung grds nicht verpflichtet ist (Rn 10 vor § 128), sollte von der Ahndung ihres Fernbleibens durch **Ordnungsgeld** (gem Art 6 I EGStGB in Höhe von 5 bis 1 000,– DM; keine Ordnungshaft, keine Kostenfolge u keine zwangsweise Vorführung, Köln NJW 72, 1999) nur zurückhaltend Gebrauch gemacht werden (München MDR 78, 147; Frankfurt MDR 79, 587; 80, 234; Burger MDR 82, 91; Schmidt JR 81, 8; E. Schneider MDR 75, 185; abw Köln NJW 78, 2515, hierzu ablehnend Schneider NJW 79, 987), denn sie trägt die Folgen ihrer fehlenden Sachdarstellung ohnedies im Urteil. **Unzulässig** daher die **Festsetzung eines Ordnungsgeldes,** wenn die säumige Partei sich auf das Verfahren noch nicht eingelassen hatte (Celle NJW 70, 1689; Köln Büro 76, 1113), wenn trotz Abwesenheit der Partei ein Vergleich zustande kommt oder der Rechtsstreit entscheidungsreif ist (Frankfurt MDR 86, 764; LAG Frankfurt NJW 65, 1042; abw Düsseldorf MDR 63, 602, das zu Unrecht eine Ahndung der Mißachtung einer gerichtl Anordnung für notw ansieht), wenn ein Vertreter für die Partei erscheint (s unten Rn 12), wenn Fernbleiben entschuldigt (§ 381, zB wegen großer Entfernung, sonstigen dringenden Geschäften, Krankheit). Ein Verschulden ihres Anwalts hat die Partei hier nicht zu vertreten; § 85 II ist auf die Ahndung eines persönlichen Fehlverhaltens der Partei durch Ordnungsmaßnahmen nicht anwendbar, Schneider NJW 79, 987. **Rechtsmittel** gegen Festsetzung des Ordnungsgeldes: § 380 III (analog, KG OLGZ 69, 36), falls nicht der nachträgl Entschuldigung (§ 381 I Satz 2) abgeholfen wird. Für Beschwerde kein Anwaltszwang. Die Kosten der erfolgreichen Beschwerde sind analog § 46 OWiG der Staatskasse aufzuerlegen (StJL Rn 38; Bamberg NJW 82, 585; Hamm MDR 80, 322; aM LAG Frankfurt MDR 82, 612). 11

Vertreter iS von Abs III ist nur eine Person, die von der Partei ermächtigt und auch in der Lage ist, über die in der Ladung bezeichneten (oben Rn 6, 9) informatorischen (also keine Beweiswirkung!) Fragen Auskunft zu geben. Die Sachkunde des Vertreters muß (anders als bei einem Zeugen) nicht nowendig auf eigenen unmittelbar erworbenen Wahrnehmungen beruhen (StJL Rn 27; Düsseldorf MDR 63, 602); Information durch die Partei kann genügen. Daher kann Vertreter idS auch der Prozeßbevollmächtigte sein, wenn er für den Prozeß umfassende Informationen bereits erhalten hatte (Köln NJW 74, 1003; LAG Ffm NJW 65, 1042; einschränkend OLG Düsseldorf MDR 63, 602). Kann der Vertreter keine genügende Aufklärung geben, oder hat ihm die Partei nicht die erforderlichen Vollmachten – auch für den Abschluß eines (zumindest 12 bedingten) Vergleichs – erteilt, dann gilt die Partei als nicht erschienen. Jedoch wird die unzureichende Sachkunde des ProzBevollm der Partei dieser nur (durch Ordnungsgeld) angelastet werden können, wenn das Gericht bei der Terminsladung gem § 273 II 1 zu erkennen gegeben hatte, welche Ergänzungen oder Erläuterungen des schriftl Vorbringens es für notwendig erachtet (München MDR 78, 147). Weigert sich der Vertreter e Erklärung abzugeben: §§ 286, 296. Erscheint im Termin nur die Partei, nicht ihr ProzBevollm, so kann im AnwProzeß gegen sie VersUrteil ergehen.

13 **Nochmalige Ladung der Partei** nur zulässig u zur Wahrung des rechtl Gehörs geboten, wenn das Aufklärungsbedürfnis fortbesteht u die Partei ihr Fernbleiben wegen eines nur vorübergehenden Hindernisses (zB Krankheit, Reise usw) entschuldigt hatte.

14 **IV) Reisekostenvorschuß** für die bedürftige Partei: In Vereinheitlichung der früheren landesrechtl Regelungen gilt seit 1. 10. 1977 (BayJMBl 77 S 199) bundeseinheitlich: Reisekosten sind gerichtl Auslagen iS KV 1907 zu § 11 GKG. Bewilligung durch das Gericht, das die Ladung anordnet. Bewilligung nur auf Antrag, nur bei nachgewiesener Bedürftigkeit. Anweisung der Entschädigung für Fahrtkosten, Zehr- und Übernachtungsgeld durch den Kostenbeamten der GeschSt. In Eilfällen Bewilligung durch den aufsichtführenden Richter des AG am Wohnsitz. Reisekosten des von der Partei gemäß Abs III 2 entsandten Vertreters sind nur in der Höhe als notwendig (§ 91) und erstattungsfähig anzuerkennen, wie solche Kosten der Partei selbst bei ihrem Erscheinen vor Gericht erwachsen wären (KG MDR 85, 148).

15 **Rechtsbehelf:** Die Bewilligung der Reisekosten für die Partei erfolgt in entspr Anwendung der Vorschriften der PKH; sie ist von einer etwaigen Bewilligung der PKH aber nicht abhängig. Gegen Versagung Beschwerde entspr § 127 (BGH 64, 139 = NJW 75, 1124). Kein Anwaltszwang.

16 **V) Gebühren: 1)** des **Gerichts:** Die Anordnung des persönl Erscheinens und die Festsetzung eines Ordnungsgelds sind durch die allgemeine Verfahrensgebühr abgegolten. – **2)** des **Anwalts:** Die Anhörung der Parteien dient grundsätzl der Sachverhaltsaufklärung und ist dann kein Beweismittel; das gleiche gilt, wenn die Anhörung die gütl Beilegung des Rechtsstreits (§ 279) bezweckt. Wird jedoch die protokollierte Parteiaussage in den Urteilsgründen als Beweis gewürdigt und verwertet, dann erwächst die anwaltl Beweisgebühr (München NJW 65, 2112, überwiegende Meinung; s Gerold/Schmidt, BRAGO, 7. Aufl, § 31 Rdnr 104; nach KG Rpfleger 85, 507 muß das Gericht die Parteierklärung(en) zum Beweismittel erhoben haben; vgl auch Anm zu KG in KoRsp BRAGO § 31 Ziff 3 Nr 135 (9) u Schneider MDR 80, 177, insbes 178 Sp 2 Nr 4. – Zur Anhörung der Parteien wegen der Sachverhaltsaufklärung in Ehesachen s § 613 Rn 15.

142 *[Anordnung der Vorlegung von Urkunden usw]*

(1) Das Gericht kann anordnen, daß eine Partei die in ihren Händen befindlichen Urkunden, auf die sie sich bezogen hat sowie Stammbäume, Pläne, Risse und sonstige Zeichnungen vorlege.

(2) Das Gericht kann anordnen, daß die vorgelegten Schriftstücke während einer von ihm zu bestimmenden Zeit auf der Geschäftsstelle verbleiben.

(3) Das Gericht kann anordnen, daß von den in fremder Sprache abgefaßten Urkunden eine Übersetzung beigebracht werde, die ein nach den Richtlinien der Landesjustizverwaltung hierzu ermächtigter Übersetzer angefertigt hat.

1 **1)** § 142 dient (wie § 139) der **Sachaufklärung,** geht aber insofern über diese Aufklärung des Sachvortrags der Parteien hinaus, als er – an die Grenzen des Verhandlungsgrundsatzes stoßend – eine Beweiserhebung durch Urkunden (§§ 415 ff) oder Augenschein (§ 371) einleitet, welche keine Partei beantragt hatte (vgl ähnlich § 144). Letzteres ist der Fall und löst die Beweisgebühr (§ 34 II BRAGO) aus, wenn durch die vorgelegten Urkunden usw ein streitiger und entscheidungserheblicher Sachverhalt zu klären ist. Voraussetzung einer solchen über die schlichte Information des Gerichts hinausgehenden **Beweiserhebung von Amts wegen** ist aber, daß sie ihre Grundlage im streitigen Sachvortrag der Parteien behalten muß und nicht in die Ausforschung (vgl Rn 5 vor § 284) eines weitergehenden, also anderen Sachverhalts ausufern darf (StJL Rn 1; Prütting NJW 80, 361/363). Im Sinne dieser Einschränkung ist die Voraussetzung einer (nicht notwendig ausdrücklichen) „Bezugnahme" der Parteien in Abs I zu verstehen. – Die Anordnung gemäß § 142 kann (und sollte) durch Verfügung des Vorsitzenden gemäß § 273 II 1 (s dort Rn 5 und 7) vorbereitet werden. Sondervorschrift für Handelssachen §§ 45, 47, 102 HGB.

2 Zeichnungen (wohl auch Fotos), Pläne, Risse und Stammbäume sind auf Anordnung, soweit noch nicht vorhanden, anzufertigen. **Vorlegungspflichtig:** Partei oder Streithelfer; der Gegner der Bezug nehmenden Partei nur unter den Vorausssetzungen der §§ 422, 423 (StJL Rn 3). Anordnung durch nicht anfechtbaren Beschluß oder Verfügung gem § 273. Nichtbefolgung: ist nicht erzwingbar, gem § 286 frei zu würdigen (vgl § 273 Rn 6; § 427 Rn 2).

2) Niederlegung bei der **Geschäftsstelle,** bei der die betr ProzAkten aufbewahrt werden. Die Schriftstücke werden nicht Bestandteile der Akten (vgl § 134 Rn 2). Nach Erledigung einer Sache ist von Amts wegen zu prüfen, ob von den Beteiligten zu den Akten gegebene Gegenstände, inbes Urkunden zurückzugeben sind. Wegen der Rückgabe ist die Entscheidung des Sachbearbeiters einzuholen. Urkunden, die zu einem durch Urteil erledigten bürgerlichen Rechtsstreit eingereicht sind, darf die GeschSt zurückgeben, jedoch erst, wenn die Rechtskraft des Urteils aktenkundig ist oder wenn binnen sechs Monaten seit der Verkündung des Urteils ein Rechtsmittel nicht eingelegt ist und wenn keine besonderen Bedenken gegen die Rückgabe bestehen (vgl § 443). Die Rückgabe darf nur gegen Empfangsbescheinigung erfolgen, sofern der Nachweis der Aushändigung nicht auf andere Weise gesichert ist (zB bei Einschreibsendungen); Haftung des Staates bei Verlust: RG 51, 219. 3

3) Das Gericht darf, wenn es selbst die **Fremdsprache** versteht, ohne Rücksicht auf den Gegner von Anordnung einer Übersetzung absehen (RG 162, 287; in diesem Fall darf (muß nicht § 184 GVG) Gegner sich Übersetzung besorgen und Kosten hierfür gem § 91 geltend machen (LG Freiburg NJW 61, 736). Nichtvorlage einer angeordneten Übersetzung hat Nichtbeachtung der fremdsprachl Urkunde zur Folge (§ 184 GVG). Zulässig aber die Einholung einer Übersetzung von Amts wegen: § 144. Zur Frage, ob nach Einholung einer Übersetzung die fremdsprachliche Urschrift bereits fristwahrend wirkt vgl § 233 Rn 23 zu „Ausländer"; § 184 GVG Rn 3; E Schneider MDR 79, 534 (bejahend). 4

4) Gebühren: a) des **Gerichts:** Keine. – **b)** des **Anwalts:** Ebenfalls **keine Beweisgebühr,** auch wenn das Gericht die Vorlegung der (zu dieser Zeit) in den Händen des Beweisführers oder des Gegners befindl Urkunden (Akten) durch Beweisbeschluß angeordnet oder aufgegeben hat (§ 34 Abs 1 BRAGO). Unter den Begriff „Urkunden" fallen auch besonders gefertigte Abschriften oder Fotokopien (Koblenz JurBüro 75, 622), nicht aber Fotos (Frankfurt AnwBl 78, 110). Als „in den Händen befindlich" (§ 34 Abs 1 BRAGO) wird es auch angesehen, wenn eine Partei sich die Urkunde erst beschaffen muß (München MDR 70, 688; BFH BStBl II 70, 82). Ist die Urkunde überhaupt noch nicht vorhanden und muß eine Partei sie erst anfertigen lassen, so ist § 34 Abs 1 BRAGO entsprechend anwendbar (s zu allem Riedel/Sußbauer, BRAGO, § 34 Rdnr 7, 9 mwN). 5

143 *[Anordnung der Vorlegung von Akten]*

(1) Das Gericht kann anordnen, daß die Parteien die in ihrem Besitz befindlichen Akten vorlegen, soweit diese aus Schriftstücken bestehen, welche die Verhandlung und Entscheidung der Sache betreffen.

Akten iS § 143 sind (anders als Beweisurkunden iS § 142) nur Schriftstücke, welche selbst Gegenstand der „Verhandlung und Entscheidung der Sache" wurden oder werden sollten, also Urkunden, welche Inhalt der Gerichtsakten sein sollten, jedoch dort (evtl durch Verlust) fehlen. § 143 will nur die Wiederherstellung der vollständigen Gerichtsakten durch Anforderung von Duplikaten von den Parteien ermöglichen. Daher erstreckt sich diese Vorlagepflicht der Parteien nicht auch auf den sonstigen Inhalt von deren Handakten, insbesondere nicht auf das zwischen den Parteien und ihren Anwälten ausgetauschte Informationsmaterial. 1

144 *[Augenschein; Sachverständige]*

(1) Das Gericht kann die Einnahme des Augenscheins sowie die Begutachtung durch Sachverständige anordnen.

(2) Das Verfahren richtet sich nach den Vorschriften, die eine auf Antrag angeordnete Einnahme des Augenscheins oder Begutachtung durch Sachverständige zum Gegenstand haben.

1) § 144 ist **Durchbrechung des Beibringungsgrundsatzes** (s Rn 2 vor § 284), dient (anders als § 139) nicht nur der Aufklärung, sondern auch der Beweiserhebung über streitigen Sachverhalt. Das Gericht darf aber nicht die ihm (§ 139) obliegende Aufklärung des Sachverhalts auf einen Sachverständigen abwälzen (§ 402 Rn 5). § 144 daher zur Aufklärung des Sachverhalts nur insoweit anwendbar, als hierfür besondere Sachkunde nötig (BGH NJW 62, 1770; bedenklich daher BGH NJW 57, 906, wonach es zulässig sein soll, daß der Sachverständige selbständig Zeugen befragt). Erfolgt Anordnung von Amts wegen, so entfällt Vorschußpflicht für die Partei (§§ 3, 68 GKG, §§ 379, 402 ZPO; BGH FamRZ 69, 477; RG 109, 66; 155, 39). Jedoch sollte Beweiserhebung von Amts wegen nicht allein deshalb angeordnet werden, weil eine Partei den ihr für ihren Beweisantritt auferlegten Auslagenvorschuß (§ 379) nicht eingezahlt hat (Düsseldorf MDR 74, 321); anders nur, wenn der Beweisführer sein Unvermögen (nicht notwendig hierfür Bedürftig- 1

keit iS § 114) darlegt oder das von Amts wegen einzuholende Gutachten auch im Interesse der anderen Partei für eine sachgerechte Entscheidung unentbehrlich erscheint (BGH MDR 76, 396).

2 2) Die **Anordnung** (durch Beschluß § 358 oder § 358a) steht im Ermessen des Gerichts (BGHZ 66, 63/68). Zu den Grundlagen der Ermessensausübung s § 287 Rn 7und § 402 Rn 7. Die Durchführung der Beweisaufnahme ist aber untunlich, wo ein entsprechender Beweisantrag (zB als Ausforschungsbeweis) zurückzuweisen wäre, BGH 5, 307. Verfahren: §§ 371 ff, 402 ff, 357, 285.

3 3) **Gebühren: a)** des **Gerichts:** Keine (§ 1 Abs 1 GKG). – **b) des Anwalts:** s § 371 Rn 8; vgl auch § 359 Rn 7.

145 *[Richterliche Trennungsbefugnis. Aufrechnung]* **(1) Das Gericht kann anordnen, daß mehrere in einer Klage erhobene Ansprüche in getrennten Prozessen verhandelt werden.**

(2) Das gleiche gilt, wenn der Beklagte eine Widerklage erhoben hat und der Gegenanspruch mit dem in der Klage geltend gemachten Anspruch nicht in rechtlichem Zusammenhang steht.

(3) Macht der Beklagte die Aufrechnung einer Gegenforderung geltend, die mit der in der Klage geltend gemachten Forderung nicht in rechtlichem Zusammenhang steht, so kann das Gericht anordnen, daß über die Klage und über die Aufrechnung getrennt verhandelt werde; die Vorschriften des § 302 sind anzuwenden.

A) Die Prozeßtrennung (*Schneider*, Verfahrensverbindung u -trennung, MDR 74, 7)

1 **I) Die Trennung mehrerer Prozeßansprüche: 1) Zweck** der Trennung ist die Ordnung des Prozeßstoffes, die Förderung der Übersichtlichkeit und die Verhütung der Prozeßverschleppung; also Maßnahme der sachl Prozeßleitung (§ 136 Rn 1) und als solche in das pflichtgebundene Ermessen des Gerichts gestellt.

2 **2) Voraussetzung** der Trennung ist das Vorliegen mehrerer in einer Klage erhobenen Ansprüche, also eine Mehrheit von Streitgegenständen infolge objektiver (§ 260) oder subjektiver (§§ 59, 60) Klagenhäufung. Wegen des Begriffs „Streitgegenstand" vgl Einl Rn 60 ff. Unmöglich ist daher die Abtrennung hinsichtl verschiedener anspruchsbegründenden Tatsachen oder der verschiedenen rechtl Begründungen eines einheitl Prozeßanspruches (BGH NJW 61, 72; Mühl NJW 54, 1667). **Beispiel:** Zulässig die Trennung der streitgegenständlich verschiedenen Schadensersatzansprüche für Schmerzensgeld, Arztkosten, Verdienstausfall trotz ziffernmäßiger Zusammenfassung im Klageantrag (RG 170, 37; BGH 30, 18; NJW 55, 1675). Unzulässig die Trennung des gleichzeitig auf Vertrag, Delikt und ges Haftpflicht gestützten einheitlichen Anspruchs, der lediglich rechtl verschieden begründet ist.

3 **Das Gericht muß trennen,** wo eine Anspruchsverbindung (§ 260) unzulässig wäre, vgl §§ 578 II, 610 II, 633, 638, 640, 667, 679, 684, 686, oder wo verschiedene Ansprüche in ungleicher Prozeßart verbunden sind, zB Urkundenprozeß gegen Bekl 1 und ordentl Verf gegen Bekl 2.

4 **Das Gericht darf nicht trennen,** soweit notwendige Streitgenossenschaft besteht (§ 62), soweit mehrere Ansprüche in einem Eventualverhältnis stehen (§ 260 Rn 4) und wo Verweisung beantragt ist (§§ 281, 605), wenn dieser Antrag den gesamten Prozeß erfaßt; im Urkundenprozeß (arg § 595 III); wo eine Verbindung im Gesetz vorgeschrieben: § 517, §§ 246 III, 249 II, 275 IV AktG, §§ 51 III, 112 I GenG; wo der eine oder andere Teil des Verf zur Entscheidung reif (§ 300) ist, weil dann Teilurteil (§ 301) möglich (BGH NJW 57, 183). – In **Familiensachen** (§ 621) verbietet § 623 die Trennung, soweit der Prozeßverbund besteht; eine Sonderregelung der Trennung in diesem Fall enthält § 628 (s Anm dort sowie Oldenburg NJW 79, 989). In Unterhaltssachen ist Trennung gem § 145 zulässig u auch geboten, wenn dadurch ein unzulässiger Prozeßverbund aufgelöst wird, so zB bei unzulässiger Verbindung der Unterhaltsansprüche des volljährigen Kindes (vgl § 1629 III BGB, § 623 ZPO Rn 34) mit dem Ehescheidungsverfahren. Zur notw Trennung von Familiensachen u Nicht-Familiensachen im Beschw-Verfahren BGH NJW 79, 659.

5 **Rechtl Zusammenhang** (zB samtverbindl Haftung) verbietet im Fall Abs I (anders Abs II) die Trennung nicht, läßt sie idR aber untunlich erscheinen.

6 **3) Verfahren:** Die Trennung erfolgt auf Antrag oder von Amts wegen durch nicht selbst anfechtbaren Beschluß. Ihre Anordnung (nicht auch ihre Ablehnung) kann die Parteien durch Verfahrensverzögerung und auch durch Auswirkung auf die Rechtsmittelsumme (unten Rn 7 am Ende) beschweren; sie setzt daher grundsätzlich (Ausnahme bei übereinstimmendem schriftl Antrag der Parteien) mündliche Verhandlung hierüber voraus (BGH NJW 57, 183; StJL Rn 16) soweit nicht schriftlich (§ 128 II und III) oder nach Aktenlage (§§ 251 a, 331 a) entschieden werden

kann. Die Trennung kann wieder aufgehoben werden, § 150. – Ein **Rechtsmittel** gegen die von Amts wegen angeordnete (Anträge der Parteien sind nur Anregungen zur Ausübung richterl Ermessens) oder abgelehnte Trennung sieht das Gesetz nicht vor (München NJW 84, 2227 = MDR 84, 946; vgl § 567 Rn 37; Schneider MDR 74, 7/9); jedoch kann auf verfahrensfehlerhaften Gebrauch des § 145 das Rechtsmittel gegen das Urteil gestützt werden (§§ 512, 548).

4) Wirkung: Obwohl das Gesetz nur von getrennter Verh spricht, bewirkt die Trennung das Entstehen eines (mehrerer) neuen, gesondert durch End- (nicht Teil-) Urteil zu entscheidenden Prozesses. Erhalten bleibt für beide Prozesse lediglich die frühere (gemeinsame) Rechtshängigkeit und das bisherige Prozeßergebnis (zB Beweisaufnahme, Vornahme von Prozeßhandlungen), ebenso der bisherige Gebührenanfall (München NJW 57, 67). Es sind neue Akten anzulegen. Die einmal gegebene Zuständigkeit des Gerichts bleibt (vgl § 5) erhalten; jedoch kann die *zulässige* Trennung bewirken, daß die früher erreichte Rechtsmittelsumme entfällt und damit Rechtsmittel unzulässig wird (RG 6, 417). Dagegen hat die unzulässige Trennung keine Auswirkung auf die Rechtsmittelfähigkeit des Urteils (BGH NJW 57, 183; Köln VersR 72, 285; StJL Rn 8). 7

II) Die Trennung von Klage und Widerklage. Rechtl Zusammenhang liegt vor, wenn Anspruch u Gegenanspruch im wesentl auf einem gemeinsamen Rechtsverhältnis beruhen oder im Bedingungsverhältnis zueinander stehen; dabei ist nicht nötig völlige Identität des unmittelbaren Rechtsgrundes oder, daß die Ansprüche im Verhältnis von Leistung und Gegenleistung zueinander stehen, BGH 53, 168; s auch § 33. Rechtlicher Zusammenhang iS § 33 und damit Unzulässigkeit der Abtrennung ist immer gegeben bei der Zwischenfeststellungs-Widerklage des § 256 II und bei der nur eventuell (für den Fall der Begründetheit der Klage) erhobenen Widerklage (vgl Rn 18 vor § 128; BGH 21, 13; NJW 65, 440). 8

Aus § 145 II ergibt sich im übr, daß der rechtl Zusammenhang nicht Zulässigkeitsvoraussetzung einer Widerklage ist (sonst dürfte eine zulässige Widerklage niemals abgetrennt werden und wäre Abs II überflüssig) und § 33 nur eine Zuständigkeitsnorm ist (insoweit abzulehnen daher BGH 40, 187, der den rechtl Zusammenhang als Zulässigkeitsvoraussetzung der Widerklage ansieht), vgl StJL Rn 6; BLH § 33 Anm 1, Blomeyer § 61 II 2 b. 9

Folge der Trennung: Widerkläger wird Kläger im abgetrennten Verf. Gesonderte Verh und Entscheidung. 10

B) Die Aufrechnung im Prozeß

Lit: *A. Blomeyer*, Verhältnis der außerprozessualen Aufrechnung zur Prozeßaufrechnung, ZZP 88 [1975], 439; *Grunsky* JZ 65, 391; *Habscheid*, Rechtsfolgen der fehlgeschlagenen Prozeßaufrechnung, ZZP 76 [1963], 371; *Henckel* ZZP 74, 165; *Nickisch* i Festschr für Lehmann 1956 Bd 2 S 765; *Schwab* i Festschr für Nipperdey 1965 Bd 1 S 939; *R-Schwab* ZPRecht 13. Aufl § 106; *Braun* (für Aufrechnungsbefugnis des Klägers gegen Aufrechnung des Beklagten!) ZZP 89, 93; *Schmidt* (Abgrenzung Aufrechnung-Widerklage) ZZP 87, 29; *Schreiber* (Prozeßvoraussetzungen der Aufrechnung) ZZP 90, 395.

I) 1) Die **Aufrechnung ist bürgerl rechtl Willenserklärung** (§§ 387 ff BGB; hiervon unterscheide die Einwendung von Umständen, welche die Höhe der Klageforderung iS einer „Anrechnung“ oder „Abrechnung“ ipso iure beeinflussen, wie in den Fällen der Vorteilsausgleichung, der Schadensermittlung nach der Differenztheorie, der Saldotheorie im Bereicherungsrecht, vgl BGH MDR 78, 483; 86, 131; NJW 62, 1909; 78, 814/816) und besteht in der Verrechnung eines selbständigen (auch selbständig klagbaren; unten Rn 18) Anspruchs des Schuldners gegen den Anspruch des Gläubigers. Sie ist zu unterscheiden von der Geltendmachung der Aufrechnung im Prozeß, die **Prozeßhandlung** (vor § 128 Rn 17) ist. Während zur Aufrechnung nur der Schuldner legitimiert ist, kann die Geltendmachung der (bereits erklärten) Aufrechnung auch durch Dritte (Streithelfer, Bürge) erfolgen. Die im Anwaltsprozeß von der Partei (mündl gem § 137 IV, 141, 445, 448) oder schriftl erklärte Aufrechnung wird im Prozeß erst beachtl durch ihre dem Anwaltszwang unterliegende Geltendmachung. Aufrechnungserklärung und Geltendmachung werden häufig zeitl zusammentreffen, wobei immer die Geltendmachung als Prozeßhandlung, nicht notwendig aber die Erklärung durch die Prozeßvollmacht (§ 81) gedeckt ist. Zur Aufrechnung einer noch nicht fälligen Forderung s § 257 Rn 7. 11

2) Aufrechnungsbefugt ist im Prozeß **grds nur der Beklagte;** er kann, wenn der Klageanspruch als solcher unstreitig ist, primär aufrechnen, oder nur hilfsweise aufrechnen, falls er den Klageanspruch auch aus anderen Gründen bestreitet. Im letzteren Fall erfolgt keine Entscheidung über die Gegenforderung des Bekl (§ 322 II), wenn die Klage bereits aus sonstigem Grund erfolglos ist, anderenfalls eine der Rechtskraft fähige Entscheidung über Klageanspruch und Gegenanspruch des Bekl (dann gem § 19 III GKG erhöhter Streitwert; hierzu näher § 322 Rn 15–24). Zur Behandlung der Gegenforderung bei Säumnis des Klägers s § 330 Rn 6. 12

13 **3) Aufrechnungsbefugnis des Klägers:** Der Kl kann der Aufrechnung des Bekl grds nur den Einwand entgegensetzen, er habe die Forderung des Bekl bereits selbst durch eine frühere Aufrechnung mit einer anderen als der streitigen Forderung gem § 389 BGB zum Erlöschen gebracht. In diesem Fall hat das Gericht die Tatsache und den Erfolg der früheren Aufrechnung des Kl zu prüfen, wenn es (bei sonst begründetem Klageanspruch) auf die Begründetheit der Aufrechnung des Bekl ankommt. Dagegen kann der Kl wegen der Rückwirkung der Aufrechnung (§ 389 BGB) dem Aufrechnungseinwand des Bekl nicht dadurch begegnen, daß er (nach dem Bekl) seinerseits aufrechnet; hier müßte der Kl seine Klage erweitern, um eine Entscheidung über seine weitere Forderung zu erhalten. – Entgegen Braun ZZP 89, 93 kann dagegen der Kl einer früher erklärten Aufrechnung des Bekl nicht allein deshalb mit einer (späteren) Gegen-Aufrechnung begegnen, weil der Bekl nur hilfsweise aufgerechnet hatte, denn auch die Hilfsaufrechnung des Bekl ist materiell unbedingt wirksam.

14 4) Die **Aufrechnung** ist als **unzulässig** zurückzuweisen, wenn die Parteien vertragl vereinbart hatten, sie im Prozeß nicht geltend zu machen (BGH 38, 254/258; DB 73, 1451; WPM 73, 144).

15 **II)** Die **Geltendmachung der Aufrechnung als Prozeßhandlung** ist Verteidigungsmittel iS § 296, kann also als verspätet zurückgewiesen werden (BGH NJW 84, 1964 = MDR 84, 837; StJL Rn 54; Knöringer NJW 77, 2339); im Berufungsrechtszug Zurückweisung (weitergehend) auch bei fehlender Sachdienlichkeit (§ 530 II). Diese Zurückweisung hat, anders als im Fall des § 322 II, keinen Verbrauch der Gegenforderung zur Folge, weil sie keine Entscheidung über deren Bestehen enthält (BGHZ 16, 140; 17, 126; BGH NJW 84, 128/129 = MDR 83, 1018; Blomeyer ZZP 88, 439; Schneider MDR 75, 981). Der Bekl darf dann seine Gegenforderung gesondert einklagen oder unter den Voraussetzungen des § 767 II zum Gegenstand der Vollstreckungsgegenklage machen (Grunsky JZ 65, 392; BGH 42, 37 = JZ 64, 624). Im Hinblick auf die Doppelnatur der Aufrechnung im Prozeß kann die prozessuale Zurückweisung der Geltendmachung die materiellrechtl Wirkung der einmal erklärten Aufrechnungen gem § 389 BGB nicht in Frage stellen (abw Schwab in Festschr für Nipperdey 1965 Bd I S 939 ff, der die prozessual unzulässige Aufrechnung auch als materiell-rechtl wirkungslos ansieht; ebenso Henckel ZZP 74, 165). Der Beklagte kann daher, wenn er seine Forderung gegen den Kläger gesondert einklagt, nur noch einen Bereicherungsanspruch geltend machen, weil er durch das Obsiegen seines Schuldners im Vorprozeß trotz Rückwirkung der Aufrechnung (§ 389 BGB) entreichert ist (Habscheid ZZP 76, 371 ff).

16 Hat der Bekl die Aufrechnung zwar rechtzeitig erklärt, aber iSd § 296 nicht rechtzeitig begründet, so gilt der Sachverhalt, aus dem die Aufrechnung hergeleitet wird, als nicht erwiesen. Hier hat die Zurückweisung des die Aufrechnung tragenden Sachvortrages die gem § 322 II der Rechtskraft fähige Aberkennung der Gegenforderung (bis zur Höhe des Klageanspruchs) zur Folge (BGH 33, 242 = NJW 61, 115; Celle NJW 65, 1338; Frankfurt MDR 84, 239; Knöringer NJW 77, 2339).

17 **III) 1)** Eine **Entscheidung über die Aufrechnungsforderung** setzt voraus, daß die Klage als im übrigen begründet erwiesen ist; keinesfalls darf, wenn der Bestand der Aufrechnungsforderung unstreitig oder erwiesen ist, die Klage ohne weitere Prüfung als (jedenfalls) unbegründet abgewiesen werden, weil dann unklar bliebe, ob die Forderung des Bekl verbraucht ist (vgl § 322 Rn 19; BGH LM § 322 ZPO Nr 21 und 33 = NJW 61, 1862 = MDR 61, 932; RGZ 132, 305; 167, 258 „Beweiserhebungstheorie"). Zur **Rechtskraftwirkung** der Entscheidung über die Aufrechnung s § 322 Rn 15 ff.

18 **2)** Die Geltendmachung der Aufrechnung begründet **keine Rechtshängigkeit** der Gegenforderung (sonst wäre § 209 II 3 BGB neben § 209 I BGB entbehrlich; vgl § 261 Rn 4), ihr steht auch die anderweitige Rechtshängigkeit der Gegenforderung nicht entgegen (BGHZ 57, 242 = NJW 72, 450; WPM 73, 87; 72, 197; aM Schmidt ZZP 87, 29). Materiellrechtl Wirkungen der Klageerhebung (vgl § 262) treten für die Aufrechnungsforderung über die Verjährungsunterbrechung hinaus (§ 209 II 3 BGB; das gilt selbst für die prozessual unzulässige Aufrechnung, BGH MDR 82, 651) nicht ein (zur Dauer der Verjährungsunterbrechung BGH MDR 81, 44). Als Verteidigungsmittel kann die Einrede ohne Zustimmung des Gegners zurückgenommen werden. § 265 ist nicht anwendbar. Daher ist zulässig, die Aufrechnung geltend zu machen und gleichzeitig die Gegenforderung (für den Fall ihres Nichtverbrauches) zum Gegenstand einer Eventual-Widerklage zu machen (BGH NJW 61, 1862). Jedoch kann die Prozeßaufrechnung wegen der Rechtskraftfähigkeit der Entscheidung über sie (§ 322 II) nicht ohne eine beschränkt der Rechtshängigkeit ähnliche Wirkung bleiben. Die Divergenzgefahr zweier rechtskraftfähiger Entscheidungen über denselben Streitgegenstand, ebenso das hierfür fehlende Rechtsschutzbedürfnis (Rn 18 vor § 253) gebieten es, der Prozeßaufrechnung die Wirkung einer Klagesperre für die nachträglich gesondert erhobene Klage auf Erfüllung der (Gegen-) Forderung zu geben (Heckelmann NJW 72, 1350;

Zeiss JR 72, 337; Lindacher JZ 72, 429; Mittenzwei ZZP 85, 466), die entsprechend § 261 auf Einrede aber auch von Amts wegen zu berücksichtigen ist (vgl Stuttgart NJW 70, 1690; R-Schwab § 106 IV 2; aM BGHZ 57, 242 = NJW 72, 450 = MDR 72, 318; StJL Rn 44; ThP Anm II 5). Folgt man der Gegenmeinung oder war die Gegenforderung schon vorher gesondert eingeklagt, ist gemäß § 148 zu verfahren (vgl auch § 147).

3) Die Geltendmachung der Aufrechnung ist als proz Einwendung (vorbehaltlich oben Rn 15) immer zulässig, daher bleibt gleichgültig, ob für die Gegenforderung die **sachl Zuständigkeit** (selbst die ausschließliche) des Gerichts gegeben wäre (RG 77, 412; 155, 246; BGH NJW 64, 863; Schreiber ZZP 90, 405), so im Verhältnis zwischen ordentl und Arbeitsgericht (BAG NJW 61, 1885 u 66, 1772; BGHZ 26, 305), Familiengericht (München FamRZ 85, 84) oder Gericht der freiwilligen Gerichtsbarkeit (BGH NJW 80, 2466). Dagegen hindert die **Unzulässigkeit des Rechtsweges** eine Prüfung und Entscheidung der Gegenforderung (BGH 16, 124; BSG NJW 63, 1844), so zB bei Schiedsvertrag (BGH NJW 63, 243; 73, 421; Düsseldorf NJW 83, 2149) oder Vereinbarung eines ausländischen Gerichtsstandes (BGH NJW 73, 421) für die Gegenforderung. Ist der Rechtsweg für die Gegenforderung unzulässig, muß das Gericht (evtl nach Erlaß eines Vorbehaltsurteils gem § 302, BGH NJW 55, 497) aussetzen (§ 148), bis der Bekl eine Entscheidung des zuständigen Gerichts über seine Gegenforderung herbeigeführt hat (vgl Rn 49 zu § 13 GVG). Hierzu ist der Bekl zweckmäßig unter Fristsetzung aufzufordern; erhebt er beim zuständigen Gericht die Klage nicht, ist sein Verteidigungsmittel als verspätet zurückzuweisen (oben Rn 15; StJL Rn 33; BGHZ 16, 138; 21, 29). Die Klage bei dem für die Gegenforderung zuständigen anderen Gericht kann im Hinblick auf § 389 BGB (vgl Rn 15 am Ende) nur eine Feststellungsklage sein bzw nur zu einem Vorbehaltsurteil analog § 302 führen. Die fehlende **örtl Zuständigkeit** des Gerichts für die Entscheidung über die Gegenforderung steht (selbst bei ausschließl örtl Zuständigkeit) der Zulässigkeit der Aufrechnung im Prozeß nicht entgegen (vgl entspr § 33). Beachte aber, daß die **internationale Zuständigkeit** des Gerichts Voraussetzung seiner Gerichtsbarkeit, nicht nur seiner örtl Zuständigkeit ist (Rn 15 vor § 253; vgl zur internationalen Zuständigkeit IZPR Rn 101 ff). Die Anrufung eines dtsch Gerichts bedeutet grds nur bei Konnexität von Klageanspruch u Gegenforderung die Unterwerfung des Klägers auch für die letztere unter die Jurisdiktion des dtsch Gerichts (Geimer NJW 72, 2180; 73, 952). Ist nach dtsch Recht (§ 328 I 1) für die Gegenforderung ein ausländ Gericht ausschließlich zuständig, so ist Prozeßaufrechnung vor dem dtsch Gericht auch bei Konnexität unzulässig (aM StJL Rn 39). 19

4) Wie im Fall der Unzulässigkeit des Rechtsweges ist dem ordentl Gericht auch unmöglich, über solche z Aufrechnung gestellten Gegenforderungen zu entscheiden, für die die Parteien eine **Schiedsgerichtsvereinbarung** (§§ 1025 ff) getroffen haben (BGH 23, 26; 38, 254; BGH NJW 63, 243); ebenso wenn für die Gegenforderung ein ausschließlich anderer **Gerichtsstand vereinbart** wurde (BGHZ 60, 85 = NJW 73, 421). Hier gilt das Vorstehende entspr (Schreiber ZZP 90, 408). 20

Im **Urkunden- oder Wechselprozeß** führt die nicht urkundlich belegte Gegenforderung des Beklagten zum Vorbehaltsurteil (§ 599); rechnet jedoch der Beklagte (auch hilfsweise) mit einer unstreitigen oder urkundlich belegten Gegenforderung auf, so ist, wenn sich der Kläger hiergegen nicht gleichfalls urkundlich verteidigt, die Klage als in der gewählten Prozeßart unzulässig (§ 597 II) abzuweisen (BGHZ 80, 97; BGH MDR 86, 580 = NJW 86, 2767; Dunz MDR 55, 721; vgl § 597 Rn 9 und 10; hier also kein Vorbehaltsurteil). 21

5) Ist die vom Bekl zur Aufrechnung gestellte Forderung unstreitig oder anderweitig bereits rechtskräftig festgestellt oder zuerkannt, muß der Kl (zumindest hilfsweise) die **Hauptsache für erledigt erklären,** sonst riskiert er Klageabweisung. Der Kl kann weder den Bekl mit dessen Aufrechnung auf einen nicht eingeklagten weiteren Anspruch verweisen (denn aufgerechnet ist ja gegen den eingeklagten Anspruch), noch seinerseits gegen den zur Aufrechnung gestellten Anspruch des Bekl aufrechnen (dann müßte er die Klage entsprechend erweitern, vgl Rn 13). Die Aufrechnung des Bekl geht aber ins Leere, wenn der Kl den Gegenanspruch des Bekl in der Klagebegründung von seinem Gesamtanspruch abgesetzt und damit bereits vor dem Bekl selbst aufgerechnet hatte (BGH DRiZ 54, 129). 22

IV) Stehen Klageanspruch und Gegenforderung nicht in rechtl Zusammenhang (s § 33 Rn 15, 16; § 302 Rn 2, 3), kann im Interesse der Ordnung des Prozeßstoffes **getrennt verhandelt** (Abs III) werden. Bei rechtl Zusammenhang: § 146. 23

Die getrennte Verh läßt den Prozeß (anders als Abs I u II) als Einheit bestehen, es wird nur gegenständl getrennt verhandelt. Die Einheit des Verf verbietet es, in einem der derart getrennten Verfahren durch VersUrteil zu erkennen (hierzu wäre vorherige Verbindung der beiden Verfahrensteile gem § 150 nötig). Ist der Klageanspruch als erster entscheidungsreif: VorbUrteil gemäß § 302 (nicht Teilurteil und nicht Zwischenurteil!). Ist der Gegenanspruch als erster entscheidungsreif: Verbindung § 150. 24

25 Abs III ist nicht anwendbar, wenn Bekl statt aufzurechnen, **Zurückbehaltungsrecht** geltend macht (StJL Rn 63; aM BLH Anm 5), denn nach Wortlaut und normativem Zweck der allein auf die Prozeßaufrechnung bezogenen Vorschriften der §§ 302, 322 II, 530 II ist deren analoge Anwendung auch auf ein Leistungsverweigerungsrecht (§§ 273, 320 BGB), dessen Begründetheit zu einer Abweisung der Klage als *derzeit* unbegründet führen müßte (Rn 56 vor § 322), weder möglich noch notwendig.

26 **V) Den Gebühren-Streitwert** bei Aufrechnung bestimmt § 19 III GKG (hierzu § 3 Rn 16 zu „Aufrechnung"; § 5 Rn 9; Pfennig NJW 76, 1074). Danach erfolgt Zusammenrechnung von Klageanspruch und Aufrechnungsforderung des Beklagten nur im Fall der Hilfsaufrechnung, wenn u soweit die Aufrechnung zu einem Verbrauch des Klageanspruchs geführt hat oder die Klage Erfolg hat, weil gemäß § 322 II (s dort Rn 17) die Unbegründetheit der hilfsweise zur Aufrechnung gestellten Forderung festgestellt wird. Zur **Urteilsbeschwer** bei gemäß § 322 II rechtskräftiger Entscheidung auch über die Hilfsaufrechnung s § 546 Rn 16.

27 **Kosten:** Das Kostenrisiko der erfolgreichen **Primär-Aufrechnung** trägt der Kläger (KG MDR 76, 846; Förste NJW 74, 222), denn er hätte die Abweisung der Klage dadurch vermeiden können, daß er, anstatt zu klagen, selbst aufrechnet. Dagegen anteilige Kostenteilung gemäß § 92 (s dort Rn 3), wenn bei sonst begründetem Klageanspruch dem Beklagten nur seine (bestrittene) **Hilfs-Aufrechnung** zur Klageabweisung verhilft; das ist die Folge der Neufassung des § 19 III GKG (Köln MDR 82, 941; Celle VersR 76, 50; Frössler NJW 73, 837).

28 **VI) Gebühren: 1)** des **Gerichts:** Der Trennungsbeschluß ist gerichtsgebührenfrei (§ 1 Abs 1 GKG). Bei der Trennung muß die bisher angesetzte bzw gezahlte Gebühr für das Verfahren im allg (KV Nr 1010) für jedes infolge der Trennung entstandene Einzelverfahren nach dessen jeweiligem Streitwert neu berechnet werden (Schneider, MDR 74, 9). Die erhobene allg Verfahrensgebühr ist auf die neu zu berechnenden allg Verfahrensgebühren der nun selbständigen Einzelverfahren anzurechnen. Die Kostenbeamten handhaben dies meistens in der Weise, daß sie die bisherige Gebühr im Verhältnis der Streitwerte der nunmehrigen Einzelverfahren verteilen. Dieses Vorgehen wird aber der Degression der Gebührentabelle nicht gerecht. Dieser entspricht es weit mehr, zunächst das Verhältnis der neuberechneten Einzelgebühren zueinander festzustellen und dann demgemäß die Verteilung vorzunehmen (vgl Drischler/Oestreich/Heun/Haupt, GKG Teil VII KV Nr 1010 Rdnr 16).

2) des **Anwalts:** Die Prozeßtrennung eröffnet keine neue Gebühreninstanz (vgl LG Ulm, NJW 50, 230 und Hartmann, KostGes BRAGO § 13 Anm 4 C). Hinsichtlich der Anwaltsgebühren für den vor und nach der Trennung als Prozeßbevollmächtigter tätig gewordenen RA gilt entsprechendes wie bei der Prozeßverbindung, s § 147 Rn 10.

146 *[Verhandlungsbeschränkung auf einzelne Angriffs- usw Mittel]*

Das Gericht kann anordnen, daß bei mehreren auf denselben Anspruch sich beziehenden selbständigen Angriffs- oder Verteidigungsmitteln (Klagegründen, Einreden, Repliken usw) die Verhandlung zunächst auf eines oder einige dieser Angriffs- oder Verteidigungsmittel zu beschränken sei.

1 **1)** § 146 statuiert eine Befugnis des Gerichts zur **Prozeßleitung,** die ohnedies aus § 136 herzuleiten ist. Da das Gericht den Parteien keine Vorschriften für die Aufgliederung ihrer Schriftsätze machen kann, andererseits die gegenständl Ordnung der streitigen Verh idR bereits durch entspr Handhabung des richterl Fragerechts möglich ist, hat § 146 wenig prakt Bedeutung. Eine großzügige Ausübung der Verhandlungsbeschränkung kann zu einer Verzögerung des Prozeßablaufs führen und damit dem Ziel der Vereinfachungs- und Beschleunigungsnovelle vom 3. 12. 1976 zuwiderlaufen.

2 **2) Selbständiges Angriffs- oder Verteidigungsmittel** ist jedes den Sachantrag der Parteien (Klage- bzw Klageabweisungsantrag) unterstützende Vorbringen, so inbes der Vortrag der anspruchsbegründenden Tatsachen (§ 253 II 2), der Beweisantrag, die Geltendmachung von Einreden und Einwendungen zur Begründung oder Abwehr des materiellrechtlichen und prozessualen Anspruchs des Gegners, jeweils bezogen auf den Streitgegenstand (vgl § 282 Rn 2).

3 **Keine selbst Angriffs- oder Verteidigungsmittel** sind dagegen allgemeine Rechtsausführungen (denn iura novit curia) sowie der prozessuale Anspruch selbst (dieser ist Angriff, nicht nur Angriffsmittel) in der Form der Klage, Widerklage, Klageänderung, Klageerweiterung, Parteiänderung einschließlich der Begründung dieses (neuen) Angriffs (BGH WPM 86, 864/866), für den § 145 (nicht § 146) gilt und der den Streitgegenstand ändert.

4 **3) Verfahren:** Anordnung durch selbständig nicht anfechtbaren und jederzeit abänderlichen Beschluß. Das Verfahren bleibt trotzdem ein einheitliches, nur die mündl Verh ist gegenständlich beschränkt. VersUrteil ist jederzeit möglich (RGZ 36, 425/428). Bei Entscheidungsreife trotz fortbestehender Anordnung Endurteil (RG 17, 350), kein Zwischen- oder Teilurteil über die selbständigen Angriffs- oder Verteidigungsmittel (§ 303 Rn 6), wohl aber Vorbehalts- oder Zwischenurteil (§§ 302–305) über die Hauptsache möglich.

147 *[Verbindung von Prozessen]* **Das Gericht kann die Verbindung mehrerer bei ihm anhängiger Prozesse derselben oder verschiedener Parteien zum Zwecke der gleichzeitigen Verhandlung und Entscheidung anordnen, wenn die Ansprüche, die den Gegenstand dieser Prozesse bilden, in rechtlichem Zusammenhang stehen oder in einer Klage hätten geltend gemacht werden können.**

1) § 147 dient der **Prozeßökonomie,** ermöglicht die einheitl Verh, Beweisaufnahme und Entscheidung, wo die Parteien den gesamten Streitstoff ohne sachl Grund willkürlich in mehrere Prozesse zerlegt haben. (Über Voraussetzungen, Zweckmäßigkeit u Wirkung der Verbindung Schneider MDR 74, 7). 1

2) Voraussetzung ist Anhängigkeit (nicht notw Rechtshängigkeit) mehrerer Prozesse gleicher Instanz beim gleichen Gericht; das muß aber nicht notwendig auch derselbe Spruchkörper des gleichen Gerichts sein, sodaß die Verbindung ggf zu einem Austausch des gesetzlichen Richters (Art 101 I GG) führen kann, was dann die Zustimmung der Parteien zu dieser Maßnahme voraussetzt (StJL Rn 15). Ist diese Voraussetzung des Richterwechsels erfüllt, so bedarf es im übrigen aber nicht auch noch einer Zustimmung des Spruchkörpers, von dem ein Prozeß durch Verbindung abgezogen (Verbindung durch Abgabe ist unmöglich!) wird. Weitere Voraussetzung der Verbindung ist für die mehreren Prozesse deren rechtl Zusammenhang (s § 33) oder Möglichkeit der subjektiven (§§ 59, 60) oder objektiven (§ 260) Anspruchshäufung. Daher Verbindung unzulässig bei verschiedener Prozeßart (§ 260) und wo sonst im Gesetz verboten: §§ 578 II, 610, 633, 638, 640c, 667, 679, 684, 686. Unzulässig ist es daher, einen Anspruch primär im Wechselprozeß und hilfsweise im (gewöhnlichen) Urkundenprozeß zu verfolgen (BGHZ 53, 11/17 = MDR 70, 215); hier ist, wenn der Anspruch aus dem Wechsel unbegründet ist, der Hilfsanspruch als im Wechselprozeß unstatthaft (§ 597 II) abzuweisen (BGH MDR 82, 297/298). Ebenso ist unzulässig die Verbindung des Verfahrens der einstw Verfügung mit dem Hauptsacheprozeß (Karlsruhe Justiz 68, 175); dann Beschwerde § 252, weil Stillstand des Verfügungsverfahrens (StJL Rn 19). – Die Verbindung mehrerer Kostenfestsetzungsverfahren (§ 104) ist nicht zulässig, weil bei Erlaß des KF-Beschlusses kein verbindungsfähiger „Prozeß" mehr anhängig ist, Hamm Rpfleger 80, 439. 2

Verbindung ist gesetzl vorgeschrieben in §§ 238, 517, 643 ZPO, §§ 246 III, 249 II, 275 IV AktG; §§ 51 III, 112 I GenG. Im übrigen ist Verbindung Ermessenssache, so ausdrücklich §§ 25, 254, 260, 610, 633. Parteirollen sind gleichgültig, uU wird aus der Klage eine Widerklage. Mehrere Kl oder Bekl werden Streitgenossen. In dem verbundenen einheitl Verfahren können die Parteien der vorher selbständigen Verfahren insgesamt nicht mehr als Zeugen vernommen werden (Köln VersR 73, 285), falls nicht ausnahmsweise der Gegenstand ihrer Aussage vom Streitgegenstand ihrer jeweiligen Klage klar abzugrenzen ist (Düsseldorf MDR 71, 56; BAG JZ 73, 58; abw RG 91, 38; vgl hierzu § 373 Rn 5 am Ende). 3

Die Anhängigkeit bei Zivilkammer einerseits, Kammer für Handelssachen andererseits verbietet Verbindung ohne vorherigen zulässigen Antrag des Bekl gem §§ 97–99 GVG. Keinesfalls darf Nicht-Handelssache zu Handelssache verbunden werden. 4

Zulässig nur zur gemeins Verh **und** Entscheidung. Daher keine Verbindung entscheidungsreifer Sachen (§ 300). Eine „Verbindung" nur zu gemeins Verh oder Beweisaufnahme läßt die Verfahren als selbständige fortbestehen (BGH NJW 57, 183), ermöglicht eine Vereinfachung nur durch Bezugnahme in den Verhandlungsprotokollen (Köln VersR 73, 285). 5

BGH leitet aus der Zulässigkeit der Verbindung auch die Zulässigkeit einer „Widerklage" gegen einen am Verf bisher nicht beteiligten Dritten her (BGH NWJ 64, 44; bedenklich, weil das vom Bekl erzwungene „Verbindung" ist und dem Dritten uU der Gerichtsstand des § 33 aufgezwungen wird; vgl § 33 Rn 18 ff). Er lehnt jedoch die Verbindung dort ab, wo sie zu einem iS des § 263 nicht sachdienlichen Parteibeitritt eines Dritten (Beitritt des Streitgehilfen des Bekl zum Zweck der „Widerklage" gegen den Kl u andere, am Verfahren noch nicht Beteiligte) führen würde: BGH JR 73, 18 m krit Anm Fenge. Über die derart unzulässige „Widerklage" ist in getrenntem Verfahren zu entscheiden (Wieser ZZP 86, 36/41). 6

3) Verfahren: Anordnung nur vor Eintritt der Entscheidungsreife, durch auf Antrag oder von Amts wegen ergehenden, nicht selbständig anfechtbaren Beschluß. BGH (LM Nr 1) hält mündl Verh für nötig; fragl, da prozeßleitende Maßnahme des Gerichts. Die schriftliche Anhörung ist nötig, sollte aber genügen (ebenso BLH Anm 2; vermittelnd StJL Rn 18). Den Beschluß kann nur der Richter (Kammer, Senat; nach StJL Rn 3 u 14 auch der Einzelrichter, aber dieser kann das fremde Kollegialverfahren nicht zur Einzelrichtersache machen) fassen, der das fremde Verfahren an sich zieht. Eine Abgabe in Form der Verbindung ist unmöglich. 7

Wirkung: die verbundenen Prozesse werden trotz Aufrechterhaltung der bisherigen Prozergebnisse eine Einheit. Trotzdem ist aus Gründen der Beweisunmittelbarkeit (§§ 355, 397) eine in 8 einem Verfahren durchgeführte Beweisaufnahme zu wiederholen, um für das ganze Verf verwertbar zu sein; ausdrückl Verzicht hierauf ist möglich. Durch erhöhten Streitwert (§ 5) wird uU vorher fehlende Rechtsmittelsumme erreicht. Trotzdem bleibt bisherige Zuständigkeit des AG bestehen (RG 6, 417), es sei denn, der Kläger hat erkennbar durch willkürl Zerlegung seines Gesamtanspruchs in mehrere Verf die Zuständigkeit des AG erschleichen wollen. Das verbundene Verf wird „dieselbe Angelegenheit" iS § 6 BRAGO. Entscheidung durch einheitl Endurteil (RG 142, 257), wo nicht Teilurteil (§ 301) oder vorherige Abtrennung (§ 150) veranlaßt. In der Revisionsinstanz setzt eine Verbindung mehrerer Verf voraus, daß jedes von ihnen revisibel ist; daher keine Verbindung der Revision gegen das nicht selbständig revisible Teilurteil mit der Revision gegen das allein revisible Schlußurteil, BGH NJW 77, 1152.

9 Ein **Rechtsmittel** gegen die Verbindung oder deren Ablehnung sieht das Gesetz (wie auch bei der Trennung; s § 145 Rn 6) nicht vor. Wegen Beschwerde gemäß § 252 s aber oben Rn 2.

10 **4) Gebühren: a)** des **Gerichts:** Der Verbindungsbeschluß ist gerichtsgebührenfrei. Die bis zur Verbindung in jedem einzelnen Verfahren angefallenen Verfahrensgebühren (KV Nr 1010) bleiben unberührt; ihr getrennter Ansatz bleibt bestehen (München Rpfleger 70, 184 u JurBüro 78, 1853). Dies gilt auch, soweit vor der Verbindung Urteilgebühren erfallen sind, wie zB für ein Grund- oder Vorbehaltsurteil (KV Nr 1013; Drischler/Oestreich/Heun/Haupt, GKG Teil VII KV Nrn 1013–1017 Rdnr 24 aE). Bei dem weiteren Verfahren nach der Prozeßverbindung handelt es sich um dieselbe gebührenrechtl Instanz. Für das einheitl später ergehende Endurteil wird eine Urteilsgebühr von den zusammengerechneten (§ 5 ZPO iVm § 12 Abs 1 GKG) Werten der verbundenen Ansprüche erhoben. Die **Streitwerte** der einzelnen Ansprüche sind nur dann **nicht** zu **addieren,** wenn in Wirklichkeit nur **eine** Leistung in Frage steht, wie bei einem Gesamtschuldanspruch (München Rpfleger 68, 232). Kommt es zum Erlaß eines oder mehrerer Teilurteile (§ 301), so ist die Urteilsgebühr für jedes Teilurteil besonders zu berechnen, jedoch darf insgesamt (innerhalb der gebührenrechtl Instanz) keine höhere Urteilsgebühr in Ansatz gebracht werden, als sie sich aus der Gesamtsumme der einzelnen Wertteile errechnet (§§ 21 Abs 2, 27 GKG, s dazu § 301 Rn 13). Von der Verbindung an sind mehrere Kläger Streitgenossen; beim Unterliegen haften sie dem Fiskus gegenüber immer als Gesamtschuldner (§ 59 S 1 GKG), jedoch beschränkt sich die samtverbindl Haftung eines jeden Klageteils auf den Betrag seiner Kosten, gleichviel, ob die mehreren unterliegenden Kläger für die Kostenerstattung, wenn im Urteil nichts anderes bestimmt ist, nach Kopfteilen haften, § 100 Abs 1 (Hartmann, KostGes GKG, § 59 Anm 2 A u B sowie Anm 2 zu § 58). – Nach Wiederaufhebung der Verbindung (§ 150) liegen wieder Einzelstreitwerte vor; daher gesonderte Gebührenberechnung, jedoch sind die vor der Verbindung angefallenen Gebühren anzurechnen (§§ 21, 27 GKG).

b) des **Anwalts:** Der RA kann wählen, ob er die ihm bereits vorher erwachsenen Prozeßgebühren (§ 31 Abs 1 Nr 1 BRAGO), die er auf keinen Fall verliert, oder ledigl eine Prozeßgebühr aus dem nunmehr addierten Wert der Einzelverfahren (Gesamtwert) verlangen will (hM; Riedel/Sußbauer, BRAGO, § 31 Rdnr 31). Das gleiche gilt für die Verhandlungs- und Beweisgebühr. Wie die Beweisgebühren zu berechnen sind, wenn zunächst in einem Einzelverfahren vor der Verbindung Beweis erhoben wird und nach der Verbindung eine weitere Beweisaufnahme über den nunmehr gesamten Streitkomplex stattfindet, s Frankfurt (NJW 58, 554 mit zust Anm Tschischgale) und Schneider, KoRspr BRAGO § 31 Ziff 3 Nr 11 (Köln) Anm II Abs 2 unter zutreffender Ablehnung der vom KG (Rpfleger 73, 441) vertretenen anderen Ansicht. Wegen der Anwaltskosten bei Streitgenossenschaft auf Klägerseite: § 6 BRAGO. Sind in einem Rechtsstreit gleichartige Klagen verschiedener Parteien gegen denselben Beklagten gemäß § 147 verbunden und hat jede Partei einen besonderen Prozeßbevollmächtigten bestellt, so richten sich die Gebühren für jeden einzelnen Prozeßbevollmächtigten nach dem Streitwert des von ihm geltend gemachten Klageanspruchs. Vertritt der RA mehrere Auftraggeber als Streitgenossen in derselben Angelegenheit mit demselben Gegenstand, so erhält er die Gebühren zwar nur einmal (§ 6 Abs 1 S 1, vgl auch § 13 Abs 2 S 1 BRAGO), jedoch erhöht sich die Prozeßgebühr, aber auch andere Gebühren mit wesensgleichen Tatbeständen, wie zB die Verkehrsgebühr (München Rpfleger MDR 78, 110) oder die Schriftsatzgebühr des § 56 Abs 1 Nr 1 BRAGO (München MDR 79, 66 = AnwBl 78, 470) oder die Mahnantragsgebühr (Stuttgart MDR 77, 852 = AnwBl 77, 468) u ä, für jeden weiteren Auftraggeber (sei er Streitgenosse oder Nebenintervenient) um 3/10. Die Gebühr für den Gegenanwalt wird von dieser Erhöhung nicht betroffen. Die Berechnung der sog „Zusatz- oder Beitrittsgebühr" geschieht nach der gemeinschaftl Beteiligung. Bei mehreren Erhöhungen bilden die oberste Grenze: 2 volle Gebühren, berechnet nach der Ausgangsgebühr des gemeinsamen Gegenstandes (§ 6 Abs 1 S 2 BRAGO); s im einzelnen Hartmann, KostGes BRAGO, § 6 Anm 2 A Abs 3 und Anm 6 Ab (insbes über die Berechnung der Erhöhung); Lappe Rpfleger 81, 94 u BGH Rpfleger 81, 102. Bezieht sich die Angelegenheit auf mehrere Gegenstände, so werden deren Werte zusammengerechnet (§ 7 Abs 2 BRAGO) mit der Folge, daß vom Gesamtwert die anwaltlichen Gebühren berechnet werden (Hartmann, aaO, § 6 Anm 6 B; Frankfurt JurBüro 78, 697 = Rpfleger 78, 109 sowie Schneider, KoRspr BRAGO § 6 Anm I zu Nr 5 (Köln), Anm I und II zu Nr 29 (Schleswig) und Anm I–III zu Nr 38 (Hamm) u a).

148 *[Aussetzung wegen anderer Entscheidung]*

Das Gericht kann, wenn die Entscheidung des Rechtsstreits ganz oder zum Teil von dem Bestehen oder Nichtbestehen eines Rechtsverhältnisses abhängt, das den Gegenstand eines anderen anhängigen Rechtsstreits bildet oder von einer Verwaltungsbehörde festzustellen ist, anordnen, daß die Verhandlung bis zur Erledigung des anderen Rechtsstreits oder bis zur Entscheidung der Verwaltungsbehörde auszusetzen sei.

1 **I) Die Aussetzung im Allgemeinen:** Die Aussetzung eines Verf ist prozeßleitende Maßnahme; sie dient der Entscheidungsharmonie und der sachl gebotenen Berücksichtigung außerprozessualer Vorgänge bei der Urteilsfindung. Keinesfalls darf sie der Prozeßverschleppung Vorschub lei-

sten. Nur die Parteien, nicht das Gericht, dürfen aus reinen Zweckmäßigkeitsgründen dem Verfahren Einhalt gebieten (§ 251). Wo das Gericht – uU auch gegen den Willen der Parteien – aussetzen darf oder muß, sagt das Gesetz.

Das Gericht darf aussetzen in den Fällen §§ 65, 148, 149, 247, 681, 953 ZPO; § 46 II WEG; § 11 GebrMG. 2

Das Gericht muß aussetzen auf Antrag in den Fällen §§ 151–154, 246, 614, 640 f ZPO; auch ohne Antrag in den Fällen Art 100, 126 GG (Köln NJW 61, 2269 u 62, 1091); Art 16 Truppenvertrag, Art 8 Finanzvertrag und Art 3 Überleitungsvertrag (sämtlich v 23. 10. 1954, BGBl 1955 S 321, 381, 405); § 86 I, 97 V ArbGG; § 6 V 40. DVO UmstG; § 638 RVO (BGH NJW 72, 1990; Geigel, Haftpflichtprozeß, Kap 31 Rndr 111–121; Schmalzl NJW 61, 2263); § 96 II GWB (Schmidt NJW 77, 10; von Winterfeld NJW 85, 1816; Möhring NJW 63, 137 mwN); § 578 II ZPO; bei Vorgreiflichkeit der Anerkennung ausländischer Entscheidung gem Art 7 § 1 FamRÄndG (Geimer NJW 67, 1400; einschränkend BGH NJW 83, 514: Aussetzung auf Antrag stets, aber Aussetzung von Amts wegen nur, wenn der Anerkennungsantrag nicht offensichtlich unbegründet ist). – Dem Zwang zur Aussetzung und Vorlage an das BVerfG **(Art 100 GG)** kann das Gericht bei Bedenken gegen die Vereinbarkeit eines Gesetzes mit dem Grundgesetz nicht durch eine schlichte Aussetzung im Hinblick auf eine bereits anderweitig erhobene Verfassungsbeschwerde entgehen (Art 80 I BVerfGG; BVerfG NJW 73, 1319; Frankfurt NJW 79, 767 = OLGZ 79, 154; abw Oldenburg NJW 78, 2160. Wegen der Sonderregelung für Berlin (Keine Normenkontrollkompetenz des BVerfG für Berliner Recht) s BVerfGE 7, 1/13; 19, 377; BGHZ 80, 87/90; StJSch Rn 117). 3

Das Gericht darf nicht aussetzen, wo die Verfahrensart einen Stillstand des Verf verbietet, so im Arrest- u Verfügungsverfahren (RG SA 58, 88, Stuttgart NJW 54, 37; Aurich NJW 64, 2358; Teplitzky DRiZ 82, 42; anders aber im Aufhebungsverfahren des § 927, Düsseldorf NJW 85, 1966), in der Zwangsvollstreckung, im Nachverfahren bis zur Rechtskraft des Vorbehaltsurteils (RG Gruch 44, 457; Recht 28, 644), im PKH-Bewilligungsverfahren (§ 118 Rn 13; Stuttgart NJW 50, 229; KG NJW 53, 1474) und in allen Fällen, in denen eine Verbindung mit dem vorgreiflichen Verfahren möglich ist (Nürnberg BayJMBl 56, 131; LAG Hamm MDR 84, 173). Unzulässig ist die Aussetzung eines entscheidungsreifen (§ 300), also auch eines „zZ unbegründeten" Verfahrens (Celle NJW 66, 668), um eine in Aussicht stehende Veränderung der tatsächlichen oder rechtlichen (hierzu unten Rn 9) Verhältnisse abzuwarten. Keine Aussetzung des Hauptsacheverfahrens bis zur Entscheidung über den Antrag auf einstw Vfg, Köln WRP 73, 597, des Erbschaftsprozesses bis zur Entscheidung des Nachlaßgerichts im Erbscheinverfahren, KG OLGZ 75, 355. Regelm unzulässig die Aussetzung des Urkundenprozesses (Rn 9 vor § 592; Hamm NJW 76, 246), sowie die Aussetzung bis zur Entscheidung des Rechtsmittelgerichts über ein Teilurteil in derselben Sache; hier führt aber die Abgabe der Akten gemäß § 544 zu einem faktischen Stillstand des ersten Rechtszugs, bis eine Partei dessen Fortsetzung beantragt (§ 544 Rn 1; StJSch Rn 13). 4

II) Die Aussetzung gem § 148: 1) Voraussetzung für eine Aussetzung nach § 148 ist, daß die **Entscheidung im anderen Rechtsstreit vorgreiflich ist** für die Entscheidung, die im auszusetzenden Verfahren ergehen soll, dh, daß die Entscheidung des Rechtsstreits nicht erfolgen kann, ohne daß auch über eine durch Identität des Rechtsverhältnisses (nicht auch den Streitgegenstands, denn diese Identität begründet das Verfahrenshindernis der anderweitigen Rechtshängigkeit) in beiden Verfahren gemeinsame Vorfrage entschieden wird. Dies besagt jedoch nicht, daß die vorgreifliche Entscheidung für das auszusetzende Verf bindend sein muß (aM Frankfurt MDR 86, 325); es genügt vielmehr, daß die im anderen Verf zu erwartende Entscheidung geeignet ist, einen rechtl erhebl Einfluß (u sei es auch nur im Sinne der Beweiswürdigung) auf die Entscheidung im auszusetzenden Verfahren auszuüben (einschränkend Köln MDR 83, 848, wonach die Parallelität zweier Verfahren über verschiedene Ansprüche aus demselben Rechtsverhältnis die Aussetzung noch nicht rechtfertigt). Ob das Gericht aussetzen will, ist, soweit Aussetzung nicht gesetzlich vorgeschrieben (Rn 3), in sein freies Ermessen gestellt (BAG NJW 68, 565; RG 77, 412; 81, 213). Darauf, ob das Prozeßgericht in der Lage und befugt wäre, selbst über das „Bestehen oder Nichtbestehen des Rechtsverhältnisses" zu entscheiden, hat es naturgemäß nicht anzukommen. Obwohl demnach zB das Prozeßgericht von Amts wegen die Prozeßfähigkeit der Parteien prüfen muß (vor § 253 Rn 12), kann es im Hinblick auf ein schwebendes Entmündigungsverfahren, das eine der Prozeßparteien betrifft, sein Verfahren aussetzen. Die Aussetzung soll jedoch unterbleiben, wenn sie unzweckmäßig ist. Dies kann der Fall sein, wenn das Ziel der Aussetzung durch Prozeßverbindung besser erreicht werden kann (s Rn 4). 5

Der **andere Rechtsstreit** (Mahnverfahren genügt vor Einleitung des Streitverfahrens – § 697 – nicht) muß vor einem anderen Gericht – das kann auch ein besonderes Gericht, ein ausländisches Gericht (hier ist die voraussichtliche Anerkennungsfähigkeit der ausländischen Entscheidung iS von § 328 zu prüfen, Frankfurt NJW 86, 1443) oder ein Schiedsgericht (§ 1040) sein – 6 anhängig sein oder den Gegenstand eines vorgreiflichen Verwaltungsverfahrens bilden, so zB auch wenn die Zulässigkeit einer Klage von der Vorentscheidung einer Verwaltungsbehörde abhängt (BGHZ 4, 68/77; zum Begriff der VerwBehörde § 273 Rn 8). Die Abhängigkeit des anderen Rechtsstreits vor einem anderen Spruchkörper desselben Gerichts rechtfertigt die Aussetzung grundsätzlich auch, sofern nicht ausnahmsweise auf Grund konkreter Umstände (zB Terminabsprachen) die Divergenzgefahr fehlt. **Nicht erforderlich ist** jedoch **Identität der Parteien** in beiden Prozessen (OLG 31, 34). – **Die Identität des Streitgegenstandes** gestattet eine Aussetzung des Verfahrens nur dann, wenn sie nicht das Sachurteilshindernis der Rechtshängigkeit (§ 261 Rn 8–11) begründet (dann ist nicht auszusetzen, sondern durch Prozeßurteil abzuweisen; Köln NJW 58, 106).

7 2) **Anordnung** von Amts wegen oder auf Antrag auf Grund mündl Verh (RG 40, 373). OLG München NJW 68, 2150 hält analog § 248 II mündl Verh für entbehrlich, sofern den Parteien nur rechtl Gehör gewährt wurde. Dem ist zuzustimmen, wenn beide Parteien Aussetzung beantragen, dieser zustimmen oder im Fall der gesetzl notwendigen (Anm 3) Aussetzung. Der Beschluß (Verkündung bzw Mitteilung gem § 329) ist bei Aussetzung des Verfahrens mit einfacher, im Falle der Ablehnung mit sofortiger **Beschwerde** anfechtbar, § 252. Die Beschwerde ist (zB geg Aussetzung durch LG als Berufungsgericht) auch über den Hauptsacherechtszug hinaus statthaft (München NJW 61, 367; Karlsruhe NJW 59, 1786; aM Frankfurt NJW 64, 777), doch hat dann das Beschwerdegericht wie bei der Rechtsbeschwerde allein auf der Grundlage des vom LG festgestellten Sach- u Streitstands die Aussetzung rechtl zu prüfen, Celle NJW 75, 2208. Keine Beschwerde zulässig nach rechtskräftigem Urteil des aussetzenden Gerichts, RG 29, 340. Wegen Zulässigkeit der weiteren Beschwerde s BayObLG NJW 67, 111.

8 **Wirkung der Aussetzung:** § 249. **Wiederaufhebung der Anordnung:** § 150. **Wiederaufnahme:** § 250. Ist ein Verf bis zur Entsch eines anderen Verf ausgesetzt, so findet die Aussetzung mit der Entsch des anderen Verf auch ohne Aufnahmeerklärung der Parteien (§ 250) ihr Ende (Hamburg ZZP 76, 476). Die Aufnahmeerklärung ist ohne Bedeutung für den Lauf der Fristen, der mit der Beendigung der Aussetzung automatisch beginnt (§ 211 BGB oder Rechtsmittelfrist), BGH LM § 249 ZPO Nr 2. Bindungswirkung auf das ausgesetzte Verf äußert das andere Verf nur im Rahmen des § 322 (RG 70, 90).

9 3) **Zulässigkeit der Aussetzung im Einzelfall: a) Unzulässig** ist die Aussetzung im Verf der einstweiligen Verfügung (oben Rn 4); im Beschwerde- und Zwangsvollstreckungsverfahren (JW 33, 1538; Pohle MDR 55, 210; aM Hamm JMBlNRW 54, 129; NJW 54, 1123); im Nachverfahren (§ 600), es darf die Rechtskraft des Urteils im UrkProz nicht abgewartet werden (RG Gruch 44, 457). – Ein zu erwartendes einschlägiges Gesetz rechtfertigt die Aussetzung schon deswegen nicht, weil die Parteien einen Anspruch darauf haben, daß der Prozeß nach den zZ geltenden Gesetzen entschieden wird (Düsseldorf NJW 1949, 628; München NJW 76, 1850; Hamm NJW 76, 2325; Köln MDR 76, 1026; BVerwG NJW 62, 1170; Lüke NJW 76, 1826/1827; einschränkend Kloepfer Vorwirkung von Gesetzen 1974; Dieckmann FamRZ 76, 635). Steht jedoch eine den Klageanspruch rückwirkend vernichtende Verfügung einer Verwaltungsbehörde in Aussicht, so kann Aussetzung allenfalls dann ausnahmsweise geboten sein, wenn diese Verfügung von der Behörde bereits angekündigt ist (vgl unten Rn 11). – Bedingt zulässig ist die Aussetzung eines ordentl Rechtsstreits bis zur Erledigung eines schiedsgerichtl oder Schiedsgutachtenverfahrens (BGH 23, 24; LG Göttingen NJW 54, 560). Im Verfahren der **Prozeßkostenhilfe** darf nicht ausgesetzt werden (KG NJW 1953; 1474). Gem Art 100, 126 GG darf das Gericht nicht aussetzen, ohne gleichzeitig selbst das Verfassungsgericht anzurufen (BVerfG NJW 73, 1319; s oben Rn 3). – Keine Vorgreiflichkeit des noch anhängigen Hauptsacheprozesses für die Ersatzklage nach § 717 II, wenn im Hauptsacheprozeß der VollstrTitel gem § 538 unter Zurückverweisung der Sache aufgehoben wurde, Düsseldorf NJW 74, 1714.

10 **b) Zulässig** ist unter den allgemeinen Voraussetzungen (oben Rn 5) die Aussetzung ohne Beschränkung auf die Identität des Rechtsweges im anderen anhängigen Verfahren, wenn eine Auswirkung entweder der Gestaltungswirkung oder auch nur der Tatsachenfeststellung (auch Beweisergebnis genügt) dieses Verfahrens auf das ausgesetzte Verfahren erwartet werden kann. – Auch ein anhängiges Verfahren vor Gerichten der freiw Gerichtsbarkeit, zB Nachlaßauseinandersetzung, ein anhängiges vormundschaftsgerichtl Personensorgerecht–Entziehungs- oder Übertragungsverfahren oder ein amtsgerichtl Entmündigungsverfahren (FamRZ 55, 113); ein Aufgebotsverfahren zwecks Todeserklärung (Düsseldorf NJW 50, 434); Verfahren vor dem Grundbuchamt (DRiZ 1953 Rspr 3, 36) rechtfertigt die Aussetzung (JW 27, 1220; aM OLG 17, 133). Zur Aussetzung im Kindschaftsprozeß, bis das Kind das für eine Begutachtung (§ 372 a) erforderliche Alter erreicht hat, s § 640 f sowie § 252 Rn 1 u § 356 Rn 2. – Zulässig Aussetzung eines Prozesses, in dem die Aufrechnung mit einer anderweitig bereits früher rechtshängig gewordenen

Forderung geltend gemacht wird (vgl § 145 Rn 18; StJSch Rn 27 zu § 148; Celle NdsRpfl 55, 227). – Zur Frage, wenn die zur Aufrechnung gestellte Forderung mit einer Schiedsklausel versehen ist und sich der Gegner auf diese Klausel beruft s Rn 20 zu § 145. – Zulässig die Aussetzung des Arbeitsunfallprozesses bis zum Rentenbescheid der Berufsgenossenschaft (Schmalzl NJW 61, 2263; abw Köln NJW 61, 1873). – Aussetzung des verspäteten Kündigungsschutzprozesses bis über Antrag gem § 4 KSchG entschieden. – Aussetzung der auf § 667 BGB gestützten Klage auf Herausgabe von Schmiergeldern, bis über deren evtl Verfall gem § 12 III UWG entschieden (BGH NJW 63, 649, 651). –Aussetzung des Prozesses, in dem die Sachlegitimation eines Pflegers bestritten, bis zur Entscheidung des VormGerichts über Beendigung der Pflegschaft (BGH NJW 64, 1855). – Aussetzung des Verf der Deckungsklage gegen Versicherer, wenn Klage gegen Schädiger noch anhängig, Düsseldorf NJW 74, 2010; waren jedoch der Versicherer und der Schädiger als Streitgenossen verklagt, so handelt es sich, selbst bei klageabweisendem Teilurteil gegen einen der beiden Beklagten und Berufung des Klägers hiergegen, bei diesem Berufungsverfahren nicht um einen „anderen Rechtsstreit" iSd § 148 (aM Düsseldorf aaO) und das Berufungsgericht darf seine Entscheidung nicht von einem vorherigen Schlußurteil des Erstgerichts abhängig machen, denn es kann und sollte in dem Fall gemäß § 538 I verfahren, wenn es das Teilurteil für unrichtig erachtet.

4) Daß das Verfahren vor der **Verwaltungsbehörde** bereits anhängig ist, ist nicht nötig; die 11
Aussetzung ist auch zulässig, um die Entscheidung der Verwaltungsbehörde erst zu veranlassen. Die Aussetzung ist jedoch nur zulässig um die Feststellung, nicht auch um die Gestaltung eines vorgreiflichen Rechtsverhältnisses durch die Verwaltungsbehörde abzuwarten. Wird im ordentl Rechtsweg mit einer Gegenforderung aufgerechnet, die klageweise nur im Verwaltungsrechtsweg geltend gemacht werden kann, so ist in aller Regel die Aussetzung der Verh mit Rücksicht auf die Rechtskraftwirkung nach § 322 Abs 2 aus Rechtsgründen geboten u nicht etwa nur in das freie Ermessen des Gerichts gestellt (vgl Rn 49 zu § 13 GVG). Die Pflicht zur Aussetzung im vorliegenden Fall entspringt aus dem Grundsatz der Gleichordnung der Gerichte (Mühl NJW 55, 1462). Wird trotz Aussetzung die Forderung nicht in dem für sie zuständigen Verfahren geltend gemacht, dann kann nach § 302 ein Vorbehaltsurteil erlassen (BGH 16, 124 = NJW 55, 497) oder es kann die Aufrechnung nach § 296 zurückgewiesen werden (s Rn 19 zu § 145). Das Gericht ist an die Entscheidung der Verwaltungsbehörde nur gebunden, wenn letztere ausschließl zuständig war, RG 91, 93.

III) Streitwert des Aussetzungsstreits: § 3; Schneider MDR 73, 542; BGH 22, 283; Köln MDR 73, 12
683. Wert regelm ⅕ des Hauptsachewerts; s auch § 3 Rn 16 unter „Aussetzungsbeschluß". – Der Aussetzungsbeschluß selbst enthält aber keine Kostenentscheidung, Koblenz FamRZ 73, 376.

IV) Gebühren: 1) des **Gerichts:** Keine. – Für das Beschwerdeverfahren 1 Gebühr, soweit die Beschwerde verworfen 13
oder zurückgewiesen wird (KV Nr 1181). – **Streitwert** für das **Beschwerde**verfahren: Das nach § 3 zu schätzende Interesse des Beschwerdeführers, das mit dem Rechtsmittel erstrebte Ziel zu erreichen (BGHZ 22, 283). – **2)** des **Anwalts:** Wird der Antrag in einem Schriftsatz gestellt, so ist die anwaltl Tätigkeit durch die Prozeßgebühr abgegolten (Nr 3 zu § 37 BRAGO, wenn auch dort nicht erwähnt, s dazu Hartmann, KostGes BRAGO § 37 Anm 4 K, § 33 Anm 4 „Aussetzung"). Im übr gilt: Ist ein Antrag zur Aussetzung nötig, so erwächst dem prozeßbevollmächtigten RA für den in der mündl Verhandlung gestellten Prozeß- und Sachleitungsantrag (auf Aussetzung) eine halbe Verhandlungsgebühr nach § 33 Abs 2 BRAGO, sofern nicht die volle Verhandlungsgebühr des § 31 Abs 1 Nr 2 BRAGO für einen Sachantrag nach dem Wert der Hauptsache bereits entstanden ist; beide Gebühren können nicht nebeneinander ausgelöst werden (Düsseldorf JMBlNRW 70, 35 und Hartmann, aaO, § 33 Anm 3 C). Ist dagegen sowieso von Amts wegen auszusetzen, so handelt es sich bei einem vom RA gestellten Aussetzungsantrag um nichts anderes als eine Anregung an das Gericht, die zu keinem Gebührenanfall führen kann (s dazu Schneider, KoRspr BRAGO § 33 in Anm zu Nr 4 [Karlsruhe] und zu Nr 15 [Hamburg]). – Für das Beschwerdeverfahren erhält der RA eine $^{5}/_{10}$ Gebühr (§ 61 Abs 1 Nr 1 BRAGO).

149 *[Aussetzung bis zur Erledigung des Strafverfahrens]*

Das Gericht kann, wenn sich im Laufe eines Rechtsstreits der Verdacht einer Straftat ergibt, deren Ermittlung auf die Entscheidung von Einfluß ist, die Aussetzung der Verhandlung bis zur Erledigung des Strafverfahrens anordnen.

1) Zweck der Aussetzung ist es, dem infolge der Verhandlungsmaxime zur Wahrheitsermitt- 1
lung nur bedingt geeigneten Zivilprozeß die in einer anderen Verfahrensart (§§ 160 ff, 206, 244 II StPO) besseren Erkenntnismöglichkeiten zunutze zu machen und widersprechende Entscheidungen zu vermeiden. Die eigene Beweiswürdigung des Gerichts (§ 286) und die Unverbindlichkeit des Strafurteils für das Zivilgericht (§ 14 II 1 EG ZPO) bleiben aber auch nach erfolgter Aussetzung bestehen. Die Aussetzung darf nicht der Verschleppung dienen, daher untunlich bei klarer Sachlage oder einfacher Beweismöglichkeit. OLG Celle NJW 69, 280 leitet aus § 14 II 1 EGZPO Unzulässigkeit der Aussetzung bei Sachverhaltsidentität her; dem ist nicht zuzustim-

men, denn das ist gerade der Hauptanwendungsfall der Vorschrift, solange der Zivilrichter nur seine Freiheit der Beweiswürdigung bewahrt (Frankfurt VersR 82, 656 = MDR 82, 675; Köln JMBlNRW 67, 246). Daher ist Aussetzung auch zulässig, wenn der Verdacht einer Straftat sich nicht erst „im Laufe des Rechtsstreits ergibt", sondern die behauptete Straftat Anspruchsgrundlage (§ 823 II BGB) der Klage ist, Köln VersR 73, 473; MDR 73, 680 (wie hier ThP Anm 1). Auch in diesem Fall steht es daher im **Ermessen des Gerichts,** ob es der Beschleunigung des Zivilprozesses den Vorrang gibt oder (so idR bei schwieriger Beweislage) die besseren Erkenntnismöglichkeiten des Strafverfahrens durch Aussetzung des Zivilprozesses nutzt (Hamburg MDR 75, 669). Die Ermessensausübung des Gerichts ist gebunden: Die Abwägung des Gebots der Verfahrensbeschleunigung und der Umstände, die eine Auswertung der erweiterten Erkenntnismöglichkeiten der Amtsermittlungen für den konkreten Fall als geboten erscheinen lassen, muß den Stillstand des Verfahrens rechtfertigen und, wenn nicht beide Parteien ihr Einverständnis mit der Aussetzung erklärt haben, aus der Begründung des Beschlusses nachprüfbar sein (Düsseldorf NJW 80, 2534).

2 **2) Voraussetzung** ist ein nach Überzeugung des Gerichts (nicht nach bloßer Behauptung einer Partei) bestehender **Verdacht** einer strafbaren Handlung irgendeines Prozeßbeteiligten (Partei, Streithelfer, Zeuge, Sachverständiger) oder auch eines Dritten (StJSch Rn 5), sofern dieser Verdacht geeignet ist, im Fall seiner Begründetheit Einfluß (unten Rn 3) auf das ausgesetzte Verfahren auszuüben. Der Verdacht muß nicht dringend (§ 112 StPO) sein, es genügen „zureichende tatsächliche Anhaltspunkte" (§ 152 II StPO). Das Strafverfahren muß noch nicht anhängig, darf aber noch nicht abgeschlossen (dann § 273 II 2) sein. Ausreichend, daß das Gericht selbst erst die Akten der StA zur Prüfung des Verdachts vorlegt.

3 Der Verdacht muß entscheidungserhebl sein; genügend ist Erheblichkeit für die Beweiswürdigung. Nicht **entscheidungserhebl,** sondern Prozeßvoraussetzung ist das Strafurteil für die Restitutionsklage (§ 581), daher hier Aussetzung unzulässig (München FamRZ 56, 292). Unzulässig auch in Revisionsinstanz, da Beweiswürdigung nicht mehr möglich. Unzulässig im PKH-Bewilligungsverfahren, da keine abschließende Beweiswürdigung nötig (§ 118 Rn 13; KG NJW 53, 1474). Unzulässig im Betragsverfahren (§ 304 II), wenn Strafverfahren nur den Grund, nicht die Höhe des Anspruchs berührt (RG 35, 413).

4 **3) Verfahren:** Anordnung von Amts wegen oder auf Antrag nach Ermessen des Gerichts (Hamburg MDR 75, 669) durch Beschluß. Wegen der uU notwendigen Begründung des Beschlusses s oben Rn 1. Mündl Verhandlung entbehrl bei Anordnung auf übereinstimmenden Antrag beider Parteien (noch weitergehend LAG Hamm MDR 70, 874), vgl Rn 7 zu § 148. Frankfurt MDR 86, 943 bejaht zutreffend Besorgnis der Befangenheit des Richters (§ 42), der die Aussetzung allein auf die einseitige Behauptung der einen Partei stützt, die andere sei einer strafbaren Handlung verdächtig. Zu Rechtsbehelf, Wirkung und Wiederaufnahme s § 148 Rn 8.

150 *[Wiederaufhebung der Trennung, Verbindung oder Aussetzung]*

Das Gericht kann die von ihm erlassenen, eine Trennung, Verbindung oder Aussetzung betreffenden Anordnung wieder aufheben.

1 **1)** Die **Aufhebung der Trennung oder Verbindung** ist dem Gericht auf Antrag oder von Amts wegen jederzeit nach freiem Ermessen möglich. Ausnahme: wo Trennung oder Verbindung im Gesetz vorgeschrieben (§ 145 Rn 3). Aufheben darf das Gericht vor dem die getrennten Verf anhängig sind, also nicht das Berufungsgericht, vor dem nur eines der getrennten Verf anhängig. Aufhebung durch Beschluß auf Grund notw mündl Verh (Ausnahme bei übereinstimmendem schriftl Aufhebungsantrag der Parteien, sonst gem § 128 II oder bei Säumnis gem §§ 251 a, 331 a).

2 **2) Aufhebung der Aussetzung** steht im Ermessen des Gerichts, soweit nicht Aussetzungszwang (§ 148 Rn 3). Bei antragsbedingtem Aussetzungszwang (§§ 151–154, 246, 614) muß Zustimmung des Antragstellers vorliegen. Wo die Aussetzung durch Entscheidung des vorgreiflichen anderen Verfahrens automatisch endet (Hamburg ZZP 76, 476; BGH LM § 249 ZPO Nr 2) hat der Aufhebungsbeschluß nur verfahrenstechnische Bedeutung, ist also ohne Einfluß auf den Lauf von Fristen (zum Fristenlauf: § 249 Rn 2). Aufhebungsantrag der Partei ist im Terminsantrag (§ 216) zu erblicken.

3 **3) Rechtsmittel:** Die Aufhebung einer Trennung oder Verbindung ist nicht selbständig anfechtbar; sie kann nur mit dem Rechtsmittel gegen das nachfolgende Urteil gerügt werden, sofern sie Auswirkung auf dieses hat. – Wegen der Beschwerde gegen die Aufhebung einer Aussetzung des Verfahrens s § 252 Rn 4.

151 *[Aussetzungspflicht, wenn Ehenichtigkeit präjudiziell]*

Hängt die Entscheidung eines Rechtsstreits davon ab, ob eine Ehe nichtig ist, so hat das Gericht, wenn die Nichtigkeit nur im Wege der Nichtigkeitsklage geltend gemacht werden kann, auf Antrag das Verfahren auszusetzen und, falls die Nichtigkeitsklage noch nicht erhoben ist, eine Frist zur Erhebung der Klage zu bestimmen. Ist die Nichtigkeitsklage erledigt oder wird sie nicht vor dem Ablauf der bestimmten Frist erhoben, so ist die Aufnahme des ausgesetzten Verfahrens zulässig.

1) **Aussetzung gem §§ 151–154** ist bei Antrag zwingend. Daneben Aussetzung von Amts wegen gem § 148 zulässig. Zweck: Das Gericht muß die Möglichkeit haben, rechtsgestaltende Entscheidungen im Ehe- und Statusprozeß zu berücksichtigen. Der Begriff der Vorgreiflichkeit in §§ 151–154 ist identisch mit dem bei § 148 (dort Rn 5). Wegen Aussetzungszwang bei Vorgreiflichkeit der Anerkennung ausländischer Ehescheidung gem Art 7 § 1 FamRÄndG s Geimer NJW 67, 1400 u BayObLG FamRZ 73, 661. 1

2) **Nichtigkeit einer Ehe:** §§ 16–21 EheG; Geltendmachung nur durch Nichtigkeitsklage: § 23 EheG. Gleichgültig, ob die Ehegatten selbst Partei sind, wenn nur Nichtigkeit vorgreiflich. **Antrag** stellen kann die Partei, die sich auf die Nichtigkeit der Ehe beruft; auch ohne Antrag Aussetzung von Amts wegen nach § 148, wenn Nichtigkeitsklage schon anhängig. Das Gericht muß Aussetzung u (verlängerbare) Frist bestimmen auf Grund mündl Verh durch zu verkünd, mit Beschwerde (§ 252) anfechtb Beschluß. Kann nur der StA die Ehenichtigkeitsklage erheben (§ 24 EheG), so hat das Gericht eine Frist zu bestimmen, innerhalb deren die Partei um die Klageerhebung beim StA nachzusuchen hat. **Wirkung der Aussetzung:** § 249. **Wiederaufhebung** auf Antrag: § 155. **Aufnahme** des Verfahrens: § 250. 2

3) **§ 151 gilt nicht** für Geltendmachung der **Nichtehe** (zB wegen fehlender Mitwirkung eines Standesbeamten § 11 EheG oder Nichtanwesenheit eines „Ehegatten" § 13 EheG). Insoweit Feststellungsklage (LG Hamburg FamRZ 73, 602) bzw Aussetzung § 154. 3

152 *[Aussetzungspflicht, wenn Eheaufhebungsklage präjudizell]*

Hängt die Entscheidung eines Rechtsstreits davon ab, ob eine im Wege der Aufhebungsklage angefochtene Ehe aufhebbar ist, so hat das Gericht auf Antrag das Verfahren auszusetzen. Ist der Rechtsstreit über die Aufhebungsklage erledigt, so findet die Aufnahme des ausgesetzten Verfahrens statt.

Aufhebungsklage: §§ 28 ff EheG. Voraussetzung der Aussetzung: Rechtshängigkeit der Aufhebungsklage, § 253. Keine Fristsetzung zur Klage wie in § 151. Gleichgültig, ob die aufzuhebende Ehe zwischen den Parteien oder mit Dritten besteht, wenn nur Aufhebung vorgreiflich iS § 148. Nicht vorgreiflich ist der Aufhebungsprozeß für den Unterhaltsanspruch der Frau während des Aufhebungsverfahrens. Mit dem Tod eines Partners der streitigen Ehe entfällt die Aussetzungsmöglichkeit (arg § 619) u hat das Gericht selbst über die Vorfrage der Gültigkeit der Ehe zu befinden. 1

Aussetzung nur auf Antrag; die Möglichkeit der Aussetzung nach § 148 bleibt unberührt. **Antragsberechtigt:** wer die Aufhebung der Ehe geltend macht. **Entscheidung:** wie § 151. **Aufhebung** der Aussetzung: § 155. **Aufnahme** des ausgesetzten Verf: § 250. 2

153 *[Aussetzungspflicht, wenn Ehelichkeit eines Kindes präjudiziell]*

Hängt die Entscheidung eines Rechtsstreits davon ab, ob ein Kind, dessen Ehelichkeit im Wege der Anfechtungsklage angefochten worden ist, nichtehelich ist oder ob ein Mann, dessen Anerkennung der Vaterschaft im Wege der Anfechtungsklage angefochten worden ist, der Vater ist, so gelten die Vorschriften des § 152 entsprechend.

Die Vorfrage der ausschließlich im Statusverfahren (§ 640) festzustellenden Ehelichkeit eines Kindes und der Vaterschaft (vgl §§ 1593, 1600a–o BGB) zwingt zur Aussetzung bei Vorgreiflichkeit (hierzu Rn 5 zu § 148). Gleichgültig, ob das Kind oder der Mann Partei sind. Häufigster Anwendungsfall: Unterhaltsprozeß und Klage aus §§ 829, 832 BGB. 1

Keine Aussetzung mehr, wenn das Kind verstorben (arg: §§ 640, 619). Keine Aussetzung im Verf der einstw Verfügung, weil sonst der vorläufige Rechtsschutz versagt würde (Stuttgart NJW 54, 37; LG Aurich NJW 64, 2358; Düsseldorf FamRZ 82, 1230). 2

3 Aufhebung der Aussetzung: § 155. Aufnahme: § 250. Rechtsmittel: § 252.

154 *[Aussetzungspflicht, wenn Bestehen einer Ehe oder Kindschaftsstreit präjudiziell]*

(1) Wird im Laufe eines Rechtsstreits streitig, ob zwischen den Parteien eine Ehe bestehe oder nicht bestehe, und hängt von der Entscheidung dieser Frage die Entscheidung des Rechtsstreites ab, so hat das Gericht auf Antrag das Verfahren auszusetzen, bis der Streit über das Bestehen oder Nichtbestehen der Ehe im Wege der Feststellungsklage erledigt ist.

(2) Diese Vorschrift gilt entsprechend, wenn im Laufe eines Rechtsstreits streitig wird, ob zwischen den Parteien ein Eltern- und Kindesverhältnis bestehe oder nicht bestehe oder ob der einen Partei die elterliche Sorge über die andere zustehe oder nicht zustehe, und von der Entscheidung dieser Fragen die Entscheidung des Rechtsstreits abhängt.

1 1) **Abs I: a) § 154 betrifft die** Fälle, in denen das Bestehen einer in Ansehung der Form gültigen Ehe unter den Parteien streitig wird, ohne daß § 151 anwendbar ist. In Betracht kommen außer dem Fall, daß e Partei das Bestehen einer nicht in das Heiratsregister eingetragenen Ehe behauptet, Streitigkeiten darüber, ob die Ehe bereits aufgehoben oder für nichtig erklärt ist, ob sie durch Wiederverheiratung nach Todeserklärung aufgelöst (§ 38 EheG), ob sie durch Zeitablauf (§ 17 EheG), oder durch nachträgl Dispensation (§ 21 EheG) gültig geworden ist. Ehefeststellungsklage: § 638.

2 **b) Aussetzung muß erfolgen auf Antrag** dessen, der das Bestehen oder Nichtbestehen der Ehe behauptet: sie **kann** von **Amts wegen** nach § 148 erfolgen, wenn die Feststellungsklage schon anhängig ist. Verfahren wie § 151. Keine Fristsetzung wie in § 151. Aufhebung und Aussetzung: § 150; aber § 155 hier nicht anwendbar, weil die am Fortgang des Verfahrens interessierte Partei die Feststellungsklage (§ 638) selbst betreiben kann. Aufnahme nach § 250.

3 2) **Abs II** regelt die Aussetzung eines Verfahrens, in welchem die Frage des Bestehens eines – auch nichtehelichen – Eltern- und Kindesverhältnisses (iS §§ 1591–1600 o BGB) und ebenso die (Un-) Wirksamkeit eines Vaterschaftsanerkenntnisses (§ 640 II 1) zwischen den Parteien (nicht zwischen einer Partei und einem Dritten; dann gilt § 148) streitig und entscheidungserheblich wird; denn über diese vorgreiflichen Fragen ist im Verfahren gemäß §§ 640 ff und nicht inzidenter durch das Prozeßgericht zu entscheiden. Für das Verfahren der Aussetzung gilt das oben (Rn 2) Gesagte entspr. – Sonderregelung für Aussetzung wegen Ehelichkeitsanfechtung: § 153.

155 *[Aufhebung der Aussetzung bei §§ 151–153]*

In den Fällen der §§ 151 bis 153 kann das Gericht auf Antrag die Anordnung, durch die das Verfahren ausgesetzt ist, aufheben, wenn die Betreibung des Rechtsstreits, der zu der Aussetzung Anlaß gegeben hat, verzögert wird.

1 1) Die Vorschrift will die **Verschleppung des vorgreiflichen Statusprozesses ahnden,** daher ist Vorwerfbarkeit der Verzögerung im Urteil festzustellen. Bei fehlender Parteiidentität in beiden Verfahren ist vorwerfbar auch, wenn von der Möglichkeit der Streithilfe (zu deren Möglichkeit und Rechtskraftwirkung s §§ 69, 636 a, 640 h) im Statusprozeß kein Gebrauch gemacht wird. Fehlt Vorwerfbarkeit, so kann nicht bereits Unzumutbarkeit weiterer Verzögerung die Wiederaufnahme rechtfertigen (aM StJSch Rn 10: für Aufhebung der Aussetzung auch bei rein objektiver Verzögerung des vorgreiflichen Statusprozesses), denn § 155 ist ähnlich wie §§ 296, 528 subj Vergeltungsnorm.

2 2) **Aufhebung** durch auf Grund mündl Verh ergehenden u zu verkündenden Beschluß. Bei Aufhebung der Aussetzung: sof Beschw, bei Zurückweisung des Antrags: einfache Beschw § 252. In dem wieder aufgenommenen Verfahren ist die Ehe als gültig, das Kind als eheliches anzusehen. – Aufnahme ohne Antrag: § 150.

156 *[Wiedereröffnung der Verhandlung]*

Das Gericht kann die Wiedereröffnung einer Verhandlung, die geschlossen war, anordnen.

1 **I) Allgemeines:** Das Gericht soll die mündl Verh nur schließen (§ 136 IV), wenn die Sache zur Entscheidung reif ist. Bei ordentl Prozeßleitung ist § 156 daher Ausnahme von der Regel des § 300 und als Ausnahmevorschrift zurückhaltend anzuwenden. Gefahr der Prozeßverschleppung!

II) Voraussetzung und Verfahren: Wiedereröffnung nur von Amts wegen (Antrag der Partei ist nur als Anregung zu behandeln und bedarf keiner Verbescheidung durch Beschluß oder in den Urteilsgründen, RG JW 02, 543; BGH JR 58, 344, BB 60, 66) nach pflichtgem Ermessen durch nicht anfechtbaren Beschluß ohne vorherige mündl Verh. 2

1) Die **Wiedereröffnung ist geboten** beim Ausfall eines der zuletzt beteiligten Richter (arg: § 309), sonst nur zum Zweck der Korrektur eines Verfahrensmangels, insbes nach Verletzung der richterl Aufklärungspflicht (§§ 139, 278 III; s § 278 Rn 8), zB wenn der **bisherige** Sachvortrag der Parteien aufklärungsbedürftig geblieben ist (BGH 30, 65; 53, 262 = NJW 59, 1369; 70, 905; Köln MDR 80, 674 = OLGZ 80, 356; MDR 71, 308; Walchshöfer NJW 72, 1030). Wiedereröffnung geboten auch, wenn verfahrensfehlerhaft eine gemäß § 283 erkennbar zu kurz bemessene Erwiderungsfrist das rechtliche Gehör der Partei beschneidet (Schleswig OLGZ 81, 245; zur angemessenen Dauer der Erklärungsfristen vgl § 275 Rn 4). Das Gericht darf nicht einen eigenen Verfahrensfehler dadurch festschreiben, daß es unter Mißbrauch seines (insoweit gebundenen!) Ermessens nur aus Gründen der Verfahrensabkürzung von der Wiedereröffnung des Verfahrens absieht (Deubner NJW 80, 263; zum insoweit gebundenen Ermessen RGZ 102, 366; BGHZ 30, 60/65 = NJW 59, 1369). 3

Dagegen **keine Wiedereröffnung,** wenn mündl Verh ohne Verfahrensfehler geschlossen u eine Partei entgegen § 296a (selbst aufklärungsbedürftige) neue Angriffs- oder Verteidigungsmittel somit unzulässig nachreicht oder wenn in einem gem § 283 nachgelassenen Schriftsatz neues Vorbringen enthalten ist, das über eine Erwiderung auf den verspäteten Schriftsatz des Gegners hinausgeht (BayVerfGH NJW 84, 1026/27). Zur Behandlung des in einem gemäß § 283 nachgelassenen Schriftsatz enthaltenen Sachantrags s § 283 Rn 5. 4

Wegen „Schluß der mündl Verh" im **schriftlichen Verfahren** s § 128 Rn 18; zwingend geboten ist die Wiedereröffnung der mündl Verhandlung nach Anordnung des schriftl Verfahrens in den Fällen § 128 II Satz 2 und III Satz 5.

2) Die **Wiedereröffnung ist möglich** in allen anderen Fällen, soweit nicht § 300 damit verletzt wird. Nachgebrachtes neues Vorbringen rechtfertigt die Wiedereröffnung nie (RG 102, 266), selbst wenn entscheidungserhebl u selbst wenn damit die Voraussetzung einer Restitutionsklage geschaffen wird (BGH 30, 65 = NJW 59, 1369; einschränkend BGH NJW 70, 950 u Walchshöfer NJW 72, 1030). Jedoch sollte das Gericht der nach Verhandlungsschluß von beiden Parteien bekundeten Vergleichsbereitschaft durch Wiedereröffnung zum Zwecke des Güteversuchs (§ 279) entgegenkommen. Beim Scheitern dieses Versuchs: § 279 Rn 3 am Ende. 5

3) Verfahren: Den Beschluß haben (Ausnahme bei Wegfall eines Richters) die Richter der letzten mündl Verhandlung zu fassen. Der Beschluß eröffnet das Verf im ganzen Umfang neu, nicht nur bzgl des Wiedereröffnungsgrundes. IdR wird das Verf nicht ausdrücklich wiedeöffnet, sondern statt des Urteils ein Aufklärungs- oder Beweisbeschluß verkündet oder ein neuer Verhandlungstermin bestimmt. Gegen die Wiedereröffnung kein Rechtsmittel (vgl entspr § 296 Rn 5). – Ausnahmsweise unzulässig ist die Wiedereröffnung, wo nach einseitiger Säumnis einer Partei vom Gegner Säumnisentscheidung (§§ 330 ff) beantragt war. 6

Wegen der Behandlung **nachgereichter Schriftsätze** s § 132 Rn 4 u § 283.

157 *[Ungeeignete Rechtsvertreter]*

(1) Mit Ausnahme der Mitglieder einer Rechtsanwaltskammer sind Personen, die die Besorgung fremder Rechtsangelegenheiten vor Gericht geschäftsmäßig betreiben, als Bevollmächtigte und Beistände in der mündlichen Verhandlung ausgeschlossen. Sie sind auch dann ausgeschlossen, wenn sie als Partei einen ihnen abgetretenen Anspruch geltend machen und nach der Überzeugung des Gerichts der Anspruch abgetreten ist, um ihren Ausschluß von der mündlichen Verhandlung zu vermeiden.

(2) Das Gericht kann Parteien, Bevollmächtigten und Beiständen, die nicht Mitglieder einer Rechtsanwaltskammer sind, wenn ihnen die Fähigkeit zum geeigneten Vortrag mangelt, den weiteren Vortrag untersagen. Diese Anordnung ist unanfechtbar.

(3) Die Vorschrift des Abs. 1 ist auf Personen, denen das mündliche Verhandeln vor Gericht durch Anordnung der Justizverwaltung gestattet ist, nicht anzuwenden. Die Justizverwaltung soll bei ihrer Entschließung sowohl auf die Eignung der Person als auch darauf Rücksicht nehmen, ob im Hinblick auf die Zahl der bei dem Gericht zugelassenen Rechtsanwälte ein Bedürfnis zur Zulassung besteht.

1 **I) Verhältnis § 157 zum RBerG** v 13. 12. 1935 (RGBl I 1478) mit AusfVO v 13. 12. 1935 (RGBl I 1481) und 3. 4. 1936 (RGBl I 359): Das RBerG regelt jegliche geschäftsmäßige Besorgung fremder Rechtsangelegenheiten, nicht nur das Auftreten vor Gericht. Die Zulassung als Prozeßagent iS § 157 III setzt daher die behördl Erlaubnis nach Art 1 § 1 RBerG voraus. Als lex posterior u specialis kann das RBerG zur Auslegung von § 157 herangezogen werden.

2 **II) Abs I:** § 157 regelt iS eines generellen Ausschlusses mit Erlaubnisvorbehalt die Befugnis, als Parteivertreter in der mündlichen Verhandlung aufzutreten. Diese Regelung dient der Sicherstellung eines geordneten Ablaufs der mündlichen Verhandlung im Interesse des Gerichts *und* der Parteien; sie steht überdies unter dem Vorbehalt des § 78 bezüglich der weitergehenden Regelung der Vertretung im Anwaltsprozeß durch beim Prozeßgericht besonders zugelassene Anwälte und überschneidet sich mit der die geschäftliche Besorgung fremder Rechtsangelegenheiten *außerhalb* der mündl Verhandlung betreffenden Zulassung als Rechtsbeistand gemäß RBerG. Danach sind zum Auftreten als Rechtsvertreter in der mündlichen Verhandlung zugelassen nur **Rechtsanwälte** und solche natürliche Personen, die gem § 209 BRAO idF von Art 2 des Ges v 18. 8. 80, BGBl I 1503, in die RA-Kammer aufgenommen sind (= qualifizierte **Rechtsbeistände,** hierzu BGH MDR 83, 312/313), deren amtl bestellte Vertreter (§ 53 BRAO) und – unter Beistand eines Rechtsanwalts – deren Stationsreferendare (§ 59 II BRAO), ferner in Sachen des gewerbl Rechtsschutzes Patentanwälte (§ 4 PatAO v 7. 9. 66, BGBl 557), vor dem Arbeitsgericht (nicht im ordentl Verf: AG Stuttgart AnwBl 53, 160) Vertreter von Gewerkschaften und Arbeitgeberverbänden (§ 11 ArbGG), schließlich Prozeßagenten iS § 157 III und deren Unterbevollmächtigte (LG München I Rpfleger 68, 59). Notare sind hier den Rechtsanwälten nur innerhalb ihres notariellen Aufgabenbereichs, also nicht bei einseitiger Tätigkeit für einen von mehreren Beteiligten gleichgestellt (Stuttgart NJW 64, 1034). Standesgerichtl Berufs- und Vertretungsverbot gegen RA: § 156 II BRAO.

3 Andere Personen sind ausgeschlossen, sofern sie fremde Rechtssachen geschäftsmäßig vor Gericht betreiben: **Fremd** ist jedes Recht, das dem vor Gericht Auftretenden nicht selbst zusteht, daher inbes die zum Inkasso abgetretene Forderung (= treuhänderische Abtretung); nicht „fremd" ist die auch wirtschaftl gewollte Abtretung zB zur Sicherheit, zahlungshalber oder an Zahlungs Statt. Überwiegend eigene Ansprüche macht der Versicherungsbeamte im Prozeß des Versicherungsnehmers geltend (§ 150 I VVG, § 7 II 5 AKB), er ist daher nicht ausgeschlossen (Berlin VersR 61, 1029; Wussow NJW 62, 421; BGH 38, 71 = NJW 63, 441).

4 **Geschäftsmäßig** ist ein selbständiges und auf eine gewisse Häufigkeit abgestelltes Tätigwerden (Hamburg MDR 51, 693). Auf Entgeltlichkeit kommt es nicht an (das wäre „gewerbsmäßig"), RG 61, 51. Nicht selbständig idS ist, wer zu dem Inhaber des streitigen Rechts in einem Dienst- oder sonstigen Abhängigkeitsverhältnis steht, zB der Hausverwalter in Angelegenheiten der Hausverwaltung (JW 35, 74) oder der Bürovorsteher des Rechtsanwalts (Oldenburg NJW 58, 1931 = Rpfleger 58, 382).

5 **Vor Gericht** heißt hier das persönl Auftreten, sei es in der mündl Verh oder die Beweisaufnahme, sei es im Streitverfahren oder in der Zwangsvollstreckung. Auf dem sonstigen Prozeßbetrieb, insbes auf Schriftsätze und Prozeßvollmacht (§ 176!) ist § 157 nicht anwendbar LAG Hamm BB 76, 555. **§ 157 gilt nur im Parteiprozeß** (arg: § 78).

6 **Der Ausschluß** besteht kraft Gesetzes. Ein Beschluß im Ausschluß-Streit hat nur deklaratorische Bedeutung. Gegen den den Ausschluß feststellenden Beschluß hat (mangels eigener Beschwer) nicht der Gegner und nicht der Vertreter, wohl aber der Vertretene das Recht der Beschwerde (abw LAG Frankfurt NJW 65, 74; Düsseldorf NJW 59, 1373; LG Landshut AnwBl 67, 125; wie hier: Schleswig SchlHA 60, 205; 56, 203; Berlin JW 35, 2918; Stettin JW 35, 1510; Duisburg JMBl NRW 55, 87). Die in unzulässiger Weise vertretene Partei ist säumig iS §§ 251 a, 330 ff; Säumnisfolgen aber erst im nächstfolgenden Termin, vgl § 158 Satz 2.

7 **III) Abs II** ist Ausfluß der formellen Prozeßleitung (s § 136 Rn 1), betrifft außer Rechtsanwälten (Rn 2) alle sonstigen Prozeßbeteiligten: Parteien, Streithelfer, Bevollmächtigte und Beistände. Untersagt werden kann der Vortrag (wegen der Anwesenheit vgl §§ 176 ff GVG) bei **einer den Prozeßablauf ernstlich behindernden Ungeeignetheit** (zB Schreien, ununterbrochenes Reden, Geistesstörung). Keine Ungeeignetheit idS ist bloße Ungewandtheit oder Fremdsprache (vgl §§ 185–187 GVG).

8 **IV) Abs III:** Die **Zulassung als Prozeßagent** ist widerruflicher Justizverwaltungsakt. Sie setzt die Zulassung als Rechtsbeistand gemäß RBerG (hierzu Rn 9–15 vor § 78) grundsätzlich voraus, kann diese aber, sollte sie ausnahmsweise fehlen, beinhalten (BGH NJW 82, 1880; SchlHA 69, 141 = MDR 69, 568). Die Bedürfnisprüfung ist als Regelung der Berufsausübung mit Art 12 GG vereinbar (BVerfG NJW 76, 1349; 60, 139; BVerwG NJW 59, 546; Hamm MDR 66, 848). Daher Eig-

nung des Bewerbers und Bedürfnis zwingende Voraussetzung. Unerheblich sind wirtschaftl Interessen des Antragstellers u des Rechtssuchenden an verbilligter (Art IX § 1 KostÄndG v 26. 7. 57 idFassung v 18. 8. 1980, BGBl I 1503) Rechtsverfolgung (BGH NJW 80, 2310 u 2312). Gegen Nichtzulassung **Beschwerde** z OLG §§ 23, 25 EGGVG (BVerwG NJW 69, 2218; s § 23 EGGVG Rn 4).

Wegen der Zulassung von Prozeßagenten im arbeitsgerichtl Verf: § 11 ArbGG, im Verf vor dem Sozialgericht: § 73 VI SGG; BVerwG NJW 63, 2242; OVG Hamburg NJW 61, 1421; Sieg NJW 64, 1305. 9

Ausländische Rechtsanwälte und Rechtsbeistände, die nicht Mitglied einer deutschen RA-Kammer sind, unterliegen dem generellen Ausschluß von der mündlichen Verhandlung, sofern ihnen nicht die Verhandlung gemäß Abs III gestattet wurde. Eine Sonderregelung für in einem EG-Mitgliedsstaat zugelassene ausländische Anwälte enthält das Gesetz vom 16. 8. 1980 (BGBl I 1453); hierzu Rn 16 vor § 78; Jessnitzer BRAK-Mitt 85, 78; EuGH NJW 85, 1275; StJSch Rn 121–133. 10

158 *[Verfahren bei Entfernung einer bei der Verhandlung beteiligten Person]* **Ist eine bei der Verhandlung beteiligte Person zur Aufrechterhaltung der Ordnung von dem Ort der Verhandlung entfernt worden, so kann auf Antrag gegen sie in gleicher Weise verfahren werden, als wenn sie sich freiwillig entfernt hätte. Das gleiche gilt im Falle des § 157 Abs. 2, sofern die Untersagung bereits bei einer früheren Verhandlung geschehen war.**

1) § 158 regelt die prozessuale **Folge einer sitzungspolizeilichen Maßnahme** gem § 177 GVG und der Wortentziehung gem § 157 II. Wegen Auswirkung auf Beweisaufnahme s § 367. 1

2) Betroffen sind **beteiligte Personen,** das sind Parteien, Streithelfer, Zeugen, Sachverständige, Prozeßbevollmächtigte; nicht jedoch Rechtsanwälte (arg: § 177 GVG, § 157 II ZPO), soweit gegen diese nicht Vertretungsverbot (§§ 150, 156 II BRAO) besteht. 2

3) Wirkung: das Gericht kann, wenn kein Säumnisantrag gestellt wird, vertagen oder nach § 251 a verfahren. Bei Entfernung einer Partei kann auf Antrag Säumnisentscheidung (§§ 330 ff) ergehen. Das gleiche gilt im Anwaltsprozeß bei Entfernung des Anwalts trotz Anwesenheit der Partei. War die Partei persönlich geladen: Säumnisfolge gem § 141 III. Zeugen und Sachverständige können als unentschuldigt ausgeblieben behandelt werden: §§ 380, 409. 3

Im Fall § 157 II (Vortragsuntersagung) setzt Säumnisfolge eine zweimalige (nicht notwendig iS § 345 unmittelbar nachfolgende) Untersagung voraus. 4

Vorbemerkung zu §§ 159–165

Das Sitzungsprotokoll

§§ 159–165 enthalten die das **Sitzungsprotokoll** betreffenden Vorschriften. Andere Arten von Prot (Prot außerhalb der Sitzung vor beauftragtem oder ersuchtem Richter): §§ 118, 159 II, 288, die Prot des UrkB, in denen er Erklärungen der Parteien wiedergibt (§ 129 a) sowie §§ 762, 763, 765, 826 (Prot des GV). 1

1) Das Prot ist **öffentl Urkunde** iS §§ 415, 418. Seine Beweiskraft ist höher als die des Urteilstatbestands, §§ 165, 314. Es ist der Auslegung u freien Beweiswürdigung zugänglich: § 419. Es ersetzt jede sonst vorgeschriebene Beurkundungsform, § 127 a BGB; RG 165, 162, sofern es auch inhaltlich den ges Erfordernissen entspricht (vgl § 137 Rn 5). UU hat daher der Vorsitzende die Sorgfaltspflicht gleich einem beurkundenden Notar (§§ 14, 19 BNotO) zu erfüllen, sonst § 839 BGB. Daher Vorsicht bei Entgegennahmen von Auflassungen, letztwilligen Verfügungen (hierzu § 137 Rn 5), Güterrechtsregelungen (häufig in Prozeßvergleichen enthalten)! Sonderregelung für außerhalb des Erkenntnisverfahrens erstellte Prot: BeurkundungsG v 28. 8. 69 (BGBl 1513). 2

2) Im allgemeinen gilt bezügl des Sitzungsprot: der **Urkundsbeamte** (§ 153 GVG) hat das Prot unter eigener Verantwortung für jede Sache gesondert zu verfassen u niederzuschreiben. Die Abfassung ist ihm zu überlassen. Er ist aber an die Anordnung des Vors hinsichtl des Umfangs (bei der Frage, ob Parteivorbringen in das Prot aufzunehmen ist) u hinsichtl der Feststellung des Ganges der Verh gebunden. So kann der Vors auch einen Teil des Prot diktieren, wenn es auf den genauen Wortlaut e Erklärung usw ankommt. Der UrkB darf aber in keinem Falle mecha- 3 nisch nachschreiben. Hält er das Diktierte nicht für richtig, so muß er seine entgegenstehende Überzeugung zu wahren wissen. Wie Konflikte zu lösen sind, wenn der Vors u der UrkB verschiedener Ansicht über das Wahrgenommene sind, sagt das Gesetz nicht. In der Regel wird sich durch nochmalige Befragung der Parteien, Zeugen usw die Meinungsverschiedenheit beheben lassen. Auf keinen Fall darf der UrkB gegen seine Überzeugung deshalb etwas feststellen, weil der Vors es anordnet. Wenn trotz Rücksprache Vors u UrkB nicht zu derselben Auffassung kommen, so ist im Prot die Auffassung des UrkB niederzulegen. Der Vors hat durch einen Zusatz seine abweichende Auffassung festzustellen. **Durchstreichungen** sind möglichst zu vermeiden, **Rasuren** sind unzulässig (vgl § 419), leichtverständl Abkürzungen angängig (zB „v g", RG 53, 150). Inwieweit dann das Prot beweiskräftig ist, unterliegt in der höheren Instanz der freien Beweiswürdigung. Unzulässig ist eine einseitige Berichtigung, § 164, sowie die Berichtigung eines als „vorgelesen und genehmigt" protokollierten Vorgangs ohne Verlesung und Genehmigung der Berichtigung (§ 164 Rn 2).

4 3) Das **Gesetz** zur Entlastung der Landgerichte und **zur Vereinfachung des Gerichtl Prot** v 20. 12. 1974 (BGBl I 3651; in Kraft seit 1. 1. 1975) erlaubt die Aufnahme des Protokolls auf Tonträger (§ 160 a) u regelt die von der Rechtsprechung entwickelte Art der Protokollberichtigung (§ 164). Hierzu eingehend Franzki DRiZ 75, 97; Holtgrave Betrieb 75, 821.

5 4) **Sitzungsprotokoll u gebührenrechtl Beurteilung.** Soweit die im § 160 aufgezählten Förmlichkeiten, zB Verkündung eines Urteils, Tatbestandsmerkmal gebührenrechtl Tatbestände sind, ist das SitzProt auch für die gebührenrechtl Beurteilung entscheidend. Soweit dagegen die Feststellung verfahrensrechtl Vorgänge nicht vorgeschrieben ist, ist es gebührenrechtl belanglos, was sich aus dem SitzProt darüber ergibt. Eine zuvorige ProtBerichtigung ist nicht Voraussetzung für die zutreffende gebührenrechtl Beurteilung. Sowohl Feststellungen wie Unterlassungen im SitzProt können im allgemeinen jederzeit u in jeder Weise entkräftet u ergänzt werden. Dies gilt auch für die Reihenfolge protokollarischer Feststellungen, zB für den Zeitpunkt der Bewilligung der Prozeßkostenhilfe. Es spricht jedoch eine tatsächl Vermutung dafür, daß prozessual ordnungsmäßig verfahren worden ist, soweit nicht tatsächl u nachweisl prozeßordnungswidrig verfahren worden ist. Diese Grundsätze sind besonders wichtig für die Verhandlung vor Beweisaufnahme u für die Frage, ob zum Gegenstand der Verhandlung gemachte Urkunden und Akten zu Beweiszwecken oder nur informatorisch verwendet wurden (regelm keine Beweiserhebung bei Erörterung einer von den Parteien vorgelegten u inhaltlich unstreitigen Urkunde). In Zweifelsfällen hat der Kostenbeamte eine dienstl Äußerung des Vorsitzenden darüber einzuholen, ob Urkunden informatorisch oder als Beweismittel verwendet wurden (Frankfurt Rpfleger 80, 70). Die erschienenen Parteien, Zeugen u sonstige Auskunftspersonen (tunlichst auch der Zeitpunkt ihrer Entlassung) sind festzustellen, auch wenn sie nicht geladen waren (zur Frage der Entschädigung mitgebrachter Zeugen vgl § 401 Rn 2). Festzustellen auch Gebührenverzichtserklärungen.

6 Das Prot muß eindeutig ergeben, ob die Parteien streitig verhandelt u dann sich verglichen haben, ob ein PKH-Anwalt (§ 121) vor oder erst nach Verhandlung zur Sache beigeordnet wurde.

7 5) **Protokollierung** ist **Voraussetzung der Wirksamkeit einer Prozeßhandlung** nur für den Prozeßvergleich (BGHZ 14, 381/386), für das vor dem beauftragten oder ersuchten Richter (§§ 361, 362) abgegebene Geständnis (§ 288; anders für das Geständnis vor dem Prozeßgericht Braunschweig MDR 76, 673) und für die in § 162 (dort Rn 1) als notwendig verlesungsbedürftig bezeichneten Prozeßhandlungen. Sachanträge sind daher zwingend zu protokollieren und zu verlesen nur, wenn sie gemäß § 297 Abs I Satz 2 mündlich gestellt werden. Im übrigen hat die Protokollierung nur Beweiswirkung (§ 165); ihr Fehlen ist also unschädlich, soweit die nicht protokollierte Prozeßhandlung unstreitig oder auf andere Weise (vgl § 314) feststellbar ist (BGH NJW 84, 1465 = MDR 84, 655).

159 *[Protokollaufnahme]*

(1) Über die mündliche Verhandlung und jede Beweisaufnahme ist ein Protokoll aufzunehmen. Für die Protokollführung ist ein Urkundsbeamter der Geschäftsstelle zuzuziehen, wenn nicht der Vorsitzende davon absieht.

(2) Absatz 1 gilt entsprechend für Verhandlungen, die außerhalb der Sitzung vor Richtern beim Amtsgericht oder vor beauftragten oder ersuchten Richtern stattfinden.

Lit: *Franzki* DRiZ 75, 97 ; *Schuster* BB 75, 539; *Putzo* NJW 75, 188; *Holtgrave* Betrieb 75, 821.

1 Die §§ 159–165 sind mit Wirkung ab 1. 1. 1975 geändert durch das Gesetz v 20. 12. 1974, BGBl I 3651. § 159 bestimmt, in welchen Fällen ein Prot aufzunehmen und wer es aufzunehmen hat.

1) Wann ist ein Protokoll aufzunehmen? a) In jeder mündlichen Verhandlung (§ 136 I) vor dem erkennenden Gericht, auch in abgesonderter Verhandlung (§ 275). Die Worte „vor dem Gericht" (§ 159 I alt) sind als selbstverständlich gestrichen. 2

b) Bei jeder Beweisaufnahme (§ 160 I 1, 4 und 5), gleichgültig, ob vor dem erkennenden Gericht, beauftragten oder ersuchten Richtern (§§ 361, 362, 375, 400). Ausnahmen vom Protokollierungszwang: § 161. 3

c) Bei jeder sonstigen Verhandlung, die nicht vor dem erkennenden Gericht stattfindet, zB § 434, § 479. Der Protokollierungszwang umfaßt damit jeglichen Gerichtstermin. 4

2) Von wem ist das Protokoll aufzunehmen? Grundsätzlich vom Urkundsbeamten der Geschäftsstelle (§ 153 GVG, § 49 ZPO). Nur ausnahmsweise vom Richter selbst, wenn dieser auf Zuziehung des Urkbeamten verzichtet; auch hier beschränkte Zuziehung möglich für Übertragung der vom Richter selbst aufgenommenen Tonaufnahme in das Prot (vgl § 163 Rn 2). Bei Verzicht auf Urkbeamten führt (seinem Verzicht entsprechend) im Kollegium der Vorsitzende selbst das Prot, der Beisitzer nur bei dessen Einwilligung. Auch in diesem Fall bleibt aber der Vorsitzende für Aufnahme u Inhalt des Prot verantwortlich (§ 163; Holtgrave Betrieb 75, 821/823). 5

Personallage der Geschäftsstelle ist niemals Grund für ein Richterprotokoll (Putzo NJW 1975, 188). Die Justizverwaltung hat die Amtspflicht, den Gerichten Protokollführer u die technische Ausrüstung im erforderl Umfang bereitzustellen (Franzki DRiZ 75, 98), so inbes Tonaufnahmegeräte u ein zur Aufnahme in die Prozeßakten (§ 160a III; große Schallplatten sind hierfür kaum geeignet!) verwendbares Aufnahmematerial in ausreichender Menge. Die richterl Entscheidung, ob zur Protokollaufnahme ein Urkbeamter hinzugezogen oder ein Aufnahmegerät verwendet wird, ist einer dienstaufsichtlichen Weisung nicht unterworfen (BGH NJW 78, 2509). 6

160 *[Inhalt des Protokolls]*

(1) Das Protokoll enthält:

1. **den Ort und den Tag der Verhandlung;**
2. **die Namen der Richter, des Urkundsbeamten der Geschäftsstelle und des etwa zugezogenen Dolmetschers;**
3. **die Bezeichnung des Rechtsstreits;**
4. **die Namen der erschienenen Parteien, Nebenintervenienten, Vertreter, Bevollmächtigte, Beistände, Zeugen und Sachverständigen;**
5. **die Angabe, daß öffentlich verhandelt oder die Öffentlichkeit ausgeschlossen worden ist.**

(2) Die wesentlichen Vorgänge der Verhandlung sind aufzunehmen.

(3) Im Protokoll sind festzustellen

1. **Anerkenntnis, Anspruchsverzicht und Vergleich;**
2. **die Anträge;**
3. **Geständnis und Erklärung über einen Antrag auf Parteivernehmung sowie sonstige Erklärungen, wenn ihre Feststellung vorgeschrieben ist;**
4. **die Aussagen der Zeugen, Sachverständigen und vernommenen Parteien; bei einer wiederholten Vernehmung braucht die Aussage nur insoweit in das Protokoll aufgenommen zu werden, als sie von der früheren abweicht;**
5. **das Ergebnis eines Augenscheins;**
6. **die Entscheidungen (Urteile, Beschlüsse und Verfügungen) des Gerichts;**
7. **die Verkündung der Entscheidungen;**
8. **die Zurücknahme der Klage oder eines Rechtsmittels;**
9. **der Verzicht auf Rechtsmittel.**

(4) Die Beteiligten können beantragen, daß bestimmte Vorgänge oder Äußerungen in das Protokoll aufgenommen werden. Das Gericht kann von der Aufnahme absehen, wenn es auf die Feststellung des Vorgangs oder der Äußerung nicht ankommt. Dieser Beschluß ist unanfechtbar; er ist in das Protokoll aufzunehmen.

(5) Der Aufnahme in das Protokoll steht die Aufnahme in eine Schrift gleich, die dem Protokoll als Anlage beigefügt und in ihm als solche bezeichnet ist.

1 § 160 regelt zwingend, was mit Beweiskraft einer öffentl Urkunde (§§ 165, 415, 417, 418) in das Prot aufzunehmen ist, damit es im Urteil (auch durch Bezugnahme § 313 II 2) verwertet werden kann. Das Prot ist wesentl Grundlage der Prüfung der Ordnungsmäßigkeit des Verfahrens durch das Rechtsmittelgericht. Ausnahme von Protokollzwang: § 161. Wegen Fehlern des Prot, ihrer Wirkung u ihrer Berichtigung s §§ 164, 165. Bei Protokollierung eines Prozeßvergleichs (§ 794 I 1) ersetzt das Prot eine sonst notw notarielle Beurkundung (§ 127a BGB) u muß insoweit daher auch den Erfordernissen des BeurkG genügen (Breetze NJW 71, 178; wegen Protokollierung eines erbrechtlichen Vergleichs s § 137 Rn 5). Hinsichtl seines Inhalts ist das Protokoll der Auslegung zugänglich, so insbes bei Lücken BGH 26, 340 = NJW 58, 711.

2 **I) Abs I** bezeichnet die **für die Kennzeichnung der Sache u der Beteiligten erforderl Angaben.** Wo das Protokoll einen Vollstreckungstitel darstellt, muß es den Erfordernissen des § 313 I 1–3 genügen; die Parteien sind dann mit voller Anschrift zu bezeichnen. Bei Zeugen (auch den nicht vernommenen, soweit sie geladen waren!) sollte zur Erleichterung der Gebührenberechnung die Zeit der Entlassung angegeben werden (ebenso beim SV). Wegen **Feststellung der Öffentlichkeit** s § 174 GVG. **Prot-Fassung:** § 174 GVG Rn 3. Ist die Öffentlichkeit aus den in §§ 170–172, § 173 II genannten Gründen ausgeschlossen, so kann das Gericht den anwesenden Personen die Geheimhaltung von Tatsachen, die während der Verhandlung zu ihrer Kenntnis gelangen, zur Pflicht machen, § 174 II GVG. Der diesbezügl Beschluß ist zu verkünden u in das Prot wörtlich aufzunehmen. Zweckmäßig ist in diesem Fall, die anwesenden Personen namentlich im Prot festzuhalten.

3 **II) Wesentl Vorgänge der Verhandlung:** Darstellung des Verfahrensablaufs, soweit das für die Entscheidung (§ 314!) erforderlich, zB prozeßleitende Vfgen, Zwischenscheidungen, Beweisanordnungen; anzugeben ist tunlichst, ob eine Erörterung iS § 31 I 4 BRAGO stattgefunden hat, ob Urkunden zu Beweiszwecken oder nur informatorisch Gegenstand der Verh waren, welche Vergleichsvorschläge das Gericht gemacht hat (§ 279), welche Fragen gestellt u Hinweise gegeben wurden (§§ 139, 278 III) u wie die Parteien hierauf erwidert haben, ob u welche Erklärungsfristen gesetzt und Auflagen gemacht wurden. Ohne diese Angaben wäre dem Rechtsmittelgericht die Prüfung der Ordnungsmäßigkeit des Verfahrens (§§ 539, 550, 551) regelm nicht möglich.

4 **III) Weitere notwendige Feststellungen: 1) Anerkenntnis** (§ 307), **Verzicht** (§ 307), **Vergleich** (§ 794) sind wörtl aufzunehmen, zu verlesen u zu genehmigen (§ 162).

5 **Ein gerichtl Vergleich** ist (als Prozeßvergleich) nur wirksam, wenn er ordnungsgemäß protokolliert, vorgelesen und genehmigt ist, § 127a BGB (hierzu § 162 Rn 1; BGH NJW 84, 1465 = MDR 84, 655; Breetzke NJW 71, 178). Jedenfalls seit Inkrafttreten des Beurkundungsgesetzes am 1. 1. 70 daher abzulehnen Celle NJW 65, 1970, wonach es zur Wirksamkeit eines Prozeßvergleichs als VollstrTitel genügen sollte, daß das Gericht durch Beschluß den Parteien einen Vergleichsvorschlag macht, die Parteien diesen schriftsätzl annehmen u der UrkBeamte auf die Ausfertigung des Beschlusses den Vermerk setzt „Dieser Vergleichsvorschlag wurde durch schriftl Erklärungen der Parteien vom ... angenommen". Ein derart zustandegekommener Vergleich könnte allenfalls – sofern das formlos möglich ist – materiellrechtl Wirkung äußern (LAG Frankfurt NJW 70, 2229). – Der Prozeßvergleich kann rechtswirksam auch andere Gegenstände umfassen als nur den KlAnspr; so kann in dem gerichtl Vergleich auch Hypothekbestellung für den KlAnspr erfolgen. Zulässig ist es auch, in e Vergleich die Auflassung zu erklären, § 925 I BGB (BGH 14, 381; vgl die weiteren Beispiele bei Breetzke aaO). Die Zuständigkeit des ProzGer zur Beurkundung prozessualer Rechtsgeschäfte wird also durch das Beurkundungsgesetz (dort § 59 iVm § 127a BGB) nicht berührt. Insbesondere wird durch Beurkundung e Vergleichs vor dem ProzGer oder beauftr Richter dem Formerfordernis selbst dann genügt, wenn sich der Vergleich seinem ganzen Inhalt nach als e Rechtsgeschäft darstellt, das nach dem bürgerl Recht der notariellen Form bedarf. Ersetzt wird durch den prozessualen Vergleich nur die Urkundenform, nicht aber die sonstigen zivilrechtl Erfordernisse des in ihm aufgenommenen Rechtsgeschäfts (vgl § 137 Rn 5). – Ist der Vergleich nicht vorgelesen worden, so bildet er weder e Titel für die ZwV, noch beendet er den Rechtsstreit, RG 107, 285, kann aber hinsichtlich der getroffenen Vereinbarungen die Grundlage für eine Klage auf Erfüllung sein. – Vorlesung des Vergleichs oder Vorlegung zur Durchsicht ist nicht nötig, wenn er von den Parteien schriftl abgefaßt dem Gericht als Anlage übergeben wird. Dann ist aber im Prot die Tatsache der Übergabe, des Verzichts auf Verlesung u die Erklärung, daß sich die Parteien nach Maßgabe des Vergleichs verpflichten, festzuhalten. Insoweit ist das Prot vorzulesen. Anheftung an das Protokoll ohne Verlesung dieser Vorgänge genügt nicht u macht den Vergleich nicht zu einem vollstreckbaren gerichtl Vergleich. Schuler (NJW 55, 1260) hält den Verzicht auf Vorlesung für einen „nicht empfehlenswerten" Gerichtsgebrauch. – Wegen der Rechtsnatur des ProzVergleichs s § 794 Rn 3.

2) Anträge: Sach- u Prozeßanträge (letztere nicht zwingend, Koblenz MDR 75, 63; München NJW 64, 361. Aufnahme aber zweckmäßig). Anzugeben ist, ob gem § 297 verlesen wurde, Bezug genommen wurde oder mündl zu Prot erklärt wurde, vgl § 162 Rn 2. 6

3) Geständnis (§§ 288–290), Erklärung über **Parteivernehmung** (§§ 445, 446). Die Feststellung „sonstiger Erklärungen" ist im Gesetz nicht mehr vorgeschrieben (= Redaktionsfehler); maßgebl daher allein die vom Vors vorzunehmende Prüfung, ob Erklärungen entscheidungserhebl (zB Aussageverweigerung; Erklärungen gem § 141). Widersprüchl Erklärungen sollten wörtlich aufgenommen werden, um dem Kollegium u Rechtsmittelgericht die Auslegung zu ermöglichen. – Für das Geständnis (§ 288) ist Protokollierung Wirksamkeitsvoraussetzung nur, wenn es vor einem beauftragten oder ersuchten Richter (§§ 361, 362, 375) abgegeben ist, nicht vor dem Prozeßgericht (Braunschweig MDR 76, 673). Zur Niederschrift des Vaterschaftsanerkenntnisses s § 641c Rn 1. 7

4) Aussagen von Zeugen, SV und Parteien: Ausnahme § 161. Wörtliche Wiedergabe der Aussage bes wichtig bei Beeidigung §§ 391, 410, 452. Bei Berichtigung von Aussagen im Verlauf der Vernehmung sollte die „falsche" und die „richtige" wörtlich aufgenommen werden, um Beweiswürdigung (§ 286) zu ermöglichen. Die **Protokollpflichtigkeit** der Aussagen ist **eingeschränkt bei wiederholten Vernehmungen** derselben Auskunftsperson über dasselbe Beweisthema (§ 398 Rn 1 u 2 und entsprechend bei mündl Erläuterung eines schriftl Gutachtens gemäß § 411 III; dort Rn 5 u 5a); hier sind zur Entlastung des Protokolls von Wiederholungen nur Noven iS von Ergänzungen, Berichtigungen oder Erläuterungen der früheren Aussage (auch im frühren Rechtszug und auch bei urkundlich verwerteten Aussagen iS von § 373 Rn 9, § 402 Rn 2) in die Niederschrift aufzunehmen. Verlesung: § 162. Als Aussage einer Partei gilt hier nur eine solche iS §§ 445–449 (nicht § 141; BGH VersR 62, 281). 8

5) Ergebnis eines Augenscheins; §§ 371, 372. Nicht nur ob u was besichtigt wurde, ist festzustellen, sondern tunlichst auch der gem § 162 den Parteien mitzuteilende Eindruck, evtl mit einer Handskizze oder Maßangabe; sonst nicht verwertbar bei späterem Richterwechsel (BGH NJW 72, 1202; Karlsruhe Justiz 73, 246). 9

6) Protokollpflichtige **Entscheidungen** sind Urteile, aber auch alle die Prozeßlage gestaltenden Beschlüsse und Anordnungen (die ggf ohnedies wesentliche Vorgänge iS Abs II sind), deren Wortlaut aus dem Protokoll selbst oder aus einer gemäß Abs V in Bezug genommenen Protokoll-Anlage ersichtlich sein muß. Für Urteile ergibt sich das schon aus dem Verlesungsgebot (§ 311 Rn 2 u 3), das aber nur die Urteilsformel, nicht auch deren Begründung umfaßt. Bei abgekürzten Urteilen iS § 313b II genügt die protokollierte Bezugnahme auf den Antrags-Schriftsatz (§ 253 II 2), ohne daß dieser Bestandteil des Protokolls sein muß. Im übrigen ersetzt aber die Feststellung im Protokoll, daß die Entscheidungsformel von einem Tonträger abgespielt wurde (§ 160a), die Wiedergabe dieser Formel im Protokoll nicht (LG Frankfurt Rpfleger 76, 257). 10

7) Das Protokoll muß die Förmlichkeit der **Verkündung** (§§ 311, 329) beweiskräftig (§ 165) wiedergeben, um (soweit hierfür nicht Zustellung maßgeblich) die Rechtsmittelfrist durch Verkündung in Lauf zu setzen (§§ 516, 552, 577; BGH NJW 85, 1782 = MDR 85, 396 = VersR 85, 46). Soweit demnach „Verlesung" der Entscheidungsformel protokolliert ist, beweist das (§ 165), daß diese Formel zumindest bei Verkündung vorlag (BGH aaO, auch zu den Erfordernissen des Gegenbeweises). Solange die Protokollierung der ordnungsgemäßen Verkündung fehlt, bleibt die Entscheidung, selbst wenn sie Bestandteil des Protokolls ist, nur Entwurf (StJSch Rn 45). 11

8) Zurücknahme von Klage (§ 269) oder Rechtsmittel (§ 515; gilt auch für Beschwerde). Festzustellen hierzu auch die etwa erforderl Zustimmung des Gegners sowie dessen Kostenantrag (Franzki DRiZ 75, 98). Verlesung: § 162. Die Feststellungen sind wesentl bei späterem Streit über Wirksamkeit der Rücknahme (vgl § 269 Rn 11). Protokollvereinfachung bei Rücknahme: § 161 I 2. 12

9) Rechtsmittelverzicht: §§ 514, 566. Zur Rechtsfolge einer im Protokoll nicht festgestellten Verlesung des Verzichts gemäß § 162 s § 162 Rn 1. 13

IV) Abs IV begründet entspr § 105 II VwGO, § 94 II FGO das für die Beteiligten nicht erzwingbare Recht, bis zum Schluß der mündl Verh (BVerwG NJW 63, 730) die Feststellung verfahrenserhebl Vorgänge oder wesentl Erklärungen (Rn 7) im Protokoll zu beantragen. Die stattgebende Entscheidung steht dem Vors zu, die ablehnende dem Gericht. Obwohl Ablehnung nur erfolgen darf, wo es auf den Vorgang oder die Erklärung nicht ankommt, kein Rechtsmittel (lex imperfecta). Auch die Protokollierung der Ablehnung muß daher die abgelehnte Feststellung nicht inhaltl wiedergeben. Den Beteiligten bleibt hier nur die Möglichkeit, die Erklärungen oder Vorgänge schriftl in das Verfahren einzuführen. 14

V) Anlagen des Prot sind in ihm als Bestandteile zu bezeichnen u ihm beizuheften; nicht nötig ist, daß die ProtAnlage auch auf dem Schriftstück als solche gekennzeichnet u vom Vors u UrkB 15 unterzeichnet werden (RG JW 07, 106; Celle MDR 49, 619). Vorbereitende Schriftsätze, die die Partei im Termin übergibt, sind als solche keine „Anlage“ zum Prot; sie können an der Beweiskraft des Prot keinen Teil haben. Aus dem Prot muß aber die Überreichung hervorgehen. Zum schriftl abgefaßten u übergebenen Vergleich s Rn 5.

160 a

[Vorläufige Aufzeichnung]

(1) Der Inhalt des Protokolls kann in einer gebräuchlichen Kurzschrift, mit einer Kurzschriftmaschine, mit einem Tonaufnahmegerät oder durch verständliche Abkürzungen vorläufig aufgezeichnet werden.

(2) Das Protokoll ist in diesem Fall unverzüglich nach der Sitzung herzustellen. Soweit Feststellungen nach § 160 Abs. 3 Nr. 4 und 5 mit einem Tonaufnahmegerät vorläufig aufgezeichnet worden sind, braucht lediglich dies in dem Protokoll vermerkt zu werden. Das Protokoll ist um die Feststellungen zu ergänzen, wenn eine Partei dies bis zum rechtskräftigen Abschluß des Verfahrens beantragt oder das Rechtsmittelgericht die Ergänzung anfordert. Sind Feststellungen nach § 160 Abs. 3 Nr. 4 unmittelbar aufgenommen und ist zugleich das wesentliche Ergebnis der Aussagen vorläufig aufgezeichnet worden, so kann eine Ergänzung des Protokolls nur um das wesentliche Ergebnis der Aussagen verlangt werden.

(3) Die vorläufigen Aufzeichnungen sind zu den Prozeßakten zu nehmen oder, wenn sie sich nicht dazu eignen, bei der Geschäftsstelle mit den Prozeßakten aufzubewahren. Tonaufzeichnungen können gelöscht werden,

1. soweit das Protokoll nach der Sitzung hergestellt oder um die vorläufig aufgezeichneten Feststellungen ergänzt ist, wenn die Parteien innerhalb eines Monats nach Mitteilung der Abschrift keine Einwendungen erhoben haben;

2. nach rechtskräftigem Abschluß des Verfahrens.

1 **I)** Die früher übliche (§ 163 a alt) Protokollierung in drei Teilen (eigentliches Prot über den allgemeinen Verhandlungsablauf, Kurzschriftanlage und Übertragung der Kurzschrift i die gewöhnl Schrift) ist jetzt zu einem **einheitlichen Protokoll** zusammengefaßt, das an Hand vorläufiger Aufzeichnungen erst nach der Sitzung hergestellt (BGH VersR 85, 46 = NJW 85, 1782 = MDR 85, 396) und gem § 163 vom Richter u UrkBeamten gemeinsam unterzeichnet wird. Damit wird der Richter auch in die Verantwortung für die Richtigkeit der Übertragung von Kurzschrift oder Tonaufnahme in das Protokoll einbezogen (§ 163 Rn 1). Durch Zulassung von Tonaufnahmegerät u Kurzschriftmaschine ist der Meinungsstreit über die Zulässigkeit der Verwendung dieser techn Hilfsmittel **für den gesamten Protokollinhalt** (Schneider JurBüro 75, 131) beendet.

2 Bei Tonaufnahme sollte tunlichst der Vors den wesentl Inhalt der Aussagen der Parteien, Zeugen u SV auf den Tonträger sprechen. Eine Aufnahme der gesamten Aussage, die erfahrungsgemäß oft Nebensächliches enthält, wird selten sachgerecht sein; die Übertragung der Aufnahme in das Prot (Abs II) hätte sonst meistens Verwirrung zur Folge (Franzki DRiZ 75, 99). Die Parteien haben keinen Anspruch auf ein vollständiges „Wortprotokoll“, Schmidt NJW 75, 1309.

3 **II) 1) Abs I:** Ob das Protokoll (i jedem Fall als einheitl Urkunde) in der Sitzung oder an Hand vorläufiger Aufzeichnungen nach der Sitzung erstellt wird, bestimmt der Richter. Bei Verh ohne Beweisaufnahme ist das unmittelbar in die Schreibmaschine diktierte Prot zulässig, oft ideal (Beteiligte erhalten sofort Abschriften). Andernfalls genügt vorläufige Aufzeichnung des gesamten Verhdlgs-ablaufs (= sämtl Feststellungen gem § 160) u nachträgl Herstellung des Protokolls (BGH VersR 85, 46 = NJW 85, 1782 = MDR 85, 396). Unzulässig aber nachträgl Herstellung nach dem Gedächtnis; ggf keine Beweiskraft § 165.

4 **2) Abs II: Unverzügliche** (§ 121 I BGB; hierzu E. Schneider Büro 75, 130) Herstellung muß, obwohl das Gebot der Unverzüglichkeit nur Ordnungsvorschrift ist und die Beweiskraft der verspätet erstellten Niederschrift nicht in Frage stellt (BGH NJW 85, 1782), Belangen des Gerichts und auch der Parteien Rechnung tragen; bei Verzögerung § 26 II DRiG, evtl § 839 BGB. **Herstellung** des Prot bedeutet Beurkundung in Reinschrift, jedoch Übertragung von Tonaufnahme der Beweiserhebung (§ 160 II Nr 4 u 5) grds entbehrl; hier – entgegen Schneider Büro 75, 130 nicht auch bei vorläufiger Kurzschriftaufzeichnung – genügt Feststellung der Tonaufnahme ohne Wiedergabe ihres Inhalts, solange nicht eine Partei auch die Niederschrift der Tonaufnahme beantragt oder das Rechtsmittelgericht diese Niederschrift anordnet. Dem **Antrag der Partei auf Protokollergänzung** ist zwingend stattzugeben, sofern nicht § 161 Ausnahme zuläßt oder das Verfahren rechtskr abgeschlossen. Fraglich ob ggf der gesamte Inhalt der Tonaufnahme zB einer Zeugenaussage in das Prot zu übertragen ist; Abs III Satz 4 spricht für vollständige Übertragung,

falls nicht vorläufige Aufzeichnung des wesentl Inhalts der Aussage neben der Tonaufnahme i der Verh erfolgte. Damit ist der Rationalisierungseffekt der Neuregelung in Frage gestellt. Wo Tonaufnahme neben Stenogramm des wesentl Aussageinhalts erfolgt, was bei umfangreichen Aussagen daher stets zu empfehlen, erlaubt die Tonbandaufnahme daher nur bedingt den Verzicht auf Übertragung des Stenogramms in Reinschrift.

Enthält das Prot ledigl den Vermerk der (gem Abs III verwahrten) Tonaufnahme der Beweisaufnahme, genügt im Urteil dem § 313 II die Bezugnahme auf die Tonaufzeichnung; der vorherigen Bekanntmachung eines Berichterstattervermerks (BGH NJW 72, 1673) bedarf es dann nicht. 5

3) Abs III: Verwahrung der vorläufigen Aufzeichnungen grds in den Prozeßakten, sonst (Schallplatten, Tonband) bei der GeschSt. In keinem Fall sind diese Aufzeichnungen Bestandteil des Protokolls selbst. 6

Löschung der Tonaufzeichnung zulässig nach rechtskräftigen Verfahrensabschluß oder bereits nach Übertragung in das Prot (Rn 4); auch im letzteren Fall aber Verwahrung bis z Verfahrensabschluß, wenn eine Partei das innerhalb eines Monats nach Mitteilung des ergänzten Prot beantragt. Ablauf der Monatsfrist beschränkt Protokollrüge § 164 (Schneider Büro 75, 131). Die Monatsfrist wird durch die (deshalb in den Akten zu vermerkende) formlose (aM zu Unrecht Schmidt NJW 75, 1308) Mitteilung des gem Abs II hergestellten Prot an die Parteien (§ 176) in Lauf gesetzt. Ob Frist abgelaufen u deshalb Löschung erlaubt, bestimmt der Vorsitzende (nicht die GeschSt). Keine Löschung vor einer etwa beantragten ProtBerichtigung (§ 164)! 7

III) Die **Verwahrung des Tonträgers** dient der Möglichkeit, Prot und Urteilstatbestand auf ihre Richtigkeit nachzuprüfen (vgl §§ 164, 320). Daher gilt für Akteneinsicht § 299 hier mit der Maßgabe, daß die Parteien **Abhören auf der GeschSt** verlangen können. Die Voraussetzungen hierfür zu schaffen ist Aufgabe der Justizverwaltung. Hinausgabe des Tonträgers kann wegen hier stets bestehender Gefahr der Löschung oder Verfälschung nicht beansprucht werden, wohl aber das Überspielen auf anderen Tonträger, wo der Vorgang technisch gefahrlos gewährleistet ist. StJSch Rn 21 hält für eine solche Überspielung die einzuholende Genehmigung der Verfahrensbeteiligten, deren Stimme das Tonband wiedergibt, also auch der Zeugen, für notwendig und bezeichnet daher auch **private Tonaufnahmen des Verhandlungsablaufs** während der Sitzung als unzulässige Verletzung des Persönlichkeitsrechts der Beteiligten. Dem ist mit der Einschränkung zuzustimmen, daß den Parteien und ihren Anwälten für den Prozeßgebrauch solche Aufnahmen durch den Vorsitzenden gestattet werden sollten, wenn und solange das Gericht selbst die Verhandlung auf Tonträger aufnimmt (§ 169 GVG Rn 15; strenger BLA § 169 GVG Anm 2; Franzki DRiZ 75, 101). 8

IV) Gebühren: 1) des **Gerichts:** Keine. – **2)** des **Anwalts:** Wird der Antrag auf Protokollergänzung in einem Schriftsatz gestellt, so ist die anwaltl Tätigkeit durch die Prozeßgebühr (§ 31 Abs 1 Nr 1 BRAGO) als Pauschgebühr (vgl § 13 Abs 1 BRAGO) mit abgegolten (analog dem Grundgedanken des § 37 Nr 6 BRAGO). 9

161 *[Entbehrliches Protokoll]*

(1) Feststellungen nach § 160 Abs. 3 Nr. 4 und 5 brauchen nicht in das Protokoll aufgenommen zu werden,

1. wenn das Prozeßgericht die Vernehmung oder den Augenschein durchführt und das Endurteil der Berufung oder der Revision nicht unterliegt;

2. soweit die Klage zurückgenommen, der geltend gemachte Anspruch anerkannt oder auf ihn verzichtet wird, auf ein Rechtsmittel verzichtet oder der Rechtsstreit durch einen Vergleich beendet wird.

(2) In dem Protokoll ist zu vermerken, daß die Vernehmung oder der Augenschein durchgeführt worden ist. § 160a Abs. 3 gilt entsprechend.

I) § 161 erweitert (I 2) und beschränkt (I 1) für das Prozeßgericht (nicht auch für die beauftragten oder ersuchten Richter §§ 361, 362) die Möglichkeit, von der Wiedergabe der Aussagen von Zeugen, Sachverständigen und Parteien sowie des Ergebnisses eines Augenscheins im Protokoll abzusehen, wo ein Rechtsmittel nicht in Betracht kommt oder (bei Anerkenntnis oder Verzicht, §§ 306, 307) nicht zu erwarten ist. 1

Einen darüber hinausgehenden **Verzicht der Beteiligten auf Protokollierung** auch in anderen Fällen sieht das Gesetz nicht vor. Ein solcher Verzicht der Parteien oder Beweispersonen befreit daher das Gericht nicht von der Pflicht zur Protokollierung gem § 160 II und III. Nur Verzicht auf Verlesung gem § 162 II ist möglich. Unberührt bleibt – vorbehaltlich § 160 IV – das Recht des Gerichts, von der Niederschrift unwesentl Äußerungen abzusehen. 2

3 Unterbleibt Protokollierung, ohne daß Ausnahme nach Abs I vorliegt (zB bei erst späterer Erreichung der Rechtsmittelsumme, Franzki DRiZ 75, 100), so ist Mangel genehmigungsfähig gem § 295 (BVerwG NJW 77, 313; 76, 1283; MDR 76, 1047; BGH VersR 80, 751; Schmitz DRiZ 76, 313). Jedenfalls ersetzt Feststellung i Tatbestand des Urteils (§ 313 II) dann fehlenden ProtInhalt.

4 **II) 1) Abs I Nr 1** erweitert den Anwendungsbereich der bis 1974 geltenden Regelung auf das Ergebnis eines Augenscheins (so schon BGH JZ 53, 184), verpflichtet aber neuerdings das Berufungsgericht zur Protokollierung des Beweisergebnisses, soweit das Berufungsurteil gem §§ 545, 546, 547 revisibel ist.

5 **Nr 2** gestattet in den Fällen der §§ 269, 306, 307, 514 und entsprechend auch § 515 sowie bei Verfahrensbeendigung durch unbedingten Prozeßvergleich (§ 794 I 1) von der Protokollierung des Beweisergebnisses abzusehen. Wo der Rechtsstreit nur teilweise iS Nr 2 erledigt wird, kann nur bzgl des erledigten Teils, soweit er ausscheidbar ist, von der Protokollierung abgesehen werden.

6 Unverzichtbar bleibt stets Protokollierung, welche Zeugen oder SV erschienen sind u gehört wurden (§ 160 I 4 und II).

7 **2) Abs II** gebietet entspr § 160 a III die Verwahrung vorläufiger Aufzeichnungen (§ 160 a I), obwohl hier wegen Abs I eine Ergänzung des Prot nicht in Betracht kommt (§ 160 a Rn 4). Die Aufzeichnungen können bedeutsam werden, wenn Streit über Inhalt, Umfang oder Wirksamkeit der Rücknahme, des Anerkenntnisses, Verzichts oder Vergleichs entsteht; ggf lebt der Ergänzungsanspruch § 160 a II wieder auf.

162 *[Genehmigung des Protokolls]*

(1) Das Protokoll ist insoweit, als es Feststellungen nach § 160 Abs. 3 Nr. 1, 3, 4, 5, 8, 9 oder zu Protokoll erklärte Anträge enthält, den Beteiligten vorzulesen oder zur Durchsicht vorzulegen. Ist der Inhalt des Protokolls nur vorläufig aufgezeichnet worden, so genügt es, wenn die Aufzeichnungen vorgelesen oder abgespielt werden. In dem Protokoll ist zu vermerken, daß dies geschehen und die Genehmigung erteilt ist oder welche Einwendungen erhoben worden sind.

(2) Feststellungen nach § 160 Abs. 3 Nr. 4 brauchen nicht abgespielt zu werden, wenn sie in Gegenwart der Beteiligten unmittelbar aufgezeichnet worden sind; der Beteiligte, dessen Aussage aufgezeichnet ist, kann das Abspielen verlangen. Soweit Feststellungen nach § 160 Abs. 3 Nr. 4 und 5 in Gegenwart der Beteiligten diktiert worden sind, kann das Abspielen, das Vorlesen oder die Vorlage zur Durchsicht unterbleiben, wenn die Beteiligten nach der Aufzeichnung darauf verzichten; in dem Protokoll ist zu vermerken, daß der Verzicht ausgesprochen worden ist.

1 **I) 1)** § 162 regelt die im Protokoll festzustellende (sonst keine Beweiskraft gemäß § 165) **Verlesung** bzw Abspielung, die aber zwingende Wirksamkeitsvoraussetzung nur für den Prozeßvergleich ist (§ 160 Rn 5). Dagegen führt die im Protokoll nicht festgestellte Verlesung einseitiger und der Verhandlung nicht notwendig bedürfender Prozeßhandlungen (Klagerücknahme BSG MDR 81, 612; Rechtsmittelverzicht BGH NJW 84, 1465 = MDR 84, 665; Anerkenntnis Karlsruhe FamRZ 84, 401) nicht zu deren Unwirksamkeit, denn die tatsächliche Vornahme dieser Prozeßhandlungen bleibt im Streitfall (vgl § 269 Rn 11) dem Beweis durch die allgemeinen Beweismittel (Rn 6 vor § 284) zugänglich. – Zur Problematik der Berichtigung eines verlesungspflichtigen Protokolls s § 164 Rn 2.

2 Zwingend auch **Feststellung der Genehmigung** des verlesenen Textes durch die Beteiligten im Protokoll. Wegen der notw Verlesung von Anträgen s § 297; hier ist Heilung des Mangels der protokollierten Verlesung gemäß § 295 möglich. Zur Problematik der Berichtigung eines der Verlesung bedürfenden Protokolls § 164 Rn 2. Zur notw Mitwirkung der Parteien selbst bei einem erbrechtlichen Vergleich § 137 Rn 5.

3 **2)** Wo das Prot bereits in der Sitzung in endgültiger Form erstellt (§ 160 a Rn 3), ist statt Verlesung auch **Vorlage zur Durchsicht** genügend. Vorlage vorläufiger Aufzeichnungen genügt nicht.

4 **3)** Indem Abs I 2 Verlesung vorläufiger Aufzeichnungen genügen läßt, ist klargestellt, daß (entgegen der bis 1974 geltenden Regelung) für sämtl verlesungspflichtigen Feststellungen, also **für das gesamte Prot vorläufige Aufzeichnung** (§ 160 a I) **genügt.**

5 **4)** Für Sachanträge in Schriftsätzen u übergebenen Protokollanlagen genügt Verlesung bzw **Bezugnahme** durch die Parteien gem § 297. Auch dieser Vorgang ist im Prot festzustellen (vgl § 297 Rn 2 u oben Rn 2).

II) Verlesung entbehrlich für Aussagen von Zeugen, Sachverständigen u Parteien (§ 160 III 4) sowie Ergebnisse eines Augenscheins (§ 160 III 5), wenn diese in Anwesenheit der Beweispersonen vom Richter in das Prot oder in die vorläufige Aufzeichnung diktiert bzw mit Tonaufnahmegerät aufgezeichnet wurden und **alle Beteiligten** auf Verlesung bzw Abspielung **verzichten.** Verzicht der Beweisperson allein (Zeuge usw) genügt nicht. Eine „unmittelbar“, also in vollem Wortlaut aufgenommene Tonaufzeichnung der Aussage von Zeugen, SV oder Parteien (§ 160 III 4) bedarf keines Verzichtes auf Abspielung (II 1; BVerwG NJW 76, 1282; Franzki DRiZ 75, 98); hier erfolgt Abspielung nur auf besonderen Antrag der Parteien oder der Auskunftsperson. Zur Unzweckmäßigkeit einer unmittelbar vollständigen Tonaufzeichnung vgl § 160 a Rn 2. 6

Trotz Verzichts ist Verlesung bzw Abspielung von Aussagen dringend anzuraten, die **beeidet** werden sollen (§§ 391, 410, 452). 7

Verzicht auf Verlesung, Abspielung oder Vorlage zur Durchsicht ist zwingend im Prot festzustellen, sonst keine Beweiskraft der öffentl Urkunde (§§ 165, 415). Damit ist die vor dem 1. 1. 1975 gesetzwidrige Praxis des Verlesungsverzichts („nach Diktat genehmigt“) legalisiert (vgl E. Schneider JurBüro 75, 131). 8

163 *[Unterschrift]*

(1) Das Protokoll ist von dem Vorsitzenden und von dem Urkundsbeamten der Geschäftsstelle zu unterschreiben. Ist der Inhalt des Protokolls ganz oder teilweise mit einem Tonaufnahmegerät vorläufig aufgezeichnet worden, so hat der Urkundsbeamte der Geschäftsstelle die Richtigkeit der Übertragung zu prüfen und durch seine Unterschrift zu bestätigen; dies gilt auch dann, wenn der Urkundsbeamte der Geschäftsstelle zur Sitzung nicht zugezogen war.

(2) Ist der Vorsitzende verhindert, so unterschreibt für ihn der älteste beisitzende Richter; war nur ein Richter tätig und ist dieser verhindert, so genügt die Unterschrift des zur Protokollführung zugezogenen Urkundsbeamten der Geschäftsstelle. Ist dieser verhindert, so genügt die Unterschrift des Richters. Der Grund der Verhinderung soll im Protokoll vermerkt werden.

I) Die Zusammenfassung des Prot in einer einzigen, insgesamt vom Richter und UrkBeamten zu unterschreibenden Urkunde (§ 160 a Rn 1) erweitert die Verantwortung des Richters auf den gesamten Protokollinhalt, auch soweit dieser vorläufige Aufzeichnungen (§ 160 a I) wiedergibt. Die **Mitverantwortung des Richters** verbietet aber nicht eine sachgemäße Arbeitsteilung zwischen ihm u dem UrkBeamten; er wird sich auf eine Kontrolle nach seinem Gedächtnis beschränken dürfen und von einer Kontrolle der Kurzschriftübertragung bzw Abhörung der Tonbandaufnahme regelm absehen dürfen, wo sich ihm keine Widersprüche mit seinem Erinnerungsbild aufdrängen (StJSch Rn 5). Der Richter hat ein Recht auf Entlastung von technischer Übertragungsarbeit, die vornehmlich eigenverantwortliche Pflicht des UrkBeamten ist. 1

II) 1) Abs I: Unterzeichnung des Prot ist förml Voraussetzung seiner Beweiskraft (§§ 165, 415). Richter und UrkBeamter unterzeichnen gemeinsam, nicht notw gleichzeitig. Regelm unterzeichnet zuerst der UrkBeamte. Nachholung versäumter Unterschrift noch zulässig, selbst wenn Fehlen durch Rechtsmittel gerügt (BGH LM § 164 Nr 3 = NJW 58, 1237). Unterschrift des UrkBeamten auch erforderlich, wenn sich seine Mitwirkung auf Übertragung der vom Richter allein gefertigten Tonaufnahme beschränkt (§ 159 Rn 5); keine Unterschrift des UrkBeamten, der lediglich Stenogramm des Richters in Reinschrift überträgt. 2

2) a) Abs II: Bei (nicht nur vorübergehender, vgl oben Rn 2) **Verhinderung des Richters** (bzw Beisitzers) unterschreibt der UrkBeamte allein, sofern er zur Sitzung zugezogen war. Der nicht hinzugezogene UrkBeamte, der gem Abs I letzter Hs nur die Übertragung der in seiner Abwesenheit gefertigten Tonaufnahme in das Protokoll auszuführen hatte, kann den Richter nicht in der Unterschrift vertreten; hier kommt bei endgültiger Verhinderung des Richters ein Prot nicht zustande. 3

Den **verhinderten Vorsitzenden** vertritt der älteste Beisitzer; maßgeblich hierfür ist (entspr § 21 f II, § 197 GVG) primär das Dienst- nicht das Lebensalter (abw für Lebensalter StJSch Rn 7). 4

Nicht ausdrücklich geregelt ist Unterzeichnung bei **Verhinderung sowohl des Vorsitzenden als auch des ältesten Beisitzers.** Daß hier der UrkBeamte allein, nicht auch der jüngere Beisitzer unterschreiben soll, ist nicht anzunehmen. Sonst käme bei Verhinderung auch des UrkBeamten trotz Anwesenheit des dritten Richters ein Prot nicht zustande; so weit geht nicht einmal § 315 I (s dort Rn 1 am Ende). § 163 II S 1 regelt daher nur die Reihenfolge der Vertretung, schließt aber den jüngeren Richter von der Vertretung nicht aus. 5

6 Bei **Verhinderung des UrkBeamten** unterschreibt der Richter allein.

7 Zur Feststellung des Verhinderungsgrundes (= Soll-Vorschrift) vgl § 315 Rn 1.

8 **b) Unterzeichnung** durch nach Abs II **unzuständigen Richter** ist ein durch Nachholung der richtigen Unterschrift jederzeit behebbarer Formfehler. Nach Stuttgart Rpfleger 76, 257/258 soll der inzwischen versetzte zuständige Richter seine Unterschrift nicht mehr nachholen dürfen; mit Recht hiergegen Vollkommer Rpfleger 76, 258/259; Busch JZ 64, 749; Schleswig SchlHA 60, 145. Dagegen entfällt die Unterzeichnungsbefugnis des Richters, der ein anderes Amt übernommen hat (zB VerwBeamter oder Staatsanwalt, vgl § 151 GVG), ebenso des aus dem Justizdienst ausgeschiedenen UrkBeamten, denn die Unterzeichnung (ebenso Berichtigung § 164) des Protokolls ist wesentl Teil der Beurkundung und damit den in Abs I genannten Urkundsbeteiligten vorbehalten, wie auch im Fall der Berichtigung des Protokolls nur diese befugt sind, die Anhörung der übrigen Beteiligten gem § 164 II vorzunehmen (München OLGZ 80, 465).

164 *[Berichtigung des Protokolls]*

(1) Unrichtigkeiten des Protokolls können jederzeit berichtigt werden.

(2) Vor der Berichtigung sind die Parteien und, soweit es die in § 160 Abs. 3 Nr. 4 genannten Feststellungen betrifft, auch die anderen Beteiligten zu hören.

(3) Die Berichtigung wird auf dem Protokoll vermerkt; dabei kann auf eine mit dem Protokoll zu verbindende Anlage verwiesen werden. Der Vermerk ist von dem Richter, der das Protokoll unterschrieben hat, oder von dem allein tätig gewesenen Richter, selbst wenn dieser an der Unterschrift verhindert war, und von dem Urkundsbeamten der Geschäftsstelle, soweit er zur Protokollführung zugezogen war, zu unterschreiben.

1 **I)** § 164 legalisiert die vor dem Entlastungsgesetz v 20. 12. 1974 nur von Rspr u Lehre entwickelten Grundsätze der Protokollberichtigung. Danach kann und soll jede sachliche oder förmliche **Unrichtigkeit** jederzeit, auch noch nach Einlegung eines Rechtsmittels (BGH NJW 58, 711; BVerwG MDR 81, 166; Hamm OLGZ 79, 381), von Amts wegen oder auf Antrag **berichtigt** werden, soweit die nach Abs III allein berichtigungsberechtigten Urkundsbeteiligten iS des § 163 die Unrichtigkeit feststellen und beheben können. Die Unrichtigkeit muß nicht „offenbar" iS des § 319 sein (München OLGZ 80, 465) und braucht nicht entscheidungserheblich zu sein (das Protokoll kann als öffentl Urkunde in einem anderen Verfahren erheblich werden). Wo eine Partei die Unrichtigkeit des Protokolls behauptet und Berichtigung beantragt, obliegt ihr die **Beweislast** für die Unrichtigkeit, wobei ihr für innergerichtliche Vorgänge auch der Anscheinsbeweis zugute kommen kann (BGH NJW 85, 1782).

2 Die Berichtigung darf, mag sie auch veranlaßt sein, das Protokoll nicht in anderer Hinsicht unrichtig machen; daher keine Berichtigung (sondern neue Protokollierung in einem hierfür zu bestimmenden Termin) von Feststellungen, die gemäß § 162 als „vorgelesen und genehmigt" protokolliert wurden (Hamm OLGZ 83, 91 = MDR 83, 410).

3 **II) Abs II** gebietet vor Berichtigung die **Gewährung rechtl Gehörs** für alle auch nur möglicherweise durch die Berichtigung Betroffenen, das sind wegen §§ 165, 313 II stets die **Parteien,** wegen § 68 auch **Streitgehilfen,** nicht der untätig gebliebene Streitverkündungsempfänger (§ 74 II; aM StJSch Rn 6). Vor Berichtigung einer protokollierten Aussage von **Zeugen** oder **Sachverständigen** sind auch diese Beweispersonen anzuhören, zumal alle diese iS des § 162 bei Herstellung des Prot beteiligt Gewesenen dieses genehmigt hatten u damit zur Aufklärung etwaiger Unrichtigkeiten berufen sind.

4 Anhörung nicht notw mündl. Bei schlichtem (aus dem Stenogramm ersichtlichen) Übertragungsfehler ist Anhörung entbehrlich (Franzki DRiZ 75, 101).

5 **III) Abs III** regelt Form der Berichtigung: **1)** Die **Berichtigung obliegt** allein den Urkundspersonen iS des § 163, die durch ihre Unterschrift die Verantwortung für die Richtigkeit des ursprüngl Prot übernommen hatten. Daher keine Berichtigung zulässig durch den Vorsitzenden bei Protokoll des Einzelrichters oder durch Amtsnachfolger des ursprüngl beteiligten Richters oder UrkBeamten (München OLGZ 80, 466). Der Eindruck von Unstimmigkeiten unter den Richtern soll damit vermieden werden. Jedoch hat der gem § 163 III ersatzlos an der Unterzeichnung verhindert gewesene Richter gleichwohl die Berichtigung des ursprüngl v UrkBeamten allein unterzeichneten Prot mitzuunterschreiben.

6 Die an der Berichtigung verhinderte Urkundsperson wird (entspr § 163 II) durch die andere vertreten. Entgegen Franzki DRiZ 75, 101 kann bei Verhinderung aller beteiligten Richter auch

der UrkBeamte das Prot allein berichtigen (ebenso BLH Anm 3 Bb; StJSch Rn 12; ThP Anm 2). Daß Versetzung des Richters oder des UrkBeamten aber kein Hindernis für seine Mitwirkung bei der Berichtigung ist, ist bei § 163 Rn 8 dargelegt. Insoweit gilt für die Berichtigungsbefugnis nichts anderes als für die Befugnis, das ursprüngl Protokoll zu unterschreiben.

Keine Unterzeichnung der Berichtigung durch den UrkBeamten, der zur Sitzung nicht hinzugezogen war (§ 163 I letzter Hs) u deshalb den Verfahrensablauf nicht persönl wahrgenommen hatte; auch dieser nur beschränkt bei Übertragung einer Tonaufnahme beteiligt gewesene UrkBeamte unterzeichnet aber ausnahmsweise die Berichtigung, soweit die Unrichtigkeit auf Übertragungsfehler beruht. 7

2) Berichtigungsvermerk (nicht „Beschluß") entweder am Protokollrand neben der Unrichtigkeit oder auf einer mit dem Prot zu verbindenden Anlage; auch im letzteren Fall Hinweis auf die Anlage am Protokollrand nötig. Soweit Prot den Beteiligten bereits mitgeteilt worden war, ist ihnen der Berichtigungsvermerk formlos zuzusenden. 8

3) Die **Ablehnung der Berichtigung** erfolgt (grundsätzlich nach Anhörung gemäß Abs II; anders bei Ablehnung aus Rechtsgründen) in der Form eines Beschlusses, also ohne Mitwirkung des UrkBeamten (aM BLH Anm 4 B: Beschluß des Richters und des UrkBeamten). 9

IV) Bei **Widerspruch zwischen Urteil u (berichtigtem) Prot** ist letzteres maßgebl (§ 165; RG DJ 40, 207). 10

Keine Rückwirkung der Protberichtigung, wo Prot im materiellen Recht vorgeschriebene Beurkundungsform ersetzen soll (vgl § 137 Rn 5). 11

V) Rechtsmittel im Gesetz nicht vorgesehen, gegen Vornahme der Berichtigung auch begriffl ausgeschlossen, denn das Beschwerdegericht kann nicht wissen, was evtl unrichtig ist (Frankfurt OLGZ 74, 301; Nürnberg MDR 63, 603; Hamm OLGZ 79, 383). Anders aber, wenn Berichtigung als unzulässig abgelehnt oder von hierzu Unbefugten (Rn 5) vorgenommen wurde (StJSch Rn 18; Koblenz Rpfleger 69, 137; München OLGZ 80, 466; Hamm OLGZ 83, 89 = MDR 83, 410; Franzki DRiZ 75, 101); in diesen Fällen ist die Rechtsbeschwerde statthaft. Dagegen erachtet Koblenz MDR 86, 593 auch die Beschwerde gegen den die Berichtigung aus Sachgründen abweisenden Beschluß für statthaft, wobei das Beschwerdegericht sich durch Anhörung des Erstrichters und dessen Protokollführers sachkundig machen solle; das ist abzulehnen, denn die Feststellung des protokollierten Verhandlungshergangs (§§ 160–162) ist allein Sache des Instanzrichters und dessen Protokollführers. Es ist nicht Aufgabe des Rechtsmittelgerichts, die Beweiskraft des Protokolls (§ 165) zu ändern, solange nicht eine Protokollfälschung (§ 165 Rn 5) erwiesen ist (ThP Anm 2; StJSch Rn 16; aM wohl BLH Anm 4 C). 12

165 *[Beweiskraft des Protokolls]*

Die Beachtung der für die mündliche Verhandlung vorgeschriebenen Förmlichkeiten kann nur durch das Protokoll bewiesen werden. Gegen seinen diese Förmlichkeiten betreffenden Inhalt ist nur der Nachweis der Fälschung zulässig.

I) § 165 ist **gesetzl Beweisregel,** vgl auch §§ 314, 417–419. Daher § 286 nicht anwendbar. Feststellungen im Tatbestand des Urteils können im Prot festgestellte Förmlichkeiten nicht entkräften, RG 146, 143; Bremen NJW 63, 1157, wohl aber im Protokoll (evtl irrtümlich) fehlende Feststellungen nachholen (BGHZ 26, 340), soweit deren Verlesung (§ 162) nicht Wirksamkeitsvoraussetzung ist (§ 162 Rn 1). Gegenüber Unrichtigkeiten im Protokoll Abhilfe nur möglich durch Nachweis der ProtFälschung oder Berichtigung des Prot, BAG NJW 65, 931. Zweifel an der Richtigkeit des Prot, selbst Wahrscheinlichkeit seiner Unrichtigkeit genügen zur Widerlegung seiner Beweiskraft noch nicht, Saarbrücken NJW 72, 61, doch ist Anscheinsbeweis nicht ausgeschlossen (§ 164 Rn 1). 1

II) Voraussetzung der erhöhten Beweiskraft sind tatsächl Feststellungen im Prot. Das bloße Schweigen des Prot ist der freien Beweiswürdigung (§ 286) zugänglich, so die unterbliebene Streichung des Wortes „Nicht-" in der vorgedruckten ProtÜberschrift „Nicht-Öffentliche Sitzung" (BGH 26, 340 = NJW 58, 711; RG JW 27, 1931). Zur Beweislast bei ProtBerichtigung § 164 Rn 1. Zum (möglichen) Beweis von Prozeßhandlungen, die im Protokoll fehlerhaft (bzw fehlerhaft nicht) festgestellt wurden s § 162 Rn 1; BGH NJW 84, 1465 = MDR 84, 655). 2

Die erhöhte Beweiskraft erfaßt nur die Feststellung von **Förmlichkeiten** iS der §§ 160, 162, 220, 297 in ihrem äußeren Hergang, nicht die etwa im Prot festgestellten Schlußfolgerungen aus einem äußeren Hergang; daher frei widerlegbar die Feststellung „Der Kläger zieht seine Klage 3 zurück" (BSG NJW 63, 1125), weil Auslegungsfrage und zustimmungsbedürftig (§ 269), ebenso die bloße Feststellung „Der Beklagte verzichtet auf Rechtsmittel" (hierzu § 162 Rn 1). Dagegen beweiskräftig die Wiedergabe von abgegebenen Erklärungen im Wortlaut. Keine „Förmlichkeit" idS ist der Inhalt einer Zeugenaussage, sondern nur die Tatsache, daß der Zeuge ausgesagt hat. Zu Unrecht rechnet OVG Berlin NJW 70, 486 die beiderseitige Erledigterklärung (§ 91 a) nicht zu den Förmlichkeiten iS § 165; tatsächl ist Erledigterklärung Klageänderung (Putzo NJW 65, 1019, Deubner NJW 68, 848; abw StJSch Rn 8; Schwab ZZP 72, 130) u daher gem §§ 160 III, 297 förmlich zu protokollieren.

4 Die erhöhte Beweiskraft gilt nur für das Verfahren, in dem die Niederschrift aufgenommen wurde, nicht für das anschließende Kostenfestsetzungsverfahren (München NJW 64, 1377) oder für einen anderen Rechtsstreit (BGH NJW 63, 1062); insoweit freie Beweiswürdigung (§ 286) möglich.

5 **III) Fälschung** ist wissentlich falsche Beurkundung oder nachträgl Verfälschung iS §§ 267, 271, 348 StGB. Nachweis des Irrtums des UrkBeamten oder der obj Unrichtigkeit genügt nicht. Jedoch können, auch wenn Fälschung nicht nachweisbar ist, äußere Mängel der Urkunde (§ 419) oder erkennbar außergewöhnliche Umstände des Verfahrens (dann uU Anscheinsbeweis für Verfahrensfehler) die Beweiskraft des Protokolls in Frage stellen (BGH NJW 85, 1782 = VersR 85, 46).

Zweiter Titel

VERFAHREN BEI ZUSTELLUNGEN

1 **1) Begriff der Zustellung:** Zustellung ist die förmliche Bekanntgabe von schriftl Erklärungen und Entscheidungen an Zustellungsadressaten. Sie ist nicht nur veranlaßt, um den Adressaten den Inhalt des zuzustellenden Schriftstücks zur Kenntnis zu bringen – die Kenntnisnahme wird gelegentl fingiert, vgl §§ 182, 186, 203–206 –, sondern soll die Tatsache, Art und Zeit der Bekanntgabe (= Möglichkeit der Kenntnisnahme) urkundl feststellen. Diese Feststellung ist insbesondere geboten, wo erst die Tatsache der Bekanntgabe Rechte begründet (so bei empfangsbedürftigen Willenserklärungen vgl § 132 BGB; für das Recht der Zwangsvollstreckung vgl § 750 ZPO) oder Fristen in Lauf setzt (vgl §§ 519 a, 553 a, 577 II).

2 **2)** Je nach der Bedeutung der von der Zustellung abhängigen Rechtsfolge unterscheidet das Gesetz verschiedene **Formen der Zustellung.** In den §§ 166–213 sind die verschiedenen Arten der **förmlichen Zustellung** geregelt. Daneben kennt das Gesetz die **formlose Mitteilung,** wo es auf die bloße Information des Adressaten ankommt, ohne daß damit unmittelbar Rechte oder Pflichten für ihn begründet werden (§§ 73 Satz 2, 104 I 4, 105 I 3, 141 II 2, 251 a II, 329 III 2, 357 II 1, 360 Satz 4, 362 II, 364 IV, 365, 377 I, 386 IV, 497 I; 660, 683 II 2, 693 III, 694 II, 696 I 3, 733 II, 900 II und III 2, 986 V, 988 Satz 3).

3 **3)** Hinsichtlich der **Veranlassung der Zustellung** unterscheidet das Gesetz zwischen dem **Parteibetrieb** (§§ 166–207) und der **Zustellung von Amts wegen** (§§ 208–213); letztere ist jetzt die Regel (vgl §§ 317, 329 für Entscheidungen). Im Parteibetrieb wird nur noch zugestellt in den Fällen der §§ 699 IV, 829 II, 835 III, 843, 845, 922 II, 929 III, 936, 1039, 1044 a sowie zur Einleitung der Zwangsvollstreckung i den Fällen der §§ 750, 751 II, 756, 765, 795 u 798. In allen anderen Fällen erfolgt die Zustellung von Amts wegen, § 270 I. Wo Zustellung von Amts wegen vorgeschrieben, ist Zustellung im Parteibetrieb unwirksam, ebenso umgekehrt (Stuttgart NJW 61, 81). Ausnahme: § 198 I 2. Wegen der Unterschiede beider Zustellungsarten vgl Anm zu § 208 und vor § 208.

4 **4) a) Die Wirksamkeit der Zustellung:** Der Mangel der gesetzl vorgeschriebenen Form der Zustellung hat grundsätzlich Unwirksamkeit zur Folge (RG 90, 175; 109, 73; 124, 24; BGH MDR 52, 418), so zB beim Fehlen der Zustellungsurkunde (RG 124, 24), beim Fehlen von deren Unterzeichnung (BGH LM § 195 ZPO Nr 2), beim Fehlen des Empfangsbekenntnisses im Fall des § 198 (BGH 30, 303), beim Fehlen der Mitteilung im Fall § 182 und bei fehlender Feststellung der erfolgten Mitteilung in der hierfür beweiskräftigen (§ 418; BVerwG NJW 86, 2127) Zustellungsurkunde. Mängel der Zustellungsurkunde schließen es aber nicht aus, den Nachweis der ordentl Zustellung mit anderen Beweismitteln zu führen (RG 109, 268; 124, 27; BGH ZZP 67, 59). Eine fehlende oder fehlerhafte Zustellung setzt keine Notfrist in Lauf (§ 187); das gilt sogar, wenn Adressat den *Zugang arglistig vereitelt,* zB durch Verleugnung seiner Identität; § 162 BGB gilt hier nicht entsprechend, BGH NJW 78, 426 (dann allenfalls Schadensersatz § 826 BGB). Zur Frage, ob Rechtsanwalt Zustellung nach §§ 198, 212 a entgegennehmen muß s § 198 Rn 8.

b) Eine Amtszustellung **ersetzt** nicht eine im Gesetz vorgeschriebene Zustellung im Parteibetrieb; ebenso umgekehrt. Jedoch ist (trotz §§ 317, 329) eine Zustellung von Urteilen und Beschlüssen im Parteibetrieb zulässig, um die Zustellung zur Einleitung der Zwangsvollstreckung (§ 750) zu beschleunigen oder die bes Voraussetzungen für diese zu erfüllen (§§ 751 II, 756, 765; ThP Anm II 1); die Amtszustellung des Urteils gemäß § 317 erfüllt genauso wie die Zustellung im Parteibetrieb die Vollstreckungsvoraussetzung gemäß § 750 (München OLGZ 82, 101/103; Frankfurt OLGZ 82, 251). 5

c) Der **Mangel der Zustellung** kann **geheilt** werden durch Rügeverzicht (§ 295), soweit die Verfügungsmacht der Parteien reicht (BGH LM § 295 ZPO Nr 4 = NJW 52, 934; RG 99, 141), im übrigen durch den jedem Beweismittel zugänglichen Nachweis (BGH 7, 270) des tatsächl Zugangs an den Adressaten: § 187 (s aber § 187 S 2 bzgl Notfristen!). 6

5) Sondervorschriften über die Zustellung enthalten: § 132 BGB, § 16 FGG, § 30 BRAO, § 209 BEG, § 37 StPO, § 72 KO, §§ 3–8 ZVG, § 50 ArbGG, § 118 VerglO. 7

Für die Zustellung an **Soldaten** der Bundeswehr gilt nachfolgender Erlaß (hierzu LG Münster MDR 78, 427): 8

Zustellungen, Ladungen, Vorführungen und Zwangsvollstreckungen in der Bundeswehr

Erlaß des Bundesministers der Verteidigung vom 16. März 1982/20. Juni 1983

(Veröffentlicht: VMBl 1982 S 130/1983 S 182)

Auszug

A. Zustellungen an Soldaten

1. Für Zustellungen an Soldaten in gerichtlichen Verfahren gelten dieselben Bestimmungen wie für Zustellungen an andere Personen.

2. Will ein Zustellungsbeamter (zB Gerichtsvollzieher, Post- oder Behördenbediensteter, Gerichtswachtmeister) in einer Truppenunterkunft einem Soldaten zustellen, ist er von der Wache in das Geschäftszimmer der Einheit des Soldaten zu verweisen.

3. Ist der Soldat, dem zugestellt werden soll, sogleich zu erreichen, hat ihn der Kompaniefeldwebel zur Entgegennahme des zuzustellenden Schriftstückes auf das Geschäftszimmer zu rufen.

4. Ist der Soldat nicht sogleich erreichbar, hat der Kompaniefeldwebel dies dem Zustellungsbeamten mitzuteilen. Handelt es sich um einen in Gemeinschaftsunterkunft wohnenden Soldaten, kann der Zustellungsbeamte auf Grund von § 181 Abs 2 der Zivilprozeßordnung (ZPO) oder der entsprechenden Vorschriften der Verwaltungszustellungsgesetze, zB § 11 des Verwaltungszustellungsgesetzes des Bundes, eine Ersatzzustellung an den Kompaniefeldwebel – in dessen Abwesenheit an seinen Stellvertreter – durchführen. Diese Vorschriften sehen ihrem Wortlaut nach zwar nur Ersatzzustellung an den Hauswirt oder Vermieter vor. Es entspricht jedoch ihrem Sinn, den Kompaniefeldwebel nach seinen dienstlichen Aufgaben dem Hauswirt oder Vermieter gleichzustellen.

5. Wird der Soldat, dem zugestellt werden soll, voraussichtlich längere Zeit abwesend sein, hat der Kompaniefeldwebel die Annahme des zuzustellenden Schriftstückes abzulehnen. Er hat dabei, sofern nicht Gründe der militärischen Geheimhaltung entgegenstehen, dem Zustellungsbeamten die Anschrift mitzuteilen, unter der der Zustellungsadressat derzeit zu erreichen ist.

6. Eine Ersatzzustellung an den Kompaniefeldwebel ist nicht zulässig, wenn der Soldat, dem zugestellt werden soll, innerhalb des Kasernenbereichs eine besondere Wohnung hat oder außerhalb des Kasernenbereichs wohnt. In diesen Fällen hat der Kompaniefeldwebel dem Zustellungsbeamten die Wohnung des Soldaten anzugeben.

7. Der Kompaniefeldwebel darf nicht gegen den Willen des Soldaten von dem Inhalt des zugestellten Schriftstückes Kenntnis nehmen oder den Soldaten auffordern, ihm den Inhalt mitzuteilen.

8. Der Kompaniefeldwebel hat Schriftstücke, die ihm bei der Ersatzzustellung übergeben worden sind, dem Adressaten sogleich nach dessen Rückkehr auszuhändigen.

9. Bei eingeschifften Angehörigen der Bundeswehr ist bei sinngemäßer Auslegung des § 181 Abs 2 ZPO der Wachtmeister eines Schiffes bzw der Kommandant eines Bootes – in dessen Abwesenheit sein Stellvertreter – an Bord zur Entgegennahme von Ersatzzustellungen befugt.

10. Diese Vorschriften gelten auch, wenn im disziplinargerichtlichen Verfahren ein Soldat eine Zustellung auszuführen hat.

B. Ladungen von Soldaten

b. Verfahren vor sonstigen deutschen Gerichten

17. In Verfahren vor sonstigen deutschen Gerichten werden Soldaten als Parteien, Beschuldigte, Zeugen oder Sachverständige in derselben Weise wie andere Personen geladen. Die Ladung wird ihnen also auf Veranlassung des Gerichtes oder der Staatsanwaltschaft zugestellt oder übersandt.

18. In Strafverfahren haben auch der Angeklagte, der Nebenkläger und der Privatkläger das Recht, Zeugen oder Sachverständige unmittelbar laden zu lassen. Ein Soldat, der eine solche Ladung durch den Gerichtsvoll-

zieher erhält, braucht ihr jedoch nur dann zu folgen, wenn ihm bei der Ladung die gesetzliche Entschädigung, insbesondere für Reisekosten, bar angeboten oder deren Hinterlegung bei der Geschäftsstelle des Gerichts nachgewiesen wird.

19. Erhalten Soldaten eine Ladung zu einem Gerichtstermin, haben sie den erforderlichen Sonderurlaub gemäß § 9 der Soldatenurlaubsverordnung – SUV – (VMBl 1978 S 306) in Verbindung mit Nummer 72 der Ausführungsbestimmungen zur SUV (ZDv 14/5 F 511) zu beantragen. Der Urlaub ist zu gewähren, sofern durch die Abwesenheit der Soldaten die Sicherheit und die Einsatzbereitschaft der Truppe nicht gefährdet sind und – bei einer unmittelbaren Ladung (vgl Nr 18) – die gesetzliche Entschädigung angeboten oder hinterlegt ist. Die Soldaten haben für ihr pünktliches Erscheinen vor Gericht selbst zu sorgen. Stehen der Wahrnehmung des Termins vorgenannte oder gesundheitliche Gründe entgegen, hat der nächste Disziplinarvorgesetzte dies dem Gericht rechtzeitig mitzuteilen.

20. Militärdienstfahrkarten oder Reisekosten erhalten die vorgeladenen Soldaten nicht.

21. Soldaten, die von einem Gericht oder einer Justizbehörde als Zeugen oder Sachverständige vorgeladen sind, erhalten von der Stelle, die sie vernommen hat, Zeugen- oder Sachverständigenentschädigung.

22. Sind Soldaten, die von einem Gericht oder einer Justizbehörde als Zeugen oder Sachverständige vorgeladen sind, nicht in der Lage, die Kosten der Reise zum Terminort aufzubringen, können sie bei der Stelle, die sie vorgeladen hat, die Zahlung eines Vorschusses beantragen.

23. Soldaten, die als Beschuldigte oder Parteien vor ein ordentliches deutsches Gericht vorgeladen sind, können unter gewissen Voraussetzungen von der Stelle, die sie vorgeladen hat, auf Antrag Reisekostenersatz und notfalls einen Vorschuß erhalten, wenn sie die Kosten der Reise zum Gericht nicht aufbringen können.

24. Kann die Entscheidung der nach den Nummern 22 und 23 zuständigen Stelle wegen der Kürze der Zeit nicht mehr rechtzeitig herbeigeführt werden, ist, wenn ein Gericht der Zivil- oder Strafgerichtsbarkeit oder eine Justizbehörde die Ladung veranlaßt hat, auch das für den Wohn- oder Aufenthaltsort des Geladenen zuständige Amtsgericht zur Bewilligung des Vorschusses zuständig.

25. Ist mit der Möglichkeit zu rechnen, daß bei der Vernehmung dienstliche Dinge berührt werden, ist der Soldat bei Erteilung des Urlaubs über die Verschwiegenheitspflicht nach § 14 Abs 1 und 2 des Soldatengesetzes (VMBl 1975 S 340) zu belehren. Die Einholung einer etwa erforderlichen Aussagegenehmigung ist Sache des Gerichts.

C. Vorführungen von Soldaten

29. Soldaten, deren Vorführung von einem Gericht angeordnet worden ist, werden diesem nicht durch eine militärische Dienststelle, sondern durch die allgemeinen Behörden vorgeführt.

D. Zwangsvollstreckungen gegen Soldaten

30. Zwangsvollstreckungen, auf die die Zivilprozeßordnung Anwendung findet, werden durch den dafür zuständigen Vollstreckungsbeamten, regelmäßig den Gerichtsvollzieher, auch gegen Soldaten nach den allgemeinen Vorschriften durchgeführt. Eine vorherige Anzeige an die militärische Dienststelle ist erforderlich, auch im Interesse einer reibungslosen Durchführung der Vollstreckung.

31. Auch Vollstreckungen gegen Soldaten im Verwaltungszwangsverfahren, die der Vollziehungsbeamte der Verwaltungsbehörde vornimmt, werden nach den allgemeinen Vorschriften durchgeführt. Nummer 30 Satz 2 (vorherige Anzeige an die militärische Dienststelle) gilt auch hier.

32. Der Vollstreckungsbeamte ist befugt, in Sachen zu vollstrecken, die sich im Alleingewahrsam, dh in der alleinigen tatsächlichen Gewalt des Schuldners, befinden.

33. Ein Soldat, der in einer Gemeinschaftsunterkunft wohnt, hat Alleingewahrsam an ihm gehörenden Sachen, die sich in dem ihm zugewiesenen Wohnraum befinden. Der Vollstreckungsbeamte kann daher verlangen, daß ihm Zutritt zu dem Wohnraum des Soldaten gewährt wird, gegen den vollstreckt werden soll.

34. Dagegen hat ein Soldat regelmäßig keinen Alleingewahrsam an ihm gehörenden Sachen, die sich in anderen militärischen Räumen befinden. Anders liegt es nur, wenn der Soldat diese Sachen so aufbewahrt, daß sie nur seinem Zugriff unterliegen. Das würde zB zutreffen, wenn ein Kammerunteroffizier im Kammerraum eigene Sachen in einem besonderen Spind verwahrt, zu dem nur er den Schlüssel hat. Nur wenn ein solcher Ausnahmefall vorliegt, kann der Vollstreckungsbeamte Zutritt zu anderen Räumen als dem Wohnraum des Soldaten verlangen.

35. Dem Vollstreckungsbeamten ist die Vollstreckung in die im Alleingewahrsam des Schuldners stehenden zu ermöglichen.

36. Soweit Außenstehenden das Betreten von Räumen, Anlagen, Schiffen oder sonstigen Fahrzeugen aus Gründen des Geheimnisschutzes grundsätzlich untersagt ist, ist auch dem Vollstreckungsbeamten der Zutritt zu versagen, wenn Gründe der Geheimhaltung dies erfordern und es nicht möglich ist, durch besondere Vorkehrungen einen Geheimnisschutz zu erreichen.

37. Muß dem Vollstreckungsbeamten aus Gründen des Geheimnisschutzes das Betreten von Räumen, Anlagen, Schiffen oder sonstigen Fahrzeugen verweigert werden, ist es Pflicht des Disziplinarvorgesetzten des Soldaten, dafür zu sorgen, daß die Vollstreckung trotzdem durchgeführt werden kann. Beispielsweise kann der Vorgesetzte veranlassen, daß die gesamte Habe des Soldaten dem Vollstreckungsbeamten an einem Ort zur Durchführung der Vollstreckung vorgelegt wird, den er betreten darf.

38. Bei jeder Vollstreckung, die im militärischen Räumen oder an Bord stattfindet, hat ein Vorgesetzter des

Schuldners – an Bord der Kommandant oder sein Stellvertreter – anwesend zu sein. Er hat darauf hinzuwirken, daß durch die Zwangsvollstreckung kein besonderes Aufsehen erregt wird. Will der Vollstreckungsbeamte in Sachen vollstrecken, die dem Bund oder anderen Soldaten gehören, soll der Vorgesetzte des Schuldners den Vollstreckungsbeamten auf die Eigentumsverhältnisse aufmerksam machen. Zu Anweisungen an den Vollstreckungsbeamten ist der Vorgesetzte nicht befugt.

E. Erzwingungshaft gegen Soldaten

39. Die ZPO kennt eine nichtkriminelle Erzwingungshaft. Sie wird insbesondere gegen Schuldner verhängt, die sich weigern, eine eidesstattliche Versicherung nach §§ 807, 883 ZPO (Offenbarungsversicherung) abzugeben. Diese Haftart ist aufgrund richterlichen Haftbefehls auch gegen Soldaten zulässig. Verhaftet wird der Schuldner im Auftrag des Gläubigers durch den Vollstreckungsbeamten (Gerichtsvollzieher).

40. Nach § 910 ZPO hat der Gerichtsvollzieher vor der Verhaftung eines Soldaten der vorgesetzten Dienstbehörde Mitteilung zu machen. Es ist davon auszugehen, daß § 910 ZPO trotz seines Wortlauts auch auf Soldaten wenigstens entsprechend anzuwenden ist. Der Gerichtsvollzieher darf den Schuldner erst verhaften, nachdem dessen vorgesetzte Dienstbehörde für Vertretung gesorgt hat. Die Behörde ist verpflichtet, ohne Verzug die erforderlichen Anordnungen zu treffen und den Gerichtsvollzieher hiervon in Kenntnis zu setzen.

41. Zeigt ein Gerichtsvollzieher die bevorstehende Verhaftung eines Soldaten an, hat der Vorgesetzte für dessen Vertretung zu sorgen und den Gerichtsvollzieher zu benachrichtigen, sobald sie sichergestellt ist.

42. Will ein Gerichtsvollzieher einen Soldaten ohne vorherige Benachrichtigung von dessen Vorgesetzten verhaften, weil er eine entsprechende Anwendung des § 910 ZPO nicht für gerechtfertigt hält, ist mir zu berichten.

43. Für Angehörige der Besatzung eines Schiffes der Marine findet darüber hinaus § 904 Nr 3 ZPO Anwendung, wonach die Erzwingungshaft gegen die zur Besatzung eines Schiffes gehörenden Personen unstatthaft ist, wenn sich das Schiff auf der Reise befindet und nicht in einem Hafen liegt. Die Reise ist angetreten, wenn das Schiff mit dem Ablegen begonnen hat. Lehnt es ein Gerichtsvollzieher ab, § 904 Nr 3 ZPO anzuwenden, gilt Nummer 42 entsprechend.

44. Die vorstehende Regelung gilt auch für sonstige Erzwingungshaft, auf die die Erzwingungshaftbestimmungen der Zivilprozeßordnung anzuwenden sind, zum Beispiel bei der Vollstreckung nach § 6 Abs 1 Nr 1 der Justizbeitreibungsordnung, nach § 85 des Arbeitsgerichtsgesetzes, nach § 167 der Verwaltungsgerichtsordnung, nach §§ 198 und 200 des Sozialgerichtsgesetzes und nach § 334 Abs 3 der Abgabenordnung sowie für die Ersatzzwangshaft nach § 16 Abs 3 des Verwaltungsvollstreckungsgesetzes des Bundes, nach § 24 Abs 3 des Verwaltungsvollstreckungsgesetzes für Baden-Württemberg, nach Artikel 33 Abs 3 des Bayerischen Verwaltungszustellungs- und Vollstreckungsgesetzes, nach § 61 Abs 2 des Verwaltungsvollstreckungsgesetzes für das Land Nordrhein-Westfalen und nach § 67 Abs 3 des Verwaltungsvollstreckungsgesetzes für Rheinland-Pfalz. Sie gilt nicht für die Vollstreckung anderer, insbesondere strafprozessualer Haftbefehle.

F. Schlußvorschriften

45. ...

46. Die vorstehende Regelung tritt am 1. Juni 1982 in Kraft.

Zur Zustellung an **Angehörige der Stationierungstruppen:** Art 32–37 des Zusatzabkommens vom 18. 8. 1961 (BGBl II 1245) z Truppenstatut (Schwenk NJW 76, 1562; Auerbach NJW 69, 729). Zur Zustellung an deutsche Bedienstete in den Anlagen ausländ Stationierungstruppen: Mümmler JurBüro 74, 832; Schalhorn JurBüro 74, 161. Anschriften der Verbindungsstellen für Zustellungen an ausländische Soldaten in Deutschland bei Schwenk in NJW 76, 1564 Fn 25. 9

6) Gebühren des GV nach § 16 GVKostG: Für die Zustellung durch Aufgabe zur Post (§ 175), durch Ersuchen der Post (§ 194) und von Anwalt zu Anwalt (§ 198) je 2,– DM, bei persönl Zustellung durch GV 4,– DM, bei persönl Zustellung mit Aufforderung nach § 840 ZPO 5,– DM, bei versuchter persönl Zustellung 3,– DM. Zurücknahme des Zustellungsauftrags vor Erledigung oder vor der Begebung des GV an Ort und Stelle (§ 16 Abs 5 GVKostG) 1,– DM. Beglaubigungsgeb pro Seite 1,– DM (wobei jede angefangene Seite voll zählt) für die dem GV zum Zwecke der Zustellung übergebenen Schriftstücke (§ 170 Abs 2), aber keine Beglaubigungsgeb für die vom GV gefertigten Abschriften (§ 16 Abs 7 GVKostG; Nr 20 GVKostGr). Pauschsatz von 0,50 DM für Vordrucke (= Formulare, Postscheck) zur Abgeltung von deren Kosten (§ 35 Abs 1 Nr 2 GVKostG iVm § 1 der einheitl Länder-VOen), jedoch nur, wenn keine Schreibauslagen (§ 36 GVKostG) erhoben werden (Hartmann, KostGes GVKostG § 35 Anm 2 zu Ziff 2). Für das Ausfüllen von Aufschriften auf Zustellungsurkunden und für Anschriften auf Briefumschlägen werden keine Schreibauslagen erhoben (GVKostGr Nr 42 Abs 2a). Die Zustellung an den Zustellungsbevollmächtigten mehrerer Beteiligter (§ 189) gilt als eine Zustellung (§ 16 Abs 6 GVKostG). 10

Eine dem „Auftraggeber" (§ 3 Abs 1 Nr 1 GVKostG) bewilligte **Prozeßkostenhilfe** entbindet diesen entsprechend den vom Gericht festgesetzten Bestimmungen (§ 122 Abs 1 Nr 1a ZPO) von der Entrichtung der Zustellungskosten; er braucht auch hierfür keinen Vorschuß zu leisten (GVKostG § 5 S 2; vgl GVKostGr Nr 9 Abs 2b). Im übr teilt der GV nicht bezahlte Kosten dem Gericht mit, das die Sache bearbeitet hat (GVKostGr Nr 4 Abs 3). Bezügl des Ersatzes von baren Auslagen s § 11 Nr 4 GVO. Nach AG Köln (GVollzZ 65, 118); AG Dortmund (DGVZ 72, 188); AG Würzburg (DGVZ 79, 188) und AG Leverkusen (DGVZ 80, 31) muß die bewilligte Prozeßkostenhilfe bereits bei der Auftragserteilung an den GV geltend gemacht werden; denn bei nachträglicher Vorlage des PKH-Bewilligungsbeschlusses braucht der GV die vorher empfangenen Geb und Auslagen nicht zurückzuzahlen, wenn der GV im Auftrag des RA zugestellt und letzterer die Kosten bezahlt hatte. Ebenso Schröder-Kay, Kostenwesen der Gerichtsvollzieher, 7. Aufl 1984, § 5 Anm 11 (bestr). AM: AG Pinneberg (DGVZ 77, 142); KG (DGVZ 81, 152). Nach AG Friedberg (DGVZ 82, 142) sind bei nachträgl für die Zwangsvollstreckung bewilligter PKH die vom Gläubiger bereits gezahlten GVKosten an diesen zurückzuerstatten.

I. Zustellung auf Betreiben der Parteien

166 *[Zustellung durch Gerichtsvollzieher]* **(1) Die von den Parteien zu betreibenden Zustellungen erfolgen durch Gerichtsvollzieher.**

(2) In dem Verfahren vor den Amtsgerichten kann die Partei den Gerichtsvollzieher unter Vermittlung der Geschäftsstelle des Prozeßgerichts mit der Zustellung beauftragen. Das gleiche gilt in Anwaltsprozessen für Zustellungen, durch die eine Notfrist gewahrt werden soll.

1 **1) Abs I.** Über Zustellung im Parteibetrieb s Rn 3 vor § 166. GV §§ 154, 155 GVG. Zustellung von Amts wegen statt auf Betreiben der Parteien oder umgekehrt ist unheilbar nichtig; s aber Rn 5 vor § 166 wegen der Vollstreckungswirksamkeit (§ 750) sowohl der Amts- als auch der Parteizustellung von Urteilen. Der GV handelt als Beamter; danach ist auch seine zivilrechtl Haftung zu beurteilen, RG 91, 179.

2 **2) Abs II S 1.** Mündl Auftrag genügt, § 167. In Frage kommt die Vermittlung der Zustellung von Vergleichen, Schriftsätzen u Willenserklärungen iS § 132 BGB. Sonderregelungen für Zustellung des Vollstreckungsbescheids: § 699 IV. – Jeder GV kann die Zustellung durch die Post in Deutschland bewirken, jede GeschSt den GV eines anderen Bezirks mit der Zustellung beauftragen. Der UrkB vermittelt als Organ der Behörde nur den Auftrag, RG 79, 218. Der GV braucht dem Verlangen der Partei hinsichtl einer bestimmten Zustellungsart nicht stattzugeben, hat vielmehr zu prüfen, ob nicht eine andere Zustellungsart (zB durch den GV persönl statt Zustellung durch die Post) zweckmäßiger ist, RG 46, 323. Beauftragter ist nur der GV. Für seine Versehen haftet nur der Staat (Art 34 GG, § 839 BGB).

3 **3) Gebühren:** § 16 GVKostG.

167 *[Zustellungsauftrag]* **(1) Die mündliche Erklärung einer Partei genügt, um den Gerichtsvollzieher zur Vornahme der Zustellung, die Geschäftsstelle zur Beauftragung eines Gerichtsvollziehers mit der Zustellung zu ermächtigen.**

(2) Ist eine Zustellung durch einen Gerichtsvollzieher bewirkt, so wird bis zum Beweise des Gegenteils angenommen, daß sie im Auftrag der Partei erfolgt sei.

1 **1) Abs I.** Den Auftrag zur Zustellung (§ 166 II) kann auch ein Dritter oder ein anderer Anwalt als der ProzBevollm erteilen, wenn er hierzu bevollmächtigt wird, RG 17, 392; 52, 367. Für den Zustellungsauftrag besteht kein Anwaltszwang, § 78 II. Die ohne Auftrag (schlüssiges Verhalten genügt hierfür) ausgeführte Zustellung kann rückwirkend von der zustellenden Partei (§ 191 Nr 2) genehmigt werden, RG 17, 415.

2 **2) Abs II** begründet die widerlegbare Vermutung, daß die Zustellung durch den GV im Auftrag der in der Urkunde bezeichneten (§ 191 Nr 2) Person erfolgt; das gilt auch bei Zustellung außerhalb des Proz, zB bei Zustellung e Kündigung, (§ 132 BGB; BGH NJW 81, 1210). Den Beweis, daß der Gerichtsvollzieher ohne Auftrag der zustellenden Partei zugestellt habe, hat der Empfänger zu führen, der die Unwirksamkeit der Zustellung behauptet; jedoch gilt für Zustellung einseitiger rechtsgeschäftlicher Willenserklärungen außerhalb eines Prozesses hier die Sonderregelung in § 174 BGB (BGH NJW 81, 1210).

168 *[Vermittlung der Zustellung durch Geschäftsstelle]* **Insoweit eine Zustellung unter Vermittlung der Geschäftsstelle zulässig ist, hat diese einen Gerichtsvollzieher mit der erforderlichen Zustellung zu beauftragen, sofern nicht die Partei erklärt hat, daß sie selbst einen Gerichtsvollzieher beauftragen wolle; in Anwaltsprozessen ist die Erklärung nur zu berücksichtigen, wenn sie in dem zuzustellenden Schriftsatz enthalten ist.**

1 Voraussetzung dieser auf das amtsgerichtliche Verfahren beschränkten und durch die Zustellung im Amtsbetrieb weitgehend ersetzten (Rn 3 vor § 166) Zustellungsart ist die Zulässigkeit der Zustellung unter Vermittlung der GeschSt: § 166 Abs II. Die GeschSt beauftragt nach pflichtgemäßem Ermessen, also ohne an die Weisungen über die Art der Zustellung gebunden zu sein,

mit der Zustellung den GV oder die Post selbst, § 196. Verstoß gegen § 168 ist heilbar. Der Schlußhalbsatz ist, da auch im Anwaltsprozeß die Zustellung von Amts wegen erfolgt, bedeutungslos. Die Zustellung bleibt trotz Vermittlung der GeschSt eine solche im Parteibetrieb. Unwirksam ist aber die von der GeschSt vermittelte Zustellung, wo die Partei erklärt hatte, selbst zustellen zu wollen. Letztere Erklärung der Partei ist aber widerruflich; Widerruf bedeutet Genehmigung der ursprüngl unzulässigen Zustellung. Stellt die Partei selbst zu, obwohl sie auch die GeschSt um Vermittlung der Zustellung ersucht hatte, sind beide Zustellungen wirksam; maßgeblich dann die früher erfolgte Zustellung.

169 *[Übergabe von Urschrift und Abschrift des Schriftstücks an den Gerichtsvollzieher]*

(1) Die Partei hat dem Gerichtsvollzieher und, wenn unter Vermittlung der Geschäftsstelle zuzustellen ist, dieser neben der Urschrift des zuzustellenden Schriftstücks eine der Zahl der Personen, denen zuzustellen ist, entsprechende Zahl von Abschriften zu übergeben.

(2) Die Zeit der Übergabe ist auf der Urschrift und den Abschriften zu vermerken und der Partei auf Verlangen zu bescheinigen.

1) Abs I. a) Im Fall der **Zustellung von Ausfertigungen** ist außerhalb der der Zahl der Personen, denen zuzustellen ist, entsprechenden Zahl von Ausfertigung noch eine weitere Ausfertigung erforderlich, die mit der Zustellungsurkunde verbunden dem Auftraggeber zurückgegeben wird. Hat ein RA (auch der im Wege der Prozeßkostenhilfe beigeordnete Anwalt) die nach § 169 erforderl Abschriften nicht übergeben, so hat der GV bzw die GeschSt ihre Nachlieferung zu verlangen, sofern (wegen drohenden Fristablaufs) nicht dadurch der Erfolg der Zustellung vereitelt wird. Andernfalls sind die fehlenden Abschriften unter Erhebung der gesetzl Schreibgebühr anzufertigen (Gebühren: § 36 I Nr 2 GVKostG; § 64 GKG; Nr 1900 KostVerz). Beglaubigung der Abschriften durch den GV, wenn ein RA die Zustellung betreibt durch diesen. 1

b) In der Regel ist **jedem Prozeßbeteiligten** (der Partei u den Streitgenossen, jedem Ehegatten) **besonders zuzustellen.** Sind mehrere gesetzl Vertreter oder ProzBevollm einer Person vorhanden, so genügt die Zustellung an einen von ihnen, § 171 III. Haben mehrere Personen denselben oder hat eine Person mehrere Vertreter, so genügt Zustellung **einer** Abschrift. Dem ZustellungsBevollm mehrerer Streitgenossen sind so viele Abschriften oder Ausfertigungen zu übergeben, als Streitgenossen vorhanden sind. 2

2) Abs II. Festzustellen ist der Eingang beim UrkBeamten u GV. Nichtbeachtung macht die Zustellung nicht ungültig. Die Zeit der Übergabe kann durch andere Beweismittel festgestellt werden. 3

170 *[Zustellung durch Übergabe, Beglaubigung]*

(1) Die Zustellung besteht, wenn eine Ausfertigung zugestellt werden soll, in deren Übergabe, in den übrigen Fällen in der Übergabe einer beglaubigten Abschrift des zuzustellenden Schriftstücks.

(2) Die Beglaubigung wird von dem Gerichtsvollzieher, bei den auf Betreiben von Rechtsanwälten oder in Anwaltsprozessen zuzustellenden Schriftstücken von dem Anwalt vorgenommen.

I) Die normale Form der Zustellung ist die **Übergabe** des zuzustellenden Schriftstücks an den Zustellungsadressaten selbst oder für diesen an einen im Gesetz vorgesehenen (§§ 171–178) Zustellungsempfänger. Bei der Ersatzzustellung (§§ 181–186) wird die Übergabe an den Adressaten bzw Empfänger fingiert. Wegen der gewohnheitsrechtl besonderen Art der Übergabe an Schiffspersonal vgl Hamm NJW 65, 1613; Köln MDR 54, 119; Bremen Rpfleger 65, 48. Wegen der Übergabe an Soldaten vgl Rn 8 vor § 166. 1

Übergabe ist die Aushändigung zum Verbleib. Ungenügend daher die bloße Kenntnisgabe zB vom Inhalt des zu quittierenden und an den Zustellenden zurückzugebenden Schriftstückes (BGH LM § 198 ZPO Nr 1). Keine Übergabe ist auch der bloße Einwurf in den Briefkasten (RG 6, 342) oder die Übergabe durch einen anderen als den im Gesetz vorgesehenen Zustellungsbeamten (RG 109, 343), weil dann (vorbehaltlich § 187) eine wirksame Zustellung nicht nachprüfbar ist. 2

Die Annahmeverweigerung hindert die Wirksamkeit der Zustellung nicht: § 186. 3

4 **II) Was ist zu übergeben? 1) a) Ausfertigung:** Entgegen dem gewöhnl Sprachgebrauch, der jedes original unterzeichnete Exemplar einer Urkunde als Ausfertigung bezeichnet, versteht die ZPO unter Ausfertigung eine amtlich erstellte (notwendig auch leserliche, BayObLG MDR 82, 501) Abschrift von einer bei den Prozeßakten verbleibenden Urschrift. Im Gegensatz zu der – selbst beglaubigten – Abschrift hat allein die Ausfertigung die Aufgabe, die Urschrift der Urkunde im Rechtsverkehr zu ersetzen. Für eine solche Ausfertigung genügt die Wiedergabe des Entscheidungstenors, des Rubrums und der Unterschriften. Die **Ausfertigung eines Urteils** muß erkennen lassen, daß das Original die **Unterschrift der Richter** (§§ 315, 317, 329; zur Form der Unterschrift – Paraphe genügt nicht –, auch bei Beschlüssen und Verfügungen: BGHZ 76, 236 = NJW 80, 1167 = MDR 80, 573; Schneider MDR 82, 818) trägt (hierfür genügt die Erkennbarkeit der Unterschriftsleistung, nicht notwendig die Lesbarkeit der Unterschrift, BGH NJW 85, 1227; VersR 84, 873; vgl § 130 Rn 7); hierfür nicht ausreichend der in Klammern gesetzte Name der Richter, wohl aber ausreichend (mit oder ohne Zusatz „gez") die Angabe der Namen ohne Klammern (BGH VersR 80, 333; 75, 809; NJW 75, 781; hierzu krit Vollkommer ZZP 88, 334). Wo ein Richter zugleich für einen verhinderten anderen unterschreibt (§ 315 I 2), darf der Name des letzteren in der Ausfertigung nicht in gleicher Form wie der Name des ersteren wiedergegeben werden, weil sonst unklar wäre, wer tatsächl unterschrieben hat (BGH VersR 81, 576; Rpfleger 78, 12). Wiedergabe der im Original enthaltenen Begründung ist entbehrlich (BGH VersR 76, 492). Wichtigster Anwendungsfall der Ausfertigung: §§ 317 III, 724. Wo das Gesetz zur Geltendmachung prozessualer Rechte den Gebrauch einer Ausfertigung vorschreibt, genügt eine bloße Abschrift nicht. Damit wird insbesondere einer Benachteiligung des aus der Urkunde Verpflichteten (zB durch Häufung von sachl nicht gebotenen Vollstreckungsmaßnahmen, vgl § 733) vorgebeugt. Die zur Zwangsvollstreckung erforderliche Ausfertigung (§ 724) ist v UrkBeamten der GeschSt mit der VollstrKlausel (§ 725) zu versehen. Jede derart mit einer VollstrKlausel versehene Abschrift – nicht jedoch eine lediglich beglaubigte Abschrift – ist gleichzeitig Ausfertigung (BGH NJW 63, 1309). Mangels Unterscheidbarkeit von bloßer Abschrift ist unzureichend daher die Abkürzung „f d R d A", wo Ausfertigung vorgeschrieben (BGH NJW 59, 2117).

5 **b)** Der **Ausfertigungsvermerk** (üblich: „Für den Gleichlaut der Ausfertigung mit der Urschrift, gez NN als UrkBeamter der GeschSt") verleiht der Urkunde eine höhere Beweiskraft als der Vermerk der ledigl begl Abschrift (RG 159, 27; BGH NJW 59, 2119). Der BGH (VersR 69, 70) läßt (ohne Hinweis auf gleichlautenden Inhalt) den vom UrkBeamten unterschriebenen und mit Gerichtssiegel versehenen Zusatz „Ausgefertigt" genügen, der (BGH NJW 74, 1383, 61, 2307) auch auf eine Fotokopie gesetzt werden darf. Eine mit Stempel hergestellte „Unterschrift" genügt niemals, BGH VersR 70, 184; 71, 470. Es genügt, wenn der Beglaubigungsvermerk statt auf dem Urteil selbst nur auf dem mit diesem verbundenen (Heftklammer ausreichend) Zustellungsformular angebracht ist (BGH NJW 74, 1383 u 1285).

6 **c)** Wo **Zustellung einer Ausfertigung** vorgeschrieben (§§ 724, 750), ist es üblich und (Ausnahme nur § 1039; vgl Bischof NJW 80, 2235) ausreichend, von dieser eine **begl Abschrift** zuzustellen, während das Original der Ausfertigung mit der Zustellungsquittung versehen bei der zustellenden Partei bleibt, BGH NJW 65, 105 (dort auch über den notw Inhalt des Beglaubigungsvermerks); VersR 72, 694; 68, 999. In diesem Fall muß aus der begl Abschrift ersichtlich sein, daß ihr eine Ausfertigung zugrunde liegt (München NJW 65, 447; einschränkend BGH NJW 71, 659, wonach uU bloße Namenszeichnung des Anwalts bei erkennbarer Zustellungsabsicht genügen soll) und daß die Ausfertigung vom UrkBeamten unterschrieben ist (BGH VersR 74, 1129; MDR 64, 916). Entbehrlich dagegen, in der begl Abschrift festzustellen, daß die Ausfertigung das Gerichtssiegel enthält (KG NJW 62, 2161) und neben der Unterschrift die Worte „als UrkBeamter der GeschSt" stehen (BGH LM § 317 ZPO Nr 6; BGH 8, 303).

7 Die Zustellung einer begl Abschrift ohne Abschrift des Ausfertigungsvermerks setzt keine Rechtsmittelfrist in Lauf (BGH NJW 59, 2117; VersR 62, 218; München NJW 65, 447) und läßt keine Zwangsvollstreckung zu. Heilung des Mangels gem § 187 ist unmöglich, Hamm NJW 78, 830 mit krit Anm Kramer; einschränkend Hamm NJW 76, 2026 u OLGZ 79, 357 (anders bei sonstigem Zustellungszweck, BGH NJW 65, 104). BGH NJW 71, 659; VersR 71, 470 verzichtet auf Lesbarkeit des fotokopierten Ausfertigungsvermerks, wenn nur Vermerk überhaupt erkennbar.

8 **2) Beglaubigte Abschrift** ist eine Zweitschrift – auch Fotokopie (BGH NJW 74, 1383; 61, 2307) –, deren inhaltl Gleichlaut mit der Urschrift eine hierzu berufene Person unterschriftl bestätigt hat. Unterschrift muß handschriftl erfolgen (BGH LM § 295 ZPO Nr 4 = NJW 52, 934) und individuelle Züge erkennen lassen (BGH NJW 85, 1227 = MDR 85, 407), Stempel genügt nicht, BGH VersR 70, 184. Mängel der Beglaubigung werden nicht dadurch geheilt, daß der Empfänger Gelegenheit hatte, sich durch Vergleich mit der Urschrift vom Gleichlaut zu überzeugen (BGH 24, 116 = NJW 57, 951). Die Überschrift „begl Abschrift" ist entbehrl, wo sich das gleiche aus dem –

nicht notw am Schluß der Urkunde anzubringenden, RG 164, 54, – Beglaubigungsvermerk ergibt. Hat der Rechtsanwalt den Zustellungsvermerk unterschrieben, dann schadet das Fehlen einer nochmaligen Unterschrift unter den Beglaubigungsvermerk nicht (BGH NJW 61, 2307; BGH 36, 63). Wegen des notw Inhalts der begl Abschrift von einer Ausfertigung s oben Rn 6.

III) Beglaubigungsorgan (Abs II) ist: **a)** der **Gerichtsvollzieher.** Für ihn ergibt sich die Amtspflicht, die Beglaubigung zu prüfen u nötigenfalls selbst nachzuholen aus § 191 Nr 6 (RG 51, 260; 45, 416). Seine Beglaubigungsbefugnis besteht aber nur im Zustellungsverfahren im Parteibetrieb. 9

b) der **Rechtsanwalt** (oder dessen amtl bestellter Vertreter) im Anwaltsprozeß oder soweit er in einem anderen Prozeß die Zustellung (also im Parteibetrieb) betreibt, daher auch bei Zustellung durch Vermittlung der GeschSt (§§ 168, 166 II). Die Beglaubigungsbefugnis allein ist nicht auf einen anderen Anwalt übertragbar, wohl aber der Zustellungsauftrag (§ 81) und mit diesem die BeglBefugnis (RG 24, 418; 33, 401; 164, 54). Der Beglaubigungsvermerk des RA entspricht hinsichtl der notw Form den Erfordernissen des Beglaubigungsvermerks des UrkBeamten der GeschSt (oben II 1). Blankounterschrift des RA (kaum nachweisbar!) macht Beglaubigung unwirksam (BGH NJW 74, 1973 m krit Anm Vollkommer). Zur individuellen Erkennbarkeit der persönl Unterschrift des RA BGH NJW 85, 1227 = MDR 85, 407; Rpfleger 76, 296 m Anm Vollkommer. 10

c) der **UrkBeamte der GeschSt** bei Zustellung durch die Post: § 196 S 2. 11

d) der **UrkBeamte der Staatsanwaltschaft,** wo diese (in Ehe- und Kindschaftssachen) die Zustellung betreibt, RG 33, 365. 12

IV) Mängel der Zustellung sind heilbar gem §§ 187, 295, wo nicht eine Notfrist in Lauf zu setzen ist (BGH NJW 65, 104; VersR 67, 754). Vgl insoweit Rn 6 vor § 166. Keine Heilung des Mangels, soweit Ausfertigung von Urschrift inhaltl abweicht, BGH MDR 67, 834; jedoch Abweichung insoweit wirksam, als sie den Adressaten begünstigt (zB bei Fristsetzung BGH MDR 63, 588; RG 82, 422/427).

171 *[Zustellung an Prozeßunfähige]*

(1) Die Zustellungen, die an eine Partei bewirkt werden sollen, erfolgen für die nicht prozeßfähigen Personen an ihre gesetzlichen Vertreter.

(2) Bei Behörden, Gemeinden und Korporationen sowie bei Vereinen, die als solche klagen und verklagt werden können, genügt die Zustellung an die Vorsteher.

(3) Bei mehreren gesetzlichen Vertretern sowie bei mehreren Vorstehern genügt die Zustellung an einen von ihnen.

1) Abs I. a) Partei ist auch der Haupt- u Nebenintervenient (§§ 72–76). § 171 gilt nicht bei Zustellung an Zeugen u SV. 1

b) Die an eine **prozeßunfähige Partei** (§§ 51–55; zum Verfahren bei Zweifeln an der Prozeßfähigkeit s vor § 253 Rn 12) selbst erfolgte Zustellung ist unwirksam u setzt insbes keine Rechtsmittelfrist in Lauf, so bei Zustellung an die minderjährige Partei selbst (eingehend LG Frankfurt NJW 76, 757 m weit Hinw; Niemeyer NJW 76, 742; aM BGH NJW 70, 1680; FamRZ 58, 58; MDR 63, 391; Kunz MDR 79, 723), denn der Schutz des Minderjährigen wiegt schwerer als das Interesse an Rechtssicherheit, zumal auch der Minderjährige selbst die Prozeßhandlung des Rechtsmittels nicht wirksam vornehmen könnte. Der Meinung des BGH (auch RG 121, 63; 162, 225) ist aber zu folgen, wo die Frage der Prozeßfähigkeit streitig war u im Urteil bejaht wurde (vgl entspr § 664 II). Der Prozeßunfähige kann jedoch Zustellungsempfänger (§§ 181, 183, 184) der an den gesetzl Vertreter gerichteten Zustellung sein (BGH Rpfleger 73, 129); unwirksam aber die an Prozeßunfähigen selbst adressierte Zustellung, selbst wenn sie wegen dessen Abwesenheit (zufällig) an den gesetzl Vertreter als Empfänger gem §§ 181, 183, 184 erfolgt (Karlsruhe FamRZ 73, 272 m Anm Bosch). 2

Der **Mangel der Zustellung ist heilbar:** ex tunc durch Genehmigung oder Rügeverzicht (§ 295; RG 90, 175) des gesetzl Vertreters, ex nunc durch tatsächl Zugang an den gesetzl Vertreter (§ 187; gilt aber nicht für Notfristen!) oder Nachholung der ordnungsgemäß Zustellung an diesen. Im letzten Fall bleibt für die Wirkung der Klageerhebung gem §§ 270 III, 693 II aber die Einreichung der Klageschrift (nicht ihre Zustellung) maßgeblich. 3

Ist kein gesetzlicher Vertreter vorhanden u trifft § 56 II nicht zu, so kann eine Zustellung an die prozeßunfähige Person nicht erfolgen. Ist die Klagesache noch nicht rechtshängig, so kann 4 nach § 57 ein besonderer Vertreter bis zum Eintritt des ges Vertreters aufgestellt werden. Über die Rechtsbeziehungen des gem § 57 best Vertreters zu der Partei bei nur vermuteter Prozeßunfähigkeit s BGH NJW 66, 2210. Wird jemand im Laufe e Rechtsstreits prozeßunfähig u ist er durch e ProzBevollm nicht vertreten (§ 86), so wird das Verfahren nach § 241 unterbrochen.

5 Ein gesetzl Vertreter, der selbst Prozeßgegner ist, kann für die prozeßunfähige Partei nicht an sich selbst zustellen lassen, RG 7, 404. Er hat dafür Sorge zu tragen, daß für die Führung des Rechtsstreits ein anderer Vertreter aufgestellt wird. Die Zustellung an e unrichtigen gesetzl Vertreter ist ungültig: Heilung des Mangels gem § 295 möglich.

6 Dem Erfordernis der Zustellung an den gesetzl Vertreter genügt bei Vorliegen der Voraussetzungen der **Ersatzzustellung** (§ 181) die Entgegennahme des Schriftstücks durch den Minderjährigen selbst (oben Rn 2; BGH Rpfleger 73, 129); die Vertreterstellung allein begründet noch keine Gegnerschaft iS § 185. Unterbleibt Aushändigung der Sendung durch den Minderjährigen an den Vertreter, kann WE-Grund (§ 233) vorliegen (BGH aaO).

7 **2) Abs II** schafft für **Behörden und juristische Personen** (hier noch als Korporationen bezeichnet) gegenüber Abs I eine Erleichterung dadurch, daß an diese iS § 51 prozeßunfähigen Parteien an Stelle der grundsätzlich gebotenen Zustellung an das Vertretungsorgan auch die Zustellung an den „Vorsteher“ genügt. **Vorsteher ist** eine Person, die – ohne notw gesetzl Vertreter zu sein (RG 67, 76) – dazu bestellt ist, die Behörde usw nach außen hin zu repräsentieren, zB der Behördenleiter usw. Der Vorsteher braucht nicht, der gesetzl Vertreter „soll“ (§ 130) in dem zuzustellenden Schriftstück bezeichnet sein. Bei der Klage gegen den Fiskus ist die Bezeichnung der zuständigen Endvertretungsbehörde nicht zwingend erforderlich (Zweibrücken OLGZ 78, 108). **Falsche Bezeichnung des gesetzl Vertreters** ist ein jederzeit heilbarer Mangel (KG Rpfleger 76, 222; München OLG 37, 127). Solange die Zustellung an den gesetzl Vertreter oder den Vorsteher im Geschäftslokal (nicht notw in der Wohnung) möglich ist, ist Ersatzzustellung gem §§ 183, 184 an sonstige Bedienstete unzulässig, doch wird regelm § 187 den Mangel heilen (falls keine Notfrist in Lauf zu setzen ist!).

8 Wird bei Behörden (Gemeinden, Korporationen, Vereinen) an den Vorsteher zugestellt, so ist die Wirksamkeit der Zustellung nicht davon abhängig, ob die Behörde usw, für die das Schriftstück bestimmt ist, in der Adresse genannt ist, KG DR 40, 1482. Eine Zustellung an den Oberpräsidenten als Fürsorgeerziehungsbehörde bedarf deshalb zur Wirksamkeit nicht des Zusatzes „Verwaltung des Provinzialverbandes“ (KG DJR 40 Nr 2978). Die Zustellung an e Gemeinde erfolgt stets an deren Bürgermeister. Sie hat grundsätzlich allgemeine Wirkung (für alle betroffenen Verwaltungszweige); nur wenn in der Zustellungsadresse neben dem Bürgermeister zusätzlich ein bestimmter Verwaltungszweig (zB Stadtsteueramt) angeführt ist, beschränkt sich die Zustellungswirkung auf die so bezeichnete Sondervermögensmasse der Gemeinde, Dresden, DJR 40 Nr 297. Bei Kollegialgerichten gilt als Vorsteher der Präsident, bei AG der die Dienstaufsicht führende Richter. Bei AktGes, OHG (RG 82, 69) u Genossenschaften genügt in der Regel die Zustellung an den Vorsitzer des Vorstandes bzw dessen Stellvertreter (Ausn § 246 II AktG u § 51 GenG, in welchen Fällen dem Vorstand *und* dem Aufsichtsrat zuzustellen ist, RG 107, 164, BGH 32, 119 und 70, 386). Ersatzzustellung: § 184. Eine Zustellung an eine Genossenschaft hat bei Liquidation (§ 84 ff GenG) an die Liquidatoren *und* den Aufsichtsrat (BGH 32, 119) zu erfolgen. Der fehlende Zusatz „in Liquid“ schadet nicht, DVGZ 32, 91. Auf Stiftungen, Anstalten u Vermögensmassen im Sinne des § 17 bezieht sich Abs II nicht; für sie kann nur dem gesetzl Vertreter (nicht auch dem Vorsteher) zugestellt werden. Die Zustellung an eine Person, die in doppelter Eigenschaft für eine Korporation etc tätig wird, ist auch dann wirksam, wenn in dem zuzustellenden Schriftstück die andere als die maßgebende Eigenschaft angesprochen wird, BGH 32, 119 = NJW 60, 1006.

9 Der Auftraggeber hat dem ZustellBeamten anzugeben, wem zugestellt werden soll, der Partei oder deren gesetzl Vertreter, dem Prozeß- oder ZustBevollm. Ist der Vorsteher nicht namentl bezeichnet, hat sich der GV, wenn er persönl zustellt, nach der Person des gesetzl Vertreters oder Vorstehers in geeigneter Weise in dem Geschäftslokal der Behörde usw nötigenfalls auch an seinem Amtssitz, Wohnsitz oder bei am Orte der Zustellung befindlichen Behörden (Polizeibehörde, Registergericht) zu erkundigen. Die Anfechtungsklage gegen e Entmündigungsbeschluß kann rechtswirksam auch dem Generalstaatsanwalt zugestellt werden, Hamburg JW 39, 312.

10 **3) Abs III** trifft zu bei Eltern (§ 1629 BGB), mehreren Vormündern oder TestVollstr (als sog Partei kraft Amtes), namentlich aber bei jurist Personen, deren gesetzl Vertretung so geregelt ist, daß nur mehrere Vorstandsmitglieder usw gemeinschaftlich handeln können (vgl § 28 II BGB, § 125 II HGB, § 78 II AktG). Ist ein nicht rechtsfähiger Verein verklagt, so kann jedem Vorstandsmitglied zugestellt werden. Nicht anwendbar ist Abs III, wo eine juristische Person notw

durch zwei mehrgliedrige Organe (Vorstand neben Aufsichtsrat) vertreten ist, weil sonst der gesetzl Zweck der Doppelvertretung vereitelt wäre (BGH 32, 119 = NJW 60, 1006), zB § 246 II AktG § 51 III GenG; s auch § 189.

172 (weggefallen)

§ 172 betraf die bes Zustellung an Soldaten, s jetzt Rn 8 vor § 166.

173 *[Zustellung an Generalbevollmächtigte und Prokuristen]*

Die Zustellung erfolgt an den Generalbevollmächtigten sowie in den durch den Betrieb eines Handelsgewerbes hervorgerufenen Rechtsstreitigkeiten an den Prokuristen mit gleicher Wirkung wie an die Partei selbst.

1) **Generalbevollm** ist nicht nur der, dessen Vollmacht schlechthin alle Vermögensangelegenheiten des Vollmachtgebers umfaßt, sondern auch der, dessen Vollmacht sich nur auf einen bestimmten, durch objektive Merkmale begrenzten größeren Kreis von Vermögensangelegenheiten (Geschäftszweig) des Vollmachtgebers bezieht, wenn sie nur den Bevollm ermächtigt, innerhalb dieses Kreises den Vollmachtgeber bei allen Angelegenheiten zu vertreten u in diesem Umfang alle seine Geschäfte zu besorgen, RG 69, 298. Der Versicherungsagent oder Generalagent einer Versicherungsges ist kein Generalbevollm der Versicherungsges, JW 26, 616. 1

2) **Prokurist** ist, wer zur Vornahme aller Arten von gerichtl u außergerichtl Geschäften u Rechtshandlg, die der Betrieb e Handelsgewerbes mit sich bringt, ermächtigt ist, §§ 49 ff HGB. Eine Zustellung an einen Prokuristen ist nur rechtswirksam, wenn sie sich auf Rechtsstreitigkeiten erstreckt, die durch den Betrieb des Handelsgeschäftes hervorgerufen sind; ungültig ist sie insbes in Prozessen, die durch die Veräußerung oder Belastung e Grundstücks hervorgerufen wurden. Bei Gesamtprokura genügt Zustellung an e Prokuristen, OLG 3, 122; vgl § 171 III. 2

Auf **Handlungsbevollm** (§ 54 HGB), das sind Personen, denen Prokura nicht erteilt ist, die aber zum Betrieb e Handelsgewerbes oder zur Vornahme einer bestimmten zu einem Handelsgewerbe gehörenden Art von Geschäften ermächtigt sind, findet § 173 keine Anwendung. An sie dürfen Zustellungen nur erfolgen, wenn sie als Prozeßbevollm oder Generalbevollm im Sinne der gegenwärtigen Vorschrift bestellt sind, oder gem § 183 I. 3

Die Klage gegen **Wohnungseigentümer** als solche kann (muß aber nicht) gem § 27 II 3 WEG dem Verwalter des gemeinsamen Eigentums zugestellt werden; gleichwohl ist der Verwalter selbst nicht Partei u alle Eigentümer sind im Klagerubrum als Parteien zu benennen (s aber § 253 Rn 8; BGH NJW 77, 1686). Partei (in Prozeßstandschaft für die Eigentümer) kann der Verwalter nur als Kläger sein, BayObLGZ 75, 233/238. – Zur Form der Klagezustellung an den WE-Verwalter s § 189 Rn 4. 4

§ 173 steht der Zustellung an einen von der Partei benannten gewillkürten **Zustellungsbevollmächtigten** nicht entgegen (BGH MDR 72, 946). Das Gericht hat dem (zB bei einem die Ehre einer Partei berührenden Streitgegenstand) Rechnung zu tragen, soweit nicht § 176 zwingenden Vorrang hat (Rn 7 u § 174 Rn 2). 5

3) Der Auftraggeber hat dem GV den **Generalbevollm** oder **Prokuristen,** an den zugestellt werden soll, zu bezeichnen. Die Zustellung kann auch gegen den Willen der Genannten selbst bei Anwesenheit der Partei (OLG 40, 366) erfolgen. Will der GV ohne Angabe seitens seines Auftraggebers an den Generalbevollm oder Prokuristen zustellen, so muß er prüfen, ob der Betreffende zur Empfangnahme der Zustellung auf Grund seiner Vertretungsbefugnis berechtigt ist. 6

§ 173 ist nicht anwendbar, wo gem § 176 dem ProzBevollm zuzustellen ist. Ersatzzustellung an den GeneralBevollm oder Prokuristen ist durch § 173 nicht ausgeschlossen. 7

174 *[Notwendigkeit eines Zustellungsbevollmächtigten]*

(1) Wohnt eine Partei weder am Orte des Prozeßgerichts noch innerhalb des Amtsgerichtsbezirkes, in dem das Prozeßgericht seinen Sitz hat, so kann das Gericht, falls sie nicht einen in diesem Ort oder Bezirk wohnhaften Prozeßbevollmächtigten bestellt hat, auf Antrag anordnen, daß sie eine daselbst wohnhafte Person zum Empfang der für sie bestimmten Schrift-

stücke bevollmächtige. Diese Anordnung kann ohne mündliche Verhandlung ergehen. Eine Anfechtung des Beschlusses findet nicht statt.

(2) Wohnt die Partei nicht im Inland, so ist sie auch ohne Anordnung des Gerichts zur Benennung eines Zustellungsbevollmächtigten verpflichtet, falls sie nicht einen in dem durch den ersten Absatz bezeichneten Ort oder Bezirk wohnhaften Prozeßbevollmächtigten bestellt hat.

1 **I) Zustellungsbevollmächtigter** ist im Gegensatz zum ProzBevollm die von einer Partei (auch Streitgehilfe) lediglich zur Entgegennahme von Zustellungen benannte Person. Die Benennung ist (vorbehaltlich § 176, s dort Rn 6) vom Gericht zu beachten, auch wenn sie gem § 174 nicht notw war. Zulässig ist es, daß beide Parteien sich desselben Zustellungsbevollm bedienen, RG 157, 168. Auch der ProzBevollm der Partei kann für sich einen eigenen Zustellungsbevollm benennen, RG aaO; im Fall des § 30 BRAO soll er es tun. Über die Form der Zustellung, wenn ein Zustellungsbevollmächtigter mehrere Parteien vertritt s § 189 II.

2 Wo ein **ProzBevollm** bestellt ist, ist stets diesem zuzustellen (§ 176), nicht mehr einem etwa gleichzeitig benannten Zustellungsbevollm, dessen Empfangsvollmacht damit hinfällig wird (RG 103, 337; BGH RzW 62, 470; 63, 518). Das gilt auch, wenn der Zustellungsbevollm oder die Partei selbst im Gerichtsbezirk, der ProzBevollm dagegen im Ausland wohnt; id Fall muß der ausl ProzBevollm gem § 174 für sich einen eigenen Zustellungsbevollm benennen (Pentz NJW 64, 2241). Ausnahme: Der von der Residenzpflicht befreite deutsche RA darf, wenn er keinen Zustellungsbevollm am Gerichtsort bestellt, entgegen § 174 Zustellungen durch die Post (§ 175) oder von Anwalt zu Anwalt (§§ 198, 212 a) empfangen, § 30 BRAO (m dem geltenden Gesetz nicht vereinbar der Vorschlag von Pentz, NJW 64, 2241, dieses Privileg auch auf in Dtschld nicht zugelassene ausländische ProzBevollm anzuwenden).

3 **II)** Die **Notwendigkeit eines Zustellungsbevollmächtigten** besteht

a) stets, wenn die Partei im Ausland wohnt und keinen ProzBevollm benannt hat,

b) für die im Inland wohnende Partei nur auf Antrag des Gegners, wenn das Gericht (gem § 20 Nr 7 RpflG der Rechtspfleger) die Bestellung anordnet,

c) im Verfahren der Erteilung einer Vollstreckungsklausel im Anwendungsbereich des EWG-Übereinkommens v 27. 9. 1968 (Art 33 II EWG-Übereinkommen; Wolf NJW 73, 398).

4 **Anordnung** durch Beschluß des Rechtspflegers (§ 20 Nr 7 RpflG) ohne mündl Verh. Gegen die Anordnung des Rpflegers Erinnerung gem § 11 RpflG. Dann unanfechtbarer Beschluß des Gerichts.

5 Anordnung ist **Ermessenssache,** soll nur bei Bedürfnis erfolgen (zB wenn Zustellungsadressat ständig auf Reisen). Kein Bedürfnis, wenn ProzBevollm benannt (§ 176, genügend ein ProzBevollm lediglich der früheren Instanz, RG 103, 337) oder gesetzl Vertreter, Generalbevollm oder Prokurist (§ 173, nur anwendbar, wo der Proz das Handelsgewerbe betrifft) im Gerichtsbezirk wohnt. Dagegen besteht Bedürfnis, wenn anstatt einer Anschrift nur Postschließfach der Partei bekannt ist (Hamburg NJW 70, 104) *und* die gem § 53 PostO in der Abholgenehmigung anzugebende Wohnungsanschrift des Empfängers (diese gibt die Post auf Anfrage jedem bekannt, Delfs NJW 69, 1442) sich als falsch herausstellt. Zuzustellende Schriftstücke dürfen gem § 39 PostO nicht in das Postfach eingelegt werden.

6 Der Zustellungsbevollm muß am Ort des Prozeßgerichts oder innerhalb des AG-Bezirks wohnen (gilt für Abs I und II: BGH NJW 61, 1067; abw Frankfurt NJW 60, 1954). Er muß prozeßfähig sein (BLH Anm 1 B; abw StJSch Rn 14; ThP § 175 Anm 1 a; aber § 171 gilt hier sinngemäß).

7 Anordnung setzt anhängigen (nicht notw rechtshängigen) Prozeß voraus. Folge der Nichtbenennung: § 175.

175 *[Benennung des Zustellungsbevollmächtigten]*

(1) Der Zustellungsbevollmächtigte ist bei der nächsten gerichtlichen Verhandlung, oder, wenn die Partei vorher dem Gegner einen Schriftsatz zustellen läßt, in diesem zu benennen. Geschieht dies nicht, so können alle späteren Zustellungen bis zur nachträglichen Benennung in der Art bewirkt werden, daß der Gerichtsvollzieher das zu übergebende Schriftstück unter der Adresse der Partei nach ihrem Wohnort zur Post gibt. Die Zustellung wird mit der Aufgabe zur Post als bewirkt angesehen, selbst wenn die Sendung als unzustellbar zurückkommt.

(2) Die Postsendungen sind mit der Bezeichnung „Einschreiben" zu versehen, wenn die Partei es verlangt und zur Zahlung der Mehrkosten sich bereit erklärt.

1) § 175 gilt für Zustellung im Parteibetrieb und entsprechend für die Zustellung von Amts wegen (Köln MDR 86, 243/44). – **Benennung der Zustellungsbevollm,** wenn Anordnung nach § 174 I erfolgte oder Benennung ohne gerichtl Anordnung erfolgen muß, § 174 II, bei der nächsten mündl Verh, wenn vorher ein Schriftsatz bei Gericht eingereicht wird, in diesem. Von der Benennung ab *können* (nicht: müssen) alle künftigen Zustellungen an den Zustellungsbevollm, auch wenn er die Annahme der Sendung verweigert (§ 186), mit Wirkung gegen die Partei (hier gilt § 164 BGB, wegen § 171 ZPO aber nicht § 165 BGB; s § 174 Rn 6) geschehen. Die Benennung, die zur Unterbevollmächtigung nicht ermächtigt, kann jederzeit widerrufen werden u erlischt von selbst durch Tod des Bevollm oder Bestellung e ProzBevollm. In der Angabe eines Postschließfachs ist nicht die Benennung des Vorstehers der Postanstalt als Zustellungsbevollm zu erblicken (Hamburg NJW 70, 104d; abw Schumann NJW 69, 2185; s auch § 174 Rn 5). 1

2) Unterbleibt die Benennung e Zustellungsbevollm, kann Zustellung durch Aufgabe erfolgen; zulässig ist jedoch gewöhnl Zustellung RG 57, 334. Beispiel: A in München wurde verklagt. Nach Klagezustellung verzog er nach Bern. Das gegen ihn ergehende VersUrt kann ihm durch Aufgabe zur Post wirksam zugestellt werden, wenn er bis zur mündl Verh keinen Zustellungsbevollm benannt hatte. Im VersUrt war die Einspruchsfrist nicht festzusetzen; es läuft vielmehr vom Tag der Aufgabe z Post die gewöhnl Frist (§ 339 I, 508 II; RG 57, 334), da Zustellung durch Aufgabe zur Post Zustellung im Inland ist (unten Rn 3). – Im Mahnverfahren keine Zustellung des Vollstreckungsbescheids durch Aufgabe zur Post, weil hier der Zustellung weder eine mündl Verh noch die Zustellung eines Schriftsatzes des Klägers vorausgegangen war (LG Frankfurt NJW 76, 1597); hier daher Zustellung ins Ausland gem § 199. Ebenso Zustellung eines gem § 311 III ohne vorherige mündl Verhandlung ergehenden VersUrteils durch Aufgabe zur Post unwirksam, wenn die unterlegene Partei als Zustellungsempfänger ihrem Gegner noch keinen Schriftsatz hatte zustellen lassen bzw noch keinen Schriftsatz für den Gegner bei Gericht eingereicht hatte (BGH NJW 79, 218). 2

3) Die **Zustellung durch Aufgabe zur Post** (etwas anderes ist Zustellung durch die Post: § 196) besteht darin, daß der GV das zu übergebende Schriftstück unter der Anschrift des Empfängers nach dessen Wohnort zur Post gibt u darüber eine Urk aufnimmt (§ 192), die in der gleichen Weise wie bei gewöhnl Zustellung der Urschrift beigefügt wird. Die Beförderung der Sendung an den Empfänger erfolgt durch die Post in derselben Weise wie bei gewöhnl Briefen. **Die Zustellung ist** aber nicht erst **bewirkt,** wenn die Sendung an den Empfänger gelangt, sondern sie wird **mit der Aufgabe zur Post** (auch Briefkasteneinwurf) als bewirkt angesehen, selbst wenn die Sendung als unbestellbar zurückkommt. Daher ist, auch wenn die **Zustellungsadresse im Ausland** liegt, die Zustellung gemäß § 175 Inlandszustellung (Köln MDR 86, 244; §§ 199, 339 II gelten daher nicht), sofern sie iS § 174 II zulässig ist, also die ausländische Partei erstmals gemäß § 199 geladen worden war oder ihr ein Schriftsatz des Gegners (Klage oder Antrag) zugestellt worden war. Das zu übergebende Schriftstück wird von dem GV, erforderlichenfalls nach erfolgter Beglaubigung, in gewöhnl Briefform zur Post gegeben. Die Postsendung ist mit der Bezeichnung „Einschreiben" zu versehen, wenn der Auftraggeber es verlangt (Auslagenvorschuß: § 68 GKG). Eine beglaubigte Abschrift der von dem GV aufzunehmenden Urk ist dem zu übergebenden Schriftstück in gleicher Weise wie bei den gewöhnl Zustellungen beizufügen und in die Postsendung miteinzuschließen. Mit Rücksicht hierauf muß die Urkunde vor Aufgabe der Sendung zur Post aufgenommen werden. Der GV ist dafür verantwortlich, daß die Aufgabe genauso erfolgt, wie in der Urk angegeben ist. Findet die Aufgabe nicht in dieser Weise statt, so muß eine neue Urk aufgenommen und Abschrift dieser Urk der Sendung beigefügt werden. – Die Urk muß enthalten: die Bezeichnung der Person, für die und an die zugestellt werden soll; die Angabe, unter welcher Anschrift, zu welcher Zeit u bei welcher Postanstalt die Aufgabe geschehen ist; die Unterschrift des GV. Der Unterschrift ist das Dienstsiegel beizudrücken. Ist die Postsendung eingeschrieben, so wird der Postschein mit der Zustellungsurk verbunden. Die Urschrift des zugestellten Schriftstücks ist mit der Zustellungsurk dem Auftraggeber unter Kosteneinhebung zu übermitteln. Dasselbe geschieht mit der Postsendung, wenn sie als unbestellbar zurückkommt. 3

Bei einer **von Amts wegen** vorzunehmenden Zustellung durch Aufgabe zur Post kann sich der Urkundsbeamte der GeschSt auch des Gerichtswachtmeisters bedienen (BGH NJW 79, 218). Zur Wirksamkeit einer solchen Zustellung muß der in § 213 vorgeschriebene Aktenvermerk aber durch den Urkundsbeamten und nicht durch den Gerichtswachtmeister vorgenommen werden, BGH 8, 314 u NJW 1953, 422. Unschädlich ist es, wenn i dem Aktenvermerk die Zeit der Aufgabe zur Post falsch angegeben ist, BGH RzW 63, 518. Jedoch ist die richtige und vollständige Wieder- 4 gabe der Anschrift des Adressaten im Aktenvermerk (§ 213) Wirksamkeitsvoraussetzung dieser Zustellung (BGH 73, 388).

5 Das Haager Zivilprozeßabkommen läßt auch im Verhältnis zu den Vertragsstaaten **Zustellungen ins Ausland** durch Aufgabe zur Post (§ 174 Abs 2 u 175) zu.

6 **4) Zustellungsgeb des GV:** s § 16 Abs 1 GVKostG und Rn 10 vor § 166.

176 *[Zustellung an Prozeßbevollmächtigten]*

Zustellungen, die in einem anhängigen Rechtsstreit bewirkt werden sollen, müssen an den für den Rechtszug bestellten Prozeßbevollmächtigten erfolgen.

1 **1) Zweck und Anwendungsbereich:** Mit der Bestellung eines ProzBevollm hat die Partei – auch wo gem § 78 I die Bestellung unfreiwillig erfolgt – die Prozeßführung in dessen Verantwortung gelegt; dieser ist nach außen Herr des Verfahrens u daher der allein berufene Empfänger aller Zustellungen, wo nicht das Gesetz die Beteiligung der Partei persönl am Verfahren fordert: §§ 141 II, 239 III, 273 II 3, 279, 450 I, 613, 900 III. Auch in diesen Fällen ist aber der bestellte ProzBevollm von der Ladung der Partei zu benachrichtigen.

2 Lautet ein **ausländ Rechtshilfeersuchen** auf Zustellung an die Partei selbst, so darf nicht an deren inländ ProzBevollm zugestellt werden (BGH NJW 76, 479 zum Haager ZP-Übereinkommen u EG-Übereinkommen).

3 Die Zustellung an den ProzBevollm ist nicht bereits dort entbehrl, wo das **Gesetz die Zustellung an die Partei „selbst"** (zB §§ 239 III, 660) fordert, weil damit nur eine Hervorhebung der Partei gegenüber anderen VerfBeteiligten gemeint ist (BGH NJW 65, 1598).

4 § 176 gilt, soweit nur ein ProzBevollm bestellt ist, in **allen Verfahrensarten der ZPO** (trotz § 37 StPO aber nicht im Strafverfahren, BGH NJW 63, 1558; BGHSt 10, 64; BayObLGSt 1952, 243); so auch im Entmündigungsverfahren (RG 135, 182; BGH NJW 65, 1598), im Verf gem 6. DVO z Ehe-Gesetz (BGH LM § 176 Nr 1 = NJW 52, 1136), im Landwirtsch-Verf (BGH LM § 176 Nr 3), im FGG-Verf (BGH 61, 308; LM § 176 Nr 2; NJW 75, 1518; KG Rpfleger 85, 193), im ZwVollstrVerf (Celle DGVZ 71, 74; streitig! vgl zu § 751 II dort Rn 5; LG Bochum Rpfleger 85, 33).

5 § 176 gilt gleichermaßen für **förml Zustellung und formlose Mitteilung** (Rn 2 vor § 166), jedoch erst ab Anhängigkeit (§ 253 Rn 4) der Klage, daher nicht notwendig im Verfahren der Prozeßkostenhilfe vor Klageerhebung.

6 **2 a) Prozeßbevollmächtigter** ist die von der Partei als solcher (§§ 80 ff; Vollmacht nur für einzelne Prozeßhandlungen genügt nicht, BGH NJW 74, 240) bestellte u dem Gericht bekannt gegebene Person, die zur Wahrnehmung der Prozeßvollmacht im Umfang des § 81 befugt, im Anwaltsprozeß (§§ 78, 78 a) also als Rechtsanwalt beim Prozeßgericht zugelassen, im Parteiprozeß iS der §§ 79, 157 zur Vertretung der Partei befähigt sein muß (BGHZ 61, 308/311 = MDR 74, 226; BGH MDR 85, 30; StJSch Rn 17). In einer Anwaltssozietät ist grds jeder Anwalt empfangsberechtigt (BGH NJW 69, 1486). Beiordnung bei Prozeßkostenhilfe genügt noch nicht, RG 135, 30, wohl aber einstw Zulassung gem § 89 (RG 67, 150). Dem ProzBevollm steht gleich der amtl bestellte Vertreter des RA und der gem § 81 Unterbevollmächtigte (nicht der Terminsvertreter und Substitut RG 11, 368).

Wo ein Prozeßbevollmächtigter fehlt, also noch nicht (auch nicht für die Vorinstanz: Rn 13) bestellt wurde, kann und muß ggf auch an einen von der Partei hierfür bevollmächtigten und dem Gericht bekanntgegebenen (Rn 7–9) nicht postulationsfähigen Anwalt oder sonstigen Zustellungsbevollmächtigten (§ 174 Rn 1, 2) wirksam zugestellt werden (BGH VersR 84, 873; Düsseldorf MDR 85, 852; Celle Rpfleger 69, 63), denn § 176 regelt die Zustellung nur für den Fall, daß ein Prozeßbevollmächtigter überhaupt bestellt ist (Pardey ZIP 85, 462–465).

7 **b) Bestellt** ist der ProzBevollmächtigte durch (auch formlose, BGH VersR 86, 371 = NJW-RR 86, 286) Mitteilung der Prozeßvollmacht (§ 80; Mitteilung durch den Bevollmächtigten oder durch den Mandanten) an das Gericht oder den Gegner (letzteres ist maßgeblich für Zustellungen im Parteibetrieb, vgl Rn 3 vor § 166), auch durch Einreichen einer Schutzschrift (Düsseldorf WRP 82, 531 = AnwBl 82, 433) oder sonstiger Schriftsätze (RGZ 18, 396; Walchshöfer Rpfleger 74, 255) und jedenfalls (vorbehaltlich § 88) durch das Auftreten im Termin (BGH VersR 79, 255).

8 **Bestellungsanzeige durch den Gegner** (zB durch Bezeichnung eines Beklagtenvertreters in der Klageschrift) genügt und ist (das Risiko der tatsächlichen Vertretung des Beklagten trägt hier der Kläger) vom Gericht zu beachten. Wirksamkeitsvoraussetzung dieser Anzeige durch den Gegner und der daraufhin vom Gericht veranlaßten Zustellungen an den so bezeichneten

Bevollmächtigten ist, daß die vertretene Partei oder deren Anwalt dem Kläger vom Bestehen der Prozeßvollmacht außergerichtlich Kenntnis gegeben hatte; lediglich vorprozessuales Auftreten des Anwalts für den Beklagten ohne Bekanntgabe auch der Prozeßvollmacht genügt hierfür aber noch nicht (BGH MDR 81, 126).

c) Kenntnis des Gerichts von der Bestellung eines ProzBevollmächtigten in Vorausetzung der Amtspflicht, Zustellungen nur noch an diesen und nicht mehr an die vertretene Partei auszuführen (BGHZ 61, 308 = NJW 74, 240). Erst von dieser Kenntnis ab (insoweit aber keine Amtsermittlungspflicht des Gerichts, BGHZ 61, 308) dürfen Zustellungen an die vertretene Partei selbst nicht mehr erfolgen, mögen auch frühere Zustellungen an die Partei, selbst wenn deren Zugang erst nachträglich erfolgt, wirksam bleiben. BAG Betrieb 77, 919/920 läßt hier Kennen-müssen genügen (bedenklich! vgl BGH NJW 81, 1673/1674). 9

d) Die **in Kenntnis der ProzVollmacht veranlaßte Zustellung an die Partei selbst** ist unwirksam (Rn 17). Die derart fehlerhaft erfolgte Klagezustellung ist – was in jeder Instanz zu prüfen ist, BGH NJW 76, 1940 – unwirksam, begründet noch keine Rechtshängigkeit, verhindert damit zunächst den Eintritt der materiell-rechtlichen Wirkungen der Rechtshängigkeit (§ 262 Rn 2) und kann insoweit eine Amtshaftung des Gerichts (§ 839 BGB) begründen. 10

e) Bestellung nach Verkündung einer Entscheidung gebietet deren Zustellung an den Bevollmächtigten (Hamm NJW 62, 641), auch wenn dieser vorher am Verfahren noch nicht beteiligt war. Bestellt sich der Bevollmächtigte an demselben Tag, an dem das Gericht noch eine Zustellung der Entscheidung an die Partei selbst veranlaßt, so ist trotz grundsätzlicher Beweislast der Partei für die Rechtzeitigkeit ihres Rechtsmittels (BGH VersR 80, 90/91) bei Unaufklärbarkeit der zeitlichen Reihenfolge von Zustellung und Anwaltsbestellung zugunsten der Partei davon auszugehen, daß das Gericht die Kenntnis von der Anwaltsbestellung schon vor der (deshalb unwirksamen) Veranlassung der Zustellung an die Partei hatte oder hätte haben müssen, denn ein Beweis für den innergerichtlichen Geschäftsablauf ist der Partei regelm unmöglich und deshalb unzumutbar (vgl Rn 22 vor § 284); in diesem Fall ist davon auszugehen, daß durch fehlerhafte Zustellung eine Rechtsmittelfrist nicht wirksam in Lauf gesetzt wurde (BGH NJW 81, 1673/1674 = MDR 81, 644). 11

f) Mandatsbeendigung durch Kündigung oder Niederlegung beendet von deren gerichtlicher Kenntnis ab nur im Parteiprozeß (§ 79) die Notwendigkeit der Zustellungen an den Bevollmächtigten (Hamm NJW 82, 1887). Anders im Anwaltsprozeß (§ 78): Hier ist, weil § 87 I (zweite Alternative) nur den konstruktiven Vollmachtswechsel durch Bestellung eines neuen Anwalts zuläßt (Stephan in Anm zu BAG AP § 87 ZPO Nr 1), ungeachtet der Mitteilung der Mandatsbeendigung so lange noch an den bisherigen Anwalt zuzustellen, bis sich für dessen Mandanten ein neuer Anwalt bestellt (RGZ 60, 271; BGHZ 31, 35; 43, 135/137; BGH NJW 65, 1020; 80, 999). Der Anwalt ist nach Mandatsbeendigung standesrechtlich verpflichtet, ihm gemäß § 176 noch zugehende Schriftstücke oder Entscheidungen an die Partei oder deren neuen Bevollmächtigten weiterzuleiten. Ist die Zulassung des bevollmächtigten Anwalts erloschen (§§ 13 ff BRAO), so entfällt von der Bekanntgabe dieses Erlöschens ab auch im Anwaltsprozeß die Anwendbarkeit der §§ 87, 176 (München NJW 70, 1609) und sind Zustellungen (verbunden mit der Aufforderung gemäß §§ 215, 520 III) an die Partei selbst zu richten. 12

g) Haben sich für eine Partei **mehrere ProzBevollm** bestellt, so genügt Zustellung an einen von ihnen. Hat der für die 1. Instanz bestellte ProzBevollm einen anderen RA mit seiner Vertretung für die 2. Instanz betraut (§ 81 Rn 3), so ist nur der letztere ProzBevollm für diese Instanz; eine Zustellung an den ProzBevollm der 1. Instanz wäre unzulässig, RG 22, 397. Solange aber ein ProzBevollm für die 2. Instanz nicht bestellt ist, haben alle Zustellungen an den ProzBevollm der Vorinstanz zu erfolgen, BGH NJW 75, 120; RG 103, 336; gleichgültig, ob dieser dort zugelassen ist, vgl § 210 a. 13

h) Stirbt im AnwProzeß **der ProzBevollm** im Laufe des Verfahrens, oder wird er prozeßunfähig, so tritt Unterbrechung gem § 244 ein. Stirbt er erst nach Zustellung des Urteils, so ist die Instanz erledigt und Zustellung der Rechtsmittelschrift muß (mit Aufforderung gem §§ 215, 520 III) an die Partei selbst erfolgen. Vertretungsverbot gegen den RA beseitigt Wirksamkeit der Zustellung an ihn nicht, § 155 V 2 BRAO. 14

3) Dauer des Rechtszuges: Die **Instanz beginnt** mit Einreichung der Klage oder eines sonst das Verfahren eröffnenden Gesuchs (zB des Mahngesuchs) oder Antrags (zB des Arrestantrags) oder einer Rechtsmittelschrift (wegen deren Zustellung s § 210 a). **Sie endet** grundsätzlich (s die Sonderregelung in § 178) mit der Zustellung des Endurteils (BGHZ 23, 172; Karlsruhe OLGZ 83, 471 = MDR 83, 62), selbst wenn im Zeitpunkt dieser Zustellung bereits ein Rechtsmittel eingelegt war. Daher Zustellung des Ersturteils noch an den Anwalt dieser Instanz, nicht an den bereits für das Berufungsverfahren bestellten Anwalt (BGH NJW 75, 120; RGZ 68, 247/250). 15

Endet der Rechtsstreit ohne Urteil, so bei Klagerücknahme, Vergleich, Erledigung der Hauptsache, so entspricht die Zustellung der hierauf ergehenden Kostenentscheidung iS des § 176 der Zustellung des Endurteils.

16 **Noch zur Instanz** gehört das Kostenfestsetzungsverfahren (s aber KG NJW 72, 543 für den Fall der Mandatsniederlegung vor Kostenfestsetzung); ferner das Arrestverfahren und das Verfahren betr e einstweilige Verfügung, wenn die Hauptsache anhängig ist (hier ist auch Zustellung an die Partei möglich, RG 45, 366), ferner das ZwVollstrVerfahren, s § 178, die Hauptintervention, die Wiederaufnahme- u Vollstreckungsgegenklage (§§ 578, 767), dagegen nicht die Widerspruchsklage des § 771, sowie die Klagen aus §§ 805, 810 und 878; OLG 14, 162 (str OLG 18, 410). Ein die ZwVollstr einstellender Beschluß des VollstrGerichts ist dem im VollstrTitel bezeichneten Vertreter des Gläubigers zuzustellen, JW 31, 2044. Hat die Partei ohne Zuziehung ihres ProzBevollm die Kostenfestsetzung betrieben, so sind die im Kostenfestsetzungs- und Erinnerungsverfahren ergehenden Beschlüsse ihr selbst zuzustellen, JW 31, 3577 (abw Stuttgart DGVZ 62, 43; aber das Gericht sollte der außerhalb des Anwaltszwanges persönl handelnden Partei nicht die erkennbar nicht gewollte Hilfe des Anwalts aufzwingen). Bei Verweisung des Rechtsstreits an ein anderes Gericht hat die Zustellung der Ladung vor dieses an den bisherigen ProzBevollm zu erfolgen, auch wenn er bei diesem Gericht nicht zugelassen ist, Köln MDR 76, 50; Hamm MDR 68, 155. Der Verkehrsanwalt ist niemals Zustellungsadressat, auch wenn er Erinnerung gegen Kostenfestsetzung eingelegt hat, Stuttgart Justiz 69, 166.

17 **4) Verstoß gegen § 176** macht die Zustellung wirkungslos (BGHZ 61, 308/310 = MDR 74, 226; BGH NJW 84, 927; MDR 84, 562 für Klagezustellung); aber **Heilung ex nunc** durch rügelose Einlassung in der mündl Verhandlung, sofern mit der Klage eine Ausschlußfrist zu wahren ist (BGH MDR 84, 562) oder die Klage überhaupt nicht zugestellt worden war, dagegen **Heilung ex tunc** durch rügelose Einlassung auf die fehlerhafte Zustellung einer nicht fristgebundenen Klage (RGZ 87, 271/272 f; BGH MDR 84, 562). Im letzteren Fall (nicht zwingend fristgebundene Klage) ist der Zustellungsmangel durch rügelose Einlassung (§ 295) rückwirkend auf den Zeitpunkt geheilt, zu dem die Klage iS § 187 tatsächlich zugegangen war (BGH MDR 84, 562 für Scheidungsantrag). Der Zugang iS § 187 muß aber an den richtigen Adressaten, im Fall § 176 also an den Bevollmächtigten, erfolgt sein (§ 187 Rn 6).

177 *[Unbekannter Aufenthalt des Prozeßbevollmächtigten]*

(1) Ist der Aufenthalt eines Prozeßbevollmächtigten unbekannt, so hat das Prozeßgericht auf Antrag die Zustellung an den Zustellungsbevollmächtigten, in Ermangelung eines solchen an den Gegner selbst zu bewilligen.

(2) Die Entscheidung über den Antrag kann ohne mündliche Verhandlung erlassen werden. Eine Anfechtung der die Zustellung bewilligenden Entscheidung findet nicht statt.

1 **1) Abs I.** § 177 ist nur anwendbar, wo Zustellung an den ProzBevollm (§ 176) geboten ist. Daher nicht anwendbar, wenn an die Partei selbst zugestellt werden darf und kann oder wenn Zustellung an den Bevollmächtigten durch Aufgabe zur Post gem § 175 zulässig. § 183 II schließt § 177 aus. Wegen unbekanntem Aufenthalt vgl § 203. Antrag entbehrlich bei Amtszustellung § 208.

2 **Beispiel:** Nach rechtskräftiger Erledigung eines Rechtsstreits ist der ProzBevollm des Bekl ausgewandert oder unbekannten Aufenthalts. Kläger will das Urteil zustellen lassen. Er kann beantragen, die Zustellung an die Partei selbst zu bewilligen. Erfolgt die Zustellung von Amts wegen, dann ist ein Antrag der Partei nicht erforderlich. – **Zuständig zur Bewilligung der Zustellung ist der Rechtspfleger:** § 20 Nr 8 RpflG.

3 **2) Abs II.** Der die Zustellung bewilligende Beschluß ist, wenn nicht verkündet, den Parteien formlos mitzuteilen, § 329 III. Die Bewilligung erstreckt sich nur auf den einzelnen Zustellungsakt. Gegen Ablehnung: Erinnerungen (§ 11 I RpflG), dann einf Beschw, § 567 I, des Antragstellers.

178 *[Umfang der Instanz]*

Als zu dem Rechtszug gehörig sind im Sinne des § 176 auch diejenigen Prozeßhandlungen anzusehen, die das Verfahren vor dem Gericht des Rechtszuges infolge eines Einspruchs, einer Aufhebung des Urteils dieses Gerichts, einer Wiederaufnahme des Verfahrens oder eines neuen Vorbringens in dem Verfahren der Zwangsvollstreckung zum Gegenstand haben. Das Verfahren vor dem Vollstreckungsgericht ist als zum ersten Rechtszuge gehörig anzusehen.

1) § 178 definiert den **Begriff des „anhängigen Rechtsstreits"** iS der Zustellungsvorschrift des § 176 (s dort Rn 15, 16). Danach umfaßt das zwingende Gebot, Zustellungen (statt an die Partei persönlich) nur an die bestellten Prozeßbevollmächtigten zu bewirken, über das Verfahren bis zur Zustellung des Endurteils hinaus auch noch folgende Verfahren: Einspruch: §§ 338, 700; Verfahren nach Zurückverweisung: §§ 538 ff, 564 ff, 566 a; Verfahren infolge Wiederaufnahme: §§ 578 ff; Verfahren der ZwVollstr infolge neuen Tatsachenvortrages: §§ 731, 767 ff, 781 ff; sowie das gesamte Zwangsvollstreckungsverfahren, soweit es vor dem Vollstreckungsgericht durchzuführen ist: §§ 764, 766, 789, 822 ff, 828 ff, 887–891 (Sonderregelung: § 900 III); Zustellungen zur Einleitung der Zwangsvollstreckung: §§ 750, 751 II sowie Zustellungen in Verfahren, in denen das Prozeßgericht als Vollstreckungsgericht tätig wird. 1

2) Nicht anwendbar sind §§ 176, 178 auf selbständige Verfahren iS des § 82 wie Arrest §§ 916 ff, einstweilige Verfügung §§ 935 ff (trotz Zuständigkeit des Gerichts d Hauptsache) und auf Verfahren auf Betreiben Dritter: §§ 64, 771–774, 805, 878. Soweit sich gem § 82 die ProzVollmacht auf solche selbständigen Verfahren erstreckt, darf, jedoch muß nicht an diesen ProzBevollm zugestellt werden. 2

179 (weggefallen)

180 *[Zustellung an den Adressaten selbst]*

Die Zustellungen können an jedem Ort erfolgen, wo die Person, der zugestellt werden soll, angetroffen wird.

Bei Vornahme einer Zustellung außerhalb der Wohnung oder des Geschäftslokals ist der Ort und die Gelegenheit so zu wählen, daß jede unnötige Belästigung des Empfängers vermieden wird (§ 27 GVGA). Die an unpassender Stelle vorgenommene Zustellung ist jedoch nicht unwirksam. Bei Annahmeverweigerung gilt § 186. Zustellung durch Aushändigung auf der Geschäftsstelle des Gerichts: § 212 b. 1

Vorbemerkungen zu §§ 181–186

Ersatzzustellung

1) §§ 181–186 regeln die Ersatzzustellung, dh die Zustellung, bei der das für den Zustellungsadressat bestimmte Schriftstück einer anderen Person übergeben oder bei ihr zurückgelassen oder bei Behörden niedergelegt wird mit derselben Wirkung, wie wenn es dem Zustellungsadressat selbst behändigt worden wäre. Eine solche zulässigerweise erfolgte Ersatzzustellung äußert also auch dann volle Wirkung, wenn die Person, an die zugestellt werden sollte, von der Zustellung keine Kenntnis erlangt, weil das zugestellte Schriftstück nicht in ihre Hände gelangt (allgM; vgl RG 87, 412/416; BVerwG NJW 80, 1480; BayObLGZ 1966, 386/390; Wieczorek § 181 A III). 1

2) Der Zustellungsadressat kann lediglich – ungeachtet der verfahrensrechtl Wirksamkeit einer Ersatzzustellung, deren Wirkung nur durch eine Wiedereinsetzung in den vorigen Stand zu beseitigen wäre – materiell-rechtlichen Schaden durch den Beweis abwenden, daß er von der **Zustellung schuldlos keine Kenntnis** erlangt habe. Angenommen, es wurde für A bei B eine dem C gegen B zustehende Forderung gepfändet u der PfändBeschluß dem Drittschuldner B im Wege der Ersatzzustellung zugestellt. B erhielt von der Zustellung ohne sein Verschulden keine Kenntnis u bezahlt die Forderung an C. Kann er den Nachweis der Unkenntnis von der Zustellung führen, braucht er gem §§ 1275, 407 BGB an A nicht noch einmal zu zahlen, RG 87, 412. 2

3) Die Zustellung erfolgt an den Empfänger grundsätzlich in Person. Ehe ein Zustellungsbeamter eine Ersatzzustellung vornimmt, hat er sich deshalb persönlich (Auskunft eines Dritten genügt regelmäßig nicht, Zweibrücken MDR 85, 1048) davon zu **überzeugen, ob der Empfänger nicht selbst anwesend** ist u ob die Wohnung oder das Geschäftslokal, in welchem die Zustellung vorgenommen oder vergebens versucht wird, auch wirklich die Wohnung oder das Geschäftslokal des Empfängers ist, sowie, daß die Personen, mit denen er verhandelt, auch wirklich die- 3 jenigen sind, für die sie sich ausgeben u auch zu dem Empfänger in dem angegebenen Verhältnis stehen. Dem Ersatzempfänger ist zu bedeuten, daß er verpflichtet ist, das Schriftstück dem Adressaten alsbald auszuhändigen. Vorsätzliche Nichtaushändigung des zugestellten Schriftstücks ist strafbar, §§ 246, 274 I 1 StGB und kann Schadensersatzansprüche des Adressaten gegen den Empfänger begründen: §§ 677, 678, 681, 823 II BGB.

4 **4) Wer fehlerhafte Ersatzzustellung** wegen des Fehlens ihrer gesetzl Voraussetzungen behauptet, hat diese Fehler im Hinblick auf die Beweiskraft der Zustellungsurkunde (§ 418) zu beweisen. Das Gericht ist an die vom GV festgestellten Voraussetzungen dieser Zustellung nicht gebunden (§ 286; vgl § 190 Rn 1). Die Behauptung des Adressaten, er wohne nicht mehr dort, wo zugestellt wurde, ist unbeachtlich, wenn er nicht darlegt, welche andere Wohnung er zur Zustellungs-Zeit tatsächl hatte, Köln Rpfleger 75, 260.

5 **Heilung einer fehlerhaften Ersatzzustellung** (Zustellung an falsche Ersatzperson) ist möglich ex nunc gem § 187, ex tunc durch Genehmigung. Die Genehmigung ist gleichbedeutend der Benennung eines Zustellungsbevollmächtigten (§ 174 Rn 1).

6 Die Ersatzperson ist nicht Vertreter des Adressaten iS § 85 II (anders der Zustellungsbevollm; § 85 Rn 17), BSG NJW 63, 1645.

7 **Postamtl Dienstvorschriften** für die Ersatzzustellung s §§ 50, 51 PostO v 16. 5. 63 (BGBl I 341) idF v 23. 3. 83 (BGBl I 326) sowie die DAP (Dienstanweisung für den Postbetrieb).

181 *[Ersatzzustellung]*

(1) Wird die Person, der zugestellt werden soll, in ihrer Wohnung nicht angetroffen, so kann die Zustellung in der Wohnung an einen zu der Familie gehörenden erwachsenen Hausgenossen oder an eine in der Familie dienende erwachsene Person erfolgen.

(2) Wird eine solche Person nicht angetroffen, so kann die Zustellung an den in demselben Hause wohnenden Hauswirt oder Vermieter erfolgen, wenn sie zur Annahme des Schriftstücks bereit sind.

1 **1) Abs 1. a) Wohnung** ist jeder vom Adressaten zur Zeit der Zustellung, wenn auch nur vorübergehend (RG 34, 392; 35, 430), zum Wohnen, nicht nur zum Aufenthalt benützte Raum (zB auch ein Hotelzimmer, RG 35, 432, Wohnwagen). Maßgeblich sind die tatsächl Verhältnisse, nicht die polizeil Anmeldung, Celle NJW 71, 1227. Entscheidend ist (im Gegensatz zur Arbeitsstätte), daß der Raum als Schlafstätte benutzt wird (BGH NJW 78, 1858 = MDR 78, 558). Der Vorgarten, Bodenraum, das gemeinsame Waschhaus sind nicht als Wohnung anzusehen. Durchsuchung der Wohnung ist nicht notwendig. Sichverleugnenlassen oder Versagung des Zutritts berechtigt zur Ersatzzustellung (s auch Rn 4 vor § 166); ihr Grund ist dann in der Urk anzugeben, BGH LM § 181 ZPO Nr 1 = BB 56, 58; OLG 19, 145. Die Wohnung darf nicht aufgegeben sein. Aufgabe der Wohnung setzt zumindest längere Abwesenheit voraus. Dafür genügt Strafhaft von 1 Monat (BGH NJW 51, 931; 78, 1858 = MDR 78, 558; Hamm Rpfleger 77, 177) oder längere Auslandsreise (BayObLG JR 61, 271). Keine Aufgabe bei längerem Krankenhausaufenthalt (BGH NJW 85, 2197 = MDR 85, 216; Zweibrücken MDR 84, 762 bei mehrmonatiger stationärer Alkoholtherapie; s aber unten Rn 2), bei polizeil Festnahme (Hamm NJW 62, 264) oder bei Bezug einer Zweitwohnung. Im Einzelfall (Tatfrage!) darauf abzustellen, ob die Ersatzperson in absehbarer Zeit Gelegenheit hat, das Schriftstück dem Adressaten auszuhändigen (BGH LM § 328 BGB Nr 15; Schumacher DRiZ 63, 151; Adrian DGVZ 65, 101, 133, 147; Otto DGVZ 63, 177). Das wird idR nur zu bejahen sein, wenn bei längerer Abwesenheit des Adressaten die Zustellung an dessen Familienangehörige erfolgt, deren Verbleib in der Wohnung zugleich die fortdauernde persönliche Beziehung des Adressaten zu dieser „seiner" Wohnung indizieren kann (vgl BGH NJW 78, 1858 = MDR 78, 558). – Ist ein Verhandeln mit dem Adressaten nicht möglich (er ist zB schwerkrank), so ist er als nicht angetroffen zu behandeln. Erklärt der anwesende Adressat, an der Annahme verhindert zu sein, so ist nach § 186 zu verfahren (Zurücklassung des Schriftstücks). Wer sich nach außen hin den Anschein gibt, an einem bestimmten Ort eine Wohnung zu haben, muß – falls nicht der Zustellende die wirkliche Wohnung des Adressaten kennt (Frankfurt NJW 85, 1910 = MDR 85, 506) – dies auch bei Zustellung gegen sich gelten lassen, LG Berlin JW 35, 2218; Hamm NJW 70, 958; Köln Rpfleger 75, 260. Daher ist Wohnung auch die vom Adressaten in einem postalischen Nachsendeauftrag benannte neue (nicht nur befristete) Wohnanschrift (LG Frankfurt Rpfleger 81, 493); einschränkend Hamburg MDR 82, 1041 für den Fall, daß als Nachsendeanschrift die Wohnung eines Dritten angegeben wurde.

Wohnung iS § 181 ist *neben* der auch bei mehrmonatigem Krankenhausaufenthalt beibehaltenen eigentlichen Wohnung (oben Rn 1) aber auch das Krankenhaus, in welchem dem Patienten daher zu Händen der Hausverwaltung (unten Rn 6) gemäß § 181 zugestellt werden kann (Stuttgart Justiz 67, 316). Auch wo die eigentliche Wohnung nicht beibehalten wurde, gilt der Aufenthalt in einer Truppenunterkunft (RGZ 152, 360; Oldenburg NdsRpfl 67, 124) oder einer Strafvollzugsanstalt (unten Rn 6) iSd § 181 als Wohnung. Wegen Zustellung an Soldaten s Rn 8 vor § 166. 2

b) An einen notwendig der **familiären Wohngemeinschaft** angehörenden **Hausgenossen** oder **Hausangestellten** kann nur in der Wohnung des Adressaten (nicht auch zB in dem von der Wohnung getrennten Geschäftslokal oder auf dem Weg zur Wohnung) rechtswirksam zugestellt werden. Annahme darf nicht verweigert werden; bei Verweigerung Zurücklassung nach § 186. 3

Hausgenosse: Ehemann, Ehefrau, Sohn, Tochter, Schwiegereltern usw. Verwandtschaft ist nicht nötig, aber Leben im Familienverband des Adressaten. Ob ein Zusammenleben in **nichtehelicher Lebensgemeinschaft** der Familie idS gleichzustellen ist, ist noch umstritten (BFH NJW 82, 2895 m Nachw), wird aber, wenn nur eine gefestigte Lebensgemeinschaft besteht, zu bejahen sein (FG Hamburg NJW 85, 512; LG Flensburg MDR 82, 238; Celle FamRZ 83, 202; aM StJSch Fußnote 18; München MDR 86, 162 = Rpfleger 86, 27); denn § 181 will den Zugang von Schriftsachen durch Aushändigung an solche Personen sicherstellen, von denen nach der Lebenserfahrung zu erwarten ist, daß sie die Sendung wegen ihres nach außen zum Ausdruck gebrachten Vertrauensverhältnisses zum Adressaten diesem aushändigen. Für moralische Wertungen läßt § 181, der sogar Hausangestellte in den zulässigen Empfängerkreis einbezieht, keinen Raum. Daher zulässig auch die Aushändigung an die mit dem Adressaten zusammenlebende Verlobte (Celle FamRZ 83, 202), ebenso (entgegen Hamm MDR 81, 602) an die mit dem Adressaten noch in eheähnlicher Gemeinschaft zusammenlebende geschiedene Ehefrau (so LG Flensburg MDR 82, 238). Hausgenosse ist nicht der Untermieter, auch wenn er am Mittagtisch des Adressaten teilnimmt, oder ein, wenn auch auf längere Zeit, nur zu Besuch weilender Verwandter, es sei denn, daß der Besuch, wenn auch nur vorübergehend, dort Wohnung nimmt und tatsächlich in die Familiengemeinschaft aufgenommen wird, RG 34, 398. Zustellung an die sich als Ehefrau des Adressaten ausgebende Haushälterin ist rechtswirksam; Ersatzzustellung an die vom Ehemann getrennt lebende, wenn auch mit ihm in ders Wohnung befindl Ehefrau ist unzulässig, BVerwG NJW 58, 1985; GVZ 31, 174; LG Hagen MDR 68, 765; abw Hamm NJW 69, 800 bei gemeins Haushaltsführung in Scheidung lebender Ehegatten, es sei denn diese sind Beteiligte mit widerstreitenden Interessen (dann § 185). Ob eine Person **erwachsen** ist, ist im einzelnen Fall mit Rücksicht auf ihr Alter sowie ihre körperliche und geistige Entwicklung zu entscheiden. Volljährigkeit ist nicht erforderlich. Ein 17jähriger kann sehr wohl die körperliche und geistige Reife besitzen (RGSt 47, 378; Hamm NJW 74, 1150; 15jähriger: ja, BSG MDR 77, 82; LG Frankenthal Rpfleger 82, 384; 14jähriger: ja, JR 57, 425; nein, Schleswig SchlHA 80, 214; 11jähriger: nein, RG 14, 338). 4

Hausangestellte: Köchin, Hausmädchen, Kraftwagenführer (nicht, wenn er lediglich im Gewerbebetrieb tätig ist). Erzieherin, Gesellschafterin, Dienstpersonal. Voraussetzung ist nur, daß die Person in der Familie des Adressaten dauernd dient oder zu einem Familienmitglied des Adressaten (zB zu dessen bei ihm lebenden Mutter, RG 34, 397) in einem dauernden Dienstverhältnis steht. Nicht nötig ist: Hausgenossenschaft, dh Wohnen bei dem Adressaten. Zulässig deshalb: Ersatzzustellung an die in der Wohnung angetroffene ständige Zugehfrau oder gegen Stundenlohn beschäftigte Putzfrau (JW 37, 1663) des Adressaten, die eine selbständige Wohnung hat; unzulässig: Ersatzzustellung an einen zufällig anwesenden Taglöhner oder eine Gelegenheitshilfe, die nur zu vorübergehender Leistung eingestellt sind, auch wenn sie regelmäßig im Bedürfnisfall herangezogen werden. „Dienende Person" iSd § 181 ist auch eine Person, die ohne Dienstvertrag aus Gefälligkeit, jedoch regelmäßig, Dienste verrichtet (so für eine Verwandte, die täglich 2 Stunden im Haushalt hilft, Hamm MDR 82, 516). 5

2) Abs II. Hauswirt ist der im **gleichen Haus** (JW 38, 2681) wohnende Hauseigentümer oder sein Beauftragter (Hausverwalter, Hausmeister, Pförtner, RG JW 19, 678), ferner der Dienstherr gegenüber seinen im gleichen Haus wohnenden Dienstboten, HRR 38, 1362; für Krankenhauspatient kann, wenn dieser selbst nicht augesucht werden darf, dem ärztl Direktor oder Leiter der Krankenhausverwaltung zugestellt werden, Stuttgart Rpfleger 75, 102; im Gefängnis dem Anstaltsleiter oder dessen Vertreter, § 156 StVollzG; RG 31, 282. Wegen der (Ersatz-)Zustellung an Soldaten vgl Rn 8 vor § 166. Unzulässig ist Zustellung an den Hauswirt, wenn die Zustellung an einen RA od Gewerbetreibenden nach § 183 erfolgen soll, JW 98, 350. 6

Vermieter ist, wer die Wohnung dem Adressaten vermietet hat oder vertraglich (zB als Unternehmer) Kost u Wohnung gewährt. Eine Amtspflicht des Zustellbeamten, den ihm unbekannten Vermieter zu ermitteln, verneint mit Recht LG Hmbg NJW 67, 56. Lehnen Hauswirt od Vermie- 7 ter die Briefannahme ab, kann an ihre Familienangehörigen oder Bediensteten nicht zugestellt werden; in Frage kommt dann nur Niederlegung, § 182, nicht § 186. Wer eine Ersatzzustellung angenommen hat, muß sie (sonst §§ 246, 274 I 1 StGB) an den Adressaten abliefern, RGSt 49, 144. Über die Ersatzzustellung im Strafprozeß vgl Oppe NJW 61, 1800; BVerfG NJW 69, 1531 u 1103.

8 **3) Verstoß** gegen § 181 macht die Zustellung unwirksam, wenn die Zustellung eine Notfrist in Lauf setzt; sonst § 187. S auch RG 87, 413. Inhalt der Zustellungsurkunde: § 191 Nr 4. Beweislast für unwirks Zustellung: Rn 4 vor § 181; dort auch zur Frage, ob Unkenntnis des Adressaten von der Ersatzzustellung deren Wirkung in Frage stellt, und zur Schadensersatzpflicht des Empfängers bei Nichtweitergabe des Schriftstücks an den Adressaten.

182 *[Zustellung durch Niederlegung]*

Ist die Zustellung nach diesen Vorschriften nicht ausführbar, so kann sie dadurch erfolgen, daß das zu übergebende Schriftstück auf der Geschäftsstelle des Amtsgerichts, in dessen Bezirk der Ort der Zustellung gelegen ist, oder an diesem Ort bei der Postanstalt oder dem Gemeindevorsteher oder dem Polizeivorsteher niedergelegt und eine schriftliche Mitteilung über die Niederlegung unter der Anschrift des Empfängers in der bei gewöhnlichen Briefen üblichen Weise abgegeben oder, falls dies nicht tunlich ist, an die Tür der Wohnung befestigt oder einer in der Nachbarschaft wohnenden Person zur Weitergabe an den Empfänger ausgehändigt wird.

1 **1) § 182 setzt** ordnungsgemäßen **Zustellungsversuch nach § 180 oder § 181 voraus,** BGH MDR 68, 493. Daher nicht anwendbar bei Zustellung im Geschäftslokal (§ 183), BGH NJW 76, 149; WPM 73, 1424; BayObLG NJW 64, 206; anders wenn Wohnung und Geschäftslokal identisch sind LAG Saarbrücken JBl Saar 66, 13. Die Zustellung durch Niederlegung setzt voraus, daß entweder in der gegenwärtigen (VGH Mannheim NJW 69, 109) Wohnung des Adressaten niemand (Adressat oder Ersatzempfänger iS § 181) anwesend ist oder der Ersatzempfänger befugtermaßen (§§ 185, 181 II) die Annahme verweigert. Bei unbefugter Annahmeverweigerung: § 186. Verstoß macht die Zustellung unwirksam; s aber § 187. **Trifft § 182 zu,** hat der Zustellungsbeamte die Wahl, bei welcher Stelle (GeschSt des AG, Postanstalt, Gemeindevorsteher, Polizei) er hinterlegen will. Er hat bei dieser Wahl aber auch die Interessen des Zustellungsadressaten zu berücksichtigen und die tunlichst nächstgelegene Hinterlegungsstelle zu wählen (LG Hamburg MDR 85, 167). Landesrechtl Vorschrift über Niederlegung bei Gemeinde- oder Polizeivorsteher s BayGVBl 1953, 141.

2 **Anzeige über die Niederlegung:** „Für Sie ist bei ... ein Brief zum Zweck der Zustellung hinterlegt. Datum. Unterschrift." Diese Mitteilung ist Wirksamkeitsvoraussetzung der Zustellung durch Niederlegung (Rn 4 vor § 166); daß und wie sie erfolgt ist, beweist die Zustellungsurkunde gemäß § 418 (BVerwG NJW 86, 2127). – Die Mitteilung ist auch dann an der Wohnung nötig, wenn der Adressat sonst seine Post postlagernd empfängt BGH BB 54, 577; BayObLG NJW 63, 600; BSG NJW 67, 903; BVerwG NJW 71, 1284; BFH NJW 84, 448, oder wenn er ein Postfach unterhält, LG Köln MDR 73, 768. Die Befestigung an der Wohntür ist nur statthaft, wenn die Abgabe der Mitteilung in der bei gewöhnlichen Briefen üblichen Weise nicht tunlich ist. Zur Abgabe der Mitteilung ist nicht die unmittelbare Aushändigung an eine in der Wohnung befindliche Person erforderlich; es genügt auch Einwurf in den Briefkasten oder bei Fehlen eines solchen das Durchschieben der Mitteilung durch den Spalt zwischen Türe und Schwelle oder dergl, RG DJ 38, 1425. Abgabe der **Mitteilung „in der bei gewöhnlichen Briefen üblichen Weise"** heißt Hinterlassung in der vom Postzusteller auch sonst praktizierten und vom Empfänger jedenfalls hingenommenen Art. Der Zweck, dem Empfänger möglichst bald und zuverlässig Kenntnis von der Mitteilung zu verschaffen, bestimmt die Art und Weise. Wo zB Briefkasten fehlt, kann – wenn auch sonst üblich – Ablegen der Mitteilung vor der Tür genügen (BVerwG NJW 85, 1179 = Rpfleger 85, 118). Sollte dies ausnahmsweise nicht tunlich sein, ist zunächst von der Möglichkeit der Verständigung eines in der Nachbarschaft des Zustellungsempfängers wohnenden Person, wenn zur Annahme bereit, Gebrauch zu machen; sie ist zu ersuchen, die Benachrichtigung dem Zustellungsempfänger auszuhändigen. Erst in letzter Linie ist auf die Befestigung an die Wohnungstüre zurückzugreifen. Nach BVerwG NJW 73, 1945 nicht ausreichend, die Anzeige auf einen Tisch der Wohnung zu legen. Köln (JurBüro 79, 607 mwN) erachtet es für unzureichend, die Mitteilung in den Briefschlitz der Haustür eines von mehreren Mietparteien bewohnten Hauses einzuwerfen, wenn Einzelbriefkästen für jeder der (drei) Mietparteien nicht vorhanden sind; das erscheint zu streng, denn was für sonstige Post erkennbar „üblich" ist, reicht auch für die Abgabe der Mitteilung.

Nichtweitergabe der Benachrichtigung durch den Nachbarn macht die Zustellung nicht unwirksam, OLG 17, 178, begründet aber Wiedereinsetzung, § 233. Eine Ersatzzustellung durch Niederlegung bei der Post ist nicht deshalb unwirksam, weil der verreiste Zustellungsempfänger vor der Abreise die Post beauftragt hatte, während seiner Abwesenheit eingehende Postsendungen an den Absender zurückgehen zu lassen (BayObLG, NJW 57, 33) oder an eine andere Adresse nachzusenden; im letzteren Fall ist auch die schriftl Mitteilung der Niederlegung nicht nachzusenden, falls nicht der Nachsendeauftrag auf Zustellungen erweitert ist, BayObLG MDR 81, 60. 3

2) Die GeschSt des AG, die Postanstalt, der Gemeinde- oder Polizeivorsteher dürfen die Sendung nur an den **Adressaten persönlich oder an eine vom Adressaten** durch Empfangsvollmacht (bei der Post: vom Adressaten bei der Post niederzulegende Postvollmacht, § 46 PostO; hierzu BGH NJW 86, 2826) **legitimierte andere Person aushändigen.** Erfolgt binnen 3 Monaten keine Abholung, so ist das niedergelegte Schriftstück an den GV zurückzugeben (§§ 59, 60 PostO, § 120 der Dienstanweisung für den Postbetrieb). Die Wirksamkeit der Zustellung wird durch diese Rückgabe nicht berührt. Die GV haben die Schriftstücke zu öffnen u Teile, die als Urk einen selbständigen Wert haben (wie Schuldscheine, Wechsel) dem Auftraggeber zurückzugeben. Die nicht zurückgegebenen Teile sind, falls in der Sache Akten vorhanden sind, zu diesen zu nehmen, andernfalls zu vernichten, BGH 28, 30. **Wirksam vollzogen ist die Zustellung mit Niederlegung der Sendung** bei der i der Mitteilung bezeichneten Stelle, auch wenn das erst (zB beim Postamt, BAG NJW 70, 1894) nach Schluß der Schalterstunde geschieht. Auf Zeitpunkt der Kenntnisnahme durch Empfänger kommt es bei zulässiger Ersatzzustellung nicht an (Rn 1 vor § 181); allenfalls Wiedereinsetzung (hierzu BVerfG NJW 69, 1103; Endemann NJW 69, 1198). 4

183 *[Ersatzzustellung im Geschäftsraum bei Gewerbetreibenden, Rechtsanwälten usw]*

(1) Für Gewerbetreibende, die ein besonderes Geschäftslokal haben, kann, wenn sie in dem Geschäftslokal nicht angetroffen werden, die Zustellung an einen darin anwesenden Gewerbegehilfen erfolgen.

(2) Wird ein Rechtsanwalt, ein Notar oder ein Gerichtsvollzieher in seinem Geschäftslokal nicht angetroffen, so kann die Zustellung an einen darin anwesenden Gehilfen oder Schreiber erfolgen.

1) Der Zustellungsbeamte hat die **Wahl, ob** er nach **§§ 181, 182 oder** nach **§ 183** zustellen will, RG DR 39, 2175. Ist die Zustellung nach § 181 nicht ausführbar, kann er nach § 182 oder § 183 zustellen. Ist Zustellung nach § 183 nicht möglich, muß sie nach § 181 oder § 182 erfolgen; Niederlegung im Falle des § 183 ist ebenso unzulässig wie Ersatzzustellung an den Vermieter oder Hauswirt des Geschäftslokals, BGH NJW 76, 149; BayObLG NJW 64, 206; vgl § 182 Rn 1. Zustellung nach § 183 setzt nicht voraus, daß Gegenstand des Rechtsstreites Angelegenheit des Gewerbebetriebs ist, RG 16, 351. Inhalt der Zustellungsurk: § 191 Nr 4. 1

2) Abs I. Gewerbetreibende sind alle Personen, die eine fortgesetzte, im eigenen Namen ausgeübte Beschäftigung treiben, wenn diese ihrem Wesen nach auf Erzielung eines Gewinnes für eigene Rechnung gerichtet ist; Beispiel: Kaufleute, Fabrikanten, Schreiner, Gastwirte, Ärzte, Apotheker. Das „Gewerbe" muß kein solches iS der GewO sein, daher Gewerbe idS auch die Anwaltskanzlei (s Abs II). Voraussetzung ist, daß der Zustellungsadressat (Mit-)Inhaber des Betriebes ist, wenn auch nicht notw Eigentümer. Daher Zustellung nach § 183 auch an den Pächter, Nießbraucher etc, der den Betrieb für eigene Rechnung innehat. Kein Inhaber ist aber der Prokurist, Geschäftsführer (BayObLGZ 85, 20 = MDR 85, 506; MDR 86, 168), Gesellschafter (Celle MDR 57, 234); an diese im Geschäftslokal allenfalls Zustellung gem § 180, sonst gem §§ 181, 182 in deren Wohnung. 2

Besonderes Geschäftslokal: Laden, Kontor, Werkstätte, usw, sofern der Inhaber von diesem Lokal aus üblicherweise seine Berufsgeschäfte abwickelt (RG 16, 349; Düsseldorf MDR 66, 682; LAG Hamm MDR 78, 606). Daher ist auch ein Messestand während der Dauer der Messe als besonderes Geschäftslokal anzusehen (Koblenz WRP 84, 44). Gleichgültig, ob das GeschLokal räumlich von der Wohnung getrennt (unten Rn 6 u 7). 3

Gewerbegehilfe ist, wer in einem gewerblichen Unternehmen vertraglich den Geschäftsherrn in der Geschäftsführung unterstützt, zB: Buchhalter, Kontorist, Verkäufer, Volontär, Lehrling (OLG 42, 29), Ladenmädchen, Kellner, Handelsvertreter auf einem Messestand des Unternehmers (Koblenz WRP 84, 44). Kein GewGehilfe, wem nur untergeordnete Hilfsdienste übertragen sind; eine gewisse Vertrauensstellung wird vorausgesetzt (BVerwG NJW 62, 70). Unnötig, daß 4 der Gehilfe volljährig, er muß nur „erwachsen" iS des § 181 sein, denn Zustellung ist kein Rechtsgeschäft (BVerwG aaO). Kein Gehilfe ist zB: ein assoziierter RA, ein Geschäftsteilhaber, Hausdiener, Türsteher, Aufseher, Pförtner, Fabrikarbeiter.

5 Bei Zustellung an Gewerbetreibende, die einen **offenen Laden** haben, an Gast- oder Schankwirte, hat der GV den zur Bezeichnung des Geschäftsinhabers in dem Laden oder in der Wirtschaft angebrachten Namen (§ 15a GewO) zu beachten. Bei Handelsgeschäften muß er sich vergewissern, ob es sich um das Geschäft eines Einzelhandelskaufmanns oder eines Gesellschafters handelt. Im ersteren Fall ist in der Zustellungsurkunde der bürgl Name (Vor- u Familienname) des Firmeninhabers anzugeben. Zustellung an Gesellschaft: § 184.

6 Liegt das **Geschäftslokal außerhalb der Wohnung,** so ist eine Ersatzzustellung in ihm (Übergabe an den außerhalb des Geschäftslokals angetroffenen Gehilfen wäre unzulässig RG HRR 26, 1755) nur an e darin anwesenden Gewerbegehilfen zulässig, der die Annahme der Zustellung nicht verweigern darf. Im Geschäftslokal kann nicht zugestellt werden an einen zur Familie des Adressaten gehörigen erwachsenen Hausgenossen oder eine in der Familie dienende erwachsene Person oder Vermieter, die sich dort zufällig aufhalten sollte (Düsseldorf WPM 77, 1334). Das besondere GeschLokal kann auch auswärts sein; es braucht sich nicht am Sitz des Hauptgeschäfts zu befinden, RG 109, 267; oben Rn 3.

7 Ist das **Geschäftslokal Teil der Wohnung,** so kann in ihm sowohl an Gewerbegehilfen, wie an die im § 181 bezeichneten Personen rechtsgültig zugestellt werden.

8 Bei Ersatzzustellung ist (abgesehen von dem Fall des § 184 I und § 183 II, wenn das Schriftstück keine persönliche Angelegenheit des Empfängers betrifft) das zu übergebende Schriftstück nach landesgesetzl Vorschrift vor der Übergabe zu verschließen und der Brief mit Siegelmarke oder dem Dienstsiegel zu versehen.

9 **3) Abs II. Nicht angetroffen** wird auch, wer sich nicht in den der Allgemeinheit zugänglichen Räumen des Geschäfts aufhält; der GV oder Postbote hat kein Recht, andere Räume zu betreten (BVerwG DÖV 74, 348). Daher Ersatzzustellung zulässig auch an den RA, Notar, der, obwohl anwesend, die eingehende Post nicht persönlich entgegennehmen will (BVerwG NJW 62, 70). Ersatzzustellung ist nur zulässig an Personen, die in Wahrnehmung der Geschäfte des Anwaltsberufes dauernde Dienste leisten, JW 36, 3312; unzulässig ist also zB die Ersatzzustellung an einen RA, der mit einem anderen in Kanzleigemeinschaft steht, BayZ 29, 291, zulässig dagegen an den nach der BRAO bestellten Stellvertreter des Anwalts, an einen gemeinsamen Bürobeamten der verbundenenRAe, JW 06, 566, an einen im Vorbereitungsdienst stehenden Referendar, BVerwG NJW 62, 70; OVG Münster Rpfleger 76, 223. Lehrlinge sind „Schreiber": reine „Boten" sind keine Gehilfen, RG 4, 427. Bei Verweigerung der Annahme der Zustellung: § 186. Niederlegung gem § 182 ist unzulässig. Das Anwaltszimmer im Gerichtsgebäude ist nicht Geschäftslokal iS des Abs II (Düsseldorf MDR 66, 682).

184 *[Ersatzzustellung bei gesetzlichen Vertretern, Vorstehern einer Behörde usw]*

(1) Wird der gesetzliche Vertreter oder der Vorsteher einer Behörde, einer Gemeinde, einer Korporation oder eines Vereins, dem zugestellt werden soll, in dem Geschäftslokal während der gewöhnlichen Geschäftsstunden nicht angetroffen, oder ist er an der Annahme verhindert, so kann die Zustellung an einen anderen in dem Geschäftslokal anwesenden Beamten oder Bediensteten bewirkt werden.

(2) Wird der gesetzliche Vertreter oder der Vorsteher in seiner Wohnung nicht angetroffen, so sind die Vorschriften der §§ 181, 182 nur anzuwenden, wenn ein besonderes Geschäftslokal nicht vorhanden ist.

1 **Anwendungsbereich:** Zustellung an juristische Personen, Behörden (neben der öffentl-rechtl Körperschaft selbst also auch deren Ressortbüro zB Wohnungsamt) und Gesamtparteien ohne eigene Rechtspersönlichkeit zB OHG, KG, Reederei, nichtrechtsfähiger Verein. Diese müssen Zustellungsadressat sein. Über die Person des Zustellungsempfängers § 171. Wird im Geschäftslokal trotz Erkundigung ein Vertreter oder Vorsteher nicht angetroffen, so ist die Ersatzzustellung an Bedienstete oder Beamte wirksam, auch wenn der Vertreter oder Vorsteher im Schriftstück falsch benannt war, KG Rpfleger 76, 222.

2 **Geschäftslokal** ist jeder für den Dienst der Behörde, des Hauptgeschäfts usw bestimmte Raum, RG 107, 165; 109, 267. – Der Zustellungsbeamte hat im Falle des § 184 die **Wahl,** ob er **während** der gewöhnl Geschäftsstunden **in dem Geschäftslokal** dem gesetzl Vertreter oder Vorsteher persönlich oder einem dort beschäftigten Beamten oder Bediensteten (egal, ob Arbeits- oder

Angestelltenvertragsverhältnis des Adressaten mit dem „Bediensteten" besteht; BFH BStBl 84 II, 167) **oder in der Wohnung** des gesetzl Vertreters oder Vorstehers diesem persönl zustellen will. (Keine Ersatzzustellung nach §§ 181, 182, RG 123, 204). **Außerhalb der Geschäftsstunden** kann nur dem gesetzl Vertreter oder Vorsteher auch außerhalb seiner Wohnung (§ 180) zugestellt werden; jede andere Zustellung ist unzulässig, RG 21, 389. **Gewöhnliche Geschäftsstunden** sind die Zeit, während der wesentliche Aufgaben des Unternehmens wahrgenommen werden, wenn auch (zB am Samstag, OVG Koblenz NJW 66, 1769) nur eingeschränkt. Bei Behörden bestimmt die Dienstzeit die Dienstordnung, bei Firmen der örtliche Handelsbrauch. **Fehlt ein Geschäftslokal,** so kommt Zustellung nach §§ 180, 181, 182 in Frage, JW 33, 1038. Zustellung an den Aufsichtsrat (zB §§ 112, 246 II AktG; RG 83, 414) nur an das Aufsichtsratsmitglied selbst nach §§ 180, 182, keine Zustellung nach § 184 (vgl § 171 Rn 10).

Verstoß gegen § 184 macht die Zustellung unwirksam, wenn die Zustellung eine Notfrist in Gang setzt; sonst § 187. Inhalt der Zustellungsurkunde: § 191 Nr 4. 3

185 *[Keine Ersatzzustellung an den prozeßbeteiligten Gegner]*

Die Zustellung an eine der in den §§ 181, 183, 184 Abs. 1 bezeichneten Personen hat zu unterbleiben, wenn die Person an dem Rechtsstreit als Gegner der Partei, an welche die Zustellung erfolgen soll, beteiligt ist.

1) § 185 will die ohnehin riskante Zustellung an Ersatzpersonen dort einschränken, wo **wegen Interessenkollision die Gefahr der Nichtaushändigung** des Schriftstücks an den Adressaten größer als normal ist. 1

Der Zustellungsbeamte wird idR nicht wissen, wer Gegner der zustellenden Partei ist. Andererseits weiß die zustellende Partei nicht, wer von ihren Gegnern als Ersatzperson angetroffen werden könnte. Daher ist doppelte Vorsorge gegen unzulässige Ersatzzustellung geboten: Vorsorgliche Bezeichnung der für Ersatzzustellung untauglichen Personen auf dem Briefumschlag *und* nachträgl Prüfung, welcher Ersatzperson zugestellt wurde; evtl Wiederholung der Zustellung. Auf den Briefumschlag und die Zustellungsurkunde (zweckmäßig mit roter Schrift) ist unmittelbar unter dem Namen des Empfängers zu vermerken: „Zustellung an ... (zB die Ehefrau, die Hausgehilfin, den Hauswirt, Vermieter ...) darf nicht stattfinden." 2

2) Gegner des Zustellungsadressaten u damit ungeeignete Ersatzperson ist primär die zustellende Partei (§ 191 Nr 2) selbst, ferner deren Streitgehilfen. Die Rspr zählt zu den Gegnern des Adressaten über den Kreis der unmittelb ProzBeteiligten hinaus alle sonstigen Personen, zwischen denen konkrete Interessenkollision besteht: Personen, die, wenn am Prozeß beteiligt, notw Streitgenossen der zustellenden Partei wären, zB die in Gütergemeinschaft mit dieser lebende Ehefrau RG 35, 429; ferner nahe Familienangehörige des Gegners zB Ehegatte, Kinder, Eltern, Geschwister, ebenso sonstige den Weisungen des Prozeßgegners unterworfene Dritte (zB unwirksam die Ersatzzustellung der Klage an die Sekretärin des Klägers, die zugleich für den Beklagten postempfangsberechtigt ist; Karlsruhe MDR 84, 151 = Rpfleger 84, 25). Gegner ist im Strafverfahren (§ 37 StPO) auch der Verletzte (Hamburg NJW 64, 678). Bedenklich die vom RG 87, 423 für zulässig erachtete Zustellung des Pfändungsbeschlusses an den Drittschuldner zu Händen des Schuldners; mit Recht abgelehnt von BAG MDR 81, 346; Wieczorek Anm B II c zu § 185. Kein „Gegner" und daher als Ersatzperson tauglich ist der Minderjährige (hierzu § 181 Rn 4), wo dessen gesetzl Vertreter Zustellungsadressat ist (BGH Rpfleger 73, 129; VersR 73, 156). Im Zweifelsfall wird bei nicht erwiesener Aushändigung an den Adressaten Wiedereinsetzung zu gewähren sein. 3

Zulässig ist Zustellung an den gemeins Zustellungsbevollm beider Parteien, RG 157, 168, oder an den bloßen Streitverkündeten einer Partei vor dessen Beitritt (§§ 72, 74 II), weil dieser der einen oder der anderen Partei beitreten kann. 4

Der Grund, warum eine mögl Ersatzperson wegen § 185 übergangen wurde, ist entspr § 191 Nr 4 in der Zustellungsurkunde zu vermerken. 5

Verstoß macht Zustellung unwirksam, wenn Zustellung eine Notfrist in Lauf setzt; sonst § 187. 6

186 *[Annahmeverweigerung]*
Wird die Annahme der Zustellung ohne gesetzlichen Grund verweigert, so ist das zu übergebende Schriftstück am Ort der Zustellung zurückzulassen.

1 **1) Voraussetzung** für die Zurücklassung des Schriftstückes ist die unberechtigte Annahmeverweigerung durch den Adressaten oder eine Ersatzperson. § 186 nicht anwendbar im Fall des § 198, s dort Rn 8; RG 98, 243.

2 Die **Annahme darf nur verweigert werden:** vom Adressaten im Fall des § 188; vom Gegner des Adressaten (§ 185),vom Hauswirt oder Vermieter (§ 181 II) immer; von sonstigen Ersatzpersonen nur, soweit die Voraussetzungen der Ersatzzustellung fehlen (zB von einer nur zufällig in der Wohnung anwesenden fremden Person bei § 181; von einem Familienangehörigen außerhalb der Wohnung oder im Geschäftslokal des § 183), soweit Zustellung zu unzumutbarer Zeit erfolgt (§ 188 oder außerhalb der gewöhnl Geschäftszeit im Geschäftslokal, § 184) oder soweit Zweifel an der Person des Adressaten bestehen (zB bei gleichem Namen von Vater und Sohn). In allen anderen Fällen sind auch Ersatzpersonen öffentl-rechtl z Entgegennahme verpflichtet.

3 **2) Wirkung:** das Schriftstück darf zurückgelassen, dh in den Briefkasten geworfen, unter der Tür durchgeschoben, an die zugeschlagene Tür geheftet oder vor die Tür gelegt werden. Unzulässig auch hier die Übergabe an beliebige Dritte.

4 Grund und Form der Zurücklassung sind gem § 191 Nr 5 zu **beurkunden** (aM bzgl Grund StJSch Rn 1).

187 *[Heilung von Zustellungsmängeln]*
Ist ein Schriftstück, ohne daß sich seine formgerechte Zustellung nachweisen läßt, oder unter Verletzung zwingender Zustellungsvorschriften dem Prozeßbeteiligten zugegangen, an den die Zustellung dem Gesetz gemäß gerichtet war oder gerichtet werden konnte, so kann die Zustellung als in dem Zeitpunkt bewirkt angesehen werden, in dem das Schriftstück dem Beteiligten zugegangen ist. Dies gilt nicht, soweit durch die Zustellung der Lauf einer Notfrist in Gang gesetzt werden soll.

1 **1) Zweck:** Die Formvorschriften für die Zustellung sind nicht Selbstzweck (vgl BGH 10, 350/359 = NJW 53, 1826), sie sollen nur dem tatsächl Zugang an den Adressaten (§ 170) und der Feststellung des Zeitpunkts des Zugangs dienen. Daher heilt, wenn nur dem Zugang eine gewollte Zustellungsanordnung (unten Rn 5) zugrundeliegt, der jeder Beweisführung zugängliche tatsächl Zugang alle Zustellungsmängel – Ausnahme für die Ingangsetzung von Notfristen, deren Zeitbestimmung zweifelsfrei urkundl belegt sein muß – ebenso wie der Rügeverzicht gem § 295 (vgl Rn 6 vor § 166). BGH (NJW 72, 1004) hält § 187 für nicht anwendbar bei Zustellung der Klageschrift gegen eine im Ausland wohnende Partei an einen inländischen vollmachtlosen Vertreter, der die Klage an die Auslandspartei tatsächl weitergibt, denn die Zustellung wirke als Hoheitsakt nicht über die Staatsgrenzen (vgl § 199 und dort Rn 12). Dem ist entgegenzuhalten, daß für das Verfahren (zB Zustellungswirkung §§ 253, 261, 270 III) die lex fori gilt (StJL vor § 128 Rn 182) und § 199 auch nur Hilfsmittel für die Gewährung rechtl Gehörs ist (StJSch Rn 43; zur Anwendung des § 187 im internat Rechtsverkehr § 328 Rn 163; Geimer NJW 72, 1624; Bökelmann JR 72, 424; KG OLGZ 74, 328; BayObLG FamRZ 75, 217 m Anm Geimer).

2 § 187 gilt in der jetzigen Fassung seit der ZustellungsVO v 9. 10. 1940 (RGBl I 1340). Vorher war Heilung von Zustellungsmängeln nur beschränkt möglich. Daher Vorsicht bei der Auswertung älterer Rechtsprechung!

3 **2) Anwendungsbereich:** § 187 gilt – soweit nicht Notfristen in Frage stehen – für jede Art der Zustellung in der streit u freiw Gerichtsbarkeit (Hamm MDR 53, 561). Der tatsächl Zugang heilt nicht nur Mängel des Zustellungsaktes, sondern auch Mängel des Zustellungsgegenstandes, zB wenn entgg § 170 unbegl Abschrift der Klageschrift zugeht (BGH NJW 65, 104; abw Wieczorek Anm A I b) oder wenn die begl Abschrift der Ausfertigung einer einstw Verfügung weder Dienstsiegel noch Unterschrift des Ausfertigungsvermerks wiedergibt (Hamm NJW 76, 2026). Nicht konsequent daher BGH LM § 176 ZPO Nr 3, wonach mangelnder Verschluß der Sendung (§§ 194, 211) oder OLG Nürnberg, NJW 63, 1208, wonach fehlende Angabe der Geschäftsnummer unheilbar sei. Auch hier ist Heilung möglich, denn § 187 will den fehlenden Urkundenbeweis für die formgerechte Zustellung ebenso entbehrlich machen wie den Nachweis der „Verletzung zwingender Zustellungsvorschriften“.

4 Nicht anwendbar ist § 187 aber auf sachl Mängel der Zustellungssendung, zB falsche Partei in der Klage (anders bei ledigl falscher Bezeichnung der richtigen Partei; insoweit ist § 187 anwend-

bar, § 253 Rn 7), BGH 32, 114. Keine Heilung daher, wenn Zustellung nur an den Vorstand erfolgt, obwohl § 246 II AktG, § 51 III GenG Zustellung an Vorstand *und* Aufsichtsrat verlangt; dagegen Heilung möglich bei Zustellung an Vorstand statt an Liquidator, wenn der Empfänger Träger beider Funktionen ist (BGH aaO).

3) Voraussetzung: a) Zustellungswille: Die mit der förml Zustellung verbundene Rechtsfolge muß gewollt sein. Daher begründet die formlose Mitteilung des Entwurfs der Klageschrift im Verfahren des § 118 keine Rechtshängigkeit der Klage, wenn sie nur der Information des Gegners dienen soll (BGH 7, 268 = NJW 52, 1375). Maßgeblich ist der Wille des für das Verfahren zuständigen Organs. Die GeschSt ist gem § 209 nur Gehilfe des allein (§ 270 II) zuständigen Richters. Daher begründet die formlose Mitteilung der erkennbar vorbehaltlosen Klageschrift die Rechtshängigkeit bei tatsächl Zugang, wenn der Richter die förml Zustellung gewollt und verfügt hatte (BGH NJW 56, 1878). Zufälliger Zugang an den Adressaten, zB die Entnahme von Schriftsatzduplikaten bei Aktendurchsicht des Anwalts vor Zustellungsanordnung (Köln FamRZ 86, 278 m Anm Becker-Eberhard), ersetzt mangelnden Zustellungswillen nicht; abzulehnen daher LG Köln NJW 61, 1478, wonach es genügen soll, wenn eine Ersatzperson iS des § 181 die Sendung (unbefugt) öffnet und derart erfährt, daß auch sie selbst neben den Adressaten Zweitbeklagte ist. Dagegen liegt Zustellungswille vor, wenn (entgegen § 176) der Partei anstatt ihrem ProzBevollm zugestellt wird; hier heilt nachträgl Übergabe an den ProzBevollmächtigten, BGH NJW 84, 926. 5

b) Zugang: Der Adressat (§ 191 Nr 3) selbst – nicht eine Ersatzperson – muß durch Übergabe (§ 170) des Schriftstücks Kenntnis von dessen Inhalt erlangen. Nicht ausreichend daher, wenn ihm der Inhalt vom Empfänger lediglich berichtet wird (LAG Baden MDR 52, 43) oder wenn er durch Akteneinsicht Kenntnis erhält (Nürnberg MDR 82, 238). Eine Einschreibsendung ist, wenn dem Inhaber eines Postfachs die Nachricht über deren Eingang bei der Post in das Fach gelegt wird, nicht bereits hierdurch, sondern erst bei Abholung dem Empfänger zugegangen, Celle NJW 74, 1386. Im Fall § 171 muß Zugang an den gesetzl Vertreter tatsächl erfolgt sein. Wo gemäß § 176 Zustellung an den Prozeßbevollmächtigten geboten ist, muß der Zugang an diesen erfolgen; Zugang an die vertretene Partei genügt noch nicht (BGH NJW 84, 926 für Urteilszustellung gemäß § 317). Nachweis des Zugangs durch den Absender (§ 191 Nr 2) mit allen zulässigen Beweismitteln. 6

4) Wirkung: Ob und zu welcher vom Gericht festzustellenden Zeit (BGH NJW 84, 927/928) im Einzelfall ein Zustellungsmangel geheilt ist, entscheidet in Ausübung pflichtgebundenen Ermessens (BGHZ 32, 114/120) inzidenter dasjenige Gericht, das mit der Frage der Wirksamkeit einer Zustellung in einem anhängigen Verfahren befaßt ist. Selbständige Feststellungsklage insoweit unzulässig, weil die Zustellung (nicht ihre Rechtsfolge) Realakt, nicht aber Rechtsverhältnis iS des § 256 ist. Die Entscheidung kann (in Form eines selbständig anfechtbaren Beschlusses) ausdrücklich oder auch in der Begründung einer sonstigen Entscheidung getroffen werden. Die Heilung des Mangels erfolgt (anders als bei § 295) ex nunc mit dem Zeitpunkt des Zugangs an den Adressaten (hierzu § 176 Rn 17; § 295 Rn 7). 7

5) Ausnahme bei Notfristen gem Satz 2: Der Zeitpunkt der Ingangsetzung einer Notfrist (Satz 2 gilt aber nicht auch für die Einhaltung einer bereits laufenden Notfrist! BGH MDR 83, 1002) darf wegen der Rechtsfolge des Fristablaufs nicht Ermessenssache sein, daher insoweit förml Zustellung unverzichtbar, BGH 67, 355 = NJW 77, 621. **Notfrist** ist die Frist der §§ 104 III, 107 III, 276, 339, 516, 552, 577 II, 586 I, 664, 958 I, 1042d I, 1043 II, sowie in anderen Gesetzen so bezeichnete Fristen (§ 223 III). Den Notfristen gleichzusetzen sind Fristen, deren Ablauf zwingende Rechtsfolgen auslöst, so die Berufungs- u Revisionsbegründungsfrist §§ 519, 554 (BGH 28, 398), die Präklusionsfristen der §§ 296 I, 528 I (BGHZ 76, 236/238 = NJW 80, 1167/68 = MDR 80, 573) und die gesetzl vorgeschriebene Ausschlußfrist zur Klageerhebung (BGH 14, 11 = NJW 54, 1285). Das gleiche gilt für die Zustellung des Entmündigungsbeschlusses (§ 683 II), Hamm NJW 62, 641, sowie für die Zustellung einer den Rechtsstreit zur Feriensache erklärenden und damit die Rechtsmittelfrist in Lauf setzenden Verfügung des Vorsitzenden, BGH 28, 398 = NJW 59, 95. Keine Notfrist ist die Monatsfrist des § 929 II, Nürnberg NJW 76, 1101. Bei Zustellungsmängeln im **Strafprozeß** beachte § 37 I 2 StPO. 8

Ebenso wie Satz 2 bei fehlerhafter Zustellung trotz tatsächl Zugang die Inlaufsetzung einer Notfrist ausschließt, verbietet er auch, die Zustellung als wirksam allein deshalb anzusehen, weil der Adressat die ordnungsgemäße Zustellung (zB durch Leugnen der Identität) arglistig vereitelt hat, BGH NJW 78, 426. 9

188 *[Zustellung zur Nachtzeit und an Feiertagen]*
(1) Zur Nachtzeit sowie an Sonntagen und allgemeinen Feiertagen darf eine Zustellung, sofern sie nicht durch Aufgabe zur Post bewirkt wird, nur mit richterlicher Erlaubnis erfolgen. Die Nachtzeit umfaßt in dem Zeitraum vom 1. April bis 30. September die Stunden von neun Uhr abends bis vier Uhr morgens und in dem Zeitraum vom 1. Oktober bis 31. März die Stunden von neun Uhr abends bis sechs Uhr morgens.

(2) Die Erlaubnis wird von dem Vorsitzenden des Prozeßgerichts erteilt; sie kann auch von dem Amtsrichter, in dessen Bezirk die Zustellung erfolgen soll, und in Angelegenheiten, die durch einen beauftragten oder ersuchten Richter zu erledigen sind, von diesem erteilt werden.

(3) Die Verfügung, durch welche die Erlaubnis erteilt wird, ist bei der Zustellung abschriftlich mitzuteilen.

(4) Eine Zustellung, bei der die Vorschriften dieses Paragraphen nicht beobachtet sind, ist gültig, wenn die Annahme nicht verweigert ist.

1 **1) Anwendungsbereich:** § 188 gilt nur für die Zustellung durch den Gerichtsvollzieher persönlich, nicht auch für die postalische Zustellung gemäß §§ 175, 194, 195.

2 **Feiertage** (das sind nicht auch die arbeitsfreien Sonnabende) sind **bundeseinheitlich:** Der Neujahrstag, Karfreitag, Ostermontag, Himmelfahrt, der 1. Mai, Pfingstmontag, der 17. Juni, der erste und zweite Weihnachtstag.

3 **Landesrechtlich** – teilweise regional unterschiedlich – sind Feiertage außerdem der Tag Heilige Drei Könige, Fronleichnam, Mariä Himmelfahrt, Allerheiligen sowie der Buß- und Bettag. Die Feiertagsgesetze der Länder: **Baden-Württemberg:** Gesetz idF der Bek vom 28. 11. 1970 (GesBl 1971 S 1) mit Änderung durch Gesetz vom 14. 3. 1972 (GesBl S 92) und vom 19. 7. 1973 (GesBl S 227). **Bayern:** Gesetz vom 21. 5. 1980 (GVBl S 215). **Berlin:** Gesetz vom 28. 10. 1954 (GVBl S 615) mit Änderung durch Gesetz vom 17. 7. 1969 (GVBl S 1030). **Bremen:** Gesetz vom 12. 11. 1954 (SaBremR 113-c-1) mit Änderung durch Gesetz vom 8. 9. 1970 (GBl S 94) und vom 1. 3. 1976 (GBl S 85). **Hamburg:** Gesetz vom 16. 10. 1953 (HambSLR 113-a) mit Änderung durch Gesetz vom 2. 3. 1970 (GVBl S 90). **Hessen:** Gesetz idF der Bek vom 29. 12. 1971 (GVBl I S 343) mit Änderung durch Gesetz vom 15. 5. 1974 (GVBl I S 241). **Niedersachsen:** Gesetz idF vom 29. 4. 1969 (GVBl S 113) mit Änderung durch Gesetz vom 21. 6. 1972 (GVBl S 309) und vom 2. 12. 1974 (GVBl S 535). **Nordrhein-Westfalen:** Gesetz idF der Bek vom 22. 2. 1977 (GV NW S 98). **Rheinland-Pfalz:** Gesetz vom 15. 7. 1970 (GVBl S 225). **Saarland:** Gesetz vom 18. 2. 1976 (Amtsbl S 213). **Schleswig-Holstein:** Gesetz idF vom 30. 6. 1969 (GVBl S 112) mit Änderung durch Gesetz vom 25. 2. 1971 (GVBl S 66), vom 9. 12. 1974 (GVBl S 453) und vom 30. 10. 1981 (GVBl S 329).

4 **2)** Die **Erlaubnis** erteilt abweichend von Abs II der Rechtspfleger (§ 20 Nr 9 RpflG) desj Gerichts, bei dem die Sache anhängig ist. Erteilung durch den Richter ist auch wirksam § 8 I RpflG. Ihre Erteilung ist Ermessenssache. Gegen Versagung Erinnerung gem § 11 RpflG, dann Beschwerde; gegen Erteilung kein Rechtsmittel. Dem Zustellungsempfänger ist vom GV Abschrift der Erlaubnisverfügung auszuhändigen.

5 **3)** Soll durch Zustellung gem § 188 eine Frist in Gang gesetzt werden, ist § 222 II nicht anwendbar, RG 79, 199; das gilt aber nicht, wenn tatsächl Zugang iS § 187 zur Ausnahmezeit erfolgt, denn Abs IV ist Sonderregelung gegenüber dem hier nicht anwendbaren § 187. Im übrigen sind §§ 182, 186 auch hier anwendbar; daher Annahmeverweigerung wirksam bei fehlender Erlaubnis.

6 **4) Gebühren: a)** des **Gerichts:** Keine. – **b)** des **Rechtsanwalts:** seine Tätigkeit gehört zum Rechtszug (§ 37 Nr 3 BRAGO). – **c)** des **Gerichtsvollziehers:** Doppelte Gebühr (s dazu Rn 10 vor § 166), wenn der GV „auf Verlangen" zur Nachtzeit oder an einem Sonn- oder Feiertag die Zustellung bewirkt (§ 34 GVKostG), und zwar auch dann, wenn die Amtshandlung nur zum Teil in die Nachtzeit oder auf einen Sonn- und Feiertag fällt (Nr 39 GVKostGr). Der Zeitzuschlag wird nur für die Stunden verdoppelt, die ganz oder teilweise in die Nachtzeit oder auf einen Sonn- und Feiertag fallen (Nr 39 S 2 GVKostGr). Die Auslagen werden von der Verdoppelung nicht betroffen.

189 *[Eine Zustellung bei mehreren Vertretern]*
(1) Ist bei einer Zustellung an den Vertreter mehrerer Beteiligter oder an einen von mehreren Vertretern die Übergabe der Ausfertigung oder Abschrift eines Schriftstücks erforderlich, so genügt die Übergabe nur einer Ausfertigung oder Abschrift.

(2) Einem Zustellungsbevollmächtigten mehrerer Beteiligter sind so viele Ausfertigungen oder Abschriften zu übergeben, als Beteiligte vorhanden sind.

1) § 189 **erleichtert** die Zustellung für den Fall, daß mehrere Parteien (Streitgenossen) einen gemeinschaftlichen Vertreter haben oder daß eine Partei durch mehrere Personen (zB Anwaltssozietät; Sondervorschrift für Eltern als gesetzl Vertreter: § 171 III) vertreten wird. In allen diesen Fällen genügt einfache Zustellung. § 15 III GV-GeschAnweisung, wonach mehrere Ausfertigungen zu übergeben sind, steht dem nicht entgegen (Usadel Rpfleger 73, 416), denn § 189 sagt nur, was „genügt“. 1

Vertreter ist der gesetzl Vertreter, §§ 51, 184, der ProzBevollm § 81 u der nach § 89 zur Prozeßführung einstweilen Zugelassene, nicht dagegen der Zustellungsbevollm (Abs II). Beispiele: A, B u C haben einen ProzBevollm; A hat den RAen B u C ProzVollm erteilt; Zustellung an A als Partei u gesetzl Vertreter seines Sohnes. In jedem dieser Fälle genügt die Übergabe *einer* Ausfertigung des zuzustellenden Schriftstücks. 2

2) Die Zustellung an den **Zustellungsbevollmächtigten** (§§ 174, 175) mehrerer Beteiligter gilt als *eine* Zustellung, § 16 Abs 6 GVKostG, jedoch sind hier (abweichend von I) die Schriftstücke in der Zahl der Vollmachtgeber zuzustellen. 3

3) Die Klage gegen eine **Wohnungseigentümergemeinschaft** ist (sofern für diese ein Anwalt noch nicht bestellt ist; dann § 176) dem Verwalter in je einer Ausfertigung und Abschrift gem § 189 I zuzustellen (Hamm Rpfleger 85, 257). Der Verwalter ist gem § 27 II Nr 3 WEG nicht nur Zustellungsbevollmächtigter, sondern auch Vertreter der Eigentümer, denn er ist auch gesetzl bevollmächtigter Adressat für Willenserklärungen und darf gem § 27 II Nr 4 WEG als Vertreter der Eigentümer auch fristwahrende Prozeßhandlungen vornehmen (BGH NJW 81, 282 = MDR 81, 220). Dem entspricht auch, daß die Klage die einzelnen Mitglieder der WE-Gemeinschaft nicht notw namentlich bezeichnen muß (§ 253 Rn 8; BGH NJW 77, 1686). – Die (interne) Pflicht des Verwalters, die Eigentümer von der ihm zugestellten Klage zu informieren, ergibt sich aus §§ 666, 675 BGB. 4

190 *[Zustellungsurkunde]*

(1) Über die Zustellung ist eine Urkunde aufzunehmen.

(2) Die Urkunde ist auf die Urschrift des zuzustellenden Schriftstücks oder auf einen mit ihr zu verbindenden Bogen zu setzen.

(3) Eine durch den Gerichtsvollzieher beglaubigte Abschrift der Zustellungsurkunde ist auf das bei der Zustellung zu übergebende Schriftstück oder auf einen mit ihm zu verbindenden Bogen zu setzen. Die Übergabe einer Abschrift der Zustellungsurkunde kann dadurch ersetzt werden, daß der Gerichtsvollzieher den Tag der Zustellung auf dem zu übergebenden Schriftstück vermerkt.

(4) Die Zustellungsurkunde ist der Partei, für welche die Zustellung erfolgt, zu übermitteln.

1) Zu einer wirksamen Zustellung ist die in der ZPO vorgeschriebene Beurkundung erforderlich, BGH 8, 314 = NJW 53, 422; Rn 4 vor § 166. Das schließt aber nicht aus, die tatsächl erfolgte Zustellung anderweitig zu beweisen, wenn die aufgenommene Zustellungsurkunde (§ 191) fehlt, fehlerhaft (§ 419) oder abhanden gekommen ist, BGH NJW 81, 1614; Karlsruhe MDR 76, 161/162; RG 52, 13; 124, 27. Ebenso ist auch der Gegenbeweis der Unrichtigkeit der Zustellungsurkunde möglich, § 418 II; Frankfurt Rpfleger 76, 223; Karlsruhe MDR 76, 161; BGH NJW 76, 149; Schulte NJW 75, 2209 (geg abw Meinung Hamm aaO). Der Nachweis des tatsächl Zugangs macht jede Zustellungsurkunde entbehrlich, falls keine Notfrist in Frage steht (vgl § 187). Wegen des Nachweises der Zustellung von Anwalt zu Anwalt s § 198 II; die §§ 190 ff sind insoweit nicht anwendbar (BGH NJW 63, 1308). 1

Der Zustellungsbeamte ist berechtigt, die Zustellungsurkunde in der Wohnung des Empfängers aufzunehmen, RG 41, 83. 2

2) Abs II u III enthalten nur e Ordnungsvorschrift. Nichtbeachtung (auch Nichtbeglaubigung der Abschrift der Zustellungsurkunde) macht die Zustellung nicht unwirksam, RG 133, 368. Bei der Verbindung ist auf die Haltbarkeit Bedacht zu nehmen. Schnur u Siegel sind nicht erforderlich. Auf die auf e besonderen Bogen gesetzte u mit der Urschrift verbundene Urk ist die Nummer des Dienstregisters zu setzen, damit bei etwaiger Loslösung die Übereinstimmung feststeht. Stimmt die übergebene begl Abschrift der Zustellungsurkunde mit der Urschrift nicht überein, so ist die Urschrift maßgebend, würde aber der Empfänger dadurch zu Schaden kommen, (ist zB der Tag der Zustellung in der Abschrift unrichtig angegeben u hat der Empfänger unter Zugrundelegung dieses unrichtigen Tages rechtzeitig Berufung eingelegt), so ist zu seinen Gunsten die Abschrift entscheidend, so daß ihm Wiedereinsetzung in den vorigen Stand zu gewähren ist, RG 3

82, 427. – Ist e Ausfertigung (zB des Schiedsspruchs) zuzustellen, so ist e getrennte Zustellungsurkunde aufzunehmen, RG 52, 14. Bei gleichzeitiger Zustellung mehrerer Schriftstücke (zB des Urteils mit VollstrKlausel u der öff Urk, §§ 727, 750) genügt eine Zustellungsurkunde, wenn diese Schriftstücke miteinander fest verbunden sind.

4 **3) Abs IV.** Die Übermittlung der Zustellungsurkunde an den Absender (bei Zustellung im Amtsbetrieb s § 212 II) ist nicht zwingend. Üblich ist die Anbringung eines Vermerks auf dem Urstück des zuzustellenden Schriftstücks.

5 4) Berechnung der **Geb und Auslagen** des **GV** auf der Zustellungsurkunde und auf allen Abschriften (Nr 5 Abs 2 GVKostGr).

191 *[Inhalt der Zustellungsurkunde]*

Die Zustellungsurkunde muß enthalten:

1. Ort und Zeit der Zustellung;

2. die Bezeichnung der Person, für die zugestellt werden soll;

3. die Bezeichnung der Person, an die zugestellt werden soll;

4. die Bezeichnung der Person, der zugestellt ist; in den Fällen der §§ 181, 183, 184 die Angabe des Grundes, durch den die Zustellung an die bezeichnete Person gerechtfertigt wird; wenn nach § 182 verfahren ist, die Bemerkung, wie die darin enthaltenen Vorschriften befolgt sind;

5. im Falle der Verweigerung der Annahme die Erwähnung, daß die Annahme verweigert und das zu übergebende Schriftstück am Ort der Zustellung zurückgelassen ist;

6. die Bemerkung, daß eine Ausfertigung oder eine beglaubigte Abschrift des zuzustellenden Schriftstücks und daß eine beglaubigte Abschrift der Zustellungsurkunde übergeben oder der Tag der Zustellung auf dem zu übergebenden Schriftstück vermerkt ist;

7. die Unterschrift des die Zustellung vollziehenden Beamten.

1 **1) Ein Verstoß gegen § 191** macht die Zustellung nur dann unwirksam, wenn ein wesentlicher Zustellungsmangel vorliegt (s insbes LM Nr 1 zu § 181 mit weiteren Nachweisen). Liegt ein wesentlicher Mangel nicht vor, dann wird durch den Mangel lediglich die Beweiskraft der Urkunde vermindert od beseitigt, § 419. Solche Mängel können dadurch geheilt werden, daß die Ordnungsmäßigkeit der Zustellung in anderer Weise nachgewiesen wird (s Rn 1 zu § 190).

2 Aufnahme der Zustellungsurkunde an dem Ort, an dem Zustellung bewirkt wird (RGZ 41, 83). Radierungen sind untersagt. Etwa nötige Durchstreichungen müssen so geschehen, daß das Durchstrichene leserlich bleibt, § 419 (BGH LM § 181 Nr 12 a). Angabe der Nr des Dienstreg auf Ur- u Abschriften der Zustellungsurkunde.

3 **2) Zu Nr 1.** Bei Angabe des Ortes ist die Örtlichkeit, in der die Zustellung erfolgte, in verkehrsüblicher Weise zu bezeichnen, zur Vermeidung von Verwechslungen allenfalls unter Beifügung der Gemeinde, zu deren Bezirk die Örtlichkeit (insbes die Siedlung) gehört. Die nähere Bezeichnung (zB der Räumlichkeit, des Platzes) ist geboten bei Zustellung außerhalb der Wohnung oder des Geschäftslokals (§ 180), bei Annahmeverweigerung (§ 186) oder bei Ersatzzustellung (§§ 181–184). Angabe des **Monats** in Buchstaben. Hat der Auftraggeber die genaue Zeit der Zustellung verlangt oder erscheint diese Angabe nach den Umständen des Einzelfalls erheblich, zB im Fall der §§ 184, 188 oder bei Zustellung von Pfändungsbeschlüssen, Angabe der Zeit nach Stunde u Minute. Angabe falschen Datums ist unschädlich, wenn Absender die tatsächl Zustellungszeit nachweist, BGH LM § 233 Nr 37; Frankfurt Rpfleger 76, 223; Schulte NJW 75, 2209.

4 **Zu Nr 2.** Es genügt jede Angabe, aus der der Empfänger die Person, für welche zugestellt werden soll (Partei, Streitgehilfe), entnehmen kann, RG 107, 164. Nicht nötig ist die urkundl Feststellung der Person des Auftraggebers (ProzeßBevollm, sonstiger Vertreter), RG 17, 392. Die unrichtige Bezeichnung der die Zustellung betreibenden Person in der Zustellungsurkunde ist ausnahmsweise (vgl RG 52, 367) unschädlich, wenn der Zustellungsadressat nach Sachlage keinen Zweifel an dessen Person haben kann (BGH LM § 191 Nr 2 = NJW 53, 1869 und BGH NJW 65, 104). Wird im Auftrag mehrerer zugestellt, sind alle (zB Streitgenossen) i der Urkunde anzugeben, andernfalls Zustellung bzgl der Nichtbenannten unwirksam, RG DR 42, 230.

5 **Zu Nr 3. Nötig ist die Bezeichnung des Adressaten** (das ist der Gegner persönlich bzw dessen gesetzl Vertreter oder ProzBevollm), bei Zustellung an den gesetzl Vertreter (§ 171) oder Vorsteher einer Behörde, Gemeinde usw, wenn möglich deren Bezeichnung neben derj der Behörde (zB an Dieter Frisch, gesetzl vertr durch den Vormund Karl Fels, Kaufmann in N). Bei Zustellung an den ProzeßBevollm ist dieser selbst Adressat (§ 176), daher als Empfänger zu bezeich-

nen, RG JW 99, 37; Bezeichnung des Vertretenen ist nötig nur, soweit Zustellung nur an einen von mehreren Vertretenen bewirkt werden soll. Bei Zustellung an Behörden etc (§ 171 II) ist die namentl Bezeichnung des Vorstehers regelm entbehrlich, weil über dessen Person kein Zweifel denkbar (RG 107, 164). **Falsche Bezeichnung** des Adressaten ist unschädlich, wenn (zB bei Schreibfehler, ArbG Berlin Rpfleger 80, 481) an dessen Person trotzdem nicht ernstlich gezweifelt werden kann; solche Zweifel sind aber begründet (dann Zustellung unwirksam, Rn 4 vor § 166), wenn zB unklar ist, wer von gleichnamigen Personen (zB Vater und Sohn, LG Marburg Rpfleger 79, 67) der Adressat sein soll und deshalb die Zustellung den richtigen Adressaten nicht erreicht. Zur Zulässigkeit der nachträgl Berichtigung der Parteibezeichnung s § 253 Rn 7; § 263 Rn 9. Irrtümlich falsche Bezeichnung des Vertreters ist unschädlich, KG Rpfleger 76, 222. Sind mehrere Personen wahlweise empfangsberechtigt, so können sie beide in die Urk aufgenommen werden, RG 24, 415. Wenn dasselbe Schriftstück im Auftrag desselben Auftraggebers mehreren Personen zuzustellen ist u die Zustellung am gleichen Tage u am selben Ort stattfindet, so kann die Beurkundung in *einer* Zustellungsurkunde erfolgen. In den an einzelne Empfänger zu übergebende Abschriften der Zustellungsurkunde werden die auf die Zustellung an die übrigen Empfänger bezügl Stellen weggelassen. Die Kosten sind für jede Zustellung besonders zu berechnen.

Zu Nr 4. Zu benennen ist der Zustellungsempfänger (der Adressat im Fall der §§ 170, 180; sonst die Ersatzperson), dem das Schriftstück übergeben wurde. In den Fällen §§ 181, 183, 184 ist anzugeben: der Grund, warum die Zustellung nicht an den Adressaten selbst erfolgen konnte (Abwesenheit, im Fall des § 184 auch Verhinderung an der Annahme) u das Verhältnis, durch das die Befugnis der dritten Person zur Entgegennahme der Zustellung begründet wird, erforderlichenfalls auch, daß diese Person erwachsen (§ 181 Rn 4) ist; bei Niederlegung ist Angabe nötig, wie die für diese Zustellungsart geltenden Vorschriften befolgt wurden. Eine Zustellungsurkunde, die nicht erkennen läßt, daß e Ersatzzustellung vorgenommen worden ist, macht die Zustellung unwirksam (so auch LM Nr 1 zu § 181 = BB 56, 58). 6

Zu Nr 5 vgl Anm zu § 186. 7

Zu Nr 6. Die Identität der Zustellungsurkunde wird bereits durch die Verbindung mit dem Schriftstück hinlängl festgestellt (§ 190 II). Nähere Bezeichnung des Schriftstückes daher entbehrlich. 8

Zu Nr 7. Die Zustellungsurkunde hat der Zustellungsbeamte eigenhändig u handschriftlich zu unterschreiben (RG 46, 375; 124, 22). Nachholung der Unterschrift nur möglich, solange das zuzustellende Schriftstück noch nicht an den Auftraggeber zurückgegeben ist (BGH MDR 61, 583; NJW 81, 874). Unterschrift des Empfängers ist nicht erforderlich. 9

192 *[Zustellungsurkunde bei Zustellung durch Aufgabe zur Post]*

Ist die Zustellung durch Aufgabe zur Post (§ 175) erfolgt, so muß die Zustellungsurkunde den Vorschriften des vorstehenden Paragraphen unter Nr. 2, 3, 7 entsprechen und außerdem ergeben, zu welcher Zeit, unter welcher Adresse und bei welcher Postanstalt die Aufgabe geschehen ist.

§ 192 ist nur die Ausführungsvorschrift für § 175 und regelt nur die **Zustellung im Parteibetrieb** (bei Amtszustellung s § 213); nicht zu verwechseln mit Zustellung *durch* die Post (§§ 193 ff). Bei § 192 ist die Zustellung ausgeführt mit der Übergabe des Briefes an die Post, bei §§ 193 ff erst mit der Aushändigung des Briefes an den Empfänger durch die Post. § 192 ist daher die Ausnahme. 1

Die **Zustellungsurkunde** (§ 191) muß enthalten: die Bezeichnung der Person, für die zugestellt werden soll, den Zustellungsempfänger u die Unterschrift des die Zustellung vollziehenden Beamten (durch Beidruck des Dienstsiegels). Im Fall des § 175 II – Einschreibung – ist der EinliefSchein der Urschrift der Zustellungsurkunde beizufügen. Begl Abschrift der Zustellungsurkunde (§ 190 III) ist mitzuteilen. – Zustellung von Amts wegen durch Aufgabe zur Post: § 213. 2

193 *[Zustellungen durch die Post]*

Zustellungen können auch durch die Post erfolgen.

1) Das Gesetz (§ 166 I) sieht die Ausführung der Zustellung (dh die Aushändigung der Sendung) durch den GV als Regelfall vor. In der Praxis wird jedoch die **Zustellung regelmäßig** (auch bei Zustellung am gleichen Ort) **der Post übertragen.** Den Zustellungsauftrag an die Post (zu unterscheiden von der Zustellung durch bloße Aufgabe zur Post gem § 192; s dort Rn 1) kann der 1

von der Partei beauftragte GV (§§ 194–195 a) oder unmittelbar die GeschSt des Gerichts (§ 196), niemals jedoch unmittelbar die Partei selbst erteilen. Bei Zustellung i Amtsbereich s § 211. Der GV persönl wird in der Praxis die Zustellung nur noch ausführen, wo ihm (zB bei bes Eiligkeit) seine Sorgfaltspflicht (RG 91, 184) dieses gebietet oder wo die Zustellung durch die Post ausgeschlossen ist.

2 **2) Ausgeschlossen** ist die Zustellung durch die Post im Ausland (§ 199; hierzu vgl §§ 174 II, 175), bei Zustellung des Pfändungsbeschlusses an den Drittschuldner im Fall des § 840 III (wenn sofortige Erklärung gewünscht wird) und bei Zustellung solcher Willenserklärungen gem § 132 I BGB, deren Wirksamkeit von der gleichzeitigen Vorlage einer Urkunde abhängt: §§ 111, 174, 410, 1160, 1831 BGB. Vgl auch § 121 KO. Im übrigen kann die Partei (bzw deren RA) den GV anweisen, die Zustellung selbst auszuführen (wegen der hierbei entstandenen Mehrkosten s § 197).

3 **3) Die Post** führt die Zustellung nach Maßgabe der §§ 195, 195 a und ihrer innerdienstl VerwVorschriften (§§ 39, 50, 51 PostO; DAP; s Rn 7 vor § 181) aus. Dem Auftraggeber und Zustellungsempfänger haftet die Post für Folgen fehlerhafter Zustellung gem § 16 PostG vom 28. 7. 69 (BGBl I 1006) nach § 839 BGB, Art 34 GG; so schon BGH 12, 96; 28, 30 für das inzw außer Kraft gesetzte PostG v 28. 10. 1871 (RGBl 347). – Ausgeschlossen von der Zustellung durch die Post sind a) Einschreibe-, Wert- und Nachnahmesendungen, b) Eilbotensendungen und c) Sendungen mit dem Vermerk „postlagernd"; in diesen Fällen muß der GV die Zustellung ausführen. Bei Zustellung außerhalb des Gerichtsbezirks muß der UrkBeamte der GeschSt den UrkBeamten der GeschSt des örtl zust AG um die Besorgung der Zustellung ersuchen, denn jeder GV darf nur innerhalb seines Amtsbezirks Zustellungen persönl ausführen.

4 **4)** Über den Verlauf der Zustellung durch die Post s § 194 Rn 2.

5 **5)** In Höhe der an die Post für den Zustellungsauftrag im voraus zu entrichtenden Auftragsgeb (5 DM) sind Auslagen iS des KV Nr 1902 entstanden u vom Kostenschuldner zu erheben, aber **kein** zusätzl **Porto.** Vgl auch § 211 Rn 3.

194 *[Postzustellung, Verfahren des Gerichtsvollziehers]*

(1) Wird durch die Post zugestellt, so hat der Gerichtsvollzieher die zuzustellende Ausfertigung oder die beglaubigte Abschrift des zuzustellenden Schriftstücks verschlossen der Post mit dem Ersuchen zu übergeben, die Zustellung einem Postbediensteten des Bestimmungsortes aufzutragen. Die Sendung muß mit der Anschrift der Person, an die zugestellt werden soll, sowie mit der Bezeichnung des absendenden Gerichtsvollziehers und einer Geschäftsnummer versehen sein.

(2) Der Gerichtsvollzieher hat auf dem bei der Zustellung zu übergebenden Schriftstück zu vermerken, für welche Person er es der Post übergibt, und auf der Urschrift des zuzustellenden Schriftstücks oder auf einem mit ihr zu verbindenden Bogen zu bezeugen, daß die Übergabe in der im Abs 1 bezeichneten Art und für wen sie geschehen ist.

1 **1)** § 194 behandelt die **Einleitung,** § 195 die Ausführung der **Zustellung durch die Post.** Nur im Ausnahmefall der §§ 175, 192 gilt die Zustellung bereits mit der Einleitung (nämlich der Aufgabe zur Post) als bewirkt. Anstatt durch den Gerichtsvollzieher kann das Zustellungsersuchen an die Post im Fall der §§ 166 II, 168 auch durch die GeschSt direkt erfolgen, dann: § 196. In keinem Fall kann die Partei (oder ihr RA, Ausnahme § 198) selbst die Post um Zustellung ersuchen (§ 193 Rn 1).

2 **2) Die Zustellung durch die Post erfordert:** Zustellungsauftrag der Partei an GV (§§ 166, 167), evtl unter Vermittlung der GeschSt (§ 168). Zustellungsersuchen des GV (§ 194) oder der GeschSt (§ 196) an die Post unter Übergabe der zuzustellenden Sendung und Beurkundung dieses Vorgangs (§§ 194 II, 196). Aushändigung der Sendung durch die Post an den Adressaten oder sonst Empfänger (§ 195 I) und Beurkundung dieses Vorgangs (§ 195 II, III).

3 **3) Der GV ersucht die Post** formlos durch Übergabe der Sendung mit vorbereiteter Zustellungsurkunde oder durch deren Einwurf i den Briefkasten (§ 39 PostO v 16. 5. 1963, BGBl I 341, idF v 23. 3. 83, BGBl I 326). Die Sendung muß verschlossen sein, auf ihr sollen die Anschrift des Adressaten, die Bezeichnung des Absenders (= GV; nicht die auftraggebende Partei!), die Geschäftsnummer (Nürnberg NJW 63, 1207) und im Fall des § 185 die Personen, denen nicht auszuhändigen ist, angebracht sein. Verstoß gegen diese Formalitäten macht die Zustellung unwirksam, doch ist Heilung des Mangels gem § 187 Satz 1 möglich (streitig!, vgl Rn 3 zu § 187). Fehlendes Dienstsiegel auf der verschlossenen Sendung ist unschädlich (RG 133, 365), ebenso fehlender Vermerk über die Person des Auftraggebers in der Sendung (RG 52, 14).

4) Beurkundung des Zustellungsersuchens (Abs II) ist nicht Zustellungsurkunde iS des § 190, daher neben dieser entbehrlich. **Beurkundung auf der Urschrift** des zuzustellenden Schriftstücks (Postübergabeurk): Beglaubigte Abschrift vorstehenden Schriftstücks habe ich heute im Auftrag des RA ... in ... in einem (mit meinem Dienstsiegel) verschlossenen, mit der GeschNr ... bezeichneten u mit folgender Adresse: Herrn RA ... versehenen Brief zum Zweck der Zustellung an den bezeichneten Empfänger der Postanstalt zu ... mit dem Ersuchen übergeben, die Zustellung einem Postboten des Bestimmungsortes aufzutragen. Den Namen meines Auftraggebers habe ich auf dem für den Empfänger bestimmten Schriftstück vermerkt ..., den ... N, GV beim AG ... – Die Postübergabeurkunde muß vom GV eigenhändig unterschrieben sein; Unterstempelung genügt nicht, OLG 29, 76; aM JW 32, 1157. Unschädlich, wenn anstatt der Partei, für die zugestellt wird, nur deren ProzBevollm angegeben wird, sofern Auftraggeber für den Empfänger ohne weiteres eindeutig erkennbar ist (BGH NJW 65, 104; VersR 62, 980). An Stelle vollzogener, bei der Rückleitung zu **Verlust gegangener** Zustellungsurkunde dürfen vom Absender neu entworfene u als „Doppel“ bezeichnete Zustellungsurkunde nachträglich nur dann vollzogen werden, wenn von der Urschrift e beglaubigte Abschrift zur Vollziehung des Doppels zur Verfügung steht, sonst Übermittlung gewöhnl Empfangsbestätigung des Briefempfängers u gegebenenfalls Wiederholung der Zustellung; s auch § 187. 4

195 *[Postzustellung. Verfahren des Postbediensteten]*

(1) Die Zustellung durch den Postbediensteten erfolgt nach den Vorschriften der §§ 180 bis 186.

(2) Über die Zustellung ist von dem Postbediensteten eine Urkunde aufzunehmen, die den Vorschriften des § 191 Nr. 1, 3 bis 5, 7 entsprechen und die Übergabe der ihrer Anschrift und ihrer Geschäftsnummer nach bezeichneten Sendung sowie der Abschrift der Zustellungsurkunde bezeugen muß. Die Übergabe einer Abschrift der Zustellungsurkunde kann dadurch ersetzt werden, daß der Postbedienstete den Tag der Zustellung auf der Sendung vermerkt; er hat dies in der Zustellungsurkunde zu bezeugen.

(3) Die Urkunde ist von dem Postbediensteten der Postanstalt und von dieser dem Gerichtsvollzieher zu überliefern, der mit ihr nach der Vorschrift des § 190 Abs. 4 zu verfahren hat.

1) Der **Postbedienstete** ist bei Ausführung der Zustellung **Gehilfe des GV** bzw (im Fall des § 196) des UrkBeamten der GeschSt. Trotzdem sind § 49 ZPO und § 155 GVG auf ihn nicht anwendbar, denn anders als GV oder UrkBeamter kennt er den Inhalt der ihm verschlossen (§ 194) übergebenen Sendung nicht. Aus diesem Grund entfällt gem Abs II bei Aufnahme der Zustellungsurkunde auch die Anwendbarkeit von § 191 Nr 2 u 6. Die Zeit der Zustellung wird durch die allg Dienstvorschriften der Post bestimmt, § 188 hier daher nicht anwendbar. 1

Ist der Adressat verzogen, darf die Post wahlweise die Sendung mit Vermerk des Grundes der Unzustellbarkeit zurückgeben oder direkt an die bekannte neue Anschrift weiterleiten. Allg Nachsendeauftrag des (zB verreisten) Adressaten hat nur postalische Bedeutung, verbietet daher Rückgabe an GV bzw UrkBeamten nicht. Vom Adressaten erteilte allg Postvollmacht berechtigt nicht zur Übergabe an diesen Bevollmächtigten, wo §§ 181–185 entgegenstehen und ist (abw Wieczorek Anm B II und ThP Anm 1) auch nicht als Zustellungsvollmacht (§ 174) anzusehen, weil dahin gehender Wille des VollmGebers regelm nicht zu unterstellen ist (vgl BGH NJW 86, 2826). Die Postsperre gem § 121 KO berechtigt die Post nicht, dem Konkursverwalter zuzustellen; die Sendung ist als unzustellbar zurückzugeben. Rückgabe auch, wo Zweifel an der Person des Adressaten bestehen. Die Post ist nicht verpflichtet, die Sendung auf Wunsch des Adressaten an dessen Bevollmächtigten weiterzuleiten, BVerwG MDR 73, 523. 2

2) Die **Zustellungsurkunde** (Abs II) ist Voraussetzung einer wirksamen Zustellung (BGH VersR 64, 746) vorbehaltlich des Nachweises gem § 187 S I (vgl Rn 1 zu § 190 und zu § 187). Wegen des notw Inhalts der Urkunde vgl § 191. Der Bezeichnung der Person, für die zugestellt werden soll (§ 191 Nr 2), bedarf es nicht; insofern s § 194. Fehlende Angabe des Zustellungstages (§ 191 Nr 1) macht die Zustellung nicht unwirksam, wenn dieser anderweitig nachweisbar; jedoch wird wegen des fehlenden Urkundenbeweises für den Zugang hierbei keine Notfrist (§ 187 S 2) in Lauf gesetzt, BGH 67, 355 = NJW 77, 621 (Gem Senat). 3

Der **Mangel der Übergabe einer Abschrift** der Zustellungsurkunde an den Empfänger ebenso wie etwaige inhaltl Mängel dieser Abschrift beeinträchtigen die Wirksamkeit der Zustellung nicht (BSG NJW 62, 838; RG 133, 368; Rn 3 zu § 190). 4

5 Das **Original** der Zustellungsurkunde ist an den GV bzw an die GeschSt (§ 196) zurückzusenden u von diesen dem Auftraggeber (§ 191 Nr 2) auszuhändigen, bzw bei Zustellung im Amtsbetrieb zu den Akten zu nehmen.

195 a *[Niederlegung bei fehlendem Postbestelldienst]*

Findet nach der Wohnung oder dem Geschäftsraum, in denen zugestellt werden soll, ein Postbestelldienst nicht statt, so wird die Sendung bei der zuständigen Postanstalt hinterlegt. Die Postanstalt vermerkt auf der Zustellungsurkunde und auf der Sendung den Grund und den Zeitpunkt der Niederlegung. Das Gericht kann die Zustellung als frühestens mit dem Ablauf einer Woche seit dieser Niederlegung bewirkt ansehen, wenn anzunehmen ist, daß der Empfänger in der Lage gewesen ist, sich die Sendung aushändigen zu lassen oder sich über ihren Inhalt zu unterrichten.

1 § 195 a ist eine **Ergänzung u** gleichzeitig eine **Erweiterung des § 187** u daher nicht anwendbar, wenn die Voraussetzungen des § 187 vorliegen. Zum Begriff „Wohnung" u „Geschäftsraum" (Geschäftslokal) s § 181 Rn 1 u § 183 Rn 2. In welcher von diesen Arten zugestellt werden will, ist nach § 180 freigestellt. § 195 a ist demgemäß auch anwendbar, wenn zB in der Wohnung, nach der kein Postbestelldienst stattfindet, zugestellt werden soll, obwohl ein Geschäftslokal vorhanden ist, in welches die Post zugestellt wird. – Der Wortlaut des Gesetzes sagt, daß § 195 a nur bei Zustellung durch die Post (§§ 195 ff) gilt. Stellt der GV zu, so muß er auch die entlegenste Almhütte aufsuchen.

2 Die Sendung wird im Falle des § 195 a für den Empfänger hinterlegt. Zugestellt ist damit nicht. Das Gericht kann nur (muß nicht) die Zustellung unter bestimmten Voraussetzungen als bewirkt **ansehen.** Ob diese Voraussetzungen (s Wortlaut des Ges) vorliegen, entscheidet das Gericht nach freiem Ermessen, evt durch förml Beschluß, gegen den Beschwerde nach § 567 zulässig ist. § 195 a gilt im Gegensatz zu § 187 auch, wenn durch die Zustellung der Lauf einer Notfrist in Gang gesetzt werden soll. Allerdings wird das Gericht hier das Vorliegen der Voraussetzungen besonders streng prüfen (hierzu § 50 II PostO).

196 *[Postzustellung der Geschäftsstelle]*

Insoweit eine Zustellung unter Vermittlung der Geschäftsstelle zulässig ist, kann diese unmittelbar die Post um Bewirkung der Zustellung ersuchen. In diesem Falle gelten die Vorschriften der §§ 194, 195 für die Geschäftsstelle entsprechend; die erforderliche Beglaubigung nimmt der Urkundsbeamte der Geschäftsstelle vor.

1 **1)** § 196 ist Ausführungsvorschrift für §§ 166 II, 168 u kommt daher nur bei Zustellung im Parteibetrieb (Rn 3 vor § 166) in Betracht. Bei Zustellung im Amtsbetrieb gilt § 211.

2 Die GeschSt selbst stellt nur bei Gefahr im Verzug zu. Der UrkBeamte braucht die Briefe nicht persönlich zur Post zu bringen; die Übergabe kann auch durch andere Beamte, zB Gerichtswachtmeister erfolgen.

3 **2) Gebühren und Auslagen** des **Gerichts:** Gebühr für das Zustellungsersuchen durch die Geschäftsstelle 2,– DM und für die Beglaubigung einer vom Gericht nicht hergestellten Abschrift des zuzustellenden Schriftstücks je angefangene Seite 1,– DM (KV Nr 1175). Hinsichtlich der Auslagen s KV Nr 1902 u Rn 5 zu § 193.

197 *[Mehrkosten bei Zustellung durch Gerichtsvollzieher]*

Ist eine Zustellung durch einen Gerichtsvollzieher bewirkt, obgleich sie durch die Post hätte erfolgen können, so hat die zur Erstattung der Prozeßkosten verurteilte Partei die Mehrkosten nicht zu tragen.

1 Der Auftraggeber hat bei der Zustellung im Parteibetrieb (ebenso wie bei der Zustellung im Amtsbetrieb durch den UrkBeamten der GeschSt, § 211) die Wahl zwischen Zustellung durch den GV oder durch die Post. Von seiner Anweisung darf der GV abweichen, wenn es im dienstl Interesse geboten erscheint u es für den Auftraggeber offenbar gleichgültig ist, in welcher Art die Zustellung ausgeführt wird. Trifft der Auftraggeber keine Bestimmung, wie die Zustellung erfolgen soll, so hat der GV nach pflichtgemäßem Ermessen die Zustellung in der einen oder anderen Weise zu besorgen. § 197 regelt nur die Kostenerstattungspflicht; eine Abweichung von

ihm bedarf bei Kostenfestsetzung besonderer Begründung. Im Falle des § 195a hätte die Zustellung nicht „durch die Post" erfolgen können, ebenso bei besonderer Eiligkeit oder Dringlichkeit (zB wenn die genaue Anschrift des Adressaten erst zu ermitteln ist, RG 91, 181). In allen übrigen Fällen fallen die Mehrkosten der sachl nicht notwendigen Zustellung durch den GV statt durch die Post dem Auftraggeber zur Last, weil sie nicht „notwendig" iS des § 91 sind. Das Gesetz geht also hier (entgegen § 166 I) davon aus, daß die Ausführung der Zustellung durch die Post die Regel ist.

§ 197 gilt nicht bei Zustellung im Amtsbetrieb §§ 208 ff. 2

Kosten des GV: § 16 GVKostG. 3

198 *[Zustellung von Anwalt zu Anwalt]*

(1) Sind die Parteien durch Anwälte vertreten, so kann ein Schriftstück auch dadurch zugestellt werden, daß der zustellende Anwalt das zu übergebende Schriftstück dem anderen Anwalt übermittelt (Zustellung von Anwalt zu Anwalt). Auch Schriftsätze, die nach den Vorschriften dieses Gesetzes von Amts wegen zuzustellen wären, können statt dessen von Anwalt zu Anwalt zugestellt werden, wenn nicht gleichzeitig dem Gegner eine gerichtliche Anordnung mitzuteilen ist. In dem Schriftsatz soll die Erklärung enthalten sein, daß er von Anwalt zu Anwalt zugestellt werde. Die Zustellung ist dem Gericht, sofern dies für die von ihm zu treffende Entscheidung erforderlich ist, nachzuweisen.

(2) Zum Nachweis der Zustellung genügt das mit Datum und Unterschrift versehene schriftliche Empfangsbekenntnis des Anwalts, dem zugestellt worden ist. Der Anwalt, der zustellt, hat dem anderen Anwalt auf Verlangen eine Bescheinigung über die Zustellung zu erteilen.

I) Die Zustellung von Anwalt zu Anwalt ist die vereinfachte Form der Übergabe eines Schriftstücks ohne notw Inanspruchnahme der sonst üblichen Zustellungsorgane, weil die Person des standesrechtl gebundenen Anwalts (vgl § 27 der Standesrichtlinien für die RAe) genügende Gewähr für die Wirksamkeit der Zustellung bietet. Sie ist zulässig in jedem kontradiktorischen Verfahren vor dem ordentl oder besonderen Gericht; gleichgültig, ob Anwalts- oder Parteiprozeß. Zu der Notwendigkeit, an den bestellten Anwalt (und nicht unmittelbar an dessen Mandanten) zuzustellen, s § 176. 1

II) Anwendungsbereich u Voraussetzungen: Absender und Adressat müssen RAe sein. Entsprechende Anwendung auf sonstige ProzBevollm (vgl Rn 3 zu § 157) ist ausgeschlossen. Dem RA steht gleich dessen amtl bestellter Vertreter (§ 53 BRAO) oder Abwickler (§ 55 BRAO), auch wenn diese nicht selbst RAe sind, BAG NJW 76, 991 (Referendar). Anwendbar ist § 198 auch, wenn der RA selbst Partei (§ 78 III) oder Partei kraft Amtes ist. Nicht erforderlich ist, daß alle Prozeßbeteiligten (zB Streithelfer oder Mitbeklagte) anwaltschaftl vertreten sind; ggf ist diesen dann in der allg übl Form zuzustellen. Gleichgültig ist, ob der RA bei dem betr Gericht zugelassen ist (BGH 31, 32 = NJW 59, 2307). Erlöschen der ProzVollmacht hindert die Zustellung gem § 198 nicht, solange das dem gegnerischen Anwalt nicht bekannt ist (BGH aaO), ebenfalls nicht ein Vertretungsverbot, weil es die Vollmacht nicht berührt (§ 155 V BRAO), wohl aber ein Berufsverbot (vgl § 176 Rn 12). Empfangsberechtigt auch der beim ProzBevollm angestellte RA, wenn er vom ProzBevollm hierzu ermächtigt ist; bei Zweifeln an einer solchen Ermächtigung gelten die allg Grundsätze der Anscheinsvollmacht, BGH NJW 75, 1652; VersR 69, 887. 2

§ 198 gilt für Zustellung im Parteibetrieb und auch, wo von Amts wegen zuzustellen wäre (Rn 3 vor § 166). Zulässig ist daher, klageerweiternde oder -ändernde Schriftsätze gem § 198 zuzustellen (BGH 17, 234 = NJW 55, 1030; anders aber bei Zustellung der verfahrenseinleitenden Klageschrift: § 253 Rn 4. 3

III) Verfahren: 1) Der RA kann die Übergabe zur Zustellung **selbst vornehmen oder sich hierbei der Post oder des GV bedienen** (BGH NJW 65, 104); letzterenfalls handelt der GV als Bote, eine Zustellungsurkunde nimmt er selbst nicht auf. Auf die insoweit entstehenden Mehrkosten ist § 197 nicht anwendbar (RG 40, 410). 4

2) Die Zustellung erfordert die **Übergabe** an den gegnerischen Anwalt persönl oder an dessen hierzu Bevollmächtigten (Empfangsvollmacht anzunehmen für Anwalt in Sozietät, BGH VersR 69, 887). Ersatzzustellung (zB an Büropersonal, § 183 II) oder Niederlegung der Sendung (§ 186) ist unzulässig, weil § 198 den Annahmewillen des Adressaten (s unten) voraussetzt. Bei Übergabe an Büropersonal bzw Einlegen in das Schrankfach (Hamburg MDR 59, 307) ist Zustellung schwebend unwirksam, bis der RA selbst Kenntnis von seinem Gewahrsam erlangt und seinen 5

Annahmewillen geäußert hat (RG 150, 394; LAG Hamm NJW 68, 1981; OLG Schleswig NJW 69, 937); gleichgültig jedoch, wann er vom Inhalt Kenntnis nimmt (BGH VersR 62, 979).

6 **3)** Die Übergabe muß vom (bis zur Annahmeerklärung des Adressaten widerruflichen, RG 150, 394) **Zustellungswillen** des Absenders und der Empfangsbereitschaft des Adressaten getragen sein. Fehlt Zustellungswille des Absenders (zB bei formloser Übersendung zur Information), macht selbst förmliches Empfangsbekenntnis des Empfängers die Zustellung als solche nicht wirksam, BGH VersR 68, 151.

7 **a)** Der **Zustellungswille des Absenders** dokumentiert sich in der Erklärung, daß von Anwalt zu Anwalt zugestellt werde (Abs I S 3), BGH NJW 59, 885. Diese Erklärung muß nicht („soll") ausdrücklich erfolgen; genügend ist die Beigabe des Formulars für das Empfangsbekenntnis. Im Zweifelsfall darf der Adressat vom Absender jedoch eine Bescheinigung über die Zustellung (Abs II S 2) verlangen. Diese Bescheinigung ist aber nicht Wirksamkeitsvoraussetzung der Zustellung (Berlin JR 51, 27).

8 **b) Empfangsbereitschaft des Adressaten** ist zwingende Voraussetzung der wirksamen Zustellung (BGH 14, 342 = NJW 54, 1722). Sie kann durch den bloßen Nachweis des Zugangs (§ 187) nicht ersetzt werden (s Rn 5 zu § 187), denn selbst bewiesene Kenntnisnahme ersetzt förmliche Empfangsbereitschaft als Zustellung nicht, BGH VersR 68, 580. Der RA ist prozessual nicht verpflichtet (allenfalls Standespflicht; s Rn 1), Zustellung gem § 198 als solche entgegenzunehmen (RG 98, 241; BGH 30, 305). Das bloße Behalten der Sendung (anders die schriftsätzl Einlassung auf deren Inhalt; dann § 187) beweist noch keinen Willen, gem § 198 entgegenzunehmen (so zB wenn der Adressat meint, er sei nicht mehr Vertreter seiner Partei, BGH 30, 299 = NJW 59, 1871 und NJW 64, 2062). Die Empfangsbereitschaft dokumentiert sich in dem (daher zwingend erforderlichen, BGH NJW 76, 107) schriftl Empfangsbekenntnis des Adressaten (Abs II S 1), daher genügt hierfür nicht die Unterschrift eines Dritten (zB Referendar, Bürovorsteher, BGH 14, 342 = NJW 54, 1722). Der amtl bestellte Vertreter des RA ist aber nicht Dritter (BGH VersR 71, 1176). Wird (was zulässig ist) das Empfangsbekenntnis erst später (dh nicht Zug um Zug gegen Entgegennahme der Sendung) ausgestellt, so wirkt es auf den Zeitpunkt der tatsächl Entgegennahme durch den RA (nicht ausreichend hierfür Eingang in seiner Kanzlei oder Einlegung in sein Schrankfach, BGH NJW 79, 2566 = MDR 79, 928) zurück, BGH NJW 74, 1469.

9 Fehlt die Empfangsbereitschaft, muß der Absender die Zustellung in der sonst üblichen Form (dann ist auch Ersatzzustellung möglich) vornehmen. § 197 gilt hier nicht (RG 40, 410).

10 **4) Das Empfangsbekenntnis** des Anwalts (notwendig persönlich; Bekenntnis eines Bediensteten des Anwalts genügt nicht; wegen Zustellungsbevollmächtigung s § 212a) muß den Tag der Entgegennahme enthalten (sonst unwirksam, RGZ 156, 387) und ist, weil der RA anders als der GV nicht amtl Zustellungsorgan ist, Privaturkunde iS § 416. Der Gegenbeweis der Unrichtigkeit ist zulässig (BGH VersR 82, 160; NJW 80, 998; 79, 2566). Eigenhändige Unterschrift des RA ist nötig, BGH 30, 299; 30, 335; Abzeichnung nur mit Anfangsbuchstaben genügt nicht (BGH NJW 72, 50; VersR 83, 273; 68, 1143), jedoch ist Lesbarkeit des Namens entbehrlich bei sonst individuell erkennb Schriftzug, vgl entspr § 130 Rn 7, § 170 Rn 8; BGH VersR 78, 944; StJSch Fußnote 25 (abw BLH Anm 2 Ad; Stuttgart Justiz 70, 234; Köln JMBl NRW 70, 245; Vollkommer Rpfleger 72, 82, die Stempel für ausreichend ansehen, aber dadurch ist die Empfangsbereitschaft des RA nicht hinlänglich erwiesen). Gleichgültig ist, ob das Empfangsbekenntnis auf die Zustellungskarte oder auf die an den Absender zurückgehende Abschrift gesetzt wird, selbst wenn diese Abschrift nicht erkennen läßt, daß Ausfertigung zugestellt wurde, denn das Empfangsbekenntnis muß (anders als § 191) nichts über die Rechtsnatur des zugestellten Schriftstücks (Urschrift, Ausfertigung oder Abschrift) aussagen (BGH NJW 63, 1308). Bewirkt ist die Zustellung (rückwirkend! s Rn 8) erst mit Rückgabe der Empfangsbekenntnis an den zustellenden RA, Frankfurt NJW 73, 1888.

11 **5)** Wegen des notw **Inhalts der zuzustellenden Sendung** s Rn 1–8 zu § 170.

12 **6)** Wo statt der förml Zustellung **formlose Mitteilung** zulässig ist (Rn 2 vor § 166), ist diese entsprechend § 198 auch von Anwalt zu Anwalt möglich. Üblich dann der Vermerk auf dem dem Gericht eingereichten Original des Schriftsatzes „Gegner hat Abschrift". Bei Zustellung dagegen üblich der Vermerk „Ich stelle selbst zu".

13 **7) Zustellungskosten** des **GV:** s Rn 10 vor § 166 (Gebühr des GV: 2,– DM gem § 16 Abs 1 GVKostG).

199 *[Zustellung im Ausland]*
Eine im Ausland zu bewirkende Zustellung erfolgt mittels Ersuchens der zuständigen Behörde des fremden Staates oder des in diesem Staate residierenden Konsuls oder Gesandten des Bundes.

I) Überblick

1) Die ZPO verlangt auch dann die **förml beurkundete Zustellung** (§ 202 II), wenn eine Zustellung **im Ausland** erforderl wird. Da diese förml Zustellung ein staatl Hoheitsakt ist, dürfen dt Zustellungsorgane auf dem Territorium eines auswärtigen Staates nicht tätig werden, es sei denn, es geschieht mit dessen Zustimmung (Beispiel: Zustellung durch den dt Konsul). Die Übermittlung einer Ladung, eines Schriftsatzes oder einer gerichtl Entscheidung durch schlichten Postbrief ist keine Verletzung der Souveränität des ausl Staates (in dem der Empfänger sich aufhält); denn der deutsche Hoheitsakt wird in der BRepD vollzogen: Dort ergeht die Ladung bzw wird das Urteil oder der Beschluß erlassen. Die Übersendung ins Ausland auf dem Postwege dient ledigl der Benachrichtigung (über einen im Inland vollzogenen Hoheitsakt), Geimer FamRZ 75, 218; StJSch § 175 Rz 8 Fn 7a; aA Rosenbaum, Die Zwangsvollstreckung in Forderungen im internationalen Rechtsverkehr, 1930, 45; Wengler, VölkerR, II, 1964, 962; Schmitz, Fiktive Auslandszustellung, 1980, 102. 1

2) Das Völkergewohnheitsrecht verpflichtet die Staaten nicht, einander gegenseitig Rechtshilfe bei der Durchführung von Zustellungen zu leisten, Nagel, Nationale und internationale Rechtshilfe im Zivilprozeß, 65. Wirkt der ausl Staat bei der Zustellung nicht mit, dann verbleibt nach der Konzeption der ZPO nur die öffentl Zustellung, § 203 II. Dies bedeutet aber in den meisten Fällen, daß der Zustellungsadressat von der Zustellung keine Kenntnis erlangt. Art 103 I GG gebietet dem dt Gericht, alle Möglichkeiten von Amts wegen auszuschöpfen, daß der Zustellungsempfänger auch tatsächl Kenntnis von dem zuzustellenden Schriftstück erlangt. Neben der öffentl Zustellung (§ 203 II) muß das Gericht, ersatzweise der Kläger/Antragsteller, deshalb auch das zuzustellende Schriftstück auf dem Postwege (Einschreiben mit Rückschein) ins Ausland versenden. Das Gericht muß notfalls **Schreiben in „neutraler Aufmachung"** versenden, wenn zu befürchten ist, daß Schreiben mit Absenderangabe von ausl Post nicht weitergeleitet wird, Köln FamRZ 85, 1278 = EWiR 86, 205 (Geimer); KG ROW 84, 191 = IPRspr 83/163. Mißglückt auch die Übermittlung auf dem Postwege, so ist in den Fällen des § 203 ein **Verfahrenspfleger** zu bestellen, Geimer NJW 74, 1631. Der Bekl hat sogar einen völkerrechtl Anspruch auf Gewährung rechtl Gehörs. Dies ist die Kehrseite seiner Gerichtspflichtigkeit im Inland. Ähnl Wengler IPR (= RGRK), 1980 § 14a 1 nach Fn 22. 2

3) a) Rechtsvergleichend ist zu bemerken, daß das dt Recht (§§ 199 ff) – zu Lasten des Klägers (was die Vertreter der remise au parquet-Länder hervorheben, vgl dt Denkschr zu Haager Zustellungsübereink, Rn 26) – die Belange des Zustellungsempfängers wesentlich besser schützt als das französische Recht und die von diesem beeinflußten Systeme des romanischen Rechtskreises: Auch wenn die Zustellung im Ausland zu erfolgen hat, erfolgt diese nach **deutschem** Recht durch Übergabe des Schriftstücks an den Zustellungsadressaten. Sie muß durch ein Zustellungszeugnis nachgewiesen werden (§ 202 II). Anders das **französische System:** Sobald eine Zustellung im Ausland erforderl wird, macht man vom Grundsatz der Aushändigung des Schriftstücks an den Empfänger eine Ausnahme: Die Zustellung erfolgt durch remise au parquet, dh Aushändigung einer Abschrift des zuzustellenden Schriftstücks an die zuständige Staatsanwaltschaft. Damit ist der Zustellungsvorgang abgeschlossen. Der Zugang an den Zustellungsempfänger wird fingiert. Dieser wird zwar von der remise au parquet benachrichtigt. Diese notification hat aber keine rechtl Bedeutung. Vgl Art 683 ff. Nouveau Code de procédure civile; Art 142 Codice di procedura civile, Geimer IPRax 85, 6, Düsseldorf RIW 85, 493 = IPRax 85, 289 (Schumacher 265). 3

b) Für den Bereich des **GVÜ** s Art IV Abs 2 des Protokolls zu diesem Übereink. Die BRepD hat den Vorbehalt gemäß IV Abs 2 erklärt; Geimer/Schütze, I § 140. Im Verhältnis zu Tunesien ist Art 17 dt-tunes Vertr zu beachten. 4

4) Das **Haager Zustellungsübereinkommen** (Rn 26) bemüht sich, die Fälle der (tatsächl) Verweigerung des rechtl Gehörs durch fehlgeschlagene Auslandszustellungen möglichst zu reduzieren: Nach Art 16 kann der Zustellungsempfänger unter erleichterten Bedingungen Wiedereinsetzung in den vorigen Stand erreichen. Daneben besteht eine Aussetzungsmöglichkeit nach Art 15. 5

5) Die staatsvertragl Regelungen über Auslandszustellungen gehen §§ 199 ff vor. Nur soweit kein Staatsvertrag eingreift, gelten §§ 199 ff, Riezler 688. Vgl aber Rn 10. 6

7 **6) Scheitert die Zustellung** im/ins Ausland oder in die DDR (KG ROW 84, 191 = ZaöRV 85, 116 = IPRspr 83/163), dann ist öffentl Zustellung geboten, § 203 II (Rn 2, 12). Keinesfalls darf deshalb die Gewährung des Rechtsschutzes durch die dt Gerichte mit der Begründung verweigert wertden, der Kläger solle sich an die ausl Gerichte wenden, Köln FamRZ 85, 1278 = EWiR 86, 205 (Geimer).

8 **7) Will der Zustellungsadressat unerreichbar sein** (indem er seine Anschrift verheimlicht), so hat er sich die durch das Scheitern der Zustellung bedingte Beeinträchtigung seines rechtl Gehörs selbst zuzuschreiben, LG Kiel SchlHA 83, 165 = IPRspr 83/162.

9 **8)** Über das Zustellungsverfahren entscheidet auch bei ausl Sachstatut allein die **deutsche lex fori:** Ist zB in der Sache franz Recht anzuwenden, so kann das dt Gericht gleichwohl nicht durch remise au parquet zustellen, IZPR Rn 74.

10 **9)** Ob ausl Rechtshilfe in Anspruch genommen werden soll, ist nach autonomen dt Recht zu beurteilen. Die **Zustellungsverträge** (Rn 20) regeln nur das **Wie** (Zustellungsverfahren, falls Zustellung im Ausland nach autonomem dt Recht erforderlich), begründen aber keine völkerrechtl Verpflichtung, die dort festgelegten Übermittlungswege in Anspruch zu nehmen, falls der Zustellungsempfänger im Ausland wohnt/sich aufhält, Rn 28.

11 **10)** Die Parteien können § 199 – zB in Zusammenhang mit einer Zuständigkeitsvereinbarung – **abbedingen** und durch **andere Mitteilungsform** ersetzen, die ebenfalls geeignet ist, das rechtl Gehör des Zustellungsadressaten zu gewährleisten, zB Einschreiben mit/ohne Rückschein. Daran ist das Gericht – auch für die von Amts wegen vorzunehmenden Zustellungen, § 270 – gebunden.

12 **11) Zustellungsmängel** werden auch im internationalen Rechtsverkehr nach § 187 geheilt, Geimer NJW 72, 1624. Im Ergebnis übereinstimmend BGH RzW 79, 186 = IPRspr 78/152, der § 295 anwendet. Anders BGH (NJW 72, 1004 = IPRspr 72/151) mit folgender nicht überzeugender Begründung: Ein Prozeßrechtsverhältnis mit einer im Ausland wohnenden Partei könne grundsätzl nur durch eine formal mangelfreie Zustellung der Klageschrift begründet werden; der bloße Zugang reiche nicht aus, weil sonst die im Ausland ansässige Partei in unzulässiger Weise nach inländischem Prozeßrecht in einen dt Prozeß hineingezogen würde, obgleich das nur nach dem an ihrem Aufenthaltsort geltenden Recht oder dort anerkannten internationalen Verfahrensrecht geschehen kann.

II) Anwendungsbereich der §§ 199–202

13 **1) Ausland** iSd §§ 199–202 ist das Gebiet außerhalb der BRepD (einschl Berlin-West). Als Ausland idS ist im Hinblick auf die faktischen Verhältnisse auch die DDR anzusehen, vgl BGH NJW 73, 145; BGHZ 52, 123; BayObLGZ 72, 88. AA KG IPRspr 80/158. Die Ansicht des KG führt zur Justizverweigerung. Diese ist aber verboten. – Zum Auslandsbegriff der §§ 199 ff s auch BSG MDR 73, 531 = NJW 73, 1064 = IPRspr 73/148; ORGE Berlin 29, 108 = RzW 72, 134 = IPRspr 71/122.

14 **2) a)** Die **Zustellung im Ausland ist entbehrl** (trotzdem aber zulässig: RG JW 00, 13), wo gemäß § 175 die Zustellung an im Ausland befindl Adressaten im Inland durch Aufgabe der Sendung zur Post bewirkt werden kann, also regelmäßig in einem bereits rechtshängigen Verfahren; das gleiche gilt in den Fällen der §§ 829 II 4, 835 III. Entbehrl ist Zustellung im Ausland auch in den Fällen der §§ 841, 844 II, 875 II oder wenn Beklagter im Inland ein Geschäftslokal iSd § 183 hat; Düsseldorf MDR 78, 930 = IPRspr 78/140: Zustellung an ausl Luftverkehrsgesellschaft in deren inländischer Niederlassung, Hamburg DAVorm 83, 540. Unzulässig ist die Zustellung im Ausland im Mahnverfahren, § 688 III, mit Ausnahme im GVÜ-Bereich. Hierzu BGH (Rn 5).

15 **b)** Die **Zustellung der Klage/Antragschrift** an einen im Ausland lebenden Beklagten durch Aufgabe zur Post (§§ 174 II, 175 I) ist fehlerhaft. Eine solche Zustellung setzt voraus, daß die im Ausland wohnende Partei keinen Zustellungsbevollm bestellt hat, obwohl sie dazu gem § 174 II verpflichtet war, § 175 I 2. Eine solche Prozeßförderungspflicht besteht aber erst nach Rechtshängigkeit, also nach rechtswirksamer Zustellung der Klage/Antragsschrift. Vorher ist nach §§ 199 ff zu verfahren (Ausnahme Rn 11).

16 **c) Zustellung des Urteils,** auch Versäumnisurteils, durch Aufgabe zur Post gem § 175 I 2 zulässig, Köln MDR 86, 244; und zwar auch im Anwendungsbereich der bi- und multilateralen Verträge (Rn 25 ff). Diese regeln nur die Art und Weise der Zustellung, nicht jedoch die Frage, wann eine Zustellung im Ausland erforderl ist, Rn 10.

17 **d)** Die Zustellung der Aufgabe zur Post ist **reine Inlandszustellung.** § 339 II kommt deshalb nicht zur Anwendung, München Rpfleger 83, 75 = IPRspr 82/166, Köln MDR 86, 244; vgl auch LG Frankfurt NJW 76, 1597 = RIW 77, 292.

e) § 175 I 2 gilt auch für die **anschließende Zwangsvollstreckung,** § 178, nicht jedoch für (selbständige) **Annexverfahren,** wie zB § 642a. Denn das Verfahren zur Festsetzung des Regelunterhalts knüpft zwar an den vorausgegangenen Unterhaltsprozeß an, wird aber erst durch einen selbständigen Antrag in Gang gesetzt, LG Aachen Rpfleger 83, 74 = IPRspr 82/165. 18

f) Ausführung der Zustellung durch Aufgabe zur Post: BGHZ 73, 388 = MDR 79, 750 = RIW 714 erachtet eine Zustellung durch Aufgabe zur Post als unwirksam, weil das zu übergebende Schriftstück nicht das Land angegeben habe, wohin die Sendung habe gelangen sollen. Es fehlte der Zusatz „USA". Wenn eine Postsendung für einen Empfänger im Ausland bestimmt ist, bildet nach BGH die Angabe des Landes, in dem der Bestimmungsort liegt, einen Teil der Adresse, der für den ordnungsgemäßen störungsfreien Postweg wesentl sei. Der Standpunkt des BGH ist zu starr; er läuft im Einzelfall auf Förmelei hinaus, etwa wenn eine Sendung nach Zürich oder nach Rom geht, Köln MDR 86, 244 = FamRZ 85, 1278. 19

III) Verfahren

1) Die Zustellung im Ausland erfolgt bei Zustellung im **Amtsbetrieb auf Veranlassung des Vorsitzenden,** bei Zustellung im **Parteibetrieb** (Rn 3 vor § 166) **auf Grund eines von der Partei** an den Vorsitzenden des Prozeßgerichtes (§ 202) **gerichteten Antrags,** der nicht dem Anwaltszwang (§ 78) unterliegt (RG 17, 392). Gegen Abweisung des Antrages einfache Beschwerde, § 567. Über die Rückwirkung der Zustellung auf die Zeit des Antrages s § 207. 20

2) Die Ausführung der Zustellungen im Ausland ist **Angelegenheit der Justizverwaltung** (JV) und gehört daher nicht zum Bereich der Rspr (Art 92 GG). Die JV ist berechtigt, die Weiterleitung des Rechtshilfeersuchens **abzulehnen,** wenn die Weiterleitung keinen Erfolg verspricht, zB weil der ersuchte Staat aller Voraussicht nach diesem Ersuchen nicht Folge leisten wird oder weil das Ersuchen gegen internationale Gepflogenheiten verstoßen würde. Gegen die Ablehnung durch JV ist der Antrag der Partei(en) auf gerichtl Entscheidung zum OLG zulässig, §§ 23 ff EGGVG, Düsseldorf IPRspr 80/177. Das ersuchende Gericht kann aber keine (gegenteilige) Weisung an die JV erlassen, Köln FamRZ 85, 1279. Ist in einem Zustellungsvertrag der **unmittelbare Verkehr der Gerichte** vereinbart, so liegt gleichwohl materiell keine Rechtsprechung (Art 92 GG) vor. Das Gericht nimmt vielmehr kraft Delegation eine Aufgabe der JV wahr. 21

3) Es gibt drei (im Einzelfall vertraglich vereinbarte) Möglichkeiten der förmlichen Zustellung: **a)** der **diplomatische Weg,** bei dem die diplomatische Vertretung des ersuchenden Staates die Erledigung des Zustellungsersuchens durch die zustellende Behörde des ersuchten Staates vermittelt, **b)** der **konsularische Weg,** bei dem der Konsul des ersuchenden Staates die Erledigung (wie bei a) vermittelt oder selbst vornimmt (vgl Art 5j des Wiener Übereinkommens v 24. 4. 1963 über konsularische Beziehungen, BGBl 69 II 1587) und **c)** der **unmittelbare Verkehr** zwischen den Behörden beider Staaten (auf Grund besonderer Vereinbarungen zZ zwischen der Bundesrepublik Deutschland und Belgien, Dänemark, Frankreich (ausführl Schumacher IPRax 85, 265), Luxemburg, Niederlande, Norwegen, Österreich, Schweden, Schweiz). 22

4) Die **dt Auslandsvertretungen** leisten die Rechtshilfe bei Zustellungen in eigener Zuständigkeit, soweit der Adressat dt Staatsangehöriger und zur Entgegennahme der Zustellung bereit ist. In allen anderen Fällen sind die zuständigen ausl Behörden zu ersuchen, § 16 KonsularG und § 32 ZRHO. Hecker, Handb der konsular Praxis, 1982, 404 D 120 ff. 23

IV) Rechtshilfeordnung für Zivilsachen (ZRHO)

Beschlossen von den Justizministern des Bundes und der Länder; sie enthält allgemeine Richtlinien für den Rechtshilfeverkehr der dt Justizbehörden mit dem Ausland und in ihrem „Länderteil" unter Berücksichtigung zwischenzeitl Veränderungen fortlaufend die für den Verkehr mit den einzelnen Staaten maßgebl Verträge und Vorschriften. Für die Zustellung s §§ 32–35 ZRHO. Wichtig in der Praxis ist der **„Länderteil".** 24

V) Vertragsrecht

1) Haager Zivilprozeßübereinkommen (HZPrÜb) v 1. 3. 1954 (BGBl 58 II 576; I 939), in der BRepD in Kraft seit 1. 1. 1960 (BGBl 59 II 1388), gilt (zZ) im Verhältnis zu: Ägypten, Belgien, Dänemark, Finnland, Frankreich, Israel, Italien, Japan, Jugoslawien, Libanon, Luxemburg, Marokko, Niederlande, Norwegen, Österreich, Polen, Portugal, Rumänien, Schweden, Schweiz, Spanien, Surinam, Tschechoslowakei, Türkei, Ungarn, UdSSR und Vatikanstadt. (Im Verhältnis zu Island gilt noch alte Fassung von 1905.) Mit folgenden Staaten wurden (das Verfahren vereinfachende) **Zusatzabkommen** getroffen: Belgien, Dänemark, Frankreich, Luxemburg, Niederlande, Norwegen, Österreich, Schweden und Schweiz. Für die Zustellung einschlägig sind die Art 1–7 HZPrÜb; hierzu München NJW 72, 2186 = IPRspr 72, 157. Sonderverträge mit ähnl Inhalt wie das HZPrÜb bestehen mit Großbritannien (BGBl 53 II 116), Griechenland (BGBl 52 II 634), Tunesien (BGBl 69 II 889), Türkei (BGBl 52 II 608), USA (BGBl 56 II 763). 25

26 2) Das Haager Übereinkommen v 1. 3 1954 soll durch das **neue Haager Übereinkommen v 15. 11. 1965** über die Zustellung gerichtl und außergerichtl Schriftstücke im Ausland in Zivil- und Handelssachen (BGBl 77 II 1453), abgelöst werden. In Kraft seit 26. 6. 1979 (BGBl 79 II 779, 1980 II 1281); näher hierzu Nagel IZPR Rz 570; Hollmann RIW 82, 784; Wölki RIW 85, 530; Böckstiegel/Schlafen NJW 78, 1073. Vertragsstaaten: Ägypten, Barbados, Belgien, Botsuana, Dänemark, Finnland, Frankreich, Griechenland, Großbritannien, Israel, Italien, Japan, Luxemburg, Malawi, Niederlande, Norwegen, Portugal, Schweden, Seyschellen, Tschechoslowakei, Türkei, USA, Zypern.

27 3) **10. Zusatzabkommen v 3. 8. 1959 zum Truppenstatut** (BGBl 61 II 1218; hierzu vgl Rn 9 vor § 166) regelt in seinen Art 32 und 36 die Zustellung an alliierte Streitkräfte, an deren ziviles Gefolge und deren Familienangehörige, Köln IPRax 83, 44. Für Zustellungen haben die Entsendestaaten Verbindungsstellen eingerichtet, welche die Zustellungen für den Adressaten in Empfang nehmen und nach Aushändigung an den Adressaten die Zustellung beurkunden. Die öffentl Zustellung ist ausgeschlossen.

28 4) Die vorstehenden Verträge (Rn 26, 27) verpflichten die Vertragsstaaten nicht, ausl Rechtshilfe in Anspruch zu nehmen, Rn 10.

29 5) **Anhang: Die Zustellung von Schriftstücken im Rahmen eines vor ausländischen Gerichten anhängigen Verfahrens in der BRepD ist in der ZPO nicht geregelt.** Sie ist Aufgabe der Justizverwaltung (Rn 21) und erfolgt nach den in Rn 25, 26 genannten Verträgen und – soweit solche fehlen – nach der ZRHO. Die Mitwirkung eines dt RA bei der Übermittlung einer Klageschrift und Ladung vor ein US-Gericht unter Umgehung der für die Gewährung von Rechtshilfe zuständigen dt Behörden, insbesondere die Abgabe eines **Affidavits,** verstößt möglicherweise gegen StandesR (bestr), ist aber nicht als Amtsanmaßung (§ 132 StGB) strafbar.

30 **VI) Gebühren u Auslagen des Gerichts** s § 202 Rn 3. – Wegen **Prozeßkostenhilfe** zu einem Ersuchen nach einem Vertragsstaat des HZPrÜb s § 54 II ZRHO.

200 *[Zustellungen an exterritoriale Deutsche]*

(1) Zustellungen an Deutsche, die das Recht der Exterritorialität genießen, erfolgen, wenn sie zur Mission des Bundes gehören, mittels Ersuchen des Bundeskanzlers.

(2) Zustellungen an die Vorsteher der Bundeskonsulate erfolgen mittels Ersuchen des Bundeskanzlers.

1 § 200 betrifft nur die Zustellung an **exterritoriale** (Begriffsbestimmung §§ 18–20 GVG) **Deutsche,** also an den Personenkreis des § 15. Die Zustellung vermittelt für den Bundeskanzler das Auswärtige Amt.

2 Zustellungen an **exterritoriale Ausländer** in der BRD erfolgen dagegen gem §§ 199, 202, hilfsweise § 203 III, soweit Staatsverträge (vgl Rn 25 f zu § 199) keine Sonderbestimmungen enthalten. Nicht exterritorial sind deutsche Bedienstete von exterritorialen Ausländern in der BRD. Für diese gilt aber § 203 II; hierzu s Rn 9 vor § 166.

3 Nach der ersten gemäß § 200 erfolgten Auslandszustellung gelten, wenn kein Zustellungsbevollmächtigter benannt wurde, die §§ 174 II, 175 (BGH MDR 86, 244), also Inlandszustellung durch Aufgabe zur Post (§ 175 Rn 3).

201 (weggefallen)

§ 201 betraf die Zustellung an deutsche Soldaten im Ausland. Insoweit jetzt Zustellung gem Erlaß v 16. 3. 1982 (abgedruckt in Rn 8 vor § 166).

202 *[Ausführung der Zustellung im Ausland]*

(1) Die erforderlichen Ersuchungsschreiben werden von dem Vorsitzenden des Prozeßgerichtes erlassen.

(2) Die Zustellung wird durch das schriftliche Zeugnis der ersuchten Behörden oder Beamten, daß die Zustellung erfolgt sei, nachgewiesen.

1) Abs I. Wegen des Antrages auf Zustellung im Auslands Rn 20, 21 zu § 199. – **Vorsitzender des ProzGer** ist nur der Vors des Kollegiums, der Einzelrichter nach Übertragung § 348 oder der Richter des AG, bei dem der Proz anhängig ist oder werden soll; nicht der Behördenleiter. Im VollstrVerf ist der VollstrRichter, bei Zustellung einer notariellen Urk das AG, in dessen Bezirk der Notar seinen Amtssitz hat, JW 31, 157, zuständig. Dem Antrag sind die nötigen Urk (Ausfertigung, begl Abschriften) beizufügen. Wegen Einlassungs- u Einspruchsfrist s §§ 274 III, 339 II. 1

2) Abs II. Das Zeugnis ist öffentl Urk, § 418, u beweist die Übergabe. Gegenbeweis gem § 418 II ist möglich. Zeugnis durch Telegramm der ersuchten Behörde ist ausreichend (RG 14, 335). Prüfung der Echtheit der Urkunde: §§ 437, 438. Bei Verweigerung der Annahme: öffentl Zustellung, § 203. Erfolgte Zustellung nach dem Haager ZPAbk, so genügt als Zustellungsnachweis ein datiertes u begl Empfangsbekenntnis des Zustellungsgegners. 2

3) Gebühren und Auslagen des **Gerichts:** Das Ersuchen ist gerichtsgebührenfrei (§ 1 Abs 1 GKG). **Auslagen** sind zu erheben. Dazu gehören: **a)** Die sog Prüfgebühr für die verwaltungsmäßige Prüfung des Zustellungsersuchens durch die Prüfstelle (§ 9 ZRHO) nach § 50 Abs 1 und Abs 2 Nr 1 ZRHO iVm Nr 3 GebVerz zur JVKostO; – **b)** etwa notwendige **Übersetzungs**kosten (der zuzustellenden Schriftstücke einschl des Ersuchens); – **c)** Gebühren und Auslagen, die den **deutschen Auslandsvertretungen** (diplomatische und berufskonsularische) für die Erledigung von Zustellungsanträgen nach dem Auslandskostengesetz vom 21. 2. 1978 (BGBl I 301) und der Auslandskostenverordnung (AKostV) vom 7. 1. 1980 (BGBl I 21) zustehen (§ 51 ZRHO). – Wegen des Kostenansatzes hinsichtl der Gebühren u Auslagen der deutschen Auslandsvertretungen, wenn einem Beteiligten **Prozeßkostenhilfe** bewilligt ist, s § 53 Abs 2 ZRHO. 3

203 *[Öffentliche Zustellung]*

(1) Ist der Aufenthalt einer Partei unbekannt, so kann die Zustellung durch öffentliche Bekanntmachung erfolgen.

(2) Die öffentliche Zustellung ist auch dann zulässig, wenn bei einer im Ausland zu bewirkenden Zustellung die Befolgung der für diese bestehenden Vorschriften unausführbar ist oder keinen Erfolg verspricht.

(3) Das gleiche gilt, wenn die Zustellung aus dem Grunde nicht bewirkt werden kann, weil die Wohnung einer nach den §§ 18 bis 20 des Gerichtsverfassungsgesetzes der Gerichtsbarkeit nicht unterworfenen Person der Ort der Zustellung ist.

I) Allgemeines: 1) Die öffentl Zustellung ist, weil keine Übergabe der Sendung erfolgt, nur **Fiktion der Zustellung;** als Ausnahmevorschrift daher keiner Analogie zugänglich. Sie bedeutet praktisch den Entzug des **rechtl Gehörs,** doch steht Art 103 GG nicht entgegen (Maunz-Dürig GG Art 103 Rn 47; krit Geimer NJW 74, 1630). Wegen Gewährung der Wiedereinsetzung (§ 233) nach öffentl Zustellung s § 233 Rn 23 bei „Zustellung". 1

2) Die öffentl Zustellung muß im Einzelfall (keine Bewilligung für den ganzen Rechtszug, RG 63, 83; 64, 44) rechtl geboten sein. **Rechtsschutzbedürfnis** liegt nicht vor, wo das Verfahren ohnedies auszusetzen wäre, zB im Fall des § 247 (München, BayJMBl 52, 131) oder wenn das Verfahren gem SchutzVO v 4. 12. 1943 (RGBl I 666) wegen Nachwirkung der Kriegsverhältnisse (BGH MDR 59, 112; zur SchutzVO s aber § 247 Rn 2) unterbrochen ist. Das Rechtsschutzbedürfnis für die öffentl Zustellung ist nicht abhängig von den Erfolgsaussichten der Klage; es kann aber fehlen, wo berechtigte Zweifel am Leben des Adressaten bestehen und die Todeserklärung veranlaßt wäre (KG DRZ 46, 193; anders aber KG FamRZ 75, 693). Unnötig ist es, daß der Adressat durch die öffentl Zustellung die Möglichkeit erhalten kann, Kenntnis vom Inhalt der Sendung zu erlangen; die Möglichkeit der Kenntnisnahme wird fingiert. Abzulehnen daher LG Bielefeld (NJW 60, 1817), wonach wegen der vorauszusehenden Unmöglichkeit der Kenntnisnahme eine Zustellung ganz unterbleiben dürfe (insoweit richtig LG Berlin NJW 59, 1374). 2

3) Die Bewilligung der öffentl Zustellung (§ 204) steht im **pflichtgemäßen Ermessen des Gerichts** (RG 59, 265). Bei der Ermessensausübung sind einerseits das Rechtsschutzbedürfnis des Antragstellers für Justizgewährung, andererseits das Schutzbedürfnis des Antragsgegners, dessen Anhörung nur fingiert wird (oben Rn 2), gegeneinander abzuwägen. Das Schutzbedürfnis des Antragsgegners, der die Ermittlung seines Aufenthalts willkürlich erschwert (zB durch Verstoß gegen öffentl-rechtl Meldevorschriften) ist geringer als das eines Antragsgegners, dessen Aufenthalt wegen äußerer, nicht zu vertretenden Umstände (zB Krieg, Aufruhr, politische Verfolgung, Katastrophen) ungewiß ist (StJSch Rn 5 u 9). Nachforschungen nach dem Aufenthalt (unten Rn 8) dürfen keinesfalls durch Ermessensausübung ersetzt werden. Andererseits hat die Bedeutung des Streitgegenstands für die Parteien bei der Ermessensausübung grundsätzlich ebenso außer Betracht zu bleiben wie Erwägungen über Zulässigkeit oder Begründetheit der Klage (hierüber kann ggf in einem unechten Versäumnisurteil gegen den Kläger befunden wer- 3 den; Rn 11 vor § 330). Voreilige Bewilligung kann Ersatzansprüche wegen Amtspflichtverletzung auslösen. Ebenso macht Erschleichen der öffentl Zustellung schadensersatzpflichtig gem § 826 BGB (RG 78, 389).

4 4) **Unzulässig** ist die öffentl Zustellung gegen Mitglieder u Angehörige der Stationierungstruppen (vgl Rn 9 vor § 166 u Rn 27 zu § 199) und im Mahnverfahren (§ 688 II).

5 **Entbehrlich** ist die öffentl Zustellung in den Fällen §§ 763, 829, 835, 841, 844, 875.

6 Bei der Zwangsvollstreckung in Grundstücke s § 6 ZVG. Wegen Einspruchsfrist s § 339 II.

7 **II) Einzelfälle: 1) Unbekannter Aufenthalt der Partei:** Voraussetzung ist Notwendigkeit der Zustellung an die Partei selbst, also nicht anwendbar, wo an Vertreter zuzustellen ist (zB §§ 174, 176), es sei denn, der Aufenthalt des notwendigen Vertreters (zB gesetzl Vertreter des Mdj, Geschäftsführer der GmbH etc) ist unbekannt. Bei unbekanntem Aufenthalt des ProzBevollm s § 177. Partei idS ist auch der Streitgehilfe u Streitverkündungsempfänger (§§ 66, 72), nicht aber der Zeuge oder SV.

8 **Unbekannt** ist der Aufenthalt, wenn er nicht nur dem Gegner u dem Gericht, sondern allgemein unbekannt ist, Koblenz NJW 53, 1797; RG 59, 259. Daher sind eingehende Ermittlungen und Nachweis von deren Erfolglosigkeit durch den Antragsteller (bei Zustellung im Amtsbetrieb: Amtsermittlung, BayObLG Rpfleger 78, 446) nötig. Stets erforderlich: Auskunft der Meldebehörde, des letzten Vermieters bzw früheren Hausgenossen und etwa bekannter Verwandter, Nürnberg FamRZ 60, 204. Möglichkeit der Ersatzzustellung (§§ 181–184) schließt öffentl Zustellung nicht grundsätzl aus, doch wird dann idR Rechtsschutzbedürfnis für Bewilligung fehlen. Der Aufenthalt ist auch allg unbekannt, wenn er von jemandem, der ihn kennt, verschwiegen wird. Wegen Unbekanntheit infolge Kriegsverhältnissen vgl Rn 2 u 3. Wegen der Folgen falscher Angaben des Antragstellers über den Aufenthalt des Antragsgegners s § 204 Rn 9.

9 2) **Auslandszustellung** (Abs II): Begriff des Auslands im Verhältnis zur DDR: IZPR Rn 188 ff. Die DDR ist, obwohl staatsrechtlich kein Ausland (BVerfG NJW 73, 1539; 74, 893), verfahrensrechtlich wie ein ausländischer Staat anzusehen, wenn im Einzelfall die dortigen Behörden Zustellungsersuchen nicht annehmen (so für Ehescheidungsverfahren KG NJW 83, 2950). **Unausführbar** ist die Zustellung, wo ein Rechtshilfeverkehr mit dem betr Staat nicht besteht (vgl hierzu „Länderteil" der ZRHO; Rn 24 zu § 199). **Nicht erfolgsversprechend** ist die Zustellung im Ausland, wo trotz allg Rechtshilfeverkehrs im Einzelfall erfahrungsgemäß aus polit Gründen die Rechtshilfe verweigert wird (zB bei Klagen polit Flüchtlinge). Entsprechend gilt Abs II bei unzumutbarer Verzögerung der Auslandszustellung, zB im Wechselprozeß (Hamburg MDR 70, 426). Gegen die öffentl Zustellung an Adressaten in den früheren deutschen Ostgebieten allein deshalb, weil die grundsätzl rechtshilfebereiten polnischen Behörden polnische Ortsbezeichnungen für die dortigen Gemeinden verlangen, bestehen rechtl Bedenken; der Gebrauch dieser Ortsbezeichnungen ist nicht „unausführbar" und begründet auch kein staatsrechtliches Präjudiz (aM Köln FamRZ 85, 1279, allerdings bzgl einer Zustellung, für die Polen aus anderem Grund keine Rechtshilfe leistete).

10 3) **Zustellung an Exterritoriale** (Abs III), die im Gebiet der BRD wohnen, erfolgt wie Zustellung im Ausland (s Rn 1 zu § 200), hilfsweise öffentl gem Abs III. Abs III gilt auch für nicht exterritoriale Personen (Begriff: §§ 18, 19 GVG), die in der Wohnung eines Exterritorialen wohnen, wenn das Betreten dieser Wohnung nicht gestattet wird (hierzu Rn 9 vor § 166).

11 Auch in den Fällen Abs II u III ist die Bewilligung der öffentl Zustellung Ermessenssache (Nürnberg MDR 57, 45; Oldenburg MDR 47, 259; – abw StJSch Rn 18 und BLH Rn 2 A, die hier Ermessensfreiheit für das Gericht verneinen; aber das Gesetz spricht auch in Abs II u III nur von Zulässigkeit). Zur Ausübung des pflichtgebundenen Ermessens s oben Rn 3.

204 *[Öffentliche Zustellung, Ausführung]*

(1) Die öffentliche Zustellung wird, nachdem sie auf ein Gesuch der Partei vom Prozeßgericht bewilligt ist, durch die Geschäftsstelle von Amts wegen besorgt. Die Entscheidung über das Gesuch kann ohne mündliche Verhandlung erlassen werden.

(2) Die öffentliche Zustellung erfolgt durch Anheftung der zuzustellenden Ausfertigung oder einer beglaubigten Abschrift des zuzustellenden Schriftstücks an die Gerichtstafel. In Ehe- und Kindschaftssachen wird die öffentliche Zustellung dadurch ausgeführt, daß ein Auszug des Schriftstücks an die Gerichtstafel angeheftet wird. Satz 2 gilt auch, soweit in einer Scheidungssache das zuzustellende Schriftstück zugleich eine Folgesache betrifft.

(3) Enthält das zuzustellende Schriftstück eine Ladung, so ist außerdem die einmalige Einrückung eines Auszugs des Schriftstücks in den Bundesanzeiger erforderlich. Das Prozeßgericht kann anordnen, daß der Auszug noch in andere Blätter und zu mehreren Malen eingerückt werde.

1) Abs I. Das **Gesuch** unterliegt dem Anwaltszwang, wo solcher in der Sache selbst besteht, also kein Anwaltszwang zB bei Erlaß eines Arrestbefehls ohne mündl Verh, RG 91, 113. Ist ein Schriftstück von Amts wegen zuzustellen, hat der UrkBeamte die öffentliche Zustellung anzuregen (vgl BGH VersR 83, 831/832; MDR 84, 124). 1

Entscheidung durch das ProzG, nicht den Vorsitzenden allein. ProzGer ist vor Rechtshängigkeit der Sache das Gericht, bei dem die Klage zwecks Terminbestimmung eingereicht ist. Im Rahmen des § 348 handelt der Einzelrichter als ProzG. Die öffentl Zustellung einer notariellen Urkunde hat das im § 797 III bezeichnete AG zu bewilligen, OLG 37, 112. Bewilligung durch unzuständiges Gericht macht Zustellung unwirksam. Das angegangene Gericht hat weder die Notwendigkeit der Zustellung noch bei Klagen seine Zuständigkeit zu prüfen, RG 46, 391. Die öffentl Zustellung des Urt einer Instanz hat das Gericht, welches das Urt erlassen hat (RG 41, 426; 68, 253), diej der Rechtsmittelschrift das Rechtsmittelgericht zu bewilligen. 2

Im **Mahnverfahren** bewilligt die öffentl Zustellung des Vollstreckungsbescheids (wegen Mahnbescheid s § 688 II) der Rechtspfleger (nicht der Richter), denn ihm sind hier (§ 20 Nr 1 RpflG) „alle Maßnahmen" (§ 4 I RpflG) zur selbständigen Erledigung zugewiesen (s § 699 Rn 16; Guntau MDR 81, 272; Eickmann Rpfleger 79, 347; abw München Rpfleger 79, 346; StJSch Rn 3; BLH Anm 1 A). 3

Bewilligung erfolgt für jede Zustellung (zB Klage) gesondert (§ 203 Rn 2), gleichzeitig aber wenn ein VersUrt und der Beschluß über Festsetzung der Einspruchsfrist (§ 339 II) zuzustellen sind. Keine Abhängigmachung der Bewilligung, wohl aber der Ausführung der öffentl Zustellung von Kostenvorschuß nach § 68 GKG, §§ 8, 137 Nr 3 KostO. Der Beschluß ist, wenn nicht verkündet, dem Antragsteller (auch bei Ablehnung, gegen die einf Beschw zulässig ist, § 567) formlos mitzuteilen, dem Gegner mit dem Schriftstück selbst durch Anheftung öffentl zuzustellen. Bewilligung der öffentl Zustellung ist unanfechtbar; ihre Unzulässigkeit kann der Zustellungsgegner (als Versagung rechtl Gehörs) nur mit dem Rechtsmittel gegen die Sachentscheidung oder mit einem Gesuch um Wiedereinsetzung bei Fristversäumung (§ 233 Rn 23 bei „Zustellung") geltend machen. Wegen der sachl Voraussetzungen der Bewilligung s Rn 2, 7 ff zu § 203. 4

2) Abs II. Die **Ausführung der öffentl Zustellung** besorgt nach richterl Anordnung u Durchführungsanweisung (Abs III) der UrkBeamte der GeschSt. Aushang an Gerichtstafel ist stets, Einrückung in BAnz u evtl andere Blätter nur bei Terminsladung nötig (Abs III u § 205). Die Beglaubigung der auszuhängenden Ausfertigung (bei Entscheidungen) oder Abschrift (bei Klageschrift) besorgt der RA oder die GeschSt (§§ 170, 196, 210), die Anheftung der UrkBeamte oder in dessen Auftrag der Gerichtswachtmeister. Bei umfangreichen Urkunden genügt Anheftung einer genauen Bezeichnung ihres Inhalts mit dem Hinweis, daß Ausfertigung auf der GeschSt eingesehen werden kann, LG Nbg/Fürth Rpfleger 70, 440. 5

In **Ehe-, Kindschafts- u Ehefolgesachen** (§§ 606, 640, 623) erfolgt zum Schutz der Privatsphäre (vgl Finger NJW 85, 2684; Peppler NJW 76, 2158) Anheftung eines Auszuges, der keine die Persönlichkeit der Beteiligten tangierenden Tatsachen enthalten darf. 6

Dauer des Aushangs: § 206 II. 7

3) Abs III: Ladung (gleichbedeutend Anordnung des schriftl Vorverfahrens gem § 276, denn die damit verbundene Fristsetzung zur Abwendung der Versäumnisfolge gem §§ 276 III, 331 III entspricht in ihrer Wirkung einer Ladung) erfordert Einrückung in BAnz u nach Ermessen des Gerichts in anderen Blättern. Wirkung § 206 I. Inhalt des Auszugs § 205 (hierzu Engelhardt Rpfleger 65, 3; Kohl Rpfleger 65, 105). Sammelanzeige ist zulässig. 8

4) Wirkung der öffentl Zustellung: §§ 206, 207. Die Bewilligung der öffentl Zustellung ist mit deren Ausführung im Einzelfall verbraucht; keine Bewilligung für alle Zustellungen eines Verfahrens oder eines Rechtszuges (§ 203 Rn 2). Bei öffentl Auslandszustellung (§ 203 II u III) können, wenn Anordnung gem § 174 ergangen war, alle weiteren Zustellungen durch Aufgabe zur Post bewirkt werden, § 175, soweit nicht § 218 eingreift. Ist die öffentl Zustellung richtig ausgeführt, so ist sie auch gültig, wenn sich nachträglich herausstellt, daß die Voraussetzungen nicht vorlagen, RG 61, 363; so selbst bei erschlichener Bewilligung BGH NJW 71, 2226, dann aber Einwand der Arglist, der, weil Anfechtung des öffentl zugestellten Urteils nach Ablauf der Rechtsmittelfrist ausgeschlossen, im Wege der Vollstreckungsabwehrklage zu erheben ist. Möglich ist ev Wiedereinsetzung in den vorigen Stand (BGH 25, 11 = NJW 57, 1400). Bei Bewilligung der öffentl Zustellung auf Grund unwahrer Angaben des Antragstellers (s § 203 Rn 8) kann dieser 9 wegen der Rechtsfolgen der sachl nicht gerechtfertigten öffentl Zustellung gem §§ 826, 823 II BGB iVm § 263 StGB schadensersatzpflichtig sein (BGHZ 57, 108; München OLGZ 77, 79; RG 78, 389). Meldet sich der zZ der Zustellungsanordnung unbekannte Empfänger, so darf ihm das am Gerichtsbrett befindl Schriftstück ohne Beachtung der sonstigen Zustellungsvorschriften nicht ausgehändigt werden, s jedoch § 187 u § 212b.

10 **5) Gebühren: a)** des **Gerichts:** Beschluß über die Bewilligung der öffentl Zustellung sowie deren Ausführung sind durch die allg Verfahrensgebühr (KV Nr 1010) mit abgegolten. Bei öffentl zuzustellenden Schriftstücken, die Terminsladungen enthalten, kommen als gerichtl Auslagen die Kosten der Einrückung in den Bundesanzeiger oder in andere für die Veröffentlichung noch bestimmte Blätter in Betracht (KV Nr 1903). Der Kostenschuldner muß die Einrückungskosten auch dann tragen, wenn die Redaktion des BAnz oder eines anderen Blattes vor der Einrückung zB von einer Klagerücknahme, die den Wegfall des Veröffentlichungsauftrags zur Folge hat, nicht mehr rechtzeitig verständigt werden konnte. Keinesfalls sind irgendwelche Portoauslagen in Ansatz zu bringen. – **b)** des **Anwalts:** Das in der Klageschrift meist mitenthaltene Gesuch um Bewilligung der öffentl Zustellung ist durch die volle Prozeßgebühr (§ 31 Abs 1 Nr 1 BRAGO), die der Prozeßanwalt durch die Einreichung der Klage zur Terminsbestimmung schon verdient hat, abgegolten (vgl § 37 BRAGO, der nur eine beispielsweise Aufzählung von anwaltl Tätigkeitsgruppen nennt, die zur Gebühreninstanz gehören; Aufzählung nicht erschöpfend!).

205 *[Inhalt des Auszugs bei öffentlicher Zustellung]*

In dem Auszug des Schriftstücks müssen das Prozeßgericht, die Parteien, der Gegenstand des Prozesses, der Antrag, der Zweck der Ladung und die Zeit, zu welcher der Geladene erscheinen soll, bezeichnet werden.

Zum Inhalt vgl zusammenfassend *Engelhardt* Rpfleger 65, 3 u *Kohl* Rpfleger 65, 105.

1 **1) Der Auszug muß enthalten:** Die Parteibezeichnung (bei einer Klage wie § 253 II 1, bei anderen Schriftstücken genügt Namensangabe; Angabe der gesetzl Vertreter einer proz-unfähigen Partei iS § 171 ist, wenn auch diesem nicht zugestellt werden kann, entbehrlich, Düsseldorf OLG 37, 136); der Verfahrensgegenstand (ist allgemein zu bezeichnen, zB wegen Forderung, Unterlassung usw, vgl BGH NJW 82, 888); den Antrag (wie § 253 II 2, bzw § 130 Nr 2; Angabe des Sachantrags entbehrlich bei Rechtsmittelschrift oder Einspruch, RGZ 40, 329); die Ladung (sofern Zustellung eine solche iS § 206 I enthält). Fehlerhafter Auszug macht die Zustellung unwirksam; Heilung gem § 187 mangels Übergabe unmöglich, wohl aber § 295 (s Rn 6 vor § 166).

2 **2) Verfahren; Beispiel:** Ein RA hat beim LG Klage eingereicht u in ihr Bewilligung der öffentl Zustellung beantragt. Er hat Urschrift der Klage u begl Abschrift für den Bekl vorgelegt. Der Vors der Kammer setzt nach Zahlung der ProzGeb Termin zu mündl Verh an. Das Gericht (nicht der Vors: § 204) erläßt **Beschluß:** Es wird die öffentl Zustellung der Klage mit Terminsbestimmung an …, unbekannten Aufenthalts, bewilligt, § 203 ZPO. – Der UrkBeamte der GeschSt sorgt für Zustellung e begl Abschrift des Bewilligungsbeschlusses u der Terminsladung an den klägerischen ProzBevollm, ferner für Übertragung u Beglaubigung e Abschrift des Beschl auf die zuzustellende, begl, die Terminsnote tragende Klageabschrift, u (nach Zahlung des Auslagenvorschusses § 68 GKG) für Anheftung des zuzustellenden Schriftstücks an die Gerichtstafel. Die beim Akt verbleibende Urschrift der Klage u die anzuheftende Abschrift erhalten den Vermerk: „Angeheftet an die Gerichtstafel zwecks öffentl Zustellung an den Bekl am …“ GeschSt des LG: Unterschrift des Beamten. Sodann ersucht er den **Bundesanzeiger** (wenn angeordnet auch das Amtsblatt) um einmalige Einrückung folgender **Bekanntmachung: „Öffentliche Zustellung:** NN klagt gegen …, früher in N wohnhaft, jetzt unbekannten Aufenthalts, wegen einer Darlehensforderung mit dem Antrag, den Bekl zur Zahlung von … DM u der Kosten zu verurteilen u das Urteil gegen Sicherheitsleistung für vorläufig vollstreckbar zu erklären. Bekl wird zur mündl Verh des Rechtsstreits in die öffentl Sitzung der 1. Zivilkammer des Landgerichts N vom … vormittags … Zimmer … geladen, mit der Aufforderung, einen bei diesem Gericht zugelassenen RA mit seiner Vertretung zu beauftragen. Zum Zwecke der öffentl Zustellung wird dieser Auszug der Klage bekannt gemacht. N, … den … Geschäftsstelle des Landgerichts …“ Einen Tag vor dem Termin hat die GeschSt die Abschrift usw von der Gerichtstafel abzunehmen u die Abnahme zu bescheinigen, zB: „Abgenommen am … Geschäftsstelle des Landgerichts: … Inspektor.“ Die als Belege dienenden Zeitungen u die an die Gerichtstafel angehefteten Schriftstücke sind den Akten beizulegen.

206 *[Zeit der öffentlichen Zustellung]*
(1) Das eine Ladung enthaltende Schriftstück gilt als an dem Tage zugestellt, an dem seit der letzten Einrückung des Auszugs in die öffentlichen Blätter ein Monat verstrichen ist. Das Prozeßgericht kann bei Bewilligung der öffentlichen Zustellung den Ablauf einer längeren Frist für erforderlich erklären.

(2) Enthält das Schriftstück keine Ladung, so ist es als zugestellt anzusehen, wenn seit der Anheftung des Schriftstücks an die Gerichtstafel zwei Wochen verstrichen sind.

(3) Auf die Gültigkeit der Zustellung hat es keinen Einfluß, wenn das anzuheftende Schriftstück von dem Ort der Anheftung zu früh entfernt wird.

1) Zustellungsfiktion: Die Fristen des § 206 können nicht abgekürzt werden. Verlängerung (hier abweichend von § 225 auch von Amts wegen, wenn das der Kenntnisnahme durch den Antragsgegner dienlich sein könnte) nur im Bewilligungsbeschluß, nicht mehr nachträglich. Die Rechtsfolge ihres Ablaufes tritt unabhängig davon ein, ob bzw wann der Adressat Kenntnis von der Zustellung erlangt hat oder ob die Voraussetzungen der öffentl Zustellung nach der Bewilligung entfallen sind (zB im Fall des § 1911 BGB oder weil der Aufenthalt nachträglich bekannt wird). Meldet sich der Adressat vor Ablauf der Fristen Abs II u III auf der GeschSt, so kann die Zustellung unabhängig von § 206 mit sofortiger Wirkung gem § 212b erfolgen. 1

2) Beispiele: a) Zustellung einer beim LG eingereichten Klage. Die letzte Einrückung des Auszugs in den Bundesanzeiger erfolgte am 4. Mai. Die Klage gilt als zugestellt mit Ablauf des 4. 6. Termin kann erst am 19. 6. stattfinden (Einlassungsfrist § 274 III). **b)** Auf Antrag des Kl wird unter Bestimmung der Einspruchsfrist (§ 339 III) die öffentl Zustellung des amtsgerichtl VersUrt an den Bekl angeordnet. Begl Abschrift des VersUrt wird am 15. 6. an die Gerichtstafel angeheftet. Einspruchsfrist beginnt mit dem 30. 6. 2

3) Abs III stellt klar, daß selbst **unbefugte Entfernung des Aushangs** vor Ablauf der Aushangfrist die Fiktion der Zustellung nicht beseitigt. Eine Rechtfertigung vorzeitiger Entfernung des Aushangs durch die GeschSt (etwa wegen Überfüllung der Tafel) ist damit nicht verbunden. 3

207 *[Rückwirkung der Zustellung]*
(1) Wird auf ein Gesuch, das die Zustellung eines ihm beigefügten Schriftstücks mittels Ersuchens anderer Behörden oder Beamten oder mittels öffentlicher Bekanntmachung betrifft, die Zustellung demnächst bewirkt, so treten, insoweit durch die Zustellung eine Frist gewahrt und der Lauf der Verjährung oder einer Frist unterbrochen wird, die Wirkungen der Zustellung bereits mit der Überreichung des Gesuchs ein.

(2) Wird ein Schriftsatz, dessen Zustellung unter Vermittlung der Geschäftsstelle erfolgen soll, innerhalb einer Frist von zwei Wochen nach der Einreichung bei der Geschäftsstelle zugestellt, so tritt, sofern durch die Zustellung eine Notfrist gewahrt wird, die Wirkung der Zustellung bereits mit der Einreichung ein.

1) Zweck: Wo die Partei sich bei der Zustellung im Parteibetrieb an Stelle des GV sonstiger behördlicher Hilfe bedienen muß, also bei der Zustellung im Ausland (§§ 199, 200) und bei der öffentl Zustellung (§§ 203–206), hat sie keinen Einfluß auf den Geschäftsbetrieb dieser (uU sogar ausländischen) Behörde. Verzögerungen, die durch diesen Betrieb (nicht durch Nachlässigkeit der Partei) bedingt sind, sollen gem § 207 hinsichtlich der Einhaltung einer bereits laufenden Frist bzw der Unterbrechung einer solchen Frist oder der Verjährung (also wegen § 262 nicht anwendbar für Begründung der Rechtshängigkeit oder für die Inlaufsetzung einer Frist!) die Partei nicht belasten. Die prakt Bedeutung des § 207 ist gering, weil Zustellung im Amtsbetrieb vorherrscht (Rn 3 vor § 166) und hierfür die inhaltl entsprechenden §§ 270 III (dort Rn 6–12), 693 II (dort Rn 5, 6) gelten. 1

2) Anwendungsbereich: Notfristen (§ 223 III), andere prozessuale Fristen (zB §§ 234, 320, 586), Unterbrechung der Verjährung (§§ 209 ff BGB) und sonstige materiellrechtl Fristen (zB §§ 124, 532, 937, 941, 1594 BGB, §§ 35, 36 EheG). Das in Rn 12 zu § 270 Gesagte gilt hier entsprechend. 2

3) Die Rückwirkung auf die Zeit der Einreichung (Begriff der „Einreichung" s § 270 Rn 5) des Gesuches (§§ 202, 204) setzt voraus, daß die Zustellung **demnächst bewirkt** wird, also nicht durch von der Partei zu vertretende Umstände (zB Nichteinzahlung der Auslagenvorschusses gem § 68 GKG) verzögert wird (RG 105, 427; BGH NJW 56, 1319; LM § 261b Nr 2 u 4, München NJW 66, 1518). Nachlässigkeit ihres ProzBevollm hat sich die Partei anrechnen zu lassen (§ 85 II; BGH 31, 342 = NJW 60, 766). Die Partei darf jedoch für die (auch telegrafisch mögliche, RG 151, 82) Ein- 3 reichung des Zustellungsgesuches die lfd Frist bis zu deren letzten Tag ausschöpfen; doch trägt sie dann das Risiko der demnächstigen Bewirkung der Zustellung. Wird zB die vor Fristablauf beantragte Zustellung im Ausland wegen politisch bedingter Unausführbarkeit nicht „bewirkt", kann nach Fristablauf nicht mehr Zustellung gem § 203 II beantragt u Rückwirkung auf die Zeit des ersten (erfolglosen) Antrages geltend gemacht werden, RG 70, 294. Vgl im übr Rn 6 zu § 270. Rückwirkung auf die Zeit des ersten Antrages jedoch, wenn dieser zurückgewiesen, auf Beschwerde hin jedoch Zustellung bewirkt wird.

4 Alle anderen Wirkungen der Zustellung (zB Rechtshängigkeit §§ 261, 253 I; Lauf der Rechtsmittelfrist §§ 516, 552) treten erst mit der wirklich erfolgten Zustellung bzw mit Ablauf der in § 206 genannten Fristen ein, vgl § 262 Rn 4.

II. Zustellungen von Amts wegen

1 Über die Anwendungsfälle der Zustellung von Amts wegen s § 270 Rn 1; über ihre Abgrenzung von der Zustellung im Parteibetrieb vgl Rn 3 vor § 166. Seit dem 1. 7. 1977 (Vereinfachungsnovelle v 3. 12. 1976) werden auch Rechtsmittelfristen durch Amtszustellung in Lauf gesetzt (§§ 270, 317, 329). Daher ist die Zustellung von Amts wegen die Regel, die Zustellung im Parteibetrieb die Ausnahme.

2 Wo Zustellung von Amts wegen vorgeschrieben, ist Zustellung im Parteibetrieb unwirksam, ebenso umgekehrt (Stuttgart NJW 61, 81; RG JW 02, 182). Jedoch ersetzt, soweit keine Notfrist in Lauf zu setzen ist, die Zustellung von Anwalt zu Anwalt (§ 198 I Satz 2) eine Zustellung von Amts wegen (vgl § 198 Rn 3).

3 Die Zustellung von Amts wegen erfolgt stets auf Veranlassung der GeschSt (§ 211) durch den Gerichtswachtmeister oder durch die Post; der GV scheidet aus (doch kann die Justizverwaltung ihn mit Aufgaben des Gerichtswachtmeisters betrauen). Anders als bei der Zustellung im Parteibetrieb bleiben Urschrift und Zustellungsnachweis bei den Gerichtsakten. Die Parteien sind hinsichtl der Rechtsfolgen der Zustellung auf Akteneinsicht (§ 299) angewiesen, falls sie nicht gem § 213 a eine Zustellungsbescheinigung beantragen.

208 *[Grundsatz]*

Auf die von Amts wegen zu bewirkenden Zustellungen gelten die Vorschriften über die Zustellungen auf Betreiben der Parteien entsprechend, soweit nicht aus den nachfolgenden Vorschriften sich Abweichungen ergeben.

1 **1) Entsprechend anwendbar** sind: §§ 170 I, 171–176, 178, 180–189, 195 a, 199–206, 207 I.

2 **Nicht anwendbar** sind: § 170 II wegen § 210; § 177 modifiziert durch § 210 a; §§ 190–192 wegen § 213; §§ 193–196 wegen §§ 211, 212; § 198 modifiziert durch § 212 a; § 197 nicht anwendbar, weil Zustellung durch den GV nicht stattfindet, § 207 II ist bei Zustellung von Amts wegen gegenstandslos wegen § 270 III.

3 Bei der Zustellung von Amts wegen wird die von dem UrkBeamten der Geschäftsstelle zu beglaubigende Abschrift von der Urschrift hergestellt. Deshalb wirken sich die Mängel der Abschrift unmittelbar auf die Wirksamkeit der Zustellung aus. Durch die von Amts wegen erfolgende Zustellung eines nicht vollständig unterschriebenen Urteils wird die Rechtsmittelfrist nicht in Lauf gesetzt, vgl BGH NJW 75, 781; Rpfleger 78, 12 u Rn 4 zu § 170.

4 **2) Gebühren** für die **Zustellung von Amts wegen:** Keine Gerichtsgeb (§ 1 Abs 1 GKG). Auslagen s KV Nrn 1900 ff. Für die Zustellung im Ausland s § 202 Rn 3. Vorschußpflicht s § 68 Abs 3 S 1 GKG.

209 *[Bewirkung durch Geschäftsstelle]*

Für die Bewirkung der Zustellung hat die Geschäftsstelle Sorge zu tragen.

1 Die GeschSt (gem § 153 GVG der UrkBeamte, nicht eine Hilfskraft) handelt, soweit der Richter nicht Anordnungen hinsichtlich der Zustellung trifft (BGH NJW 56, 1879), bei der Zustellung von Amts wegen in eigener Zuständigkeit und Verantwortung, RG 105, 423. Einer vom UrkBeamten anzuregenden Mitwirkung des Gerichtes bedarf es nur in den Fällen der §§ 177 (Zustel-

lung an die Partei selbst), 188 (Zustellung zu außergewöhnl Zeit), 199 (Ersuchsschreiben des Vors bei Zustellung i Ausland) und 204 (Bewilligung der öffentl Zustellung).

Der UrkBeamte der GeschSt hat bei Eingang eines Schriftstücks zunächst zu prüfen, ob dieses dem Richter vorzulegen (Terminsbestimmung) oder sogleich dem Gegner formlos mitzuteilen (Rn 2 vor § 166) oder förmlich zuzustellen ist. Letzterenfalls steht es in seinem sachgemäßen Ermessen (BGH NJW 69, 1299), welche zulässige Art der Zustellung (§§ 211, 212a–213) er wählt. Er kann die Zustellung selbst vornehmen in den Fällen der §§ 212a und 212b durch Übergabe an den Adressaten, §§ 270, 377 durch Aufgabe zur Post. Im übrigen kann er sich der Hilfe des GerWachtm (nicht des GV) bedienen, auch bei direkter Übergabe an den Adressaten (BGH MDR 59, 996). Den Aktenvermerk über die erfolgte Übergabe (§ 213) hat er aber stets selbst aufzunehmen (BGH 8, 314 = NJW 53, 422). 2

Der UrkBeamte veranlaßt die Fertigung von Abschriften (§ 299), sofern diese von den Parteien entgegen § 133 trotz Aufforderung hierzu nicht vorgelegt werden, fordert einen etwa erforderlichen Auslagenvorschuß (§ 68 GKG, Nr 1900 KostVerz), nimmt – sofern nicht bereits durch den RA geschehen – die Beglaubigung der Abschriften vor (§ 210) und fertigt einen Aktenvermerk über die von ihm veranlaßte Zustellung; in den Fällen §§ 212b, 213 beurkundet er die bewirkte Zustellung. 3

210 *[Beglaubigung]*

Die bei der Zustellung zu übergebende Abschrift wird durch den Urkundsbeamten der Geschäftsstelle beglaubigt.

Die Beglaubigung der Echtheit von Abschriften nimmt der UrkBeamte oder der RA vor (vgl § 170 Rn 9 ff). Bei Beteiligung der Staatsanwaltschaft am Verf kann auch deren UrkBeamte beglaubigen RG 33, 365. Über Form und Inhalt der Beglaubigung vgl Rn 4 ff zu § 170. Der UrkBeamte muß mit dem Zusatz „als UrkBeamter der GeschSt“ unterschreiben (BGH NJW 64, 1857). 1

210a *[Zustellung einer Rechtsmittelschrift]*

(1) Ein Schriftsatz, durch den ein Rechtsmittel eingelegt wird, ist dem Prozeßbevollmächtigten des Rechtszuges, dessen Entscheidung angefochten wird, in Ermangelung eines solchen dem Prozeßbevollmächtigten des ersten Rechtszuges zuzustellen. Ist von der Partei bereits ein Prozeßbevollmächtigter für den höheren zur Verhandlung und Entscheidung über das Rechtsmittel zuständigen Rechtszug bestellt, so kann die Zustellung auch an diesen Prozeßbevollmächtigten erfolgen.

(2) Ist ein Prozeßbevollmächtigter, dem nach Abs. 1 zugestellt werden kann, nicht vorhanden, oder ist sein Aufenthalt unbekannt, so erfolgt die Zustellung an den von der Partei, wenngleich nur für den ersten Rechtszug bestellten Zustellungsbevollmächtigten, in Ermangelung eines solchen an die Partei selbst, und zwar an diese durch Aufgabe zur Post, wenn sie einen Zustellungsbevollmächtigten zu bestellen hatte, die Bestellung aber unterlassen hat.

1) § 210a regelt die Zustellung einer Rechtsmittelschrift an den Gegner, vgl §§ 519a, 553a. Die Vorschrift ergänzt § 176. Für die Wirksamkeit der Rechtsmitteleinlegung ist diese Zustellung nicht wesentlich, weil insoweit der Eingang der Rechtsmittelschrift bei Gericht (§§ 518, 553, 569) genügt. § 210a hat daher neben §§ 176, 519a, 553a geringe praktische Bedeutung. Verstoß gegen § 210a wird gem §§ 187, 295 geheilt, BAG NJW 69, 1366/1367 (Zustellung an Rechtsmittelgegner persönlich, weil dessen ProzBevollm in der Revisionsschrift nicht benannt war). 1

2) Reihenfolge der Zustellungsadressaten bei Rechtsmittel (vgl R-Schwab § 74 II 3): **a)** ProzBevollm der Vorinstanz, hilfsweise der ersten Instanz (insoweit Ausnahme von § 176), 2

b) alternativ neben a: ProzBevollm der Rechtsmittelinstanz, soweit bereits hierfür bestellt (praktisch nur in den Fällen §§ 521, 556, denn Bestellung erfolgt idR erst, wenn Rechtsmittelschrift bereits zugestellt). Wo mehrere Urteile gleichzeitig angefochten sind (zB Teil-, Zwischen- und Schlußurteil), ist Bestellung jeweils neu nötig bzw zu prüfen (RG 27, 352). Ist Rechtsmittelgegner die Staatsanwaltschaft (zB Familienstands-, Entmündigungssachen), so ist Adressat der Behördenleiter der StA beim Rechtsmittelgericht (General- bzw Generalbundesanwalt), nicht der Oberstaatsanwalt beim Erstgericht, RG 36, 346. Der Zustellungsbevollm (§ 174) eines RA steht diesem gleich. 3

4 **c)** Zustellungsbevollm (§ 174) des Rechtsmittelgegners (zB bei Wegfall des ProzBevollm, RG 103, 336) und letztlich

5 **d)** Rechtsmittelgegner persönl (zB wenn die Bevollmächtigten a–c weggefallen sind, RG 103, 336). Soweit gem Abs II letzter Hs an die Partei durch Aufgabe zur Post zuzustellen ist, bedarf es hierzu richterl Anordnung entspr § 174 I, welche der UrkBeamte vorher herbeizuführen hat.

6 **3)** Zur „Bestellung eines Prozeßbevollmächtigten" und notw Bekanntgabe hiervon an das Rechtsmittelgericht s § 176 Rn 6 ff. Zur Bestellung eines Zustellungsbevollmächtigten § 174 Rn 1, 2; § 175 Rn 1, 2. – Weggefallen ist der Prozeßbevollmächtigte durch Tod oder die anderen zu § 244 Rn 2–4 genannten Umstände; Mandatskündigung genügt im Anwaltsprozeß nicht, § 176 Rn 12.

211 *[Ausführung der Zustellung]*

(1) Die Geschäftsstelle hat das zu übergebende Schriftstück einem Gerichtswachtmeister oder der Post zur Zustellung auszuhändigen. Die Sendung muß verschlossen sein; sie muß mit der Anschrift der Person, an die zugestellt werden soll, sowie mit der Bezeichnung der absendenden Stelle und einer Geschäftsnummer versehen sein. Sie muß den Vermerk „Vereinfachte Zustellung" tragen.

(2) Die Vorschrift des § 194 Abs. 2 ist nicht anzuwenden.

1 **1)** Ob der UrkBeamte durch den Gerichtswachtmeister, durch die Post oder durch Aushändigung an der Amtsstelle (§ 212 b) zustellt, steht in seinem Ermessen (s Rn 2 zu § 209).

2 **2)** Der wesentl **Unterschied zwischen der Zustellung durch den GV u derj von Amts wegen** besteht darin, daß hier weder ein Vermerk auf die zu übergebende Ausfertigung oder Abschrift noch ein Zeugnis auf die Urschrift zu setzen ist, da § 194 II keine Anwendung findet. An Stelle des Zeugnisses auf der Urschrift über die Übergabe zur Post tritt der Vermerk in den Akten: „Zur Post unter der Geschäftsnummer ... am" oder „zur Post durch den Gerichtswachtmeister unter Geschäftsnummer... am...". Die Vermerke sind vom Beamten der GeschSt zu unterschreiben. „Vereinfachte Zustellung" bedeutet, daß eine Abschrift der Zustellungsurkunde (§ 190 II, 191 Nr 6, 195) nicht beizufügen ist; an ihre Stelle tritt der im § 212 vorgeschriebene Vermerk. Unschädlich ist Nichtbeurkundung der Aushändigung an die Post (Abgabe am Schalter oder Einwurf in den Briefkasten) oder den Gerichtswachtmeister, ferner Weglassen des Dienstsiegels, RG 133, 365 u die Verwendung von sog Fensterumschlägen. Im übrigen macht Verstoß gegen § 211 die Zustellung unwirksam (BGH MDR 66, 44; NJW 69, 1300; Nürnberg NJW 63, 1207; bzgl Vermerk „Vereinfachte Zustellung" Karlsruhe NJW 74, 1388), jedoch ist Heilung des Mangels möglich, vgl Rn 3 zu § 187 und Rn 6 vor § 166. Ist für die Fristberechnung die Tageszeit (Uhrzeit) der Zustellung von Bedeutung (zB §§ 184, 188, 217, 274 III, 604 II sowie § 222 I ZPO iVm § 187 I BGB), so ist auf den Briefumschlag und die Zustellungsurkunde zu setzen: **„Mit Zeitangabe zuzustellen."** Ebenso muß die Sendung e entsprechenden Vermerk tragen, wenn Ersatzzustellung an e bestimmte Person zu unterbleiben hat (vgl § 185). Soll **Nachsendung** erfolgen, ist es auf der Sendung erkenntlich zu machen.

3 **3) Auslagen** des **Gerichts:** Dieselben Beträge wie für die Zustellung durch die Post mit Zustellungsurkunde (§ 193 Rn 5), wenn durch Justizbedienstete nach §§ 211, 212 zugestellt wird (KV Nr 1902 Hs 2). Die von der Post für den Zustellungsauftrag verlangte sog Auftragsgebühr (§ 39 Abs 5 PostO) beträgt gemäß Anl Nr 34 zu § 1 PostGebO vom 1. 10. 1981 (BGBl I 1061) seit 1. 7. 1982 5,– DM. – Wird die Zustellung durch Aushändigung an der Amtsstelle (§ 212 b) oder an einen in einer Justizvollzugsanstalt einsitzenden Zustellungsempfänger vollzogen, entstehen keine Auslagen iS des KV Nr 1902 (Drischler/Oesterreich/Heun/Haupt, GKG VII. Teil KV Nr 1902 Rn 13).

212 *[Beurkundung der Zustellung]*

(1) Die Beurkundung der Zustellung durch den Gerichtswachtmeister oder den Postbediensteten erfolgt nach den Vorschriften des § 195, Abs 2 mit der Maßgabe, daß eine Abschrift der Zustellungsurkunde nicht zu übergeben, der Tag der Zustellung jedoch auf der Sendung zu vermerken ist.

(2) Die Zustellungsurkunde ist der Geschäftsstelle zu überliefern.

1 Ist der Empfänger durch eine falsche Datierung auf der verschlossenen Sendung zu einem Versäumnis veranlaßt worden, so gilt der Vermerk zu seinen Gunsten, OLG 28, 108. Fehlen des Vermerkes macht die Zustellung nicht unwirksam, RG JW 08, 277; 31, 2365, wohl aber Fehlen der Zustellungsurkunde oder der Unterschrift des Gerichtswachtmeisters bzw des Postbediensteten

unter dieser (BGH MDR 61, 583; vgl Rn 3 zu § 195). Bei Zustellung an Gefangene ist der Gefängnisbeamte nur dann Gerichtswachtmeister, wenn er von der Justizverwaltung ausdrücklich hierzu bestellt ist (BayObLG NJW 65, 1612).

212 a *[Zustellung an einen Anwalt, Notar usw]*

Bei der Zustellung an einen Anwalt, Notar oder Gerichtsvollzieher oder eine Behörde oder Körperschaft des öffentlichen Rechts genügt zum Nachweis der Zustellung das mit Datum und Unterschrift versehene schriftliche Empfangsbekenntnis des Anwalts oder eines gemäß der Rechtsanwaltsordnung bestellten Zustellungsbevollmächtigten, des Notars oder Gerichtsvollziehers oder der Behörde oder Körperschaft.

1) Anwendungsbereich: § 212a entspricht – abgesehen von dem auf Notare etc erweiterten Adressatenkreis – für die Amtszustellung dem § 198 bei der Zustellung i Parteibetrieb. Der Grund der Vorschrift ist in beiden Fällen der gleiche (vgl Rn 1 zu § 198). Auf andere, als die genannten Adressaten, ist die Vorschrift nicht entspr anwendbar, auch nicht auf Rechtsbeistände u Prozeßagenten, Hamm JMBl NRW 78, 101; OVG Koblenz NJW 70, 1144; Ausnahme § 50 II ArbGG für Verbandsvertreter in Arbeitssachen. Wegen Rechtsanwalt und diesem gleichgestellten Personen vgl Rn 2 zu § 198 u Rn 6 zu § 176. Ob der RA selbst Partei oder ProzBevollm ist, bleibt gleich. Zulässig ist, daß RA einen anderen RA zur Abgabe des Empfangsbekenntnisses bevollmächtigt, Köln JMBlNRW 67, 256; unzulässig dagegen ist (trotz § 30 BRAO) die Bestellung eines Nicht-Anwalts zum Zustellungsbevollmächtigten (BGH NJW 82, 1649 und 1650 = MDR 82, 917 und 922 = VersR 82, 671 und 675). Zum Begriff der „Behörde“ § 273 Rn 8. 1

2) Übergabe des zuzustellenden Schriftstücks erfolgt nach Wahl des UrkBeamten durch den Gerichtswachtmeister (BGH MDR 59, 996) oder durch die Post, letzterenfalls genügt formloser Brief. Ausreichend ist Einlegen in das Schrankfach des RA bei Gericht (Hamburg MDR 59, 307; RG 158, 386), wobei verschlossener Umschlag (vgl § 211) entbehrlich. Bei Behörden Übergabe nicht notw an deren Vorsteher, vgl § 184. Nötig u ausreichend ist, daß Empfänger Gewahrsam erlangt (BayObLG NJW 67, 1976), Kenntnisnahme vom Inhalt entbehrl (RG 156, 387). 2

3) Erst mit der **Empfangsbestätigung** ist die Zustellung vollzogen, BGH NJW 69, 1299; RG 150, 394; LAG Hamm NJW 68, 1981 (vorher ist sie allenfalls im Rahmen des § 187 wirksam; vgl entspr § 198 Rn 8–10). Die Empfangsbestätigung soll auf die Zustellungskarte gesetzt werden; ebenso wirksam ist aber die briefliche Mitteilung des RA, das Schriftstück an einem früheren Tag (dann Rückwirkung!) zur Zustellung entgegengenommen zu haben (BGH NJW 81, 462 = Rpfleger 81, 58). Die Empfangsbestätigung ist Nachweis für erfolgte Übergabe und für die notwendige Empfangsbereitschaft des Adressaten. Daher eigenhändige Unterschrift des Adressaten (bei Behörden der durch die Dienstordnung hierfür bestellten Person) nötig, BGH 30, 299; 30, 335; KG NJW 69, 57/58 (abw Vollkommer Rpfleger 72, 82), denn dieser ist zur Annahme prozessual nicht verpflichtet und bloßes Unterlassen der Rücksendung dokumentiert nicht notw Empfangsbereitschaft, BGH NJW 64, 2062; VersR 66, 930. Vgl zu allem die hier entspr geltenden Rn 8–10 zu § 198. 3

Das Empfangsbekenntnis läßt die Zustellung rückwirkend auf den Zeitpunkt der tatsächl Entgegennahme (BGH NJW 74, 1469; das ist nicht bereits der Zeitpunkt der Einlegung i das Schrankfach des RA, Schleswig NJW 69, 936; LAG Hamm NJW 68, 1981) wirksam werden, selbst wenn es falsch datiert ist (RG 150, 394; BGH 35, 239; Rn 8 zu § 198). Durch Beweis falscher Datierung kann daher ein Rechtsmittel wegen Fristablaufs unzulässig werden, RG JW 36, 2407. Beweislast trägt, wer ein vom Datum der Urkunde abweichendes Zustellungsdatum behauptet, §§ 416, 418; BGH NJW 80, 998; 79, 2566; VersR 82, 106; BAG Betrieb 74, 1776; keine Ermittlungspflicht des Gerichts (BGH 35, 239). 4

Zustellungsbescheinigung iS § 198 II wird hier nicht erteilt. 5

Bei **Zustellung eines Urteils** ist es unschädlich, wenn auf dem Rand der **Ausfertigung** (zu den Erfordernissen einer „Ausfertigung“ s § 170 Rn 4) der Name des Vertreters der Gegenpartei vermerkt ist, BGH 30, 335, oder wenn das Urteil auf dem Empfangsbekenntnis falsch bezeichnet ist, BGH NJW 69, 1297; VersR 69, 635. Ob der Empfänger sich der rechtl Bedeutung der Zustellung bewußt ist, berührt die Zustellungswirkung nicht, BGH NJW 69, 1301. 6

212b *[Aushändigung an der Amtsstelle]* **Eine Zustellung kann auch dadurch vollzogen werden, daß das zu übergebende Schriftstück an der Amtsstelle dem ausgehändigt wird, an den die Zustellung zu bewirken ist. In den Akten und auf dem ausgehändigten Schriftstück ist zu vermerken, wann dies geschehen ist; der Vermerk ist von dem Beamten, der die Aushändigung vorgenommen hat, zu unterschreiben.**

1 **1)** § 212b ist (ähnlich wie § 180) auf alle Personen als Zustellungsgegner anwendbar, insofern also eine Erweiterung des § 212a. Eine Einschränkung gegenüber § 212a besteht allerdings darin, daß die Aushändigung **in der Amtsstelle** erfolgen muß. Unter Amtsstelle sind dabei die Geschäftsräume des Gerichts zu verstehen, wie der Sitzungssaal, die GeschSt, auch das Arbeitszimmer des Richters. Unzulässig – wenn auch für die derart bewirkte Zustellung unschädlich – wäre es, den Adressaten zum Zwecke der Übergabe auf die GeschSt zu bestellen. § 212b ist daher prakt nur bei zufälliger Anwesenheit des Adressaten anwendbar. Daß die Aushändigung durch eine bestimmte Person zu erfolgen habe, schreibt das Gesetz nicht vor; es kann dies der UrkBeamte, der Gerichtswachtmeister, ein Angestellter, der Rechtspfleger oder Richter selbst sein. Allerdings muß es eine Person sein, zu deren Aufgaben die Bearbeitung von Gerichtsakten gehört, also zB nicht die Reinemachefrau, die nur Aufräumungsarbeiten vornimmt. § 212b gilt für Zustellung aller Art, also auch für solche, durch die eine Notfrist in Gang gesetzt wird. – Noch weitergehend für Ladungen im amtsgerichtl Verfahren § 497 II (mündl Mitteilung).

2 **2)** Die **Übergabe** muß **an den Adressaten persönlich** erfolgen. Aushändigen an einen selbst mit Empfangsvollmacht versehenen Vertreter oder bloßes Einlegen in das Schrankfach des RA (wie bei § 212a) genügt nicht, BGH NJW 63, 1779. Das Schriftstück muß nicht (wie bei § 211) verschlossen sein. Mit der Aushändigung des Schriftstücks ist die Zustellung bewirkt. Annahmeverweigerung des Adressaten macht Zustellung nach § 212b unmöglich; § 186 gilt hier nicht. Der Aushändigungsvermerk in dem Gerichtsakt dient nur zum Nachweis der Zustellung u ist für deren Wirksamkeit unwesentlich (aM StJSch Rn 3; Frankfurt NJW 60, 1954); wegen § 187 letzter Satz ist allerdings der Zustellungsvermerk für die beurkundungsbedürftige Ingangsetzung von Notfristen Wirksamkeitsvoraussetzung (vgl Hamburg MDR 57, 489; § 187 Rn 8).

213 *[Zustellung durch Aufgabe zur Post und Aktenvermerk]* **Ist die Zustellung durch Aufgabe zur Post (§ 175) erfolgt, so hat der Urkundsbeamte der Geschäftsstelle in den Akten zu vermerken, zu welcher Zeit und unter welcher Adresse die Aufgabe geschehen ist. Der Aufnahme einer Zustellungsurkunde bedarf es nicht.**

1 **1)** Die Einlieferung des Briefes bei der Post oder den Einwurf in den Briefkasten hat der UrkBeamte, wenn er ihn nicht selbst vornimmt, zu überwachen. Ob Einschreibung nötig, hat der UrkBeamte pflichtgemäß zu entscheiden. – **Wortlaut des Vermerks:** „Begl Abschrift vorstehenden Beschlusses wurde heute in einem mit dem Dienststempel verschlossenen, mit der Geschäftsnummer ... und mit der Adresse ... versehenen Sendung der Postanstalt hier zum Zweck der Aushändigung an den bezeichneten Empfänger übergeben ..., den ... Geschäftsstelle des ... gerichts."

2 **2)** Bei der Zustellung von Amts wegen durch Aufgabe zur Post bedarf es der Aufnahme der in § 192 vorgeschriebenen Zustellungsurkunde nicht. An ihre Stelle ist der von dem UrkBeamten der Geschäftsstelle aufzunehmende Aktenvermerk getreten. **Dieser Aktenvermerk ist** daher seinem Wesen nach nichts anderes als eine **Zustellungsurkunde.** Seine Anfertigung hat dieselbe Bedeutung wie die Aufnahme der bei Zustellungen auf Betreiben der Parteien nach § 192 vorgeschriebene Zustellungsurkunde. Da zu einer wirksamen Zustellung im Sinn der ZPO nicht nur die Übergabe des zuzustellenden Schriftstücks, sondern grundsätzlich (insbesondere für die Ingangsetzung von Notfristen, § 187 Rn 8; sonst vgl § 191 Rn 1) auch ihre Beurkundung gehört, liegt somit ohne den Aktenvermerk des Urkundsbeamten der Geschäftsstelle eine wirksame Zustellung nicht vor (BGH 32, 370 = NJW 60, 1763; Frankfurt NJW 60, 1954). Ein wirksamer Aktenvermerk nach § 213 setzt die Unterschrift des Urkundsbeamten voraus; Unterschrift eines Gerichtswachtmeisters genügt nicht (BGH NJW 1953, 422). Der Vermerk des UrkBeamten ist nur wirksam, wenn er **nach** erfolgter Aufgabe zur Post gefertigt wird (BGH VersR 65, 1104), im übrigen kann er jederzeit (mit Rückwirkung) nachgeholt werden (BGH VersR 62, 123). Fehlende oder fehlerhafte Wiedergabe der Zustellungszeit, des Zustellungsempfängers und dessen Anschrift machen die Zustellung unwirksam, BGH 73, 388; BGH NJW 79, 218; dagegen ist unschädlich die fehlerhafte Angabe, wann der Vermerk der (notwendig richtig zu vermerkenden) Zustellungszeit angebracht wurde (BGH NJW 83, 884 = MDR 83, 204 = Rpfleger 83, 75).

213 a *[Bescheinigung der Zustellungszeit]* **Auf Antrag bescheinigt die Geschäftsstelle den Zeitpunkt der Zustellung.**

§ 213a eingefügt durch VereinfNovelle.

1) Der Gegner des Zustellungsadressaten ist wegen der Amtszustellung von Urteilen u Beschlüssen (§§ 270, 317, 329) nicht im Besitz eines Zustellungsnachweises. Der Bekanntgabe des Beginns der Rechtsmittelfrist für den Adressaten sowie der Möglichkeit, die Zwangsvollstreckung einzuleiten (§§ 750 I, 798), dient § 213a. Die Bescheinigung bedarf wegen ihres für die Zwangsvollstreckung (§§ 750, 317) rechtsbestätigenden Inhalts der Unterschrift (Paraphe oder Handzeichen genügen nicht, vgl Rn 7 zu § 130 Nr 6) des UrkBeamten (LG Berlin MDR 78, 411). 1

2) Bekanntgabe nur auf **Antrag** (kein Anwaltszwang), der bereits im Antrag auf Erteilung einer vollstreckbaren Ausfertigung des Urteils oder sonstigen Titels (§ 724) oder auf Erlaß des Vollstreckungsbescheids (§ 699) enthalten ist. – Die Bescheinigung erteilt der UrkBeamte der GeschSt schriftl. **Rechtsbehelf** bei Untätigkeit: § 576, sodann § 567. 2

3) **Gebühren: a)** des **Gerichts:** Keine (§ 1 Abs 1 GKG). Im Beschwerdeverfahren 1 Beschwerdegebühr nur, soweit die Beschwerde verworfen oder zurückgewiesen wird (KV Nr 1181). – **b)** des **Anwalts:** § 37 Nr 7 BRAGO. Bei Beschwerde: § 61 Abs 1 Nr 1 BRAGO. 3

Dritter Titel

LADUNGEN, TERMINE UND FRISTEN

I) **Termine** iS der ZPO sind entgegen dem allg Sprachgebrauch nicht nur die zur Vornahme von Handlungen eingeräumten Zeiträume, sondern auch der Zeitraum, innerhalb dessen diese Handlungen vorgenommen werden, vgl § 220, also regelm der Termin zur mündl Verh, zur Verkündung einer Entscheidung, zu einer Beweisaufnahme oder Sühne, Terminbestimmung ist amtliche Förderungspflicht, §§ 216, 497. Sie erfolgt (regelm mit der Ladung) i der Form des § 329 II, also durch förml Zustellung (Rn 2 vor § 166); Ausnahmen: §§ 141 II, 357 II, 497 I und für verkündete Terminsbestimmung § 218. 1

II) **Fristen** sind die Zeiträume, innerhalb derer die Prozeßbeteiligten Prozeßhandlungen vornehmen können oder – bei Meidung des Rechtsverlustes – müssen. Sie sind Mittel zur Prozeßförderung und dienen als Not- und Ausschlußfristen der Rechtsklarheit. Die Rechtslehre unterscheidet systematisch: 2

1) **uneigentliche Fristen:** im Gesetz vorgesehene Zeiträume, innerhalb derer das Gericht Amtshandlungen vorzunehmen hat, zB §§ 216 II, 251a II, 310 I, 315 II, 544 I, 566a VII, 571, 816 I. Die Überschreitung dieser Fristen hat keine unmittelbaren prozessualen Folgen, kann aber die Dienstaufsichtsbeschwerde rechtfertigen (zB § 216 Rn 22). Einhaltung dieser Fristen ist Amtspflicht iS § 839 BGB. Zu den uneigentlichen Fristen werden, weil nicht der Terminierung von Parteihandlungen dienend, weiter gerechnet: die Jahresfristen der §§ 234 III, 586 II, 958 II, 1043 II, die Dreimonatsfrist der §§ 320 II, 251 II, die Monatsfrist des § 206 I, ferner die Fristen der §§ 875, 950, 994, 1015. Auf die uneigentlichen Fristen sind die §§ 214–229 nicht, der § 222 nur entsprechend anwendbar. 3

2) **eigentliche Fristen** iS der §§ 214–229 sind die zur Vornahme von Parteihandlungen und den Parteien zur Terminsvorbereitung eingeräumten Fristen. Diese dürfen zwar ohne Rechtsnachteil von den Parteien restlos ausgeschöpft werden (BVerfG NJW 75, 1405; 76, 747; vgl Rn 2 zu § 222), ihr Verstreichen hat aber idR Ausschlußwirkung (§ 230). Eigentliche Fristen sind: 4

a) **richterliche Fristen** mit teilw Ausschlußwirkung, teilw Ausschlußmöglichkeit: §§ 56 II, 89, 109, 113, 151, 244 II, 271 II, 273 II, 275, 276, 283, 296, 339 II, 356, 364 III, 379, 428, 431, 769 II, 771 III, 805 IV, 926, 942. Im Fall der §§ 276 I u 339 II ist die richterliche Frist gleichzeitig Notfrist. 5

b) **gesetzliche Fristen** sind aa) **Notfristen** (§ 223 III) und bb) **sonstige** gesetzl **Fristen:** zB die Rechtsmittelbegründungsfristen, Ladungsfristen, Einlassungsfristen, Schriftsatzfristen (§ 132) und alle übrigen im Gesetz für Parteihandlungen vorgesehenen Fristen, die nicht Notfristen sind. Die sonstigen gesetzl Fristen können verlängert oder verkürzt werden (§ 224), sie unterliegen der Hemmung (§ 223) und Unterbrechung (§ 249) im Gegensatz zu Notfristen. 6

III) **Ladungen** sind die gerichtl Verlautbarungen der angesetzten Termine. Sie beinhalten die Aufforderung an die Parteien zum Erscheinen. Die Ladung wird verkündet (§ 218) oder nach 7

Maßgabe des § 329 mitgeteilt. Sie ist prozeßleitende Anordnung, nicht Entscheidung. Nur § 497 II sieht einen Termin ohne förmliche Mitteilung vor. Sonst stets von Amts wegen (§§ 214, 216, 271, 274, 497) vorzunehmende förmliche Ladung der Parteien (nicht notw der Zeugen u SV) nötig. Ohne ordnungsgemäße (RG 55, 22) Ladung treten keine Säumnisfolgen ein, § 335 I Nr 2. Wegen Ladung von Soldaten usw s Rn 3 zu § 214. Ladungsfrist: § 217.

8 **IV) Fristen** im ordentl Verfahren:

A) Für die Parteien: (r F = richterliche Frist)

1) Mahnverfahren:

§ 962 I 3	Widerspruch gg Mahnbescheid		2 Wochen	
§ 697 I	Begründung des Anspruchs		2 Wochen	
§ 697 III	Erwiderung des Bekl	mind	2 Wochen	(r F)
§ 701	Antrag auf VollstrBescheid		6 Monate	
§§ 700, 339	Einspruch gg VollstrBescheid		2 Wochen	**(Notfrist)**

2) Erkenntnisverfahren:

§ 132 I	Schriftsätze		1 Woche	vor Termin an Gegner
§ 132 II	Erwiderung des Gegners		3 Tage	vor Termin an Gegner
§ 134 II	Urkundenvorlage		3 Tage	vor Termin an Gegner
§ 234	Wiedereinsetzungsgesuch		2 Wochen	
§ 251 a II	Terminsantrag nach Säumnis		1 Woche	
§ 271 III	Erklärung z Einzelrichterfrage	mind	2 Wochen	(r F)
§§ 275, 277 III	Klageerwiderung bei frühem 1. Termin	mind	2 Wochen	(r F)
§ 276 I	Anzeige der Verteidigungsabsicht bei Vorverfahren		2 Wochen	**(Notfrist)**
	Begründung der Klageerwiderung bei Vorverfahren, zugl Zulässigkeitsrügen §§ 282 III, 296 III	mind	4 Wochen	(r F)
§ 313 a	Verzicht auf Urteilsbegründung		2 Tage	
§ 317 I	Zurückstellung der Urteilszustellung		5 Monate	
§ 320	Antrag auf Tatbestandsberichtigung		2 Wochen	
	spätestens		3 Monate	
§ 321	Antrag auf Urteilsergänzung		2 Wochen	
§ 339	Einspruch gg VersUrteil		2 Wochen	**(Notfrist)**
§ 516	Berufung		1 Monat	**(Notfrist)**
§ 519	-Begründung		1 Monat	
§ 520	-Erwiderung	mind	1 Monat	(r F)
§ 552	Revision		1 Monat	**(Notfrist)**
§ 554	-Begründung		1 Monat	
§ 577	sof Beschwerde		2 Wochen	**(Notfrist)**

B) Für das Gericht:

§ 128 II	Schriftliche Entscheidung		3 Monate	
§ 217	Ladungsfrist	mind	1 Woche	i Anwaltsproz
	(UrkProzeß s § 604)	mind	3 Tage	i Parteiproz
		mind	1 Tag	i Meß- und Marktsachen
§ 251 a II	Entscheidung nach Aktenlage	mind	2 Wochen	
§ 274 III	Einlassungsfrist	mind	2 Wochen	
		mind	1 Tag	Meß- und Marktsachen
§ 310	Urteil nach Schlußverhandlung		3 Wochen	(Sollvorschrift)
§ 315	Begründung des Stuhlurteils		3 Wochen	(Sollvorschrift)
§ 544	Berufungsvorlage		1 Tag	
§ 571	Beschwerdevorlage		1 Woche	

214 *[Ladung]* **Die Ladung zu einem Termin wird von Amts wegen veranlaßt.**

1 **Begriff** der Ladung: Rn 7 vor § 214. Die Geschäftsstelle veranlaßt die Ladung in eigener Zuständigkeit (§ 209), sobald das Gericht einen Termin bestimmt hat, §§ 274, 209. Terminsbestimmung ohne Ladung: § 218.

Notwendiger Inhalt der Ladung: Angabe des Rechtsstreits, des Gerichts, der Terminszeit und des Terminsortes sowie des Zwecks der Ladung (BGH NJW 82, 888). Fehlt auch nur eine dieser Angaben, so ist (abgesehen von den Vorschriften über die Zustellung, §§ 166 ff) die Ladung unwirksam, vgl § 335 I Nr 2. Im Gegensatz zu Zustellungsmängeln sind Mängel der Ladung aber nicht aktenkundig, bedürfen daher zur Meidung von Rechtsnachteilen der (formlos zulässigen) Rüge. § 295 ist anwendbar. Form der Ladung: Vorbem § 214 Rn 7, § 329 Rn 16. 2

Ladungen von Soldaten der Bundeswehr erfolgen in derselben Weise wie solche anderer Personen. Näheres s Erlaß des Bundesverteidigungsministers v 16. 3. 1982 unter Bb 17 ff, abgedruckt Rn 8 vor § 166. Wegen Ladung von **Angehörigen der Stationierungstruppen** s Art 37 des Ges v 18. 8. 1961 zum NATO-Truppenstatut u zu den Zusatzvereinbarungen (BGBl 1961 II 1247) sowie Rn 9 vor § 166. Wegen der (regelm unzulässigen) Ladung der **Personen mit diplomat Vorrechten** vgl § 216 Rn 7. 3

215 *[Anwaltsprozeß: Aufforderung zur Anwaltsbestellung]*

In Anwaltsprozessen muß die Ladung zur mündlichen Verhandlung, sofern die Zustellung nicht an einen Rechtsanwalt erfolgt, die Aufforderung enthalten, einen bei dem Prozeßgericht zugelassenen Anwalt zu bestellen.

1) Anwaltsprozeß: § 78. Auch im Anwaltsprozeß bestehen Ausnahmen vom Anwaltszwang (vgl § 78 Rn 34–41; Bergerfurth NJW 61, 1237). Die Kenntnis, ob im Einzelfall eine Vertretung durch einen RA geboten ist bzw ob der RA beim ProzGericht zugelassen sein muß, kann keiner Partei unterstellt werden. Daher notwendig die **Aufforderung in der Ladung,** einen zugel RA zu bestellen, wo Bestellung geboten ist. Die Aufforderung ist bei mehrfacher Ladung (zB wegen Terminsverlegung § 227, Vertagung § 337; nicht aber im Fall des § 218) jeweils zu wiederholen, bis RA bestellt ist, denn die Partei könnte aus später unterbliebener Aufforderung Entbehrlichkeit der Bestellung folgern. Fehlt die gebotene Aufforderung, ist die Ladung insges unwirksam (vgl Anm zu § 214). 1

2) Aufforderung ist entbehrlich, wo Ladung an einen RA (gleich ob als Partei, als ProzBevollm oder Zustellungsbevollm, §§ 174–176) erfolgt. Gleichgültig ist, ob der RA beim ProzGericht zugelassen ist, er muß nur iS des § 12 BRAO ein in der BRD oder ein in der DDR zugelassener RA sein. Dem RA steht gleich dessen allg bestellter Vertreter oder Abwickler (§§ 53, 55 BRAO), nicht jedoch ein sonstiger Bevollmächtigter (Rn 2 ff zu § 157). – Sondervorschr für Berufungsverf § 520 II. 2

216 *[Terminbestimmung von Amts wegen]*

(1) Die Termine werden von Amts wegen bestimmt, wenn Anträge oder Erklärungen eingereicht werden, über die nur nach mündlicher Verhandlung entschieden werden kann oder über die mündliche Verhandlung vom Gericht angeordnet ist.

(2) Der Vorsitzende hat die Termine unverzüglich zu bestimmen.

(3) Auf Sonntage, allgemeine Feiertage oder Sonnabende sind Termine nur in Notfällen anzuberaumen.

Lit: *Halbach,* Die Verweigerung der Terminsbestimmung und der Klagezustellung im Zivilprozeß, Diss Köln 1980.

I) Voraussetzung der Terminsbestimmung: 1) Im anhängigen Verfahren bedingen der Amtsbetrieb und die auch dem Gericht obliegende Förderungspflicht, daß Termine von Amts wegen zu bestimmen sind, soweit das Verfahren eine mündl Verhandlung erfordert (§ 128 Rn 1–8). Terminsanträge der Parteien sind insoweit entbehrlich, sie sind nur dem Gericht gegebene Anregung zur Amtstätigkeit. Das gilt auch nach Erlaß von Zwischenentscheidungen (auch wenn diese angefochten sind; so bei Teilurteil Köln JMBl NRW 84, 115; Frankfurt JurBüro 82, 613), soweit nicht die Fortsetzung des Verfahrens von deren formeller Rechtskraft (zB Zwischenurteil über den Grund, § 304 II, oder über prozeßhindernde Einreden) abhängt (BGH NJW 79, 2307 = ZZP 93 [1980], 177 m Anm Grunsky; vgl auch § 280 Rn 9 u 10; § 304 Rn 19; § 544 Rn 1). 1

2) Terminsanträge der Parteien sind nur nötig u vom Gericht abzuwarten, wo das Verfahren zum Stillstand kam (so bei unterbrochenem oder ausgesetztem Verfahren, § 250, bei ruhendem Verfahren, § 251 II) und wo diese im Gesetz vorgesehen sind (§ 696 für das Mahnverfahren nach 2

Widerspruch). Einzahlung der 2. Gebührenhälfte (§ 65 I Satz 2 GKG) nach Verweisung aus dem Mahnverfahren an das Landgericht (§ 697) ist ein (dem Anwaltszwang noch nicht unterliegender) Terminsantrag der Partei, BGH NJW 69, 1164.

3 3) **Sonstige** (Sach-) **Anträge,** über die mündl zu verhandeln ist, insbes die Klage, ein Rechtsmittel oder ein sonstiger Antrag, vor dessen Verbescheidung mündl Verh geboten ist. Wegen des Verhandlungszwanges im Einzelfall vgl Rn 3, 5 ff zu § 128.

4 4) Es darf **kein Verfahrenshindernis** vorliegen. Verfahrenshindernisse in diesem Sinn sind:

5 **a) Stillstand des Verf:** Unterbrechung §§ 239–245, Aussetzung §§ 246–247 (nicht §§ 148, 149!), solange kein begründeter Antrag gem § 250 gestellt.

6 **b) form Verfahrenshindernis:** zB fehlende Klageschrift; eine solche liegt nicht vor bei einer Eingabe, die keinen Antrag enthält oder nicht erkennen läßt, gegen wen sich die Klage richten soll; vgl § 253, Halbach aaO S 81 ff und unten Rn 12. (Wegen der Möglichkeit, die Klageschrift ohne Terminbest zuzustellen: München NJW 65, 1518. Wegen der Terminsbestimmung auf Klage der nicht postulationsfähigen Partei s Rn 22 zu § 253). – In **Familiensachen** gilt das Gebot der unverzüglichen Terminsbestimmung auch; die Anhängigkeit von Folgesachen im Verbund (§ 623) ist nicht abzuwarten (Frankfurt NJW 86, 389).

7 **c) fehlende Gerichtsbarkeit,** zB Exterritorialität des Beklagten §§ 18–20 GVG (München NJW 75, 2144; Frankfurt FamRZ 82, 316); nicht des Klägers, weil in Klage Verzicht zu erblicken ist. Wegen der Vorrechte und Befreiungen ausländischer Diplomaten u der ihnen gleichgestellten Personen i der BRD vgl das Wiener Übereinkommen über diplomatische Beziehungen v 18. 4. 1961 (BGBl 1964 II 1957), das Wiener Übereinkommen über konsularische Beziehungen v 24. 4. 1963 (BGBl 1969 II 1585) sowie das Rundschreiben des Bundesministers des Inneren v 12. 4. 1970 (GMBl S 218) und die Zusammenstellung aller zwischenstaatl Sondervereinbarungen im Bay JMBl Nr 9 v 5. 10. 1972.

8 **d) Nichteinzahlung des Kostenvorschusses,** § 65 GKG, sofern dieser durch die GeschSt v KostSchuldner eingefordert war; der Gegner des KostSchuldners darf aber auch hier Termin vor Zahlung beantragen, RG 135, 224. Das Gleiche gilt, wo der Kläger **Ausländersicherheit** (§ 110) zu leisten hat. Hat jedoch das Gericht entgegen § 65 GKG vor Einzahlung des Kostenvorschusses Termin bestimmt, so darf es dem erschienen Kläger nicht allein wegen Nichtzahlung der Kosten die streitige Verh versagen und auf Antrag des Beklagten VersUrteil gegen den verhandlungsbereiten Kläger erlassen (BGH 62, 174/178, insoweit gegen RG 135, 224/227).

9 **e) Schluß der mündl Verhandlung** (Rn 4 zu § 136), s aber § 156. Wegen Fortsetzung eines durch ProzVergleich beendeten Verf s BGH 28, 171 und § 794 Rn 15.

10 **f)** Fehlende **Existenz der Parteien,** weil Prozeßhandlungen gegenüber einer nicht existierenden Partei (zB Klage des nicht rechtsf Vereins, Klage von oder gegen eine vom Verwalter vertretene nicht namentl bezeichnete „Wohnungseigentümergemeinschaft" – hier ist jeder Eigentümer notw selbst Partei; § 173 Rn 4; vgl hierzu § 50 Rn 10 ff, § 253 Rn 8; StJSch Rn 18) nicht wirksam, dh ein Prozeßrechtsverhältnis zwischen zwei Parteien begründend, vorgenommen werden können. Hierher gehört aber nicht die lediglich falsche Bezeichnung oder mangelhafte Vertretung einer existenten Partei, denn diese Mängel sind behebbar, im übrigen ist die Nichtbehebung eines solchen Mangels in der Entscheidung, nicht bereits bei der Terminierung, rechtl zu würdigen. Wegen des Verfahrens bei Zweifeln an der **Prozeßfähigkeit** einer Partei s vor § 253 Rn 12.

11 Überhaupt ist die **Erfolgsaussicht der Klage nicht Vorbedingung der Terminsbestimmung,** denn jede Partei hat ein Recht darauf, daß hierüber das Gericht nach streitiger Verh u nicht der Vors einseitig „entscheidet", LAG Hamm MDR 66, 272.

12 **g) Äußere Mängel der Klageschrift** wie fehlende Unterschrift (im Anwaltsprozeß notw Unterschrift des zugelassenen RA, vgl Rn 5 zu § 130), Abfassung in einer fremden Sprache (§ 184 GVG; RGZ 162, 288; R-Schwab § 71 II 2; einschränkend Halbach aaO S 102, der die Einholung einer Übersetzung auf Kosten des „Klägers" für geboten erachtet; vgl hierzu § 233 Rn 23 zu „Ausländer" und § 184 GVG Rn 3); ausschließlich unsachl oder beleidigender Inhalt (Schleswig SchlHA 58, 230; Walchshöfer MDR 75, 11), Anrufung eines funktionell unzuständigen Gerichts (zB Klage zum OLG) stehen der Terminsbestimmung entgegen (Reiner, Zur Zurückweisung einer beabsichtigten Klage durch Beschluß, Diss Erlangen 1959; Fortenbach ZZP 8, 153; R-Schwab § 98 Anm I 2).

13 5) **Terminsbestimmung bei schriftl Vorverfahren** (§ 276) beendet diesen Verfahrensabschnitt, denn § 276 ist Ausnahme von der Regel des § 216 (vgl § 276 Rn 2 und 16). Mit der Terminsbestimmung erwerben die Parteien das nicht mehr entziehbare Recht auf Gewährung des rechtlichen Gehörs in einer mündlichen Verhandlung vor jeder Entscheidung des Gerichts. Daher sollte das Gericht, wenn ihm wegen der Geschäftsbelastung ein alsbaldiger Verhandlungstermin ohnedies

nicht zur Verfügung steht, bei der Wahl der Verfahrensart (§ 272) vom schriftlichen Vorverfahren absehen und statt dessen die Zeit bis zum Terminstag zu dessen Vorbereitung (§§ 139, 273, 358 a) nutzen. Der Normzweck der Vereinfachungsnovelle v 3. 12. 1976, das Verfahren zu straffen und zu beschleunigen, verbietet es insbesondere, durch Absetzung eines einmal anberaumten Verhandlungstermins in das schriftliche Vorverfahren zurückzukehren und ohne Einwilligung der Parteien im schriftlichen Verfahren (§ 128 II oder § 331 III) zu entscheiden (München OLGZ 83, 86 = MDR 83, 324; abzulehnen daher Nürnberg MDR 82, 943).

6) Terminsbestimmung nach Mahnverfahren durch das zuständige Prozeßgericht erfolgt erst nach Eingang der Anspruchsbegründung, spätestens – also auch bei noch fehlender Anspruchsbegründung – nach Ablauf der gemäß § 697 I gesetzten Begründungsfrist; hier steht also ausnahmsweise das Fehlen einer den Erfordernissen des § 253 entsprechenden Klageschrift der sofortigen Terminsbestimmung nicht entgegen (§ 697 Rn 7; Bank JurBüro 80, 801). 14

II) Verfahren: 1) Zuständig für die Terminsbest ist der Vors bzw Einzelrichter (§ 348), der beauftragte Richter (§ 229) oder Rechtspfleger. Ausnahme: Beschluß des Kollegiums bei § 227. 15

2) Vorprüfung ist nur geboten, ob mündl Verh geboten (oben Rn 3) und zulässig (oben Rn 4 ff). Keine Prüfung zulässig, ob die Klage erfolgversprechend, ob ProzVoraussetzungen gegeben, denn hierüber Entscheidung erst nach mündl Verh. – Unzulässige Rechtsverweigerung wäre Absehen von Terminsbestimmung wegen Nichtbesetzung von Richterplanstellen; ggf ist Mehrbelastung i Wege der Geschäftsverteilung auszugleichen (unten Rn 22). Die unverzügliche, wenn auch langfristige Terminierung i der zeitl Reihenfolge der Eingänge ist Gebot der Gleichbehandlung u verhütet Vorwegnahme von Bagatellsachen. 16

3) Abs II: Der Termin ist, falls kein schriftliches Vorverfahren angeordnet ist (§ 276 Rn 2 u 16) oder die Parteien schriftliche Entscheidung beantragt haben (§ 128 II), **unverzüglich** (vgl § 121 I BGB) **zu bestimmen,** mag er auch wegen notwendiger Vorbereitung (§ 273, s oben Rn 13) oder Geschäftsbelastung des Gerichts weiter hinauszurücken sein (Karlsruhe NJW 73, 1510). Vorbereitungsmaßnahmen gemäß § 273 erlauben es (anders als im Vorverfahren gemäß § 276) nicht, allein deshalb von der unverzüglichen (allenfalls entsprechend weiter hinausgerückten) Terminsbestimmung abzusehen. Die unverzügliche Festsetzung des frühest möglichen (§ 272 III) Termins ist eine der wichtigsten Aufgaben des Vorsitzenden, jedoch darf (entgegen Deubner NJW 80, 294) die kurzfristige Terminierung nicht als Zwangsmittel zur Abkürzung der „Gnadenfrist" nach Einspruch gegen ein Versäumnisurteil mißbraucht werden (§ 296 Rn 17). Wo sachlich gebotene Terminsvorbereitung (§§ 272, 273) einem kurzfristigen Termin (§ 272 III) entgegenstehen, ist der Terminstag diesem Erfordernis entsprechend hinauszurücken (BGH NJW 79, 1988; Hamm NJW 80, 293; einschränkend BGH NJW 81, 286). 17

4) Wahl des Terminstages u -stunde stehen in dem durch § 272 III gebundenen Ermessen des Vors. Einhaltung der Ladungs- (§ 217), Einlassungs- (§ 274 III) u Erklärungsfrist (§ 132) muß gewährleistet sein. Soweit den Parteien zur Terminsvorbereitung Erklärungsfristen gesetzt wurden, sollte der Termin im Interesse des Gegners der erklärungspflichtigen Partei (ein Verfahren gemäß § 283 sollte Ausnahme bleiben und nicht vom Gericht provoziert werden) so bestimmt werden, daß dem Gegner unter Berücksichtigung von § 132 angemessene Zeit zur Replik verbleibt; das zu § 275 Rn 4 Gesagte gilt hier entsprechend. 18

Der BGH (DRiZ 82, 73) erachtet die Terminierung mehrerer Sachen auf dieselbe Terminsstunde (sog **Sammeltermin)** bei großen Gerichten mit starker Geschäftsbelastung für zumutbar und zulässig; zweckmäßiger und gegenüber Anwälten, Parteien und Zeugen rücksichtsvoller ist aber die (bei sorgfältiger Terminsplanung zumeist auch mögliche) zeitliche Staffelung der mehreren Termine eines Terminstages. 19

Bei öffentlicher Zustellung ist die Frist des § 206 I, bei Zustellung i Ausland deren voraussichtl Dauer zu berücksichtigen. Wegen Sonn- u Feiertagen s §§ 216 III, 188. Abs III ist neu gefaßt bezgl Terminen an Sonnabenden durch Ges v 10. 8. 1965 (BGBl I 753). 20

5) Mitteilung des Termins in der Form des § 329 I. 21

6) Rechtsmittel: gegen Terminsbestimmung: keines (Ausnahme § 252 Rn 4); gegen Ablehnung der Terminsbestimmung aus vom Gericht dargelegten sachlichen Gründen (Rn 4 ff) und auch gegen die entgegen § 272 III zu späte Terminierung: **Beschwerde** § 567 analog § 252 (Frankfurt NJW 74, 1715 m Anm Walchshöfer NJW 74, 2291; Schleswig NJW 82, 246; Celle NJW 75, 1230; OLGZ 75, 357). Vor jedem Rechtsmittel (Rechtsschutzbedürfnis!) steht das Recht der Parteien, Antrag nach § 227 zu stellen. – **Dienstaufsichtsbeschwerde** gemäß § 26 DriG ist (neben §§ 252, 567) nur insoweit zulässig, als die Unterlassung oder erhebliche Verzögerung der Terminsbestimmung nicht für den Einzelfall sachlich (oben Rn 4–12), begründet wird, sondern auf *allgemein* ordnungswidrigem Geschäftsablauf beruht, so zB wegen (angeblicher) Überlastung des perso- 22 nell unterbesetzten Gerichts (BGHZ 93, 238 = NJW 85, 1471 = MDR 85, 933); die richterliche Unabhängigkeit iS § 26 I besteht nur in der Sachbehandlung des Einzelfalls, nicht auch für die organisatorische Erledigung des allgemeinen Geschäftsanfalls.

23 **III) Gebühren: a)** des **Gerichts:** Keine; **b)** des **Anwalts:** Seine Tätigkeit gehört zum Rechtszug (§ 37 BRAGO).

217

[Ladungsfrist im Anwalts- und Parteiprozeß]

Die Frist, die in einer anhängigen Sache zwischen der Zustellung der Ladung und dem Terminstag liegen soll (Ladungsfrist), beträgt in Anwaltsprozessen mindestens eine Woche, in anderen Prozessen mindestens drei Tage, in Meß- und Marktsachen mindestens vierundzwanzig Stunden.

1 Die **Ladungsfrist** dient der zeitlichen Vorbereitung des Termins, also auch der Freihaltung des Terminstages von sonstigen Verhinderungen. Daher gilt § 217 auch für die Verlegung eines Termins (§ 227). § 217 trifft nicht zu bei Bekanntmachung der Änderung der Terminsstunde, bei Anberaumung eines Verkündungstermins (wegen § 312), bei Ladung von Auskunftspersonen (§§ 141, 377, 402; StJSch Rn 6) u bei verkündeten Terminen (§ 218; BGH NJW 64, 658; aM StJSch Rn 6 mit dem beachtlichen Argument, der Schutzzweck des § 217 gelte auch für die einer Ladung nicht bedürfende Terminsbestimmung durch in der Verhandlung verkündeten Beschluß gemäß § 218, also für die Vertagung gemäß § 227). Jedoch ist wegen des Grundsatzes der Parteiöffentlichkeit (§ 357) der Beweisaufnahme die Ladungsfrist bei Beweiserhebung durch den beauftragten oder ersuchten Richter (§§ 361, 362) den Parteien gegenüber einzuhalten (Köln MDR 73, 856; Teplitzky NJW 73, 1675.

2 Bei **Berechnung der Frist** werden der Zustellungstag (§ 329 II Satz 2) und der Terminstag nicht gerechnet (§ 222 mit §§ 187, 188 BGB). Möglich ist Abkürzung, § 224, nicht auch Verlängerung, § 226. Bei der ein Verfahren erst **einleitenden Ladung** (zB iVm Zustellung der Klage) ist nur die Einlassungsfrist (§§ 274 III, 495, 520, 555, 604) zu wahren. – Ladungsfrist im UrkProz: § 604. Nach Unterbrechung: § 239 III. Die Ladungsfrist ist auch im Schnellverfahren wegen Arrest und einstweiliger Verfügung zu beachten, soweit hier mündl Verh stattfindet. Keine Sonderregelung der Ladungsfrist für öffentl Zustellung u Zustellung im Ausland (anders Einlassungsfrist, s § 274 Rn 7). Wegen Meß- u Marktsachen s § 30 (Fristberechnung hierbei: § 222 Rn 3).

3 **Bei Nichteinhaltung der Frist:** Kein VersUrteil gegen den Gegner (§ 335), auch keine Entscheidung nach Aktenlage, sondern Vertagung von Amts wegen. Heilung des Mangels bei Erscheinen des nicht zeitig geladenen Gegners: § 295.

218

[Keine Ladung zu verkündeten Terminen]

Zu Terminen, die in verkündeten Entscheidungen bestimmt sind, ist eine Ladung der Parteien unbeschadet der Vorschriften des § 141 Abs. 2 nicht erforderlich.

1 **1)** § 218 hat zur **Voraussetzung,** daß die Partei (das gleiche gilt für deren ProzBevollm u den Streitgehilfen) zu dem Termin, in welchem die Entscheidung verkündet wurde, richtig geladen war. Beispiel: Im ersten Verhandlungstermin wurde beschlossen: Die Verkündung einer Entscheidung erfolgt am 10. 5. Der Beklagte ist am 10. 5. nicht erschienen. Es wurde hier Beweisschluß verkündet u zur Beweiserhebung u Fortsetzung der mündl VerhTermin auf 5. 6. bestimmt. Zu diesem Termin brauchte keine der Parteien geladen zu werden. (In der Praxis zeigt sich, daß in verkünd Terminen die bei Verkündung nicht erschienene Partei oft ausbleibt; sie meint, zu jedem Termin geladen zu werden; deshalb ist es zweckmäßig, wenn der Richter im ersten Termin die Parteien entsprechend belehrt.) – § 218 findet auch im Fall des § 901 Anwendung (LG Wiesbaden MDR 57, 366; Hamm Rpfleger 57, 355). Zwischen Verkündungstermin und dem neuen Termin muß Ladungsfrist wegen Entbehrlichkeit einer Ladung nicht eingehalten werden, das gilt auch, wenn trotz Verkündung (unnötige) Ladung erfolgte, BGH NJW 64, 658; streitig! s § 217 Rn 1. – Gleichgültig, ob die Verkündung des neuen Termins in einem Verkündungstermin oder Verhandlungstermin erfolgte. In jedem Fall ist es Sache der Parteien, sich nach dem Ergebnis eines in ihrer Abwesenheit stattgefundenen Termins zu erkundigen, RG 41, 355.

2 **2) Ladung muß erfolgen** in den Fällen des § 141 II (Anordnung des persönl Erscheinens), § 335 II, § 337 (Vertagung nach Zurückweisung des Antrags auf Erlaß eines VersUrt oder e Entscheidung nach Aktenlage), §§ 612 II, 640 II, 670, 684, 686 (Ladung der ausgebliebenen Partei in Ehe-,

Kindschafts- u Entmündigungssachen). In jedem Fall zu laden sind Zeugen und Sachverständige, deren Erscheinen angeordnet ist. – Der Termin z Verkündung eines Urteils nach Lage der Akten ist der säumigen Partei formlos mitzuteilen, § 251 a II.

219 *[Terminsort]*

(1) Die Termine werden an der Gerichtsstelle abgehalten, sofern nicht die Einnahme eines Augenscheines an Ort und Stelle, die Verhandlung mit einer am Erscheinen vor Gericht verhinderten Person oder eine sonstige Handlung erforderlich ist, die an der Gerichtsstelle nicht vorgenommen werden kann.

(2) Der Bundespräsident ist nicht verpflichtet, persönlich an der Gerichtsstelle zu erscheinen.

1) Abs I. Grundsätzlich dürfen Termine nur an der **Gerichtsstelle,** das ist das Gerichtsgebäude, abgehalten werden. Termine außerhalb des Gerichtsgebäudes sind, gleichgültig ob der Verhandlung oder Beweisaufnahme dienend, **Lokaltermine.** Sie sind nur zulässig: **a)** zum Zwecke des Augenscheins (§§ 371, 372), **b)** zur Anhörung einer am Erscheinen verhinderten (zB kranken) Person (Partei oder Zeuge), **c)** bei Undurchführbarkeit des Termins im Gerichtsgebäude (zB wenn ein größerer Sitzungssaal benötigt wird, als im Gerichtsgebäude vorhanden, RG JW 98, 140). Gerichtsstelle ist auch der Ort, an dem sog Gerichtstage abgehalten werden, AV RJM v 20. 3. 35 (RGBl I 403), vgl Koblenz NJW 57, 796, Ortstermin im fremden Gerichtsbezirk: § 166 GVG Rn 1. 1

2) „Erforderlich" ist, was das Gericht nach s pflichtgemäßen Ermessen zur Herbeiführung einer gerechten Entscheidung der Streitsache für notwendig (nicht nur nützlich) hält, RG 56, 357; Lauterbach NJW 57, 797; Glombick MDR 57, 19. Bloße Kostenersparnis macht Lokaltermin nicht erforderlich (DJ 38, 171) und begründet für die Beteiligten keine Pflicht zum Erscheinen, daher auch keine Säumnisfolgen (§§ 330 ff) zulässig. 2

Beschw nach § 567 nur bei Ablehnung des Antrags einer Partei. Auch ein Gefangener muß, wenn als Partei geladen, an der Gerichtsstelle erscheinen; um seine Vorführung muß die Gefängnisverwaltung ersucht werden. Erscheint der Gefangene nicht, so kann gegen ihn VersUrt ergehen. 3

Eine Pflicht der Parteien oder Dritter, die Abhaltung des Termins in ihrem Hause oder sonstigen Besitztum zu dulden, besteht grundsätzlich nicht (Art 13 GG; vgl § 357 Rn 1). Ein in s Wohnung zu vernehmender Zeuge darf den Parteien, ein zur Offenbarung gem §§ 807, 889 in s Wohnung geladener Schuldner darf dem Gläubiger die Anwesenheit nicht verbieten. Bei Verweigerung des Zutritts z Wohnung gilt betr Partei oder Zeuge als säumig, die Beweisaufnahme als verhindert iS §§ 356, 357, 380. 4

3) Bundespräsident ist nur der gem Art 54 GG Gewählte, nicht auch sein Vertreter (Art 57 GG), desgl nicht Staats- oder Ministerpräsident der Länder. Wegen der Vorrechte diplomatischer Personen s § 216 Rn 7. 5

220 *[Terminsbeginn]*

(1) Der Termin beginnt mit dem Aufruf zur Sache.

(2) Der Termin ist von einer Partei versäumt, wenn sie bis zum Schluß nicht verhandelt.

1) Abs. I. Aufruf der Sache im Sitzungssaal durch den Vorsitzenden (§ 136). Nichtaufruf (unter Umständen auch Aufruf nur des Aktenzeichens) kommt e Nichtladung der Partei gleich, RG 76, 102. Wird eine größere Anzahl Terminsachen gleichzeitig aufgerufen, so ist Erlaß eines VersUrt erst zulässig, wenn der Beginn der einzelnen Verh derart kenntlich gemacht ist, daß auch die zum Termin erschienene, aber im Gerichtsverfahren nicht bewanderte Partei ihn bei gehöriger Aufmerksamkeit wahrnehmen mußte, Braunschweig DJR 40, 250; LG Berlin JR 67, 264. 1

Der **Aufruf** durch den Gerichtswachtmeister auf dem Gang oder in dem besonderen Warteraum ist nur vorbereitend, jedoch **unentbehrlich,** wenn die Parteien nicht bereits im Sitzungssaal anwesend (BVerfG NJW 77, 1443; BVerwG NJW 86, 204). Der an der Tür des Sitzungssaales angeschlagene Hinweis, ohne Aufruf einzutreten, macht diesen Aufruf nicht entbehrlich (LG Hamburg NJW 77, 1459), ebenso nicht die Eintragung der Anwälte in die Sitzungsliste (BVerfG aaO). Ohne Aufruf vor dem Sitzungssaal keine Säumniswirkung iS Abs II u § 330, KG MDR 74, 52. – Auf den Aufruf zu der bestimmten Stunde hat keine Partei e Recht; die in der Ladung 2 angegebene Stunde bezeichnet den frühesten Beginn des Termins; vorher darf die Sache nur im Einverständnis der Parteien aufgerufen werden. „Beginn der mündl Verhandlung" s § 136 Rn 1.

3 Hat eine Partei, die zur angesetzten Terminsstunde erschienen war, sich **wieder entfernt,** weil der Aufruf sich erheblich verzögert, so ist die Frage ihrer Säumnis iS Abs II u § 330 sorgfältig zu prüfen; sie wird als entschuldigt iS § 337 anzusehen sein, wenn ihr weiteres Zuwarten (zB wegen anderer gleichzeitiger Terminspflichten des RA; LG Koblenz NJW 57, 305) nicht mehr zumutbar u sie den Grund ihres Fortgehens dem Vors mitgeteilt hatte; LAG Hamm NJW 73, 1950 hält hier ein Warten nur bis zu einer Stunde für zumutbar. Hat eine Partei im Termin durch Antragstellung streitig verhandelt, so kann sie durch „Zurücknahme" dieses Antrags nicht nachträglich ihre Säumnis iS des § 333 herbeiführen (RGZ 10, 386/392; Hamm NJW 74, 1097; Frankfurt MDR 82, 153). Zur Zulässigkeit des Vortrittrechts bestimmter (landesrechtlich) privilegierter Anwälte in Sammelterminen BGH BayVerwBl 82, 221.

4 **2) Abs II. Schluß** des Termins ist hier identisch mit Schluß der mündl Verhandlung iS § 136 IV (s dort Rn 4), daher bei Vertagung (§ 227 III) und Wiedereröffnung (§ 156) für Säumnis maßgeblich die Untätigkeit bis z Schluß der letzten mündl Verhandlung. Wegen „nicht verhandeln" s § 333 Rn 2.

5 Erscheinen bei Aufruf die Parteien nicht oder lehnen sie ab, zu verhandeln (§ 333), so kann das Gericht sich den nochmaligen Aufruf vorbehalten (die Sache zurückstellen). Bei **Säumnis:** Ruhen des Verfahrens § 251 a, Entscheidung nach Aktenlage §§ 251 a, 331 a, Vertagung §§ 227 III, 335 II, 337 oder Versäumnisurteil §§ 330, 331, 542. Ist gegen eine Partei VersUrt ergangen und erscheint sie dann, so hat, wenn beide Parteien verhandeln und das Urteil als nicht bestehend angesehen haben wollen, der Säumige zu Prot des UrkBeamten oder in der Sitzung Einspruch einzulegen; erst dann ist Verhandlung zur Sache usw möglich. Auch ist es zulässig, daß die Parteien sofort den Rechtsstreit durch gerichtlichen Vergleich erledigen und dabei der aus dem VersUrt Berechtigte auf seine Rechte aus dem VersUrt verzichtet. Ebenso kann, wenn nicht ein VersUrt, sondern Vertagungsbeschluß verkündet oder die Sache wegen Nichtverhandelns beider Parteien als ruhend betrachtet worden ist (§ 251 a), die Sache auf Antrag beider Parteien in derselben Sitzung verhandelt werden.

221 *[Fristbeginn]*

Der Lauf einer richterlichen Frist beginnt, sofern nicht bei ihrer Festsetzung ein anderes bestimmt wird, mit der Zustellung des Schriftstücks, in dem die Frist festgesetzt ist, und, wenn es einer solchen Zustellung nicht bedarf, mit der Verkündung der Frist.

1 **1)** Wegen richterl Fristen s Rn 5 vor § 214. Der **Lauf einer richterl Frist beginnt a)** an dem in der richterl Anordnung festgesetzten Zeitpunkt (selten), **b)** mit der Zustellung, **c)** mit der Verkündung. Zustellung insbes erforderlich für die vom Gericht gem §§ 273, 275, 276 gesetzten Erklärungsfristen (so für § 276 BGH NJW 80, 1167 = MDR 80, 573); sonst keine Versäumungsfolge gem § 296. – Bei Zustellung daher unterschiedl Fristbeginn für die beiden Parteien möglich. Zustellung an die Hauptpartei läßt die Frist auch für deren Streithelfer beginnen (BGH NJW 86, 257; 63, 1251). Bei Verkündung beginnt Fristlauf, auch wenn die Parteien abwesend waren, §§ 329, 312.

2 **2)** Der **Lauf einer gesetzl Frist beginnt** mit der **Zustellung** der die Frist in Lauf setzenden Entscheidung (§ 339 Einspruchsfrist, § 516 Berufungsfrist, § 552 Revisionsfrist, § 577 sofortige Beschwerde) im Amtsbetrieb (§§ 270 I, 317, 329). Seit der Streichung des früheren § 221 II durch die VereinfNovelle können die Rechtsmittelfristen wegen der uU ungleichmäßigen Amtszustellung der Entscheidungen für die Parteien daher unterschiedlich zu laufen beginnen. – Mit der **Verkündung** eines Urteils beginnt (auch bei fehlender oder unwirksamer Zustellung) die 5-Monatsfrist der §§ 516, 552, ebenso die Beschwerdefrist der §§ 336, 952 IV sowie § 98 ZVG, § 121 II VglO, § 189 II KO (s auch § 577 Rn 10 am Ende).

222 *[Berechnung der Fristen]*

(1) Für die Berechnung der Fristen gelten die Vorschriften des Bürgerlichen Gesetzbuches.

(2) Fällt das Ende einer Frist auf einen Sonntag, einen allgemeinen Feiertag oder einen Sonnabend, so endet die Frist mit Ablauf des nächsten Werktages.

(3) Bei der Berechnung einer Frist, die nach Stunden bestimmt ist, werden Sonntage, allgemeine Feiertage und Sonnabende nicht mitgerechnet.

1) Allgemeines: § 222 und damit §§ 187–193 BGB (wegen § 191 BGB s aber Rn 5 zu § 223) gelten für alle prozessualen Fristen (Rn 2 ff vor § 214), auch für Ausschlußfristen für die Klageerhebung (RG 105, 125) und für verlängerte Fristen: fällt das Ende der Rechtsmittelbegründungsfrist auf einen Sonntag, so beginnt die verlängerte Begründungsfrist erst am folgenden Dienstag zu laufen (BGH 21, 43 = NJW 56, 1278; gegen RG 131, 337). § 222 II gilt auch, wenn das datierte Ende der Verlängerungsfrist nach dem Wortlaut der richterl Vfg auf einen Sonn- oder Feiertag fällt (BVerfG Rpfleger 82, 478; BGH LM § 765 BGB Nr 1 = BB 54, 1044). Ob § 222 ZPO, § 193 BGB auf **Widerrufsfrist für Vergleich** anwendbar, ist streitig. Nach BayObLG 16, 95 soll diese Frist, weil vereinbart u nicht gesetzt, auch an Sonn- oder Feiertag enden. Zutreffend dagegen die hM, wonach Widerruf des Vergleichs auch Prozeßhandlung u deshalb § 193 BGB hierfür anzuwenden ist (§ 794 Rn 10; BGH MDR 79, 49; Rpfleger 78, 362; München NJW 75, 933; StJSch Rn 15). Wegen Fristenlauf bei Gerichtsferien s § 223. 1

Fristen dürfen bis zuletzt ausgeschöpft werden (BVerfG NJW 75, 1405; 76, 747; 83, 1479; MDR 80, 117; BGH 2, 31 = NJW 51, 657), bei Tagesfristen also bis 24 Uhr, selbst wenn kein Nachtbriefkasten vorhanden (BVerfG NJW 86, 244; BVerwG NJW 64, 1239; Hamm NJW 76, 762; Frankfurt NJW 74, 1959; aM BayObLG MDR 76, 67) und selbst wenn mit einer Leerung des Gerichtsbriefkastens am selben Tag nicht mehr zu rechnen ist (BAG MDR 86, 876; BGH MDR 84, 653; vgl näher § 270 Rn 5); doch muß dann der Absender den Einwurf vor 24 Uhr nötigenfalls beweisen. Die Nichtberücksichtigung eines erst unmittelbar vor Fristablauf eingehenden Schriftsatzes ist Verletzung des rechtl Gehörs (vor § 128 Rn 8; BVerfG NJW 65; 579; 80, 580 = MDR 80, 117; vgl für Telegramm, Telebrief und Fernschreiben § 130 Rn 11). 2

2) a) Fristen nach Stunden sind gesetzl bestimmt, zB in §§ 217, 274 III, 604 II; sie können auch richterl bestimmt werden. Sie beginnen (soweit bei richterl Fristen nichts anderes bestimmt ist) mit der Zustellung bzw Verkündung u endigen mit dem Ablauf der bestimmten Stundenzahl. § 187 BGB findet hierbei insoweit entspr Anwendung, als nur volle Stunden gezählt werden. Beispiel: Zustellung der Klage in einer Meß- u Marktsache (§§ 274 III, 30) am 2. Mai um 9 Uhr 33 Min; Einlassungsfrist ist gewahrt, wenn Termin auf 3. Mai 10 Uhr bestimmt. 3

Da **Sonn- u allgemeine Feiertage sowie Sonnabende** (wegen gesetzl Feiertagen s § 188 Rn 2, 3) nach Abs III nicht mitgerechnet werden, kann e Stundenfrist an einem solchen Tag weder beginnen noch endigen. Beispiel: Wird am Freitag vorm 9 Uhr zugestellt, so endigt die Frist von 24 Std am Montag vorm 9 Uhr, die 48-Stunden-Frist am Dienstag vorm 9 Uhr; wird – zulässigerweise (§ 188) – am Sonntag zugestellt, so beginnt die Stundenfrist um Mitternacht (Beginn des Montags). Bei Einreichung von Schriftsätzen bei detachierten Kammern u Senaten (§§ 93 II, 116 II, 130 II GVG) ist maßgeblich, ob dort – nicht am Hauptsitz des Gerichts – Feiertag ist (BAG NJW 59, 2279). 4

b) Fristen nach Tagen: (§§ 217, 274 III, 604). Der Tag der Zustellung bzw Verkündung wird nicht mitgerechnet: Beispiel: Zustellung 2. Mai, Einlassungsfrist 3 Tage. Es müssen volle 3 Tage freibleiben; die Einlassungsfrist ist gewahrt, wenn der Termin am 6. Mai ansteht, § 187 II BGB. – Ist der Beginn e Tages der für den Anfang der Frist maßgebende Zeitpunkt, so wird der Tag mitgerechnet. Beispiel: Dem Kläger ist eine Frist von 3 Tagen gesetzt, beginnend am 5. Mai. Beginn der Frist; mit Anbruch des 5. Mai, Ende mit Ablauf des 7. Mai. 5

c) Fristen nach Wochen: (§§ 106, 132 I, 207 II, 217, 320 I, 321 II, 339 I, 466, 577 II, 692, 840, 873, 1029, 1031). Die Frist endet mit Ablauf des Tages, der seiner Benennung nach dem Zustellungstag entspricht. Beispiel: Zustellung am Freitag, dem 2. Mai; die sof Beschwerdefrist endet mit Ablauf des Freitag, den 16. Mai. Ist der 16. Mai e allg Feiertag, so endet die Frist erst mit Ablauf des 19. (Montag), da sie weder an dem Feiertag, noch an dem darauffolgenden Sonnabend und Sonntag endigen kann. – Ist für den Anfang der Frist der Beginn e Tages maßgebend, so wird dieser Tag bei der Berechnung der Frist mitgerechnet. Beispiel: Bei Bestimmung e richterl Frist von 2 Wochen ist gesagt, dieselbe laufe von Beginn des 2. Mai (Dienstag). Die Frist endet mit Ablauf des 15. Mai (Montag). Wäre der Tag, mit dessen Ablauf hier die Frist endigen soll, Sonnabend, Sonntag oder allgem Feiertag, so endete die Frist erst mit dem Ablauf des nächstfolgenden Werktags. 6

d) Fristen nach Monaten: (§§ 107 II, 235 III, 516, 552, 586, 664, 684, 701, 954, 958, 1022, 1023, 1043.) Die Frist endet mit dem Ablauf des Tages des letzten Monats, der seiner Zahl nach dem Zustellungstag entspricht. Beispiel: Urteilszustellung am 2. Mai, die Berufungsfrist endet mit Ablauf des 2. Juni. Fehlt dieser letzte Tag im letzteren Monat, so endet die Frist mit dem letzten Tag dieses Monats: zB Zustellung des Urteils am 31. Januar, die Frist endet mit Ablauf des 7

28. Februar, im Schaltjahr mit Ablauf des 29. Februar. Bei Zustellung des Urteils am 29. Februar läuft die Berufungsfrist (entgegen Celle OLGZ 79, 360) wegen § 188 II BGB am 29. März ab (BGH NJW 85, 495/496 = MDR 85, 471; NJW 84, 1358 = MDR 84, 473). – Ist für den Anfang einer Frist der Beginn e Tages maßgebend, so endet die Frist mit Ablauf des Tages des letzten Monats, der dem Tag vorhergeht, der s Zahl nach dem Anfangstag der Frist entspricht. Beispiel: Bei einer richterl Frist von 2 Monaten ist bestimmt, daß sie mit dem Beginn des 30. Dez anfangen soll; Ende der Frist mit Ablauf des letzten Tages des betr Monats (Ablauf der 28. bzw 29. Febr). Wäre der Tag, mit dessen Ablauf die Frist endigen soll, ein Sonnabend, Sonntag oder allgem Feiertag, so endete die Frist erst mit dem Ablauf des nächstfolgenden Werktags.

8 **e) Für Jahresfristen** (§§ 234 II, 586 II, 958 II, 1044 II) gilt dasselbe wie für Monatsfristen: sie gelten als Fristen von sovielmal 12 Monaten als die Frist Jahre beträgt; es findet deshalb auch die Vorschrift Anwendung, daß, wenn im letzten Monat der Tag, der für den Ablauf der Frist maßgebend wäre, nicht vorkommt, die Frist mit dem Ablauf des letzten Tages dieses Monats endet. Beispiel: Eine Notfrist endet mit Ablauf des 29. Febr (e Schaltjahres); die Jahresfrist zur Wiedereinsetzung (234 III) endet, wenn sie am 1. März begonnen hat, mit Ablauf des 28. Febr; denn der 29., mit dessen Ablauf sie an sich enden würde, kommt im folg Jahr nicht vor.

223 *[Gerichtsferien und Notfristen]*

(1) Der Lauf einer Frist wird durch die Gerichtsferien gehemmt. Der noch übrige Teil der Frist beginnt mit dem Ende der Ferien zu laufen. Fällt der Anfang der Frist in die Ferien, so beginnt der Lauf der Frist mit dem Ende der Ferien.

(2) Die vorstehenden Vorschriften sind auf Notfristen und Fristen in Feriensachen nicht anzuwenden.

(3) Notfristen sind nur diejenigen Fristen, die in diesem Gesetz als solche bezeichnet werden.

1 **1) Anwendungsbereich:** § 223 I gilt für alle proz Fristen (Rn 2–6 vor § 214) mit **Ausnahme:** der Not- und Ferienfristen (Abs II), der uneigentl Fristen (Rn 3 vor § 214) und der in der ZPO genannten mat-rechtl Fristen (zB §§ 255, 721, die Ausschlußfristen zur Klageerhebung, RG 68, 57, und die Frist zum Widerruf eines ProzVergleiches, vgl § 222 Rn 1). Nicht anwendbar auch im Verf der Sozialgerichte (BSG NJW 59, 910). Wegen Entscheidungsverkündung nach Unterbrechung s § 249 III.

2 **2) Feriensachen** kraft Gesetzes oder richterl Anordnung: §§ 199–202 GVG. Die Ferien dauern vom 15. 7. bis 15. 9. einschließlich, auch wenn der 15. 9. ein Feiertag ist (BGH VersR 85, 574). Zum Begriff der Feriensache bei Klagebegründung aus verschiedenen rechtl Gründen, die nur zum Teil gesetzl Feriensachen iS § 200 GVG sind, BGH NJW 85, 141 = MDR 85, 226: dann insgesamt keine Feriensache.

3 **3) Wirkung der Gerichtsferien auf den Fristablauf:** Die Ferien hemmen (vgl § 205 BGB) den Fristablauf, obwohl auch während der Ferien Prozeßhandlungen wirksam vorgenommen werden können.

4 **a)** Fällt das die Frist in Lauf setzende Ereignis (zB Einlegung des Rechtsmittels für die Begründungsfrist) in die Ferien, so beginnt die Frist am 16. 9. zu laufen; die Monatsfrist der §§ 519, 554 läuft i diesem Fall am 15. 10. ab, vgl §§ 187 II, 188 II BGB (BGH 5, 277 = NJW 52, 665).

5 **b)** Wird der Lauf einer bereits vor den Ferien laufenden Frist durch die Ferien gehemmt, so ist der nach Ferienende verbleibende Rest der Frist entgegen § 191 BGB nach Tagen zu berechnen (BGH NJW 62, 347; RG 109, 305). **Beispiel:** Revision eingelegt am 8. 7. Begründungsfrist beginnt am 9. 7. (§ 187 I BGB, § 554 II ZPO). Bis z 15. 7. sind 6 Tage der Frist abgelaufen. Restl 25 Tage rechnen ab 16. 9. Fristende, also 10. 10. Vgl Tabelle unten Rn 13.

6 **c)** Wird eine Sache zur Feriensache erklärt, so endet mit der Bekanntgabe (§ 329) dieses Beschl die Hemmung der Frist; der bisher gehemmte Teil der Frist beginnt mit dem der Bekanntgabe folgenden Tag zu laufen (BGH LM § 519 ZPO Nr 7). **Beispiel:** Ende der Revisionsbegründungsfrist fällt auf den 16. 7., also Hemmung der letzten 2 Tage. Am 24. 7. Bekanntgabe des Beschl betr Erkl als Feriensache. Am 25. 7. beginnt Frist weiterzulaufen. Fristende also 26. 7., BGH VersR 75, 663.

7 **d)** Erfolgt Verlängerung einer Frist derart, daß ihr Ende in die Ferien fällt, so beginnt der in die Ferien fallende Teil der Verlängerung erst ab 16. 9. zu laufen (BGH VersR 83, 757), gleichgültig ob Verlängerung vor oder in den Ferien verfügt und gleichgültig selbst, ob als Ende der Frist ein nach Datum bestimmter Ferientag genannt ist (BGH 27, 144 = NJW 58, 1044; BGH LM § 133

BGB Nr A 4; RG 87, 210). Das gilt selbst dann, wenn Verlängerung der Berufungsbegründungsfrist bis „15. September" (= letzter Ferientag) beantragt u bewilligt wurde, BGH NJW 73, 2110. **Beispiel:** Begründungsfrist endet am Sonntag, den 14. 7., gem §§ 222 II, 223 I also wegen eines Tages gehemmt und Fristende daher am 16. 9. Verlängerung bewilligt am 15. 7. bis 14. 8. Dann Fristende (16. 9. + 30 Tage =) am 16. 10. Wurde hier am 15. 7. Frist „bis 15. 9." verlängert, dann Fristende (16. 9. + 61 Tage) am 16. 11. bzw am 17. 11. in Ländern, in denen der 16. 11. als Buß- u Bettag gesetzl Feiertag ist. Dagegen wird der Ablauf der vor den Gerichtsferien „bis zum 16. 9." (oder später) verlängerten Frist durch die Ferien nicht beeinflußt; das gilt auch, wenn zB im Juli Fristverlängerung um 1 Monat beantragt war und der Antragsteller bei einer antragsgemäß nicht kalendermäßig bestimmten Fristverlängerung um „1 Monat" aus den oben dargelegten Gründen in den Genuß der Fristhemmung gekommen wäre (BGH VersR 82, 546).

e) Wenn während der Ferien ein nach den Ferien liegender Tag (zB 1. 10.) als Fristende bestimmt, so läuft die Frist an diesem Tag ab (BGH VersR 83, 757). **8**

f) Wird die vorläufige Bezeichnung als Feriensache durch den Vorsitzenden (§ 200 IV) durch das Kollegium wieder aufgehoben, so wird Hemmungswirkung rückwirkend wiederhergestellt (abw Wieczorek Anm B II); anders bei nachträgl Änderung eines Kollegialbeschlusses gem § 200 IV GVG (Johannsen in Anm zu BGH LM § 200 GVG Nr 7). **9**

4) Notfristen sind die in der ZPO oder anderen Gesetzen als solche bezeichneten Fristen. ZPO: §§ 104 III 2, 107 III, 276 I 1, 339, 516, 552, 577 II, 586 I, 664 I, 958 I, 1042 d I, 1043 II. Andere Gesetze: §§ 59, 72 a, 76, 92 a, 96 a, 110 III ArbGG, § 111 GenG, § 210 III BEG. Wegen Notfristen s auch § 187 Rn 8; § 233 Rn 6. **10**

Keine Notfristen sind die Begründungsfristen §§ 519 II 2, 554 II 2; die Frist zur Stellung des Antrages auf Wiedereinsetzung (§ 234; s aber Rn 2 zu § 234!), selbst wenn Notfrist versäumt war (BGH 26, 99 = NJW 58, 183); die Vergleichs-Widerrufsfrist (Düsseldorf NJW 68, 111; abw Säcker NJW 68, 708; vgl auch BAG NJW 69, 110; OVG Münster NJW 71, 533). **11**

5) Wirkung der Notfristen: a) Keine Verkürzung oder Verlängerung, § 224 (jedoch Rückwirkung gem §§ 270 III, 495); **b)** Wiedereinsetzung möglich, § 233; **c)** Frist läuft trotz Ruhens des Verf (§ 251) u GerFerien (§ 223 II) weiter; **d)** Keine Heilung von Zustellungsmängeln (§ 187 S 2); **e)** Der Parteivereinbarung entzogen (§ 224 I). **12**

6) Lauf der Rechtsmittelbegründungsfristen bei Berufung (§ 519 II) und Revision (§ 554 II) vom Eingang der Rechtsmittelschrift bei Gericht ab, sofern Hemmung durch Gerichtsferien (also nicht i den Sachen gem § 200 Abs II GVG!): **13**

Eingang	Ende	Eingang		Ende
15. 6.	16. 9.	1. 7.		3. 10.
16. 6.	17. 9.	2. 7.		4. 10.
17. 6.	18. 9.	3. 7.		5. 10.
18. 6.	19. 9.	4. 7.		6. 10.
19. 6.	20. 9.	5. 7.		7. 10.
20. 6.	21. 9.	6. 7.		8. 10.
21. 6.	22. 9.	7. 7.		9. 10.
22. 6.	23. 9.	8. 7.		10. 10.
23. 6.	24. 9.	9. 7.		11. 10.
24. 6.	25. 9.	10. 7.		12. 10.
25. 6.	26. 9.	11. 7.		13. 10.
26. 6.	27. 9.	12. 7.		14. 10.
27. 6.	28. 9.	13. 7.		15. 10.
28. 6.	29. 9.	14. 7.		15. 10.
29. 6.	30. 9.	15. 7.	mit 15. 9.: Fristablauf	15. 10.
30. 6.	1. 10.			

Ein Fristende am 2. 10. kommt nicht vor, weil der Monat Juni nur 30 Tage hat und der ab 16. 9. 0 Uhr (§ 187 II BGB) laufende Teil der Restfrist als Tagesfrist gerechnet wird (s Rn 4 u 5) **14**

Der 15. 10. ist (wenn der Rechtsstreit nicht Feriensache ist) für alle vom 13. 7. bis 15. 9. eingelegten Berufungen und Revisionen der Schlußtag der Rechtsmittelbegründung: Für das am 13. 7. eingelegte Rechtsmittel läuft die Frist nach Ablauf ihres ersten Tages (14. 7.), weil sie „im Verlauf ihres Ablaufs" durch die Ferien gehemmt ist, für den Rest ihres Ablaufs als Tagesfrist für die Dauer von insgesamt 31 Tagen, also ab 16. 9. restliche 30 Tage bis zum 15. 10. weiter (§§ 187 II, 188 BGB; § 191 BGB gilt hier nicht, BGH VersR 82, 651). Für das am 14. 7. eingelegte Rechtsmittel läuft die Frist (entgegen BGHZ 5, 275/277; BGH VersR 81, 459/460; StJSch Rn 14) erst ab 16. 9., also bis zum 15. 10. (§§ 187 II, 188 II zweite Alternative BGB), weil der 14. 7. gemäß § 187 I BGB **15** nicht mitgerechnet wird, die Hemmung ab 15. 7. also nicht „im Verlauf des Fristablaufs" eintritt (so aber BGH aaO) und deshalb der Fristablauf erstmals am 16. 9. als Monatsfrist beginnt. Dasselbe gilt für die Begründungsfristen der vom 15. 7. bis 15. 9. eingelegten Rechtsmittel (BGHZ 5, 275; BGH VersR 82, 651).

16 Bei allen i der Tabelle genannten Fristenden ist § 222 II gesondert zu beachten (ggf entspr Verlängerung), wenn Fristende auf Feiertag fällt.

224 *[Abkürzung und Verlängerung von Fristen]*

(1) Durch Vereinbarung der Parteien können Fristen mit Ausnahme der Notfristen abgekürzt werden.

(2) Auf Antrag können richterliche und gesetzliche Fristen abgekürzt oder verlängert werden, wenn erhebliche Gründe glaubhaft gemacht sind, gesetzliche Fristen jedoch nur in den besonders bestimmten Fällen.

(3) Im Falle der Verlängerung wird die neue Frist von dem Ablauf der vorigen Frist an berechnet, wenn nicht im einzelnen Falle ein anderes bestimmt ist.

1 1) § 224 bezieht sich nicht auf die uneigentl u Ausschlußfristen (s Rn 3, 5 vor § 214).

2 2) **Abs I:** Durch **Parteivereinbarung** können richterl u gesetzl Fristen, nicht jedoch Notfristen u uneigentliche Fristen (zur Unterscheidung s Rn 3–6 vor § 214) abgekürzt werden. Fristverlängerung oder -verkürzung durch Parteivereinbarung kommt nur für die (ebenfalls von den Parteien frei vereinbarte u daher für das Gericht nicht abänderbare; BGH 61, 398) Vergleichswiderrufsfrist in Betracht (§ 794 Rn 10; Bergerfurth NJW 69, 1799). – Parteivereinbarung formlos u ohne Anwaltszwang möglich; jedoch Anwaltszwang für Verlängerung der Vergleichswiderrufsfrist, weil Vergleichsabschluß u -widerruf gleichzeitig Prozeßhandlung. Eine von den Parteien selbst vereinbarte Verlängerung der Widerrufsfrist wäre iS der Verpflichtung zu neuerlichem Vergleich aber materiell wirksam.

3 3a) **Abs II: Gerichtl Friständerung** durch Vors oder Gericht (§ 225 Rn 2) ist unbeschränkt zulässig bei richterl Fristen, bei gesetzl Fristen nur i den vom Gesetz vorgesehenen Fällen (s unten), bei Notfristen niemals. Abänderung, also Verkürzung oder Verlängerung **nur aus erhebl Gründen,** die auf Verlangen des Gerichts glaubhaft zu machen sind (§ 294). Schlichte Parteivereinbarung wird entspr § 227 I 3 kaum jemals erhebl Grund sein, obwohl die Parteien sogar das Ruhen des Verf (dann aber mit mat-rechtl Konsequenz, § 211 II BGB!) vereinbaren können (§ 251). Zum Eintritt der Wirksamkeit der Friständerung § 225 Rn 3.

4 **b)** Die **Verlängerung einer Frist nach deren Ablauf** war vom BGH entgegen der Rspr in allen anderen Zweigen der Gerichtsbarkeit (BAG NJW 80, 309; vgl §§ 139 VerwGO, 164 SozGG, 120 FGO) als unwirksam bezeichnet worden, auch wenn das **Verlängerungsgesuch vor Fristablauf** beim Gericht eingegangen war. Diese Rspr hat der Große Senat des BGH aufgegeben (BGHZ 83, 217 = NJW 82, 1651 = MDR 82, 637). Danach kann das rechtzeitig eingereichte Verlängerungsgesuch noch nach Fristablauf positiv verbeschieden werden, denn dem Gesuchsteller darf die Dauer des gerichtl Geschäftsganges zwischen Eingang (hierzu § 270 Rn 5) und Verbescheidung seines Gesuchs grds nicht zum Nachteil gereichen (BVerfG MDR 80, 117). Allerdings kann die extrem späte Antragstellung Anlaß geben, das Vorliegen „erheblicher Gründe" für die Fristverlängerung (Rn 3) kritisch zu würdigen (BGH aaO), so insbes bei einem Gesuch um eine wiederholte Verlängerung (§ 225 II).

5 **c)** Mit der Zulässigkeit der Änderung einer Frist nach deren Ablauf, wenn nur der Antrag vor Fristablauf gestellt war (oben Rn 4), kommt es nicht mehr darauf an, wann dem Antragsteller die verfügte oder beschlossene Abänderung (hierzu § 225 Rn 2) bekanntgegeben wurde (die Rspr BGHZ 4, 399; 14, 148; RGZ 160, 309 über die Vorwirkung einer formlosen Mitteilung ist daher gegenstandslos). Es ist nicht mehr notwendig, daß der Antragsteller vor Fristablauf von der Verlängerung Kenntnis erlangt (s aber zur Erkundigungspflicht u zum Anwaltsverschulden bei Versäumung der nicht verlängerten Frist § 233 Rn 23 unter „Fristen").

6 **Mitteilung** nötig nur an den durch die Verlängerung begünstigten Antragsteller (RG 144, 260 aE); der Gegner ist nicht antragsberechtigt, selbst wenn er Anschlußberufung oder -revision (§§ 522 II, 556 II) beabsichtigt (BGH NJW 51, 605 gegen RG 156, 157); jedoch ist, obwohl hiervon die Wirksamkeit der Änderung nicht abhängt, auch der Gegner formlos zu informieren, um ihm damit Kenntnis von der Zulässigkeit des Rechtsmittels der anderen Partei zu geben. Die Bewilligung der **Friständerung ist grds Ermessenssache,** doch ist dieses Ermessen – auch wo das nicht ausdrücklich im Gesetz gesagt ist – gebunden durch das Gebot der Verfahrensbeschleunigung

und der Rücksichtnahme auf Interessen des Antragsgegners. Daher sollten Friständerungen unterbleiben, wo der Antragsteller keine erheblichen Gründe hierfür vorgetragen hatte. – Wegen Verfahren und Rechtsmittel bei Friständerungen s § 225.

4) Abs III. Wird die Frist zur Begründung der Berufung oder der Revision um einen bestimmten Zeitraum verlängert u fällt der letzte Tag der ursprünglichen Frist auf einen Sonnabend, Sonntag oder allgemeinen Feiertag, so beginnt der verlängerte Teil der Frist erst mit dem Ablauf des nächstfolgenden Werktages. Eine am 25. 11. eingelegte Berufung kann daher, falls ihre Begründungsfrist um einen Monat verlängert wird, noch am 27. 1. des folgenden Jahres und, wenn der 27. 12. selbst ein Sonntag ist, noch am 28. 1. wirksam begründet werden (BGH 21, 43 = NJW 56, 1278 unter Abweichung von RGZ 131, 337), vgl auch § 223 Rn 7 bei Gerichtsferien. 7

225 *[Verfahren bei Fristenabkürzung oder -verlängerung]*

(1) Über das Gesuch um Abkürzung oder Verlängerung einer Frist kann ohne mündliche Verhandlung entschieden werden.

(2) Die Abkürzung oder wiederholte Verlängerung darf nur nach Anhörung des Gegners bewilligt werden.

(3) Eine Anfechtung des Beschlusses, durch den das Gesuch um Verlängerung einer Frist zurückgewiesen ist, findet nicht statt.

1) Abs I. Gesuch: Das Gesuch ist grds (Ausnahme in mündl Verhandlung) **schriftlich** zu stellen (BGHZ 93, 300 = NJW 85, 1558 = MDR 85, 574/75), denn die Voraussetzung einer wirksamen, rechtzeitigen (§ 224 Rn 4) und begründeten (§ 224 Rn 6) Antragstellung muß eindeutig aktenkundig sein, zumal sie im Anwaltsprozeß den Förmlichkeiten des Anwaltszwanges (§ 130 Rn 5 ff) unterliegt; unwirksam daher insbesondere das nur telefonische Gesuch (BGH aaO). Jedoch heilt die wirksame Friständerung Formfehler des Gesuchs (BGH aaO). Zur notwendigen Begründung des Gesuchs und zur Ermessensausübung des Gerichts bei seiner Verbescheidung s § 224 Rn 3 u 6. 1

Die **Entscheidung** über das Gesuch trifft im Fall der Ablehnung eines Gesuchs stets das Gericht (nicht der Vorsitzende; aM Demharter MDR 86, 797) durch Beschluß (vgl Abs III). Die dem Gesuch stattgebende Entscheidung kann ebenfalls das Gericht durch Beschluß treffen, doch genügt hierfür auch die Verfügung des Vorsitzenden, soweit dieser selbst die abzuändernde Frist gesetzt hatte (zB §§ 275 I, 276 I, 520 II) oder das Gesetz ihm die Entscheidungsbefugnis ausdrücklich einräumt (§§ 134 II, 226 III, 519 II, 554 II; § 53 I ArbGG). Im übrigen ist für die Änderung einer vom Richterkollegium gesetzten Frist nur dieses – nicht der Vorsitzende – zuständig (BGH NJW 83, 2030 = MDR 83, 838). – Friständernde Beschlüsse oder Verfügungen bedürfen gemäß §§ 329, 317 II der vollen **Richterunterschrift** (Paraphe genügt nicht: BGHZ 76, 236 = NJW 80, 1167 = MDR 80, 573; vgl § 329 Rn 47), die aus der Ausfertigung ersichtlich sein muß (§ 170 Rn 4; hierzu Schneider MDR 82, 818). – Die **Friständerung muß ausdrücklich erfolgen,** um die gebotene Klarheit über den Fristenablauf und dessen Rechtsfolgen (§§ 230, 296) herzustellen. Das Schweigen des Gerichts auf den Antrag, eine Frist „stillschweigend“ zu verlängern, stellt (entgegen Köln JMBlNRW 84, 131) keinesfalls eine Friständerung, die eine *Prozeßhandlung* des Gerichts ist (Rn 17 vor § 128), dar und genießt auch keinen Vertrauensschutz des Antragstellers. Dagegen genießt Vertrauensschutz die fehlerhaft nur telefonisch bewilligte Friständerung durch den Vorsitzenden (BGHZ 93, 300 = NJW 85, 1558 = MDR 85, 574/75), wenn nur der Vorsitzende überhaupt befugt war (s oben), die Frist selbständig zu ändern. 2

Bekanntgabe der Entscheidung ist **Voraussetzung der Wirksamkeit** der Friständerung (§ 329 Rn 5–7). Bekanntgabe nach Fristablauf ist unschädlich (§ 224 Rn 4). Bekanntgabe an die antragstellende Partei genügt für Wirksamkeit der Friständerung; s aber § 224 Rn 6 wegen Mitteilung auch an den Antragsgegner. Förmliche Zustellung stets nötig an diej Partei, die eine abgekürzte Frist einzuhalten hat. Die Fristverlängerungsverfügung bedarf nicht der Zustellung, denn die Verlängerung setzt keine Frist in Lauf, BGHZ 93, 300; RG 156, 389. – Zur Frage der Wirksamkeit einer Friständerung durch den unzuständigen Richter s § 519 Rn 18. Dort auch zur Wirksamkeit bei fehlerhafter Mitteilung der Verfügung. 3

2) Abs II. Anhörung des Gegners ist erforderlich nur für die Verkürzung richterl oder gesetzl Fristen (§ 224 II) sowie für die wiederholte (also zweite oder mehrfache) Verlängerung solcher Fristen (zB §§ 519 II, 554 II). Das Gesetz gebietet Anhörung, also die Gewährung rechtl Gehörs, nicht notwendig auch die Zustimmung des Gegners. Notwendig ist allein, daß im Interesse der Verfahrensleitung und -beschleunigung eine Friständerung, die auch schutzwürdige Interessen 4 des Gegners berührt, nicht hinter dessen Rücken ohne sachliche Abwägung der beiderseitigen Interessen verfügt oder beschlossen wird. Für die Art der Anhörung des Gegners kommt es im übrigen allein auf den Normzweck an, nicht auf die Förmlichkeit; daher genügt auch mündliche oder telefonische Anhörung, wenn hierüber ein schriftl Vermerk zu den Akten genommen wird (wegen §§ 512, 548). – Ausnahme: § 226 III. Verstoß gegen Abs II macht Beschl nicht unwirksam (RG 150, 361). Unter Abs II fällt auch die Vorverlegung e Termins; kein VersUrt gegen den Gegner, wenn er nicht gehört u verständigt worden war, OLG 35, 51, vgl § 337.

5 **3) Abs III.** Gegen Ablehnung der Abkürzung: einf Beschw, § 567; der Verlängerung: keine Beschwerde. Bewilligung der Verlängerung oder Abkürzung sind nur mit dem Urt anfechtbar (OLG 23, 320; BGH NJW 53, 1705); Beschwerde ist jedenfalls nicht zulässig, wenn kein Gesuch zurückgewiesen wurde, § 567. Friständerung ist aber als Vorentscheidung (§§ 512, 548) v Rechtsmittelgericht nachprüfbar.

6 **4) Gebühren: a)** des **Gerichts:** Keine; **b)** des **Anwalts:** Tätigkeit gehört zum Rechtszug u ist daher durch die Prozeßgebühr abgegolten (§ 37 BRAGO).

226 *[Abkürzung von Zwischenfristen]*

(1) Einlassungsfristen, Ladungsfristen sowie diejenigen Fristen, die für die Zustellung vorbereitender Schriftsätze bestimmt sind, können auf Antrag abgekürzt werden.

(2) Die Abkürzung der Einlassungs- und der Ladungsfristen wird dadurch nicht ausgeschlossen, daß infolge der Abkürzung die mündliche Verhandlung durch Schriftsätze nicht vorbereitet werden kann.

(3) Der Vorsitzende kann bei Bestimmung des Termins die Abkürzung ohne Anhörung des Gegners und des sonst Beteiligten verfügen; diese Verfügung ist dem Beteiligten abschriftlich mitzuteilen.

1 **1) Abs I. Einlassungsfrist:** § 274 III. **Ladungsfrist:** § 217, 604. **Fristen für vorbereitende Schriftsätze:** §§ 132, 273 II 1, 275 I. **Abkürzung** nur auf Antrag (auch im Parteiproz), nie von Amts wegen, wenn aber geschehen, nicht unwirksam, jedoch mit Beschw anfechtbar. Abs I trifft nicht zu auf die Widerspruchsfrist im Mahnverf.

2 **Antrag:** schriftl (§ 225 Rn 1), im Anwaltsprozeß (§ 78) Anwaltszwang. Die Gründe für den Antrag sind im Hinblick auf schutzwürdige Interessen auch des Antragsgegners darzulegen (vgl § 275 Rn 4), jedoch nicht notwendig auch glaubhaft zu machen. Weitherzige Auslegung; im Antrag „möglichst nahen Verhandlungstermin anzuberaumen“ kann uU Antrag auf Abkürzung liegen, wenn ohne Abkürzung kein geeigneter Termin mehr anberaumt werden kann.

3 **2) Abs II.** Unter der Abkürzung der Frist darf die schriftl Vorbereitung (§§ 129 ff) leiden, niemals aber die Möglichkeit der Vorbereitung überhaupt sonst ist rechtl Gehör versagt, BGH 27, 169; Rn 6 vor § 128; § 275 Rn 4.

4 **3) Abs III.** Bei Ladung Aufnahme der Verfügung des Richters in die Ladung. Bewilligung des Antrags nur mit dem Urteil anfechtbar (§§ 512, 548); gegen Ablehnung einf Beschw, 567 (aus Zeitgründen selten erfolgversprechend). Gegen Bewilligung der Fristverkürzung kann die betroffene Partei, die hierzu nicht einmal angehört werden mußte, sich im folgenden Termin (oder im Rechtsmittel gegen das Urteil) gegebenenfalls auf die Verkürzung ihres rechtlichen Gehörs (§ 274 Rn 6) berufen.

227 *[Änderung von Terminen]*

(1) Aus erheblichen Gründen kann ein Termin aufgehoben oder verlegt sowie eine Verhandlung vertagt werden. Erhebliche Gründe sind insbesondere nicht

1. das Ausbleiben einer Partei oder die Ankündigung, nicht zu erscheinen, wenn nicht das Gericht dafür hält, daß die Partei ohne ihr Verschulden am Erscheinen verhindert ist;
2. die mangelnde Vorbereitung einer Partei, wenn nicht die Partei dies genügend entschuldigt;
3. das Einvernehmen der Parteien allein.

(2) Über die Aufhebung sowie Verlegung eines Termins entscheidet der Vorsitzende ohne mündliche Verhandlung; über die Vertagung einer Verhandlung entscheidet das Gericht. Die Entscheidung ist kurz zu begründen. Sie ist unanfechtbar.

(3) Die erheblichen Gründe sind auf Verlangen des Vorsitzenden, für eine Vertagung auf Verlangen des Gerichts glaubhaft zu machen.

I) Terminsänderung kann erfolgen durch **1) Aufhebung,** das ist Absetzung des Termins vor dessen Beginn (§ 220 I) ohne gleichzeitige Bestimmung eines neuen. Das bedeutet praktisch Stillstand des Verfahrens, jedoch ohne fristhemmende Wirkung des § 249. Daher, weil der Förderungspflicht des Gerichts u der Parteien widerstreitend, nur ausnahmsweise veranlaßt, so bei Änderung des Verkündungstermins in VerhTermin (dann Beschluß, § 156) oder umgekehrt. 1

2) Verlegung ist Aufhebung des anberaumten Termins vor dessen Beginn unter gleichzeitiger Bestimmung eines (früheren oder späteren) anderen. 2

3) Vertagung ist Beendigung eines bereits begonnenen Termins (§ 220 I) vor dessen Schluß (§ 220 II), also insbes vor Eintritt der Entscheidungsreife (§ 300), unter gleichzeitiger Bestimmung des neuen (Fortsetzungs-)Termins. So häufig in Verbindung mit verkündetem Beweisbeschluß (§ 358) oder zur Gewährung des rechtl Gehörs bei erst im Termin gestellten Fragen u gegebenen Hinweisen (§§ 139, 278 III u IV); dann gilt § 278 IV. 3

Jegliche Terminsänderung kommt nur in Betracht, wo mündl Verhandlung überhaupt vorgesehen (§ 128). In Verfahren ohne mündl Verhandlung gibt es nur Friständerungen (§§ 224, 225), im schriftl Verfahren nur Verlegung des Verkündungstermins (§ 128 II u III). 4

II) Voraussetzung jeglicher Terminsänderung ist i Interesse der Förderung u Straffung des Verfahrens das Vorliegen **erheblicher Gründe,** das sind Gründe, die aus der Sicht des Gerichts zur weiteren Vorbereitung der Entscheidung (daher niemals bei Entscheidungsreife § 300) oder zur notw Gewährung des rechtl Gehörs (BFH NJW 76, 1119; BGH 27, 163; RG 81, 321) sachl geboten sind (so insbes i Fall §§ 139, 273, 278 III u IV, 358); aus der Sicht der Parteien sind Gründe erheblich, die ohne Terminsänderung ihre Säumnis iS § 337 als entschuldigt erscheinen lassen müßten. Das Fernbleiben einer Partei nur in der Erwartung, einem (nicht verbeschiedenen) Vertagungsantrag werde vom Gericht schon Rechnung getragen werden, ist aber nicht grundsätzlich (Ausnahme bei vom Gericht nachträglich erkannter Erheblichkeit des Grundes) als entschuldigt anzusehen (BGH NJW 82, 888). 5

1) Beispiele für wichtige Gründe: Nichteinhaltung von Ladungs- oder Einlassungsfrist, notw Anwaltswechsel, Erkrankung des Zeugen, Anwalts (Frankfurt AnwBl 80, 151) oder der geladenen Partei, Erkrankung der nicht persönl geladenen Partei ausnahmsweise aus konkret darzulegendem Grund iS § 357 I. Erkrankt der sachbearbeitende RA einer prozeßbevollmächtigten Sozietät (hierzu § 84 Rn 1), so darf sein Antrag, den Termin zu verlegen, grundsätzlich (Ausnahme in Eilsachen, Arrest, einstweilige Verfügung) nicht mit der Begründung abgelehnt werden, ein anderes Mitglied der Sozietät könne und müsse den Termin wahrnehmen und sich in die Sache einarbeiten (BVerwG NJW 84, 882; s aber § 53 I BRAO). Urlaub v RA oder Partei regelm nur bei langfristig geplanter Auslandsreise oder während der Gerichtsferien erheblich (s aber § 53 BRAO bzgl Pflicht des RA, für Vertretung zu sorgen), gleichzeitiger Termin in anderer Sache (hier abzuwägen, welcher der Termine leichter zu verlegen; regelm Vorrang des Beweistermins vor schlichtem Verhandlungstermin, selbst wenn letzterer bei höherem Gericht), Gleichbehandlung der Parteien (zB nach Verlegung auf Antrag des Gegners, Celle NJW 69, 1905; Köln MDR 71, 933; Lützeler NJW 73, 1447), religiöser Feiertag für Strenggläubige. Das Beharren des Gerichts auf einem für die Partei tatsächl unzumutbaren Termin kann Versagung des rechtl Gehörs (Art 103 GG) darstellen (Rn 6 vor § 128; § 275 Rn 4; Schneider MDR 77, 793; zu streng insoweit Hartmann NJW 78, 1459). 6

2) Kein erhebl Grund: Unentschuldigtes Fernbleiben der Partei oder ihres Anwalts; bei Fernbleiben dann §§ 251 a, 330 ff. Ungenügende Terminsvorbereitung durch eine Partei, wenn nicht entschuldigt. Entschuldigt ist diese Säumigkeit regelm nur, wenn das Gericht selbst seiner Förderungspflicht nach §§ 139, 273, 278 III nicht oder zu spät nachgekommen war, wenn Replik auf gegnerisches Vorbringen nicht mehr zeitgerecht möglich. Hier ist aber zu beachten, daß das Verfahren nach § 283 auch bei verspäteten Schriftsätzen eine Vertagung in aller Regel entbehrlich macht (München MDR 80, 148; vgl § 132 Rn 3). Grds ist ungenügende Terminsvorbereitung der Partei nach §§ 138 III, 283, 296, 333 zu ahnden u nicht durch Terminsänderung zu fördern. Parteivereinbarung: Einverständl können die Parteien das Verfahren nur gem § 251 aufhalten, soweit das Gericht dem nicht gem § 251 a begegnet. Bei beiderseitig behaupteten Vergleichsverhandlungen ist deren Ernstlichkeit v Gericht sorgfältig zu prüfen u ggf gem § 279 zu fördern. Oft werden außergerichtl Vergleichsbemühungen nur zur Verschleppung des Verf vorgeschützt. 7

III) Verfahren: Terminsänderung von Amts wegen oder auf Antrag (Anwaltszwang). **Antrag** (nicht notw schriftl; telefon Antrag kann genügen) der Partei ist zu begründen; erhebl Grund ist auf Verlangen des Gerichts glaubhaft zu machen (§ 294). Formelhafte Begründung (zB „Arbeits- 8 überlastung") besagt gar nichts. Je kürzer vor dem Termin das Gesuch gestellt wird, desto kritischer ist es zu prüfen.

9 **Entscheidung** durch Vfg des Vors bei Verlegung oder Aufhebung, durch Beschluß des Gerichts (ERi) bei Vertagung, aber auch (in Abänderung der Vfg des Vors) bei Verlegung oder Aufhebung. Der Vors kann seine Vfg auch selbst abändern. Besonders sorgfältig zu prüfen die Terminaufhebung, daher für diesen Beschluß anzuraten (vgl § 360); so insbes bei widersprechenden Anträgen oder Aufhebung von Amts wegen (Schilgen DRiZ 72, 129). Anhörung der Parteien nicht vorgeschrieben aber (insbes bei Aufhebung) geboten, soweit terminlich möglich. Oft genügt Telefonat mit dem Gegner des Antragstellers. Die Entscheidung ist zu begründen, bei widersprechenden Anträgen soweit notw auch eingehend. – Bekanntmachung der Entscheidung durch Verkündung (§ 218) bei Vertagung, sonst durch gem §§ 329, 270 zuzustellenden Beschl. Bei Aufhebung genügt weg § 329 II formlose Mitteilung. Kurz vor dem Termin erfolgende Verlegung oder Aufhebung den Parteien telefonisch vorweg mitzuteilen ist Anstandspflicht des Gerichts.

10 **Rechtsmittel** grds keines, selbst bei Zurückweisung eines Antrags. Jedoch kommt, wo langfristige Verlegung oder Vertagung, erst recht Aufhebung, sachl nicht gerechtfertigt u deshalb i Ergebnis eine Rechtsverweigerung darstellt, Beschwerde entspr § 252 in Betracht (s dort Rn 1).

11 **Kostenfolge** bei verschuldeter Vertagung oder Terminsverlegung § 95 ZPO, § 34 GKG.

228 (weggefallen)

229 *[Gleiche Befugnisse des verordneten Richters]*

Die in diesem Titel dem Gericht und dem Vorsitzenden beigelegten Befugnisse stehen dem beauftragten oder ersuchten Richter in bezug auf die von diesem zu bestimmenden Termine und Fristen zu.

1 Beauftragter oder ersuchter Richter: §§ 279, 361, 362 (nicht der Einzelrichter, denn dieser ist Prozeßgericht, § 348), hat wie das Prozeßgericht die Befugnisse gem §§ 216, 224, 227.

2 Gegen die Verfügung des kommissarischen Richters Erinnerung an das Prozeßgericht: § 576. Das Prozeßgericht kann die Akten zurückfordern oder Ersuchen bzw Auftrag wiederholen oder ändern, niemals dem kommissarischen Richter Weisungen erteilen. Entgegen §§ 576 II, 577 IV ist Beschwerde gegen die Maßnahme des Prozeßgerichtes nur insoweit zulässig, als die Maßnahme des kommissarischen Richters der Beschwerde unterliegen würde, wenn sie das Prozeßgericht getroffen hätte.

Vierter Titel

FOLGEN DER VERSÄUMUNG WIEDEREINSETZUNG IN DEN VORIGEN STAND

1 1) **Versäumung** ist das Unterlassen einer Prozeßhandlung (§ 230) innerhalb der für diese gesetzten Fristen oder innerhalb des hierfür vorgesehenen Prozeßstadiums. Das ist regelm der Schluß der letzten mündl Verhandlung (§§ 136 IV, 220 II, 296 a), ausnahmsw bereits die erste mündl Verhandlung (§ 39), die Antragstellung (§ 43), die nächstfolgende mündl Verhandlung (§ 295). Versäumt ist auch die zwar rechtzeitige aber unwirksame Prozeßhandlung (BGH NJW 62, 1248 bei fehlender Unterschrift unter bestimmendem Schriftsatz). Zu der Frage, ob bereits Inhaltsmängel einer im übrigen fristgerechten Prozeßhandlung als Fristversäumung anzusehen sind, vgl § 296 Rn 10. Die versäumte Frist kann eine richterliche (Rn 5 vor § 214) oder gesetzliche (zB §§ 339 I, 516, 519 II, 552, 554 II, 700, 929 II) sein. Das Prozeßstadium bestimmt die Versäumung bei §§ 296, 323 II, 767 II, 274 III, 295 I, 529.

2 Fristen dürfen stets bis zur letzten Stunde, Tages-, Monats- u Jahresfristen gem § 188 I BGB bis 24 Uhr des letzten Tages ausgeschöpft werden (BVerfGE 51, 352/355), selbst wenn kein Nachtbriefkasten vorhanden u auch nach Dienstschluß des Gerichts (BVerfG NJW 75, 1405; 76, 747; MDR 80, 117; vgl § 130 Rn 11; § 222 Rn 2).

2) Sonderfall der Versäumung ist die **Säumnis,** das ist das Nichterscheinen im Termin. Auf diese sind die §§ 230–238 nicht anwendbar, weil das bloße Erscheinen nicht Prozeßhandlung iS des § 230 ist (s Rn 17 vor § 128). Daher für Säumnis Sonderregelung in §§ 141 III, 251 a, 330 ff, 454, 877, 901. 3

3) Folgen der Versäumung sind regelmäßig (§ 230), ausnahmsweise fakultativ (§§ 296, 356, 529), der Verlust des Rechtes auf Vornahme der Prozeßhandlung. (Zur Abgrenzung der verfahrensrechtl u materiell-rechtl Folgen der Fristversäumung: § 145 Rn 15; Säcker ZZP 80, 421). In den Fällen §§ 323 II, 767 II ergreift der Rechtsverlust sogar neue Prozesse, ebenso gem § 322 die rechtskräftige Entscheidung über Folgen der Versäumung, RG 117, 68. **Weitere Folgen:** § 138 III: Geständniswirkung; §§ 95, 97 II, 238 IV: Kostennachteil; § 175: Zustellungswirkung; §§ 239 IV, 242, 244 II: Aufnahme unterbrochener Verfahren; § 267: Zulässigkeit der Klageänderung; §§ 427, 439 III, 441 III, 528 II: Beweiswirkung. Nur im Einzelfall erlaubt das Gesetz die Nachholung versäumter Prozeßhandlungen (§§ 296, 364 III, 529) oder die Wiedereinsetzung in den vorigen Stand (§§ 233 ff.). 4

4) Eine **Sonderregelung** für das säumige Vorbringen von Angriffs- u Verteidigungsmitteln enthalten die §§ 296, 528, 529; in diesen Fällen kein genereller Rechtsverlust (§ 230) und auch keine Entbehrlichkeit des rechtl Gehörs (§ 231), vgl die Anm zu §§ 296 u 528. 5

230 *[Allgemeine Versäumungsfolgen]*

Die Versäumung einer Prozeßhandlung hat zur allgemeinen Folge, daß die Partei mit der vorzunehmenden Prozeßhandlung ausgeschlossen wird.

Versäumungsfolgen (vgl über Voraussetzungen u Folgen Rn 1 u 4 vor § 230) treten grds (Ausnahme § 356 Rn 7, § 379 Rn 8) unabhängig v Verschulden oder Nichtverschulden mit Ausschlußwirkung ein, wo nicht das Gesetz ein (vom Gericht im Wege des Freibeweises festzustellendes) Verschulden voraussetzt (zB § 95). Jedoch darf eine Frist nicht als versäumt angesehen werden, solange noch nicht über ein rechtzeitig (hierzu § 224 Rn 4) eingereichtes Verlängerungsgesuch entschieden ist (BGH VersR 82, 1191). Beschränkte Möglichkeit zur Nachholung des Versäumten in der Berufungsinstanz: §§ 527–531; dann ggf Kostenfolge nach § 97 II. 1

Begrenzt **abwendbar** sind Versäumungsfolgen bei Untätigkeit des Gegners: § 295. Heilbar (mit Kostenfolge § 238 IV) ist Versäumung von Notfristen u Rechtsmittelbegründungsfristen sowie der Frist des § 234 I durch Wiedereinsetzung i den vorigen Stand bei Nichtverschulden gem § 233, bei anderen Fristen nach §§ 296, 296 a, 356, soweit das Gericht Nichtverschulden oder Unerheblichkeit feststellt und auch eine (jedenfalls verschuldete) Verfahrensverzögerung durch die Fristversäumung nicht verursacht ist (so zu §§ 296 und 356 BVerfG NJW 85, 3006 = MDR 85, 817). – Im Verfahren mit Amtsermittlungspflicht gilt § 230 regelm nicht (§§ 617, 640, 670). 2

231 *[Keine Androhung der Versäumungsfolgen]*

(1) Einer Androhung der gesetzlichen Folgen der Versäumung bedarf es nicht; sie treten von selbst ein, sofern nicht dieses Gesetz einen auf Verwirklichung des Rechtsnachteils gerichteten Antrag erfordert.

(2) Im letzteren Falle kann, solange nicht der Antrag gestellt und die mündliche Verhandlung über ihn geschlossen ist, die versäumte Prozeßhandlung nachgeholt werden.

1) Versäumungsfolgen treten grundsätzlich ohne vorherige Androhung und ohne Antrag des Gegners ein. 1

2) Ausnahmen: a) Androhung nötig: §§ 276 II (schriftl Vorverfahren), 277 II (Klageerwiderung), 692 I 4 (Mahnbescheid), 947 II 3, 987 II, 981, 995, 997, 1002 VI, 1008 (Aufgebotsverf), 890 II (Erzwingung von Duldung u Unterlassung). 2

b) Antrag nötig: §§ 109 II (Rückgabe der Sicherheit, 113 (Ausländersicherheit), 158 (Entfernung im Termin), 239 IV, 246 II (Wiederaufnahme nach Unterbrechung), 699 I 1 (Vollstreckungsbescheid), 890 I (Verstoß gegen Unterlassungs- u Duldungsgebot), 926 (Arrestklage), 952 (Ausschlußurteil) sowie stets hinsichtlich der Säumnisfolgen (Rn 3 vor § 230). 3

c) Sonderregelung in §§ 296, 528, 529 schließt Anwendung der §§ 230, 231 aus (Rn 5 vor § 230). 4

2) Nachholung ist möglich bei Antragssachen (Rn 3) bis zum Schluß der mündl Verhandlung über den Antrag (Abs II; Köln OLGZ 79, 119). Im schriftl Verfahren (§ 128 II) und im Verfahren 5 ohne notw mündl Verhandlung (Rn 5 ff zu § 128) ist daher Nachholung möglich, bis der Gegner Antrag auf Versäumungsfolge gestellt hat (OLG 40, 369). Ohne Antrag des Gegners ist Nachholung auch bei Fristablauf möglich (JW 22, 515 im Falle des § 926). Trotz Antrags des Gegners ist Nachholung bis zur Entscheidung möglich im Fall §§ 106 u 109. § 231 nicht anwendbar bei § 1029 (RG 45, 382), weil Ernennung des Schiedsrichters keine Prozeßhandlung.

232 *[Versäumung und Verschulden des Vertreters]*

(§ 232 ist aufgehoben – jetzt: §§ 51 II, 85 II – durch die Vereinfachungsnovelle v 3. 12. 1976, BGBl I 3281)

233 *[Wiedereinsetzung in den vorigen Stand]*

War eine Partei ohne ihr Verschulden verhindert, eine Notfrist oder die Frist zur Begründung der Berufung, der Revision oder der Beschwerde nach §§ 621 e, 629 a Abs. 2 oder die Frist des § 234 Abs. 1 einzuhalten, so ist ihr auf Antrag Wiedereinsetzung in den vorigen Stand zu gewähren.

(§ 233 neu gefaßt durch VereinfNovelle 1977)

Übersicht

A) Allgemeines

Lit: Zu den Voraussetzungen der WE unter Berücksichtigung von Rspr u Schrifttum *Deubner* NJW 80, 263; *Förster* NJW 80, 432; *Mattern* JurBüro 78, 639; 79, 465; *Ostler* NJW 65, 1785 u 2081; 82, 2671; *Säcker* ZZP 80, 421; *Schumann* ZZP 96, 137; *Vollkommer* Festschrift für Ostler 1983 S 97 ff sowie in Formenstrenge und prozessuale Billigkeit, 1973, S 319–355.

1 **I) Begriff der Wiedereinsetzung (WE):** Die WE in den vorigen Stand, das heißt in den Verfahrensstand vor einer versäumten Prozeßhandlung, besteht darin, daß die unter bestimmten Voraussetzungen versäumte (Rn 1 vor § 230) und nachgeholte (§ 236 II 2) Prozeßhandlung (Rn 17 vor § 128) als rechtzeitig bewirkt gilt (keine Verlängerung od Wiedereröffnung der abgelaufenen Frist). Sie beseitigt, wo eine Rechtsmittel- oder Einspruchsfrist versäumt wurde, die Rechtskraft der verwerfenden Entscheidung (§ 238 Rn 3); jedoch heilt die WE nur die Fristversäumung, nicht auch sonstige Mängel der verspäteten Rechtsmittelschrift (BGH VersR 74, 194).

2 **II) Sonstige Möglichkeiten der Beseitigung von Versäumungsfolgen** finden sich in einzelnen Vorschriften, so ua §§ 44 IV, 296, 342, 528 für die Nachholung versäumter Prozeßhandlungen.

3 **III)** In **anderen Verfahrensordnungen** findet WE statt, zB nach §§ 22 II FGG, 60 I VerwGO, 67 I SGG, 56 FGO, 189 III BEG. Wegen vorprozessualer Ausschlußfristen s Rn 7.

B) Voraussetzungen der WE

4 Ob WE-Antrag zulässig u begründet ist, prüft das Gericht von Amts wegen, BGH 6, 369; Parteiverzicht (§ 295 I) nicht möglich, RG 136, 281. Verfahren: § 238.

I) Zulässigkeit: 1) WE **findet statt** bei Versäumung von Notfristen u der Frist zur Begründung der Berufung oder der Revision sowie der Fristen für das WE-Gesuch (§ 234 I) u für die Beschwerden in Familiensachen gem §§ 621e und 629a II. 5

a) Notfristen sind die im Gesetz als solche bezeichneten Fristen (§ 187 Rn 8; § 223 Rn 10), außerdem hier auch die Fristen zur Begründung der Berufung und Revision (BGHZ 28, 398), zur Einlegung der Beschwerde gemäß §§ 621e, 629a II sowie die Frist für die Beantragung der WE gemäß § 234 I. Nach RG 156, 156 und LM § 233 Nr 15 = NJW 52, 425, StJSch Rn 7 ist auch die Frist zur Einlegung u Begründung der unselbständigen Anschlußrevision (§ 556) Notfrist. Gleiches gilt für die Begründung der unselbständigen Anschlußberufung (§ 522a II), während die Begründungsfristen für die selbständige Anschlußberufung u -Revision bereits über die §§ 522 II, 519, 556 II, 554 II in den Anwendungsbereich des § 233 fallen. 6

b) Unanwendbar ist § 233 bei Versäumung **anderer Fristen,** zB zum Widerruf eines Prozeßvergleichs (hierzu § 224 Rn 2; Bergerfurth NJW 69, 1799; BGH 31, 394 = NJW 74, 107; NJW 80, 1752; aM StJSch Rn 17), der Frist des § 320 II (BGH NJW 60, 866) und des § 321 II (BGH NJW 80, 785/786). Jedoch wird man den Parteien, wenn sie die Widerrufsfrist für einen bedingten Prozeßvergleich frei vereinbaren können, auch die Befugnis zugestehen müssen, für den Fall der Versäumung der Widerspruchsfrist die (entsprechende) Anwendbarkeit der gesetzl Regeln der Wiedereinsetzung in den vorigen Stand zu vereinbaren. Zur Frage, ob auch bei dem Fehlen einer solchen Vereinbarung Treu und Glauben es im Einzelfall gebieten können, einen verspäteten Vergleichswiderruf als dennoch wirksam zu behandeln, bejahend Vollkommer zu BAG AP § 794 ZPO Nr 24 sowie BGH 61, 394/400. Dem ist mit der Einschränkung zuzustimmen, daß Billigkeitserwägungen nur beschränkt Berücksichtigung finden können, wo gerade zur Bereinigung einer zweifelhaften Sach- und Rechtslage ein Vergleich geschlossen wurde (BGH aaO). 7

Vorprozessuale Ausschlußfristen sind zT ausdrücklich dem § 233 unterstellt (zB § 210 III BEG), im übrigen wird zum Schutz des Anspruchs auf rechtl Gehör WE gegen ihre Versäumung von der Rechtsprechung in zunehmendem Maße analog gewährt, so für die Klagefrist des § 246 I AktG (Frankfurt NJW 66, 838), des § 23 IV WEG (BGH NJW 70, 1316), des § 16 IV BRAO (BGH NJW 64, 2109). 8

c) Die **Frist muß wegen des unverschuldeten Hindernisses versäumt sein** (vor § 230 Rn 1); nicht ausreichend für WE daher die Verkürzung der Frist (zB durch Abwesenheit des Zustellungsempfängers bis kurz vor Fristablauf, wenn Wahrung der verkürzten Frist objektiv *und* subjektiv noch möglich; § 234 Rn 3; BGH NJW 76, 626; LG Münster MDR 85, 866). Versäumt ist die Frist aber, wenn die fristgebundene Prozeßhandlung zwar rechtzeitig, jedoch unwirksam vorgenommen wird, zB durch eine nicht unterschriebene Rechtsmittelschrift (BGH NJW 62, 1248; VersR 74, 194). Köln VersR 73, 161 gewährt WE auch, wenn das Gericht in Unkenntnis des Todes des Rechtsmittelanwalts (trotz § 244) die Berufung gem § 519b verworfen hat. Im übrigen WE aber nur, wenn die rechtzeitige Vornahme der ganzen Prozeßhandlung unterblieben ist; daher keine WE für das verspätete Nachschieben einzelner Revisionsrügen bei i übrigen rechtzeitig eingelegter Revision, RG 121, 6; BAG NJW 62, 2030. Keine WE zum Zwecke der Berücksichtigung einer verspätet (nämlich nach Erlaß der Entscheidung über die Beschwerde; zur Frage der Verspätung, wenn Eingangsstempel des Schriftsatzes und die Entscheidung dasselbe Datum tragen: Vorbem § 128 Rn 8; § 270 Rn 5) zu den Akten gelangten Beschwerde-Begründung, Köln OLGZ 75, 245. Nicht versäumt ist die Frist, wo ihre Einhaltung an Klagezustellung gebunden (zB § 210 I BEG) und gem § 270 III die gesetzl Rückwirkung den Mangel der nach Fristablauf erfolgten Zustellung heilt, s § 270 Rn 6. 9

2) Die **allgemeinen Prozeßvoraussetzungen** (s Rn 9 vor § 253) müssen vorliegen; hier außerdem ein nach Form u Inhalt dem § 236 entsprechender, beim zuständigen Gericht (§ 237) gestellter **Antrag** der säumigen Partei od ihres Streitgehilfen. WE ohne Antrag ist gem § 236 II 2 möglich, falls innerhalb der Frist des § 234 die versäumte Prozeßhandlung nachgeholt wurde, gleichgültig, ob die betr Partei sich der Versäumung bewußt war oder nicht. Die Rechtskraft steht der WE auch dann nicht entgegen, wenn das Rechtsmittel bereits wegen Versäumung der Begründungsfrist als unzulässig verworfen wurde, LM § 233 B 3, in Ehesachen auch dann nicht, wenn der andere Ehegatte inzwischen eine neue Ehe geschlossen hat, BGH 8, 284. 10

II) Begründet ist der Antrag auf WE dann, wenn die Partei ohne Verschulden an der rechtzeitigen Vornahme der fristwahrenden Prozeßhandlung gehindert war. 11

1) Ob ein **Verschulden** der Partei oder ihres Vertreters (vgl § 51 II, 85 II) vorliegt, ist nicht allein nach einheitlichen objektiven Gesichtspunkten zu beurteilen; maßgebl ist § 276 BGB (Fahrlässigkeit genügt für Schuldvorwurf), aber auch der Grad der prozessualen Sorgfalt, der im Einzelfall von der Partei bzw ihrem Vertreter nach Sachlage zu erwarten war (BGH NJW 85, 12

1710/11). Mit der Neufassung des § 233 durch die VereinfNovelle stellt die ZPO nunmehr, ebenso wie die übr Verfahrensordnungen (vgl oben Rn 3), nicht mehr darauf ab, ob ein „unabwendbarer Zufall" die Fristwahrung verhindert hat, sondern auf das Verschulden, also die subjektiven Umstände des Einzelfalles. Der Zulässigkeitsrahmen der WE-Möglichkeit ist damit für die ZPO bewußt erweitert. Bei der Auswertung älterer Rechtsspr ist daher Zurückhaltung geboten.

13 Gleichwohl wird hinsichtl **anwaltschaftl Verschuldens** idR die übliche, also standesbedingt strenge Sorgfalt vorauszusetzen sein, so daß insoweit regelmäßig eine Fristversäumung verschuldet ist, wenn sie für einen pflichtbewußten Rechtsanwalt abwendbar gewesen wäre (BGH NJW 85, 1710 = VersR 85, 451; München MDR 84, 763; StJSch Rn 38; Förster NJW 80, 432). Der derart objektivierte Verschuldensmaßstab für das Anwaltsverschulden erreicht daher annähernd den Maßstab des „unabwendbaren Zufalls" iS der bis 1. 7. 1977 geltenden Fassung des § 233 (einschränkend aber Vollkommer bei § 85 Rn 12).

14 Zu beachten sind außerdem **alle sonstigen Umstände** des Falles: Die Sorgfaltspflicht erhöht sich, wenn eine Frist bis zum letzten Tag ausgenutzt wird (s Rn 23 „Fristen"); erhöhte eigene Sorgfaltspflicht des Anwalts bei Erkrankung mehrerer Büroangestellter (s Rn 23 „Büropersonal"). Unter gewissen Umständen kann selbst für einen RA eine objektiv unrichtige Rechtsansicht unverschuldet sein (s Rn 23 „Rechtsirrtum" aE); gegen „äußerste" Sorgfalt des RA BGH VersR 82, 495; NJW 85, 1710.

15 **Beispiele** für unverschuldete Verhinderung an der rechtzeitigen Vornahme der fristwahrenden Prozeßhandlung (Einzelheiten s bei den Stichworten in Rn 23): Armut einer Partei; plötzl Erkrankung der Partei, ihres Vertreters od naher Angehöriger; Verschulden Dritter (insbes des Büropersonals, s unten Rn 19); Verzögerungen in der Postbeförderung; Verkehrsstörungen bei öffentl Verkehrsmitteln oder eigenem Kfz; Verlust von Schriftstücken; arglistige Verhinderung der Rechtsmitteleinlegung durch Gegner; Tod des Prozeßbevollm, Köln NJW 66, 208.

16 **2) Vertreterschulden** (hierzu § 85 Rn 16–23) steht der WE entgegen. Dies ist für den ges Vertreter dem § 51 II, für den Prozeßbevollm dem § 85 II (zur Verfassungsmäßigkeit dieser Vorschrift BVerfG NJW 82, 2425; vgl auch § 85 Rn 2) unmittelbar zu entnehmen, muß aber für den Bereich des § 233 auch für sonstige Personen gelten, die zwar nicht als Prozeßbevollm od ges Vertreter der Partei auftreten, aber von dieser mit der Führung des Prozesses in anderer Weise beauftragt sind, sei es als Korrespondenzanwalt (BGH NJW 82, 2447) oder auf Grund eines sonst vertragl begründeten Vertretungsrechts (zB Haftpflichtversicherer, BGH VersR 73, 746). Das war dem § 232 II aF unmittelbar zu entnehmen, wo von „Vertreter" schlechthin die Rede war. Es spricht nichts erkennbar für die Absicht des Gesetzgebers, durch die Neufassung der §§ 51 II, 85 II die säumige Partei zum Nachteil des ProzGegners von der Verantwortlichkeit für das Verschulden solcher Personen zu befreien, die im Prozeß als Vertreter im weiteren Sinn für sie auftreten, ohne ihr ges Vertreter bzw Prozeßbevollm zu sein.

17 Das WE begründende Nicht-Verschulden an der Fristversäumung muß in der Person des Vertreters gegeben sein; auf ein Verschulden der Partei selbst kommt es aber zusätzl dann an, wenn sie durch ihr Verhalten die Fristversäumung mit herbeigeführt (zB durch verspätete Information) oder nicht verhindert hat (uU Verpflichtung der Partei, einen anderen Vertreter zu bestellen). Sprechen die Umstände für ein Vertreterverschulden, so steht bereits die nicht ausschließbare Möglichkeit des Verschuldens der Gewährung der WE entgegen (BGH VersR 81, 959; 82, 1167; 83, 401).

18 **Anwaltsverschulden** (zum Personenkreis der Bevollmächtigten, deren Verschulden der Partei zuzurechnen ist, s § 85 Rn 16–23; zum Maßstab des Anwaltsverschuldens s oben Rn 13) ist der Partei aber **nur bei fortbestehendem Mandatsverhältnis** anzulasten (§ 85 Rn 22, 23), also grds erst ab Annahme des Mandats durch den Anwalt (BGH VersR 82, 950) und nicht mehr nach Kündigung des Mandats (BGH VersR 83, 540; NJW 80, 999 = MDR 80, 298), falls nicht die Nichtbestellung eines neuen Anwalts der Partei als eigenes Verschulden anzurechnen ist. Nach dem Tode des Anwalts ist dessen gem §§ 53, 54 BRAO bestellter Vertreter nicht auch iS des § 85 II bevollmächtigter Vertreter der Partei (BGH NJW 82, 2324 = MDR 82, 487 = Rpfleger 82, 111); im übrigen kommt es für die Vertretereigenschaft iSd § 85 II bei einem gemäß § 53 III allgemein bestellten Vertreter des RA darauf an, ob er im Einzelfall als Vertreter oder als (schon vorheriger) Gehilfe des RA gehandelt hat; BGH VersR 82, 770 verneint zB Vertretereigenschaft des RA, der nur Post des nicht verhinderten RA zum Gericht bringt. Zur Vertretereigenschaft des Verkehrsanwalts bejahend BGH MDR 82, 998.

19 **3)** Für (selbst grobes) **Verschulden Dritter** haftet die Partei nicht, vielmehr begründet dieses die WE, sofern mitwirkendes eigenes Verschulden der Partei od ihres Vertreters auszuschließen ist.

a) Dritte sind alle Personen, die nicht Vertreter (vgl Anm zu § 51 II u § 85 II) sind; also, da die ZPO insoweit keine dem § 278 BGB entspr Vorschrift kennt, auch die Angestellten der Partei und ihres Vertreters, insbes die Angestellten des RA (s Rn 23 „Büropersonal" und „Juristische Hilfskräfte"), solange nur die Partei oder ihr Vertreter nicht ihrerseits Fehlleistungen Dritter iS eines Aufsichts-, Organisations- oder Informationsverschuldens selbst zu verantworten haben. 20

b) Mitverschulden der Partei oder ihres Vertreters schließt die WE aus, so bei mangelnder Sorgfalt in Auswahl, Anweisung u Überwachung von Angestellten, mangelhafter Büroorganisation. Eigenes Verschulden trifft den RA, der einzelne ihn treffende Aufgaben zur selbständigen u eigenverantwortl Erledigung an dritte Personen überträgt, die weder zu seinem Vertreter bestellt sind, noch von ihm angeleitet und kontrolliert werden, LM § 232 Nr 24. 21

4) Ursächlichkeit (s hierzu Zeuner JZ 57, 158 u die dort zitierten Entscheidungen; Ostler in der Anm zu BAG NJW 66, 799 in NJW 67, 2300): Nur ursächliches Verschulden schließt die WE aus. Ursächlich ist jedes Verschulden der Partei od ihres Vertreters (s Rn 16), bei dessen Fehlen die Frist nach dem gewöhnlichen Lauf der Dinge nicht versäumt worden wäre, BGH VersR 74, 1001. Ein schuldhaftes Tun oder Unterlassen ist somit dann nicht ursächlich, wenn die Versäumung auch bei Anwendung der gebotenen Sorgfalt eingetreten wäre. Das kann der Fall sein, wenn die Versäumung in erster Linie auf einem Fehlverhalten Dritter, insbesondere des Büropersonals, beruht, auf die eine Obliegenheit zulässigerweise übertragen wurde. Deshalb haben BGH MDR 85, 830; NJW 85, 1226; BAG NJW 66, 799 WE gewährt, wo RA versehentlich Berufungsschrift nicht unterzeichnet hatte, dies jedoch rechtzeitig erkannt worden wäre, wenn das Büropersonal weisungsgemäß die ausgehende Post auf erforderliche Unterschriften hin überprüft hätte. Nach BGH VersR 76, 295 steht ein grundsätzlich der Partei anzulastender Mangel in der Büroorganisation ihres RA (Fehlen einer Anweisung, Fristen alsbald nach Fristbeginn zu notieren) der WE nicht entgegen, wenn die Versäumung darauf zurückzuführen ist, daß die Frist zwar rechtzeitig eingetragen, aber aus Verschulden des Büropersonals falsch berechnet worden war. Die Ursächlichkeit entfällt auch dann, wenn ein an sich schuldhaftes Verhalten seine rechtl Erheblichkeit durch ein späteres, der Partei od ihrem Vertreter nicht zuzurechnendes Ereignis verliert. So hat BGH VersR 74, 1001 WE gewährt, wo der Zustellungszeitpunkt des Urteils zwar aus Verschulden des RA nicht festgehalten wurde, die fehlerhafte Fristennotierung dann aber auf Grund einer unrichtigen telefonischen Auskunft der Geschäftsstelle erfolgte. Ähnl BGH NJW 63, 253 (Rechtsmittelanwalt befand sich infolge Verschuldens des Erstanwalts im Irrtum über den Lauf der Berufungsfrist, reichte die Berufungsschrift aber so rechtzeitig ein, daß die Frist bei normaler Postbeförderung nicht versäumt worden wäre) und BAG NJW 72, 735 (Berufungsschrift war so frühzeitig zur Post gegeben worden, daß sie trotz fehlerhafter Adressierung normalerweise noch rechtzeitig hätte bei Gericht eingehen müssen). Dagegen entfällt bei Fristversäumung infolge falscher Adressierung an ein unzuständiges Gericht die Ursächlichkeit nicht deshalb, weil dieses noch in der Lage gewesen wäre, die Rechtsmittelschrift an das zuständige Gericht weiterzuleiten (vgl BGH NJW 72, 684; 75, 2294; 79, 876 sowie § 270 Rn 5 und § 518 Rn 13). 22

C) Einzelfälle

● **Abwesenheit: 1) der Partei** begründet die WE jedenfalls dann, wenn sie keine konkreten Anhaltspunkte dafür hatte, daß ein Verfahren gegen sie in Gang gesetzt wird, RGZ 78, 125, aber auch dann, wenn sie nicht damit rechnen mußte, daß während ihrer Abwesenheit eine mit einem fristgebundenen Rechtsmittel anfechtbare Entscheidung gegen sie ergehen würde, BVerfG NJW 76, 1537 (ergangen zu § 44 StPO). Anderes gilt uU bei Abwesenheit in einem fortgeschrittenen Verfahrensabschnitt, vgl hierzu BGH VersR 86, 41; 86, 95; 82, 652/653, Goerlich in NJW 76, 1526. Daher keine WE, wenn die Partei im anhängigen Verfahren ihrem Prozeßbevollm keine Anschrift angibt, unter der ihr Zustellungen mitgeteilt werden können, BGH VersR 75, 344; wenn sie aus eigenem Verschulden nach Berufungsauftrag für ihren Prozeßbevollm nicht erreichbar ist, BGH NJW 74, 2321; erst recht, wenn sie in Kenntnis des bereits ergangenen, jedoch noch nicht zugestellten Urteils eine Urlaubsreise antritt, ohne ihren Prozeßbevollm hiervon zu unterrichten, BGH NJW 74, 1384. Dasselbe gilt bei Wohnungswechsel (BGH VersR 79, 644) u Krankenhausaufenthalt, BGH VersR 72, 975; beachte aber Stichwort „Krankheit". Die Anforderungen an die Sorgfaltspflicht einer ins Ausland verzogenen Partei dürfen nicht überspannt werden, BGH VersR 69, 887. Die Unkenntnis von der Zustellung eines Versäumnisurteils infolge Abwesenheit ist jedenfalls dann unverschuldet, wenn die Partei bereits die Unkenntnis vom Verhandlungstermin nicht zu vertreten hatte, BAG NJW 72, 887. 23

2) des RA: Dieser muß für die Dauer seiner Abwesenheit für Vertretung sorgen (BGH NJW 73, 901; VersR 78, 667), auch wenn er von der Residenzpflicht befreit ist (BGH VersR 66, 1141). Besondere organisatorische Maßnahmen sind für die Behandlung von Zustellungen erforderlich (BGH VersR 71, 1146). Der Anwalt muß seine Kanzlei veranlassen, für den Fall seiner plötzlichen Verhinderung um einen Vertreter bemüht zu sein, gegebenenfalls Bestellung gem § 53 BRAO zu veranlassen (BGH NJW 61, 606). Bei Krankheit (BGH VersR 81, 850; s auch unten zu „Krankheit") oder Urlaubsabwesenheit muß er Vorsorge für den Fall einer Verzögerung seiner Rückkehr treffen (BGH VersR 65, 1075; vgl § 53 I BRAO). Die (standeswidrige!) Hinterlassung von Blankounterschriften zur Verwendung durch das Büropersonal während der Abwesenheit des RA befreit diesen nicht von seiner eigenen Sorgfaltspflicht (BGH MDR 66, 232 = ZZP 80, 315; BAG MDR 83, 610). Im übrigen darf der RA aber die Überwachung der Fristen für die Dauer seiner Abwesenheit einer zuverlässigen Bürokraft überlassen, wenn mit seiner Vertretung im Bedarfsfall ein anderer RA beauftragt ist (BGH VersR 64, 1148). Ist während der Abwesenheit des RA eine Bürokraft erkrankt, so trifft den Anwalt bei der Rückkehr eine erhöhte Sorgfaltspflicht (BGH VersR 72, 861).

• **Angestellte** (s auch „Büropersonal" und „Juristische Hilfskräfte"). Verschulden von Angestellten ist (da Verschulden Dritter, s Rn 19) von der Partei nicht zu verantworten, wenn eigenes Verschulden der Partei oder ihres Vertreters ausscheidet. – Hausangestellte müssen (ebenso wie Angehörige) angewiesen werden, eingehende Post alsbald vorzulegen, auch wenn Wohnung von Kanzlei räuml entfernt, LM § 232 Nr 6; erst recht, wenn beides im selben Haus, RG DR 39, 2175.

• **Armut:** s unten bei „Prozeßkostenhilfe".

• **Ausländer:** Da gemäß § 184 GVG die **Gerichtssprache deutsch** ist, erachten Rspr u Schrifttum Schriftsätze in fremder Sprache überwiegend als nicht fristwahrend (RGZ 31, 428/29; BGH NJW 82, 532; BayObLG NJW 77, 1596; KG MDR 86, 156) und lehnen eine Amtspflicht des Gerichts, eine Übersetzung zu beschaffen, ab (BayObLG aaO; Stuttgart MDR 83, 256; Kissel GVG § 184 Rn 10). Diese Praxis begegnet im Hinblick auf Art 3 II, 103 GG, Art 5 II, 6 EuropMRK Bedenken, zumal sie dem zunehmenden internat Rechtsverkehr nicht mehr Rechnung trägt (BVerfGE 40, 98/99; 42, 120/123). Als Lösung bieten sich entweder eine entsprechende Anwendung des § 87 IV AO oder jedenfalls die Gewährung der WE von Amts wegen (§ 236 II 2) an, wenn die ausländ Partei innerhalb einer vom Gericht gesetzten Frist eine begl Übersetzung ihrer fremdsprachlichen Eingabe nachreicht (vgl § 184 GVG Rn 3; StJL Vorbem § 128 Rn 149; Schneider MDR 79, 534; Waldner, Aktuelle Probleme des rechtl Gehörs i Zivilprozeß, Diss Erlangen 1983, S 90/91; Frankfurt NJW 80, 1173; BayVGH NJW 76, 1048 und für großzügige Gewährung der WE in diesem Fall BGH NJW 82, 532/33).

• **Büropersonal** (s auch unten „Juristische Hilfskräfte"): **I) Allgemeines:** Der RA darf (und muß im Interesse seiner eigentl anwaltschaftl Aufgaben) gewisse einfache Verrichtungen, die keine besondere Geistesarbeit oder jurist Schulung verlangen, zur selbständ Erledigung auf sein geschultes und zuverlässiges Büropersonal übertragen (BGH NJW 85, 1226). Versehen dieses Personals, die nicht auf ein eigenes Verschulden des Anwalts zurückzuführen sind, hat die Partei nicht zu vertreten, RG 96, 322 (st Rspr). Eigenes Verschulden des RA kann insbes liegen in mangelhafter Büroorganisation, mangelnder Sorgfalt bei der Auswahl, Belehrung u Überwachung des Personals. Rspr hier äußerst streng. Insbesondere geht die etwaige Unaufklärbarkeit der Ursache eines Büroversehens und der Verantwortlichkeit des Anwalts hierfür zu Lasten der Partei, die fehlendes Anwaltsverschulden geltend macht, BGH VersR 82, 1167; 83, 401.

1) Als **einfache Tätigkeiten** (wegen Fristenbehandlung im besonderen s unten Anm II) kommen ua in Betracht (zu beachten ist aber stets die berufliche Qualität u Erfahrung der betr Bürokraft, s unten Anm 2): Erledigung der ausgehenden Post, BGH VersR 79, 1028; 71, 454 (durch Lehrling), deren Überprüfung auf erforderl Unterschriften, BGH NJW 75, 56; 85, 1226; Einreichung eiliger Schriftstücke bei Gericht, BGH VersR 74, 908 (durch Lehrling, sofern durch zuverlässige Bürovorsteherin überwacht: BAG NJW 64, 1043; durch Boten: BAG NJW 72, 887); telegrafische Aufgabe der Rechtsmittelschrift, sofern RA zuvor den in Langschrift abgefaßten Text des Telegramms kontrolliert hat, BGH NJW 74, 1657; Stellen eines Fristverlängerungsantrages, BGH VersR 74, 803; Entgegennahme von Auskünften bei Gericht, BGH NJW 68, 504, bei anderem Anwalt, BGH VersR 72, 1169. WE, wenn Bürokraft die Partei oder den Korrespondenzanwalt entgegen allgemeiner Weisung nicht von der Urteilszustellung unterrichtet, BGH NJW 60, 1348, desgleichen, wo sonst zuverlässiger Bürovorsteher das Urteil dem RA nicht vorlegt, LM § 233 Fd 18, eine zuverlässige Angestellte einen Schriftsatz irrtümlich als Berufungsbegründung ansieht, LM § 519 Nr 36, eine dem Gegner gewährte Fristverlängerung auf die eigene Berufung bezieht, BGH VersR 66, 937. Dagegen **keine einfachen Tätigkeiten:** Überprüfung der eingehenden Post auf Fristsachen, BGH NJW 74, 861; 80, 2261; Fertigung der Rechtsmittelschrift, diese muß RA vor Unterzeichnung auf Vollständigkeit, richtige Adressierung u inhaltliche Richtigkeit hin überprüfen, BGH VersR 82, 191; 82, 769/770; BAG NJW 73, 1391 (s aber oben Rn 22); Ausarbeitung des die Rechtsmittelunterlagen darstellenden Rechtsmittelauftrages an Anwalt des höheren Rechtszuges, BGH NJW 63, 1779; Entscheidung darüber, ob eine durch den RA eingereichte Rechtsmittelschrift bereits eine den gesetzl Erfordernissen genügende Begründung enthält, LM § 233 Fd 20; Entscheidung der Frage, ob Feriensache vorliegt, BGH NJW 53, 179 (s zu letzterem auch unten Anm II 1).

2) Der RA muß seine Bürokräfte sorgfältig **auswählen** und auf ihre Eignung u Zuverlässigkeit hin laufend **überwachen,** BGH VersR 72, 557 (Lehrling: BGH VersR 71, 454). BGH NJW 72, 2269 hält 2monatl Stichproben für erforderlich; aber keine übertriebenen Anforderungen an Überwachungspflicht bei einmaligem Versehen der Hilfskraft BGH VersR 71, 1145. Der RA muß seine Bürokräfte eingehend **belehren,** insbes hinsichtl Zustellungen und Fristen, LM § 233 Nr 52; BGH VersR 73, 421; BGH VersR 73, 276. Der Aufgabenkreis ist den Fähigkeiten der betr Bürokraft anzupassen: BGH NJW 63, 296 gewährt WE, wo Lehrmädchen entgegen konkreter Weisung Eilbrief nicht sogleich vorlegt; dagegen keine WE gem BGH VersR 66, 191, wo RA sich für die Notierung einer verfügten Frist auf einen Lehrling, der erst drei Monate in der Kanzlei tätig ist, verläßt; ähnl BGH NJW 76, 628 (keine selbständige Fristenkontrolle durch neu eingestellte Bürovorsteherin). Der RA muß durch allgemeine Anweisungen sicherstellen, daß einzelne Tätigkeiten, die einer besonderen Sorgfalt bedürfen, aus dem allgemeinen Tätigkeitsbereich einer Bürokraft herausgenommen werden, wenn diese die erforderliche Zuverlässigkeit noch nicht besitzt, Oldenburg, NJW 63, 258.

3) Der RA muß durch **allgemeine,** unmißverständliche **Anweisungen** für eine einwandfreie **Büroorganisation** sorgen. Dazu gehören ua Anweisungen über die Abgrenzung der Aufgabenbereiche der einzelnen Angestellten untereinander, BGH VersR 77, 423; den genauen Inhalt des jeweiligen Aufgabenbereichs; über Aktenführung, BGH VersR 72, 557; besondere Kennzeichnung der Akten, die wegen Fristablaufs vorgelegt werden, BGH VersR 69, 450; über Behandlung der eingehenden Post (Einschreibsendungen: BGH NJW 62, 2155) und deren Überprüfung auf Fristsachen durch verantwortl Juristen, BGH VersR 71, 1022; über die Führung des Fristenkalenders (zB die Anordnung, daß Fristen alsbald nach Beginn ihres Laufs zu notieren sind, BGH VersR 71, 475; besonders sorgfältige Anweisungen sind erforderlich für die Fälle, in denen dem Fristablauf ein oder mehrere Feiertage vorausgehen, BGH VersR 73, 747; s im übrigen unten Anm II 2); Anweisungen darüber, aufgrund welcher Unterlagen Fristen im Falle der Zustellung nach § 212a berechnet u notiert werden, BGH NJW 69, 1297. Die Büroorganisation muß eine wirksame Ausgangskontrolle bei Fristsachen sicherstellen, BGH VersR 85, 369; 82, 300; 77, 331. Erforderlich sind Anweisungen zur Vermeidung telefonischer Übermittlungsfehler, BGH VersR 70, 1133; darüber, was bei Erkrankung des RA zu geschehen hat, BGH VersR 68, 850. Sind die Bürokräfte derart generell belehrt, kann eine besondere Anweisung im Einzelfall grundsätzl unterbleiben, BGH NJW 60, 1348; VersR 73, 665. Eigenes Handeln des RA ist jedoch dann erforderlich, wenn seine Weisungen erkennbar mißachtet werden, BGH VersR 73, 1144. Besondere organisatorische Maßnahmen sind nötig für die Unterzeichnung von fristwahrenden Schriftsätzen, wenn nicht alle Anwälte einer Sozietät auch bei den Rechtsmittelgerichten zugelassen sind, BGH VersR 75, 921; 79, 349.

4) Die **eigene Sorgfaltspflicht des Anwalts erhöht sich** bei Vorliegen besonderer Umstände, die eine erhöhte Gefahr für den reibungslosen Ablauf des Kanzleibetriebes darstellen, insbes bei **Verminderung des Personalbestandes** durch Krankheit (zB bei Erkrankung von Personal während Abwesenheit des Anwalts: BGH VersR 72, 861) oder aus sonstigen Gründen (vgl BGH VersR 70, 421). In diesem Fall kann RA sich nicht darauf verlassen, daß alle Aufgaben von den verbliebenen Angestellten erledigt werden; insbesondere um Fristen muß er sich dann uU selbst kümmern, BGH VersR 65, 596. Erhöhte Sorgfaltspflicht des **RA, der in den routinemäßigen Kanzleibetrieb eingreift:** Keine WE, wenn RA selbst die Gefahr einer irrigen Fristennotierung dadurch setzt, daß er ein Empfangsbekenntnis über ein zugestelltes Urteil unterzeichnet, bevor Frist notiert ist, BGH NJW 66, 548; VersR 77, 424; desgleichen, wenn RA dem Büropersonal keine Gelegenheit läßt, eine von ihm verfügte Frist zu notieren, BGH VersR 73, 715. Hat der Anwalt die Akten vor Absendung der unterzeichneten Berufung an sich genommen, so muß er selbst für die Eintragung der Begründungsfrist sorgen, LM § 233 Nr 78. Nimmt der RA auf der Geschäftsstelle von einer Fristverlängerung Kenntnis und verzichtet auf schriftliche Mitteilung, so hat er sich selbst um die Eintragung im Fristenkalender zu kümmern, BGH NJW 51, 565. Erhöhte Sorgfaltspflicht auch bei **Fristausnützung bis zum letzten Tag,** BGH VersR 69, 544; 76, 783; NJW 80, 457; ebenso nach Vorlage der Handakten an den RA (KG NJW 74, 1003, vgl unten Anm II 3).

II) Fristenbehandlung durch Büropersonal: 1) Der RA kann die **Berechnung** der einfachen und seinem Büro geläufigen Fristen **(Routinefristen)** einer geschulten (zu den Anforderungen an diese Schulung BGH VersR 85, 67) und zuverlässigen Bürokraft übertragen (BGH st Rspr seit BGH 43, 148 = NJW 65, 1021 = VersR 65, 498; BGH VersR 73, 961; ebenso BVerwG NJW 67, 2026; BFH NJW 69, 1504; aA noch BAG NJW 75, 232). Er muß aber durch allgemeine Anweisungen sicherstellen, daß ihm die Feststellung von Beginn und Ende von Fristen vorbehalten bleibt, die in seiner Praxis ungewöhnlich sind oder bei deren Berechnung Schwierigkeiten auftreten können, BGH 43, 148 = NJW 65, 1021; VersR 78, 944.

Letzteres ist insbesondere bei Rechtsmittelbegründungsfristen der Fall, wenn der Lauf der Frist durch die **Gerichtsferien** beeinflußt wird, BGH VersR 85, 889; 86, 574. Hier obliegt dem RA nicht nur die Prüfung der Frage, ob eine Feriensache vorliegt (BGH NJW 75, 262; VersR 80, 194; 82, 495; 83, 32; 83, 82; MDR 82, 653: Weisung an Bürovorsteher erforderlich, zu diesem Zweck vorsorglich alle in Frage kommenden Sachen vorzulegen), sondern auch die Berechnung der Frist, sofern deren Lauf durch die Gerichtsferien gehemmt wird, BGH VersR 69, 834; Nürnberg NJW 75, 61; Frankfurt NJW 75, 224. Hat der RA im konkreten Fall jedoch festgestellt, daß es sich um eine Feriensache handelt, so kann er die in diesem Fall einfache Fristenberechnung einer geschulten Bürokraft unter entsprechendem Hinweis (BGH MDR 63, 386 = VersR 63, 266: „Achtung! Wechselsache!") überlassen. Vgl hierzu die Fristentabelle § 223 Rn 13.

Der RA muß in jedem Fall dafür sorgen, daß der **Ausgangspunkt für die Fristenberechnung** durch einen Vermerk über den Zustellungszeitpunkt **sichergestellt** wird, insbesondere bei Entgegennahme einer Zustellung gem § 212a (hierzu BGH NJW 69, 1297; 80, 1846). Ist der Zeitpunkt der Zustellung zweifelhaft, muß er sich selbst um Aufklärung bemühen, BGH VersR 75, 854.

Eine Pflicht zur **Gegenkontrolle** (Nachberechnungspflicht) besteht – außer im Rahmen der allgemeinen Überwachungspflicht, s oben I 2 – grundsätzlich **nicht,** BGH VersR 71, 1125; NJW 64, 106; insbes mutet die Rspr dem RA nicht zu, für kritische Fristabläufe (zB nach mehreren Ferientagen) einen besonderen persönlichen Fristenkalender zu führen (BGH VersR 82, 553); beachte aber unten Anm 3.

2) Die Sicherung der Fristwahrung durch **Führung des Fristenkalenders** (hierfür genügen Fristvermerke auf losen Blättern nicht, BGH VersR 85, 1184) kann der RA unter den zu I) dargelegten Voraussetzungen auf sein Büro übertragen (BGH VersR 83, 753). Daher WE, wenn eine von ihm verfügte (mündl Angabe genügt nicht, BGH VersR 71, 961) oder gem Anm 1 berechnete Frist nicht oder nicht richtig eingetragen (durch Lehrling: BGH VersR 65, 188; 70, 87) oder fälschlich gelöscht wird, BGH NJW 58, 1590. Die Anbringung eines Erledigungsvermerkes in den Handakten ist allgemein anzuordnen, BGH VersR 71, 1125, eine diesbezügliche Gegenkontrolle aber grundsätzlich nicht erforderlich, BGH VersR 71, 1125; NJW 64, 106; es sei denn, daß sich Zweifel an der Fristennotierung aufdrängen, BGH VersR 73, 1144, oder daß die Akten dem RA zur Vorbereitung der fristwahrenden Prozeßhandlung vorgelegt wurden, BGH VersR 73, 186; s dazu unten Anm 3. Der RA muß veranlassen, daß jedenfalls für Rechtsmittelbegründung **Vorfristen** notiert werden, BGH NJW 62, 1865; VersR 77, 332 (Vorfrist dagegen grundsätzlich nicht nötig für die bloße Rechtsmitteleinlegung, BGH VersR 73, 840), daß das mutmaßliche Ende der Begründungsfrist bereits bei Absendung der Rechtsmittelschrift notiert wird, BAG NJW 65, 1295; BGH VersR 77, 332. Die Eintragung hypothetischer (vom Zeitpunkt der Urteilszustellung an berechneter) Begründungsfristen ist jedoch gefährlich und steht daher uU der WE entgegen, BGH VersR 77, 332.

Der RA kann sich darauf verlassen, daß die **Einhaltung** der im Fristenkalender **notierten Fristen** von seinem Büropersonal **überwacht** wird, BGH NJW 71, 2269; auch bei Fristausnützung bis zum letzten Tag, BGH VersR 72, 646. Er muß aber durch allgemeine Anweisung sicherstellen, daß **Fristen erst mit Erledigung** der fristwahrenden Handlung (Einreichen bei Gericht; Aufgabe zur Post; nach BGH VersR 83, 541; 83, 752; 68, 177 bereits, wenn das Schriftstück „postfertig" gemacht ist; s hierzu aber BGH VersR 72, 646) **gelöscht** werden, nicht schon mit Vorlage der Handakten, BGH NJW 74, 1003; VersR 82, 653; 75, 715, auch nicht schon dann, wenn der RA den Rechtsmittelauftrag an anderen Anwalt weitergibt, BGH VersR 68, 494. Wegen der Notwendigkeit eines gesonderten Vermerks über den Fristenlauf im Falle sich überschneidender Fristen s BGH VersR 66, 538.

3) Die **Fristensicherung** obliegt **wieder** dem **RA selbst,** wenn ihm die Akten im Zusammenhang mit der Vornahme der die betreffende Frist wahrenden Prozeßhandlung vorgelegt werden, BGH VersR 77, 255, ständige Rspr, oder wenn dem RA die Akten bis zum Fristablauf oder einem diesem nahen Zeitpunkt vorliegen, BGH VersR 71, 1125 (nicht jedoch, wenn sie aus einem anderen Grund vorgelegt werden, BGH VersR 71, 1125; 73, 128; 73, 186; 74, 548; BGH NJW 67, 2311). Die Pflicht zur eigenen Fristensicherung durch den RA umfaßt dann die Nachberechnungspflicht, BGH NJW 76, 627; VersR 76, 1154; 77, 255; die Pflicht zur Kontrolle, ob ein Erledigungsvermerk über die Fristennotierung in den Handakten angebracht ist (den Fristeintrag selbst muß RA nicht kontrollieren!), BGH VersR 71, 1125; 72, 886; 76, 1154. Der RA muß selbst für die rechtzeitige Bearbeitung der Sache sorgen und darf sich nicht darauf verlassen, daß er von seinem Büro am letzten Fristtag nochmals daran erinnert wird, BGH NJW 68, 2244; VersR 72, 694.

● **Erfolgsaussichten:** Irrige Beurteilung der Erfolgsaussichten eines Rechtsmittels ist grundsätzl kein WE-Grund. Keine WE, wenn infolge Änderung in der höchstrichterl Rspr zweites Gesuch um PKH nunmehr erfolgreich, LM § 233 Hc 8.

● **Fristen:** Fristenbehandlung durch **Angestellte des RA** s „Büropersonal" Anm II und „Juristische Hilfskräfte". RA darf sich hinsichtl Fristenwahrung nicht auf anderen, nicht zu seinem Vertreter bestellten, selbständ RA verlassen, LM § 232 Nr 24. **Überwachung** der **Rechtsmittelfristen** obliegt auch noch dem ProzBevollm der Vorinstanz, BGH VersR 72, 200 (vgl unten bei „Mehrere Anwälte"). Zweifel in Fristsachen muß der RA durch Rückfrage bei Gericht oder beim RA der Vorinstanz (BGH NJW 69, 1298/1301) ausräumen.

Irrtum in der Fristenberechnung ist unverschuldet, wenn auf Versehen des zulässigerweise damit befaßten und hierfür vom RA sorgfältig ausgebildeten (BGH VersR 85, 67) Büropersonals oder auf ausnahmsw entschuldbaren Rechtsirrtum (s dort) zurückzuführen. Ergeben sich hinsichtl des Fristenlaufs rechtl **Zweifel** (zB in der Frage, ob gesetzl Feriensache vorliegt), so muß RA vorsorglich den sichereren Weg gehen, BGH 8, 47 = NJW 53, 179. Zweifeln an der Richtigkeit eines von seinem Büropersonal handschriftlich geänderten Eingangsstempels oder Zustellungsvermerks muß der RA selbst nachgehen (BGH VersR 85, 1710). Auf **Erklärungen der Partei** über Fristen darf RA sich **nicht verlassen,** BGH NJW 51, 235; auf Angaben des erstinstanzl ProzBevollm jedenfalls dann nicht, wenn RA anhand der Akten Frist selbst nachprüfen kann, LM § 233 Nr 67. Gegenüber der Partei trifft RA **Belehrungspflicht** über den Lauf von Fristen, BGH NJW 77, 1198; s auch LM § 233 Fd 18. – Erhöhte Sorgfaltspflicht bei **Fristausnutzung bis zum letzten Tag,** BGH 9, 121 = NJW 53, 824; BGH MDR 71, 574. Beginn der Frist muß durch Aktenvermerk oder in sonstiger Weise festgehalten werden (s „Büropersonal" II 1 und „Zustellung").

RA muß durch rechtzeit Antrag auf **Fristverlängerung** dafür sorgen, daß WE-Gesuch nicht notwendig wird, BGH NJW 63, 584, es sei denn, der ihm erteilte Auftrag erstreckt sich nicht hierauf, BGH aaO. Rechtzeitig ist das Verlängerungsgesuch, wenn es vollständig ist (Vollständigkeit erfordert auch die schlüssige Angabe „erheblicher Gründe" iS §§ 224 II, 519 II, BGH VersR 84, 894) und spätestens am letzten Tag der zu verlängernden Frist beim zuständigen Gericht eingereicht (zum Begriff des Einreichens vgl § 270 Rn 5) wurde; ob das rechtzeitig eingereichte Gesuch noch vor Fristablauf verbeschieden wird, ist dann grds unmaßgeblich (BGHZ 83, 217 = NJW 82, 1651 = MDR 82, 637 entgegen früherer Rspr; vgl § 224 Rn 4). Der **RA ist aber mit der** rechtzeitigen **Einreichung seines** vollständigen **Fristverlängerungsgesuches noch nicht von** jeglicher **Sorgfaltspflicht bzgl der Einhaltung von Fristen entbunden,** denn auf die Bewilligung der beantragten Fristverlängerung darf er grundsätzlich (Ausnahme zB bei nachweislich vorheriger Zusage einer Verlängerung) nicht blind vertrauen und die Tatsache einer versagten Fristverlängerung allein ist kein WE-Grund. Daher muß er sich rechtzeitig vor Fristablauf vergewissern, ob sein Gesuch Erfolg hat. Kommt dagegen WE aus anderem unverschuldetem Grund in Betracht (zB wegen verspätetem Eingang seines rechtzeitig abgeschickten Gesuchs infolge einer postalischen Verzögerung), so steht der Gewährung der WE nicht entgegen, daß der Antragsteller durch rechtzeitige Rückfrage beim Gericht die Fristversäumung hätte verhindern können (BGH NJW 83, 1741 = MDR 83, 662/63). – Der BGH (VersR 85, 972; ebenso BAG NJW 86, 1184) hat die **Sorgfaltspflicht des RA im Fall eines späten Fristverlängerungsgesuchs** entgegen BGHZ 83, 217 und entgegen der oben vertretenen Meinung eingeschränkt: WE sei zu gewähren, wenn das Gesuch am letzten Tag der Rechtsmittelbegründungsfrist nach Dienstschluß beim Gericht eingereicht und sodann die Fristverlängerung versagt wurde, denn bei einem *ersten* Gesuch dürfe der RA „mit großer Wahrscheinlichkeit" auf die Bewilligung der Fristverlängerung vertrauen. Diese Rspr widerspricht nicht nur der Entscheidung des Großen Senats v 18. 3. 1982 (BGHZ 83, 217) und der Kann-Vorschrift der §§ 519 II, 554 II, sie stellt letztlich Rechtsmittelbegründungsfristen zur Disposition des Anwalts.

● **Gerichtseinlauf: 1)** Bei **persönl Überbringen** keine WE, wenn Schriftstück am falschen Ort (anderem Gericht, hierfür nicht bestimmten Briefkasten) eingereicht oder an eine zur Entgegennahme nicht befugte Person (Portier, Wachtmeister, Hausmeister etc) übergeben wird. Keine WE, wenn RA seinen Schriftsatz am letzten Tag der Frist „kurz vor 24 Uhr" in den Nachtbriefkasten wirft, dabei aber übersieht, daß seine Uhr erheblich nachgeht (BGH VersR 85, 477/78). Zur Bedeutung verschiedener Gerichtsbriefkästen und zu den Erfordernissen einer ordnungsgemäßen **Einreichung** bei Gericht s § 270 Rn 5.

2) Bei **Einreichen durch die Post** beschränkt sich die Sorgfaltspflicht des Absenders auf ordnungsgemäße Adressierung, Frankierung und rechtzeitige Aufgabe, s „Postverkehr".

● **Geschäftsstelle:** Auf Auskunft der Geschäftsstelle über Zeitpunkt der Urteilszustellung (vgl § 213 a) kann RA sich verlassen, BGH VersR 74, 1001; telefonische Anfrage genügt, BGH NJW 66,

658. – Ablehnung der Aufnahme von PKH-Gesuch durch Beamten der Geschäftsstelle ist WE-Grund, RG 91, 26.

● **Informationspflicht:** Sie besteht als Erkundigungspflicht: für die Partei hinsichtlich möglicher Rechtsbehelfe (s unten „Rechtsirrtum"), Krankheit befreit hiervon grundsätzlich nicht, BGH VersR 77, 719; für den Prozeßbevollm bei Mandatsübernahme hinsichtlich Stand des bereits anhängigen Prozesses; für Erstanwalt bzgl der Frage, ob schriftlicher Auftrag zur Berufungseinlegung vom Rechtsmittelanwalt angenommen wurde, Nürnberg NJW 73, 908. Informationspflicht im übrigen gegenseitig zwischen Partei und ihrem Vertreter. Der RA muß seiner Partei das Urteil unter entsprechender Belehrung (BGH NJW 77, 1198: Art des Rechtsmittels, Frist, zuständiges Gericht; uU Möglichkeit eines PKH-Gesuches) so rechtzeitig übersenden (hierfür genügt einfacher Brief, dessen Zugang beim Mandanten der RA nicht mehr überwachen muß, BGH VersR 85, 90), daß ihr eine ausreichende Überlegungszeit bleibt, BGH VersR 69, 635 (auch wenn nach seiner Meinung, zB wegen nicht erreichter Beschwerdesumme, ein Rechtsmittel nicht gegeben ist, BGH NJW 75, 57); er muß eine Vorfrist für die Erörterung der Rechtsmittelfrage notieren, BGH VersR 70, 133. Die Partei, ihr früherer (Korrespondenz-) und ihr neuer (Rechtsmittel-) Anwalt müssen sich gegenseitig über den Lauf der Rechtsmittel-(begründungs-)frist informieren, BGH VersR 69, 354 (vgl Stichwort „Mehrere Anwälte").

● **Irrtum** (s auch „Rechtsirrtum", „Fristen" u „Zustellung": Ein Irrtum über tatsächl Umstände führt dann z WE, wenn er unverschuldet ist; die Möglichkeit von Mißverständnissen (Hör- u Schreibfehler), Unrichtigkeiten von Parteiinformation (insbes über Lauf von Fristen, s dort) müssen in Betracht gezogen, bestehende Zweifel ausgeräumt werden. Keine WE, wenn Eingang der Berufungsschrift bei Gericht zweifelhaft u RA nicht vorsorgl nochmals Berufung einlegt, LM § 232 Nr 8. Wegen Irrtums bzgl Zustellungszeitpunkt s bei „Zustellung" unter 2.

● **Juristische Hilfskräfte** des RA sind Dritte (wie Büropersonal, s dort), deren Versehen der Partei nicht zur Last fällt, wenn eigenes Verschulden des RA ausscheidet. Jurist Hilfskräfte sind die angestellten Assessoren und Referendare (wenn nicht gem § 53 BRAO amtl bestellt, BAG NJW 73, 343; BGH VersR 64, 1307), auch sonstige mit anwaltl Aufgaben betraute Hilfsarbeiter, die nicht zur Anwaltschaft zugelassen sind, BGH VersR 66, 1139, oder die bei dem von Partei beauftragten RA als Angestellte oder freie Mitarbeiter tätigen Anwälte, die die Sache nicht selbständig bearbeiten, sondern als bloße Hilfsarbeiter der Praxis zugezogen sind (BGH NJW 65, 1020; VersR 78, 665; 79, 232; 84, 443). Ist den jurist Hilfskräften jedoch ein Prozeß zur selbständigen Bearbeitung übertragen, sind sie Vertreter der Partei iS § 85 II (§ 85 Rn 17–19), mögen sie auch zum Auftreten vor dem Gericht, vor dem die Prozeßhandlung versäumt wurde, nicht zugelassen sein (BGH VersR 75, 1150).

Auch hier besteht in gewissem Umfang für RA **Weisungs- u Überwachungspflicht,** vgl LM § 232 Cc 8. Keine WE, wenn RA Fristenberechnung einem neu eingestellten, wenn auch gut beurteilten, bereits 1½ Jahre im Vorbereitungsdienst tätigen Referendar überläßt, RG JW 35, 2848. Zulässig aber selbständige Beauftragung eines bestimmten RA für die höhere Instanz durch Referendar, LM § 232 Nr 41. Nicht erforderl besonderer Hinweis auf Fristenwahrung an angestellten RA, wenn Büro hinsichtl Einhaltung von Fristen genügend organisiert (LM § 233 Nr 7; BGH MDR 69, 930).

● **Konkurs:** Kein Verschulden des Gemeinschuldners, wenn er keinen Anwalt als Zustellungsbevollmächtigten für die Aufnahmeerklärung des Gegners bestellt, BGH NJW 64, 47.

● **Krankheit:** der **Partei** ist WE-Grund, wenn sie hierdurch gehindert war, einen sachgemäßen Entschluß bzgl Rechtsmitteleinlegung zu fassen, insbesondere sich mit ihrem Anwalt zu beraten, BGH VersR 71, 1122 (dagegen befreit Krankheit nur ausnahmsweise von der Pflicht, sich über Möglichkeit und formelle Voraussetzungen eines Rechtsmittels überhaupt zu informieren, BGH VersR 77, 719). Krankheitsbedingt kann ein Vergessen der Rechtsmittelfrist infolge der Nachwirkungen eines Diabetes-Schocks sein und damit die WE rechtfertigen, BGH NJW 75, 593. Krankheitsbedingt u damit unverschuldet ist auch das Vergessen der Absendung eines Schriftsatzes infolge einer schwerwiegenden seelischen Belastung oder Erregung, zB durch familiäre Sorgen (BGH VersR 85, 47) oder Bekanntgabe der ärztl Diagnose einer lebensgefährlichen Krankheit (BGH VersR 85, 393 = MDR 85, 919). Erkrankung **des RA** befreit diesen grundsätzlich nicht von der Pflicht, durch geeignete Anweisungen an sein Büro für die Erledigung von Fristsachen zu sorgen u gegebenenfalls einen Vertreter hinzuzuziehen, § 53 BRAO, BGH VersR 68, 850. Solche Anweisungen an sein Personal hat der RA allgemein vorsorglich zu treffen, denn er kann je nach Art seiner Erkrankung uU nicht mehr in der Lage sein, die vorher unterlassene Anweisung und Benennung eines Vertreters nachzuholen (BGH VersR 82, 802). Zu streng aber BGH VersR 77, 374 (WE versagt, obwohl Leistungsfähigkeit des RA nach schwerer Operation so abgesunken, daß er nicht mehr in der Lage war, Maßnahmen zur Fristensicherung zu treffen).

WE gewährt bei plötzlich eintretenden Kreislaufstörungen des RA: BGH MDR 67, 585; ebenso bei plötzlicher Erkrankung des amtl Vertreters des RA, BGH VersR 70, 929. Nach BGH VersR 70, 441 keine WE, wenn RA bei Bearbeitung der Berufungsbegründung einschläft. – Erkrankung **des Büropersonals** verpflichtet den RA (vor allen sonstigen Aufgaben!) persönlich, die fristenüberwachende Tätigkeit selbst zu übernehmen (BGH VersR 83, 777/778).

● **Mehrere Anwälte: 1)** Hat eine Partei mehrere anwaltschaftliche Vertreter, so hindert **Verschulden auch nur eines derselben** (soweit es in die Vertretungszeit fällt) die WE. Über Beginn und Ende der Vertretereigenschaft allgemein s oben Rn 18 und § 85 Rn 22, 23. Über die Haftung der Partei auch für Verschulden des Verkehrsanwalts BGH MDR 82, 998.

Ist eine Sozietät beauftragt, so muß sich die Partei auch das Verschulden desjenigen Anwalts anrechnen lassen, dem die Bearbeitung der Sache im Innenverhältnis nicht obgelegen hat, BGH VersR 75, 1028.

2) Werden mehrere Anwälte für **verschiedene Instanzen** beauftragt, so überschneiden sich uU ihre Vertreterpflichten (sa Stichwort „Rechtsmittelauftrag"): Die Überwachung der Rechtsmittelfrist, insbesondere die Feststellung des Zustellungszeitpunkts der anzufechtenden Entscheidung (BGH VersR 67, 501), ist auch noch Pflicht des ProzBevollm für die Vorinstanz, BGH MDR 86, 469; 85, 746; VersR 80, 193; 72, 200; desgleichen Mitteilung an den Rechtsmittelanwalt über die Zustellung des erstinstanzlichen Urteils, BGH NJW 85, 1709; VersR 80, 278. Jedoch hat sich neben dem Anwalt der Vorinstanz der Rechtsmittelanwalt (sowie der Korrespondenzanwalt, su Anm 3) um die Fristwahrung zu kümmern, sich insbesondere zu erkundigen, ob und wann das Ersturteil zugestellt wurde, BGH MDR 86, 469; LM § 233 Nr 1, 2, 3. Diese Erkundigungspflicht obliegt bei Bestellung mehrerer Anwälte für das Rechtsmittelverfahren (ebenso bei Wechsel der Anwälte) jedem von diesen selbständig (Karlsruhe OLGZ 83, 94). Auf die Angaben des ProzBevollm der Vorinstanz über den Zustellungszeitpunkt darf sich der Rechtsmittelanwalt jedenfalls dann nicht verlassen, wenn ihm die Unterlagen übersandt worden sind, LM § 233 Nr 67.

Bei Erteilung des Rechtsmittelauftrages durch Anwalt der Vorinstanz muß sich dieser (notfalls telefonisch) davon überzeugen, ob das Mandat vom Rechtsmittelanwalt angenommen wurde, BGHZ 50, 82 = VersR 68, 669 = NJW 68, 1330; BGH VersR 84, 166; 84, 788; 82, 1192. Das Unterlassen einer solchen Rückfrage steht aber der WE dann nicht mehr entgegen, wenn das Mandat vom Rechtsmittelanwalt durch schlüssige Handlung (Diktat des Berufungsschriftsatzes) angenommen wurde, selbst wenn die Rückfrage geeignet gewesen wäre, ein für die Fristversäumung letztlich ursächliches Versehen im Büro des Rechtsmittelanwalts rechtzeitig aufzudecken, BGH NJW 75, 1125.

3) Ist ein **Korrespondenzanwalt** eingeschaltet, so besteht zwischen diesem und dem ProzBevollm eine gegenseitige Informationspflicht. Dem ProzBevollm für die Instanz obliegt es, den Korrespondenzanwalt von der Zustellung einer mit einem Rechtsmittel anfechtbaren Entscheidung zu benachrichtigen, BGH VersR 72, 305. Der Korrespondenzanwalt, der Kenntnis vom Urteilserlaß hat, darf sich jedoch nicht darauf verlassen, daß ihm das Urteil rechtzeitig übersandt wird; er hat von sich aus Nachforschungen bzgl des Zustellungszeitpunktes anzustellen, BGH VersR 71, 961. Die Fristüberwachung ist nicht mehr Pflicht des ProzBevollm, wenn sein Mandat mit der Übersendung des Ersturteils und Mitteilung der Urteilszustellung an den Korrespondenzanwalt beendet war, LM § 233 Nr 20; BGH VersR 73, 665.

4) Der ProzBevollm darf sich nicht darauf verlassen, daß ein **anderer,** nicht zu seinem Vertreter bestellter **RA** für ihn die Rechtsmittelfrist wahren werde, auch wenn er mit dem anderen RA vereinbart hat, daß er die von diesem gefertigte Rechtsmittelschrift ledigl unterzeichnen u einreichen werde, LM § 232 Nr 24, s auch BGH VersR 75, 1146. Jedoch ist der Berufungsanwalt nicht dafür verantwortlich, daß entgegen seiner Anweisung die Berufungsbegründung von einem jur Mitarbeiter nicht nur entworfen, sondern versehentlich auch unterschrieben und abgesandt wird (BGH VersR 83, 641; bedenklich im Hinblick auf die vom Anwalt selbst zu überwachende Vorlage des Entwurfs). Keine WE, wenn sich ProzBevollm für die Berufungsinstanz darauf verläßt, daß der (inzw nicht mehr beauftragte) erstinstanzl ProzBevollm Partei über den Lauf der Revisionsfrist informiert, BGH MDR 58, 237. Der nur mit Erstellung eines Rechtsgutachtens über die materiellen Erfolgsaussichten einer Berufung beauftragte RA kann sich auf die Angaben von anderem Anwalt über Rechtsmittelfrist verlassen, LM § 233 Nr 13.

● **Niederlegung des Mandats** durch den Anwalt begründet nach LAG Frankfurt NJW 69, 156 die WE, sofern die Partei die Beendigung des Mandats nicht zu vertreten hat. Auch hier wird aber Vertreterverschulden (§ 85 II) zu prüfen sein, denn grundlose Niederlegung während Fristlaufs ist schuldhaft. Hat der RA nach Niederlegung des Mandats eine Zustellung entgegengenommen, so ist er verpflichtet, die Partei hiervon in Kenntnis zu setzen; eine Verletzung dieser Pflicht des ehemaligen ProzBevollm ist aber Verschulden Dritter u belastet die Partei nicht, BGH NJW 80,

999 = MDR 80, 298. – Nach Tod des Anwalts hat die Partei ein Verschulden von dessen gemäß §§ 53, 54 BRAO bestellten Vertreter nicht gemäß § 85 II zu verantworten (BGH NJW 82, 2324 = MDR 82, 487; vgl oben Rn 18).

● **Postverkehr: 1) Allgemeines:** Mit der Aufgabe zur Post scheidet ein Schriftstück aus dem Einflußbereich des Absenders aus, dieser muß sich auf zuverlässiges Arbeiten der Post verlassen können (BVerfGE 50, 1 = NJW 79, 641); zur Glaubhaftmachung der erforderlichen Ausgangskontrolle BGH MDR 83, 486 = VersR 83, 589. Daher muß Absender, der ein mit vollständiger u richtiger Anschrift versehenes, ausreichend frankiertes Schriftstück rechtzeitig (s unten 2) zur Post gibt, dessen Eingang bei Gericht nicht überwachen, BGH 9, 118 ff = NJW 53, 824; VersR 73, 81. Das Risiko der Nichtannahme eines unterfrankierten Briefs durch das Gericht und Rücklaufs der Sendung hierwegen trägt der Absender als eigenes Verschulden (Zweibrücken MDR 84, 853). Im übrigen aber grundsätzl keine Pflicht zur Nachfrage, ob Adressat Schreiben erhalten hat (zB Mitteilung von Urteilszustellung an Partei oder Korrespondenzanwalt, BGH NJW 58, 2015; VersR 73, 665); Ausnahme bei Vorliegen besonderer Umstände (so bei Ausbleiben einer Antwort, wenn dem ProzBevollm bekannt, daß Partei Rechtsmittel einlegen wollte, BGH LM § 233 Fc 23 = MDR 63, 407). Eine Pflicht zur Rückfrage besteht aber uU für den ProzBevollm, der einen anderen Anwalt mit der Rechtsmitteleinlegung beauftragt, insbes kurz vor Fristablauf, s Stichwort „Rechtsmittelauftrag".

Als **Anschrift** genügt bei Sendungen an Gericht dessen genaue Bezeichnung (vgl hierzu § 270 Rn 5) u Angabe des Gerichtsortes, BGH NJW 69, 468 (anders BAG NJW 71, 1054: Auch Angabe von Straße u Hausnummer erforderlich). Zur (zulässigen) Adressierung an auswärtige Senate für Sendungen an das Stammgericht (oder umgekehrt) s § 116 GVG Rn 2. Für die Übersendung des Urteils m Zustellungsvermerk an Korrespondenzanwalt oder Partei genügt **einfacher Brief,** BGH NJW 58, 2015; VersR 85, 90; aM noch BGH NJW 52, 1137 (bei Übersendung an Partei selbst Einschreiben erforderl).

2) Für die Frage, wann ein Schriftstück **rechtzeitig** zur Post gegeben wurde, ist in Zeiten störungsfreien Postbetriebs maßgebend die **normale Postlaufzeit,** BVerfG NJW 79, 641; 83, 1479; BGHZ 9, 118 ff = NJW 53, 824; BGH VersR 76, 88. Diese richtet sich nach den (natürlich nicht konstanten) betrieblichen und organisatorischen Vorkehrungen der Deutschen Bundespost, über die der einzelne Postbenutzer nicht Bescheid wissen kann. Für ihn wird die Entscheidung der Frage, bis zu welchem Zeitpunkt er ein Schriftstück äußerstenfalls zur Post geben kann, ohne den rechtzeitigen Eingang beim Adressaten zu gefährden, nicht selten zum reinen Glücksspiel. Eindeutig feststellbar sind für ihn lediglich die Leerungszeiten der Briefkästen und der Zeitpunkt der Postzustellung, falls bei dem Aufgabepostamt ein Verzeichnis der sog „Amtl Brieflaufzeiten" aushängt; dieses ist verbindlich (BVerfG NJW 83, 1479; 80, 769), jedoch nicht auch für Sonn- und Feiertage (BGH VersR 82, 298). Schon die Frage, welche Änderungen in der Laufzeit die besondere Art der Sendung (Eilbrief, Einschreibbrief) mit sich bringt, ist nicht ohne Risiko zu beantworten. Eine verbindliche Auskunft seitens des Beamten beim Aufgabepostamt wird der Absender nur in den seltensten Fällen erhalten.

Verzögerungen in der Briefbeförderung und Briefzustellung durch die Deutsche Bundespost dürfen dem Bürger nicht angelastet werden. Dies gilt für jedes gerichtl Verfahren, BVerfG NJW 83, 1479; 79, 641. Worauf die Verzögerung zurückzuführen ist, ist unerheblich; insbesondere sind Differenzierungen danach, ob die Verzögerung auf einer vorübergehend besonders starken Inanspruchnahme der Post (zB vor Feiertagen), auf einer zeitweise verminderten Dienstleistung (zB an Wochenenden) oder der Nachlässigkeit von Bediensteten beruht, nicht zulässig, BVerfG NJW 80, 769. Im übrigen ist die Rechtsprechung zu der Frage, welchen Zeitraum der Absender normalerweise in Rechnung zu stellen hat, unübersehbar und durchwegs fallbezogen: Nach BVerfG NJW 75, 1405 ist eine Laufzeit von mehr als zwei Tagen ab Wochenmitte von Norden nach Heidelberg nicht mehr normal und begründet die WE; nach BGH VersR 74, 435 kann sich, wer ein Schriftstück in den Nachtbriefkasten des Postamts einwirft, darauf verlassen, daß es am folgenden Tag am gleichen Ort bei Gericht eingeht; noch weitergehend zugunsten des WE-Antragstellers BGH VersR 76, 88: Schriftstück rechtzeitig für Zustellung am gleichen Tage aufgegeben, wenn als Eilbrief vor 6 Uhr in Briefkasten geworfen, der Bestimmungsort nicht weit entfernt und direkte Zugverbindung gegeben (es kommt nach dieser Entscheidung darauf an, was nach den Vorschriften der Postordnung hätte geschehen müssen!). BayObLG NJW 78, 1488 verneint Verschulden, wenn Brief 1 Tag vor Fristablauf zur Post gegeben und die normale Postlaufzeit zum Zielort auch 1 Tag beträgt.

Die Vielfalt und Fallbezogenheit in der Rechtsprechung drängt die Forderung nach einer Mindestgarantie für den Rechtsuchenden in der Frage auf, bis zu welchem Zeitpunkt ein Schriftstück in jedem Fall noch zur Post gegeben werden darf, ohne daß es bei gleichwohl verspätetem

Zugang für die Gewährung der WE noch auf die Darlegung „besonderer Umstände" usw ankommt. Dabei erscheint, wie Spaeth in der Anm zu BGH VersR 76, 88 mit überzeugender Begründung vorschlägt, eine maximale Briefbeförderungsdauer innerhalb der Bundesrepublik von zwei Tagen durchaus akzeptabel; eine in diesem Sinne klarstellende höchstrichterliche Entscheidung wäre zu begrüßen. Die WE-Möglichkeit für die Fälle, in denen der Absender aus besonderen Gründen (zB weil er sich auf die aushängenden „Amtlichen Brieflaufzeiten" verlassen hat) eine kürzere Beförderungsdauer einkalkulieren durfte, bliebe unberührt.

- **Prozeßkostenhilfe:** Das durch Bedürftigkeit begründete Unvermögen einer Partei, einen RA mit der notwendigen (§ 78 I) Vertretung zur Vornahme von fristwahrenden Prozeßhandlungen zu beauftragen, stellt kein Verschulden der Partei dar, wenn sie nur alles in ihren Kräften Stehende u ihr Zumutbare getan hat, um die Frist zu wahren. Sie darf dabei nicht schlechter gestellt werden als die nicht bedürftige Partei.

1) Bedürftigkeit § 114 I. Auch die (wenn nur nicht in böslicher Absicht) selbst verschuldete, BGH NJW 59, 884. Der WE-Grund der Bedürftigkeit liegt auch vor, wenn die (obj nicht arme) Partei sich für bedürftig halten durfte, s unten 4 b.

2) Ein für § 233 beachtl **Unvermögen,** rechtzeitig einen **RA zu beauftragen,** liegt vor, wenn über das Gesuch um PKH nach Fristablauf oder doch so spät entschieden wird, daß Fristwahrung nicht mehr zumutbar ist (beachte hierzu § 234 Rn 6–10 wegen Rechtzeitigkeit des PKH-Gesuchs).

3) Pflichten der bedürftigen Partei: a) Partei muß ihr vollständiges **Gesuch um PKH** unter Beifügung aller für eine sachl Entscheidung über das Gesuch erforderl **Unterlagen innerhalb der Frist** (BGH VersR 81, 61; 81, 854; 84, 660; NJW 83, 2145; auch noch am letzten Tag: BGH 16, 1 ff = NJW 55, 345 für Rechtsmittelfrist; BGH 38, 376 = NJW 63, 584 für Begründungsfrist) einreichen oder innerhalb der Frist des § 234 darlegen, daß sie hierzu nicht in der Lage war, LM § 233 Hb 12; BAG NJW 67, 1631. Beizufügen sind:

aa) Nachweis des Unvermögens (§ 117 II), soweit dieser Nachweis nicht bereits im vorigen Rechtszug erbracht war oder gem § 118 II vom Gericht selbst (nur ergänzend zu den Nachweisen des Antragstellers!) einzuholen ist. Der Nachweis muß die Einkommens- und Vermögensverhältnisse neuester Zeit betreffen (LM § 232 Nr 30) u so vollständig sein, um die Nachprüfung zu ermöglichen. War im vorhergehenden Rechtszug PKH bewilligt, so ist nochmaliger Unvermögensnachweis nur dann entbehrlich, wenn die Partei versichert, daß ihre Einkommens- u Vermögensverhältnisse unverändert sind (BGH VersR 84, 660; NJW 83, 2145). **bb)** Das **angefochtene Urteil** und Darlegungen über die Zulässigkeit des Rechtsmittels, Glaubhaftmachung der Beschwer und der Revisionssumme, BGH NJW 60, 676, LM § 114 Nr 10. Jedoch in der Regel für RevVerfahren nicht erforderl sachl Begründung des PKH-Gesuches, BGH NJW 60, 676.

b) Das **Rechtsmittel** selbst braucht Partei vor Entscheidung über das PKH-Gesuch **nicht** einzulegen, BGH 16, 1 ff = NJW 55, 345 (gegen frühere Rspr). **Begründen** muß sie ein bereits wirksam eingelegtes Rechtsmittel nur dann nicht, wenn Mandat ihres Anwalts mit der Rechtsmitteleinlegung beendet ist (BGH VersR 86, 91; BGHZ 7, 280 = NJW 53, 504). Im letzteren Fall aber uU Vertreterverschulden (§ 85 II) des RA, der Partei nicht über die Notwendigkeit eines PKH-Gesuches während der laufend Begründungsfrist belehrt, BGH aaO, oder der keine Fristverlängerung beantragt hat, es sei denn, der ihm erteilte Auftrag hat sich nicht hierauf erstreckt (BGH NJW 63, 584).

4) Mit der **Entscheidung über das PKH-Gesuch** entfällt das Hindernis der Bedürftigkeit. Wegen Frist für Antrag auf WE und Nachholung der Prozeßhandlung s § 234 Rn 6–10.

a) WE ist zu gewähren, wenn **PKH bewilligt** (auch bei Berichtigung eines ablehnenden Beschlusses aufgr von Gegenvorstellungen, die kein neues tatsächl Vorbringen enthalten, BGH NJW 64, 770) oder nur wegen **mangelnder Erfolgsaussichten versagt** wurde (es sei denn, daß im letzteren Fall auch die Voraussetzungen für eine Zurückweisung mangels Bedürftigkeit vorlagen, etwa weil Unterlagen hierüber nicht beigebracht wurden, BGH VersR 85, 395). Wegen der Rechtzeitigkeit des WE-Gesuchs in diesem Fall s § 234 Rn 7.

b) Wird **PKH wegen fehlender Bedürftigkeit versagt** (wegen Versagung mangels Erfolgsaussicht s § 234 Rn 8), so WE nur, wenn Partei vernünftigerweise hiermit nicht rechnen mußte, sich also für bedürftig halten u davon ausgehen durfte, daß Bedürftigkeit genügend dargetan, BGH NJW 64, 868; VersR 71, 962; 81, 854 (Darlegungen hierüber im WE-Gesuch: BGH VersR 85, 396). Diese Voraussetzung ist regelmäßig schon dann erfüllt, wenn zB bei im wesentlichen unveränderten Einkommensverhältnissen die Vorinstanz noch PKH bewilligt hatte (BGH VersR 84, 192; 84, 660; NJW 83, 2145), im übrigen wenn die Partei ihre Einkommens- u Vermögensverhältnisse eingehend und zutreffend dargelegt hat. Wird jedoch der Prozeß von einer „armen" Partei im

Auftrag oder Interesse einer vermögenden Partei (auch Personengemeinschaft) geführt, so kann die „arme“ Partei PKH-Bewilligung nicht erwarten; hier daher nach Versagung der PKH auch WE nicht zu gewähren (BGH VersR 84, 989). Andererseits kann eine objektiv unrichtige Beurteilung ihrer Vermögenslage für die Partei unverschuldet sein, wenn sie die Unrichtigkeit nach den gerade ihr möglichen Erwägungen nicht erkennen konnte, BGH VerR 63, 1126. Wegen der Rechtzeitigkeit des WE-Gesuchs nach Versagung der PKH s § 234 Rn 8.

5) Die **Bedürftigkeit** muß für die Fristversäumung **kausal** sein: **a)** Daraus, daß Partei nach Ablehnung ihres PKH-Gesuches **Wahlanwalt** mit der Fortführung des Prozesses **beauftragt,** kann nicht gefolgert werden, daß sie nicht durch ihre Bedürftigkeit zunächst an Fristwahrung gehindert war, LM § 233 Nr 56. **b)** Läßt Partei durch Wahlanwalt **vor Entscheidung über PKH-Gesuch Rechtsmittel** einlegen oder begründen, so ist WE zu erteilen, wenn in diesem Zeitpunkt Frist bereits verstrichen, weil (solange sich nichts Gegenteiliges ergibt) davon auszugehen ist, daß Partei zunächst durch ihre Bedürftigkeit an Fristwahrung gehindert war (BGH VersR 66, 267; MDR 85, 1009); Partei braucht idR nicht darzulegen, aus welchen Gründen es ihr mögl gewesen ist, schon vor Bewilligung der PKH Anwalt zu beauftragen, LM § 233 Nr 75. Lief dagegen in diesem Zeitpunkt die Frist noch und war Partei entschlossen, sie ohne Rücksicht auf die zu erwartende PKH-Entscheidung zu wahren, so ist für eine trotzdem eingetretene Versäumung die Bedürftigkeit nicht mehr kausal, BGH NJW 66, 203 (anders bei mißverständl Belehrung durch Gericht, OLG Hamm, NJW 66, 1271).

● **Rechtsanwalt:** s oben „Büropersonal“ sowie Rn 16 und § 85 Rn 10 ff.

● **Rechtsirrtum: 1)** Keine WE, wo sich **Partei** nicht über Möglichkeiten, Fristen u Formerfordernisse von Rechtsmitteln informiert, BGH VersR 77, 719; das gilt auch für einfache u ungewandte Partei (BGH VersR 71, 1175; BVerwG NJW 70, 733). Mißverständliche Rechtsmittelbelehrung durch das Gericht kann aber WE rechtfertigen (BGH VersR 72, 201; NJW 81, 576). Dagegen keine WE, wenn Partei vom ProzBevollm der Vorinstanz nicht über Rechtsmittel belehrt wird (BGH NJW 77, 1198), es sei denn, Mandat ist vor Erlaß des Ersturteils niedergelegt, LM § 232 Nr 14 (aber Pflicht des RA zur Belehrung über Begründungsfrist, der Mandat nach Rechtsmitteleinlegung niederlegt, BGH 7, 280 = NJW 53, 504). Keine Ausnahme bei fremder Staatsangehörigkeit, wenn die Partei im Inland wohnt (BGH VersR 72, 861); beachte aber BGH VersR 71, 1151 (Verständigungsschwierigkeiten).

2) Falsche Einschätzung der Rechtslage durch **RA** ist nur in ganz engen Grenzen WE-Grund, RG 159, 109, wenn RA die äußerste zumutbare Sorgfalt aufgewendet hat, um eine richtige Rechtsansicht zu gewinnen, BGH 8, 47 = NJW 53, 179. Daher keine WE, wenn RA keine Revision eingelegt hat – die angebracht gewesen wäre –, obwohl Berufungsgericht verkannt hatte, daß in Berufungsbegründung wirks Berufungseinlegung nachgeholt worden war, BGH NJW 66, 930. Keine WE, wo RA verkennt, daß Schriftsatz den Formerfordernissen für Berufungseinlegung nicht entspricht, LM § 232 Nr 10. Dagegen bejaht BGH NJW 63, 714 WE-Grund, wenn Gericht Ferienantrag zurückweist, anstatt ihn bei gesetzl Feriensache als gegenstandslos zu bezeichnen. Ebenso bejaht BGHZ 23, 307/312; BGH NJW 85, 495 = MDR 85, 471 WE-Grund, wenn RA bzgl Fristenlauf die falsche Rechtsmeinung eines OLG, die auch in Handkommentaren kritiklos wiedergegeben war, vertreten hat.

Gesetzeskenntnis: Vorausgesetzt wird jedenfalls Kenntnis derj Bundesgesetze, die in einer Anwaltspraxis gewöhnlich zur Anwendung kommen (BGH VersR 72, 766; NJW 71, 1704: geänderter Rechtsmittelzug in Kindschaftssachen), daher keine WE, wenn ein in Bayern zugelassener Anwalt PKH-Gesuch beim BGH statt beim BayObLG stellt, LM § 233 Gb 1. Desgl, wenn ein bei deutschem Gericht zugelassener, im Ausland wohnender RA die im Entschädigungsverfahren geltenden deutschen Zustellungsvorschriften nicht kennt, BGH VersR 64, 1021; s auch LM § 233 Fb 20 = NJW RzW 62, 470. Arbeitsüberlastung entschuldigt auch hier nicht (BGH NJW 71, 1704).

Vorausgesetzt wird auch, daß RA sich anhand von Entscheidungssammlungen und gängiger Literatur (nicht notwendig Spezialzeitschriften; Lektüre allg jurist Fachzeitschriften genügt, BGH NJW 79, 877) über den **Stand der neueren Rechtsprechung** unterrichtet, BGH NJW 57, 750; s auch BGH NJW 52, 425. Ausnahmsw WE bei entschuldb Irrtum über Bedeutung des Leitsatzes einer veröffentl Entscheidung, BGH NJW 57, 750, oder Vertrauen auf Richtigkeit einer in Handkommentaren kritiklos zitierten, jedoch falschen Rspr eines OLG, solange richtigstellende andere Rspr noch nicht veröffentlicht (BGH NJW 85, 495 = MDR 85, 471).

Ist die **Rechtslage zweifelhaft,** so muß RA vorsorgl so handeln, wie es bei einer für seine Partei ungünst Entscheidung des Zweifels zur Wahrung ihrer Belange notwendig ist, BGH 8, 47 = NJW 53, 179 (betr die Frage, ob Rechtsstreit Feriensache), RA muß also den sichersten Weg gehen; er darf sich daher, wo abweichende Rspr veröffentl ist, nicht auf eine bestimmte, seiner

Rechtsauffassung entspr Entscheidung verlassen, BGH NJW 59, 141; erst recht, wenn Rspr des BGH u überwiegende Meinung des Schrifttums entgegensteht, BGH VersR 65, 791. Ein Irrtum über Rechtsmittelzuständigkeiten in Übergangsfällen ist nicht schuldhaft, solange keine höchstrichterl Rechtsprechung vorliegt, BGH NJW 79, 877; VersR 80, 191; 80, 193.

Ausnahmsweise WE, wenn **irrige Rechtsauffassung vom Gericht veranlaßt,** BGH NJW 63, 714; Rechtsansicht von Geschäftsstellenbeamten entschuldigt nicht, BGH 5, 275.

● **Rechtsmittelauftrag** (s auch „Mehrere Anwälte"): Der RA muß Eingang u Übernahme des Auftrages beim Rechtsmittelanwalt überwachen (BGH VersR 73, 573; einschränkend BGH VersR 82, 655). Daher ist Eintragung der Frist im Fristenkalender erforderlich u bei Ausbleiben der Auftragsbestätigung Rückfrage vor Fristablauf geboten (BGH NJW 72, 1047 entgegen BGH NJW 67, 1567); bei telefon Auftrag: BGH VersR 64, 1053; 79, 1124. Gegebenenfalls ist ein Hinweis auf drohenden Ablauf der Frist erforderlich (BGH VersR 69, 59). Unterbliebene Rückfrage aber unschädlich bei überholender Kausalität durch Büroversehen beim Rechtsmittelanwalt (BGH NJW 75, 1125).

● **Rechtsmittelschrift:** RA muß Berufungs- oder Revisionsschrift persönlich auf ihre richtige Adressierung u Vollständigkeit hin prüfen, BGH VersR 74, 168; 76, 493; NJW 63, 1779 (wegen Richtigkeit der Adresse s bei „Postverkehr" Anm 1); daher keine WE bei fehlender Unterschrift (selbst wenn Schriftsatz vom RA persönlich bei Gericht abgegeben wird, BGH VersR 83, 271), es sei denn, fehlende Unterschrift beruht auf Verschulden des Büropersonals (BGH NJW 85, 1226); aber Anwaltsverschulden bei falscher Adressierung, BGH NJW 51, 153, wenn für RA erkennbar, weil „Fensterkuvert" verwendet u falsche Anschrift daher aus der Berufungsschrift selbst ersichtlich ist (BAG NJW 71, 1054), es sei denn, das Schriftstück wäre bei normaler Behandlung durch die Post gleichwohl rechtzeitig eingegangen (BAG NJW 72, 735). Aber kein Verschulden des RA, der die Rechtsmittelschrift trotz falscher Adressierung unterschreibt, noch bevor die einer sonst zuverlässigen Bürokraft aufgetragene Korrektur ausgeführt und ihm vorgelegt wird (so selbst bei Korrekturanweisung am letzten Tag der Frist BGH VersR 82, 471 entgegen München NJW 80, 460). Kein Verschulden, wenn Bürovorsteher entgegen der Weisung des RA Begründungsschrift vor Aufgabe z Post nicht auf Unterschrift geprüft hat (BGH NJW 85, 1226; BAG NJW 66, 799), desgl wenn Bürokraft Rechtsmittelbegründung entgegen der Weisung des RA nicht von dessen Sozius unterschreiben ließ (BGH NJW 71, 1749). RA in einer Sozietät muß dafür sorgen, daß Rechtsmittel von zugelassenem Anwalt unterschrieben wird, BGH VersR 66, 1054.

● **Telefon:** Daten u Zahlen aus den Gerichtsakten kann RA durch fernmündl Anfrage bei der Geschäftsstelle feststellen lassen, wenn Mißverständnisse vernünftigerweise nicht zu besorgen sind (letzteres hängt v Gegenstand der Anfrage ab), BGH NJW 66, 658. **Hörfehler** einer bewährten Bürokraft bei telef Entgegennahme von Auskünften durch Geschäftsstelle ist nicht vom RA verschuldet, wenn dieser alles getan hat, um Mißverständnisse auszuschließen, insbes Anweisung gegeben hat, Ziffern u Daten zu wiederholen, LM § 233 Ff 8a = VersR 66, 342; 80, 765. Wegen telefon Aufgabe der telegraf Rechtsmitteleinlegung (zulässig; daher keine WE, wo rechtzeit Telegramm möglich war) s § 130 Rn 11.

● **Urlaub:** s bei „Abwesenheit".

● **Vergessen** einer Frist od der Vornahme einer für die Fristwahrung erforderl Handlung ist **regelmäßig schuldhaft,** BGH VersR 75, 40; NJW 64, 2302; so auch bei Ablenkung durch unerwartete, die Pläne des RA empfindl berührende Mitteilung über Ausscheiden von Kollegen aus der bisherigen Bürogemeinschaft BGH aaO, ebenso bei Ablenkung von Fristeneintragung durch Telefongespräch, BGH VersR 65, 1101. Anders bei krankheitsbedingtem Vergessen: s oben bei „Krankheit"; hierzu BGH NJW 75, 593; VersR 85, 393 u 47. Leidet eine Partei (was ihr bekannt ist) an außergewöhnl Vergeßlichkeit, so handelt sie schuldhaft, wenn sie sich hinsichtl einer Rechtsmittelfrist ausnahmsweise auf ihr Gedächtnis verläßt, BGH VersR 66, 1191.

● **Verlust** von Schriftstücken (die die fristwahrende Prozeßhandlung enthalten od die zur Vornahme der Prozeßhandlung notwendig sind, RG JW 31, 1085) begründet WE, wenn Antragsteller glaubhaft macht, daß Verlust mit großer Wahrscheinlichkeit nicht in dem Bereich, für den Partei verantwortlich, eingetreten ist (daß die Art des Verlustes aufgeklärt wird, ist nicht erforderlich), LM § 233 Nr 70 = NJW 57, 790.

● **Zustellung: 1)** Rechtsmittelfristen werden grds durch Zustellung der anzufechtenden Entscheidung in Lauf gesetzt (§§ 516, 552, 577 II), die Berufungs- und Revisionsfrist jedoch (seit der Neufassung der §§ 516, 552 durch Art 1 Nr 6 des PKH-Gesetzes v 13. 6. 80) spätestens durch Ablauf der 5-Monatsfrist seit der Verkündung. Nur soweit demnach für den Fristbeginn auf den Zeitpunkt der (früheren) Zustellung abzustellen ist, gilt folgendes: **Unkenntnis von der Zustel-**

lung einer Entscheidung begründet die WE, wenn sie unverschuldet ist. Das ist der Fall, wo **Partei** keine Kenntnis von öffentl Zustellung eines Urteils hatte, mit dem sie nicht rechnen mußte, BGH 25, 11 = NJW 57, 1400; ebenso, wo Partei nicht damit rechnen mußte, daß ihr amtl Schreiben von Angehörigen vorenthalten werden, LM § 233 Nr 73. Keine WE, wenn Unkenntnis der Partei darauf zurückzuführen, daß sie von ihrem ProzBevollm nicht von der Zustellung benachrichtigt wurde, BGH NJW 75, 57, es sei denn, dieser hat sein Mandat vor Urteilserlaß niedergelegt; hierzu vgl oben bei „Niederlegung des Mandats" sowie Rn 18; LM § 232 Nr 14 (widersprüchlich BGH NJW 53, 703). **Für den RA** ist Unkenntnis unverschuldet, wenn sie nur auf Verschulden des sonst zuverlässigen Büropersonals zurückzuführen ist, LM § 233 Fd 18 = NJW 61, 2015. Keine WE, wenn der Verkehrsanwalt es in Kenntnis des ergangenen Urteils unterläßt, sich beim ProzBevollm nach dem Zustellungsdatum zu erkundigen (BGH VersR 71, 961).

2) Irrtum über Zustellungszeitpunkt: RA muß den Zeitpunkt einer Zustellung, soweit er sich nicht aus dem zugestellten Schriftstück ergibt, entweder selbst durch **besonderen Vermerk** aktenkundig machen oder die Sache zu diesem Zweck einem unbedingt zuverlässig Angestellten übergeben (BGH VersR 73, 547); es reicht nicht aus, wenn Empfangsbekenntnis mit dem Urteil in den allgemeinen Geschäftsbetrieb des Büros gelangt, LM § 233 Nr 63 = VersR 56, 126; BGH NJW 69, 1297.

Zustellungsnachweise muß RA auf ihre Richtigkeit u Vollständigkeit hin überprüfen, RG 120, 248. Daher keine WE, wenn Irrtum darauf zurückzuführen, daß RA Übereinstimmung des tatsächl Zustellungszeitpunkt mit Bescheinigung nach § 198 II 2 nicht nachgeprüft hat, da letztere nur Beweismittel, nicht Wirksamkeitsvoraussetzung für Zustellung, LM § 233 Nr 37. Keine WE, wenn Rechtsmittelanwalt bei verschied Angaben über Zustellungszeitpunkt seitens des ProzBevollm der Vorinstanz nicht den Tag der ersten Zustellung festlegt, RG HRR 36, 567. Desgl, wenn Irrtum darauf zurückzuführen, daß RA auf schlecht lesbaren Eingangsstempel seines Büros vertraut, anstatt sich am Zustellungsvermerk zu orientieren, BGH VersR 65, 1077. Keine WE, wenn RA bei fehlendem oder unvollständ amtl Zustellungsnachweis nicht nachforscht, RG JW 31, 2365 (Nr 5), vgl auch OLG Celle MDR 59, 765.

234 *[Wiedereinsetzungsfrist]*

(1) Die Wiedereinsetzung muß innerhalb einer zweiwöchigen Frist beantragt werden.

(2) Die Frist beginnt mit dem Tage, an dem das Hindernis behoben ist.

(3) Nach Ablauf eines Jahres, von dem Ende der versäumten Frist an gerechnet, kann die Wiedereinsetzung nicht mehr beantragt werden.

1 1) Wenn die versäumte Prozeßhandlung fristgebunden war, muß auch die Möglichkeit zur Beseitigung der Versäumnisfolgen fristgebunden sein. Abs I setzt daher dem Säumigen eine Überlegungsfrist von 2 Wochen für den WE-Antrag. Abs III setzt aus Gründen der Rechtssicherheit außerdem eine von der Behebung des Hindernisses unabhängige Ausschlußfrist von 1 Jahr für den Antrag. – Zum notw Inhalt des fristgerechten Antrags s § 236 Rn 6.

2 **2) Abs I:** Die **Antragsfrist** von 2 Wochen ist keine Notfrist. Sie wird daher in Sachen, die weder gesetzliche Feriensachen (§ 200 II GVG) noch ferienlose Sachen (§ 202 GVG; zum Mahnverfahren Köln MDR 82, 945) noch zur Feriensache erklärt worden sind (§ 200 III und IV GVG), durch die Gerichtsferien auch dann gehemmt, wenn die versäumte Frist eine Notfrist war (BGH 26, 99 = NJW 58, 183). – Die Antragsfrist beträgt 2 Wochen, auch wenn die versäumte Frist länger oder kürzer war. Ihr Ablauf kann nicht durch Rügeverzicht (§ 295) geheilt werden (RG 131, 262). Verlängerung ist ausgeschlossen, § 224 II. Berechnung der Frist: § 222, sie beginnt am Tage nach Behebung des Hindernisses (§ 233) zu laufen.

3 Die Frist von 2 Wochen kann nicht in Anspruch genommen werden, wenn die Partei noch vor Ablauf der Notfrist, also unter Verkürzung der durch diese eingeräumten Überlegungsfrist (zB 2 Tage vor Ablauf der Rechtsmittelfrist) von dem die Notfrist in Lauf setzenden Ereignis (idR Zustellung des Urteils) Kenntnis erhält; sie muß dann die noch zulässige Prozeßhandlung fristgerecht vornehmen, § 233 Rn 9; BGH NJW 76, 626, oder Fristverlängerung (soweit zulässig) beantragen (Ausnahme bei Versagung von PKH: unten Rn 8).

4 Gegen Versäumung der Antragsfrist findet, obwohl keine Notfrist, gem § 233 ebenfalls die WE statt, wenn auch insoweit die Voraussetzungen des § 233 gegeben sind u das WE-Gesuch das Nichtverschulden der Versäumung der Hauptfrist u auch der Antragsfrist des Abs I nach Maßgabe des § 236 zumindest erkennen läßt (= Neufassung des § 233 im Anschluß an BVerfG NJW 67, 1267). Jedoch keine WE gegen Versäumung der Jahresfrist, Abs III.

3) Fristbeginn (Abs II): a) allgemein: Die Frist beginnt frühestens mit Ablauf der versäumten Notfrist (Ostler NJW 77, 2078 gegen Hamm aaO) und spätestens, sobald das Hindernis entfällt bzw sobald es nicht mehr unverschuldet ist (BGH 4, 389 = NJW 52, 469; BGH VersR 78, 825). Das Hindernis darf aber nicht bereits während des Laufes der (erst später versäumten) Notfrist entfallen sein, BGH NJW 76, 626. Im übrigen maßgeblich, wann das Hindernis tatsächl entfiel, nicht wann es hätte behoben werden können (das ist erst bei der Verschuldensprüfung zu würdigen). Ausreichend, wenn RA bei Anwendung äußerster Sorgfalt Versäumung bzw Wegfall des Hindernisses erkennen konnte (BGH VersR 74, 1001; 75, 860; NJW 56, 1879; 57, 184; 62, 1248). War zB Rechtsmittel zurückgenommen u wurde Rücknahme widerrufen, beginnt die Frist mit Eingang des Widerrufes bei Gericht (BGH 33, 73 = NJW 60, 764). Erkennt der RA den Wegfall des Hindernisses, beginnt die Frist auch für die Partei selbst (BGH VersR 76, 492; NJW 56, 1879). Bei entschuldbarem Irrtum über Zustellungsdatum beginnt Frist mit Erkenntnis der für eine Fehldatierung sprechenden Umstände (BGH VersR 75, 924; 68, 301 u 309), bei schwerer Erkrankung der Partei mit der Möglichkeit, Prozeßvollmacht zu erteilen (zu eng Köln NJW 72, 831), bei Nichtigkeit eines vor Fristablauf geschlossenen ProzVergleichs mit dessen Anfechtung (BGH NJW 69, 925). Bei Unkenntnis von der Zustellung des Urteils beginnt die Frist, wenn Partei durch Zustellung eines Kostenfestsetzungsbeschlusses erkennen kann, daß ein Urteil ergangen ist (BGH VersR 72, 667). Hat die Partei den RA (zulässigerweise) mit einfachem Brief beauftragt, Berufung einzulegen, so Fristbeginn mit Kenntnis, daß dieser Brief nicht ankam, nicht erst vom Zugang eines erneuten Auftragschreibens ab, BGH NJW 74, 994; auch das Ergebnis von Nachforschungen bei der Post darf hier nicht abgewartet werden. Ebenso darf bei Kenntnis der Versäumung nicht die verwerfende Entscheidung (zB nach § 519b) abgewartet werden (BAG NJW 74, 517). – Soweit für Wegfall des Hindernisses Kenntnis erforderlich, genügt es, daß dieses vom RA bei zumutbarer Sorgfalt hätte erkannt werden müssen; so zB bei erneutem Anlaß zur Überprüfung der v Büropersonal vorgemerkten Frist (BGH VersR 74, 1001), bei auftretendem Zweifel an Eingang der Rechtsmittelschrift bei Gericht, bei entspr Hinweis des Gegners (BGH VersR 73, 32), bei Erhalt der Handakten zur Begründung eines vom Empfänger nicht eingelegten Rechtsmittels (BGH VersR 74, 1029). Die Partei selbst erhält diese Kenntnis, wenn sie vom RA erfährt, daß dieser das Mandat ablehnt. Kenntnis des Büropersonals des RA ersetzt dessen notw eigene Kenntnis nicht, BGH VersR 80, 678. 5

b) Gesuch um Prozeßkostenhilfe (PKH): Bedürftigkeit iS §§ 114, 115 ist Hindernis iS des Abs II. Sie ist behoben, sobald PKH bewilligt, sie gilt als behoben, sobald PKH versagt (BGH VersR 72, 1126). Stets muß aber Bewilligung der PKH unter Beigabe aller hierfür erforderl Unterlagen (§ 117; BAG NJW 67, 222) innerhalb der versäumten Frist beantragt worden sein (vgl § 233 Rn 23 unter „Prozeßkostenhilfe"). War PKH im vorhergehenden Rechtszug bereits bewilligt, ist nochmalige Darlegung der Einkommens- und Vermögensverhältnisse (§ 117 II) entbehrlich, wenn der Antragsteller die frühere PKH-Bewilligung nachweist (dem Rechtsmittelgericht liegen die Akten der Vorinstanz idR noch nicht vor) und versichert, daß sich seine wirtschaftl Verhältnisse nicht geändert haben (BGH NJW 83, 2145; VersR 84, 660). 6

Wird **Prozeßkostenhilfe bewilligt,** beginnt die Frist für das WE-Gesuch mit (formloser, BGH 30, 229; BGH VersR 85, 68; förmliche Zustellung hier aber bes zweckmäßig) Mitteilung des PKH-Beschlusses an den für die versäumte Prozeßhandlung bereits beigeordneten RA (BGH VersR 86, 580); gleichgültig, ob der RA seine Partei über die PKH-Bewilligung informiert (BGH NJW 61, 1465), selbst wenn Information wegen vorhersehbarer Krankheit des RA unterbleibt (LM § 234 Nr 18). Für eine bes Überlegungsfrist fehlt i diesem Fall jede Veranlassung (BGH NJW 78, 1920; MDR 78, 482). – War der RA für die Nachholung der versäumten ProzHandlung noch nicht bevollmächtigt, so Fristbeginn erst nach Mitteilung des PKH-Beschlusses an die arme Partei persönlich bzw deren gesetzl Vertreter; Mitteilung an den durch die Beiordnung noch nicht bevollmächtigten RA genügt nicht, BGH 30, 228 (s aber einschränkend BGH NJW 78, 1920). 7

Wird **Prozeßkostenhilfe versagt,** ist zu unterscheiden, ob der Antragsteller diesen Bescheid vor oder nach Ablauf der zu wahrenden (Rechtsmittel-) Frist erhält. Bei **Versagung vor Fristablauf** wäre grds die fristgebundene Prozeßhandlung noch in offener Frist vorzunehmen (vgl oben Rn 3; § 233 Rn 9); die Rspr räumt jedoch dem Antragsteller hier eine Überlegungsfrist von 3 Werktagen ein, so daß bei Zurückweisung eines PKH-Gesuchs, welches der Antragsteller für erfolgversprechend halten durfte (§ 233 Rn 23 zu „Prozeßkostenhilfe" Anm 4b), die Gewährung von WE in Betracht kommt, wenn diese Überlegungsfrist vor Fristablauf kürzer als 4 Werktage war (BGH NJW 86, 257 = MDR 85, 657 = FamRZ 85, 370). Bei **Versagung nach Fristablauf** räumt die Rspr dem Antragsteller für die Überlegung, ob er ein Rechtsmittel nun auf eigene Kosten einlegen will, ebenfalls eine Überlegungsfrist von 3 bis 4 Tagen ein (BGH VersR 82, 757; 79, 444; 77, 432); hier beginnt also die 2-Wochenfrist für den WE-Antrag erst nach Ablauf der Überlegungsfrist zu laufen, sofern nur der Antragsteller begründeten Anlaß hatte, auf die Bewil- 8 ligung der PKH zu vertrauen (BGHZ 26, 99 = NJW 58, 183). Das gilt auch, wenn PKH trotz Armut wegen mangelnder Erfolgsaussichten versagt wurde (BGH NJW 52, 743; MDR 53, 163). Erneutes PKH-Gesuch hemmt den Fristablauf nicht mehr, selbst wenn das zweite Gesuch (unter Berücksichtigung gewandelter Rechtsprechung des BGH) erfolgreich ist (BGH NJW 57, 263). Keine Fristhemmung auch bis zur Entscheidung über eine erfolglose Gegenvorstellung (BGH VersR 80, 86). Jedoch beginnt die 2-Wochen-Frist erneut, sobald das Beschwerdegericht PKH bewilligt oder das Erstgericht auf Grund Gegenvorstellung bei gleichbleibendem Sachverhalt (also nicht auf Grund nachgeschobener Begründung) seinen eigenen Beschluß aufhebt und das PKH bewilligt (BGH 41, 1 = NJW 64, 771).

9 Wird **Prozeßkostenhilfe teilweise bewilligt,** beginnt die 2-Wochen-Frist bzgl der gesamten Prozeßhandlung grundsätzlich sofort, weil die nachzuholende Rechtsmittelschrift den Umfang des Rechtsmittels zunächst offen lassen kann (BGH NJW 63, 1780). Jedoch kann die Gewährung einer kurzen Überlegungsfrist auch hier (vgl Rn 8) gerechtfertigt sein, wenn die arme Partei das Rechtsmittel bereits eingelegt hatte, nach Zugang der PKH-Entscheidung jedoch erstmals prüfen muß, ob sie die Antragstellung und Rechtsmittelbegründung einer Teil-Bewilligung der PKH anpaßt oder das Rechtsmittel teilweise ohne PKH durchführt (Hamburg NJW 81, 2765).

10 **Auflagen im PKH-Verfahren** hemmen die Frist; jedoch Fristbeginn, sobald eine zur Erfüllung der Auflage gesetzte (richterl) Frist ungenutzt abgelaufen ist (BGH NJW 57, 1599; 62, 153), weil dann Hindernis nicht mehr unverschuldet (BAG NJW 67, 222). Anders bei Nichterfüllung unbefristeter Auflagen BGH NJW 71, 808; VersR 71, 1151 und bei Unterbrechung des PKH-Verfahrens wegen Vergleichsverhandlungen der Parteien (BGH NJW 76, 330); hier Fristbeginn erst durch Ablauf einer v Gericht gesetzten Frist z Erfüllung von Auflagen (§ 273 II 1) oder durch Entscheidung über das PKH-Gesuch.

11 **Konkurs:** Hat der Gemeinschuldner vor Konkurseröffnung um PKH nachgesucht, so hemmt Konkurseröffnung die Frist des Abs I (BGH 9, 308 = NJW 58, 1144).

12 **4) Ausschlußfrist (Abs III):** soll die Gefährdung der formellen Rechtskraft (diese entfällt rückwirkend bei Bewilligung der WE, § 238 Rn 3) beschränken und den Bestand der an ihren Eintritt geknüpften Rechte des Prozeßgegners schützen. Dieser Schutzzweck tritt nur ausnahmsweise zurück, soweit der Prozeßgegner auf den Eintritt der Rechtskraft nicht vertrauen darf und der Antragsteller den Ablauf der Ausschlußfrist auch nicht zu vertreten hat, so zB wenn über ein vor Fristablauf eingereichtes PKH-Gesuch (von dem der Gegner gemäß § 118 Kenntnis hat) erst nach Fristablauf entschieden wird (BGH NJW 73, 1373; Braunschweig NJW 62, 1823; hier gilt das zu § 233 Rn 23 zu „Prozeßkostenhilfe" Anm 4a und b Gesagte entsprechend) oder wenn das Rechtsmittelgericht innerhalb eines Jahres nach Ablauf der Rechtsmittelfrist noch nicht über die Unzulässigkeit des Rechtsmittels entschieden und damit für beide Parteien den Anschein der Zulässigkeit des Rechtsmittels erweckt hat (BAG MDR 82, 171; einschränkend BGH VersR 83, 376). Im übrigen keine Wiedereinsetzung gegen Versäumung dieser Frist (BGH MDR 76, 569). Nach Ablauf dieser Frist ist auch das Nachschieben von Wiedereinsetzungsgründen unzulässig (BGH 2, 342; MDR 63, 291; RG 129, 174; JW 30, 2704); zulässig aber die nachträgliche Erläuterung (§ 236 Rn 6) oder Glaubhaftmachung vor Fristablauf vorgetragener Gründe.

13 Mit stattgebendem WE-Beschluß wird der ein verspätetes Rechtsmittel verwerfende (§§ 519b, 554a) Beschluß ohne ausdrückliche Aufhebung gegenstandslos (BGH LM § 519b Nr 9).

235 (weggefallen)

236 *[Wiedereinsetzungsantrag]*

(1) Die Form des Antrags auf Wiedereinsetzung richtet sich nach den Vorschriften, die für die versäumte Prozeßhandlung gelten.

(2) Der Antrag muß die Angabe der die Wiedereinsetzung begründenden Tatsachen enthalten; diese sind bei der Antragstellung oder im Verfahren über den Antrag glaubhaft zu machen. Innerhalb der Antragsfrist ist die versäumte Prozeßhandlung nachzuholen; ist dies geschehen, so kann Wiedereinsetzung auch ohne Antrag gewährt werden.

1 **1)** Der **Antrag** ist eine an Form (Abs I), Frist (§ 234) u Inhalt (Ab II) gebundene Prozeßhandlung. Er ist, weil das Gericht gem § 224 II nicht befugt ist, die in § 233 genannten Fristen ohne

gesetzl Ermächtigung zu verlängern, grds für die Gewährung der WE unentbehrlich. Nur ausnahmsweise erlaubt Abs II eine Gewährung der WE ohne Antrag, wenn deren Voraussetzungen bei Nachholung der versäumten Prozeßhandlung offenkundig sind (§ 291; vgl Rn 3 u 5). – Der Antrag beseitigt bereits eingetretene Folgen der Versäumung noch nicht, er ist nur Voraussetzung der Folgenbeseitigung durch das Gericht; jedoch Vollstreckungsschutz gem § 707 möglich. Mit der Nachholung der versäumten Prozeßhandlung muß der Antrag nicht notw verbunden sein, wenn diese Nachholung nur (gleichfalls) in der Frist des § 234 erfolgt; geschieht das nicht, so ist der Antrag unzulässig (nicht unbegründet). Jedoch kann in dem Antrag auch die Nachholung der versäumten Prozeßhandlung erblickt werden, wenn nur deren förml Erfordernissen Genüge getan ist.

2) a) Form des Antrags: entspricht der für die versäumte Prozeßhandlung gebotenen Form, also regelm schriftl, im Anwaltsprozeß § 78, so insbes bei Einspruch (§ 340), Berufung (§ 518), Berufungsbegründung (§ 519 II), Revision (§ 553) u deren Begründung (§ 554 II), sofortige Beschwerde (§§ 577, 569) u Restitutionsklage (§ 587). Mündl Antrag zu Prot der GeschSt ausreichend, soweit die versäumte Handlung vor dem AG wahrzunehmen (§ 496). Zuständiges Gericht: § 237. 2

b) Ausdrücklicher **Antrag entbehrlich** (Abs II Satz 2), wenn entweder bei Nachholung der versäumten Handlung innerhalb der 2-Wochenfrist des § 234 Tatsache u Grund der unverschuldeten Fristversäumung von der Partei zumindest erkennbar gemacht werden (= schlüssiger Antrag) oder die eine WE rechtfertigenden Umstände aktenkundig oder sonst offenkundig (§ 291) sind (= Gewährung von Amts wegen). 3

c) Ein **schlüssiger Antrag** liegt in der das Bewußtsein der Fristversäumung (hierzu BGH VersR 68, 992; RG 169, 199; Vollkommer DRiZ 69, 244) erkennbar machenden Darlegung von WE-Gründen (BGH 63, 389 = NJW 75, 928; hierzu Ratte JR 75, 421) zB durch Angabe des Zustellungstages (BGH NJW 52, 1415) oder Bezugnahme auf den früher nach § 519 II gestellten Antrag auf Fristverlängerung. Ausreichend der schlüssig zum Ausdruck gebrachte Wille, das Verfahren trotz Ablaufs der Frist fortzusetzen (BGH 61, 395; Vollkommer ZZP 89, 209). 4

d) Gewährung von Amts wegen kommt, wenn schlüssiger Antrag auch nicht i Wege der Auslegung festzustellen, nur dann in Betracht, wenn die Voraussetzungen einer WE bei fristgerechter Nachholung der versäumten Handlung offenkundig sind (BGH NJW 75, 257), so bei erkennbarer Verletzung der auch hier gem §§ 139, 278 III bestehenden Fürsorgepflicht des Gerichts (BGH VersR 76, 732), bei unterlassener Verbescheidung des rechtzeitigen Antrags auf Fristverlängerung (hierzu § 225 Rn 2 u 3; § 233 Rn 23 zu „Fristen") oder Erkenntnis, daß Fristverlängerung grundlos versagt worden war. Abs II S 2 will verhüten, daß die WE an einem Behördenverschulden jeglicher Art scheitert (vgl die entspr Regelung in § 45 II StPO, § 60 II VwGO, § 56 II FGO, § 67 II SGG, § 26 III EGGVG). Das Gericht ist aber keinesfalls ermächtigt, eine nicht beantragte WE nur wegen der Nachholung der versäumten Handlung binnen 2 Wochen nach Fristablauf zu bewilligen, wenn keinerlei WE-Grund iSd § 233 ersichtlich ist. Ob das der Fall war, hat bei Verwerfung des verspäteten Rechtsmittels das hiergegen angerufene höhere Gericht zu prüfen (BGH NJW 82, 1873 = MDR 82, 471 = VersR 82, 187/188). Denn WE „kann" nicht nur bei gegebenen Voraussetzungen gewährt werden, sie ist dann zwingend zu gewähren. 5

3) Inhalt des Antrags: notwendig Angabe der eine WE begründenden Tatsachen, also Fristversäumung, deren Grund sowie fehlendes Verschulden (§ 233), BGH VersR 74, 249; 78, 942; 83, 270. Nachholung dieser Angaben nach Ablauf der Frist des § 234 genügt nicht (BGH VersR 82, 1168); Ausnahme bei deren Aktenkundigkeit im Fall Abs II 2. Zulässig auch Ergänzung fristgerechter Angaben nach Hinweis gem § 139 (BGH VersR 77, 1099), selbst wenn die Frist inzw abgelaufen (BGH VersR 76, 732; NJW 51, 964; R-Schwab § 70 IV 1b). Ob der Tatsachenvortrag genügt, ist von Amts wegen zu prüfen; § 295 gilt hierfür nicht, RG 131, 261; 136, 281. Antragsergänzung innerhalb offener Frist stets ausreichend (BGH VersR 67, 1153; 69, 715), nach Fristablauf nur noch zur Erläuterung oder Ergänzung fristgerechter Angaben (BGH VersR 85, 1140; 85, 1184; 79, 1028) oder zur Erwiderung auf neuen Sachvortrag des Gegners bzw auf Fragen oder Hinweise des Gerichts (BGH VersR 82, 802/803); dem Gericht bleibt bei der Beurteilung, ob Angaben unzulässig nachgeschoben oder zulässig erläutert, ein enger Beurteilungsspielraum. 6

4) Glaubhaftmachung § 294 nicht notwendig im Antrag, sondern ausreichend „im Verfahren", also bis zur Entscheidung über das Gesuch möglich. Daher regelm ausreichend, abzuwarten, ob das Gericht Glaubhaftmachung verlangt, denn insoweit Hinweispflicht des Gerichts (§§ 139, 278 III). Sachvortrag des RA macht förml Glaubhaftmachung regelm entbehrlich bei Angaben aus eigenem Wahrnehmungsbereich des Anwalts (Köln NJW 64, 1039; BVerfG NJW 74, 1902; 76, 1537). Zur Tauglichkeit der eidesstattl Versicherung des RA als Gegenbeweis gegen den gerichtl Eingangsstempel (bejahend) BGH MDR 83, 749 = VersR 83, 491. 7

8 **5) Nachholung der versäumten Prozeßhandlung** nicht notwendig im Antrag; kann vorher oder innerhalb der Frist des § 234 auch nachher erfolgen. Der Antrag auf Verlängerung der Begründungsfrist ersetzt die fristgerechte Nachholung der Begründung nicht (BGH VersR 77, 1101), auch nicht ein PKH-Gesuch (BGH VersR 84, 761). **Ausnahme:** Gesuch um Verlängerung der Rechtsmittelbegründungsfrist statt Vorlage der Begründung in der Frist des § 234 genügt, wenn sonst bei notwendigem Anwaltswechsel (so BGH NJW 65, 585 = VersR 65, 289 bei Abgabe einer Revision vom BayObLG an den BGH; BGH VersR 74, 656; 84, 761 läßt offen, ob das auch für andere Fälle des notw Anwaltswechsels gilt) die Begründungsfrist der §§ 519 II, 554 II verkürzt würde. – Zweckmäßig ist zugleich Antrag nach §§ 707, 719. – Daß das Gericht das verspätete **Rechtsmittel bereits verworfen** hatte (§ 519b), macht die Nachholung nicht entbehrlich, denn die Verwerfungswirkung entfällt ohne weiteres mit Gewährung der WE (BGH LM § 519b Nr 9). – Auch bei verspätet eingelegter Berufung **beginnt die Begründungsfrist** mit der Einlegung der Berufung; denn durch ein Gesuch um Wiedereinsetzung u die Entscheidung des Gerichts auf dieses Gesuch wird der Lauf der Frist nicht berührt. Legt der Berufungskläger mit dem WE-Antrag eine neue Berufungsschrift vor, anstatt auf die (verspätete) frühere Bezug zu nehmen, so ist für die Begründungsfrist nur die frühere maßgeblich (BGH LM § 236 Nr 7; NJW 55, 1318; 71, 1217).

237 *[Entscheidung über Wiedereinsetzung]*

Über den Antrag auf Wiedereinsetzung entscheidet das Gericht, dem die Entscheidung über die nachgeholte Prozeßhandlung zusteht.

1 **1)** Entscheidung durch das Gericht, dem die Entscheidung über die versäumte Prozeßhandlung zukam, wenn ein Rechtsmittel wegen Versäumung der Notfrist als unzulässig verworfen worden war, durch das Gericht, das den VerwerfBeschl erlassen hat, RG 42, 367.

2 **2) Wiedereinsetzung nach Rechtsmittel:** Über einen vom Berufungsgericht übergangenen Antrag auf Wiedereinsetzung entscheidet nach Einlegung der Revision das Revisionsgericht, BGH 7, 280, ebenso wenn das WE-Gesuch wegen Versäumung einer beim Berufungsgericht einzuhaltenden Frist erst in der Revisionsinstanz gestellt wird, BGH NJW 80, 1168. Selbst ohne WE-Gesuch entscheidet das Revisionsgericht, wenn das Berufungsgericht das Vorliegen der Voraussetzungen für eine Gewährung der WE von Amts wegen (§ 236 II 2) übersehen oder verkannt hatte (BGH NJW 82, 1873/1874 = MDR 82, 471). – Bei Versäumung der Revision gegen das Urteil eines bayer OLG ist das WE-Gesuch mit der nachgeholten Revision gem § 7 EGZPO beim BayObLG einzureichen (BGH NJW 65, 585; LM § 233 Nr 42), falls nicht das OLG die Revision zum BGH zugelassen hat (§ 546 Rn 26).

238 *[Verbindung des Wiedereinsetzungsantrages mit dem Verfahren über die Prozeßhandlung]*

(1) Das Verfahren über den Antrag auf Wiedereinsetzung ist mit dem Verfahren über die nachgeholte Prozeßhandlung zu verbinden. Das Gericht kann jedoch das Verfahren zunächst auf die Verhandlung und Entscheidung über den Antrag beschränken.

(2) Auf die Entscheidung über die Zulässigkeit des Antrags und auf die Anfechtung der Entscheidung sind die Vorschriften anzuwenden, die in diesen Beziehungen für die nachgeholte Prozeßhandlung gelten. Der Partei, die den Antrag gestellt hat, steht jedoch der Einspruch nicht zu.

(3) Die Wiedereinsetzung ist unanfechtbar.

(4) Die Kosten der Wiedereinsetzung fallen dem Antragsteller zur Last, soweit sie nicht durch einen unbegründeten Widerspruch des Gegners entstanden sind.

1 **1) Abs I. Verfahren:** Infolge Verbindung des Wiedereinsetzungsverfahrens mit dem Verfahren über die nachgeholte Prozeßhandlung ist über den Antrag regelmäßig auf Grund mündl Verh (§ 128) zu entscheiden; bei der Berufung (§ 519b), der Revision (§ 544a), dem Einspruch (§ 341 II), der sof Beschwerde (§ 577) u der Erinnerung gegen den Kostenfestsetzungsbeschluß (§§ 104, 107) kann ohne mündl Verh entschieden werden. Vor der Entscheidung ist der Gegner zu hören, falls dies auch bei der nachgeholten Prozeßhandlung notwendig ist (s zB § 99 II), BVerfG NJW 82, 2234; 80, 1095 = MDR 80, 375. Bei Verbindung der Verfahren wird Termin zur Verh über den Wiedereinsetzungsantrag u die nachgeholte ProzHandlung (zB den Einspruch) bestimmt.

Zustellung des Schriftsatzes u der Ladung von Amts wegen. Im Termin wird zunächst (vgl § 146) geprüft, ob der Wiedereinsetzungsantrag nach Form u Inhalt dem Gesetz entspricht u die Antragsfrist gewahrt ist. Das Gericht hat nicht von sich aus nach Wiedereinsetzungsgründen zu forschen, sondern muß sich bei Prüfung des Antrags auf die von der Partei rechtzeitig angeführten Gründe beschränken, soweit nicht WE-Bewilligung von Amts wegen (§ 236 Rn 3 und 5) in Betracht kommt. Aufklärungspflicht des Gerichts (§§ 139, 278 III) besteht aber auch im WE-Verf (§ 236 Rn 5; BGH VersR 76, 732). Die Erfolgsaussichten der versäumten ProzHandlung bleiben bei Prüfung des WE-Antrages ganz außer Betracht (BGH 8, 284 = NJW 53, 423).

2a) Abs II. Entscheidung: Die stattgebende Entscheidung über den Antrag muß ausdrücklich erfolgen, bloße Sachentscheidung über die versäumte ProzHandlung genügt nicht. Entscheidung durch **Beschluß,** wo die Hauptsache keine mündl Verhandlung erfordert (s oben), sonst durch **Urteil** (KG NJW 67, 1865). Bei beschränkter Verhandlung (I Satz 2, § 146): **Zwischenurteil:** grds nur bei Gewährung der WE, denn bei Versagung besteht Entscheidungsreife (§ 300) auch für die Hauptsache. Ein gleichwohl (fehlerhaft; aM Zweibrücken MDR 85, 771: Zwischenurteil auf Versagung der WE sei zulässig) die WE versagendes Zwischenurteil ist mit Berufung bzw Revision anfechtbar (BGH 47, 289 = NJW 67, 1566), soweit diese Rechtsmittel auch gegen Endurteil statthaft wären. – Sonst Entscheidung bei Bewilligung im Urteilsspruch od zumindest in den Gründen (RG 67, 190) des Endurteils zur Hauptsache. Bei Versagung erfolgt Endurteil auf Zurückweisung (falls unbegründet) od Verwerfung (falls unzulässig), falls in der Hauptsache schon vorher entschieden war, andernfalls Versagung im Urteilsspruch oder in den Gründen (s oben) des die Hauptsache entscheidenden Endurteils. Versagung durch Beschluß unter gleichzeitiger Verwerfung des Rechtsmittels i Fall §§ 519b, 554a, 577. 2

b) Ein stattgebender Beschluß bzw Zwischenurteil macht eine frühere auf den Fristablauf gestützte Prozeßentscheidung (nicht auch die Sachentscheidung im Fall § 331 III; vgl § 276 Rn 9) gegenstandslos, ohne daß diese noch gesondert aufzuheben wäre (BGH LM § 519b Nr 9; RG 127, 287). 3

c) Versäumnisurteil (nur bei notw mündl Verhandlung): Bei Säumnis des Antragstellers ist der Antrag ohne Prüfung seiner Begründung auf Antrag des Gegners durch VersUrteil zurückzuweisen; hiergegen beschränkte Revision gem §§ 566, 513 II (BGH NJW 69, 845). Zugleich VersUrteil auf Verwerfung des somit unzulässigen Rechtsmittels. Bei Ausbleiben des Antragstellers, der gegen ein VersUrteil Einspruch eingelegt hatte, ergeht VersUrteil: 1. Der Antrag auf Wiedereinsetzung wird zurückgewiesen. 2. Der Einspruch gegen das VersUrt wird als unzulässig verworfen. – Ist der Antragsgegner nach Einspruch nicht erschienen, ergeht nach Bewilligung der WE VersUrt oder Entscheidung in der Sache selbst nach Aktenlage, bei Zurückweisung des WE-Antrags unechtes VersUrt, das den Einspruch für unzulässig erklärt, § 331 II. 4

d) Die von der Sachentscheidung getrennte **Entscheidung über die WE bleibt für die Instanz bindend,** gleichgültig, ob die Entscheidung in Form eines Zwischenurteils nach § 303 oder in Form eines Beschl nach § 519b ergeht (BGH NJW 1954, 880; s aber unten Rn 7). 5

3) Abs III. Rechtsmittel: Gegen **Gewährung der WE** grundsätzlich kein Rechtsbehelf für den Gegner. Daher insoweit Bindung auch des Rechtsmittelgerichts, selbst wenn Instanzgericht WE zu Unrecht bewilligt hatte (ältere gegenteilige Rspr ist durch Neufassung des Abs III ab 1. 7. 77 überholt; BVerfG NJW 80, 1095/1096; aM R-Schwab § 70 IV 2c am Ende). Nur ausnahmsweise ist Gewährung der WE für den Gegner der säumigen Partei beschwerdefähig, wenn sie auf einer groben Verletzung des Verfahrensrechts beruht (rechtl Gehör: Düsseldorf MDR 84, 763) oder ihr die gesetzliche Grundlage fehlt (vgl § 567 Rn 41). 6

Gegen Versagung der WE Rechtsmittel zulässig, soweit ein solches gegen Hauptsacheentscheidung gegeben. Daher bei Versagung durch **Beschluß** sofortige (weitere) Beschwerde im Fall §§ 104 III, 577 II, sofern nicht § 567 II u III Beschwerde (auch) i der Hauptsache ausschließen. Im Fall § 519b sofortige Beschwerde (wegen § 547 stets zulässig; in Bayern gem § 7 EGZPO beim BayObLG einzulegen, BGH VersR 69, 804). Beschwerde unzulässig, wenn LG als Berufungsgericht entschieden hat (§ 545 I, München MDR 71, 588), wenn OLG in Arrest- oder Verfügungssache entschieden hat (§ 545 II). Soweit nach Beschlußversagung fehlerhaft (s Rn 2) Urteil über die Hauptsache ergangen ist, Anfechtung nur noch mit dem gegen das Urteil zulässigen Rechtsmittel. 7

Gegen Versagung im **Urteil** Berufung bzw Revision, soweit i der Hauptsache statthaft (§§ 511 ff, 547), sonst unanfechtbar. Auch hier keine selbständige Anfechtung der Versagung ohne Anfechtung der verwerfenden Hauptsacheentscheidung. Gegen Zwischenurteil Berufung bzw Revision, wenn (fehlerhaft, s Rn 2) WE versagt; kein Rechtsmittel, wenn WE gewährt; Ausnahme: oben Rn 7. 8

9 Gegen Versagung durch **VersUrteil** (Rn 4) Berufung oder Revision mit der sich aus §§ 513 II, 566 ergebenden Beschränkung. Während des Laufes der Frist des § 234 kann das die WE durch Beschluß versagende Gericht noch auf **Gegenvorstellung** abhelfen; anders nur bei Versagung i Urteil wegen § 318 (BAG BB 73, 755).

10 Die sofortige Beschwerde gegen einen das verspätete Rechtsmittel verwerfenden Beschluß (§ 519b II) führt nicht zur Prüfung auch der Frage einer möglichen WE, wenn nicht auch gegen den die WE versagenden späteren Beschluß als solchen Rechtsmittel eingelegt wurde; nur ausnahmsweise darf das Gericht der Verwerfungsbeschwerde die WE-Frage prüfen und bei seiner Entscheidung berücksichtigen, wenn die Vorinstanz das Rechtsmittel verworfen hatte, ohne vorweg über ein ihm bereits vorliegendes WE-Gesuch entschieden zu haben (BGH NJW 82, 887 = MDR 82, 392).

11 **4) Abs IV. Kosten:** entspricht § 344 (als Ausnahme von § 91). Daher trägt die Kosten des WE-Verfahrens und (als Ausnahme von § 97) auch des für ihn erfolgreichen Beschwerdeverfahrens (Hamm MDR 82, 501) grundsätzlich der Antragsteller; der Antragsgegner nur, soweit er unbegründet widersprochen hatte. (Der Widerspruch des Antragsgegners wird praktisch niemals Kosten verursachen, da die Voraussetzungen der WE von Amts wegen zu prüfen sind.) Wird der Antrag auf WE zurückgewiesen, findet § 91 Anwendung. Über die **Kosten der WE** ist in der Entscheidung besonders zu erkennen (sonst § 321). – Wie im Fall § 344 geht bei Klagerücknahme die Kostenfolge des § 269 (dort Rn 18) vor; daher trägt der Kläger hier auch die Kosten des WE-Gesuchs des Bekl (Hamm MDR 77, 233 mit abl Anm Schneider), falls nicht über diese Kosten bereits rechtskräftig entschieden war (§ 269 III 2).

12 **5) Gebühren: a) des Gerichts:** Keine besondere allg Verfahrensgebühr (§ 1 Abs 1 GKG). **Gerichtsgebührenfrei** ist auch die Entscheidung über den WE-Antrag, gleichviel, ob diese durch Beschluß oder Zwischenurteil (s dazu § 303 Rn 12) erlassen wird (vgl oben Rn 2); denn Zwischenurteile sind nie Endurteile im gebührenrechtl Sinn des KV Nrn 1014–1017, 1024–2027 und 1036, 1037. War aber bereits in der Hauptsache entschieden und ist daraufhin die **Wiedereinsetzung durch** ein auf Zurückweisung oder Verwerfung lautendes **Endurteil** versagt worden, so fällt hierfür eine **Urteilsgebühr** an; hinsichtl der Höhe des Gebührensatzes s Rn 7 zu § 300 und Rn 11 zu § 313a. Jedoch darf innerhalb der einheitl Instanz – das WE-Verfahren eröffnet keine neue Gebühreninstanz – eine Urteilsgebühr (hinsichtl eines jeden Teils des Streitgegenstands) nur einmal erhoben werden (§ 27 GKG). – Das **Versäumnisurteil,** durch das bei Säumnis des Antragstellers auf Antrag des Gegners der WE-Antrag zurückgewiesen wird, ist ein **echtes VersUrteil** gegen die ausgebliebene Partei und löst daher **keine Urteilsgebühr** aus (s dazu Rn 10 zu § 330). Das gleiche gilt für ein VersUrteil gegen den ausgebliebenen Antragsteller, der gegen ein VersUrteil Einspruch eingelegt hatte (s Rn 4). Dagegen ist eine Urteilsgebühr anzusetzen für ein bei Ausbleiben des Antragsgegners nach Einspruch erlassenes **unechtes VersUrteil,** das unter Zurückweisung des WE-Antrags den Einspruch für unzulässig erklärt (s Rn 4). Da bei Fortsetzung des Verfahrens nach einem Einspruch gegen ein VersUrteil dieselbe Instanz vorliegt, ist auch hier § 27 GKG zu beachten. – Wegen der Gebühren bei Einlegung eines Rechtsmittels gegen ein VersUrteil, das den WE-Antrag versagt hat, s Rn 13 zu § 513. – **b) des Anwalts:** Eine (10/10) Anwaltsgebühr nach § 31 Abs 1 Nr 1 BRAGO, wenn sich die Tätigkeit des RA ausschließl auf den Antrag auf Wiedereinsetzung beschränkt. War der Anwalt schon im Hauptsacheverfahren tätig, so erhält er die (10/10) Prozeßgebühr nur, wenn er diese nicht bereits in derselben Instanz (s dazu unter a) oben) und in derselben Sache verdient hat (§ 13 Abs 2 BRAGO). – Wegen der Gebühren des RA für den Antrag auf Erlaß eines Vers-Urteils s Rn 10 zu § 330 und Rn 17 zu § 331. – **c) Prozeßkostenhilfe:** Die für die Rechtsmittelinstanz bewilligte Prozeßkostenhilfe umfaßt auch das zur Durchführung des Rechtsmittels erforderl Verfahren auf WE (RGZ 147, 154; vgl § 233 Rn 23 „Prozeßkostenhilfe").

Fünfter Titel

UNTERBRECHUNG UND AUSSETZUNG DES VERFAHRENS

1 1) Dieser Titel behandelt die Hindernisse, die der Fortführung des Rechtsstreites entgegenstehen. Zu unterscheiden von diesen **rechtlichen Hindernissen** ist der nur **tatsächliche Stillstand** infolge bloßen Nichtbetreibens durch die Parteien oder (unzulässigerweise, vgl Rn 4 zu § 148) das Gericht. Der nur tatsächliche Stillstand hemmt oder unterbricht entgegen § 249 keine Fristen.

2 **Unterbrechung** tritt ein in folgenden Fällen: § 239: Tod der Partei, gleichbedeutend Untergang einer jur Person, s aber § 246; § 240: Konkurs der Partei, § 241: Verlust der Prozeßfähigkeit oder Wegfall des gesetzl Vertreters, § 242: Nacherbfolge im Prozeß des Vorerben, § 244: Wegfall des ProzBevollm im Anwaltsprozeß, § 245: Stillstand der Rechtspflege: Parteibehinderung durch Kriegsauswirkung; § 34 IV EGGVG: Kontaktsperre gegen gefangene Partei.

3 **Aussetzungsfälle:** §§ 65 (Interventionsstreit), 148 (Vorgreiflichkeit), 149 (Strafverfahren), 151–154 (Vorgreiflichkeit von Ehe- und Statusprozeß), 246 (Tod der Partei, Beendigung der jur Person ohne Liquidation, Wegfall des gesetzl Vertreters, Nacherbfolge, Nachlaßverwaltung im Fall der anwaltl Vertretung), 247 (Krieg), 578 II (Vorgreiflichkeit der Nichtigkeitsklage), 620 (Ehe-

prozeß), 681 (Entmündigungsverfahren), 953 (Aufgebotsverfahren); Art 100 GG (Normenkontrolle). Weitere Aussetzungsfälle: Rn 2, 3 zu § 148. Die Aussetzung ist nur „auf Grund gesetzl Bestimmungen" (§ 252) zulässig, nicht auf Grund bloßer Zweckmäßigkeitserwägungen (RG 18, 364), vgl § 148 Rn 1.

Bei **Streit über die Frage der Unterbrechung** ist hierüber entspr § 275 auf Grund mündl Verhandlung durch Zwischenurteil (Königsberg HRR 30, 2107), bei Verneinung der Unterbrechung in den Gründen des Endurteils zu entscheiden. Ein die Unterbrechung verneinendes Zwischenurteil ist überflüssig, weil gem §§ 512, 548 nicht gesondert anfechtbar (BAG AP § 239 Nr 1). 4

Bei **Streit über die Frage der Aussetzung:** § 252. 5

Das **Ruhen des Verfahrens** ist Sonderfall der Aussetzung mit gleicher Wirkung wie diese (§ 249), jedoch ohne Unterbrechung von Notfristen und Rechtsmittelbegründungsfristen (§ 251). 6

2) Unterbrechung u Aussetzung haben im allgemeinen gleiche **Wirkung** (§ 249 I, II); nur ihre Voraussetzung u ihr Eintritt sind verschieden. Die Unterbrechung (§ 239–245) tritt kraft Gesetzes mit dem Augenblick des betr Ereignisses ein, die Aussetzung wird auf Gesuch (§ 246) oder von Amts wegen (§ 247) durch das Gericht angeordnet u beginnt mit der Verkündung oder Zustellung des Beschlusses. Ist das Hindernis beseitigt, so erfolgt die „Aufnahme des Verfahrens", die zu unterscheiden ist von der Fortsetzung e ruhenden Verfahrens (§ 251) u von der Wiederaufnahme eines durch rechtskräftiges Endurt geschlossenen Verfahrens (§ 578 ff). 7

3) Die Vorschriften des 5. Titels setzen ein rechtshängiges Verfahren voraus; sie gelten aber nicht bloß für den eigentlichen Rechtsstreit, sondern auch für Verfahren, die eine mündl Verhandlung nicht voraussetzen, zB für das Mahn-, Kostenfestsetzungs- (München Rpfleger 74, 368; Büro 75, 520), Arrest- u Beschwerdeverfahren, RG 30, 410, nicht dagegen für das PKH-Verfahren, KG NJW 53, 1474; Oldenburg JW 36, 1309, das Beweissicherungs- und schiedsrichterliche Verfahren, RG 62, 24. Bezüglich der ZwVollstr sind besondere Vorschriften gegeben, vgl §§ 779, 727; die §§ 239 ff sind daher nicht anwendbar (vgl § 239 Rn 1). 8

239 *[Unterbrechung durch Tod einer Partei]*

(1) Im Falle des Todes einer Partei tritt eine Unterbrechung des Verfahrens bis zu dessen Aufnahme durch die Rechtsnachfolger ein.

(2) Wird die Aufnahme verzögert, so sind auf Antrag des Gegners die Rechtsnachfolger zur Aufnahme und zugleich zur Verhandlung der Hauptsache zu laden.

(3) Die Ladung ist mit dem den Antrag enthaltenden Schriftsatz den Rechtsnachfolgern selbst zuzustellen. Die Ladungsfrist wird von dem Vorsitzenden bestimmt.

(4) Erscheinen die Rechtsnachfolger in dem Termin nicht, so ist auf Antrag die behauptete Rechtsnachfolge als zugestanden anzunehmen und zur Hauptsache zu verhandeln.

(5) Der Erbe ist vor der Annahme der Erbschaft zur Fortsetzung des Rechtsstreits nicht verpflichtet.

1) **Anwendungsbereich:** § 239 regelt den Fortgang des Erkenntnisverfahrens (nicht auch Vollstreckungsverfahrens, vgl § 779, Frankfurt Rpfleger 75, 44; abw Sojka MDR 72, 14) beim Tod einer Partei *und* gesetzl oder gewillkürter Rechtsnachfolge eines (oder mehrerer) Dritten in den Streitgegenstand. Nicht anwendbar daher bei fehlender Rechtsnachfolge, zB bei gleichzeitigem Untergang des Streitgegenstands. Keine Unterbrechung (sondern Verfahrensende durch Konfusion) auch bei Rechtsnachfolge durch Gegner der verstorbenen oder sonst weggefallenen Partei. Bei Rechtsnachfolge *ohne* Tod der Partei: §§ 265, 266. Stirbt eine Partei, so sind die Erben nur dann Rechtsnachfolger iS § 239, wenn auch der Streitgegenstand auf sie übergeht (§ 1922 BGB); das ist in Ehesachen (abgesehen vom Kostenpunkt) nicht der Fall (RG 9, 127): § 619. Hinsichtlich der Kosten ist in der Rechtsmittelinstanz wegen § 99 I Aufnahme durch die Erben zulässig (BGH NJW 65, 1275). Im übrigen jedoch auch bei fehlender Rechtsnachfolge in den Streitgegenstand Aufnahme nötig zur Kostenregelung gem § 91 a (StJSch Rn 4). 1

Nicht anwendbar ist § 239, wenn die verstorbene Partei durch einen **ProzBevollm vertreten** war: § 246, doch muß dann das Mandat im Zeitpunkt des Todes noch bestanden haben (BGH 43, 137 = NJW 65, 1019); § 87 I gilt insoweit nicht. Stirbt der Revisionsbeklagte, bevor er einen ProzBevollm für die Revisionsinstanz bestellt hatte, so tritt Unterbrechung gem § 239 (nicht § 246) ein, obwohl für die Vorinstanz ein zur Entgegennahme der Rechtsmittelschrift ermächtigter (§ 210 a) ProzBevollm bestellt war (BGH 2, 227 = NJW 51, 802; vgl auch RG 68, 247). Keine Unterbrechung des Schiedsgerichtsverfahrens: RG 62, 24. Trotz Unterbrechung kann ein Rechts- 2 mittel noch verworfen werden, wenn die Voraussetzungen der Verwerfung schon vor der Unterbrechung gegeben waren (analog § 249 III, BGH NJW 59, 532).

3 **2) Tod der Partei:** Gleichbedeutend die Todeserklärung gem § 9 VerschGes. Dem Tod der Partei steht gleich der Tod des streitgenössischen Streitgehilfen (§ 69), nicht des unselbständigen Streithelfers (§ 67, Celle NJW 69, 515; Hamburg NJW 61, 611). Bei **juristischen Personen** und parteifähigen Personenmehrheiten (OHG; nichtrechtsf Verein als Bekl § 50 II) entspricht deren Erlöschen dem Tod nur, soweit Gesamtrechtsnachfolge eintritt, RG 56, 331. **Gesamtrechtsnachfolge: ja:** Verschmelzung der AG (§ 339 AktG), Übertragung der AG (§ 359 AktG), Umwandlung gem UmwG v 12. 11. 1956 idF v. 19. 12. 1985 (BGBl I 2355, BGBl III 4120–1), Verlust der Rechtsfähigkeit, Eingemeindung einer Gemeinde, Anfall des Vereinsvermögens an den Fiskus (§ 46 BGB), Umwandlung einer Kapitalgesellsch in eine OHG oder umgekehrt (krit Huber ZZP 82, 224/253), Verschmelzung von Genossenschaften (§ 93a GenG), Fusion und Auflösung von Sparkassen (vgl Art 16–18 BaySparkG, Bay BS I 574; Krebs/Dülp Bay SparkRecht Anm II 2a zu Art 16–18 aaO). **nein:** soweit Liquidation stattfindet (RG 33, 92), bei der lediglich formwechselnden (vgl Gessler AktG Vorbem vor § 362; RG 55, 126) Umwandlung der AG gemäß §§ 362–393 AktG, Wechsel oder Tod von Gesellschaftern der OHG, bei fortbestehender Vertretung durch die übrigen. Auflösung und Löschung der OHG (RG 34, 362; 124, 150; 127, 98 die bisherigen Gesellschafter werden ohne Unterbrechung Partei), jedoch Unterbrechung hinsichtlich des verstorbenen Gesellschafters (RG 46, 39). Verlust der Rechtsfähigkeit einer jur Person unterbricht ebensowenig wie Unterlassung der dann gebotenen Liquidation, denn für den Prozeß gilt die jur Person als fortstehend (RG 33, 92; BGB BB 57, 725), sofern die Liquidation nicht bereits beendet ist (dann Klage unzulässig, BGH NJW 79, 1592 = MDR 79, 822) oder mangels Vermögens nicht mehr in Betracht kommt (so bei Löschen einer Gesellschaft gem Löschungsgesetz v 9. 10. 1934; dann Hauptsacheerledigung, BGH NJW 82, 238).

4 Bei **Partei kraft Amtes** steht die Beendigung des Amtes dem Tod iS § 239 gleich. Endet die Passivlegitimation des TestVollstreckers (§ 2213 BGB) durch Abberufung, so sind die Erben als Rechtsnachfolger zu behandeln (BGH NJW 64, 2301; RG 155, 354). Anders beim bloßen Wechsel in der Person des TestVollstreckers (dann § 241). Erlischt die ProzFührungsbefugnis des einen Ehegatten wegen Änderung des Güterstandes, so bejaht BGH 1, 65 = NJW 51, 311 Rechtsnachfolge des anderen iS § 239 (entgegen RG 135, 292), ohne zur Frage der Unterbrechung Stellung zu nehmen; richtig ist hier aber § 241, nicht § 239, denn der Rechtsträger bleibt gleich, nur der Amtsträger wechselt.

5 **3) Rechtsnachfolger** und damit zur Aufnahme berechtigt und verpflichtet (Frankfurt MDR 66, 153) ist, wer die Gesamtrechtsnachfolge hinsichtlich des Streitgegenstandes (oben Rn 1) **infolge des Todes** antritt, regelmäßig der Erbe (§ 1922 BGB), bei Mehrheit von Erben jeder von ihnen (Frankfurt MDR 66, 153). Der einzelne Miterbe darf allein aufnehmen (wenn der Gegner die übrigen nicht gem Abs II lädt), wenn er im Passivprozeß gem §§ 2058, 1967 BGB als Gesamtschuldner haftet (BGH NJW 64, 2301). Das gleiche gilt im Aktivprozeß, doch muß er dann bei Antragstellung die Rechte der übrigen Miterben berücksichtigen u gem § 2039 BGB Leistung an alle verlangen, BGH 23, 212; BGH LM § 239 Nr 6 = FamRZ 64, 360. Stirbt der Kläger der Nichtigkeitsklage, so kann der einzelne Miterbe das Verf aufnehmen, wenn das angefochtene rechtskr Urteil einen zum Nachlaß gehörenden Anspruch abgewiesen hatte (BGH 14, 251 = NJW 54, 1523). – Rechtsnachfolger kraft Todes ist (abweichend von § 325) auch der Sonderrechtsnachfolger zB der überlebende Ehegatte bei allg Gütergemeinschaft (RG 148, 246); der Abkömmling bei fortges Gütergemeinschaft; der Nacherbe im Prozeß des Vorerben (§ 242); der Anteilsberechtigte am Gesamtgut der fortges Gütergemeinschaft, wo das Gesamtgut Streitgegenstand ist (§ 1483 BGB); der Zessionar der für den Todesfall abgetretenen Forderung (BGH NJW 64, 1125; 65, 1913), wo diese Streitgegenstand ist; der Gesamtrechtsnachfolger der jur Person (oben Rn 3); der Eigentümer beim Tod des Nießbrauchers (§ 1061 BGB).

6 **Keine Nachfolge kraft Todes:** Vermächtnisnehmer (arg: § 2174 BGB), Erbschaftskäufer, Zessionar, der im Versicherungsvertrag für den Todesfall Begünstigte (RG 54, 97; streitig, vgl RG 51, 403; 71, 324; 128, 187; Stuttgart NJW 56, 1073), der Pfändungsgläubiger (HRR 38, 1558).

7 **4) Aufnahme des Verfahrens** erfolgt gem § 250 durch Schriftsatz des Rechtsnachfolgers. (Wegen der Aufnahmebefugnis des einzelnen Miterben s oben Rn 5). Mit der Zustellung dieses Schrifts an den Gegner endet die Unterbrechung. Diese Beendigung ist auflösend bedingt für den Fall der Zurückweisung des Aufnehmenden bei streitiger Rechtsnachfolge. Das Gericht lädt den Aufnehmenden und Gegner zur Verh über Rechtsnachfolge und Hauptsache (Abs III).

8 **5) Verfahren nach Aufnahme im anhängigen Prozeß: a) Rechtsnachfolge ist unstreitig:** die mündl Verh wird ohne ausdrückl Ausspruch über Rechtsnachfolge fortgesetzt. Ist der Rechtsnachfolger säumig: Versäumnisurteil (BGH NJW 72, 258) i der Hauptsache gegen ihn (bzw

§ 331 a). Ist Gegner säumig: das gleiche Urteil gegen den Gegner auf Antrag des Rechtsnachfolgers. Die Feststellung der unstreitigen Rechtsnachfolge und Aufnahme ist, soweit gem § 313 Begründung des Urteils überhaupt geboten, in den Gründen zu treffen, RG 86, 238.

b) Rechtsnachfolge ist streitig: freie Beweiswürdigung § 286. Erbschein nicht erforderlich, wo anderer Beweis genügt, RG 54, 94. Abgesonderte Verh über die Rechtsnachfolge: § 146. Bei Verneinung: Endurteil auf Zurückweisung der Aufnahme mit Kostenlast des Aufnehmenden, RG 45, 362; 46, 322; damit steht Fortdauer der Unterbrechung fest. Bei Bejahung: (HRR 30, 2107) hierüber oder Endurteil über die entscheidungsreife Hauptsache mit Feststellung der Rechtsnachfolge ledigl in den Gründen. Versäumnisverfahren: Ist Aufnehmender säumig, Versäumnisurteil auf Zurückweisung der Aufnahme. Ist Gegner säumig, so bei schlüssiger Behauptung der Rechtsnachfolge (§ 331 II) Versäumnisurteil auf Feststellung der wirksamen Aufnahme und Hauptsacheausspruch nach Antrag, bei unschlüssiger Behauptung der Rechtsnachfolge nur über diese unechtes Versäumnisurteil auf Zurückweisung der Aufnahme (BGH NJW 57, 1840 = LM § 330 Nr 1; vgl Rn 11 vor § 330). 9

6) Verfahren der Aufnahme nach Urteilsverkündung: Aufnahme ist zum Zweck der Rechtsmitteleinlegung bis z Eintritt der formellen Rechtskraft (nachher: § 731) möglich. Der Rechtsnachfolger kann die Aufnahme mit dem Rechtsmittel verbinden, dann entscheidet über beides das Rechtsmittelgericht wie im anhängigen Prozeß (Rn 8, 9; BGH 36, 258 = NJW 62, 589). Verneint das obere Gericht die Rechtsnachfolge, so ist das Rechtsmittel als unzulässig zu verwerfen, andernfalls Sachentscheidung. Die Aufnahme kann aber auch vor dem unteren Gericht erfolgen, mit dem Ziel, die Rechtsnachfolge durch ein „Ergänzungsurteil" (RG 68, 256: „Aufnahmeurteil") festzustellen. Das Verfahren des unteren Gerichts bis zum Ergänzungsurteil entspricht dem gem § 146 abgesonderten Verfahren (Rn 9). Auf das Ergänzungsurteil ist § 517 Satz I nicht anwendbar, RG 140, 353. Möglich ist, dem Beklagten als Erben die Beschränkung seiner Haftung (§ 780) im Ergänzungsurteil vorzubehalten (Düsseldorf NJW 70, 1689). 10

Die Aufnahme des Rechtsstreits nach Urteilsverkündung ist für den Rechtsnachfolger auch dann geboten, wenn er kein Rechtsmittel einlegen, jedoch aus dem Urteil vollstrecken will, ohne seine Rechtsnachfolge durch Urkunden iS des § 721 I nachweisen zu können. 11

7) Vom Gegner erzwungene Aufnahme (Abs II, IV): Der Rechtsnachfolger ist auf Verlangen des Gegners zur Aufnahme verpflichtet (Frankfurt MDR 66, 153), nicht nur berechtigt. Aufnahmepflicht des Erben erst nach Annahme der Erbschaft (Abs V; vgl § 1958 BGB). 12

Bei verzögerter Aufnahme (das setzt Kenntnis von Rechtsstreit voraus, Zweibrücken NJW 68, 1635) kann Gegner den Rechtsnachfolger zur Verh u Aufnahme laden (Abs II). Der Antrag muß die die Rechtsnachfolge begründenden Tatsachen enthalten. Das Verfahren entspricht dem oben Rn 8–11 Gesagten. Bei Säumigkeit des geladenen Rechtsnachfolgers gilt die Rechtsnachfolge als zugestanden (Abs IV) und kann gem §§ 330, 331 a sachl gegen ihn entschieden werden. Sind beide säumig, keine Entscheidung gem § 251 a mangels Antrags (Abs IV), dann Ruhen des Verfahrens. Erscheint der Gegner nicht, kann der Rechtsnachfolger bei zugestandener Rechtsnachfolge gegen ihn VersUrteil in der Sache erwirken. 13

8) Erbe vor der Annahme: Abs V schützt wie § 1958 BGB den vorläufigen Erben, daher nicht anwendbar bei Testamentsvollstreckung u Nachlaßpflegschaft (§§ 2213 II, 1960 III BGB). Kläger mag letztere beantragen. Aufnahme des Verfahrens durch Erben beinhaltet Annahme der Erbschaft, schließt aber Haftungsbeschränkung (§§ 305, 780) nicht aus. – Abs V ist Konsequenz der im BGB normierten Gesamtrechtsnachfolge (§§ 1922, 1958 BGB) des Erben; daher nicht anwendbar, wenn Erbfolge abweichend nach ausländischem Recht zu beurteilen ist (Geimer IZPR, 1986, Rn 191). 14

9) Gebühren: a) des **Gerichts:** Das Verfahren nach Aufnahme eines nach §§ 239 ff unterbrochenen Rechtsstreits bildet mit dem vorhergehenden unterbrochenen Verfahren eine einheitl Gebühreninstanz (so schon Dresden HRR 1938 Nr 1654). Für ein Aufnahme-Zwischenurteil (s oben Rn 9) fällt keine UrtGeb an. Das Endurt auf Zurückweisung der Aufnahme (s oben Rn 9) löst aber eine UrtGeb aus; wegen der Höhe des Tabellensatzes s § 300 Rn 7. – **b)** des **Anwalts:** Das Verfahren gehört zur Prozeß- u Sachleitung; die anwaltl Tätigkeit ist daher durch die Regelgeb des § 31 BRAGO abgegolten. Für die Verhandlungsgeb kommt ev § 33 Abs 2 BRAGO in Betracht, soweit nicht schon vor der Unterbrechung zur Hauptsache verhandelt oder später dazu verhandelt wird, kann neben der Verhandlungsgeb nach dem Wert der Hauptsache nicht auch noch die Geb des § 33 Abs 2 BRAGO nach dem Wert entstehen, über den ledigl zur Prozeß- u Sachleitung verhandelt worden ist. 15

240 *[Unterbrechung durch Konkurs]* **Im Falle der Eröffnung des Konkurses über das Vermögen einer Partei wird das Verfahren, wenn es die Konkursmasse betrifft, unterbrochen, bis es nach den für den Konkurs geltenden Vorschriften aufgenommen oder das Konkursverfahren aufgehoben wird.**

Lit: *Bohr* Die Verfahrensunterbrechung durch Konkurs, insbes beim Mahn- u Kostenfestsetzungsverfahren JurBüro 79, 1105.

1 **1) Der Eröffnung des Konkurses** steht nicht gleich diej des Vergleichsverfahrens oder die Anordnung der Zwangsverwaltung. Ausländ Konkurs unterbricht (wegen § 237 KO) trotz der Zugriffsmöglichkeit für den ausländ Konkursverwalter auch auf Inlandsvermögen (BGHZ 95, 256) den im Inland anhängigen Rechtsstreit nicht (BGH NJW 79, 2477; 62, 1511; RGZ 16, 337; dasselbe gilt für Konkurs in der DDR, Frankfurt NJW 51, 722; MDR 52, 625). Anders bei Auslandskonkurs der jur Person ausländ Rechts, wenn deren Status nach Heimatrecht durch Konkurs erlischt, vgl Kuhn MDR 60, 579.

2 **Vermögen einer Partei.** Nachlaßkonkurs unterbricht alle Prozesse der Erben als solche, auch wenn sie e ProzBevollm haben, OLG 1, 446. Der Konkurs über das Vermögen einer Handelsges (§§ 209 ff KO) unterbricht nur das Verfahren betr das Gesellschaftsvermögen, der Konkurs über das Vermögen e Handelsgesellschafters jedoch nicht das Verf in Ansehung des Gesellschaftsproz; RG 34, 363; 51, 95. Der Konkurs über die OHG (§ 209 KO) hindert nicht die Klage oder Klageerweiterung gegen die Gesellschafter (BGH NJW 61, 1066). Ein Anfechtungsproz außerhalb des KonkVerf wird durch Eröffnung des Konkurses über das Vermögen des Schuldners unterbrochen, auch wenn dieser nicht Partei ist, § 13 II AnfG. Gerät ein Streitgenosse in Konkurs, so tritt Unterbrechung des Verf gegen alle Streitgenossen nur ein, wenn notw Streitgenossenschaft vorliegt, Hamburg NJW 61, 611; HRR 35, 1075. Der Konkurs über das Vermögen einer Partei kraft Amtes (zB KonkVerw, Testamentsvollstrecker) unterbricht den Prozeß über das verwaltete Vermögen nicht. Wegen des Todes, Wegfalls oder Wechsels der Partei kraft Amtes s Rn 3, 4 zu § 239.

3 **Verfahren** ist auch das Mahn- u Kostenfestsetzungs- (Bohr JurBüro 79, 1105; Stuttgart Justiz 77, 61; Hamm Rpfleger 75, 446), nicht jedoch e schiedsrichterl Verfahren, JW 92, 204. – Wegen Wiedereinsetzungsantrag durch Konkursverwalter, wenn bei Konkurseröffnung die Zweiwochenfrist des § 234 I noch nicht abgelaufen war, s § 234 Rn 11; BGHZ 9, 308. – Eine vor Anmeldung und Prüfung einer Konkursforderung gegen den Konkursverwalter erhobene Klage ist wegen Fehlens einer notwendigen, von Amts wegen zu beachtenden Prozeßvoraussetzung unzulässig. Dies gilt auch dann, wenn der Konkurs erst nach Klageerhebung eröffnet und der Rechtsstreit vom Konkursgläubiger gegen den Konkursverwalter ohne dessen Widerspruch aufgenommen wurde, solange die Klageforderung zwar nachträglich angemeldet, aber noch nicht geprüft worden ist, BGH LM § 146 KO Nr 1.

4 **2) Die Konkursmasse betrifft das Verfahren,** wenn der noch anhängige (Anhängigkeit nur noch der Kostenfrage genügt aber, zB bei Rechtsmittel gem §§ 91 a II, 99 II, 269 III 5) Prozeß sich auf das der Zwangsvollstr unterliegende Vermögen des Gemeinschuldners, wenn auch nur mittelbar (RG 45, 374; 134, 179) bezieht, so zB Konkurs des Rechtsinhabers, wenn Kläger dessen Recht in gewillkürter Prozeßstandschaft geltend macht (Düsseldorf JMBlNRW 76, 42); **keine Unterbrechung, wenn** das Verfahren nichtvermögensrechtl Ansprüche (aus dem Ehe- oder Familienrecht) zum Gegenstand hat oder der Gläubiger erklärt, **aus der Konkursmasse keine Befriedigung** zu suchen, BGH 25, 395 = NJW 58; 23; Schulz MDR 69, 20; abw LG Hamburg NJW 68, 1528; Bernhardt NJW 61, 810. Die Gegenmeinung läßt außer Betracht, daß § 240 seinen Rechtsgrund nur in § 12 KO findet u daher nicht anwendbar ist, wenn (was ggf im Urteil z Ausdruck kommen muß) nicht „Befriedigung aus der Konkursmasse" gesucht wird (BGH 72, 234 = NJW 79, 162). Hierbei kann es keinen Unterschied machen, ob Klage vor oder nach Konkurseröffnung erhoben wird (so LG Hamburg aaO). Dementsprechend gehören Gegenstände nicht zur Konkursmasse, die der Konkursverwalter durch Erklärung gegenüber dem Gemeinschuldner freigegeben hat (unten Rn 13; RGZ 73, 277; 127, 200). – Unterbrechung auch, wenn nur Teile des Streitgegenstandes in die Masse fallen (BGH NJW 66, 51; RG 151, 279). § 240 trifft zu, wenn bei einer Unterlassungsklage die Geltendmachung e Schadenersatzanspruchs angekündigt ist, RG 132, 362, ferner bei Klagen auf Rechnungslegung u bei patentrechtl Unterlassungsklagen gegen den Gemeinschuldner, wenn von ihnen ein zur Masse gehörendes Recht abhängt, RG 132, 363; 141, 428; LM § 146 KO Nr 4. Wegen Arrestverfahren im Konkurs vgl § 917 Rn 9, § 924 Rn 4; RGZ 20, 361; 56, 147; BGH NJW 62, 591.

5 **3) Unterbrechung des Verfahrens** tritt ein, auch wenn die Partei e ProzBevollm bestellt hatte (seine Vollmacht erlischt, § 23 II KO, § 168 BGB; BGH VersR 82, 1054; RG 118, 161) oder ihren

Anspruch nach Rechtshängigkeit abgetreten hat, RG 66, 182. Nicht erforderlich ist auch, daß der Gegner von der Konkurseröffnung Kenntnis hatte. Sie ist von Amts wegen zu berücksichtigen. Hat das Gericht in Unkenntnis der Konkurseröffnung e Urteil erlassen, so kann der Gemeinschuldner durch Rechtsmitteleinlegung die Zurückverweisung der Sache an das Gericht der unteren Instanz erreichen, RG 64, 361. Daß aus dem vorläufig vollstreckbaren Urteil (selbst vor Konkurseröffnung) bereits vollstreckt wurde, hindert die Unterbrechung nicht (KG OLGZ 77, 364; aM Celle OLGZ 69, 368). Gibt der KonkVerw den Gegenstand des unterbrochenen Prozesses frei, so endet nicht bereits damit, sondern erst mit Aufnahme durch den Gemeinschuldner die Unterbrechung, BGHZ 36, 258 = NJW 62, 590. – Ein vor KonkEröffnung unzulässiges Rechtsmittel kann auch während der Unterbrechung verworfen werden (entspr § 249 III), BGH NJW 59, 532.

4) Aufnahme des Verfahrens nach den Bestimmungen der §§ 10, 11, 144, 146, 152 KO (BGH VersR 83, 967 = ZIP 83, 952) durch Einreichung eines Schriftsatzes bei Gericht u Zustellung von Amts wegen an den Gegner. 6

a) Ist bei Eröffnung des Konkursverfahrens der Rechtsstreit für den Gemeinschuldner anhängig, dh verfolgt er in dem Rechtsstreit einen zur Vermehrung der Masse dienl Anspruch, so kann der Rechtsstreit zunächst nur von dem Konkursverwalter aufgenommen werden, § 10 I 1 KO. Bei Verzögerung der Aufnahme: § 239 II (§ 10 I 2 KO). Lehnt der Konkursverwalter die Aufnahme ab, so wird der Gegenstand des Rechtsstreits freies Vermögen des Gemeinschuldners; es kann dann sowhl der Gemeinschuldner als auch der Gegner den Prozeß nach § 250 aufnehmen, § 10 II KO; RG 79, 29; BGH NJW 66, 51; 73, 2065. 7

b) Ist bei Konkurseröffnung der Rechtsstreit über eine Konkursforderung (§ 3 KO) **gegen den Gemeinschuldner anhängig,** so hat der Konkursgläubiger s Forderung zunächst zur Konkursmasse anzumelden, §§ 12, 139 KO (Nürnberg OLGZ 82, 379). Bestreitet im Prüfungstermin nur der Gemeinschuldner die Forderung, so kann nur der Gläubiger den Rechtsstreit gem § 250 gegen den Gemeinschuldner aufnehmen, § 144 II KO. Wird die angemeldete Forderung, für die noch **kein vollstreckb Schuldtitel** vorliegt, von dem Gemeinschuldner u Konkursverwalter oder e Konkursgläubiger oder von letzteren beiden allein bestritten, so ist zur Aufnahme des Rechtsstreits nur der Gläubiger (nicht auch der KonkVerw) befugt, BayOblGZ 73, 285; RG 86, 396; JW 31, 2104; § 146 I, III KO. – § 239 trifft nicht zu, RG 34, 409. Durch die Aufnahme ändert sich kraft Gesetzes der Gegenstand des Rechtsstreits. Auch wenn die Klage auf Verurteilung zur Leistung gerichtet war, ist jetzt nur über die Feststellung der Forderung zur Konkurstabelle, unter Umständen nur über das Vorrecht, zu entscheiden, BGH LM § 146 KO Nr 4; RG 65, 133. War die Klage im UrkProz erhoben, so geht der Rechtsstreit kraft Gesetzes in das ordentl Verfahren über. Liegt für die Forderung bereits ein noch nicht rechtskräftiger **Vollstreckungstitel** vor, so muß der widersprechende KonkVerw den Rechtsstreit gegen den Gläubiger aufnehmen, § 146 VI KO, RG 86, 237. Wird die Aufnahme verzögert, so ist der Gläubiger zur Aufnahme (§ 250) befugt, RG 86, 237. Neuer Klage könnte die Einrede der Rechtshängigkeit entgegengehalten werden. 8

c) Betrifft der Rechtsstreit die **Aussonderung** (§ 43 KO), **Absonderung** (§ 47 KO) oder e **Masseschuld** (§ 59 KO), so kann er sowohl vom KonkVerw als auch vom Gegner aufgenommen werden, § 11 KO. Wird die Aufnahme verzögert, so trifft § 239 II zu. 9

5) Nach Aufhebung des Konkursverfahrens infolge Schlußverteilung (§ 163 KO), nach Rechtskraft des Zwangsvergleichs (§ 190 KO), Einstellung des Verfahrens (§§ 202–206 KO) oder Aufhebung des Konkurseröffnungsbeschlusses durch die Beschwerdeinstanz (§ 109 KO), kann jede der früheren Parteien den Rechtsstreit fortsetzen. Die Unterbrechungswirkung (§ 249) entfällt bereits mit Erlaß des Aufhebungs- bzw Einstellungsbeschlusses, nicht erst mit dessen formeller Rechtskraft (BGH 64, 1 = NJW 75, 692). 10

Mit Aufhebung des Konkursverfahrens endet grds (Ausnahme für Gegenstände, die gemäß §§ 166, 168 KO weiter dem Konkursbeschlag unterliegen; BGH NJW 73, 1198; RGZ 28, 68/70) das Verwaltungs- und Verfügungsrecht und damit die Sachlegitimation des Konkursverwalters. 11

Ist aber der Konkurs durch **Zwangsvergleich** (§ 173 KO) beendet, kommt eine Nachtragsverteilung (§§ 166, 168 KO) nicht mehr in Betracht und endet die Prozeßführungsbefugnis des Konkursverwalters; der (bisherige) Gemeinschuldner tritt ohne weiteres als nunmehriger Verfügungsberechtigter in den Prozeß ein (RGZ 58, 371), sofern der Streitgegenstand Gegenstand der Konkursmasse war. Letzteres ist aber nicht der Fall, wenn der Prozeß einen Anspruch aus **Konkursanfechtung** (§§ 29 ff KO) betraf, denn dieses Anfechtungsrecht entfällt mit Aufhebung des Konkurses ersatzlos, weil es untrennbar mit dem Amt des KV verbunden war (RGZ 31, 40/43; BGHZ 49, 11/16); die Anfechtungsklage wird in diesem Fall unbegründet und ist, falls nicht gemäß § 91 a verfahren wird, abzuweisen (BGH MDR 82, 748). 12

13 Die vom Konkursverwalter erteilte ProzVollmacht bleibt zunächst in Kraft, RG 73, 312. Der KonkAufhebung steht gleich die formfreie Erklärung des KonkVerw gegenüber dem Gemeinschuldner, daß er den Streitgegenstand aus der Konkursmasse freigebe, vgl oben Rn 4; RGZ 122, 55; BGH NJW 62, 590; 67, 781; Stuttgart NJW 73, 1756. – Wegen Berechnung der (verlängerten) Rechtsmittelfrist nach Ende der Unterbrechung s BGH 64, 1 u § 249 Rn 2.

241 *[Unterbrechung bei Verlust der Prozeßfähigkeit, Tod des gesetzlichen Vertreters usw]*

(1) Verliert eine Partei die Prozeßfähigkeit oder stirbt der gesetzliche Vertreter einer Partei oder hört seine Vertretungsbefugnis auf, ohne daß die Partei prozeßfähig geworden ist, so wird das Verfahren unterbrochen, bis der gesetzliche Vertreter oder der neue gesetzliche Vertreter von seiner Bestellung dem Gericht Anzeige macht, oder der Gegner seine Absicht, das Verfahren fortzusetzen, dem Gericht angezeigt und das Gericht diese Anzeige von Amts wegen zugestellt hat.

(2) Die Anzeige des gesetzlichen Vertreters ist dem Gegner der durch ihn vertretenen Partei, die Anzeige des Gegners ist dem Vertreter zuzustellen.

(3) Diese Vorschriften sind entsprechend anzuwenden, wenn eine Nachlaßverwaltung angeordnet wird.

1 **1)** Ist die **Partei** durch e ProzBevollm vertreten, so tritt bei Verlust der Prozeßfähigkeit während des Verfahrens (bei ursprünglicher Prozeßunfähigkeit gelten §§ 51 ff; § 56 Rn 11; vor § 253 Rn 12 und unten Rn 2) zunächst keine Unterbrechung ein, § 246; BGH MDR 64, 126. Der Partei steht gleich der streitgen Streithilfe (§ 69), nicht der unselbständige Streithelfer (§ 67). § 241 ist entsprechend anzuwenden, wenn e Partei kraft Amtes (zB e Testamentsvollstr) stirbt, prozeßunfähig wird oder das Amt verliert. Die Unterbrechung dauert solange, bis der Nachfolger im Amt, zB der neue Testamentsvollstr, von s Bestellung dem Gegner Anzeige macht oder der Gegner s Absicht, das Verfahren fortzusetzen, dem Nachfolger im Amt anzeigt. War der Weggefallene e Anwalt, der sich gem § 78 III selbst vertrat, so findet zugleich § 244 (nicht auch § 246) Anwendung, JW 13, 876. Endet das Amt der Partei kraft Amtes (zB wegen Beendigung der Testamentsvollstreckung), so tritt die neue Partei (zB der Erbe) ohne weiteres in den Prozeß ein, soweit keine Abwicklung stattfindet, RG 59, 89.

2 **Verlust der Prozeßfähigkeit** (vgl hierzu § 52 Rn 7 ff); durch Entmündigung u (auch ohne solche) durch Geisteskrankheit. Keine Unterbrechung: bei Aufstellung e Pflegers gem § 53 oder e Abwesenheitspflegers für e Prozeßfähigen, RG 52, 224. Keine Unterbrechung (sondern auf Antrag Vertreterbestellung gemäß § 57, sonst Prozeßurteil) bei ursprüngl Prozeßunfähigkeit; zum Verfahren in diesem Fall s vor § 253 Rn 12; BGHZ 40, 197/99; Hager ZZP 97 [1984], 174/78).

3 **Tod des gesetzl Vertreters** (ebenso des Prozeßpflegers §§ 57, 58) unterbricht das Verf nur, wenn nur **ein** gesetzl Vertreter vorhanden ist; sonst ist der andere gesetzl Vertreter zur Fortführung des Rechtsstreits berufen, falls er ohne den Weggefallenen vertretungsberechtigt ist, JW 98, 280.

4 **Aufhören der Vertretungsbefugnis:** Der gesetzl Vertreter (auch derj des § 53) wird zB entmündigt oder entlassen (§ 1886 BGB). – Ersatzlose Abberufung des Vorstandes einer jur Person. – Eintritt der Liquidation (hierzu § 239 Rn 3 am Ende).

5 **Wird die Partei prozeßfähig,** so geht der Rechtsstreit in der Lage, in der er sich befindet, ohne Unterbrechung auf sie über; RG 33, 412. Bisherige Ladung u Zustellung an den gesetzl Vertreter wirken ihr gegenüber. Die vom früheren gesetzl Vertreter erteilte Vollmacht bleibt zunächst wirksam, § 86.

6 **Aufnahme des Verfahrens** im Anwaltsproz durch Einreichung e Schriftsatzes; im Parteiproz durch Einreichung e schriftl Erklärung bei Gericht oder Erklärung zu Prot des UrkBeamten, § 496, 250 und Zustellung durch das Gericht. Im aufgenommenen Verfahren hat das Gericht die (angeblich wiedererlangte) Prozeßfähigkeit bzw. neue Vertretung von Amts wegen zu prüfen (§ 56 Rn 2–9; BGH ZIP 82, 1318).

7 **2) Abs 3.** Die Rechtsstellung des Nachlaßverwalters (§ 1981 BGB) ist ähnlich der des Konkursverwalters, RG 65, 287. Wie bei der Aufhebung des Konkursverfahrens die Vertretungsmacht des Konkursverwalters endet u der Gemeinschuldner ohne weiteres an die Stelle des Konkursverwalters in den Rechtsstreit eintritt u die von diesem erteilte ProzVollm gem § 86 auch für den Gemeinschuldner wirksam bleibt, RG 73, 312, so treten mit Aufhebung der Nachlaßverwaltung die Erben des ursprüngl Klägers an dessen Stelle in den Rechtsstreit ein, ohne daß die von ihnen erklärt zu werden braucht; es liegt also eine unrichtige Parteiangabe vor, wenn in dem erlassenen Urteil noch der Nachlaßverwalter als Kläger bezeichnet ist. Die vom Nachlaßverwal-

ter eingelegte Berufung wirkt trotz der Beendigung der Nachlaßverwaltung als im Namen des Erben eingelegt, JW 30, 2047. Daß der Tod des Nachlaßverwalters das Verfahren unterbricht, ergibt sich aus § 53 iVm § 241 I. In Prozessen über solche Nachlaßverbindlichkeiten, für die der Erbe ungeachtet der Nachlaßverwaltung mit s eigenen Vermögen haftet (§§ 1994 I, 2006 III, 2013 BGB), tritt e Unterbrechung nur ein, insoweit es sich um e Titel gegen den Nachlaß handelt, OLG 18, 411.

242 *[Unterbrechung durch Nacherbfolgeeintritt]*

Tritt während des Rechtsstreits zwischen einem Vorerben und einem Dritten über einen der Nacherbfolge unterliegenden Gegenstand der Fall der Nacherbfolge ein, so gelten, sofern der Vorerbe befugt war, ohne Zustimmung des Nacherben über den Gegenstand zu verfügen, hinsichtlich der Unterbrechung und der Aufnahme des Verfahrens die Vorschriften des § 239 entsprechend.

1) § 242 betrifft **nur Aktivprozesse** über Gegenstände des Nachlasses, die der Nacherbfolge (§§ 2100 ff BGB) unterliegen und über die der Vorerbe gem §§ 2112, 2120 oder 2136 BGB frei verfügen darf. Entsprechend gilt § 242, soweit Vorerbe mit Zustimmung des Nacherben (§§ 185, 2120 BGB) und deshalb mit Wirkung gegenüber diesem über den Streitgegenstand verfügt (RG 110, 95). Urteile in diesen Prozessen wirken auch gegen den Nacherben, § 326 II. Der Vorerbe verliert mit Eintritt des Nacherbfalles die Aktivlegitimation. Da aber der Nacherbe nicht Rechtsnachfolger des Vorerben (sondern des Erblassers) ist, § 239 daher nicht anwendbar ist, bedarf es des § 242. 1

2) Nicht anwendbar ist § 242, wo der Vorerbe durch ProzBevollm vertreten war (§ 246), wo der Vorerbe stirbt (dann § 239; also § 242 nur anwendbar, wenn ein sonstiges Ereignis die Nacherbfolge auslöst vgl §§ 2101–2107 BGB), wo der nicht befreite Vorerbe klagt (dann Abweisung mangels Aktivlegitimation) und auf Passivprozesse (wegen Haftungsfortdauer des Vorerben gem § 2145 BGB). Schlägt der Nacherbe aus (§ 2142 BGB): § 239 V. 2

3) Sonstige prozess Wirkungen der Nacherbfolge: Die Vollstreckungswiderspruchsklage des Nacherben § 773; Rechtskraftwirkung § 326; Umschreibung der Vollstreckungsklausel § 728; relative Unwirksamkeit von Vollstreckungsmaßnahmen gegen den Vorerben § 2125 BGB, § 128 KO. 3

4) Beispiele für § 242: Xaver Ried hat s Tochter, Frau Marie Meier, durch Testament als Alleinerbin eingesetzt, aber bestimmt, daß die Erbschaft auf deren Sohn übergehen soll, sobald er Theologie studiert. Zum Nachlaß gehören Grundstücke, Hypothekenforderung und sonstige Außenstände. 4

a) Marie Maier klagt nun gegen Müller auf Bezahlung von 800 DM, die Müller dem Ried schuldete. Während des Prozesses besucht der volljährige Sohn der Klägerin die Universität, um Theologie zu studieren. Der Fall der Nacherbfolge ist eingetreten. Der Prozeß ist unterbrochen u muß von dem Sohn der Klägerin (§ 242) aufgenommen werden.

b) Marie Meier klagt gegen den Kaufmann Lutz auf Bezahlung des Gegenwerts der ihm abgetretenen, für Marie Meier auf einem Grundstück eingetragenen Hypothek. Nach Zustellung der Klage tritt der Fall der Nacherbfolge ein. Der Prozeß wird nicht unterbrochen, ist vielmehr in der Hauptsache erledigt; auf Antrag des Bekl ist Klägerin in die Kosten zu verurteilen, weil der Rechtsstreit e Gegenstand betrifft, über den der Vorerbe ohne Zustimmung des Nacherben nicht verfügen durfte (§ 2113 BGB). Genehmigt der Nacherbe nachträgl die Hypothekenabtretung, so muß er selbst neu klagen. Eine Unterbrechung wäre eingetreten, wenn Xaver Ried seine Tochter von der Beschränkung des § 2113 BGB befreit hätte (§§ 2136, 2137 BGB).

243 *[Aufnahme nach Unterbrechung bei Nachlaßpflegschaft und Testamentsvollstreckung]*

Wird im Falle der Unterbrechung des Verfahrens durch den Tod einer Partei ein Nachlaßpfleger bestellt oder ist ein zur Führung des Rechtsstreits berechtigter Testamentvollstrecker vorhanden, so sind die Vorschriften des § 241 und, wenn über den Nachlaß der Konkurs eröffnet wird, die Vorschriften des § 240 bei der Aufnahme des Verfahrens anzuwenden.

Stirbt eine Partei u war sie ohne ProzBevollm (§ 246), so wird gem § 239 I das Verfahren unterbrochen. Wird ein Nachlaßpfleger bestellt (§§ 1960 ff BGB) oder ist ein Testamentsvollstr vorhanden (§§ 2212, 2213 BGB), so erfolgt die **Aufnahme des unterbrochenen Verfahrens** nicht nach § 239, sondern durch die Anzeige der Bestellung an den Gegner (§§ 241, 250) oder die Anzeige des 1

Gegners an den Nachlaßpfleger oder TestVollstr, daß er das Verfahren fortsetze. § 243 ist auch anwendbar, wo die Unterbrechung durch Nacherbfolge (§ 242) erfolgte und für die Nacherben ein Nachlaßpfleger oder TestVollstr bestellt ist. Wird der **Nachlaßkonkurs** eröffnet (§§ 1975 ff BGB, §§ 214 ff KO), so erfolgt die Aufnahme des unterbrochenen Verfahrens nach den Vorschriften der KO, § 240. Ist der Konkurs beendet, so trifft § 239 zu. Die Aufhebung des Konkurses beendet die Unterbrechung noch nicht: es bedarf der Aufnahme, BGH NJW 62, 590.

244 *[Wegfall des Anwalts im Anwaltsprozeß]*

(1) Stirbt in Anwaltsprozessen der Anwalt einer Partei oder wird er unfähig, die Vertretung der Partei fortzuführen, so tritt eine Unterbrechung des Verfahrens ein, bis der bestellte neue Anwalt seine Bestellung dem Gericht angezeigt und das Gericht die Anzeige dem Gegner von Amts wegen zugestellt hat.

(2) Wird diese Anzeige verzögert, so ist auf Antrag des Gegners die Partei selbst zur Verhandlung der Hauptsache zu laden oder zur Bestellung eines neuen Anwalts binnen einer von dem Vorsitzenden zu bestimmenden Frist aufzufordern. Wird dieser Aufforderung nicht Folge geleistet, so ist das Verfahren als aufgenommen anzusehen. Bis zur nachträglichen Anzeige der Bestellung eines neuen Anwalts können alle Zustellungen an die zur Anzeige verpflichtete Partei, sofern diese weder am Ort des Prozeßgerichts noch innerhalb des Amtsgerichtsbezirkes wohnt, in dem das Prozeßgericht seinen Sitz hat, durch Aufgabe zur Post (§ 175) erfolgen.

1 **1) Allgemeines:** Da die Partei selbst (ebenso die Partei kraft Amtes) im Anwaltsprozeß (§ 78) nicht postulationsfähig ist, hat der Wegfall des Anwalts ähnliche Wirkung wie der Wegfall der Partei. Wo die Partei an Stelle des weggefallenen RA selbst handeln kann – im Parteiprozeß; ebenso im PKH-Verfahren, selbst i der Rechtsmittelinstanz, BGH NJW 66, 1126 –, tritt sie ohne Unterbrechung des Verfahrens an dessen Stelle.

2 **2) Wegfall des Anwalts** durch den Tod oder Unfähigkeit: **a)** der Anwalt muß **für die Instanz bevollmächtigt** gewesen sein. Wegen des Umfangs der Instanz s §§ 176, 178. Die Instanz endet mit Zustellung (nicht bereits Verkündung) des Urteils, § 176 Rn 15; BGHZ 23, 172 = NJW 57, 713; Karlsruhe OLGZ 83, 471 = MDR 83, 62. Andererseits keine Unterbrechung nach erfolgter Urteilszustellung, selbst wenn der verstorbene RA bereits für die nächste Instanz bestellt war (BGH RzW 58, 334; abw BAG NJW 76, 1334), denn die Rechtsmittelschrift kann auch (§ 210a II) der Partei selbst zugestellt werden. Der weggefallene RA wird nicht durch den RA der unteren Instanz ersetzt (§ 176). Stirbt der RA der durch das Urteil beschwerten Partei nach der Zustellung, aber vor Ablauf der Rechtsmittelfrist, so wird die Rechtsmittelfrist unterbrochen (BGH 23, 172). Ebenso beginnt nach Tod des RA zwischen Rechtsmitteleinlegung u -begründung die Begründungsfrist ab Aufnahme des unterbrochenen Verfahrens neu zu laufen (BGH VersR 77, 835). Zustellung des VersUrteils beendet die Instanz nicht (§ 340 I). Keine Unterbrechung des Beschwerdeverf, wenn der RA der unteren Instanz, der die Beschw eingelegt hatte, stirbt (HRR 33, 536). Zur Instanz gehört das Kostenfestsetzungsverf, Unterbrechung aber nur, solange die Hauptsache noch anhängig, vgl §§ 103, 104 Rn 21 „Unterbrechung". Der Tod des beigeordneten PKH-Anwalts (selbst, wenn von der Partei vorgeschlagen) unterbricht nur, wenn ihm bereits ProzBevollm erteilt war (BGH 2, 227 = NJW 51, 802).

3 **b) Wegfall** iS § 244 ist Tod, Wegfall der Geschäftsfähigkeit (BVerfG NJW 74, 1279; BGH 30, 112 = NJW 59, 1587; Rath ZZP 89, 450) oder Wegfall der Postulationsfähigkeit (zB für Abwickler § 55 BRAO mit Schluß der Abwicklung, BGH 66, 59 = MDR 76, 487), Löschung der Zulassung (§§ 34, 36 BRAO; BGH 23, 172 = NJW 57, 713), Ausschließung (§§ 114, 204 BRAO), Vertretungsverbot (§§ 150, 155 BRAO; RG 141, 168; BGH JZ 76, 243), Berufsverbot gem § 70 StGB.

4 **Kein Wegfall,** wenn für verstorbenen RA allg Vertreter gem § 53 BRAO bestellt war (BGH VersR 81, 658; BGHZ 61, 84 = NJW 73, 1501; bei Vertreterbestellung aber Wegfall mit Löschung des verstorbenen RA in der Anwaltsliste § 36 BRAO vgl BGH VersR 77, 835), wenn Sozietät bevollmächtigt u mindest ein Sozius noch vorhanden (BAG NJW 72, 1388), wenn Vertretungsverbot nur relativ wirksam (zB im Fall § 47 BRAO BGH NJW 60, 819), bei ledigl tatsächl Verhinderung des RA (RG 141, 168), bei Mandatskündigung durch die Partei (hierzu § 176 Rn 12). Keine Unterbrechung bei Tod des Verkehrsanwalts (§ 121 Rn 18; § 91 Rn 13 zu „Verkehrsanwalt"), Korrespondenzanwalts, Unterbevollmächtigten (§ 81; anders aber, wenn für die höhere Instanz vom dort nicht postulationsfähigen RA bestellt).

5 **3) Ende der Unterbrechung** entweder durch Anzeige (§ 250) des neu bestellten RA (regelm in vorbereitendem Schriftsatz zur Sache enthalten, BGH 30, 119) und Mitteilung hiervon an den

Gegner (letzteres verzichtbar BGH 23, 172 = NJW 57, 713) oder auf Betreiben des Gegners gem Abs II. Die schlichte Mitteilung des Todes des RA durch den gem § 55 BRAO bestellten Abwickler an das Gericht stellt noch keine Aufnahme des Verf dar; anders das WE-Gesuch des Abwicklers (Köln VersR 73, 161) oder eine sonstige auf weiteres Betreiben des Verf gerichtete Prozeßhandlung. Mit der von Amts wegen erfolgenden **Ladung** der Partei ist die Aufforderung zur Anwaltsbestellung zu verbinden, §§ 215, 520 III. Erscheint in dem Termin kein Anwalt der Partei: VersUrt zur Hauptsache, §§ 330, 331, oder Entscheidung nach Aktenlage, § 331 a. Ist kein Termin nötig (die Unterbrechung ist zB nach Urteilsverkündung, aber vor Urteilszustellung eingetreten), genügt statt Ladung Aufforderung der Partei (selbst) zur AnwBestellung durch von Amts wegen zuzustellenden Schriftsatz, der die Fristbestimmung des Vors in begl Abschrift trägt. Ende der Unterbrechung des Verfahrens mit Fristablauf oder Bestellungsanzeige des neuen Anwalts ohne weitere Entscheidung des Gerichts (BGH MDR 60, 396). Nach Fristablauf können bei Vorliegen des Abs II 3 Zustellungen an die Partei rechtswirksam durch Aufgabe zur Post (§ 175) erfolgen.

245 *[Unterbrechung durch Stillstand der Rechtspflege]*

Hört infolge eines Krieges oder eines anderen Ereignisses die Tätigkeit des Gerichts auf, so wird für die Dauer dieses Zustandes das Verfahren unterbrochen.

Stillstand der Rechtspflege (iustitium) infolge Krieg, Naturereignissen usw bedingt Unterbrechung, wenn die Gerichtsorganisation auf nicht absehbare Zeit lahmgelegt ist (vgl entspr § 203 BGB). Nicht ausreichend ist kriegsbedingte Behinderung der Partei (dann § 247; RG 128, 47), Tod sämtl Richter (dann § 36 Ziff 1), kriegsbedingte Verlegung des Gerichts (RG 167, 215). 1

Die **Unterbrechung endet** ohne ausdrückl Aufnahme durch die Wiederaufnahme der Gerichtstätigkeit (Breslau JW 23, 190). Jedoch Aufnahme (§ 250) nötig, soweit das Verf an einem Gericht in den 1945 verlorenen deutschen Grenzgebieten anhängig war: Zuständigkeitsergänzungsgesetz v 7. 8. 1952 (BGBl I 407). 2

246 *[Aussetzung, wenn Prozeßbevollmächtigter vorhanden]*

(1) Fand in den Fällen des Todes, des Verlustes der Prozeßfähigkeit, des Wegfalls des gesetzlichen Vertreters, der Anordnung einer Nachlaßverwaltung oder des Eintritts der Nacherbfolge (§§ 239, 241, 242) eine Vertretung durch einen Prozeßbevollmächtigten statt, so tritt eine Unterbrechung des Verfahrens nicht ein; das Prozeßgericht hat jedoch auf Antrag des Bevollmächtigten, in den Fällen des Todes und der Nacherbfolge auch auf Antrag des Gegners, die Aussetzung des Verfahrens anzuordnen.

(2) Die Dauer der Aussetzung und die Aufnahme des Verfahrens richten sich nach den Vorschriften der §§ 239, 241 bis 243; in den Fällen des Todes und der Nacherbfolge ist die Ladung mit dem Schriftsatz, in dem sie beantragt ist, auch dem Bevollmächtigten zuzustellen.

1) § 246 ist Folge des § 86. Die Vorschrift gilt im Anwalts- u Parteiprozeß und auch bei Vertretung durch einen postulationsfähigen (§ 157) Nicht-Anwalt oder einen gemäß § 89 zugelassenen Vertreter. Sie dient dem Schutz des Bevollmächtigten (Einholung von Weisungen des Rechtsnachfolgers, neuen Vertreters usw, vgl Käfer MDR 55, 197) und gilt daher selbst, wenn Rechtsnachfolger bereits bekannt (RG 36, 404; 46, 380). Nicht anwendbar bei Konkurs: § 240, sowie nach Liquidation der Partei als jur Person, BGH 74, 212 = NJW 79, 1592, vgl § 239 Rn 3. 1

2a) Abs I. Der **ProzBevollm** (§§ 78, 79) mußte für die Instanz (vgl §§ 176, 178), während deren Dauer der Tod usw eintritt, bestellt und postulationsfähig sein und darf das Mandat im Zeitpunkt des Todes der Partei noch nicht niedergelegt haben (BGH 43, 137 = NJW 65, 1019; RG 71, 155). Der im PKH-Verfahren beigeordnete RA (selbst wenn von der Partei vorgeschlagen) hindert die Unterbrechung erst, wenn ihm ProzVollmacht erteilt ist (BGH 2, 227 = NJW 51, 802). Das PKH-Verfahren selbst ist mit dem Tod des Antragstellers erledigt und kann nicht ausgesetzt werden (Bremen OLGZ 65, 183). Die Vertretungsbefugnis des ProzBevollm überdauert zwar den Tod der Partei (§ 86), endet aber regelm mit der Instanz (§§ 176, 178), sie reicht daher nur bis zur Einlegung des Rechtsmittels, falls nicht die Bevollmächtigung dem hierfür postulationsfähigen Vertreter ausdrücklich auch für die Rechtsmittelinstanz erteilt worden war (OVG Münster NJW 86, 1707). Stirbt die Partei nach Verkündung oder Zustellung des Urteils oder während der Rechtsmittelfrist, so tritt Unterbrechung des Verfahrens nicht ein, RG 68, 256. Stirbt sie dagegen nach Einlegung des Rechtsmittels durch ihren Gegner u hatte sie noch keinen Anwalt 2 bestellt, so tritt Unterbrechung des Verfahrens ein, auch wenn sie in der Vorinstanz durch e Anwalt vertreten war, RG 71, 155; 109, 48; BGH 2, 227. Durch den ProzBevollm des früheren Rechtszuges ist die Partei in der Rechtsmittelinstanz im Sinne des § 246 nicht vertreten, weil dieser gem § 210 a ledigl Zustellungsempfänger für die Rechtsmittelschrift ist, ohne deshalb für die Rechtsmittelinstanz bevollmächtigt zu sein (BGHZ 43, 135/137). § 246 setzt voraus, daß derj, in dessen Person der Unterbrechungsgrund eintritt, u der ProzBevollm verschiedene Personen sind. Er findet deshalb keine Anwendung (also Unterbrechung!), wenn e Partei (auch kraft Amtes), die selbst Anwalt ist, im Anwaltsprozeß sich selbst gem § 78 III vertritt, JW 13, 876.

3 **b) Prozeßgericht** (§ 248) ist auch nach dem Erlaß eines Endurteils bis zur Einlegung eines Rechtsmittels das Instanzgericht, RG 68, 247. Der Antrag kann zu Prot der GeschSt erklärt werden (§ 248 I).

4 Den bis zur Rechtskraft des Urt zulässigen **Antrag** kann der Bevollm (nur er, nicht auch die von ihm vertretene Partei oder deren Streitgehilfe, RG JW 11, 99) auch dann stellen, wenn er nach dem Tod der Partei und trotz Kenntnis hiervon für die Partei aufgetreten ist, RG 46, 379. Wird kein Aussetzungsantrag gestellt, so geht der Rechtsstreit wie bisher fort. Prozeßpartei ist der Rechtsnachfolger, auch wenn der Prozeß auf den Namen der verstorbenen Partei geführt wird. Wird dem Gericht der Tod der Partei u der Name des Rechtsnachfolgers mitgeteilt, so ist die Parteibezeichnung vom Gericht auf den Rechtsnachfolger zu berichtigen, RG 50, 364.

5 **c)** Bei **Tod der Partei** (nicht auch ihres gesetzl Vertreters, RG 14, 436) u bei **Nacherbfolge** ist außer dem ProzBevollm der Gegner antragsberechtigt. Das Verfahren ist auch auszusetzen, wenn die Erben der verstorb Partei erklären, den Rechtsstreit aufzunehmen, RG 36, 403, falls der Gegner ein rechtl Interesse an der Aussetzung hat (zB bei Streit über die Erbfolge).

6 **d) Anordnung der Aussetzung** durch nach mündl Verh (gemäß § 248 II freigestellt) zu verkündenden, sonst formlos mitzuteilenden, mit einf Beschw anfechtbaren Beschluß; bei **Ablehnung der Aussetzung** sof Beschw, § 252; daher förmliche Zustellung dieses Beschlusses, § 329 II. – Nach München (MDR 55, 197) ist **dem Aussetzungsantrag nicht stattzugeben** (da Rechtsmißbrauch, vgl Nürnberg ZZP 64 [1951], 387), wenn ein eingelegtes Rechtsmittel unzulässig ist (aA Käfer MDR 55, 197; StJSch Rn 10).

7 **3) Abs II. Beginn** der Aussetzungswirkung: Beschluß über Anordnung, nicht bereits mit Antrag (RG 62, 26/28: Zustellung, § 329 II, nach Ablauf der Rechtsmittelfrist äußert keine Wirkung mehr). Bei Aussetzung zwischen Urteil und Eintritt der formellen Rechtskraft Anordnung zum Zweck der Feststellung der Rechtsnachfolge u ggf der beschränkten Erbenhaftung (vgl § 239 Rn 10; Düsseldorf NJW 70, 1689). **Wirkung** der Aussetzung: § 249. **Ende** mit Aufnahme des Verfahrens §§ 250, 239, 241, 242, dann Terminsbestimmung v A w § 216. **Bei Tod u Nacherbfolge** ist der Aufnahmeschriftsatz und die Ladung außer dem ProzBevollm, den der Verstorbene für die Instanz bestellt hatte (RG 71, 160), den Rechtsnachfolgern bzw Nacherben zuzustellen, wobei letztere gem § 215 aufzufordern sind.

247 *[Aussetzung bei Krieg und Verkehrsstörung]*

Hält sich eine Partei an einem Ort auf, der durch obrigkeitliche Anordnung oder durch Krieg oder durch andere Zufälle von dem Verkehr mit dem Prozeßgericht abgeschnitten ist, so kann das Gericht auch von Amts wegen die Aussetzung des Verfahrens bis zur Beseitigung des Hindernisses anordnen.

1 Gilt nur **bei Behinderung der Partei** oder ihres notw Streitgenossen (RG 106, 142), nicht bei Behinderung des Zeugen (dann § 356) oder des Gerichts (§ 245) und nicht im ZwangsvollstrVerfahren (OLG 31, 83). Sind von mehreren (nicht notwendigen) Streitgenossen einzelne behindert: § 145.

2 **Abgeschnitten** von dem Verkehr mit dem Gericht ist die Partei, die aus von ihr nicht zu vertretenden objektiven Gründen (Krieg, Kriegsnachwirkung, Überschwemmung usw) an der Ausübung ihrer prozessualen Rechte (zB § 137 IV; KG NJW 62, 542) behindert ist; nur in der Person der Partei liegende Hinderungsgründe wie Krankheit oder Auslandsreise (auch Reise in ein „abgeschnittenes" Land) usw genügen nicht. Vorhandensein eines ProzBevollm und Möglichkeit schriftl Verkehrs mit diesem u mit dem Gericht schließt Behinderung nicht grundsätzl aus. Wegen Sperrmaßnahmen der DDR vgl KG aaO, Darkow NJW 62, 1287. Die früher neben § 247 die Aussetzung wegen Kriegsauswirkungen regelnde Schutz-VO v 4. 12. 1943 (RGBl I 666) ist durch Gesetz v 28. 12. 1968 (BGBl I 1451) außer Kraft gesetzt.

Ende der Aussetzung ist durch deklaratorischen Beschluß anzusprechen (Breslau JW 15, 1075), soweit nicht durch Tätigwerden der behinderten Partei Ende offenkundig. 3

248 *[Verfahren bei Aussetzung]*

(1) Das Gesuch um Aussetzung des Verfahrens ist bei dem Prozeßgericht anzubringen; es kann vor der Geschäftsstelle zu Protokoll erklärt werden.

(2) Die Entscheidung kann ohne mündliche Verhandlung ergehen.

1) Zulässig ist das **Aussetzungsgesuch** (§§ 246, 247) bis zur Rechtskraft des Urteils (§ 239 Rn 10, § 246 Rn 7). **Kein Anwaltszwang** (wohl aber für die Beschwerde nach § 252). Antrag zu Protokoll jedes Amtsgerichts zulässig, § 129a. Das **ProzGericht** ist zuständig bis zur Rechtsmitteleinlegung, BGH NJW 77, 718; RGZ 68, 247, danach nur noch das obere Gericht (RG 60, 124; 130, 337). **Entscheidung** durch mit einf Beschw anfechtb Beschluß bei Aussetzung, sof Beschw gegen Ablehnung, § 252. Im ersteren Fall bei Nichtverkündung formlose Mitteilung, im letzteren Fall Zustellung von Amts wegen, § 329 II. Zur Wirkung der Kundgabe des Beschlusses s § 246 Rn 7. Die Ablehnung der Aussetzung darf auch in der Begründung des Urteils erfolgen (BGH LM § 252 Nr 1). 1

2) Gebühren: s Rn 15 zu § 239. 2

249 *[Gemeinsame Wirkungen der Unterbrechung und Aussetzung]*

(1) Die Unterbrechung und Aussetzung des Verfahrens hat die Wirkung, daß der Lauf einer jeden Frist aufhört und nach Beendigung der Unterbrechung oder Aussetzung die volle Frist von neuem zu laufen beginnt.

(2) Die während der Unterbrechung oder Aussetzung von einer Partei in Ansehung der Hauptsache vorgenommenen Prozeßhandlungen sind der anderen Partei gegenüber ohne rechtliche Wirkung.

(3) Durch die nach dem Schluß einer mündlichen Verhandlung eintretende Unterbrechung wird die Verkündung der auf Grund dieser Verhandlung zu erlassenden Entscheidung nicht gehindert.

1) Anwendungsbereich: § 249 gilt für alle Fälle der Unterbrechung u Aussetzung (s Rn 2, 3 vor § 239 und 2, 3 zu § 148), jedoch nur teilweise (Rn 6 vor § 239) für das Ruhen des Verfahrens (§ 251 Rn 1) und nicht für die Zwangsvollstreckung (OLG 31, 83), für das Beweissicherungsverf (§§ 485 ff), für das Verfahren der Prozeßkostenhilfe (BGH NJW 66, 1126) und die Streitwertfestsetzung (Hamm MDR 71, 495, Neustadt NJW 65, 591). 1

2) Wirkung: a) Fristen: Alle prozessualen Fristen (Rn 2 ff vor § 214) mit Ausnahme der uneigentlichen (Rn 3 vor § 214), RG 122, 54, hören auf zu laufen und beginnen mit der Aufnahme des Verf (im Falle des § 614 mit Ablauf des festgesetzten Zeitraums oder Aufnahme, BGH LM § 249 Nr 2) neu zu laufen. Aufnahme: § 250. Bei Rechtsmittel: Unterbrechung der Frist für die Einlegung des Rechtsmittels. Nicht anwendbar ist § 249 auf materielle Fristen, insbes Verjährungsfrist (BGH NJW 63, 2019; VersR 82, 651; RGZ 145, 240), hier beginnt die neue Verjährung (§ 211 BGB) erst, wenn die Parteien das Verfahren nach Wegfall des Unterbrechungs- oder Aussetzungsgrundes nicht weiter betreiben. – Bei Eintritt der Unterbrechung u Aussetzung noch nicht begonnene Fristen beginnen auch erst nach Aufnahme zu laufen, zB die Frist des § 234 I (BGH 9, 45). Mit festem Endtermin gestellte richterl Frist (Rn 5 vor § 214) entfällt mit der Unterbrechung und ist nach deren Ende neu festzusetzen, BGH 64, 1 = NJW 75, 692; RG 151, 282. Endet die gesetzte Frist nach der Unterbrechung, so ist die vor Fristablauf vorgenommene Prozeßhandlung aber auch ohne erneute Fristfestsetzung rechtzeitig (BGH NJW 67, 1420). – Nach Aufnahmestreit (§ 239 Rn 9) beginnt Rechtsmittelfrist für das in der Hauptsache ergangene Urteil gegen den Rechtsnachfolger erst mit Zustellung des seine Rechtsnachfolge bestätigenden Zwischen- bzw Ergänzungsurteils (StJSch Rn 11; Jonas JW 31, 1764). 2

b) Prozeßhandlungen der Parteien und auch des Gerichts (BGH 43, 136 = NJW 65, 1019) sind, soweit während Unterbrechung oder Aussetzung vorgenommen, **ohne rechtl Wirkung** (zB Ladungen, Zustellungen, Sachanträge, Rechtsmittel). Die **Wirkungslosigkeit ist relativ** (Abs II), der Gegner kann sie durch Rügeverzicht wirksam machen, denn sie sind **nicht nichtig.** Daher **wirksam** der dem Gegner erklärte (zB § 514) Rechtsmittelverzicht (BGH 4, 314 = NJW 52, 705) 3 und die dem Gericht (nicht dem Gegner) gegenüber zu erklärende Rechtsmitteleinlegung (BGH NJW 69, 49; hierzu Grunsky JZ 69, 235/237, der maßgeblich auf den relativen Schutzzweck der Vorschrift abstellt), sofern nur die Prozeßhandlungsbefugnis der erklärenden Partei durch den Grund der Unterbrechung (so zB durch Konkurs, Wegfall der Prozeßfähigkeit) nicht berührt wurde. Stets wirksam auch alle den Stillstand des Verfahrens als solchen betreffenden Prozhandlungen (RG 141, 308; 88, 208; 63, 364), insbes die Geltendmachung bzw Anfechtung der Unterbrechung, ebenso bzgl der in Rn 1 genannten Nebenverfahren. Wirksam sind auch Prozeßhandlungen gegenüber Dritten, zB die Klageerweiterung gegen die Gesellschafter der OHG, wo das Verfahren durch Konkurs der OHG unterbrochen war (BGH NJW 61, 1066). Die relative Unwirksamkeit der Prozeßhandlung ist nicht von Amts wegen zu beachten, weil **Genehmigung gem § 295 möglich** (BGH NJW 52, 705; 69, 49; RG 66, 399), solange die Unwirksamkeit nicht zum Gegenstand einer gerichtl Entscheidung gemacht ist. Genehmigen kann nur der Gegner des unterbrochenen oder ausgesetzten Verfahrens, bei Unterbrechung durch Konkurs nur der KonkVerwalter, wo einer der Streitgenossen iS des § 247 abgeschnitten ist, nur dieser. Bloße Aufnahme (§ 250) ist noch nicht Genehmigung, weil Rüge bis zur mündl Verhandlung nachholbar (§ 295), soweit mündl Verhandlung geboten. Erfolgt Rüge, ist die unwirksame Prozeßhandlung (zB das Rechtsmittel) auch schon während der Unterbrechung (nicht auch Aussetzung) zu verwerfen, soweit die Verwerfung ausschließlich auf Abs II gestützt ist, denn auch das ist Geltendmachung der Unterbrechung (RG 88, 207).

4 **c) Entscheidungsverkündigung** (Abs III) ist während der Unterbrechung (nicht auch Aussetzung und Ruhen des Verfahrens: BGH 43, 136 = NJW 65, 1019) zulässig, soweit der **Schluß der mündl Verhandlung** (Rn 4 zu § 136) vor Eintritt der Unterbrechung erfolgte, weil hier die Unterbrechung die zur Vornahme von Prozeßhandlungen nicht mehr befugten Parteien nicht mehr berührt. Wegen des dem Schluß der mündl Verhandlung entspr Zeitpunkts im **schriftl Verfahren** s Rn 18, 24 zu § 128. Soweit somit schriftl Entscheidung nach Eintritt der Unterbrechung zulässig, ist diese, wenn Unterbrechung wegen Todes des ProzBevollm eintrat (§ 244), einem etwa vorhandenen Zustellungsbevollmächtigten, hilfsweise der Partei selbst zuzustellen (§§ 177, 210 a II; BayObLG NJW 59, 2120).

5 Analog Abs III ist es zulässig, ein **vor** Eintritt der Unterbrechung bereits unzulässiges Rechtsmittel während der Unterbrechung zu verwerfen (BGH NJW 59, 532).

6 Alle sonstigen während der Unterbrechung verkündeten Entscheidungen sind wegen Verstoßes gegen § 249 anfechtbar. Die hierauf gestützte Anfechtung kann, ebenso wie die Entscheidung des oberen Gerichts hierüber, während der Unterbrechung erfolgen (RG 141, 308; 90, 225; 88, 206; 64, 361) und rechtfertigt die Zurückverweisung gem §§ 539, 565.

7 **d)** Eine während der Unterbrechung durch das Gericht oder die Parteien bewirkte Zustellung oder Ladung ist, sofern gerügt, unwirksam und nach der Aufnahme nochmals vorzunehmen.

8 **3) Gebühren:** s Rn 15 zu § 239.

250 *[Aufnahme]*

Die Aufnahme eines unterbrochenen oder ausgesetzten Verfahrens und die in diesem Titel erwähnten Anzeigen erfolgen durch Zustellung eines bei Gericht einzureichenden Schriftsatzes.

1 **1)** Die **Aufnahme ist als Prozeßhandlung** mit unmittelbarer Gestaltungswirkung nötig in den Fällen der Unterbrechung gem §§ 239, 240, 242, 243 (nur bei Nachlaßkonkurs), 246 II. In den übrigen Fällen ist von dem Wegfall des den Verfahrenstillstand bedingenden Umstandes Anzeige zu machen.

2 **Zur Aufnahme befugt** ist der (Rechts-)Nachfolger der Person, durch deren Wegfall die Unterbrechung bedingt war. Kein Aufnahmerecht des Erben bei Sonderrechtsnachfolge eines Dritten in den Streitgegenstand. Wegen der Aufnahme durch einen Miterben s Rn 5 zu § 239. Aufnahme durch den Konkursverwalter, Gemeinschuldner oder Gläubiger: Rn 5, 6 ff zu § 240. Bei Verzögerung ist der Gegner zur Aufnahme befugt (§§ 239 II, 241 I, 244 II), jedoch nicht bei Unterbrechung infolge Konkurs (§§ 240, 243) oder bei Aussetzung gem § 247. Einfache Streitgenossen können jeder für sich, notwendige Streitgenossen müssen gemeinsam aufnehmen (hierfür gilt § 62).

3 Die **Aufnahme ist entbehrlich,** wo für eine bestimmte Zeit ausgesetzt ist (zB § 614, BGH LM § 249 Nr 2) und wo das Gericht das Verfahren von Amts wegen fortsetzen darf, weil das die Aussetzung bedingende Ereignis (zB durch die rechtskr Entscheidung des vorgreiflichen Verfahrens bei § 148; Hamburg ZZP 76, 476) weggefallen ist; in diesen Fällen beginnen die unterbrochenen

Fristen (§ 249) auch ohne (in diesen Fällen nur deklaratorische) Aufnahmeerklärung wieder zu laufen.

2) Form der Aufnahme: Schriftsatz (§ 78; beim AG §§ 496, 129 a) bei Gericht, der den Willen zur Fortsetzung zweifelsfrei erkennen lassen muß. Die Aufnahme kann in Verbindung mit e anderen Prozeßhandlung (zB Rechtsmittel BGH 36, 260 = NJW 62, 590; nicht bereits PKH-Gesuch hierfür, BGH NJW 70, 1790) erfolgen, wenn darin Wegfall des Unterbrechungs- bzw Aussetzungsgrundes zumindest behauptet wird. Nicht ausreichend aber bloße sonstige Prozeßhandlung (§ 249 II), zB Zustellung eines Urteils RG 41, 403, Mitteilung des Abwicklers v Tod des RA Köln VersR 73, 161 oder Parteivereinbarung RG 66, 400. Bei Anwesenheit beider Parteien vor Gericht ist **Schriftsatz entbehrlich** u genügt mündl Aufnahme zu Protokoll RG 109, 48. Mangelhafte Aufnahme wird (vgl Rn 3 zu § 249) durch Nichtrüge (§ 295) geheilt (BGH NJW 69, 49), jedoch nicht bei Unterbrechung wegen Konkurs (§§ 240, 243). Wo der Konkursverwalter erklärt, er nehme den Aktivprozeß nicht auf, endet nicht bereits mit dieser Erklärung, sondern erst mit Aufnahmeerklärung des Gemeinschuldners die Unterbrechung des Prozesses über den nunmehr konkursfreien Gegenstand (§ 240 Rn 4, 7). 4

3) Gericht und Verfahren: Zur Entgegennahme zuständig ist das Prozeßgericht, bei mit Rechtsmittel verbundener Aufnahme das obere Gericht (BGH 36, 260 = NJW 62, 590). Bestreitet der Gegner die Wirksamkeit der Aufnahme oder ist Unzulässigkeit der Aufnahme (bei Konkurs) von Amts wegen zu beachten, ergeht Endurteil auf Zurückweisung der Aufnahme bzw auf Verwerfung des mit dieser verbundenen Rechtsmittels. Bei Zulassung der Aufnahme Zwischenurteil hierüber oder Endurteil in der Hauptsache mit Erklärung der Zulässigkeit in dessen Gründen, RG 86, 235 (vgl Rn 7–9 zu § 239). 5

251 *[Ruhen des Verfahrens]*

(1) Das Gericht hat das Ruhen des Verfahrens anzuordnen, wenn beide Parteien dies beantragen und anzunehmen ist, daß wegen Schwebens von Vergleichsverhandlungen oder aus sonstigen wichtigen Gründen diese Anordnung zweckmäßig ist. Die Anordnung hat auf den Lauf der in § 233 bezeichneten Fristen keinen Einfluß.

(2) Vor Ablauf von drei Monaten kann das Verfahren nur mit Zustimmung des Gerichts aufgenommen werden. Das Gericht erteilt die Zustimmung, wenn ein wichtiger Grund vorliegt.

1) Ruhen des Verfahrens ist ein nicht rechtl sondern **tatsächlich bedingter Stillstand des Verfahrens infolge Nichtbetreibens durch die Parteien.** Da die Parteien die in § 233 genannten Fristen (Notfristen u Rechtsmittelbegründungsfristen) nicht beherrschen (§ 224), laufen diese weiter. Sonst Wirkung wie § 249 I u II (dort Rn 2 und 3). § 249 III ist nicht entsprechend anwendbar (BGH 43, 136 = NJW 65, 1019). Eine trotzdem während des Ruhens ergehende Entscheidung kann, wenn nicht deswegen angefochten, jedoch formell rechtskräftig werden (§ 295). Ruhen ist Nichtbetreiben iS § 211 BGB, auch wenn das Ruhen nicht ausdrücklich angeordnet ist, RG 157, 382. Bei Anordnung des Ruhens ist Verjährung der Sperrfrist des Abs II gehemmt, RG 136, 193. 1

2) Voraussetzung: frei widerruflicher Antrag der Parteien (nicht des einf Streitgehilfen, § 67) oder Nichterscheinen (§ 251 a II) oder Nichtverhandeln (§ 333). Mit Rücksicht auf die Förderungspflicht der Parteien *und* des Gerichts müssen wichtige Gründe vorliegen. Solche Gründe fehlen stets, wo Eilbedürftigkeit des Verfahrens vorausgesetzt wird, so bei Arrest-, einstw Verfügungs- und Beweissicherungsantrag; streng zu prüfen wegen § 604 II auch im Wechsel- und Scheckprozeß. Bei Anspruchshäufung ist § 145 zu prüfen. Die Parteien können durch Nichterscheinen, aber ohne Angabe von Gründen das Ruhen praktisch erzwingen, solange noch nicht streitig verhandelt war (nach streit Verh: § 251 a). 2

3) Verfahren: a) Anordnung durch zu verkündenden oder formlos (evtl mit Terminsabsetzung zu verbindenden, § 227) mitzuteilenden Beschluß, § 329 II. Verfügung des Vorsitzenden genügt nicht, wohl aber des Einzelrichters. Erst die Anordnung unterbricht die proz Fristen (anders die Verjährung, § 211 II BGB). Ersatzlose Terminabsetzung genügt, wenn durch Antrag gem Abs I bedingt. 3

b) Ende: Aufnahme durch Terminsantrag der Parteien. Einseitiger Antrag genügt. § 250 ist anwendbar. Ohne Zustellung des Antrages an den Gegner ist dieser nicht verpflichtet, einer bloßen Terminsladung des Gerichts zu folgen, § 335 I 2. Wo das Gericht zulässigerweise das Verfahren von Amts wegen (zB wegen Wegfall des Anordnungsgrundes) aufnimmt, ist hierüber durch Beschluß zu erkennen. Dagegen ist förml Aufnahme entbehrlich, wo das Ruhen in der Anordnung zeitlich begrenzt war. Einhaltung der **Dreimonatsfrist** (Abs II) ist Ermessenssache (Rn 3 4 vor § 214). Jedoch Terminsbestimmung vor Ablauf der Frist nur bei Vorliegen eines wichtigen Grundes, denn Abs II (in Neufassung durch VereinfNovelle) will einverständliches Nichtbetreiben des Verf durch die Parteien, weil im Widerspruch zur Förderungspflicht stehend, erschweren. **Wichtiger Grund** daher regelm nur zu bejahen, wenn auch für Antrag, das Ruhen anzuordnen (Abs I), wichtiger Grund vorgelegen hatte. Beispiel für wichtigen Grund: endgült Scheitern von Vergleichsverhandlungen der Parteien (aM StJSch Rn 19), Vergleichsbereitschaft beider Parteien, nachträgl entstandene Dringlichkeit baldiger Entscheidung, nach Ruhen gem § 251 a III auch Mitteilung des RA, daß jetzt VersUrteil dem Gegner gem § 23 der Standesrichtlinien (hierzu vgl Rn 12 vor § 330) angedroht ist, ebenso nachträgliche Entschuldigung des Fernbleibens im letzten Termin (Celle NdsRpfl 75, 199).

5 **c) Rechtsbehelf:** § 252, denn das Ruhen des Verfahrens entspricht insoweit einer Aussetzung (§ 252 Rn 1). Keine Beschwerde gegen die Anordnung des Ruhens, denn diese setzt hier beiderseitigen Antrag der Parteien voraus; also fehlt Beschwer. Gegen Ablehnung des Antrags, vor Ablauf der Frist des Abs II Termin zu bestimmen, einfache Beschwerde, weil sofortige Beschwerde nur gegen Ablehnung der Aussetzung, nicht gegen deren Fortdauer.

6 **4) Gebühren:** Anordnung u Wiederaufnahme des Verfahrens sind gerichtsgebührenfrei (§ 1 Abs 1 GKG). Nach der Wiederaufnahme eines ruhenden Verfahrens ist keine neue Gebühr für das Verfahren im allg (KV Nr 1010) zu erheben, auch wenn die Sache nach der AktO als erledigt anzusehen ist und unter einem neuen Aktenzeichen gem der AktO weitergeführt wird (LG Münster JMBlNRW 1955, 32).

251 a

[Säumnis beider Parteien; Entscheidung nach Aktenlage]

(1) Erscheinen oder verhandeln in einem Termin beide Parteien nicht, so kann das Gericht nach Lage der Akten entscheiden.

(2) Ein Urteil nach Lage der Akten darf nur ergehen, wenn in einem früheren Termin mündlich verhandelt worden ist. Es darf frühestens in zwei Wochen verkündet werden. Das Gericht hat der nicht erschienenen Partei den Verkündungstermin formlos mitzuteilen. Es bestimmt neuen Termin zur mündlichen Verhandlung, wenn die Partei dies spätestens am siebenten Tage vor dem zur Verkündung bestimmten Termin beantragt und glaubhaft macht, daß sie ohne ihr Verschulden ausgeblieben ist und die Verlegung des Termins nicht rechtzeitig beantragen konnte.

(3) Wenn das Gericht nicht nach Lage der Akten entscheidet und nicht nach § 227 vertagt, ordnet es das Ruhen des Verfahrens an.

1 **1a)** Die Entscheidung nach Aktenlage ist ein wirksames Mittel der Prozeßförderung durch das Gericht. Sie gibt insbesondere im Anwaltsprozeß eine Möglichkeit zur Sachentscheidung, wo der Anwalt einer Partei aus Standesrücksicht (vgl Rn 12 vor § 330) kein VersUrteil beantragt. **Säumnis beider Parteien** iS § 251 a setzt ordnungsgemäße Ladung zur mündlichen Verhandlung (nicht ausreichend bloße Beweisaufnahme oder Sühne) vor dem Prozeßgericht (auch Einzelrichter) und ordnungsgemäßen Aufruf der Sache (§ 220 Rn 1–3) voraus. § 332 (BGH NJW 64, 659) und § 335 I Ziff 2 u 3 gelten hier entsprechend. Ladungsfrist: § 217. Erscheinen beide Parteien nicht (bei Fernbleiben bloß einer Partei: § 331 a) oder verhandeln sie nicht (§ 333 Rn 2; Schleswig NJW 69, 936) oder stellen sie keine Sachanträge (Abs I), so kann das Gericht wahlweise nach Aktenlage entscheiden (Abs II), vertagen (hierfür Terminsladung wegen § 218 entbehrlich, jedoch zweckmäßig) oder das Ruhen des Verfahrens (§ 251) anordnen. Untunlich ist es, ohne weitere Veranlassung lediglich die Säumnis festzustellen, wodurch ein rechtloser Stillstand (Rn 1 vor § 239) einträte. Wegen Säumnis eines der notw Streitgenossen s § 62. LG Düsseldorf (MDR 67, 220) nimmt Säumnis beider Parteien bereits an, wenn 15 Minuten nach der Terminszeit ein RA nicht erscheint bzw nicht verhandelt; hierzu vor § 330 Rn 4. Zur Frage der Säumnis bei nachträgl Entfernung einer pünktl erschienenen Partei s § 220 Rn 3 und vor § 330 Rn 4.

2 **b)** Die **Anordnung der Entscheidung** nach Aktenlage ist nicht selbständig anfechtbar, denn sie weist kein Gesuch der betroffenen Partei zurück (§§ 252, 567 I); Verfahrensfehler bei Anordnung (insbes Mängel der Terminsladung) können nur durch Terminsantrag (Abs II oder § 156) oder durch auf Versagung rechtlichen Gehörs gestützte Anfechtung des Urteils geltend gemacht werden.

3 **2) Entscheidung nach Aktenlage** (Abs II) läßt jede Entscheidung zu, für welche der Prozeßstand ausreicht, ein **Urteil** jedoch nur bei Entscheidungsreife iS der §§ 300–305 BVerfG MDR 85, 817 = NJW 85, 3006) und nach **vorgängiger streitiger Verhandlung** in gleicher Instanz (nicht notwendig vor den gleichen Richtern iS des § 309, s unten Rn 9; RG 132, 336; bestr! abw R-Schwab

§ 109 III 1 mwN). Streitige Verhandlung vor Zurückverweisung genügt (§§ 539, 565), nicht jedoch bei Zurückverweisung an einen anderen Senat (§ 565 I Satz 2, RG 149, 157). Nicht ausreichend ist streitige Verhandlung im Vorverfahren bei Säumigkeit im Nachverfahren (§ 600). Bei Klageänderung oder -erweiterung setzt Urteil frühere streitige Verhandlung auch hierüber voraus (KG ZZP 56, 197; RG JW 30, 141). Verspätetes schriftliches Vorbringen (§ 132) schließt, soweit entscheidungserheblich, Urteil aus (§ 335 I 3 entspr; s aber unten Rn 5 zur Nichtanwendbarkeit des § 296!). Nicht ausreichend, daß die Parteien früher in getrennten Terminen Sachanträge gestellt hatten, denn das ist keine „Verhandlung" (StJSch Rn 23; abw R-Schwab § 109 II 4a; BLH Anm 3 Fa; ThP Anm 3a). Die **frühere streitige Verhandlung ist entbehrlich,** wenn die Parteien früher ihr Einverständnis mit schriftl Entscheidung (§ 128 II) erklärt hatten (LM Nr. 8); insoweit kein Verbrauch der Einverständniserklärung durch eine Zwischenentscheidung, sofern nur die Sachanträge gleich blieben. Auch wenn die nach Aktenlage zu treffende Entscheidung nach den für sie geltenden Vorschriften keiner mündlichen Verhandlung bedarf, ist eine frühere streitige Verhandlung entbehrlich und darf diese Entscheidung getroffen werden, auch wenn sie als Urteil ergeht; so bei Verwerfung einer Berufung oder Revision (§§ 519 b II, 554 III; RGZ 159, 357/360). Jedoch bedarf es hier – anders als im Fall § 331a – wegen der beiderseitigen Säumnis und wegen des fehlenden Säumnisantrags einer Partei der vorgängigen streitigen Verhandlung dann, wenn nach Aktenlage über eine unzulässige oder unschlüssige Klage zu entscheiden ist, über welche bei nur einseitiger Säumnis unechtes VersUrteil (vor § 330 Rn 11) zulässig gewesen wäre (BGH NJW 62, 1149/50; RGZ 159, 357/361 läßt diese Frage offen).

Ohne früher streitige Verhandlung sind alle sonstigen Entscheidungen (Aufklärungs-, Beweis- 4
beschlüsse, Verweisung usw) zulässig.

Gegenstand der Entscheidung ist wie im schriftl Verfahren (§ 128 II) der gesamte Akteninhalt, 5
soweit er bis zum versäumten Termin (das entspricht hier dem „Schluß der mündl Verhandlung" iS § 296a) vorliegt, und auch ein lediglich mündlicher Sachvortrag in früherem Termin. Daher unzulässig die Zurückweisung verspäteten Vorbringens (§ 296; RG 132, 338 einschränkend StJSch Rn 19 und StJL § 296 Rn 29: nur in früherer mündl Verhandlung bereits verspätet gewesenes Vorbringen dürfe nach Aktenlage zurückgewiesen werden. Aber die Relevanz der früheren Verspätung entfiel mit der Vertagung der früheren Verhandlung). Die Geständniswirkung des § 138 III gilt ebenso wie im schriftl Verfahren auch hier (abw StJSch Rn 15: keine Geständnisfiktion ohne mündl Verhandlung über die Streitfrage), deshalb ist, wenn nur schriftl Sachanträge vorliegen, bei schlüssiger Klage eine Klageerwiderung nicht nötig. Im übrigen müssen schriftliche Sachanträge dem Gegner zugestellt, sonstige Schriftsätze ihm mitgeteilt sein, sonst rechtl Gehör verletzt (aM StJSch Rn 15: es sei entbehrlich, zu prüfen ob Schriftsätze dem jeweiligen Gegner mitgeteilt).

3) Entscheidungsverkündung: Während Beschlüsse jeder Art im versäumten Termin sofort 6
oder in einem hierfür angesetzten späteren Termin verkündet werden dürfen, ist für Urteile ein auf mindestens 2 Wochen hinaus anzusetzender Verkündungstermin (= Einschränkung von § 310) notwendig, damit die nicht erschienene Partei (§ 333 gilt hier nicht!) Gelegenheit erhält, die Entscheidungsverkündung abzuwenden. Hierfür ist, wenn Urteil ergehen soll, der im Termin abwesenden Partei der Verkündungstermin formlos mitzuteilen; § 218 gilt insoweit nicht. Im Hinblick auf die befristete Abwendungsbefugnis (Rn 7) empfiehlt sich aber statt der im Gesetz vorgesehenen (Redaktionsfehler) formlosen Mitteilung an die säumige Partei dringend die förmliche Zustellung; die Gewährung rechtl Gehörs muß eindeutig aktenkundig sein.

Abwendungsbefugnis (dann § 156) nur für die im Verhandlungstermin nicht erschienene Par- 7
tei, nicht auch für die gem § 333 als säumig geltende. Hierfür erforderlich **Antrag** binnen 7 Tagen vor dem Verkündigungstermin. Gem § 222 muß also der Antrag spätestens an dem Wochentag bei Gericht eingehen, der seiner Bezeichnung nach dem Verkündungstag i der folgenden Woche entspricht. Eingang bis 24 Uhr des letzten Tages genügt (BVerfG NJW 76, 747; § 222 Rn 2). Dem Antrag ist nur bei gleichzeitiger Glaubhaftmachung (§ 294) der Gründe für nichtverschuldete Säumnis u unterlassenen Verlegungsantrag (vgl § 227 III) stattzugeben. **Entschuldigungsgründe** für Partei u deren Vertreter (§§ 51, II, 85 II) i Interesse der Verfahrensförderung streng zu prüfen: Ausreichend krankheitsbedingte Säumnis (falls nicht für RA Abhilfe nach § 53 BRAO zumutbar, BGH NJW 64, 659), uU auch Säumnis nach Entfernung wegen verzögertem Aufruf der Sache (§ 220 Rn 3; vor § 330 Rn 4) oder iS § 132 verspätetes neues Vorbringen des Gegners im v Antragsteller versäumten Termin. Auch ohne Antrag hat das Gericht entspr § 335 von Amts wegen den Verkündigungstermin aufzuheben u nach § 156 zu verfahren, wenn es nachträgl erkennt, daß die nicht erschienene Partei nicht ordnungsgem geladen war. Die Zurückweisung des Abwendungsgesuchs (wegen nicht entschuldigter Säumnis) erfolgt (ohne Zwischenentscheidung) in der verkündeten Hauptsacheentscheidung und ist nur mit Rechtsmittel gegen diese anfechtbar (nicht § 252).

8 **4)** Das verkündete Urteil ist (als Endurteil instanzbeendendes) **kontradiktorisches Urteil.** Es ergeht „nach Lage der Akten am ... (Tag des versäumten Termins, nicht der Verkündung!)". Dieser Tag entspricht dem „Schluß der mündl Verhandlung" iS §§ 296a, 323 II, 767 II.

9 Für die **Besetzung der Richterbank** beim Urteil gilt § 309 bedingt (vgl § 128 Rn 14 und § 309 Rn 6). Danach entscheidet das Kollegium in der sich aus der Geschäftsverteilung ergebenden Besetzung, die mit der Terminsbesetzung nicht notwendig identisch sein muß.

10 **5) Vertagung** (§§ 227, 278 IV) oder **Ruhen des Verfahrens** (§ 251) an Stelle einer Entscheidung nach Aktenlage beschließt das Gericht nur, wenn trotz Entscheidungsreife (§ 300) die formellen Sachurteilsvoraussetzungen fehlen oder Hinweise iS §§ 139, 278 III veranlaßt sind, die dann sofort im Termin zu geben sind. Bei Vertagung gilt § 218, also Ladung u Einhaltung der Ladungsfrist entbehrlich. Benachrichtigung der Parteien trotzdem zweckmäßig.

11 Ruhen des Verfahrens: s § 251. Die 3-Monats-Frist des § 251 II gilt auch hier (JW 25, 69). Gegen Anordnung des Ruhens mangels Antrag keine Beschwerde (§ 252), nur Aufnahme (§ 250) nach Ablauf der Sperrfrist (KG JW 26, 267). Gegen Ablehnung der Terminsbestimmung vor Ablauf der 3-Monatsfrist einfache Beschwerde gemäß § 252 (§ 251 Rn 5; § 252 Rn 3).

12 **6) Gebühren: a)** des **Gerichts:** S Rn 4 zu § 331a über den Anfall einer Urteilsgebühr. Dazu ergänzend: **Keine** Urteilsgebühr entsteht im Falle des Abs 2 S 4, auch wenn das Urteil bei Terminsbestimmung schon abgesetzt war (Drischler/Oestreich/Heun/Haupt, GKG Teil VII KV Nrn 1013–1017 Rdnr 18). – Gerichtsgebührenfrei ist die Anordnung des Ruhens des Verfahrens nach Abs 3 (§ 1 Abs 1 GKG). – **b)** des **Anwalts:** Neben der 10/10 Prozeßgebühr nach § 31 Abs 1 Nr 1 BRAGO keine Verhandlungsgebühr, weil kein Antrag vorliegt, sondern nur eine Anregung (Hartmann, KostGes BRAGO, § 33 Anm 3 B).

252 *[Rechtsmittel bei Aussetzung]*

Gegen die Entscheidung, durch die auf Grund der Vorschriften dieses Titels oder auf Grund anderer gesetzlicher Bestimmungen die Aussetzung des Verfahrens angeordnet oder abgelehnt wird, findet Beschwerde, im Falle der Ablehnung sofortige Beschwerde statt.

1 **1) Anwendungsbereich:** § 252 gilt für alle Arten der Aussetzung (Rn 2, 3 zu § 148 und 2, 3 vor § 239), ebenso für alle sonstigen den Stillstand des Verfahrens herbeiführenden oder ablehnenden Entscheidungen (§ 251 Rn 5; § 251a Rn 7 und 11 für den Fall des Ruhens des Verfahrens) oder auch prozeßleitenden Anordnungen (dann aber § 140). Anfechtbar daher auch die entgegen einem Aussetzungsgesuch erfolgende Terminsbestimmung zur Sachverhandlung (Terminsladung setzt hier die Frist des § 577 in Lauf, Frankfurt FamRZ 80, 178; 78, 919), ebenso die Ablehnung der Terminsbestimmung (§ 216), die grundlos unangemessen weit hinausgeschobene Terminsbestimmung (Celle NJW 75, 1230; wegen Dienstaufsichtsbeschwerde § 26 DRiG in diesem Fall s § 216 Rn 22; BGHZ 93, 238 = NJW 85, 1471), die Vertagung (§ 227, JW 99, 431), die beschlußmäßige Feststellung oder Verneinung der Unterbrechung (RG 16, 358; JW 85, 353), die Entscheidung über die Unzulässigkeit der Aufnahme (§ 250) oder die Ablehnung der Fortsetzung des Verfahrens vor Rechtskraft eines Grundurteils (§ 304, KG MDR 71, 588) oder Vorbehaltsurteils (§ 302). Anfechtbar ist auch der praktisch einen Verfahrensstillstand herbeiführende **Beweisbeschluß,** der eine erst nach erheblichem Zeitablauf durchführbare Beweisaufnahme anordnet, zB die Beweisanordnung gem § 364, Köln NJW 75, 2349, die Einholung eines erbbiologischen Gutachtens (vgl § 640 f) nach mehr als einem Jahr (Hamm FamRZ 58, 379; Köln FamRZ 60, 409; LG Bonn NJW 62, 1626; Bremen NJW 69, 1908; Schleswig SchlHA 68, 262; abw Frankfurt NJW 63, 912; Berlin JR 64, 185, die auch hier an der grundsätzl Unanfechtbarkeit von Beweisbeschlüssen festhalten, aber es darf keinen Unterschied machen, ob zum Zweck künftiger Beweiserhebung zulässigerweise – s Rn 10 zu § 148 – die Aussetzung beschlossen wird oder ob ohne förmliche Aussetzung die künftige Beweiserhebung bereits beschlossen wird).

2 **2) Beschwerde** zulässig auch über den **Rechtsmittelzug der Hauptsache** hinaus, so bei Aussetzung (oder deren Ablehnung) durch das LG als Berufungsgericht, aber nur als Rechtsbeschwerde unter Zugrundelegung der vom LG getroffenen tatsächl Feststellungen (unten Rn 7), falls nicht auch insoweit Verfahrensfehler vorliegt (Celle NJW 75, 2208; BL Anm 1 D b; ThP Anm 2 a; R-Schwab § 126 VI; a M noch KG NJW 64, 1032; Frankfurt NJW 64, 777). – Jedoch keine Beschwerde gegen Beschluß des OLG statthaft, § 567 III. Soweit demnach Beschwerde zulässig:

3 **a) einfache Beschwerde** § 567, soweit das Verfahren entgegen Antrag zum Stillstand kommt, zB durch Zurückweisung der Aufnahme (§ 250) oder Anordnung des Ruhens §§ 251, 251 a III,

4 **b) sofortige Beschwerde** § 577, soweit dem Verfahren in der Hauptsache (Terminsbestimmung nur zur Verhandlung über die Aussetzungsfrage genügt nicht) antragswidrig Fortgang gegeben oder ein Aussetzungsgesuch zurückgewiesen wird,

c) weitere Beschwerde nur gegen Beschwerdeentscheidung des LG (§ 567 III), nur bei vom AG abweichender Entscheidung des LG (§ 568 II) u nur mit der oben dargelegten beschränkten Inhaltsprüfung wegen Überschreitung des Hauptsacherechtszuges. Die weitere Beschwerde ist einfach oder sofortige nach Maßgabe a) u b) oben. 5

d) Kein Rechtsmittel zulässig, soweit über Aussetzung oder deren Ablehnung im Urteil entschieden u dieses nach allg Grundsätzen nicht mehr anfechtbar, zB im Berufungsurteil des LG (§ 545) u wegen § 567 III auch im Berufungsurteil des OLG (BGH ZMR 73, 269; LM Nr 1; einschränkend BAG NJW 68, 1493). Unanfechtbar auch die verfassungsrechtl bedingte Aussetzung gem Art 100 GG (Köln MDR 70, 852; Schulte MDR 52, 520; Henrichs MDR 52, 528); anders nur, wenn in diesem Fall die Vorlage an das BVerfG unterbleibt (§ 148 Rn 3; BVerfG NJW 73, 1319). 6

e) Verfahren des Beschwerdegerichts: Ob das Beschwerdegericht bei seiner Entscheidung allein die verfahrensrechtliche Zulässigkeit einer Anordnung oder Ablehnung der Aussetzung oder auch die materiell-rechtl Grundlage der Maßnahme des Erstrichters zu prüfen hat, ist streitig (vgl München FamRZ 85, 495). Grundsätzlich eröffnet § 252 nur die Verfahrensrechtsbeschwerde (oben Rn 2); dem Beschwerdegericht ist es daher verwehrt, im Rahmen dieser Beschwerde auch die Beurteilung der materiell-rechtl Sach- und Rechtslage durch das Erstgericht zu prüfen (Celle NJW 75, 2208), denn diese Prüfung bleibt dem Rechtsmittel gegen die spätere Sachentscheidung vorbehalten. 7

3) Gebühren: a) des **Gerichts:** 1 Gebühr, soweit die Beschwerde verworfen oder zurückgewiesen wird (KV Nr 1181); – **b)** des **Anwalts:** eine (5/10) Beschwerdegebühr nach § 61 Abs 1 Nr 1 BRAGO; – **c) Streitwert:** s § 3 Rn 16 unter „Aussetzungsbeschluß“. 8

Zweites Buch

VERFAHREN IM ERSTEN RECHTSZUGE

A) Grundzüge des kontradiktorischen Erkenntnisverfahrens

1 Erkenntnisverfahren ist das durch ein Rechtsschutzersuchen einer Partei eingeleitete und zu einer bindenden (§§ 318, 322) Entscheidung des Gerichts führende Verfahren. Es ist kontradiktorisch, sofern sich in dem Verfahren zwei (oder mehrere) Parteien als Gegner gegenüberstehen (insoweit im 1. bis 6. sowie im 10. Buch der ZPO geregelt), im Aufgebotsverfahren ist es dagegen einseitig ausgestaltet (9. Buch der ZPO). Die Form der gerichtl Entscheidung ist im Erkenntnisverfahren das **Urteil** (im Schiedsverfahren Schiedsspruch genannt, § 1039). Eingeleitet wird das Erkenntnisverfahren regelmäßig durch eine **Klage,** ausnahmsweise durch einen Antrag (im Gesetz auch Gesuch genannt) im Ehescheidungsverfahren (§ 1564 BGB), im Aufgebotsverfahren (§ 947), im vorausgehenden Mahnverfahren (§ 690) und in dem für den Fall mündlicher Verhandlung dem Erkenntnisverfahren zuzuordnenden Arrest- u einstw Verfügungsverfahren (§§ 921 I, 922 I). Dem Erkenntnisverfahren steht gegenüber das regelmäßig mit einem Antrag eingeleitete und mit einer Entscheidung in Beschlußform endende Verfahren der Zwangsvollstreckung und der freiwilligen Gerichtsbarkeit, das nicht notwendig kontradiktorisch ist (Habscheid ZZP 66, 193). Wegen der **allg Verfahrensgrundsätze** des kontradiktorischen Erkenntnisverfahrens s Anm vor § 128 sowie die Anm zu § 128. Die §§ 253–510 c regeln das kontradiktorische Erkenntnisverfahren 1. Instanz vor dem Landgericht (§§ 253–494) und dem Amtsgericht (§§ 495–510 b).

2 **I) Arten der Klage** (hierzu vgl Einl Rn 71 ff vor § 1 bezügl Streitgegenstand der einzelnen Klagearten): Das Erkenntnisverfahren kennt als Arten der Klage die Leistungs-, Feststellungs- und Gestaltungsklage, entsprechend den mit diesen Klagen angestrebten Leistungs-, Feststellungs- und Gestaltungsurteilen. Nicht durch den prozessualen Inhalt bestimmte Klagearten, sondern lediglich besondere Formen der Durchsetzung dieser drei Klagearten sind dagegen die Widerklage (§ 33), die Stufenklage (§ 254), die Klage auf künftige Leistung (§§ 257–259), die Nichtigkeits- u Restitutionsklage (§ 578) und die Klage im Urkunden- oder Wechselprozeß (§§ 592 ff).

3 **1) Die Leistungsklage** dient der Durchsetzung eines materiell-rechtl Anspruchs des Klägers, vom Beklagten ein Tun oder Unterlassen zu fordern. Die geschuldete Handlung kann dabei verschiedenster Art sein; am häufigsten ist die Zahlungspflicht. Weitere Beispiele: der Anspruch auf Erfüllung obligatorischer Verträge, der Gewährleistungs- oder Schadensersatzanspruch, der Anspruch auf Herausgabe von Sachen (§§ 883–885), der Anspruch auf Vornahme von physischen Handlungen (§§ 887–893), auf Abgabe von Willenserklärungen (§§ 894–898), auf Duldung (zB der Zwangsvollstreckung § 1147 BGB) oder Unterlassung (§ 890, zB im Fall des § 1004 BGB).

4 Kein notwendiges Merkmal der Leistungsklage ist die **Durchsetzbarkeit des Anspruchs** im Wege der Zwangsvollstreckung. Die Zwangsvollstreckung ist ausgeschlossen (trotzdem Rechtsschutzbedürfnis für die Klage gegeben!) im Falle des § 888 II und § 894, obwohl auch hier wie bei allen Leistungsklagen das Urteil die Feststellung der Leistungspflicht (vgl § 241 BGB) und den Leistungsbefehl an den Beklagten enthält.

5 **2) Die Feststellungsklage** begehrt die positive oder negative Feststellung des Bestehens oder Inhalts eines Rechtsverhältnisses oder der Echtheit oder Unechtheit einer ein Rechtsverhältnis bestimmenden Urkunde, § 256. Im Gegensatz zum Leistungsurteil enthält das Feststellungsurteil keinen Leistungsbefehl an den Schuldner, sondern erschöpft sich in der deklaratorischen Feststellung; es ist daher (abgesehen vom Kostenpunkt) der Zwangsvollstreckung nicht zugänglich, trotzdem aber (zur deklarat Feststellung der Rechtskraft) gem §§ 704 ff für „vollstreckbar" zu erklären. Die fehlende Vollstreckungsfähigkeit des Feststellungsurteils birgt die Gefahr des nutzlosen Selbstzwecks dieser Klage in sich. Daher setzt die Klage außer dem stets erforderl allg Rechtsschutzbedürfnis (Rn 18) noch ein dem Rechtsfrieden dienliches schutzwürdiges „Feststellungsinteresse" des Klägers voraus, das regelmäßig fehlt, wo die Leistungsklage möglich ist.

6 Eine besondere Form der Feststellungsklage ist die **Zwischenfeststellungsklage** des § 256 II, die es aus Gründen der Prozeßökonomie ermöglicht, neben dem Leistungsbefehl eines Leistungsurteils auch die diesem Befehl zugrundeliegenden Rechtsgründe in Rechtskraft erwachsen zu lassen. Häufigster Anwendungsfall: negative Feststellungswiderklage des Beklagten im Falle der Teilklage des Klägers.

Bloße **(negative) Feststellungswirkung** haben alle abweisenden Urteile, daher enthält jeder Abweisungsantrag des Bekl den Anspruch auf negative Feststellung, gleich einer (neg) Feststellungsklage. 7

3) Die Gestaltungsklage (Lit: *Bruns* ZZP 78, 264; *Dölle* ZZP 62, 281; *Lent* ZZP 61, 279; *R-Schwab* § 95; *Schlosser*, Gestaltungsklagen u Gestaltungsurteile 1966) erstrebt die unmittelbare Änderung eines unter den Parteien bestehenden Rechtsverhältnisses. Ein Leistungsbefehl an den Bekl ist daher entbehrlich, ebenso wie eine Leistungspflicht des Bekl. Die Gestaltungswirkung des Urteils macht eine Zwangsvollstreckung entbehrlich und (abgesehen vom Kostenpunkt) unmöglich. Da das Urteil eine unmittelbare Änderung der Rechtsverhältnisse bewirkt, wirkt es im Gegensatz zum Leistungs- und Feststellungsurteil nicht nur unter den Parteien, sondern gegenüber jedermann. Häufigster Anwendungsfall der Gestaltungsklage ist der Anspruch auf Änderung eines der Dispositionsbefugnis der Parteien entzogenen Rechtsverhältnisses, so bei der Klage (bzw Antrag) auf Ehescheidung usw gem § 606, auf Feststellung des Personenstands gem § 640. Die fehlende Dispositionsbefugnis der Parteien muß aber dort nicht vorliegen, wo das materielle Recht die Rechtsgestaltung dem Urteilsspruch übertragen hat, zB für die Klage auf Bestimmung einer Leistung gem §§ 315 III, 319 I, 2048, 2156, 2192 BGB, auf Herabsetzung einer Vertragsstrafe oder eines Maklerlohnes (§§ 343 I, 655 BGB), auf Auflösung einer Gesellschaft (§§ 133 I, 161 II HGB), auf Ausschluß eines Gesellschafters (§ 140 I HGB), auf Nichtigerklärung von Gesellschaftsbeschlüssen (§ 241 Ziff 5 AktG, § 51 GenG), auf Nichtigerklärung einer Gesellschaft (§ 275 AktG), auf Erklärung der Unzulässigkeit der Zwangsvollstreckung (§§ 767, 771 ZPO) und auf Beseitigung der Vollstreckungsklausel (§ 768 ZPO) usw. Wo der Streitgegenstand der Dispositionsfreiheit des Bekl untersteht, kann er durch Anerkennung, Verzicht oder rechtsgestaltende Willenserklärung die Hauptsache des Rechtsstreits ohne Urteil zur Erledigung (§ 91 a) bringen. 8

II) Die Prozeßvoraussetzungen (= Sachurteilsvoraussetzungen) sind diejenigen Bedingungen in sachl, persönl und formeller Hinsicht, die eingetreten sein müssen, bevor das Gericht überhaupt in die sachl Prüfung des Klagebegehrens eintreten kann. Daher ist die Klage ohne Rücksicht auf ihre sachl Begründetheit durch „Prozeßurteil" als unzulässig abzuweisen, wo die sachl (nicht immer die persönl) Prozeßvoraussetzungen fehlen; hierbei erwächst das abweisende Prozeßurteil nicht auch hinsichtlich des Streitgegenstandes in Rechtskraft, die Klage kann daher unter geänderten Prozeßvoraussetzungen wiederholt werden. Zur **Verzichtbarkeit und Rügepflichtigkeit fehlender Prozeßvoraussetzungen** s §§ 282 Rn 5, 6; 295 Rn 3–7; 296 Rn 29. Nur das Vorliegen unverzichtbarer Prozeßvoraussetzungen, das sind dem öffentlichen Interesse an einer geordneten Rechtspflege dienende Voraussetzungen, hat das Gericht von Amts wegen (ggf unter Erhebung des Freibeweises; vor § 284 Rn 7) zu prüfen (StJL vor § 128 Rn 91–100). 9

Neuerdings gewinnt die Ansicht Raum, die (hier behandelten) Prozeßvoraussetzungen seien nur gleichwertiger Teilbereich der **„Klageerfolgsvoraussetzungen"** u deshalb sei eine Feststellung der Prozeßvoraussetzungen dort entbehrlich, wo die sachliche Aussichtslosigkeit eines Klagebegehrens oder eines Rechtsmittels offensichtlich sei (Köln NJW 74, 1515; KG NJW 76, 2353; Rpfleger 75, 29; Gottwald NJW 74, 2241; Grunsky, Prozeß- und Sachurteil, ZZP 80, 55; ders, Grundlagen des Verfahrensrechts, 1974, § 34; Rimmelspacher, Zur Prüfung von Amts wegen im Zivilprozeß, 1966; ders neuerdings einschränkend in ZZP 88, 245; Lindacher NJW 67, 1389). Das ist schon deshalb abzulehnen, weil Verfahrensvorschriften nicht Selbstzweck, sondern im Interesse einer geordneten Rechtspflege (Art 20 III GG) durch hierzu berufene Richter (Art 101 GG) geschaffen sind, worauf jede der Parteien ein Recht hat. Praktikabilitätserwägungen haben hier daher außer Betracht zu bleiben, denn sie geben der Prozeßökonomie den Vorrang vor der Gesetzmäßigkeit der Rechtsfindung. Der Vorgriff auf eine mat Sachentscheidung unter Nichtbeachtung des Fehlens der formellen Sachurteilsvoraussetzungen beschwert die derart unterlegene Partei gesetzwidrig, denn Verfahrensfehler sind regelm (uU in einem neuen Verfahren) behebbar, die Sachentscheidung dagegen im Umfang der Rechtskraftwirkung (§ 322) nur bedingt einer Korrektur zugänglich (vgl Rn 22 ff, 53 ff, 71, 72 vor § 322; wie hier R-Schwab § 97; Schwab JuS 76, 69; Berg JuS 69, 123; Sauer, Die Reihenfolge der Prüfung von Zulässigkeit u Begründetheit einer Klage im Zivilprozeß, 1974; ThP Anm III vor § 253; BLH vor § 253 Anm 3 Ab; StJSchL 19. Aufl § 274 Anm I 1). 10

Die Frage, in welcher **Reihenfolge** das Vorliegen der Prozeßvoraussetzungen zu prüfen ist (vgl Blomeyer ZPR § 39 III u ZZP 81, 20; Grunsky ZZP 80, 55; Harms ZZP 83, 167; Levy ZZP 20, 87; Lindacher ZZP 90, 131; Pohle ZZP 81, 161; R-Schwab ZPR § 97 V 5; Sauer, Die Reihenfolge der Prüfung von Zulässigkeit und Begründetheit einer Klage im Zivilprozeß, 1974) ist umstritten. Im Hinblick auf die Rechtskraftfähigkeit auch des Prozeßurteils (§ 322 Rn 1) ist die Einhaltung einer Reihenfolge der zu prüfenden Prozeßvoraussetzungen, insbesondere die Prüfung, ob a) eine 11

Klage ordnungsgemäß erhoben wurde, b) die persönlichen Prozeßvoraussetzungen der Parteien vorliegen und c) die das angerufene Gericht zu einer Entscheidung ermächtigenden Voraussetzungen gegeben sind, bedeutsam und gerechtfertigt (BAG NJW 83, 839). Andererseits schreibt das Gesetz keine Reihenfolge der Prüfung vor und die uU schwierige Prüfung einer vorrangigen ProzVoraussetzung erscheint wenig sinnvoll, wo das Fehlen einer nachrangigen bereits offen zutage liegt, zumal Verfahrensmängel bis zum Schluß der mündl Verhandlung behoben werden können. Daher ist zulässig jedenfalls, das abweisende Prozeßurteil auf den am leichtesten und schnellsten feststellbaren Verfahrensmangel zu stützen (Harms ZZP 83, 167; ThP Anm III A vor § 253; BLH vor § 253 Anm 3 Ea). Die nachfolgende Zusammenstellung der Prozeßvoraussetzungen ist daher in ihrer Reihenfolge nicht zwingend.

12 **1) Persönliche Prozeßvoraussetzungen** sind die Parteifähigkeit (§ 50), Prozeßfähigkeit (§§ 51–57; § 52 Rn 7–15) ordentliche gesetzl Vertretung (§ 56) und Prozeßführungsbefugnis (Rn 18 ff vor § 50). Nicht hierher gehört die Sachlegitimation (Rn 25). Für den Streit über Existenz, Parteifähigkeit und Prozeßfähigkeit einer Prozeßpartei werden diese Prozeßvoraussetzungen zunächst als gegeben unterstellt, (BGHZ 24, 91; 86, 184/86 = NJW 83, 996; NJW RR 86, 157; Hager ZZP 97 [1984], 174). **Zweifeln an der Prozeßfähigkeit** der Parteien hat das Gericht mit den Mitteln des Freibeweises (vor § 284 Rn 7) von Amts wegen nachzugehen; bei fortbestehenden und nicht weiter aufklärbaren Zweifeln dieser Art ist von der Prozeßunfähigkeit auszugehen (BGHZ 18, 184/190; 86, 184/89), gleichwohl aber Verhandlungstermin zu bestimmen (§ 216; s hierzu auch § 57), denn über die Rechtsfolge der Prozeßunfähigkeit einer Partei (Prozeßurteil: die Klage ist unzulässig) ist nicht im Vorfeld der Terminsbestimmung zu befinden, sondern im (auch für den Prozeßunfähigen rechtsmittelfähigen; Hager ZZP 97, 174/77) Urteil; anders (Terminsbestimmung entbehrlich) ThP § 253 Anm 4a; Schleswig SchlHA 58, 230 bei offenkundiger Prozeßunfähigkeit, insbes nach Entmündigung des Klägers.

13 **2) Sachliche Prozeßvoraussetzungen** sind allgemeiner Art, soweit sie in jedem Prozeß, besonderer Art, soweit sie die konkret gewählte Form des Rechtsschutzbegehrens betreffen.

14 **a) Allgemeine Prozeßvoraussetzungen** sind: **die Ordnungsmäßigkeit der Klageerhebung** (Lit: Süss ZZP 54, 12), §§ 253, 496 (s unten Rn 24 und Rn 22 zu § 253), im Anwaltsprozeß (§ 78) durch einen beim ProzGericht zugelassenen Anwalt (zur Heilung dieses Mangels ex nunc LG Mainz MDR 80, 406).

15 **die Gerichtsbarkeit,** nämlich die Jurisdiktionsgewalt des Gerichts über den Streitgegenstand (RG 157, 394; BGH 8, 379) oder über die Person (vgl §§ 18–20 GVG); zur Indemnität der Abgeordneten BGH 75, 384 u Roll NJW 80, 1439. Teil der Gerichtsbarkeit ist die internat Zuständigkeit des Gerichts (Geimer WPM 86, 117; Kralik ZZP 74, 2; Matthies, Die internat Zuständigkeit, 1955; Schweizer DRiZ 68, 365; Frankfurt NJW 70, 1010). Zu den Regeln der **internationalen Zuständigkeit** s IZPR Rn 101 ff.

16 **die Zulässigkeit des Rechtsweges** (§ 13 GVG).

17 **die Zuständigkeit des Gerichts** in örtlicher (§§ 12–39) und sachlicher (§§ 23, 71, 72, 119, 133 GVG, §§ 2–4 ArbGG) Hinsicht; die fehlende Zuständigkeit ist jedoch nur insoweit von Amts wegen zu beachten (vgl § 39), als das Gesetz die Zuständigkeit im Einzelfall als eine ausschließliche bezeichnet hat (zB § 2 ArbGG, § 71 II III GVG, § 51 PatG, §§ 24, 40 II, 606, 802 ZPO), im übrigen bedarf sie der Rüge des Bekl in der mündl Verhandlung; im Säumnisverfahren erfaßt die Geständnisfiktion des § 331 daher auch die (schlüssige) Zuständigkeitsbehauptung des Klägers (Geimer NJW 73, 1151/52), soweit dem nicht §§ 331 I 2, 29 II entgegenstehen.

18 **das Rechtsschutzbedürfnis** (vgl Frankfurt NJW 69, 1906; Allorio ZZP 67, 321; Baumgärtel ZZP 67, 423; R-Schwab § 93 IV; Schönke AcP 150, 216), welches fehlt, wo der Kläger kein schutzwürdiges Interesse an einem Urteil hat, zB weil über seinen Anspruch bereits ein Urteil (res iudicata) oder ein sonstiger Vollstreckungstitel vorliegt (Ausnahme aber, wenn dieser Titel unersetzbar verlorenging, BGHZ 4, 314/321, die Unterbrechung der Verjährung geboten ist, BGH MDR 85, 562, oder die Auslegung des früheren Titels streitig ist, § 256 Rn 8) oder auf einfacherem Wege (zB im Kostenfestsetzungsverfahren RG 130, 218) zu erlangen ist. Jedoch schließt ein bereits bestehender Titel die Klage nicht aus, wo (zB bei Prozeßvergleich BGH MDR 58, 215) Streit über seinen Inhalt besteht, wo eine Vollstreckungsgegenklage zu erwarten ist (BGH NJW 61, 1116), wo die vollstreckbare Urkunde verloren gegangen und anderweitig (§ 733) nicht beschaffbar ist. BGH NJW 86, 2704/2705 = MDR 86, 931 bejaht Rechtsschutzbedürfnis für Klage auf Abgabe einer Willenserklärung (zB § 894 BGB), obwohl hierüber bereits ein vollstreckbarer Vergleich vorliegt, weil § 894 ZPO für diesen Vergleich nicht gilt (s dort Rn 3) und die „keineswegs kürzere und einfachere" Zwangsvollstreckung aus dem Vergleich gemäß § 888 dem Gläubiger nicht zumutbar sei. Bei Unterlassungs- u Beseitigungsansprüchen schließt strafrechtl Schutz die Klage regelmäßig nicht aus, RG 116, 151; 156, 377. – Das Rechtsschutzbedürfnis für die Klage ist aber zu tren-

nen vom Rechtsschutzbedürfnis für das materielle Klagebegehren. So stellt zB die Sittenwidrigkeit der Anspruchsgrundlage (§§ 138, 656, 817 BGB; Hamburg WRP 73, 482) nur die Begründetheit der Klage, nicht bereits ihre Zulässigkeit in Frage.

die Klagbarkeit des Anspruches (Lit: Stech ZZP 77, 161): ein Anspruch kann, obwohl sachlich begründet, nicht klagbar sein, wo das Gesetz die Erfüllungsklage allgemein (zB §§ 656, 1297 BGB) oder nur unter bestimmten Voraussetzungen (zB §§ 1001, 1958 BGB) ausschließt oder erschwert (zB §§ 110, 269 IV ZPO). Auch **Prozeßverträge** können der Klagbarkeit entgegenstehen (vgl vor § 128 Rn 22; § 269 Rn 3), so insbes der Schiedsvertrag (§§ 1025, 1027 a) und der Vertrag über Klagbarkeit erst nach vorprozessualem Güteversuch (BGH ZZP 99 [1986], 90; Celle NJW 71, 289; ähnlich das Sachverständigenverfahren gem § 64 VVG). Solche die Klagbarkeit eines Anspruchs modifizierenden Verträge (oft in Korporationssatzungen und allg Geschäftsbedingungen enthalten) sind ebenso wie Prozeßvereinbarungen (vor § 128 Rn 22) in ihrer Verbindlichkeit an den §§ 138, 157, 242 BGB und an den Vorschriften des AGBG zu messen; so muß die Neutralität des Schiedsrichters (vgl § 1032) und Schlichters gewährleistet sein und darf der Vorteil alsbaldiger Rechtshängigkeit (§ 262 Rn 2–4) insbesondere bei drohender Insolvenz des Schuldners nicht unangemessen eingeschränkt werden (Prütting ZZP 99 [1986], 93). – Noch nicht fällige Ansprüche sind nur bedingt klagbar, vgl §§ 257–259. 19

das Nichtvorliegen prozeßhindernder Einreden, § 282 (s dort Rn 5). 20

b) Besondere Prozeßvoraussetzungen bestimmt das Gesetz für einzelne Verfahrensarten: Widerklage §§ 33, 595 I, 610, 611, 641 II; Feststellungsklage § 256; Abänderungsklage § 323; Restitutionsklage § 578; Urkundenklage § 592; Vollstreckungsgegenklage § 767; Drittwiderspruchsklage § 771. 21

III) Keine Prozeßvoraussetzungen, sondern nur Voraussetzung für den sachlichen Erfolg der Klage sind dagegen Schlüssigkeit der Klage, die Sachlegitimation des Klägers für den Klageanspruch und natürlich die Begründetheit. 22

1) Die Klage ist schlüssig, a) wenn ihr Tatsachenvortrag, seine Richtigkeit unterstellt, geeignet ist, den Klageantrag sachlich zu rechtfertigen (BGH NJW 84, 2889). Ob der Gegner den Tatsachenvortrag bestreitet, ist für die Frage der Schlüssigkeit unerheblich. Nur eine schlüssige Klage rechtfertigt ein VersUrteil (§ 331 II) gegen den Beklagten. Unschlüssig ist zB die Klage mit der ein Teilbetrag aus der Summe mehrerer selbständiger Einzelforderungen gefordert wird, ohne Angabe, wie sich der Klageanspruch auf die einzelnen Forderungen verteilt (BGH 11, 192 = NJW 54, 757 u NJW 59, 1819). Eine unschlüssige Klage ist als unbegründet abzuweisen, jedoch erst nach Hinweis gem §§ 139, 278 III u nach Einräumung der (zeitlichen) Gelegenheit, die Schlüssigkeitsbedenken des Gerichts auszuräumen, München OLGZ 79, 355. 23

b) Keine Frage der Schlüssigkeit, sondern der Zulässigkeit ist dagegen die **Ordnungsmäßigkeit der Klageerhebung** iS des § 253 (Rn 14). Äußere Fehler der Klage (zB der Mangel einer Begründung BGH NJW 57, 263) berühren die Zulässigkeit, inhaltliche Mängel (zB die Substantiierung des Anspruches) die Begründetheit. Unzulässig ist die Klage, die den Streitgegenstand nicht iS des § 322 individualisiert, unbegründet dagegen die Klage, die nicht erkennen läßt, worauf der Kläger seinen prozessualen Anspruch stützt. Die Heilung von Zulässigkeitsmängeln wirkt (zB hinsichtlich Rechtshängigkeit und Unterbrechung der Verjährung, Braunschweig MDR 57, 425; RG JW 14, 639; BGH NJW 57, 263) ex nunc, die Heilung von Schlüssigkeitsmängeln dagegen ex tunc (BGH NJW 67, 2210; hierzu näher § 253 Rn 22). 24

2) Sachlegitimation, dh Aktivlegitimation des Klägers und Passivlegitimation des Beklagten, liegt vor, wo der Kläger befugt ist, den Klageanspruch nach materiellem Recht in eigener Person (wenn auch uU mit dem Ziel der Leistung an Dritte, zB im Fall der Prozeßstandschaft, § 265 ZPO oder § 2039 BGB) geltend zu machen und der Beklagte Schuldner des Klageanspruchs ist. Bei fehlender Sachlegitimation ist die Klage als unbegründet abzuweisen; zur Frage der Prozeßführungsbefugnis im eherechtl Güterrecht s Anhang zu § 51. Hiervon unterscheide die verfahrensrechtliche Prozeßführungsbefugnis (Rn 18 ff vor § 50). 25

B) Die Wirkung der Klageerhebung

1) Materiell-rechtl Wirkungen sind: die Unterbrechung der Verjährung §§ 209, 211, 801 BGB; §§ 207, 270 III, 693 II ZPO; Eintritt des Verzuges § 284 I 2 BGB; Zinsanspruch § 291 BGB; Haftungsverschärfung für den Schuldner §§ 292, 818 IV, 987 II, 988, 989, 994 II, 991, 996, 1007 III, 2023 BGB; Unterbrechung der Ersitzung § 941 BGB; Übertragbarkeit von Ansprüchen §§ 847 I, 1300 II BGB (die §§ 207, 270 III, 693 II sind hier nicht anwendbar, BGH NJW 61, 1575); Unterbrechung von Ausschlußfristen §§ 561 II, 864, 977, 1002, 1188 II, 1613 BGB, § 12 III VVG. Vgl auch § 262 ZPO. 26

27 **2) Prozessuale Wirkungen** sind die Rechtshängigkeit § 261, die Einschränkung der Klageänderung § 263, die Fixierung der Zuständigkeit des Gerichts (§ 261 III 2) und der Sachlegitimation des Klägers § 265, die Unzulässigkeit anderweitiger gerichtl Geltendmachung des Klageanspruchs § 261 III 1; RG 160, 344, und die Beschränkung der Klagerücknahme § 269 I. Schließlich wird durch die Klage (hinsichtlich des Beklagten erst durch deren Zustellung an ihn) das öffentl-rechtl Prozeßrechtsverhältnis (Rn 16 vor § 128) begründet.

Erster Abschnitt

VERFAHREN VOR DEN LANDGERICHTEN

Die Landgerichte sind im ersten Rechtszug zuständig: in nichtvermögensrechtl Streitigkeiten (§§ 23, 71 GVG), in vermögensrechtl Streitigkeiten im Wert von mehr als 5000,– DM (§§ 23 Ziff 1, 71 GVG), für die Amtshaftungsansprüche gem § 839 BGB, Art 34 GG, § 71 GVG und für ihnen landesrechtl (§ 71 III GVG; für Bayern Art 26 AG GVG) oder bundesrechtl zugewiesene Angelegenheiten, zB §§ 132, 246 III, 251 III, 254 II, 257 II, 275 IV AktG, § 143 PatG, § 87 GWB, § 208 BEG, § 51 III GenG, § 61 III GmbHG, § 49 BörsG, §§ 42, 62 BNotO, § 217 BauGB, § 58 BLeistG.

Vgl zur Abgrenzung den Zuständigkeitskatalog der Amtsgerichte: § 495 Rn 1, 2.

Erster Titel

VERFAHREN BIS ZUM URTEIL

253 *[Klageschrift]*

(1) Die Erhebung der Klage erfolgt durch Zustellung eines Schriftsatzes (Klageschrift).

(2) Die Klageschrift muß enthalten:

1. die Bezeichnung der Parteien und des Gerichts;

2. die bestimmte Angabe des Gegenstandes und des Grundes des erhobenen Anspruchs sowie einen bestimmten Antrag.

(3) Die Klageschrift soll ferner die Angabe des Wertes des Streitgegenstandes enthalten, wenn hiervon die Zuständigkeit des Gerichts abhängt und der Streitgegenstand nicht in einer bestimmten Geldsumme besteht, sowie eine Äußerung dazu, ob einer Übertragung der Sache auf den Einzelrichter Gründe entgegenstehen.

(4) Außerdem sind die allgemeinen Vorschriften über die vorbereitenden Schriftsätze auch auf die Klageschrift anzuwenden.

(5) Die Klageschrift sowie sonstige Anträge und Erklärungen einer Partei, die zugestellt werden sollen, sind bei dem Gericht schriftlich unter Beifügung der für ihre Zustellung oder Mitteilung erforderlichen Zahl von Abschriften einzureichen.

1 **I) Allgemeines. 1)** Die Klageerhebung ist die ein Prozeßrechtsverhältnis (Rn 16 vor § 128) begründende **Prozeßhandlung.** Sie ist ein Antrag iS des § 216, über den grunds (Ausn: §§ 128 II u III, 307 II, 331 III) nach mündlicher Verhandlung (§ 128) durch Urteil (§§ 300 ff) zu entscheiden ist. Als Prozeßhandlung ist sie grundsätzlich **bedingungsfeindlich** (Rn 18 vor § 128), doch kann sie von einer sog innerprozessualen Bedingung abhängig gemacht werden (RG 144, 73). Zulässig ist es, die Wirksamkeit der Klage von dem Ergebnis der Sachentscheidung des Gerichts über einen anderen Anspruch abhängig zu machen, so zB die Eventualwiderklage für den Fall des Obsiegens des Klägers (BGH NJW 61, 1862 für den Fall der Unzulässigkeit einer primär geltend gemachten Aufrechnung; BGH NJW 65, 440, Hilfswiderklage auf Rückzahlung der mit der Klage geforderten Zahlung aus einem erst durch den Erfolg der Klage bedingten rechtl Grund), ebenso die eventuelle Klageerweiterung für den Fall des erfolgreichen Hauptantrages (BAG NJW 65, 1042). Der BGH (NJW 59, 241; LM § 616 Nr 9; LM § 164 BGB Nr 15; RG 135, 17) läßt die bedingte Wider-Widerklage des Klägers zu. Dagegen wäre die unbedingte Widerklage des Klägers gegen

eine Widerklage des Bekl faktisch eine Klageerweiterung mit der Kostenfolge des § 65 GKG, während für die Widerklage eine Kostenvorschußpflicht nicht besteht (Neustadt NJW 54, 1371). Unzulässig bedingt wäre eine für den Fall der Abweisung der Klage gegen einen Dritten erhobene Klage, denn hier fehlt zwischen dem Kläger u dem Dritten ein bereits bestehendes Prozeßrechtsverhältnis, das die Bedingung für die Klage gegen den Dritten als eine interprozessuale erscheinen ließe (vgl § 33 Rn 18 ff).

Ein **Hilfsantrag** begründet (nach Zustellung) auflösend bedingte Rechtshängigkeit, Celle NJW 65, 1486; vgl § 260 Rn 4. 2

2) Wegen der **Arten** der Klage s Rn 2 ff vor § 253, wegen der materiell- und verfahrensrechtl **Wirkungen** der Klageerhebung s Rn 26, 27 vor § 253 sowie die Anm zu §§ 262, 270 III. 3

3) Die Klage wird **erhoben** durch Einreichung (Abs V) eines den Erfordernissen der Abs II–IV entsprechenden Schriftsatzes (beim AG auch mündl z Prot §§ 496, 129 a) und Zustellung desselben an den Gegner (§ 270). Zustellung von Anwalt zu Anwalt an Stelle der Amtszustellung genügt bei Klageerweiterung oder -änderung im bereits rechtshängigen (§ 261) Verfahren (§ 198 Rn 3), nicht jedoch für die prozeßeinleitende Klageschrift, denn diese ist iS § 198 I 2 von Amts wegen mit gerichtlichen Anordnungen (§§ 216, 214, 272 II, 273, 275, 276) dem Beklagten zuzustellen. Wegen Zustellung an den Prozeßbevollmächtigten s § 176 (dort unter Rn 17 auch zur Heilung von Mängeln der Klagezustellung). – Zu den **Förmlichkeiten der Klageschrift,** insbes bezgl Unterschrift und zulässiger Bezugnahme s Rn 5 ff zu § 130. Zur Behandlung fremdsprachlicher Schriftsätze s § 233 Rn 23 bei „Ausländer" sowie § 184 GV Rn 3; wegen fremdsprachlicher Urkunden § 142 Rn 4. – Die Einreichung bewirkt die **Anhängigkeit** der Klage, die Zustellung die **Rechtshängigkeit** (§ 261). Da der Kläger wegen der Zustellung im Amtsbetrieb keinen Einfluß auf den Zeitraum zwischen Anhängigkeit und Rechtshängigkeit hat, verlegt das Gesetz (§§ 207, 270 III, 696 III) die Wirkungen der Rechtshängigkeit vielfach (jedoch nicht in den Fällen der §§ 847 I, 1300 II BGB; BGH NJW 76, 1890; 61, 1575) auf den Zeitpunkt der Anhängigkeit vor. Im übrigen ist während der Dauer der Anhängigkeit der Kläger noch alleiniger Herr des Verfahrens, er kann seine Klage ohne die Kostenfolge des § 269 zurücknehmen, weil ein Prozeßrechtsverhältnis zu dem Bekl noch nicht besteht (Düsseldorf NJW 65, 766 u 65, 1185); vgl entspr für Hauptsacheerledigung vor Rechtshängigkeit BGH NJW 82, 1598 und § 91 a Rn 16, 17. Zur rechtl Bedeutung der Anhängigkeit Schilken JR 84, 446. 4

II) Die Klageerhebung: 1) Die Einreichung (vgl Rn 5 zu § 270) erfolgt bei dem LG (beim AG daneben § 496) schriftlich. Der Schriftsatz ist ein bestimmender (Rn 3 zu § 129). Daher (entgegen OVG Münster NJW 63, 2045; BVerwG NJW 66, 1044) ist **Unterschrift** des RA (§ 78) erforderlich (§ 130 Rn 5–10). Fehlende Unterschrift ist von Amts wegen zu beachtender Prozeßvoraussetzungsmangel, Nachholung heilt grds nicht rückwirkend (so für Wahrung einer Ausschlußfrist BGH 22, 257; BAG NJW 76, 1285; für Unterbrechung einer Verjährung BGH LM § 295 Nr 12; aM Vollkommer, Formenstrenge u prozessuale Billigkeit, 1973, S 419 ff); jedoch Rückwirkung bei rügeloser Einlassung des Bekl (§ 295, BAG MDR 86, 1053 [hierzu Vollkommer BAG EWiR § 295 ZPO 1/86, 1040]; BGH 65, 46 = NJW 75, 1704). Die fehlende Unterschrift kann aber durch ein der Klage beiliegendes u unterzeichnetes Schriftstück ersetzt werden, das die Absicht der Klageerhebung erkennbar bestätigt (BAG NJW 76, 1285). Soll bei gleichzeitiger Einreichung von Klageschrift und Gesuch um Prozeßkostenhilfe (PKH) die Klage nur für den Fall der Bewilligung der PKH als erhoben gelten, so muß das der Kläger eindeutig im Gesuch um Prozeßkostenhilfe (PKH) erklären (§ 117 Rn 6), andernfalls Zustellung an den Gegner die unbedingte Rechtshängigkeit (§ 261) begründet, während sonst die Mitteilung von Klage u PKH-Gesuch an den Gegner nur dessen Anhörung im PKH-Verfahren (§ 118) dient, auch wo irrtümlich formell zugestellt wurde (BGH 4, 328; 7, 270; 11, 177). BGH NJW 72, 1373 (hierzu krit Zeiss JR 73, 67) behandelt Klage ex nunc als eingereicht, wenn Kläger in mündl Verhandlung Antrag aus dem dem Gesuch beigefügten Entwurf der Klageschrift stellt. Vgl i übrig § 117 Rn 6 ff. 5

Wird die Klage nachträgl erweitert, geändert (§ 263), Zwischenfeststellungsklage (§ 256 II) oder Widerklage (§ 33) erhoben, so kann das entgegen Abs I u V auch in der mündl Verhandlung erfolgen (§§ 261 II, 267, 297 I Satz 3), doch könnte der Gegner wegen fehlender rechtzeitiger Ankündigung (§ 132) die Einlassung verweigern (§ 274 III; nur bei Verzicht auf Einhaltung der Einlassungsfrist kommt Anwendung des § 283 in Betracht). 6

2) Der notwendige Inhalt der Klageschrift (Abs II) ist von Amts wegen zu prüfende (RG 99, 126) Prozeßvoraussetzung, deren Fehlen die Klage unzulässig macht. **Mängel der Klageschrift** können durch Berichtigung behoben werden. Berichtigung von Zulässigkeitsmängeln wirkt ex nunc, von sonstigen Mängeln ex tunc (Rn 24 vor § 253 u unten Rn 22). Zur Frage der **Abgrenzung von Parteiwechsel u Parteiberichtigung** Baumgärtel JurBüro 73, 169 u in Festschrift für Schnorr von Carolsfeld 1973 S 19 ff. Danach Berichtigung (m Wirkung ex tunc) zulässig, wenn Klage i 7

Wege zulässiger Auslegung erkennen läßt, welche Partei tatsächl auftritt oder verklagt sein soll (BGH NJW 81, 1453; 83, 2448; MDR 84, 47; München OLGZ 81, 89; Nürnbg MDR 77, 320; Köln MDR 71, 585). Maßgeblich für die Auslegung ist Schutzbedürfnis des zur Verteidigung gezwungenen Zustellungsadressaten, also die obj Erkennbarkeit des Gewollten, denn niemand darf sich in einen Prozeß hineindrängen, der ihn erkennbar nicht betrifft (München aaO). Erkennbarkeit (BGH 4, 328; 22, 240 verlangt Offensichtlichkeit) muß bereits bei Klageerhebung vorliegen, dann Berichtigung auch noch in Rechtsmittelinstanz zulässig (BGH Warn 70 Nr 247), wenn richtige Partei (zB als Vertreter, Geschäftsführer) am Verfahren bereits mitgewirkt hat u deshalb keine Instanz verliert. Zulassung der Berichtigung oder Nichtzulassung (dann Parteiänderung, vgl § 263 Rn 3, 6) nicht bzw beschränkt anfechtbar, § 268; zur Anfechtbarkeit des Berichtigungsbeschlusses s § 319 Rn 26.

8 **a) Bezeichnung der Parteien u des Gerichts: aa) Parteien:** Kläger und Beklagter sind so genau zu bezeichnen, daß kein Zweifel an der Person besteht. Steht die Person fest, so schadet deren falsche Bezeichnung nicht (BGH 4, 328; s oben Rn 7). Zur Kostenlast bei Fehlleitung der Klage an falschen Beklagten vgl Köln MDR 71, 585 mit Anm E. Schneider (maßgeblich das Veranlassungsprinzip). Wo Partei kraft Amtes klagt oder verklagt wird, ist die verwaltete Vermögensmasse (zB „als Verwalter in Konkurs des NN" oder „als Testamentsvollstrecker über den Nachlaß des am ... verstorbenen NN") anzugeben, sonst ist der Verwalter selbst Partei. Die Gesellschafter der BGB-Gesellschaft sind immer, die Mitglieder des nichtrechtsfähigen Vereins sind nur als Kläger (§ 50 II) namentlich zu bezeichnen (hier hilft die actio pro socio vor der Notwendigkeit, lange Mitgliederlisten i der Klageschrift aufzunehmen). Für Klage gegen die Mitglieder einer Wohnungseigentümergemeinschaft ist deren namentliche Angabe zunächst entbehrlich; Mitgliederliste kann, weil Bestimmbarkeit genügt, nachgereicht werden (BGH NJW 77, 1686); zur Form der Klagezustellung an den WE-Verwalter s § 189 Rn 4). Wegen der Parteifähigkeit der Gewerkschaften vgl BGH NJW 68, 1830 (bejahend), wegen der polit Parteien s § 50 Rn 21, wegen der parlamentarischen Fraktionen und Untergliederung einer polit Partei Moecke NJW 65, 567; Kainz NJW 85, 2116. Der Kaufmann kann unter seiner Firma bezeichnet werden (§ 17 II HGB). Unzulässige oder falsche Firma schadet nicht, wo Identität zweifelsfrei feststeht, doch ist wegen Zustellung u Zwangsvollstreckung alsbaldige Richtigstellung geboten (RG 99, 271). Keine Berichtigung, sondern Klageänderung liegt vor, wo A als Firmeninhaber bezeichnet ist, während B der Inhaber ist (OLG 11, 77; 13, 33). Dagegen ist der tatsächl Inhaber Beklagter, wenn Firma ohne Angabe des Inhabers verklagt (München NJW 71, 1615). Unzulässig ist es, „NN als Generalbevollmächtigten der Erben des X" zu verklagen (JW 06, 394). Die **Angabe des gesetzl Vertreters** einer geschäftsunfähigen Partei ist aus Gründen des § 171 I unverzichtbar; anders bei den partei- und prozeßfähigen (§§ 50, 52) juristischen Personen, bei denen die Angabe des Vertretungsorgans (an welches die Zustellung „genügt", § 171 II, also nicht notwendig ist) nur gem § 130 Ziff 1 erfolgen „soll". Daher gehört bei einer Klage gegen den Fiskus die Angabe der richtigen Endvertretungsbehörde nicht zu den zwingenden Erfordernissen der Parteibezeichnung, Zweibrücken OLGZ 78, 108. Wegen der falschen Bezeichnung des Vertretungsorgans s Rn 7 zu § 171.

9 **bb) Gericht:** Anzugeben ist das Gericht als solches, nicht die Spruchabteilung. Nur die Kammer für Handelssachen ist wegen § 96 GVG in der Klageschrift anzugeben. Klage beim unzuständigen Gericht äußert alle Wirkungen iS §§ 261, 262 ex tunc wenn nachträglich verwiesen (§ 281) oder Zuständigkeit (soweit gem §§ 38, 40 zulässig) vereinbart wird, BGH 35, 374.

10 **b) Bestimmte Angabe von Gegenstand u Grund des Anspruchs sowie bestimmter Antrag** sind zwingend (sonst Klage unzulässig) erforderlich, weil hierdurch der Streitgegenstand (Einl Rn 60 ff) bestimmt u die Entscheidungsbefugnis des Gerichts (§ 308) abgegrenzt wird (R-Schwab § 98 II 2b; Habscheid FamRZ 61, 352).

11 **aa) Gegenstand** – hier gleichbedeutend mit dem Streitgegenstand, vgl Einl Rn 60 ff – ist nicht das gegenständliche Objekt der Klage (häufig fehlt ein solches), sondern der Sachverhalt (zB Vertrag, unerlaubte Handlung usw), aus dem eine best, den Anspruch begründende Rechtsfolge hergeleitet wird. Wechselt der Gegenstand im Prozeß, liegt Klageänderung vor, anders bei bloß wechselnder rechtl Begründung des gleichen Anspruchs. Maßgebl ist, ob der Lebensvorgang, aus dem ein Anspruch hergeleitet wird, der gleiche bleibt; er ist als Gegenstand zu bezeichnen.

12 **bb) Grund** des Anspruchs ist der vom Kläger darzulegende Sachverhalt, aus dem er den Klageanspruch herleitet. Hiervon zu unterscheiden ist die rechtl Qualifizierung des Sachverhalts durch den Kläger, die weder Voraussetzung einer zulässigen Klage ist, noch das Gericht bindet. Insbesondere kann der Kläger vom Gericht nicht verlangen, seine Klage nur unter einem bestimmten rechtl Gesichtspunkt zu prüfen (Einl Rn 84; R-Schwab § 96 u 100 V; ThP § 308 Anm 1c; BAG Betrieb 75, 1226; Köln MDR 70, 686). Dementsprechend unterscheidet das Gesetz auch die Tatsachenaufklärung (§ 139), die die Bestimmtheit des Streitgegenstands berührt, von

der rechtl Aufklärung (§ 278 III), die auch vom Kläger „für unerheblich gehaltene" rechtliche Gesichtspunkte umfaßt. – Der Grund ist **substantiiert** unter Angabe aller anspruchbegründenden Tatsachen darzulegen (RG 143, 65). Ungenügend daher „Anspruch aus Kaufvertrag", richtig „Anspruch auf Zahlung des Kaufpreises, auf Rückzahlung des Kaufpreises wegen Wandelung infolge Fehlens folgender ... zugesicherter Eigenschaften". Die Klage ist unschlüssig (vor § 253 Rn 23), daher unbegründet, wo die anspruchsbegründenden Tatsachen nicht logisch und vollständig vorgetragen sind. Angabe von anspruchsbegründenden Rechtsnormen ist immer entbehrlich. Im **Anwaltsprozeß** muß RA selbst Gegenstand u Grund in der Klageschrift bezeichnen, bloße **Bezugnahme** auf Parteivorbringen (zB im Gesuch um Prozeßkostenhilfe BGH 22, 254 = NJW 57, 263) oder auf Schriftsatz eines Dritten ist unzulässig (BGH NJW 53, 259; BVerwG NJW 62, 218), ebenso die nicht substantiierte Bezugnahme auf den Inhalt eines der Klageschrift beigegebenen umfangreichen Aktenstückes (zB Buchhaltungsunterlagen, vgl § 130 Rn 9). Zulässig jedoch die Bezugnahme auf Schriftsatz des RA des Streitgenossen (RG 152, 319), auf vom RA gefertigten Schriftsatz im parallelen Arrest- oder Verfügungsprozeß (BGH 13, 246 = NJW 54, 1566), doch muß dann Abschrift hiervon vorgelegt werden. Ausreichend auch Bezugnahme auf vom RA selbst vorgelegtes Gesuch um Prozeßkostenhilfe (BGH NJW 53, 105; MDR 59, 281; LM § 519 ZPO Nr 36) sowie auf die von der Partei selbst im vorangegangenen Mahnverfahren eingereichte Anspruchsbegründung (s BGHZ 84, 136 = NJW 82, 2002 = MDR 82, 846). Über Umfang der zulässigen Bezugnahme s auch Rn 3 zu § 137.

cc) Bestimmter Antrag: Der Klageantrag bestimmt Art (Rn 2 ff vor § 253) und Umfang des 13
Rechtsschutzbegehrens. Er bindet das Gericht (§ 308) und bestimmt durch Erfolg u Nichterfolg die Kostenfolge (§ 92). Daher muß er, obwohl der Auslegung (§ 133 BGB) zugänglich (BGH NJW 75, 2014; RG 110, 15), eindeutig sein. Ein Hauptantrag muß unbedingt, ein Hilfsantrag darf durch ein innerprozessuales Ereignis (Rn 1) bedingt sein. Belege, die ein Auskunftspflichtiger vorlegen soll (zB § 259 BGB), müssen im Klageantrag konkret bezeichnet werden (BGH MDR 83, 650). Mehrere Unterhaltsgläubiger dürfen ihren Klageanspruch gegen denselben Schuldner nicht in einer Summe einklagen und die Aufteilung dem Gericht überlassen (BGH NJW 81, 2462). Unzulässig wäre unbestimmter Antrag zwecks Abwendung des Prozeßrisikos des Mitverschuldens des Klägers (BGH NJW 67, 1420 = VersR 67, 586; hierzu Pawlowski ZZP 82, 131). Ein unbestimmter (aber vom Gericht bestimmbarer) Antrag ist nur im Ausnahmefall § 287 zulässig. Der Kläger darf aber ein von ihm selbst auszuübendes Bestimmungsrecht (zB §§ 315, 316 BGB) nicht auf das Gericht abschieben (BGH JR 73, 610 = ZZP 86, 322 m krit Anm Röhl). Der Unterlassungsantrag darf sich nicht in einer Wiederholung einer gesetzl Unterlassungsnorm erschöpfen; er muß konkret gefaßt sein, von Gamm NJW 69, 85; Mattern WPM 72, 1419; Pagenberg GRUR 76, 78; BGHZ 67, 252; BGH LM § 906 BGB Nr 5 und 38. Der Zahlungsantrag darf auf **ausländische Valuta** lauten, wo diese als sogenannte Valutaschuld geschuldet ist, vgl §§ 244, 245 BGB; BGH NJW 80, 2017; Köln NJW 71, 2128; RG 106, 77. Zur Zulässigkeit von Klage, Aufrechnung und Zwangsvollstreckung bei Fremdwährungsverbindlichkeiten Maier/Reimer NJW 85, 2049. Der auf Vornahme einer Handlung (§§ 887, 888) gerichtete Antrag muß deren Art u Umfang bestimmt bezeichnen (so für Arbeiten an einem Grundstück BGH NJW 78, 1584), ebenso der Schuldbefreiungsantrag Grund und Höhe der Schuld, von der freigestellt zu werden der Kläger begehrt (Düsseldorf MDR 82, 942).

dd) Der Antrag muß einen **vollstreckungsfähigen Inhalt** haben, Ausnahme: Die Schadens- 14
höhe darf gem § 287 in das Ermessen des Gerichts gestellt werden, wo ihre Bezifferung (zB bei Schmerzensgeld oder sog Kranzgeld, bei hypothetischer Schadensberechnung, § 252 BGB, BGH NJW 70, 281, niemals aber bei zweifelhaftem Umfang des Mitverschuldens) dem Kläger unzumutbar ist oder wegen der notwendigen Schadensfeststellung durch einen Sachverständigen (BayObLG NJW 66, 1369; RG 140, 213) dem Kl unmöglich ist. Auch hier muß die Klage aber alle für die Schadensermittlung wesentlichen Tatsachen enthalten (BGH 4, 138 = NJW 52, 283; NJW 64, 1797). Zur Problematik des **unbezifferten Klageantrages:** § 287 Rn 5–10; Pawlowski NJW 61, 341; Berg JR 67, 83; Röhl ZZP 85, 52. Bei zulässigerweise unbeziffertem Antrag ist der Kläger bereits dann durch das Urteil beschwert, wenn der zuerkannte Betrag dem anspruchsbegründenden Sachvortrag nicht Rechnung trägt oder erheblich von den dargelegten Vorstellungen zur Anspruchshöhe abweicht, BGH NJW 69, 1427; 70, 198. Zum Streitwert der unbezifferten Klage: § 3 Rn 16; § 287 Rn 9; Schmidt MDR 68, 886. Bleibt das Urteil hinter den erkennbaren Vorstellungen des Klägers und damit hinter dem Streitwert zurück, ist die Klage „im übrigen" abzuweisen; Celle NJW 69, 279; BGH VersR 72, 98.

ee) Bei **Teilklage** muß erkennbar sein, welcher Teil des Gesamtanspruches Gegenstand der 15
Klage sein soll, insbesondere wo der Gesamtanspruch sich aus mehreren selbständigen Einzelforderungen zusammensetzt (BGH MDR 85, 132; 59, 743; LM § 253 Nr 3), ebenso bei negativer Feststellungsklage (BGH NJW 58, 343). Die fehlende Abgrenzung macht die Klage unschlüssig

(nach BGH 11, 192: unzulässig; hierzu vgl Pawlowski: ZZP 78, 307). Nachträgliche Abgrenzung heilt rückwirkend, auch noch in der Revisionsinstanz, wenn nur alle Einzelansprüche schlüssig vorgetragen waren (BGH 11, 192 = NJW 54, 757; 55, 1030), doch ist Nachholung i der Revisionsinstanz unzulässig, wo vorher Hinweis gem §§ 139, 278 III erfolgt war (BGH NJW 58, 1590). Bis zur Nachholung sind alle Einzelforderungen in voller Höhe bedingt rechtshängig (BGH NJW 59, 1819), daher ist Verjährung insges unterbrochen (BGH NJW 67, 2210). Ein abweisendes Sachurteil erwächst bei fehlender Abgrenzung nicht in mat Rechtskraft, weil unklar bleibt, welche Ansprüche als unbegründet abgelehnt (BGH MDR 53, 164; 58, 164; 59, 743; Zeiss NJW 68, 1305; Berg JR 67, 326; R-Schwab § 156 III); zum rückwirkenden Wegfall der Verjährungsunterbrechung in diesem Fall s § 262 Rn 3. Die Mithaftungsquote des Klägers (§ 254 BGB) ist bei Teilklage vom Gesamtschaden, nicht vom eingeklagten Betrag abzuziehen, Schneider MDR 62, 444, anders bei Minderung (§ 634 BGB) gegenüber der Teilklage auf Werklohn, BGH BB 71, 1080; NJW 71, 1800. – Zur Zulässigkeit der **Widerklage** s oben Rn 1 sowie § 33 Rn 17 ff.

16 **ff)** Bei **subj Klagehäufung** muß der Anspruch jedes Klägers im Antrag gesondert ausgewiesen sein (BGH 11, 181 = NJW 54, 716). Bei Klage auf **Vornahme von Handlungen u Abgabe von Willenserklärungen** müssen diese inhaltlich in Antrag substantiiert sein. Anzugeben ist auch, wem ein Widerruf zu erklären ist (BGH GRUR 66, 272). Unzulässig der Antrag, den Bekl zu verurteilen, „alle erforderlichen Rechtsgeschäfte abzuschließen" (BGH NJW 59, 1371). Die **Herausgabeklage** muß alle Gegenstände für einen Dritten zweifelsfrei erkennbar bezeichnen (Schleswig SchlHA 66, 86), sonst wäre Zwangsvollstreckung (§ 883) nicht möglich. Bezifferung nötig, wo **angemessene Vergütung** (zB § 632 II BGB) gefordert wird (BGH ZZP 86, 322 m Anm Röhl). Bei **Unterlassungsklage** darf der Antrag sich nicht in der Wiedergabe eines gesetzl Gebotes erschöpfen, die zu unterlassende Handlung ist zu substantiieren, wo deren Wiederholungsgefahr behauptet (von Gamm NJW 69, 85; RG 100, 187; 82, 65; 123, 309). Zur Substantiierung der **Preisbindungsklage:** Frankfurt NJW 65, 2159; München NJW 66, 988; grundsätzl ist jede preisgeb Ware einzeln zu bezeichnen, soweit das Sortiment nicht überschaubar. Bei **Wahlschuld** mit Wahlbefugnis des Schuldners (§ 262 BGB) ist zulässig der Antrag, den Schuldner zu verurteilen, nach seiner Wahl zu leisten, was im Antrag substantiiert zur Wahl gestellt ist; der Kläger kann erst bei der Zwangsvollstreckung seinerseits wählen (§ 264 BGB). Bei Wahlbefugnis des Gläubigers (zB §§ 249 Satz 2, 340 I, 843 III BGB), muß dieser im Klageantrag bereits wählen. Die Verbindung des Hauptantrages mit einem Hilfsantrag, der gelten soll, falls der Hauptantrag zwar begründet aber nicht durchsetzbar ist, ist mangels Bestimmtheit unzulässig, § 283 BGB verweist hier auf den Umweg zweier Klagen. Schleswig (NJW 66, 1929) hält Klage auf Herausgabe *und* hilfsweise Schadensersatz für zulässig, wo die Zahlungspflicht für den Fall der Nichtherausgabe als unbedingte vereinbart war (abw München OLGZ 65, 10, vgl Rn 3 zu § 255). Die Klage auf **Auseinandersetzung eines Nachlasses** (§ 2042 BGB) muß bereits im Klageantrag den vom Kläger begehrten Auseinandersetzungsplan substantiiert enthalten (KG NJW 61, 733). In **Unterhaltssachen** ist (entgegen Düsseldorf FamRZ 78, 134) eine unbezifferte Klage (§ 287) insoweit zulässig, als die Unterhaltshöhe von wertungsbedingten Umständen (vgl § 1610 Angemessenheit, § 1611 Billigkeit, § 1615c BGB Lebensstellung der Eltern) abhängt (Spangenberg MDR 82, 188); der Kläger ist hier aber gehalten, den anspruchsbegründenden Sachverhalt genau darzulegen und zumindest die ungefähre Größenordnung seines behaupteten Anspruchs anzugeben (vgl § 287 Rn 5; BGHZ 45, 91/94; BGH MDR 75, 741; 78, 44; 82, 312).

17 **gg)** Ein **Kostenantrag** u Antrag bzgl Vollstreckbarkeit ist stets entbehrlich (§§ 308 II, 708–710). Erklärt der Kläger die Klage vor deren Zustellung für erledigt (§ 91 a), so ist Kostenantrag des „Beklagten" als Klage auf Ersatz der außerproz Kosten zu behandeln (München NJW 66, 161).

18 **hh) Verfahrensanträge** fallen nicht unter Abs II Nr 2, sie sind in der Klage aber zulässig, im Fall § 96 GVG (Kammer für Handelssachen) notwendig, im übrigen zweckmäßig; so der vorsorgliche Antrag auf schriftl Anerkenntnisurteil (§ 307 II) oder Versäumnisurteil (§ 331 III) und die Erklärung zur Einzelrichterfrage (§ 348).

19 Wegen **Klagebegründung nach Mahngesuch** s § 697.

20 **c) Nicht notw Inhalt der Klageschrift** (Abs III, IV) sind die Angabe des für die sachl Zuständigkeit und für die Höhe des einzufordernden Kostenvorschusses (BGH NJW 72, 1948) maßgebl Streitwerts nicht bezifferter Klagen sowie die in § 130 als „Sollvorschrift" bez Angaben, soweit diese nicht unter die zwingenden Erfordernisse des Abs II fallen.

21 **3) Die Zustellung** der Klageschrift (gem §§ 216, 270 Zustellung von Amts wegen zugleich mit der Terminsladung; wegen beschränkt zulässiger Zustellung von Anwalt zu Anwalt gem § 198 s oben Rn 4; wegen notw Zustellung an den bereits bestellten Anwalt des Beklagten s § 176 Rn 8) erfolgt nach Vorauszahlung der Gebühr für das Verfahren im allg (§ 65 GKG) u begründet die Rechtshängigkeit (§ 261), auch wenn ohne Terminsbestimmung erfolgt (BGH 11, 175 = NJW 54,

640). Zustellung ohne Terminsbestimmung ist bei drohender Verjährung oder Ausschlußfrist Amtspflicht, wenn der Kläger Prozeßkostenhilfe oder gem § 65 VII GKG einstw Kostenbefreiung beantragt (München NJW 66, 1518). Wegen Zustellung oder Mitteilung der Klageschrift zugl mit Antrag auf Bewilligung der Prozeßkostenhilfe s Rn 5. Wegen der Form der Zustellung s Anm zu §§ 166–213. Zur Heilung von Zustellungsmängeln der Klage ex nunc bzw ex tunc § 176 Rn 17, § 295 Rn 6 und nachfolgend Rn 22.

4) Mängel der Klageschrift sind bis z Schluß der mündl Verh i der Tatsacheninstanz (BGH ZZP 71, 478) heilbar. Die Behebung inhaltlicher Mängel (zB mangelnde Schlüssigkeit) heilt rückwirkend (BGH NJW 52, 1377), die Nachholung des notw Inhalts (Abs II) dagegen (zB fehlende Begründung infolge unzulässiger Bezugnahme) heilt ex nunc (so für Wahrung gesetzl Klagefrist bei fehlender Begründung BGH 22, 257 = NJW 57, 263). Ebenso Heilung ex nunc, wenn über den mit PKH-Gesuch vorgelegten Klageentwurf trotz dessen unterbliebener Zustellung streitig verhandelt wird (BGH NJW 72, 1373). Mängel der Klage (BGH 65, 46 = NJW 75, 1704 für fehlende Unterschrift) werden durch Nichtrüge (§ 295) nur insoweit rückwirkend behoben, als der notw Inhalt der Klage allein dem Schutz des Beklagten dient, nicht auch bei Mängeln, die das öffentl Interesse der Rechtssicherheit berühren (BGHZ 65, 46), so zB die den Streitgegenstand u gem § 322 den Umfang der Rechtskraft bestimmende Bezeichnung des „Gegenstands u Grundes des erhobenen Anspruchs und der bestimmte Antrag" (BGH NJW 72, 1373 a Ende; R-Schwab § 98 II u III 3). Keine rückwirkende Heilung des Mangels der Klageschrift einer nicht postulationsfähigen Partei im Anwaltsprozeß, auch wenn der RA schriftlich auf diese Schrift Bezug nimmt (BGHZ 22, 254 = NJW 57, 263). Keine rückwirkende Heilung schließlich bei ursprünglichen, die Zulässigkeit und Wirksamkeit der Klageerhebung in Frage stellenden Mängeln, wo die Klage in einer Ausschlußfrist zu erheben war (BGH MDR 84, 562; vgl § 176 Rn 17). Soweit rückwirkende Heilung möglich, ist Verjährung unterbrochen, auch wenn Heilung erst nach Ablauf der Verjährungsfrist erfolgte (BGH NJW 74, 1557; 59, 1818; 67, 2210). Zur Heilbarkeit von Mängeln s auch Rn 24 vor § 253, Rn 6 vor § 166 u Anm zu §§ 187 u 295. Die **von einer nicht postulationsfähigen Partei erhobene Klage** ist als Prozeßhandlung zwar unwirksam, doch schließt das die Möglichkeit nicht aus, diese Unwirksamkeit durch abweisendes Prozeßurteil festzustellen, zumal uU der Mangel der Postulationsfähigkeit streitig sein kann (Rn 12 vor § 253). Das Gericht wird zweckmäßig vor Zustellung und Terminsbestimmung (§§ 216, 253 I, 270, 271) dem Kläger seine Bedenken mitteilen (§ 278 III) u dem Verfahren erst Fortgang geben, wenn der Kl auf Verh besteht (LG Kassel MDR 63, 1018). Die von der Partei selbst im Anwaltsprozeß erhobene Klage unterbricht keine Verjährung u ist auch durch spätere „Genehmigung" durch den RA nicht rückwirkend heilbar (Braunschweig MDR 57, 425; LG Mainz MDR 80, 406). 22

III) Gebühren: 1) des **Gerichts:** wegen der Vorauszahlungspflicht s § 497 Rn 3. Vorwegleistungspflicht nur für Verfahren, die durch Klage eingeleitet werden, so auch in Scheidungssachen, in denen der Scheidungsantrag kostenrechtl einer Klage gleich zu erachten ist (vgl § 622). Ausgenommen sind aber Scheidungsfolgesachen (§ 623) und die Anfechtungsklagen in Entmündigungssachen (§§ 664, 679, 684, 686): s dazu § 65 Abs 2 GKG. Vorauszuzahlen sind auch die Auslagen für die Zustellung der Klage (vgl KV Nr 1902). Richtet sich die Klage gegen mehrere Beklagte, so sind dementsprechend mehr Zustellungsauslagen (vgl § 211 Rn 3) einzuzahlen. War die erste Klagezustellung erfolglos, so brauchen für die zweite Zustellung nicht noch einmal Zustellungsauslagen entrichtet zu werden. – Für die **Widerklage** besteht **keine** Vorwegleistungspflicht (Hartmann, KostGes GKG § 65 Anm 2 E mN). Wegen der **Prozeßkostenhilfe** s § 497 Rn 4 (a). Die allg Verfahrensgeb wird mit dem Eingang der Klageschrift bei Gericht fällig (§ 61 GKG) – Posteinlaufstelle, Nachtbriefkasten –. Kostenschuldner: § 49 bzw § 54 GKG. – **2)** des **Anwalts:** Durch die Einreichung der Klageschrift bei Gericht verdient der prozeßbevollmächtigte RA die volle Prozeßgebühr (§ 31 Abs 1 Nr 1 BRAGO). 23

254 *[Stufenklage]*

Wird mit der Klage auf Rechnungslegung oder auf Vorlegung eines Vermögensverzeichnisses oder auf Abgabe einer eidesstattlichen Versicherung die Klage auf Herausgabe desjenigen verbunden, was der Beklagte aus dem zugrunde liegenden Rechtsverhältnis schuldet, so kann die bestimmte Angabe der Leistungen, die der Kläger beansprucht, vorbehalten werden, bis die Rechnung mitgeteilt, das Vermögensverzeichnis vorgelegt oder die eidesstattliche Versicherung abgegeben ist.

I) Voraussetzungen: 1) prozessual: Die Stufenklage ist Sonderfall der **obj Klagenhäufung** (§ 260) zur Vorbereitung u Durchsetzung eines dem Kl der Höhe nach noch unbekannten (daher entgegen § 253 II 2 noch nicht bestimmbaren) Leistungsanspruches. Letzterer wird bereits mit Erhebung der Stufenklage in der sich später ergebenden (uU auch von der erteilten Auskunft abweichenden) Höhe rechtshängig (BGH MDR 61, 751; LM § 254 Nr 3 = BB 58, 4). Wo Stufenklage (= Leistungsklage) möglich, fehlt Rechtsschutzbedürfnis für Feststellungsklage (BGH MDR 61, 751; JZ 56, 95). Die Stufenklage u damit die einstw Befreiung von der Substantiierungs- 1 pflicht des § 253 II 2 ist **nur zulässig,** wo die Auskunft der Aufklärung des Leistungsanspruches, nicht wo sie lediglich der Erleichterung seiner Durchsetzung dient. Unzulässig daher Klage auf Auskunft über den Verbleib der dem Kläger bekannten Sachen, deren Herausgabe gefordert wird; hier muß Kl auf Herausgabe klagen u gem § 883 II vollstrecken; für Klage auf Auskunft fehlt hier das Rechtsschutzbedürfnis (BGH MDR 63, 204 = LM § 254 Nr 7). Wo Stufenklage zulässig, darf Kl trotzdem allein auf Auskunft bzw eidesstattliche Versicherung klagen (entgegen LG Essen NJW 54, 1289). Innerhalb der Stufenklage sind die stufenweise erhobenen Ansprüche auf Rechnungslegung, auf Abgabe der eidesstattlichen Versicherung und auf Leistung prozessual selbständige (BGHZ 76, 12) Teile eines (auch gebührenmäßig; unten Rn 6) **einheitlichen Verfahrens.** Die Selbständigkeit der Einzelansprüche bedingt hier (abweichend von § 260), daß über jeden der Ansprüche in der vorgegebenen Reihenfolge durch Teil- bzw Schlußurteil zu befinden ist, weil das frühere Teilurteil für das spätere (wenn auch nicht iS der Rechtskrafterstreckung; unten Rn 3) vorgreiflich ist. Ein alle Stufen umfassendes einheitliches Endurteil kommt daher allenfalls als ein (dem Grunde nach) abweisendes Urteil in Betracht (unten Rn 4). Die Verfahrenseinheit der Stufenklage bedingt auch die einheitliche Kostenentscheidung im Schlußurteil erster Instanz; dabei kann der Erfolg des Auskunftsanspruchs und die Abweisung des Leistungsantrags (wenn die geschuldete Auskunft keinen Leistungsanspruch ergab) zu einer Quotelung der Kosten nach Maßgabe der unterschiedlichen Streitwerte (§ 3 Rn 16 zu „Stufenklage") führen. Geht der Kläger vor streitiger Erledigung des Auskunftsanspruches auf bestimmten Leistungsanspruch über (weil er zB anderweitig Kenntnis über dessen Umfang erhalten hat), so ist kein Raum für Teilurteil über Erledigung iS des § 91 a, hierüber ist nur in den Gründen des Endurteils zu befinden (Rixecker MDR 85, 633; Koblenz NJW 63, 912). Daher ist auch der **Streitwert** der Stufenklage (maßgeblich das Interesse, BGH NJW 64, 2061) ein einheitlicher (§ 18 GKG; hierzu § 3 Rn 16 bei „Stufenklage"; Schneider Rpfleger 77, 92), die Prozeßgebühr fällt nur einmal an, doch richtet sich der Streitwert für Verh- u Beweisgebühr nach dem uU geringeren Wert der einzelnen Stufe (Düsseldorf NJW 61, 2021; 64, 2164; Köln NJW 62, 814). **Prozeßkostenhilfe** ist trotz ursprünglicher Ungewißheit der Höhe des Leistungsanspruchs für die Stufenklage insgesamt zu gewähren (Schneider MDR 86, 552).

2 **2) materiell-rechtl:** Der Schuldner muß neben der Hauptsacheschuld kraft Gesetz oder Vertrag zur Auskunft, Rechnungslegung oder eidesstattlichen Versicherung (§§ 259, 261, 2006, 2356 BGB) verpflichtet sein (RG 108, 7), zB **Rechnungslegung:** des Beauftragten § 666 BGB, des Erben § 1978 BGB, des Geschäftsführers ohne Auftrag § 681 BGB, des Gesellschafters §§ 713, 740 BGB, des Konkursverw §§ 86, 132, 162 KO, desPfandgläubigers § 1214 BGB, des TestVollstr § 2118 BGB, des Vorerben § 2130 BGB, des Vormundes §§ 1840 ff, 1890 BGB, des Zwangsverw § 154 ZVG, des Vorstands der AG §§ 148 ff, 329 AktG, des Verwalters nach WEG § 28 WEG. **Auskunftspflicht:** des Ehegatten über das Endvermögen § 1379 BGB, des Erben §§ 2011, 2314 BGB, des Erbschaftsbesitzers § 2027 BGB, des Hausgenossen des Erbl § 2028, des Miterben § 2057 BGB, des NachlPflegers § 2012 BGB, des Vorerben § 2127 BGB, des Vormunds §§ 1799, 1839, 1891 BGB.

3 **II) Verfahren:** Grundsätzlich abgesonderte Antragstellung, Verh und Entscheidung (Teil- u Schlußurteil) über jede Stufe (Schneider MDR 69, 624), denn **jede Stufe bildet einen prozessual selbständigen Anspruch** (BGHZ 76, 12). Daher wirkt die **Zurückweisung verspäteten Vorbringens** (§ 296) in Verfahren der ersten Stufe nicht auch für das Verfahren der folgenden Stufen (BGH NJW 85, 1349; Karlsruhe NJW 85, 1350 = MDR 85, 239/240). Jedoch Antragstellung insgesamt unschädlich (KG MDR 75, 1024), insbes wenn dieser zulässigerweise (BGH WPM 72, 1121) bereits beziffert. Fortsetzung nach **Teilurteil** nur nach dessen form Rechtskraft auf Antrag einer Partei (Rn 1 zu § 216). Unzulässig ist, Teilurteil über Auskunft usw mit Grundurteil über die Hauptsache zu verbinden (BGH 10, 386 = NJW 54, 70), denn das Gericht weiß nicht, ob die Auskunft eine Leistungspflicht für die nächste Stufe überhaupt ergibt. Verurteilung zu Auskunft oder Rechnungslegung äußert noch keine rechtskräftige Feststellung über den Grund des nachfolgenden Leistungsanspruchs, denn hier gilt nichts anderes als bei allen Teilurteilen: § 301 Rn 1; BGH MDR 82, 216; NJW 69, 880; JR 70, 185 (Anm Baumgärtel) u JZ 70, 226 (Anm Grunsky). Abweisung des Auskunftsanspruches äußert keine Rechtskraft für Zahlungsanspruch (BGH NJW 85, 1349; MDR 86, 62), zumal eidesstattl Versicherung neue Anspruchsgrundlagen ergeben kann (BGH LM § 254 Nr 3 = BB 58, 4). Auskunftsanspruch ist grundsätzl unbegründet, wo Auskunft ledigl unzulänglich erteilt, hier nur Anspruch auf eidesstattl Versicherung (RG 100, 150; 167, 337). Bevor Auskunft nicht erteilt, besteht kein Anspruch auf eidesstattl Versicherung, weil letzterer von der Art der Auskunft abhängt (§ 259 II BGB), trotzdem Verbindung beider (teilw bedingter) Ansprüche i der Klage zulässig (BGH 10, 385 = NJW 54, 70). Vollstreckung des Auskunftsanspruches § 888, des eidesstattl Versicherungs-Anspruches § 889. Nach erteilter (ggf erzwungener) Auskunft u eidesstattl Versicherung muß Kl den Hauptsachenanspruch iS § 253 II 2 beziffern bzw substantiieren, sonst Abweisung durch Prozeßurteil (RG 84, 370; Düsseldorf NJW

65, 2352; Stuttgart NJW 69, 1216; Rixecker MDR 85, 633). Ergeben Auskunft und eidesstattl Versicherung, daß Bekl den Hauptsacheanspruch (zB auf Herausgabe) vereitelt hat, kann Kl statt dessen gem §§ 264 Nr 3, 893 Ersatz des Interesses fordern (RG 61, 408 nimmt Klageänderung an).

Wird Anspruch auf Auskunft erst in **2. Instanz** zuerkannt, so bleibt – auch ohne ausdrückl Zurückverweisung – Zahlungsanspruch in der 1. Instanz anhängig (RG 169, 127; BGH 30, 213 = NJW 59, 1824; BAG NJW 63, 2142; Celle NJW 61, 786). BGH 8, 383 = NJW 53, 702 u NJW 54, 640 hält es für zulässig, den Zahlungsanspruch, falls Auskunftsanspruch in 2. Instanz anhängig, im Wege der Anschlußberufung in die 2. Instanz einzuführen (dagegen BGH WPM 74, 1162 u Heyn NJW 57, 212). Dessen bedarf es nicht, wenn das Berufungsgericht bei Entscheidungsreife auch insoweit mit dem Auskunftsanspruch zulässigerweise (BGH 9, 28; 10, 385; 30, 215) zugleich den Leistungsanspruch zurückweist (BGH MDR 85, 825/26; vgl § 537 Rn 7). Hat bei der Stufenklage das Erstgericht die Klage insgesamt abgewiesen, so darf das Berufungsgericht, wenn es zur Auskunftserteilung verurteilt, die Sache im übrigen (also wegen des Leistungsanspruchs) entspr § 538 I 3 an das Erstgericht zurückverweisen (BGH NJW 85, 862; 82, 235 = MDR 82, 26). Ist der Kläger im zweiten Rechtszug vom Auskunftsbegehren zur Leistungsklage übergegangen (= § 264 Nr 2), so darf die Sache vom Berufungsgericht im Fall des § 539 nicht ohne Entscheidung über den Grund des Anspruchs (§ 304) an das Gericht erster Instanz zurückverwiesen werden (BGH NJW 79, 925). Steht Unbegründetheit des Hauptsacheanspruchs (zB mangels Sachlegitimation) fest, ergeht einheitl abweisendes Endurteil. Ergibt die Auskunft, daß ein Leistungsanspruch nicht besteht, ist Leistungsklage (im Schlußurteil) abzuweisen; insoweit keine Erledigung der Hauptsache (Stuttgart NJW 69, 1216; Rixecker MDR 85, 633). 4

Versäumnisurteil auch gegen den Bekl möglich. Zusprechendes VersUrteil ist aber stets nur als Teilurteil zulässig. VersUrteil über alle Stufen wäre bzgl Hauptsache als Grundurteil (§ 304) anzusehen (nach RG 84, 372 Feststellungsurteil), also unzulässig (oben Rn 3). 5

III) Gebühren: 1) des Gerichts: Die **Gebühr** für das **Verfahren im allg** umfaßt alle miteinander verbundenen geltend gemachten Klageansprüche; sie ist nach dem Anspruch mit dem höchsten Wert zu berechnen (§ 18 GKG), idR nach dem Leistungsbegehren. Selbst wenn es über den Leistungsanspruch (als letzter Stufe) zu keiner Entscheidung mehr kommt, zB weil nach Auskunftserteilung die Hauptsache übereinstimmend für erledigt erklärt wird, ist der Wert des Leistungsverlangens nach Maßgabe der Klagebegründung unter Berücksichtigung der etwaigen Wertangabe in der Klageschrift (vgl § 253 Abs 3) nach § 3 ZPO zu schätzen; entscheidend für die Wertberechnung ist der Zeitpunkt der Einreichung der Stufenklage (§ 12 Abs 1 GKG iVm § 4 Abs 1 ZPO). Ist bei Beendigung der Instanz der Wert höher als zu Instanzbeginn, so ist die allg Verfahrensgebühr nach diesem höheren Wert zu berechnen (§ 15 Abs 1 GKG). Die mit der Einreichung der Klageschrift bei Gericht (nach § 61 GKG) entstandene allg Verfahrensgebühr entfällt rückwirkend nur dann, wenn die Stufenklage unter den in KV Nr 1012 angeführten Umständen zurückgenommen wird (s dazu im einzelnen Rn 24 zu § 269). Soweit eine Stufe durch **Teil**urteil erledigt wird, ist die jeweilige Entscheidung für einen Teil des Streitgegenstandes ein **Endurteil** und damit **gebührenpflichtig.** Berechnet wird vorab für jedes Teilurteil eine Urteilsgebühr nach dem gemäß § 3 ZPO zu schätzenden Wert desjenigen Klageanspruchs der Stufe, über den entschieden worden ist (§ 21 Abs 1 GKG). Bei **gleichhohen Gebührensätzen** (zB wenn für sämtl Teilurteile nur der zweifache Tabellensatz anzuwenden ist) darf für alle Teilurteile im Ergebnis nur eine, und zwar keine höhere Urteilsgebühr erhoben werden, als sie sich aus dem Gesamtbetrag der einzelnen Wertteile errechnet (§§ 21 Abs 2, 27 GKG). 6

2) des Anwalts: Seine Prozeßgebühr entsteht nach dem Klageanspruch mit dem höchsten Wert entsprechend § 18 GKG (§ 31 Abs 1 Nr 1 BRAGO). IdR wird der RA auch eine Verhandlungsgebühr verdienen, und zwar bei streitiger Verhandlung zu 10/10 (§ 31 Abs 1 Nr 2 BRAGO), bei nicht streitiger Verhandlung zu 5/10 (§ 33 Abs 1 S 1 BRAGO). Möglich ist, daß eine Erörterungsgebühr entsteht (§ 31 Abs 1 Nr 4 BRAGO); folgt eine mündl Verhandlung nach, so sind die Verhandlungs- und Erörterungsgebühr aufeinander anzurechnen (§ 31 Abs 2 BRAGO); denn die Erörterungsgebühr bildet ledigl einen Ersatz für eine später nicht entstehende Verhandlungsgebühr (vgl Hamburg JurBüro 78, 1193 mit Anm Mümmler); aber keine Erörterungsgebühr, sondern eine 5/10 Verhandlungsgebühr (§ 33 Abs 1 S 1 BRAGO), wenn nach Erörterung der Rechtslage ein VersUrteil beantragt wird (Koblenz MDR 79, 326; Schleswig MDR 79, 855). Im Falle einer Beweiserhebung erwächst dem RA eine (10/10) Beweisgebühr (§ 31 Abs 1 Nr 4 BRAGO). Der Berechnung der Anwaltsgebühren aus § 31 Abs 1 Nr 2–4 BRAGO kann nur der jeweilige Wert der das Leistungsverlangen vorbereitenden Ansprüche zugrunde gelegt werden, soweit diese Gegenstand der Anträge in der mündl Verhandlung, der Beweiserhebung oder auch der Erörterung gewesen sind. S im einzelnen, insbesondere auch für den Streitwert in der Rechtsmittelinstanz, E. Schneider, Rpfleger 77, 92 ff, JurBüro 68, 497, MDR 69, 624; aber auch KG JurBüro 73, 754, Düsseldorf Rpfleger 73, 327, Frankfurt JurBüro 73, 66 und BGH MDR 78, 213 = JurBüro 78, 357 = Rpfleger 78, 53 ua.

3) Prozeßkostenhilfe: Bei einer Stufenklage erstreckt sich die für den ersten Rechtszug bewilligte PKH stets auf alle anhängig gemachten Ansprüche, auch auf einen noch nicht bezifferten Zahlungsanspruch (München JurBüro 80, 1962).

255 *[Fristbestimmung im Urteil]*

(1) Hat der Kläger für den Fall, daß der Beklagte nicht vor dem Ablauf einer ihm zu bestimmenden Frist den erhobenen Anspruch befriedigt, das Recht, Schadenersatz wegen Nichterfüllung zu fordern oder die Aufhebung eines Vertrages herbeizuführen, so kann er verlangen, daß die Frist im Urteil bestimmt wird.

(2) Das gleiche gilt, wenn dem Kläger das Recht, die Anordnung einer Verwaltung zu verlangen, für den Fall zusteht, daß der Beklagte nicht vor dem Ablauf einer ihm zu bestimmenden Frist die beanspruchte Sicherheit leistet, sowie im Falle des § 2193 Abs. 2 des Bürgerlichen Gesetzbuches für die Bestimmung einer Frist zur Vollziehung der Auflage.

1 **I) Allgemeines: 1)** Vielfach (s Rn 4) gibt das mat Recht dem Gläubiger für den Fall der Nichterfüllung einer Schuld die Befugnis, nach Ablauf einer v Gläubiger gesetzten Frist den Ersatz des Interesses an Stelle der Erfüllung zu fordern oder andere Rechte geltend zu machen. Vor dem AG (§ 510 b) und vor dem Arbeitsgericht (§ 61 II ArbGG) kann der Gläubiger in *einer* Klage auf Vornahme einer Handlung (§§ 887, 888; nicht auf Zahlung oder Herausgabe), auf Fristsetzung und zugleich auf Entschädigung für den Fall der Nichterfüllung klagen, wobei der Bekl auf den Weg der Vollstreckungsgegenklage verwiesen ist, wenn er trotz Nichterfüllung der Hauptschuld später die Entschädigungspflicht (zB wegen §§ 285, 283 I 3, 323 BGB) oder die Höhe der vom Gericht gem § 287 festgesetzten Entschädigung bestreitet.

2 Mit Rücksicht auf das letzterwähnte Risiko für den Bekl u auf die Schwierigkeit der Ermittlung von Grund u Höhe des bedingten Entschädigungsanspruches bleibt die ZPO für landgerichtl Verf hier auf halbem Wege stehen u gestattet nur die **Verbindung des Erfüllungsanspruches u des Rechts auf Fristsetzung in einer Klage** (wobei die Fristsetzung durch das Gericht, weil insoweit keine Verurteilung des Bekl erfolgt, Akt der freiw Gerichtsbarkeit ist). Der Anspruch auf Schadensersatz usw wird mit der Klage nach § 255 noch nicht rechtshängig, er berührt daher auch den Streitwert nicht (unten Rn 6); er ist nach Fristablauf in einem neuen Prozeß zu verfolgen. In diesem neuen Prozeß sind die Parteien iS der Rechtskrafterstreckung von der Wiederholung aller im Vorprozeß verbeschiedenen oder verwirkten Einreden ausgeschlossen, Schmidt ZZP 87, 49/54.

3 **2)** § 255 schließt nicht aus, **mit der Klage auf Erfüllung der Hauptschuld und Fristsetzung bereits die Klage auf Entschädigung zu verbinden,** wo für den Entschädigungsanspruch die Voraussetzungen des § 259 gegeben sind, dh Grund u Höhe dieses bedingten Anspruches bereits feststehen. Denn von den „mehreren Ansprüchen" des § 260 darf einer auch bedingt sein iS des § 259. Dabei setzt diese Anspruchshäufung entgegen § 510 b nicht voraus, daß der Hauptanspruch auf Vornahme einer Handlung gerichtet ist. Zulässig ist zB die Klage auf Nachbesserung mit der Fristsetzung und den bedingten Anspruch auf Wandelung (§ 634 BGB) zu verbinden (RG 85, 396), ebenso die Klage auf Herausgabe mit dem (für den Fall der nicht fristgerechten Erfüllung bereits unbedingt vereinbarten) Anspruch auf Schadensersatz (Schleswig NJW 66, 1929; hierzu eingehend Bunte JuS 67, 206; Schmidt ZZP 87, 68; abw München OLGZ 65, 10), oder die Klage auf Feststellung der Höhe des Verwendungsanspruches (§§ 994 ff BGB) mit dem Antrag auf Fristsetzung gem § 1003 II BGB und zugleich mit dem bedingten (dh für den Fall fruchtlosen Fristablaufs gestellten) Antrag auf Duldung der Zwangsvollstreckung (RG, 137, 101).

4 **II) Anwendungsfälle:** Dem Gläubiger erwachsen aus Nichterfüllung nach Ablauf gesetzter Frist neue Rechte: §§ 250, 264 II, 283, 325 II, 354, 467, 527, 634, 651, 1003 II, 1052, 1133, 2128, 2193 II BGB, § 375 HGB (RG 137, 101). Nicht anwendbar ist § 255, wo Schuldner dem Gläubiger Frist setzen darf, zB §§ 355, 415 BGB.

5 **III) Verfahren:** Antrag auf Fristsetzung ist Sachantrag, daher bis z Schluß der mündl Verhandlung jeder Tatsacheninstanz nachholbar (§ 264 Ziff 2). Frist kann i das Ermessen des Gerichts gestellt werden. Gericht darf v Kl vorgeschlagene Frist überschreiten, wegen § 308 aber nicht unterschreiten. Die Frist ist keine prozessuale, daher nachträglich nicht veränderlich (§ 318). Wurde Fristantrag v Gericht übersehen: § 321. Besteht kein Anspruch auf Fristsetzung (Rn 3), ist der Antrag als unbegründet abzuweisen, ebenso wenn Gericht längere Frist für nötig hält, als Kl beantragt (= teilw Zurückweisung). Fristbeginn: Rechtskraft des Urteils, im übrigen §§ 187 ff BGB (Schmidt ZZP 87, 49).

6 **Für die Fristbestimmung** ist neben dem Streitwert des Hauptanspruchs wegen wirtschaftlicher Identität beider Ansprüche **kein gesonderter Streitwert** anzusetzen. Deshalb bestimmen auch allein Erfolg oder Mißerfolg des Hauptanspruchs die Kostenfolge des Urteils (vgl entspr § 510 b Rn 9; Schneider MDR 84, 853/54). Nur im Sonderfall der oben (Rn 3) dargelegten echten Klagenhäufung (§ 260) bzgl Hauptschuld und Entschädigung ist § 5 anwendbar und kommt Kostenteilung gemäß § 92 in Betracht.

256 *[Feststellungsklage]*

(1) Auf Feststellung des Bestehens oder Nichtbestehens eines Rechtsverhältnisses, auf Anerkennung einer Urkunde oder auf Feststellung ihrer Unechtheit kann Klage erhoben werden, wenn der Kläger ein rechtliches Interesse daran hat, daß das Rechtsverhältnis oder die Echtheit oder Unechtheit der Urkunde durch richterliche Entscheidung alsbald festgestellt werde.

(2) Bis zum Schluß derjenigen mündlichen Verhandlung, auf die das Urteil ergeht, kann der Kläger durch Erweiterung des Klageantrags, der Beklagte durch Erhebung einer Widerklage beantragen, daß ein im Laufe des Prozesses streitig gewordenes Rechtsverhältnis, von dessen Bestehen oder Nichtbestehen die Entscheidung des Rechtsstreits ganz oder zum Teil abhängt, durch richterliche Entscheidung festgestellt werde.

Übersicht

A) Feststellungsklage, Abs I

Lit: *Baltzer,* Die negative Feststellungsklage, 1980; *Michaelis,* Der mat Gehalt des rechtl Interesses bei der Feststellungsklage u bei der gewillkürten Prozeßstandschaft, Festschrift für Larenz, 1983, S 443; *Stoll,* Typen der Feststellungsklage aus der Sicht des bürgerl Rechts, Festschrift für Bötticher, 1969, S 341; *Weiss,* Das Feststellungsinteresse als unqualifizierte Prozeßvoraussetzung, NJW 71, 1596; *Wussow,* Feststellungs- oder Leistungsklage in Baumängelprozessen? NJW 69, 481; Zur Vaterschaftsfeststellung nach §§ 1600a ff BGB: *Glage* NJW 70, 1223; *Reinheimer* FamRZ 70, 122.

I) Allgemeines: Während das Leistungsurteil neben seiner Feststellungswirkung einen Leistungsbefehl an den Bekl enthält, das Gestaltungsurteil unmittelbare Rechtsänderungen herbeiführt, erschöpft sich das Feststellungsurteil in seiner bloß deklaratorischen Feststellungswirkung (vor § 253 Rn 3–8). Es ist der Rechtskraft fähig (§ 322 Rn 6–12), jedoch (obwohl gem §§ 704 ff für vollstreckbar zu erklären) abgesehen vom Kostenpunkt nicht vollstreckungsfähig. Jedes klageabweisende u jedes Zwischenurteil ist Feststellungsurteil. Das Leistungsurteil kann nur über Ansprüche der Parteien (§ 241 BGB) befinden, das Gestaltungsurteil nur Rechte ändern. Wo Ansprüche nicht bestehen u eine Rechtsänderung nicht gewollt ist, dient die Feststellungsklage der Behebung sonstiger Rechtsunsicherheit; sie dient damit dem Rechtsfrieden u der Prozeßökonomie. Diese Aufgabe bestimmt Anwendungsbereich u Zulässigkeit der Feststellungsklage. 1

Die Feststellungsklage ist als **positive** (= behauptende) oder **negative** (= leugnende) möglich. 2
Jeder Abweisungsantrag des Bekl enthält einen negativen Feststellungsantrag. Sondervorschriften für die Feststellungsklage enthalten §§ 146–147 KO, § 9 AnfG (= Verbot der Feststellungsklage), §§ 606, 640 ZPO (hierzu BGH ZZP 86, 313). Zum **Streitgegenstand** der positiven und negativen Feststellungsklage s Einleitung Rn 77, 78. Zur materiellen **Rechtskraft** des Feststellungsurteils s § 322 Rn 6–12. Zum **Streitwert** s § 3 Rn 16 bei „Feststellungsklagen" und § 9 Rn 1.

II) Anwendungsbereich: Streitgegenstand der Feststellungsklage kann nur sein 1. der Streit über ein Rechtsverhältnis oder 2. die Tatfrage der Echtheit einer Urkunde.

1) Rechtsverhältnis: ist die rechtl geregelte Beziehung einer Person zu einer anderen Person 3
oder einer Sache (RG 144, 54; 107, 303; 148, 6). Kein Rechtsverhältnis idS sind bloße Tatfragen (Ausnahme: Echtheit einer Urkunde, Rn 6) oder abstrakte Rechtsfragen. Die Rechtsbeziehungen des Klägers zu der anderen Person (nicht notw zu dem Bekl, BGHZ 69, 37/40; 34, 159; BGH NJW 84, 2950; zB bei Streit, wer von beiden Parteien mit e Dritten e Mietvertrag über die gleiche

Sache wirks abgeschlossen hat, vgl BGH NJW 71, 459; 69, 136; VersR 66, 875) müssen gegenwärtig bestehen, wenn auch nur bedingt (BGH NJW 62, 1723; BAG NJW 65, 1042). Das Rechtsverhältnis kann privat-, prozeß- oder öffentl-rechtl Natur sein (sofern nur der Rechtsweg zulässig gem § 13 GVG). Nur das Rechtsverhältnis selbst, nicht seine Vorfragen oder einzelnen Elemente, kann Gegenstand der Klage sein (BGH NJW 82, 1879; BGHZ 68, 332 = NJW 77, 1288), jedoch können einzelne Beziehungen oder Folgen eines einheitl Rechtsverhältnisses Gegenstand der Klage sein (BGH NJW 84, 1556; MDR 83, 1014; BAG NJW 69, 680; so auch bzgl der Anspruchsgrundlagen des gemäß § 1587 g BGB künftigen Versorgungsausgleichs BGH NJW 82, 387). Kein Rechtsverhältnis daher zB die Frage der Geschäftsfähigkeit u der Wirksamkeit von Rechtshandlungen (BGH 37, 333). Ein erwartetes künftiges Rechtsverhältnis genügt für die Feststellungsklage nicht (zB die Erbfolge nach noch lebenden Personen, BGH NJW 62, 1723; Lange NJW 63, 1573), wohl aber die Frage der Pflichtteilsberechtigung (wegen der gegenwärtigen Entziehungsbefugnis, BGH 28, 177 u NJW 74, 1085) oder die Frage der künftigen Entwicklung eines gegenwärtigen (RG 123, 238) oder der gegenwärtigen Nachwirkung eines früheren Rechtsverhältnisses (RG 27, 205). Daher können auch betagte oder bedingte Rechtsgeschäfte bereits ein Rechtsverhältnis begründen (BGH MDR 86, 743; NJW 84, 2950), denn sie können (was dann Frage der Begründetheit, nicht der Zulässigkeit der Feststellungsklage ist) bereits die gegenwärtigen Rechtsbeziehungen der Beteiligten zueinander berühren.

4 **Beispiele für Rechtsverhältnisse: a) Rechtsverhältnis iS § 256 ist:** Jedes Schuldverhältnis zwischen den Parteien, insbes die Frage der Wirksamkeit u Auslegung eines bestehenden Vertrages (BGH MDR 82, 928; RG 124, 84; 144, 54; 147, 374); die Auslegung eines Urteils (BGH NJW 62, 109; 72, 2268) oder eines Prozeßvergleichs (aber nicht, wenn Vollstreckungsgegenklage der einfachere Weg, BGH NJW 77, 583); das Eigentum an einer Sache (BGH 27, 190 = NJW 58, 1293); der Besitz nur insoweit, als daraus Rechte (zB die Ersitzung durch Eigenbesitz RG 54, 133) hergeleitet werden; das Recht des Vertragserben auf Feststellung der Unwirksamkeit der Anfechtung des Erbvertrages durch den anderen, ebenso das Recht des Vermächtnisnehmers, wenn der überlebende Ehegatte das gemeinschaftl Testament anficht (BGH NJW 62, 1913); das Verhältnis der Miterben untereinander (zB zur Vorbereitung der Auseinandersetzung KG JR 61, 144; Mattern BWNotZ 63, 239); das Arbeitsverhältnis (zB bzgl des Urlaubsanspruches BAG NJW 65, 787); das Rechtsverhältnis zw KonkVerw u Gemeinschuldner (bei Streit über Zugehörigkeit eines Gegenstands zur Masse BGH NJW 62, 1392); die rechtl Beziehungen zwischen Kind u Erzeuger bei Streit über Ehelichkeit u Abstammung (wegen des Feststellungsinteresses insoweit s Rn 9); die Ehe (§ 606; vgl § 151 Rn 3); das Verlöbnis; die elterliche Sorge (§ 640); alle absoluten Rechte und die dingl Anwartschaft auf diese; das Schuldverhältnis zw Kläger u Bekl aus einer titulierten Forderung (BGH NJW 62, 109; JZ 66, 575; RG 100, 126; 147, 29); die Rechtsbeziehung zwischen Drittschuldner u Vollstreckungsgläubiger bei Forderungspfändung (RG JW 01, 187, München NJW 58, 58; aber kein neg Feststellungsinteresse des Dritten, wenn §§ 766, 843 den einfacheren Weg der Abwehr bieten, BGH NJW 77, 1881); die Frage der Wirksamkeit eines ausländ Urteils im Inland (vgl Art 26 II des EWG-Übereinkommens v 27. 9. 68; hierzu Geimer JZ 77, 145); das Rechtsverhältnis des Schädigers zu seinem Haftpflichtversicherer (hier grds nur Klage auf Feststellung des zu gewährenden Versicherungsschutzes; Klage auf Freistellung erst, wenn Anspruch des Geschädigten nach Grund und Höhe rechtskräftig festgestellt: BGH NJW 81, 870). Rechtsverhältnis ist auch das Mietvertragsverhältnis. Jedoch kann, wenn die Wirksamkeit einer Kündigung des Vermieters streitig ist, wegen des Vorrangs der Leistungsklage (unten Rn 8) der Vermieter grds (Ausnahme Abs II) nur auf Räumung und/oder Herausgabe klagen. Der Mieter dagegen kann vor Leistungsklage des Vermieters auf Feststellung der Fortwirkung des Mietvertrages klagen; diese Klage erledigt sich, wenn der Vermieter Widerklage auf Räumung erhebt (unten Rn 7), falls sie vom Kläger nicht gemäß Abs II aufrechterhalten wird.

5 **b) Keine Rechtsverhältnisse iS § 256** sind: abstrakte Rechtsfragen (RG 148, 100); reine Tatfragen (zB die Haltereigenschaft eines Kfz-Besitzers; HRR 35, 380); bloße Vorfragen oder Elemente eines Rechtsverhältnisses (oben Rn 3); die Erwartung künftiger Rechtsverhältnisse (zB des Erben zu dem noch lebenden Erblasser, BGH NJW 62, 1723); die Zubehöreigenschaft einer Sache usw. Die Frage der Wahrheit einer (selbst inkriminierenden) Tatsachenbehauptung oder der Rechtswidrigkeit einer Persönlichkeitsverletzung kann nur Element einer Leistungsklage (zB auf Widerruf, Gegendarstellung auch Unterlassung) sein, nicht Gegenstand einer selbst Feststellungsklage (BGH NJW 77, 1288 gegen Leipold ZZP 84, 150; JZ 74, 63; Rötelmann NJW 71, 1638).

6 **2) Echtheit einer Urkunde** ist Tatfrage, jedoch regelm von Bedeutung für die rechtl Wirkung der Urkunde, daher ausnahmsweise Feststellungsklage zulässig, soweit Feststellungsinteresse vorliegt. Nur die Echtheit iS §§ 267 ff StGB ist hier gemeint, nicht zB die Frage der Vollmacht des Unterzeichners (RG 158, 164), vgl § 440. Die Feststellung der Echtheit schließt (nur!) unter den Parteien in einem späteren Prozeß den Gegenbeweis der Unrichtigkeit aus (RG 148, 29).

III) 1) Prozeßvoraussetzung für die Feststellungsklage neben den allgemeinen (Rn 9 ff vor § 253) das schutzwürdige Interesse des Klägers gegenüber dem Beklagten (nicht ausreichend gegenüber einem Dritten, BGH MDR 71, 1000; NJW 84, 2950; s aber unten Rn 23 für Widerklage *auch* gegen den Dritten) an der alsbaldigen Feststellung (unten Rn 8). Nur bei der Zwischenfeststellungsklage (Abs II) wird dieses Feststellungsinteresse als gegeben unterstellt. In allen anderen Fällen ist es von Amts wegen zu prüfen (RG 100, 126), vom Kläger darzulegen u nötigenfalls zu beweisen. Fehlt es, ist die Klage unzulässig, weil dann Rechtsschutzbedürfnis fehlt. Wo Klage auf Leistung möglich und zumutbar, wird im Interesse der endgültigen Klärung des Streitstoffs in einem Prozeß das abstrakte **Feststellungsinteresse** regelm fehlen; die auf Feststellung des Anspruchsgrundes beschränkte Feststellungklage ist dann unzulässig. Befindet sich der anspruchsbegründende Sachverhalt (zB die Schadensentwicklung) zZt der Klageerhebung noch in der Fortentwicklung, so ist aber Feststellungsklage insgesamt zulässig, auch wenn der (Schadensersatz-)Anspruch bereits teilweise beziffert werden könnte (BGHZ 70, 39 = NJW 78, 210; BGH NJW 84, 1552/54). – Ausnahmsweise verliert das fehlende Feststellungsinteresse seine Relevanz als Prozeßvoraussetzung, wo der Anspruchsgrund zu verneinen ist und deshalb auch eine Leistungsklage als unbegründet abzuweisen wäre. Ebenso wie jedes die Leistungsklage abweisende Sachurteil ein negatives Feststellungsurteil ist (Rn 7 vor § 253), ist auch die Feststellungsklage ohne Prüfung eines Feststellungsinteresses als unbegründet abzuweisen, wenn feststeht, daß der behauptete Anspruchsgrund nicht besteht (BGH NJW 69, 2015) und auch nicht zumindest wahrscheinlich ist (BGH NJW 72, 198; 78, 544). Daher ist das **Feststellungsinteresse** echte **Prozeßvoraussetzung** (vgl Rn 21 vor § 253) **nur für das stattgebende Urteil** (BGHZ 12, 316; BGH NJW 78, 2031; 72, 198; LM § 256 Nr 46 = NJW 58, 384; RG 158, 145/152; Bremen MDR 86, 765; kritisch hierzu Weiss NJW 71, 1596; Olschewski NJW 71, 552; R-Schwab § 94 IV 1; TP § 256 Anm I 2 b). Als ProzVoraussetzung muß das Feststellungsinteresse grundsätzl bis zum Schluß der mündl Verhandlung vorliegen (BGH 18, 106 = NJW 55, 1513; RG 71, 73), sonst wird die Klage ex nunc unzulässig. Kläger muß dann für erledigt erklären, so bei Leistungswiderklage (RG 151, 65; 91, 29; 71, 68; einschränkend für die Revisionsinstanz BGH NJW 68, 50). Es entfällt aber nicht notwendig dann, wenn dem Kläger bezifferte Leistungsklage nachträglich möglich wird (BGH NJW 84, 1552/54), denn jede Leistungsklage beinhaltet incidenter ein Feststellungsbegehren und die Feststellung ist gegenüber dem Leistungsurteil kein aliud sondern ein minus (BGH NJW 84, 2295 = MDR 84, 660; vgl unten Rn 15). Ob Feststellungsklage zulässig bleibt, ist dann Frage der Prozeßökonomie (s RsprBeispiele unten). – Erhebt der Beklagte der negativen Feststellungsklage vor einem anderen Gericht die Leistungsklage, so besteht das neg Feststellungsinteresse nur ausnahmsweise bei Entscheidungsreife fort; anderenfalls ist damit die negative Feststellungsklage i der Hauptsache erledigt (BGH 18, 22; NJW 73, 1500), falls das Gericht der (späteren) Leistungsklage diese – entgegen der hier (unten Rn 16) vertretenen Meinung – im neuen Verfahren zuläßt, anstatt den (Leistungs-)Kläger auf den Weg der Leistungs-Widerklage im bereits rechtshängigen Feststellungsstreit zu verweisen. 7

Ein **Feststellungsinteresse** besteht, wenn dem Recht oder der Rechtslage des Klägers eine durch Leistungsklage nicht oder noch nicht zu behebende gegenwärtige Gefahr (zB durch Bestreiten oder Behaupten des Gegners) der Unsicherheit droht und wenn das erstrebte Urteil infolge seiner Rechtskraft (§ 322 Rn 6–12) geeignet ist, diese Gefahr zu beseitigen (BGH MDR 86, 743 = NJW 86, 2507). Es fehlt daher grundsätzlich, wo dieser Streit bereits besteht u im Wege der Leistungsklage behoben werden kann (BGHZ 69, 144/47 = NJW 77, 1881/82 = MDR 78, 135/36). 8

Beispiele für Feststellungsinteresse: a) Bejaht trotz möglicher **Leistungsklage,** wo der Streit so einfacher u schneller gehoben werden kann, zB weil der Bekl (zB eine Behörde, BGH NJW 84, 1118/19) erwarten läßt, daß er bereits auf Feststellungsurteil hin leisten wird (RG 129, 34; BGH 2, 250 = NJW 51, 887; BAG NJW 62, 270). Wo die Prozeßökonomie für ein Zwischenurteil über den Grund (§ 304) spricht (BGH 28, 126 = NJW 58, 1681; LM § 256 Nr 35), ist regelm trotz mögl Leistungsklage auch ursprüngl Feststellungsklage zulässig, zB im Bauprozeß, wenn zwar der Mangel nachweisbar, nicht aber die Höhe künftiger Nachbesserungskosten, Wussow NJW 69, 481; BGH NJW-RR 86, 1026 = MDR 86, 839 läßt hier Feststellklage bzgl evtl künftiger Mehrkosten *neben* der Leistungsklage auf Kostenvorschuß zu. Mögliche Leistungsklage gem § 259 beseitigt Feststellungsinteresse nie (RG 113, 412); anders, wenn Stufenklage (§ 254) möglich (BGH JZ 56, 95). Ebenso, wenn zweifelhaft, ob Leistungsklage schon zu beziffern (BGH 28, 126; BAG NJW 64, 1044). Kein Feststellungsinteresse aber, wo Leistungsklage möglich, lediglich die künftige Höhe wiederkehrender Leistungen uU veränderlich, denn hier hilft § 323 (BGH 5, 314; MDR 61, 310), trotzdem läßt BGH 36, 38 auch hier Feststellungsklage zu. Feststellungsinteresse besteht, soweit künftige Schadensfolgen (wenn auch nur entfernt) möglich, ihre Art u ihr Umfang, sogar ihr Eintritt aber noch ungewiß ist (BGH NJW 78, 544; VersR 74, 248; 72, 459; 67,

256; Kühn VersR 67, 843). Wird Leistungsklage nachträgl mögl, entfällt hierdurch das Feststellungsinteresse der bereits anhängigen Klage nicht (RG 108, 202), anders jedoch, wenn Bekl Übergang auf Leistungsklage anregt u Klageänderung dem Kläger in 1. Instanz zumutbar (BGH NJW 52, 546). Erhebt Bekl Leistungs-Widerklage, muß der Kläger seine negative Feststellungsklage für erledigt erklären (RG 151, 65; RG JW 36, 3186), ebenso wenn auf negative Feststellungsklage der Bekl z Zweck der Unterbrechung der Verjährung positive Feststellungs-Widerklage erhebt (KG NJW 61, 33). Feststellungsinteresse besteht stets z Zwecke der **Unterbrechung der Verjährung** (BGH VersR 72, 459; NJW 52, 741; RG 100, 149), denn die unbezifferte Feststellungsklage unterbricht Verjährung (§ 209 BGB) wegen des ganzen Anspruchs (RG 75, 302; BGH JZ 54, 169). München NJW 68, 2013 verneint Feststellungsinteresse, wenn Bekl die Haftung anerkannt und auf Verjährungseinrede verzichtet; das ist jedenfalls im Hinblick auf § 225 BGB abzulehnen (vgl BGH 24, 94; Düsseldorf MDR 70, 840). Zur Verjährung s auch Rn 16. Feststellungsinteresse besteht, obwohl **Leistungstitel** vorliegt, wenn dessen Auslegung streitig (zB Auslegung eines auf „DM" lautenden Urteils eines ostdeutschen Gerichts; BGH NJW 62, 109; Hamburg NJW 63, 721), denn Schuldner muß sich nicht auf § 766 verweisen lassen; andererseits beseitigt Entscheidung im Vollstreckungsverfahren das Feststellungsinteresse nicht (BGH 5, 189 = NJW 52, 665; RG 147, 27), denn die Erkenntnismöglichkeit im summarischen Vollstreckungsverfahren ist geringer. Feststellungsinteresse auch, wo früherer Titel verloren (BGH 4, 314) und wo mit Einwendung des Schuldners im Vollstreckungsverfahren zu rechnen ist (BGH JZ 66, 575; RG 100, 126). Steht von einem Schaden erst ein Teil der Höhe nach fest, darf Kläger insgesamt auf Feststellung klagen, BGH VersR 68, 648; BayObLGZ 71, 66.

9 **b)** Für **Abstammungsklagen** besteht Feststellungsinteresse immer (§ 640). Hierzu vgl die besonderen Vorschriften in §§ 640–644 ZPO, §§ 1600 ff BGB (BGH ZZP 86, 313).

10 **c)** Streit über **Recht auf Getrenntleben** der Eheleute begründet (entgegen München FamRZ 86, 807; AG Gr-Gerau FamRZ 79, 504) ein allerdings seit dem Inkrafttreten des 1. EheRG am 1. 7. 1977 nur noch begrenzt zu bejahendes Feststellungsinteresse (s § 606 Rn 22; § 621 Rn 55), denn die Berechtigung des Trennungstatbestands äußert – mag sie auch für die Ehescheidung nicht mehr maßgeblich sein – weiterhin Rechtswirkungen (zB §§ 1361b, 1610 III 2, 1672 BGB).

11 **d)** Kein Feststellungsinteresse bzgl **Erbrecht** gegenüber dem noch lebenden Erblasser (BGH NJW 62, 1723 = MDR 62, 723), anders für die Feststellung, ob Grund für Pflichtteilsentziehung vorliegt (BGH NJW 74, 1085; hier Feststellungsinteresse für den künftigen Erblasser *und* Erben, Saarbrücken NJW 86, 1182) oder für das Verhältnis der Miterben untereinander (KG JR 61, 144) oder der Vertragserben zueinander, wenn Verbindlichkeit des Erbvertrages bestritten (BGH NJW 62, 1913); zum erbrechtl Feststellungsinteresse vgl Lange NJW 63, 1573; BGH 17, 338; 37, 143; 37, 331; 28, 177.

12 **e)** Im **Konkurs** (neben § 146 KO) Feststellungsinteresse zwischen Konkursverwalter u Gemeinschuldner bei Streit über Massezugehörigkeit (BGH NJW 62, 1392), bei Streit über Teilnahme am Konkurs (RG 139, 87), bei Bestreiten der angemeldeten Forderung (RG 34, 410).

13 **f)** Bei **Gesellschaft** besteht Feststellungsinteresse für einzelne Rechnungsposten der Auseinandersetzung nur, soweit nicht Leistungsklage für ges Auseinandersetzung möglich (BGH 37, 304; 26, 25). Kein Feststellungsinteresse gegenüber Gesellschaftern der OHG, wo gegen diese bereits Feststellungsklage erhoben (BGH 2, 250 = NJW 51, 887). Kein Feststellungsinteresse des Gesellschafters gegen GesellschSchuldner, soweit nur die Gesellschaft i der Gesamtheit über die Forderung verfügen darf (BGH 12, 308). Interesse besteht aber für Gesellschafter gegen Dritten, der Forderung gegen die im Konkurs befindl Gesellschaft behauptet (BGH NJW 57, 144).

14 **g)** Bei **Pfändung einer Forderung** Feststellungsinteresse des bestreitenden Drittschuldners gegenüber Pfandgläubiger und Schuldner (München NJW 58, 68), aber nicht wenn Rechtsbehelf der §§ 766, 840, 843 einfacheren Weg der Abwehr bieten (BGH NJW 77, 1881).

15 **IV) Verfahren: 1)** Der **Klageantrag** muß bestimmt iS § 253 II sein, denn der Umfang der Rechtshängigkeit und späteren Rechtskraft muß feststehen (BGH NJW 83, 2247/2250; MDR 58, 408; BAG JZ 62, 166). Feststellungshauptantrag ist neben Leistungs-Hilfsantrag unzulässig (LM § 256 Nr 16). Unbezifferter Leistungsantrag (zB auf „Ersatz allen Schadens" oder „Anerkennung" einer Rechtsfolge) kann in Feststellungsantrag umgedeutet werden (RG JW 04, 296; 11, 188). Dementsprechend **kann der sich als unbegründet erweisende Leistungsantrag** vom Gericht (trotz § 308; s dort Rn 4) **als Feststellungsantrag behandelt und insoweit positiv verbeschieden werden,** wenn die künftige Entstehung eines Leistungsanspruchs aus dem gegebenen Rechtsverhältnis möglich ist (BGH NJW 84, 2295 = MDR 84, 660 = VersR 84, 389/90), denn bei Identität des Streitgegenstandes ist die Feststellungsklage gegenüber der Leistungsklage kein aliud sondern ein minus. – Da **negative Feststellungsklage** davon abhängt, in welcher Form der Geg-

ner sich berühmt hat, ist hier Bezifferung des Antrags nur zu fordern, wo auch Berühmung beziffert erfolgte (BGH MDR 69, 749; RG 77, 136; E. Schneider Büro 67, 362). Ergibt sich bei unbeziffertem negativen Antrag die Höhe der Berühmung aus der Klagebegründung, kann die Feststellung im Urteil (mit der Kostenfolge des § 92) auf einen best Betrag begrenzt, die Klage im übrigen abgewiesen werden (Celle NJW 65, 1722). Bei unbezifferter Berühmung des Bekl ist dagegen Klage insgesamt unbegründet, wenn dem Bekl eine (wenn auch geringe) Forderung zusteht.

2) Die **Rechtshängigkeit** erfaßt bei positiver und auch negativer Feststellungsklage das streitige Rechtsverhältnis. Daher ist gem § 261 III 1 bei negativer Feststellungsklage zwar Leistungs-Widerklage, nicht aber eine getrennt erhobene Leistungsklage des Gläubigers zulässig, denn der Streitgegenstand der negativen Feststellungsklage ist mit dem Streitgegenstand der Leistungsklage identisch (BGH NJW 75, 1320); hierzu Baltzer aaO (Lit vor Rn 1) §§ 11 und 26 sowie § 261 Rn 8. Bei positiver Feststellungsklage umfaßt, falls die Klage nicht ausdrücklich auf abgrenzbare Teile des Rechtsverhältnisses beschränkt ist, die **Unterbrechung der Verjährung** (§ 209 BGB) den ganzen Anspruch (RGZ 74, 302; BGH JZ 54, 169). Dagegen unterbricht die negative Feststellungsklage ebenso wie auch die Verteidigung gegen diese nicht die Verjährung gem § 209 BGB (BGHZ 72, 23 = MDR 78, 830; Gürich MDR 80, 359; abw mit eingehender Begründung Baltzer aaO § 28 im Hinblick auf die Wirkung des die negative Feststellungsklage abweisenden Urteils gleich einem positiven Grundurteil). Die Abweisung der negativen Feststellungsklage hat zwar die Wirkung eines positiven Grundurteils (BGH NJW 75, 1320); dieses gilt als „rechtskräftige Feststellung" iS § 218 BGB aber nur, soweit die Höhe der Forderung des Bekl festgestellt ist (BGH NJW 72, 1043). Positive Feststellungsklage hat ebenso wie Leistungsklage die haftungssteigernde Wirkung des § 262. 16

3) **Prozeßvoraussetzungen,** insbes Feststellungsinteresse, aber auch das allg Rechtsschutzbedürfnis (BGH NJW 77, 1881), **müssen bis zum Schluß der letzten mündl Verh vorliegen** (Rn 7), sonst wird die Klage ex nunc unzulässig. Ob Feststellungsinteresse für negative Klage entfällt, wenn Gegner Berühmung im Prozeß aufgibt, ist Tatfrage: unbedingte Verzichtserklärung des Gegners erledigt den Rechtsstreit, nicht aber bloßes Angebot des Erlasses (annahmebedürftiger Vertrag gem § 397 BGB; RG 95, 261) oder bloßer Verzicht auf Berühmung. Erkennt Bekl den negat Feststellungsantrag im Prozeß an, ist Anerkenntnisurteil (§ 93 anwendbar) mögl, wenn darin Verzicht zu erblicken, sonst nur Geständniswirkung (§ 288). 17

4) **Beweislast:** bei positiver Feststellungsklage hat Kl Beweislast wie bei Leistungsklage; jedoch genügt für die Begründetheit dieser Klage bereits der Nachweis, daß die Anspruchsgrundlagen für eine künftige Leistungsklage wahrscheinlich vorliegen (BGH NJW 72, 198; 78, 544), mag auch wegen Ungewißheit der Anspruchshöhe und -fälligkeit die Leistungsklage noch nicht möglich sein. Bei negativer Klage muß Kl die Berühmung u das Vorliegen aller ProzVoraussetzungen, Bekl die Berechtigung der Berühmung darlegen u beweisen. Hier muß Bekl daher Grund u Höhe des berühmten Anspruches (ebenso bei positiver Klage die Begründetheit rechtsvernichtender Einwendungen) beweisen, als wäre er Kläger, denn unsubstantiiertes Berühmen macht negative Feststellungsklage begründet. Bei Klage wegen Echtheit einer Urkunde muß Echtheit beweisen, wer Rechte aus der Urkunde herleitet, uU also der Bekl (vgl Rn 2 zu § 419). 18

5) **Rechtskraft** des positiven Feststellungsurteils (hierzu § 322 Rn 6) entspricht der Rechtskraft eines positiven Grundurteils (§ 304; BGH 7, 174 = NJW 52, 1412; NJW 75, 1320), ebenso die Rechtskraft des sachabweisenden Urteils auf negative Feststellungsklage (BGH NJW 86, 2508 = MDR 86, 1016; NJW 83, 2032 = MDR 83, 734; Tiedtke NJW 83, 2011; § 322 Rn 11; anders bei Abweisung als unzulässig, BGH NJW 65, 692). Der Umfang der Rechtskraft bestimmt sich nach den Gründen des Urteils letzter Instanz (BGH 7, 174). Hat Erstgericht als unzulässig abgewiesen, darf Berufungs- oder Revisionsgericht als unbegründet abweisen (BGH 12, 308 = NJW 54, 1159). Rechtskraftwirkung nur unter den Parteien, auch wenn das streitige Rechtsverhältnis zu einem Dritten besteht u dieser mit der Klageerhebung einverstanden war (LM § 325 ZPO Nr 16). Die Rechtskraft des positiven Feststellungsurteils verbietet nicht, daß Bekl ein später entstandenes Leistungsverweigerungsrecht geltend macht (LM § 256 Nr 27; RG 144, 222 unter Analogie zu § 767 II). Abweisung wegen fehlenden Feststellungsinteresses steht erneuter Feststellungsklage nicht entgegen, wenn Interesse nachträgl entsteht. Ist Echtheit einer Urkunde festgestellt, ist den Parteien des Feststellungsprozesses (nur diesen!) späterer Beweis der Unechtheit unmöglich (RG 148, 29), den Gegenbeweis darf aber jeder andere, auch der Streitgenosse der früheren Partei führen. Die Feststellung eines Anspruchs dem Grunde nach darf die Frage des Mitverschuldens des Klägers (§ 254 BGB) nicht dem Betragsverfahren überlassen (BGH NJW 78, 544). 19

20 **6) Gerichtsstand** s § 29 Rn 17. Demnach Gerichtsstand der negativen Feststellungsklage dort, wo der vom Bekl behauptete Anspruch zu erfüllen wäre, gem § 269 BGB daher regelm der Wohnsitz des Klägers.

B) Zwischenfeststellungsklage, Abs II

Lit: *E. Schneider,* Die Zulässigkeit der Zwischenfeststellungs-(Wider-)klage, MDR 73, 270.

21 **I) Zweck u Anwendungsbereich:** Da gem § 322 I bei der Leistungsklage nur der Ausspruch über den Klageanspruch (= der Leistungsbefehl, vgl Rn 3 vor § 253) in materielle Rechtskraft erwächst, nicht aber die den Leistungsbefehl tragenden tatsächlichen Feststellungen u die Beurteilung vorgreiflicher Rechtsverhältnisse (= die sog „Elemente des Urteils"), könnten letztere in einem anderen Prozeß (zB erster Prozeß Klage auf Vertragserfüllung, später Klage auf Schadensersatz wegen Nichterfüllung) abweichend beurteilt werden. § 256 II ermöglicht es dem Kläger, durch neben oder nach der Hauptklage erhobene Zwischenfeststellungsklage, dem Bekl, durch Zwischenfeststellungs-Widerklage, einen rechtskräftigen Ausspruch auch über alle für die Hauptklage vorgreiflichen Rechtsverhältnisse herbeizuführen. Dadurch erwachsen auch die den Leistungsbefehl tragenden Rechtsgründe in Rechtskraft (BGH NJW 65, 689/691; BAG NJW 66, 1140; Rn 6 vor § 253), wobei es nicht darauf ankommt, ob das Gericht seine Entscheidung notwendig auch auf *diese* Gründe stützen muß (Köln MDR 81, 678).

22 **II) Prozeßvoraussetzungen** (neben den allgemeinen, vgl Rn 9 ff vor § 253): **1)** Ein Urteilsverfahren über die Hauptklage muß in einer Tatsacheninstanz (Revisionsinstanz genügt nicht: BGH 28, 131/137 = NJW 58, 1867; 61 777/779) zwischen den gleichen Parteien **noch hinsichtl des Anspruchsgrundes anhängig** sein. Nach Vorabentscheidung über den Grund (§ 304) ist im Betragsverfahren Zwischenfeststellungsklage nicht mehr zulässig (RG JW 39, 366); ebenso wie bei gleichzeitiger Anhängigkeit von Zwischenfeststellungsklage u Hauptklage ein Teilurteil über letztere allein unzulässig ist (München MDR 57, 425), während Teilurteil über die Zwischenfeststellungsklage vor Entscheidung über die Hauptklage zulässig ist (RG 170, 328/330; BGH NJW 55, 587; 56, 1755; 61, 75). Zwischenfeststellungsklage bezgl des Gegenstands der v Bekl hilfsweise erklärten Aufrechnung wird erst zulässig, wenn feststeht (gem § 302, wegen Anerkenntnis oder Nichtbestreitens des Hauptanspruchs), daß über die Gegenforderung des Bekl entschieden werden muß (BGH NJW 61, 75); in diesem Fall ist aber die Zwischenfeststellungsklage als (innerprozessual; hierzu Rn 18 vor § 128) bedingte Klage (für den Fall, daß über die Gegenforderung entschieden werden muß) zulässig.

23 Wie der rechtl Zusammenhang (§ 33) die Widerklage gegen den Kläger *und* gegen einen Dritten erlaubt (§ 33 Rn 18–23; BGH 40, 185 = NJW 64, 44; BGH NJW 71, 466), ist auch die (positive oder negative) **Feststellungs-Widerklage gegen** den Kläger *und* **einen Dritten** trotz insoweit nicht anhängiger Hauptklage als Zwischenfeststellungs-(Wider-)klage zulässig (BGH NJW 77, 1638); hier muß aber dem Dritten gegenüber ein Feststellungsinteresse vorliegen (vgl Rn 7).

24 **2)** Zwischen den Parteien muß im Rahmen des Hauptanspruchs ein **Rechtsverhältnis** (vgl Rn 3) streitig sein; der Streit lediglich über Vorfragen oder Elemente dieses Rechtsverhältnisses genügt aber auch hier nicht (BGHZ 68, 332 = NJW 77, 1288; BGH NJW 82, 1879; MDR 85, 37/38).

25 **3)** Rechtsverhältnis muß für die Entscheidung der Hauptklage **vorgreiflich** sein. Die Vorgreiflichkeit fehlt, wo die Hauptklage aus formellen Gründen abweisungsreif ist (LM § 280 Nr 2). Teilweise und eventuelle Vorgreiflichkeit genügt. Die Vorgreiflichkeit macht das sonst für die Feststellungsklage erforderliche Feststellungsinteresse entbehrlich (BGH NJW 77, 1637).

26 **4)** Das Urteil über die Hauptklage darf die Rechtsbeziehungen der Parteien nicht bereits **erschöpfend regeln.** Für Abs II genügt aber die bloße Möglichkeit, daß aus dem streit Rechtsverhältnis weitere Ansprüche zwischen den Parteien erwachsen (RG 144, 59; 170, 330; BGHZ 69, 37/42 = NJW 77, 1637; BAG NJW 66, 1140). Beispiele: Die Abweisung der Räumungsklage beinhaltet noch keine rechtskr Feststellung der Unwirksamkeit der Kündigung (BGH NJW 65, 693). Das pos Unterlassungsurteil bewirkt bereits Rechtskraft für den Anspruchsgrund des künftigen Schadensersatzanspruchs wegen Zuwiderhandlung (BGH NJW 65, 689/691). Das Urteil auf Herausgabe des Schuldscheins stellt das Nichtbestehen einer Forderung des Herausgabepflichtigen noch nicht fest (BGH NJW 61, 1457). Die Erbschaftsklage stellt die Wirksamkeit des Testaments noch nicht fest (RG 150, 190). Stets zulässig ist die Zwischenfeststellungsklage, wenn mit der Hauptklage mehrere selbständige Ansprüche aus demselben Rechtsverhältnis verfolgt werden, mögen sie auch in ihrer Gesamtheit alle denkbaren Ansprüche erschöpfen, oder wenn mit Klage u Widerklage mehrere selbständige Ansprüche verfolgt werden, denn hier besteht Möglichkeit von Teilurteilen u die Zwischenfeststellung kann grundlegende Bedeutung für das Schlußurteil haben (BGH MDR 68, 36; RG 144, 54/59 ff; 170, 328/330).

Die Zwischenfeststellungs-Widerklage wird unzulässig (§ 91 a!), wenn der Kläger im Prozeß auf alle Ansprüche aus dem Rechtsverhältnis **verzichtet** (Nürnberg BayJMBl 53, 67). Häufigster Anwendungsfall: Teilklage u neg Feststellungswiderklage hinsichtl Grund u Restbetrag der behaupteten Forderung. 27

5) Die **Prozeßart** der Hauptklage muß eine Feststellungsklage bzw Widerklage und die Verbindung beider Klagen überhaupt zulassen, daher unzulässig im Urkunden- u Wechselprozeß, im Verfahren über Arrest u einstw Verfügung, im Ehe-, Kindschafts- u Entmündigungsverfahren (vgl Rn 2 zu § 260). 28

III) Verfahren: Die Zwischenfeststellungsklage wird erhoben zugleich mit der Hauptklage (§ 260), nachträglich (§ 261 II) oder als Widerklage (§ 33; auch gegen einen Dritten, oben Rn 23). Im Berufungsverfahren gilt für die Widerklage § 530 I nicht (BGH 53, 92 = NJW 70, 425). Nur die Parteien selbst, nicht der Streitgehilfe, können klagen (Köln JR 55, 186). Die mündliche Verhandlung über den Grund der Hauptklage darf noch nicht geschlossen (§ 136 IV) sein. Erhöht sich durch den gem § 3 zu bemessenden weiteren Wert der Klage der Streitwert über die Grenze des § 23 Ziff 1 GVG, ist gem § 506 zu verweisen. Eine als solche unzulässige Zwischenfeststellungsklage (zB nach Vorabentscheidung über den Grund der Hauptklage) kann, sofern das besond Feststellungsinteresse besteht, als gewöhnliche Feststellungsklage zulässig sein (evtl nach Abtrennung gem § 145). Entscheidung durch Teilurteil (s Rn 22) oder mit dem Hauptanspruch im Endurteil (RG 170, 330). 29

Der **Streitwert** für die negative Klage entspricht dem Gesamtwert der aus dem Rechtsverhältnis hergeleiteten (nicht nur der eingeklagten) Forderung (BGHZ 2, 276; BGH NJW 70, 2025; vgl § 3 Rn 16 zu „Feststellungsklagen"), der Wert der positiven Klage liegt regelmäßig unter dem Wert einer Leistungsklage (§ 3). Hinsichtl Wirkung der Rechtshängigkeit gilt das oben in Rn 16 Gesagte. 30

Rechtsmittel: Die Entscheidung über Hauptsache u Zwischenfeststellung darf sich nicht widersprechen. Bei auf die Hauptsache beschränktem Rechtsmittel bindet die Zwischenfeststellung das Rechtsmittelgericht hinsichtl des Anspruchsgrundes (§§ 318, 512, 548), soweit die Zwischenfeststellung diesen präjudiziert. Die Zulässigkeit des Rechtsmittels in der Hauptsache erstreckt sich auf den Feststellungsausspruch (RG 166, 175/81). Anfechtung der Vorabentscheidung über die Zwischenfeststellungsklage ist vorgreiflich für die Hauptsache; ein vor Rechtskraft des Feststellungsurteils in der Hauptsache (entspr § 304 II) ergehendes Endurteil ist auflösend bedingt durch Aufhebung des Feststellungsurteils. 31

C) Gebühren: Hinsichtl der Vorausleistungspflicht der allg Verfahrensgebühr s § 253 Rn 23. 32

257 *[Klage auf künftige Zahlung oder Räumung]*

Ist die Geltendmachung einer nicht von einer Gegenleistung abhängigen Geldforderung oder die Geltendmachung eines Anspruchs auf Räumung eines Grundstücks oder eines Raums, der anderen als Wohnzwecken dient, an den Eintritt eines Kalendertages geknüpft, so kann Klage auf künftige Zahlung oder Räumung erhoben werden.

Lit: *Roth*, Die Klage auf künftige Leistung nach §§ 257–259, ZZP 98 [1985], 287.

I) Anwendungsbereich: § 257 ist Ausnahme von dem Grundsatz, daß eine Klage als „zur Zeit unbegründet" (BGH 24, 284) abzuweisen ist, wenn der Klageanspruch lediglich noch nicht fällig ist. Nur für den Fall des befristeten, i übrigen aber einseitigen u unbedingten Zahlungsanspruchs u Räumungsanspruchs erlaubt § 257 Klage u Urteil auf künftige Leistung mit der Vollstreckungsfolge nach § 751 I. Der rechtliche Grund für die **Klagbarkeit nur des befristeten, nicht auch des aufschiebend bedingten Anspruchs** gemäß § 257 beruht auf dem Umstand, daß der wirtschaftliche Wert eines befristeten Rechts zuverlässiger bestimmbar ist als der Wert eines aufschiebend bedingten Rechts, dessen Fälligkeit von dem regelmäßig nicht vorhersehbaren Eintritt einer Bedingung abhängt (vgl § 916 II; Roth ZZP 98 [1985], 287/294). 1

Für Anspruch auf **künftige Räumung von Wohnraum** (egal ob aus Miete, Leihe, dingl Wohnrecht usw) gilt seit Neufassung des § 257 durch das 2. Mietrecht-ÄndG v 14. 7. 64 (BGBl I 457) nur noch § 259 iVm § 721. 2

1) Unbedingter **einseitiger Anspruch auf Geldzahlung** (also nicht auf Herausgabe oder sonstige Leistung), zB aus Darlehen, Schenkung, Hypothek, Grundschuld, Wechsel, aber auch aus gegenseitigem Vertrag, soweit Kläger spätestens bei Schluß der mündl Verhandlung (nicht notwendig bei Klageerhebung) seinerseits geleistet hat. Mietzinsforderung ist demnach einseitig 3 nur für die i Zeitpunkt der letzt mündl Verhandlung zurückliegende Mietdauer. Keine Gegenleistung iS § 257 ist die Quittung (§ 368 BGB, Art 39 WG), wohl aber Zurückbehaltungsrecht des Bekl. Zug um Zug-Verurteilung ist begrifflich ausgeschlossen.

4 **2) Anspruch auf Räumung,** soweit nicht (auch nicht teilweise) Wohnraum. Bei Wohnraum nur § 259 möglich. Grundlage des Räumungsanspruchs (Miete, Pacht, Eigentum usw) ist unwesentlich. Nicht anwendbar auf Räumung (besser: Herausgabe) bewegl Sachen, zB Wohnwagen (insoweit § 259).

5 **3)** An einen **Kalendertag geknüpfte Fälligkeit** liegt vor, soweit der Leistungstag durch Vertrag (ursprünglich oder durch spätere Stundung) oder Gesetz kalendermäßig bestimmt oder, wenn auch nur mittelbar (zB ausgehend vom Zeitpunkt der Rechtshängigkeit) bestimmbar ist (RG 103, 34; 106, 89; vgl § 284 II BGB). Hängt Fälligkeit von einer Kündigung ab (zB Darlehen § 609 BGB), so liegt in der Klageerhebung die Kündigung (RG 53, 212). Der Kalendertag muß in der Klage nicht namentlich bezeichnet werden; ausreichend, wenn er durch Angabe des den Fristbeginn auslösenden Ereignisses und der Fristdauer errechnet werden kann, zB Antrag auf Zahlung „binnen 1 Monat nach Zustellung der Klage" oder „binnen 3 Monaten nach Sicht" (im Falle des Art 35 WG, wenn der Nachsichtwechsel erst i Prozeß vorgelegt wird). Anders als im Klageantrag muß aber im Urteilsspruch der Eintritt der Fälligkeit des Klageanspruchs kalendermäßig bestimmt, zumindest bestimmbar sein (Roth aaO S 296), vgl § 751 I „Kalendertag".

6 **II) Verfahren: 1) Prozeßvoraussetzungen,** daher in der Klage vorzutragen, sind die in Rn 12 ff vor § 253 genannten Bedingungen. Prüfung von Amts wegen (HRR 32, 989). Bei Fehlen: Abweisung als unzulässig, falls nicht Umdeutung iS § 259 möglich. Keine ProzVoraussetzung ist hier (anders § 259) Besorgnis künftiger Nichterfüllung. Daher bei Anerkenntnis des Beklagten Kostenfolge des § 93 beachten!

7 **2)** Übergang von unbefristetem Leistungsantrag auf § 257 ist Antragsbeschränkung iS § 264 Ziff 2, daher nicht zustimmungsbedürftig. Tritt Fälligkeit während des Verfahrens ein, kann ohne Antragsänderung unbedingtes Urteil ergehen (RG 88, 178). Erkennt Bekl sofort an, hat hier ausnahmsweise Kl die Beweislast für Veranlassung der Klage iS § 93 (HRR 32, 989), denn grundsätzl muß kein Schuldner vor Fälligkeit seine Erfüllungsbereitschaft spontan bekunden. § 257 darf niemals zur Schlechterstellung des Schuldners führen. Daher darf Bekl hier (m dem Ergebnis der Klageabweisung) ein Recht auf künftige Leistungsverweigerung, zB durch Ankündigung der Aufrechnung mit einer noch nicht fälligen (vgl § 387 BGB) Gegenforderung geltend machen BGHZ 38, 122/129 = NJW 63, 244 [246]); im übr ist Bekl auf § 767 angewiesen, soweit er ein Leistungsverweigerungsrecht erst nach Schluß der mündl Verhandlung erwirbt.

8 Zwangsvollstr: § 751 I. Prozeßzinsen erst ab Fälligkeit: § 291 BGB (aber Verzugszinsen: § 284 II BGB). Vollstreckb Ausfertigung des Urteils wird vor Fälligkeit erteilt, denn befristete Vollstrekkungsfähigkeit ergibt sich aus dem Titel. § 257 ist auch im Urkundenprozeß u im Mahnverfahren anwendbar (zB Wechselzahlungsbefehl bei Sichtwechsel).

258 *[Klage auf wiederkehrende Leistungen]*

Bei wiederkehrenden Leistungen kann auch wegen der erst nach Erlaß des Urteils fällig werdenden Leistungen Klage auf künftige Entrichtung erhoben werden.

Lit: *Roth,* Die Klage auf künftige Leistung gemäß §§ 257–259, ZZP 98 [1985], 287.

1 **1) Anwendungsbereich:** § 258 setzt (anders als § 259) einen bereits entstandenen Anspruch des Klägers voraus (BGH NJW 82, 578 und 1284; MDR 82, 655) und will bei Wiederkehrschuldverhältnissen eine Vielzahl von Prozessen entbehrlich machen. Häufigster Anwendungsfall: Renten- und Unterhaltsverpflichtungen. Wo der Rechtsgrund auf künftig fällig werdende wiederkehrende Leistungen bereits vorliegt, besteht ein **Rechtsschutzbedürfnis** (Rn 18 vor § 253) für die Klage gemäß § 258 grundsätzlich auch dann, wenn nicht zugleich fällige rückständige Leistungen eingeklagt werden (kein notwendiger Verbund: BGHZ 82, 246/251) und sogar dann, wenn der Schuldner bisher freiwillig und vorbehaltlos geleistet hatte, also eigentlich eine Besorgnis der Nichterfüllung (wie in § 259 vorausgesetzt) fehlt, denn § 258 will den Gläubiger gerade der Notwendigkeit entheben, erst nach Eintritt der Fälligkeit – also mit Zeitverlust – auf die wiederkehrenden und idR lebensnotwendigen Leistungen klagen zu müssen (Künkel NJW 85, 2665; Saarbrücken FamRZ 85, 1280; aM Bittmann FamRZ 86, 420, der diesen Normzweck des § 258 nicht gebührend beachtet). Das Kosteninteresse des bisher leistungsbereiten Schuldners wahrt in diesem Fall § 93 (s dort Rn 6 zu „Unterhaltssachen"). Nur ausnahmsweise fehlt der Klage das Rechtsschutzbedürfnis, wenn der Schuldner sich auf Verlangen und auf Kosten des Gläubigers

erboten hatte, seine Leistungspflicht außerprozessual vollstreckungsfähig (gemäß § 794 I 1 oder 5 ZPO oder §§ 49, 50 JWG) anzuerkennen. – Der Anspruch muß (anders als bei § 257) keine Geldforderung sein. Der Schuldner darf durch § 258 nicht schlechter gestellt werden, insbes darf er nicht wegen künftiger Einwendungen gegen Grund oder Höhe auf die ihm nachteiligen (Präklusionswirkung!) §§ 323, 767 oder gar § 766 verwiesen werden. Daher **nicht anwendbar, soweit Kläger Gegenleistung schuldet** (RG 61, 334; 145, 196; Karlsruhe HHR 36, 699; BGH VersR 56, 175). Anders als in vollstreckbaren Urkunden (§ 794 I 5) darf, da sonst die Bestimmung der Leistungshöhe in das Vollstreckungsverfahren verlagert würde, das Urteil keine Wertsicherungsklausel enthalten (RG 145, 196; abw BAG NJW 72, 734), denn Grund u Höhe der künftigen Ansprüche dürfen nicht zweifelhaft sein. Andererseits steht die bloße, noch nicht konkretisierbare Möglichkeit künftiger Einwendungen des Schuldners dem Verf gem § 258 nicht entgegen. Das Gericht hat von dem nach der Lebenserfahrung zu erwartenden Ablauf der Dinge auszugehen (RG 83, 65; 145, 196; Roth aaO S 302; abw BAG NJW 72, 733). Bei späterer Veränderung der Verhältnisse kann Bekl gem §§ 323, 767, 766 vorgehen; dem Kläger bleibt (zB bei unvorhersehbar gestiegenem Unterhaltsbedarf) neben § 323 die Möglichkeit der **Nachforderungs- oder Zusatzklage** (auch wieder im Verf des § 258 möglich, vgl § 323 Rn 19 ff), doch darf das nicht zu einer Umgehung der Präklusionswirkung des § 323 führen (BGH 34, 110 = NJW 61, 872 m krit Anm Brox NJW 61, 853). Daher spätere Zusatzklage nur zulässig, wenn entweder die Voraussetzungen des § 323 eingetreten sind oder die frühere Klage nach Maßgabe der Urteilsgründe nur einen Teil der Ansprüche betraf (BGH NJW 82, 1284). Anderenfalls würde man – was nicht der Sinn des § 258 ist – den Bekl wegen etwaiger Mehrbeträge stets zur negat Feststellungswiderklage zwingen, vgl Kohle JZ 61, 546.

2) Wo Klage nach § 258 bei bestimmbarem künftigen Anspruch möglich, fehlt grundsätzlich 2
das Feststellungsinteresse (§ 256 Rn 7) für **Feststellungsklage** (BGH 5, 314). Soweit aber Höhe des Anspruchs fraglich oder Einwendungen des Schuldners zu erwarten, ist mangels hinreichender Bestimmbarkeit nur § 256 möglich. Daher § 258 unzulässig wegen § 1615 f BGB für Klage des nichtehel Kindes auf Regelunterhalt über das 18. Lebensjahr hinaus (so schon für § 1708 BGB aF LG Düsseldorf NJW 62, 923 u 2208; LG Trier NJW 63, 592; LG Aachen NJW 62, 1965; **abw** Bosch FamRZ 61, 458; 62, 137/ 186/ 292; LG Hagen NJW 62, 1204).

3) Vorl Vollstreckbarkeit: § 708 Nr 8, Sicherheitsleistung: § 324. Streitwert: § 9 (für Zuständig- 3
keit) u § 17 GKG (für Kosten). Vollstreckb Ausfertigung wird vor Fälligkeit erteilt.

259 *[Klage bei Besorgnis rechtzeitiger Leistung]*

Klage auf künftige Leistung kann außer den Fällen der §§ 257, 258 erhoben werden, wenn den Umständen nach die Besorgnis gerechtfertigt ist, daß der Schuldner sich der rechtzeitigen Leistung entziehen werde.

Lit: *Roth,* Die Klage auf künftige Leistung gemäß §§ 257–259, ZZP 98 [1985], 287.

1 a) Anwendungsbereich: § 259 ist (weitergehend als §§ 257, 258) anwendbar auf alle Arten von 1
Ansprüchen (Geldforderungen, Vornahme von Handlungen, Herausgabe, Duldung, Unterlassung usw). Wegen vertragl Unterlassungsansprüche vgl BGH NJW 65, 690; Furtner NJW 66, 183; LM § 259 Nr 2 u 3; LM § 241 BGB Nr 2. Das gleiche gilt für gesetzl Unterlassungsansprüche, soweit die Unterlassungspflicht nicht bereits gegenwärtig fällig, so zB die zu besorgende Beeinträchtigung des Kl in der künftigen Ausübung von Rechten, BGH LM § 259 ZPO Nr 2, § 241 BGB Nr 2 u 10 (einschränkend R-Schwab § 93 II 2 c; BLH Anm 1 A). – Die **Ansprüche des Klägers müssen noch nicht entstanden sein** (dann § 258, s dort Rn 1) **und dürfen von einer Gegenleistung abhängig** (zB Dienstlohn, Miete) **oder bedingt sein** (BGHZ 43, 28/31 = NJW 65, 440; RGZ 168, 321/325; dann Vollstreckung des Urteils auf bedingte Leistung gemäß § 726; vgl auch Rn 3 zu § 255); ggf sind die Art der vom Kl geschuldeten Gegenleistung und die Bedingung in das Urteil aufzunehmen (RG 168, 325); so auch, wenn die Leistung eine behördliche Genehmigung voraussetzt (BGH NJW 78, 1262). Zulässig zB die Widerklage des Käufers auf Rückzahlung des mit der Klage geforderten Kaufpreises, wenn Aufrechnung oder Minderung vor Zahlung des vollen Kaufpreises vertragl ausgeschlossen (BGH NJW 65, 440). Grund u Höhe des Anspruchs müssen auf einem gegenwärtigen Rechtsverhältnis (§ 256 Rn 3) beruhen u zumindest bestimmbar sein (RG 168, 325), anderenfalls nur § 256. Die Klagen aus § 256 u § 259 schließen sich gegenseitig nicht aus (BGH NJW 86, 2507; RGZ 113, 412). Zulässig auch die Verbindung der Leistungsklage (zB auf Herausgabe) mit dem Hilfsantrag gem § 259 auf Wertersatz für den Fall der Nichterfüllung, wenn vereinbarungsgem Wertersatz dann bedingungslos geschuldet (Schleswig NJW 66, 1929; RG 137, 98; vgl § 255 Rn 3). – Urkundenprozeß ist möglich.

2 **b)** § 259 anwendbar auch für **Klage auf künftige Räumung einer Wohnung,** sofern nur Kl nachweist, daß Mietvertrag zu einem best künftigen Zeitpunkt beendet (hierzu beachte § 564 b BGB) *und* nicht rechtzeitige Räumung zu besorgen ist (Karlsruhe NJW 84, 2953). Die Änderung des § 257 sollte nur die von dieser Besorgnis unabhängige Möglichkeit der Klage auf künftige Räumung beseitigen (vgl Burkhardt NJW 65, 803; Pergande NJW 64, 1925/1934; Kallfels NJW 64, 2288; LG Bonn NJW 71, 433). Das Widerspruchsrecht des Mieters gegen die Kündigung (§ 556 a BGB) wird hierdurch nicht beschnitten. Soweit bereits bestehende Widerspruchsgründe streitig sind, ist über diese im Verfahren des § 259 zu entscheiden, später entstehende Gründe sind gem § 767 geltend zu machen (bestr! vgl LG Aachen MDR 76, 848; LG Bonn NJW 71, 433; Kallfels NJW 65, 803 gegen LG Braunschweig MDR 72, 695; AG Köln MDR 72, 54; Celle NJW 66, 668; LG Hamburg MDR 71, 138 u 397). Hierwegen das Räumungsverfahren bis zur Erledigung des Widerspruchsstreits auszusetzen, hieße praktisch die Klage auf künftige Räumung nutzlos machen (so im Ergebnis Hoffmann ZMR 64, 97).

3 **2) Prozeßvoraussetzung** ist die **Besorgnis der Leistungsverweigerung.** Nicht ausreichend die Besorgnis der Vollstreckungsvereitelung (hier hilft nur Arrest), der künftigen Unmöglichkeit der Leistung oder der künftigen Zahlungsunfähigkeit des Schuldners (RG 90, 180). Der Schuldner muß subjektiv die Besorgnis begründet haben, er werde den Anspruch bei Fälligkeit nach Grund oder Höhe bestreiten (BGH 5, 342). Ankündigung der Aufrechnung ist kein Bestreiten idS (Karlsruhe HRR 36, 699), hier hilft nur neg Feststellungsklage bzgl Aufrechnungsforderung. Stillhalteversprechen des Gläubigers schließt, wenn nachträgl Besorgnis entsteht, § 259 nicht aus (RG 90, 180). Hat Kl Begründetheit der Besorgnis nicht bewiesen, ist Klage unzulässig. Auch hier aber Sachabweisung, wenn künftige Leistung nicht erweislich geschuldet. Die Besorgnis ist echte ProzVoraussetzung daher nur für das stattgebende Urteil (vgl ebenso § 256 Rn 7).

4 **3) Verfahren:** Zwangsvollstreckung: §§ 721 II, 726, 751. Der Schuldner ist mit späteren Einwendungen auf §§ 767, 766 angewiesen. Bei Anerkenntnis: Kostenlast des Schuldners, soweit Besorgnis bestand (§ 93; OLG 40, 373).

260 *[Klagenhäufung]*

Mehrere Ansprüche des Klägers gegen denselben Beklagten können, auch wenn sie auf verschiedenen Gründen beruhen, in einer Klage verbunden werden, wenn für sämtliche Ansprüche das Prozeßgericht zuständig und dieselbe Prozeßart zulässig ist.

1 **I) Anwendungsbereich: 1)** §§ 59 ff behandeln die subjektive, § 260 die objektive Klagenhäufung in einem Verfahren. Klagenhäufung liegt nur vor bei einer **Mehrheit von Streitgegenständen** (vgl Einl Rn 73 f u Rn 2 zu § 145), also nicht, wo ein einheitl Klagebegehren auf mehrfache rechtl Begründung gestützt wird, zB liegt keine Klagenhäufung vor, wo das Herausgabebegehren auf Eigentum und auf § 556 BGB gestützt wird (BGH 9, 26 = NJW 53, 663; BGH 8, 50; aM ThP Anm 1 b und BLH Anm 1 A, die hier bei einheitlichem Klageantrag, jedoch unterschiedlicher rechtlicher Begründung dieses Antrags entgegen BGH von mehreren iS § 260 gehäuften Streitgegenständen ausgehen; eine solche Häufung besteht aber nicht bereits bei der mehrfachen rechtlichen Begründung *eines* Anspruchs, sondern allenfalls bei einer mehrfachen rechtlichen *und tatsächlichen* Begründung eines Anspruchs, der also aus verschiedenen Lebenssachverhalten hergeleitet wird; hierzu Einl Rn 83). Ob der Kl die Ansprüche in versch Verfahren oder im Wege des § 260 verfolgt, steht in seinem Ermessen, auch wenn sich durch Klagenhäufung die Zuständigkeit des Gerichts (§ 5) ändert, die Rechtsmittelsumme erreicht wird (zum Streitwert s Hamburg MDR 71, 404; Speckmann MDR 71, 529) u sich die Kostenlast des Bekl dadurch erhöht (München NJW 65, 2407).

2 **2) Voraussetzung der Klagenhäufung** ist Identität der Parteien, Zulässigkeit der Verbindung der Ansprüche (unzulässig: §§ 578 II, 610 II, 633, 638, 640 c, 667, 679, 684, 686; vgl Rn 2 zu § 147), **Zuständigkeit des Gerichts** für alle Ansprüche und **Gleichheit der Prozeßart;** daher unzulässig, einen Anspruch primär im Wechselprozeß (§ 262) und hilfsweise im Urkundenprozeß (§ 592) oder gar im normalen Verfahren zu verfolgen (BGH MDR 82, 297/298; 82, 992). Fehlt bei Haupt- u Hilfsantrag (Rn 4) dem Gericht die Zuständigkeit nur für den Hilfsantrag (zB bei hilfsw Verbindung von Nichtfamilien- u Familiensache), so hat es nur und erst nach Abweisung des Hauptantrags die Sache zur Entscheidung über den Hilfsantrag an das für diesen zuständige Gericht zu verweisen (BGH NJW 80, 1283 = MDR 80, 565; NJW 81, 2418 = MDR 82, 43). Bei der Wider-Widerklage (Rn 1 zu § 253), einer besonderen Form der eventuellen Klagenhäufung, ergibt sich die gemeinsame Zuständigkeit aus § 33. Unzulässig die Verbindung einer Nichthandelssache mit einer bei der Kammer für Handelssachen anhängigen Sache (Ausnahme §§ 97–99 GVG, wenn

Gegner nicht widerspricht), die kumulative (= unbedingte) Verbindung einer Familiensache mit einer Nichtfamiliensache (BGH NJW 79, 426) oder die Verbindung des ordentl mit dem Urkundenprozeß. Ggf hat das Gericht abzutrennen (§ 145) oder zu verweisen (BGH NJW 56, 1358), nicht etwa als unzulässig abzuweisen. Zuständigkeit versch Spruchkörper desselben Gerichts (Geschäftsverteilung) verbietet Klagenhäufung dagegen nicht. Die notw Identität des Klägers fehlt, wo dieser teils eigene Ansprüche verfolgt, teils als Partei kraft Amtes auftritt; sie ist gegeben, wo der Kläger selbst teils aus eigenem, teils aus fremden Recht (Zession, Prozeßstandschaft) klagt (BGH MDR 60, 384).

II) Form der Klagenhäufung: 1) Sie ist als **ursprüngliche** oder **nachträgliche** (§ 261 II) möglich. Die Häufung kann **kumulativ** oder **eventuell** erfolgen (dann Haupt- u Hilfsantrag). Zu den Wirkungen der eventuellen Klagenhäufung: Merle ZZP 83, 436. In nachträgl Klagenhäufung liegt im Fall § 264 Nr 2 nur dann eine Klageänderung, wenn der ursprüngl Hauptantrag zum Hilfsantrag wird (BGH MDR 81, 1012), anderenfalls erfolgt nur eine nicht zustimmungsbedürftige Klageerweiterung (streitig! vgl R-Schwab § 100 I 2 b). 3

2) Zur Zulässigkeit von **Haupt- neben Hilfsantrag** s Rn 1 zu § 253; RG 58, 295; Merle ZZP 83, 436; hiervon unterscheide die (stets zulässige, vgl § 253 Rn 12) Haupt- und Hilfsbegründung eines auf demselben Klagegrund beruhenden identischen prozessualen Anspruchs. Der Hilfsantrag begründet auflösend bedingte Rechtshängigkeit des Hilfsanspruches in der Form, daß eine Sachentscheidung nur für den Fall der Erfolglosigkeit oder des Erfolges (RG 144, 73) des Hauptantrages begehrt wird (BGH 11, 195 = NJW 54, 757); die Unterbrechungswirkung des Hilfsantrages gem § 209 BGB endet ebenso wie dessen Rechtshängigkeit rückwirkend mit Eintritt der auflösenden Bedingung (RGZ 117, 112/114; BGHZ 21, 13/16 = NJW 56, 1478; BGH NJW 68, 692/693 = MDR 68, 401; 85, 132; Oehlers NJW 70, 1486/87; aM ohne Begr Celle NJW 65, 1486/87); jedoch kann die Unterbrechungswirkung gemäß § 212 II BGB durch neue Klage binnen 6 Monaten rückwirkend erhalten bleiben (BGH aaO; insoweit aM Oehlers aaO). – Zulässig ist nachträgl Hilfsantrag in der Berufungsinstanz (BGH FamRZ 79, 573 m Anm Baumgärtl FamRZ 79, 791 zum Fall der nachträgl Eventualverbindung der Abwehrklage § 767 mit der Abänderungsklage § 323); in diesem Fall genügt es, daß einer der beiden Ansprüche die Berufungssumme erreicht (KO OLGZ 79, 348; vgl auch § 511 a Rn 20). Über das Verhältnis der Anträge als Haupt- bzw Hilfsantrag bestimmt allein der Kläger, das Gericht darf nicht umtauschen (BGH NJW 57, 575; RG 144, 73). Beide Anträge dürfen sich, ohne daß darin bereits ein Verstoß gegen die Wahrheitspflicht zu erblicken wäre, in der Begründung widersprechen (BGH 19, 390; RG 144, 71) oder gegenseitig ausschließen (KG NJW 66, 2167). Das Gericht darf über den für den Fall der Erfolglosigkeit des Hauptantrages gestellten Hilfsantrag nur u erst dann entscheiden, wenn der Hauptantrag (evtl durch Teilurteil BGHZ 56, 9 = NJW 71, 1316; Bähr JR 71, 331) abgewiesen wird (BGH 22, 276; LM § 300 ZPO Nr 1; RG 152, 296). Daher unzulässig, in einem Urteil den Haupt- und Hilfsantrag dem Grunde nach (§ 304) für gerechtfertigt zu erklären, BGH MDR 75, 1007; NJW 69, 2241. Ist der Hauptantrag begründet, ergeht hierüber Endurteil, die Rechtshängigkeit des Hilfsantrages entfällt ohne Ausspruch hierüber, wenn der Hilfsantrag nur für den Fall der Abweisung des Hauptantrags gestellt war. Ist der Hauptantrag unbegründet, ist das im Urteilstenor auszusprechen (RG 152, 296). Der Kläger ist dann beschwert, selbst wenn der höherwertige Hilfsantrag Erfolg hat (BGH 26, 295 = NJW 58, 631; BGH NJW 64, 772); legt er Berufung ein, so ist nur der Hauptantrag im Berufungsverfahren anhängig, falls nicht der Bekl Anschlußberufung einlegt. Legt der Bekl wegen Verurteilung nach dem Hilfsantrag Berufung ein, so fällt, falls nicht der Kläger Anschlußberufung einlegt, der abgew Hauptantrag dem Berufungsgericht nicht an: BGH NJW 64, 772. Legt dagegen der Bekl Berufung gegen die Verurteilung nach dem Hauptantrag ein, so ist (ohne Anschlußberufung des Kl) auch der Hilfsantrag Gegenstand des Berufungsverfahrens (BGH NJW 52, 184; RG 77, 120; 105, 242; vgl § 537 Rn 10). Über **Eventualwiderklage** s Rn 1 zu § 253 und Rn 26 zu § 33. 4

3) Alternative Klagenhäufung liegt vor bei Antrag auf Verurteilung z Erfüllung einer Wahlschuld (§ 262 BGB); hierüber u über die Möglichkeit neben dem Erfüllungsanspruch vorsorglich zugleich den Anspruch auf das Erfüllungsinteresse für den Fall der Nichtdurchsetzbarkeit des Erfüllungsanspruches geltend zu machen s Rn 16 zu § 253, Rn 3 zu § 255 und Rn 9 zu § 510 b. Im übrigen ist alternative Klagenhäufung unzulässig. Nicht zu verwechseln damit die alternative Häufung des Klagegrundes (s § 253 Rn 12), vgl Einl Rn 74. 5

III) Verfahren: Bei **kumulativer Klagenhäufung** ist grunds über alle Anträge gleichzeitig zu verhandeln u zu entscheiden. Abgesonderte Verhandlung (§ 146) u Teilurteil (§ 301) sind zulässig, oft sachdienlich, ebenso Abtrennung (§ 145) einzelner Ansprüche. Bei **eventueller Klagenhäufung** ist (ohne Anordnung gem § 146) zunächst über den Hauptanspruch bis zu dessen Entscheidungsreife zu verhandeln; Verhandlung auch über den Hilfsanspruch ist aber nicht ausgeschlos- 6 sen (vgl entspr § 146), wenn beide Ansprüche absehbar entscheidungsreif sind. Abtrennung des Hilfsanspruches (§ 145) ist unzulässig, weil sonst das Ergebnis des abgetrennten Verfahrens von einer außerprozessualen Bedingung abhinge. Wegen Teilurteil über Hauptantrag und wegen Rechtsmittel s Rn 4. Ist wegen Unzuständigkeit des Gerichts für den Hauptanspruch zu verweisen (zB gem § 81 BVerwGG; BGH NJW 56, 1358), dann sind Haupt- *und* Hilfsantrag zu verweisen. Dagegen kommt bei Unzuständigkeit des Gerichts allein für den Hilfsantrag eine Verweisung insoweit erst nach abweisender Entscheidung über den Hauptantrag in Betracht (BGH NJW 80, 1283).

7 **Streitwert:** § 5 ZPO, § 19 IV GKG; hierzu § 3 Rn 16 „Eventual- und Hauptantrag." Bei Klage und Hilfswiderklage erfolgt Kumulation der Werte nur, wenn der Eventualfall, für den Widerklage erhoben ist, eintritt, BGH Rpfleger 72; 363; Schumann NJW 82, 2801. Wegen der **Kosten** siehe Tschischgale NJW 62, 2134 ff. Ist der Hauptantrag abgewiesen, der Hilfsantrag jedoch begründet, so sind dem Kläger Kosten nur dann u nur insoweit aufzuerlegen, als der Hauptantrag (zB wenn nur über ihn Beweis erhoben wurde) besondere Kosten verursacht hat (§ 96) oder sein Streitwert höher ist als derj des Hilfsantrages (dann § 92: BGH NJW 62, 915). Dieses der herrsch Rspr entsprechende Ergebnis befriedigt wenig, denn das Risiko seines Hauptantrages sollte auch im Kostenpunkt der Kläger tragen u nicht auf dem Umweg über eine den Tatsachen widersprechende Streitwert- u Kostenberechnung der Beklagte (vgl Dunz NJW 62, 1225; Schneider MDR 70, 280).

8 Bei objektiver Klagenhäufung ist, wenn nur einer der Klageansprüche gesetzliche **Feriensache** ist (§ 200 II GVG), das gesamte Verfahren Nicht-Feriensache (Nürnberg MDR 81, 593), sofern der Zulässigkeit einer solchen Verbindung nicht bereits die unterschiedliche Prozeßart (s Rn 2) entgegensteht.

9 **IV) Gebühren: 1)** des **Gerichts:** Für die Gebührenberechnung werden die Streitwerte der einzelnen prozessualen Ansprüche zusammengerechnet, und zwar auch für eine nachträgl objektive Klagehäufung, wenn sich durch sie der Streitwert erhöht. Die Gebühr für das Verfahren im allg (KV Nr 1010) bemißt sich –gleichviel, ob die mehreren Ansprüche mit der eingereichten Klage nebeneinander oder später nacheinander geltend gemacht werden – immer nach der Summe dieser Ansprüche. Im Falle einer Klageerweiterung ist vor Zahlung der erforderten allg Verfahrensgebühr keine gerichtl Handlung vorzunehmen (§ 65 Abs 1 Satz 3 GKG), was nur zuungunsten des Klägers gilt (Hartmann, KostGes GKG § 65 Anm 2 D). Der gebührenrechtl Begriff der Klageerweiterung iS des § 65 Abs 1 Satz 3 GKG ist sehr weit zu fassen. Er umfaßt neben der Klagenhäufung (§ 260) auch die Erweiterung der Klageanträge (§ 264 Nr 2) und die qualitative Änderung des Klageantrags, zB Übergang von der Feststellungs- zur Leistungsklage, Erhebung einer Zwischenfeststellungsklage (§ 256 Abs 2), Klage auf Zahlung statt auf Rechnungslegung usw. Tritt in diesen Fällen durch die neue Antragstellung eine Werterhöhung ein, so ist die allg Verfahrensgebühr neu zu berechnen, wobei die schon erhobene allg Verfahrensgebühr anzurechnen ist (vgl § 27 GKG). Der dadurch entstehende Differenzbetrag ist vom Kläger vorauszuzahlen (§ 65 Abs 1 Satz 3 GKG), und zwar mit dem Eingang des die Klageerweiterung (im weitesten Sinne) enthaltenden Schriftsatzes bei Gericht (§ 61 GKG) oder mit der Geltendmachung (Antragstellung) in der mündl Verhandlung. Allein ist maßgebend, ob sich eine neue Antragstellung auf die Höhe des Streitwerts auswirkt (s zu allem Drischler/Oestreich/Heun/Haupt, GKG Teil VII § 65 Rdnr 20 und KV Nr 1010 Rdnr 14 sowie KV Nr 1012 Rdnr 7 für den Fall der Rücknahme einer Klageerweiterung). – Kommt der Kläger seiner Vorauszahlungspflicht hinsichtl der Klageerweiterung nicht nach, so wird der Klageerweiterungsschriftsatz durch den UdG nicht zugestellt. Jede Erhöhung des Streitwerts durch einen Hilfsantrag des Klägers macht letzteren insoweit zum Antragsteller der Instanz (§ 49 GKG). Betreffen Klage und Widerklage denselben Streitgegenstand, so wirkt sich letztere auf die Höhe der Verfahrensgebühr nicht aus, da die Gebühr nach § 19 Abs 1 S 1 GKG nach dem einfachen Wert des Streitgegenstandes zu berechnen ist.

2) des **Anwalts:** Die Prozeßgebühr (§ 31 Abs 1 Nr 1 BRAGO) des RA bemißt sich bei objektiver Klagenhäufung (§ 260), aber auch bei jeder Klageerweiterung, die eine Streitwerterhöhung zur Folge hat (s oben unter Ziff 1), nach dem gerichtl Gebührenstreitwert (§§ 8, 9 BRAGO), sofern die anwaltl und gerichtl Tätigkeit denselben Gegenstand betreffen. Anderenfalls muß der Wert des Gegenstandes der anwaltl Tätigkeit besonders festgesetzt werden (§ 10 Abs 1 BRAGO; vgl Riedel/Sußbauer, BRAGO § 10 Rn 2 f, § 9 Rn 14 f). Die Höhe der anwaltl Beweisgebühr wird durch eine Erhöhung des Streitwerts infolge einer nachträgl Klageerweiterung nicht mehr beeinflußt, wenn die Beweisaufnahme vorher bereits abgeschlossen ist (KG JurBüro 70, 246 mit zust Anm Schneider = MDR 70, 518 = Rpfleger 70, 105). Tritt dagegen die Streitwerterhöhung zwischen Anordnung und Durchführung der Beweisaufnahme ein, so ist der höhere Wert maßgebend (München AnwBl 64, 79 = JurBüro 64, 119). Für den Anfall der Beweisgebühr ist jedoch Voraussetzung, daß sich die Tätigkeit des RA auf den höheren Wert erstreckt hat. Dies ist nicht der Fall, wenn über den klageerweiternden Antrag erst nach Beendigung der Beweiserhebung verhandelt wird (Bamberg JurBüro 77, 960 mit zust Anm Mümmler; aM Lappe, KoRspr BRAGO § 31 Ziff 3 Nr 3 Anm [Köln]).

261 *[Rechtshängigkeit]*

(1) Durch die Erhebung der Klage wird die Rechtshängigkeit der Streitsache begründet.

(2) Die Rechtshängigkeit eines erst im Laufe des Prozesses erhobenen Anspruchs tritt mit dem Zeitpunkt ein, in dem der Anspruch in der mündlichen Verhandlung geltend gemacht oder ein den Erfordernissen des § 253 Abs. 2 Nr. 2 entsprechender Schriftsatz zugestellt wird.

(3) Die Rechtshängigkeit hat folgende Wirkungen:

1. **während der Dauer der Rechtshängigkeit kann die Streitsache von keiner Partei anderweitig anhängig gemacht werden;**
2. **die Zulässigkeit des beschrittenen Rechtsweges und die Zuständigkeit des Prozeßgerichts werden durch eine Veränderung der sie begründenden Umstände nicht berührt.**

Lit: *Bettermann*, Rechtshängigkeit u Rechtsschutzform, 1949; *Kleinfeller*, Das Wesen der Rechtshängigkeit, ZZP 55, 193 u 56, 129; *R-Schwab* ZPR § 101; wegen ausländ Rechtshängigkeit s unten Rn 3.

I) Begriff der Rechtshängigkeit: Ein materiell-rechtl Anspruch (§ 241 BGB), ein Rechtsverhält- 1
nis (§ 256) oder (bei Gestaltungsklagen) ein mat Recht ist rechtshängig, solange hierüber ein kontradiktatorisches Verfahren vor einem Gericht durchgeführt wird. Das Institut der Rechtshängigkeit soll den ungestörten Ablauf des Verfahrens sichern, einen der Würde der Rechtspflege abträglichen Wettlauf um die frühere Entscheidung verhüten u die Voraussetzungen für die Endgültigkeit einer rechtskräftigen Entscheidung schaffen (München NJW 64, 980). Wegen des Unterschieds zwischen Rechtshängigkeit u **Anhängigkeit** s Rn 4 zu § 253 u RG 135, 122.

II) Eintritt u Dauer der Rechtshängigkeit: 1) Die Rechtshängigkeit beginnt grundsätzl (= 2
Abs I; Ausnahme Abs II = Rn 6) mit der **Erhebung einer Klage** (§ 253 I, also erst mit Zustellung der Klage an den Gegner und nicht bereits mit Einreichung der Klage bei Gericht, LG Stuttgart JZ 68, 706 mit einschränk Anm Grunsky). Ohne wirksame Klagezustellung gibt es keine Erledigung der Hauptsache (BGH NJW 82, 1598; streitig! vgl § 91 a Rn 17), keine Kostenfolge der Klagerücknahme gemäß § 269 III (s dort Rn 8) und ist ein gegen den „Beklagten" ergehendes VersUrteil zwar nicht wirkungslos (kein Scheinurteil iS der Rn 13 vor § 300; zur Problematik vgl LG Tübingen MDR 82, 676; Rosenberg/Schwab ZPR § 61), jedoch auch mit der Nichtigkeitsklage (§ 579 I 4) angreifbar. Über die versch Formen der Klageerhebung s Rn 4, 5 ff zu § 253. Zur Begründung und verfahrensmäßigen Behandlung von Sachanträgen in einem gemäß § 283 nachgereichten Schriftsatz s § 283 Rn 5. Das Mahnverfahren begründet (rückwirkend) Rechtshängigkeit erst bei alsbaldiger (BGH NJW 75, 929; 79, 1709) Abgabe an das zuständige Prozeßgericht (§ 696 III; Waldner MDR 81, 502) oder Erlaß des Vollstreckungsbescheids (§ 700 II); bei verzögerter Abgabe an das Prozeßgericht dagegen Rechtshängigkeit ex nunc erst mit Bekanntgabe der Annahme der Sache durch das Prozeßgericht an die Parteien (§ 697 I–III; Köln MDR 85, 680). Wegen Rechtshängigkeit bei gleichz Klage mit Gesuch um Prozeßkostenhilfe s § 253 Rn 5; Koblenz NJW 60, 536; Düsseldorf MDR 61, 237. Gesuch um Arrest oder einstw Vfg begründet (hier ohne notw Zustellung an den Gegner, Hamburg MDR 66, 931; Teplitzky DRiZ 82, 42) Rechtshängigkeit nur für den Arrest- bzw Verfügungsanspruch als solchen, nicht für den Hauptsachenanspruch des § 926. Wegen der Rechtshängigkeit bei Haupt- u Hilfsantrag s Rn 4 zu § 260, bei Stufenklage s Rn 1 zu § 254, bei Feststellungsklage s Rn 17 zu § 256. Ob die Klage begründet oder zulässig ist, bleibt gleich, solange eine Klage nur formell ordnungsgemäß (Rn 5, 22 zu § 253) erhoben ist (BGH NJW 67, 2304). Zur **Heilung von Zustellungsmängeln** und deren Auswirkung auf die Rechtshängigkeit s § 176 Rn 17, § 295 Rn 7.

Die Klage muß **vor einem Gericht** erhoben sein. Gericht ist hier jedes staatliche Gericht (s 3
aber unten Rn 6), **auch ein ausländisches Gericht,** soweit dessen Verfahrensart dem deutschen ordre public entspricht (BGH 20, 323 = NJW 56, 1436; Düsseldorf MDR 60, 766) **und** soweit das ausländische Urteil in Deutschland Wirkung äußern kann (IZPR Rn 182–197; RGZ 49, 344; BGH NJW 61, 124; Karlsruhe Justiz 70, 155; München NJW 72, 2186; Geimer NJW 84, 527; Habscheid RabelsZ 67, 254 u Festschrift für Lange 1970 S 429; Meyer MDR 72, 110; Schumann, Festschrift für Kralik 1986 S 301/308 ff; einschränkend Schütze NJW 63, 1486 u 64, 337 sowie in RabelsZ 67, 233). Im Geltungsbereich des EWG-Übereinkommen v 27. 9. 68 gelten Art 21–23 des Vertrags (Frankfurt FamRZ 75, 632; VersR 75, 647; Geimer NJW 76, 441; Samtleben NJW 74, 1590); zum Begriff der Rechtshängigkeit im Ausland iS Art 21 des EuGVÜ EuGH NJW 84, 2799 und Geimer NJW 84, 527. Die **Rechtshängigkeit** einer Sache **in der DDR** ist Prozeßhindernis, wenn mit einer Anerkennung der DDR-Entscheidung in der Bundesrepublik zu rechnen ist (IZPR Rn 188–197; Köln MDR 62, 54; München und Düsseldorf MDR 60, 766; zur Anerkennungsfähigkeit von DDR-Urteilen s § 328 Rn 286 f). Die „Rechtshängigkeit" der Sache bei einem ausländischen Gericht ist nach dessen lex fori zu beurteilen (BGH NJW 86, 662). – Das **schiedsgerichtliche Verfahren** begründet, weil nicht von Amts wegen zu beachten, keine Rechtshängigkeit (BGH NJW 58, 950). Dagegen wirkt die Rechtshängigkeit vor einem besonderen Gericht über dessen Zuständigkeit hinaus (zB Arbeits- u Sozialgericht, BAG NJW 59, 310).

4 Keine Rechtshängigkeit begründet die Anmeldung einer Forderung z Konkurstabelle oder die **Aufrechnung** des Bekl im Prozeß (Rn 18 zu § 145). Die Gegenmeinung von Schwab (R-Schwab ZPR § 106 IV 2) leitet Rechtshängigkeit der Gegenforderung aus § 322 II her. Anders mit Recht die hM (BGH NJW 72, 450; StJP § 302 Anm IV 4; TP § 145 Anm II 5c), denn warum sollte der Bekl mat-rechtl gehindert sein, mit einer bereits rechtshängigen Gegenforderung aufzurechnen oder diese für den Fall ihres Nichtverbrauchs bei der Hilfsaufrechnung z Gegenstand einer (Wider-)Klage zu machen (BGH NJW 61, 1862). Der Divergenzgefahr zweier Entscheidungen über dieselbe (Gegen-)Forderung kann, ohne daß es auf Rechtshängigkeit ankommt, gem §§ 147, 148 abgeholfen werden. Der Annahme einer Rechtshängigkeit der Gegenforderung mit allen ihren mat-rechtl Konsequenzen (§ 262) bedarf es hierfür nicht (vgl § 145 Rn 18).

5 Der **Wechsel- oder Scheckprozeß** begründet Rechtshängigkeit nur für den Anspruch aus der Urkunde, nicht für den Anspruch aus dem Grundgeschäft (Karlsruhe NJW 60, 1955); anders beim sonstigen Urkundenprozeß, der sich nur i der Verfahrensart, nicht im Gegenstand vom ordentlichen Verfahren unterscheidet.

6 2) Beginn der **Rechtshängigkeit nach Klageerhebung (Abs II),** also ex nunc, bei nachträgl Klageerweiterung (§§ 260, 264 Nr 2 u 3), Klageänderung (§ 263; so für subj Klageänderung Frankfurt JurBüro 80, 142), Zwischenfeststellungsklage (§ 256 II), Widerklage (§ 33) u auch bei Anschlußberufung (§ 521). In allen diesen Fällen tritt Rechtshängigkeit ein entw durch Zustellung eines Schriftsatzes an den Gegner (Zustellung von Anwalt zu Anwalt § 198 genügt, § 198 Rn 3, § 253 Rn 4, BGHZ 17, 234) oder durch Antragstellung i Termin (§ 297). Abs II gilt nicht bei nachträgl Aufrechnung (s Rn 4). **Sonderregelung** für früheren Eintritt der Rechtshängigkeit §§ 302 IV 4, 600 II, 717 III 4 sowie gemäß § 404 II StPO, §§ 81 I, 90 I VerwGO, §§ 90, 94 I SGG, §§ 64 I, 66 I FGO (zur Unwirksamkeit der Erschleichung der Rechtshängigkeit vor Klagezustellung durch Zivilklage zum unzuständigen Verwaltungsgericht Schneider MDR 86, 459). Zur Behandlung von geänderten, insbesondere erweiterten, Klageanträgen in einem gemäß § 283 nachgereichten Schriftsatz s § 283 Rn 5.

7 3) Die **Rechtshängigkeit endet** mit der formell rechtskräftigen Entscheidung, hinsichtlich des ursprünglichen Streitgegenstands mit der Zulassung der Klageänderung (§ 263 Rn 5), mit der Klagerücknahme (§ 269), mit der beiderseitigen Erledigterklärung (§ 91 a), mit dem Ablauf der Frist des § 321 hinsichtl eines übergangenen Anspruchs und mit form Rechtskraft eines Prozeßvergleichs (BGH NJW 59, 532), auch wenn dieser inhaltl Mängel hat. Betreibt e Partei unter Berufung auf Mängel des Vergleichs das Verf weiter (BGH 28, 171), lebt die Rechtshängigkeit mit Terminsbestimmung wieder auf. **Kein Ende** der Rechtshängigkeit: bei Vorbehaltsurteil (§§ 302, 599), Verweisung an anderes Gericht (§ 281, 506), Aussetzung oder Unterbrechung des Verf, bloß außergerichtl Vergleich oder Verzicht.

8 **III) Wirkung der Rechtshängigkeit:** Wegen der materiell-rechtl Wirkungen s § 262 u Rn 26 vor § 253. Prozessuale Wirkungen sind (außer den in §§ 263–266, 302 IV, 600 II, 717 II u III genannten): **1) Prozeßhindernis** (Abs III 1) für erneute Klage zwischen den gleichen Parteien über den gleichen Streitgegenstand. **Identität der Parteien** besteht, soweit die subj Rechtskraft reichen kann (§§ 325 bis 327; RG 52, 260). Entgegen RG 49, 344 keine Identität zwischen der bekl OHG (anders bei OHG als Kläger!) und ihrem bekl Gesellschafter (wegen § 129 IV HGB), doch ist hier wegen der Rechtskraftwirkung (RG 102, 303) Aussetzung gem § 148 geboten.

9 **Identität des Streitgegenstands:** Wegen Streitgegenstand s Einl Rn 60 ff. Nicht ausreichend ist die Identität bloßer Vorfragen, selbst wenn deren Beantwortung im Erstprozeß für den Zweitprozeß verbindlich ist (BGH NJW 64, 1318). Daher keine Identität zw Anspruch auf Herausgabe u Räumung eines Grundstücks u dem Anspruch auf Beseitigung eines v Schuldner dort errichteten Hauses (BGH 28, 153 = NJW 58, 1969), ebenso zwischen Anspruch aus Wechsel u Anspruch aus Grundgeschäft (Karlsruhe NJW 60, 1955; s aber § 262 Rn 3 wegen Verjährungsunterbrechung). Identisch aber der einerseits im Wechselprozeß andererseits im ordentl Verf erhobene Anspruch aus dem Wechsel (RG 160, 345). Nicht identisch die Klage aus dem Wechsel u die Klage auf Herausgabe des Wechsels (RG 50, 419). Identisch ist der Streitgegenstand der negativen Feststellungsklage mit dem Streitgegenstand der Leistungsklage des Gläubigers (BGH NJW 75, 1320; vgl hierzu § 256 Rn 17); daher ist nach neg Feststellungsklage die Leistungsklage nur in demselben Verfahren als Widerklage zulässig, nicht jedoch als Klage in einem gesonderten Verfahren (streitig! hierzu Baltzer, Die negative Feststellungsklage, 1980; Schwab, Festschrift für Bruns 1980 S 196; BGH NJW 73, 1500; BGHZ 4, 314; 7, 271; 33, 398).

10 **Trotz Identität kein Prozeßhindernis,** wenn dem Erstprozeß ein Hindernis entgegensteht, welches ein Urteil in absehbarer Zeit nicht erwarten läßt (BGH NJW 61, 124), zB das trotz Anerkennungsfähigkeit der zu erwartenden ausländischen Entscheidung unzumutbar verschleppte italienische Scheidungsverfahren (selbst wenn das der dortigen Verfahrensordnung entspricht)

gegenüber dem deutschen Scheidungsantrag (BGH NJW 83, 1269 = MDR 83, 565; Geimer NJW 84, 529; kritisch hierzu Schumann IPRax 86, 14/15; Luther IPRax 84, 141), ebenso das nicht erledigte Verfahren eines deutschen Gerichts in Schlesien (BGH 4, 314 = NJW 52, 705). Teilklage (§ 253 Rn 13) begründet selbst bei Zwischenurteil über den Anspruchsgrund (insofern Identität) keine Rechtshängigkeit der Restforderung; das ergibt sich aus dem Begriff des antragsbedingten Streitgegenstands (Einl Rn 65).

Das ProzHindernis der Rechtshängigkeit ist **von Amts wegen zu beachten** (RG 160, 345). 11
Erhebt Kläger zwei identische Klagen gleichzeitig, sind beide unzulässig. Streitig, welches von zwei versehentlich ergangenen Urteilen über die gleiche Sache wirksam ist: nach RG 52, 216 das spätere, nach BGH NJW 81, 1517; BLH Anm 5 B das frühere. Richtig wohl, hier (vgl § 580 Nr 7 a) eine klärende Gestaltungsklage zuzulassen (so R-Schwab § 101 III 1 d; Gaul Festschrift für Weber 1975 S 149), die das spätere Urteil wegen der res iudicata aufhebt. Diese Klage ist im Verfahren des § 580 Nr 7 a oder von der im Vorprozeß unterlegenen Partei im Verfahren des § 767 zu erheben. Die im späteren Verfahren übersehene Rechtshängigkeit derselben Sache im früheren Verfahren wird aber zum Prozeßhindernis für das letztere, wenn im späteren Verfahren bereits entschieden wurde (BGH NJW 83, 515).

2) Fortdauer der Zuständigkeit (Abs III 2) aus Gründen der Prozeßökonomie (perpetuatio 12
fori): gilt für örtliche u sachl Zuständigkeit, ebenso für Verfahrenszuständigkeit u Rechtswegzulässigkeit (Grunsky, Grundlagen des Verfahrensrechts § 37; Schefold NJW 73, 118/122), auch bei Zuständigkeitsänderung durch späteres Gesetz (RG 103, 103; 151, 105); jedoch anwendbar nur auf Zuständigkeitswechsel zwischen verschiedenen Gerichten, nicht auch zwischen Abteilungen desselben Gerichts (BGH NJW 81, 2464; Koblenz NJW 77, 1736). Auch durch nachträgl Parteivereinbarung (§ 38) kann dem Gericht die ursprüngl Zuständigkeit nicht mehr genommen werden (BGH NJW 53, 1140; 63, 585; LM § 263 Nr 10, § 36 Ziff 6 Nr 1; Köln NJW 62, 540; München OLGZ 1, 190; Traub NJW 63, 843; abw LG Siegen NJW 64, 872). Voraussetzung auch hier Identität des Streitgegenstands. Daher Verweisung zulässig bei nachträglicher Klageänderung (BGH NJW 62, 1819; nicht bei bloßer Änderung der Begründung BGH NJW 64, 46) und im Fall des § 506. Ermäßigung der Klage (§ 264 Nr 2) ändert die Zuständigkeit nie. Abs III 2 gilt auch für die internat Zuständigkeit (BayObLG NJW 66, 2276; RG 150, 374; 151, 105). Ein ursprüngl unzuständiges Gericht kann aber nachträglich zuständig werden; so auch durch Zuständigkeitsvereinbarung (§ 38, BGH NJW 76, 626) oder rügelose Einlassung (§ 39), denn der Normzweck der perpetuatio fori bewahrt nur die Zuständigkeit, nicht auch die Unzuständigkeit des angerufenen Gerichts. Daher kann auch ein ursprünglich begründeter Verweisungsantrag unbegründet werden, wenn durch eine Veränderung der zuständigkeitsbegründenden Umstände das angerufene Gericht zuständig wird, bevor es die Verweisung (§ 281) beschlossen hat (so zB bei Wohnsitzwechsel des Beklagten in den Bezirk des angerufenen Gerichts).

Die Fortdauer der Verfahrenszuständigkeit u Rechtswegzulässigkeit steht einer gesetzlichen 13
Neuregelung der Rechtsmittelzuständigkeit nicht entgegen; so für die durch das 1. EheRG v 14. 6. 76 ex nunc geänderte Rechtsmittelzuständigkeit in Familiensachen BGH NJW 78, 889.

IV) Gebühren u. Auslagen: 1) des **Gerichts:** Für die Zustellung keine Gebühr (§ 1 Abs 1 GKG); hinsichtl der Zustel- 14
lungsauslagen s Rn 5 zu § 193 und Rn 3 zu § 196. – **2)** des **Anwalts:** Die Zustellung von Anwalt zu Anwalt (§ 198) – s oben Rn 6 – gehört zum Rechtszug (§ 37 Nr 7 BRAGO).

261 a, 261 b

(§ 261 a jetzt § 274, § 261 b jetzt § 270 durch die Vereinfachungsnovelle v 3. 12. 1976, BGBl I 3281).

262

[Materiell-rechtliche Wirkungen der Rechtshängigkeit]

Die Vorschrift des bürgerlichen Rechts über die sonstigen Wirkungen der Rechtshängigkeit bleiben unberührt. Diese Wirkungen sowie alle Wirkungen, die durch die Vorschriften des bürgerlichen Rechts an die Anstellung, Mitteilung oder gerichtliche Anmeldung der Klage, an die Ladung oder Einlassung des Beklagten geknüpft werden, treten unbeschadet der Vorschrift des § 207 mit der Erhebung der Klage ein.

1) Wegen der **prozessualen Wirkungen** der Rechtshängigkeit s Rn 8 ff zu § 261 wegen Auswir- 1
kung von Mängeln der Klageschrift Rn 22 zu § 253.

2) Die **mat-rechtl Wirkungen** der Rechtshängigkeit (vgl Rn 26 vor § 253) ergeben sich aus 2
§§ 209, 210, 212 a, 213, 284, 291, 292, 347, 407, 428, 528, 683, 801, 804, 847, 864, 941, 977, 987, 989, 991,

994 II, 996, 1002, 1188, 1300, 1344, 1412, 1418 III, 1431 III, 1449 II, 1456 III, 1470 II, 1587 II, 1613, 1933, 1965, 2023, 2077, 2360 BGB; Art 152 EGBGB; §§ 140, 372, 433, 440, 469, 623 HGB.

3 **Unterbrechung der Verjährung** (§ 209 BGB): bei Teilklage nur soweit eingeklagt (RG 70, 132; 77, 213; 93, 158), bei Feststellungsklage hinsichtl des gesamten Anspruchs, soweit unbeziffert (BGH MDR 74, 1000; RG 75, 302), bei Haupt- u Hilfsantrag auch hinsichtl des Hilfsantrages (§ 260 Rn 4; dort auch zur Wirkung der auflösend bedingten Rechtshängigkeit auf die Verjährungsunterbrechung), bei unsubstantiierter Teilklage aus mehreren Einzelansprüchen hinsichtl aller Ansprüche bis zur Höhe des Klageantrages (BGH NJW 67, 2210; 59, 1819); die Verjährungsunterbrechung der unsubstantiierten und daher unschlüssigen (§ 253 Rn 15) Teilklage entfällt aber rückwirkend mit der rechtskräftigen Abweisung dieser Klage, wenn die notw Abgrenzung der Einzelforderungen vor dem Urteil nicht nachgeholt und damit erst der Umfang der Rechtskraftwirkung des Urteils bestimmbar gemacht worden war (BGH MDR 85, 132). Keine Unterbrechung der Verjährung durch negat Feststellungsklage (KG NJW 61, 33; Bestreiten durch Bekl genügt entgegen Schleswig NJW 76, 970 nicht: BGH 72, 23 = MDR 78, 830; Gürich MDR 80, 359) oder durch Antrag auf Arrest oder einstw Verfügung (RG 13, 363). Mahnbescheid unterbricht, selbst bei summarischer Bezeichnung des Klageanspruchs (BGH NJW 67, 2354), Verjährung mit Zustellung (§ 693), obwohl Rechtshängigkeit (rückwirkend, vgl § 261 Rn 2) erst später eintritt. Bei (Eventual-)Aufrechnung ist die Verjährung der Forderung bis zur rechtskräftigen Entscheidung über die Klageforderung im Betragsverfahren unterbrochen (§ 209 II 3 BGB; BGH MDR 81, 44). Klage aus Wechsel (§ 592) unterbricht Verjährung auch für das Grundgeschäft des Wechsels (Schaaf NJW 86, 1029), obwohl Streitgegenstand ein anderer ist (§ 261 Rn 9).

4 **3) Zeitpunkt des Wirkungseintritts:** grundsätzlich mit Zustellung der Klageschrift (§§ 261, 253 I), bei nachgeschobenen Ansprüchen mit deren Geltendmachung i Termin (§ 261 II). Ausnahmsweise Rückwirkung bei §§ 207, 270 III, 693 II (keine Rückwirkung aber, soweit Rechtshängigkeit nicht nur rechtserhaltende, sondern rechtsverstärkende oder rechtsvermehrende Wirkung hat, s § 270 Rn 12). Keine Rückwirkung auf den Zeitpunkt der Klageerhebung, wenn zunächst aus (behauptetem) eigenen Recht geklagt und später, weil Aktivlegitimation bestr, ein fremdes Recht in Prozeßstandschaft verfolgt wird, denn darin liegt nachträgl Änderung des Streitgegenstands (§ 263 Rn 7; vgl BGH NJW 72, 1580). – Zur (grds zu verneinenden) Vorverlegung der Rechtshängigkeitswirkung gem § 847 BGB (Übertragbarkeit des Anspruchs) s BGH NJW 84, 2348; 77, 1149; 76, 1890; Stuttgart NJW 75, 1468; Köln NJW 76, 1213 m Anm Behr; Schneider MDR 86, 459.

263 *[Klageänderung]*

Nach dem Eintritt der Rechtshängigkeit ist eine Änderung der Klage zulässig, wenn der Beklagte einwilligt oder das Gericht sie für sachdienlich erachtet.

Lit: *Baumgärtel*, Die Kriterien zur Abgrenzung von Parteiberichtigung u Parteiwechsel, Festschrift für Schnorr von Carolsfeld 1973, S 19; *ders* JurBüro 73, 169; *Blomeyer*, Die Klageänderung u ihre proz Behandlung, JuS 70, 123 u 229; *Franz*, Zur Behandlung des gewillkürten Parteiwechsels i Prozeß, NJW 72, 1743; *Gross*, Klageänderung u Klagerücknahme, ZZP 75, 93 u 447; 76, 200; *Rosenberg*, Die gewillkürte Parteiänderung i Zivilprozeß, ZZP 70, 6; *R-Schwab* ZPR § 102; *Wach*, Zur Lehre der Klageänderung, Gruch Beitr 1886, 769; *Walther*, Klageänderung u -rücknahme, 1969.

1 **I) Begriff der Klageänderung.** § 263 ist, indem er die Klageänderung von der Einwilligung des Bekl oder einer gerichtl Prüfung ihrer Sachdienlichkeit abhängig macht, Schutzvorschrift zugunsten des Beklagten, in dessen Rechtsschutzanspruch (hierzu Einl Rn 49 ff) eingegriffen wird, wenn er in einem bereits rechtshängigen Verfahren genötigt wird, sich gegen einen geänderten Angriff zu verteidigen und auf eine Entscheidung über den ursprüngl Anspruch des Kl zu verzichten. Dieser Schutzzweck der Norm gibt den wesentlichsten Hinweis auf ihren Anwendungsbereich u damit auf die (im Gesetz fehlende) Definition der Klageänderung als eines prozessualen Vorgangs, der „nach Eintritt der Rechtshängigkeit", also in einem bereits anhängigen Verfahren eintritt. Damit ist die Klageänderung abgegrenzt gegenüber den Vorschriften über die ursprüngliche subjektive (§§ 59, 60) und objektive (§ 260) Klagenhäufung sowie über die prozeßbeendende Erledigung eines ursprüngl prozessualen Anspruchs (§§ 269, 91 a). Schließlich ist typisches Merkmal der Klageänderung, daß iS einer Fortsetzung des ursprünglichen, lediglich geänderten Rechtsstreits die Prozeßsubstanz des ursprünglichen Verfahrens auf den neuen Anspruch des Kl übernommen wird, daß also frühere Prozeßhandlungen des Gerichts (Zwischenentscheidungen, Beweiserhebungen usw) und der Parteien (zB Geständnisse, Anerkennt-

nisse, Verzichte, Beweisantritte) unter Aufrechterhaltung der perpetuatio fori wirksam bleiben, soweit sie einen Bezug auch zu der geänderten Klage haben. So gesehen kommen als Klageänderung folgende prozessualen Änderungen in Betracht:

1) Änderung des proz Anspruchs (= objektive Klageänderung): 2

a) der ursprüngl Anspruch wird ohne Änderung des Klagegrundes erweitert oder beschränkt,
b) statt des ursprüngl geforderten Gegenstandes wird wegen eines nachträgl außerprozessualen Ereignisses ein anderer oder Ersatz des Interesses gefordert,
c) statt des ursprüngl Anspruchs wird ein „anderer" geltend gemacht oder
d) neben dem ursprüngl Anspruch wird ein „anderer" geltend gemacht.

2) Änderung in der Person der Prozeßparteien (= subjektive Klageänderung): 3

a) neben den Kläger tritt ein (oder mehrere) weiterer Kläger
b) an die Stelle des ursprüngl Klägers tritt ein anderer
c) neben dem ursprüngl Bekl wird ein weiterer in Anspruch genommen oder
d) statt des ursprüngl Bekl wird ein anderer in Anspruch genommen.

Zu 1) Bei der Begriffsbestimmung können die Möglichkeiten zu 1 a und b außer Betracht bleiben, denn diese sind nach § 264 ebenso wie die Änderung der tatsächl u rechtl Ausführungen in der Klagebegründung als Klageänderung „nicht anzusehen". Dabei mag dahingestellt bleiben, ob § 264 nur fiktiven Charakter hat und einen Klageänderungstatbestand lediglich von der Regelung des § 263 ausnimmt (so zB Walther aaO S 30), oder ob insoweit eine Klageänderung nicht vorliegt. Jedenfalls besteht insoweit keine besondere Verfahrensregelung. Diese Änderungen des Klageantrags sind zulässige Änderungen des prozessualen Angriffs (nicht der Angriffsmittel, daher hier §§ 296, 527, 528 nicht anwendbar), wobei bei Ermäßigung des Antrags § 269 anzuwenden ist (so die hL: StJSchL § 268 Anm V 2; ThP § 264 Rn 3), sofern nicht die Sonderregelung über Hauptsacheerledigung (§ 91 a) oder Verzicht (§ 306) eingreift. 4

Dagegen liegt in den Möglichkeiten zu 1 c und d (Anspruchsauswechselung und nachträgl Anspruchshäufung) eine echte Klageänderung, denn hier erfolgt eine alternative bzw kumulative Änderung des Streitgegenstands, dh (vgl Einl Rn 73, 74) der Bekl wird – was sein Schutzbedürfnis rechtfertigt – im rechtshängigen Verfahren mit einem auf einen neuen Lebenssachverhalt gestützten Klageantrag konfrontiert, der ihn (im Fall 1 c unter Verzicht auf Sachentscheidung über den ursprüngl Anspruch, dessen Rechtshängigkeit aus Gründen der Einwilligung oder Sachdienlichkeit endet) zu einem neuen Verteidigungsvorbringen nötigt. Daher ist **Klageänderung die Veränderung des Streitgegenstands unter Aufrechterhaltung der Prozeßsubstanz eines anhängigen Verfahrens.** 5

Zu 2) Bereits aus dieser Definition ergeben sich Bedenken gegen die Einbeziehung des Wechsels in der Person der Prozeßparteien in den Begriff der Klageänderung, denn ein Prozeßrechtsverhältnis (Einl Rn 52; Rn 16 vor § 128) kann begrifflich nicht aufrechterhalten werden, wo die Parteien wechseln; es wird ex nunc neu begründet, mag das auch im äußeren Rahmen eines andauernden Verfahrens geschehen. Das schließt aber nicht aus, den gewillkürten Parteiwechsel u -beitritt im Interesse einer sachlich gerechtfertigten und den Parteien zumutbaren Entscheidung eines einheitl Lebenssachverhalts in einem einheitl Verfahren analog den Regeln der Klageänderung (Einwilligung oder Sachdienlichkeit) zu behandeln. Auf diesem Standpunkt einer **Behandlung des gewillkürten Parteiwechsels entsprechend der Klageänderung** steht trotz aller in der Rechtslehre hiergegen vorgetragenen Bedenken (Kisch, Parteiänderung i Zivilprozeß, 1912; de Boor, Zur Lehre von Parteiwechsel u von Parteibetrieb, 1941; Franz NJW 72, 1743; Henckel JZ 62, 226; Rosenberg, ZZP 70, 1; R-Schwab ZPR § 42 III; StJSchL § 268 Anm II 1) die wohl herrsch Rspr (BGH 40, 185; 21, 285; 17, 340; 16, 317; NJW 76, 240; 74, 750; 62, 633; MDR 72, 600). Die somit nur entsprechende Anwendung des § 263 auf den Fall des gewillkürten Parteiwechsels und -beitritts bestimmt auch die Grenzen ihrer Sachdienlichkeit bei fehlendem Einverständnis, denn die derart erzwungene Hinnahme einer ohne Mitwirkung der neuen Partei geschaffenen Prozeßlage ist für den neuen Beklagten (der Beitritt eines neuen Klägers beinhaltet stets dessen Einwilligung) nur ausnahmsweise, in der Berufungsinstanz weg des Verlustes einer Tatsacheninstanz nur beschränkt (s unten Rn 12 und 14; BGH NJW 85, 1241/42; 76, 240; 62, 633: nur bei rechtsmißbräuchlicher Verweigerung der Einwilligung) sachdienlich. Das gleiche gilt für den Beitritt eines Streithelfers des Bekl (BGH MDR 72, 600 = JR 73, 18 m krit Anm Fenge im Hinblick auf § 147). – Zur Klageerweiterung durch Widerklage gegen Dritte s § 33 Rn 18 ff. 6

II) Anwendungsfälle: 1) Wechsel im Streitgegenstand (Einl Rn 60 ff) und damit Klageänderung liegt vor, wenn der Kläger den Sachverhalt, aus dem der Klageanspruch hergeleitet wird, ändert **oder** wenn bei gleichbleibendem Sachverhalt der **Klageantrag geändert** wird (zB Scha- 7 densersatz statt Unterlassung RG 88, 129; Zinsen statt Kapital, Schmerzensgeld statt Schadensersatz RG 149, 167; 170, 39). Beispiele für **Änderung des Klagegrundes** trotz gleichbleibenden Antrages: Auswechseln oder Nachschieben von Einwendungen i der VollstrAbwehrklage (BGH NJW 67, 107 u 66, 1362), einseitige Erledigterklärung des Klägers (Putzo NJW 65, 1019; Deubner NJW 68, 848; LG Nbg-Fürth NJW 81, 2587; abw Schwab ZZP 72, 130; vgl die Übersicht bei Habscheid JZ 63, 625), Klage aus Abtretung statt aus eigenem Recht (RG 103, 111; 120, 192; Zweibrükken OLGZ 70, 174), Klage aus Wechsel statt aus dem Grundgeschäft (RG 160, 347), Klage aus Bereicherung statt aus Vertrag oder Delikt (RG 103, 419; JW 09, 741), Klage auf Wandelung statt Minderung (JW 07, 46), Klage auf Absonderung statt Aussonderung (RG 118, 220); Prozeßstandschaft statt Klage aus eigenem Recht (RG 58, 248), Klage auf Offenbarung aus § 260 statt § 2028 BGB, Übergang vom Verfügungs- oder Arrestverfahren i das Hauptsacheverfahren (niemals sachdienlich: Hamm NJW 71, 387; Karlsruhe WRP 68, 456; abw bei beiderseitigem Einverständnis Braunschweig MDR 71, 1017). Übergang von der Unterlassungsklage auf Schadensersatzanspruch (RG 88, 129), Schmerzensgeld statt Schadensersatz (RG 170, 39), Ehescheidung statt Nichtigkeitsklage (Bremen NJW 56, 515).

8 **Keine Klageänderung** liegt vor, wenn der alte Antrag bzw Klagegrund neben dem neuen rechtshängig bleibt (§ 264) oder bei gleichbleibendem Klagegrund weitergehende Rechtsfolgen aus diesem hergeleitet werden, zB statt des Anspruchs aus HaftpflG der weitergehende Anspruch aus § 823 BGB wegen desselben Ereignisses geltend gemacht w (BGH 11, 175 = NJW 54, 640). Keine Klageänderung sondern -beschränkung (§ 264 Nr 2) liegt im Übergang von Leistungs- auf Feststellungsklage bei gleichem Streitgegenstand, vgl § 256 Rn 15; Celle VersR 75, 264. Desgleichen nicht bei Berichtigung einer falsa demonstratio im Klagerubrum (anders „Rubrumberichtigung", weil tatsächl falsche Partei verklagt, Stuttgart Justiz 72, 204), bei einem Wechsel der rechtl Begründung (iura novit curia) oder der Tatsachendarlegung (Dispositionsmaxime!) ohne Änderung des Streitgegenstands. Begrifflich liegt Klageänderung nur vor, wenn an die Stelle des ursprüngl Rechtsschutzbegehrens unter Aufrechterhaltung des ProzRechtsverhältnisses (Rn 16 vor § 128) ein anderes gesetzt wird. Wegen Haupt- u Hilfsantrag s Rn 3 zu § 260.

9 **2) Wechsel in der Partei:** wird wie Klageänderung behandelt (Rn 6), egal ob Wechsel oder Beitritt, ob auf Kläger- oder BeklSeite. So der Wechsel zwischen OHG und ihren Gesellschaftern (BGH 17, 342; BGH NJW 74, 750; RG 36, 141), zwischen den Mitgliedern des nichtrechtsfähigen Vereins und des rechtsfähig gewordenen Verein (Jena JW 37, 1659), zwischen gesetzl Vertreter und dem Vertretenen, zwischen KG und Gesamtheit der Kommanditisten (RG 66, 244), zwischen einfachem u notw Streitgenossen. Zur Abgrenzung zwischen Parteiwechsel und schlichter Berichtigung einer falschen Parteibezeichnung (maßgeblich die Erkennbarkeit des Gewollten) vgl BGH NJW 81, 1453; München OLGZ 81, 89; Celle OLGZ 67, 310; Stuttgart Justiz 72, 204 sowie § 253 Rn 7.

10 **3) Wechsel der Verfahrensart** wird, soweit damit ein Eingriff in die Verteidigungsmöglichkeiten des Gegners verbunden, wie eine Klageänderung behandelt. So (entgegen RG 79, 69) der Übergang von ordentl Prozeß zum Urkundenprozeß § 592 (BGH NJW 77, 1883), der nur ausnahmsweise im ersten Rechtszug u vor Durchführung der Beweisaufnahme sachdienlich ist.

11 **III) Verfahren: 1) Form der Klageänderung:** sie kann unter (auch stillschweigender) Aufgabe des ursprüngl Rechtsschutzbegehrens durch Änderung des Antrages oder des Klagegrundes gem § 261 II durch Zustellung eines Schriftsatzes (§ 253 I) oder nach schriftsätzl Vorbereitung (§§ 129, 297) mündl i der Verhandlung erfolgen; zur zulässigen Zustellung von Anwalt zu Anwalt s § 198 Rn 3, § 253 Rn 4. Einlassungsfrist (§ 274 III) ist entbehrlich, nicht aber die Frist des § 132.

12 **2) Prozeßvoraussetzung** für die Klageänderung ist entweder die Einwilligung des Bekl oder die Bejahung der Sachdienlichkeit durch das Gericht. **a) Die Einwilligung des Bekl** kann ausdrücklich oder durch rügelose Einlassung (§ 267; hier gemäß § 295 Rückwirkung) erfolgen. BGH NJW 62, 347 hält bei Parteiwechsel in 1. Instanz die Einwilligung des neuen Bekl für entbehrlich, soweit Sachdienlichkeit gegeben (dem neuen Bekl muß dann das Recht auf Wiederholung einer Beweisaufnahme gewährt werden). Bei Parteiwechsel in 2. Instanz hält BGH 21, 285; 65, 264 = NJW 56, 1598; 76, 240 (ebenso Köln MDR 66, 1009) die Einwilligung des neuen Bekl (wegen des Verlustes einer Tatsacheninstanz) für zwingend erforderlich, soweit die Verweigerung nicht mißbräuchlich ist (BGH NJW 62, 635; NJW RR 86, 356 = MDR 86, 304). Parteiwechsel auf der Klägerseite erfordert schon wegen § 269 Einwilligung des Bekl.

13 **Einwilligung des Klägers** (neben Einwilligung des Beklagten) nötig bei Klägerwechsel, denn der ausscheidende Kl gibt seinen Rechtsschutzanspruch damit ab. Die Einwilligung ist Prozeßhandlung (Rn 17 vor § 128), daher unwiderruflich, sie kann schon vor der Klageänderung erklärt worden sein (RG 103, 422) u ist auch nötig bei Klageänderung vor der ersten mündl Verh (BGH NJW 60, 1950).

b) Sachdienlichkeit ist ein durch die objektive Prozeßlage (nicht durch subjektive Interessen der Parteien oder gar des Gerichts) bedingter prozessualer Begriff, dessen Beurteilung dem nur beschränkt (§ 268) durch ein Rechtsmittelgericht nachprüfbaren pflichtgebundenen Ermessen des Gerichts unterliegt (BGH NJW 85, 1841/42; 75, 1229). Sie ist (insoweit pflichtgebundenes Ermessen) zu bejahen, wenn mit der geänderten Klage unter möglicher Verwertung des bisherigen Prozeßstoffes (BGH MDR 85, 741) ein Streit endgültig behoben u ein neuer Prozeß vermieden werden kann (BGH NJW 75, 1229), selbst wenn hierdurch der Bekl beschwert wird, zB eine Tatsacheninstanz verliert, oder Verf sich verzögert (BGH 1, 77 = NJW 51, 311; BGH 21, 288 = NJW 56, 1598). Die Sachdienlichkeit ist in 2. Instanz strenger zu prüfen als in der ersten (LM § 523 Nr 1; BGH WPM 81, 657; vgl § 523 Rn 8 und Schneider MDR 82, 626). Die *subjektive* Klageänderung (Parteiwechsel) im Berufungsverfahren ist wegen des damit verbundenen Instanzverlustes der neuen Partei nur ganz ausnahmsweise sachdienlich (BGHZ 21, 285/89 = MDR 58, 329; BGH LM ZPO § 303 Nr 10 = MDR 81, 386), so zB bei Klageerweiterung oder -änderung auf eine Person, die im ersten Rechtszug bereits als Vertreter einer Partei am Verfahren beteiligt war (BGH MDR 84, 818/19). Anders steht der *objektiven* Klageänderung in 2. Instanz nicht bereits der Verlust einer Tatsacheninstanz, die Notwendigkeit erstmaliger Beweiserhebung und die hierdurch bedingte Verfahrensverzögerung entgegen, wenn nur wegen der Verwertbarkeit des bisherigen Prozeßstoffes ein neuer Prozeß vermieden wird (BGH NJW 85, 1841/42; MDR 83, 1017; 79, 829; 77, 310 = NJW 77, 49; ebenso für zulässige Klageerweiterung in 2. Instanz BGH MDR 83, 1019). Auch im Nachverfahren der §§ 302 IV, 600 kann Sachdienlichkeit vorliegen (BGH 17, 31 = NJW 55, 790; BGH NJW 62, 1249), ohne daß damit bereits das Vorbehaltsurteil entfällt (Vollstrekkungsschutz: § 707; BayObLG NJW 50, 950; Moller NJW 66, 1397). In der Revisionsinstanz ist Sachdienlichkeit nie gegeben (BGH 28, 131 = NJW 58, 1867), wenn nicht die neuen Tatsachen bereits in der Vorinstanz festgestellt sind (BGH 26, 37; BGH NJW 61, 1467). Letzteres ist zB der Fall, wenn der Hauptantrag in der Revision nur noch hilfsweise aufrechterhalten wird (BGH Betrieb 75, 302). 14

Die **vom Berufungsgericht unterlassene Prüfung der Sachdienlichkeit** (zB wegen Abweisung der geänderten Klage aus anderen Gründen) holt das Revisiongericht selbständig nach (BGH MDR 79, 829). Hat das Berufungsgericht die Sachdienlichkeit zu Unrecht verneint, muß das Revisionsgericht zurückverweisen (BGH 3, 90 = NJW 51, 881). Sachdienlichkeit wird regelmäßig fehlen, wo die ursprüngl Klage entscheidungsreif u mit dem neuen Anspruch ein völlig neuer Streitstoff eingeführt wird (LM § 523 ZPO Nr 1; BGH NJW 75, 1229; MDR 64, 28). Wo Sachdienlichkeit vorliegt, ist Zurückweisung verspäteten Vorbringens gem § 296 ausgeschlossen (Düsseldorf MDR 80, 943; BGH NJW 55, 707). 15

3) Wirkung: Die Klageänderung bewirkt Rechtshängigkeit der geänderten Klage ex nunc ab Zustellung oder Antragstellung gemäß § 261 II (dort Rn 6) und bereits vor Entscheidung über die Zulässigkeit (so bei subj Klageänderung Frankfurt JurBüro 80, 142); diese Rechtshängigkeit endet rückwirkend (vgl entsprechend § 260 Rn 4 zum auflösend bedingten Hilfsantrag) erst mit rechtskräftiger Verneinung der Zulässigkeit. Ebenso endet die Rechtshängigkeit der ursprüngl Klage erst mit rechtskräftiger Bejahung der Zulässigkeit der Klageänderung. Die Zulässigkeit der Klageänderung ist von Amts wegen zu prüfen. Zulassung erfolgt nicht notw ausdrücklich, Verhandlung genügt (RG 155, 229). Bei **Streit über Zulässigkeit:** § 146 und unselbständiges (§ 268) Zwischenurteil (§ 303) oder Endurteil mit Feststellung der Zulässigkeit i den Gründen (Franz NJW 72, 1743; 82, 15; MDR 81, 977). Bei **Bejahung der Zulässigkeit:** Kein Ausspruch über den ursprüngl Antrag (§ 308); ein auf den früheren Antrag gestütztes Vorbehaltsurteil ist aufzuheben (§ 269 III analog). Bei **Verneinung der Zulässigkeit** hat das Gericht zunächst aufzuklären (§ 278 III), ob der Kläger für diesen Fall seine ursprüngliche Klage aufrechterhält, ob er sie zurücknimmt (§ 269, evtl auch § 306) oder ob er hierüber die Verhandlung ablehnt (= § 333). Keinesfalls kann der Kläger sich durch eine unzulässige Klageänderung einseitig dem Prozeßrechtsverhältnis bzgl der ursprüngl Klage entziehen. Daher setzt Rücknahme der ursprüngl Klage gem § 269 Einwilligung des Beklagten voraus. Fehlt diese Einwilligung oder wird insoweit Klagerücknahme verweigert, so hat das Gericht – falls nicht gemäß §§ 333, 330 verfahren wird – mit der Abweisung der unzulässig geänderten Klage auch sachlich über die ursprüngl Klage zu entscheiden (Schwab ZZP 91 [1978], 493; abw LG Nbg-Fürth ZZP 91, 490, das hier nur über die ursprüngl Klage entscheidet; so auch Blomeyer JuS 70, 229/231 ff). 16

4) Kosten: § 269 ist anwendbar bei Parteiwechsel (München MDR 71, 673; NJW 66, 112; Düsseldorf MDR 74, 147); die Kostenfolge zugunsten des ausgeschiedenen Bekl ist (abweichend von § 269 III) von Amts wegen auszusprechen: § 308 II. Die Anwaltsgebühren fallen, auch wenn der gleiche Anwalt den früheren u den neuen Bekl vertritt, erneut i voller Höhe an (KG NJW 72, 959; anders für den Anwalt des im Prozeß bleibenden Gegners: KG NJW 72, 960) und zwar in voller Höhe auch für die Zustimmungserklärung der ausscheidenden Partei (München, Büro 67, 488). 17

18 Bei zulässiger objektiver Klageänderung ist **§ 269** weder unmittelbar (so Gross NJW 66, 2344) noch analog (so Moller NJW 66, 1397) anwendbar, denn § 269 setzt ersatzlose Beendigung des Prozeßrechtsverhältnisses voraus; für die durch die ursprüngliche Klage angefallenen besonderen Kosten (zB einer Beweisaufnahme; i übrigen fallen die Gerichtskosten nur einheitl an: § 27 GKG) gilt § 96. Jedoch gilt § 269, wenn Kl bei unverändertem Klagegrund seinen Antrag iS § 264 (dort Rn 4) mit notw Einwilligung des Bekl ermäßigt (Bremen VRS 68, 329), denn das ist nicht Klageänderung, sondern teilw Klagerücknahme. Die erfolglos versuchte Klageänderung verursacht keinerlei Mehrkosten, selbst wenn hierüber Zwischenurteil ergeht (Tschischgale NJW 62, 2136; abw Schwab ZZP 91, 494; Blomeyer JuS 70, 233 für Kostenerhöhung bei Entscheidung über die ursprüngliche und die unzulässig geänderte Klage). **Streitwert:** s Rn 20 und Schneider JurBüro 65, 592.

19 5) **Rechtsmittel:** s Anm zu § 268.

20 **IV) Gebühren: 1)** des **Gerichts:** Der Begriff der Klageerweiterung umfaßt im gebührenrechtl Sinn auch denjenigen einer Klageänderung. Kostenrechtl wird eine Anhängigkeit des neuen Anspruchs – als von Anfang an bestehend – fingiert, wodurch der bisherige Anspruch gebührenrechtl seine Bedeutung verliert (dazu Tschischgale NJW 62, 2136; Blomeyer JuS 70, 229/233). An der Höhe der erhobenen allgem Verfahrensgeb (KV Nr 1010) ändert sich durch die Klageänderung nichts, wenn der neue Klageanspruch wertmäßig mit dem alten Anspruch gleich hoch ist oder unter dem Wert des bisher geltendgemachten Anspruchs liegt. Ist es durch die nun ausgetauschten Klageansprüche zu einer wertmäßigen Erhöhung der Klage gekommen, so ist die allg Verfahrensgeb neu zu berechnen und der Unterschiedsbetrag zwischen der bisher eingezahlten und der neu berechneten Gebühr vom Kläger gemäß § 65 Abs 1 S 3 GKG vorauszuzahlen. S im übr § 260 Rn 9. – Das über die Zulässigkeit und damit Wirksamkeit der Klageänderung ergehende Zwischenurteil ist gerichtsgebührenfrei (s dazu Rn 12 zu § 303). Wird über die Zulässigkeit der Klageänderung erst in dem Urteil über den nachgeschobenen Klageanspruch mit entschieden (sei es als Prozeß- oder als Sachurteil), so ist dieses ein gebührenpflichtiges Endurteil (s dazu im einzelnen, auch wegen der Höhe des Tabellensatzes, Rn 12 zu § 300). Die Gerichtsgebühren können jeweils nur einmal in der Instanz entstehen, da es sich im Falle der Klageänderung um einen und denselben Gebührenrechtszug handelt (Hartmann, KostGes GKG § 27 Rn 2 B „Klageänderung"). – **2)** des **Anwalts:** Da der Rechtsstreit im Falle der Anspruchsauswechselung (Klageänderung) dieselbe Angelegenheit bleibt, kann der RA für seine Tätigkeit die Gebühren nur einmal fordern (§ 13 Abs 2 BRAGO). Jedoch ist die ihm für die Instanz nur einmal zustehende Prozeßgebühr (§ 31 Abs 1 Nr 1 BRAGO) nach dem höchsten Streitwert zu berechnen. Eine evt Erhöhung tritt mit der ersten Tätigkeit ein, die der RA bezügl des neuen Anspruchs entfaltet. Wenn sich der Wert durch die Klageänderung vermindert, bleiben dem RA die bereits vorher nach dem höheren Wert verdienten Gebühren erhalten (§ 13 Abs 4 BRAGO; Riedel/Sußbauer, BRAGO, § 7 Rn 12 u 13). Dasselbe gilt für die Verhandlungsgeb (§ 31 Abs 1 Nr 2 BRAGO). Über die Berechnung der Prozeß- und Sachleitungsgebühr (§ 33 Abs 2 BRAGO) s LAG Düsseldorf NJW 69, 1983/1984. Zur Beweisgebühr s Schneider in Anm III zu KoRspr BRAGO § 31 Ziff 3 Nr 11 (Köln) sowie Rn 9 zu § 260. – Im Falle der Klageänderung durch gewillkürten Parteiwechsel (s oben Rn 9) erhält der RA, auf dessen Seite der Parteiwechsel eintritt, die Gebühren zweimal, da hier eine Veränderung der „Angelegenheit" (§ 13 BRAGO) vorliegt. Dagegen bleibt es auch im Fall der Klageänderung durch Parteiwechsel auf Seite des RA der Gegenpartei beim einmaligen Gebührenanfall (wie im Falle der Anspruchsauswechselung), s im einzelnen dazu Schneider, Anm aaO § 31 Ziff 1 Nr 28 (LG Nürnberg-Fürth) u Frankfurt, JurBüro 79, 1506 mit Anm Mümmler.

Zu 1) u 2): Verklagt der Kläger mehrere **Gesamtschuldner** (Streitgenossen), so entsteht für das Gericht nur eine allgem Verfahrensgeb (KV Nr 1010). Dasselbe gilt, wenn der Kläger zunächst ledigl einen Gesamtschuldner und später durch eine gewillkürte Parteierweiterung einen weiteren oder mehrere weitere Gesamtschuldner in einem schwebenden Rechtsstreit in Anspruch nimmt; denn dadurch ändert sich an der Einheitlichkeit des Streitgegenstandes und des Rechtsstreits nichts (München Rpfleger 68, 232). Auch der Kläger-RA kann in diesen Fällen nur eine Prozeßgebühr (§ 31 Abs 1 Nr 1 BRAGO) beanspruchen, weil nur ein Auftraggeber in der Person des Klägers vorhanden ist. Werden die mehreren verklagten Gesamtschuldner von einem einzigen Anwalt vertreten, so handelt es sich um mehrere Auftraggeber für den Beklagten-RA. Wird dieser für sie in derselben Angelegenheit tätig und ist auch der Gegenstand seiner Anwaltstätigkeit derselbe, so ist für ihn der Tatbestand der Gebührenerhöhung nach § 6 Abs 1 Satz 2 BRAGO gegeben; liegen dagegen verschiedene Gegenstände vor, so ist nach § 7 Abs 2 BRAGO zu verfahren. S dazu im einzelnen Rn 10 zu § 147.

3) Streitwert: s § 3 Rn 16 „Klageänderung".

4) Prozeßkostenhilfe (bei Parteiwechsel): s § 114 Rn 11.

264 *[Keine Klageänderung]*

Als eine Änderung der Klage ist es nicht anzusehen, wenn ohne Änderung des Klagegrundes

1. **die tatsächlichen oder rechtlichen Anführungen ergänzt oder berichtigt werden;**
2. **der Klageantrag in der Hauptsache oder in bezug auf Nebenforderungen erweitert oder beschränkt wird;**
3. **statt des ursprünglich geforderten Gegenstandes wegen einer später eingetretenen Veränderung ein anderer Gegenstand oder das Interesse gefordert wird.**

1 I) Zum **Begriff der Klageänderung** s Rn 1 zu § 263. Da § 264 Gleichbleiben des Klagegrundes voraussetzt, bildet er eine Sonderregelung nur für Klageänderung i der Form der **Antragsände-**

rung. § 264 Nr 1 ist daher überflüssig, nur Nr 2 u 3 könnten Klageänderung sein. – Prüfung der Zulässigkeit einer Antragsänderung von Amts wegen; nur bei Bejahung (durch Zwischenurteil oder i den Gründen des Endurteils) ist Sachentscheidung zulässig (RG 53, 36; 149, 167). Zur Entscheidung bei unzulässiger Klageänderung s § 263 Rn 16. Wegen Kosten s Rn 17 zu § 263. Für das Revisionsverfahren einschränkende Sonderregelung in § 561.

II) Nr 1: Ergänzung oder Berichtigung der tatsächl oder rechtl Ausführungen ist unschädlich, solange der Klagegrund (Rn 12 zu § 253) der gleiche bleibt. **Beispiel:** Berichtigung der Parteibezeichnung (Celle OLGZ 67, 310; Stuttgart Justiz 72, 204; RG 105, 425; 64, 401); Benennung der hinter e nichtrechtsfäh Verein oder Gesellschaft stehenden natürl Personen; Wechsel zwischen Vertreter u Vertretenem, wo die ursprüngl gemeinte Person die gleiche bleibt (zur Abgrenzung zwischen Parteiwechsel und Berichtigung der Parteibezeichnung s § 253 Rn 17, § 263 Rn 9); Substantiierung des Anspruchs (zB bei Teilklage, § 253 Rn 15); Herstellung der Wechsellegitimation durch nachträglichen Wegfall von Nachindossamenten (RG 114, 365). Bei Änderung der Parteibezeichnung ist Rubrum-Berichtigungsbeschluß zweckmäßig, aber nicht erforderlich (RG 69, 397). 2

Nr 2: Quantitative Änderung des Klageantrages ohne Änderung des Klagegrundes (für nachträgliche Anspruchshäufung, gestützt auf einen neuen Klagegrund, gilt § 263; s dort Rn 7). Die Erweiterung ist auch noch i der Berufungsinstanz (BGH NJW 83, 172/173; BGH 17, 305 = NJW 55, 1150; Schneider MDR 82, 626) u auch nach Ablauf einer Ausschlußfrist für die Klage (LM § 268 Nr 3) zulässig, ebenso im Nachverfahren (BGH NJW 62, 1249). Qualitative Änderung des Antrages fällt unter Nr 2, wenn der Streitgegenstand der gleiche bleibt. **Beispiel:** Zahlung statt Auskunft (BGH NJW 79, 925/926; BGHZ 52, 169 = NJW 69, 1486 = MDR 69, 911), bevorrechtigte Befriedigung (§ 57 KO) statt Konkursforderung (RG 32, 3), Schuldbefreiung statt Zahlung (RG JW 02, 127), Zug um Zug-Leistung statt unbedingte Zahlung, Leistung an Rechtsnachfolger statt an den Kläger (RGZ 158, 314; s § 265 Rn 5), Leistung statt Feststellung (§ 256 Rn 15); BGH WPM 75, 827; RG 171, 203) oder umgekehrt (Celle VersR 75, 264); Rechnungslegung statt Feststellung (BGH NJW 60, 1950) oder Leistung oder umgekehrt; künftige statt sofortige Leistung; Wiederherstellung statt Geldersatz; Bruchteilshaftung statt Gesamtschuld; Zahlung statt Duldung der ZwVollstr; Hinterlegung statt Zahlung. 3

Wirkung: a) bei Erhöhung oder Erweiterung Kostenvorschußpflicht § 65 GKG u Veränderung der sachl Zuständigkeit (§ 506). Der erweiterte Antrag wird mit Zustellung des Schriftsatzes (§ 253 I) oder mit Antragstellung (§ 261 II) rechtshängig. **b) bei Beschränkung** kann darin teilw Klagerücknahme (§ 269, daher Zustimmung des Bekl nötig, Gross ZZP 75, 93; zum Verfahren bei fehlender Zustimmung des Bekl s § 269 Rn 15), Verzicht (§ 306) oder Erledigterklärung (§ 91 a) liegen; bei Zweifel insoweit Aufklärungspflicht des Gerichts (§§ 139, 278 III). Kostenentscheidung hierüber erst i Endurteil möglich (Ausnahme hinsichtlich der außergerichtl Kosten bei Ausscheiden eines von mehreren Bekl s § 263 Rn 17). Die Zuständigkeit bleibt bei Beschränkung die gleiche (§ 261 III 2). 4

Nr 3: Forderung des Surrogates an Stelle des urspr geforderten Gegenstands ist nicht Klageänderung, wenn der Anlaß für die Änderung des Antrages **nach Rechtshängigkeit** des urspr Anspruchs entstand und der Klagegrund derselbe bleibt (RG 100, 95); gleichgültig, ob der Anlaß erst später entstand (zB Untergang der herausverlangten Sache, Eintritt der Unmöglichkeit der Leistung §§ 281, 325, 326, 463, 818 II BGB) oder dem Kläger (selbst infolge Fahrlässigkeit) bekannt wurde (RG 70, 337; 39, 429). Wer die Veränderung herbeigeführt hat, ist belanglos (BGH NJW 60, 964; RG 88, 55). **Beispiel:** Schadensersatz statt Erfüllung (RG 109, 136); Wertersatz statt Rückgewähr (RG 39, 429); Zahlung statt Wandelung im Konkurs (RG 65, 132); Feststellung gem § 146 III KO statt Zahlung (BGH NJW 62, 154); Zahlung statt Schuldbefreiung, wenn Kl die Schuld nachträgl an den Drittgläubiger zahlen mußte oder er Zessionar der Forderung wurde (RG 139, 322). 5

265 *[Rechtshängigkeit, Veräußerung oder Abtretung]*

(1) Die Rechtshängigkeit schließt das Recht der einen oder der anderen Partei nicht aus, die in Streit befangene Sache zu veräußern oder den geltend gemachten Anspruch abzutreten.

(2) Die Veräußerung oder Abtretung hat auf den Prozeß keinen Einfluß. Der Rechtsnachfolger ist nicht berechtigt, ohne Zustimmung des Gegners den Prozeß als Hauptpartei an Stelle des Rechtsvorgängers zu übernehmen oder eine Hauptintervention zu erheben. Tritt der Rechtsnachfolger als Nebenintervenient auf, so ist § 69 nicht anzuwenden.

(3) Hat der Kläger veräußert oder abgetreten, so kann ihm, sofern das Urteil nach § 325 gegen den Rechtsnachfolger nicht wirksam sein würde, der Einwand entgegengesetzt werden, daß er zur Geltendmachung des Anspruchs nicht mehr befugt sei.

Lit: *Grunsky,* Die Veräußerung der streitbefangenen Sache, 1968; *Henckel,* Zur Auslegung des § 265, ZZP 82, 333; *Pohle,* Prozeßführungsrecht u Rechtskrafterstreckung bei bedingter Veräußerung, Festschrift für Lehmann 1956 Bd II S 738; *R-Schwab* ZPR § 103; *Wagemeyer,* Der gesetzl Parteiwechsel u die Prozeßstandschaft des § 265, 1954.

1 **I) Allgemeines:** Der Ablauf eines Prozesses soll aus Gründen der Prozeßökonomie nicht durch willkürliche Verfügungen einer Partei über die streitbefangene Sache oder über den streitbefangenen Anspruch beeinträchtigt werden. Keine Partei soll sich durch eine solche Verfügung ihrer Sachlegitimation begeben u damit den Gegner zu einem neuen Prozeß gegen den Rechtsnachfolger nötigen dürfen. Daher zwingt § 265 für den Fall, daß die subj Rechtskraft des Urteils sich gem § 325 auf den Rechtsnachfolger erstreckt, den Rechtsvorgänger zur Fortführung des Prozesses in gesetzl Prozeßstandschaft, falls nicht der Rechtsnachfolger mit Zustimmung des Gegners (Abs II 2) die Parteirolle seines Vorgängers übernimmt. Ist der Rechtsvorgänger Kläger, muß er seinen Antrag auf Leistung an den Rechtsnachfolger ändern. Im übrigen kann der Vollstreckungstitel für bzw gegen den Rechtsnachfolger umgeschrieben werden (§§ 727, 731; BGH MDR 84, 385 = Rpfleger 84, 193; RGZ 57, 329; 167, 321/28). Gleichwohl ist aber der Rechtsnachfolger, selbst wenn er Streithelfer des Klägers war, nicht berechtigt, sich selbst gemäß §§ 724, 725 die vollstreckbare Ausfertigung des Urteils erteilen zu lassen (BGH aaO; hierzu Kion NJW 84, 1601).

2 **II) Abs I: 1)** Wegen **Rechtshängigkeit** s § 261. Abs I spricht aus, was mat-rechtl selbstverständl ist: Der Prozeß berührt die Verfügungsfreiheit der Parteien nicht.

3 **2) In Streit befangene Sache** ist nicht nur eine Sache iS § 90 BGB, sondern auch jedes Recht, mag es selbst Streitgegenstand sein oder der Klageanspruch auch nur aus dem Recht hergeleitet sein. Streitbefangen ist jedes Recht, dessen Verlust die Sachlegitimation (Rn 25 vor § 253) beseitigt. Das Recht kann ein dingliches oder obligatorisches sein, i letzt Fall aber nur, wenn die Sachlegitimation aus einem dingl Recht herrührt (zB der obligatorische Anspruch des Mieters gegen den Erwerber des Grundstücks gem § 571 BGB: RG 102, 177). Bei Klage auf Besitz ist die Sache streitbefangen i Fall des Anspruchs auf Rückgabe (= reddere, zB §§ 556, 604, 861, 985 BGB), jedoch nicht bei ausschließl oblig Anspruch auf Verschaffung (= tradere, zB § 433 I BGB).

4 **Beispiele:** Streitbefangen ist das Grundstück bei Berichtigungsklage gem § 894 BGB (RG 121, 381), der Geschäftsanteil des Gesellschafters bei Nichtigkeits- u Anfechtungsklage gem §§ 246, 249 AktG (BGH NJW 65, 1378; 60, 964), das Grundstück bei Streit über dingliche Wirkung einer Vormerkung gem §§ 883, 888 BGB (nicht aber bei Geltendmachung des durch Vormerkung gesicherten Anspruches gegen den persönl Schuldner: BGH 39, 25 = NJW 63, 813), das Eigentum oder sonstige absolute Recht bei der Störungsklage aus § 1004 BGB (BGH 18, 223 = NJW 55, 1719; einschränkend Schleswig SchlHA 62, 130), der gepfändete Gegenstand bei der Drittwiderspruchsklage (Hamburg MDR 69, 673), der gesellschaftsvertragl Anspruch nach Veräußerung des Gesellschaftsanteils (BGH NJW 60, 964), das Eigentum bei Störungsabwehrklage (§ 1004 BGB; BGH 18, 223; einschränkend Schleswig SchlHA 62, 130), das Wohnungseigentum im Verfahren gemäß § 43 WEG (§ 265 gilt in diesem Verfahren entsprechend, BayObLGZ 83, 76). Dagegen ist nicht streitbefangen iS § 265 der rücklaufende Wechsel (Hamburg MDR 68, 1014), der Gegenstand auf dessen Übereignung aus obligatorischem Recht geklagt wird (hier ist streitbefangen der Anspruch), ebenso nicht der einzelne Nachlaßgegenstand bei dem Erbschaftsanspruch aus § 2018 BGB und das Grundstück bei Klage aus vorgemerktem obligatorischem Anspruch (BGH 39, 25).

5 **3) Veräußerung oder Abtretung** der streitbefangenen Sache oder des geltend gemachten Anspruchs liegt vor bei jeder Rechtsnachfolge eines Dritten, gleichgültig ob gewillkürt oder kraft Gesetzes, Verpflichtungsgeschäft genügt nicht. Gesetzl Forderungsübergang, zB §§ 268 III, 426 II, 774 I, 1143 I, 1225, 1249 II, 1607 II, 1709 II BGB genügt (BGH NJW 63, 2067; RG 76, 217; 85, 430), ebenso Eigentumsverlust durch Enteignung oder Versteigerung (RG 82, 38) oder Preisgabe gem § 928 BGB (RG 103, 167), Verpfändung (JW 29, 774), Abtretung (§ 398 BGB), auch Sicherungsabtretung oder -übereignung, Überweisung zur Einziehung (RG 25, 426), Belastung (§ 873 BGB) usw, dagegen nicht bei kumulativer Schuldübernahme gem § 419 BGB (Stuttgart NJW 69, 1493). BGH 61, 140 = NJW 73, 1700 verneint Anwendbarkeit des § 265 im Fall der **befreienden Schuldübernahme,** weil hier der Gläubiger gem § 414 BGB dem Rechtsgeschäft zugestimmt haben muß u deshalb den prozessualen Schutz als Kläger nicht mehr verdiene (ebenso Zeiss JR 74, 156; Henckel ZZP 75, 325 u 88, 329; ThP Anm 3 d; aM R-Schwab § 103 II 2; Schwab ZZP 74, 95; Oertmann JR 32, 193; BLH Anm 2 E a aa; KG ZZP 62, 91). Der Meinung des BGH wird zu folgen sein,

wenn man in der Zustimmung des Gläubigers gem § 414 auch seine Zustimmung zu einem tatsächl erfolgenden Parteiwechsel auf der Beklagtenseite erblickt. Tritt jedoch der neue Schuldner nicht an Stelle des ursprüngl Beklagten in das Verfahren ein, so besteht entgegen BGH kein Anlaß, den Kläger zur Klagerücknahme oder Erledigterklärung zu zwingen, nur weil er der befr Schuldübernahme (zB durch einen zahlungsfähigen Dritten) materiell-rechtl zugestimmt hat. – Wird die streitbefangene Forderung abgetreten u dann über das Vermögen des Zedenten der Konkurs eröffnet, so geht das Prozeßführungsrecht auf den Konkursverwalter über (RG 66, 181; BGH NJW 69, 48; Grunsky JZ 69, 235). Voraussetzung ist, daß die Veräußerung bzw Abtretung **nach Rechtshängigkeit** erfolgte (BGH NJW-RR 86, 1182), anderenfalls die Klage wegen ursprüngl fehlender Sachlegitimation abzuweisen ist (Rn 25 vor § 253). Den Zeitpunkt des Rechtsübergangs bestimmt das mat Gesetz (RGR 121, 381). Bei Rechtsübergang nach rechtskr Urteil bleibt die frühere Partei für die Wiederaufnahmeklage (§ 578) passiv legitimiert (BGH 29, 329 = NJW 59, 939), selbst wenn dem Rechtsnachfolger vollstreckb Ausfertigung (§§ 727, 731) erteilt wurde; daneben ist auch der Rechtsnachfolger passiv legitimiert (RG 57, 285).

III) Abs II: 1) Rechtsnachfolger ist jeder Nachfolger in das die Sachlegitimation begründende Recht, gleichgültig, ob er das Recht durch Übertragung oder originär (zB Zwangsversteigerung, Enteignung) erworben hat (RG 109, 47; 89, 90). Der Ersteher i der Zwangsversteigerung ist Rechtsnachfolger des VollstrSchuldners, nicht des Zwangsverwalters (LM § 265 Nr 2). Die Rechtsnachfolge muß die Sachlegitimation des Vorgängers beseitigen, daher genügt kumulative Schuldübernahme nicht (Stuttgart NJW 69, 1493). Wegen Konkursverwalter u befreiender Schuldübernahme s Rn 5. **Sonderregelung:** beruht die Rechtsnachfolge auf Tod oder sonstig ersatzlosen Untergang des Rechtsvorgängers, gilt nicht § 265, sondern § 239. 6

2) Der **Rechtsnachfolger darf den Prozeß übernehmen** (bei § 266 muß er es), wenn der Gegner (nicht notw ausdrücklich, § 267) zustimmt. Ob auch der Rechtsvorgänger der Übernahme zustimmen muß, ist bestritten (vgl StJSchL, Fußn 68). Regelmäßig wird er aus dem Grundgeschäft der Rechtsnachfolge hierzu verpflichtet sein. Verweigert nur er (nicht auch der Gegner) gleichwohl die Zustimmung, so bleibt er Partei, doch ist für den Rechtsnachfolger der Weg der Hauptintervention (§ 69) frei. Die Zustimmung des Gegners ist nicht erzwingbar. Bei Streit über die Rechtsnachfolge: §§ 146, 303. Übernimmt der Rechtsnachfolger, so muß er alle ProzHandlungen des Vorgängers gegen sich gelten lassen. Der ausgeschiedene Rechtsvorgänger kann seinen Kostenerstattungsanspruch nur gesondert nach mat Recht geltend machen (ThP Anm 5). Stimmt der Gegner der Übernahme nicht zu, kann der Rechtsnachfolger nur als unselbständiger Streitgehilfe (§ 67) des Rechtsvorgängers am Prozeß teilnehmen. Wollte er das ihm abgetretene Recht gesondert einklagen, stünde § 261 III 1 entgegen. Jedoch darf der Rechtsnachfolger als Streitgehilfe hier trotz § 67 die Klage auf Leistung an sich ändern, wenn nur er Rechtsmittelführer ist (München MDR 72, 616). 7

3) Der **Rechtsvorgänger muß den Prozeß weiterführen,** wenn der Gegner der Übernahme nicht zustimmt. Als Kläger muß der Vorgänger seinen Antrag auf Leistung an den Nachfolger umstellen (BGH NJW-RR 86, 1182; RG 155, 51; 56, 307), andernfalls bei vom Gegner vorgetragener oder dem Gericht auch nur bekannter Rechtsnachfolge die Klage mangels Aktivlegitimation abzuweisen ist. Die Umstellung des Klageantrages kann auch noch i der Revisionsinstanz erfolgen (BGH 26, 31 = NJW 58, 98). Hat der Kläger s Anspruch verpfändet, muß er den Klageantrag auf Leistung an sich u den Pfandgläubiger gemeinsam ändern (§ 1281 BGB). Ist die streitige Forderung gepfändet u zur Einziehung überwiesen: Antrag auf Zahlung an den PfändGläubiger. Ist die Forderung i Wege des Arrestes gepfändet: Antrag auf Hinterlegung des festgestellten Schuldbetrags (RG 20, 420; 25, 427). Ist der Klageanspruch gepfändet (§ 820), jedoch dem Pfandgläubiger (noch) nicht gemäß § 835 überwiesen, muß Kläger seinen Antrag auf Feststellung ändern oder Verurteilung zur Hinterlegung beantragen; tut er das nicht, ergeht auf die Leistungsklage, sofern der Anspruch i übrigen begründet, stattgebendes Feststellungsurteil (§ 256 Rn 15, § 308 Rn 4) unter Abweisung der Klage, „im übrigen", denn die Pfändung allein berührt noch nicht die Rechtsinhaberschaft des Klägers und deshalb auch nicht sein Feststellungsinteresse (§ 256), verbietet aber ein Urteil auf Leistung an den Kläger. – Ist der Beklagte Rechtsvorgänger, darf Kläger entweder gem § 264 Nr 3 von ihm Ersatz des Interesses verlangen oder den alten Antrag aufrechterhalten u dann gem §§ 727, 731 gegen den Nachfolger aus dem Urteil vollstrecken. – Soweit der Rechtsvorgänger i Prozeß verbleibt, ist er zu allen ProzHandlungen (Vergleich, Anerkenntnis usw) befugt. Wird der Bekl zur Zahlung an den Rechtsnachfolger des Kl verurteilt, so ist bei Aufhebung dieses Urteils der Rechtsnachfolger zur Rückerstattung des durch die Vollstreckung des Ersturteils Erlangten verpflichtet, BGH NJW 67, 1966. 8

IV) Abs III: Schutz des gutgläubigen Erwerbers: Wer die streitbefangene Sache in Unkenntnis 9
der Rechtshängigkeit **vom Kläger** gutgläubig erwirbt (§§ 892, 893, 932, 1032, 1138, 1155, 1207, 1208,

2366, 2367 BGB, § 366 HGB), wird von der subj Rechtskraft des Urteils nicht berührt (§ 325 II). Für eine Prozeßstandschaft des klagenden Rechtsvorgängers besteht kein Anlaß. Die Klage wird mit dem Wegfall der Aktivlegitimation des Klägers unbegründet u ist abzuweisen, wenn der Kläger nicht für erledigt erklärt. Der Kläger kann diesem Ergebnis nur begegnen, wenn er mit Ermächtigung seines Rechtsnachfolgers die Klage auf Leistung an diesen ändert; diese Klageänderung wird grds sachdienlich sein. Fehlt dem Kläger die Ermächtigung des Rechtsnachfolgers hierzu, ist die derart geänderte Klage unzulässig, die ursprüngliche Klage unbegründet (vgl § 263 Rn 16). Bei Erledigterklärung trägt der Kl trotz ursprüngl erfolgverspr Klage stets die Kosten (§ 91 a), denn mit der Veräußerung entfiel die Erfolgsaussicht. – Der gutgläubige Erwerber darf (anders als bei Abs II) die Klage neu erheben oder gem § 64 vorgehen.

10 Abs III ist nicht anwendbar bei gutgläub Erwerb **vom Beklagten;** der Bekl bleibt für diesen Prozeß passiv legitimiert, die Klage ist ggf gem § 264 Nr 3 umzustellen, falls nicht der Rechtsnachfolger mit Zustimmung des Klägers (Abs II) die Beklagtenstellung übernimmt (RG 121, 379).

11 **V) § 265 gilt nicht** bei Abtretung der Rechte aus einem Schiedsspruch (RG 41, 397), aus einem vollstreckbaren Urteil oder aus einer vollstreckbaren Urkunde (BGHZ 92, 347; dann §§ 727–731). Bei teilweiser Abtretung oder Veräußerung kann der Erwerber neben dem Veräußerer als Partei eintreten.

266 *[Rechtshängigkeit, Grundstücksveräußerung]*

(1) Ist über das Bestehen oder Nichtbestehen eines Rechts, das für ein Grundstück im Anspruch genommen wird, oder einer Verpflichtung, die auf einem Grundstück ruhen soll, zwischen dem Besitzer und einem Dritten ein Rechtsstreit anhängig, so ist im Falle der Veräußerung des Grundstücks der Rechtsnachfolger berechtigt und auf Antrag des Gegners verpflichtet, den Rechtsstreit in der Lage, in der er sich befindet, als Hauptpartei zu übernehmen. Entsprechendes gilt für einen Rechtsstreit über das Bestehen oder Nichtbestehen einer Verpflichtung, die auf einem eingetragenen Schiff oder Schiffsbauwerk ruhen soll.

(2) Diese Bestimmung ist insoweit nicht anzuwenden, als ihr Vorschriften des bürgerlichen Rechts zugunsten derjenigen, die Rechte von einem Nichtberechtigten herleiten, entgegenstehen. In einem solchen Falle gilt, wenn der Kläger veräußert hat, die Vorschrift des § 265 Abs. 3.

1 **I) Allgemeines:** Während nach § 265 bei Rechtsnachfolge in die streitbefangene Sache der Rechtsnachfolger zur Übernahme der Parteistellung seines Vorgängers bei Zustimmung des Gegners nur befugt ist, begründet § 266 für den Nachfolger auf Verlangen des Gegners eine Übernahmepflicht bzw ein Übernahmerecht auch ohne Zustimmung des Gegners. Grund hierfür: Strengere Haftung des Erwerbers dingl Rechte wegen der leichteren Erkennbarkeit der damit verbundenen Pflichten.

2 **Anwendungsbereich:** Streit über dingliche Rechte an Grundstücken, auch Wohnungseigentum (im Verfahren gemäß § 43 WEG vgl BayObLGZ 83, 76), eingetragenen Schiffen oder Schiffsbauwerken (iS des SchiffsRG v 15. 11. 40, BGBl III 403-4) sowie eingetragenen Luftfahrzeugen (§ 99 Ges v 26. 2. 59, BGBl I 57) zwischen dem dingl Berechtigten u dem dingl Verpflichteten. Nicht hierher gehört der Anspruch des dingl Berechtigten gegen einen Dritten aus sonstigem (zB obligatorischen, possessorischen) Rechtsgrund.

3 **II) 1) Abs I: a) Rechtsstreit über Rechte für oder gegen e Grundstück:** er kann betreffen e Grunddienstbarkeit, e Vorkaufrecht, §§ 1018, 1094 BGB, e Reallast, Hyp, Grundschuld oder Rentenschuld, §§ 1105, 1113, 1191 BGB, e Vormerkung auf Grund einstw Verfügung, OLG 23, 144; 33, 53, Berichtigungsanspruch gegen den Bucheigentümer (§ 894 BGB; RG 121, 381), auch Ansprüche aus Nachbarrecht (RG 40, 333 ff), denn diese sind – was für § 266 maßgeblich ist – grundstücksbezogen u von der Person des jeweiligen Eigentümers unabhängig. § 266 trifft nicht zu bei Klagen des GrundstEigentümers wegen Beeinträchtigung s Eigentums, auf Schadloshaltung oder auf Beseitigung des beeinträchtigenden Zustandes §§ 823, 1004 BGB, JW 12, 471, auf Zahlung der Brandentschädigung für ein abgebranntes Gebäude u auf Klagen gegen den Eigentümer wegen persönl Ansprüche, OLG 31, 43, mögen diese auch durch Vormerkung i Grundbuch gesichert sein (BGH 39, 21). – Die **Veräußerung** kann freiwillig sein oder zwangsweise erfolgen, RG 40, 333. **Berechtigung des Rechtsnachfolgers** zur Übernahme des Rechtsstreites auch ohne Zustimmung seines Rechtsvorgängers oder Gegners. Bei fortbestehender Mithaftung des (zB teilweise) Veräußernden bleibt dieser neben dem Nachfolger Partei, bei dingl Mithaftung als notwendiger, sonst als einfacher Streitgenosse. Bei mehrfacher Veräußerung besteht Übernahmepflicht nur für den Letzterwerber (RG 40, 339).

b) Die **Übernahme** erfolgt durch Erklärung in der mündl Verh, evtl nach vorheriger Ankündigung in e Schriftsatz, der vom Amts wegen zugestellt wird. Nach erfolgter Übernahme scheidet der Veräußerer aus dem Rechtsstreit aus, RG 21, 396. Er kann dann als Zeuge vernommen werden (§ 373 Rn 4, 5). Wird das Recht zur Übernahme erfolgreich bestritten, so ergeht gegen den Übernehmer Endurteil, in dem auch über die Kosten dieses Verfahrens entschieden wird. Der Prozeß wird dann zwischen den ursprüngl Parteien weitergeführt. Verlangt der Gegner die Übernahme, so kann er Schriftsatz bei Gericht einreichen, das Termin ansetzt u von Amts wegen den Rechtsnachfolger lädt. Feststellung der Verpflichtung durch nur mit dem Endurt anfechtbares Zwischenurt (RG 11, 318), i Fall der Versäumung des Termins Feststellung der Verpflichtung durch VersUrteil. Gleichzeitig kann VersUrteil z Hauptsache ergehen. Der Rechtsvorgänger kann s Rechtsnachfolger z Übernahme des Prozesses nicht zwingen, nur den Gegner. 4

Beispiel: Groß klagt gegen Klein auf Feststellung e Grunddienstbarkeit dahin, daß Groß als Eigentümer der PlNr 1050 berechtigt sei, von dem Grundstück des Klein PlNr 1051 Wasser auf sein Grundstück zu holen. Während des Proz verkauft Klein s Grundstück an Mittel u läßt es diesem auf. Mittel kann nunmehr den Prozeß als Hauptpartei übernehmen, auf Antrag des Groß ist er dazu sogar verpflichtet (Zwischenurteil!). Stellt Groß jedoch e solchen Antrag nicht u übernimmt Mittel nicht freiwillig die Rolle des Bekl, so wird der Prozeß zwischen den bisherigen Parteien fortgeführt u Klein kann nicht deswegen die Abweisung der Klage verlangen, weil er passiv nicht mehr legitimiert sei.

2) Abs II. Gutgläubiger Erwerb von e Nichtberechtigten §§ 892, 893, 1140, 2366, BGB, § 90 ZVG, Abs II gilt nur, wenn das Urt gegen den Rechtsnachfolger wegen dessen Gutgläubigkeit nicht wirkt, also nicht auch, wenn § 325 III zutrifft. In den letzteren Fällen ist § 266 I anwendbar. Im Falle des Abs II ist der veräußernde Kläger (nicht auch der veräußernde Beklagte, RG 121, 382) sachlich nicht mehr legitimiert. Seine Klage ist abzuweisen (RG 123, 80). 5

267 *[Einwilligung in Klageänderung]*

Die Einwilligung des Beklagten in die Änderung der Klage ist anzunehmen, wenn er, ohne der Änderung zu widersprechen, sich in einer mündlichen Verhandlung auf die abgeänderte Klage eingelassen hat.

1) Die **Einwilligung** in die Klageänderung ist **Prozeßhandlung iS eines Rügeverzichts** (ähnlich § 295, s dort Rn 1); sie kann auch in Form schlüssigen Verhaltens durch rügelose Einlassung auf die geänderte Klage in der mündl Verhandlung vorgenommen werden. Ob dem Bekl bewußt war, daß es sich um eine an sich unzulässige Klageänderung (§ 263) handelte, ist belanglos, ObLG 4, 407. Einwilligungsannahme setzt jedoch Vortrag der Änderung voraus. § 267 trifft nicht zu bei Säumnis des Bekl, selbst wenn die Änderung durch Schriftsatz angekündigt war u der Bekl sich schriftl auf die geänderte Klage eingelassen hatte. 1

Einlassung ist sachliche Erwiderung auf das neue Klagevorbringen in der mündl Verhandlung (bei §§ 128 II, 251 a genügt schriftl Einlassung). Im Antrag, die geänderte Klage abzuweisen, liegt noch keine Einlassung auf diese, wenn der Beklagte damit (stillschweigend) auf seinen die Klageänderung als unzulässig rügenden Schriftsatz Bezug nimmt (§ 137 III; BGH NJW 75, 1229). Zweifel sind ggf gem § 139 zu beheben. Vorweggenommene Einwilligung liegt vor, wenn die Klageänderung durch die Einlassung des Bekl auf die ursprüngl Klage bedingt ist (RG 103, 422). Einwilligung auch nötig bei Klageänderung vor der ersten mündl Verhandlung (BGH NJW 60, 1950). Im Zweifelsfall wird Bejahung der Sachdienlichkeit (§ 263) helfen. 2

Zur **notwendigen Einwilligung** bei subj Klageänderung s § 263 Rn 6, 12. § 267 ist nicht anwendbar bei gewillkürtem Parteiwechsel auf Seiten des Beklagten in der Berufungsinstanz (so bei Übergang von der Klage gegen die Gesellschaft auf Klage gegen den Gesellschafter BGH NJW 74, 750). 3

268 *[Klageänderung. Anfechtung]*

Eine Anfechtung der Entscheidung, daß eine Änderung der Klage nicht vorliege oder daß die Änderung zuzulassen sei, findet nicht statt.

1) Über die **Zulassung der Klageänderung** (wegen Einwilligung oder Sachdienlichkeit, § 263), ebenso über die **Feststellung, daß eine Klageänderung nicht vorliegt** (so im Fall § 264, ebenso bei wechselnder Anspruchsbegründung unter Beibehaltung des Klagegrundes und Streitgegenstan- 1 des, vgl § 253 Rn 12), entscheidet das Gericht regelmäßig im **Endurteil,** nur ausnahmsweise durch Zwischenurteil (§ 303, Blomeyer JuS 70, 229), wenn der Bekl widerspricht u die Vorabentscheidung (so bei umfangreicher Sache) sachdienlich ist. Diese Entscheidung über eine Verfahrensfrage soll nach § 268 im Interesse des Bestandes der (regelmäßig gleichzeitigen) Sachentscheidung nicht anfechtbar sein.

2 **2)** § 268 trifft auch zu, wenn das Gericht angenommen hat, daß der Bekl ausdrückl oder stillschweigend in die Änderung eingewilligt hat; nicht jedoch, wenn gem §§ 76, 77, 239, 240, 265, 266, 856 der Eintritt einer neuen Person als Partei zugelassen wurde (RGZ 108, 350), da in diesen Fällen keine Klageänderung im eigentlichen Sinne vorliegt (§ 263 Rn 6). Daher ist ein Zwischenurteil, das den vom Kläger beantragten Parteiwechsel auf seiten des Beklagten für zulässig erklärt, sowohl für den ursprünglichen als auch für den neuen Beklagten selbständig anfechtbar (BGH NJW 81, 989; Franz NJW 82, 15 lehnt entgegen BGH aaO ein Anfechtungsrecht des neuen Beklagten gegen das den Parteiwechsel für unzulässig erklärende Zwischenurteil ab, doch kann – je nach Sachlage – eine Beschwer des nicht zugelassenen neuen Beklagten durchaus vorliegen), denn der gewillkürte Parteiwechsel wird zwar wie eine Klageänderung behandelt, ist aber keine „echte" Klageänderung iS des § 268 (§ 263 Rn 6; BGHZ 65, 264 = NJW 76, 239). § 268 bezieht sich nur auf Entscheidung, die den Einwand der unzuläss Klageänderung auf Grund §§ 263, 264, 267 als unbegründet erklären (RG 108, 350), gleichgültig, ob das Gericht über den Widerspruch des Bekl, daß eine unzulässige Klageänderung vorliege, durch Zwischenurteil nach § 303 oder in den Gründen des Endurteils entschieden hat.

3 **3)** Bei **Nichtzulassung** der Klageänderung kein besonderer Rechtsbehelf, sondern nur Anfechtung mit der Endentscheidung, §§ 512, 548. Rechtsbehelf gegen Umgehung der Entscheidung, RG 53, 35. Wo Klageänderung absolut unzulässig (zB § 146 IV KO) gilt § 268 nicht, ebenso wenn im Sachurteil Darlegungen über Zulässigkeit der Klageänderung fehlen oder unklar ist, über welchen der Anträge entschieden wurde; insoweit Nachprüfung der Zulässigkeit der Klageänderung durch das Rechtsmittelgericht (BGH MDR 79, 829).

4 Der Kläger ist rechtsmittelfähig **beschwert,** wenn das Gericht die Klageänderung für unzulässig erklärt, gleichwohl aber die geänderte Klage als unbegründet abgewiesen hat. Der Beklagte ist rechtsmittelfähig beschwert, wenn das Gericht der geänderten Klage stattgibt, ohne über die Zulässigkeit der Klageänderung zu befinden (BGH LM § 268 Nr 1; RG 137, 324/333).

5 Die vom **Berufungsgericht unterlassene Prüfung der Sachdienlichkeit** kann das Revisionsgericht auch selbständig nachholen (BGH MDR 79, 829).

269 *[Klagerücknahme]*

(1) Die Klage kann ohne Einwilligung des Beklagten nur bis zum Beginn der mündlichen Verhandlung des Beklagten zur Hauptsache zurückgenommen werden.

(2) Die Zurücknahme der Klage und, soweit sie zur Wirksamkeit der Zurücknahme erforderlich ist, auch die Einwilligung des Beklagten sind dem Gericht gegenüber zu erklären. Die Zurücknahme der Klage erfolgt, wenn sie nicht bei der mündlichen Verhandlung erklärt wird, durch Einreichung eines Schriftsatzes.

(3) Wird die Klage zurückgenommen, so ist der Rechtsstreit als nicht anhängig geworden anzusehen; ein bereits ergangenes, noch nicht rechtskräftiges Urteil wird wirkungslos, ohne daß es seiner ausdrücklichen Aufhebung bedarf. Der Kläger ist verpflichtet, die Kosten des Rechtsstreites zu tragen, soweit nicht bereits rechtskräftig über sie erkannt ist. Auf Antrag des Beklagten sind die in Satz 1 und 2 bezeichneten Wirkungen durch Beschluß auszusprechen. Der Beschluß bedarf keiner mündlichen Verhandlung. Er unterliegt der sofortigen Beschwerde.

(4) Wird die Klage von neuem angestellt, so kann der Beklagte die Einlassung verweigern, bis die Kosten erstattet sind.

Lit: *Baumgärtel,* Die Klage auf Vornahme, Widerruf oder Unterlassung einer ProzHandlung i einem bereits anhängigen Prozeß, Festschrift für Schima 1969, S 41 ff; *Barz,* Das Klagezurücknahmeversprechen, 1933; *Gross,* Das Verhältnis der Klageänderung zur Klagerücknahme, ZZP 75, 93 u 447; *Hansens,* „Zurücknahme" einer noch nicht zugestellten Klage, JurBüro 86, 495; *Hinz,* Zeitliche Grenzen der Klagerücknahme; *Henckel,* Die Klagerücknahme als gestaltende Verfahrenshandlung, Festschrift für Bötticher 1969, S 173; *E. Schneider,* Über die analoge Anwendung des § 269 III vor Rechtshängigkeit, ZZP 67, 32; *ders,* Kostenrechtl Probleme bei der Klagerücknahme, MDR 61, 545 u 643; *Walther,* Klageänderung u Klagerücknahme, 1969.

I) Begriff der Klagerücknahme. 1) Klagerücknahme ist der (nicht endgültige, s Abs IV) Verzicht auf gerichtlichen Rechtsschutz, also öffentl-rechtl wirkende Prozeßhandlung des Klägers. Den mat-rechtl Klageanspruch läßt die Klagerücknahme völlig unberührt. Dementsprechend ist Adressat der Klagerücknahme das Gericht, nicht der Gegner, auch soweit dieser uU einwilligen muß. Mit Zugang bei Gericht (§ 270 Rn 5) ist die Klagerücknahme als Prozeßhandlung wirksam, daher nicht mehr widerruflich (vor § 128 Rn 17), nur noch auflösend bedingt durch Verweigerung der Einwilligung des Gegners. Die Klage kann gänzlich oder teilweise zurückgenommen werden. § 269 gilt für die Rücknahme der Klage, der Widerklage u entsprechend für die Rücknahme aller sonstiger Anträge, über die eine mündl Verhandlung zulässig ist (Rn 5 ff zu § 128), zB Arrest-, Verfügungsantrag (Köln NJW 73, 2071; Abs I gilt hier nicht: § 920 Rn 13), ebenso im Verf der freiwilligen Gerichtsbarkeit (KG NJW 71, 2270). Für die Zurücknahme von Rechtsmitteln gilt die entspr Sonderregelung in §§ 346, 515, 566. Zum Verhältnis der Rechtsmittelbeschränkung zur (teilw) Klagerücknahme s Karmasin NJW 74, 982. 1

2) Abgrenzung der Klagerücknahme von **a) Verzicht** auf den Klageanspruch: dieser macht die Klage nicht hinfällig, allenfalls unbegründet s § 306. Der Verzicht ist matrechtl Willenserklärung (§ 397, 875, 928, 959, 1064, 1255 BGB), auch wenn er im Prozeß als Prozeßhandlung (§ 306) erklärt wird. Die Klagerücknahme ist ausschließl ProzHandlung. 2

b) Verpflichtung zur Klagerücknahme ist matrechtl Willenserklärung, selbst wenn in einem Vergleich (BGH NJW 61, 460; Nürnberg NJW 66, 1666) erklärt, hat daher noch nicht die unmittelb Wirkung des § 269. Erst auf Einwendung des Verpflichtungsempfängers ist (vorbehaltlich der zulässigen Einrede der unzulässigen Rechtsausübung, vgl Rn 22 vor § 128) die abredewidrig weiterbetriebene Klage als unzulässig abzuweisen (BGH NJW 64, 549; 61 460; Stuttgart ZZP 76, 318; RG 102, 217; 159, 186); wegen Möglichkeit der Einrede fehlt einer Klage auf Erfüllung des Rücknahmeversprechens das Rechtsschutzbedürfnis (Rn 22 vor § 128). Im Verpflichtungsgeschäft können die Parteien von Abs III abweichende Kostenverteilung vereinbaren, die vom Gericht z berücks ist (KG VersR 74, 979; Bremen NJW 69, 2208). Bei Vergleich geht § 98 dem Abs III vor (BGH NJW 61, 460). 3

c) Erledigterklärung (§ 91 a) beschränkt das Rechtsschutzbegehren auf den Kostenpunkt wegen Wegfalls des Rechtsschutzinteresses i der Hauptsache. Ob bei teilw Klageermäßigung (§ 264 Nr 2) § 269 oder § 91 a gewollt ist, ist von Amts wegen aufzuklären (§ 139, Hamm NJW 69, 243). IdR wird § 91 a vorliegen, wenn die Begründetheit des Klageanspruchs oder das RSchutzinteresse nach Rechtshängigkeit entfiel; aber auch eine begründete Klage kann zurückgenommen sein! (RG JW 39, 169). 4

d) Klageänderung ist Austausch, § 269 dagegen Wegfall des Rechtsschutzbegehrens. Die Klageänderung läßt das Prozeßrechtsverhältnis (Rn 16 vor § 128) fortbestehen, § 269 beendet es rückwirkend bis auf den Kostenpunkt. Klagerücknahme macht ein noch nicht formell rechtskr Urteil wirkungslos (Abs III), die Klageänderung läßt es fortbestehen (Rn 1 zu § 263). Daher ist § 269 auf die Klageänderung weder unmittelbar (so Gross NJW 66, 2345) noch analog (so Moller NJW 66, 1399; Bremen VRS 68, 329; vgl § 263 Rn 16) anwendbar. Anders bei **Parteiwechsel** (Rn 9 zu § 263): hier endet das Prozeßrechtsverhältnis zu der ausgeschiedenen Partei bzw Streitgenossen; § 269 ist hier anzuwenden (München NJW 66, 112; BGH 4, 332 = NJW 52, 545; Schneider NJW 64, 1057; 59, 1168). 5

e) Stillstand des Verf infolge Nichtbetreibens beseitigt im Gegensatz z Klagerücknahme weder die Rechtshängigkeit der Sache noch das ProzRechtsverhältnis der Beteiligten (BGH 4, 339; RG 168, 57). 6

f) Erklärung der Klage für zurückgenommen (§§ 113, 635, 640); hier ersetzt die Gestaltungswirkung einer gerichtl Entscheidung die fehlende Rücknahmeerklärung des Klägers; die Einwilligung des Bekl liegt in dessen Antrag; § 269 ist anwendbar. 7

II) Verfahren. 1) Zulässigkeit: Die Rücknahme ist i der Zeit zwischen Beginn der Rechtshängigkeit (§§ 253 I, 261) u form Rechtskraft des Urteils (§ 705, RG 65, 39; also auch noch zwischen beiden Instanzen, KG NJW 71, 2271) jederzeit zulässig. Abzulehnen daher Stuttgart WRP 79, 818; Bamberg NJW 67, 2270, wonach § 269 ab Einreichung der Klage gelten soll, weil das zur Ermöglichung der Kostenfolge gemäß Abs III prozwirtschaftl sei (wie hier Hansens JurBüro 86, 495 m weit Nachw; Frankfurt JurBüro 82, 1571; Schleswig JurBüro 84, 604; Becker-Eberhard FamRZ 86, 279). Die Einwilligung des Bekl (Abs I) ist nicht Zulässigkeits-, sondern Wirksamkeitsvoraussetzung. Die Rücknahme kann ganz oder hinsichtlich eines abtrennbaren (§ 145) Teiles der Klage erfolgen, insbes auch hinsichtl eines von mehreren (§ 59) Bekl. Eine **vor Zustellung der Klage** an den Gegner erklärte Rücknahme ist zwar ProzHandlung i weiteren Sinn (Verzicht auf Zustellung u Terminsbestimmung) u unterliegt daher gem § 78 d Anwaltszwang, löst aber zugunsten 8 des Gegners keine Kostenfolge iS Abs III aus (unten Rn 18); KG MDR 69, 230; NJW 73, 909). Ein trotzdem erlassener Kostenbeschluß gem Abs III geht ins Leere (Schneider NJW 65, 1185; Hansens JurBüro 86, 495; abw Düsseldorf NJW 65, 766); der Gegner müßte seine in Erwartung der Klage gemachten Aufwendungen gesondert (zB als Anspruch wegen pos Vertragsverletzung) einklagen, denn es sind keine „Kosten des Rechtsstreits" iS § 91. Ausnahme: § 269 ist entspr anwendbar, wenn trotz Rücknahme vor Rechtshängigkeit die Klage dem Gegner durch das Gericht (nicht ausreichend durch den Kl unmittelbar) doch noch (irrtümlich oder in Ausführung einer vorher verfügten Zustellung) zugestellt wird (Schneider ZZP 76, 32; Hamm JMBl NRW 52, 228) oder der i Zeitpunkt der Rücknahme bestehende Zustellungsmangel rückwirkend geheilt wird (so bei nachträgl Vollmachtserteilung an den Anwalt, dem zugestellt wurde, Bremen NJW 69, 2243; Köln MDR 66, 848). Ebenso ist bei Rücknahme des Arrest- oder Verfügungsantrages vor Beteiligung des Gegners dieser ausnahmsweise kostenerstattungsberechtigt, wenn er bereits eine Schutzschrift (§ 937 Rn 4) eingereicht hatte (§ 91 Rn 13 zu „Schutzschrift"; Düsseldorf NJW 81, 2824 = MDR 82, 59/60).

9 In **Familiensachen** Sonderregelung für Rücknahme des Scheidungsantrags in § 626. Da wegen des notw Verbunds in Familiensachen (§ 623) eine Teilrechtskraft des Scheidungsurteils vor rechtskr Entscheidung nicht eintritt (BGH NJW 80, 702 = FamRZ 80, 233), kann der Scheidungsantrag bis zu rechtskr Entscheidung über die Folgesachen noch zurückgenommen werden, auch wenn das Scheidungsurteil nicht angefochten wurde (abw Düsseldorf FamRZ 79, 445, das zu Unrecht von Teilrechtskraft der Scheidung ausgeht; im Ergebnis gegen Düsseldorf aaO München FamRZ 79, 943). Bei beiderseitigem Scheidungsantrag bedarf (wegen § 630 II) die Antragsrücknahme eines der Antragsteller auch nach Beginn der mündl Verhandlung keiner Zustimmung des anderen (AG Berlin-Charlottenburg FamRZ 86, 704). Zum Beginn der mündlichen Verhandlung (Abs I) in Familiensachen s unten Rn 14.

10 Die Zulässigkeit der Rücknahme und ihre Kostenfolge (unten Rn 18) ist unabhängig von der Zulässigkeit oder gar Begründetheit der Klage. Sie ist von Amts wegen zu beachten.

11 Bei **Streit, ob Rücknahme vorliegt** oder wirksam ist, besteht Rechtsschutzbedürfnis für Feststellung durch Urteil nur, wenn entweder durch Zwischenurteil (§ 303) die Unwirksamkeit einer Rücknahme auszusprechen oder ein unzulässigerweise trotz wirks Rücknahme ergangenes Urteil aufzuheben ist (dann Feststellung der wirks Rücknahme in den Urteilsgründen, BGH 4, 329 = NJW 52, 545; ebenso für den entspr Fall des § 515 Zeihe NJW 74, 383; BGH 46, 112 = NJW 67, 109; aM Gaul ZZP 81, 273; Celle NdsRpfl 55, 213). Dagegen kein Feststellungsbedürfnis für Urteil bei Bejahung der wirks Rücknahme, wenn das gem Abs III 1 u 3 durch Beschluß ausgesprochen werden kann (BGH NJW 78, 1585; aM LAG Berlin, MDR 78, 82, das hier die wirksam rückgenommene Klage durch Urteil abweist). – Zur Form der Verkündung dieses streitigen Urteils s § 311 Rn 2.

12 **2) Erklärung der Rücknahme** ist Prozeßhandlung (Rn 17 vor § 128), daher bedingungsfeindlich u unwiderruflich. Anwaltszwang gem § 78; Ausnahme im Mahnverfahren § 696 IV. Erklärung ausdrücklich oder schlüssig (BGH VersR 65, 1153/54; BAG NJW 61, 2371; Neustadt NJW 65, 206; RG 108, 137), bloßes Nichthandeln genügt regelm nicht (dann könnte auch § 91 a oder § 333 vorliegen). Der Wille des Klägers ist durch Befragung (§ 139), notfalls Auslegung (§ 133 BGB) zu ermitteln (vgl RG 75, 290; 152, 44; 168, 58; BGH 4, 339). Als Klagerücknahme zu behandeln ist die vom Konkursverwalter im Aktivprozeß für die Masse abgegebene Freigabeerklärung zugunsten des Gemeinschuldners (Schmidt NJW 74, 64). Die Erklärung ist für den Kläger bindend, bis der Bekl die erforderl Einwilligung versagt (= auflösende Bedingung). Zur Vermeidung eines neuen Prozesses ist aber mit Zustimmung des Bekl erklärter Widerruf der Rücknahme zuzulassen. – Erklärung durch einen bei Gericht einzureichenden (oben Rn 1; Mitteilung nur an den Beklagten kann aber Rücknahmeverpflichtung begründen, oben Rn 3), dem Beklagten förmlich zuzustellenden (§ 270 II), bestimmenden (Rn 3 zu § 129) Schriftsatz oder in der mündl Verhandlung zu Protokoll (zu verlesen u zu genehmigen: §§ 160 III Nr 8, 162). Eintritt der Bindungswirkung bereits mit Einreichung (Rn 5 zu § 270). Die schriftl Rücknahmeerklärung ist notwendig im anhängigen Verfahren abzugeben; die Rücknahmeerklärung in einem anderen Verfahren genügt nicht, selbst wenn diese abschriftlich vom Beklagten im anhängigen Verfahren vorgelegt wird (BGH MDR 81, 1002; hierzu oben Rn 3). Nach Rechtsmittel des Bekl ist Rücknahme durch den RA der Vorinstanz noch zulässig, solange Kläger noch keinen RA für das obere Gericht bestellt hat (BGH 14, 210 = NJW 54, 1405; LG Bonn NJW RR 86, 223; Vollkommer Rpfleger 74, 89); auch hier ist Rücknahme nach Berufungseinlegung aber dem Berufungsgericht gegenüber zu erklären (Braunschweig NdsRpfl 70, 207). Wirksam ist Rücknahmeerklärung gegenüber dem beauftragten oder ersuchten Richter nur im Sühnetermin, §§ 279, 118 I.

3 a) Einwilligung des Beklagten ist bis z **Beginn der mündl Verhandlung** über die Hauptsache entbehrlich. Wegen Beginn der mündl Verh s §§ 136, 220 und (für Familiensachen) unten Rn 14. Maßgeblich ist, ob der Beklagte (im Anwaltsprozeß notwendig sein Anwalt) sich bereits mündl zur Sache erklärt hat. Erklärung zu Verfahrensfragen oder bloßer Säumnisantrag (BGH 4, 328/339; ZZP 94 [1981], 328 mit einschränkender Anm Münzberg für den Fall des Säumnisantrags gegen den iSd § 333 nicht verhandelnden Gegner) genügt nicht, wohl aber sachl Erwiderung, Erhebung der Widerklage (RG 85, 87) und Verlesung des Abweisungsantrages (abw RG 132, 336; 151, 66), sofern dieser nicht erkennbar auf ein bloßes Prozeßurteil (zB aus Gründen der §§ 261, 282 III) abzielt, was aus der schriftsätzl Vorbereitung des Antrages zu erkennen sein müßte. Im schriftl Verfahren (§ 128 II) entspricht, sofern der Kläger hierzu bereits zugestimmt hatte, die Zustimmungserklärung des Bekl dem Beginn der mündl Verhandlung (Rn 14 ff zu § 128), falls er sich schriftl zur Hauptsache erklärt hatte. 13

Auch **nach Beginn der mündl Verhandlung** ist Einwilligung des Bekl entbehrlich, wenn der Kläger Einspruch gegen ein klageabw VersUrteil eingelegt hatte (BGH 4, 328), in Patentnichtigkeitssachen (BGH NJW 63, 2125). In Ehesachen bedeutet Aussage des anwaltschaftl nicht vertretenen Bekl gem § 613 noch nicht Verhandlung iS § 269, denn hier fehlt Sachantrag iS § 297 (so mit Recht Köln FamRZ 85, 1060; Karlsruhe Justiz 79, 102; Rosenberg ZZP 67, 385 gegen Stuttgart ZZP 67, 381 u Karlsruhe OLGZ 68, 37) und vor Antragstellung hat Bekl kein Recht auf Sachentscheidung. Bei Stufenklage (§ 254) darf Kl, wenn Auskunft des Bekl ergibt, daß kein Anspruch besteht, die Leistungsklage noch ohne Einwilligung des Bekl zurücknehmen, solange über die notwendigerweise getrennte zweite Stufe (§ 254 Rn 3) noch nicht streitig verhandelt ist (Stuttgart NJW 69, 1216). 14

b) Die **Einwilligungserklärung des Bekl** ist ProzHandlung, daher bedingungsfeindlich (OLG 39, 54) u unwiderruflich; jedoch können zur Meidung eines neuen Prozesses beide Parteien wirksam erklären, daß das Verfahren streitig fortzusetzen sei. Gem § 78 Anwaltszwang, auch für Einwilligung des Beklagten. Sie kann, ebenso wie ihre Verweigerung, konkludent erfolgen (BAG NJW 61, 2371; RG 108, 137; zB durch Kostenantrag gem Abs III, Einverständnis mit Terminsabsetzung usw) und ist auch für den Beklagten bindend. Sie ist zwar bis zum Eintritt der formellen Rechtskraft (§ 705) möglich, doch muß sie spätestens in der nächsten mündl Verhandlung nach Rücknahmeerklärung des Klägers, bei Rücknahme in der mündl Verhandlung also noch im gleichen Termin erklärt sein, anderenfalls sie als verweigert gilt. Sie kann bereits vor erfolgter Klagerücknahme, niemals aber nach Eintritt der form Rechtskraft erklärt werden. Bloße Untätigkeit des Bekl ist keine Einwilligung (RG 75, 290), daher kann Kläger trotz Rücknahme noch VersUrteil gegen den Bekl erwirken, wenn die Rücknahme einwilligungsbedürftig war. Dagegen kann Bekl VersUrteil gegen den Kl erwirken, wenn dieser nach Verweigerung der Einwilligung keinen Sachantrag stellt (§ 333, Stuttgart OLGZ 68, 287) und in demselben Termin vor der (erfolglosen) Rücknahmeerklärung auch noch nicht gestellt hatte (Rupp/Fleischmann MDR 85, 18); hatte dagegen der Kläger in demselben Termin vor seiner erfolglosen Rücknahmeerklärung bereits einen Sachantrag gestellt, kann das Gericht auf Antrag des Beklagten (auch wenn Kläger seinen Sachantrag nicht wiederholt, § 333 Rn 1) Sachurteil (nicht etwa VersUrteil, denn der Kläger ist ja nicht säumig!) erlassen (Mayer MDR 85, 373 empfiehlt dem Kläger bei dieser Prozeßlage gemäß § 306 zu verzichten). – Karlsruhe (OLGZ 68, 37) hält Einwilligung des Bekl für wirksam, wenn sie außerprozessual dem Kl erklärt und von diesem dem Gericht mitgeteilt wird. Das ist bedenklich, soweit damit Ende der Rechtshängigkeit von einem fraglichen außerprozessualen Ereignis abhängen würde. Andererseits spricht viel dafür, die zulässigerweise schlüssig erklärte Einwilligung vom Anwaltszwang zu befreien (so StJSchL Anm II 2b), sonst müßte zB nach Rechtsmittel des Kl allein hierfür ein (PKH-)Anwalt bestellt werden. 15

c) Die **Einwilligung des Gegners** ist **entbehrlich,** selbst nach streitiger Verhandlung, im Arrest- oder Verfügungsverfahren, denn eine in diesem Verfahren ergehende Entscheidung regelt – anders als das Hauptsacheverfahren § 926 – die Rechtsbeziehungen der Parteien nicht abschließend (§ 322) und dem Schutzbedürfnis des Gegners ist mit der Beendigung des auf eine nur vorläufige Regelung zielenden Verfahrens hinreichend Genüge getan (Düsseldorf NJW 82, 2452; vgl zum gesetzgeberischen Grund für das Zustimmungserfordernis Düsseldorf NJW 80, 349). – Schleswig SchlHA 76, 48 hält Einwilligung des Bekl für entbehrlich, wenn nach streitiger Verhandlung der Rechtsstreit in einen anderen Rechtsweg (§ 13 GVG) verwiesen wurde, weil beim aufnehmenden Gericht ein „neuer Rechtsstreit" beginne; dem kann aus den zu § 281 Rn 15 dargelegten Gründen nicht gefolgt werden. 16

4) Wirkung der Klagerücknahme (Abs III): **a) Die Rechtshängigkeit** entfällt rückwirkend, ebenso die Unterbrechungswirkung bzgl der Verjährung (§ 212 BGB), ein noch nicht formell rechtskräftiges **Urteil** wird wirkungslos. Die Wirkungslosigkeit eines Urteils muß nicht, darf 17 aber durch deklaratorischen Beschluß (= „Entscheidung“ iS § 775 Ziff 1) ausgesprochen werden (so in Ehesachen zur Klarstellung, daß ein bereits ergangenes Gestaltungsurteil wirkunslos ist; § 626 I 3). Eine Widerklage ist nicht mehr möglich (RG 34, 367), die vor Klagerücknahme rechtshängig gewordene bleibt es aber (LG München I NJW 78, 953; RG JW 17, 295). – Nach § 20 AGBG **Mitteilungspflicht des Gerichts** bei Rücknahme einer Verbandsklage iS §§ 13, 19 AGBG.

18 **b) Kosten:** Der Kläger trägt notw alle Kosten des Verfahrens, selbst die Säumniskosten des Bekl (§ 344; Frankfurt MDR 79, 1029; Düsseldorf MDR 83, 64; ThP Anm 5c; aM BLH Anm 4 Bc) u die Kosten seines WE-Gesuchs (§ 238 IV): Bremen NJW 76, 632; Stuttgart MDR 76, 51; Hamm MDR 77, 233; StJSch § 328 Rn 12; ThP Anm 5c; R-Schwab § 131 III 2; – aM Düsseldorf NJW 75, 1569; BLH § 269 Anm 4 B c; Schneider MDR 77, 234; wegen des (im Gesetz nicht zum Ausdruck kommenden) Verursachungsprinzips. ThP Anm 5c halten zugunsten des Klägers § 93 für anwendbar, wenn Klage zurückgenommen wird, weil der Bekl zwischen Einreichung und Zustellung der Klage den Anspruch erfüllt hat. Dem kann nicht zugestimmt werden, denn § 269 setzt auch bei der Kostenfolge gemäß Abs III die Beendigung eines erst durch Rechtshängigkeit begründeten Prozeßrechtverhältnisses voraus (oben Rn 8; Becker-Eberhard FamRZ 86, 280 m w Nachw); überdies ist im Verfahren des die gesetzliche Kostenfolge aussprechenden und insoweit deklaratorischen Kostenbeschlusses gemäß Abs III 3 kein Raum für Wertungen iS des § 93. Daher sollte der Kläger in diesem Fall, statt die Klage zurückzunehmen, diese gemäß § 264 Nr 3 auf das Kosteninteresse ermäßigen. – Der Kläger trägt aber nicht die Kosten seines eigenen Streitgehilfen (KG MDR 59, 401; jedoch die des gegnerischen JW 04, 492). § 96 ist nicht anwendbar (Frankfurt MDR 82, 942; Celle NJW 61, 1363). In Ehesachen Sonderregelung der Kosten: § 626. – Bei teilw Klagerücknahme u ebenso bei Rücknahme von Klage u Widerklage sind die Kosten entspr § 92 quotenmäßig zu verteilen (Schneider NJW 64, 1055). Wegen der Kosten der Hilfs-Widerklage (hierzu § 253 Rn 1) s § 19 IV GKG: Kein Kostenanfall insoweit, weil über diese nach Rücknahme der Klage nicht mehr zu entscheiden ist. Ausnahme: richtete sich die Hilfs-Widerklage unzulässig ausschließlich gegen einen Dritten (§ 33 Rn 18–21) und war sie dem Dritten auch zugestellt worden, so sind nach Rücknahme der (Haupt-)Klage die Kosten der unzulässigen Hilfs-Widerklage gemäß § 91 dem Beklagten aufzuerlegen (München OLGZ 84, 220/222). – Bei Teilerledigung von Klage oder Widerklage durch Rücknahme ergeht Kostenentscheidung insgesamt erst in der Schlußentscheidung, weil sonst Quote noch nicht endgültig bestimmbar (s unten). Ausnahmsweise trägt Bekl alle Kosten, wenn Kl bei Stufenklage nach Teilurteil über Auskunft (§ 254) die Leistungsklage zurücknimmt, weil die Auskunft keine Leistungspflicht des Bekl ergab (Stuttgart NJW 69, 1216), denn hier entstehen vor streitiger Verhandlung über die Leistungspflicht keine weiteren Kosten (§ 18 GKG); vgl insoweit Düsseldorf NJW 61, 2021. Abweichende Kostenverteilung in einem (auch außergerichtlichen, München VersR 76, 395) **Vergleich** geht der gesetzl Kostenfolge vor (BGH MDR 72, 945; NJW 61, 460; Bremen NJW 69, 2208). Bei Klagerücknahme im Vergleich ohne Ausspruch über die Kosten gilt § 98, nicht § 269 III (Bergerfurth NJW 61, 1237). Enthält dagegen der zur Klagerücknahme *verpflichtende* (auch außergerichtliche) Vergleich keine Kostenregelung, gilt für die Kostenregelung der Rücknahme § 269 III (Köln MDR 86, 503). Ob die Kosten eines vom Beklagten betriebenen **Beweissicherungsverfahren** (§ 485; hierzu § 490 Rn 5–7) nach Klagerücknahme von der Kostenfolge des § 269 III umfaßt werden, ist streitig. Celle JurBüro 84, 1581 bejaht das, weil der Beklagte aus Gründen der Billigkeit hinsichtlich seiner Beweissicherungskosten nicht schlechter gestellt werden dürfe als hinsichtlich der Kosten eines für seine Rechtsverteidigung besorgten Privatgutachtens (hierzu § 91 Rn 13 „Privatgutachten“); über die Notwendigkeit der Beweissicherungskosten für die Rechtsverteidigung iS § 91 sei dann (entgegen München Rpfleger 81, 203) im Kostenfestsetzungsverfahren zu entscheiden. Anderer Meinung und zutreffend (auch nach „Benutzung“ der Beweissicherung im Hauptsacheprozeß, § 493) Frankfurt MDR 82, 942 = Rpfleger 82, 391; KG MDR 79, 406 = Rpfleger 79, 143; ThP Anm 2 vor § 485: Die Kostenfolge des § 269 III ergibt sich zwingend aus dem Gesetz; sie ist bedingt durch den rückwirkenden Wegfall der Rechtshängigkeit der zurückgenommenen Klage (oben Rn 17) und ist von deren ursprünglichen Erfolgsaussicht und von der Beweislage ganz unabhängig, zumal auch eine nur teilweise Beweiserheblichkeit der Beweissicherung (§ 490 Rn 7) und eine Benutzung der Beweissicherung im Verfahren der gemäß Abs IV (Rn 21) erneuerten Klage in Betracht zu ziehen ist. Der Beklagte ist daher hinsichtlich seiner Beweissicherungskosten, die iS des § 269 III nicht im „Rechtsstreit“, sondern außerhalb desselben in einem anderen Verfahren (vor § 485 Rn 1) angefallen sind, auf deren gesonderte gerichtliche Geltendmachung angewiesen, sofern hierfür eine materiell-rechtliche Anspruchsgrundlage besteht (hierzu RGZ 66, 186/198; Düsseldorf VersR 82, 1147; NJW 72, 295; Hamburg JurBüro 78, 239; KG MDR 79, 406/407). Etwas anderes gilt nur für die Kosten der gemäß § 486 I vom Gericht der Hauptsache innerhalb des Hauptsacheprozesses (§ 486 Rn 3) angeordneten Beweissicherung: diese sind Kosten des Rechtsstreits und nehmen an der Kostenfolge des § 269 III teil; über ihre

Notwendigkeit iS § 91 hatte bereits das Hauptsachegericht (vor § 284 Rn 8–13) mit seiner Beweissicherungsanordnung entschieden.

c) Auf Antrag des Beklagten (im Ehescheidungsverfahren auch des Klägers, § 626 I 3) entscheidet das Gericht gemäß Abs III 3 durch **Beschluß über die Wirksamkeit** (Rn 11) **und Folge** (Rn 17) **sowie über die Kostenfolge der Klagerücknahme** (Rn 18). Der Beschluß ist kontradiktorisch, soweit er über die streitige Wirksamkeit der Rücknahme und (bei Klagerücknahme nach Teilurteil zugunsten des Klägers) über eine Kostenverteilung (§ 92) befindet; im übrigen ist er deklaratorisch, denn Wirkung und Kostenfolge der Klagerücknahme ergeben sich bereits aus dem Gesetz (Abs III 1 und 2). Zuständig ist das (auch Rechtsmittel-) Gericht, vor dem die Rücknahme erklärt wurde. Das Gericht erster Instanz könnte daher nach Berufung über die Berufungskosten allenfalls dann (mit-)entscheiden, wenn Klagerücknahme vor dem LG nach Zurückverweisung (§§ 538, 539) erfolgt. Die Kostenentscheidung ist „andere gerichtl Entscheidung" iS § 57 GKG (anders die Kostenvereinbarung in einem Vergleich!) u erfolgt nur auf Antrag. Der Antrag ist weg fehlendem Rechtsschutzbedürfnis unzulässig, wenn der Bekl sich i einer (notw unstreitigen, Frankfurt MDR 83, 675) Vereinbarung (vgl Rn 22 vor § 128) verpflichtet hatte, bei Klagerücknahme alle Kosten zu übernehmen (München MDR 75, 585; KG VersR 74, 979; Bremen NJW 69, 2208). Bei teilw Klagerücknahme ist (ebenso wie bei Teilurteil) der Kostenausspruch dem Endurteil vorzubehalten, weil eine auf die künftigen und noch ungewissen Gesamtkosten bezogene Quotelung noch nicht möglich ist; ebenso bei Ermäßigung des Klageantrags iS § 264 Nr 2 (Bremen VRS 68, 329), falls hierbei nicht Klageänderung vorliegt (dann § 263 Rn 16; § 264 Rn 4). Unzulässig ein Beschluß „Der Kläger trägt die Kosten, soweit er die Klage zurückgenommen hat", denn hier wird die notw Quotelung unzulässigerweise in das Kostenfestsetzungsverfahren (§ 104) verlagert. Ausnahme: Der infolge teilw Klagerücknahme (so auch bei Parteiwechsel) ganz ausscheidende Beklagte hat Anspruch auf sofortigen Kostentitel, der hinsichtlich seiner außergerichtlichen Kosten auch sofort möglich ist (BGH 4, 332 = NJW 52, 545; Schneider NJW 64, 1057; 59, 1168; MDR 61, 545 u 643). Dabei darf der ausscheidende Streitgenosse die gesamten Anwaltskosten liquidieren, auch wenn sein Anwalt gleichzeitig den im Prozeß verbleibenden Bekl vertritt (München NJW 64, 1079; Neustadt NJW 65, 206). Auch hier ist Kostenausspruch hinsichtlich der (den Bekl ohnedies nicht belastenden) Gerichtskosten dem Endurteil zu überlassen (Köln MDR 76, 496); zulässig u für den ausscheidenden Bekl ausreichend der Beschluß: „Der Kläger trägt die dem Beklagten X erwachsenen Kosten sowie die weiteren durch die Säumnis des Bekl X im Termin vom ... verursachten Kosten." 19

d) Gegen den Kostenbeschluß **sofortige Beschwerde,** § 577, jedoch nur insoweit, als auch in der Hauptsache ein Rechtsmittel zulässig gewesen wäre (Hamburg MDR 60, 772; Celle NJW 60, 1816). 20

5) Erneute Klage (Abs IV), bei teilweiser Klagerücknahme auch im noch anhängigen Verfahren möglich (RG 152, 37/46; München OLGZ 77, 483), gibt dem Bekl die Einrede aus Abs IV (zur Verwirkung dieser Einrede durch Versäumung § 282 Rn 5, 6, § 296 Rn 29), selbst wenn dem Kläger Prozeßkostenhilfe bewilligt war (JW 24, 421; § 122 I 2 gilt hier nicht), auch wenn die Wiederaufnahme durch Widerklage erfolgt (RG 28, 404). **Schutzzweck des Abs IV** ist es, den Beklagten vor der Belästigung durch mehrfache Klagen bzgl desselben Streitgegenstands wenigstens so lange zu schützen, bis die Kosten des Vorprozesses (auch etwaige Vollstreckungskosten) erstattet sind. Dieses Schutzbedürfnis des Beklagten ist auf die Identität des Streitgegenstands in den mehrfachen Klagen bezogen. Daher ist die prozeßhindernde Einrede des Beklagten begründet, auch wenn die erneute Klage vom Rechtsnachfolger des früheren Klägers (RGZ 33, 361) oder von einem anderen Gesamtgläubiger (§ 429 I BGB) erhoben wird, ebenso wenn der zurückgenommenen Klage im Urkundenprozeß die (gemäß § 596 schon im Vorprozeß mögliche) Klage im ordentlichen Verfahren nachfolgt. Dagegen fehlt ein Schützbedürfnis des Beklagten, der im Vorprozeß die Kosten übernommen hatte (RGZ 24, 421), ganz gleich aus welchem Grund das geschah. 21

Durch Aufrechnung mit einem entspr Teil des streitigen Klageanspruchs kann sich Kl seiner Kostenerstattungspflicht nicht entziehen. Erstattet der Kläger dem Bekl nach Ablauf v Gericht gesetzter Frist die Kosten des früheren Verfahrens nicht, ist die erneute Klage durch Prozeßurteil abzuweisen. 22

Die **Beweislast** für die Höhe der noch zu erstattenden Kosten des Vorprozesses trägt der Beklagte; die Erfüllung des Kostenerstattungsanspruchs hat der Kläger zu beweisen. 23

6) Gebühren: a) des Gerichts: Bei einer Klagerücknahme **vor Ablauf des Tages** (24.00 Uhr), an dem entweder eine (vorbereitende) Anordnung nach § 273 unterschriftl verfügt oder ein Beweisbeschluß unterschrieben (worden) ist, **und vor Beginn** (00.00 Uhr) **des** für die mündl Verhandlung vorgesehenen (vgl dazu Düsseldorf Rpfleger 78, 271) **Tages** fällt rückwirkend die mit Einreichung der Klage entstandene und fällige (§ 61 GKG) allg Verfahrensgebühr wieder weg (KV 24

Nr 1012). Die vor Klagezustellung an den Kläger gerichtete Auflage, die Klagebegründung inhaltl zu ergänzen u ev Urkunden beizufügen, ist jedenfalls gebührenrechtl (KV Nr 1012) nicht als AO nach § 273 zu werten (LG Berlin KoRspr, GKG-KostVerz Nr 63). – Wird die Klage nur teilweise zurückgenommen, so entfällt die allg Verfahrensgebühr allein für den zurückgenommenen Klageteil; vom verbleibenden Klagerest ist die Gebühr ohne Berücksichtigung der Nebenforderungen (§ 22 Abs 1 GKG) neu zu berechnen. Wenn der Kläger nur bezügl des Hauptanspruchs die Klage zurücknimmt und diese wegen der Nebenforderungen (zB Zinsen) aufrechterhält, werden letztere zur Hauptforderung und bilden dann den künftigen Streitwert für die nun neu zu berechnende allg Verfahrensgebühr, wobei der Wert des Hauptanspruchs die obere Grenze für den Streitwert der Nebenforderungen ist (§ 22 Abs 2 GKG). Die wegen § 65 Abs 1 GKG bereits gezahlte Verfahrensgebühr ist bei vollständiger Klagerücknahme im vollen Umfang, bei teilweiser Klagerücknahme mit dem Differenzbetrag zwischen der ursprüngl und der neu berechneten Verfahrensgebühr aus der Staatskasse dem Kläger zurückzuerstatten, sofern diese Beträge nicht mit anderen im selben Verfahren schon entstandenen Kostenschulden (Gebühren und/oder Auslagen) zu verrechnen sind. Eine **Erledigungserklärung** der Hauptsache (§ 91a) steht **der Klagerücknahme** in allen Instanzen **nicht gleich** (Halbsatz 2 in KV Nrn 1012, 1021, 1031). Die Klagerücknahme in der Rechtsmittelinstanz steht jedoch der Berufungs- oder Revisionsrücknahme gleich (KV Nrn 1021, 1031), wobei hier kein vollständiger Gebührenwegfall, sondern nur eine Gebührenermäßigung (auf die Hälfte) eintritt. Eine nach den in KV Nrn 1012, 1021, 1031 genannten Zeitpunkten erklärte Klagerücknahme ist gebührenrechtl belanglos und bewirkt den Wegfall (bzw die Ermäßigung) der allg Verfahrensgebühr nicht. – Für das Verfahren über **Anträge nach Abs 3 S 3** wird eine Gerichtsgebühr nicht erhoben. Der über die Rechtswirkungen nach Klagerücknahme ergehende Beschluß wird durch die allg Verfahrensgebühr abgegolten und ist ebenfalls gebührenfrei; dies gilt auch, soweit ein Urteil infolge der Klagerücknahme für wirkungslos erklärt werden soll (§ 1 Abs 1 GKG). – Für das Verfahren über **Beschwerden nach Abs 3 S 5** wird 1 Gebühr nach KV Nr 1180 erhoben, und zwar ohne Rücksicht auf den Ausgang des Beschwerdeverfahrens; die Gebühr wird mit der Einlegung der Beschwerde (dem Eingang der Beschwerdeschrift bei Gericht) fällig (§ 61 GKG). – Wegen der Urteilsgebühr für ein nach Abs 4 ergehendes Prozeßurteil s § 300 Rn 7.

b) des Anwalts: Ist die Klage oder ein Schriftsatz mit Anträgen iS des § 32 Abs 1 BRAGO für den Beklagten eingereicht, dann erhält der RA als Prozeßbevollmächtigter die volle Prozeßgebühr (§ 31 Abs 1 Nr 1 BRAGO). Die Erklärung der Klagerücknahme sowie die Erklärung der Zustimmung des Bekl dazu stellen keine Sachanträge dar und können daher keine Verhandlungsgebühren auslösen (München JurBüro 83, 1660). Der schriftl eingereichte Antrag nach Abs 3 S 3 gehört zum Rechtszug und wird durch die Regelgebühr des § 31 Abs 1 Nr 1 BRAGO abgegolten (§ 37 Nr 7 BRAGO). Wird ein solcher Antrag in der mündl Verhandlung (zB im Anschluß an die Erklärung über die Rücknahme) gestellt und über ihn verhandelt, so liegt kein Fall des § 37 Nr 7 BRAGO vor, vielmehr erwächst dem RA die Verhandlungsgebühr zu 10/10 bei streitiger Verhandlung (§ 31 Abs 1 Nr 2 BRAGO) und zu 5/10 bei nichtstreitiger Verhandlung (§ 33 Abs 1 S 1 BRAGO) jeweils aus dem Kostenstreitwert. Wenn vom prozeßbevollmächtigten RA bereits eine volle Verhandlungsgebühr nach dem Hauptsachestreitwert verdient war, fällt für ihn aus dem Kostenstreitwert keine weitere 5/10 Verhandlungsgebühr mehr an (§ 13 Abs 3 BRAGO; s Düsseldorf Rpfleger 71, 250; vgl auch Mümmler in Anm zu LG Hannover JurBüro 76, 1663, ua). Die Summe aus einer halben Verhandlungsgebühr nach dem Hauptsachestreitwert – wenn über die Hauptsache nicht streitig verhandelt wird – und aus der vollen Verhandlungsgebühr nach dem Kostenstreitwert – bei streitiger Verhandlung über die Kosten – darf den Betrag einer vollen Gebühr nach dem Wert der Hauptsache nicht übersteigen (hM; s Düsseldorf JurBüro 70, 400 und KG MDR 75, 237 ua). Reicht der RA des Beklagten einen Klageerwiderungsschriftsatz bei Gericht ein, obwohl die Klage bereits zurückgenommen war, so verdient er trotzdem die volle Prozeßgebühr, wenn er die Klagerücknahme weder kannte noch kennen mußte (ganz hM; Bamberg JurBüro 75, 1339; 76, 197 mit zust Anm von Mümmler und 76, 1343 mit weiterer Anm; Hamburg JurBüro 79, 702; Schleswig SchlHA 79, 59 ua). Dies gilt auch im Rechtsmittelverfahren (München Rpfleger 72, 67 = AnwBl 72, 189; Hamm JurBüro 72, 989 = MDR 73, 60; KG NJW 75, 125). Wenn allerdings in einem keine Begründung und Anträge enthaltenden Berufungsschriftsatz bemerkt ist, daß das Rechtsmittel zunächst nur zur Fristwahrung eingelegt und in Kürze mitgeteilt werde, ob tatsächl das Berufungsverfahren durchgeführt werde, ist mit der schriftl Ankündigung eines Berufungszurückweisungsantrags vom Berufungsgegner zuzuwarten (Bamberg JurBüro 73, 743; 75, 1341; 79, 703 ua; s auch Anm E. Schneider in KostRspr BRAGO § 31 Ziff 1 Nr 29). – Für das Beschwerdeverfahren nach Abs 3 S 5 erwächst dem RA eine 5/10 Beschwerdegebühr nach § 61 Abs 1 Nr 1 BRAGO.

270 *[Zustellung. Formlose Mitteilung]*

(1) Die Zustellungen erfolgen, soweit nicht ein anderes vorgeschrieben ist, von Amts wegen.

(2) Mit Ausnahme der Klageschrift und solcher Schriftsätze, die Sachanträge oder eine Zurücknahme der Klage enthalten, sind Schriftsätze und sonstige Erklärungen der Parteien, sofern nicht das Gericht die Zustellung anordnet, ohne besondere Form mitzuteilen. Bei Übersendung durch die Post gilt die Mitteilung, wenn die Wohnung der Partei im Bereiche des Ortsbestellverkehrs liegt, an dem folgenden, im übrigen an dem zweiten Werktage nach der Aufgabe zur Post als bewirkt, sofern nicht die Partei glaubhaft macht, daß ihr die Mitteilung nicht oder erst in einem späteren Zeitpunkt zugegangen ist.

(3) Soll durch die Zustellung eine Frist gewahrt oder die Verjährung unterbrochen werden, so tritt die Wirkung, sofern die Zustellung demnächst erfolgt, bereits mit der Einreichung oder Anbringung des Antrags oder der Erklärung ein.

1 **I) Zustellung von Amts wegen** (§§ 208–213a) ist seit dem Inkrafttreten der VereinfNovelle vom 3. 12. 76 am 1. 7. 77 die Regel. Sie erfolgt insbes auch zur Inlaufsetzung von Rechtsmittelfristen bei (selbst verkündeten) Entscheidungen (§§ 317, 329; s aber die Sonderregelung in §§ 516, 552!).

Ebenfalls von Amts wegen erfolgen die Zustellungen von Ladungen (§ 214), bestimmenden Schriftsätzen (§ 270 II) u sonstigen eine Frist in Lauf setzenden Schriftsätzen oder gerichtlichen Verfügungen (insbes bei Vorbereitung der Termine §§ 273 ff), soweit nicht bei verkündeten Terminen eine Ladung ganz entbehrlich ist (§ 218), die Zustellung von Anwalt zu Anwalt eine Amtszustellung entbehrlich macht (§ 198) oder das Gesetz formlose Mitteilungen genügen läßt (zB § 251 a II).

Zustellung im Parteibetrieb (§§ 166–207) gibt es nur noch im Zwangsvollstreckungsverfahren, dessen Betrieb allein Anliegen des Gläubigers ist, so zur Einleitung der ZwVollstr §§ 750 I + II, 751 II, 756, 765, 795, 798; Zustellung des Pfändungs- u Überweisungsbeschlusses §§ 829 II, 835 III, 858 IV; Zustellung von Arrest u einstw Verfügung §§ 922 II, 936; Verzicht des Gläubigers auf Pfändung u Überweisung § 843 sowie uU die Zustellung des Vollstreckungsbescheids § 699 IV 2 (zu letzterem s Bischof NJW 80, 2235). 2

Wegen **Form u Wirkung der Zustellungen** s Anm vor § 166 sowie die Anm zu §§ 166–213 a.

II) Förmlich zuzustellen sind die Klageschrift (§ 253), Schriftsätze mit Sachanträgen (§ 297) und die Klagerücknahme (§ 269). Alle sonstigen Schriftsätze sind formlos (vgl Rn 2 vor § 166) mitzuteilen. Wo beide Parteien durch Anwälte vertreten sind, genügt Zustellung von Anwalt zu Anwalt (§ 198), falls nicht gleichzeitig eine gerichtl Anordnung mitzuteilen ist (§ 198 Rn 3, § 253 Rn 4). Im übrigen ersetzt Zustellung in Parteibetrieb die Zustellung von Amts wegen (und umgekehrt) nicht, RG 169, 282; Stuttgart NJW 61, 81 (s aber §§ 187, 295). Wegen notw Zustellung an den Prozeßbevollm s § 176. 3

Sachanträge sind solche, die sich auf den Inhalt der gewünschten Entscheidung beziehen; sonstige nur den Verfahrensablauf betr Prozeßanträge sowie die bloßen Verteidigungsanträge des Bekl bedürfen keiner förmlichen Zustellung an den Gegner; anders für Verteidigungsanträge KG NJW 70, 616, aber die Verteidigung erfordert kein Verlesen von Anträgen, BGH NJW 65, 397; 72, 1373, und deshalb keine förmliche Zustellung der sie vorbereitenden Schriftsätze (vgl Schlicht NJW 70, 1633). Wo Zustellung oder Mitteilung im Amtsbetrieb zu erfolgen hat, sind die hierfür erforderlichen Abschriften einzureichen (§ 133). Wegen Form u Inhalt der Schriftsätze s Anm zu §§ 129–131. Amtsgerichtl Verfahren: § 496. 4

III) 1) Nur ein **eingereichter Schriftsatz** oder **angebrachter Antrag** äußert prozessuale Wirkung. Zur notwendigen Berücksichtigung auch eines am Tage der Entscheidung eingereichten Schriftsatzes s vor § 128 Rn 8. – Die schriftl oder mündl Erklärung muß den richtigen Adressaten erreichen; das ist für das Gericht der zur Entgegennahme und zur Beurkundung der Zeit des Eingangs zuständige Beamte (vgl für Vergleichswiderruf BGH NJW 80, 1752). Schriftsätze sind auf der GeschSt des Gerichts (nicht zB beim Hausmeister, Portier, Kanzleipersonal BGH 2, 31; BGH VersR 76, 1063), auf einer hierfür eingerichteten Einlaufstelle (OLG 19, 125; 35, 51; RG 76, 129) oder bei dem zuständigen u zur Annahme bereiten Richter (dieser ist zur Annahme außerhalb des Termins nicht verpflichtet!) abzugeben oder in den amtl angebrachten Gerichtsbriefkasten einzuwerfen. Wo eine Übergabe an den für die Entgegennahme zuständigen Beamten nicht erfolgt, genügt gleichwohl, daß das Schriftstück jedenfalls in die Verfügungsgewalt des in der Adresse angegebenen Gerichts gelangt; eine Mitwirkung des Gerichts in der Form der Entgegennahme des Briefs ist hierbei nicht erforderlich (BVerfGE 52, 203 = NJW 80, 580 = MDR 80, 117). Daher genügt Einwurf in den für die allgemeine Briefpost vorgesehenen **Hausbriefkasten des Gerichts** immer (BGH NJW 81, 1216; 84, 1237 = MDR 84, 653), doch ist für das Einreichen fristgebundener Schriftstücke eine erhöhte Sorgfalt vom Absender zu beachten: wo ein **Nachtbriefkasten** angebracht ist, ist dieser zu benutzen, wenn mit der Leerung des Hausbriefkastens (zB wegen Dienstschlusses des Gerichts) am gleichen Tag nicht mehr zu rechnen ist (BGH MDR 81, 740). Dem Nachtbriefkasten entsprechend genügt aber auch das Einlegen eines fristgebundenen Schriftstücks in ein **im Gerichtsgebäude befindliches Brieffach** für eingehende Post; auf die Leerung dieses Fachs am gleichen Tag (auch nach Dienstschluß) darf der Einleger vertrauen (BGH MDR 84, 653). Die Partei darf eine Frist bis zum Ablauf des letzten Tages, also bis 24 Uhr ausnutzen (§ 222 Rn 2; § 188 I BGB; BVerfG NJW 75, 1405; 76, 747). Bei Einwurf nach dem Ende der allg Dienststunden hat dann, sofern ein Nachtbriefkasten mit automat Zeitfeststellung fehlt, der Absender die Beweislast für Fristwahrung (vgl § 222 Rn 2). Dagegen ist der **Briefkasten einer gemeins Einlaufstelle** aller Gerichte einer Stadt nur insoweit Einlaufstelle der einzelnen Gerichte, als das zuständige Gericht i der Adresse richtig bezeichnet ist; hier ist zB ein falsch an das OLG adressierter Brief nicht auch beim zuständigen LG eingelaufen, solange er nicht vom OLG dorthin weitergeleitet wurde, BGH NJW 83, 59; 72, 684; 75, 2294; 79, 876; VersR 83, 123; 77, 720; BAG NJW 75, 184; BayObLGZ 1966, 430; Rpfleger 75, 98. Zwar hat jedes Gericht die Pflicht, bei ihm eingehende Irrläufer, auch in Unkenntnis von der Rechtsmitteleinlegung noch beim Gericht der Vorinstanz eingereichte Schriftstücke, an das nun zuständige Gericht weiterzuleiten 5

(BVerfG NJW 83, 2187), jedoch besteht eine Amtspflicht (iSd § 839 BGB) des unzuständigen Gerichts, bei ihm eingereichte Schriftstücke *sofort* an das zuständige Gericht weiterzuleiten, zugunsten der Partei grds nicht: BGH VersR 81, 63; NJW 72, 684; 79, 876; BSG GS NJW 75, 1380. Bei der anwaltlich nicht vertretenen Partei kann im Einzelfall aber das Verschulden (§ 233) verneint werden (Karlsruhe MDR 81, 503). Der Eingang eines an das Stammgericht adressierten Schriftsatzes bei einem **auswärtigen Spruchkörper** desselben Gerichts (§ 116 GVG Rn 2) wahrt die Frist ebenso wie umgekehrt (BGH NJW 67, 107; Karlsruhe OLGZ 84, 223 = NJW 84, 744). Wegen der Wirkung örtlicher Feiertage in diesem Fall s § 222 Rn 4. – Wegen Beweiskraft des Eingangsstempels s § 418 Rn 5. Mündl Anträge oder Erklärungen sind (soweit überhaupt zulässig, vgl §§ 78 II, 44 118, 129 a, 920 usw) zu Protokoll des UrkBeamten der GeschSt oder des Rechtspflegers abzugeben. Die Einreichung eines Gesuchs um Prozeßkostenhilfe ersetzt nicht die Einreichung einer Klageschrift (BGH NJW 61, 312; vgl § 253 Rn 5). Wegen **telegrafischer Einreichung** s Rn 11 zu § 130. Wegen der Unterscheidung zwischen der Einreichung und dem vereinbarten „Eingang" eines Vergleichswiderrufs bei Gericht s BGH NJW 80, 1752 u 1753 sowie § 794 Rn 10.

6 **2) Fristwahrung** durch Einreichung: Seit Einführung des generellen Amtsbetriebs für Zustellungen ist der Kläger nicht mehr Herr des Zustellungsbetriebs. Verzögerungen, die nur im Geschäftsgang des Gerichts ihre Ursache haben, und mögen sie noch so lang sein (StJP Anm III 2: monatelang, zB bei Zustellung im Ausland BGH VersR 83, 831/832; 75, 373), kann er selten verhindern, sie sollen ihm daher nicht zum Nachteil gereichen, zumal grundsätzlich jeder, der einen Antrag rechtzeitig bei dem zuständigen Gericht einreicht, davon ausgehen darf, daß dieser nicht als verspätet behandelt werden darf (vor § 128 Rn 8; BVerfG MDR 80, 117 = Rpfleger 79, 451). Abs III verlegt daher die Wirkungen der Klage (vgl § 262) auf den Zeitpunkt der Einreichung oder Anbringung zurück, sofern die Zustellung demnächst erfolgt (vgl §§ 207, 693 II). Das gilt auch für eine bei der Gerichtskasse mit Prozeßkostenvorschuß eingereichte Klage, wenn nach der örtlichen Gerichtspraxis die Klage mit dem Vorschuß bei der Kasse einzureichen ist (BGH MDR 84, 665).

7 Die Klage ist nicht **demnächst zugestellt,** wenn der Kläger oder sein ProzBevollm (Köln NJW 67, 887; BGH 31, 347 = NJW 60, 766; § 85 II) durch nachlässiges Verhalten zu einer nicht nur ganz geringfügigen Verlängerung der Zeitspanne zw Einreichung u Zustellung der Klage beigetragen hat. Dabei ist hinsichtl der Nachlässigkeit bei erheblicher Verzögerung (anders bei geringfügiger Verzögerung BGH VersR 74, 1106) ein strenger Maßstab anzulegen: leichte Fahrlässigkeit genügt, BGH NJW 71, 891. Jedoch ist vorwerfbar nur eine Säumnis nach Ablauf der zu wahrenden Frist (BGH NJW 86, 1347; 72, 209), denn grunds darf jede Frist voll ausgeschöpft werden (§ 222 Rn 2; BGH VersR 83, 831/832; MDR 84, 665). Es kommt daher nicht darauf an, ob die Partei während noch laufender Frist nachlässig war. Jedoch ist besondere Sorgfalt geboten, wenn die Klage erst kurz vor Fristablauf eingereicht wird (BGH NJW 63, 715). Der Gegner soll durch Abs III nicht aus vom Kläger zu vertretenden Gründen unbillig beschwert werden. Unbillig idS ist idR eine Zeitdauer von mehr als 4 Wochen (BGH NJW 60, 1952). IdR begründet Verzögerung um mehr als 2 Wochen den Vorwurf der Nachlässigkeit (BGH NJW 71, 891; VersR 70, 1045).

8 Kläger darf nach Einreichung der Klage grds warten, bis **Kostenvorschuß** von ihm (gem § 32 III KostVfg nicht notwendig von seinem Anwalt, BGH VersR 68, 81) eingefordert wird, Hamburg MDR 76, 320 (Celle VersR 76, 854 hält hier aber Rückfrage der Partei für nötig; ebenso im Ergebnis BGH 69, 361 = NJW 78, 215). Düsseldorf MDR 84, 854 erachtet es jedoch zutreffend für geboten, bei beziffertem Antrag einer fristgebundenen Klage den Kostenvorschuß unaufgefordert sofort einzuzahlen, um jede Zustellungsverzögerung zu vermeiden. Auf rechtzeitige Vorschußzahlung durch seinen Rechtsschutzversicherer darf der Kläger aber nicht untätig warten (BGH VersR 68, 1062/63; LG Berlin MDR 78, 941). Bereits die Einzahlung der allg Verfahrensgebühr (§ 65 GKG) 18 Tage nach Anforderung kann v Kläger zu vertretende Verzögerung sein (BGH NJW 61, 1628; 67, 779; einschränkend Hamm NJW 77, 2364 für zahlungspflichtige Behörde), anders bei auf gerichtl Versehen zurückzuführender verspäteter Einzahlung (BGH VersR 67, 661). Der Streitwert muß nicht bereits i der Klageschrift angegeben sein (BGH NJW 72, 1948). Ist der Kläger zur Vorleistung der allg Verfahrensgebühr nicht in der Lage, muß er Antrag gem § 65 VII GKG stellen (BGH NJW 74, 58; München NJW 66, 1518) u auf Zustellung der Klage ohne gleichzeitige Terminsbestimmung hinwirken; er darf nicht erwarten, vom Gericht auf drohenden Fristablauf hingewiesen zu werden (BGH VersR 69, 57; BGH 31, 342). Auf die Länge der zu wahrenden Frist kommt es nicht an (BGH NJW 56, 1319). Insbesondere ist dem Kläger nicht anzulasten, wenn seine etliche Monate vor Verjährungseintritt eingereichte Klage dann ohne sein Verschulden monatelang durch den Gerichtsbetrieb bei Auslandszustellung und öffentlicher Zustellung nicht zugestellt wird (BGHZ 25, 255 u VersR 75, 373); zur Frage der Amtshaftung gemäß § 839 BGB für verzögerte Zustellung BGH VersR 83, 831/832.

Wird Klage mit **Gesuch um Prozeßkostenhilfe** (PKH) am letzten Tag der Frist eingereicht, was grds ausreicht (BGH VersR 70, 1045), muß die vordruckgemäße Erklärung nach § 117 Abs 2–4 bereits beigefügt sein (BGH NJW 74, 58; VersR 69, 57). Keinesfalls genügt als Zustellung die formlose Mitteilung der Klageschrift an Gegner zur Äußerung im PKH-Bewilligungsverfahren (BGH 7, 268/270; VersR 68, 368), mag auch der Zustellungsmangel durch rügelose Einlassung des Bekl im Termin heilbar sein (BGH NJW 72, 1373). 9

Es genügt nicht, daß der Kläger ledigl Verzögerung vermeidet, er muß **alles ihm Zumutbare** im Sinne einer mögl Beschleunigung der Zustellung tun (BGH NJW 81, 1550; 67, 779; VersR 66, 675 und 66, 627). Dazu gehört auch die Beifügung der für die Zustellung erforderlichen Anzahl von Abschriften eines Schriftsatzes, § 133 (BGH VersR 74, 1106). Das oben über die noch vertretbare Zeitdauer zwischen Einreichung und Zustellung Gesagte gilt auch für die Zeit zwischen Einreichung einer Klage u „demnächst" erfolgender Heilung ihrer Mängel gem § 295 (so bei Zustellungsmängeln BGH 25, 66). 10

Fristwahrung durch demnächst erfolgende Zustellung setzt grundsätzlich Identität des eingereichten mit dem zugestellten Schriftsatz voraus; nach BGH NJW 68, 1058 sind aber geringfügige **inhaltliche Abweichungen bei Klageschrift** unschädlich, soweit darin keine Klageänderung (§ 263) liegt. Unschädlich auch Klage zum unzuständigen Gericht, wenn Verweisung erfolgt (§ 281 Rn 15; BGH 35, 375 = NJW 61, 2259; BGH NJW 83, 1052). 11

3) Fristen iS des Abs III sind alle materiellen oder prozessualen Fristen (insbes Ausschluß- und Notfristen), deren Ablauf durch Klageerhebung unterbrochen wird. Das Gesetz will dem Kläger das Verzögerungsrisiko der außerhalb seiner Einflußsphäre liegenden Amtszustellung abnehmen. Daher gilt Abs III nicht für die Wahrung von Fristen, für deren Einhaltung nicht die Klage, sondern der Zugang einer rechtsgeschäftlichen Willenserklärung (§ 130 BGB) erforderlich ist (Raudzus NJW 83, 667; BGH NJW 82, 172/173; 75, 39; MDR 82, 315) und ausreicht. Deshalb ist Abs III insbesondere insoweit nicht anwendbar, als das Gesetz dem Eintritt der Rechtshängigkeit nicht nur rechtswahrende, sondern rechtsstärkende oder rechtsvermehrende Wirkung beilegt, zB in §§ 284, 291, 292, 347, 407 II, 818 IV, 847, 987 ff, 996, 1002, 1384, 2023 BGB. Abs III gilt nicht für die Wahrung einer Anfechtungsfrist (§ 121 BGB; BGH NJW 75, 39), für die Wahrung tarifvertragl Ausschlußfristen (BAG NJW 76, 1520), für die Vererblichkeit des Schmerzensgeldanspruchs (§ 847 BGB; s § 262 Rn 4), für die Rechtzeitigkeit eines Vorbehalts gemäß § 16 Nr 3 II VOB/B (Raudzus NJW 83, 667 gegen BGHZ 75, 307/310 ff = NJW 80, 455/456) und für die Wahrung einer vertraglichen Ausschlußfrist (BGH NJW 82, 172 = MDR 82, 315). – BGH NJW 74, 1285 hält § 270 III für anwendbar, wenn Schuldner befristet gem § 225 BGB auf Verjährungseinrede verzichtet hat (hierzu Haase JR 74, 470). 12

IV) Wegen der Zustellungsauslagen des Gerichts: s Rn 3 zu § 211. 13

271 *[Zustellung der Klage]*

(1) Die Klageschrift ist unverzüglich zuzustellen.

(2) Mit der Zustellung ist der Beklagte aufzufordern, einen bei dem Prozeßgericht zugelassenen Rechtsanwalt zu bestellen, wenn er eine Verteidigung gegen die Klage beabsichtgt.

(3) Der Beklagte ist ferner bei der Zustellung aufzufordern, binnen einer von dem Vorsitzenden zu bestimmenden Frist von mindestens zwei Wochen nach Zustellung der Klageschrift sich durch den zu bestellenden Rechtsanwalt dazu zu äußern, ob einer Übertragung der Sache auf den Einzelrichter Gründe entgegenstehen.

I) Zustellung der Klageschrift (§ 253) u damit Begründung der Rechtshängigkeit der Sache (§ 261) mit deren prozessualer (§ 270 III) u materiellrechtl Wirkung (§ 262) hat unverzüglich (§ 121 I BGB) von Amts wegen (§ 270 I) zu erfolgen. Formlose Mitteilung der Klage an den Gegner, zB zur Stellungnahme zu einem Gesuch um Prozeßkostenhilfe (§ 253 Rn 5), bewirkt keine Rechtshängigkeit bis zur rügelos streitigen Einlassung des Gegners (§ 295). Die Zustellung der Klage ist ausnahmsw zurückzustellen, bis der Kläger die erforderl Abschriften vorlegt (§ 133) u den Kostenvorschuß gem § 65 GKG entrichtet (Ausnahmen hierfür § 65 VII GKG; vgl § 216 Rn 8). Düsseldorf OLGZ 83, 117 läßt für die Zustellung der Klageschrift die Einzahlung des Kostenvorschusses durch den Beklagten genügen. Wegen notw Zustellung an den bestellten und benannten Rechtsanwalt s Anm zu § 176. Für die Frage, wann eine **Ablehnung der Klagezustellung** gerechtfertigt ist und welche Rechtsbehelfe dann dem Kläger offenstehen, gilt das zur Ablehnung der Terminsbestimmung Gesagte (§ 216 Rn 4–12 und 22) entsprechend; zur Bedeutung der Prozeßvoraussetzungen hierbei (grds kein Zustellungshindernis) s vor § 253 Rn 9–24. 1

2 Die Zustellung der Klage ist regelm mit der **Terminsladung** (§ 216 II) zu verbinden, falls nicht ausnahmsweise bei schriftl Vorverfahren (§ 276) von der Terminsbestimmung zunächst abgesehen werden darf (§ 216 Rn 13; § 276 Rn 2 u 16). Terminsladung ohne gleichzeitige Zustellung der Klage wäre proz wirkungslos (KG NJW 63, 1408). Dagegen ist Zustellung der Klage auch ohne gleichzeitige Ladung Amtspflicht des Gerichts (§ 839 BGB) bei Glaubhaftmachung (§ 294) der Notlage des Klägers iS § 65 VII 3 u 4 GKG zur Herbeiführung der Zustellungswirkungen gem §§ 261, 262 (München NJW 66, 1518).

3 **Mit der Zustellung der Klage** u Terminsladung **sind** etwa erforderl Fragen, Hinweise u **Auflagen** (§§ 139, 273, 278 III) **zu verbinden.** Bei frühem ersten Termin ist der Bekl gem § 275 I zur (evtl befristeten; § 277 III) Klageerwiderung aufzufordern; bei schriftl Vorverfahren ist er aufzufordern, binnen 2 Wochen (Notfrist) seine Verteidigungsabsicht anzuzeigen (sonst § 331 III) u in einer Frist von mindestens 2 weiteren Wochen zur Meidung der Folgen des § 296 auf die Klage zu erwidern (§ 276 I u II). Die Verbindung dieser Terminsvorbereitung bereits mit der Klagezustellung ist eine der wesentlichsten Amtspflichten, welche die VereinfNovelle dem Vorsitzenden auferlegt.

Wegen Zustellungsmängeln u deren Heilung s Rn 6 vor § 166 u Rn 1–7 zu § 187. Wegen Behandlung der mit einem Gesuch um Prozeßkostenhilfe eingereichten Klage s § 253 Rn 5 und § 117 Rn 6–8).

4 **Mitteilung der Klage an Dritte** in Familien- u Kartellsachen: Abschnitt 2 d bundeseinheitl AO über die Mitteilungen in Zivilsachen sowie § 20 AGBG v 9. 12. 76.

5 **Landesrechtl** sind weitere Mitteilungspflichten für Klagen gegen Angehörige best Berufsgruppen bestimmt (zB für RAe u Notare BayJMAO v 3. 2. 70, JMBl S 15).

6 **II) Aufforderung zu Anwaltsbestellung** ist nur im Anwaltsprozeß (§§ 78, 78 b) geboten. Sondervorschrift für Ladung § 215, für Berufungsverf § 520 III. Ohne diese Aufforderung ist die im Anwaltsprozeß allein erscheinende Partei iS des § 335 I 2 nicht ordnungsgemäß geladen (vgl Anm zu §§ 214 u 215). Jedoch bleibt hiervon die Wirksamkeit der Klagezustellung iS §§ 261, 262 unberührt.

7 **III) Aufforderung** an den Bekl, sich zur Eignung der Sache zur Entscheidung durch den **Einzelrichter** zu äußern ist notw Voraussetzung (rechtl Gehör) der Entscheidung gem § 348. Die Fragestellung kann (sollte aber nicht) bis zur mündl Verhandlung (vgl § 348 II) zurückgestellt bzw nachgeholt werden, zB wenn sich die Schwierigkeit oder Bedeutung der Sache iS des § 348 I bereits aus der Klageschrift ergibt, die Bestellung des ERi also nicht in Betracht kommt. Dem Kläger ist rechtl Gehör zur ERi-Frage bereits durch § 253 III gewährt. Die Anfrage des Gerichts gemäß Abs III (hierzu auch § 348 Rn 11) ist keine Anordnung iS § 273; sie steht daher einer kostenfreien Klagerücknahme (GKG KV Nr 1012) noch nicht entgegen (Koblenz MDR 85, 65).

8 Abs III gilt entsprechend bei Überleitung des Mahnverfahrens in das Streitverfahren (§ 697 I), jedoch nicht (wegen der dort gesetzl Zuständigkeit des Vorsitzenden als Einzelrichter gem § 349) bei Klagen zur Kammer für Handelssachen (§ 96 GVG).

9 **IV) Gebühren:** Die Aufforderung nach Abs II und III wird durch die allg Verfahrensgeb abgegolten.

272 *[Bestimmung der Verfahrensweise]*

(1) Der Rechtsstreit ist in der Regel in einem umfassend vorbereiteten Termin zur mündlichen Verhandlung (Haupttermin) zu erledigen.

(2) Der Vorsitzende bestimmt entweder einen frühen ersten Termin zur mündlichen Verhandlung (§ 275) oder veranlaßt ein schriftliches Vorverfahren (§ 276).

(3) Die mündliche Verhandlung soll so früh wie möglich stattfinden.

1 **I)** Die **Terminsbestimmung** hat gem § 216 II unverzüglich zu erfolgen (nach altem Recht „binnen 24 Stunden"). Diese Neufassung des § 216 durch die VereinfNovelle 1976 will den einer sinnvollen Terminsvorbereitung (§§ 273 ff) widersprechenden Zwang zur sofortigen Terminsbestimmung durch die Möglichkeit ersetzen, den Verhandlungstermin nach Zeit und Form so zu bestimmen, daß der Rechtsstreit möglichst in einer mündl Verhandlung erledigt werden kann. Formaltermine, die sich in der Antragstellung u Anberaumung eines weiteren Termins erschöpfen, sind ein Armutszeugnis für das Gericht u eine Zumutung für die Parteien; eine derart verschleppende Verfahrensweise zu verhindern ist das Hauptanliegen der Novelle v 3. 12. 1976. Sie verlangt vom Vorsitzenden die zielstrebige Erfüllung der gerichtl Förderungspflicht durch Hinweise, Fragen u Auflagen (§§ 139, 273, 278 III), vom Gericht uU die vorweggenommene Beweiser-

hebung (§ 358a), damit tunlichst der **„Haupttermin"** der einzige Termin bleibt. Damit dieses Ziel nicht an der mangelhaften Mitwirkung der Parteien scheitert, ist deren Untätigkeit durch § 296 mit Rechtsnachteilen bedroht.

Wenn Abs I eine derart **umfassende Vorbereitung** des Haupttermins (§ 278) „in der Regel" fordert, so läßt er die sofortige Terminierung ohne weitere Vorbereitung als Ausnahme nur dort zu, wo sie iS der Prozeßförderung sachlich geboten ist, so bei offenbar klarer Sach- u Rechtslage, bei Eilsachen (Arrest, einstw Verfügung, Urkunden-, Wechsel- oder Scheckprozeß), im übrigen auch bei ergebnislosem Ablauf der gem §§ 275, 276 gesetzten Frist zur Klageerwiderung (dann: § 331 III beachten). In Eilsachen erforderl Vorbereitungsmaßnahmen sind mit der sofortigen Terminsbestimmung zu verbinden. Die Terminsvorbereitung braucht ausnahmsweise nicht „umfassend" sein in den Fällen der §§ 145 III, 146, 280 I und 304. 2

II) Wahl des Verfahrensgangs: Das Gesetz bietet den frühen ersten Termin (§ 275) u den Termin nach Durchführung eines schriftl Vorverfahrens (§ 276) dem Vorsitzenden (i Fall § 348 dem ERi) grds zur Wahl nach seinem (nicht nachprüfbaren; Frankfurt MDR 83, 411) pflichtgebundenen Ermessen an. Sonderregelung für Familiensachen: §§ 611 II, 640 und in Arbeitssachen (§ 46 II ArbGG). 3

Die derart getroffene Wahl kann, soweit sachl geboten, aus erhebl Gründen (§ 227) vom Vorsitzenden geändert werden, so wenn die Einlassung des Bekl nachträgl eine zeitaufwendige weitere schriftliche Vorbereitung der mündl Verhandlung erforderlich macht; dann Aufhebung des frühen Termins (§ 227 II) unter gleichzeitiger Nachholung der nach §§ 273, 276 (evtl auch § 358a) nun gebotenen Maßnahmen (Hartmann Rpfleger 77, 3; BLH Anm 3 A c; aM Bischof NJW 77, 1897; Grunsky JZ 77, 202) und sofortiger Anberaumung des neuen Verhandlungstermins (§ 216 II). Keinesfalls wird jedoch in diesem Fall durch ersatzlose Terminsabsetzung das schriftliche Vorverfahren (§ 275) eröffnet bzw nochmals eröffnet und damit auch eine schriftliche Entscheidung ermöglicht (vgl § 216 Rn 13; § 276 Rn 16, § 331 Rn 12; München OLGZ 83, 86 = MDR 83, 324; abw Nürnberg MDR 82, 943). 4

1) Früher erster Termin (§ 275) bietet sich an für einfache u eilige Sachen (Rn 2), für zum Sühneversuch (§ 279) geeignete Sachen, bei schriftl nicht behebbaren Mängeln der Klageschrift, aber auch bei umfangreichen Sachen, deren Aufklärung mündl erfolgversprechender erscheint als i schriftl Vorverfahren. Geeignet auch zur Einschränkung des Prozeßstoffs durch teilw Erledigung durch Teilurteil (§ 301), teilw Anerkennung (§ 307) oder Rücknahme (§ 269) sowie für zu erwartende Zwischenurteile (§§ 280, 304) oder Vorbehaltsurteile (§§ 302, 305, 599). 5

Bei Wahl des frühen ersten Termins erfolgt (wie nach altem Recht) Terminsbestimmung (§ 274) unverzüglich (§ 216) u möglichst kurzfristig. Die Wahl des Terminstages wird maßgebl bestimmt durch den Geschäftsanfall des Gerichts u durch die voraussichtl Erledigung der auch hier nach § 273 statthaften u nach § 275 gebotenen Auflagen (§ 216 Rn 17, 18). Zu beachten hierbei: Ladungsfrist §§ 217, 337, Einlassungsfrist § 274 III. Wo der Geschäftsanfall des Gerichts eine kurzfristige Terminierung ohnedies nicht erlaubt, sollte gem § 275 sofort terminiert werden, denn die dann längere Zeit bis zum Terminstag kann für die auch für den „frühen" ersten Termin zulässigen und gebotenen Vorbereitungsmaßnahmen genutzt werden (s auch unten Rn 8). 6

2) Schriftliches Vorverfahren (§ 276): hier darf zunächst die Terminsbestimmung unterbleiben. **Voraussetzung** für diese Verfahrensart ist die **Notwendigkeit einer umfassenden Vorbereitung** des aus sachl Gründen deshalb noch nicht früh bestimmbaren Haupttermins. Das Gericht sollte hierbei – insbes wenn ein naher Termin ohnedies nicht z Verfügung steht – nicht der Versuchung erliegen, eine schwierige oder umfangreiche Sache durch schriftl Vorverfügungen vor sich herzuschieben u damit zu verschleppen. Das schriftl Vorverfahren ist daher als Ausnahme v Gebot des § 216 II nur gerechtfertigt, wenn noch nicht abzusehen ist, bis wann eine notw schriftl Vorbereitung voraussichtl beendet ist. Da auch die frühe Terminsbestimmung befristete Erklärungsauflagen (§ 275 I u IV) zuläßt, wird das nur ausnahmsweise der Fall sein. Eine zu großzügige Handhabung des schriftl Vorverfahrens kann entgegen der Absicht der VereinfNovelle zu einer Aufblähung des Prozeßstoffes u durch die Hinausschiebung der Terminierung zu einer zeitl Rechtsverweigerung führen. Dem entgegenzuwirken ist die Aufgabe des Vorsitzenden, der den Parteien gezielte Hinweise zu geben u Fragen zu stellen hat; das setzt voraus, daß er sich sofort eingehend über den Sach- u Streitstand informiert u auf der Grundlage einer daraus hergeleiteten Rechtsmeinung (die den Parteien erkennbar sein soll, § 278 III) die Notwendigkeit vorbereitender Maßnahmen iS §§ 273, 276 (evtl auch § 358a) richtig beurteilt. 7

III) 1) Der **Terminstag** soll möglichst bald bestimmt (§ 216 II) und nicht weiter hinausgerückt werden, als das durch gesetzl Fristen u Geschäftslast des Gerichts (hierzu vgl Schleswig NJW 81, 691; Karlsruhe NJW 73, 1510) aber auch durch Erfordernisse einer je nach Sachlage veranlaßten 8

Terminsvorbereitung (§ 273; BGH NJW 79, 1988; Hamm NJW 80, 293) geboten ist. Gesetzl Fristen hierbei: Ladungsfrist § 217, Einlassungsfrist § 274 III, Klageerwiderungsfrist § 276 I 1; richterl Fristen (§ 221): § 274 III 3, § 275, § 276, § 277 III. Wo das Gericht wegen großer Geschäftslast bereits langfristig ausgebucht ist, sollte die lange Zeit bis zum nächsten verfügbaren Termin zur umfassenden Vorbereitung des Haupttermins genutzt werden (§ 216 Rn 17, 18). Diesen späten Haupttermin sofort festzusetzen, verbietet das Gesetz keineswegs (§ 216 Rn 13). Andererseits besteht kein Anlaß, einen Verhandlungstermin ungeachtet einer sachlich gebotenen Terminsvorbereitung trotzdem kurzfristig anzuberaumen, um dem Beklagten nach Einspruch gegen ein Versäumnisurteil die (von Deubner NJW 80, 294 so bezeichnete) „Gnadenfrist", die er sich mit dem Versäumnisurteil erkauft hat, abzukürzen; hierzu einschränkend BGH NJW 81, 286 = MDR 81, 309: Der Einspruchstermin muß nicht soweit hinausgeschoben werden, daß das Vorbringen der säumigen Partei noch „in vollem Umfang" berücksichtigt werden kann (§ 296 Rn 17, § 340 Rn 8).

9 **2) Sondervorschriften** für die Terminierung von Familiensachen u Entmündigungssachen §§ 612 I, 640 I, 670, 679, 684, 686; s ferner § 246 III 2 AktG, §§ 51, III 4, 96, 112 I 2 GenG; Mahnverfahren § 697 II, Bestimmung von Folgeterminen § 278 IV.

10 **3) Rechtsbehelfe** gegen unterlassene oder zu weit hinausgerückte Terminsbestimmung: § 216 Rn 22.

273 *[Vorbereitung des Verhandlungstermins]*

(1) Das Gericht hat erforderliche vorbereitende Maßnahmen rechtzeitig zu veranlassen. In jeder Lage des Verfahrens ist darauf hinzuwirken, daß sich die Parteien rechtzeitig und vollständig erklären.

(2) Zur Vorbereitung jedes Termins kann der Vorsitzende oder ein von ihm bestimmtes Mitglied des Prozeßgerichts insbesondere

1. **den Parteien die Ergänzung oder Erläuterung ihrer vorbereitenden Schriftsätze sowie die Vorlegung von Urkunden und von anderen zur Niederlegung bei Gericht geeigneten Gegenständen aufgeben, insbesondere eine Frist zur Erklärung über bestimmte klärungsbedürftige Punkte setzen;**
2. **Behörden oder Träger eines öffentlichen Amtes um Mitteilung von Urkunden oder um Erteilung amtlicher Auskünfte ersuchen;**
3. **das persönliche Erscheinen der Parteien anordnen;**
4. **Zeugen, auf die sich eine Partei bezogen hat, und Sachverständige zur mündlichen Verhandlung laden.**

(3) Anordnungen nach Absatz 2 Nr. 4 sollen nur ergehen, wenn der Beklagte dem Klageanspruch bereits widersprochen hat. Für sie gilt § 379 entsprechend.

(4) Die Parteien sind von jeder Anordnung zu benachrichtigen. Wird das persönliche Erscheinen der Parteien angeordnet, so gelten die Vorschriften des § 141 Abs. 2, 3.

1 **I) 1)** § 273 ist (iVm §§ 272, 275, 276) eine der wichtigsten Vorschriften der VereinfNovelle v 3. 12. 1976 zur **Förderung des Verfahrens durch umfassende Vorbereitung des Haupttermins** (§§ 272, 278), damit dieser tunlichst den Rechtsstreit ohne weitere Termine zur Entscheidungsreife der Sache (§ 300) bringt. Die Vorschrift konkretisiert die Förderungspflicht des Gerichts; sie verbietet es ihm, Schriftsätze lediglich an den jeweiligen Gegner weiterzuleiten, den Termin mechanisch anzusetzen u bis zum Verhandlungstermin den Dingen ihren Lauf zu lassen. Nur die auf das Ziel frühestmöglicher Entscheidungsreife der Sache ausgerichtete Zusammenarbeit des Gerichts mit den Parteien vermeidet eine Verschleppung des Verfahrens und unnötige Aufblähung des Akteninhalts. Die größere Verantwortung hierbei ist dem Gericht auferlegt, wobei die **Förderungspflichten des Vorsitzenden** (beginnend schon mit der Wahl der Verfahrensart, § 272 II) gegenüber den Aufgaben des Kollegiums im Vordergrund stehen. Allein diese eine große Leistungsbereitschaft und Erfahrung voraussetzende, vorbereitende Prozeßleitung durch den Vorsitzenden rechtfertigt die Institution der Kollegialgerichte.

2 **2)** Die Erfüllung dieser Förderungspflicht durch das Gericht ist wesentliche Voraussetzung der Ahndung prozessualer Untätigkeit oder Versäumung rechtzeitiger Tätigkeit der Parteien gem § 296. In aller Regel wird der Vorwurf prozessualen Verschuldens der Parteien nicht zu rechtfertigen sein, wenn das Gericht selbst seine in §§ 139, 273, 278 III begründeten Förderungspflichten verletzt hatte (BGH VersR 75, 40; NJW 80, 946 u 1103; 75, 1745; 74, 1512; Köln NJW 73, 1848; Schneider MDR 77, 796; Knöringer NJW 77, 2337; Hartmann NJW 78, 1461; s auch § 296 Rn 3).

3) Andererseits ist das Gericht (bzw der Vorsitzende) nicht gehalten, jeden schriftl angebotenen Beweis bereits vor dem ersten Termin gem Abs II 4 vorzubereiten bzw gem § 358 a zu erheben; so insbes nicht bei beiderseits umfangreichem Beweisantritt, bei Zweifeln über Fragen der Beweislast, bei erst kurz vor dem Termin angebotenen Beweisen (so, wenn dieser Termin bereits zeitlich ausgebucht ist, Köln MDR 85, 772; Schneider MDR 86, 896) sowie bei erkennbarer Unmöglichkeit, alle notw Beweise bereits im ersten (bzw einzigen) Termin zu erheben (BGH NJW 76, 1742; 71, 1564; Köln VersR 73, 130; Walchshöfer NJW 76, 697; aM StJL Rn 9). Der BGH (NJW 80, 1102/1104 = MDR 80, 487) mutet dem Gericht und auch dem Gegner einer Partei nur solche Vorbereitungsmaßnahmen zu, die im „normalen Geschäftsgang" noch ausführbar sind; bei der erstmaligen Zeugenbenennung 5 Tage vor dem Terminstag werden „Eilanordnungen" idR nicht mehr zumutbar sein (so insbesondere gegen umfassende Vorbereitungspflicht des Gerichts nach einem VersUrteil gegen die schon vor diesem säumig gewordene Partei BGH NJW 81, 286 = MDR 81, 309). 3

4) Verfügungen des Vorsitzenden bedürfen, um den Parteien das Risiko ihrer Nichtbeachtung und ihrer verspäteten Beantwortung (§§ 282, 296) hinreichend deutlich zu machen, der vollen **Unterschrift** des Vorsitzenden in Urschrift und Ausfertigung (§ 170 Rn 4), der **eindeutigen Fristbestimmung** (zur Angemessenheit der Laufzeit der Frist § 275 Rn 4), in den Fällen §§ 276 II, 277 II des **Hinweises auf die Folgen einer Fristversäumung des Beklagten** (BGHZ 88, 180/183; 86, 218 = NJW 83, 822 = MDR 83, 383; Schneider MDR 85, 287 ff; einschränkend bzgl der Belehrung über die Folgen einer Mißachtung gesetzter Fristen Rudolph DRiZ 83, 225) und, soweit sie (Präklusions-)Fristen setzen, der **Zustellung** (§ 329 II; BGHZ 76, 236 = NJW 80, 1167; hierzu § 187 Rn 8, § 276 Rn 7). Die Notwendigkeit eines besonderen Hinweises auf die Folgen einer Fristversäumung besteht gemäß §§ 276 II, 277 II nur gegenüber dem Beklagten für dessen Klageerwiderung, nicht auch für sonstige befristete Anordnungen gemäß § 273 gegenüber beiden Parteien (Düsseldorf MDR 85, 417). Falls der Beklagte in diesem Verfahrensstadium bereits anwaltschaftlich vertreten ist (§ 176 Rn 6–9), wird man entgegen der insoweit strengen Rechtsprechung des BGH (BGHZ 88, 180) als Belehrung über die Folgen der Fristversäumung den Hinweis auf die einschlägigen gesetzlichen Bestimmungen (§ 296) genügen lassen können (Hamm NJW 84, 1566; StJL § 277 Rn 19; vgl auch BGH NJW 86, 133; 83, 822 zur Notwendigkeit einer qualifizierten Rechtsfolgenbelehrung gegenüber „juristischen Laien"). Dem Zweck einer zielstrebigen Prozeßleitung und Gewährung rechtlichen Gehörs entsprechend müssen Hinweise des Vorsitzenden an die Parteien nach **Inhalt und Grund unmißverständlich** sein (vgl § 139 Rn 5 ff); inhaltlose Hinweise auf Bedenken gegen Schlüssigkeit des Sachvortrages usw erfüllen den Zweck der Terminsvorbereitung und Prozeßförderung nicht. Dementsprechend ist die Fristsetzung zur Erwiderung auf ein noch nicht vorliegendes gegnerisches Vorbringen sinnlos (BGH NJW 80, 1167/1168). 4

II) Abs II regelt beispielhaft („insbesondere"), welche Vorbereitungsmaßnahmen der Vorsitzende oder (ausnahmsweise!) ein von ihm hierzu bestimmtes Mitglied des Kollegiums ergreifen „kann", also darf. Die Entschließung des Vorsitzenden hierzu ist von der jeweiligen Prozeßlage, insbesondere auch von dem proz Vorbringen der Parteien abhängig. Hierbei ist der Katalog der in Abs II genannten Maßnahmen begrifflich nicht erschöpfend, jedoch setzt § 358 a dem Vorsitzenden insofern eine Grenze seiner Befugnisse, als eine vorweggenommene Beweiserhebung grds dem Kollegium vorbehalten bleibt, damit der Kollegialentscheidung über Beweislast, Beweiserheblichkeit u Eignung der Beweismittel nicht vorgegriffen wird. Im übrigen jedoch nimmt § 273 im Interesse der Verfahrensförderung in Kauf, daß der Vorsitzende nach seinem pflichtgemäßen Ermessen (Kalthoener DRiZ 75, 203; Walchshöfer NJW 76, 699) im Einzelfall Vorbereitungsmaßnahmen trifft, deren Entbehrlichkeit sich erst nachträglich herausstellt (BGH NJW 75, 1745). Dementsprechend sind Anträge der Parteien, bestimmte Vorbereitungsmaßnahmen zu treffen, stets nur Anregungen; ein Recht auf „Entscheidung" über solche Anregungen besteht ebensowenig, wie auch die vom Vorsitzenden getroffenen oder unterlassenen Anordnungen einer Beschwerde nicht zugänglich sind (§ 567; Düsseldorf MDR 61, 152). Wegen der **Folgen der Nichtbefolgung gerichtl Auflagen** durch die Parteien s § 296 I. 5

Maßnahmen iS Abs II können ua sein: **1) Ergänzung des schriftl Vorbringens** durch Erläuterungen oder Vorlage von Beweismitteln (vgl §§ 420–425), selbst wenn Beweisantritt insoweit nicht erfolgt war (BAG Betrieb 76, 1020). Zulässig zB die Aufforderung, Skizzen oder Fotos erst anzufertigen u vorzulegen. Im Weigerungsfall kann § 427 entsprechend angewendet werden (vgl zur Beweisvereitelung § 286 Rn 14). Hierbei gesetzte Fristen sind richterliche iS § 224 II, daher Verlängerung oder Abkürzung mögl. 6

2a) Einholung von Urkunden oder amtlichen Auskünften von Behörden wird idR der das Parteivorbringen ergänzenden Stoffsammlung dienen und (nur) insoweit Aufgabe des Vorsitzen- 7 den sein (Schneider MDR 80, 178); sie kann im Einzelfall aber bereits eine – gem § 34 II BRAGO die Beweisgebühr auslösende – Beweiserhebung sein, wo sie der Aufklärung eines streitigen Sachvortrags dient (BGH BB 76, 480; Koblenz MDR 75, 152 u 852). Letzteres ist zB der Fall bei der Einholung von Auskünften des Rentenversicherungsträgers für den Versorgungsausgleich (Lappe Rpfleger 80, 240; Hamm Rpfleger 79, 433), bei der Verwertung von Beweissicherungsakten (BGH NJW 70, 1919). Soweit in solchen Fällen eine behördliche Auskunft als SV-Gutachten zu werten ist (§ 402 Rn 6; BGH LM § 402 Nr 16; zB die Auskunft des Gutachterausschusses gem § 137 BBauG, BGH 62, 93 = NJW 74, 701), bleibt sie dem Beweisbeschluß des Kollegiums (Rn 5) vorbehalten. Die Befugnis des Vorsitzenden beschränkt sich somit auf informative und beweisvorbereitende Maßnahmen; die (gem § 358 a auch vor dem Termin zulässige) Beweiserhebung jeder Art unterliegt der ausschließlichen Kompetenz des Kollegiums. Wo der Vorsitzende – somit unzulässig – in die Beweiskompetenz des Kollegiums eingreift, entsteht der Gebührentatbestand des § 34 II BRAGO erst mit der Beweisverwertung im Termin (§ 285; s unten Rn 13; Schneider MDR 80, 180; aM Koblenz MDR 84, 410, wonach Beweisgebühr bereits durch beweisvorbereitende Maßnahmen des Vorsitzenden anfallen soll). – Die Anordnung der Urkundenvorlage durch die die Urkunde besitzende Behörde erfolgt im Fall § 432 durch Beweisbeschluß (§ 358 Nr 2).

8 **b)** Über Begriff der **„Behörde“** s eingehend BGH NJW 64, 299–300; BayObLGZ 69, 93. Danach ist Behörde ein in den allgem Organismus der Anstalten u Körperschaften des öffentl Rechts eingefügtes Organ der Staatsgewalt, das dazu berufen ist, unter öffentlicher Autorität für die Erreichung der Zwecke des Staates unmittelbar oder mittelbar tätig zu sein. Reine Fiskalunternehmen sind, ebenso wie vom staatl Behördenaufbau losgelöste Anstalten (zB die Bundesversicherungsanstalt für Angestellte, BGH aaO; Berg NJW 85, 2294), keine Behörden. Demnach sind zB Behörden die Bundespost (BGH 20, 102/105), die Rundfunkanstalten (BVerfG NJW 71, 1739), ein städtisches Wasserwerk (BGH NJW 68, 639), die öffentlichen Sparkassen in dem ihnen gesetzl übertragenen, dem öffentl Interesse dienenden Aufgabenkreis (OVG Münster Sparkasse 66, 148; VGH Stuttgart Sparkasse 68, 383; KG WPM 65, 1255), die Girozentralen (KG JFG 4, 262; Hamm JMBl NRW 63, 116), Sparkassenvorstände (KGJ 42, I; BGH NJW 63, 1630 zum Sparkassenbuch als öffentl Urkunde), Kirchengemeinden (RG 59, 329; BayObLGZ 56, 341; Braunschweig FamRZ 62, 193), die Industrie- u Handelskammer (Karlsruhe Rpfleger 63, 204), die Handwerkskammer; **keine Behörden** sind dagegen jur Personen des Privatrechts, selbst wenn ihnen öffentl Aufgaben übertragen sind (BGH 3, 110), zB Rotes Kreuz u TÜV. – Soweit Behörde gegeben, darf auch ohne Bezugnahme einer Partei eine Auskunft eingeholt u nach Verhandlung (§ 285) als Beweismittel verwertet werden, selbst wenn die Auskunft der Behörde auf von privater Seite erholten Informationen beruht (LM § 147 BGB Nr 1). Verwertbar auch ohne Anordnung zugegangene dienstl Äußerungen eines Beamten (BGH JZ 57, 756 = LM Nr 4). Alle Behörden sind den ordentl Gerichten auskunfts- u vorlagepflichtig, soweit nicht Geheimhaltung aus Gründen der Staatssicherheit u Verteidigung oder des Persönlichkeitsrechts (so für Ehescheidungsakten BVerfG NJW 70, 555) geboten (vgl § 432 Rn 3; Scheld DRiZ 60, 182). Die amtl Auskunft kann gleichzeitig Sachverständigengutachten sein. Über ihren Beweiswert in diesem Fall s LM § 402 Nr 16. – Ob der Vorsitzende von seinem Recht, Akten, Urkunden oder amtl Auskünfte vorbereitend einzuholen, Gebrauch macht, steht i seinem Ermessen. Nötigenfalls müssen die Parteien insoweit Beweis antreten (§ 432 Rn 3).

9 **3) Ladung von Parteien** gem § 141 unter den dort in Abs I genannten Voraussetzungen. Daneben kommt auch hier Ladung der Parteien für Sühnegespräch (§ 279 II) u unter den Voraussetzungen der §§ 445 ff Ladung der Partei zur beweismäßigen Einvernahme in Betracht. Der jeweilige Grund der Vorladung ist der Partei mitzuteilen, denn die Folgen des Nichterscheinens sind i den Fällen der §§ 141, 279, 445 verschieden. Die Ladung einer Partei vor deren streitiger Einlassung ist in jedem Fall unzulässig (Celle NJW 61, 1825; Köln Büro 76, 1113; ThP Anm 3). Für Ladung gelten nach Abs IV 2 die Vorschriften des § 141 II u III entsprechend.

10 **4) Ladung von Zeugen oder Sachverständigen:** Zeugenladung begrifflich nur möglich nach schriftl Beweisantritt einer Partei u tunlichst nur, wenn das Beweisthema v Gegner bestritten ist, denn jeder Beweisantritt erfolgt nur für den Bestreitensfall (Rn 10 vor § 284). Dem Gegner kann zur Erklärung, ob er das Beweisthema bestreitet, Frist gem Abs II 1 gesetzt werden, Ladung des Zeugen „kann“ von Zahlung eines Auslagenvorschusses abhängig gemacht werden, § 379. Bei Ladung ist dem Zeugen das Beweisthema mitzuteilen, sonst sind Ordnungsmittel bei seinem Fernbleiben (§ 380) unzulässig, KG NJW 76, 719; Celle OLGZ 77, 366. Eine Anhörung von Zeugen vor dem Termin ist nur gem § 358 a (Beweisbeschluß des Kollegiums!) möglich; erst dadurch fällt Beweisgebühr für RAe an. (Koblenz MDR 80, 506). – Sachverständige darf der Vorsitzende auch ohne Beweisantritt von Amts wegen, jedoch nur im Bestreitensfall (Abs III), laden (vgl § 144 Rn 1), aus Gründen des § 358 a jedoch nicht selbst zur Begutachtung auffordern. Bei

Ladung von Amts wegen kein **Auslagenvorschuß** (§ 379; BGH FamRZ 69, 477); dagegen entfällt Auslagenvorschuß für beantragte Ladung des Sachverständigen nicht bereits deshalb, weil das Gericht diesen auch von Amts wegen laden dürfte (Düsseldorf MDR 74, 321).

III) Die **Ladung** von Zeugen u Sachverständigen **„soll" nur im Bestreitensfall erfolgen.** Bei Zweifeln ist der Gegner zur Erklärung, ob er bestreite, unter Fristsetzung (§ 273 II 1) aufzufordern. Im Berufungsverfahren wird Bestreiten im 1. Rechtszug regelm genügen. Ladung ohne vorheriges Bestreiten in Eilfällen zulässig; dann auch ohne Auslagenvorschuß (§ 379). 11

IV) Benachrichtigung der Parteien von Anordnungen iS von Abs II ist Gebot rechtl Gehörs, bei Vorbereitung der Beweisaufnahme überdies ein Gebot der Parteiöffentlichkeit: §§ 357, 397. Verstoß macht Verwertung des Beweisergebnisses unzulässig, falls der Verfahrensfehler nicht gem § 295 geheilt wird (§ 357 Rn 2). 12

V) Gebühren: 1) des Gerichts: Keine. **2) des Anwalts:** Jede Maßnahme nach § 273 löst als solche keinesfalls die anwaltl Beweisgebühr nach § 31 Abs 1 Nr 3 BRAGO aus (München JurBüro 1980, 1193; Koblenz JurBüro 1980, 1353). Für den RA kann allerdings die Beweisgebühr anfallen, wenn die zunächst vorbereitend eingeholte Auskunft später zum Beweis (zB im Urteil) verwertet wird (§ 34 Abs 2 BRAGO), vorausgesetzt, daß der prozeßbevollmächtigte Anwalt seinen Mandanten im Beweisaufnahmeverfahren vertreten hatte, indem er zB vorher die verwertete Auskunft durchgelesen, also eingesehen, und dazu Stellung genommen hatte (Riedel/Sußbauer, BRAGO, 4. Aufl 1978, § 31 Anm 97–98; dazu eingehend Schneider MDR 1980, 178). Bei vorbereitend geladenen Zeugen oder Sachverständigen entsteht die anwaltl Beweisgebühr nicht, wenn deren Vernehmung unterbleibt, mag diesen das Beweisthema oder die zu begutachtenden Punkte mitgeteilt und sogar von der Partei ein Auslagenvorschuß (§ 68 Abs 1 GKG, §§ 379, 402 ZPO) angefordert worden sein (Karlsruhe AnwBl 1979, 391; Zweibrücken JurBüro 1979, 1320). Auch handelt es sich noch nicht um eine Beweisaufnahme (im gebührenrechtl Sinn), wenn der vorbereitend geladene und erschienene Zeuge oder Sachverständige einleitend befragt wird, ob er Herr X sei, ob er mit einer der Parteien verwandt oder verschwägert sei, und weiter über seine Wahrheitspflicht (München JurBüro 1980, 1193) und ein etwaiges Zeugnisverweigerungsrecht (§ 383 Abs 1 Nr 1–3, Abs 2) belehrt wird; s dazu Schneider in Anm III zu KoRspr BRAGO § 31 Ziff 3 Nr 37 (München). Erst wenn der Zeuge oder Sachverständige im Anschluß daran durch Befragen zur Sache vernommen wird, ist dies der Beginn einer Beweiserhebung iS des § 31 Abs 1 Nr 3 BRAGO, die zum Anfall der anwaltl Beweisgebühr führt. – Eine echte Beweiserhebung liegt bei der sog vorweggenommenen (vor dem Termin zur mündl Verhandlung nach § 358a angeordneten) Beweisaufnahme vor; vgl dazu § 358a Rn 11 u § 359 Rn 7. 13

274 *[Ladung u Einlassungsfrist]*

(1) Nach der Bestimmung des Termins zur mündlichen Verhandlung ist die Ladung der Parteien durch die Geschäftsstelle zu veranlassen.

(2) Die Ladung ist dem Beklagten mit der Klageschrift zuzustellen, wenn das Gericht einen frühen ersten Verhandlungstermin bestimmt.

(3) Zwischen der Zustellung der Klageschrift und dem Termin zur mündlichen Verhandlung muß ein Zeitraum von mindestens zwei Wochen liegen (Einlassungsfrist). In Meß- und Marktsachen beträgt die Einlassungsfrist mindestens vierundzwanzig Stunden. Ist die Zustellung im Ausland vorzunehmen, so hat der Vorsitzende bei der Festsetzung des Termins die Einlassungsfrist zu bestimmen.

I) Nach Terminbestimmung (§ 216) erfolgt **Ladung der Parteien** von Amts wegen (§§ 214, 270 I) in der Form der §§ 208–213 durch die GeschSt. Ladung nur entbehrlich im Fall §§ 218, 497 II. Soweit RA bereits bestellt, ist die Ladung diesem zuzustellen, § 176. Ladung der Parteien daneben erforderl im Fall §§ 141, 273 II 3, 279 II, 445 ff. Ladung von Streitgenossen: §§ 63, 71 III. In Kindschaftssachen Beiladung auch des nichtbeteiligten Elternteils bzw des Kindes gem § 640e. 1

II) Zustellung der Klageschrift mit der Ladung (§§ 253 I, 271 I) ist zwingend erforderlich, wenn der Vorsitzende gem § 272 II frühen ersten Termin (§ 275) bestimmt hat, zulässig u geboten aber auch, wenn gem § 278 zum späten Haupttermin (§ 272 Rn 8) geladen wird. Vorbereitende Anordnungen iS des § 273 sind möglichst bereits mit der Zustellung der Ladung zu verbinden. Wegen notw Aufforderung, einen RA zu bestellen, s § 271 Rn 6. 2

III) Einlassungsfrist ist Schutzfrist zugunsten des Bekl. Sie ist gesetzliche Frist (Rn 6 vor § 214), wird gem § 222 berechnet u kann gem § 226 abgekürzt werden. Verlängerung ist ausgeschlossen (§ 224 II). Wegen Unterbrechung s § 249, Hemmung s § 223. Keine Notfrist (§ 223 II). 3

a) Anwendungsbereich: Gilt nur für die Zeit zwischen Zustellung der Klage oder der Rechtsmittelschrift (§§ 520, 555) und dem ersten darauf folgenden Termin. Die Frist beginnt auch zu laufen, wenn die Klageschrift ohne Terminsbestimmung zugestellt wird, BGH 11, 176. Für alle späteren Termine gilt nur noch die Frist des § 132, selbst bei Klageänderung oder -erweiterung, ebenso bei Widerklage; doch kann in diesen Fällen ein „erheblicher Grund" zur Terminsänderung (§ 227 I) vorliegen. 4

5 **b) Sonderregelungen:** §§ 30 (24 Stunden), 604 ZPO, § 47 ArbGG. Keine Sonderregelung für öffentl Zustellung. Abs III ist nicht anwendbar, wo mündl Verhandlung u damit Einlassung nicht erforderlich: Arrest u einstw Verfügung (§§ 921 I, 936), selbst wenn Verhandlungstermin anberaumt wird. § 217 (Ladungsfrist) gilt neben § 274 III.

6 **c) Bei Nichteinhaltung** darf Bekl (nicht der Kläger) Einlassung verweigern u ist VersUrteil gegen den Bekl (nicht gegen den Kläger) unzulässig (§ 335 I 3). Das gilt auch, wenn der Bekl zwar anwesend ist, aber befugtermaßen die Einlassung verweigert, denn § 333 ist keine Ausnahme von § 335 (StJL Rn 13). Bekl darf Vertagung beantragen. Verhandelt der Bekl, so gilt § 295. Im übrigen ist Einhaltung der Frist von Amts wegen zu überwachen u bereits bei Terminsansetzung zu berücksichtigen; insbes bei öffentl Zustellung, weil hier die Frist erst nach Ablauf der Monatsfrist des § 206 beginnt (§ 206 Rn 2).

7 **d)** Bei **Zustellung im Ausland** (§ 199) ist Einlassungsfrist vom Vorsitzenden zu bestimmen. Bestimmung einer kürzeren als der gesetzl Frist wäre Ermessensmißbrauch u daher „erheblicher Grund" iS § 227, sofern nicht vom Kläger gem § 226 beantragt. Beantragt der Kläger im Termin VersUrteil, ist § 337 zu beachten. Keine „Zustellung im Ausland" ist die öffentl Zustellung sowie die Zustellung gem § 175 I 2.

8 **IV)** Bei **Zustellung der Klageschrift ohne Ladung** (wegen § 276) beginnt die Einlassungsfrist sofort zu laufen; daher (entgegen Hamm NJW 74, 2139) kein Recht zur Einlassungsverweigerung wegen fehlender Terminsladung (Büttner NJW 75, 1349).

275 *[Früher erster Termin]*

(1) Zur Vorbereitung des frühen ersten Termins zur mündlichen Verhandlung kann der Vorsitzende oder ein von ihm bestimmtes Mitglied des Prozeßgerichts dem Beklagten eine Frist zur schriftlichen Klageerwiderung setzen. Andernfalls ist der Beklagte aufzufordern, etwa vorzubringende Verteidigungsmittel unverzüglich durch den zu bestellenden Rechtsanwalt in einem Schriftsatz dem Gericht mitzuteilen.

(2) Wird das Verfahren in dem frühen ersten Termin zur mündlichen Verhandlung nicht abgeschlossen, so trifft das Gericht alle Anordnungen, die zur Vorbereitung des Haupttermins noch erforderlich sind.

(3) Das Gericht setzt in dem Termin eine Frist zur schriftlichen Klageerwiderung, wenn der Beklagte noch nicht oder nicht ausreichend auf die Klage erwidert hat und ihm noch keine Frist nach Absatz 1 Satz 1 gesetzt war.

(4) Das Gericht kann dem Kläger in dem Termin oder nach Eingang der Klageerwiderung eine Frist zur schriftlichen Stellungnahme auf die Klageerwiderung setzen.

Lit: *Lange*, Der frühe erste Termin als Vorbereitungstermin, NJW 86, 1728; *ders*, Zurückweisung verspäteten Vorbringens im Vorbereitungstermin, NJW 86, 3043.

1 **I) 1)** Bestimmt der Vorsitzende gem § 272 II einen **frühen ersten Termin,** so ist die unverzügliche Zustellung der Klageschrift (§ 271) mit der unverzüglichen Bestimmung eines frühest möglichen (§ 272 III) Termins (§ 216 II) zu verbinden (§ 274 II). Die Wahl dieser Verfahrensart (in Abgrenzung zum schriftlichen Vorverfahren, § 276) erfolgt auch ohne ausdrückliche Deklarierung durch die (ein schriftliches Vorverfahren ausschließende, § 276 Rn 16) Terminierung. Vorbereitende Anordnungen (§ 273), insbesondere Fragen und Hinweise des Gerichts (§§ 139, 278 III) sind allein wegen dieser Verfahrensart nicht ausgeschlossen, sondern im Bedarfsfall geboten (BGH NJW 83, 576). Selbst eine Beweiserhebung vor dem frühen ersten Termin gem § 358a ist, sofern die hierfür erforderl Zeit nur zur Verfügung steht, im Fall des § 275 zulässig. Wo wegen der Geschäftsbelastung des Gerichts eine kurzfristige Terminierung iS des § 272 III ohnehin nicht möglich ist, überschneiden sich die Verfahrensarten der §§ 275 und 276 und die bis zum frühest möglichen Termin verbleibende Zeit ist in beiden Fällen zur „umfassenden Vorbereitung" (§ 272 I) zu nutzen, soweit das sachlich erforderlich ist. Mit Recht bezeichnet es Grunsky (JZ 77, 202) als eine „ärgerliche Panne" des Gesetzgebers, in § 275 II den „Haupttermin" (§ 278) vom „frühen ersten Termin" abzugrenzen, denn die Vorschrift des § 278 ist für den frühen ersten Termin in gleicher Weise verbindlich (so auch Putzo NJW 77, 3), wenn man das Ziel der Vereinfachungsnovelle, einen prozessualen Leerlauf durch unergiebige Formaltermine zu vermeiden (vgl BT-Drucksachen 7/2729 u 5250), für Ernst nimmt.

2 **2)** Als **Anwendungsbereich** des frühen ersten Termins stellt sich daher im Ergebnis nur eine Prozeßlage dar, bei welcher entweder der Prozeß vordringlich als Eilsache zu behandeln ist

(Arrest, einstweilige Verfügung, Urkunden-, Wechsel- oder Scheckprozeß) oder aber bei weitgehend klarer Sach- und Rechtslage die Sache in einem kurzfristig zur Verfügung stehenden Termin zur voraussichtlich abschließenden Verhandlung und Entscheidungsreife gebracht werden kann (vgl § 272 Rn 1–6).

II) Verfahrensablauf: 1a) Vor dem Termin (Abs I) ist dem Beklagten mit Zustellung der Klage u Ladung unter Belehrung gem § 277 II eine **Erklärungsfrist** von mindestens 2 Wochen (§ 277 III) zum Klagevorbringen zu setzen (das gilt nicht in Ehe- oder Kindschaftssachen, §§ 611 II, 640) oder er ist (ohne Fristsetzung) zur unverzüglichen Rechtsverteidigung durch einen zu bestellenden Anwalt (§ 271 III) aufzufordern. Beide wahlweise möglichen Anordnungen trifft der Vorsitzende oder ein von diesem bestimmter Beisitzer nach einem durch Umfang und Schwierigkeit der Sache bedingten Ermessen. 3

b) Die **Dauer der Frist** ist je nach Sachlage so zu bemessen, daß dem Beklagten Gelegenheit zur sachgemäßen Erwiderung unter zumutbaren Bedingungen verbleibt (BVerfG NJW 82, 1691). Daher muß die Frist von „mindestens" 2 Wochen nicht die Regel sein, so insbes bei erkennbaren Informationsschwierigkeiten des Bkl-Vertreters und schwierigem Sachverhalt, Köln NJW 80, 2421; München MDR 80, 147; Hamm NJW 80, 294. Die Versäumung einer erkennbar zu kurz bemessenen Frist ist nicht schuldhaft iS § 296 (Deubner NJW 79, 338; Franzki NJW 79, 10; Leipold ZZP 93, 237/247 ff). Wegen **Form und Inhalt der vorbereitenden Anordnungen** des Gerichts s § 273 Rn 4. Wegen der Behandlung der Präklusionsfristen wie Notfristen und der hierdurch bedingten Form der **Zustellung** s § 187 Rn 8, § 276 Rn 7. 4

2) Im Verhandlungstermin hat das Gericht (bzw der ERi), sofern die Sache (zB wegen ungenügender Klageerwiderung, fehlender Stellungnahme des Klägers auf die Klageerwiderung, notwendiger Beweiserhebung oder notwendiger gerichtl Fragen oder Hinweise gem §§ 139, 278 III) nicht entscheidungsreif ist (§ 300), alle zur umfassenden **Vorbereitung des nachfolgenden Haupttermins** (= notw Vertagung iS § 227 I) gebotenen Maßnahmen zu treffen. Soweit erforderlich sind nun im Termin die in § 273 genannten Anordnungen unter Fristsetzung nachzuholen. Eine nochmalige befristete Aufforderung an den Bekl, schriftl auf die Klage zu erwidern (Abs III), ist aber nicht veranlaßt, wenn dieser bereits eine ihm hierzu vor dem Termin gem Abs I gesetzte Frist versäumt hat und diese Versäumung auch nicht iS des § 277 I „nach der Prozeßlage" und nach Maßgabe einer „sorgfältigen u auf Förderung des Verfahrens bedachten Prozeßführung" zu entschuldigen ist; denn hier greift bei schuldhafter Versäumung bereits die Ausschlußwirkung des § 296 I durch (unten Rn 10). 5

a) Eine Fristsetzung an den Beklagten (gem § 277 III mind 2 Wochen) zur Klageerwiderung kommt daher nur bei dessen unverschuldeter Untätigkeit in Betracht. Ist das der Fall, so hat das Gericht nicht nur formelhaft zur Klageerwiderung aufzufordern, sondern die aus seiner Sicht gebotenen Darlegungen des Beklagten im einzelnen zu bezeichnen, wie das bereits in § 273 II 1 vorgesehen ist. Die hierfür zu setzende Frist ist mit der Belehrung gem § 277 II zu verbinden und nach der Zeit zu bemessen, die iS § 277 I voraussichtlich für eine sachgerechte Klageerwiderung benötigt wird, nicht etwa nach dem Tag des nächsten verfügbaren Gerichtstermins (sonst erheblicher Grund iS § 227). Zu **Form und Inhalt der Fristsetzung und Belehrung des Beklagten** s § 273 Rn 4. 6

b) Eine **Fristsetzung an den Kläger** (Abs IV; gilt nicht in Ehe- und Kindschaftssachen, §§ 611 II, 640) zur Stellungnahme auf die Klageerwiderung kann im Termin begriffl nur erfolgen, wenn eine solche vom Bekl bereits abgegeben wurde (BGH NJW 80, 1167/1168). Anderenfalls ist dem Kläger Gelegenheit zu geben, binnen einer ab Zugang der Klageerwiderung beginnenden Frist (§ 221; Mindestdauer: § 277 IV), die sofort oder später (dann Zustellung dieser Anordnung gem § 329 II 2) zu bestimmen ist, zur Klageerwiderung Stellung zu nehmen. Die Aufforderung zu einer solchen Stellungnahme „kann" auch unbefristet erfolgen. 7

3) Die **Bestimmung des neuen Termins** hat nur bei fehlender Entscheidungsreife (§ 300), dann entspr § 278 IV sofort u möglichst kurzfristig zu erfolgen (= Vertagung iS § 227 II); sie darf nicht einer späteren Anordnung (etwa nach Eingang von Schriftsätzen) vorbehalten bleiben, falls nicht der Ausnahmefall des § 251 vorliegt. Den Terminstag der nachfolgenden Verhandlung bestimmt maßgeblich die voraussichtliche Dauer der schriftl Vorbereitung dieses Haupttermins, erst in zweiter Linie die Geschäftsbelastung des Gerichts. Wegen mögl Terminsänderung s § 227. 8

4) Andere Anordnungen (Abs II), die im Termin oder auch nachträglich zu treffen sind, können insbes ein etwa veranlaßter Beweisbeschluß (§ 358) u ggf die Ladung von Zeugen, Beiziehung von Urkunden oder sonstige Maßnahmen iS des § 273 sein. 9

5) Eine **Entscheidung im frühen ersten Termin** sollte bei entsprechend vorbereiteten Eilsachen (oben Rn 2; § 272 Rn 6) die Regel sein. Auch in anderen Sachen ist eine abschließende Ent- 10 scheidung unter der Voraussetzung des § 300 nicht nur zulässig, sondern geboten; wegen der Erfordernisse des rechtlichen Gehörs auch in diesem Fall s § 278 Rn 5. **Die Zurückweisung verspäteten Vorbringens im frühen ersten Termin** gemäß § 296 ist (vorbehaltlich der Abwendung gemäß § 283; § 283 Rn 3, § 296 Rn 16) zulässig, denn das Gesetz geht, wie Abs II deutlich macht, keineswegs davon aus, daß dem frühen ersten Termin der Haupttermin nachfolgen muß, eine Verfahrensverzögerung durch diesen also unvermeidbar ist und deshalb nicht iSd § 296 durch die Parteien bedingt sein kann. Wo das Gericht den frühen ersten Termin im notwendigen Umfang vorbereitet und damit den Parteien deutlich gemacht hat, daß dieser Termin als Abschluß des Verfahrens zumindest in Betracht kommt, spricht entgegen Deubner NJW 85, 1140; 83, 1026 (ebenso Leipold ZZP 97 [1984], 395; vermittelnd aber Leipold in StJL Rn 11–12 und § 296 Rn 65–67) auch unter dem Gesichtspunkt des rechtlichen Gehörs nichts gegen die Schlußverhandlung und damit auch gegen die Zurückweisung schuldhaft verspäteten Sachvortrags gemäß § 296 im frühen ersten Termin (§ 296 Rn 5; BVerfG NJW 85, 1149 = MDR 85, 551; BGHZ 86, 31 = NJW 83, 575 = MDR 83, 393).

11 **III) Gebühren** des **Gerichts:** Keine; gerichtl Tätigkeiten sind durch die allg Verfahrensgeb abgegolten.

276 *[Schriftliches Vorverfahren]*

(1) Bestimmt der Vorsitzende keinen frühen ersten Termin zur mündlichen Verhandlung, so fordert er den Beklagten mit der Zustellung der Klage auf, wenn er sich gegen die Klage verteidigen wolle, dies binnen einer Notfrist von zwei Wochen nach Zustellung der Klageschrift dem Gericht schriftlich anzuzeigen; der Kläger ist von der Aufforderung zu unterrichten. Zugleich ist dem Beklagten eine Frist von mindestens zwei weiteren Wochen zur schriftlichen Klageerwiderung zu setzen. Ist die Zustellung der Klage im Ausland vorzunehmen, so bestimmt der Vorsitzende die Frist nach Satz 1.

(2) Mit der Aufforderung ist der Beklagte über die Folgen einer Versäumung der ihm nach Absatz 1 Satz 1 gesetzten Frist sowie darüber zu belehren, daß er die Erklärung, der Klage entgegentreten zu wollen, nur durch den zu bestellenden Rechtsanwalt abgeben kann.

(3) Der Vorsitzende kann dem Kläger eine Frist zur schriftlichen Stellungnahme auf die Klageerwiderung setzen.

1 **I) 1)** Das **schriftl Vorverfahren** zur umfassenden Vorbereitung (§ 272 I) des Haupttermins (§ 278) ist nach der Wahl des Vorsitzenden (§ 272 II) dort als Alternative zum frühen ersten Termin (§ 275) vorgesehen, wo nach Maßgabe der Klageschrift mit einer abschließenden Erledigung des Rechtsstreits in einem kurzfristig anberaumten Termin wegen des Umfangs oder der Schwierigkeit der Sache nicht zu rechnen ist. Zur Abgrenzung der beiden Verfahrensarten vgl § 272 Rn 3 ff, § 275 Rn 1 sowie unten Rn 16.

2 **2)** Bei Wahl des schriftl Vorverfahrens ist **Terminsbestimmung zunächst zurückzustellen** (§ 216 Rn 13), bis die Parteien den gerichtl Anordnungen nachgekommen sind; jedoch darf das Gericht nicht der Versuchung erliegen, eine schwierige oder umfangreiche Sache vom Terminsdruck befreit durch eine Vielzahl von Zwischenverfügungen vor sich herzuschieben u damit den Sinn der VereinfNovelle in sein Gegenteil umzukehren.

3 Das **schriftl Vorverfahren ist ausgeschlossen** in Ehe- u Kindschaftssache, §§ 611 II, 640, und im arbeitsgerichtl Verfahren (§ 46 II ArbGG); es sollte nicht gewählt werden, wenn der nächste Termin ohnedies erst zu einer Zeit verfügbar ist, bis zu der auch bei sofortiger Terminsbestimmung (§ 216 II, 272 III) eine umfassende Vorbereitung der ersten mündl Verhandlung möglich ist (§ 275 Rn 1).

4 **II) Die Terminsvorbereitung** durch den Vorsitzenden besteht hier über die in den §§ 139, 273, 278 III allgemein enthaltenen Erfordernissen hinaus in Aufforderungen an den Beklagten: **1) a)** Mit der Klagezustellung, also unverzüglich § 271 I, ist **der Beklagte** zur **Erklärung seiner Verteidigungsbereitschaft** binnen einer Notfrist (§§ 223 II, 224 I, 233) von 2 Wochen aufzufordern. Zugleich ist er aufzufordern, bei Verteidigungsbereitschaft innerhalb einer hierfür zu setzenden weiteren (richterlichen) Frist von mindestens 2 Wochen (also frühestens 4 Wochen nach Zustellung der Klageschrift) seine **Klageerwiderung** (§ 277 I) einzureichen. Die **zweifache Fristsetzung** erfordert, um die Versäumungsfolgen gem §§ 230, 331 III (für die Notfrist) u des § 296 I (für die richterliche Frist) auszulösen, eine **zweifache Belehrung** des Beklagten gem § 276 II u § 277 II. Eine (fehlerhaft) unterlassene Fristsetzung könnte allenfalls Versäumungsfolgen gem §§ 282, 296 II nach sich ziehen. Zu **Form und Inhalt von Fristsetzung und Belehrung** s § 273 Rn 4. Wegen der Folgen unterlassener Belehrung s § 277 Rn 2.

b) Bei **Zustellung der Klage im Ausland** (§199) sind die (hier richterliche) Notfrist zur Erklärung der Verteidigungsbereitschaft und die gem § 274 III (s dort Rn 7) gesondert festzusetzende Einlassungsfrist vom Vorsitzenden zu bestimmen. Hierbei ist der voraussichtlichen Laufzeit des Postverkehrs, uU auch der notwendigen Einschaltung von Übersetzern (§ 184 GVG), Rechnung zu tragen. 5

c) Die gesetzlich vorgeschriebenen Mindestfristen für die Einlassung des Beklagten, die im Anwalts- u ebenso im Parteiprozeß verbindlich sind, erlauben somit unter Berücksichtigung der Ladungsfrist (§ 217) dem Gericht **bei Wahl des schriftlichen Vorverfahrens** eine Terminsbestimmung für eine **Verhandlung frühestens 6 Wochen nach Eingang der Klage,** falls nicht eine dem Kläger gem Abs III nachzulassende Stellungnahme (wegen der hierfür beachtlichen Frist der §§ 277 IV, 132) einen noch späteren Termin bedingt. Dieser Umstand und das (praktisch nur noch formularmäßig zu bewältigende) Erfordernis, gleichzeitig verschiedene Fristen zu setzen, Belehrungen zu erteilen sowie Hinweise zu geben (§§ 215, 271 II u III, 273, 276 II, 277 II), sollten den Vorsitzenden nicht veranlassen, grundsätzlich die im Ladungsformular enthaltenen Mindestfristen abzuhaken. Wegen der Notwendigkeit, je nach Sachlage längere Fristen als die gesetzlichen Mindestfristen zu setzen, vgl § 275 Rn 4. 6

Für die **Form der Fristsetzung** erachtet BGHZ 76, 236 = NJW 80, 1167 = MDR 80, 573 förmliche Zustellung der vom Richter unterschriebenen Verfügung für erforderlich; dem ist schon wegen § 329 II 2 zuzustimmen. Die gesetzte Frist gilt bzgl ihrer Inlaufsetzung durch förmliche Zustellung wegen der möglichen Präklusionsfolge (§§ 296 I, 528 I) als Notfrist (§ 187 Rn 8); daher ist Heilung von Zustellungsmängeln (zB Zustellung entgegen § 176 an die Partei statt an ihren Anwalt; Düsseldorf NJW-RR 86, 799/800) ausgeschlossen. Siehe auch § 273 Rn 4 zu Form und Inhalt der Fristsetzung. 7

d) Eine **Sonderregelung** des schriftl Vorverfahrens nach Überleitung des **Mahnverfahrens** in das Streitverfahren enthält § 697 III; hier wird der Widerspruch des Schuldners gegen den Mahnbescheid (§ 694) als hinreichende Erklärung der Verteidigungsbereitschaft anzusehen sein, so daß es einer nochmaligen Aufforderung iS des § 276 I 1 nicht bedarf. Ein schriftliches VersUrteil (§ 331 III) gegen den Beklagten, der bereits im Mahnverfahren Widerspruch erhoben hatte, kommt daher nicht mehr in Betracht (Geffert NJW 80, 2820; ThP Anm 3d und § 331 Anm 1d; aM Celle OLGZ 80, 11 = NJW 80, 2140). 8

2) Folgen der Untätigkeit des Beklagten (dem entspricht im Anwaltsprozeß die lediglich privatschriftl Einlassung): **a) bei Nichterklärung der Verteidigungsbereitschaft** (dem entspricht der Widerruf der Bereitschaftserklärung, wenn er spätestens vor der Terminsbestimmung erklärt wird): Auf Antrag des Klägers gem § 331 III Versäumnisurteil im schriftl Verfahren; so auch, wenn im Anwaltsprozeß (§ 78 I) die Partei nur persönlich ihre Verteidigungsabsicht bekundet. 9

Prozeßkostenhilfe-Gesuch des Anwalts beinhaltet Anzeige der Verteidigungsabsicht der Partei. PKH-Gesuch der Partei persönlich muß aber – wenn es vollständig iS von §§ 114, 117 II ist – entsprechend § 337 (dort Rn 3) Anlaß zur Zurückstellung der Säumnisentscheidung geben, bis nach Verbescheidung des PKH-Gesuchs die Versäumung der Verteidigungsanzeige nicht mehr unverschuldet ist (StJL Rn 43; Franzki DRiZ 77, 163; Klinge AnwBl 77, 395; Kramer ZZP 91, 71; vgl entsprechend § 234 Rn 6). Die arme Partei hier auf die Möglichkeit der Wiedereinsetzung (§ 233) zu verweisen, ist weitgehend nutzlos, denn die Gewährung der WE (§ 238) entfaltet Wirksamkeit allenfalls bis zur Übergabe des VersUrteils an die GeschStelle (§ 331 III) zur Zustellung (§ 310 III); ein bereits erlassenes VersUrteil gegen den Beklagten bleibt von der Gewährung der WE unberührt (§ 238 Rn 1; Rastätter NJW 78, 95) und kann nur noch durch Einspruch (§ 338) seine Wirksamkeit verlieren (§ 342). Der notw Schutz der armen Partei (hierzu vgl BVerfG NJW 67, 1267) gebietet daher die entspr Anwendung des § 337 bei Säumnisantrag des Klägers gem § 331 III. 10

Stellt der Kläger den Säumnisantrag (§ 331 III) nicht, ist unverzüglich Termin zu bestimmen (§ 272 III). 11

b) bei Versäumung der Klageerwiderungsfrist: sofortige Terminsbestimmung (§ 272 III) u Versäumungsfolge gem § 296 I; 12

c) bei Anerkenntnis des Bekl (§ 78 beachten!): auf Antrag des Klägers schriftl AnerkUrteil § 307 II 13

III) Aufforderung an den Kläger, zur Klageerwiderung Stellung zu nehmen **(Replik),** steht im Ermessen des Vorsitzenden. Regelm wird eine solche Aufforderung nur geboten sein, wo erst die Klageerwiderung dem Gericht Anlaß gibt, dem Kläger Fragen zu stellen (§ 139), Hinweise zu geben (§ 278 III) oder sonstige vorbereitende Maßnahmen (§ 273) zu treffen. Die Aufforderung ist dem Kläger formlos mitzuteilen, bei (nicht notwendiger, aber zweckmäßiger) Fristsetzung zur 14

Stellungnahme förmlich zuzustellen (§ 329 II) u stets auch dem Bekl (formlos) mitzuteilen. Frist für den Kläger: mind 2 Wochen (§ 277 IV). Der BGH (NJW 80, 1167 = MDR 80, 573) erachtet es für unwirksam, dem Kläger vorsorglich bereits vor Eingang einer Klageerwiderung eine Frist zur Stellungnahme zu setzen; dem ist schon deshalb zuzustimmen, weil der Ablauf dieser Frist nicht sofort feststünde und weil die Vielzahl der gesetzl vorgeschriebenen Fristen (Rn 6) nicht noch routinemäßig vermehrt werden sollte.

15 Bei **Untätigkeit des Klägers** in diesem Fall tritt nach Fristsetzung die strenge Folge des § 296 I, ohne Fristsetzung die fakultative Folge der §§ 282, 296 II ein.

16 **IV) Das schriftliche Vorverfahren endet** ohne förmliche Aufhebung mit der Terminsbestimmung, denn mit dieser erwerben die Parteien das ihnen nicht mehr einseitig vom Gericht entziehbare Recht auf Gehör in der mündlichen Verhandlung (§ 128; München OLGZ 83, 86 = MDR 83, 324; § 216 Rn 13). § 276 ist Ausnahme von der Regel des § 216 und schließt es daher aus, daß das Gericht, anstatt das Verfahren zügig zu fördern, zwischen den in § 272 zur Verfügung gestellten Verfahrensarten wechselt und von der einmal bestimmten Verfahrensart verfahrensverzögernd regressiv abweicht. Deshalb ist, wenn einmal Verhandlungstermin bestimmt wurde, ein nur dem schriftlichen Vorverfahren vorbehaltenes schriftliches VersUrteil (§ 331 III) ebenso nicht mehr zulässig wie (entgegen Nürnberg MDR 82, 943) eine schriftliche Entscheidung bei Fehlen der Voraussetzungen gemäß § 128 II oder III und überhaupt die Rückkehr in das schriftliche Verfahren ohne einen dahin gehenden Antrag beider Parteien.

277 *[Klageerwiderung, Replik]*

(1) In der Klageerwiderung hat der Beklagte seine Verteidigungsmittel vorzubringen, soweit es nach der Prozeßlage einer sorgfältigen und auf Förderung des Verfahrens bedachten Prozeßführung entspricht.

(2) Der Beklagte ist darüber, daß die Klageerwiderung durch den zu bestellenden Rechtsanwalt bei Gericht einzureichen ist, und über die Folgen einer Fristversäumung zu belehren.

(3) Die Frist zur schriftlichen Klageerwiderung nach § 275 Abs. 1 Satz 1, Abs. 3 beträgt mindestens zwei Wochen.

(4) Für die schriftliche Stellungnahme auf die Klageerwiderung gelten die Absätze 1 und 3 entsprechend.

Lit: *Leipold,* Prozeßförderungspflicht der Parteien und richterliche Verantwortung, ZZP 93 (1980), 237.

1 **I)** § 277 regelt **Inhalt u Frist der Klageerwiderung** für den Fall des frühen ersten Termins (§ 275) u des schriftl Vorverfahrens (§ 276); für letzteres jedoch eigene Fristenregelung in § 276 I. Die Vorschrift konkretisiert ähnlich wie § 282 I die **Förderungspflicht** der Parteien in dem Sinn, daß das schriftlich-streitige Vorbringen nicht etwa von Anfang an den gesamten auch nur möglicherweise entscheidungserheblichen Sach- und Streitstand wiedergeben muß (Eventualmaxime), sondern der Sachvortrag nach Maßgabe einer sorgfältigen und förderungsbedachten Prozeßführung der jeweiligen Prozeßlage angepaßt werden darf (StJL Rn 14). Damit behält die **Dispositionsmaxime** (Rn 9 vor § 128) auch seit der VereinfNovelle ihre Gültigkeit. (BVerfG NJW 80, 1737/38; einschränkend für eine „Hinwendung zur Eventualmaxime" Leipold ZZP 93, 237/258; in StJL § 282 Rn 18 und Fußnote 11 rückt Leipold von dieser Meinung aber wieder ab). Die Parteien bleiben zur Vermeidung einer unnötigen Aufblähung des Prozeßstoffes befugt, ihr Vorbringen auf das nach Prozeßlage Notwendige zu beschränken. Dabei wird die jeweilige Prozeßlage durch das gegnerische Vorbringen aber auch durch Hinweise u Fragen des Gerichts bestimmt. Soweit im übrigen Abs I auch auf die Sorgfalt der Parteien bei Beurteilung der durch die Prozeßlage bedingten Erfordernisse abstellt, enthält die Vorschrift ein subjektives Tatbestandsmerkmal iS eines **prozessualen Verschuldens,** welches dem Gericht einen Beurteilungsspielraum einräumt, innerhalb dessen im Einzelfall die strengen Ausschlußwirkungen des § 296 hinter einer gerechten Entscheidung zurücktreten dürfen (vgl § 296 Rn 2; Grunsky JZ 77, 204). Nicht jede objektive Verzögerung des Verfahrens ist notw von den Parteien verschuldet, so insbes nicht bei Verletzung der Frage- u Hinweispflicht des Gerichts (§§ 139, 273 II 1, 278 III; § 273 Rn 2). Für eine sachlich gerechtfertigte Prozeßtaktik der Parteien insbes hinsichtlich des Tatsachenstoffes läßt die VereinfNovelle im Interesse der Verfahrensbeschleunigung Raum, solange nur nicht im Einzelfall der Vorwurf der prozeßverschleppenden Sorglosigkeit begründet ist (hierzu Schneider MDR 77, 795 und § 296 Rn 2).

II) Belehrung des Beklagten über die notw Bestellung eines beim Prozeßgericht zugelassenen RA (vgl §§ 215, 271 III, 276 II, 520 III; gilt nicht im Parteiprozeß § 79), über die Folgen einer Fristversäumung (§§ 276 II, 296, 331 III), beim Amtsgericht auch über die mögl Folgen eines schriftl Anerkenntnisses (§§ 499, 307 II) ist notw Voraussetzung einer Zurückweisung verspäteten Vorbringens (§ 296 I; BVerfG NJW 82, 1453/1454), eines schriftl VersUrteils (§ 331 III) bzw schriftl AnerkUrteils (§ 307 II). Ohne Belehrung bleiben aber die nach §§ 282, 296 II möglichen Versäumungsfolgen bestehen (vgl § 275 Rn 6, § 276 Rn 4). Die Belehrung des Beklagten über die Versäumungsfolgen hat auch dann zu erfolgen, wenn der Bkl im vorausgegangenen Mahnverfahren bereits anwaltschaftlich vertreten war (BGHZ 88, 180/183 = NJW 83, 2507; Düsseldorf NJW 78, 2203; Hamm MDR 81, 764). Zu **Form und Inhalt der Belehrung,** auch zur eingeschränkt substantiierten Belehrungspflicht gegenüber Anwälten, s § 273 Rn 4. 2

Der **Inhalt der Belehrung** (hierzu § 273 Rn 4) darf sich grundsätzlich nicht in einer **Fristsetzung** unter formelhaftem Hinweis auf die einschlägigen Vorschriften der ZPO erschöpfen; die Belehrung muß, jedenfalls wenn sie sich an den anwaltschaftlich noch nicht vertretenen Beklagten wendet, den Erfordernissen der Rechtsklarheit genügen (BGHZ 76, 236/239; LM § 296 Nr 11), also geeignet sein, auch dem jurist Laien verständlich zu machen, wann die Frist endet und welcher Nachteil bei Nichteinhaltung der Frist droht (BGHZ 86, 218 = NJW 83, 822 = MDR 83, 383). 3

III) Wegen **Frist zur Klageerwiderung** s § 275 Rn 3, 7, § 276 Rn 4. 4

IV) Für **Replik des Klägers** auf die Klageerwiderung gelten hinsichtl Inhalt und Frist die obigen Ausführungen zur Prozeßförderungspflicht entsprechend. Einer Belehrung des Klägers bedarf es nur nach Maßgabe der allgemein geltenden Vorschriften (§§ 139, 273 I, 278 III), deren Nichtbeachtung durch das Gericht ein Verschulden des Klägers iS § 296 in Frage stellen kann (Bischof NJW 77, 1899). 5

V) Die gemäß § 277 gesetzten Fristen sind wegen ihrer Präklusionswirkung (§§ 296 I, 528 I) hinsichtlich ihrer Inlaufsetzung durch notwendig **förmliche Zustellung** wie Notfristen iS des § 187 S 2 zu behandeln (§ 187 Rn 8); daher ist Heilung von Zustellungsmängeln durch tatsächlichen Zugang ausgeschlossen (BGHZ 76, 236 = NJW 80, 1167 = MDR 80, 573; Düsseldorf NJW-RR 86, 799/800). 6

278 *[Haupttermin]*

(1) Im Haupttermin führt das Gericht in den Sach- und Streitstand ein. Die erschienenen Parteien sollen hierzu persönlich gehört werden.

(2) Der streitigen Verhandlung soll die Beweisaufnahme unmittelbar folgen. Im Anschluß an die Beweisaufnahme ist der Sach- und Streitstand erneut mit den Parteien zu erörtern.

(3) Auf einen rechtlichen Gesichtspunkt, den eine Partei erkennbar übersehen oder für unerheblich gehalten hat, darf das Gericht, soweit nicht nur eine Nebenforderung betroffen ist, seine Entscheidung nur stützen, wenn es Gelegenheit zur Äußerung dazu gegeben hat.

(4) Ein erforderlicher neuer Termin ist möglichst kurzfristig anzuberaumen.

I) Haupttermin. 1) Begriff: § 275 II unterscheidet ausdrücklich den frühen ersten Termin vom Haupttermin. Das heißt aber nicht, daß § 278 nicht auch für den frühen ersten Termin gilt, denn auch dieser Termin kann bei entsprechender Vorbereitung (§§ 273, 275, 358 a; vgl § 272 Rn 7; § 275 Rn 10) u Eignung der Sache zum Abschluß der Verhandlung u zur Entscheidungsreife (§ 300) führen. Wo das der Fall ist, entfällt faktisch der Unterschied zwischen Haupttermin u frühem ersten Termin u § 278 gilt seinem Normzweck entspr auch für letzteren (Grunsky JZ 77, 202; Bischof NJW 77, 1902; Schneider MDR 77, 886; StJL Rn 27). Insbesondere das in Abs 3 normierte Gebot der Gewährung rechtl Gehörs (unten Rn 5–8) gilt nicht nur während des Haupttermins. 1

2) Ablauf: Aufruf der Sache § 220, Eröffnung der mündl Verhandlung durch den Vorsitzenden § 136, Entgegennahme der Anträge §§ 137, 297 u der Parteierklärungen §§ 138, 139 (beim Amtsgericht beachte § 504). Einführung i den Sach- u Streitstand durch das Gericht (Vorsitzender od Berichterstatter) erfordert nicht Vortrag der den Parteien offenbar bekannten Umstände, insbes nicht der Prozeßgeschichte u des in vorbereitenden Schriftsätzen (§ 129) bereits erörterten Tatsachenstoffes u der Rechtsansichten der Parteien. Nicht nur das Verfahren insgesamt, sondern auch der Termin soll konzentriert ablaufen. Daher Hinweispflicht des Gerichts u mündl Erörterung nur insoweit, als das zur Klärung des Sachverhalts (§ 139) u zur Offenlegung der Beurteilung der Sach- u Rechtslage durch das Gericht erforderlich (s Rn 5). Maßstab hierfür ist die Erklärung und Erörterung alles dessen, was für einen Sühneversuch (§ 279) geeignet u erforder- 2 lich ist. Soweit veranlaßt, hierbei Anhörung auch der erschienenen Parteien persönl (§ 137 II–IV), die hierfür idR zu laden sind (§ 141); Anhörung der Parteien tunlichst in Abwesenheit erschienener Zeugen.

3 **II) Beweiserhebung** (§ 284) folgt der streitigen Verhandlung unmittelbar, soweit sie nicht gem § 358a schon vorher stattgefunden hat (dann § 285) oder nach der Prozeßlage – zB bei der **Präsentierung nicht angekündigter Zeugen** im Termin im Hinblick auf §§ 357 I, 397 II – nicht sofort tunlich ist (BGHZ 86, 198/201 = NJW 83, 1495; BGH NJW 82, 1535 = MDR 82, 658; Hamm MDR 86, 766; vgl § 296 Rn 13). Das Gericht hat daher vor der sofortigen Vernehmung nicht angekündigt präsentierter Zeugen bei einem Widerspruch des Beweisgegners gegen diese Verfahrensweise die Erfordernisse des rechtlichen Gehörs zu prüfen und ggf (evtl auch für einen angekündigten Gegenbeweis) gemäß Abs IV einen neuen Termin zur Verhandlung und Beweisaufnahme zu bestimmen, falls nicht § 296 eingreift. – Zur Beweiserhebung trotz Abwesenheit der Parteien s § 367. Eine auswärtige Beweiserhebung (§§ 361, 362, 375) muß Ausnahme bleiben, § 355. Daher ist Ladung aller wesentlichen (nicht sämtlicher!) Zeugen u Durchführung der weiteren in § 273 vorgesehenen Vorbereitungsmaßnahmen Pflicht des Vorsitzenden (vgl § 272 Rn 1, § 296 Rn 1).

4 Nach Beweiserhebung folgt sofort (§§ 285, 370; hierzu aber § 285 Rn 2!) streitige Erörterung des Beweisergebnisses, soweit (entsprechend oben Rn 2) das erforderlich; evtl erneuter Sühneversuch des Gerichts § 279. Eine ausdrückliche Wiederholung der Anträge nach der Beweiserhebung im selben Termin ist nicht geboten (§ 297 Rn 8). Protokollierung dieses Verfahrensablaufs: § 160.

5 **III) Rechtliches Gehör** (hierzu näher Rn 2–8 vor § 128): Die von der VereinfNovelle beabsichtigte Beschleunigung des Verfahrens darf grunds nicht auf Kosten der materiell richtigen Entscheidung erfolgen (§ 296 Rn 5). Insbesondere verkennt ein Richter seinen verfassungsgemäßen (Art 20 III, 103 I GG) Auftrag zur Rechtsprechung absolut, wenn er nur um der VerfBeschleunigung willen seine schnelle Entscheidung auf rechtl Überlegungen stützt, die, obwohl entscheidungserheblich, von den Parteien nicht erkannt waren u zu denen sich zu äußern (auch das Gericht kann sich irren!) die Parteien keine Gelegenheit erhalten hatten. Mit dem in Abs III normierten u § 265 StPO angeglichenen Gebot rechtl Gehörs bestätigt das Gesetz das i der Rspr längst entwickelte **Verbot von Überraschungsentscheidungen** (BGH MDR 76, 379; VersR 63, 1149 u 71, 1021; LM § 139 Nr 3; § 295 Nr 14; hierzu Hinz NJW 76, 1187; Rosenberg ZZP 49, 38/68 ff; Schneider NJW 70, 1884). Abs III ergänzt die Pflicht zur Tatsachenaufklärung (§ 139) durch die **Pflicht zum Rechtsgespräch** über von den Parteien nicht oder nicht in ihrer Erheblichkeit für die Entscheidung erkannte rechtl Gesichtspunkte. Aus dieser Aufklärungstätigkeit des Gerichts kann die Besorgnis richterl Voreingenommenheit (§ 42) nicht hergeleitet werden, wenn sie nur objektiv ausgeübt wird (BVerfGE 42, 91; Schneider MDR 77, 882).

6 **1) Anwendungsbereich:** Der rechtl Gesichtspunkt muß entscheidungserhebl sein (Bischof NJW 77, 1901; Schneider MDR 77, 883), sei es in mat-rechtl oder verf-rechtl Hinsicht (Beispiele: Rn 10). Ausnahmsweise entfällt Hinweispflicht im Interesse der VerfBeschleunigung (wo keine Verzögerung zu besorgen, ist die Pflicht umfassend!), wenn nur eine Nebenforderung betroffen. **Nebenforderung** idS kann eine solche wie in § 4 I genannt sein, aber auch ein wertmäßig unwesentl Teil der Hauptsache (Schneider MDR 77, 1/3 u 884; Bauer NJW 78, 1238; aM Franzki DRiZ 77, 164; vermittelnd StJL Rn 48). Der rechtl Gesichtspunkt muß von der betroffenen Partei oder ihrem Anwalt (wegen dessen evtl Schwächen die Partei nicht benachteiligt werden darf; Schneider MDR 77, 971; BGH Rpfleger 77, 359) **erkennbar übersehen** oder für unerheblich gehalten sein. Ob das der Fall ist, ergeben die Schriftsätze u auch die Einlassung i Termin. Da niemand sich selbst benachteiligen will, spricht **Vermutung für das Nichterkennen;** daher Hinweispflicht großzügig und ganz unabhängig von der Frage prozessualen Verschuldens zu handhaben (StJL Rn 43). Jedoch Hinweis entbehrlich, wenn nur die ohnehin begünstigte Partei nicht erkennt, daß ihr Obsiegen aus nichterkanntem Rechtsgrund erfolgt.

7 **2) Umfang der Hinweispflicht:** das Gericht muß nicht (es darf aber) seine beabsichtigte Endentscheidung offenbaren, denn diese zu finden, bleibt der nachfolgenden Beratung (§§ 192–197 GVG) vorbehalten. Hinweis daher nötig auf alle aus seiner Sicht möglicherweise entscheidungserhebl Gesichtspunkte, die von der betroffenen Partei erkennbar übersehen oder verkannt sind. Erheblich idS kann eine Rechtsvorschrift oder eine rechtl relevante Tatsache (Schneider MDR 77, 883) sein, aber auch eine Rechtsprechung, der zu folgen das Gericht beabsichtigt. Hinweis des Gerichts entbehrlich, wo eine Partei die Rechtsfrage bereits hinreichend angesprochen hatte (BGH NJW 84, 310/311). Ob eine **Partei anwaltschaftlich vertreten** ist, bleibt entgegen BGH NJW 84, 310 (dort zutreffend kritisiert von Deubner) bei der Beurteilung der Hinweispflicht des Gerichts grds außer Betracht (§ 139 Rn 10; uU kann ein Rechtsgespräch über den Hinweis auch einen Irrtum des Gerichts beheben); allenfalls kann die Frage der „Erkennbarkeit“ (Rn 6) bei

einem Anwalt anders zu beantworten sein als bei einer nicht anwaltschaftlich vertretenen Partei.

3) Verfahren: Entgegen dem Standort des § 278 i Gesetz beginnt die Hinweispflicht nicht erst im Verhandlungstermin; das ergibt schon § 273 I. Daher Hinweise nötig auch i schriftl Verfahren (§ 128 II u III) u bei jeder Terminsvorbereitung iS § 273 (StJL Rn 27). Wo Hinweis erst i Verhandlungstermin erfolgt, muß die betroffene Partei **Gelegenheit zur Äußerung** erhalten (München OLGZ 79, 355; Bischof NJW 77, 1902; Schneider MDR 77, 886). Ist sofortige Stellungnahme der Partei unmöglich oder trotz ihrer Sorgfalts- u Förderungspflicht (§ 277 I) nicht zumutbar (zur zumutbaren Erklärungsfrist, insbesondere bei erkennbaren Informationsschwierigkeiten der Partei s entspr § 275 Rn 4; § 285 Rn 2; BVerfG NJW 62, 1691), muß nach Abs IV vertagt werden, sofern nicht Abhilfe nach § 283 möglich (gegen *entsprechende* Anwendung des § 283 in diesem Fall, weil diese Vorschrift nur die nachgereichte Erwiderung auf gegnerisches Vorbringen erlaubt, StJL 60; wie hier aber Bischof NJW 77, 1897/1902; Schneider MDR 77, 881/886; BLH Anm 5 D). Erkennt das Gericht die Erheblichkeit eines unterlassenen Hinweises erst nach Schluß der Verhandlung (§ 136 IV, entsprechend § 128 II 3), so ist nach § 156 zu verfahren. 8

Unterlassen eines rechtl gebotenen Hinweises ist VerfFehler iS §§ 539, 550 u kann (Ausnahme § 540) Zurückverweisung rechtfertigen (BGH NJW 82, 582). Daher sollte die Erfüllung der richterl Hinweispflicht aktenkundig gemacht werden (schriftl Verfügung gem § 273, sonst Protokollierung § 160 II, zumindest Darlegung im Tatbestand des Urteils gem § 313 II), um dem Rechtsmittelgericht die Prüfung (§ 539) zu ermöglichen (§ 160 Rn 3; StJL Rn 53). 9

4) Beispiele: Hinweis nötig, wenn das Gericht ein Parteivorbringen für verspätet erachtet (§ 296; die Partei muß Gelegenheit haben, die Verspätung zu entschuldigen), wenn es der Entscheidung einen offenkundigen (§ 291), aber von keiner Partei vorgetragenen Sachverhalt zugrundelegen will (BVerfGE 10, 182; 15, 218; 32, 197; BGH VersR 71, 1020/1021, Köln Rpfleger 85, 498), wenn es ein Verteidigungsvorbringen des Bekl zu dessen Nachteil wertet (RG NW 03, 22), wenn es entgegen der Annahme der Parteien ausländisches Recht anwenden will (BGH MDR 76, 379), wenn es trotz Antritt des Sachverständigenbeweises das Urteil auf eigene Sachkunde stützen will (§ 402 Rn 7; BVerfG JZ 60, 124; BGH NJW 70, 419), wenn erkennbar Beweisantritt wegen falscher Beurteilung der Beweislast unterbleibt (BGH NJW 82, 582), wenn es die Gültigkeit allgemeiner Geschäftsbedingungen, auf welche die Parteien nicht eingehen, bejaht oder in Frage stellt (Düsseldorf MDR 82, 855), wenn unklar ist, ob ein früherer Beweisantritt noch aufrechterhalten wird (BVerfG NJW 82, 1637) oder wenn das Gericht das von einer Partei vorgelegte Privatgutachten (hierzu § 402 Rn 2) als hinreichend beweiskräftig ansieht. Weitere Beispiele auch bei § 139 Rn 10–14, denn Erfordernisse der Sach- u Rechtsaufklärung überschneiden sich oft. 10

IV) Neuer Termin, also Vertagung der Verhandlung (§ 227), ist zu bestimmen, wenn die Sache bei Ende des Haupttermins noch nicht entscheidungsreif (§ 300) ist. Der neue Termin muß so früh wie möglich angesetzt werden (§ 272 Rn 8 gilt hier entspr). Erforderliche Hinweise u Auflagen (§ 273) sind mit der Terminsbestimmung zu verbinden, zumindest sofort nachzuholen. Wegen Terminsladung s § 218. 11

279 *[Güteversuch]*

(1) Das Gericht soll in jeder Lage des Verfahrens auf eine gütliche Beilegung des Rechtsstreits oder einzelner Streitpunkte bedacht sein. Es kann die Parteien für einen Güteversuch vor einen beauftragten oder ersuchten Richter verweisen.

(2) Für den Güteversuch kann das persönliche Erscheinen der Parteien angeordnet werden. Wird das Erscheinen angeordnet, so gilt § 141 Abs. 2 entsprechend.

Lit: *Schneider*, Prozeßvergleich nach dem Recht der VereinfNovelle, JurBüro 77, 145 und JuS 76, 145; *Strecker*, Grenzen der Streitbeilegung durch Vergleich, DRiZ 83, 97; *Stürner*, Aufgaben des Richters u Anwalts bei gütlicher Streitbeilegung, JR 79, 133 und DRiZ 76, 202; *Weber*, Gütliche Beilegung u Verhandlungsstil im Zivilprozeß DRiZ 78, 166; *Wolf*, Normative Aspekte richterlicher Vergleichstätigkeit, ZZP 89, 260.

I) Der **Gesetzesauftrag zum Güteversuch** ist kein Auftrag zur richterlichen Arbeitserleichterung (ein sinnvoller Vergleichsvorschlag setzt die Durcharbeitung des Prozeßstoffes voraus), sondern ein Auftrag zur Befriedung der Parteien durch das dem Urteil zumindest gleichwertige Mittel der Einigung unter Anerkennung der rechtlichen und auch wirtschaftlichen Argumentation des Gerichts (Gottwald ZZP 95 [1982], 256). 1

2 **II) 1) Abs I.** Das Gericht soll tunlichst in jeder Prozeßlage (uU auch nach Schluß der Verhandlung; § 156 Rn 5) auf eine gütliche Beilegung des Streits durch ProzVergleich hinarbeiten. Nimmt das ProzGericht den Sühneversuch vor, ist Beschluß nicht nötig; verweist es die Parteien an einen beauftragten oder ersuchten Richter, geschieht es durch Beschl; mündl Verhandlung hierzu nicht Voraussetzung (München NJW 62, 1114). Jedoch darf (wegen §§ 272 III, 520, 555) die Instanz nicht ohne Termin zur Hauptsacheverhandlung zunächst mit einem Sühnetermin vor dem beauftragten oder ersuchten Richter beginnen (StJL Rn 9). Der beauftr oder ersuchte Richter (§§ 361, 362) setzt Termin von Amts wegen an. Protokollierung e Vergleichs: §§ 160 III 1, 162, auch wenn die Parteien im AnwProz allein erschienen sind (Düsseldorf NJW 75, 2299; BayObLG NJW 65, 1277), dagegen Anwaltszwang für ProzVergleich vor dem Kollegium oder Einzelrichter (Schneider NJW 71, 1043; R-Schwab § 132 III 2 g; StJL Rn 9–13; Köln NJW 61, 786; Hamm NJW 72, 1998; München NJW 62, 351; abw Koblenz NJW 71, 1043 mit abl Anm Schneider; Neustadt NJW 64, 1329; zur Frage des Anwaltszwanges für ProzVergleich s auch § 794 Rn 7). Ausnahme: Der im Anwaltsprozeß nur für einen Prozeßvergleich beitretende Dritte unterliegt nicht auch dem Anwaltszwang hierfür (BGHZ 86, 160 = NJW 83, 1433 = MDR 83, 573 = Rpfleger 83, 287). – Vollstreckung §§ 794 Nr 1, 795.

3 Das Gericht soll sein Recht aus § 279 nicht mißbrauchen. Ein gerichtl Vergleichsvorschlag darf sich – schon im Interesse der Glaubwürdigkeit des Gerichts – niemals allein von Gesichtspunkten der Prozeßökonomie leiten lassen; er sollte entspr § 91 a den „bisherigen Sach- und Streitstand nach billigem Ermessen berücksichtigen". Mit der Würde des Gerichts unvereinbar wäre es, das Kostenrisiko des Verfahrens als Druckmittel gegen die wirtschaftl schwächere Partei einzusetzen, wenn deren Prozeßchancen rechtl u tatsächl günstiger sind als die Argumente des wirtschaftl stärkeren Gegners. Die Parteien dürfen die Überzeugung nicht verlieren, daß sie ihrem Recht auch ohne Vergleich zum Siege verhelfen können. Andererseits sind die Parteien gerade nach durchgeführter Beweisaufnahme, die keine völlige Klärung bringen konnte, für einen vernünftigen Vergleichsvorschlag u Anberaumung eines Sühnetermins oftmals dankbar (§ 139 Rn 3). Ein vom Gericht den Parteien abgenötigter Vergleich ist gem § 123 BGB anfechtbar (BGH NJW 66, 2399). Zur Sittenwidrigkeit eines Prozeßvergleichs: BGH 51, 141; zur Irrtumsanfechtung eines Prozeßvergleichs und zum Verfahren hierbei: Celle NJW 71, 145; zur (unmöglichen) Anfechtung der Nichtausübung des Widerrufsrechts: Celle NJW 70, 48; zu den Grenzen zulässigen „Vergleichsdruckes" Wenzel NJW 67, 1587; zu den materiell-rechtl und verfahrensrechtl Folgen eines fehlerhaften Vergleichs s § 794 Rn 15; zu der nach materiellem Recht gebotenen persönl Mitwirkung der Parteien (neben ihren Anwälten) bei einem Vergleich s § 137 Rn 5. – Scheitert das Sühnegespräch, ist vor Urteilsverkündung stets (evtl nochmalige) Schlußverhandlung u -beratung nötig (BGH NJW 66, 2399).

4 **2) Abs II.** Die Anordnung des persönl Erscheinens (§ 141) kann hier ausnahmsweise (vgl § 141 Rn 2) auch der ersuchte oder beauftr Richter treffen. **Mitteilung** der Ladung an die Parteien **selbst,** auch wenn der Termin verkündet worden war, § 141 II; Ladungszustellung ist nicht nötig. Keine Strafandrohung. Nichterscheinen im Termin hat keine Rechtsnachteile in der Sache zur Folge; insbes können der nichterschienenen Partei deshalb keine Kosten auferlegt w. Es gilt lediglich der Sühneversuch als gescheitert. Ist das persönl Erscheinen vom Prozeßgericht *auch* zwecks Sachaufklärung angeordnet, trifft § 141 III – Androhung von Ordnungsmittel – zu, sofern in der Ladung darauf hingewiesen war (§ 141 Rn 6; Köln NJW 74, 1003).

280 *[Zulässigkeit der Klage, Zwischenstreit]*

(1) Das Gericht kann anordnen, daß über die Zulässigkeit der Klage abgesondert verhandelt wird.

(2) Ergeht ein Zwischenurteil, so ist es in betreff der Rechtsmittel als Endurteil anzusehen. Das Gericht kann jedoch auf Antrag anordnen, daß zur Hauptsache zu verhandeln ist.

1 **I) Die Zulässigkeit der Klage** setzt voraus, daß der beantragten Sachentscheidung keine Prozeßhindernisse entgegenstehen (Rn 9 ff vor § 253). Ob das der Fall ist, hat das Gericht teilw von Amts wegen zu prüfen (= unverzichtbare Prozeßvoraussetzungen), teilw nur auf Rüge einer Partei. Zur Abgrenzung vgl § 295 Rn 3–6. Danach wird die Zulässigkeit der Klage nicht berührt vom Fehlen verzichtbarer Sachurteilsvoraussetzung, sofern keine Partei insoweit eine Verfahrensrüge erhebt. Verzichtbar i diesem Sinn sind: die nicht ausschließliche örtliche und sachliche Zuständigkeit des Gerichts (vgl die Anm zu §§ 12–40 ZPO, § 13 GVG), die Leistung der Kostensicherheit (§§ 110–113), die Kostenerstattung im Fall § 269 IV, die Einrede des Schiedsvertrags (§ 1027 a) und die Einhaltung nur dem Interesse der Parteien (nicht dem allgemein-öffentlichen

Interesse an der Gesetzmäßigkeit des Verfahrens) dienender Verfahrensregeln. – Zur **Rechtzeitigkeit der Zulässigkeitsrüge** s § 282 Rn 6, zur Folge der verspäteten Rüge verzichtbarer Prozeßvoraussetzungen s § 295 Rn 7, § 296 Rn 29.

§ 280 erfaßt sämtliche Sachurteilsvoraussetzungen ohne Unterscheidung zwischen verzichtbaren u unverzichtbaren Zulässigkeitsmängeln. Die Vorschrift dient (ähnlich § 146) der Prozeßökonomie, indem sie einen Weg eröffnet, die beim Fehlen von Zulässigkeitsvoraussetzungen nutzlose Prüfung der sachlichen Begründetheit von Klage oder Widerklage zurückzustellen, bis durch ein rechtsmittelfähiges Zwischenurteil die vorgreiflichen Zulässigkeitsfragen abschließend geklärt sind. – Sonderregelungen über andere zulässige Zwischenurteile enthalten §§ 303, 304. Zwischenstreit mit Dritten: §§ 71, 135 II, 387, 402. 2

II) Verfahren: 1) Anordnung der abgesonderten Verhandlung durch unanfechtbaren **Beschluß** des Gerichts. Anträge der Parteien hierzu sind entbehrlich; sie sind aber als Anregung zu verstehen. Die Anordnung steht im nicht nachprüfbaren Ermessen des Gerichts, (Frankfurt MDR 85, 149; RGZ 57, 417); sie dient dem Zweck, für die Dauer der Zulässigkeitsbedenken des Gerichts das Verfahren auf diese Frage zu konzentrieren und den Parteien zunächst einen womöglich umfangreichen und ggf unnützen Vortrag zur Hauptsache zu ersparen. Bei fehlender Anordnung kein Recht der Parteien auf Verweigerung der Einlassung zur Hauptsache (sonst § 333) mit Ausnahme der Kosteneinrede des Beklagten gem §§ 113, 269 IV. Die Anordnung ist (regelm mit Terminsladung; dann Zustellung § 329 II 2, sofern nicht § 218 Ladung entbehrl macht) von vorheriger mündl Verhandlung hierüber nicht abhängig. Das Gericht darf seine Anordnung durch Beschluß rückgängig machen, wenn es nachträglich aus Gründen, die gem § 278 III bekanntzugeben sind, die abgesond Verhandlung für entbehrlich hält; so insbes bei Entscheidungsreife für ein Prozeßurteil gegen den Kläger (entspr § 150, Bergenroth NJW 52, 1204; StJL Rn 5). 3

2) Verhandlung notw mündl (Ausnahme § 128 II). Hierbei gilt für den Streit über subjektive Prozeßvoraussetzungen (Rn 12 vor § 253) die Partei als prozeßfähig (BGH 24, 91). 4

Beweislast für von Amts wegen zu prüfende Prozeßvoraussetzungen hat der Kläger, für das Vorliegen verzichtbarer Mängel der Beklagte. Im höheren Rechtszug sind bezgl verzichtbarer Mängel die Sonderregelungen in §§ 512a, 528 II, 549 II, 551 Nr 4 zu beachten; die internat Zuständigkeit des Gerichts ist aber stets von Amts wegen zu berücksichtigen (BGH 44, 46). – Bei **Säumnis einer Partei** gilt § 347 II: dann beim Fehlen unverzichtbarer Prozvoraussetzungen unechtes VersUrteil gegen den Kläger, sonst echtes VersUrteil gegen die Partei, welche verzichtbaren Mangel geltend machte. 5

3) Entscheidung: a) bei Unzulässigkeit der Klage: Endurteil auf Abweisung als unzulässig (= Prozeßurteil) oder, soweit hilfsweise beantragt, Verweisung gem §§ 281, 506 durch Beschluß. Rechtswegverweisung nur durch Endurteil, § 17 III GVG (wegen Kostenentscheidung hierbei s § 281 Rn 18). Zwischenurteil nur im Fall §§ 112, 113 (Zwischenurteil auf Leistung der Ausländersicherheit; zur Anfechtbarkeit dieses Urteils § 112 Rn 1; Demharter MDR 86, 186) mit Anordnung von Höhe u Frist der Sicherheitsleistung (wegen deren Höhe allein nicht selbst anfechtbar, BGH NJW 74, 238). 6

b) bei Zulässigkeit der Klage: diese bejahendes Zwischenurteil, bis zu dessen formeller Rechtskraft vorbehaltl Abs II Verfahrensstillstand eintritt. Die Kostenentscheidung bleibt hier dem Endurteil vorbehalten. Nach Eintritt der formellen Rechtskraft Terminsbestimmung von Amts wegen (s Rn 9). 7

4) Rechtsmittel: das Zwischenurteil ist selbständig anfechtbar, egal ob Zulässigkeit der Klage bejaht oder verneint wird, denn der Zweck des Zwischenurteils (oben Rn 3) ist in beiden Fällen derselbe (aM Demharter MDR 86, 186: gegen Zwischenurteil gemäß § 112, 113 sei kein Rechtsmittel zulässig. Wie hier aber Karlsruhe MDR 86, 593; Bremen NJW 82, 2737). Wird es nicht angefochten, so bindet es das erkennende Gericht im weiteren Verfahren (§ 318) u auch das Rechtsmittelgericht, wenn nur das (spätere) Endurteil angefochten wird (so auch bei Bejahung der internat Zuständigkeit im Zwischenurteil Frankfurt NJW 70, 1010). Berufung geg Zwischenurteil aber unzulässig, soweit Endurteil insoweit nicht mehr anfechtbar wäre, so gem §§ 10, 512a, 549 II das die sachl Zuständigkeit bejahende oder das bei vermögensrechtl Streit die örtl Unzuständigkeit verneinende Zwischenurteil (Hamburg MDR 67, 599). Das die internat Zuständigkeit bejahende Zwischenurteil ist stets selbständig anfechtbar (BGH 44, 46). 8

III) Fortgang des Verfahrens zur Hauptsache: Terminsbestimmung von Amts wegen (§§ 216, 272 III) nach form Rechtskraft des die Zulässigkeit der Klage bejahenden Zwischenurteils. Schon vorher „kann“ auf Antrag Verhandlungstermin zur Hauptsache bestimmt werden. Das Gericht wird, wenn dieser Antrag gestellt wird, Erfolgsaussichten eines Rechtsmittels gegen das 9

Zwischenurteil abzuwägen sowie Dringlichkeit zu prüfen haben. Gegen Terminsbestimmung keine Beschwerde zulässig (München NJW 74, 1514; Frankfurt MDR 85, 149; aM StJL Rn 25; Köln NJW 56, 55; Karlsruhe NJW 71, 662; KG MDR 71, 588), denn die Fortsetzung des Verfahrens ist ebenso Ermessenssache, wie es die Anordnung der abgesonderten Verhandlung und Entscheidung war (oben Rn 3); daher Ermessensprüfung allenfalls nach hierauf gestütztem Rechtsmittel gegen das Sachurteil durch das Rechtsmittelgericht. Gegen Ablehnung der sofortigen Terminsbestimmung Beschwerde entspr § 252 (Karlsruhe NJW 71, 662).

10 Bestimmt das Gericht vor form Rechtskraft des Zwischenurteils antragsgem Termin zur Hauptsache, so kann der Rechtsstreit bei Anfechtung des Zwischenurteils gleichzeitig in zwei Instanzen anhängig sein (BAG NJW 67, 648). Ein Endurteil i der Hauptsache ist dann selbst bei dessen form Rechtskraft auflösend bedingt durch Aufhebung des Zwischenurteils (StJL Rn 28–36; BGH NJW 73, 467/468; RG 77, 95; 107, 330). Ggf ist Kläger, wenn er aus dem obsiegenden Endurteil bereits vollstreckt hatte, dem Bekl gem § 717 II schadensersatzpflichtig. Die Aufhebung des Zwischenurteils durch das Berufungsgericht kann (muß aber nicht) den deklaratorischen Ausspruch, daß damit das Endurteil gegenstandslos ist bzw „aufgehoben" wird, enthalten (Hamburg OLG 19, 120).

11 **IV) Der Streitwert des Zwischenstreits** entspricht dem der Hauptsache (§ 3 Rn 16 zu „Zwischenstreit"; RGZ 40, 417; abw Rötelmann NJW 62, 1191), denn er kann zum Endurteil führen (Rn 6).

12 **V) Gebühren: 1)** des **Gerichts:** Keine für das Zwischenurteil. Ausnahme: Grundurteil (§ 304), für das eine Urteilsgebühr (KV Nrn 1013, 1023) anfällt. Bei einem auf Abweisung der Klage als unzulässig lautenden Urteil (Prozeßurteil) handelt es sich um ein gebührenpflichtiges Endurteil; s dazu im einzelnen § 300 Rn 7. Das beim Fehlen unverzichtbarer Prozeßvoraussetzungen gegen den säumigen Kläger zu erlassende **unechte VersUrteil** (s Rn 5) löst als kontradiktorisches Urteil eine Urteilsgebühr aus; hinsichtl der Höhe des Gebührensatzes s § 313a Rn 11. Für das **echte VersUrteil** gegen die säumige Partei (s Rn 5) fällt keine Urteilsgeb an. Zu beachten bleibt, daß Gebühren im Zwischen- und Hauptsachestreit hinsichtl desselben Streitgegenstandes nur einmal erhoben werden können (§ 27 GKG). Bei Veränderung des Streitgegenstands ist § 21 GKG anzuwenden (Hartmann, KostGes GKG Anm 3 aE zu § 27). – Der Beschluß über die Anordnung der abgesonderten Verhandlung ist gerichtsgebührenfrei (§ 1 Abs 1 GKG). – **2)** des **Anwalts:** Regelgebühren des § 31 BRAGO, soweit sie nicht anderweitig entstehen (§ 13 aaO). Die abgesonderte Verhandlung über die Zulässigkeitsrüge kann unter § 33 Abs 2 BRAGO fallen (Hartmann, aaO, § 33 Anm 4 „Zulässigkeit"), so daß dem Prozeßanwalt insoweit eine halbe Verhandlungsgebühr erwachsen kann. Wird jedoch später zur Hauptsache verhandelt, wenn auch nicht streitig, kann die Gebühr nach § 33 Abs 2 neben der Verhandlungsgebühr nach dem Wert der Hauptsache nicht mehr entstehen (§ 37 Nr 3 BRAGO).

281 *[Verweisung an zuständiges Gericht]*

(1) Ist auf Grund der Vorschriften über die örtliche oder sachliche Zuständigkeit der Gerichte die Unzuständigkeit des Gerichts auszusprechen, so hat das angegangene Gericht, sofern das zuständige Gericht bestimmt werden kann, auf Antrag des Klägers durch Beschluß sich für unzuständig zu erklären und den Rechtsstreit an das zuständige Gericht zu verweisen. Sind mehrere Gerichte zuständig, so erfolgt die Verweisung an das vom Kläger gewählte Gericht.

(2) Eine Anfechtung des Beschlusses findet nicht statt; mit der Verkündung des Beschlusses gilt der Rechtsstreit als bei dem im Beschluß bezeichneten Gericht anhängig. Der Beschluß ist für dieses Gericht bindend.

(3) Die im Verfahren vor dem angegangenen Gericht erwachsenen Kosten werden als ein Teil der Kosten behandelt, die bei dem im Beschluß bezeichneten Gericht erwachsen. Dem Kläger sind die entstandenen Mehrkosten auch dann aufzuerlegen, wenn er in der Hauptsache obsiegt.

1 **I) Allgemeines:** Zulässigkeit des Rechtsweges, sachliche und örtliche Zuständigkeit des Gerichtes sind – soweit nicht §§ 38, 39 eine Gerichtsvereinbarung zulassen oder §§ 512a, 549 II eine Zuständigkeitsrüge ausschließen – Sachurteilsvoraussetzungen, bei deren Fehlen eine Klage durch Prozeßurteil als unzulässig abzuweisen wäre. Neben § 281 schaffen zahlreiche Sondervorschriften (§ 17 GVG, § 41 VwGO, § 52 SGG, § 48 ArbGG, § 46 WEG, § 18 HausratsVO, § 12 LwVG) die Möglichkeit, zur Vermeidung nutzloser Zuständigkeitsstreite u Prozeßurteile einen Rechtsstreit unter Aufrechterhaltung der Rechtshängigkeit (BGH NJW 61, 2259 u 53, 1139; VGH Kassel NJW 65, 604) an das zuständige Gericht (nicht an Verwaltungsbehörden!) zu verweisen. Die Möglichkeit der Verweisung ist, auch wo Spezialnormen fehlen, durch § 17 GVG lückenlos (BGH NJW 80, 2466; 63, 2219), doch ist die Frage der Verbindlichkeit, der Möglichkeit der Weiter- oder Zurückverweisung und der Rechtsmittelfähigkeit einer Verweisung in den (oben genannten) Sondervorschriften nicht einheitlich geregelt (vgl zB zu § 46 WEG Merle NJW 69, 1859; KG

OLGZ 79, 150 = MDR 79, 590; BGH NJW 86, 1994; 80, 2466 = MDR 86, 830; 81, 43; Köln OLGZ 84, 399; BayObLGZ 85, 223 = MDR 85, 939; zu § 18 HausratsVO BGH MDR 86, 216 = NJW 86, 2764; zu § 12 LwVG Hamm NJW 54, 1655; Celle MDR 76, 586).

II) Anwendungsbereich von § 281: 1) § 281 gilt unmittelbar nur für das **Urteilsverfahren,** entsprechend jedoch für **alle sonstigen Verfahren der ZPO** (BGH NJW 64, 247; 56, 1154), so das Mahnverfahren (BAG NJW 82, 2792; hierzu § 689 Rn 1–5), das Verf der Zwangsvollstreckung (BayObLG Rpfleger 86, 98), das Verf der einstw Verfügung und des Arrestes (sofern dem nicht der Eilzweck dieses Verfahrens entgegensteht, Teplitzky DRiZ 82, 42; Koblenz NJW 63, 1460), das Verfahren der Prozeßkostenhilfe (Celle NJW 64, 2069; Frankfurt NJW 62, 449; Dunz NJW 62, 815; zur Bindungswirkung für das Hauptsacheverfahren s unten Rn 17), das Aufgebotsverfahren (RG 121, 20), das Entmündigungsverfahren (BGH NJW 56, 1154; 58, 1787 = BGH 10, 316). Im Verhältnis zwischen ordentlicher u freiwilliger Gerichtsbarkeit hält die Rspr, auch wo Sondervorschriften hierüber fehlen, die Verweisung entspr § 281 ZPO, § 17 GVG allgemein für zulässig (BGH 10, 155; 40, 1 = NJW 53, 1508, 63, 2219). Zulässig auch die ledigl örtl bedingte Verweisung u mehrfache Weiterverweisung im Mahnverfahren, wenn der Schuldner seinen Wohnsitz mehrfach wechselt (BGH NJW 64, 247; StJL Rn 9, 12). 2

2) Sondervorschriften der §§ 696 I u V, 698, 700 III für das Mahnverfahren sowie § 506 für das AG-Verfahren gelten neben § 281 (Schäfer MDR 85, 296; § 696 Rn 7–10, § 700 Rn 14, § 506 Rn 4). 3

3) Verweisung liegt nur vor u ist nur zulässig, wo ein **anderes Gericht** zuständig ist. Keine Verweisung, sondern formlose Abgabe nach Maßgabe der Geschäftsverteilung erfolgt zwischen versch Spruchkörpern (Kammern usw) des gleichen Gerichts (München NJW 64, 1282; BGH NJW 78, 1531; 64, 201) oder zwischen dem Stammgericht u dessen auswärtiger Zweigstelle, wobei den mangels Bindungswirkung der Abgabe (BGHZ 71, 264 = NJW 78, 1531) mögl Zuständigkeitsstreit das Präsidium entscheidet (RG 119, 379; dort auch über die Unzulässigkeit der Verweisung innerhalb eines Gerichts von der Berufungskammer an eine erstinstanzliche Kammer; vgl § 506 Rn 4). Sonderregelung zwischen Zivilkammer u Kammer für Handelssachen: §§ 97–99, 102, 104 GVG (Nürnberg NJW 75, 2345). Keine Verweisung zulässig an ein **ausländisches Gericht,** denn jeder hoheitl Akt endet an der Staatsgrenze. Daher auch keine Verweisung an den EuGH (Schumann ZZP 76 [1965], 93) oder an ein Gericht der DDR, weil die Einheitlichkeit der Rechtsordnung nicht mehr besteht; vgl IZPR Rn 180; StJL Rn 2; Köln FamRZ 56, 27. 4

4) Für **Familiensachen** Sonderregelung in § 621 III (s dort Rn 91 ff). Im übrigen ist beim Amtsgericht entsprechend OLG) die Abgrenzung der Zuständigkeit des Streitrichters u des Familienrichters eine Frage der funktionellen (nicht sachlichen iS des § 281) Zuständigkeit; daher insoweit nicht Verweisung, sondern formlose Abgabe innerhalb des Gerichts (Kissel NJW 77, 1034; BGHZ 71, 264; s auch § 621 Rn 69–73). Den Zuständigkeitsstreit zwischen dem allg Streitgericht u dem Familiengericht entscheidet dem § 36 das gemeinsame nächsthöhere Gericht (nicht das Präsidium § 21 e GVG), denn die Zuständigkeit beider Spruchkörper ergibt sich aus dem Gesetz, nicht aus der Geschäftsverteilung (§ 621 Rn 74; BGH NJW 78, 887 u 1531; Koblenz NJW 77, 1736). Hat der allg Prozeßrichter des AG irrtümlich über eine Familiensache entschieden, so kann das mit der Berufung angerufene LG das Verfahren an das gem § 119 GVG zuständige OLG verweisen (BGHZ 72, 183/192 = NJW 79, 43 = MDR 79, 214). Verweist das LG irrtümlich eine Nichtfamiliensache an das AG als Familiengericht, so ist zwar das AG, jedoch nicht bindend der dortige Familienrichter, zuständig (BGH NJW 80, 1282; Düsseldorf Rpfleger 81, 239). Wird eine Familiensache in der Klage hilfsweise mit einer Nichtfamiliensache (= Hauptantrag iS § 260 Rn 4) verbunden, so kommt eine Verweisung an das Familiengericht erst nach Abweisung des Hauptantrags in Betracht (BGH NJW 80, 1283); anders aber, wenn ein einheitlicher prozessualer Anspruch zugleich auf familienrechtliche und auf sonstige rechtliche Gründe gestützt wird: hier Zuständigkeit allein des Familiengerichts (BGH NJW 83, 1913). 5

5) In **Kartellsachen** Verweisung gem §§ 92–94 GWB an das für Berufungen dieser Art überörtlich zuständige OLG (BGHZ 49, 33/38 = NJW 68, 351 = MDR 68, 121; BGHZ 71, 367/374 = MDR 78, 609). 6

III) Verfahren: 1) Zulässigkeit: a) ein Rechtsstreit muß bei dem verweisenden Gericht **rechtshängig** sein, bloße Anhängigkeit (Rn 4 zu § 253) genügt nicht (BGH MDR 83, 466). Vor Zustellung der Klage ist auf Antrag des Klägers nur formlose Abgabe ohne Bindungswirkung möglich (BayObLG NJW 64, 1573). Daher auch keine Bindungswirkung, wo § 281 analog in sonstigen Vorverfahren angewandt wird (Rn 2). 7

b) Nur der Rechtsstreit als ganzer kann verwiesen werden, nicht das Verfahren hinsichtl eines von mehreren Anspruchsgründen (RGZ 165, 384; Frankfurt MDR 82, 1023; BAG NJW 64, 1436; BGH 13, 145 = NJW 54, 1321; MDR 63, 658; NJW 64, 46; 71, 564; abw Meinung Ritter NJW 8

71, 1217, der bei konkurrierender Vertrags- u Deliktshaftung die Verweisung der Vertragsansprüche durch das Gericht des § 32 für richtig hält, was aber mit dem hier vertretenen Begriff des unteilbaren Streitgegenstands nicht zu vereinbaren ist. StJL Rn 13 erachtet eine Teil-Verweisung hinsichtlich konkurrierender Anspruchsgründe allenfalls zugleich mit einem im Umfang der gegebenen Zuständigkeit ergehenden abweisenden Sachurteil für möglich. Die Klage ist aber nur hinsichtlich des der Kompetenz des angerufenen Gerichts unterliegenden Anspruchssgrundes sachlich zu entscheiden, im übrigen als unzulässig abzuweisen (Einl Rn 85; BGH 13, 146 = NJW 54, 1321; BGH NJW 71, 564). Eine **Teilverweisung** ist nur zulässig, wo auch die Abtrennung (§ 145) zulässig u erfolgt ist; ggf kann in dem Ausspruch der Teilverweisung die gleichzeitige Abtrennung erblickt werden. Ausgeschlossen mangels Trennbarkeit daher die gesonderte Verweisung von Haupt- bzw Hilfsanspruch (Rn 6 zu § 260); hier bestimmt der Hauptanspruch die Zuständigkeit insgesamt, auch wenn das aufnehmende Gericht für den Hilfsanspruch unzuständig ist (BGH NJW 56, 1358) u eine Verweisung bzgl des Hilfsanspruches wäre erst nach Abweisung des Hauptantrages möglich (BGH NJW 80, 1283; StJL Rn 14).

9 **c) In jeder Instanz** kann verwiesen werden (BGH 16, 345; BayObLG NJW 58, 1825), doch muß bei Unzulässigkeit des Rechtsweges oder Unzuständigkeit des Erstgerichts dann unter Aufhebung des VorUrteils (daher hier Verweisung nur durch Urteil; BGHZ 10, 155/163; BGH NJW 86, 1995; abw Hamburg NJW 63, 819 im Fall des § 46 WEG) an das zuständige Gericht der ersten Instanz verwiesen werden. Das gilt auch, wenn das Erstgericht auf Zuständigkeitsrüge des Bekl hin zutreffend die Klage wegen Unzuständigkeit als unzulässig abgewiesen hat und der Kläger den Verweisungsantrag erstmals (auch hilfsweise) vor dem Berufungsgericht stellt (dann § 97 II beachten!), BayOblG NJW 58, 1825/1827; BAG BB 75, 1209. Jedoch besteht das Erfordernis, mit dem Ausspruch der Verweisung auch die Sachentscheidung des unzuständigen Gerichts aufzuheben nur für die Endentscheidung, nicht auf für die Prozeßlage gestaltende Zwischenentscheidungen, denn die Prozeßlage wird von der Verweisung nicht berührt (s nachfolgend Rn 15). Erfolgt daher die **Verweisung nach Einspruch gegen ein VersUrteil oder nach Widerspruch gegen Arrest- oder Verfügungsbeschluß,** so ist zur Entscheidung über diese Rechtsbehelfe allein das angewiesene Gericht zuständig, denn die verfahrensfehlerhafte Vorentscheidung kann als im Ergebnis richtig von nunmehr sachlich zuständigen Gericht bestätigt werden (KG JW 19, 836; Stuttgart MDR 58, 171; Heberlein BB 72, 337; Wieczorek Anm B IV b 4). – Das verweisende Urteil ist gem § 281 II nicht anfechtbar (BGH MDR 53, 544; BGH 2, 278 = NJW 51, 802; RG 95, 282).

10 **d)** Das zuständige Gericht muß bestimmt werden können, es muß im Verweisungsbeschluß (oder- urteil) daher bestimmt bezeichnet werden. Unzulässig die Verweisung mit der Anheimgabe der Weiterverweisung für den Fall der Unzuständigkeit (Celle MDR 53, 111).

11 **2) Antrag des Klägers** ist nötig. Verweisung von Amts wegen ist unzulässig (JW 25, 1307; Ausnahme in Familiensachen § 621 III, im Mahnverfahren §§ 696 I, 698, 700 III sowie gem § 6a III AbzG; Düsseldorf Rpfleger 76, 24). Der Antrag kann (evtl nach Hinweis gem § 139, 278 III) hilfsweise gestellt sein (RG 108, 263; BGH 5, 107) u mit einem Rechtsmittel gegen das Prozeßurteil verbunden werden. Ausnahmsweise ist **der Beklagte antragsberechtigt** gem § 19 II GebrMG, § 32 II WZG.

12 **3) Entscheidung. a)** Da Sachantrag, ist grundsätzl **mündl Verhandlung** geboten, also Anhörung des Gegners (BVerfG NJW 82, 2367). In der schriftl Zustimmung des Gegners kann Einverständnis mit Verweisung im schriftl Verfahren (§ 128 II) erblickt werden (streitig!), so auch, wo dem Verweisungsantrag des Klägers die Zuständigkeitsrüge des Bekl vorausging und der Bekl dem ihm mitgeteilten schriftl Verweisungsantrag nicht innerhalb gesetzter Frist widerspricht. Mündl Verhandlung stets entbehrlich, wo diese für die Hauptsache nicht obligatorisch ist (Rn 8 zu § 128) u im Verf gem §§ 128 II u III, 251a, 331a.

13 **b)** Die Entscheidung ergeht grds als gem § 329 II formlos mitzuteilender **Beschluß,** als Urteil nur bei gleichzeitiger Aufhebung eines Urteils (Rn 9). Der Beschluß muß die eigene Unzuständigkeit (örtl, sachl oder beides) aussprechen u das zuständige Gericht bezeichnen; eine Kostenentscheidung darf er auch hinsichtlich der „Mehrkosten" (Abs II 2) nicht enthalten (BGH 12, 254 = NJW 54, 1001; abw BGH 13, 145 = NJW 54, 1321 bei Verweisung in einen anderen Rechtsweg; s unten Rn 18).

14 **c)** Die Verweisung ist, gleichgültig ob Beschluß oder Urteil, **unanfechtbar** (Abs II; BGH 2, 278 = NJW 51, 802; MDR 53, 544; RG 108, 264), selbst bei Verfahrensverstoß (BGH NJW 67, 565) u Verletzung ausschließlicher Zuständigkeit (RG 76, 177; Düsseldorf Rpfleger 75, 102). **Ausnahme: Beschwerde** zulässig bei offensichtl Willkür u Versagung rechtl Gehörs (§ 567 Rn 41; BGHZ 71, 69 = MDR 78, 650 = NJW 78, 1163; BayObLG MDR 80, 583; Koblenz Rpfleger 74, 26; Frankfurt NJW 62, 449 mit abl Anm von Dunz NJW 62, 814), ebenso bei willkürl Entziehung des gesetzl Richters, Art 101 GG (E. Schneider NJW 68, 96; BVerfGE 22, 254).

d) Der Rechtsstreit wird (nicht nur „gilt") **bei dem aufnehmenden Gericht anhängig.** Das Verfahren bleibt einheitlich, frühere Prozeßhandlungen wirken fort (JW 32, 663), die Zuweisung an den Einzelrichter (§ 348) bintet auch das aufnehmende Gericht (Koblenz MDR 86, 153), Einlassungsfrist ist nicht mehr nötig; keine Unterbrechung der Rechtshängigkeit, daher wahrt Klage vor unzuständigem Gericht bei Verweisung jede Klagefrist (VGH Kassel NJW 65, 604; BGH NJW 61, 2259 u 53, 1139). Bewilligung der Prozeßkostenhilfe wirkt fort. **15**

e) Die Verweisung ist unwiderruflich für die verweisende u grundsätzlich (Ausnahme s Rn 17) **bindend** für das aufnehmende Gericht. Das gilt selbst bei Verfahrensfehler (BGH 2, 278 bei fehlerhafter Besetzung des Gerichts, BGH NJW 62, 1819; Düsseldorf Rpfleger 75, 102; Frankfurt Rpfleger 79, 390 bei ausschließl Zuständigkeit). Die Bindung verbietet Weiter- oder Zurückverweisung. Die Bindungswirkung geht aber nicht über den Verweisungsgrund hinaus (BayObLG MDR 83, 322; NJW 70, 1550; München NJW 72, 61): Die internat Zuständigkeit des aufnehmenden Gerichts kann nicht bereits durch Verweisung begründet werden (vgl BGH NJW 65, 1665). Die Verweisung wegen örtl Unzuständigkeit bindet nicht hinsichtl der sachl Zuständigkeit, und umgekehrt (BGH NJW 78, 887; abw München NJW 58, 148). Die ausschließlich auf die Höhe des Streitwertes (§ 23 GVG) gestützte Verweisung vom AG an das LG (§§ 504, 506) hindert nicht die Weiterverweisung an das Arbeitsgericht (BGH MDR 63, 658). Daher darf das gem § 696 V aufnehmende LG an das Arbeitsgericht (BGH NJW 64, 1417) oder an ein anderes örtl zuständiges LG weiterverweisen (so, wenn das verweisende Gericht erkennbar nur die sachl und nicht auch die örtl Zuständigkeit geprüft hatte, BayObLGZ 83, 381 = MDR 83, 322). Hat AG wegen örtl Unzuständigkeit an ein anderes AG verwiesen, dieses wegen sachl Unzuständigkeit an sein übergeordnetes LG, so ist letzteres sachl und örtl gebunden (München NJW 65, 767). Bindung nur hinsichtl der Zuständigkeit, nicht hinsichtl der rechtl Begründung, daher hat zB das aufnehmende Arbeitsgericht die Sache ggf als Nicht-Arbeitssache zu entscheiden (BAG NJW 64, 1436). **16**

Ausnahmsweise keine Bindung: Wo der Verweisung jede rechtliche Grundlage fehlt, sie also auf Willkür beruht, zB bei kausaler Versagung des rechtl Gehörs (BGH 71, 69 = NJW 78, 1163; BayOblG MDR 86, 326; 80, 583; Schneider DRiZ 83, 24) und bei willkürlicher Entziehung des gesetzl Richters (Art 101 GG; BVerfGE 22, 254; Schneider NJW 68, 96). Nach Verweisung erfolgende Klageänderung (selten sachdienlich iS § 263!) kann Weiter- oder Zurückverweisung rechtfertigen (BGH NJW 62, 1819). Keine Bindung auch, soweit Verweisung anfechtbar (oben Rn 14; anders bei § 46 WEG: Köln NJW 64, 1679) oder wo das angewiesene Gericht sich bereits für unzuständig ausgesprochen hatte (§ 11; München NJW 56, 187). Verweisung im Verfahren der **Prozeßkostenhilfe** bindet nicht für das Streitverfahren (§ 114 Rn 33; Dunz NJW 62, 812; Hamburg NJW 73, 812; abw: BAG NJW 60, 310; 82, 960; Düsseldorf Rpfleger 79, 431). **Gerichtsstandvereinbarung** nach Verweisung rechtfertigt niemals Weiter- oder Zurückverweisung (vgl § 261 Rn 12; BGH NJW 63, 585; München NJW 65, 767; abw Düsseldorf NJW 61, 2355; LG Siegen NJW 64, 872). Bei **Zuständigkeitsstreit** beider Gerichte gilt § 36 Ziff 6 (BGH NJW 78, 888; BayObLG NJW 64, 1573). **17**

IV) Kosten (Abs III). Das abgebende Gericht hat über die (Mehr-) Kosten nicht zu entscheiden, soweit der Rechtsstreit trotz Verweisung i der gleichen Instanz bleibt (§§ 27, 33 GKG), denn hier steht die Höhe der Mehrkosten noch nicht fest; anders bei Rechtswegverweisung (§ 17 GVG) und bei Verweisung durch das Rechtsmittelgericht an das zuständige Gericht unterer Intanz (BGH 11, 58; 12, 70 = NJW 54, 311 u 554; abw für den Fall einer Verweisung wegen nachträgl Änderung des Verfahrensrechts BGH 12, 266 = NJW 54, 1001). **18**

Die **Mehrkosten** (Abs III 2) sind diejenigen Verfahrenskosten, die durch die Anrufung eines unzuständigen Gerichts als Gerichts- oder außergerichtliche Kosten zusätzlich angefallen sind (Hamm AnwBl 71, 177; München NJW 69, 1217; s auch § 91 Rn 13 zu „Mehrkosten"). Sie sind stets dem Kläger aufzuerlegen; wurde das vom aufnehmenden Gericht übersehen: Ergänzungsurteil gem § 321. Eine Korrektur der vergessenen Mehrkosten derart, daß diese im Festsetzungsverfahren (§ 104) als nicht notwendig iS § 91 anerkannt werden, ist unzulässig (München Jur-Büro 80, 298 m Anm Mümmler; Schmidt NJW 75, 984; Schleswig SchlHA 76, 13; Düsseldorf NJW 65, 1385; LG Münster MDR 67, 503; abw Schneider MDR 65, 799). Kosten der Säumnis (§ 344), des nicht notwendigen Anwaltswechsels (Düsseldorf MDR 80, 321) u Kosten erfolgloser Angriffs- u Verteidigungsmittel (§ 96) sind keine Mehrkosten iS Abs III 2. Auch für § 506 gilt III 2 nicht (§ 506 Rn 3). Ob die Kostenübernahme in einem Vergleich auch die (iS des § 91 nicht notwendigen) Mehrkosten des Abs III umfaßt, ist Auslegungsfrage (Stuttgart JurBüro 86, 103; Hamm NJW 68, 403; Koblenz Büro 75, 1109 m Anm Mümmler). **19**

Bei **Verweisung vom ordentl Gericht an ein Arbeitsgericht** hat letzteres dem Kläger trotz § 12 a ArbGG die dem Bekl vor dem unzuständ Gericht erwachsenen Anwaltskosten aufzuerlegen (§ 48 a V ArbGG; Güntner NJW 71, 1975; LAG Tübingen NJW 70, 630; LAG Mainz AnwBl 71, 90; OLG Hamm AnwBl 71, 88; von Gierke-Braune/Hiekel Rpfleger 85, 226). **20**

21 Im **Mahnverfahren** besondere Kostenregelung in § 696 V. Daher sind dem Kläger keine Mehrkosten aufzuerlegen, wenn die Sache im Mahnverfahren gemäß § 690 I 5, § 696 an das Wohnsitzgericht des Schuldners abgegeben und sodann von diesem auf Antrag des Klägers an das Gericht des vereinbarten oder Wahlgerichtsstands verwiesen wurde (§ 696 Rn 12; Schneider JurBüro 77, 1652/1655; Schäfer NJW 85, 296/298; Hamm AnwBl 82, 78; BGH NJW 79, 984).

22 **V) Gebühren; 1)** des **Gerichts:** Zu **§ 9 Abs 1** GKG: Der Verweisungsbeschluß ist gerichtsgebührenfrei (§ 1 Abs 1 GKG), dem kostenrechtl ein Abgabebeschluß (§§ 36, 696 Abs 1 S 1, 698, 700 Abs 3 S 1 ZPO, § 23b Abs 2 S 2 GVG, § 64a Abs 4 FGG) gleichsteht. Gerichtsgebührenfrei ist auch der Weiterverweisungsbeschluß des Gerichts, an das die Sache verwiesen (abgegeben) worden ist. Dies gilt auch für den etwaigen Zurückverweisungsbeschluß (s oben Rn 16). Ebenfalls löst eine in den Verweisungs-(Abgabe-) Beschluß unzulässigerweise (s oben Rn 13) aufgenommene Kostenentscheidung keine Gerichtsgebühr aus. Im übrigen ist zu unterscheiden:

a) Verbleibt die Sache bei einer **Verweisung** (Abgabe) **innerhalb des** Geltungsbereichs des **GKG** (Verweisung durch oder an ein Gericht der Verwaltungs-, der Finanz- u der Arbeitsgerichtsbarkeit), so wird der Rechtsstreit gebührenrechtl so behandelt, als wenn er von Anfang an bei dem übernehmenden Gericht anhängig gewesen wäre: Die Verfahrensabschnitte vor und nach der Verweisung bilden eine kostenrechtl Einheit. Die gebührenrechtl Behandlung richtet sich nach den für das übernehmende Gericht geltenden Kostenbestimmungen, die auch dafür maßgebend sind, ob und welche Gebührentatbestände bereits im Verfahrensabschnitt vor dem verweisenden Gericht eingetreten sind. Ist vor der Verweisung eine Gebühr zwar entstanden, aber noch nicht fällig oder nur in geringerer Höhe ausgelöst worden, so tritt mit der Verweisung die Fälligkeit ein oder ihre entsprechende Erhöhung. So zB bei der Verweisung vom Arbeitsgericht, bei dem Gebühren vor der Beendigung des Rechtszugs oder vor einer sechsmonatigen Verfahrensruhe usw nicht fällig u Prozeßkostenvorschüsse nicht erhoben werden (§ 12 Abs 4 ArbGG), an das ordentl Streitgericht.

b) Bei einer **Verweisung aus dem** Geltungsbereich des **GKG** gilt der Verfahrensabschnitt vor dem verweisenden Gericht als Teil des Verfahrens vor dem übernehmenden Gericht. Dies bedeutet, daß etwa nach dem GKG oder ArbGG angefallene Gebühren nicht erhoben werden; vielmehr entscheidet allein das Kostenrecht des übernehmenden Gerichts, ob überhaupt Gebühren u welche anzusetzen sind. Allerdings sind Gebührentatbestände des Verfahrensabschnittes vor dem verweisenden Gericht auch beim übernehmenden Gericht zu berücksichtigen (Hartmann, KostGes GKG § 9 Anm 2 B aE).

c) Bei einer **Verweisung in den** Geltungsbereich **des GKG** (von einem Gericht der freiwilligen Gerichtsbarkeit oder einem Sozialgericht) an ein Gericht der ordentl streitigen Gerichtsbarkeit, der Verwaltungs-, der Finanz- oder der Arbeitsgerichtsbarkeit werden für das gesamte Verfahren die Gebühren nach dem GKG oder dem ArbGG berechnet, wobei die vor dem verweisenden Gericht entstandenen Kosten auf die vom übernehmenden Gericht entstehenden Kosten anzurechnen sind (Hartmann, aaO, Anm 2 C).

Zu **§ 9 Abs 2** GKG: Entstehen durch die Anrufung eines Gerichts, zu dem der Rechtsweg nicht gegeben oder das (örtl oder sachl) unzuständig ist, sog Mehrkosten, so sind diese grundsätzl nicht zu erheben, wenn die Anrufung auf unverschuldeter Unkenntnis der tatsächl oder rechtl Verhältnisse seitens der Partei oder ihres Vertreters (§ 85 ZPO) beruht. Diese Voraussetzung wird stets gegeben sein, wenn erst das OLG die Unzulässigkeit des ordentl Rechtswegs erkannt hat. Sie wird regelmäßig nicht gegeben sein, wenn der Kläger zB bereits vor dem LG auf die Unzulässigkeit des Rechtsweges hingewiesen worden ist, er aber dennoch keinen Verweisungsantrag stellt, die Klage infolgedessen abgewiesen wird, er Berufung zum OLG einlegt und erst nach abermaligem Hinweis des OLG auf die Unzulässigkeit des Rechtsweges die Verweisung an das Verwaltungsgericht beantragt. Da hier die Voraussetzungen des § 9 Abs 2 GKG vorliegen, sind die Kosten des Rechtsmittelverfahrens vor dem OLG zu erheben, wobei allerdings das übernehmende Gericht (hier Verwaltungsgericht) vorher die Erhebung unter Feststellung des „Verschuldens" der Partei (oder ihres Vertreters) angeordnet haben muß. In diesem Fall müssen die Akten an das verweisende Gericht (hier OLG) zum diesbezügl Kostenansatz zurückgeleitet werden. – Bei Verweisung ist das übernehmende Gericht insgesamt für die Festsetzung des Streitwerts zuständig. Die bei dem verweisenden Gericht vorher eingezahlten Kosten sind auf eine endgültige Kostenforderung zu verrechnen. Ein Überschuß muß zurückgezahlt werden (Markl, GKG § 9 Rn 3), jedoch ein Unterschiedsbetrag ist nachzuerheben. Bei Zurückverweisung einer Sache an das Gericht des unteren Rechtszugs bildet das weitere Verfahren mit dem früheren Verfahren vor diesem Gericht eine Instanz iS des § 27 GKG, § 33 GKG. Im Hinblick auf die Instanzeinheit bleiben die früher erwachsenen Gebühren bestehen. S dazu im einzelnen Hartmann, aaO, § 33 Anm 3).

2) des **Anwalts:** Bei der Verweisung oder Abgabe einer Sache an ein anderes Gericht auf **derselben Ebene** bildet das Verfahren vor und nach der Verweisung (Abgabe) eine Gebühreninstanz (§ 14 S 1 BRAGO). Um eine Verweisung auf derselben Ebene handelt es sich zB, wenn vom AG an das LG als erste Instanz oder umgekehrt verwiesen wird (s Hamm, JurBüro 79, 54 = JMBlNRW 79, 119). Auch dann bleibt die Sache in derselben Ebene, wenn an ein Gericht eines anderen Gerichtsbarkeitszweiges als erstinstanzl Gericht verwiesen wird. Bleibt der Anwalt vor und nach der Verweisung für seinen Mandanten tätig, erwachsen ihm im Hinblick auf die Einheit der Instanz die vor dem zunächst angegangenen Gericht entstandenen Gebühren nach der Verweisung (Abgabe) **nicht** ein zweites Mal (Frankfurt BB 77, 1739; § 13 Abs 2 S 2 BRAGO). Wird nach streitiger Verhandlung verwiesen, so hat der RA die 10/10 Verhandlungsgeb bereits verdient. Nur eine 5/10 Verhandlundsgeb nach §§ 33 Abs 1 S 1, 31 Abs 1 Nr 1 BRAGO steht ihm zu, wenn sogleich die Verweisung beantragt wird (Hamm AnwBl 67, 234). S im übr Hartmann, aaO, BRAGO § 14 Anm 2 B. Wechselt der RA, so erhält der neue Anwalt neue Gebühren entsprechend der von ihm entwickelten Tätigkeit.

Bei der Verweisung oder Abgabe einer Sache an ein **Gericht des niedrigeren Rechtszugs** gilt das weitere Verfahren vor dem Gericht, an das verwiesen (abgegeben) ist, gebührenrechtl als ein neuer Rechtszug (§ 14 S 2 BRAGO), so daß der RA die Gebühren neu erhält (§ 13 Abs 2 S 2 BRAGO). Nach § 14 S 2 sind vor allem Verweisungen (Abgaben) in einen anderen Zweig der Gerichtsbarkeit, aber auch Verweisungen innerhalb desselben Gerichtsbarkeitszweiges zu beurteilen, was allerdings die Ausnahme sein soll (Riedel/Sußbauer, BRAGO, § 14 Rn 9, 10). Um eine Verweisung an ein Gericht des niedrigeren Rechtszugs handelt es sich auch, wenn die Berufungskammer des LG den Rechtsstreit wegen sachl Zuständigkeit an eine andere Kammer als erste Instanz verweist (Gerold/Schmidt, BRAGO Anm 7 zu § 14; Schleswig SchlHA 80, 152 im Anschl an Koblenz JurBüro 77, 1557 mwN gg Oldenburg AnwBl 73, 111 und Riedel/Sußbauer, aaO, § 14 Rn 16, die für die Anwendbarkeit des § 14 S 2 BRAGO in diesem Fall verlangen, daß die Sache infolge der Verweisung – wenn auch an ein niedrigeres Gericht – in einen anderen Rechtsmittelweg gelangt (dazu auch Hartmann, aaO, Anm 3). Für die Frage, ob der RA, der nach der Verweisung (Abgabe) weiterhin tätig ist, alle Gebühren nach § 14 S 2 BRAGO von neuem beanspruchen kann, kommt es darauf, ob die Verweisung prozessual zulässig war oder nicht, keinesfalls an (Riedel/Sußbauer, aaO, § 14 Rn 27).

282 *[Rechtzeitigkeit des Vorbringens]*

(1) Jede Partei hat in der mündlichen Verhandlung ihre Angriffs- und Verteidungsmittel, insbesondere Behauptungen, Bestreiten, Einwendungen, Einreden, Beweismittel und Beweiseinreden, so zeitig vorzubringen, wie es nach Prozeßlage einer sorgfältigen und auf Förderung des Verfahrens bedachten Prozeßführung entspricht.

(2) Anträge sowie Angriffs- und Verteidigungsmittel, auf die der Gegner voraussichtlich ohne vorhergehende Erkundigung keine Erklärung abgeben kann, sind vor der mündlichen Verhandlung durch vorbereitenden Schriftsatz so zeitig mitzuteilen, daß der Gegner die erforderliche Erkundigung noch einzuziehen vermag.

(3) Rügen, die die Zulässigkeit der Klage betreffen, hat der Beklagte gleichzeitig und vor seiner Verhandlung zur Hauptsache vorzubringen. Ist ihm vor der mündlichen Verhandlung eine Frist zur Klageerwiderung gesetzt, so hat er die Rügen schon innerhalb der Frist geltend zu machen.

Lit: *Leipold,* Prozeßförderungspflicht der Parteien und richterliche Verantwortung, ZZP 93, (1980), 237.

I) 1) Abs I konkretisiert die **Prozeßförderungspflicht der Parteien** wie §§ 272, 273 die entspr Pflicht des Gerichts. Dabei gilt Abs I für die Erfüllung der Förderungspflicht **in der mündl Verhandlung,** während § 277 ebenso wie § 282 II dieselbe Pflicht der Parteien bereits für die schriftl Vorbereitung der Verhandlung begründet. Da das Schwergewicht der „umfassenden Terminsvorbereitung" (§ 272 I) auf dem schriftl Vorbringen der Partei beruht, hat Abs I gegenüber Abs II u § 277 nur eine untergeordnete Bedeutung, denn grds ist der Verhandlungstermin schriftlich vorzubereiten (§§ 129, 273, 275, 276, 277) und als eine Einheit anzusehen (vgl §§ 136 IV, 220 II, 332); von einer Verspätung mündl Vorbringens iS Abs I kann daher nur die Rede sein, wo sich die Verhandlung durch Vertagung (§§ 227, 278 IV) über mehrere Termine erstreckt u Angriffs- bzw Verteidigungsmittel erst in einem Folgetermin anstatt in der ersten mündl Verhandlung vorgebracht werden (Deubner NJW 85, 1140; StJL Rn 12). 1

2) Angriffs- u Verteidigungsmittel iS Abs I u II sind jegliche zur Begründung des Sachantrags (iS § 253 II 2) oder zur Verteidigung gegen diesen vorgebrachten tatsächl u rechtl Behauptungen, Einwendungen, Bestreiten, Einreden u Beweisanträge (vgl entspr § 146 Rn 2 u 3, § 296 Rn 4). Sie sind (entgegen StJL Rn 25) zu unterscheiden von allgemeinen Rechtsausführungen (denn iura novit curia) und vom Angriff selbst, dh vom Sachantrag (= Antrag zur Klage bzw Widerklage; BGH WPM 86, 864/866), der als solcher (vorbehaltlich § 296 a; s dort Rn 2) niemals wegen Verspätung zurückgewiesen werden kann, sondern ggf nur bis zur Entscheidung durch Teilurteil (§ 301) zurückgestellt oder (bei Klageänderung) wegen seiner Verspätung als nicht sachdienlich (§ 263) zurückgewiesen werden kann. Der BGH (BGHZ 83, 371 = NJW 82, 1708 = MDR 82, 843) unterwirft auch die grds bis zur Berufungsverhandlung mögliche Begründung der unselbständigen Anschlußberufung (§ 522 a Rn 12) dem Gebot des § 282 und damit auch des § 296 II. 2

Die **Abgrenzung** der grundsätzlich keiner Präklusion unterliegenden **allgemeinen Rechtsausführungen** von den dem Gebot der Rechtzeitigkeit (§ 296 Rn 4) unterliegenden **Rechtsbehauptungen** hat nach den Erfordernissen eines fairen Verfahrens (vgl zum Verbot von Überraschungsentscheidungen § 278 Rn 5) zu erfolgen. In aller Regel werden Rechtsausführungen einer Partei ausgewählte und dem Angriff bzw der Verteidigung dienende Rechtsbehauptungen darstellen, denen eine Erwiderung des Gegners nicht vorenthalten werden darf und die in diesem Fall dem Gebot der Rechtzeitigkeit unterliegen bzw bei ihrer Entscheidungserheblichkeit dem Gericht Anlaß geben, die mündliche Verhandlung wieder zu eröffnen (§ 156 Rn 3; Schneider MDR 86, 903 ff).

3) Rechtzeitig vorgebracht sind Angriffs- u Verteidigungsmittel, wenn nach Maßgabe eines objektiven (= Prozeßlage) u subjektiven (= sorgfältige u förderungsbedachte Prozeßführung) Tatbestands ein früheres Vorbringen nicht zuzumuten war. Das bedeutet für das Parteivorbringen keine Rückkehr zur strengen Eventualmaxime (§ 277 Rn 1, § 296 Rn 2; StJL § 282 Rn 18; BVerfG NJW 80, 1737/38 m Hinw auf die Entstehungsgeschichte der VereinfNovelle; einschränkend für eine „Hinwendung zur Eventualmaxime" Leipold ZZP 93, 237/258). Für eine Prozeßtaktik in der Form des sukzessiven Vorbringens bleibt jedoch nur insofern Raum, als ein zunächst 3 zurückgehaltenes Vorbringen nach der **Prozeßlage,** also maßgeblich nach dem gegnerischen Vorbringen, jedoch auch unter Berücksichtigung von Fragen, Auflagen u Hinweisen des Gerichts (§§ 139, 273, 278 III), noch nicht veranlaßt sein darf. Jedes durch diese Prozeßlage bedingte Vorbringen muß unverzüglich erfolgen, um Versäumungsfolgen iS § 296 II zu vermeiden (hierzu § 296 Rn 8–10, 30). **Verspätetes Vorbringen** wird daher **nur dann** als **entschuldigt iS § 296 II** anzusehen sein, **wenn die Partei nach sorgfältiger u förderungsbewußter Prüfung der Prozeßlage davon ausgehen durfte, daß ein früherer Vortrag zu einer unnötigen Ausweitung des Prozeßstoffes geführt hätte** (Schneider MDR 77, 794 ff). Daher ist jede Partei gehalten, auch die nur hilfsweise in Erwägung zu ziehenden Angriffs- und Verteidigungsmittel (hierzu vgl § 146 Rn 2), also auch zB Einreden der Verjährung oder Verwirkung und ebenso Hilfsbegründungen oder Hilfsaufrechnung, alsbald vorzutragen oder zumindest anzukündigen (ggf Frage- und Hinweispflicht des Gerichts gem §§ 139, 278 III), wenn diese geeignet sind, das Verfahren abzukürzen. Für ein Recht des Beklagten, die Verjährungseinrede bis zum Ergebnis einer Beweiserhebung zurückzuhalten (so BLH Anm 3 A, weil diese Einrede ein „moralisch umstrittenes Notmittel" sei), ist daher grds kein Raum (Schneider MDR 77, 793/795; zur Frage, ob das Gericht die Verjährungseinrede anregen darf s § 139 Rn 11).

4 **II) Schriftliche Terminsvorbereitung** (Abs II), gilt grds nur im Anwaltsprozeß, im Parteiprozeß nur nach gerichtl Aufforderung gem § 129 II (auch hier genügt aber stets mündl Erklärung zu Protokoll, § 129 a). Abs II ergänzt insoweit § 277, jedoch unter besonderer Berücksichtigung des Schutzes des jew Gegners vor überraschenden Angriffs- u Verteidigungsmitteln. Darin liegt eine Garantie des rechtl Gehörs. Was „rechtzeitig" ist, besagt § 132 (dort Rn 3). Im Einzelfall kann aber ein 1 Woche vor dem Termin eingereichter Schriftsatz gleichwohl verspätet (vgl entsprechend § 335 I 3) sein, wenn auf seinen Inhalt vom Gegner voraussichtlich nur nach Einholung von Erkundigungen erwidert werden kann (so im Fall § 138 IV), wenn diese Erkundigungen des Gegners erkennbar nicht kurzfristig möglich sind und wenn der behauptenden Partei ein früheres Vorbringen „nach der Prozeßlage bei sorgfältiger u förderungsbedachter Prozeßführung" (insoweit gilt Abs I und § 277 I u IV) möglich gewesen wäre (vgl § 132 I: „mindestens" 1 Woche vor dem Termin). Dem Gegner muß jedenfalls für eine Replik auf kurz vor dem Verhandlungstermin vorgetragene Angriffs- und Verteidigungsmittel der anderen Partei eine derart angemessene Zeit (hierzu vgl entspr BVerfG NJW 82, 1691; § 275 Rn 4) verbleiben, wie das unter Berücksichtigung von sachlichen und auch persönlichen Informationsschwierigkeiten notwendig ist. Dementsprechend kann auch ein in der Wochenfrist des § 132 erfolgender Sachvortrag iSd § 296 II verspätet sein, wenn die (evtl gemäß § 283 nachgereichte) Replik des Gegners ergibt, daß dieser Sachvortrag nur noch verfahrensverzögernd (zB wegen notwendiger Aufklärung oder Beweiserhebung) berücksichtigt werden könnte (StJL Rn 23). Zur Verfahrensweise bei verspätetem Vorbringen s § 132 Rn 3 und § 283 Rn 3.

5 **III)** Für **Zulässigkeitsrügen** begründet Abs III ausnahmsweise (vgl Rn 3) die Eventualmaxime. Hierunter fallen im Partei- u Anwaltsprozeß sämtliche Behauptungen u Einwendungen, welche die Sachurteilsbefugnis des Gerichts (Rn 9 ff vor § 253) in Frage stellen; gleichgültig ob von Amts wegen oder nur auf Rüge zu prüfen (insoweit aber unterschiedl Versäumungsfolge in § 296 III; s dort Rn 29). **Beispiele:** Unzuständigkeit des Gerichts, Unzulässigkeit des Rechtsweges (§§ 13, 17 GVG), Einrede des Schiedsvertrages (§§ 1025 ff; hierzu Schröder ZZP 91 [1978], 302), Einrede der Rechtshängigkeit (§ 261 III 1), Einrede der Rechtskraft (§§ 318, 322), Kosteneinreden (§ 110–113, 296 IV), Einreden gegen die Parteifähigkeit, Prozeßfähigkeit oder ordnungsgemäße Vertretung des Gegners (§§ 50–56). **Ausnahme:** Für die Zuständigkeitsrüge zwischen Zivilkammer und Kammer für Handelssachen (§§ 97 ff GVG) enthält § 101 GVG eine Sonderregelung, neben der (entgegen Bremen MDR 80, 410) für eine entspr Anwendung auch der §§ 282 III, 296 III weder Notwendigkeit noch Anlaß besteht. Ebenso geht die Regelung der Zuständigkeitsbegründung durch rügelose Verhandlung zur Hauptsache (§ 39) den §§ 282 III, 296 III vor und kann auch nicht durch Entschuldigung (§ 296 III) rückgängig gemacht werden (StJL Rn 44).

6 Alle diese **Zulässigkeitsrügen müssen** zur Meidung der in § 296 (dort Rn 29) für **verzichtbare Rügen** vorgesehenen Versäumungsfolgen **vom Beklagten** (bzw Widerbeklagten) gleichzeitig (= Eventualmaxime) u **vor der Verhandlung zur Hauptsache** (§ 137 I) **vorgebracht werden** und zwar

a) bei Fristsetzung zur Klageerwiderung gem §§ 275 I, 276 I, 697 III, im Fall der Widerklage gem §§ 275 IV, 276 III, innerhalb der Frist (§ 222); sonst Ausschluß gem § 296 I,

b) ohne Fristsetzung spätestens in der Einspruchsschrift (§ 340 III), sonst im ersten Verhandlungstermin vor Stellung der Sachanträge (§ 137 I); sonst Ausschluß gem § 296 III,

c) im schriftlichen Verfahren (§ 128 II u III), falls nicht vorher mündl verhandelt worden war, spätestens bis zum Zeitpunkt, welcher dem Schluß der mündl Verhandlung entspricht (§ 128 Rn 18, 24); sonst Ausschluß gem § 296 III.

Die durch Abs III der Eventualmaxime unterworfene Rügepflicht bzgl der Zulässigkeit der Klage oder Widerklage gilt für alle Rechtszüge (BGH NJW 81, 2646) und besteht zur Meidung der Versäumungsfolge gemäß § 296 III auch dann, wenn dem Beklagten die Klage aus sonstigen Gründen (zB wegen Unschlüssigkeit, BGH NJW 85, 743 = MDR 85, 207) unbegründet erscheint. 7

Unverzichtbare Prozeßvoraussetzungen (das sind alle in Rn 9–21 vor § 253 genannten mit Ausnahme der in § 296 Rn 29 genannten) hat das Gericht stets von Amts wegen zu prüfen; sie unterliegen daher nicht der strengen Präklusionsfolge des § 296 III und insoweit ist das Rechtzeitigkeitsgebot des § 282 III lex imperfecta.

283 *[Nachgereichte Schriftsätze]*

Kann sich eine Partei in der mündlichen Verhandlung auf ein Vorbringen des Gegners nicht erklären, weil es ihr nicht rechtzeitig vor dem Termin mitgeteilt worden ist, so kann auf ihren Antrag das Gericht eine Frist bestimmen, in der sie die Erklärung in einem Schriftsatz nachbringen kann; gleichzeitig wird ein Termin zur Verkündung einer Entscheidung anberaumt. Eine fristgemäß eingereichte Erklärung muß, eine verspätet eingereichte Erklärung kann das Gericht bei der Entscheidung berücksichtigen.

Lit: *Mayer*, Übergabe von Schriftsätzen im Verhandlungstermin, NJW 85, 937.

I) Allgemeines: § 283 dient der Straffung u Beschleunigung des Verfahrens, indem er Vertagungen entbehrlich macht, der iS des § 132 säumigen Partei für einen Tatsachenvortrag das letzte Wort entzieht, dem Gegner ein Nachschubrecht gewährt. Das Nachschubrecht des Gegners verlängert für diesen den „Schluß der mündl Verhandlung" (Rn 4 zu § 136) hinsichtlich des zulässigen Erwiderungsvorbringens (nicht auch hinsichtl sonstiger Einwendungen!) auf den Ablauf der Nachschubfrist (wichtig wegen der Präklusionswirkung der §§ 323 II, 767 II und wegen der Geständniswirkung gemäß § 138 II u III). – Wegen der Behandlung „nachgereichter Schriftsätze" im allgemeinen (also nach Schluß der mündl Verhandlung) s § 132 Rn 4, § 296 a Rn 5 sowie Mayer NJW 85, 937; Walchshöfer NJW 72, 1028; Hahnzog NJW 72, 831; Haase JZ 68, 696. 1

II) Anwendungsbereich: 1) Eine Partei muß unter Verletzung von § 132 einen Schriftsatz entweder im Termin oder weniger als „mindestens" (§ 132 Rn 3) 1 Woche vor dem Termin dem Gegner (nicht dem Gericht) mitgeteilt oder zugestellt haben. Der somit verspätete Schriftsatz muß erwiderungsbedürftige **neue tatsächl Behauptungen oder Beweismittel** enthalten. Rechtsausführungen und bloße Gegenerklärungen sind bis z Schluß der mündl Verhandlung zulässig, können also niemals verspätet iS des § 283 sein (Neustadt MDR 60, 406). Jedoch kann Bestreiten (vgl § 138 II u III) dann in der mündl Verhandlung verspätet sein, wenn erst hierdurch der Gegner zum Beweisantritt veranlaßt wird oder das Gericht bei rechtzeitigem Bestreiten in der Lage gewesen wäre, vom Gegner vorsorglich benannte Zeugen zum Termin zu laden. Ob der verspätete (insbes im Termin übergebene) Schriftsatz erwiderungsbedürftige Behauptungen enthält, ist oft nicht sofort erkennbar. Das dem Gegner dann vorsorglich (BGH NJW 65, 297) eingeräumte Erwiderungsrecht ist dann gegenstandslos u rechtfertigt nicht die Berücksichtigung sonstiger nachgeschobener Ausführungen (BGH NJW 51, 273). – Zur entspr Anwendung des § 283, wenn nicht der Gegner sondern das Gericht einer Partei im Haupttermin einen Hinweis gibt (§ 139 oder § 278 III), zu dem die Partei sich nicht sofort im Termin erklären kann: § 278 Rn 8. 2

2) Die nicht säumige Partei muß ein **Erwiderungsrecht beantragt** haben. Keine Anordnung von Amts wegen. Das Gericht sollte aber Antragstellung anregen (BGH NJW 85, 1539/1543 = MDR 85, 754/756; Hensen NJW 84, 1672). Der Gegner der säumigen Partei ist nicht befugt, statt des Antrags auf Bewilligung einer Erwiderungsfrist die Einlassung auf das verspätete gegnerische Vorbringen zu verweigern, Vertagung zu beantragen oder auf Zurückweisung des gegnerischen Vorbringens als verspätet zu bestehen (München VersR 80, 95 = MDR 80, 148 = OLGZ 79, 479; KG NJW 83, 580 = MDR 83, 235; vgl § 132 Rn 3). Das Gericht kann durch die Antragsverweigerung der nicht säumigen Partei weder gezwungen werden, zu vertagen, noch das verspätete Vorbringen der säumigen Partei gem § 296 unberücksichtigt zu lassen (vgl BVerfG NJW 80, 277). Andererseits schließt auch das Verfahren gemäß § 283 es nicht aus, das Parteivorbringen als iS der §§ 282, 296 II verspätet zu behandeln und deshalb zurückzuweisen (§ 282 Rn 4, § 296 Rn 16; StJL Rn 6). – Ohne Antrag ist Verkündungstermin ohne Vorbehalt zu bestimmen. Beiden Parteien die Nachreichung von Schriftsätzen nachzulassen, wäre unzulässiger Übergang in dem schriftl Verfahren (BGH NJW 62, 297 a Ende), falls nicht beide iS des § 132 säumig waren (zu Unrecht auch i diesem Fall gegen beiderseitige Nachfristgewährung München WRP 72, 41; StJL Rn 8; aber das Gericht muß sich nicht beiderseitiger Prozeßverschleppung unterwerfen). 3

4 **III) Verfahren: 1)** Das Gericht setzt gleichzeitig Erwiderungsfrist (für deren angemessene Dauer gilt das zu § 275 Rn 4 Gesagte entsprechend) u bestimmt gem § 310 Verkündungstermin, Fristberechnung: §§ 221 ff. Abkürzung u Verlängerung: §§ 224, 225; die Abkürzung oder Verlängerung einer vom Richterkollegium gesetzten Frist ist Sache des Kollegiums, nicht des Vorsitzenden (BGH NJW 83, 2030). Die Fristsetzung ist nicht selbständig anfechtbar; zur (statthaften) Gegenvorstellung § 567 Rn 19–25.

5 **2) Behandlung des nachgereichten Schriftsatzes:** Nur eine Erwiderung auf den verspäteten Sachvortrag des Gegners darf berücksichtigt werden, nicht jedoch neuer Sachvortrag, der über eine Replik hinausgeht (BGH NJW 65, 297; 66, 1657 unter Aufgabe von BGH NJW 52, 222). Nicht zu berücksichtigen daher auch nachgeschobene Anträge (München MDR 81, 502) oder prozeßhindernde Einreden (BGH 39, 384 = NJW 63, 1744). Im nachgelassenen Schriftsatz über eine Erwiderung hinausgehender (neuer) Sachvortrag, dementsprechend auch ein geänderter (§ 264 gilt hier nicht) Sach- oder Verfahrensantrag darf ohne Wiedereröffnung der mündl Verhandlung (über deren Voraussetzung § 156 Rn 2) bei der Entscheidung nicht berücksichtigt werden, selbst wenn der Schriftsatz dem Gegner förmlich zugestellt wurde. Er ist iSd § 296 a verspätet (diese Vorschrift gilt auch für nachgereichte Anträge, § 296 a Rn 2), mag er auch durch die förmliche Zustellung, soweit er einen erweiterten Klageantrag enthält, gemäß §§ 253 I, 261 die Rechtshängigkeit begründen und damit Anlaß geben, die als Endurteil vorgesehene Entscheidung nun als Teilurteil zu erlassen oder die Klage im Umfang ihrer Erweiterung gemäß § 145 abzutrennen. Nachgeschobener (also nicht verwertbarer) neuer Sachvortrag erfordert die Wiedereröffnung (§ 156), soweit § 139 oder § 278 III verletzt war (BGH JR 58, 344; RG 102, 266). Im übrigen steht Wiedereröffnung i nicht nachprüfbaren Ermessen des Gerichts. Soweit der Inhalt des nachgereichten Schriftsatzes i Urteil nicht berücksichtigt wird, ist das im Urteil zu begründen.

6 **3) Bedeutung des Fristablaufs: a)** Die **fristgerecht eingereichte Erwiderung muß** bei der Entscheidung **berücksichtigt werden,** soweit sie nicht über eine tatsächl Erwiderung hinaus neue Angriffs- oder Verteidigungsmittel enthält, die durch das verspätete Vorbringen des Gegners nicht bedingt sind u deshalb schon vor Schluß der mündl Verhandlung hätten vorgebracht werden können (BGH NJW 65, 297; 66, 1657). Der nachgereichte Schriftsatz ist dem Gegner formlos mitzuteilen, doch hat dieser wegen § 296 a kein Recht, seinerseits nochmals zu erwidern.

7 **b)** Die **nach Fristablauf** aber vor dem Verkündungstermin **eingereichte Erwiderung darf** bei der Entscheidung **berücksichtigt werden.** Die Frist ist also Schutzfrist für die erwiderungsbefugte Partei u hat eine durch das Ermessen des Gerichts bedingte Ausschlußwirkung. Das Gericht handelt bei der Nichtberücksichtigung der nach Fristablauf eingehenden Erwiderung nur dann ermessensfehlerhaft, wenn es seine Entscheidung ohnedies noch nicht beraten u abgesetzt hatte oder wenn Wiedereröffnung der mündl Verhandlung iS von § 156 Rn 3 geboten wäre (BGH NJW 83, 2031); nur insoweit ist das Ermessen des Gerichts gebunden, sonst im Interesse der Verfahrensbeschleunigung frei.

8 **c)** Soweit **Schriftsatz im Urteil nicht berücksichtigt** wird, ist der rechtl Grund hierfür (§§ 296, 296 a) in den Entscheidungsgründen darzulegen.

Vorbemerkungen zu § 284

Grundzüge des Beweisverfahrens

Übersicht

Lit zum Beweisverfahren: *Baumgärtel*, Beweisvereitelung, Festschrift für Kralik, 1986, S 63; *Bender*, Das Beweismaß, Festschrift für Baur, 1981, S 247; *Bosch*, Grundsatzfragen des Beweisrechts, 1963; *Gerhardt*, Beweisvereitelung i Zivilprozeß, AcP 69 [169], 289; *Greger*, Praxis u Dogmatik des Anscheinsbeweises, VersR 80, 1091; *Habscheid,* Das Recht auf Beweis, ZZP 96 [1983], 306; *Hainmüller,* Der Anscheinsbeweis u die Fahrlässigkeitstat i heutigen dtsch Schadensersatzprozeß, 1966; *Hofmann,* Beweislastumkehr bei Verletzung vertragl Aufklärungs- u Beratungspflichten, NJW 74, 1641; *Kahrs,* Kausalität u überholende Kausalität i Zivilrecht, 1969; *Larenz,* Zur Beweislastverteilung nach Gefahrenbereichen, Festschrift für Hauß, 1978, S 225; *Leipold,* Beweislastregeln u gesetzl Vermutungen, 1966; *Musielak,* Beweislastverteilung nach Gefahrenbereichen, AcP 176, 465; *Musielak/Stadler,* Grundfragen des Beweisrechts, 1984; *Pawlowski,* Der Prima-facie-Beweis bei Schadensersatzansprüchen aus Delikt u Vertrag, 1966; *Peters,* Beweisvereitelung u Mitwirkungspflicht des Beweisgegners, ZZP 82, 200; *ders,* Der Ausforschungsbeweis i Zivilprozeß, 1966; *ders,* Die Verwertbarkeit rechtswidrig erlangter Beweise u Beweismittel i Zivilprozeß, ZZP 76, 145; *Prölss,* Beweiserleichterungen i Schadensersatzprozeß, 1966; *Prütting,* Gegenwartsprobleme der Beweislast, 1983; *Rosenberg,* Die Beweislast, 1965; *Schmidt,* Probleme der Beweislastumkehr, JuS 75, 430; *Schneider,* Beweis und Beweiswürdigung, 3. Aufl 1978; *ders.,* Die Beweiswürdigung i Zivilprozeß, MDR 65, 879; 66, 27/192/385/561; 75, 444/538; *ders,* Die Beweisvereitelung, MDR 69, 4; *ders,* Die zivilprozessuale Beweisantizipation i der neuren Rspr, MDR 69, 268; *Söllner,* Der Beweisantrag i Zivilprozeß, Diss 1972 Freiburg; *Teplitzky,* Der Beweisantritt i Zivilprozeß u seine Behandlung durch die Gerichte, JuS 68, 71 u DRiZ 70, 280; *Weitnauer,* Beweislastumkehr, Festschrift für Larenz, 1973, S 905.

I) Den Zivilprozeß beherrscht (abgeschwächt im Ehe-, Kindschafts-, Entmündigungs- und Aufgebotsverfahren, §§ 616, 640, 653, 952 III) der **Beibringungsgrundsatz:** Die Parteien bestimmen durch ihren Sachvortrag, welche Tatsachen als anspruchsbegründende oder -vernichtende vom Gericht der Entscheidung zugrundezulegen sind (RG 103, 96; 151, 97). Das Gericht hat gem § 139 auf die Aufklärung dieser Tatsachen, nicht aber auf den Vortrag weiterer Tatsachen hinzuwirken. Voraussetzung der Berücksichtigung dieser Tatsachen bei der Entscheidung ist, daß das Gericht sie als gegeben erachtet. Die vorgetragenen Tatsachen sind zu berücksichtigen, soweit sie unstreitig (§ 138 III), zugestanden (§ 288) oder gerichtsbekannt (§ 291) sind. Ist das nicht der Fall, ist Beweiserhebung geboten. 1

II) Die **Beweiserhebung** unterliegt grundsätzl (Ausnahme, soweit das Gericht Feststellungen von Amts wegen zu treffen hat; so die unverzichtbaren Prozeßvoraussetzungen, vgl Rn 9 ff vor § 253, sowie im Amtsbetrieb des 6. Buches, §§ 606 ff) der **Parteiherrschaft** (Habscheid ZZP 96, 309). Nur soweit das Gesetz Ausnahmen ausdrücklich zuläßt (§§ 56, 144, 293, 448) darf das Gericht von Amts wegen Beweis erheben. In allen anderen Fällen setzt die Beweiserhebung einen Beweisantrag der beweisbelasteten Partei (= Beweisantritt: §§ 282, 371, 373, 403, 420, 445) voraus. Entgegen dem Wortlaut von § 282 I („hat ... vorzubringen") besteht für keine Partei eine Beweispflicht, nur eine Beweislast entsprechend der Darlegungslast, verbunden mit dem Risiko des Prozeßverlustes bei Nichterweislichkeit der behaupteten Tatsachen (s Rn 18). Daher ist die Zurücknahme eines Beweisantritts zulässig (vor § 128 Rn 19; StJL § 284 Rn 32; Ausnahmen: §§ 399, 426), wenn auch ihrerseits einer Beweiswürdigung zugänglich (§ 286 Rn 14). 2

III) Der Beweisantritt erfolgt i Anwaltsprozeß i vorbereitenden Schriftsatz (§ 130 Ziff 5) *und* Vortrag in der mündl Verhandlung (§ 137), jedoch genügt ausdrückliche oder konkludente Bezugnahme (§ 137 III) auf den Schriftsatz. Der Vortrag einzelner Beweisanträge schließt die stillschw Bezugnahme auf die übrigen nicht aus (Ordemann NJW 64, 1308 gegen BAG NJW 63, 1843), doch kann sich die Notwendigkeit ausdrückl Vortrages früherer Beweisanträge nach langer Prozeßdauer (RG JW 38, 2367), nach erkennbar vom Gericht als erschöpfend durchgeführter Beweisaufnahme (BGH MDR 69, 746) oder in der nächsten Instanz (BGH 35, 103; NJW 61, 1458; Endemann NJW 69, 1197/1199; einschränkend aus Gründen des rechtl Gehörs, jedoch ohne ein Eingehen auf die prozeßrechtl Problematik der Dispositionsmaxime BVerfG MDR 69, 545) ergeben. Im ersten Rechtszug gestellte Beweisanträge, denen das Erstgericht wegen angenommener Unerheblichkeit (s unten Rn 9 sowie § 284 Rn 3) nicht folgte, gelten grds für das Berufungsverfahren fort; pauschale Bezugnahme des Berufungsführers genügt insbesondere, wenn er die Beurteilung der Beweiserheblichkeit durch das Erstgericht angreift (BGH MDR 82, 29). Im Zweifelsfall hat das Berufungsgericht gemäß §§ 139, 278 III aufzuklären, ob die Parteien ihre früheren Beweisanträge aufrechterhalten (BVerfG NJW 82, 1637; § 278 Rn 17; § 527 Rn 10). 3

Notwendiger Inhalt des Beweisantrages:

1) Das Beweisthema = die spezifizierte Bezeichnung der Tatsachen (auch Indiztatsachen, § 286 Rn 9 a), welche bewiesen werden sollen. Der Umfang der Substantiierungslast richtet sich nach der Einlassung des Gegners (BGH NJW 72, 1710). Der Gegenbeweis gegen gesetzl Tatsachenvermutungen (§ 292) bedarf keiner neuen Tatsachenbehauptungen (RG Warn 42 Nr 23); anders bei gesetzl Rechtsvermutungen (Hiendl NJW 63, 1662). Wegen gesetzl Vermutungen s Rn 11. 4

5 **Unzulässiger Ausforschungsbeweis** (hierzu Gamp DRiZ 82, 1; Arens ZZP 96 [1983], 1/4 ff; StJL § 284 Rn 40–48) liegt vor bei Beweisantritt für unsubstantiierte Behauptungen u Vermutungen, also bei einem **Beweisermittlungsantrag,** der nicht unmittelbar oder beim **Indizienbeweis** mittelbar (§ 286 Rn 9 a) dem Beweis der vom Beweisführer vorgetragenen Tatsachen dient, sondern der Ausforschung von Tatsachen, der Erschließung von Erkenntnisquellen, die es vielleicht erst ermöglichen, bestimmte Tatsachen zu behaupten und sodann unter Beweis zu stellen. Die Abgrenzung des zulässigen Beweisantrags vom unzulässigen Beweisermittlungsantrag liegt im substantiierten Vortrag der unter Beweis gestellten Tatsachen einerseits (§ 359 Nr 1) und der „aus der Luft gegriffenen" Behauptung andererseits (§ 284 Rn 5); im Zweifelsfall hat der Beweisführer die Erkenntnisquelle seiner Beweisbehauptung darzulegen. Daher ist unzulässige und deshalb (vorbehaltlich des gerichtlichen Hinweises gemäß § 278 III) unbeachtliche Ausforschung zB der Zeugenbeweis für in der Person eines Dritten bestehende innere Tatsachen ohne Darlegung, woher der Zeuge diese Kenntnis erlangt haben sollte (BGH NJW 83, 2034), ebenso die Benennung von „Mehrverkehrszeugen" (§ 1600 o BGB; hierzu Celle FamRZ 71, 376; Düsseldorf FamRZ 71, 377 u 379) ohne Darlegung des Umgangs dieser Zeugen mit der Kindesmutter (Hiendl aaO; Teplitzky NJW 65, 335; München NJW 66, 2125; Büttner ZZP 67, 73; Habscheid MDR 54, 176); anders bei Antrag auf erbbiologische Begutachtung des Beweisführers selbst (BGH 40, 375 = NJW 64, 723) oder des Kindes (BGH NJW 64, 1179). Keine Ausforschung liegt vor, wo dem Beweisführer substantiierte Tatsachenbehauptungen unmöglich oder unzumutbar sind; hier genügt Angabe der Gründe, auf die sich die Behauptung stützt (BGH NJW 64, 1415; 65, 1909; 68, 1233). Keine Voraussetzung eines schlüssigen Beweisantritts ist es, daß die Partei das Beweisergebnis iS einer vorweggenommenen Beweiswürdigung wahrscheinlich macht (BGH NJW 72, 249/250; München OLGZ 79, 355; zur Behandlung „aus der Luft gegriffener" Behauptungen s § 284 Rn 5). Dagegen unzulässige Ausforschung, wenn Zeugenbeweis erkennbar dem Zweck dient, den fehlenden konkreten Tatsachenvortrag der Partei durch die Aussage der Zeugen zu ersetzen, Köln VersR 73, 130.

6 **2) Das Beweismittel:** § 317 Augenschein, § 373 Zeugen, § 403 Gutachten (auch als Behördenauskunft und Meinungsumfrage, BGH NJW 62, 2152), § 420 Urkunden (hierher gehört die Bezugnahme auf das Beweisergebnis anderer Verfahren, § 373 Rn 9) u § 445 Einvernahme des Gegners. **Das Beweismittel muß tauglich** (untauglich zB die Benennung eines kranken Zeugen ohne Erinnerungsvermögen BAG NJW 66, 2426) **und verfügbar** (§ 356) **sein.** Untauglich, weil unzumutbar (unten Rn 22), ist das SV-Gutachten zum Beweis eines ärztl Kunstfehlers (hierzu unten Rn 19, § 286 Rn 17), wenn sich hierfür die zu untersuchende Person einer lebens- oder gesundheitsgefährdenden Operation unterziehen müßte (Düsseldorf VersR 85, 457). Verfügbar ist grds auch der gemäß § 363 im Ausland zu vernehmende Zeuge, falls nicht ausnahmsweise dessen unmittelbare (§ 355) Vernehmung durch das Prozeßgericht sachlich unverzichtbar ist (vgl entspr für § 244 StPO BGH MDR 83, 505). Wegen Aussetzung des Verfahrens bei zeitweiliger Nichtverfügbarkeit s Rn 10 zu § 148.

7 Daneben kennt das Verfahrensrecht den gesetzl nicht geregelten **Freibeweis,** das ist die vom Beweisantritt der Parteien unabhängige u auf die gesetzl Beweismittel nicht beschränkte Befugnis des Gerichts, von Amts wegen Ermittlungen anzustellen, soweit es – auch wo im übrigen das Verfahren vom Beibringungsgrundsatz beherrscht ist (Rn 9, 10 vor § 128) – verfahrensrechtliche Umstände von Amts wegen zu prüfen und festzustellen hat, so die Prüfung der unverzichtbaren Prozeßvoraussetzungen (Rn 2; BGH NJW 51, 441), die Ermittlung ausländischer Rechtsnormen (§ 293, BGH NJW 61, 410; 66, 296), die Prüfung der Voraussetzungen der Prozeßkostenhilfe (§ 118), die Prüfung der Partei- und Prozeßfähigkeit (wo Zweifel hieran entstehen; vgl vor § 253 Rn 12; § 56 Rn 4), der anderweiten Rechtshängigkeit (RGZ 160, 338/346 ff; § 261 Rn 8, 9), der Rechtskraft (§ 322; Rn 21 ff vor § 322), des Rechtsschutzbedürfnisses (BGHZ 18, 98/105) und überhaupt der Zulässigkeit von Anträgen und Rechtsmitteln. Dagegen ist der Freibeweis unzulässig, wo er in Durchbrechung des Beibringungsgrundsatzes der Feststellung materiell-rechtlich erheblicher Tatsachen dienen würde. Wo demnach Freibeweis überhaupt zulässig ist, unterliegt auch er den Grundsätzen des rechtlichen Gehörs (Rn 3 ff vor § 128) und – soweit möglich – der Parteiöffentlichkeit (§ 357; Koch/Steinmetz MDR 80, 901).

8 **IV) Die Beweisanordnung** (Beweisbeschluß §§ 358 a, 359; wegen Ablehnung eines Beweisbeschl s Rn 2 ff zu § 284) erfordert eine gerichtl Vorprüfung der Notwendigkeit der Beweiserhebung. Nutzlose (weil unerhebliche oder ungeeignete) Beweiserhebungen sind Kardinalfehler des Gerichts. Das Gericht hat vorweg zu prüfen:

9 **1) Entscheidungserheblichkeit** des Beweisthemas: Unerheblich ist die Prüfung der Hauptbegründung, wo die Hilfsbegründung unstreitig oder einfacher zu beweisen. Überflüssig die Prüfung von Tatsachen, die den Anspruch nicht notw tragen.

2) Beweisbedürftigkeit besteht: **a)** soweit eine entscheidungserhebl Tatsache (auch Indiztatsache, § 286 Rn 9 u 9 a) streitig u nicht gerichtsbekannt (§ 291) ist. Das gilt auch im Urkundenprozeß, wo entgegen dem Wortlaut des § 592 nicht „sämtliche" Tatsachen durch Urkunden zu beweisen sind (BGH 62, 286; aM Bassenge JR 74, 426; Gloede MDR 74, 895). Zur Frage, ob einfaches oder substantiiertes Bestreiten nötig ist, s Rn 9 ff zu § 138. Was gerichtsbekannt ist, muß, um verwertet werden zu dürfen, den Parteien bekannt gegeben sein (§ 285; Art 103 GG; BVerfG JZ 60, 124; Köln Rpfleger 85, 498). Für die Erhebung des Gegenbeweises besteht kein Bedürfnis, bevor nicht der durch die Beweislast bestimmte Hauptbeweis erbracht ist (Weber NJW 72, 896; abw Walther NJW 72, 237, der zu Unrecht der Wahrheitsermittlung den Vorrang vor den aus der Dispositionsmaxime herzuleitenden Regeln der Beweislast – Rn 15 ff – gibt), doch dürfen beide Beweise gleichzeitig angeordnet werden. Für Gegenbeweis gilt § 445 II: keine Parteivernehmung! 10

b) Nicht beweisbedürftig sind Tatsachen u Rechte, für die eine gesetzl Vermutung besteht: **gesetzl Tatsachenvermutungen** sind zB §§ 363, 685 II, 938, 1117 III, 1253 II, 1720 II, 2009, 2270 BGB. **Gesetzl Rechtsvermutungen** sind zB §§ 891, 1006, 1362, 2365 BGB. Wegen der Widerlegung gesetzl Vermutungen s oben Rn 4 u § 292. 11

3) Eignung des Beweismittels (s Rn 6 und § 284 Rn 5): Zur **Verwertung rechtswidrig erlangter Beweismittel** vgl Baumgärtel ZZP 69, 89/103 ff; Gamp ZZP 96, 115 und DRiZ 81, 41; Habscheid ZZP 96, 306/321 ff; Peters ZZP 76, 145; Schlund BB 76, 1491; Zeiss ZZP 89, 377; StJL § 284 Rn 56–63; R-Schwab § 113 III 1 b. Ein Verwertungsverbot besteht grundsätzl bei Beweismitteln, die unter Verletzung von Grundrechten, insbes des Rechts auf Schutz der Persönlichkeit (Art 1 I GG), beschafft wurden (BAG NJW 83, 1691 = MDR 83, 787; BGH NJW 82, 1398 = MDR 82, 845). Wo gegen §§ 201–203 StGB verstoßen wurde, wird das regelm der Fall sein. Die Rechtsprechung setzt diesem Verwertungsverbot jedoch unter Güterabwägung Grenzen, wo die Verwertung solcher Beweismittel der Abwehr größeren Unrechts dient (Notstandslage, vgl BVerfGE 34, 247 u NJW 73, 891; BGH NJW 82, 277 = MDR 82, 397), ebenso bei doloser Ausnutzung der Beweisnot der beweisbelasteten Partei §§ 226, 826 BGB), zB bei offenbarer Verletzung der Wahrheitspflicht (§ 138), bei Verletzung der Vorlagepflicht (§§ 422, 423). Vgl zur Ahndung vorwerfbarer Beweisvereitelung § 286 Rn 14 u § 444 Rn 1. Die Beweisverwertung **heimlicher Tonbandaufnahmen** (= Objekt des „Augenscheins" § 371; Pleyer ZZP 69, 321; Röhl JZ 57, 67) ist daher nicht immer ausgeschlossen (BGH NJW 82, 277 = MDR 82, 397 für den Fall, daß diese Aufnahme das einzig mögliche Mittel ist, rechtswidrige Telefonate zu beweisen; hier erfolgt die Güterabwägung zwischen dem Persönlichkeitsrecht des Anrufers und dem Abwehrrecht des Betroffenen; vgl auch § 284 Rn 5). Das **Mithören von Telefongesprächen durch Dritte** ohne Bekanntgabe dieses Umstandes an den Gesprächspartner berührt dessen Persönlichkeitsrecht bei Gesprächen erkennbar persönlichen Inhalts, also mit vertraulichem Charakter, nicht aber bei sonstigen Gesprächen, denn der Gebrauch der (sogar von der Bundespost angebotenen) Mithörgeräte (über Lautsprecher oder einen zweiten Kopfhörer) ist heute schon derart verbreitet, daß die Kenntnis hiervon zu unterstellen ist und dem Gesprächspartner zugemutet werden kann, den Wunsch, Dritte am Gespräch nicht zu beteiligen, ausdrücklich zu äußern (BGH NJW 82, 1398 = MDR 82, 845). Das gilt jedoch nur für Telefongespräche, nicht auch für das einem Gesprächspartner nicht erkennbare Mithören des persönlichen Zwiegesprächs in einem Raum über die im Nebenraum installierte Bürosprechanlage (BAG NJW 83, 1691 = MDR 83, 787). 12

Ungeeignet sind durch **gesetzl Beweisregelung** (§ 286 Rn 3) ausgeschlossene (§§ 80, 165, 415–418, 445 II) oder in besond Prozeßarten (§§ 592, 595 II) nicht zugelassene Beweismittel. 13

Zur Verwertbarkeit von **Aussageprotokollen anderer Verfahren** s § 373 Rn 2. Zur (grds zulässigen) Verwertung von Aussagen, die trotz **Aussageverweigerungsrecht** oder mangels Belehrung über dieses gemacht wurden, s § 383 Rn 21, 22. Zur Tauglichkeit des **Indizienbeweises** s § 286 Rn 9 a. 14

V) Die Beweislast: Lit – außer der oben vor Rn 1 genannten –: *Baumgärtel*, Handbuch der Beweislast im Privatrecht; *ders*, Das Wechselspiel der Beweislastverteilung im Arzthaftungsprozeß, Festschrift für Bruns, 1980, S 93–109; *Klauser*, Beweislast und Beweismaß im Unterhaltsprozeß, MDR 82, 529; *Laufs*, Beweislast im Arzthaftungsprozeß, NJW 81, 1292; *Musielak*, Die Grundlagen der Beweislast im Zivilprozeß, 1975; *Wahrendorf*, Die Prinzipien der Beweislast im Haftungsrecht, 1976.

1 a) Die Regeln der Beweislast sind der Rechtsnorm zu entnehmen, auf welche streitiges Parteivorbringen gestützt wird. Daher ist ein **Fehler in der Beurteilung der Beweislast idR ein Fehler in der Anwendung des materiellen Rechts;** allenfalls ein Verstoß gegen verfahrensrechtliche Beweisregeln (zB §§ 355 ff, 427, 444, 445 II, 446; vgl § 286 Rn 14) kann Verfahrensfehler sein und als solcher gemäß § 539 (s dort Rn 3) die Aufhebung des Urteils und Zurückverweisung der Sache rechtfertigen (Schneider MDR 82, 502). 15

16 **Verfahrensfehlerhaft** ist aber stets der vom Gericht unterlassene Hinweis auf die von den Parteien erkennbar falsch beurteilte (auch materiell-rechtliche) Beweislast, wenn die Parteien von der Rechtsmeinung des Gerichts (die auch falsch sein könnte) erst im Urteil überrascht werden (vgl § 278 Rn 17; § 539 Rn 11).

17 **b)** Grundsätzlich trägt der Kläger die Beweislast für alle anspruchsbegründenden, der Beklagte für alle anspruchsvernichtenden Tatsachen- und Rechtsbehauptungen, Einreden und Einwendungen. Diese **Verteilung der Beweislast nach der Verfahrenslage** ist aber, weil grds das materielle Recht die Beweislast bestimmt (Rn 15), **nicht zwingend.** So trägt bei der Vollstrekkungsabwehrklage (§ 767) der Kläger die Beweislast für rechtsvernichtende oder -hemmende Einwendungen, bei der Widerrufsklage der Beklagte die Beweislast für sein Recht auf ehrenrührige Behauptungen über den Kläger (s Rn 19). Ebenso ist die veränderte Prozeßlage im Rechtsmittelverfahren ohne Einfluß auf die Beweislast: der beweisbelastete Kläger behält, auch wenn er obsiegt hat, seine Beweislast auch im Berufungsverfahren; das ihm günstige Ersturteil begründet keinen Anscheinsbeweis (§ 286 Rn 16), den der Berufungskläger zu widerlegen hätte.

18 **c)** Die Rechtslehre unterscheidet zwischen **subjektiver** (= formeller) u **objektiver** (= materieller) **Beweislast** (Rosenberg aaO § 3). Danach ist subj Beweislast die den Parteien im Prozeß erwachsende Notwendigkeit, zur Abwendung des ProzVerlustes alles zu beweisen, was streitig und zur Überzeugung des Gerichts von der Richtigkeit der anspruchsbegründenden bzw anspruchsvernichtenden Tatsachen erforderlich ist. Die subj Beweislast korrespondiert daher mit der Darlegungslast u ergänzt diese; sie setzt erst ein, wenn der Darlegungslast (durch schlüssigen Sachvertrag) genügt ist (BGH NJW 79, 2142 = MDR 79, 658). Allerdings können subjektive Beweislast und Darlegungslast auch auseinanderfallen, so wenn erst die Darlegungen des Beklagten die Beweislast des Klägers auslösen; ebenso wenn die Darlegung des Sachverhalts der beweisbelasteten Partei mangels Erkenntnismöglichkeit unmöglich oder unzumutbar (hierzu unten Rn 21) ist. Die derart durch Informationsmöglichkeit und Zumutbarkeit bestimmte Modifizierung der Beweislast (hierzu Bender in Festschrift für Baur, 1981, S 247; Klauser MDR 82, 529) kann zu einem Auseinanderfallen von Beweislast und Darlegungslast führen. – Objektive Beweislast ist der der beweisfällig gebliebenen Partei drohende Rechtsnachteil des Prozeßverlustes wegen Nichterweislichkeit der den proz Anspruch tragenden Tatsachenbehauptungen. Im Geltungsbereich der Verhandlungsmaxime (Rn 10 vor § 128) treten subj u obj Beweislast nebeneinander auf, ihre Unterscheidung ist ohne praktischen Wert. Daraus ergibt sich die Definition: **Beweislast ist das eine Partei treffende Risiko des Prozeßverlustes wegen Nichterweislichkeit der ihren Sachantrag tragenden Tatsachenbehauptungen.**

19 **2)** Dem entspricht die **Verteilung der Beweislast** auf die Parteien: Der Kläger trägt grundsätzlich die Beweislast für alle anspruchsbegründenden, der Beklagte für alle anspruchsvernichtenden Tatsachen- u Rechtsbehauptungen. Oft bestimmt das Gesetz ausdrücklich (zB §§ 179 II, 282, 358, 636 II, 2336 III BGB) oder mittelbar (zB die Formulierung „es sei denn daß“ in §§ 153, 178 BGB) oder durch gesetzl Vermutungen (Rn 11) die Verteilung der Beweislast.

Beispiele: Wer auf seinem Grundstück eine schadstoffausstoßende Anlage unterhält, hat als Beklagter die Nichtursächlichkeit dieser Emission für **immissionstypische Schäden** darzulegen u zu beweisen (Anscheinsbeweis § 286 Rn 16; BGHZ 92, 143 = NJW 85, 47 = MDR 85, 39; Marburger JuS 86, 354). Wer als Honorarschuldner eine von der BRAGO abweichende **Gebührenvereinbarung** behauptet, hat deren Zustandekommen zu beweisen (München OLGZ 84, 439 = NJW 84, 2537). Nach BGH NJW 83, 1782 soll der den „üblichen“ **Werklohn** (§ 632 II) einklagende Unternehmer die Behauptung des Bestellers widerlegen müssen, es sei ein geringerer Lohn vereinbart worden (sehr bedenklich! vgl Mettenheim NJW 84, 776). Der Schuldner trägt die Beweislast für die Erfüllung (§§ 362, 363 BGB), auch wenn der Gläubiger Rechte aus der Nichterfüllung herleitet (BGH NJW 69, 875). Wer Rückzahlung eines **Darlehens** begehrt, trägt die Beweislast für Darlehensvertrag und Valutierung (BGH NJW 83, 931); dagegen hat Tilgung oder Nichtschuld zu beweisen, wer seine Darlehensschuld schriftlich bestätigt hatte (BGH NJW 86, 2571; MDR 78, 296). Der **Deliktsgläubiger** (§ 823 BGB) hat die Beweislast für alle obj u subj Tatbestandsmerkmale des Delikts (BGH NJW 63, 953; BGH 30, 226 = NJW 59, 1732; anders aber für Beweis der Deliktsunfähigkeit iS § 827 BGB BGH MDR 86, 1013). Ist dieser Beweis erbracht, hat der Schuldner die Beweislast für Rechtfertigungsgründe (BGH 24, 27 = NJW 57, 785; zB der Fahrer der Feuerwehr bei Unfall infolge Nichtbeachtung allgemeingültiger Vorfahrtsregeln: BGH NJW 62, 1769). Der Schädiger trägt die Beweislast für das behauptete **Mitverschulden** des Geschädigten; doch trifft den Geschädigten die Darlegungslast zur Widerlegung eines uU gegebenen Anscheins seines Mitverschuldens (BGH NJW 79, 2142). Daher hat beim **Sportunfall** (zur Risikoverteilung hierbei Zimmermann VersR 80, 497) der Geschädigte den (kausalen) Unfallhergang und auch den Verstoß gegen die Regeln der betr Sportart durch den Beklagten zu beweisen (BGH NJW 75,

109; 76, 957; 76, 2161; Bamberg NJW 72, 1820; Deutsch VersR 74, 1045; Heinze JR 75, 288 – entgegen München NJW 70, 2297 kein Anscheinsbeweis für Regelverstoß bei Sportunfall u allg gefährl Sportart; Anscheinsbeweis für Kläger allenfalls bei harmlosen Spielen). – Im **Arzthaftungsprozeß** obliegt dem klagenden Patienten Darlegung und ggf Beweis für den behaupteten ärztl Kunstfehler und für den hierdurch bedingten Folgeschaden (BVerfG NJW 79, 1925/1928; BGH NJW 80, 1333 = MDR 80, 479), doch kann im Einzelfall die Grenze der Zumutbarkeit dieser Beweisführung (BGH NJW 71, 241) zur Beweiserleichterung bis zur sog Beweislastumkehr (s Rn 21) führen, wenn das bewiesene Schadensergebnis den Rückschluß auf einen kausalen (zur Kausalität BGH NJW 81, 2513) ärztl Kunstfehler nahelegt (BGH MDR 86, 394; 83, 219/220; 82, 397; 82, 132; Baumgärtel, Beweislastverteilung im Arzthaftungsprozeß, Festschrift für Bruns, 1980, 93; Baumgärtel/Wittmann JA 79, 113; Stürner NJW 79, 1225; Laufs, Arztrecht, Kap IX; Schmid NJW 84, 2605; München MDR 79, 1030 = OLGZ 79, 355). Zur Beweislast des Arztes bei Verletzung seiner Dokumentationspflicht Wasserburg NJW 80, 623 u BGH NJW 83, 332; 78, 2338. Zur Beweislast des Arztes für Erfüllung seiner Aufklärungspflicht BGH NJW 84, 1807; 85, 1399; Laufs NJW 74, 2625. Dem Patienten jedoch obliegt der Beweis, daß sein Gesundheitsschaden auf dem Eingriff beruht, über dessen Risiko er nicht aufgeklärt worden war (BGH NJW 86, 1541). Zur Beweiswürdigung im Arzthaftungsprozeß s § 286 Rn 17. – Gegenüber **Kaufpreisklage** hat Bekl Beweislast für seine Behauptung, die Ware sei ohne sein Verschulden untergegangen u er dürfe wandeln (§§ 351, 462 BGB; BGH NJW 75, 44). Wer aus einem Kaufvertrag klagt, hat die Behauptung des Käufers, der Vertrag sei nur bedingt geschlossen worden, zu widerlegen (BGH MDR 85, 667; Baumgärtel JR 85, 243). – Wer vertragl Betreuungspflicht verletzt hat, muß beweisen, daß der Schaden auch bei seinem vertragsgerechten Verhalten eingetreten wäre (BGH 61, 118 = NJW 73, 1688). – Wer behauptet, als Vertreter gehandelt zu haben (§ 164 II BGB), hat das zu beweisen (BGH NJW 75, 775). – Der Versicherer hat Gründe seiner behaupteten **Leistungsfreiheit nach Versicherungsfall** zu beweisen (BGH MDR 85, 917; 85, 557; NJW 85, 2648; 75, 686; VersR 63, 79), so auch für den dem Versicherer obliegenden Beweis für die versicherungsvertragliche Obliegenheitsverletzung BGH NJW 69, 1384; Dinslage NJW 68, 1756. – Wer als Kunde den Schutz des **AGB-Gesetzes** für sich in Anspruch nimmt, trägt die Darlegungs- und Beweislast für seine Behauptung, der Vertrag stelle einen Formularvertrag iS des AGBG dar (BGH 67, 312 = NJW 77, 381; Weyer NJW 77, 2237; Heinrichs NJW 77, 1509). – Wer Rechtsfolgen aus dem Ablauf einer Ausschlußfrist herleitet, hat den Fristablauf zu beweisen (BGH Betrieb 71, 1056). Der Auftraggeber des **Maklers** trägt die Beweislast für seine Vorkenntnis des nachgewiesenen Objekts (BGH NJW 71, 1133), dagegen der Makler für die Ursächlichkeit seiner Tätigkeit. Wer den Mißbrauch der unstreitig erteilten Vollmacht behauptet (BGH NJW 62, 1719), wer die Verwirkung eines unstreitigen Rechtes behauptet (BGH NJW 58, 1188), wer ein Gegenrecht behauptet (RG 143, 65), hat die Beweislast für seine Behauptung. Gegenüber dem durch einen typischen Geschehensablauf begründeten **Anscheinsbeweis** (s Rn 16 zu § 286) für das Klagevorbringen genügt bloßes Bestreiten des Geschehensablaufs durch den Beklagten, um den Kläger der Last des Vollbeweises auszusetzen (BGH 2, 5 = NJW 51, 653; BGH 6, 170 = NJW 52, 1137; BGH 8, 240 = NJW 53, 584; BGH NJW 63, 953; 64, 1176; 66, 1264); ist dagegen der Geschehensablauf unstreitig, hat der Schuldner die Beweislast für seine Behauptung der atypischen Folge. Wegen Beweislast bei pos u neg **Feststellungsklage** s Rn 18 zu § 256. Bei **Klage auf Widerruf** ehrenrühriger Behauptungen muß Kläger Unwahrheit beweisen, wenn Bekl Wahrheit behauptet; doch muß Bekl für die behauptete Wahrheit substantiierte Tatsachen vortragen (BGH NJW 77, 1681; 74, 1710; 59, 2013). Dagegen muß Bekl die Wahrheit beweisen, wenn er nicht in Wahrnehmung berecht Interessen (§ 193 StGB) gehandelt hat. Bei **Unterlassungsanspruch** aus § 1004 BGB hat bei behaupteter Ehr- und Kreditverletzung der Verletzte die Beweislast für Rechtswidrigkeit, Wiederholungsgefahr und Unwahrheit der verletzenden Behauptung; jedoch hat, wo der Tatbestand der üblen Nachrede (§ 186 StGB) in Betracht kommt, der Verletzer die Wahrheit seiner Behauptung zu beweisen, soweit ihm nicht das Grundrecht der Meinungsfreiheit – dessen Voraussetzungen gem Art 5 GG, § 193 StGB ebenfalls der Verletzer beweisen muß – den Wahrheitsbeweis abnimmt (Frankfurt NJW 80, 597; BGH 24, 21; 37, 187; BGH MDR 86, 43; NJW 85, 1621; 79, 266). Zur **Beweiswirkung des Strafurteils** (§ 190 StGB) und dadurch modifizierten Beweislast bei Schadensersatz- oder Unterlassungsklagen s § 286 Rn 3. Zur Beweislast im **Unterhaltsprozeß** s Klauser MDR 82, 529; BGH NJW 81, 923; 69, 919.

Wer sich der urkundlichen **Verwertung von Aussageprotokollen anderer Verfahren** (hierzu § 373 Rn 9) widersetzt, was aus Gründen der Beweisunmittelbarkeit (§ 355) grds statthaft ist, muß (sonst ist sein Widerspruch unbeachtlich) den Gegenbeweis gegen diesen Urkundenbeweis antreten, indem er selbst die Einvernahme der im anderen Verfahren einvernommenen Person beantragt (s § 373 Rn 9, § 402 Rn 2); § 398 steht diesem Beweisantritt schon wegen §§ 357 I, 397 nicht entgegen (BGHZ 7, 122). **20**

21 **3)** Die Rspr spricht von einer **Umkehrung der Beweislast,** wenn entweder der Anscheinsbeweis (§ 286 Rn 16) für die Behauptung der zunächst beweisbelasteten Partei spricht (BGH MDR 85, 39) oder der Gegner des Beweisführers diesem die Beweisführung schuldhaft vereitelt (Analogie zu §§ 427, 444; RG 101, 198; 128, 125; BGH 6, 226 = NJW 52, 867; LM § 282 Nr 2; BGH NJW 63, 389; 72, 1131; Blomeyer AcP 158, 97; Peters ZZP 82, 200). Das ist begrifflich falsch, jedoch im Ergebnis richtig (Rosenberg aaO § 14 Ziff 5). Niemand hat die Beweislast für das Vorbringen des Gegners (= subj Beweislast) und niemand verliert den Prozeß wegen Nichterweislichkeit des gegnerischen Vorbringens (= obj Beweislast). Was hier als „Umkehr" bezeichnet wird, ist tatsächlich eine dem Gegner nachteilige Beweiswürdigung des Anscheins (§ 286 Rn 16) oder des gegnerischen Verhaltens (§ 286 Rn 14), die den Kläger der Notwendigkeit (weiteren) Beweises enthebt (Peters ZZP 69, 213; Bender, Festschrift für Baur, 1981, S 266). Überhaupt sollte von einer „Umkehr der Beweislast", also von einer Abweichung von gesetzlichen Regeln der Beweislastverteilung, nicht gesprochen werden, wenn tatsächlich nicht von der Norm abgewichen wird, sondern das Wechselspiel von Beweis und Gegenbeweis, bedingt durch die Beweiswürdigung, zu einem der Prozeß- und Beweislage entsprechenden Wechsel der die Parteien treffenden subjektiven Beweislast führt (Prütting, Gegenwartsprobleme der Beweislast, 1983, § 3 VI; Stürner ZZP 98 [1985], 238; Musielak/Stadler [Lit vor Rn 1] S 153 ff).

22 Ist der beweisbelasteten Partei die Beweisführung im Einzelfall unzumutbar, weil nur ihrem Gegner der Tatsachenstoff bekannt und seine Darlegung auch zumutbar ist, so kann nach dem **Grundsatz der Zumutbarkeit der Beweisführung** die Beweislast dem Vorbehalt unterliegen, daß zunächst der an sich nicht beweisbelastete Gegner den Sachverhalt darlegt bzw substantiiert bestreitet; tut er das entgegen dem auch das Verfahrensrecht beherrschenden Grundsatz von Treu und Glauben nicht, so kann (entsprechend der Rechtsfolge der Beweisvereitelung: § 286 Rn 14) der derart vereitelte Vollbeweis kraft Anscheins als erbracht gelten (BGH NJW 61, 826; 62, 2149; 68, 1825; 70, 805; 78, 1681 u 2339; 79, 2142 = MDR 79, 658; Huber MDR 81, 95), weil das nur unsubstantiierte Bestreiten hier die Rechtsfolge des § 138 III (s dort Rn 10) auslöst.

23 **4)** Zulässig in der Form von Individualverträgen und allg Geschäftsbedingungen (hier unter Vorbehalt des § 11 Nr 15 AGBG!) sind **Beweislastverträge,** in denen abweichend von der allgemgültigen Regelung (Rn 19) die Beweislast einer Partei zugeschoben wird (BGH Betrieb 74, 1283; Rosenberg aaO § 7 III 4; Sachse ZZP 54, 409; s auch Rn 22 vor § 128), soweit die Beweislast der Parteiherrschaft (Rn 2) u dem Beibringungsgrundsatz (Rn 1) untersteht. So überbürdet die Klausel „Kassa gegen Faktura" dem Käufer die Beweislast für Sachmängel der Ware, selbst wenn er wegen dieser Mängel die Abnahme verweigert u den Kaufpreis zurückverlangt (RG 106, 298). Beweislastverträge gehören, wie überhaupt die Beweislast, dem materiellen Recht an u unterstehen § 242 BGB; sie können wegen **Unzumutbarkeit der Beweisführung** (BGH 8, 241; 23, 254 = NJW 53, 584; 57, 746; 59, 34; BGH NJW 62, 31) unwirksam sein, inbes einseitig diktierte Verträge in allg Geschäftsbedingungen (§ 11 Nr 15 AGBG; BGH NJW 64, 1123); vgl vor § 128 Rn 22, vor § 253 Rn 19. Stets unwirksam sind sog **Beweisverträge,** die in die freie richterl Beweiswürdigung (§ 286) eingreifen (RG 96, 59).

24 **5) Der Beweis negativer Tatsachen** erfordert die Widerlegung der für das Positive sprechenden Umstände; danach trägt die Beweislast des Negativen, wer die zu seinem Nachteil sprechenden Umstände (= Anscheinsbeweis) ausräumen will (BGH VersR 66, 1021).

284 *[Beweisaufnahme. Beweisbeschluß]*

Die Beweisaufnahme und die Anordnung eines besonderen Beweisaufnahmeverfahrens durch Beweisbeschluß wird durch die Vorschriften des fünften bis elften Titels bestimmt.

1 **1)** Beweisbeschluß s §§ 358–360, Beweisaufnahme s Vorbem vor § 284; §§ 355–455, Verwertung von Aussageprotokollen anderer Verfahren s § 373 Rn 9, § 402 Rn 2.

2 **2)** Der Darlegungs- u Beibringungslast der Parteien (Rn 1 vor § 284) entspricht die Pflicht des Gerichts, grundsätzl alle angebotenen Beweise zu erheben. Die **Ablehnung eines Beweisantrages** (vgl Schönke, Festschrift für Rosenberg, 1949, S 217; Schneider ZZP 75, 173) ist nur zulässig:

3 **a)** bei **fehlender Entscheidungserheblichkeit** (Rn 9 vor § 284)

4 **b)** bei **fehlender Beweisbedürftigkeit** (Rn 10, 11 vor § 284)

5 **c)** bei **Ungeeignetheit oder Unzulässigkeit des Beweismittels** (Rn 12 vor § 284), zB bei Benennung eines geistesschwachen Zeugen (BAG NJW 66, 2426; s aber § 373 Rn 3, § 455 Rn 2 u 3) oder falscher Ladungsanschrift (dann aber § 356, BVerfG NJW 85, 3006 = MDR 85, 817); ebenso bei berechtigter Aussageverweigerung (§§ 383–389). Wegen zeitweiliger Nichtverfügbarkeit eines

Beweismittels s Rn 10 zu § 148 (Aussetzung). Unzulässig ist es, die Ungeeignetheit aus einer Vorauswürdigung des Beweismittels (zB Unglaubwürdigkeit naher Verwandter BGH FamRZ 64, 152) herzuleiten (BGH NJW 70, 946/950; BVerwG NJW 68, 1441; Hamm VRS 72, 208; Schneider MDR 69, 268). Nicht notwendig ungeeignet ist ein Beweismittel durch die Vielzahl benannter Zeugen. Zweckmäßig wird das Gericht hier nach Vernehmung einiger weniger die Beweisführer fragen, ob weitere Zeugen erforderlich sind. Bei erkennbar unzulässiger Rechtsausübung kann Zurückweisung gem § 226 BGB geboten sein; so bei Beweisantritt mit heimlichen Tonbandaufnahmen, heimlich mitgehörten Telefongesprächen (hierzu Rn 12 vor § 284) u mit privaten Tagebuchaufzeichnungen (BGH NJW 64, 1139), sofern nicht ausnahmsweise ein höherwertiges Rechtsgut zu schützen ist; hierzu eingehend Peters ZZP 76, 145. Ungeeignet ist die Benennung von Zeugen im Ausland, wo kein Rechtshilfeverkehr besteht oder wo die Unmittelbarkeit der Beweiserhebung (§ 355) sachlich unverzichtbar ist (BGH MDR 83, 505). Über die Möglichkeit, einen Beweisantrag als „völlig nutzlos" zurückzuweisen, vgl BGH MDR 85, 315; NJW 68, 1233; danach liegt eine erkennbar „aus der Luft gegriffene" Behauptung erst vor, wenn der Beweisführer trotz Hinweis auf die Bedenken des Gerichts (§§ 139, 278 III; vgl § 138 Rn 2, § 356 Rn 4) den Beweisantritt weder substantiiert, noch darlegt, auf welche Erkenntnisse er seine Vermutung stützt. Wegen der Unzulässigkeit des Ausforschungsbeweises s Rn 5 vor § 284. Die Gründe der Ungeeignetheit sind im Urteil festzustellen (BGH NJW 51, 481);

d) bei **Zurückweisung als verspätet** (§§ 282, 296, BVerfG NJW 85, 3006 = MDR 85, 817); 6

e) im Wirkungsbereich von **Beweistatsachenverboten,** so bei präjudiziell rechtskräftig festgestellten Tatsachen (Habscheid ZZP 96, 310; vgl Rn 22 ff vor § 322); 7

f) im übrigen aus den in **§ 244 Abs III–V StPO** genannten Gründen (BGH NJW 70, 949; München NJW 72, 2048). Wegen Ablehnung eines SachverstGutachtens wegen eigener – den Parteien darzulegender! BVerfG JZ 60, 124; BGH NJW 70, 419 – Sachkunde des Gerichts s BGH MDR 53, 605; RG 157, 49; 103, 386; 99, 72; sowie § 402 Rn 7. 8

g) Zur Nichterhebung (nicht Ablehnung!) des Gegenbeweises vor Beweisantritt der beweisbelasteten Partei s Rn 10 vor § 284. Wegen (nochmaligem) Beweisantritt i der Berufungsinstanz s Rn 3 vor § 284. 9

Die Übergehung eines angebotenen Beweises rechtfertigt in allen anderen Fällen die Revision (BGH NJW 57, 714), uU die Zurückverweisung gem § 539 wegen Verstoß gegen § 286, denn die Nichterhebung des angebotenen und entscheidungserheblichen Beweises ist auch Versagung des rechtl Gehörs (so BVerfG NJW 85, 1150; 82, 1636 sowie NJW 79, 413 für die Ablehnung eines Beweisantritts, weil die Beweiserhebung „unökonomisch" sei; BVerfG NJW 85, 3006 = MDR 85, 817 für den Fall unterlassener Fristsetzung gemäß § 356). 10

285 *[Verhandlung nach Beweisaufnahme]*

(1) Über das Ergebnis der Beweisaufnahme haben die Parteien unter Darlegung des Streitverhältnisses zu verhandeln.

(2) Ist die Beweisaufnahme nicht vor dem Prozeßgericht erfolgt, so haben die Parteien ihr Ergebnis auf Grund der Beweisverhandlungen vorzutragen.

1) Abs I: Beweisaufnahme vor dem Prozeßgericht soll nach § 355 der Regelfall sein. Hier ist der Beweistermin gleichzeitig (§§ 278 II, 370) der Verhandlungstermin, in dem die Parteien ihre Erklärungen, nämlich Beweiseinreden (auch Einreden des Beweisführers selbst BGH MDR 58, 501) und etwaige neue Beweisangebote unmittelbar (sonst § 282) vorzubringen haben. Waren Parteien im Termin nicht anwesend (§ 367), kann ohne nochmalige Verhandlung über das Beweisergebnis gem §§ 128 II, 251 a, 331 a oder durch Versäumnisurteil entschieden werden, sofern die hierfür erforderl Anträge (bei § 251 a ohne Antrag) gestellt sind. Im übrigen ist aber Wiederholung der Sachanträge nach der Beweiserörterung entbehrlich, BGHZ 63, 95 = NJW 74, 2322. 1

Bei nur **mündlicher Gutachtenserstattung im Haupttermin** ist, wenn das Gutachten zu schwierigen Fragen Stellung nimmt, der nicht sachkundigen Partei Gelegenheit zu geben, nach Vorliegen der Sitzungsniederschrift zum Beweisergebnis noch Stellung zu nehmen, BGH MDR 82, 571 = NJW 82, 1335. Je nach Schwierigkeit der Materie kann die Frist zur Stellungnahme so zu bemessen sein, daß die Partei hierfür sachkundige Beratung einholen kann (BGH VersR 84, 661; NJW 84, 1823; MDR 85, 43). 2

2) Abs II: Beweisaufnahme außerhalb des Prozeßgerichts (§§ 361, 363, 372 II, 375, 402, 434, 451 beauftragter Richter; § 362 ZPO, § 157 GVG ersuchter Richter) erfordert Vortrag des Beweiser- 3 gebnisses durch die Parteien vor dem Prozeßgericht. Als „Vortrag" genügt (nicht notw ausdrückliche) Bezugnahme (§ 137 III) auf das Protokoll (§ 160 III Nr 4, 5), auf schriftl Gutachten (§ 411), schriftl Auskünfte (§§ 273, 358 a, 377 III). **Grundsatz:** Bei der Entscheidung darf nur berücksichtigt werden, was **a)** aktenkundig ist oder auf eigener Wahrnehmung aller (BGH NJW 60, 1253) Richter beruht **und b)** worüber sich zu erklären die Parteien Gelegenheit hatten. **Ausnahme:** Parteivortrag (Abs II) ist entbehrlich, soweit Beweis von Amts wegen erholt wurde (Rn 2 vor § 284) oder das Beweisergebnis von Amts wegen zu berücksichtigen ist.

4 **3) Verstoß gegen Abs II** ist wegen Versagung rechtl Gehörs nicht nach § 295 heilbar (BGH ZZP 65, 267), daher revisibel, wenn das Urteil hierauf beruht. Jedoch ersetzt das nach Beweiserhebung erklärte Einverständnis mit schriftlicher Entscheidung (§ 128 II) auch die Beweisverhandlung.

286 *[Beweiswürdigung]*

(1) Das Gericht hat unter Berücksichtigung des gesamten Inhalts der Verhandlungen und des Ergebnisses einer etwaigen Beweisaufnahme nach freier Überzeugung zu entscheiden, ob eine tatsächliche Behauptung für wahr oder für nicht wahr zu erachten sei. In dem Urteil sind die Gründe anzugeben, die für die richterliche Überzeugung leitend gewesen sind.

(2) An gesetzliche Beweisregeln ist das Gericht nur in den durch dieses Gesetz bezeichneten Fällen gebunden.

Lit z Beweiswürdigung (s auch die Nachweise in der Vorbem zu § 284): *Baumgärtel*, Beweisvereitelung, Festschrift für Kralik 1986, S 63; *Bender*, Das Beweismaß, Festschrift für Baur, 1981, S 247; *Bernhardt* JR 66, 322 (Beweislast u -würdigung); *Böhner* JR 60, 373 (Eisenbahnunfälle); *Diederichsen* VerR 66, 211 (Beweislast – Anscheinsbeweis); *Greger*, Beweis und Wahrscheinlichkeit 1978; *Huber*, Das Beweismaß im Zivilprozeß, 1983; *Kleinwefers* VersR 67, 617 (Beweis i ärztl Haftungsprozeß); *Kniffka* BB 76, 274 (Beweislast nach Gefahrenbereichen im Arbeitsrecht); *Kollhosser* AcP 65, 46 (Anscheinsbeweis); *Musielak/Stadler*, Grundfragen des Beweisrechts, 1984; *E. Schneider*, Beweis u Beweiswürdigung, 3. Aufl 1978; *Uhlenbruck* NJW 65, 1057; *Walter*, Freie Beweiswürdigung, 1979 (rechtsvergleichend); *Wilts* MDR 73, 353 (Beweislast für ärztliche Kunstfehler unter Berücksichtigung von § 831 BGB).

1 **I) 1a)** Die **freie Beweiswürdigung** ist **wesentl Verfahrensgrundsatz** der ZPO. An die Stelle der weitgehend formellen Beweiserhebung nach Beweisregeln (gemeines u kanonisches Recht) tritt die freie Überzeugungsbildung des Gerichts unter Brücksichtigung des gesamten Prozeßstoffes (Rn 9), also nicht nur einer („etwaigen") Beweisaufnahme, sondern auch der Art und des Inhalts bloßen Sachvortrages (unten Rn 14). Das Gericht darf seine Überzeugung auf bloßen Sachvortrag (BGH NJW 74, 1248; auf streitigen Sachvortrag aber grds nicht ohne Erhebung des hierfür angebotenen Beweises, BGHZ 82, 13/20), evtl auf eigene Lebenserfahrung stützen trotz gegenteiliger Zeugenaussage (LM § 286 B Nr 4) u trotz gegenteiligem SVGutachten (unten Rn 18; § 402 Rn 7; Pieper ZZP 83 [1971], 28; Schneider MDR 85, 199; BGH VersR 84, 354 = NJW 84, 1408 = MDR 84, 660). Bei SVGutachten muß das Gericht kritisch prüfen, ob dieses nicht unsachlich auf überholtem Standesdenken beruht (BGH NJW 75, 1463; Franzki NJW 75, 2225). Die eigene Sachkunde des Gerichts kann eine Beweiserhebung ganz entbehrlich machen (BGH NJW 63, 1739; 62, 2151; Döhring, Fachliche Kenntnisse des Richters u ihre Verwertung i Prozeß, JZ 68, 641; Pieper ZZP 84, 1), doch dürfen sich niemals aus der Fachliteratur angelesene „eigene " Erkenntnisse (BGH NJW 84, 1408 = VersR 84, 354) oder gar bloße Vermutungen des Gerichts über Beweisangebote hinwegsetzen (BGH NJW 66, 446/48). Seine eigene Sachkunde muß das Gericht den Parteien eröffnen (§ 284 Rn 8), bevor die Erhebung des angetretenen SV-Beweises unterbleibt. Ebenso darf das Gericht von einem ihm unvollständig erscheinenden SV-Gutachten nicht abweichen, ohne von der Möglichkeit Gebrauch zu machen, das Gutachten vom SV erläutern (§ 411 III) oder ergänzen zu lassen (§ 402 Rn 7; BGH NJW 81, 2578 = MDR 82, 45). Daher unzulässig auch die **Vorwegnahme** der Würdigung eines nicht erhobenen Beweises (BGH NJW 70, 946/950; Schneider MDR 69, 268), zB als unglaubwürdig wegen naher Verwandtschaft des Zeugen (JW 31, 3333) oder weil das Gegenteil bereits bewiesen sei (LM § 286 ENr 1 = NJW 51, 481). Wegen der Zulässigkeit der Ablehnung eines Beweisantrages s Rn 2 ff zu § 284. Um einer willkürlichen Überzeugungsbildung des Gerichts vorzubeugen und abzuhelfen, sind die wesentl Grundlagen der Beweiswürdigung im Urteil darzulegen (Rn 18), sonst Verfahrensmangel.

2 **b)** Gegenstand der Beweiswürdigung ist das *gesamte* Ergebnis der Beweisaufnahme = **Grundsatz der Einheitlichkeit der Beweiswürdigung.** Daher ist die Erhebung des Gegenbewei-

ses zwar nicht veranlaßt, bevor nicht der Hauptbeweis erbracht ist (Rn 10 vor § 284); hat das Gericht jedoch (zB vor abschließender Würdigung des Hauptbeweises vorsorglich) auch den Gegenbeweis erhoben, so ist auch dieses Beweisergebnis in die einheitliche Beweiswürdigung einzubeziehen, ohne daß dem die Regeln der Beweislast (Rn 15 vor § 284) entgegenstehen. Daher darf zB nicht unbeachtet bleiben, daß der Zeuge des beweisbelasteten Klägers das Beweisthema nicht, der Zeuge des Beklagten jedoch die Beweisbehauptung des Klägers überzeugend bestätigt hat. Ebenso darf die von einer Partei vorgelegte Beweisurkunde je nach ihrem Inhalt auch zum Nachteil des Beweisführers gewertet werden (BGH MDR 83, 1018). Die Regeln der Beweislastverteilung sind nur für die Beweiserhebung, nicht auch für die Beweiswürdigung verbindlich; insbesondere begründen die Regeln der Beweislast kein Verwertungsverbot für Beweisergebnisse.

2) Grenzen der freien Beweiswürdigung: a) Gesetzl Beweisregeln hinsichtl der Beweiskraft gewisser Urkunden: §§ 165, 314 Protokoll u Urteil, §§ 415–418 öffentl u priv Urkunden, §§ 198 II, 202 II, 212 a Zustellungsurkunden. Dagegen schränken gesetzl Vermutungen (§ 292) nur die Beweisbedürftigkeit ein (Rn 11 vor § 284), nicht aber die freie Beweiswürdigung. – Abs II begründet eine Bindung des Gerichts nur „an die *in diesem Gesetz bezeichneten Beweisregeln*"; damit sollten bei Erlaß der ZPO nur die in frühen Landes-Verfahrensgesetzen enthaltenen Beweisregeln aufgehoben werden. Nicht aufgehoben wurden damit aber **Beweisregeln,** die **außerhalb der ZPO** in anderen Reichs- oder Bundesgesetzen enthalten sind, so zB die Regel des § 190 StGB über die Beweiswürdigung eines Strafurteils für die Wahrheit einer inkriminierenden Behauptung (vgl § 13 EGZPO; BGH NJW 85, 2644/46 = MDR 85, 1014); ebenso für die Beweisregel des § 186 StGB BGH MDR 86, 43; vgl auch vor § 284 Rn 11 zu Beweisregeln im BGB. 3

b) Die **Prozeßart** kann das Gericht zwingen, das Urteil unter Nichtberücksichtigung von Zweifeln oder gegenteiliger Überzeugung auf bloßen Formalbeweis zu stützen (Urkundenprozeß §§ 592, 595 II). Jedoch ist über Prozeßverschulden des RA im Haftungsprozeß jeder Beweis zugelassen, auch wenn im Vorprozeß bestimmte Beweise nicht zugelassen waren (BGH 72, 328 = NJW 79, 819). 4

c) Die **Ablehnung** eines Sachverständigen gem § 406 verbietet die Berücksichtigung seines Gutachtens (§ 402 Rn 2 u 15). Dagegen verbietet die Zeugnisverweigerung (§§ 383, 384) nicht die Berücksichtigung früherer Aussagen (anders § 252 StPO). 5

d) Das **Geständnis** (§ 288) zwingt, die zugestandene Tatsache als wahr zu behandeln, auch wenn das Gericht zweifelt; der Richter darf das Geständnis nur übergehen, wenn das Gegenteil offenkundig oder allein möglich ist (§ 288 Rn 6 u 7); hierauf sind die Parteien gem § 278 III hinzuweisen. 6

e) Die **Beweislast** (Rn 15 ff vor § 284) hindert die freie Beweiswürdigung niemals, denn sie setzt erst ein, wenn trotz Beweiswürdigung Zweifel fortbestehen; dann kann sie Element der Beweiswürdigung werden. Wegen Fehlschlüssen aus vermeintl Beweisfälligkeit s RG 66, 289. 7

f) Beweisverträge, die auf eine Einengung der freien Beweiswürdigung zielen, sind nichtig (RG 96, 59; LG Köln MDR 60, 846). Wegen der Zulässigkeit von Beweislastverträgen s Rn 23 vor § 284. 8

II) Gegenstand der Beweiswürdigung sind: **1) Tatsachen** (§ 282 tatsächliche „Behauptungen"), das sind alle der äußeren Wahrnehmung zugänglichen Geschehnisse oder Zustände, aus denen das obj Recht Rechtswirkungen herleitet (R-Schwab § 116), so auch sog innere Tatsachen wie Wille, Vorsatz, Einverständnis (zu den Erfordernissen des schlüssigen Beweisantritts für innere Tatsachen Rn 5 vor § 284), negative Tatsachen (= Widerlegung der für das Positive sprechenden Umstände, BGH VersR 66, 1021) und auch Rechtstatsachen (§ 288 Rn 1). Sie sind streng zu trennen von Tatsachenurteilen (zB eines Zeugen), die abgesehen vom SVBeweis nur dem Richter zustehen. Über die begrenzte Zulässigkeit, die Ermittlung von Tatsachen dem SV zu überlassen s § 402 Rn 5; BGH NJW 62, 1770. Aufgabe des Richters ist es, den beweiserhebl Tatsachenvortrag der Parteien, Zeugen u sonst Auskunftspersonen von unmaßgebl Werturteilen u Tatsachenurteilen (zB die Aussage, jemand sei Eigentümer, Erbe usw, sei bösgläubig, leichtsinnig, habe eine Notlage ausgebeutet usw) zu trennen. Ein zu solchen Wertungen neigender Zeuge verliert auch im Tatsächlichen an Glaubwürdigkeit. Der Beweis der ein Mitverschulden (§ 254) begründenden inneren u äußeren Tatsachen unterliegt dem § 286, die Frage der Art u Höhe des hierdurch bedingten Schadens dagegen dem § 287 (BGH NJW 68, 985). 9

2) Indizienbeweis (hierzu Nack MDR 86, 366): Entscheidungserheblich und damit beweisdürftig (vor § 284 Rn 9 u 10) sind grundsätzlich nur Tatsachen, die einen unmittelbaren Bezug zum Streitgegenstand haben. Das schließt aber, insbesondere bei Beweisnot oder Unzumutbarkeit (vor § 284 Rn 22) der Beweisführung für unmittelbare Tatsachen, die Beweiserheblichkeit auch 9a

mittelbarer Tatsachen nicht aus, wenn diese nur geeignet sind, logische Rückschlüsse auf den unmittelbaren Beweistatbestand zu erlauben. Solche Rückschlüsse können sich bestärkend oder entkräftend auf die Zulässigkeit oder Beweiskraft eines Hauptbeweises oder auch auf den Anscheinsbeweis (unten Rn 16) beziehen und dieser ernstlich mögliche Bezug muß beim Beweisantritt schlüssig dargelegt werden, um die Beweiserhebung über solche Indiztatsachen zu rechtfertigen (BGHZ 53, 245/261 = NJW 70, 946/949; BGH NJW 84, 2040; 82, 2447). Der BGH spricht hier zutreffend vom Beweistatbestand als einem Mosaik, in welchem auch Indiztatsachen als Steinchen bedeutsam werden können (BGH NJW 83, 2034/35). Auch der Zeuge vom Hörensagen bekundet solche Indizien, mag auch der Beweiswert einer solchen Aussage geringer sein als die Bekundung unmittelbar eigener Wahrnehmungen (§ 373 Rn 1; BGH NJW 84, 2039; Stuttgart NJW 72, 67).

10 **3) Rechtsnormen** dulden hinsichtl ihres Bestehens und Inhalts grundsätzl keine freie Beweiswürdigung, Art 20 III GG (s aber Art 100 GG). Der Richter hat sie von Amts wegen festzustellen ohne Rücksicht auf Vortrag, Geständnis, Bestreiten u Beweisangebot. **Ausnahme:** Ausländisches Recht, Gewohnheitsrecht u Satzungsrecht (§ 293) bedürfen des Beweises, obwohl auch sie von Amts wegen zu ermitteln sind (§ 293 Rn 14–21; vor § 284 Rn 7; BGH NJW 66, 1364; 61, 410). Daher sind Feststellungen des Tatrichters über Bestehen u Inhalt solcher Normen für das Revisionsgericht bindend (§§ 562, 549), revisibel ist nur die Frage, ob der Tatrichter bei der Ermittlung solcher Normen von Amts wegen alle zugängl Erkenntnisquellen ausgeforscht hat (BGH NJW 61, 411; MDR 57, 33).

11 **4) Erfahrungssätze** sind Gegenstand freier Beweiswürdigung u gewinnen in ihrer Anwendung als Grundlage des Anscheinsbeweises (unten Rn 16) besondere Bedeutung. Erkenntnisquelle kann der SVBeweis, sogar die Meinungsumfrage (BGH NJW 62, 2152; GRUR 66, 445; Schramm GRUR 68, 139; Noelle-Neumann GRUR 68, 133) oder die eig Lebenserfahrung des Gerichts sein. Bei überörtl Geltungsbereich (= „sonstige Vorschrift" iS § 549) sind Erfahrungssätze (zB Verkehrssitte, Handelsgebräuche, typische Geschehensabläufe) revisible Rechtsbegriffe (BGH NJW 65, 1854; 64, 1789).

12 **III) Grundlagen der Beweiswürdigung:** Freiheit der Beweiswürdigung heißt nicht Freiheit in der Beweiserhebung. Wo eine entscheidungserhebliche Frage streitig ist, sind die hierfür angebotenen Beweise, sofern sie zur Beweisführung zulässig, geeignet (hierzu Rn 5, 12 vor § 284; Rn 2 ff zu § 284) und von der beweisbelasteten Partei bzw gegenbeweislich von deren Gegner angeboten sind (zur zwingenden Zurückstellung des Gegenbeweises, bis der Hauptbeweis erbracht ist, Rn 10 vor § 284), zu erheben. Erst nach dieser Beweiserhebung ist Raum für die richterliche Beweiswürdigung (s aber oben Rn 2).

13 § 286 fordert den Richter hierbei auf, nach seiner **freien Überzeugung** zu entscheiden. Die Freiheit dieserÜberzeugungsbildung trägt dem Umstand Rechnung, daß eine absolute Gewißheit, also der absolute Ausschluß jeden Zweifels, aus objektiven und auch subjektiven Gründen selten erreichbar ist; eine absolut gewisse Überzeugung des Richters bei der Beweiswürdigung zu verlangen, hieße die Grenzen menschlicher Erkenntnisfähigkeit zu ignorieren und damit die richterliche Wahrheitsfindung mit einem **Beweismaß** zu belasten, welches für die beweisbelastete Partei an die Grenze der Beweismöglichkeit stößt (Prütting, Gegenwartsprobleme der Beweislast, 1983, § 8; Schneider, Beweis und Beweiswürdigung 3. Aufl 1978, § 4). Deshalb ist ein Beweis erbracht, wenn der Richter auf der Grundlage eines Beweisergebnisses von derartig hoher Wahrscheinlichkeit, daß „Zweifeln Schweigen geboten ist, ohne sie völlig auszuschließen" (BGHZ 53, 245/256 = NJW 70, 946 = MDR 70, 492; BGHZ 61, 169 = NJW 73, 1925), zur eigenen „persönlichen Gewißheit" gelangt. Er darf sich hierbei, anders als bei der Glaubhaftmachung (§ 294 Rn 1), nicht mit einer überwiegenden Wahrscheinlichkeit begnügen, sondern muß sich entscheiden, ob er eine Behauptung nach seiner eigenen (insoweit freien) Überzeugung für wahr oder unwahr hält. Die Ausräumung aller nur denkbaren abweichenden Möglichkeiten ist entbehrlich, meistens unmöglich (BGH 7, 119; 18, 318; NJW 61, 779; VersR 57, 362; R-Schwab § 113 VI) u kann dem Gegenbeweis überlassen bleiben (RG 134, 242). Daher ist der Gegenbeweis bereits erbracht, wenn er die Überzeugungskraft des Hauptbeweises bloß erschüttert (BGH VersR 83, 560; MDR 78, 914).

14 **Erkenntnisquellen der Beweiswürdigung** sind: **1) Das bloße Prozeßverhalten** der Parteien, so die Art, der Inhalt, der Zeitpunkt bloßen Sachvortrages, kann bereits beweiserheblich sein (RG 159, 239; BayObLGZ 72, 241), zB die Weigerung der Benennung bekannter Zeugen (BGH NJW 60, 821), insbes die **Beweisvereitelung** (vgl §§ 444, 427,die auf alle Arten des Beweises entsprechend anwendbar sind, so die (selbst fahrlässige, BGH ZIP 85, 312/314; NJW 63, 389/390) Beseitigung von Beweismitteln (BGH VersR 68, 58; München OLGZ 77, 79), die Zurückhaltung von Beweisurkunden (Köln MDR 68, 674), die Verweigerung zumutbarer (unzumutbar der gesund-

heitsgefährdende Eingriff, Düsseldorf VersR 85, 457) ärztlicher Untersuchung (§ 372a Rn 15; BGH NJW 86, 2371; 72, 1133; VersR 73, 1028), das Verschweigen beweiserheblicher Umstände (BGH NJW 71, 1131), die Versagung der Aussagegenehmigung (BGH MDR 72, 495), die ProzVerschleppung, uU sogar die Ausnutzung des Bankgeheimnisses, BGH NJW 67, 2012. Zu Einzelfragen der Beweisvereitelung vgl Baumgärtel (Lit vor Rn 1), Peters ZZP 82, 200; Stürner ZZP 98, 237; Schneider MDR 69, 4; Gerhardt AcP 69 [169], 289 und ZZP 86, 83; Ordemann NJW 62, 1902; Bamberg VersR 71, 769; Hamburg MDR 68, 332.

2) Der Formalbeweis durch Augenschein (§§ 371–372a), Zeugen (§§ 373–401), Sachverständige (§§ 402–414), Urkunden (§§ 415–444) u Parteivernehmung (§§ 445–455). Nur ausnahmsweise genügt Glaubhaftmachung: § 294. Zur urkundlich verwertbaren Zeugenaussage in anderen Verfahren s § 373 Rn 9. 15

3) Der Anscheinsbeweis (Lit s vor Rn 1 der Vorbem zu § 284 sowie Diederichsen ZZP 81, 45 u VersR 66, 211; Greger VersR 80, 1091; Sanden VersR 66, 201; Walther ZZP 90, 270) setzt einen unstreitigen oder bewiesenen (hierfür ist Vollbeweis nötig, BGH NJW 82, 2448 = VersR 82, 972) Sachverhalt voraus, der infolge Häufigkeit gleicher Ereignisse nach der Lebenserfahrung auch gleiche Folgen auslöst (Diederichsen VersR 66, 211). Ob ein **Geschehensablauf typisch** i diesem Sinne ist, ist revisionsrichterl nachprüfbare Beweisregel. Der Anscheinsbeweis ist echter und dem Formalbeweis gleichwertiger Beweis, er bedingt keine sog „Umkehr der Beweislast" (vor § 284 Rn 21), sondern macht **Gegenbeweis** nötig (BGHZ 92, 143 = NJW 85, 47; BGH NJW 72, 1131; 69, 277; 52, 217), soweit der Gegner eine atypische Folge behauptet; jedoch genügt die schlichte Behauptung eines atypischen Ablaufs nicht, wenn der Behauptende nicht auch dartut, warum dieser atypische Ablauf im konkreten Fall ernsthaft in Betracht zu ziehen ist (BGH NJW 78, 2032). Dagegen entfällt der Anscheinsbeweis, wo nicht die typische Folge streitig ist, sondern der Geschehensablauf selbst; hier macht bloßes Bestreiten durch den Gegner den Vollbeweis nötig (BGH 2, 5; 6, 170; 8, 240 = NJW 51, 653; 52, 1137; 53, 584; 63, 963; 64, 1176; 66, 1264; BGH MDR 83, 37), zB schafft Trunkenheit am Steuer Anscheinsbeweis für Verschulden am Verkehrsunfall (BGH 18, 318; NJW 57, 1479; VersR 66, 585; Saarbrücken VersR 74, 259; Koblenz VersR 74, 1215) u schiebt dem Bekl den Gegenbeweis der Nichtursächlichkeit zu; dagegen genügt bloßes Bestreiten der Trunkenheit, um dem Kläger den Vollbeweis zuzuschieben. Für den Gegenbeweis gilt § 445 II: keine Parteivernehmung! – Ebenso wie von einem typischen Geschehensablauf auf dessen Ursächlichkeit für den Erfolg, kann auch von einem typischen Erfolg auf ein best Ereignis als Ursache geschlossen werden (BGH 4, 144; NJW 62, 1099; 56, 1638); hier ist aber große Zurückhaltung bei Rückschlüssen von einem „typischen" Erfolg auf innere Tatsachen (oben Rn 9, zB Vorsatz, Fahrlässigkeit, Charakter, sittliche Auffassung) geboten; vgl unten Rn 17 am Ende. – Erfahrungssätze, die für Anscheinsbeweis nicht ausreichen, können als Beweisanzeichen bei der Beweiswürdigung berücksichtigt werden (BGH NJW 61, 777). 16

Beispiele für Anscheinsbeweis: Mitverschulden des Kraftradfahrers ohne Sturzhelm, BGH NJW 83, 1380 = MDR 83, 744; Trunkenheit am Steuer als Unfallursache: BGH 18, 318; NJW 57, 1479; VersR 66, 585; Köln VersR 83, 293; 70, 759; Verletzung des Vorfahrtsrechts als Unfallursache: LM § 13 StVO Nr 7; BGH VersR 66, 829; Zusammenstoß zw PKW u Fußgänger auf der Fahrbahn BGH NJW 53, 1066; PKW auf dem Gehsteig BGH NJW 51, 195; Nichtbenutzung des Sicherheitsgurts als Mit-Ursache für Körperverletzung, Karlsruhe Justiz 79, 263; Auffahren auf Baum, Mauer usw als vermutetes Fahrverschulden: BGH 8, 240; LM § 286 C Nr 7, 8, 38, 42; Überhöhte Geschwindigkeit: BGH VersR 58, 94; NWJ 63, 300; nach Jagusch NJW 74, 881 kein Anscheinsbeweis bei Überschreitung der Richtgeschwindigkeit. Zur Entkräftung des Anscheinsbeweises genügt die schlichte Behauptung des Kraftfahrers, ihm sei ein Tier über den Weg gelaufen, idR nicht, Karlsruhe Justiz 79, 295. Zusammenstoß mit stehendem Fahrzeug: RG 76, 297; BGH 6, 170; LM § 286 C Nr 4, 10. Auffahren auf Vordermann im Kolonnenverkehr: BGH NJW 82, 1595; VersR 69, 859 u 900; Köln VersR 70, 91; Celle VersR 74, 496; Abkommen von der Fahrbahn BGH VersR 69, 636 u 895; 67, 475 u 583; Köln VersR 66, 530; Stuttgart VersR 66, 531; techn Vernachlässigung des Kfz: BGH VersR 53, 69; 55, 251; 56, 84, 161, 696; Verstoß geg Beleuchtungsvorschriften: BGH VersR 64, 296; 54, 401; LM § 23 StVO Nr 3; Straßenzustand: BGH MDR 58, 238; Düsseld VersR 55, 171; Bodenglätte: Karlsruhe VersR 54, 464; Dauer der Lebenserwartung: BGH 23, 89; Zugang abgesandter Post (keine Vermutung!): BGH 24, 313 u NJW 64, 1176; 78, 886; BAG NJW 61, 2132; aM mit beachtl Argumenten Schneider MDR 84, 281; Stuttgart WRP 83, 644; Köln WRP 84, 40; Zugang eines Einschreibebriefs, Hamm VersR 75, 246; Zugang eines Telextextes Karlsruhe NJW 73, 1611; Gutgläubigkeit: BGH 23, 292; NJW 62, 1056; Verstoß gegen Unfallverhütungsvorschriften: RG 128, 329; BGH VersR 67, 108; 85, 671; Frankfurt VersR 72, 105; Weyer VersR 71, 93; Verstoß gegen Schutzgesetz bedingt Gegenbeweis des Nichtverschuldens, BGH NJW 85, 1775; MDR 69, 209; 77, 304. Sportunfall (Regelverstoß begründet Anscheinsbeweis für kausales Verschulden): vgl Rn 19 vor § 284; BGH NJW 76, 957; 76, 2161; 75, 109; Heinze JR 75, 288; Entgegennahme von 17

Schmiergeld (spricht für Schädigungsabsicht gegenüber GeschHerrn): RG 161, 232; BGH NJW 62, 1099; ärztl Kunstfehler, als Folge spät Krankheit oder Tod: vgl zur Arzthaftung Rn 19 vor § 284 sowie BVerfG NJW 79, 1925; BGH NJW 68, 1185 u 2291; 69, 553; 70, 1230; 67, 1508; bei Erfolglosigkeit einer Operation grds kein Anscheinsbeweis für ärztl Kunstfehler, Düsseldorf NJW 75, 595 (zur Arzthaftung allg s Prölss ZZP 82, 468 u Uhlenbruck NJW 65, 1057). Der Arzt trägt aber die Beweislast für seine Behauptung, den geschuldeten Eingriff überhaupt ausgeführt zu haben (BGH NJW 81, 2002/2004 für Sterilisation). Zur Frage der Schadensermittlung bei Tötung eines bereits unheilbar Erkrankten BGH NJW 72, 1515; 70, 1971 (Wahrscheinlichkeit genügt, solange nur nicht „alles offen" bleibt). Kein Anscheinsbeweis für individuelle Verhaltensweise (Willensbildung) eines Menschen: BGH VersR 81, 452; JZ 53, 347, so für Abgrenzung zwischen einfacher u grober Fahrlässigkeit BGH VersR 68, 668, Köln VersR 76, 71; BAG Betrieb 73, 1405, für Selbsttötungsabsicht des Versicherungsnehmers bei Unfalltodversicherung München OLGZ 84, 241 = VersR 84, 576, für subj Tatbestand der arglistigen Täuschung BGH NJW 68, 2139 und für den Inhalt eines Vertragswillens, zB bei Beauftragung eines Architekten BGH NJW 80, 122 (aM für subj Anscheinsbeweis Walther ZZP 90, 270/278; Schneider MDR 71, 538; Hagel VersR 73, 796).

18 **IV) Verfahren:** Über die Zulässigkeit der Ablehnung eines Beweisantrages s Rn 2 ff zu § 284. Das Gericht muß im Urteil die wesentl Grundlagen seiner Beweiswürdigung z Ausdruck bringen, insbes bei widersprechenden Zeugenaussagen oder Gutachten (RG 162, 227) oder wenn es auf Grund eigener Sachkunde von einem Gutachten abweicht (oben Rn 1; § 402 Rn 7; BGH NJW 63, 1739; 62, 2151; 61, 2061) oder sich bei Vorliegen zweier sich widersprechender Gutachten einem hiervon anschließt (BGH VersR 86, 467; MDR 80, 662). Nicht erforderlich ist es aber, auf jedes einzelne Beweismittel ausführlich einzugehen (RG 156, 315). Das Urteil muß nur erkennen lassen, daß eine Beweiswürdigung überhaupt in sachgerechter Weise stattgefunden hat (BGH 3, 175 = NJW 52, 23). Ist auf Beweisangebote, die rechtl erheblich sein können, im Urteil überhaupt nicht eingegangen worden, liegt absoluter Revisionsgrund vor (§ 551 Ziff 7; BVerfG NJW 79, 413; BGH NJW 65, 498); anders bei bloßer Unvollständigkeit der Beweiswürdigung im Urteil (BGH 39, 333 = NJW 63, 2273). Zur **Beweiswürdigung des Berufungsgerichts** nach Beweiserhebung im ersten Rechtszug s § 526 Rn 3. Will das Berufungsgericht von der Beurteilung der Glaubwürdigkeit eines Zeugen durch das Erstgericht abweichen, muß es aus Gründen der Beweisunmittelbarkeit (§ 355, s dort) den Zeugen nochmals anhören (§ 355 Rn 6, § 398 Rn 5; BGH VersR 70, 619 NJW 64, 2414). **Revisibel** ist der Begriff der Lebenserfahrung (BGH NJW 65, 1854; 64, 1789), die Frage, ob die eigene Sachkunde des Gerichts ein beantragtes SVGutachten ersetzen konnte (BGH NJW 62, 2151), die Frage, ob ein Geschehensablauf typisch ist iSd Anscheinsbeweises (Redeker NJW 66, 1781), die Frage, ob ein Zeuge zu beeidigen war (§ 391 Rn 6; BGH NJW 65, 1530; Schneider NJW 66, 333), die Zulässigkeit der Übergehung eines Beweisangebotes (§ 284 Rn 10; BGH NJW 57, 714) und als Verfahrensverstoß jede Verletzung der oben dargelegten Grundsätze bei Anwendung des § 286. Aus gleichem Anlaß kann Zurückverweisung gem § 539 erfolgen, vgl § 539 Rn 19, 20.

Zur Verwertbarkeit des Beweisergebnisses anderer Verfahren als Urkundenbeweis s § 373 Rn 9, § 402 Rn 2.

287 *[Schadensermittlung]*

(1) Ist unter den Parteien streitig, ob ein Schaden entstanden sei, und wie hoch sich der Schaden oder ein zu ersetzendes Interesse belaufe, so entscheidet hierüber das Gericht unter Würdigung aller Umstände nach freier Überzeugung. Ob und inwieweit eine beantragte Beweisaufnahme oder von Amts wegen die Begutachtung durch Sachverständige anzuordnen sei, bleibt dem Ermessen des Gerichts überlassen. Das Gericht kann den Beweisführer über den Schaden oder das Interesse vernehmen: die Vorschriften des § 452 Abs. 1 Satz 1, Abs. 2 bis 4 gelten entsprechend.

(2) Die Vorschriften des Absatzes 1 Satz 1, 2 sind bei vermögensrechtlichen Streitigkeiten auch in anderen Fällen entsprechend anzuwenden, soweit unter den Parteien die Höhe einer Forderung streitig ist und die vollständige Aufklärung aller hierfür maßgebenden Umstände mit Schwierigkeiten verbunden ist, die zu der Bedeutung des streitigen Teiles der Forderung in keinem Verhältnis stehen.

Lit: s Vorbem vor § 284; *Arens,* Dogmatik u Praxis der Schadensschätzung, ZZP 88, 1; *Gottwald,* Schadenszurechnung u Schadensschätzung, 1979; *Klauser,* Möglichkeiten u Grenzen richterlicher Schadensschätzung, JZ 68, 167; *Röhl,* Der unbezifferte Klageantrag, ZZP 85, 52; *Schmidt,* Der unbezifferte Leistungsantrag u sein Streitwert, MDR 68, 886; hierzu auch *Husmann* VersR 85, 715 u *Schneider* MDR 85, 992.

I) Anwendungsbereich u Zweck. 1) § 287 will verhindern, daß eine Klage allein deshalb abgewiesen wird, weil der Kläger nicht in der Lage ist, den vollen Beweis für einen ihm erwachsenen Schaden zu erbringen, sei es, daß die Schadensberechnung Ermessenssache ist (zB § 847 BGB BGH VersR 72, 98) oder wegen hypothetischer Schadensberechnung (zB Gewinnentgang, § 252 BGB; BGH VersR 82, 756; 71, 472; NJW 70, 281) schwer zu beziffern ist oder die Beweiserhebung über die Schadenshöhe einen unverhältnismäßigen Aufwand erfordern müßte. In allen diesen Fällen tritt an die Stelle des Vollbeweises der Schadenshöhe das freie Ermessen des Gerichts, wobei in Kauf genommen wird, daß die richterl Schätzung uU mit der Wirklichkeit nicht übereinstimmt (BGH NJW 64, 589; BAG NJW 63, 926). Eine Umkehr der Beweislast zugunsten des Geschädigten ist damit aber nicht verbunden (BGH NJW 70, 1971; einschränkend BGH NJW 73, 1283). 1

2) § 287 ist anwendbar auf Schadensersatzansprüche (Abs I) und sonstige vermögensrechtl Ansprüche (Abs II), deren Aufklärung unverhältnismäßig schwierig ist, zB Ermittlung des vom Gläubiger abstrakt nach Maßgabe des Marktzinses berechneten Verzugsschadens (BGH MDR 84, 298), Ermittlung des Nutzungsausfalls einerseits u Vorteilsausgleichs andererseits für die Dauer der Reparatur eines Kfz (BGH NJW 66, 1260; 63, 1400; Bonn NJW 62, 2174), des Wiederbeschaffungswertes für ein zerstörtes Kfz (KG NJW 66, 735), Beantwortung der Frage, ob bei einem Kfz Totalschaden vorliegt oder Reparatur zumutbar (BGH NJW 65, 1756), Schätzung der Enteignungsentschädigung (zB für Bebauungsbeschränkung BGH NJW 62, 1441 u 2052), der vermutl Lebensdauer des getöteten Ehemannes (BGH 1, 45 = NJW 51, 195), der angemess Lizenzgebühr bei Patent- u Warenzeichenverletzung (BGH NJW 66, 825), der angemess Entschädigung weg Verletzung des Rechts am eigenen Bild (Frankfurt NJW 66, 256), der Höhe einer Bereicherung (s aber BGH GRUR 62, 261), des Grades des Mitverschuldens (doch gilt § 286 f der Beweis der ein Mitverschulden begründenden Tatsachen; vor § 284 Rn 19; BGH NJW 79, 2142; 68, 985; 67, 1420), der Höhe einer Nutzungsentschädigung für vorenthaltene Räume (BGH Betr 66, 738), der Höhe des Aufopferungsanspruches (für Impfschäden BGH 29, 99 = NJW 59, 386; dabei Schadensberechnung in Anlehnung an das BVersG: BGH NJW 70, 1231; 63, 1673), der Prüfung ob Schmerzensgeld in Kapital oder Rente zu gewähren ist (BGH NJW 57, 383); der Prüfung im Anwaltshaftungsprozeß, wie das Gericht bei pflichtgemäßer Mandatsausübung hätte entscheiden müssen (BGH NJW 64, 405; 63, 1302; 59, 1125). 2

3) § 287 gilt entsprechend für die Frage der **Kausalität** zwischen dem konkreten Haftungsgrund (= das anspruchsbegründende Ereignis) und der Schadensfolge (BGH VersR 75, 540; NJW 73, 1413; 70, 1971; 64, 663; 65, 1909 (= U-Bahn-Bau); 58, 1579, 52, 301). Für den konkreten Haftungsgrund selbst einschl seiner eigenen Kausalbeziehungen (zB Hergang des Verkehrsunfalls) ist Beweis iS § 286 nötig und Schätzung gem § 287 ausgeschlossen, denn die Schätzung darf nicht auf „geschätzten Schätzungsunterlagen" beruhen (BGH NJW 83, 998; VersR 60, 369; Schneider MDR 65, 882), mag auch die beweiserleichternde Vorschrift des § 287 insofern auf die Feststellung schadensbegründender Tatsachen anwendbar sein, als von verschiedenen möglichen Verlaufsmöglichkeiten die weniger wahrscheinlichen ausgeschieden werden, sofern dabei die Regeln der Beweislast (Rn 15 ff vor § 284) nicht übergangen werden (BGH NJW 70, 1971 u 281; VersR 67, 1095). Schätzung auch unzulässig bzgl der Frage, welche von mehreren möglichen Schadensursachen, für welche der Bekl nicht sämtlich haftet, den Schaden herbeigeführt hat (BGH NJW 63, 1829; einschränkend BGH NJW 73, 1283 bei doppeltem Auffahrunfall). Kann dagegen durch eine einzige Handlung nur einer von mehreren Berechtigten (zB durch Nichtvergabe eines Auftrages) geschädigt worden sein, so ist gem § 287 zu schätzen, ob gerade dem Kläger ein solcher Schaden erwachsen sein könnte (BGH 29, 393 = NJW 59, 1079). – Zulässig ist Schätzung der Zeit des Schadenseintritts u -endes (RG 31, 88; LM § 66 BEG Nr 5), so auch bei Beantwortung der Frage, ob das auf der Fahrbahn liegende Unfallopfer bereits tot war oder durch nochmaliges Überfahren getötet wurde, BGH NJW 73, 994. 3

4) Schätzung ist unzulässig, wenn sie mangels greifbarer, vom Kläger vorzutragender Anhaltspunkte „völlig in der Luft hängen" würde (BGH NJW 70, 1971; 64, 589; BAG NJW 63, 926; Köln MDR 80, 674). Insbes ist abstrakte Schadensberechnung für hypothetischen Schaden unzulässig, wenn feststeht, daß der Berechtigte keinen Schaden erlitten hat (BGH NJW 64, 151). Die Schätzung darf auch nicht dazu führen, daß entgegen §§ 315, 316 BGB das Gericht anstelle der Partei die Höhe der Leistung bestimmt, BGH ZZP 86, 322. 4

II) Verfahren: 1) Die Klage bedarf, wo Schätzung zulässig (unzulässig z Abwendung des Kostenrisikos bei Mitverschulden, BGH NJW 67, 1420, u des Beweislastrisikos bei ungewissem Tatbestand BGH NJW 70, 1971), keines **bezifferten Antrags** (s Rn 13 zu § 253). Wo unbezifferte Leistungsklage zulässig ist, fehlt regelmäßig das für die Feststellungsklage erforderliche (Rn 7 zu § 256) Feststellungsinteresse (Köln NJW 65, 110; einschränkend für den Bauprozeß Wussow 5

NJW 69, 484). Wegen VersUrteil s Rn 7 zu § 331. Den Kläger trifft die uneingeschränkte Beweislast für den konkreten Haftungsgrund (Rn 3) u im Rahmen der Zumutbarkeit die Darlegungslast für kausalen Schadenseintritt u Schadenshöhe. § 287 befreit nicht gänzlich von den Erfordernissen eines Antrags gemäß § 253; der Kläger ist auch hier gehalten, den anspruchsbegründenden Sachverhalt konkret darzulegen bzw zu beweisen (Rn 3) und zumindest die ungefähre Größenordnung seines behaupteten Anspruchs vorzutragen (BGH NJW 84, 1809; VersR 74, 1182; 83, 332; Dunz NJW 84, 1734; Schneider MDR 85, 993). Für letzteres kann die Streitwertangabe (§ 253 III) herangezogen werden (BGH MDR 85, 40/41). Jedenfalls ist auch bei Anwendung des § 287 die Klage nicht hinreichend bestimmt, wenn nach einem der Klage stattgebenden Urteil ganz ungewiß bliebe, ob das Urteil den Kläger beschwert (BGH MDR 82, 312; s unten Rn 9). Dementsprechend behalten die Vorschriften über Klageänderung (§ 263) u Teilrücknahme (§ 264 Nr 2) mit ihren Kostenfolgen auch hier ihre Bedeutung (BGH VersR 72, 98).

6 2) Das **Gericht darf nicht wegen Beweisfälligkeit abweisen**, wenn der konkrete Haftungsgrund unstreitig oder bewiesen und ein Schadenseintritt zumindest wahrscheinlich ist (Rn 4). Bei der Schadens- bzw Anspruchsschätzung ist das Gericht (abweichend von § 286; StJL Rn 27) **an Beweisanträge nicht gebunden** (BGH 3, 162 = NJW 52, 23; BAG NJW 63, 926). Auch hier aber Verbot der *willkürlichen* Zurückweisung angebotener Beweise (BGH VersR 76, 389); daher ist die Zurückweisung im Urteil zu begründen (RG 130, 112; BGH 6, 62 = NJW 52, 978). Willkürlich wäre die Zurückweisung eines Beweisangebotes, das geeignet ist, tatsächl Grundlagen für die anderenfalls „in der Luft hängende" (BGH NJW 64, 589) Schätzung zu liefern. Hier ist also eine Vorwegnahme der Beweiswürdigung insoweit zulässig, als Notwendigkeit der Beweiserhebung oder Schätzung gegeneinander abzuwägen ist.

7 3) Bei **Ausübung des Ermessens** darf das Gericht zwischen abstrakter und konkreter Schadensberechnung wählen (BGH 2, 313; 29, 399 = NJW 51, 918; 59, 1079), doch wäre abstrakte Berechnung zum Nachteil des Klägers willkürlich, wo dieser Beweis für konkrete Berechnung angeboten hat. Ist die Schadenshöhe völlig unklar, darf ein Mindestschaden geschätzt u zuerkannt werden (BGH NJW 64, 589), so zB der Erwerbsunfall der unfallgeschädigten Dirne BGH 67, 119; München VersR 77, 628. Abstrakte Berechnung setzt voraus, daß Schadensentstehung überhaupt feststeht (BGH NJW 64, 151). Einvernahme des Beweisführers ist in den Fällen des Abs II (dort gilt nur Satz 1 u 2 von Abs I) unzulässig. Schätzung zur Höhe (nicht zur Kausalität!) ist zulässig ohne Rücksicht auf Beweislast (RG 95, 2; 155, 39; weg Schätzung zur Kausalität unter Vorrang der Beweislast BGH NJW 70, 1971). Beweis (SachverstGutachten, Einholung von Auskünften) darf u muß uU von Amts wegen erholt werden, wo das sachdienlich ist; das ist stets der Fall, wo das Gericht sich bei seiner (pflichtgebundenen!) Ermessensausübung eine eigene Sachkunde nicht zutrauen darf (BGH VersR 57, 244; 62, 419/420).

8 4) **Revisibel** ist nicht die Ausübung des Ermessens, sondern nur die Frage, ob die Schätzung auf grundsätzlich fehlerhaften Erwägungen beruht, ob wesentl anspruchsbegründende Tatsachen außer acht gelassen wurden oder gegen Denk- u Erfahrungssätze verstoßen wurde (BGH NJW 64, 653; 63, 1492; 62, 1443; 52, 23; VersR 65, 1054 u 437).

9 5) **Der Streitwert der nichtbezifferten Klage** (hierzu auch § 3 Rn 16 zu „unbezifferte Klageanträge") richtet sich nicht notwendig nach dem letztlich zuerkannten Betrag, sondern nach dem Betrag, den das Gericht bei Unterstellung des anspruchsbegründenden Sachvortrages (also zB ohne Mitverschulden des Klägers oder in Anlehnung an einen bloßen Vorschlag des Klägers) für angemessen halten würde (Neustadt MDR 60, 953; Celle NJW 62, 1779; KG NJW 64, 821). Die Betragsvorstellung des Klägers bildet die untere Grenze des Streitwerts, Celle NJW 77, 343. Gibt der Kläger neben dem Mindestbetrag auch noch einen höheren Betrag als „Größenordnung" (BGHZ 45, 91) seiner Betragsvorstellung an, so bestimmt letzterer nicht notwendig auch den Streitwert, wenn das Gericht im Urteil einen Mittelwert zuerkennt, denn § 287 will dem Kläger gerade das (Kosten-)Risiko einer Betragsschätzung abnehmen (Frankfurt MDR 82, 674 bewertet daher mit 80% der vorgeschlagenen Größenordnung). Daraus ergibt sich auch die Frage, ob **Teilabweisung** (Frankfurt MDR 71, 764; Celle NJW 69, 279) und **Kostenteilung** (§ 92, Köln MDR 68, 317) geboten ist u ob das Urteil den Kläger **beschwert** (hierzu Rn 15 vor § 511; BGH NJW 82, 340; VersR 74, 1182; 83, 1160; 84, 1194; MDR 78, 44; 79, 748; 85, 40/41). Die Beschwer fehlt, wo das Gericht dem Betragsvorschlag des Klägers folgt (Fenn ZZP 89, 121/127). Wo ein solcher Vorschlag des Klägers fehlt, kann dieser die Rechtsmittelbeschwer nicht dadurch schaffen, daß er jetzt seinen Mindestschaden höher beziffert als das Erstgericht (BGH NJW 82, 340 m Anm Gossmann JZ 82, 157; Oldenburg VersR 79, 657; Schneider MDR 80, 265; vgl Rn 15 vor § 511); anders nur, wenn der zugesprochene Betrag offensichtlich unangemessen niedrig ist (BGH 45, 94).

10 Zur Problematik der **Streitwertbeschwerde** (§ 25 GKG) für den Fall, daß im Urteil (fehlerhaft) ein den Kläger beschwerender Minderbetrag zuerkannt, die Klage im übrigen jedoch nicht

unter Kostenteilung (§ 92) abgewiesen wurde, BGH MDR 77, 925 m Anm Schneider: der BGH erachtet hier eine auf Erhöhung des Streitwerts zielende Beschwerde für unzulässig, weil sonst die Bindungswirkung der Kostenentscheidung im Urteil auch auf den Streitwert in Frage gestellt und der unterlegene Beklagte bei einer Erhöhung des Streitwerts über das Urteil hinaus belastet würde; abw Markl GKG 2. Aufl § 25 Anm 15a, der auch hier die auf Erhöhung zielende Streitwertbeschwerde für zulässig erachtet und wegen der dadurch für den Beklagten unbilligen Kostenfolge den Kostenausspruch im Urteil als gemäß § 319 berichtigungsfähig bezeichnet. Die von Markl vertretene und aaO mit zahlreichen Nachweisen belegte Meinung trägt dem Gebot der Gebührengerechtigkeit Rechnung und ist daher anzuerkennen. Die vom BGH vertretene Meinung dagegen weicht der Notwendigkeit, einen im Urteil begangenen Fehler des Gerichts zu beheben, lediglich aus, um diesen Fehler durch Nichtzulassung der Streitwertbeschwerde festzuschreiben.

288 *[Gerichtliches Geständnis]*

(1) Die von einer Partei behaupteten Tatsachen bedürfen insoweit keines Beweises, als sie im Laufe des Rechtsstreits von dem Gegner bei einer mündlichen Verhandlung oder zum Protokoll eines beauftragten oder ersuchten Richters zugestanden sind.

(2) Zur Wirksamkeit des gerichtlichen Geständnisses ist dessen Annahme nicht erforderlich.

1) Begriff u Abgrenzung: Das **Geständnis ist** das gem § 290 mit einer gewissen Bindungswirkung ausgestattete **Zugestehen** der Richtigkeit **einer Tatsachenbehauptung** des Gegners. Es ist eine dem Verhandlungsgrundsatz (vor § 128 Rn 10) entsprechende, daher grundsätzlich auch das Gericht an die zugestandene Tatsache bindende (Ausnahme: § 291 Rn 2) Prozeßhandlung, daher für die gestehende Partei grundsätzlich (Ausnahme: § 290) unwiderruflich (vor § 128 Rn 17). 1

Abgrenzung: a) Anerkenntnis (§ 307) u **Verzicht** (§ 306) betreffen den prozessualen Anspruch als solchen, gestehen kann man nur Tatsachen (nach RG 35, 411 auch „Rechtsverhältnisse u Rechtsbegriffe einfacher Art"; richtig kann aber nur das Tatbestandselement eines „Rechtsgeständnisses" der Wirkung der §§ 288, 290 unterfallen, denn iura novit curia). Daher sind geständnisfähig präjudizielle Rechtsverhältnisse, die auf Tatsachen beruhen, welche in ihrer Rechtswirkung im Einzelfall unstreitig sind (Schneider MDR 64, 17), so zB die Rechtsnachfolge kraft Abtretung oder Erbfolge (BGH LM § 260 BGB Nr 1), die Verwandtschaft oder Abstammung, der Eigentumserwerb durch vollzogene Schenkung, Fund (§ 973 BGB), Verarbeitung (§ 950 BGB), Aneignung (§ 958 BGB) usw. Nicht geständnisfähig (sondern nur anerkenntnisfähig) ist dagegen die rechtliche Beurteilung der aus Tatsachen hergeleiteten und im Einzelfall streitigen Rechtsfolge, also die Rechtsfolgebehauptung des Prozeßgegners in Gestalt des Klageanspruchs der Leistungs- oder auch Feststellungsklage. 2

b) Bloßes Nichtbestreiten (§ 138 III; zur Abgrenzung Schneider MDR 68, 813) hat regelmäßig noch keine iS des § 290 bindende Geständniswirkung, denn § 138 III fingiert lediglich eine aus dem Prozeßverhalten gefolgerte Geständniswirkung, ersetzt damit allein aber noch nicht die eben fehlende Prozeßhandlung des förmlichen (§ 160 III 3) Geständnisses (BGH NJW 83, 1497 = MDR 83, 661; aM München MDR 84, 321/322). Nur ausnahmsweise kann dem Nichtbestreiten förmliche Geständniswirkung zuerkannt werden, wenn es im Zusammenhang mit anderen Äußerungen der nicht bestreitenden Partei deren Willen erkennen läßt, der gegnerischen Behauptung bewußt nicht entgegentreten zu wollen (BGH NJW 83, 1497 = MDR 83, 661; JZ 62, 252). Wo dagegen dem Verhalten der Partei ein solcher Geständniswille auch nicht konkludent zu entnehmen ist, ist das schlichte Nichtbestreiten nicht bindend; Bestreiten darf nachgeholt werden, falls es nicht aus Gründen der Verspätung (§§ 282, 296 II) unberücksichtigt bleiben muß. 3

c) Das **außergerichtl Geständnis** (so auch das Geständnis i einem anderen Prozeß) ist bloße Erkenntsnisquelle der Beweiswürdigung; zum proz Geständnis wird es erst, wenn es der Gestehende (nicht der Gegner) in der mündl Verhandlung (im Fall § 128 II u III auch schriftl möglich) ausdrücklich oder durch schlüssiges Verhalten in den Prozeß einführt. 4

2) Die **Erklärung des Geständnisses** erfolgt vor (= vorweggenommenes Geständnis) oder nach einer entspr Tatsachenbehauptung des Gegners. Protokollierung (§ 160 III Nr 3) nur vorgeschrieben, wenn vor einem beauftragten oder ersuchten Richter (also nicht vor dem Prozeßgericht) erklärt; i übr ist Protokollierung fakultativ (Braunschweig MDR 76, 673), jedoch im Hinblick auf einen möglichen Richterwechsel stets anzuraten. Die Erklärung muß nicht notw ausdrücklich als „Geständnis" abgegeben werden; ausdrückliche Aufgabe früheren Bestreitens kann (BGH JZ 62, 252) genügen, nicht aber bloßes Nichtbestreiten. Obwohl **Prozeßhandlung,** 5 kann es im Anwaltsprozeß – selbst im Widerspruch zum Anwalt (BayObLG MDR 76, 234) – auch die **Partei persönlich** (bei der Einvernahme gem § 445, auch bei der informatorischen Anhörung gem §§ 137 IV, 141) erklären, denn sie (und nicht der Anwalt, vgl § 85 S 2) beherrscht den Tatsachenstoff (BGH 8, 235 = NJW 53, 621; BGH VersR 65, 287; 66, 269; LM § 141 Nr 2; abw R-Schwab § 125 I 3; Zweibrücken OLGZ 78, 357; Lent NJW 53, 621 unter Hinweis auf § 453 I). Der **Streitgehilfe** kann nicht mit Wirkung gegen seine Partei gestehen, wohl aber deren Geständnis (falls nicht die Partei widerspricht: § 67) widerrufen (BGH NJW 76, 293; Hamm NJW 55, 873). Das Geständnis ist **bedingungsfeindlich;** es gibt keine bedingte Wahrheit (§ 138). Der Zusatz „nur für die Instanz" wäre unbeachtlich: § 532; möglicherweise liegt dann aber ein (auf die Instanz beschränkbares) Nichtbestreiten (§ 138 III) vor, was das Gericht gemäß §§ 139, 278 III aufzuklären hätte.

6 **3) Wirkung: a)** Was zugestanden ist, ist unstreitig, daher keiner Beweiserhebung mehr ausgesetzt, soweit es sich auf Tatsachen (nicht auch auf deren Wertung, BGH 8, 235) bezieht und soweit die Parteien über den Prozeßstoff verfügen dürfen. Im Verfahren nach dem Untersuchungsgrundsatz ist ein Geständnis daher unverbindlich u nur gem § 286 zu würdigen: §§ 617 (Eheprozeß), 640 (Kindschaftssachen), 670, 679, 684, 686 (Entmündigung). Im übrigen ist das Gericht (auch in 2. Instanz: § 532) und im Rahmen des § 290 die gestehende Partei (nicht der Gegner, der von seiner eigenen Behauptung abrücken kann) an das Geständnis gebunden. Ob die gestehende Partei wußte, daß sie etwas ihr Ungünstiges erklärt, ist gleichgültig (LM § 419 BGB Nr 8). Die Bindungswirkung erstreckt sich nur auf den jeweiligen, nicht auf einen nachgeschobenen Klagegrund (BGH NJW 62, 1391 = LM Nr 3), denn das im Geständnis zu erblickende Einverständnis mit der Verwertung einer gegnerischen Behauptung darf nicht aus dem Zusammenhang gerissen werden.

7 **b)** Ausnahmsweise **keine Bindungswirkung:** bei offenkundiger Unwahrheit (§ 291; vor § 128 Rn 10; BGH MDR 79, 1001. Hier aber Hinweis gem § 278 III nötig!) und betrügerischem Zusammenwirken der Parteien zum Nachteil eines Dritten (BGH VersR 70, 826; NJW 62, 1395; Hamm NJW 55, 873; RG ZAk 37, 536) sowie bei Prozeßunfähigkeit (§ 52) der gestehenden Partei.

289 *[Zusätze beim Geständnis]*

(1) Die Wirksamkeit des gerichtlichen Geständnisses wird dadurch nicht beeinträchtigt, daß eine Behauptung hinzugefügt wird, die ein selbständiges Angriffs- oder Verteidigungsmittel enthält.

(2) Inwiefern eine vor Gericht erfolgte einräumende Erklärung ungeachtet anderer zusätzlicher oder einschränkender Behauptungen als ein Geständnis anzusehen sei, bestimmt sich nach der Beschaffenheit des einzelnen Falles.

Lit: *Schmidt,* Teilbarkeit u Unteilbarkeit des Geständnisses im Zivilprozeß, 1972 (hierzu *Schneider* MDR 73, 261).

1 **I)** Nur selten wird sich das Geständnis i dem Zugestehen einer gegnerischen Tatsachenbehauptung erschöpfen. § 289 regelt die **Wirkung des modifizierten Geständnisses** u unterscheidet den Fall der Beifügung selbständiger Angriffs- oder Verteidigungsmittel (Abs I, hierher gehört die Geltendmachung von Gegenrechten, deren Beweis ungeachtet der prozessualen Wirkung des Geständnisses dem Gestehenden obliegt) u den Fall der Beifügung qualifizierender Behauptungen (Abs II). Im letzteren Fall ist im Wege der Auslegung (§ 133 BGB) zunächst der Inhalt der Erklärung, sodann i Wege der Beweiswürdigung (§ 286 ZPO) deren prozessuale Bedeutung zu ermitteln; dabei entfällt Geständniswirkung, wenn nur unselbständige Tatbestandselemente der gegnerischen Behauptung eingeräumt, die (aus der Sicht der behaupteten Rechtsfolge zu ermittelnde) anspruchsbegründende oder -vernichtende Tatsache als solche aber bestritten werden.

2 **II) 1) Abs I. Beispiel:** Der Bekl gesteht zu, die in der Klage behauptete schädigende Handlung begangen zu haben, behauptet aber, in Notwehr oder in Notstand oder im Zustand der Unzurechnungsfähigkeit gehandelt zu haben. Das Geständnis der Tat hat volle Wirkung: die Notwehr oder der Notstand, die die Entstehung einer Verpflichtung zum Ersatze des Schadens mangels Widerrechtlichkeit der Handlung ausschließen sollen, muß Bekl beweisen.

3 **2) Abs II. Beispiele:** A klagt auf Schadensersatz wegen Beschädigung e Schaufensters. Der Bekl gibt zu, daß er mit s Stock das Fenster zerschlagen habe, behauptet aber, er sei von e Dritten gestoßen worden. Hier ist e wesentl Klagetatsache bestritten, die der Kl beweisen muß. Bekl gibt den behaupteten Kauf zu, behauptet aber, der Kauf sei nach Probe erfolgt, die gelieferte Ware habe der Probe nicht entsprochen; oder wenn er den behaupteten Abschluß e Vertrages

zugibt, aber behauptet, er sei unter einer aufschiebenden Bedingung erfolgt, die noch nicht eingetreten sei. Der Kl muß den unbedingten Abschluß oder den Eintritt der Bedingung beweisen (BGH MDR 85, 667; Baumgärtel JR 85, 243; vgl vor § 284 Rn 19).

290 *[Widerruf des Geständnisses]*

Der Widerruf hat auf die Wirksamkeit des gerichtlichen Geständnisses nur dann Einfluß, wenn die widerrufene Partei beweist, daß das Geständnis der Wahrheit nicht entspreche und durch einen Irrtum veranlaßt sei. In diesem Falle verliert das Geständnis seine Wirksamkeit.

1) Obwohl Prozeßhandlung, ist das Geständnis – auch noch in 2. Instanz: Hamm NJW 55, 873 – 1
einseitig widerruflich, wenn die widerrufende Partei beweist, daß **a)** das Geständnis der Wahrheit nicht entspricht **und b)** durch einen Irrtum veranlaßt ist. Die widerrufende Partei trägt die Beweislast für die Unrichtigkeit ihres Geständnisses; materiell-rechtliche Beweiserleichterungen kann sie hierfür nicht in Anspruch nehmen (Frankfurt MDR 82, 329). Widerruf mit Zustimmung des Gegners ist wegen des Verhandlungsgrundsatzes [vor § 128 Rn 10–12] stets zulässig.

Irrtum ist unbewußte Unkenntnis des wirkl Sachverhalts, gleichgültig ob Unkenntnis ver- 2
schuldet oder unverschuldet (RG 11, 408). Daher kein Irrtum, wo Erklärender sich bewußt war, den Inhalt der Erklärung nicht zu kennen. Wer die Ungewißheit bewußt in Kauf nimmt, darf Geständnis nicht widerrufen (BGH VersR 70, 826). Maßgeblich ist, ob derjenige geirrt hat, auf dessen Willensentschluß das Geständnis beruhte, also ist Irrtum des RA unbeachtlich, wo Geständnis von der Partei selbst abgegeben (§ 288 Rn 5) oder auf Information der Partei beruht (RG 146, 348 i Analogie zu § 166 II BGB). Gleichgültig ist, ob der Irrtum ein tatsächlicher oder Rechtsirrtum. Motivirrtum reicht nicht (BGH NJW 62, 1395).

2) Das **bewußt unwahre Geständnis** darf (muß nicht: § 288 Rn 7) zum Nachteil der gestehen- 3
den Partei (nicht des Gegners) verwertet werden, ohne daß damit der Grundsatz der Wahrheitspflicht (§ 138) preisgegeben wird. § 290 will zur Wahrheit anhalten bzw bewußte Unwahrheit ahnden (BGH 37, 154; NJW 62, 1395), vgl § 814 BGB.

3) § 290 gilt nicht für den sofortigen Widerruf gem §§ 85, 90, für das fingierte Geständnis gem 4
§ 138 III (hierzu § 288 Rn 3), für das außergerichtliche Geständnis (§ 288 Rn 4) und auch nicht entsprechend für das prozessuale Anerkenntnis (§ 307), denn letzteres ist als gestaltende und dem Beurteilungsrisiko der anerkennenden Partei unterliegende Prozeßhandlung bedingungsfeindlich, grds unwiderruflich und auch nicht wegen Willensmängeln anfechtbar (BGHZ 80, 389/392 = NJW 81, 2193/2194 = MDR 81, 924; vgl Rn 6 vor § 306). – Einer Anfechtung gem § 119 BGB ist das Geständnis als ProzHandlung nicht zugänglich.

Wegen des Widerrufs eines Geständnisses der Partei durch deren Streitgehilfen s § 288 Rn 5.

291 *[Offenkundigkeit von Tatsachen]*

Tatsachen, die bei dem Gericht offenkundig sind, bedürfen keines Beweises.

1) Offenkundig ist e Tatsache, wenn sie einem größeren Kreis von Personen – **allgemein** – 1
bekannt ist u der Richter die Überzeugung von der Wahrheit aus der Allgemeinkunde schöpft (zB bei Gebräuchen u Gewohnheiten, die in einer Gegend bestehen; Zeitpunkt eines unbestrittenen geschichtl Ereignisses; der Gegenstand von Zeitungs- oder Rundfunkberichten ist offenkundig nur, soweit er auf keinen Widerspruch stieß, RG 102, 343). Offenkundig ist die Tatsache auch dann, wenn der Richter sie aus s jetzigen oder früheren amtl Tätigkeit, zB als Vormundschaftsrichter kennt (sog **gerichtskundige Tatsachen**), aber nur dann, wenn der Einzelrichter oder die Mehrheit des Kollegialgerichts sich nicht erst zB durch Vorlegung von Akten usw informieren müssen. Nicht offenkundig ist e Tatsache, die zwar der Richter (zufällig) wahrgenommen hat, die aber nicht als allgemein bekannt anzusehen ist, zB Einzelwahrnehmung des Richters außerhalb seiner gerichtl Tätigkeit. Die Eintragung einer Tatsache in e öffentl Register begründet i der Regel deren Offenkundigkeit in diesem Sinne nicht. Es kommt darauf an, daß die Tatsache selbst den Mitgliedern des Gerichts wirklich bekannt ist, RG 13, 371; 82, 105. Hierfür genügt Kenntnis aus einem früheren Prozeß vor demselben Richter, BayObLGZ 48–51, 110. Ist dagegen eine selbst offenkundige Tatsache dem Gericht unbekannt, so kann die (nötigenfalls zu beweisende) Offenkundigkeit zumindest Indiz ihrer Richtigkeit sein. Die Hilfstatsache der Offenkundigkeit unterliegt dem Freibeweis (Rn 7 vor § 284).

2 **2) Wirkung der Offenkundigkeit:** Beweiserhebung ist entbehrlich, daher gegenteiliges Geständnis unbeachtlich, BGH MDR 79, 1001 (hier aber zur Gewährung rechtlichen Gehörs Hinweis gem § 278 III nötig, denn das Gericht kann irren! § 278 Rn 10; Köln Rpfleger 85, 498). Gegenteiliges Klagevorbringen kann nicht zum VersUrteil gegen den Bekl (§ 331) führen. Soweit eine offenkundige bzw gerichtsbekannte Tatsache, obwohl entscheidungserhebl, von den Parteien nicht vorgetragen ist, darf sie das Gericht erst nach Einführung in der mündl Verhandlung verwerten (BVerfG JZ 60, 124; im Beschlußverfahren ist schriftl Hinweis des Gerichts geboten, Köln Rpfleger 85, 498), damit der stets zulässige Beweis des Gegenteils angetreten werden kann. Was i der ersten Instanz gerichtsbekannt war, kann i der zweiten des Beweises bedürfen. Der Begriff der Offenkundigkeit ist revisibel, RG 143, 184.

292 *[Gesetzliche Vermutungen]*

Stellt das Gesetz für das Vorhandensein einer Tatsache eine Vermutung auf, so ist der Beweis des Gegenteils zulässig, sofern nicht das Gesetz ein anderes vorschreibt. Dieser Beweis kann auch durch den Antrag auf Parteivernehmung nach § 445 geführt werden.

1 1) Gegenüber einer **gesetzl Vermutung** (Tatsachen- oder Rechtsvermutung, vgl die Beispiele in Rn 11 vor § 284) obliegt der Beweis des Gegenteils demjenigen, der Rechte aus der Unrichtigkeit der Vermutung herleitet. Ausgeschlossen ist dieser Beweis des Gegenteils nur gegenüber **gesetzl Fiktionen** (BGH NJW 65, 584; zB §§ 892, 893, 1138, 1155 BGB, §§ 39, 267, 551, 755 ZPO, § 108 KO).

2 2) Der **Beweis des Gegenteils** ist erst geboten, wenn der Gegner den Hauptbeweis für die Voraussetzungen der gesetzl Vermutung (zB den Besitz bei §§ 1006, 1117 III BGB) erbracht hat. Dann ist Beweis des Gegenteils mit allen in §§ 371–455 vorgesehenen Beweismitteln zulässig. Die bloße Erschütterung der gesetzl Vermutung durch Beweis ihrer möglichen Unrichtigkeit genügt nicht (BGH MDR 59, 114; Hiendl NJW 63, 1662), erforderlich ist der Beweis für die zumindest überwiegende Wahrscheinlichkeit des Gegenteils der gesetzl Vermutung (Rn 13 zu § 286; RG 114, 75; BGH 16, 217 = NJW 55, 625; strenger StJL Rn 15: notwendig überzeugender Gegenbeweis). Gegenbeweis durch Parteivernehmung ist zulässig (= Ausnahme von § 445 II, s dort Rn 4).

3 **3)** Von den im Gesetz aufgestellten (normierten) Vermutungen sind zu unterscheiden die rein tatsächlichen Vermutungen, deren Beweiswirkung nach § 286 zu ermitteln ist (so insbes beim Anscheinsbeweis, § 286 Rn 16), ohne daß hierbei die Beweislast (Rn 15 ff vor § 284) wechselt.

293 *[Fremdes und Gewohnheitsrecht, Satzungen]*

Das in einem anderen Staate geltende Recht, die Gewohnheitsrechte und Statuten bedürfen des Beweises nur insofern, als sie dem Gericht unbekannt sind. Bei Ermittlung dieser Rechtsnormen ist das Gericht auf die von den Parteien beigebrachten Nachweise nicht beschränkt; es ist befugt, auch andere Erkenntnisquellen zu benutzen und zum Zwecke einer solchen Benutzung das Erforderliche anzuordnen.

I) Überblick

1 1) Die Kenntnis des allgemeingültigen, in der BRepD einschließl West-Berlin geltenden dt Rechts (dazu gehört das Steuerrecht, Tipke NJW 76, 2200, und auch das gem Art 25 bzw 59 II GG transformierte VölkerR sowie das durch ZustimmungsG übernommene **Recht der Europäischen Gemeinschaften,** BGH 1, 368; 2, 241; 8, 195; 19, 265) wird vom dt Richter bedingungslos gefordert **(iura novit curia).** § 293 macht von diesem Grundsatz eine **Ausnahme** für

2 **a) ausl Recht,** das ist das in keinem Teil der BRepD geltende Recht, auch wenn dieses (zB im Wechselrecht oder im Einheitlichen Haager Kaufrecht) mit dem dt übereinstimmt, BGH LM Nr 1 zu Art 92 WG = IPRspr 60–61/4; BGH RIW 78, 618 = IPRspr 77/30.

3 **b) GewohnheitsR,** das ist das durch ständige Übung angewandte und von der Überzeugung der Rechtmäßigkeit und Notwendigkeit getragene (nicht geschriebene, ungesetzte) Recht (RG 75, 41). Hierzu gehören nicht die sog Verkehrssitte u Erfahrungssätze, wohl aber die sog Observanz, das ist das örtl begrenzte GewohnheitsR.

4 **c) Statuten,** das sind autonome Satzungen der öffentl-rechtl Körperschaften, Anstalten, Stiftungen, gleichgültig, ob in- oder ausländisch; hierher gehören Ortsvorschriften (zB über Streupflicht u Gehrechte), Anstaltsordnungen, Tarifverträge (BAG 4, 39), nicht aber Individual- oder Formularverträge wie zB allg Geschäftsbedingungen.

2) Für das **Völkerrecht** – da gemäß Art 25 GG oder durch deutsches Transformationsgesetz (Art 59 II GG) Bundesrecht – und das **Recht der Europäischen Gemeinschaften** gilt § 293 nicht. – Vgl aber Art 100 II GG und Art 177 EWG-Vertrag. 5

3) Das **Recht der DDR** fällt unter § 293, StJSchL § 293 Rn 28. 6

4) Die Verletzung des § 293 ist revisibel, ebenso die Frage, ob das ausl Recht in der Auslegung der Vorinstanz gegen den deutschen ordre public verstößt (Art 6 EGBGB, § 328 I Nr 4). 7

5) Die unter 1 a–c genannten Rechtssätze unterliegen, obwohl von Amts wegen zu erforschen (BGH NJW 64, 2012; 61, 410; 80, 2024), der Beweiserhebung; ihre Ermittlung läßt, soweit nicht gerichtsbekannt (§ 291), die Beweisgebühr (§ 31 Ziff 3 BRAGO) anfallen (BGH NJW 66, 1364). Die Kosten eines vorprozessualen Privatgutachtens über das anzuwendende fremde Recht sind erstattungsfähig iS § 91 (BayVerfGH NJW 63, 2164). 8

II) Pflicht zur kollisionsrechtl Entscheidung

1) Das dt IPR – das sind die von der BRepD ratifizierten kollisionsrechtl Staatsverträge und/oder soweit solche fehlen die Art 3 ff EGBGB – **bestimmt darüber, ob und gegebenenfalls welches ausl Recht zur Anwendung kommt.** Dabei ist eine etwaige Rück- oder Weiterverweisung des ausl Rechts zu beachten. **Die Regeln des dt IPR muß der dt Richter von Amts wegen beachten.** Er muß die internationalprivatrechtl Frage stellen. Er muß daher die Regeln des dt IPR kennen. § 293 bezieht sich nur auf den **Inhalt** der vom dt IPR berufenen ausl Rechtsordnung. – Der (entgegengesetzte) Standpunkt der lex causae (Rn 14) ist für den dt Richter unbeachtl. IZPR Rn 79. 9

2) Der dt Richter darf nicht etwa solange dt Recht anwenden, bis eine Partei oder ein sonstiger Verfahrensbeteiligter die Anwendung ausl Rechts reklamiert. **Das Kollisionsrecht ist** vielmehr **zwingend** in dem Sinne, daß der Richter in jeder Lage des Verfahrens von sich aus prüfen muß, ob das dt IPR die Anwendung des dt oder eines ausl Rechts vorschreibt, Palandt/Heldrich 1 und 1 b vor Art 7. Anders Flessner RabelsZ 34 (1970), 547; Sturm FamRZ 1973, 405 Fn 118; Zweigert RabelsZ 37 (1973), 445; Raape-Sturm, IPR I, 6. Aufl 1977, § 17 II 3 S 306; Simitis StAZ 76, 15; **Anwendung nur auf Antrag einer Partei.** Dagegen Neuhaus, Grundbegriffe des IPR, 2. Aufl 1977, § 7 II 5 S 66; Jayme FamRZ 1971, 228 Fn 65 Abs 4; Kegel, IPR, 5. Aufl 1986, § 15 II; Heldrich FS Ferid, 1978, 213. – Im praktischen Ergebnis nähert sich die Rspr im internationalen SchuldR der **Theorie vom fakultativen Kollisionsrecht,** in dem sie eine Rechtswahl im Prozeß durch schlüssiges Verhalten zuläßt. Erörtern die Parteien den Rechtsstreit in 1. Instanz nach dt Recht, so liegt darin im Zweifel die Wahl dt Rechts, BGH WM 82, 1249 = IPRspr 1; Nürnberg RIW 85, 832; auf den Erklärungswillen soll es dabei nicht ankommen, BGH RIW 84, 151. Zu Recht kritisch Schack NJW 84, 2736. 10

3) Auch in **Eilfällen** – vgl §§ 620, 641 d, 916 ff – ist die internationalprivatrechtl Frage zu stellen. Das Gericht hat sich jedoch auf präsente Erkenntnisquellen zu beschränken. Der Antragsteller kann aber das (ihm günstigere) ausl Recht glaubhaft darlegen, Frankfurt NJW 69, 991; Nagel Rz 447; Schütze DIZPR 186. Läßt sich aber der Inhalt des ausl Rechts nicht zeitgerecht feststellen, dann kann auf das dt Recht zurückgegriffen werden. Dies ist keine Ausnahme vom Prinzip der zwingenden Anwendung des Kollisionsrechts, vielmehr geht es um die Frage des Ersatzrechts (Rn 27), wenn das ausl Recht nicht (rechtzeitig) festgestellt werden kann. 11

4) Die kollisionsrechtl Frage darf der Richter offenlassen, wenn sie vom Ergebnis her nicht entscheidungserhebl ist. a) So braucht er nicht zu entscheiden, welche von mehreren möglicherweise anwendbaren Kollisionsnormen in concreto anzuwenden ist, wenn alle diese auf das Recht des gleichen Staates verweisen. Aber auch wenn auf die Rechtsordnungen verschiedener Staaten verwiesen wird, kann die kollisionsrechtl Frage offenbleiben, wenn die in Betracht kommenden Rechtsordnungen inhaltl übereinstimmen. Bei der Feststellung einer Kongruenz ist aber behutsam vorzugehen, weil selbst bei Textgleichheit geschriebenen Rechts die Gerichte der in Betracht kommenden Staaten dieses oft unterschiedl auslegen, Rn 24. Stimmen die in Betracht kommenden Rechtsordnungen überein, so braucht der Richter die Voraussetzungen der kollisionsrechtl Anknüpfung nicht aufzuklären. 12

b) Vorstehendes gilt sicher für die **1. Instanz,** deren Entscheidung in der Berufungsinstanz voll nachgeprüft werden kann und für die **Revisionsinstanz,** weil ihre Entscheidung endgültig ist, BGH WM 80, 1085 = ZIP 80, 866 = IPRspr 80/2. Das gleiche ist für die **Berufungsinstanz** rechtens, wenn zwischen mehreren ausl Rechtsordnungen die Wahl offen bleibt. Steht jedoch die Anwendung dt Rechts mit auf dem Spiel, so verlangt die Rspr , daß das Berufungsgericht exakt erklärt, ob es dt oder ausl Recht anwende, BGH WM 80, 1085 = IPRspr 2; Frankfurt RIW 85, 488. Treffend weist Kegel IPR § 15 I darauf hin, daß es der Revisionsinstanz unbenommen bleibt, die richtige Anwendung des dt Rechts zu überprüfen. Hat das Berufungsgericht das dt 13

Recht richtig angewandt, dann ist die Revision unbegründet, auch wenn das Revisionsgericht dt Recht nicht für maßgebl hält. Hat das Berufungsgericht das dt Recht falsch ausgelegt, so hat das Revisionsgericht selbst zu prüfen, welche Rechtsordnung nach dt IPR anzuwenden ist. Das Berufungsurteil ist zu bestätigen, wenn nach Ansicht des Revisionsgerichts das vom Berufungsgericht (alternativ) zugrunde gelegte ausl Recht anzuwenden ist. Ist dagegen dt oder ein vom Berufungsgericht nicht in Erwägung gezogenes ausl Recht einschlägig, ist nach § 565 III Nr 1 bzw § 565 I oder IV zu verfahren.

III) Pflicht, den Inhalt des vom dt IPR berufenen ausl Rechts zu ermitteln

14 **1) Ausl Rechtsnormen sind für den dt Richter Rechtssätze, nicht Tatsachen;** anders angelsächs und franz Doktrin; Coester-Waltjen Rz 54 ff, 61 ff; Schütze DIZPR 116. Deshalb hat der dt Richter auch ausl Recht **von Amts wegen zu ermitteln,** BGHZ 77, 32 = NJW 80, 2022 = IPRax 81, 53 (Samtleben) = IPRspr 80/183; BGH IPRspr 80/3.

15 **2)** Es steht in seinem **Ermessen, in welcher Weise er dieser Verpflichtung nachkommen will,** BGH NJW 76, 1581. Die Ausübung des Ermessens kann vom Revisionsgericht grundsätzl nicht nachgeprüft werden, BGH NJW 75, 2142; FamRZ 82, 265. Nachprüfbar ist aber, ob die Ermittlung ausl Rechts verfahrensrechtl einwandfrei zustande gekommen ist. **Revisibel** ist auch die Frage, ob das Gericht bei Ermittlung des fremden Rechts alle ihm zugängl Erkenntnisquellen ausgeschöpft hat (BGH NJW 61, 411), nicht aber die Entscheidung über das Bestehen und den Inhalt ausl Rechts (§§ 549, 562; BGH NJW 63, 252; 61, 411). Ermessensfehlerhaft und insoweit revisibel ist es, wenn das OLG, das ersichtl keine Spezialkenntnisse hat, der Anregung, sachverständigen Rat einzuholen, nicht folgt, BGH RIW 84, 646.

16 **3) Die Parteien dürfen dem Richter bei der Ermittlung des ausl Rechts helfen;** sie dürfen Privatgutachten vorlegen. Der Richter kann die Parteien zur Mitwirkung auffordern. Zwar hat er das ausl Recht selbst zu ermitteln; die Parteien müssen ihn hierbei jedoch nach Kräften unterstützen, dies vor allem dann, wenn sie sich selbst ohne besondere Schwierigkeiten Zugang zu den Erkenntnisquellen des fremden Rechtskreises verschaffen können. Die Pflicht zur Amtsermittlung schließt nicht aus, daß das Gericht den Parteien aufgibt, dt Übersetzungen des Gesetzestextes oder rechtsvergleichende Gutachten beizubringen, wenn es selbst solche Quellen nicht findet (BGH NJW 64, 2012). Läßt es eine Partei an einer ihr zumutbaren Mitwirkung fehlen, so kann das Gericht zum Nachteil dieser Partei von weiteren Ermittlungen absehen und davon ausgehen, daß durchgreifend neue Erkenntnisse nicht zu gewinnen sind, BGH NJW 76, 1583. Dies dürften aber nur seltene Ausnahmefälle sein. Als **Grundsatz** gilt: Mangels objektiver Beweislast darf keine Partei wegen Nichtbeibringung einen Nachteil erleiden, BGH RIW 82, 199 = IPRax 83, 193; FamRZ 82, 263; Khadjavi/Gontard/Hausmann RIW 83, 8 Fn 64. AA Hamm, WM 81, 882 = IPRspr 80/1: für Darlegungslast derj Partei, die sich auf die Anwendbarkeit ausl Rechts beruft. Diese müsse den Inhalt der ausl Rechtsnorm substantiiert darlegen.

17 **4) Ein Geständnis oder Nichtbestreiten der Parteien bindet das Gericht nicht;** denn ausl Recht ist keine Tatsache, sondern hat Rechtsnormqualität. Tragen die Parteien übereinstimmend den Inhalt des anzuwendenden ausl Rechts vor, so ist das Gericht daran nicht gebunden. Aus dem Konsens der Parteien kann nicht auf die Richtigkeit des Vorbringens über den Inhalt des ausl Rechts geschlossen werden. Wenn aber die Parteien dem Staat angehören, dessen Recht zu ermitteln ist, spricht eine starke Vermutung dafür, daß diese Darstellung des ausl Rechts zutrifft. Sieht der Richter in einer solchen Lage von der Erhebung weiterer Beweise ab, so stellt dies keinen Verstoß gegen die ihm obliegenden Ermittlungspflicht dar, BAG MDR 75, 874 = RIW 521 = IPRspr 75/30.

18 **5)** Auch im **Versäumnisverfahren** ist der Richter der Pflicht zur Ermittlung des ausl Rechts nicht enthoben. Er muß sich von der Richtigkeit des Inhalts des anzuwendenden ausl Rechtssatzes überzeugen; eine wie auch immer geartete Geständnisfiktion greift nicht Platz. So treffend Nagel IZPR Rz 446; StJL Rz 54; München NJW 76, 489 = IPRspr 75/2.

19 **6)** Das gleiche gilt im **Arrest- und im einstw Verfügungs-Verfahren.** Allerdings wird im Hinblick auf die Notwendigkeit einer Eilentscheidung oft das maßgebl Recht nicht feststellbar sein. Für solche Fälle gelten die in Rn 27 dargestellten Regeln. Vgl auch Nagel IZPR Rz 447.

19a **7) Ob Parteivorbringen zur Ermittlung ausl Recht nach §§ 282 I, 528 II als verspätet zurückgewiesen werden kann,** läßt BGH RIW 84, 646 offen. Verneinend RGZ 151, 44.

IV) Die Ermittlung ausl Rechts

20 **1)** In welcher Weise der Richter seiner Pflicht zur Ermittlung des ausl Rechts nachkommt, steht in seinem pflichtgemäßen Ermessen, Rn 15. Nächstliegend, aber wenig erörtert, ist die Möglichkeit, daß **der Richter aus eigener Kenntnis das fremde Recht feststellt.** Dies setzt aber Spezialkenntnisse voraus, die nur durch ein Auslandsstudium oder langjährige Arbeit und

Erfahrung auf dem Gebiet des einschlägigen ausl Rechts erworben werden können, Luther FS Bosch, 1976, 569. Fehlt es an ausreichenden eigenen Kenntnissen, so kann der Richter **im Wege des sog Freibeweises alle ihm zugängl Erkenntnisquellen benutzen,** § 293 S 2. In Betracht kommen insbesondere amtl Auskünfte aus dem betr Land (durch Vermittlung des Justizministeriums) und Rechtsgutachten wissenschaftl Institute und von sonstigen Sachverständigen: Zusammenstellung durch Hetger DNotZ 83, 723.

2) Zwar ist es dem Ermessen des Richters überlassen, ob und inwieweit eine **Beweisaufnahme** durchgeführt wird. Hält aber das Gericht eine solche für erforderl, so muß es bei der Beweisaufnahme – obwohl das ausl Recht keine Tatsache (Rn 14) ist – **die Vorschriften der ZPO** beachten. Insoweit hat der Tatrichter keinen Ermessensspielraum, BGH IPRspr 74/1b; NJW 75, 2142 = IPRspr 75/1; Kritik bei Geisler ZZP 91 (1978), 176; Schütze DIZPR 119. Hat das Gericht zur Ermittlung ausl Rechts einen Sachverständigen zugezogen, so ist er – wie jeder Sachverständige – auf rechtzeitigen Antrag einer Partei zur mündl Verhandlung zu laden, §§ 402, 377, 397. Zu Unrecht zieht Geisler 193 den Schluß, in Zukunft könnten nur mehr im Inland ladungsfähige Sachverständige beigezogen werden. Richtig ist zwar, daß ein dt Gericht das Erscheinen eines sich im Ausland aufhaltenden Sachverständigen nicht erzwingen kann; doch dürften diejenigen, die sich bereitfinden, für ein dt Gericht ein Gutachten zu erstellen, auch bereit sein, dieses mündl vor dem Gericht zu erläutern. Geschieht dies ausnahmsweise nicht, so ist das Gutachten keinesfalls wertlos. Es kann gleichwohl als Erkenntnisquelle für das zu ermittelnde ausl Recht dienen. Die Befragung des Gutachters erfolgt dann auf einem der in § 363 vorgesehenen Wege, BGH MDR 80, 931 = IPRax 81, 57 (Nagel 47) = IPRspr 80/157. 21

3) Europäisches Übereinkommen vom 7. Juni 1968 betreffend Auskünfte über ausl Recht, BGBl 1974 II 938, für die Bundesrepublik Deutschland in Kraft seit 19. 3. 1975 (BGBl 1975 II 300). **Vertragsstaaten:** Belgien, Costa Rica, Dänemark, Frankreich, Griechenland, Großbritannien, Island, Italien, Liechtenstein, Luxemburg, Malta, Niederlande, Norwegen, Österreich, Portugal, Schweden, Schweiz, Spanien, Türkei, Zypern. AusfG (BGBl 1974 I 1433). – Dieses Abk sieht vor, daß gerichtl Ersuchen um Auskunft über das Recht eines fremden Staates von einer **zentralen Stelle** dieses Staates beantwortet werden. Näher Schütze DIZPR 237; Nagel IZPR Rz 442; Otto FS Firsching, 1985, 209. – Zum Verfahren § 48 I ZRHO. 22

4) Eine Regel wie **§ 293** ist keineswegs selbstverständlich. Sie **gilt** zB **nicht** für den **Richter der freiwilligen Gerichtsbarkeit.** LG Frankenthal Rpfleger 81, 324 = IPRspr 81/2. 23

V) Anwendung ausl Rechts

1) Der dt Richter hat ausl Recht so anzuwenden, wie es der Richter des betr Landes auslegt und anwendet. Vor allem hat er sich zu hüten, den ausl Rechtsregeln eine eigene Interpretation zu geben. Er hat sich an die ausl Praxis und Lehre zu halten. Sonst wäre der Sinn der kollisionsrechtl Verweisung verfehlt: Das Ergebnis wäre ein fiktives, weil mit der tatsächl Handhabung des ausl Rechts nicht übereinstimmendes Normengebilde. Zu Recht verlangt deshalb der BGH nicht nur das Studium ausl Gesetzestexte. Der Richter muß vielmehr auch berücksichtigen, wie diese auf Grund der Rechtslehre und Rechtsprechung in der Wirklichkeit gehandhabt werden, BGH NJW 76, 1581; KG IPRspr 80/85; BGH RIW 82, 199 und 435; Henrich IPRax 82, 10. 24

2) Eine Prüfung der Vereinbarkeit eines ausl Gesetzes oder sonstiger Normen mit der Verfassung des betr Staates darf der dt Richter nur vornehmen, wenn auch dem ausl Gericht eine solche Prüfung gestattet ist, Kegel § 15 III. 25

3) Der dt Richter darf aber auch das ausl Recht fortentwickeln für Sonderfallgestaltungen, die die Gerichte des Staates, dessen Recht anzuwenden ist, (bisher) nicht entschieden haben. Hierfür sind der Geist und die Systemzusammenhänge des ausl Rechts maßgebend. Der dt Richter darf nicht auf dem Umweg über die „Fortentwicklung" dem ausl Recht den „deutschen Geist" einhauchen. Das AG Charlottenburg IPRax 83, 128 (Rumpf 114) hielt es für richtig, türk Recht (Prozeßkostenpflicht unter Ehegatten) fortzuentwickeln. – Vgl auch IZPR Rn 79. 26

VI) Ersatzrecht, wenn der Inhalt des ausl Rechts nicht festgestellt werden kann

Die Beweislastregeln finden keine Anwendung. Keine Partei ist beweisfällig geworden. Eine Klageabweisung bzw Verurteilung bei einem non liquet bezügl des Inhalts des ausl Rechtssatzes ist unzulässig, BGH NJW 61, 410; Schütze DIZPR 120. Ein gegenteiliger Standpunkt der lex causae (Rn 14) ist für den dt Richter ohne Bedeutung, so wohl auch mit komplizierter Begründung Coester-Waltjen Rz 384 gE. Ist trotz aller Sorgfalt der Inhalt des ausl Rechts nicht festzustellen, so will der BGH (BGHZ 69, 387 = NJW 78, 496 = MDR 78, 390 = IPRspr 77/98b) ohne große Umschweife **dt Recht** anwenden, jedenfalls dann, wenn starke Inlandsbeziehungen bestehen und die Beteiligten nicht widersprechen. Anders die hL. Mit Kegel § 15 V 2 ist die dt lex fori anzuwenden, wenn über das ausl Recht keinerlei Informationen zu erlangen sind. Anders, wenn 27

nur unvollständige Aufschlüsse über das in Betracht kommende ausl Recht zu bekommen sind. Hier gilt der **Grundsatz der größtmögl Annäherung an den unbekannten tatsächl Rechtszustand,** Schütze DIZPR 121. So kann etwa das luxemb Recht auch durch Heranziehung belg Urteile erhellt werden. Weitere Beispiele Heldrich FS Ferid, 1978, 217. In diese Richtung tendiert nun auch BGH NJW 82, 1215 = FamRZ 82, 263 = IPRspr 81/2.

28 **VII) Irrevisibilität ausländischen Rechts** vgl unten §§ 549 I, 562. Ausführlich BGH IPRspr 80/3. Kritik (de lege ferenda) Nachw Dessauer IPRax 85, 332 FN 21.

VIII) Kostenerstattung für Rechtsgutachten über ausl Recht Köln RIW 85, 330.

29 **IX) Gebühren: 1) des Gerichts:** Das Ersuchen um Auskunft über ausländisches Recht (Rn 22) ist gerichtsgebührenfrei (§ 1 Abs 1 GKG); dies gilt auch für die dem Auskunftsersuchen beizufügende gerichtliche Genehmigung, wenn das Gericht die Abfassung des Ersuchens den Parteien überläßt (Art 4 Abs 4 Übk v 7. 6. 1968 und § 1 S 2 AusfG hierzu v 5. 7. 1974, BGBl I 1433). Entstehende Auslagen sind aber zu erheben. Dazu gehören: **a)** die sog **Prüfgebühr** (§ 50 Abs 1 und Abs 2 Nr 2 ZRHO) gemäß Nr 3 GebVerz zur JVKostO (vgl Rn 15 zu § 363) für die verwaltungsmäßige Prüfung des Ersuchens durch die Prüfstelle (§ 9 ZRHO); **b)** die **Kosten für** die **Übersetzung des** Auskunfts**ersuchens** und seiner etwaigen Anlagen in die Amtssprache des zu ersuchenden ausländischen Staates (Art 14 Abs 1 S 2 Übk); **c)** die **Kosten** der **Übersetzung der** in der Amtssprache des ersuchten Staates abgefaßten (§ 14 Abs 1 Übk) **Antwort**, sofern nicht abweichende Vereinbarungen bestehen; **d) die** für die Beantwortung des Auskunftsersuchens etwa durch private Stellen oder rechtskundige Personen **im Ausland anfallenden Gebühren und sonstige Kosten** (s dazu Art 6 Abs 1 und 3 Übk und §§ 2 und 3 AusfG), die zu Lasten des ersuchenden deutschen Staates gehen (vgl BT-Drucks 7/992; Nr 47 der Anlage zur Denkschrift S 16). Daneben sind Gebühren u dgl, die deutschen Auslandsvertretungen nach dem Auslandskostengesetz und der Auslandskostenverordnung, BGBl I 21, zustehen, auch dann als Auslagen zu erheben, wenn aus Gründen der Gegenseitigkeit, der Verwaltungsvereinfachung u dgl keine Zahlungen zu leisten sind (KV Nr 1912). Teilt zB der ausländische Staat mit, daß für die Erledigung des Auskunftsersuchens mit einem bestimmten Kostenbetrag zu rechnen ist (Art 6 Abs 3 Übk) und erhält das Gericht trotzdem das Auskunftsersuchen aufrecht (§ 2 S 2 AusfG), so kann nach pflichtgemäßem Ermessen des Kostenbeamten ein Vorschuß zur Deckung dieser Auslagen gefordert werden (§ 68 Abs 3 GKG); vgl § 22 Abs 2 KostVfg. Die Vorschußerhebung kann auch das Gericht anordnen. Als Vorschußpflichtiger kann nur der Antragsteller des Verfahrens der Instanz in Betracht kommen (§ 49 S 1 GKG). – **2) des Anwalts:** Wenn das Gericht die Abfassung des Ersuchens nach dem Ausland einer Partei oder auch den Parteien überläßt, so ist diese dem Prozeßanwalt obliegende Tätigkeit durch die verdiente Prozeßgebühr (§ 31 Abs 1 Nr 1 BRAGO) abgegolten. Eine 10/10 Beweisgebühr (§ 31 Abs 1 Nr 3 BRAGO) entsteht für den RA durch eine Beweiserhebung, die jedenfalls dann vorliegt, wenn das Gericht die Erholung einer Auskunft über ausländisches Recht nach den Vorschriften des Übk v 7. 6. 1968 in einem Beweisbeschluß anordnet. Vertreten in diesem Beweisaufnahmeverfahren die Anwälte ihre Parteien zB dadurch, daß sie die auf das Auskunftsersuchen aus dem Ausland eingegangene Antwort überprüfen – was idR angenommen werden kann –, so steht ihnen die Beweisgebühr zu. Dagegen handelt es sich um keine Beweisanordnung, wenn das Gericht den Parteien den Nachweis von Rechtssätzen ausländischen Rechts aufgibt (KG JW 1932, 2825) oder Behörden um Mitteilung des Wortlauts bestimmter ausländischer Gesetzesvorschriften oder um einschlägiges Schrifttum ersucht (vgl Köln JurBüro 72, 991 m Anm Schmidt). S auch Riedel/Sußbauer, BRAGO, § 31 Rn 89 aE sowie SchlHOLG JurBüro 83, 561 (Anfall einer Beweisgebühr bei Einholung einer gutachtlichen Äußerung eines inländischen wissenschaftlichen Instituts durch das Gericht). – **3) Gegenstandswert:** Die Hauptsache.

294 *[Glaubhaftmachung]*

(1) Wer eine tatsächliche Behauptung glaubhaft zu machen hat, kann sich aller Beweismittel bedienen, auch zur Versicherung an Eides Statt zugelassen werden.

(2) Eine Beweisaufnahme, die nicht sofort erfolgen kann, ist unstatthaft.

1 **1) Anwendungsbereich:** Grundsätzlich erfordert der Beweis die Vermittlung zumindest überzeugender Wahrscheinlichkeit, wenn auch nicht notw Gewißheit (Rn 13 zu § 286). Wo das Gesetz Glaubhaftmachung erfordert oder genügen läßt (§§ 44, 71, 104, 224, 236, 251 a, 296 IV, 299, 367, 386, 406, 424, 430, 435, 441, 487, 493, 494, 511 a, 528, 529, 589, 605, 714, 719, 769, 805, 807, 815, 903, 914, 920, 963, 980, 986, 996, 1007, 1010), genügt bereits **überwiegende Wahrscheinlichkeit** (BGH VersR 76, 928/929). – Eine entsprechende Anwendung des § 294 auf andere Fälle der Beweisführung ist grundsätzlich ausgeschlossen, denn § 294 ist Ausnahme von der Regel des sog Vollbeweises (§ 286) und gilt daher nur dort, wo das Gesetz ausdrücklich Glaubhaftmachung genügen läßt. Wo das der Fall ist, sind alle Mittel des Vollbeweises (Rn 6 vor § 284), zusätzlich und beweiserleichternd (unten Rn 4, 5), aber auch die Versicherung an Eides Statt zugelassen. Abgabe dieser Versicherung setzt Eidesfähigkeit (vgl Anm zu § 393 u 478) voraus. Die Beweiswürdigung des Gerichts (§ 286) wird nur in der Form des zulässigen Beweismittels, nicht auch in der Sache durch § 294 eingeschränkt.

2 Wo Glaubhaftmachung zugelassen ist, gilt das auch für den **Gegenbeweis;** daher genügt Glaubhaftmachung zB im Verfahren der WE (§ 236 II) als Gegenbeweis gegen die Richtigkeit eines Eingangsstempels (BGH MDR 83, 749; KG MDR 86, 1032), während Vollbeweis erforderlich ist für die Behauptung, ein Eingangsstempel sei unrichtig und deshalb sei mangels Fristversäumung ein Gesuch um WE nicht veranlaßt (BGH VersR 73, 186). Wo Glaubhaftmachung nicht

nur zugelassen, sondern gefordert ist (zB § 920 II), ist nicht präsenter Antritt des Vollbeweises grundsätzlich unzulässig.

2) Zulässige Beweismittel: a) alle üblichen (§§ 355–455), sofern sie präsent sind (Abs II), daher unzulässig das Angebot nicht mitgebrachter Zeugen (zB im Arrest- u Verfügungsverfahren), der Urkundenbeweisantritt gem § 421 oder die Bezugnahme auf vom Gericht erst einzuholende Auskünfte (BGH NJW 58, 712 = LM Nr 1). Zulässig und vom Gericht zu beachten ist ein nichtpräsenter Beweisantritt nur insoweit, als Terminsbestimmung (§ 216) erforderlich ist und das Gericht vorbereitende Anordnungen (§ 273, zB Ladung von Zeugen, Beiziehung von Akten, Einholung von Auskünften) treffen kann, ohne das Verfahren zu verzögern (§ 379 beachten!). Dann kommt auch Einvernahme des Gegners (§ 445) in Betracht, sofern dieser erscheint. – Wo das Gesetz die Glaubhaftmachung nicht erfordert, sondern „genügen" läßt (§ 104 II), gilt Abs II nicht. 3

b) Die Versicherung an Eides Statt (vgl § 156 StGB), soweit diese nicht ausdrücklich für unzulässig erklärt ist (§§ 44, 406, 511 a). Hier genügt ausnahmsweise (vorbehaltl Beweiswürdigung) eigene Versicherung des Beweisführers. 4

c) Sonstige geeignete Mittel, zB die sog „anwaltliche Versicherung" (Köln MDR 86, 152; NJW 64, 1039; einschränkend BGH VersR 74, 1021), die uneidliche Parteibefragung, schriftl Erklärungen von Zeugen (§ 377 IV), Bezugnahme auf dem Gericht sofort verfügbare Akten. 5

3) Beweiswürdigung: Während der Vollbeweis „überzeugende Wahrscheinlichkeit" erfordert (§ 286 Rn 13), genügt für die Glaubhaftmachung „überwiegende Wahrscheinlichkeit" (BGH VersR 76, 928/929). Der Grundsatz der freien Beweiswürdigung (§ 286) gebietet es nicht, den unterschiedlichen Beweiswert der Glaubhaftmachung gegenüber dem (vorbehaltlich der notwendigen Präsenz des Beweismittels stets zulässigen) Vollbeweis zu ignorieren. Daher wird idR die nur glaubhaft bekundete Versicherung eines Zeugen den Vollbeweis des qualifizierten Urkundenbeweises oder der mündlichen Zeugenaussage im Termin nicht entkräften können (Köln OLGZ 81, 444 = MDR 81, 765). 6

295 *[Rüge von Verfahrensverletzungen]*

(1) Die Verletzung einer das Verfahren und insbesondere die Form einer Prozeßhandlung betreffenden Vorschrift kann nicht mehr gerügt werden, wenn die Partei auf die Befolgung der Vorschrift verzichtet, oder wenn sie bei der nächsten mündlichen Verhandlung, die auf Grund des betreffenden Verfahrens stattgefunden hat oder in der darauf Bezug genommen ist, den Mangel nicht gerügt hat, obgleich sie erschienen und ihr der Mangel bekannt war oder bekannt sein mußte.

(2) Die vorstehende Bestimmung ist nicht anzuwenden, wenn Vorschriften verletzt sind, auf deren Befolgung eine Partei wirksam nicht verzichten kann.

Lit: *Hagen*, Formzweck im Zivilprozeß, JZ 72, 505; *Schneider*, Heilung von Verfahrensmängeln, JurBüro 70, 222; *Vollkommer*, Formstrenge u prozessuale Billigkeit, 1973, S 358 ff.

1) Zweck: Die Verfahrensvorschriften (im Gegensatz zu den anspruchsbegründenden oder -vernichtenden Normen des materiellen Rechts) sind formelle Garantie richtiger Sachentscheidungen. Ihre Verletzung allein kann zur Aufhebung des Urteils führen (vgl §§ 539, 550, 551). Damit sie nicht Selbstzweck werden (§ 296 Rn 2), schränkt § 295 (ebenso §§ 531, 558 für die oberen Instanzen) die Möglichkeit der Verfahrensrüge hinsichtl verzichtbarer Verfahrensvorschriften ein, soweit die Partei auf deren Anwendung nachträglich (also nur *nach* einem Verfahrensfehler) entweder **ausdrückl oder schlüssig verzichtet** (= Prozeßhandlung, s Rn 17 vor § 128) oder von der Möglichkeit der Verfahrensrüge in der nächsten mündl Verhandlung keinen Gebrauch gemacht hat (= **fingierter Verzicht**). „Mündl Verhandlung" entspricht hier dem Verhandeln zur „Hauptsache" (vgl § 136 Rn 1); zur „Verhandlung" im schriftlichen Verfahren s unten Rn 2. 1

2) Voraussetzungen: Einen **Verzichtswillen setzt § 295 nicht voraus,** es genügt bloße Unterlassung der möglichen Rüge, auch infolge ungenügender Aufmerksamkeit (BGH 25, 71 = NJW 57, 1517; Rosenberg JZ 58, 60; Haueisen NJW 65, 192), **sofern nur die Partei** (oder ihr Vertreter, vgl § 85) **den Verfahrensmangel kannte oder kennen mußte.** Die Kenntnis äußerlich wahrnehmbarer Verfahrensvorgänge wird unterstellt; wer nachträglich rügt, muß unverschuldete Unkenntnis dartun. § 276 BGB gilt entsprechend. Eine Aufklärungspflicht des Gerichts (§ 139) über die Folge der Nichtrüge besteht grundsätzlich nicht (Ausnahme zB §§ 504, 506), es sei denn die rechtsunkundige Partei (also niemals im Anwaltsprozeß, BGH NJW 60, 766/767; RG 165, 233; vgl § 139 Rn 10, 11 sowie § 278 III Rn 5) würde sonst unzumutbar überrascht (§ 278 Rn 5; BGH NJW 58, 104). Die Rüge muß von der anwesenden Partei (RG JW 1900, 185) in der **nächsten mündl Ver-** 2

handlung erhoben werden, dh im nächsten oder im gleichen, unmittelbar an den Verfahrensfehler anschließenden Verhandlungstermin zur Hauptsache, so gem § 370 im Anschluß an die Beweisaufnahme. Ausreichend ist rügeloser Sachantrag (§ 297), selbst in Abwesenheit des Gegners, wenn rügelos VersUrteil beantragt wird (s aber § 342!). Der rügelosen Verhandlung entspricht das Einverständnis mit Entscheidung im schriftl Verfahren (§ 128 II), sofern dieser Erklärung der Verfahrensfehler vorausgegangen war, sonst (bei nachfolgendem Verfahrensfehler) die Einreichung des dem Fehler nachfolgenden Schriftsatzes innerhalb der Frist des § 128 II bzw III (§ 128 Rn 18 u 24; Bischof NJW 85, 1143).

3 **3) Anwendungsbereich:** Gewisse Garantien einer formell ordnungsgemäßen Rechtsprechung sind unverzichtbar; das Risiko ihrer Verletzung darf nicht auf die Parteien abgewälzt werden. Es handelt sich hierbei teilweise um elementare Prozeßvoraussetzungen, teilweise um elementare Prozeßhindernisse.

4 **a) Unverzichtbare Normen sind:** alle dem öffentl Interesse an einer geordneten Rechtspflege dienenden Normen, so die von Amts wegen zu beachtenden Prozeßvoraussetzungen (Rn 9 ff vor § 253), also die Gerichtsbarkeit, das Rechtsschutzbedürfnis, die Klagbarkeit des Anspruchs, die ordentl Besetzung des Gerichts bei der Entscheidung (Frankfurt NJW 76, 1545; anders für die Fehlbesetzung bei der Entscheidungsvorbereitung, insbes bei der Beweiserhebung, BGHZ 86, 104/113), die ordentl Bestellung des Einzelrichters (s § 348 Rn 4), die ausschließliche Zuständigkeit, die Zulässigkeit des Rechtsweges (hierzu § 282 Rn 5, 6; vor § 253 Rn 17; § 13 GVG Rn 8–13), die Rechtshängigkeit (§ 261 III), die Partei-, Prozeßfähigkeit u gesetzl Vertretung; die Zustellungsvorschriften, soweit Notfristen in Lauf gesetzt werden (BGH NJW 52, 934; Rn 4, 8 zu § 187); die Regeln der Wiedereinsetzung (RG 131, 262; 136, 281); die Regeln der Entscheidungsverkündung (RG 90, 297; 133, 218), sofern hier überhaupt noch eine „nächste mündl Verhandlung" stattfindet, in der gerügt werden könnte; die Ausschlußfrist zur Klageerhebung gegen den Fiskus (BGH NJW 61, 1627/29); hier aber Heilung ex nunc möglich, vgl § 176 Rn 17).

5 Die Rspr bezeichnet auch die **Öffentlichkeit** (§ 169 GVG; RG 157, 347) und das **rechtl Gehör** (Art 103 GG; RG 93, 155; Frankfurt NJW 62, 450) als unverzichtbar. Dem ist nur insoweit zuzustimmen, als der *vorweggenommene* Verzicht einer Partei auf die gebotene Öffentlichkeit (§ 169 GVG Rn 13) und auf die Gewährung rechtlichen Gehörs (vor § 128 Rn 6 am Ende) unbeachtlich ist und keinen Freibrief für Verfahrensfehler darstellt. Anders aber die Verzichtswirkung nach einem solchen Verfahrensfehler: wer den ihm bekannten Mangel der Öffentlichkeit nicht in der nächsten mündl Verhandlung zum Anlaß nimmt, die Wiederholung der fehlerhaften ProzHandlung vorzunehmen oder zu beantragen, verzichtet wirksam (aM StJL Rn 6, der hier aber nicht zwischen Verzicht vor bzw nach Verletzung der Öffentlichkeit unterscheidet); das rechtliche Gehör ist bereits dann gewährt, wenn die Partei überhaupt Gelegenheit erhält, sich (nicht notw sofort) mündl oder schriftl zu einem Verfahrensvorgang zu äußern (BayVerfGH NJW 61, 1523; von Winterfeld NJW 61, 849; Röhl NJW 64, 273; Rn 6 vor § 128), tut sie das in der nächsten mündl Verhandlung nicht, verzichtet sie wirksam (vgl Höfling NJW 83, 1584; StJL Rn 6 Fn 13; BFH NJW 68, 1111; BGH NJW 65, 495; BVerwG NJW 59, 1009; BSG NJW 64, 2227), sofern ihr nur der eine Äußerung möglicherweise veranlassende Verfahrensvorgang – insoweit zwingend! – bekanntgegeben war. Also ist der Grundsatz des rechtl Gehörs für die Parteien verzichtbar, unverzichtbar ist er nur für das Gericht; aber für das Gericht stellt § 295 keine Verhaltensnorm auf.

6 **b) Beispiele für verzichtbare Normen:** Die Zuständigkeit, soweit nicht ausschließlich (§§ 39, 40), die Geschäftsverteilung innerhalb des Gerichts (BGH NJW 52, 879; 64, 201), das rechtl Gehör und die Öffentlichkeit der Verhandlung (oben Rn 5); das Verbot, nach Schlußverhandlung noch Schriftsätze nachzureichen (hier ist Zustimmung des Gegners in der Schlußverhandlung zulässig, BGH NJW 65, 298); Unmittelbarkeit der Beweisaufnahme (§ 355 Rn 7; BGH NJW 79, 2518; 64, 109); Berücksichtigung nicht protokollierter Zeugenaussagen (§ 161) nach Richterwechsel (BGH ZZP 65, 267); Verfahrensfehler i Beweissicherungsverfahren (BGH NJW 70, 1920); Prozeßhandlung während Unterbrechung des Verfahrens (§ 249 II, BGH NJW 57, 713); Verhandlung u Vortrag des Beweisergebnisses (§ 285; BSG NJW 66, 223); unberechtigte Aussageverweigerung eines Zeugen BGH NJW 64, 450; LM Nr 9); Beweisaufnahme ohne Beweisbeschluß (§ 450 Rn 1); Ladung der Partei zum Beweistermin (§ 357; LM § 295 Nr 7); Vernehmung des gesetzl Vertreters einer Partei als Zeuge (§ 373; LM § 295 Nr 2); Zustellungsregeln, soweit keine Notfrist in Lauf zu setzen ist (BGH NJW 52, 934; 84, 926; Rn 6 vor § 166; 4, 8 zu § 187); Mängel der Klageschrift (§ 253 Rn 22), Zustellung der Klageschrift (teils rückwirkend, teils aber nur mit Wirkung ex nunc verzichtbar und heilbar; hierzu § 176 Rn 17; vor § 166 Rn 4–6), formlose Übersendung des klageerweiternden Schriftsatzes (§ 261 II; BGH VersR 67, 395; NJW 60, 820); Klageschrift ohne Unterschrift (BGH 65, 46 = NJW 75, 1704); die Einlassungsfrist (§ 274 Rn 6); die Verwertung unzulässiger Beweismittel (BGH MDR 84, 824; vor § 284 Rn 12–14).

4) Wirkung: Soweit Rügeverzicht zulässig, gilt Mangel als behoben, daher rückwirkende Heilung seiner Folgen (BGH VersR 67, 395/398 für formlos mitgeteilte Klageerweiterung; BGH NJW 74, 1557 für Zustellungsmängel der vor Verjährungseintritt eingereichten Klage). Dagegen Heilung ex nunc bei verzichtsunabhängiger Behebung von Zustellungsmängeln durch tatsächlichen Zugang (§ 187 Rn 7; BGH MDR 84, 562) oder Behebung unverzichtbarer Verfahrensmängel durch mangelfreie Wiederholung der Prozeßhandlung; hierzu s § 176 Rn 17 für Mängel einer Klagezustellung und § 253 Rn 22 für Mängel einer Klageschrift. 7

296 *[Zurückweisung verspäteten Vorbringens]*

(1) Angriffs- und Verteidigungsmittel, die erst nach Ablauf einer hierfür gesetzten Frist (§ 273 Abs. 2 Nr. 1, § 275 Abs. 1 Satz 1, Abs. 3, 4, § 276 Abs. 1 Satz 2, Abs. 3, § 277) vorgebracht werden, sind nur zuzulassen, wenn nach der freien Überzeugung des Gerichts ihre Zulassung die Erledigung des Rechtsstreits nicht verzögern würde oder wenn die Partei die Verspätung genügend entschuldigt.

(2) Angriffs- und Verteidigungsmittel, die entgegen § 282 Abs. 1 nicht rechtzeitig vorgebracht oder entgegen § 282 Abs. 2 nicht rechtzeitig mitgeteilt werden, können zurückgewiesen werden, wenn ihre Zulassung nach der freien Überzeugung des Gerichts die Erledigung des Rechtsstreits verzögern würde und die Verspätung auf grober Nachlässigkeit beruht.

(3) Verspätete Rügen, die die Zulässigkeit der Klage betreffen und auf die der Beklagte verzichten kann, sind nur zuzulassen, wenn der Beklagte die Verspätung genügend entschuldigt.

(4) In den Fällen der Absätze 1 und 3 ist der Entschuldigungsgrund auf Verlangen des Gerichts glaubhaft zu machen.

Übersicht

Lit: *Deubner,* Zurückweisung verspäteten Vorbringens nach der Vereinfachungsnovelle, NJW 77, 921; *ders,* Die Praxis der Zurückweisung verspäteten Vorbringens, NJW 79, 337; *Grunsky,* Die Straffung des Verfahrens durch die Vereinfachungsnovelle, JZ 77, 201; *Hermisson,* Die Rspr des BGH und des BVerfG zur Zurückweisung von verspätetem Vorbringen, NJW 83, 2229; *Kallweit,* Die Prozeßförderungspflicht der Parteien u die Präklusion verspäteten Vorbringens, 1983; *Leipold,* Prozeßförderungspflicht der Parteien und richterliche Verantwortung, ZZP 93 (1980), 237; *ders,* Zum richtigen Maß bei der Zurückweisung verspäteten Vorbringens, ZZP 97 [1984], 395; *Putzo,* Die Vereinfachungsnovelle, NJW 77, 1/4; *E. Schneider,* Die Vereinfachungsnovelle zur ZPO, MDR 77, 1; *ders,* Beiträge zum neuen Zivilprozeßrecht, MDR 77, 793; *ders,* Nichtzulassung verspäteten Vorbringens gegen den Willen der Parteien? NJW 79, 2506; *Waldner,* Präklusion u rechtl Gehör, NJW 84, 2925.

I) 1) Normzweck: Die am 1. 7. 1977 in Kraft getretene Vereinfachungsnovelle will das Verfahren der ZPO zeitlich straffen und unter zielstrebiger Zusammenarbeit des Gerichts mit den Parteien eine sachgerechte Entscheidung ermöglichen. Hierfür verpflichtet das Gesetz den Richter zur **Meidung eines prozessualen Leerlaufs,** zu einer „umfassenden Vorbereitung" des Verhandlungstermins (§§ 272, 273), zu einer möglichst frühen Terminsbestimmung (§§ 216 II, 272 III, 278 IV) und zielstrebigen Terminsleitung (§§ 136 III, 278), die Parteien zu einer sorgfältigen und förderungsbewußten Mitwirkung (§§ 277, 282) und zur Einhaltung der ihnen hierfür vom Gericht gesetzten Fristen (§§ 273, 275, 276, 277). Der Ahndung von Verstößen der Parteien gegen diese 1 ihre Förderungspflicht dienen die in § 296 normierten Sanktionen in der Form der Zurückweisung verspäteten Vorbringens.

2 Soweit demnach § 296 das Gericht ermächtigt, unter den normierten Voraussetzungen ein Parteivorbringen zurückzuweisen, es also bei der Sachentscheidung außer Betracht zu lassen, kollidiert diese Regelung zwar mit dem Grundrecht auf **rechtl Gehör** (Art 103 GG), sie ist aber gleichwohl verfassungsgemäß (BVerfGE 36, 119/130 = NJW 74, 133; BVerG NJW 78, 413; 80, 277 u 1737), wenn sie nur verfassungskonform gehandhabt wird (BVerfG NJW 85, 1149; 85, 1150; 82, 1453/54; 83, 1307; Waldner NJW 84, 2925 m weit Nachw; zum rechtl Gehör s auch vor § 128 Rn 2–8). Hierbei sind folgende Grundsätze zu beachten: das **Verfahrensrecht erfüllt keinen Selbstzweck,** sondern dient nur der sachgerechten Entscheidungsfindung, also der materiellen Gerechtigkeit (BVerfGE 35, 279; 55, 72/93; 59, 330; BGHZ 77, 306; 76, 133; 75, 348; 73, 87/91; 10, 350/359; BFH NJW 74, 1582; BSG NJW 75, 1380/1383; Vollkommer in Anm zu BAG AP § 513 ZPO Nr 6; Putzo NJW 77, 5). Daher wäre die Regelung des § 296 mißbraucht, wenn sie dem Gericht als Vorwand diente, aus Gründen der Arbeitserleichterung sehenden Auges Unrecht zu sprechen. Die vom Normzweck gelöste Handhabung des Verfahrensrechts als Mittel richterlicher Arbeitserleichterung oder als schlichte Bestrafung des Ungehorsams gegenüber richterl Anordnungen kann im Einzelfall der Findung einer gerechten Sachentscheidung entgegenstehen und dann das Grundrecht auf rechtl Gehör verletzen (BVerfG NJW 82, 1453; 80, 277; Franke NJW 86, 3049; Leipold ZZP 97 [1984], 397; 93 [1980], 237/243; aM Schumann NJW 82, 1609 und Deubner NJW 80, 1945, der die Verfassungsbeschwerde gegen fehlerhafte Zurückweisungen nur bei gerichtl Willkür für zulässig erachtet), so insbesondere bei extensiver Interpretation des § 296 bei der Wertung des Begriffs der Verfahrensverzögerung (sog „Überbeschleunigung", Deubner NJW 79, 340; Schneider MDR 80, 947; NJW 79, 2614) und des Verschuldens der Partei bei einer Fristversäumung. Das Gericht muß die Ausübung seines pflichtgemäßen Ermessens (BGH NJW 80, 945/946; Grunsky, JZ 77, 204; abw Deubner NJW 77, 921) bei dieser Wertung (vgl § 277 Rn 1) an dem oben dargelegten Normzweck messen und dabei auch berücksichtigen, daß die Vereinfachungsnovelle keineswegs den Beibringungsgrundsatz durch eine Eventualmaxime ersetzen will, sondern – schon zur Vermeidung einer unangemessenen Ausweitung des Prozeßstoffes – für eine sachgerechte Prozeßtaktik durchaus noch Raum läßt (BVerfG NJW 80, 1737/1738; zu den Grenzen dieser Taktik s § 282 Rn 3, § 277 Rn 1; Leipold ZZP 93, 237/258; 97, 395 und in StJL § 282 Rn 18). Gegen die Ansicht des BGH (NJW 83, 945/946; 80, 945/946), der Gesetzgeber habe es hingenommen, daß die Zurückweisung gem § 296 „unter Umständen zu einem materiell nicht befriedigenden Prozeßergebnis führt", bestehen daher Bedenken. Wenn man die Regelung des § 296 so versteht, daß sie einen Anwendungsfall der vorwerfbaren Preisgabe des rechtl Gehörs durch die säumige Partei darstellt (vgl § 295 Rn 5), kann das Prozeßergebnis unter Berücksichtigung auch des Förderungsinteresses des Gegners der säumigen Partei kaum jemals „materiell nicht befriedigend" sein. Ebenso gebietet § 296 niemals, sehenden Auges Unrecht zu sprechen, denn die Erkenntnis des Unrechts setzt Erkenntnis des Rechts, also Entscheidungsreife (§ 300) voraus, die, wo sie vorliegt, eine Verfahrensverzögerung begrifflich ausschließt.

3 Schon aus diesen Grundsätzen ergibt sich, daß der Vorwurf der Prozeßverzögerung gegen eine Partei niemals begründet ist, wo das Gericht selbst das Verfahren verzögert oder behindert, sei es durch das Unterlassen gebotener Hinweise und Förderungsmaßnahmen (§ 273 Rn 2 u 3; § 278 Rn 8; § 527 Rn 18; BGHZ 76, 173; 75, 138 = NJW 79, 1988 mit Anm Walchshöfer ZZP 93 [1980], 184; BGH NJW 80, 946 u 1103; 75, 1745; Hartmann NJW 78, 1461; Knöringer NJW 77, 2337; Schneider MDR 77, 796), durch nicht eindeutige Anordnungen (BVerfG NJW 82, 1453; Oldenburg NJW 80, 295 m Anm Deubner) oder durch das Ansetzen unangemessen kurzer Erklärungsfristen (Köln NJW 80, 2421; vgl § 275 Rn 4).

4 **2) Anwendungsbereich: a)** § 296 ahndet allein die Verzögerung von **Angriffs- und Verteidigungsmitteln** (§ 282 Rn 2), also nicht anwendbar gegen (selbst verzögerl) Sachanträge (zB Widerklage, hierzu unten Rn 12 a; Klageänderung oder -erweiterung; anders für die Anschlußberufung BGHZ 83, 371 = NJW 82, 1708; hierzu Olzen JR 82, 417; Deubner NJW 82, 1708) sowie deren Begründungen (BGH WPM 86, 864/866; Karlsruhe NJW 79, 879 m Anm Deubner). Die Verzögerung muß in der Zeit zwischen der Klagebegründung (also genügt säumige Anspruchsbegründung gem § 697 I noch nicht für Zurückweisung gem Abs I, allenfalls Abs II; § 697 Rn 4; BGH NJW 82, 1533 = MDR 82, 560; Hamburg NJW 79, 376) und der (letzten) mündl Verhandlung (§ 282 I) eintreten. § 296 daher nicht anwendbar auf ein Vorbringen nach dem Schluß der mündl Verhandlung (hierfür gilt nur § 156 oder § 296 a; s dort Rn 5) oder nach dem Urteil (hierfür §§ 528–531).

5 Ob Säumigkeit bereits im **frühen ersten Termin** Folgen gem § 296 auslösen kann, richtet sich nach der Prozeßlage: auch der frühe erste Termin kann wie ein Haupttermin vorbereitet und

durchgeführt werden (§ 275 Rn 1, § 278 Rn 1) und erlaubt, wo das durch Vorbereitungsmaßnahmen iS von §§ 272 I, 273 den Parteien erkennbar gemacht ist, die Schlußverhandlung und damit die Anwendung von § 296 (§ 275 Rn 10; BVerfG NJW 85, 1149 = MDR 85, 551; BGHZ 86, 31 = NJW 83, 575; Hamm NJW 83, 401; Karlsruhe NJW 83, 403; abw Deubner NJW 85, 1140; 83, 1026; Leipold ZZP 97 [1984], 396; Hermisson NJW 83, 2231); anders nur, wenn das Gericht ohnedies dem frühen ersten Termin einen sog Haupttermin folgen läßt, denn hier bedingt dieser und nicht die frühe Säumigkeit der Partei eine Verzögerung des Verfahrens (abw Deubner NJW 79, 340, der den frühen ersten Termin in keinem Fall als Haupttermin versteht; für Zurückhaltung bei der Anwendung des § 296 im frühen ersten Termin, sofern die Zulassung verspäteten Vorbringens nicht auch den Haupttermin verzögern würde, Hamm NJW 83, 401; München NJW 83, 402; Saarbrücken MDR 79, 1030; Schleswig SchlHA 80, 116; KG NJW 80, 2362; Hartmann NJW 78, 1461; Leipold ZZP 93 [1980], 237/249; vermittelnd aber Leipold in StJL Rn 65–67).

b) § 296 Abs I ahndet nicht die Versäumung jeglicher richterl Frist (vgl die Tabelle in Rn 8 vor § 214). Ausschlußwirkung legt § 296 nur (also ausschließlich; Franzki NJW 79, 12) der Versäumung folgender **Fristen** bei: § 273 II 1: Nichtbeachtung richterl Aufklärungsauflagen; § 275 I 1: Klageerwiderungsfrist vor dem frühen ersten Termin, III: Klageerwiderungsfrist im frühen ersten Termin, IV: Frist für Replik des Klägers auf die Klageerwiderung; § 276 I 2: Klageerwiderungsfrist im schriftl Vorverfahren, III: Frist für Replik des Klägers im schriftl Vorverfahren; § 277: Frist für Klageerwiderung vor dem Haupttermin und für Replik des Klägers hierauf. Andere Fristüberschreitungen unterliegen der Zurückweisung gem § 296 I nur, soweit das Gesetz diese Vorschrift für entsprechend anwendbar bezeichnet: §§ 340 III 3, 527, 697 III 3, 700 III 2. **6**

c) Bei **Entscheidung nach Aktenlage** (§ 251 a Rn 5) und im schriftlichen **Beschlußverfahren** und **Beschwerdeverfahren** ist § 296 auch im Wege der Rechtsanalogie nicht anwendbar (BVerfG NJW 85, 1149; aM StJL Rn 21 u 27). Der Katalog der in § 296 I genannten sanktionsbedrohten Fristen, ebenso §§ 296 II, 282, machen deutlich, daß § 296 nur der zügigen Vorbereitung der mündlichen Schlußverhandlung (das gilt aber entspr im schriftl Verfahren des § 128 II, s dort Rn 18) dient; dagegen sind im schriftlichen Beschlußverfahren (vgl § 570 gegenüber § 528) alle bis zum Erlaß der Entscheidung dem Gericht zugegangenen Schriftsätze zu berücksichtigen (BVerfG NJW 83, 2187; 82, 1635 = MDR 82, 545; München OLGZ 81, 489 = MDR 81, 1025; abw Schumann NJW 82, 1609/1611 ff). **7**

II) Voraussetzungen der Zurückweisung ist im Fall Abs I die Versäumung gesetzter Fristen (unten Rn 27, 28), in den Fällen Abs II und III auch ohne Fristsetzung die Mißachtung der durch die Prozeßlage bedingten „Rechtzeitigkeit" von Angriffs- oder Verteidigungsmitteln (unten Rn 29, 30; hierzu § 277 Rn 1, § 282 Rn 3–6). **8**

1) Die **Fristsetzung** zur Abgabe der vom Gericht als erforderl bezeichneten Erklärungen muß, um die Folge des § 296 auszulösen, **a)** in Urschrift und Ausfertigung die volle Unterschrift des Richters tragen (BGHZ 76, 236 = NJW 80, 1167 = MDR 80, 573), **b)** die gesetzte Frist eindeutig erkennen lassen (BVerfG NJW 82, 1453); die Dauer der Frist muß angemessen sein (§ 275 Rn 4), **c)** den Grund und das Ziel der vom Gericht gestellten Fragen und erteilten Hinweise unmißverständlich erkennen lassen (§ 273 Rn 4) **d)** in den Fällen § 276 II u § 277 II die Belehrung des Beklagten (zu Form u Inhalt dieser Belehrung s § 273 Rn 4) über die Folgen der Fristversäumung enthalten (BGHZ 86, 218 = NJW 83, 822 = MDR 83, 383) und **e)** (falls sie nicht mündl verkündet wird) der Partei, an die sie sich richtet, förml zugestellt werden (§ 329 II, BGH NJW 80, 1960 u 1167 = MDR 80, 573); für die andere Partei ist formlose Mitteilung ausreichend, aber erforderl. Für die Zustellung gelten die Präklusionsfristen als Notfristen iS von § 187 S 2 (§ 187 Rn 8); daher keine Heilung von Zustellungsmängeln durch Zugang (§ 276 Rn 7). Jedoch dürfen diese Fristen bei Glaubhaftmachung erhebl Gründe verlängert werden (§ 224 II). Eine „Fristsetzung" nur durch die Geschäftsstelle oder ohne Erkennbarkeit der richterl Anordnung in der zugestellten Ausfertigung genügt nicht (BVerfG NJW 85, 3006 = MDR 85, 817). **8a**

Die Fristsetzung zur Erwiderung auf gegnerisches Vorbringen setzt begrifflich voraus, daß ein solches überhaupt schon erwiderungsfähig vorliegt (BGH NJW 80, 1167/1168); die gerichtliche Fristsetzung „auf Vorrat" ist im Hinblick auf die Generalklausel des § 282 nicht sinnvoll, zumal ggf noch ungewiß wäre, ob und welche Erwiderung überhaupt veranlaßt ist. **9**

2) Versäumung der Frist liegt vor, wenn die Partei, der für den Vortrag ihrer Angriffs- und/oder Verteidigungsmittel eine der oben in Rn 6 genannten Fristen gesetzt war, diesem Auftrag nicht wirksam (vor § 230 Rn 1) und nicht fristgerecht nachkommt. Das ist der Fall, wenn sie untätig bleibt, aber auch, wenn sie sich ihrer Pflicht nur formell (dh ohne Rücksicht auf die durch das gegnerische Vorbringen, durch die Prozeßlage und durch die Darlegungslast bedingten Erfordernisse) entledigt, insbesondere auf ihr konkret gestellte Fragen oder gegebene Hin- **10**

weise nicht eingeht. Dagegen ist die Frist nicht bereits dann versäumt, wenn der Vortrag der Partei lediglich Inhaltsmängel aufweist, die dem Gericht unabhängig von der Fristsetzung Anlaß geben, sein Fragerecht auszuüben oder seine Hinweispflicht zu erfüllen (§§ 139, 278 III). Zeitlich ist im übrigen die Frist versäumt, wenn die vom Gericht geforderte Erklärung der Partei oder ihres Streithelfers (hierzu § 67 Rn 4; Schulze NJW 81, 2663; Fuhrmann NJW 82, 978) nicht innerhalb der Frist beim Gericht eingereicht wird. Was in Rn 5 zu § 270 zu den Erfordernissen für das „Einreichen" von Schriftsätzen ausgeführt ist, gilt hier entsprechend. Zu dem Recht der Partei, die gesetzte Tagesfrist bis 24 Uhr auszunutzen s § 222 Rn 2 sowie BVerfG NJW 80, 580 = MDR 80, 117. Gelangt ein rechtzeitig eingereichter Schriftsatz nicht rechtzeitig zu den Prozeßakten, so verletzt die Nichtberücksichtigung dieses Schriftsatzes stets und ohne Rücksicht auf die Ursache dieser gerichtlichen Panne das rechtliche Gehör des Einreichers (vor § 128 Rn 8; BVerfG NJW 82, 1453).

11 **3)** Eine **Verzögerung des Verfahrens** liegt vor, wenn die Versäumung einer ordnungsgemäß gesetzten Frist aus der Sicht der Prozeßlage in der dem Fristablauf folgenden mündl Verhandlung (zu dem entsprechenden Zeitpunkt im schriftl Verfahren s § 128 Rn 18) den Prozeßablauf kausal und in erheblichem Umfang (§ 528 Rn 15) verzögert (zum Begriff dieser Verzögerung § 528 Rn 14 u 15; Knöringer NJW 77, 2336).

12 **a)** Wegen der somit vorausgesetzten Kausalität (unten Rn 25) zwischen Versäumung und Verzögerung liegt **keine Verzögerung** des Prozeßablaufs trotz Fristversäumung vor, wo entweder über das verspätete Vorbringen sofort abschließend verhandelt werden kann (Deubner NJW 81, 930) oder das Verfahren aus anderen Gründen ohnedies noch nicht zum Abschluß gebracht werden kann.

12a Ob die Verfahrensverzögerung nach dem hypothetisch zu beurteilenden Ablauf eines verzögerungsfreien Verfahrens (zum Meinungsstreit über eine solche Hypothese s auch unten Rn 21–23) bis zum End- bzw Schlußurteil zu beurteilen ist oder ob bereits die **Verzögerung eines durch Teil-, Vorbehalts- oder Zwischenurteil abgeschlossenen Verfahrensabschnitts** die Zurückweisung verspäteten Vorbringens rechtfertigt, ist streitig. Die oft nur auf den Einzelfall abgestellte, in ihrer jeweiligen Begründung aber apodiktische Aussage des BGH hierzu ist nicht einheitlich. Der VIII. Senat des BGH (MDR 80, 50/51) läßt hier bereits die Verzögerung eines Verfahrensabschnitts genügen, indem er die Zurückweisung verspäteten Vorbringens durch ein **Zwischenurteil über den Grund** (§ 304, s dort Rn 6) für zulässig erachtet, wenn nur „das Schwergewicht" des Streits im Anspruchsgrund liegt (letzteres ist aber ohnedies Voraussetzung jeden Grundurteils; BGH VersR 79, 25; MDR 80, 925; ThP § 304 Anm 1). Der VII. Senat des BGH (BGHZ 77, 306/308 = NJW 80, 2355 = MDR 80, 927) dagegen lehnt die Zurückweisung verspäteten Vorbringens durch **Teilurteil** (§ 301) über die Klage (ebenso bei **Widerklage,** NJW 81, 1217) als unzulässig ab, weil bei Anwendung des § 296 oder der §§ 527, 528 die Verzögerung nur nach der Dauer des gesamten Verfahrens bis zum instanzbeendenden Schlußurteil zu beurteilen ist. Der durch diese nicht widerspruchsfreie Rechtsprechung ausgelöste Meinungsstreit (Deubner NJW 80, 2356; Hermisson NJW 83, 2229/32; Kallweit [Lit vor Rn 1] S 65; Prütting/Weth ZZP 98 [1985], 131; StJL § 296 Rn 54) ist nur nach Maßgabe des Normzwecks des § 296 (oben Rn 1–3) zu entscheiden. Soweit das Gesetz zur Ordnung des Prozeßstoffs und damit auch zur Vereinfachung und Beschleunigung des Verfahrens Teil-, Vorbehalts- und Zwischenentscheidungen zuläßt (§§ 301, 302, 304), darf der Zweck solcher Entscheidungen nicht durch die Zulassung verspäteter Angriffs- oder Verteidigungsmittel vereitelt werden. Andererseits darf die Möglichkeit solcher Entscheidungen nicht dem Selbstzweck der Zurückweisung verspäteten Vorbringens dienen (oben Rn 2). Daher ist die Zurückweisung verspäteten Vorbringens bereits in einem Teil-, Vorbehalts- oder Zwischenurteil nur zulässig, wenn diese Entscheidungen unabhängig von der Zurückweisungsfrage durch die Prozeßlage zugelassen und geboten wären und wenn damit auch kein Parteivorbringen abgeschnitten wird, über welches im weiteren Verfahren bis zum instanzbeendenden Urteil ohnedies noch zu befinden ist (vgl § 528 Rn 13; so im Ergebnis auch StJL Rn 54). Nur bei dieser Wertung des Verzögerungsbegriffs entfallen Anreiz und Möglichkeit für die säumige Partei, den Normzweck der Verfahrensbeschleunigung durch eine der Verfahrensverschleppung dienende Flucht in eine nachgeschobene Klageerweiterung, Klageänderung oder Widerklage (oben Rn 4) zu unterlaufen (Prütting/Weth aaO; Mertins DRiZ 85, 344).

Zur Zulässigkeit und Wirkung der Zurückweisung verspäteten Vorbringens in den Verfahrensabschnitten der **Stufenklage** s § 254 Rn 3.

13 **b)** Eine **sofortige Verhandlung** ist mögl, wenn der verspätete Sachvortrag unstreitig ist und keine weiteren Erklärungen des Gegners veranlaßt (BGH NJW 80, 945/947; Dengler NJW 80, 163/164; Schneider MDR 78, 971; vgl auch § 528 Rn 34) und auch, wenn ein verspätet angebotener, jedoch **präsenter Beweis** sofort erhoben werden kann und damit dem Gegner auch nicht die

Möglichkeit des Gegenbeweises abgeschnitten ist; hier kann allerdings der Grundsatz der Parteiöffentlichkeit (§§ 357 I, 397) aus ggf vom Gegner darzulegenden Gründen eine sofortige Beweiserhebung verbieten (§ 278 Rn 3; § 527 Rn 18; StJL § 296 Rn 68; BGHZ 86, 198/201 = NJW 83, 1495; BGHZ 83, 310 = NJW 82, 1535 = MDR 82, 658; vgl BVerfG NJW 83, 2187/2188). Der etwaige Zeitdruck des Gerichts durch eine nicht vorgesehene Beweiserhebung im Termin kann grds dem Beweisführer nicht als dessen Verschulden angelastet werden (BGH NJW 74, 1512; 80, 1848/49), wenn die Beweiserhebung nicht außergewöhnl zeitaufwendig ist (Schneider MDR 85, 730). Zur **Rechtzeitigkeit eines Beweisantritts vor dem Termin** s § 273 Rn 3, § 282 Rn 3 sowie unten Rn 14.

c) Aus anderem Grund notwendige Vertagung kann der säumig gewesenen Partei nicht als schuldhafte Prozeßverzögerung angelastet werden, so bei nur formal anberaumtem frühen ersten Termin (Rn 5), bei Nichterscheinen des ordnungsgemäß geladenen Zeugen (selbst wenn der Auslagenvorschuß gemäß § 379 nicht fristgerecht eingezahlt war; hierzu unten Rn 25; BGH NJW 86, 2319; MDR 82, 1012 = NJW 82, 2559/61; Prütting ZZP 98, 136; abw Köln MDR 84, 675; Schneider MDR 84, 726; 86, 1019; Deubner NJW 82, 2561), bei Veränderung der Prozeßlage (zB wegen Klageänderung, Düsseldorf MDR 80, 943); anders bei Verbindung verspäteten Vorbringens mit einer Widerklage, dann Teilurteil, LG Berlin MDR 83, 63) oder bei unterbliebener, mangelhafter oder unvollständiger Terminsvorbereitung durch das Gericht (oben Rn 3). Keinesfalls darf das Gericht von einer vor dem Termin zeitl noch mögl Zeugenladung (§ 273) allein deshalb absehen, weil der Beweisantritt unter Fristüberschreitung erfolgt war (BGH 75, 138 = NJW 79, 1988 m Anm Walchshöfer ZZP 93 [1980], 184; BGH NJW 80, 946 u 1103). Andererseits ist es dem Gericht jedoch idR nicht zumutbar, die Säumigkeit der Partei durch Eilanordnungen auszugleichen (Schneider MDR 85, 729; 86, 896; Köln MDR 85, 772; so für einen 5 Tage vor dem Termin benannten Zeugen BGH NJW 80, 1102/1104 = MDR 80, 487). Daher auch keine Pflicht des Gerichts, den Einspruchstermin nach einem VersUrteil soweit hinauszuschieben, daß unter entsprechender Terminsvorbereitung gem § 273 das verspätete Vorbringen der säumigen Partei noch in vollem Umfang berücksichtigt werden kann (BGH NJW 81, 286 = MDR 81, 309; hierzu s § 273 Rn 3 u § 340 Rn 8). 14

d) Die Verzögerung der Entscheidungsverkündung durch Ansetzen eines **Verkündungstermins** (§ 310 II) stellt keine Verzögerung iS des § 296 dar, selbst wenn das Gericht durch verspätetes Vorbringen am Stuhlurteil gehindert ist (BGH NJW 85, 1556/58). Daher ist es (entgegen Karlsruhe NJW 84, 620) auch ganz unerheblich für die Verzögerungswirkung, ob das Gericht entgegen § 310 I 2 den Verkündungstermin erheblich über 3 Wochen hinaus ansetzt (Deubner NJW 84, 620). 15

e) Schließlich liegt keine durch verspätetes Vorbringen verursachte Verzögerung vor, wenn **Abhilfe gem § 283** möglich ist. Der Gegner der säumig gewesenen Partei hat kein Recht, durch Verweigerung jeder – selbst nachgereichten – Einlassung das Gericht zu zwingen, von dem verspäteten Vorbringen keine Kenntnis zu nehmen und dieses gem § 296 zurückzuweisen; denn jedenfalls ist der Möglichkeit Rechnung zu tragen, daß das verspätete Vorbringen in sich schlüssig ist und den Rechtsstreit ohne Verzögerung im Sinne dieses Vorbringens entscheidungsreif macht (BGH NJW 85, 1539/43; 85, 1556/58; Schleswig NJW 86, 856; München OLGZ 79, 479 = MDR 80, 148 = VersR 80, 95; KG NJW 83, 580 = MDR 83, 235; § 283 Rn 3; StJL Rn 57, 58; ThP Anm 2c; abw aber BLH § 283 Anm 1 und § 296 Anm 2 C b aa; Stuttgart NJW 84, 2538). Erst die dem Gegner der säumigen Partei nachgelassene Erwiderung erlaubt die Prüfung, ob das verspätete Vorbringen schuldhaft verfahrensverzögernd ist (hierzu und zu der Frage, ob auch ein in der Wochenfrist des § 132 eingereichter Schriftsatz verspätet sein kann s § 282 Rn 4). 16

f) Wo gegen die Partei nach Überschreitung einer ihr gesetzten Erklärungsfrist **Versäumnisurteil** ergangen war, ist es ihr, obwohl das Säumnisverfahren die vorausgegangene Versäumung von Erklärungsfristen grundsätzlich nicht behebt (§ 342; BGH NJW 80, 1105; 81, 286; 81, 1378), gleichwohl nicht verwehrt, das versäumte Vorbringen so rechtzeitig vor dem Einspruchstermin (§ 341 a) nachzuholen, daß es in diesem Termin doch noch berücksichtigt werden kann und muß (BGHZ 76, 173 = NJW 80, 1105 = MDR 80, 574; München OLGZ 79, 481 = NJW 79, 2619; vgl § 340 Rn 8). Damit beläßt das Gesetz der säumig gewordenen Partei zur Meidung der Rechtsfolge des § 296 die Möglichkeit der „Flucht in das Versäumnisurteil“ (StJL Rn 79–81; Prütting ZZP 98, 134; Deubner NJW 79, 342; Fastricht NJW 79, 2598; Leipold ZZP 93, 237/251; Messer NJW 78, 2558; Schneider MDR 79, 710) und diese Möglichkeit darf auch nicht dadurch willkürl beschnitten werden, daß das Gericht die „Gnadenfrist“ bis zum Einspruchstermin besonders kurz bemißt (§ 340 Rn 7; abw Deubner NJW 80, 294; vermittelnd BGH NJW 81, 286 = MDR 81, 309/310). 17

18 Somit gibt das Versäumnisurteil eine **Möglichkeit, den Rechtsnachteil des § 296 abzuwenden.** Eine weitere, allerdings durch § 528 II (s Anm dort, Schneider MDR 84, 726, Prütting ZZP 98, 137 und Deubner NJW 79, 343) erheblich eingeschränkte Möglichkeit, der Versäumnisfolge zu entgehen, eröffnet das Gesetz dadurch, daß jedes nach der letzten mündlichen Verhandlung erster Instanz erfolgende neue Vorbringen nicht der Ausschlußwirkung des § 296 unterliegt. Erfolgt es im ersten Rechtszug, so bleibt es gem § 296a schlicht unberücksichtigt, falls es nicht Anlaß gibt, die mündl Verhandlung wieder zu eröffnen (hierzu § 296a Rn 5, § 156 Rn 2 ff sowie BGH 53, 245/262 und NJW 79, 2109). Erfolgt es in der Berufungsbegründung, so kann es im zweiten Rechtszug berücksichtigt werden, wenn es dort nicht verzögernd wirkt oder wenn (jetzt erst) die Verzögerung entschuldigt wird (§ 528 II). Schließlich können beide Parteien unter den Voraussetzungen des § 251 (aus wichtigem Grund!) dem Verfahren Einhalt gebieten und damit wegen der dann noch nicht geschlossenen mündl Verhandlung den Rechtsnachteil des § 296 abwenden. Dementsprechend ist Schneider (NJW 79, 2506) zuzustimmen, wenn er den Parteien das Recht einräumt, einverständl aus erheblichem Grund (§ 227 I, zB bei einem Musterprozeß oder einer Teilklage) auf die vornehml dem Schutz der Parteien dienende Ausschlußwirkung des § 296 zu verzichten und – soweit nötig – Vertagung zu beantragen (ebenso StJL Rn 91).

19 **g)** Dagegen bestehen Bedenken gegen die von Deubner (NJW 78, 356; 79, 343) vertretene Meinung, eine Partei dürfe einseitig (also ohne Zustimmung des Gegners) die Rechtsfolge des § 296 durch einen verspäteten **„Sachvortrag auf Probe"** manipulieren, der dann nach Erkundung der Rechtsmeinung des Gerichts zur Verzögerungsfrage ggf einfach „fallengelassen" wird, um im zweiten Rechtszug als „neu" iS von §§ 528 I oder II wiederholt zu werden. Abgesehen davon, daß in einem solchen Fall das Berufungsgericht die Zulassungsvoraussetzungen des § 528 I oder II schwerlich bejahen wird, widerspräche ein solches Vorgehen allgemeinen Verfahrensgrundsätzen: Das Gericht entscheidet auch über die Verzögerungswirkung letztlich erst und nur im Urteil (Rn 31). Ein Vorbringen unter innerprozessualen Bedingungen, die nicht unmittelbar im Urteil beruhen, ist unserem Verfahrensrecht fremd (vgl Rn 18 vor § 128; Stuttgart NJW 71, 1090; Leipold ZZP 93, 237/253; Schneider MDR 78, 972).

20 **h) Begriff der absoluten oder relativen Verzögerung:** Nicht jede Überschreitung einer Erklärungsfrist bedingt eine Verzögerung des Verfahrens. Ein verspätetes Vorbringen, das zB beim Gericht eingeht, während sich die Sachakten beim Sachverständigen oder ersuchten Richter befinden, wird kaum jemals das Verfahren kausal verzögern, mag es auch weitere Beweiserhebung gebieten. Auch eine Fristüberschreitung um einige Tage wird das Verfahren nicht derart verzögern, daß eine Aufopferung der materiellen Gerechtigkeit und des Grundrechts auf rechtl Gehör (Rn 2) unter gebotener Güterabwägung gerechtfertigt ist (BLH Anm 2 C b aa; Karlsruhe NJW 84, 619; 80, 296). Die Rechtsprechung geht hier gleichwohl unterschiedliche Wege:

21 Der BGH hat sich für den Begriff der **absoluten Verzögerung** entschieden (ständ Rspr: BGHZ 86, 31 = NJW 83, 576; BGHZ 75, 138; 76, 133 = NJW 79, 1988; 80, 945 = MDR 80, 393; 80, 749; ebenso Deubner NJW 79, 337/340; 77, 921; Walchshöfer ZZP 93 [1980], 184; Celle NJW 79, 377; Hamm NJW 79, 824) und eine Verfahrensverzögerung bereits bejaht, wenn die Zulassung des nach Fristablauf eingegangenen Vortrags zu irgendeiner zeitlichen Verschiebung des Verfahrensablaufs zwingt. Eine hpyothetische Berechnung, wie lange das Verfahren bei fristgerechtem Vortrag (zB wegen einer dann geboten gewesenen Beweiserhebung) gedauert hätte, lehnt der BGH ausdrücklich ab, wie er auch ein bei dieser Betrachtungsweise kaum vermeidbares materiell unbefriedigendes Prozeßergebnis ausdrücklich in Kauf nimmt. In konsequenter Verfolgung dieser Meinung bejaht der BGH eine Verfahrensverzögerung, wenn die Berücksichtigung des verspäteten Vorbringens auch nur einem der säumigen Partei nachteiligen Zwischenurteil über den Grund (§ 304) entgegensteht, mag auch das Betragsverfahren noch unabsehbare Zeit erfordern (BGH MDR 80, 50; hierzu oben Rn 12 a).

22 Die Gegenmeinung beurteilt die **Verzögerung relativ** und verneint sie, wo trotz einer Fristüberschreitung das Verfahren ohnedies aus anderen Gründen noch nicht entscheidungsreif wäre, zB wegen einer noch ausstehenden Beweiserhebung auf Antrag des Gegners der säumigen Partei. Nach dieser Meinung ist also nach Fristüberschreitung hypothetisch abzuwägen, ob das Verfahren sich durch die Säumigkeit der Partei relativ erheblich verlängert gegenüber dem Verfahrensablauf, der bei rechtzeitigem Vorbringen zu erwarten gewesen wäre (Hamburg NJW 79, 1717 = MDR 79, 501; Frankfurt NJW 79, 377 u 1715; Köln VersR 79, 89; Hamm NJW 79, 1717; Leipold ZZP 93, 237/250; Rasehorn ZRP 80, 8; Schneider NJW 80, 947; 79, 2614). Bei dieser Bewertung des Verzögerungstatbestands findet – anders als nach der Rspr des BGH – insbesondere die Verfahrensdauer zugunsten der säumigen Partei Berücksichtigung, die bei Rechtzeitigkeit des Vorbringens ohnedies zu erwarten gewesen wäre, so zB durch einen Beweisantritt der einen oder anderen Partei.

Wer § 296 als Ausnahme von dem Grundrecht auf rechtl Gehör (BVerfG NJW 80, 1453; 83, 1307) restriktiv (BVerfG NJW 85, 1149; 85, 1150; 82, 1453) interpretiert und den Zweck dieser Vorschrift allein darin sieht, Verzögerungen des Verfahrens zu verhüten, nicht jedoch das Verfahren abzukürzen (sog „Überbeschleunigung", vgl Rn 2), wird den Begriff der Verzögerung relativ, also abweichend vom BGH, verstehen müssen. Denn verzögernd im absoluten Sinn wirkt idR jede auch sachlich gebotene Aufklärung (insbes im schriftl Vorverfahren) und Beweiserhebung; das ist der Normalverlauf eines nicht einfach gelagerten Verfahrens und diesen Normalverlauf abzukürzen, ist nicht der Sinn des § 296. Nur die kausal (hierzu unten Rn 25) durch vorwerfbares Parteiverhalten bedingte, also relative, zusätzliche Verfahrensverschleppung will und darf § 296 abwenden. Ebenso verneint Leipold (StJL Rn 60, 61) die „Kausalität der Pflichtwidrigkeit" einer säumigen Partei, wenn die Zurückweisung deren verspäteten Vorbringens das Verfahren gegenüber dessen Dauer bei Rechtzeitigkeit des Vorbringens iS einer Überbeschleunigung verkürzen würde, denn § 296 diene ausschließlich dem Zweck, eine Verschleppung des Prozesses über den bei ordnungsgemäßem Verhalten der Parteien und des Gerichts notwendigen Zeitaufwand hinaus zu verhindern. **23**

4) **Verschulden der Partei** oder ihres Vertreters (§§ 51 II, 85 II; wegen des Streitgehilfen s § 67 Rn 4) ist weitere Voraussetzung der Zurückweisung verspäteten Vorbringens. Dabei genügt einfaches Verschulden bei Mißachtung gesetzter Fristen (Abs I) u bei verspäteten Zulässigkeitsrügen (Abs III, BGH NJW 85, 743/44). Dagegen grobes Verschulden nötig bei Verletzung der allg Prozeßförderungspflicht (Abs II; hierzu § 528 Rn 23–25; BGH MDR 85, 403; Köln NJW 73, 1847). An Sorgfaltspflichten des Anwalts sind strengere Anforderungen zu stellen als für die Partei selbst (vgl § 233 Rn 12, 13; BGH VersR 72, 148). Doch muß das Gericht Informationsschwierigkeiten des Anwalts ebenso berücksichtigen wie das proz Recht, ein zunächst unmaßgebl Vorbringen so lange zurückzuhalten, bis sich seine Erheblichkeit tatsächl ergibt (Rn 2; § 277 Rn 1; § 282 Rn 3; Grunsky JZ 77, 204). Das schließt aber nicht die Pflicht des Anwalts aus, vorsorgl Informationen vom Mandanten einzuholen, die im Prozeß möglicherweise bedeutsam werden können (zur Informationspflicht zwischen Anwalt und Partei BGH MDR 82, 386/387). Das Abwarten des Ermittlungsergebnisses eines Strafverfahrens wird im Haftungsprozeß regelm vertretbar sein (Köln VersR 72, 592). Das Gericht sollte bedenken, daß zu strenger Maßstab bei Verschuldensprüfung die Parteien zum Nachteil des Verfahrens zu gehäuftem Vorbringen evtl überflüssigen Tatsachenstoffes zwingen müßte, was mit dem Zweck der VereinfNovelle (hierzu § 277 Rn 1, § 282 Rn 3) unvereinbar wäre. Andererseits setzen Verschulden u auch grobe Nachlässigkeit keineswegs Verschleppungsabsicht voraus, denn das Versäumnisverschulden muß nicht auch iS einer vorwerfbaren Vorhersehbarkeit die nachfolgende konkrete Verzögerungsfolge umfassen (Schneider MDR 84, 726). **24**

5) Das **Parteiverschulden muß für die Verfahrensverzögerung ursächl sein;** das ist nicht der Fall, wenn ihm ebenfalls relevante Unterlassungen oder Fehlleistungen des Gerichts (s Rn 3) gegenüberstehen, wenn sich das Verschulden der Partei nicht konkret auf die Verletzung der Prozeßförderungspflicht bezieht (BGH NJW 82, 1533 = MDR 82, 560) oder wenn im Sinne einer überholenden Kausalität andere, von der Partei nicht verschuldete, Umstände (zB das Nichterscheinen eines geladenen Zeugen; BGH NJW 82, 2559 = MDR 82, 1012; LG Koblenz NJW 82, 289; s oben Rn 14) ohnedies eine Verfahrensverzögerung bedingen. Das Verbot der „Überbeschleunigung" (oben Rn 2), die Ausdehnung des Verzögerungsverschuldens auch auf nicht erkannte Verspätungsfolgen (oben Rn 24) und die wegen Art 103 I GG notw restriktive Interpretation des § 296 (oben Rn 23) gebieten es, der säumig gewesenen Partei solche Verzögerungen des Verfahrens nicht zuzurechnen, deren Ursachen nicht mehr in einem **adäquat-kausalen Zusammenhang** mit ihrem Prozeßverschulden stehen, weil mit ihrem Eintritt auch in einem ordnungsgemäß betriebenen Prozeß allgemein zu rechnen ist (BGH NJW 86, 2319/20 = MDR 86, 1017). **25**

Die Entschuldigung der Partei sollte, muß aber nicht bereits zugleich mit dem verspäteten Vorbringen vorgetragen und glaubhaft gemacht werden (BGH MDR 86, 1002; Karlsruhe Justiz 79, 14), denn grds darf die Partei den notw Hinweis des Gerichts (rechtl Gehör, Rn 32) abwarten, ob eine Zurückweisung des Vorbringens überhaupt in Betracht gezogen wird. – Zur **Beweislast** für Nichtverschulden s Rn 34. **26**

III) Einzelfälle der Zurückweisung:

1) Das Gericht muß zurückweisen (Abs I) Angriffs- und Verteidigungsmittel (Begriff: oben Rn 4; § 146 u § 282 Rn 2), die unter schuldhafter (Rn 24) u verfahrensverzögernder (Rn 11 ff) Mißachtung folgender richterlicher Fristen (§ 221) vorgebracht wurden: **27**

a) Frist § 273 II 1 zur Ergänzung oder Erläuterung vorbereitender Schriftsätze, zur Vorlage von Urkunden (§§ 131, 134, 420 ff) oder sonstiger Beweisgegenstände,

b) Frist § 275, § 276 u § 697 III zur Klageerwiderung,

c) Frist § 275 IV u § 276 III zur Stellungnahme des Klägers auf die Klageerwiderung (Replik) und

d) Frist § 340 III für Angriffs- u Verteidigungsmittel nach Versäumnisurteil (nicht auch nach Vollstreckungsbescheid: § 700 III).

28 In allen diesen Fällen ist das Gericht der Zurückweisungspflicht (gem § 528 III mit Wirkung auch für die Rechtsmittelinstanz!) nur enthoben, wenn es nach Gewährung rechtl Gehörs (Düsseldorf MDR 71, 670; Nürnberg NJW 72, 2274) in Anwendung pflichtgebundenen Ermessens ein Verschulden der Partei verneint.

29 **Das Gericht muß zurückweisen (Abs III)** verzichtbare Rügen zur Zulässigkeit der Klage, die entgegen § 282 III (s dort Rn 5, 6) nicht spätestens in der ersten mündl Verhandlung oder (noch früher) nach VersUrteil innerhalb der Einspruchsfrist (§ 340 III), sonst innerhalb der gem §§ 275, 276 gesetzten Klageerwiderungsfrist vorgebracht werden. Verzichtbare Zulässigkeitsrügen idS sind nur die Rüge der mangelnden Vollmacht (§ 88; LG Münster MDR 80, 853), der fehlenden Ausländersicherheit (§ 110; BGH NJW 81, 2646), der fehlenden Kostenerstattung nach Klagerücknahme (§ 269 IV) u der Berufung auf einen Schiedsvertrag (§ 1027 a). In diesen Fällen ist die Zurückweisung, mag auch das Gericht selber das Verfahren verzögerl betreiben, zwingend und unabhängig von der Frage einer Verfahrensverzögerung vorgeschrieben, soweit nicht der Beklagte seine Verspätung entschuldigt. Auf Zulassung schuldhaft verspäteter Zulässigkeitsrüge des Bekl kann der Kl die Berufung stützen. Abs III gilt (wegen Sonderregelung in §§ 39, 504) nicht für Zuständigkeitsrügen (Frankfurt OLGZ 83, 99; s auch § 39 Rn 5, § 529).

30 **2) Das Gericht darf zurückweisen (Abs II)** Angriffs- u Verteidigungsmittel (§ 146), die unter grob nachlässiger Verletzung der allgemeinen Prozeßförderungspflicht (§ 277 Rn 1, § 282 Rn 3) verfahrensverzögernd verspätet vorgebracht werden, ohne daß dabei richterl Fristen gesetzt waren. Hier ist, weil eine mitursächl Untätigkeit des Gerichts (Verstoß gegen §§ 139, 273, 278 III) mögl ist, Zurückweisung des Vorbringens nur bei grober Nachlässigkeit der Partei (oder ihres Vertreters §§ 51 II, 85 II) zulässig, also bei außerordentl Sorglosigkeit u Verletzung offensichtl proz Sorgfalt (RG 166, 101; Köln OLGZ 73, 369; hierzu § 528 Rn 23–27; StJL Rn 105–109; Henn NJW 69, 1375). Ob das der Fall ist, entscheidet das Gericht nach „freier Überzeugung"; sein Ermessensspielraum ist hier größer als im Fall Abs I, gleichwohl aber auf Berufung (§ 528 III) auf Ermessensfehler hin nachprüfbar (BGHZ 12, 52; BGH VersR 83, 33/34; vgl § 528 Rn 48). Ermessensfehlerhaft wäre es, Erklärungen einer Partei zu unbefristeten gerichtlichen Hinweisen oder Fragen nach unangemessener kurzer Zeit (hierfür gilt das in Rn 4 zu § 275 Gesagte entsprechend) bereits als verspätet anzusehen (BVerfG MDR 58, 747; 57, 84; 55, 534).

31 **IV) Verfahren: 1) Form der Zurückweisung:** Die Zurückweisung verspäteten Vorbringens erfolgt ohne Vorabentscheidung hierüber erst im Urteil; sie ist in den Entscheidungsgründen zu begründen, um ggf dem Berufungsgericht (§ 528 III) die Nachprüfung der Ermessensausübung (Rn 2) zu ermöglichen.

32 **a) Rechtl Gehör** in Form eines Hinweises auf die mögl Folgen der Fristversäumung ist stets geboten (§ 278 Rn 10; Düsseldorf MDR 71, 670; Nürnberg NJW 72, 2274; Karlsruhe NJW 79, 879; einschränkend Deubner NJW 79, 880, der obj Erkennbarkeit der Zurückweisungsgefahr genügen läßt). Der Hinweis hat sich in allen Fällen auf die Frage des Verschuldens, in den Fällen Abs I und II auch auf die Frage der mögl Verfahrensverzögerung zu erstrecken. Entbehrl ist ein gerichtl Hinweis, wo der Gegner der säumigen Partei die Verfahrensverzögerung geltend gemacht hat (vgl § 278 Rn 7).

33 **b) Wirkung der Zurückweisung:** Die Partei wird in der Sachentscheidung so behandelt, als hätte sie das verspätete Vorbringen nicht vorgetragen. Das hat ggf die Geständnisfiktion des § 138 III oder auch Beweisfälligkeit (vgl Rn 18 vor § 284) zur Folge. Das Vorbringen ist endgültig ausgeschlossen und kann allenfalls Gegenstand des Berufungsverfahrens (s aber § 528), nicht jedoch einer Abwehrklage sein (§ 767 II). Wegen der Wirkung der Zurückweisung einer Aufrechnungseinrede s aber § 145 Rn 16; hier uU keine rechtskr Aberkennung des Gegenrechts!

34 **2) Beweislast** für Nichtverschulden: Das Verschulden bei Versäumung richterl (Abs I) und gesetzl (Abs III) Fristen wird grds vermutet und erfordert daher die Darlegung des Nichtverschuldens und im Streitfall den Entlastungsbeweis der säumig gewesenen Partei, wobei Glaubhaftmachung (§ 294) der Entlastungsgründe genügt. Hinweis auf unangemessen kurz gesetzte Fristen (vgl § 275 Rn 4) oder auf unsachgemäße Vorbereitungsmaßnahmen des Gerichts (Rn 3) kann genügen. – Keine Vermutung grober Nachlässigkeit iS Abs II (zur Frage des schweren Verstoßes gegen die Prozeßförderungspflicht Köln NJW 73, 1847); hier muß die grobe Nachlässigkeit der Partei unter Würdigung aller, nötigenfalls gem § 139 festzustellender (Frankfurt NJW 66,

456) Umstände nachgewiesen werden. Die Gewährung rechtl Gehörs gewinnt hier besonderes Gewicht. Das schließt aber nicht aus, daß die Partei, für deren grobe Nachlässigkeit die äußeren Umstände (iS des Anscheinsbeweises; also nicht iS einer „Umkehrung der Beweislast", vgl vor § 284 Rn 21) sprechen, den Entlastungsbeweis für ihr fehlendes grobes Verschulden zu führen hat (vgl BGH NJW 82, 2560/61).

3) Rechtsmittel: a) Zulassung verspäteten Vorbringens nur im Fall Abs III anfechtbar (dann gilt § 529), denn hier hat der Kläger ein Recht auf Verzichtswirkung unterlassener Verfahrensrügen des Beklagten (StJL Rn 130). Dagegen kann i übr Zulassung verspäteten Vorbringens ein Rechtsmittel des Gegners nie rechtfertigen (BGH NJW 81, 928; 60, 100; Köln NJW 80, 2361 LG Freiburg NJW 80, 295), denn es dient, wenn auch verfahrensverzögernd, doch der Wahrheitsfindung. Das Berufungsgericht kann daher die vom Erstgericht (selbst fehlerhaft) unterlassene Zurückweisung verspäteten Vorbringens grds (Ausnahme Abs III) nicht nachholen (vgl BGH NJW 80, 343 = MDR 80, 225) und auch nicht eine fehlerhafte Zurückweisung gemäß Abs I durch eine (vom Erstgericht nicht geprüfte) Zurückweisung gemäß Abs II ersetzen (BGH NJW 81, 2255 = MDR 81, 752). 35

b) Nichtzulassung stets anfechtbar, jedoch beschränkte Nachprüfung durch das Berufungsgericht gem § 528 III; bei fehlerhafter Nichtzulassung wird idR Zurückweisung (§ 539) geboten sein, um den Instanzenzug nicht unangemessen zu verkürzen. Verzögerung, Verschulden u grobe Nachlässigkeit sind revisible Rechtsbegriffe. 36

4) Sonstige Abhilfe: Gegen Versäumung der in Abs I genannten Fristen keine Abhilfe über § 296 hinaus durch Wiedereinsetzung in den vorigen Stand, denn diese richterl Fristen (§ 221) sind keine Notfristen iS §§ 223 II, 233 (anders nur die Anzeigefrist des § 276 I 1). 37

5) Sondervorschriften: §§ 39, 504 für Zuständigkeitsrüge, §§ 527–531 für Berufungsverfahren, §§ 615, 640 für Familiensachen. Im Beschwerdeverfahren geht § 570 dem § 296 vor (s oben Rn 7). 38

296 a

[Angriffs- und Verteidigungsmittel nach Schluß der mündlichen Verhandlung]

Nach Schluß der mündlichen Verhandlung, auf die das Urteil ergeht, können Angriffs- und Verteidigungsmittel nicht mehr vorgebracht werden. §§ 156, 283 bleiben unberührt.

1) Schluß der mündl Verhandlung (s § 136 IV; im schriftl Verfahren § 128 Rn 18 u 27, bei Entscheidung nach Aktenlage § 251 a Rn 8, § 331 a Rn 2) setzt Entscheidungsreife (§ 300) voraus u verbietet daher die Berücksichtigung nachgereichter schriftl Ausführungen der Parteien in der Entscheidung (rechtl Gehör!). Ausnahme nur gem § 283 für nachgelassene Erwiderung auf verspätetes Vorbringen des Gegners. 1

2) Entgegen dem Wortlaut des § 296 a sind nach Verhandlungsschluß nicht nur **weitere Angriffs- und Verteidigungsmittel** (Begriff: s §§ 146 u 282 Rn 2) ausgeschlossen, sondern **auch Sachanträge,** die gem § 261 II spätestens in der letzten mündl Verhandlung gem § 297 zu stellen waren. Ein derart nachgereichter Sachantrag begründet aber, wenn darin die Klage erweitert oder Widerklage erhoben wird, mit seiner Zustellung an den Gegner die Rechtshängigkeit (§§ 253 I, 261; München OLGZ 81, 441 = MDR 81, 502; Zustellung von Anwalt zu Anwalt genügt, § 198 Rn 3) und gibt dann Anlaß, entweder die als Endurteil vorgesehene Entscheidung nun als Teilurteil zu erlassen oder das Verfahren im Umfang der neuen Rechtshängigkeit gemäß § 145 abzutrennen (vgl § 283 Rn 5; aM bzgl Begründung der Rechtshängigkeit in diesem Fall StJL Rn 16). 2

3) Über die Voraussetzungen einer **Wiedereröffnung der Verhandlung** s Rn 3–5 zu § 156. Wegen der aktenmäßigen Behandlung entgegen § 296 a nachgereichter Schriftsätze s § 132 Rn 4. Solche Schriftsätze dem Gegner nicht mitzuteilen gebietet (entgegen BLH Anm 2) das Gesetz nicht, zumal sie im höheren Rechtszug beachtlich werden können. 3

Sonderregelung im schriftl Versäumnisverfahren gem § 331 III: hier ist ein verspäteter Schriftsatz sogar noch zu beachten, wenn das VersUrteil bereits unterschrieben ist. 4

4) Ein gem § 296 a nachgeschobenes Vorbringen bleibt unabhängig von Verschulden u Verzögerung (§ 296) aus Gründen des rechtl Gehörs für den Gegner bei der Entscheidung unberücksichtigt, wenn und solange nur das Gericht Gelegenheit gegeben hatte, das nachgereichte Vorbringen rechtzeitig (bei Beweisantritt innerhalb der gemäß § 356 zu setzenden Frist, BVerfG NJW 85, 3006 = MDR 85, 817) in das Verfahren einzuführen. Die Nichtberücksichtigung des Vorbringens nach Verhandlungsschluß unterliegt nicht § 528 III (BGH NJW 83, 2031; 79, 2109) u kann daher – ebenso wie ein im ersten Rechtszug ganz unterbliebenes Vorbringen (§ 296 Rn 18) – 5

unter den Voraussetzungen der §§ 528 I oder II, 529, 530 im zweiten Rechtszug noch berücksichtigt werden (dann § 97 II beachten).

297 *[Form der Antragstellung]*
(1) Die Anträge sind aus den vorbereitenden Schriftsätzen zu verlesen. Soweit sie darin nicht enthalten sind, müssen sie aus einer dem Protokoll als Anlage beizufügenden Schrift verlesen werden. Der Vorsitzende kann auch gestatten, daß die Anträge zu Protokoll erklärt werden.

(2) Die Verlesung kann dadurch ersetzt werden, daß die Parteien auf die Schriftsätze Bezug nehmen, die die Anträge enthalten.

1 **1) Anwendungsbereich:** § 297 gilt im Anwalts- u Parteiprozeß und betrifft nur **Sachanträge** iS von §§ 33, 253 II 2, 261 II, 263, 264 Nr 2 u 3, 519 II 1, 554 III 1, also für Anträge, die iS von § 308 die Sachentscheidungsbefugnis des Gerichts abgrenzen. Daher gilt § 297 auch für die Erledigterklärung § 91a, denn sie ist Klageänderung i weiteren Sinn (Habscheid JZ 63, 625), ebenso auch für den an die Stelle des urspr Sachantrags getretenen Kostenantrag gem § 269 III 3 u für den Antrag zur Vollstreckbarerklärung iS § 714.

2 Ob der **Abweisungsantrag** des Bekl Sachantrag idS ist, ist streitig (vgl BGH NJW 70, 100; Schlicht NJW 70, 1631; ThP Anm 1b gegen Sachantrag. – KG NJW 70, 617; R-Schwab § 64 I 1; BLH Anm 1 A für Sachantrag); jedenfalls ist in der mündl Verhandlung auch der Abweisungsantrag zur Meidung der Folge des § 333 mündlich zu stellen, mag hierfür auch der aus der Prozeßlage erkennbare Wille des (Wider-)Beklagten ausreichen, der Klage entgegenzutreten (BGH NJW 72, 1373) und ein ausdrückl schriftl Abweisungsantrag (§ 130 Nr 2) deshalb entbehrlich sein (StJL Rn 7).

3 § 297 gilt nicht für **Prozeßanträge,** die nur den Verfahrensgang betreffen, falls sie nicht zugleich (so bei Säumnis §§ 330, 331) Sachanträge beinhalten.

4 **2) Verfahren. a)** Sachanträge sind grds zu **verlesen,** also schriftl vorzubereiten (§ 130 Nr 2). Das gilt seit Streichung des § 507 durch Ges v 20. 12. 74 auch für das amtsgerichtl Verfahren, soweit dessen schriftl Vorbereitung gem § 129 II aufgegeben wurde. Die Verlesung erfolgt idR aus dem vorbereitenden Schriftsatz, ausnahmsweise auch aus einer (evtl erst im Termin erstellten) Schrift, die dann dem Protokoll als Anlage beizufügen ist (§ 160 V). Handschriftl Änderung des schriftl vorbereiteten Antrags im Termin ist zulässig (dann §§ 263, 264 beachten!), doch muß diese Änderung zwingend den Zeitpunkt u den Urheber erkennen lassen (Köln NJW 73, 1848).

5 **b)** Verlesung kann durch **Bezugnahme auf schriftl Antrag** ersetzt werden, Abs II. Einer dahin gehenden Gestattung durch das Gericht (vgl § 137 III) bedarf es nicht. Insbesondere Verlesung umfangreicher Anträge wäre unzumutbare Förmelei, wenn sie nicht im Einzelfall der Klarstellung unklarer Formulierung dient.

6 **c)** Antragstellung **zu Protokoll** (früher nur beim AG möglich) „kann" der Vorsitzende gestatten. Ob er das tut, steht in seinem freien Ermessen. Die Neuregelung darf – insbes bei umfangreichen Anträgen – nicht dazu führen, daß der Protokollführer oder im Fall § 159 I gar der Richter zum Schreibgehilfen des Anwalts wird.

7 **d) Die Sitzungsniederschrift** (nur ausnahmsweise der Urteilstatbestand, vgl § 165 Rn 1) muß die Tatsache u Form der Antragstellung wiedergeben (§ 160 III 2), bei mündl zu Protokoll erklärten Anträgen auch deren Verlesung durch den Protokollführer (§ 162 I) bzw bei in Protokollanlage enthaltenen Anträgen deren Vorlage an den Gegner zur Durchsicht. Wo das nicht geschehen ist, fehlt Befugnis des Gerichts zur Sachentscheidung (§§ 165, 308). Jedoch ist unterbliebene Verlesung eines tatsächlich gestellten Antrages gem § 295 heilbar, denn die Parteien können auf mündl Verhandlung überhaupt verzichten (§ 128 II; StJL Rn 20).

8 **e)** Bei teilweiser Antragstellung bzw Verlesung muß das Gericht aufklären, ob darin teilw Rücknahme liegt (§§ 139, 269). Einmal verlesene **Anträge müssen** in späteren Terminen, ebenso nach Beweiserhebung (vgl §§ 278 II u 370), **nicht ständig wiederholt werden,** BGH NJW 74, 2322 (anders nach Richterwechsel förmelnd BAG NJW 71, 1332; hierzu krit Kirchner NJW 71, 2158); hier genügt schlüssiges Verhalten. Die **Antragstellung** hat über das damit erklärte Rechtsschutzbegehren hinaus (§ 308) vielfach **prozeßgestaltende Wirkung** durch den Verlust des Rechts, Verfahrensfehler zu rügen (zB §§ 39, 43, 295) oder über das Prozeßrechtsverhältnis zu verfügen (§§ 263, 269, 515); im Fall des § 261 II begründet die Antragstellung die Rechtshängigkeit.

298 (§ 298 gestrichen durch Entlastungsnovelle v 20. 12. 1974; jetzt entspr § 160 II, IV u V)

299 *[Akteneinsicht. Abschriften aus Akten]*
(1) Die Parteien können die Prozeßakten einsehen und sich aus ihnen durch die Geschäftsstelle Ausfertigungen, Auszüge und Abschriften erteilen lassen.

(2) Dritten Personen kann der Vorstand des Gerichts ohne Einwilligung der Parteien die Einsicht der Akten nur gestatten, wenn ein rechtliches Interesse glaubhaft gemacht wird.

(3) Die Entwürfe zu Urteilen, Beschlüssen und Verfügungen, die zu ihrer Vorbereitung gelieferten Arbeiten sowie die Schriftstücke, die Abstimmungen betreffen, werden weder vorgelegt noch abschriftlich mitgeteilt.

I) Allgemeines: Wegen Aktenanlage u Aktenführung der Gerichte vgl Akten-Ordnung v 28. 11. 1
34 mit landesrechtl Ergänzungen. § 299 regelt die Einsichtnahme in Akten des ordentl Prozeßgerichts durch die Parteien u Dritte, **Sondervorschriften:** § 760 Akten des GV; § 915 III Schuldnerliste des VollstrGerichts; §§ 996 II, 1001, 1016, 1022 II, 1023 Aufgebotsakten; §§ 31, 99 III PatG Akten des Deutschen Patentamts (hierzu BGH NJW 66, 2056); § 100 VwGO Akten des VerwGerichts (nach OVG Lüneburg NJW 63, 1798 keine Akteneinsicht für Dritte); § 147 StPO Strafakten; § 71 GWB Akten des Kartellsenats beim OLG; § 49 OWiG VerwAkten in Ordnungswidrigkeitensachen; §§ 34, 78 FGG Akteneinsicht in Angelegenheiten der freiw Gerichtsbarkeit. Über Akteneinsicht in Behördenakten allgemein vgl Köhler NJW 56, 1460.

II) Die Parteien haben ein Recht auf Einsicht der Akten u Anfertigung von Auszügen und 2
Abschriften (Abs I). Partei ist hier auch der Streitgehilfe. **Kein Anwaltszwang.**

1) Der **Akteneinsicht der Parteien** (auch Streitgehilfen, nicht aber nur Streitverkündete) 3
unterliegen grundsätzl nur die eigenen Akten des Prozeßgerichts. Beigezogene Akten anderer Behörden oder Gerichte unterliegen dem Recht auf Einsichtnahme nur, wenn die Ursprungsbehörde dieses Recht bei Übersendung nicht verweigert hat; bei Verweigerung dürfen diese Akten im Prozeß aber auch nicht verwertet werden (näher § 432 Rn 3; BGH NJW 52, 305 = LM Nr 1). Ob Akten zur Einsichtnahme herausgegeben oder nach auswärts versandt werden, steht i Ermessen des Vorsitzenden des ProzGerichts (BGH MDR 73, 580; aM Schneider MDR 84, 108: Kollegialentscheidung); kein Recht auf Herausgabe: BGH NJW 61, 559 = LM Nr 3; BFH NJW 68, 864; LAG Hamm NJW 74, 1920; BSG MDR 77, 1051. Herausgabe aber oft sachdienlich, zB bei Anwaltswechsel. Versendung nach auswärts regelm nur an das örtl zust Amtsgericht zur Gewährung der Einsicht auf der dortigen GeschSt. (Wegen der Versendungskosten vgl § 5 III JVKostO; Schmidt Rpfleger 69, 117).

Der Einsicht unterliegen die gesamten Akten mit Ausnahme der in Abs III genannten Ent- 4
würfe (das sind auch alle noch nicht vollständig unterzeichneten sowie die noch nicht verkündeten Entscheidungen). Nach LG Oldenburg MDR 72, 615 sollen die im Akt niedergelegten Gründe der Selbstablehnung eines Richters nicht Aktenbestandteil sein u deshalb nicht dem Recht auf Einsichtnahme unterliegen. Im Hinblick auf Art 101 I 2 GG kann dem nicht gefolgt werden (hierzu § 48 Rn 9–11, vor § 128 Rn 3 am Ende und Metzner ZZP 97 [1984], 196). Die mit einem **PKH-Gesuch** gemäß § 117 II vorgelegten Vermögensangaben und -nachweise unterliegen ebenfalls der Einsichtnahme durch den Gegner, denn die Bewilligung der Prozeßkostenhilfe berührt dessen Rechte unmittelbar (§ 118 Rn 2–4; Köln OLGZ 83, 312; Celle MDR 82, 761; Karlsruhe OLGZ 83, 469 = NJW 82, 2507 = MDR 82, 1025; BayObLG NJW 62, 627; Schneider MDR 85, 328; abw BGHZ 89, 65 = NJW 84, 740 = MDR 84, 317; StJL Rn 18; Pentz NJW 83, 1037; Holch NJW 81, 151). – Bei Verweigerung der Einsichtnahme: §§ 576, 567 (Schleswig Rpfleger 76, 108), für Dritte iS von Abs II jedoch Beschwerde gemäß § 23 EGGVG (s dort Rn 11).

2) Recht auf **Fertigung von Abschriften, Auszügen u Ausfertigungen** (über Ausfertigung s 5
Rn 4 zu § 170) steht nur den Parteien u Streitgehilfen zu. Gem § 133 sollten bereits die Parteien die erforderl Abschriften für den Gegner vorlegen. Daher Erstellung durch die GeschSt nur ausnahmsweise soweit unter Berücksichtigung des Geschäftsanfalls zumutbar (RG JW 27, 1311). Nur Recht auf **eine** Abschrift (OLG 27, 83). Die Erteilung einer zur Zustellung benötigten einfachen Urteilsausfertigung neben der vollst Ausfertigung (mit Tatbest u Gründen) kann nicht abgelehnt werden; stattzugeben ist dem Antrag auf Erteilung einer begl Abschrift der Urteilsformel neben der vollstreckbaren Ausfertigung mit Tatbestand u Gründen (= auslagenfrei, vgl Kostenverzeichnis zum GKG Nr 1900). Die Parteien können sich selbst Abschriften aus Akten machen (OLG 29, 180). Fertigung von Abschriften ist von vorheriger Zahlung der **Gebühr** abhän-

gig zu machen, soweit Prozeßkostenhilfe nicht bewilligt, §§ 56, 68 GKG, Nr 1900 KV – Rechtsbehelf: §§ 576, 567.

6 **III) Akteneinsicht durch Dritte** gewährt der Behördenleiter des Gerichts = Angelegenheit der **Justizverwaltung.** Rechtsbehelf bei Versagung daher: § 23 EGGVG (dort Rn 11; KG OLGZ 76, 158). Die Einsicht ist zu gewähren, sofern die Parteien einwilligen, sonst nur, wenn rechtl Interesse (Gegensatz: rein tatsächl Interesse, Neugier) glaubhaft gemacht ist (§ 294). Rechtl Individualinteresse liegt vor, wo irgendwelche persönl Rechte des Antragst durch den Akteninhalt auch nur mittelb berührt werden könnten; so zB rechtlich begründete wirtschaftliche Interessen des Dritten, sofern diese Interessen einen rechtlichen Bezug zum Streitstoff der Akten haben (KG MDR 76, 585; BGHZ 4, 325). Ein dem Feststellungsinteresse des § 256 (dort Rn 7) entsprechendes unmittelbares Interesse wird für die Gewährung der Einsichtnahme durch Dritte regelmäßig (maßgeblich hierbei, ob und ggf welche Rechtsnachteile für die Prozeßparteien zu besorgen sind) nicht erforderlich sein. Anzuerkennen ist stets das Interesse des SV am Urteil, Jessnitzer Rpfleger 74, 423. Ausreichend allgem-rechtl Interesse zB von Fachverbänden z Zweck der publiz Auswertung; dann aber Erteilung von Urteilsabschriften unter Schwärzung der Parteinamen zweckmäßig. München OLGZ 84, 477 wendet sich gegen eine übertriebene Zurückhaltung bei der Gewährung der Einsichtnahme durch Dritte in Angelegenheiten, die öffentlich verhandelt und entschieden wurden.

7 **Einsichtgewährung i Rahmen der Rechts- u Amtshilfe** an Behörden (Art 35 GG, hierzu eingehend Schnapp/Friehe NJW 82, 1422; Holch ZZP 87, 14) auch durch den Vorsitzenden des Spruchkörpers zulässig. Insoweit liegt eine der richterl Unabhängigkeit unterliegende richterliche Tätigkeit vor, die keiner behördlichen Anordnung unterstellt ist (BGH NJW 69, 1302; 64, 2415). Der Richter hat, sofern keine gesetzl Mitteilungspflicht besteht (zB § 116 AO, § 20 AGBG; hierzu die bundeseinheitl AO über die Mitteilungen in Zivilsachen), daher auch hier das rechtl Interesse der auskunftsuchenden Behörde gemessen an schutzwürdigen Interessen der Parteien zu prüfen. Das Persönlichkeitsrecht der Betroffenen verbietet (zB bei Scheidungsakten, BVerfG DVBl 73, 362; NJW 70, 555) schrankenlose Amtshilfe ohne dessen Zustimmung, Becker NJW 70, 1075; vgl entspr § 204 Rn 6. – Ein Recht auf Erteilung von Abschriften haben Dritte nicht.

299 a *[Bildträgerarchiv]*

Sind die Prozeßakten zur Ersetzung der Urschrift auf einem Bildträger nach ordnungsgemäßen Grundsätzen verkleinert wiedergegeben worden und liegt der schriftliche Nachweis darüber vor, daß die Wiedergabe mit der Urschrift übereinstimmt, so können Ausfertigungen, Auszüge und Abschriften von der Wiedergabe erteilt werden. Auf der Urschrift anzubringende Vermerke werden in diesem Fall bei dem Nachweis angebracht.

1 **1)** § 299a enthält die Ermächtigung, Akten abweichend von der geltenden AktO anstatt im Original in verkleinerter Ablichtung aufzubewahren. Die **„ordnungsgemäßen Grundsätze"** für die technische u urkundenrechtliche Durchführung **der Mikroverfilmung** werden für die Gerichte des Bundes vom BMdJ, sonst von den Landesjustizverwaltungen in Ergänzung der AktO erlassen.

2 Nach der am 1. 8. 1978 in Kraft getretenen „Richtlinie für die Mikroverfilmung von Schriftgut in der Rechtspflege und Justizverwaltung" des Bundes ist das aufbewahrungspflichtige Schriftgut vollständig auf Roll- oder Mikroplanfilm (auf Silberhalogenbasis nach DIN 19070) aufzunehmen). Über die Vollständigkeit der Aufnahme ist eine mit dem Film zu verwahrende **Prüfungsniederschrift** zu erstellen. Die Prüfungsniederschrift ist Grundlage der **Ablichtungsbeglaubigung** des UrkBeamten der GeschSt. Die derart beglaubigte Ablichtung wird anstelle des Original-Schriftguts nach Maßgabe der AktO archiviert; erst damit sind die Voraussetzungen für eine Vernichtung der Originalakten (s aber die Ausnahmen unten) gegeben.

3 Die Landesjustizverwaltungen haben bislang entsprechende Richtlinien für ihren Bereich nicht erlassen; jedoch erfolgte der Erlaß der Bundesrichtlinien in Absprache mit den Landesjustizverwaltungen, so daß von einer Allgemeingültigkeit wohl auszugehen ist.

4 **2) Akteneinsicht** (§ 299) in derart verfilmte Akten wird durch Einsichtnahme mittels eines Lesegeräts auf der GeschSt gewährt (vgl entsprechend § 261 HGB). Auszüge, Abschriften oder Ausfertigungen werden von der GeschSt in Form von (begl) Rückvergrößerungen erteilt; für die Erteilung von (nicht begl) Abschriften oder Auszügen kommen bei Zustimmung des A'st auch Filmduplikate in Betracht.

3) Ausgeschlossen von der (das Original ersetzenden) **Mikroverfilmung** sind von den Parteien vorgelegte (§ 420) oder vom Gericht beigezogene (§§ 273 II 2, 358 a, 432) Beweisurkunden, denn diese sind nicht dauernde Aktenbestandteile (vgl §§ 142 II, 420, 443) u unterliegen vorbehaltl der Auslieferung an andere Behörden (§ 443) der Rückgabepflicht im Original (vgl Anm zu §§ 142 u 443). 5

Das Gericht (Vors) kann anordnen, daß Akten unbeschadet ihrer Ablichtung als Archivgut von der Vernichtung ganz oder teilweise ausgeschlossen werden. 6

Zweiter Titel

URTEIL

Lit: *Arndt,* Das Urteil, 2. Aufl 1962; *Berg,* Gutachten und Urteil, 12. Aufl 1983; *Furtner,* Das Urteil im Zivilprozeß, 5. Aufl 1985; *Grunsky,* Prozeß- und Sachurteil, ZZP 80 (1967), 55; *Jauernig,* Das fehlerhafte Zivilurteil, 1958; *de Lousanoff,* Zur Zulässigkeit des Teilurteils gem § 301 ZPO, 1979 (dazu Besprechung von *Prütting* ZZP 94, 103); *Sattelmacher/Sirp,* Bericht, Gutachten, Urteil, 30. Aufl 1986; *Schiedermair,* Die Wirkung der Anfechtung von Zwischenurteilen nach §§ 275, 304 ZPO auf das Endurteil, JuS 61, 212; *Schilken,* Die Abgrenzung zwischen Grund- und Betragsverfahren, ZZP 95, 45; *Schmitt,* Teilweise Klageabweisung und Beschwer bei Grundurteilen, NJW 68, 1127; *E. Schneider,* Die Zulässigkeit des Teilurteils, MDR 76, 93; *ders,* Die Selbständigkeit des Höheverfahrens beim Grundurteil, JurBüro 76, 1137; *ders,* Probleme des Grundurteils in der Praxis, MDR 76, 705 und 793; *Schulin,* Der Aufbau von Tatbestand, Gutachten und Entscheidungsgründen, 4. Aufl 1972; *Schumann,* Fehlurteil und Rechtskraft, FS Bötticher 1969, S 289; *Tiedtke,* Das unzulässige Zwischenurteil, ZZP 89 (1976), 64; *Türpe,* Probleme des Grundurteils, insbesondere seiner Tenorierung, MDR 68, 453, 627; *Wagemeyer,* Anm zu BGH VI ZR 138/59, ZZP 74 (1961), 281; *Walchshöfer,* Anm zu OLG Celle 9 U 20/65, ZZP 80 (1967), 147; *Wittmann,* Urteilsformel und Beschwer bei Grundurteilen, NJW 67, 2387; *Womelsdorf,* Die Fassung des Tenors im Zivilurteil, JuS 83, 855.

Vorbemerkungen

I) Arten von Entscheidungsformen

1) Urteile; Das sind Entscheidungen, die in der Regel nur auf Grund obligatorischer mündlicher Verhandlung ergehen; Ausnahmen: §§ 251 a, 331 a (Urteil nach Aktenlage), 128 II, III, 331 III (Urteil im schriftlichen [Vor-]Verfahren); s auch §§ 922, 936, 952, 1042 a. 1

2) Beschlüsse des (erkennenden) Gerichts, des Rechtspflegers und des Urkundsbeamten; das sind Entscheidungen, die weder über den Klageanspruch noch über einzelne dafür erhebliche Streitpunkte entscheiden, also den Prozeßstoff weder ganz noch teilweise in der Hauptsache erledigen. Die Beschlüsse des Gerichts können ohne oder auf Grund fakultativer mündlicher Verhandlung ergehen. Beispiel für einen Beschluß ohne mündliche Verhandlung: § 358 a. 2

3) Verfügungen; das sind Anordnungen des Vorsitzenden, Einzelrichters, beauftragten oder ersuchten Richters und des Urkundsbeamten, die der Prozeßleitung dienen. 3

II) Arten der Urteile

1) Allgemeines. Welches Urteil rechtlich vorliegt, richtet sich nicht nach seiner Bezeichnung oder der rechtlichen Auffassung des Gerichts, sondern nach dem Inhalt der Urteilsformel in Verbindung mit den Urteilsgründen (RG 102, 175). Zu den Rechtsmitteln bei inkorrekten Entscheidungen: vgl BGH 73, 89 und näher Rn 28 ff vor § 511. 4

2) Einteilung. Man unterscheidet: **a)** nach dem Gegenstand der Entscheidung zwischen **Sach- und Prozeßurteil.** Entscheidet das Urteil über die Sache, den Anspruch selbst, liegt ein Sachurteil vor, ist nur über die Zulässigkeit der Klage entschieden, zB über die Rüge der Unzuständigkeit, so ist ein Prozeßurteil gegeben (s dazu Grunsky aaO); 5

b) nach der Art der vorangegangenen Verhandlung zwischen streitigen **(kontradiktorischen)** und nichtstreitigen **Urteilen.** Beruht das Urteil auf dem Ergebnis einer zweiseitigen oder einseitigen streitigen mündlichen Verhandlung, so liegt ein kontradiktorisches Urteil vor; gleiches gilt bei Urteilen nach Lage der Akten (§§ 251 a, 331 a). Gegen eine nicht erschienene oder nicht ver- 6 handelnde Partei ergeht **Versäumnisurteil** (§§ 330, 331, 334), bei Anerkennung des Klageanspruchs (§ 307) **Anerkenntnisurteil,** bei Verzicht auf Klageanspruch **Verzichtsurteil** (§ 306);

7 **c)** nach dem sachlichen Inhalt des Urteils. **aa) Leistungsurteile** (häufigste Art), die den Beklagten zu einer Leistung (Tun oder Unterlassen) – § 241 BGB – verurteilen. Der Ausspruch des Gerichts ist ein Befehl an den Beklagten zu leisten; zB: „Der Beklagte hat an den Kläger 1000 DM zu zahlen." Auch Duldungsurteile in Haftungsklagen sind Leistungsurteile, und zwar sowohl die materiellen Haftungsklagen (§§ 772 II, 1; 1033 I 2; 1132 I 2; 1147; 1204 I BGB; § 371 III 1 HGB) wie die Klagen auf Duldung der Zwangsvollstreckung (§ 2213 III BGB, §§ 737, 743, 745 II, 748 II ZPO). Die Leistungsurteile sind vollstreckungsfähig.

8 **bb) Feststellungsurteile:** In ihnen wird nur darüber entschieden, ob zwischen den Parteien das streitige Rechtsverhältnis besteht oder nicht (positives bzw negatives – leugnendes – Feststellungsurteil) oder auch, ob eine Urkunde echt oder unecht ist und ob der Gegner zur Anerkennung der Urkunde verpflichtet ist, zB „es wird festgestellt, daß das Mietverhältnis zwischen C und Y am ... endigt". Derartige Urteile enthalten nur einen autoritativen Ausspruch über die Rechtslage, geben keinen Vollstreckungstitel und bilden nur die Grundlage für die aus diesem Rechtsverhältnis entspringende Verpflichtung des Gegners, die aber selbständig durch Leistungsurteil auszusprechen ist. Der Vollstreckung sind – vom Kostenpunkt abgesehen – Feststellungsurteile nur ausnahmsweise und in einem weiteren Sinn fähig (zB § 16 I 1 HGB).

9 **cc) Rechtsgestaltungsurteile:** Sie führen unmittelbar eine Änderung des bestehenden Rechtszustandes herbei und sind nur möglich, wenn das materielle oder das Prozeßrecht auf Grund eines bestimmten Tatbestandes ein Recht auf Änderung des Zustandes gibt, zur Änderung selbst aber die Erklärung des Berechtigten nicht ausreicht, vielmehr eine gerichtliche Entscheidung erforderlich ist. Die Rechtsänderung tritt mit der Urteilsrechtskraft ein. Das Urteil kann je nachdem nur für die Zukunft wirken, wie zB das Ehescheidungsurteil oder mit rückwirkender Kraft ausgestattet sein, wie zB das Urteil, das die Nichtigkeit der Ehe ausspricht. Eine Vollstreckung aus Rechtsgestaltungsurteilen ist nicht möglich. Außer den Statusklagen des 6. Buches der ZPO gehören dazu zB die handelsrechtlichen Gestaltungsklagen der §§ 117, 127, 131 Nr 6, 133, 140, 142, 161 II HGB; §§ 246, 248, 275 AktG, die Erbunwürdigkeitsklage nach §§ 2342/44 BGB, weiter die Fälle der §§ 315 III 2; 319 I 2 BGB usw; die prozessualen Gestaltungsklagen der §§ 323, 722, 767, 768, 771, 785/86, nicht aber die Klage nach § 731, die eine prozessuale Feststellungsklage ist (vgl § 731 Rn 4). Einzelheiten sind noch vielfach ungeklärt; **Lit:** Schlosser, Gestaltungsklagen und Gestaltungsurteile, 1966; ders Jura 86, 130 ff mwN; K. Schmidt JuS 86, 35.

10 **d)** nach der Bedeutung für die Erledigung des Rechtsstreits **aa) Endurteile.** Die betreffen den ganzen Streitgegenstand oder einen Teil desselben (Teil-Endurteil) (§§ 300, 301).

11 **bb) Zwischenurteile.** Sie erledigen nur einen Zwischenstreit, der zur Entscheidung reif ist (§ 303), nie aber endgültig den eingeklagten Streitgegenstand. Zwischenurteile über die Zulässigkeit der Klage gelten in betreff der Rechtsmittel als Endurteile (§ 280 II). Ein Zwischenurteil besonderer Art ist das Grundurteil nach § 304. Rechtsmittel: § 304 II.

12 **cc) Vorbehaltsurteile.** Dies sind auflösend bedingte Endurteile. In ihnen wird der Beklagte zunächst verurteilt; es wird ihm aber vorbehalten, in derselben Instanz erhobene Einwendungen, die verfahrensrechtlich nicht berücksichtigt werden konnten, in einem sog Nachverfahren geltend zu machen (§§ 302 III, 599 III).

III) Fehlerhafte Entscheidungen

13 **1) Schein- oder Nichturteile. a) Begriff.** Hier liegt der bloße Anschein eines Urteils vor: Es wurde durch ein Nichtgericht – zB den Gerichtsvollzieher, den Landrat – oder nicht in Ausübung der Gerichtsbarkeit entschieden, zB vom Amtsrichter am Stammtisch, als Leiter einer Arbeitsgemeinschaft für Referendare; es fehlt an einer Verkündung (§ 311) oder ist ein bloßer Entwurf zugestellt worden (vgl R-Schwab § 61 III 1 b; Jauernig NJW 86, 117). Kein „Nichtgericht" in diesem Sinne ist das fehlerhaft besetzte Gericht (BVerfG NJW 85, 125 zur fehlerhaften Schöffenwahl im Strafprozeß).

14 **b) Rechtliche Behandlung.** Das Schein- oder Nichturteil ist völlig wirkungslos, bindet das Gericht nicht, beendet die Instanz nicht, wird weder formell noch materiell rechtskräftig, ist keine Grundlage für eine Zwangsvollstreckung; ist diese gleichwohl erfolgt, muß die Pfandverstrickung gemäß §§ 732, 768, 775, 776 angegriffen werden. Rechtsmittel sind zulässig, um den Anschein eines Urteils zu beseitigen (BGH NJW 64, 248, wonach dieses Rechtsmittel sich auch gegen das später ergehende wirksame Urteil richten soll; dazu ablehnend Jauernig NJW 64, 722).

15 **2) Nichtige Urteile.** Fallgruppen: **a)** Zwar hat ein **Gericht** entschieden, doch **fehlte** ihm **die Gerichtsbarkeit** über den Exterritorialen oder die rechtliche Handlungsmacht: Der Zivilrichter erließ ein Strafurteil, der FGG-Richter behandelt einen der streitigen Gerichtsbarkeit zugewiese-

nen Streitgegenstand im FGG-Verfahren (BGH 29, 223; BGH WM 57, 1573, str, vgl Eickhoff aaO [Lit zu § 33], S 25 mwN; Keidel/Winkler, FGG, § 7 Rn 24a); nicht umgekehrt!

b) Die Entscheidung spricht eine (als solche) **gesetz- oder sittenwidrige oder** (so hM, aber str) **dem Recht unbekannte Rechtsfolge** aus, zB Feststellung einer anderen Tatsache als der Echtheit oder Unechtheit einer Urkunde; Bestellung eines dinglichen Nutzpfandrechts an einem Grundstück; die Trennung von Tisch und Bett (vgl aber BGH 47, 324 – italienische Ehe; gegen die hL insoweit Jauernig § 60 III). Wird aber zu einer nur tatsächlich unmöglichen Leistung verurteilt, macht das zwar die Zwangsvollstreckung unmöglich, das Urteil aber nicht nichtig (vgl § 283 BGB!). Die Verurteilung zu einer Leistung, deren Unmöglichkeit feststeht, ist allerdings unzulässig (BGH NJW 86, 1676 mN); der Kläger muß hier nach § 264 Nr 3 zur Interessenklage übergehen (RG 107, 17). **Abgrenzung:** Nicht hierher gehören *materiellrechtliche Mängel* des Urteils, zB Verkennung der Sittenwidrigkeit der geltend gemachten Forderung (dazu Rn 77 vor § 322; § 700 Rn 15 ff). 16

c) Das **Urteil kann** seine **Wirkung aus tatsächlichen Gründen nicht entfalten:** Die nicht existierende Ehe wird geschieden, die nicht (oder nicht mehr) existente Partei wird zu einer Leistung verurteilt (vgl dazu Rn 11, 12 vor § 50; Hamm NJW-RR 86, 739, das Urteil ist in sich widerspruchsvoll oder unbestimmt (BGH 5, 240 [246]). 17

d) Einzelfälle: Entscheidung vor Rechtshängigkeit (LG Tübingen JZ 82, 474); Entscheidung nach Klage- oder Rechtsmittelrücknahme (KG Rpfleger 82, 304); Zwischenurteil über ein selbständiges Angriffs- oder Verteidigungsmittel; nicht aber Urteil nach Unterbrechung des Verfahrens gem § 240 (Nürnberg OLGZ 82, 379 [380]). Unterscheide davon aber die Fälle, in denen das zunächst voll wirksame Urteil durch nachträglichen Prozeßverlauf unwirksam wird, zB das Versäumnisurteil durch spätere Klagerücknahme (vgl § 269 III 1, Hs 2). 18

e) Rechtliche Behandlung. Keine materielle Rechtskraft oder Tatbestandswirkung, doch formelle Rechtskraft, Beendigung der Instanz, Bindung des Gerichts nach § 318, Grundlage für Kostenerstattungsanspruch; normale Rechtsbehelfe, daneben Klage auf Feststellung der Unwirksamkeit und Möglichkeit, die Sache erneut rechtshängig zu machen (R-Schwab § 61 IV 1; zT abw Blomeyer § 81 III 2a), Wiederaufnahme. Eine Vollstreckungsklausel darf nicht erteilt werden; geschieht es doch, bewirkt die Zwangsvollstreckung zwar zB keine Zwangshypothek, wohl aber die Verstrickung gepfändeter Mobilien, die der Schuldner über §§ 732, 768, 775, 776 angreifen muß. Ist die Nichtigkeit des Titels durch neues Urteil festgestellt, gelten §§ 766, 775 Nr 1, 766. UU kann einem Urteil gegen eine nicht existente Handelsgesellschaft im Prozeß gegen den Gesellschafter eine gewisse Rechtsscheinswirkung zukommen (vgl BGH NJW 80, 784). 19

3) Inkorrekte Entscheidungen: Rn 28 ff vor § 511. 20

300 *[Endurteil]*

(1) Ist der Rechtsstreit zur Endentscheidung reif, so hat das Gericht sie durch Endurteil zu erlassen.

(2) Das gleiche gilt, wenn von mehreren zum Zwecke gleichzeitiger Verhandlung und Entscheidung verbundenen Prozessen nur der eine zur Endentscheidung reif ist.

I) Endurteil (Abs I)

1) Begriff. Endurteile sind Urteile, welche die Hauptsache und somit den Rechtsstreit ganz oder teilweise (vgl § 301 Rn 1) für die Instanz endgültig entscheiden, so daß ein weiteres Urteil in demselben Rechtsstreit oder über denselben Anspruch weder erforderlich noch möglich ist. 1

2) Voraussetzungen. Ein Endurteil muß ergehen, wenn der Rechtsstreit entscheidungsreif ist, falls nicht die Klage zurückgenommen, durch Vergleich oder gemäß § 91a erledigt wird. **Entscheidungsreif** ist der Rechtsstreit, wenn der Sachverhalt völlig geklärt, die angebotenen Beweise erschöpft oder aber eine Partei mit noch ungeklärtem Vorbringen zulässigerweise nicht mehr zugelassen bzw zurückgewiesen wird (§§ 296, 296a, 527 ff). Für die Entscheidungsreife ist die – zutr – materielle und prozessuale Rechtslage zugrunde zu legen (vgl Rn 8 ff vor § 284); eine (weitere) Beweisaufnahme zur Umgehung schwieriger Rechtsfragen ist unzulässig (aA Grunsky, Grundlagen des Verfahrensrechts, § 40 II 2). Bei (endgültig) *unschlüssigem* Vorbringen besteht Entscheidungsreife (iS einer Klageabweisung), so daß sich die Frage der Verspätung insoweit nicht mehr stellt (BGH 94, 212 f). 2

3) Urteilsgrundlage. Zeitlich entscheidet als Urteilsgrundlage für den **Prozeßstoff** der Schluß der mündlichen Verhandlung – im Verfahren nach § 128 II, III der entsprechende Zeitpunkt; welcher das ist, ist allerdings lebhaft umstritten. Vgl hierzu im einzelnen § 128 Rn 18. **Für die anzu-** 3

wendenden Rechtsnormen dagegen entscheidet der Zeitpunkt der Urteilsverkündung, so daß also auch das Revisionsgericht eine zwischen Schluß der Verhandlung und Verkündung (§ 310) erfolgte Rechtsänderung berücksichtigen muß (BGH 9, 101; LM § 549 Nr 42).

4 **4)** Das **Gericht prüft** zunächst, ob die Prozeßvoraussetzungen vorliegen. Fehlt es hieran, ist die Klage (als unzulässig) abzuweisen; dasselbe gilt, wenn ein Prozeßhindernis entgegensteht. Ist die Klage zulässig, aber unbegründet, ist sie (als unbegründet) abzuweisen. Es darf nicht offen bleiben, ob die Klage als unzulässig oder als unbegründet abgewiesen wird (vgl BGH NJW 78, 2031 [2032]). Entscheidet das seine Zuständigkeit offen lassende Gericht gleichwohl über den Sachanspruch, so ist das Urteil (nach BAG NJW 67, 648) nicht der inneren Rechtskraft fähig. Das Gericht hat die Wahl, aus welchem von mehreren schlüssigen Gründen es die Klage sachlich abweisen will (vgl München NJW 70, 2114). Greift eine Einwendung gegen den Klageanspruch durch, bedarf es nicht mehr der Prüfung, ob er an sich begründet war; Ausnahme: Aufrechnung; dies ist die Folge davon, daß hier die Rechtskraft gemäß § 322 II auch die Einwendung ergreift (s § 322 Rn 15).

II) Endurteile bei besonderen Verfahrenslagen

5 **1)** Bei **Haupt- und Hilfsantrag** erfolgt eine Klageabweisung nur, wenn alle Anträge unzulässig bzw unbegründet sind. Die Prüfung des Hilfsantrags ist nur zulässig, wenn der Hauptantrag nicht zugesprochen werden kann; wird dann der Hilfsantrag zugesprochen, muß die Klage „im übrigen", also wegen des abgesprochenen Hauptantrages, abgewiesen werden (s Rn 4 zu § 260 und § 301 Rn 4).

6 **2) Abs II** trifft zu im Fall des § 147 **(subjektive Klagehäufung),** nicht auch bei objektiver Klagehäufung des § 260. Ist von mehreren in einer Klage geltend gemachten Ansprüchen nur der eine zur Entscheidung reif, ergeht Teil-Endurteil nach § 301. Ist einer von mehreren **verbundenen** Prozessen zur Entscheidung reif, so muß insoweit ein Voll-Endurteil mit Kostenentscheidung ergehen (also kein Ermessen nach § 301 II). Durch dieses Endurteil tritt – auch ohne ausdrücklichen Ausspruch – eine **Trennung** der verbundenen Prozesse ein. Für die Berechnung der Urteilsgebühr kommen die Werte gesondert in Betracht (vgl auch § 147 Rn 10). Bei Streitgenossenschaft: s § 301 Rn 4.

7 **III) Gebühren: 1) des Gerichts:** Im Zivilprozeß erwachsen für gewöhnlich zwei gerichtl Gebühren: für das Verfahren im allgemeinen und für die Entscheidung (idR die Urteilsgebühr). Als Entscheidungsgebühren kommen in Betracht: **a) im 1.** und **im 2. Rechtszug** für ein gewöhnliches Endurteil (bzw instanzabschließendes Urteil) mit notwendiger Begründung eine Urteilsgebühr nach dem zweifachen Tabellensatz (KV Nr 1016 bzw 1026), ohne Begründung eine Urteilsgebühr nach dem einfachen Tabellensatz (KV Nr 1017 bzw 1027) sowie für ein einem Grund- od Vorbehaltsurteil nachfolgendes Endurteil (bzw instanzabschließendes Urteil) mit notwendiger Begründung eine Urteilsgebühr nach dem einfachen Satz (KV Nr 1014 bzw 1024), ohne Begründung eine halbe Urteilsgebühr (KV Nr 1015 bzw 1025); **b) im Revisionsrechtszug** für ein instanzabschließendes Urteil mit notwendiger Begründung eine Urteilsgebühr nach dem zweifachen Tabellensatz (KV Nr 1036), ohne Begründung eine Urteilsgebühr nach dem einfachen Tabellensatz (KV Nr 1037). Auf den Anfall der Urteilsgebühr ist ohne Einfluß, ob es sich um ein Sach- od nur um ein Prozeßurteil handelt oder ob vorher Beweis erhoben worden ist oder nicht. Ein gebührenpflichtiges Endurteil liegt auch vor, wenn es ohne mündliche Verhandlung ergangen ist; im übr ist es ohne Bedeutung, ob streitig od nichtstreitig verhandelt worden ist.

Zwischenurteile sind durch die Verfahrensgebühr abgegolten u daher gerichtsgebührenfrei mit Ausnahme eines Grundurteils (§ 304) (vgl KV Nr 1013 bzw 1023).

Wie die Verfahrensgebühr wird auch die Urteilsgebühr in jeder Instanz hinsichtl eines jeden Teils des Streitgegenstands nur einmal erhoben (§ 27 GKG). Dieser Grundsatz wird jedoch bezügl der Urteilsgebühr insofern durchbrochen, als bei gleichem Streitgegenstand nicht nur eine Urteilsgebühr für ein Grund- od Vorbehaltsurteil, sondern auch eine weitere Urteilsgebühr für das nachfolgende Endurteil (instanzabschließende Urteil) in Ansatz kommt (s dazu § 302 Rn 16). Wenn von einzelnen Wertteilen in derselben Instanz für gleiche Handlungen Gebühren zu berechnen sind (zB Urteilsgebühren für mehrere Teilurteile), so ist § 21 II GKG anzuwenden; bei verschiedenen Gebührensätzen für die einzelnen Wertteile muß § 21 III GKG beachtet werden (im einzelnen dazu Rn 13 zu § 301). – Da ein Teilurteil gebührenrechtl ein (Teil-)Endurteil ist, ist ein ermäßigter Gebührensatz zu erheben, wenn die Voraussetzungen des § 313a I gegeben sind (s oben und Rn 11 zu § 313a). – In der 1. Instanz und auch im Berufungsverfahren beträgt für ein Grund- od ein Vorbehaltsurteil die Urteilsgebühr jeweils den einfachen Tabellensatz (KV Nr 1013 bzw 1023).

Anerkenntnis-, Verzichts- und **gegen** die **säumige Partei** erlassene **Versäumnisurteile** sind in allen Instanzen durch die Gebühr für das Verfahren im allgemeinen abgegolten (vor KV Nrn 1014/1015; 1016/1017; 1024/1025; 1026/1027; 1036/1037); hierfür also keine Urteilsgebühr. Urteilsgebühr aber für sog **unechte Versäumnisurteile** (s Rn 11 vor § 330). Für Scheidungs- u Folgesachen (vgl KV Nrn 1110 ff) bestehen größtenteils ermäßigte Gebührensätze; s jeweils dort.

Fälligkeit der Urteilsgebühr mit der Entscheidung, also idR mit deren Verkündung: §§ 61, 63, I GKG; in den Fällen, in denen die Verkündung durch Zustellung des Urteils ersetzt wird (§§ 307 II, 331 III, 310 III), mit der letzten Zustellung an die Parteien (Drischler/Oestreich/Heun/Haupt, GKG 3. Aufl VII zu KV Nr 1013–1017 Rdnr 22). Fälligkeit der Auslagen: §§ 63 I, 64 GKG. – Vorauszahlung: §§ 65, 68 GKG. – Schuldner: der Antragsteller: § 49 S 1 GKG, nach Kostenentscheidung daneben der Verurteilte: § 54 Nr 1 GKG. – Gesamtschuldner: §§ 58, 59 GKG.

2) des Anwalts: üblicherweise drei Regelgebühren, nämlich die **Prozeß-**, **Verhandlungs-** und **Beweisgebühr.** Bezüglich der Prozeßgebühr ist § 32 BRAGO, der Verhandlungsgebühr § 33 BRAGO und der Beweisgebühr § 34 BRAGO zu beachten. Für die Erörterung der Sache kann dem RA auch die sog **Erörterungsgebühr** des § 31 I Nr 4 BRAGO entstehen, die allerdings auf eine bereits erwachsene od noch erwachsende Verhandlungsgebühr anzurechnen ist (§ 31 II

BRAGO). – Auch in **Scheidungsfolgesachen** nach § 623 I, IV, § 621 I Nrn 1 bis 3, 6, 7 und 9 entstehen – selbst wenn diese Folgesachen zum Bereich der freiwilligen Gerichtsbarkeit gehören – die gleichen Anwaltsgebühren wie in sonstigen bürgerlichen Rechtsstreitigkeiten; Voraussetzung ist nur, daß die Familiensachen als Folgesachen behandelt werden (§ 31 III BRAGO). – Die Vergleichsgebühr zu 10/10 (§ 23 BRAGO) erhält der RA für einen unter seiner Mitwirkung abgeschlossenen Vergleich. – Im Berufungs- und Revisionsverfahren erhöhen sich die Anwaltsgebühren um 3/10 (§ 11 I 2 BRAGO). Soweit sich die Parteien nur durch einen beim BGH zugelassenen Anwalt vertreten lassen können, erhöht sich die Prozeßgebühr und nur diese in der Revisionsinstanz um 10/10, im Ergebnis also auf 20/10 (§ 11 I 3 BRAGO).

301 *[Teilurteil]*

(1) Ist von mehreren in einer Klage geltend gemachten Ansprüchen nur der eine oder ist nur ein Teil eines Anspruchs oder bei erhobener Widerklage nur die Klage oder die Widerklage zur Endentscheidung reif, so hat das Gericht sie durch Endurteil (Teilurteil) zu erlassen.

(2) Der Erlaß eines Teilurteils kann unterbleiben, wenn es das Gericht nach Lage der Sache nicht für angemessen erachtet.

Lit: *Prütting/Weth*, Teilurteil zur Verhinderung der Flucht in die Widerklage? ZZP 98, 131.

I) Begriff und Bedeutung

Teilurteil ist ein Endurteil, das nicht über den ganzen Streitgegenstand, sondern nur über einen individualisierbaren, selbständig zur Verbescheidung geeigneten, größenmäßig bestimmten Teil des – teilbaren – Streitgegenstandes entscheidet. Ein entspr Wille muß in der Entscheidung selbst oder wenigstens in den Begleitumständen (zB Erlaß eines Trennungsbeschlusses) zum Ausdruck kommen (BGH NJW 84, 1544). Dem (ersten) Teilurteil können noch weitere folgen; das letzte Teilurteil heißt **Schlußurteil.** Verbindung von Teil- und Grundurteil ist möglich (vgl BGH 72, 37; ie § 304 Rn 1). Das Teilurteil dient der Vereinfachung und Beschleunigung des Rechtsstreits (vgl BGH 77, 310) durch eine für die Instanz abschließende Teilerledigung des Rechtsstreits. Das Gericht ist an das Teilurteil gebunden (vgl § 318; BGH LM Nr 22 zu § 301), die Rechtskraftwirkung des Teilurteils ist auf den entschiedenen Teil des Streitgegenstands beschränkt (BGH MDR 81, 216; vgl näher Rn 46 vor § 322). 1

II) Voraussetzungen des Teilurteils

1) Allgemeines. Die Voraussetzungen sind nur zT dem Wortlaut des § 301 I zu entnehmen. Der Erlaß eines Teilurteils setzt ie voraus: **a) Teilbarkeit des Streitgegenstands** (Rn 3); **b) Entscheidungsreife** eines und nur eines Teils des Streitverhältnisses (Rn 5); **c)** als ungeschriebenes Merkmal die **Unabhängigkeit des Teilurteils** von der Entscheidung des Rest-Streits, dh die Entscheidung muß unabhängig davon sein, wie das Schlußurteil über den Rest des noch anhängigen Streitgegenstandes entscheidet (BGH 20, 311 = NJW 56, 1030; LM § 843 BGB Nr 5; MDR 83, 209; ie Prütting/Werth ZZP 98, 143 ff mwN). Es darf nicht die Gefahr bestehen, daß es im Teil- und im Schlußurteil zu widersprüchlichen Entscheidungen kommt (BGH 20, 311; NJW 60, 339; 71, 1840; LM § 301 Nr 22; MDR 79, 38 [39]; Hamburg FamRZ 84, 1235). Bestr ist, ob den Kriterien der (fehlenden) Widersprüchlichkeit und der Unabhängigkeit neben dem Erfordernis der Entscheidungsreife selbständige Bedeutung zukommt (verneinend de Lousanoff, Zur Zulässigkeit des Teilurteils gem § 301 ZPO, 1979, S 16 ff, 40 ff, zusammenfassend 85 ff; dagegen Prütting/Weth ZZP 98, 144 f). An der selbständigen Zulässigkeitsvoraussetzung gem c) ist festzuhalten, da es sich hierbei nicht nur um eine wesentliche Konkretisierung des unbestimmten Begriffs der Entscheidungsreife handelt, sondern durchaus Einzelfälle möglich sind, in denen dieses zusätzliche Erfordernis nicht zu entbehren ist (zutr Prütting ZZP 94, 106; Prütting/Weth ZZP 98, 145; ie Rn 7). 2

2) Zulässigkeit des Teilurteils. a) Teilbarkeit des Streitgegenstands. aa) Allgemeines. Bei einer **Mehrheit** von (selbständigen) prozessualen Ansprüchen (Einl Rn 61) ist Teilbarkeit gegeben in den Fällen objektiver (§§ 256 II, 260; vgl **I**, 1. Alt) und subjektiver Klagenhäufung (§ 59) sowie bei Klage und Widerklage (§ 33; vgl **I**, 3. Alt). Bei einem **einheitlichen Klageanspruch** dann, wenn über einen abgrenzbaren und eindeutig individualisierten quantitativen Teil des Anspruchs (vgl **I**, 2. Alt) entschieden werden soll (R-Schwab § 58 II 2; ThP 1 a; zur Abgrenzung von der – unzulässigen – Vorabentscheidung über Anspruchsgrundlagen und bloße Rechnungsposten vgl sogleich unten und näher Rn 6). **Teilbarkeit fehlt** immer dann, wenn einheitliche Entscheidung geboten ist. Dies ist der Fall (Teilurteil daher unzulässig) in Ehesachen (§§ 606 ff), im Verbund von Scheidungs- und Folgesachen (§ 623; anders für Versorgungsausgleich im isolierten Verfahren: Rn 4 aE) sowie idR bei notwendiger Streitgenossenschaft (§ 62; Ausnahme: Rn 4); im Verfahren über die Verteilung des Hausrats sind Teilentscheidungen regelmäßig nicht zulässig (LG Siegen FamRZ 76, 698); im Kündigungsschutzverfahren, wenn neben der Sozialwidrigkeit der Kündigung (§§ 1, 4 KSchG) ein Auflösungsantrag gem § 9 I KSchG geltend gemacht ist (BAG 3

NJW 82, 1118 [1119 mN]). Ein einheitlicher Schmerzensgeldanspruch ist nicht teilbar (Celle VersR 73, 60); das gleiche gilt von einem Anspruch auf Ersatz eines Gesamtschadens, dessen Einzelposten nicht betragsmäßig aufgeschlüsselt sind (Celle OLGZ 65, 48; für den einheitlichen Entschädigungsanspruch ebenso BGH LM Nr 26; ie Rn 6).

4 **bb) Beispiele:** Teilurteil ist demnach zulässig über einen abgrenzbaren Teil eines Anspruches (BGH NJW 84, 120 f = MDR 84, 36), zulässig weiter über einen von mehreren gehäuften (§ 260) Klageansprüchen; zur Ausnahme bei der eventuellen Klagehäufung vgl Rn 9; zu Einschränkungen bei fehlender Unabhängigkeit vom Schlußurteil vgl Rn 7. Ist Widerklage (§§ 33, 256 II) erhoben, ist ein Teilurteil zulässig über die Klage oder über die Widerklage oder über je einen Teil ihres Streitgegenstandes (Einschränkungen: Rn 7, 8). Ebenso zulässig ist ein Feststellungsteilurteil zur Gewährung von Versicherungsschutz hinsichtlich eines Haftpflichtschadens, wenn das Feststellungsbegehren auch die Kaskoschadensersatzpflicht mitumfaßt (LG Hanau VersR 67, 596). Auch ist ein Teilurteil möglich, das den Prozeß eines oder gegen einen einfachen Streitgenossen beendet; in diesem Fall ist auch eine Teilkostenentscheidung zulässig (BGH LM § 301 Nr 11). Ein Teilurteil hinsichtlich eines von mehreren notwendigen Streitgenossen ist unter den gleichen Voraussetzungen zulässig, unter denen die Einzelklage möglich ist, also wenn die übrigen vor Klageerhebung erklärt hatten, zu der mit der Klage begehrten Leistung verpflichtet und bereit zu sein (BGH LM § 62 Nr 10 = NJW 62, 1722). Ferner ist ein Teilurteil zulässig hinsichtlich einzelner ziffernmäßig bestimmter Posten, aus denen sich eine Schadensberechnung zusammensetzt (vgl Celle OLGZ 65, 48; einschr Düsseldorf MDR 85, 942: nur in Verb. mit Grundurteil über den Gesamtanspruch). Im isolierten Verfahren (anders bei Verbund: Rn 3) können auch Teilkomplexe des **Versorgungsausgleichs** durch Teilentscheidung geregelt werden (BGH FamRZ 83, 39; NJW 83, 1312; NJW 84, 1544); dies ist etwa der Fall, wenn der Versorgungsausgleich hinsichtlich einer Versorgungsart unabhängig von dem einer anderen rechtlich möglich ist (Zweibrücken FamRZ 86, 175; wohl auch BGH FamRZ 84, 1215); dies gilt selbst dann, wenn eine (spätere) Herabsetzung des Augleichsbetrages aufgrund einer Härteklausel in Betracht kommt (BGH NJW 84, 120).

5 **b) Entscheidungsreife.** Vgl zum Begriff § 300 Rn 2. Die Entscheidungsreife muß im Zeitpunkt des Erlasses des Teilurteils bereits *bestehen* und darf nicht mittels des Teilurteils erst herbeigeführt werden (vgl de Lousanoff, Zur Zulässigkeit des Teilurteils, S 28). Entscheidungsreife fehlt, solange noch neues Vorbringen zulässig ist, wobei der maßgebende Zeitpunkt für die Beurteilung der Verzögerung der der End-(Schluß-)entscheidung ist (BGH 77, 308; iErg auch *Stephan* § 296 Rn 12a). Unzulässig ist deshalb die Zurückweisung verspäteten Vorbringens (§§ 296, 528) durch Teilurteil, wenn es ohne Verzögerung des Schlußurteils noch berücksichtigt werden kann (zutr BGH 77, 309 = NJW 80, 2355 mit krit Anm Deubner = MDR 80, 927; BGH NJW 81, 1217; NJW 86, 135; Kallweit, Die Prozeßförderungspflicht der Parteien und die Präklusion verspäteten Vorbringens, 1983, S 62 f; aA BL § 296 Anm 2 C b aa; krit zur BGH-Rspr Prütting/Weth ZZP 98, 146 f, dagegen hier § 296 Rn 12a); das gilt auch im Verhältnis von Klage und Widerklage (str, vgl § 33 Rn 9). Entscheidungsreife fehlt beim Teilurteil auch dann, wenn die (Teil-)Entscheidung von der Entscheidung im Schlußurteil noch irgendwie berührt werden kann. Diese Fragen sind im Zusammenhang mit den die Zulässigkeit von Teilentscheidungen einschränkenden Kriterien der (fehlenden) Widersprüchlichkeit und der Unabhängigkeit zu erörtern (Rn 2 und 7).

6 **3) Unzulässigkeit des Teilurteils.** Die nachfolgenden Fallgruppen orientieren sich an den oben Rn 2, 3 ff dargestellten Zulässigkeitsvoraussetzungen. **a) Fehlende Bestimmtheit des im Teilurteil erledigten Teils des Klageanspruchs.** Zum möglichen Umfang eines Teilurteils vgl zunächst Rn 3. Die zur Individualisierung des abgrenzbaren Teils erforderlichen Angaben können uU noch nach Erlaß des Teilurteils durch übereinstimmende Erklärungen in der Rechtsmittelinstanz nachgeholt werden (BAG NJW 78, 2114). Unzulässig ist ein Teilurteil über einzelne Angriffs- oder Verteidigungsmittel (vgl § 146 Rn 2), über einzelne rechtliche Grundlagen desselben prozessualen Anspruchs (Klagegründe) bei mehrfach begründeter Klage (BGH NJW 78, 1920; NJW 84, 615 = VersR 84, 38 = JR 84, 113 mit zust Anm Linnenbaum; damit hat die Frage des Verfahrens bei Zuständigkeit des Gerichts für nur einzelne Anspruchsgrundlagen – vgl dazu Einl Rn 85 – grundsätzlich nichts zu tun); über einen festen Teilbetrag ohne Ausscheidung der einzelnen Posten, aus denen sich dieser Teilbetrag zusammensetzt (RG 66, 396); über nur sachlich, nicht ziffernmäßig bestimmte Posten einer Schadensberechnung (Celle OLGZ 65, 48; weitergehend Düsseldorf MDR 85, 942, dazu Rn 4); über einzelne Berechnungsfaktoren eines einheitlichen Entschädigungsanspruchs wegen enteignenden Eingriffs in den Gewerbebetrieb (BGH LM Nr 26); über die Abweisung ziffernmäßig nicht bestimmter Zinsansprüche, wenn über die zu verzinsende Hauptforderung nicht entschieden wird (Frankfurt MDR 75, 321); über einzelne Posten einer laufenden Rechnung, deren Saldo Streitgegenstand ist (Zweibrücken MDR 82, 1026); über die Kosten vor Erledigung der Hauptsache; über untrennbare Ansprüche (RG 54, 140); unzuläs-

sig ist ferner eine teilweise Klageabweisung, wenn nicht geklärt ist, ob der eingeklagte Pflichtteilsanspruch wegen zu geringer Höhe der Aktiven oder zu hoher Passivposten nicht voll zugesprochen werden kann (BGH NJW 64, 205). Unzulässig ist auch ein Teilurteil über einzelne Ansprüche, wenn im Rechtsstreit auf Entschädigung wegen Gesundheitsschäden mehrere der in § 29 BEG aufgeführten Ansprüche gestellt sind (BGH MDR 69, 661). Unzulässig ist ein Teilurteil gegen den Vater des nichtehelichen Kindes für die Zeit bis zur Einholung eines erbbiologischen Gutachtens nach dem 3. Lebensjahr (LG Bielefeld MDR 67, 921). Ein Teilurteil ist unzulässig, wenn das Gericht einen einheitlichen Schmerzensgeldanspruch willkürlich auf Zeitabschnitte aufteilt (Celle VersR 73, 60).

b) Fehlende Unabhängigkeit von Teil- und Schlußurteil (drohende Widersprüchlichkeit zwischen Teil- und Schlußurteil). Vgl allg Rn 2. Widersprüchlichkeit meint keinen Rechtskraftkonflikt (dieser tritt bei Teilentscheidungen nicht auf, vgl Rn 1 aE), sondern ist iwS zu verstehen und umfaßt bereits Fälle der **Präjudizialität:** Die Entscheidung des Rest-Streits darf nicht eine Vorfrage für den (erledigten) Teilstreit umfassen (einschr iS einer Abhängigkeit des Teilurteils von künftigen prozessualen Ereignissen: Prütting/Weth ZZP 98, 145). Weitere Bsp: Ein Teilurteil ist unzulässig über einen Feststellungsantrag, wenn die Frage des Feststellungsinteresses von der Entscheidung des Rest-Streits abhängt (RG 151, 384); im Prozeß über Ansprüche aus einem einheitlichen Schadensereignis, wenn im weiteren Verfahren noch tatsächliche Feststellungen zu treffen sind, deren Ergebnis bei einheitlicher Entscheidung auch für den Umfang des vorweg zuerkannten Anspruchs erheblich sein kann (Köln OLGZ 76, 244 = MDR 76, 408); im Prozeß über die Feststellung von Versicherungsschutz, wenn der auf das Schadensereignis bezogene Vorsatz möglicherweise nicht auf einzelne (Teil-)Schadensfolgen begrenzt ist (Schleswig VersR 84, 1164); im Prozeß über Ausgleich des Zugewinns, wenn die Frage der Leistungsverweigerung wegen grober Unbilligkeit (§ 1381 BGB) auch für den zuerkannten Teilbetrag in Frage kommt (Stuttgart FamRZ 84, 274); im Prozeß über Geschiedenenunterhalt für einen bestimmten Zeitraum, wenn eine unterschiedliche Beurteilung von für beide Anspruchs-Teile erheblichen Umständen (zB Ausschluß gem § 1579 I BGB; Leistungsfähigkeit des Schuldners) in Frage kommt (Hamburg FamRZ 84, 1235). Bei Einklagung eines Teilbetrags kann eine klageabweisende Entscheidung hinsichtlich einer Mithaftungsquote nicht ergehen, solange nicht im Verfahren über die Höhe des Schadens die Möglichkeit ausgeschaltet ist, daß der zuzusprechende Anteil des Gesamtschadens den eingeklagten Teilbetrag erreicht (BGH VersR 65, 878). Stehen mehrere Ansprüche im **Eventualverhältnis,** darf kein Teilurteil über den Hilfsantrag vor Erledigung des Hauptantrags ergehen (zum Teilurteil über den Hauptantrag selbst vgl Rn 9). Unzulässig ist ein Teilurteil über ein unselbständiges Anschlußrechtsmittel (BGH 20, 311 = NJW 56, 1030; BAG NJW 75, 1248 [L]); anders, wenn bereits über das Hauptrechtsmittel teilweise vorab entschieden wurde (Celle NJW-RR 86, 357) oder wenn sich die Anschlußberufung nur auf die Frage der vorläufigen Vollstreckbarkeit des Ersturteils erstreckt (LG Mönchengladbach NJW 65, 49; kein Teilurteil darf ferner ergehen, wenn Klage und Widerklage denselben Gegenstand betreffen (Frankfurt MDR 83, 498); kein Teilurteil über die Klage, bevor nicht über eine Inzidentfeststellungswiderklage entschieden ist (München MDR 57, 425). Ein zunächst unzulässiges Teilurteil kann dadurch zulässig werden, daß im zweiten Rechtszug Zwischenfeststellungsanträge nach § 256 II gestellt werden, deren Bescheidung die Möglichkeit eines Widerspruchs zwischen Teilurteil und Schlußurteil ausräumt (Köln VersR 73, 89). 7

c) Geltendmachung von Einreden und Gegenrechten, die den ganzen Streitstoff betreffen. Ein Teilurteil über einen Teil der Klageforderung ist unzulässig, wenn der Beklagte mit einer die gesamte Klageforderung übersteigenden Gegenforderung aufgerechnet hat und beide Forderungen der Höhe nach streitig sind (Frankfurt MDR 75, 321). Unzulässig ist auch ein Teilurteil, wenn sich die Entscheidung auf eine zur Aufrechnung gestellte Forderung bezieht, deren Verpflichtungsgrund von dem weiter anhängigen Rechtsstreit berührt werden kann (Düsseldorf NJW 70, 2217). Zulässig ist dagegen ein (abweisendes) Teilurteil über die Widerklage, mit der Forderungen geltend gemacht werden, mit denen hilfsweise gegen die Klageforderung aufgerechnet wurde; soweit nur wegen Verjährung abgewiesen wurde, scheidet eine Widersprüchlichkeit zum Schlußurteil wegen § 390 S 2 BGB aus, soweit im übrigen abgewiesen wurde, ist das Gericht im Schlußurteil gemäß § 318 gebunden (BGH LM Nr 22 zu § 301; iErg zust de Lousanoff aaO S 100 ff). 8

d) Bei **eventueller Klagenhäufung** läßt die hM eine Abweisung des Hauptanspruchs durch Teilurteil zu (so BGH 56, 79 = NJW 71, 1316; BGH NJW-RR 86, 579, str; teilweise abw Düsseldorf NJW 72, 1474); dies ist abzulehnen, da bei Fortführung des Prozesses in zwei Instanzen einander widersprechende Entscheidungen ergehen können, ohne Rechtsmitteleinlegung gegen das Teilurteil aber der Kläger Gefahr läuft, auch mit dem Hilfsantrag im Schlußurteil abgewiesen zu werden (überzeugend gegen die hM de Lousanoff aaO S 135 f). 9

III) Entscheidung durch Teilurteil

10 1) Ob ein Teilurteil erlassen wird, steht im freien, nicht nachprüfbaren **Ermessen des Gerichts** (hM, einschr de Lousanoff aaO S 151 f; vgl auch Rn 12), wenn auch die Fassung des § 301 II erkennen läßt, daß der Gesetzgeber den Erlaß als die Regel ansieht. Ein Teilurteil **muß** ergehen bei der Stufenklage des § 254, bei Teilverzicht und -anerkenntnis, §§ 306, 307; allg im Säumnisverfahren (vgl §§ 331 II – dazu dort Rn 5 –, 335 I Nr 3 und arg 340 II; **Lit** zum Teilversäumnisurteil: Bettermann ZZP 88, 424); wohl auch bei Säumnis eines Streitgenossen, vgl E. Schneider JR 62, 130 Anm 16. Keine Anfechtung der Zurückweisung des Antrages auf Teilurteil (RG 97, 32). Im Fall des § 300 II muß Endurteil ergehen (§ 300 Rn 6).

11 2) Das Teilurteil enthält in der Regel (Ausnahme: über die außergerichtlichen Kosten eines ausscheidenden Streitgenossen) keinen **Kostenausspruch** (allgM, aA LAG Berlin MDR 78, 345; BB 84, 1362 [LS]); über ihn wird im Schlußendurteil entschieden (so insbesondere, wenn die Entscheidung über die Widerklage dem Endurteil vorbehalten ist). Zur Kostenentscheidung beim Teilurteil und zu ihrer Anfechtung vgl § 99 Rn 10, auch BGH VersR 69, 1039.

IV) Wirkungen des Teilurteils

12 Das Teilurteil teilt den Rechtsstreit in zwei selbständige Verfahren (Zweibrücken MDR 82, 1026; zum Fall des Teil-Versäumnis- und Teil-Endurteils vgl § 338 Rn 1); deshalb kann das angerufene Rechtsmittelgericht grundsätzlich nicht über einen noch beim Untergericht anhängigen Streitteil mitentscheiden, es sei denn, der Erlaß eines Teilurteils war unzulässig (BGH NJW 83, 1311 [1312 f]; MDR 83, 1014; NJW 84, 120 = MDR 84, 36; Schleswig VersR 84, 1164) oder die Parteien sind mit der Entscheidung durch das Berufungsgericht einverstanden (BGH WM 86, 763 [768] = ZIP 86, 900 [906]; Frankfurt JR 84, 290; § 537 Rn 8). Zu den Auswirkungen im Kündigungsschutzverfahren bei gleichzeitiger Geltendmachung von Gehaltszahlungen s BAG NJW 75, 408 (L) = AP Nr 3 zu § 13 KSchG 1969 mit Anm Vollkommer. Es ist wie das Schlußendurteil selbständig anfechtbar, §§ 511, 545, und selbständig der Rechtskraft fähig (RG 17, 45). Folge: Die Berufungs- oder Revisionssumme (§§ 511 a, 546) muß hinsichtlich jedes Teilurteils selbständig gegeben sein (BGH NJW 77, 1152). Erreicht das eine Teilurteil die Revisionssumme, das andere nicht, so kann gegen letzteres Revision nicht eingelegt werden, auch wenn gleichzeitig gegen das erstere Revision eingelegt wird (RG 13, 352). Es sind eben beide Urteile selbständige Endurteile. Allerdings kann in Fällen, in denen die Rechtmittelfähigkeit der Entscheidung davon abhängt, ein *nobile officium* des Gerichts bestehen, vom Erlaß eines Teilurteils abzusehen (so R-Schwab § 58 II 2b; weitergehend de Lousanoff aaO S 151 f: Unzulässigkeit bei einheitlichem Anspruch wegen Ermessensreduzierung; vgl auch Rn 10). Ist ein Teilurteil in unzulässiger Weise ergangen, so setzt die Aufhebung des Teilurteils in der Revisionsinstanz außer in Ehesachen grundsätzlich eine Verfahrensrüge nach § 554 III Nr 3b voraus (BGH NJW 55, 337). Mängel des Teilurteils (Unbestimmtheit des Gegenstands bei Mehrheit von Klageansprüchen, vgl Rn 4) können aber uU durch entspr Klarstellung noch in der Revisionsinstanz geheilt werden (BAG NJW 78, 2114). Während des Rechtsmittelverfahrens ist dem in **erster Instanz** anhängig gebliebenen Verfahrensteil – zumindest auf Antrag – Fortgang zu geben (Köln JMBlNW 84, 115), so daß der Rechtsstreit in beiden Instanzen *zugleich* geführt werden kann.

13 **V) Gebühren des Gerichts:** Soweit Teilurteile einen Teil des Streitgegenstandes erledigen, sind sie Endurteile und somit gebührenpflichtig. Zunächst ist für jedes Teilurteil die Urteilsgebühr gesondert zu berechnen; für sämtliche Teilurteile zusammen darf jedoch im Ergebnis keine höhere Urteilsgebühr erhoben werden, als sie sich aus der Gesamtsumme der einzelnen Wertteile errechnet (§§ 21 II, 27 GKG). Bei verschiedenen Gebührensätzen ist für die einzelnen Wertteile die Urteilsgebühr ebenfalls zunächst gesondert zu berechnen; dabei ist § 21 III GKG zu beachten (vgl Hartmann, KostGes GKG § 21 Anm 3). Dies bedeutet, daß es bei der Erhebung der Urteilsgebühren für die einzelnen Teilurteile verbleibt, wenn durch die aus dem Gesamtbetrag der Wertteile nach dem Höchstsatz errechnete Urteilsgebühr die Summe der einzelnen Teilurteilsgebühren nicht erreicht wird. – Auch beim Teilurteil kommt es für die Höhe der Urteilsgebühr darauf an, ob das Teilurteil eine Begründung enthält und enthalten muß oder ob nach § 313a I ZPO eine Begründung entbehrlich ist.

302 *[Vorbehaltsurteil]*

(1) Hat der Beklagte die Aufrechnung einer Gegenforderung geltend gemacht, die mit der in der Klage geltend gemachten Forderung nicht in rechtlichem Zusammenhang steht, so kann, wenn nur die Verhandlung über die Forderung zur Entscheidung reif ist, diese unter Vorbehalt der Entscheidung über die Aufrechnung ergehen.

(2) Enthält das Urteil keinen Vorbehalt, so kann die Ergänzung des Urteils nach Vorschrift des § 321 beantragt werden.

(3) Das Urteil, das unter Vorbehalt der Entscheidung über die Aufrechnung ergeht, ist in betreff der Rechtsmittel und der Zwangsvollstreckung als Endurteil anzusehen.

(4) In betreff der Aufrechnung, über welche die Entscheidung vorbehalten ist, bleibt der Rechtsstreit anhängig. Soweit sich in dem weiteren Verfahren ergibt, daß der Anspruch des Klägers unbegründet war, ist das frühere Urteil aufzuheben, der Kläger mit dem Anspruch abzuweisen und über die Kosten anderweit zu entscheiden. Der Kläger ist zum Ersatz des Schadens verpflichtet, der dem Beklagten durch die Vollstreckung des Urteils oder durch eine zur Abwendung der Vollstreckung gemachte Leistung entstanden ist. Der Beklagte kann den Anspruch auf Schadensersatz in dem anhängigen Rechtsstreit geltend machen; wird der Anspruch geltend gemacht, so ist er als zur Zeit der Zahlung oder Leistung rechtshängig geworden anzusehen.

I) Allgemeines

Die Möglichkeit, den Beklagten zu verurteilen, bevor über alle seine Einwendungen entschieden ist, geben die Vorbehaltsurteile nach § 302 und § 599; sie dienen der Prozeßbeschleunigung. Wegen Zulässigkeit und Wirkung der Aufrechnung im Prozeß s § 145 Rn 11 ff. Zum Vorbehaltsurteil im Urkundenprozeß s § 599. Im verwaltungsgerichtlichen Verfahren ist § 302 iVm § 173 VwGO anwendbar (BVerwG NJW 83, 776 [777]); vgl auch § 145 Rn 19). 1

II) Voraussetzungen

1) **Aufrechnung** (§ 388 BGB) des Beklagten mit einer Gegenforderung, die mit der Klageforderung **nicht im rechtlichen Zusammenhang steht.** Ein solcher liegt vor, wenn die beiden Ansprüche in demselben rechtlichen Verhältnis oder auch in verschiedenen Rechtsverhältnissen wurzeln, diese aber nach ihrem Zweck und der Verkehrsanschauung wirtschaftlich als Ganzes, also als ein innerlich zusammengehöriges Lebensverhältnis erscheinen, so daß es treuwidrig wäre, einen Anspruch ohne Berücksichtigung des anderen durchzusetzen (s Düsseldorf OLGZ 85, 76 = MDR 85, 60). Der Begriff ist weit zu fassen (BGH 25, 360 [363 f] = NJW 58, 18 [19]; BGH Betrieb 65, 1439), laufende Geschäftsverbindung zwischen Vertragspartnern genügt (Düsseldorf OLGZ 85, 76 = MDR 85, 60; vgl auch Rn 3). Bei rechtlichem Zusammenhang ist nur eine Beschränkung nach § 146 möglich (RG 52, 27). Ist die Gegenforderung nicht konnex, so erfolgt die Trennung nach § 145 III oder § 302. 2

Rechtsprechung: Ein rechtlicher Zusammenhang wird bejaht zwischen Kaufpreisforderung und Gegenforderung auf Schadensersatz wegen Verletzung von Warenzeichenrechten während der Geltung eines Abkommens über die gegenseitigen Geschäftsbeziehungen (BGH 25, 360 = NJW 58, 18); zwischen dem Honoraranspruch des selbstliquidierenden Chefarztes und dem Gegenanspruch auf Schadensersatz wegen fehlerhafter Behandlung (BGH 94, 10). Zum rechtlichen Zusammenhang mit öffentlich-rechtlichen Gegenforderungen siehe Anm zu § 148 und BGH 16, 124. Zwischen dem Anspruch auf den anerkannten Saldo und seinen Rechnungsposten besteht in aller Regel kein rechtlicher Zusammenhang (BGH LM § 355 HGB Nr 12). 3

2) Die **Klageforderung** muß – abgesehen von der Einwendung der Aufrechnung – **entscheidungsreif** sein, § 300 I. Bei nicht konnexer Forderung kann auch im Grundurteil ein Vorbehalt nach § 302 gemacht werden (BGH LM § 304 Nr 6). 4

3) Die **Gegenforderung** darf noch **nicht entscheidungsreif** sein; ist sie es, steht also fest, daß die Aufrechnung unzulässig ist (§§ 393 ff BGB, BGH 35, 248) oder die Gegenforderung nicht begründet ist, darf nicht nach § 302 verfahren werden, sondern muß ein Endurteil ergehen. Zum Verbrauch der Gegenforderung s BGH WM 75, 795. Nach BGH 25, 360 = NJW 58, 18 ist der Beklagte, gegen den trotz Unzulässigkeit der Aufrechnung ein Vorbehaltsurteil ergangen ist, hierdurch auch dann nicht beschwert, wenn die beiden Forderungen konnex waren und das Vorbehaltsurteil auch aus diesem Grunde nicht zulässig war. 5

III) Ermessen beim Erlaß des Vorbehaltsurteils

Das Vorbehaltsurteil **kann** nach freiem, nicht nachprüfbarem (RG 97, 32; 144, 118) Ermessen des Gerichts erlassen werden, doch soll dies die Regel sein, wenn die Voraussetzungen oben Rn 2–5 erfüllt sind. Die Möglichkeit des § 302 ist nicht durch Parteivereinbarung abdingbar (BGH LM § 355 HGB Nr 12). Durch das Vorbehaltsurteil wird der Beklagte gemäß dem Klageantrag, aber unter dem Vorbehalt seiner Aufrechnung mit der genau zu bezeichnenden Gegenforderung verurteilt. Eine Kostenentscheidung ist notwendig: § 302 IV S 2. Die vorläufige Vollstreckbarkeit richtet sich nach allgemeinen Regeln. Wird der Vorbehalt übersehen, so ist eine Urteilsergänzung nach §§ 321, 302 II möglich oder ein Rechtsmittel. 6

IV) Wirkungen des Vorbehaltsurteils

An seine Entscheidung über die Klageforderung im Vorbehaltsurteil ist das Gericht wie an ein rechtskräftiges Urteil gebunden (§ 318). Eine **Bindung** besteht auch, insoweit über die Zulässig- 7 keit der Aufrechnung entschieden wurde, selbst wenn nicht alle Aufrechnungshindernisse geprüft wurden. Durch diese Bindungswirkung ist der Kläger beschwert; er kann das Vorbehaltsurteil mit Rechtsmitteln anfechten (BGH 35, 248 = NJW 61, 1721 = LM Nr 9/10 mit Anm Rietschel; BGH NJW 79, 1046; vgl aber auch Rn 8). Soweit der Kläger im Nachverfahren die Klageforderung zulässigerweise (BGH 37, 134 = NJW 62, 1249) erweitert, oder soweit neue Einwendungen entstanden sind, kann der Beklagte auch die Klageforderung angreifen (R-Schwab § 58 V 5c; BL Anm 4 A). Zur Bindungswirkung vgl auch Bötticher JZ 62, 213.

V) Anfechtung (Abs III)

8 Das Vorbehaltsurteil ist selbständig anfechtbar (§§ 302 III, 599 III) und Vollstreckungstitel. Mit dem Rechtsmittel kann der Beklagte auch geltend machen, daß das Vorbehaltsurteil zu Unrecht erging, zB weil Forderung und Gegenforderung im rechtlichen Zusammenhang stehen (nicht aber der Kläger, der insoweit – vgl auch Rn 7 – nicht beschwert ist; so BGH NJW 79, 1046). Die Berufung des Beklagten in solchem Fall darf nicht deshalb zurückgewiesen werden, weil das Erstgericht vorbehaltslos verurteilt hätte, wenn es über die Gegenforderung entschieden hätte (BGH LM Nr 1). Ob der Erlaß des Vorbehaltsurteils zweckmäßig war, unterliegt der Nachprüfung durch das Rechtsmittelgericht nicht, vgl oben Rn 6 und BGH WM 65, 827. War das Vorbehaltsurteil ergangen, obwohl die Forderungen konnex waren, so rechtfertigt dieser Verfahrensmangel § 539. Durch die Berufung gelangt hier jedoch ausnahmsweise auch der vorbehaltene Streitstoff in die zweite Instanz, die daher auch über die Gegenforderung entscheiden darf, sofern die Parteianträge (§§ 308, 536, 537) dies gestatten und über den Aufrechnungstatbestand in der Berufungsinstanz verhandelt worden ist (BGH LM Nr 4). Wird im Berufungsverfahren gegen ein Vorbehaltsurteil eine konnexe Gegenforderung neu eingeführt, deren Berücksichtigung bei Widerspruch des Gegners nicht für sachdienlich zu erachten ist, so erstreckt sich der vom Berufungsgericht bestätigte landgerichtliche Vorbehalt auch auf diese Gegenforderung (München MDR 75, 324).

VI) Vollstreckung

9 Gegen die Vollstreckung eines für vorläufig vollstreckbar erklärten Vorbehaltsurteils kann sich der Beklagte bei Rechtsmitteleinlegung gemäß § 719, gegen die Vollstreckung des rechtskräftigen Urteils kann er sich dadurch schützen, daß er bei Vorliegen der Voraussetzungen auf die Hauptforderung Arrest legen läßt. Auch ist in entsprechender Anwendung der §§ 707 und 719 die vorläufige Einstellung möglich, s auch § 707 Rn 2 und § 599 Rn 17; BGH NJW 67, 566; vgl aber auch Karlsruhe NJW 59, 1282 – für § 599. Nach Rechtskraft des Vorbehaltsurteils kann der Kläger Rückgabe der hinterlegten Sicherheit gemäß § 715 verlangen (RG 47, 364).

VII) Nachverfahren

10 **1) Beginn.** Das Nachverfahren kann vor Rechtskraft des Vorbehaltsurteils beginnen. Terminansetzung und Ladung erfolgen von Amts wegen; s § 216 Rn 1, 2. Die Ladungsfrist (§ 217) ist einzuhalten; nicht die Einlassungsfrist (§ 274 III). Fortführung des Verfahrens in den bisherigen Akten; keine Neueintragung im Zivilprozeßregister des AG und des LG. Zur Einstellung der Zwangsvollstreckung s oben Rn 9.

11 **2) Anhängigkeit des Rechtsstreits.** Wegen der vorbehaltenen Aufrechnung bleibt der Rechtsstreit mit den gleichen Parteirollen anhängig. Neues Vorbringen gegen die Klageforderung ist nicht mehr möglich; anders bei – nach §§ 263, 264 zulässiger – Klageänderung bzw -erweiterung, s oben Rn 7. Der Beklagte kann im Nachverfahren nicht mit einer anderen als mit der ihm vorbehaltenen Forderung aufrechnen (BGH WM 71, 130).

12 **3) Beendigung des Nachverfahrens.** Das Nachverfahren wird durch das **Endurteil** geschlossen: Ist die vorbehaltene Einwendung unbegründet, so „wird das Vorbehaltsurteil aufrechterhalten, der Vorbehalt fällt weg"; andernfalls „wird das Vorbehaltsurteil aufgehoben und die Klage abgewiesen". Es ergeht eine Zusatz- oder Neuentscheidung über die Kosten. Im letzteren Fall tritt die vorläufige Vollstreckbarkeit des Vorbehaltsurteils außer Kraft, § 717 I. Beseitigt ist es erst mit Rechtskraft des Schlußurteils.

13 **4) Säumnis.** Ist der Beklagte säumig, muß sein allein noch anhängiger Gegenangriff gegen das Vorbehaltsurteil mittels Aufrechnung erfolglos bleiben. Also ist der Wegfall des Vorbehaltes auszusprechen. Ist der Kläger säumig, gilt nur das Vorbringen des Beklagten zur Gegenforderung als zugestanden, § 331. Ist es schlüssig, ist das Vorbehaltsurteil aufzuheben und die Klage abzuweisen. Die Gegenforderung bleibt aber durch die Aufrechnung verbraucht.

14 **5) Die Geltendmachung des Schadens** erfolgt durch Stellung eines diesbezüglichen Antrags (Inzidentantrags), förmliche Widerklage oder in einem neuen Prozeß; im letzteren Fall keine Rückwirkung der Rechtshängigkeit auf den Zeitpunkt der Zahlung oder Leistung (RG 63, 369). Die Ersatzpflicht umfaßt unabhängig von einem Verschulden des Klägers (RG 91, 195 [203]) das

Gezahlte oder Geleistete samt Zinsen und Kosten, die der Kläger auf Grund der Kostenfestsetzung erhielt, und jeden durch die Vollstreckung oder Leistung entstandenen weiteren Schaden. Auf den Schadensersatzanspruch finden die §§ 249 ff, 254 BGB Anwendung. S im übrigen Anm zu § 717; doch ist § 717 III nicht anwendbar, R-Schwab § 58 V 5d, str. Kein Ersatz immateriellen Schadens für auf Grund später aufgehobenen Vorbehaltsurteils gemäß § 901 erlittene Haft (Hamburg MDR 65, 202).

VIII) Abhängigkeit von Vorbehalts- und Schlußurteil

Das Vorbehaltsurteil ist in seinem Bestand von der Entscheidung im Nachverfahren abhängig 15
(auflösend bedingt). Umgekehrt hängt der Bestand auch des nicht mehr anfechtbaren, das Vorbehaltsurteil aufrechthaltenden Schlußurteils vom Bestand des Vorbehaltsurteils ab, das ja selbständig anfechtbar ist. Hat zB das Schlußurteil das Vorbehaltsurteil bestätigt, weil die Gegenforderung nicht erweisbar war, so wird es ohne weiteres wirkungslos, wenn auf die Berufung des Beklagten hin das Vorbehaltsurteil später aufgehoben und die Klage abgewiesen wird, weil die Klageforderung nicht beweisbar ist.

IX) Gebühren: 1) des Gerichts: Das Nachverfahren bildet mit dem vor Erlaß des Vorbehaltsurteils liegenden Verfah- 16
ren hinsichtlich der allgemeinen Verfahrensgebühr eine einheitliche Kosteninstanz iS des § 27 GKG; es darf also die Verfahrensgebühr nur einmal erhoben werden. Die Urteilsgebühr dagegen kann zweimal erwachsen: Einmal für das Vorbehaltsurteil u dann für das im Nachverfahren ergehende Endurteil, soweit dieses nicht ein Anerkenntnis-, Verzichts- od ein Versäumnisurteil gegen die säumige Partei ist. Betreffen die beiden Urteile nur zum Teil denselben Streitgegenstand, so ist § 21 GKG anzuwenden. Hinsichtl der Höhe der Gebührensätze gilt sowohl für den 1. als auch für den 2. Rechtszug: der einfache Satz ist zu erheben für das Vorbehaltsurteil (KV Nrn 1013, 1023) und für das Endurteil im Nachverfahren, wenn dieses eine Begründung enthält und enthalten muß (KV Nrn 1014, 1024), dagegen der auf ½ ermäßigte Satz für ein im Nachverfahren ergehendes Endurteil ohne Begründung (§ 313a); KV Nrn 1015, 1025.

2) des Anwalts: Das Vor- und Nachverfahren gelten als eine Gebühreninstanz (§ 13 BRAGO). § 39 BRAGO findet auf das Nachverfahren im Falle des § 302 keine Anwendung (s Hamm, MDR 75, 1025).

3) Hinsichtl des Ergänzungsurteils im Falle des Abs 2 s § 321 Rn 12.

4) Streitwert: Für das Vorbehaltsurteil ist Streitgegenstand das, worüber durch das Urteil entschieden wird (s Markl, KV 1013 Rdnr 8).

5) Die bewilligte **PKH** gilt bei gleichbleibendem Streitgegenstand auch für das Nachverfahren.

303 *[Zwischenurteil]*

Ist ein Zwischenstreit zur Entscheidung reif, so kann die Entscheidung durch Zwischenurteil ergehen.

I) Allgemeines

1) Begriff des Zwischenurteils. Zwischenurteile entscheiden nicht wie das Teilurteil über 1
einen Teil des Streitgegenstandes (§ 301 Rn 1), nicht wie das Vorbehaltsurteil auflösend bedingt über den Klageanspruch (§ 302 Rn 15), sondern über einen oder mehrere einzelne „Streitpunkte" (§ 537). Durch sie entscheidet das Gericht vorweg über ein Urteilselement (R-Schwab § 58 III; Linnenbaum JR 84, 115). Bisweilen dienen sie ohne unmittelbaren Zusammenhang mit der Endentscheidung nur dem Fortgang des Rechtsstreits. Zur Zulässigkeit eines Zwischenbeschlusses im arbeitsgerichtlichen Beschlußverfahren s BAG Betrieb 74, 1728.

2) Anwendungsbereich: § 303 gilt entspr im *Beschwerdeverfahren.* Bsp: Zwischenentscheidung 2
über die Zulässigkeit der sofortigen Beschwerde (Düsseldorf OLGZ 79, 454), ferner entspr im Beschlußverfahren über die nachträgliche Zulassung einer Kündigungsschutzklage gem § 5 KSchG (dazu BAG MDR 84, 83).

II) Arten von Zwischenurteilen

(Zur Umdeutung anderer Urteile in Zwischenurteile s Tiedtke ZZP 89, 66 ff.)

1) Zwischenurteile zwischen einer Partei und einem Dritten (unechte): §§ 71 I, II; 135 II, III; 3
372a; 387; 402; hier beendet das Zwischenurteil den Zwischenstreit endgültig. Es ist – außer im Fall des § 567 III – selbständig mit sofortiger Beschwerde anfechtbar, über die durch Beschluß entschieden wird.

2) Zwischenurteile zwischen den Parteien: Sie ergehen nur auf Grund mündlicher Verhand- 4
lung über einzelne prozessuale Fragen, von denen der Fortgang des Rechtsstreits abhängt, nicht also über den materiellen Streitgegenstand. Zu unterscheiden sind:

a) Zwischenurteile über die Zulässigkeit der Klage (eine Zusammenstellung der darunter zu 5
fassenden Voraussetzungen s vor § 253 Rn 9 ff) gemäß § 280; s Anm dort. Bsp: Bejahung der Zuständigkeit des angegangenen Gerichts (vgl auch Rn 10). Hierher gehört auch das Zwischen-

urteil über die Zulässigkeit eines gewillkürten Parteiwechsels in der Form der Auswechslung des Beklagten (BGH NJW 81, 989).

6 **b) Zwischenurteile über sonstige prozessuale Fragen,** zB bei Streit über die Zulässigkeit der Wiedereinsetzung, § 238 (Besonderheiten hinsichtlich der Anfechtung: Rn 11), über die Aufnahme eines unterbrochenen Verfahrens, § 239, über die Zulässigkeit einer Klageänderung, §§ 263, 264, 267, 268 (Parteiwechsel ist dagegen Fall der Rn 5), oder des Einspruchs, § 341 (vgl Demharter NJW 86, 2754); über die Zulassung von Angriffs- und Verteidigungsmitteln, § 296; (zur Zurückweisung vgl sogleich unten); über die Zulässigkeit einer Vorlage an den GS gem §§ 136, 137 GVG (BAG NJW 84, 1990); über die Verpflichtung zur Vorlegung einer Urkunde, §§ 422, 423 oder die Echtheit von Urkunden, §§ 440 ff; über die Wirksamkeit eines Prozeßvergleichs (Karlsruhe JW 32, 115). Vgl hierzu BAG NJW 67, 647 im Anschluß an BGH LM § 275 Nr 3 über die Umdeutung eines solchen Zwischenurteils in ein Teilurteil über den Zwischenfeststellungsklageantrag; über die Zulässigkeit der objektiven oder subjektiven Klagenhäufung; Zulässigkeit oder Begründetheit der Wiederaufnahmeklage, § 590 II S 1; über den Widerruf eines Geständnisses, § 290; seit der Novelle vom 13. 2. 1924 **nicht mehr** über selbständige Angriffs- oder Verteidigungsmittel, wie zB über die Einrede der Verjährung, wodurch den Gerichten ein „hervorragendes Mittel zur Vereinfachung und Gliederung verwickelter Verfahren entzogen" ist (R-Schwab § 58 III 1c; Blomeyer § 83 III 1; vgl – im Gegensinn – Bettermann ZZP 79, 392). Das Gericht kann hier jedoch die Verhandlung auf einen oder mehrere Streitpunkte beschränken, § 146. **Nicht** über einzelne Elemente der sachlichen Begründetheit des Anspruchs, (BGH 72, 38 mN), wie die Sachbefugnis (BGH 8, 383), auch nicht im Zusammenhang mit einer Zuständigkeitsentscheidung (Rn 10); eine Zurückweisung von Angriffs- und Verteidigungsmitteln als verspätet (§ 296) kommt nur im Rahmen eines Grundurteils in Frage (vgl § 304 Rn 6 aE).

7 3) Zwischenurteile **über den Grund des Anspruchs** nach § 304 und zurückverweisende Urteile der Rechtsmittelgerichte (vgl hierzu Blomeyer § 83 VI und Bötticher MDR 61, 805 ff); beide Gruppen fallen nicht unter § 303. Zur Bedeutung eines Grundurteils im arbeitsgerichtlichen Verfahren als Zwischenurteil iS von § 303 s BAG NJW 76, 774.

III) Entscheidung durch Zwischenurteil

8 1) Die Entscheidung **muß** durch Zwischenurteil erfolgen in den Fällen der §§ 280 II (Zulässigkeit der Klage), 347 II (Versäumniszwischenurteil über einen Zwischenstreit), 366 (Streit über die Beweisaufnahme vor einem beauftragten oder ersuchten Richter).

9 2) Ist zwar der Zwischenstreit iS von Rn 6, nicht aber schon die Hauptsache entscheidungsreif, so kann das Gericht **nach freiem,** nicht nachprüfbarem **Ermessen** ein Zwischenurteil nach § 303 erlassen; es kann aber – und tut dies in der Praxis meist – zu der Frage des Zwischenstreits auch erst in den Gründen der Endentscheidung Stellung nehmen. Seiner Rechtsnatur nach ist das Zwischenurteil regelmäßig **Feststellungsurteil** (Ausnahme: § 135 II, III).

IV) Wirkungen des Zwischenurteils

10 Die Bedeutung des Zwischenurteils liegt darin, daß das Gericht an seine Entscheidung gebunden ist, § 318, also im Endurteil nicht von ihr abweichen kann (vgl § 318 Rn 11). Ein unzulässigerweise ergangenes Zwischenurteil – etwa über die Sachbefugnis einer Partei – bindet dagegen nicht (BGH 8, 383; Tiedtke ZZP 89, 75). Keine Bindungswirkung kommt einem zuständigkeitsbejahenden Zwischenurteil (Rn 5) insoweit zu, als es bei einer mehrfach begründeten Klage die Zuständigkeit auf bestimmte Klagegründe eingrenzt (BGH VersR 85, 45). Entscheidet das Berufungsgericht über eine Berufung gegen ein Zwischenurteil trotz Unzulässigkeit des Rechtsmittels durch ein Sachurteil, das seinem Inhalt nach ebenfalls ein Zwischenurteil ist, so ist die Revision hiergegen unzulässig, auch wenn sie zugelassen ist; das Berufungsgericht ist an die von ihm erlassene unzulässige Sachentscheidung nicht gebunden (BGH 3, 244). Keine **Zwangsvollstreckung** aus dem Zwischenurteil nach § 303; keine **Kostenentscheidung.**

V) Anfechtung

11 Zwischenurteile nach § 303 (Rn 6) sind nie selbständig anfechtbar, auch wenn sie unzulässigerweise ergangen sind (s dazu Tiedtke ZZP 89, 74); also Nachprüfung nur durch ein Rechtsmittel gegen das Endurteil, §§ 512, 548. Eine Ausnahme besteht für das Zwischenurteil, das den Antrag auf Wiedereinsetzung gegen die Versäumung der Berufungsfrist verwirft (BGH 47, 289; VersR 79, 960); es ist selbständig mit der Revision anfechtbar (§ 238 Rn 2). **Unechte Zwischenurteile** (Rn 3) unterliegen der sofortigen Beschwerde, **Zwischenurteile über die Zulässigkeit der Klage** (Rn 5) und **über den Grund des Anspruchs** (Rn 7) sind wie Endurteile anfechtbar (§§ 280 II, 304 II).

VI) Gebühren: 1) des Gerichts: a) Keine mit einer einzigen Ausnahme: das Grundurteil nach § 304, für das 1 (ganze) Urteilsgebühr anfällt (KV Nrn 1013, 1023). Auch hier wird diese Urteilsgebühr in jeder Instanz hinsichtlich eines jeden Teils des Streitgegenstandes nur einmal erhoben (§ 27 GKG). – b) Für das Beschwerdeverfahren im Falle des § 71 gilt KV Nr 1180: 1 Gebühr; ansonsten KV Nr 1181. S im einzelnen § 567 Rn 72. – **2) des Anwalts:** Der Zwischenstreit ist ein Teil des Prozesses und deshalb nicht besonders anwaltsgebührenpflichtig (§ 37 Nr 3 BRAGO). – Bezügl der 5/10 Anwaltsgebühr für das Beschwerdeverfahren s § 567 Rn 72. 12

3) Streitwert: Der der Hauptsache. S § 3 Rn 16 unter „Zwischenstreit" u „Prozeßvoraussetzungen".

304 *[Zwischenurteil über den Grund]*

(1) Ist ein Anspruch nach Grund und Betrag streitig, so kann das Gericht über den Grund vorab entscheiden.

(2) Das Urteil ist in betreff der Rechtsmittel als Endurteil anzusehen; das Gericht kann jedoch, wenn der Anspruch für begründet erklärt ist, auf Antrag anordnen, daß über den Betrag zu verhandeln sei.

Lit: Vgl das vor § 300 genannte Schrifttum, namentlich die Beiträge von *Schiedermair, Schilken, Schmitt, E. Schneider, Türpe, Wagemeyer, Walchshöfer* und *Wittmann.*

I) Begriff und Bedeutung des Grundurteils

Die Vorabentscheidung über den Grund **(Grundurteil)** ist ein materielles Zwischenurteil besonderer Art. Es entscheidet nicht, wie das prozessuale Zwischenurteil nach § 303 über eine den Fortgang des Prozesses betreffende Prozeßfrage, nicht, wie das Teil-(End-)Urteil über einen selbständig verbescheidbaren Teil des Streitgegenstandes. Es entscheidet nur über den Grund des Anspruchs, beendet also den Rechtsstreit nicht; dies geschieht erst durch das Endurteil im Betragsverfahren. Immerhin bewirkt das Grundurteil einen deutlichen Verfahrenseinschnitt und damit eine Gliederung des Prozesses, indem es den zum „Grund" gehörigen Prozeßstoff (ie Rn 7 f, 14 f) vom Betragsverfahren endgültig „abschichtet" (vgl BGH 77, 309). § 304 ist Ausdruck der **Prozeßökonomie** (BGH 79, 45 [46]; VersR 79, 281); allerdings dürfen Erwägungen der Prozeßökonomie niemals dazu dienen, sich über die Voraussetzungen des Grundurteils (Rn 2–16) hinwegzusetzen (BGH 89, 383 [388] = NJW 84, 1226 = MDR 84, 567; NJW 84, 2214; vgl auch Rn 17). Ein Grundurteil sollte nur erlassen werden, wenn eine echte Vorentscheidung der Vereinfachung und Beschleunigung des Prozesses dient (BGH MDR 80, 50 und 925; wertvolle Hinweise gibt E. Schneider MDR 78, 705). In der Praxis führt die unzweckmäßige Anwendung der Vorschrift oft zum Gegenteil; vorschneller Erlaß einer Grundentscheidung kann schutzwürdige Belange beider Parteien verletzen (vgl BGH MDR 80, 925; Schilken ZZP 95, 45 [47]). Die Verbindung von Teil- (§ 301) und Grundurteil ist möglich. Bsp: Wird Ersatz des bezifferten Schadens und Feststellung hinsichtlich des Zukunftsschadens verlangt, kann hinsichtlich des entstandenen Schadens Grundurteil, iü (Feststellung) Teilendurteil ergehen; zum Teil-Grundurteil Rn 12. 1

II) Voraussetzungen des Grundurteils

1) a) Die Klage muß **zulässig** sein, dh die Prozeßvoraussetzungen (Rn 9 ff vor § 253) müssen vorliegen, und es dürfen keine Prozeßhindernisse (§ 282 Rn 5) bestehen. 2

b) Bezifferter (mengenmäßig bestimmter) **Anspruch.** Es genügt die Bezifferung ins gerichtliche Ermessen zu stellen. Der Anspruch kann auch Gegenstand einer **Widerklage** sein. Nach RG 49, 339 und 101, 41 muß in diesem Fall ihr Gegenstand den der Klage übersteigen, so daß bei Verrechnung ein Überschuß verbleibt. Streitgegenstand muß also sein ein Anspruch (auch ein Bereicherungsanspruch, BGH 53, 17; anders Celle ZZP 80, 145, abl Walchshöfer S 147) auf Zahlung einer Geldsumme, auf Leistung vertretbarer Sachen (BGH MDR 75, 1007; WM 82, 208 [209]), auf Befreiung von solchen Verbindlichkeiten (HRR 35, 1245), auf Duldung der Zwangsvollstreckung ihretwegen, auf Einwilligung in die Auszahlung eines hinterlegten Betrages (RG JW 12, 400). Ein Grundurteil ist auch möglich bei Klagen auf **Feststellung** solcher bezifferter Leistungspflichten (BGH NJW 71, 774); anders, wenn das Prozeßziel die Feststellung einer Verpflichtung des Beklagten ist, dem Kläger allen Schaden aus einem bestimmten Unfall zu ersetzen; hier kann kein Grundurteil, sondern nur ein Feststellungsendurteil nach § 256 ergehen (RG 162, 5; Frankfurt VersR 84, 168 mN). Wegen der Rechtskraftwirkung des Feststellungsurteils dürfen in diesem Fall Einwendungen gegen den Grund des Anspruchs (abweichend von Rn 8) nicht offenbleiben (BGH MDR 78, 384). Ein Zwischenurteil, das in der Zukunft etwa erwachsende Ansprüche dem Grunde nach für berechtigt erklärt, ist unzulässig, solange nicht Beweis für die Behauptung des Beklagten erhoben ist, es sei ausgeschlossen, daß noch unfallbedingte Schäden bestehen oder entstehen können (München VersR 66, 667). Begehrt der Kläger die Leistung eines bezifferten Schadensersatzanspruches und zugleich die Feststellung der Verpflichtung zum 3

Ersatz allen weiteren Schadens, wird nun die Klage dem Grunde nach für gerechtfertigt erklärt, so liegt darin ein Grundurteil hinsichtlich des bezifferten Anspruchs und ein feststellendes Teilendurteil wegen des weiteren Schadens, wenn sich aus den Urteilsgründen ein dahin zielender Wille des Gerichts ergibt (BGH NJW 53, 184; Frankfurt VersR 84, 168). Der Anspruch, über dessen Grund entschieden wird, muß Gegenstand der Klage (Widerklage) sein, nicht nur Gegenstand einer Einwendung (Aufrechnung, RG 101, 41).

4 **c) Abgrenzung. Kein Grundurteil** ist möglich über einzelne **Elemente der Begründetheit des Klageanspruchs** (BGH 72, 36; 80, 222 [224] = NJW 81, 1953 [1954]; 95, 307 [308] = NJW 85, 2823), wie Kontokorrentposten bei Klagen auf den Saldo (RG JW 29, 588), Schadensposten bei Schadensersatzklagen, einzelne „Streitpunkte" hinsichtlich des Klagegrundes (Rn 6, 7), einzelne „Verteidigungsmittel" (Rn 16) usw; zur Frage der Möglichkeit der Beschränkung auf einen von mehreren Klagegründen vgl Rn 10. Bei **anderen** als den in Rn 3 genannten **Ansprüchen** scheidet ein Grundurteil aus. § 304 ist daher unanwendbar zB bei Herausgabe- und Räumungsklagen, bei Rückgewähransprüchen nach § 7 AnfG, § 37 KO, bei Beseitigungs- und Unterlassungsklagen nach §§ 1004, 906 BGB (BGH 95, 308 = NJW 85, 2823), bei Klagen auf Einwilligung in einen Leistungsvorbehalt (BGH NJW 79, 2250), auf Abgabe einer Willenserklärung (zB Auflassungsanspruch, BGH WM 82, 208 [209]); Anspruch auf Übertragung eines Erbbaurechts, BGH NJW 84, 2213), auf Vornahme einer Handlung oder auf Duldung (R-Schwab, § 58 IV 1). Das gilt auch dann, wenn gegenüber dem Klageanspruch ein Zurückbehaltungsrecht wegen eines der Höhe nach streitigen *Gegenanspruchs* geltend gemacht wird. Beispiel: Klage auf Rückübertragung des Erbbaurechts gegen Heimfallentschädigung (BGH NJW 84, 2214).

5 **2)** Der Anspruch muß **nach Grund und Betrag streitig** sein (RG 12, 353; 151, 8). Also darf kein Grundurteil ergehen, wenn nur der Betrag streitig ist, wie bei Enteignungsentschädigungen, falls die Entschädigungspflicht außer Streit ist (RG 129, 395); Grundurteil aber bei einer Zahlungsklage auf Änderung der von der Enteignungsbehörde festgesetzten Geldentschädigung wegen zu niedriger Einstufung (BGH WM 75, 141); wenn nur der Grund, nicht aber der Betrag streitig ist (München NJW 53, 348). Hier wird dem Rechtsschutzbedürfnis des Klägers durch ein Feststellungsurteil nach § 256 genügt; vgl hierzu § 130 SGG und Bettermann NJW 59, 66.

6 **3)** Der **Streit über den Grund** muß **entscheidungsreif** sein, und zwar *vollständig* und im *bejahenden* Sinn, andernfalls erfolgt sofort Klageabweisung durch (ggf Teil-)Endurteil (vgl Rn 12). Entscheidungsreife hinsichtlich des Grundes verlangt, daß *alle* zum Grund gehörenden Fragen – nicht nur einzelne Anspruchselemente (vgl Rn 4) – erledigt werden und die Bejahung des Anspruchs nicht offenbleibt (BGH VersR 85, 155). Dabei ist erforderlich, aber auch genügend, daß der geltend gemachte Anspruch auch unter Berücksichtigung der Einwendungen gegen ihn mit hoher Wahrscheinlichkeit wenigstens teilweise besteht (BGH VersR 69, 733; 79, 281). Bei Schadensersatzklagen muß also hohe Wahrscheinlichkeit dafür bestehen, daß irgendein Schaden entstanden ist (BGH MDR 80, 925). Die Erleichterung des § 287 gilt (E. Schneider MDR 78, 706). Was je zum **Grund** und zur **Höhe** gehört, richtet sich nach der Rechtsnatur des jeweiligen Anspruchs (BGH MDR 80, 925; Einzelheiten: Rn 7–14). Eine **Zurückweisung verspäteten Vorbringens** zum Klagegrund ist – anders als beim Teilurteil: § 301 Rn 5 – nicht ausgeschlossen (BGH MDR 80, 50); das folgt daraus, daß über den Klagegrund bereits abschließend entschieden wird (vgl BGH 77, 309 = NJW 80, 2356 [2357] m krit Anm Deubner = MDR 80, 928; zust Prütting/Weth ZZP 98, 159; hier § 296 Rn 12a).

7 **4) Zum Grund des Anspruchs gehören a) alle anspruchsbegründenden Tatsachen;** (BGH 80, 222 [224]; also auch die, welche die Sachbefugnis (aktive und passive) begründen oder sie wieder entfallen lassen, wie der – auch nur teilweise – Forderungsübergang auf einen Dritten durch Zession oder kraft Gesetzes (§ 116 SGB X [bis 30. 6. 83 § 1542 RVO], § 67 VVG; BGH NJW 56, 1236 = LM § 1542 RVO Nr 14; Schilken ZZP 95, 45 [59 f]). Der Einwand, daß die Klageforderung gepfändet und daher nicht mehr an den Kläger zu erfüllen sei, kann dem Nachverfahren über den Betrag überlassen werden (RG 170, 283). Vgl auch BayObLG 65, 468: teilweiser gesetzlicher Forderungsübergang.

8 **b)** Alle den Anspruchsgrund in vollem Umfang leugnenden **Einwendungen** gehören ins Verfahren über den Grund: Volle Erfüllung und Erfüllungssurrogate. Nur wenn der Klageanspruch die zur **Aufrechnung** gestellte Gegenforderung bei einer mindestens summarischen Prüfung übersteigt, kann ein Grundurteil ohne Rücksicht auf die Aufrechnung ergehen, sonst ist die Aufrechnungsforderung im Grundverfahren zu prüfen und zwar ohne Rücksicht auf die Konnexität der beiden Forderungen (BGH 11, 63 gegen BGH LM Nr 6; BGH NJW 62, 1618 = LM Nr 19 [abw Braunschweig NJW 73, 473]; BGH VersR 66, 540; BGH LM Nr 24). **Vorteilsausgleichung, Mitverursachung, mitwirkendes Verschulden** (§ 254 BGB) und mitwirkende Betriebsgefahr (§ 17 StVG) können ausnahmsweise (BGH NJW 79, 1933 [1935]) dem Nachverfahren überlassen werden,

wenn sie, wie regelmäßig, nicht zum vollen Haftungsausschluß führen (BGH 1, 34; 76, 400 mwNachw = NJW 80, 1579 = MDR 80, 663; 79, 45 [46] = NJW 81, 1369 [1370]; NJW 81, 287). Doch ist es nicht nur zulässig, sondern idR auch zweckmäßig und wird in der Praxis allgemein so gehandhabt, § 254 BGB (§ 17 StVG) im Grundverfahren in der Weise zu berücksichtigen, daß der Grund des Anspruchs nur zu einer bestimmten Quote zugesprochen wird (BGH 76, 400 = NJW 80, 1579; BGH MDR 78, 384 Nr 8 aE; Koblenz VRS 68 [1985], 181; vgl auch Reinicke NJW 51, 83 ff; Türpe MDR 68, 628; Wittmann NJW 67, 2390). Ist der Haftungstatbestand nicht voll aufgeklärt (Möglichkeit alternativer haftungsbegründender Kausalität besteht), darf die Frage des Mitverschuldens nicht dem Betragsverfahren vorbehalten werden (BGH NJW 79, 1933 = MDR 79, 833; vgl auch Rn 14, 15).

c) Einreden. Soweit sie zur vollen Klageabweisung führen, gehören sie ins Grundverfahren 9
(zur Verjährung vgl auch Rn 16). Daher können dem Betragsverfahren verbleiben die Einreden aus den §§ 273, 320 BGB, die Einrede der Verjährung gegen nur einen Teil, wenn zu erwarten ist, daß der Kläger aus dem Rest des Klageanspruchs im Nachverfahren einen Betrag zugesprochen erhält (BGH NJW 68, 2105).

5) Besonderheiten des Anspruchsgrundes bei besonderen Verfahrenslagen. a) Bei mehrfa- 10
cher rechtlicher Begründung des gleichen Streitgegenstandes **(sog Anspruchskonkurrenz)** muß das Grundurteil idR *sämtliche* Anspruchsgrundlagen erledigen (BGH 72, 36 mwNachw; 77, 309; VersR 84, 38; R-Schwab § 58 IV 2 i). Eine konkurrierende Anspruchsgrundlage kann aber (ausnahmsweise) dann unentschieden bleiben, wenn der festgestellte Klagegrund für die Höhe des gesamten eingeklagten Betrags ausreicht und dem anderen (nicht geprüften) Klagegrund daneben keine eigene Bedeutung zukommt (BGH 72, 36). Bsp: Schadensersatz aus §§ 909, 823 II BGB und aus Eigentumsverletzung gem § 823 I BGB (vgl BGH NJW 70, 680). Ist dagegen der konkurrierende Anspruch im Verhältnis zu dem im Grundurteil bejahten der weitergehende (Bsp: Haftung gem § 823 I BGB gegenüber der aus StVG), muß der Anspruch aus dem weitergehenden Klagegrund für unbegründet erklärt werden (BGH 72, 36; LM Nr 5; Schilken ZZP 95, 45 [51]). Es genügt, wenn dies eindeutig in den Urteilsgründen geschieht; nach überwiegender Ansicht erfolgt dies jedoch im Urteilstenor (vgl RG 131, 343 [347]; BGH LM Nr 5 und 10; Blomeyer § 83 V; R-Schwab § 58 IV 2 i; unklar ThP Anm 2e). In diesem Fall kann nach BGH die Entscheidung wegen der für unbegründet erklärten weitergehenden Klagegründe mit der Berufung angegriffen werden (BGH LM § 66 Nr 1 Leitsatz c).

Problematisch ist hier die Bindung des Gerichts im Betragsverfahren an die (eine Anspruchs- 11
grundlage verneinende) Entscheidung im Grundurteil. Die hL verleiht der (nicht nur versehentlich erfolgten, BGH ZZP 67, 296) Einschränkung des klägerischen Anspruchs auf **einen** von mehreren Klagegründen und damit die Ausscheidung anderer Klagegründe zwar keine Rechtskraftwirkung, aber eine innerprozessuale Bindungswirkung gemäß §§ 318, 512, die im Betrags- und im Rechtsmittelverfahren zu berücksichtigen sei (BGH LM Nr 12). Die Verneinung einer von mehreren Anspruchsgrundlagen im Grundurteil scheidet diese allerdings aus dem weiteren **Betragsverfahren** aus (BGH LM Nr 12). Für den **Rechtsmittelzug** gilt diese Bindungswirkung aber nur modifiziert: Rechtfertigt der dem Grund nach zugesprochene Klagegrund die eingeklagte Forderung nur teilweise, greift der Klagegrund, der sie voll rechtfertigen würde, aber nicht durch, so ist wegen dieser Differenz die Abweisung der Klage durch Teilendurteil geboten (BGH LM Nr 12). Reichen die beiden Klagegründe quantitativ gleich weit, erkennt das Gericht aber nur einen als begründet an, so ist das auf ihn gestützte Grundurteil ein voller Sieg des Klägers. Es kann daher kein Rechtsmittel für den Kläger eröffnen, daß der andere Klagegrund seiner Forderung nicht anerkannt wurde. Gerade deshalb aber ist das Rechtsmittelgericht in seinem Verfahren an den Ausschluß einer Anspruchsgrundlage im Grundurteil nicht gebunden; vgl BGH WM 72, 371 [372] zu III 1: dort war im Grundurteil eine Verletzung des Grundeigentums des Klägers verneint worden, sein Enteignungsentschädigungsanspruch aber wegen Eingriffs in seinen Gewerbebetrieb dem Grunde nach voll zugesprochen worden; gleichwohl prüfte sodann der BGH auch unter dem Gesichtspunkt des Eingriffs in das Grundeigentum. Anderes gilt – also Beschwer des Klägers und damit Rechtsmittel für ihn –, wenn der nicht anerkannte Klagegrund dem Umfang nach weiter reichte als der zuerkannte, auch wenn wegen des negierten Überschusses kein klageabweisendes Teilurteil ergangen war (zB: Aberkennung des Schadensersatzanspruchs aus § 823 BGB, Zuerkennung dem Grund nach aus § 7 StVG). Ist im (Teil-?)Grundurteil unzulässigerweise (vgl oben) die Entscheidung über den erheblichen weitergehenden Klagegrund offen geblieben, ist eine saubere Trennung zwischen Grund- und Betragsverfahren nicht mehr möglich und die Entscheidung unterliegt wegen der Unklarheit ihrer Tragweite der Aufhebung (BGH 72, 36 ff). Ist im Grundurteil dem Klagebegehren aus beiden geltend gemachten Anspruchsgrundlagen stattgegeben worden, so ist die Berufung des Beklagten erfolglos, auch wenn das Obergericht eine der konkurrierenden Anspruchsgrundlagen verneinen will, wenn die

andere unzweifelhaft für die Höhe des gesamten eingeklagten Schadens ausreicht; andernfalls aber kann das angefochtene Urteil in diesem Fall keinen Bestand haben; vgl BGH NJW 70, 608 = LM Nr 32: Anspruchsgrundlagen §§ 823 I und 909, 823 II BGB. Vgl weiter Bötticher JZ 60, 240. Im gleichen Sinn BGH LM Art 34 GG Nr 42. Vgl aber auch Grunsky ZZP 84, 120, dessen Bedenken nicht begründet erscheinen.

12 **b) Objektive und subjektive Klagenhäufung.** Sind mehrere selbständige – wenn auch in einem Leistungsantrag zusammengefaßte Forderungen eingeklagt, so muß das Grundurteil sämtliche Ansprüche umfassen, oder die verneinten Einzelforderungen durch Teilendurteil abweisen (RG 157, 330; 158, 36; grundlegend BGH 89, 388). Ein einheitliches Grundurteil über einen „Gesamtanspruch" kann daher nicht ergehen, solange nicht feststeht, welche von mehreren in der Klage zusammengefaßten Teilansprüchen dem Grunde nach gerechtfertigt sind (BGH 89, 383 [387 ff] = NJW 84, 1226 = MDR 84, 567; zust Stürner JZ 84, 525; anders bei Einzelposten eines *einheitlichen* Anspruchs: Rn 15). Doch kann auch eine der mehreren selbständigen Klageforderungen in einem Teil-Grundurteil bejaht werden, wenn die übrigen Streitgegenstände noch nicht entscheidungsreif sind (Schilken ZZP 96, 45 [55]). Bei der Geltendmachung mehrerer Teilbeträge einer Forderung zugunsten verschiedener Personen kann ein Grundurteil ergehen, ferner bei einheitlicher Klage Teil-Grundurteil, soweit Teilklage möglich wäre (vgl BGH 77, 89). Über die Anforderungen an die Aufgliederung des Klagevortrags bei Erlaß des Grundurteils über mehrere Ansprüche vgl BGH VersR 69, 60.

13 **c)** Ein Grundurteil über den **Hilfsantrag** darf erst nach Abweisung des **Haupt**anspruches durch Teilendurteil ergehen (BGH MDR 75, 1007). Unzulässig ist daher ein Grundurteil über Haupt- und Hilfsantrag zugleich (BGH WM 86, 618), desgleichen auch ein Teilurteil, das gleichzeitig alternativ den Hauptantrag (Naturalschadensersatz) und den Hilfsantrag (Geldersatz) für dem Grunde nach gerechtfertigt erklärt (BGH NJW 69, 2241).

14 **6) Einzelheiten aus der Rechtsprechung. a) Zum Grund gehört:** Die Möglichkeit *anderweitigen Ersatzes* nach § 839 BGB (RG 156, 87; s aber auch BGH WM 76, 873: Grundurteil, wenn feststeht, daß die anderweitige Ersatzmöglichkeit den Schaden nicht voll abdeckt); ob Schadensersatz durch *Rente oder Kapital* (RG HRR 33, 1138); Aufteilung von Rentenansprüchen von Witwe und Kind des durch Unfall Getöteten, ohne welche die Klage mangels Bestimmtheit unzulässig ist. Die Festsetzung der Rentendauer kann im Grundurteil unterbleiben, muß dann aber ausdrücklich dem Leistungsverfahren vorbehalten bleiben (BGH 11, 181); die Frage des *haftungsbegründenden Kausalzusammenhangs* (BGH 89, 388 = NJW 84, 1226 = MDR 84, 567; BGH NJW 77, 1538 = Betrieb 77, 1042). Bei Schadenersatz aus *culpa in contrahendo* gehört daher zum Grund, wie sich der Geschädigte ohne die Pflichtverletzung verhalten hätte (BGH NJW 77, 1538 = MDR 77, 816). Ist ein Schadensersatzanspruch aus mehreren, keine selbständigen Forderungen darstellenden Schadensposten zusammengesetzt, kann das Gericht über den ursächlichen Zusammenhang zwischen dem Schadensereignis und den einzelnen Posten (sog haftungsausfüllende Kausalität) nach freiem Ermessen entweder im Grund- oder im Betragsverfahren entscheiden (ie Rn 15); geht die Absicht des Gerichts, erst im Betragsverfahren zu entscheiden, aus dem Grundurteil nicht klar hervor, ist der Beklagte insoweit beschwert, als er den Kausalzusammenhang bestreitet (BGH NJW 68, 1968). Die Quotierung im Grundurteil darf sich auch auf den Anspruch auf Schmerzensgeld erstrecken, Düsseldorf VersR 69, 643; Nürnberg NJW 67, 1516; Schneider JurBüro 66, 87; Bremen OLGZ 66, 413; Celle NJW 68, 1785; wohl auch Düsseldorf VersR 75, 1052; aA Hamburg MDR 64, 514, BGH 18, 149 zwingt nicht zum (unpraktischen) anderen Ergebnis. Wie sich dieses *mitwirkende Verschulden* dann allerdings endgültig bei der Bemessung des Schmerzensgeldes auswirkt, ist eine Frage des Betragsverfahrens. Deshalb erfolgt im Grundurteil auch keine teilweise Abweisung der Klage (s zB Celle NJW 68, 1785; NdsRpfl 73, 181). – Zum **Grund gehört weiter:** die Ersetzungsbefugnis des Schuldners (BGH NJW 72, 1202); eine arglistige Täuschung oder vorsätzliche Obliegenheitsverletzung des Versicherungsnehmers (BGH MDR 79, 385); das Bestehen des geltend zu machenden Anspruchs im Anwaltshaftungsprozeß (BGH MDR 80, 925); die hohe Wahrscheinlichkeit erheblicher Vorteile aus der vom Handelsvertreter geschaffenen Geschäftsverbindung beim Ausgleichsanspruch gem § 89b HGB (BGH WM 86, 532); die Dauer der Mitgliedschaft und die Höhe der Beteiligungsquote eines (ausgeschiedenen) Gesellschafters, der Abfindung begehrt (BGH LM Nr 29; WM 85, 1166 f); die Frage einer beschränkten Haftung, zB gem § 158c III VVG (BGH NJW 79, 1046). Die Haftungsbeschränkung des Erben muß nach OLG Köln VersR 68, 380 im Grundurteil vorbehalten sein: dazu auch OLG Schleswig SchlHA 69, 231, wonach dies nur für die schon erfolgte, nicht aber für die erst noch zu bewirkende Beschränkung gilt. Auch bei Bereicherungsansprüchen ist ein Grundurteil zulässig (BGH 53, 17). Zur Zulässigkeit eines Grundurteils über Ansprüche aus mehreren Verträgen s BGH MDR 74, 558 = VersR 74, 587.

b) Dem Nachverfahren vorzubehalten ist dagegen die Frage, ob ein Schaden konkret oder abstrakt zu berechnen ist (RG LZ 25, 40); die Schadensminderungspflicht des Verletzten (BGH VersR 62, 964). Vorbehalten werden kann auch Beginn und Dauer einer Rente (BGH VersR 67, 1002); auch die Frage, ob der Bergschadensersatz als Kapital oder Rente zu leisten ist (BGH 59, 139). Auch Fragen der *haftungsausfüllenden Kausalität* können dem Betragsverfahren vorbehalten bleiben (BGH MDR 83, 1014 mN; vgl auch Rn 14). Streitig gebliebene Teile des Anspruchs können dann ins Betragsverfahren verwiesen werden, wenn eine hinreichende Wahrscheinlichkeit (summarische Prüfung, s Celle NdsRpfl 73, 181) dafür besteht, daß auch in dem dem Kläger ungünstigsten Fall noch eine Forderung für ihn verbleibt (BGH VersR 67, 1002). Dies gilt vor allem für die Frage des Mitverschuldens (vgl aber Rn 8). Diese kann – auch insoweit, als es die Entstehung einzelner Schäden betrifft – dem Betragsverfahren überlassen bleiben, wenn feststeht, daß ein Anspruch des Geschädigten verbleibt; s BGH NJW 81, 287 mwNachw; VersR 74, 1172. Das gleiche gilt beim Anspruch gem § 906 II 2 BGB für die Zumutbarkeit aufwendiger Abwehrmaßnahmen (BGH 79, 45 [46] = NJW 81, 1370. Bei einer Rahmengebühr braucht das Gebührengutachten (§ 12 II BRAGO) erst im Betragsverfahren eingeholt zu werden (Düsseldorf AnwBl 84, 443). Der Zinsanspruch kann auch stillschweigend dem Höheverfahren vorbehalten werden, wenn die Rechtslage, wie häufig (zB im Fall der §§ 288, 291 BGB; § 353 HGB), einfach ist (BGH WM 85, 1167; anders aber uU bei schadensersatzrechtlicher Begründung des Zinsanspruchs, vgl BGH aaO). 15

c) Unzulässig ist ein Grundurteil, das offen läßt, ob ein Schadensersatzanspruch aus § 989 BGB (Untergang der herauszugebenden Sache) oder aus § 284 BGB (Verzug mit Herausgabepflicht) begründet ist, da von diesen beiden selbständigen Ansprüchen nur der eine oder der andere dem Grunde nach gerechtfertigt sein kann (BGB NJW 64, 2414 = LM Nr 23); ferner ein Teil-Grundurteil, das den Klageanspruch im Rahmen der Grenzen des StVG dem Grunde nach zuspricht, jedoch weitergehende Ansprüche aus unerlaubter Handlung offenläßt (BGH 72, 36 ff; vgl dazu Rn 10); unzulässig ist auch ein Grundurteil über einzelne „Verteidigungsmittel", zB ob die Einrede der Verjährung eingreift (BGH 80, 222 [224]). Ein Grundurteil darf ferner nicht ergehen, wenn die Tatsachen sowohl für den Grund als auch für die Höhe annähernd dieselben sind oder doch ein enger Zusammenhang zwischen ihnen besteht (BGH MDR 79, 385). Unzulässig ist schließlich bei einem „Gesamtanspruch" ohne Aufschlüsselung der einzelnen Schadensersatzforderungen ein „eingeschränktes", dh teils „bejahendes", teils „verneinendes"(!) Grundurteil (BGH 89, 387 f = NJW 84, 1226 = MDR 84, 567; NJW 85, 1959); sind die sämtlichen Einzelansprüche nicht entweder dem Grunde nach gerechtfertigt oder aber „unbegründet", so kann nicht gem Rn 12 verfahren werden. Der Anspruch auf Bestellung eines Erbbaurechts kann auch als Schadensersatzanspruch nicht Gegenstand eines Grundurteils sein (BGH NJW 69, 2241; Rn 4). 16

III) Entscheidung durch Grundurteil

1) Ob ein Grundurteil ergehen soll, steht **im freien,** durch das Rechtsmittelgericht nicht nachprüfbaren **gerichtlichen Ermessen.** Als Versäumnisurteil kann es nicht ergehen (RG 36, 428; BL Anm 4 A; StJSchL Anm I 3; nach Bergenroth [NJW 53, 51] soll ein Versäumnisurteil über den Grund bei zulässig unbeziffertem Klageantrag zulässig sein). Als Entscheidung nach Aktenlage kann es ergehen. Ein Grundurteil kann auch im **zweiten Rechtszug** unter Zurückverweisung wegen des Betrags ergehen (BGH 71, 232 arg § 538 I Nr 3). Die Zulässigkeitsvoraussetzungen für den Erlaß eines Grundurteils (Rn 2–13) sind **von Amts wegen** zu prüfen (BGH 88, 387; NJW 84, 2214; VersR 85, 155), auch noch in der Rechtsmittelinstanz (BGH NJW 75, 1968; BB 83, 597). 17

2) Formulierung. „Der Klageantrag ist dem Grunde nach – zur Hälfte – gerechtfertigt, soweit der Anspruch nicht auf Sozialversicherungsträger übergegangen ist"; „der Anspruch ist nur wegen Bereicherung – nur im Rahmen des Straßenverkehrsgesetzes – dem Grunde nach gerechtfertigt" (vgl RG 131, 343 [347]; Blomeyer § 83 V F 2; ThP Anm 3 a). Siehe dazu Türpe MDR 68, 453, 627; Hochreuther NJW 56, 452; Bode und Schild in DRiZ 56, 47 bzw 53, 222; Steffen NJW 56, 859. Der **Vorbehalt** muß zumindest in den Urteilsgründen ausgesprochen werden, BGH VersR 67, 1002; 68, 1161 (zum Vorbehalt des Forderungsübergangs nach § 116 SGB X, bis 30. 6. 83 § 1542 RVO – dazu Gaisbauer, VersR 69, 134). Bei gequoteltem Grundurteil ist die Klage „im übrigen" (durch Teilurteil) abzuweisen (Koblenz VRS 68 [1985], 179; E. Schneider MDR 78, 706 mwN); ist die erforderliche Teilabweisung unterblieben, kann sie noch im Rechtsmittelverfahren nachgeholt werden (Koblenz VRS 68, 179 mN). 18

IV) Wirkung des Grundurteils

1) auf das Verfahren. Das Grundurteil führt zu einem tatsächlichen Stillstand des Verfahrens bis zum Eintritt seiner Rechtskraft, es sei denn, daß das Gericht auf Antrag einer Partei Termin zur mündlichen Verhandlung über den Betrag anberaumt, § 304 II Hs 2. Dies wird nur selten angebracht sein. Nach Eintritt der Rechtskraft ist von Amts wegen Termin zur Fortsetzung des 19

Betragsverfahrens zu bestimmen (BGH NJW 79, 2307). Lehnt das LG die Verhandlung zur Höhe bis zur Entscheidung über die Revision des Beklagten gegen das Grundurteil ab, hat der Kläger das Rechtsmittel der Beschwerde (KG MDR 71, 588; München OLGZ 75, 48 = NJW 74, 1514). Das Grundurteil führt nicht zum Beginn einer neuen 30jährigen Verjährung nach § 218 BGB (RG 117, 423). Unterbleibt die Fortsetzung des Betragsverfahrens von Amts wegen, kann dies den Parteien nicht gem § 211 II BGB angelastet werden (BGH NJW 79, 2307).

20 **2) Bindung.** Das Grundurteil bindet (§§ 318, 512, 548 iVm 304 II) für das Betragsverfahren, soweit es das Vorhandensein des Klageanspruchs überhaupt bejaht und soweit dessen Höhe durch den im Grundurteil anerkannten Klagegrund gerechtfertigt ist (BGH WM 82, 1280 [1281]). Bindend ist auch die rechtliche Einordnung. Die Bindung besteht aber nur, soweit das Grundurteil bindende Feststellungen und eine bindende Entscheidung von Streitpunkten treffen will (BGH NJW 85, 496 mN = MDR 84, 649 = VersR 84, 390). Maßgeblicher Zeitpunkt ist die letzte mündliche Verhandlung im Grundverfahren (§ 767 II; Rn 24); bei späteren Klageerweiterungen besteht keine Bindung (BGH NJW 85, 496). Zur Bindungswirkung bei einer Berufung gegen das Grundurteil s oben Rn 11. Eine Entscheidung über die Zulässigkeit der Aufrechnung bindet (BGH WM 65, 1250). Zur Beschwer bei einer Unsicherheit über den Bindungswillen vgl BGH NJW 68, 1968 und oben Rn 14.

21 Die **Bindungswirkung verhindert nicht:** die Abweisung der Klage, wenn sich erst im Betragsverfahren das Fehlen einer Prozeßvoraussetzung ergibt (RG 89, 119); nicht die Berücksichtigung von Wiederaufnahmegründen gegen das Grundurteil (BGH LM § 578 Nr 6). Hat das Grundurteil einen Teil der Klagegründe übergangen, so kann die Entscheidung hierüber im Leistungsverfahren ohne Bindung an das Grundurteil nachgeholt werden (BGH LM § 318 Nr 2). Greift das Betragsurteil **ohne Rücksicht auf die Bindungswirkung** des Grundurteils in den bereits entschiedenen Grund des Anspruchs ein, so unterliegt es der Anfechtung.

22 **4) Fehlerhaftes Grundurteil.** Weist das Grundurteil Streitpunkte fehlerhaft dem Betragsverfahren zu, so sind sie dort ohne Rücksicht auf die Bindungswirkung des Grundurteils zu berücksichtigen (s Tiedtke ZZP 89, 76). Hat das Grundurteil über einen ins Betragsverfahren gehörigen Punkt unzulässig mitentschieden, so ist dies unverbindlich und kann nicht in Rechtskraft erwachsen (BGH 10, 361).

V) Anfechtung (Abs II Halbs 1)

23 Bei einer Revision gegen ein Grundurteil, die sowohl als Zulassungs- als auch Annahmerevision möglich ist, erfolgt eine Prüfung von Amts wegen, ob dieses Urteil einen nach Grund und Betrag streitigen Anspruch zum Gegenstand hat (BGH VersR 85, 155 mwN; vgl auch Rn 17). Die „materiell" zu bestimmende **Beschwer** (vgl auch Rn 14 vor § 511) richtet sich nach dem Umfang der für den Rechtsmittelführer (auch den Kläger!) *negativen Bindungswirkung* (BGH WM 86, 331 = ZIP 86, 319); zur Bestimmung vgl § 3 Rn 16 „Grund des Anspruchs", zur Zurückweisung: § 538 I Nr 3 (weite Auslegung: Düsseldorf MDR 85, 61). Im **arbeitsgerichtlichen Verfahren** ist eine selbständige Anfechtung eines Grundurteils unzulässig (§ 61 III ArbGG; BAG NJW 76, 775).

VI) Betragsverfahren

24 **1) Gegenstand** ist grundsätzlich die Höhe des Anspruchs. Einwendungen, die den Grund des Anspruchs betreffen, sind daher ausgeschlossen, so die Aufrechnung mit einer Forderung, die schon im Grundverfahren hätte geltend gemacht werden können (BGH NJW 65, 1763); so die Anfechtung des klagebegründenden Vertrages (RG 138, 213). Zu berücksichtigen sind aber Einwendungen, die erst nach dem Schluß der mündlichen Verhandlung über den Grund entstanden sind (vgl § 767 II) oder die – wenn auch fehlsam, BGH NJW 51, 1465 – dem Nachverfahren vorbehalten worden sind, weil sie etwa offensichtlich die Klageforderung nicht in vollem Umfang zu Fall brachten (§ 254 BGB; Vorteilsausgleichung: BGH 1, 36). Ist der Grund des Schadensersatzanspruchs ohne Einschränkung rechtskräftig im Grundurteil festgestellt, so kann im Betragsverfahren nicht mehr geltend gemacht werden, der Kläger habe als Aufopferung nur angemessenen Ausgleich zu verlangen (BGH 7, 331); auch nicht, daß infolge Übergangs der Klageforderung auf Kaskoversicherer nunmehr die Sachlegitimation entfallen sei (BGH VersR 68, 69). Ungeachtet des Grundurteils ist die Klage auch abzuweisen, wenn sich im Betragsverfahren ergibt, daß überhaupt kein Schaden entstanden oder noch zu erwarten ist (BGH NJW 86, 2508 Nr 9). – Erweitert der Kläger im Betragsverfahren den Streitgegenstand, so ist insoweit eine unbeschränkte Prüfung zulässig (RG 103, 220; 124, 132). Zur Entscheidung über die Rentendauer im Betragsverfahren bei entsprechendem Vorbehalt s BGH 11, 181; Nürnberg VersR 67, 91.

25 **2) Säumnis.** Ist der Kläger säumig, wird die Klage ungeachtet des Grundurteils abgewiesen (§§ 347 I, 330); ist der Beklagte säumig, ist das Versäumnisurteil gegen ihn an das Grundurteil gebunden.

VII) Kostenentscheidung

Über die Kosten wird erst im Endurteil über den Betrag entschieden (RG 13, 390). Dies gilt auch dann, wenn erst in der Berufungsinstanz unter Aufhebung des die Klage abweisenden Urteils erster Instanz ein Urteil über den Grund des Anspruchs ergeht (JW 09, 14; 28, 156). Wird dagegen die Berufung des Beklagten gegen das Grundurteil in vollem Umfange zurückgewiesen, so sind ihm gemäß § 97 I schon in diesem Urteil die Kosten des Berufungsverfahrens aufzuerlegen (BGH 20, 397 = NJW 56, 1235). **26**

VIII) Vollstreckung

Das im Betragsverfahren erlassene vorläufig vollstreckbare Urteil kann mit der Vollstrekkungsklausel versehen werden, auch wenn die Vorentscheidung (bezüglich des Grundes) noch nicht rechtskräftig ist (RG 107, 330). **Wird das Urteil über den Grund des Anspruchs nach Erlaß des Urteils über den Betrag aufgehoben,** so verliert das letztere, auch wenn es rechtskräftig ist, seine Wirkung (RG 107, 331). Zur Abwehr einer etwaigen Zwangsvollstreckung in diesem Fall: §§ 767, 732. Zum Schadensersatz bei voreiliger Vollstreckung: § 717 II. **27**

IX) Gebühren: 1) des Gerichts: Das Grund- und Betragsverfahren bildet gebührenrechtlich eine Instanz; für das Urteil über den Grund des Anspruchs wird in der 1. und in der 2. Instanz je 1 (ganze) Urteilsgebühr erhoben (KV Nrn 1013, 1023); es ist aber § 27 GKG zu beachten. Außer der Urteilsgebühr für das Grundurteil fällt ebenfalls sowohl in der 1. als auch in der 2. Instanz an: Für das Endurteil im nachfolgenden Betragsverfahren, soweit dieses nicht ein Anerkenntnis-, Verzichts- od Versäumnisurteil gegen die säumige Partei ist, 1 (ganze) Urteilsgebühr, wenn das Urteil eine Begründung enthält und enthalten muß (KV Nrn 1014, 1024), dagegen 1 halbe Urteilsgebühr für ein Betragsurteil ohne Begründung (§ 313a ZPO); KV Nrn 1015, 1025; vgl § 302 Rn 16. – Das Verfahren vor dem Rechtsmittelgericht auf Grund der gegen das Grundurteil eingelegten Berufung ist besonders gebührenpflichtig (allgemeine Verfahrensgebühr: KV Nr 1020; Urteilsgebühr: KV Nrn 1026, 1027 – in der Berufungsinstanz ist kein Grundurteil vorausgegangen). – **2) des Anwalts:** Auch hier bildet das Betragsverfahren keine neue Instanz. Ergeht das Grundurteil erst in der Berufungsinstanz od wird die Berufung gegen das Grundurteil sachlich zurückgewiesen, so liegt damit auch eine Zurückverweisung iS des § 15 I 1 BRAGO (= neue Instanz) vor, s Hamm, Rpfleger 72, 110. Dies gilt auch dann, wenn das Berufungsgericht die Verwerfung der Zulässigkeitsrüge bestätigt (Hamburg, MDR 62, 998) oder wenn in derselben Instanz nach Erlaß des Grundurteils zunächst weiterverhandelt, aber nach Rechtsmitteleinlegung ausgesetzt wird (Hartmann, KostGes BRAGO § 15 Anm 2 C Abs 2). **28**

305 *[Urteil mit Vorbehalt beschränkter Haftung für Nachlaßverbindlichkeiten usw]*

(1) Durch die Geltendmachung der dem Erben nach den §§ 2014, 2015 des Bürgerlichen Gesetzbuchs zustehenden Einreden wird eine unter dem Vorbehalt der beschränkten Haftung ergehende Verurteilung der Erben nicht ausgeschlossen.

(2) Das gleiche gilt für die Geltendmachung der Einreden, die im Falle der fortgesetzten Gütergemeinschaft dem überlebenden Ehegatten nach dem § 1489 Abs. 2 und den §§ 2014, 2015 des Bürgerlichen Gesetzbuches zustehen.

I) Rechtslage bei Ansprüchen gegen den Nachlaß

1) Nach § 1958 BGB darf ein Anspruch, der sich gegen den Nachlaß richtet, **vor Annahme der Erbschaft** durch den Erben nur gegen den auf Antrag des Berechtigten zu bestellenden Nachlaßpfleger (vgl § 1961 BGB) geltend gemacht werden; die Klage gegen den Erben ist unzulässig (Palandt/Keidel § 1958 Anm 1; ThP Anm 1a; StJSchL Anm I; aA – unbegründet mangels Passivlegitimation: BL Anm 1a). Insolange besteht keine Aufnahmelast, § 239 V. 1

2) Nach Annahme der Erbschaft. a) Allgemeines. Auch nach Annahme der Erbschaft ist der Erbe, sofern er nicht das Recht, die beschränkte Haftung für die Nachlaßverbindlichkeit herbeizuführen, nach §§ 2016, 1994 BGB verloren hat, berechtigt, die Berichtigung von Nachlaßverbindlichkeiten bis zum Ablauf der Frist von 3 Monaten nach der Annahme bzw bis zur Beendigung des binnen Jahresfrist beantragten und zugelassenen Aufgebots der Nachlaßgläubiger (§§ 2014, 2015) zu verweigern. 2

b) Prozessuale Konsequenzen (Abs I). Der Erbe kann zwar verklagt, es muß aber auf seinen Antrag in das Endurteil der Vorbehalt der beschränkten Haftung aufgenommen werden. Anerkennt der Erbe den Anspruch sofort mit dem Vorbehalt, treffen ihn keine Kosten (OLG 3, 131, 134; 18, 318). Da der Vorbehalt **nur auf Einrede des Beklagten** zu gewähren ist, bleibt er im Versäumnisverfahren gegen den Beklagten außer Betracht, sofern nicht der Kläger selbst den Antrag auf Verurteilung unter Vorbehalt gestellt hat. – Stirbt der zur Zahlung verurteilte Beklagte nach Einlegung der Revision und macht der Erbe nach Aufnahme des Rechtsstreits die Einrede der beschränkten Erbenhaftung geltend, so ist ihm bei Zurückweisung der Revision die Beschränkung der Erbenhaftung nach § 305 – ohne Entscheidung über die Begründetheit der Einrede – im Revisionsurteil vorzubehalten (BGH 17, 69 = NJW 55, 788). Der Vorbehalt ist in die 3

Urteilsformel aufzunehmen. Unterbleibt dies trotz Einrede, dann Urteilsergänzung nach § 321 oder ein Rechtsmittel. Der Vorbehalt ist nicht notwendig in den Fällen des § 780 II. Eine entsprechende Anwendung des § 305 ist dagegen nicht möglich, wenn der Erblasser zur Zeit des Urteilserlasses noch lebte und nur das Kostenfestsetzungsverfahren gegen den Erben betrieben wird (Hamm Rpfleger 82, 354).

4 c) Die **Zwangsvollstreckung** erfolgt zunächst ohne Berücksichtigung der beschränkten Haftung; der Erbe kann jedoch, wenn der Vorbehalt im Urteil steht (§ 780), bis zum Ablauf der genannten Fristen die Beschränkung auf die zur Vollziehung eines Arrestes zulässigen Maßregeln (Pfändung) verlangen (§ 782). Für die in seiner Person entstandenen Prozeßkosten haftet der Erbe trotz Vorbehalts stets persönlich (Köln NJW 52, 1145).

II) Haftung des überlebenden Ehegatten bei fortgesetzter Gütergemeinschaft (Abs II)

5 Nach § 1489 BGB haftet der überlebende Ehegatte bei fortgesetzter Gütergemeinschaft für die Gesamtgutsverbindlichkeiten persönlich; er kann jedoch, sofern er nicht schon aus einem anderen Grund für die Verbindlichkeit persönlich haftet, ebenso wie ein Erbe die Berichtigung von Gesamtgutsverbindlichkeiten bis zum Ablauf der in den §§ 2014, 2015 bestimmten Fristen verweigern. Rn 3 und 4 gilt auch hier.

305 a

[Urteil mit Vorbehalt beschränkter Haftung für Seeforderungen]

Unterliegt der in der Klage geltend gemachte Anspruch der Haftungsbeschränkung nach § 486 Abs. 1 oder 3, §§ 487 bis 487 d des Handelsgesetzbuchs und macht der Beklagte geltend, daß

1. ***aus demselben Ereignis weitere Ansprüche, für die er die Haftung beschränken kann, entstanden sind und***
2. ***die Summe der Ansprüche die Haftungshöchstbeträge übersteigt, die für diese Ansprüche in Artikel 6 oder 7 des Haftungsbeschränkungsübereinkommens (§ 486 Abs. 1 des Handelsgesetzbuchs) oder in den §§ 487, 487 a oder 487 c des Handelsgesetzbuchs bestimmt sind,***

so kann das Gericht das Recht auf Beschränkung der Haftung bei der Entscheidung unberücksichtigt lassen, wenn die Erledigung des Rechtsstreits wegen Ungewißheit über Grund oder Betrag der weiteren Ansprüche nach der freien Überzeugung des Gerichts nicht unwesentlich erschwert wäre. In diesem Fall ergeht das Urteil unter dem Vorbehalt, daß der Beklagte das Recht auf Beschränkung der Haftung geltend machen kann, wenn ein Fonds nach dem Haftungsbeschränkungsübereinkommen errichtet worden ist oder bei Geltendmachung des Rechts auf Beschränkung der Haftung errichtet wird.

1 Eingefügt durch Art 3 des Gesetzes zur Änderung des HGB und anderer Gesetze (Zweites Seerechtsänderungsgesetz) vom 25. 7. 1986 (BGBl I, S 1120). Gem Art 11 I des Gesetzes tritt die Vorschrift (erst) an dem Tag in Kraft, an dem das Übereinkommen vom 26. 11. 1976 über die Beschränkung der Haftung für Seeforderungen – Haftungsbeschränkungsübereinkommen – (BGBl 1986 II, S 786) für die Bundesrepublik Deutschland in Kraft tritt. Dieser Zeitpunkt wird noch gesondert im BGBl bekannt gemacht (vgl Art 11 III des Gesetzes). Die Vorschrift findet nur auf Vorgänge Anwendung, die sich nach dem Zeitpunkt des Inkrafttretens verwirklicht haben (Art 11 I S 2 des Gesetzes). Von einer Kommentierung wird daher zunächst abgesehen. **Materialien:** Regierungsentwurf vom 20. 9. 1985, BT-Drs. 10/3852, S 35 ff.

Vorbemerkungen zu §§ 306, 307

Lit: *Ebel,* Die Grenzen der materiellen Rechtskraft des Anerkenntnis- und Verzichtsurteils usw, Diss Saarbrücken 1975; *Mes,* Materiellrechtliche Teilleistung und prozessuales Anerkenntnis, ZZP 85, 334; *Mummenhoff,* Prozessuales Anerkenntnis neben Klageabweisungsantrag, ZZP 86, 293; *Orfanides,* Die Berücksichtigung von Willensmängeln im Zivilprozeß, 1982 (Prozeßrechtliche Abhandlung 54); *Schilken,* Zum Handlungsspielraum der Parteien beim prozessualen Anerkenntnis, ZZP 90, 157; *Staudigl,* Zur Beseitigung des prozessualen Anerkenntnisses in Unterhaltssachen, FamRZ 80, 221; *Thomas,* Zur Doppelnatur von Klageanerkenntnis und Klageverzicht, ZZP 89, 80; *M. Wolf,* Das Anerkenntnis im Prozeßrecht, 1969; dazu *Arens* ZZP 83, 356 und *Baumgärtel* ZZP 87, 129.

I) Allgemeines

1) Begriffe. Im **Klageverzicht** des Klägers kommt sein Wille zum Ausdruck, den prozessualen Anspruch überhaupt nicht mehr geltend machen zu wollen (RG 66, 14); damit nimmt der Kläger seine Rechtsfolgebehauptung zurück. Das Gegenstück dazu ist das **Anerkenntnis:** Der Beklagte erkennt die klägerische Rechtsfolgebehauptung als richtig an. Gegenstand von Anerkenntnis und Verzicht ist also – ganz oder teilweise – der prozessuale Anspruch, mag dieser leistungs-, feststellungs- oder gestaltungsbegehrend sein. Nur der prozessuale Anspruch wird anerkannt, die ihn begründenden Tatsachen aber werden gestanden (§ 288; zur Unterscheidung näher Rn 2). Klageverzicht ist keine Rücknahme: Diese nimmt dem Gericht die Möglichkeit zu entscheiden, jener beendet den Prozeß ebensowenig wie das Anerkenntnis, führt vielmehr zu einem – nicht kontradiktorischen (Rn 6 vor § 300) – **Sachurteil.** Die Beschränkung des Klageantrages (§ 264 Nr 2) kann sowohl Teilverzicht, wie teilweise Klagerücknahme sein; dies ist im Einzelfall zu prüfen. 1

2) Abgrenzung. a) Präjudizielle Rechtsverhältnisse sind entgegen verbreiteter Ansicht (Zeiß, ZPR, § 55 II 2; § 56 I 1 mwN; einschr R-Schwab § 117 I 1 a, str; vgl hier § 288 Rn 2) nicht geständnisfähig, können aber in verschiedener Hinsicht Gegenstand von **Anerkenntnissen** sein. Folgende Möglichkeiten sind zu unterscheiden: **aa) Prozessuales Anerkenntnis iS von § 307.** Hierfür muß das präjudizielle Rechtsverhältnis zum Gegenstand einer Zwischenfeststellungs-(wider-)klage (vgl § 256 Rn 21) gemacht werden. Über das Anerkenntnisurteil kann Feststellungswirkung (§ 322 I) herbeigeführt werden. **bb) Außerprozessuales (materiellrechtliches) Anerkenntnis.** Die Parteien können präjudizielle Rechtsverhältnisse, auch sachenrechtlicher Art (Bsp: Vorbehaltseigentum) auch zum Gegenstand eines (vergleichsähnlichen) Feststellungsvertrags machen (BGH BB 86, 1738 = ZIP 86, 1059); die Wirkungen bestehen dann in einem (materiellrechtlichen) Einwendungsausschluß (vgl BGH aaO; allg Jauernig/Vollkommer, BGB, 4. Aufl, § 781 Anm 3 c). **cc) Eingeschränktes prozessuales Anerkenntnis.** Die Parteien können im Rahmen ihrer Dispositionsbefugnisse die gerichtliche Prüfung des Streitstoffs auch in rechtlicher Hinsicht beschränken; für präjudizielle Rechtsverhältnisse ergibt sich dies aus der Möglichkeit oben aa) und der Befugnis der Parteien, ein Geständnis über eine (dem präjudiziellen Rechtsverhältnis zugrundliegende) Tatsache so auszugestalten, daß sich für das Gericht daraus eine zwingende rechtliche Beurteilung ergibt (eingehend: Schilken ZZP 90, 157 [177]; zust ThP § 307 Anm 1 c, str). Das Anerkenntnis bildet keine Grundlage für ein Anerkenntnisurteil, bindet aber die Parteien und das Gericht in seiner rechtlichen Beurteilung des vorgreiflichen Rechtsverhältnisses (Schilken, ThP je aaO). **b)** Ein **einzelner von mehreren Klagegründen** ist nicht anerkenntnisfähig iS von § 307 (s dazu Baumgärtel ZZP 87, 132), wohl aber der geltend gemachte Klageanspruch **dem Grunde nach** (vgl § 307 Rn 7). 2

c) Vorbehaltslose **Erfüllung** des Klageanspruchs durch den Beklagten *kann* ein Erledigungsereignis darstellen (§ 91 a Rn 4, 5), ist jedoch mangels Abgabe einer entspr Erklärung (Rn 12) **kein** Anerkenntnis (BGH NJW 81, 686 = MDR 81, 399). Vgl § 306 Rn 1; § 307 Rn 2. 3

3) Anwendungsbereich. §§ 306, 307 sind **entspr** anwendbar in Verfahren mit öffentlich-rechtlichem Streitgegenstand, soweit dieser der Verfügungsbefugnis der Parteien unterliegt (BSG MDR 78, 172 = JZ 79, 199 mit krit Anm Behn); vgl auch allg § 306 Rn 2; § 307 Rn 2. 4

II) Rechtsnatur von Anerkenntnis und Verzicht

1) Anerkenntnis und Verzicht sind **reine Prozeßhandlungen,** sind daher nur wirksam, wenn die Prozeßhandlungsvoraussetzungen (Rn 17 vor § 50) gegeben sind. So die hL (vgl Baumgärtel aaO S 142 ff; auch StJSchL § 307 Anm I 2), während andere ihnen eine gemischte – prozessuale und gleichzeitig materiell-rechtliche – Rechtsnatur beilegen (zur Doppelnatur s Thomas aaO; zur Prüfungsaufgabe des Gerichts § 306 Rn 6, § 307 Rn 4). Da sie die Prozeßlage gestalten, sind sie **Bewirkungshandlungen.** Daraus ergeben sich Folgerungen für den Bestand und die Beseitigung sowie den Umfang von Anerkenntnis und Verzicht (Rn 6, 7). 5

2) Nach hM gibt es **keine Anfechtung** eines Anerkenntnisses entsprechend §§ 119, 123 BGB (BGH 80, 389 [392 mwN] = NJW 81, 2193 [2194] = MDR 81, 924; Grund: Rn 5; R-Schwab § 194 IV 6; aA M. Wolf aaO; Arens, Willensmängel bei Prozeßhandlungen, S 101 ff, 205 ff; Orfanides, aaO, S 45 ff; 72 ff); keine Rückforderung aus § 812 BGB (RG 145, 70 [74]); **keinen Widerruf** des Anerkenntnisses analog § 290 (BGH 80, 389 [393 f]; aA Nürnberg MDR 63, 419; Orfanides, aaO, S 74 ff, einschränkend: nur bei Irrtum über die Sachlage). Die Berufung auf ein irrtümlich abgegebenes Anerkenntnis kann aber uU **rechtsmißbräuchlich** sein (§ 242 BGB; BGH 80, 389 [399]; Staudigl FamRZ 80, 221 mN). Anerkenntnis und Verzicht können jedoch **widerrufen** werden, wenn sie durch ein Verhalten veranlaßt worden sind, das (nach rechtskräftigem Abschluß des Verfahrens) einen Restitutionsgrund (§ 580 Nr 2, 4 und 7) abgäbe (RG 156, 70 [80]; BGH 12, 284 [285]; 80, 389 [394 f]; KG OLGZ 78, 114). Der Widerrufsgrund kann auch noch mit der Berufung geltend 6 gemacht werden (s § 307 Rn 11). Ein Widerruf bis zum Urteilserlaß ist auch bei Einverständnis des Gegners möglich. Nach Karlsruhe MDR 74, 588 kann ein Anerkenntnis zurückgenommen werden, wenn und soweit es durch einen Schreibfehler oder ein klares, offensichtliches Versehen veranlaßt worden ist (§ 319 entspr, vgl Staudigl FamRZ 80, 221). Der eingeschränkte **Widerruf** eines prozessualen Anerkenntnisses, das laufende Unterhaltszahlungen betrifft, mit dem Ziel einer Anpassung iSv § 323 ist dann zuzulassen, wenn sich die für das Anerkenntnis maßgebenden Umstände wesentlich geändert haben (Änderungsgründe iSv § 323; so Staudigl FamRZ 80, 221; offengelassen BGH 80, 389 [397]); in diesem Fall kann das prozessuale Anerkenntnis auch in der Berufungsinstanz abgeändert werden (Hamburg FamRZ 84, 706 [709]; im Erg auch Düsseldorf FamRZ 83, 721 [724]). Allerdings können Abänderungsgründe iSv § 323 mit der Berufung nicht in weitergehendem Umfang geltend gemacht werden als mit der Abänderungsklage (BGH 80, 389 [397]).

7 3) Als Prozeßhandlungen sind Anerkenntnis und Verzicht **ohne** Rücksicht auf eine **vormundschaftsgerichtliche Genehmigung** wirksam, die zu dem zugrunde liegenden materiellen Rechtsgeschäft nötig wäre (BGH LM § 306 Nr 1; aA Thomas aaO).

III) Zulässigkeit von Anerkenntnis und Verzicht

8 **1) Ehe- und Statussachen; Unterhaltssachen. a) Ein Klage- bzw Antragsverzicht** ist im Rahmen der Dispositionsmacht der Parteien zulässig, also für den Scheidungsantrag (BGH NJW 86, 2046 = FamRZ 86, 655; § 617 Rn 4), die Herstellungs- und Aufhebungsklage, denn der Kläger kann die aufhebbare Ehe nach materiellem Recht bestätigen, er kann also auch auf sein entstandenes Scheidungsrecht verzichten (BGH NJW 86, 2047 = FamRZ 86, 656) und sich seines Herstellungsanspruchs begeben. Im übrigen aber ist bei Ehe- (insbesondere also Nichtigkeitsklagen) und Kindschaftssachen kein Verzicht möglich (Blomeyer § 62 III 1). Argument: § 635 – bei Säumnis keine Klageabweisung, die in materielle Rechtskraft erwüchse, sondern Versäumnisurteil auf Klagerücknahme (s auch BL § 617 Anm 2; aA hinsichtlich Ehelichkeitsanfechtung Braunschweig FamRZ 56, 57; ThP § 306 Anm b).

9 **b)** Ein **Anerkenntnisurteil** kann nicht ergehen: §§ 617, 640, 670 I, 679 IV, 684 IV, 686 IV.

9a **c)** Im **Unterhaltsprozeß** ist ein Anerkenntnis des Beklagten für das Gericht insoweit nicht bindend als es die Bemessung des Vorsorgeunterhalts im Verhältnis zum Elementarunterhalt betrifft (BGH NJW 85, 2713 [2716]); Grund: Die Verteilung des Gesamtunterhalts in Elementar- und Vorsorgeunterhalt (vgl §§ 1678 II, III BGB) ist der Dispositionsbefugnis (auch) des Unterhaltsberechtigten entzogen.

10 **2) In vermögensrechtlichen Streitigkeiten** ist die Dispositionsbefugnis der Parteien idR gegeben. Die Schlüssigkeit der Klage ist ohne Bedeutung. Ein Anerkenntnisurteil muß zB auch ergehen, wenn der auf Herausgabe aus § 985 BGB vom Nichteigentümer verklagte Eigentümer oder wenn der aus einem mündlichen (formnichtigen) Grundstückskauf auf Auflassung Verklagte anerkennt. Ein Verzichtsurteil ist bei Klage auf Feststellung der Nichtigkeit eines mündlichen Grundstückskaufs möglich. Nur darf die anerkannte Rechtsfolge (bzw die Folge des Verzichts) dem positiven Recht nicht überhaupt unbekannt sein, sie darf nicht strafbar, gesetzlich verboten, sittenwidrig sein oder gegen den ordre public (Art 6 EGBGB) verstoßen (vgl BGH 10, 333; ie § 307 Rn 4 mit Beispielen).

11 Schließlich gibt es auch vermögensrechtliche Streitigkeiten, die sich der **Disposition der Parteien entziehen:** So kann ein verklagter Testamentsvollstrecker zwar anerkennen, daß seine persönliche Amtszeit abgelaufen ist, nicht aber, daß das Amt institutionell erloschen ist, da es nicht auf seinem rechtsgeschäftlichen Willen, sondern auf dem letzten Willen des Erblassers beruht (RG 156, 70). Kein Anerkenntnis des auf Erbunwürdigkeit Verklagten (§ 2342 BGB; aA LG Köln MDR 77, 322 = NJW 77, 1783 mit ablehnender Anm Blomeyer MDR 77, 675), kein Verzicht des auf Feststellung seines Erbrechts Klagenden (Blomeyer aaO).

IV) Erklärung von Anerkenntnis und Verzicht

12 Anerkenntnis und Verzicht werden **durch einseitige Prozeßhandlung dem Gericht gegenüber** erklärt und zwar in der mündlichen Verhandlung mündlich – auch vor dem Einzelrichter, § 349 II Nr 4 –, nicht aber vor dem ersuchten Richter (JW 04, 260), im Verfahren nach § 128 II und III schriftlich. Eine ausdrückliche Erklärung ist (trotz § 160 III Nr 1) nicht erforderlich (dazu sogleich); erfolgt Anerkenntnis oder Verzicht durch schlüssiges Verhalten, so muß dies eindeutig sein (BL § 307 Anm 2 B; ThP § 307 Anm 2; Merz ZMR 83, 365). Möglich auch in den Rechtsmittelinstanzen, nicht aber zwischen den Instanzen (arg § 318), vgl Schwab, FS Schnorr v Carolsfeld, 1973, S 454. Die Protokollierung nach §§ 160 III Nr 1, 162 ist keine Wirksamkeitsvoraussetzung (BGH NJW 84, 1465 = MDR 84, 655; Karlsruhe FamRZ 81, 401, str; aA Düsseldorf FamRZ 83, 721); unterbleibt die Feststellung, kann die Erklärung in anderer Form nachgewiesen werden

(BGH aaO). Im sozialgerichtlichen Verfahren ist es nach BSG NJW 69, 77 nicht erforderlich, daß die Niederschrift über ein in der mündlichen Verhandlung abgegebenes und angenommenes Anerkenntnis den Beteiligten vorgelesen oder zur Durchsicht vorgelegt wird; abl Schmidt NJW 69, 814. Eine Beschränkung der Prozeßvollmacht ist insoweit auch mit Außenwirkung möglich, § 83 I. Einer Annahme durch den Gegner bedürfen weder Verzicht noch Anerkenntnis; der Gegner braucht nicht einmal anwesend zu sein. Nur die Parteien, nicht ein Streitgenosse für den anderen, nicht der Nebenintervenient können verzichten oder anerkennen. Nicht Verzicht und Anerkenntnis beendigen die Instanz (so aber M. Wolf aaO), sondern erst das sodann ergehende Urteil (vgl Schwab aaO und Arens ZZP 83, 356; Schilken aaO; Baumgärtel aaO).

V) Anerkenntnis- bzw Verzichtsurteil bei fehlendem entsprechendem Antrag

1) Fehlender bzw unrichtiger Antrag. Beantragt der Gegner des Verzichtenden bzw Anerkennenden kein Verzichts- bzw Anerkenntnisurteil, sondern verlangt er ausdrücklich – etwa zur Klärung einer Rechtsfrage – ein streitiges Sachurteil, so fehlt diesem Begehren das Rechtsschutzbedürfnis. Wenn die übrigen Voraussetzungen vorliegen, ergehen Verzichts- bzw Anerkenntnisurteil gleichwohl (BGH 10, 333; 49, 213; Anm Bötticher JZ 68, 797; 76, 53, str). Der Antrag auf streitige Sachentscheidung ist im Vergleich zu dem gem §§ 306, 307 weitergehend iS von §§ 92, 97, so daß die auf kontradiktorischer Entscheidung beharrende Partei teilweise unterliegt (so BGH 76, 53); bedenklich, denn auch das Urteil gem §§ 306, 307 ist Sachurteil (oben Rn 1; irreführend insoweit BGH aaO), es liegt nur eine Abweichung vom Verfahrensantrag vor, der sich kostenmäßig nicht auswirken dürfte. So – nach BSG JZ 79, 199; LG Mainz VersR 72, 78, – auch bei Teilanerkenntnis, dagegen Mes aaO, da materiell der Schuldner zur Teilleistung nicht berechtigt sei. Die Lösung gemäß BGH 10, 333 gilt auch im Verhältnis des Widerklägers zum Widerbeklagten (Stuttgart JVBl 68, 284). Wenn die Parteien vereinbart hatten, einen **Musterprozeß** zu führen (vgl Kempf ZZP 73, 342 [348 ff]), kann, wenn sich eine Partei dem durch Verzicht oder Anerkenntnis entziehen will, dem die Einrede der Arglist entgegengehalten werden (vgl Blomeyer § 62 II 2 a Fn 4; Fischer zu BGH LM § 307 Nr 1; allg zum Musterprozeß vgl § 325 Rn 43 b). Nach aA ist der Kläger, der nach Anerkenntnis des Beklagten den Antrag aus § 307 nicht stellt, als säumig zu behandeln, nachdem sein Antrag auf Erlaß eines streitigen Urteils durch Beschluß als unzulässig zurückgewiesen wurde (so Bötticher JZ 54, 243; Knöpfel ZZP 68, 450 ff). Diese Lösung ist abzulehnen, denn die Sachanträge bleiben ja gestellt (zutr R-Schwab § 134 IV 5 b). Nach Schleswig SchlHA 66, 14 soll, auch wenn der Kläger ein Versäumnisurteil beantragt, Anerkenntnisurteil (als unechtes Versäumnisurteil oder als Entscheidung nach Aktenlage, vgl StJSchL § 307 Anm IV 1) ergehen, wenn dessen Voraussetzungen erfüllt sind. Nach Schilken aaO genügt weiterhin die Stellung des Sachantrags zum Erlaß eines Anerkenntnisurteils (S 171). 13

2) Geänderter Antrag. Der Antrag muß inhaltlich der anerkannten Rechtsfolge genau entsprechen; ein Anerkenntnisurteil kann daher nicht mehr ergehen, wenn der Kläger den (anerkannten) Klageanspruch später geändert hat. Beispiel: Geht der Kläger nach Anerkenntnis von der zunächst geltend gemachten Feststellungsklage zur Leistungsklage über, kann kein Anerkenntnis-Leistungsurteil ergehen (Frankfurt MDR 78, 583; vgl auch § 307 Rn 8). 14

VI) Verkündung von Anerkenntnis- und Verzichtsurteil

Gemäß § 311 II S 2 können Anerkenntnis- und Verzichtsurteile verkündet werden, auch wenn die Urteilsformel noch nicht schriftlich abgefaßt ist. In der Praxis ist dies gefährlich, da hierbei häufig die Nebenansprüche und die Kosten nicht hinreichend genau geprüft werden. 15

306 *[Verzicht auf den Anspruch]*

Verzichtet der Kläger bei der mündlichen Verhandlung auf den geltend gemachten Anspruch, so ist er auf Grund des Verzichts mit dem Anspruch abzuweisen, wenn der Beklagte die Abweisung beantragt.

I) Allgemeines

1) Abgrenzung. Wird auf den Anspruch verzichtet und gleichzeitig die Klage zurückgenommen, so findet § 306 Anwendung (DRpfl 1936 Nr 684). Der Verzicht muß eindeutig erklärt sein. Beantragt der Kläger gleichzeitig, dem Gegner die Kosten aufzuerlegen, so hat das Gericht gemäß § 139 zu klären, ob der Kläger nicht eine Erledigungserklärung nach § 91 a abgeben wollte (s auch München MDR 57, 298). Erkennt der Kläger im zweiten Rechtszug den Antrag des Beklagten und Berufungsklägers auf Klageabweisung an, so ist dies ein Klageverzicht (Braunschweig NdsRpfl 61, 245). Fallenlassen eines Auflösungsantrags gem § 9 I KSchG im Kündigungsschutzprozeß ist teilweiser Klageverzicht (vgl BAG NJW 80, 1485). 1

2 **2) Anwendungsbereich.** § 306 findet auch im Verfahren des Arrests oder der einstweiligen Verfügung Anwendung; auf Antrag erfolgt ihre Aufhebung (KG OLG 40, 428).

II) Wirksamkeitsvoraussetzungen

3 1) Der Klageverzicht eines unter Vormundschaft stehenden Klägers ist als Prozeßhandlung wirksam, auch wenn die nach materiellem Recht notwendige **Genehmigung des Vormundschaftsgerichts** nicht vorliegt (BGH FamRZ 55, 359; aA Thomas aaO; vgl Rn 7 vor § 306).

4 2) Die **Feststellung des Verzichts im Protokoll** und dessen Verlesung ist nach den §§ 160 III Nr 1; 162 notwendig. Die Unterlassung der Feststellung macht den Verzicht aber nicht ungültig; er kann auch anderweitig nachgewiesen werden (RG 10, 306).

5 3) Der **Antrag auf Erlaß des Verzichtsurteils** („Kläger wird mit dem … Anspruch abgewiesen") unterliegt im Anwaltsprozeß dem Anwaltszwang (JW 26, 2461). Der Antrag ist Sachantrag (unrichtig BL Anm 2 B: Prozeßantrag), denn er führt zum klageabweisenden Sachurteil, das im Gegensatz zur Klagerücknahme Rechtskraft wirkt. Deshalb müssen die Prozeßvoraussetzungen und im Rechtsmittelzug die Voraussetzungen für die Zulässigkeit des Rechtsmittels geprüft werden. Zu den Folgen bei Nichtvorliegen s Rn 6. Einem Antrag auf streitiges Urteil fehlt das Rechtsschutzbedürfnis; die Klage ist gleichwohl durch Verzichtsurteil abzuweisen (vgl Rn 13 vor § 306).

III) Folgen der Unwirksamkeit

6 **1) Fehlen die Prozeß- oder Rechtsmittelvoraussetzungen** (s dazu Rn 5), ist die Klage als unzulässig abzuweisen, das Rechtsmittel als unzulässig zu verwerfen. Ob dies auch dann gilt, wenn der Klage aus § 256 nur das Feststellungsinteresse fehlt, ist zweifelhaft, wird aber nunmehr im Anschluß an BGH 12, 308 überwiegend bejaht; vgl § 256 Rn 7 mit weiteren Nachweisen zum Problem der sog bedingten oder positiven Sachurteilsvoraussetzungen.

7 2) Ist der **Verzicht wegen mangelnder Dispositionsmacht des Klägers unwirksam,** so ist der Antrag auf Verzichtsurteil durch Beschluß zurückzuweisen; auch ein Zwischenurteil (§ 303) wird für zulässig gehalten, wenn der Streit über die Zulässigkeit des Verzichts besteht. Ist die sich aus dem Verzicht ergebende Rechtsfolge gesetz- oder sittenwidrig, so darf das Gericht kein klageabweisendes Verzichtsurteil erlassen; so wenn der Kläger beantragt hatte, festzustellen, daß ein sittenwidriger Anspruch nicht bestehe. Blomeyer (§ 62 III 3b) will hier der negativen Feststellungsklage trotz des Antrags auf Verzichtsurteil ungeachtet § 308 stattgeben, während StJSchL Anm II 2 die Klage analog § 635 als zurückgenommen behandeln wollen. Stimmt aber der Beklagte der Rücknahme nicht zu, wird der Kläger säumig, was dann doch zu der zu vermeidenden Sachabweisung der negativen Feststellungsklage und damit zur rechtskräftigen Feststellung des sittenwidrigen Anspruchs führte.

IV) Prozessuale Besonderheiten

8 1) Bei Teilverzicht **muß** entgegen § 301 II **Teilurteil** ergehen.

9 2) Das Verzichtsurteil kann gemäß § 313b **in erleichterter Form abgefaßt** werden: Nach Abs I bedarf es nicht des Tatbestandes und der Entscheidungsgründe. Abs II enthält weitere Erleichterungen. Das Verzichtsurteil kann weiterhin vor schriftlicher Abfassung der Urteilsformel **verkündet** werden, § 311 II S 2.

10 3) Das Verzichtsurteil ist gemäß § 708 Nr 1 ohne Sicherheitsleistung **vorläufig vollstreckbar.**

11 4) Die **Kostenentscheidung** im Verzichtsurteil folgt aus § 91; entspr Anwendung von § 93 bei „sofortigem" Verzicht lehnt die hM ab, vgl Hamm MDR 82, 676 mN; Koblenz WRP 86, 298, str; vgl auch § 93 Rn 2; § 91a Rn 25.

V) Anfechtung

12 Gegen das Verzichtsurteil sind die normalen Rechtsmittel statthaft. Der Kläger ist durch die Klageabweisung beschwert. Die Bindungskraft des Verzichts wirkt aber auch in der zweiten Instanz, so daß das Rechtsmittel nur aussichtsreich ist, wenn der Verzicht beseitigt werden kann (siehe Rn 6 vor § 306). Verzichtet der Kläger im Berufungsverfahren auf einen Teil seines Anspruchs, wird dadurch die Berufung auch dann nicht unzulässig, wenn der Restanspruch unter der Berufungssumme bleibt (RG 165, 85).

13 **VI) Gebühren: 1) des Gerichts:** das Verzichtsurteil ist durch die allgemeine Verfahrensgebühr in allen Instanzen abgegolten (vgl KV Nrn 1014–1017, 1024–1027, 1036, 1037). – **2) des Anwalts:** Verzichtet der Kläger nach § 306 auf den Klageanspruch und beantragt der Beklagte die Abweisung der Klage, so liegt ein Fall der nichtstreitigen Verhandlung iS des § 33 I 1 BRAGO vor; für diese nichtstreitige Verhandlung erhalten der RA des Klägers und der des Beklagten je ½ Verhandlungsgebühr, s Gerold/Schmidt, BRAGO § 33 Rn 5; Stuttgart, AnwBl 77, 218.

307 *[Anerkenntnis]*
(1) Erkennt eine Partei den gegen sie geltend gemachten Anspruch bei der mündlichen Verhandlung ganz oder zum Teil an, so ist sie auf Antrag dem Anerkenntnis gemäß zu verurteilen.

(2) Erklärt der Beklagte auf eine Aufforderung nach § 276 Abs. 1 Satz 1, daß er den Anspruch des Klägers ganz oder zum Teil anerkenne, so ist er auf Antrag des Klägers ohne mündliche Verhandlung dem Anerkenntnis gemäß zu verurteilen. Der Antrag kann schon in der Klageschrift gestellt werden.

I) Allgemeines

1) Zum **Begriff** des Anerkenntnisses s Rn 1, 2 vor § 306; zur **Rechtsnatur,** Anfechtung und Widerruf Rn 5 vor § 306; zur **Zulässigkeit** Rn 8 ff vor § 306 und zum Anerkenntnisurteil bei **fehlendem entsprechendem** oder **geändertem Antrag** Rn 13 und 14 vor § 306. 1

2) Anwendungsbereich. Das Anerkenntnisurteil ist auch zulässig bei Arrest und einstweiliger Verfügung (wie § 306 Rn 2; zur Beschränkung auf den Verfügungsanspruch vgl Hamm NJW-RR 86, 1232 = Rpfleger 86, 310) sowie in Verfahren mit öffentlich-rechtlichem Streitgegenstand (Rn 4 vor § 306). § 307 ist **nicht** anwendbar in Ehe- und Statussachen (vgl Rn 9 vor § 306; auch nicht im Verfahren auf Gestattung des Getrenntlebens: Frankfurt FamRZ 84, 1123) und im Patentnichtigkeitsverfahren (§§ 81 ff PatG; vgl Ullmann GRUR 85, 810 mN). Eine **entspr** Anwendung von § 307 scheidet aus, wenn der Kläger nach vorbehaltloser Erfüllung des Beklagten (vgl Rn 3 vor § 306) den Rechtsstreit einseitig für erledigt erklärt (BGH NJW 81, 686 = MDR 81, 399; vgl auch § 91 a Rn 44, 47). 2

II) Erklärung

Die Anerkenntniserklärung unterliegt dem Anwaltszwang, soweit § 78 I eingreift. Sie kann erfolgen **a)** in der **mündlichen Verhandlung, b)** im **schriftlichen Vorverfahren (Abs II)** auf eine Aufforderung nach § 276 I S 1 hin (zu den Einzelheiten s dort); dagegen ist im schriftlichen Vorverfahren gem § 697 III ein Anerkenntnisurteil nicht möglich (Grund: § 697 Rn 8). Nach Nürnberg NJW 78, 832 (mit krit Anm von E. Schneider Rpfleger 1978, 103) wird in diesem Fall ein Anerkenntnisurteil erst mit der letzten amtswegigen Zustellung existent und beginnt die Rechtsmittelfrist erst in diesem Zeitpunkt zu laufen (ebenso Frankfurt NJW 81, 291 mwN, str). Bei schriftlichem Vorverfahren muß „sofortiges" Anerkenntnis (vgl § 93) in der Klageerwiderung erklärt sein (Frankfurt BB 78, 892); wurde das Verfahren dagegen im Mahnverfahen eingeleitet, kann auch nach schriftlicher Vorbereitung (vgl oben) noch im ersten Termin rechtzeitig (§ 93) anerkannt werden (KG MDR 80, 942). **c)** im **schriftlichen Verfahren** nach § 128 II, III. 3

III) Wirkung des Anerkenntnisses

1) Gerichtliche Prüfung. Das Gericht prüft nur die unverzichtbaren Prozeß-(Rechtsmittel-)-Voraussetzungen (BGH 10, 335; Karlsruhe WRP 79, 223), da eine Rüge der verzichtbaren durch das Anerkenntnis ausgeschlossen ist. Nicht mehr wird geprüft, ob die Klage schlüssig und begründet ist (München NJW 69, 1815). Unterliegt der Streitgegenstand allerdings nicht der Dispositionsmacht der Parteien (Statusprozeß), so ist der Antrag auf Anerkenntnisurteil durch Beschluß zurückzuweisen (Schumann, FS Larenz 1983, 571 [585]). Begehrt der Kläger eine gesetz- oder sittenwidrige Leistung, so ist seine Klage trotz Anerkenntnisses durch Sachurteil abzuweisen; Grund: Die Schranken der Privatautonomie (§§ 134, 138 BGB) setzen sich im Prozeß als entsprechende Beschränkungen der Parteiherrschaft (Dispositionsmaxime) fort (im Erg allg Meinung; vgl Kohte NJW 85, 2227 f; Köln NJW 86, 1350 [1352]; vgl auch allg Schilken ZZP 90, 166 f und hier Rn 9 vor § 128). Bei Streit um die Wirksamkeit des Anerkenntnisses wird auch ein Zwischenurteil nach § 303 hierüber für zulässig erachtet (ThP Anm 4 a). 4

2) Erlaß eines Versäumnisurteils. Hatte der Beklagte anerkannt, war aber nicht sofort Anerkenntnisurteil ergangen, so kann gleichwohl ein Versäumnisurteil auf Klageabweisung gegen den Kläger ergehen, der im nächsten Termin säumig ist. Ist in diesem Termin der Beklagte säumig, dann ist allerdings streitig, ob ein echtes Versäumnisurteil ergeht (so BL Anm 3 B) oder ein unechtes auf das Anerkenntnis hin (so StJSchL Anm IV 1). Folgt man dem Rechtsgedanken aus BGH 10, 333, wird man der letzteren Ansicht zustimmen müssen; vgl dazu Schleswig SchlHA 66, 14 und Rn 13 vor § 306 aE. 5

IV) Prozessuale Besonderheiten

1) Ein **Teilanerkenntnisurteil muß** in Abweichung von § 301 II ergehen (BAG NJW 82, 1118 [1119]); die Kostenentscheidung erfolgt dann im Endurteil. Wegen der Rechtsmittel siehe Anm zu § 99. Inkorrekt ist es aber, ein Teilanerkenntnisurteil über die ganze Hauptsache zu erlassen 6 und nur die Kostenentscheidung auszusparen. Geschieht dies gleichwohl, so sind die zwei Urteile als Einheit anzusehen und ist gegen das Schlußurteil (reine Kostenentscheidung) die sofortige Beschwerde, nicht die Berufung statthaft (München NJW 65, 447).

7 **2)** Ein Anerkenntnisurteil kann auch als **Grund-** (§§ 304, 307) und **Vorbehaltsurteil** (§§ 302, 307, 599) ergehen. Dies folgt daraus, daß der teilweisen – beschränkten – Erledigung des Streitgegenstandes und Gliederung des Prozeßstoffs durch streitige Entscheidung (§§ 301 ff) die übereinstimmende Parteitätigkeit in Form eines eingeschränkten Anerkenntnisses und eines entsprechenden Antrags gleichstehen muß. Die dem widersprechende Formel, wonach das Anerkenntnis „unumschränkt" sein müsse und keinerlei Einschränkungen und Vorbehalte vertrage (zB BL 2 A), geht daher zu weit und ist nicht zu billigen. Erkennt der Beklagte an, daß der Klageanspruch dem Grunde nach besteht, bestreitet er aber die Höhe, ist auf Antrag ein **Anerkenntnis-Grundurteil** zu erlassen (ebenso R-Schwab § 134 IV 2, str; aA BL 2 A). Zulässig ist auch der **Vorbehalt** beschränkter Haftung oder der Ausführung der Rechte im Nachverfahren (§§ 599 f); gibt der nach § 3 Nr 1 PflVersG in Anspruch genommene Haftpflichtversicherer ein Anerkenntnis dem Grunde nach ab, so ist dieses auch ohne ausdrückliche Erwähnung auf den Umfang der gesetzlichen Leistungspflicht beschränkt (Schleswig VersR 80, 726). Im Urkunden-(Wechsel-)prozeß kann das Anerkenntnis des Beklagten mit dem Widerspruch gem § 599 I verbunden werden, so daß ein Anerkenntnis-Vorbehaltsurteil ergeht (ebenso R-Schwab § 134 IV 2; ThP 2 vor a; Schriever MDR 79, 24; hier § 599 Rn 8, str; aA zB BL 2 A). Unschädlich ist es, wenn sich der anerkennende Beklagte gegen die Kosten verwahrt (vgl § 93).

8 **3)** Erkennt der Beklagte an, die geforderte Leistung zu schulden, aber nur **Zug um Zug** gegen eine Gegenleistung des Klägers, so muß dieser seinen Antrag diesem Vorbehalt wenigstens hilfsweise anpassen, um ein Anerkenntnis Zug um Zug zu bekommen (hL; vgl in diesem Sinn wohl auch BGH NJW 62, 628).

9 **4) Hilfsweise Anerkenntnis** ist neben dem Klageabweisungsantrag in der Weise möglich, daß der Beklagte die (ohnehin von Amts wegen zu prüfenden: Rn 4) Prozeßvoraussetzungen rügt und das Anerkenntnis nur für den Fall der Zulässigkeit der Klage erklärt (BGH JZ 76, 607 mit zust Anm Mummenhoff = MDR 76, 838 = Betrieb 76, 1009; Mummenhoff ZZP 86, 293; R-Schwab § 134 IV 2; str; aA zB BL 2 A). Bsp: Hilfsweise Anerkenntnis neben der Rüge der (internationalen) Unzuständigkeit des Gerichts (BGH JZ 76, 607); hilfsweise Anerkenntnis neben Bestreiten des Vorliegens des Rechtsschutzbedürfnisses für eine negative Feststellungsklage (Karlsruhe WRP 79, 223).

10 **5) Erlaß und Vollstreckung.** Das Anerkenntnisurteil kann gemäß § 313 b in erleichterter Form (vor allem Wegfall von Tatbestand und Entscheidungsgründen) erlassen werden. Das Urteil kann vor schriftlicher Abfassung der Urteilsformel verkündet werden, § 311 II S 2. Die vorläufige Vollstreckbarkeitserklärung erfolgt gemäß § 708 Nr 1 von Amts wegen ohne Sicherheitsleistung. Hinsichtlich der Auferlegung der Kosten ist § 93 zu beachten.

V) Anfechtung

11 Das Anerkenntnisurteil ist ein Endurteil und wie ein solches anfechtbar (KG OLGZ 78, 114) und vollstreckbar (vgl die umfangreichen Nachw bei LAG Berlin EzA ArbGG § 64, 5 und Anm Dütz ebenda). Für den anerkennenden Beklagten fehlt nicht etwa die erforderliche Beschwer (so aber ausdrücklich LAG Berlin EzA ArbGG § 64, 5 mit abl Anm Dütz), denn die Beschwer ist materiell zu bestimmen (Dütz aaO; Rn 17 vor § 511 mN). Zum beschränkten Prüfungsumfang in der Rechtsmittelinstanz vgl Rn 6 vor § 306. Möglich ist auch die Anfechtung nur hinsichtlich des Kostenausspruchs, § 99 II, mit sofortiger Beschwerde, wenn der Betrag der Kosten die Beschwerdesumme von 100 DM (s § 567 II) übersteigt. Auch wenn der Beklagte unter Verwahrung gegen die Kosten anerkennt und daraufhin unter Vorbehalt der Kostenentscheidung ein Anerkenntnisurteil ergeht, so ist die spätere Kostenentscheidung durch Urteil und nicht durch Beschluß nach § 91 a zu treffen (Düsseldorf JMBlNRW 56, 65). Ein Grund, der zum Widerruf des Anerkenntnisses berechtigt, kann auch mit der Berufung gegen das Anerkenntnisurteil geltend gemacht werden (BGH 80, 389 [394] = NJW 81, 2193 [2194] = MDR 81, 924). Stellt sich die Unwirksamkeit des Anerkenntnisses in der Rechtsmittelinstanz heraus, so erfolgt eine Zurückverweisung analog § 538 I Nr 5 (s dazu Anm zu § 538 I Nr 5); LG Nürnberg-Fürth NJW 76, 633 will § 538 I Nr 2 entsprechend anwenden.

12 **VI) Gebühren: 1) des Gerichts:** Das Anerkenntnisurteil ist durch die allgemeine Verfahrensgebühr abgegolten (s Rn 13 zu § 306). – **2) des Anwalts:** Außer der 10/10 Prozeßgebühr fällt eine halbe Verhandlungsgebühr an, wenn nicht vorher schon streitig verhandelt worden war (§ 33 I BRAGO). Ergeht auf Antrag des Klägers ohne mündliche Verhandlung ein Anerkenntnisurteil, nachdem der Beklagte auf gerichtliche Aufforderung nach § 276 I erklärt hatte, er anerkenne den Anspruch ganz od zum Teil, so erhält der RA die gleichen Gebühren wie in einem Verfahren mit mündlicher Verhandlung (§ 35 BRAGO). Hinsichtlich der Verhandlungsgebühr ist aber § 13 II BRAGO zu beachten.

308 *[Bindung an die Parteianträge]*

(1) Das Gericht ist nicht befugt, einer Partei etwas zuzusprechen, was nicht beantragt ist. Dies gilt insbesondere von Früchten, Zinsen und anderen Nebenforderungen.

(2) Über die Verpflichtung, die Prozeßkosten zu tragen, hat das Gericht auch ohne Antrag zu erkennen.

Lit: *Klette,* Die rechtliche Behandlung von Verstößen gegen das Verbot „ne ultra petita", ZZP 82, 93; *Melissinos,* Die Bindung des Gerichts an die Parteianträge nach § 308 ZPO (ne eat iudex ultra petita partium), 1982 (Schriften zum Prozeßrecht 73), dazu *Grunsky* ZZP 96, 395.

I) Allgemeines und Anwendungsbereich

§ 308 ist Ausdruck der den Zivilprozeß beherrschenden Dispositionsmaxime (Rn 9 vor § 128). 1
Er gilt auch im Kostenfestsetzungsverfahren (Hamm JurBüro 69, 769 mit Anm E. Schneider), im Beschwerdeverfahren (vgl Köln OLGZ 80, 352 = NJW 80, 1531) sowie (mit Einschränkungen) für Arrest und einstweilige Verfügung (s § 938 Rn 1; Stuttgart WRP 73, 608; einschr Melissinos aaO S 165; aA Grunsky ZZP 96, 395 [399]), nicht bei einstweiliger Anordnung nach § 620 S 1 Nr 1 (vgl § 620 S 2). Im Verfahren (auch in der Rechtsmittelinstanz) über den öffentlich-rechtlichen Versorgungsausgleich gilt § 308 nicht (BGH 92, 5 [8 f]), desgl nicht bei Durchführung des schuldrechtlichen Versorgungsausgleichs nach §§ 1587 ff BGB (Düsseldorf FamRZ 85, 720). Zur entsprechenden Geltung im Wohnungseigentumsverfahren s BayObLG Rpfleger 74, 268.

II) Bindung des Gerichts an die Parteianträge (Abs I)

1) Grundsatz. Das Gericht darf einen Anspruch, den es für unbegründet hält, nicht durch 2
einen anderen ersetzen, den es für begründet hält, der aber nicht Gegenstand der Klage ist. Das Gericht ist an den Wortlaut des Klageantrags und etwa an die Berechung einzelner der Klage zugrundeliegender Posten nicht gebunden; nötig ist nur, daß die Urteilsformel sachlich mit dem Klageantrag übereinstimmt bzw diesen nicht überschreitet. Das Gericht darf qualitativ nichts anderes, quantitativ nicht mehr, wohl aber weniger als begehrt zusprechen. **Ausnahmen** vom Grundsatz des Abs I stellen die §§ 308 II, 308 a, 620 S 2, 641 h und § 17 Nrn 3 und 4 AGBG dar.

2) Einzelfälle. a) Hat der Kläger nicht beantragt, mehrere Beklagte samtverbindlich zu verur- 3
teilen, so verstößt das Gericht nicht gegen § 308, wenn es dies gleichwohl tut, falls sich aus der Klagebegründung die gesamtschuldnerische Haftung ergibt. Das Gericht darf bei der Grenzscheidungsklage nach § 920 BGB eine andere Grenzlinie festsetzen, als die vom Kläger beantragte, doch darf ihm hierdurch nicht mehr zugesprochen werden als er begehrte (BGH NJW 65, 37). Keine Kapitalabfindung statt Rente (RG 136, 375), nicht Ehenichtigkeit statt Scheidung, nicht Schadensersatz in Geld statt in Natur; nicht Herausgabe statt Zahlung und umgekehrt, nicht Vollstreckungsschutz für Beklagten (§ 712 I), wenn nicht beantragt. Ist ein Antrag nur *hilfsweise* gestellt, darf über ihn nicht entschieden werden, bevor die Erfolglosigkeit des vorgehenden Hauptantrags feststeht (BGH WM 78, 194).

b) Zulässig aber, ein in dem beantragten „Mehr" steckendes „Weniger" zuzusprechen (ausf 4
Melissinos aaO S 115 ff; 133 ff): Bei Leistungsklage Feststellungsurteil (das sich der Höhe nach im Rahmen des Leistungsbegehrens halten muß: zutr Dunz in Anm zu BGH NJW 85, 2295 = VersR 85, 389), nicht umgekehrt; auf künftige statt auf sofortige Leistung, wenn die Voraussetzungen der §§ 257 ff erfüllt sind; auf Hinterlegung statt auf Zahlung; eingeschränkte Verurteilung, zB Zug um Zug (§§ 274, 322 BGB; BGH NJW 51, 517; BGH 27, 241); Vorbehalt beschränkter Haftung (§ 305, 780); auf Duldung der Zwangsvollstreckung statt auf Zahlung; auf Duldung der Herausgabe statt auf Herausgabe (offenlassend Zweibrücken JurBüro 83, 1866); bei Anpassung von Erbbauzinsen Erhöhung nur in geringerer Höhe als beantragt oder zu einem späteren Zeitpunkt (BGH 94, 257 [260] = NJW 85, 2524); vgl für Wettbewerbs- und Patentsachen BGH LM Nr 4. Bei negativer Feststellungsklage Stattgabe wegen bestehender Verjährung statt wegen Nichtbestehens des Anspruchs (BGH NJW 83, 392 f); s weitere Beispiele bei Womelsdorf JuS 83, 855 (856). Bei Klage auf rückständigen und künftigen Mietzins können fällig gewordene Beträge ohne Verstoß gegen § 308 in einer Summe zusammengefaßt werden (BGH ZIP 86, 583 [586]). Auf den Klageantrag, Geräuschimmissionen über einen bestimmten Schallpegel hinaus zu unterlassen, kann nicht zu zeitlichen Einschränkungen des Flugbetriebs und zu Beschränkungen der Flugdichte pro Stunde verurteilt werden (BGH 69, 118). Setzt sich der einheitliche Streitgegenstand aus einzelnen (unselbständigen) Posten zusammen, so darf das Gericht die Einzelposten verschieben, wenn nur die Endsumme nicht überschritten wird. Ein Verstoß gegen § 308 I ist nach Nürnberg JurBüro 75, 771 mit Anm Schmidt auch nicht gegeben, wenn statt zwei höherer Gebühren aus einem niedrigeren Streitwert eine niedrigere Gebühr aus einem höheren Streitwert zuerkannt wird.

5 3) **Abgrenzung. Abs I** betrifft nur den **Sachantrag** des Klägers (vgl § 297 Rn 1), nicht auch die rechtliche Begründung dafür; diese hat das Gericht (ohne Bindung an die Rechtsansicht der Parteien) selbständig zu finden (vgl BAG BB 75, 609 [L]). Unschädlich ist es, wenn der Kläger anders begründet hatte. Zur Frage, ob der Kläger sein Rechtsfolgebegehren auf eine von mehreren materiellrechtlichen Anspruchsgrundlagen beschränken kann, vgl Einl Rn 84.

6 4) **Folgen eines Verstoßes. a) Amtsprüfung und Rechtsbehelfe.** Ein Verstoß gegen § 308 ist (auch) vom Revisionsgericht ohne Rüge zu beachten (BGH WM 85, 1269). Er führt zur Aufhebung und Zurückverweisung durch das Rechtsmittelgericht (Köln JurBüro 70, 177). Möglich ist nur die Anfechtung des Urteils mit dem zulässigen Rechtsmittel (Hamm MDR 85, 241). Vgl auch Schneider NJW 67, 23, der, wenn kein Rechtsmittel statthaft ist, den Beklagten auf den Weg der Vollstreckungsgegenklage verweist; dagegen Johlen NJW 67, 1262, der entsprechend § 579 III S 1 aF die Nichtigkeitsklage geben will; Klette aaO will bei versehentlichem Verstoß mit entsprechender Anwendung des § 321 helfen. Neben der auf Art 103 I GG zu stützenden Verfassungsbeschwerde (vgl BVerfG 28, 385; E. Schneider MDR 79, 620; BL 1 D) ist der letztgenannte Weg wohl der praktikabelste (so auch R-Schwab § 134 I 1 b; Waldner, Aktuelle Probleme des rechtlichen Gehörs im Zivilprozeß, 1983, S 294). Im Beschlußverfahren (vgl Rn 1) eröffnet der Verstoß gegen § 308 I als neuer selbständiger Beschwerdegrund iS von § 568 II die weitere Beschwerde (Köln OLGZ 80, 353 = NJW 80, 1531). Zum **Streitwert** bei Verstoß gegen § 308 vgl E. Schneider MDR 71, 437.

7 b) **Heilung** eines Verstoßes durch **Nichtrüge** (§ 295) ist nicht möglich (BGH LM Nr 7), wohl aber uU bei nachträglicher **Genehmigung** des Klägers. Beantragt nämlich der Kläger, dem mehr zugesprochen wurde, als er im ersten Rechtszug beantragt hatte, das Rechtsmittel des Beklagten zurückzuweisen, so wird durch die darin liegende Genehmigung der Mangel geheilt, denn im Sichzueigenmachen der gegen § 308 verstoßenden Entscheidung liegt eine (noch in der Berufungsinstanz mögliche) Klageerweiterung (BGH NJW 79, 2250 mwN = MDR 79, 490; FamRZ 86, 661 [662]; Hamm MDR 85, 241). Dies gilt aber nicht, wenn das Berufungsgericht mehr zugesprochen hatte, da eine Klageerweiterung in der Revisionsinstanz nicht mehr möglich ist (BGH WM 80, 343 [344]; BAG AR Nr 30 zu § 615 mit einschr Anm Walchshöfer).

III) Amtswegige Kostenentscheidung (Abs II)

8 1) **Notwendige Kostenentscheidung:** Bewilligung der Prozeßkostenhilfe oder Gebührenfreiheit machen den Kostenausspruch nicht entbehrlich. Im **Prozeßkostenhilfeverfahren** bedarf es keiner Kostenentscheidung; auch wenn nach § 118 I ein Vergleich geschlossen wird, ist nicht erforderlich, daß eine Bestimmung hinsichtlich der Kostentragung aufgenommen wird, da der Vergleich im Verfahren zustande kommt. Keiner Kostenentscheidung bedürfen idR auch die Entscheidungen über **erfolgreiche Rechtsmittel,** wenn das Rechtsmittelgericht nicht in der Sache selbst entscheidet (vgl BGH VersR 79, 443 für Erteilung der Wiedereinsetzung durch Beschluß des Revisionsgerichts; vgl auch § 97 Rn 7 ff); das gleiche gilt für gewisse **Nebenverfahren** (auch in der höheren Instanz), wie zB bei einstweiligen Anordnungen nach § 769 (LG Frankfurt Rpfleger 85, 208). **Fehlt** eine Kostenentscheidung, so erfolgt eine Urteilsergänzung gemäß § 321. Nach Ablauf der dort bezeichneten Frist ist eine neue Klage auf Ersatz der Kosten nicht zulässig (RG 22, 423).

9 2) **Kostenentscheidung ohne Antragsbindung** in jeder Instanz. In der Rechtsmittelinstanz gilt das Verbot der „reformatio in peius“ (vgl § 536 Rn 4 ff) insoweit nicht (so BGH MDR 81, 928; BAG AP Nr 1 zu § 705 BGB; Schleswig MDR 85, 679, hM; aA Kirchner NJW 72, 2295).

308 a *[Entscheidung ohne Antrag in Mietsachen]*

(1) Erachtet das Gericht in einer Streitigkeit zwischen dem Vermieter und dem Mieter oder dem Mieter und dem Untermieter wegen Räumung von Wohnraum den Räumungsanspruch für unbegründet, weil der Mieter nach den §§ 556a, 556b des Bürgerlichen Gesetzbuches eine Fortsetzung des Mietverhältnisses verlangen kann, so hat es in dem Urteil auch ohne Antrag auszusprechen, für welche Dauer und unter welchen Änderungen der Vertragsbedingungen das Mietverhältnis fortgesetzt wird. Vor dem Ausspruch sind die Parteien zu hören.

(2) Der Ausspruch ist selbständig anfechtbar.

I) Bedeutung

1 Die Vorschrift ist eine Ausprägung des „sozialen Zivilprozeßrechts“ (dazu allg Einl Rn 1, 6 f). Sie zeigt, wie etwa auch die §§ 1365, 1368, 1369 BGB, daß der Gesetzgeber im Interesse der Ver-

wirklichung eines sozialstaatlich geprägten Rechtsschutzes bereit ist, auch systemwidrige Einzelbestimmungen in Kauf zu nehmen (vgl auch StJSchumann Einl 523). Wie das absolute Verfügungsverbot des § 1365 BGB ist auch § 308 a freilich ein Fremdkörper in unserem Rechts-(schutz-)system; er durchbricht die dem Richter durch § 308 gezogenen Schranken und zwingt ihn, private Rechtsverhältnisse zu gestalten, ohne daß ein Rechtsfolgebegehren insoweit erhoben wurde.

II) Voraussetzungen

Vorliegen muß eine Räumungsklage des Vermieters gegen den Mieter (oder des Mieters gegen den Untermieter), die abzuweisen ist, weil die Voraussetzungen der Sozialklausel gemäß §§ 556 a, 556 b vorliegen, der Mieter also eine Fortsetzung des Mietverhältnisses verlangen kann. Umgekehrt: eine Klage des Mieters auf Fortbestand des Mietverhältnisses bzw Nichtberechtigung des Räumungsbegehrens. 2

III) Folgen

1) Auch ohne Antrag des Mieters – erst recht natürlich auf die diesbezügliche Gestaltungswiderklage des beklagten Mieters oder auf seinen Inzidentantrag analog § 717 III S 2 – **muß** das Gericht durch **Gestaltungsurteil** (Pergande NJW 1964, 1934; Palandt/Putzo § 556 a Anm 7 c) im Tenor aussprechen, für welche Dauer und unter welchen Änderungen der Vertragsbedingungen das Mietverhältnis fortgesetzt wird. 3

2) **Streitwert:** § 16 III, IV GKG 4

3) **Kosten:** §§ 91 ff, vor allem die Sondernormen des § 93 b; 5

4) Wegen der **vorläufigen Vollstreckbarkeit** s Anm zu § 708 Nr 7. 6

5) Ist § 308 a **übersehen** worden, so erfolgt eine Urteilsergänzung nach § 321. 7

IV) § 308 a im Säumnisverfahren

Zur Anwendung des § 308 a im Versäumnisverfahren s Hoffmann MDR 65, 171. Ist der Beklagte säumig, gilt § 331, also Prüfung des Vorbringens des Klägers auf Schlüssigkeit im Sinne auch der §§ 556 a, 556 b BGB. Wenn auch die das Eingreifen der Sozialklausel begründenden Tatsachen nicht von Amts wegen ermittelt werden, können sie doch auf Vortrag des Klägers berücksichtigt werden. Ohne Anhörung des säumigen Mieters wird allerdings der Sachvortrag des Klägers kaum je schlüssig im Sinne einer Umgestaltung der Vertragsbedingungen sein; so jetzt wohl auch Wieczorek Anm C II c gegen Wieczorek, Kurzausgabe, 2. Aufl, Anm F. 8

V) Anfechtung (Abs II)

Der Ausspruch ist selbständig anfechtbar, sicherlich für den Kläger, für den als Passivbetroffenen die materielle Beschwer entscheidet. Da der Beklagte keinen Antrag stellt, kann er nicht formell beschwert sein. Sein Rechtsmittel ist also zulässig, wenn er eine günstigere Gestaltung als ausgesprochen begehrt. 9

VI) Gebühren: 1) des Gerichts: Neben der Gebühr für das Verfahren fällt eine Urteilsgebühr an für ein Endurteil, soweit dieses nicht Anerkenntnis- od Verzichtsurteil ist. Auch für ein gegen den säumigen Beklagten ergehendes Versäumnisurteil ist keine Urteilsgebühr anzusetzen (s § 331 Rn 17); ein unechtes Versäumnisurteil gegen den Kläger löst aber eine Urteilsgebühr aus (s § 330 Rn 10). – Für den Fall einer Urteilsergänzung, wenn also § 308 a übersehen worden ist, s § 321 Rn 12. – **2) des Anwalts:** Es können für ihn alle Gebühren des § 31 BRAGO erwachsen, soweit dies nicht schon früher der Fall war. – **3) Streitwert:** s oben Rn 4 und § 3 Rn 16 unter „Mietstreitigkeiten". 10

309 *[Besetzung des Gerichts]*

Das Urteil kann nur von denjenigen Richtern gefällt werden, welche der dem Urteil zugrunde liegenden Verhandlung beigewohnt haben.

Lit: *Kirchner*, Erneute Antragstellung bei Richterwechsel?, NJW 71, 2158; *Vollkommer*, Richterwechsel nach Schluß der mündl Verhandlung i Zivilprozeß, NJW 68, 1309; *Volmer*, Richterwechsel i schriftl Urteilsverfahren, NJW 70, 1300.

1) Ein Urteil fällen bedeutet seinen Inhalt festlegen. Das dürfen nur diejenigen Richter, die der letzten, dem Urteil vorausgehenden mündl Verhandlung (Schlußverhandlung) beigewohnt haben. Daher keine Entscheidungsbefugnis des Einzelrichters, wenn Verhandlung nur vor der Kammer stattgefunden hatte, Köln NJW 77, 1159; zum umgekehrten Fall der Kollegialentscheidung nach Verhandlung vor dem Einzelrichter s § 348 Rn 19. § 309 ist ein **Niederschlag der Verfahrensgrundsätze der Mündlichkeit u Unmittelbarkeit der Verhandlung.** Daher § 309 verletzt bei Verwertung nichtprotokollierter Aussagen (§ 161) nach Richterwechsel (BGH NJW 62, 960). 1

Zu weitgehend aber BAG NJW 71, 1332, wonach Anträge (§ 297) nach jedem Richterwechsel notwendig zu wiederholen seien (hierzu mit Recht ablehnend Kirchner NJW 71, 2158; vgl § 297 Rn 8). Die Grenze des insoweit Notwendigen ist Art 101 GG zu entnehmen.

2 Das Kollegialgericht fällt sein Urteil nach notwendig streitiger mündlicher Verhandlung (Ausnahmen §§ 128 II u III, 251 a, 330, 331, 331 a) auf Grund geheimer Beratung und Abstimmung (§ 192 ff GVG). Die Urteilsfällung geht der Verkündung (§ 310) voraus und ist durch schriftliche Niederlegung der Urteilsformel abgeschlossen. Verkündet darf das Urteil von anderen Richtern werden (§ 310; BGH NJW 74, 144). Zur schriftlichen Niederlegung des gefällten Urteils ist die Unterschrift der Richter erforderlich, die an der Entscheidung mitgewirkt haben. Bei Kollegialgerichten kann jedoch die Unterschrift eines – verhinderten, gestorbenen – Richters nach Maßgabe des § 315 I 2 ersetzt werden. Die Unterschriften der Richter brauchen bei Verkündung noch nicht vorzuliegen. Notwendig ist nur, daß Urteilsformel schriftlich festliegt, damit diese verlesen werden kann (§ 311). Die Urteilsgründe kann wirksam nur unterzeichnen, wer in diesem Zeitpunkt selbst Richter ist, BayObLG JR 67, 389 = NJW 67, 1578; Stuttgart Rpfleger 76, 258; abw Vollkommer NJW 68, 1309; vgl § 315 Rn 1.

3 **2) Bis zur Urteilsverkündung** nach § 310 bleibt das gefällte Urteil noch ein **Internum** des Gerichts (Entwurf iS § 299 III). Die Bindung nach § 318 besteht noch nicht. Das Gericht kann daher (bei Kollegialgerichten nach erneuter Beratung und Abstimmung) das Urteil revidieren und eine andere Entscheidung fällen.

4 **3)** Kann infolge **Richterwechsels** (nicht ausreichend Verhinderung; zur Abgrenzung Vollkommer NJW 68, 1310) § 309 nicht eingehalten werden, muß die mündliche Verhandlung wieder aufgenommen werden (§ 156). Durch eine Neuaufnahme der mündlichen Verhandlung nach Richterwechsel werden bindende Prozeßlagen nicht in Frage gestellt, wie zB rügelose Einlassung, Nichtgeltendmachung von verzichtbaren prozeßhindernden Einreden, Nichtrüge von verzichtbaren Prozeßmängeln (§ 295), Geständnis, Anerkennung und Verzicht sowie Beweisaufnahmen; doch kann das Gericht deren Wiederholung anordnen, was es bei entscheidenden Beweisthemen wegen der Unmittelbarkeit der Beweisaufnahme tun sollte.

5 **4)** Ein **Verstoß** gegen § 309 macht das Urteil nicht nichtig, stellt aber einen absoluten Revisions- und Nichtigkeitsgrund dar, §§ 551 Nr 1, 579 I Nr 1 (BVerfG NJW 56, 545; 64, 1020; Arndt NJW 64, 1668; Vollkommer NJW 68, 1311).

6 **5)** § 309 findet nicht Anwendung, wenn **Urteil im schriftl Verfahren** (§ 128 II; BGH 11, 27) oder als **Entscheidung nach Aktenlage** (§§ 251 a, 331 a) ergeht (letzteres bestr; vgl § 128 Rn 14; ThP Anm 2; BLH Anm 1; BGHZ 11, 27 läßt offen); Grund: die Verfahrensmaximen der Mündlichkeit und Unmittelbarkeit der Verhandlung entfallen (BGH MDR 68, 314; aM Volmer NJW 70, 1300). Die Besetzung des Richterkollegiums in diesen Fällen ist damit aber nicht dem Belieben überlassen; sie ergibt sich dann aus Art 101 GG iVm der Geschäftsverteilung gemäß §§ 21 e, 21 g GVG. Hierzu s § 128 Rn 14.

7 **6)** 309 gilt auch für **Beschlüsse**, die auf Grund mündlicher Verhandlung ergehen (§ 329 Rn 5–14), auch für Beschlüsse nach mündl Verhandlung im FGG-Verfahren (BayObLGZ 83, 384).

310 *[Urteilsverkündung, Zeit]*

(1) Das Urteil wird in dem Termin, in dem die mündliche Verhandlung geschlossen wird, oder in einem sofort anzuberaumenden Termin verkündet. Dieser wird nur dann über drei Wochen hinaus angesetzt, wenn wichtige Gründe, insbesondere der Umfang oder die Schwierigkeit der Sache, dies erfordern.

(2) Wird das Urteil nicht in dem Termin, in dem die mündliche Verhandlung geschlossen wird, verkündet, so muß es bei der Verkündung in vollständiger Form abgefaßt sein.

(3) Bei einem Anerkenntnisurteil und einem Versäumnisurteil, die nach § 307 Abs. 2, § 331 Abs. 3 ohne mündliche Verhandlung ergehen, wird die Verkündung durch die Zustellung des Urteils ersetzt.

1 **I)** Um rechtl existent zu sein, muß das Urteil wie jeder andere Staatsakt aus dem inneren Bereich des handelnden Organs, hier also des Gerichts, heraustreten. Es muß, nachdem es iS des § 309 „gefällt“ (= inhaltl festgelegt) ist, den Parteien kundgemacht werden. Erst dieser Vorgang ist **„Erlaß des Urteils“** iSv § 318. Solange das nicht geschehen ist, liegt das Urteil nur als noch abänderbarer Entwurf (§ 299 III) vor, selbst wenn es bereits unterschrieben sein sollte. § 310 sieht für den Erlaß des Urteils grds (also auch für Urteil im schriftlichen Verfahren und nach Aktenlage) die Verkündung , in Abs III ausnahmsweise für schriftl Anerkenntnis- u Versäum-

nisurteil iS §§ 307 II, 331 III die Zustellung an Verkündungs Statt vor, die dann (entgegen § 317 I 1) an beide Parteien erfolgen muß (vgl § 331 Rn 12).

II) Verkündung des Urteils ausschließlich in öffentl Sitzung (§ 173 GVG); der Verkündungstermin muß aber nicht notwendig auch ein Verhandlungstermin sein. Daher Verkündung im Fall des „sofort anzuberaumenden Termins" (Abs I und § 311 IV; dann notw „in vollständiger Form", also mit schriftl Urteilsbegründung: Abs II, München MDR 86, 62) auch im Arbeitszimmer des Vorsitzenden zulässig, wenn nur die Öffentlichkeit gewahrt ist. Form der Verkündung: §§ 311, 312, 136 IV. Protokollierung: § 160 III 6 u 7. Nur durch die beweiskräftige (§ 165) Protokollierung der Verkündung wird die gemäß §§ 516, 552 (auch § 577) erweiterte Rechtsmittelfrist in Lauf gesetzt (§ 160 Rn 10 u 11; BGH NJW 85, 1782 = MDR 85, 396). – Die durch die Prozeßlage gebotene Verkündung in einem hierfür anberaumten gesonderten Termin stellt keine Verfahrensverzögerung iS § 296 dar (§ 283 Rn 3; § 296 Rn 15; BGH NJW 85, 1556/58). 2

III) Verkündungszeit: entweder im Termin der letzten mündl Verhandlung oder in einem für die Verkündung sofort anzuberaumenden neuen Termin (Ladung entbehrlich, § 218), der nur aus wichtigem Grund (zB Umfang oder Schwierigkeit der Sache, aber auch Überlastung des Gerichts) über 3 Wochen hinaus angesetzt werden „soll". Die sofortige Verkündung (sog Stuhlurteil) sollte die Ausnahme bleiben, zB bei ganz einfach gelagerten Fällen. Im übrigen dient ein späterer Verkündungstermin der sorgfältigen Beratung (§§ 192–197 GVG) u damit der Qualität des Urteils. Schon oft hat die spätere Begründung eines Stuhlurteils unüberwindbare Probleme bereitet. Zur Frist für die nachträgliche schriftliche Begründung des in der Schlußverhandlung verkündeten (Stuhl-) Urteils s § 315 II und dort Rn 5. 3

Unangemessene Überschreitung der 3-Wochenfrist, ebenso spätere Verlegung des Verkündungstermins (§ 227), kann Beschwerde gem § 252 begründen, wenn hierfür erheblicher Grund fehlt (§ 216 Rn 22). 4

Das in einem Folgetermin verkündete Urteil muß bei Verkündung **in vollständiger Form** (§ 313) schriftl vorliegen (s Rn 8–10 zu § 551). Nachholung der Urteilsbegründung bis zum Ablauf (aM ThP Anm 1: bis zum Beginn) der Rechtsmittelbegründungsfrist (§ 519 II) möglich, sonst Aufhebung u Zurückverweisung (§ 539; vgl BGHZ 7, 155; 14, 39; 32, 17/23; BGH NJW 84, 2828; München MDR 86, 62) mit der Kostenfolge gem § 8 GKG (München NJW 75, 837); Unterschriften (§ 315) können aber stets nachgeholt werden (BGH 18, 351; RG 150, 147; vgl § 315 Rn 2). 5

IV) Zustellung an Verkündungs Statt zulässig nur gem §§ 307 II, 331 III; sonst (auch im schriftl Verfahren § 128 II u III) Verfahrensfehler (s Rn 9). Wegen des Beginns der Einspruchsfrist erst nach Zustellung des schriftlichen VersUrteils an *beide* Parteien s § 339 Rn 4 am Ende. 6

V) Mängel der Verkündung: 1) Vor Verlautbarung des Urteils durch Verkündung oder Zustellung an beide Parteien liegt eine Entscheidung überhaupt nicht vor (RG 161, 63; s Rn 1), daher bleibt die Sache noch in der Instanz anhängig. Hier kein Rechtsmittel gegen die (noch fehlende) Entscheidung, sondern allenfalls gem § 252 ZPO, § 26 II DRiG gegen die Untätigkeit des Gerichts (RG 120, 245; 110, 170; vgl entspr § 216 Rn 22). 7

2) Nach Verlautbarung des Urteils durch Verkündung oder Zustellung an beide Parteien ist dieses instanzbeendigend und vollstreckungsfähig existent, allenfalls fehlerhaft, jedenfalls anfechtbar, für das erkennende Gericht bindend gem § 318 (R-Schwab § 61) u der formellen Rechtskraft fähig, selbst wenn die Entscheidungsbegründung noch fehlt. 8

a) Fehlerhafte Verkündung ist Verfahrensfehler, setzt keine Rechtsmittelfrist (§§ 516, 552, 577) in Lauf (oben Rn 2) und führt, soweit angegriffen (sonst § 295), zur Aufhebung u regelm zur Zurückverweisung der Sache (§§ 539, 550, 551), jedoch nur insoweit als die Entscheidung auf dem Verfahrensfehler beruht oder zumindest beruhen kann (RG 97, 165; 114, 371; BAG NJW 66, 175). Das Urteil beruht nur dann auf dem Fehler, wenn dieser den Rechtsmittelführer sachl benachteiligt hat, so insbes bei Beschneidung des rechtl Gehörs. Bei formalen Verkündungsmängeln wird das kaum der Fall sein (so RG 31, 430 bei Verkündung einer Nichtferiensache in den Ferien; BAG NJW 66, 175 bei Zustellung statt Verkündung; Hamburg MDR 56, 234 bei Verkündung in falschem Raum; BGH 14, 39 bei Verkündung am falschen Tag; RG 161, 61 bei Verkündung durch hierzu nicht befugten Richter des erkennenden Gerichts; BGH 17, 118 u MDR 60, 388 bei Verkündung statt Zustellung oder umgekehrt). 9

b) Fehlerhafte Zustellung: Urteil unwirksam, falls nicht verkündet (Rn 7), solange nicht an beide Parteien zugestellt (§ 516 Rn 17). Im übrigen stellen nur grundlegende, die Partei benachteiligende Zustellungsmängel die Wirksamkeit des Urteils in Frage, so Zustellung eines noch nicht unterschriebenen Urteils (aber Unterschrift nachholbar, BGH 42, 94), fehlender Zustellungsvermerk § 213 (nachholbar: BGH 32, 371), fehlende Übereinstimmung der zugestellten Ausfertigung mit der Urschrift. Wegen der Wirkung von Zustellungsmängeln im allgemeinen Rn 4 10 vor § 166. – **Rechtsmittelfrist:** Trotz fehlerhafter Zustellung beginnt der Lauf der Berufungs- u Revisionsfrist spätestens 5 Monate nach der Verkündung (§§ 516, 522; hierzu § 516 Rn 18, 19). Das setzt aber eine ordnungsgemäße, in der Sitzungsniederschrift festgestellte Verkündung voraus (oben Rn 2).

11 **VI)** § 310 I gilt gem § 329 I entsprechend für die **Verkündung von Beschlüssen,** die auf Grund mündlicher Verhandlung ergehen (§ 329 Rn 31).

311

[Urteilsverkündung. Form]

(1) Das Urteil ergeht im Namen des Volkes.

(2) Das Urteil wird durch Verlesung der Urteilsformel verkündet. Versäumnisurteile, Urteile, die auf Grund eines Anerkenntnisses erlassen werden, sowie Urteile, welche die Folge der Zurücknahme der Klage oder des Verzichts auf den Klageanspruch aussprechen, können verkündet werden, auch wenn die Urteilsformel noch nicht schriftlich abgefaßt ist.

(3) Die Entscheidungsgründe werden, wenn es für angemessen erachtet wird, durch Vorlesung der Gründe oder durch mündliche Mitteilung des wesentlichen Inhalts verkündet.

(4) Wird das Urteil nicht in dem Termin verkündet, in dem die mündliche Verhandlung geschlossen wird, so kann es der Vorsitzende in Abwesenheit der anderen Mitglieder des Prozeßgerichts verkünden. Die Verlesung der Urteilsformel kann durch eine Bezugnahme auf die Urteilsformel ersetzt werden, wenn in dem Verkündungstermin von den Parteien niemand erschienen ist.

1 **I)** Daß das Urteil **„Im Namen des Volkes“** ergeht, folgt aus Art 20 II GG. Das Fehlen dieser Klausel ist prozessual belanglos.

2 **II) Verlesung** des Urteils (Ausnahme Abs IV) durch den Vorsitzenden (§ 136 IV) setzt voraus, daß die Urteilsformel (= Tenor, vgl § 313 I 4) schriftlich vorliegen muß (BGH NJW 85, 1782 = MDR 85, 396; aM Jauernig NJW 86, 117), soweit nicht folgende **Ausnahmen** vorliegen: VersUrteil: §§ 330, 331; hierher gehören nicht unechte VersUrteile (Rn 11 vor § 330), Anerkenntnisurteil: § 307, Verzichtsurteil: § 306 oder Urteile, welche die Wirkung der Klagerücknahme (§ 269 III; nicht anwendbar bei Urteilen, welche die Wirksamkeit einer Klagerücknahme iS § 269 Rn 11 aussprechen) oder des Verzichts (§ 306) aussprechen; entsprechend die Entscheidung nach Rücknahme von Einspruch u Rechtsmittel, §§ 346, 515 III, 566.

3 Verkündung ist stets im **Protokoll** festzustellen, §§ 160 III 6 u 7, 165; erst diese Niederschrift beweist (§ 165) die Verkündung und setzt die erweiterte Rechtsmittelfrist gemäß §§ 516, 552, 577 in Lauf (§ 160 Rn 10, 11; BGH NJW 85, 1782). Das verlesene Urteil ist als Anlage zum Protokoll zu nehmen, sonst (= Ausnahmen Rn 2 oben) ist die Entscheidungsformel wörtl in das Protokoll aufzunehmen. Der Verkündungsvermerk (§ 315 III) ersetzt fehlendes Protokoll nicht. Fehlende Protokollierung kann rückwirkend nachgeholt werden (BGH NJW 58, 1237; OGH NJW 48, 421; vgl auch BGH 10, 327 zur Behandlung der Protokollanlage). Wegen der Folge von Verkündungsmängeln s § 310 Rn 9.

4 **III)** Verkündung der **Entscheidungsgründe** stets entbehrlich. Angemessen ist diese Verlautbarung allenfalls, wenn Parteien persönl anwesend u Rechtsmittelverzicht in Betracht kommt. Sonst sollte mündl Begründung schon wegen der Gefahr späterer (unschädlicher) Widersprüche zur schriftl Begründung (nur diese ist maßgeblich) unterbleiben. – Wegen Notwendigkeit und Rechtzeitigkeit der schriftlichen Urteilsbegründung s §§ 310 II, 315 II.

5 **IV) Bezugnahme statt Verlesung** durch den Vorsitzenden (oder dessen Vertreter) genügt, wenn Verkündung in Abwesenheit der Parteien u ihrer Bevollmächtigten in einem besonderen Verk-Termin erfolgt. Hier wäre Verlesung der Urteilsformel sinnlose Förmelei; Jauernig NJW 86, 117 erachtet sogar eine *ausdrückliche* Bezugnahme für entbehrlich.

6 Die Anwesenheit der beisitzenden Richter bei der Verkündung im gesonderten Verkündungstermin (§ 310 II) ist entbehrlich. Wegen Verkündung durch unzuständigen Richter s § 310 Rn 9.

312 *[Anwesenheit der Parteien]*
(1) Die Wirksamkeit der Verkündung eines Urteils ist von der Anwesenheit der Parteien nicht abhängig. Die Verkündung gilt auch derjenigen Partei gegenüber als bewirkt, die den Termin versäumt hat.

(2) Die Befugnis einer Partei, auf Grund eines verkündeten Urteils das Verfahren fortzusetzen oder von dem Urteil in anderer Weise Gebrauch zu machen, ist von der Zustellung an den Gegner nicht abhängig, soweit nicht dieses Gesetz ein anderes bestimmt.

1) Abs 1. Verkündung des Urteils ist Prozeßhandlung des Gerichts (vor § 128 Rn 17) nach Schluß der Verhandlung (§ 136 IV), also ohne weitere Handlungsbefugnis der Parteien (§ 136 Rn 4, § 296 a Rn 2, § 156 Rn 2 u 4); deshalb wird Urteil existent, auch wenn Parteien bei der Verkündung des Urteils nicht anwesend sind. Ein Urteil, das nicht in dem zur Verkündung anberaumten Verkündungstermin, sondern in einem anderen, den Parteien nicht bekanntgegebenen Termin verkündet worden ist, ist ein wirksames Urteil, BGH GSZ 14, 39. Fehler (nichtgehörige Bekanntmachung des neuen Verkündungstermins) ist nur auf Rüge zu beachten (§ 554 III 3 b); er führt nur dann zur Aufhebung des fehlerhaft verkündeten Urteils, wenn Urteil auf dem Verfahrensmangel beruht, was selten der Fall. 1

Kommt es nach materiellem Recht auf die Kenntnis des Urteilserlasses einer Partei an, so ist der Zeitpunkt der Verkündung maßgebend, der Zeitpunkt der tatsächlichen Kenntnisnahme ist irrelevant. Vgl RG 32, 424. 2

2) Abs 2. Wird im Verkündungstermin die Wiedereröffnung der mündl Verh beschlossen (§ 156 Rn 6) und neuer Termin anberaumt, so bedarf es keiner Zustellung des Beschlusses von Amts wegen (§ 218). – Das Urteil muß nach Verkündung noch zugestellt werden, um die Notfristen (§§ 339, 516, 552, 577) in Lauf zu setzen, um die ZwV (§ 750 I) betreiben zu können und die Frist für den Antrag auf Urteilsergänzung (§ 321 II) in Lauf zu setzen. Der Arrestbefehl oder e einstw Verfügung kann nach Ablauf 1 Monats seit Verkündung oder Zustellung an den Antragsteller nicht mehr vollzogen werden, § 929 II. – **Urteilszustellung** von Amts wegen, § 317. Daneben Zustellung im Parteibetrieb nur noch in den bei Rn 3 vor § 166 genannten Fällen (vgl auch § 270 Rn 2). Wegen der Gleichwertigkeit der Amtszustellung und der Zustellung im Parteibetrieb für die Zwangsvollstreckung (§ 750) s § 317 Rn 1. – Zur Fortsetzung des Verfahrens nach einem Teil- oder Zwischenurteil s § 280 Rn 9, 10, § 301 Rn 12, § 304 Rn 19, § 544 Rn 1, § 600 Rn 3. 3

313 *[Form und Inhalt des Urteils]*
(1) Das Urteil enthält:

1. **die Bezeichnung der Parteien, ihrer gesetzlichen Vertreter und der Prozeßbevollmächtigten;**
2. **die Bezeichnung des Gerichts und die Namen der Richter, die bei der Entscheidung mitgewirkt haben;**
3. **den Tag, an dem die mündliche Verhandlung geschlossen worden ist;**
4. **die Urteilsformel;**
5. **den Tatbestand;**
6. **die Entscheidungsgründe.**

(2) Im Tatbestand sollen die erhobenen Ansprüche und die dazu vorgebrachten Angriffs- und Verteidigungsmittel unter Hervorhebung der gestellten Anträge nur ihrem wesentlichen Inhalt nach knapp dargestellt werden. Wegen der Einzelheiten des Sach- und Streitstandes soll auf Schriftsätze, Protokolle und andere Unterlagen verwiesen werden.

(3) Die Entscheidungsgründe enthalten eine kurze Zusammenfassung der Erwägungen, auf denen die Entscheidung in tatsächlicher und rechtlicher Hinsicht beruht.

Lit: *Furtner,* Urteil im Zivilprozeß, 5. Aufl 1985; *Jasper,* Die Sprache des Urteils, MDR 86, 198; *Hartmann,* Das Urteil nach der VereinfNovelle, JR 77, 181; *Schneider* MDR 78, 1; *Sattelmacher/Sirp,* Bericht, Gutachten und Urteil, 30. Aufl 1986; weitere Hinweise Vorbem zu § 300 vor Rn 1.

A) Allgemeines: Bei der Auswertung des alten Schrifttums (s Anm vor § 300) ist die auf Vereinfachung zielende Neufassung der §§ 313 bis 313 b durch die Novelle v 3. 12. 76 (BGBl I 3281) zu beachten. § 313 gilt für alle Urteile, nicht für Beschlüsse (hierzu s § 329 Rn 24). Zweckmäßig ist die Art des Urteils im Urteilskopf anzugeben: End-, Zwischen-, Teil-, Schluß-, Versäumnis-, Anerkenntnis-, Verzichts- oder Vorbehaltsurteil. Nur das End-, Schluß-, Anerkenntnis- oder Verzichtsurteil beendet die Instanz unbedingt. In den übrigen Fällen ist weiteres Verfahren in gleicher 1

Instanz teilw möglich (Versäumnisurteil § 342), teilw nötig (Vorbehaltsurteil §§ 599, 600 I, 302 IV, Teilurteil § 301, Zwischenurteil im Fall §§ 280, 303, 304).

2 **Aufgabe des Urteils** ist es, über die in der Urteilsformel (I 4) enthaltene Entscheidung hinaus die Parteien von deren Richtigkeit zu überzeugen u dem Rechtsmittelgericht die Nachprüfung in materieller u formeller Hinsicht zu ermöglichen. Darüber hinaus dient die schriftl Darstellung von Tatbestand und Gründen der Selbstkontrolle des erkennenden Gerichts. Alles weitere, insbesondere die schriftliche Wiedergabe von Nebensächlichkeiten und Selbstverständlichkeiten sowie die Anreicherung mit Hinweisen auf Rechtsprechung u Schrifttum sollte auf das wirkl Notwendige beschränkt bleiben. Literarische Gemeinplätze geben dem schlechten Urteil zu Unrecht den Anstrich der wissenschaftl Leistung, lenken oft vom (verkannten) tatsächl Problem ab und überzeugen den Leser nicht (vgl § 543 Rn 13 ff; Schneider MDR 78, 90; Hartmann NJW 78, 1462).

3 **B) Inhalt des streitigen Urteils: Das sog Rubrum** (= Kopf) des Urteils enthält die zur Identifizierung des Rechtsstreits erforderlichen Angaben, daher (im Gesetz nicht bes erwähnt) auch das Aktenzeichen (§ 4 AktO), im übrigen die Angaben zu I 1–3.

4 **1) Bezeichnung der Parteien:** Zwecks Vermeidung von Schwierigkeiten bei der Zwangsvollstreckung ist möglichst genaue Parteibezeichnung ratsam. Ist e Partei nach Klageerhebung gestorben, so sind im Urteil alle Erben anzugeben: die Bezeichnung „. . . 'sche Erben, vertreten durch . . . als Generalbevollm" genügt nicht. Ist e TestVollstr in den Proz eingetreten, so ist er Partei, nicht der Erbe. Ist e Firma verklagt, hat der Richter festzustellen, ob es sich um e Handelsgesellschaft oder um e Einzelkaufmann handelt, OLGZ 27, 85. Bei einer Einzelfirma wird im Urteil zweckmäßig auch der Inhaber angegeben; denn wenn auch Verurteilung unter dem Namen der Firma erfolgte, so gilt doch als Partei, wer zur Zeit der Klageerhebung Firmeninhaber war (§§ 17 ff HGB). Bei jur Personen sind die gesetzl Vertreter mit Namen zu bezeichnen. Unterlassen jedoch unschädlich, LG Mönchengladbach MDR 60, 1017. Neben den Parteien sind deren Streitgehilfen (nicht die Personen, die trotz Streitverkündung nicht beigetreten sind; das ist im Tatbestand wegen § 74 III zu erwähnen) zu benennen, sonst fehlt insoweit Kostentitel (zu allem Schneider MDR 66, 811). Unrichtige Angabe der Prozeßbevollm ist unschädlich, wenn das Urteil dem richtigen Prozeßbevollm gem § 176 zugestellt worden ist. Der Bevollm wird im Urteilskopf genannt, wenn er aufgetreten; dies ist hier Nachweis der Vollm zB im Kostenfestsetzungsverfahren. Unrichtige Bezeichnung der Parteien, gesetzl Vertreter oder Prozeßbevollm führt zur (auch nach Rechtsmitteleinlegung noch möglichen, BGH 18, 350) Urteilsberichtigung nach § 319. Zu den Grenzen einer zulässigen **Berichtigung der Parteibezeichnung** u deren Abgrenzung vom Parteiwechsel s § 253 Rn 7 zu § 263 Rn 9. Der UrkBeamte darf die im Urteil enthaltene Parteibezeichnung usw nicht eigenmächtig abändern, JW 30, 2765.

5 **2) Bezeichnung des Gerichts:** Das Gericht ist (wegen §§ 551, 565) als Spruchkörper (1. Zivilkammer, Kammer für Handelssachen usw) zu bezeichnen. Die im **Eingang** des Urteils (= Rubrum) aufgeführten Richter müssen sich mit denen, die das Urteil gem § 315 unterschrieben haben, decken; sonst ist Urteilsausfertigung unmöglich. Trotzdem erfolgte Ausfertigung führt zu ungültiger Zustellung, RG 90, 173. Unterschriftsnachholung ist zulässig, RG 58, 118, vgl § 315 Rn 2, ebenso Berichtigung, BGH 13, 350. Die Angabe der Namen der Richter wird durch die Unterschrift ersetzt, wenn auf sie im Urteilskopf mit den sprachwidrigen Worten „durch die unterzeichneten Richter" Bezug genommen wird, OLG 26, 395, HRR 40 Nr 1309. Die Unterschriften müssen in diesem Fall leserlich sein, was auch dadurch erreicht wird, daß der Name mit Maschinenschrift unter die Unterschrift gesetzt wird. Zur richtigen Wiedergabe der Unterschriften in der Urteilsausfertigung s § 170 Rn 4. Entbehrlich ist die Angabe der Namen der Richter im Rubrum des Urteils (also nicht auch deren Unterschrift, § 315) gemäß § 313b II 2 bei Versäumnis-, Anerkenntnis- und Verzichtsurteilen.

6 **3) Tag des Schlusses der mündl Verhandlung:** Wegen Schluß der mündl Verhandlung s §§ 136 IV, 296a. Bei Entscheidung nach §§ 251a, 331a ist anzugeben: „nach Lage der Akten am . . ." (= Tag des versäumten Termins, nicht Tag der Verkündung); bei schriftl Entscheidung: „nach der Sachlage am . . ." (= der dem Schluß der mündl Verhandlung entspr Tag gem § 128 II u III, vgl dort Rn 18, 24); im Fall § 307 I: „nach dem Anerkenntnis des Beklagten vom . . ."; im Fall § 331 III: „wegen Versäumung der Einlassung des Beklagten am . . ." (= Ablauf der Frist des § 276 I 1).

7 Der Tag der Schlußverhandlung (bzw der entspr Tag im schriftl Verfahren) setzt die Frist des § 313a in Lauf und ist wegen der Präklusionswirkung wesentlich gem §§ 323 II, 767 II.

8 **4) Die Urteilsformel: Lit:** *Schneider*, Einzelfragen zur Fassung des Tenors, MDR 67, 94. Die Formel hat in möglichst knapper u genauer Form die Entscheidung des Gerichts zu enthalten.

Mangel in der **Urteilsformel** ist unschädlich, wenn der Sinn gleichwohl klar ist, RG 15, 422, JW 31, 1892. Widersprechen sich Urteilsformel u Gründe, so ist die erstere maßgebend, OLG 35, 73. Schon im Hinblick auf die Erteilung der abgekürzten Ausfertigung (§§ 317, 750) muß die Formel ohne Tatbestand u Gründe aus sich heraus verständlich sein u die Zwangsvollstreckung ermöglichen. Sie muß erschöpfend (§ 308) über die Anträge erkennen (sonst § 321), soll aber keine Elemente der Entscheidungsgründe (zB ... aus Darlehen) enthalten (s aber § 313a Rn 3 zur Fassung der Urteilsformel bei einem Urteil ohne Tatbestand und Begründung). Jedoch ist bei Urteil gegen einen Bürgen wegen dessen gem § 767 BGB bedingter Haftung der Zusatz „als Bürge des Hauptschuldners NN" in die Urteilsformel aufzunehmen (BGH WPM 68, 916/918). Geldbeträge sind in DM anzugeben, soweit nicht ausländische Valuta geschuldet (§§ 244, 245 BGB; hierzu § 253 Rn 13; Maier/Reimer Fremdwährungsverbindlichkeiten NJW 85, 2049). Die Verurteilung zur Zahlung „einer Verletztenrente auf Grund einer Erwerbsminderung von 40% nach dem BEG" entbehrt der für ein Urteil erforderlichen Bestimmtheit und ist daher unwirksam, BGH RzW 1957, 203/293. Andererseits wurde auf dem Gebiet der Immissionen ein im Tenor enthaltenes Gebot, allgemein Störungen bestimmter Art, beispielsweise durch Geräusche oder Gerüche zu unterlassen, als ausreichend angesehen, BGH NJW 58, 1776. Ein unbestimmter, widerspruchsvoller oder der Vollstreckung nicht zugänglicher Tenor führt, sofern er auch nicht als Feststellungsausspruch zu verstehen ist (vgl § 256 Rn 15), im Rechtsmittelzug zur Aufhebung. Ein solches Urteil ist – sofern es formell rechtskräftig wird – der materiellen Rechtskraft und der Vollstreckbarkeit nicht fähig (vor § 322 Rn 31). Es muß neue Klage erhoben werden (BGH NJW 72, 2268; 62, 109). Zur Klage auf Feststellung des Inhalts eines Urteils: § 256 Rn 4. Die Wiedergabe der Urteilsformel ist entbehrlich im Fall § 313b II; hier genügt Bezugnahme auf Schriftsatz.

Bei stattgebendem Leistungsurteil ist der Schuldner zu „verurteilen", nicht festzustellen, daß er „schuldig ist ...". Gleichwohl ist die Urteilsformel in Verbindung mit den Entscheidungsgründen der Auslegung zugänglich (BGH 5, 240; bei Klageabweisung sogar nur in dieser Verbindung). Bei Klageabweisung bedarf es der Angabe „als unbegründet" oder „als unzulässig" in der Urteilsformel nicht; das ergibt die Begründung hinreichend. Ein Rechtsmittel ist aber bei Unbegründetheit „zurückzuweisen", bei Unzulässigkeit zu „verwerfen". 9

Teil der Urteilsformel ist die von Amts wegen zu treffende Kostenentscheidung (§ 308 II) u Entscheidung über die Vollstreckbarkeit des Urteils (§§ 708 ff), bei Berufungsurteil auch die Angabe der Beschwer (§ 546 II) u ggf die Zulassung der Revision (§ 546 I). Soweit Sicherheitsleistung angeordnet wird (§§ 709, 711, 712) ist diese und auch die etwa beantragte Art der Sicherheit (§ 108) in die Urteilsformel aufzunehmen, denn für die Zwangsvollstreckung genügt die Ausfertigung des Urteils in abgekürzter Form, also ohne Gründe (§§ 317 II 2, 724). – Wegen Berichtigung oder Ergänzung der Urteilsformel s §§ 319, 321. – Eine Sonderregelung für den Inhalt der Urteilsformel bei Unterlassungs- u Widerrufsklagen nach § 13 AGBG enthält § 17 AGBG. 10

5) Der Tatbestand (Abs I 5 u II): Der Tatbestand beurkundet (gem § 320 berichtigungsfähig, gem § 314 beweiskräftig; hierzu vgl § 165 Rn 1) das schriftl u mündl Vorbringen der Parteien; er bildet damit Grundlage der Nachprüfung durch das Rechtsmittelgericht, ob das streitige Vorbringen umfassend gewürdigt wurde. Da Abs II hierfür aber (auch summarische) Bezugnahme auf das (nur!) schriftliche Vorbringen der Parteien fordert (= Sollvorschrift), soll im TB nur der wesentliche Streitstoff wiedergegeben werden, soweit dieser in den Entscheidungsgründen dann auch rechtl gewürdigt wird. Alles andere – besonders eine umfassende Prozeßgeschichte – ist überflüssiges Schreibwerk u gehört nicht in den TB. – Ganz entbehrlich ist der TB in den Fällen der §§ 313a, 313b, 543 I. 11

Aufbau des Tatbestands: a) Einleitende, möglichst in einen Satz gekleidete, Angabe des Streitstoffs, zB: „Gegenstand der Klage ist die Forderung des Klägers als Bauherr gegen den Beklagten als Unternehmer auf Schadensersatz (§ 635 BGB) wegen Mängeln an einem am ... in ... errichteten Wohnhaus". 12

b) Unbestrittener Tatbestand = der von beiden Parteien übereinstimmend vorgetragene tatsächl u rechtl Sachverhalt, soweit dieser entscheidungserheblich ist. Hierher gehört auch, was zugestanden (§ 288, 138 III) oder anerkannt (§ 307) ist, jedoch nicht eine (den Entscheidungsgründen vorbehaltene) Beweiswürdigung. Beweistatsachen gehören in den TB nur, soweit ihre Wiedergabe die gem § 161 unterbliebene Protokollierung ersetzt (auch hier aber Beweiswürdigung nur in den Entscheidungsgründen). 13

c) Streitiges Vorbringen des Klägers = Tatsachen- u Rechtsbehauptungen, denen der Bekl nach dem Stand der letzten mündl Verhandlung entgegengetreten ist. Soweit möglich kann hier (vorwegnehmend) bereits die Erwiderung des Klägers auf die Rechtsverteidigung des Bekl (vgl §§ 275 IV, 276 III) dargestellt werden. 14

15 **d)** Anträge beider Parteien, idR in wörtlicher Wiedergabe (nur des zuletzt gestellten) Klageantrages iS §§ 253 II 2, 308. Nur Sachanträge, keine Prozeßanträge, auch keine (von Amts wegen zu entscheidenden) Anträge hinsichtl der Kosten u der Vollstreckbarkeit.

16 **e)** Streitige Erwiderung des Beklagten, ggf auch zur Widerklage; Gliederung hierbei zweckmäßig nach tatsächl Bestreiten, Einwendungen, Einreden.

17 **f)** Streitige Replik des Klägers (soweit nicht bereits oben zu c) dargestellt).

18 **g)** Prozeßgeschichte: nur soweit nach Maßgabe der nachfolgenden Entscheidungsgründe entscheidungserheblich; so stets bei Zurückweisung von Angriffs- oder Verteidigungsmitteln gem §§ 296, 296 a. Wegen Zurückweisung von Beweisanträgen allgemein s § 284 Rn 2 ff. Anzugeben ist hier, welche Beweise erhoben und welche Beweisanträge unerledigt geblieben sind. Auf das Ergebnis der Beweiserhebung darf (und sollte) Bezug genommen werden, sofern es aktenkundig ist.

19 **6) Die Entscheidungsgründe (Abs I 6 u III): Lit:** *Scheuerle,* Methodenehrlichkeit in jur Begründungen, ZZP 78, 32. *Schneider,* Zur Zulässigkeit und ihrer Begründung i Urteil, MDR 65, 632. Verhandlungsvorgänge gehören in den Tatbestand; sie gelten jedoch auch dann als festgestellt, wenn sie in **die Gründe** aufgenommen wurden (BGH NJW 83, 1901). Nicht nötig, daß jede Einzelheit des Parteivorbringens erörtert wird (BVerfG NJW 80, 278; BayVerfGH NJW 77, 243; BGH NJW 68, 2292). Nr 6 ist nur dann verletzt, wenn das Urteil überhaupt keine Entscheidungsgründe enthält, ein Klageanspruch übergangen ist, wesentlicher Sachvortrag ersichtlich nicht zur Kenntnis genommen und erwogen wurde (BVerfG NJW 85, 1149; 82, 1453; vgl vor § 128 Rn 6) oder wenn als Begründung der Entscheidung nur der Wortlaut der Gesetzesvorschrift wiedergegeben ist (Schleswig, SchlHA 49, 287; vgl Rn 8 zu § 551). Bezugnahme auf die Gründe eines anderen Urteils ist zulässig, wenn den Parteien diese Gründe bekannt sind u das Urteil genau bezeichnet wird (BGH NJW 71, 39). Nach BAG (NJW 58, 119) liegt ein Verstoß gg Nr 6 jedoch dann vor, wenn das Berufungsgericht ohne eigene Begründung lediglich auf die Urteilsgründe des Erstgerichts Bezug nimmt; seit der Neufassung von § 543 gilt das nur noch beschränkt. Nicht nötig ist, daß im Urteil die in Frage kommenden Gesetzesstellen angeführt sind; viel wichtiger ist klare, schlichte, auch für den Nichtjuristen verständliche Begründung in gutem Deutsch (Jasper MDR 86, 198); das Urteil soll den Unterlegenen überzeugen, aber weder ihn noch seinen Prozeßbevollm verletzen. Der Zivilrichter ist weder Dozent noch Sittenrichter.

20 Zweckmäßige **Gliederung der Gründe: a)** Prozeßrechtliche Darlegungen, soweit notwendig (so die Darlegung streitiger Prozeß- u Sachurteilsvoraussetzungen),

21 **b)** Vorwegnahme des Ergebnisses unter Angabe der anspruchsbegründenden oder – vernichtenden Rechtsnorm (zB: die Klage ist begründet, weil der Bekl dem Kl als Eigentümer zur Herausgabe verpflichtet ist, § 985 BGB, denn den ihm obliegenden Beweis für ein Recht zum Besitz, § 986 BGB, ist der Bekl schuldig geblieben),

22 **c)** Darlegung des vom Gericht für festgestellt (insoweit Beweiswürdigung) erachteten Sachverhalts und dessen Subsumtion unter das (oben b bezeichnete) Gesetz, schließlich

23 **d)** die Begründung der Nebenfolgen des Urteils (Kosten, Vollstreckbarkeit).

24 Fehlen der Gründe: **absoluter Revisionsgrund,** § 551 Nr 7, soweit nicht Begründung gem §§ 313 a, 313 b, 543 I entbehrlich. – Verurteilung aus wahlweisem Haftungsgrund ist zulässig, vgl BGH LM § 313 Abs 1 Nr 3 (Amtshaftung oder enteignungsgleichem Eingriff).

313 a

[Urteil ohne Tatbestand und Begründung]

(1) Des Tatbestandes und der Entscheidungsgründe bedarf es nicht, wenn die Parteien auf sie spätetens am zweiten Tag nach dem Schluß der mündlichen Verhandlung verzichten und ein Rechtsmittel gegen das Urteil unzweifelhaft nicht eingelegt werden kann.

(2) Absatz 1 ist nicht anzuwenden

1. **in Ehesachen, mit Ausnahme der eine Scheidung aussprechenden Entscheidungen;**
2. **in Kindschaftssachen;**
3. **in Entmündigungssachen;**
4. **im Falle der Verurteilung zu künftig fällig werdenden wiederkehrenden Leistungen;**
5. **wenn zu erwarten ist, daß das Urteil im Ausland geltend gemacht werden wird; soll ein ohne Tatbestand und Entscheidungsgründe hergestelltes Urteil im Ausland geltend gemacht werden, so gelten die Vorschriften über die Vervollständigung von Versäumnis- und Anerkenntnisurteilen entsprechend.**

I) 1) Tatbestand u Entscheidungsgründe entfallen ausnahmsweise, wo ihr Zweck, die Parteien u ggf das Rechtsmittelgericht von der Richtigkeit des Urteils zu überzeugen (§ 313 Rn 2), fehlt, weil die Parteien im Kosteninteresse (zur Kostenbegünstigung des abgekürzten Urteils s Nr 1015, 1017, 1025, 1027, 1037 KV zum GKG) hierauf binnen 2 Tagen nach dem Schluß der mündl Verhandlung verzichten **und** das Urteil aus der Sicht des erkennenden Gerichts unzweifelhaft nicht mehr angefochten werden kann, weil ein Rechtsmittel nicht zulässig ist. 1

Der **Verzicht** der Parteien auf Tatbestand und Begründung des Urteils ist unwiderrufl Prozeßhandlung (vor § 128 Rn 17, 18) und muß ausdrücklich erfolgen; schlüssiges Verhalten genügt nicht. Die **2-Tagesfrist** wird gemäß § 222 berechnet; ihr Lauf beginnt gemäß § 187 I BGB mit Schluß der mündl Verhandlung (§ 136 Rn 4, bei schriftl Verfahren § 128 Rn 18, bei Entscheidung nach Aktenlage § 251 a Rn 5). Zweck dieser Frist ist es, dem Gericht wegen § 310 I alsbald Gewißheit zu verschaffen, ob das Urteil mit Tatbestand und Gründen abzusetzen ist, und zu vermeiden, daß ein bereits vollständig abgesetztes Urteil durch spätere Verzichtserklärung der Parteien überflüssig wird; die Frist ist also Schutzfrist zugunsten des Gerichts. Daher bleibt **Verzichtserklärung nach Fristablauf** analog § 283 S 2 (Schneider MDR 85, 906) wirksam, wenn das Gericht sie annimmt und das Urteil abgekürzt absetzt (was das Gericht darf, nach Fristablauf aber nicht muß, zB weil das Urteil bereits vollständig abgesetzt ist; wie hier ThP Anm 2 a; aM BLH Anm 3 B). – Entbehrlich ist der Verzicht bei den nicht streitigen Urteilen des § 313 b. Unbeachtlich für das Gericht ist der Verzicht im Berufungsverfahren bei einem gemäß § 539 aufhebenden und zurückverweisenden Urteil, weil sonst die das Erstgericht bindende Rechtsauffassung des Berufungsgerichts (§ 539 Rn 33) nicht erkennbar wäre. Im übrigen gilt aber § 313 a (neben § 543) auch im Berufungsverfahren (§ 543 Rn 2). 1a

Das Urteil darf, um abgekürzt erlassen zu werden, **nicht rechtsmittelfähig sein.** Das ist der Fall bei einem Rechtsmittelverzicht (§ 514 Rn 1–3), bei Nichterreichung der Berufungssumme einer vermögensrechtlichen Sache (§ 511 a), bei Berufungsurteilen des Landgerichts (§ 545), bei Nichtzulassung der Revision (§ 546, Ausnahme § 547) und bei den Urteilen des § 545 II. Rechtsmittel idS ist neben Berufung und Revision aber auch die (sofortige) Beschwerde. Daher § 313 a nicht anwendbar bei den beschwerdefähigen Urteilen (nicht des OLG wegen § 567 III), welche (zumindest auch) gemäß §§ 71 II, 91 a II, 99 II, 269 III, 387 III, 402 entscheiden. 1b

Voraussetzung der Kostenbegünstigung des abgekürzten Urteils ist nach dem Text des Kostenverzeichnisses zu § 11 I GKG (oben Rn 1), daß das Urteil „keine Begründung enthält *oder* nicht zu enthalten braucht". Also Kostenbegünstigung auch für das selbst unzulässig (iS von § 551 Nr 7) oder ohne wirksamen Verzicht der (notwendig sämtlicher) Parteien abgekürzte Urteil, ebenso für das trotz wirksamen und fristgerechten Verzichts der Parteien (also ohne Begründungsnotwendigkeit) mit schriftlicher Begründung (§ 313 I Nr 5 u 6; s aber unten Rn 3) versehene Urteil (Schneider MDR 85, 906). 2

2) Wo demnach Tatbestand u Begründung des Urteils entbehrlich sind, ist gleichwohl zur **Feststellung** des Umfangs **der materiellen Rechtskraft** der Entscheidung (§ 322) eine kurze Darstellung des Streitgegenstandes nicht nur zulässig, sondern zu empfehlen. Das kann entweder im Urteilstenor geschehen (zB: Die Klage auf Schadensersatz wegen des Verkehrsunfalls des Klägers am ... wird abgewiesen) oder in einer Kurzbegründung (Schneider MDR 78, 3), die ggf die Kostenbegünstigung (oben Rn 2) nicht in Frage stellt (Schneider MDR 85, 906). 3

3) § 313 a gilt entsprechend für **Beschlüsse,** die ansonsten zu begründen wären, inbes für Entscheidungen gem § 91 a (Franzki DRiZ 77, 167). 4

II) Tatbestand u Entscheidungsgründe sind **unverzichtbar** für Urteile, die in Ehe-, Kindschafts- und Entmündigungssachen in ihrer Bedeutung über das Interesse der unmittelbaren Verfahrensbeteiligten hinausgehen, die in einem Folgeverfahren (zB § 258, 323) einer Prüfung ausgesetzt sein können und die nach den Regeln des internat Verfahrensrechts (vgl zB § 33 des AusfGesetzes vom 29. 7. 1972 zum EG-Übereinkommen vom 27. 9. 1968) einer Begründung bedürfen, um im Ausland anerkannt zu werden. 5

Nr 1 betrifft die Ehesachen, in denen im öffentlichen Interesse eine schriftliche Urteilsbegründung erforderlich erscheint. Hiervon sind ihrerseits die eine Scheidung aussprechenden Urteile ausgenommen, deren Begründung in den Fällen einverständlicher Scheidung lediglich formelhaften Charakter hat. Für Scheidungsurteile in Verfahren mit einem Ausländer gilt hingegen die Nr 5. Zur notw Darlegung der Berechnung des Versorgungsausgleichs (Abs I gilt hierfür nicht): Hamm FamRZ 79, 168. 6

Nr 2 und 3 erfassen mit Kindschafts- und Entmündigungssachen Verfahren, die in ihrer Bedeutung auch Dritten gegenüber dem Eheverfahren nicht nachstehen. 7

8 **Nr 4** sieht für die Fälle der Verurteilung zu künftig fällig werdenden wiederkehrenden Leistungen (§ 258) stets die schriftliche Urteilsbegründung vor. In derartigen Fällen ist es sinnvoll, die Grundlage des Urteils festzuhalten, damit bei einer künftigen Abänderungsklage nach § 323 ZPO beurteilt werden kann, ob eine wesentliche Änderung der Verhältnisse eingetreten ist.

9 **Nr 5** regelt als weitere Ausnahme vom Verzicht auf schriftliche Urteilsbegründung die Fälle, in denen zu erwarten ist, daß es auf eine Vollstreckung oder Anerkennung des Urteils im Ausland ankommen wird. In derartigen Fällen ist nach den Regelungen des internationalen Rechtsverkehrs im allgemeinen ein vollständig begründetes Urteil vorzulegen. Durch Nr 5 werden auch solche Scheidungsurteile erfaßt, an denen ein Ausländer beteiligt ist, selbst wenn dieser zusätzlich die deutsche Staatsangehörigkeit besitzen sollte. Der zweite Halbsatz stellt klar, daß ein ohne Tatbestand und Entscheidungsgründe hergestelltes Urteil nach den in Ausführungsgesetzen zu internationalen Verträgen enthaltenen Vorschriften über Versäumnis- und Anerkenntnisurteile zu vervollständigen ist, wenn sich die Voraussetzungen der Nr 5 erst nachträglich herausstellen.

10 **III)** Eine **Nachholung der Urteilsbegründung** für Fälle, in denen das Gericht die Rechtsmittelfähigkeit seines Urteils verkannt hatte, sieht das Gesetz nicht vor. Hier ist vom Rechtsmittelgericht ggf gemäß §§ 539, 540, 551 Nr 7 zu verfahren (BGH 32, 24 = MDR 60, 644; Schneider MDR 78, 4).

11 **IV) Gebühren: 1) des Gerichts:** Bei der für Endurteile zu erhebenden Urteilsgebühr ist die Höhe des Gebührensatzes davon abhängig, ob ein Grund- od Vorbehaltsurteil vorausgegangen ist oder nicht **und** außerdem ob der Tatbestand und die Entscheidungsgründe weggelassen werden können oder nicht. Ist innerhalb eines Rechtszugs weder ein Grund- noch ein Vorbehaltsurteil ergangen, so ist für ein erstinstanzl Endurteil, aber auch für ein instanzabschließendes Urteil im Berufungsverfahren die **Urteilsgebühr** nach dem **einfachen Tabellensatz** (KV Nr 1017 bzw 1027) anzusetzen, vorausgesetzt, daß das Urteil **keine** (schriftl) **Begründung** enthält oder diese nicht **zu enthalten braucht** (Rn 2). Der **einfache Tabellensatz** gilt auch für ein instanzabschließendes **Urteil** im **Revisionsverfahren** ohne notwendige Begründung iS des KV Nr 1037, wobei hier ein etwa vorab ergangenes Grund- oder Vorbehaltsurteil ohne Bedeutung ist. Nach dem **doppelten Tabellensatz** dagegen ist die Urteilsgebühr zu bemessen für ein Endurteil des 1. Rechtszugs und für ein instanzabschließendes Urteil im Berufungsverfahren (KV Nr 1016 bzw 1026), wenn in der Instanz kein Grund- oder Vorbehaltsurteil vorangegangen ist **und** außerdem das Urteil eine (schriftl) **Begründung** enthält und auch **enthalten muß.** Geben die Parteien nur wegen eines oder einzelner von mehreren selbständigen Klageansprüchen einen Verzicht auf die schriftl Urteilsbegründung ab, so ist für die Berechnung der Urteilsgebühr § 21 Abs 3 GKG maßgebend (vgl dazu Rn 13 zu § 301). **Doppelter Tabellensatz** auch für ein Urteil im Revisionsverfahren mit notwendiger Begründung iS des KV Nr 1036 (s oben).

Für ein einem Grund- oder Vorbehaltsurteil nachfolgendes Endurteil des 1. Rechtszugs oder instanzabschließendes Urteil des Berufungsverfahrens ist der **einfache Tabellensatz** zu erheben, wenn die Urteilsbegründung notwendig ist (KV Nr 1014 bzw 1024), dagegen der **halbe Tabellensatz,** wenn die (schriftl) Urteilsbegründung nach § 313a unterbleiben kann (KV Nr 1015, 1025).

Jedes Anerkenntnis-, Verzichts- u gegen die säumige Partei erlassene Versäumnisurteil ist in allen Instanzen gerichtsgebührenfrei; anders das unechte VersUrt (s § 300 Rn 7). Ebenfalls ist gerichtsgebührenfrei die Vervollständigung eines ohne Tatbestand u Entscheidungsgründe hergestellten Urteils (so eines Versäumnis- od Anerkenntnisurteils), das im Ausland geltend gemacht werden soll (s dazu § 313b Rn 7; vgl auch § 313a Abs 2 Nr 5 Hs 2).

2) des Anwalts: Der Verzicht auf die Urteilsbegründung iS des § 313a Abs 1, auch wenn er erst am 2. Tage nach dem Schluß der mündl Verhandlung erfolgt, ist als die Abgabe einer zum Rechtszug gehörenden Prozeßerklärung durch die verdiente Prozeßgebühr des § 31 Abs 1 Nr 1 BRAGO abgegolten. – Das gleiche gilt für den Antrag auf Vervollständigung der im Ausland geltend zu machenden Entscheidung (Versäumnis- oder Anerkenntnisurteil); der Antrag gehört zum Rechtszug (§ 37 Nr 6a BRAGO). Hat der RA, der nicht Prozeßbevollmächtigter war oder ist, nur den Auftrag, den schriftsätzl Verzicht auf die Abfassung der Urteilsbegründung abzugeben, so erhält er dafür 2/10 Schriftsatzgebühr nach § 56 Abs 3 iVm § 120 Abs 1 BRAGO (Schreiben einfacher Art; vgl dazu Bamberg JurBüro 79, 720: für die schriftsätzl Zurückweisung der Revision bei dem BayObLG).

313b *[Versäumnis-, Anerkenntnis-, Verzichtsurteil]*

(1) Wird durch Versäumnisurteil, Anerkenntnisurteil oder Verzichtsurteil erkannt, so bedarf es nicht des Tatbestandes und der Entscheidungsgründe. Das Urteil ist als Versäumnis-, Anerkenntnis- oder Verzichtsurteil zu bezeichnen.

(2) Das Urteil kann in abgekürzter Form nach Absatz 1 auf die bei den Akten befindliche Urschrift oder Abschrift der Klage oder auf ein damit zu verbindendes Blatt gesetzt werden. Die Namen der Richter braucht das Urteil nicht zu enthalten. Die Bezeichnung der Parteien, ihrer gesetzlichen Vertreter und der Prozeßbevollmächtigten sind in das Urteil nur aufzunehmen, soweit von den Angaben der Klageschrift abgewichen wird. Wird nach dem Antrag des Klägers erkannt, so kann in der Urteilsformel auf die Klageschrift Bezug genommen werden. Wird das Urteil auf ein Blatt gesetzt, das mit der Klageschrift verbunden wird, so soll die Verbindungsstelle mit dem Gerichtssiegel versehen oder die Verbindung mit Schnur und Siegel bewirkt werden.

I) Tatbestand u Entscheidungsgründe entbehrlich über die Regelung in §§ 313 a, 543, 565 a hinaus und ohne die Einschränkung gem § 313 a II, wenn ganz oder auch nur im Teilurteil durch echtes VersUrteil (§§ 330, 331; gilt nicht für Entscheidung nach Aktenlage § 331 a und nicht für unechtes VersUrteil, Rn 11 vor § 330) gegen Kläger oder Beklagten sowie durch Anerkenntnis- (§ 307) oder Verzichtsurteil (§ 306) entschieden wird. Soweit demnach Tatbestand und Begründung für Urteile (aller Instanzen) entbehrlich sind, geht § 313 b als Sonderregelung dem § 551 Nr 7 vor. 1

Ob das Gericht von dieser Ausnahmeregelung Gebrauch macht, steht in seinem Ermessen. Zulässig, aber nicht angebracht, ist abgekürztes VersUrteil auch bei unbeziffertem Antrag (§ 287; vgl § 253 Rn 13, § 331 Rn 7); eine kurze Begründung jedenfalls insoweit verbietet § 313 b nicht. Wegen zweckm Begründung des klageabweisenden VersUrteils vgl § 330 Rn 9; das zu § 313 a Rn 3 Gesagte gilt hier entsprechend. Zur trotz § 313 b notwendigen Begründung eines späteren VersUrteils nach Einspruch gegen ein früheres VersUrteil s § 341 Rn 8. 2

Der **Kostenausspruch im Anerkenntnisurteil** (§ 307) bedarf stets einer Begründung, wenn die Parteien wegen § 93 hierzu streitige Anträge gestellt haben (Bremen NJW 71, 1185). Anderenfalls wäre bei der hier zulässigen Kostenbeschwerde (§ 99 II) das Rechtsmittelgericht nicht in der Lage, diese Entscheidung sachl nachzuprüfen. Die unterlassene Begründung dieser Kostenentscheidung des Erstrichters nachzuholen ist das Beschwerdegericht schon wegen des damit verbundenen Instanzverlustes nicht verpflichtet. Das Beschwerdegericht hat daher bei fehlender Begründung der Kostenentscheidung entspr § 551 Nr 7 diese aufzuheben und zurückzuverweisen (§ 575); es kann aber auch (obwohl § 571 wegen § 577 III hier nicht anwendbar ist) dem Erstrichter Gelegenheit geben, die Begründung seiner Kostenentscheidung nachzuholen und dann – nach Gewährung des rechtl Gehörs zu der nachgeholten Begründung des Erstrichters – sachlich über die Kostenbeschwerde unter Berücksichtigung von § 93 entscheiden. 3

Abgekürztes Urteil zulässig auch, wo ohne Benachteiligung des Klägers von dessen Antrag abgewichen wird: zB durch Terminierung der Prozeßzinsen § 291 BGB, durch Bestimmung der Sicherheitsleistung § 709, durch (nicht beantragten) Kostenausspruch § 308 II, durch Abweichung von der Form (nicht vom Inhalt) des Klageantrags. Unschädlich auch bei AnerkUrteil Vorbehalte zugunsten des Bekl aus §§ 302 IV, 308 a, 599, 711, 721, denn diesen gesetzl Vorbehalten unterwirft sich der Kläger mit dem Antrag nach § 307. 4

Wo das Urteil **Auslandsbezug** hat, ist es in abgekürzter Form regelm im Ausland nicht anerkennungsfähig (vgl § 313 a Rn 5 u 9; §§ 32, 33 des AusführungsG zum EG-Übereinkommen v 27. 9. 1968 u verschiedene bilaterale Abkommen). Hier nachträgl Vervollständigung des Urteils stets zulässig u auch geboten. 5

II) Verfahren: Das abgekürzte Urteil kann auf die Klageschrift oder auf den Mahnbescheid gesetzt und so gem § 317 IV ausgefertigt werden. Tenor dann: „Es wird nach Klageantrag im Schriftsatz vom ... erkannt". Bezeichnung als „VersUrteil" usw dann aber unverzichtbar, RG JW 31, 3584. Notw Inhalt der Ausfertigung, soweit nicht aus begl Abschrift der Klageschrift ersichtlich: Bezeichnung des Gerichts, der Parteien, der Art des Urteils, des Tages der letzten mündl Verhandlung (wie § 313 I 3), Urteilsformel (mit den oben zu I dargelegten zulässigen Abweichungen oder Ergänzungen), Verkündungsvermerk (§ 315 III). Entbehrlich ist gemäß Abs II 2 die namentliche Bezeichnung der beteiligten Richter im Urteilsrubrum (§ 313 I 2), nicht jedoch die Unterschrift dieser Richter (§ 315), die auch in der Ausfertigung des Urteils (§ 317 II) wiederzugeben sind. Zu den Förmlichkeiten der Ausfertigung s auch § 170 Rn 4 ff. Zur Fassung der Sitzungsniederschrift bei den Urteilen des § 313 b s § 160 Rn 10. 6

III) Gebühren: 1) des Gerichts: In allen Instanzen keine Urteilsgebühr für (echte) Versäumnisurteile gegen die säumige Partei sowie für Anerkennntnis- und Verzichtsurteile, gleichviel ob in abgekürzter Form nach § 313 b hergestellt oder nicht (s § 330 Rn 10). – Ist für die zu erwartende Geltendmachung im Ausland ein solches Versäumnis- od Anerkenntnisurteil nicht schon gleich nach Erlaß mit Tatbestand u Entscheidungsgründen versehen worden und muß es daher nachträglich diesbezüglich ergänzt werden, so werden für die erforderliche Vervollständigung keine Gerichtsgebühren (wohl aber Auslagen) erhoben, und zwar auf Grund folgender Ausführungsgesetze: 7

a) § 33 Abs 4 AusfG v 29. 7. 72 (BGBl I 1328) zum EuGVÜ v 27. 9. 68;
b) § 9 Abs 4 AusfG v 18. 7. 61 (BGBl I 1033) zum HUÜ v 15. 4. 58;
c) § 9 Abs 4 AusfG v 26. 6. 59 (BGBl I 425) zum Abk mit Belgien v 30. 6. 58;
d) § 9 Abs 4 AusfG v 28. 3. 61 (BGBl I 301) zum Abk mit Großbritannien und Nordirland v 14. 7. 60;
e) § 8 Abs 4 AusfG v 5. 2. 63 (BGBl I 129) zum Vertrag mit Griechenland v 4. 11. 61;
f) § 18 Abs 4 AusfG v 15. 1. 65 (BGBl I 17) zum Vertrag mit den Niederlanden v 30. 8. 62;
g) § 13 Abs 4 AusfG v 29. 4. 69 (BGBl I 333) zum Vertrag mit Tunesien v 19. 7. 66;
h) § 32 Abs 4 AusfG v 13. 8. 80 (BGBl I 1301) zum Vertrag mit Israel v 20. 7. 77.
j) § 30 Abs 4 AusfG v 10. 6. 81 (BGBl I 514) zum Vertrag mit Norwegen v 17. 6. 77.

2) des Anwalts: Wegen des Antrags auf Vervollständigung s § 313 a Rn 11.

314 *[Bedeutung des Tatbestandes]* **Der Tatbestand des Urteils liefert Beweis für das mündliche Parteivorbringen. Der Beweis kann nur durch das Sitzungsprotokoll entkräftet werden.**

1 1) Der Tatbestand (§ 313 II) ist eine öffentliche Urkunde (§§ 415, 417, 418), deren Beweiskraft bezüglich des mündlichen Parteivorbringens (nicht auch bzgl der Wiedergabe anderer Prozeßtatsachen, BGH NJW 83, 2030; für diese s §§ 160, 165) nach § 314 dadurch gesteigert wird, daß der Gegenbeweis erheblich erschwert wird. Der Tatbestand beweist, daß die Parteien etwas mündlich vorgetragen, sein Schweigen, daß sie etwas nicht vorgetragen haben (BGH NJW 83, 885 = MDR 83, 384); daher sollten die Parteien bei wesentlichen Auslassungen im Tatbestand gemäß § 320 Ergänzung oder Berichtigung des Tatbestands beantragen, soweit das für ein Rechtsmittel geboten ist. Der Tatbestand ergibt auch, ob ein Vortrag in der Berufungsinstanz neu ist oder nicht, BAG NJW 60, 166. Er beweist nur Tatsachen. Über die daraus zu ziehenden rechtlichen Folgerungen sagt er nichts aus. Auch bei schriftl Entscheidung (§ 128 II u III) ist der in einer früheren mündl Verhandlung vorgetragene Prozeßstoff zu berücksichtigen und demgemäß in den auch insoweit beweiskräftigen (vgl KG NJW 66, 601) Tatbestand aufzunehmen, sofern die Entscheidung von denselben Richtern gefällt wird, die an der mündl Verhandlung teilgenommen haben, BGH NJW 56, 945. Die *Möglichkeit* der Berichtigung als solche oder die Aufhebung des Urteils beseitigen die Beweiskraft nicht RG 77, 29, anders nur bei Aufhebung auch des Verfahrens, § 539. Zum Tatbestand gehören auch die in den Urteils-Gründen getroffenen tatsächl Feststellungen, BGH VersR 74, 1021; BAG NJW 72, 789; 67, 2226. Dagegen geht der eindeutige Tatbestand einer tatsächl Unterstellung in den Entscheidungsgründen vor, BAG NJW 72, 789. – Keine Beweiskraft des Tatbestands, soweit dieser in sich widerspruchsvoll ist (BGH MDR 69, 133; StJGr § 561 Anm III m weit Nachw). Durch Berichtigung des Tatbestands (§ 320) kann die Grundlage für den Erfolg einer Berufung geschaffen werden, jedoch ist umgekehrt durch eine Berufung keine Berichtigung des Tatbestands des Ersturteils zu erreichen (Stuttgart NJW 69, 2056). Da § 314 Beweis nur für das mündl Parteivorbringen vor dem erkennenden Gericht erbringt (BGH LM § 320 Nr 2), ist Antrag auf Berichtigung des Berufungsurteils bzgl des Parteivorbringens im 1. Rechtszug regelm unzulässig, Stuttgart NJW 73, 1049.

2 2) Der durch den Tatbestand gelieferte Beweis kann nur durch die im Sitzungsprotokoll (§ 160 II u IV, dort Rn 3, 7, 14) getroffenen ausdrücklich oder doch unzweideutig widersprechenden Feststellungen **entkräftet** werden, HRR 33, 252; NJW 49, 221. Wird im Tatbestand auf vorbereitende Schriftsätze Bezug genommen, so kann der Nachweis, daß ihre Behauptungen nicht Gegenstand der mündl Verh waren, nur durch das Sitzungsprotokoll geführt werden, JW 29, 325. Auf andere Feststellungen u Zeugenaussagen bezieht sich § 314 nicht. **Als Sitzungsprotokoll** iSd § 314 kommt nur das Protokoll über diej Verhandlung in Betracht, auf Grund deren das Urteil ergangen ist, sofern es iS des § 165 beweiskräftig ist u es sich um den gesetzl vorgeschriebenen Inhalt (§§ 160, 162) handelt. Durch den widersprechenden Inhalt eines früheren Sitzungsprotokolls wird der Tatbestand des Urt nicht entkräftet, RG 15, 353; anders, wenn im Tatbestand zB ausgeführt ist: „Im Termin v ... hat der Kläger vorgetragen" u diese Feststellung dem Sitzungsprotokoll widerspricht, das über diesen Termin geführt wurde, auch wenn dies ein früheres Sitzungsprotokoll ist. Enthält das Sitzungsprotokoll über den strittigen Punkt überhaupt nichts, dann kein Widerspruch u keine Entkräftung des Tatbestands; BGHZ 26, 340 (hierzu § 165 Rn 1).

315 *[Unterschrift der Richter]* **(1) Das Urteil ist von den Richtern, die bei der Entscheidung mitgewirkt haben, zu unterschreiben. Ist ein Richter verhindert, seine Unterschrift beizufügen, so wird dies unter Angabe des Verhinderungsgrundes von dem Vorsitzenden und bei dessen Verhinderung von dem ältesten beisitzenden Richter unter dem Urteil vermerkt.**

(2) Ein Urteil, das in dem Termin, in dem die mündliche Verhandlung geschlossen wird, verkündet wird, ist vor Ablauf von drei Wochen, vom Tage der Verkündung an gerechnet, vollständig abgefaßt der Geschäftsstelle zu übergeben. Kann dies ausnahmsweise nicht geschehen, so ist innerhalb dieser Frist das von den Richtern unterschriebene Urteil ohne Tatbestand und Entscheidungsgründe der Geschäftsstelle zu übergeben. In diesem Falle sind Tatbestand und Entscheidungsgründe alsbald nachträglich anzufertigen, von den Richtern besonders zu unterschreiben und der Geschäftsstelle zu übergeben.

(3) Der Urkundsbeamte der Geschäftsstelle hat auf dem Urteil den Tag der Verkündung oder der Zustellung nach § 310 Abs. 3 zu vermerken und diesen Vermerk zu unterschreiben.

1) a) Abs I: Sämtl Richter, die bei der Fällung des Urteils (§ 309) mitgewirkt haben, müssen das vollständig abgefaßte Urteil mit ihrem vollen Familiennamen unterschreiben (Handzeichen oder Paraphe genügt nicht; vgl entspr § 170 Rn 4, § 130 Rn 7), und zwar auch die bei der Beratung des Urteils überstimmten Richter. Haben andere Richter das Urteil verkündet, so sind deren Unterschriften weder erforderlich noch ausreichend. Bei Kollegialgerichten (also nicht bei Urteilen des Einzelrichters; Koblenz VersR 81, 688) ist die Unterschrift eines verhinderten Richters ersetzbar gem Abs I 2. Die **Ersetzung der Unterschrift** eines an der Unterschriftsleistung (keinesfalls aber der Mitwirkung bei der Urteilsfällung § 309!) verhinderten Richters macht deren Nachholung (s unten) überflüssig (Schneider MDR 77, 748). Zweckmäßig, daß der Vorsitzende (bzw älteste Beisitzer) den Verhinderungsvermerk gesondert unterschreibt (BGH NJW 61, 782). Es genügt aber, wenn sich aus der Stellung und der Fassung des Vermerks zweifelsfrei ergibt, daß der Vermerk vom Vorsitzenden (ältesten Beisitzers) stammt. Ausreichend, wenn sich Vermerk über der Unterschrift des Vorsitzenden (ältesten Beisitzers) befindet und mit „und zugleich für..." beginnt (BGH VersR 78, 138). Der Vermerk muß die Tatsache und den Grund der Verhinderung angeben. Die Angabe des Verhinderungsgrundes enthält regelmäßig schlüssig die der Verhinderung, so zB die Wendung: „zugleich für den aus der Kammer (Senat) ausgeschiedenen NN" oder (logisch richtiger, denn § 315 fingiert keine Vollmacht zur Unterschriftsleistung): „Richter NN ist wegen ... an der Unterschriftsleistung verhindert". Es genügt allgemeine Angabe des Verhinderungsgrundes, so wenn vermerkt wird, der Richter sei krank. Die Art der Krankheit braucht nicht angegeben zu werden, ebenso nicht der Grund, warum die Krankheit den Richter am Schreiben verhindert. Die Rechtsmittelgerichte dürfen nur nachprüfen, ob die Tatsache, die als Verhinderungsgrund angegeben wird, einen solchen darstellen kann, nicht auch, ob der angegebene Verhinderungsgrund tatsächlich vorlag (BGH NJW 61, 782 = MDR 61, 391; BGH MDR 83, 421). Jedoch muß ein Verhinderungsgrund überhaupt vermerkt sein; wo diese Angabe fehlt, hat das Rechtsmittelgericht keine Prüfungsmöglichkeit. Daher setzt die Zustellung einer Urteilsausfertigung (zu deren förml Erfordernissen s § 170 Rn 4 ff und § 317 Rn 4, 5) **ohne Angabe des Verhinderungsgrundes keine Rechtsmittelfrist** in Lauf (BGH VersR 78, 138; NJW 80, 1849 = MDR 80, 842); beachte dann aber die 5-Monatsfrist der §§ 516, 552. Die Unterschriftsverweigerung eines anwesenden Richters ist keine „Verhinderung" (BGH NJW 77, 765). Nach BayObLG NJW 67, 1578; Stuttgart Rpfleger 76, 258 soll ein nach Verkündung aus dem Richterdienst ausgeschiedener Beamter sein eigenes Urteil nicht mehr unterschreiben dürfen; hiergegen Vollkommer NJW 68, 1309; hierzu und zur Unterschriftsbefugnis des versetzten Richters vgl entspr § 163 Rn 8. – „Ältester" Beisitzer ist der dienstälteste, nicht der lebensälteste (vgl §§ 21f II, 197 GVG); bei **Verhinderung sowohl des Vorsitzenden als auch des ältesten Beisitzers** genügt die Unterschrift des jüngeren Beisitzers mit Verhinderungsvermerk für beide anderen Richter. 1

b) Fehlende Unterschriften der Richter können jederzeit nachgeholt werden (vgl § 310 Rn 5), auch nach Einlegung von Rechtsmitteln, auch noch in der Revisionsinstanz. Ebenso kann die Unterschriftsleistung eines nicht beteiligten Richters durch die Unterschrift des beteiligten Richters ersetzt werden. Ist das Urteil eines Kollegialgerichts von einem Richter mitunterschrieben, der an der Beratung und am Erlaß des Urteils nicht beteiligt war, und enthält das Urteil weiter die unrichtige Angabe, daß dieser Richter an dem Erlaß des Urteils mitgewirkt habe, so können diese Mängel dadurch beseitigt werden, daß die Unterschrift des Richters gestrichen und die unrichtige Angabe über seine Mitwirkung im Wege der Berichtigung (§ 319) richtiggestellt wird. Diese Mängel können selbst dann noch behoben werden, wenn die Revision eine Verfahrensrüge darauf gestützt hat, BGH 18, 350. 2

c) Fehlen die nach § 315 I erforderlichen Unterschriften, so ist das Urteil im Fall der Verkündung existent geworden; auf die Unterzeichnung durch die Richter kommt es hierfür nicht an. Im Fall der Verkündung durch Zustellung (§ 310 III) ist es unerläßlich, daß im Zeitpunkt der Zustellung das Urteil dem § 315 I entsprechend unterschrieben ist, BGH 8, 303; sonst liegt kein existentes Urteil vor, das Gegenstand eines Rechtsmittelverfahrens sein kann. Das Rechtsmittelgericht hat von Amts wegen zu prüfen, ob das Urteil insoweit in Ordnung war, da davon die Zulässigkeit des Rechtsmittels abhängt. Durch dienstliche Befragung der Richter kann sich das Rechtsmittelgericht den Nachweis verschaffen. – Wegen der Form der **Wiedergabe der Richter-Unterschriften in der Ausfertigung** des Urteils s § 170 Rn 4. Die fehlende Wiedergabe der (tatsächl abgegebenen) Unterschriften in der Urteilsausfertigung macht deren Zustellung unwirksam u setzt keine Rechtsmittelfrist (§§ 516, 552, ebenso bei Beschlüssen § 577 II) in Lauf (BGH VersR 83, 874; 77, 1129; NJW 53, 622; 61, 782; RG 159, 25). Für die Zulässigkeit eines Rechtsmittels ist das aber ohne Bedeutung, denn es kann schon vor Zustellung wirksam eingelegt werden, wie auch fehlende Unterschrift nach Rechtsmitteleinlegung noch nachgeholt werden kann. 3

d) Bei **Wegfall des Einzelrichters** oder Amtsrichters nach Urteilsverkündung durch Tod vor Unterschriftsleistung kommt eine Ersetzung der Unterschrift durch Dritte nicht in Betracht. Das 4

Urteil ist durch seine Verkündung zwar rechtsmittelfähig existent geworden (§ 310 Rn 1), jedoch auf Rechtsmittel zwingend aufzuheben (so schon Mosler DJZ 05, 351), denn auch das derart fehlerhafte Urteil hat die Instanz beendet.

5 **2) Abs II: Das vollständig** mit Gründen (§ 313 I 6 u II) **abgefaßte Urteil** „ist", wenn es bei Verkündung im Verhandlungstermin noch nicht in vollständiger Form vorlag (§ 300 Rn 3), binnen 3 Wochen nach der letzten mündlichen Verhandlung der GeschSt zu übergeben. Die Frist entspricht der des § 310 I (dort für Verkündung in besonderem Termin) und ist, wie aus Abs II 2 u 3 ersichtlich, keine Ausschlußfrist. Gleichwohl läuft für die Parteien die Ausschlußfrist des § 320 II 3 für Antrag auf Berichtigung des Tatbestandes. Deshalb sollte zumindest Absetzung des vollständigen Urteils binnen 3 Monaten erfolgen. Wegen der Folgen der Fristüberschreitung gilt Rn 4 zu § 310 entsprechend. Ist fristgerechte Übergabe des vollständigen Urteils ausnahmsweise nicht möglich (zB wegen Überlastung des Gerichts oder bes Schwierigkeit der Begründung), muß binnen 3 Wochen jedenfalls das Urteil ohne Tatbestand u Gründe, aber unterschrieben, der GeschSt vorgelegt werden. Deshalb ist es angebracht; jedes Stuhlurteil bereits vor der Verkündung (hand-)schriftlich abzusetzen u zu unterschreiben; dieses ist dann als Anlage zum Protokoll zu nehmen (§ 160 V). Das Urteil ist (iS von § 539, 551 Nr 7) als „nicht mit Gründen versehen" anzusehen, wenn die schriftliche Begründung 5 Monate nach Urteilsverkündung noch nicht vorliegt (BGHZ 7, 155; 32, 17/23), denn die Parteien müssen zumindest in der 5-Monatsfrist der §§ 516, 552 Klarheit darüber haben, ob und mit welchen Gründen sie gegen das (noch nicht begründete) Urteil ein Rechtsmittel einlegen sollen (BGH NJW 84, 2828).

6 **3) Abs III: Verkündungsvermerk:** Nichtbeachtung hat keine Rechtsnachteile zur Folge; bewiesen wird die Verkündung nur durch das Sitzungsprotokoll. Auch das Fehlen des Verkündungsvermerks auf der zugestellten Urteilsausfertigung macht die Zustellung u ZwV nicht ungültig, RG 140, 351; BGH 8, 303. Den Verkündungsvermerk kann statt des Protokollführers auch ein anderer UrkB auf Grund des Sitzungsprotokolls unterschreiben. – Wo an Verkündungsstatt zugestellt werden darf (§ 310 III), tritt der Zustellungsvermerk an die Stelle des Verkündungsvermerks.

7 4) Wegen des eingeschränkten Erfordernisses der **Unterschrift unter Beschlüssen** s § 329 Rn 36; Düsseldorf MDR 80, 943.

316 (weggefallen)

317 *[Urteilszustellung und -ausfertigung]*

(1) Die Urteil werden den Parteien, verkündete Versäumnisurteile nur der unterliegenden Partei zugestellt. Eine Zustellung nach § 310 Abs. 3 genügt. Auf übereinstimmenden Antrag der Parteien kann der Vorsitzende die Zustellung verkündeter Urteile bis zum Ablauf von fünf Monaten nach der Verkündung hinausschieben.

(2) Solange das Urteil nicht verkündet und nicht unterschrieben ist, dürfen von ihm Ausfertigungen, Auszüge und Abschriften nicht erteilt werden. Die von einer Partei beantragte Ausfertigung eines Urteils erfolgt ohne Tatbestand und Entscheidungsgründe; dies gilt nicht, wenn die Partei eine vollständige Ausfertigung beantragt.

(3) Die Ausfertigung und Auszüge der Urteile sind von dem Urkundsbeamten der Geschäftsstelle zu unterschreiben und mit dem Gerichtssiegel zu versehen.

(4) Ist das Urteil nach § 313b Abs. 2 in abgekürzter Form hergestellt, so erfolgt die Ausfertigung in gleicher Weise unter Benutzung einer beglaubigten Abschrift der Klageschrift oder in der Weise, daß das Urteil durch Aufnahme der in § 313 Abs. 1 Nr. 1 bis 4 bezeichneten Angaben vervollständigt wird. Die Abschrift der Klageschrift kann durch den Urkundsbeamten der Geschäftsstelle oder durch den Rechtsanwalt des Klägers beglaubigt werden.

1 **I) Amtszustellung** der Urteile (ebenso Beschlüsse § 329 II u III) ist seit 1. 7. 1977 an die frühere Zustellung i Parteibetrieb getreten (vgl Rn 3 vor § 166, Rn 2 zu § 270; dort und bei § 187 auch über Folgen von Zustellungsmängeln). Die Zustellung setzt, auch wo sie gem § 310 III ausnahmsweise die Verkündung ersetzt, die Rechtsmittelfristen in Lauf (§§ 516, 552, 577 II) und erfüllt (neben oder an Stelle der Urteilszustellung im Parteibetrieb; (Rn 5 vor § 166) die Vollstreckungsvoraussetzung des § 750 (Frankfurt OLGZ 82, 251; München OLGZ 82, 101/103). Grundsätzlich ist beiden

Parteien zuzustellen; bei Zustellung von VersUrteilen (dann mit Hinweis gem § 340 III 4; über die Folgen eines fehlenden Hinweises vgl § 340 Rn 10) genügt Zustellung an die unterlegene Partei. Zustellung an beide Parteien aber bei unechtem VersUrteil (Rn 11 vor § 330) und bei Zustellung an Verkündungs Statt (vgl § 331 Rn 12). Das die Klage eines vollmachtslosen Vertreters (hierzu § 88 Rn 6) aus diesem Grund abweisende Urteil ist nur diesem (nicht auch der „vertretenen" Partei) zuzustellen (Zweibrücken MDR 82, 586). § 317 gebietet **Zustellung des Urteils nur an die Parteien;** Zustellung auch an deren **Streithelfer** ist nicht geboten und setzt – wenn doch erfolgt – keine Rechtsmittelfrist für Streithelfer (gesondert) in Lauf (BGH NJW 86, 257 = MDR 86, 36).

Zurückstellung der Zustellung bis längstens 5 Monate nach Verkündung muß („kann" ist nur Zuständigkeitsregelung) der Vorsitzende bewilligen (durch Verfügung an GeschSt unter formloser Mitteilung an die Parteien), wenn beide Parteien das zur Hinausschiebung der Rechtsmittelfrist (zB wegen Vergleichsgesprächen oder notw Einholung von Informationen über Rechtsmittelfrage; beachte aber § 516 u § 552!) übereinstimmend beantragen. Bei unterschiedlichen Anträgen ist von Übereinstimmung hinsichtl der kürzeren Frist auszugehen. Antrag ist Prozeßhandlung, daher bindend (Rn 17 vor § 128) u Anwaltszwang § 78. Nachträgl Verlängerung der am Tag nach der Verkündung beginnenden Frist ist gem § 224 II zulässig bis längstens zum Ablauf von 5 Monaten (wegen der 5-Monatsfrist der §§ 516, 552). Fristberechnung § 222 I ZPO, § 188 BGB. Entgegen BLH Anm 1 B gilt § 222 II, denn die Ausführung der Amtszustellung an einem Feiertag kommt ohnedies nicht in Betracht (vgl auch § 188). – Gegen Fristverlängerung oder Versagung Beschwerde § 567. **Keine Zurückstellung der Zustellung** zulässig in Ehe- (§ 618), Familien- (§ 621c), Kindschaftssachen (§ 640 I) sowie gem § 50 I ArbGG im arbeitsgerichtl Verfahren. 2

Die Zustellung des Urteils folgt dessen „Erlaß" (§ 310 Rn 1) nach. Daher ist Zustellung in den **Gerichtsferien** zulässig, auch wenn das Urteil vor Ferienbeginn erlassen war (§ 200 I GVG). 3

II) 1) Ausfertigung (über Begriff u notw Form der Ausfertigung s § 170 Rn 4–7) von Urteilen (entspr Beschlüssen) darf der UrkBeamte der GeschSt (§ 210) erst erteilen, wenn die Entscheidung verkündet bzw im Fall § 310 III an Verkündungs Statt zugestellt ist u wenn sie auch i Fall der Verkündung gem § 315 unterschrieben ist. Grundsätzlich wird abgekürzte Ausfertigung (ohne Tatbestand u Gründe) erteilt, vollständige nur auf Antrag, denn eine solche wurde ja schon von Amts wegen zugestellt (vgl §§ 516, 552). 4

2) Ausfertigung von **abgekürzten Versäumnis-, Anerkenntnis- und Verzichtsurteilen** kann entspr § 313b II unter Verwendung einer (vom RA oder vom UrkBeamten) beglaubigten Abschrift (hierzu § 170 Rn 8) der Klageschrift oder des Mahnbescheids (§ 697 V) erteilt werden (zum Verfahren hierbei § 313b Rn 6). Enthält die Sitzungsniederschrift (§ 160 III 6) dagegen den Urteilsspruch im Wortlaut ohne Bezugnahme auf eine Antragsschrift, so ist sie zugleich Ausfertigung des Versäumnis-, Anerkenntnis- oder Verzichtsurteils und ist in vollstreckbarer Ausfertigung den Parteien (VersUrteil nur der unterlegenen Partei) zuzustellen. 5

Unrichtigkeiten der von ihm erteilten **Ausfertigung** kann der UrkBeamte selbst berichtigen (entspr § 319); Berichtigung jedoch nur durch das Gericht, wenn die Urschrift des Urteils Fehler iS § 319 enthält. 6

Rechtsbehelf gegen Versagung der Erteilung einer Ausfertigung: §§ 576, 567. 7

III) Auszüge u Abschriften von Urteilen werden nach Maßgabe von § 299 (s dort) erteilt. Insoweit entspricht § 317 II 1 dem § 299 III. 8

IV) Mitteilung des Urteils an Dritte hat, soweit vorgeschrieben (vgl AO über die Mitteilungen in Zivilsachen v 1. 10. 67; § 299 Rn 7), spätestens mit Erteilung von Ausfertigung an die Parteien zu erfolgen. 9

318 *[Bindung des Gerichts an seine Entscheidung]*

Das Gericht ist an die Entscheidung, die in den von ihm erlassenen End- und Zwischenurteilen enthalten ist, gebunden.

Lit: *Bilda,* Zur Bindungswirkung von Urkundenvorbehaltsurteilen, NJW 83, 142; *Lässig,* Die fehlerhafte Rechtsmittelzulassung und ihre Verbindlichkeit für das Rechtsmittelgericht, 1976; *Ratte,* Wiederholung der Beschwerde und Gegenvorstellung, Berlin 1975; *Schmidt,* Die Gegenvorstellung im Erkenntnis- und summarischen Verfahren der ZPO, JurDiss, Bonn 1971; *ders,* Innenbindungswirkung, formelle und materielle Rechtskraft, Rpfleger 74, 177; *Tiedtke,* Die innerprozessuale Bindungswirkung von Urteilen der obersten Bundesgerichte, 1976; *Werner,* Rechtskraft und Innenbindung zivilprozessualer Beschlüsse im Erkenntnis- und summarischen Verfahren, 1983.

I) Anwendungsbereich

1 **1)** § 318 gilt nur für **Urteile.** Allerdings darf das Gericht **ausnahmsweise** die von ihm erlassenen Urteile selbst aufheben und abändern, wenn das Gesetz es ausdrücklich zuläßt oder der Sachzusammenhang es zwingend ergibt:

2 **a)** Das **Versäumnisurteil,** gegen das Einspruch eingelegt ist, § 343.

3 **b)** Das **Vorbehaltsurteil** auf Grund des Nachverfahrens, §§ 302, 599, 600; doch bindet die rechtliche Beurteilung der Klage, insbesondere ihrer Schlüssigkeit wie ein Zwischenurteil im Nachverfahren (BGH 82, 115 [120] = NJW 82, 183 [184] = MDR 82, 209), ferner die Bejahung der Zulässigkeit der Aufrechnung (BGH NJW 79, 1046 = MDR 79, 479); vgl ie § 302 Rn 7; § 600 Rn 19 ff und ausf Bilda NJW 83, 142.

4 **c)** Urteile, die ein Rechtsmittel wegen nicht fristgemäßer Einlegung oder Begründung verwarfen, wenn **Wiedereinsetzung in den vorigen Stand** gewährt wird.

5 **d)** Jedes Endurteil auf Grund einer **Wiederaufnahmeklage.**

6 **e)** Wenn nach Erlaß des Urteils, aber vor Einlegung des Rechtsmittels das Verfahren durch Tod einer Partei unterbrochen ist, kann ein die Rechtsnachfolge bejahendes **Zusatzurteil** ergehen (RG 68, 247 [256]).

7 **f)** Durch Urteil angeordneter **Arrest** oder **einstweilige Verfügung** bei Änderung der Verhältnisse, § 927 (ie Baur, Studien zum einstweiligen Rechtsschutz, 1967, S 91 f).

8 **2) Beschlüsse und Verfügungen** binden das sie erlassende Gericht grundsätzlich nicht (vgl das Nichtzitat von § 318 in § 329 I 2, dort aber Rn 28, 38; s auch §§ 124, 150, 155, 620b I, 925 II, 927). Das Gericht kann sie, solange es instanziell mit der Sache befaßt ist, aufheben oder ändern; von Amts wegen, wenn sie von Amts wegen ergangen sind, sonst nur auf Antrag und auf Grund neuer Tatsachen (Königsberg JW 31, 2844). Beschlüsse sind nach § 571 auch abänderbar, wenn eine einfache Beschwerde eingelegt ist, jedoch nicht mehr, wenn sie durch das Rechtsmittelgericht bestätigt oder bereits ausgeführt oder sonst prozessual überholt sind.

9 **Unabänderlich** und damit grundsätzlich **bindend** sind Beschlüsse, die ihrer Art nach der sofortigen Beschwerde unterliegen, § 577 III (so auch Schmidt, Die Gegenvorstellung im Erkenntnis- und summarischen Verfahren der ZPO, JurDiss, Bonn 1971, der dieses Ergebnis auf Grund der prozessualen Innenbindung gewinnt), auch wenn sie im Einzelfall nicht anfechtbar sind; dies gilt auch für die Beschlüsse, gegen die die befristete Beschwerde zulässig ist (§§ 621e II 2, 629a II 1); ferner die auf sofortige Beschwerde ergangenen Entscheidungen sowie alle urteilsähnlichen Beschlüsse. **Bindungswirkung** entfalten zB die Ablehnung eines Richters (§ 46), Verweisungsbeschlüsse (§§ 281, 506), der Vollstreckungsbescheid im Mahnverfahren (§ 700 I; aA für den Mahnbescheid: Vollkommer Rpfleger 75, 165); der Kostenfestsetzungsbeschluß (Hamburg MDR 86, 244); der Beschluß, durch den die Wiedereinsetzung in den vorigen Stand gewährt (vgl BGH NJW 54, 880 und BVerfG JZ 59, 59 mit kritischer Anm Baur) oder abgelehnt wird (BAG MDR 84, 83) sowie die Beschlüsse, durch die die Berufung oder Revision nach den §§ 519b II, 554a II verworfen wird, sofern nicht nachträglich Wiedereinsetzung in den vorigen Stand gewährt wird; in den Grenzen von § 124 die PKH bewilligenden Beschlüsse (Hamm FamRZ 86, 583); im arbeitsgerichtlichen Verfahren die Beschlüsse über die nachträgliche Zulassung (Nichtzulassung) einer verspäteten Kündigungsschutzklage gem § 5 KSchG (BAG 42, 300 = MDR 84, 83 = AP Nr 4 zu § 5 KSchG mit teilw zust Anm Grunsky). Zur Bindungswirkung einer Beschwerdeentscheidung nach § 575 (Aufhebung des Patentversagungsbeschlusses des Patentamts mit bestimmten Auflagen für die Patenterteilung) vgl BGH 51, 131 = NJW 69, 1253.

9a Soweit letztinstanzliche oder nicht (mehr) anfechtbare Beschlüsse ausnahmsweise (noch) einer Abänderung (Korrektur) unterliegen, ist auch ihre **Bindungswirkung** entsprechend **eingeschränkt.** Es handelt sich um die Fälle (Grenzen fließend und ie str) des von der Rspr entwickelten formlosen Behelfs der *Gegenvorstellung* (vgl Düsseldorf – StSen – MDR 80, 335; Nürnberg NJW 79, 169; OVG Koblenz NJW 86, 1706; näher hier § 567 Rn 19 ff), der gebotenen *Selbstkorrektur* von Verfassungsverstößen (dazu Einl Rn 98 f) durch die Fachgerichte (Einl Rn 100 mwN; offenlassend BVerwG NJW 84, 625) und die Fälle *greifbarer Gesetzwidrigkeit* von Beschlüssen (BGH NJW-RR 86, 738 = BB 86, 96; näher hier § 567 Rn 41). Gemeinsamer Grundgedanke: Die Beseitigung *groben prozessualen Unrechts* soll nicht an der Bindungswirkung scheitern (vgl BVerfG 63, 77 [78]; 69, 233 [242]; zust Zuck JZ 85, 923 ff; wohl auch Schumann, Bundesverfassungsgericht, Grundgesetz und Zivilprozeß 1983, 574 mwN in Fn 269).

II) Innenbindung

10 Das Gericht ist an die im Urteil gefällte Entscheidung in zweierlei Hinsicht gebunden: **1) Abänderungsverbot.** Das Gericht kann das von ihm erlassene Urteil grundsätzlich weder auf-

heben noch ändern, ebenso nicht ergänzen. So darf das Gericht über einen bei der Fällung des Urteils vergessenen Anspruch nicht bei Abfassung des schriftlichen Urteils entscheiden (nur nach Maßgabe von § 321). Nur eine Berichtigung offenbarer Unrichtigkeiten ist nach Maßgabe von § 319 zulässig. Damit darf aber kein Mißbrauch getrieben werden. Aufgehoben und geändert wird das Urteil grundsätzlich im Rechtsmittelverfahren. Daran kann auch durch Vereinbarung der Parteien nichts geändert werden (Baumgärtel MDR 69, 173; StJSchL Anm II; ThP Anm 2c; str; aA Schlosser, Einverständliches Parteihandeln im Zivilprozeß, 1968, S 16 ff).

2) Abweichungsverbot. Die in einem Teilurteil, Vorbehaltsurteil oder in einem Zwischenurteil (auch bei Erlaß vor Entscheidungsreife eines Zwischenstreits, vgl AG Medebach JMBlNRW 65, 235) enthaltene Entscheidung ist für das Gericht im weiteren maßgebend, dh es muß den Inhalt der Entscheidung zu Grunde legen, ohne Rücksicht darauf, ob es seine frühere Entscheidung für richtig oder falsch hält. Das Gericht darf neues Parteivorbringen zu den entschiedenen Streitpunkten nicht mehr zulassen. Die Bindung besteht wohl auch dann, wenn nach Erlaß eine Gesetzesänderung mit rückwirkender Kraft ergeht. Diese Bindungswirkung ist kein Ausfluß der materiellen Rechtskraft, die nur nach formeller Rechtskraft (Unanfechtbarkeit mit ordentlichen Rechtsmitteln) eintritt und zu der (echte) Zwischenurteile ja nicht fähig sind (BAG MDR 84, 83), sondern sie ist eine innerprozessuale Feststellungswirkung besonderer Art (vgl § 303 Rn 10; § 304 Rn 20; zur Abgrenzung s Werner aaO S 31 ff). Inhaltlich entspricht sie jedoch der materiellen Rechtskraftwirkung (vgl zur Unterscheidung auch Rn 6 vor § 322 und Jauernig MDR 82, 286). Gegenstand der Bindung ist lediglich der aus Urteilsformel und -gründen zu ersehende Ausspruch des Gerichts zu den konkret entschiedenen Streitpunkten analog § 322, nicht jedoch die rechtliche Begründung oder die tatsächlichen Feststellungen im Urteil. Voraussetzung für den Eintritt des Abweichungsverbots ist, daß das Urteil prozessual statthaft war, zB bindet ein nach § 303 nicht zulässiges Zwischenurteil das Gericht nicht (BGH 8, 383: Zwischenurteil über Sachbefugnis; vgl auch § 304 Rn 22). Hat ein Berufungsgericht über die Berufung gegen ein Zwischenurteil (§ 303) trotz Unzulässigkeit des Rechtsmittels entschieden, so ist das Berufungsgericht an seine unzulässige Sachentscheidung nicht gebunden (BGH 3, 244). Keine Bindung an die in den Gründen eines Teilurteils geäußerte Ansicht zur Begründung eines im Hinblick auf Gegenforderungen nicht zuerkannten Teilanspruchs (BGH NJW 67, 1231). Nach BGH JZ 70, 226 (abl Grunsky in Anm) bindet die auf eine Stufenklage (§ 254) zunächst zur Rechnungslegung oder Auskunftserteilung verurteilende Entscheidung das Gericht nicht bezüglich des Rechtsgrundes des Hauptanspruchs. Die nachträgliche Aufteilung der im Urteil angeordneten Sicherheitsleistung auf die einzelnen Ansprüche ist, außer unter den Voraussetzungen des § 319, nicht zulässig (Frankfurt OLGZ 70, 172). 11

3) Zeitliche und objektive Grenzen der Bindung. Voraussetzung für den **Eintritt der Bindungswirkung** ist der wirksame Erlaß der Entscheidung (vgl dazu Rn 11). Zeitlich tritt die Bindungswirkung nach § 318 bei **Urteilen** mit dem Erlaß, also mit Verkündung bzw Zustellung gem § 310 III, bei **Beschlüssen** mit Existentwerden (s ie § 329 Rn 8) ein. Bei einem Grundurteil (§ 304) erstreckt sich die Bindungswirkung nur auf den (ursprünglichen) Umfang des Anspruchs, wie er zur Zeit der letzten mündlichen Verhandlung im Grundverfahren anhängig war, nicht aber auch auf den einer späteren Klageerweiterung (BGH NJW 85, 496 = MDR 84, 649; § 304 Rn 20). 12

III) Begriff des Gerichts. Weitere Fälle von Bindungswirkung

1) Gericht im Sinne von § 318 ist der Spruchkörper der Instanz, in der das Urteil erging. Ein Wechsel in der Richterbesetzung ist bedeutungslos. Das Kollegialgericht ist auch an die Urteile seines Einzelrichters gebunden, die Berufungskammer (im Rahmen von Rn 9) an die Beschlüsse der Beschwerdekammer desselben Gerichts (BAG 42, 295 [300] = MDR 84, 83 = AP Nr 4 zu § 5 KSchG 1969). 13

2) Bindung im Instanzenzug. a) Die Bindung an Urteile der **Rechtsmittelgerichte,** die ein Urteil der Vorinstanz aufheben und die Sache zurückverweisen, ist in § 565 II besonders geregelt. § 565 II enthält einen allgemeinen Rechtsgedanken, der auch auf das Verhältnis zwischen Berufungsgericht und Gericht erster Instanz anzuwenden ist. Aus dem Instanzenaufbau folgt allgemein, daß die untere Instanz an die in derselben Sache ergangene Entscheidung der höheren im Sinne des Abänderungsverbots gebunden ist (Werner aaO S 24). Eine Bindung des unteren Gerichts besteht allerdings dann nicht, wenn sich in der Tatsacheninstanz ein **neuer Sachverhalt** ergibt, für den die bisherige rechtliche Beurteilung nicht zutrifft (BGH NJW 85, 2030 mN = MDR 85, 747 = FamRZ 85, 691; vgl ie § 565 Rn 4–6). An die eigene Entscheidung bleibt das untere Gericht gemäß § 318 auch nach Zurückverweisung insoweit gebunden, als diese vom Rechtsmittelgericht nicht aufgehoben wurde (RG 35, 40). **b)** Eine Bindung des Rechtsmittelgerichts an die Entscheidung des **unteren Gerichts** gemäß § 318 besteht nicht, da ja das Rechtsmittelgericht zu deren Überprüfung berufen ist. Eine Beschränkung der Prüfungbefugnis des 14

Rechtsmittelgerichts gemäß den §§ 512, 548 ist nicht Ausfluß der innerprozessualen Bindung gemäß § 318. Auch ist das Rechtsmittelgericht an die Entscheidung des unteren Gerichts insoweit gebunden, als diese nicht angefochten wurde. Doch ist dies eine Auswirkung der beschränkten Prüfungsbefugnis und von der Frage der Bindung nach § 318 systematisch zu trennen. Wird gegen ein Urteil der unteren Instanz, die nach Zurückweisung durch das Rechtsmittelgericht erneut in der Sache entschieden hat, wieder Berufung oder Revision eingelegt, so ist das Berufungs- bzw das Revisionsgericht an die in seiner ersten Rechtsmittelentscheidung enthaltene Rechtsauffassung gebunden. Diese Bindung beruht nach richtiger Ansicht nicht auf § 318 (so aber RG 149, 157 [163]), sondern auf dem Gedanken des Vertrauensschutzes, der eine notwendige Ergänzung von § 565 II ist (vgl Blomeyer § 102 II). **c)** Das Revisionsgericht ist (entgegen früherer Rechtsprechung) gem § 546 I 3 nF auch an eine offensichtlich fehlerhafte **Revisionszulassung** gebunden (vgl BGH NJW 86, 376).

319 *[Berichtigung des Urteils]*

(1) Schreibfehler, Rechnungsfehler und ähnliche offenbare Unrichtigkeiten, die in dem Urteil vorkommen, sind jederzeit von dem Gericht auch von Amts wegen zu berichtigen.

(2) Über die Berichtigung kann ohne mündliche Verhandlung entschieden werden. Der Beschluß, der eine Berichtigung ausspricht, wird auf dem Urteil und auf den Ausfertigungen vermerkt.

(3) Gegen den Beschluß, durch den der Antrag auf Berichtigung zurückgewiesen wird, findet kein Rechtsmittel, gegen den Beschluß, der eine Berichtigung ausspricht, findet sofortige Beschwerde statt.

Lit: *Baumgärtel,* Kriterien zur Abgrenzung von Parteiberichtigung und Parteiwechsel, FS Schnorr von Carolsfeld 1973, S 31 = JurBüro 73, 169; *Braun,* Verletzung des Rechts auf Gehör und Urteilskorrektur, NJW 81, 425; *E. Schneider,* Der Beginn der Rechtsmittelfrist bei Urteilsberichtigung, MDR 86, 377.

I) Allgemeines

1 1) **Bedeutung.** Die §§ 319 ff stellen eine Ausnahme vom Grundsatz der innerprozessualen Bindung des Gerichts an seine Entscheidungen (§ 318) dar. Eine solche Bindung ist nämlich nur dann sinnvoll, wenn der in der Entscheidung enthaltene Ausspruch mit dem Gewollten übereinstimmt. §§ 319 ff bieten dem Instanzgericht eine Möglichkeit, Unrichtigkeiten zu beseitigen.

2 2) **Abgrenzung.** Zu unterscheiden ist zwischen offenbaren und sonstigen Unrichtigkeiten. Für offenbare gilt § 319, für sonstige Unrichtigkeiten **§ 320.** Im Rahmen des § 319 kann das gesamte Urteil in allen seinen Bestandteilen berichtigt, nach § 320 jedoch nur der Urteilstatbestand ergänzt werden. Unter den Voraussetzungen des § 319 kann theoretisch der Tenor selbst in sein Gegenteil verkehrt werden (Braun NJW 81, 427 mwNachw; vgl aber BGH BB 76, 1643). Kann die Unrichtigkeit der Entscheidung mangels Vorliegen der Voraussetzungen nach Rn 4 ff nicht gem § 319 berichtigt werden, kann gegenüber der Geltendmachung der Entscheidung uU § 8 GKG oder § 826 BGB (vgl Rn 72 ff vor § 322) in Frage kommen (zutr E. Schneider MDR 80, 763). **§ 321** kommt zur Anwendung, wenn ein geltend gemachter Anspruch völlig übergangen wurde, dh überhaupt nicht Gegenstand der Entscheidung war; ergibt sich dagegen eindeutig aus den Urteils*gründen*, daß eine Entscheidung über den Anspruch gewollt war, wurde aber der Urteilsausspruch (insoweit) in der *Formel* unterlassen, kommt nur eine Berichtigung gem § 319 in Frage (Stuttgart FamRZ 84, 403 mwN; vgl auch Rn 15). Soweit der „Entscheidungsmangel" im Wege des § 319 behebbar ist, fehlt *anderen Rechtsbehelfen* grundsätzlich das Rechtsschutzbedürfnis (Zweibrücken FamRZ 85, 614; einschr Furtner, Das Urteil im Zivilprozeß, 5. Aufl, S 465).

3 3) **Anwendungsbereich:** Urteile **(Abs I)** und Beschlüsse (vgl § 329 Rn 39); Bsp: Verweisungsbeschluß (BVerfG 29, 50). § 319 gilt auch im ZVG-Verfahren (Hamm Rpfleger 76, 146: Zuschlagsbeschluß), ferner im FG-Verfahren (LG Frankfurt MDR 69, 580: Berichtigung eines Testamentsvollstreckerzeugnisses); nach Düsseldorf, OLGZ 70, 126, ist hier aber auch eine die Berichtigung ablehnende Entscheidung anfechtbar, § 319 III also nicht entspr anwendbar. **Unanwendbar** ist § 319 auf Prozeßvergleiche; hier kommt allenfalls eine Protokollberichtigung nach § 164 in Betracht (Frankfurt MDR 86, 153); zur Frage der entspr Anwendung von § 319 III bei Protokollberichtigung vgl § 164 Rn 12.

II) Voraussetzungen der Berichtigung

4 1) **Unrichtigkeit des Urteils.** Darunter fallen alle unrichtigen und unvollständigen Verlautba-

rungen des vom Gericht Gewollten im Urteil. Die Erklärung des richterlichen Willens hinsichtlich der Entscheidung muß von der bei der Urteilsfällung vorhandenen Willensbildung abweichen. Es handelt sich nur um Fälle der Unstimmigkeit zwischen Willen und Erklärung des Gerichts. Mit Hilfe einer Urteilsberichtigung kann also nicht das vom Gericht bei der Urteilsfällung Gewollte geändert werden. Eine falsche Willensbildung des Gerichts kann nicht nach § 319 korrigiert werden (BGH NJW 85, 742 = MDR 84, 824). Eine fehlerhafte Willensbildung, also **falsche oder unterlassene Subsumtionstätigkeit** (falsche Gesetzesanwendung durch falsche Gesetzesauslegung oder durch Übersehen gesetzlicher Bestimmungen) kann nicht nach § 319 korrigiert werden. Darin läge ein Verstoß gegen § 318 (BGH NJW 85, 742) und – soweit das Urteil bereits rechtskräftig ist – eine verbotene Durchbrechung der Rechtskraft (vgl Hamm MDR 70, 1018; Düsseldorf NJW 73, 1132 = MDR 73, 505; eingehend Pruskowski NJW 79, 931 mwNachw; Braun NJW 81, 427). In der Praxis macht die Unterscheidung zwischen falscher Willenserklärung (die berichtigungsfähig ist) und falscher Willensbildung (die nicht berichtigt werden kann) oft Schwierigkeiten (krit zur Unterscheidung LAG München MDR 85, 170 = LAG-E § 319 Nr 1). Die Rechtsprechung tendiert, um nachträgliche Angriffspunkte zu beseitigen, dazu, auch Fälle der offensichtlich falschen Willensbildung in § 319 miteinzubeziehen (vgl zB LG Stade NJW 79, 168 – „Berichtigung" bei Entscheidung über ein nicht eingelegtes Rechtsmittel – mit abl Anm von Pruskowski S 931, zust Waldner, Aktuelle Probleme des rechtlichen Gehörs im Zivilprozeß, 1983, S 294). Auch bei offensichtlichen Verfahrensmängeln – versehentliche Nichtberücksichtigung eines Schriftsatzes – scheidet eine Berichtigung gem § 319 idR aus (Braun NJW 81, 427). **Fallgruppen** von berichtigungsfähigen Fehlern: Rn 8 ff. **Fehlende Bindungswirkung** bei fehlerhafter Berichtigung: Rn 28, bes bei berichtigungsweiser Revisionszulassung: Rn 16.

2) Offenbare Unrichtigkeit. a) Anforderungen an die „Evidenz" des Fehlers. Die Unrichtigkeit ist dann offenbar, wenn sie sich für den Außenstehenden aus dem Zusammenhang des Urteils oder auf Vorgängen bei Erlaß und Verkündung ohne weiteres ergibt (BGH 20, 192; 78, 22; BFH DB 84, 2602). Gleichzeitig mitverkündete Parallelentscheidungen können dabei mit berücksichtigt werden (BGH 78, 23), desgleichen andere außerhalb des Urteils liegende „offenbare" Umstände, wie zB Tabellen (BFH DB 84, 2602), öffentliche Register (LAG München MDR 85, 170) usw. Im allgemeinen genügt für die Offenkundigkeit nicht, daß der Fehler „für einen Rechtskundigen" erkennbar war (Runge BB 77, 472 gegen Düsseldorf). Unrichtigkeiten im Rubrum des Urteils (falsche Bezeichnung der Richter, Parteien, Prozeßbevollmächtigten usw) sind bereits dann offenbar, wenn sie dies für die beteiligten Richter sind (Anm Fischer LM Nr 3 zu BGH 18, 350). Für die Offenkundigkeit eines Rechenfehlers kommt es auf dessen sofortige Erkennbarkeit nicht an; auch die Notwendigkeit der Überprüfung umfangreichen Rechenwerks steht der Berichtigung nicht entgegen, wenn nur kein Zweifel besteht, daß das Gericht, hätte es den Fehler rechtzeitig bemerkt, einen bestimmten anderen Betrag zu- oder aberkannt hätte (Hamburg MDR 78, 583; vgl auch Schleswig SchlHA 71, 40). Unerheblich ist auch, wer die offenbare Unrichtigkeit verursacht hat (Parteiversehen oder Versehen des Gerichts, vgl LAG München MDR 85, 170 = LAG-E Nr 1). 5

Wann eine Unrichtigkeit offenkundig ist, wird in der Rechtsprechung allerdings nicht stets einheitlich beantwortet; vgl zB BGH 18, 350 (dazu Paulus ZZP 71, 205) = LM Nr 3 mit Anm Fischer: Dort wurde die Unrichtigkeit bereits als offenkundige bewertet, wenn sie nur für die beteiligten Richter erkennbar war; ein in Wahrheit nicht miturteilender Richter hatte nach der unrichtigen Feststellung in der Entscheidung mitgewirkt. Hat das Berufungsgericht versehentlich eine Klage abgewiesen, obwohl es die Berufung gegen das der Klage stattgebende Urteil zurückweisen wollte, so kann es nach BAG AP Nr 45 zu § 616 BGB jedenfalls dann die Urteilsformel berichtigen, wenn es die Revision gegen sein Urteil zugelassen hatte. 6

b) Fehlende Evidenz der Unrichtigkeit. Keine *offenbare* Unrichtigkeit ist ein gerichtsintern gebliebenes Versehen, das nicht ohne Beweiserhebung überprüft werden kann (BGH NJW 85, 742). Ist eine offenbare Unrichtigkeit nicht aus dem Urteil selbst oder aus den Vorgängen bei seiner Verkündung (Rn 5) erkennbar, **bindet** ein gleichwohl erfolgter Berichtigungsbeschluß das Rechtsmittelgericht **nicht** (BGH 20, 190 [193] BAG NJW 69, 1871 und AP Nr 17; R-Schwab § 60 I 3a mNachw Fn 15; näher hierzu Rn 28). 7

3) Fallgruppen berichtigungsfähiger Fehler. **Schreibfehler:** In die Urteilsformel wurde versehentlich eine falsche Grundbuchnummer des streitigen Grundstücks aufgenommen; gilt auch bei versehentlicher Falschangabe (*falsa demonstratio*) durch den Kläger (KG JW 36, 1479); anders aber, wenn ein unrichtiges Grundstück bezeichnet worden war (Identitätsirrtum); ist in einem solchen Fall eine Verurteilung zur Duldung der Zwangsvollstreckung erfolgt, ist nur eine neue Klage unter Bezeichnung des richtigen Grundstücks möglich (RG JW 02, 588). 8

9 Möglich ist die Berichtigung der Urteilssumme und des Kostenausspruchs, wenn die Unrichtigkeiten auf einem **Rechenfehler** beruhen (vgl auch unten „Tenorierungsfehler").

10 Auch **Auslassungen** und **Unvollständigkeiten** können unter § 319 fallen, wenn sie versehentlich sind und dies sich aus dem Gesamtzusammenhang zwischen Urteilsformel und -gründen ersehen läßt (Beispiel bei Hamm MDR 75, 764). Ergeben die Entscheidungsgründe, daß das Gericht über einen Anspruch entschieden hat, ist jedoch diese Entscheidung in der Formel des Urteils nicht zum Ausdruck gekommen (zB Abweisung einer Widerklage in den Gründen), so kann die Formel berichtigt werden (BGH NJW 64, 1858). Ebenso kann nach Bremen VersR 73, 226 das Berufungsgericht, wenn das LG die Klage nur zu einem Bruchteil dem Grunde nach für gerechtfertigt erklärt hat, die im übrigen gebotene Abweisung der Klage nachholen.

11 **Widersprüche zwischen Formel und Gründen:** Das Urteil ist richtig verkündet, aber versehentlich anders abgefaßt worden (vgl auch unten „Tenorierungsfehler"). Hierher gehören auch **Verwechslungen** von einzelnen Positionen, wenn sich die Klage aus einer Vielzahl von Positionen zusammensetzt (sog Punktesache). Bsp: Das Gericht, das wegen der verjährten Forderungen klageabweisendes Teilurteil erlassen will, verwechselt die verjährten und nicht verjährten Forderungen (vgl BGH NJW 85, 742).

12 **Ungenauigkeiten und Inkorrektheiten** im Ausdruck und in der Fassung. Bsp: Die irrtümliche Verwendung des Ausdrucks „Offenbarungseid" statt „eidesstattliche Versicherung" (§ 807; Köln MDR 71, 56). Eine Berichtigung ist auch möglich, wenn das Urteil zunächst auf Zahlung eines Betrages nebst Zinsen „jeweils vom Fälligkeitstag ab" lautet und hernach durch Bezeichnung der Fälligkeitstage nach dem Kalender vervollständigt wird (RAG 24, 98).

13 **Unterschriftsfehler:** Das Urteil eines Kollegialgerichts ist von einem Richter irrtümlich mitunterzeichnet worden, der bei der Beratung und Beschlußfassung nicht mitgewirkt hat. Der Mangel kann dadurch beseitigt werden, daß die Unterschrift des Richters gestrichen und die unrichtige Angabe über die Mitwirkung des Richters durch Berichtigungsbeschluß richtiggestellt wird (BGHZ 18, 350 = NJW 55, 1919). Ein unvollständiger Schriftzug kann jederzeit in eine ordnungsgemäße Unterschrift berichtigt werden (Frankfurt NJW 83, 2395 [2396]).

14 **Rubrumsfehler, insbesondere unrichtige Parteibezeichnung.** Die Richter, Parteien, ihre gesetzlichen Vertreter oder die Prozeßbevollmächtigten sind nicht oder unrichtig bezeichnet, oder die richtige Bezeichnung der Partei hat sich im Laufe des Prozesses geändert (vgl Raeschke-Keßler NJW 81, 665). – Im Urteil ist als Partei die Firma eines Einzelkaufmanns aufgeführt, obwohl sie während des Prozesses gelöscht worden war; an die Stelle der Firma kann der Name des Kaufmanns gesetzt werden (OLG 23, 172). Die beklagte Firma ist als oHG bezeichnet; ihr Inhaber ist ein Einzelkaufmann (RG 99, 270). – Es genügt, daß eine Partei bereits in der Klage unrichtig bezeichnet war und sich die Unrichtigkeit (erst) aus dem Handelsregister ergibt (LAG München MDR 85, 170 = LAG-E Nr 1). Eine Berichtigung ist möglich, wenn feststeht oder erkennbar ist, wer als Partei gemeint war (ArbG Frankfurt MDR 74, 77; München OLGZ 81, 90). Voraussetzung ist nur, daß die Identität der Partei feststeht und durch die Berichtigung gewahrt bleibt (LAG München MDR 85, 17 = LAG-E Nr 1; zur Frage der Berichtigung eines Urteils bei einer nicht eingetragenen Firma s Düsseldorf MDR 57, 749; Koblenz WRP 80, 576). Eine Berichtigung ist **nicht** möglich, wenn eine einstweilige Verfügung gegen (50) „nicht bekannte Personen" erlassen ist und der Antragsteller dann Namen von (12) Personen nennt, die Antragsgegner seien (Düsseldorf OLGZ 83, 351). Ein Mahn- und Vollstreckungsbescheid war gegen die Firma Gebrüder E. erlassen. Die **unrichtige Bezeichnung** der Schuldnerseite war darauf zurückzuführen, daß die wahren Schuldner sich im Handel einer ihnen nicht zustehenden Firmenbezeichnung bedient hatten. Waren bei Erlaß des Mahn- und Vollstreckungsbescheids die Brüder P. und J. E. Inhaber der Firma und ist dies nachgewiesen, kann eine Berichtigung gemäß § 319 erfolgen; eine angebliche Verjährung der Klageforderung steht nicht entgegen, wenn der Vollstreckungsbescheid zugestellt war (§ 218 BGB). Eine Berichtigung des Rubrums ist nach Hamm WPM 75, 46 bei einer Klage gegen eine in Gründung befindliche GmbH u Co KG möglich; ebenso nach Düsseldorf VersR 77, 260, wenn eine Handelsgesellschaft ihre Rechtsform und damit ihren Firmennamen geändert hat und die neue Firma sich auf den gegen die nicht mehr existente Firma gerichteten Prozeß eingelassen hat. Allerdings ist es nicht Sinn des § 319, das Rubrum jeweils auf den neuesten Stand zu bringen (s LG Berlin Rpfleger 73, 31). Eine Berichtigung des Klagerubrums ist jedoch **nicht** möglich, wenn als Klagepartei eine KG aufgetreten ist, die bereits im Zeitpunkt der Rechtshängigkeit nicht mehr bestand; eine Ersetzung durch die Angabe der BGB-Gesellschaft (nicht parteifähig: § 50 Rn 26) oder der einzelnen Gesellschafter (dann Parteiwechsel: § 263 Rn 9) scheidet im Rahmen des § 319 aus (Nürnberg JurBüro 80, 144; ähnliche Bsp Rn 28). Zur Zulässigkeit, die Parteibezeichnung im Schuldtitel zu berichtigen, vgl auch BGH WarnR 1969, 363, zur Abgrenzung zum Parteiwechsel München OLGZ 81, 89 und Rn 6 ff vor § 50.

Tenorierungsfehler: Sie ergeben sich idR aus einem Vergleich zwischen Tenor und Entscheidungsgründen, Sitzungsprotokoll uä. Bsp: Im Urteilstenor fehlt ein Anspruch, über den das Gericht nach den Gründen erkannt hat, BGH NJW 64, 1858; Stuttgart FamRZ 84, 403 mN; aA BAG NJW 59, 1942, wonach nur eine Berichtigung nach § 321 zulässig sein soll. Das Bedenken des BAG, bei Anwendung des § 319 würde der Umfang der Rechtskraft des Urteils unklar bleiben, weil sich die Entscheidung zunächst nur aus den Gründen ergibt, ist nicht stichhaltig. Denn die Entscheidungsgründe müssen auch sonst oft, bei Klageabweisung stets, herangezogen werden, um den Umfang der Rechtskraft festzustellen. – Weitere Beispiele: Bei Klägermehrheit Abweisung der Klage des einen anstelle des – wie richtig – anderen Klägers (Rn 16, 25 mN); bei Beklagtenmehrheit Verurteilung des einen anstelle des – wie richtig – anderen (Rn 25); Irrtum über die Höhe des aberkannten Betrags: Klageabweisung in Höhe von rd 10000 DM anstatt von – wie richtig – 20000 DM (BGH 89, 184 [188] = NJW 84, 1041 = MDR 84, 387 = LM Nr 11). Dem obsiegenden Kläger sind nach der Urteilsformel die Kosten auferlegt, während sie nach den Gründen als selbstverständlich der Beklagte zu tragen hat. Die Kostenentscheidung kann nach Hamm VersR 76, 95 (L) = MDR 75, 764 auch berichtigt werden, wenn die Kostenquoten offenbar nach Maßgabe des beiderseitigen Unterliegens bemessen werden sollten, das Gericht aber einen dem Beklagten gutzubringenden Schadensersatzposten in der Beratung und im Tenor des Urteils vergessen hat. Ein berichtigungsfähiger **Quotierungsfehler** liegt auch vor, wenn das Gericht bei der Bildung der Kostenquote eine falsche Bezugsgröße (Streitwert) zugrundegelegt hat (Hamm MDR 86, 594). – In einem Versäumnisurteil ist über die Kosten nicht entschieden (DRpfl 36 Nr 469); das Gericht hat nur über einen Teil der außergerichtlichen Kosten eines von mehreren Beklagten im Tenor entschieden, nicht aber über den verbleibenden Teil (Hamburg JurBüro 85, 1560). – Keine Unrichtigkeit, wenn das Gericht übersehen hat, dem siegreichen Kläger die Kosten nach § 281 III S 2 aufzuerlegen (Hamm MDR 70, 1081); wenn es versehentlich eine zurückgenommene Widerklage bei der Kostenentscheidung nicht berücksichtigt (E. Schneider gegen Köln MDR 80, 762); wenn es versehentlich über ein nicht eingelegtes Rechtsmittel eines Streitgenossen erster Instanz entschieden hat (Pruskowski gegen LG Stade NJW 79, 168, 931). Ebenso ist eine Berichtigung iS einer Ergänzung des Kostenausspruchs nach § 319 unzulässig, wenn in Literatur und Rspr str ist, ob eine Entscheidung eine entsprechende besondere Kostenentscheidung enthalten darf, sofern nicht weitere Anhaltspunkte für eine offenbare Unrichtigkeit vorliegen (Celle JurBüro 76, 1254). 15

Unterbliebene oder fehlerhafte Revisionszulassung: War die Zulassung der Revision beschlossen, aber versehentlich nicht ins Urteil aufgenommen worden, kann dieses gem § 319 berichtigt werden, wenn der Wille des Gerichts, die Revision zuzulassen, schon bei Urteilserlaß in Erscheinung getreten ist (BGH 20, 188; 78, 22 = NJW 80, 2813 = MDR 81, 41; StJSchL Anm I 5; ThP § 546 Anm 5a, str); das kann etwa der Fall sein bei Revisionszulassung in zusammenhängender, gleichzeitig entschiedener Parallelsache (BGH 78, 23). Berichtigungsfähig ist auch eine bei der Revisionszulassung unterlaufene Parteiverwechslung (Revisionszulassung für den Beklagten anstatt den Kläger und umgekehrt, vgl BGH 89, 187 f = NJW 84, 1041 = MDR 84, 387). Zur Bindungswirkung der fehlerhaften Rechtsmittelzulassung vgl § 546 I 3 und dazu § 318 Rn 14, § 321 Rn 5, § 546 Rn 56. Irrige Nichtzulassung eines Rechtsmittels kann nicht im Wege nachträglicher Berichtigung korrigiert werden (BL § 546 Anm 2 C b; vgl auch hier § 321 Rn 5; § 546 Rn 54). Die Problematik – Hauptfall: Nichtzulassung der Revision durch das OLG bei nichterkannter Familiensache – ist jetzt wesentlich entschärft, da (seit 1. 4. 1986) das Revisionsgericht gem § 549 II nF nicht mehr prüfen darf, ob eine Familiensache vorliegt, mithin nach § 554b verfahren muß (hierzu Jaeger FamRZ 85, 865 [868] mN der bisherigen Rspr). 16

Nach Frankfurt NJW 70, 436 soll ein durch **nachträgliche Streitwerterhöhung** einer Partei entstehender Kostennachteil dadurch beseitigt werden, daß das erstinstanzliche Gericht die rechtskräftig gewordene Kostenentscheidung gemäß § 319 berichtigt; zustimmend Speckmann NJW 72, 232 [235]; zurecht ablehnend Schneider NJW 69, 1237; vgl auch KG NJW 75, 2107; Bamberg NJW 70, 1610. 17

Die Aufteilung einer im Urteil angeordneten **Sicherheitsleistung** auf die einzelnen Ansprüche kann uU im Weg der Berichtigung vorgenommen werden (Frankfurt Rpfleger 69, 395). 18

Nachträgliches Parteivorbringen rechtfertigt keine Berichtigung (zB falsch angegebenes Eheschließungsdatum), Celle JurBüro 67, 839; doch soll auch eine unrichtige Wiedergabe des Parteivorbringens im Zusammenhang der Auseinandersetzung des Gerichts hiermit in den Entscheidungsgründen einen berichtigungsfähigen Fehler darstellen (zustimmend Schuhmacher NJW 69, 967 zu EuGH). 19

III) Gegenstand der Berichtigung

§ 319 ermöglicht die Berichtigung eines jeden Urteilsbestandteils; er ist auch anwendbar bei 20

Beschlüssen, zB Kostenfestsetzungsbeschlüssen, Mahn- und Vollstreckungsbescheiden und Schiedssprüchen durch die Schiedsrichter (OLG 41, 271). Setzt aber der Rechtspfleger die Kosten irrtümlich abweichend von dem im Erkenntnisverfahren ergangenen grundsätzlichen Kostenausspruch fest, so ist die Heilung eines Mangels im Wege der Berichtigung ausgeschlossen; der Kostenfestsetzungsbeschluß kann vielmehr lediglich mit dem zulässigen Rechtsmittel angegriffen werden (Düsseldorf JMBlNRW 56, 137). Ein unterschriebenes Protokoll kann nur vom Vorsitzenden und Protokollführer gemeinsam berichtigt werden (OLG 29, 108; zur Protokollberichtigung vgl auch Vollkommer Rpfleger 73, 271 und 76, 259 sowie § 164 mit Anm). Fehler einer Ausfertigung sind von dem Urkundsbeamten, der die Ausfertigung erteilt hat, zu berichtigen (OLG 17, 155). Wo § 319 versagt, greift evtl § 321 ein; sonst ist Klage auf Feststellung des Urteilsinhalts, wenn dieses nicht vollstreckt werden kann, gegeben, weil im Urteilssatz der Streitgegenstand ungenau bezeichnet ist (BGH Betrieb 72, 2302).

IV) Verfahren (Abs II)

21 1) Die **Einleitung** des Berichtigungsverfahrens geschieht von Amts wegen oder auf Antrag. Es besteht Anwaltszwang gemäß § 78 (Furtner S 465). Die Berichtigung ist „jederzeit zulässig", also auch nach Einlegung eines Rechtsmittels oder nach Eintritt der Rechtskraft (RG DR 43, 249; BGHZ 18, 350 [356], München OLGZ 83, 368 [369]), allerdings kann der Anspruch auf Berichtigung verwirkt werden (München OLGZ 83, 368 [369]). Die Rechtsmittelfrist wird durch die Berichtigung nicht gehemmt; die Frist beginnt mit der Zustellung des unberichtigten Urteils auch dann, wenn die Berichtigung eine andere Urteilsformel zur Folge hat. Geht jedoch erst aus der Berichtigung des Urteilstenors hervor, daß eine Partei durch das ergangene Urteil beschwert ist, so beginnt der Lauf der Rechtsmittelfrist für diese Partei erst mit der Zustellung des Berichtigungsbeschlusses (BGHZ 17, 149). **Bei Ergänzung des Urteils** s § 321 und dort Rn 10. Statt eines Berichtigungsantrags ist auch Rechtsmitteleinlegung möglich, wenn die sonstigen Voraussetzungen vorliegen (RG 110, 429). Allerdings hat nach § 97 I der Rechtsmittelführer die Kosten zu tragen, wenn in der Zwischenzeit eine Berichtigung nach § 319 erfolgt. Die nach Anbringung eines Rechtsmittels vorgenommene Protokollberichtigung ist wirksam, wenn sie den durch das Rechtsmittel gerügten Mangel beseitigt (OHG 1, 286; Vollkommer Rpfleger 76, 259 mwN). Der Beschluß nach § 319 fällt unter § 249 III (ThP § 249 Anm 4 vor a).

22 2) **Zuständig** zur Berichtigung ist das Gericht, welches das Urteil (der Rechtspfleger, der den Kostenfestsetzungsbeschluß) erlassen hat. Die Mitwirkung desselben Richters ist nicht erforderlich (BGH 78, 23 = NJW 80, 2814 = MDR 81, 41; NJW 85, 742). Nach Verweisung des Rechtsstreits kann die Berichtigung noch durch das Gericht erfolgen, das das Urteil gefällt hat (Stuttgart MDR 60, 930). Das Kollegium darf das Urteil des Einzelrichters nicht berichtigen und umgekehrt. Solange der Rechtsstreit in der Rechtsmittelinstanz schwebt, ist auch das Rechtsmittelgericht zur Berichtigung zuständig (BGH NJW 64, 1858).

23 3) Die **Entscheidung** ergeht auf Grund freigestellter mündlicher Verhandlung stets durch Beschluß (**II 2**; zur Formverfehlung vgl Rn 28). Der Berichtigungsbeschluß ist auf das Urteil zu setzen oder mit ihm zu verbinden. Zweckmäßig ist die Rückforderung der erteilten Ausfertigung, um auf sie die Ausfertigung des Beschlusses setzen zu können. Erzwungen kann die Rückgabe nicht werden. Dann erfolgt die Zustellung des Berichtigungsbeschlusses von Amts wegen an beide Parteien. Die Berichtigung obliegt gemäß §§ 319 ZPO, 46 II und 53 I S 1 ArbGG dem Vorsitzenden des Arbeitsgerichts (LAG Hamm MDR 69, 170).

24 4) Die **Kosten** des Berichtigungsbeschlusses sind Kosten des Rechtsstreits, s Anm zu § 91.

V) Wirkung der Berichtigung

25 Die Berichtigung wirkt auf den Zeitpunkt der Urteilsverkündung zurück; von nun an ist ausschließlich das Urteil in der Fassung des Berichtigungsbeschlusses maßgebend (BGH 89, 186 = NJW 84, 1041 = MDR 84, 387 = LM Nr 11). Die Zustellung des Berichtigungsbeschlusses setzt grundsätzlich keine neue Rechtsmittelfrist in Lauf; maßgeblich ist vielmehr die Zustellung der (unberichtigten) Urteilsfassung (BGH 89, 186 mwN = aaO mit zust Anm Hagen LM Nr 11; NJW 86, 936; krit zur Rspr E. Schneider MDR 86, 377, 379: § 517 entspr). Dies gilt auch dann, wenn nicht die Urteilsurschrift, sondern die den Parteien erteilte Ausfertigung zu berichtigen ist (BGH 67, 284 = NJW 77, 297). *Ausnahmsweise* ist jedoch die Zustellung des Berichtigungsbeschlusses für die Rechtsmittelfrist maßgebend, wenn nach der unberichtigten Urteilsfassung ein Rechtsmittel für die Partei nicht zulässig war (BGH 89, 188 = aaO). In Frage kommen namentlich folgende **Fälle: (1)** Erst aus der berichtigten Fassung des Urteils geht hervor, welche Partei beschwert ist – Fall der Parteiverwechslung in Form der Klageabweisung bei einer Mehrheit von Klägern oder Beklagten (BGH 17, 149; 89, 187). **(2)** Bei einem nur bei Zulassung anfechtbaren Urteil unterläuft Parteiverwechslung bei der Entscheidung über die Rechtsmittelzulassung

(BGH 89, 187 f; VersR 81, 548; s auch Rn 16). **(3)** Den Fällen (1) und (2) steht die Fallgestaltung gleich, daß zugleich mit dem Urteil ein (später wieder aufgehobener) Berichtigungsbeschluß zugestellt wird, durch den der Verurteilungsbetrag (zugunsten des Beklagten) ermäßigt wird; mit der Zustellung des Aufhebungsbeschlusses beginnt dann für den Beklagten hinsichtlich der Zusatzbeschwer eine neue Rechtsmittelfrist zu laufen (BGH NJW 86, 935 = MDR 85, 835 = JZ 85, 907 = VersR 85, 838). **(4)** Ist dagegen im unberichtigten Urteil die Klage zu einem geringeren Teil abgewiesen worden als sie nach dem – aus den Entscheidungsgründen erkennbaren – Willen des Gerichts abgewiesen werden sollte (zB Abweisung in Höhe von 10000 DM statt – wie richtig – 20000 DM, vgl BGH 89, 184 [188]), bleibt es beim Grundsatz. Entsprechendes gilt für die Verurteilung des Beklagten zu einem niedrigeren als dem berichtigten Betrag.

Diese Rspr bedarf folgender **Klarstellung:** Unterliegt bereits das unberichtigte Urteil der Anfechtung, stellt aber erst die Berichtigung das volle Ausmaß des Unterliegens klar, so ist für die Anfechtung auf den Berichtigungsbeschluß abzustellen, wenn die Unrichtigkeit vorher für die Partei nicht offenkundig war. Grund: Gerade das *Ausmaß* des Unterliegens kann für den Rechtsmittelentschluß bestimmend sein; keine Partei darf aber durch Fehler des Gerichts in eine prozessual ungünstige Lage gebracht werden (RG 116, 15, stRspr, zuletzt BGH 90, 1 [3]; dazu allg Einl Rn 100). Zumindest ist aber in solchen Fällen anzunehmen, daß jedenfalls für die „Berichtigungsbeschwer" eine neue Rechtsmittelfrist in Gang gesetzt wird (zutr E. Schneider MDR 86, 378 f). Ab Erlaß des Berichtigungsbeschlusses kann die Zwangsvollsteckung nur nach Maßgabe der berichtigten Fassung des Urteils betrieben werden; sonst Erinnerung nach § 766. Das auf Grund der alten Titelfassung Beigetriebene kann gegebenenfalls nur durch eine neue Klage, nicht nach § 717 II zurückgefordert werden.

VI) Anfechtung (Abs III)

1) Gegen die **Berichtigung** ist die sofortige Beschwerde gegeben. Ausnahme: § 567 III (Entscheidung eines OLG); s aber Düsseldorf NJW 73, 1132 = MDR 73, 505: Danach ist die sofortige Beschwerde insoweit statthaft, als sie lediglich zur Prüfung der Frage nötigt, ob eine Unstimmigkeit zwischen Wille und Ausdruck oder ein Subsumtionsfehler vorliegt. Str ist, ob die Beschwerde zulässig ist, wenn die (berichtigte) Hauptsacheentscheidung selbst nicht anfechtbar ist, wenn zB das Landgericht als Berufungsgericht entschieden hat. Dies ist hier deshalb zu bejahen, weil die Nachprüfung des die Berichtigung ablehnenden Beschlusses nicht zu einer Sachprüfung führt und daher eine sachliche Divergenz zwischen dem unrichtigen (zu berichtigenden) Urteil und der Beschwerdeentscheidung des OLG nicht entstehen kann; Frankfurt MDR 84, 323 mN; Hamm MDR 86, 594; Hamburg JurBüro 85, 1560; Schneider MDR 68, 421; str; nach aA wird die Beschwerde als unzulässig angesehen, weil sie zu einer Sachprüfung führen müßte (vgl Hamm NJW-RR 86, 739 = MDR 86, 417); abzulehnen: dann wäre bereits die Berichtigung unzulässig und gerade zu beseitigen. Nach Rechtskraft des Berichtigungsbeschlusses ist dieser auch für die Berufungs- und Revisionsinstanz bindend (vgl dazu aber auch BAG NJW 69, 1871), das Rechtsmittelgericht darf deshalb nur das berichtigte Urteil ändern, nicht jedoch den Berichtigungsbeschluß als solchen (BGH NJW 85, 742 [743]). Die Beschwerdefrist beginnt mit der Zustellung des Beschlusses von Amts wegen, auch bei Verkündung des Beschlusses (vgl § 329 III). **26**

2) Gegen die **Abweisung** des Berichtigungsantrags ist grundsätzlich keine Beschwerde gegeben (vgl **III, HS 1**); ausnahmsweise die einfache Beschwerde, wenn der Ablehnungsbeschluß keine sachliche Entscheidung über den Antrag enthält, sondern die Berichtigung aus prozessualen Gründen, zB infolge Verkennung des Begriffs der „ähnlichen offenbaren Unrichtigkeit" iS des **I** ablehnt (LAG München 85, 170 mwN = LAG–E Nr. 1, hM), oder wenn der Zurückweisungsbeschluß von einem unzuständigen oder gesetzwidrig besetzten Gericht erlassen wurde (JW 26, 246). Die Beschwerde gegen eine Protokollberichtigung kann nicht gegen den Inhalt der Berichtigung, wohl aber darauf gestützt werden, daß die Berichtigung in rechtlich fehlerhafter Weise zustande gekommen sei (Celle MDR 61, 1021). Hatte das AG als 1. Instanz die Berichtigung vorgenommen und wurde vom LG als Beschwerdegericht der Antrag zurückgewiesen, läßt die Praxis weitere Beschwerde zu (Köln OLGZ 65, 50 mit Nachw, BL Anm 4; StJSchL Anm IV 2). **27**

3) Bei **Formverfehlung** (Berichtigung durch Urteil statt Beschluß) gilt **III, HS 2** gleichwohl (Hamm NJW-RR 86, 739 = MDR 86, 417). **28**

VII) Fehlerhafte Berichtigungsbeschlüsse

Sind die Voraussetzungen des § 319 und dessen Rechtsgedanke gewahrt, so sind andere Gerichte (insbesondere auch das Vollstreckungsgericht) **an den berichtigten Beschluß gebunden.** Soweit Berichtigungsbeschlüsse den entscheidenden Teil des Urteils bestimmen (Tenorierungsberichtigung), sind sie selbst der materiellen Rechtskraft fähig (BGH NJW 85, 742 [743]). **29**

Nur wenn durch die Berichtigung die Identität des Schuldners in Frage gestellt wird, besteht eine solche Bindung nicht (s hierzu auch MDR 57, 620 und LG Koblenz Rpfleger 72, 458). Auch dann, wenn ein Berichtigungsbeschluß erkennbar unter Nichtbeachtung der prozessualen Voraussetzungen des § 319 ergangen ist. soll das Vollstreckungsgericht an ihn nicht gebunden sein (LG Hamburg NJW 56, 1761, zweifelhaft). Berichtigungsbeschlüsse, die erkennbar keine gesetzliche Grundlage haben, haben trotz formeller Rechtskraft keine verbindliche Wirkung (BGH NJW 85, 742; vgl ie Rn 7). Grund: Fall von „wirkungsloser Entscheidung" (vgl Braun JuS 86, 366 mN; allg Rn 17 vor § 300). Bsp: Bindungswirkung fehlt, wenn die Unrichtigkeit nicht offenbar ist (BAG NJW 69, 1871); wenn der Berichtigungsbeschluß nicht die unrichtige Schuldnerbezeichnung richtigstellt, sondern eine andere Person in die Entscheidung einführt (LG Koblenz Rpfleger 72, 458 mit zust Anm Petermann: keine Bindung für das Vollstreckungsorgan); wenn ein auf eine bestimmte Währung lautender Zahlungstitel in eine andere Währung umgerechnet wird (Hamm Rpfleger 60, 298 mit zust Anm Berner); wenn der zuviel zugesprochene Betrag wieder gekürzt wird (Köln NJW 60, 1471); wenn eine unrichtige Kostenentscheidung im Gewand eines Berichtigungsbeschlusses nachträglich korrigiert werden soll (Schneider MDR 80, 762 gegen Köln ebenda).

30 **VIII) Gebühren: 1) des Gerichts:** Die Berichtigung ist durch die Verfahrensgebühr mit abgegolten. Ausfertigungen od Abschriften des Berichtigungsbeschlusses sind nach Maßgabe von KV Nr 1900 Ziff 2 frei von gerichtlichen Schreibauslagen. – **2) des Anwalts:** Die Tätigkeit gehört zum Rechtszug und ist daher durch die Regelgebühr des § 31 BRAGO abgegolten. – Bei sofortiger Beschwerde (Abs 3) s § 567 Rn 72.

320 *[Tatbestandsberichtigung]*

(1) Enthält der Tatbestand des Urteils Unrichtigkeiten, die nicht unter die Vorschriften des vorstehenden Paragraphen fallen, Auslassungen, Dunkelheiten oder Widersprüche, so kann die Berichtigung binnen einer zweiwöchigen Frist durch Einreichung eines Schriftsatzes beantragt werden.

(2) Die Frist beginnt mit der Zustellung des in vollständiger Form abgefaßten Urteils. Der Antrag kann schon vor dem Beginn der Frist gestellt werden. Die Berichtigung des Tatbestandes ist ausgeschlossen, wenn sie nicht binnen drei Monaten seit der Verkündung des Urteils beantragt wird.

(3) Auf den Antrag ist ein Termin zur mündlichen Verhandlung anzuberaumen. Dem Gegner des Antragstellers ist mit der Ladung zu diesem Termin der den Antrag enthaltende Schriftsatz zuzustellen.

(4) Das Gericht entscheidet ohne Beweisaufnahme. Bei der Entscheidung wirken nur diejenigen Richter mit, die bei dem Urteil mitgewirkt haben. Ist ein Richter verhindert, so gibt bei Stimmengleichheit die Stimme des Vorsitzenden und bei dessen Verhinderung die Stimme des ältesten Richters den Ausschlag. Eine Anfechtung des Beschlusses findet nicht statt. Der Beschluß, der eine Berichtigung ausspricht, wird auf dem Urteil und den Ausfertigungen vermerkt.

(5) Die Berichtigung des Tatbestandes hat eine Änderung des übrigen Teils des Urteils nicht zur Folge.

I) Allgemeines

1 **1) Zweck und Bedeutung.** Da der Tatbestand eines Urteils gem § 314 Beweis allein für das mündliche Parteivorbringen liefert, soll durch § 320 verhindert werden, daß unrichtig wiedergegebener Parteivortrag infolge der Beweiskraft zur fehlerhaften Entscheidungsgrundlage des Rechtsmittelgerichts wird (BGH NJW 83, 2030 [2032]).

2 **2) Anwendungsbereich.** § 320 gilt entsprechend auch für im Beschwerde-(Beschluß-)verfahren ergehende Endentscheidungen (BGH 65, 36 = NJW 75, 1837 = Betrieb 75, 1884, str; aA Köln MDR 76, 848, demzufolge im Beschlußverfahren ohne eine mündliche Verhandlung eine form- und fristgebundene Tatbestandsberichtigung überhaupt ausscheidet und Unrichtigkeiten ohne weiteres aufgrund des Inhalts der Parteischriftsätze zu berichtigen seien). Zur Anwendbarkeit des § 320 auf Revisionsurteile vgl Rn 5.

3 **3) Abgrenzung. Verhältnis a) zur Urteilsberichtigung** gem § 319: Kann nach § 319 verfahren werden, dann versagt § 320. Es gibt **keine** Tatbestandsberichtigung **von Amts wegen,** sondern nur auf Antrag (Rn 6). **b) zu Rechtsmitteln:** Die Berichtigung des Tatbestands kann die Grundlage für eine erfolgreiche Anfechtung oder Ergänzung (vgl § 321 I HS 1) des Urteils schaffen,

doch kann durch Rechtsmittel niemals eine Berichtigung des Tatbestands des Ersturteils erreicht werden (Stuttgart NJW 69, 2056; München BauR 84, 639; vgl auch Rn 4). **c) zur Protokollberichtigung:** § 164.

II) Gegenstand der Berichtigung (Abs I)

§ 320 behandelt nur die **Berichtigung des Tatbestandes,** nicht auch der Urteilsformel und Entscheidungsgründe (RG 122, 334). Zum Tatbestand gehören jedoch auch das in den Entscheidungsgründen enthaltene tatsächliche Vorbringen (LAG Köln MDR 85, 171 – einschr), soweit ihm verstärkte Beweiskraft gem § 314 zukommt (BGH NJW 83, 2030 [2032]); dies gilt nicht für bloßes Prozeßgeschehen (BGH NJW 83, 2030 [2032]). Eine nach § 161 nicht protokollierte, aber im Tatbestand oder in den Entscheidungsgründen des Urteils beurkundete Aussage eines Zeugen oder Sachverständigen kann gemäß § 320 berichtigt werden (Celle NJW 70, 53). Soweit sich der Tatbestand aus Inbezugnahme auf vorbereitende Schriftsätze usw ergibt (vgl § 313 II 2), ist für eine Berichtigung kein Raum (LAG Köln MDR 85, 172); anders aber, wenn von den Schriftsätzen abweichendes mündliches Parteivorbringen – auch (nur) in den Entscheidungsgründen – berücksichtigt wird (vgl oben und LAG Köln aaO). Widersprüche zwischen Tatbestand und Gründen können nur durch Rechtsmitteleinlegung beseitigt werden (RG 80, 174 und JR 26 Nr 637). Ist ein selbständiges Verteidigungsmittel im Tatbestand und in den Gründen übergangen, so kann zwar der Tatbestand, nicht aber die Gründe oder die Urteilsformel berichtigt werden (vgl Abs V); auch § 319 ist dann nicht anwendbar; möglich ist nur eine Rechtsmitteleinlegung (RG 122, 332). Bei Beschlüssen ist eine Abhilfe nur durch Beschwerde möglich. 4

Die **Berichtigung des Tatbestandes des Revisionsurteils** kann nach § 320 nur insoweit verlangt werden, als die unrichtigen Teile für das Verfahren urkundliche Beweiskraft nach § 314 haben. Das trifft in der Regel bei der zusammengefaßten Wiedergabe des Sachverhaltes und der in den Vorinstanzen gestellten Anträge nicht zu (BGH NJW 56, 1480 = LM Nr 2; BAG AP Nr 5). Keine Berichtigung des Tatbestandes eines **Berufungsurteils,** soweit dieser das mündliche Parteivorbringen in früherem Rechtszug lediglich berichtend wiedergibt (Stuttgart NJW 73, 1049); LAG Köln MDR 85, 172). 5

III) Antrag auf Berichtigung (Abs I, II)

1) Form: Im Anwaltsprozeß (§ 78 I) ist ein bei Gericht einzureichender Schriftsatz erforderlich (Abs I); im Parteiprozeß ist auch Erklärung zu Protokoll des Urkundsbeamten möglich. Die Zustellung des Antrags an den Gegner erfolgt mit der Ladung von Amts wegen (Abs III; Einhaltung der Ladungsfrist, § 217). 6

2) Frist. a) Zweiwochenfrist. Für den Antrag besteht eine **zweiwöchige (gesetzliche) Frist** (Abs I, letzter Hs). Sie beginnt mit **(vollständiger)** Urteilszustellung (Abs II S 1). Die Frist kann abgekürzt, nicht verlängert werden, § 224. Ein Verzicht auf sie ist nicht möglich (JW 1899, 92; § 224 I, II). Die Beachtung der Fristeinhaltung erfolgt von Amts wegen. **Unbedingtes Fristende:** Abs II S 3 (vgl Rn 8). 7

b) Dreimonatsfrist (Abs II S 3). Sie beginnt mit der Verkündigung des Urteils (§§ 310, 311), bei nicht zu verkündenden Urteilen (vgl § 310 III) mit der Zustellung der Urteilsformel (RG 90, 296). Gegen die Versäumung der nicht abkürzbaren oder verlängerbaren Ausschlußfrist ist **Wiedereinsetzung nicht zulässig,** auch dann nicht, wenn entgegen § 315 II selbst innerhalb der Dreimonatsfrist die Abfassung und Übergabe der Urteilsgründe unterbleibt (BGH 32, 17). Kann die Dreimonatsfrist nicht gewahrt werden, weil Tatbestand und Gründe vor Ablauf dieser Frist noch nicht vorlagen, so bildet die behauptete Fehlerhaftigkeit des Tatbestandes nur dann einen Revisionsgrund, wenn sie entscheidungserheblich (§ 563) ist. Der absolute Revisionsgrund des § 551 Nr 7 ist nicht gegeben (BGH LM Nr 1 zu § 315; 32, 17 = LM Nr 4 zu § 551 Nr 7). 8

Für den **Streithelfer** beginnt die Frist für den Antrag auf Tatbestandsberichtigung mit der Zustellung des vollständigen Urteils an eine der Parteien (§ 221), nicht erst mit der Zustellung an ihn (BGH LM Nr 5). 9

3) Das **Rechtsschutzbedürfnis** für den Berichtigungsantrag ist bei allen anfechtbaren Entscheidungen ohne weiteres gegeben (vgl Rn 3 unter b; LAG Köln MDR 85, 171 für Nichtzulassungsbeschwerde), im Hinblick auf die stets gegebene Möglichkeit der Verfassungsbeschwerde aber auch bei den keinem Rechtsmittel mehr unterliegenden Entscheidungen. Zum Rechtsschutzbedürfnis bei gleichzeitiger Richterablehnung vgl Rn 12. 10

IV) Entscheidung (Abs III, IV)

1) durch **Beschluß.** Die Entscheidung erfolgt auf Grund mündlicher Verhandlung, aber ohne Beweisaufnahme (RG 149, 312) durch zu verkündenden Beschluß. Beim Ausbleiben einer oder beider Parteien erfolgt Beschlußfassung nach Lage der Akten; kein Versäumnisverfahren. Beim 11

Ausbleiben des Gegners hat das Gericht die Einhaltung der Antragsfrist von Amts wegen zu prüfen (RG 47, 393). Der Beschluß nach § 320 fällt unter § 249 III (Schleswig SchlHA 71, 18).

12 2) **Entscheidungsorgan:** nur die an der zu ergänzenden Entscheidung mitwirkenden Richter **(Abs IV 2).** Sind alle Richter oder der Amtsrichter verhindert, kann eine Tatbestandsberichtigung nicht erfolgen; der Begriff der **Verhinderung** (Abs IV 3) ist deshalb enger als in den §§ 315, 163 (zutr Hirte JR 85, 138 mN). Eine Entscheidung nach § 320 kann nicht mehr ergehen, wenn der Antragsteller die urteilenden Richter erfolgreich wegen Befangenheit abgelehnt hatte (BAG NJW 70, 1624 – L); Ablehnung ist auch nach Urteilserlaß möglich, soweit der Ablehnungsgrund gerade in den Entscheidungsgründen liegt (s § 42 Rn 4); doch wird dann wegen Abs IV S 2 idR das Rechtsschutzinteresse für den Ablehnungsantrag fehlen (so Frankfurt MDR 79, 940; vgl auch § 42 Rn 6). Ist der Vorsitzende der Kammer für Handelssachen verhindert, so entscheiden die Handelsrichter allein.

13 3) **Keine Kostenentscheidung.** Kostenrechtlich gehört das Berichtigungsverfahren (anders das Verfahren nach § 321) zu der Instanz, deren Urteil berichtigt wird. Eine Entscheidung über die Kosten ist daher nicht geboten (StJSchL VII; BAG AP Nr 5).

V) Keine Anfechtung (Abs IV 4)

14 Der Berichtigungsbeschluß ist nur anfechtbar, wenn in ihm sachlich nicht entschieden, also zB aus prozessualen Gründen eine Entscheidung über den Antrag überhaupt abgelehnt (§ 567) oder der Antrag zB wegen Nichteinhaltung der Frist (RG 47, 398) oder Richterverhinderung (Hirte JR 85, 139 mN) zurückgewiesen wurde; insoweit ist der Beschluß zu begründen (Hirte aaO 140). Keine Anfechtung des Berichtigungsbeschlusses durch Rechtsmitteleinlegung, §§ 512, 548.

15 VI) **Gebühren** des Gerichts und des Anwalts: wie Rn 29 zu § 319.

321 *[Urteilsergänzung]*

(1) Wenn ein nach dem ursprünglich festgestellten oder nachträglich berichtigten Tatbestand von einer Partei geltend gemachter Haupt- oder Nebenanspruch oder wenn der Kostenpunkt bei der Endentscheidung ganz oder teilweise übergangen ist, so ist auf Antrag das Urteil durch nachträgliche Entscheidung zu ergänzen.

(2) Die nachträgliche Entscheidung muß binnen einer zweiwöchigen Frist, die mit der Zustellung des Urteils beginnt, duch Einreichung eines Schriftsatzes beantragt werden.

(3) Auf den Antrag ist ein Termin zur mündlichen Verhandlung anzuberaumen. Dem Gegner des Antragstellers ist mit der Ladung zu diesem Termin der den Antrag enthaltende Schriftsatz zuzustellen.

(4) Die mündliche Verhandlung hat nur den nicht erledigten Teil des Rechtsstreits zum Gegenstande.

Lit: *Krämer*, Die Nichtzulassung der Revision, FamRZ 80, 971; *Paulus*, Die Beschränkungen der Revisionszulässigkeit, ZZP 71, 188 ff.

I) Anwendungsbereich

1 § 321 I findet auf Beschlüsse entsprechende Anwendung (Stuttgart Justiz 84, 19; Hamm Rpfleger 73, 409), nicht auch Abs II im Rahmen der entsprechenden Anwendung im Kostenfestsetzungsverfahren (KG Rpfleger 80, 158). Darüber hinaus wird § 321 kraft ausdrücklicher gesetzlicher Bestimmung oder ohne solche entsprechend für anwendbar erklärt; Beispiele hierfür in Rn 3. Eine Ergänzung **von Amts wegen** ist **unzulässig.**

II) Voraussetzungen

2 § 321 setzt eine **Entscheidungslücke** voraus, die durch die Ergänzung – ohne Verstoß gegen § 318 – ausgefüllt werden kann (BGH NJW 80, 840). § 321 trifft zu, wenn ein (laut dem – auch berichtigten – Tatbestand erhobender) **Haupt- oder Nebenanspruch** oder der Kostenpunkt oder sonst ein Anspruch im Urteil **versehentlich,** nicht rechtsirrig, bewußt (BGH MDR 53, 165) **übergangen** ist; im letzteren Fall ist nur ein Rechtsmittel zulässig. Zu beachten ist jedoch, daß ein Rechtsmittel als solches nicht auf Ergänzung gerichtet sein kann; eine Beschwer liegt nämlich nicht in der getroffenen, sondern in der unterlassenen Entscheidung. In die Berufungsinstanz kann aber im Wege der Klageerweiterung der Anspruch, über den die 1. Instanz nicht entschieden hat, erneut geltend gemacht werden. Sind die Voraussetzungen des § 321 gegeben, kann eine Änderung des Urteils nicht durch Rechtsmitteleinlegung verlangt werden; denn zunächst muß das Instanzgericht über den Anspruch entscheiden. Anders, wenn das Urteil durch die Unterlas-

sung im Sinne von § 321 nicht nur unvollständig, sondern inhaltlich falsch wird (so in den Fällen der §§ 302, 599, oder falls die Entscheidung über die Kosten oder über die vorläufige Vollstreckbarkeit übergangen ist). In diesen Fällen ist theoretisch auch der Rechtsmittelweg eröffnet, was praktisch wird, wenn die Antragsfrist des § 321 II abgelaufen ist; vgl StJSchL Anm II 2, auch LG Essen NJW 70, 1688 (bei Fehlen einer Kostenentscheidung im Beschluß; aA insoweit Düsseldorf JurBüro 70, 780). Zu den Folgen des Fristablaufs ie Rn 8.

III) Beispiele zulässiger Urteilsergänzung und Abgrenzung

Das Urteil wurde versehentlich nicht für vorläufig vollstreckbar erklärt (vgl § 716). Es wurde 3
übersehen, dem Beklagten eine angemessene Räumungsfrist, § 721, oder Vollstreckungsschutz zu gewähren, §§ 711, 712 (BGH NJW 84, 1240). Dem Erben wurde die beschränkte Haftung, §§ 305, 768; dem Beklagten versehentlich die Ausführung seiner Rechte im Nachverfahren nicht vorbehalten, §§ 302, 599. Der Rechtspfleger hat versehentlich nicht über alle angemeldeten Kosten entschieden (Hamm Rpfleger 73, 409; KG Rpfleger 80, 158). Die Frist des § 255 wurde übersehen. – Ein Arrestbefehl, in dem die Lösungssumme fehlt, ist ein wirksamer Vollstrekkungstitel; er kann nach § 321 ergänzt werden (Hamburg NJW 58, 1145). – Es wurde übersehen, dem siegreichen Kläger die Kosten nach § 281 Abs III letzter Satz (dazu Celle Rpfleger 69, 170), der säumigen Partei die Mehrkosten im Fall des § 344 (Stuttgart Justiz 84, 19) aufzuerlegen oder über die Kosten der Streithilfe selbständig zu entscheiden (LG Itzehoe AnwBl 85, 215). Der Kostenpunkt ist nicht übergangen, wenn die Entscheidung darüber dem Schlußurteil vorbehalten wurde (HRR 33, 1619); desgleichen nicht, wenn über die gesamten Kosten des Rechtsstreits zwar vollständig, aber sachlich falsch entschieden worden ist (E. Schneider in Anm zu Köln MDR 80, 762).

Unzulässig ist ein Ergänzungsurteil namentlich bei versehentlichem Übergehen von einzelnen 4
Angriffs- und Verteidigungsmitteln (Furtner S 467 mwN); bei versehentlicher Nichtberücksichtigung von „Einwendungen"; bei unrichtiger Auslegung des prozessualen Begehrens einer Partei (BGH NJW 80, 840).

Nach hM (BGH NJW 81, 2755 [2756]; NJW 83, 928 [929]; MDR 85, 43; BAG BB 81, 616; ThP Anm 5
4d; hier § 546 Rn 55; Lässig, Die fehlerhafte Rechtsmittelzulassung usw 1976, S 66, 113; R-Schwab § 143 I 1d mwN in Fn 46) ist die Frage, ob eine im Berufungsurteil unterbliebene **Zulassung der Revision** nach § 321 (uU in der höheren Instanz) nachgeholt werden kann, zu verneinen. Diese heftig umstr Frage (aA 14. Aufl mwN) war bereits dadurch wesentlich entschärft worden, daß der BGH seit dem Beschl v 24. 1. 84 in den Fällen nicht erkannter Familiensachen, bei denen die Prüfung der Revisionswürdigkeit und damit die Revisionszulassung unterblieben war, § 554b eingeschränkt (nach Maßgabe des § 546 I Nr 2) anwendete (BGH 90, 1 [3 f]; vgl dazu Jauernig § 91 V 3 mwN); seit dem 1. 4. 86 (Inkrafttreten des UÄndG, vgl Einl Rn 24) stellt sich mit dem Übergang zur formellen Anknüpfung (§ 549 II nF) das Problem in seinem bisherigen Hauptanwendungsgebiet praktisch nicht mehr. Zur Möglichkeit der Berichtigung nach § 319 in diesem Fall vgl dort Rn 16. Ergibt sich aus den Urteilsgründen, daß eine Entscheidung über einen Anspruch gewollt war, und ist der entsprechende Ausspruch in der Urteilsformel nur aus Versehen unterblieben, dann erfolgt eine Berichtigung nach § 319 (BGH NJW 64, 1858; § 319 Rn 4).

IV) Antrag auf Urteilsergänzung (Abs II, III)

1) Frist. a) Allgemeines. Die zweiwöchige Frist ist keine Not-, sondern eine gesetzliche Frist; 6
eine Abkürzung durch Parteivereinbarung ist möglich, nicht aber eine Verlängerung, § 224. Eine **Wiedereinsetzung** gegen die Fristversäumung wurde von der Rspr bisher nur beiläufig mit dem Hinweis verneint, die Frist gehöre nicht zu den in § 233 bezeichneten Fristen (so zB BGH FamRZ 80, 669 [670]). Die in zunehmendem Maße analog gewährte Wiedereinsetzung auch bei Versäumung anderer als nur in § 233 genannter Fristen (s dazu § 233 Rn 7) muß zur Vermeidung der sich sonst für den Rechtssuchenden ergebenden Unzuträglichkeiten auch für die hier genannte Frist gelten. Andernfalls bestünde die Gefahr, daß ein Fehler des Gerichts oder zB eine unklare Rechtslage – etwa wegen unterschiedlicher Qualifizierung einer Rechtsstreitigkeit durch OLG und BGH – auf dem Rücken des Rechtssuchenden ausgetragen wird (wie hier Walter FamRZ 79, 663 [673]; abl BGH NJW 80, 785 [786]).

b) Fristbeginn: mit Urteilszustellung auch ohne Tatbestand und Gründe. Zulässig ist jedoch 7
die Antragstellung schon vor Urteilszustellung. War zunächst der Tatbestand zu berichtigen (§ 320), beginnt die Frist des § 321 erst mit der Zustellung des Berichtigungsbeschlusses (BGH NJW 82, 1821 [1822] = MDR 82, 663; R-Schwab § 60 I 4a; aA BL Anm 3 A und StJSchL Anm II 1). Wegen des Fristbeginns gegenüber dem Nebenintervenienten vgl Köln NJW 60, 2150 und LG Heidelberg MDR 63, 224. Nach BGH NJW 75, 218 = LM Nr 6 = MDR 75, 222 beginnt die Frist, wenn das Gericht die Entscheidung über die durch die Streithilfe verursachten Kosten übergan-

gen hat, für die Beantragung einer Ergänzung in diesem Punkt, jedenfalls bei einem noch nicht rechtskräftigen Urteil, erst mit der Zustellung an den Streithelfer zu laufen. Soll ein Berufungsurteil durch eine Anordnung nach § 711 ergänzt werden, beginnt die Antragsfrist erst mit der Zustellung des Beschlusses, durch den das Revisionsgericht den Wert der Beschwer auf mehr als 40 000 DM festgesetzt hat (BGH NJW 84, 1240 = MDR 84, 669 = LM Nr 10).

8 **c) Folgen bei Fristversäumung.** Ist die Frist gem Abs **II** abgelaufen, so ist ein **neuer Prozeß** nötig und möglich (KG Rpfleger 80, 158). Grund: Rechtshängigkeit des übergangenen Anspruchs erlischt (Oldenburg MDR 86, 62). Gegenstand eines Berufungsverfahrens kann der übergangene Anspruch daher nur unter den Voraussetzungen einer (zulässigen) Klageänderung sein (Furtner S 467 f mN). Eine Ausnahme besteht nur bezüglich des Kostenpunktes. Hier ist die Geltendmachung in einer neuen Klage ausgeschlossen, da das Rechtsmittelgericht auch über die Kosten der ersten Instanz entscheiden muß, § 308 II (vgl RG 22, 421; 30, 285; OLG 25, 217; StJSchL Anm II 3 und StJLeipold Rn 11 vor § 91).

9 **2) Form.** Der Antrag aus § 321 ist bei dem Gericht zu stellen, welches das Urteil erlassen hat; er unterliegt dem Anwaltszwang (§ 78 I); vor dem AG genügt schriftliche Einreichung bei Gericht oder Erklärung zu Protokoll des Urkundsbeamten, § 496. Der Ergänzungsschriftsatz ist mit der Ladung zum Termin (§ 214) vor dem Gericht 1. Instanz von Amts wegen zuzustellen (Abs III).

V) Entscheidung (Abs III, IV)

10 Über den Ergänzungsantrag ist, auch bei seiner Ablehnung, nach **mündlicher Verhandlung** (oder gemäß § 128 II, III) durch selbständig anfechtbares **Urteil** (RG 23, 422; BGH WM 82, 491), bei Säumnis einer Partei durch Versäumnisurteil zu entscheiden. Auch ein Anerkenntnisurteil nach § 307 ist möglich. Das Urteil muß einen selbständigen Ausspruch im Kostenpunkt enthalten (so auch BayObLG v 20. 12. 1955 RevReg 1 Z 46/55). Wird dem Antrag stattgegeben und unterbleibt ein Kostenausspruch, so ist anzunehmen, daß das Gericht die Kostenentscheidung des ergänzenden Urteils gelten lassen will. Enthält das Ergänzungsurteil nur den Ausspruch im Kostenpunkt, so ist es mit dem Urteil zur Hauptsache anfechtbar (RG 68, 301). An dem Ergänzungsurteil können auch Richter teilnehmen, die bei dem Haupturteil nicht mitgewirkt haben (RG 30, 345).

VI) Anfechtung

11 Das Ergänzungsurteil des § 321 ist hinsichtlich des Rechtsmittels (idR) als selbständiges Urteil anzusehen (BGH NJW 80, 840; ZIP 84, 1107 [1113]; zu möglicher Ausnahme sogleich). Die Rechtsmittelfrist läuft von der Zustellung des Ergänzungsurteils ab auch bezüglich des zuerst ergangenen Urteils von neuem (RG 75, 293; BGH VersR 81, 57), sofern das Ergänzungsurteil vor Ablauf der Berufungsfrist für das ergänzte Urteil erlassen ist, § 517 S 1; anders bei Urteilsberichtigung, § 319 (ie dort Rn 25). § 517 ist analog für die Revision anzuwenden (BGH LM Nr 1 zu § 517). Die Berufungs- bzw Revisionssumme für das angefochtene Ergänzungsurteil ist selbständig zu berechnen (BGH ZIP 84, 1107 [1113]); betrifft das Ergänzungsurteil nur die Kostenentscheidung, dann ist die Revision (unabhängig vom Wert der Beschwer) hiergegen zulässig, wenn sie es auch gegen das vorausgegangene Urteil ist (BGH aaO).

12 **VII) Gebühren: 1) des Gerichts:** Das Verfahren ist durch die Verfahrensgebühr mit abgegolten. Nach der Ergänzung wird der ganze Rechtsstreit besteuert, als wenn von vornherein über den übergangenen Teil mitverhandelt u entschieden worden wäre. Die beiden Urteile sind kostenrechtl als Teilurteile zu behandeln, wobei das Ergänzungsurteil als Schlußurteil u das ursprüngliche Haupturteil als Teil(end)urteil anzusehen sind. Anzuwenden ist § 21 GKG, nach dessen Abs 1 zunächst einmal die allgemeine Verfahrens- und Urteilsgebühr von dem durch das erste Verfahren betroffenen Streitgegenstandsteil und des weiteren von dem durch das Ergänzungsverfahren betroffenen Wertteil einzeln zu berechnen sind, die Gesamtsumme aber sowohl der beiden allgemeinen Verfahrensgebühren als auch der beiden Urteilsgebühren evtl auf den Betrag zu ermäßigen ist, der zu erheben gewesen wäre, wenn nur **eine** allgemeine Verfahrens- und nur **eine** Urteilsgebühr aus dem Gesamtbetrag der Wertteile zu berechnen gewesen wären (§ 21 II GKG). Bei verschiedenen Gebührensätzen für die einzelnen Gegenstandswerte der beiden Teilurteile ist § 21 III GKG zu beachten (s § 301 Rn 13). Handelt es sich bei dem Ergänzungsantrag um Nebenforderungen od um den Kostenpunkt, so sind, da diese neben dem Hauptanspruch streitwertmäßig unberücksichtigt bleiben müssen (§ 22 I GKG), neue Gebühren nicht zu erheben. Dasselbe gilt, wenn zB die Erklärung der vorläufigen Vollstreckbarkeit (§ 716), die Gewährung von Vollstreckungsschutz (§§ 711, 712) od einer Räumungsfrist (§ 721 I 3) uä (s dazu oben Rn 3) übergangen sind; denn in allen diesen Fällen wäre, wenn schon im ersten Verfahren die Entscheidung getroffen worden wäre, keine Erhöhung der Gebühren eingetreten. – Wird der **Antrag** auf Urteilsergänzung **zurückgewiesen,** so wird eine Gebühr nicht erhoben; anders, wenn im Ergänzungsverfahren des § 321 bezügl des übergangenen Anspruchs durch Klageabweisung entschieden wird. **Bei Zurücknahme des Antrags vor der Entscheidung fällt keine Urteilsgebühr an;** denn es fehlt am Erlaß eines Endurteils. – **2) des Anwalts:** Keine besondere Gebühr. Erstreckt sich die Tätigkeit des RA als Prozeßbevollmächtigtem nur auf das Urteilsergänzungsverfahren, dann erhält er die vollen Gebühren des § 31 BRAGO, berechnet nach dem Wert des übergangenen Anspruchs.

Vorbemerkungen

Lit: *Arens,* Zur Problematik von non-liquet-Entscheidungen, FS Müller-Freienfels, 1986, S 13; *Bader,* Zur Tragweite der Entscheidung über die Art des Anspruchs bei Verurteilungen im Zivilprozeß, 1966; *Batsch,* Zur materiellen Rechtskraft bei „Teilklagen" und zur Repräsentationswirkung des Klageantrags, ZZP 86, 254; *Baumgärtel/Scherf,* Ist die Rechtsprechung zur Durchbrechung der Rechtskraft nach § 826 BGB weiterhin vertretbar? JZ 70, 316; *Bettermann,* Die Vollstreckung des Zivilurteils in den Grenzen seiner Rechtskraft, 1948; *J. Blomeyer,* Schadensersatzansprüche des im Prozeß Unterlegenen wegen Fehlverhaltens Dritter, 1972; *Bötticher,* Kritische Beiträge zur Lehre von der materiellen Rechtskraft im Zivilprozeß, 1930, Neudruck 1970; *ders,* Streitgegenstand und Rechtskraft, FamRZ 57, 409; *Braun,* Rechtskraft und Restitution, Teil 1: Der Rechtsbehelf gem § 826 BGB gegen rechtskräftige Urteile, 1979; Teil 2: Grundlagen des geltenden Restitutionsrechts, 1985; *ders,* Rechtskraft und Rechtskraftdurchbrechung von Titeln über sittenwidrige Ratenkreditverträge, 1986; *ders,* Rechtskraft und Rechtskraftbeschränkung im Zivilprozeß, JuS 86, 364; *ders,* Die Aufrechnung des Klägers im Prozeß, ZZP 89, 93; *Dietrich,* Zur materiellen Rechtskraft eines klageabweisenden Urteils, ZZP 83, 201; *Fenge,* Über die Autorität des Richterspruchs, FS Rudolf Wassermann, 1985, S 659; *Flieger,* Rechtskraftwirkung bei mehrfacher Abtretung, MDR 78, 538; *Gaul,* Rechtskraftlehre seit Savigny FS Flume, 1978, S 443 ff; *ders,* Die Erstreckung und Durchbrechung der Urteilswirkungen nach §§ 19, 21 AGBG, FS Beitzke, 1979, 997 ff; *ders,* Möglichkeiten und Grenzen der Rechtskraftdurchbrechung, Thrazische Jur. Abhandlungen Bd 12, Athen 1986 (zit: Rechtskraftdurchbrechung); *Grunsky,* Rechtskraft von Entscheidungsgründen und Beschwer, ZZP 76, 165 ff; *Habscheid,* Die Präklusionswirkung des rechtskräftigen Urteils, AcP 152, 169; *Häsemeyer,* Parteivereinbarungen über präjudizielle Rechtsverhältnisse, ZZP 85, 207; *ders,* Die sog „Prozeßaufrechnung" – eine dogmatische Fehlakzentuierung, FS Fr. Weber 1975, S 215 (dazu Blomeyer ZZP 88, 439); *Henckel,* Prozeßrecht und materielles Recht, 1970 (dazu Arens AcP 173, 250 und Bötticher ZZP 85, 1); *Hüffer,* Das Rechtsschutzinteresse für eine Leistungsklage des Gläubigers und die subjektiven Grenzen der Rechtskraft in den Fällen unmittelbarer und entsprechender Anwendung des § 727 ZPO, ZZP 85, 229; *Koussoulis,* Beiträge zur modernen Rechtskraftlehre, 1986; *Kuschmann,* Die materielle Rechtskraft bei verdeckten Teilklagen in der Rechtsprechung des BGH, FS Schiedermair, 1976, S 351; *Kuttner,* Die privatrechtlichen Nebenwirkungen des Zivilurteils, 1908; *Mädrich,* Rechtskraftprobleme bei Klagen aus dem Eigentum, MDR 82, 455; *Martens,* Rechtskraft und materielles Recht, ZZP 79, 404; *Martin,* Die zeitlichen Grenzen der Rechtskraft des Zivilurteils, insbesondere der Gebrauch von Gestaltungsmöglichkeiten nach dem Prozeß, Diss München 1965; *Musielak,* Zur Klage nach § 826 gegen rechtskräftige Urteile, JA 82, 7; *von Olshausen,* Rechtskraftwirkung von Urteilen über Gegenforderungen bei der Forderungszession, JZ 76, 85; *Otto,* Die Präklusion, 1970; *Peetz,* Materielle Einordnung der Rechtsfolge und materielle Rechtskraft der Sachentscheidung im Zivilprozeß, 1976; *Peters,* Materielle Rechtskraft der Entscheidungen im Vollstreckungsverfahren, ZZP 90, 145; *Pohle,* Gedanken über das Wesen der Rechtskraft, Gedächtnisschrift für Piero Calamandrei 1958, S 377 ff; *ders,* JZ 59, 93; *Schmidt,* Die Prozeßaufrechnung im Spannungsfeld von Widerklage und prozessualer Einrede, ZZP 87, 29; *Schreiber,* Prozeßvoraussetzungen bei der Aufrechnung, ZZP 90, 395; *Schwab,* Die Bedeutung der Entscheidungsgründe, FS Bötticher 1969, S 321; *ders,* ZZP 77, 124; JZ 59, 786; *Schumann,* Fehlurteil und Rechtskraft, FS Bötticher 1969, S 289; *Sinianotis,* ZZP 66, 78; *Thumm,* Die Klage aus § 826 BGB gegen rechtskräftige Urteile, 1959; *Tiedemann,* Die Rechtskraft von Vorbehaltsurteilen, ZZP 93, 23; *Tiedtke,* Zur Rechtskraft eines die negative Feststellungsklage abweisenden Urteils, NJW 83, 2011; *Werner,* Rechtskraft und Innenbindung zivilprozessualer Beschlüsse im Erkenntnis- und summarischen Verfahren, 1983; *Zeuner,* Die objektiven Grenzen der Rechtskraft im Rahmen rechtlicher Sinnzusammenhänge, 1959. Vgl auch das zu § 325 angeführte Schrifttum.

Übersicht

I) Urteilswirkungen

1 **1) Bindungswirkung.** Das Gericht ist grundsätzlich daran gehindert, sein Urteil im laufenden Verfahren wieder aufzuheben oder (in einem Nachverfahren gleicher Instanz) von ihm abzuweichen; vgl. dazu die Anm zu § 318. Zum Zusammenwirken mit der formellen und materiellen Rechtskraft s Rn 6 und näher Schmidt Rpfleger 74, 177. Bei Verstoß gegen Bindungswirkung: § 580 Nr 7 a; hierzu auch Rn 77.

2 **2) Vollstreckbarkeit** im eigentlichen Sinn kommt (rechtskräftigen oder vorläufig vollstreckbaren) Leistungsurteilen, ferner der Kostenentscheidung eines jeden Urteils zu.

3 **3)** Die **materielle** („innere") **Rechtskraft** hindert abweichende Entscheidungen desselben oder eines anderen Gerichts innerhalb bestimmter **objektiver, subjektiver** und **zeitlicher** Grenzen.

4 **4)** Eine **Gestaltungswirkung** kommt hierauf gerichteten sogenannten Gestaltungsurteilen auf Grund geschriebener oder ungeschriebener Normen des materiellen Rechts zu (vgl Schlosser, Gestaltungsklagen und Gestaltungsurteile, 1966; ders Jura 86, 130; K. Schmidt JuS 86, 35). Beispiele: § 69 Rn 3; Abgrenzung zu den Fällen erweiterter Rechtskraftwirkung: § 325 Rn 29, 30, 43.

5 **5)** Eine **Tatbestandswirkung** kann jedem Urteil durch eine Norm des materiellen Rechts beigelegt sein, ohne daß das Urteil hierauf gerichtet ist; Beispiele: §§ 283, 775 I Nr 4, 864 II BGB; §§ 302 IV S 3, 717 II, III, 1042c II ZPO. Abgrenzung zur Rechtskrafterstreckung: § 325 Rn 43.

6 **6)** Diese Urteilswirkungen treten teilweise erst ein, wenn das Urteil nicht mehr auf einen gewöhnlichen Rechtsbehelf hin aufgehoben werden kann, wenn es also formell rechtskräftig ist. Die **formelle Rechtskraft** (s § 705 Rn 1) ist also im Gegensatz zu der materiellen Rechtskraft nicht Urteilswirkung, sondern Voraussetzung von Urteilswirkungen, so insbesondere der materiellen Rechtskraft und der Gestaltungswirkung, häufig auch der Vollstreckbarkeit und einer Tatbestandswirkung. Hingegen ist das erlassende Gericht nach **§ 318** bereits im laufenden Verfahren an sein Urteil **gebunden,** und zwar schon bevor es formell rechtskräftig wird (sog **Innenbindung,** s ie § 318 Rn 12).

II) Allgemeines zur materiellen Rechtskraft

7 **1) Maßgebliches Recht.** Für die objektiven und subjektiven Grenzen der Rechtskraft und ihren Eintritt ist das Prozeßrecht maßgebend, das für den Erlaß des Ersturteils galt. Wegen der (in engen Grenzen vorbehaltenen) Fortgeltung landesrechtlicher Vorschriften zu den subjektiven Grenzen der Rechtskraft vgl StJSchL § 322 Anm IV 4. Zur Anerkennung ausländischer Urteile vgl die Anm zu § 328. Über Art und Umfang der Einwirkung der Rechtskraft auf das spätere Verfahren entscheidet dessen Recht.

8 **2) Rechtskraftfähige Entscheidungen. a)** Der materiellen Rechtskraft fähig sind deutsche (vgl im übrigen § 328) **Zivilurteile,** soweit sie eine Rechtslage feststellen. Letzteres ist bei allen **klageabweisenden Entscheidungen** der Fall (vgl ie § 322 Rn 11, 12), ferner bei **Leistungs-** und **Feststellungsurteilen,** die einer Klage stattgeben (vgl ie § 322 Rn 6). Der Inhalt der Entscheidung ist für

die Frage nach der Rechtskraftfähigkeit ohne Bedeutung; insbesondere ist auch ein **Prozeßurteil,** das eine Klage als unzulässig abweist, der materiellen Rechtskraft fähig (BAG NJW 55, 476; Jauernig JZ 55, 235; s auch § 322 Rn 1). Der materiellen Rechtskraft fähig sind nicht nur streitige, sondern auch **Versäumnisurteile** (BGHZ 35, 338), **Anerkenntnis-** und **Verzichtsurteile,** die endgültig ganz oder teilweise entscheiden. Letzteres ist nicht der Fall bei Vorbehaltsurteilen (§ 599 Rn 18) sowie bei Urteilen, die nur über einen Rechtsbehelf entscheiden (vgl BAG JZ 63, 925); sie können formell, aber nicht materiell rechtskräftig werden. Ein Berufungsurteil, das aufhebt und zurückverweist, bindet das Erstgericht innerhalb des anhängigen Verfahrens (vgl StJGr § 538 Rdnr 33; BL § 538 Anm 1), äußert aber keine materielle Rechtskraft (BGH Betrieb 73, 868). Das summarische Verfahren gem §§ 916 ff, §§ 935 ff schließt eine materielle Rechtskraft von **Arrest-** und **Verfügungsurteilen** nicht aus (KG MDR 79, 64), ist jedoch beim Umfang der Rechtskraftwirkung zu berücksichtigen (vgl Rn 13 vor § 916). **Zwischenurteile** sind der materiellen Rechtskraft nur ausnahmsweise fähig, soweit sie im Verhältnis zu Dritten endgültig entscheiden (§§ 71, 135, 387, 402; vgl iü § 303 Rn 10; § 304 Rn 20). – Verurteilungen zu künftig fällig werdenden wiederkehrenden Leistungen (Urteile gem § 323) entfalten in die Zukunft reichende Rechtskraft (BGH 82, 246 [250]; ie § 323 Rn 40). – Besonderheiten bestehen bei klageabweisenden **Statusurteilen** (§ 640 h S 1 und dort Rn 3 ff; vgl auch allg § 322 Rn 3).

b) Soweit **Beschlüsse** formell rechtskräftig werden und sachliche Entscheidungen enthalten, 9
die der materiellen Rechtskraft fähig sind, können sie materielle Rechtskraftwirkung entfalten (vgl ie Werner, Rechtskraft und Innenbindung zivilprozessualer Beschlüsse usw, 1983, insbes S 84 ff). Zur materiellen Rechtskraft der Entscheidungen im Vollstreckungsverfahren s Peters, aaO. Bsp: Verwerfungsbeschlüsse gem §§ 519 b, 554 a (BGH NJW 81, 1962 mN); Ablehnung der Wiedereinsetzung in den vorigen Stand (RG JW 31, 1808) oder Zurückweisung der nachträglichen Klagezulassung gem § 5 IV KSchG (BAG 42, 301 f); Zuschlagsbeschluß in der Zwangsversteigerung RG 138, 127); Beschlüsse im arbeitsgerichtlichen Beschlußverfahren, §§ 80 ff ArbGG (BAG Betrieb 81, 2182; 82, 1413 [1414]; 83, 1600 [1601 mN]); weitere Beispiele § 329 Rn 42.

c) Abgrenzung. Prozeßvergleichen (§ 794 Rn 3 ff) kommt keine der Rechtskraft ähnliche Wir- 9a
kung zu (BGH 86, 186; NJW-RR 86, 22 = MDR 85, 923, allgM).

3) Rechtskraftwirkung und verschiedene Gerichtsbarkeiten. An die Rechtskraftwirkung 10
gebunden sind jedenfalls die **ordentlichen Gerichte,** und zwar auch im Verfahren der freiwilligen Gerichtsbarkeit, ferner die **Arbeitsgerichte,** deren Verhältnis zu den ordentlichen Gerichten als das einer ausschließlichen Zuständigkeit ausgestaltet ist (§ 17 V GVG, § 48 I ArbGG).

Für **Verwaltungs-, Finanz-** und **Sozialgerichte** gilt zwar im Grundsatz das gleiche (BGH 77, 11
341 mN = NJW 80, 2814), aber sie werden nur selten über einen Streitgegenstand (und sei es auch nur als Vorfrage) zu entscheiden haben, der bereits einem Zivilprozeß zugrunde lag; sollte dies doch der Fall sein, so wird es meist an der Identität der Prozeßparteien (vgl umgekehrt wegen der subjektiven und objektiven Grenzen der Bindung des Zivilrichters an rechtskräftige Verwaltungsgerichtsurteile, zB BGH 86, 226 [232 mN]) fehlen. Beispiele: Bildet im *Entschädigungsprozeß* die Rechtmäßigkeit des Verwaltungsakts – Enteignungsbeschluß – eine „Vorfrage", so ist das ordentliche Gericht an die rechtskräftige Bejahung der Rechtmäßigkeit der Enteignung durch das Verwaltungsgericht gebunden (BGH 95, 35 ff); desgl besteht im *Amtshaftungsprozeß* eine Bindung des Zivilgerichts an die rechtskräftige Entscheidung des Verwaltungsgerichts über die Rechtswidrigkeit der Amtshandlung (BGH 95, 242, stRspr); vgl. auch OVG Münster NJW 80, 1068 (keine Entscheidung über rechtswegfremde Gegenforderung). Hat etwa zwischen zwei Privatrechtssubjekten ein Feststellungsstreit um das Eigentum an einer Sache stattgefunden, der inzwischen rechtskräftig entschieden ist, und hängt nun die Entscheidung eines Verwaltungs-, Sozial- oder Finanzgerichts davon ab, wer Eigentümer dieser Sache ist, so kann sich die im Vorprozeß siegreiche Partei in dem neuen Verfahren dem Staat oder einer anderen Körperschaft des öffentlichen Rechts gegenüber gleichwohl nicht auf das rechtskräftige Urteil berufen.

Aus denselben Gründen kommt eine Bindung der **Strafgerichte** an Zivilurteile kaum je in 12
Betracht (vgl BGHZ 5, 106 und Stuttgart FamRZ 61, 180 zu § 170 b StGB). Umgekehrt besteht im Wiederaufnahmeverfahren (§§ 580 Nr 1–5, 581 I) keine Bindung des Zivilgerichts an ein Strafurteil, es hat vielmehr selbständig zu prüfen, ob ein Restitutionsgrund vorliegt und die Straftat tatsächlich begangen worden ist (BGH 85, 32 [35 ff]; ie str; s a Braun ZZP 97, 71 ff; § 581 Rn 1; § 14 EGZPO Rn 2). Soweit danach Gerichte an die Rechtskraft eines Zivilurteils gebunden sind, ist diese **von Amts wegen zu beachten** (ie Rn 20); es gelten insbesondere die Regeln über den sogenannten Freibeweis. Keine Bindung besteht dagegen an tatsächliche Feststellungen eines Gerichts eines anderen Rechtszweigs (FG Berlin NJW 83, 1080).

Die Rechtskraft einer **ausländischen** Entscheidung steht einer neuen (inländischen) Klage 13
entgegen, soweit die ausländische Entscheidung gem § 328 anerkannt ist (BGH 73, 387); zu Fra-

gen der Rechtskraftwirkung im Verhältnis zu **ausländischen Gerichten** vgl Geimer in Anm zu EuGH NJW 77, 2023; sa Münster RIW/AWD 78, 686 u Rn 20. Wegen rechtskräftigen Entscheidungen von Gerichten der **DDR** vgl auch Einl Rn 106.

III) Lehrmeinungen zur materiellen Rechtskraft

14 **1) Allgemeines und Bedeutung.** Die materielle Rechtskraft hindert die Gerichte daran, in einem neuen Verfahren abweichend vom rechtskräftigen Urteil des Vorprozesses zu entscheiden. Ob sich die Wirkung der materiellen Rechtskraft in dieser negativen Funktion erschöpft oder – weitergehend – auch die materielle Rechtslage ergreift, war und ist Gegenstand des Streites der sogenannten **Rechtskrafttheorien** (Rn 15 ff). Der Theorienstreit ist allerdings ohne wesentliche praktische Bedeutung (so auch Blomeyer § 88 III 3; Zeiss § 70 III 2b; einschr neuerdings Gaul, FS Flume, S 443, 519, 521; diesem zust Koussoulis aaO S 4, 69 f).

15 **2) Materielle Rechtskrafttheorien. a) Inhalt.** Die Vertreter dieser Lehre in ihrer älteren Ausgestaltung (Savigny, Kohler, Pagenstecher, Mendelssohn-Bartholdy, urspr auch das RG, zB RG 46, 336) sahen in einem rechtskräftigen Zivilurteil einen Entstehungs- oder Erlöschenstatbestand für das in dem Urteil festgestellte oder verneinte materielle subjektive Recht. Im einzelnen gingen die Ansichten über Inhalt und Umfang der so begründeten oder erloschenen materiellen Rechte auseinander. Selbstverständlich ist allerdings, daß keine Verdoppelung eines Anspruchs eintritt, wenn der Gläubiger für diesen einen zweiten Titel erreichte (BAG MDR 68, 180). Wegen §§ 325 ff bekannten sich die Vertreter der materiellen Rechtskrafttheorien allerdings dazu, daß die materielle Wirkung nur in den subjektiven Grenzen der genannten Bestimmungen einträten, dh daß Rechte nur relativ, im Verhältnis zwischen den Prozeßparteien, entstünden oder erlöschten.

16 **b) Bedeutung.** Heute werden die materiell-rechtlichen Rechtskrafttheorien in der ursprünglichen Form nur mehr vereinzelt vertreten (vgl zB LG Stuttgart ZZP 79, 183), wohl aber moderne Varianten; hier einzuordnen ist die Lehre, das rechtskräftige Urteil schaffe eine unwiderlegbare Vermutung für die in ihm festgelegte Rechtsfolge (vgl Pohle, Gedächtnisschrift Calamandrei, S 377 ff; J. Blomeyer JR 68, 409); diese Vermutung gehört nämlich dem materiellen Recht an, da ihr Gegenstand eine Rechtsfolge materiell-rechtlicher Art ist (zutr Koussoulis aaO S 25 mwN; abw 14. Aufl).

17 **3)** Herrschend ist derzeit die **prozessuale Rechtskrafttheorie.** Sie wurde begründet durch Stein, Hellwig, Rosenberg und Bötticher und später auch von der Rspr übernommen (zB RG 129, 248; 167, 334; BGH 3, 86). **a) Überblick.** Im Gegensatz zur materiellen Theorie (Rn 15) leugnet sie, daß das rechtskräftige Urteil – vom Gestaltungsurteil abgesehen – auf das materielle Recht einwirkt und sieht das Wesen der materiellen Rechtskraft zunächst darin, daß die Gerichte in einem späteren Verfahren die rechtskräftige Entscheidung zu beachten haben (vgl StJSchL § 322 Anm III 5a: „verbindliche Festlegung einer konkreten Rechtsfolge"). Über die Wirkungskraft und die Folgen dieser Bindung herrscht wiederum Streit (Rn 18 und 19; eingehend: Koussoulis aaO S 26 ff).

18 **b) Prozessuale Bindungslehre.** Nach einer **Mindermeinung** (StJP, 18. Aufl, § 322 Anm II 3; Blomeyer § 88 III; Pohle, JurBlätter 57, 113; Hellwig, System I, 777; Schönke/Schroeder/Niese, Lehrbuch 8. Aufl, § 73 V 1; hier 10. Auflage) erschöpft sich die Wirkung der materiellen Rechtskraft in dieser Bindung; vor der Wiederholung der gleichen Klage schützt den Gegner der Mangel des Rechtsschutzbedürfnisses an erneuter Rechtsverfolgung. Hier liegt also ein einheitlicher Rechtskraftwirkungsbegriff zugrunde.

19 **c) Ne bis in idem-Lehre.** Nach der heute in der Rspr (BGHZ 34, 337; 36, 365; 93, 288 f mwN; NJW 85, 2535 = MDR 86, 39; NJW-RR 86, 22 = MDR 85, 923, stRspr) und im Schrifttum (R-Schwab § 152 IV 1; StJSchL, 19. Aufl, § 322 Anm III 5b; ThP § 322 Anm 3b bb und 4b; BL vor § 322 Anm 3A; Jauernig § 62 III 1; Schellhammer Rn 846; Gaul aaO S 513 ff mwN; Mädrich MDR 82, 455) **herrschenden Ansicht** (ne bis in idem) ist zu unterscheiden: **aa)** In den seltenen Fällen, in denen der **Streitgegenstand** des zweiten Rechtsstreits mit dem des ersten **identisch** ist (vgl Rn 21), ist die Rechtskraft eine **negative Prozeßvoraussetzung,** dh sie verbietet nicht nur eine abweichende Entscheidung, sondern macht das neue Verfahren und eine Entscheidung darin schlechthin unzulässig (BGH 93, 289; NJW 83, 2032; 85, 2535 f; BAG NJW 84, 1711), ohne das Rechtsschutzbedürfnis bemühen zu müssen. **bb)** In der Mehrzahl der Fälle, in denen die im Vorprozeß entschiedene Rechtsfolge nur **Vorfrage** für die Entscheidung des nachfolgenden Rechtsstreits ist (s Rn 22 ff), erschöpft sich auch nach hM die Wirkung der Rechtskraft in der **Bindung des später entscheidenden Gerichts** an die Vorentscheidung; dieses Ergebnis kann freilich auch als eine modifizierte Geltung des ne bis in idem-Grundsatzes verstanden werden (BGH NJW 83, 2032; 85, 2535 f; R-Schwab § 152 IV 2; Jauernig § 62 III 2; vgl auch Gaul, FS Flume, S 513 ff).

d) Amtsprüfungsgrundsatz und fehlende Parteidisposition. aa) Als negative Prozeßvoraussetzung (Rn 19 [aa]) aber auch im Rahmen ihrer Bindungswirkung bei Präjudizialität (Rn 19 [bb]) ist die Rechtskraft in jeder Lage des Rechtsstreits **von Amts wegen** zu beachten (BGH 36, 367; 93, 290; NJW 84, 127; ZZP 89, 331; ThP Anm 4c; Jauernig § 62 III 2; Blomeyer § 88 V 2; eingehend Gaul, FS Flume, S 504 ff, 512 f; 519 ff; Konsequenz der prozessualen Auffassung, vgl Rn 17). **bb)** Sowohl die formelle wie die materielle Rechtskraft (nicht natürlich das rechtskräftig festgestellte Rechtsgut selbst) sind der **Parteidisposition** entzogen (vgl R-Schwab § 152 V 2; StJSchL § 322 Anm IX 5, abw Schlosser, Einverständliches Handeln im Zivilprozeß, 1968, S 12 ff; ie hier § 325 Rn 43 a, b) 20

e) Besonderheiten. Besteht in **Ausnahmefällen** ein schutzwürdiges Bedürfnis nach dem **nochmaligen Erlaß eines Titels,** löst die Mindermeinung dieses Problem, indem sie für diese Fälle das sonst verneinte Rechtsschutzbedürfnis bejaht, während die hM hier ihren Grundsatz ne bis in idem durchbrechen und ein neues Verfahren zulassen muß (so BGH 93, 287 [290] = NJW 85, 1711 = MDR 85, 562 mit Anm Hagen LM Nr 103; eingehend Gaul, Rechtskraftdurchbrechung, S 21 ff). Anerkannt sind folgende **Fälle:** Verlust des nicht wieder herstellbaren Titels (BGH 4, 321; NJW 57, 1111; 64, 1626); berechtigtes Interesse an nochmaliger Feststellung des Inhalts eines für die Zwangsvollstreckung zu unbestimmt tenorierten Urteils (BGH 36, 11 [14]; NJW 72, 2268); Notwendigkeit erneuter Feststellungsklage, um den Eintritt der Verjährung zu verhindern, so etwa im Fall der Verurteilung zu wiederkehrenden Leistungen (§ 258), deren Verjährung gem § 218 II BGB von der rechtskräftigen Feststellung unberührt blieb (BGH 93, 289 ff = aaO; nach Jauernig § 62 III 1 liegt im Hinblick auf die Verschiedenheit der Anträge – §§ 258, 256 – gar kein Ausnahmefall vor; dagegen zutr Gaul, Rechtskraftdurchbrechung, S 23). Zur **umstr** Frage, ob bei **Auslandsurteilen** eine Klagewiederholung zulässig ist, vgl hier § 328 Rn 51, 55. 20a

IV) Wirkung der Rechtskraft in späteren Prozessen

Folgt man der prozessualen Rechtskrafttheorie in ihrer derzeit herrschenden Ausformung (Rn 19), so gilt:

1) In den seltenen Fällen der **Identität der Streitgegenstände** (s allg Einl Rn 60 ff) der beiden Verfahren ist **jede erneute Verhandlung und Entscheidung unzulässig** (Rn 19 [aa]). Das gilt nicht nur, wenn der nämliche Streitgegenstand zwischen den nämlichen Parteien rechtshängig gemacht wird (der Kläger klagt denselben Anspruch ein zweites Mal ein); vielmehr sind die Streitgegenstände auch identisch, wenn im Zweitprozeß der Ausspruch des **kontradiktorischen Gegenteils** einer im Erstprozeß festgestellten Rechtsfolge begehrt wird (vgl auch § 322 Rn 11). **Beispiele:** Ein Prätendent nimmt mit einer Feststellungsklage ein absolutes oder relatives (gegen einen Dritten gerichtetes) Recht für sich in Anspruch, das im Vorprozeß bereits dem nunmehrigen Beklagten rechtskräftig zuerkannt worden war. Der im Erstprozeß auf positive Feststellungsklage hin unterlegene Beklagte klagt erneut auf negative Feststellung der nämlichen Rechtsfolge gegen den Erstkläger. Aus der **Rspr:** Erhebt der Kläger nach rechtskräftiger Abweisung der Klage auf Naturalwiederherstellung (§ 249 S 1 BGB) eine neue Klage auf Geldersatz (§ 249 S 2 BGB), liegt Identität vor (so RG 126, 401 ff, str; aA R-Schwab § 155 I mN). Wurde der Beklagte rechtskräftig verurteilt, die Zwangsvollstreckung aus einer Grundschuld nebst 10% Zinsen seit 1. 1. 1983 in sein Grundstück zu dulden (vgl §§ 1147, 1192 BGB) und erhebt der Kläger – wegen § 218 II BGB – später Klage auf Feststellung, daß der Beklagte zur Duldung der Zwangsvollstreckung wegen der Grundschuldzinsen seit dem 1. 1. 1987 verpflichtet ist, so sind die Streitgegenstände insoweit (teilweise) identisch (BGH 93, 288, str; vgl Rn 20). Ist die Klage eines (titulierten) Unterhaltsgläubigers im Hinblick auf einen bestehenden – vollstreckbaren – Prozeßvergleich als unzulässig abgewiesen worden, macht der Unterhaltsschuldner, der mit der Vollstreckungsgegenklage das Vorliegen eines Prozeßvergleiches leugnen will, das Gegenteil der entschiedenen Rechtsfolge geltend (BGH NJW 85, 2535 mit krit Anm Dunz). Im Fall BGH NJW 65, 42 wurde der Unterlassungsanspruch, ein dem Kläger gehöriges Grundstück zu betreten usw, abgewiesen. Klagt der Kläger dann erneut auf Feststellung gegen den Erstbeklagten, daß diesem kein die Bebauung des Grundstücks durch den Kläger hinderndes Recht zustehe, so ist dies nach BGH das kontradiktorische Gegenteil des ersten Urteilsspruches und dadurch von dessen Rechtskraft erfaßt. Im Fall BGHZ 52, 150 war zunächst eine Klage des Grundstückseigentümers auf Löschung einer Auflassungsvormerkung mit der Begründung abgewiesen worden, daß der Auflassungsanspruch bestehe; im Nachfolgeprozeß wurde (vom Rechtsnachfolger des Vorgemerkten) auf Auflassung gegen den Erstkläger geklagt; hier ließ der BGH offen, ob das Zweitgericht durch die Verneinung des Löschungsanspruchs auch an die darin gegensätzlich liegende Bejahung des Auflassungsanspruchs gebunden sei, da es jedenfalls an der subjektiven Erstreckung der Rechtskraft auf den Rechtsnachfolger des Erstbeklagten fehlte; kritisch hierzu Blomeyer NJW 70, 179, dem zuzugeben ist, daß der Ausspruch des Ersturteils für den 21 zweiten Streitgegenstand nicht präjudiziell ist; bedenklich auch, hier im Auflassungsbegehren das kontradiktorische Gegenteil des Löschungsanspruchs sehen zu wollen. Ist im Prätendentenstreit im Vorprozeß die Klage auf Einwilligung in die Auszahlung abgewiesen worden, steht die Auszahlungsberechtigung des nunmehrigen Klägers (damaligen Beklagten) noch nicht rechtskräftig fest, denn mit der Aberkennung des Rechts des einen ist die Berechtigung des anderen noch nicht positiv festgestellt (Zweibrücken OLGZ 80, 238; s auch § 75 Rn 8).

22 **2)** In der Mehrzahl der Fälle, in denen die rechtskräftig erkannte Rechtsfolge für den zweiten Rechtsstreit nur vorgreiflich ist (**Präjudizialität,** s Rn 19 [bb]), **hindert** die Rechtskraft das nachentscheidende Gericht nach beiden prozessualen Rechtskrafttheorien **nur an einer abweichenden Entscheidung.**

23 **a)** Unter **Entscheidung** in diesem Sinne ist allerdings nicht nur eine solche Prozeßhandlung (Urteil oder Beschluß) des Gerichts zu verstehen, in der die richterliche Tätigkeit in einem neuen Verfahren förmlichen Ausdruck findet, sondern zu „entscheiden" hat das Gericht auch schon immer dann, wenn es eine Rechtsfrage beurteilen muß, um eine solche Prozeßhandlung vorzubereiten. Entscheidung ist hier also auch die gedankliche Tätigkeit, die vorausgehen muß, wenn das Gericht sich darüber klar werden will, ob und mit welchem Inhalt es eine förmliche Entscheidung erlassen soll. Diese Erkenntnis ist sehr wesentlich; sie besagt, daß die materielle Rechtskraft in einem neuen Verfahren auch dann bindet, wenn das Gericht in einem zweiten Prozeß die bereits rechtskräftig entschiedene Frage nur als Vorfrage zu beurteilen hat; sie besagt ferner, daß das Gericht nicht nur bei **Urteilen,** sondern auch bei **Beschlüssen** und **Verfügungen** an rechtskräftige Entscheidungen gebunden ist, falls von der rechtskräftig entschiedenen Frage das Ob oder das Wie von Beschlüssen und Verfügungen abhängig ist. Es darf zB kein Beweisschluß ergehen, demzufolge über Tatsachen Beweis erhoben werden soll, die (nur) im Hinblick auf ein bereits rechtskräftig zu- oder aberkanntes Recht entscheidungserheblich sein können; das Gericht darf von einer rechtskräftigen Entscheidung nicht nur nicht abweichen, sondern es darf auch nicht die bloße Möglichkeit abweichender Entscheidung einem Beweisbeschluß zugrunde legen.

24 **b)** Hat das Gericht im Zweitprozeß den **Streitgegenstand** des rechtskräftig entschiedenen **Erstprozesses als Vorfrage** erneut zu prüfen, hat es den Inhalt der rechtskräftigen Entscheidung seinem Urteil zugrunde zu legen (vgl Schwab, FS Bötticher 1969, S 321). Wann der Streitgegenstand des Erstprozesses in einem Zweitprozeß entscheidungserheblich ist, bestimmt das anzuwendende sachliche Recht, das je nach dem Streitgegenstand des Zweitprozesses auch Prozeßrecht sein kann, so bei den prozessualen Gestaltungsklagen der §§ 771 ff. Es kommt darauf an, ob das im Zweitprozeß anzuwendende sachliche Recht (StJSchL Anm IX; Blomeyer § 89 V 2) das Bestehen oder Nichtbestehen des im Erstprozeß rechtskräftig zu- oder aberkannten subjektiven Rechts oder des im Erstprozeß rechtskräftig bejahten oder verneinten Rechtsverhältnisses voraussetzt. Nicht zu verwechseln hiermit ist die Frage, inwieweit Vorfragen des Erstprozesses in Rechtskraft erwachsen (ie Mädrich MDR 82, 455; BGH NJW 79, 1408; hier Rn 34, 36).

25 **aa)** Präjudizielle Bedeutung hat der Streitgegenstand des Erstprozesses, wenn der zunächst auf Grund einer vertraglichen Leistungspflicht verurteilte Beklagte aus § 812 BGB auf **Rückzahlung** dessen klagt, was er **auf Grund des Urteils geleistet** hat oder was auf Grund des Urteils **beigetrieben** wurde (BGH 83, 278 [280] = NJW 82, 1147 [1148] = MDR 82, 562; Zeuner S 55), anders wenn die Rückforderung zB bei Verurteilung zu laufenden Leistungen wegen später eingetretener Umstände anstelle der „überholten" Klage gem § 767 verlangt wird (BGH 83, 278 [280]; NJW 84, 127). Ebenso liegt es, wenn der zur Zahlung des Kaufpreises rechtskräftig verurteilte Käufer die Forderung zunächst erfüllt, später jedoch den Betrag nach § 467 BGB oder §§ 327, 346 BGB zurückverlangt; der im Zweitprozeß eingeklagte Anspruch setzt voraus, daß der Kaufpreisanspruch nicht (und zwar: nicht mehr; wegen der zeitlichen Komponente des Problems vgl Rn 60, 61) besteht; teilweise (vgl R-Schwab § 155 II 1) werden diese Fälle allerdings der Gruppe Rn 21 (Identität des Streitgegenstandes) zugeordnet; wie hier zutreffend Zeuner aaO, S 14, 55.

26 **bb) Rückforderung bei Doppelleistung** (freiwillig und im Wege der Zwangsvollstreckung). In diesem Zusammenhang sei die Frage erörtert, über deren Lösung seit eh und je Streit herrscht: S zahlt seine Schuld an G. Diesem gelingt es gleichwohl, ein rechtskräftiges Urteil auf Zahlung zu erwirken, aus dem er nun die geschuldete Summe ein zweites Mal im Wege der Zwangsvollstreckung erlangt. Um das unbefriedigende Ergebnis zu vermeiden, werden verschiedene Wege beschritten. Der Rückforderung des beigetriebenen Betrags steht die Rechtskraft entgegen. Inwieweit schon die Zwangsvollstreckung aus dem Urteil abgewehrt werden kann, ist umstritten; s dazu Rn 75. Vielfach wird der Kondiktion des freiwillig Gezahlten das Wort geredet (vgl die erschöpfende Darstellung mit Nachweisen bei Gaul JuS 62, 1 f). § 812 I S 1 BGB (Reichel, FS für Wach, S 3; Rosenberg ZZP 59, 229; zT abweichend Zeuner, Die objektiven Grenzen der Rechts-

kraft, S 91 ff) oder § 812 I S 2 Fall 1 BGB sind allerdings, wie zuletzt Gaul überzeugend dartut, nicht vertretbar. Näher liegt es, mit § 812 I S 2 Fall 2 BGB (verfehlte Zweckerreichung der ersten Leistung!) zu helfen. Haupteinwand: Der bezweckte Erfolg darf sich nicht nur in der Erfüllung erschöpfen, sondern muß neben ihr und über sie hinaus einverständlich vorausgesetzt worden sein (für alle: Larenz Schuldrecht II § 69 II); dies schlägt aber dann nicht durch, wenn die freiwillige Zahlung im Hinblick auf den bereits anhängigen oder doch unmittelbar drohenden Prozeß erfolgte, um diesen zu vermeiden oder günstig zu erledigen. Dieser Zweck kann durchaus neben der Erfüllung bestehen. In allen anderen Fällen wird man der hL beipflichten müssen, daß eine Rückführung der Erstleistung nicht möglich ist. Gauls (aaO S 12) Lösung berücksichtigt zu wenig, daß die von ihm vorgeschlagene Wiederaufnahme des rechtskräftig abgeschlossenen Rechtsstreits häufig am Tatbestandsmerkmal „auffinden" „zu benützen in den Stand gesetzt wird" des § 580 Nr 7b (vgl ThP § 580 Anm 2 zu Nr 7b, Anm b und c) oder an § 582 scheitern wird. Das Ergebnis erscheint dürftig. Aber wer nichts schuldet und zu Unrecht verurteilt wurde, muß grundsätzlich auch zahlen, ohne konzidieren zu können. – Bei der erfolglos, weil zB verspätet erklärten Aufrechnung, hilft die hL mit deren materieller Wirkungslosigkeit (vgl BGH 16, 140; R-Schwab § 106 III 2; Blomeyer § 60 II 4c; StJLeipold § 145 Rn 56 ff, vgl auch Rn 69.

c) Weitere Fälle von Präjudizialität des Streitgegenstandes des Erstprozesses aus der neueren 27
Rechtsprechung: Die Abweisung der **Räumungsklage** hindert den Erfolg einer Klage auf Vertragsstrafe wegen angeblich verspäteter Räumung (BGH LM Nr 23 zu § 322); dagegen steht durch die Abweisung der Räumungsklage nicht schon auch rechtskräftig fest, daß die Kündigung, auf die die Klage gestützt war, das Mietverhältnis nicht beendet hat (BGH 43, 144 = NJW 65, 693 = LM Nr 52 zu § 322 mit Anm Gelhaar); umgekehrt wirkt das Räumungsurteil Rechtskraft im Rechtsstreit, in dem der Kläger Ansprüche gegen den Räumungsschuldner daraus herleitet, daß dieser nicht geräumt hat (BGH NJW 69, 1064), zB auf Nutzungsentschädigung gem § 987 BGB (BGH NJW 85, 1553; Hackspiel NJW 86, 1148). – Ist eine Unterlassungspflicht (wettbewerblicher Art) vertraglich begründet, wirkt das **Unterlassungsurteil** nach BGH 42, 340 = LM § 322 Nr 54a, Anm Bock, Rechtskraft für einen späteren Schadensersatzprozeß, jedenfalls für die Zeit ab Erhebung der Unterlassungsklage; dies sollte – so Bock aaO – auch bei Unterlassungsurteilen wegen Verletzung von Schutzrechten, Verstoßes gegen das UWG und wegen unerlaubter Handlung (also bei gesetzlichen Unterlassungspflichten) gelten; hierzu auch Anm Zeuner JuS 66, 147; Reimer GRUR 65, 331 und BGH 52, 2 (4). Die Rechtskraft eines Unterlassungsurteils schließt auch die Feststellung ein, daß kein dem Unterlassungsanspruch entgegenstehendes Recht besteht (LG Hagen MDR 69, 851). Ist im Vorprozeß rechtskräftig die Unwirksamkeit einer fristlosen Kündigung festgestellt worden, so kann im folgenden Zahlungsprozeß die **fristlose Kündigung** nicht nachträglich in eine fristgemäße umgedeutet werden (Bestätigung von BAG AP Nr 2 zu § 615 BGB), BAG Betrieb 70, 1182; BAG AP Nr 3 zu § 13 KSchG 1969 mit insoweit krit Anm Vollkommer. Ist die prozeßbeendigende Wirkung eines **Prozeßvergleichs** rechtskräftig festgestellt, so kann in einem neuen Prozeß grundsätzlich auch nicht die materiellrechtliche Unwirksamkeit des Vergleichs geltend gemacht werden (BGH 79, 71 = NJW 81, 823 = MDR 81, 492). – Zur Bindungswirkung des **Haftpflichtprozesses** für den Deckungsprozeß s Celle VersR 70, 314. Wird im Haftpflichtprozeß neben dem Schädiger auch der Versicherer unmittelbar in Anspruch genommen, so muß der im ersten Rechtszug mitverurteilte Versicherer im Berufungsverfahren das gegen den Versicherten rechtskräftig gewordene Urteil gegen sich gelten lassen (LG Berlin VersR 76, 580). – Eine abgewiesene Unterlassungsklage gegen die Benutzung eines Teils des Grundstücks des Klägers als Weg schließt eine spätere Feststellung aus, derzufolge der Kläger diesen Teil des Grundstücks bebauen dürfe (BGH LM Nr 48 zu § 322); ein Herausgabeurteil aus § 985 BGB bindet in einem Zweitprozeß wegen eines Nutzungsanspruchs nach § 987 BGB (BGH LM Nr 14 zu § 322); dies gilt auch dann, wenn diese Klage rechtskräftig abgewiesen wurde (BGH NJW 81, 1517; krit Braun NJW 82, 148 [149]); keine Bindung entfaltet ein solches Urteil für den Nutzungsanspruch gem § 988 (BGH NJW 83, 164 [165]); die Tarifeinstufung in der Gehaltsklage des Arbeitnehmers ist präjudiziell für den späteren Gehaltsanspruch (BAG NJW 66, 2330); ist im **Kündigungsschutzprozeß** der Klage stattgegeben worden, kann in einem späteren Prozeß das Fehlen eines Arbeitsverhältnisses überhaupt nicht mehr geltend gemacht werden (BAG NJW 77, 1895); wird der Besitz an einem Sparbuch zugesprochen, ist dies nicht vorgreiflich für die Gläubigerschaft am Sparguthaben (BGH NJW 72, 2268). Für die Feststellung der Vaterschaft nach neuem Recht hat ein vor dem 1. 7. 1970 ergangenes **(Giltvaterschafts-)Urteil** keine Wirkung (Oldenburg DAVorm 76, 494; Stuttgart DAVorm 75, 545); s auch BAG BB 76, 136 = WM 76, 486 = Betrieb 76, 151: Haben sich die einer früheren Entscheidung zugrundeliegenden Rechtsvorschriften geändert (hier: Bestimmungen über den Tendenzschutz) und ist über Ansprüche aus einem Dauerrechtsverhältnis zu entscheiden, so steht die Rechtskraft der früheren Entscheidung der Zulässigkeit eines neuen Verfahrens nicht entgegen. Die rechtskräftige Abweisung der auf den

Eintritt gesetzlicher Erbfolge gestützten Klage eines Miterben auf Einwilligung in eine entsprechende **Berichtigung des Grundbuches** hindert diesen Kläger nicht, mit einer neuen Klage die Berichtigung des Grundbuches mit der Behauptung zu verlangen, nicht der Eingetragene, sondern er habe den Erblasser kraft Verfügung von Todes wegen allein beerbt (BGH NJW 76, 1095 = MDR 76, 302 = FamRZ 76, 146 und 268 zust Anm Schwab). Zur Frage der Drittwirkung der Rechtskraft des Titels eines nach § 776 HGB **vorrangigen Schiffsgläubigers** s BGH NJW 74, 2284 = MDR 75, 39 = KTS 75, 107 entgegen Hamburg VersR 73, 563. Ist im **Patentverletzungsstreitverfahren** eine bestimmte Verletzungshandlung rechtskräftig festgestellt worden, darf in einem nachfolgenden Betragsverfahren nicht von einer anderen Verletzungsform ausgegangen werden (BGH 82, 299 [304] = NJW 82, 1154 [1155] = MDR 82, 489 [490]).

28 **3) Nicht gebunden** ist das Gericht des Zweitprozesses, wenn nicht der Streitgegenstand, sondern nur eine Vorfrage des Erstprozesses im Zweitprozeß präjudiziell ist, wenn also **beiden Prozessen** lediglich eine **gemeinsame Vorfrage** zugrunde liegt. Die materielle Rechtskraft wirkt hier nicht, weil sie sich auf präjudizielle Rechtsverhältnisse nicht erstreckt (vgl Rn 34). Schulbeispiel: Die Zinsklage ist abgewiesen, weil das Darlehen nicht bestehe. Die Rechtskraft dieses Urteils hindert nicht, eine neue Zinsrate im Zweitprozeß zuzusprechen, da das Darlehen bestehe. Hierher gehört auch die Klage des Partners eines **gegenseitigen Vertrages,** der einen Teil der ihm hieraus gebührenden Leistungen einklagt; alsdann wird weder über den gegenseitigen Vertrag als solchen, noch über die nicht eingeklagten Ansprüche aus ihm rechtskräftig entschieden (BGH 34, 339; BAG AP Nr 8 zu § 322; zur Teilklagenproblematik näher Rn 44 f). Beispiel: Wird der Käufer im Erstprozeß mit dem Anspruch auf Rückzahlung des bar entrichteten Kaufpreisteils abgewiesen, weil der Kaufvertrag bestehe, ist das Gericht im späteren Prozeß auf Zahlung des Restkaufpreises nicht gehindert, die Klage wegen Unwirksamkeit des Kaufvertrags (Widerruf gem § 1b AbzG) gleichfalls abzuweisen (vgl BGH 91, 17). Diese Grundsätze verkennt Celle (NJW 60, 2152), das sich angesichts einer Mietzinsklage für einen bestimmten Zeitraum durch das abweisende Urteil für einen früheren Mietzeitraum zu Unrecht für gebunden hielt; dort wird übersehen, daß von einer Präklusionswirkung (vgl Rn 68) nur für den Streitgegenstand die Rede sein kann, über den entschieden ist (BGH LM Nr 30 zu § 322 = NJW 61, 1772). Aus den gleichen Gründen wird auf eine **Klage wegen Unterhalts** für eine bestimmte Zeit nicht über die Unterhaltspflicht des Beklagten schlechthin, sondern nur über die eingeklagten Raten entschieden (vgl dazu LG Münster MDR 57, 682). S auch BGH VersR 73, 156 (Feststellungsurteil über den Ersatz von Stationierungsschäden). Nicht in Rechtskraft erwächst bei einer Stufenklage, § 254, die Bejahung des Hauptanspruchs in den Gründen des zur Rechnungslegung oder Auskunftserteilung verurteilenden Teilurteils (BGH NJW 69, 880 = JZ 70, 226 Anm Grunsky, zustimmend Baumgärtel JR 70, 185). Nach BGH WM 75, 1086 ist allerdings nach rechtskräftiger Verurteilung zur Rechnungslegung im weiteren Verfahren nicht mehr zu prüfen, ob der Anspruch auf Rechnungslegung oder der Hauptanspruch selbst begründet ist.

29 Gelegentlich bereitet es Schwierigkeiten, diese Fälle richtig einzuordnen. In einem Erstprozeß war ein Schuldner zur Geldzahlung verurteilt worden (Abwandlung von BGH LM Nr 27 zu § 322 = NJW 60, 1460, wo ein außergerichtlicher Titel vorlag); später erhob er **Vollstreckungsgegenklage,** die rechtskräftig abgewiesen wurde, worauf der Gläubiger die Urteilssumme beitrieb. In einem Drittprozeß begehrte der Schuldner Schadensersatz, weil der Anspruch zur Zeit der Vollstreckung bereits erloschen gewesen sei, allerdings aus einem Grund, der auch schon zur Zeit des Zweitprozesses vorgelegen hatte. Der BGH wies die Schadensersatzklage ab, da ihr die Rechtskraft des Zweiturteils entgegenstehe; dieses habe die titulierte Forderung rechtskraftfähig bestätigt. In Wirklichkeit ist der Zahlungsanspruch des Beklagten im Prozeß der Vollstreckungsgegenklage nur Vorfrage; er nimmt an der Rechtskraft des die Klage aus § 767 abweisenden Urteils nicht teil; dieses verneint rechtskräftig lediglich den prozessualen Gestaltungsanspruch aus § 767 (zutr nunmehr BGH 85, 367 [371] = NJW 83, 390 [391] = MDR 83, 394 [395]). Im Ergebnis ist dem BGH (für die hier gebildete Abwandlung) gleichwohl zuzustimmen: Die Schadensersatzklage mußte an der Rechtskraft des Leistungsurteils scheitern; dem damals festgestellten Zahlungsanspruch gegenüber durfte sich der Schuldner nicht mehr auf einen Erlöschenstatbestand (als neue Tatsache) berufen, der bis zur letzten mündlichen Tatsachenverhandlung des Zweitprozesses verwirklicht worden war (§ 767 III). Zutreffend verneint hat das BAG (AP Nr 6 zu § 322, zustimmend Pohle aaO) eine Bindung in einem Fall, in dem ein Kläger zunächst erfolglos **Schadensersatz in Natur** und später in einem Zweitprozeß **Schadensersatz in Geld** gefordert hatte. Trotz wirtschaftlicher Identität des Schadens war die angebliche Schadensersatzpflicht des Beklagten in beiden Prozessen nur Vorfrage; das Gericht wäre im Zweitprozeß nur dann gebunden gewesen, wenn über die Schadensersatzpflicht des Beklagten als solche als Hauptfrage des Erstprozesses rechtskraftfähig erkannt worden wäre. Zutreffend und lehrreich ist auch die Entscheidung des BGH LM Nr 48 zu § 322.

V) Objektive Grenzen der Rechtskraft

1) Allgemeines. Die Rechtskraft des Sachurteils (Prozeßurteil vgl Rn 8 und § 322 Rn 1) bindet, wenn der **Streitgegenstand** des Erstprozesses in einem Zweitprozeß erneut zur Entscheidung steht. Zunächst einmal gilt es (Rn 31), die Entscheidung über den Streitgegenstand von ihren Gründen abzugrenzen, da diese an der materiellen Rechtskraft nicht teilnehmen (zum Umfang der Rechtskraft in rechtsvergleichender Sicht s Habscheid, FS Fragistas, Bd I S 529 und Ritter ZZP 87, 138). Da sich die objektiven Grenzen der Rechtskraft eines Urteils nur an Hand des Streitgegenstands bestimmen lassen (dazu Rn 37; grundsätzlich BGH 85, 367 [374] = NJW 83, 390 [391], stellt sich schließlich die Frage, ob zwischen Streit- und Urteilsgegenstand ein qualitativer (Rn 38 ff) oder quantitativer (Rn 44 ff) Unterschied besteht. 30

2) Rechtskraftfähiger Inhalt der Entscheidung. a) Beschränkung auf den Entscheidungssatz. Nur der Entscheidungssatz erwächst in Rechtskraft. Die Abgrenzung des Entscheidungssatzes von den tatsächlichen und rechtlichen Zwischenergebnissen, auf denen er beruht („Urteilselemente"; s BGH 93, 335 mN; NJW 83, 2032; Mädrich MDR 82, 455), ist eine Frage der objektiven Grenzen der Rechtskraft. Unzutreffend wird oft gesagt, daß die Urteilsformel im Sinn von § 313 I Nr 4 im Gegensatz zu den „Entscheidungsgründen" im Sinn von § 313 I Nr 6 in Rechtskraft erwüchse. In Wirklichkeit müssen die **Entscheidungsgründe** und bei nicht streitigen Urteilen ohne Entscheidungsgründe (§§ 330, 331) das Parteivorbringen (BGH 35, 338; 34, 337; NJW 82, 2257; NJW 83, 2032 mN) **herangezogen** werden, wenn der Streitgegenstand und damit der Umfang der Rechtskraft abgegrenzt werden sollen (vgl zB BGH 82, 246 [254]; 92, 302 [304]; 93, 330 [335 f]; NJW 83, 2032; 85, 2826 mN; BAG NJW 86, 1832; vgl auch Schwab, FS für Bötticher 1969, S 321; nach Lindacher ZZP 88, 64, gehen bei einer Divergenz der Entscheidungsverlautbarung in Tenor und Gründen die letzteren vor, es sei denn, die Entscheidungsgründe werden der durch den Tenorausspruch begünstigten Partei erst zu einem Zeitpunkt bekanntgemacht, in dem sie bei Kongruenz von Tenor und Gründen eine unangreifbare Rechtsposition erlangt hätte); das gilt stets, wenn eine Klage als unzulässig oder unbegründet **abgewiesen** wird (BGH NJW 85, 2535 = MDR 86, 39; NJW 86, 1046); ist zB die Klage gegen einen mittelbaren Besitzer auf Herausgabe abgewiesen, so kann damit auch über den Anspruch auf Abtretung des Herausgabeanspruchs gegen den unmittelbaren Besitzer rechtskräftig erkannt sein (BGH 2, 164; vgl weiter BGH NJW 65, 42; J. Blomeyer NJW 69, 587 und Rn 42 aE). Das gilt aber auch, wenn eine Leistungs- oder Feststellungsklage wegen Gattungsverbindlichkeiten Erfolg hat. Es gilt also, den durch Auslegung des ganzen Urteils zu gewinnenden Entscheidungssatz von den **Urteilselementen** abzugrenzen, die nicht in Rechtskraft erwachsen (BGH 92, 335; NJW 82, 2257; 83, 2032). Ist der Klage dagegen voll stattgegeben worden, so soll der Kläger durch einschränkende Gründe der Entscheidung nicht beschwert sein (so Celle OLGZ 79, 195; in dieser Allgemeinheit bedenklich; aA auch BGH NJW 79, 1047). Ist umgekehrt die Klage abgewiesen, so ist auch der Beklagte durch ihm nachteilige Feststellungen nicht beschwert (BGH 82, 246 [253] = NJW 82, 578 [579]; etwas anderes gilt freilich, wenn es sich nur um eine eingeschränkte Klageabweisung handelt. Bsp: Abweisung als „zur Zeit unbegründet" (BGH 82, 246 [254] = NJW 82, 578 [580]). 31

b) Nicht rechtskraftfähige Urteilsbestandteile. aa) Tatsachen, von denen das Gericht als unstreitigem oder erwiesenem Prozeßstoff ausgeht, werden niemals rechtskräftig festgestellt (BGH NJW 83, 2032 mN), zB die Annahme von Vorsatz durch den Berufungsrichter an Stelle von Fahrlässigkeit durch das Erstgericht (BGH LM § 322 Nr 2). Dies gilt auch, wenn nach sachlichem Recht die getroffene Entscheidung ohne die zugrunde gelegte Tatsache keinesfalls hätte ergehen dürfen. Ausnahme: Bei der Feststellungsklage (§ 256) über die Echtheit oder Unechtheit einer Urkunde. 32

bb) Auch **abstrakte Rechtsfragen** (BGH NJW 83, 2032 mN; BL § 322 Anm 2 Cb), über die das Gericht befinden muß, um zu einer Entscheidung über den Streitgegenstand zu gelangen, sind nicht Gegenstand der rechtskraftfähigen Entscheidung, können also ebenso wie der Tatsachenstoff in einem neuen Prozeß zwischen den Parteien abweichend beurteilt werden. 33

cc) Präjudizielle Rechtsverhältnisse und Vorfragen. Sie werden nur rechtskraftfähig festgestellt, wenn sie Streitgegenstand waren (zB bei Feststellungsklage, insbes gem § 256 II, oder ein schuldrechtlicher Anspruch bei Leistungsklagen), nicht dagegen wenn über sie nur als **Vorfragen** zu entscheiden war (BGH 93, 335; 94, 33; vgl hierzu die Beispiele in Rn 36). Daraus ergeben sich wichtige Konsequenzen für die Rechtskraft von **Teilurteilen** (Rn 46 ff). 34

c) Bestimmung durch den Streitgegenstand. Anknüpfungspunkt für die objektiven Grenzen der Rechtskraft sind also weder Tatsachen noch Rechtsfragen noch Rechtsverhältnisse, sondern ist ausschließlich der **Streitgegenstand,** über den im Erstprozeß entschieden wurde (BGH 85, 367 [374] = NJW 83, 390; 94, 29 [33] = NJW 85, 2481; NJW 86, 1046 = MDR 86, 312). Wird er in einem neuen Verfahren als Vor- oder Hauptfrage erneut zur Entscheidung gestellt, so hindert die 35

Rechtskraft das Gericht an einer abweichenden Beurteilung bzw macht den Prozeß unzulässig. Soweit ausnahmsweise die rechtliche Einordnung des Streitgegenstands diesen individualisiert (Zusprechung des Zahlungsanspruchs aus § 826 BGB, weil ihm gegenüber die Aufrechnung unzulässig ist, § 393 BGB), kann auch diese Einordnung in Rechtskraft erwachsen (vgl dazu Bader aaO; auch Grunsky ZZP 76, 165 und Schwab, FS für Bötticher 1969, S 329).

36 **d) Beispiele für nicht von der Rechtskraft erfaßte präjudizielle Rechtsverhältnisse.** Der Grundsatz gem Rn 34 wird in Rechtsprechung und Literatur nicht immer konsequent beibehalten. So wird von der hL (RG JW 36, 3047; Zeuner 143 ff; Blomeyer § 89 V 4 d; StJSchL § 322 VI 4 a; IX 3 zu Fn 185; Mädrich MDR 82, 455 [456]) angenommen, es sei über das **Eigentum** rechtskraftfähig erkannt, wenn über eine auf Eigentum gestützte **Klage aus § 894 BGB** entschieden sei. In Wahrheit ist aber das Eigentum für einen Anspruch aus § 894 BGB ebenso nur präjudizielles Rechtsverhältnis wie bei einem Anspruch aus § 985 BGB, wo allgemein anerkannt ist, daß die Entscheidung über das Eigentum nicht in Rechtskraft erwächst (anders allerdings auch hier Zeuner aaO). Ist die Klage des Grundeigentümers auf Löschung der Hypothek abgewiesen worden, so steht die Rechtskraft dieses Urteils nur der Vollstreckungsklage wegen des dinglichen Anspruchs, nicht aber wegen der persönlichen Forderung entgegen (BGH LM § 322 Nr 16). Die Abweisung der Klage des Grundeigentümers auf Rückabtretung der Grundschuld wirkt nach BGH LM § 322 Nr 47 auch Rechtskraft, wenn der Erstbeklagte nun aus § 1147 BGB gegen den Eigentümer klagt. In beiden Fällen wird zu Unrecht einer Vorfrage Rechtskraft zugeschrieben. Um ein präjudizielles Rechtsverhältnis handelt es sich auch bei **gegenseitigen Verträgen,** wenn ein bestimmter Anspruch aus einem solchen eingeklagt wird. Über das Vertragsverhältnis wird hier grundsätzlich nicht entschieden, so daß ein Gericht in einem zweiten Prozeß über die Gegenleistung des Klägers des Erstprozesses nicht gebunden ist. Bsp: Ist die Zahlungsklage des Veräußerers wegen der Formnichtigkeit des Vertrags (§§ 125, 313 BGB) abgewiesen worden, steht die Rechtskraft der Entscheidung der – auf § 1 I BeurkÄndG gestützten – Auflassungsklage des Erwerbers nicht entgegen (Palandt/Heinrichs BeurkÄndG 1 Anm 4). Ist das im Kündigungsschutzstreit ergangene **Beschäftigungsurteil** rechtskräftig geworden, so steht nur die *Verpflichtung des Arbeitgebers,* den Arbeitnehmer bis zur rechtskräftigen Beendigung des Rechtsstreits zu beschäftigen, rechtskräftig fest, *nicht* dagegen die Dienstleistungspflicht des Arbeitnehmers, *nicht* auch die Lohnzahlungspflicht des Arbeitgebers aus § 615 BGB (vgl BAG NJW 86, 1832). Zu Unrecht aA ist Blomeyer (§ 89 V 4 a); er beruft sich auf den von Zeuner (S 75 ff) geprägten Begriff des „Sinnzusammenhangs", der aber zu unbestimmt ist, um mit seiner Hilfe die Grenzen der Rechtskraft abstecken zu wollen. Besteht für eine Partei das Bedürfnis nach rechtskraftfähiger Entscheidung über vorgreifliche Rechtsverhältnisse, so muß und kann sie den Weg des § 256 II gehen. – Das der **Ehelichkeitsanfechtungsklage** des Mannes stattgebende Urteil stellt nur den Status des Kindes als nichtehelich fest. Im folgenden Vaterschaftsfeststellungsprozeß steht die Rechtskraft des Urteils im Anfechtungsprozeß der Verteidigung des als Erzeuger in Anspruch genommenen Mannes, das Kind stamme doch vom Ehemann der Mutter ab, nicht entgegen (BGH 83, 391 [394 f] = NJW 82, 1652 [1653] = MDR 82, 749; str; aA München NJW 77, 341). – Wegen weiterer Beispiele für präjudizielle Rechtsverhältnisse, über die nicht rechtskraftfähig entschieden wird, vgl Rn 28, 46 f und StJSchL § 322 Anm VI 4. Mit der im Arrestprozeß ergangenen Kostenentscheidung nach § 91 a wird keine Rechtskraftwirkung bezüglich der Rechtmäßigkeit des Arrests geschaffen (BGH WM 66, 192).

37 **3) Entscheidung über den Eintritt einer bestimmten Rechtsfolge.** Das Urteil entscheidet rechtskraftfähig darüber, ob eine bestimmte Rechtsfolge eingetreten ist oder nicht (BGH MDR 79, 51). Das gilt einheitlich für das Urteil nach Leistungs-, nach Feststellungsklagen; für Gestaltungsurteile vgl § 322 Rn 4; für Prozeßurteile vgl § 322 Rn 1, 2. **Rechtsfolge** im Sinn des Streitgegenstandsbegriffs kann sowohl ein Leistungsanspruch gegen den Beklagten sein, um den in einem Leistungsprozeß gestritten wird, als auch ein absolutes Recht oder Rechtsverhältnis, das gemäß § 256 I, II festgestellt werden soll. Für den Streitgegenstandsbegriff belanglos ist es, ob die Rechtsfolge (wirklich oder angeblich) auf Grund einer oder auf Grund mehrerer konkurrierender Normen des sachlichen Rechts eingetreten ist; der prozessuale Streitgegenstandsbegriff ist von dem Begriff des materiellen subjektiven Rechts zu lösen. Vgl in diesem Sinne auch BGH 36, 368. Handelt es sich um eine Rechtsfolge, die ihrer Art nach einmalig ist, so bedarf es keiner weiteren Abgrenzungsmerkmale (Blomeyer § 89 III 2). Ist dagegen die **Rechtsfolge ihrer Art nach wiederholbar,** wie zB ein Anspruch auf Übereignung und (oder) Übergabe von Gattungssachen, so dient der dem Erstprozeß zugrunde liegende **Lebenssachverhalt** dazu, die streitgegenständliche Rechtsfolge zu individualisieren. Ihrer Art nach wiederholbar sind nicht nur alle Ansprüche auf Gattungsschulden, sondern auch andere zahlenmäßig bestimmte Rechtsfolgen, zB der Anspruch auf Einräumung eines bestimmten Miteigentumsanteils an einer Sache (vgl BGH 36, 368).

4) Beschränkung der Rechtskraft auf den „Urteilsgegenstand"? a) Fragestellung. Wird die streitige Rechtsfolge bejaht, so stimmen Streitgegenstand und Urteilsgegenstand überein. Verneint dagegen das Urteil die Rechtsfolge, so ist umstritten, ob dieses Urteil ausnahmslos bindet, oder ob in einem Zweitprozeß wenigstens solche rechtlichen Gesichtspunkte erneut geprüft werden dürfen, die das Urteil des ersten Verfahrens nicht behandelt hat. 38

b) Grundsätzliche Identität von Urteils- und Streitgegenstand. Der ersteren Ansicht ist zuzustimmen. Der Streitgegenstand, über den entschieden wird, ist auch für die Grenzen der Rechtskraft kein anderer als er den Begriffen der Klagehäufung, Klageänderung und Rechtshängigkeit zugrunde liegt (Schwab, Der Streitgegenstand, S 139 f; Habscheid, Streitgegenstand, S 284 ff; Jauernig § 37 VII 3, § 63 III 6; R-Schwab § 154 I 1; Zeiss, Lehrbuch § 71 I 1; str; aA zB StJSchL § 322 Anm VI 5b zu Fn 70; vgl. auch Einl Rn 61). Zur Bindung an die materiell-rechtliche Einordnung des Klageanspruchs vgl Rn 35. 39

Das der Leistungsklage **stattgebende Urteil** stellt fest, daß die bejahte Rechtsfolge mit allen in Betracht kommenden Gegennormen vereinbar ist, daß ihr gegenüber also keine solche Gegennorm durchgreift (zB nicht § 254 BGB gegenüber einem rechtskräftig festgestellten Schadensersatzanspruch, BGH VersR 62, 98), gleichgültig, ob das Gericht alle Gegennormen geprüft hat (BGH NJW 82, 2257 für positive Feststellungsklage; LG Hagen MDR 69, 85: Rechtskraft eines Unterlassungsurteils schließt Berufung auf Notwegrecht im Folgeprozeß aus). 40

Umgekehrt stellt das **klageabweisende Urteil** nach einer Leistungs- oder positiven Feststellungsklage fest, daß die streitige (nur der Gattung nach bestimmte) Rechtsfolge unter keinem denkbaren rechtlichen Gesichtspunkt aus diesem Lebenssachverhalt hergeleitet werden kann, mag auch das Gericht die rechtlichen Gesichtspunkte nicht vollzählig geprüft haben. Wird in einem Prozeß wegen eines Kaufpreisanspruches vorgetragen, daß die Ware dem Beklagten geliefert und von ihm inzwischen verbraucht wurde, die Klage aber gleichwohl abgewiesen, so kann der Kläger diesen Geldanspruch in einem späteren Prozeß auch nicht mehr unter den Gesichtspunkten des Schadensersatzes oder der §§ 812 ff BGB durchsetzen, mag auch das Gericht im Erstprozeß diese Gesichtspunkte nicht geprüft (übersehen) haben (BGH VersR 78, 59; Köln MDR 84, 151, hM; aA Blomeyer § 89 III 4; vgl hierzu auch Einl Rn 70). Wird in einem Urteil die Unterhaltsklage wegen fehlender Bedürftigkeit des Klägers oder mangelnder Leistungsfähigkeit des Beklagten abgewiesen, so steht die Rechtskraft dieser Entscheidung der Erhebung einer neuen Leistungsklage nicht entgegen, wenn die fehlenden Anspruchsvoraussetzungen später eintreten (BGH 82, 246 [250 f]). 41

c) Einschränkungen. Die Gegenansicht wird teils damit begründet, daß der Streitgegenstand mit dem materiellen subjektiven Recht gleichzusetzen sei (vgl dazu die Ausführungen über den Begriff des Streitgegenstandes, Einl Rn 62), teils damit, daß der Begriff des prozessualen Streitgegenstandes zu vage sei, um die objektiven Grenzen der materiellen Rechtskraft abzustecken (Blomeyer § 89 III 2). Diese Lehrmeinung ist grundsätzlich abzulehnen. Jedoch ist die Rechtskraft des Urteils im Sinn dieser Lehrmeinung ausnahmsweise dann beschränkt, wenn das Gericht die Leistungs- oder positive Feststellungsklage abweist und in den Gründen ausdrücklich sagt, daß es einen oder mehrere rechtliche Gesichtspunkte nicht geprüft hat. Dazu kann es kommen, wenn das Gericht nur unter einem bestimmten rechtlichen Gesichtspunkt zuständig ist (zB gem § 32; vgl dazu BGH NJW 86, 2437 und Einl Rn 85), wenn der Kläger (zulässiger- oder unzulässigerweise, vgl dazu Einl Rn 84) verlangt hatte, die streitgegenständliche Rechtsfolge nur unter ganz bestimmten rechtlichen Gesichtspunkten zu prüfen oder sie unter bestimmten Gesichtspunkten nicht zu prüfen. Ferner kann ein Gericht auch deswegen einen Gesichtspunkt bewußt ungeprüft lassen, weil es einen materiell-rechtlichen Streitgegenstandsbegriff zugrunde legt und deshalb die Klage in einem engeren Sinn versteht, in dem oben erwähnten Beispielsfall etwa so, daß nur der Kaufpreisanspruch, nicht dagegen auch ein Schadensersatz- oder Bereicherungsanspruch geprüft werden solle. Stets aber ist erforderlich, daß das Gericht **einen rechtlichen Gesichtspunkt bewußt ausgespart** hat; keinesfalls ermangelt die formell rechtskräftige Klageabweisung deshalb der umfassenden materiellen Rechtskraft, weil das Gericht eine Anspruchsnorm übersehen hat, mag dies auch darauf beruhen, daß der Kläger diesen Anspruchsgrund nicht in den Prozeß eingeführt hat. Jura novit curia! 42

Um die objektiven Grenzen der Rechtskraft des klageabweisenden Urteils zu bestimmen, darf also nicht geprüft werden, welche klagebegründenden Normen das Gericht untersucht und abgelehnt hat. Vielmehr muß umgekehrt gefragt werden, welche Gesichtspunkte des materiellen Rechts das Gericht ausnahmsweise bewußt – wenn auch vielleicht zu Unrecht – außer Betracht gelassen hat. Ergibt sich derartiges aus den Entscheidungsgründen nicht, so ergreift die materielle Rechtskraftwirkung den Streitgegenstand in vollem Umfang (vgl Jauernig § 63 III 6; BGH VersR 78, 59). 43

44 **5) Umfang der Rechtskraft bei Teilentscheidungen und Entscheidung über Teilklagen. a) Allgemeines.** Der Urteilssatz, der mit Hilfe der Entscheidungsgründe auszulegen ist (s Rn 31), bestimmt Inhalt und Umfang der bejahten oder verneinten Rechtsfolge. Geht das Gericht hierbei über die Anträge der Parteien hinaus, so liegt zwar wegen § 308 ein Verfahrensverstoß vor, aber die Rechtskraft eines solchen Urteils ist gleichwohl in vollem Umfang zu beachten (BGH 34, 339; Hamm MDR 85, 241). Schwierigkeiten können dagegen entstehen, wenn das (zusprechende) Urteil **hinter dem Streitgegenstand** (Rn 46) oder jedenfalls hinter dem eingeklagten **materiellen subjektiven Recht** (Rn 47 ff) **zurückbleibt.** Insoweit ist nach der Art der eingeklagten Rechtsfolge zu unterscheiden. Soweit die begehrte Rechtsfolge ihrer Art nach unwiederholbar ist, wirft die quantitative Abgrenzung des Urteilsgegenstandes keine Probleme auf; Ansprüche anderer Art, die im Erstprozeß nicht Streitgegenstand waren, darf der siegreiche Kläger auch auf Grund desselben Sachverhalts in einem Zweitprozeß unbeschränkt geltend machen.

45 Anders liegt es bei **ihrer Art nach wiederholbaren und deshalb zahlenmäßig bestimmten Ansprüchen.** Häufigster Fall sind Ansprüche auf Übergabe und Übereignung von Geld und anderen vertretbaren Sachen („Teilklagen"; dazu Zeiss NJW 68, 1305 ff, aber auch Lehrbuch § 71 III). Hierher gehört aber zB auch ein Anspruch auf Einräumung eines zahlenmäßig bestimmten Bruchteils an einer Sache (Fall BGH 36, 368, wo ein solcher Anspruch irrig als unteilbar und wohl auch seiner Art nach unwiederholbar angesehen wird). Macht in solchen Fällen der im Erstprozeß siegreiche Kläger einen weiteren Anspruch derselben Art in einem Zweitprozeß zusätzlich geltend, so fragt es sich, ob dem die Rechtskraft des ersten Urteils entgegensteht. Das Problem der Rechtskraft gegen den siegreichen Kläger stellt sich nur, wenn der zusätzliche Anspruch und der rechtskräftig zugesprochene Anspruch, wären sie zusammen in der ersten Klage geltend gemacht worden, einen einheitlichen Streitgegenstand (also keinen Fall der objektiven Klagenhäufung) gebildet hätten, insbesondere also, wenn der zusätzliche Anspruch auf demselben Sachverhalt beruht wie der zunächst eingeklagte. Nicht erhebt sich das Problem, wenn der Streitgegenstand des zweiten Rechtsstreits zwar auf dem gleichen Lebenssachverhalt beruht, sich jedoch nach Art und Inhalt vom Streitgegenstand des Erstprozesses unterscheidet; nicht erhebt es sich, wenn ein zwar gleichartiger Anspruch erhoben wird, dieser aber einem anderen Lebenssachverhalt entspringt (vgl BGH LM § 322 Nr 4; BAG NJW 63, 925). Wegen der danach verbleibenden Fälle eines gleichartigen Anspruchs aus demselben Sachverhalt ist nach Fallgruppen zu unterscheiden (Rn 46–51).

46 **b) Materielle Rechtskraft bei Teilentscheidungen.** § 301 erlaubt dem Gericht, ein **Teilendurteil** zu erlassen, also in seinem Urteil zunächst quantitativ hinter dem Streitgegenstand zurückzubleiben. Der Restanspruch bleibt dann in der Instanz anhängig (BGH NJW 67, 1231), wobei das Teilurteil für den Rest keine Rechtskraft wirkt (BGH 85, 373 f; BGH NJW 67, 1231; 85, 2826), selbst wenn sich das Urteil darüber ausläßt (BGH 93, 334 mwN). Anders, wenn der Streitgegenstand des rechtskräftigen Teilurteils (Deckungsanspruch des Versicherungsnehmers) vorgreiflich für die Widerklage (Rückgriffsanspruch des Versicherers) ist; dann besteht eine Bindung, auch wenn sich inzwischen die höchstrichterliche Rspr geändert hat (Frankfurt VersR 70, 217). Entscheidet das Gericht in einem als (Voll-)Endurteil bezeichneten Urteil versehentlich über den Streitgegenstand nicht in vollem Umfang, so steht dem Kläger der Weg des § 321 und daneben nach hM auch die Möglichkeit einer neuen Klage offen, wenn die Rechtshängigkeit erloschen ist, § 321 II; vgl BL § 321 Anm. 1 B; hier § 321 Rn 2, 8.

47 **c) Materielle Rechtskraft bei Teilklagen und Nachforderungsklagen.** Wo dagegen das Urteil den Streitgegenstand der Klage quantitativ ausschöpft **(Vollendurteil),** entsteht das Problem der Rechtskraft gegen den siegreichen Kläger (vgl Pagenstecher JW 25, 712 ff). Zwei Auffassungen stehen sich gegenüber: **(1)** Überwiegend (vgl BGH 85, 367 [373 f] = NJW 83, 390 [391] = MDR 83, 394 [395]; ThP § 322 Anm 6 a; StSchL § 322 Anm VI 8 c mN zu Fn 14; R-Schwab § 156 III; Batsch ZZP 86 (1973), 254; Brox NJW 62, 1203, wohl auch BAG MDR 72, 83, zustimmend Zeuner) wird gelehrt, daß der siegreiche Kläger durch das rechtskräftige Urteil nicht gehindert sein kann, Ansprüche der gleichen Art aus demselben Sachverhalt zu erheben. Für diese Meinung wird angeführt, daß die Klage den Streitgegenstand quantitativ umgrenzt und weitere Ansprüche nicht Gegenstand des Erstprozesses waren (grundsätzlich BGH 85, 367 [373 f]). Nach Bamberg NJW 74, 2002 mit iE zustimmender Anm Just NJW 75, 436 hindert zB die Rechtskraft des Urteils im Vorprozeß, in dem der Betroffene die Höhe der angemessenen Entschädigung in das Ermessen des Gerichts gestellt hatte, die spätere Geltendmachung eines Folgeschadens der Enteignung nicht, wenn mit der unbezifferten Klage ausschließlich die Erhöhung der Substanzentschädigung begehrt wurde; im gleichen Sinne Düsseldorf FamRZ 84, 796 für Nachforderungsklage auf *weiteren* Zugewinnausgleich.

(2) Demgegenüber bejaht der BGH (34, 337; 36, 365; einschr aber nunmehr NJW 85, 2826) die Rechtskrafterstreckung auf den nicht beschiedenen Teil des Anspruchs, wenn die Klage nicht als Teilklage (gegen diesen Begriff in diesem Zusammenhang Batsch ZZP 86, 254) erkennbar war, insbesondere also, wenn sich der Kläger nicht Mehrforderungen vorbehalten hat (so auch BL § 322 Anm 4; „Nachforderung"; Bötticher MDR 62, 724; Zeiss, Lehrbuch § 71 III 4a; Jauernig § 63 II; AG Landstuhl MDR 81, 234; im Ansatz auch Kuschmann aaO; offengelassen BGH 85, 299 [305] = NJW 82, 1154 [1155]). Eines Vorbehalts bedarf es hiernach nur dann nicht, wenn der Anspruch entweder nach der Art des Anspruchsgrundes naturgemäß nicht auf eine bestimmte Geldsumme gerichtet ist oder wenn er aus sonstigen Gründen nicht üblicherweise in einer einzigen Klage voll geltend gemacht wird. Ohne Vorbehalt zulässig ist danach eine sog Nachforderung in erster Linie bei Schadensersatzansprüchen; auch hier ist aber jeweils zu prüfen, ob das Unterlassen eines Vorbehalts durch den Kläger in dem ersten Prozeß nicht als Verzicht auf weitergehende Ansprüche aufzufassen war. Angesichts der streitigen Rechtsfrage wird es sich in der Praxis jedenfalls empfehlen, Teilklagen als solche zu kennzeichnen. Dies ist besonders bei Geltendmachung von Unterhaltsansprüchen zu beachten (lehrreich Hamm FamRZ 84, 393: Keine Nachforderung von „Vorsorgeunterhalt" im Folgeprozeß bei fehlender Kennzeichnung der Unterhaltsforderung als „Elementarunterhalt" im Erstprozeß; vgl hierzu auch § 323 Rn 20 ff). 48

(3) Ist der **Schmerzensgeldklage** stattgegeben worden, so kann nicht mit der Begründung, die eingetretenen Verletzungsfolgen seien nicht zutreffend gewürdigt, eine „Nachforderungsklage" erhoben werden (BGH NJW 80, 2754: Einlegung von Rechtsmittel geboten). Die Rechtskraft des ersten Urteils steht jedoch der Klage auf weiteres Schmerzensgeld dann nicht entgegen, wenn Verletzungsfolgen geltend gemacht werden, die bei der ursprünglichen Bemessung noch nicht eingetreten waren oder mit deren Eintritt nicht oder nicht ernstlich zu rechnen war (BGH NJW 80, 2754 mN; Hamm MDR 85, 241; vgl auch Rn 57). 49

(4) Abzulehnen ist die Entscheidung BGH 36, 368 = LM Nr 38 zu § 322: Ein Anspruch auf Einräumung eines Bruchteils an dem Eigentum an einer Sache ist entgegen BGH durchaus teilbar (richtig Brox NJW 62, 1203 und Kuschmann aaO). Außerdem wäre zu prüfen gewesen, ob es sich in dem Zweitprozeß nicht gerade vom Standpunkt des BGH aus um einen gegenüber dem ersten Anspruch völlig selbständigen **weiteren** Anspruch handelte, der durch ein rechtskräftiges Urteil keinesfalls zum Nachteil des siegreichen Klägers ausgeschlossen sein kann (vgl Rn 44). 50

(5) Verlangt der Kläger im Zweitprozeß Nachforderungen von **Mehrzinsen,** nachdem er im Vorprozeß Zinsen in bestimmter Höhe als „mindestens" entstandenen Zinsschaden verlangt hatte, so macht er einen (weiteren) Teilanspruch geltend (vgl BGH NJW 79, 720), der jedoch aus materiellrechtlichen Gründen (Verzicht; § 242 BGB) unbegründet sein kann. 51

VI) Subjektive Grenzen der Rechtskraft

Das Urteil wirkt grundsätzlich nur im Verhältnis der Parteien zueinander; wegen der Ausnahmen vgl Anm zu §§ 325 ff. 52

VII) Zeitliche Grenzen der Rechtskraft und Präklusion

1) Allgemeines. Das Zivilurteil berücksichtigt grundsätzlich nur Tatsachen, die vor der letzten mündlichen Tatsachenverhandlung eintreten. Im Fall des § 128 II, III ist der entsprechende Zeitpunkt maßgebend, s Rn 18 zu § 128. Daraus ergeben sich die **sogenannten zeitlichen Grenzen der Rechtskraft:** Die unterlegene Partei kann nicht gehindert sein, in einem Zweitprozeß geltend zu machen, die Rechtslage habe sich gegenüber dem Stand zu dem genannten Zeitpunkt geändert. In §§ 767 II, 795 ist eigens ausgesprochen, daß Einwendungen auf Grund von „neuen" Tatsachen (aber auch **nur** auf Grund solcher) durch Vollstreckungsgegenklage geltend gemacht werden können. Dieser Grundsatz gilt indessen ganz allgemein (BGH NJW 84, 126 [127] = WM 83, 658 [659 mN] = MDR 83, 1010), also nicht nur für Vollstreckungsgegenklagen gegenüber Leistungsklagen, sondern für jeden Zweitprozeß, in dem die Rechtskraft eines Ersturteils zu beachten ist (vgl zB BGH 83, 278 [280] = NJW 82, 1147 [1148] = MDR 82, 562 und BGH NJW 84, 126 [127] = MDR 83, 1010 für Bereicherungsklage; BGH NJW 85, 2825 [2826] für Beseitigungsklage). Er gilt für beide Parteien des Erstprozesses und für alle rechtserheblichen Tatsachen, also gleichgültig, ob sie auf Grund einer rechtsbegründenden oder einer Gegennorm für die streitgegenständliche Rechtsfolge erheblich sind. Die Maßgeblichkeit des genannten Zeitpunkts für die der Entscheidung zugrundezulegende Sach- und Rechtslage schließt nicht aus, daß die Rechtskraft nach Maßgabe des jeweiligen *Streitgegenstandes* auch in die Vergangenheit (ie Hackspiel NJW 86, 1148) oder in die Zukunft (vgl §§ 257 ff, 323) wirken kann. 53

2) Neue Tatsachen bei neuem Streitgegenstand. Neue Tatsachen können den auf sie gestützten Anspruch zu einem – in Beziehung zum Erstprozeß – neuen Streitgegenstand machen. Tatsachen, die mit dem im Erstprozeß festgestellten Lebenssachverhalt nicht im Zusammenhang 54 stehen, können daher in einem Zweitprozeß vorgebracht werden. Wird etwa eine Darlehensklage rechtskräftig abgewiesen und gewährt später der Kläger dem Beklagten ein zweites Darlehen in gleicher Höhe, so betrifft eine zweite, hierauf gestützte Klage einen anderen Streitgegenstand auf Grund eines anderen Lebenssachverhalts. Das hier meist gebrachte Beispiel des mit der Kaufpreisklage abgewiesenen Verkäufers, der im Zweitprozeß die erfüllungshalber eingegangene Wechselforderung einklagt (vgl Schwab S 173; ThP § 322 Anm 7c), bietet nach der hier vertretenen Ansicht vom Streitgegenstand (s Einl Rn 82) kein Problem, da Kaufpreisforderung und Wechselanspruch zwei verschiedene Streitgegenstände sind. Da im Wechselprozeß auch hilfsweise andere Ansprüche nicht verfolgt werden können, kann auch die Rechtskraft des Wechselurteils nicht weiter reichen (BGH WM 72, 461).

55 **3) Neue Tatsachen bei gleichem Streitgegenstand.** Das Problem der zeitlichen Grenzen der Rechtskraftwirkung stellt sich nur dann, wenn die neuen Tatsachen als Teil des **Lebenssachverhalts** (unter den die umstrittene konkrete Rechtsfolge subsumiert werden soll; zur Schwierigkeit der Abgrenzung insoweit vgl BGH 84, 126 [127] = WM 83, 658 [659] und StJSchL § 322 Anm X 1 mit Nachw) des Erstprozesses erscheinen und deshalb im Zweitprozeß über denselben Streitgegenstand wie in einem Erstprozeß zu entscheiden ist. Das kommt vor allem in Betracht, wenn ein bejahtes Rechtsverhältnis nachträglich erlischt (dazu Rn 60). Umgekehrt ist es aber auch möglich, daß ein zunächst erfolglos erhobener Anspruch in einer zweiten Klage erneut geltend gemacht wird, ohne daß seine Identität bestritten werden könnte, etwa mit der Begründung, er sei zwischen den beiden Prozessen fällig geworden. In diesem zuletzt genannten Fall ist das rechtskräftige Urteil zu beachten.

56 **a) Nachträgliches Begründetwerden eines aberkannten Anspruchs. aa)** War **im Erstprozeß** ein **Anspruch uneingeschränkt verneint** worden, so kann eine Zweitklage wegen derselben Rechtsfolge nicht mit der Begründung erfolgreich erhoben werden, der (abgewiesene) Anspruch sei **inzwischen fällig** geworden. Ob das Urteil den Anspruch uneingeschränkt verneint hatte (weil er nicht entstanden oder erloschen oder mit einer dauernden Einrede behaftet war), ist aus den Gründen zu entnehmen. Schon daraus folgt, daß das Urteil nicht ungeklärt lassen darf, ob ein Anspruch uneingeschränkt (weil er nicht besteht usw) oder nur mangels Fälligkeit oder aus einem sonstigen, durch neue Tatsachen innerhalb eines Lebenssachverhalts behebbaren Grund abzuweisen ist. Das Gericht muß mindestens in den Gründen des Urteils sagen, daß es den Anspruch als (nur) zur Zeit unbegründet abweist. Ein klageabweisendes **Versäumnisurteil** nach § 330 ist stets als unbeschränkte Klageabweisung zu verstehen, auch dann, wenn der in der Klageschrift und in der Klageerwiderung vorgetragene Sachverhalt auf einen bestehenden, lediglich noch nicht fälligen Anspruch hindeutet; Zweck des § 330 ist es nämlich, den säumigen Kläger wegen seines Anspruchs **endgültig** auszuschließen (BGH 35, 338 [341]).

57 **bb)** Es gibt aber auch Fälle, in denen aberkannte Ansprüche durch **nachprozessuale Tatsachen** (die jedoch die Identität des Streitgegenstandes nicht berühren, weil sie demselben Lebenssachverhalt im obigen Sinne zugehören) **nachträglich begründet werden** können: Eine Rechtsgutverletzung nach § 823 BGB ist eingetreten, die Schadensfolgen haben sich jedoch noch nicht oder nicht voll realisiert (so insbesondere bei Verkehrsunfällen, wo aber praktisch meist mit Feststellungs- oder Nachforderungsklagen – vgl BGH NJW 80, 2754 und näher Rn 44, 47 ff – gearbeitet wird). Ferner: Es erweist sich erst nachträglich, daß der Kläger eines Anspruchs aus § 839 BGB mit einer anderweitigen Ersatzmöglichkeit nicht zum Ziel gelangt (BGH 37, 375). Hat der Kläger im Erstprozeß eine abgetretene Forderung eingeklagt und ist mangels wirksamer Abtretung (also wegen fehlender Aktivlegitimation) abgewiesen worden, so kann er die gleiche Forderung aufgrund einer nachträglich (§ 767 II) erfolgten wiederholten Zession erneut einklagen (Grund: neue Tatsache; vgl BGH NJW 86, 1046 = MDR 86, 312 = DB 86, 109 = BauR 86, 117); das gilt auch dann, wenn die Abtretung noch vor dem maßgeblichen Zeitpunkt (§ 767 II) hätte herbeigeführt werden können (BGH NJW 86, 1047 = aaO; vgl auch allg Rn 62); dagegen steht der Zweitklage die Rechtskraft des Ersturteils entgegen, wenn die – im Erstprozeß nicht vorgetragene oder bekannte – Zweitzession bereits vor Verhandlungsschluß erfolgt ist (BGH MDR 76, 136 = Betrieb 76, 288 = ZZP 89, 330 mit abl Anm von Greger; iErg zustimmend Flieger MDR 78, 534). Endlich gehört hierher der Fall, daß wegen nachträglicher Unmöglichkeit der Erfüllung eines rechtskräftig festgestellten Anspruchs an dessen Stelle ein Anspruch anderen Inhalts tritt (Problem in BGH 38, 146 nicht klar erkannt).

58 **cc)** Weist ein rechtskräftiges Urteil einen **Anspruch** in einem solchen Fall als (nur) **zur Zeit unbegründet** ab, so ist in einem Zweitprozeß das Gericht hieran insofern gebunden, als es nicht annehmen darf, schon das Erstgericht hätte den Anspruch unbeschränkt abweisen müssen. Dagegen ist das Zweitgericht frei in der Entscheidung darüber, ob die im Erstprozeß noch nicht vorhandenen Voraussetzungen der Begründetheit des Anspruchs inzwischen eingetreten sind.

Das Ersturteil bindet insbesondere nicht hinsichtlich der Einzelheiten der noch erforderlichen Anspruchsvoraussetzungen, denn die Urteilsgründe erwachsen nicht in Rechtskraft; das Zweitgericht ist zB nicht an die Ansicht des Erstgerichts über den Fälligkeitszeitpunkt des als zur Zeit unbegründet rechtskräftig abgewiesenen Anspruchs gebunden (so auch StJSchL § 322 Anm X 4; aA Brox ZZP 81, 389).

dd) Läßt das rechtskräftige Urteil unzulässigerweise (vgl Rn 56) **offen, ob** der **Anspruch schlechthin oder nur mangels nachholbarer Voraussetzungen,** insbesondere mangels Fälligkeit, **abzuweisen war,** so bindet die Rechtskraft nur insofern, als im Zweitprozeß nicht angenommen werden darf, der Anspruch habe schon zur Zeit des Erstprozesses als fälliger bestanden. Im übrigen hat das Gericht im Zweitprozeß drei Möglichkeiten, über die es – nötigenfalls nach Beweisaufnahme – entscheiden muß: Es kann den Anspruch schlechthin abweisen oder es kann ihn mangels nachholbarer Voraussetzungen als zur Zeit unbegründet abweisen oder es kann der Klage mit der Begründung stattgeben, der Anspruch sei zwischen den Prozessen fällig geworden oder es seien zwischen den Prozessen sonstige Begründetheitsvoraussetzungen nachträglich eingetreten. 59

b) Nachträglicher Untergang eines rechtskräftig festgestellten Anspruchs. Praktisch weit häufiger als durch nachträgliches Wirksamwerden eines zunächst erfolglos eingeklagten Anspruchs ändert sich die Rechtslage dadurch, daß nach dem Erstprozeß ein rechtskräftig festgestellter Anspruch untergeht. Die im Erstprozeß unterlegene Partei kann dies durch negative Feststellungsklage oder durch Vollstreckungsgegenklage (§ 767) geltend machen. Das Gericht darf in einem solchen Zweitprozeß zwar über den Streitgegenstand erneut entscheiden, aber nur auf der **Basis des vorliegenden rechtskräftigen Urteils.** Es kann also zB die negative Feststellungsklage abweisen oder es kann ihr bzw der Klage gem § 767 stattgeben, weil der rechtskräftig festgestellte Anspruch **inzwischen** erloschen ist. Dagegen bleibt das Gericht im Zweitprozeß insofern gebunden, als es nicht etwa offenlassen darf, ob der Anspruch nachträglich erloschen sei, weil er von vornherein nicht bestanden habe. 60

Insofern lautet die Frage nach den zeitlichen Grenzen der Rechtskraft anders als diejenige nach den objektiven und subjektiven Grenzen. Bei letzteren handelt es sich darum, ob das Ersturteil beachtet werden muß oder nicht. Die zeitlichen Grenzen der Rechtskraft besagen dagegen niemals, daß das Ersturteil völlig außer Betracht bleiben dürfte, sondern ermöglichen eine neue Entscheidung nur, soweit auch das Gericht des Erstprozesses von seinem Standpunkt aus unter Berücksichtigung der neuen Tatsachen zu einer solchen hätte kommen müssen. 61

4) Präklusion von Gestaltungsrechten. a) Neue Tatsachen können auch dann nachträglich geltend gemacht werden, wenn die Partei schon vor der letzten mündlichen Tatsachenverhandlung des Erstprozesses auf den Zeitpunkt des Eintritts dieser Tatsachen Einfluß hätte ausüben können (BGH 94, 29 [34 mN] = NJW 85, 2481 = MDR 85, 574; NJW 86, 1046 [1047] = MDR 86, 312 [dazu Rn 57]; einschr wohl BGH ZZP 89, 330, vgl Greger dort S 334). Dies gilt jedoch grundsätzlich dann nicht, wenn die Partei schon während des Erstprozesses durch eine Erklärung oder sonstige Handlung die Rechtslage zu ihren Gunsten hätte **gestalten** können; macht sie von dieser Möglichkeit erst nach der letzten mündlichen Tatsachenverhandlung Gebrauch, so ist die **Gestaltungsfolge idR präkludiert** (Ausnahmen: Rn 67). 62

aa) Meinungsstand. Allerdings ist die Frage streitig. Die hM in der Rechtsprechung folgt der hier vertretenen Ansicht (BGH 24, 98; 34, 274; 42, 37 = LM § 767 Nr 27 Anm Rietschel; [einschr] 93, 34 mN = aaO [Rn 62]), entscheidet aber meist nur für Einzelfälle, insbesondere solche des § 767 II, ordnet also die Frage nicht in den größeren Zusammenhang der zeitlichen Grenzen der Rechtskraft ein. Das Schrifttum steht überwiegend auf dem anderen Standpunkt; wie hier Henckel ZZP 74, 172; BL § 767 Anm 4 B; Nikisch § 107 I 2, aber zweifelnd in FS für Heinrich Lehmann II S 787; **gegen eine Präklusion** nicht ausgeübter Gestaltungsmöglichkeiten: Wieczorek Anm D IIIb 1 zu § 767; Staudinger/Kaduk § 389 BGB Rdnr 54 ff; ThP § 767 Anm 6c bb; StJM § 767 Rn 30 ff; Arens JZ 85, 752 und ZPR Rn 591). Auch Mittelmeinungen werden vertreten. So wollen StJSchL § 322 Anm X 2 aus dem Rechtsgedanken ua der § 767 III ZPO; § 54 aF = § 145 nF PatG auch hier darauf abstellen, ob der Rechtsinhaber im Vorprozeß von seiner Gestaltungsmöglichkeit Gebrauch machen konnte; ähnlich R-Schwab § 156 I, der den Ausschluß nur anerkennt, wenn der Inhaber des Gestaltungsrechts dessen Ausübung schuldhaft unterlassen hat. 63

bb) Stellungnahme. Für das hier vertretene Ergebnis sprechen nicht nur prozeßökonomische, sondern auch rechtssystematische Gründe: So wird für die Frage der Verspätung in den Fällen der §§ 296, 296a, 523, 527, 528 allgemein darauf abgestellt, wann die Gestaltungsmöglichkeit entstanden ist, nicht dagegen darauf, wann von ihr Gebrauch gemacht wurde. Folgerichtig muß das gleiche auch für die zeitlichen Grenzen der Rechtskraft gelten, denn es geht nicht an, daß derjenige schlechter steht, der sein Gestaltungsrecht zwar verspätet im Sinn der §§ 296 usw, aber 64 immerhin noch während des Erstprozesses ausübt, als derjenige, der von seiner Gestaltungsmöglichkeit erst nach der letzten mündlichen Tatsachenverhandlung des Erstprozesses Gebrauch macht. Ferner ist unstreitig, daß zB die Einrede der Stundung oder des Zurückbehaltungsrechts nach §§ 273, 320 BGB nicht nachträglich durch Vollstreckungsgegenklage erhoben werden darf, wenn dies im Erstprozeß versäumt wurde. **Abzulehnen** sind die Ansichten, die eine Präklusion nur bejahen wollen, wenn der Gestaltungsberechtigte die maßgebenden Tatsachen während des Erstprozesses gekannt hatte. Es kommt nämlich auch sonst für die Grenzen der Rechtskraft auf **subjektive Momente** nicht an. Eine Tatsache kann nicht deshalb zu einer abweichenden Entscheidung im Zweitprozeß führen, weil die Partei, zu deren Gunsten sie rechtserheblich ist, sie im Erstprozeß nicht gekannt hat (RG 144, 220; StJSchL § 322 Anm X 2; Jauernig § 62 IV; Otto aaO S 80 ff; ders JA 81, 625; Zeiss aaO § 73 III; Blomeyer § 90 II 1; Schwab, Streitgegenstand, § 16). Auch für den speziellen Fall der Gestaltungsmöglichkeiten darf daher nicht darauf abgestellt werden, ob die berechtigte Partei sie während des Vorprozesses kannte oder kennen mußte (BGH 34, 274; auch zB schon Naumburg JW 36, 1863; anders Stuttgart NJW 55, 1562); ebenso ist es belanglos, ob sie die zugrunde liegenden Tatsachen hätte beweisen können. Eine Ausnahme gilt allerdings für bestimmte *vertragliche Gestaltungsrechte* (näher Rn 67); insoweit ist dann der Zeitpunkt der Gestaltungserklärung maßgebend.

65 **b) Anwendungsbereich der Präklusion.** Die Präklusion der Gestaltungsmöglichkeiten greift selbstverständlich nur in den objektiven und subjektiven Grenzen der Rechtskraft Platz (BGH LM Nr 37 zu § 322), insoweit aber uneingeschränkt und nicht etwa nur gegenüber einer Vollstreckungsgegenklage als dem unmittelbaren Anwendungsbereich des § 767 II.

66 **c) Beispielsfälle.** Präkludiert sind in erster Linie *gesetzliche Gestaltungsrechte,* die durch Willenserklärung ausgeübt werden, also die **Aufrechnung** (BGH 24, 98), und zwar ohne Rücksicht auf die Zeit der Kenntnisnahme des Schuldners von seiner Gegenforderung (BGH 34, 274, vgl auch BGH MDR 65, 374 = LM § 767 Nr 28), die **Anfechtung** (ebenfalls ohne Rücksicht auf die Kenntnis von der arglistigen Täuschung, BGH 42, 37 = LM § 767 Nr 27 Anm Rietschel), das **gesetzliche Rücktrittsrecht** (teilweise abweichend Dresden Rspr 16, 292), das Recht der **außerordentlichen Kündigung** sowie die Möglichkeit, eine reine **Potestativbedingung** herbeizuführen, insbesondere einen sog verhaltenen Anspruch auszulösen (Problem nicht klar erkannt in BGH LM Nr 39 zu § 322). Das gleiche gilt für mittelbare und versteckte Gestaltungsmöglichkeiten, von denen nicht durch eine Erklärung, sondern durch Klage Gebrauch gemacht wird, also (nach umstr Ansicht) zB in den Fällen der Wandelung (RG SeuffA 83 Nr 176) und Minderung; vgl hierzu Larenz II/1 § 41 II a, b). Endlich wird präkludiert auch die Möglichkeit, eine Rechtsfolge durch Gestaltungsurteil herbeizuführen, etwa im Fall des § 343 BGB.

67 **d) Einschränkung.** In allen diesen Fällen verliert die gestaltungsberechtigte Partei die Möglichkeit, frei darüber zu entscheiden, wann und ob sie überhaupt die Rechtsfolge in dem abgekürzten Zeitraum herbeiführen will. Dieses Ergebnis kann und muß (aA vor allem Lent DR 42, 868 ff) jedenfalls dann in Kauf genommen werden, wenn es sich bei der zeitlichen Wahlfreiheit des Berechtigten nur um eine Nebenfolge, nicht dagegen um das Hauptmotiv für die Existenz des Gestaltungsrechts handelt. Ist es dagegen Hauptzweck des Gestaltungsrechts, dem Gestaltungsberechtigten die **Wahl des Zeitpunkts** zu überlassen, so greift die Präklusion nicht Platz (BGH 94, 29 [34 f] = aaO [Rn 62]; krit zur Unterscheidung Arens JZ 85, 752). Dieser Ausnahmefall ist gegeben bei dem **vertraglichen Rücktrittsrecht,** bei dem Recht der **ordentlichen Kündigung** und dem in einem Mietvertrag vereinbarten (Verlängerungs-)**Optionsrecht** (BGH 94, 29 = aaO mit im Erg zust Anm Arens JZ 85, 751). Anders ist es dagegen, wenn der Vertrag den Rücktritt oder die ordentliche Kündigung nur unter bestimmten Voraussetzungen zuläßt und diese Voraussetzungen nach Meinung der Vertragspartner auch das wirtschaftliche Motiv des Rücktritts bzw der Kündigung bilden werden, nicht etwa nur den Anfangstermin, von dem an der Berechtigte zeitlich freie Wahl haben soll; bei dem vertraglichen Rücktrittsrecht und bei dem Recht der ordentlichen Kündigung muß also unter Umständen durch Vertragsauslegung geklärt werden, ob die Präklusion Platz greift.

68 **5) Rechtsfolgen der Präklusion. a) Verhältnis zur Rechtskraft.** Die Präklusion in diesem Sinne entfaltet ihre Wirkung nicht neben der Rechtskraft; ohne sie würde die tatsächliche Grundlage für den Rechtsfolgeschluß des Urteils und damit dessen Bestand, also auch die Rechtskraft entfallen (vgl R-Schwab § 156 II 1). Bezeichnet man eine bestimmte Tatsache als präkludiert (ausgeschlossen), muß man sich darüber klar sein, daß es sich um eine Folge der Rechtskraftwirkung handelt und daß deshalb die Präklusion von Tatsachen stets nur bezüglich des **Streitgegenstandes** des Erstprozesses eintritt (BGH LM Nr 37 zu § 322), nicht dagegen, wenn dieselbe Tatsache für die Entscheidung über einen anderen Streitgegenstand entscheidungserheblich wird. Das Gesagte gilt auch für die obige Formulierung, ein Gestaltungsrecht oder eine

sonstige Gestaltungsmöglichkeit sei präkludiert. Sie besagt nur, daß der Gestaltungsberechtigte eine abweichende Entscheidung über den Streitgegenstand nicht mit der Begründung erwirken kann, nach dem Erstprozeß sei die Gestaltungswirkung eingetreten. Hingegen kann nicht die Rede davon sein, daß etwa die Gestaltungsmöglichkeit als solche, insbesondere also das materielle Gestaltungsrecht, erloschen sei. Das bedeutet, daß alle Rechtswirkungen des Gestaltungsaktes, die nicht den rechtskräftig beurteilten Streitgegenstand betreffen, nach wie vor eintreten und gerichtlich geltend gemacht werden können.

b) Materiell-rechtliche Rechtsfolgen bei Präklusion von Gestaltungsrechten. Schwierigkeiten entstehen, wenn die Gestaltungsfolge nur insoweit präkludiert ist, wie sie dem Gestaltungsberechtigten nützt, während sein Gegner sich auf eine dem Gestaltungsberechtigten nachteilige Wirkung nach wie vor im Prozeß berufen kann, so zB auf den Verbrauch der Gegenforderung des aufrechnenden Schuldners oder auf die Vernichtung des eigenen Anspruchs durch denjenigen, der einen gegenseitigen Vertrag wegen arglister Täuschung anficht. Eine Lösung bietet in dem oben Rn 26 gesteckten engen Rahmen § 812 I S 2 BGB, zweite Alternative. Eine Leistung im Sinn dieser Vorschrift erbringt die gestaltungsberechtigte Partei dadurch, daß sie durch einen Gestaltungsakt nicht nur vorteilhafte, sondern auch ihr nachteilige Wirkungen auslöst. Ist die gestaltungsberechtigte Partei im Prozeß gehindert, die vorteilhafte Wirkung im Prozeß geltend zu machen, so ist der mit dem Rechtsgeschäft bezweckte Erfolg nicht eingetreten und der Gegner ist verpflichtet, die dem Gestaltungsberechtigten nachteilige Wirkung rückgängig zu machen. Diese Lösung (angedeutet in der – in einigen anderen Punkten allerdings bedenklichen – Entscheidung OLG Frankfurt NJW 61, 1479) beachtet durchaus die Rechtskraft des Urteils im Erstprozeß, ja es setzt sie sogar voraus; vgl im übrigen oben Rn 26. Nach **hM** (Blomeyer § 90 III; Wieczorek Anm C II a 10 zu § 767; RGRK Anm 19 vor § 387 BGB; StJM § 767 Rn 39; R-Schwab § 106 III 2), ist eine prozessual präkludierte Gestaltungserklärung **materiell unwirksam,** was sich jedoch dogmatisch kaum oder nur gezwungen begründen läßt. Obwohl § 812 BGB zunächst nur einen Anspruch auf Wiederherstellung der durch den Gestaltungsakt beeinflußten Rechtslage gewährt, muß man dem Gestaltungsberechtigten im Rechtsstreit aus prozeßökonomischen Gründen gestatten, seinen Antrag so zu stellen, als sei die Rechtslage durch den Gegner bereits pflichtgemäß wiederhergestellt worden. Wer zB erfolglos aufgerechnet hat, kann also sofort auf Zahlung aus seiner (wiederherzustellenden) Forderung klagen. 69

6) Präklusion von Tatsachen. a) Präklusion durch Rechtskraft bedeutet: Die im Vorprozeß unterlegene Partei kann sich in einem neuen Rechtsstreit nicht mehr auf solche Tatsachen berufen, die in den Grenzen des Streitgegenstands zu dem „abgeurteilten" Lebensvorgang gehören und im maßgeblichen Zeitpunkt (§ 767 II) bereits vorgelegen haben (vgl BAG NJW 85, 3095 = AP Nr 19 zu § 626 BGB Ausschlußfrist; vgl auch allg Rn 53, 62). Die Präklusion durch Rechtskraft tritt ohne Rücksicht auf die subjektive Kenntnis des Betroffenen von der präkludierten Tatsache während des Prozesses ein (Rn 64 mwN). *Beispiel:* Ist ein bestimmter Kündigungssachverhalt rechtskräftig als Kündigungsgrund verneint worden, kann der im Vorprozeß Unterlegene in einem neuen Rechtsstreit eine wiederholte Kündigung nicht mehr auf den rechtskräftig aberkannten Kündigungsgrund stützen (BAG NJW 85, 3094). **b) Rechtskraftfremde Präklusion.** Von der allgemeinen Präklusion durch Rechtskraft unterscheidet der BGH (grundlegend 45, 329 = NJW 66, 1509 = LM § 322 Nr 56 Anm Johannsen; ihm folgend die nunmehr hM – vgl R-Schwab § 156 II 2) eine zusätzliche, in Einzelfällen gesetzlich angeordnete (rechtskraftfremde, nach Otto aaO S 67 rechtskraftergänzende) Präklusion (heute vor allem in § 767 III, früher auch § 616 aF; durch BGH 61, 26 zweifelhaft geworden; vgl Flieger MDR 78, 535). Im Gegensatz zur Präklusion durch Rechtskraft (vgl oben a) ist das subjektive Moment in der genannten Vorschrift zugunsten des Betroffenen berücksichtigt. Da diese Problematik vor allem im Hinblick auf § 616 aF diskutiert wurde, vgl insoweit im einzelnen die Vorauflage Vorbem 8 g. Im Schrifttum (vgl Blomeyer § 90 V; StJP Einl E IV 2 b aE vor § 1 und StJSchL § 322 Anm X 2) wird teilweise die entsprechende Anwendung des (subjektiv bestimmten!) Gedankens aus § 767 III, § 616 aF auf andere Gestaltungsklagen (gesellschaftsrechtliche Auflösungsklagen) befürwortet; dessen bedarf es nicht, wenn man dem engeren Streitgegenstandsbegriff insoweit folgt (vgl Einl Rn 80 f). 70

VIII) Wirkung des sachlich unrichtigen Urteils

1) Grundsatz. Auch das sachlich unrichtige Urteil (wegen des fehlerhaft ergangenen s Rn 13 ff vor § 300) wirkt materielle Rechtskraft; die Rechtskraft verbietet es gerade, die Frage der Richtigkeit oder Unrichtigkeit nochmals aufzuwerfen (BGH NJW 85, 2535). Von diesem Grundsatz macht das Gesetz Ausnahmen in §§ 36 Nr 5 und 6, 233 ff (Wiedereinsetzung gegen die Versäumung von Rechtsmittel- und Einspruchsfristen), 323, 324, 578 ff, § 644 aF (s Anm zu § 644). Ein Umkehrschluß aus diesen Vorschriften ergibt, daß in anderen als den gesetzlich geregelten Fäl- 71 len die Rechtskraft grundsätzlich nicht beseitigt oder umgangen werden darf. Die Rechtsstaatlichkeit des Verfahrens gebietet die Rechtsbeständigkeit des Abschlusses von Rechtsstreitigkeiten (BVerfG 54, 291, 293; BGH 89, 120). Rechtsfriede und Rechtssicherheit sind so hohe Rechtsgüter, „daß um ihretwillen die Möglichkeit einer im Einzelfall unrichtigen Entscheidung in Kauf genommen werden muß" (BGH 89, 121 unter Hinweis auf BVerfG 2, 403).

72 **2) Beseitigung der Rechtskraft gemäß § 826 BGB. a) Ausgangspunkt.** Seit langem folgt aber die höchstrichterliche Rechtsprechung gegen den fast einhelligen Widerspruch des Schrifttums dem eindrucksvoll formulierten Grundsatz des Reichsgerichts (RG 61, 359 [365]; 78, 389 [393], „die Rechtskraft müsse zessieren, wo sie bewußt rechtswidrig zu dem Zweck herbeigeführt ist, dem was nicht recht ist, den Stempel des Rechts zu geben". Eine umfassende und kritische Darstellung der Lehrmeinungen gibt Braun, Rechtskraft und Restitution, 1979, Teil 1, S 128 ff, der selbst den „Rechtsbehelf gem § 826 BGB" als geltendes Restitutionsrecht verteidigt (vgl auch Teil 2, Grundlagen des geltenden Restitutionsrechts, 1985); im gleichen Sinne bejaht Musielak JA 82, 7 f eine richterrechtliche Rechtfortbildung.

73 **b) Anwendungsbereich.** Die Klage aus § 826 BGB ist gegenüber den Vorschriften über die Restitutionsklage nicht subsidiär (BGH 50, 115 [120]; vgl auch § 578 Rn 28 ff). § 581 gilt auch dann nicht entsprechend, wenn die Behauptung, der Kläger habe das Urteil erschlichen, den Vorwurf einer strafbaren Handlung enthält (BGH 50, 115 [124] in Abweichung von BGH LM § 826 (Fa) BGB Nr 15 = NJW 64, 1672).

74 **c) Voraussetzungen.** Nach der Rechtsprechung des BGH setzt die Beseitigung der Rechtskraft aus § 826 BGB voraus: **aa) Objektive Unrichtigkeit** und Unanfechtbarkeit des Urteils; die Beweislast hierfür (strenge Anforderungen!) trägt der Kläger (BGH 40, 130 = LM § 826 (Fa) Nr 5 mit Anm Johannsen; NJW 54, 1277, 1672; MDR 70, 134). **bb) Kenntnis** der vollstreckenden Partei hiervon (RG 163, 293; BGH WM 65, 278; NJW 81, 1517 [1518]; NJW 83, 2317), auch wenn diese Kenntnis erst nach Rechtskraft erlangt wird (München OLGZ 77, 81). **cc) Zusätzliche besondere Umstände,** welche das Verhalten der siegreichen Partei als sittenwidrig erscheinen lassen, sei es bei der Erschleichung, sei es bei der Vollstreckung des Urteils (vgl RG 155, 57; 156, 270; 157, 136; BGH 50, 115; 40, 130; 26, 391; NJW 81, 1517 [1518 mN]; NJW 83, 2317 [2318]; FamRZ 86, 452; Celle OLGZ 79, 64). Dieses Kriterium beruht auf der Achtung vor der Rechtskraft, die nur in besonders schwerwiegenden Fällen durchbrochen werden darf (BGH NJW 83, 2317 [2318] = MDR 84, 130; FamRZ 86, 452). Weitergehend – objektive Unrichtigkeit des Urteils genügt – LG Hannover NJW 79, 221 (dazu krit Spellenberg JuS 79, 554) und für den Fall eines offenbaren Fehlurteils auch BGH JZ 79, 531 [533]; desgl für Unterhaltsurteil, soweit eine Abänderungsklage unverschuldet nicht geltend gemacht werden konnte: BGH NJW 83, 2317 = MDR 84, 130 = FamRZ 83, 995 = Rpfleger 83, 410 = ZZP 97, 337 mit Anm Braun); zur Frage des Verzichts auf das Merkmal in den Ratenkreditfällen vgl Rn 78 mwN.

75 **d) Rechtsfolgen.** Der in solchen Fällen gewährte Schadensersatzanspruch aus § 826 BGB geht bei Leistungsurteilen auf Unterlassung der Zwangsvollstreckung und Herausgabe des Titels (BGHZ 26, 396 [398]; NJW 63, 1608; 83, 2317 = FamRZ 83, 995), im übrigen auf Schadensersatz, zB in Geld, wie in BGH LM § 826 (Fa) Nr 7. War die Einlegung von Rechtsmitteln versäumt worden, gilt § 254 BGB (Palandt/Thomas § 826 Anm 8o ee). Der mit § 826 BGB zu rügende Urteilsmangel kann nicht nur *klageweise*, sondern auch *einredeweise* geltend gemacht werden (Braun aaO S 302), zB wenn sich die begünstigte Partei in einem Folgeprozeß auf die Rechtskraftwirkung des erschlichenen (als unrichtig erkannten) Urteils beruft (BGH JZ 79, 531 [533]).

76 **e) Stellungnahme.** Die Dogmatiker des Zivilprozesses haben diese Rechtsprechung seit eh und je leidenschaftlich bekämpft. Zu Unrecht! Denn nur bei offensichtlichen, gravierenden Verstößen gegen die Gerechtigkeit wird das Erfordernis der Rechtssicherheit (Rechtskraft) hintangesetzt (so auch BGH NJW 83, 2317 [2318] = MDR 84, 130). Das Institut der Rechtskraft hat aber keinen absoluten Selbstwert und -zweck (arg: § 323; vgl dort Rn 2) und muß, wie jedes Institut des positiven Rechts, der materiellen Gerechtigkeit wenigstens in den Fällen weichen, wo diese im Justizgetriebe als verletzte unverkennbar sichtbar wird (vgl auch allgemein Einl Rn 92). Obwohl nun die soviel geschmähte höchstrichterliche Rechtsprechung seit über einem dreiviertel Jahrhundert praktiziert wird, ist eine Erschütterung der Rechtssicherheit aus **diesem** Grunde nicht erkennbar (zutr Musielak JA 82, 12), mehr vielleicht aus Gründen eines formalen Rechtspositivismus.

77 **f) Erleichterung der Rechtskraftdurchbrechung bei Titeln über Forderungen aus sittenwidrigen Ratenkrediten?** Als Folge der seit 1979/80 zunehmend verschärften, inzwischen gefestigten Rspr des BGH zur Sittenwidrigkeit von Ratenkrediten (grundlegend: BGH 80, 160 f mN; zuletzt etwa WM 86, 1017; ZIP 86, 1037 mN) sind eine Vielzahl von *vor* (zur Anwendbarkeit der neuen Rspr auf sog Altfälle BVerfG NJW 84, 2345) und *nach* 1979/80 rechtskräftig gewordenen Voll-

streckungstiteln über Ratenkreditforderungen (vielfach Vollstreckungsbescheide) **objektiv unrichtig,** wobei die Unrichtigkeit den Vollstreckungsgläubigern (idR Banken) im Vollstreckungszeitpunkt **bekannt** ist. Allerdings sind die Titel (zumindest in den Altfällen) nicht „erschlichen" und fehlt es idR an den für die sittenwidrige Ausnutzung von als unrichtig erkannten Titeln verlangten *besonderen Umständen* (Rn 74 [cc]), so daß unter Zugrundelegung der bisherigen Anforderungen (Rn 74) für eine Rechtskraftdurchbrechung mittels § 826 BGB nur ein verhältnismäßig enger Anwendungsbereich verbleibt (so Grunsky ZIP 86, 1374; aus der Rspr: Düsseldorf NJW 85, 747 und 748; NJW-RR 86, 48; Frankfurt WM 86, 287; Hamburg NJW 85, 749; weitere Nachw bei Kohte NJW 85, 2217 Fn 3; Grunsky ZIP 86, 1362). In dem heftig geführten Streit um eine **Erleichterung** der Rechtskraftdurchbrechung (zum Problem: Grunsky ZIP 86, 1361 und JZ 86, 626; Braun, Rechtskraft und Rechtskraftdurchbrechung von Titeln über sittenwidrige Ratenkreditverträge, 1986; ders, WM 86, 781; Kohte NJW 85, 2217; Lappe/Grünert Rpfleger 86, 161; Münzberg NJW 86, 361) wird teilweise die Rechtskraft des Vollstreckungsbescheids grundsätzlich in Frage gestellt (s dazu § 700 Rn 15 ff), teilweise auch die Bildung einer „neuen" **Fallgruppe** befürwortet (dafür Kohte NJW 85, 2225 ff; tendenziell in der Rspr: Bremen NJW 86, 1499; Frankfurt NJW 85, 745; Karlsruhe NJW 85, 744; München NJW-RR 86, 409; Stuttgart NJW 85, 2272; LAG Baden-Württemberg NJW 86, 1709; LG Hamburg NJW-RR 86, 1051; LG Saarbrücken NJW-RR 86, 1049). Den Gegnern einer neuen Fallgruppenbildung (abl Grunsky ZIP 86, 1362) ist zuzugeben, daß der bisher auf Ausnahmefälle beschränkte Behelf aus § 826 BGB dadurch eine nicht dagewesene Breitenwirkung erfahren würde (abl auch Münzberg NJW 86, 361). Jedoch müssen sich Generalklauseln gerade auch bei „Massenkalamitäten" bewähren (Aufwertungs-Rspr des RG; Rspr des BGH zur „großen" Geschäftsgrundlage bei Währungsverfall usw). Für eine erleichterte Rechtskraftdurchbrechung in den Ratenkreditfällen spricht die **Evidenz** der Titelunrichtigkeit bei sittenwidrigem (Wucher-)Zins (Zinshöhe steht urkundlich fest) und der dann zugleich gegebene **besonders schwere Fall** von objektiver Unrichtigkeit. „Urteilen auf Zinsen, die nach jetziger Auffassung Wucherzinsen sind", kann schwerlich Bestandsschutz zukommen (BL-Hartmann Üb 3 C c vor § 300).

IX) Kollision mehrerer rechtskräftiger Entscheidungen

Sind in derselben Sache einander widersprechende Urteile ergangen, so geht nach § 580 Nr 7 a **78**
die Rechtskraft des älteren der des jüngeren vor (BGH NJW 81, 1517 [1518]; BAG NJW 86, 1832). Dies gilt jedoch nur, wenn die zweite Entscheidung unter Verstoß gegen die Rechtskraft der ersten erlassen wurde (Gaul, FS F. Weber 1975, 155 [171 f]; Mädrich MDR 82, 456). Ist dies nicht der Fall, so entfaltet die zuletzt ergangene, dem gegenwärtigen Erkenntnisstand zeitnähere Entscheidung bindende Geltung für weitere Verfahren, da insoweit die *lex posterior*-Regel auch für entgegengesetzte Entscheidungen gilt (RG 52, 215 [218]; Mädrich MDR 82, 456; aA Gaul, Rechtskraftdurchbrechung, S 34 f).

322 *[Urteilsrechtskraft]*

(1) Urteile sind der Rechtskraft nur insoweit fähig, als über den durch die Klage oder durch die Widerklage erhobenen Anspruch entschieden ist.

(2) Hat der Beklagte die Aufrechnung einer Gegenforderung geltend gemacht, so ist die Entscheidung, daß die Gegenforderung nicht besteht, bis zur Höhe des Betrages, für den die Aufrechnung geltend gemacht worden ist, der Rechtskraft fähig.

I) Einzelheiten zur materiellen Rechtskraft

Die materielle Rechtskraft von Urteilen wurde systematisch in der Übersicht vor § 322 behandelt. Im folgenden sind noch einige Einzelfragen zu erörtern. Zur materiellen Rechtskraft von Beschlüssen s Rn 9 vor § 322; § 329 Rn 42.

1) Die materielle Rechtskraft des Prozeßurteils. Die materielle Rechtskraft des Prozeßurteils **1**
besagt nicht nur, daß die abgewiesene Klage unzulässig war, sondern, daß die Klage mit dem damals anhängigen Streitgegenstand unter den damals gegebenen prozessualen Umständen mindestens aus dem in den Entscheidungsgründen genannten Grund unzulässig war und ist. Eine neue Klage über denselben (vgl Einl Rn 67) Streitgegenstand kann also nur als zulässig behandelt werden, wenn sich die prozessualen Umstände in dem fraglichen Punkt gegenüber dem Vorprozeß geändert haben (anderer Rechtsweg, anderes Gericht, anderes Alter oder geänderter Geisteszustand der früher prozeßunfähigen Partei, nunmehr vorliegendes Rechtsschutzbedürfnis [Frankfurt OLGZ 85, 379] usw).

2 Außerdem hat das Gericht in einem Zweitprozeß zu prüfen, ob nicht die Klage noch aus einem weiteren – gegenüber dem Erstprozeß unveränderten – Grund unzulässig ist, denn das Erstgericht hatte sich damals damit begnügen dürfen, die Klage aus einem bestimmten Grund als unzulässig abzuweisen; es brauchte nicht zu prüfen, ob noch weitere Prozeßhindernisse bestanden. Das Prozeßurteil entscheidet also rechtskraftfähig nur über die Prozeßfrage, auf die es gestützt ist (BGH NJW 85, 2535 = MDR 86, 39 = FamRZ 85, 580; München OLGZ 86, 67 [70] = MDR 86, 61 f; ThP Anm 2a; BL Anm 4 „Prozeßurteil"; vgl auch Jauernig JZ 55, 235; Baumgärtel/Laumen JA 81, 215 mN). Wurde das sachlich klageabweisende Ersturteil im 2. Rechtszug durch ein Prozeßurteil ersetzt (weil irrig angenommen wurde, die Fortsetzung der zunächst gegen eine KG gerichteten Klage gegen deren Gesamtrechtsnachfolger – §§ 142, 161 II HGB – sei eine [unzulässige] Klageänderung), so ist das Ersturteil auf Abweisung der Klage (Sachentscheidung) nicht mehr materieller Rechtskraft fähig (BGH NJW 71, 1844 = WM 71, 1513). – **Besonderheiten** gelten, wenn eine Klage wegen entgegenstehender Rechtskraft als unzulässig (Rn 19 [aa]) abgewiesen wurde; hier scheidet eine erneute Klageerhebung unter Vermeidung des prozessualen Mangels schlechthin aus; die Identität der Streitgegenstände im ersten und zweiten Prozeß (Rn 21) steht für jedes künftig befaßte Gericht bindend fest.

3 **2) Die materielle Rechtskraft bei der Gestaltungsklage. a) Abweisung.** Wird eine Gestaltungsklage (vgl Schlosser, Gestaltungsklagen und Gestaltungsurteile, 1966) abgewiesen, so steht rechtskräftig fest, daß der Kläger zur Zeit der letzten mündlichen Tatsachenverhandlung des Erstprozesses die begehrte Gestaltung (im Rahmen des Streitgegenstandes, vgl Einl Rn 80) nicht verlangen konnte. **Besonderheiten** gelten für die Rechtskraft von Entscheidungen in Familien- und Kindschaftssachen. Fälle erweiterter Rechtskraftwirkung: § 325 Rn 29; nur eingeschränkte Rechtskraftwirkung kommt der Abweisung der Klage auf Anfechtung eines Vaterschaftsanerkenntnisses zu (Düsseldorf NJW 80, 2760); zur Rechtskraft von (abweisenden) non-liquet-Entscheidungen in Kindschaftssachen vgl Arens, FS Müller-Freienfels, 1986, 15 ff; hier § 640h Rn 10 f; nur eingeschränkte Rechtskraft kommt dem einer Ehelichkeitsanfechtungsklage des Mannes stattgebenden Urteil zu, denn es stellt nur den Status des Kindes als nichtehelich fest und verwehrt dem im folgenden Vaterschaftsfeststellungsprozeß in Anspruch genommenen Mann nicht die Verteidigung, das Kind stamme doch vom Ehemann der Mutter ab (BGH 83, 391 [394 f] = NJW 82, 1652 [1653] = MDR 82, 749, str).

4 **b) Gestaltungsurteil.** Ergeht auf eine begründete Gestaltungsklage ein Gestaltungsurteil, so ist es von jedermann zu beachten. Darin unterscheidet sich die Wirkung des Gestaltungsurteils von der Rechtskraftwirkung des Leistungs-, Feststellungs- oder Abweisungsurteils. Das Gestaltungsurteil führt eine Rechtslage erst herbei (oder erlaubt dem Kläger, sich auf sie zu berufen, vgl etwa § 23 EheG, §§ 2342 ff BGB, §§ 243, 246 AktG; dazu R-Schwab § 95 II 2 und Schlosser aaO S 62), während sonstige Urteile eine schon bestehende Rechtslage feststellen. Praktisch ist dieser Unterschied aber nicht allzu bedeutsam (vgl Jauernig § 65 II), denn Gestaltungsurteile binden nicht auch dahin, daß die neugestaltete Rechtslage bis dahin noch nicht bestanden hätte. Wird durch Gestaltungsurteil eine OHG aufgelöst, so steht nicht etwa bindend fest, daß die OHG zuvor existiert hatte. Wird durch Gestaltungsurteil eine Vertragsstrafe um 50% herabgesetzt, so steht nicht etwa bindend fest, daß die Vertragsstrafe zunächst in doppelter Höhe vereinbart gewesen war. Vielmehr ist die zunächst bestehende und zu gestaltende Rechtslage im Gestaltungsprozeß nur Vorfrage, über die nicht rechtskräftig entschieden wird.

5 Ob zusprechende Gestaltungsurteile neben dieser **Gestaltungswirkung** auch noch eine nur zwischen den Parteien wirkende **materielle Rechtskraft** entfalten, ist str, wird aber von der derzeit hM bejaht (vgl Jauernig § 65 II; StJSchL § 322 Anm VI 6a; Zeiss, Lehrbuch § 70 IV 2; R-Schwab § 95 III 2; Schlosser, aaO S 407; ders Jura 86, 131; K. Schmidt JuS 86, 38; vgl auch BGH 40, 130). Hiernach wird rechtskräftig festgestellt, daß das Rechtsfolgebegehren des Klägers auf Rechtsgestaltung begründet war; dadurch werden Schadensersatz- oder Bereicherungsansprüche ausgeschlossen, die später mit der Begründung erhoben werden könnten, der Kläger habe kein Gestaltungsrecht gehabt, die Gestaltungswirkung sei also zu Unrecht eingetreten (vgl StJSchL Anm V 7; Blomeyer § 94 IV; ThP Anm 2a; wegen abweichender Ansichten vgl 11. Aufl Anm 1c aE).

6 **3) Die materielle Rechtskraft bei der Feststellungsklage. a) Erfolgreiche positive Feststellungsklage.** Hat eine positive Feststellungsklage Erfolg, so wird festgestellt, daß das in dem Urteil bezeichnete Recht oder Rechtsverhältnis besteht, und zwar unabhängig davon, ob das Gericht alle einschlägigen Aspekte gesehen und zutreffend gewürdigt hat (BGH NJW 82, 2257 mN = MDR 83, 47). Es kann sich um ein absolutes, ein relatives oder ein Gestaltungsrecht handeln. Die Divergenz zwischen dem Streitgegenstand als dem prozessualen und dem diesem zugrunde liegenden materiellen (§ 241 BGB) Anspruch ist für die Feststellungsklage nicht prak-

tisch. Streitgegenstand des Feststellungsprozesses kann nach dem Wortlaut des § 256 ein behauptetes materielles Recht sein. Nach BGH VersR 73, 156 mit Anm Rimmelspacher ZZP 87, 78 erstreckt sich allerdings die Rechtskraftwirkung eines über die Verpflichtung zum Ersatz von Stationierungsschäden ergangenen Feststellungsurteils nur auf die dabei zugrunde gelegten Forderungen. Soweit an dem festgestellten Rechtsverhältnis Dritte beteiligt sind, wirkt die Rechtskraft des Feststellungsurteils gleichwohl nur in den Grenzen der §§ 325 ff. Das ist besonders zu beachten, wenn absolute Rechte festgestellt werden. Gegenstand der Feststellungsklage und des Feststellungsurteils sind **materielle Rechte oder Rechtsverhältnisse,** dagegen nicht abstrakte Rechtsfragen, mögen sie auch für ein bestimmtes Rechtsverhältnis Bedeutung haben. Daraus ergeben sich wichtige Folgerungen:

aa) Das Gericht darf sich bezüglich eines umstrittenen Rechts nicht auf **bestimmte Streitpunkte** beschränken (zu Unrecht zweifelnd OGH NJW 50, 502). 7

bb) Die Rechtskraft erstreckt sich nicht auf den **Entstehungsgrund** des festgestellten Rechts (vgl dazu noch Rn 12 zur Abweisung von positiven Feststellungsklagen), uU aber auf einen in der Vergangenheit liegenden **Entstehungszeitpunkt** (vgl Hackspiel NJW 86, 1149 mN; s auch Rn 53 aE vor § 322). 8

cc) Bei relativen Rechten ist zu beachten, daß bei einer Mehrheit von materiellen Ansprüchen gleichen Inhalts **(„Anspruchskonkurrenz")** das Urteil die Existenz speziell eines dieser Ansprüche feststellen kann; ein Rechtsschutzbedürfnis hierfür kann – **anders als bei Leistungsklagen,** mit deren Hilfe Rechtsfolgen (daher sind nur sie Streitgegenstand) realisiert werden sollen – in Fällen gegeben sein, in denen an einen der Ansprüche besondere Rechtsfolgen geknüpft sind (vgl zB § 848 BGB für Ansprüche aus unerlaubter Handlung und § 393 BGB für Ansprüche aus vorsätzlicher unerlaubter Handlung). Handelt es sich dagegen **(Gesetzeskonkurrenz)** materiellrechtlich um einen einheitlichen Anspruch, so erwächst die Ansicht des Gerichts über den Entstehungsgrund nicht in Rechtskraft. Beachte im obigen Zusammenhang auch die Privilegierung eines konkurrierenden Anspruchs durch § 850 f II. 9

dd) Ist im Feststellungsurteil eine (unbegrenzte) Haftpflicht des Beklagten ausgesprochen, obwohl ein Fall umfangmäßig **begrenzter Haftung** vorliegt (zB gem § 3 Nrn 1, 4 und 6 PflVersG, § 158c III VVG), kann im nachfolgenden Leistungsprozeß die Haftungsbegrenzung nicht mehr mit Erfolg geltend gemacht werden (BGH NJW 79, 1047 = MDR 79, 484). 10

b) Abweisung einer negativen Feststellungsklage. Wird eine negative Feststellungsklage aus Sachgründen abgewiesen, so hat das Urteil im allgemeinen das Rechtsverhältnis zu bezeichnen, das es entgegen der Ansicht des Klägers bejahen will; die Rechtskraftwirkung entspricht dann derjenigen eines Urteils, das einer umgekehrten positiven Feststellungsklage des Beklagten stattgegeben hätte (BGH NJW 75, 1320 = MDR 75, 739 = VersR 75, 641 mit zustimmender Anm Schubert JR 76, 19; BGH NJW 83, 2032 [2033] = JZ 83, 395 [396] mit zust Anm Messer = JR 83, 372 [373] mit abl Anm Waldner; Tiedtke NJW 83, 2011; eingehend Baltzer, Die negative Feststellungsklage aus § 256 I ZPO, 1980 S 21 ff mwN, 187 f, 191; s a Rn 21 vor § 322). Dies gilt – ebenso wie bei den anderen Klagearten – auch dann, wenn die negative Feststellungsklage unter Verkennung der Beweislast abgewiesen wurde (BGH NJW 83, 2032 = aaO; NJW 86, 2509 = WM 86, 954; zust Grunsky ZZP 99, 236; Arens, FS Müller-Freienfels, 1986, 22 ff; aA im Anschluß an Tiedtke aaO Hamm NJW-RR 86, 1123 und eingehend Tiedtke JZ 86, 1031 ff). Einzelheiten sind Frage des Einzelfalls und den Entscheidungsgründen zu entnehmen (s BGH aaO; NJW 82, 2032 [2033]; StJSchL § 256 Anm V 1). Bsp: Ist die Klage auf Freistellung von der Unterhaltsverpflichtung im Vorprozeß rechtskräftig abgewiesen worden, steht die Unterhaltspflicht im Folgeprozeß bindend fest (Braunschweig FamRZ 79, 928). Negative Feststellungsklagen gegen unbezifferte Ansprüche sind möglich und können abgewiesen werden, ohne daß der Gegner seinen Anspruch beziffert haben müßte; eine solche Abweisung ist rechtskräftig, besagt aber nichts über die Höhe des bejahten, aber nicht bezifferten Anspruches, ist also einem Grundurteil vergleichbar (BGH NJW 86, 2508 = JZ 86, 650 = FamRZ 86, 565; Baltzer aaO, S 112 f, 186). 11

c) Erfolgreiche negative und abgewiesene positive Feststellungsklage. Hat eine negative Feststellungsklage Erfolg oder wird eine positive Feststellungsklage abgewiesen, so ist dem Tenor und den Gründen des Urteils zu entnehmen, welches Recht oder Rechtsverhältnis rechtskraftfähig verneint wurde (vgl zB BGH Betrieb 58, 19). Verneint werden jedenfalls nicht etwa nur die in den Gründen erörterten und verneinten Entstehungsgründe, sondern das umstrittene materielle Recht schlechthin; es kann also nicht in einem Zweitprozeß geltend gemacht werden, das streitige Recht habe schon zur Zeit des Erstprozesses aus einem in diesem Verfahren nicht vorgetragenen Grund bestanden (aA Schwab, S 174; StJSchL Anm VI 5b; Brox JuS 62, 125; wie hier Jauernig, Verhandlungsmaxime, Inquisitionsmaxime und Streitgegenstand, 1967, S 71; Henckel, Parteilehre und Streitgegenstand im Zivilprozeß, 1961, S 284; Celle NdsRpfl 76, 196). 12

13 **4) Materielle Rechtskraft bei verschiedenen weiteren Klageformen** (vgl auch Rn 21 ff vor § 322). **a)** Bei der **Kündigungsschutzklage** mit dem Antrag gem § 4 S 1 KSchG ist Gegenstand der rechtskräftigen Feststellung die Frage, ob das Arbeitsverhältnis aus Anlaß einer ganz bestimmten Kündigung aufgelöst ist oder nicht (vgl BAG 7, 36; NJW 85, 3095; zum sog „punktuellen" Streitgegenstand dieser Klage vgl auch Einl Rn 79). **b)** Die Abweisung einer **Stufenklage** (§ 254) entfaltet keine Rechtskraft hinsichtlich des unbezifferten Zahlungsanspruchs, auch wenn sie irrig als Vollendurteil ergeht (Oldenburg MDR 86, 62). **c)** Die Rechtskraft eines **Unterlassungsurteils** beschränkt sich – bei gesetzlicher Unterlassungspflicht – auf das konkrete Unterlassungsgebot und erstreckt sich nicht auf die zugrundeliegende Verpflichtung (R-Schwab § 155 III 1; Frankfurt OLGZ 85, 207 f; Gloy/Seibt, Handbuch des Wettbewerbsrechts, 1986, § 70 Rn 1, 3). Die Rechtskraft eines Unterlassungsurteils nach §§ 13, 17 AGBG umfaßt nicht die Feststellung der Unwirksamkeit der AGB-Klausel (so Schilken, in: Recht und Wirtschaft, Ringvorlesung, Osnabrück 1985, S 121 mwN, str). **d)** Die Rechtskraft eines die **Vollstreckungsgegenklage** abweisenden Urteils erstreckt sich nicht auf das Bestehen des (titulierten) Anspruchs (BGH MDR 85, 138 = BB 85, 14; vgl auch Rn 29 vor § 322).

14 **5) Die materielle Rechtskraft fehlerhafter Urteile.** Urteile, die auf Verstößen gegen materielles oder Verfahrensrecht beruhen, sind gleichwohl rechtskräftig. Wegen der Rechtskraft sachlich unrichtiger Urteile s Rn 71 vor § 322. Noch weniger hindert ein Verfahrensverstoß den Eintritt der Rechtskraft, und zwar grundsätzlich auch dann nicht, wenn eine Prozeßvoraussetzung gefehlt hatte; in einigen Fällen (zB wenn eine Partei nicht prozeßfähig war) helfen §§ 579 ff. Deshalb ist die Rechtskraft eines Urteils der ordentlichen Gerichte zu beachten, wenn ein Arbeitsgericht zuständig gewesen wäre (Karlsruhe ZZP 68, 195; es handelt sich dabei nicht um eine Frage der Zulässigkeit des Rechtswegs, BGH NJW 64, 863), wenn das Urteil sich nicht im Rahmen des § 308 I hält (BGH 34, 339; Hamm MDR 85, 241) oder wenn das Prozeßhindernis des § 261 nicht beachtet worden ist (BGH LM Nr 6).

II) Sonderfall der materiellen Rechtskraft bei der Aufrechnung (Abs II)

15 **1) Ausnahmecharakter dieser Vorschrift und Anwendungsbereich. a)** Abs II regelt eine Ausnahme von dem Grundsatz, daß über Vorfragen und insbesondere über Einwendungen des Beklagten nicht rechtskräftig entschieden wird. Abs II gilt nur für die **Aufrechnung** (vgl § 145 Rn 11 ff; zu den Schwierigkeiten der dogmatischen Einordnung der Prozeßaufrechnung s etwa Häsemeyer, „Prozeßaufrechnung", aaO und Schmidt aaO) und ist als Ausnahmenorm eng auszulegen (vgl BGH 89, 352 f). Rechnet also der Beklagte nicht auf, sondern macht er lediglich ein Zurückbehaltungsrecht wegen einer Gegenforderung geltend, so ist Abs II nicht etwa analog anzuwenden; die Gegenforderung, auf die das Zurückbehaltungsrecht gestützt wird, kann nicht dadurch rechtskraftfähig aberkannt werden, daß das Gericht den Beklagten uneingeschränkt verurteilt (BAG AP Nr 2 zu § 314). Auch die „Abrechnung" kann nicht unter § 322 II subsumiert werden (Karlsruhe Justiz 71, 104). Zu Fragen der Aufrechnung des **Klägers** vgl Rn 24.

16 **b)** Ferner macht Abs II eine Ausnahme von dem Grundsatz, daß die **Entscheidungsgründe** nicht **in Rechtskraft** erwachsen (s Rn 31 vor § 322). Im Hinblick auf Abs II muß vielmehr den Entscheidungsgründen entnommen werden, ob die Klage aus sonstigen Gründen oder aber gerade wegen der Aufrechnung abgewiesen wurde, oder ob der Klage trotz Aufrechnung stattgegeben wurde, weil die Gegenforderung nicht besteht oder weil die Aufrechnung nicht wirksam erklärt oder unzulässig war. Im einzelnen ist zwischen den Fällen der Klagestattgabe (Rn 17 f) und der Klageabweisung (Rn 20 f) zu unterscheiden.

17 **2) Der Klage stattgebendes Urteil. a) Nichtbestehen der Gegenforderung.** Wird der Klage trotz Aufrechnung stattgegeben, weil die Gegenforderung nicht bestehe, so ist die Gegenforderung rechtskraftfähig aberkannt. Die **Beschwer** des Beklagten ist dann die Summe von Klage- und Gegenforderung (BGH 48, 212). Wird die ua mit Aufrechnung begründete Vollstreckungsgegenklage (§ 767) abgewiesen, ist der Kläger sowohl in Höhe der titulierten Forderung als auch der aberkannten Aufrechnungsforderung beschwert (BGH 48, 356). Bestreitet der Beklagte die Hauptforderung nicht, rechnet er aber mit einer Gegenforderung auf (Primäraufrechnung), so ist er durch ein der Klage stattgebendes Urteil nur in Höhe des Betrages beschwert, zu dessen Zahlung er verurteilt ist (BGH 57, 301). – Wegen des Kostenwerts vgl § 3 Rn 16 „Aufrechnung" und BGH GrSZ 59, 17 = LM § 5 Nr 10 Anm Mormann.

18 **b) Unzulässigkeit der Aufrechnung.** Das Gericht kann der Klage auch mit der Begründung stattgeben, daß die Aufrechnung nicht rechtswirksam erklärt oder nicht zulässig sei. In diesen Fällen ist über die Gegenforderung nicht rechtskraftfähig entschieden (BGH NJW 84, 128 [129] = MDR 83, 1018 = WM 83, 688 [689 mN]). Anders liegt es dagegen, wenn das Gericht der Aufrechnung den Erfolg deswegen versagt, weil es an der Gegenseitigkeit oder Gleichartigkeit oder Fälligkeit der Gegenforderung fehle, denn in diesen Fällen wird eben die Existenz einer gegen

den Kläger gerichteten Forderung des im Prozeß geltend gemachten Inhalts endgültig oder (wenn die Fälligkeit fehlt) zur Zeit verneint; diese Entscheidung erwächst nach § 322 II in Rechtskraft. Jedenfalls wird ein vom Gericht *verkannter* Mangel der Gegenseitigkeit von der Rechtskraft gem Abs II gedeckt (vgl Reinicke/Tiedtke NJW 84, 2791).

c) Gemeinsames zu a und b. Bejaht das Gericht die Klageforderung, so darf es die Zulässigkeit der Aufrechnung und die Rechtsgültigkeit ihrer Erklärung (vgl oben b) nicht unentschieden lassen (BGH NJW 84, 128 [129] = MDR 83, 1018 = WM 83, 688 [689 mN]). Verstößt das Gericht gegen diese Regel und gibt es der Klage statt, weil die Gegenforderung – unabhängig von der Zulässigkeit usw der Aufrechnung – „jedenfalls nicht bestehe", so ist über die Gegenforderung nicht etwa rechtskraftfähig (verneinend) entschieden (unklar RG 132, 306), denn § 322 II ist nur anwendbar, wenn sich aus den Gründen des Urteils mit Sicherheit ergibt, daß die Entscheidung über die Klageforderung auf der negativen Entscheidung über die Gegenforderung beruht. Verneint das Gericht die Zulässigkeit der Aufrechnung und stützt seine Entscheidung hierauf, so sind zusätzliche Ausführungen zur Begründetheit der Aufrechnung als nicht vorhanden zu behandeln (BGH NJW 84, 128 [129] = MDR 83, 1018 = WM 83, 688 f). Weist dagegen das Gericht die Klageforderung ab, weil die Aufrechnung durchgegriffen habe, obwohl also die Klageforderung bestanden habe, so ist der Verbrauch der Gegenforderung auch dann rechtskraftfähig festgestellt, wenn das Gericht die Frage der Zulässigkeit der Aufrechnung bewußt oder unbewußt nicht geprüft hat, obwohl dies geboten gewesen wäre. 19

3) Abweisung der Klage. a) Nichtbestehen der Klageforderung. Wird die Klage abgewiesen, weil die Klageforderung, gegen die vorsorglich auch aufgerechnet worden war, aus anderen Gründen nicht bestehe, so ist über die Gegenforderung nicht entschieden. Wegen § 322 II **muß** das Gericht zunächst alle sonstigen Einwendungen gegen den Bestand der Klageforderung erledigen (BGH 80, 97 [99]). 20

b) Durchgreifen der Aufrechnung. Wird die Klage abgewiesen, weil die Aufrechnung durchgreife, so steht rechtskraftfähig fest, daß die Gegenforderung verbraucht und dadurch erloschen ist (StJSchL Anm VII mit Nachw). Ist die Klage nur wegen der Aufrechnung durch den Beklagten abgewiesen worden, so ist die Forderung des Klägers rechtskräftig festgestellt, wenn nur er ein Rechtsmittel eingelegt hat (BGH WM 72, 53). Das Gericht darf unstreitig (BGH LM Nr 21) nicht in dem Sinn entscheiden, daß es die Klage ohne Rücksicht darauf abweise, ob die Klageforderung bestehe, weil jedenfalls die Aufrechnung durchgreife (so im Grundsatz auch LG Oldenburg MDR 77, 929, jedoch einschränkend für den Fall, daß die aufgerechnete Forderung außerhalb des Prozesses wirtschaftlich nicht verwertbar ist). Ergeht ein solches Urteil gleichwohl, so ist es einer umfassenden materiellen Rechtskraft nicht fähig. Über den Bestand der Klageforderung bis zur Aufrechnung ist nicht rechtskräftig entschieden. Die Gegenforderung ist nicht rechtskraftfähig aberkannt. Die Gegenforderung ist endlich auch nicht etwa rechtskraftfähig als bestehend festgestellt, denn die Ausnahmenorm des Abs II gilt nach ihrem Wortlaut nur, wenn über die Gegenforderung negativ entschieden wird, dh dahin, daß sie **nicht** oder **nicht mehr** besteht. 21

c) Doppelte Begründung. Das Gericht darf eine Klageabweisung auch nicht etwa doppelt in dem Sinn begründen, daß es die Klageforderung verneint und außerdem die zur Aufrechnung gestellte Gegenforderung bejaht. Tut das Gericht dies dennoch, so erwächst nur die Negation der Klageforderung in Rechtskraft. Die Gegenforderung ist dagegen rechtskraftfähig weder zunoch aberkannt, denn § 322 II ermöglicht eine rechtskraftfähige Entscheidung über die Gegenforderung nur, wenn auf ihr auch die Entscheidung über die Klageforderung beruht. 22

4) Offenlassen der Berechtigung zur Aufrechnung im Teilurteil. Ist in den Gründen des Teilurteils ausgeführt, ein – begründeter – Anspruch werde nur deshalb nicht zuerkannt, weil die aufgerechnete Gegenforderung noch der Prüfung bedürfe, kann das Gericht, wenn es kein Urteil nach § 302 erließ, später den Klageanspruch als unbegründet abweisen (BGH NJW 67, 1231). – Keine Bindung nach § 318. 23

5) Aufrechnung des Klägers (Lit: Braun ZZP 89, 93; Reinicke/Tiedtke NJW 84, 2790). Für sie gilt Abs II grundsätzlich nicht (vgl BGH 89, 349 [352] = NJW 84, 2790; Reinicke/Tiedtke NJW 84, 2791). Zwei Ausnahmen werden zugelassen: **a)** Die Rechtskraft eines der Vollstreckungsgegenklage stattgebenden oder sie abweisenden Urteils ergreift auch die Zu- oder Aberkennung einer Gegenforderung, mit der der Kläger gegen die titulierte Forderung aufrechnete (BGH 48, 356; 89, 352). **b)** Dem gleich steht der Fall der **negativen Feststellungsklage,** wenn das Nichtbestehen der geleugneten Forderung mit der vom Kläger erklärten Aufrechnung begründet wird (Reinicke/Tiedtke NJW 84, 2791). Dem ist zuzustimmen, denn bei Vollstreckungsgegen- und negativer Feststellungsklage sind die Parteirollen vertauscht und der *Schutz des Gegners* (Inhaber der titulierten oder geleugneten Forderung) gebietet die Erweiterung der Rechtskraft entspr Abs II. Abge- 24 sehen davon gilt Abs II (entgegen Braun aaO) nicht für **klageabweisende Urteile,** wenn die Forderung infolge einer Aufrechnung des Klägers (oder im Fall des § 265 eines Rechtsnachfolgers) bereits verbraucht war; hier würde die Rechtskrafterstreckung dem *Gegner* die Möglichkeit der Geltendmachung der Forderung, gegen die aufgerechnet wurde, *nehmen;* dies ist vom Sinngehalt des Abs II nicht gedeckt.

323 *[Abänderungsklage]*

(1) Tritt im Falle der Verurteilung zu künftig fällig werdenden wiederkehrenden Leistungen eine wesentliche Änderung derjenigen Verhältnisse ein, die für die Verurteilung zur Entrichtung der Leistungen, für die Bestimmung der Höhe der Leistungen oder der Dauer ihrer Entrichtung maßgebend waren, so ist jeder Teil berechtigt, im Wege der Klage eine entsprechende Abänderung des Urteils zu verlangen.

(2) Die Klage ist nur insoweit zulässig, als die Gründe, auf die sie gestützt wird, erst nach dem Schluß der mündlichen Verhandlung, in der eine Erweiterung des Klageantrages oder die Geltendmachung von Einwendungen spätestens hätte erfolgen müssen, entstanden sind und durch Einspruch nicht mehr geltend gemacht werden können.

(3) Das Urteil darf nur für die Zeit nach Erhebung der Klage abgeändert werden.

(4) Die vorstehenden Vorschriften sind auf die Schuldtitel des § 641 p, des § 642 c, des § 642 d in Verbindung mit § 642 c und des § 794 Abs. 1 Nr. 1 und 5, soweit darin Leistungen der im Absatz 1 bezeichneten Art übernommen worden sind, entsprechend anzuwenden.

(5) Schuldtitel auf Unterhaltszahlungen, deren Abänderung im Vereinfachten Verfahren (§§ 641 l bis 641 t) statthaft ist, können nach den vorstehenden Vorschriften nur abgeändert werden, wenn eine Anpassung im Vereinfachten Verfahren zu einem Unterhaltsbetrag führen würde, der wesentlich von dem Betrag abweicht, der der Entwicklung der besonderen Verhältnisse der Parteien Rechnung trägt.

Lit: *Boetzkes,* Probleme der Abänderungsklage, Marburger Diss 1986; *Brox,* Erhöhung wiederkehrender Leistungen durch Abänderungs- oder Zusatzklage, NJW 61, 853; *Brüggemann,* Gesetz zur vereinfachten Abänderung von Unterhaltsrenten, Kommentar, 1976; *Brühl/Göppinger/Mutschler,* Unterhaltsrecht, Bd 2, Verfahrensrecht, 1976; *Finger,* Vollstreckbare Urkunden und Abänderungsklage nach § 323 ZPO, MDR 71, 350; *Flieger,* Das Verhältnis des § 610 b zu den §§ 323, 767 ZPO, MDR 80, 803; *Franz,* Zur geplanten Dynamisierung von Unterhaltsrenten, FamRZ 76, 65; *Gabius,* Rückwirkende Abänderbarkeit im Unterhaltsrecht, NJW 76, 313; *Georgiades,* Die Abänderung ausländischer Urteile im Inland, FS für Zepos, Band II, 1973, 189; *Haase,* Die Abänderungsklage, JuS 67, 457; *Hahne,* Probleme der Abänderungsklage in Unterhaltssachen nach der Rspr des BGH, FamRZ 83, 1189; *Hoppenz,* Zum Verhältnis von Rechtsmittelverfahren und Abänderungsklage, FamRZ 86, 226; *Hummel,* Hintereinandergeschaltete Klagen auf Abänderung des Unterhalts, FamRZ 72, 124; *Klauser,* Abänderung von Unterhaltstiteln, MDR 81, 711; *Köhler,* Vereinfachte Anpassung von Unterhaltsrenten, NJW 76, 1532; *ders,* Das Verhältnis der Abänderungsklage zur Vollstreckungsgegenklage, FamRZ 80, 1088; *ders,* Handbuch des Unterhaltsrechts, 6. Aufl 1983, Rn 753–797 a; *Meister,* Zum Verhältnis von Abänderungs-, Vollstreckungsabwehr- und Zusatz-(Nachforderungs-)klage, FamRZ 80, 864 (Erwiderung *Köhler* FamRZ 80, 1088); *Petermann,* Gesetz zur vereinfachten Abänderung von Unterhaltsrenten, Rpfleger 76, 413; *Pohle,* Erstreckung der Rechtskraft auf Nachforderungen des siegreichen Klägers, ZZP 77 (1964), 107; *Scheffler,* Vorläufige Vollstreckbarkeit bei Abänderung von Unterhaltstiteln nach § 323, FamRZ 86, 532; *Schmidt,* Zur Frage der Zulässigkeit der Abänderungsklage nach § 323 ZPO neben dem Verfahren nach Art 12 §§ 14–16 NEG zur Umstellung alter Unterhaltstitel, FamRZ 72, 280; *Siehr,* Ausländische Unterhaltsentscheidungen und ihre Abänderung im Inland wegen veränderter Verhältnisse, FS für Bosch 1976, S 927; *Spellenberg,* Abänderung ausländischer Unterhaltsurteile und Statut der Rechtskraft, IPRax 84, 304; *Timm,* Abänderungsklage und/oder Vereinfachtes Verfahren bei der Anpassung von Unterhaltsrenten? NJW 78, 745; *Wagner,* Die Abänderung der Unterhaltstitel auf Regelunterhalt in der gerichtlichen Praxis, Rpfleger 71, 93; *Weychardt/Meyer,* Frankfurter Unterhaltsrechtsprechung, DAVorm 84, 338 [350 ff]; *Wolfsteiner,* Die vollstreckbare Urkunde, 1978.

I) Allgemeines

1 **1) Bedeutung.** Die Verurteilung zu künftig fällig werdenden wiederkehrenden Leistungen (vgl Abs I; zur Klagezulässigkeit s § 258) verlangt vom Richter vielfach eine vorausschauende Prognose zur künftigen Entwicklung von individuellen, aber auch allgemein wirtschaftlichen Ver-

hältnissen (BGH 79, 187 [192] = NJW 81, 819 = MDR 81, 306; BGH 82, 246 [250] = NJW 82, 578 [579]; NJW 85, 1345). Bsp: Festsetzung von Ersatz- und Unterhaltsrenten gem §§ 843–845 BGB; §§ 10, 11 StVG; Bemessung von Unterhaltsansprüchen gem §§ 1360, 1361, 1602, 1603 BGB usw. § 323 bildet die notwendige Korrektur zur Zulassung derartiger Verurteilungen (BGH 96, 207; Köhler FamRZ 80, 1088; Rn 2); er ist Ausdruck des allgemeinen Rechtsgedankens der *clausula rebus sic stantibus* für den Bereich des Zivilprozesses (vgl BGH 34, 115 f; 78, 136; FamRZ 79, 695; Hamm NJW 84, 315 = FamRZ 83, 1039 [1040]).

2) Rechtsnatur. § 323 gibt einen prozessualen Rechtsbehelf zur Beseitigung der innerprozes- 2
sualen Bindung (§ 318) und (nach Eintritt der formellen Rechtskraft) der materiellen Rechtskraft (R-Schwab § 159 I; Jauernig § 63 VI; vgl auch Rn 13). Es handelt sich also insoweit um eine **prozessuale Gestaltungsklage;** soweit mit der Klage eine Neufestsetzung der Leistungspflicht (Erhöhung; Herabsetzung) erstrebt wird, teilt sie die Rechtsnatur des Vorprozesses, ist insoweit also Leistungs- oder Feststellungsklage (R-Schwab § 159 II 2; ThP Anm 1). Der innere Grund für die Möglichkeit, die (in die Zukunft reichende) Rechtskraft zu durchbrechen (BGH 82, 245 [250] = NJW 82, 578 [579]), liegt darin, daß das Festhalten an der einmal getroffenen Entscheidung (Argument der Rechtssicherheit) in den Fällen des § 323 mit der materiellen Gerechtigkeit und dem materiellen Recht (Grundsätze des Wegfalls der Geschäftsgrundlage, s BGH – GSZ – 85, 64 [67] = NJW 83, 228 = MDR 83, 189) schlechthin unvereinbar wäre. Die materielle Gerechtigkeit (materiell-rechtliche Richtigkeit) hat also in den Fällen des § 323 Vorrang vor der Rechtssicherheit (Argument für den restitutionsähnlichen „Rechtsbehelf gem § 826 BGB", s Rn 72 vor § 322). Umgekehrt ist – wegen § 323 – die Verurteilung zu einer den allgemeinen Lebenshaltungskosten angepaßten „dynamischen" Rente unzulässig (vgl BGH 79, 187 [194] = NJW 81, 818 [820]; BGH DNotZ 79, 19 – „keine automatische Erhöhung" –; Karlsruhe VersR 69, 1123; vgl aber auch Rn 33).

3) Anwendungsbereich. § 323 enthält einen allgemeinen, entsprechender Anwendung fähigen 3
Rechtsgedanken (BGH 28, 337), so daß der Kreis der abänderbaren Schuldtitel nicht auf die in Abs I, IV und V genannten beschränkt ist (Rn 8, 9). **a)** Der Abänderung unterliegen in **unmittelbarer** Anwendung der Abs **I, IV** und **V** folgende auf künftig wiederkehrende Leistungen gerichtete Schuldtitel: **aa) Verurteilungen;** das sind Leistungsurteile (streitige Endurteile; Anerkenntnis- [BGH 80, 397] und Versäumnisurteile); gleichgestellt sind **ausländische Urteile,** soweit sie im Inland anerkannt werden (BGH NJW 83, 1976 = MDR 83, 1007 = FamRZ 83, 806; dazu Spellenberg aaO). Zur Abänderbarkeit ausländischer Unterhaltstitel im Inland vgl allg Siehr und Georgiades, je aaO, im Verhältnis zwischen Jugoslawien und der Bundesrepublik bes BGH NJW 83, 1977; FamRZ 82, 631; Spellenberg aaO; zu Unterhaltsurteilen und Änderung der Verhältnisse im Geltungsbereich des EuGVÜ s Schlosser FamRZ 73, 426.

bb) Unterhaltstitel nach §§ 642c, d, § 641 p iVm Abs III und IV; vgl Rn 48, 49. 4

cc) Prozeßvergleiche und **vollstreckbare Urkunden** (§ 794 I Nr 1 und 5 iVm Abs **III**); Düssel- 5
dorf FamRZ 81, 587); vgl Rn 43, 44.

dd) Schiedssprüche (§ 1040 iVm Abs **I**). 6

cc) Schiedsvergleiche (§ 1044a; ThP Anm 2b). 7

b) In **erweiternder Auslegung** von § 323 wird eine Abänderbarkeit ferner in folgenden Fällen 8
befürwortet (zT str): **aa)** Unter gewissen Voraussetzungen auch für **klageabweisende Urteile** (Rn 26), für **Feststellungs-** und **Unterlassungsurteile** (Rn 27, 29), sowie für **Urteile auf Kapitalabfindung** (Rn 28); für rechtskräftige Beschlüsse des Entschuldungsamts (BGH 28, 330);

bb) unter Umständen auch **außergerichtliche Vergleiche** (Rn 44). 9

c) Keine Anwendung findet § 323 auf **aa) einstweilige Verfügungen** und **Anordnungen;** in die- 10
sen Fällen sind die §§ 620 ff, 936, 927 maßgebend (BGH NJW 83, 1330 [1331]; Hassold FamRZ 81, 1036 [1038]; vgl auch Rn 19);

bb) Entscheidungen über den öffentlichrechtlichen **Versorgungsausgleich** (BGH NJW 82, 1646 11
[1647]).

cc) Privatschriftliche Vereinbarungen (Zweibrücken FamRZ 82, 302 [303]). 12

d) Nach Art 6 Nr 1 UÄndG (dazu Einl Rn 24 ff) sind Abs I, III und IV in engen Grenzen **ent-** 12a
sprechend anwendbar für vor dem 1. 4. 86 rechtskräftig gewordene bzw errichtete Schuldtitel über Unterhaltsansprüche; zur **Übergangsregelung** vgl Anh nach § 323.

II) Abgrenzung zu anderen Rechtsbehelfen

1) Rechtsmittel und Einspruch: a) Die Abänderungsklage gem § 323 ist kein spezifisches Mit- 13
tel zur **Beseitigung der Rechtskraft.** Die Rechtskraft des abzuändernden Urteils ist nicht Zulässigkeitsvoraussetzung (Oldenburg FamRZ 80, 395), wohl aber, daß überhaupt ein Urteil (Rn 25 ff) oder ein gleichgestellter Titel (vgl Rn 43 ff) vorliegt. Die Klagemöglichkeit nach § 323 kann daher

mit der Möglichkeit zur **Rechtsmitteleinlegung** konkurrieren, wenn sie auf Gründe gestützt wird, die nach dem Schluß der mündlichen Verhandlung im Vorprozeß entstanden sind; insoweit hat die abänderungsberechtigte Partei eine *Wahlmöglichkeit*, solange es nicht zu einem **Berufungsverfahren** kommt (BGH 96, 205 [207 ff]) und die Abänderungsgründe im Wege zulässiger Anschließung und Klageerweiterung geltend gemacht werden können (ie Rn 34). Wenn dagegen als Rechtsmittel die **Revision** in Betracht kommt, ist die Möglichkeit der Abänderungsklage nicht beschränkt, da mit der Revision die Änderung der tatsächlichen Verhältnisse nicht gerügt werden kann (§ 561), andererseits aber eine Änderung des Urteils erst ab Klageerhebung (§ 323 III) möglich ist (Rn 42). Wollte man die Parteien nur auf die Rechtsmittelmöglichkeit verweisen, so wäre die Änderung für die Zeit des Revisionsverfahrens für immer ausgeschlossen. Abzulehnen ist daher R-Schwab § 159 VI 1 (wie hier auch StJSchL Anm II 2a; ThP Anm 3b bb).

14 **b)** Gegen ein Versäumnisurteil ist jedoch die Abänderungsklage nur dann zulässig, wenn eine **Einspruchsmöglichkeit** nicht oder nicht mehr besteht (**Abs II** aE; BGH FamRZ 82, 792 [793 mN]; vgl auch Rn 34).

15 **2) Vollstreckungsabwehrklage: a)** Eine **Konkurrenz** von Abänderungs- und Vollstreckungsabwehrklage (§ 767) besteht **nicht** (R-Schwab § 159 V; Köhler FamRZ 80, 1088 gegen Meister FamRZ 80, 864; Bamberg FamRZ 80, 617 mwNachw, sehr str); aA – für Nebeneinander – zB BL Anm 1 A; Meister aaO; modifizierend StJSchL Anm III 2, BGH 70, 157; 83, 278 [282] = NJW 82, 1147 [1148] und KG FamRZ 78, 528, die dem § 323 grundsätzlich die wesentliche Änderung wirtschaftlicher Verhältnisse zuordnen, der Vollstreckungsabwehrklage dagegen punktuelle Ereignisse (zust Baumgärtel FamRZ 79, 791; Hahne FamRZ 83, 1191 f). Die gegenseitige Ausschließung ist die Folge der bestehenden grundlegenden **Unterschiede:** Die Vollstreckungsgegenklage (§ 767) dient der Durchsetzung rechtsvernichtender und rechtshemmender Einwendungen, mit der Abänderungsklage (§ 323) wird dagegen geltend gemacht, daß der rechtsbegründende Tatbestand, der dem abzuändernden Urteil zugrunde liegt, sich anders entwickelt habe, als im Urteil angenommen. Die Klage nach § 767 will nur die Vollstreckbarkeit des Urteils beseitigen, nicht jedoch dessen Rechtskraft (vgl § 767 II), während die Klage nach § 323 die Rechtskraft des Urteils, sofern eine solche bereits vorhanden ist, durchbrechen will (vgl Rn 2, 13). Die Vollstreckungsgegenklage steht nur dem verurteilten Beklagten zur Verfügung (ausschließlicher Gerichtsstand §§ 767, 802), die Abänderungsklage dagegen **beiden** Parteien (allgemeiner Gerichtsstand: Rn 35). Es kann eine Erhöhung oder Verminderung der Leistungspflicht (durch Veränderung ihrer Höhe oder ihrer zeitlichen Dauer) verlangt werden (zB auch im Anerkenntnis- oder Versäumnisurteil).

16 **b) Einzelfragen.** Auch vom Standpunkt gegenseitiger Ausschließung (Rn 15) aus ist eine **hilfsweise Verbindung** von Abänderungs- und Vollstreckungsgegenklage zulässig (BGH FamRZ 79, 575 mit insoweit zust Anm Baumgärtel S 791); Grund: Entlastung des Klägers vom Abgrenzungsrisiko gem §§ 323, 767 (sa BGH – GSZ – 85, 64 [74]). **Beispiele** für **Einwendungen** iS von § 767 bei Ansprüchen auf wiederkehrende Leistungen: Erfüllung, Verjährung, Stundung, Aufrechnung, Kapitalabfindung, Abänderung durch Vergleich, Verzicht; Anrechnung von Unterhaltssurrogaten auf Unterhaltsleistungen, zB Kindergeld (BGH 70, 151) oder Rente auf Grund eines durchgeführten Versorgungsausgleichs (BGH 83, 278 [281 f] = NJW 82, 1147 [1148] = MDR 82, 562); Tod des Unterhaltsberechtigten; Scheidung der Ehe bei Unterhaltstitel für die Zeit des Getrenntlebens (BGH 78, 130 = NJW 80, 2811; 81, 978; FamRZ 81, 441); Feststellung der Nichtehelichkeit bei Unterhaltstitel gem § 1570 BGB (AG Lahnstein FamRZ 84, 1236); Verwirkung von Unterhaltsansprüchen gem § 66 EheG (Düsseldorf FamRZ 81, 883 [884 f]). Im Wege der **Abänderungsklage** ist geltend zu machen: Änderung der wirtschaftlichen Verhältnisse, Wegfall der Geschäftsgrundlage, Wegfall der Bedürftigkeit des Unterhaltsberechtigten (Bamberg FamRZ 80, 617), Änderung der Leistungsfähigkeit, Änderung der Einkommensverhältnisse der Parteien (Zweibrücken FamRZ 79, 929), erhöhter Unterhaltsbedarf infolge Aufrückens in eine höhere Altersgruppe (Köln NJW 79, 1661); Möglichkeit der Inanspruchnahme eines vorrangig Unterhaltspflichtigen usw (zum ganzen Hahne FamRZ 83, 1191 f mit weiteren Bsp).

17 **3) Abänderungsanträge: a)** Hat das Familiengericht den Ehegatten-(Kindes-)unterhalt durch einstweilige Anordnung gem § 620 Nrn 4, 6 geregelt, sind Änderungen des der einstweiligen Anordnung zugrunde liegenden Sachverhalts von beiden Parteien durch **Antrag** gem § 620b geltend zu machen. Der Antrag schließt als der speziellere Behelf die Abänderungsklage aus, eine entsprechende Anwendung von § 323 IV auf einstweilige Anordnungen kommt nicht in Betracht (BGH NJW 83, 1330 [1331]; Flieger MDR 80, 803; vgl näher § 620b Rn 17).

18 **b)** Der **Abänderungsantrag** gem §§ 641 m, 642b im vereinfachten Regelunterhaltsanpassungsverfahren geht der Abänderungsklage idR vor (vgl näher Rn 49).

4) Selbständige Klagen: a) Unterhaltszusatzklage. Da Voraussetzung für die Abänderungsklage nach § 323 eine wesentliche Veränderung der Verhältnisse ist, hat man versucht, den Anwendungsbereich des § 323 einzuschränken. Man hat die Auffassung vertreten, daß von der Abänderungsklage die Unterhaltszusatzklage zu unterscheiden sei. Danach soll der voll siegreiche Kläger im Unterhaltsprozeß die Unterhaltszusatzklage gemäß § 258 als neue Klage ohne die Beschränkung des § 323 erheben können, wenn der ihm (voll) zugesprochene Unterhaltsanspruch objektiv nur ein Teilanspruch gewesen sei. Die Klage soll bei einer späteren (unwesentlichen) Veränderung zulässig sein, wenn der Kläger bereits im ersten Prozeß nach materiellem Recht mehr hätte verlangen können (vgl Brox FamRZ 54, 237; 55, 66 und 320; NJW 61, 853 ff; Pentz ZZP 73, 211 f und NJW 53, 1460; Koblenz FamRZ 54, 253). Der BGH hat die Lehre von der an die Voraussetzungen des § 323 nicht gebundenen Unterhaltszusatzklage strikt abgelehnt (BGH 34, 110; sa BGH 82, 246 [252] = NJW 82, 578 [579]; zuletzt bestätigend BGH 94, 146 = NJW 85, 1701). Im Anschluß an RG 86, 377 hat der BGH zu Recht entschieden, daß § 323 eine Sonderregelung für alle Fälle trifft, in denen bei einer Verurteilung zu künftig fällig werdenden wiederkehrenden Leistungen nachträglich weitergehende Ansprüche wegen einer eingetretenen Veränderung der Verhältnisse geltend gemacht werden. Jeder Wunsch auf Änderung eines Rentenurteils im Sinne einer Anpassung an die veränderten Verhältnisse ist ohne Rücksicht darauf, ob im Einzelfall eine Rechtskraftwirkung besteht oder nicht, nach § 323 bzw dem Gesetz zur vereinfachten Abänderung von Unterhaltsrenten vom 29. 7. 1976 (vgl Rn 49) zu beurteilen. § 323 gibt also nicht bloß eine Handhabe, die Rechtskraft zu durchbrechen, sondern bildet zugleich eine Grenze für das Geltendmachen von Ansprüchen auf Grund veränderter Verhältnisse (vgl R-Schwab § 159 IV; Johannsen LM Nr 8; Hahne FamRZ 83, 1190 f; vgl auch Koblenz FamRZ 84, 185 f). 19

b) Nachforderungsklage. Auch nach Auffassung des BGH bleibt jedoch Raum für eine Nachforderungsklage nach **§ 258.** Die ist aber nur dann ohne die Voraussetzungen des § 323 zulässig, wenn der Anspruch im Vorprozeß unter Zugrundelegung der seinerzeitigen Verhältnisse **nur teilweise** geltend gemacht worden ist (grundlegend: BGH 93, 330 [334 ff] = NJW 85, 1340; vgl auch 94, 145 [147] = NJW 85, 1701). Bsp: Klage auf eine Unterhaltsrente „über einen freiwillig bezahlten Betrag hinaus". Rechtskräftig festgestellt wird in diesem Fall die Unterhaltsschuld nur in Höhe des titulierten Betrages, nicht jedoch die Gesamthöhe des insgesamt geschuldeten Unterhalts (BGH 93, 335 ff = aaO; FamRZ 86, 661 [662]; vgl allg Rn 47 vor § 322). Mehrforderungen sind nicht mit der Abänderungs- (§ 323), sondern mit der Nachforderungsklage (§ 258) geltend zu machen (BGH 93, 336 f = aaO). Der Anspruch ist dann im vollen Umfang nach Grund und Höhe anhand der beim Schluß der mündlichen Verhandlung des zweiten Prozesses maßgebenden Verhältnisse zu beurteilen, und zwar ohne Bindung an die Beurteilung des titulierten Forderungsteils als über den „Grund- oder Sockelbetrag" hinausgehender „Spitzenbetrag" (BGH 93, 335 ff = aaO; vgl ferner Künkel NJW 85, 2672 f; Johannsen LM Nr 8; krit Hahne FamRZ 83, 1190 f). Macht der Kläger *ohne* (erkennbaren) *Vorbehalt einer Nachforderung* Unterhalt geltend, liegt **keine** (die Nachforderungsklage eröffnende) **Teilklage** vor (BGH 94, 145 [147 mN] = NJW 85, 1701). Hat daher ein Ehegatte seinen vollen Unterhalt eingeklagt, dabei aber unterlassen, (auch) Vorsorgeunterhalt (s § 1578 II, III BGB) zu verlangen, so kann der Erhöhungsbedarf *nur* unter den Voraussetzungen des § 323 geltend gemacht werden (BGH 94, 145 = aaO). Das Problem, wie überhaupt § 323, hat erheblich an praktischer Bedeutung verloren durch die Einführung des (abänderbaren) Regelunterhalts (§§ 642, 642b; s die Erläuterungen dort), sowie des Vereinfachten Verfahrens zur Abänderung von Unterhaltstiteln (§§ 641l–641t); vgl unten Rn 48, 49. Die **Umdeutung** einer „Abänderungsklage" in eine Leistungs- (Nachforderungs-)klage ist möglich (BGH FamRZ 86, 661 [662 mN]; das gleiche muß grundsätzlich auch umgekehrt gelten (einschr insoweit BGH NJW 85, 1345 [1346]). 20

c) Neue Unterhaltsklage. aa) Hat die Änderung der Verhältnisse zugleich zu einer **Änderung des Streitgegenstands** geführt (s Einl Rn 76), so kann nicht Anpassung gem § 323 verlangt (Rn 16), sondern muß Neuklage gem § 258 erhoben werden. Nach zwar umstrittener (vgl die Kritik von Mutschler FamRZ 80, 1101 mwN), aber nunmehr gefestigter Rspr des BGH bilden der Anspruch auf ehelichen Unterhalt während des Getrenntlebens (§ 1361) und der Anspruch auf nachehelichen Unterhalt nach Scheidung (§§ 1569 ff) prozessual verschiedene Streitgegenstände, so daß nach Scheidung der Ehe durch Neuklage ein neuer Unterhaltstitel beschafft werden muß (vgl BGH 78, 130 = NJW 80, 2811 = MDR 81, 125; 93, 335 = NJW 85, 1340; NJW 81, 978 = FamRZ 81, 242 mit Anm Mutschler; NJW 81, 1509 = FamRZ 81, 441; NJW 82, 1875 [1876]; FamRZ 82, 783). Demgegenüber ist der Unterhaltsanspruch des minderjährigen Kindes identisch mit dessen Unterhaltsanspruch nach Eintritt der Volljährigkeit (BGH FamRZ 83, 582; Hamm – 7. FamS – FamRZ 83, 208 und 639; KG FamRZ 83, 746; aA Hamm – 3. FamS – FamRZ 83, 206). Eine die Neuklage ermöglichende Veränderung des Streitgegenstands kann auch bei Eintritt 21 von nicht vorhersehbaren Spätfolgen eines Verletzungsschadens in Frage kommen (vgl hierzu Rn 49 und 57 vor § 322; allg zum Problem BGH MDR 76, 299).

22 **bb)** Ist eine **Unterhaltsklage** wegen fehlender Bedürftigkeit des Klägers oder mangels Leistungsfähigkeit des Beklagten **abgewiesen** worden, so liegt nach der Auffassung des BGH (BGH 82, 246 [250 f] = NJW 82, 578 [579] = MDR 82, 392 [393]; BGH MDR 82, 655 = NJW 82, 1284 [1285] = FamRZ 82, 479 [480]; zusammenfassend mwN BGH NJW 85, 1345; zust Jauernig § 63 VI) keine Änderung maßgeblicher Umstände vor, die im Wege des § 323 geltend zu machen wären, wenn die fehlenden Anspruchsvoraussetzungen später eintreten; vielmehr müsse eine neue Leistungsklage erhoben werden, da der Unterhaltsanspruch erst mit Eintritt der bisher fehlenden Anspruchsvoraussetzungen erstmals entsteht. Gegen diese Auffassung bestehen jedoch Bedenken, da sie einerseits auf einer Verkennung der Bedeutung und Tragweite von § 258 beruht (Wax FamRZ 82, 347 [348]) und andererseits bei Teilabweisungen und bei Verurteilungen „über einen freiwillig geleisteten Betrag hinaus" zu Schwierigkeiten führt (Wax FamRZ 82, 347 [348]; sa Hamm FamRZ 82, 920); deshalb kann die Änderung maßgeblicher Umstände auch bei klageabweisenden Unterhaltsurteilen nur gem § 323 geltend gemacht werden (ebenso Karlsruhe FamRZ 80, 1125; 81, 388 [389]; KG FamRZ 80, 892; Hahne FamRZ 83, 1190). Neuerdings schränkt der BGH seine Rspr dahin ein, daß in Fällen, in denen gem § 323 titulierte Unterhaltsansprüche im Wege der Abänderungsklage (ganz oder teilweise) *aberkannt* worden sind, bei einer erneuten Veränderung der Verhältnisse Unterhaltsansprüche nur mit der Abänderungsklage geltend gemacht werden können (BGH NJW 85, 1346).

III) Zulässigkeitsvoraussetzungen der Klage auf Abänderung eines Urteils

23 **1) Die allgemeinen Prozeßvoraussetzungen** müssen vorliegen; s dazu Anm vor § 253 und zur Zuständigkeit bes unten Rn 35. Das Rechtsschutzbedürfnis für eine Abänderungsklage des Unterhalts*schuldners* fehlt, wenn lediglich ein über einen freiwillig bezahlten Teil hinausgehender Unterhaltsteil tituliert ist und der Veränderung durch Einschränkung der freiwilligen Leistungen Rechnung getragen werden kann (vgl BGH NJW 85, 1343 [1344 f]).

24 **2) Besondere Prozeßvoraussetzungen** sind das Vorliegen einer abzuändernden Entscheidung (Rn 25–29), die Identität der Streitgegenstände und der Parteien (Rn 30) und die Behauptung einer wesentlichen Veränderung der Verhältnisse nach dem maßgeblichen Zeitpunkt (Rn 31).

25 **a) Abzuändernde Entscheidung.** Es muß ein (nicht notwendig rechtskräftiges, s dazu Rn 13) **Urteil** (Rn 3; wegen gleichgestellter Titel vgl Rn 43 ff) vorliegen, dessen Gegenstand in den Anwendungsbereich des § 323 fällt, dh **aa)** nach der Formulierung des § 323 ist eine Verurteilung zu **künftig wiederkehrenden Leistungen** erforderlich. Wiederkehrende Leistungen sind nur noch solche im Sinne des § 258, also einseitige Leistungen, deren Fälligkeit lediglich vom Zeitablauf abhängt, nicht aus zweiseitigen Verträgen, die von einer gleichzeitigen oder vorgängigen Gegenleistung abhängig sind. Hierher gehören auch Entscheidungen, durch die zur Zahlung eines **betrieblichen Ruhegelds** verurteilt worden ist; sie können nach § 323 abgeändert werden (Beine NJW 57, 1053). Die rechtsgeschäftliche (hilfsweise richterliche: § 242 BGB) Anpassung der Betriebsrenten an die gestiegenen Lebenshaltungskosten ist nunmehr gesetzlich vorgeschrieben in § 16 des Gesetzes zur betrieblichen Altersversorgung v 19. 12. 1974 (BGBl I, S 3610 – BetrAVG); dazu grundlegend BAG NJW 76, 1861; 77, 2370; 81, 190. Verurteilung zu *Verzugszinsen* betrifft keine wiederkehrenden Leistungen iS von Abs I, § 258 (so Düsseldorf WM 86, 316 [318]).

26 **bb)** Gleiches muß jedoch auch für **klageabweisende Urteile gelten,** die eine Klage wegen Schadensrente nur deshalb abweisen, weil derzeit kein Schaden vorhanden sei (RG 162, 281; BGH NJW 61, 871; KG FamRZ 80, 892 mwN, str; aA R-Schwab § 159 III 4; Jauernig § 63 VI; wie hier StJSchL Anm II 2 a); zum klageabweisenden Urteil in Unterhaltssachen s Rn 22.

27 **cc)** Ebenso für **Feststellungsurteile** über die in § 323 I genannten Ansprüche, soweit die Voraussetzungen der Änderungen bei einem Leistungsurteil gleichen Inhalts gegeben wären; sonst wäre nämlich das Gericht trotz relevanter Veränderung der Verhältnisse im Leistungsprozeß an die Feststellung gebunden; vgl BGH NJW 68, 2011: Wird hiernach ein Feststellungsurteil über die Pflicht des Beklagten, allen Unfallschaden zu ersetzen, hinsichtlich des Verdienstausfalls für bestimmte Zeit durch ein Leistungsurteil auf Zahlung einer Rente ausgefüllt, wird das Feststellungsurteil insoweit gegenstandslos; eine Abänderung des Rentenurteils erfolgt nur gemäß § 323.

28 **dd)** Nach bisher überwiegender Ansicht sind **Urteile auf Kapitalabfindung** an Stelle einer Rente (§ 843 III, 844 II S 1 BGB) abänderbar (R-Schwab § 159 III 2; BL Anm 5 Bb); aA nunmehr – insoweit nicht überzeugend – BGH 79, 187 [192 f mN] = NJW 81, 818 = MDR 81, 306 im Hinblick auf das in der Verurteilung zur Kapitalleistung liegende „Abfindungsmoment"; die vom BGH verlangte Mitberücksichtigung der zukünftigen Entwicklung bei der Schätzung dürfte ange-

sichts der weitreichenden Zeiträume den Tatrichter häufig überfordern und spekulative Entscheidungen begünstigen.

ee) § 323 gilt auch für **Unterlassungsurteile** (R-Schwab § 159 III 3). 29

b) Identität der Streitgegenstände und der Parteien. Der Streitgegenstand der Abänderungsklage muß mit dem des Vorprozesses, der Gegenstand der abzuändernden Entscheidung ist, übereinstimmen (R-Schwab § 159 II 2; StJSchL III 1, str); desgleichen müssen die Parteien des Vorprozesses, zwischen denen die abzuändernde Entscheidung ergangen ist, und die der Abänderungsklage die gleichen sein (BGH NJW 83, 684 [685]). Den Parteien stehen diejenigen gleich, auf die sich die Rechtskraft erstreckt (BGH NJW 83, 684 [685]; R-Schwab § 159 VI 4 a). Zur Erhebung der Abänderungsklage befugt sind daher die Kinder im Fall von § 1629 III 2 BGB nach Beendigung der gesetzlichen Prozeßstandschaft (vgl BGH NJW 83, 1976 mwN sowie allg Rn 24, 37 vor § 50); ferner der Zessionar kraft Gesetzes (zB im Fall des § 1542 RVO; vgl BGH NJW 70, 1319; NJW 83, 684 [685]). Klageberechtigt sind außerdem Dritte, denen der abzuändernde Titel (zB Vergleich) eigene Rechte in der Form eines echten Vertrags zugunsten Dritter verschafft hat (Bamberg FamRZ 79, 1059 [1060]; BL Anm 3 B, str; aA Hamburg FamRZ 82, 322 mN; offengelassen BGH NJW 83, 684 [685 mwN] = MDR 82, 740 = FamRZ 82, 587). Wird ein vom Vorprozeß verschiedener prozessualer Anspruch gegen die gleiche Partei oder der gleiche Anspruch gegen eine andere Partei geltend gemacht, ist die Abänderungsklage unzulässig. Bsp: Geltendmachung von nachehelichem Unterhalt nach Verurteilung des Beklagten zur Unterhaltsleistung während des Getrenntlebens (Rn 21). Keine Abänderungsklage, sondern eine (selbständige) neue Klage liegt vor, wenn der Kläger, dessen frühere Klage mangels Überschaubarkeit der Verhältnisse bewußt von der Sachentscheidung ausgenommen und als zZ unbegründet abgewiesen wurde, nach Klärung der Verhältnisse erneut auf Leistung klagt (BGH NJW 67, 2403). In diesem Fall besteht keine Bindungswirkung aus dem früheren Urteil. 30

c) Behauptete wesentliche Veränderungen der Verhältnisse nach Verhandlungsschluß (I mit II). Der Kläger muß eine wesentliche **Veränderung** der für die Bejahung oder Verneinung des Anspruchs oder für seinen Inhalt oder Umfang maßgebenden Umstände **behaupten;** die Änderungen müssen erst **nach Schluß der letzten Tatsachenverhandlung** eingetreten sein und dürfen durch Einspruch nicht mehr geltend gemacht werden können **(Abs II;** ie Rn 34). Fehlt eine Behauptung derartiger Tatsachen, so wird die Klage als unzulässig abgewiesen (BGH 80, 389 [397] = NJW 81, 2193 [2195]; FamRZ 84, 355; R-Schwab § 159 VI 2 aE). Erweisen sich die Behauptungen dagegen als unwahr oder die Änderungen als unwesentlich, so ist die Klage unbegründet (s dazu Rn 32). 31

IV) Voraussetzungen der Begründetheit der Abänderungsklage

1) Es muß eine **wesentliche** (dazu Hummel FamRZ 72, 124) **Veränderung** der für den Grund oder den Betrag der Leistung bedeutsamen, bei der früheren Verurteilung **maßgebend** gewesenen Verhältnisse vorliegen (Beweislast hierfür liegt beim Kläger, Düsseldorf FamRZ 81, 587; Zweibrücken FamRZ 81, 1102; eingehend Baumgärtel/Laumen, Beweislast Bd 2, vor § 1601 Rn 8–9 mwN), die sich nicht voraussehen ließ (insoweit einschr Köln NJW 79, 1661; Hamburg FamRZ 82, 322; überhaupt gegen Berücksichtigung der Voraussehbarkeit R-Schwab § 159 VI 2; offen gelassen in BGH VersR 81, 281); nicht genügt eine Änderung der **Beurteilung** der maßgebend gewesenen (nicht geänderten) Verhältnisse (BGH NJW-RR 86, 938 mwN, hM), zB eine veränderte Anschauung der Medizin über Unfallfolgen (vgl BGH VersR 81, 281) oder die abweichende Bewertung eines Grundstücks (BGH NJW-RR 86, 938). Vielmehr müssen sich die Tatsachen geändert haben, Hamm NJW 84, 315 = FamRZ 83, 1039 [1040 mN]; BGH VersR 69, 236 (kein Angriff gegen die festgestellte Unfallbedingtheit eines Leidens, wohl gegen den Umfang seiner Auswirkungen). Ausreichend ist aber eine Änderung der höchstrichterlichen Rechtsprechung (BGH 25, 390; 85, 355; 70, 295) oder eine Änderung der Rechtslage, zB durch Nichtigerklärung einer Norm durch das BVerfG (BGH MDR 83, 830 [831]; vgl auch RG 145, 302; BGH FamRZ 69, 212); zur Änderung durch das UÄndG die besondere Übergangsvorschrift des Art 6 Nr 1 (s Anh nach § 323). Allg zur Bindungswirkung des Ersturteils näher Rn 40. Ist die abzuändernde Entscheidung ein Versäumnisurteil, so muß eine Änderung der damals vom Kläger behaupteten und gem § 331 I 1 als zugestanden anzusehenden Verhältnisse eingetreten sein, denn diese und nicht die – eventuell davon abweichenden – tatsächlichen Verhältnisse waren für die Verurteilung maßgebend (Stuttgart FamRZ 82, 91 [92]; Zweibrücken FamRZ 83, 291 LS; StJSchL Anm II 3; aA Karlsruhe OLGZ 83, 317 [319] = MDR 83, 585). Zur Anwendung kommt § 323 formell bei Ansprüchen auf Schadensersatz wegen unerlaubter Handlung, §§ 843, 844 BGB, auf Entschädigung infolge Betriebsunfalls (HaftpflichtG v 4. 1. 1978) und bei gesetzlichen Unterhaltsansprüchen. Sind Heilungsversuche, zu denen der Verletzte zum Zweck der Schadensminderung (§ 254 II BGB) verpflichtet ist, noch nicht unternommen, kann der Ersatzpflichtige nicht ohne zeitliche 32

Begrenzung unter Verweisung auf § 323 zur Zahlung einer Rente verurteilt werden, die auf der Annahme völliger Erwerbsunfähigkeit beruht (BGH NJW 70, 1229).

33 2) **Beispiele:** Eine bei der zugesprochenen Entschädigung berücksichtigte Unfallrente ist weggefallen. – Der unterhaltspflichtige geschiedene Ehemann hat wieder geheiratet, oder er ist arbeitslos geworden. Nach KG NJW 85, 869 gilt dies nur bei nachhaltiger Arbeitslosigkeit, und der Unterhaltspflichtige muß zudem nachweisen, daß er alle Möglichkeiten ausgeschöpft hat, eine Arbeitsstelle zu finden. Sein Einkommen ist wesentlich geringer geworden (aA LG Wuppertal NJW 60, 1956 mit Anm Jauernig) oder es ist zu einer wesentlichen Einkommenssteigerung gekommen; eine schematische Grenze („10%-Schwelle") bei der Anpassung von Unterhaltsrenten besteht aber nicht (BGH NJW 86, 2055), insbes kann bereits eine Rentenabweichung unter 10% „wesentlich" iS von I sein (BGH aaO zu Abs IV). Nach LG Kassel NJW 75, 267 kann bei einer selbständigen, rein rechtsgeschäftlichen Unterhaltsverpflichtung eine Erhöhungsklage mangels dahingehender ausdrücklicher Vereinbarung nicht auf eine wesentliche Verbesserung der Einkommensverhältnisse des Verpflichteten gestützt werden. Die neuere Rspr läßt eine Anpassung von wiederkehrenden Leistungen aus Verträgen mit Versorgungscharakter unter dem Gesichtspunkt des Wegfalls der Geschäftsgrundlage in gewissem Umfang an die **gestiegenen Lohn- und Preisverhältnisse** zu (grundlegend BGH 61, 31: Ruhegeldanpassung bei 40%iger Teuerung; zur Anpassung der Betriebsrenten vgl m Nachw der BAG-Rspr bereits Rn 25). Der BGH sieht neuerdings in § 323 geradezu das gesetzliche Instrument für eine **„Dynamisierung" der Renten** (BGH 79, 187 [194] = NJW 81, 818 [820] = MDR 81, 306). Allerdings dürfte die bloße Steigerung des allgemeinen Lebensstandards (ohne individuellen Mehrbedarf) für eine Rentenanhebung nicht ausreichen (so aber LG Hannover MDR 56, 103, kritisch Holtfort), wohl aber zB eine Steigerung der Lebenshaltungskosten von 9% (Oldenburg NdsRpfl 79, 223). Das gleiche gilt für die (bloße) Änderung von Tabellen-Richtsätzen der Gerichtspraxis (Karlsruhe FamRZ 86, 582) oder für die Erhöhung der Regelunterhaltssätze gem § 1612 II BGB außer in den Fällen der Rn 49. Jedoch ist die Erhöhung dieser Regelunterhaltssätze ein Indiz dafür, daß eine wesentliche Änderung der Verhältnisse (hier eine wesentliche als Dauerzustand bestehende Preiserhöhung) eingetreten ist (so zutr LG Nürnberg-Fürth FamRZ 55, 182 für die früheren Richtsätze der Jugendämter). Das gleiche gilt für die Erhöhung der Regelsätze nach dem Bundessozialhilfegesetz (vgl §§ 22, 23 BSHG mit RegelsatzVO) und der Pfändungsfreigrenzen (vgl § 850c idF des Fünften Pfändungsfreigrenzengesetzes in Kraft seit 1. 4. 1984). Wohnsitzwechsel eines nichtehelichen Kindes nach Österreich (LG Düsseldorf FamRZ 68, 667); zur Anwendung des § 323 im Falle der Gefährdung eines Unternehmens durch Fortzahlung von Versorgungsbezügen vgl BAG NJW 72, 723. Haben die Parteien der vergleichsweisen Regelung ihrer Unterhaltsbeziehungen § 1579 II BGB zugrunde gelegt, so ist durch die Nichtigerklärung dieser Norm durch das BVerfG (BGBl 81, 826 = NJW 81, 1771) die Geschäftsgrundlage für diese Vereinbarung entfallen und eine Abänderung gem § 323 möglich (BGH MDR 83, 830 [831]).

34 3) **Zeitpunkt des Eintritts der Veränderung.** Die Präklusionsnorm des **Abs II** (vgl dazu bereits Rn 31) entspricht § 767 II. Maßgebend ist allein der Zeitpunkt der Entstehung der „Abänderungstatsachen", der der späteren Kenntniserlangung steht dem nicht gleich; nicht die objektive Lage entscheidet (Zweibrücken FamRZ 81, 1189 [1190]). Diese Änderungen müssen bereits eingetreten sein **(I);** es genügt nicht, daß die dem Urteil zugrundeliegende Prognose der künftigen Verhältnisse aus nachträglicher Sicht anders zu treffen wäre (BGH 80, 389 [397] = NJW 81, 2193 [2195] = MDR 81, 924). Wegen des im schriftlichen Verfahren entsprechenden Zeitpunkts vgl § 128 Rn 18. Ist **Berufung** eingelegt, entscheidet der Zeitpunkt der Berufungsverhandlung (BGH 96, 205 [209] = NJW 86, 383 = FamRZ 86, 43). Bei nachträglich entstandenen Abänderungstatsachen ist Geltendmachung durch die abänderungsberechtigte Partei mit der Berufung nicht erforderlich (vgl Rn 13); ist aber vom Gegner Berufung eingelegt, muß die Veränderung wegen **Abs II** mit der Anschlußberufung geltend gemacht werden (grundlegend BGH 96, 205 [209 ff] = aaO; weitergehend Hoppenz FamRZ 86, 227 f; wegen II, § 522 zusätzlich Abänderungsklage); verliert die Anschließung wegen § 522 ihre Wirkung, wirkt die nunmehr zu erhebende Abänderungsklage auf den Zeitpunkt der Anschließung zurück; Abs II steht insoweit nicht entgegen (überzeugend BGH 86, 211 = aaO; insoweit krit Hoppenz FamRZ 86, 227 f, der „Doppelspurigkeit" für erforderlich hält). Von der Einspruchsmöglichkeit muß stets Gebrauch gemacht werden (Rn 14), deshalb sind auch nur Abänderungsgründe zu berücksichtigen, die nach Ablauf der Einspruchsfrist entstanden sind (BGH NJW 82, 1812 = FamRZ 82, 792 [793 mwN]).

V) Verfahren

35 1) Nötig ist eine **neue Klage** oder **Widerklage,** in der Rechtsmittelinstanz auch mittels *Anschlußberufung* und *Berufungserweiterung* (BGH NJW 85, 2030; vgl auch Rn 34). Auch die Verbindung von Auskunftsklage und unbezifferter Abänderungsklage in einer Stufenklage ist

zulässig (Hamburg – 2. FamS – FamRZ 83, 626 f; aA Hamburg – 2 a FamS – FamRZ 82, 835). **a) Zuständig** ist das nach den allgemeinen Vorschriften der ZPO und des GVG sachlich und örtlich zuständige Gericht, zB gem §§ 12 ff, 32 (vgl Bamberg FamRZ 80, 617), nicht notwendig das Gericht des Vorprozesses; § 767 I trifft hier nicht zu (JW 05, 133; RG 52, 347). Bei Klage des abänderungsberechtigten Unterhaltsschuldners gegen mehrere Unterhaltsgläubiger mit verschiedenen Wohnsitzen (§§ 12, 13) ist gem § 36 Nr 3 vorzugehen (BGH FamRZ 86, 660 = Rpfleger 86, 229); zweckmäßigerweise wird das Gericht, das die abzuändernden Titel erlassen hat, bestimmt (BGH aaO). Schwebt der Unterhaltsrechtsstreit in der *Berufungsinstanz*, kann unter den Voraussetzungen von § 530 Abänderungsantrag (Widerklagegerichtsstand gem § 33) gestellt werden (BGH NJW 85, 2030). Für die Abänderung von Unterhaltstiteln ist das **Familiengericht** (vgl § 23 b I Nr 5 und 6 GVG) insoweit zuständig, als es sich bei der Unterhaltspflicht, deren Abänderung begehrt wird, um eine Familiensache handelt (Werner JA 82, 105 [109]; Diederichsen NJW 77, 604 zu Fußn 41; BGH FamRZ 79, 573; KG FamRZ 78, 348 Nr 281 und FamRZ 78, 528 [529]; AG Lübeck NJW 78, 281 [zu § 641 q; BGH NJW 80, 188 für einstweilige Anordnungen nach §§ 620 a IV, 620 b III]; aA für vor dem 1. 7. 1977 abgeschlossenen Scheidungsvergleich OLG Oldenburg FamRZ 78, 347).

b) Sachbefugt sind die Parteien des zu dem abzuändernden Titel führenden Rechtsstreits, 36
auch diejenigen, auf die sich dessen Rechtskraft erstreckt (vgl Rn 30 mwN). Im Fall eines nach dem 1. 7. 1977 gem § 1629 III BGB zugunsten der Kinder geschlossenen Unterhaltsvergleichs sind die Kinder insoweit gem § 323 klagebefugt, als der Vergleich ihnen gegenüber „wie ein Urteil" wirkt (zu diesem Rn 30) und die gesetzliche Prozeßstandschaft des Elternteils nicht mehr besteht (überholt die frühere Rspr, die eine Klagebefugnis des dem Vergleich nicht beigetretenen Kindes schlechthin verneinte; so noch Zweibrücken FamRZ 79, 174 und ferner LG Saarbrükken NJW 69, 435 mit krit Anm Heil S 1909; LG Stuttgart Justiz 71, 219; LG Bonn NJW 67, 1092; LG Berlin FamRZ 73, 98; LG Köln DAVorm 74, 43; dagegen zutr MünchKommHinz § 1629 Rn 39; Palandt/Diederichsen § 1629 Anm 5 b cc). Solange die Scheidungssache (noch) anhängig ist, kann die Abänderungsklage, auch soweit sie sich auf den Kindesunterhalt bezieht, von dem Elternteil im Rahmen seiner gesetzlichen Prozeßstandschaft gem § 1629 III BGB erhoben werden. Die gesetzliche Prozeßstandschaft endet mit dem Verbundverfahren (vgl § 1629 III 1), jedenfalls aber mit Eintritt der Volljährigkeit des Kindes. Nach Beendigung der gesetzlichen Prozeßstandschaft muß das Kind die Abänderungsklage selbst als Partei führen; eine Prozeßführung im eigenen Namen (dh gewillkürter Prozeßstandschaft) durch den Elternteil, bei dem das Kind lebt, ist idR unzulässig (Frankfurt FamRZ 79, 175).

c) Der Prozeßbevollmächtigte des Vorprozesses bedarf neuer **Vollmacht.** 37

d) Durch die Klage des § 323 kann nur die Erhöhung (Herabsetzung) der **künftig** fällig wer- 38
denden wiederkehrenden Leistungen erreicht werden (zum Abänderungszeitpunkt näher Rn 42); die Unzulässigkeit der Zwangsvollstreckung wegen **rückständiger** Leistungen kann nur bei Vorliegen der Voraussetzungen des § 767 geltend gemacht werden. Durch die Klage nach § 767 kann jedoch die in § 323 vorgesehene Beschränkung der Abänderungsmöglichkeit für die Zeit nach Klageerhebung nicht umgangen werden. Nach § 767 können daher nicht Umstände geltend gemacht werden, die sich abweichend von der Vorausschau des Gerichts entwickelt haben (vgl oben Rn 15 und Blomeyer § 87 IV 5 b).

2) In entsprechender Anwendung des § 769 darf das Gericht im Klageverfahren nach § 323 die 39
vorläufige Einstellung der Zwangsvollstreckung anordnen (s OLG Celle Rpfleger 62, 25; BGH LM Nr 1; Karlsruhe NJW 75, 314); dagegen ist das Rechtsmittel der sofortigen Beschwerde zulässig (Frankfurt FamRZ 78, 529 mwN; KG FamRZ 78, 528; str; vgl § 769 Rn 13). Ist ein vorläufig vollstreckbares ermäßigendes Abänderungsurteil ergangen, so ist ohne weiteres eine Vollstrekkung aus dem abgeänderten Titel in einem weitergehenden Umfang unzulässig, § 775 Nr 1 (Zweibrücken FamRZ 86, 376).

3) Prüfungsumfang und Bindung an das Ersturteil. Hinsichtlich der Prozeßvoraussetzungen 40
des Abänderungsverfahrens gem § 323 (s Rn 23) gilt der Amtsprüfungsgrundsatz (BGH 82, 246 [247 f]. Die wesentliche Veränderung der Verhältnisse gibt zwar ein Recht zur Erhebung der Abänderungsklage (die Klage ist *zulässig*), aber noch keinen Anspruch auf Abänderung der früheren Entscheidung. Das Gericht hat vielmehr zu prüfen, ob nicht dennoch die frühere Entscheidung aufrechtzuerhalten, dh ob die Änderungsklage auch sachlich begründet ist. Die *sachliche Begründetheit* der Abänderungsklage richtet sich nach den Grundsätzen des materiellen Rechts, soweit es um vertragliche Rentenansprüche geht, also nach den Grundsätzen über den Wegfall (die Änderung) der Geschäftsgrundlage (BGH NJW 86, 2054 zu Abs IV). Zwar mag nach den Vorstellungen des historischen Gesetzgebers (§ 323 I–III wurde eingefügt durch die BGB-Novelle 1898, dazu Einl Rn 3, § 323 IV durch das Änderungsgesetz 1919) die Abänderungsklage in diesen

Fällen nicht nur als Rechtsschutzform, sondern *zugleich* als materiell-rechtliche Anspruchsgrundlage für die begehrte Abänderung zu verstehen gewesen sein. Nach der zwischenzeitlichen Entwicklung der materiellrechtlichen Geschäftsgrundlage-Lehre besteht für ein (auch) materiell-rechtliches Verständnis von § 323 kein Grund mehr (so auch BGH GZS 85, 64 [67 f, 73]). Im Abänderungsverfahren hat das Gericht bei der Prüfung, inwieweit das frühere Urteil aufrecht zu erhalten bzw abzuändern ist, außer den zulässigerweise zu berücksichtigenden (**Abs II**) und selbst festzustellenden **neuen** Tatsachen die im Ersturteil festgestellten unverändert gebliebenen „*Verhältnisse*" (vgl Wortlaut von **I**) samt ihrer rechtlichen Bewertung als maßgeblich zugrundezulegen. Der Grund hierfür liegt darin, daß die Abänderungsklage **keine freie** von der bisherigen Höhe unabhängige **Neufestsetzung** ermöglicht, sondern nur eine den zwischenzeitlich eingetretenen veränderten Verhältnissen **„entsprechende"** (vgl Wortlaut von **I** aE) **Anpassung** des Titels; im übrigen ist der über die Abänderungsklage entscheidende Richter an das Ersturteil gebunden (ebenso R-Schwab § 159 VII 2; BGH 78, 136 = NJW 80, 2811 [2812] = MDR 81, 125; NJW 79, 1656; 84, 1458 mN; 85, 1344; 86, 2054, stRspr seit 1979, str; aA zB Frankfurt FamRZ 79, 238; Schleswig SchlHA 79, 110; Oldenburg NdsRpfl 79, 223; Überblick: Hahne FamRZ 83, 1193). **Beispiel:** Im Ersturteil wurde der unterhaltspflichtige Ehemann zur Zahlung einer monatlichen Unterhaltsrente von DM 1200 (= ⅖ seines Einkommens) verurteilt; das Gericht hat dabei das Einkommen des Mannes mit DM 3000 angesetzt, obwohl es seinerzeit bereits DM 4000 betragen hat. Hat sich jetzt das Einkommen des Mannes um DM 400 (= 10%) auf DM 4400 erhöht, so ist die Abänderungsklage zulässig; die Unterhaltsrente ist allerdings nicht – in „freier Neufestsetzung" – auf DM 1760 (Berechnung: ⅖ von DM 4400) festzusetzen, sondern nur – in „entsprechender Abänderung" – auf DM 1320; Berechnung: ⅖ aus DM 3300 (DM 3000 + 300 [= 10%]). Hat sich umgekehrt das Einkommen des Mannes um DM 400 auf DM 3600 ermäßigt, ist auf die Abänderungsklage der neue Unterhaltsbetrag in entsprechender Abänderung auf DM 1080 (Berechnung: ⅖ aus DM 2700), nicht in „freier Neufestsetzung" auf DM 1440 (Berechnung ⅖ aus DM 3600) anzupassen. Dies ist die Folge davon, daß die Abänderungsklage die Korrektur einer Prognoseentscheidung sichert (BGH 96, 207), nicht aber – wie ein Rechtsmittel – der Behebung von Fehlern der ursprünglichen Entscheidung dient (Hamm FamRZ 84, 1125). Zu den von der Bindungswirkung umfaßten Urteilselementen gehören nicht die vom Erstrichter angewendeten Rechtsgrundsätze als solche und die zu ihrer Ausfüllung entwickelten Anwendungshilfen, wie Unterhaltsrichtlinien, Tabellen und Verteilungsschlüssel (BGH NJW 84, 1458; 86, 2056). **Keine Bindung** besteht ferner *ausnahmsweise* dann, wenn die Grundlagen der früheren Leistungsbemessung nicht feststellbar sind (KG FamRZ 79, 961 [962]; Köln FamRZ 81, 997 [998 f]), wie zB bei einem Anerkenntnisurteil (Bamberg FamRZ 86, 702) oder wenn die entsprechende Abänderung aus Gründen der eingetretenen Veränderung zu einem untragbaren Ergebnis führen würde (§ 242 BGB; vgl Boetzkes aaO S 54 f; BGH DAVorm 80, 408 [410]; Künkel FamRZ 61, 245 [246]). Ist ein **Prozeßvergleich** über eine Unterhaltsverpflichtung bereits einmal Gegenstand eines Abänderungsverfahrens gewesen (dazu grundlegend BGH NJW 86, 2054), so ist für die zeitlich nachfolgende Neubemessung des Unterhalts nunmehr der ursprüngliche Parteiwille im Verständnis und in der Ausgestaltung des vorausgegangenen rechtskräftigen Abänderungsurteils maßgebend (BGH NJW 83, 1118 [1119 mN] = MDR 83, 476 = FamRZ 83, 260 [261]).

41 **4) a) Inhalt der Entscheidung:** Das **Urteil** lautet entweder auf Abweisung der Klage oder auf Aufhebung des alten Urteils und anderweitige Entscheidung über den Streitgegenstand, zB Verurteilung in anderer Höhe. Es ist für vorläufig vollstreckbar zu erklären, §§ 708 ff (näher hierzu Scheffler FamRZ 86, 532).

42 **b) Zeitschranken für Abänderung.** Die Abänderung ist nur für die Zeit **nach** der **Klageerhebung** (vgl §§ 253 I, 261) zulässig (**Abs III**). Diese Regelung beruht ausschließlich auf Zweckmäßigkeitserwägungen und ist nach Ausdruck eines Grundsatzes, daß eine weiter zurückwirkende Änderung mit dem Wesen der Rechtskraft nicht vereinbar wäre (BGH 96, 205 [211 f] = aaO [Rn 34]; NJW 83, 2317 [2318] = FamRZ 83, 995 [996]). Eine Vorwirkung auf den Einreichungszeitpunkt gem § 270 III soll nicht stattfinden (Hamm OLGZ 86, 149 [151] = Rpfleger 86, 136 [137 mwN]). Nicht zu billigen ist jedenfalls, daß die während des Monats erhobene Unterhalts-Abänderungsklage eine Neuregelung erst vom folgenden Monatsersten an zulasse (so LG Berlin FamRZ 70, 100). Bei der Klageerweiterung ist der Zeitpunkt der Zustellung (Geltendmachung) des weitergehenden Antrags maßgebend (§ 261 II), beim Parteiwechsel (Bsp: Wegfall der gesetzlichen Prozeßstandschaft gem § 1629 III BGB, vgl Rn 36) wegen der Identität des Prozeßrechtsverhältnisses (vgl Einl Rn 58) aber nicht der Zeitpunkt der Begründung des Prozeßrechtsverhältnisses mit der neu eintretenden Partei (ie § 263 Rn 6, 9), sondern der der ursprünglichen Klageerhebung. War die Abänderung bereits vor der Erhebung der Abänderungsklage im Rahmen eines **Berufungsverfahrens** mittels gem § 522 unwirksam gewordener *unselbständiger Anschließung* geltend gemacht worden, sind die Wirkungen der Klageerhebung auf den Zeitpunkt der

Anschließung zurückzubeziehen; **III** steht insoweit nicht entgegen, da der Zwang zur Geltendmachung von Abänderungsgründen mittels unselbständiger Anschließung (so Rn 34) sich nicht zum Nachteil der abänderungsberechtigten Partei auswirken darf und die Zwecke des Abs **III** bereits durch die Anschließung erreicht sind (zutr BGH 96, 205 [211 f]; abzulehnen Hoppenz FamRZ 86, 227 ff, der „Doppelspurigkeit" für erforderlich hält). Ist ein **Prozeßkostenhilfeverfahren** vorangegangen, so ist der Zeitpunkt des Zugangs des Antrags an den Gegner maßgebend (Koblenz FamRZ 79, 294; Frankfurt FamRZ 79, 963; R-Schwab § 159 VI 4 str; aA BGH NJW 82, 1050 [1051 mN] = MDR 82, 565 = FamRZ 82, 365; NJW 82, 1812 [1813]; FamRZ 84, 355; Hamm NJW 79, 726 und FamRZ 80, 1127; Köln FamRZ 82, 834; Heyde NJW 72, 1867). Unerheblich ist, ob der Antrag auf Prozeßkostenhilfe erfolgreich war und aus welchem Grunde er ggf zurückgewiesen wurde. Zur Anwendung des Abs III auf – im Wege des § 323 abgeänderte – Prozeßvergleiche s Rn 43. Grundsätzliche Kritik an dem **Rückwirkungsverbot** gem **Abs III** übt Meister FamRZ 80, 869 (Verstoß gegen Art 3, 19 IV GG; *de lege ferenda* zust Köhler FamRZ 80, 1088).

VI) Abänderungsklage bei anderen Schuldtiteln (Abs IV, V)

1) Allgemeines. Durch die Abs IV und **V** wird der Anwendungsbereich der Abänderungsklage auf andere Schuldtitel als das Urteil erweitert. Nach **Abs IV** kann, wenn die Partei in einem gerichtlichen **Prozeßvergleich** (§ 794 I Nr 1; s näher Rn 44), in einem Vergleich im Prozeßkostenhilfeverfahren (§ 118 I 3), in einer **vollstreckbaren Urkunde** (§ 794 I Nr 5; s näher Rn 47), in einem Vergleich nach §§ 620 ff die Verpflichtung künftig fällig werdender Leistungen übernommen hat, von ihr oder ihrem Gegner die Herabsetzung oder Erhöhung der Leistungen im Wege der Klage verlangt werden, wenn die materiellrechtlichen Voraussetzungen dafür (Wegfall oder Änderung der Geschäftsgrundlage) vorliegen; **Abs I** hat insoweit keine praktische Bedeutung mehr (BGH – GSZ – 85, 64 [73] = NJW 83, 228 [230], str; krit Grunsky ZZP 96, 260, 264). Gleiches gilt gem **Abs IV** für **Schuldtitel der §§ 641p, 642c, 642d iVm 642c** (näher Rn 48). Bei **Schuldtiteln auf Unterhaltszahlungen** an Minderjährige, deren Abänderung im **vereinfachten Verfahren** verlangt werden kann, ist gem **Abs V** die Abänderungsklage nur eingeschränkt möglich (näher Rn 49). Auf privatschriftliche oder sonstige **außergerichtliche Vergleiche** ist nach RG 106, 234, 398; 141, 200, Abs IV nicht anzuwenden, weil es hier am abzuändernden Titel fehlt (vgl StJSchL Anm IV 2; Zweibrücken FamRZ 82, 302 [303]); anders, wenn sich die Parteien vergleichsweise der Regelung des § 323 vertraglich unterworfen haben (BGH FamRZ 60, 60; Köln FamRZ 86, 1018). Die Zuständigkeit für die Abänderungsklage folgt §§ 12 ff (vgl Rn 35), § 797 V ist unanwendbar; zur Zuständigkeit des **Familiengerichts** bei Abänderung von Unterhaltsvereinbarungen: BGH Rpfleger 78, 366 Nr 353; München FamRZ 78, 601; Werner JA 82, 105 [109]). 43

2) Ein **Prozeßvergleich** kann im Wege der Abänderungsklage an geänderte Verhältnisse angepaßt werden (**Abs IV** iVm § 794 I Nr 1). Hinsichtlich des Umfangs der Abänderung entspricht er privatrechtlichen Rechtsgeschäften, insbesondere außergerichtlichen Vergleichen (BGH – GSZ – 85, 64 [73]), maßgebend hierfür ist allein das materielle Recht (BGH aaO; NJW 86, 2054). Es kommt entscheidend darauf an, ob die Vertragsteile den Vergleich unabänderlich und von allen Veränderungen unabhängig abschließen wollten oder nicht. Bei der Anpassung einer in einem Vergleich vereinbarten Rente muß die Grundlage des Vergleichs gewahrt bleiben (BGH NJW 86, 2054 f: Anpassung gem § 242 BGB; vgl auch oben Rn 40); fehlgeschlagene einseitige Erwartungen genügen nicht (Bamberg FamRZ 84, 301). Zur steuerlichen Beurteilung der Versorgungsleistungen bei Vereinbarung oder Ausschluß des Vorbehalts der Rechte aus § 323 in Versorgungsverträgen s Brockhoff BB 75, 1249. Ein Vergleich zwischen einem Unterhaltsberechtigten und einem Unterhaltspflichtigen, der einen Verzicht auf künftige Unterhaltsgewährung enthält, steht der Klage aus § 323 nur entgegen, wenn auf den Unterhalt für die Zukunft verzichtet werden könnte (zB Unterhaltsverzicht der geschiedenen Ehefrau nach Erlaß des Scheidungsurteils, § 1585c BGB; s auch LG Hamburg NJW 75, 2074); sonst ist wegen § 1614 I BGB die Klage aus § 323 zulässig. Problematisch ist, welches die „vorstehenden Vorschriften" sind, die gem **Abs IV** auch auf den Prozeßvergleich entsprechend anzuwenden sind. 44

a) Abs II ist bei einem Prozeßvergleich **nicht anwendbar,** da die Norm die Rechtskraftwirkung unanfechtbar gewordener Entscheidungen sichern soll und dieser Zweck bei gerichtlichen Vergleichen nicht in Betracht kommt (BGH – GSZ – 85, 64 [73 f] = NJW 83, 228 [230] = MDR 83, 189 [190]; NJW 85, 64 [65]). 45

b) Auch die **Zeitschranke des Abs III** gilt nach überwiegender Ansicht nicht für Prozeßvergleiche, diese sind vielmehr rückwirkend abänderbar (BGH – GSZ – 85, 64 mN; NJW 85, 64 [65], stRspr; krit Grunsky ZZP 96, 260 ff; Deisenhofer/Göhlich FamRZ 84, 229 f). Jedoch können materiell-rechtliche Gründe einer rückwirkenden Abänderung entgegenstehen (Karlsruhe FamRZ 83, 1156 [1157]). Ist der Vergleich bereits einmal durch Urteil abgeändert worden (§ 323), ist auf eine erneute Abänderungsklage **Abs III** anzuwenden (so Hamm FamRZ 80, 1127). 46

47 3) **Vollstreckbare Urkunden** können ebenfalls im Wege des § 323 an veränderte Verhältnisse angepaßt werden (**Abs IV** iVm § 794 I Nr 5). Hierzu zählen auch **Jugendamtsurkunden** gem §§ 49, 50 JWG (BGH NJW 85, 64). Nicht anwendbar ist Abs IV, wenn die Unterhaltspflicht in einer vollstreckbaren Urkunde durch einseitiges Schuldbekenntnis übernommen wurde; hier Zusatzklage ohne Anwendung des § 323 (vgl LG München II MDR 68, 930 und StJSchL Anm VI 1 mit Nachw zu Fn 93). Genau wie beim Prozeßvergleich ist die Anwendung von Abs **II** auf vollstreckbare Urkunden ausgeschlossen (BGH – GSZ – 85, 64 [73 f]; NJW 85, 64 [65 f]; s ie Rn 45), gleiches gilt für die Zeitschranke des **Abs III** (BGH NJW 85, 64 [65 f], hM; aA R-Schwab § 159 VI 4).

48 4) Durch Art 5 des Gesetzes über die rechtliche Stellung der nichtehelichen Kinder v 19. 8. 1969, BGBl I 1243, ist § 323 **erweiternd anzuwenden** auf die **Schuldtitel** des **§ 642 c,** des **§ 642 d** iVm § 642 c (s **Abs IV**). Im Beschlußverfahren nach § 642 b gelten § 323 Abs II und III entsprechend; über das Verhältnis des Verfahrens nach § 642 b zu § 323 s § 642 b Rn 2. Nach LG Saarbrücken DAVorm 74, 389; LG Arnsberg DAVorm 74, 465; LG Berlin DAVorm 73, 430 (noch weiter einschränkend) und LG Gießen FamRZ 73, 548 kann die Umstellung eines bezifferten Unterhaltstitels auf einen Titel über den Regelunterhalt im Wege der Abänderungsklage begehrt werden, wenn ein Zuschlag verlangt wird (s auch LG Trier FamRZ 73, 107). Vgl auch § 642 f und § 643 a und Wagner Rpfleger 71, 93 sowie die Erläuterungen zu den genannten Vorschriften des 3. Abschnittes des 6. Buches.

49 5) Bei **Schuldtiteln auf Unterhaltszahlungen** an Minderjährige, deren Abänderung im **Vereinfachten Verfahren** (§§ 1612 a BGB, 641 l bis 641 t ZPO) begehrt werden kann, ist die Abänderungsklage – abgesehen vom Fall des § 641 p, angeführt in Abs IV; vgl dazu Petermann Rpfleger 76, 414 und StJSchlosser § 641 p Rn 7 – nur eingeschränkt zulässig (**Abs V**). Der im Vereinfachten Verfahren festgesetzte oder festzusetzende Betrag muß wesentlich von dem Betrag abweichen, der den individuellen Parteiverhältnissen Rechnung trägt (s § 641 q I); in diesem Fall ist § 323 anwendbar (Hamburg FamRZ 85, 729). Das Vereinfachte Verfahren und die Klage gem § 323 zusammen sollen im Wege eines „zweispurigen Verfahrensrechts", in dem sie sich ergänzen, zu einer materiell gerechten Entscheidung führen (BGH – GSZ – 85, 64 [72 mN]. Nach § 641 q II ist die Abänderungsklage auch dann zulässig, wenn die Parteien über die Anpassung inzwischen eine abweichende Vereinbarung getroffen haben. Darüber hinaus kann der Unterhaltsberechtigte zunächst eine Anpassung des Unterhaltstitels im Vereinfachten Verfahren erwirken und dann, gestützt auf vorher entstandene Abänderungsgründe, eine Abänderung gem § 323 verlangen (BGH MDR 82, 1004; Bremen FamRZ 82, 1035 [1036 mN], str; aA Celle FamRZ 81, 585 f; Klauser MDR 81, 711 [714]: Keine Berücksichtigung von Abänderungsgründen, die vor dem Beschluß im Vereinfachten Verfahren entstanden sind). Das Gericht kann gemäß § 641 o II das Vereinfachte Verfahren bis zur Erledigung des Verfahrens nach § 323 aussetzen (BGH MDR 82, 1004 = FamRZ 82, 915; (ebenso für Regelungsunterhaltverfahren bei nichtehelichen Kindern § 642 b II).

50 **VII) Gebühren: 1) des Gerichts:** Für das Verfahren nach § 323 richtet sich die **Verfahrensgebühr im allgemeinen** nach KV Nr 1010 und für das Verfahren nach § 641 q nach KV Nr 1011 (im letzteren Fall ermäßigt sich die allgemeine Verfahrensgebühr um die für den Abänderungsbeschluß nach KV Nr 1164 erhobene Festgebühr. Auch für eine nach § 641 q Abs 3 nicht fristgerecht erhobene Abänderungsklage fällt die allgemeine Verfahrensgebühr an. Für das Prozeßverfahren besteht bei allen Abänderungsklagen bezügl der allgemeinen Verfahrensgebühr Vorauszahlungspflicht (§ 65 Abs 1 GKG). Keine Besonderheit gilt für die **Urteilsgebühr.** Da davon auszugehen ist, daß in aller Regel weder ein Grund- noch ein Vorbehaltsurteil dem Endurteil vorausgehen wird und letzteres, wenn es eine Verurteilung zu künftig fällig werdenden wiederkehrenden Leistungen iS des § 258 ZPO – sei es auch nur in anderer Höhe – ausspricht (§ 313a Abs 2 Nr 4; s dazu Hartmann, KostGes zu KV Nrn 1014–1017 Anm 5 C ccc), eine schriftl Begründung enthalten muß, beträgt in diesem Falle die Urteilsgebühr den doppelten Tabellensatz (KV Nr 1016). Lautet das Urteil auf Klageabweisung, so können, wenn die Parteien auf schriftl Urteilsbegründung verzichten und ein Rechtsmittel unzweifelhaft nicht eingelegt werden kann (§ 313a Abs 1), Tatbestand u Entscheidungsgründe weggelassen werden, so daß die Urteilsgebühr nur nach dem einfachen Tabellensatz entsteht (KV Nr 1017). Ergeht das Endurteil als Anerkenntnis-, Verzichts- oder Versäumnisurteil gegen die säumige Partei, so fällt keine Urteilsgebühr an; dies gilt für alle Instanzen. – Hinsichtlich der Abänderungsklage nach § 643a s dort. – **2) des Anwalts:** Für das Verfahren nach § 323 erhält der RA die Regelgebühren des § 31 BRAGO. Dasselbe gilt für das Verfahren nach § 641 q. War der Anwalt bereits im vorausgehenden „Vereinfachten Verfahren" zur Abänderung von Unterhaltstiteln (§§ 641l–641t ZPO) tätig und hat er dafür die 5/10 Gebühr nach § 43a Abs 1 BRAGO verdient, so muß er sich diese auf die nach § 31 Abs 1 Nr 1 BRAGO im nachfolgenden Klageverfahren des § 641 q anfallende 10/10 Prozeßgebühr anrechnen lassen (§ 43a Abs 2 BRAGO). Dies bedeutet, daß dem RA in diesem Fall für beide Verfahren im Ergebnis nur eine **volle Prozeßgebühr** zusteht. – **3) Streitwert:** s § 3 Rn 16 unter „Abänderungsklage" sowie unter „Unterhalt".

Anhang nach § 323

Übergangsregelung des Unterhaltsrechtsänderungsgesetzes

Art 6 UÄndG

[Übergangsvorschriften]

1. Ist über den Unterhaltsanspruch vor dem Inkrafttreten dieses Gesetzes rechtskräftig entschieden, ein vollstreckbarer Schuldtitel errichtet oder eine Unterhaltsvereinbarung getroffen worden, so kann sich der Unterhaltspflichtige auf Umstände, die vor dem Inkrafttreten dieses Gesetzes entstanden sind, nur berufen, soweit die Aufrechterhaltung des Titels oder die Bindung an die Vereinbarung auch unter besonderer Berücksichtigung des Vertrauens des Berechtigten in die getroffene Regelung für den Verpflichteten unzumutbar ist. § 323 Abs. 1, 3 und 4 der Zivilprozeßordnung ist entsprechend anzuwenden. Wurde im Zusammenhang mit der Scheidung außer dem Unterhalt auch anderes durch Vereinbarung geregelt, so kann sich der Unterhaltspflichtige auf Umstände im Sinne des Satzes 1 nicht berufen, es sei denn, daß die Regelung im übrigen auch ohne die Regelung über den Unterhalt getroffen worden wäre. Unterhaltsleistungen, die vor dem Inkrafttreten dieses Gesetzes fällig geworden sind oder den Unterhalt für Ehegatten betreffen, die nach dem bis zum 30. Juni 1977 geltenden Recht geschieden worden sind, bleiben unberührt.

In Kraft seit dem 1. 4. 1986. **Materialien:** s Einl Rn 24; **Lit:** *Jaeger*, Die Übergangsregelung des UÄndG, FamRZ 86, 737.

324 *[Sicherheitsleistung, Nachforderung]*

Ist bei einer nach den §§ 843 bis 845 oder §§ 1569 bis 1586 b des Bürgerlichen Gesetzbuchs erfolgten Verurteilung zur Entrichtung einer Geldrente nicht auf Sicherheitsleistung erkannt, so kann der Berechtigte gleichwohl Sicherheitsleistung verlangen, wenn sich die Vermögensverhältnisse des Verpflichteten erheblich verschlechtert haben; unter der gleichen Voraussetzung kann er eine Erhöhung der in dem Urteil bestimmten Sicherheit verlangen.

1) Anwendungsbereich. In Betracht kommende Fälle: §§ 843–845 BGB: Geldrente wegen Körperverletzung oder Tötung des Ernährers; §§ 1569 ff BGB: Geldrente für Unterhalt bei Ehescheidung; § 618 III BGB: Anwendung der §§ 843–845 BGB bei Verletzung der dem Dienstberechtigten in Ansehung des Lebens und der Gesundheit des Verpflichteten obliegenden Verpflichtungen; § 62 III HGB; § 8 III HaftpflG; § 13 III StVG; § 24 III LuftVG; § 30 II AtomG. 1

2) Verfahren. Das **Verlangen** des Berechtigten erfolgt durch neue Klage (neue Prozeßvollmacht) auch nach Rechtskraft des ersten Urteils (Zusatzklage). Ziel der Klage ist die Anordnung oder Erhöhung der Sicherheit für die Zukunft (ab Rechtskraft oder vorläufiger Vollstreckbarkeit); demgemäß Höhe der auszusprechenden Sicherheitsleistung. Sinngemäß besteht ein Recht des Verpflichteten bei Besserung seiner Vermögensverhältnisse nachträgliche Entbindung von der Sicherheitsleistung bzw Ermäßigung zu verlangen (BL Anm 2 B; ThP Anm). 2

325 *[Grenzen der Urteilswirkung]*

(1) Das rechtskräftige Urteil wirkt für und gegen die Parteien und die Personen, die nach dem Eintritt der Rechtshängigkeit Rechtsnachfolger der Parteien geworden sind oder den Besitz der in Streit befangenen Sache in solcher Weise erlangt haben, daß eine der Parteien oder ihr Rechtsnachfolger mittelbarer Besitzer geworden ist.

(2) Die Vorschriften des bürgerlichen Rechts zugunsten derjenigen, die Rechte von einem Nichtberechtigten herleiten, gelten entsprechend.

(3) Betrifft das Urteil einen Anspruch aus einer eingetragenen Reallast, Hypothek, Grundschuld oder Rentenschuld, so wirkt es im Falle einer Veräußerung des belasteten Grundstücks in Ansehung des Grundstücks gegen den Rechtsnachfolger auch dann, wenn dieser die Rechtshängigkeit nicht gekannt hat. Gegen den Ersteher eines im Wege der Zwangsversteigerung veräußerten Grundstücks wirkt das Urteil nur dann, wenn die Rechtshängigkeit spätestens im Versteigerungstermin vor der Aufforderung zur Abgabe von Geboten angemeldet worden ist.

(4) Betrifft das Urteil einen Anspruch aus einer eingetragenen Schiffshypothek, so gilt Absatz 3 Satz 1 entsprechend.

Übersicht

Lit: *Bettermann,* Die Vollstreckung des Zivilurteils in den Grenzen seiner Rechtskraft, 1949; *A. Blomeyer,* Rechtskrafterstreckung infolge zivilrechtlicher Abhängigkeit, ZZP 75, 1; *Calavros,* Urteilswirkungen zu Lasten Dritter, 1978; *Claus,* Die vertragliche Erstreckung der Rechtskraft, Diss Köln 1973; *Fenge,* Rechtskrafterstreckung und Streitgenossenschaft zwischen Hauptschuldner und Bürgen, NJW 71, 1920; *Gaul;* Die Erstreckung und Durchbrechung der Urteilswirkungen nach §§ 19, 20 AGBG, FS Beitzke, 1979, 997; *Hellwig,* Wesen und subjektive Begrenzung der Rechtskraft, 1901; *Henckel,* Parteibegriff und Rechtskrafterstreckung, ZZP 70, 448; *U. Huber,* Rechtskrafterstreckung bei Urteilen über präjudizielle Rechtsverhältnisse, JuS 72, 621; *Koussoulis,* Beiträge zur modernen Rechtskraftlehre, 1986; *Martens,* Rechtskraft und materielles Recht, ZZP 79, 404; *v. Olshausen,* Rechtskraftwirkung von Urteilen über Gegenforderungen bei der Forderungszession, JZ 76, 85; *Pawlowski,* Probleme des rechtlichen Gehörs bei der Veräußerung einer Streitsache, JZ 75, 681; *Schwab,* Rechtskrafterstreckung auf Dritte und Drittwirkung der Rechtskraft, ZZP 77, 124.

I) Allgemeines

1 **1) Bedeutung.** § 322 behandelt den Umfang der Wirkung des rechtskräftigen Urteils. § 325 (§§ 326 und 327) regelt die Frage, für und gegen wen das rechtskräftige Urteil wirkt und ergänzt damit § 265. Wirkt ein Urteil nach § 325 für oder gegen einen Dritten, so ist damit noch nicht gesagt, daß für oder gegen ihn auch sofort aus dem Urteil vollstreckt werden kann. Nötig ist vielmehr, daß der Dritte die Umstellung der Vollstreckungsklausel auf sich erwirkt bzw der Kläger die Vollstreckungsklausel gegen den Dritten umstellen läßt (§ 727). Das rechtskräftige Urteil wirkt nur in Ansehung der Hauptsache, nicht auch bezüglich der Kosten gegenüber dem Rechtsnachfolger (str; aA zB StJSchL Anm II 5 mit Nachw Fn 30).

2 **2) Grundsatz der subjektiven Begrenzung.** Die Rechtskraft wirkt grundsätzlich nur zwischen den Parteien des rechtskräftig entschiedenen Prozesses. Das bestreitet freilich Schwab (ZZP 77, 124 [160]; R-Schwab § 157 II zur sog Drittwirkung der Rechtskraft); nach ihm ist die Rechtskraft auch in Prozessen zwischen Dritten stets zu beachten, wenn der rechtskräftig beurteilte Streitgegenstand für den Dritten als Vor- oder Hauptfrage Bedeutung erlangt. Nach Schwab sind die Träger eines streitigen Rechtsverhältnisses die „richtigen" Prozeßparteien (legitimi contradictores) für eine gerichtliche Klärung mit Wirkung für und gegen jeden, demgegenüber das Rechtsverhältnis Wirkungen äußert (aaO 139 ff); das gleiche gilt nach Schwab (aaO 148 ff) für das Urteil

zwischen mehreren Prätendenten einer Rechtsstellung. Er unterscheidet die Rechtskrafterstreckung auf Dritte von der Drittwirkung der Rechtskraft. Der Ansicht Schwabs kann de lege lata nicht schlechthin gefolgt werden (ablehnend auch StJSchL Anm VI 3; Bettermann ZZP 90, 121 [128 f]; ders, FS Baur, 1981, S 273 [290]; Calavros aaO S 172 ff; Schlosser, ZPR I, Rn 236; grundsätzlich zust dagegen Koussoulis aaO S 117 ff mwN), obwohl sie in vielen Zweifelsfragen zu klaren Ergebnissen führt. Gegen eine Drittwirkung der Rechtskraft spricht der Umkehrschluß aus §§ 68, 72 ff, 325 ff.

II) Beschränkung der Rechtskraft auf die Parteien des Rechtsstreits

1) Allgemeines. Grundsätzlich wirkt die Rechtskraft also nur zwischen den **(formalen) Parteien** des rechtskräftig entschiedenen Rechtsstreits (RG 148, 169; BGH NJW 84, 126 [127 mwN]); Ausnahme nach § 242 BGB (s allg Einl Rn 56): „Strohmann" steht der rechtskräftig abgewiesenen Partei gleich (BPatG GRUR 86, 165). Dies gilt grundsätzlich auch, wenn Dritte von dem rechtskräftig beurteilten Rechtsverhältnis betroffen oder wenn sie an ihm beteiligt sind. Fälle ausnahmsweiser Rechtskrafterstreckung auf Dritte: Rn 28 ff. 3

2) Einzelfälle. So erstreckt sich die Rechtskraft nicht auf einfache **Streitgenossen** der Parteien, nicht auf ihre gesetzlichen oder gewillkürten **Vertreter,** nicht **zugunsten des Dritten,** wenn der Versprechensempfänger eines Vertrages zugunsten Dritter gegen den Versprechenden ein Urteil erwirkt hatte (BGH LM Nr 1; ablehnend U. Huber JuS 72, 627 und Schwab aaO S 149, der hier Drittwirkung annimmt); ein Urteil auf Feststellung eines Rechtsverhältnisses zwischen Dritten oder zwischen einer Prozeßpartei und einem Dritten wirkt für oder gegen den Dritten nicht Rechtskraft (BGH LM Nr 4). 4

Dies gilt auch für **akzessorische** Verbindlichkeiten oder Haftungen (des Bürgen, des Schuldbeitretenden, des Hypothekenschuldners), soweit diese **vor** Rechtskraft des Urteils gegen den Primärschuldner begründet worden sind (wegen der **nach** Rechtskraft begründeten akzessorischen Haftung siehe unten Rn 34). Im einzelnen: Wird der (Haupt-)Schuldner verurteilt, so ist hieran der **Bürge** (BGH 76, 230 f = NJW 80, 1461 = MDR 80, 664; Nürnberg MDR 84, 52), der Vermögensübernehmer nach § 419 BGB (BGH NJW 84, 793 [794]), oder der **Eigentümer** der mit einer Hypothek belasteten unbeweglichen oder einer verpfändeten beweglichen Sache nicht gebunden; der Bürge kann zB einwenden, der Hauptschuldner habe vor dem rechtskräftig entschiedenen Prozeß wirksam aufgerechnet, mag auch dem Hauptschuldner die Gegenforderung nach § 322 II wirksam aberkannt sein (RG 122, 148), oder (§ 770 II BGB) der Hauptschuldner sei mit einer vor dem Erstprozeß erworbenen Gegenforderung aufrechnungsberechtigt, mag auch der Hauptschuldner durch § 767 II die Aufrechnungsmöglichkeit verloren haben (teilweise abweichend in der Begründung BGH 24, 98). **Umgekehrt** kann sich der Bürge nach § 768 I BGB auf das die Klage gegen den Hauptschuldner abweisende rechtskräftige Urteil berufen (BGH NJW 70, 279; eingehend Fenge NJW 71, 1920 mwN); ähnlich der Eigentümer der verpfändeten Sache oder des hypothekarisch belasteten Grundstücks (BGH WM 65, 579 Bürge), dagegen nicht umgekehrt der persönliche Schuldner auf die abweisende Entscheidung im Verhältnis zum Eigentümer (vgl LG Frankenthal Rpfleger 83, 163). 5

Der **Nachlaßgläubiger** kann wegen einer Nachlaßforderung auch gegen eine Person klagen, die zuvor in einem Feststellungsprozeß um das Erbrecht gegen einen anderen Prätendenten rechtskräftig unterlegen ist (aA Schwab aaO 148). Ob der beklagte **Nachlaßschuldner** das Erbrecht des Klägers auch dann noch bestreiten kann, wenn dieser in einem rechtskräftig entschiedenen Vorprozeß mit einer Klage auf Feststellung des Erbrechts durchdrang, ist bestritten. Ja: die hL, StJSchL Anm VI 3d; s aber unten Rn 42. 6

Über den Rang einer Forderung **nach § 60 KO** kann zwischen dem Konkursverwalter und einem Massegläubiger nicht mit Wirkung gegen andere Massegläubiger entschieden werden (RG 66, 329). 7

Über den Bestand einer **Hypothek** kann zwischen dem Grundstückseigentümer und dem eingetragenen Hypothekar nicht mit Wirkung gegen einen vor Rechtskraft schon eingetragenen nachrangigen Hypothekar entschieden werden. Nicht zu verwechseln damit ist der Fall, daß der auf Wiedereintragung einer gelöschten Hypothek verklagte Grundstückseigentümer während des Rechtsstreits eine weitere Hypothek bestellt; dies ist ein Fall der Rechtskrafterstreckung kraft Rechtsnachfolge, dazu siehe unten Rn 20. 8

Das Urteil gegen einen **Gesamtschuldner** (§ 425 II aE BGB; BGH NJW 84, 793 [794]), **Gesamtgläubiger** (§§ 429 III, 425 I, II BGB; BGH NJW 84, 127) oder gegen einen **Miteigentümer** (§§ 1011, 432 II BGB) wirkt nicht gegen die übrigen Gesamtschuldner oder Miteigentümer; beachte die erweiterte Geltung des § 425 II BGB durch §§ 429 III, 431, 432 II BGB. Bsp: Wird die Grundbuchberichtigungsklage des einen Miteigentümers abgewiesen, erwächst das klageabweisende Urteil 9 nicht in Rechtskraft zu Lasten des anderen Miteigentümers (BGH 79, 245 = NJW 81, 1097 = MDR 81, 481); das gleiche gilt bei Abweisung der Klage des einen Miteigentümers auf Unterlassung der Benutzung des Grundstücks (BGH 92, 351 [354]).

10 **3) Hinweis auf Sonderfragen. a)** In welchem Umfang demgegenüber die Vorgreiflichkeit einer rechtskräftig festgestellten Rechtsfolge über die Rechtsbeziehungen eines Dritten zu einer Partei sich zur Rechtskraftwirkung verstärkt (Fälle der **Rechtskrafterstreckung auf Dritte),** wird im einzelnen unten zu Rn 28 ff dargelegt.

11 **b)** Wegen der Rechtskraft im Verhältnis zwischen Rechtsträger und **Prozeßstandschafter** s Rn 42 ff vor § 50 und Sinianotis ZZP 66, 78. Zur Rechtskraftbindung von Gruppenmitgliedern s Gottwald, ZZP 91, 1, der der deutschen Regelung die **class actions** nach amerikanischem Recht gegenüberstellt. Nach deutschem Recht wird eine **Rechtskrafterstreckung** des **auf eine Verbandsklage hin** ergehenden Urteils auf andere Verbände oder die Verbandsmitglieder abgelehnt. **§ 21 AGBG** hat deshalb einem Urteil, das die Verwendung einer Geschäftsbedingung auf eine Verbandsklage hin untersagt, eine besondere „Feststellungsdrittwirkung kraft Einrede" zuerkannt (Gilles ZZP 98, 1 [25]); ihre Einordnung als Fall der Rechtskrafterstreckung ist umstr (bejahend: Löwe/v Westphalen/Trinkner Rn 10; Staudinger/Schlosser Rn 4; Ulmer/Brandner/Hensen Rn 10, je zu § 21 AGBG; eingehend Gaul, FS Beitzke, 1979, 1026 ff; Basedow AcP 182, 335 [342 ff]; Schilken, in: Recht und Wirtschaft – Ringvorlesung Osnabrück 1985 –, 99 [119 ff]).

12 **c)** Zur Frage, ob einem **Musterprozeß** kraft Parteivereinbarung Rechtskrafterstreckung beigelegt werden kann, vgl näher Rn 43 b. Zum Musterprozeß im verwaltungsgerichtlichen Verfahren vgl Gerhardt/Jacob DÖV 82, 345 ff.

III) Rechtskrafterstreckung auf Rechtsnachfolger

13 **1) Allgemeines.** Hauptfall: §§ 265, 325, also **Rechtsnachfolge im Sinn des § 325 I,** und zwar sowohl in den noch streitbefangenen – rechtshängigen – Streitgegenstand im Sinne des § 265 (Rechtskrafterstreckung aus prozessualem Grund), wie die Rechtsnachfolge nach rechtskräftig abgeschlossenem Prozeß (vgl BGH NJW 81, 1517; 83, 2032; nach Bettermann, Die Vollstreckung des Zivilurteils S 94 ff: Rechtskrafterstreckung aus materiell-rechtlichem Grund). Voraussetzung für die Rechtskrafterstreckung nach § 325 I: **Rechts- oder Besitznachfolge in den streitbefangenen Gegenstand** (zu diesem Begriff s § 265 Rn 3). Zur Rechtskrafterstreckung im Verhältnis der Parteien kraft Amtes zum Rechtsträger vgl Rn 42 vor § 50.

14 **2) Gesamtrechtsnachfolge nach Rechtshängigkeit a)** bei **natürlichen Personen: aa) Erbfolge.** Daß rechtskräftige Entscheidungen für und gegen den Erben wirken, ergibt sich schon aus § 1922 BGB. Aber der Erbe ist nur in dieser Eigenschaft, nicht wegen seines persönlichen Vermögens und auch nicht insoweit gebunden, als er vor Rechtskraft des Vorprozesses und vor der Gesamtrechtsnachfolge eine selbständige Rechtsstellung hinsichtlich der umstrittenen Sache erworben hatte (BGH MDR 56, 542 = LM Nr 6; BL Anm 6 „Erbrecht"). Hatte also einer von zwei Miteigentümern eine negative Feststellungsklage gegen einen Dritten erhoben, der sich des Alleineigentums berühmt, war die Klage rechtskräftig zugesprochen worden und beerbt dann der andere Miteigentümer den Kläger jenes Prozesses, so kommt diesem das rechtskräftige Urteil nur hinsichtlich des geerbten Anteils zugute, während im übrigen im Streitfall neu zu entscheiden ist. Haftet dagegen ein Erbe für eine rechtskräftig titulierte Nachlaßverbindlichkeit unbeschränkbar auch persönlich, so muß er das rechtskräftige Urteil auch mit Wirkung gegen sein persönliches Vermögen gelten lassen.

15 **bb) Gesamtnachfolge unter Lebenden** liegt im Ergebnis auch vor beim Ein- oder Austritt eines **Gesamthänders** aus der Gesamthand im Gesellschaftsrecht, ferner wenn eine OHG dadurch vollbeendet wird, daß ein Gesellschafter durch Vertrag oder durch Gestaltungsurteil gemäß § 142 HGB das Geschäft ohne Abwicklung mit Aktiven und Passiven übernimmt (vgl Hueck, Die offene Handelsgesellschaft, 4. Aufl § 31 VI und § 33 1 c Fn 6; BGH NJW 71, 1844 = WM 71, 1513; vgl hierzu auch ThP § 239 Anm 2 b). Gesamtrechtsnachfolger sind weiter die Abkömmlinge bei fortgesetzter Gütergemeinschaft (§ 1483 BGB). Zur Frage der Rechtskrafterstreckung auf den **Übernehmer** eines Vermögens (§ 419 BGB), Betriebs (§ 613 a BGB) oder einer Firma (§ 25 HGB) s unten Rn 26.

16 **b)** Für und gegen den Gesamtrechtsnachfolger wirkt das Urteil auch, wenn das gesamte Vermögen einer **juristischen Person** auf eine andere übergeht, so bei **Verschmelzung** von Aktiengesellschaften (§§ 339 ff AktG) untereinander oder mit einer KGaA oder mit einer GmbH (§§ 354 ff AktG), von zwei Versicherungsvereinen auf Gegenseitigkeit miteinander (BayObLG NJW 67, 52), bei Vermögensübertragungen nach §§ 359 ff AktG, bei der Umwandlung von Kapitalgesellschaften und bei dem Anfall eines Vereinsvermögens an den Fiskus (§ 46 BGB).

3) Einzelrechtsnachfolge nach Rechtshängigkeit: a) Allgemeines. § 325 I baut auf § 265 I auf. Die Einzelrechtsnachfolge während des Prozesses ändert nichts an der Prozeßführungsbefugnis des Veräußerers, der den Prozeß weiterhin im eigenen Namen führt (BGH WM 82, 1313; vgl auch vor § 50 Rn 22). Im Interesse des Gegners muß das Urteil auch für und gegen den Rechtsnachfolger wirken. Tritt die Rechtsnachfolge schon vor Rechtskraft ein, so kommt es für § 325 I nicht darauf an, ob das zusprechende Leistungsurteil auf Leistung an den Kläger oder an den Rechtsnachfolger lautet; wegen der Vollstreckbarkeit vgl §§ 727 ff. 17

b) Veräußerung der streitbefangenen Sache oder des geltend gemachten Anspruchs (Abs I iVm § 265 I): aa) Übergang des materiellen Rechts, aus dem auf Leistung oder auf dessen Feststellung geklagt war, auf einen anderen Rechtsträger, sei es durch Vertrag (Abtretung der eingeklagten Forderung), durch Gesetz (zB § 90 BSG; § 67 VVG; §§ 268, 412 BGB) oder durch Hoheitsakt; Bsp: Pfändungsbeschluß (§§ 829, 835 ZPO; vgl BGH 86, 337 [339] = NJW 83, 886 [887]). Hierher gehören auch die Fälle, daß eine auflösende Bedingung oder ein Endtermin eintreten (§§ 158 II, 163 BGB): hier kein originärer, sondern abgeleiteter Rechtserwerb (str; aA StJSchL Anm III 1; BL Anm 6 „Bedingung"). Dagegen ist nicht Rechtsnachfolger, wer durch wirksame Anfechtung wieder in die alte Rechtsstellung einrückt. 18

Ist der **Rechtsübergang aufschiebend bedingt** vereinbart, so ist streitig, ob Rechtsnachfolge im Sinn von §§ 265, 325 schon im Zeitpunkt der bedingten Verfügung (so StJSchL Anm III 1 mit Nachw) oder erst mit der Bedingung eintritt (so R-Schwab § 103 II 5; BL Anm 6 „Bedingung"; ThP § 265 Anm 3d; Pohle, FS Lehmann, 1956, S 758 f; Flume, Allgemeiner Teil II, § 393; im Ergebnis vermittelnd Henke, Bedingte Übertragungen im Rechtsverkehr und im Rechtsstreit, 1959, S 104 ff). Da der Eintritt der aufschiebenden Bedingung ungewiß ist, wird man erst in diesem Zeitpunkt Rechtsnachfolge annehmen können. In dem praktisch wichtigsten Fall des § 455 BGB erwirbt allerdings der Käufer regelmäßig schon zur Zeit der Einigung den Besitz der gekauften Sache und ist daher schon insofern Rechtsnachfolger. Überdies ist auch der Erwerb der Anwartschaft eine (beschränkte) Rechtsnachfolge. 19

bb) Einzelrechtsnachfolge ist auch der **Erwerb minderer Rechtsstellung.** Rechtsnachfolge in diesem Sinne ist daher auch gegeben, wenn die Partei, nachdem ihr Eigentum streitbefangen wurde, Dritten daran ein Pfandrecht, eine Hypothek, einen Nießbrauch bestellte. Rechtsnachfolger ist auch, wer (über § 455 BGB) ein Anwartschaftsrecht erwirbt (dazu Henke, Bedingte Übertragungen im Rechtsverkehr und Rechtsstreit, 1959, S 92 ff; aA Pohle, FS Lehmann, S 738 ff; wie hier Blomeyer § 92 III 1b). Demnach löst sich auch der Fall, daß der auf Wiedereinräumung einer Hypothek verklagte Eigentümer während des Rechtsstreits die Eintragung einer Zwangshypothek auf seinem Grundstück hinnehmen muß. Der Zwangshypothekar als minderer Rechtsnachfolger muß das gegen den Eigentümer ergehende Urteil gegen sich gelten lassen (Blomeyer aaO). 20

cc) Rechtsnachfolge im Sinn des § 325 I Alt 1 liegt ferner vor, wenn das Eigentum, die Inhaberstellung, ein beschränktes Recht oder der **Besitz** an einer **in Streit befangenen beweglichen oder unbeweglichen Sache** oder an einem sonstigen in Streit befangenen Recht (Gegenstand) **nach Rechtshängigkeit** oder auch erst nach **Rechtskraft** (vgl R-Schwab § 157 III 2aβ) erworben wird (BGH NJW 81, 1517 für Eigenbesitz gem § 872 BGB; krit Braun NJW 82, 149). Mit Recht weist Bettermann aaO darauf hin, daß in den Fällen des Besitzwechsels nach Rechtskraft die Rechtskrafterstreckung ihren Grund in der rein materiell-rechtlichen Rechtsnachfolge hat; ein Prozeßrechtsverhältnis des Rechtsvorgängers besteht nicht mehr. Trat die Rechtsnachfolge dagegen bei bestehender Rechtshängigkeit ein, hat sie ihren Grund in der gesetzlichen Prozeßführungsmacht des Rechtsvorgängers nach § 265, also im Prozeßrecht. 21

c) Mittelbarer Besitzer (§ 868 BGB) ist zB der Vermieter und Verpächter. Der Nießbraucher, Pächter, Mieter, Pfandgläubiger, Verwahrer haben unmittelbaren Besitz. Die Rechtskraft des Urteils wirkt gem Abs I Alt 2 auch gegen den, der vom Nießbraucher, Pächter oder Mieter, der selbst Partei ist, gepachtet oder gemietet (Untermieter, ie Rn 38) oder von ihm die Sache in Verwahrung genommen hat. Auf Besitzdiener (Dienstboten des Mieters) im Sinne des § 855 BGB, gegen die das Urteil ohne weiteres ohne Umstellungen der Vollstreckungsklausel vollstreckt werden kann, ist § 325 nicht anwendbar, soweit nicht etwa nach Beendigung ihres ursprünglichen Besitzdienerverhältnisses ein solches nach § 868 BGB getreten ist. 22

d) Schuldnachfolge. Hier ist zunächst zu unterscheiden: **aa)** Ist die Schuldnachfolge nur eine Folge einer Rechtsnachfolge, so ist die Rechtskrafterstreckung zu bejahen. Dies ist unzweifelhaft bei Schuldnachfolge im Wege der Gesamtrechtsnachfolge (Erbgang), aber auch dann, wenn sie nur die Folge einer Rechtsnachfolge in ein dingliches Recht ist. Dies ergibt sich zunächst schon aus § 266 I 1 („dinglicher Schuldner") ausdrücklich. Weitere Beispiele (vgl Blomeyer § 47 I 3): Der vom Nachbar auf Beseitigung eines Überbaues oder vom Mieter auf Mängelbeseitigung 23 verklagte Eigentümer veräußert sein Grundstück während des Rechtsstreits: Die schuldrechtliche „Last" obliegt hier dem Erwerber, wie seinem Rechtsvorgänger. Anders natürlich im Fall BGH 18, 223; rein persönliche Verpflichtung.

24 **bb)** Sehr umstritten ist die Rechtskrafterstreckung bei **befreiender Schuldübernahme** (§§ 414, 415 BGB). α) War zu ihrem Zeitpunkt das **Ersturteil schon rechtskräftig,** so ist die im Interesse des Gläubigers gebotene Rechtskrafterstreckung dem Neuschuldner zumutbar (Bettermanns entscheidender Gesichtspunkt), und zwar auch dann, wenn er von dem Ersturteil nichts wußte: Er übernahm ja eine seiner Vorstellung nach existente Schuld (vgl vor allem Bettermann aaO 134 ff; Blomeyer § 93 II und ZZP 75, 21; BL § 325 Anm 2 B, § 265 Anm 2 Ea aa; R-Schwab § 103 II 3; aA BGH 61, 140; ThP § 265 Anm 3 d). Dies ist ein Fall der **Rechtskrafterstreckung kraft materiell-rechtlicher Abhängigkeit** (vgl Rn 34 ff).

25 β) Hat der Neuschuldner die Schuld übernommen, **während der Rechtsstreit** gegen den alten Schuldner **noch rechtshängig war,** so beruht nach der hier vertretenen Ansicht die Rechtskrafterstreckung des zwischen den alten Parteien ergehenden Urteils auf den §§ 265, 325 (Bettermann aaO; aA insoweit Blomeyer § 47 I 3, Henckel aaO S 166/167; StJSchL § 265 Anm I 2). Auch nach der Gegenmeinung (vgl StJSchL § 325 Anm III 3 und I) ist hier die Möglichkeit, die Rechtskrafterstreckung durch vertragliche Abrede zu vereinbaren, zu beachten: Häufig ist der Übernahmevertrag so auszulegen, daß der Übernehmer das rechtskräftige Urteil eines ihm bekannten laufenden Prozesses gegen sich gelten lassen will.

26 **cc)** Schuldnachfolge, die den Nachfolger und den bisherigen Schuldner zu Gesamtschuldnern macht **(Schuldmitübernahme,** Vermögensübernahme nach § 419 BGB): soweit sie nach Rechtshängigkeit, aber vor Rechtskraft erfolgt, gilt § 425 II BGB, als keine Rechtskrafterstreckung (BGH LM § 419 BGB Nr 8; WM 70, 1291; Bettermann aaO S 137). Bei Betriebsübergang gem § 613 a BGB nach Rechtshängigkeit wirkt das gegen den alten Arbeitgeber ergehende Urteil auch für und gegen den neuen (BAG BB 77, 395). Für den Fall der Schuldnachfolge nach Rechtskraft siehe unten Rn 34.

27 **4) Abgrenzung zur Rechtsnachfolge vor Rechtshängigkeit.** Die Rechtskrafterstreckung findet ihre Grenzen in einer **vor Rechtshängigkeit** des Vorprozesses und vor der Gesamtrechtsnachfolge **erworbenen** selbständigen **Rechtsstellung des Beklagten** (vgl oben Rn 14 zu BGH MDR 56, 542 = LM Nr 6). **Ausnahmen:** § 407 II BGB (vgl dazu BGH 52, 152; 64, 127; LM Nr 1 zu § 1169 BGB Anm Pritsch), §§ 408, 412, 413 BGB; § 372 II HGB; § 11 III WZG. Über den Tatbestand des § 407 II BGB hinaus befürwortet v Olshausen einen weiteren Fall der Rechtskrafterstreckung insoweit, als sich der Schuldner einer abgetretenen Forderung unter gewissen Voraussetzungen dem Zessionar gegenüber auf die Rechtskraft eines Urteils berufen können soll, das ihm eine **Gegenforderung** gegen den Zedenten zuspricht (JZ 76, 85). Hat der Unfallverletzte gegen den Schädiger ein rechtskräftiges Urteil wegen dessen Ersatzpflicht erzielt, so wirkt dies nicht Rechtskraft für und gegen den Sozialversicherungsträger, auf den die Ansprüche des Verletzten vor Klageerhebung übergegangen sind (BGH MDR 64, 588).

IV) Rechtskrafterstreckung auf Dritte

28 **1) Allgemeines.** Die dogmatische Begründung und Abgrenzung der zur Gruppe der **Rechtskrafterstreckung infolge rechtlicher Abhängigkeit** (vgl dazu Bettermann S 79 ff; Blomeyer § 91 II und § 93) gehörigen Fälle (Rn 31 ff) ist sehr umstritten (vgl auch Schwab NJW 60, 2169 und ZZP 77, 124; Nikisch § 108 VI aE; R-Schwab § 157 III, II 2 e; BL Anm 5, ThP Anm 1 e; StJSchL Anm VI; Blomeyer § 91 II und § 93 mit zahlreichen Nachweisen). Die Einordnung schwankt von echter Rechtskraft-, über Reflex- oder Tatbestands- zur „privatrechtlichen Nebenwirkung des Zivilurteils" (Kuttner) und bis zur Drittwirkung (vgl hierzu vor allem Bettermann S 113 ff und Schwab aaO; Koussoulis aaO S 163 ff). Daß das Gesetz selbst neben der Drittwirkung des Urteils aus prozessualen Gründen (Rechtsnachfolge in den Prozeßgegenstand, Fälle der Prozeßstandschaft) auch die Rechtskrafterstreckung aus materiell-rechtlichen Gründen eingeplant hat, ergibt sich aus den folgenden Einzelfällen (Rn 29–40).

29 **2) Rechtskrafterstreckung auf Dritte kraft ausdrücklicher gesetzlicher Vorschriften. a)** In bestimmten **Ehe- und Statussachen** ist die Rechtskraftwirkung (nicht Gestaltungswirkung; bei ihr verstünde sich die umfassende Drittwirkung von selbst) für und gegen alle angeordnet: §§ 636 a, 638 S 2; 640 h, 641 k. Der von der Rechtskraftwirkung erfaßte Personenkreis ist nach Calavros (aaO S 116) trotz des umfassenden Wortlauts („für und gegen alle") auf Personen einzuschränken, die entweder neben den Parteien klageberechtigt sind oder zu den Parteien in einem von der Urteilsrechtslage abhängigen Rechtsverhältnis stehen (vgl näher die Anm zu den genannten §§). Beachte, daß zB im Fall des § 636 a auch das klageabweisende Urteil Rechtskraft-(nicht Gestaltungs-)wirkung für und gegen alle hat. Vgl dazu BGH 30, 140 und NJW 64, 1853, wo

die Nichtigkeitsklage des in bigamischer Ehe lebenden Gatten wegen unzulässiger Rechtsausübung abgewiesen wurde. Die Bedenken bei BL Anm 1 und ThP Anm jeweils zu § 636a erübrigen sich, wenn man annimmt, daß eine unzulässige Ausübung des Gestaltungsrechts die Klage unzulässig macht. Im Fall des § 640h beschränkt sich die Drittwirkung wie die Rechtskraft selbst auf den „nichtehelichen Status" des Kindes; nicht in Rechtskraft erwachsen als bloße Urteilselemente die zugrundeliegenden Tatsachen (BGH 83, 394f mwN; 92, 278).

b) Weitere Fälle: Konkursfeststellungsklage (§§ 145 II, 146, 147 KO; s auch Rn 31); Drittschuldnerklage bei mehreren Pfändungsgläubigern (§ 856 IV; vgl dort Rn 5); aktienrechtliche Anfechtungs- und Nichtigkeitsklage (§§ 248, 249 AktG); versicherungsrechtliche Direkt- und Haftpflichtklage (§ 3 Nr 8 PflVersG; BGH NJW 82, 996 [999]; sa Rn 38). Hierher gehören auch die oben Rn 27 genannten Fälle gem § 407 II BGB usw, § 1357 (vgl Baur, FS Beitzke, 1979, 118; s auch § 62 Rn 15) sowie – bei Einordnung als Fall der Rechtskrafterstreckung § 21 AGBG (Rn 11). 30

3) Rechtskrafterstreckung auf Dritte infolge materiell-rechtlicher Abhängigkeit. a) Konkurs- und vollstreckungsrechtliche Fälle. aa) Wer als **Konkursgläubiger** einen Widerspruch gegen eine titulierte Forderung gemäß § 146 VI KO verfolgt, ist auf die Angriffsmittel des Gemeinschuldners beschränkt und daher – wie dieser – an die Rechtskraft des angegriffenen Titels gebunden (Wiederaufnahme, Vollstreckungsgegenklage, § 767 II; zutr Koussoulis aaO S 184f). Das gleiche Problem stellt sich im Verhältnis des Anfechtungsbeklagten nach **§ 7 AnfG,** der – ebenfalls in den Grenzen des § 767 II – die Forderung des Anfechtungsklägers gegen den Vollstreckungsschuldner nicht mehr bestreiten kann (BGH LM § 2 AnfG Nr 1 und 2; zust Koussoulis aaO S 186). 31

bb) Dieser Prätendentenstreit zwischen konkurrierenden Gläubigern begegnet auch in der **Einzelzwangsvollstreckung (§§ 878 ZPO, 115 I ZVG).** Er ist auch hier im Sinn des § 767 II zu lösen, so daß die durch diese Vorschrift präkludierten Einwendungen des Vollstreckungsschuldners auch dem Kläger aus § 878 abgeschnitten sind. Auch dies ist eine Folge der Rechtskrafterstreckung auf Dritte infolge materiell-rechtlicher Abhängigkeit (s BGH 63, 61 = NJW 74, 2284; Bettermann aaO S 173 ff; Blomeyer § 93 I 2; ThP § 878 Anm 3b; BL § 878 Anm 2 C vor a; hier § 878 Rn 11, str; nach Koussoulis aaO S 183 Fall von Drittwirkung). 32

cc) Ähnlich stellt sich das Problem, wenn ein Gläubiger gegen den anderen auf **vorzugsweise Befriedigung nach § 805** klagt. Dem Beklagten kommt die Rechtskraft eines Urteils zugute, das den Anspruch des Klägers gegen den Vollstreckungsschuldner verneint hat. Der Kläger kann sich dem Beklagten gegenüber auf die Rechtskraft seines gegen den Vollstreckungsschuldner obsiegenden Urteils nur berufen, wenn die Rechtskraft vor der für den Beklagten ausgebrachten Pfändung eingetreten ist (Bettermann S 182 ff). 33

b) Fälle akzessorischer Schuld und Haftung. aa) Ist eine akzessorische Schuld oder Haftung erst **nach** Rechtskraft des Urteils gegen den primären Schuldner begründet worden (Unterschied zu Rn 5), so muß der Bürge, der Schuldmitübernehmer, der Verpfänder, der Besteller der sichernden Hypothek, der Vermögensübernehmer, der Übernehmer eines Handelsgeschäftes die Rechtskraft dieses Urteils gegen sich gelten lassen, und zwar ohne Rücksicht auf die Kenntnis hiervon. Er hat sich ja in der Vorstellung verbürgt usw, die Hauptschuld bestehe; also ist ihm die Bindung an das dies aussprechende Urteil zuzumuten (für den Fall der Prozeßbürgschaft iErg ebenso BGH NJW 75, 1119, [1121]). Dies hat Bettermann (aaO S 135, 139, 141, 192, 196) nachgewiesen; ihm folgt ua Blomeyer § 93; anders die hM, vgl etwa StJSchL Anm VI 3b bb; anders zB auch für § 419 BGB und zwar offenbar allgemein, wenn auch im konkreten Fall die Vermögensübernahme schon vor Rechtskraft erfolgte, BGH WM 70, 1291. Ebensowenig aber wie der Schuldner die Stellung des Sichernden nachträglich verschlechtern kann, vermag er dies durch die Rechtskraft eines nach schlechtgeführtem Prozeß ergangenen Urteils; Argument: §§ 1210 I 2, 1211; 1137 II; 767 I S 3, 768 II BGB; vgl oben Rn 5 und Erman/Westermann § 1137 Rdnr 7. Ist dagegen für eine schon rechtskräftig festgestellte Schuld eine Hypothek usw bestellt worden, so haftet das Grundstück für sie in ihrer rechtskräftig festgestellten Form, erstreckt sich also die Rechtskraft auf den Eigentümer. 34

bb) Ausdrücklich bestimmt **§ 129 I HGB** die Erstreckung der Rechtskraft (insoweit offen BGH 54, 251 [254]) des Urteils gegen die OHG auf ihren Gesellschafter, und zwar sowohl zu seinen Gunsten, wie zu seinen Ungunsten, indem er die Einwendungen nicht mehr geltend machen kann, die der OHG durch die Rechtskraft abgeschnitten sind (BGH 64, 156; 73, 224; NJW 81, 175). Diese Grundsätze gelten auch für die Schein-OHG und -KG (BGH NJW 80, 784). Der Gesellschafter braucht sich allerdings das gegen die OHG ergangene Urteil nicht entgegenhalten zu lassen, wenn er vor Klageerhebung aus dieser ausgeschieden war (BGH 44, 229). 35

cc) Umgekehrt ist ein im Gesellschafterprozeß ergangenes Urteil über die Grundlagen des Gesellschaftsverhältnisses für die OHG bindend, wenn in ihrem Prozeß gegen einen Gesell- 36 schafter der Fortbestand der OHG Vorfrage ist (BGH 48, 174). – Hat von zwei Gesellschaftern einer OHG einer gegen den anderen rechtskräftig seine Gewinnbeteiligung feststellen lassen, kann die auf Auszahlung verklagte OHG deren Höhe nicht mehr bestreiten (vgl U. Huber JuS 72, 627 im Anschluß an BGH).

37 **dd)** Ist auf eine **Auflösungsklage** eine **GmbH** aufgelöst worden (vgl § 61 I GmbHG), wirkt das Urteil auch gegen den nicht beteiligten Mitgesellschafter Rechtskraft (so BVerfG 60, 7 [9, 14 f]; dazu Waldner, Aktuelle Probleme des rechtlichen Gehörs, 1983, S 233; Schlosser, Zivilprozeßrecht, 1983, Rn 14).

38 **ee)** Aus den **§§ 556 III, 604 IV BGB** ergibt sich, daß die Rechtsstellung des Untermieters (Unterentleihers) materiell völlig von der des Mieters (Entleihers) abhängt. Das muß zur Rechtskrafterstreckung insoweit führen, daß Untermieter und Unterentleiher dem aus § 556 III oder § 604 IV BGB Klagenden gegenüber die Beendigung des Hauptmiet-(Leih-)verhältnisses nicht mehr bestreiten können (vgl Bettermann S 217 ff; Blomeyer § 93 III 2b; LG Karlsruhe, das hier § 727 anwendet, ablehnend dazu Berg NJW 53, 30; offen BL Anm 6 „Mieter". Schwab nimmt hier wie bei § 129 HGB Drittwirkung an; ebenso Koussoulis aaO S 168 f). Überwiegend wird hier eine Rechtskrafterstreckung abgelehnt (vgl StJSchL Anm VI 3b bb; Palandt/Putzo § 556 Anm 3g).

39 **ff)** Im Fall von **§ 3 Nr 8 PflVersG** wirkt das zugunsten des Versicherers ergehende Urteil auch zugunsten des Versicherungsnehmers und umgekehrt (vgl BGH JZ 79, 532; NJW 82, 996 f und 999). Die Bindungswirkung besteht aber ausschließlich im Verhältnis Versicherungsnehmer/Versicherer; die rechtskräftige Abweisung der Klage gegen den Versicherungsnehmer (Halter) hindert den Kläger daher nicht, einen neuen gegen den (schädigenden mitversicherten) Fahrer und insoweit auch gegen den Haftpflichtversicherer zu führen (BGH 96, 22 = ZIP 86, 32 = JZ 86, 342 mit zust Anm Prölss). § 3 Nr 8 PflVersG gilt nicht, wenn vor der klageabweisenden Entscheidung bereits die Leistungspflicht eines Gesamtschuldners rechtskräftig festgestellt worden ist (BGH MDR 85, 923).

40 **gg)** Ist beim **Finanzierungsleasing** der Verkäufer auf Klage des Leasingnehmers, dem die Gewährleistungsansprüche vom Leasinggeber abgetreten wurden, rechtskräftig zur Wandlung verurteilt, kann der Leasinggeber im Folgeprozeß wegen der materiellrechtlichen Abhängigkeit von Kauf- und Leasingvertrag nicht mehr die Wirksamkeit der Wandlung bestreiten, auch wenn er am Wandlungsstreit nicht beteiligt war (vgl BGH 81, 298 [304 f] = NJW 82, [106]).

40a **hh)** Dagegen genügt die Verknüpfung von Kauf und Darlehen beim **finanzierten Kauf** nicht, um nach rechtskräftiger Abweisung der Klage auf Rückzahlung des Kaufpreises gegen den Verkäufer eine Bindungswirkung im Verhältnis Finanzierungsinstitut / Käufer (Darlehensnehmer) für den Darlehensrückzahlungsanspruch zu begründen (vgl BGH 91, 9 [17]).

41 **4) Allgemeiner Grundsatz?** Aus den einzelnen Beispielen der Rn 29–40 ergibt sich das folgende **Prinzip** (im Anschluß an Bettermann und Blomeyer jeweils aaO): **Voraussetzung für die Erstreckung der Urteilsrechtskraft auf einen Dritten** ist zunächst, daß der entschiedene **Streitgegenstand präjudiziell** (vorgreiflich) für das Rechtsverhältnis des Dritten zu einer Partei ist. Vorgreiflich ist der Urteilsgegenstand für den Rechtsnachfolger, den Schuldübernehmer und für kraft Vertrages oder Gesetzes akzessorisch Haftende (Bürge, Verpfänder, Hypothekenbesteller, Schuldmitübernehmer, Unterentleiher, die Gesellschafter einer OHG). Hieraus allein allerdings würde sich eine unzumutbar weite Ausdehnung der Rechtskraft ergeben. Die praktikable **Abgrenzung** wird verschiedenartig versucht: Nach Schwab (ZZP 77, 160) sind die Träger eines streitigen Rechtsverhältnisses die richtigen Prozeßparteien für eine gerichtliche Klärung mit Wirkung für und gegen jeden, demgegenüber das Rechtsverhältnis Wirkung äußert; das gleiche gilt nach Schwab (S 148 ff) für das Urteil zwischen mehreren Prätendenten einer Rechtsstellung. – Nach Blomeyer erfordert die Rechtskrafterstreckung eines Urteils für und gegen Dritte außer der Vorgreiflichkeit, daß die Rechtskrafterstreckung für den Dritten **zumutbar** ist (§§ 91 II, 93). Diese Zumutbarkeit sei der Grund für die Erstreckung auf Rechtsnachfolger, die § 325 I anordnet. Dabei beruhe die Rechtskrafterstreckung gegenüber der unterlegenen Partei darauf, daß sie über das Rechtsverhältnis prozessiert hat und ihr darum zuzumuten sei, daß das Urteil dies bindend feststelle. Dies rechtfertige ganz allgemein eine Rechtskrafterstreckung **zugunsten** jedes Dritten, dessen Rechtsverhältnis von der entschiedenen Rechtslage abhängt. Eine Rechtskrafterstreckung **zuungunsten** Dritter setze – von den Ehe- und Statusurteilen mit gesetzlicher Rechtskraftwirkung für und gegen alle abgesehen – voraus, daß das vom Urteilsgegenstand abhängige Rechtsverhältnis des Dritten erst **nach** Rechtskraft begründet worden sei; nur wenn das materielle Recht eine Verschlechterung der Rechtslage des Dritten durch Vertrag zwischen den Parteien des Hauptschuldverhältnisses anerkenne, müsse der Dritte auch eine nach Begründung seines (abhängigen) Rechtsverhältnisses ergangene rechtskräftige Entscheidung zu seinen Ungunsten hinnehmen (Blomeyer § 91 II und § 93).

Bettermann (aaO S 101 ff) engt den die Rechtskrafterstreckung allerdings unbegrenzt ausweitenden Begriff der bloßen Vorgreiflichkeit dadurch praktikabel ein, daß er mit dem Teilbegriff der **Abhängigkeit** arbeitet: Nur dann wirkt die Rechtskraft des Urteils über die vorgreifliche Frage auch für und gegen Dritte, wenn deren Rechtsverhältnis durch das vorweg entschiedene bedingt, von ihm abhängig sei. Entsprechend der Rechtslage bei der Rechtsnachfolge ist eine Rechtskrafterstreckung auf Dritte immer dann geboten, wenn die Parteien auch durch Rechtsgeschäft eine entsprechende Wirkung für oder gegen den Dritten herbeiführen können. Beispiel: Sei auch das Bestehen der Hauptschuld stets für die Bürgenschuld vorgreiflich, sei diese nicht von jener voll abhängig, wie § 767 I S 3 und § 768 II BGB zeigten; das Urteil im **Gläubigerprätendentenstreit** bindet den Schuldner, nicht aber das im Schuldnerprätendentenstreit (mehrere Erben gegenüber dem Nachlaßgläubiger) den Gläubiger. Der Schuldner ist nämlich hinsichtlich der Sachlegitimation des Gläubigers von ihm abhängig, da dieser ihm jederzeit durch Zession (also auch durch Unterliegen nach schlechtgeführtem Prozeß gegen den Mitprätendenten) einen anderen Gläubiger aufzwingen kann; nicht aber umgekehrt. Die hier entwickelten Lehren stimmen nicht in allen Punkten mit der **hL** (vgl StJSchL Anm VI 3b; U. Huber JuS 72, 621) überein, die eine Rechtskrafterstreckung für und gegen Dritte über § 325 I hinaus grundsätzlich nur in den gesetzlich ausdrücklich vorgesehenen Fällen anerkennt (BL Anm 5 B; ThP Anm 1e; dagegen im wesentlichen wie hier v. Olshausen JZ 76, 87 ff). 42

5) Abgrenzung der Rechtskrafterstreckung. Nicht zu verwechseln mit der Rechtskrafterstrekkung auf Dritte sind: **a)** Die **Tatbestandswirkung** eines Urteils: Sie besteht darin, daß das Vorliegen eines Zivilurteils Tatbestandsmerkmal einer materiell-rechtlichen Norm ist (vgl Kuttner, Die privatrechtlichen Nebenwirkungen des Zivilurteils 1908, S 2; Bettermann aaO, S 114); Beispiele: §§ 283, 775 I Nr 4 BGB; §§ 302 IV S 2 und 3; 717 II ZPO; § 864 II BGB. **b)** Die **Interventionswirkung:** s Anmerkung zu § 68. **c)** Die **Gestaltungswirkung** eines Gestaltungsurteils. Sie tritt erst mit der formellen Rechtskraft des Gestaltungsurteils ein und ist von dessen materieller Rechtskraft zu unterscheiden; diese ist auf die Parteien beschränkt und bezieht sich auf den Gestaltungsgrund (eingehend K. Schmidt JuS 86, 35 [38 ff]). 43

V) Rechtskrafterstreckung durch Parteivereinbarung

1) Allgemeines. Bei der Frage des Parteieinflusses auf die subjektiven Grenzen der Rechtskraft ist zwischen materiell-rechtlichen und öffentlich-rechtlichen (prozessualen) Rechtsfolgen zu unterscheiden. **a)** Bei den rein **materiellen Rechtswirkungen** des Urteils sind in erster Linie private Interessen der Parteien betroffen (vgl Koussoulis aaO S 49). Die Anerkennung der Parteidisposition in diesem Bereich (so bereits RG 46, 336) bedeutet der Sache nach keinen „Eingriff" in die Rechtskraft, sondern ist nur die Folge davon, daß die Parteien den Streitgegenstand, soweit er ihrer Verfügung unterliegt, anders regeln können als er in dem rechtskräftigen Urteil festgestellt ist (R-Schwab § 153 II 2). Davon ist auch für das Verhältnis zu Dritten auszugehen (dazu sogleich unter c). **b)** Dagegen sind die **öffentlich-rechtlichen Wirkungen** der Rechtskraft der Parteivereinbarung schlechthin entzogen (StJSchL § 322 IX 5; Koussoulis aaO S 50 mwN); insbesondere kann auf die Rechtskraft des Urteils nicht ohne Änderung der materiellen Rechtsbeziehungen verzichtet werden, nur um eine neue gerichtliche Entscheidung über denselben Streitgegenstand zu ermöglichen (BVerfG MDR 62, 427; BSG JZ 61, 504; Rn 20 [bb] vor § 322; aA Schlosser, Einverständliches Parteihandeln, 1968, S 14, gegen ihn zutr Koussoulis aaO S 51 Fn 157). **c)** Die Möglichkeit einer vertraglichen Erweiterung der Rechtskraft durch die *Parteien des Rechtsstreits* auf **Dritte** ist nicht anzuerkennen, da eine Dispositionsbefugnis der Parteien (vgl oben a) nur innerhalb der durch das Urteil gezogenen subjektiven Grenzen der Rechtskraft besteht (R-Schwab § 152 V 2; Koussoulis aaO S 51). 43a

2) Musterprozeßvereinbarung. a) Musterprozeß ist ein Rechtsstreit, in dem ein „Modellfall", dessen Sachverhalt (im wesentlichen) mit einer Mehrzahl von Streitfällen übereinstimmt, als prozessuales Exempel dienen soll (vgl Kempf ZZP 73, 342). **b)** Eine **Musterprozeßvereinbarung** kann verschiedenartigen Inhalt haben (ie Lindacher JA 84, 404 ff); Beispiel: BGH 92, 14. Es geht um die Herbeiführung einer „Breitenwirkung" der im Musterprozeß entschiedenen Rechtsfrage für eine Vielzahl von Betroffenen. Eine in Allgemeinen Geschäftsbedingungen enthaltene Musterprozeßvereinbarung kann gem § 9 AGBG unwirksam sein, wenn sie durch ihre konkrete Ausgestaltung den Kläger in seiner Rechtsverfolgung unangemessen benachteiligt und einseitig die Interessen des Verwenders an einer Reduzierung des Kostenrisikos und alsbaldiger Streiterledigung wahrt (BGH 92, 13 = ZIP 84, 1234 = JR 85, 150 mit teilw zust Anm Lindacher). Eine Rechtskrafterstreckung ist durch Musterprozeßvereinbarung nicht möglich (Kempf ZZP 73, 365 ff; Dütz BB 78, 214; vgl auch Rn 43a unter c). 43b

VI) Schutz des gutgläubigen Rechtsnachfolgers (Abs II, III)

1) Bedeutung. Das zwischen den ursprünglichen Parteien des Rechtsstreits ergangene Urteil 44

wirkt nach § 325 I immer **für** den Rechtnachfolger, also immer dann, wenn der Rechtsvorgänger den Prozeß gewonnen hat. Es wirkt grundsätzlich auch **gegen** den Rechtsnachfolger, also dann, wenn der Rechtsvorgänger den Rechtsstreit verloren hat. Abs II macht bei Gutgläubigkeit des Rechtsnachfolgers eine Ausnahme von der Rechtskrafterstreckung **gegen** ihn.

45 **2) Voraussetzungen. a) Erstreckung des guten Glaubens auch auf die Rechtshängigkeit.** Wer als Einzelnachfolger (an sich) ein Urteil **gegen** sich gelten lassen muß, das dem Rechtsvorgänger das übertragene Recht abspricht, kann sich gleichwohl auf die Vorschriften zum **Schutz des gutgläubigen Erwerbs** (zB §§ 135 II, 405, 932 ff, 936, 892 f, 1032, 1138, 1155, 1207 f, 1244, 1357, 1412, 2113 III, 2129 II, 2211 II, 2366, 2368 III, 2370 BGB; 363 f, 366 HGB; Art 17 WechselG, § 7 KO) berufen; jedoch muß sich der gute Glaube zur Zeit des Erwerbs **auch auf die Rechtshängigkeit** eines Prozesses bzw auf die Existenz eines rechtskräftigen Urteils erstrecken (RG 79, 166 ff); ausnahmsweise begründet auch die Unkenntnis der Rechtshängigkeit keinen guten Glauben (vgl Rn 48).

46 **b) Grad der Kenntnis bzw Unkenntnis** (s auch Pawlowski S 684 f). § 325 II begründet keinen Gutglaubensschutz, sondern bestätigt nur, daß gutgläubiger Erwerb auch möglich ist, wenn die Nichtberechtigung des Rechtsvorgängers rechtskräftig festgestellt ist oder in einem anhängigen Prozeß behauptet wird; § 325 II erhöht lediglich die Anforderungen an den guten Glauben in dem bezeichneten Sinn. Ob dem Rechtsnachfolger nur positive Kenntnis oder schon grob fahrlässige Unkenntnis schadet, ist in jedem Fall den materiellen Schutzvorschriften zu entnehmen. Die Kenntnis der Rechtshängigkeit ist erforderlich im Fall des § 892 I BGB (Stuttgart OLGZ 79, 303). Der gute Glaube an die Gläubigerstellung eines Zedenten wird in der Regel nicht (vielmehr nur in den seltenen Fällen des § 405 BGB) geschützt (KG MDR 81, 940).

47 **c) Geschützter Personenkreis.** § 325 II regelt die Stellung des Rechtsnachfolgers der in einem Prozeß unterlegenen Partei. Nicht geschützt wird in der Regel der gute Glaube des Prozeßgegners an die Legitimation der unterlegenen Partei. Ausnahmen gelten nur in den Fällen, in denen das materielle Recht ausnahmsweise generell den guten Glauben an eine bestimmte Rechtsstellung eines anderen schützt: §§ 409, 1058, 1245 BGB und § 11 III WZG.

48 **3) Ausschluß eines gutgläubigen Erwerbs (Abs III S 1).** § 325 III S 1 durchbricht die Regel des Abs II und schließt für gewisse Fälle jeden gutgläubigen Erwerb entgegen dem rechtskräftigen Urteil völlig aus. Wer ein Grundstück erwirbt, das mit einem eingetragenen Recht belastet ist, muß dieses Recht gegen sich gelten lassen, auch wenn er keine Einsicht in das Grundbuch genommen hatte und das Recht nicht kannte. Besteht das Recht in einer Reallast, Hypothek, Grundschuld oder Rentenschuld, so muß er nach Abs III S 1, wenn der Gläubiger auf Grund derselben auf Zahlung aus dem Grundstück geklagt hat und infolgedessen die Vollstreckbarkeit des Anspruchs in das Grundstück eintritt, dieses Urteil auch dann gegen sich gelten lassen, wenn er die Rechthängigkeit nicht gekannt hat. Derjenige, der ein mit einem solchen Rechte belastetes Grundstück erwirbt, muß daher von vornherein mit der Möglichkeit rechnen, daß ein Rechtsstreit bezüglich desselben anhängig ist oder gar – was zwar in Abs III nicht zum Ausdruck gebracht, aber selbstredend ist – daß bereits ein rechtskräftiges Urteil vorliegt. Der Hypotheken – usw – Gläubiger kann sich deshalb eine vollstreckbare Ausfertigung gegen den Erwerber erteilen lassen (§ 727), jedoch nur in Ansehung des Grundstücks. Ist der Veräußerer auch persönlich (zur Zahlung schlechthin) verklagt, so wirkt insoweit das Urteil gegen den Erwerber nicht. Ebensowenig findet § 325 Anwendung bei vollstreckbaren Urkunden nach § 794 I Nr 5, es sei denn, daß die sofortige Vollstreckbarkeit eingetragen ist (§ 800). Hat die Zwangsversteigerung oder die Zwangsverwaltung des Grundstücks wegen des Anspruchs aus dem eingetragenen Recht schon begonnen, dh ist wegen derselben die Beschlagnahme bewirkt, so geht nach § 26 ZVG das Verfahren (auch ohne neue Vollstreckungsklausel gegen den Erwerber) weiter, und zwar richtet es sich auch fernerhin gegen den alten Schuldner; der neue Eigentümer gilt nur, wenn er seinen Erwerb anmeldet, als Beteiligter im Sinne des § 9 ZVG; auch ist ihm dann ein etwaiger Erlösüberschuß auszuzahlen.

49 **4) Anmeldung der Rechtshängigkeit bei Zwangsversteigerung (Abs III S 2).** Bei der Zwangsversteigerung bleiben die Hypotheken usw, die dem Anspruch des betreibenden Gläubigers vorgehen, bestehen, §§ 48 I, 53, 91 I ZVG. Der Ersteher erwirbt also das Grundstück mit jenen Rechten belastet. Verlangen die Gläubiger dieser Hypothek usw später Befriedigung aus dem Grundstück, so muß der Ersteher die Zwangsvollstreckung in dasselbe dulden. Dazu gehört ein vollstreckbarer Titel gegen ihn auf Zahlung aus dem Grundstück. Nach Abs III S 1 wäre ein gegen den früheren Eigentümer in einem anhängigen Rechtsstreit ergehendes oder bereits ergangenes rechtskräftiges Urteil auch gegen den Ersteher wirksam, und der Gläubiger könnte sich nach § 727 eine vollstreckbare Ausfertigung gegen ihn erteilen lassen. Um aber den Ersteher vor Täuschung zu bewahren, bestimmt schon § 54 ZVG, daß eine von dem seitherigen Eigentümer dem Gläubiger oder von diesem dem seitherigen Eigentümer erklärte Kündigung (§ 1141 BGB)

und andere die vorzeitige Fälligkeit der Hypothek usw herbeiführende Tatsachen dem Ersteher gegenüber nur wirksam werden, wenn sie vor der Aufforderung zur Abgabe von Geboten angemeldet wurden; Abs III S 2 führt diesen Grundsatz konsequent durch, indem er auch die Wirksamkeit des Urteils dem Ersteher gegenüber an diese Voraussetzung knüpft. Die Anmeldungen werden im Versteigerungstermin verlesen, so daß die Bieter wissen, woran sie sind. Die Anmeldung gem Abs III 2 ist auch dann erforderlich, wenn der Ersteher die Rechtshängigkeit kennt (RG 122, 158).

5) Eintragungsfähigkeit der Rechtshängigkeit. Die hM nimmt mit Recht an, daß die Rechtshängigkeit immer dann eine in das Grundbuch eintragungsfähige Tatsache darstellt, wenn eine Prozeßpartei dartun kann, daß sie Gefahr läuft, die Wirkungen eines obsiegenden Urteils durch gutgläubigen Erwerb einzubüßen (grundlegend mwNachw Stuttgart OLGZ 79, 302 ff); wird in solchen Fällen die Eintragung der Rechtshängigkeit nicht bewilligt, so kann sie unter den Voraussetzungen des § 935 durch einstweilige Verfügung angeordnet werden. Doch kann die Rechtshängigkeit auch im Wege der Grundbuchberichtigung (§§ 19, 22, 29 GBO) eingetragen werden (vgl Palandt/Bassenge § 892 Anm 4a, 6b; Stuttgart OLGZ 79, 304 ff). 50

VII) Rechtskraftwirkung gegenüber anderen Zweigen der Gerichtsbarkeit

Die Rechtskraft des Zivilurteils ist **von allen Zweigen der Gerichtsbarkeit** zu beachten, soweit die rechtskräftig beurteilte Frage als Vorfrage erneut zu entscheiden ist (vgl bereits Rn 11, 12 vor § 322); Voraussetzung ist jedoch, daß das andere Gericht über Rechte der Parteien des Vorprozesses im Verhältnis zueinander oder zu sonst (vgl oben Rn 1–43) von der Rechtskraft betroffenen Personen zu befinden hat. Eine „absolute Geltung der relativen Feststellung" (Schwab aaO 160) des rechtskräftigen Urteils ist also auch im Verhältnis zu anderen Zweigen der Gerichtsbarkeit abzulehnen. Unerheblich ist dagegen, ob an dem Verfahren der anderen Gerichtsbarkeit alle oder nur einige von der Rechtskraft betroffene Personen oder nur eine einzelne Person beteiligt ist; letzteres kommt vor allem in der freiwilligen Gerichtsbarkeit vor und ändert an der Bindung an das rechtskräftige Urteil nichts. Hat A in einem Feststellungsprozeß um das Alleinerbrecht gegen B ein siegreiches Urteil erstritten, so darf der Nachlaßrichter keinesfalls B, wohl aber dem C einen Erbschein erteilen; denn A darf er den Erbschein nicht mit der Begründung versagen, B sei Erbe, wohl aber weil C Erbe geworden sei. 51

326 *[Rechtskraft bei Nacherbfolge]*

(1) Ein Urteil, das zwischen einem Vorerben und einem Dritten über einen gegen den Vorerben als Erben gerichteten Anspruch oder über einen der Nacherbfolge unterliegenden Gegenstand ergeht, wirkt, sofern es vor dem Eintritt der Nacherbfolge rechtskräftig wird, für den Nacherben.

(2) Ein Urteil das zwischen einem Vorerben und einem Dritten über einen der Nacherbfolge unterliegenden Gegenstand ergeht, wirkt auch gegen den Nacherben, sofern der Vorerbe befugt ist, ohne Zustimmung des Nacherben über den Gegenstand zu verfügen.

1) Allgemeines. Da der Nacherbe nicht Rechtsnachfolger des Vorerben, sondern des Erblassers ist, wirken für oder gegen den Vorerben ergangene rechtskräftige Urteile für und gegen den Nacherben nur, weil und soweit § 326 dies ausdrücklich anordnet. 1

2) Bei **Prozessen um eine Nachlaßverbindlichkeit** (Ansprüche gegen den Erben als solchen) wirkt nach § 326 I das dem Vorerben **günstige** Urteil auch **für** den Nacherben, wenn die Nacherbfolge nach Rechtskraft des Urteils eingetreten ist. War dagegen die Erbfolge vor Rechtskraft eingetreten oder ist das Urteil zuungunsten des Vorerben ergangen, so ist der Nacherbe von der Rechtskraft nicht betroffen. Enthält ein Urteil für den Vorerben teils günstige und teils ungünstige Feststellungen, so dürfen die günstigen rechtskräftigen Feststellungen nur dann gesondert betrachtet werden, wenn über ihren Gegenstand ein Teilurteil zulässig gewesen wäre. 2

3) Bei **Prozessen um einen Nachlaßgegenstand** wirkt ebenfalls das dem Vorerben günstige Urteil zugunsten des Nacherben, wenn die Nacherbfolge nach Rechtskraft eingetreten ist; vgl im übrigen § 242. Ist das Urteil für den Vorerben **ungünstig,** so wirkt es **gegen** den Nacherben nur, wenn der Vorerbe über den Gegenstand verfügen durfte; tritt die Nacherbfolge vor Rechtskraft ein, so gelten auch insoweit §§ 242, 239. Beachte § 728. 3

327 *[Urteilsrechtskraft bei Testamentsvollstreckung]*
(1) Ein Urteil, das zwischen einem Testamentsvollstrecker und einem Dritten über ein der Verwaltung des Testamentsvollstreckers unterliegendes Recht ergeht, wirkt für und gegen den Erben.

(2) Das gleiche gilt von einem Urteil, das zwischen einem Testamentsvollstrecker und einem Dritten über einen gegen den Nachlaß gerichteten Anspruch ergeht, wenn der Testamentsvollstrecker zur Führung des Rechtsstreits berechtigt ist.

Lit: *Keßler,* Der Testamentsvollstrecker im Prozeß, DRiZ 65, 195; 67, 299; *Heintzmann,* Die Prozeßführungsbefugnis, 1970.

1 **1) Allgemeines.** Der Testamentsvollstrecker führt Nachlaßprozesse im eigenen Namen (als Partei kraft Amtes), sonst hätte es des § 327 nicht bedurft. Zur Prozeßführung kraft Amtes vgl allgemein Rn 21 vor § 50.

2 **2)** Rechtskräftige **Urteile,** die **für oder gegen den Testamentsvollstrecker** ergangen sind, wirken Rechtskraft für und gegen den Erben, falls das streitige, zum Nachlaß gehörige Recht der Testamentsvollstreckung unterlag (§ 2212 BGB; § 327 I), bzw falls der Testamentsvollstrecker bezüglich des gegen den Nachlaß erhobenen Anspruchs prozeßführungsberechtigt war (§ 2213 BGB; § 327 II). Zur Zwangsvollstreckung: vgl §§ 728 II, 748. In allen Fällen des § 327 kann also der Erbe gegenüber der Rechtskraft eines gegen den Testamentsvollstrecker ergangenen Urteils noch geltend machen, das rechtskräftige Urteil habe die Prozeßführungsbefugnis des Testamentsvollstreckers zu Unrecht bejaht und binde daher den Erben nicht.

3 **3)** Ergeht **für oder gegen den Erben** ein rechtskräftiges **Urteil** betreffend den Nachlaß, so ist wegen einer Bindung des Testamentsvollstreckers wie folgt zu unterscheiden: **a)** Betrifft der Prozeß ein **zum Nachlaß gehöriges Recht** und unterliegt dieses der Testamentsvollstreckung, so ist der Erbe nicht prozeßführungsbefugt, seine Klage deshalb unzulässig, es sei denn, der Testamentsvollstrecker hat ihn zur Prozeßführung ermächtigt oder dieser zugestimmt (vgl BGH 31, 279; 38, 287; Palandt/Edenhofer § 2212 Anm 3 mwN). Liegen diese Fälle nicht vor, so wirkt ein gleichwohl ergangenes Urteil weder für noch gegen den Testamentsvollstrecker.

4 **b)** Ist eine **Nachlaßverbindlichkeit** (§§ 1967, 1968 BGB) gegen den Erben geltend gemacht (was, solange er persönlich haftet, möglich ist, vgl § 728 II S 2) so wirkt die Rechtskraft dieses Urteils zwar für, nicht aber gegen den Testamentsvollstrecker (vgl § 748 I).

328 *[Anerkennung ausländischer Urteile]*
(1) Die Anerkennung des Urteils eines ausländischen Gerichts ist ausgeschlossen:

1. **wenn die Gerichte des Staates, dem das ausländische Gericht angehört, nach den deutschen Gesetzen nicht zuständig sind;**
2. **wenn dem Beklagten, der sich auf das Verfahren nicht eingelassen hat und sich hierauf beruft, das verfahrenseinleitende Schriftstück nicht ordnungsmäßig oder nicht so rechtzeitig zugestellt worden ist, daß er sich verteidigen konnte;**
3. **wenn das Urteil mit einem hier erlassenen oder einem anzuerkennenden früheren ausländischen Urteil oder wenn das ihm zugrundeliegende Verfahren mit einem früher hier rechtshängig gewordenen Verfahren unvereinbar ist;**
4. **wenn die Anerkennung des Urteils zu einem Ergebnis führt, das mit wesentlichen Grundsätzen des deutschen Rechts offensichtlich unvereinbar ist, insbesondere wenn die Anerkennung mit den Grundrechten unvereinbar ist;**
5. **wenn die Gegenseitigkeit nicht verbürgt ist.**

(2) Die Vorschrift der Nr. 5 steht der Anerkennung des Urteils nicht entgegen, wenn das Urteil einen nicht vermögensrechtlichen Anspruch betrifft und nach den deutschen Gesetzen ein Gerichtsstand im Inland nicht begründet war oder wenn es sich um eine Kindschaftssache (§ 640) handelt.

Übersicht

Gesetzesgeschichte: Neufassung der Nrn 2–4 des Abs 1 ab 1. 9. 1986 durch IPR-ReformG (BGBl 1986 I 1142); Einfügung der Kindschaftssachen in Abs 2 durch 1. EheRG (Rn 201). ÜbergangsR Rn 273.

Lit: *Geimer*, Zur Prüfung der Gerichtsbarkeit und der internationalen Zuständigkeit bei der Anerkennung ausl Urteile, 1966, (zitiert Geimer); *Geimer/Schütze*, Internationale Urteilsanerkennung, Band I, 1. Halbb: EWG-Übereink über gerichtl Zuständigkeit und Vollstreckung gerichtl Entscheidungen in Zivil- und Handelssachen, 1983; 2. Halbb: Allgem Grundsätze für Anerkennung und Vollstreckung ausl Urteile und autonomes dt Recht einschließl Übersicht über Verbürgung der Gegenseitigkeit, 1984; Band II: Komm zum Vertr mit Österreich und zu den Abk mit Belgien und Großbritannien, 1971; zitiert Geimer/Schütze; *Hausmann*, Die kollisionsrechtlichen Schranken der Gestaltungskraft von Scheidungs-Urteilen, 1980; *Martiny* in Hdb IZVR III Kap I u II; *Schütze*, Die Anerkennung und Vollstreckung ausl Zivilurteile in der BRepD als verfahrensrechtl Problem, Diss Bonn 1960; *ders* Deutsches IZPR, 1985; *ders* RV 36. Weitere Lit-Nachw vor IZPR.

A) Überblick

1 **I) Völkergewohnheitsrecht. 1)** Nach **allg Völkergewohnheitsrecht** ist kein Staat verpflichtet, ausl Urteile anzuerkennen. Soweit keine Staatsverträge geschlossen sind, ist jeder Staat frei; er kann also bestimmen, ob ausl Urteile anerkannt werden und gegebenenfalls unter welchen Voraussetzungen, Geimer 37; Geimer/Schütze I 2 § 175; Martiny I Rz 156.

2 **2)** Eine Ausnahme ist jedoch **aus der Perspektive der Menschenrechte** zu machen für **gerichtl Entscheidungen, die den Status einer Person betreffen.** Bejaht man zB ein im allg Völkerrecht wurzelndes Menschenrecht auf Eheschließung, so kann es nicht der Willkür der Staaten überlassen bleiben, ob sie ein Scheidungsurteil anerkennen. Sie müssen es akzeptieren und die Geschiedenen wieder heiraten lassen, wenn das Urteil dem internationalen Standard für gerichtl Verfahren entspricht: ausreichender kompetenzrechtl Bezug zum Entscheidungsstaat, ordnungsgemäßes Verfahren und kein Verstoß gegen den ordre public des Anerkennungsstaates. Zustimmend Matscher FS Neumayer, 1986, 473 Fn 31.

3 **3)** Außer den in 2) behandelten Menschenrechtsfällen ist eine völkerrechtl Pflicht zur Anerkennung außerhalb des Anwendungsbereichs von einschlägigen Verträgen zu verneinen. Auch die **comitas gentium** (international comity) begründet keine Völkerrechtspflicht zur Anerkennung.

4 **4)** Es liegt jedoch im eigenen Interesse der Staaten, ausl Urteile anzuerkennen. Die Folge der Nichtanerkennung ist nämlich, daß den Parteien – soweit ein Rechtsschutzinteresse im Inland besteht – Gelegenheit gegeben werden muß, ihren Streit in einem neuen Erkenntnisverfahren vor inländischen Gerichten auszutragen. Dadurch wird der inländische Justizapparat unnötig belastet. Geimer 56 bei Fn 142 und Geimer/Schütze I 2 § 179; Martiny I Rz 75 ff.

5 **II) Vertragsrecht.** Die staatsvertragl Regelungen des Rechts der Anerkennung und Vollstrekkung ausl Urteile faßt man unter **„Vertragsrecht“** zusammen, während man die Regelungen in §§ 328, 722 und 723 als das **„autonome Recht“** bezeichnet. Im Anwendungsbereich eines Vertrages gilt das Vertragsrecht jedenfalls insoweit, als es **anerkennungsfreudiger** als das autonome Recht ist, dh im konkreten Fall an die Anerkennung weniger strenge Voraussetzungen als das autonome Recht stellt. So nun auch Hamm RIW 78, 689 = IPRspr 78/162. Soweit das autonome Recht anerkennungsfreudiger ist als das Vertragsrecht, ist zu prüfen, ob nach dem Willen des dt Gesetzgebers, der den Vertrag in innerstaatl Recht transformiert hat, das Vertragsrecht eine abschließende Regelung darstellt oder nicht, Geimer/Schütze I 1383. – Das wichtigste Übereink ist das **GVÜ**, abgedruckt unten Anh II.

6 **III) Völkerrechtl Anerkennungsverbote. 1) a)** Das **Völkergewohnheitsrecht** verbietet allen Staaten, gerichtl Entscheidungen anzuerkennen, die unter Verletzung der Regeln über die Immunitäten, Exemtionen und sonstigen Befreiungen von der Gerichtsbarkeit erlassen wurden. Hier stehen **Souveränitätsinteressen** auf dem Spiele. Die Einhaltung der Regeln über die Abgrenzung der Souveränitätsbereiche der einzelnen Staaten ist nicht nur ein Anliegen des im konkreten Einzelfall betr Staates, sondern der Gemeinschaft aller zivilisierten Staaten. Das Anerkennungsverbot entfällt, wenn der betr Staat die Verletzung seiner Souveränität pardoniert. Geimer RIW 75, 82; Geimer/Schütze I 1361, 1487; Martiny I Rz 160. – Kein Anerkennungsverbot besteht jedoch, wenn einzelne Verfahrenshandlungen in dem Verfahren, das zu dem anzuerkennenden ausl Urteil geführt hat, (möglicherweise) als Eingriff in die Souveränität eines anderen Staates zu bewerten sind, wie zB Zeugenladungen, unmittelbare Zustellung (unter

Umgehung der Zustellungs-/Rechtshilfeorgane des Staates, in dem sich der Zustellungsempfänger aufhält), Geimer IZPR Rn 96.

b) Das Völkergewohnheitsrecht stellt **keine internationale Zuständigkeitsordnung** auf, Geimer IZPR Rn 90; deshalb verbietet es auch nicht, solche Urteile anzuerkennen und zu vollstrekken, die in beziehungsarmen Gerichtsständen ergangen sind, zust Martiny I Rz 161. 7

2) a) Die **Staatsverträge über die Anerkennung und Vollstreckung** begründen idR nur eine Verpflichtung zur Anerkennung (wenn kein Versagungsgrund vorliegt), stellen jedoch **keine Anerkennungsverbote** auf. Auch wenn ein Versagungsgrund vorliegt, ist der Zweitstaat völkerrechtl nicht verpflichtet, dem Urteil die Anerkennung zu verweigern, Geimer 58 ff. Die Anerkennung steht vielmehr in seinem Belieben. Er kann gewissermaßen „freiwillig", dh ohne auf Grund des einschlägigen Vertrages verpflichtet zu sein, die Anerkennung aussprechen, Geimer/Schütze I 2 § 181. 8

b) Es ist jedoch mögl, daß sich Staaten gegenseitig verpflichten, bestimmte Urteile nicht anzuerkennen, so zB Art 23 dt-norwegischen Vertrages. **IdR richten sich solche Anerkennungsverbote gegen dritte Staaten.** Die Vertragsstaaten des GVÜ sind zB verpflichtet, Urteilen die Anerkennung zu verweigern, wenn ein anderer Vertragsstaat international ausschl zuständig ist, Art 16, Geimer/Schütze I 315. 9

c) Wurde in einem völkerrechtl Vertrag die **internationale Entscheidungszuständigkeit** geregelt, so bedeutet dies noch nicht, daß alle anderen Staaten verpflichtet wären, Urteilen die Anerkennung zu verweigern, die unter Verletzung bzw Mißachtung dieser Zuständigkeitsregeln erlassen wurden. AA Matscher JBl 79, 245, der übersieht, daß hier nicht Souveränitätsinteressen der Vertragsstaaten auf dem Spiele stehen; es sollte vielmehr durch den einschlägigen Vertrag (nur) eine **sachgerechte Verteilung der Rechtsprechungsaufgaben** bzw eine vernünftige Bewertung der Zuständigkeitsinteressen der Parteien erfolgen. 10

d) Gegenstand der völkerrechtl Normierung war also nicht die Gerichtsbarkeit, sondern die internationale Zuständigkeit. Im Vordergrund steht hierbei der **Schutz des Beklagten** vor unzumutbaren Gerichtsständen. Es wäre zB wenig sinnvoll, einem klageabweisenden Sachurteil eines nach Art 28 Warschauer Abk (WA) international unzuständigen Staates die Anerkennung zu verweigern; dem Kläger noch einmal eine Chance zu geben, wäre unbillig. Unmittelbare Staatsinteressen stehen nicht auf dem Spiel. Sein Rechtsanwendungsinteresse (Durchsetzung auch international zwingenden Rechts, wie zB Devisenrecht oder Kartellrecht) ist durch den ordre public-Vorbehalt ausreichend gewahrt. Im übrigen enthält das WA keine Normen über die gegenseitige Anerkennung und Vollstreckung. Maßgebend hierfür sind die bilateralen Anerkennungsverträge, in Ermangelung solcher das autonome Recht. Erläßt zB ein israel Gericht in einem in Art 28 WA nicht aufgeführten Gerichtsstand ein Sachurteil, so ist die BRepD zur Anerkennung verpflichtet, wenn ein Zuständigkeitsanknüpfungspunkt iSd Art 7 des dt-israel Vertrages gegeben ist. Art 25 dieses Vertrages greift nicht ein, da das WA keine Regelung über die Anerkennung und Vollstreckung bringt. Besonders klar in dem hier vertretenen Sinne ist die **Regelung des GVÜ:** Auch wenn der Erstrichter bewußt die Zuständigkeitsordnung des Übereinkommens verletzt hat, darf die Anerkennung grundsätzl nicht verweigert werden, auch nicht unter Berufung auf den ordre public, Art 28 III 2. 11

e) Matscher, FS Neumayer, 1986, 477 stützt ein Anerkennungsverbot auf die **MRK,** wenn durch Anerkennung eine konventionswidrige Situation herbeigeführt werden würde oder wenn das Urteil in einem gegen MRK (insb Art 6) verstoßenden Verfahren zustandegekommen ist. 12

IV) Verfassungsrechtl Anerkennungsverbote sind denkbar, weil das GG und insbesondere dessen Grundrechtsschutz nicht vor Sachverhalten mit Auslandsberührung haltmacht. Sie werden rechtstechnisch über § 328 I Nr 4 durchgesetzt. Dies hebt Nr 4 nF ausdrückl hervor, Rn 153. 13

V) Anerkennung erfolgt ohne **Rücksicht auf die Staatsangehörigkeit der Parteien,** Geimer/Schütze I 1402. Denkbar sind jedoch Differenzierungen bei den Anerkennungsvoraussetzungen bzw Versagungsgründen. ZB schützten § 328 I Nr 2 und 3 aF nur dt Staatsangehörige. Auch bei der internationalen Anerkennungszuständigkeit wird auf die Staatsangehörigkeit in Statussachen abgestellt, §§ 606 a, 640 a II, 648 a. 14

VI) Die Anerkennung ausländischer Entscheidungen ist grundsätzlich nur denkbar auf dem Hintergrund der **Fiktion der Gleichwertigkeit der Gerichte in aller Welt.** Es handelt sich um eine Fiktion, weil die Verschiedenheit der Rechts- und Gerichtssysteme auf dieser Welt auf der Hand liegt. Die Anerkennung setzt nicht voraus, daß die ausl Entscheidungen in ihrer Qualität inländischen Urteilen entsprechen. § 328 setzt Unterschiede bezügl der verfahrensmäßigen Standards und Garantien für die Gerichte und Parteien voraus und enthält deshalb eine Reihe von Schutzvorschriften, Martiny I Rz 120. Toleranzgrenze ist der inländische ordre public (§ 328 I Nr 4). 15

16 **VII) Auswirkungen der Anerkennung auf IPR in Folgeverfahren:** Ist ein ausl Urteil anzuerkennen, so hat dies uU auch Auswirkungen auf die kollisionsrechtl Anknüpfung in Folgeverfahren, die von dt Gerichten zu entscheiden sind. Die Einzelheiten sind noch nicht geklärt. Hat zB ein deutscher Staatsangehöriger der Scheidung im Heimatstaat seines (ausl) Ehepartners zugestimmt, so haben die dt Gerichte im Scheidungsfolgeverfahren das Scheidungsstatut zugrundezulegen, nach dem das ausl Gericht die Ehe geschieden hat; Frankfurt FamRZ 82, 77 = IPRspr 81/73 mit nicht überzeugender Begr, im Ergebnis aber zutreffend. – Vgl auch BGH FamRZ 83, 806 = NJW 83, 1976 = IPRax 84, 320 (Spellenberg 304); danach ist bei Abänderung (§ 323) des anerkannten ausl Unterhaltsurteils vom Unterhaltsstatut auszugehen, das der ausl Richter seiner Entscheidung zugrunde gelegt hat. AA Düsseldorf FamRZ 82, 631 = IPRax 82, 152 = IPRspr 81/109. S aber auch unten Rn 38, 46, 50, 165.

17 **VIII) Zeitablauf:** Nach Art 24 dt-israel Vertr kann nach Ablauf von 25 Jahren seit Unanfechtbarkeit Anerkennung verweigert werden. Diese Regel ist nicht verallgemeinerungsfähig. Sie ist eng auszulegen und paßt im Grunde nur für Vollstreckbarerklärung, nicht für Anerkennung der res iudicata – und Gestaltungswirkung (Rn 26).

B) Begriff der Anerkennung (vgl Geimer/Schütze I 2 §§ 182 ff)

18 **I) Gegenstand der Anerkennung** sind die **Wirkungen des ausl Urteils,** und zwar diejenigen Wirkungen, die das ausl Urteil nach dem Recht des Urteilsstaates hat. Diese Urteilswirkungen sind für den dt Richter – da auf dem Recht eines ausl Staates beruhend – an sich unbeachtl. Sie sind für ihn nur dann relevant, wenn dies das dt Recht anordnet, also die Wirkungen des ausl Urteils auf das Inland erstreckt. Diese Erstreckung der einem ausl Urteil nach dem Recht des Erststaates zukommenden Wirkungen auf das Inland durch das dt Recht und die darauf basierende Beachtlichkeit der ausl Entscheidung nennt man Anerkennung. Aus der Wirkungserstreckung folgt, daß der Umfang der Wirkungen eines im Inland anerkannten ausl Urteils sich nach dem Recht des Erststaates beurteilt. So zu den objektiven und subjektiven Grenzen der Rechtskraft ausdrücklich RG Seuff A 83 Nr 215 S 368 und Saarbrücken NJW 58, 1046. Beispiel: Nach einigen ausl Rechtsordnungen (zB Jugoslawien) wirkt die im Scheidungsverfahren der Eltern getroffene Regelung des Kindesunterhalts für und gegen das Kind; hierzu BGH FamRZ 83, 806. Zur Rechtskrafterstreckung auch auf das Kind bei Abweisung der gegen die Mutter gerichteten Abstammungsklage KG ROW 84, 96 = IPRspr 83/185. Nachw: Geimer 27; R-Schwab § 158 I 1 bei N 1; StJSchL § 328 I 1 a bei N 2; Geimer/Schütze I 1011, 1020, II 22; IPG 76 Nr 46 (Hamburg) sub B I 1; Spellenberg IPRax 84, 306; Martiny I Rz 367. AA Matscher, JBl 1960, 270 und FS Schima, 1969, 277 ff sowie ZZP 86, 404. Danach sollen sich die prozeßrechtl Wirkungen einer anzuerkennenden Entscheidung im Zweitstaat nach dessen Prozeßrecht richten **(Nostrifizierungstheorie).** Rechtsvergl Martiny I Rz 353, 375 ff, 381 ff. Lapidar (ohne Erörterung der Problematik) BGH NJW 83, 1977 = FamRZ 806 = IPRspr 95 = IPRax 84, 320 (krit Spellenberg 306): „Mit der Anerkennung ... wird der ausl einem inländischen Titel gleichgestellt und in die hiesige Rechtsordnung übernommen." **Stellungnahme: Die Gleichstellungstheorie ist zutreffend nur für die Vollstreckbarerklärung ausl Titel,** Geimer/Schütze I 1149. Hier geht es aber gerade nicht um Anerkennung (keine Erstreckung der erststaatl Vollstreckbarkeit auf das Inland, Geimer/Schütze I 1015, 1133, 1615), sondern um die originäre Verleihung der Vollstreckbarkeit nach inländischem Recht, § 722 Rn 3. Diese dem ausl Titel im Inland verliehene Vollstreckbarkeit könnte theoretisch inhaltl abweichen von der Vollstreckungswirkung, die inländischen Titeln zukommt. Doch ist dies nicht der Fall. Insoweit kann man von Gleichstellung sprechen.

19 **II) Grenzen der Wirkungserstreckung. 1)** Jedoch können im Inland nur solche **Urteilswirkungen** anerkannt werden, **die als solche dem dt Recht bekannt** sind, wenn sie auch nicht im einzelnen mit den Wirkungen eines dt Urteils übereinzustimmen brauchen, Geimer 27 und Müller ZZP 79, 203 ff; Schütze DIZPR 133; Martiny I Rz 370; aA StJSchumann/Leipold § 328 I 1a. Danach soll der Grundsatz der Maßgeblichkeit des ausl Rechts bei der Bestimmung des Umfangs der Urteilswirkungen auch dann gelten, wenn einem vergleichbaren dt Urteil geringere Wirkungen zukämen, wenn also der Umfang der Urteilswirkungen des ausl Urteils größer ist. Wenn zB nach dem Recht des Erststaates eine Rechtskraftwirkung auch hinsichtl der rechtl Vorfragen – im Gegensatz zum dt Recht – eintritt, so soll das ausl Urteil diese Wirkung auch im Inland entfalten. Stellungnahme: Der dt Gesetzgeber hat mit gutem Grund die Bindung an die Entscheidung von rechtl Vorfragen (sofern sie nicht Gegenstand einer Zwischenfeststellungsklage, § 256 II, sind) abgelehnt: Er wollte die Perpetuierung von Fehlentscheidungen vermeiden. Dieser Grundsatz muß auch gegenüber ausl Entscheidungen durchgesetzt werden. StJSchL stimmen insoweit mit der hM überein, als sie die Anerkennung einer Rechtskraftwirkung ablehnen, die sich auf die Bindung an die tatsächl Voraussetzungen erstreckt.

2) Soweit die **erststaatl Urteilswirkung umfangreicher** ist **als** die **vergleichbare dt,** scheitert nicht etwa die Anerkennung des Urteils im Ganzen. Nicht anerkannt wird ledigl die dem dt Recht unbekannte Wirkung; im übrigen ist eine Anerkennung mögl. So wird in dem vorgenannten Beispiel die Feststellungswirkung des ausl Urteils hinsichtl der Entscheidung über den Streitgegenstand (dt Vergleichsnorm § 322 I) anerkannt, die darüber hinausgehende Bindung an die festgestellten Tatsachen jedoch nicht. Diese Begrenzung der ausl Urteilswirkungen gilt jedoch nicht für die **Gestaltungswirkung.** Von Gestaltungsurteilen ein Stück abzuschneiden und den Rest bei der Anerkennungskontrolle passieren zu lassen, macht wenig Sinn, Schlosser RIW 83, 480 sub III 2. **20**

3) Ausnahme: Die vorbeschriebenen Begrenzungen durch das Recht des Zweitstaates gelten nicht für den Bereich des GVÜ. Vgl Geimer RIW 76, 141; Geimer/Schütze I 1 § 128; I 2 § 184 II. **21**

III) Maßgebl sind allein die **Wirkungen nach dem Recht des Urteilstaates** (Rn 18). Das Recht dritter Staaten kommt deshalb nur dann zum Zuge, wenn das Recht des Urteilstaates auf dieses verweist, zB wenn sich die Grenzen der res iudicata – Wirkung gemäß der erststaatl Rechtsordnung nach der lex causae richten, vgl Rn 66. **22**

IV) Ein ausl Urteil kann nicht qua Anerkennung im Inland **mehr Wirkungen** hervorrufen **als im Erststaat.** So kann ein ausl Ehetrennungsurteil nicht als Scheidungsurteil im Inland anerkannt werden, Hamburg IPRspr 83, 184. **23**

C) Qualifikation der Urteilswirkungen

Gemäß § 328 können nur **prozeßrechtl Urteilswirkungen** anerkannt werden. Ob ein ausl Urteil auf dem Gebiet des materiellen Rechts eine Wirkung (Tatbestandswirkung) hervorrufen kann oder nicht, ist eine Frage der einschlägigen materiellen Rechtsordnung, die nach den Kollisionsnormen des dt IPR zu bestimmen ist. Vgl unten Rn 56. **24**

Die Qualifikation richtet sich nach dt Recht, zust Martiny I Rz 373. Ob das Recht des Erststaates eine Urteilswirkung als prozessual oder materiell-rechtl qualifiziert, ist gleichgültig. So spielt es zB keine Rolle, daß das angelsächsische Recht die Frage der Bindung an die Entscheidung des Vorprozesses (Rechtskraft) als Beweisproblem sieht. Zu **estoppel by record** Coester-Waltjen Rz 299; Martiny I Rz 358. **25**

D) Anerkennungsfähige Urteilswirkungen

I) Anerkennungsfähig sind grundsätzl **alle prozeßrechtl Urteilswirkungen,** die die gerichtl Entscheidung nach dem Recht des Erststaates hervorbringt, so die Feststellungswirkung (materielle Rechtskraft), Präklusionswirkung, Gestaltungswirkung, Streitverkündungs- und Interventionswirkung. Soweit die ausl Entscheidung keine anerkennungsfähige Wirkung entfaltet, kommt eine Anerkennung (mangels auf das Inland erstreckungsfähiger erststaatl Wirkungen) nicht in Betracht. Dies sieht Martiny I Rz 490 nicht klar genug. – Entscheidungen ausl Gerichte, die die Berichtigung des ausl Personenstandsregisters anordnen, sind als solche nicht Gegenstand einer Anerkennung. Die Wirkung des Urteils erschöpft sich in der Berichtigung des ausl Registers. Ihm kommt daher keine weitergehende Wirkung als die berichtigte Eintragung selbst zu. Sie dient als Beweismittel bei der Feststellung der Richtigkeit der beurkundeten Tatsache, zB des Geburtsdatums, BSG IPRax 85, 352 (Henrich). **26**

II) Nicht anerkennungsfähig ist die Vollstreckungswirkung (Vollstreckbarkeit) nach dem Recht des Erststaates. Vgl § 722 Rn 2. Nicht anerkennungsfähig sind per definitionem **innerprozessuale Bindungswirkungen.** Diese haben nur innerhalb des schwebenden Verfahrens im Erststaat Bedeutung. **27**

III) Nicht anerkennungsfähig sind schließl die **Tatbestandswirkungen** (Rn 24, 56) sowie die Wirkungen von **Entscheidungen über prozessuale Punkte** (Rn 33, Geimer/Schütze I 986, 1415). Von § 328 nicht erfaßt wird auch die Beweiswirkung des ausl Urteils, §§ 415, 438, vgl Rn 277. **28**

IV) Ausl Beweisbeschlüsse/Beweisurteile/Beweisaufnahmen entfalten keine rechtl Wirkungen, die Gegenstand einer selbständigen Anerkennung sein könnten, Schlosser-Bericht Nr 187; Geimer/Schütze I 987; Stürner IPRax 84, 301. Es geht nicht um die Frage der „Anerkennung", sondern darum, ob die Ergebnisse der ausl Beweisaufnahme **Gegenstand freier Beweiswürdigung** (§ 286) sein können. Dies ist zu bejahen, soweit Ladung/Benachrichtigung zum bzw von Beweisaufnahmetermin entspr §§ 493 II, 364 IV, 357 II 2 unter Beachtung der Souveränität der BRepD bzw dritter Staaten erfolgt ist und kein Verwertungsverbot besteht. – Vgl Rn 72. **29**

E) Anerkennung der materiellen Rechtskraft (Feststellungswirkung)

I) Überblick. 1) Das Vorliegen einer rechtskräftigen ausl Entscheidung führt in einem inländischen Rechtsstreit zwischen denselben Parteien über denselben Streitgegenstand zur Klage- **30**

abweisung als unzulässig, also nicht zu einem neuen mit der ausl Entscheidung inhaltl übereinstimmenden Sachurteil, vgl StJSchL § 328 I 2a; Matscher FS Schima, 1969, 280; Geimer/Schütze I 1698; II 24; LG Münster MDR 79, 239 = NJW 80, 534 (Geimer 1234) = IPRspr 78/153; aA BGH NJW 64, 1626 = MDR 587 = IPRspr 64–65/245; Zweibrücken DAVorm 74, 531 = IPRspr 74/185; LG München II DAVorm 79, 67 = IPRspr 77/164. Nach der in Deutschland herrschenden ne bis in idem-Theorie ist eine Klage mit dem gleichen Streitgegenstand, der bereits im Ausland rechtskräftig entschieden wurde, grundsätzl unzulässig. Die Rspr läßt jedoch Ausnahmen zu, wenn ein besonderes Rechtsschutzbedürfnis für den Erlaß einer zweiten inhaltsgleichen Entscheidung besteht. Der BGH stellt an das besondere Rechtsschutzbedürfnis keine besonderen Anforderungen, wenn es um die Anerkennung ausl Urteile geht. Ihm genügt die Tatsache, daß das Urteil im Ausland ergangen ist, BGH NJW 64, 1626 = IPRspr 245. Praktisch hat der BGH die ne bis in idem-Lehre für ausl Urteile außer Kraft gesetzt. Er erläßt ein zweites, mit dem ausl inhaltl übereinstimmendes Sachurteil. Dies ist nicht gerechtfertigt. Auch bei Vorliegen eines ausl Urteils muß gelten, daß für den Erlaß eines zweiten (mit dem ausl Urteil inhaltl übereinstimmenden) Sachurteils ein besonderes Rechtsschutzbedürfnis dargetan werden muß. Der Umstand, daß das erste Urteil im Ausland ergangen ist, reicht hierfür nicht aus, Geimer/Schütze I 1698, Martiny I Rz 1614.

31 2) **Maßgebl Recht:** Recht des Erststaates, nicht dt Recht als Recht des Anerkennungsstaates, auch nicht lex causae (nach dt IPR), Rn 18, 19; Martiny I Rz 375. Das Recht des Erststaates regelt auch den Konflikt mehrerer erststaatl Urteile.

32 3) Wurde gegen die Klageforderung im Erstverfahren eine Gegenforderung zur **Aufrechnung** gestellt und erstreckt sich nach dem Recht des Erststaates die Rechtskraft der ausl Entscheidung auch auf die Gegenforderung, so ist auch diese Urteilswirkung anerkennungsfähig, da sie dem dt Recht (§ 322 II) als solche auch bekannt ist. Alle Anerkennungsvoraussetzungen müssen jedoch auch hinsichtl der Gegenforderung gegeben sein. So scheidet zB eine Anerkennung aus, wenn die Gegenforderung öffentlich-rechtl Natur ist oder wenn aus dt Sicht (§ 328 I Nr 1) der Erststaat für die Entscheidung über das Bestehen der Gegenforderung international nicht zuständig war, Geimer/Schütze II 25.

33 **II) Anerkennungsfähig sind nur rechtskräftige Sachentscheidungen;** hierher gehören vor allem Erkenntnisse, die der Klage stattgeben oder diese als unbegründet abweisen. **Nicht anerkennungsfähig sind Prozeßabweisungen oder sonstige Entscheidungen über prozessuale Fragen,** auch wenn diese nach dem Recht des Erststaates in materielle Rechtskraft erwachsen sollten. Für den dt Richter sind sie ohne Bedeutung. Die Feststellung des ausl Gerichts, daß eine Prozeßvoraussetzung nach dem Recht des Erststaates gegeben ist oder nicht, spielt für die Entscheidung des dt Richters keine Rolle, auch wenn zufällig die Normen des Erststaates mit den dt übereinstimmen. Wurde zB die Klage vom spanischen Gericht wegen Prozeßunfähigkeit einer Partei abgewiesen und wird nun die gleiche Klage vor ein dt Gericht gebracht, dann hat der dt Richter die Frage der Prozeßfähigkeit erneut zu prüfen, und zwar nach dt Recht (§§ 51 ff) und ohne jede Bindung an die spanische Entscheidung. Vgl Geimer/Schütze I 1 § 133 III 4, II 25; Martiny I Rz 383. Nun auch BGH NJW 85, 553. Zu den Sachentscheidungen zählen auch ausl Urteile, die – in § 323 vergleichbaren Fällen – ein dt oder drittstaatl Urteil abändern, Geimer/Schütze I 459, Martiny I Rz 307. Ob eine Sachentscheidung oder ein Prozeßurteil vorliegt, ist nach dt Rechtsvorstellungen einzuordnen; weist zB das Erstgericht eine Klage wegen Verjährung durch Prozeßurteil ab, weil es die Verjährung prozeßrechtl einordnet, so handelt es sich aus dt Sicht gleichwohl um eine Sachentscheidung, Martiny I Rz 475.

34 **III)** Unter § 328 fallen auch nicht **ausl Entscheidungen über Vollstreckungsmaßnahmen,** insbes können ausl Pfändungs- und Überweisungsbeschlüsse nicht nach § 328 anerkannt werden. Es gelten für die Beachtung ausl Zwangsvollstreckungsmaßnahmen besondere Grundsätze.

35 **IV)** Keine Sachentscheidung in dem eben erörterten Sinne sind Entscheidungen ausl Gerichte, durch die es einer Partei untersagt wird, während eines (im Erststaat laufenden Zivilrechtsstreits) in einem anderen Land (in der BRepD oder in einem Drittstaat) Klage zu erheben. Solche Verbote sind vor allem im angelsächs Bereich übl **(injunctions restraining foreign proceedings).** Solche richterl Klageverbote sind keine Sachentscheidung, und sie werden deswegen auch nicht anerkannt, weil allein das dt Recht bestimmt, wann ein Verfahren vor dt Gerichten zulässig ist. Martiny I Rz 477.

36 **V) Steht das Recht des Urteilsstaates auf dem Standpunkt der materiell-rechtl Rechtskrafttheorie** oder der prozessualen Rechtskrafttheorie in der Form des Widerspruchsverbots, so fragt es sich, ob der dt Richter – wenn er die Rechtskraftwirkung des ausl Urteils beachten muß, da die Anerkennungsvoraussetzungen gegeben sind – sich nach diesen Theorien zu verhalten hat,

oder ob er die in Deutschland herrschende prozeßrechtl Theorie in Form der ne-bis-in-idem-Lehre sich zu eigen zu machen hat. Die letztere Alternative dürfte die richtige Lösung sein. Die Bindungswirkung des ausl Urteils nach dem Recht des Erststaates ist im Wege der Anpassung an die Rechtslage in Deutschland anzugleichen. Wie sich der dt Richter im Zweitprozeß bei Identität des Streitgegenstandes zu verhalten hat, regelt ausschließl das dt Recht. Die Vorschriften über die Anerkennung ausl Urteile behandeln nicht die Frage, wie der dt Richter die Rechtskraft des ausl Urteils zu beachten hat. Sie bestimmen vielmehr nur, daß er sie zu beachten hat. Die prozessuale Technik ist ausschließl Sache der dt lex fori. In den dt Normen für die Anerkennung ausl Urteile liegt also keine Verweisung auf die Rechtskrafttheorien des Urteilsstaates, Geimer NJW 77, 2023; Geimer/Schütze I 1698; Martiny I Rz 391; Matscher FS Schima 280.

VI) Rechtskraft und IPR. 1) Auf die Anerkennung bzw Nichtanerkennung der Rechtskraft eines ausl Urteils hat es **keinen Einfluß, ob nach dem dt IPR die Rechtsordnung des Erststaates für die Beurteilung des Streitgegenstandes maßgebl ist oder nicht.** Sind die Anerkennungsvoraussetzungen nicht gegeben, so kann das ausl Urteil auch dann nicht anerkannt werden, wenn auf den Streitfall das Recht des Erststaates nach dt internationalen Privatrecht anzuwenden wäre; selbst dann nicht, wenn nach dem Recht des Erststaates die materiell-rechtl Rechtskrafttheorie maßgebl ist, wenn also durch das ausl Urteil ein neues Recht geschaffen worden ist. Liegen die Anerkennungsvoraussetzungen nicht vor, so darf der dt Richter die durch das ausl Urteil nach dem Recht des Erststaates geschaffene Rechtslage nicht anerkennen, auch wenn das dt IPR auf das Recht des Erststaates verweist. Ist nach dt IPR das Recht eines dritten Staates anzuwenden, ist also nach dt IPR das Recht des Urteilsstaates nicht zur Beurteilung des Streitfalls berufen, so hat dies für die Frage der Anerkennung oder Nichtanerkennung der Rechtskraft des ausl Urteils keine Bedeutung. Auf den Standpunkt des dritten Staates zur Frage der Anerkennung oder Nichtanerkennung des Urteils kommt es nicht an. Selbst wenn der dritte Staat das Urteil nicht anerkennt, ist die Rechtskraft des ausl Urteils im Inland zu beachten, wenn die Anerkennungsvoraussetzungen des dt Rechts gegeben sind. Dies folgt aus dem Grundsatz, daß die Wahrung des dt IPR nicht Voraussetzung der Anerkennung für ausl Urteile ist. Vgl Rn 163. Anders die **Lehre von der kollisionsrechtl Relativität der Rechtskraft;** Nachw Geimer NJW 74, 1027 FN 12; Geimer/Schütze I 1020, 1401; Martiny I Rz 385 ff. Vgl Rn 47. Der **Streit- und Urteilsgegenstand** wird durch das vom Erstrichter in concreto angewandte Kollisionsrecht nicht begrenzt, Geimer/Schütze I 1699; Martiny I Rz 386. Ausnahme: Wenn erststaatl Entscheidung nur kollisionsrechtl Streit über Frage der anwendbaren Rechtsordnung entscheidet. Hierbei handelt es sich wohl meist nicht um eine Sachentscheidung (Rn 33). 37

2) Die Grundsätze über das Verhältnis der Rechtskraft eines ausl Urteils zu dem nach dt IPR anzuwendenden materiellen Recht gelten nicht nur, wenn Identität des Streitgegenstandes vorliegt, sondern auch dann, wenn die Entscheidung des ausl Gerichts präjudiziell für die Entscheidung des dt Richters im zweiten Prozeß ist. Liegen die Anerkennungsvoraussetzungen vor, so hat der dt Richter die Rechtskraftwirkung des ausl Urteils auch dann zu beachten, wenn der Inhalt der ausl Entscheidung im Widerspruch steht zu der rechtl Beurteilung des Sachverhalts nach derjenigen Rechtsordnung, die nach dt IPR für die Beurteilung des Sachverhalts maßgebl ist. Beispiel: Im Staate A klagt der Kläger auf Herausgabe einer bewegl Sache mit der Begründung, er sei Eigentümer, und obsiegt. Der Bekl möchte nunmehr als gutgläubiger Besitzer Ersatz der von ihm während der Besitzzeit gemachten Aufwendungen vom Kläger erhalten. Er klagt deshalb vor einem dt Gericht. Nehmen wir nun an, daß nach dt IPR für die Beurteilung des Streitfalles das Recht des Staates B maßgebl ist, daß nach dem Recht des Staates B das Urteil des Staates A nicht anerkannt wird und daß nach dem Recht des Staates B der Kläger (des ausl Prozesses) nicht als Eigentümer anzusehen wäre. Wollte der dt Richter die Rechtskraft des Urteils des Staates A nicht berücksichtigen, so müßte er die Klage auf Ersatz der Aufwendungen abweisen, da der Kläger (des Verfahrens im Staate A) Nichteigentümer ist und als Nichteigentümer zum Ersatz der Aufwendungen nicht verpflichtet ist. Dies würde zu einem Entscheidungsmißklang führen. Denn auf der einen Seite würde für den Bereich des dt Rechts feststehen, daß der Kläger Eigentümer ist, anderseits bräuchte er dem Bekl keinen Aufwendungsersatz zu bezahlen, da er nicht Eigentümer ist. Daß dies nicht rechtens sein kann, liegt auf der Hand. Wenn die Rechtskraft des Urteils des Staates A anzuerkennen ist, dann muß der dt Richter hieraus alle Konsequenzen ziehen. Zustimmend nun auch Martiny I Rz 190; vgl Rn 48. 38

Wegen der **Auswirkungen der Anerkennung auf die kollisionsrechtl Anknüpfung für Folgeverfahren** s Rn 16. – Als Grundsatz ist jedoch festzuhalten: Die „Überlagerung“ und Verdrängung des IPR durch das Anerkennungsrecht (= zweites IPR iS Wenglers) findet nur statt, soweit der Umfang der anerkannten ausl Rechtskraft reicht. Im übrigen (= in den nicht rechtskräftig entschiedenen Bereichen) gilt die vom dt IPR berufene lex causae, Martiny I Rz 384.

39 **VII) Maßgebl Zeitpunkt.** Den **Zeitpunkt,** wann die erststaatl Entscheidung Rechtskraftwirkung entfaltet, **bestimmt** ausschließl der **Erststaat.** Die meisten Prozeßrechtsordnungen kennen eine dem § 705 vergleichbare Regel, wonach Entscheidungen erst nach Eintritt der formellen Rechtskraft, dh nach Eintritt der Unanfechtbarkeit mit ordentl Rechtsmitteln, der materiellen Rechtskraft fähig sind. Abweichende Standpunkte werden jedoch in Frankreich und im angloamerikanischen Rechtsbereich vertreten. In **Frankreich** entfaltet das Urteil sofort mit Erlaß autorité de la chose jugée. Diese Wirkung wird allerdings mit Einlegung eines ordentl Rechtsmittels suspendiert. Mit Unanfechtbarkeit erlangt die Entscheidung dann volle „materielle Rechtskraft" (force de la chose jugée). Dieser Unterschied hat insbesondere Auswirkungen auf die Beachtung der Rechtshängigkeit. Der Rechtshängigkeitseinwand gilt nach französischem Recht nur solange, als kein Urteil vorliegt, also während der ersten Instanz. Ist bereits ein erstinstanzliches Urteil ergangen, kann autorité de la chose jugée dieses Urteiles (Rn 69) in einem neuen Prozeß über den gleichen Streitgegenstand geltend gemacht werden, Geimer RIW 76, 142; Martiny I Rz 380. Im **angloamerikanischen Rechtsbereich** wird die Rechtskraft, die ebenso wie in Frankreich bereits mit Erlaß des Urteils eintritt, durch die Einlegung von Rechtsmitteln nicht suspendiert, vgl Engelmann/Pilger, Die Grenzen der Rechtskraft des Zivilurteils im Recht der Vereinigten Staaten, 1973, S 32. Die Mehrheit der Gerichte vertritt die Auffassung, daß das Schweben eines Rechtsmittelverfahrens die Rechtskraftwirkung des Urteils in keiner Weise berührt. – Im gleichen Zeitpunkt, in dem die res iudicata-Wirkung im Erststaat nach dem dort geltenden Recht eintritt, wird sie auf das Inland erstreckt, Geimer/Schütze I 1015, 1392, 1602; Martiny I Rz 298. AA Schütze NJW 66, 1599 (Eintritt einer „Inlandsbeziehung").

40 **VIII) Beachtung der materiellen Rechtskraft von Amts wegen. 1)** Die gegen Ende des letzten Jahrhunderts bei der Verabschiedung der ZPO noch lebhaft diskutierte Frage, ob die Rechtskraft nur auf Parteirüge oder von Amts wegen zu berücksichtigen sei, ist für den dt Zivilprozeß zugunsten der Amtsprüfung wohl endgültig entschieden. Arg: öffentl Interesse an der Wahrung des Rechtsfriedens (interest rei publicae ut sit finis litium). Für die Beachtung der Rechtskraft von Amts wegen sprechen alle Argumente der Rechtslogik. Um so verwunderlicher ist, daß viele Länder die Rechtskraft nur auf Einrede der begünstigten Partei beachten. So in Frankreich, Belgien, Italien, Griechenland, England und den USA. In Frankreich und Belgien betont man, daß die Rechtskraft im Privatinteresse geschaffen sei und ausschließl ein Mittel der siegreichen Partei sei, ihre wohlerworbenen Rechte zu verteidigen. Nachw bei Habscheid FS Fragistas, 1967, 19 ff.

41 **2)** Ist nun die Rechtskraftwirkung eines Urteils aus einem Land anzuerkennen, in dem die Amtsprüfungstheorie nicht gilt, so fragt es sich, wie sich der dt Zweitrichter zu verhalten hat. Man wird wohl hier die Regel anwenden müssen, daß ein Urteil im Zweitstaat keine stärkere Wirkung haben darf als im Erststaat. Der dt Zweitrichter darf also die ausl Rechtskraftwirkung nur auf Rüge einer Partei beachten. AA Martiny I Rz 392. Noch nicht geklärt ist, ob und gegebenenfalls in welchem Umfang die **Präklusionsvorschriften** der §§ 282 III, 296 III, 527, 528 anzuwenden sind; dagegen spricht § 580 Nr 7a. Vgl Geimer/Schütze I 1022, 1701.

42 **IX) Die zeitl Grenzen der Rechtskraft.** Auch diese sind nach dem Recht des Erststaates zu beurteilen. Rechtsvergleichend Habscheid FS Fragistas, 1969 III, 551.

F) Anerkennung der Präklusionswirkung

43 Soweit ein ausl Urteil nach dem Recht des Urteilsstaates eine von der materiellen Rechtskraft zu unterscheidende Präklusionswirkung entfaltet, ist diese grundsätzl anerkennungsfähig; Geimer RIW 76, 143; Geimer/Schütze I 1029, 1703; Martiny I Rz 393.

G) Anerkennung der Gestaltungswirkung

44 **I)** Daß die Gestaltungswirkungen ausl Urteile im Inland gemäß § 328 anerkennungsfähig sind, ergibt sich mittelbar schon aus Art 7 FamRÄndG 1961.

45 **II)** Dabei kommt es nicht darauf an, ob das **anzuerkennende Urteil von demjenigen Staat erlassen wurde, dessen Rechtsordnung nach dt IPR auf das zu gestaltende Rechtsverhältnis anwendbar wäre,** auch nicht darauf, ob das in einem dritten Staat erlassene Urteil von dem Staat, dessen Rechtsordnung nach dt IPR anzuwenden wäre, anerkannt wird, § 606a Rn 30.

46 **III)** Anders die **materiell-rechtl Theorie (lex causae-Theorie);** danach kann die Gestaltungswirkung eines ausl Urteils nur dann anerkannt werden, wenn das Urteil in demjenigen Staat wirksam ist, dessen Rechtsordnung nach dt IPR zur Entscheidung über den Streitgegenstand maßgebl ist, wenn also das Urteil in diesem Staat ergangen ist, oder wenn das Urteil aus einem dritten Staat von dem genannten Staat anerkannt wird. So könnte zB nach dieser Meinung ein ausl Scheidungsurteil nur dann in der BRepD anerkannt werden, wenn das Urteil im lex-causae-

Staat (Art 17 EGBGB) erlassen wurde oder wenn dieser die in einem dritten Staat ergangene Ehescheidung anerkennt, Nachw Geimer NJW 74, 1027; 75, 1077; FamRZ 75, 583; Geimer/Schütze I § 226; Martiny I Rz 279, 405; Sonnenberger MüKo IPR Einl 333; BayObLGZ 80, 354. Diese Ansicht verkennt, daß es bei der Anerkennung ausl Urteile wie auch sonst im IZPR keinen Gleichlauf zwischen internationaler Zuständigkeit und dem anwendbaren materiellen Recht gibt. Aus dem Fehlen dieses Gleichlaufs ergibt sich die selbständige Anerkennungsfähigkeit von Urteilen aus Drittstaaten ohne Rücksicht auf die Haltung desjenigen Staates zur Frage der Anerkennung, dessen Recht nach dt IPR anwendbar wäre. – Vgl auch Rn 250.

IV) Keine kollisionsrechtl Relativität der Gestaltungswirkung. Eine kollisionsrechtl Begrenzung der Gestaltungswirkung ist abzulehnen, Geimer/Schütze I 1401. Dies ist spätestens seit Streichung der Nr 3 aF evident. Aber auch aus Nr 3 aF ergab sich klar, daß die Einhaltung des dt Kollisionsrechts (= die Beurteilung des Rechtsstreits nach dem vom dt IPR zur Anwendung berufenen Recht) grundsätzl nicht Voraussetzung der Anerkennung ist. Selbst wenn die Versagung der Anerkennung nach § 328 I Nr 3 möglich war, hing sie vom Verhalten des dt Bekl ab, Geimer/Schütze I 1394. 47

V) Reichweite der Gestaltungswirkung. 1) Die vom Erstgericht ausgesprochene Gestaltung ist zwar abstrakt und isoliert von einer konkreten Rechtsordnung anzuerkennen, insbesondere ohne Rücksicht auf die Frage, ob der Erstrichter sein IPR richtig angewandt hat und ob dieses mit den kollisionsrechtl Vorschriften des dt IPR übereinstimmt. Die vom Erstrichter zugrundegelegte Rechtsordnung ist jedoch heranzuziehen, soweit es um die **Bestimmung des Urteilsinhalts** geht, vor allem auch deshalb, um zu klären, ob es sich um ein Gestaltungs- oder ein Feststellungsurteil handelt, Martiny I Rz 413. Hebt zB ein franz Gericht wegen Leistungsstörung einen Vertrag nach Art 1184 Cc auf, so äußert dieser Akt Gestaltungswirkung. Anders, wenn das franz Gericht seiner Entscheidung dt Recht zugrundegelegt hat und deshalb die bereits durch Gestaltungserklärung einer Partei (Rücktritt) erfolgte Auflösung des Vertrages feststellt. Vgl oben Rn 16. 48

2) Der **Umfang der materiellrechtl Gestaltung** ist nach dem Recht des Erststaates (einschließl dessen IPR) zu beurteilen. Der Umfang der Gestaltungswirkung beurteilt sich auch nach der vom ausl Richter intendierten Rechtsänderung und beschränkt sich auf diese. Eine ausl Trennung von Tisch und Bett ist keine Ehescheidung. Wird im Ausland nur die Ehe geschieden, nicht jedoch über die Scheidungsfolgen befunden, so beschränkt sich die Wirkung des ausl Scheidungsurteils auf die Eheauflösung. Über die Scheidungsfolgen kann – soweit die internationale Zuständigkeit der BRepD gegeben ist – im Inland entschieden werden, und zwar nach den Regeln des dt IPR. **In keinem Fall können im Inland stärkere (größere) Wirkungen dem ausländischen Richterspruch beigelegt werden, als er selbst intendiert hat.** Dies folgt aus dem Wesen der Wirkungserstreckung, vgl Rn 18. Dekretiert zB der ausl Richter eine „starke Adoption“, die die Beziehungen des Kindes zu seinen leibl Eltern vollständig auflöst, so ist ihre Anerkennung aus dt Sicht unproblematisch. Die Wirkung des ausl Richterspruchs ist jedoch auf die Statusänderung (Statusbegründung) beschränkt. Die Adoptionswirkungen beurteilen sich nach der vom dt IPR (Art 22 EGBGB) berufenen lex causae. Wurde im Erststaat nur eine „schwache Adoption“ ausgesprochen, so kann sie im Inland nicht umfangreichere Wirkungen entfalten als im Erststaat. Der Umstand, daß das dt Recht nur eine starke Adoption kennt, steht der Anerkennung nicht entgegen. Die Entscheidung ist jedoch einer Volladoption nicht gleichgestellt, Martiny I Rz 420; AG Schöneberg IPRax 83, 190 (Jayme 169). 49

3) Nach der hier vertretenen prozessualen Theorie hat das Anerkennungsrecht **Vorrang vor dem (nach dt IPR ermittelten) Eheschließungsstatut,** das dem erststaatl Urteil die Anerkennung versagt, Kegel/Lüderitz, FamRZ 64, 57, Martiny I Rz 429. Anders die Anhänger vom materiellrechtl approach. Diese wollen das Heimatrecht des Ausländers, das für seine Ehefähigkeit maßgebl ist (Art 13 EGBGB), auch über die Anerkennungsentscheidung befinden lassen, und zwar auch über die Beachtung eines deutschen Scheidungsurteils, mit der Konsequenz, daß die Nichtanerkennung des dt oder drittstaatl Scheidungsurteils durch die lex causae die Eheunfähigkeit bewirkt. Damit führt sich die materiellrechtl Theorie selbst ad absurdum, wenn man an die Unbeachtlichkeit eines dt Scheidungsurteils denkt. Hat aber ein dt Scheidungsurteil Vorrang vor dem Eheschließungsstatut, so muß dies konsequenterweise auch für eine im Inland anerkannte ausl Scheidung (aus einem Drittstaat) gelten. 50

VI) Zeitpunkt: Die Gestaltungswirkung tritt kraft Anerkennung im Inland zu dem gleichen Zeitpunkt wie im Erststaat ein; dies folgt aus dem Prinzip der automatischen Urteilsanerkennung, Rn 39. 51

H) Anerkennung der Streitverkündungs- und Interventionswirkung

52 I) Streitverkündungs- und Interventionswirkungen eines ausl Urteils sind anerkennungsfähig, sofern diese Wirkungen nach dem Recht des Urteilsstaates im großen und ganzen den §§ 66 ff vergleichbar sind. Problematisch ist nur, welche Anerkennungsvoraussetzungen hierfür erfüllt sein müssen. Die Voraussetzungen in § 328 I Nr 1–5 sind primär auf die Anerkennung der Rechtskraft und der Gestaltungswirkung zugeschnitten. Man wird sich wohl mit dem Vorliegen der internationalen Zuständigkeit (§ 328 I Nr 1) und mit der Vereinbarkeit mit dem ordre public (§ 328 I Nr 4) begnügen können. Anders die hM, die das Vorliegen sämtl Voraussetzungen des § 328 verlangt, vgl Milleker ZZP 80, 288 ff; Martiny I Rz 400.

53 II) Anerkennungsfähig sind auch Urteile, die auf Grund einer **Garantieklage** (Gewährleistungsklage: Danach kann der Bekl des Hauptprozesses gegen einen Dritten, den er im Falle des Unterliegens seinerseits regreßpflichtig machen will, Garantieklage [assignation en garantie] erheben) ergangen sind. Das Garantieurteil entfaltet gegenüber dem Dritten die gewöhnl Urteilswirkungen, näml Rechtskraftwirkung und Vollstreckbarkeit. Es geht also nicht um die Anerkennung einer Streitverkündungswirkung nach dem Modell des dt Rechts; jedoch sind die Garantieurteile in ihrer prozessualen Auswirkung für den in den Hauptprozeß hineingezogenen Dritten vergleichbar mit der deutschen Streitverkündungswirkung. Der BGH will die internationale Zuständigkeit des Erststaates zum Erlaß eines Garantieurteils nur dann anerkennen, wenn nach § 328 I Nr 1 iVm §§ 12 ff ein Zuständigkeitsanknüpfungspunkt auch in Richtung gegen den Dritten (= Garantiebeklagten) gegeben ist, BGH NJW 70, 387 (Geimer) = IPRspr 68–69/229 und Karlsruhe NJW 74, 1059 = RIW 75, 47 = IPRspr 73/155. Nach richtiger Ansicht kommt es nur darauf an, daß die internationale Zuständigkeit für den Hauptprozeß (in Richtung gegen den Beklagten = Garantiekläger) gegeben ist. Begründung: Wenn wir schon für die BRepD das Recht in Anspruch nehmen, im Wege der Streitverkündung Dritte vor dt Gerichte zu zitieren, auch wenn keiner der in §§ 12 ff aufgeführten Zuständigkeitsanknüpfungspunkte in bezug auf den Streitverkündungsempfänger vorliegt, und auf sie durch das Damoklesschwert der Streitverkündungswirkung (§§ 74 III, 68) mittelbar Druck ausüben, sich am Prozeß zu beteiligen, so können wir ceteris paribus fremden Staaten nicht das Recht absprechen, Garantieurteile gegen Dritte zu erlassen, Geimer ZZP 85 (1972), 196 gegen Milleker ZZP 84 (1971), 91. Vgl auch Mezger IPRax 84, 334 FN 21 und Koch ZvglRWiss 85 (1986), 54, der die Streitverkündung und Drittklage im Verhältnis USA/BRepD behandelt.

54 III) Durch **Derogationsvertrag** kann jedoch der Dritte die Möglichkeit der Streitverkündung bzw Erhebung der Garantieklage im Ausland ausschließen. Dann ist die internationale Zuständigkeit des Erststaates zum Erlaß einer Entscheidung gegen den Dritten nicht anzuerkennen. Voraussetzung ist jedoch, daß der Dritte den Einwand der Derogation im Erstverfahren geltend gemacht hat. Die Notwendigkeit der Rüge der internationalen Unzuständigkeit im Erstverfahren entfällt nur dann, wenn nach dem Rest des Erststaates der Vortrag der Derogation von vornherein unschlüssig wäre. AA Bernstein, FS Ferid, 1978, 88.

55 IV) Für den Bereich des Vertragsrechts vgl Art 6 Nr 2 GVÜ. Hierzu Geimer WM 79, 350, Geimer/Schütze I 1 § 74 II 2 und Hamburg RIW 75, 499 = IPRspr 74/176, Art 3 I Nr 10 dt-belg Abk (Hamm IPRspr 77/144) und Art 4 I Buchst i dt-niederl Vertr.

I) Nichtanerkennung von Tatbestandswirkungen

56 I) Inwieweit ein ausl Urteil Tatbestandswirkungen im Inland entfaltet, beurteilt sich nicht nach Prozeßrecht. Dies ist vielmehr eine **Frage des materiellen Rechts.** Hierbei ist zunächst zu klären, welche Rechtsordnung nach dt IPR auf das zu beurteilende Rechtsverhältnis zur Anwendung kommt. Die jeweils anwendbare Rechtsordnung (lex causae) hat über die Frage der Anerkennung der ausl Tatbestandswirkungen zu entscheiden. Vgl IPG 72 Nr 37 (Hamburg) 378. Für das dt Recht wird die Auffassung vertreten, daß ein ausl Urteil nur dann im Inland eine Tatbestandwirkung entfalten kann, wenn die Voraussetzungen des § 328 vorliegen. So für Verjährungsunterbrechung RGZ 129, 395 und RG JW 1926, 374; Düsseldorf RIW 79, 59; LG Deggendorf IPRax 83, 125 (Frank 108); Staudinger/Firsching Rz 271 vor Art 12; Spellenberg MüKo 72 vor Art 11; dagegen Neumeyer JW 26, 375 u Katinsky RabelsZ 35, 746 f; Frank IPRax 83, 108. Der BGH hat die Streitfrage bisher unentschieden gelassen, vgl BGH LM Nr 14 zu § 328 aE. Nachw Geimer/Schütze I 1411 FN 11; Geimer IPRax 84, 83. AG Waiblingen IPRspr 82/179 stellt nicht auf die lex causae, sondern auf das Recht des Urteilsstaates ab.

57 Die im Ausland vorgenommene Prozeßhandlung unterbricht – bei Maßgeblichkeit dt Rechts – die Verjährung nur, falls und soweit sie den im dt Recht dazu vorgesehenen Handlungen gleichwertig ist. Köln RIW 80, 877 = IPRspr 80/13 bejaht zu Recht Gleichwertigkeit für Schweizer Zahlungsbefehl im Schweizer Betreibungsverfahren, obwohl das Betreibungsamt kein Gericht

ist. Bei Maßgeblichkeit dt Rechts bestimmen allein §§ 212 ff BGB die Dauer der Unterbrechung der Verjährung.

II) Welche Tatbestandswirkungen das dt materielle Recht ausl Urteilen beilegt, kann nicht generell entschieden werden. Es ist vielmehr jede einzelne einschlägige Norm auszulegen. Dabei ist zu prüfen, ob der Gesetzgeber dann, wenn er an den Erlaß eines Urteils eine bestimmte Rechtsfolge geknüpft hat, nur den Erlaß eines inländischen Urteils im Auge hatte, oder ob er diese Rechtsfolge auch dann anordnen wollte, wenn im Ausland ein Urteil ergangen ist. Alle Vorschriften des dt Rechts, die an den Erlaß eines Urteils Wirkungen knüpfen, können hier nicht unter diesem Aspekt untersucht werden. **58**

III) Wann verlängert ein ausl Urteil die **Verjährungsfrist** gemäß § 218 I BGB? Nach Neumeyer aaO und Katinszky aaO ist jedes ausl Urteil in der Lage, die Rechtsfolge des § 218 I BGB auszulösen, ohne daß es auf § 328 ankommt. Danach ist die Klageerhebung eine qualifizierte Mahnung. Dann ist es nur folgerichtig, wenn man jede Klageerhebung im Ausland genügen läßt, um die Verjährungsverlängerung eintreten zu lassen. Anders hM, Nachw Raape/Sturm IPR, 6. Aufl, I 358 FN 104. Ein ausl Urteil löst nur dann die Folgen des § 218 I BGB aus, wenn das Urteil gemäß § 328 anzuerkennen ist. Beide Ansichten dürften jedoch nicht zutreffend sein. Die hM führt zu nicht vertretbaren Ergebnissen: oft würde eine Verjährungsverlängerung entfallen, da es an der Verbürgung der Gegenseitigkeit fehlt. Der Kläger könnte darüber hinaus seine Klage in Deutschland nicht mehr erfolgreich wiederholen, da in den meisten Fällen die Verjährung eingetreten ist. Das Erfordernis der Verbürgung der Gegenseitigkeit ist als Druckmittel gedacht, um ausl Staaten zu veranlassen, auch dt Urteile anzuerkennen. Über die Berechtigung dieses Mittels mag man streiten. Jedenfalls dürfte klar sein, daß der Gesetzgeber damit nicht in die materiell-rechtl Rechtsverhältnisse und deren Behandlung im internationalen Rechtsverkehr eingreifen wollte. Es wäre wohl verkehrt, wenn man die rein privatrechtl Frage der Verlängerung der Verjährungsfrist von der politischen Frage abhängig machen wollte, ob im Verhältnis zum Erststaat die Gegenseitigkeit verbürgt ist. – Die Gegenansicht, wonach jede Klageerhebung im Ausland die Verjährungsfristverlängerung herbeiführt, ist zu weitgehend. Es bliebe dem Gläubiger überlassen, durch Klageerhebung irgendwo im Ausland, also auch in einem Staate, zu dem weder die Parteien noch der Streitgegenstand irgendeine Beziehung haben, sich den Rechtsvorteil der Verjährungsfristverlängerung zu verschaffen. Das kann zu Mißbräuchen führen. Man wird daher in Anlehnung an § 328 I Nr 1 verlangen müssen, daß der Erststaat international zuständig war: Denn dann ist gewährleistet, daß es nach dt Auffassung dem Beklagten zuzumuten ist, im Urteilsstaat sein Recht zu nehmen. Darüber hinaus wird man jedoch keine weiteren Anforderungen an ein ausl Urteil stellen können, um die Rechtsfolgen des § 218 I BGB auszulösen. Insbesondere kommt es nicht auf die ordnungsgemäße Ladung und auf den Inhalt der ausl Entscheidung an. Darauf hat der Gläubiger in der Regel keinen Einfluß. Auch wenn die Rechtskraft oder Gestaltungswirkung des ausl Urteils wegen nicht ordnungsgemäßer Ladung oder wegen ordre public-Widrigkeit im Inland nicht anerkannt wird, so ist es doch sinnvoll, dem Kläger die Verjährungsunterbrechung (§ 212 BGB) zuzubilligen, damit er seine Klage vor einem Gericht der Bundesrepublik Deutschland wiederholen kann, Geimer IPRax 84, 83 gegen Frank IPRax 83, 108; Düsseldorf NJW 78, 1752 = RIW 79, 59 = IPRspr 77/8. **59**

IV) Verjährungsunterbrechung durch Klage in einem international zuständigen Staat (§ 328 I Nr 1) bei Maßgeblichkeit deutschen Rechts (hierzu Frank IPRax 83, 111). **1) Ausl Verfahren endet ohne Urteil,** zB durch Klagerücknahme. Kein Fall der Urteilsanerkennung. Verjährungsunterbrechung, sofern Klage innerhalb von 6 Monaten wiederholt wird, § 212 II BGB. **60**

2) Ausl Verfahren endet durch Prozeßabweisung (Prozeßurteil). Mit Unanfechtbarkeit des ausl Urteils (maßgebend ist das Recht des Erststaates) beginnt die 6-Monatsfrist des § 212 II BGB. **61**

3) Ausl Verfahren endet durch Entscheidung in der Sache: a) Klageabweisung als unbegründet. Urteil wird anerkannt: Die Frage der Verjährungsunterbrechung stellt sich nicht mehr, da feststeht, daß der vom Kläger geltend gemachte Anspruch nicht besteht, Schütze WM 67, 248. **Urteil wird nicht anerkannt:** Analog § 212 II BGB beginnt die Sechsmonatsfrist. NB: Nach der hier vertretenen Meinung nur dann, wenn der Erststaat international zuständig war. AA Frank IPRax 83, 111. **62**

b) Der Kläger obsiegt: Der Klage wird stattgegeben: Urteil wird anerkannt: Ab Unanfechtbarkeit des ausl Urteils läuft die 30-Jahres-Frist des § 218 BGB. **Urteil wird nicht anerkannt:** Analog § 212 II BGB läuft eine Sechsmonatsfrist für neue Klage. NB: Vorausgesetzt, der Urteilsstaat war international zuständig. **63**

64 **4)** Ausl Verfahren endet durch **Vergleich:** Handelt es sich um einen nach dem Recht des Erststaates vollstreckbaren Vergleich (hierzu Geimer/Schütze I 2 § 207 III), so kommt es darauf an, ob die Voraussetzungen für die Vollstreckbarerklärung nach dem maßgebl Vertrag bzw dem autonomen Recht (vgl § 722 Rn 15) gegeben sind. Im übrigen s oben Rn 24.

65 **V)** Nach hM wird der **Schuldausspruch** durch das prozessuale Anerkennungsrecht (§ 328) auf das Inland erstreckt. Nach der Gegenansicht handelt es sich um eine Tatbestandswirkung, für die nach dt IPR zu ermittelnde lex causae maßgebl ist, Jayme/Siehr FamRZ 69, 188, Martiny I Rz 434.

J) Anerkennung in dritten Staaten

66 **Maßgebl für die Anerkennung sind ledigl die Wirkungen, die einem Urteil nach dem Recht des Erststaates zukommen.** Wirkungen, die einem ausl Urteil von der Rechtsordnung eines dritten Staates beigelegt werden, kommen für die Anerkennung im Inland nicht in Betracht; so kann zB ein Exequatururteil, durch das ein ausl Urteil in einem dritten Staat für vollstreckbar erklärt wird, nicht anerkannt werden, vgl Kallmann 38; Geimer 26 N 7; Martiny I Rz 371; aA Schütze, ZZP 77, 287 ff, IPRax 84, 248; DIZPR 134; ihm folgend BLAH § 328 Anm 1 B. Würde man der Gegenansicht folgen, so würden die vom dt Recht aufgestellten Anerkennungsvoraussetzungen umgangen werden, Geimer/Schütze I §§ 153 I, 193 XII, 209 XII, II 61; Martiny I Rz 371; II Rz 64; Wähler Rz 82. Vgl auch Schlosser, Das Recht der privaten Schiedsgerichtsbarkeit, 1975, I, Rz 782 und § 722 Rn 11.

K) Anwendungsbereich des § 328 bestimmt allein das dt Recht, Martiny I Rz 436.

67 **I) Urteil. 1)** Unter § 328 fallen nicht nur Urteile im technischen Sinne, sondern **alle gerichtl Entscheidungen, die einen Rechtsstreit zwischen Parteien auf Grund eines rechtl geordneten Verfahrens in der Sache (Rn 33) rechtskraftfähig entscheiden bzw eine Gestaltung (Rn 44) vornehmen.** Unerhebl ist: ob es sich um ein Feststellungs- oder ein Leistungs- oder ein Gestaltungsurteil handelt, ob zu einem Handeln oder Unterlassen verurteilt wurde, ob die Entscheidung mit Gründen versehen ist oder nicht. Kein Urteil im Sinne von § 328 sind **Entscheidungen während des Laufes des erststaatl Verfahren,** wie Ladungen, Beweisbeschlüsse (Schlosser-Bericht Nr 187), also solche, die zeitl vor der Sachentscheidung (Rn 33) liegen. (Diese entfalten übrigens keine anerkennungsfähigen Wirkungen, Rn 30 ff). Auch klageabweisende Urteile sind anzuerkennen, sofern sie der materiellen Rechtskraft nach dem Recht des Erststaates (Rn 18) fähig sind und eine Sachentscheidung (Rn 33) enthalten (unabhängig davon kann die Kostenentscheidung nach § 722 für vollstreckbar erklärt werden). Auf die **Klageart** kommt es dabei nicht an. Anerkennungsfähig sind deshalb auch Entscheidungen, die in einem summarischen Verfahren oder in einem Verfahren ohne Beweiserhebung erlassen wurden, wie zB Vollstreckungsbescheide, Wechselzahlungsaufträge des österr Rechts, Versäumnis- und Anerkenntnisurteile sowie Vorbehaltsurteile, soweit sie der Rechtskraft fähig sind, ebenso support-orders amerik Gerichte, IPG 72 Nr 44 (Heidelberg), Martiny I Rz 467, **nicht jedoch Entscheidungen einer Verwaltungsbehörde,** wie zB Beitrags-Resolutionen des dänischen Rechts, durch die der Nichtehelichenkindsunterhalt festgesetzt wird, Martiny I Rz 520. AA OLG Schleswig DAVorm 78, 687 = IPRspr 1977 Nr 140. Jedoch sollte man bei behördl Unterhaltsentscheidungen großzügig qualifizieren und diese in Übereinstimmung mit der Konventionspraxis unter § 328 subsumieren. Wie hier Haager Übereinkommen vom 15. 4. 1958 über die Anerkennung und Vollstreckung von Entscheidungen auf dem Gebiet der Unterhaltspflicht gegenüber Kindern (BGBl 1961 II 1006) und nach Art V a des Protokolls zum GVÜ; hierzu Schlosser-Bericht Nr 67 und Geimer/Schütze I 1 § 29 II und § 107 I 2.

68 Als Urteil definiert die hM im Anschluß an die Rspr des RG jede Entscheidung, die nach geordnetem Prozeßverfahren endgültig über eine aufgestellte Rechtsbehauptung ergeht, wobei Form und Bezeichnung der Entscheidung ohne Bedeutung sind; sie muß jedoch von einem „Gericht" erlassen sein, also einer mit staatlicher Autorität bekleideten Stelle, die nach den in Frage kommenden ausl Gesetzen aufgrund eines prozessualen, beiden Parteien rechtl Gehör gewährenden Verfahrens zur Entscheidung von privatrechtl Streitigkeiten berufen ist, RGZ 16, 427; RG JW 38, 468; BGHZ 20, 323, 329 = IPRspr 54–55/63; OLG Düsseldorf FamRZ 83, 422; StJSchL § 328 III 1. Diese Begriffsbildung ist zu eng, denn auch Entscheidungen, die das rechtliche Gehör verletzen oder sonst gegen elementare Prinzipien eines geordneten Prozeßverfahrens verstoßen, fallen unter § 328. Allerdings besteht ein Versagungsgrund, § 328 Nr 2 bzw Nr 4, vgl Rn 134 f, 155 f. Ob dieser zur Verweigerung der Anerkennung führt, hängt vom Verhalten der beschwerten Partei ab. Rügt sie den Mangel des erststaatl Verfahrens nicht, so kann die Anerkennung nicht etwa von Amts wegen oder auf Antrag der Gegenpartei versagt werden. Auch kann der Verfahrensverstoß im Anerkennungsstadium dann nicht geltend gemacht werden,

wenn die beschwerte Partei nicht alle ihr nach dem Recht des Erststaates zustehenden ordentl Rechtsmittel und Rechtsbehelfe ausgeschöpft hat.

2) **Unanfechtbarkeit (formelle Rechtskraft)** ist – anders als bei der Vollstreckbarerklärung – vgl § 723 II 1 – nicht erforderlich, aA hM, zB StJSchL § 328 III 3; rechtsvergleichend Martiny I Rz 450. Es kommt ledigl darauf an, wann nach dem Recht des Erststaates die Urteilswirkungen eintreten. So entfalten in vielen vom Code de procédure civile beeinflußten Staaten Urteile bereits mit ihrem Erlaß (nicht erst nach Beendigung des Rechtsstreits) autorité de la chose jugée. Ähnl ist es im angelsächsischen Bereich. Vgl Rn 39 und Geimer/Schütze I 1 § 107 V, Schlosser RIW/AWD 83, 480 sub III 1. AA Martiny I Rz 487. **69**

3) Bei **Entscheidungen, die in einem einstweiligen Verfügungs-, Anordnungs- oder Arrestverfahren ergangen sind,** kommt es darauf an, ob sie nach dem Recht des Urteilsstaates geeignet sind, die Streitsache endgültig zu erledigen. **70**

4) Zur Abgrenzung gegenüber ausländischen Schiedssprüchen s unten § 1044 Rn 3. **71**

5) **Beweisbeschlüsse** sind keine Urteile iSv § 328, Rn 29, 67. **72**

6) **Kostenentscheidungen** sind anerkennungsfähig, sofern sie die Kostenerstattungspflicht zwischen den Parteien rechtskraftfähig feststellen (andernfalls fehlt es an einer anerkennungsfähigen Urteilswirkung, Rn 26). In jedem Fall kann ihnen das Exequatur (§ 722) erteilt werden (anders ist es bei Kostenanforderungen des Gerichtsstaates wegen der Gerichtskosten, da diese Titel öffentlich-rechtl zu qualifizieren sind). Zu den Vollstreckbarerklärungsvoraussetzungen Martiny I Rz 480, Geimer IPRax 86, 215. **73**

7) **Ausländische Urteile, die einen dt Titel abändern,** sind anerkennungsfähig, AG Landstuhl IPRax 84, 102 = IPRspr 83/177. **74**

8) Kein Urteil liegt vor, wenn es sich um ledigl eine **Urkundstätigkeit des Gerichts** handelt. Die ausl richterl Behörde muß nach Prüfung des ihr unterbreiteten Sachverhalts eine Entscheidung erlassen, für die sie die Verantwortung übernimmt, RGZ 136, 147. Dies ist nicht der Fall bei einverständl Scheidung, die ledigl zur Urkunde des ausl Standesbeamten zu erklären ist. Urteil liegt jedoch vor, wenn eine Parteivereinbarung vom Gericht konstitutiv bestätigt wird, so für Sorgerechtsregelung, Breslau IPRspr 33–44/313; ebenso, wenn die Vereinbarung vom Gericht gebilligt wird und dann zu einem abgekürzten Verfahren führt, das mit einer gerichtl Entscheidung endet, so für New Yorker Unterhaltsentscheidungen LG Berlin IPRspr 60–61/192. **75**

9) Die **Grenze zwischen Prozeßvergleich und gerichtl Entscheidung** ist fließend. In einigen Ländern wird der Vergleich in das richterl Urteil aufgenommen. Dieses Urteil bildet dann den Vollstreckungstitel. Es ist einem dt Anerkenntnisurteil vergleichbar. Gerichtl Vergleiche kommen für Anerkennung nicht in Betracht, da sie keine anerkennungsfähigen Wirkungen zeigen; das gleiche gilt für vollstreckbare Urkunden (§ 794 I Nr 4). Mögl ist jedoch Vollstreckbarerklärung, aA hM (Martiny Rz 543). **76**

II) Zivilrechtl Streitgegenstände. § 328 betrifft nur Urteile, durch die über zivilrechtl Ansprüche iwS (einschließl der arbeits- und handelsrechtl Ansprüche) entschieden wird. Der Begriff „Zivilsache" wird von der dt lex fori bestimmt. Er ist weit zu fassen. Darunter fallen alle bürgerlich-rechtl Streitigkeiten iSv § 13 GVG, **nicht jedoch die Zivilprozeßsachen kraft Zuweisung.** Es handelt sich materiell um öffentlich-rechtl Streitigkeiten, aA Martiny I Rz 503. – Zu den Zivilsachen gehören auch **Entscheidungen in Kartellsachen,** soweit sie Ansprüche unter Privatpersonen betreffen, insbes wegen Rückabwicklung nichtiger Verträge oder Schadensersatzansprüche wegen wettbewerbswidrigen Verhaltens. US-Entscheidungen, die den Bekl zu dreifachem Schadensersatz (treble damages) verurteilen, sind nicht nur nach amerikanischer Auffassung, sondern auch nach der Qualifikation des dt Rechts Zivilurteile; denn sie erfüllen keinen staatl Strafanspruch, sondern verpflichten zu privatem Schadensersatz. Eine andere Frage ist, ob der Abschreckungseffekt des dreifachen Schadensersatzes mit dem dt ordre public zu vereinbaren ist, Rn 169. AA Martiny I Rz 504, der bereits den zivilrechtl Charakter in Zweifel zieht. An der zivilrechtl Einordnung US-amerik Urteile, die zu **punitive damages** verurteilen, besteht auch sonst kein Zweifel, aA Martiny I Rz 507. **77**

III) Gericht. Die Entscheidung muß von einem staatl Gericht erlassen worden sein. Dabei sind an den Begriff des Gerichts nicht die strengen Anforderungen des Art 92 GG zu stellen. Ein Urteil eines ausl Gerichts liegt bereits dann vor, wenn die Entscheidung von einer mit staatl Autorität bekleideten Stelle erlassen worden ist, die nach den betr ausl Gesetzen auf Grund eines prozessualen Verfahrens zur Entscheidung von privatrechtl Streitigkeiten berufen ist, Rn 68; BGH 22, 24. Es muß sich dabei nicht um ein Zivilgericht im technischen Sinne handeln; unter § 328 fallen auch die Entscheidungen von Arbeits- und Handelsgerichten, ja sogar von Straf- und Verwaltungsgerichten, sofern diese (etwa im Adhäsionsverfahren) über zivilrechtl **78**

Ansprüche entscheiden. Letzteres ist jedoch bestritten. Dafür Riezler IZPR 530; Nußbaum DIPR 430; Schütze, Diss 20; StJSchL § 328 III 2 bei N 52; Martiny I Rz 498, 504, 519; Geimer/Schütze II 46 bei FN 4 und I 2 § 218. AA Pagenstecher, RheinZ 12, 139 ff; BL § 328 Anm 1 B; IPG 1965–66 Nr 70 (München). **Völkerrechtl Anerkennung des Urteilsstaates** ist nicht Voraussetzung für Anwendung des § 328, Schütze DIZPR 136; Martiny I Rz 535. **Sprüche privater Gerichte,** zB von Vereinsgerichten, fallen nicht unter § 328, aber uU unter § 1044, Schütze JZ 82, 636; Martiny I Rz 526. Ebenso nicht **Entscheidungen geistl (kirchl) Gerichte.** Ausnahme: Wenn sie im staatl Auftrag (kraft erststaatl Delegation) tätig werden, Martiny I Rz 530.

79 **IV) Streitige Gerichtsbarkeit. 1)** Unter § 328 fallen nur Entscheidungen der streitigen Zivilgerichtsbarkeit im materiellen Sinne; **Akte der freiwilligen Gerichtsbarkeit scheiden also aus,** Rn 90.

80 **2) a)** Soweit im Verfahren der freiwilligen Gerichtsbarkeit aber eine **echte Streitentscheidung** ergeht, fällt diese unter § 328, vgl BGH JZ 54, 244 = IPRspr 52–53/305. Außerhalb des Anwendungsbereichs des § 328 liegen jedoch alle Beschlüsse und Verfügungen, die im klassischen Bereich der freiwilligen Gerichtsbarkeit ergangen sind, denen also keine echten Parteistreitigkeiten zugrunde liegen. Beispiele: Entmündigungen, auch wenn diese – wie im dt Recht – im Zivilprozeß angeordnet werden; Übertragung der elterl Sorge auf einen Elternteil, Erbscheine, Testamentsvollstreckerzeugnisse usw. Zur Abgrenzung vgl Geimer/Schütze I 2 § 219 sowie Staudinger/Kropholler, Art 19 EGBGB, Rz 345.

81 **b)** Auch im **Vertragsrecht** wird nur die **Anerkennung echter Streitentscheidungen** zugelassen; es muß sich um Entscheidungen über „Ansprüche der Parteien" handeln. Vgl Art 1 I 1 dt-österr Vertr; Art 1 III dt-belg Abk; Art 1 I dt-griech Vertr; Art 1 I dt-niederl Vertr; Art 1 I dt-norweg Vertr; Art 2 II dt-israel Vertr; Art 1 I dt-span Vertr. Eine andere Formulierung verwendet Art 27 II dt-tunes Vertr. Inhaltl dürften jedoch beide Formulierungen zum gleichen Ergebnis führen.

82 **V) Konkursrechtl Entscheidungen. 1) Autonomes Recht:** Einem ausländischen Insolvenzverfahren wird die Anerkennung im Inland nicht mehr verweigert, BGH NJW 85, 2897.

83 **2) EWG-Vertrag:** Die Anerkennungspflicht des Art 220 gilt für konkursrechtl Entscheidungen der anderen EG-Staaten, da insoweit GVÜ nicht gilt, Art 1 II Nr 2. Da die „Förmlichkeiten" der Anerkennung noch nicht durch ein Konkursübereinkommen geregelt sind, ist § 328 entsprechend anzuwenden und gemeinschaftsfreundl auszulegen. Schlosser RIW 83, 478. Das **EWG-Konkursübereinkommen** (Geimer/Schütze I 165) ist – zumindest für absehbare Zeit – **gescheitert.** Zum (als Ergänzung, nicht als Konkurrenz konzipierten) Europarat-Entw Arnold IPRax 86, 133.

84 **3) Bilaterale Anerkennungs- und Vollstreckungsverträge:** Konkursrechtl Entscheidungen werden meist ausgeklammert. Nachw Geimer/Schütze I 2 § 193 X 6. – Mit Österreich besteht jedoch ein Vertrag (BGBl 85 II 410; dt AusfG BGBl 85 I 535).

85 **VI) DDR-Urteile.** § 328 betrifft nur die Entscheidungen ausl Gerichte. Urteile von DDR-Gerichten sind dt Urteile, auf die § 328 nicht unmittelbar anwendbar ist. Die Urteile der DDR-Gerichte sind jedoch in der BRepD nicht ohne weiteres wirksam, da sie einer anderen Hoheitssphäre entstammen. Sie bedürfen daher der Anerkennung. § 328 wird mit einiger Modifikation analog herangezogen. Über die Einzelheiten siehe unten Rn 286.

86 **VII) Internationale Gerichte.** Entscheidungen internationaler Gerichte in Zivilsachen sind relativ selten; meist ist die Anerkennung solcher Urteile durch bi- oder multilaterale Vertr geregelt. Ist jedoch die BRepD nicht Vertragsstaat des Übereinkommens, durch das das internationale Gericht errichtet wurde, so ist grundsätzl § 328 anwendbar; denn auch das internationale Gericht ist ein „ausländisches". Fragl ist, ob die Gegenseitigkeit zu allen Vertragsstaaten verbürgt sein muß; nach StJSchL § 328 III 5b reicht die Verbürgung der Gegenseitigkeit im Verhältnis zu dem Staat aus, dem die Partei angehört, die im Inland Rechte aus dem internationalen Gerichtsurteil ableitet.

87 **VIII) Verhältnis des § 328 zu den Staatsverträgen.** Hierzu Rn 5.

88 **IX) Staatsangehörigkeit der Parteien** spielt keine Rolle, Geimer/Schütze I § 188.

L) Anwendungsbereich der Verträge (Geimer/Schütze § 193)

89 Der jeweilige Anwendungsbereich eines Anerkennungs- und Vollstreckungsvertrages ist im Text des Vertrages festgelegt. Alle Verträge gelten nur für **Zivil- und Handelssachen.** Bestr, wie dieser Begriff zu qualifizieren ist. Die meisten wollen nach dem Recht des Erststaates qualifizieren, andere nach dem Recht des Zweitstaates, wieder andere nach dem Rechte beider Staaten (nur durchführbar bei bilateralen Verträgen, unmögl bei multilateralen). Schließl bietet sich die

Möglichkeit einer autonomen Qualifikation, dh einer vertragsimmanenten Definition der Zivil- und Handelssachen, an. So ausdrückl für Art 1 GVÜ EuGH NJW 77, 489 (Geimer) und Kritik von Schlosser NJW 77, 457 = RIW 77, 40 (Linke). Zu Art 1 dt-belg Abk BGH NJW 78, 1113.

M) Anerkennung auf dem Gebiet der freiwilligen Gerichtsbarkeit

I) Die Anerkennung ausl Akte der freiw Gerichtsbarkeit ist nun gesetzl geregelt. Seit 1. 9. 86 gilt § 16a FGG, vorher wurde § 328 analog, jedoch ohne Nr 5 angewandt. – Qualifikation erfolgt nach dt lex fori. Ob in concreto eine FG-Entscheidung vorliegt und somit § 16a FGG und nicht § 328 anzuwenden ist, ist mithin nach dt Rechtsvorstellungen zu beurteilen. So hängt die Anerkennung einer ausl Entmündigung (zB eines Deutschen) nicht davon ab, daß die Gegenseitigkeit verbürgt ist, da Entmündigung Akt der fürsorgenden Gerichtsbarkeit auch dann, wenn sie im Zivilprozeß erfolgt ist, Staudinger/Beitzke Art 8 Rz 17. Vgl Rn 80 und § 722 Rn 66. **90**

N) Anerkennungsvoraussetzungen (hierzu Geimer/Schütze I § 139 und § 195)

I) Wirksamkeit der anzuerkennenden ausl Entscheidung nach dem Recht des Erststaates. 1) Wirkungen eines ausl Urteils können auf das Inland nur dann erstreckt werden, wenn sie **nach der Rechtsordnung des Erststaates überhaupt eintreten.** Urteile, die nach dem Recht des Erststaates nichtig oder unwirksam (ungültig) sind, können nicht Grundlage der Anerkennung sein. Dies folgt aus dem Wesen der Anerkennung als einer Wirkungserstreckung. Hervorzuheben ist jedoch, daß das ausl Urteil nur dann nicht anerkannt werden kann, wenn es nichtig oder unwirksam ist. Bloße Anfechtbarkeit (Aufhebbarkeit) genügt nicht. **91**

2) Das gleiche gilt für **Entscheidungen, die nach dem Recht des Erststaates noch nicht wirksam geworden sind.** Beispiel: Nach dem maßgebl Recht des Scheidungsorts ist die Eintragung der Scheidung (Transcription) in ein Register (konstitutiv) erforderl, um dem Urteil volle Wirksamkeit zu verleihen; mitunter ist Registrierung innerhalb einer bestimmten Frist erforderl, BayObLGZ 1977, 71 = FamRZ 77, 395 = IPRspr 77/161; Martiny I Rz 491. – Vgl Rn 251. **92**

II) Gerichtsbarkeit des Erststaates. 1) Voraussetzung für die Anerkennung ist, daß dem Erststaat für den Streitgegenstand Gerichtsbarkeit (facultas iurisdictionis) zukam. Diese Anerkennungsvoraussetzung ist im Gesetz nicht ausdrückl genannt, ist aber analog § 328 I Nr 1 zu fordern. ZB kann das Urteil nicht anerkannt werden, das einen im Erststaat akkreditierten und daher immunen Diplomaten (vgl §§ 18 ff GVG) verurteilt hat. Wegen der Einzelheiten vgl Geimer §§ 7 ff; Geimer/Schütze I § 196; so nun auch Frankfurt MDR 81, 237 = RIW 80, 875 = IPRax 82, 71 (Hausmann 51) = IPRspr 80/160. **93**

2) Ein Urteil, das die Normen des Völkerrechts über die Befreiung gewisser Personen von der Gerichtsbarkeit des Urteilsstaates verletzt, ist völkerrechtswidrig. Das Völkerrecht verbietet allen Staaten, ein solches Urteil anzuerkennen, Geimer RIW 75, 84; RIW 76, 146. **94**

3) Bei der Prüfung der Gerichtsbarkeit des Erststaates findet weder eine Präklusion neuer Tatsachen noch eine Bindung an die tatsächl Feststellungen des Erstgerichts statt. Es ist vielmehr mit Hilfe der Untersuchungsmaxime der Sachverhalt von Amts wegen aufzuklären, Geimer 84 ff und Geimer/Schütze I 2 § 196 VI. Eine Fehlentscheidung des Zweitrichters (unrichtige Bejahung der Gerichtsbarkeit) ist nicht nichtig, Rn 196. **95**

III) Internationale Zuständigkeit des Erststaates (internationale Anerkennungszuständigkeit). 1) Grundsatz der Kongruenz zwischen Entscheidungs- und Anerkennungszuständigkeit. a) Die Anerkennung setzt voraus, daß der **Erststaat nach dt Recht international zuständig war.** Für die internationale Zuständigkeit fremder Staaten stellt das dt Recht keine besonderen Normen auf (Ausnahme § 606a II), § 328 I Nr 1 verweist vielmehr auf die für dt Gerichte geltenden Zuständigkeitsvorschriften. Das dt Recht billigt also grundsätzl den fremden Staaten den gleichen Jurisdiktionsbereich zu, den es für die dt Gerichte in Anspruch nimmt, aber auch nur diesen. Dies ist wissenschaftlich nicht zwingend (Geimer/Schütze I 1499, 1505, 1710; Martiny I Rz 644), aber geltendes Recht; Ausnahme: § 606a II. Die internationale Zuständigkeit des Erststaates ist also immer dann und nur dann gegeben, wenn bei Anwendung der dt Zuständigkeitsvorschriften irgendein Gericht des Erststaates zuständig wäre. Dies führt vor allem in vermögensrechtl Streitigkeiten im Hinblick auf § 23 zu einer sehr großzügigen Bejahung der internationalen Zuständigkeit fremder Staaten; Geimer 116; Hausmann IPRax 82, 55; Frankfurt MDR 81, 237 = IPRax 82, 71 = IPRspr 80/160. Zu den einzelnen Zuständigkeitsanknüpfungen Geimer/Schütze I 1515; Martiny I Rz 666 ff. **96**

b) Ist der Erststaat international zuständig, so ist es gleichgültig, welchem seiner Gerichte er die Rechtsprechungsaufgabe zuweist. **Die örtl Zuständigkeit und die Zulässigkeit des Rechtsweges sind ein reines Internum des fremden Staates.** Von Bedeutung ist nur, ob „die" Gerichte ausl Staaten (dh irgendeines von ihnen) zuständig sind, RG 51, 137. Für die Anerkennung ohne **97**

Bedeutung ist, ob der Erstrichter sein Zuständigkeitsrecht richtig angewandt hat. Eine Anerkennung kommt also auch dann in Betracht, wenn der Erstrichter – nach seinem Recht – gar nicht zur Sache hätte entscheiden dürfen. Ausnahme: Der Verstoß gegen das erststaatl Kompetenzrecht führt zur Nichtigkeit der Entscheidung (Rn 91), eine Hypothese, die in der Praxis wohl kaum vorkommt.

98 **c)** Dies gilt auch, soweit die internationale Zuständigkeit des Erststaates auf einer **Zuständigkeitsvereinbarung** (Prorogation) der Parteien beruht. Stützt das ausl Gericht seine internationale Zuständigkeit auf eine auch nach dt Auffassung wirksame internationale Prorogation, so ist der Erststaat international zuständig und das Urteil anzuerkennen, auch wenn der dt Zweitrichter zu dem Ergebnis kommen sollte, daß ein anderes Gericht des Erststaates, nicht also das Erstgericht, prorogiert worden war. Geimer 117; ders ZZP 85 (1972), 196 N 2; Geimer/Schütze I 1538. Unzulässig daher die Prüfung in BGHZ 52, 30 ff = NJW 69, 1536 = IPRspr 68–69/225: „Als zuständiges Gericht des Staates New York kommt hier nur das Stadtgericht New York in Betracht, in dessen Bezirk die Klägerin ihr Domizil hat." Die Prüfung der örtl Zuständigkeit ist dem dt Zweitrichter verboten. Die Zulässigkeit und Wirksamkeit der Zuständigkeitsvereinbarung wird nach dt Recht beurteilt, de lege lata wohl auch dann, wenn die Zuständigkeitsverlagerung auf Grund der Prorogation die internationale Zuständigkeit der BRepD gar nicht berührt. Beispiel: Ein New Yorker und ein Stockholmer vereinbaren die Zuständigkeit der AG Helsinki. Haben die Gerichte des nach §§ 12 ff an sich international zuständigen Erststaates die Derogationsvereinbarung zu Unrecht nicht beachtet, so ist gleichwohl anzuerkennen, wenn dies Bekl im Erststaat nicht gerügt hat, Rn 129.

99 **d)** Zur Begründung der internationalen Zuständigkeit durch **Einlassung** (§§ 328 I Nr 1, 39) Geimer WM 77, 63; Geimer 151; Matscher ZZP 84 (1973), 416; Frankfurt RIW 76, 107 = IPRspr 75/423. Verfehlt Frankfurt NJW 79, 1787 = RIW 278 (Geimer 640) = IPRspr 78/167. Krit Schröder NJW 80, 341. Zum dt-brit Abk (Art IV Abs 1 a Nr 2) s Stuttgart RIW 80, 283 = IPRspr 78/169.

100 α) Wer sich **ausdrückl** der fremden Jurisdiktion unterworfen hat, hat auf den Schutz des § 328 I Nr 1 verzichtet. Geimer RIW 79, 641. Wer im Erstprozeß ausdrückl erklärt hat, daß er die Zuständigkeit des ausl Gerichts akzeptiere, würde sich zu seinem eigenen Verhalten in Widerspruch setzen (venire contra factum proprium), wenn er im Zweitverfahren die Auffassung verträte, der Erststaat sei gar nicht international zuständig gewesen.

101 β) Die Unterwerfung des Bekl unter die Jurisdiktion des Urteilsstaates kann auch **konkludent** erklärt werden. Hat sich der Bekl auf den ausl Rechtsstreit eingelassen, ohne die internationale Unzuständigkeit des Erststaates zu rügen, so wird unwiderleglich vermutet, der Bekl habe sich der Jurisdiktion des Erststaates unterworfen. Eine konkludent erklärte Unterwerfung unter die Zuständigkeit des Erststaates liegt aber nur dann vor, wenn der Bekl nach der dortigen lex fori die Möglichkeit gehabt hätte, die internationale Unzuständigkeit geltend zu machen. War der Erststaat nach seinem Recht **kraft Gesetzes international zuständig,** so bestand für den Bekl keine Möglichkeit, die Abweisung der Klage wegen internationaler Unzuständigkeit zu erreichen. AA Martiny I Rz 726; Schröder NJW 80, 477. Wie hier BayObLGZ 80, 58.

102 γ) **Bekl muß die nach dem Recht des Erststaates gegebene internationale Unzuständigkeit im Erstprozeß rügen.** Er muß alle ihm nach der lex fori zur Verfügung stehenden Möglichkeiten ergreifen, um die Abweisung der Klage wegen mangelnder internationaler Zuständigkeit zu erreichen. Nach dem englischen und US-amerikanischen Zuständigkeitsrecht läßt sich die Frage, ob in concreto ein bestimmtes Gericht international zuständig ist oder nicht, nicht mit einem klaren Ja oder Nein beantworten **(internationale Ermessenszuständigkeit).** Der Bekl muß – wenn er sich überhaupt am erststaatl Verfahren beteiligt – für die Abweisung der Klage wegen internationaler Unzuständigkeit kämpfen. Die Einlassung vor dem engl Gericht ist dann nicht „freiwillig", wenn der Bekl alle ihm nach engl Recht zur Verfügung stehenden Rechtsbehelfe ergriffen hat, um die Zuständigkeit zu bestreiten. Geimer RIW 79, 642; ähnlich wohl auch Stuttgart RIW 80, 283 = IPRspr 78/169.

103 δ) Im Zweitverfahren trifft den Bekl des erststaatl Verfahrens die **Behauptungs- und Beweislast** dafür, daß er die nach dem Recht des Erststaates mögl Rechtsbehelfe wahrgenommen hat, um die internationale Unzuständigkeit geltend zu machen.

104 ε) Zur Wahrung seiner Rechte im Zweitverfahren ist der Beklagte jedoch nicht verpflichtet, im Erstprozeß **Rechtsmittel** zu einer höheren Instanz einzulegen, um die Rüge der internationalen Unzuständigkeit weiterzuverfolgen. Legt er jedoch Rechtsmittel ein, so muß er auch in der Rechtsmittelinstanz die internationale Unzuständigkeit geltend machen, sofern dies nach der lex fori statthaft ist. Tut er dies nicht, beschränkt er sich zB auf die Rüge der materiellrecht Unrichtigkeit des erstinstanziellen Urteils, so liegt darin eine Unterwerfung unter die fremde Jurisdiktion, §§ 328 I Nr 1, 39.

ξ) Der Beklagte muß sich nicht am ausl Prozeß beteiligen. Läßt er ein Versäumnisurteil gegen sich ergehen, dann kann er gegen dessen Anerkennung im Inland einwenden, der Urteilsstaat sei nach dt Normen (§§ 12 ff bzw den Parallelvorschriften der Anerkennungs- und Vollstreckungsverträge, die durch ihre Ratifizierung in das deutsche Recht inkorporiert worden sind) international unzuständig. Er ist nur präkludiert mit dem Einwand der Derogation und der Schiedsgerichtsabrede, Rn 129. **105**

ι) Zu Recht hält Frankfurt (NJW 79, 1787) §§ 39 S 2, 504 für nicht „internationalisierungsfähig". Die Belehrungspflicht in dieser Bestimmung ist eine Eigenart der dt lex fori, deren Einhaltung wir von ausl Gerichten nicht erwarten können. **106**

e) Stützt sich die internationale Zuständigkeit des Erststaates auf den Gerichtsstand des **Erfüllungsortes** (§§ 328 I Nr 1, 29), so ist nach dem IPR des Erststaates (nicht nach dt IPR) die maßgebl lex causae zu bestimmen, Geimer NJW 75, 1088. AA Martiny I Rz 679. Fragl, ob § 29 II auch für die internationale Anerkennungszuständigkeit (§ 328 I Nr 1) heranzuziehen ist. **107**

Die internationale Anerkennungszuständigkeit auf Grund des im **Erststaat gelegenen Handlungs- bzw Erfolgsortes für deliktische bzw quasideliktische Klagen** umfaßt den **gesamten Schaden,** nicht nur den im Erststaat entstandenen. Auch besteht kein Gleichlauf zwischen forum und ius: Die auf §§ 328 I Nr 1, 32 gestützte internationale Zuständigkeit des Erststaates wird ohne Rücksicht darauf anerkannt, welches Recht das Erstgericht seiner Entscheidung zugrunde gelegt hat bzw welches Recht aus der Sicht des dt IPR anzuwenden wäre. **108**

f) Zur internationalen Anerkennungszuständigkeit für **Immobiliarklagen** (§ 24) s oben IZPR Rn 111. **109**

g) Zur internationalen Anerkennungszuständigkeit in **Mietsachen** (§ 29 a) s oben IZPR Rn 111. **110**

h) Ob der **Wohnsitz des Beklagten** (§ 12) im Erststaat liegt, ist nach deutschem Recht zu beurteilen. Geimer 130 FN 151; Geimer/Schütze I 1518 (Ausnahmen gelten für Staatsvertr). Auch §§ 15, 16 sind anwendbar, Martiny I Rz 668. **111**

i) Zur internationalen Anerkennungszuständigkeit in **Ehesachen** s unten § 606 a Rn 95 ff. **112**

j) Zur internationalen Anerkennungszuständigkeit in **Kindschaftssachen** s unten § 640 a Rn 19 ff und BGH NJW 79, 1105; München DAVorm 83, 246 = IPRspr 82/167. **113**

Zur internationalen Anerkennungszuständigkeit bei **Abänderung eines dt Titels** durch ausl Gericht: Geimer/Schütze I 1535; AG Landstuhl IPRax 84, 102 = IPRspr 83/177, bei **Übergang von der Erfüllungsklage zu Schadensersatz** (§ 893 II): Martiny I Rz 659 Fn 629; Geimer EWiR 85, 586. **114**

k) Auch der **Notgerichtsstand** (oben IZPR Rn 113 und unten § 606 a Rn 85) trägt internationale Anerkennungszuständigkeit, er kann also die internationale Zuständigkeit des Erststaates begründen. Ebenso Schröder 213. Ob wir mit dem Inhalt der ausländischen, im Notgerichtsstand ergangenen Entscheidung einverstanden sind, ist eine andere (nach § 328 I Nr 4 zu beantwortende) Frage. **115**

l) Zur Frage der Anerkennung einer **Zuständigkeitsverweisung** des nach deutschem Recht (§ 328 I Nr 1) international zuständigen Staates auf den Erststaat s unten § 606 a Rn 89 und Geimer NJW 75, 1078; NJW 74, 1029 sub V 3; Martiny I Rz 648. **116**

m) Ausnahmen vom Grundsatz der Kongruenz zwischen Entscheidungs- und Anerkennungszuständigkeit: Geimer/Schütze I 2 § 233 II 1, b, § 197 VI 2. **117**

n) Internationale Anerkennungszuständigkeit in Konkurssachen (hierzu Rn 82 f): § 71 KO ist spiegelbildlich anzuwenden: Der Gemeinschuldner muß zum Zeitpunkt der ausl Entscheidung bzw bei Beginn des ausl Insolvenzverfahrens seine Hauptniederlassung bzw seinen allgemeinen Gerichtsstand im Erststaat haben. Dagegen ist die Anwendung des § 238 KO via § 328 I Nr 1 wohl nicht möglich. Der auf Vermögen des Gemeinschuldners gestützte Konkurs beansprucht von vorneherein territorial nur auf den Erststaat beschränkte Geltung, Schlosser RIW 83, 478. Anders BGH RIW 85, 729 = NJW 2897, der auch § 238 KO heranzieht. **118**

o) Internationale Anerkennungszuständigkeit für **Wiederaufnahmeverfahren,** § 584, BGH NJW 76, 1590 = IPRspr 151; Martiny I Rz 660. **119**

2) Positive Zuständigkeitsprüfung. a) Die Prüfung nach § 328 I Nr 1 ist nicht nur eine negative in dem Sinne, daß nur geprüft wird, ob eine dt ausschließl internationale Zuständigkeit der Anerkennung im Wege steht. Vielmehr ist auch positiv zu prüfen, ob nach dt Auffassung gerade der Urteilsstaat international zuständig ist. Stellt sich heraus, daß auf den Urteilsstaat nach dt Recht kein Zuständigkeitsgrund zutrifft, daß vielmehr ein dritter Staat international zuständig ist, dann ist die Anerkennung auf Rüge des Beklagten zu verweigern, auch wenn der dritte Staat sich nicht für ausschließl international zuständig hält. **120**

121 **b)** Vorstehendes galt auch für die **internationale Zuständigkeit in Ehesachen.** § 328 I Nr 1 wurde nicht durch § 606 a aF verdrängt; BayObLGZ 75, 341 = NJW 76, 1037 (Geimer) = IPRspr 75/181; BayObLGZ 80, 353 = IPRspr 80/175. Seit 1. 9. 1986 gilt nunmehr die großzügige Regelung des § 606 a II.

122 Abzulehnen auch die **Lückentheorie** des OLG Düsseldorf FamRZ 75, 584 (Geimer) = IPRspr 75/175; zust BayObLGZ 80, 351. Hierzu Otto StAZ 75, 183 und Bürgle StAZ 75, 331. Zu Unrecht behauptet das OLG Düsseldorf, der dt Gesetzgeber habe nicht für jedwede Ehescheidung auf dieser Welt die internationale Zuständigkeit positiv regeln wollen. Das Gegenteil ergibt sich aus § 328 I Nr 1.

123 **3) Zweck der Zuständigkeitsprüfung.** Hinsichtl des Zwecks der Prüfung der internationalen Zuständigkeit ist zu differenzieren. Bei der **negativen Prüfung,** ob die BRepD ausschließl international zuständig ist, stehen idR nach hM unmittelbare Staatsinteressen auf dem Spiel, denn nur solche fordern, daß die BRepD eine ausschließl internationale Zuständigkeit für sich in Anspruch nimmt. Ausnahme: Die Parteien vereinbaren die ausschließl internationale Zuständigkeit der BRepD. Liegt eine ausschließl deutsche internationale Zuständigkeit nicht vor, so setzt eine **positive Zuständigkeitsprüfung** ein. Es kommt darauf an, daß gerade der Urteilsstaat und nicht ein dritter Staat nach den dt Zuständigkeitsnormen international zuständig war. **Zweck dieser Prüfung ist der Beklagtenschutz.** Nur deshalb belassen wir es nicht bei der Prüfung, ob unsere eigene Jurisdiktionssphäre gewahrt ist. Über die positive Prüfung der internationalen Zuständigkeit des Erststaates setzen wir die **dt Vorstellungen über die Gerichtspflichtigkeit des Bekl** durch. Indem wir unsere Zuständigkeitsnormen zugrunde legen, fixieren wir denjenigen Staat bzw diejenigen Staaten, vor deren Gerichten es dem Bekl zugemutet werden kann, sich gegen die Klage zu verteidigen. Näher hierzu Geimer 123; ZZP 87 (1974), 336; Geimer/Schütze I 1549; Martiny I Rz 640.

124 **4) Maßgebl Zeitpunkt für das Vorliegen der Zuständigkeitstatsachen** ist der Zeitpunkt der ausl Klageerhebung. Jedoch § 261 III Nr 2 analog anwendbar. AA BayObLGZ 80, 355 (Zeitpunkt des Anerkennungsverf nach Art 7 FamRÄndG). Zur späteren Abmilderung der dt Versorgungsgründe Martiny I Rz 774. Vgl Rn 273.

125 **5) Prüfung der internationalen Zuständigkeit nur auf Rüge** (Geimer NJW 74, 1028, ZZP 87 [1974], 336): **a) Der Kläger** (der das ausl Erkenntnisverfahren in Gang gesetzt hat) **kann sich nicht auf die nach dt Recht gegebene internationale Unzuständigkeit des Erststaates berufen** (ausgenommen den Fall, daß die BRepD eine eigene international ausschließl Zuständigkeit beansprucht, weil unmittelbare Staatsinteressen berührt sind). Dabei spielt es keine Rolle, ob der Kläger im Ausland obsiegt hat oder unterlegen ist. ZB kann eine Ehefrau, die sich im Ausland scheiden ließ, aber nach dem Tode des Ehemannes gerne in den Genuß der Witwenrente der dt Sozialversicherung kommem möchte, die Nichtanerkennung des ausl Scheidungsurteils nicht mit der Begründung beantragen, nicht der Erststaat, sondern ein dritter Staat sei nach dt Recht international zuständig. Geimer NJW 68, 800, RIW 80, 307; Schütze DIZPR 162. AA Hausmann 259.

126 **b) Nur auf Rüge des Bekl (des ausl Erstverfahrens) oder seines Rechtsnachfolgers darf die positive Prüfung der internationalen Zuständigkeit des Erststaates erfolgen.** Sie ist nie von Amts wegen vorzunehmen. Wir wollen den Bekl nicht gegen seinen Willen schützen. Dies gilt nicht nur für die Anerkennung von Urteilen in vermögensrechtl Streitigkeiten, sondern auch für die Anerkennung aller sonstigen Entscheidungen, auch solcher in Ehesachen. Wenn nach den via § 328 Nr 1 spiegelbildl angewandten dt Zuständigkeitsnormen nicht der Urteilsstaat, sondern ein dritter Staat für die Scheidung international zuständig wäre, der Bekl dies aber nicht rügen will (weil er es bei der Scheidung belassen will), dann haben die dt Gerichte und Behörden keine Veranlassung, ex officio „internationalpädagogisch" iS Schröders (778) auf dem Rücken der Parteien, die die Folgen der hinkenden Scheidung tragen müssen, tätig zu werden und durch die Nichtanerkennung ein Zeichen für eine bessere Zuständigkeitsverteilung in dieser Welt zu setzen.

127 **c)** Umgekehrt kann nur der Kläger (= Widerbeklagter) rügen, der Erststaat sei für die Widerklage international nicht zuständig, Geimer NJW 72, 2180.

128 **6) Keine Bindung an die tatsächl Feststellungen des Erstgerichts. a)** Im Rahmen der vorstehend umschriebenen Prüfung der internationalen Zuständigkeit des Erststaates ist der dt Zweitrichter **an die rechtl und/oder tatsächl Feststellungen des ausl Erstgerichts nicht gebunden,** es sei denn, ein Staatsvertrag schreibt ausdrückl eine Bindung vor; so zB Art 28 II GVÜ, Art 5 I dt-belg Abk (BGHZ 60, 344 = ZZP 87 [1974], 332 [Geimer] = IPRspr 73/153), Art 5 I dt-niederl Vertr, Art 8 II dt-israel Vertr, Art 9 III dt-norw Vertr, Art 9 II dt-span Vertr, Art 3 II dt-österr Konkurs- und Vergleichsvertr. Der Zweitrichter darf neue Beweise erheben; auch findet eine Präklusion

neuer, im Erstverfahren nicht vorgebrachter Tatsachenbehauptungen nicht statt, Geimer 139 ff. Dies gilt auch dann, wenn der Bekl im Erstverfahren nicht vertreten war und daher Versäumnisurteil erging. Geimer 142, NJW 72, 2181; Geimer/Schütze I 1564; Martiny I Rz 791; BGHZ 52, 30 = MDR 69, 660 = NJW 69, 1536 = IPRspr 68–69/225.

b) Von diesem Grundsatz sind jedoch **zwei Ausnahmen** zu machen: Der Einwand, die an sich gegebene internationale Zuständigkeit des Erststaates sei durch Parteivereinbarung derogiert worden, kann im Zweitverfahren nur geltend gemacht werden, wenn der **Einwand der Derogation** schon im Erstverfahren vorgebracht wurde, Geimer RIW 80, 308. AA Martiny I Rz 714. Das gleiche gilt für den Einwand, die internationale Zuständigkeit des Erststaates sei durch die **Vereinbarung eines Schiedsgerichts** ausgeschlossen, Geimer ZZP 87 (1974), 336; Celle RIW 79, 131 = IPRspr 77/155; Martiny II Rz 172. AA Schlosser FS Kralik (1986) 299. **129**

7) Im Bereich des **GVÜ** wird die internationale Zuständigkeit des Erststaates grundsätzl nicht geprüft. Ausnahme Art 28 I, 54 II. Ebenso nach dem dt-österr und dt-griech Vertr, Geimer/Schütze I 1507. **130**

IV) Fehlende Einlassung des Beklagten. 1) a) § 328 I Nr 2 trifft vornehml, aber nicht nur auf Versäumnisurteile zu. Der Versagungsgrund des § 328 I Nr 2 ist **nur auf Rüge der betroffenen Partei zu prüfen.** Dies stellt die Neufassung ausdrückl klar. Erhebt der Bekl die Rüge im Verfahren vor dem Zweitrichter nicht rechtzeitig, so ist er analog §§ 295, 529, 558 präkludiert. Dies gilt auch für das Anerkennungsverfahren nach Art 7 FamRÄndG mit der Maßgabe, daß mit dem Antrag auf gerichtl Entscheidung (Rn 264) der Versagungsgrund nicht mehr gerügt werden kann, wenn er im LJV-Verfahren nicht geltend gemacht wurde. **131**

b) Für den Anwendungsbereich des **Haager Zustellungsübereink** (BGBl 77 II 1453) ist auf den besonderen Rechtsbehelf nach **Art 16** hinzuweisen. Danach kann und muß (aus der Sicht des Zweitrichters) sich der Bekl rechtl Gehör im Erststaat verschaffen, Geimer NJW 73, 2142 Fn 48 und Linke RIW 72, 201. **132**

c) Die Neufassung lehnt sich an **Art 27 Nr 2 EuGVÜ** an, so daß beide Vorschriften gleich ausgelegt werden können. **133**

2) Zweck des § 328 I Nr 2 ist es, den Grundsatz des rechtl Gehörs auch im internationalen Rechtsverkehr zu gewährleisten und durchzusetzen, soweit dies mit den rechtl Mitteln des Zweitstaates überhaupt mögl ist. § 328 I Nr 2 schreibt ebenso wie Art 27 Nr 2 EuGVÜ eine **doppelte Prüfung** vor: Erstens muß die Zustellung der Ladung bzw des das Verfahren einleitenden Schriftstücks nach dem Recht des Urteilsstaates wirksam erfolgt sein. Zum zweiten kann die Anerkennung selbst bei ordnungsgemäßer Ladung versagt werden, wenn die Ladung dem Bekl nicht so rechtzeitig zugestellt worden ist, daß er sich verteidigen konnte. Auch wenn feststeht, daß die Zustellung ordnungsgemäß erfolgt ist, besteht also im Hinblick auf fehlende Verteidigungsmöglichkeiten des Bekl ein Versagungsgrund. Bei der Auslegung des § 328 I Nr 2 stehen unmittelbare Staatsinteressen nicht auf dem Spiel. Vielmehr sind (nur) die **widerstreitenden Interessen der Parteien** abzuwägen: Der Bekl will nur solche Urteile gegen sich gelten lassen, die in Verfahren ergangen sind, von denen er so rechtzeitig Kenntnis erlangen konnte, daß er sich verteidigen konnte. Andererseits will der siegreiche Kläger nicht um die Früchte seines Sieges gebracht werden, nur weil das Gericht oder das Zustellungsorgan irgendeinen von ihm nicht zu vertretenden und von ihm auch nicht abwendbaren Formfehler begangen hat. Schließl widerspräche es dem Grundanliegen des § 328, die internationale Urteilsanerkennung zu fördern, wollte man die Anerkennung an bloßen Formfragen scheitern lassen, obwohl feststeht, daß der Bekl rechtzeitig vom Prozeß Kenntnis erlangt hat. Deshalb darf die Auslegung des 328 I Nr 2 nicht in Förmelei erstarren. Eine teleologische Reduktion ist erforderlich, Geimer IPRax 85, 6; Linke RIW 86, 409. **134**

3) Ordnungsgemäße Zustellung: a) Wenn der Bekl von dem das Verfahren einleitenden Schriftstück so rechtzeitig Kenntnis erhalten hat, daß er sich hätte verteidigen können, dann kann er nicht die Versagung der Anerkennung verlangen, auch wenn die Zustellung nach dem maßgebl Zustellungsrecht mangelhaft war. Unerhebl ist, ob dieses eine Norm wie § 187 kennt. Evtl **Zustellungsmängel** sind also in Anwendung des in § 187 niedergelegten allg Rechtsgedankens als **geheilt** anzusehen, wenn der Bekl das zuzustellende Schriftstück tatsächl erhalten hat, Geimer NJW 72, 1625; 73, 2143; IPRax 85, 6; BayObLGZ 74, 471 = FamRZ 75, 215 (Geimer) = IPRspr 74/181; BayObLGZ 75, 374 = NJW 76, 1032 = IPRspr 75/184; BayObLG IPRspr 78/176; LG Berlin DAVorm 83, 755 = IPRspr 99; Martiny I Rz 849. Vgl auch BGHZ 65, 291 = NJW 76, 478 = IPRspr 75/170. Hierzu Geimer EuR 77, 344 Fn 11: Danach ist das Zustellungszeugnis nach Art 6 Haager Zivilprozeßübereink kein notwendiger Bestandteil der bei der Bewirkung der Zustellung im Inland zu beachtenden Förmlichkeit. Seine Fehlerhaftigkeit macht die Zustellung **135**

nicht unwirksam. – Hat der vom ausl Gericht aufgestellte **Verfahrenspfleger** (Kurator) die prozeßeinleitende Ladung oder Verfügung dem Bekl durch Post oder sonstwie übermittelt, greift § 187 ein. AA BayObLG IPRspr 78/176; Hamm MDR 79, 680 = IPRspr 79/195 und 203; Köln MDR 80, 1030 = IPRspr 80/164.

136 **b)** Der Versagungsgrund der Nr 2 entfällt, wenn der Bekl von dem gegen ihn laufenden erststaatl Verfahren Kenntnis erlangt hat und es ihm nach dem Recht des Erststaates mögl gewesen war, noch in den Prozeß durch Einlegung von Rechtsmitteln oder Rechtsbehelfen gegen eine bereits ergangene gerichtl Entscheidung einzugreifen. In Betracht kommen nicht nur ordentl Rechtsmittel, sondern auch der außerordentl Rechtsbehelf gem Art 16 Haager Zustellungsübereink. In diesen Fällen hatte es der Bekl in der Hand, sich rechtl Gehör vor dem Erstgericht zu verschaffen. Sehr klar Art 2 Buchst c Nr 2 dt-niederl Vertr: Danach ist der Einwand der nichtrechtzeitigen Ladung dann unbeachtl, wenn „der Kläger nachweist, daß der Bekl gegen die Entscheidung keinen Rechtsbehelf eingelegt hat, obwohl er davon Kenntnis erhalten hat". Diese Regel wurde zwar weder in den Text des EuGVÜ noch des § 328 I Nr 2 übernommen, sie kommt aber gleichwohl als **allgemeines Rechtsprinzip der internationalen Urteilsanerkennung** zum Zuge. Es kann nicht Aufgabe des § 328 I Nr 2 sein, dem Bekl zu ermöglichen, die Anerkennung dadurch zu verhindern, daß er am Erstprozeß nicht teilnimmt und die ordnungsgemäße Zustellung vereitelt. Sonst wären die Regeln über die internationale Zuständigkeit entwertet. Ist der Erststaat international zuständig, so bedeutet dies (auch), daß der Bekl dort sein Recht nehmen muß. Ist dem Bekl nach den Wertungen der einschlägigen Konvention bzw des § 328 I Nr 1 iVm §§ 12 ff zumutbar, sich im Erststaat zu verteidigen, dann erscheint es im Interesse der Förderung des internationalen Rechtsverkehrs (Freizügigkeit der Urteile) richtig, diese abstrakte Gerichtspflichtigkeit auch konkret dahin zu verdichten, daß der Bekl sich in den laufenden Erstprozeß einschalten muß, will er nicht die Anerkennung der ausl Versäumnisentscheidung riskieren. Dies ist ein Unterfall des allg Grundsatzes, daß nur derjenige die ordre public-Widrigkeit des erststaatl Verfahrens vor dem Zweitrichter rügen kann, der alle ihm nach dem Recht des Erststaates zustehenden Möglichkeiten (erfolglos) ausgeschöpft hat, um die Unregelmäßigkeit des erststaatl Verfahrens durch die Gerichte des Erststaates beseitigen zu lassen, Rn 158.

137 **Fazit:** Hat der Bekl zwar von der den Erstprozeß einleitenden Ladung keine Kenntnis erlangt, etwa weil die Zustellung der Klage mittels **öffentl Zustellung bzw remise au parquet** erfolgte, aber in einem späteren Stadium des erststaatl Verfahrens erfahren, daß gegen ihn eine Klage im Erststaat anhängig ist, dann trägt er die **prozessuale Last, sich in das Verfahren einzuschalten.** Tut er dies nicht, so kann er sich im dt Zweitverfahren nicht auf § 328 I Nr 2 berufen, Geimer IPRax 85, 6; KG NJW 77, 1016, 1018; LG Karlsruhe IPRspr 71/146. AA BayObLGZ 1978, 132 = IPRspr 78/174; Düsseldorf RIW 79, 570 = IPRspr 78/159; Stuttgart RIW 79, 130 = IPRspr 77/149; Köln MDR 80, 1030 = IPRspr 80/164; Hamm MDR 79, 680 = IPRspr 79/195; Schütze DIZPR 141; Martiny I Rz 861, II Rz 129; Mezger IPRax 85, 302. Der EuGH hat zwar bisher noch nicht ausdrückl Stellung genommen. Doch zwischen den Zeilen seiner bisherigen Urteile ergibt sich, daß auch er der vorstehenden Ansicht nicht folgen will. Denn er stellte die These auf: Für die Beurteilung der Frage, ob der Bekl ausreichend Zeit hatte, sich zu verteidigen, sei allein maßgebend die Zeitspanne, über die der Beklagte verfügte, um den Erlaß einer Versäumnisentscheidung zu verhindern, EuGH Rs 166/80, RIW 81, 781; BGH RIW 86, 303. Der EuGH will also die Möglichkeit außer Betracht lassen, daß sich der Bekl doch noch rechtl Gehör verschafft, indem er gegen die Versäumnisentscheidung Rechtsmittel einlegt.

138 **c)** Die Ladung bzw das verfahrenseinleitende Schriftstück braucht nur in der **Gerichtssprache des Erststaates** übermittelt worden sein, auch wenn das im Erststaat maßgebl Zustellungsrecht bzw das einschlägige Übereinkommen, wie zB Art IV EuGVÜ-Protokoll, eine Übersetzung vorschreibt. Auf dessen Einhaltung hat der **Erstrichter** zu achten, nicht aber der **Zweitrichter.** Wird dem Bekl eine Ladung eines Gerichts zugestellt, dann hat er es in der Hand, die notwendigen Schritte beim Erstgericht zu unternehmen, um der einschlägigen Vorschrift Geltung zu verschaffen. Im Stadium der Anerkennung genügt es, wenn das verfahrenseinleitende Schriftstück in der Gerichtssprache des Erststaates zugestellt worden war. Das Fehlen einer Übersetzung ist für sich allein noch kein Versagungsgrund, BayObLGZ 74, 471 = FamRZ 75, 215 (Geimer) = IPRspr 74/187; Düsseldorf RIW 85, 493 = IPRax 289; AG Berlin-Schöneberg DAVorm 83, 966 = IPRax 99; Geimer/Schütze I 1096. AA Stuttgart IPRspr 83/173. Allerdings ist in solchen Fällen die Rechtzeitigkeit der Zustellung genau zu prüfen; denn dem Bekl muß der **für eine Übersetzung notwendige Zeitraum** zur Verfügung gestanden haben.

139 **d)** Der Begriff **Einlassung** ist im Hinblick auf den Normzweck weit auszulegen. § 328 I Nr 2 will den Anspruch auf rechtl Gehör sichern, nicht aber dem böswilligen Schuldner einen bequemen Weg eröffnen, die Anerkennung verhindern zu können unter Berufung auf die Nichteinhal-

tung solcher Formalien, die seinen Anspruch auf rechtl Gehör nicht tangieren. Daher ist der Begriff Einlassung weit zu fassen. Einlassung ist jede Handlung, durch die der Bekl sich gegen den Angriff des Klägers verteidigt, aber auch jede über die bloße Passivität hinausgehende Reaktion des Bekl, aus der sich ergibt, daß er von der gegen ihn erhobenen Klage Kenntnis erlangt hat. Ob die Handlung des Bekl nach dem Recht des Erststaates relevant ist oder nicht, spielt keine Rolle. Beispiel: Gegen einen im Inland ansässigen Bekl wird im Ausland Klage erhoben. Der Anwalt des Bekl schreibt dem Anwalt des Klägers, seine Partei erkenne den Klageanspruch an; im Interesse der Kostenersparnis werde er keinen Anwalt im Gerichtsstaat beauftragen, es solle vielmehr Versäumnisurteil ergehen. – Die für den Bekl von einem ohne sein Wissen und/oder gegen seinen Willen vom ausl Gericht bestellten **Verfahrenspfleger (Kurator)** vorgenommenen Prozeßhandlungen stellen keine Einlassung im Sinne des § 328 I Nr 2 dar, auch wenn dieser außerhalb des Verfahrens mit einem von dem Bekl bevollmächtigten Anwalt korrespondiert hat, BayObLG IPRspr 78/176. Zu prüfen ist aber, ob nicht eine Heilung nach § 187 eingetreten ist. – Zu Recht betont Hamm RIW 78, 689 = IPRspr 162, daß aus jeder „Meldung" bei dem ausl Gericht klar wird, daß die bekl Partei die Ladung erhalten hat. – Hat sich der Bekl im vorstehenden Sinne eingelassen, dann entfällt das Anerkennungshindernis des § 328 I Nr 2, ohne Rücksicht darauf, ob er sich am Verfahren beteiligt hat, BGH RIW 78, 411 = NJW 78, 1115.

4) Nicht rechtzeitige Ladung: Trotz ordnungsgemäßer Zustellung ist nicht auszuschließen, daß der Bekl von dem Erstprozeß keine Kenntnis erhalten hat und ihm deshalb das rechtl Gehör bei Eröffnung des Verfahrens abgeschnitten wird. In Betracht kommen vor allem die Fälle der öffentl Zustellung oder der durch remise au parquet (§ 199 Rn 3). Deshalb sieht § 328 I Nr 2 eine zusätzl Sicherung vor: Die Anerkennung ist zu versagen, wenn das den Erstprozeß einleitende Schriftstück dem Bekl nicht so rechtzeitig zugestellt worden ist, daß er sich hätte verteidigen können. Es handelt sich um eine **Ausnahmevorschrift, die im Interesse der Rechtssicherheit eng auszulegen ist:** Sobald feststeht, daß die Möglichkeit bestand, sich rechtl Gehör zu verschaffen, scheidet dieser Versagungsgrund aus. Teilweise anders EuGH RIW 81, 781 = IPRax 81, 14 (Nagel): Danach kommt es bei der Frage der Rechtzeitigkeit ledigl auf den Zeitraum an, über den der Bekl verfügte, um den Erlaß eines Versäumnisurteils zu verhindern. Die Möglichkeit, sich durch Einlegung von Rechtsmitteln einschl Art 16 Haager Zustellungsübereink gegen die Versäumnisentscheidung rechtl Gehör zu verschaffen, wird dabei nicht erwogen; ebenso BGH RIW 86, 302 = IPRax 86, 366 (Walter 349). 140

Im einzelnen stellte der EuGH folgende Regeln auf: Der Zweitrichter kann im Zweifel davon ausgehen, daß **ein Bekl seine Verteidigung bereits dann vorbereiten kann, wenn das das Verfahren einleitende Schriftstück seinen Wohnsitz erreicht hat.** Er kann sich also grundsätzl auf die Prüfung beschränken, ob der von dem Zeitpunkt der ordnungsgem Zustellung an zu berechnende Zeitraum dem Bekl ausreichend Zeit für seine Verteidigung gelassen hat. **Auf Rüge des Bekl hat der Zweitrichter jedoch zu untersuchen, ob außergewöhnl Umstände vorliegen,** die die Annahme nahelegen, daß die Zustellung, obgleich ordnungsgem erfolgt, dennoch nicht genügte, um den Bekl in die Lage zu versetzen, Schritte zu seiner Verteidigung einzuleiten. Dabei kommt es auf die **Umstände des Einzelfalls** an, wie zB Art und Weise der Zustellung, Beziehung zwischen den Parteien, die Art der Maßnahmen, die zur Vermeidung zur Versäumnisentscheidung einzuleiten waren. Wenn es zB um **Handelsbeziehungen** geht und das verfahrenseinleitende Schriftstück an einen Ort zugestellt wurde, an dem der Schuldner seine Geschäfte betreibt, dürfte die Abwesenheit des Bekl zum Zeitpunkt der Zustellung dessen Verteidigungsmöglichkeiten nicht beeinträchtigen, insbes wenn die zur Vermeidung einer Versäumnisentscheidung erforderl Schritte formlos und sogar durch einen Vertreter eingeleitet werden können, Nachw Geimer/Schütze I 1082. Wurde die verfahrenseinleitende Zustellung durch Niederlegung vollzogen und hat deshalb das zuzustellende Schriftstück den Bekl nicht erreicht, hat aber der Kläger während des erststaatl Erkenntnisverfahrens von der **neuen Adresse des Bekl** erfahren, dies aber dem Gericht nicht mitgeteilt, sodaß ein erneuter Zustellungsversuch unterblieb und Versäumnisurteil erging, so will EuGH RIW 85, 976 ebenfalls auf die Umstände des Einzelfalls abstellen. 141

Bei der Prüfung des § 328 I Nr 2 ist der dt Richter an die **Feststellungen des Erstrichters** nicht gebunden, EuGH IPRax 85, 25 (Geimer 6). 142

5) Verfahrenseinheit: Wurde die verfahrenseinleitende Ladung oder Verfügung für ein **Vorverfahren** dem Bekl ordnungsgemäß zugestellt, dann hat er selbst dafür zu sorgen, daß er in dem anschließenden Verfahren gehört wird. Eine erneute Prüfung der Kautelen des § 328 I Nr 2 in bezug auf das anschließende Verfahren ist nicht erforderl. Geimer NJW 73, 2141; BayObLGZ 1978, 132 = IPRspr 78/174. Nach LG Hamburg, DAVorm 74, 682 = IPRspr 74/178, reicht es aus, wenn der Unterhaltsschuldner im vorhergehenden Abstammungsverfahren gehört wurde. 143

Rechtl Gehör sei nicht mehr notwendig bei der Festsetzung des Normalunterhaltsbetrages (vergleichbar mit Regelunterhalt). Anders BayObLGZ 78, 132 = IPRspr 78/174 für Verhältnis zwischen Separationsverfahren und Scheidungsprozeß. Skeptisch auch Mezger IPRax 85, 302.

144 **6) Rüge des Bekl:** § 328 I Nr 2 dient ausschließl dem Schutz des Bekl. Es besteht daher kein Anlaß, daß der Zweitrichter vom Amts wegen den Versagungsgrund prüft. Auch der Kläger des erststaatl Erkenntnisverfahrens kann nicht unter Berufung darauf, daß seinem Gegner das rechtl Gehör verweigert wurde, die Nichtanerkennung des Urteils betreiben. Dies stellt die Neufassung klar. Aber auch Art 27 Nr 2 GVÜ ist im gleichen Sinne auszulegen. Will sich der Bekl im Zweitverfahren auf § 328 I Nr 2 bzw Art 27 Nr 2 GVÜ berufen, so muß er dies **in limine litis** tun. Sonst ist er präkludiert, Rn 131.

145 Wenn über den Anerkennungs- bzw Klauselerteilungsantrag im einseitigen Verfahren (ohne Beteiligung des Antraggegners) nach Art 26 II, Art 34 GVÜ zu entscheiden ist, wird nicht geprüft, ob die Ladung des Bekl zum erststaatl Verfahren ordnungsgemäß war. Es bleibt vielmehr dem Bekl vorbehalten, durch Beschwerde zum OLG (Art 37) die Rüge der nicht ordnungsgemäßen Ladung zu erheben. Tut er dies, so trägt der Kläger des erststaatl Verfahrens (Antragsteller) die Darlegungs- und Beweislast für die ordnungsgemäße Zustellung. Kann dieser die Zustellungsurkunde bzw die Abschrift (Art 46 Nr 2) nicht vorlegen, so bleibt es ihm unbenommen, andere Beweismittel beizubringen, Art 48, Geimer IPRax 85, 8. AA Martiny II Rz 129.

146 **V) 1)** Nr 3 nF behandelt zu Recht die Frage des **Vorrangs bei Kollision mehrerer Entscheidungen** nicht als Anwendungsfall des ordre public. So aber die bisher hM, BayObLGZ 83, 21. Die Vorschrift ist Art 27 Nr 3 und 5 GVÜ nachgebildet. Hierzu Martiny I Rz 1132; Geimer/Schütze I 995, 1648. Das **Prioritätsprinzip** gilt nur bei Konkurrenz mehrerer ausl Entscheidungen; inländische Entscheidungen, auch wenn sie zu Unrecht die frühere ausl Rechtshängigkeit mißachtet haben, sollen immer Vorrang haben. Diese Bevorzugung inländischer Urteile ist nicht gerechtfertigt. Besser wäre es gewesen, die Kollision nach den gleichen Grundsätzen zu lösen, die gem § 580 Nr 7 bei Vorliegen zweier inländischer Entscheidungen über den gleichen Streitgegenstand gelten.

147 **2)** Endet das **inländische Verfahren ohne Entscheidung in der Sache,** so entfällt das Anerkennungshindernis für die ausl Entscheidung, wenn das Erstgericht die Priorität des inländischen Verfahrens nicht beachtet hat. Wird zB das inländische Verfahren durch Klagerücknahme oder Prozeßurteil (Prozeßabweisung wegen internationaler Unzuständigkeit oder wegen Prozeßunfähigkeit) erledigt, so ergibt sich keine Konkurrenz zwischen den Wirkungen verschiedener Urteile, Geimer/Schütze I 1668.

148 **3) Unvereinbarkeit: a)** Zunächst sind die Wirkungen der in Betracht kommenden Urteile nach dem Recht des jeweiligen Erlaßstaates zu ermitteln. Decken sich diese Wirkungen, so wird das Kollisionsproblem praktisch nicht aktuell, jedoch ist vom dogmatischen Standpunkt aus festzuhalten, daß auch in diesem Falle das zeitl spätere Urteil bei Konkurrenz mehrerer ausl Entscheidungen bzw das ausl Urteil bei Konkurrenz mit einer inländischen Entscheidung nicht anerkannt werden kann.

149 **b)** Die amtl Begründung betont, daß die **Identität der Parteien nicht erforderl** sei, weil „Unvereinbarkeit nach dt Prozeßrecht auch über die unmittelbare Beteiligung hinaus in Frage kommt". Dies ist zumindest mißverständl. Zu prüfen sind die jeweiligen subjektiven Grenzen der Urteilswirkungen nach dem jeweiligen Recht des Erlaßstaates. Wirkt zB das Urteil des Staates X nur zwischen den Parteien A und B und das Urteil des Staates Y nur zwischen den Parteien C und D Rechtskraft, so liegt keine Unvereinbarkeit vor, auch wenn die Feststellungen des Gerichtes X im logischen Widerspruch stehen zu den Feststellungen des Gerichtes Y.

150 **c)** Die **Versagung der Prozeßkostenhilfe** entscheidet nicht über die Sache. Der Umstand, daß ein dt Gericht für eine Klage wegen mangelnder Aussicht auf Erfolg keine PKH bewilligt hat, steht der Anerkennung einer ausl Entscheidung in der Sache nicht entgegen, BGH JZ 83, 903 (Kropholler).

151 **VI) Ordre public** (vgl Geimer IZPR Rn 23 ff; Geimer/Schütze I § 198; Martiny I Rz 958; Coester-Waltjen Rz 248 FN 864; vgl auch § 1041 Rn 52). **1) Verbot der révision au fond:** Grundsätzl darf der dt Richter die Richtigkeit der ausl Entscheidung nicht nachprüfen. Er darf weder das dem ausl Urteil vorausgegangene Verfahren noch die tatsächl oder rechtl Feststellungen im Urteil selbst nachprüfen. Eine sog révision au fond ist verboten. § 723 I gilt auch für die Anerkennung. Fehler im Verfahren oder in der Urteilsfindung sind grundsätzl für die Anerkennung belanglos. Fehlerhafte ausl Urteile sind genauso hinzunehmen, wie fehlerhafte inländische. Es kann nämlich nicht erwartet werden, daß die ausl Gerichte weniger fehlerhafte Urteile erlassen als die inländischen. Geimer 41; zustimmend Martiny I Rz 321.

2) Vom **Grundsatz der Unnachprüfbarkeit der ausl Entscheidung** ist jedoch dann eine Ausnahme zu machen, wenn höherwertige Interessen eine Durchbrechung dringend erfordern. Diese Fälle werden durch § 328 I Nr 4 generalklauselartig umschrieben. Die **Neufassung** der ordre public-Klausel durch das IPR-ReformG bringt inhaltl keine Änderung mit Ausnahme der im Anschluß an die Haager Konventionspraxis eingefügte Vokabel „offensichtlich" (die in Art 27 Nr 1 GVÜ fehlt). Daraus ließe sich ableiten, daß Nr 4 nF die Toleranzschwelle des ordre public zugunsten der Anerkennung verschiebt. Eine aussagekräftige und vor allem randscharfe Abgrenzung ist auch nach der Neufassung nicht mögl. Nach der st Rspr des RG greift der Versagungsgrund des ordre public ein, wenn die Anerkennung einem dt Gesetz widersprechen würde, mit welchem die dt Rechtsordnung ein bestimmtes Ziel in einer die Grundlagen des staatl und wirtschaftl Lebens bildenden Frage aus bestimmten staatspolitischen, sozialen oder wirtschaftl Anschauungen, nicht jedoch aus Zweckmäßigkeitserwägungen verfolgt; RG 169, 245; BGH 22, 24. Zur Kritik Martiny I Rz 996. Die Tatsache allein, daß ein ausl Urteil zwingendes dt Recht nicht beachtet oder falsch anwendet, reicht nicht aus, um § 328 I Nr 4 zu bejahen. Die nichtbeachtete, falsch angewandte deutsche Norm muß vielmehr vom Standpunkt der Werteordnung des dt Rechts schlechthin von elementarer Bedeutung sein und deshalb absolut und in allen Fällen Durchsetzung erheischen. Hervorzuheben ist, daß der ordre public-Vorbehalt nur in ganz krassen Fällen eingreifen kann. Im Verhältnis zur kollisionsrechtl Vorbehaltsklausel des Art 6 EGBGB ist zu beachten, daß auch in den Fällen, in denen die Anwendung eines ausl Gesetzes durch den dt Richter wegen Art 6 EGBGB ausscheidet, die Anerkennung eines ausl Urteils, das auf einem solchen Gesetz beruht, nicht von vornherein ausgeschlossen ist *(ordre public attenué);* Geimer/Schütze I 2 § 198 III 1; Coester-Waltjen Rz 248 FN 864. 152

3) Die Wertordnung des dt Rechts wird entscheidend durch die **Grundrechte** geprägt. Diese müssen – zumindest in ihrem Kernbereich – auch gegenüber ausl Entscheidungen über die ordre public-Klausel durchgesetzt werden, § 1041 Rn 62. Dies hebt Nr 4 nF ausdrückl hervor. So kann zB Art 14 GG gegen ausl Entscheidungen eingesetzt werden, die eine entschädigungslose Enteignung – auch incidenter – bestätigen. Art 103 I GG beeinflußt nicht nur die Auslegung des § 328 I Nr 2 sondern auch die Fixierung des über den ordre public durchzusetzenden Mindeststandards für ein faires Verfahren (Rn 155). Nachw Martiny I Rz 172. 153

4) Die ordre public-Prüfung bezieht sich sowohl auf das dem ausl Urteil vorangegangene Verfahren (zB schwerer Verstoß gegen das Gebot des rechtl Gehörs oder gegen elementare Grundsätze für rechtsstaatl Verfahren) (Rn 155) als auch auf die Urteilsfindung selbst (Rn 160 ff). Auch die irrtüml Auslegung eines (dt) Gesetzes kann vom Ergebnis her gesehen im Einzelfall gegen den ordre public verstoßen, BGH 22, 24. 154

5) Überprüfung des ausl Verfahrens. a) Zur Prüfung des erststaatl Erkenntnisverfahrens auf seine Vereinbarkeit mit dem ordre public Geimer/Schütze I 1053, 1468. **Die Anerkennung ist zu verweigern, wenn das erststaatl Verfahren mit grundlegenden Verfahrensmaximen des dt Prozeßrechts unvereinbar ist,** BGHZ 48, 327. BGH RIW 78, 410 = NJW 1115 = IPRspr 77/151; Hamburg RIW 85, 490. Der BGH hebt richtig hervor, daß nicht bestimmte dt Verfahrensrechtssätze Gegenstand der ordre public-Prüfung sind, sondern die hinter dem positiven Verfahrensrecht stehenden grundlegenden Verfahrensmaximen. Dies wird in der Praxis der internationalen Urteilsanerkennung vielfach übersehen. Man mißt das ausl Verfahren unmittelbar am zwingenden dt Verfahrensrecht, anstatt aus diesem die tragenden, aus dt Sicht unverzichtbaren Verfahrensgrundsätze „herauszudestillieren". Bei der Auswahl der Verfahrensmaximen, auf deren Wahrung auch bei ausl Urteilen bestanden werden muß, ist ein strenger Maßstab anzulegen. Angesichts der Verschiedenheiten, die die einzelnen Verfahrensrechtsordnungen aufweisen, kann nicht erwartet werden, daß die ausl Gerichte ihre Verfahren nach gleichen oder ähnl Regeln gestalten wie dt Gerichte. Es sind deshalb erhebl und wesentl Abweichungen des ausl Rechts von dem dt Prozeßrecht hinzunehmen. So hat der BGH zum dt-brit Abk entschieden, daß es nicht gegen den dt ordre public verstoße, wenn ein engl Gericht den Bekl wegen contempt of court (Nichtbefolgung einer interim order) von der weiteren Teilnahme am Rechtsstreit ausgeschlossen hat (BGHZ 48, 327). Dasselbe gilt für Urteile brit Gerichte, die im summarischen Verfahren nach Order 14 erlassen sind, BGHZ 53, 357 = NJW 70, 1004 [Cohn 1506] = IPRspr 70/122; Mann IPRax 84, 44 und Schweizer BG IPRax 84, 38; Hamburg IPRspr 75/163. Zu Recht betont das BayObLG, NJW 74, 418 (Geimer) = IPRspr 73/156, daß das Fehlen des Anwaltszwangs im österr Scheidungsverfahren aus dem Blickwinkel des deutschen ordre public nicht zu beanstanden ist. Es wäre verfehlt, wollte man das gesamte zwingende dt Verfahrensrecht zum Inhalt des dt ordre public erklären. Der ordre public-Vorbehalt steht vielmehr nur in besonderen Ausnahmefällen der Anerkennung entgegen, nämlich nur dann, wenn das ausl Erstverfahren gegen grundlegende Forderungen prozessualer Gerechtigkeit verstößt, von denen wir einfach nicht abgehen können, ohne daß unser Rechtsgefühl auf das tiefste verletzt würde. Zu den grundle- 155 genden Verfahrensgrundsätzen, die wir auch gegenüber ausl Urteilen durchsetzen, gehören alle, die ihre Wurzel in den Forderungen der Rechtsstaatlichkeit haben, so insbesondere der Grundsatz der Unabhängigkeit und Unparteilichkeit des Gerichts und der Grundsatz des rechtl Gehörs, BGH RIW 78, 411 = NJW 78, 1115.

156 Besteht im erststaatl Verfahren **Anwaltszwang,** so haben die Parteien für ihre anwaltschaftl Vertretung selbst zu sorgen, und zwar auch dann, wenn das Recht des Erststaates **wesentl strengere Voraussetzungen für die Gewährung von Prozeßkostenhilfe** aufstellt als das dt. Ein ordre public-Verstoß kann jedoch vorliegen, wenn das erststaatl Recht Minderbemittelten überhaupt keine Möglichkeit gibt, einen Anwalt im Wege der Prozeßkostenhilfe beigeordnet zu erhalten.

157 Im Fall der **Mandatsniederlegung** ihres Anwalts muß die betroffene Partei bemüht sein, für ihre weitere Vertretung zu sorgen. Sie kann nicht damit rechnen, daß das Erstgericht den Verhandlungstermin auf längere Zeit verlegt. Wenn sie nicht geeignete Schritte für ihre weitere Vertretung unternimmt, dann kann hierin kein Verstoß gegen die deutsche öffentliche Ordnung gesehen werden; denn sie hatte ja die Möglichkeit, auf das Erstverfahren durch neue Prozeßbevollmächtigte aktiv einzuwirken und dort zu Gehör zu kommen. BGH MDR 78, 488 = NJW 78, 1114 = IPRspr 77/151. Der ordre public ist nicht verletzt, wenn **persönl Erscheinen** vor Erstgericht nicht mögl war, Rn 286, ebenso erststaatl Verfahrensrecht Anwaltszwang nicht vorsieht, BayObLG NJW 74, 418 (Geimer) = IPRspr 73/156.

158 **b)** Ein Verstoß gegen die ordre public-Maximen kann jedoch im Zweitverfahren nicht mehr gerügt werden, wenn er nicht schon im Erstverfahren (erfolglos) geltend gemacht wurde. **Es muß also die Beseitigung des Verfahrensfehlers bereits im Erstprozeß mit den Mitteln des erststaatl Prozeßrechts versucht worden sein,** Geimer JZ 69, 14 ff und Geimer/Schütze I 2 § 195 FN 33 und II, 83 f. Die Partei, die von dem Verfahrensverstoß betroffen ist, muß alle ihr zur Verfügung stehenden Rechtsmittel und Rechtsbehelfe im erststaatl Verfahren ausgeschöpft haben; Martiny S 513; aA LG Hamburg IPRspr 81/182; Schütze DIZPR 143.

159 **c) Verneint ausl Rechtsmittelgericht einen Verfahrensverstoß oder die Ursächlichkeit** desselben für die angefochtene Entscheidung, so ist der dt Zweitrichter daran nicht gebunden. Die Rechtsmittelentscheidung unterliegt der **freien Beweiswürdigung** des Zweitrichters. Dieser wird jedoch nicht ohne triftigen Grund von der Meinung des ausl Rechtsmittelgerichts abweichen. Geimer JZ 1969, 16 FN 30. Für Bindung dagegen BayObLG IPRspr 78/176.

160 **6) Überprüfung der ausl Urteilsfindung** (Geimer/Schütze I 2 § 198). **a)** Ein Verstoß gegen den dt ordre public ist auch dann nicht ausgeschlossen, wenn das ausl Gericht seiner Entscheidung dt Recht zugrunde gelegt hat. Die Gegenansicht (Melchior, IPR, 1932, 330) würde dazu führen, daß im Anerkennungsstadium der Inhalt des ausl Urteils überhaupt nicht überprüft werden dürfte. Vielmehr ist Anerkennung zu versagen, wenn das Erstgericht durch falsche Auslegung des dt Rechts zu einem Ergebnis kommt, das dem dt ordre public widerspricht, Geimer NJW 74, 420; Geimer/Schütze I 1483. AA Mann NJW 84, 2742. Zum **maßgebl Zeitpunkt** Geimer/Schütze I 1602; Martiny I Rz 1149.

161 **b)** Bei der Prüfung, ob der Inhalt des ausl Urteils gegen den dt ordre public verstößt, ist nach hM ausschließl der vom ausl Gericht festgestellte Tatsachenstoff maßgebl. **Neue Tatsachen dürfen nicht vorgebracht werden.** Der dt Zweitrichter ist an die ausl tatsächl Feststellungen gebunden. Nachw Geimer NJW 74, 420 sub 4. Diese Ansichten sind zu undifferenziert, Geimer/Schütze I 1458, 1716; Martiny I Rz 1158. Näher Rn 181.

162 **c) Andersartigkeit des erststaatl Beweisrechts** ist kein Grund für den Einsatz des ordre public. Beispiel: Der Erstrichter hat die Beweislast anders verteilt oder er hat den Sachverhalt nicht aufgeklärt im Hinblick auf eine Fiktion oder unwiderlegl Vermutung oder er hat die Beweise anders gewürdigt als es der dt Richter getan hätte. Auch Abweichungen des Beweisverfahrensrechts (Kreuzverhör), eine andere Beurteilung der Zeugnisverweigerungsrechte (der Erstrichter hat ein Zeugnisverweigerungsrecht zuerkannt, das im dt Recht nicht bekannt ist oder umgekehrt ein dem dt Recht bekanntes Zeugnisverweigerungsrecht dem Zeugen nicht gewährt) sind für sich allein keine Gründe, die Anerkennung zu verweigern. Mit dem ordre public werden aber **untragbare Abweichungen des erststaatl Beweisrechts von elementaren dt Grundsätzen** abgewehrt. So verstößt zB die Verurteilung eines nichtehel Vaters zum Unterhalt allein aufgrund einer uneidl Aussage der Mutter gegen den dt ordre public. – Nach ital Recht vertritt der Reedereiagent den Reeder im Prozeß, so daß Klage gegen den Reeder kraft Gesetzes auch gegen dessen Agenten erhoben werden kann. Der Reeder muß ein solches Urteil gegen sich gelten lassen, auch wenn er keinerlei Einfluß auf dieses Verfahren genommen hat; die Anerkennung verstößt nicht gegen den dt ordre public, Martiny I Rz 100, aA LG Hamburg RIW 79, 712 = IPRspr 77/157. – Am weitesten geht man bei der Überprüfung des erststaatl Urteils bezügl des Beweisrechts in Frankreich. Dies hängt damit zusammen, daß ganz allgemein Voraussetzung für die

Anerkennung und Erteilung des Exequaturs die Anwendung des vom franz Kollisionsrecht vorgeschriebenen „richtigen" Rechts ist, Nachw Coester-Waltjen Rz 248 FN 867, Rz 595.

d) Keine kollisionsrechtl Kontrolle. Bereits vor der IPR-Reform 1986 galt im dt Anerkennungsrecht der Grundsatz: Die Anerkennung darf nicht schon deswegen verweigert werden, weil das Erstgericht den Rechtsstreit nach einer anderen Rechtsordnung entschieden hat, als nach derjenigen, die nach dem inländischen (= zweitstaatl) Kollisionsrecht maßgebl gewesen wäre. Hierzu Martiny I Rz 125, Geimer/Schütze I 1394. Eine wichtige Ausnahme zugunsten dt Staatsangehörige bildete der Versagungsgrund des § 328 I Nr 3 aF. Dieser wurde per 1. 9. 1986 ersatzlos gestrichen. Damit weicht das neue Anerkennungsrecht von den Regelungen der meisten Staatsverträge ab, vgl zB Art 27 Nr 4 GVÜ. Doch ist die BRepD nicht verpflichtet, diese staatsvertragl vereinbarten Versagungsgründe anzuwenden. Sie ist vielmehr berechtigt, ihr **anerkennungsfreundlicheres autonomes Recht** zur Geltung zu bringen (favor recognitionis). Deshalb wäre es das einfachste und überzeugendste – und würde Spannungen zwischen Konventions- und autonomem Recht von vorneherein vermeiden –, wenn man auf diese staatsvertragl Versagungsgründe nicht zurückkommt, Geimer/Schütze I 994. **163**

Das **Fehlen einer kollisionsrechtl Kontrolle** führt (indirekt) zu einer Erstreckung des ausl Kollisionsrechts auf das Inland, Martiny I Rz 135. Man spricht auch von einem **verkappten zweiten Kollisionsrechtssystem des Anerkennungsstaates,** Wengler RdC 104 (1961 III) 434 = Picone/Wengler 436. Als Barriere gegenüber dem Auslandsrecht bleibt dann nur noch die Schwelle des ordre public, der jedoch – nota bene – nicht deswegen eingesetzt wird, weil ein anderes Recht vom Erstrichter der Entscheidung zugrunde gelegt wurde, als dies der dt Richter getan hätte, sondern weil der Inhalt des vom ausl Richter in concreto angewandten Rechts mit den elementaren Grundwertungen des dt Rechts (also nicht mit derjenigen Rechtsordnung, die aus dt Sicht lex causae gewesen wäre) kollidiert. **164**

Das **Beiseiteschieben der von dem dt IPR berufenen lex causae durch das erststaatl Urteil** gilt jedoch nur so weit, als das erststaatl Urteil eine Entscheidung fällt. Soweit diese Entscheidung reicht, werden ihre (erststaatl) Wirkungen auf das Inland erstreckt. Im übrigen (soweit im Erststaat nicht entschieden wurde) gilt weiterhin die vom dt IPR bestimmte lex causae. Dies kann zu Spannungen führen: Das ausl Gericht erläßt nach einer bestimmten Rechtsordnung ein Gestaltungsurteil. Nach welcher Rechtsordnung ist das Rechtsverhältnis im Inland „fortzusetzen"? Beispiel: Ausl Scheidung und inländisches Scheidungsfolgenstatut (Martiny I Rz 384) oder: Wurde im Ausland nach einer bestimmten Rechtsordnung durch Urteil eine Adoption ausgesprochen, so wird das Adoptionsverhältnis im Inland nach der vom dt IPR berufenen lex causae fortgesetzt. Aus dem Erststaat wird also ledigl der ausl Adoptionsakt übernommen. Die weiteren Wirkungen des Adoptionsverhältnisses richten sich nach der vom dt IPR bestimmten lex causae, Martiny Rz 140. – Vgl Rn 16. **165**

Wird im Ausland ein Rechtsverhältnis aufgehoben, das vom inländischen Standpunkt her nie bestanden hat, so ist zwar eine Anerkennung mögl, gleichwohl gegenstandslos: Wird zB im Ausland eine Ehe geschieden, die aus der Sicht des Inlandes ein matrimonium non existens ist, so ist der inländische Standpunkt, daß eine Ehe nie existiert hat, allein maßgebend. Auch gibt es keine Scheidungsfolgen, da aus inländischer Sicht keine Ehe bestanden hat. Andere fordern als Voraussetzung der Anerkennung das Bestehen einer für das Inland gültigen Ehe. Fehle es daran, so müsse die Anerkennung scheitern, Martiny I Rz 141. **166**

e) Nach hM setzt die Anwendung des ordre public eine **Inlandsbeziehung** voraus, Martiny I Rz 1077. Der Inlandsbezug wird nicht dadurch hergestellt, daß es sich um die Anerkennung im Inland handelt. Vielmehr hat der Zweitrichter – genauso wie wenn er im Erkenntnisverfahren den Fall selbst zu entscheiden hätte – zu prüfen, ob der dem ausl Urteil zugrundeliegende Sachverhalt die nötige Inlandsbeziehung aufweist. Möglicherweise muß zur Anwendung des § 328 I Nr 4 die Binnenbeziehung (Beziehung zum Zweitstaat) enger sein als im Erkenntnisverfahren, um die Verweigerung der ausl Entscheidung wegen Verstoß gegen den ordre public zu begründen (ordre public attenué), Rn 152 aE. Es gibt aber sicher auch Fälle, in denen trotz fehlender Inlandsbeziehung eine Anerkennung ausl Urteile ausgeschlossen ist. So bei **Anwendung absolut unmoralischen Rechts.** Verstöße gegen fundamentale Gerechtigkeitsvorstellungen, insbesondere gegen elementare Menschenrechte, können nicht hingenommen werden. Der ordre public universel sichert ein Minimum an Gerechtigkeit im naturrechtl Sinn. Er errichtet ein gemeinsames Bollwerk aller zivilisierten Staaten gegen Barbarei und Unmenschlichkeit, Nachw Geimer/Schütze I 1590. **167**

f) Mit dem ordre public sollen ledigl die Grundwertungen der inländischen Rechtsordnung durchgesetzt werden. Daraus folgt, daß eine Anerkennung nicht mit der Begründung verweigert werden kann, sie verstoße gegen den **ordre public eines dritten Staates.** Dies gilt im Anwen- **168**

dungsbereich der Verträge, wenn als Versagungsgrund nur ein Verstoß gegen die **öffentl Ordnung des Zweitstaates** zugelassen ist. Unvereinbarkeit mit der öffentl Ordnung eines dritten Staates wäre demnach unbeachtl. Allerdings entfallen diese Bedenken, wenn der Zweitrichter überzeugend darlegt, daß die Unvereinbarkeit mit dem drittstaatl ordre public auch den eigenen (zweitstaatl) ordre public tangiert. Soweit keine völkervertragsrechtl Bindung besteht, also im Anwendungsbereich des § 328 I Nr 4, ist der ordre public eines anderen (befreundeten) Staates dann zu beachten, wenn der Zweitrichter bei eigener Rechtsanwendung, also wenn er im Erkenntnisverfahren anstelle des ausl Erstrichters den Rechtsstreit hätte entscheiden müssen, den ausl ordre public durchgesetzt hätte, Geimer/Schütze I 1592; enger Martiny I Rz 986.

169 **g) Beispiele:** Spricht der ausl Richter **Schadensersatz wegen vertragl oder außervertragl Unrechts** zu, obwohl dies die vom dt IPR berufene lex causae nicht oder nicht in diesem Umfang vorsieht, so ist dies für sich allein kein Grund, die Anerkennung zu verweigern, Rn 163, Art 38 (= Art 12 aF) EGBGB ist gegenüber ausl Urt nicht durchzusetzen, BGHZ 88, 17 = NJW 84, 568 = JZ 83, 903 (Kropholler) = IPRax 84, 202 (Roth 183) = IPRspr 83/176; Martiny I Rz 507; Schack VersR 84, 422. **Exorbitante Abweichungen des ausl Deliktsrechts** vom dt können über § 328 I Nr 4 abgewehrt werden, so zB horrende Schadensersatzsummen zur Sühne immaterieller Schäden, wie sie von US-Gerichten festgesetzt werden (hierzu Hoechst, Die US-amerikanische Produzentenhaftung, 1986), Rn 77. – Vgl dagegen die EG-Produkthaftungs-Richtlinie, hierzu Schmidt-Salzer BB 86, 1103.

170 Zur Frage der Durchsetzung des § 61 BörsG gegenüber ausl Urteilen bejahend BGH Warn 75 Nr 117 = NJW 75, 1600.

Zum internationalen **Geltungsanspruch des zwingenden deutschen Kartellrechts** (§ 98 II GWB) BGH IPRax 83, 21 (Rehbinder 7).

171 Auch gegenüber ausl Urteilen zur Geltung zu bringen ist § 1614 BGB: Hält das ausl Gericht einen **Verzicht auf Unterhalt** für die Zukunft für wirksam, so ist das ausl Urteil nicht anzuerkennen. Ansonsten hat sich die dt Rspr bei Anwendung des ordre public in **Unterhaltsangelegenheiten** sehr zurückgehalten, Nachw Martiny II Rz 301. Wenn im Erststaat mehr Unterhalt zugesprochen wurde als dies in einem dt Unterhaltsprozeß mögl gewesen wäre, so verstößt dies noch nicht gegen den ordre public, wohl auch dann, wenn das vom Erstrichter angewandte Recht einen Mindestunterhalt ohne Rücksicht darauf gewährt, ob der Pflichtige leistungsfähig ist oder nicht. Allerdings kann der Pflichtige sich im Zweitstaat durch die Vollstreckungsgegenklage auf den Pfändungsschutz berufen. Kennt das vom Erstgericht angewandte Recht keinen Selbstbehalt (mit der Folge, daß Eltern und Kinder alles miteinander teilen müssen), so will AG Hamburg IPRax 86, 178 (Henrich) den ordre public anwenden. Bei einem ausl **Unterhaltszahlungstitel** prüft der dt Zweitrichter auch die Vereinbarkeit des dem Titel zugrunde liegenden **Vaterschaftsanerkenntnisses** mit dem deutschen ordre public. LG Frankfurt DAVorm 77, 342 = IPRspr 141. Das LG verneint ordre public-Verstoß, obwohl das polizeil Protokoll über das Vaterschaftsanerkenntnis ohne Zuziehung eines Dolmetschers abgefaßt worden war. Bedenkl! Zur Überprüfung der Vaterschaftsfeststellung auch AG Kassel DAVorm 81, 236 = IPRspr 80/165. Kein ordre public-Verstoß, wenn die **Beweisaufnahme,** insbes serologische Begutachtung, nicht den Anforderungen entspricht, die nach dt Recht zu stellen sind, München DAVorm 83, 246 = IPRspr 82/167; KG FamRZ 82, 1240 = IPRspr 82/176. Anders AG Hamburg-Wandsbek DAVorm 82, 706 = IPRspr 82/184. – Kein ordre public-Verstoß, wenn der Verurteilung des „Vaters" zu Unterhalt das System der **Zahlvaterschaft,** das bei uns abgeschafft und durch § 1600 BGB (Feststellung des **biologischen Vaters**) ersetzt wurde, zugrundeliegt, KG FamRZ 82, 1240 = IPRspr 82/176. Anders AG Hamburg-Wandsbek DAVorm 82, 706 = IPRspr 82/184, jew zu § 54 DDR-FamGB.

172 Berücksichtigt das Erstgericht einen **Pfändungs- und Überweisungsbeschluß** nicht, so ist dies kein Grund, die Anerkennung zu verweigern, BGH IPRax 85, 154 (Prütting 140).

173 Das **Fehlen schriftlicher Urteilsgründe** ist für sich allein kein Verstoß gegen den ordre public. Allerdings wird die Prüfung des erststaatl Urteils auf seine Vereinbarkeit mit dem dt ordre public erschwert. Ein non liquet geht zu Lasten der siegreichen Partei, Geimer/Schütze I 1597; Martiny I Rz 1114.

174 Einen Verstoß gegen den dt ordre public bejaht LG Braunschweig, GRUR Int 72, 92 = IPRspr 71/144, gegenüber einem ital Urteil, das das einem Deutschen erteilte ital Patent wegen dreijähriger Nichtausübung für verfallen erklärt, die wegen Verletzung des Patents erwirkte Beschlagnahme aufhebt und den dt Patentinhaber verurteilt, dem betroffenen ital Unternehmen Schadensersatz wegen unrechtmäßiger Beschlagnahme zu leisten, weil die Verfallserklärung der Pariser Verbandsübereinkunft zuwiderläuft. Darin liege eine entschädigungslose Enteignung, die nicht hingenommen werden könne.

Eine **Scheidung ohne Einhaltung der Trennungsfrist** des dt Rechts (§ 1566 BGB) verstößt nicht gegen den dt ordre public BayObLG IPRspr 78/175. 175

7) Eine **Fehlentscheidung des Zweitrichters zur Frage der ordre public-Widrigkeit** (unrichtige Verneinung eines Verstoßes gegen den ordre public) ist wirksam, nicht nichtig. Vgl Rn 196. 176

VII) Gegenseitigkeit (Schütze RV 177; Geimer/Schütze I 2 §§ 238 ff). **1)** Gegenseitigkeit ist gewährleistet, wenn die Anerkennung und Vollstreckung eines dt Urteils in dem Urteilsstaat auf keine wesentl größeren Schwierigkeiten stößt als die Anerkennung und Vollstreckung dieses Urteils in der BRepD. Im Hinblick auf die verschiedenartigen nationalen Rechtsordnungen kann eine **völlige Übereinstimmung des beiderseitigen Anerkennungsrechts nicht verlangt werden.** Es ist vielmehr darauf abzustellen, ob das beiderseitige Anerkennungsrecht und die Praxis der Gerichte zur Anerkennungsfrage bei einer Gesamtwürdigung im wesentl gleichwertige (nicht notwendig gleichartige!) Bedingungen für die Anerkennung und Vollstreckung eines dt Urteils im Ausland schaffen. Dabei kann es auch gerechtfertigt sein, einzelne Erschwerungen, die das ausl Recht der Anerkennung und Vollstreckung dt Urteile bereitet, als durch Erleichterungen in anderen Punkten kompensiert anzusehen. Überhaupt ist bei der Prüfung der Gegenseitigkeit kein formaler, kleinlicher Maßstab anzuwenden. Es sind keine zu strengen Anforderungen zu stellen. 177

Die Feststellung der Gegenseitigkeit erfordert einen **Vergleich des erststaatl Anerkennungsrechts mit dem deutschen.** Dieser umfaßt das materielle und das Verfahrensrecht. Völlige Dekkungsgleichheit ist nur theoretisch denkbar und deshalb nicht zu fordern. Erschwerungen in dem einen Bereich können durch Erleichterungen in anderer Hinsicht ausgeglichen werden. Es genügt **partielle Verbürgung** für die in Betracht kommende **Urteilsgattung.** Es reicht aber partielle Verbürgung bezügl einzelner Urteilswirkungen (zB nur für die Rechtskraft) nicht aus, Schütze DIZPR 145. Die Gegenseitigkeit muß tatsächl verbürgt sein. Verbürgung nur nach dem Wortlaut des Gesetzes oder nach Lehrbüchern reicht nicht aus. Maßgebend ist **die tatsächl Übung.** Allerdings führt der Mangel an Erfahrung mit einem (neuen) Gesetz nicht zu einer Verneinung der Gegenseitigkeit. In solchen Fällen wird unterstellt, daß der ausl Richter sein Recht so anwendet, wie es sich aus dem Gesetzestext ergibt. Auch ist nicht erforderl, daß der Erststaat mit der Urteilsanerkennung vorangeht. Sonst wäre in allen Fällen, in denen das erststaatl Recht auch das Gegenseitigkeitserfordernis kennt, eine Pattsituation vorhanden, bei der jeder Staat dem anderen den Vortritt lassen würde. Gegenseitigkeitsfeststellungen der Justizverwaltung binden nicht, vgl die Feststellung bezüglich Israel und der CSSR JMBlNRW 59, 6; Justiz 73, 426. 178

Ausnahmen vom Gebot der Verbürgung der Gegenseitigkeit: § 328 II (ergänzt hinsichtl der Kindschaftssachen [§ 640 II] durch 1. EheRG) und Art 7 § 1 I 2 FamRÄndG (Rn 219 ff). 179

O) Prüfung der Anerkennungsvoraussetzungen

I) Über die **Verfahrensgrundsätze, nach denen die Anerkennungsvoraussetzungen zu prüfen sind,** herrscht noch reichl Verwirrung. Nach hM sind die Anerkennungsvoraussetzungen nicht nur von Amts wegen zu beachten, es sind auch ihre tatsächl Grundlagen von Amts wegen zu prüfen. Vgl StJSchL § 328 I 3a; deutsche Denkschrift zum deutsch-israelischen Vertrag, BT-Drucks 8/3866, S 13; darüber hinaus soll – mit Ausnahme von § 328 I Nr 2 – sogar nach einigen Autoren die Untersuchungsmaxime herrschen, vgl Schütze Diss 28 mwN. 180

II) Andererseits soll nach hM der Erstrichter an die **tatsächl Feststellungen des ausl Gerichts** gebunden sein, jedenfalls bei der ordre public-Prüfung. Vgl Rn 161. Die Bindung an den vom Erstgericht festgestellten Sachverhalt soll auch in Statussachen gelten; vgl RG JW 28, 3044 = HRR 28 Nr 1659. Ebenso RGZ 166, 367 (373/374) = DR 41, 1744 = HRR 41 Nr 718, und BGH IzRspr 1954–57 II Nr 318c (S 425) = FamRZ 57, 370 = ROW 58, 79 („Dabei ist das OLG zutreffend von dem vom Kreisgericht festgestellten Sachverhalt ausgegangen"). BayObLG IPRspr 78/175 bejaht sogar eine Bindung an rechtl Feststellungen: Bei der Prürung des Inhalts des ausl Urteils sei von dem im ausl Urteil festgestellten Sachverhalt auszugehen; dieser sei einer Nachprüfung und anderweiten rechtl Würdigung nach Maßgabe des anzuwendenden Scheidungsrechts entzogen, BGH NJW 78, 1114 = MDR 78, 488 = IPRspr 77/151: Mit denjenigen Beweismitteln, deren sich Bekl bereits bei seinem Vortrag im ausl Prozeß bedient hat oder hätte bedienen können, kann er allein nicht ein betrügerisches Erschleichen des Urteils darlegen. KG FamRZ 82, 1240 = Rpfleger 433 = IPRspr 176: Kein ordre public-Verstoß, weil Erstgericht von einer **weiteren Beweiserhebung zur Vaterschaft** abgesehen hat, jedenfalls im Hinblick darauf, daß es Schuldner (Vater) unterlassen hat, sich am Erstverfahren zu beteiligen und Gegenbeweise anzutreten. Weitere Nachw bei Geimer 49; Staudinger/Gamillscheg, § 328 Rn 339. Eine Präklusion neuer Tatsachen und eine Bindung an die tatsächl Feststellungen des ausl Gerichts ist hier deswegen angebracht, weil es nicht um Normen geht, die im unmittelbaren Staatsinter- 181 esse in jedem Falle durchgesetzt werden müssen; vgl unten Rn 182. Zu Recht betont das RG, daß auch bei dt Scheidungsurteilen immer die Möglichkeit besteht, daß in Wirklichkeit kein Scheidungsgrund vorlag, dieser vielmehr von den Parteien durch übereinstimmenden Sachvortrag fingiert wurde. Darüber hinaus sollte man schon wegen des allg Ordnungsinteresses an der Verhinderung hinkender Ehescheidungen die Wiederaufrollung der tatsächl Grundlagen des Scheidungsprozesses nach Möglichkeit vermeiden, Geimer NJW 74, 420 sub 3; Geimer/Schütze I § 194 FN 2, § 233 FN 32. AA wohl Staudinger/Gamillscheg § 328 Rn 358; LJV NRW IPRax 86, 167 (Schmidt-Räntsch 148).

182 **III)** Man sollte unterscheiden zwischen Anerkennungsvoraussetzungen, die dem **Schutz unmittelbarer Staatsinteressen** dienen, und solchen, die die **Durchsetzung eines Mindeststandards an inländischen Gerechtigkeitsvorstellungen** und damit den Schutz der Parteien, meist des Beklagten, bezwecken. Nur soweit unmittelbare Staatsinteressen auf dem Spiele stehen, kann eine Prüfung von Amts wegen oder sogar eine Tatsachenermittlung von Amts wegen (Inquisitionsmaxime) in Betracht kommen. In den sonstigen Fällen besteht kein Anlaß, die Verhandlungsmaxime auszuschalten, Geimer/Schütze I 1600. So ist zB von Amts wegen und gegebenenfalls auch durch Beweiserhebung von Amts wegen zu untersuchen, ob ein ausl Urteil gegen zwingendes dt Kartell- oder Devisenrecht (soweit es internationale Geltung beansprucht) verstößt. Insoweit geht es um unmittelbare Staatsinteressen, die auch im internationalen Rechtsverkehr durchgesetzt werden müssen. Der dt Zweitrichter hat jedoch nicht ohne Rüge zu untersuchen, ob einem Zahlungsurteil eine Spielschuld oder ein wucherisches Darlehen zugrunde liegt. Hier geht es vornehml um Parteiinteressen. Der Einwand der Spielschuld ist nur beachtl, wenn ihn der Beklagte des Erstverfahrens im dt Zweitverfahren rechtzeitig (§ 295) vorbringt. War der Einwand auch nach dem Recht des Erststaates relevant, so ist der Beklagte mit der Rüge der ordre public-Widrigkeit im deutschen Zweitverfahren präkludiert, wenn er ihn nicht schon im ausl Erstverfahren (vergebl) vorgebracht hatte. AA Schütze DIZPR 162.

183 **IV) Im Anwendungsbereich der Verträge** ist eine Bindung mitunter ausdrückl vorgeschrieben. Nachw bei Geimer 50 ff, 149 f, Geimer/Schütze I 1559, 1565, 1574 und oben Rn 128.

184 **V) Keine Vermutung zugunsten oder zu Ungunsten der Anerkennung.** § 328 formuliert ebenso wie Art 27 EuGVÜ die Anerkennungsvoraussetzungen negativ als Versagungsgründe. Daraus kann aber nicht geschlossen werden, daß eine Vermutung zugunsten der Anerkennung besteht. Hat zB das zur Anerkennung anstehende Urteil zwingendes dt Devisenrecht, das internationale Geltung beansprucht und daher auch gegenüber ausl Urteilen durchgesetzt wird, nicht beachtet, so ist die Anerkennung ex officio zu versagen. Auf eine Rüge des Beklagten kommt es nicht an, Geimer/Schütze I 1031. Umgekehrt spricht auch keine Vermutung gegen die Anerkennung.

185 **VI)** Vorstehende Regeln sind immer anzuwenden, auch wenn der Richter vorfragenweise über die Anerkennung in einem Prozeß zu befinden hat, in dem nach dt IPR ausl Recht zur Anwendung kommt. Anders Coester-Waltjen Rz 284, die die lex causae anwenden will, wenn dieses einer Partei die Beweislast für die Anerkennungsfähigkeit eines ausl Urteils auferlegt.

P) Anerkennung unmittelbar kraft Gesetzes ohne Durchführung eines Anerkennungsverfahrens (Geimer/Schütze I 2 § 200; rechtsvergleichend Martiny I Rz 1585)

186 **I) Grundsatz der automatischen Anerkennung kraft Gesetzes. 1)** Die Anerkennung erfolgt unmittelbar kraft Gesetzes. Die Wirkungen eines ausl Urteils werden – soweit die Anerkennungsvoraussetzungen gegeben sind – ipso iure auf das Inland erstreckt, ohne daß es eines besonderen Anerkennungsaktes bedarf. Man spricht deshalb auch von **automatischer Anerkennung.** Dies ist nicht die einzige logisch denkbare Möglichkeit der Anerkennung ausl Entscheidungen. Es ist auch mögl, die Wirkungserstreckung von der Durchführung eines besonderen Anerkennungsverfahrens abhängig zu machen. Nach dieser Variante kann der ausl Richterspruch im Inland erst beachtet werden, wenn seine Anerkennungsfähigkeit ausdrückl festgestellt ist.

187 **2)** Auf dem Prinzip der automatischen Urteilsanerkennung baut das autonome dt Recht auf (§ 328 ZPO; Ausnahme: Art 7 § 1 FamRÄndG; Rn 219 ff). Ebenso Art 26 GVÜ, Geimer/Schütze I 1013, 1123, 1608. Anders ist die Rechtslage in Frankreich, Italien, Luxemburg und Belgien; Geimer JZ 77, 146.

188 **II) Bedürfnis nach rechtskraftfähiger Klärung der Anerkennungs- bzw Nichtanerkennungsfähigkeit.** Das Prinzip der automatischen Anerkennung bewirkt, daß die Frage, ob ein bestimmtes ausl Urteil im Zweitstaat anzuerkennen ist, als Präjudizialpunkt jeweils von Fall zu Fall entschieden werden muß. Jedes Gericht und jede Verwaltungsbehörde, für deren Entscheidung die

Frage der Anerkennung relevant ist, muß incidenter prüfen, ob die Anerkennungsvoraussetzungen gegeben sind, Geimer JZ 77, 147. Die Entscheidung hat Bedeutung nur für das anhängige Verfahren. Eine Bindungswirkung für nachfolgende Verfahren entsteht nicht, Martiny II Rz 220. Dadurch entsteht die Gefahr widersprechender Entscheidungen.

III) Feststellungsklage. 1) Das dt Recht kennt für die Feststellung der Anerkennungsfähigkeit eines ausl Urteils kein besonderes Verfahren, sieht man von Art 7 FamRÄndG (Rn 219 ff) ab. Die Feststellungsklage gemäß § 256 reicht aus, das Bedürfnis nach rechtskraftfähiger Klärung der Anerkennungsfähigkeit zu befriedigen, Geimer JZ 77, 146; Martiny I Rz 1610. **189**

2) Die Wirkungen eines ausl Urteils im Inland, dh also seine Anerkennungsfähigkeit, können Gegenstand einer Feststellungsklage sein; **Streitgegenstand** ist das Vorliegen bzw Nichtvorliegen der Anerkennungsvoraussetzungen (Versagungsgründe), noch genauer: die Erstreckung einzelner Urteilswirkungen (Rechtskraft, Gestaltungswirkung etc) auf das Inland. Es kann jedoch auch auf Feststellung des Bestehens/Nichtbestehens des materiellen Rechtsverhältnisses geklagt werden, zu dem das ausl Urteil eine Aussage macht. Die Anerkennungsfrage ist dann – abgesehen von § 256 II – nur Vorfrage, die an der Rechtskraft des dt Feststellungsurteils nicht teilnimmt. Sie ist aber durch dieses prozessual überholt, Rn 221; Geimer/Schütze II 120. **190**

Ein **rechtl Interesse** ist angesichts der Gefahr einander widersprechender Entscheidungen immer gegeben. Die abstrakte Gefahr reicht aus; Schütze Diss 35. Der Kläger muß nicht dartun, daß in concreto ein zweites Verfahren anhängig ist oder in Kürze sein wird, in dem widersprüchl entschieden werden könnte. **191**

3) Beide Parteien des ausl Erkenntnisverfahrens können die Anerkennungsfähigkeit eines ausl Urteils klären lassen. Die **unterlegene Partei** braucht nicht zu warten, bis der siegreiche Gegner seinerseits Klage erhebt; Geimer JZ 77, 146. Die **siegreiche Partei** erhebt idR positive Feststellungsklage, die unterlegene negative (auf Feststellung der Nichtanerkennungsfähigkeit). Es ist aber auch denkbar, daß die im Erststaat siegreiche Partei auf Feststellung der Nichtanerkennung des ausl Urteils klagt und umgekehrt. Ist zB klar, daß ein ausl Urteil nicht anerkannt werden kann, weil es dem ordre public widerspricht, so hat der im Erststaat siegreiche Kläger ein rechtl Interesse, die Unwirksamkeit des ausl Titels im Inland feststellen zu lassen. Nach hM soll jedoch das Rechtsschutzbedürfnis fehlen, weil der Kläger im Inland erneut Leistungsklage erheben kann, Schütze Diss 35. **192**

4) Sowohl **bei der positiven wie bei der negativen Feststellungsklage** liegt **ein und derselbe Streitgegenstand** zugrunde. Hinsichtl desselben ausl Urteils sind eine positive und eine negative Feststellungsklage nicht gleichzeitig zulässig. Der später erhobenen Feststellungsklage steht der Einwand der Rechtshängigkeit entgegen. Wird die positive Feststellungsklage als unbegründet abgewiesen, so ist festgestellt, daß das ausl Urteil im Inland keine Wirkungen entfaltet; wird die negative Feststellungsklage als unbegründet abgewiesen, so ist festgestellt, daß das ausl Urteil im Inland anerkennungsfähig ist. **193**

5) Parteien des Feststellungsstreites sind in der Regel die Parteien des erststaatl Erkenntnisverfahrens oder deren Rechtsnachfolger. Aber auch Dritte können ein Feststellungsinteresse haben, Geimer JZ 77, 146 bei FN 16. **194**

6) Die Feststellungsklage setzt voraus, daß **im Erststaat** bereits ein **Urteil ergangen** ist; eine Klage, durch die festgestellt werden soll, daß ein erst in der Zukunft zu erwartendes ausl Urteil im Inland (nicht) anerkannt werden kann, ist unzulässig. **195**

7) Nichtigkeit des deutschen Feststellungsurteils ist nur in seltenen Fällen gegeben, Rn 233. Fehler im Verfahren oder bei Entscheidungsfindung machen die Entscheidung nur anfechtbar. Sie werden mit Eintritt der Unanfechtbarkeit geheilt, auch dann, wenn das dt Zweitgericht das Vorliegen eines ordre public-Verstoßes übersehen hat, selbst wenn unmittelbare Staatsinteressen auf dem Spiele stehen (Rn 182). Wäre es anders, so könnte die Wirksamkeit des Feststellungsurteils ständig mit dem Argument in Zweifel gezogen werden, die Anerkennung der ausl Entscheidung verstoße doch gegen unverzichtbare Grundsätze der deutschen Rechtsordnung. Anders BayObLG FRES 6, 421 = IPRspr 180/173. Vgl Rn 263. Dies gilt selbst dann, wenn es darum geht, ob der Erststaat die Grenzen seiner Gerichtsbarkeit (Rn 93) eingehalten hat. **196**

8) Der Streit über das Vorliegen der Anerkennungsvoraussetzungen bzw über die Frage, ob bestimmte Urteilswirkungen auf das Inland erstreckt sind, ist eine **bürgerlichrechtl Streitigkeit** (§ 13 GVG), auch wenn man § 328 als öffentl-rechtl einordnet, Martiny I Rz 271 FN 802. **197**

IV) Feststellungsverfahren nach Art 26 GVÜ. Das GVÜ iVm § 28 dt AusfG stellt ein vereinfachtes Feststellungsverfahren zur Verfügung, Art 26 II; Geimer/Schütze I 1 § 146. Näher § 722 Rn 21. Der Feststellungsantrag kann auch mit dem Antrag auf Klauselerteilung (Art 31) verbunden werden. **198**

199 **2)** Art 26 II verweist auf Art 31 ff. Dies darf die Unterscheidung zwischen Anerkennung und Klauselerteilung nicht verwischen: Das erste Verfahren zielt auf eine Feststellung, das letztere auf eine Rechtsgestaltung (§ 722 Rn 2).

200 **3) Statthaftigkeit: a) Vorliegen einer gerichtl Entscheidung aus einem anderen Vertragsstaat,** die in den Anwendungsbereich des GVÜ fällt. Die Anerkennungsfähigkeit von Entscheidungen aus **dritten Staaten** ist in dem vom autonomen Recht vorgesehenen Verfahren festzustellen.

201 Probleme ergeben sich, wenn ein Urteil **teilweise** in den **Anwendungsbereich** des GVÜ fällt; zB, wenn in einem Scheidungsurteil nicht nur die Scheidung ausgesprochen ist, sondern im Entscheidungsverbund zugleich über den Unterhalt mitentschieden wurde. Die Verurteilung zu Unterhalt ist nach GVÜ anzuerkennen und zu vollstrecken, nicht dagegen die Scheidung selbst, Art 1 II Nr 1. Der dt Zweitrichter wird das Verfahren aussetzen, um Gelegenheit zur Einleitung des Verfahrens nach Art 7 § 1 FamRÄndG zu geben, Rn 230.

202 Die Anerkennung der Rechtskraft des Unterhaltsurteils setzt voraus, daß die Auflösung der Ehe durch das Scheidungsurteil im Zweitstaat anerkannt wird. Anders ist jedoch bezügl des Kindesunterhalts, Geimer/Schütze I 991; Martiny I Rz 1669.

203 **b)** Stellt sich das Gericht auf den Standpunkt, daß die erststaatl Rechtskraft im Inland nicht zu beachten sei, weil dem ausl Urteil die Anerkennung zu versagen sei, so muß es wegen der hilfsweise aus dem materiellen Rechtsverhältnis erhobenen Klage den vom ausl Gericht entschiedenen Prozeß wieder aufrollen, Geimer JZ 77, 147.

204 **4) Gegenstand des Feststellungsverfahrens** können nur Urteilswirkungen sein, die nach dem GVÜ überhaupt anerkannt werden können. In Betracht kommen die materielle Rechtskraft, Präklusions-, Gestaltungs-, Streitverkündungs- und Interventionswirkung erststaatl gerichtl Entscheidungen und etwaiger sonstiger gleichgestellter Titel, vgl Rn 26, nicht jedoch die **innerprozessuale Bindungswirkung** und die **Vollstreckbarkeit** nach dem Recht des Erststaates. Das gleiche gilt für die **Tatbestandswirkungen,** Rn 56. Auszuscheiden sind auch Entscheidungen von Gerichten anderer Vertragsstaaten, durch die festgestellt wird, daß die Voraussetzungen für die **Anerkennung oder Vollstreckbarerklärung einer drittstaatl gerichtl Entscheidung** gegeben sind oder nicht, Geimer/Schütze I 985, 1106, 1175, 1624; vgl Rn 66.

205 **5) Wirksamkeit in einem anderen Vertragsstaat:** Im Inland kann nicht die Feststellung begehrt werden, daß das erststaatl Urteil in einem dritten Vertragsstaat anzuerkennen ist, Geimer JZ 77, 148. Die zweitstaatl Feststellung, daß das erststaatl Urteil in einem dritten Vertragsstaat nach GVÜ anzuerkennen ist, ist dort unbeachtl.

206 **6)** Voraussetzung für die Durchführung des Anerkennungsverfahrens ist, daß der Zweitstaat **Gerichtsbarkeit (facultas iurisdictionis) über den Antragsgegner hat,** Geimer JZ 77, 148.

207 **7) Antragsteller und -gegner** können **auch Dritte sein,** sofern Feststellungsinteresse besteht.

208 **8)** Ein **negativer Feststellungsantrag** ist nach Art 26 II nicht zulässig. Dies ist mit Art 3 I GG und dem durch das europäische Gemeinschaftsrecht garantierten Gleichheitssatz nicht vereinbar; denn die Partei, die sich der Anerkennung widersetzt, hat das gleiche Interesse an einer rechtskraftfähigen Entscheidung der Frage, ob die Anerkennungsvoraussetzungen vorliegen. Ihr muß deshalb das gleiche vereinfachte Verfahren zur Verfügung gestellt werden, Geimer/Schütze I 1106; Martiny II Rz 239.

209 **9) Verhältnis zum Klauselerteilungsverfahren:** Hat der Kläger im Erststaat ein Leistungsurteil erstritten, so kann er neben dem Antrag, die Klausel zu erteilen, auch die Feststellung beantragen, daß die Rechtskraftwirkung anzuerkennen ist. Das Rechtsschutzbedürfnis entfällt nicht deswegen, weil der Beschluß nach Art 31 ff der materiellen Rechtskraft fähig ist: Dieser stellt für nachfolgende Verfahren bindend fest, daß die Voraussetzungen für die Klauselerteilung gegeben sind. Geht es in einem späteren Verfahren um die Frage, ob die Rechtskraftwirkung eines nach Art 31 ff für vollstreckbar erklärten Urteils zu beachten ist, so ist das Gericht an die Rechtskraft des Klauselerteilungsbeschlusses insoweit gebunden, als die Anerkennungs- mit den Klauselerteilungsvoraussetzungen identisch sind. Dies ist zwar die Regel (Art 34 II). Es sind aber auch Fälle denkbar, in denen Anerkennungs- und Vollstreckbarerklärungsvoraussetzungen auseinanderfallen, zB wenn die Klauselerteilung abgelehnt wurde, weil der Bekl die Urteilsschuld bezahlt hat (§ 14 I AusfG). Mit dem Erlöschen der Schuld und dem Wegfall der Voraussetzungen für die Zwangsvollstreckung im Zweitstaat muß jedoch nicht automatisch jedes Feststellungsinteresse des Klägers entfallen. Die Feststellungswirkung des Urteils wirkt fort. Dem Kläger ist daran gelegen, daß außer Zweifel bleibt, daß die im erststaatl Urteil festgestellte Verbindlichkeit (vor Tilgung) bestanden hat. Dies kann trotz Erfüllung noch Gegenstand eines Feststellungsverfahrens (Art 26 II) sein; denn sonst könnte sich der Kl nicht gegen den Einwand des Bekl wehren, er habe sine causa bezahlt; Geimer/Schütze I 1108, II 221; Martiny I Rz 426, II Rz 234; s Rn 276.

10) Feststellungsinteresse: Ein besonderes Feststellungsinteresse ist nicht Voraussetzung für die Zulässigkeit des Antrags (anders § 256), da ein „Anerkenntnis des Antragsgegners" dem Antragsteller mitunter nicht hilft; denn es gibt Anerkennungsvoraussetzungen, die der Disposition der Parteien entzogen sind. Das Feststellungsinteresse hat lediglich Bedeutung hinsichtlich der **Kosten** (§ 28 II 2 AusfG). **Ausnahme:** Ein **Dritter** muß ein Feststellungsinteresse darlegen. 210

11) Aufhebung oder Abänderung der anzuerkennenden Entscheidung im Erststaat. Anerkennung bedeutet **Erstreckung der erststaatl Wirkungen** auf den Zweitstaat, Rn 18. Wird das Urteil im Erststaat aufgehoben oder abgeändert, so ist dies im zweitstaatl Anerkennungsverfahren von Amts wegen zu beachten. Jeder Verfahrensbeteiligte kann die Aufhebung oder Abänderung des Urteils in jedem Stadium des Anerkennungsverfahrens gemäß Art 26 II geltend machen. War dies nicht mehr mögl, weil das Anerkennungsverfahren bereits rechtskräftig abgeschlossen ist, so gibt § 31 iVm § 28 AusfG die Möglichkeit, den dt Feststellungsbeschluß den geänderten Verhältnissen anzupassen. 211

12) Rechtskraft der Entscheidung nach Art 26 II GVÜ: Es gilt nationales Recht, also §§ 322 ff. Wirkung nur inter partes, § 325, Geimer/Schütze I 1120, 1124; Martiny I Rz 220. Vgl Rn 193. 212

13) Kein Aussetzungszwang zur Herbeiführung einer Entscheidung nach Art 26 II GVÜ. Ein Gericht, bei dem die Frage der Anerkennungsfähigkeit einer Entscheidung als Vorfrage entscheidungserhebl ist, muß selbst incidenter (ohne Rechtskraftwirkung, Martiny II Rz 220) entscheiden, Art 26 III. Es darf nicht aussetzen und die Parteien auffordern, ein Verfahren nach Art 26 II einzuleiten, Martiny II Rz 222. Ist ein solches aber anhängig, darf es nach § 148 aussetzen. 213

14) Aussetzung des inländischen Feststellungsverfahrens wegen ordentl Rechtsbehelfs im Erststaat mögl, Art 30: Geimer/Schütze I 1115; Martiny II Rz 226. 214

V) Feststellungsverfahren nach Art 9 II des dt-israel Vertr vom 20. 7. 1977 (BGBl 1980 II 925) iVm § 27 AusfG (BGBl 1981 I 1301). Dieses Verfahren wurde dem Art 26 II GVÜ nachgebildet. 215

VI) Feststellungsverfahren nach Art 10 III des dt-span Vertr vom 14. 11. 1983 (noch nicht in Kraft). Auch dieses Verfahren hat sein Vorbild in Art 26 II GVÜ. 216

VII) Feststellungsverfahren nach Art 21 des Europäischen Übereinkommens vom 16. 5. 1972 **über Staatenimmunität;** zuständig ist LG Bonn, Art 2 dt AusfG. 217

VIII) Feststellende Entscheidung zur Anerkennung einer ausl Entscheidung auf dem Gebiet der freiwilligen Gerichtsbarkeit: Zulässig, sofern Feststellungsinteresse zu bejahen, OLG Hamm OLGZ 75, 179; BayObLGZ 76, 178; Staudinger/Kropholler Rz 619 vor Art 18, Art 19 Rz 300; Mitzkus 334. 218

Q) Anerkennungsverfahren für Entscheidungen in Ehesachen (Art 7 § 1 FamRÄndG)

I) Rechtsgrundlage: Art 7 FamRÄndG vom 11. 8. 1961 (BGBl I 1221; Änderung: Art 11 Nr 5 1. EhereformG, BGBl 76 I 1421). 219

II) Notwendigkeit eines Feststellungsverfahrens. 1) Die automatische Anerkennung kraft Gesetzes (Rn 186) führt dazu, daß die Frage, ob die Wirkungen eines ausl Urteils anzuerkennen ist, jeweils von Fall zu Fall von derj Behörde bzw demj Gericht, für deren bzw dessen Entscheidung es auf diese Frage ankommt, als Präjudizialpunkt zu entscheiden ist, ohne daß eine Bindung für nachfolgende Verfahren entstünde. Daher besteht die Gefahr einander widersprechender Entscheidungen. Solche wirken sich auf dem Gebiete des Eherechts besonders ungünstig aus; auch die Allgemeinheit hat ein Interesse daran, daß personen- und familienrechtl Verhältnisse eindeutig und klar festliegen, Geimer NJW 67, 1399; 74, 1631; Hausmann 154. Die Rechtsordnung muß die Möglichkeit einer **Entscheidungsdivergenz** ausschalten. Zu diesem Zwecke muß sie eine Instanz schaffen, die für alle inländischen Staatsorgane verbindl entscheiden kann, ob ein ausl Urteil im Inland anzuerkennen ist oder nicht. 220

2) Die von der ZPO vorgesehenen Verfahren reichen nicht aus. Auch wenn ein rechtskräftiges Feststellungsurteil vorliegt, wonach ein bestimmtes ausl Urteil anzuerkennen ist (Rn 189), reicht dessen Feststellungswirkung nicht aus, um widersprechende Entscheidungen zu verhindern. Es hat keine „inter-omnes-Wirkung". Eine solche (§ 638 S 2) könnte aber nach §§ 606 ff herbeigeführt werden. Streitgegenstand wäre hier aber nicht die Frage, ob das ausl Urteil im Inland anzuerkennen ist, sondern die Frage des Bestehens der Ehe. In diesem Verfahren wäre die Frage der Anerkennung nur eine Vorfrage; von ihr würde es abhängen, ob die Ehe noch besteht. Über die Frage der Anerkennung könnte nicht rechtskraftfähig entsch werden, anders StJSchL III 2 vor § 606 Rz 17. Aber mit Eintritt der Rechtskraft des dt Feststellungsurteils über das Bestehen oder Nichtbestehen der Ehe wäre die Frage der Anerkennung oder Nichtanerkennung des ausl 221

Urteils prozessual überholt. Denn für alle inländischen Staatsorgane wäre die Feststellung eines dt Gerichts, daß die vom ausl Gericht geschiedene (für nichtig erklärte oder aufgehobene) Ehe noch besteht oder nicht, verbindl. Die Frage der Anerkennung der ausl Entscheidung wäre nicht mehr zu stellen. Trotzdem reicht die **Möglichkeit des Ehefeststellungsprozesses** zur Vermeidung widersprechender Entscheidungen nicht aus. Es läßt sich näml nicht ausschließen, daß sich eine Verwaltungsbehörde oder ein Gericht vor Eintritt der Rechtskraft des Feststellungsurteils oder schon vor Erhebung der Ehefeststellungsklage mit der Frage der Anerkennung befaßt. Bei der Entscheidung hierüber ist die Verwaltungsbehörde bzw das Gericht noch frei, weil noch keine bindende Entscheidung ergangen ist. Das später im Verfahren nach §§ 606 ff über das Bestehen der Ehe entscheidende Gericht ist an die Auffassung der Verwaltungsbehörde nicht gebunden, ebenso nicht an die Auffassung des Gerichts, wenn dieses nur vorfrageweise zur Frage der Anerkennung Stellung nehmen mußte. **Die Möglichkeit einander widersprechender Entscheidungen läßt sich also auch durch eine Ehefeststellungsklage nicht vermeiden.** Hinzu kommt, daß kein Zwang zur Erhebung dieser Klage besteht.

222 **III) Monopolisierung der Entscheidung über die Anerkennung. 1) Zweck** der Einführung eines besonderen Anerkennungsverfahrens für ausländ Entscheidungen in Ehesachen ist die Monopolisierung der Entscheidung über das Vorliegen bzw Nichtvorliegen der Anerkennungsvoraussetzungen bei einer Instanz. Deshalb hat die Entscheidung der Landesjustizverwaltung (LJV) eine **umfassende Feststellungswirkung,** Art 7 § 1 VIII FamRÄndG. Sie ist für alle Gerichte und Verwaltungsbehörden bindend.

223 2) **Sinn des Anerkennungsverfahrens** ist es, ein für allemal Klarheit darüber zu schaffen, ob ein bestimmtes ausl Urteil in Ehesachen im Inland anzuerkennen ist oder nicht.

224 3) Daraus ergibt sich für das **Verhältnis des Anerkennungsverfahrens vor der LJV zu den gerichtl und Verwaltungsverfahren: a)** Ist die Frage der Anerkennung einer ausl Entscheidung in Ehesachen **Streitgegenstand,** wird also eine Klage auf Feststellung der Wirksamkeit der ausl Entscheidung im Inland erhoben, so ist die Klage als unzulässig abzuweisen; denn der Rechtsweg zu den ordentl Gerichten ist nicht gegeben. Es handelt sich zwar um eine bürgerl Rechtsstreitigkeit iSv § 13 GVG, (Rn 197), aber die Entscheidung ist den ordentl Gerichten entzogen und einer Verwaltungsbehörde übertragen; eine Verweisungsmöglichkeit besteht nicht. § 17 GVG ist auch nicht analog anwendbar.

225 **b)** Ist die Anerkennung einer ausl Entscheidung **Vorfrage** in einem gerichtl Verfahren (zB Unterhaltsprozeß der geschiedenen Ehefrau gegen ihren früheren Ehemann, von dem sie im Ausland geschieden wurde) oder in einem Verwaltungsverfahren, zB vor dem Standesbeamten in einem Aufgebotsverfahren oder beim Finanzamt im Einkommensteuerveranlagungsverfahren, so darf das Gericht bzw die Verwaltungsbehörde nicht darüber entscheiden, weder im positiven noch im negativen Sinne. Es **darf auch keine negative Entscheidung getroffen,** dh es darf nicht von der Unwirksamkeit der ausl Entscheidung ausgegangen werden; denn sonst entstünde wieder die Gefahr widersprechender Entscheidungen. Diese zu verhindern, ist aber gerade Zweck des Anerkennungsverfahrens. Die Anerkennungsfrage ist **auch als Vorfrage** den Gerichten und Verwaltungsbehörden entzogen. Sie müssen ihr Verfahren aussetzen und die Entscheidung der LJV abwarten.

226 4) Die Monopolisierung der Entscheidung über das Vorliegen oder Nichtvorliegen der Anerkennungsvoraussetzungen im Verfahren vor der LJV begründet für jedes deutsche Gericht und für jede deutsche Behörde, für deren Entscheidung die Frage der Anerkennung von Bedeutung ist, **ein Verfahrenshindernis,** Geimer NJW 67, 1401; 74, 1631. Mißverständl ist der von der hM verbreitete Satz: Solange seine Anerkennung im Inland nicht festgestellt sei, könne ein ausl Scheidungsurteil im Inland keine Wirkungen entfalten, Martiny I Rz 1674; LJV NRW IPRax 86, 167. Diese Formulierung verleitet zur falschen Schlußfolgerung, daß das dt Gericht bzw die dt Behörde von der Nichtanerkennung der ausl Entscheidung ausgehen könne, solange kein positiver Bescheid der LJV vorliegt. Gerade die Frage, ob die ausl Entscheidung im Inland Wirkungen entfaltet, ist im Anerkennungsverfahren vor der LJV zu klären, Henrich IPRax 84, 218. Verfehlt BGHZ 64, 19 = NJW 75, 1072 (Geimer 2141) = IPRspr 75/98. Der BGH setzte nicht aus, weil die Verletzung des Art 7 nicht gerügt worden war. **Das Aussetzungsgebot ist aber in allen Lagen des Verfahrens von Amts wegen zu beachten.** Eine Heilung nach § 295 ist ausgeschlossen, Geimer NJW 75, 2141. Abzulehnen auch Frankfurt IPRspr 80/159; BGH FamRZ 82, 1203 = NJW 83, 514 = IPRspr 82/170.

227 **5) Die Aussetzungspflicht besteht auch in den Fällen, in denen die Rechtslage völlig klar ist.** Auch wenn feststeht, daß ein (unverzichtbares) Anerkennungshindernis (das unmittelbare Staatsinteressen schützt) besteht, ist nach Art 7 FamRÄndG zu verfahren. Ebenso im umgekehrten Fall. Abzulehnen BGH FamRZ 82, 1203 = IPRax 83, 292 (Basedow 278; Bürgle 281). Der

BGH will nur auf Antrag (§ 151) aussetzen, im übr nach Ermessen (§ 148). Dabei seien prozeßökonomische Erwägungen als auch eine **Prognose des wahrscheinl Ergebnisses der LJV-Entscheidung** in Betracht zu ziehen. Damit höhlt der BGH den Gesetzeszweck (Rn 222) aus, Geimer/Schütze I 1721; Martiny I Rz 1664.

6) Aussetzung des Verfahrens ist nicht erforderl, wenn die Anerkennungsfrage nicht entscheidungsrelevant ist, Martiny I Rz 1665. Wurde bereits vor der ausl Entscheidung die Scheidung durch ein dt Gericht ausgesprochen, so hat das inländische Urteil Vorrang, § 328 I Nr 3. Die Rechtsgestaltung ist – jedenfalls für den dt Hoheitsbereich – durch das dt Scheidungsurteil vorgenommen. Ob die Anerkennungsvoraussetzungen des zeitl später wirksamen ausl Urteils gegeben sind oder nicht, spielt keine Rolle. Aus dt Sicht ist hier das Eheband bereits durch die frühere inländische Entscheidung gelöst. – Aussetzung auch nicht erforderl, wenn die zweite Eheschließung auf jeden Fall **bigamisch** wäre, weil sie vor Rechtskraft des ausl Scheidungsurteils geschlossen wurde, Schleswig IPRspr 66–67/260, Martiny I Rz 665. Fragl ist die Aussetzungspflicht, wenn Ehegatten im Ausland durch gerichtl Urteil bereits **von Tisch und Bett getrennt** sind, nun aber in Deutschland auf Scheidung geklagt wird. Sie ist jedenfalls dann zu bejahen, wenn nach dem vom dt IPR berufenen Scheidungsstatut die Ehetrennung in eine Scheidung umzuwandeln ist (vgl zB Art 310 franz Cc aF); denn hier ist die Anerkennung des Trennungsurteils Voraussetzung für die Umwandlung. AA Frankfurt FamRZ 75, 632 = IPRspr 74/173. 228

7) Ist bereits LJV-Bescheid ergangen, so sind die Gerichte daran gebunden. Sie können die Fortsetzung des bei ihnen anhängigen Verfahrens nicht mit der Begründung verweigern, die Beteiligten sollten Antrag auf gerichtl Entscheidung stellen, BayOLGZ 73, 251 = NJW 74, 1628 (Geimer) = IPRspr 73/157. Wenn jedoch Antrag auf gerichtl Entscheidung gestellt ist, kann das Gericht weiterhin aussetzen. 229

8) Nebenentscheidungen, die nicht die Scheidung selbst, dh die Trennung des Ehebandes, betreffen, sondern deren Folgen, unterliegen nicht dem Feststellungsmonopol der LJV. Dies gilt auch dann, wenn das ausl Gericht über die Scheidungsfolgen (Unterhalt, Regelung der elterl Sorge etc) uno actu zusammen mit der Scheidung im Entscheidungsverbund erkannt hat; Geimer NJW 75, 2141; BayObLG IPRspr 78/175; Hamm IPRspr 80/96. Jedoch gibt es **keine Anerkennung der Scheidungsfolgen ohne Anerkennung der Scheidung,** BGHZ 64, 19 = NJW 75, 1072 (Geimer 2141) = IPRspr 75/98; BGH FamRZ 82, 1203 (Rn 227); München DAVorm 82, 490 = IPRspr 82/173; Staudinger/Kropholler Art 19 Rz 365; Hausmann IPRax 81, 6; Basedow IPRax 83, 279 FN 3; Martiny I Rz 1667; Geimer/Schütze I 991; Rn 201. Wenn nun aber vorfrageweise zu prüfen ist, ob die ausl Scheidung im Inland anzuerkennen ist, so besteht hinsichtl dieser Frage das Aussetzungsgebot; IPG 76 Nr 46 (Hamburg). **Dies gilt auch, wenn für die Anerkennung der Scheidungsfolgen ein Staatsvertrag maßgebl ist.** So zB für Art 25 ff GVÜ Geimer JZ 77, 147; für Art 7 MSA Frankfurt OLGZ 77, 141; Goerke StAZ 76, 273; Staudinger/Kropholler Rz 625 vor Art 18; Geimer/Schütze I § 112, § 234 IV FN 22. AA Böhmer/Siehr, Das gesamte Familienrecht II, 1979, Art 7 MSA Rz 26 f; Hausmann IPRax 81, 6; Mitzkus 361. – Wurde im Eheurteil auch über die gesetzl Unterhaltsansprüche der Kinder mitentschieden, so besteht die vorgenannte Vorgreiflichkeit nicht, da der Unterhalt der Kinder gegen die Eltern vom Bestehen der Ehe unabhängig ist, München IPRspr 82/173 = DAVorm 490. 230

IV) Feststellungswirkung. 1) Die Sachentscheidung der LJV (bzw des OLG) entfaltet **Feststellungswirkung erga omnes** (Art 7 § 1 VIII). Dies gilt **auch für Zurückweisungen** als unbegründet. Denn Sinn des Anerkennungsverfahrens ist es, ein für allemal zu klären, ob hinsichtl einer bestimmten ausl Entscheidung die Anerkennungsvoraussetzungen vorliegen oder nicht. Nur so kann Rechtssicherheit hinsichtl des Personenstandes der im Ausland geschiedenen Ehegatten hergestellt werden. Die Zurückweisung des positiven Anerkennungsantrags als unbegründet (weil eine Anerkennungsvoraussetzung nicht vorliegt) stellt für alle verbindl fest, daß die ausl Eheentscheidung nicht anzuerkennen ist. Die Zurückweisung des negativen Feststellungsantrags als unbegründet (weil alle Anerkennungsvoraussetzungen gegeben sind) stellt für alle verbindl fest, daß die Ehescheidung im Inland anzuerkennen ist. Die Feststellungswirkung der Antragszurückweisung aus nicht verfahrensrechtl Gründen ist bestr. Wie hier BayObLGZ 73, 251 = NJW 74, 1628 (Geimer) = IPRspr 73/157; BayObLGZ 76, 147; 80, 353; Hausmann 154 FN 49. AA KG FamRZ 69, 97 = NJW 69, 383 (Geimer 801) = IPRspr 68–69/236. Für Zulässigkeit der Wiederholung des Anerkennungsantrags auf Grund neuer Tatsachen BayObLG IPRspr 78/175 und BayObLGZ 80, 352 = IPRspr 80/175. 231

2) Legt man auch der sachl Antragszurückweisung Feststellungswirkung zu, so hat dies für das Verfahren vor der LJV weittragende Auswirkungen: **Der positive wie der negative Anerkennungsantrag betreffen den gleichen Verfahrensgegenstand.** Stellt der eine Ehegatte einen positiven Anerkennungsantrag, so kann der andere nicht mit einem negativen Feststellungsantrag 232

nachfolgen. Dieser ist analog § 261 III Nr 1 unzulässig wegen Identität des Verfahrensgegenstandes. Der zweite Antrag ist jedoch in einen Zurückweisungsantrag umzudeuten. – Da sich auch die Antragszurückweisung auf das Statusverhältnis der im Ausland geschiedenen Ehegatten unmittelbar rechtserhebl auswirkt, ist das LJV-Verfahren so auszugestalten, daß jedem Ehegatten bzw seinem Rechtsnachfolger rechtl Gehör gewährt wird, Geimer NJW 74, 1630 und 1632. Vgl unten Rn 258.

233 3) Auch **offensichtl Fehlentscheidungen** der LJV entfalten Feststellungswirkung, solange sie vom OLG (Rn 264 ff) nicht aufgehoben worden sind. Dies gilt auch dann, wenn die LJV ihre sachl Zuständigkeit überschritten hat, also Fälle entschieden hat, in denen ein Anerkennungsverfahren gar nicht vorgesehen ist (vgl Rn 245 f). Unentschieden BGH FamRZ 83, 358. **Ausnahme:** Keine Bindung, wenn Verwaltungsakt der LJV nichtig ist (Rn 263). Es handelt sich aber um extreme Ausnahmefälle. Aber auch dann besteht die Aussetzungspflicht (Rn 226) fort.

234 **V) Anwendungsbereich. 1)** Das Anerkennungsverfahren vor LJV ist vorgeschrieben für alle Entscheidungen, durch die im Ausland (auch Oder-Neiße-Gebiete, wie auch immer deren völkerrechtl Lage zu beurteilen ist, Hamburg IPRspr 82/181, nicht aber DDR, BGH FamRZ 82, 1189) eine Ehe für nichtig erklärt, aufgehoben, dem Bande nach oder unter Aufrechterhaltung des Ehebandes geschieden wurde oder durch die das Bestehen oder Nichtbestehen einer Ehe zwischen den Parteien festgestellt ist.

235 **a)** „Entscheidungen" sind auch **Akte nichtgerichtl Behörden des Auslands.** Der Begriff ist weit auszulegen. Es fallen darunter Akte der freiw Gerichtsbarkeit, Verwaltungsakte, Gnadenakte, ja sogar Gesetze. Es muß sich aber in jedem Fall um **Hoheitsakte ausl Staatsgewalt** handeln. Privatscheidungen, dh Scheidungen auf Grund rechtsgeschäftl Handelns, fallen ebensowenig unter Art 7 FamRÄndG, wie Urteile kirchl Ehegerichte, sofern diese als rein geistl fungieren, also ohne Delegation der Ehegerichtsbarkeit seitens des ausl Staates. – In diesen Fällen kann gem §§ 606 ff auf Feststellung des Bestehens bzw Nichtbestehens der Ehe geklagt werden, BGH FamRZ 82, 44 = IPRspr 71/191; AG Hamburg IPRspr 82/66A will auch Feststellung der Wirksamkeit der Privatscheidung zulassen. **Art 7 findet aber Anwendung, wenn ausl Behörde bei Privatscheidung mitwirkt,** Rn 238.

236 **b)** Die Anerkennung einer Privatscheidung beurteilt sich nicht wie bei einem gerichtl Urt nach dt IZPR, sondern nach den Normen des IPR. Maßgebend ist das Scheidungsstatut, Art 17 EGBGB nF. Zu dem vor dem 1. 9. 86 herrschenden Anknüpfungschaos (wegen Verfassungswidrigkeit des alten Art 17) Frankfurt NJW 85, 1293; Henrich IPRax 84, 218.

237 **c)** Ist nach dt IPR dt materielles Scheidungsrecht maßgebl, so kann eine Privatscheidung nicht anerkannt werden, auch wenn diese außerhalb der BRepD vorgenommen wurde. Dem steht näml der auch international durchzusetzende Grundsatz entgegen, daß eine Ehe nur durch richterl Urteil geschieden werden kann, § 1564 BGB: Dem dt Recht ist eine Privatscheidung, dh eine Scheidung, die nur auf der Willenserklärung eines oder beider Ehegatten beruht, fremd. Der BGH will **§ 1564 BGB auch bei ausländ Scheidungsstatut** anwenden und betrachtet daher Scheidungen durch Rechtsgeschäft von Ausländern, die im Inland vorgenommen werden, als unwirksam, BGHZ 82, 34. Ebenso BayObLG FamRZ 85, 1259. Er qualifiziert § 1564 BGB unzutreffend als Verfahrensnorm. Methodisch richtig wäre Art 6 EGBGB, Kegel IPRax 83, 23. Vgl auch Henrich IPRax 85, 108, 218.

238 **d) Das Feststellungsverfahren vor der LJV** gilt auch **für Privatscheidungen** (Scheidungen durch Rechtsgeschäft), **wenn bei der Privatscheidung eine ausl Behörde mitgewirkt hat,** zB durch Eintragung in ein behördl Register, BGHZ 82, 43; BayObLG IPRax 85, 108 (Henrich) = FamRZ 85, 75.

239 **e)** Art 7 FamRÄndG gilt auch dann, wenn **alle Tatbestandsmerkmale der Privatscheidung im Inland** erfüllt worden sind (zB Thai-Scheidung in Bonner Botschaft; zum Thai-Recht Fuhrmann IPRax 83, 137), Stuttgart StAZ 80, 152 = IPRax 81, 213 (Beitzke 202 und Otto Rpfleger 80, 419) sowie BGHZ 82, 34 = FamRZ 82, 44 = MDR 82, 126 = IPRax 83, 38 (Kegel 22) = NJW 82, 517; BayObLG IPRax 86, 180. Diese weite Auslegung ist im Interesse der Rechtssicherheit erforderl, um widersprechende Entscheidungen zu vermeiden (vgl Rn 222 ff).

240 **f) Rein rechtsgeschäftl Scheidungen** ohne Mitwirkung einer Behörde fallen nicht unter Art 7 FamRÄndG (Rn 235).

241 **g)** Zur Anerkennung von **Privatscheidungen Deutscher im Ausland** BayObLGZ 81, 353 = IPRax 82, 104 (Henrich) = IPRspr 81/193.

242 **h)** Ein ausl **Ehetrennungsurteil** kann nicht als **Scheidungsurteil** anerkannt werden, Hamburg IPRspr 83/184.

i) Für die **Anerkennungsprognose in Zusammenhang mit der Beachtung ausl Rechtshängigkeit** besteht **keine Aussetzungspflicht,** solange im ausl Verfahren kein (Scheidungs-)Urteil ergangen ist, Geimer NJW 84, 527, Geimer/Schütze I 1660; Schumann IPRax 86, 15 FN 8; Martiny I Rz 1665. Nach Erlaß des Urteils besteht jedoch Aussetzungspflicht, und zwar auch dann, wenn dieses noch keine Wirkungen hervorbringt, zB weil es noch nicht formell rechtskräftig ist. Zwar ist noch keine Anerkennung mögl, weil noch keine Wirkungen nach dem Recht des Erststaates eingetreten sind, die auf das Inland erstreckt werden könnten (Rn 18). Die diffizile Frage, ob das ausl Urteil bereits Wirkungen entfaltet, sollte man aber der LJV überlassen. **243**

j) Beispiele: Zur Anerkennung einer Privatscheidung nach ghanaischem Stammesrecht Düsseldorf IPRspr 83/183, nach dem Recht von Bangladesh JM NRW IPRspr 83/2. **244**

2) Ausnahmen. In folgenden Fällen entfällt ein Anerkennungsverfahren: **a) Urteile des Heimatstaates beider Ehegatten:** Nach Art 7 § 1 I 3 FamRÄndG hängt die Anerkennung nicht von der Feststellung der LJV ab, wenn ein Gericht (für Entscheidungen nicht richterl Instanzen ist Feststellungsverfahren durchzuführen) desjenigen Staates entschieden hat, dem beide Ehegatten zur Zeit der Entscheidung angehört haben. In diesem Fall ist das Anerkennungsverfahren nicht etwa nur fakultativ. Es ist vielmehr ganz ausgeschlossen. AA LJV NRW IPRax 86, 169. Ein Anerkennungsantrag wäre unzulässig und von der LJV zurückzuweisen, Geimer NJW 71, 2138; Frankfurt NJW 71, 1528. Diese Regelung ist rechtspolitisch zu bedauern. Auch bei Urteilen, die vom Heimatstaat beider Parteien erlassen wurden, besteht die Möglichkeit der Nichtanerkennung, etwa wegen Verstoßes gegen ordre public. Wie bei allen anderen Urteilen in Ehesachen besteht auch hier ein Bedürfnis nach Klärung der Rechtslage. Es ist daher nicht verständl, weshalb man hier das Anerkennungsverfahren ausgeschlossen hat. De lege lata besteht keine Möglichkeit zur Vermeidung einander widersprechender Entscheidungen. Der Standesbeamte kann also das ausl Eheurteil anerkennen und die Eheschließung vornehmen, während ein Gericht später die Ehe wegen Bigamie für nichtig erklären kann, weil es die Voraussetzungen für die Anerkennung als nicht gegeben erachtet. Die Fälle, in denen beide Parteien des Eherechtsstreites Angehörige des Urteilsstaates sind, machen sicher die Mehrzahl aller in der BRepD zur Anerkennung anstehenden ausl Entscheidungen aus. Vom Standpunkt der Rechtssicherheit aus besteht deshalb ein ganz dringendes Bedürfnis nach Streichung des Satzes 3 von Art 7 § 1 Abs 1 FamRÄndG. Geimer NJW 67, 1400. Maßgebl Zeitpunkt für die Tatbestandsvoraussetzungen des Art 7 § 1 I 3 ist der Erlaß des ausl Urteils; Staudinger/Gamillscheg § 328, 507. Hat Ehefrau mit Eheschließung die Staatsangehörigkeit des Mannes erworben, aber ihre bisherige (dt) behalten, liegt kein sog Heimatentscheidung vor, BayObLGZ 1977, 180 = FamRZ 78, 243 = IPRspr 77/163; offen gelassen, wenn ausl Staatsangehörigkeit die effektive ist, BGH NJW 83, 514 = IPRax 83, 292 (Basedow 278, Bürgle 281). – Bestehen Zweifel, ob die Eheleute zum Zeitpunkt des Erlasses des ausl Scheidungsurteils nur die Staatsangehörigkeit des Urteilsstaates gehabt haben, so ist das LJV-Verfahren durchzuführen, Hamburg IPRspr 82/181. **245**

b) Antrags- bzw klageabweisende Entscheidungen: Für klageabweisende Urteile bzw den Scheidungsantrag abweisende Entscheidungen ist ein Anerkennungsverfahren nicht vorgeschrieben. Sofern diese nach dem Recht des Erststaates Wirkungen entfalten, werden diese unmittelbar kraft Gesetzes anerkannt, sofern die Anerkennungsvoraussetzungen gegeben sind. Davon ist jedoch dann eine Ausnahme zu machen, wenn die Klageabweisung nach dem Recht des Erststaates eine rechtskräftige Feststellung über das Bestehen oder Nichtbestehen der Ehe enthält, wenn zB die Abweisung der negativen Ehefeststellungsklage das Bestehen der Ehe feststellt. Für die Anerkennung solcher Urteilswirkungen ist die Durchführung des Anerkennungsverfahrens erforderl. **246**

c) Nebenentscheidungen der ausl Urteile: Das Anerkennungsverfahren ist nur für diejenigen Urteilswirkungen vorgeschrieben, deren Herbeiführung das ausl Verfahren intendierte. Das sind die Gestaltungswirkung bei Ehenichtigkeits-, Eheaufhebungs- und Scheidungsverfahren und die Feststellungswirkung (materielle Rechtskraftwirkung) bei Klagen auf Feststellung des Bestehens oder Nichtbestehens einer Ehe. Für die Anerkennung der im ausl Eheurteil enthaltenen Nebenentscheidungen, wie zB der Verurteilung zur Kostenzahlung oder zur Zahlung von Unterhalt an die geschiedene Ehefrau, Regelung der elterl Sorge ist das Anerkennungsverfahren vor der LJV nicht konzipiert; BayObLG IPRspr 78/175. Die in den Verurteilungen enthaltene rechtskräftige Feststellung des Bestehens des Leistungsanspruchs wird unmittelbar kraft Gesetzes anerkannt, soweit die Anerkennungsvoraussetzungen gegeben sind, vgl Rn 186. Die Vollstreckbarkeit für den Bereich des Inlands muß den ausl Entscheidungen nach §§ 722, 723 verliehen werden. Auch wenn wegen der Hauptsacheentscheidung (zB Scheidung) ein Anerkennungsverfahren vor der LJV bereits erfolgreich durchgeführt worden ist, wird die Vollstreckbarerklärung nicht überflüssig. Die LJV ist nicht ermächtigt, der ausl Entscheidung die Vollstreck- **247**

barkeit für das Inland zu verleihen. Geimer NJW 67, 1400. Wegen ausländischer Sorgerechtsentscheidungen s Rn 230.

248 **d) DDR-Urteile:** Diese sind keine ausl Urteile. Daher ist Art 7 FamRÄndG nicht anzuwenden, BGHZ 34, 134 = FamRZ 82, 1189, Oldenburg FamRZ 83, 94 = IPRspr 82/171.

249 e) Soweit das Verf vor der LJV nicht statthaft ist, kann die Anerkennungsfrage durch eine **Klage auf Feststellung des Bestehens/Nichtbestehens der Ehe (§ 606)** geklärt werden, Geimer NJW 71, 2139; Martiny I Rz 1623.

f) Einstw Maßnahmen auch vor Entscheidung der LJV zulässig, Geimer NJW 67, 1401; Martiny I Rz 1666.

250 **g) Exkurs:** Das Feststellungsmonopol der LJV wird durch die (abzulehnende) **lex causae-Theorie** (Rn 46) stark reduziert. Danach befindet die LJV ledigl über die prozessuale Anerkennung nach § 328, nicht hingegen über die die Gestaltungswirkung auslösende kollisionsrechtl Anerkennung, Hausmann 265, unter Hinweis auf die unselbständige Anknüpfung der Vorfrage. Die Bedeutung des Art 7 erschöpft sich dann im wesentl in einem Verbot der prozessualen Inzidentanerkennung. Die Vorfragenkompetenz der LJV besteht nur, soweit die Anerkennungsvoraussetzungen des § 328 überhaupt erfüllt sein müssen. Dies ist nach der lex causae-Theorie nur dann der Fall, wenn über den Eintritt der Rechtsgestaltung nach dt materiellen Recht zu befinden ist, dh die Vorfrage der Scheidung nach dt Recht zu beurteilen ist, oder wenn es in einem inländischen Verfahren auf die materielle Rechtskraft des ausl Scheidungsurteils ankommt. Geht es aber darum, ob das Scheidungsurteil eine Änderung der materiellen Rechtslage herbeigefügt hat, so kann jede mit dieser Frage befaßte Stelle darüber nach der jeweiligen lex causae incidenter entscheiden, Hausmann 269, 274, Hoyer JBl 1982, 641. Da die (modifizierte) lex causae-Theorie in allen Fällen, in denen ein Deutscher an der Auslandsscheidung beteiligt ist, ebenfalls eine prozessuale Anerkennung verlangt, ergeben sich praktische Auswirkungen nur bei einer gemischt-nationalen Ausländerehe. **Stellungnahme:** Art 7 § 1, der auf § 328 Bezug nimmt, läßt deutl erkennen, daß es nur eine einheitl bindende Anerkennungsfeststellung geben soll. Der Sinn der Einführung des Feststellungsverfahrens wäre verfehlt, wenn trotz der Feststellung jedes Gericht und jede Behörde eine abweichende Entscheidung treffen könnte, indem sie von einer (anderen) lex causae ausgeht, so treffend Martiny I Rz 1662.

251 **VI) Wirksamkeit der ausl Entscheidung nach dem Recht des Erststaates.** Nach dessen Recht muß die Ehe aufgelöst bzw für nichtig erklärt bzw aufgehoben sein: Dies ist unabdingbare Voraussetzung für die Zulässigkeit eines Feststellungsantrags, BayObLGZ 82, 257 = IPRspr 82/185. – Die Anerkennung setzt voraus, daß die ausl zur Anerkennung anstehende Entscheidung nach dem Recht des Erststaates wirksam geworden ist. Unwirksame oder noch nicht wirksame Entscheidungen können nicht anerkannt werden. Sie entfalten im Erststaat keine Wirkungen, die Gegenstand der Wirkungserstreckung sein könnten (Rn 92). Ist nach dem Recht des Erststaates die Eintragung des Scheidungsurteils in ein Register Voraussetzung für den Eintritt der Scheidung, so muß geprüft werden, ob die Registrierung erfolgt ist, BayObLGZ 1977, 71 = IPRspr 77/161.

252 **VII) Verwaltungsverfahren. 1) Antragsberechtigung. a)** Gemäß Art 7 § 1 III 2 kann den Antrag nur derjenige stellen, der ein rechtl Interesse an der Anerkennung bzw Nichtanerkennung glaubhaft macht. Der Begriff des „rechtl Interesses" ist weit auszulegen. Nicht nur die Parteien des ausl Eheverfahrens und deren Gesamtrechtsnachfolger sind antragsberechtigt, sondern auch jede Stelle, für die das Bestehen oder Nichtbestehen der Ehe eine rechtl Bedeutung hat. In Betracht kommen etwa Sozialversicherungsträger (KG NJW 70, 2169 = FamRZ 70, 664), Finanzämter und auch Staatsanwaltschaften. Das rechtl Interesse muß ein unmittelbares sein. **Nicht antragsberechtigt** sind **Gerichte und Standesbeamte,** auch wenn für deren Entscheidung die Frage der Anerkennung oder Nichtanerkennung als Vorfrage von Wichtigkeit ist, Geimer NJW 67, 1402. Die Antragsberechtigung setzt **keine Beschwer im formellen Sinn** voraus. Der siegreiche Kläger kann Antrag auf Nichtanerkennung der ausl Entscheidung stellen, während umgekehrt der unterlegene Beklagte, der im ausl Verfahren Antrag auf Klageabweisung gestellt hatte, Antrag auf Anerkennung stellen kann, Geimer NJW 67, 1402.

253 **2) Die Antragsberechtigung kann nicht verwirkt werden.** Wer sich jahrelang mit der ausl Scheidung abgefunden hat, ohne etwas zu unternehmen, kann gleichwohl einen negativen Feststellungsantrag stellen. Eine andere Frage ist, ob dieser Antrag begründet ist. So kann es vorkommen, daß der Antragsteller sich infolge des Zeitablaufs nicht mehr auf den einen oder anderen Versagungsgrund berufen darf, weil dies treuwidrig wäre. BayObLG NJW 68, 363 = IPRspr 66–67/266; Düsseldorf IPRspr 77/162; Staudinger/Gamillscheg § 328 Rz 135. Zurückhaltend Martiny I Rz 294.

3) Das rechtl Interesse an der Feststellung der Anerkennungsfähigkeit einer ausl Entscheidung fehlt, wenn sie eine Ehe scheidet, die aus dt Sicht eine **Nichtehe** (matrimonium non existens) ist, BayObLG IPRax 82, 250. **254**

4) Deutsche Gerichtsbarkeit. Die am Anerkennungsverfahren Beteiligten müssen der dt Gerichtsbarkeit unterworfen sein. Ist der Antragsteller an sich von der dt Gerichtsbarkeit befreit (§§ 18 ff GVG), so wird die dt Gerichtsbarkeit durch seinen Antrag begründet; denn in der Antragstellung liegt idR eine Unterwerfung unter die dt Gerichtsbarkeit, sofern der Entsendestaat einverstanden ist. Anders, wenn der Antragsgegner von der dt Gerichtsbarkeit befreit ist. Ebensowenig wie eine Feststellungsklage gegen einen Exterritorialen zulässigerweise erhoben werden kann, kann ein Feststellungsverfahren vor der LJV eingeleitet werden, bei dem ein Exterritorialer Antragsgegner ist (Ausnahme: Unterwerfung des Antragsgegners). **255**

5) Die Durchführung des LJV-Verfahrens ist durch Bundesgesetz nicht geregelt. Soweit in den Bundesländern allgemeine Verwaltungsverfahrensgesetze erlassen sind, greifen diese ein. Darüber hinaus gelten jedoch bundeseinheitl folgende Verfahrensgrundsätze: **256**

a) Die LJV hat den Sachverhalt von Amts wegen aufzuklären. Das Geständnis oder das Anerkenntnis sind ohne Bedeutung. Ein Säumnisverfahren findet nicht statt. Die LJV hat alle erreichbaren Beweismittel auszuschöpfen. Die LJV kann gegenüber Zeugen keinen Zeugniszwang (§ 390) ausüben. Sie darf Zeugen nicht vereidigen, Geimer NJW 67, 1402. **257**

b) Dem Antragsgegner muß Gelegenheit gegeben werden, das Vorbringen des Antragstellers kennenzulernen, hierzu Stellung zu nehmen und Anträge zu stellen. Denn der Antragsgegner hat ein Recht auf **rechtl Gehör.** Art 103 GG gewährleistet das rechtl Gehör zwar ausdrücklich nur „vor Gericht". Das Rechtsstaatsprinzip (Art 20 II GG) verlangt jedoch, daß auch in einem rechtl geordneten Verwaltungsverfahren jedem materiell Beteiligten rechtl Gehör gewährt werden muß. Als Antragsgegner sind alle diejenigen zu beteiligen, für die die Entscheidung der LJV von unmittelbarer Rechtserheblichkeit ist. In Betracht kommen vor allem der andere Ehegatte und – sofern schon gestorben – dessen Erben. Die Beteiligung des (der) Antragsgegner ist nicht bloß Ermessenssache der LJV, sondern Rechtspflicht. Näher Geimer NJW 74, 1630. **258**

VIII) Die Entscheidung der LJV. 1) Tenor: a) Hält die LJV die **Zulässigkeitsvoraussetzungen** für das Verfahren nach Art 7 § 1 **nicht** für **gegeben,** so ist der Antrag als unzulässig zurückzuweisen, zB wegen der Unstatthaftigkeit des Anerkennungsverfahrens nach Art 7 § 1 I 3, wegen örtl Unzuständigkeit oder wegen fehlender Antragsberechtigung. Sind die Zulässigkeitsvoraussetzungen gegeben, ist aber der **Antrag sachl unbegründet,** so ist er als unbegründet zurückzuweisen. Die LJV darf nicht das Gegenteil dessen, was beantragt ist, im Tenor ihrer Entscheidung feststellen. Ist der **Antrag begründet,** so hat die LJV im Tenor ihres Bescheides festzustellen, daß die Voraussetzungen für die Anerkennung vorliegen bzw nicht vorliegen. Das Gesetz setzt sich ausdrückl über den allgemeinen Grundsatz des Verfahrensrechts hinweg, daß im Tenor einer Entscheidung immer über den Verfahrensgegenstand und nicht über Präjudizialpunkte zu befinden ist. **259**

b) Inhaltl Änderungen oder Ergänzungen des anzuerkennenden ausl Urteils (Beispiel: Hinzufügung eines Schuldspruchs) darf die LJV nicht vornehmen; Staudinger/Gamillscheg § 328 Rn 535. **260**

2) Begründung der Entscheidung: Trotz des Schweigens des Gesetzes wird man aus rechtsstaatl Gründen jedenfalls dann eine Begründung fordern müssen, wenn der Antrag zurückgewiesen wurde oder wenn dem Antrag trotz der Gegenvorstellungen eines Beteiligten (Antragsgegners) stattgegeben wurde. Geimer NJW 67, 1402; Staudinger/Gamillscheg, § 328 Rn 534. Ebenso die VerwVerfGesetze der Länder. **261**

3) Die Entscheidung der LJV wird nach Art 7 § 1 V 2 grundsätzl mit **Bekanntgabe an den Antragsteller wirksam;** auf den Zeitpunkt der Bekanntgabe an die übrigen Beteiligten kommt es nicht an. Die LJV kann aber auch (im Tenor ihrer Entscheidung) bestimmen, daß die Entscheidung erst nach Ablauf einer von ihr bestimmten Frist wirksam wird. Dadurch kann verhindert werden, daß der Antragsteller eine neue Ehe eingeht, noch bevor der Antragsgegner Gelegenheit hatte, das OLG anzurufen. **262**

4) Nichtigkeit (= Unwirksamkeit) der Entscheidung der LJV ist ganz selten gegeben. Es gelten die gleichen Grundsätze wie für gerichtl Urteile. Im Zweifel führen Verfahrensfehler und Fehler bei der Entscheidungsfindung nur zur Anfechtbarkeit. Die Anerkennung trotz ordre public-Widrigkeit der ausl Entscheidung ist kein Nichtigkeitsgrund, auch wenn unmittelbare Staatsinteressen auf dem Spiel stehen. Wäre es anders, so könnte jede Entscheidung ad infinitum in Frage gestellt werden mit dem Argument, in Wahrheit sei doch ein ordre public-Verstoß gegeben, Rn 196. AA BayObLG FRES 6, 421 = IPRspr 80/173. **263**

264 **IX) Antrag auf gerichtl Entscheidung. 1)** Die Entscheidung der LJV kann durch Antrag auf gerichtl Entscheidung angefochten werden. **Über den Antrag entscheidet das OLG (in Bayern: das BayObLG,** Art 11 III Nr 3 BayAGGVG), in dessen Bezirk die LJV ihren Sitz hat; für das Verfahren gilt FGG entsprechend. Es besteht kein Anwaltszwang.

265 **2)** Das **Antragsrecht** ist in Art 7 § 1 IV und V 1 kasuistisch und wenig erschöpfend geregelt. Hat die LJV dem Antrag stattgegeben, so kann nach dem Gesetz nur der andere Ehegatte, der den Antrag nicht gestellt hat, das OLG anrufen. Ist dieser gestorben, so kann nach dem Wortlaut des Gesetzes keiner die Entscheidung des OLG beantragen; dies ist mit Art 19 IV GG nicht vereinbar. Man wird in verfassungskonformer Auslegung jedem die Anrufung des OLG gestatten müssen, in dessen Rechtssphäre die Entscheidung der LJV mit unmittelbarer Rechtserheblichkeit eingreift. Geimer NJW 67, 1402; Reinl FamRZ 69, 456.

266 **3)** Hat die LJV dem Antrag stattgegeben, so kann der Antragsteller nicht Antrag auf gerichtl Entscheidung stellen, BayObLG FRES 6, 421 = IPRspr 80/173. Auch kann er seinen Antrag nach Bekanntgabe der LJV-Entscheidung (Rn 262) nicht mehr zurücknehmen.

267 **4)** Der Antrag auf gerichtl Entscheidung ist an **keine Frist** gebunden. Das ist rechtspolitisch falsch; denn es wird die Unsicherheit darüber, ob eine ausl Entscheidung im Inland Wirkungen entfaltet, solange aufrechterhalten, bis die Entscheidung der LJV vom OLG ausdrückl bestätigt wurde. Bei der gegenwärtig geltenden Regelung ist es denkbar, daß die Entscheidung der LJV nach Jahren noch angefochten wird. (Beispiel: BayObLGZ 75, 296). **Verwirkung** möglich aber nur zu bejahen, wenn zum Zeitablauf noch besondere Umstände hinzutreten, die das Zuwarten als unangemessen und damit die verspätete Einreichung als unzulässige Rechtsausübung erscheinen lassen. Verwirkung verneint BayObLG FamRZ 85, 1259 = NJW-RR 86, 3, wenn kein weiterer Beteiligter auf den Bestand des LJV-Bescheids vertraute, zB wenn Bescheid dem Antragsgegner wegen unbekannten Aufenthalts nicht bekannt gemacht worden war.

268 **5)** Möchte das OLG von einer Entscheidung des BGH oder eines anderen OLG abweichen, dann besteht **Vorlagepflicht** an den BGH (§ 28 II FGG) seit 1. 7. 1977 (Art 7 § 1 VI nF). Hierzu BGHZ 82, 34 = NJW 82, 527 = FamRZ 82, 44 = MDR 82, 126 = IPRax 83, 37: Aus dem Vorlegungsbeschluß muß sich ergeben, daß das vorlegende Gericht bei Befolgung der Ansicht, von der es abweichen möchte, zu einer anderen Fallentscheidung gelangen würde.

269 **X) Wiederaufnahme.** Wie in allen echten Streitsachen der freiw Gerichtsbarkeit ist auch gegen die LJV- bzw OLG-Entscheidung die Wiederaufnahme des Verfahrens analog §§ 579 ff zulässig, Geimer NJW 74, 1631.

270 **XI) Abänderung.** Wird ein Antrag auf Abänderung eines LJV-Bescheides gestellt, so findet Art 7 § 1 kraft Sachzusammenhangs auch auf das Abänderungsverfahren Anwendung. Wendete man §§ 23 ff EGGVG an, so führte dies zu einem vom Gesetzgeber sicher nicht beabsichtigten Auseinanderfallen der Zuständigkeiten, BayObLGZ 75, 301 = MDR 76, 232 (Geimer) = IPRspr 75/180; BayObLG FRES 6, 421 = IPRspr 80/173.

271 **XII) Verfassungsmäßigkeit.** Es bestehen schwere verfassungsrechtl Bedenken; Geimer NJW 74, 1630; FamRZ 75, 588. AA BGHZ 82, 34 = NJW 82, 517 = MDR 82, 126.

R) Zeitpunkt der Anerkennung

272 Aus dem System der automatischen Urteilsanerkennung kraft Gesetzes (Rn 186) folgt, daß die Wirkungen des erststaatl Urteils im gleichen Zeitpunkt, zu dem sie im Erststaat eintreten, auf den Zweitstaat erstreckt werden. Es kommt also nicht auf den Zeitpunkt an, in dem die Frage der Anerkennung geprüft wird, Geimer/Schütze I 1015, 392, 1603; Martiny I Rz 298. Anders Schütze DIZPR 163, der auf den Zeitpunkt der „Inlandsbeziehung" abstellt.

S) Intertemporales Recht

273 Vorstehendes (Rn 272) ist auch zu beachten, wenn **ausdrückl Übergangsvorschriften** fehlen. Dies gilt insbes für Änderung der Nr 5 (Rn 179) und der Nrn 2 und 3 durch IPR-ReformG; vgl Rn 124. Art 220 I EGBGB bringt eine Überleitungsnorm nur für IPR, nicht für internationalverfahrensrechtl Vorschriften, jedoch entspr anwendbar.

T) Folgen der Versagung der Anerkennung

274 **I) Nichtbeachtung der ausl Entscheidung. 1)** Liegen die Anerkennungsvoraussetzungen nicht vor, so ist dem ausl Urteil die Anerkennung im Inland zu versagen (soweit keine Heilung durch Rügeverzicht eintritt). Die ausl Urteilswirkungen (Rn 26) werden nicht auf das Inland erstreckt.

275 **2)** Dabei spielt es keine Rolle, ob alle Anerkennungsvoraussetzungen oder ob nur eine oder mehrere fehlen, während die übrigen Anerkennungsvoraussetzungen gegeben sind. Die Nicht-

anerkennung bedeutet, daß die Wirkungen des ausl Urteils, die dieses nach dem Recht des Erststaates entfaltet, auf das Inland nicht erstreckt werden. Die nach dem Recht des Erststaates eintretenden Urteilswirkungen sind also von den dt Gerichten und den dt Verwaltungsbehörden nicht zu beachten. Dies gilt auch dann, wenn auf den vom ausl Gericht entschiedenen Streitfall nach dt IPR das Recht des Erststaates Anwendung findet und wenn im Urteilsstaat die materiellrechtl Rechtskrafttheorie gilt, Rn 37. § 328 hat Vorrang vor der kollisionsrechtl Verweisung auf das Recht des Erststaates. Wollte man anders entscheiden, so würde § 328 umgangen werden. Zustimmend Martiny I Rz 338.

3) Es wird mitunter behauptet, die ausl, im Inland nicht anzuerkennende Verurteilung schaffe eine **Naturalobligation.** Wenn auch die Verurteilung zu einer Leistung im Inland nicht anerkannt und vollstreckt werden könne, so entspreche doch ihre Erfüllung einer sittl Pflicht. Das aufgrund des ausl Urteils Geleistete könne daher in keinem Fall im Inland zurückgefordert werden, § 814 BGB, Matscher JBl 54, 54. Dem ist nicht zu folgen. Es liegt auf der Hand, daß die Leistung aufgrund eines ausl Urteils dann nicht einer sittl Pflicht entspricht, wenn das ausl Urteil im Inland wegen Verstoßes gegen den ordre public nicht anerkannt wird. Aber auch in den Fällen, in denen die Anerkennung dem ausl Urteil aus anderen Gründen versagt wird, kann nicht davon gesprochen werden, daß die Erfüllung eine sittl Pflicht darstelle. Wird wegen der Nichtanerkennung des ausl Urteils der Prozeß zwischen den Parteien im Inland wiederholt und stellt sich das dt Gericht auf den Standpunkt, daß eine Leistungspflicht des B gegenüber dem A nicht besteht, so muß es dem B gestattet sein, das aufgrund der ausl Verurteilung an A Geleistete im Inland wieder zurückzufordern. Wollte man § 814 BGB anwenden, so würde man trotz Nichtvorliegens der Anerkennungsvoraussetzungen das ausl Urteil im Inland mittelbar doch durchsetzen. Zu beachten ist jedoch, daß – sofern dt Recht **Bereicherungsstatut ist** – die Zurückforderung des aufgrund eines ausl Urteils Geleisteten unter dem Gesichtspunkt des § 814 BGB dann ausgeschlossen sein kann, wenn der Verurteilte freiwillig, also ohne drohende Zwangsvollstreckung, an den Kläger leistete, obwohl er wußte oder mit großer Wahrscheinlichkeit damit rechnen konnte, daß das ausl Urteil im Inland nicht Anerkennung finden wird. Der Grund für den Ausschluß der Rückforderung liegt darin, daß der Urteilsschuldner leistete, obwohl er wußte oder damit rechnen konnte, daß vom Standpunkt des dt Rechts keine Rechtspflicht zur Leistung bestand. Zustimmend Martiny I Rz 338. Vgl Rn 209. 276

II) Beweiskraft: Das im Inland nicht anerkannte ausl Urteil entfaltet unter den Voraussetzungen des § 438 Beweiskraft für seine Existenz; es wird also bewiesen, daß im Urteilsstaat ein Urteil bestimmten Inhalts ergangen ist, RG 129, 387. Auf **Legalisation** (§ 438 II) wird in den meisten Verträgen verzichtet, zB Art 49 GVÜ. Über die Richtigkeit des Inhalts des ausl Urteils wird jedoch nichts ausgesagt. Die Beweiskraft bezieht sich nur auf Tatsachen (also keine prozessualen Wirkungen, insbesondere keine Feststellungs- und keine Gestaltungswirkung!); die Feststellungen unterliegen der freien Beweiswürdigung des dt Gerichts. Zu weit geht Martiny I Rz 436. 277

III) Parteivereinbarungen. Die Frage, ob ein ausl Urteil im Inland anzuerkennen ist, kann nicht unmittelbar Gegenstand von Parteivereinbarungen sein (Ausnahme: Steht die Geltendmachung eines Versagungsgrundes im Belieben einer Partei, Rn 125, 131, 182, können die Parteien – auch im vorhinein, vgl § 1041 Rn 24 – vereinbaren, daß der Versagungsgrund nicht geltend gemacht werden darf). Ist ein ausl Urteil nicht nach Gesetzeslage anzuerkennen, so ist eine Parteivereinbarung, daß das Urteil im Inland doch anzuerkennen sei, unwirksam; dh die Wirkungen des nicht anerkannten ausl Urteils werden aufgrund dieser Vereinbarung nicht auf das Inland erstreckt. Eine solche Parteivereinbarung kann jedoch **materiellrechtl Bedeutung** haben, sofern die Parteien wirksam über den Streitgegenstand verfügen können. Sie kann je nach Sachlage als Verzicht oder Novation bzw Anerkennung des Anspruchs oder als Vergleich ausgelegt werden. Zustimmend Martiny I Rz 296. 278

IV) Die Verweigerung der Anerkennung führt zu **Störungen des internationalen Entscheidungseinklangs.** Dieser Gesichtspunkt fällt vor allem bei **Gestaltungsurteilen** ins Gewicht. Die Nichtanerkennung von ausl Gestaltungsurteilen führt unweigerl zu sog „hinkenden Rechtsverhältnissen", Geimer/Schütze I 1368. 279

V) Judikatsklage (actio iudicati). Streitgegenstand ist die **„Judikatsobligation"**, nicht der Anspruch aus dem zugrundeliegenden Rechtsverhältnis, auch nicht die prozessuale(n) Wirkung(en) des ausl Urteils (Rn 18). Für eine actio iudicati bleibt im dt Recht kein Raum, denn ein ausl Urteil an sich ist kein Rechtsgrund (causa), Martiny I Rz 1616. 280

VI) Internationale Zuständigkeit zur Nichtigerklärung bigamischer Ehen. Kann ausl Scheidungsurt nicht anerkannt w, so ist eine inzwischen geschlossene zweite Ehe auf Antrag eines Ehegatten oder des Staatsanwalts für nichtig zu erklären; Geimer NJW 76, 1039; LG Hamburg 281

StAZ 77, 19; Basedow StAZ 77, 6. (Das LG Hamburg übersah wohl aber, daß das Verfahren hätte ausgesetzt werden müssen, solange keine Entscheidung gem Art 7 ergangen war.) – In besonders gelagerten Fällen kann jedoch Ehenichtigsklage mißbräuchl sein, Karlsruhe IPRax 86, 166 (Heßler 146).

282 **VII) Internationale Ersatzzuständigkeit zur Wiederholung des Rechtsstreits.** Wird die Anerkennung in der BRepD verweigert, so muß zur Wiederholung des Erstprozesses ein kompetentes Gericht bereitgestellt werden, um Justizverweigerung zu vermeiden. Näher IZPR Rn 113.

283 **VIII) Beispiele: 1)** Wird ausl Scheidungsurteil nicht anerkannt, dann besteht – aus dt Sicht – die Ehe fort mit der Folge, daß Zugewinn- und Versorgungsausgleich bis zum Zeitpunkt des dt Scheidungsverfahrens durchzuführen sind. **Gesichtspunkte des Vertrauensschutzes** rechtfertigen nicht die analoge Anwendung des Art 12 Nr 3 III 1 des 1. EheRG, BGH FamRZ 83, 357 (Ehe war 1972 in Rumänien geschieden worden). Der BGH will aber die **Härteklauseln** (§ 1587 c BGB; Art 12 Nr 3 III 1 und 4 des 1. EheRG) anwenden, um eine Herabsetzung oder den Ausschluß des Ausgleichs zu erreichen. Vgl auch BGH FamRZ 82, 797.

284 2) Wird der ausl Titel nicht anerkannt, dann kommt auch eine **Abänderung** desselben durch ein dt Gericht nicht in Betracht.

U) Teilanerkennung

285 Hinsichtlich eines jeden im ausl Urteil entschiedenen (selbständigen) Anspruchs (Streitgegenstands) sind die Anerkennungsvoraussetzungen gesondert zu prüfen, mit der Folge, daß hinsichtl des einen die Anerkennungsvoraussetzungen vorliegen können und hinsichtl des anderen nicht. In diesem Fall ist eine Teilanerkennung mögl. Näher Matscher, FS Reimer, 1976, 33; Geimer/Schütze I 1641.

V) Anerkennung von Entscheidungen der DDR-Gerichte

286 **I)** Urteile von Gerichten der DDR (einschließl Ost-Berlins) sind auch nach Inkrafttreten des Grundlagenvertrages (BGBl 1973 II 423; hierzu BVerfGE 36, 1; 37, 57) dt, also keine ausl Urteile, BGH NJW 82, 1947 = RIW 82, 592 = IPRax 83, 33 (Beitzke 16). § 328 ist deshalb nicht direkt anwendbar. Die DDR-Urteile sind grundsätzl auch im Gebiet der BRepD wirksam, BGHZ 34, 36; BGH IPRax 83, 184 (von Bar 163). Sie entstammen jedoch einer anderen Hoheitsgewaltssphäre. Staatsgewalt und Gerichtsbarkeit sind in beiden Staaten verschieden, vgl Art 6 Grundlagenvertrag. Angesichts der grundverschiedenen Rechtsentwicklung können ihre Wirkungen in der BRepD nicht vorbehaltlos anerkannt werden. Welche Anerkennungsvoraussetzungen für sie aufzustellen sind, war angesichts des Fehlens einer gesetzl Regelung – das Westberliner Gesetz vom 26. 2. 1953 GVBl 151, ist wegen Fehlen der Gesetzgebungskompetenz nichtig, KG NJW 79, 881 = IPRspr 78/163 – bestr. Der BGH wollte anfangs nur solchen Urteilen die Anerkennung verweigern, die wegen ihres Inhalts mit den guten Sitten oder dem Zweck eines westdeutschen Gesetzes in keiner Weise zu vereinbaren sind oder die auf einem Verfahren beruhen, das mit rechtsstaatl Grundsätzen schlechterdings unvereinbar ist, BGH 20, 323; 30, 1. Diese Rspr ist jedoch überholt. Der BGH orientiert sich jetzt deutl an den Regeln des IZPR; Abweichungen ergeben sich aus dem besonderen Verhältnis beider deutschen Staaten zueinander, BGH NJW 82, 1947 = RIW 592 = IPRax 83, 34 (Beitzke). Mit Ausnahme des § 328 I Nr 5 sind alle Anerkennungsvoraussetzungen des **§ 328 entsprechend** anzuwenden, jedoch mit Modifikationen; KG IPRspr 82/176. – Keine ordre public -Widrigkeit, wenn es dem Kläger/Bekl verwehrt war, persönl vor dem DDR-Gericht zu erscheinen oder weil DDR-Recht eine kürzere Frist für Ehelichkeitsanfechtung vorsieht, KG ROW 84, 96 = IPRspr 83/185. – Für FG-Entscheidung gilt § 16 a FGG entspr, Oldenburg FamRZ 83, 94.

287 **II)** Die **Unwirksamkeit eines DDR-Urteils** in der Bundesrepublik Deutschland muß im Wege der Feststellungsklage geltend gemacht werden; Art 7 FamRÄndG und die §§ 722 und 723 sind nicht anwendbar. Die Unwirksamkeit eines DDR-Eheurteils in der BRepD, durch das eine Ehe dt Ehegatten, von denen der Beklagte zur Zeit des Erlasses in der BRepD ansässig war, geschieden worden ist, kann erst geltend gemacht werden, wenn durch Urteil eines Gerichts der BRepD im Verfahren nach §§ 606 ff auf eine Klage der Staatsanwaltschaft oder der im Ehescheidungsverfahren bekl Partei festgestellt ist, daß die Ehe der Parteien noch besteht, BGH FamRZ 82, 1189; Oldenburg FamRZ 83, 94 = IPRspr 82/171. Das bedeutet, daß das Urteil eines Gerichts der DDR in Ehesachen in der BRepD nur unwirksam ist, wenn im Widerspruch zu diesem Urteil das Fortbestehen der Ehe durch ein westdeutsches Gericht rechtskräftig festgestellt ist. Die Feststellungsklage nach §§ 606 ff muß innerhalb angemessener Frist erhoben werden. Der BGH hat die im Oktober 1961 gegen ein im Mai 1959 ergangenes DDR-Urteil erhobene Feststellungsklage als verspätet erachtet, BGH MDR 65, 118 = LM 17 zu § 328. Auch nach dem Inkrafttreten

des FamRÄndG 1961 ist der **Staatsanwalt** befugt, die Feststellungsklage nach §§ 606 ff zu erheben, BGH LM 12 zu § 328; Düsseldorf FamRZ 81, 270 = IPRspr 80/84. Nach StJSchL III 2 vor § 606 Rz 17 soll auch eine **Klage auf Feststellung der Wirksamkeit bzw Unwirksamkeit eines DDR-Urteils** zulässig sein.

W) Anerkennungsprognose bei ausl Rechtshängigkeit

Die Rechtshängigkeit, die auf einer im Ausland erhobenen Klage beruht, ist dann im Inland zu beachten, wenn das ausl Urteil voraussichtl anerkannt werden wird. Das Gleiche gilt für Klagen vor DDR-Gerichten; Geimer/Schütze I 2 § 215. Nach LG Hamburg IPRspr 80/23 wird die in der BRepD erhobene negative Feststellungsklage wegen Wegfalls des Feststellungsinteresses (§ 256) unzulässig, wenn der Bekl (= Gläubiger) nunmehr im Ausland Leistungsklage erhebt. Bedenkl, weil sowohl das Prioritätsprinzip als auch der Justizgewährungsanspruch des Klägers (hier des Schuldners) unterlaufen wird. **288**

X) Aufhebung und Abänderung ausl Urteile durch dt Gerichte setzt logisch die Anerkennung voraus, Martiny I Rz 304. Wurde ein dt Urteil in § 323 vergleichbaren Fällen im Ausland abgeändert, so ist dieses ausl Abänderungsurteil anerkennungsfähig, Martiny I Rz 307; Geimer/Schütze I 459. **289**

Y) Seerechtl Sonderregelung in § 738a II HGB: Diese verdrängt als lex specialis § 328. Hierzu Geimer/Schütze I 2 § 216. **290**

Z) Gebühren: 1) des Gerichts: a) Für die **Feststellungsklage** (Rn 189) allgemeine Verfahrensgebühr nach KV Nr 1010. Sie beträgt den einfachen Tabellensatz u wird fällig mit dem Eingang der Klageschrift bei Gericht (§ 61 GKG). Die Gebühr für das Verfahren im allgemeinen wird in jeder Instanz hinsichtl eines jeden Teiles des Streitgegenstandes nur einmal erhoben (§ 27 GKG). Urteilsgebühr s Rn 7 zu § 300. **b)** Für das **Feststellungsverfahren** nach Art 26 II GVÜ (Rn 198) wird eine Festgebühr erhoben (KV Nr 1096). Bei Verbindung des Anerkennungsfeststellungsverfahrens mit dem Verfahren auf Vollstreckungsklauselerteilung (Art 31, 50, 51 GVÜ) entsteht die Festgebühr nicht ein zweites Mal; beide Verfahren bilden kostenrechtl e i n e Instanz iSd § 27 GKG. Dies gilt auch, wenn dem Verfahren auf Vollstreckungsklauselerteilung das Feststellungsverfahren auf Anerkennung vorausgeht. Der Ausgang des Verfahrens berührt die Höhe der Gebühr nicht. Die durch die Einreichung des Antrags einmal entstandene u fällig (§ 61 GKG) gewordene Verfahrensgebühr kann durch eine nachfolgende Antragszurücknahme nicht wieder wegfallen. Keine Vorauszahlungspflicht (vgl § 65 GKG). Kostenschuldner: bei Antragsablehnung der Antragsteller (§ 10 III AusfG iVm § 54 Nr 1 GKG), bei antragstattgebender Entscheidung der Antragsgegner (§ 8 IV AusfG iVm § 788 ZPO u § 54 Nr 4 GKG), daneben auch der Antragsteller (§ 49 S 1 GKG); im Verhältnis zum Antragsteller (Gläubiger) ist der Vollstreckungsschuldner nicht Erstschuldner iSd § 58 II GKG (Drischler/Oestreich/Heun/Haupt, GKG, VII § 58 Rdnr 6 unter Hinweis auf Rittmann/Wenz, altes GKG § 82 Anm 3; aM Markl, GKG § 58 Rn 5 aE). Kann die Partei, gegen die die Anerkennung geltend gemacht wird, die Aufhebung oder Abänderung einer Entscheidung in dem Vertragsstaat, in dem sie ergangen ist, nicht mehr im Feststellungsverfahren auf Anerkennung geltend machen, so ist das für diesen Fall zur Verfügung stehende besondere Verfahren (§§ 31, 29 AusfG) gerichtsgebührenfrei (§ 1 I GKG). Schuldner der Gerichtsauslagen: §§ 49 S 1, 54, 58 II 1 GKG. – Für das **Beschwerdeverfahren,** das den Beteiligten gegen die Feststellung der Anerkennung bzw gegen die Ablehnung des Antrags auf deren Feststellung zusteht (Art 26 II, 36, 40, 50, 51 GVÜ, §§ 11, 16, 28 AusfG), ist eine Festgebühr nach KV Nr 1097 zu erheben, gleichviel, wie das Beschwerdeverfahren ausgeht. Kostenschuldner: Derjenige, der nach der Entscheidung des Beschwerdegerichts (OLG) die Kosten des Beschwerdeverfahrens zu tragen hat (§ 54 Nr 1 GKG), evtl Zweitschuldner: der Beschwerdeführer (§§ 49 S 1, 58 II 1 GKG). Wird gegen die Feststellung der Anerkennung u gegen die Zulassung der Zwangsvollstreckung je eine auf einem selbständigen Antrag beruhende Beschwerde eingelegt, so ist jedes Beschwerdeverfahren gebührenpflichtig, dh es fallen zwei Gebühren an (Drischler, aaO, KV Nr 1096–1098 Rdnr 8). Keine Gebühr nach KV Nr 1097, sondern nur eine solche nach KV Nr 1181, wenn die Beschwerde ohne Erfolg bleibt für den Fall, daß Antragsgegner seine Beschwerde (§ 11 AusfG) auf die ihm nachteilige Entscheidung über den Kostenpunkt beschränkt (§ 28 II 2 AusfG); Streitwert in diesem Zusammenhang: der Gesamtbetrag der gerichtl und außergerichtl Kosten (analoge Anwendung von § 22 III GKG). Die nach KV Nr 1097 zu erhebende Gebühr gilt mit ab eine etwaige Anordnung des OLG nach § 25 II AusfG, daß die Zwangsvollstreckung bis zum Ablauf der Frist zur Einlegung der Rechtsbeschwerde (§ 18 AusfG) oder bis zur Entscheidung über diese Beschwerde nicht oder nur gegen Sicherheitsleistung über Maßregeln zur Sicherung hinausgehen darf (vgl Drischler, aaO, Rdnr 8). Das gleiche gilt für die Entscheidung im Beschwerdeverfahren über Einwendungen des Schuldners gegen den Anspruch selbst, soweit diese auf Gründen beruhen, die erst nach dem Erlaß der Entscheidung entstanden sind (§ 14 I AusfG). Ist die Zwangsvollstreckung aus einem (in einem anderen Vertragsstaat ergangenen) Schuldtitel zugelassen u macht der Schuldner Einwendungen gegen den Anspruch selbst unter den in § 15 I AusfG aufgestellten Voraussetzungen durch eine Klage nach § 767 ZPO geltend, so fallen hier Gebühren nach KV Nr 1010, 1012 ff an; Drischler, aaO, Rdnr 8 aE. – Für das Verfahren der **Rechtsbeschwerde** zum BGH gegen die Entscheidung des OLG (Art 37 II, 41 GVÜ) wird eine Festgebühr nach KV Nr 1098 erhoben, durch die ebenfalls etwaige Anordnungen gemäß § 25 III 1 u 2 AusfG mit abgegolten sind. – Für die Beschwerde gegen den Beschluß über die Aufhebung oder Änderung der Feststellung der Anerkennung eines Schuldtitels oder auch gegen den Beschluß über die Aufhebung oder Änderung der Zulassung der Zwangsvollstreckung (§ 31 iVm § 29 IV AusfG) wird die Gebühr nach KV Nr 1181 nur erhoben, wenn die Beschwerde erfolglos bleibt; Streitwert: der Teil des Schuldtitels, der sich auf die Aufhebung oder Änderung bezieht. **c)** Bezügl der Gerichtskosten für das **Anerkennungsverfahren** für ausl Entscheidungen **in Ehesachen** s Art 7 § 2 FamRÄndG. Das Verfahren vor dem OLG (in Bayern: vor dem BayObLG) ist gerichtsgebührenfrei, wenn der Anerkennungsantrag Erfolg hat (§ 2 II 1 FamRÄndG iVm § 1 KostO), anderenfalls gilt § 2 II 2. **291**

2) des Anwalts: a) Bei der **Feststellungsklage** (Rn 189) entsteht die 10/10 Prozeßgebühr, daneben können auch die Verhandlungs- u die Beweisgebühr, uU die Erörterungsgebühr erwachsen (§ 31 Abs 1 Nr 1–4 BRAGO). Bezügl der Verhandlungsgebühr ist § 33 BRAGO, der Beweisgebühr § 34 BRAGO u der Erörterungsgebühr § 31 Abs 2 BRAGO zu beachten. – Im Berufungs- u Revisionsverfahren erhöhen sich die Gebühren um 3/10 (§ 11 Abs 1 S 2 BRAGO). **b)** Im Verfahren der **Feststellung nach Art 26 II GVÜ** (Rn 198) erhält der RA die in § 31 BRAGO bestimmten Gebühren, auch wenn nur durch Beschluß entschieden wird. Auch §§ 32 ff BRAGO sind anwendbar (Hartmann, KostGes BRAGO § 47 Anm 2 B); Gegenstandswert ist der Teil des Schuldtitels, der vollstreckt werden soll (ohne Zinsen). – Im **Beschwerdeverfahren** erwachsen die gleichen Gebühren wie im 1. Rechtszug. Nur wenn die Beschwerde gegen eine andere als die instanzbeendende Entscheidung eingelegt wird, fällt die 5/10 Beschwerdegebühr nach § 61 I Nr 1 BRAGO an. AM BGH (JurBüro 83, 849 = AnwBl 83, 172 = NJW 83, 1270), der dem RA für die Vertretung im Rechtsbeschwerdeverfahren nach Art 37 I, 41 GVÜ über § 2 BRAGO 13/10 Gebühren nach § 11 I zubilligt. Ebenso Frankfurt (MDR 81, 681 = Rpfleger 81, 321). **c)** Für die Tätigkeit im Verfahren der **Anerkennung ausländischer Entscheidungen in Ehesachen** erhält der RA Gebühren nach § 118 BRAGO. Für die Einreichung des Antrags auf Feststellung der Anerkennung durch die LJV verdient er die Geschäftsgebühr des § 118 Abs 1 Nr 1 BRAGO. Der geschuldete Gebührensatz ist dem Gebührensatzrahmen von 5/10 bis 10/10 nach den Grundsätzen des § 12 BRAGO, also unter Berücksichtigung sämtlicher Umstände, zu entnehmen. Wenn keine Besonderheiten gegeben sind (vgl LG Frankfurt JurBüro 74, 1001; AG Wiesbaden AnwBl 76, 249), wird idR eine Mittelgebühr zu 7,5/10 angemessen sein. Vgl im einzelnen: Hartmann, KostGes BRAGO § 12 Anm 2 A und B. – Gegen die Feststellung oder Ablehnung durch die LJV kann die Entscheidung des OLG – in Bayern: des BayObLG – beantragt werden. Hinsichtl der Anwaltsgebühren für das Verfahren vor dem OLG (BayObLG) soll § 66a BRAGO anzuwenden sein (Hartmann, KostGes KostO § 98 Anhang II FamRÄndG Art VII § 2 Anm 2 aE). Die Vorschrift des § 66a BRAGO gilt aber nur für Verfahren nach §§ 23 ff EGGVG, nicht für das Sonderverfahren nach Art 7 FamRÄndG. Für den RA kommt daher auch für das gerichtl Verfahren vor dem OLG nur eine Liquidierung nach § 118 BRAGO in Betracht. Da es sich aber in den Verfahren vor der LJV (Verwaltungsverfahren) u vor dem OLG (gerichtl Verfahren) um dieselbe Sache handelt, ist die im Verwaltungsverfahren angefallene Geschäftsgebühr (§ 118 II BRAGO) anzurechnen (vgl Hamburg JurBüro 77, 376). Eine sinngemäße Anwendung von § 66a BRAGO entspr § 2 BRAGO erscheint deshalb ausgeschlossen. AM Riedel/Sußbauer, BRAGO § 118 Rdnr 12, wonach die Verfahren vor der LJV u vor dem OLG 2 gesonderte anwaltl Gebührenangelegenheiten sind. – Für die Festsetzung des Geschäftswertes: § 30 III u II KostO.

329 *[Beschlüsse und Verfügungen]*

(1) Die auf Grund einer mündlichen Verhandlung ergehenden Beschlüsse des Gerichts müssen verkündet werden. Die Vorschriften der §§ 309, 310 Abs. 1 und des § 311 Abs. 4 sind auf Beschlüsse des Gerichts, die Vorschriften des § 312 und des § 317 Abs. 2 Satz 1, Abs. 3 auf Beschlüsse des Gerichts und auf Verfügungen des Vorsitzenden sowie eines beauftragten oder ersuchten Richters entsprechend anzuwenden.

(2) Nicht verkündete Beschlüsse des Gerichts und nicht verkündete Verfügungen des Vorsitzenden oder eines beauftragten oder ersuchten Richters sind den Parteien formlos mitzuteilen. Enthält die Entscheidung eine Terminsbestimmung oder setzt sie eine Frist in Lauf, so ist sie zuzustellen.

(3) Entscheidungen, die einen Vollstreckungstitel bilden oder die der sofortigen Beschwerde oder der befristeten Erinnerung nach § 577 Abs. 4 unterliegen, sind zuzustellen.

Lit: *Gerhardt,* Zum Zeitpunkt der Wirksamkeit von Beschlüssen nach § 106 KO, KTS 79, 260; *Karstendiek,* „Erlaß" von Beschluß, Verfügung oder Bescheid, DRiZ 77, 276.

I) Allgemeines

1 **1) Begriffe. a) Verfügungen** sind alle Prozeßhandlungen des Gerichts, die der Vorsitzende des Kollegialgerichts oder ein ersuchter oder beauftragter Richter allein vornehmen kann. Sie betreffen prozeßleitende Anordnungen von untergeordneter Bedeutung (s auch Rn 3 vor § 300). **Beispiele** für Entscheidungen durch Verfügung: §§ 216 II, 273 II.

2 **b)** Bedeutendere prozeßleitende Anordnungen und zT auch Entscheidungen ergehen durch **Beschluß** des Gerichts (s auch Rn 2 vor § 300). **Beispiele:** Erledigungsbeschluß (§ 91 a), Kostenfestsetzungsbeschluß (§ 104), Bewilligung von Prozeßkostenhilfe (§ 119), Verweisungsbeschluß (§ 281), Beweisbeschluß (§§ 358 ff), Klageverbindung und Klagetrennung (§§ 145 ff).

3 Durch Urteil wird über das Rechtsschutzgesuch des Klägers, insbesondere über den Streitgegenstand entschieden, während die Form des Beschlusses hauptsächlich Akten der Prozeßleitung vorbehalten ist. Doch ist diese Regel nicht ohne Ausnahme. Zwischenstreitigkeiten über prozessuale Streitpunkte können durch Zwischenurteil (§ 303) entschieden werden; es besteht sogar ein Zwang zum (unechten) Zwischenurteil, sofern Dritte beteiligt sind, vgl §§ 71, 135, 387, 402. Die Entscheidung über die Hauptsache ergeht jedoch immer durch Urteil. Diese Regel gilt jedoch schon nicht mehr für Rechtsmittelentscheidungen. So kann die Verwerfung eines Rechtsmittels vor mündlicher Verhandlung durch Beschluß erfolgen (§§ 519b; 554a; vgl auch § 341). Auf den Inhalt der Entscheidung hat die gewählte Entscheidungsform keinen Einfluß. Der praktische Unterschied zeigt sich am deutlichsten in der verschiedenen Ausgestaltung der Regeln über Urteile (§§ 309 ff) und Beschlüsse (§ 329) und ihrer Anfechtung.

2) Bedeutung. § 329 enthält nur **unvollständige Vorschriften** über Beschlüsse und Verfügungen; die für Urteile geltenden Bestimmungen sind zum großen Teil **entsprechend** anzuwenden (hierzu näher Rn 23, 28 ff, 44). 4

3) Unterscheidungen und Zeitpunkte. Die hM (vgl R-Schwab § 59 III 2; StJ-Schumann/Leipold Anm III 2b; Gerhardt KTS 79, 262 mwNachw; kritisch mit umfangr Nachw Karstendiek DRiZ 77, 276) unterscheidet den Erlaß des Beschlusses, dh das **Existentwerden** (Rn 6), von dem Zeitpunkt des **Wirksamwerdens** (Rn 7) und schließlich (in den Fällen des Abs III) dem der **Zustellung** des Beschlusses (Rn 11). Die Zeitpunkte gem Rn 6 und 7 können zusammenfallen (Rn 8). 5

a) Voraussetzungen. aa) Existent geworden ist der Beschluß, wenn er aus dem inneren Bereich des Gerichts herausgelangt ist, das Gericht sich also des Beschlusses entäußert hat (BGH WarnRspr 73 Nr 285 = VersR 74, 365; BayObLG Rpfleger 81, 145; Frankfurt OLGZ 74, 304 = NJW 74, 1389 = MDR 74, 761; Koblenz NJW-RR 86, 935 = NJW 86, 2063 [LS]; sa § 567 Rn 3); für die Existenz des Beschlusses nicht erforderlich ist sein Zugang an die Parteien; ihnen wird ein bereits existenter Beschluß mitgeteilt. Das Datum des Beschlusses ist bei Erlaß im schriftlichen Verfahren nicht maßgebend (BayObLG Rpfleger 81, 144). Einzelheiten: Rn 13 und 18. 6

bb) Für das Wirksamwerden des Beschlusses ist darüber hinaus idR erforderlich, daß der Beschluß den Parteien, für die er bestimmt ist, zugegangen ist. Inwieweit die Einhaltung einer gesetzlich vorgeschriebenen Verlautbarungsform (zB **Zustellung**) wesentlich ist, kann nur von Fall zu Fall entschieden werden. Im einzelnen str; vgl Rn 19 ff und 26. 7

cc) Die Zeitpunkte des Existent- und Wirksamwerdens fallen bei **verkündeten** Beschlüssen zusammen (Rn 13). Bei nicht verkündeten (formlos mitzuteilenden oder zuzustellenden) Beschlüssen sollte die Unterscheidung jedenfalls bei lediglich begünstigenden Entscheidungen (Prozeßkostenhilfebewilligung; Fristverlängerung; Einstellung der Zwangsvollstreckung) aufgegeben werden, zumal im Prozeßrecht eine dem § 130 BGB entsprechende Vorschrift fehlt; maßgebender Zeitpunkt für das Wirksamwerden wäre damit idR der des Existentwerdens (so BGH 25, 63; Köln Rpfleger 76, 102; Karstendiek DRiZ 77, 277; Vollkommer Rpfleger 74, 339 und Anm AP Nr 28 zu § 519 ZPO; Arens Anm zu BAG AR-Blattei, D-Blatt „Arbeitsgerichtsbarkeit X A: Entsch 41" unter 4c; vgl auch unten Rn 15 und 19). 8

b) Rechtsfolgen. Die durch Existentwerden und Zustellung bestimmten Zeitpunkte sind von Bedeutung für die Anfechtbarkeit und Abänderbarkeit (Bindung des Gerichts) des Beschlusses. **aa)** Vom Zeitpunkt des Existentwerdens an kann die Partei den Beschluß mit dem bestehenden Rechtsbehelf **anfechten** (Koblenz NJW-RR 86, 935 = NJW 86, 2063 [LS]). 9

bb) Vom Existentwerden an ist das Gericht (im Rahmen der bestehenden Vorschriften, vgl Rn 11 zu § 318) an den Beschluß **gebunden** und kann ihn nicht mehr (wie bis zu diesem Zeitpunkt als bloßes Internum) abändern (BGH WarnRspr 73 Nr 285 = VersR 74, 365 im Anschluß an BGH 12, 252, betr das FGG-Verfahren; Köln BB 81, 581 betr § 577 III). 10

cc) Die Zustellung hat nur Bedeutung für die Inlaufsetzung der Rechtsmittelfrist und den Beginn der Zwangsvollstreckung (Abs III und Rn 13, 14 sowie Rn 16, 19 ff). 11

II) Beschlüsse aufgrund mündlicher Verhandlung (Abs I)

1) Verkündung. Beschlüsse, die auf Grund einer (notwendigen oder freigestellten) mündlichen Verhandlung (R-Schwab § 82 II 2) oder gemäß § 251a ergehen, müssen verkündet werden (§§ 329 I, 310 I, 311 IV; vgl auch Rn 31 f). Verkündet werden müssen gemäß § 128 II S 2 und III S 2 nunmehr auch **Entscheidungen im schriftlichen Verfahren.** Damit ist der früher in Rspr und Schrifttum geführte Streit darüber, wie Beschlüsse zu behandeln sind, die nach mündlicher Verhandlung im schriftlichen Verfahren ergehen (s dazu 11. Auflage Anm 2b) hinfällig geworden. Nach LG Frankfurt Rpfleger 76, 257 ist ein auf Tonträger gesprochener Beschluß nicht ordnungsgemäß verkündet, wenn der Tonträger lediglich abgespielt und ein entsprechender Vermerk im Protokoll gemacht wird. Soweit die verkündeten Beschlüsse nicht dem Protokoll als Anlage beigefügt sind (§ 160 V), sind sie mit dem vollen Wortlaut der Beschlußformel in die Verhandlungsniederschrift aufzunehmen (§§ 160 III Nr 6, 165), doch nicht bereits dies, sondern erst die Verkündung macht den Beschluß existent. 12

2) Zusätzliche Erfordernisse. Wie Urteile sind auch Beschlüsse mit der Verkündung existent und den Parteien gegenüber wirksam; Ausnahme: § 629d (Folgesachen bei der Ehescheidung). Allerdings ist die **Amtszustellung** unter den Voraussetzungen des Abs III notwendig, vor allem also, um die Rechtsbehelfsfristen des § 577 II S 1, IV in Lauf zu setzen (s auch KG OLGZ 69, 37). Zur Einleitung des Zwangsvollstreckungsverfahrens genügt nach §§ 794 I Nr 3, 795, 750 I nach wie vor die Zustellung im Parteibetrieb. 13

3) Mängel. Wird der Beschluß, statt verkündet zu werden, fehlerhaft zugestellt, ist er wirksam geworden. Die Notfristen laufen aber erst ab Zustellung (Schleswig SchlHA 57, 158; München 14

MDR 62, 224 mN; Köln Rpfleger 82, 113; Wieczorek Anm B Ib 4). Wird statt Verkündung nur formlos mitgeteilt, so kann der Empfänger zwar mit Rechtsmitteln angreifen (Rn 9), Notfristen beginnen aber auch in diesem Fall nicht zu laufen (Wieczorek Anm 9; vgl auch § 187 S 2).

III) Beschlüsse ohne mündliche Verhandlung (Abs II)

15 **1) Form der Mitteilung. a) Formlose Mitteilung.** § 329 II S 1 läßt grundsätzlich die formlose Mitteilung genügen. **Beispiele:** Übersendung durch die Post, Einwurf in den Wohnungsbriefkasten, in das Abholfach bei Gericht; auch eine fernmündliche Mitteilung kann ausreichen (BGH 14, 148; BGH LM Nr 2 zu § 329; BAG AP Nr 28 zu § 519 st Rspr; anders noch RG 144, 258; ähnlich Hamm MDR 68, 156), sogar ohne einen entsprechenden Aktenvermerk (BGH 14, 152 im Fall der Mitteilung über die bewilligte Verlängerung der Berufungsbegründungsfrist). Die Aufhebung des Endtermins einer Rechtsmittelbegründungsfrist ist wirksam, wenn die Mitteilung darüber an den Rechtsmittelkläger zur Post gegeben war (BGH 4, 399). Nicht notwendig ist, daß die Verlängerungsverfügung des Vorsitzenden noch vor Ablauf der Frist beim Rechtsmittelkläger oder seinem Prozeßbevollmächtigten eingeht (Köln JMBlNRW 70, 198; Vollkommer in Anm zu AP Nr 28 zu § 519 und Rpfleger 74, 339; hierzu näher Rn 46).

16 **b) Zustellung.** Nach § 329 II S 2 ist eine Zustellung erforderlich, wenn die Entscheidung **aa)** eine **Terminsbestimmung** enthält; Ausnahme: § 497 I S 1 (Ladung des Klägers zum ersten Verhandlungstermin vor dem AG); **bb)** eine (echte) **Frist** (auch richterliche) **in Lauf setzt;** s dazu BGH NJW 1977, 718: Bei der Aussetzungsfrist nach § 614 IV handelt es sich nicht um eine echte Frist iSd § 329 II S 2. Der Beschluß über die Bewilligung der Prozeßkostenhilfe setzt nicht iS von II 2 die Frist nach § 234 in Lauf (BGH VersR 85, 68 [69]; 86, 580 mN); auch bei der Fristverlängerung bedarf es keiner Zustellung (Vollkommer Anm zu AP Nr 28 zu § 519 und Rpfleger 74, 339); **cc)** wenn der Beschluß ein **Gebot** oder **Verbot** an den Schuldner enthält (zB §§ 936, 938; dazu BGH Rpfleger 82, 305 [306] = Betrieb 82, 1109; § 938 Rn 12).

17 **c) Mängel.** Nach München WRP 75, 457 ist die von Amts wegen bewirkte Zustellung auch dann wirksam, wenn auf dem Empfangsbekenntnis die Unterschrift des Anwalts fehlt, sofern über den Empfang des Beschlusses kein Streit besteht.

18 **2) Existentwerden.** Beschlüsse werden – als bereits beschwerdefähige (Rn 9) – Entscheidungen existent (Rn 6), wenn sie mit dem Willen des Gerichts aus dem inneren Geschäftsbetrieb (RG 160, 307) heraustreten (s BGH VersR 74, 365 = WarnR 73 Nr 285), wenn also zB der unterzeichnete (sonst Entwurf) schriftliche Beschluß in das Fach des Anwalts oder in das Auslauffach der Geschäftsstelle eingelegt (vgl RG 90, 279; 96, 351; 156, 385; 160, 308; Koblenz NJW-RR 86, 935 = NJW 86, 2063 [LS]) oder der Partei formlos (statt Zustellung) zugeschickt wird (Köln Rpfleger 76, 102 = MDR 76, 497 = KTS 76, 303); er darf also kein Akteninternum mehr sein (BGH Rpfleger 82, 305 [306] = Betrieb 82, 1109). Von diesem Zeitpunkt an ist der Beschluß von allen Gerichtsorganen zu beachten (BGH 25, 62). Wegen der Bindung des Gerichts und der Abänderbarkeit der Entscheidung vgl Rn 10, 38 und § 318.

19 **3) Wirksamwerden gegenüber den Parteien.** Nach hM (Rn 7) werden Beschlüsse den Parteien gegenüber wirksam mit ihrer formlosen Mitteilung bzw Zustellung nach § 329 II (Koblenz GRUR 84, 611, str; aA: formlos mitzuteilende Beschlüsse bereits mit der Hinausgabe der Entscheidung, s etwa BL Anm 4 B und Rn 8). Bsp: Der ein allgemeines Veräußerungsverbot enthaltende (zuzustellende) Beschluß (zB gem § 106 I 3 KO) wird nicht bereits mit Entäußerung durch das Gericht (so aber Gerhardt KTS 79, 261 [265 ff]), sondern im Interesse der Rechtssicherheit erst mit Zustellung wirksam (BGH Rpfleger 82, 305 [306] = Betrieb 82, 1109). In jedem Fall ist ein die Zwangsvollstreckung einstellender Beschluß bereits von seiner Existenz an von den Vollstreckungsorganen zu beachten (s dazu BGH 25, 62; Kirberger Rpfleger 76, 8; Stöber, Forderungspfändung, 6. Aufl, Rdn 609, 610).

20 Ob der Beschluß **beiden Parteien** gegenüber erst mit der Mitteilung an beide oder aber schon mit der Mitteilung an eine von ihnen wirksam wird, muß von Fall zu Fall untersucht werden. Mit E. Schneider (NJW 78, 833) ist davon auszugehen, daß zum Wirksamwerden des Beschlusses grundsätzlich die erste Zustellung genügt. Für den Beginn der Rechtsmittelfrist ist dagegen für jede Partei die jeweilige Zustellung an sie maßgeblich (nicht etwa stets die letzte Zustellung; so aber Nürnberg NJW 78, 832 für das Versäumnisurteil gem § 331 III, dagegen zutr E. Schneider mwN). Bei Zustellung eines Beschlusses an mehrere Parteien können daher die Rechtsmittelfristen unterschiedlich laufen.

21 **a)** Wirksamkeit gegenüber beiden mit **Mitteilung an eine der Parteien:** § 37, Ablehnung des Antrags auf Prozeßkostenhilfe, nicht aber seine Bewilligung, Entziehung, nicht Nachzahlungsanordnung – wegen § 122 II; Entscheidungen zu § 204; die Zurückweisung von Anträgen (nach §§ 691, 1042 II), vor allem auch im Zwangsvollstreckungsverfahren: wie die des Antrags auf Erlaß

eines Pfändungs- und Überweisungsbeschlusses; die Zurückweisung der Erinnerung nach § 766; die Abweisung von Rechtsbehelfen, wie bei §§ 519b, 554a; die Zurückweisung des Gesuchs um Arrest oder einstweilige Verfügung; der diese anordnende Beschluß ist, wegen § 929 II, dem Antragsteller förmlich zuzustellen, der ihn dann im Parteibetrieb dem Gegner zustellen läßt, §§ 922 II, 936; die Zurückweisung des Antrags nach § 926. – Notfalls, in „eilbedürftigen" Sachen (BGH 25, 62) genügt zur Wirksamkeit gegenüber beiden Parteien schon die Mitteilung der Entscheidung an das Vollstreckungsorgan (§ 775). Beachte aber, daß in vielen der genannten Fälle an beide Parteien mitgeteilt wird, obwohl schon die einseitige Mitteilung den Beschluß vollwirksam macht.

b) Anders zB im Fall des § 281 II S 1: Die Verweisung wird erst **mit der letzten Mitteilung wirksam.** 22

4) Form, Inhalt und Mitteilung der Entscheidung. a) Sinngemäße Anwendung der Urteilsvorschriften. In welcher Form ein Beschluß schriftlich abgesetzt werden muß, ist im Gesetz nicht ausdrücklich gesagt. Über die Form einer Entscheidung enthält nun § 313 für das Urteil zwingende Vorschriften, die in der Praxis sinngemäß auf Beschlüsse angewendet werden. Voraussetzung für die Wirksamkeit einer Entscheidung selbst und ihrer Zustellung ist aber nicht die Angabe des Aktenzeichens. Das Aktenzeichen ist nur ein verwaltungstechnisches Mittel für die Aktenordnung des Gerichts zur Erleichterung des Schriftverkehrs (Celle DRspr IV [414] 54). 23

b) Nicht allgemein vorgeschrieben (Sondervorschrift: § 620d S 2) sind auch Tatbestand (Sachverhalt) und **Entscheidungsgründe;** doch müssen Beschlüsse, die einem Rechtsmittel unterliegen, begründet werden (allgM; s BGH NJW 83, 123; KG NJW 74, 2010 = FamRZ 74, 454; Karlsruhe Justiz 76, 300; Hamm OLGZ 77, 414 mwN; Schleswig SchlHA 77, 14; Köln OLGZ 80, 2; BL Anm 1 Ab aa), so Kostenfestsetzungsbeschlüsse, die der Durchgriffserinnerung unterliegen (München Rpfleger 81, 157; Frankfurt Rpfleger 84, 77; vgl auch §§ 103, 104 Rn 5 und 21 – „Begründungszwang"), richterliche Durchsuchungsanordnungen gem §§ 758, 761, die mit der sofortigen Beschwerde angreifbar sind (LG Hagen DGVZ 85, 75); andernfalls liegt ein Verfahrensmangel vor, der zur Aufhebung und Zurückverweisung führt (Düsseldorf NJW 71, 520 mN; Rpfleger 85, 255; Frankfurt Rpfleger 84, 477; LG Hagen DGVZ 85, 75; vgl auch § 122 II VwGO; § 113 II FGO). In der Begründung müssen die wesentlichen der Rechtsverfolgung und Rechtsverteidigung dienenden Tatsachenbehauptungen verarbeitet werden (arg: Art 103 I GG; so BVerfG 47, 189; 54, 46; 58, 357; Seetzen NJW 82, 2337; Schneider MDR 81, 462). Auch § 568 II zwingt mittelbar zur Begründung. Die gebotene Begründung ist (außer in den Fällen der sofortigen Beschwerde) spätestens im Rahmen der Abhilfeentscheidung nachzuholen (KG NJW 74, 2010). Eine Ausnahme vom Begründungszwang besteht, wenn die Begründung unmittelbar aus dem Gesetz folgt, auf einer gefestigten Rechtsprechung beruht oder sich ohne weiteres aus dem Streitstoff ergibt (Frankfurt Rpfleger 84, 477; Schleswig SchlHA 82, 43). Zur Begründung eines stattgebenden bzw zurückweisenden Beschlusses nach § 46 II (Richterablehnung) s dort Rn 9; eines Pfändungsbeschlusses im Falle der Billigkeitspfändung s Stöber, Forderungspfändung, Rdn 1352 und LG Düsseldorf Rpfleger 83, 255. Nach BVerfG MDR 86, 379 besteht weitergehend auch bei *letztinstanzlichen Entscheidungen* eine Begründungspflicht, wenn vom eindeutigen Gesetzeswortlaut abgewichen wird und der Grund hierfür den Beteiligten weder bekannt noch erkennbar ist; zur Begründungspflicht unter verfassungsrechtlichen Gesichtspunkten vgl auch Brüggemann, Die richterliche Begründungspflicht, 1971, S 94 ff, 172; Waldner, Aktuelle Probleme des rechtlichen Gehörs, 1983, S 111 ff. Zur Unterzeichnung s Rn 1 zu § 315. **Widersprüchliche** Gründe gelten als fehlende: BGH MDR 78, 928. Begründungszwang schließt die ergänzende Bezugnahme auf die Gründe einer den Parteien bekannten Parallelentscheidung nicht aus (vgl Köln OLGZ 80, 1), deshalb ist Bezugnahme auf eine nicht veröffentlichte, aber in Abschrift beigefügte Entscheidung des BGH zulässig (BGH NJW 83, 123). Bei Fehlen neuen Vorbringens kann auch die Bezugnahme „auf die zutreffenden Gründe der angefochtenen Entscheidung" ausreichen (Köln VersR 83, 252). 24

c) § 329 I S 2 verweist nicht auf § 317 II S 2, woraus die **Unzulässigkeit einer abgekürzten Ausfertigung** folgt (s StJSchL Anm III 1 Fn 24 und 7 Fn 41; s auch BL Anm 3 Ab zu § 317 II 2). 25

5) Mängel. Wird formlos mitgeteilt, wo zugestellt werden mußte (vgl Rn 27), ist der Beschluß zwar existent geworden (s Köln MDR 76, 497 = KTS 76, 303 = Rpfleger 76, 101; vgl auch § 577 Rn 10), jedoch ist hinsichtlich seiner Wirksamkeit zu unterscheiden (keine Regelung der Frage durch § 329, vgl auch Rn 2). Ohne die vorgeschriebene Zustellung wird eine Rechtsmittelfrist nicht in Gang gesetzt (vgl §§ 170, 187 S 2). Ist der Beschluß lediglich im Interesse der Partei ergangen, so wird er **zu ihren Gunsten** sofort wirksam (RG 144, 261); die Wirksamkeit von der Partei **nachteiligen** Beschlüssen hängt dagegen idR von der Zustellung ab; Ausnahmen können sich aus der Art des Beschlusses ergeben, zB bei Eilmaßnahmen (Gerhardt KTS 79, 265 ff zu dem Bsp oben Rn 21). Die Zustellung im Parteibetrieb ersetzt die Amtszustellung nicht (Rn 27). 26

IV) Beschlüsse, die einen Vollstreckungstitel bilden oder der sofortigen Beschwerde oder befristeten Erinnerung unterliegen (Abs III)

27 In diesen Fällen (vgl auch § 577 Rn 33, 34) ist, gleich ob es sich um einen verkündeten oder nicht verkündeten Beschluß (s Unterscheidung zwischen Abs I und II) handelt, die **amtswegige Zustellung** notwendig (§ 270). Durch eine Parteizustellung wird insbes eine Rechtsbehelfsfrist nicht in Gang gesetzt (Ausnahme: § 699 Rn 15). Die Unanfechtbarkeit nicht (fehlerhaft) zugestellter Beschlüsse dürfte entspr § 516 eintreten (so Bischof NJW 80, 2237).

V) Entsprechende Anwendung von Urteilsvorschriften auf Beschlüsse (Abs I S 2)

28 Die gesetzliche Aufzählung ist **nicht abschließend,** deshalb kein Umkehrschluß aus Abs I S 2, sondern weitergehende entsprechende Anwendung auch von nicht genannten Vorschriften (Rn 2). Im einzelnen gilt:

29 **§ 308** ist anwendbar, also keine Entscheidung über die gestellten Anträge hinaus. Die Kostenentscheidung ergeht von Amts wegen, sofern eine solche wegen der Selbständigkeit des Verfahrens notwendig ist.

30 **§ 309:** Mitwirkung nur derjenigen Richter, die der mündlichen Verhandlung beigewohnt haben; im übrigen entscheidet das Gericht in seiner gesetzlichen Besetzung (GVG, Geschäftsverteilung). §§ 192 ff GVG sind anwendbar.

31 **§ 310:** Abs I wird in § 329 I S 2 für anwendbar erklärt; dies gilt für die gemäß § 329 I S 1 verkündeten Beschlüsse. Bei Bestimmung eines Termins zur Verkündung einer „Entscheidung" kann Urteil oder Beschluß ergehen (BGH VersR 83, 1082). Wegen der im schriftlichen Verfahren erlassenen vgl Rn 15 ff. Verkündung in dem Termin, in dem die Verhandlung geschlossen wird oder in einem sofort anzuberaumenden Termin, der nur über drei Wochen hinaus angesetzt werden darf, wenn wichtige Gründe dies erfordern; zur Wirksamkeit der Verkündung eines Beweisbeschlusses am Schluß der Sitzung „seinem wesentlichen Inhalt nach" vgl Frankfurt NJW 86, 731.

32 **§ 311 I–III,** der die Art der Verkündung von Urteilen betrifft, ist nicht für anwendbar erklärt; doch ist bei Beschlüssen, deren Verkündung Rechtsmittelfristen in Lauf setzt (§§ 952 IV, 577 II 1), analoge Anwendung von § 311 II 1 erwägenswert (vgl LG Frankfurt Rpfleger 76, 257). **§ 311 IV** ist gemäß § 329 I S 2 anwendbar.

33 **§ 312:** Anwendbar; die Verkündung ist ohne Rücksicht auf Parteianwesenheit und nachträgliche Zustellung wirksam.

34 **§§ 313, 313a:** s oben Rn 24.

35 **§ 314** gilt nicht (Konsequenz aus nicht vorgeschriebenem Tatbestand).

36 **§ 315** gilt ebenfalls nicht, jedoch muß der Beschluß die Namen sämtlicher Richter, die an ihm mitgewirkt haben, erkennen lassen (arg § 309, Art 101 I 2 GG; Koblenz Rpfleger 74, 260) und überhaupt unterzeichnet sein (BGH 76, 241 für Fristsetzungsverfügung, vgl Rn 47); eine bloße Billigung des Beschlusses durch konkludentes Verhalten kann die fehlende Unterschrift des Richters nicht ersetzen (BGH WM 86, 332 = Rpfleger 86, 147 für Konkurseröffnung). Ein weitergehendes Erfordernis, wonach zur Formwirksamkeit des Beschlusses die Unterschrift sämtlicher mitwirkender Richter notwendig sei (dafür zB Rasehorn NJW 57, 1867; BL Anm 1 Ac aE; 11. Aufl Anm 4; AG Bocholt MDR 68, 423), läßt sich aus dem Gesetz nicht begründen (Düsseldorf MDR 80, 943; ebenso Düsseldorf MDR 84, 164 für Strafprozeß). Das Unterschriftsgebot gem § 317 II 1 (genannt in § 329 I 2) dient der Abgrenzung zum Entwurf; ihm ist genügt, wenn die auf dem Beschluß befindlichen Unterschriften ersichtlich abschließend gemeint sind. Die vielfach übliche Praxis, die Unterschrift des Vorsitzenden und des Berichterstatters genügen zu lassen (so schon RG 3, 400; entspr die Übung des BGH; vgl auch Düsseldorf MDR 80, 943 mwNachw – Unterzeichnung des Beweisbeschlusses durch den Vorsitzenden), verstößt daher nicht gegen das Gesetz (ThP Anm 4 vor a). Freilich entspricht die Unterzeichnung durch sämtliche Richter gutem Brauch (vgl auch StJSchL Anm I 5).

37 **§ 317 I:** s Rn 13 und 16; **§ 317 II S 1:** Vor Verkündung und Unterzeichnung keine Erteilung von Ausfertigungen, Auszügen und Abschriften; zur Anwendung von § 317 II S 2, s oben Rn 25. **§ 317 III:** Unterzeichnung der Ausfertigungen durch den Urkundsbeamten. **§ 317 IV** (abgekürzte Fassung) unanwendbar.

38 **§ 318** ist teilweise anwendbar (BAG 42, 294 [300] = MDR 84, 83). Grundsätzlich darf das Gericht seine Beschlüsse ändern und aufheben; vgl § 571. Abänderbar sind insbes ablehnende Beschlüsse im Prozeßkostenhilfeverfahren (BVerfG 56, 139 [154]; § 127 Rn 16). Über die Ausnahmefälle, in denen das Gericht gebunden ist, siehe § 318 Rn 9.

39 **§ 319:** Anwendbar, vgl dort Rn 3; Beispiel für Berichtigung eines offenbaren Rechenfehlers in einem Kostenfestsetzungsbeschluß: (Hamm Rpfleger 77, 218; E. Schneider MDR 84, 461); einer

offenbaren Falschbezeichnung des Adressatgerichts in einem Verweisungsbeschluß (BVerfG 29, 50). Zur Berichtigung von Pfändungsbeschlüssen vgl Stöber, Forderungspfändung, Rdn 523.

§ 320: Zur entspr Anwendung auf im Beschlußverfahren ergehende Endentscheidungen vgl § 320 Rn 1. **40**

§ 321: Anwendbar (E. Schneider MDR 84, 461). Fristbeginn mit Zugehen (Stuttgart ZZP 69, 428; Hamm Rpfleger 73, 409). **41**

§§ 322–327 gelten, sofern der unanfechtbare (BGH WM 86, 331 [333] = Rpfleger 86, 147 f) Beschluß eine sachliche Entscheidung enthält, die der Rechtskraft fähig ist (vgl BGH NJW 85, 1335 [1336]; BAG NJW 84, 1710; sa vor § 322 Rn 9). Beispiele: Kostenfestsetzungsbeschluß (§§ 103, 104 Rn 21 – „Rechtskraft"); Beschlüsse nach § 91 a hinsichtlich der Entscheidung über die Kostenlast (Smid ZZP 97, 245 [281 f]; § 91 a Rn 28); Verwerfungsbeschlüsse gem §§ 519 b, 554 a (BGH NJW 81, 1962); Beschlüsse im Zwangsvollstreckungsverfahren gem §§ 887, 888, 891 (LG Wiesbaden NJW 86, 939), zT Beschlüsse gem § 766 (i.e. str; eingehend mwN Peters ZZP 90, 145; Werner, Rechtskraft und Innenbindung zivilprozessualer Beschlüsse im Erkenntnis- und summarischen Verfahren, 1983, bes S 84 ff); Ablehnung der nachträglichen Zulassung der Kündigungsschutzklage gem § 5 IV KSchG (BAG 42, 294 [301]); Entscheidung über die Konkurseröffnung (BGH WM 86, 331 [333] = Rpfleger 86, 147 [148]); Beschlüsse im arbeitsgerichtlichen Beschlußverfahren (BAG NJW 84, 1710). **42**

§ 328 ist anwendbar, zB auf ausländische Kostenfestsetzungsbeschlüsse. **43**

VI) Verfügungen

1) Allgemeines. Für Verfügungen des Gerichts gilt das oben für Beschlüsse Gesagte entsprechend. Jedoch brauchen Verfügungen, auch wenn sie auf Grund mündlicher Verhandlung ergehen, nicht verkündet zu werden. § 329 I, Bekanntmachung gemäß § 329 II, III genügt. Im einzelnen: §§ 309, 310 sind nicht anwendbar; **§ 312** ist anwendbar (s § 329 I S 2). – § 329 I S 2 erklärt **§ 317 II S 1, III** auch für Verfügungen für anwendbar; **§ 315** (nicht genannt), gilt jedenfalls für Fristsetzungsverfügungen (Rn 47). § 318 gilt grundsätzlich nicht, doch kann auch die durch eine Verfügung einer Partei erwachsene günstige Prozeßlage ihr nur in den gesetzlich vorgesehenen Fällen wieder entzogen werden; Beispiel für Bindung: Fristverlängerung (vgl Wieczorek Anm C IV). – **§ 319 I, II,** nicht aber III ist anwendbar (Wieczorek Anm D II); § 320 entfällt; § 321 ebenso. §§ 322 ff sind nicht anwendbar. **44**

2) Einzelne Verfügungen. a) Die Verfügung des Vorsitzenden, durch die eine Sache als **Feriensache** bezeichnet wird, bedarf wegen § 223 II zu ihrer Wirksamkeit der förmlichen Zustellung an den Rechtsmittelkläger (s § 329 II 2). § 187 S 1 ist unanwendbar (BGH 28, 398). **45**

b) Die rechtzeitig beantragte Verlängerung einer Rechtsmittelbegründungsfrist (vgl §§ 519 II 3, 554 II 2) ist auch wirksam, wenn die **Fristverlängerungsverfügung** erst nach Fristablauf ergeht und zugestellt (mitgeteilt) wird (BGH GSZ 83, 217 [219 f] = NJW 82, 1651 [1652] = MDR 82, 637; BAG GS NJW 80, 309 = MDR 80, 171; Köln NJW 81, 352; vgl auch Rn 15, 16). Ob die Verlängerungsverfügung einer schriftlichen Festlegung bedarf, hat der BGH bisher offen gelassen (vgl BGH 93, 300 [304 f] = NJW 85, 1558 ff = MDR 85, 574 f; bejahend OLG München, vgl aaO; aA mit Recht Schellhammer, ZPR, 2. Aufl, Rn 957), jedoch ist formlose Verlängerung ein „riskanter Weg" (BGH 93, 307), der tunlichst zu vermeiden ist. Ein Zustellungserfordernis gem **II 2** besteht nicht, formlose Mitteilung gem **II 1** genügt (BGH 93, 305). **46**

c) Für **Fristsetzungsverfügungen** ist förmliche Zustellung erforderlich (§ 329 II), da durch sie Präklusionsfristen (vgl §§ 273 II Nr 1; 275 I, II, IV; 276 I 2, III; 528 I) in Lauf gesetzt werden; bloße Mitteilung genügt nicht; eine Heilung gem § 187 S 1 scheidet wegen S 2 aus (BGH 76, 239 = NJW 80, 1167 = MDR 80, 573; NJW 80, 1960 = MDR 80, 749; Düsseldorf NJW-RR 86, 799; Lüke JuS 81, 503 [504]). Wurde bereits ein Prozeßbevollmächtigter bestellt, hat die Zustellung an diesen zu erfolgen (§ 176), fehlende Postulationsfähigkeit ist unerheblich (Düsseldorf MDR 85, 852). Die Fristsetzungsverfügung bedarf der Unterschrift des Richters (BGH NJW 81, 1217 und 2255; Hamm NJW 84, 1566; § 329 I 2 in Verb mit § 317 II 1), eine bloße Paraphe genügt nicht (BGH 76, 241 = NJW 80, 1167 = MDR 80, 573; Schneider MDR 82, 818). Wird eine Frist zur Klageerwiderung gesetzt, so ist die Partei auch über die Folgen einer Fristversäumung **zu belehren** (§§ 277 II; 340 III 4; 697 III 3). Die Belehrung muß in deutlicher, leicht verständlicher Sprache abgefaßt sein, die auch dem rechtsunkundigen Bürger die möglichen Konsequenzen einer Fristversäumung verdeutlicht (zutr Kallweit, Die Prozeßförderungspflicht der Parteien und die Präklusion verspäteten Vorbringens, 1983, S 80 mwN; einschr bei anwaltlicher Vertretung: Hamm NJW 84, 1566). Ist die gesetzlich vorgeschriebene **Belehrung** über die Folgen der Fristversäumung **unterblieben,** scheidet eine **Zurückweisung** von Vorbringen gem § 296 I aus (BGH 88, 180 [183 ff]); dies gilt auch dann, wenn die Partei bei Zustellung der Fristsetzungsverfügung bereits durch einen **47**

Rechtsanwalt vertreten war (BGH 88, 180 [183 f]), wie zB bei vorangegangenem Mahnverfahren im Fall des § 697 III (vgl BGH aaO 183; einschr Hamm NJW 84, 1566).

Dritter Titel

VERSÄUMNISURTEIL

Lit: *Furtner,* Das VersUrteil im ersten Rechtszug, MDR 66, 551; *ders,* Das VersUrteil i Rechtsmittelverfahren, JuS 62, 253; *Hamann,* Zustellungsnachweis beim Einspruch gegen ein VersUrteil, NJW 70, 744; *Hoyer,* Das technisch zweite VersUrteil, Europ Hochschulschriften (Bd 244, Reihe 2), 1980; *Münzberg,* Prozeßurteile i VersVerfahren, AcP 159, 41; *ders,* Zum Begriff des VersUrteils, JuS 63, 219; *Prütting,* Das zweite VersUrteil im technischen Sinn, JuS 75, 150; *R-Schwab* ZPR § 108. S auch den LitHinweis zu § 338.

1 **I) Abgrenzung Versäumung – Versäumnis:** Versäumung ist die Unterlassung einzelner Prozeßhandlungen innerhalb gesetzter Frist oder bis zum Eintritt bestimmter gesetzlicher Prozeßlagen (so insbes §§ 277, 282, 296, 296 a); hierzu s Rn 1–4 vor § 230. Versäumnis ist das Nichterscheinen oder Nichtverhandeln (§ 333) einer Partei in einem zur mündl Verhandlung anberaumten Termin. Im Fall des § 454 können Versäumung u Säumnis zusammentreffen.

2 **II) Voraussetzung der Säumnis** iS der §§ 330–347: **1)** Es muß ein Termin zur notw **mündl Verhandlung vor dem Prozeßgericht** bestimmt worden sein (§ 216). Verhandlungstermin idS ist nicht der Sühnetermin (§ 279) oder Verkündungstermin (§ 310), wohl aber der Beweistermin (§ 370) u der Termin zur mündl Verhandlung über ein Arrest- oder Verfügungsgesuch (§§ 921 I, 937 II). Gleichgültig ist, ob der Verhandlungstermin der erste oder ein späterer ist (§ 332). Prozeßgericht ist auch der Einzelrichter (§§ 348, 349, 524), nicht der beauftragte (§ 361) oder ersuchte (§ 362) Richter.

3 **2)** Die Partei (im AnwProzeß der RA, § 176) muß zum **Termin ordentlich geladen** sein (§ 335 I 2). Die Ladung muß unter Einhaltung der Ladungsfrist (§ 217) der Partei ordentl zugestellt (§§ 166 ff) worden sein. Ladung ohne Klageschrift ist unwirksam (§ 271 Rn 2; KG NJW 63, 1408). Terminsverkündung ersetzt Ladung (§ 218). Ladungsmängel sind unschädlich, wenn die Partei erschienen ist u lediglich nicht verhandelt (§ 333).

4 **3)** Die Partei darf **nicht erschienen** sein. Ob das der Fall ist, kann nur und erst nach Aufruf der Sache frühestens zur angesetzten Terminsstunde (§ 220, s dort Rn 1) festgestellt werden, denn die Partei darf den Aufruf außerhalb des Sitzungssaales abwarten, selbst wenn sie sich in der Sitzungsliste eingetragen hatte (BVerfG NJW 77, 1443; LG Hamburg MDR 77, 498). Als erschienen zu behandeln ist auch die Partei, die sich vor Aufruf der Sache beim Vorsitzenden abmeldet, weil ihr ein längeres Warten (zumutbar ist idR eine Stunde, vgl § 220 Rn 3; LAG Hamm NJW 73, 1950) aus triftigem Grund nicht länger zumutbar ist. Im übrigen liegt aber Säumnis auch bei vorzeitiger Entfernung vor Schluß der mündl Verhandlung vor (§§ 220 II, 333), so auch bei zwangsweiser Entfernung (§ 158), bei Wortentzug im Wiederholungsfall (§§ 157 II, 158 Satz 2) und auch bei Verweigerung der Verhandlung durch die erschienene Partei (§ 333); jedoch bedarf es nach streitiger Verhandlung keiner förmlichen Wiederholung der Anträge, nachdem im selben Termin Beweis erhoben wurde (BGH NJW 74, 2322; Hamm NJW 74, 1097; § 297 Rn 8). – Im **Anwaltsprozeß** kommt es nur auf das Nichterscheinen des zugelassenen Anwalts an (§ 78); Terminsabsprachen der Anwälte untereinander binden das Gericht nicht, doch bleibt dann zu prüfen, ob nicht gemäß § 337 zu verfahren ist (BGH NJW 76, 196 mit Anm Peters NJW 76, 675; Karlsruhe NJW 74, 1096; Frankfurt MDR 76, 585; s unten Rn 12). – Erscheinen des notw **Streitgenossen** (§ 62) oder Streithelfers (§ 67) wendet Säumnis der Partei ab. – VersUrteil unzulässig gegen den anwesenden u verhandlungsbereiten Kläger nur wegen **Nichteinzahlung des Kostenvorschusses** § 65 GKG: BGH 62, 178.

5 **4)** Es darf kein **Vertagungsgrund** iS §§ 335, 337 vorliegen (RG 166, 246).

6 **5)** Das Verfahren darf nicht (mehr) **unterbrochen** sein (§§ 239 ff).

7 **6)** Im **schriftl Säumnisverfahren** des § 331 III muß der Beklagte unter Fristsetzung (§ 276 I) und Belehrung (§ 276 II) zur Erklärung seiner Verteidigungsbereitschaft aufgefordert worden sein und seine Anzeige der Verteidigungsbereitschaft darf im Zeitpunkt der Übergabe des VersUrteils an die GeschSt nicht nachgereicht sein (§ 331 III).

7) Wo die Voraussetzungen eines VersUrteils fehlen (Rn 2–7), ist gem §§ 335, 337 der Prozeßantrag durch Beschluß zurückzuweisen (Ausnahme: im schriftl Verfahren des § 331 III sind die Voraussetzungen vom Gericht nachzuholen; vgl § 335 Rn 5) und unter Ladung der abwesenden Partei (§ 218 gilt hier nicht) neuer Termin zu bestimmen. Jedoch darf u muß das Gericht **trotz eines Säumnisantrags** durch **streitiges Urteil** entscheiden, wo die sachlichen (§ 300) u formalen Voraussetzungen für ein streitiges Urteil vorliegen; so zB, wenn eine Partei sich in einem Termin nach Antragstellung während oder nach der anschließenden Beweisaufnahme entfernt oder die (überflüssige) Wiederholung der im selben Termin bereits gestellten Anträge verweigert (§ 297 Rn 8; § 333 Rn 1; BGHZ 63, 95 = NJW 74, 2322); ebenso, wenn Kläger nach Antragstellung im selben Termin die Klage zurücknimmt, der Bekl jedoch die Einwilligung in die Klagerücknahme verweigert (§ 269 Rn 15) oder wenn die Voraussetzungen eines unechten VersUrteils (unten Rn 11) erfüllt sind. 8

III) Folgen der Säumnis: 1) Säumnis beider Parteien: gem § 251 a Entscheidung nach Aktenlage, Vertagung oder Ruhen des Verfahrens. **2) Säumnis einer Partei:** auf Antrag VersUrteil (§§ 330, 331) oder Entscheidung nach Aktenlage (§ 331 a), soweit zulässig iS § 335, andernfalls Vertagung. War der Termin für gegenständl beschränkte Verhandlung bestimmt (§ 146), ist VersUrteil nur insoweit zulässig (§ 347 II). Beschränkt zulässig (nur gegen den Kläger) ist VersUrteil im Ehe-, Kindschafts- u Entmündigungsverfahren (§§ 612 IV, 640, 670, 679, 684, 686) und im Entschädigungsverf (§ 209 III BEG). 9

IV) Das Versäumnisurteil ist ein echtes oder sog unechtes: **1) Das echte Versäumnisurteil** ist das auf Grund der Säumnis gegen die säumige Partei ergehende Sachurteil. Es ist der formellen (§ 705) u materiellen (§ 322) Rechtskraft fähiges (BGH NJW 61, 1969: auch bei Klageabweisung) u gem § 708 Nr 2 (im Nachverfahren nach Einspruch dann ggf § 709 S 2) für vorläufig vollstreckbar zu erklärendes Endurteil. Es bedarf keiner Begründung (§ 313 b), wird nur der unterlegenen Partei zugestellt (§ 317 I) u unterliegt dem bes Rechtsbehelf des Einspruchs (§ 338), soweit nicht gem §§ 345, 513 II beschränkt die Berufung gegen das zweite VersUrteil zugelassen ist. 10

2) Unechtes Versäumnisurteil ist das gegen den anwesenden Kläger mangels Zulässigkeit oder Schlüssigkeit der Klage ergehende (§ 331 II 2. Halbs) und das gegen den zwar abwesenden (oder nicht verhandelnden, § 333) Kläger ergehende, jedoch nicht auf die Säumnis, sondern auf unbehebbare Verfahrensmängel (wegen der behebbaren Mängel s § 335 Rn 2) gestützte abweisende Prozeßurteil (BGH MDR 86, 998 = NJW-RR 86, 1041; NJW 69, 845/846; 61, 2207; 61, 829 = JZ 61, 231; LM § 338 Nr 2; StJ III 3 vor § 330; ThP 2 vor § 330; R-Schwab § 108 IV). Nur ausnahmsweise ist das gegen den abwesenden Kläger ergehende abweisende ProzUrteil ein echtes VersUrteil, wenn im Fall des § 239 IV die Rechtsnachfolge des Säumigen fingiert wird (LM § 330 Nr 1 = NJW 57, 1840), denn hier beruht das Urteil auf Verfahrensmängeln **und** Säumnis. Das auf Unschlüssigkeit oder sonstige Mängel der Klageerhebung (vgl Rn 14 vor § 253) gestützte unechte VersUrteil gegen den anwesenden Kläger setzt voraus, daß dieser vorher vom Gericht (falls nicht bereits durch den Beklagten geltend gemacht) auf diese verfahrensrechtl Bedenken hingewiesen wurde (rechtl Gehör, vgl Rn 3 ff vor § 128; Rn 23 vor § 253; Rn 5 zu § 278). – Wegen der Unzulässigkeit des schriftl unechten VersUrteils gegen den Kläger s § 331 Rn 13. – **Das unechte VersUrteil ist, ebenso wie die Entscheidung nach Aktenlage, kontradiktorisches Endurteil,** daher im Urteil (§ 313 Rn 1) nicht als VersUrteil zu bezeichnen (s aber § 330 Rn 9) und nur mit Berufung und Revision anfechtbar. 11

V) Sind beide Parteien anwaltschaftl vertreten, ist der Antrag des RA auf VersUrteil wegen Abwesenheit des gegn Anwalts **regelm standeswidrig,** falls Säumnisantrag nicht vorher angekündigt war (§ 23 der Richtlinien für die Ausübung des RA-Berufs v 21. 6. 1973). Zu der Frage, ob ein standeswidrig beantragtes VersUrteil unabwendbarer Zufall iS § 337 ist, vgl München OLGZ 79, 237 = MDR 79, 501; Frankfurt AnwBl 80, 151; Köln MDR 52, 496; LAG Düsseldorf NJW 62, 365. Der BGH (NJW 76, 196 = MDR 76, 136; hierzu kritisch Peters NJW 76, 676) erachtet (entgegen BAG NJW 65, 1041; Frankfurt MDR 76, 585) ein VersUrteil gegen die anwaltschaftl vertretene Partei aus Gründen des § 337 für unzulässig, solange der anwesende RA seinem abwesenden Kollegen dieses nicht gem § 23 der Standesrichtlinien angedroht hat (diesem Ergebnis folgt R-Schwab § 136 I mit der Einschränkung, daß es für ein VersUrteil genüge, wenn die säumige Partei von ihrem Gegner ausdrücklich zum pünktlichen Erscheinen aufgefordert worden sei; so auch Frankfurt NJW 59, 633). Karlsruhe NJW 74, 1096 hält Fernbleiben des RA für entschuldigt, wenn der gegnerische Anwalt ihm zugesagt hatte, im Termin einen Kollegen zu bitten, für den Gegner formell zu verhandeln. 12

330 *[Versäumnisurteil gegen Kläger]*
Erscheint der Kläger im Termin zur mündlichen Verhandlung nicht, so ist auf Antrag das Versäumnisurteil dahin zu erlassen, daß der Kläger mit der Klage abzuweisen sei.

1 **I)** Über Voraussetzungen der Säumnis s Rn 2 ff vor § 330, über ihre Folgen, wenn kein VersUrteil beantragt wird, s Rn 9 vor § 330. Dem Bekl bleibt es überlassen, ob er VersUrteil beantragt oder (unter Voraussetzung einer früher stattgefundenen mündl Verhandlung, § 251 a) ein kontradiktorisches Urteil nach Aktenlage (§ 331 a); beantragt er gar nichts, gilt auch er als säumig (§ 333) und das Gericht wählt unter den in Rn 9 vor § 330 genannten Maßnahmen. Ein Vertagungsantrag der anwesenden Partei ist kein „Verhandeln" u bindet das Gericht nicht. Zu den Voraussetzungen eines VersUrteils gegen den Kläger nach dessen erfolglos einseitiger Klagerücknahme s § 269 Rn 15.

II) VersUrteil gegen den Kläger setzt voraus:

2 **1)** die allgem ProzVoraussetzungen (Rn 9 ff vor § 253).

3 **2)** Säumnis des Klägers trotz ordentl Ladung zur mündl Verhandlung vor dem Prozeßgericht (vor § 330 Rn 3, 4).

4 **3)** Nichtvorliegen der in § 335 u § 337 genannten Hindernisse.

5 **4)** Antrag des Bekl. Ob der Antrag ausdrücklich als Säumnisantrag gestellt sein muß, ist bestr; BGH 37, 79/83 entnimmt dem in Abwesenheit des Gegners gestellten Sachantrag zugleich den Antrag, durch VersUrteil zu erkennen (hierzu kritisch Münzberg JuS 63, 220).

6 **5)** Sind die Voraussetzungen zu Rn 2–4 erfüllt, ergeht **echtes VersUrteil** auf Klageabweisung (vor § 330 Rn 10) mit der Folge der materiell rechtskräft Aberkennung des Klageanspruchs (BGH 35, 338; abw Dietrich ZZP 84, 419, der nur das Rechtsschutzgesuch als zurückgewiesen ansieht u deshalb neue Klage zulassen will). Dieses VersUrteil entscheidet, selbst wenn der Beklagte sich nur mit einer Primäraufrechnung (§ 145 Rn 12) verteidigt hatte, nur über den Klageanspruch, nicht auch (iS § 322 II) über ein Verbrauch der aufgerechneten Forderung des Beklagten; denn das echte VersUrteil auf Klageabweisung ergeht nur auf Grund der Säumnis, also ohne Prüfung der sachlichen Erfolgsaussichten der Klage (BGH NJW 61, 1969). Ausnahme: Die Klage wird „für zurückgenommen erklärt" (kann also gem § 269 IV erneut erhoben werden), wenn der klagende Ausländer mangels Kostensicherheit nicht zur Verhandlung zugelassen wurde (§ 113), im Eheverfahren gem §§ 635, 638, in Kindschaftssachen gem § 640 und bei Widerspruchsklage gegen den Teilungsplan gem § 881.

7 **6)** Fehlen die Voraussetzungen zu Rn 2, ist trotz Versäumnisantrags des Bekl die Klage bei nicht behebbaren Verfahrensmängeln durch **kontradiktorisches unechtes VersUrteil** (Rn 11 vor § 330) als unzulässig abzuweisen, denn der Kläger soll mit seiner unzulässigen Klage nicht allein deshalb besser gestellt sein (s §§ 338, 342), weil er auch noch säumig ist (BGH NJW-RR 86, 1041). – Fehlen die Voraussetzungen zu Rn 3 oder 4, ist der Antrag auf VersUrteil durch Beschluß (§ 336) zurückzuweisen u unter Ladung des Säumigen (§ 218 gilt hier nicht) zu vertagen (§ 337), so auch wenn der im PKH-Verfahren beigeordnete RA des Klägers an der Übernahme des Mandats verhindert u ein neuer RA noch nicht beigeordnet ist (RG 87, 298). Wird gegen den ein VersUrteil verweigernden Beschluß mit Erfolg sofortige Beschwerde (§ 336) erhoben, kann das BeschwGericht das VersUrteil nicht selbst erlassen, sondern nur den Erstrichter anweisen (RG JW 27, 1471; vgl § 336 Rn 3).

8 **III)** § 330 gilt auch für die erhobene **Widerklage.** Es kann dann der erschienene Kl u Widerbekl Erlaß des VersUrt gegen den Bekl u Widerkläger bezügl des KlAnspr nach § 331 u bezüglich des Widerklageanspruchs nach § 330 beantragen. Ist der Kl nicht erschienen u hat der Bekl die Erhebung der Widerklage in e von Amts wegen oder gemäß § 198 (dort Rn 3) zugestellten Schriftsatz angekündigt, so kann er die Widerklage auch beim Ausbleiben des Kl im Termin „erheben" u VersUrt bezügl des KlAnspr nach § 330 u bezügl des WiderklAnspr nach § 331 beantragen, sofern für die nachweislich zugestellte Widerklage die Einlassungsfrist (§ 274 III) gewahrt ist. Auch in Ehe-, Personenstands- u Entmündungssachen ist VersUrteil gegen den Kläger gem § 330 (nicht gegen den Bekl gemäß § 331) zulässig (oben Rn 6).

9 **IV) Das VersUrteil** ist als solches zu bezeichnen (§ 313 Rn 1), jedoch bleibt es auch bei fehlender Bezeichnung ein solches, wenn es sich nach seinem Inhalt als VersUrteil bzw als streitiges Urteil (insbes unechtes VersUrteil) darstellt, BGH VersR 76, 251. Es ist nur dem unterlegenen Kläger von Amts wegen zuzustellen (§ 317 I); die obsiegende Partei erhält Ausfertigung gem § 317 II. Zustellung des unechten VersUrteils jedoch an beide Parteien nötig (§ 317 Rn 1). Die Verkündung des VersUrteils ist möglich vor schriftl Abfassung (§ 311 II). Es bedarf keiner Begründung (§ 313b), äußert aber (entgegen Dietrich ZZP 84, 419) in gleichem Umfang die Wirkungen

der materiellen Rechtskraft (§ 322) wie ein kontradiktorisches Urteil (BGH 35, 339). Daher ist kurze Begründung zur Darstellung des Streitgegenstandes angebracht (§ 313b Rn 2 und entspr § 313a Rn 3); sonst ist der Streitgegenstand, wenn Rechtskraft später eingewendet wird, an Hand der Akten zu ermitteln.

V) Gebühren: 1) des Gerichts: Das **echte Versäumnisurteil** ist durch die allg Verfahrensgebühr abgegolten; daher **keine Urteilsgebühr.** Dasselbe gilt in der Rechtsmittelinstanz bei Säumnis des Rechtsmittelklägers für das Versäumnisurteil, durch das das Rechtsmittel zurückgewiesen wird. KV Nrn 1014–1017, 1024–1027, 1036/1037. Keine Gerichtsgebühr auch für den Beschluß, der den Antrag auf Erlaß eines Versäumnisurteils zurückweist (§ 1 Abs 1 GKG). – Die **Urteilsgebühr** fällt jedoch an für das **unechte** Versäumnisurteil gegen den Kläger. Hinsichtl der Höhe des Gebührensatzes s § 313a Rn 11. 10

2) des Anwalts: Der prozeßbevollmächtigte RA erhält für den Antrag auf Erlaß des Versäumnisurteils eine 5/10 Verhandlungsgebühr (§ 33 Abs 1 S 1 BRAGO). War die Verhandlungsgebühr schon früher voll entstanden, so fällt nach § 13 Abs 2 S 1 BRAGO für den Antrag auf Erlaß des Versäumnisurteils keine weitere, auch nicht die 5/10 Verhandlungsgebühr an (Hartmann, KostGes BRAGO § 33 Anm 3 C). Beantragt der RA als Prozeßbevollmächtigter des Berufungs- od Revisionsklägers den Erlaß des Versäumnisurteils, dann erhält er die volle Verhandlungsgebühr (§ 33 Abs 1 S 2 Nr 2 BRAGO). Das gleiche gilt für den RA des Rechtsmittelbeklagten, soweit er letzteren als Anschlußrechtsmittelkläger vertritt. Auf das Entstehen der vollen Verhandlungsgebühr ist es ohne Einfluß, ob das beantragte Versäumnisurteil tatsächl erlassen wird (Hartmann, aaO). Wird nach vom Gegner gegen das Versäumnisurteil eingelegten Einspruch (§ 338 ZPO) in der **Rechtsmittelinstanz zur Hauptsache verhandelt,** so erhält der Anwalt des Rechtsmittelklägers zu der bereits für den Antrag auf Versäumnisurteil entstandenen vollen Verhandlungsgebühr zusätzlich eine neue volle Verhandlungsgebühr nach § 38 Abs 2 BRAGO mit der Folge, daß dem RA im Rechtsmittelrechtszug schlechtweg eine 26/10 (= 2 × 13/10) Verhandlungsgebühr (§ 11 Abs 1 S 2 BRAGO) zusteht, während der Anwalt des Gegners nur eine volle Verhandlungsgebühr verdienen kann (Hartmann, aaO, § 38 Anm 3 C a).

331 *[Versäumnisurteil gegen Beklagten]*

(1) Beantragt der Kläger gegen den im Termin zur mündlichen Verhandlung nicht erschienenen Beklagten das Versäumnisurteil, so ist das tatsächliche mündliche Vorbringen des Klägers als zugestanden anzunehmen. Dies gilt nicht für das Vorbringen zur Zuständigkeit des Gerichts nach § 29 Abs. 2, § 38.

(2) Soweit es den Klageantrag rechtfertigt, ist nach dem Antrag zu erkennen; soweit dies nicht der Fall, ist die Klage abzuweisen.

(3) Hat der Beklagte entgegen § 276 Abs. 1 Satz 1, Abs. 2 nicht rechtzeitig angezeigt, daß er sich gegen die Klage verteidigen wolle, so trifft auf Antrag des Klägers das Gericht die Entscheidung ohne mündliche Verhandlung; dies gilt nicht, wenn die Erklärung des Beklagten noch eingeht, bevor das von den Richtern unterschriebene Urteil der Geschäftsstelle übergeben ist. Der Antrag kann schon in der Klageschrift gestellt werden.

Über Voraussetzungen der Säumnis s Rn 2–4 vor § 330; über ihre Folgen, wenn kein VersUrteil beantragt wird, s Rn 9 vor § 330 sowie § 330 Rn 1.

I) VersUrteil gegen den Beklagten setzt voraus: **1)** allgem Prozeßvoraussetzungen (Rn 9 ff vor § 253), die vom Kl darzulegen u nötigenfalls (so bei Zweifeln an der Prozeßfähigkeit des Bekl; hierzu vor § 253 Rn 12; BGH NJW 61, 2207) zu beweisen sind, soweit sie von Amts wegen zu beachten sind (§ 335 I 1). 1

2) Säumnis des Bekl trotz ordentl Ladung zur mündl Verhandlung vor dem Prozeßgericht (Rn 2–4 vor § 330). 2

3) Nichtvorliegen der in § 335 und § 337 genannten Hindernisse. Wegen Sonderregelung im Ehe-, Kindschafts- und Entmündigungsverfahren s vor § 330 Rn 9). 3

4) Schlüssigkeit der Klage (Rn 23 vor § 253). Auf die Geständnisfiktion des Abs I kann Schlüssigkeit nur gestützt werden, soweit ein Geständnis überhaupt wirksam wäre (vgl § 288 Rn 7). Materiell-rechtl (evtl vorprozessuale) Einwendungen des Beklagten können, wenn vom Kläger selbst vorgetragen, der Schlüssigkeit der Klage entgegenstehen (Nierwetberg ZZP 98 [1985], 442). 4

5) a) Antrag des Klägers auf VersUrteil; der Antrag ist, soweit er den Inhalt der gewünschten Entscheidung betrifft, Sachantrag iS § 297, daher im Anwaltsprozeß zu verlesen, soweit er die Form der Entscheidung betrifft, Prozeßantrag (Rn 1 zu § 297). Ohne den Prozeßantrag wäre, selbst wenn Sachantrag verlesen, VersUrteil unzulässig (RG 28, 398; bestr: vgl BGH 37, 79/83; NJW 62, 1149/50). Der Antrag darf auf einen Teil der Klage (§ 301) beschränkt werden. Dann: TeilVersUrteil, im übrigen § 251a. Ist streitig, ob Hauptsache erledigt ist (§ 91a), ergeht VersUrteil: „Die Hauptsache ist erledigt“ und Kostenausspruch. 5

b) Sind die Voraussetzungen Rn 1–5 erfüllt, ergeht **echtes VersUrteil** (Rn 10 vor § 330) nach Klageantrag, soweit der Sachvortrag des Klägers das Urteil rechtfertigt und ein VersUrteil 6 gegen den Bekl nicht unzulässig ist (hierzu s Rn 9 vor § 330). Der Sachvortrag des Klägers gilt als zugestanden (wie §§ 138 III, 288), selbst wenn er in einem früheren Termin oder schriftl bestritten war. Jedoch **keine Geständnisfiktion** hinsichtlich der Behauptungen des Klägers über einen vereinbarten sachlichen, örtlichen oder internationalen Erfüllungsort als Anknüpfungspunkt **für die Zuständigkeit** des Gerichts oder für eine Gerichtsstandsvereinbarung gem §§ 29 II, 38 (Geimer NJW 73, 1151), denn die Zuständigkeit des Gerichts unterliegt seit der Gerichtsstandsnovelle v 21. 3. 1974 nur noch beschränkt der Parteiherrschaft und ist gem § 335 I 1 „nachzuweisen"; insoweit muß das Gericht von Amts wegen prüfen (§ 286 gilt aber auch hier), ob der Kläger zuständigkeitsbegründende Tatsachen schlüssig vorgetragen hat u ob diese ggf den in §§ 29 II, 38 gesetzten Rahmen einer zulässigen Vereinbarung nicht überschreiten. Die kaufm Prorogation (§§ 29 II, 38 I) setzt also grds den Nachweis sowohl der Vereinbarung von Erfüllungsort bzw Gerichtsstand als auch den (ggf bereits aus der Firmierung ersichtlichen, Frankfurt MDR 75, 232) Nachweis der Kaufmannseigenschaft voraus. Die Vorlage eines Handelsregisterauszuges ist dafür nicht unentbehrlich (so aber Vollkommer Rpfeger 74, 139 u 252), jedoch zulässig u bei fortbestehenden Zweifeln zwingend nötig (Reinelt NJW 74, 2310; so auch für den Urkundenprozeß Frankfurt MDR 75, 232). – Wegen der beschränkten Geständnisfiktion hinsichtl des Inhalts des vom Kläger behaupteten **ausländ Recht** s Rn 17, 18 zu § 293 sowie Küppers NJW 76, 489.

7 **c)** Bei **unbeziffertem Antrag** (Rn 5 zu § 287) ist Schätzung der Anspruchshöhe im VersUrteil (gem § 313b ohne notw Begründung!) zulässig (BGH NJW 69, 1427 = VersR 69, 428; Stuttgart MDR 60, 930). Das gilt aber nur, wo das Gericht aufgrund der vorgetragenen Tatsachen ohne Beweiserhebung selbst schätzen kann, Koblenz MDR 79, 587, und seine Schätzung mit der vom Kläger angegebenen Größenordnung seines Anspruchs (§ 287 Rn 5) übereinstimmt oder diese übersteigt. Wo letzteres nicht der Fall ist, der Kläger also iS einer Teilabweisung seiner Klage beschwert ist (§ 287 Rn 9), müßte gegen den Beklagten durch Teil-VersUrteil, im übrigen gegen den Kläger durch unechtes VersUrteil (vor § 330 Rn 11) entschieden werden.

8 **d)** Im **Urkunden- u Wechselprozeß** ist VersUrteil gegen den Beklagten (wegen § 597 II) unzulässig, wenn der Klageanspruch nicht vollständig urkundlich belegt ist (§ 592 Rn 12, § 597 Rn 11, 12; BGHZ 62, 290), denn eine Geständnisfiktion auch für die Verfahrensart ist dem § 331 nicht zu entnehmen. Im übrigen ist im Urkunden- und Wechselprozeß nur vorbehaltsloses VersUrteil möglich (Furtner MDR 66, 551), denn Vorbehaltsurteil (§ 599) setzt Widerspruch des Bekl in der letzten mündl Verhandlung voraus; abw Künkel NJW 63, 1043 u 2015; Moller NJW 63, 2013, die aber nicht berücksichtigen, daß mit einem VersVorbehaltsurteil niemandem gedient ist, weil der Einspruch das Vorverfahren nochmals eröffnen müßte (§ 342). Daher wäre Antrag auf VersVorbehaltsurteil zurückzuweisen (§ 336), vgl § 599 Rn 6.

9 **e)** Bei **Stufenklage** ist VersUrteil nur als Teilurteil über eine Stufe zulässig (vgl § 254 Rn 5; RG 84, 372).

10 **Bei Haupt- u Hilfsantrag** ist Abweisung des Hauptantrages Voraussetzung einer Entscheidung über den Hilfsantrag (Rn 4 zu § 260). Zulässig wäre es daher, gleichzeitig den Hauptantrag, sofern dieser unzulässig oder unschlüssig ist, durch unechtes VersUrteil (Rn 11 vor § 330) abzuweisen und dem Hilfsantrag durch echtes VersUrteil stattzugeben. Gegen dieses Urteil kann hinsichtl Hauptantrag der Kläger Berufung, hinsichtl Hilfsantrag der Bekl Einspruch einlegen; ebenso auch bei TeilVersUrteil unter sachl Abweisung eines Teils des Klageanspruchs.

11 **f)** Ein Vers**Grundurteil** (§ 304) ist unzulässig (RG 36, 428; Stuttgart MDR 60, 930; Koblenz MDR 79, 587).

12 **II) 1) Schriftliches VersUrteil gegen den Beklagten** (Abs III) ergeht, wenn dieser bei schriftl Vorverfahren (also nicht mehr nach Terminsbestimmung; München OLGZ 83, 86 = MDR 83, 324; vgl § 216 Rn 13; § 276 Rn 16) gem § 276 I 1 zur befristeten (Notfrist!) Erklärung über seine Verteidigungsbereitschaft unter Hinweis auf die Möglichkeit des § 331 III (§ 276 II) aufgefordert worden war, der Beklagte bis zur Übergabe des gem § 315 unterschriebenen VersUrteils an die GeschSt (zur Zustellung gem § 317 I) seine Verteidigungsbereitschaft nicht angezeigt hat (diese Anzeige ist nach Widerspruch im Mahnverfahren aber entbehrlich: § 276 Rn 8) und wenn der Kläger VersUrteil (in diesem Fall, weil Termin nicht stattfindet, notw schriftlich) beantragt. Dieser (Verfahrens-)Antrag des Klägers muß, wenn er nicht in der Klage enthalten war, dem Beklagten vor Erlaß des schriftl VersUrteils zugestellt worden sein (München MDR 80, 235; Geffert NJW 78, 1418; abw BLH Anm 4 B e; ThP Anm 1b; StJL § 276 Rn 32). Die Verkündung des VersUrteils wird hier (abweichend von §§ 310, 311 II und auch von § 128 II) durch die Zustellung (§ 310 III, dort Rn 6) ersetzt. Daher hier entgegen § 317 I 1 Zustellung an beide Parteien nötig, um das schriftliche Urteil existent werden zu lassen (vgl BGH 8, 307; 32, 370). Wegen des Beginns der Einspruchsfrist in diesem Fall vgl § 339 Rn 4. – **Prozeßkostenhilfe-Gesuch des Beklagten** im Anwaltsprozeß: vgl § 276 Rn 10.

2) Ein schriftliches VersUrteil gegen den Kläger, das nur bei unzulässiger oder unschlüssiger Klage als unechtes VersUrteil denkbar wäre (Rn 11 vor § 330), sieht § 331 III nicht vor (StJL § 276 Rn 34; Nürnberg NJW 80, 460 = MDR 80, 235; Grunsky JZ 77, 203; Putzo NJW 77, 2; aM Frankfurt OLGZ 84, 179 = MDR 84, 322; Celle OLGZ 80, 11 = NJW 80, 2140; Kniestedt NJW 80, 2141; Bischof NJW 77, 1898; Kramer NJW 77, 1657; Bergerfurth JZ 78, 299; Hartmann NJW 78, 1462; BLH Anm 4 Ca; ThP Anm 2); hier hat das Gericht den Kläger gem § 278 III auf seine Bedenken gegen die Zulässigkeit oder Schlüssigkeit der Klage hinzuweisen u Termin zu bestimmen. Erst im Termin könnte bei unveränderter Prozeßlage und Säumnis des Beklagten unechtes VersUrteil gegen den Kläger ergehen. Denn § 331 III befreit von dem Grundsatz der notw mündl Verhandlung (§ 128) nur für den Fall, daß der *Beklagte* durch Nichtanzeige der Verteidigungsbereitschaft (§ 276) auf Wahrnehmung seines Rechts auf (weiteres) Gehör schlüssig verzichtet (Rn 6 vor § 128). Ein entsprechender Verzicht des Klägers auf mündl Verhandlung ist dagegen allein der Unzulässigkeit oder Unschlüssigkeit seiner Klage nicht zu entnehmen. 13

3) Schriftliches VersUrteil in den **Gerichtsferien** ist (entgegen AG Berg-Gladbach NJW 77, 2080; Hartmann NJW 78, 1460) nach dem eindeutigen Wortlaut des § 200 GVG nur in Feriensachen zulässig: ThP Anm 1 d; Bergerfurth JZ 78, 298; Koblenz MDR 79, 503 = NJW 79, 1465 m abl Anm Bruhn NJW 79, 2522. 14

III) Unechtes VersUrteil gegen den anwesenden Kläger (Rn 11 vor § 330) ergeht trotz dessen VersAntrag, wenn entweder die Klage unzulässig (Rn 1) oder unschlüssig (Rn 4) ist, so zB wenn der Bekl nicht prozeßfähig (BGH NJW 61, 2207; NJW-RR 86, 1041), die Klage nicht substantiiert oder unschlüssig ist (§ 253), Anspruchsgrund ein formnichtiger Vertrag (§ 125 BGB) ist. Das Gericht muß aber vorher auf seine Bedenken hinweisen (§§ 139, 278 III). Das Urteil ist kontradiktorisch, daher nicht Einspruch, sondern Berufung u Revision (Rn 11 vor § 330; RG 78, 400). – Zur Frage der „Parteirolle" iS §§ 330, 331 nach Wiederaufnahme eines durch ProzVergleich beendeten Verfahrens s NJW 56, 1909; 57, 408 („Kläger" ist, wer die Gültigkeit des ProzVergleichs bestreitet u deshalb das Verfahren neu betreibt). 15

IV) Fehlen die Voraussetzungen eines VersUrteils, so ist der Prozeßantrag des Kl durch Beschluß gem § 335 zurückzuweisen u neuer Termin zu bestimmen (§ 216), falls nicht die Voraussetzungen für ein streitiges Urteil vorliegen (Rn 8 vor § 330). 16

V) Gebühren: 1) des Gerichts: Keine Urteilsgebühr für das **echte** Versäumnisurteil. Auch das im schriftlichen Vorverfahren (§ 276 I 1, II) gegen den als säumig zu behandelnden Beklagten erlassene Versäumnisurteil löst als ein **echtes** Versäumnisurteil keine Urteilsgebühr aus. Die Urteilsgebühr ist dagegen zu erheben für das **unechte** Versäumnisurteil; dasselbe gilt, wenn die nach § 331 III ohne mündliche Verhandlung zu treffende Entscheidung in einem unechten Versäumnisurteil gegen den Kläger besteht. – Für die Berufungsinstanz s Rn 19 zu § 542. – Bezüglich der Höhe des Gebührensatzes im einzelnen s § 313a Rn 11. 17

2) Für den Antrag des Anwalts: auf Erlaß eines schriftlichen Versäumnisurteils gegen den Beklagten eine 5/10 Verhandlungsgebühr, wenn tatsächlich ohne mündliche Verhandlung entschieden wird (§§ 35, 33 I 1 BRAGO). War die Verhandlungsgebühr bereits früher entstanden od entsteht sie noch, so kann der RA in derselben Gebühreninstanz insgesamt nur e i n e volle Verhandlungsgebühr erhalten (§ 13 II BRAGO). S im übr auch § 330 Rn 10.

331 a

[Entscheidung nach Aktenlage]

Beim Ausbleiben einer Partei im Termin zur mündlichen Verhandlung kann der Gegner statt eines Versäumnisurteils eine Entscheidung nach Lage der Akten beantragen; dem Antrag ist zu entsprechen, wenn der Sachverhalt für eine derartige Entscheidung hinreichend geklärt erscheint. § 251a Abs. 2 gilt entsprechend.

1) Zweck: Die Möglichkeit der **Entscheidung nach Aktenlage** will der Gefahr vorbeugen, daß eine Partei unter Inkaufnahme des relativ ungefährlichen (§§ 342, 719) VersUrteils in Verschleppungsabsicht dem Termin fernbleibt. Wo diese Absicht des Säumigen erkennbar ist, sollte das Gericht bei entscheidungsreifer Sache (§ 300) Antrag gem § 331a anregen. Doch muß die anwesende Partei vor Antragstellung beachten, daß hier (anders als bei § 331) kein Geständnis des Säumigen fingiert wird, vielmehr früheres Bestreiten die Beweislast auslöst (RG 132, 330). 1

2) Verfahren: § 331a gilt für alle Instanzen (§§ 542 III, 557). Voraussetzung ist Säumnis einer Partei (bei beiders Säumnis: § 251a) trotz ordentl Ladung zur mündl Verhandlung vor dem ProzGericht (Rn 2 ff vor § 330). Ausreichend, wenn der versäumte Termin in einem früheren Termin, zu dem ordentl geladen war, durch ledigl verkündeten Beschluß (§ 218) ohne erneute Ladung bestimmt worden war (§ 332, BGH NJW 64, 658). – Für die Entscheidung gilt das in Rn 3–9 zu § 251a Gesagte entsprechend. **Besonderheiten gegenüber § 251a:** Erforderlich ist **Antrag** der anwesenden Partei. Der Antrag ist Sach- und Prozeßantrag (wie Rn 5 zu § 331) und 2 muß als Prozeßantrag ausdrücklich gestellt werden (RGZ 159, 357/60). Ohne Antrag: §§ 333, 251 a. Ob und wie (Urteil oder Beschluß) das Gericht dem Antrag stattgibt, steht in seinem nicht nachprüfbaren (§ 336 II) Ermessen. Bei Ablehnung muß vertagt werden; Ruhen des Verfahrens wäre (anders § 251 a III) unzulässig. Die Notwendigkeit einer früheren streitigen Verhandlung als Voraussetzung eines Urteils nach Aktenlage (§ 251a II 1) entfällt hier, soweit die zu treffende Entscheidung nach den für sie geltenden Vorschriften keiner mündlichen Verhandlung bedarf, so bei Verwerfung einer Berufung oder Revision (§§ 519 b II, 554 III; RGZ 159, 357/360; vgl § 251 a Rn 3), auch unter Versagung der Wiedereinsetzung in den vorigen Stand (§ 238 Rn 1). Vorherige streitige Verhandlung ist aber (insoweit anders als im Fall § 251 a, s dort Rn 3) auch entbehrlich, wenn die Voraussetzungen für ein unechtes VersUrteil (vor § 330 Rn 11) gegen die anwesende Partei wegen deren unzulässiger oder unschlüssiger Klage (auch Widerklage oder Rechtsmittel) gegeben sind (StJSchL 19. Aufl Anm II 2 b; BLH Anm 2 B; wohl auch RGZ 159, 357); daß die anwesende Partei statt eines VersUrteils eine Entscheidung nach Aktenlage beantragt hat, steht dem nicht entgegen (BGH NJW 62, 1149/50). Auch hier hat aber das Gericht vor seinem Urteil nach Aktenlage die Partei auf seine Bedenken gegen die Erfolgsaussichten der Klage (bzw des Rechtsmittels) hinzuweisen (vor § 330 Rn 11). – Für die Besetzung des Gerichts bei der Entscheidung gilt § 309 nicht (s aber § 128 Rn 14, § 251 a Rn 9, § 309 Rn 6). Zuständigkeit des Vorsitzenden der Kammer für Handelssachen: § 349 II 5, des ERi beim Berufungsgericht: § 524 III 3. Vorläufige Vollstreckbarkeit: § 708 Nr 2. Das Urteil ist kontradiktorisch, daher Berufung (nicht Einspruch) statthaft. Für die Entscheidungsverkündung gelten § 251 Rn 6 und 7 entsprechend; keine Zustellung an Verkündungs Statt.

3 **3) Rechtsmittel:** Die Anordnung, nach Aktenlage zu entscheiden, ist (weil hier kein Gesuch zurückgewiesen wird, § 567 I) nicht selbständig anfechtbar. Verfahrensfehler bei der Anwendung des § 331 a (vgl § 335) können daher mit dem Rechtsmittel gegen die Hauptsacheentscheidung gerügt werden.

4 **4) Gebühren: a) des Gerichts:** Neben der allgemeinen Verfahrensgebühr Urteilsgebühr nur dann, wenn ein auf Grund mündlicher Verhandlung erlassenes Urteil gebührenpflichtig wäre (vgl Drischler/Oestreich/Heun/Haupt, GKG 3. Aufl VII KV Nr 1013–1017 Rn 18). Daher keine Urteilsgebühr für Zwischenurteile, soweit sie nicht Grundurteile sind (§ 304), sowie für Anerkenntnis- u Verzichtsurteile. Ein Versäumnisurteil scheidet schon deshalb aus, weil der im Termin zur mündlichen Verhandlung erschienene Gegner beim Ausbleiben einer Partei an Stelle eines Veräumnisurteils ja die Aktenlage-Entscheidung beantragt. Als gebührenpflichtig kommen in Betracht: Alle Endurteile – wozu auch Teilurteile zählen – sowie Grund- u Vorbehaltsurteile. Bezügl der Höhe des jeweiligen Gebührensatzes s § 313a Rn 11. – Gerichtsgebührenfrei ist der Beschluß, durch den der Antrag auf Erlaß einer Entscheidung nach Aktenlage zurückgewiesen wird (§ 1 Abs 1 GKG). – **b) des Anwalts:** Der RA der erschienenen Partei erhält zu der vollen Prozeßgebühr für den Antrag auf Entscheidung nach Lage der Akten noch die volle Verhandlungsgebühr (§ 33 Abs 1 S 2 Nr 1 BRAGO).

332 *[Begriff des Verhandlungstermins]*

Als Verhandlungstermin im Sinne der vorstehenden Paragraphen sind auch diejenigen Termine anzusehen, auf welche die mündliche Verhandlung vertagt ist oder die zu ihrer Fortsetzung vor oder nach dem Erlaß eines Beweisbeschlusses bestimmt sind.

1 **1)** § 332 durchbricht den Grundsatz der Einheitlichkeit der mündl Verhandlung, indem er der Säumnisfolge den Vorrang vor bereits gewonnenen Prozeßergebnissen gibt. **Jeder** – nicht nur der erste – **Termin zur (notwendigen) mündlichen Verhandlung** kann Grundlage eines Versäumnisurteils oder einer Entscheidung nach Aktenlage (BGH NJW 64, 658) sein. Es kann daher in einem späteren Termin ein VersUrteil im Widerspruch zu den bisherigen Prozeßergebnissen ergehen. Die Behauptungen der säumigen Partei, die Geständnisse der anwesenden Partei, ihre Anerkenntnisse und Verzichte, die noch nicht zu Urteilen nach §§ 306, 307 geführt haben, Beweisaufnahmen in früheren Terminen, haben unbeachtet zu bleiben, außer (wegen § 318) früher ergangene End- oder Zwischenurteile. Ausnahme: Bleibt der Kläger aus, ist trotz stattgebenden Grundurteils (§ 304) auf Antrag gemäß § 330 die Klage abzuweisen. § 330 ist somit anwendbar, selbst wenn die Beweisaufnahme alle Behauptungen des Klägers als richtig dargetan, ebenso § 331 auch dann, wenn sämtliche Klagebehauptungen widerlegt sind. Berücksichtigt wird Früheres nur bei der Entscheidung nach Lage der Akten (§ 331 a). Außerdem behält – auch bei VersUrteil – früher erfolgte Heilung von Verfahrensmängeln (§§ 39, 295) ihre Wirksamkeit.

2 **2)** Ist e **Termin zur Beweisaufnahme** u zugleich zur Fortsetzung der mündl Verh bestimmt, so kann e VersUrteil erst ergehen, wenn die Beweisaufnahme stattgefunden hat (§ 367); ist aber der Termin auf Einspruch der säumigen Partei gegen ein sie treffendes VersUrteil anberaumt worden, so ist VersUrteil auf Verwerfung des Einspruchs (§ 345) ohne vorhergehende Beweisaufnahme zulässig, da das Gericht, bevor es sich mit der Sache selber befaßt (also auch vor der

Beweisaufnahme), über den Einspruch zu verhandeln hat, §§ 340 a, 341 (JW 14, 938). Nach Beweisaufnahme ist aber nochmalige ausdrückl Antragstellung entbehrlich; ihr Unterbleiben hat keine Säumnisfolgen, BGH 63, 94 = NJW 74, 2322 m Anm Bassenge JR 75, 199; Hamm MDR 74, 407.

333 *[Nichtverhandeln ist Ausbleiben]*

Als nicht erschienen ist auch die Partei anzusehen, die in dem Termin zwar erscheint, aber nicht verhandelt.

1) Verhandeln wendet Säumnisfolgen ab. Bei bloßem Erscheinen ohne Verhandeln wird Säumnis fingiert. Das Verhandeln erfordert in dem ersten Termin die Stellung der Sachanträge (§ 137 I). Wiederholung dieser Anträge in späteren Terminen ist entbehrlich (Rn 4 vor § 330; BAG NJW 71, 1332; RG 31, 424), daher ist in späteren Terminen (§ 332) bloße Erörterung der Sache ausreichend für Verhandeln. Andererseits läßt RG 132, 336 bloße Antragstellung als Verhandeln noch nicht genügen; richtig wird aber in der Verlesung der Sachanträge (§ 297) regelmäßig die Bezugnahme auf schriftl Vorbringen (§ 137 III) liegen, was für Verhandlung genügt. § 220 II fordert Verhandeln „bis zum Schluß", das heißt nur, daß Erklärungen nach Schließung der Verhandlung (§ 136 IV) nicht mehr berücksichtigt werden, nicht aber, daß im Termin ständig verhandelt werden muß. Ist im Termin einmal verhandelt, kann aus Verweigerung weiterer Erklärungen keine Säumnisfolge abgeleitet werden (Celle MDR 61, 61); vgl § 269 Rn 15, § 332 Rn 2 am Ende. Insbesondere kann eine Partei nach Antragstellung im Termin ihre Säumnis nicht dadurch herbeiführen, daß sie diesen Antrag „zurücknimmt" (Hamm NJW 74, 1097; Frankfurt MDR 82, 153). 1

2) Nichtverhandeln iS § 333 ist völlige (vgl § 334) Verweigerung der Einlassung zur Sache. Daher Säumnis bei bloßem Vertagungsantrag (RG 31, 424) oder sonstigen bloßen Verfahrensanträgen (zB auf Aussetzung, Trennung, Verbindung; wegen Richterablehnung s BGH NJW-RR 86, 1252 und § 43 Rn 4). Dagegen ist Beweisantrag oder Erklärung zu Prozeßvoraussetzungen (OLG 39, 55), sachl Behaupten oder Bestreiten und auch Verhandeln über die Zuständigkeit (BGH NJW 67, 728; s auch Rn 2 zu § 345) echte Verhandlung. 2

3) Teilweises Verhandeln löst Säumnisfolge insoweit aus, als es sich nicht auf einen dem Teilurteil (§ 301) zugänglichen Teil des Streitstoffes erstreckt. Dann insoweit Teil-VersUrteil möglich, so insbes bei objektiver (§ 260) oder subjektiver (§§ 59, 60) Anspruchshäufung, vgl § 334 Rn 1. 3

334 *[Teilweises Verhandeln]*

Wenn eine Partei in dem Termin verhandelt, sich jedoch über Tatsachen, Urkunden oder Anträge auf Parteivernehmung nicht erklärt, so sind die Vorschriften dieses Titels nicht anzuwenden.

1) Unterscheide **teilweises Verhandeln** vom **Verhandeln über einen Teil** des Klageanspruchs. Beschränkt sich das Verhandeln einer Partei auf einen selbständigen (dh iS §§ 145, 301 abtrennbaren) Teil der Klage oder Widerklage, so ist sie im übrigen säumig iS § 333, soweit sie die Einlassung ausdrücklich (§ 139!) verweigert. 1

2) Teilweises Verhandeln wendet gem § 334 Säumnisfolgen insgesamt ab, denn die Parteien sind nicht verpflichtet, häufig auch nicht i der Lage, in jedem Termin den gesamten Streitstoff zu erörtern. Daher unschädlich das Nichterklären zu einzelnen Tatsachenbehauptungen des Gegners, das gem § 286 bei der streitigen Entscheidung frei zu würdigen ist, vgl §§ 138, 427, 439, 446, 453, 454, 510. An die Stelle des VersUrteils kann bei teilw Verhandeln iS § 334 Versäumungsfolge gem §§ 282, 296 II treten. 2

335 *[Versagung eines Versäumnisurteils oder einer Entscheidung nach Aktenlage]*

(1) Der Antrag auf Erlaß eines Versäumnisurteils oder einer Entscheidung nach Lage der Akten ist zurückzuweisen:

1. **wenn die erschienene Partei die vom Gericht wegen eines von Amts wegen zu berücksichtigenden Umstandes erforderte Nachweisung nicht zu beschaffen vermag;**
2. **wenn die nicht erschienene Partei nicht ordnungsmäßig, insbesondere nicht rechtzeitig geladen war;**

3. wenn der nicht erschienenen Partei ein tatsächliches mündliches Vorbringen oder ein Antrag nicht rechtzeitig mittels Schriftsatzes mitgeteilt war;

4. wenn im Falle des § 331 Abs. 3 dem Beklagten die Frist des § 276 Abs. 1 Satz 1 nicht mitgeteilt oder er nicht gemäß § 276 Abs. 2 belehrt worden ist.

(2) Wird die Verhandlung vertagt, so ist die nicht erschienene Partei zu dem neuen Termin zu laden.

1 **I)** Der Antrag auf VersUrteil oder auf Entscheidung nach Aktenlage ist durch Beschluß (unten Rn 6) zurückzuweisen, wenn die **Voraussetzungen** hierfür (Rn 2 ff zu § 330 u 331, Rn 2 zu § 331 a) **fehlen, jedoch noch herbeigeführt werden können.** Dagegen keine Zurückweisung durch Beschluß, sondern unechtes VersUrteil (Rn 11 vor § 330), wenn der Mangel der Sachurteilsvoraussetzung nicht behebbar ist oder seine Behebung durch die Partei trotz Aufforderung hierzu verweigert wird. Nicht behebbare Mängel sind zB fehlende Partei- oder Prozeßfähigkeit (BGH NJW 61, 2207), Gerichtsbarkeit (Rn 15 vor § 253), Rechtsschutzbedürfnis, fehlende Klagbarkeit des Anspruchs, anderweitige Rechtshängigkeit, Unzulässigkeit des Rechtsmittels. Der Mangel muß für die erschienene Partei behebbar sein; daher ist, weil den Verweisungsantrag der Kläger stellen müßte (§ 281), bei dessen Säumigkeit die fehlende Zuständigkeit u die Unzulässigkeit des Rechtswegs für den Bekl nicht behebbar und führt auf Antrag zum unechten VersUrteil oder zum abw ProzUrteil nach Aktenlage. Bei Säumigkeit des Bekl wird die Zuständigkeitsbehauptung des Kl nur im Rahmen des § 331 I 2 (vgl § 331 Rn 6) von der Geständnisfiktion umfaßt (Geimer NJW 73, 1151; Reinelt NJW 74, 2310).

2 **Nr 1:** Gilt für alle von Amts wegen zu beachtenden, **behebbaren Verfahrensmängel,** zB Nachweis der Zuständigkeit im Fall § 331 I 2, Mangel der Vollmacht § 88 II, Nachweis der Kostensicherheit (§ 110) oder Kostenerstattung (§ 269 IV), soweit diese vom Gegner bereits beantragt war. Werden Nachweise von der erschienenen Partei nicht angeboten, ist die Klage durch (unechtes) VersUrteil als unzulässig abzuweisen, falls nicht bei Unzuständigkeit Verweisungsantrag §§ 281, 506 vom Kläger gestellt wird.

3 **Nr 2:** Gilt nur bei echter Säumigkeit, nicht im Fall des § 333. Die erschienene, aber nicht verhandelnde Partei gilt auch bei fehlerhafter **Ladung** als säumig. Ebenso gilt Nr 2 nicht, wo Ladung überhaupt entbehrlich war: § 218 und für das schriftliche VersUrteil gemäß § 331 III. In allen anderen Fällen ist vor Erlaß eines VersUrteils von Amts wegen zu prüfen u im Protokoll festzustellen, ob die abwesende Partei säumig iS Rn 4 vor § 330 ist, insbes ob sie unter Mitteilung der Klageschrift (sonst Ladung z ersten Termin wirkungslos, KG NJW 63, 1408) u Einhaltung der Einlassungsfrist § 274 III rechtzeitig (§§ 217, 604 II, 239 III) u formgerecht (§§ 166 ff, 497) geladen ist.

4 **Nr 3:** Ist nur bei Säumnis des (Rechtsmittel-) Beklagten zu beachten, denn nur Angriffsmittel müssen rechtzeitig, dh unter Wahrung der Wochenfrist des § 132 u vor dem ersten Termin auch der Einlassungsfrist (§ 274 III) vorgebracht sein. § 282 ist hier nicht zu beachten, weil er Gegenerklärung, also Anwesenheit des Bekl voraussetzt. Nur **Sachanträge u Tatsachenvortrag müssen rechtzeitig erfolgt sein;** Prozeßanträge (Rn 3 zu § 297) bedürfen keiner Ankündigung (Ausnahme: notw Mitteilung des Antrags des Klägers auf schriftl VersUrteil, s § 331 Rn 12). Was in einem früheren Termin (selbst bei Abwesenheit des Gegners, soweit der Vortrag im Protokoll festgehalten oder dem Gericht erinnerlich ist) vorgetragen wurde, ist immer rechtzeitig. Das ergibt sich schon aus der Einheitlichkeit der mündl Verhandlung, die in § 332 zwar für den Inhalt, nicht aber für die Zulässigkeit des VersUrteils durchbrochen ist (RG 28, 409; R-Schwab § 108 II 2c).

5 **Nr 4: Schriftl VersUrteil** gegen den Bekl gem § 331 III setzt voraus, daß ihm vor einer Terminsbestimmung (§ 276 Rn 16) im schriftl Vorverfahren die Fristsetzung § 276 I zur Erklärung der Verteidigungsbereitschaft mit Rechtsfolgenbelehrung nach § 276 II (zu deren notw Form und Inhalt § 273 Rn 4) mit der Klageschrift zugestellt worden war. Sind diese notw Handlungen des Gerichts unterblieben, so ist nicht der Antrag des Klägers auf VersUrteil „zurückzuweisen" (= Redaktionsfehler), sondern die Maßnahmen nach § 276 I u II sind von Amts wegen nachzuholen. Wegen notw Mitteilung des Antrags auf schriftl VersUrteil s § 331 Rn 12.

6 **II) Verfahren:** Die Ablehnung des VersUrteils erfolgt nach Gewährung des rechtlichen Gehörs zu den deshalb dem Antragsteller bekanntzugebenden Hindernissen in den Fällen I 1–3 (wegen Nr I 4 s dort!) durch gem § 336 anfechtbaren, die Ablehnung der Entscheidung nach Aktenlage durch unanfechtbaren (§ 336 II) Beschluß unter gleichzeitiger Bestimmung eines neuen Termins. Terminsbestimmung allein genügt. Die Amtspflicht zur Terminsbestimmung ergibt sich aus § 216 (bestr), daher kein Stillstand des Verfahrens (aM StJSchL Anm I 5 u ThP Anm 3: Danach soll durch Vertagung von Amts wegen nicht einer Beschwerdeentscheidung nach § 336 vorgegriffen werden. Zweckmäßig wird das Gericht erfragen, ob sofortige

Beschwerde beabsichtigt, u ggf nach § 251 a verfahren). Im Vertagungsantrag der erschienenen Partei liegt Verzicht auf sofortige Beschwerde. Dann besteht kein Grund, entgegen §§ 216, 278 IV Vertagung zu versagen u damit einen Druck zum Säumnisantrag auszuüben. Die abwesende Partei (nicht die nichtverhandelnde iS § 333) ist hier entgegen § 218 stets zu laden (LG Mannheim NJW 59, 2071), daher Ladungsfrist (§§ 217, 604 II, 239 III) beachten, München VersR 74, 674. Keine Ladung des Säumigen nötig, wenn die Vertagung aus anderen als den in I genannten Gründen erfolgt, RG 41, 355, so insbes zur Behebung behebbarer Verfahrensmängel (Rn 2), wenn die anwesende Partei hierwegen keinen Säumnisantrag gestellt hatte. Dagegen ist der Säumige stets zu laden, wenn VersUrteil durch Beschluß versagt wurde, denn § 335 ist Schutzvorschrift zugunsten des befugt Säumigen. – Zur Zulässigkeit eines streitigen Urteils entgegen dem Säumnisantrag vgl Rn 8 vor § 330.

336 *[Anfechtung der Zurückweisung eines Versäumnisurteils]*

(1) Gegen den Beschluß, durch den der Antrag auf Erlaß des Versäumnisurteils zurückgewiesen wird, findet sofortige Beschwerde statt. Wird der Beschluß aufgehoben, so ist die nicht erschienene Partei zu dem neuen Termin nicht zu laden.

(2) Die Ablehnung eines Antrages auf Entscheidung nach Lage der Akten ist unanfechtbar.

1) Abs I regelt nur das Verfahren nach einem das beantragte VersUrteil versagenden Beschluß oder (dem Beschluß gleichbedeutend) nach einer antragswidrigen Vertagung; auf das bei gleicher Prozeßlage auch mögliche unechte VersUrteil (Rn 11 vor § 330) ist § 336 nicht entsprechend anwendbar. 1

a) Aus welchem Grund der Antrag – sei es auch nur gegen einen Streitgenossen, RG 55, 310 – zurückgewiesen oder statt Zurückweisung von Amts wegen vertagt wurde, ist gleichgültig (RG 63, 365; München MDR 56, 684; Nürnbg MDR 83, 507; LAG Frankft NJW 63, 2046; abw LAG Düsseldorf NJW 61, 2371). Wurde wegen e Mangels der in § 335 Nr 1 bezeichneten Art nicht nur der Antrag des Kl auf Erlaß eines VersUrteils, sondern darüber hinaus die Klage abgewiesen (vor § 330 Rn 11), so ist nur Berufung möglich, OLG 23, 177. – § 336 gilt auch dann, wenn der Beschluß vom LG (nicht vom OLG: § 567 III) als Berufungsgericht erlassen ist. Beantragt die erschienene Partei nach Ablehnung des VersUrteils neuen Termin, so verzichtet sie damit auf sof Beschwerde. 2

b) Sofortige Beschwerde, zulässig binnen 2 Wochen nach der Verkündung, 577 II; das gilt (entgegen LG Köln MDR 85, 593) auch, wenn die Verkündung entspr § 310 I in einem hierzu anberaumten Verkündungstermin erfolgt, auf dessen (vorauszusehendes) Ergebnis sich im Hinblick auf die Sonderregelung in § 577 II einzustellen der antragstellenden Partei zumutbar ist. Die sofortige Beschwerde kann nur darauf gestützt werden, daß der Erlaß des VersUrteils zu Unrecht abgelehnt worden sei. Im Beschwerdeverf wird der Gegner nicht gehört, RG 37, 398. – Das Beschwerdegericht kann das VersUrteil nicht selbst erlassen, muß vielmehr die Sache in die vorige Instanz zurückgeben; diese hat neuen Termin anzuberaumen u der im früheren Termin erschienenen, nicht auch der säumigen Partei (KG MDR 83, 412), von Amts wegen bekannt zu machen. Der Termin ist zur Nachholung des Erlasses des VersUrteils bestimmt, die im Termin wiederholend beantragt werden muß. Erscheint im neuen Termin der Beschwerdeführer nicht oder beantragt er jetzt kein VersUrteil mehr: § 251 a. Erscheint die säumige Partei trotz Nichtladung in dem neuen Termin, so ist sie zur Verhandlung zuzulassen, denn das VersUrteil soll nicht zur bloßen Prozeßstrafe wegen Säumigkeit ausarten; die erschienene Partei würde ohnedies sofort Einspruch einlegen u hätte lediglich Kosten wegen eines derart sinnlosen Verfahrens (abw R-Schwab § 108 II 2 c, wie hier: StJSchL Anm I 2; ThP Anm; BLH Anm 1 B). 3

2) Abs II. Nach Ablehnung des Antrags auf Entscheidung nach Aktenlage kann die erschienene Partei VersUrteil beantragen; zweckmäßig ist Stellung e Hilfsantrags. Wird kein weiterer Antrag gestellt, so ist zu vertagen, nicht nach § 251 a zu verfahren. 4

3) Gebühren: a) des Gerichts: Für den zurückweisenden Beschluß: Keine Gebühr (§ 1 Abs 1 GKG); für das Beschwerdeverfahren: volle Gebühr, soweit die Beschwerde (als unzulässig) verworfen od zurückgewiesen wird (KV Nr 1181). – **b) des Anwalts:** Für das Beschwerdeverfahren 5/10 der Gebühren des § 31 BRAGO; keine Ermäßigung bei vorzeitiger Erledigung des Auftrags (§ 61 Abs 1 Nr 1 u Abs 3 BRAGO). Der RA des Beschwerdegegners erhält die Geb des § 61 BRAGO nur dann, wenn er im Beschwerdeverfahren tätig geworden ist. 5

337 *[Vertagung von Amts wegen]*

Das Gericht vertagt die Verhandlung über den Antrag auf Erlaß des Versäumnisurteils oder einer Entscheidung nach Lage der Akten, wenn es dafür hält, daß die von dem Vorsitzenden bestimmte Einlassungs- oder Ladungsfrist zu kurz bemessen oder daß die Partei ohne ihr Verschulden am Erscheinen verhindert ist. Die nicht erschienene Partei ist zu dem neuen Termin zu laden.

1 1) § 337 ist Anwendungsfall des Anspruchs der unverschuldet säumigen Partei auf rechtliches Gehör (vgl vor § 128 Rn 6). **Das Gericht muß vertagen,** wenn dem Antrag auf VersUrteil (§§ 330, 331) oder auf Entscheidung nach Aktenlage (§ 331 a) aus den (in Rn 2–7 vor § 330 dargelegten) Gründen des § 335 I Nr 1–3 ein Hindernis entgegensteht, also **a)** die richterlich bestimmte **Einlassungs- u Ladungsfrist** (§§ 226, 239 III, 274 III 3, 339 III, 520 II 2, 555 II) nach den Umständen des Falles zu kurz bemessen war, oder **b)** die **Partei unverschuldet am Erscheinen verhindert** ist und **c)** ein **streitiges Urteil** (unechtes VersUrteil) trotz des Säumnisantrags nicht möglich ist (Rn 8 vor § 330).

2 **Zu a–c: Zu kurz bemessen** können nur richterliche Fristen (Begriff: Rn 5 vor § 214) sein, niemals die gesetzlichen Fristen der §§ 217, 274 III 1 u 2, 520 III, 555 II. Dabei sind diese Fristen nach Prozeßlage zu kurz bemessen, wenn ein iS des § 227 „erheblicher Grund" zur Vertagung erkennbar vorliegt (vgl § 227 Rn 5, § 275 Rn 4).

3 **Unverschuldet** ist das Fernbleiben einer Partei nur, wenn ein erheblicher Verhinderungsgrund entweder offenkundig (§ 291) ist oder von der abwesenden Partei dem Gericht vorher mitgeteilt worden war. Das Fernbleiben in der Erwartung, das Gericht werde einem Vertagungsgesuch (hierzu § 227 Rn 5 f) schon Rechnung tragen, entschuldigt aber die Säumnis grundsätzlich nicht (BGH NJW 82, 888). Beispiele für erheblichen Grund: Gesuch um Prozeßkostenhilfe ist noch nicht verbeschieden oder erst unmittelbar vor dem Termin zurückgewiesen worden (Schneider MDR 85, 377); das entspricht dem „Hindernis" des § 234 (vgl dort Rn 6–10). Verzögerung des Aufrufs der Sache (vgl § 220 Rn 3 und Rn 4 vor § 330). Unmöglichkeit, einen übernahmebereiten Anwalt zu finden (Karlsruhe OLGZ 68, 292). Standeswidriger Säumnisantrag des RA gegen die anwaltschaftl vertretene Partei (Rn 12 vor § 330). Urlaub des RA oder der Partei, wenn vorher angezeigt u kein Fall des § 53 BRAO vorliegt (vgl BVerfGE 25, 166). Krankheit des RA oder der anwesenheitsberechtigten (§§ 137 IV, 357) Partei. Vgl auch die Verschuldensbeispiele in Rn 12 ff zu § 233. **Keine Vertagung,** sondern Nachholung der vom Gericht selbst bereiteten Hindernisse des VersUrteils im Fall § 331 III (vgl § 335 Rn 5).

4 **2) Verfahren:** Vertagung durch Beschluß. Darin liegt Ablehnung des VersUrteils, daher sof Beschwerde gem § 336 zulässig (München MDR 56, 684; Nürnberg MDR 63, 507; LAG Frkft NJW 63, 2046; abw LAG Düsseld NJW 61, 2371). Die sof Beschwerde ist begründet, auch wenn das Hindernis dem Erstgericht nicht erkennbar war, denn ein trotzdem ergehendes VersUrteil wäre gesetzwidrig iS § 513 II (RG 166, 248). – Bei Vertagung ist (anders als zur etwaigen Verhandlung über die sof Beschwerde) die abwesende Partei von Amts wegen zu laden. (Das zu § 335 Rn 6 am Ende Gesagte gilt hier entsprechend). In den Fällen der §§ 239 III, 274 III, 339 II, 520 III, 555 II ist die Einlassungs- und Ladungsfrist neu festzusetzen; die Einlassungsfrist läuft aber ab Zustellung der ersten Ladung.

338 *[Einspruch]*

Der Partei, gegen die ein Versäumnisurteil erlassen ist, steht gegen das Urteil der Einspruch zu.

Lit: s vor § 330; dazu *Münzberg,* Die Wirkung des Einspruchs im Versäumnisverfahren, 1959; *Donau,* Beschränkung des Einspruchs gegen VersUrteile, MDR 55, 22.

1 **1) Anwendungsbereich:** Der Einspruch ist der bes Rechtsbehelf der säumigen Partei gegen ein echtes Versurteil (Rn 10 vor § 330). Ob das Urteil iS der §§ 335, 337 zulässig als VersUrteil erlassen wurde, ist hier egal, BGH VersR 73, 715; Düsseldorf MDR 85, 1034; der Grundsatz der Meistbegünstigung (vor § 511 Rn 29) gilt für die (wenn auch fehlerhaft) als VersUrteil ergangene Entscheidung nicht. Ob ein solches vorliegt, richtet sich nach der Art des Zustandekommens und nach dem Inhalt des Urteils, nicht nach seiner Bezeichnung, BGH VersR 74, 1099; 76, 251. Daher ist ein Urteil, das teilweise auf Grund der Säumnis ergeht, teilweise trotz der Säumnis die Klage abweist (= unechtes VersUrteil: Rn 11 vor § 330), teils mit Einspruch u teils mit Berufung anfechtbar (BAG NJW 66, 612). Zulässig auch, den Einspruch auf einen abtrennbaren (§§ 145, 301) Teil des VersUrteils zu beschränken (zulässig auch noch im Einspruchstermin, Donau MDR

55, 23), dann tritt im übrigen formelle Rechtskraft ein (Celle NJW 72, 1867). Da der Einspruch keine Anfechtung des VersUrteils mit dem Ziel der Prüfung seines sachlichen Inhalts darstellt, sondern ausschließlich Verfahrenswirkung (§ 342) hat, ist er entgegen § 99 I auch nur wegen des Kostenausspruchs im VersUrteil zulässig.

Unzulässig ist der Einspruch: für die nicht säumig gewesene Partei, wenn gegen sie (unechtes) VersUrteil erging; kein Einspruch, sondern Berufung bzw Revision gegen das echte zweite VersUrteil (§§ 345, 513 II, 566; Einspruch oder Berufung wenn statt erstem VersUrteil falsch ein zweites erlassen wurde, Köln MDR 69, 225; Grundsatz der Meistbegünstigung: vor § 511 Rn 29), gegen das unechte VersUrteil (Rn 11 vor § 330), gegen Entscheidung nach Aktenlage (§ 331 a) u im Fall des § 238 II. 2

2) Verfahren: Der Einspruch entbehrt (anders als ein Rechtsmittel) des Devolutiveffekts; er stellt, wenn er fristgerecht (§ 339) eingelegt (§ 340) wird, ohne Rücksicht auf die inhaltliche (Un-)Richtigkeit des Urteils u den Grund der Säumnis den vor der Säumnis bestehenden Verfahrensstand wieder her. Bis zur Aufhebung des VersUrteils dauert dessen mat Rechtskraft fort (kein Suspensiveffekt). Vollstreckungsschutz auf Antrag: § 719. Der Sachantrag (§ 279), das VersUrteil aufzuheben bzw aufrechtzuerhalten sollte ausdrücklich gestellt werden, doch genügt die Wiederholung der insoweit auslegungsfähigen ursprüngl Sachanträge. Entscheidung nach Einspruch: § 343. 3

339 *[Einspruchsfrist]*

(1) Die Einspruchsfrist beträgt zwei Wochen; sie ist eine Notfrist und beginnt mit der Zustellung des Versäumnisurteils.

(2) Muß die Zustellung im Ausland oder durch öffentliche Bekanntmachung erfolgen, so hat das Gericht die Einspruchsfrist im Versäumnisurteil oder nachträglich durch besonderen Beschluß, der ohne mündliche Verhandlung erlassen werden kann, zu bestimmen.

1 a) Abs I. Einspruchsfrist 2 Wochen (nach § 59 ArbGG 1 Woche, hierzu BVerfG NJW 74, 847), gleich ob Anwalts- oder Parteiprozeß (auch gegen Vollstreckungsbescheid § 700) u gleichgültig ob VersUrteil zulässig war, BGH VersR 73, 715 (s aber § 338 Rn 2 und vor § 511 Rn 29 wegen Meistbegünstigung bei inkorrektem VersUrteil). Fristberechnung: §§ 222, 223 II. **Notfrist:** Verlängerung u Abkürzung unzulässig: § 224 I. Keine Heilung von Zustellungsmängeln durch Nachweis des tatsächl Zugangs: § 187 S 2. Gegen Versäumung: Wiedereinsetzung § 233. 1

Einlegung vor Urteilszustellung ist zulässig (RG 40, 392), nicht aber vor Urteilsverkündung, RG 110, 169 (einschränkend StJSchL Anm I f der Fall des irrtümlich angenommenen, tatsächl aber erst in einem späteren Termin verkündeten VersUrteils). Urteilszustellung § 317. Wegen der notwendigen Zustellung an den bestellten Prozeßbevollmächtigten der säumig gewesenen Partei (sonst Zustellung unwirksam!) s § 176 Rn 6 ff. Aufhebung des VersUrteils durch Parteivereinbarung ist unwirksam. Ist zB die säumige Partei nach UrtErlaß erschienen u der Gegner mit sofort Verhandlung einverstanden, muß vorher Einspruch eingelegt werden (zum Sitzungsprotokoll). Wollen sich die Parteien vergleichen, so ist folgende Fassung möglich: „1) Der Kläger verzichtet auf seine Rechte aus dem VersUrteil vom ... 2) ...". 2

Die **Einhaltung der Einspruchsfrist** hat das Gericht von Amts wegen zu prüfen. Parteivereinbarung hierüber wäre unwirksam. Entscheidung bei versäumter Frist: § 341. 3

b) Im Fall des gem §§ 276, 331 III, 310 III an Verkündungs Statt zugestellten **VersUrteil im schriftl Verfahren** beginnt die Einspruchsfrist nicht vor der Ausführung der Amtszustellung des Urteils an beide Parteien (so selbst, wenn die Zustellung an den obsiegenden Kläger der Zustellung an den Beklagten nachfolgt), denn hier ersetzt gemäß § 310 III erst die letzte Zustellung die Verkündung, ohne die keine Einspruchsfrist zu laufen beginnt (Frankfurt NJW 81, 291; Nürnberg NJW 78, 832 mit krit Anmerkung Schneider). 4

2 a) Abs II. War der Bekl im Inland ordnungsgemäß zum Termin geladen u ist dann in das Ausland verzogen oder Klage u Ladung öffentl zugestellt worden, so ist die Einspruchsfrist im VersUrteil oder nachträglich von Amts wegen durch Beschluß des Gerichts (nicht ausreichend Vfg des Vors) zu bestimmen, der bei nachträgl öffentl Zustellung mit dem sie bewilligenden Beschluß zu verbinden ist, RG 63, 84. Wurde dem Bekl die Klage mit Terminsladung bereits im Ausland zugestellt, kommt e Zustellung des VersUrteils gemäß § 199 ff nicht in Frage; denn der Bekl war verpflichtet, einen Zustellungsbevollm zu bestellen, § 174, 175. Hat er es unterlassen, kann ihm das VersUrteil durch Aufgabe zur Post (§ 175, s dort Rn 3 und BGH MDR 86, 244: Inlandszustellung!) zugestellt werden, München Rpfleger 83, 75; RG 57, 335. Wurde hier, obwohl 5 nicht nötig, die Einspruchsfrist vom Gericht bestimmt, so ist sie auch bei Zustellung durch Aufgabe zur Post einzuhalten, RG 98, 139. Die vom Gericht bestimmte Einspruchsfrist ist ebenfalls Notfrist iS Abs I.

6 **b) Der die Einspruchsfrist nachträgl bestimmende, unanfechtbare Beschluß** ist der Partei, die das VersUrteil beantragt hat, zu übersenden, der säumigen Partei mit dem Urteil zuzustellen. Die Einspruchsfrist läuft erst von der Zustellung des Beschlusses ab, RG 63, 82. War eine nach Abs II notwendige Fristbestimmung unterblieben, so wird das VersUrteil trotz Ablaufes der Frist des Abs I nicht rechtskräftig, RG 63, 85. Wird nach Fristbestimmung gem Abs II im Inland zugestellt, so wird damit die Fristbestimmung nicht hinfällig; es läuft vielmehr die verlängerte Einspruchsfrist, OLG 31, 354.

340 *[Einspruchseinlegung]*

(1) Der Einspruch wird durch Einreichung der Einspruchsschrift bei dem Prozeßgericht eingelegt.

(2) Die Einspruchsschrift muß enthalten:

1. die Bezeichnung des Urteils, gegen das der Einspruch gerichtet wird;

2. die Erklärung, daß gegen dieses Urteil Einspruch eingelegt werde.

Soll das Urteil nur zum Teil angefochten werden, so ist der Umfang der Anfechtung zu bezeichnen.

(3) In der Einspruchsschrift hat die Partei ihre Angriffs- und Verteidigungsmittel, soweit es nach der Prozeßlage einer sorgfältigen und auf Förderung des Verfahrens bedachten Prozeßführung entspricht, sowie Rügen, die die Zulässigkeit der Klage betreffen, vorzubringen. Auf Antrag kann der Vorsitzende für die Begründung die Frist verlängern, wenn nach seiner freien Überzeugung der Rechtsstreit durch die Verlängerung nicht verzögert wird oder wenn die Partei erhebliche Gründe darlegt. § 296 Abs. 1, 3, 4 ist entsprechend anzuwenden. Auf die Folgen einer Fristversäumung ist bei der Zustellung des Veräumnisurteils hinzuweisen.

1 **I) Einspruch wird eingelegt** durch einen fristgerechten (§ 339), bei versäumter Frist mit dem Gesuch um Wiedereinsetzung verbundenen (§ 236), Schriftsatz bei dem Gericht, welches das (echte; vgl Rn 10 vor § 330) VersUrteil oder den Vollstreckungsbescheid (§ 700) erlassen hat. Beim Amtsgericht genügt gem §§ 496, 129a Einlegung zu Protokoll jedes Amtsgerichts, doch ist bei Erklärung zu Protokoll eines auswärtigen AG (§ 129a) die Frist nur bei rechtzeitigem Eingang beim Prozeßgericht gewahrt. Vor dem Arbeitsgericht Sonderregelung in §§ 59, 64 ArbGG.

2 Der Schriftsatz ist ein bestimmender (§ 129 Rn 3), daher Unterschrift, im Anwaltsprozeß Unterschrift des RA nötig (§ 130 Rn 5; dort auch zur Möglichkeit telegrafischer Einlegung und zu den Folgen fehlender Unterschrift).

3 **II) Notwendiger Inhalt** des Einspruchs: **1) Bezeichnung des VersUrteils** (Vollstreckungsbescheids § 700) nach Gericht, Datum und Aktenzeichen. Hier gilt das in § 518 Rn 33 Gesagte entsprechend; daher sind formale Mängel der Einspruchsschrift unschädlich, wenn nur der Schriftsatz fristgerecht zu den Verfahrensakten gelangt und unter Heranziehung dieser Akten als Einspruch zu verstehen ist. Eine Verzögerung hierbei durch Angabe eines falschen Aktenzeichens ist jedoch vom Einspruchsführer zu vertreten (BGH VersR 83, 250).

4 **2)** Erklärung, daß **Einspruch** eingelegt wird. Das Wort „Einspruch" ist nicht zwingend vorgeschrieben; es genügt jeder Ausdruck (zB „Widerspruch" oder „Berufung"), der erkennen läßt, daß die Partei das VersUrteil nicht gegen sich gelten lassen will (RG 141, 347; Stettin OLG 28, 97). Daher auch verspäteter Widerspruch gegen Mahnbescheid umzudeuten in Einspruch gegen Vollstreckungsbescheid (einschränkend LG Dortmund NJW 63, 913). BAG NJW 71, 1479 läßt „Entschuldigung" der Säumnis nicht als Einspruch gelten; das ist wohl zu streng, jedenfalls durch Rückfrage (§ 139) ggf rückwirkend aufklärbar.

5 **3)** Erklärung, inwieweit Einspruch eingelegt wird **(Umfang der Anfechtung),** so insbes Bezeichnung des Einspruchsführers u -gegners bei Urteil gegen bzw für Streitgenossen (München VersR 66, 42; entsprechend bei Rechtsmittel BGH VersR 71, 1145). Zu weitgehend sieht BAG BB 75, 842 Einspruch des nicht verurteilten Gesellschafters als für den verurteilen wirksam an. – Zulässig ist der auf einen Teil der Verurteilung beschränkte Einspruch (§ 338 Rn 1).

6 **4) Inhaltsmängel** (iS von Rn 3–4) haben – ebenso wie Versäumung der Frist des § 339 – die Unzulässigkeit des Einspruchs zur Folge. Da diese Mängel innerhalb der Frist des § 339 behebbar sind, sollte das Gericht den Einspruchsführer auf den Mangel hinweisen (§§ 139, 278 III),

sofern das noch fristgerecht möglich. – Die Unzulässigkeit des Einspruchs führt (erst nach Ablauf der Einspruchsfrist!) zur Verwerfung gem § 341. Wiedereinsetzung i den vorigen Stand möglich, § 233.

III) Begründung des Einspruchs (Abs III): **1)** Der Einspruch gegen VersUrteil (ebenso VollstrBescheid § 700) ist kein Rechtsmittel, sondern Rechtsbehelf besonderer Art (vgl Rn 3 zu § 338). Dementsprechend bedarf der Einspruch als solcher entgegen dem mißverständl Wortlaut des Gesetzes (III 2) keiner Begründung, denn er greift das VersUrteil nicht inhaltlich an, sondern in seinem Verfahrensbestand (s § 342). **Abs III fordert** daher **keine Begründung des Einspruchs, sondern konkretisiert die Prozeßförderungspflicht** der bereits einmal säumig gewesenen Partei, indem die Rechtzeitigkeit der streitigen Einlassung (§§ 277, 282) auf die Frist des § 339 beschränkt wird (München NJW 77, 1972). Der Ablauf dieser Frist hat daher die gleiche Wirkung des § 296 I wie der Ablauf einer hierfür gem §§ 273, 275, 277 gesetzten Frist; war eine derart richterl gesetzte Frist bereits versäumt, so kann die säumig gewordene Partei durch Hinnahme eines VersUrteils die Rechtsfolge des § 296 faktisch unterlaufen („Flucht in das VersUrteil", vgl § 296 Rn 17), wenn sie nur die „Gnadenfrist" des Abs III zur Nachholung des zunächst versäumten Vorbringens nutzt, mag auch das Säumnisverfahren wegen § 342 die vorausgegangene Versäumung von Erklärungsfristen nicht aufheben und bereits eingetretene Versäumungsfolgen grds nicht beheben (BGH NJW 80, 1105; 81, 286 und 1378). 7

§ 340 III ist lex specialis gegenüber § 296 und enthebt auch nicht das Gericht der Aufgabe, den **Einspruchstermin** (§ 341 a) **sachgerecht** (§ 273) **vorzubereiten** und zeitlich so anzusetzen, daß er iS des § 272 I umfassend vorbereitet ist (BGH NJW 80, 1105 = MDR 80, 574; München OLGZ 79, 481 = NJW 79, 2619; Hamm NJW 80, 293; Deubner NJW 79, 342; Fastricht NJW 79, 2598; Messer NJW 78, 2558; Schneider MDR 79, 710). Für eine willkürliche Abkürzung der „Gnadenfrist" durch kurzfristige Terminierung gibt das Gesetz (entgegen Deubner NJW 80, 294) keinen Raum; der BGH (NJW 81, 286 = MDR 81, 309) vertritt hierzu die vermittelnde Meinung, daß der Einspruchstermin zwar auch gem § 273 vorzubereiten ist, jedoch bei umfangreichem Vorbringen der säumig gewesenen Partei nicht so weit hinausgeschoben werden muß, daß in ihm noch jegliches Vorbringen „in vollem Umfang" berücksichtigt werden kann. Wo danach die Grenze einer Zulassung der sogenannten Einspruchsbegründung zu ziehen ist, läßt der BGH nicht klar erkennen. Stets zuzulassen wird das Vorbringen jedenfalls sein, wo die Versäumung iS des § 296 entschuldigt ist, was der Einspruchsführer ggf vorzutragen hat. 8

2) Hatte die säumig gewesene Partei sich schon vor ihrer Säumnis den Erfordernissen der §§ 277, 282 entsprechend (schriftl) streitig eingelassen, so bedarf es keiner Wiederholung dieser Einlassung i der Einspruchsschrift (Kramer NJW 77, 1659). Wo das noch nicht der Fall ist, ist diese streitige Einlassung i der Frist des § 339 nachzuholen oder zumindest in dieser Frist (entsprechend § 519 II 3) **Fristverlängerung** hierfür (nicht für den Einspruch selbst, weil insoweit Notfrist: § 224 I) zu beantragen. Verlängerungsantrag nach Ablauf der Einspruchsfrist ist verspätet; jedoch kann der vor Fristablauf gestellte Antrag noch nach Fristablauf positiv verbeschieden werden (§ 224 Rn 4). Für die Förmlichkeiten der Fristverlängerung gilt das zu § 519 (dort Rn 16 ff) Gesagte entsprechend. 9

3) Entgegen dem Gesetzeswortlaut (III 1) muß die noch fehlende streitige Einlassung nicht „in der Einspruchsschrift", sondern innerhalb der Einspruchsfrist (§ 339) bei Gericht eingereicht werden. Das ergibt sich schon daraus, daß auch Einspruchsmängel in dieser Frist behoben werden könnten. Daher keine Verkürzung der Einlassungsfrist des Abs III durch frühzeitig eingelegten Einspruch (München NJW 77, 1972; BGHZ 75, 138). 10

4) Folgen der Fristversäumung iS Abs III: Der Einspruch ist gleichwohl mit der Wirkung des § 342 zulässig; das VersUrteil ist jedoch (falls nicht bei nochmaliger Säumnis § 345 gilt) durch streitiges Urteil gem § 343 aufrechtzuerhalten, wenn die Voraussetzungen der Zurückweisung verspäteten Vorbringens gem § 296 I, III vorliegen (München NJW 77, 1972). 11

Ausnahmen: Keine Zurückweisung gem § 296 I, wenn die säumige Partei bei Zustellung des VersUrteils (§ 317 I, IV) nicht auf die Erklärungsfrist (§§ 339, 340 III) u die mögl Versäumnisfolge hingewiesen worden war (bei unterbliebenem Hinweis gelten aber §§ 282, 296 II). Zu Form und Inhalt dieses Hinweises s § 273 Rn 4. 12

Abs III gilt nicht bei Einspruch gegen VollstrBescheid (§ 700 III 2), denn bei dessen Erlaß liegt eine erwiderungsfähige Klagebegründung idR noch nicht vor (vgl §§ 692 I 2, 697 I). 13

340 a [Zustellung der Einspruchsschrift]

Die Einspruchsschrift ist der Gegenpartei zuzustellen. Dabei ist mitzuteilen, wann das Versäumnisurteil zugestellt und Einspruch eingelegt worden ist. Die erforderliche Zahl von Abschriften soll die Partei mit der Einspruchsschrift einreichen.

1 **1)** Da das VersUrteil gem § 317 I nur der unterlegenen Partei (von Amts wegen § 270) zugestellt wird, erfährt die obsiegende Partei – vorbehaltl einer Anfrage beim Gericht (§ 213 a) – erst durch **Zustellung der Einspruchsschrift** (§ 340) von Tatsache u Zeitpunkt der Urteilszustellung. Mitteilung der Zustellungszeit durch die GeschSt des Prozeßgerichts entbehrlich, wenn sich diese richtig aus der Einspruchsschrift ergibt.

2 **2)** § 340 a dient (entsprechend § 519 a) der Vorbereitung des Einspruchstermins (§ 341 a). Die **Einspruchsbegründung** (§ 340 III) **bestimmt für den Gegner die Prozeßlage** iS §§ 277 IV, 282, 296 u damit seine Erwiderungspflichten. Im übrigen gilt § 340 a unabhängig davon, ob der Einspruch als solcher zulässig oder unzulässig ist. Im letzteren Fall ist vor dem Verwerfungsbeschluß (§ 341 II) beiden Parteien unter Hinweis auf die Zulässigkeitsbedenken des Gerichts (§ 278 III) rechtl Gehör zu geben (BGH VersR 75, 899). Ist mündl Verhandlung (§ 341 a) vorgesehen, so ist die Terminsladung mit der Zustellung der Einspruchsschrift gem § 340 a zu verbinden.

3 **3) Abschriften** der Einspruchsschrift für den Gegner: vgl Anm zu § 133.

341 [Einspruchsprüfung]

(1) Das Gericht hat von Amts wegen zu prüfen, ob der Einspruch an sich statthaft und ob er in der gesetzlichen Form und Frist eingelegt ist. Fehlt es an einem dieser Erfordernisse, so ist der Einspruch als unzulässig zu verwerfen.

(2) Die Entscheidung kann ohne mündliche Verhandlung durch Beschluß ergehen. Sie unterliegt in diesem Falle der sofortigen Beschwerde, sofern gegen ein Urteil gleichen Inhalts die Berufung stattfinden würde.

1 **1)** Die **Prüfung** umfaßt: **a) Statthaftigkeit des Einspruchs:** § 338; unstatthaft ist der Einspruch für die nicht säumig gewesene Partei, außerdem der Einspruch gegen ein unechtes VersUrteil (Rn 11 vor § 330), gegen ein zweites VersUrteil § 345 u im Fall des § 238 II;

2 **b) formgerechte Einlegung** § 340;

3 **c) fristgerechte Einlegung** § 339;

4 **d) Nichtvorliegen von Verzicht oder Rücknahme** § 346, hier macht auch der **vor** Erlaß des VersUrteils vereinbarte (nicht der einseitig erklärte) Verzicht den Einspruch unzulässig (abw Habscheid NJW 65, 2375, der vorherigen Verzicht auf Einspruch für generell unwirksam ansieht; zur Zulässigkeit u Wirkung derartiger Prozeßvereinbarungen s Rn 22 vor § 128; § 514 Rn 2; § 515 Rn 12).

5 **e)** Der Einspruchsführer trägt grds die Beweislast bei Zweifeln an der Zulässigkeit, insbesondere Rechtzeitigkeit seines Einspruchs (BGH VersR 80, 90/91). Begrenzt wird diese Beweislast aber auch hier durch subjektive Unmöglichkeit und Zumutbarkeit (Rn 21 vor § 284), so bei Ungewißheit innergerichtlicher Geschehensabläufe (BGH NJW 81, 1674/1675 und BGH NJW 85, 1782 = MDR 85, 396).

6 **f)** Die **Prüfung obliegt dem Prozeßgericht vor jeder sonstigen Prozeßhandlung.** Daher hat das AG die Zulässigkeit des Einspruchs zu prüfen u das Ergebnis der Prüfung i Protokoll festzustellen (§ 160 III 6), bevor es gem §§ 281, 504, 506, 700 III an das LG verweist; ist das unterblieben, hat das LG wegen der Bindungswirkung des Verweisungsbeschlusses (§ 281 II) die Einspruchsprüfung selbst vorzunehmen (BGH NJW 76, 676; 67, 565). Im übrigen ist die Zulässigkeit des früheren Einspruchs stets, also auch noch vom Revisionsgericht (BGH NJW 76, 1940; RG 110, 169) zu überprüfen, weil Unzulässigkeit die formelle Rechtskraft des VersUrteils herbeiführt, also ein fortdauerndes Verfahrenshindernis ist; § 295 ist hier nicht anwendbar. Deshalb hat das Berufungsgericht das auf das VersUrteil folgende Endurteil der Vorinstanz aufzuheben u den Einspruch durch Urteil zu verwerfen, wenn es ihn als unzulässig erachtet.

7 **2) Verfahren:** Das Gericht kann frei wählen, ob es über den Einspruch mündlich verhandelt (dann § 341 a) oder nach Gewährung rechtl Gehörs (s § 340 a Rn 2) über die Unzulässigkeit des Einspruchs gem Abs II durch Beschluß entscheidet.

8 **a) Entscheidung nach mündl Verhandlung: Bei zulässigem Einspruch** ist die Zulässigkeit, ggf auch nach gem § 146 beschränkter Verhandlung, entsprechend § 280 durch Zwischenurteil (§ 303; RG 110, 169), sonst in der Begründung des Endurteils festzustellen. Bei Terminsbestimmung

ohne Beschränkung gem § 146 ist der Termin gleichzeitig Termin zur Hauptsache; nur in diesem Fall ist ein zweites VersUrteil (§ 345) möglich. Bei Säumnis des Einspruchsgegners (er ist aber nur unter gleichzeitiger Mitteilung der Einspruchsschrift ordnungsgemäß geladen! § 335 I 2) kann gegen diesen im Hauptsachetermin auf Antrag des Einspruchsführers (erstes) VersUrteil ergehen, in dessen (insoweit entgegen § 313b notwendiger) Begründung die Zulässigkeit des Einspruchs festzustellen ist. Zum Termin sind die Parteien u deren Streitgenossen zu laden. Ladung der unterstützten Partei notw auch, wenn nur deren Streitgehilfe (zulässig gem § 67) Einspruch eingelegt hatte. Aber keine Ladung solcher Parteien, auf die sich der persönlich beschränkte Einspruch (§ 340 Rn 5) nicht erstreckt.

Bei unzulässigem Einspruch Verwerfung des Rechtsbehelfs ohne jede Sachprüfung durch kontradiktorisches Endurteil. Hier ist bei Säumnis des Einspruchsführers nicht gem § 345 durch zweites VersUrteil zu erkennen (weil hierfür ein zulässiger Einspruch Voraussetzung wäre), sondern durch unechtes VersUrteil (Rn 11 vor § 330) die Verwerfung auszusprechen, denn diese Verfahrensentscheidung ergeht unabhängig von der Säumnis des Einspruchsführers (LAG Hamburg NJW 75, 952). 9

b) Entscheidung ohne mündl Verhandlung zulässig (entsprechend § 519b II) bei unzulässigem Einspruch; dann nach notw Gewährung des rechtl Gehörs (BGH VersR 82, 246; 75, 899) Verwerfung. Der Beschluß ist, weil mit sofortiger Beschwerde anfechtbar (§ 577), notw zu begründen u beiden Parteien zuzustellen (§ 329 III). 10

Eine beschlußmäßige Feststellung der *Zulässigkeit* des Einspruchs (die nicht selbständig anfechtbar ist) ist im Gesetz nicht ausdrücklich vorgesehen; sie ist nur in Verbindung mit einem Verweisungsbeschluß veranlaßt, aber auch in anderen Fällen aus Gründen der Rechtsklarheit nicht unzulässig (Demharter NJW 86, 2754). 11

3) Rechtsmittel: a) Unanfechtbar das die Zulässigkeit bejahende Zwischenurteil, weil auch ein solcher Beschluß gem Abs II 2 nicht selbständig anfechtbar ist. Hier sind Einwände gegen die Zulässigkeit des Einspruchs nur mit der Berufung gegen das Sachurteil geltend zu machen. Auch ohne solche Einwände hat das Rechtsmittelgericht die Zulässigkeit des Einspruchs von Amts wegen zu prüfen (oben Rn 6). 12

b) Anfechtbar das verwerfende Urteil mit dem allgem zulässigen Rechtsmittel (Berufung bzw Revision, soweit gem §§ 511a, 513 II, 545, 546 zulässig); der verwerfende Beschluß ist, wenn vom AG oder LG erlassen, mit **sofortiger Beschwerde** (§ 577) stets anfechtbar, soweit Verletzung des rechtlichen Gehörs gerügt wird (LG Zweibrücken MDR 80, 675; vgl § 567 Rn 41), sonst gemäß Abs II nur anfechtbar, wenn auch ein Urteil gleichen Inhalts anfechtbar wäre. Gegen Beschluß des OLG sof Beschwerde zulässig unter den entsprechenden Voraussetzungen des § 567 III 2. Also Beschwerde unbedingt zulässig, wenn in vermögensrechtlichen Sachen Beschwer höher als 40 000,– DM (BGH NJW 78, 1437), sonst wenn das OLG gemäß §§ 568a, 546 die sofortige Beschwerde zugelassen hat (BGH NJW 82, 1104 = MDR 82, 473) oder wenn das OLG die Erstbeschwerde als unzulässig verworfen hat (§§ 568a, 547: BGH NJW 79, 218). Einlegung der sof Beschwerde: § 569; in Bayern gegen Beschluß des OLG Einlegung gem § 7 VI EGZPO beim BayObLG oder auch beim OLG (BGH NJW 62, 1617). 13

Weitere sof Beschwerde gegen Beschluß des LG unzulässig, soweit das LG als Berufungsgericht entschieden hat (weil hier auch das Berufungsurteil nicht mehr anfechtbar wäre), sonst zulässig unter der Voraussetzung des § 568 II, gegen Beschluß des OLG nach Maßgabe des § 568a. Daher weitere Beschwerde gegen Beschluß des OLG nur auf Zulassung (§ 546), sofern nicht der vermögensrechtl Hauptsachewert 40 000,– DM übersteigt. Das OLG hat deshalb stets im Beschluß die Beschwer (= Hauptsachewert) festzusetzen u über die Zulassung der (weiteren) sofortigen Beschwerde gem § 546 II zu entscheiden. 14

4) Gebühren: a) des Gerichts: Durch die allgemeine Verfahrensgebühr wird das gegen die säumige Partei erlassene Versäumnisurteil abgegolten. Legt der Gegner Einspruch (§ 338) ein und erledigt sich der Prozeß durch Anerkenntnis-, 2. Versäumnisurteil (§ 345) od gerichtl Vergleich, der nicht über den Streitgegenstand des Prozesses hinausgeht, so keine weitere Gebühr; im übr liegt beim Verfahren nach Einspruch gegen ein VersUrteil dieselbe Instanz vor. Wird durch Endurteil entschieden, so ist allerdings noch die Urteilsgebühr zu erheben (KV Nr 1014/1015 bzw 1016/1017). Im Rechtsmittelrechtszug gelten KV Nr 1024/1025 bzw 1026/1027 bzw 1036/1037. Bezügl der Höhe des Gebührensatzes im einzelnen s § 313a Rn 11. Der **Beschluß,** durch den ein **unzulässiger Einspruch** gegen ein VersUrteil ohne mündl Verhandlung verworfen wird (§ 341 I 2, II 1), ist **gebührenfrei** (§ 1 Abs 1 GKG). Die dagegen eingelegte sofortige Beschwerde (§ 341 Abs 2 S 2) ist aber gebührenpflichtig, wenn sie verworfen od zurückgewiesen wird (KV Nr 1181); hat sie Erfolg, so ist sie gebührenfrei. Gleiches gilt für die weitere sofortige Beschwerde (§ 568a); s im übr Hartmann, KostGes KV Nr 1181 Anm 2 A, B). 15

b) des Anwalts: Dieser erhält eine volle Prozeßgebühr (§ 31 Abs 1 Nr 1 BRAGO) und eine 5/10 Verhandlungsgebühr für den Antrag auf Erlaß des Versäumnisurteils, falls eine Verhandlungsgebühr überhaupt noch nicht verdient ist (§§ 33 Abs 1, 13 Abs 2 BRAGO). Wird der Einspruch **zurückgenommen** od **verworfen,** so gilt das Verfahren über den Einspruch als besondere Angelegenheit, jedoch wird die Prozeßgebühr auf die gleiche Gebühr des Verfahrens über den Einspruch angerechnet (§ 38 Abs 1 BRAGO). Wird nach Einspruch zur Hauptsache verhandelt, so erhält der RA, der das Versäumnisurteil erwirkt hat, die Gebühr für die Verhandlung besonders, soweit auf diese das Versäumnisurteil ergangen ist (§ 38 Abs 2 BRAGO). S dazu auch § 330 Rn 10. Wird nach Rücknahme des Einspruchs vom Klägervertreter Kostenantrag gestellt, so entsteht eine halbe anwaltl Verhandlungsgebühr aus dem Kostenwert des Einspruchsverfahrens (Frankf, JurBüro 83, 1045 m Anm Mümmler). Für das Beschwerdeverfahren nach § 341 II erhält der RA des Beschwerdeführers 5/10 der in § 31 Abs 1 Nr 1 BRAGO bestimmten Gebühr (§ 61 Abs 1 Nr 1 BRAGO), während dem Anwalt des Beschwerdegegners diese Gebühr nur erwächst, wenn er am Beschwerdeverfahren beteiligt worden ist u dabei im Auftrag seiner Partei pflichtgemäß geprüft hat, ob eine Gegenerklärung (Stellungnahme) veranlaßt ist (vgl München, Rpfleger 73, 444).

c) Die für die Instanz (§ 27 GKG) bewilligte **Prozeßkostenhilfe** ergreift ohne weiteres auch das Verfahren nach Einspruch gegen ein Versäumnisurteil.

341a *[Einspruchstermin]*

Wird der Einspruch nicht durch Beschluß als unzulässig verworfen, so ist der Termin zur mündlichen Verhandlung über den Einspruch und die Hauptsache zu bestimmen und den Parteien bekanntzumachen.

1 1) Bei **Unzulässigkeit des Einspruchs** erlaubt § 341 Entscheidung ohne mündl Verhandlung oder nach Wahl des Gerichts auch Terminsbestimmung.

2 Bei **Zulässigkeit des Einspruchs** ist wegen dessen Wirkung (§ 342) **Terminsbestimmung zwingend:** § 216. Der Termin ist vom Vorsitzenden oder ERi unverzüglich (§ 216 II) und so früh wie möglich (§ 272 III) zu bestimmen. Da aber auch der Einspruchstermin iS der §§ 272 I, 273 unter Berücksichtigung der sog Einspruchsbegründung (§ 340 III) umfassend vorzubereiten ist, hat das Gericht bei der Wahl des Termintages den Erfordernissen dieser Vorbereitung Rechnung zu tragen (Hamm NJW 80, 293; einschränkend BGH NJW 81, 286 = MDR 81, 309; vgl § 340 Rn 8). Ladung beider Parteien (§§ 274 I, 270 I) unter Einhaltung der Ladungsfrist (§ 217; München VersR 74, 674) und Angabe des Zwecks der Ladung (BGH NJW 82, 888). Dem Einspruchsgegner ist spätestens mit der Ladung die Einspruchsschrift zuzustellen (§ 340 a), sonst ist seine Ladung fehlerhaft iS § 335 I 2. Beim AG Sonderregelung für Ladung § 497. Zu laden sind außer den Parteien auch deren Streitgehilfen. Jedoch bei persönlich beschränktem Einspruch (§ 340 Rn 5) keine Ladung der Partei, für die das VersUrteil unanfechtbar geworden ist.

3 2) Die **Terminsbestimmung** kann entspr § 146 auf die „mündliche Verhandlung über den Einspruch" beschränkt werden. Dann nur Zwischenurteil (§§ 280, 303) über die Zulässigkeit des Einspruchs möglich. Bei unbeschränkter Ladung gilt diese für die Verhandlung sowohl über den Einspruch als auch über die Hauptsache (BGH NJW 82, 888). – Mit der Terminsbestimmung sind bei zulässigem Einspruch vorbereitende Maßnahmen (§ 273) soweit veranlaßt zu verbinden; hierzu s § 340 Rn 8.

4 Für Verfahren in Familiensachen Sonderregelung in § 629 II.

342 *[Wirkung des Einspruchs]*

Ist der Einspruch zulässig, so wird der Prozeß, soweit der Einspruch reicht, in die Lage zurückversetzt, in der er sich vor Eintritt der Versäumnis befand.

1 **Wirkung des zulässigen Einspruchs a) auf das VersUrteil:** Das Urteil bleibt bis zu seiner Aufhebung (gem § 343 durch Urteil) bestehen, lediglich der Eintritt der formellen Rechtskraft ist gehemmt: § 705. Zwangsvollstreckung ohne Sicherheitsleistung (§ 708 Nr 2) bleibt zulässig, doch ist auf Antrag (§§ 719, 707) die ZwVollstr einstweilen einzustellen.

2 **b) auf das Verfahren:** der Status vor Eintritt der Säumnis wird im Umfang der Anfechtung (§ 340 Rn 5) wieder hergestellt. Daher entfällt insoweit die Bindungswirkung des VersUrteils (§ 318) für das erkennende Gericht. Unter Wegfall der Wirkung des § 332 (dort Rn 1) werden alle vor dem VersUrteil gewonnene Prozeßergebnisse wieder erheblich: Zwischenurteile werden wieder bindend (§ 318), Verzicht, Anerkenntnis, Geständnis werden wieder relevant, ebenso bereits gewonnene Beweisergebnisse. Die Präklusionswirkungen der §§ 39, 43, 76 I, 93, 267, 269 I, 295, 296 treten wieder ein (zur Versäumungsfolge des § 296 s aber § 340 Rn 7). Soweit diese Wirkungen an früheres Verhandeln anknüpfen, ist zu berücksichtigen, daß auch der Antrag auf Erlaß eines VersUrteils einen Sachantrag (§ 297 Rn 3) enthält und damit ein Verhandeln zur Sache iS der vorgenannten Vorschriften. Daher darf zB der Bekl, wenn er Säumnisantrag gestellt hatte, nicht mehr die fehlende Zuständigkeit, die Unzulässigkeit der Klageänderung, das Fehlen verzichtba-

rer Prozeßvoraussetzungen rügen (§§ 39, 267, 282 III, 296), Verfahrensrügen erheben (§ 295), den Kostenvorteil des § 93 bei Anerkenntnis in Anspruch nehmen oder das Gericht ablehnen (§ 43). Andererseits darf der säumig gewesene Bekl, soweit er früher nicht verhandelt hatte, jetzt die ihm offen gebliebenen Einreden (zB fehlende Kostensicherheit, Bremen NJW 62, 1822) nachholen. Maßgeblich ist immer, wer den Säumnisantrag gestellt hatte u gegen wen sich die Präklusionswirkung richtet. Jedoch hindert der Säumnisantrag des Klägers diesen nicht, vor streitiger Einlassung des Bekl (Einspruch genügt hierfür nicht) die Klage einseitig zurückzunehmen, denn die Präklusionswirkung des § 269 setzt eine kontradiktorische Verhandlung voraus (BGH 4, 328 = NJW 52, 545; § 269 Rn 13; zu allem vgl Münzberg, Die Wirkungen des Einspruchs im Versäumnisverfahren, 1959).

343 *[Entscheidung nach Einspruch]*

Insoweit die Entscheidung, die auf Grund der neuen Verhandlung zu erlassen ist, mit der in dem Versäumnisurteil enthaltenen Entscheidung übereinstimmt, ist auszusprechen, daß diese Entscheidung aufrechtzuerhalten sei. Insoweit diese Voraussetzung nicht zutrifft, wird das Versäumnisurteil in dem neuen Urteil aufgehoben.

1) Das VersUrteil bleibt wirksam u läßt die ZwVollstreckung zu, solange nicht ein neues Urteil 1
(Endurteil, auch neues VersUrteil) an seine Stelle tritt. Das neue Urteil muß den Rechtsstreit zumindest hinsichtlich des Anspruchsgrundes gegenteilig entscheiden. Daher Aufhebung des VersUrteils im positiven Grundurteil (§ 304) oder Vorbehaltsurteil (§§ 302, 599) nach abweisendem VersUrteil, nicht aber bereits im Zwischenurteil (§§ 71, 135 III, 280, 303, 387 III) nach stattgebendem VersUrteil, weil dadurch eine Änderung oder Aufhebung des VersUrteils noch nicht präjudiziert wird. Keine Aufhebung des VersUrteils auch bei Verweisung des Rechtsstreits (§ 281), wohl aber bei Abgabe in eine andere Verfahrensart (§ 46 WEG, § 18 HausratsVO), in welcher eine Entscheidung durch Urteil nicht in Betracht kommt. Wegen Einstellung der ZwVollstreckung s Rn 1 zu § 342.

2) Fassung des neuen Urteils: a) Bei abweichendem Prozeßergebnis ist das VersUrteil im 2
neuen Urteil aufzuheben; damit entfällt seine Vollstreckbarkeit (§ 717 I), wird trotzdem weiter vollstreckt: §§ 775 Nr 1, 766. Ist Aufhebung im neuen Urteil vergessen, ist Berichtigung gem § 319 (nicht § 321) zulässig, weil „offenbare Unrichtigkeit" vorliegt. Dagegen gilt § 321, wenn ein Ausspruch über die den Säumigen trotz seines Obsiegens gem § 344 treffenden Kosten des Säumnisverfahrens unterblieben ist.

b) Bei teilweise abweichendem Prozeßergebnis ist das VersUrteil aufrechtzuerhalten, soweit 3
es inhaltlich (wenn auch aus geändertem Rechtsgrund) mit dem nun zu erlassenden kontradiktorischen Urteil übereinstimmt, denn bei einer Aufhebung des VersUrteils insgesamt wären gem §§ 775, 776 sonst die von der obsiegenden Partei getroffenen Vollstreckungsmaßregeln rückwirkend mit Verlust des Vollstreckungsrangs (§§ 804, 829) und mit der Folge des § 717 II unwirksam (Köln NJW 76, 113). Daher hier Fassung der Urteilsformel: „Das VersUrteil vom ... wird mit der Maßgabe aufrechterhalten, daß der Beklagte verurteilt wird, an den Kläger ... zu zahlen. Im übrigen werden das VersUrteil aufgehoben und die Klage abgewiesen." Nur so (nicht bei einer völligen Aufhebung des VersUrteils zur Klarstellung der Formel) bleiben vom Gläubiger bereits getroffene Vollstreckungsmaßregeln im Umfang des Endurteils von Anfang an wirksam.

c) Bei gleichbleibendem Ergebnis ist das VersUrteil im neuen Urteil aufrechtzuerhalten, so 4
auch bei völlig abweichender Begründung, zB wenn an die Stelle des sachl abweisenden VersUrteils ein abweisendes Prozeßurteil tritt oder wenn die Klage geändert wurde (§ 263), jedoch der Urteilsspruch inhaltlich gleich bleibt. Der **Ausspruch über die vorl Vollstreckbarkeit** des aufrechterhaltenden Endurteils ergibt sich aus § 709 S 2 (= Neufassung durch VereinfNovelle); damit bleiben die gem § 708 Nr 2 ohne Sicherheitsleistung bereits bewirkten Vollstreckungsmaßregeln bestehen u eine Nachleistung der Sicherheit kann unterbleiben; jedoch ist eine Fortsetzung der Zwangsvollstreckung (zB Verwertung des Pfändungspfandrechts) von der nunmehr erforderlichen Sicherheitsleistung (sonst § 775) abhängig. Das gilt auch bei Aufrechterhaltung des VersUrteils durch unechtes VersUrteil oder durch Aktenlageentscheidung gegen die nichtsäumige Partei. Jedoch bleibt die unbedingte Vollstreckbarkeit gem § 708 Nr 2 bestehen bei Aufrechterhaltung des VersUrteils durch ein zweites VersUrteil (§ 345) gegen die säumige Partei oder durch ein gem § 708 ohnedies ohne Sicherheit für vollstreckbar zu erklärendes Urteil.

3) Endet der Prozeß ohne Urteil, zB durch Klagerücknahme, Erledigung der Hauptsache, Ver- 5
gleich, so berührt das das VersUrteil in seiner formalen Wirksamkeit noch nicht. Zweckmäßig daher, in den Vergleich einen Verzicht auf die Rechte aus dem Urteil aufzunehmen. Bei Klage-

rücknahme ist die mat Wirkungslosigkeit des Urteils (§ 269 III 1) durch deklaratorischen Beschluß (zweckmäßig zugleich mit dem Kostenausspruch) auszusprechen. Ebenso (Beschluß) bei Erledigung der Hauptsache.

6 Erklärt der Kläger in der mündlichen Verhandlung die Hauptsache für erledigt u erwirkt sodann gegen den säumigen Bekl e VersUrt in den Kosten, so ist nach Einspruch des Bekl gg dieses VersUrt unter Beachtung der Grundsätze des § 91 a über die Aufrechterhaltung bzw Aufhebung des VersUrt gem § 343 durch Urt zu entscheiden. Gg dieses neue Urt ist in analoger Anwendung des § 91 a die sofortige Beschwerde gegeben (Hamburg MDR 56, 430).

7 **4) In Familiensachen** Sonderregelung § 629 II bei Zusammentreffen von Einspruch gegen VersUrteil (nur möglich gem §§ 612 II, 635 und bei Unterhalts- und Güterrechtsklagen) mit Berufung gegen sonstige Entscheidungen.

344

[Versäumniskosten]

Ist das Versäumnisurteil in gesetzlicher Weise ergangen, so sind die durch die Versäumnis veranlaßten Kosten, soweit sie nicht durch einen unbegründeten Widerspruch des Gegners entstanden sind, der säumigen Partei auch dann aufzuerlegen, wenn infolge des Einspruchs eine abändernde Entscheidung erlassen wird.

1 **1) § 344 ist eine Ausnahme von § 91,** ähnlich einer Prozeßstrafe für die Säumnis. Danach hat die säumig gewesene Partei, selbst wenn sie letztlich obsiegt, die durch ihre Säumnis bedingten ausscheidbaren Mehrkosten zu tragen, wenn u soweit **a)** gegen sie **ein echtes VersUrteil in gesetzlicher Weise ergangen** ist, das später gem § 343 ganz oder teilweise aufgehoben wird. Wird das VersUrteil bestätigt, so trägt der unterlegene Säumige gem § 91 ohnedies alle Kosten. (Nochmaliger Kostenausspruch im Endurteil wegen der weiteren Kosten nötig). Ebenso gilt für das unechte VersUrteil (Rn 11 vor § 330) nur § 91, denn es beruht nicht auf der Säumnis, sondern erging trotz dieser. Das VersUrteil ist in gesetzlicher Weise ergangen, wenn die Voraussetzungen der §§ 330 ff erfüllt sind. **Ungesetzlich** ist danach ein VersUrteil, wenn es bei fehlender Säumnis (Rn 4 vor § 330), trotz des Fehlens von Prozeßvoraussetzungen (zB der Prozeßfähigkeit des Säumigen, BGH NJW 61, 2207) trotz Unschlüssigkeit der Klage (§ 331 II; RG 115, 310) trotz wenn auch nur teilweisen Verhandelns § 334 (Celle MDR 61, 61), trotz Vorliegens der in §§ 335, 337 genannten Hindernisse ergangen ist oder die Säumnis vom Gegner verschuldet war, zB wenn beiderseitiges Nichterscheinen vereinbart war. Ob dem Gericht das Fehlen der gesetzl Voraussetzungen bei Erlaß des VersUrteils bekannt war, ist gleichgültig (BGH aaO);

2 **b) Mehrkosten infolge der Säumnis** entstanden sind: ob das der Fall ist, ist erst im Kostenfestsetzungsverfahren (§ 104) zu ermitteln. Die Kostenauferlegung gem § 344 ist immer nötig, auch wenn der Anfall von Mehrkosten ungewiß ist. Für die Kostenfestsetzung gilt dann: kausale Mehrkosten sind insbes die Kosten der Terminswahrnehmung durch den Gegner (Reisekosten zB im Hinblick auf § 137 IV), die Kosten nochmaliger Ladung von Zeugen, auch Kosten kausalen Zeitausfalls und auch die Kosten des Einspruchsverfahrens. **Keine Kosten der Säumnis** sind Mehrkosten infolge Verweisung (Rn 19 zu § 281) oder Klagerücknahme (Rn 18 zu § 269), Kosten der Zustellung des VersUrteils u der ZwVollstreckung aus diesem (Frankfurt Rpfleger 75, 260) u Kosten infolge eines unbegründeten Widerspruchs des Gegners gegen die Zulässigkeit des Einspruchs (zB bei Beweisaufnahme über Zeitpunkt der Zustellung des VersUrteils). Zum Vorrang der Kostenfolge des § 269 III 2 (Klagerücknahme) gegenüber § 344 s § 269 Rn 18. Für Kosten eines Prozeßvergleichs ist § 98 lex specialis gegenüber § 344; auch die von § 98 abweichend vereinbarte Kostenregelung im Vergleich geht dem § 344 vor: München Rpfleger 79, 345; Düsseldorf MDR 80, 233.

3 **2) Verfahren:** Urteilsfassung: 1) Das VersUrteil vom ... wird aufgehoben. 2) Die Klage wird abgewiesen (oder: Der Bekl wird verurteilt ...). 3) Der Kläger (oder Bekl) trägt die Kosten des Verfahrens mit Ausnahme der durch die Säumnis im Termin vom ... bedingten Kosten, welche der Beklagte (oder Kläger) zu tragen hat. 4) Das Urteil ist (evtl gegen Sicherheitsleistung in Höhe von ...) vorläufig vollstreckbar. – Wurde § 344 im Urteil übergangen, gilt § 321 bzw 319. Eine Korrektur des Fehlers im Festsetzungsverfahren wäre unzulässig (vgl § 281 Rn 19; KG MDR 74, 149).

4 **3) Gebühren: a) des Gerichts:** Wird das Verfahren infolge des Einspruchs gegen das Versäumnisurteil fortgesetzt, so gilt das weitere Verfahren mit dem früheren als eine Instanz. Es kann deshalb für das gesamte Verfahren vor und nach Erlaß des Versäumnisurteils bezügl desselben Streitgegenstandes nur einmal die allgemeine Verfahrensgebühr (Prozeßgebühr) anfallen (§ 27 GKG). Mit Ausnahme eines Grund- od Vorbehaltsurteils, von denen jedes unabhängig von einem nachfolgenden Endurteil gebührenpflichtig ist (KV Nr 1013, 1023), kann

ebenso für Entscheidungen vor u nach Erlaß des Versäumnisurteils hinsichtlich desselben Streitgegenstandes die Urteilsgebühr nur einmal erhoben werden. Wird ein Teilurteil (Teilendurteil) vor und ein weiteres nach dem Versäumnisurteil erlassen, so ist zwar für jedes der beiden Urteile die Urteilsgebühr gesondert zu berechnen, jedoch darf nicht mehr als **eine** Urteilsgebühr, berechnet von dem Gesamtbetrag der Wertteile der beiden Teilurteile, erhoben werden (§ 21 Abs 2 GKG). Das gegen die säumige Partei ergangene Versäumnisurteil selbst ist gebührenfrei. – **b) des Anwalts:** s § 341 Rn 15.

345 *[Zweites Versäumnisurteil]*

Einer Partei, die den Einspruch eingelegt hat, aber in der zur mündlichen Verhandlung bestimmten Sitzung oder in derjenigen Sitzung, auf welche die Verhandlung vertagt ist, nicht erscheint oder nicht zur Hauptsache verhandelt, steht gegen das Versäumnisurteil, durch das der Einspruch verworfen wird, ein weiterer Einspruch nicht zu.

Lit: *Hoyer*, Das technisch zweite Versäumnisurteil, 1980; s auch Lit vor Vorbem zu § 330.

1) Anwendungsbereich: Gegen eine Partei können in einer Instanz mehrfach weitere (BGH VersR 86, 288) VersUrteile ergehen, welche dann jeweils iS des § 343 das vorhergehende VersUrteil bestätigen u jeweils mit Einspruch angefochten werden können. Gegen eine derartige Prozeßverschleppung hilft der Antrag auf die kontradiktorische Entscheidung nach Aktenlage (§ 331 a), die aber nur bei einer früheren streitigen Verhandlung zum instanzbeendigenden Urteil führt. – § 345 schafft für den Fall **zweimaliger aufeinanderfolgender Säumnis** Abhilfe durch die Möglichkeit des nicht mehr durch Einspruch u nur noch bedingt durch Rechtsmittel (§§ 513 II, 566) anfechtbaren sog **technisch zweiten VersUrteils.** 1

2) Voraussetzung: Die durch echtes VersUrteil (Rn 10 vor § 330) oder Vollstreckungsbescheid (§ 700) verurteilte Partei muß Einspruch eingelegt haben und in dem hierauf gem § 341 a zur Verhandlung über den Einspruch **und** die Hauptsache anberaumten Termin wiederum säumig (Rn 4 vor § 330) gewesen sein oder nicht zur Hauptsache verhandelt (§ 333) haben. Ob der Termin der nächste nach dem VersUrteil ist oder ein gem §§ 227, 335 II, 337 vertagter, bleibt gleich, wenn nur der Säumige zwischen beiden VersUrteilen nicht zur Hauptsache verhandelt (§ 333 Rn 1) hat. Säumnisantrag gegen den Gegner ist Verhandeln z Hauptsache (LAG Bremen NJW 66, 1678), ebenso Verhandeln über die Zuständigkeit (BGH NJW 67, 728; LG Kiel NJW 63, 661), nicht aber bloßes Verhandeln über die Zulässigkeit des Einspruchs (OLG 37, 142) vgl Münzberg ZZP 80, 484. 2

3) Verfahren: a) § 345 behandelt nur die Folgen des zulässigen Einspruchs (§§ 339, 340); die Verwerfung des unzulässigen Einspruchs ergibt sich bereits aus § 341. – Daß der zulässige Einspruch bei nochmaliger Säumnis des Einspruchsführers zwingend zu verwerfen sei, besagt schon der Wortlaut des § 345 nicht; ihm ist nur zu entnehmen, daß das bestätigende zweite VersUrteil auf „Verwerfung des Einspruchs" zu lauten habe (nicht auf „Zurückweisung als unbegründet"), weil der Einspruch nicht Rechtsmittel, sondern gem § 342 ein besonderer Rechtsbehelf ist. Zu berücksichtigen ist daher die Restitutionswirkung des zulässigen Einspruchs (§ 342), die das Gericht unter Wegfall der Bindungswirkung des ersten VersUrteils (§ 342 Rn 2) erneut vor die Frage stellt, ob ein zweites VersUrteil, das sich vom ersten nur durch die Rechtsmittelbeschränkung (§§ 345, 513 II) unterscheidet, iS der §§ 330 ff überhaupt zulässig ist. 3

b) Entgegen einer verbreiteten Meinung (BLH Anm 1 A; Marcelli NJW 81, 2558; Blunk NJW 71, 2040; Prütting JuS 75, 150; R-Schwab § 108 V 4 a; Jacobsen/Keim/Waas MDR 77, 631) ist daher bei Säumnis des Einspruchsführers im Termin des § 341 a **zu prüfen, ob das (erste) VersUrteil gesetzmäßig ergangen war,** ob ihm also kein Verfahrenshindernis iS der §§ 331 II, 335, 337 (vgl zu den Voraussetzungen tatsächl Säumnis auch Rn 4 vor § 330) entgegenstand (ThP Anm 1 d; BAG NJW 71, 1198; 74, 1103; Stuttgart MDR 76, 51; LAG Hamm BB 75, 745; Orlich NJW 80, 1782; 73, 1350; eingehend Hoyer aaO S 124 ff und Vollkommer ZZP 94 [1981], 91 sowie in Anmerkung zu BAG AP § 345 ZPO Nr 3 u AP § 513 ZPO Nr 6; einschränkend BGH 73, 87/90: bei zweiter Säumnis ist vor Erlaß des zweiten VersUrt die Zulässigkeit des vorangegangenen Vollstreckungsbescheids zu prüfen, nicht notwendig aber die Zulässigkeit eines vorangegangenen ersten VersUrteils). Verfahrensvorschriften sind nicht Selbstzweck und nicht formale Mittel zur Verhinderung einer materiell gerechten Entscheidung (BGH 73, 87/91; 10, 350/359; BVerfGE 35, 279; BFH NJW 74, 1582; BSG NJW 75, 1380/1383); sie dürfen nicht dazu dienen, daß einer Partei durch Verfahrensfehler des Gerichts bei Erlaß des ersten VersUrteils gesetzwidrig das rechtl Gehör versagt wurde u dasselbe Gericht trotz Erkenntnis seines früheren Fehlers diesen dadurch verstärkt, daß es durch ein nur noch beschränkt anfechtbares (§ 513 II; das Berufungsgericht prüft nur nach, ob Säumnis im Einspruchstermin vorlag, BGH NJW 86, 2113 = MDR 86, 928; hierzu Peters JZ 86, 859; § 513 Rn 6) zweites VersUrteil das fehlerhafte erste VersUrteil allein wegen der (evtl 4 unverschuldeten) tats erstmaligen Säumnis im Einspruchstermin festschreibt. Etwas Gegenteiliges läßt sich auch nicht der Neufassung des § 700 III 3 entnehmen: dort ist, weil der Mahnantrag (§ 690) eine bestimmte Angabe des Anspruchsgegenstands und -grunds nicht mehr erfordert (vgl § 697 I), die Bestätigung eines Vollstreckungsbescheids durch Verwerfung des Einspruchs gem § 345 bei unschlüssigem Anspruch ausdrücklich verboten. Diese Vorschrift des § 700 III 3 bestätigt nur das soeben dargestellte Ergebnis, sie zwingt nicht etwa im Umkehrschluß zu dem mit Art 103 I GG unvereinbaren Ergebnis, aus formalen Gründen wegen des Fehlens einer ausdrücklichen Regelung auch dieser Fallgestaltung im Gesetz den zu Lasten einer Partei gemachten Verfahrensfehler des Gerichts, obwohl dieser erkannt ist, bestätigend zu wiederholen. Einen solchen Gesetzespositivismus verbietet die Bindung des Richters an Gesetz **und** Recht (Art 20 III GG; hierzu Kirchhof NJW 86, 2275) sowie der Vorrang der Verfassungsnormen vor Verfahrensvorschriften (vgl BVerfG NJW 73, 1225; BLH Einleitung III 5 A–D vor § 1). Daher ergeht **technisches zweites VersUrteil nur bei Bestätigung eines zulässigen ersten VersUrteils** nach zulässigem Einspruch, anderenfalls unter Aufhebung des unzulässigen ersten VersUrteils oder Vollstreckungsbescheids (letzterer ist zB unzulässig, wenn bei seinem Erlaß ein Widerspruch gegen den Mahnbescheid bereits vorlag; vor § 128 Rn 8; BGH NJW 82, 888) bei nochmaliger Säumnis ein technisch erstes (echtes oder unechtes; Rn 10, 11 vor § 330) VersUrteil.

5 c) **Rechtsmittel:** Gegen das fehlerhaft als „zweites VersUrteil" bezeichnete technisch erste VersUrteil ist Revision (hier gilt §§ 566, 513 II, also Zulassung § 546 oder Erreichung der Revisionssumme nicht nötig, BGH NJW 79, 166 m Anm Grunsky ZZP 92, 370), Berufung (§ 513 II; LG Wuppertal NJW 85, 2635) und auch Einspruch (§ 338) zulässig (Grundsatz der Meistbegünstigung; vgl Rn 29 vor § 511; Nürnberg OLGZ 83, 448; Köln MDR 69, 225; LAG Bremen NJW 66, 1678); gegen das richtige technisch zweite VersUrteil nur beschränkte Berufung (§ 513 II) bzw Revision (s oben). Der nicht statthafte Einspruch gegen ein zweites VersUrteil ist durch kontradiktorisches Endurteil (§ 341) zu verwerfen; er hemmt auch die Berufungsfrist (§§ 513 II, 516) nicht. Die Kostenfolge des § 344 löst nur ein zulässiges VersUrteil aus.

6 4) **Kein zweites VersUrteil,** sondern erneutes erstes VersUrteil unter Aufhebung des früheren Urteils ergeht, wenn und soweit der Einspruchsgegner im Termin des § 341 a seine Klage ändert (§ 263) oder erweitert (§ 261 II), so auch bei einseitiger Erledigterklärung (§ 91 a = Klageänderung, Ulmer MDR 63, 974).

7 **5) Gebühren: a) des Gerichts:** Für das zweite Versäumnisurteil keine Urteilsgebühr, weil es ebenfalls gegen die säumige Partei ergeht (s vor KV Nr 1014, 1016, 1023, 1026, 1036). **b) des Anwalts:** Werden mehrere Versäumnisurteile erwirkt, so erhält der RA, auf dessen Antrag sie ergangen sind, die Gebühr für die Verhandlung besonders, soweit auf diese die Versäumnisurteile ergangen sind (§ 38 Abs 2 BRAGO). Im Falle der Rücknahme od der Verwerfung des Einspruchs gegen ein Versäumnisurteil gilt das Verfahren über den Einspruch (§§ 340a, 341) als besondere Angelegenheit; die Prozeßgebühr des bisherigen Verfahrens wird jedoch auf die gleiche Gebühr des Verfahrens über den Einspruch angerechnet (§ 38 Abs 1 BRAGO).

346 *[Einspruchsverzicht, Zurücknahme]*

Für den Verzicht auf den Einspruch und seine Zurücknahme gelten die Vorschriften über den Verzicht auf die Berufung und über die Zurücknahme entsprechend.

1 Anwendung finden §§ 514, 515. **Einspruchsverzicht** vor Erlaß des VersUrteils ist, soweit er einseitig erklärt wurde, unbeachtlich (ebenso für den Einspruch vor Urteilsverkündung RG 110, 169). Wirksam ist aber entspr dem pactum de non petendo der vor Urteilsverkündung vereinbarte Verzicht auf Einspruch; der trotzdem eingelegte Einspruch ist dann gem § 341 als unzulässig zu verwerfen (vgl Rn 22 vor § 128, § 341 Rn 4 und § 514 Rn 2; abw Habscheid NJW 65, 2375, der vorherigen Verzicht für generell unwirksam ansieht). Der Verzicht nach Urteilserlaß kann formlos dem Gericht oder Gegner gegenüber erklärt werden, BGH NJW 74, 1248; RG 59, 348; 105, 352. Nach Einspruchseinlegung muß die Verzichtserklärung von Amts wegen zugestellt werden. Erklärung der Einspruchszurücknahme dem Gericht gegenüber (§ 515). Kostenausspruch auf Antrag des Gegners (§ 515 III) durch unanfechtbaren Beschluß. Nach Beginn der Verhandlung über den Einspruch u die Hauptsache ist die Zurücknahme des Einspruchs nur mit Zustimmung des Gegners möglich, § 515 I.

347 *[Widerklage, Zwischenstreit]*
(1) Die Vorschriften dieses Titels gelten für das Verfahren, das eine Widerklage oder die Bestimmung des Betrages eines dem Grunde nach bereits festgestellten Anspruchs zum Gegenstand hat, entsprechend.

(2) War ein Termin lediglich zur Verhandlung über einen Zwischenstreit bestimmt, so beschränkt sich das Versäumnisverfahren und das Versäumnisurteil auf die Erledigung dieses Zwischenstreits. Die Vorschriften dieses Titels gelten entsprechend.

1) Abs 1. a) Erscheint der Widerkläger nicht, so kann VersUrteil gegen ihn nur ergehen, 1
wenn Widerklage gem § 261 II erhoben war. Dagegen kann beim Ausbleiben des Widerbeklagten der Widerkläger die rechtzeitig u ordnungsmäßig in einem Schriftsatz angekündigte, von Amts wegen oder von Anwalt zu Anwalt (§§ 133 II, 198; BGH 17, 234) zugestellte Widerklage im Termin erheben u VersUrteil beantragen, soweit nur die Widerklage zur Zeit des Termins noch an sich u in der gegebenen Verfahrensart zulässig ist.

b) Ist der **Anspruch seinem Grund nach** durch **Zwischenurteil** festgestellt (vgl § 304) u wird, 2
sei es nach dessen Rechtskraft oder auf Grund Anordnung gem § 304 II schon vor derselben über die Höhe des Anspruchs verhandelt, so finden §§ 330, 331 Anwendung. Erscheint der Kläger nicht, so ergeht nach § 330 VersUrteil auf Abweisung der Klage. Das Zwischenurteil steht nicht im Weg, da es dem Kläger noch nichts zuspricht. Erscheint der Beklagte nicht, so sind die Behauptungen des Klägers bezüglich der Höhe als zugestanden anzunehmen; es ist nach § 331 zu verfahren.

2) Abs 2. Zwischenstreit unter den Parteien (zB §§ 146, 280, s auch Rn 3 zu § 341a; Gegensatz: 3
Zwischenstreit mit Dritten, wo es kein VersUrteil gibt: §§ 71, 387). Zur Hauptsache verhandelt werden kann hier erst nach Ablauf der Einspruchsfrist oder nach Erledigung des Einspruchs gegen das VersUrteil über den Zwischenstreit. Die Ladung zur weiteren Verhandlung hat im Anwalts- u Parteiprozeß von Amts wegen zu erfolgen.

Vierter Titel

VERFAHREN VOR DEM EINZELRICHTER

Vorbemerkungen zu §§ 348–350

Lit zum Einzelrichter allg: *Bergerfurth* NJW 75, 331; *Bull* JR 75, 450; *Pohl* DRiZ 75, 274; *Putzo* NJW 75, 185; *Rasehorn* NJW 77, 789; *Schneider* MDR 76, 617 u JurBüro 75, 132; *Schumacher* DRiZ 75, 277; *Werner/Pastor* NJW 75, 329. – Zur verfassungsrechtlichen (Art 101 GG) u gerichtsverfassungsrechtlichen (§ 21g GVG) Problematik *Holch* DRiZ 75, 275; *Müller* NJW 75, 859; *Schultze* NJW 77, 409 u 2294; *Schuster* NJW 75, 1495; – Zum Problem der Prozeßverschleppung durch den ERi *Holch* ZPR 80, 38.

Seit dem Inkrafttreten der Entlastungsnovelle vom 20. 12. 1974 (BGBl I 3651; dazu amtl 1
Begründung BT-Drucksache 7/2769) am 1. 1. 1975 ist bei der Zivilkammer des ersten Rechtszugs der entscheidungsbefugte Einzelrichter an die Stelle des früher grds nur vorbereitungsbefugten ERi getreten; gleichzeitig wurden in § 349 die Entscheidungsbefugnisse des Vorsitzenden der Kammer für Handelssachen (§§ 93, 105 GVG) und in § 524 die Befugnisse des ERi im Berufungsverfahren erweitert. Für das arbeitsgerichtliche Verfahren s §§ 55, 64 VI ArbGG.

Mit der Verlagerung der Entscheidungskompetenz für alle nicht „besonders schwierigen" und 2
nicht „grundsätzlichen" Sachen (§ 348 I) vom Kollegium der Zivilkammer auf den ERi ist wohl die Weiche dafür gestellt, daß durch den letztlich angestrebten dreistufigen Aufbau der Zivilgerichtsbarkeit das Kollegialsystem für die Eingangsstufe durch den ERi ersetzt wird. Ob die damit verbundene Rationalisierung des Verfahrens erster Instanz den Verzicht auf eine abgewogene Kollegialentscheidung aufwiegt, erscheint fraglich. Sicher führt der rationellere Personaleinsatz der ERi zu einer Verfahrensbeschleunigung; sinnvoll ist es auch, die Kollegialentscheidung auf schwierige und grundsätzliche Sach- und Rechtsfragen zu beschränken und das Kollegium von Routineprozessen zu entlasten. Das Problem liegt aber in dem kaum abgrenzbaren Beurteilungsspielraum bei Beantwortung der Frage, welcher Prozeß im Einzelfall „schwierig" oder „grundsätzlich" genug ist, um beim Kollegium zu bleiben. Die Bestimmung des gesetzlichen Richters (Art 101 GG) wird damit zur Ermessensfrage. Oft wird die Schwierigkeit oder grundsätzliche Bedeutung eines Rechtsstreits erst erkennbar, wenn die Sache bereits dem ERi über-

tragen ist. Durch die für diesen Fall vorgesehene Rückübertragungsbefugnis des ERi (§ 348 IV) sind jedoch verfassungsrechtliche Bedenken gegen § 348 ausgeräumt. Daß im übrigen die Bestimmung des gesetzlichen Richters (wie im Fall des § 348 so ähnlich in den Fällen des § 137 GVG und § 8 II EGGVG) einem sachlich abgrenzbaren Beurteilungsermessen nicht verschlossen ist, hat das BVerfG mehrfach bestätigt (BVerfG NJW 57, 337; 64, 1020; 65, 1219). Die Regelung ist daher verfassungskonform. Lediglich eine verfahrensfehlerhafte Handhabung des § 348 im Einzelfall kann mit Art 101 GG kollidieren und (nur dann) einen iS § 295 unverzichtbaren Fehler darstellen, der absolut revisibel iS des § 551 Nr 1 wäre (vgl Schultze NJW 77, 410 u 2294; Düsseldorf NJW 76, 114).

3 **Ausgeschlossen** ist die Bestellung von Einzelrichtern im Revisionsverfahren (§ 557 a), in Baulandsachen (§ 220 BauGB; BGHZ 86, 105/112), im Vollstreckungsverfahren des Prozeßgerichts (falls nicht das Urteil vom Einzelrichter erlassen war, München MDR 83, 499; Frankfurt MDR 81, 504) und im Verfahren der freiwilligen Gerichtsbarkeit (KG MDR 79, 681; Frankfurt NJW 83, 2335). Für das Beschwerdeverfahren sieht das Gesetz die Bestellung eines Einzelrichters nicht vor (§ 524 Rn 66; aM wohl BLH Anm 1 C vor § 348).

348 *[Einzelrichter, Zivilkammer 1. Instanz]*

(1) Die Zivilkammer kann den Rechtsstreit einem ihrer Mitglieder als Einzelrichter zur Entscheidung übertragen, wenn nicht

1. die Sache besondere Schwierigkeiten tatsächlicher oder rechtlicher Art aufweist oder

2. die Rechtssache grundsätzliche Bedeutung hat.

(2) Über die Übertragung auf den Einzelrichter kann die Kammer ohne mündliche Verhandlung entscheiden. Der Beschluß ist unanfechtbar.

(3) Der Rechtsstreit darf dem Einzelrichter nicht übertragen werden, wenn bereits im Haupttermin vor der Zivilkammer zur Hauptsache verhandelt worden ist, es sei denn, daß inzwischen ein Vorbehalts-, Teil- oder Zwischenurteil ergangen ist.

(4) Der Einzelrichter kann nach Anhörung der Parteien den Rechtsstreit auf die Zivilkammer zurückübertragen, wenn sich aus einer wesentlichen Änderung der Prozeßlage ergibt, daß die Entscheidung von grundsätzlicher Bedeutung ist. Eine erneute Übertragung auf den Einzelrichter ist ausgeschlossen.

1 **I) 1)** § 348 erhebt zur Regel, was früher (§ 349 III alt) die Ausnahme war: den **entscheidenden Einzelrichter** im ersten Rechtszug. Wegen Berufungsverfahren s § 524. Ausgeschlossen ist die Bestellung eines Einzelrichters nur im Revisionsverfahren (§ 557 a), im Beschwerdeverfahren (Rn 3 vor § 348) und in Baulandsachen (§ 220 I 3 BauGB; BGHZ 86, 105). In Handelssachen (§ 349) kommt nur der Vorsitzende als Einzelrichter in Betracht (ähnlich § 55 ArbGG).

2 Ob eine Sache dem Einzelrichter übertragen wird, steht vorbehaltl der negativen Abgrenzung in Abs I und III im **Ermessen der Kammer.** Die Kammer darf jede Sache dem Kollegium belassen (aM Schneider JurBüro 75, 132), mag das auch der Rationalisierungstendenz der Entlastungsnovelle widersprechen. Zur Vereinbarkeit des § 348 mit **Art 101 GG** s Rn 2 vor §§ 348–350.

3 Wo Bestellung des **Einzelrichters** erfolgt ist, **repräsentiert** dieser die **Zivilkammer.** Er allein ist erkennendes Gericht iS §§ 315, 355 u gesetzlicher Richter. Vor ihm ist vor seiner Entscheidung mündl zu verhandeln (Köln NJW 77, 1159). An seine Zwischenentscheidung ist gem § 318 auch im Fall Abs IV (Zurückübertragung) die Kammer gebunden. Kein Instanzenzug zwischen Einzelrichter und Kammer; auch § 140 gilt insoweit nicht. Wo der Einzelrichter in der Hauptsache entschieden hat, ist er auch Vollstreckungsgericht i Fall §§ 887, 890 (anders, wenn im Prozeß nur das Kollegium verhandelt und entschieden hatte, Frankfurt MDR 81, 504; München MDR 83, 499) sowie Gericht iS § 104 III. Seine Kompetenz umfaßt auch das Nachverfahren gem §§ 302, 600 (s aber § 349 Rn 12 für Handelssachen!) und das Verfahren nach Zurückverweisung gemäß §§ 538, 539 (§ 350 Rn 2). Vor dem Einzelrichter besteht (auch für Prozeßvergleich; § 279 Rn 2) **Anwaltszwang** (§ 78).

Zur Festlegung der Einzelrichterkompetenzen i Rahmen der **Geschäftsverteilung** der Kammer s § 21 g II GVG.

4 **2) Mit § 348 unvereinbar** ist es, den Rechtsstreit einem Mitglied der Kammer (gleichgültig, ob als Einzelrichter bezeichnet) nicht „zur Entscheidung", sondern **„zur weiteren Vorbereitung"**, evtl auch **„zur Durchführung der Beweisaufnahme" zuzuweisen.** Ist das (wie nach altem Recht

üblich) doch geschehen, so liegt eine Übertragung zur Entscheidung iS des § 348 nicht vor; die Kammer ist dann der gesetzliche Richter geblieben (das übersieht Köln NJW 76, 1101 = MDR 76, 409) und ihr derart beauftragtes Mitglied hat keinerlei Entscheidungskompetenz, seine Befugnisse sind an §§ 355, 361, 375 zu messen (BGH NJW 80, 2307). Im Rahmen dieser Befugnisse kann der Richter tätig werden und das Fehlen der Voraussetzungen des § 375 ist als (gem § 295 verzichtbarer; BGH 40, 179 = NJW 64, 108) Verfahrensfehler zu werten (Frankfurt NJW 77, 301; Köln NJW 77, 249; abzulehnen daher die gegenteilige Annahme eines unverzichtbaren Verfahrensfehlers durch Köln NJW 76, 1101 u Düsseldorf NJW 76, 1103; vgl Müller MDR 76, 849; Dinslage NJW 76, 1509; Schultze NJW 77, 409). Ein derart begrenzt beauftragter Richter ist aber, selbst wenn er fehlerhaft als „Einzelrichter" bezeichnet ist, wegen unwirksamer Übertragung iS § 348 nicht gesetzl Richter geworden (BGH NJW 80, 2307); seine gleichwohl gefällte Sachentscheidung wäre wegen des unverzichtbaren Verstoßes gegen Art 101 GG auf Anfechtung aufzuheben (BGHZ 86, 105) und die Sache an die Zivilkammer als Kollegium zurückzuweisen. Das gleiche gilt, wenn die Sache dem entscheidenden Einzelrichter statt durch Beschluß der Kammer (unten Rn 11) durch Verfügung des Vorsitzenden übertragen wurde (Düsseldorf NJW 76, 114). Zur Rechtslage bei Kollegialentscheidung einer dem Einzelrichter zugewiesenen Sache s unten Rn 19.

II) Der Bestellung eines Einzelrichters stehen entgegen: 1) Besondere **Schwierigkeit** der Sache in tatsächlicher oder rechtlicher Hinsicht. Hierfür nicht bereits ausreichend der besondere Umfang der Sache (zB Bauprozeß) oder die Notwendigkeit der Beweiserhebung. Die Sache muß qualitativ, nicht nur quantitativ schwierig sein; die quantitative Entlastung des Kollegiums ist gerade Normzweck des § 348. Qualitativ schwierig idR unübersichtlicher Sachverhalt, der eine Wertung widersprüchlicher Beweisergebnisse erwarten läßt, ebenso Beurteilung komplizierter wirtschaftl Zusammenhänge. Besondere (nicht jede!) rechtl Schwierigkeit besteht idR bei Maßgeblichkeit von in Rechtsprechung u Lehre unterschiedlich beurteilten Rechtsfragen, mögen diese auch nicht von grundsätzl Bedeutung (insoweit Rn 7) sein. 5

Wo Schwierigkeit erst im Verfahrensverlauf zutage tritt, keine Abhilfe gem Abs IV. 6

2) Grundsätzliche Bedeutung entspricht § 546 I 1 (s dort Rn 31 ff). Die bes Bedeutung kann rechtlicher oder wirtschaftl Art sein, zB Musterprozeß über Auslegung typischer Vertragsklauseln (BAG JZ 55, 549). Voraussetzung aber Bedeutsamkeit über den Einzelfall hinaus; wirtschaftl Bedeutung für die Parteien allein genügt nicht. Die Entscheidung muß iS der Rechtseinheit oder Rechtsfortbildung von allgemeinem Interesse sein (BGH 2, 396). Eine ursprüngl grundsätzl bedeutsame Sache verliert diese Eigenschaft aber, wenn die bedeutsame Rechtsfrage bereits höchstrichterlich geklärt ist und die Kammer keine gegenteilige Meinung vertritt (BGH MDR 75, 927; BVerwG NJW 75, 2037). 7

3) Entscheidungsreife (§ 300) verbietet schon vom Normzweck her (Rationalisierung) Abgabe an Einzelrichter. Das gilt auch, wenn in einfacher Sache vor dem Kollegium VersUrteil beantragt wird. 8

4) Durchführung des Haupttermins (§§ 272 I, 278). „Haupttermin" idS ist jeder gem § 272 I „umfassend vorbereitete" Termin. Das Gesetz (§ 275 II) grenzt diesen Haupttermin vom „frühen ersten Termin" des § 275 ab. Daß diese Abgrenzung nicht allgemeingültig ist und insbes die Regeln des § 278 auch für den frühen ersten Termin gelten, ist in Rn 1 zu § 275 und Rn 1 zu § 278 dargelegt. Dem Normzweck entsprechend ist Abs III daher so zu verstehen, daß eine Übertragung der Sache an den Einzelrichter wegen der sonst bestehenden Verzögerungsgefahr nicht mehr zulässig ist, wenn diese nach umfassender Vorbereitung und Durchführung der Beweisaufnahme vor dem Kollegium streitig verhandelt wurde. Dabei ist als „streitige Verhandlung" jegliche auf den Streitstoff selbst, auf die Beweislage und iSd § 278 auf die „rechtlichen Gesichtspunkte" erstreckte Verhandlung zu verstehen, durch welche die Weichen für den weiteren Verfahrensgang für die Parteien und das Gericht erkennbar gestellt sind. Das kann (entgegen Düsseldorf MDR 80, 943) auch im frühen ersten Termin geschehen sein (vgl § 278 Rn 1; § 275 Rn 10; BGH NJW 83, 575 = MDR 83, 393; Oldenburg MDR 82, 856; München MDR 85, 679; NJW 86, 1001). Maßstab hierbei ist die ratio des Abs III: der Einzelrichter soll nicht nur ausführendes Organ für die vorher im Kollegium getroffene Weichenstellung sein, sondern in den gemäß Abs I hierfür als geeignet bezeichneten Sachen eigenverantwortlich und selbständig an die Stelle des Kollegiums treten (s Rn 1 vor § 348). 9

Eine solche Weichenstellung ist aber nicht bereits dadurch notwendig gegeben, daß der Haupttermin lediglich zu einem Vorbehalts-, Teil- oder Zwischenurteil des Kollegiums geführt hat; insbes, wenn das Kollegium nur über einzelne Angriffs- u Verteidigungsmittel (§§ 146, 280), über den Anspruchsgrund (§ 304; das nachfolgende Betragsverfahren ist selten qualitativ schwierig oder grundsätzlich) oder über einen unwesentlichen Teil des Klageanspruchs gem §§ 301, 302 10 oder gem § 599 verhandelt u entschieden hat. – Ein vor dem Amtsgericht durchgeführten Haupttermin steht, wenn die Sache sodann an das Landgericht verwiesen wird, der Zuweisung an den ERi nicht entgegen.

11 **III) 1)** Die **Zuweisung** erfolgt **durch Beschluß** der Kammer (nicht des ERi, Frankfurt NJW 77, 301) ohne bestimmende Mitwirkung der Parteien u ohne notw mündliche Verhandlung. **Rechtl Gehör** ist den Parteien gem § 253 III u § 271 III (letzter Halbs) gewährt (s Anm dort). Nochmalige Anhörung sieht nur Abs IV für Zurückgabe durch den Einzelrichter vor. Zuweisungsbefugt ist nur das Kollegium, nicht der Vorsitzende allein (oben Rn 4 am Ende). Der Vorsitzende bestimmt lediglich gem § 21 g GVG die Geschäftsbereiche der (möglichen) Einzelrichter; daher ist dessen namentl Bezeichnung im Zuweisungsbeschluß nicht erforderl (Düsseldorf MDR 80, 943). Die Mehrheit der Beisitzer kann damit Zuweisung an Einzelrichter verhindern oder erzwingen. In jedem Fall **keine Anfechtung** der Entscheidung zulässig, denn die Rüge der iS § 348 fehlerhaften Besetzung des Gerichts (ggf Art 101 I 2 GG) bleibt dem Rechtsmittel gegen das Urteil vorbehalten (aM Seidel ZZP 99 [1986], 64 für Beschwerde bei „greifbarer Gesetzwidrigkeit"; hierzu unten Rn 15 und § 567 Rn 41).

12 **2) Zuweisung darf erst erfolgen,** wenn der Beklagte sich gem § 271 III geäußert hat oder seine Erklärungsfrist abgelaufen ist. Oft wird erst die Einlassung des Beklagten die Schwierigkeit oder Bedeutung der Sache erkennen lassen. Deswegen, im übrigen wegen §§ 216 II, 271 I, wird Entscheidung über die Zuweisungsfrage im frühen ersten Termin (§ 275) vor der Kammer die Regel sein. Dafür spricht auch, daß erfahrungsgemäß nicht-streitige Erledigungen, die eine Zuweisung an Einzelrichter verbieten (vgl Rn 9), vorwiegend im ersten Termin erfolgen. Der Vorsitzende bleibt damit stets zu dem von seiner bes Erfahrung u Verantwortung getragenen Sühnegespräch (§ 279) berufen. Ausnahmsweise wird bei erkennbar einfachen Sachen bereits der erste Termin (ggf unter Aufhebung des Kammertermins § 227 u alsbaldiger Zuweisung an den Einzelrichter) vor dem Einzelrichter stattfinden können, doch besteht hierbei Gefahr der Verzögerung, die zu vermeiden Normzweck des § 348 ist.

13 **3) Wirkung der Zuweisung:** Der Rechtsstreit ist in vollem Umfange u – vorbehaltlich Abs IV – endgültig dem Kollegium entzogen. Das gilt selbst nach Zurückverweisung gemäß §§ 538, 539 (s aber § 350 Rn 2) und bei Richterwechsel i der Person des Einzelrichters u auch, wenn der Einzelrichter die Sache nicht bewältigt oder verschleppt. Weisungen des Vorsitzenden an den Einzelrichter wären Eingriff in dessen richterl Unabhängigkeit, vgl auch § 26 DRiG. Verweist der ERi die Sache an ein anderes Gericht (§ 281), so ist auch bei diesem wegen der fortbestehenden Prozeßlage der ERi zuständig (§ 281 Rn 15; Koblenz MDR 86, 153).

14 **4)** Die **Person des Einzelrichters** bestimmt nach der Neufassung des § 21 g Abs III GVG (s dort Rn 13) der Geschäftsverteilungsplan nach ausschließlich sachl Gesichtspunkten. Deshalb muß der Zuweisungsbeschluß des Kollegiums den Einzelrichter nicht namentlich bezeichnen (insoweit aM Gummer § 21 g GVG Rn 13) bzw muß, wenn er diese Bezeichnung (zulässigerweise) doch enthält, derjenige Richter als Einzelrichter benannt werden, der nach der Geschäftsverteilung ohnedies der gesetzliche Richter (Art 101 GG) für diese Sache ist (Schuster NJW 75, 1495; Holch DRiZ 75, 275; Kramer JZ 77, 11).

15 **IV) Die Zuweisung ist unanfechtbar, Abs II 2,** so auch bei Verstoß gegen Abs III (Düsseldorf NJW 81, 352) und selbst bei offensichtlicher Verkennung der Schwierigkeit oder Bedeutung der Sache durch die Kammer und auch bei fehlerhafter Zuweisung nach durchgeführtem Haupttermin (aM Seidel oben Rn 11). Das Gesetz geht hier im Interesse der Verfahrensbeschleunigung von der Gleichwertigkeit des Kollegiums u des Einzelrichters als gesetzl Richter aus, zumal in Grenzfällen Abhilfe gem Abs IV möglich ist. Jedoch bei Zurückverweisung der Sache durch das Berufungsgericht (§ 539) wegen iS § 348 fehlerhafter Zuweisung erneute Zuweisungskompetenz der Kammer (§ 350 Rn 2).

16 **V) 1) Zurückübertragung durch den Einzelrichter** an die Kammer widerspricht grds dem Normzweck, daher nur zulässig, wenn sich entgegen ursprüngl Erwartung aus einer wesentlichen **Veränderung der Prozeßlage** – zB durch Klageänderung oder durch einen gänzlich neuen Sach- oder Rechtsvortrag der Parteien; Veränderung in der Beurteilung der i wesentl unveränderten Prozeßlage genügt nicht! – die **grundsätzliche Bedeutung** der zu treffenden Entscheidung (Rn 4) ergibt. Veränderung im Grad der Schwierigkeit (I 1) genügt nicht; maßgeblich allein das übergeordnete Interesse an möglichst ausgewogener Rechtsprechung in Grundsatzfragen.

17 **2)** Über diese Voraussetzung zulässiger Zurückübertragung entscheidet nach (nicht notwendig mündlicher) Anhörung der Parteien der Einzelrichter alleinverantwortlich. Die zunächst vorgesehene (Entwurf 7/1550) Kollegialentscheidung über Rückgabe aus sachl oder personellen Gründen hat der Rechtsausschuß des Bundestags (7/2769) im Interesse der Verfahrensbeschleu-

nigung abgelehnt. Daher **Rückgabebeschluß des Einzelrichters** für das Kollegium **bindend u** für die Parteien **unanfechtbar** (Köln NJW 76, 680), auch wo seine Voraussetzungen tats fehlen. Abs II 2 gilt entsprechend.

3) Die Rückgabe an die Kammer ist nur bzgl des gesamten Verfahrens zulässig; im Interesse der Verfahrensbeschleunigung sieht § 348 hier eine Prozeßtrennung (§ 145 I) und Teilrückgabe nicht vor. 18

4) Über die **Form der Rückgabe** besagt das Gesetz nichts; obwohl ein Rückgabebeschluß des Einzelrichters der Rechtsklarheit dient, kann ausnahmsweise eine Rückgabeverfügung ausreichen, wenn sie (insbesondere nach Anhörung der Parteien hierzu) als solche unmißverständlich ist. Ob eine nicht ausdrückliche Rückgabe, zB schlüssig durch Mitwirkung des Einzelrichters an einer Kollegialentscheidung der Kammer, zulässig und wirksam ist (bei Unwirksamkeit gilt das in Rn 4 Gesagte entsprechend), ist streitig. München MDR 83, 498 verneint das ganz allgemein für den Fall, daß statt des Einzelrichters die Kammer entschieden hat; dem ist zuzustimmen, wenn die ohne ausdrückliche Rückgabe der Sache durch den Einzelrichter an das Kollegium der Zivilkammer getroffene Kollegialentscheidung ein Urteil ist. Für ein Urteil bedarf es gemäß § 309 (Ausnahme schriftliche Entscheidung und Entscheidung nach Aktenlage, § 128 Rn 14, § 251 a Rn 9, § 309 Rn 6, § 331 a Rn 2) einer vorgängigen Schlußverhandlung vor der Zivilkammer; erst durch diese Verhandlung wird das Kollegium der Kammer an Stelle des Einzelrichters gesetzlicher Richter (Art 101 I GG) und erhalten die Parteien Gelegenheit, sich vor der neuen Richterbank rechtliches Gehör (vor § 128 Rn 3 ff) in der grundsätzlich gebotenen mündlichen Verhandlung zu verschaffen. Anders aber bei einer eine mündliche Verhandlung nicht erfordernden Entscheidung (zB § 46 I; nicht aber Beschlüsse nach notwendig mündlicher Verhandlung, für die § 309 entsprechend gilt). In der Mitwirkung des Einzelrichters an einer der mündlichen Verhandlung nicht bedürfenden Kollegialentscheidung ist dem Normzweck der Verfahrensvereinfachung entsprechend eine schlüssige Rückgabe an die Kammer zu erblicken (im Ergebnis ebenso Frankfurt NJW 77, 813). Jedenfalls sind Verfahrensfehler bei der Rückgabe an die Kammer verzichtbar iS des § 295 (Rasehorn NJW 77, 789; Frankfurt NJW 77, 301; abw Köln NJW 76, 1101). 19

5) **Wirkung der Rückgabe** an die Kammer: Die Rückgabe ist für das Kollegium bindend, für den ERi unwiderruflich und für die Parteien nicht anfechtbar (vgl entspr oben Rn 15). Jegliche Entscheidungsbefugnis des Einzelrichters endet; das gilt auch für seine Befugnis zu Ordnungsmaßnahmen gegen vorher vor ihm aufgetretene Zeugen iS von §§ 380, 381 I 2, 390 (Köln MDR 74, 238). Vom Einzelrichter bereits getroffene Zwischenentscheidungen (s oben Rn 3) und gewonnene Beweisergebnisse bleiben aber auch für das weitere Verfahren vor der Kammer wirksam, denn das Verfahren verliert seine Einheit weder durch die Zuweisung an den Einzelrichter noch durch die Rückgabe. 20

Ebenfalls im Interesse der Verfahrensbeschleunigung ist **erneute Übertragung** durch die Kammer grds ausgeschlossen. Ausnahmsweise aber Wiederzuweisung zulässig, wenn die vom Einzelrichter zum Anlaß der Rückgabe genommene grundsätzliche Bedeutung der Sache durch Vorbehalts-, Teil- oder Zwischenentscheidung erledigt ist. 21

VI) Gebühren des Gerichts: Keine; Beschlüsse werden durch die Gebühr für das Verfahren im allg abgegolten. 22

349 *[Vorsitzender der Kammer für Handelssachen]*

(1) In der Kammer für Handelssachen hat der Vorsitzende die Sache so weit zu fördern, daß sie in einer mündlichen Verhandlung vor der Kammer erledigt werden kann. Beweise darf er nur insoweit erheben, als anzunehmen ist, daß es für die Beweiserhebung auf die besondere Sachkenntnis der ehrenamtlichen Richter nicht ankommt und die Kammer das Beweisergebnis auch ohne unmittelbaren Eindruck von dem Verlauf der Beweisaufnahme sachgemäß zu würdigen vermag.

(2) Der Vorsitzende entscheidet

1. **über die Verweisung des Rechtsstreits;**
2. **über Rügen, die die Zulässigkeit der Klage betreffen, soweit über sie abgesondert verhandelt wird;**
3. **über die Aussetzung des Verfahrens;**
4. **bei Zurücknahme der Klage, Verzicht auf den geltend gemachten Anspruch oder Anerkenntnis des Anspruchs;**

5. **bei Säumnis einer Partei oder beider Parteien;**
6. **über die Kosten des Rechtsstreits nach § 91 a;**
7. **im Verfahren über die Bewilligung der Prozeßkostenhilfe;**
8. **in Wechsel- und Scheckprozessen;**
9. **über die Art einer angeordneten Sicherheitsleistung;**
10. **über die einstweilige Einstellung der Zwangsvollstreckung;**
11. **über den Wert des Streitgegenstandes;**
12. **über Kosten, Gebühren und Auslagen.**

(3) Im Einverständnis der Partei kann der Vorsitzende auch im übrigen an Stelle der Kammer entscheiden.

(4) § 348 ist nicht anzuwenden.

Lit: *Bergerfurth* NJW 75, 331; *R-Schwab* § 111 III.

1 **I) 1)** In der **Kammer für Handelssachen** (§§ 93 ff GVG) ist eine Bestellung der Handelsrichter zu Einzelrichtern begrifflich (vgl für die Aufgaben ehrenamtl Richter allg BGH 42, 163/172 ff), eine Bestellung des Vorsitzenden zum Einzelrichter ausdrücklich (Abs IV) ausgeschlossen; der Ausschluß nach Abs IV ist bedingt durch die vom Gesetz vorausgesetzte besondere Sachkunde der Handelsrichter (vgl § 114 GVG), die dem Verfahren in Handelssachen (§ 95 GVG) nicht vorenthalten werden soll. Deshalb überträgt § 349 dem Vorsitzenden der Kammer für Handelssachen zur selbständigen Erledigung alle Aufgaben bis auf diejenigen, für die es „auf die besondere Sachkunde der Handelsrichter ankommt". Diese Arbeitsteilung entlastet die Handelsrichter weitgehend durch die Beschränkung ihrer Inanspruchnahme auf die sachkundige Mitwirkung bei der Urteilsfindung. Daneben kommt, soweit hierfür ein sachliches Bedürfnis besteht, eine selbständige richterl Tätigkeit einzelner Handelsrichter nur noch als beauftragte Richter gem §§ 361, 375 in Betracht, also zur sachkundigen Einvernahme von Zeugen, Sachverständigen (§ 402) und auch Parteien (§ 451).

2 **2) Dem Vorsitzenden obliegt** die umfassende **Vorbereitung des Haupttermins** (§§ 272, 273), also die Terminsbestimmung (§ 216), evtl auch -änderung (§ 227), die Veranlassung der in § 273 II vorgesehenen Förderungsmaßnahmen, das Setzen von Erklärungsfristen für den Beklagten (§§ 275 I u III bzw 276) u den Kläger (§§ 275 IV bzw 276 III) mit den hierfür erforderlichen Hinweisen (§§ 276 II, 277 II u IV), die Anberaumung u Durchführung eines Sühnetermins (§ 279), in begrenztem Umfang die Beweiserhebung (Abs I) sowie gem Abs II u III auch die selbständige Entscheidung in bestimmtem Umfang. Im übrigen kann u soll der Vorsitzende selbständig über Verbindung oder Trennung (§§ 145, 147), über Anordnung u Durchführung der Beweissicherung (§§ 486, 490), über die Zulassung von Streithelfern (§ 71; vgl Frankfurt NJW 70, 817), über die Berechtigung der Zeugnisverweigerung (§ 387) und über die ihm durch § 944 ausdrückl übertragenen Arrest- u Verfügungssachen (Bergerfurth NJW 75, 334) entscheiden; denn in allen diesen Angelegenheiten kommt es auf die besondere Sachkunde der Handelsrichter nicht an.

3 **3)** Zur **Beweiserhebung** (hierzu gehört bereits die Beweisanordnung, § 359) ist der Vorsitzende allein nur befugt, soweit es sowohl für die Frage der Entscheidungserheblichkeit des Beweisthemas, der Beweisbedürftigkeit und der Eignung des Beweismittels (Rn 9 ff vor § 284) als auch für die Beweiserhebung selbst auf die besondere Sachkunde der Handelsrichter nicht ankommt. Weitere Voraussetzung ist, daß die Handelsrichter abweichend von dem Grundsatz des § 355 (dort Rn 1) zur Würdigung des Beweisergebnisses voraussichtlich i der Lage sind. Daher **darf der Vorsitzende allein Beweise nur erheben, wo Abweichung v Grundsatz der Beweisunmittelbarkeit** von Anfang an **sachl vertretbar.** Kein Ermessensspielraum des Vorsitzenden, wo besondere Sachkunde der Handelsrichter erkennbar schon für Beweiserhebung (nicht nur für Beweiswürdigung) wesentlich ist. Verstoß hiergegen ist Verfahrensfehler iS §§ 286, 355, 549; jedoch Verlust des Rügerechts gem § 295 möglich (BGH 40, 179 = NJW 64, 108).

4 Wo sich die Maßgeblichkeit der bes Sachkunde der Handelsrichter erst während der Beweiserhebung des Vorsitzenden ergibt, besteht Anlaß für eine Wiederholung der Beweisaufnahme vor der Kammer (§ 398). Beweiserhebung durch den Vorsitzenden ohne Protokollierung (§ 161) verschließt den Handelsrichtern die Möglichkeit sinnvoller Beweiswürdigung u ist daher unzulässig (vgl BGH NJW 62, 960), falls der Vorsitzende nicht gem Abs III allein entscheidet.

II) Der Vorsitzende allein entscheidet, solange die Entscheidung nicht nach mündlicher Verhandlung vor dem Kollegium allein durch dieses zu treffen ist (Bergerfurth NJW 75, 334; Ausnahme Abs III),

1) über **Verweisungen,** § 281 ZPO, §§ 97, 99 GVG, auch § 17 III GVG; 5

2) über **Zulässigkeit der Klage,** soweit hierüber abgesondert verhandelt wird, §§ 146, 280 (hierzu beachte §§ 282 III, 296 III); 6

3) über **Aussetzung** des Verf gem §§ 65, 148, 149, 246, ebenso über das Ruhen des Verf §§ 251, 251 a und über dessen Unterbrechung §§ 239 ff; hierzu gehört die Entscheidung über die Beendigung des VerfStillstands §§ 150, 250. Zur Aussetzung gem Art 100 GG (§ 148 Rn 3) ist der Vorsitzende nur nach Ermächtigung gem Abs III berufen; 7

4) über **Klagerücknahme** (§ 269 III 3), Rücknahme des Einspruchs bzw Verzicht auf diesen (§ 346), Verzicht auf den Klageanspruch (§§ 306, 313 b), Anerkenntnis (§§ 307, 313 b), Berufungsrücknahme (§§ 515, 524 III 2); 8

5) bei **Säumnis** der Parteien durch echtes oder unechtes VersUrteil (Rn 10, 11 vor § 330), bei einseitiger oder beiderseitiger Säumnis auch Urteil nach Aktenlage §§ 251 a, 331 a bzw Anordnung des Ruhens des Verf §§ 251, 251 a; Entscheidung über Zulässigkeit des Einspruchs §§ 303, 341, 345 u über Wiedereinsetzung i den vorigen Stand §§ 233, 238 II; 9

6) über Kosten nach unstreitiger **Erledigung der Hauptsache,** § 91 a; 10

7) über ein Gesuch um **Prozeßkostenhilfe** §§ 114 ff, nötigenfalls auch Beweiserhebung § 118 II; 11

8) durch Vorbehaltsurteil im **Wechsel- u Scheckprozeß** §§ 602, 605 a; jedoch nicht im Nachverfahren § 600 u nicht im allg Urkundenprozeß (§ 592; Bergerfurth NJW 75, 333), falls nicht Einverständnis der Parteien (Abs III) hierfür vorliegt; 12

9) über Art der **Sicherheitsleistung** § 108, entsprechend auch über deren Höhe §§ 108, 112 u über Rückgabe §§ 109, 715 (soweit nicht der Rechtspfleger zuständig, § 20 RpflG); 13

10) über **Einstellung der Zwangsvollstreckung** § 707, 719, 769; 14

11) über den **Streitwert** §§ 3–9 ZPO, §§ 24, 25 GKG; 15

12) über **Kosten,** Gebühren u Auslagen (§§ 104 III, 379), soweit hierüber nicht im Endurteil der Kammer oder durch den Rechtspfleger (§ 21 RpflG) zu entscheiden ist. 16

Der Katalog des Abs II ist nicht erschöpfend. Teilweise ergibt sich eine weitergehende Entscheidungsbefugnis aus dem Gesetz selbst (zB § 944 für Arrest und einstw Verfügung, § 200 IV GVG für Feriensachen), teilweise mittelbar aus dem allgemeinen Förderungsauftrag in Abs I, der alle „die besondere Sachkunde der ehrenamtlichen Richter" nicht erfordernden Vor- und Zwischenentscheidungen umfaßt, welche die Hauptsacheentscheidung nicht präjudizieren (Bergerfurth NJW 75, 331; vgl die Beispiele oben Rn 2). 17

Rechtsmittel bei Überschreitung der Entscheidungskompetenz zu 1 bis 12: § 350. 18

III) Mit **Einverständnis der Parteien** ist der Vorsitzende zu jeder sonstigen Entscheidung an Stelle der Kammer für Handelssachen allein befugt. Das Einverständnis verschafft ihm daher die Rechte u Pflichten eines entscheidenden Einzelrichters wie im Fall § 348. In allg Prozeßsachen, die nur wegen der Kaufmannseigenschaft der Parteien vor die Kammer für Handelssachen gelangen, wird sich die Einholung dieses Einverständnisses durch den Vorsitzenden zur Entlastung der Handelsrichter empfehlen. – Die Einverständniserklärung ist wie im Fall § 128 II (s dort Rn 10) unwiderrufl Prozeßhandlung; jedoch ist abweichend von § 128 II das Einverständnis nicht durch die nächstfolgende (Zwischen-)Entscheidung verbraucht; es bleibt wirksam für die Endentscheidung u über diese hinaus auch für die dem Prozeßgericht obliegenden Entscheidungen im Verf der Zwangsvollstreckung (Karlsruhe OLGZ 73, 373). 19

350 *[Rechtsmittel]*

Für die Anfechtung der Entscheidungen des Einzelrichters (§ 348) und des Vorsitzenden der Kammer für Handelssachen (§ 349) gelten dieselben Vorschriften wie für die Anfechtung entsprechender Entscheidungen der Kammer.

1) Einzelrichter u Vorsitzender der Kammer für Handelssachen repräsentieren in Ausübung der ihnen gesetzl übertragenen Befugnisse (§§ 348, 349) **das Kollegium,** sie sind der gesetzl Richter u ihre Entscheidungen binden das Kollegium (§ 318). Daher sind gegen ihre Entscheidungen dieselben Rechtsmittel statthaft wie im Fall der Kollegialentscheidung. Eine dem § 140 entspr Möglichkeit, gegen Entscheidungen des ERi das Kollegium anzurufen, gibt es nicht. 1

2) Überschreitung der Befugnisse durch Einzelrichter u Vorsitzenden der Kammer für Handelssachen macht deren Entscheidungen nicht nichtig, sondern nur mit den allg Rechtsmitteln anfechtbar. Grundsätzl sind kompetenzüberschreitende Verfahrensfehler verzichtbar gem § 295; 2

das ergibt sich für den Einzelrichter aus der Unanfechtbarkeit seiner Bestellung (§ 348 II 2), für den Vorsitzenden der Kammer für Handelssachen aus der Ermächtigungsbefugnis gem § 349 III. Wo auf Kompetenzüberschreitung die Berufung gestützt wird, hat das OLG bei **Zurückverweisung** gem §§ 538, 539 bei Fehlern des Einzelrichters an diesen, sonst an die Kammer zurückzuverweisen (nach Karlsruhe Justiz 79, 15 stets an die Kammer). **Ausnahme:** Eine Zurückverweisung an den Einzelrichter kommt nicht in Betracht, wo dieser als entscheidender Einzelrichter nicht wirksam bestellt wurde u deshalb entschieden hat, ohne gesetzl Richter zu sein, so zB bei Bestellung des Einzelrichters durch den Vorsitzenden der Kammer statt durch Kollegialbeschluß (Düsseldorf NJW 76, 114; vgl § 348 Rn 4) oder bei fehlerhafter Übertragung der Sache an den Einzelrichter nur „zur weiteren Vorbereitung" oder „zur Durchführung der Beweisaufnahme" (Dinslage NJW 76, 1509), entsprechend bei Endurteil des Vorsitzenden der Kammer für Handelssachen trotz fehlender Ermächtigung gem § 349 III.

Zu den Folgen einer Kollegialentscheidung trotz wirksamer Bestellung des Einzelrichters s § 348 Rn 19.

351–354 (weggefallen)

Fünfter Titel

ALLGEMEINE VORSCHRIFTEN ÜBER DIE BEWEISAUFNAHME

1 1) Wegen der **Grundzüge des Beweisverfahrens** s die Vorbemerkungen vor § 284 insbes zu den Problemen des Ausforschungsbeweises (Rn 5), der unter dem Vorbehalt der Entscheidungserheblichkeit u Beweisbedürftigkeit stehenden Beweisanordnung (Rn 8), der Verwertbarkeit rechtswidrig erlangter Beweismittel (Rn 12), der Beweislast (Rn 15), der Unzumutbarkeit der Beweisführung und der Zulässigkeit von Beweislastvereinbarungen (Rn 23). Wegen der Voraussetzungen für die zulässige Abweisung eines Beweisantrags s Rn 2 zu § 284, wegen der Grundsätze der Beweiswürdigung Rn 1 ff zu § 286, wegen der Folgen der Beweisvereitelung Rn 14 zu § 286, wegen der Voraussetzungen des Indizienbeweises Rn 9 a zu § 286 und wegen der Regeln des Anscheinsbeweises Rn 16 zu § 286. – Die notw Protokollierung der Beweisaufnahme ist in §§ 159–162 geregelt. Zur Wiedergabe der Beweisanträge u des Beweisergebnisses im Urteil s § 313 Rn 18, 22.

2 2) **Beweismittel** sind der Augenschein (§§ 371–372 a), der Zeugenbeweis (§ 373–401), der Beweis durch Sachverständige (§§ 402–414), der Urkundenbeweis (§§ 415–444) und die Parteivernehmung (§§ 445–455). Die zulässige Einholung amtl Auskünfte oder Urkunden von Behörden (§ 273 II 2) kann Zeugen-, Sachverständigen- oder Urkundenbeweis sein (zur Beweiserhebungskompetenz in diesem Fall § 273 Rn 7). Zu dem auf die vorgenannten Beweismittel nicht beschränkten Freibeweis s vor § 284 Rn 7. Zur Abgrenzung des Zeugenbeweises von der urkundl Auswertung der Zeugenaussagen in fremden Verfahren s § 355 Rn 4 und § 373 Rn 9.

3 3) Grundsätzlich ist der **Beweisantritt** Sache der Parteien (Beibringungsgrundsatz oder Dispositionsmaxime, vgl Rn 9 vor § 128). Die Beweiserhebung von Amts wegen sieht das Gesetz im Geltungsbereich des Beibringungsgrundsatzes als Ausnahme nur in § 144 (= Augenschein und Sachverständige) und § 273 II 2 (Urkunden u amtl Auskünfte) vor. Im Geltungsbereich des Ermittlungsgrundsatzes (§ 293 ausländisches Recht, §§ 616, 640 I, 640 d, 653 Ehe-, Kindschafts- u Entmündigungsverfahren sowie §§ 946 ff Aufgebotsverfahren) darf u soll das Gericht Beweise von Amts wegen erheben.

4 4) **Literatur** zum Beweisrecht: s Anm vor § 284 u vor den einzelnen Titeln des zweiten Buches.

355 *[Beweisaufnahme, Unmittelbarkeit]*

(1) Die Beweisaufnahme erfolgt vor dem Prozeßgericht. Sie ist nur in den durch dieses Gesetz bestimmten Fällen einem Mitglied des Prozeßgerichts oder einem anderen Gericht zu übertragen.

(2) Eine Anfechtung des Beschlusses, durch den die eine oder die andere Art der Beweisaufnahme angeordnet wird, findet nicht statt.

1) a) § 355 normiert den **Grundsatz der Beweisunmittelbarkeit:** Eine sachgerechte Beweisaufnahme u Beweiswürdigung setzt voraus, daß grundsätzlich die Beweiserhebung vor dem Prozeßgericht selbst erfolgt, vgl §§ 278 II, 370 I. Die Einvernahme von Zeugen, Sachverständigen, Parteien oder die Einnahme des Augenscheins durch einen beauftragten oder ersuchten Richter (§§ 361, 362) ist nur in den gesetzl geregelten Ausnahmefällen (§§ 372 II, 375, 402, 434, 451) zulässig (Köln NJW 76, 2218 m Anm Schneider NJW 77, 301). Gebot der Beweisunmittelbarkeit ist auch das Recht der Parteien auf Ladung des Sachverständigen zur mündl Erläuterung des schriftl Gutachtens (§ 411; BGH 6, 399; BGH NJW 64, 2108). 1

Das **Sachverständigengutachten** setzt grundsätzl voraus, daß der zu begutachtende Sachverhalt (= die sog Anschlußtatsachen) vom Prozeßgericht selbst ermittelt wird. Dabei kann es sich als sachdienlich erweisen, den Sachverständigen bereits zu dieser Beweiserhebung (idR durch Zeugen, evtl auch Augenschein oder Urkundenbeweis) hinzuzuziehen und ihm hierbei ein Fragerecht einzuräumen; hierzu § 402 Rn 5, § 411 Rn 2 und § 359 Rn 3. Nur wenn bereits diese Ermittlung besondere Sachkunde voraussetzt (BGH NJW 74, 1710; 68, 1233; 62, 1770) oder die Parteien mit der Ermittlung durch den Sachverständigen einverstanden sind (BGH 23, 214), darf sie dem Sachverständigen überlassen werden. In diesem Fall ist es dem Sachverständigen nicht schlechthin verboten, zur Vorbereitung seines Gutachtens auch solche Tatsachen festzustellen, welche die Parteien noch nicht in den Prozeß eingeführt hatten; er muß nur die Art und das Ergebnis seiner sachkundigen Ermittlungen nachprüfbar offenlegen (BGH VersR 60, 998/99). Zu den Sorgfaltspflichten des SV bei dieser Tatsachenfeststellung, insbes zur Frage der notw Beteiligung der Parteien hierbei s § 411 Rn 3; München Rpfleger 83, 319. Grundsätzlich hat aber Zeugen das Gericht zu vernehmen, nicht der Sachverständige (RG 156, 334; BGH 23, 213 = NJW 57, 906; BGH NJW 70, 1919/1921; 55, 671). Köln (NJW 62, 2161) hält die Einholung u Verwertung von Behördenauskünften durch den Sachverständigen für zulässig; dem ist zuzustimmen, wenn die schriftl Auskunft Bestandteil des Gutachtens ist. Zur Vorladung des SV zur mündlichen Erläuterung seines schriftl Gutachtens s § 411 Rn 5 und 5 a. 2

Keine Verletzung der Beweisunmittelbarkeit, wenn die um amtl Auskunft ersuchte Behörde (§ 273 II 2) ihre Auskunft auf eine Meinungsumfrage stützt (LM Nr 3). 3

b) Beweisergebnisse anderer Verfahren dürfen als Urkundenbeweis in den Prozeß eingeführt werden (s Rn 9 zu § 373), so die Beweiserhebung im Verfahren der Prozeßkostenhilfe, § 118 II (BGH NJW 60, 862) oder im Strafverfahren (BGH VersR 70, 375; 81, 1127 mit krit Anm Hartung VersR 82, 141; Wussow VersR 60, 582). Ein „anderes Verfahren" idS ist auch das Berufungsverfahren über das Teilurteil gegenüber dem Berufungsverfahren über das Schlußurteil (LM Nr 6); dagegen setzt das Berufungsgericht nach der Zurückverweisung (§ 565) das alte Verfahren fort, ebenso das Erstgericht im Fall der §§ 538, 539. 4

c) Prozeßgericht iS des § 355 ist auch der Einzelrichter; für den die Zivilkammer repräsentierenden Einzelrichter (§ 348) ergibt sich das ohnedies aus seiner Entscheidungskompetenz, für den Einzelrichter beim OLG aus § 524 II mit der Einschränkung seiner Kompetenz auf die Erhebung „einzelner" Beweise, also nicht auch auf die Erhebung solcher Beweise, bei denen es maßgebl für die Beweiswürdigung auf den persönl Eindruck des Gerichts – also des Kollegiums – ankommt (hierzu vgl § 524 Rn 17; BGH NJW 80, 275; BGH 40, 179 = NJW 64, 108). Wegen des Vorsitzenden der Kammer für Handelssachen s § 349 Rn 3. – Eine iS des § 355 unzulässige Majorisierung des dritten Mitgliedes des Kollegiums ist es aber, wenn die Beweisaufnahme (zB Ortsbesichtigung) durch den Vorsitzenden der Kammer mit dem Berichterstatter erfolgt (BGH 32, 233 = NJW 60, 1252; ebenso Brüggemann JZ 52, 173 u Johannsen LM Nr 5). 5

d) Die **Wiederholung der Beweisaufnahme** ist aus Gründen der Unmittelbarkeit notwendig, wenn das Berufungsgericht die Feststellungen eines vom Erstgericht eingenommenen Augenscheins (BGH MDR 86, 220) oder die vom Erstgericht bejahte Glaubwürdigkeit eines Zeugen anzweifelt (§ 526 Rn 3; BGH NJW 82, 2875; 64, 2414 = MDR 64, 1001; MDR 79, 310 u 481; VersR 70, 619; vom BGH als Verstoß gegen § 286 behandelt), wenn die Niederschrift über die Zeugenaussage vor dem Erstgericht mißverständlich, mehrdeutig oder das Beweisthema nicht erschöpfend ist (§ 398 Rn 5) und wenn es dem Berufungsgericht für die Beweiswürdigung geboten erscheint, sich einen persönlichen Eindruck vom Zeugen zu machen oder ergänzende Fragen zu stellen. Entbehrlich kann andererseits eine Wiederholung der Beweiserhebung durch das Berufungsgericht sein, wenn das Erstgericht eine Zeugenaussage in seinem Urteil überhaupt nicht gewürdigt hatte (BGH NJW 72, 584), ebenso, wenn die abw Beweiswürdigung des Berufungsgerichts unabhängig von der Beurteilung der Glaubwürdigkeit des Zeugen auf einer unterschiedl Wertung des 6 objektiven Inhalts der protokollierten Aussage beruht (hier wird aber oft ein Hinweis des Berufungsgerichts gem § 278 III nötig sein, um Überraschungsentscheidung zu vermeiden); vgl auch § 398 Rn 4. – Bei Richterwechsel darf eine nicht protokollierte Aussage (vgl § 161) nicht verwertet werden: BGH VersR 67, 25.

7 **2)** Eine selbständige **Anfechtung des Beschlusses** über die Form der Beweiserhebung ist gem Abs II ausgeschlossen. Das RG (149, 287; 159, 241) hält wegen §§ 512, 548 einen Verstoß gegen § 355 für grundsätzl nicht revisibel, sofern kein „offensichtl Mißbrauch" vorliegt. Die Revisibilität ist jedoch zu bejahen, denn der Grundsatz der Beweisunmittelbarkeit dient der eigenen Meinungsbildung des Gerichts u ist damit Voraussetzung sachgerechter Beweiswürdigung. Ein Verstoß gegen § 355 ist daher immer auch ein revisibler Verstoß gegen § 286; jedoch kann die Verletzung des § 355 nicht mehr geltend gemacht werden, wenn eine Rüge nicht in der nächsten mündl Verh erfolgte (§ 295; BGH 40, 179 = NJW 64, 109; BGH NJW 79, 2518; MDR 79, 567; Düsseldorf VersR 77, 1131). Zur Anfechtbarkeit der Bestellung eines „Einzelrichters nur zur Durchführung der Beweisaufnahme" s § 348 Rn 4.

8 **Ausnahmsweise anfechtbar** ist der Beweisbeschluß in den Fällen der §§ 252 (dort Rn 1) u 372 a (dort Rn 13).

356 *[Frist bei Hindernis in der Beweisaufnahme]*

Steht der Aufnahme des Beweises ein Hindernis von ungewisser Dauer entgegen, so ist eine Frist zu bestimmen, nach deren fruchtlosem Ablauf das Beweismittel nur benutzt werden kann, wenn nach der freien Überzeugung des Gerichts dadurch das Verfahren nicht verzögert wird. Die Frist kann ohne mündliche Verhandlung bestimmt werden.

1 **1) a) Anwendungsbereich:** § 356 will der Prozeßverschleppung durch Verzögerung der Beweisaufnahme vorbeugen. Ist bereits der Beweisantrag verspätet, erfolgt Zurückweisung gem §§ 282, 296 II; § 356 ist im übrigen Anwendungsfall des auch bei Zurückweisung gem § 296 gebotenen rechtl Gehörs hierzu (§ 296 Rn 32). Daher ist die ausdrückliche (§ 296) oder stillschweigende Übergehung eines Beweisantrags wegen eines Hindernisses iS § 356 ein Verstoß gegen Art 103 I GG, wenn das Gericht es unterlassen hat, der Partei Gelegenheit zu geben, innerhalb der richterlich gesetzten Frist das Hindernis zu beheben (BVerfG NJW 85, 3006 = MDR 85, 817). Wegen der Zurückweisung ungeeigneter, unzulässiger oder nicht verfügbarer Beweismittel s Rn 12 ff vor § 284 u Rn 2 ff zu § 284.

2 **b) Hindernis** iS § 356 kann sein die Nichteinzahlung des Auslagenvorschusses (§ 379; s dort Rn 6, 7 und den Lit-Hinweis vor Rn 1), die Nichtbekanntgabe der Anschrift des Zeugen (BGH NJW 74, 188), die Weigerung, sich einer zu Beweiszwecken angeordneten und ihrer Art nach zumutbaren (Düsseldorf VersR 85, 457) ärztl Untersuchung zu unterziehen (BGH NJW 72, 1133 = MDR 72, 508; München NJW 67, 684), die Weigerung des Beweisführers, der Verwertung ärztlicher Untersuchungsergebnisse zuzustimmen (BGH NJW 81, 1319 = MDR 81, 836), die Weigerung des Beweisführers, sein Recht gegen einen Dritten auf dessen notwendige Mitwirkung bei einer Beweiserhebung durchzusetzen (Nürnberg MDR 83, 942 zieht hier eine Klage des Beweisführers gegen den Dritten und Aussetzung des Verfahrens in Betracht) usw. Voraussetzung der Anwendung des § 356 ist, daß das Hindernis in der Risiko- und Einflußsphäre des Beweisführers liegt (zur Abgrenzung von der Beweisvereitelung durch den Beweisgegner: Gerhardt ZZP 86, 63). Ob das Hindernis vom Beweisführer verschuldet, ist gleichgültig (RG 7, 391), wenn es für ihn nur überhaupt behebbar ist (bei fehlender Behebbarkeit: § 284 Rn 5). Daher Hindernis auch die Krankheit eines Zeugen.

3 Das Hindernis muß aber **von ungewisser Dauer** sein, dh seine Behebung muß überhaupt möglich u absehbar sein; lediglich der Zeitpunkt der Behebung darf ungewiß sein, anderenfalls Zurückweisung des Beweisantrages wegen ursprüngl Nichtverfügbarkeit. Andererseits keine Fristsetzung, wo Dauer des Hindernisses bereits bekannt. Hier ist der Beweistermin entsprechend weit hinauszusetzen oder gem §§ 148, 640 f das Verfahren auszusetzen, so zB wenn im Abstammungsprozeß das Kind das für die erbbiologische Untersuchung erforderl Alter noch nicht hat. (vgl Rn 10 zu § 148 u 1 zu § 252).

4 **c)** Die von § 356 vorausgesetzte **Behebbarkeit des Hindernisses** gibt auch den Maßstab dafür, ob das Gericht eine Frist zu dessen Behebung zu setzen hat und welche Frist hierfür als angemessen anzusehen ist. So insbes im Fall der prozessualen Unsitte, für eine Behauptung den **„Zeugen NN"** anzubieten. Ein solcher „Beweisantritt" ist gem § 373 grundsätzlich (für den Beweisführer erkennbar) sinnlos u daher unbeachtlich (RG 97, 126; BGH ZIP 83, 685/689; Düsseldorf MDR 69, 673; LG Frankfurt MDR 76, 851); das Gericht könnte nicht einmal feststellen, welche Frist

hier zur Behebung (welchen?) Hindernisses angemessen wäre. Ein zulässiger Beweisantritt muß daher erkennen lassen, warum der „Zeuge NN" noch nicht mit Name u Anschrift bekannt werden kann, daß also der Beweisantritt nicht ins Blaue hinein (vgl BGH NJW 52, 142; 68, 1233/1234) erfolgt. Wo das nicht der Fall ist, wäre der Zwang zur Fristsetzung eine nutzlose, den Gegner benachteiligende u den Prozeß verschleppende Förmelei. Der Beweisführer bedarf hierfür keines weiteren Hinweises als durch die Übergehung seines „Beweisantritts" bei der Terminsladung. Dagegen ist gem § 356 **Fristsetzung für Bekanntgabe von Namen u Anschrift** des Zeugen in allen übrigen Fällen geboten, wo die Behebbarkeit des Hindernisses dem Beweisantritt zu entnehmen ist (Stephan in Anm zu BAG AP § 373 ZPO Nr 1). – Einer (nochmaligen) Fristsetzung bedarf es nicht, wenn bereits der Beweisbeschluß befristete Auflagen (zB gem § 379) enthalten hatte und die betroffene Partei hiergegen keine Einwendungen (unten Rn 6) erhoben hat.

d) Sondervorschriften: § 379 Auslagenvorschuß, § 431 Urkundenbeweis, § 611 Familien- 5
sachen.

2) Verfahren: Fristsetzung ohne mündl Verhandlung; zu Form und Inhalt der Fristsetzung s 6
entsprechend § 296 Rn 8. Befristete Hinweise der Geschäftsstelle an die Partei genügen nicht (BVerfG MDR 85, 817). Die wohl hM hält für die Fristsetzung einen (Kollegial-)Beschluß für nötig; im Hinblick auf die Fristsetzungskompetenz des Vorsitzenden gem §§ 271, 273–277 genügt hier aber auch die (gem § 329 II zuzustellende) Fristsetzung durch ihn; dann Gegenvorstellung entspr § 140, über welche das Kollegium entscheidet. – Fristsetzung von Amts wegen; Antrag hierzu nicht nötig. Die Frist ist eine richterliche (Rn 5 vor § 214) und muß den Umständen nach (solche Umstände hat ggf die betroffene Partei vorzutragen) zeitlich angemessen sein (vgl entspr § 275 Rn 4). Berechnung nach § 222, Verlängerung u Abkürzung zulässig § 224. Gegen Einräumung unangemessen langer Beibringungsfrist Beschwerde entspr § 252, wenn das faktisch zur Aussetzung des Verfahrens führt (Köln FamRZ 60, 409).

Bei **Versäumung der Frist** gilt § 230 sowie § 231; auf ein Verschulden der säumigen Partei 7
kommt es hierbei nicht an, denn die objektive Nichtverfügbarkeit des Beweismittels bedingt die Zurückweisung des Beweisantritts (§ 284 Rn 8; aM Sass MDR 85, 96/98). Jedoch keine Ausschlußwirkung, denn die Fristversäumung kann durch die nachgeholte Beseitigung des Hindernisses behoben werden, solange hierdurch das Verfahren nicht verzögert wird (vgl entspr § 296 Rn 11 ff). – Mißachtung von § 356 durch das Gericht (zB Übergehen eines Beweisantritts trotz dessen behebbarer Unvollständigkeit) ist Verfahrensfehler u als solcher geeignet, die Anfechtung des Urteils zu rechtfertigen (BGH NJW 74, 188). Ist das Urteil nicht mehr anfechtbar, kann Verstoß gegen § 356 die Verfassungsbeschwerde begründen (BVerfG NJW 85, 3006 = MDR 85, 817; NJW 84, 1026).

357 *[Grundsatz der Parteiöffentlichkeit]*

(1) Den Parteien ist gestattet, der Beweisaufnahme beizuwohnen.

(2) Wird die Beweisaufnahme einem Mitglied des Prozeßgerichts oder einem anderen Gericht übertragen, so ist die Terminsbestimmung den Parteien ohne besondere Form mitzuteilen, sofern nicht das Gericht die Zustellung anordnet. Bei Übersendung durch die Post gilt die Mitteilung, wenn die Wohnung der Partei im Bereich des Ortsbestellverkehrs liegt, an dem folgenden, im übrigen an dem zweiten Werktage nach der Aufgabe zur Post als bewirkt, sofern nicht die Partei glaubhaft macht, daß ihr die Mitteilung nicht oder erst in einem späteren Zeitpunkt zugegangen ist.

Lit: *Schnapp*, Parteiöffentlichkeit bei Tatsachenfeststellung durch den SV, Festschrift für Menger, 1985, S 557.

1) Grundsatz der Parteiöffentlichkeit: Die Verhandlung u Beweisaufnahme vor dem erken- 1
nenden Gericht ist grundsätzlich (Ausnahmen §§ 170–172 GVG) allgemein-öffentlich: § 370 I; § 169 GVG. – § 357 normiert darüber hinaus zugunsten der Parteien, ihrer Streitgehilfen und der Prozeßbevollmächtigten den Grundsatz der Parteiöffentlichkeit: Auch bei fehlender Allgemein-Öffentlichkeit (so in den Fällen der §§ 170–172 GVG, bei der Beweisaufnahme vor dem beauftragten (§ 361) oder ersuchten (§ 362) Richter und bei gemäß § 219 außerhalb des Gerichtsgebäudes durchgeführten Beweisterminen ohne gleichzeitig mündliche Verhandlung, bei Ortsbesichtigung durch den Sachverständigen (hierzu § 411 Rn 3; Schnapp oben vor Rn 1), ebenso im Verfahren der freiw Gerichtsbarkeit: BayObLG NJW 67, 1867) haben die Parteien das (gem § 367 verzichtbare) Recht auf Anwesenheit im Beweistermin, denn regelmäßig bedarf es ihrer Mitwirkung zur sachgerechten Beweiserhebung durch Ausübung des Fragerechtes (§ 397). Die Ausübung dieses

Rechts darf die Partei auch einem Vertreter übertragen (Düsseldorf MDR 79, 409). Im Anwaltsprozeß wird die Partei zwar nicht persönl geladen (RG 100, 174), doch darf sie neben dem Anwalt erscheinen (vgl §§ 137 IV, 397 II). Verweigert der in seiner Wohnung zu vernehmende (Rn 4 zu § 219) Zeuge den Parteien oder die zu vernehmende Partei ihrem Gegner das Betreten der Wohnung, so liegt grundlose Aussageverweigerung (§§ 390, 446, 454) vor; erzwungen kann der Zutritt i die Wohnung nicht werden (Koblenz NJW 68, 897; Nürnberg MDR 61, 62).

2 **Verletzung der Parteiöffentlichkeit** macht die Beweisaufnahme unwirksam (RG 136, 299), gebietet deren Wiederholung (§ 398 Rn 5) und rechtfertigt die Aufhebung des Urteils (§§ 539, 550, 564), sofern dieses auf der fehlerhaften Beweiserhebung beruht oder beruhen kann (BGH VersR 84, 946); letzteres, nämlich die Beweiserheblichkeit der durch den Verfahrensfehler verwehrten Fragen oder Hinweise der Partei persönlich, hat die Rechtsmittelbegründung zu ergeben. Die Wiederholung der Beweisaufnahme kann das Gericht ablehnen, wenn nach Lage der Sache unter Berücksichtigung der Fragen, welche die nicht rechtzeitig benachrichtigte Partei angeblich dem Zeugen bei ihrer Anwesenheit vorgelegt hätte, festzustellen ist, daß die Wiederholung keine wesentl Änderung des Beweisergebnisses herbeiführen würde, RG 118, 384. Die von der Zeugenvernehmung nicht benachrichtigte Partei braucht allerdings zur Begründung in der Regel nicht zu beweisen, daß der Zeuge anders ausgesagt hätte, wenn sie zugegen gewesen wäre u Fragen hätte stellen können, RG 136, 299. Ohne Verfahrensrüge ist die Verletzung der Parteiöffentlichkeit aber verzichtbarer Verfahrensmangel (§ 295, BGH ZZP 67 [1954], 295/297; LM § 13 StVO Nr 7).

3 Über die **Erstattungsfähigkeit der Anreisekosten** einer Partei s München NJW 64, 1480; Frankfurt MDR 80, 500. Wegen Reisekostenvorschuß s § 141 Rn 14.

4 **2) Mitteilung des Beweistermins** ist entbehrlich, soweit der den Terminstag und -ort enthaltende Beweisbeschluß verkündet (§ 218) oder zugestellt (§ 329 III) wurde. In den übr Fällen, so insbes bei Terminsbestimmung durch den beauftragten oder ersuchten Richter (§§ 229, 361 II), müssen die Parteien, im Anwaltsprozeß ihre Prozeßbevollmächtigten (§ 176; dann keine Ladung auch der Parteien persönlich, falls diese nicht gem § 141 oder § 450 zu laden sind) rechtzeitig vom Termin verständigt werden; die Einhaltung der Ladungsfrist ist entgegen RG JW 32, 1137 nötig (Teplitzky NJW 73, 1675; Köln MDR 73, 856).

5 **3)** Zulässige **Ausnahmen** von § 357: Sitzungspolizeiliche Maßnahmen gem §§ 177 ff GVG, vgl auch § 157 II. Daneben zulässig die vorübergehende Entfernung eines Berechtigten analog § 247 StPO zur Herbeiführung einer ungehemmt wahrheitsgetreuen Aussage (StJSchL Anm III 2); auch dann aber anschließende Unterrichtung über den Inhalt der Aussage u Gewährung des Fragerechts (§ 397).

6 **4)** Das Gebot der Parteiöffentlichkeit kann der Verwertung eines präsenten, jedoch nicht rechtzeitig angekündigten Beweises entgegenstehen (§ 278 Rn 3, § 296 Rn 13).

Zum Recht des Zeugen, sich (auch in nichtöffentlicher Sitzung) des Beistands eines Anwalts zu bedienen, s § 373 Rn 12.

357a *[Sofortige Beweiserhebung]*

(§ 357a im Hinblick auf § 278 II aufgehoben durch die VereinfNovelle)

358 *[Beweisbeschluß, besonderes Verfahren]*

Erfordert die Beweisaufnahme ein besonderes Verfahren, so ist es durch Beweisbeschluß anzuordnen.

1 **1)** Nach § 273 (vgl dort Rn 10, 11) hat der Vorsitzende schon vor der mündl Verh alle Anordnungen zu treffen, die angebracht erscheinen, damit der Rechtsstreit tunlichst in einer mündl Verh erledigt wird. Sind die geladenen Zeugen im ersten VerhTermin auf Grund e solchen Anordnung erschienen oder zur Stelle gebracht, genügt (der auch entbehrl) Beschluß: „Es wird die Vernehmung des ... als Zeugen angeordnet.“, denn das Beweisthema (§ 359) ergibt bereits der notwendige Ladungshinweis (§ 273 Rn 10).

2 **2)** Ein **förmlicher Beweisschluß** (§ 359) ist nur nötig, wenn die Beweisanordnung vor dem Haupttermin erfolgt (§ 358a), wenn die Beweisaufnahme in einem neuen Termin (§§ 275 II, 278 IV = „besonderes Verfahren“ durch Vertagung) erfolgen muß, RG 10, 370 und in jedem Fall für die Parteieinvernahme: § 450. Entbehrlich ist daher ein Beweisbeschluß, wenn Zeugen im Ter-

min präsent sind und sogleich vernommen werden, außerdem in Verfahren, wo nur präsente Beweise erhoben werden dürfen, so gem §§ 294 II, 920 II im Arrest- u Verfügungsverfahren. – Soweit wegen der Notwendigkeit der Vertagung ein förmlicher Beweisbeschluß (§ 359) zu erlassen ist, ergeht dieser auf Grund mündl Verh, ohne eine solche im Fall der §§ 251 a, 331 a, 358 a oder gemäß § 128 II im schriftlichen Verfahren.

3) Rechtsmittel: Der Beschluß ist nicht selbständig anfechtbar (§ 355 Rn 7). **Ausnahme:** selbständig anfechtbar ist gemäß § 252 der einen Verfahrensstillstand herbeiführende Beweisbeschluß (Rn 4 zu § 356; 1 zu § 252; 10 zu § 148) und die Beweisanordnung im Fall § 372 a (s dort Rn 13). – Nachträgliche Änderung: § 360. Das Gericht kann seinen Beweisbeschluß aufheben, geladene Zeugen abbestellen und von der Protokollierung erfolgter Aussagen absehen, wenn eine nachträgl Veränderung des Sachverhältnisses die unter Beweis gestellten Tatsachen unerheblich macht, RG 150, 330. 3

358 a

[Beweisaufnahme vor dem Haupttermin]

Das Gericht kann schon vor der mündlichen Verhandlung einen Beweisbeschluß erlassen. Der Beschluß kann vor der mündlichen Verhandlung ausgeführt werden, soweit er anordnet

1. **eine Beweisaufnahme vor dem beauftragten oder ersuchten Richter,**
2. **die Einholung amtlicher Auskünfte,**
3. **die Einholung schriftlicher Auskünfte von Zeugen nach § 377 Abs. 3 und 4,**
4. **die Begutachtung durch Sachverständige,**
5. **die Einnahme eines Augenscheins.**

1) a) Normzweck: § 278 II sieht den Haupttermin (das kann entgegen § 275 III auch der frühe erste Termin sein, vgl § 275 Rn 1, § 278 Rn 1) grds auch als Termin zur Beweisaufnahme vor (vgl § 370 I). Um das tunlichst zu ermöglichen und, soweit nicht § 355 entgegensteht, die Beweisaufnahme hinsichtl nicht präsenter Beweismittel im Haupttermin auf die Beweiserörtertung (§ 285) zu beschränken, erlaubt § 358 a mit der auch hier geltenden Einschränkung gem § 273 III (zum Erfordernis der Beweisbedürftigkeit vgl Rn 10 vor § 284) die Vorbereitung und teilw auch die Durchführung der Beweiserhebung schon vor dem Haupttermin, also ohne vorherige streitige Verhandlung. 1

b) Zuständig für die Beweiserhebung vor dem Haupttermin, also für den Erlaß des gem § 358 (dort Rn 2) hier unverzichtbaren Beweisbeschlusses, sind 2

das Gericht, also der Richter am Amtsgericht bzw das Kollegium der Zivilkammer, der Kammer für Handelssachen oder des Zivilsenats, solange noch kein (auch früher erster, § 275) Termin stattgefunden hat (aM ThP Anm 1: zulässig vor *jedem* Termin),

der Einzelrichter der Zivilkammer (§ 348) zur Vorbereitung seines ersten Verhandlungstermins, also auch, wenn ihm die Sache in oder nach dem frühen ersten Termin des Kollegiums, in welchem ein Beweisbeschluß zulässigerweise (um den ERi nicht in seiner selbständigen Verfahrensgestaltung einzuschränken, vgl § 348 Rn 3, 4, 9) noch nicht ergangen war, zugewiesen wurde (aM BLH Anm 1),

der Vorsitzende der Kammer für Handelssachen vor Durchführung des ersten (auch frühen ersten, § 275) Verhandlungstermins und nur im Umfang der in § 349 I (dort Rn 3) beschränkten Beweiserhebungskompetenz,

der Einzelrichter des Zivilsenats nur ausnahmsweise, wenn ihm das Berufungsverfahren (regelwidrig) vor der ersten Berufungsverhandlung zugewiesen wurde (§ 524 Rn 4 und 19), und nur zur Erhebung „einzelner Beweise" (§ 524 Rn 17).

Nicht zuständig für den Erlaß eines die erste mündliche Verhandlung vorbereitenden Beweisbeschlusses oder gar für dessen Ausführung **ist der Vorsitzende** der Zivilkammer oder des Zivilsenats, denn dessen Kompetenz ist in § 273 hinsichtlich der Beweisaufnahme auf lediglich vorbereitende Anordnungen unter Ausschluß von deren Ausführung beschränkt (§ 273 Rn 5, 7, 10).

Das Gesetz sieht damit für die Vorwegnahme von Beweisanordnungen, die eine Beurteilung der Prozeßlage hinsichtl der Entscheidungserheblichkeit u Beweisbedürftigkeit von Parteibehauptungen voraussetzen, einen **Beweisbeschluß** (§§ 358, 359) vor, um einen unangemessenen Vorgriff des Vorsitzenden auf die Entscheidungsfreiheit des Kollegiums zu vermeiden.

3 **c)** Für die **Kosten** der vorweggenommenen Beweiserhebung gilt auch hier §§ 379, 402 (Auslagenvorschuß). Bei entgegen den Grundsätzen in Rn 8 ff vor § 284 tatsächl nicht veranlaßt gewesenen Maßnahmen gem § 358 a kommt eine Nichterhebung von Kosten i der Form der Anrechnung geleisteter Vorschüsse auf die tatsächl anfallenden Kosten (§ 91) in Betracht (§ 8 GKG).

4 **d)** Ein **Verstoß** gegen den Grundsatz der **Beweisunmittelbarkeit** (§§ 355, 375) bei der vorweggenommenen Beweiserhebung ist iS des § 295 verzichtbar (Köln NJW 76, 2218; BGH 40, 179 = NJW 64, 109; § 295 Rn 6; § 355 Rn 7; BLH Anm 4 für Beweisanordnung durch den Vorsitzenden). Der Verfahrensfehler muß daher, um ein Rechtsmittel geg das Urteil zu begründen, mit Antragstellung gem § 398 im nächstfolgenden Termin gerügt worden sein.

5 **2) Zulässige Anordnungen** vor dem Termin sind: **a)** Beweisaufnahme vor dem ersuchten (§ 362) oder (selten zulässig und im Verfahren des Einzelrichters begrifflich ausgeschlossen) beauftragten (§ 361) Richter unter den Voraussetzungen der §§ 375, 434 (Anwendungsbereich: § 372 II Augenschein, § 375 Zeugen, § 434 Urkunden, § 451 Parteivernehmung; wegen SV s Rn 8);

6 **b)** Einholung amtl Auskünfte: vgl entsprechend § 273 Rn 7;

7 **c)** Einholung schriftl Zeugenaussagen: nur unter den Voraussetzungen des § 377 III u IV (s Rn 5 ff zu § 377);

8 **d)** Einholung schriftl SVGutachten vorbehaltlich § 411 III;

9 **e)** Einnahme des Augenscheins § 371, abweichend von Rn 5 also auch durch das erkennende Gericht (Kollegium) vorbereitend möglich. Für die Abstammungsuntersuchung gemäß § 372 a ist wegen der Kollision dieses Beweismittels mit Art 2 II GG die vorherige mündl Verhandlung über die Erforderlichkeit dieses Beweises unverzichtbar (§ 372 a Rn 1, 3, 12).

10 In den Fällen Rn 5, 9 müssen die Parteien Gelegenheit zur Anwesenheit erhalten: § 357. In den Fällen Rn 8, 9 ist Beweisantritt der Parteien nicht notwendig (§ 144), wohl aber Entscheidungserheblichkeit u Beweisbedürftigkeit (Rn 9, 10 vor § 284).

11 **3) Gebühren: a) des Gerichts:** Keine; jedes Beweisaufnahmeverfahren ist mit der Gebühr für das Verfahren im allgemeinen mit abgegolten (s dazu § 359 Rn 7). – **b) des Anwalts:** Die vor dem Termin angeordnete Beweisaufnahme ist echte Beweiserhebung und löst die 10/10 Beweisgebühr des § 31 Abs 1 Nr 3 BRAGO aus; dabei genügt es, daß der RA den ihm mitgeteilten gerichtl Beweisbeschluß an seinen Mandanten weitergibt (KG, AnwBl 70, 102). S dazu auch § 359 Rn 7.

359 *[Beweisbeschluß, Inhalt]*

Der Beweisbeschluß enthält:

1. die Bezeichnung der streitigen Tatsachen, über die der Beweis zu erheben ist;

2. die Bezeichnung der Beweismittel unter Benennung der zu vernehmenden Zeugen und Sachverständigen oder der zu vernehmenden Partei;

3. die Bezeichnung der Partei, die sich auf das Beweismittel berufen hat.

1 **I)** Der förmliche **Beweisbeschluß** (über seine Notwendigkeit s §§ 358 u 358 a) ist prozeßleitende Anordnung, daher für das Prozeßgericht nicht bindend (s § 360); bindend ist er nur für den beauftragten (§ 361) oder ersuchten (§ 362; § 158 GVG) Richter. Ob das Prozeßgericht den Beweisbeschluß ausführt, ergänzt oder ändert, steht in seinem nur bei Anfechtung des Urteils mit diesem nachprüfbaren Ermessen. Das Gericht sollte vor Erlaß eines Beweisbeschlusses dessen Notwendigkeit genau prüfen, denn unnütze Beweiserhebung ist Zeit- u Geldverschwendung u für das Gericht letztlich peinlich. **Unnütz ist Beweiserhebung:** a) solange die Klage nicht schlüssig ist, b) soweit keine Beweisbedürftigkeit besteht (Rn 10 vor § 284), c) soweit nur von der Partei Beweis angeboten wurde, welche keine Beweislast (Rn 15 ff vor § 284) trägt, schließlich d), wo der Verfahrensstand eine Beweiserhebung noch nicht erlaubt, zB Stufenklage § 254, Hilfsantrag (§ 260 Rn 4), Eventualaufrechnung (§ 145 Rn 17 ff). Wegen der Unzulässigkeit des **Ausforschungsbeweises** s Rn 5 vor § 284. Wegen der Zulässigkeit der **Ablehnung eines Beweisantrages** s Rn 2 ff zu § 284. – Das Gericht kann in einer Instanz mehrere Beweisbeschlüsse erlassen. Wo die Notwendigkeit weiterer Beweiserhebung ein best anderes Beweisergebnis voraussetzt, sollte idR zunächst nur der primäre Beweis beschlossen u erhoben werden; das gebietet die notw Rücksichtnahme auf vorzuladende Zeugen u auf die Kostenlast der Parteien.

2 **II)** Der **Inhalt des Beweisbeschlusses** ist besonders erheblich, wo die Beweisaufnahme nicht vor dem Prozeßgericht stattfindet. Wegen der Folgepflicht des ersuchten Richters s § 158 GVG. Der ersuchte Richter ist nicht verpflichtet, sich wegen der Mangelhaftigkeit des Beweisbeschlusses das aufzuklärende Material selbst aus den Akten zusammenzusuchen (Koblenz NJW 75,

1036; München NJW 66, 2125), doch genügt eine Bezugnahme im Beweisbeschluß auf das in einem best Schriftsatz oder Protokoll enthaltene substantiierte Beweisangebot der Partei (OLG 35, 85; 11, 179). S im übr die Anm zu § 158 GVG.

Nr 1: Das Beweisthema (Rn 4 vor § 284) muß im Beweisbeschluß substantiiert angegeben sein (wegen Bezugnahme s oben); es grenzt die Beweisaufnahme u damit das Fragerecht der Parteien (§ 397) von der unzulässigen Ausforschung ab (Rn 5 vor § 284). Dagegen genügt für die Ladung des Zeugen (§ 377 II 2) die summarische Bezeichnung des streitigen Sachverhalts (Düsseldorf OLGZ 74, 492; s § 377 Rn 3). Bei Anordnung der Begutachtung durch Sachverständige sollte der Beweisbeschluß dem SV deutlich machen, von welchen Anschlußtatsachen (§ 355 Rn 2, § 402 Rn 5, § 411 Rn 3) er auszugehen hat. Wurden diese Tatsachen vor dem Gutachten durch Zeugenbeweis festgestellt, muß das Beweisthema bei widersprüchlichen Zeugenaussagen entweder die Beweiswürdigung des Gerichts erkennen lassen oder einen insoweit alternativen Gutachtensauftrag enthalten. 3

Nr 2: Das Beweismittel (Rn 6 vor § 284). Zeugen u Sachverständige sollten nach Namen, Stand u ladungsfähiger Anschrift bezeichnet sein, soweit nicht die Auswahl des Sachverständigen gem §§ 372 II, 405 dem kommissar Richter überlassen wird. Den Parteien u der Auskunftsperson muß klar gesagt werden, ob diese als Zeuge, sachverständiger Zeuge oder Sachverständiger vernommen wird (wegen Ablehnungsrecht u Gebühren), Köln OLGZ 66, 188; § 414 Rn 2, 3. 4

Nr 3: Der Beweisführer ist (hier ohne Rücksicht auf die Beweislast) zu benennen. Nur ihm steht das Verzichtsrecht (§ 399) zu; er ist Schuldner für den Auslagenvorschuß (§ 379; § 68 GKG). Erfolgt Beweiserhebung von Amts wegen (§§ 144, 448), ist das z Ausdruck zu bringen (dann kein Auslagenvorschuß, § 379 Rn 1). 5

Sonstiger Inhalt des Beweisbeschlusses: Terminsbestimmung, Aufgabe der Einzahlung eines etwa erforderlichen Auslagenvorschusses (bei Bewilligung der Prozeßkostenhilfe die einstweilige Kostenbefreiung beider Parteien beachten! §§ 122, 125) binnen einer zu setzenden Frist (bei Versäumung: §§ 356, 230, 231). 6

III) Gebühren: 1) des Gerichts: Das Verfahren der Beweisaufnahme ist durch die Gebühr für das Verfahren im allgemeinen mit abgegolten. – **2) des Anwalts:** 10/10 Beweisgebühr, wenn ein Beweisaufnahmeverfahren stattgefunden hat (§ 31 Abs 1 Nr 3 BRAGO), das nicht bloß in der Vorlegung der in den Händen des Beweisführers oder des Gegners befindlichen Urkunden besteht (§ 34 Abs 1 BRAGO) und in welchem der RA seine Partei vertreten hat. Augenschein ist nur dann Beweisaufnahme, wenn er zur beweismäßigen Klärung streitigen Vorbringens dient (München, AnwBl 76, 21). Da es im Amtsverfahren mit Untersuchungsprinzip auch für nicht bestrittene, jedoch entscheidungserhebliche Tatsachen der Beweisaufnahme bedarf, fällt dem RA für die Vertretung seiner Partei in einem solchen Amtsverfahren bei der Beweiserhebung die Beweisgebühr an (Koblenz, AnwBl 77, 353; Karlsruhe, MDR 76, 236). Auf das Maß der vom RA entfalteten Tätigkeit kommt es dabei nicht an; so genügt für das Entstehen der Beweisgebühr bereits die Empfangnahme des Beweisbeschlusses und die Weitergabe an die Partei. 7

360 *[Änderung des Beweisbeschlusses]*

Vor der Erledigung des Beweisbeschlusses kann keine Partei dessen Änderung auf Grund der früheren Verhandlungen verlangen. Das Gericht kann jedoch auf Antrag einer Partei oder von Amts wegen den Beweisbeschluß auch ohne erneute mündliche Verhandlung insoweit ändern, als der Gegner zustimmt oder es sich nur um die Berichtigung oder Ergänzung der im Beschluß angegebenen Beweistatsachen oder um die Vernehmung anderer als der im Beschluß angegebenen Zeugen oder Sachverständigen handelt. Die gleiche Befugnis hat der beauftragte oder ersuchte Richter. Die Parteien sind tunlichst vorher zu hören und in jedem Falle von der Änderung unverzüglich zu benachrichtigen.

1) Das Gericht ist durch seinen Beweisbeschluß noch **nicht zur Beweiserhebung verpflichtet** (Rn 1 zu § 359); es kann ganz oder teilw von der Erledigung des Beschlusses absehen u (Begründung dann im Urteil nötig) Termin zur Urteilsverkündung ansetzen (RG 97, 126; HRR 30, 1765). § 360 betrifft nur die Zulässigkeit der Beweiserhebung in Abweichung vom Beweisbeschluß. Bei Nichtausführung eines Beweisbeschlusses unter gleichzeitiger Ansetzung eines Verkündungstermins muß vor Verkündung eines Urteils den Parteien aber Gelegenheit gegeben werden, sich zur Entbehrlichkeit der Beweiserhebung (§ 284 Rn 2–9) zu äußern; das ist Gebot des rechtl Gehörs (BVerwG NJW 65, 413), vgl § 278 III. 1

2) Abänderung des Beweisbeschlusses durch Beschluß des Prozeßgerichts; bei Zustimmung beider Parteien auch durch Beschluß des beauftragten oder ersuchten Richters, hier jedoch vorbehaltlich eines abweichenden Auftrags des Prozeßgerichts. Die Entscheidung ergeht ausdrücklich durch verkündeten oder mitgeteilten (§ 329) abändernden Beweisbeschluß, vor dessen Erlaß die Parteien „tunlichst" (sachgemäß aber: stets) zumindest schriftlich anzuhören sind; aus- 2 nahmsweise kann ein förmlicher Beschluß entbehrlich sein, wenn nur das Gericht seinen Willen zur abgeänderten Beweiserhebung unmißverständlich bekannt gibt (so BGH NJW 85, 1399 für den Austausch des gemäß § 404 bestimmten SV gegen einen anderen, der das schriftliche Gutachten tatsächlich erstellt hatte).

3 **a) Vor der mündlichen Verhandlung** Änderung gem §§ 358 a, 360.

4 **b) Nach mündlicher Verhandlung** ist jede Änderung des Beweisbeschlusses möglich.

5 **c) Ohne mündliche Verhandlung** ist bei Zustimmung beider Parteien jede Änderung möglich. Bei einseitiger Zustimmung (Antrag) oder von Amts wegen ist nur zulässig die Berichtigung oder Ergänzung des Beweisthemas oder der Austausch von Zeugen oder Sachverständigen, auch der Austausch einer Partei (§§ 447, 448) gegen einen Zeugen u umgekehrt oder der Austausch des beauftragten Richters gegen einen anderen Richter, ebenso die Beauftragung eines kommissarischen Richters mit der Beweiserhebung an Stelle des Prozeßgerichts u umgekehrt. Dagegen ist es unzulässig, bei fehlender Zustimmung beider Parteien ohne mündliche Verhandlung das Beweisthema auf weitere neue Tatsachen zu erstrecken oder es gegen ein anderes auszutauschen. – Die vorherige Anhörung u nachträgl Benachrichtigung der Parteien (S 4) ist verzichtbare (§ 295) Ordnungsvorschrift.

6 **d) Im Beweistermin** kann die Beweiserhebung (Befragung des Zeugen oder Sachverständigen) auch ohne ausdrückliche Änderung des Beweisbeschlusses durch das Prozeßgericht über das gemäß § 359 beschlossene Beweisthema hinaus ausgedehnt werden, soweit sich das als sachlich geboten erweist. Einwendungen einer Partei hiergegen sind nur begründet, wenn hierdurch entweder ihr Mitwirkungsrecht verletzt wird (vgl §§ 357, 367 II, 397) oder die Befragung der Auskunftsperson über von den Parteien nicht vorgetragene Tatsachen den Beibringungsgrundsatz (Rn 1 ff vor § 284; Rn 10 vor 128) verletzt, also in eine unzulässige Amtsermittlung ausartet.

361 *[Beweisaufnahme durch beauftragten Richter]*

(1) Soll die Beweisaufnahme durch ein Mitglied des Prozeßgerichts erfolgen, so wird bei der Verkündung des Beweisbeschlusses durch den Vorsitzenden der beauftragte Richter bezeichnet und der Termin zur Beweisaufnahme bestimmt.

(2) Ist die Terminsbestimmung unterblieben, so erfolgt sie durch den beauftragten Richter; wird er verhindert, den Auftrag zu vollziehen, so ernennt der Vorsitzende ein anderes Mitglied.

1 **1) Der beauftragte Richter** ist Mitglied des Prozeßgerichts (anders der ersuchte Richter § 362), also nur beim Kollegialgericht und nicht im Verfahren des Einzelrichters denkbar. Vom Einzelrichter der Zivilkammer unterscheidet ihn der nur auf Sühneversuch (§ 279) und vorbestimmte Beweiserhebung (§§ 372 II, 375 I, 402, 434, 451, 613 I) beschränkte Geschäftsauftrag ohne Übertragung einer Entscheidungsbefugnis (s § 366). Er repräsentiert nicht das Prozeßgericht, vor ihm gibt es keine mündl Verhandlung iS § 128 (vgl § 370 I), daher auch keinen Anwaltszwang (§ 78 II), keine förmliche Ladung (§ 357 II) jedoch Ladungsfrist (Köln MDR 73, 856; Teplitzky NJW 73, 1675). In Erfüllung seines Auftrages bestimmt er gleich einem Vorsitzenden (§ 229) den Geschäftsbetrieb. Er ist Sitzungspolizei (§ 180 GVG), kann Ordnungsstrafen verhängen (gem § 400 auch gegen säumige Zeugen); Geständnisse entgegennehmen (§ 288) und darf gem § 365 im Bedarfsfall den Auftrag an ein anderes Gericht weitergeben.

2 **2) Verfahren:** Die Beauftragung eines beauftragten oder ersuchten (§ 362) Richters erfolgt, soweit die Zulässigkeitsvoraussetzung des § 375 erfüllt ist, in dem Beweisbeschluß oder durch Änderungsbeschluß gem § 360. Der beauftragte Richter ist im Beschluß namentlich zu bezeichnen (BLH Anm 1). Einen für die Beweiserhebung erforderl Auslagenvorschuß erhebt das Prozeßgericht (§ 379); der Richterkommissar darf die Ausführung des Auftrags nicht von der Einzahlung abhängig machen. Er veranlaßt – soweit die Terminsbestimmung nicht bereits im Beweisbeschluß erfolgte – die Ladung zum Beweis- evtl auch (§ 279) Sühnetermin durch formlose Terminsmitteilung (§ 357 II). Wegen Rechtsbehelf gegen Entscheidung des beauftr Richters s § 576. Zur Frage, ob der Einzelrichter sich selbst zum Sühneversuch (gem §§ 78 II dann außerhalb des Anwaltszwanges) „beauftragen“ kann, s bejahend Koblenz NJW 71, 1043; Köln NJW 73, 907; das ist abzulehnen, vgl § 279 Rn 1; dort auch zur Frage des Anwaltszwanges für einen Prozeßvergleich. – Die Beweiserhebung ist nicht notwendig allgemein-öffentlich (§ 169 GVG), jedoch parteiöffentlich iSd § 357.

362 *[Beweisaufnahme durch ersuchten Richter]* **(1) Soll die Beweisaufnahme durch ein anderes Gericht erfolgen, so ist das Ersuchungsschreiben von dem Vorsitzenden zu erlassen.**

(2) Die auf die Beweisaufnahme sich beziehenden Verhandlungen übersendet der ersuchte Richter der Geschäftsstelle des Prozeßgerichts in Urschrift; die Geschäftsstelle benachrichtigt die Parteien von dem Eingang.

1) **Ersuchter Richter** ist der vom Prozeßgericht bestimmte (der Vorsitzende führt dessen Bestimmung durch sein Ersuchungsschreiben lediglich aus) beauftragte Richter eines anderen (auswärtigen) Gerichts. Das andere Gericht kann nur ein Amtsgericht sein: § 157 GVG. Die Aufgaben und Befugnisse des ersuchten Richters entsprechen denen des beauftragten Richters (s bei § 361). Das Ersuchen ist eine Durchbrechung des Grundsatzes, der Beweisunmittelbarkeit (§ 355), daher nur in den gesetzl bestimmten Fällen (§§ 372 II, 375 I, 402, 434, 451, 613 I) zulässig. Das Ersuchen darf nicht abgelehnt werden (§ 158 GVG), sofern es nicht unzulässig iS § 159 GVG ist (zB wegen Verstoßes gegen prozess Grundsätze). Daher kommt es auf Bedenken des ersuchten Richters gegen die Sachdienlichkeit seiner Beauftragung (zB wegen örtl Nähe des Prozeßgerichts) nicht an, Frankfurt Rpfleger 79, 426. Bedenken gegen die Zulässigkeit des Ersuchens sind, sofern das Prozeßgericht ihnen nicht abhilft, durch das OLG bzw den BGH (§ 159 GVG) zu klären. Wegen der Ablehnung des Ersuchens um Erhebung eines Ausforschungsbeweises (Begriff: Rn 5 vor § 284) bei unsubstantiiertem Beweisthema s Rn 4, 5 zu § 158 GVG sowie Koblenz NJW 75, 1036; München NJW 66, 2125. Zur Befugnis, das Ersuchen an ein anderes Gericht weiterzugeben, s § 365. 1

2) **Verfahren:** wie Rn 2 zu § 361. Ob das Prozeßgericht dem ersuchten Richter die Prozeßakten übersendet, oder nur den Beweisbeschluß, ist Ermessenssache. In keinem Fall ist der ersuchte Richter verpflichtet, sich den Beweisstoff aus den Akten selbst zusammenzusuchen (Rn 2 zu § 359). Nur hinsichtl des Beweisthemas (§ 359 Nr 1) ist der beauftragte Richter an den Beweisbeschluß gebunden (= übertragener Wirkungskreis). Hinsichtl der Beweismittel (§ 359 Nr 2) ist die Bindung durch § 360 beschränkt. In Ausübung der Änderungsbefugnis gem § 360 und seiner sonstigen Geschäftsaufgaben (§§ 229, 400, 365; § 180 GVG) ist der ersuchte Richter vom ProzGericht unabhängig (= eigener Wirkungskreis). Auch im eigenen Wirkungskreis ist als Rechtsbehelf gegen Entscheidung des ersuchten Richters jedoch die Anrufung des ProzGerichts, hierauf erst die Beschwerde zu dem dem ProzGericht übergeordneten Gericht möglich: § 576 (RG 68, 66; abw LG Frankenthal NJW 61, 1363, wonach hier Beschwerde z örtl übergeordneten Gericht zulässig sein soll). Unmittelb Beschwerde z örtl übergeordneten Gericht nur gegen sitzungspol Maßnahmen (§ 181 GVG) u Gebührenfestsetzung (§ 401). – Vor dem ersuchten Richter kein Anwaltszwang, § 78 II und keine notwendig öffentliche Verhandlung (§ 169 GVG; wohl aber Parteiöffentlichkeit gem § 357). 2

363 *[Beweisaufnahme im Ausland]* **(1) Soll die Beweisaufnahme im Ausland erfolgen, so hat der Vorsitzende die zuständige Behörde um Aufnahme des Beweises zu ersuchen.**

(2) Kann die Beweisaufnahme durch einen Bundeskonsul erfolgen, so ist das Ersuchen an diesen zu richten.

I) Die **Beweisaufnahme im Ausland** (§ 199 Rn 7) erfolgt regelmäßig im Wege der Rechtshilfe, nur ausnahmsweise durch das Prozeßgericht oder einen beauftragten (§ 361) Richter im Ausland. Für jede Tätigkeit dt Justizorgane im Ausland bedarf es, da Souveränität des fremden Staats tangiert, der Zustimmung der ausl (Justiz-) Behörde, Art 17 Haager Beweisübereink (Rn 6). – Keine Beweisaufnahme im Ausland, sondern die Beischaffung von Beweismitteln aus dem Ausland ist die Einholung schriftl Auskünfte gem §§ 377, 411, wobei das Auskunftsersuchen der Auskunftsperson gem § 199 zuzustellen oder unmittelbar durch die Post zu übermitteln ist. Letzteres ist kein Eingriff in fremde Souveränität, da dt hoheitl Tätigkeit im Inland zu lokalisieren ist und im Ausland kein Zwang ausgeübt wird. Formlos eingeholte Auskünfte, deren Richtigkeit nicht an Eides Statt versichert sind, können als Urkundenbeweis (§ 416) verwertet werden; Geimer IZPR Rz 442. – Von dem Beweistermin im Ausland sind die Parteien zu verständigen, § 357, Art 11 II Haager ZP-Übereink. Ist die Verständigung unterblieben, steht es im Ermessen des Gerichts, ob es das Beweisergebnis verwendet (BGH 33, 63 = NJW 60, 1950), vorausgesetzt, daß die Belange der nicht verständigten Partei (Fragerecht) nicht beeinträchtigt sind. Weiter LG Göttingen IPRspr 83/170. Nach Durchführung der Beweisaufnahme sind die Parteien 1 entspr § 362 II zu benachrichtigen; gemäß § 285 ist Termin zur mündl Verhandlung zu bestimmen. Zur Zulässigkeit von **Beweisaufnahmen im Ausland vor mündl Verhandlung** BGH NJW 80, 1849 (unentschieden).

2 Das dt Gericht hat den Antrag auf Beweiserhebung im Ausland abzulehnen, wenn feststeht, daß der ausl Staat dem Rechtshilfeersuchen nicht nachkommen wird, Köln FamRZ 83, 825 (Grunsky). Es muß aber versuchen, mit dem Zeugen unmittelbar Kontakt (schriftl Befragung) aufzunehmen.

3 **II)** Die **Beweisaufnahme im Ausland im Wege der Rechtshilfe** erfolgt: **1)** regelmäßig (Abs II) **durch den Konsul** der BRepD, Art 5j des Wiener Übereink v 24. 4. 1963 über konsularische Beziehungen, BGBl 1969 II 1587; § 15 KonsularG vom 11. 9. 1974 (BGBl I 2317), der Zeugen vernehmen, selbständig schriftl Auskünfte (§ 377 III) einholen und den Eid abnehmen darf, Art 16 Haager Beweisübereink. Wenn es dem ersuchenden Gericht für die Beweiswürdigung auf bestimmte Einzelheiten ankommt, so muß es sicherstellen, daß dem vernehmenden Konsularbeamten dies klar wird, BGH NJW 84, 2039 = RIW 740. Wo der konsularische Weg versagt, zB wegen großer örtl Entfernung des Konsulats v Wohnsitz des Zeugen oder wegen der Unzulässigkeit der Einvernahme nichtdeutscher Personen durch den dt Konsul, erfolgt die Beweisaufnahme

4 **2) durch Ersuchen der ausl Behörde** im diplomatischen Weg, im konsularischen Weg oder im Weg des unmittelbaren Verkehrs der beteiligten Justizbehörden (§ 199 Rn 22). Welcher Weg im Einzelfall der richtige ist, besagen die zwischenstaatl Verträge (Fundstelle: Bülow/Böckstiegel, Der internationale Rechtsverkehr in Zivil- und Handelssachen, 3. Aufl). Die ZRHO (Rechtshilfeordnung für Zivilsachen) enthält allgemeine Richtlinien für den Rechtshilfeverkehr der dt Justizbehörden mit dem Ausland und in ihrem „Länderteil" unter Berücksichtigung zwischenzeitl (vertragl oder politisch bedingter) Veränderungen fortlaufend die für den Verkehr mit den einzelnen Staaten maßgebl Verträge u Vorschriften.

5 **3)** Das **Haager Zivilprozeßübereinkommen** (HZPrÜb) v 1. 3. 1954 (BGBl 58 II 576 u 59 II 1388) regelt in Art 8–16 den Rechtshilfeverkehr. Liste der Vertragsstaaten § 199 Rn 20.

6 **4) Das Haager Übereinkommen vom 18. 3. 1970 über die Beweisaufnahme im Ausland in Zivil- und Handelssachen** (BGBl 1977 II 1472, 1979 II 780, AusfG BGBl 1977 I 3105). Vertragsstaaten: Barbados, Dänemark, Finnland, Frankreich, Großbritannien, Israel, Italien, Luxemburg, die Niederlande, Norwegen, Portugal, Schweden, Singapur, Tschechoslowakei, USA, Zypern. Ersetzt im Verhältnis der Vertragsstaaten untereinander Art 8–16 des Haager Übereink 1954 (Rn 5), Art 29, Nagel IZPR Rz 589 ff. Wichtig in der Praxis Anwendung im Verhältnis zu USA; hierzu Wölki RIW 85, 530; Heidenberger RIW 84, 841.

7 **a) Ziel des neuen Übereinkommens** ist es vor allem, den Ländern des angloamerikanischen Rechtskreises, vor allem Großbritannien und den USA, den Beitritt zu den Haager Rechtshilfeübereinkommen zu ermöglichen. Diese Länder kennen die **Beweisaufnahme durch commissioners,** Art 17, § 12 AusfG; Nagel Rz 611. Gegenüber Art 11 III Übereink 1954 schränkt Art 12 die Gründe für die Ablehnung des Rechtshilfeersuchens in zwei Punkten ein: Zweifel an der Echtheit des Ersuchens sind kein Ablehnungsgrund. Auch darf die Ablehnung nicht mehr darauf gestützt werden, daß der ersuchte Staat für den Rechtsstreit eine ausschließl internationale Zuständigkeit in Anspruch nimmt oder daß er für den Streitgegenstand den Rechtsweg zu den Gerichten nicht zuläßt, Nagel Rz 596. **Zum Zeugnisverweigerungsrecht bzw Aussageverbot** s Art 11. Der Zeuge kann sich wahlweise auf das Recht des ersuchten Staates und auf das Recht des ersuchenden Staates berufen, AG München RIW 81, 850 und LG München I RIW 81, 851.

8 **b)** Zur **Vorlage von Dokumenten und Zeugenvernehmungen** für Zivilprozesse vor US-Gerichten **(pre trial discovery)** von Hülsen AWD 74, 315; Stiefel RIW 79, 513; Stiefel/Petzinger RIW 83, 242; Mertz RIW 81, 73; Martens RIW 81, 725; Stürner JZ 81, 521; Schlosser ZZP 94 (1981), 369; Der Justizkonflikt zwischen USA und Europa, 1985; Nagel IPRax 82, 139; von Hülsen RIW 82, 225 und 537; Heidenberger RIW 82, 874. Zur discovery and inspection des englischen Prozesses s Order 24 der Rules of the supreme court; hierzu Nagel IZPR Rz 386. Deutsches und englisches, vor allem aber amerikanisches Zivilprozeßrecht (hierzu Löwenfeld IPRax 84, 51; Bosch IPRax 84, 127; Schack IPRax 84, 168) unterscheiden sich stark in bezug auf die Vorlagepflicht von Urkunden. Dieser Punkt kann prozeßentscheidend sein. Nach amerik Recht besteht ein grundsätzl unbeschränktes Einsichtsgewährungsrecht und eine Vorlagepflicht bezügl Urkunden sowohl für den Prozeßgegner wie für Dritte; zum dt Recht § 423, Nagel Rz 375. Die BRepD hat einen Vorbehalt gem Art 23 erklärt. Vgl aber § 14 II AusfG.

9 **c) Lehnt die Zentrale Behörde** (Art 2, 35, § 7 AusfG) **die Erledigung des ausl Rechtshilfeersuchens ab** (Art 5), so ist gegen diesen Justizverwaltungsakt der Rechtsweg zum OLG gegeben,

§ 23 EGGVG, München OLGZ 81, 232 = RIW 81, 554 = ZZP 94 (1981), 462 = IPRax 82, 150 (Nagel 138); von Hülsen RIW 82, 553. Das gleiche gilt, wenn die Zentrale Behörde die Erledigung des Rechtshilfeersuchens für zulässig erklärt. So können die betr Zeugen geltend machen, daß sie mit der Genehmigung ihrer Vernehmung als Zeugen der erzwingbaren Verpflichtung zum Erscheinen und zur Aussage vor einem dt Richter für ein ausl Gerichtsverfahren unterworfen werden, die sie als dt Staatsbürger an sich nicht trifft. Die Durchführung der genehmigten Zeugenvernehmung würde aber auch in die Rechtssphäre des Arbeitgebers der als Zeugen in Betracht kommenden Arbeitnehmer eingreifen, wenn betriebl Vorgänge Beweisthema sind. Tangiert ist dessen absolutes Recht am eingerichteten und ausgeübten Gewerbebetrieb (Geheimhaltung vor Wettbewerbern), München OLGZ 81, 235 = RIW 81, 555 = JZ 81, 540 (Mann 840) = ZZP 94 (1981) 462 = IPRspr 80/161 a; Schlosser ZZP 94 (1981) 369.

d) Der Vorbehalt des Art 23 wird durch die **Zulassung von Zeugenvernehmungen über den Inhalt von Urkunden** nicht umgangen. Denn auch nach dt Recht ist die Vernehmung von dritten Personen als Zeugen über den Inhalt von Urkunden, die nicht herausgegeben oder vorgelegt werden müssen, grundsätzl zulässig. Auch die Hoheitsrechte oder die Sicherheit der BRepD (Art 12 I b) sind nicht gefährdet. Denn die Durchführung der Zeugenvernehmung hat nach Art 9 II und der ZPO durch den dt Richter zu erfolgen, uU im Beisein eines ausl Richters, dessen Anwesenheit nach Art 8 gestattet werden kann. Damit ist hinreichend gewährleistet, daß Zeugnis- und Auskunftsverweigerungsrechte der zu vernehmenden Personen nach §§ 383 I Nr 6, 384 Nr 3, das Fragerecht der Prozeßparteien und ihrer Vertreter gemäß § 397 und die Grenzen der Ausforschung gebührend berücksichtigt werden. Im übrigen besteht das **Ausforschungsverbot** nach dt Recht **zum Schutz des Beweisgegners,** der der beweisführenden Gegenpartei die Waffen zur Führung des Rechtsstreits grundsätzlich nicht zur Verfügung zu stellen braucht (BGH NJW 58, 1491), nicht aber im Interesse von Zeugen, die durch das gesetzl vorgesehene Zeugnis- und Auskunftsverweigerungsrecht genügend geschützt sind, München OLGZ 81, 235 = IPRspr 80/161 a. 10

e) Noch ungeklärt ist, wie ein **betroffener Dritter** sich gegen die Zulassung der vom ausl Gericht veranlaßten Beweiserhebung zur Wehr setzen kann. Ist er auf das Verfahren nach §§ 23 ff EGGVG beschränkt oder kann er auch gegen die Beweisperson (Zeugen) klagen. Letzteren Weg (einstw Verfügung) bejaht LG Kiel, RIW 83, 206; skeptisch Stiefel/Petzinger RIW 83, 247. Ausführl Schlosser, Justizkonflikt zwischen USA und Europa, 1985. 11

f) Das dt Gericht entscheidet über die **Rechtmäßigkeit der Zeugnisverweigerung** nach dt Recht (= des ersuchten Staates) LG München I IPRax 82, 28 Nr 8 b. 12

III) Zur **Anwendung des § 528 II (Zurückweisung von Beweisantritten),** wenn die Zeugen im Ausland zu laden sind, BGH NJW 80, 1848 = MDR 80, 735; Rn 2. 13

IV) Zur **Bedeutung von Verfahrensfehlern des ausl Gerichts** bei der Beweisaufnahme LG Frankfurt IPRax 81, 218 = IPRspr 80/158 A. 14

Zur Abgrenzung zwischen Rechtsprechungsaufgaben und Justizverwaltung BGH NJW 83, 2769 = IPRax 84, 262 (Nagel 239); Schlosser, Gedächtnisschrift für Constantinesco, 1983, 653.

V) Auch bei **Beauftragung eines dt Sachverständigen** mit Wohnsitz/Sitz im In- oder Ausland durch Gericht ist nicht § 363 zu beachten; der SV kann ohne Einschaltung des ausl Justizapparates Augenschein im Ausland nicht vornehmen, Geimer JZPR Rz 445; aA Meilicke NJW 84, 2017. 15

VI) Gebühren: 1) des **Gerichts:** Wie nach Art 16 I HZPrAbk (1954) darf auch nach Art 14 Abs 1 HÜbk über die Beweisaufnahme im Ausland v 18. 3. 1970 grundsätzl keine Erstattung von Gebühren u Auslagen irgendwelcher Art für die Erledigung eines Rechtshilfeersuchens verlangt werden; wegen der Ausnahmen s unten c) u d). Als **Gerichtsauslagen** des Rechtsstreits sind jedoch anzusetzen: **a)** die Rahmengebühr von 3 bis 100 DM für die verwaltungsmäßige Prüfung des Ersuchens durch die Prüfstelle (§ 9 ZRHO) gem Nr 3 Ziff Ia GebVerz (Anl zu § 2 Abs 1 JVerwKO); im Regelfall sind 20 DM zu erheben, die nur dann überschritten werden sollen, wenn es sich um eine Sache von außergewöhnl Umfang, mit hohem Streitwert oder von besonderer Bedeutung handelt (§ 50 Abs 1 u 2 ZRHO); – **b)** die Kosten der Abfassung oder Übersetzung des Ersuchens in die Amtssprache der ersuchten ausl Behörde – zumindest in die franz oder engl Sprache – (Art 4 I, II, V Übk), wobei bei Erledigung des Ersuchens durch die dt Auslandsvertretung eine Übersetzung meist entbehrl sein dürfte (vgl § 26 ZRHO); – **c)** die von einem ausl Staat an Sachverständige einschl Dolmetschern gezahlten u erstattet verlangten Entschädigungen sowie die wegen der Anwendung einer nach dem Recht des ersuchten Staates erforderl bes Form der Beweisaufnahme (Art 9 II Übk) veranlaßten Kosten (Art 14 II, aaO, sowie Denkschrift S 56 zu II des Art 14); – **d)** die durch sog examiners oder commissioners (Rn 7) entstehenden Kosten, wenn das ersuchende dt Gericht in Kenntnis der zu erwartenden u ihm mitgeteilten Kosten der Benennung des examiners etc zugestimmt hat (Art 14 III Übk sowie Denkschrift hierzu S 56); – **e)** die den dt Auslandsvertretungen zustehenden Gebühren u Auslagen nach dem AKostG u AuslKostV. S dazu § 293 Rn 29. 16

2) des **Anwalts:** 10/10 Beweisgebühr nach § 31 Abs 1 Nr 3 BRAGO. Zwar beginnt das Beweisaufnahmeverfahren bereits mit dem Beweisbeschluß nach § 358 ZPO, erforderlich ist aber, daß der Prozeßanwalt seine Partei durch irgendeine Tätigkeit in Richtung auf das Beweisaufnahmeverfahren vertreten hat. Für die Auslösung der Beweisgeb genügt sohin die Überprüfung des Beweisbeschlusses auf seine Vollständigkeit, seine etwaige Ergänzung oder Berichtigung usw (München NJW 67, 2068 = AnwBl 67, 408) oder die krit Nachprüfung u anschließende Weitergabe des im Ausland angefertigten Beweiserhebungsprotokolls an die Partei (vgl KG NJW 70, 766: für den ähnl gelagerten Fall der Vernehmung durch den ersuchten Richter).

364 *[Beweisaufnahme im Ausland auf Betreiben des Beweisführers]*
(1) Wird eine ausländische Behörde ersucht, den Beweis aufzunehmen, so kann das Gericht anordnen, daß der Beweisführer das Ersuchungsschreiben zu besorgen und die Erledigung des Ersuchens zu betreiben habe.

(2) Das Gericht kann sich auf die Anordnung beschränken, daß der Beweisführer eine den Gesetzen des fremden Staates entsprechende öffentliche Urkunde über die Beweisaufnahme beizubringen habe.

(3) In beiden Fällen ist in dem Beweisbeschluß eine Frist zu bestimmen, binnen der von dem Beweisführer die Urkunde auf der Geschäftsstelle niederzulegen ist. Nach fruchtlosem Ablauf dieser Frist kann die Urkunde nur benutzt werden, wenn dadurch das Verfahren nicht verzögert wird.

(4) Der Beweisführer hat den Gegner, wenn möglich, von dem Ort und der Zeit der Beweisaufnahme so zeitig in Kenntnis zu setzen, daß dieser seine Rechte in geeigneter Weise wahrzunehmen vermag. Ist die Benachrichtigung unterblieben, so hat das Gericht zu ermessen, ob und inwieweit der Beweisführer zur Benutzung der Beweisverhandlung berechtigt ist.

1 **I)** Grundsätzl wird die Beweisaufnahme im Ausland als Angelegenheit der Justizverwaltung (nicht der rechtsprechenden Gewalt) von Amts wegen gem § 363 veranlaßt. Nur wo das nicht mögl ist, zB mangels diplomatischer Beziehungen u zwischenstaatl Verträge, kann das Gericht die Beschaffung einer öffentl Urkunde des fremden Staates über eine auf sein Betreiben dort durchgeführte Beweiserhebung dem Beweisführer gem § 364 aufgeben. Deshalb hat § 364 keine große praktische Bedeutung. Vgl Nagel, Nationale und internationale Rechtshilfe im Zivilprozeß, das europäische Modell, 1971, 144. S auch § 36 ZRHO. Dagegen empfiehlt Cohn, ZZP 1967, 234, im dt-engl Verhältnis den Weg nach § 364 einzuschlagen. – Ob die Beweiserhebung im Ausland dann formal den Anforderungen der ZPO entspricht, ist nur bei der Beweiswürdigung zu berücksichtigen (RG 2, 374); für den umgekehrten Fall s § 369.

2 **II)** Für die **Fristsetzung** (Abs 3) gilt § 356 entsprechend. Die Beteiligung des Gegners an der Beweiserhebung (vgl § 357) wird trotz Benachrichtigung (Abs 4) selten durchführbar sein. War sie das nicht oder ist Benachrichtigung unterblieben, so steht die Verwendung des Beweisergebnisses im Ermessen (§ 286) des Gerichts (BGH 33, 63 = NJW 60, 1950). Nach Eingang der Beweisurkunde Benachrichtigung des Gegners (§ 362 II entspr) unter Terminbestimmung z Verhandlung gem §§ 285, 370. Näher BGH RIW 84, 740 = NJW 2039.

3 **III)** Bei **Ermessensmißbrauch** des Gerichts Beschwerde, Köln NJW 75, 2349.

4 **IV) Gebühren:** Keine. – Die Tätigkeit des Prozeßanwalts wird durch die verdiente (10/10) Prozeßgebühr des § 31 Abs 1 Nr 1 BRAGO abgegolten (vgl § 13 Abs 1 und 2 BRAGO). Eine Beweisgebühr des RA scheidet nach § 34 Abs 1 BRAGO aus, weil die Beweisaufnahme lediglich in der Vorlage der in den Händen des Beweisführers befindl Urkunde besteht. Um eine Urkunde „in den Händen" einer Partei handelt es sich auch, wenn die Urkunde von der Partei erst beschafft werden muß (München JurBüro 70, 401; Frankfurt JurBüro 83, 1332 mit zust Anm Mümmler; vgl auch § 142 Rn 5 aE; BFH, BStBl 1970 II, 82; Riedel/Sußbauer, BRAGO 4. Aufl 1978 Anm 6 u 7 zu § 34; auch Schneider, MDR 78, 882).

365 *[Abgabe durch verordneten Richter an anderes Gericht]*
Der beauftragte oder ersuchte Richter ist ermächtigt, falls sich später Gründe ergeben, welche die Beweisaufnahme durch ein anderes Gericht sachgemäß erscheinen lassen, dieses Gericht um die Aufnahme des Beweises zu ersuchen. Die Parteien sind von dieser Verfügung in Kenntnis zu setzen.

1 Über den beauftragten u ersuchten Richter s §§ 361, 362. Über die Verbindlichkeit des Ersuchens s § 158 GVG u Rn 2 zu § 362.

2 § 365 will vermeiden, daß bei behebbaren Hindernissen der Beweiserhebung erst die Entschließung des ProzGerichts veranlaßt u abgewartet werden muß. Daher darf der verordnete Richter (zB bei falscher Anschrift oder Wohnungswechsel des Zeugen) das Ersuchen direkt an das zuständige Gericht weitergeben. Weitergabe an eine ausländische Behörde (§ 363) steht aber nur dem Prozeßgericht zu. Von einer Weitergabe soll der verordnete Richter das ProzGericht u

die Parteien unverzügl verständigen. Ob die Hindernisse sich „später ergeben“ oder nur später erkannt werden, ist gleichgültig. Nicht § 365, sondern § 36 gilt bei Streit über Verhinderung des Gerichts aus Rechtsgründen (RG 44, 394). Der Anrufung des höheren Gerichts (§ 36) bedarf es nicht für Abgabe der Sache durch den ersuchten Richter an das zuständige Amtsgericht im Einvernehmen mit dem Prozeßgericht. Für Abgabe durch die ersuchte ausländische Behörde (§ 364) an eine andere gilt nicht § 365, sondern Art 12 des Haager Übereink. Wegen **Rechtsbehelf** s § 362 Rn 2.

366 *[Zwischenstreit]*

(1) Erhebt sich bei der Beweisaufnahme vor einem beauftragten oder ersuchten Richter ein Streit, von dessen Erledigung die Fortsetzung der Beweisaufnahme abhängig und zu dessen Entscheidung der Richter nicht berechtigt ist, so erfolgt die Erledigung durch das Prozeßgericht.

(2) Der Termin zur mündlichen Verhandlung über den Zwischenstreit ist von Amts wegen zu bestimmen und den Parteien bekanntzumachen.

1) Der verordnete Richter (§§ 361, 362) darf nur im eigenen Wirkungskreis (Rn 2 zu § 362) selbst entscheiden, also in den Fällen §§ 229, 360, 365, 400, 401, 402, 405, 406 IV u § 180 GVG die zur Ausführung des Ersuchens des Prozeßgerichts erforderlichen Maßnahmen ergreifen. Alle anderen Zwischenentscheidungen (insbes §§ 387, 389, 393, 397 III, 434, 479) hat das Prozeßgericht zu treffen, dem die Akten noch vor Erledigung der Beweiserhebung bei Entstehen eines Zwischenstreits (zwischen den Parteien oder zwischen einer Partei u einem Zeugen oder Sachverständigen, auch zwischen den Beteiligten u dem verordneten Richter) sofort zu übersenden sind. – **Rechtsbehelf:** § 576 (Rn 5 zu § 400). 1

2) Das Prozeßgericht (Einzelrichter) entscheidet nach mündl Verh durch Zwischenurteil (§ 303) über die ihm vorbehaltenen Fragen der Pflicht zur Aussage, Erstattung des Gutachtens, Eidesleistung u Vorlegung von Urkunden. VersUrteil im Zwischenstreit: § 347 II. 2

367 *[Ausbleiben der Partei bei Beweisaufnahme]*

(1) Erscheint eine Partei oder erscheinen beide Parteien in dem Termin zur Beweisaufnahme nicht, so ist die Beweisaufnahme gleichwohl insoweit zu bewirken, als dies nach Lage der Sache geschehen kann.

(2) Eine nachträgliche Beweisaufnahme oder eine Vervollständigung der Beweisaufnahme ist bis zum Schluß derjenigen mündlichen Verhandlung, auf die das Urteil ergeht, auf Antrag anzuordnen, wenn das Verfahren dadurch nicht verzögert wird oder wenn die Partei glaubhaft macht, daß sie ohne ihr Verschulden außerstande gewesen sei, in dem früheren Termin zu erscheinen, und im Falle des Antrags auf Vervollständigung, daß durch ihr Nichterscheinen eine wesentliche Unvollständigkeit der Beweisaufnahme veranlaßt sei.

1) Abs I. Bewirkung der Beweisaufnahme, einerlei, ob vor dem beauftragten oder ersuchten Richter oder vor dem ProzGer (RG 13, 400). Das Gericht darf u muß auch in Abwesenheit der Parteien bzw im Anwaltsprozeß in Abwesenheit der Anwälte die Beweisaufnahme durchführen. Voraussetzung ist nur, daß die ausgebliebene Partei vom Termin ordnungsgemäß (§§ 176, 218, 357 II) benachrichtigt ist (RG 6, 353) u der Termin zur Beweisaufnahme bestimmt ist; darum keine Beweisaufnahme, wenn die Zeugen lediglich auf Grund einer den Parteien nicht bekanntgegebenen Anordnung nach § 273 II 4 zur Stelle sind; doch kann, wenn der Termin vor dem Prozeßgericht stattfindet (§ 370), sofort Beweisbeschluß nach Aktenlage erlassen werden (§ 251 a oder § 331 a) und der gemäß § 273 geladene Zeuge oder Sachverständige gleich vernommen werden, wenn die Parteien gem § 273 IV benachrichtigt waren. Kann die Beweisaufnahme wegen Nichterscheinens einer Partei nicht durchgeführt werden, (zB weil die Partei Urkunden vorlegen sollte oder weil der Termin auf Antrag der säumigen Partei zur Anhörung des Sachverständigen gem § 411 III anberaumt war), dann ist die säumige Partei für die Instanz vorbehaltlich Abs II mit dem Beweismittel ausgeschlossen, falls sie beweisbelastet ist; ist die Beweisaufnahme wegen Nichterscheinens der nichtbeweispflichtigen Partei unmöglich, dann freie Würdigung der Säumnis. – Zur Ausübung des Fragerechts der im Anwaltsprozeß ohne ihren Anwalt erschienenen Partei s § 397 Rn 1. – **Vor Erledigung des Beweisbeschlusses kein VersUrteil,** wohl aber nachher, wenn der Termin zur Fortsetzung der mündlichen Verhandlung bestimmt war (§ 370 1

Rn 1). Zu den Voraussetzungen der Säumnis in diesem Fall s § 332 Rn 2. – Sondervorschrift für Säumnis bei Parteivernehmung: § 454, für Wiederholung der Zeugenvernehmung aus sonstigen Gründen: § 398.

2 **2) Abs II.** Ob das Prozeßgericht oder der verordnete Richter (§§ 361, 362) den Beweistermin wiederholt, steht in seinem Ermessen. Der **Antrag auf Wiederholung** ist in der nächsten mündl Verhandlung (sonst gem § 295 verwirkt; BGH LM § 13 StVO Nr 7) vor dem Prozeßgericht zu stellen. Dem Antrag ist (entsprechend § 296) nur stattzugeben, wenn dadurch keine Verzögerung eintritt oder wenn die Säumnis genügend entschuldigt wird (§ 294) oder wenn der Gegner zustimmt. Dem **Antrag auf Ergänzung** der Beweisaufnahme ist darüber hinaus nur dann (also hier zusätzl Zulässigkeitsvoraussetzung!) stattzugeben, wenn wesentl Unvollständigkeit der Beweisaufnahme glaubhaft (§ 294) gemacht wird. – **Entscheidung:** Stattgegeben wird dem Antrag durch Beweisbeschluß. Zurückgewiesen wird er durch unselbständiges Zwischenurteil oder i den Gründen des Endurteils.

368 *[Neuer Beweistermin]*

Wird ein neuer Termin zur Beweisaufnahme oder zu ihrer Fortsetzung erforderlich, so ist dieser Termin, auch wenn der Beweisführer oder beide Parteien in dem früheren Termin nicht erschienen waren, von Amts wegen zu bestimmen.

1 Die Ausführung des Beweisbeschlusses erfolgt – auch bei Abwesenheit der Parteien § 367 – im Amtsbetrieb. Daher sind die §§ 251 a, 330 ff erst anwendbar, wenn der Beweis erhoben und sodann gem §§ 278 II 2, 370 in die mündl Verh eingetreten wurde (§ 332 Rn 2). Vorher (dh vor Ausführung des Beweisbeschlusses) sind für die Beweisaufnahme erforderliche Termine (zB bei Ausbleiben der Zeugen, ebenso bei Zwischenstreit gemäß § 387) von Amts wegen zu bestimmen. Zeugen sind dann erneut zu laden, § 377. Ladung der Parteien entbehrlich (trotzdem sachdienlich!) bei verkündetem neuen Termin (§ 218). Bei unterbliebener Verkündung sind die Parteien vor dem Prozeßgericht förmlich (§ 329 II; wegen § 370 I), vor dem verordneten Richter formlos (§ 357 II) zu laden.

369 *[Beweisaufnahme im Ausland]*

Entspricht die von einer ausländischen Behörde vorgenommene Beweisaufnahme den für das Prozeßgericht geltenden Gesetzen, so kann daraus, daß sie nach den ausländischen Gesetzen mangelhaft ist, kein Einwand entnommen werden.

1 Die Förmlichkeiten einer Beweisaufnahme im Ausland regeln die §§ 363, 364. § 369 bestimmt nur die formelle Verwertbarkeit im Ausland gewonnener Beweisergebnisse. Danach erfolgt die Beweisaufnahme im Ausland nach dem für die ersuchte ausl Behörde geltenden Recht. Ist dieses strenger als das deutsche Recht, so genügt doch die Erfüllung der deutschen Norm, Grunsky ZZP 89, 243. Ist auch den deutschen Verfahrensnormen nicht genügt, gilt § 295, bei Verfahrensrüge § 286.

370 *[Fortsetzung der mündlichen Verhandlung]*

(1) Erfolgt die Beweisaufnahme vor dem Prozeßgericht, so ist der Termin, in dem die Beweisaufnahme stattfindet, zugleich zur Fortsetzung der mündlichen Verhandlung bestimmt.

(2) In dem Beweisbeschluß, der anordnet, daß die Beweisaufnahme vor einem beauftragten oder ersuchten Richter erfolgen solle, kann zugleich der Termin zur Fortsetzung der mündlichen Verhandlung vor dem Prozeßgericht bestimmt werden. Ist dies nicht geschehen, so wird nach Beendigung der Beweisaufnahme dieser Termin von Amts wegen bestimmt und den Parteien bekanntgemacht.

1 **1) Abs I.** Im Regelfall (§ 355) der **Beweisaufnahme vor dem Prozeßgericht** (vgl § 278 II u § 285 Rn 1) müssen die Parteien im Anschluß an die Beweisaufnahme „zum Schluß" (§ 220 II) verhandeln; idR wird sich diese Verhandlung in der Beweiserörterung erschöpfen (§ 285 Rn 1, § 332 Rn 2, § 333 Rn 1). Das gilt auch für Termin außerhalb der Gerichtsstelle (§ 219). Ein Recht auf Vertagung besteht nur, wenn sonst (zB nach unvorhersehbarem Beweisergebnis) einer Partei das rechtl Gehör versagt wäre (§ 278 Rn 3, § 285 Rn 2, § 296 Rn 13). Der Beweis wird gem § 367

auch beim Ausbleiben einer Partei erhoben; auf Antrag ergeht gegen sie erst nach der Beweiserhebung (§ 332 Rn 2) VersUrteil oder Urteil nach Lage der Akten. Bei VersUrteil keine Berücksichtigung des Beweisergebnisses, denn gem § 331 hat die Säumnis Geständniswirkung. Ausnahme: Beantragt der Kläger VersUrteil gem § 331, obwohl die Beweisaufnahme sein Klagevorbringen als unwahr erwiesen hat, wird regelm die Schlüssigkeit der Klage (§ 331 Rn 4) u die fehlende Geständniswirkung (§ 288 Rn 7) streng zu würdigen sein, was ggf unechtes VersUrteil gegen den Kläger zur Folge haben kann (StJSchL Anm I 2). Ist keine Partei erschienen, so kann das Gericht (erst nach restlos durchgeführter Beweisaufnahme vgl § 368) nach Lage der Akten entscheiden (unter Berücksichtigung des Beweisergebnisses!), neuen Termin ansetzen oder das Ruhen des Verfahrens anordnen §§ 251 a, 331 a. Erfolgt die Terminsbestimmung oder -verlegung vor dem ProzGer erst **nach** Verkündung des Beweisbeschlusses, so ist der neue Termin den Parteien von Amts wegen unter Einhaltung der Ladungsfrist (§ 217) bekanntzumachen, § 329 II.

2) Abs II S 1. Nur wenig üblich, da Erledigung des Beweisbeschlusses und Rückkunft der 2
Akten gewöhnl nicht vorauszusehen ist. Bei Anwendung keine besondere Ladung mehr zum Termin vor dem ProzGer. Im Falle des **S 2:** Bekanntmachung des Termins an die Parteien bzw ProzBev von Amts wegen, § 329 III unter Einhaltung der Ladungsfrist (§ 217), RG 81, 322. Im nachfolgenden VerhTermin Vortrag des Beweisergebnisses gem § 285 II.

Sechster Titel

BEWEIS DURCH AUGENSCHEIN

371 *[Beweisantretung]*
Der Beweis durch Augenschein wird durch die Bezeichnung des Gegenstandes des Augenscheins und durch die Angabe der zu beweisenden Tatsachen angetreten.

1) Begriff: Die Einnahme des Augenscheins steht im (pflichtgebundenen; § 144 Rn 1 u 2) Er- 1
messen des Gerichts; maßgeblich ist, ob diese Beweiserhebung zur Wahrheitsermittlung „erforderlich" ist. § 244 V StPO gilt hier entsprechend (BGH NJW 70, 949). Der Beweis durch Augenschein soll dem Gericht die Überzeugung von der Richtigkeit streitiger Behauptungen durch eigene **gegenständliche Wahrnehmung** vermitteln. Objekt des Augenscheins können Personen oder Sachen (§ 90 BGB) hinsichtlich ihrer Existenz und Substanz sowie hinsichtlich der durch sie ausgelösten Vorgänge (zB Straßenschmutz als Verkehrsgefährdung) sein. Ob die gegenständliche Wahrnehmung ausschließl optisch oder auch durch Betasten, Beriechen, Anhören oder genußmäßiges Kosten erfolgt, bleibt gleich; in allen diesen Fällen liegt ein „Augenschein" im technischen Sinn vor, den auch der blinde Richter nehmen könnte. Daher sind Objekt des Augenscheins auch das **Tonband** u die **Schallplatte** (vgl Rn 12 vor § 284), weil diesen Tonträgern die Verkehrsfähigkeit einer Urkunde (vgl §§ 131, 134, 299, 426, 593 II) fehlt und die Gefahr der Verfälschung durch Überspielen unter Auslassung einzelner Worte ohne Erkennbarkeit dieses Vorganges besteht. – Zur Verwertbarkeit rechtswidrig erlangter Beweismittel s Rn 12 vor § 284. Den Parteien ist die Anwesenheit beim Augenschein stets zu gestatten (§ 357; München Rpfleger 83, 319); zum Anwesenheitsrecht der Parteien beim Ortstermin des SV s § 411 Rn 3.

2) Die **Abgrenzung von anderen Beweismitteln** liegt in der gegenständlichen Wahrnehmung 2
einer Person oder Sache im Gegensatz zur Wiedergabe eines Gedankeninhalts. Eine Person wäre Gegenstand des Augenscheins hinsichtlich der Frage, **ob** sie sprechen kann (zB ein Kind), dagegen Zeuge oder Sachverst hinsichtlich dessen, **was** sie sagt. Der Sachverständigenbeweis wird regelmäßig einen Augenschein voraussetzen, wobei das Gericht die Einnahme des Augenscheins dem Sachverständigen überlassen darf (§ 355 Rn 3; § 402 Rn 5; § 411 Rn 3; BGH NJW 64, 1179; Hiendl NJW 63, 1663). Ebenso beinhaltet der Urkundenbeweis einen Augenschein an der vorgelegten (§§ 420, 421) Urkunde hinsichtl ihrer gegenständl Existenz (§ 419) unabhängig von ihrem gedankl Inhalt. Zur Abgrenzung der Fotografie (= Augenschein) von der Fotokopie (= grds Urkunde) s BGH MDR 76, 304. Zum Urkundenbegriff s Rn 2 vor § 415.

3) Verfahren: Die Einnahme des Augenscheins kann von Amts wegen (§ 144) oder auf Antrag 3
(§ 371) erfolgen. Der den Augenschein anordnende Beweisbeschluß (notwendig gemäß § 358; entbehrlich bei präsentem Augenscheinobjekt) muß das Beweisthema (§ 359 Nr 1) enthalten, da sonst eine Abgrenzung der zulässigen Beweiserhebung von der unzulässigen Beweisermittlung und Ausforschung nicht möglich wäre (Rn 5 vor § 284; das zu § 360 Rn 6 Gesagte gilt hier aber

entsprechend). Wegen der Zulässigkeit, den Antrag zu übergehen oder zurückzuweisen s Rn 2 ff zu § 284. Für das **Erfordernis, einen Augenschein** (ggf auch im zweiten Rechtszug) **zu wiederholen,** gilt § 398 (s dort Rn 4, 5 sowie § 355 Rn 6) entsprechend (BGH MDR 86, 220). – Der Beweisantritt setzt voraus, daß die wahrzunehmende Person oder Sache dem Gericht angeboten wird, dh daß die Wahrnehmung ermöglicht wird. Eine **Pflicht zur Vorstellung** besteht mit Ausnahme der §§ 372 a, 654 I nicht; auch hier gibt es nur eine Beweislast, keine -pflicht. Jedoch hat die **Verweigerung des Augenscheins** verschiedene Folgen, je nach dem, wem die Vorstellung möglich gewesen wäre:

4 **a) Weigerung des Beweisführers,** bzw bei Augenschein von Amts wegen Weigerung des Beweislastträgers (Rn 15 ff vor § 284), hat Beweisfälligkeit zur Folge, weil das Beweismittel nicht verfügbar (Rn 2 zu § 356) ist, vgl § 230. Der Grund der Weigerung ist dabei gleichgültig.

5 **b) Weigerung des Gegners,** zB sich körperl untersuchen oder sein Grundstück betreten zu lassen (Koblenz NJW 68, 897), kann entspr § 444 wie ein Zugeständnis der streitigen Behauptung gewertet werden, soweit der Augenschein zumutbar (bei körperlicher Untersuchung beachte Art 1 I GG und Düsseldorf VersR 85, 457 zur Unzumutbarkeit gesundheitsgefährdender Untersuchungsmethoden) war oder eine materiellrechtl Duldungs- oder Vorstellungspflicht (zB §§ 495 II, 809, 810 BGB; § 418 HGB) bestand (Peters, Beweisvereitelung u Mitwirkungspflicht des Beweisgegners, ZZP 82, 200; BGH NJW 63, 389/90). Das Gericht kann das Bestehen einer – auch aus der prozessualen Förderungspflicht herzuleitenden – Duldungspflicht im Rahmen der Beweiswürdigung (§ 286) prüfen.

6 **c) Weigerung eines Dritten** macht das Beweismittel ungeeignet iS Rn 5 zu § 284, hat also Beweisfälligkeit des Behauptenden zur Folge. Kein Dritter ist zur Mitwirkung durch Duldung verpflichtet; die öffentl-rechtl Zeugnispflicht mit der Möglichkeit von Sanktionen (§ 380) gilt hier nicht entsprechend. Ausnahme nur § 372 a. Wo ein materiell-rechtl Duldungsanspruch des Beweisführers gegen den Dritten besteht (zB §§ 495 II, 809–811 BGB, §§ 45–47 a, 418 HGB), darf u sollte (so insbes bei willkürl Weigerung) das Gericht dem Beweisführer entspr § 431 gem § 356 Gelegenheit geben, den Duldungsanspruch klageweise durchzusetzen. Handelt der Dritte bei der Weigerung im Einvernehmen einer Partei, so ist a oder b anwendbar.

7 Bei **Streit über die Identität** des Augenscheinsgegenstandes entscheidet das Gericht gem §§ 286, 366. Die Beweislast für die Identität entspricht der Beweislast für die streitige Tatsache.

8 **4) Gebühren: a) des Gerichts:** Keine; Auslagenvorschuß: § 68 GKG. – **b) des Anwalts:** Die 10/10 Beweisgebühr für den die Partei vertretenden RA fällt nur an, soweit der Augenschein der beweismäßigen Klärung streitigen Vorbringens dient; bloße Information des Gerichts genügt nicht (Düsseldorf, JurBüro 79, 873 m zust Anm Schneider, Koblenz JurBüro 77, 353, Karlsruhe, MDR 76, 236; Hamm, MDR 74, 764; München, MDR 73, 236 u BayVGH, NJW 71, 2039). S § 359 Rn 7. – Nach Frankfurt, MDR 61, 780, soll bei Streit über den Besitz die anwaltl Beweisgebühr erwachsen, wenn die Sache von der Partei im Termin vorgelegt wird; denn § 34 Abs 1 BRAGO ist hier nicht anzuwenden. Dies trifft wohl auch zu, weil es sich bei der vorgelegten Sache um keine Urkunde handelt.

372 *[Beweisaufnahme]*

(1) Das Prozeßgericht kann anordnen, daß bei der Einnahme des Augenscheins ein oder mehrere Sachverständige zuzuziehen seien.

(2) Es kann einem Mitglied des Prozeßgerichts oder einem anderen Gericht die Einnahme des Augenscheins übertragen, auch die Ernennung der zuzuziehenden Sachverständigen überlassen.

1 **1)** Die Einnahme des Augenscheins erfolgt **grundsätzlich durch das Prozeßgericht** selbst (§ 355), auch wenn die Beweisaufnahme nicht an die Gerichtsstelle, sondern nur „an Ort u Stelle" (§ 219; § 166 GVG) möglich ist. Die Zuziehung eines Sachverständigen hierbei ist Ermessenssache, jedoch dringend geboten, wenn das Ergebnis des Augenscheins Grundlage eines SV-Gutachtens werden soll oder kann. Das Ergebnis (nicht die beweismäßige Würdigung) des Augenscheins ist im Protokoll (§ 160 III 5) festzuhalten (Ausnahme § 161, RG JW 28, 2417), doch genügt Feststellung i Tatbestand des Urteils, wenn das Gericht in gleicher Besetzung (§§ 370, 309) entscheidet (RG HRR 34, 963; BAG NJW 57, 1492).

2 **2)** Dem **beauftragten oder ersuchten Richter** (§§ 361, 362) darf der Augenschein ohne die Einschränkung des § 375 übertragen werden. Protokollierung (§ 160 III 5) ist dann unentbehrlich. Ob der verordnete Richter einen Sachverständigen hinzuzieht (Auswahl § 405), steht in seinem Ermessen, falls nicht das Prozeßgericht die Zuziehung angeordnet hat. – Zulässig ist auch, die Einnahme des Augenscheins einem **Sachverständigen** allein (= begrenzt zulässige Durchbrechung des Grundsatzes der Beweisunmittelbarkeit; hierzu § 355 Rn 2, § 371 Rn 2, § 411 Rn 3) zu überlas-

sen, soweit hierfür bereits Sachkunde erforderlich ist. Der Sachverständige ist dann hinsichtlich seiner tatsächl Feststellung sachverständiger Zeuge (§ 414) und kann in dieser Eigenschaft nicht gem § 406 abgelehnt werden (BGH NJW 65, 1492; MDR 74, 382).

372 a *[Untersuchungen zur Feststellung der Abstammung]*

(1) Soweit es in den Fällen der §§ 1591 und 1600o des Bürgerlichen Gesetzbuchs oder in anderen Fällen zur Feststellung der Abstammung erforderlich ist, hat jede Person Untersuchungen, insbesondere die Entnahme von Blutproben zum Zwecke der Blutgruppenuntersuchung, zu dulden, soweit die Untersuchung nach den anerkannten Grundsätzen der Wissenschaft eine Aufklärung des Sachverhalts verspricht und dem zu Untersuchenden nach der Art der Untersuchung, nach den Folgen ihres Ergebnisses für ihn oder einen der im § 383 Abs. 1 bis 3 bezeichneten Angehörigen und ohne Nachteil für seine Gesundheit zugemutet werden kann.

(2) Die Vorschriften der §§ 386 bis 390 sind entsprechend anzuwenden. Bei wiederholter unberechtigter Verweigerung der Untersuchung kann auch unmittelbarer Zwang angewendet, insbesondere die zwangsweise Vorführung zum Zwecke der Untersuchung angeordnet werden.

Lit: *Beitzke/Hosemann/Dahr/Schade,* Vaterschaftsgutachten für die gerichtl Praxis, 1965; *Bosch,* Die Pflicht zur Duldung von Untersuchungen gem § 372 a, DRiZ 51, 157; *Brühl,* Fragen zur gerichtl Vaterschaftsfeststellung, FamRZ 74, 66; *Hummel,* Das Blutgruppengutachten u seine Bedeutung vor Gericht, NJW 81, 605; *Kretschmer,* Eingriffe in die körperliche Integrität im Zivilprozeß, Diss Würzburg 1976; *Krüpe,* Das forensische Blutgruppengutachten nach dem heutigen Wissensstand, 1970; *Oepen,* Bewertungsskalen in anthropologisch-erbbiologischen Vaterschaftsgutachten, NJW 70, 499; *Oepen/Ritter,* Verhältnis der anthropologisch-erbbiologischen zum Blutgruppengutachten, NJW 77, 2107; *Roth-Stielow,* Beweiswert der Blut- u Ähnlichkeitsgutachten, NJW 77, 2114; *Sautter,* Die Pflicht zur Duldung von Körperuntersuchung nach § 372 a, AcP 161, 215; *Selbherr,* Zumutbarkeit der Untersuchungsduldungspflicht, Diss Tübingen 1962; *Schlosser,* Beweisantrag u SV-Gutachten im Statusprozeß, FamRZ 76, 6; *Schmidt,* Richtlinien für die Erstattung von Blutgruppengutachten, NJW 64, 2200; *Spielmann/Seidl,* Probleme der Biostatistik zur Feststellung der Vaterschaft durch Blutgruppengutachten, NJW 73, 2228; *Teplitzky,* Positiver Vaterschaftsnachweis durch Blutgruppengutachten, NJW 63, 382; *Weber,* Körperl Untersuchung Dritter i Abstammungsprozeß, NJW 63, 574; *Zimmermann,* Positiver Vaterschaftshinweis durch biostatistische Methoden, NJW 73, 546. Zur Biostatistischen Vaterschaftswahrscheinlichkeit und zum Essen-Möller-Verfahren Abhandlungen von *Hummel* NJW 80, 1320; *Spielmann/Seidl* NJW 80, 1322; *Scholl* NJW 80, 1323.

I) Anwendungsbereich: 1) § 372 a erlaubt (ähnlich §§ 81 a–d StPO) erzwingbare (Abs II) Eingriffe in das durch Art 2 GG als Grundrecht geschützte Recht auf körperliche Integrität. Die Vorschrift entspricht der Verfassung (BVerfGE 5, 13 = NJW 56, 986); ihr sind die Parteien u am Verfahren nicht beteiligte Dritte unterworfen. Jedoch sind die Verfahrensvoraussetzungen wegen der Kollision mit Art 2 II GG von Amts wegen streng zu prüfen. 1

2) Anwendbar ist § 372 a nur zum **Nachweis der Abstammung,** hier aber nicht nur im Statusverfahren der §§ 640–644, § 1591 BGB, sondern auch „in anderen Fällen" zB im Unterhaltsprozeß, im Erbrechtsstreit oder im Streit um das Recht zur Namensführung, auch im Verf der freiw Gerichtsbarkeit (§ 15 FGG). Ob die Abstammung Streitgegenstand oder bloße Vorfrage ist, bleibt gleich; doch ist die Frage der Erforderlichkeit u Zumutbarkeit dann uU verschieden zu beantworten. 2

II) Verfahrensvoraussetzungen (Erforderlichkeit, wissenschaftl Methode, Zumutbarkeit): 3
1) Erforderlichkeit: Die Feststellung der Abstammung einer Person muß entscheidungserheblich und beweisbedürftig (Rn 10 vor § 284) sein. Daher fehlt die Erforderlichkeit außerhalb des Statusprozesses im Fall des § 1593 BGB, zB bei Geltendmachung der Unehelichkeit eines Kindes. Erforderlichkeit fehlt auch, solange nicht alle anderen Beweismöglichkeiten erschöpft sind (BGH JZ 51, 643) und wo der Beweisantritt als Ausforschung (Rn 5 vor § 284) unzulässig ist. Wegen dem Umfang der Substantiierungspflicht bei Beweisantritt für Unehelichkeit des Kindes BGH NJW 64, 1179; der BGH neigt entgegen früherer Rspr (RG 169, 284) dazu, entsprechend dem Fortschritt der erbbiologischen Forschung u der steigenden Beweiskraft solcher Gutachten die Zulässigkeit u Erforderlichkeit des Beweises gem § 372 a zu bejahen (BGH NJW 73, 1925; 76, 367 u 369; ebenso Hamburg FamRZ 75, 107). Nürnberg FamRZ 71, 590 hält wegen maßgebl

Beweiskraft erbbiologischer Gutachten im Statusprozeß den Vorwurf der Ausforschung für niemals begründet; beim Fehlen jeglicher Anhaltspunkte für Zweifel an der Abstammung, insbesondere außerhalb des Statusprozesses, geht das zu weit (Celle NJW 71, 1086; Stuttgart NJW 72, 2226; Karlsruhe Justiz 72, 357; Bamberg FamRZ 75, 51). Andererseits kann uU auch die Wiederholung dieser Beweiserhebung erforderlich sein (Nürnberg FamRZ 61, 492; BGH NJW 64, 1184), so insbes bei Entdeckung neuer wissenschaftl Erkenntnisquellen.

4 **2) Wissenschaftliche Methode** der Begutachtung: geeignete Beweismittel sind die Blutgruppenuntersuchung, die erbbiologische Untersuchung (Stuttgart FamRZ 61, 490), die serostatistische Zusatzberechnung (Essen-Möller-Verfahren; BGH 61, 171; BGH NJW 74, 1428 u 2046; 76, 368; Scholl NJW 79, 1913; 80, 1323) u die Feststellung der Zeugungsunfähigkeit (BGH NJW 74, 1428).

5 **a)** Die **Blutgruppenuntersuchung:** Das Blutgruppengutachten kann nur die Unmöglichkeit der Abstammung beweisen (Ritter NJW 74, 590 bedingt abw Teplitzky NJW 63, 382). Beweiskräftige Unterscheidungsmerkmale sind die Blutgruppen A, B, AB, 0, die Untergruppen A1 und A2 (BGH 12, 22), die Rhesusgruppe Cc (BGH 21, 337), die Gruppen M, N und MN (BGH 2, 6), sowie die Gruppen S (Schleswig NJW 68, 1188), Hp, Gc (BGH NJW 63, 1184; FamRZ 66, 660; KG NJW 64, 2210; LG Koblenz NJW 62, 680; LG Köln MDR 62, 309) und Fya (Duffy-System): Stuttgart NJW 68, 2295; Hamm NJW 69, 559. Zur Beweiskraft des Systems der Phosphoglucomutasen LG Aachen NJW 71, 1899. Zum HL-A-System Hamburg NJW 75, 375; Rittner/Baur NJW 76, 1778; Hummel/Schlosser FamRZ 76, 257. Soweit nach dem jeweiligen Stand der Wissenschaft weitere Gruppen als unterscheidungskräftig anerkannt werden, erfolgt Veröffentlichung im Bundesgesundheitsblatt. Gutachterlisten führen die Justizverwaltungen der Länder. Die Entdeckung neuer unterscheidungskräftiger Gruppen rechtfertigt nochmalige Beweiserhebung im anhängigen Verfahren (BGH NJW 64, 1184), nicht aber Wiederaufnahme gem § 580 Nr 7 b (BGH 1, 218).

6 **b) Erbbiologische Gutachten** sind für den negativen und positiven Abstammungsbeweis verwertbar, teilweise aber nur in Verbindung mit Blutgruppengutachten (BGH 2, 13; 7, 120). Als Methoden kommen in Frage der Wahrscheinlichkeitsfaktor der Ähnlichkeit (kein posit Beweiswert: Köln NJW 68, 202; Harrasser NJW 62, 659; Wichmann NJW 63, 383), die Wirbelsäulenmethode nach Kühne (für sich allein nicht beweiskräftig: München FamRZ 69, 655; Hamburg NJW 51, 197; Saller NJW 51, 182; Lenz MDR 49, 323), die Löns-Methode (kein posit Beweiswert; BGH 12, 41 = NJW 54, 553; Dahr NJW 53, 690; Ponsold NJW 53, 1903).

7 **c) Widersprüchliche Beweisergebnisse:** Das erbbiologische Gutachten kann die (eidliche) Zeugenaussage entkräften (BGH NJW 74, 606; 64, 1179 FamRZ 61, 306; JZ 51, 643), während das Blutgruppengutachten das erbbiologische entkräftet (BGH NJW 51, 558; Schleswig NJW 68, 1188), falls ihm nicht im Einzelfall tatsächliche Bedenken begegnen (so für Dirnenfall BGH MDR 82, 930). Zur Tauglichkeit des positiven Abstammungsbeweises durch die Kombination serologischer und anthropologischer (erbbiologischer) Befunde Bremen MDR 83, 937. Daher wird regelm ein erbbiologisches Gutachten erst erforderlich (Rn 3), wenn das Blutgruppengutachten ergebnislos blieb, BGH 61, 165/171. Trotz geringerem Beweiswert der Zeugenaussage wird aber idR Zumutbarkeit (Rn 9 ff) für Beweis gem § 372 a fehlen, solange der angebotene Zeugenbeweis (anders die Parteieinvernahme wegen § 445) nicht erhoben ist.

8 **d)** Wegen der Möglichkeit, das **Verfahren auszusetzen,** bis ein Kind das für die Untersuchung erforderliche Alter hat (nach BGH JZ 51, 643: 2 Jahre), s Rn 10 zu § 148, 1 zu § 252 sowie die Sonderregelung für Kindschaftssachen in § 640 f.

9 **3) Zumutbarkeit** muß vorliegen hinsichtl der Art der Untersuchung und hinsichtl der mögl Folgen des Ergebnisses für die Test-Person u ihre Angehörigen iS § 383 I 1–3.

10 **a) Der Art nach unzumutbar** ist der Beweis gem § 372 a, wo die Abstammung nicht Streitgegenstand, sondern nur Vorfrage ist (Rn 2) *und* bei geringem Streitwert (Bosch DRiZ 51, 110) einfachere Beweismittel zur Verfügung stehen (Rn 7) oder wo gesundheitl Schäden der Testperson zu befürchten sind (Düsseldorf VersR 85, 457). Wegen Art 1 GG unzumutbar stets die unfreiwillige ejaculatio seminis zu Untersuchungszwecken (Sautter aaO S 235). Zumutbarkeit auch zu verneinen, wo dem Beweisangebot keine subst Tatsachenbehauptung zugrundeliegt (wegen Ausforschung s Rn 3). Keine Unzumutbarkeit der Blutentnahme für Zeugen Jehovas, Düsseldorf FamRZ 76, 51. Zu weitgehend wohl Koblenz NJW 76, 379, wonach schon psych Unbehagen die Blutentnahme für die Kindsmutter unzumutbar machen soll. Häufig werden sich Zumutbarkeit u Erforderlichkeit überschneiden; beide müssen vorliegen.

11 **b) Dem Ergebnis nach unzumutbar** ist die Begutachtung, wo ihr mögliches Ergebnis gegenüber dem Streitgegenstand höherwertige Interessen verletzen kann, so zB die Untersuchung des Kindes im Scheidungsprozeß der Eltern, wenn damit der Meineid der Mutter bewiesen werden soll; das gilt selbst bei Zustimmung beider Eltern (BGH NJW 66, 1914). Dagegen ist Untersu-

chung des Kindes trotz gleichem Risiko für die Mutter zumutbar, wenn der Prozeß (anders als die Scheidungsklage) unmittelbaren Interessen des Kindes dient, zB im Unterhalts- oder Ehelichkeitsanfechtungsprozeß (BGH aaO). Das Risiko strafgerichtl Verfolgung der Testperson selbst beseitigt die Zumutbarkeit nach BGH NJW 64, 1469/1471, Frankfurt NJW 79, 1257 u München JZ 52, 426 nicht, wenn die Testperson Partei ist; anders aber, wenn sie nur Zeuge ist oder sonst am Verf nicht beteiligt ist u ihre eigene Konfliktsituation daher nicht zu vertreten hat (BGH aaO; Köln NJW 52, 149). Das Risiko des Verlustes von Unterhaltsansprüchen beseitigt die Zumutbarkeit nicht (Frankfurt NJW 79, 1257; Karlsruhe FamRZ 62, 395; Köln NJW 52, 102; Nürnberg NJW 55, 1883). Zeugnisverweigerungsrecht der Testperson bedingt noch keine Unzumutbarkeit, wenn keine zusätzl Gründe für Unzumutbarkeit vorliegen, denn § 372 a ist Beweis durch Augenschein und SV-Gutachten, kein Zeugenbeweis (Hamburg NJW 53, 1873; kritisch hierzu wegen der abweichenden Regelung in § 81 c III StPO – die hier aber nicht gilt, Frankfurt NJW 79, 1257 – Sieg MDR 80, 24). Gefahr des Prozeßverlustes (Köln NJW 52, 149; 55, 110) oder Gefahr der Strafverfolgung wegen Unrichtigkeit einer Zeugenaussage (Hamm MDR 53, 114) macht die Untersuchung nie unzumutbar, KG NJW 69, 2208; Nürnberg FamRZ 70, 597; Frankfurt NJW 79, 1257.

III) Verfahren: 1) Die **Anordnung des Beweises** erfolgt auf Antrag (§ 371) oder gem § 144 von Amts wegen, letzteres aber nur im Statusprozeß (§§ 640–644), denn im Bereich der Parteiherrschaft (Rn 9 vor § 128) fehlt mangels Beweisantrag der Parteien die Erforderlichkeit (Rn 3). Unzulässig wäre hier immer die vorweggenommene Beweiserhebung von Amts wegen gem § 358 a (s dort Rn 9). 12

2) Rechtsbehelf: gem § 355 II keine Anfechtung der Beweisanordnung durch die als Testperson nicht persönlich betroffene Partei. Trotzdem darf die betroffene Testperson selbst (gleichgültig ob Partei oder Dritter) die Verweigerung der Duldung mit dem Bestreiten jeglicher Verfahrensvoraussetzungen (Rn 3 ff) begründen; insoweit ist entgegen § 355 II auch die Erforderlichkeit zu prüfen, sonst läge Eingriff in ein Grundrecht durch nicht nachprüfbare Ermessensentscheidung vor (München NJW 77, 341; Stuttgart FamRZ 61, 490). Über die Rechtmäßigkeit der Weigerung wird im Zwischenstreit gem §§ 386–390 durch Zwischenurteil (hiergegen sofortige Beschwerde § 387 III, 577) entschieden. Im Zwischenstreit kein Anwaltszwang für den Zeugen (§ 387 II, 569 II 2) wohl aber für die Parteien. Erst nach die Duldungspflicht bejahendem rechtskr Zwischenurteil dürfen die Zwangsmittel gem § 390 verhängt oder die zwangsweise Vorführung angeordnet werden. Zwischenstreit u Zwischenurteil sind aber entbehrlich bei Weigerung ohne Angabe von Gründen, insbes bei einfachem Fernbleiben (Celle MDR 60, 679; Karlsruhe FamRZ 62, 395; abw Nürnberg FamRZ 64, 98 = MDR 64, 242). 13

Das **Weigerungsrecht Minderjähriger** (hierzu Bosch, Grundsatzfragen des Beweisrechts, 1963 S 61 ff; BGH NJW 67, 360; BayObLG NJW 67, 207) wird bis zur Erlangung der hierfür erforderlichen Verstandesreife (idR mit 14 Jahren) durch gesetzl Vertreter, wo dieser Partei ist durch einen Pfleger, ausgeübt. Entbehrlich ist die Beteiligung des gesetzl Vertreters bzw Pflegers jedoch, wenn das Gericht bereits die eigene Weigerung des Kindes als berechtigt anerkennt; vgl § 383 Rn 4. 14

3) Die **Erzwingung der Untersuchung** erfolgt auf Anordnung des Prozeßgerichts gem § 390 nach Belehrung der pflichtigen Person über die Folgepflicht des § 372 a und über die Folgen einer Weigerung (Zweibrücken FamRZ 79, 1072) durch Ordnungsmittel oder gem § 372 a II durch körperl Zwang, letzteres durch den Gerichtsvollzieher, nötigenfalls mit polizeil Hilfe. – Ordnungsmittel gem § 380 ist hier nicht anwendbar (Nürnberg MDR 64, 242; Düsseldorf FamRZ 71, 666). – Wenn die beweisbelastete Partei nach Fristsetzung (§ 356) und erfolgloser Belehrung über die Folgen dieser Beweisvereitelung (§ 286 Rn 14) oder trotz Zwischenurteil die Untersuchung verweigert, kann statt Erzwingung gem § 286 Beweisfälligkeit angenommen werden bzw erbrachter Beweis bei Weigerung des Gegners (BGH NJW 86, 2371 = MDR 86, 831/832). Eine solche (notwendig absichtliche!) Weigerung kann aber nicht bereits aus dem schlichten Nichterscheinen der Partei zum Untersuchungstermin hergeleitet werden (Zweibrücken FamRZ 86, 493; vgl § 640 Rn 48). 15

Siebenter Titel

ZEUGENBEWEIS

373 *[Antretung des Beweises]*
Der Zeugenbeweis wird durch die Benennung der Zeugen und die Bezeichnung der Tatsachen, über welche die Vernehmung der Zeugen stattfinden soll, angetreten.

Lit: s Hinweis vor § 284. Zum Zeugenbeweis außerdem: *Bürck*, Der prozeßbevollmächtigte Zeuge im Zivilprozeß (insbes standesrechtl Untersuchung), NJW 69, 906; *Lenckner*, Zu Aussagepflicht, Zeugnisverweigerungsrecht u Schweigepflicht, NJW 65, 321; *Lepke*, Zur prozessualen Stellung des Kommanditisten mit Prokura, Betrieb 69, 1591; *Reinecke* (zu Beweiswert u Beweiswürdigung der Zeugenaussage) MDR 86, 630; *Schneider*, Die Beeidigung des Zeugen im Zivilprozeß, MDR 69, 429; *R-Schwab* § 123.

Zum **Beweisantritt** allgemein s Rn 3 ff vor § 284.

1 **I) Begriff des Zeugen:** Zeuge ist eine am Verfahren nicht selbst als Partei oder als gesetzl Vertreter einer Partei unmittelbar beteiligte Auskunftsperson, welche auf Antrag einer Partei durch **Aussage über Tatsachen** u tatsächliche Vorgänge Beweis erbringen soll. Zum Begriff der Tatsachen s Rn 4 vor § 284 und § 286 Rn 9 u 9a, zur Beweisfähigkeit von Rechtstatsachen § 288 Rn 2. Durch die Beschränkung auf den Bericht über Tatsachen (dazu gehört die Aussage über Äußerungen Dritter vorbehaltl ihres geringeren Beweiswertes, § 286 Rn 9a; BGH NJW 84, 2039/40; Stuttgart NJW 72, 67) unterscheidet sich der Zeuge vom Sachverständigen; letzterer bekundet subj Wertungen, Schlußfolgerungen u Hypothesen auf Grund vorgegebener Tatsachen. Der sachverständige Zeuge (§ 414) ist echter Zeuge, der seine bes Sachkunde zur Wahrnehmung der bekundeten Tatsachen verwendet hat (BGH MDR 74, 382). – Die Abgrenzung des Tatsachenvortrags von der (dem Zeugen verwehrten) Wertung ist wesentl Aufgabe der Vernehmungstechnik. Der zu Wertungen u Hypothesen neigende Zeuge verliert an Glaubwürdigkeit. Trotzdem ist eine Tatsachenbekundung ohne jede Wertung oft unmöglich; die meisten Eigenschaftsworte setzen Wertungen voraus. Die Grenzziehung ist letztlich Frage der Beweiswürdigung (Rn 9 zu § 286).

2 **II) Die Zeugnispflicht** ist öffentl-rechtl Verpflichtung zur Mitwirkung am Prozeß anderer. Sie obliegt jeder der dtsch Gerichtsbarkeit unterworfenen Person (§§ 18–20 GVG) u besteht in der erzwingbaren (§ 380) Pflicht zum Erscheinen, zur wahrheitsgemäßen Aussage (§ 390) u zur Eidesleistung, nicht jedoch zur Abgabe schriftl Erklärungen iS § 377 III, auch nicht zur eigenen Ermittlung von dem Zeugen unbekannten Tatsachen (RG 48, 395; Köln NJW 73, 1983). Das schließt aber nicht aus, daß der Zeuge verpflichtet ist (§ 163 StGB), sein Wissen an Hand von Aufzeichnungen zu überprüfen u sein Gedächtnis aufzufrischen, Peters ZZP 87, 484. Von einer bürgerl-rechtl Pflicht zur Auskunftserteilung ist die Zeugnispflicht völlig unabhängig. Wegen Entschädigung des Zeugen s § 401.

3 **III) Die Zeugnisfähigkeit: 1) allgemein:** Aussagetüchtig u damit aussagepflichtig ist ohne Rücksicht auf Alter u Geschäftsfähigkeit jede Person, welche die Verstandesreife besitzt, tatsächliche Wahrnehmungen zu machen, diesbezügl Fragen zu verstehen u zu beantworten. Die Fähigkeit zur selbstverantwortlichen Ausübung eines Aussageverweigerungsrechtes ist keine Voraussetzung der Aussagetüchtigkeit (BGHSt 14, 161 = NJW 60, 1396; BGH NJW 67, 360); nötigenfalls bedarf es in den Fällen des § 383 (dort Rn 4) der Zustimmung des gesetzl Vertreters zur Aussage (nicht notw zur Verweigerung, BayObLG NJW 67, 207). Auch ein 14jähriges schwachsinniges Kind kann uU aussagetüchtig sein (BGH NJW 67, 360; vgl § 393). – Wegen der Zeugenaussage des Richters und Urkundsbeamten s §§ 41 Nr 5, 49. Zur Zeugnisfähigkeit des Prozeßbevollmächtigten (grds bejahend) Bürck NJW 69, 906.

4 **2) Im Prozeß kann Zeuge sein,** wer zur Zeit seiner Einvernahme nicht als Partei zu vernehmen ist, also jede natürliche Person mit Ausnahme der prozeßfähigen Partei selbst, des gesetzlichen Vertreters der prozeßunfähigen Partei (§ 52) und der gesetzl Vertretungsorgane der parteifähigen (§ 50) jurist Person u Personenmehrheit (BGH NJW 65, 2253/2254).

5 **a)** Also ist **als Zeuge zu vernehmen:** die nicht selbst prozeßfähige (zB minderjährige oder entmündigte) Partei (BGH NJW 65, 2254; § 383 Rn 2; Ausnahme nur § 455 II, s dort Rn 5); bei der KG der Kommanditist (BGH aaO entgegen RG 32, 398 u 82, 133); der Komplementär der Liquidations-KG, der nicht selber Liquidator ist (BGH 42, 230 = NJW 65, 106); der durch Gesellschaftsvertrag von der Vertretungsmacht ausgeschlossene Gesellschafter der OHG (§ 125 HGB; BGH NJW 65, 2254; Kämmerer NJW 66, 805); der Aktionär im Prozeß der AG (JW 99, 673); der im Zeit-

punkt der Vernehmung bereits ausgeschiedene frühere Gesellschafter der OHG (RG 49, 425) oder sonstige frühere gesetzl Vertreter e Partei (RG 29, 370), falls nicht die Aufgabe der Vertretungsmacht z Zwecke der Erschleichung der Zeugenstellung erfolgte; der gesetzl Vertreter einer Partei, der als solcher im Prozeß nicht auftritt, zB der Pfleger des Prozeßfähigen (s § 53); der Vormund in Sachen, für die ein Pfleger bestellt ist u auftritt; die Mutter des unehel Kindes bei Vertretung durch Amtsvormund (§ 1706 BGB, §§ 37 ff JWG; Karlsruhe FamRZ 73, 104); der Erbe im Prozeß des Testamentvollstreckers; der Gemeinschuldner im Prozeß des KonkVerw (RG 8, 413; 29, 29 u 382); falls er nicht als dessen streitgenössicher Nebenintervenient auftritt (§ 69; RG 46, 405); der Prozeßbevollmächtigte, auch unter Fortdauer dieser Eigenschaft (Hamm MDR 77, 142; Bürck NJW 69, 906); der (Inkasso-)Zedent (RG 44, 374; 81, 161; Nürnberg BB 67, 227; VersR 69, 46; Neustadt MDR 58, 848); der am Ausgang des Prozesses nicht formell, aber materiell beteiligte Dritte, zB Miterbe im Nachlaßprozeß; der einfache **Streitgenosse,** soweit er als Partei nicht selbst betroffen ist (BGH WPM 83, 729; MDR 84, 47; KG OLGZ 77, 244; Düsseldorf MDR 71, 56; BAG JZ 73, 58; abw RG 91, 38). Betroffen idS ist der als Zeuge benannte Streitgenosse im Fall der Anspruchshäufung (§ 260) bei Identität des Streitgegenstands der mehreren Klageansprüche; dabei genügt für Betroffenheit bei unterschiedlichen Klageansprüchen aber bereits Identität des Anspruchsgrundes (so BGH MDR 84, 47 selbst nach Teilurteil über einen der Ansprüche und Rechtsmittel hiergegen). Ob für die „Betroffenheit", also Zeugenunfähigkeit, bereits genügt, daß der Streitgenosse (zB nach Teilurteil) zwar nicht streitgegenständlich, jedoch hinsichtlich der noch ausstehenden Entscheidung über die Kosten des Verfahrens betroffen ist (so Schneider MDR 82, 372; KG MDR 81, 765; RGZ 91, 38), erscheint fraglich. Geht man – wie hier – davon aus, daß niemand Zeuge in eigener Sache sein kann, so ist „Sache" idS nur der Streitgegenstand in seinem Bezug zum Beweisthema (vgl BGH NJW 83, 2508). Die hiervon zu trennende Frage, ob einem Zeugen zuzutrauen ist, über den ihn nicht (mehr) selbst betreffenden Gegenstand seiner Aussage allein aus Gründen der Kostenkonsequenz nicht mehr unbefangen und glaubwürdig auszusagen, ist Gegenstand der Beweiswürdigung, nicht der Zeugenfähigkeit; daß das Kosteninteresse als mittelbares Vermögensinteresse die Zeugenfähigkeit des vom Beweisthema selbst nicht mehr betroffenen Streitgehilfen nicht in Frage stellt, ergibt sich auch aus § 384 Nr 1, wonach in diesem Fall nicht einmal ein Aussageverweigerungsrecht besteht.

b) Als Partei ist zu vernehmen der gesetzl Vertreter (das ist aber nicht der Sondervertreter 6
iSv § 30 BGB; Barfuß NJW 77, 1273) der nicht prozeßfähigen Partei; die nicht prozeßfähige Partei selbst nur im Fall des § 455 II; der streitgenössische Nebenintervenient (§ 69; RG 46, 405); der notwendige Streitgenosse (§ 62); der Bürgermeister einer Gemeinde (LM Nr 1); der Konkursgläubiger im Konkursverfahren (Düsseldorf NJW 64, 2357). In allen diesen Fällen ist aber Voraussetzung, daß die Vertretungsmacht gerade den Streitgegenstand umfaßt. Daher ist zB Zeuge der ges Vertreter oder Vormund in Sachen, für die ein Pfleger bestellt ist (Karlsruhe FamRZ 73, 104), der Vorstand der AG im Fall des § 112 AktG, das Gemeinderatsmitglied im Prozeß der Gemeinde (BayObLGZ 62, 361). Andererseits sind bei Gesamtvertretung alle Vertreter als Partei zu vernehmen, mögen auch nur einzelne als Vertreter im Prozeß auftreten (StJSchL Anm I 3 vor § 373). Maßgeblich bei Wechsel i der Vertretungsmacht ist, wer i Zeitpunkt der Aussage Vertreter ist; gewillkürter Wechsel im Prozeß ist gem § 286 zu würdigen.

c) Die **Einvernahme der Partei als Zeuge oder umgekehrt** ist gem § 295 verzichtbarer Verfah- 7
rensmangel (BGH NJW 65, 2254). Bestehen Zweifel ob eine Person noch gesetzl Vertreter einer Partei ist, so darf das Gericht dennoch die Aussage verwerten, obwohl offen bleibt, ob als Zeugen- oder Parteiaussage (LM Nr 3). Zweifel insofern sind nur bei der Beweiswürdigung (§ 286) zu berücksichtigen (BGH NJW 65, 2254).

IV) 1) Verfahren: Der **Beweisantritt** erfordert die Benennung des Zeugen (wegen „Zeuge NN" 8
s § 356 Rn 4) unter Angabe der ladungsfähigen Anschrift (wegen § 377 I) und des Beweisthemas (§ 377 II 2). Auf Mängel des Beweisantritts hat das Gericht unter Fristsetzung zu deren Behebung (§ 356, BVerfG NJW 85, 3006 = MDR 85, 817) hinzuweisen (§ 139; BGH NJW 74, 188). Wegen Unzulässigkeit des Ausforschungsbeweises s Rn 5 vor § 284.

2) Die Niederschrift der **in anderen Verfahren protokollierten Zeugenaussagen** kann – vorbe- 9
haltlich verfahrensgerechter Beweiserhebung im anderen Verfahren (so BGH NJW 85, 1470 = MDR 85, 567 bzgl Belehrung über ein Aussageverweigerungsrecht) – durch Bezugnahme hierauf als Urkundenbeweis in das Verfahren eingeführt werden (§ 418 I). Einer Zustimmung des Gegners zu diesem Beweisantritt bedarf es nicht (BGH VersR 83, 667). Der **Beweiswürdigung dieses Urkundenbeweises** sind aber Grenzen gesetzt: Aus der Urkunde nicht ersichtliche Umstände können grundsätzlich keine Zweifel an der Richtigkeit dieser protokollierten Aussage rechtfertigen (BGH NJW 82, 580 = MDR 82, 211); andererseits haben solche Urkunden doch keinen zwingenden positiven Beweiswert, der die Freiheit der Beweiswürdigung ausschließen

müßte, denn das Protokoll beweist zwingend nur, was der Zeuge im anderen Verfahren ausgesagt hat, nicht zwingend jedoch auch die Richtigkeit und Vollständigkeit dieser Aussage (Hartung VersR 82, 142), zumal der Zeuge zwischenzeitlich neue Erkenntnisse gewonnen haben kann. Daher darf der Richter Zweifel an der Richtigkeit solcher protokollierten Aussagen auf alle nach Sachlage erkennbaren Umstände stützen, insbesondere auf die Wertung anderer Beweismittel, die dem Gebot der Beweismittelbarkeit (§ 355) gerecht werden, zB andere Urkunden oder Zeugenaussagen vor dem Prozeßgericht. Auf solche Bedenken gegen die Überzeugungskraft des urkundlich eingeführten Beweisergebnisses anderer Verfahren hat das Gericht gemäß § 278 III hinzuweisen (BGH NJW 83, 999/1000), denn **dieser Urkundenbeweis berührt nicht das Recht der Parteien, die unmittelbare** (§ 355) **Anhörung des Zeugen zu beantragen,** wenn Zweifel dieser Art auftauchen (BGHZ 7, 116 = NJW 52, 1171). Daher ist die ausschließliche Verwertung der protokollierten Aussage unzulässig, wenn auch nur eine Partei die Vernehmung des Zeugen im anhängigen Verfahren beantragt (BGH VersR 71, 177). Die zunächst nur den Urkundenbeweis antretende beweisbelastete Partei darf, sobald sie Zweifel an der Überzeugungskraft der Urkunde erkennt, diesen Antrag stellen, ohne sich dem Vorwurf der Verfahrensverzögerung auszusetzen (BGH NJW 83, 999 = MDR 83, 301). Der Gegner kann und muß den Gegenbeweis gegen die Urkunde antreten, indem er die Anhörung dieses (oder anderer) Zeugen beantragt (BGH VersR 70, 322; WPM 73, 560; BAG NJW 68, 957). § 398 steht für beide Parteien hier dem Antrag auf unmittelbare Zeugenvernehmung nicht entgegen.

10 **3)** In Fällen der **Glaubhaftmachung** (§ 294) ist für den Beweisantritt die Gestellung des Zeugen als präsentes Beweismittel erforderlich; Benennung z Zwecke der Ladung genügt regelmäßig (Ausnahme: Antrag gem § 273 II 4) nicht.

11 **V) Amtliche Auskünfte von Behörden** (s § 273 Rn 7) sind weder Zeugen- noch Sachverständigenbeweis (doch können sie ein Sachverständigengutachten beinhalten), trotzdem vollwertiges Beweismittel. Wegen Beiziehung behördl Akten s § 432.

12 **VI)** Jeder Zeuge ist befugt, seine Aussage vor Gericht von der **Anwesenheit seines eigenen Rechtsbeistandes** (auch in nichtöffentlicher Sitzung) abhängig zu machen, BVerfG NJW 75, 103 = MDR 75, 290. Ein eigenes Fragerecht (wie gem § 397 II) und einen Anspruch auf Unkostenerstattung durch Gericht oder Gegner seines Mandanten hat dieser Beistand nicht.

374 (weggefallen)

375 *[Beweisaufnahme]*

(1) Die Aufnahme des Zeugenbeweises darf einem Mitglied des Prozeßgerichts oder einem anderen Gericht nur übertragen werden:

1. **wenn zur Ausmittlung der Wahrheit die Vernehmung des Zeugen an Ort und Stelle dienlich erscheint oder nach gesetzlicher Vorschrift der Zeuge nicht an der Gerichtsstelle, sondern an einem anderen Ort zu vernehmen ist;**
2. **wenn der Zeuge verhindert ist vor dem Prozeßgericht zu erscheinen;**
3. **wenn sich der Zeuge in so großer Entfernung von dem Prozeßgericht aufhält, daß seine Vernehmung vor diesem unzweckmäßig erscheint.**

(2) Der Bundespräsident ist in seiner Wohnung zu vernehmen.

1 **I)** § 375 ist eine der in § 355 I vorgesehenen gesetzl Ausnahmen vom (iS des § 295 verzichtbaren: BGH 40, 179 = NJW 64, 108; MDR 79, 567; Köln NJW 76, 2218) **Grundsatz der Beweisunmittelbarkeit.** Nicht anwendbar ist § 375 für die Abgrenzung der Kompetenz zwischen Kollegium und Einzelrichter des ersten Rechtszuges (wegen Berufungsverfahren s § 524 Rn 18); denn der Einzelrichter ist selbst Prozeßgericht, nicht nur eines der Mitglieder. – Ein Ausnahmefall iS § 375 liegt auch nicht vor, wo das Gericht durch einen Lokaltermin (§ 219) den Grundsatz der Beweisunmittelbarkeit Rechnung tragen kann; doch genügt bereits hoher Geschäftsanfall, um statt eines Lokaltermins die Inanspruchnahme des verordneten Richters als „dienlich" erscheinen zu lassen. – Bei mittelbarer Beweisaufnahme ist die genaue Niederschrift (§ 160 III 4 u § 162) unentbehrlich. Wegen der Form des Rechtshilfeersuchens und seiner Verbindlichkeit für den ersuchten Richter s § 362 Rn 1 u 2.

II) Dem **verordneten Richter** (§§ 361, 362) darf die Beweiserhebung übertragen werden: **1)** Bei **Sachdienlichkeit der Einvernahme außerhalb des Gerichtsbezirks,** zB wenn die Aussage am Tatort oder unter Gegenüberstellung (§ 394 II) eines am Erscheinen verhinderten (Nr 2) anderen Zeugen zweckmäßig ist. Örtlich zuständig ist dann das Amtsgericht des Tatortes oder des Wohn- bzw Aufenthaltsortes des Zeugen, uU daher ein ausländisches Gericht (§ 363), selbst wenn der Zeuge nahe der dtsch Grenze wohnt (München NJW 62, 57). – Sondervorschriften für den Bundespräsidenten (Abs II) u für Regierungsmitglieder u Abgeordnete (§ 382). Keine Zeugnispflicht für der dtsch Gerichtsbarkeit nicht unterstehende Personen (§§ 18–20 GVG). 2

2) Am Erscheinen verhindert ist der **kranke Zeuge,** sofern Ende der Krankheit nicht abzuwarten ist. Keine Verhinderung durch Reisekosten (§ 401 Rn 6). Zur Frage, ob der Zeuge das Betreten seiner Wohnung dulden muß: § 219 Rn 4, § 357 Rn 1. 3

3) Große Entfernung (auch schlechte Verkehrsverbindung) rechtfertigt die kommissarische Vernehmung, wenn die Bedeutung der Sache im Verhältnis zum Zeit- u Kostenaufwand einer Reise zum Prozeßgericht gering ist. Eine Anreise innerhalb des Gerichtsbezirks des LG oder OLG als Prozeßgericht wird in aller Regel zumutbar u geboten sein. Wegen Reisekostenvorschuß s § 14 ZuSEG. Wegen Beweiserhebung im Ausland s §§ 363, 364. 4

III) Verfahren: Die auswärtige Beweisaufnahme läßt den Grundsatz der Parteiöffentlichkeit (§ 357) unberührt. § 357 II sieht für die Bekanntgabe des Beweistermins zwar nur formlose Mitteilung an die Parteien vor (im Anwaltsprozeß Mitteilung an die Anwälte nötig u ausreichend, § 176), doch gilt hierfür im Interesse des Mitwirkungsrechts der Parteien an der Beweisaufnahme (§ 397) § 217 (Ladungsfrist) entsprechend (Teplitzky NJW 73, 1675), wie überhaupt statt der wenig zweckmäßigen Regelung in § 357 II Ladung der Parteien zu empfehlen ist. – Zu den Folgen der unzulässigen Übertragung der Sache an den „Einzelrichter zur Durchführung der Beweisaufnahme" s § 348 Rn 4. Zur Befugnis des verordneten Richters (gem § 78 II ohne Anwaltszwang), Sühnegespräche zu führen u einen Prozeßvergleich entgegenzunehmen § 279 Rn 2. Zur Eidesleistung vor dem verordneten Richter s § 479 und § 391 Rn 6. 5

376 *[Vernehmung bei Amtsverschwiegenheit]*

(1) Für die Vernehmung von Richtern, Beamten und anderen Personen des öffentlichen Dienstes als Zeugen über Umstände, auf die sich ihre Pflicht zur Amtsverschwiegenheit bezieht, und für die Genehmigung zur Aussage gelten die besonderen beamtenrechtlichen Vorschriften.

(2) Für die Mitglieder der Bundes- oder einer Landesregierung gelten die für sie maßgebenden besonderen Vorschriften.

(3) Eine Genehmigung in den Fällen der Absätze 1, 2 ist durch das Prozeßgericht einzuholen und dem Zeugen bekanntzumachen.

(4) Der Bundespräsident kann das Zeugnis verweigern, wenn die Ablegung des Zeugnisses dem Wohl des Bundes oder eines deutschen Landes Nachteile bereiten würde.

(5) Diese Vorschriften gelten auch, wenn die vorgenannten Personen nicht mehr im öffentlichen Dienst sind, soweit es sich um Tatsachen handelt, die sich während ihrer Dienstzeit ereignet haben oder ihnen während ihrer Dienstzeit zur Kenntnis gelangt sind.

I) Über **Aussagepflicht, Schweigepflicht und Zeugnisverweigerungsrecht** allg s Lenckner NJW 65, 321. – § 376 (ebenso § 54 StPO, § 98 VwGO, § 46 ArbGG) löst ebenso wie §§ 383, 384, 408 II, die Konfliktsituation zwischen obj Wahrheitsfindung u Geheimnisschutz zugunsten der Verschwiegenheit (Ausnahme: § 28 II BVerfGG). Während bei §§ 383, 384 geschütztes Rechtsgut der Persönlichkeitsschutz (Art 2 GG) der Auskunftsperson und ihrer Angehörigen ist, wird durch §§ 376, 408 II das öffentliche Interesse an der Geheimhaltung der dem Gemeinwohl dienenden Geheimnisse geschützt. Ob im Einzelfall eine Aussage das Gemeinwohl gefährdet, soll der Entscheidung der Aufsichtsbehörde, nicht dem Zeugen oder dem Gericht überlassen bleiben (§§ 61, 62 BBG = unten Rn 7). Strafandrohung: § 353b StGB. Die Verschwiegenheitspflicht des Beamten usw ist Amtspflicht iS § 839 BGB. 1

II) Betroffener Personenkreis: 1) Richter sind die in § 1 DRiG genannten Berufsrichter und ehrenamtlichen Richter des Bundes u der Länder. Über deren Verschwiegenheitspflicht s §§ 43, 45 I DRiG bzgl Beratung u Abstimmung in Rechtssachen. Eine weitergehende den beamtenrechtl Vorschriften angeglichene Verschwiegenheitspflicht über sonstige dienstl Belange besteht nur für die Berufsrichter nach Maßgabe der Richtergesetze der Länder (Bayern Ges v 11. 1. 1977, 2

GVBl 27). Dem Beratungsgeheimnis unterliegen auch Schiedsrichter (BGH 23, 141; RG 129, 17) u die Mitglieder des Ehrengerichts der Rechtsanwälte (RG JW 31, 1069); eine Befreiung von dieser Verschwiegenheitspflicht setzt die Aussagebewilligung aller Beteiligten, also der Parteien und der übrigen Mitglieder des Spruchkörpers voraus.

3 **2) Beamte** sind die nach den Beamtengesetzen des Bundes (BBG i der Fassung v 27. 2. 1985, BGBl I 480) und der Länder (**Baden-Württemberg** v 8. 8. 1979, GBl 397; **Bayern** v 17. 11. 1978, GVBl 832; **Berlin** v 20. 2. 1979, GVBl 368; **Bremen** v 3. 3.1978, GVBl 107; **Hamburg** v 6. 1. 1970, GVBl 9; **Hessen** v 16. 2. 1970, GVBl 109; **Niedersachsen** v 28. 9. 1978, GVBl 677; **Nordrh-Westfalen** v 1. 5. 1981, GVBl 234; **Rhld-Pfalz** v 14. 7. 1970, GVBl 242; **Saarland** v 13. 6. 1979, ABl 570; **Schleswig-Holstein** v 10. 5. 1979, GVBl 299) zu Beamten auf Lebenszeit, auf Probe und auf Widerruf ernannten Bediensteten des Bundes, der Länder, der Gemeinden u Gemeindeverbänden, sowie der Körperschaften, Stiftungen u Anstalten des öffentl Rechts.

4 **3) Andere Personen des öffentl Dienstes** sind die Arbeiter u Angestellten der in Rn 3 genannten Körperschaften, Anstalten, Stiftungen usw, soweit sie hoheitl Aufgaben (vgl § 839 BGB) wahrnehmen, vgl Art 33 IV GG. Die Verschwiegenheitspflicht dieser Personen ergibt sich nicht mehr aus „beamtenrechtl Vorschriften" (RechtsVOen), sondern aus den Tarifverträgen für den tarifgebundenen Bediensteten, sonst aus den Anstellungsverträgen. Daher gilt für diesen Personenkreis nicht mehr § 376 (StJSchL Anm II 3), sondern nur noch §§ 383 I Nr 5, 384 Nr 3. – Zur amtl Verschwiegenheitspflicht der **Notare** s § 18 BNotO, der **Soldaten** s § 14 des Ges v 22. 4. 1969, BGBl III 51–1, der **Angehörigen ausländ Streitkräfte** s Art 18 Zusatz-Abk zum NTS (BGBl 61 II 1218).

5 **4) Regierungsmitglieder,** soweit sie nicht ohnedies Beamte sind (für Mitgl der Bundesregierung § 6 des Ges v 27. 7. 1971, BGBl I 1166; entsprechende Regelungen enthalten die Landesgesetze; StJSchL Anm II 4). Wegen der Schweigepflicht der parlamentarischen Abgeordneten s § 383 Rn 16.

6 **III) Gegenstand der Verschwiegenheitspflicht** sind alle den in Rn 2–5 genannten Person bei Ausübung ihrer amtl Tätigkeit bekanntgewordenen Angelegenheiten.

7 **IV)** Die **beamtengesetzl Regelung der Verschwiegenheitspflicht** ist nach dem BBG und den Beamtengesetzen der Länder im wesentlichen inhaltsgleich. Die §§ 61, 62 des **BBG** v 1. 10. 1961 id Fassung v 27. 2. 1985, BGBl I 480, lauten:

§ 61. (1) Der Beamte hat, auch nach Beendigung des Beamtenverhältnisses, über die ihm bei seiner amtlichen Tätigkeit bekanntgewordenen Angelegenheiten Verschwiegenheit zu bewahren. Dies gilt nicht für Mitteilungen im dienstlichen Verkehr oder über Tatsachen, die offenkundig sind oder ihrer Bedeutung nach keiner Geheimhaltung bedürfen.

(2) Der Beamte darf ohne Genehmigung über solche Angelegenheiten weder vor Gericht noch außergerichtlich aussagen oder Erklärungen abgeben. Die Genehmigung erteilt der Dienstvorgesetzte oder, wenn das Beamtenverhältnis beendet ist, der letzte Dienstvorgesetzte.

(3) Der Beamte hat, auch nach Beendigung des Beamtenverhältnisses, auf Verlangen des Dienstvorgesetzten oder des letzten Dienstvorgesetzten amtliche Schriftstücke, Zeichnungen, bildliche Darstellungen sowie Aufzeichnungen jeder Art über dienstliche Vorgänge, auch soweit es sich um Wiedergaben handelt, herauszugeben. Die gleiche Verpflichtung trifft seine Hinterbliebenen und seine Erben.

(4) Unberührt bleibt die gesetzlich begründete Pflicht des Beamten, strafbare Handlungen anzuzeigen und bei Gefährdung der freiheitlichen demokratischen Grundordnung für deren Erhaltung einzutreten.

§ 62. (1) Die Genehmigung, als Zeuge auszusagen, darf nur versagt werden, wenn die Aussage dem Wohle des Bundes oder eines deutschen Landes Nachteile bereiten oder die Erfüllung öffentlicher Aufgaben ernstlich gefährden oder erheblich erschweren würde.

(2) Die Genehmigung, ein Gutachten zu erstatten, kann versagt werden, wenn die Erstattung den dienstlichen Interessen Nachteile bereiten würde.

(3) Ist der Beamte Partei oder Beschuldigter in einem gerichtlichen Verfahren oder soll sein Vorbringen der Wahrnehmung seiner berechtigten Interessen dienen, so soll die Genehmigung auch dann, wenn die Voraussetzungen des Absatzes 1 erfüllt sind, nur versagt werden, wenn die dienstlichen Rücksichten dies unabweisbar erfordern. Wird sie versagt, so hat der Dienstvorgesetzte dem Beamten den Schutz zu gewähren, den die dienstlichen Rücksichten zulassen.

(4) Über die Versagung der Genehmigung entscheidet die oberste Aufsichtsbehörde.

8 Den Rahmen der einschlägigen u deshalb wörtl übereinstimmenden Landesgesetze gibt § 39 des **Beamtenrechts-Rahmengesetzes** v 17. 7. 1971 BGBl I 1025:

§ 39. (1) Der Beamte hat, auch nach Beendigung des Beamtenverhältnisses, über die ihm bei seiner amtlichen Tätigkeit bekanntgewordenen Angelegenheiten Verschwiegenheit zu bewahren. Dies gilt nicht für Mitteilungen im dienstlichen Verkehr oder über Tatsachen, die offenkundig sind oder ihrer Bedeutung nach keiner Geheimhaltung bedürfen.

(2) Der Beamte darf ohne Genehmigung über solche Angelegenheiten weder vor Gericht noch außerge-

richtlich aussagen oder Erklärungen abgeben. Die Genehmigung erteilt der Dienstherr oder, wenn das Beamtenverhältnis beendet ist, der letzte Dienstherr. Hat sich der Vorgang, der den Gegenstand der Äußerung bildet, bei einem früheren Dienstherrn ereignet, so darf die Genehmigung nur mit dessen Zustimmung erteilt werden.

(3) Die Genehmigung, als Zeuge auszusagen, darf nur versagt werden, wenn die Aussage dem Wohle des Bundes oder eines deutschen Landes Nachteile bereiten oder die Erfüllung öffentlicher Aufgaben ernstlich gefährden oder erheblich erschweren würde. Durch Gesetz kann bestimmt werden, daß die Verweigerung der Genehmigung zur Aussage vor Untersuchungsausschüssen des Bundestags oder der Volksvertretung eines Landes einer Nachprüfung unterzogen werden kann. Die Genehmigung, ein Gutachten zu erstatten, kann versagt werden, wenn die Erstattung den dienstlichen Interessen Nachteile bereiten würde.

(4) Ist der Beamte Partei oder Beschuldigter in einem gerichtlichen Verfahren oder soll sein Vorbringen der Wahrnehmung seiner berechtigten Interessen dienen, so darf die Genehmigung auch dann, wenn die Voraussetzungen des Absatzes 3 Satz 1 erfüllt sind, nur versagt werden, wenn die dienstlichen Rücksichten dies unabweisbar erfordern. Wird sie versagt, so ist dem Beamten der Schutz zu gewähren, den die dienstlichen Rücksichten zulassen.

Im wesentlichen inhaltsgleich ist auch die gesetzl Regelung für Regierungsmitglieder (oben Rn 5), für Angehörige u Bedienstete der in Dtschld stationierten ausländ Truppen (Art 11 u 15 Truppenvertrag, BGBl 55, II, 321), für Notare (§ 18 BNotO) sowie die Regelung der Verschwiegenheitspflicht für Arbeiter und Angestellte im öfftl Dienst in den Tarifverträgen bzw Dienstverträgen. 9

V) Verfahren: Für die Vernehmung der genannten Personen, gleichgültig ob als Partei, Zeuge oder Sachverständiger, hat das Prozeßgericht schon vor der Ladung der Auskunftsperson die Aussagegenehmigung der zuständigen Aufsichtsbehörde einzuholen (Abs III). Wegen der zuständigen Behörde für Beamte, deren Dienststelle nicht mehr besteht, s Art 13 Ges v 28. XI. 52 (BGBl I 749); der BMJ hat mit Vfg v 18. IV. 67 für diesen Personenkreis generelle Aussagegenehmigung über vor dem 8. 5. 45 liegende Vorgänge erteilt. – Bis zur Erteilung der amtl Aussagegenehmigung, die das Beweisthema decken muß, besteht ein unverzichtbares Vernehmungsverbot. Das Beweismittel ist ungeeignet iS § 284 Rn 5, doch obliegt die Behebung des Hindernisses dem Gericht. Die einmal erteilte Aussagegenehmigung gilt grds für alle Rechtszüge (BGH Betrieb 69, 703). 10

Die erteilte Genehmigung ist der Auskunftsperson mit der Ladung mitzuteilen, andernfalls ihr Fernbleiben bei schriftl Aussageverweigerung als entschuldigt gilt (§ 386 III). Gegen die Versagung der Aussagegenehmigung steht den Parteien, nicht dem Prozeßgericht, der Verwaltungsrechtsweg offen (BVerwG NJW 71, 160; ggf Aussetzung des Verfahrens). Das Prozeßgericht hat insoweit kein Prüfungsrecht (abw § 28 II BVerfGG) u muß das Beweismittel als nicht verfügbar (Rn 5 zu § 284) behandeln. 11

377 *[Zeugenladung]*

(1) Die Ladung der Zeugen ist von der Geschäftsstelle unter Bezugnahme auf den Beweisbeschluß auszufertigen und von Amts wegen mitzuteilen. Sie wird, sofern nicht das Gericht die Zustellung anordnet, formlos übersandt.

(2) Die Ladung muß enthalten:

1. **die Bezeichnung der Parteien;**
2. **den Gegenstand der Vernehmung;**
3. **die Anweisung, zur Ablegung des Zeugnisses bei Vermeidung der durch das Gesetz angedrohten Ordnungsmittel in dem nach Zeit und Ort zu bezeichnenden Termin zu erscheinen.**

(3) Bildet den Gegenstand der Vernehmung eine Auskunft, die der Zeuge voraussichtlich an der Hand seiner Bücher oder anderer Aufzeichnungen zu geben hat, so kann das Gericht anordnen, daß der Zeuge zum Termin nicht zu erscheinen braucht, wenn er vorher eine schriftliche Beantwortung der Beweisfrage unter eidesstattlicher Versicherung ihrer Richtigkeit einreicht.

(4) Das gleiche kann auch in anderen Fällen geschehen, sofern das Gericht nach Lage der Sache, insbesondere mit Rücksicht auf den Inhalt der Beweisfrage, eine schriftliche Erklärung des Zeugen für ausreichend erachtet und die Parteien damit einverstanden sind.

I) Form der Ladung: Terminsmitteilung von Amts wegen durch die Geschäftsstelle. Förmliche Ladung nur auf bes Anordnung des Gerichts (zB bei Besorgnis unentschuldigten Fernbleibens). Die Ladung soll von der Einzahlung des Auslagenvorschusses (§§ 379, 401; § 68 GKG) 1 abhängig gemacht werden. Ladung im Ausland befindl Zeugen vor ein deutsches Gericht ist formal zulässig (§ 199), aber nicht gem § 380 erzwingbar, daher selten zweckmäßig (vgl München NJW 62, 57 über die grundsätzl Unzulässigkeit, Ausländer mit grenznahem Wohnsitz vor das nächstgelegene dtsch Gericht zu laden, anstatt gem § 363 zu verfahren). Ladung (i der Form des Ersuchens, sich bereit zu halten) ist auch nötig, wenn die Beweisaufnahme gem §§ 219, 375 I 2 i der Wohnung des Zeugen erfolgt (so auch bei Ladung des Bundespräsidenten § 375 II, der Regierungsmitglieder u Abgeordneten § 382 und der aussagebereiten Exterritorialen § 18 GVG). Wegen der Ladung deutscher Soldaten und von Angehörigen der Stationierungstruppen in Dtschld s Rn 8, 9 vor § 166. Minderjährige Zeugen (hierzu Rn 3 zu § 373) sind zweckmäßig zu Händen ihres gesetzl Vertreters zu laden (Folgen des Ausbleibens dann: § 380 Rn 7).

2 **II) Inhalt der Ladung** – Inhaltsmängel verbieten Zwangsmaßnahmen gem § 380 –: 1) **Bezeichnung der Parteien** (vgl § 253 II 1);

3 **2) Angabe des Vernehmungsgrundes:** es genügt die summarische Bezeichnung des streitigen Sachverhalts, soweit das erforderlich ist, um dem Zeugen eine Vorbereitung der Aussage (zum Umfang der Vorbereitungspflicht s § 373 Rn 2) zu ermöglichen. Angabe des förmlichen Beweisthemas (§ 359 Nr 1) ist entbehrlich, bei am Ausgang des Rechtsstreits persönl interessierten Zeugen uU sogar untunlich, wenn damit dem Zeugen eine Parteibehauptung „in den Mund gelegt" würde. Auch bei vorbereitender Ladung (§ 273 II 4) ist Bekanntgabe des Beweisthemas Voraussetzung für Anwendung von Ordnungsmitteln (§ 380), s § 273 Rn 10.

4 **3)** Hinweis auf die Säumnisfolge gem § 380. **Inhaltliche Mängel der Ladung** befreien nicht von der Pflicht, zu erscheinen und auszusagen, sie sind aber Entschuldigungsgrund iS § 381.

5 **III)** Die **schriftliche Beantwortung der Beweisfrage** ist Zeugen-, nicht Urkundenbeweis. Daher schriftl Befragung grds nicht durch den Beweisführer (BGH MDR 70, 135; s aber § 294 Rn 5 für Glaubhaftmachung), sondern durch das Gericht. Sie ist, auch bei vorbereitender Anordnung gem § 358a, bereits Durchführung u nicht nur Vorbereitung der Beweisaufnahme (Hamm NJW 66, 1370), setzt daher streitige Einlassung des Gegners voraus.

6 **1) Voraussetzung der schriftl Befragung** ist **a)** daß **Gegenstand der Aussage** der Inhalt von Aufzeichnungen (des Zeugen selbst oder dritter Personen) ist, welche der Zeuge besitzt (keine Beschaffungspflicht!) und nicht erst erstellen müßte (keine Erstellungspflicht!), oder

7 **b)** die Parteien in anderen Fällen unter **Verzicht auf Beweisunmittelbarkeit** (§ 355) u Parteiöffentlichkeit (§ 357) mit der schriftl Befragung des Zeugen einverstanden sind. Bei Streitwert bis 500 DM bedarf es dieses Einverständnisses nicht (§ 128 III). Einverständniserklärung ist Prozeßhandlung (Rn 17 vor § 128), daher nicht mehr wiederruflich, sobald schriftl Befragung angeordnet ist. Für nachträgl Antrag auf Vorladung gilt § 398 (BGH LM Nr 4). Wo Einverständnis mit schriftl Entscheidung erklärt ist (§ 128 II), kann darin auch Einverständnis mit schriftl Befragung liegen (KG DR 40, 1693), doch ist mit dem Beweisbeschluß die Einverständniserklärung iS § 128 II verbraucht (Rn 16 zu § 128).

8 **Unzulässig ist die schriftl Befragung** zeugnisunfähiger Personen (Rn 3 zu § 373). Auf ein dem Gericht bekanntes Recht des Zeugen, die Aussage oder den Eid zu verweigern (§§ 383, 384, 393), soll er in der Aufforderung hingewiesen werden. In Ehe-, Kindschafts- u Entmündigungssachen ist die schriftl Befragung zwar zulässig (RG DR 40, 1585 gegen RG 130, 9), aber aus Gründen des Ermittlungsgrundsatzes regelm unzweckmäßig.

9 **2) Anordnung** nur durch das Prozeßgericht, niemals durch den verordneten Richter (§§ 361, 362), denn dieser hat den Auftrag (der doch bei schriftl Befragung überflüssig gewesen wäre) so auszuführen, wie er erteilt ist (§ 158 GVG). Sie kann, muß aber nicht mit einer Terminsbestimmung verbunden werden.

10 **3) Verfahren:** Der Zeuge muß keine schriftl Auskunft geben. Lehnt er es ab oder geht die Auskunft nicht innerhalb gesetzter Frist ein, ist er zum Termin zu laden (falls das nicht bereits vorsorgl geschehen war). Bei Eingang der Auskunft ist diese sofort den Parteien (formlos) mitzuteilen u unverzüglich (§ 216 II) ein alsbaldiger (§ 272 III) Termin zur mündl Verhandlung u Beweiserörterung (§ 285) zu bestimmen. Antrag auf persönl Ladung des Zeugen nach erteilter schriftl Auskunft ist im Fall Abs IV (anders Abs III, weil hierfür Einverständnis der Parteien fehlte) nach § 398 zu behandeln, jedoch regelm zweckmäßig. – Eine schriftl Auskunft, deren Richtigkeit nicht eidesstattl versichert ist (zB von Ausländern, vgl Rn 1 zu § 363), kann als Urkundenbeweis Berücksichtigung finden.

11 **IV) Gebühren:** Keine für die formlose Ladung. Nur für die förmliche Ladung, die idR durch die Post mit Zustellungsurkunde geschieht, ist die für den Postzustellungsauftrag an die Post zu entrichtende Auftragsgebühr (§ 39 PostO) als Gerichtsauslage zu beheben (KV Nr 1902); Höhe (Anl Nr 34 zu § 1 Postgebührenordnung) zZt 5 DM. – Vorschußpflicht nach § 68 Abs 1 GKG besteht außer für die Entschädigung des Zeugen bei der förmlichen Ladung auch für die durch

die Zustellung anfallenden Gerichtsauslagen. – Die durch Justizbedienstete nach §§ 211, 212 ZPO ausgeführten Zustellungen stehen bezüglich des Auslagenansatzes den Zustellungen durch die Post gleich (KV Nr 1902 Hs 2). – Hinsichtl der Entschädigung des Zeugen s Rn 8 zu § 401.

378 (weggefallen)

379 *[Auslagenvorschuß]*

Das Gericht kann die Ladung des Zeugen davon abhängig machen, daß der Beweisführer einen hinreichenden Vorschuß zur Deckung der Auslagen zahlt, die der Staatskasse durch die Vernehmung des Zeugen erwachsen. Wird der Vorschuß nicht innerhalb der bestimmten Frist gezahlt, so unterbleibt die Ladung, wenn die Zahlung nicht so zeitig nachgeholt wird, daß die Vernehmung durchgeführt werden kann, ohne daß dadurch nach der freien Überzeugung des Gerichts das Verfahren verzögert wird.

Lit: Zur Auslegung des § 379, insbes zu den Folgen versäumter Einzahlung des Auslagenvorschusses *Bachmann* DRiZ 84, 401; *Rixecker* NJW 84, 2135; *Sass* MDR 85, 96; *Schmid* MDR 82, 94; *Weber* MDR 79, 799.

I) 1) Anwendungsbereich: § 379 gilt nur für Zeugen- u Sachverständigenladung (§ 402), ebenso 1
für die Einholung eines schriftl Gutachtens (§ 411), BGH 6, 398; BGH NJW 64, 658. Daneben entsprechende Vorschußpflicht der Parteien gem § 68 GKG für alle sonstigen mit notw Auslagen verbundenen Prozeßhandlungen des Gerichts, so für Einnahme des Augenscheins § 371, Durchführung von Terminen außerhalb der Gerichtsstelle (§§ 219, 375); ebenso für Schreibauslagen (zB § 299). Sonderregelung für Offenbarungshaft in § 911. Für die Inanspruchnahme von Dolmetschern u Übersetzern (§§ 185, 186 GVG) gilt § 379 entsprechend (§ 402 ZPO, § 17 II ZuSEG); nur ausnahmsweise besteht keine Vorschußpflicht für die Hinzuziehung eines Dolmetschers zur gemäß § 141, 279 angeordneten Verhandlung mit der ausländischen Partei (aM Schmid, MDR 82, 94/97, der § 379 ganz allgemein nicht auf Dolmetscher und Übersetzer anwenden will).

2) Anordnung der Vorschußleistung steht im **Ermessen des Gerichts.** Bei Ausübung des Er- 2
messens sind einerseits das Beschleunigungsbedürfnis des Verfahrens, andererseits das fiskalische Interesse der Justizkasse u auch das Schutzbedürfnis des Klägers gegenüber kostspieligen Beweisanträgen des Bekl (s § 49 GKG) gegeneinander abzuwägen (Röbke NJW 86, 237; Schmid MDR 82, 94). Vorschußpflicht des Beweisführers entfällt nicht bereits deshalb, weil im Rahmen des § 144 die beantragte Beweisaufnahme auch von Amts wegen erfolgen dürfte (Düsseldorf MDR 74, 321; strenger BGH MDR 76, 396; Pietzcker GRUR 76, 213; vgl § 144 Rn 1). Zurückhaltung ist geboten bei vorschußfrei angeordneter Beweisanordnung gem § 358 a vor dem Haupttermin; hier ist (besonders bei Einholung kostspieliger SV-Gutachten) die Beweisbedürftigkeit u Entscheidungserheblichkeit (Rn 9, 10 vor § 284) streng zu prüfen. – Andererseits darf das Gericht eine Beweiserhebung nicht bereits wegen der damit verbundenen Kosten (zB bei geringem Streitwert) als „unökonomisch" ablehnen (BVerfG NJW 79, 413). Das Prozeßrisiko gegen das Kostenrisiko abzuwägen ist allein Sache der beweisbelasteten Partei.

3) Keine Vorschußpflicht besteht, wo Kostenfreiheit gilt, so für den Fiskus gem § 2 GKG und 3
soweit Prozeßkostenhilfe bewilligt wurde; hier ggf im Rahmen des § 122 II auch zugunsten des Gegners der armen Partei, falls nicht die Beweisaufnahme ausschließlich dessen Widerklage betrifft: RG 55, 270; KG OLGZ 71, 424. Verzichtserklärung des Zeugen (über deren Widerruflichkeit vgl Varrentrapp NJW 62, 903 u München NJW 75, 2108) beseitigt Vorschußpflicht, auch wenn Vorschußleistung bereits angeordnet war (BVerfG NJW 86, 833). Keine Vorschußpflicht auch, soweit das Gericht die Beweiserhebung von Amts wegen anordnet (BGH FamRZ 69, 477; KG MDR 62, 744; RG 109, 67; 155, 39), zB gem § 144 (s dort Rn 1); § 68 GKG gilt hier nicht. Der BGH (LM Nr 1 = MDR 64, 502) bejaht Vorschußpflicht für die Partei, welche die Ladung des Sachverständigen zur mündlichen Erläuterung des Gutachtens (§ 411) beantragt; das gilt aber nicht (vom BGH offengelassen), wo die Partei gem §§ 402, 397 dem Sachverständigen Fragen bezüglich eines von Amts wegen eingeholten schriftlichen Gutachtens stellen will (Rn 1 zu § 144). Keine Vorschußpflicht auch für die Ladung der Partei gem § 445, weil die Partei ihre hierbei anfallenden Auslagen erst gem §§ 91, 104 liquidieren kann.

4) Schuldner des Vorschusses ist der Beweisführer, das ist ohne Rücksicht auf die Beweislast 4
(Rn 15 ff vor § 284) die Partei, welche den Beweis angeboten hat (§ 359 Nr 3). Die Beweislast

bestimmt den Schuldner aber, wenn beide Parteien den Beweis angeboten haben (Schmid MDR 82, 96; aM Bachmann DRiZ 84, 401, der hier beide Parteien uneingeschränkt als vorschußpflichtig ansieht, und Düsseldorf MDR 74, 321, das hier beide Parteien als Gesamtschuldner ansieht). Beweisantritt des Streitgehilfen macht nicht diesen, sondern die unterstützte Partei zum Schuldner. Wer die Anhörung des Sachverständigen (§ 411 III) beantragt, trägt insoweit die Vorschußlast, auch wenn das schriftl Gutachten vom Gegner beantragt worden war (BGH MDR 64, 502). Das BVerfG (NJW 82, 983) hat die auf einer Verwechslung der Parteien bzgl der Vorschußpflichtigkeit beruhende Entscheidung eines Gerichts wegen Verstoßes gegen Art 3 GG aufgehoben.

5 **5)** Die **Höhe des Vorschusses** ist i der Anordnung zu beziffern. Nachträgl Erhöhung ist zulässig, München OLGZ 78, 484 = MDR 78, 412. Der Vorschuß soll ausreichen, die voraussichtlichen Auslagen (über deren Höhe s ZuSEG) zu decken. Daher abzulehnen Frankfurt OLGZ 68, 436, wonach der einmal eingeforderte Auslagenvorschuß für SV-Gutachten nicht nachträglich erhöht werden dürfe, obwohl er tatsächlich nicht ausreicht. Wegen der Maßgeblichkeit der Höhe des Vorschusses für den Gebührenanspruch des Sachverständigen s § 413 Rn 6.

6 **6)** Die **Anordnung der Vorschußleistung** obliegt dem Prozeßgericht, dem verordneten Richter nur im Falle des § 405. Mit der Anordnung soll die Fristsetzung verbunden werden (RG JW 38, 3136). Anordnung und Fristsetzung sind (ohne mündliche Verhandlung) jederzeit nachholbar, nach Frankfurt OLGZ 68, 438 jedoch nicht mehr nach erfolgter Ladung. Das schließt aber nicht aus, einen weiteren Vorschuß anzuordnen, wenn sich dieser (so insbes bei SV-Gutachten) nachträglich als erforderlich erweist (Rn 5). Die Frist ist eine richterliche iS § 224 II, daher Verlängerung und Abkürzung möglich (§ 356 Rn 6). Im Anwaltsprozeß ist eine Frist von weniger als 3 Wochen idR unangemessen kurz (Frankfurt NJW 86, 732). – **Anfechtbar** ist die Anordnung nur, wo sie trotz Bewilligung der Prozeßkostenhilfe ergeht: § 127 (RG 55, 268). In allen übrigen Fällen bleibt bei unberechtigter Anordnung (zB in unangemessener Höhe, in unzumutbar kurzer Frist oder bei Belastung des Gegners des Beweisführers) nur die Gegenvorstellung (Abhilfe gem § 360) oder Anfechtung des Urteils, KG OLGZ 71, 424; Frankfurt Rpfleger 73, 63. Zum Rechtsbehelf gegen zu hoch festgesetzte (§ 104) Kosten für Zeugen oder Sachverständige s § 401 Rn 5 und § 5 GKG.

7 **II) Folgen der Fristsäumung:** Die Ladung unterbleibt (§ 230, also auch ohne Androhung der Ausschlußfolge, Frankfurt OLGZ 68, 436; vgl entspr § 356 Rn 7), der Termin bleibt aber bestehen. Einzahlung oder Beibringung einer Gebührenverzichtserklärung des Zeugen oder SV nach Fristablauf erfordert (soweit das zeitlich noch möglich ist) trotzdem Ladung des Zeugen, denn die Versäumung der Zahlungsfrist hat noch keine Ausschlußwirkung (BVerfG NJW 86, 833; abw Weber MDR 79, 799) und § 296 I (wohl aber § 296 II; BVerfG NJW 85, 1150) gilt für diese Frist nicht (BGH NJW 80, 343 = MDR 80, 225; NJW 82, 2560 = MDR 82, 1012). Nachfristsetzung gem § 356 ist zulässig, nach dem Gesetz aber nicht grundsätzlich erforderlich (§ 356 Rn 4 am Ende). Der ohne Ladung erschienene oder mitgebrachte Zeuge ist trotz unterbliebener Vorschußleistung zu vernehmen (Frankfurt OLGZ 68, 436; s aber zu den Rechten des Beweisgegners, sich einer sofortigen Vernehmung präsentierter Zeugen zu widersetzen, § 278 Rn 3 und § 296 Rn 13) und hat dann (nach Stuttgart MDR 64, 857 sogar bei unterbliebener Vernehmung; s insoweit aber § 401 Rn 2) gem § 1 ZuSEG einen Entschädigungsanspruch.

8 Wurde mangels Vorschußzahlung der Zeuge im ersten Rechtszug nicht geladen, so ist er bei Zahlung im Berufungsverfahren – vorbehaltlich § 528 II – zu laden; jedoch kommt ein Ausschluß gemäß § 528 II nicht bereits dann in Betracht, wenn der Zeuge trotz Vorschußzahlung und Ladung aus einem anderen Grund, den dann der Beweisführer nicht zu vertreten hat, nicht erscheint (BGH NJW 82, 2560 = MDR 82, 1012; hierzu § 296 Rn 25, § 528 Rn 32).

380 *[Folgen des Ausbleibens des Zeugen]*

(1) Einem ordnungsgemäß geladenen Zeugen, der nicht erscheint, werden, ohne daß es eines Antrages bedarf, die durch das Ausbleiben verursachten Kosten auferlegt. Zugleich wird gegen ihn ein Ordnungsgeld und für den Fall, daß dieses nicht beigetrieben werden kann, Ordnungshaft festgesetzt.

(2) Im Falle wiederholten Ausbleibens wird das Ordnungsmittel noch einmal festgesetzt; auch kann die zwangsweise Vorführung des Zeugen angeordnet werden.

(3) Gegen diese Beschlüsse findet die Beschwerde statt.

Lit: *Bergerfurth*, Das Ausbleiben des Zeugen im Zivilprozeß, JZ 71, 84.

1) Abs I. Ordnungsmäßig geladen ist der Zeuge, wenn ihm die Ladung rechtzeitig (§ 217 gilt hier aber nicht) und mit dem in § 377 II vorgeschriebenen Inhalt übermittelt wurde (§ 377, also formlose Mitteilung ausreichend), oder wenn er, was zulässig ist, nach Kenntnisnahme vom Termin durch Erklärung gegenüber dem Gericht auf Ladung verzichtet hat. Ohne Bekanntgabe des Beweisthemas sind Zwangsmittel (Rn 5, 6) gegen den Zeugen nicht zulässig (Celle OLGZ 77, 366; Frankfurt MDR 79, 236). Wegen Reisekostenvorschuß s § 401 Rn 6. – Wegen **Ladung von Soldaten** s Nr B 17 ff des Erlasses der BMVert v 16. 3. 1982, abgedruckt in Rn 8 vor § 166. 1

Nichterschienen ist der Zeuge, wenn er trotz Erscheinenspflicht (Ausnahme hiervon §§ 375 II, 377 III, IV, 382, 386 III) nicht erscheint, in einem die Vernehmung unmöglich machenden (zB betrunkenen) Zustand erscheint (Bergerfurth aaO S 85; Kaiser NJW 68, 185), sich vor Aufruf wieder entfernt (§ 220 II) oder seine sitzungspolizeiliche Entfernung (§ 158; § 177 GVG) notwendig gemacht hat; im letzteren Falle Verurteilung zu den wegen des „Ausbleibens" verursachten Kosten, nicht aber zu e Ordnungsgeld u zur zwangsweisen Vorführung gem § 380 I u II, da hier die Sonderbestimmungen der §§ 177, 178 GVG gelten. 2

Folgen der Säumnis: Ohne Antrag – also selbst bei Verzicht des Beweisführers auf die Vernehmung OLG 20, 322 – ist durch Beschluß des Gerichts, gem § 400 des verordneten Richters, der säumige Zeuge zur Kostentragung u zur Zahlung des Ordnungsgeldes zu verpflichten. Das Ordnungsgeld ist Ungehorsamsfolge nichtkrimineller Art, daher grundsätzlich auch dann verwirkt, wenn sich die Vernehmung des trotz ordnungsgemäßer Ladung säumigen Zeugen im Termin als entbehrlich erweist (zB bei Wegfall der Beweiserheblichkeit oder bei Verzicht gem § 380; Frankfurt OLGZ 83, 458); trotzdem sieht (wohl vertretbar) Frankfurt, NJW 72, 2093, entsprechend § 153 I StPO, § 47 OWiG bei geringem Verschulden von Ordnungsgeld ab, wenn Ausbleiben des Zeugen ohne nachteilige Auswirkung auf das Verfahren. Die Kostenfolge bleibt, sofern i dem Fall Mehrkosten überhaupt entstehen, aber bestehen. 3

a) Kostenfolge, zB Reisekosten für den vergeblichen Termin. Insoweit sind die Parteien antrags- u bei Ablehnung beschwerdeberechtigt. Festsetzung der Kosten gegen den Zeugen gem §§ 104, 794 I 2. Der Beschluß gem § 380 (ebenso §§ 89, 390, 409) ist VollstrTitel iS § 103. Soweit er über säumnisbedingte Mehrkosten befindet, können diese gem §§ 91, 104 gegen die in der Hauptsache unterlegene Partei nur u erst dann festgesetzt werden, wenn dem Rechtspfleger (§ 104) die Uneinbringlichkeit der dem Zeugen auferlegten Kosten (durch Pfandabstandsprotokoll, Mitteilung über unbekannten Aufenthalt usw) glaubhaft gemacht u der Anspruch gegen den Zeugen von der obsiegenden an die unterlegene Partei abgetreten wird; München JurBüro 68, 645 = NJW 68, 1727. – Wegen der Kosten der erfolgreichen Beschwerde s unten Rn 10. 4

b) Ordnungsgeld 5 bis 1000 DM. Hierfür, sowie für Beitreibung, Stundung, Umwandlung in Ordnungshaft u Verjährung gelten die Art 6–9 des **EGStGB** v 2. 3. 1974 (BGBl I 469): 5

Art 6. (1) Droht das Bundesgesetz Ordnungsgeld oder Zwangsgeld an, ohne dessen Mindest- oder Höchstmaß zu bestimmen, so beträgt das Mindestmaß fünf, das Höchstmaß tausend Deutsche Mark. Droht das Landesgesetz Ordnungsgeld an, so gilt Satz 1 entsprechend.

(2) Droht das Gesetz Ordnungshaft an, ohne das Mindest- oder Höchstmaß zu bestimmen, so beträgt das Mindestmaß einen Tag, das Höchstmaß sechs Wochen. Die Ordnungshaft wird in diesem Fall nach Tagen bemessen.

Art 7. (1) Ist dem Betroffenen nach seinen wirtschaftlichen Verhältnissen nicht zuzumuten, das Ordnungsgeld sofort zu zahlen, so wird ihm eine Zahlungsfrist bewilligt oder gestattet, das Ordnungsgeld in bestimmten Teilbeträgen zu zahlen. Dabei kann angeordnet werden, daß die Vergünstigung, das Ordnungsgeld in bestimmten Teilbeträgen zu zahlen, entfällt, wenn der Betroffene einen Teilbetrag nicht rechtzeitig zahlt.

(2) Nach Festsetzung des Ordnungsgeldes entscheidet über die Bewilligung von Zahlungserleichterungen nach Abs 1 die Stelle, der die Vollstreckung des Ordnungsgeldes obliegt. Sie kann eine Entscheidung über Zahlungserleichterungen nachträglich ändern oder aufheben. Dabei darf sie von einer vorausgegangenen Entscheidung zum Nachteil des Betroffenen nur auf Grund neuer Tatsachen oder Beweismittel abweichen.

(3) Entfällt die Vergünstigung nach Abs 1 Satz 2, das Ordnungsgeld in bestimmten Teilbeträgen zu zahlen, so wird dies in den Akten vermerkt. Dem Betroffenen kann erneut eine Zahlungserleichterung bewilligt werden.

(4) Über Einwendungen gegen Anordnungen nach den Abs 2 und 8 entscheidet die Stelle, die das Ordnungsgeld festgesetzt hat, wenn einer anderen Stelle die Vollstreckung obliegt.

Art 8. (1) Kann das Ordnungsgeld nicht beigetrieben werden und ist die Festsetzung der für diesen Fall vorgesehenen Ordnungshaft unterblieben, so wandelt das Gericht das Ordnungsgeld nachträglich in Ordnungshaft um. Das Gericht entscheidet nach Anhörung der Beteiligten durch Beschluß.

(2) Das Gericht ordnet an, daß die Vollstreckung der Ordnungshaft, die an Stelle eines uneinbringlichen Ordnungsgeldes festgesetzt worden ist, unterbleibt, wenn die Vollstreckung für den Betroffenen eine unbillige Härte wäre.

Art 9. (1) Die Verjährung schließt die Festsetzung von Ordnungsgeld und Ordnungshaft aus. Die Verjährungsfrist beträgt, soweit das Gesetz nichts anderes bestimmt, zwei Jahre. Die Verjährung beginnt, sobald die Handlung beendet ist. Die Verjährung ruht, solange nach dem Gesetz das Verfahren zur Festsetzung des Ordnungsgeldes nicht begonnen oder nicht fortgesetzt werden kann.

(2) Die Verjährung schließt auch die Vollstreckung des Ordnungsgeldes und der Ordnungshaft aus. Die Verjährungsfrist beträgt zwei Jahre. Die Verjährung beginnt, sobald das Ordnungsmittel vollstreckbar ist. Die Verjährung ruht, solange

1. nach dem Gesetz die Vollstreckung nicht begonnen oder nicht fortgesetzt werden kann,
2. die Vollstreckung ausgesetzt ist oder
3. eine Zahlungserleichterung bewilligt ist.

6 Der Anordnung der Ersatz-**Ordnungshaft** von 1 Tag bis höchstens 6 Wochen steht Art 7 des 1. StrRG v 25. 6. 1969 (BGBl I 645) nicht entgegen (Hamm NJW 73, 1133; Düsseldorf MDR 73, 592). Zuständig für die Beitreibung des Ordnungsgeldes u Vollstreckung der Ordnungshaft ist gem 31 III RPflG vorbehaltl des richterlichen Weisungsrechts der Rechtspfleger (hierzu Mümmler Büro 75, 582).

7 c) Gegen **minderjährige Zeugen** (§ 373 Rn 3) sind Zwangsmaßnahmen nur auszusprechen, soweit von ihrer Schuldfähigkeit (niemals unter 14 Jahren) auszugehen ist (LG Bremen NJW 70, 1430; Hamm NJW 65, 1613; StJSchL Anm II 3). Für Maßnahmen gegen die Eltern des Kindes fehlt eine gesetzliche Grundlage.

8 **2) Abs II.** Ist der Zeuge wegen Ausbleibens schon einmal bestraft u bleibt er in ders Sache wieder aus, so kann mehrfach (nicht nur ein zweites Mal KG NJW 60, 1726 = MDR 60, 768; abw Celle OLGZ 75, 372; Karlsruhe NJW 67, 2166) auf Ordnungsgeld erkannt und daneben auch die **zwangsweise Vorführung** (durch den Gerichtswachtmeister oder -vollzieher auf Grund Vorführungsbefehls des Vorsitzenden) angeordnet werden, Gebühr § 26 GVKostG. In einem anderen Gerichtsbezirk wohnende Zeugen führt der GV des Wohnsitzes des Zeugen vor; so selbst bei großer Entfernung zum Prozeßgericht LG Regensburg DGVZ 80, 171. Ihm ist zu übersenden: VorführBeschluß, Vorschuß u Vorführ-Auftrag. Zur Überwindung von Widerstand Zuziehung polizeilicher Vollzugsorgane möglich (Bay GVBl 1953, 189). – Wegen der Vorführung von Soldaten s Nr C 29 des Erlasses vom 16. 3. 1982, abgedruckt in Rn 8 vor § 166.

9 Die Kosten des GV für die Vorführung (§§ 26, 35, 37 GVKostG) gelten als Auslagen des Gerichts, § 3 III GVKostG. Der GV teilt seine Kosten dem Gericht mit, das sie einzuziehen und nach Eingang an den GV auszuzahlen hat, §§ 4 (III) 2 GVKostG, 77 a GVO, 21, 27 VII KostVfg. Die Reisekosten und Schreibgebühren kann der GV bereits beim Anfall aus der Staatskasse verlangen, § 11 Nr 10 GVO.

10 **3) Abs III. Beschwerde:** Einlegung schriftl oder zu Protokoll des UrkBeamten § 569 II; aufschiebende Wirkung § 572. Gegen die Entscheidung des beauftragten oder ersuchten Richters Herbeiführung der Entscheidung des ProzGer, §§ 400, 576 (abw LG Frankenthal NJW 61, 1363: Beschwerde z örtl übergeordneten Gericht). Beschwerdeberechtigt ist auch die Partei, wenn dem Zeugen „die durch sein Ausbleiben verursachten Kosten" nicht auferlegt sind. Die Verbindung der Beschwerde mit der Entschuldigung nach § 381 (dort Rn 4) ist zulässig. Keine Beschw geg Beschl des OLG § 567 III. – Weitere Beschw ist (vorbehaltlich § 567 III und § 568 II; Köln MDR 86, 594) zulässig; § 568 III gilt hierfür nicht). – Die Kosten der erfolgreichen Beschwerde des Zeugen (das können nur dessen Auslagen sein; wegen Gerichtskosten s Rn 11) sind nicht der Staatskasse aufzuerlegen (so aber Hamm MDR 80, 322; Bamberg MDR 82, 585; ThP Anm 3c), sondern dem Zeugen gemäß § 11 ZuSEG als notwendige Auslagen (so insbes bei anwaltschaftl Vertretung des Zeugen im Beschwerdeverfahren) zu Lasten der letztlich nach der Kostenfolge des Urteils kostenpflichtigen Partei zu erstatten. Einer Kostenentscheidung im Verfahren der erfolgreichen Beschwerde bedarf es daher nicht (Düsseldorf MDR 85, 60; Frankfurt MDR 84, 322; BLH Anm 3).

11 **4) Gebühren: a) des Gerichts:** Keine, da durch die allgemeine Verfahrensgebühr abgegolten (§ 1 Abs 1 GKG). – Beschwerdeverfahren 1 Gebühr, soweit die Beschwerde verworfen od zurückgewiesen wird (KV Nr 1181). – **b) des Anwalts:** Für das Beschwerdeverfahren: 5/10 Gebühr (§ 61 Abs 1 Nr 1 BRAGO).

381 *[Nachträgliche Entschuldigung des Zeugen]*

(1) Die Festsetzung eines Ordnungsmittels und die Auferlegung der Kosten sowie die Anordnung der zwangsweisen Vorführung unterbleiben, wenn der Zeuge glaubhaft macht, daß ihm die Ladung nicht rechtzeitig zugegangen ist, oder wenn sein Ausbleiben genügend entschuldigt ist. Erfolgt die Glaubhaftmachung oder die genügende Entschuldigung nachträglich, so werden die gegen den Zeugen getroffenen Anordnungen wieder aufgehoben.

(2) Die Anzeigen und Gesuche des Zeugen können schriftlich oder zum Protokoll der Geschäftsstelle oder mündlich in dem zur Vernehmung bestimmten neuen Termin angebracht werden.

1) Glaubhaftmachung (§ 294): Die Ladung mußte nicht förmlich zugestellt, konnte vielmehr auch in einfachem Brief übersandt werden. Nichtzurückkommen der Sendung beweist zunächst Briefannahme u damit Ladung. Was als **Entschuldigungsgrund** gilt, entscheidet das Gericht bzw der beauftragte oder ersuchte Richter nach freiem Ermessen. „Genügend" ist die Entschuldigung nur dann, wenn der Zeuge Tatsachen vorträgt, die es dem Gericht möglich machen, zu prüfen, ob die vorgebrachten Gründe das Ausbleiben des Zeugen rechtfertigen (Frankfurt NJW 57, 1725). Der säumige Zeuge trägt hierbei die Darlegungslast, jedoch keine Beweislast. 1

Beispiele: Krankheit, Betriebsstörung der Straßenbahn, Unkenntnis von der Zustellung der Ladung an e Ersatzperson, schwere Erkrankung od Tod des nächsten Angehörigen des Zeugen; unaufschiebbare Geschäfte (einschränkend Hamm MDR 74, 330). Dagegen rechtfertigt der Umstand, daß der als Zeuge geladene Anwalt zur Terminszeit anderweit vor Gericht beschäftigt ist, s Nichterscheinen im Vernehmungstermin nicht, da die Zeugnispflicht seinen Berufspflichten vorgeht (einschränkend hierzu BFH NJW 75, 1248). Hat der Zeuge vor dem Termin dem Gericht angezeigt, daß er aus irgendeinem Grund nicht erscheinen könne, so gilt er als entschuldigt, wenn er auf s Anzeige keine Antwort erhält. Entschuldigung mit „Vergessen des Termins" ist keine Entschuldigung, es sei denn, wichtige Ereignisse (Tod e nahen Verwandten) waren die Ursache hierfür (so auch München NJW 57, 306). Genügend ist eine nachträgl Entschuldigung dann nicht, soweit sie schuldhaft verspätet erfolgt, sie zB pflichtwidrig erst nach dem Termin od so spät geltend gemacht wurde, daß der Termin nicht mehr abgesetzt und die Beteiligten nicht mehr rechtzeitig abgeladen werden konnten (Düsseldorf MDR 69, 149). 2

Hinsichtlich der zur **Glaubhaftmachung des Entschuldigungsgrundes** erforderl Zeugnisse usw dürfen nicht allzu hohe Anforderung gestellt werden. Insbesondere wird die Vorlage ärztlicher Zeugnisse und die Einreichung von Zeugnissen der Gemeindevorsteher oder Polizeibehörden als genügend anzusehen sein, RG 56, 79. Hält das Gericht durch das vom Zeugen eingereichte ärztl Zeugnis der Krankheit, die am Erscheinen verhindern soll, nicht für hinreichend glaubhaft, so kann es eine Ermittlung von Amts wegen durch den Amtsarzt veranlassen, deren Kosten den Zeugen treffen, falls sich seine Weigerung als unberechtigt herausstellt, RG 54, 430; 56, 79. 3

Der Zeuge hat die **Wahl zwischen nachträglicher Entschuldigung und Beschwerde** gem § 380 III. Mit letzterer können auch Entschuldigungsgründe vorgebracht werden, über die das Instanzgericht zunächst nach § 381 befinden kann (zur Kostenentscheidung in diesem Fall LG Mainz Rpfleger 74, 74). Wird die nachträgliche Entschuldigung verworfen, so steht dem Zeugen immer noch die Beschwerde zu. 4

2) Aufhebung der Anordnungen durch dem Zeugen u den Parteien mitzuteilenden Beschluß; wenn verkündet, Mitteilung nur an den Zeugen. Hat ein beauftragter oder ersuchter Richter die Anordnung erlassen, so kann sie entweder vom Prozeßgericht oder auch vom verordneten Richter (§ 400) abgeändert oder aufgehoben werden. Lehnt der verordnete Richter die Aufhebung ab, ist erst Abhilfe beim Prozeßgericht nachzusuchen (§ 576 I), erst dann Beschwerde wie Rn 3 zu § 380. Der die Anordnung aufhebende Beschluß kann nur von den Parteien hinsichtl des Ausspruchs wegen „Auferlegung der Kosten" mit Beschw angefochten werden. Bei Strafaufhebung kann der Zeuge nur Rückzahlung des Ordnungsgeldes, nicht auch Zinsen u Porto verlangen, JW 95, 598. Konnte der Zeuge sich rechtzeitig vor dem Termin entschuldigen, so ist, wenn dies nachträgl geschieht, nur die Anordnung des Ordnungsgeldes, nicht auch der Kostenbeschluß aufzuheben (abw Karlsruhe NJW 72, 589 unter Außerachtlassung des Umstands, daß die schuldhaft verspätete Entschuldigung jedenfalls hinsichtlich der hierdurch verursachten Mehrkosten nicht „genügend" ist u deshalb die Kostenlast der Säumigen rechtfertigt). 5

382 *[Vernehmung an bestimmtem Ort]*

(1) Die Mitglieder der Bundesregierung oder einer Landesregierung sind an ihrem Amtssitz oder, wenn sie sich außerhalb ihres Amtssitzes aufhalten, an ihrem Aufenthaltsort zu vernehmen.

(2) Die Mitglieder des Bundestages, des Bundesrates, eines Landtages oder einer zweiten Kammer sind während ihres Aufenthaltes am Sitz der Versammlung dort zu vernehmen.

(3) Zu einer Abweichung von den vorstehenden Vorschriften bedarf es:
für die Mitglieder der Bundesregierung der Genehmigung der Bundesregierung,

für die Mitglieder einer Landesregierung der Genehmigung der Landesregierung,

für die Mitglieder einer der im Absatz 2 genannten Versammlungen der Genehmigung dieser Versammlung.

1 **1)** Die Vernehmung der Regierungsmitglieder u Abgeordneten hat „an ihrem **Amtssitz**", dh an der für diesen Sitz örtl zuständigen Gerichtsstelle (§ 219), nicht im Regierungs- oder Parlamentsgebäude zu erfolgen. Ausnahme nur gem § 375 II für den Bundespräsidenten. Eine „zweite Kammer" kennt nur die BayerVerf (Art 34: Senat).

2 **2) Abweichungen** von Abs I u II bedürfen – auch bei Zustimmung des Zeugen – der durch das Prozeßgericht einzuholenden Genehmigung der jew Regierung bzw des Parlaments, denn das Vorrecht ist für das einzelne Mitglied (wie Art 46 GG) unverzichtbar (abw StJSchL Anm IV). Zum Aussageverweigerungsrecht der Abgeordneten s § 383 Rn 16 sowie Art 47 GG u die entspr Vorschriften i den Landesverfassungen. Zur Verschwiegenheitspflicht der Regierungsmitglieder s § 376 Rn 5.

3 Abs II gilt für Abgeordnete **nicht außerhalb der Sitzungswochen** des Parlaments. Daher zweckmäßig Einholung des Zeitplans der Sitzungswochen von der Parlamentsverwaltung u Terminsbestimmung auf sitzungsfreie Zeit.

383 *[Zeugnisverweigerung]*

(1) Zur Verweigerung des Zeugnisses sind berechtigt:

1. **Der Verlobte einer Partei;**
2. **der Ehegatte einer Partei, auch wenn die Ehe nicht mehr besteht;**
3. **diejenigen, die mit einer Partei in gerader Linie verwandt, verschwägert oder durch Adoption verbunden oder in der Seitenlinie bis zum dritten Grade verwandt oder bis zum zweiten Grade verschwägert sind, auch wenn die Ehe, durch welche die Schwägerschaft begründet ist, nicht mehr besteht;**
4. **Geistliche in Ansehung desjenigen, was ihnen bei der Ausübung der Seelsorge anvertraut ist;**
5. **Personen, die bei der Vorbereitung, Herstellung oder Verbreitung von periodischen Druckwerken oder Rundfunksendungen berufsmäßig mitwirken oder mitgewirkt haben, über die Person des Verfassers, Einsenders oder Gewährsmanns von Beiträgen und Unterlagen sowie über die ihnen im Hinblick auf ihre Tätigkeit gemachten Mitteilungen, soweit es sich um Beiträge, Unterlagen und Mitteilungen für den redaktionellen Teil handelt;**
6. **Personen, denen kraft ihres Amtes, Standes oder Gewerbes Tatsachen anvertraut sind, deren Geheimhaltung durch ihre Natur oder durch gesetzliche Vorschrift geboten ist, in betreff der Tatsachen, auf welche die Verpflichtung zur Verschwiegenheit sich bezieht.**

(2) Die unter Nr. 1 bis 3 bezeichneten Personen sind vor der Vernehmung über ihr Recht zur Verweigerung des Zeugnisses zu belehren.

(3) Die Vernehmung der unter Nr. 4 bis 6 bezeichneten Personen ist, auch wenn das Zeugnis nicht verweigert wird, auf Tatsachen nicht zu richten, in Ansehung welcher erhellt, daß ohne Verletzung der Verpflichtung zur Verschwiegenheit ein Zeugnis nicht abgelegt werden kann.

1 **I) 1) Das Recht der Zeugnisverweigerung** enthält – mit Ausnahme von § 383 I 5 und anders als § 376 – kein von Amts wegen zu beachtendes Vernehmungsverbot, sondern ein verzichtbares Recht des Zeugen. Das Gericht ist lediglich verpflichtet, den Zeugen in den Fällen der Nr 1 bis 3 über das (gem § 385 I eingeschränkte) Recht zu belehren (Abs II). In den Fällen der Nr 4 bis 6 entfällt die Belehrungspflicht, weil die Schweigepflicht des im öffentl Dienst stehenden Zeugen ohnedies gem § 376 von Amts wegen zu beachten ist, und das Schweigerecht aus privatgewerblichen Gründen als dem Zeugen hinreichend bekannt unterstellt wird (s unten Rn 22).

1a Das durch die persönliche Beziehung des Zeugen zu einer Partei bestimmte Zeugnisverweigerungsrecht **(Abs I Nr 1–3) gilt unabhängig vom Beweisthema** allgemein, denn es dient (vorbehaltlich § 385) der Vermeidung einer Konfliktsituation innerhalb der Familie. **Anders** das durch die berufliche Funktion des Zeugen bedingte Zeugnisverweigerungsrecht **(Abs I Nr 4–6)**: hier **ist darauf abzustellen, ob in dem durch das Beweisthema bestimmten Einzelfall** die Aussage in einen **Konflikt mit** dem durch **Berufspflichten des Zeugen** bedingten Vertrauenstatbestand geraten könnte. Ein solcher Konflikt besteht insbesondere dann nicht, wenn das Beweisthema eine Tatsache betrifft, deren Offenlegung dem wirklichen oder (nach dem Tod der geschützten

Person) mutmaßlichen Willen der durch § 383 geschützten Person entspricht. Daher ist zB der bei Abfassung eines Testaments mitwirkende Notar (Köln OLGZ 82, 1/4) oder Rechtsanwalt (Köln Rpfleger 85, 494) auch ohne Ermächtigung gemäß § 385 II über die Willensbildung des Testators aussagepflichtig.

2) Zur Aussageverweigerung **berechtigt ist nur der Zeuge und** (§ 402) **Sachverständige,** niemals die Partei im Fall der §§ 445 ff, sofern sie nicht wegen Prozeßunfähigkeit als Zeuge in eigener Sache zu vernehmen ist (BGH NJW 65, 2254; Rn 5 zu § 373), auch nicht die auskunftspflichtige Partei im Offenbarungsverfahren (abw Belzer NJW 61, 446 gegen die dort zit Rspr). Wo das Schweigerecht aus der **persönl Beziehung des Zeugen zu einer Partei,** bei einer jur Person zu deren Vertretungsorgan, hergeleitet wird (Nr 1–3), genügt die entspr Beziehung zu lediglich einem von mehreren Streitgenossen, falls dieser von der Beweisfrage tangiert wird (OLG 19, 113), ebenso zu einem (auch unselbst) Streitgehilfen. Beziehung zum bloßen Streitverkündeten genügt vor dessen Beitritt nicht, ebensowenig Beziehung zur Partei kraft Amtes (vgl § 51 Rn 7), weil gegenüber letzterer die in § 383 vorausgesetzte persönl Konfliktslage fehlt. Daher gilt hier § 383 analog nur für das Verhältnis des Zeugen zu der amtl vertretenen Person, zB zum Gemeinschuldner im Prozeß des Konkursverwalters, Lent ZZP 52 (1927), 14/17 ff. 2

3) Als Ausnahme v Grundsatz der Aussagepflicht (§ 380) läßt § 383 (ebenso § 384) **keine Ausweitung auf andere Fälle der Schweigepflicht** zu, insbes sind vertragl vereinbarte Schweigepflichten vor Gericht nicht zu berücksichtigen (JW 30, 767). Unzulässig ist auch die Aussageverweigerung wegen eines im Gerichtssaal befindlichen Kreuzes (trotz § 481 II; Nürnberg NJW 66, 1926; anders nur für Juden BVerfG NJW 73, 2196). 3

4) Der **minderjährige Zeuge** darf von einem Aussageverweigerungsrecht selbständig Gebrauch machen (Düsseldorf FamRZ 73, 547); will er trotzdem aussagen, so bedarf der Verzicht auf das Weigerungsrecht der Genehmigung des gesetzl Vertreters (§ 385 Rn 10); im Scheidungsprozeß muß ein hierfür zu bestellender Pfleger genehmigen (BayObLG NJW 67, 207; Stuttgart MDR 86, 58; FamRZ 65, 516; Hamm OLGZ 72, 158; vgl auch BGH St 12, 240; 14, 159). Das Kind ist zu belehren, daß es die Aussage ungeachtet der Bewilligung des gesetzl Vertreters verweigern darf (BayObLG NJW 67, 2273). Ist nur ein Elternteil Partei, muß der andere der Aussage des Kindes zustimmen (Stuttgart NJW 71, 2237), soweit nicht bei Interessenkollision (§ 1629 BGB) ein Pfleger zu bestellen ist (noch weitergehend Schoene NJW 72, 931). Nur ausnahmsweise bei vom Gericht kritisch zu würdigender Verstandesreife des mdj Zeugen (BayObLGZ 85, 53) hat dessen Aussagebereitschaft den Vorrang vor der fehlenden Zustimmung des gesetzl Vertreters; ein absolutes Vetorecht des gesetzl Vertreters bis zur Erreichung der Volljährigkeit gibt es nicht (abw Staudinger/Donau BGB § 1626 Rdn 75; wie hier: StJSchL Anm I 1b). Wegen Zwischenstreit s § 387 Rn 3. Wegen der Aussagefähigkeit minderjähriger Zeugen allgem s Rn 3 zu § 373. 4

5) Der **Tod des Vertrauensgebers** berührt das standesrechtl bedingte Schweigerecht (Abs I Nr 4–6) grundsätzlich nicht (so für den Arzt BGH NJW 84, 2894 = MDR 84, 919; LSG München NJW 62, 1789; für den Rechtsanwalt BayObLG NJW 66, 1664; Düsseldorf NJW 59, 821; für den Steuerberater, Stuttgart OLGZ 83, 6 = MDR 83, 237). Das gilt selbst für Aussagen über die Testierfähigkeit des Verstorbenen (München aaO; einschränkend LG Augsburg NJW 64, 1186 mit abl Anm von Lenckner); s aber oben Rn 1a zur Aussagepflicht über den *Inhalt und das Zustandekommen* einer letztwilligen Verfügung. Die Erben sind zur Entbindung von der Schweigepflicht nur insoweit gem § 385 II berechtigt, als das geschützte Rechtsgut mit dem Nachlaß auf sie überging (§ 1922 BGB), regelm daher nur im vermögensrechtl Bereich u nicht hinsichtl der persönl Intimsphäre des Verstorbenen (LG Augsburg NJW 64, 1189; Stuttgart MDR 83, 236 = OLGZ 83, 6/9 ff m weit Hinw). Nürnberg MDR 75, 937 bejaht Aussageverweigerungsrecht der Witwe im Interesse der Ehre des Ehemannes. 5

6) Die **Aussageverweigerung** ist zulässig bis zum Abschluß der Vernehmung, sie **kann** daher **auf einen Teil der Aussage u auf die Eidesleistung beschränkt werden.** Hat der Zeuge trotz Belehrung über das Verweigerungsrecht (Abs II) ausgesagt, so darf, wenn er in einem späteren Verfahren die Aussage über das gleiche Thema verweigert, die frühere Aussage doch verwertet werden (zu dieser urkundenbeweislichen Verwertung § 373 Rn 9), mag sie auch in diesem Fall wegen des mögl Motivs des Meinungswechsels besonders kritisch zu würdigen sein (§ 286); die Vorschrift des § 252 StPO gilt hier nicht entsprechend. 6

7) Der Beweisführer hat keinen Einfluß auf die Ausübung des Aussageverweigerungsrechtes durch den Zeugen (vgl aber § 385 II!); eine ihm nachteilige **Beweiswürdigung der Verweigerung** ist daher grds unzulässig, sofern nicht besondere, konkret festgestellte Indizien Rückschlüsse für die einer Partei nachteilige Beweiswürdigung rechtfertigen (BGHZ 26, 391/400; Hamm VersR 83, 870). Das Beweismittel ist als nicht verfügbar (Rn 5 zu § 284) zu behandeln. Ladung des Zeugen entfällt mit Erklärung der Aussageverweigerung (§ 386 III). Erneute Ladung dann nur, wenn 7

der Beweisführer durch schriftl Erklärung des Zeugen nachweist, daß der Zeuge nunmehr aussagebereit (Köln NJW 75, 2074).

8 **II) Einzelfälle: Nr 1: Verlöbnis** (§ 1297 BGB) erfordert ein ernstliches u noch bestehendes (RG 31, 142) Eheversprechen (JW 31, 1366). Es darf nicht gegen Gesetz u Sitte verstoßen. Minderjährigkeit des Zeugen hindert nicht, außer die Genehmigung des gesetzl Vertreters (§ 3 EheG) ist bereits versagt (RG 61, 270). Ehefähigkeit (§§ 1–3 EheG) ist nicht erforderlich. Ein behebbares Ehehindernis (§§ 4–10 EheG) hindert nicht, außer die Bewilligung der Befreiung hiervon ist bereits rechtskr versagt. Stets unbeachtlich ist das „Verlöbnis" mit einer noch verheirateten oder anderweitig verlobten Person (RG 105, 245); einschränkend Schleswig SchlHA 69, 198 für das Verlöbnis der Ehefrau eines Vermißten vor dessen Todeserklärung.

9 **Nr 2: Ehe,** auch nach Scheidung u Nichtigerklärung (RG 56, 427) u während einer Doppelehe (RGSt 41, 114). Nicht ausreichend die Beziehung der nichtehelichen Mutter zum Erzeuger des Kindes und das Bestehen einer (selbst gefestigten) nichtehelichen Lebensgemeinschaft (das zu § 181 Rn 4 Gesagte gilt hier wegen der notwendig restriktiv auszulegenden Ausnahmen von der Regel der öffentlich-rechtlichen Zeugnispflicht – § 373 Rn 2 – nicht).

10 **Nr 3: Verwandtschaft** (§ 1589 BGB): in gerader Linie gibt unbeschränktes, in der Seitenlinie gibt ein auf den 1. bis 3. Grad beschränktes Recht z Aussageverweigerung. **Schwägerschaft** (§ 1590 BGB): wie bei Verwandtschaft, jedoch Aussagepflicht i der Seitenlinie bereits ab 3. Grad. **Adoption** begründet nach Maßgabe der §§ 1754, 1764 BGB (also nicht mehr nach deren Aufhebung für die Folgezeit betreffende Tatsachen) Verwandtschaft. Ebenso bewirkt die erfolgreiche Anfechtung der Ehelichkeit (§ 1599 BGB) den Wegfall des Aussageverweigerungsrechts nur für die Folgezeit betreffende Tatsachen. Das gleiche gilt für das Verwandtschaftsverhältnis zwischen dem nichtehelichen Kind und seinem Vater (§§ 1589, 1600 a–n BGB).

A = Zeuge, Sachverst, Richter, Rechtspfl, UrkBeamter. B = Ehegatte des A. Die römische Ziffer bedeutet den Grad der Verwandtschaft oder Schwägerschaft.

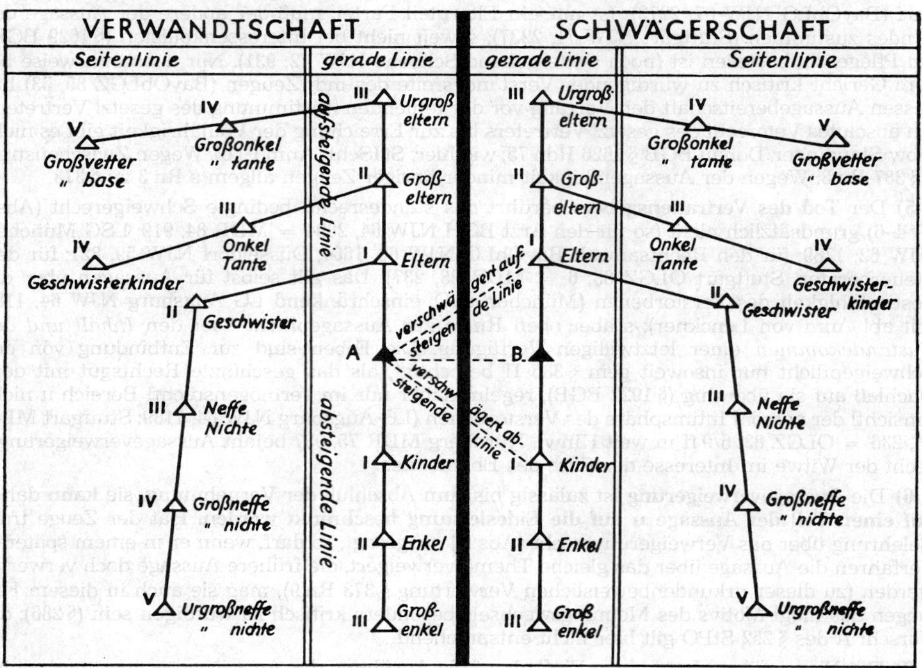

11 **Nr 4: Geistliche** sind nur die Seelsorger staatl anerkannter Religionsgemeinschaften (Art 140 GG, Art 137 WeimVerf, Art 143 BayVerf; wegen der auch bei anderen Sekten gleichliegenden Konfliktsituation gilt nur Nr 6). Das Recht zur Aussageverweigerung ist beschränkt auf **Angelegenheiten der Seelsorge.** Keine Seelsorge ist die ausschließlich karitative, erzieherische u ver-

waltende Tätigkeit (Dallinger JZ 53, 436; Nürnberg FamRZ 63, 260). Geschützt ist, was dem Geistlichen als Seelsorger **anvertraut** ist; hierfür ist vertrauliche Mitteilung nicht nötig (BGH NJW 84, 2894), ausreichend ist die Kenntniserlangung von obj vertraulichen Tatsachen bei Gelegenheit der Amtsausübung (BGH 40, 288 = NJW 64, 450; RG 54, 361). Soweit Verweigerungsrecht besteht, sollen einschlägige Fragen an den Zeugen nicht erst gestellt werden (Abs III). **Ausnahme:** Aussagepflicht besteht nach Entbindung gem § 385 II. Jedoch ist Entbindung unbeachtlich gem Art 9 RKonkordat v 20. 7. 33 (RGBl II 679) für kath Geistliche (in Bayern gem Art 144 III BayVerf auch für sonstige Geistliche, LG Nbg-Fürth FamRZ 64, 513; s a SJZ 50, 826; JR 53, 372). Kein Verweigerungsrecht des Geistlichen über den Inhalt eigener Mitteilungen an Dritte (RG SA 39, 91; JW 83, 195).

Nr 5: Mitarbeiter an period Druckwerken u Rundfunksendungen waren bis zum Inkrafttreten des Ges v 25. 7. 75 (BGBl I 1973) nur durch I 6 und § 384 Nr 3 (diese Vorschriften gelten konkurrierend weiter für Journalisten usw), also mit der sich aus § 385 II ergebenden Beschränkung geschützt. Dieser auf bestimmte Tatsachen (I 6) und auf Kunst- oder Gewerbegeheimnisse beschränkte (§ 384) Schutz genügte den Erfordernissen des Art 5 GG nicht. Nach BVerfGE 20, 162 = NJW 66, 1603 („Spiegel"-Urteil) sind Presse u Rundfunk als Kontrollorgane der Demokratie unverzichtbar; ihre Funktionsfähigkeit in diesem Sinn erfordert ein Vertrauensverhältnis zwischen ihnen und ihren Informanten, das nur durch ein dem Redaktionsgeheimnis entsprechendes unverzichtbares (daher gilt § 385 II insoweit nicht; vgl dort Rn 9) Zeugnisverweigerungsrecht garantiert ist (vgl BVerfG NJW 84, 1742 = MDR 84, 729). 12

a) Anwendungsbereich: Nr 5 gilt nur für Mitarbeiter an **Rundfunk** u **periodischen Druckwerken,** also Zeitungen, Zeitschriften, Magazine, Bücher nur bei regelm wiederholtem Erscheinen, wenn auch in unregelm Abständen (Skibbe DRiZ 76, 159). Nicht ausreichend daher einmaliges Flugblatt oder Buch usw. – **Geschützt ist nur der redaktionelle Inhalt,** also nicht zB der Werbefunk, der Inseratenteil einer Zeitschrift, eine der redaktionellen Bearbeitung nicht zugängliche Anzeige trotz ihren informativen Inhalts. Dagegen bleibt für redaktionellen Inhalt gleich, ob dieser politischer oder rein unterhaltender Natur ist, denn hier kann Abgrenzung zur polit Meinungsfreiheit schwer sein. Nur ausnahmsweise kann über den redaktionellen Inhalt hinaus unter Beachtung des Grundsatzes der Verhältnismäßigkeit auch der Inseratenteil einer Zeitung dem Zeugnisverweigerungsrecht aus Gründen des Art 5 I GG unterliegen; so für das Chiffre-Geheimnis BVerfG MDR 83, 993 = NJW 84, 1101 (hierzu Fezer JZ 83, 797; Rath-Glawatz AfP 83, 387). 13

b) Zeugnisverweigerungsberechtigt sind alle gegenwärtigen u früheren beruflichen (Nebenberuf genügt, Entgeltlichkeit nicht erforderlich, also auch der sog freie Mitarbeiter; Löffler NJW 78, 913) Mitarbeiter im redaktionellen Bereich wie Verleger, Redakteur, Schriftleiter, Journalist, Rechercheur, Drucker, Sendeleiter, Reporter, Kameramann, Cutter usw. 14

c) Umfang des Zeugnisverweigerungsrechts: Keine Aussagepflicht über **Person** des Verfassers, Informanten, Einsenders, Gewährsmannes sowie über den **Inhalt** der von diesen Personen erlangten Auskünfte, Unterlagen oder sonstigen Mitteilungen. Im übrigen keine Beschränkung auf best Informationsinhalt, insbes gilt das Verweigerungsrecht auch für Informationen mit kriminellem Hintergrund (Groß NJW 75, 1764; Kunert MDR 75, 885). 15

Nr 6: Amts-, Standes- u Gewerbegeheimnis; a) Allgemeines: Für Geheimnisträger i öffentl Dienst besteht über § 383 hinaus eine von Amts wegen zu beachtende Schweigepflicht: § 376, für Abgeordnete des Bundestags s Art 47 GG, entspr für den Abgeordneten der Länderparlamente (Art 29 BayVerf). Außer diesem Personenkreis, dessen Schweigepflicht dem Gemeinwohl dient, sind gem § 383 Nr 6 weitere Zeugen zur – nicht zwingend von Amts wegen zu beachtenden: Lenckner NJW 65, 325 – Aussageverweigerung berechtigt, deren Amts- oder Berufsausübung die schutzwürdige Vertrauenssphäre Dritter (nicht notw der Parteien) berührt. Da insoweit (anders als bei § 376) Individualinteressen geschützt sind, läßt § 385 II hier die Entbindung von der Schweigepflicht durch die geschützte Person zu. Wegen der Schweigepflicht nach dem **Tod des Vertrauensgebers** s oben Rn 5. 16

Die Schweigebefugnis kraft Amt, Stand oder Gewerbe steht, da der Vertrauensgeber u nicht der Amtsträger geschützt werden soll, auch den berufl Gehilfen und Bediensteten des Amtsträgers zu (vgl § 203 III StGB, § 53 a StPO; OLG 17, 160; 23, 180; RG 54, 361), ebenso den Rechtsnachfolgern des Amtsträgers. Über den Begriff dessen, was **anvertraut** ist, s oben Rn 11 und (für § 18 BNotO) München OLGZ 81, 322 = MDR 81, 854. 17

b) Berechtigter Personenkreis: Heilberufe: Ärzte (nicht Tierärzte, BVerfG NJW 75, 588 abw StJSchL Anm III 4 unter Hinweis auf § 18 BTierärzteO v 17. 5. 1965, BGBl I 416), Zahnärzte, Psychologen (Kaiser NJW 71, 491), Apotheker, Heilpraktiker, Hebammen, Bedienstete von Krankenkassen (vgl § 141 RVO), Krankenpflegepersonal, med-techn Gehilfen. Eine „staatl geregelte 18

Ausbildung“ wie in § 203 StGB ist hier nicht vorausgesetzt, weil diese mit der Schutzwürdigkeit der Intimsphäre Dritter nichts zu tun hat. Keine Schweigebefugnis des zur Pflichtuntersuchung des Angeklagten bestellten ärztlichen Sachverständigen im Strafprozeß, wohl aber im späteren Zivilprozeß (BGH 40, 288 = NJW 64, 449). Über die Befugnis zur Vorlage von Krankenblättern und zur Auskunft aus diesen s Göppinger NJW 58, 241; Nürnberg NJW 58, 272. Über die ärztliche Schweigepflicht im Bereich der Sozialgerichtsbarkeit Schmidt NJW 62, 1745. Über die begrenzte Schweigepflicht des Truppenarztes BDH NJW 63, 409. Wegen der Fortdauer nach dem Tod des Patienten s Rn 5. Über Geschlechtskrankheit seines Patienten darf der Arzt zwar dessen Ehegatten Auskunft geben, trotzdem Schweigerecht bei Zeugenaussage (RG 53, 317). Gefahr für ein höherwertiges Rechtsgut kann den Arzt von der Schweigepflicht befreien, BGH NJW 68, 2290.

19 **Rechtspflegeberufe:** Rechtsanwälte (Düsseldorf MDR 85, 507; Köln MDR 73, 857; München AnwBl 75, 159), Patentanwälte, Notare (§ 18 BNotO; zu der Beschränkung dieses Schweigerechts auf „bekanntgewordene Angelegenheiten“, also nicht auch auf eigene Erklärungen des Notars, insbesondere auf dessen Belehrungen gemäß § 17 BeurkG München OLGZ 81, 322 = MDR 81, 854 = DNotZ 81, 709 m krit Anm Kanzleiter DNotZ 81, 662; Köln OLGZ 82, 3; Saarbrücken NJW 65, 2114), Verteidiger in Strafsachen, Dolmetscher, Übersetzer, Steuer- u Wirtschaftsberater (BGH MDR 84, 48; Stuttgart OLGZ 83, 6 = MDR 83, 236), jeweils einschließl des Büropersonals (RG 54, 361). Notar auch, wenn er beide Parteien beraten hatte (RG 53, 168). **Ausnahme:** Aussagepflicht besteht über Tatsachen, deren Kundgabe an Dritte von der rechtlich beratenen Person gewollt war (oben Rn 1a).

20 **Sonstige Berufe,** deren Ausübung die Kenntnis schutzwürdiger Geheimnisse Dritter bedingt, zB Aufsichtsratsmitglieder und Vorstandsmitglieder einer AG (§§ 116, 93 I 2 AktG; BGHZ 64, 325 = NJW 75, 1412; Säcker NJW 86, 803; Spieker NJW 65, 1937), Abschlußprüfer (§ 168 AktG), Auskunfteien (RG 53, 15; OLG 17, 160; 27, 97; SA 66, 210; JW 36, 2941), Banken (Müller NJW 63, 835; MDR 52, 143; HRR 31, 1974). – Aber kein Verweigerungsrecht für alle sonstigen in § 203 StGB genannten Geheimnisträger (zB Sozialarbeiter u Sozialpädagogen, vgl Blau NJW 73, 2234), denn diese sagen als Zeugen grds nicht „unbefugt“ aus. – **Grundsatz:** Wer sich in Verfolgung schutzwürdiger Individualinteressen einem hierzu durch Amt, Stand oder Gewerbe bestimmten Dritten – zur Inanspruchnahme von dessen Rat oder Tat – anvertraut, darf darauf vertrauen, daß der Dritte hierüber ohne Zustimmung des Informanten nicht als Zeuge aussagen muß (vgl BVerfG NJW 72, 2214).

21 **III) Belehrung (Abs II)** ist nötig nur über Aussageverweigerungsrecht wegen Verlöbnis, Ehe, Verwandtschaft, Schwägerschaft u Verwandtschaft kraft Adoption. Wegen Belehrung Minderjähriger u Geschäftsunfähiger s Rn 4. Belehrung kann bereits in der Ladung erfolgen, bei schriftl Auskunft (§ 377 III u IV) muß das geschehen. Ist Belehrung unterblieben, so ist auf Rüge hin (§ 295 gilt! BGH NJW 85, 1158; MDR 84, 824) die Aussage nicht verwertbar (Revisionsgrund BayObLG 56, 389 = NJW 57, 386); dasselbe gilt für die Verwertbarkeit der Niederschrift über eine frühere Aussage in einem anderen Verfahren (§ 373 Rn 9; BGH NJW 85, 1470 = MDR 85, 567).

22 **IV)** Bei Verweigerungsrecht kraft Amtes, Standes oder Gewerbes (Abs I Nr 4 bis 6) ist **Belehrung** (Abs II) **entbehrlich;** doch soll das Gericht insoweit Fragen nur stellen bzw zulassen, als gem § 385 II Aussagegenehmigung erteilt ist. Das Gericht soll nicht zum Gehilfen oder Anstifter b Verletzung der Schweigepflicht werden. Wird eine trotzdem gestellte Frage beantwortet, so ist die Antwort trotz Parteirüge verwertbar (BGH NJW 77, 1198; hierzu kritisch Gießler NJW 77, 1185). Abs III ist lex imperfecta (Lenckner NJW 65, 325). Im Interesse höherwertiger Rechtsgüter kann Fragestellung sogar geboten u die Ausübung eines formell vorhandenen Aussageverweigerungsrechtes unzulässig sein (RG 89, 13; Kohlhaas NJW 53, 401); vgl zur Frage der Verwertbarkeit rechtswidrig erlangter Beweismittel Rn 12 vor § 284.

384 *[Zeugnisverweigerung]*

Das Zeugnis kann verweigert werden:

1. **über Fragen, deren Beantwortung dem Zeugen oder einer Person, zu der er in einem der im § 383 Nr. 1 bis 3 bezeichneten Verhältnisse steht, einen unmittelbaren vermögensrechtlichen Schaden verursachen würde;**
2. **über Fragen, deren Beantwortung dem Zeugen oder einem seiner im § 383 Nr. 1 bis 3 bezeichneten Angehörigen zur Unehre gereichen oder die Gefahr zuziehen würde, wegen einer Straftat oder einer Ordnungswidrigkeit verfolgt zu werden;**

3. über Fragen, die der Zeuge nicht würde beantworten können, ohne ein Kunst- oder Gewerbegeheimnis zu offenbaren.

I) Allgemeines: Das Interesse an weitestgehender Wahrheitsermittlung im Prozeß hat zurückzustehen hinter dem Geheimnisschutz zugunsten des Gemeinwohls (§ 376), zugunsten der Parteien und ihrer Angehörigen (§ 383 I 1–3), zugunsten des Vertrauensschutzes bestimmter Berufe (§ 383 I 4–6) und in § 384 gegenständlich bzgl bestimmter Fragen zugunsten des Zeugen u seiner Angehörigen. Im letzteren Fall keine Belehrungspflicht wie in § 383 II, doch ist Hinweis zweckmäßig (RG 38, 320). Der Zeuge (gem § 402 auch der Sachverständige; jedoch niemals die Partei, vgl Rn 2 zu § 383) braucht nur die allg Voraussetzungen des Weigerungsrechtes iS Nr 1–3 dartun, eine Angabe des konkreten Weigerungsgrundes (zB seines evtl unehrenhaften Verhaltens oder seiner evtl Strafbarkeit) ist ihm bereits nicht mehr zuzumuten, weil sonst der Schutzzweck des Gesetzes illusorisch wäre (RG JW 96, 130). Daher besteht das Recht z Zeugnisverweigerung auch dann, wenn die wahrheitsgemäße Aussage nichts Schadensverursachendes, Unehrenhaftes oder Strafbares offenbaren könnte (BGH 26, 391 = NJW 58, 826; Hamburg FamRZ 65, 277). 1

Zulässig ist, die Ausübung der Zeugnisverweigerung auf einen **Teil** der Aussage oder auf die Eidesleistung zu **beschränken** (§ 391 Rn 1). 2

Weitergehend als bei § 383 (dort Rn 7) kann die Tatsache der Aussageverweigerung hier gem § 286 **beweiswürdigend** gewertet werden, dabei aber vorsichtige Abwägung der mögl Motive für die Weigerung geboten. 3

II) Die Anwendungsfälle: 1) Drohender Vermögensschaden muß die unmittelbare Folge der Aussage sein. Nicht ausreichend mittelb Schaden durch nachteilig Prozeßausgang oder bloße Möglichkeit eines noch nicht erkennbaren Schadens (RG 8, 410; 32, 381), zB i den Beförderungsaussichten eines Beamten oder in der Gefährdung einer eigenen Forderung des Zeugen gegen eine Partei durch deren Unterliegen im Prozeß u dadurch beeinträchtigte Zahlungsfähigkeit. Ebenso nicht ausreichend ein bereits bestehender Schaden, zB eine Schuld des Zeugen, deren Geltendmachung durch die Aussage ledigl erleichtert wird (RG 32, 381; abw Stuttgart NJW 71, 945; Celle NJW 53, 426). Der Schaden muß dem Zeugen oder den in Nr 1 genannten Angehörigen drohen. Ein Schaden, welcher der durch den Zeugen organschaftl vertretenen jur Person droht, genügt nicht, denn hier droht dem Zeugen allenfalls mittelbarer Schaden (streitig!). Ausnahme: § 385 I. 4

2) Gefahr der Unehre oder Strafverfolgung: Unehre ist ein in den Augen der Mitmenschen des Zeugen unmoralisches Verhalten. Hier sind örtl Verhältnisse u Anschauungen zu berücksichtigen, nicht jedoch atypische Gruppeninteressen (OVG Lüneburg NJW 78, 1493). Außerehelicher Geschlechtsverkehr kann einer Ehefrau, jedoch kaum einer unverheirateten Frau (strenger Stuttgart FamRZ 81, 67) oder einem Mann (HRR 31, 624), niemals einer Prostituierten den Vorwurf der Unehre einbringen. Für die Witwe genügt Ehrenschutz für den verstorb Ehemann (Nürnberg MDR 75, 937). Unehre infolge Vorwurfs falscher (früherer) Aussage genügt niemals. Keine Aussagepflicht auch über Vorstrafe wegen Meineides (BGH St 5, 25 = NJW 53, 1922). 5

Gefahr der **Strafverfolgung** (hier genügt bloße Möglichkeit) wird regelm gleichzeitig Gefahr der Unehre sein. Gefahr der **ehrengerichtlichen oder dienststrafrechtlichen Verfolgung** (auch wegen nicht unehrenhafter Vorgänge) genügt ebenfalls (streitig! aM BLH Anm 3), denn sie belastet den Zeugen jedenfalls mehr als die (durch das EGOWiG v 24. 5. 1968 eingefügte) hier ebenfalls geschützte Gefahr, wegen einer schlichten **Ordnungswidrigkeit** mit einem Bußgeld belegt zu werden (Baumann in Festschrift für Kleinknecht, 1985, S 19). Genügend auch Gefahr der Wiederaufnahme eines früheren oder der Beweiserleichterung für ein bereits anhängiges Strafverfahren. Die Strafverfolgung muß, um ein Aussageverweigerungsrecht zu begründen, dem Zeugen durch seine Beantwortung der an ihn gerichteten Fragen über vorprozessualen Tatsachen (= Beweisthema) drohen. Das mit jeder Zeugenaussage verbundene Risiko der Strafverfolgung wegen eines Aussagedelikts (§§ 153 ff StGB) genügt also nicht für eine Aussageverweigerung (BGHSt bei Dallinger MDR 58, 14), denn dieses Risiko kann der Zeuge stets zumutbar durch Erfüllung seiner Wahrheitspflicht abwenden und bei Anerkennung eines iS § 384 Nr 2 schutzwürdigen Strafverfolgungsrisikos wegen eines Aussagedeliktes könnte jeder Zeuge die Aussage verweigern. Das gilt ebenso, wenn der Zeuge mehrfach vernommen wird (§ 398, zB in verschiedenen Rechtszügen) und er damit evtl Gefahr läuft, bei der späteren Aussage die Unrichtigkeit seiner ersten Aussage offenbaren zu müssen; einem solchen Schutzbedürfnis trägt die Regelung in § 158 StGB hinreichend Rechnung. Die öffentlich-rechtliche Zeugnispflicht (§ 373 Rn 2) darf nicht (auch nicht bei wiederholter Einvernahme) durch eine vom Beweisthema gelöste Anerkennung von Aussageverweigerungsgründen in Frage gestellt werden. Eine Aussetzung des Verfah- 6 rens (§ 149) bis zum rechtskräftigen Abschluß des Strafverfahrens gegen den Zeugen, um diesen sodann vernehmen zu können, lehnt KG MDR 83, 139 zutreffend ab.

7 **3) Kunst- oder Gewerbegeheimnis:** Zum Normzweck des Schutzes für Gewerbegeheimnisse im Prozeß Stürner JZ 85, 453; Gottwald BB 79, 1780. Geheimnisträger und damit Schutzberechtigter muß hier der Zeuge selbst oder ein Dritter sein, dem der Zeuge gesetzlich oder vertraglich zur Geheimhaltung verpflichtet ist (Schlosser ZZP 95 [1982], 365); ein Geheimnisschutz zugunsten der Parteien genügt jedoch nicht. Grund ist die Unzumutbarkeit der Inkaufnahme eigener berufl oder gewerbl Nachteile für den Zeugen durch die Aussage. Hier genügt mittelbar drohender Nachteil, zB für den Arbeitnehmer durch Schädigung des arbeitgebenden Unternehmens, sofern dieses nicht dem Kläger oder Bekl gehört. Häufig wird gleichzeitig § 383 I 5 oder 6 gegeben sein, so bei Aufsichtsrat, Abschlußprüfer, Auskunftei, Bank, Presse u Verlag (zu allem s Rn 12 ff zu § 383). Gewerbegeheimnis sind nicht nur (noch nicht allg bekannte) technische Arbeitsmittel u -methoden, sondern auch wirtschaftl Betriebsgeheimnisse wie Preiskalkulation, Kreditumfang, Geldgeber, Teilhaber, Bankverbindung, Informationsquellen, sofern die Offenbarung gewerbl oder wettbewerbl Nachteil auslösen kann (RG 53, 42; 54, 325; OLG 13, 158; 17, 162; 21, 84; 33, 69; 40, 377; JW 26, 618; HRR 31, 53).

385 *[Ausnahmen vom Zeugnisverweigerungsrecht]*

(1) In den Fällen des § 383 Nr. 1 bis 3 und des § 384 Nr. 1 darf der Zeuge das Zeugnis nicht verweigern:

1. **über die Errichtung und den Inhalt eines Rechtsgeschäfts, bei dessen Errichtung er als Zeuge zugezogen war;**
2. **über Geburten, Verheiratungen oder Sterbefälle von Familiengliedern;**
3. **über Tatsachen, welche die durch das Familienverhältnis bedingten Vermögensangelegenheiten betreffen;**
4. **über die auf das streitige Rechtsverhältnis sich beziehenden Handlungen, die von ihm selbst als Rechtsvorgänger oder Vertreter einer Partei vorgenommen sein sollen.**

(2) Die im § 383 Nr. 4, 6 bezeichneten Personen dürfen das Zeugnis nicht verweigern, wenn sie von der Verpflichtung zur Verschwiegenheit entbunden sind.

1 **I) Abs I: Anwendungsbereich:** Wo das Recht zur Zeugnisverweigerung aus dem Schutz von Individualinteressen hergeleitet ist, nämlich aus den persönl Beziehungen des Zeugen zu einer Partei (§ 383 I 1–3) oder aus dem Schutz eigener Vermögensinteressen des Zeugen (§ 384 Nr 1) haben diese Individualinteressen zurückzutreten, wenn **1)** der Zeuge über einen Vorgang aussagen soll, für dessen Bezeugung er sich vorher zur Verfügung gestellt hatte (arg: Verbot des venire contra factum proprium), **2)** die Aussage Angelegenheiten des Familienstandes betrifft (arg: diese sind wertneutral u lösen daher keinen schutzwürd Interessenkonflikt aus), **3)** die Auskunft familienrechtl Vermögensangelegenheiten betrifft (hier soll nicht auf Familienangehörige als die bestinformierten Zeugen verzichtet werden müssen) und **4)** die Auskunft eigene Rechtsgeschäfte des Zeugen betrifft, aus denen durch einen anderen im Prozeß Rechte oder Pflichten hergeleitet werden.

2 **Nr 1:** Der Zeuge muß **„als Zeuge"** bei dem Rechtsgeschäft, also zum Zweck von dessen Bezeugung im Bestreitensfall „zugezogen" gewesen sein. **Zugezogen** idS ist der Zeuge nur, wenn er sich bei dem Rechtsgeschäft bewußt war oder wenigstens den Umständen nach damit rechnen mußte, als Zeuge des Rechtsgeschäfts in Anspruch genommen worden zu sein (BayObLGZ 84, 141 = MDR 84, 1025). Das ist auch der Fall, wenn ein Rechtsanwalt bei Abfassung eines Testaments, wegen dessen Verlustes er den Inhalt dieser Verfügung bekunden soll, behilflich war (Köln Rpfleger 85, 494; OLGZ 82, 1/4; vgl § 383 Rn 1 a). Gegenüber der Aussageverweigerung des Zeugen hat der Beweisführer die „Zuziehung als Zeuge" zu beweisen (OLG 20, 326).

3 **Nr 2:** Aussagepflicht über **Angelegenheiten des Familienstands** des Zeugen und seiner eigenen Familienangehörigen. Zur Familie gehören alle Verwandten und Verschwägerten (vgl das Schema § 383 Rn 10), nicht bloße Hausgenossen. Nur das den Familienstand gestaltende Ereignis ist Gegenstand der Aussagepflicht, nicht seine Voraussetzungen, Ursachen u Begleitumstände (zB nicht die Zeugung hinsichtl der Geburt, RG 169, 48; nicht die Todesursache).

4 **Nr 3: Hierunter fallen** zB ehel Güterstand, Gatten- u Kindererbrecht, Ausschlagung der Erbschaft seitens e Partei (RG JW 91, 179), Unterhalt der Eltern, Aussteuerversprechen des Vaters, Altenteil, Übergabe einschl Abfindung u Verzicht. Nötig ist: die Tatsache muß mit der durch den Familienverband (RG 40, 345) bedingten Vermögensangelegenheit in einem tatsächl Zusammen-

hang stehen, der für das Wissen des Zeugen von Bedeutung sein kann, JW 03, 24. Der Zeuge selbst muß dem Familienverband angehören, denn erst darin liegt die Zumutbarkeit der Aussage (abw BLH Anm 1 C, wie hier StJSchL Anm I 3).

Nr 3 betrifft nur das Familienverhältnis *unmittelbar* berührende Vermögensangelegenheiten wie güterrechtliche Verträge, Mitgiftversprechen, Unterhaltsvereinbarungen (Düsseldorf FamRZ 80, 617), Übergabeverträge, Erbverzicht; dagegen gilt Nr 3 nicht für Angelegenheiten, die nicht durch das Familienverhältnis „bedingt" sind, so wenn es sich um die Höhe des Eheeinbringens der Frau (RG 40, 345), den Beischlaf mit der außerehelichen Kindsmutter (RGZ 169, 48), die Höhe des Pflichtteils, Vermögensverschleppung, gewöhnl Rechtsgeschäfte mit dem andern Gatten (JW 02, 20) handelt. 5

Nr 4: Unter **„Handlungen"** ist nicht nur die Begründung neuer Rechtsverhältnisse zu verstehen, sondern Handlungen aller Art, die für das fragl Rechtsverhältnis von Bedeutung sind, RG 47, 430. Wahrnehmungen fallen nicht darunter, OLG 17, 162. **Rechtsvorgänger:** insbes Zedent u die Ehefrau hinsichtl ihres Eheeinbringens, RG 13, 417. **Vertreter** im weitesten Sinn, zB der frühere ges Vertreter, auch der Bote (JW 92, 180). Köln (NJW 55, 1561; ebenso BLH Anm 1 D) versteht unter Vertreter in diesem Sinn nur den Vertreter im Rechtssinn, nicht dagegen zB auch eine Person, die die Partei nur zu ihrer Unterstützung als Beistand zugezogen hat; das ist zu eng, denn „Handlungen" idS sind nicht nur Rechtsgeschäfte. Andererseits Aussagepflicht nur über Handlungen, nicht Wahrnehmungen des Zeugen. – Behauptung des Handelns „als" Vertreter durch den Beweisführer ist erforderlich und genügend, RG 53, 111. 6

II) Nach **Abs II** darf sich der Zeuge auf ein ausschließl dem Schutz Dritter dienendes Aussageverweigerungsrecht nicht mehr berufen, wenn der geschützte Dritte selbst auf diesen Schutz verzichtet hat. Daher Verzicht des Dritten unbeachtlich, wo Schweigepflicht i Interesse der Allgemeinheit besteht. 7

1) Anwendungsbereich: a) geistlicher Seelsorger iS § 383 I 4, jedoch mit der Einschränkung gem Art 9 RKonkordat (§ 383 Rn 11), daher weitgehend gegenstandslos, weil die Schweigepflicht des Geistlichen über den Schutz des einzelnen hinaus zur institutionellen Garantie erhoben ist. 8

b) Schweigepflicht kraft Amt, Stand u Gewerbe iS § 383 I 6 (§ 383 Rn 16–20); § 385 gilt aber nicht für den Medienbereich des § 383 I 5, in dem die Vertraulichkeit Verfassungsrang hat und deshalb unverzichtbar ist (§ 383 Rn 12, 13). 9

2) Zur Aussageermächtigung befugt ist nur der Inhaber des geschützten Rechts persönlich, der Erbe oder sonstige Rechtsnachfolger nur insoweit, als der Schutzzweck vermögensrechtl Natur und damit übertragbar ist (Stuttgart MDR 83, 236/237). Daher entfällt weg der höchstpersönl Natur des Vertrauensverhältnisses zwischen Arzt u Patient mit dem Tod des Patienten jede Möglichkeit der Aussageermächtigung für den Arzt (LSG München NJW 62, 1790; Rn 5 zu § 383). Ausschließl der Patient selbst ist zur Ermächtigung des Arztes befugt, auch wenn ein Dritter den Arzt zugezogen oder beauftragt hatte (Karlsruhe NJW 60, 1392). Für Minderjährige kann u muß der gesetzl Vertreter ermächtigen, bei höchstpersönl Schutzzweck (zB Arzt) jedoch nicht gegen den erklärten Willen des Mdj (BayObLG NJW 67, 207). Ein nicht voll Geschäftsfähiger kann ohne (oder entgegen) Mitwirkung seines gesetzl Vertreters den Arzt von dessen Schweigepflicht (§ 383 Rn 18) selbst entbinden und auch einer ärztlichen Untersuchung (zum Beweis der Willensfähigkeit) wirksam zustimmen, wenn er hierfür eine ausreichende „natürliche" Einsichts- und Urteilsfähigkeit besitzt (BayObLGZ 85, 53), denn diese Zustimmung ist keine rechtsgeschäftliche Willenserklärung, sondern Prozeßhandlung (vor § 128 Rn 17). Bei vermögensrechtl Schutzzweck darf der Generalbevollmächtigte (Celle NJW 55, 1844), auch der Konkursverwalter (RG 59, 85; Nürnberg MDR 77, 144) ermächtigen. Prozeßvollmacht genügt nicht, denn das Recht, auf den Persönlichkeitsschutz zu verzichten, ist höchstpersönlich (München OLG 23, 182). Der Inhaber des geschützten Rechts kann die Befugnis zur Aussageermächtigung auf einen Dritten übertragen; Übertragung für den Todesfall formlos zulässig, soweit der Schutzzweck ausschließl höchstpersönl u daher nicht Nachlaßgegenstand ist (so für RA München AnwBl 75, 159). Das Gericht kann niemals ermächtigen. Sonderregelung der Ermächtigung öffentl Bediensteter enthält § 376. Bei Beamten kann daher neben der Genehmigung des Vorgesetzten noch die Genehmigung des Inhabers des geschützten Rechts erforderlich sein. Vgl auch §§ 61, 62 BBG, § 18 BNotO. 10

3) Die **Erklärung der Aussageermächtigung** durch den Berechtigten kann dem Zeugen, den Parteien oder dem Gericht gegenüber erfolgen. Letzterenfalls ist die Ermächtigungserkl der hierzu befugten Partei Prozeßhandlung (Rn 17 vor § 128) u daher unwiderruflich (Dresden OLG 31, 58; KG OLG 39, 57; abw Celle NdsRpfl 62, 260 im Hinblick auf § 399). In der Benennung des Zeugen durch die befugte Partei liegt ohne weiteres Aussageermächtigung. Die Erklärung muß ausdrücklich, dh in Kenntnis des Weigerungsrechtes erfolgen. 11

12 Eine **„mutmaßliche Einwilligung"** gibt es nicht (Lenckner NJW 64, 1188 gegen LG Augsburg aaO), selbst wenn im Einzelfall die gem § 203 StGB strafbare Verletzung der Schweigepflicht wegen eines strafrechtl Rechtfertigungsgrundes straflos bleiben dürfte (OLG 6, 128).

13 4) Eine der ermächtigungsbefugten Partei nachteilige **Beweiswürdigung** der unterlassenen Aussageermächtigung ist zulässig gem § 286 (BGH MDR 84, 48; RG JW 15, 1361). Darauf sollte das Gericht die verweigernde Partei gemäß § 278 III zur Vermeidung einer Überraschungsentscheidung hinweisen.

386 *[Begründung der Zeugnisverweigerung]*

(1) Der Zeuge, der das Zeugnis verweigert, hat vor dem zu seiner Vernehmung bestimmten Termin schriftlich oder zum Protokoll der Geschäftsstelle oder in diesem Termin die Tatsachen, auf die er die Weigerung gründet, anzugeben und glaubhaft zu machen.

(2) Zur Glaubhaftmachung genügt in den Fällen des § 383 Nr. 4, 6 die mit Berufung auf einen geleisteten Diensteid abgegebene Versicherung.

(3) Hat der Zeuge seine Weigerung schriftlich oder zum Protokoll der Geschäftsstelle erklärt, so ist er nicht verpflichtet, in dem zu seiner Vernehmung bestimmten Termin zu erscheinen.

(4) Von dem Eingang einer Erklärung des Zeugen oder von der Aufnahme einer solchen zum Protokoll hat die Geschäftsstelle die Parteien zu benachrichtigen.

1 1) **Abs I.** Für die Erklärung des Zeugen, die Aussage zu verweigern, besteht kein Anwaltszwang (§ 387 II). Glaubhaftmachung: § 294. Versicherung an Eides Statt ist aber nicht nur „zugelassen" iS § 294; das Gericht darf und sollte sie in zweifelhaften Fällen (BGH NJW 72, 1334: Verlöbnis) verlangen. Ergibt sich das Recht der Zeugnisverweigerung schon aus dem Inhalt der Beweisfrage (zB bei Behauptung der Ehezerrüttung §§ 1565 ff BGB), so bedarf es keiner Glaubhaftmachung der Tatsachen. Unwahre Angaben strafbar, Zeugengebühr auch forderbar bei Zeugnisverweigerung im Termin. § 386 findet auch auf Sachverst Anwendung (§ 402).

2 2) **Abs III** befreit von der Pflicht zum Erscheinen (§ 373 Rn 2) u den Folgen des § 380 nur, wenn das Verweigerungsrecht das gesamte Beweisthema (§ 377 II 2) umfaßt (soweit es auf dieses ankommt, vgl § 383 Rn 1a). Ob die Verweigerung letztlich berechtigt erfolgt, ist grundsätzlich gleichgültig. Ausnahme: Ist die Verweigerung offensichtlich unbegründet u mußte der Zeuge dies erkennen, dann Ahndung gemäß § 380, falls er zum Termin nicht erscheint (DRiZ 1953 Rspr 9, 142), bei Erscheinen § 390. Bei Weigerung schriftlich auszusagen, keine Möglichkeit für Ordnungsmittel, weil keine Pflicht (§ 377 Rn 10).

3 3) **Abs IV.** Benachrichtigung durch einfachen Brief. Die Benachrichtigung beinhaltet den Hinweis auf die mangelnde Eignung des Beweisantritts (vgl § 284 Rn 5) u soll zur Prüfung anregen, ob eine Entbindung iS § 385 II in Betracht kommt oder ob Erklärungen zur Einleitung des Zwischenstreits (§ 387) geboten sind. Erneuter Antrag, den Zeugen zu laden, setzt Nachweis voraus, daß dieser jetzt aussagebereit ist (Köln NJW 75, 2074).

4 4) Zur (mögl) teilweisen Zeugnisverweigerung, der nach erfolgter Aussage erklärten Verweigerung und der Aussagebereitschaft nach zunächst erklärten Verweigerung s § 383 Rn 6.

387 *[Entscheidung über Zeugnisverweigerung]*

(1) Über die Rechtmäßigkeit der Weigerung wird von dem Prozeßgericht nach Anhörung der Parteien entschieden.

(2) Der Zeuge ist nicht verpflichtet, sich durch einen Anwalt vertreten zu lassen.

(3) Gegen das Zwischenurteil findet sofortige Beschwerde statt.

1 1) Die Aussage- oder Eidesverweigerung des Zeugen (gem § 402 auch des Sachverständigen) führt zum Zwischenstreit, gleichgültig ob die Weigerung auf §§ 383–385 oder sonstige Gründe (zB wegen eines Kreuzes im Gerichtssaal, BVerfG MDR 74, 24; Nürnberg NJW 66, 1926) gestützt ist.

2 **Prozeßvoraussetzung des Zwischenstreites: a)** die Weigerung muß vom Zeugen (im Termin mündl oder gem § 386 III) begründet worden sein; ohne Begründung: § 390, **b)** das Recht des Beweisführers auf Einleitung des Zwischenstreits darf nicht durch rügelose Verhandlung zur Sache verloren sein (LM § 295 Nr 9) und **c)** der Beweisführer muß die Zwischenentscheidung beantragen; Rüge der Unzulässigkeit der Aussageverweigerung bedeutet Antrag. Im Unterlas-

sen des Antrags (bzw der Rüge) liegt Verzicht auf den Zeugen. Dann ist gem § 399 der Gegner antragsberechtigt, wenn er auf Vernehmung besteht (Nürnberg aaO). Kein Zwischenstreit von Amts wegen.

2) Verfahren des Zwischenstreits: Zuständig ist nur das Prozeßgericht, auch der Einzelrichter (auch des OLG, § 524 Rn 51), soweit er Beweis erhebt, niemals der verordnete Richter (§§ 366, 389). Parteien des Zwischenstreits sind der Zeuge (hier entgegen § 52 auch der minderjährige Zeuge ohne gesetzl Vertretung, vgl § 383 Rn 4, § 385 Rn 10) und der Beweisführer, im Fall des § 399 dessen Gegner (Hamburg FamRZ 65, 277). Im Anwaltsprozeß nur für die Parteien des Hauptprozesses Anwaltszwang, nicht für den Zeugen: Abs II u § 569 II. Notwendige mündl Verhandlung, jedoch (wegen § 388) niemals Versäumnisurteil. Entscheidung i schriftl Verfahren (§ 128 II) nur zulässig, wenn auch der Zeuge dem zustimmt (Frankfurt NJW 68, 1240). Der Zeuge ist (abweichend von § 377) ebenso wie die anderen Parteien gem §§ 214, 218 zu laden, falls nicht sofort bei Weigerung des anwesenden Zeugen entschieden wird. Vor Erledigung des Zwischenstreits keine Fortsetzung der Verhandlung z Hauptsache (s Anm zu § 368). Der Zeuge erhält, weil hier Partei, für s Anwesenheit im Zwischenstreit keine Zeugengebühren (RG 43, 409), jedoch bei Obsiegen Ersatz seiner notw Auslagen gem § 91 ZPO, § 11 ZuSEG (vgl entspr § 380 Rn 10). Der Streitwert des Zwischenstreits entspricht dem Wert der Hauptsache, soweit sich die Aussage auf diese erstreckt (KG NJW 68, 1937). 3

3) Die Entscheidung ergeht durch Zwischenurteil, gleichgültig ob Weigerung für berechtigt oder unberechtigt erklärt (RG JW 96, 130). Entscheidung i Endurteil unzulässig, weil dieses eine erst nach Schluß der Beweisaufnahme zulässige Schlußverhandlung zur Hauptsache voraussetzt (§§ 285, 370). Mit der Behauptung, das rechtskräftige Zwischenurteil sei falsch, kann das Endurteil nicht angefochten werden (§ 548; BGH MDR 66, 915). Kosten (München RPfleger 69, 358) trägt gem § 91 bei unberechtigter Weigerung der Zeuge, sonst der Beweisführer oder im Fall des § 399 dessen Gegner (entgegen RG 28, 439 nicht beide Hauptparteien als Streitgenossen im Zwischenstreit, denn der Beweisgegner ist im Zwischenstreit nicht Partei; er könnte sogar dem Zeugen als Streithelfer beitreten, Köln JMBl 73, 209). 4

Im **Konkursverfahren** nicht Zwischenurteil, sondern Beschluß ohne notw mündl Verhandlung (Düsseldorf NJW 64, 2357). 5

Die **Rechtskraft des Zwischenurteils** erfaßt nur den geltendgemachten Weigerungsgrund. Die Geltendmachung anderer Gründe bleibt unzulässig und darf auch nicht als verspätet zurückgewiesen werden. 6

4) Rechtsmittel: sofortige Beschwerde (§ 577). Kein Rechtsmittel gegen Zwischenurteil des OLG: § 567 III. Aber sof Beschwerde auch zulässig, wenn das LG als Berufungsgericht entschieden hat (KG NJW 65, 921). Sofortige Beschwerde auch, wo unzulässig im Endurteil entschieden wurde (RG 106, 58). Die BeschwFrist (§ 577 II) beginnt mit Zustellung des Zwischenurteils im Amtsbetrieb, § 317. Beschwerdeberechtigt nur der unterlegene Beweisführer (i Fall des § 399 dessen Gegner) bzw der Zeuge, dessen Aussageverweigerung für unberechtigt erklärt wurde (im letzteren Fall nicht auch der Gegner der beweisführenden Partei, Frankfurt MDR 83, 236). Für den Zeugen kein Anwaltszwang, § 569 II, aber der Zeuge darf stets (auch bei seiner Einvernahme) einen Anwalt zuziehen, BVerfG MDR 75, 290. Weitere Beschwerde nur mit neuem selbständigem Beschwerdegrund (§ 568 II) und nur zum OLG (§ 567 III) zulässig. 7

Nach **Rechtskraft** Fortsetzung der Verhandlung zur Hauptsache im Amtsbetrieb (§ 370) bei berechtigter Weigerung, anderenfalls Forts der Beweisaufnahme u evtl Zwangsmittel gegen den Zeugen gem § 390 nach nochmaliger Ladung (§ 377). 8

5) Gebühren: a) des Gerichts: Das Zwischenurteil ist gebührenfrei, s § 303 Rn 12. Das Beschwerdeverfahren ist nach KV Nr 1181 gebührenpflichtig. – **b) des Anwalts:** Das Verfahren über den Zwischenstreit gehört zur Instanz (§ 37 Nr 3 BRAGO). Für das Beschwerdeverfahren: 5/10 Gebühr (§ 61 Abs 1 Nr 1 BRAGO). Beschränkt sich die Tätigkeit des RA als Vertreter des Zeugen auf den Zwischenstreit über die Berechtigung zur Zeugnisverweigerung, so wird er als Bevollmächtigter in einem Rechtsstreit tätig u verdient daher die Gebühren des § 31 BRAGO aus dem Wert des Zwischenstreits, soweit die Gebührentatbestände im einzelnen erfüllt sind (vgl Gerold/Schmidt, BRAGO, § 37 Rdnr 7 vorletzter Abs). Als Streitwert des Zwischenstreits über das Zeugnisverweigerungsrecht kommt der Wert des Beweisgegenstands in Betracht (Gerold/Schmidt, aaO, Rdnr 7 letzter Abs und Schuhmann-Geißinger, BRAGO § 37 Anm 19). 9

388 *[Schriftliche Zeugnisverweigerung]*

Hat der Zeuge seine Weigerung schriftlich oder zum Protokoll der Geschäftsstelle erklärt und ist er in dem Termin nicht erschienen, so hat auf Grund seiner Erklärungen ein Mitglied des Prozeßgerichts Bericht zu erstatten.

1 Der Zeuge ist, wenn nur die Aussageverweigerung ordentlich (§ 386) erklärt wurde, zum Erscheinen i Termin des Zwischenstreits (§ 387) nicht verpflichtet. Daher auch keine Säumnisentscheidung gegen ihn. Bei seiner Abwesenheit entscheidet das Gericht über den vom Berichterstatter vorzutragenden Weigerungsgrund.

389 *[Zeugnisverweigerung vor verordnetem Richter]*

(1) Erfolgt die Weigerung vor einem beauftragten oder ersuchten Richter, so sind die Erklärungen des Zeugen, wenn sie nicht schriftlich oder zum Protokoll der Geschäftsstelle abgegeben sind, nebst den Erklärungen der Parteien in das Protokoll aufzunehmen.

(2) Zur mündlichen Verhandlung vor dem Prozeßgericht werden der Zeuge und die Parteien von Amts wegen geladen.

(3) Auf Grund der von dem Zeugen und den Parteien abgegebenen Erklärungen hat ein Mitglied des Prozeßgerichts Bericht zu erstatten. Nach dem Vortrag des Berichterstatters können der Zeuge und die Parteien zur Begründung ihrer Anträge das Wort nehmen; neue Tatsachen oder Beweismittel dürfen nicht geltend gemacht werden.

1 **1)** Den Zwischenstreit entscheidet, auch wenn die Weigerung vor dem beauftragten oder ersuchten Richter (§§ 361, 362, 375) erfolgte, stets das Prozeßgericht; das kann i Fall des ersuchten Richters auch der Einzelrichter sein. Der beauftragte oder ersuchte Richter hat gem Abs I nur das Verfahren vor dem Prozeßgericht vorzubereiten.

2 **2) Abs II.** Nicht § 389, sondern nur § 387 findet Anwendung, wenn vor dem Einzelrichter (auch des OLG, § 524 Rn 51) das Zeugnis verweigert wird; denn er ist selbst ProzGer. – **Mündl Verh** vor dem ProzGer, es sei denn, der Beweisführer verzichtet (§ 399) auf den Zeugen. **Ladung** des Zeugen von Amts wegen als Partei im Zwischenstreit, nicht mit dem gewöhnlichen Zeugenladungsformular, RG 67, 343. Der Zeuge ist auf die Unschädlichkeit s Ausbleibens hinzuweisen (Form der Ladung: „Ihr Erscheinen ist nicht nötig. Zeugengebühren werden nicht vergütet. Es wird im Termin nur über das Zeugnisverweigerungsrecht auf Grund der Akten entschieden".). Kein Zeugengebührenanspruch auch bei Erscheinen des Zeugen im Termin über den Zwischenstreit, in dem er auf das Zeugnisverweigerungsrecht verzichtet u dann vom ProzGer vernommen wird, RG 43, 409. Ist Ladung des Zeugen nicht ordnungsgemäß erfolgt (zB mit Zeugenladungsformular), ist Unbegründetheitserklärung der Zeugnisverweigerung durch Zwischenurteil unzulässig, RG 67, 343. – § 389 ist im Falle des § 372 a entsprechend anzuwenden.

3 **3)** Neue, nicht schon vor dem beauftragten Richter vorgebrachte **Tatsachen** u Beweismittel dürfen zu dem bisherigen WeigGrund weder von dem Zeugen noch von den Parteien geltend gemacht werden, auch wenn sie erst nachträgl entstanden oder bekanntgeworden sind, OLG 29, 121. Andere rechtl Begründung auf Grund der vorgebrachten Tatsachen ist dagegen zulässig.

4 **4)** Für das Verfahren des Zwischenstreits gilt das zu § 387 Gesagte. – Bestimmt das Gericht fehlerhaft vor Entscheidung des Zwischenstreits Termin z Verhandlung über die Hauptsache, gilt § 295.

390 *[Zwangsmittel bei Zeugnisverweigerung]*

(1) Wird das Zeugnis oder die Eidesleistung ohne Angabe eines Grundes oder aus einem rechtskräftig für unerheblich erklärten Grund verweigert, so werden dem Zeugen, ohne daß es eines Antrages bedarf, die durch die Weigerung verursachten Kosten auferlegt. Zugleich wird gegen ihn ein Ordnungsgeld und für den Fall, daß dieses nicht beigetrieben werden kann, Ordnungshaft festgesetzt.

(2) Im Falle wiederholter Weigerung ist auf Antrag zur Erzwingung des Zeugnisses die Haft anzuordnen, jedoch nicht über den Zeitpunkt der Beendigung des Prozesses in dem Rechtszuge hinaus. Die Vorschriften über die Haft im Zwangsvollstreckungsverfahren gelten entsprechend.

(3) Gegen die Beschlüsse findet die Beschwerde statt.

1 **I) Anwendungsbereich:** Während § 380 das bloße Fernbleiben des Zeugen (oder Sachverständigen § 402) ahndet, ist in § 390 unabhängig vom Erscheinen die vor oder im Termin unbefugt erklärte Aussage- oder Eidesverweigerung Voraussetzung der Anwendung von Ordnungsmitteln. § 390 setzt also eine Einlassung des Zeugen auf die Ladung (§ 377) voraus. Im übrigen unterscheidet sich § 380 von § 390 dadurch, daß § 390 mehrfaches Ordnungsgeld nicht zuläßt u die Beu-

gehaft nach Abs II nur auf Antrag angeordnet wird, weil sie keine Ersatzfreiheitsstrafe ist. – Entspr anwendbar ist § 390 auf den Sachverst (§ 402) u für den Abstammungsbeweis gem § 372 a II.

II) Voraussetzung des Zeugniszwangs (Abs I): Verweigerung der Aussage oder Eidesleistung 1) ohne jede Begründung; dem Fehlen einer Begründung entspricht (entgegen HRR 33, 775) auch eine abwegige, dh nicht aus §§ 383, 384 herzuleitende (nicht hieraus hergeleitet, trotzdem aber nicht abwegig nach BVerfG MDR 74, 24 = NJW 73, 2197; Nürnberg NJW 66, 1926 die Weigerung, unter einem Kruzifix auszusagen) Begründung, zB Zeitmangel (Bamberg Bay JMBl 52, 237) oder **2)** nach Verwerfung der Aussageverweigerung durch rechtskr Zwischenurteil gem § 387, es sei denn, der Zeuge macht zulässigerweise (§ 387 Rn 6) einen neuen (anderen!) Weigerungsgrund geltend. – Keine Zwangsmittel gegen Strafunmündige (LG Bremen NJW 70, 1429). 2

Ob die bloße **Eidesverweigerung** rechtmäßig ist (§ 393), ist mangels gesetzl Vorschrift ohne Zwischenurteil zu prüfen (Rn 1 zu § 391). Die Eidespflicht entfällt außer gem § 393 nur, wenn der Beweisführer **und** dessen Gegner auf Beeidigung verzichten (§ 391 letzter Hs). 3

III) Die Festsetzung von Ordnungsgeld, ersatzweise Ordnungshaft, spricht das Prozeßgericht oder der verordnete Richter (§ 400) aus. Ersatzhaft darf (ebenso wie in § 380) trotz Art 7 StrRG weiter angeordnet werden (s § 380 Rn 5, 6). 4

1) Die Ahndung **erstmaliger Weigerung** entspricht der des § 380 (dort Rn 3–7), obwohl beide voneinander unabhängig sind. Anordnung u Vollstreckung von Amts wegen. Der Beweisführer kann vor Erlaß des Beschlusses auf das Zeugnis verzichten (§ 399). Nach Erlaß des Beschlusses hindert Verzicht den Vollzug nicht mehr. Zugleich mit der Festsetzung des Ordnungsgeldes (also vor Rechtskraft u Vollstreckung) ist neuer Termin z Forts der Beweisaufnahme z bestimmen (§ 368). Der Zeuge ist, auch wenn er bei Verkündung anwesend ist, neu zu laden. Dem abwesenden Zeugen u den abwesenden Parteien (letzteren, weil sie Anspruch auf **Kostenausspruch** haben) ist die Anordnung von Amts wegen zuzustellen; § 329 II 2 u III. 5

2) Bei **wiederholter Weigerung (Abs II)** wird nur auf Antrag (Ausnahme: §§ 680 III, 653 II) des Beweisführers (nach dessen Verzicht oder Untätigkeit gem § 399 auch des Gegners) Beugehaft angeordnet. Unterlassener Haftantrag bedeutet Verzicht auf den Zeugen. 6

Die Verhängung eines zweiten Ordnungsgeldes (wie in § 380 II) ist unzulässig. **Haftanordnung** (Beugehaft = Zwangsmaßregel im Parteibetrieb) durch Beschluß, der keine zeitliche Begrenzung der Haft enthält und zu verkünden oder dem Zeugen zuzustellen ist. Verweigert ein Zeuge, über den in 1. Instanz wegen wiederholter Zeugnisverweigerung bereits die Haft verhängt war, auch in der 2. Instanz das Zeugnis über die gleichen Fragen oder die Eidesleistung, so darf er wiederum verhaftet werden; doch darf die Haft (1. und 2. Instanz) wegen § 913 zusammen nicht mehr als 6 Monate betragen. Bei Weigerung des Zeugnisses über neue Tatsachen und auf Grund eines neuen Beweisbeschlusses kann die Haft abermals in voller Höhe verhängt werden. 7

Vorschriften über die Haft im ZwV-Verfahren: §§ 904–913. Neben dem die Haft anordnenden Beschluß erläßt das Gericht den Haftbefehl, in dem der Zeuge und der Grund der Verhaftung genau zu bezeichnen sind. Verhaftung erfolgt durch den GV. Die Haft endigt, wenn der Zeuge aussagt oder der Beweisführer auf das Zeugnis verzichtet. Der Prozeßgegner hat dagegen kein Widerspruchsrecht. Die Aufnahme des Zeugen in das Gefängnis ist nur zulässig, wenn die Partei, auf deren Antrag die Erzwingung der Haft angeordnet wurde, die Haft- und Verpflegungskosten für mindestens 1 Monat vorausbezahlt, § 911. – **Ausnahme:** Im Amtsbetrieb des Entmündigungsverfahrens wird auch die Beugehaft ohne Beitragspflicht des Beteiligten von Amts wegen angeordnet: §§ 653 II, 680 III. 8

IV) Die neben den Zwangsmitteln auszusprechende **Kostenfolge** entspricht der des § 380 (s dort Rn 4). 9

V) Abs III: Einfache **Beschwerde** des Zeugen (§ 567) mit aufschiebender Wirkung, § 572. Schriftl Einreichung oder Erklärung zu Prot des UrkB, § 569 II. Gegen Ablehnung oder Aufhebung der Haft nach Abs II hat die betroff Partei das Recht der sof Beschwerde gem § 793; gegen unterbliebenen Kostenausspruch dagegen einfache Beschwerde. Keine Beschwerde gegen Beschluß des OLG (§ 567 III). 10

391 *[Zeugenbeeidigung]*

Ein Zeuge ist, vorbehaltlich der sich aus § 393 ergebenden Ausnahmen, zu beeidigen, wenn das Gericht dies mit Rücksicht auf die Bedeutung der Aussage oder zur Herbeiführung einer wahrheitsgemäßen Aussage für geboten erachtet und die Parteien auf die Beeidigung nicht verzichten.

1 **1) Die Pflicht zur Eidesleistung** (über das Verfahren der Eidesabnahme s §§ 478–484) besteht für jeden zur Aussage verpflichteten Zeugen, soweit kein Eidesverbot iS § 393 besteht. Zumindest zur eidesgleichen Bekräftigung (§ 484) ist jeder Zeuge öffentl-rechtl verpflichtet. Den Vorbehalten des BVerfG (NJW 72, 1183) ist mit der Neufassung von § 484 durch das Ges v 20. 12. 1974 Genüge getan. Wegen Recht zur Aussageverweigerung s §§ 376, 383–385. Der zur Aussageverweigerung befugte Zeuge darf den Eid verweigern, selbst wenn er bereits ausgesagt hat (BGH 43, 368); seine Aussage wird damit aber wertlos. Wegen der Folgen unbefugter Eidesverweigerung s § 390 Rn 3. Einen Zwischenstreit iS des § 387 über die Befugnis bloßer Eidesverweigerung, soweit diese nicht auf §§ 383, 384 gestützt wird (also Teil der befugten Aussageverweigerung ist), sieht das Gesetz nicht vor, das Gericht entscheidet gem § 286 nach freiem Ermessen über die Weigerungsbefugnis.

2 **2) Eine Pflicht zur Abnahme des Eides** kennt i Gegensatz zu § 59 StPO die ZPO **nicht** mehr (Novelle v 27. 10. 1933). Die Beeidigung ist als Teilbereich der freien richterl Beweiswürdigung (§ 286) in das pflichtgebundene Ermessen des Prozeßgerichts (nicht des verordneten Richters, dieser soll nur auf Weisung des ProzGerichts beeidigen) gestellt. Ermessensmißbrauch ist (soweit nicht § 295 eingreift) revisibler Verfahrensfehler.

3 **Grundsätze der Ermessensausübung** (grundsätzl BGH 43, 368 = NJW 65, 1530 = JZ 65, 453; BGH DRiZ 67, 361; H. Schneider NJW 66, 333; E. Schneider MDR 69, 429; Grunsky ZZP 79, 141): Die Beeidigung ist wichtiges Mittel der Wahrheitserforschung, das nicht willkürlich unbenutzt bleiben darf. Daher ist grundsätzlich zu beeidigen bei entscheidungserheblichen Aussagen, an deren Richtigkeit noch Zweifel bestehen, selbst wenn dem Zeugen ein Meineid zuzutrauen ist. Ausnahme: Der Eid ist subjektives Druckmittel zur Herbeiführung einer Aussage nach bestem Wissen u Gewissen; daher ist er entbehrlich, wo die Aussage zwar nicht glaubhaft ist, der Zeuge aber erkennbar glaubwürdig sein subjektives Wissen kundgegeben hat (BGH DRiZ 67, 361). Der Eid ist auch entbehrlich, wo die – selbst unglaubwürdige – Aussage nicht entscheidungserheblich ist (BGH NJW 72, 574) und wo das Gericht das Gegenteil einer unglaubwürdigen Aussage bereits aus den eidlichen Aussagen anderer Zeugen entnehmen konnte (E. Schneider MDR 69, 429; BGH NJW 65, 1530/1531). Das Gericht kann in Grenzfällen die für die Unterlassung der Beeidigung nötigen Erkenntnisse meistens aus dem Ergebnis einer Gegenüberstellung der Zeugen (§ 394 II) gewinnen. Zulässig (u sehr zu empfehlen! R-Schwab § 123 VI) auch, die Beeidigung ledigl eines Teils der Aussage anzuordnen.

4 Im **arbeitsgerichtl Verf** ist Beeidigung die Ausnahme (§ 58 II ArbGG). Für das **verwaltungsgerichtl Verf** s BVerwG VerwRspr 66, 1012.

5 **3) Verzicht auf Beeidigung** hat, wenn von beiden Parteien erklärt, Verbot der Beeidigung zur Folge. Obwohl als Prozeßhandlung unwiderruflich (Rn 17 vor § 128), wird durch nach Verzicht erklärten Beeidigungsantrag analog § 398 das Gericht zur Beeidigung ermächtigt, jedoch niemals verpflichtet. Der Verzicht erfaßt nur den seiner Erklärung vorausgehenden Teil der Aussage. Er wirkt nur für die Instanz, daher kann in nächster Instanz die Beeidigung der früheren Aussage ohne nochmalige Vernehmung z Sache nachgeholt werden. (Auch hier ist Entscheidungserheblichkeit Voraussetzung, BGH NJW 72, 584). Verzichtserklärung ausdrücklich oder durch schlüssiges Verhalten (zB Nichtrüge der Nichtbeeidigung, RG 17, 380). Unzulässig bzw unbeachtlich ist der Verzicht gem §§ 617, 640, 641, 670, 679, 684, 686 in Ehe-, Kindschafts- u Entmündigungssachen (= Amtsermittlung).

6 **4) Verfahren:** Über die Beeidigung entscheidet ausschließl das Prozeßgericht. Das kann auch der Einzelrichter (auch des OLG, § 524 Rn 51, § 387 Rn 3) sein, ebenso im Umfang seiner beschränkten Beweiserhebungskompetenz (§ 349 Rn 3, 4) der Vorsitzende der Kammer für Handelssachen; die Nichtbeeidigung durch letzteren und durch den Einzelrichter des OLG hindert aber das Kollegium, wo ihm die Hauptsacheentscheidung obliegt, nicht daran, die unterbliebene Beeidigung nach Maßgabe seiner ihm obliegenden Beweiswürdigung (§ 286) nachzuholen. – Der verordnete Richter ist, obwohl gem § 400 zu Zwangsmaßnahmen iS des § 390 selbst befugt, zur Beeidigung ohne Anweisung durch das ProzGericht nicht berechtigt, weil Anordnung der Beeidigung Teil der Beweiswürdigung ist. Trotzdem erfolgte Beeidigung ist unschädlich. Jedoch ist eine trotz Eidesverbots iS § 393 beeidigte Aussage als unbeeidigte zu werten. – Nach BGH NJW 52, 384 soll es zulässig sein, die unterbliebene Beeidigung einer entscheidungserhebl Aussage im

Urteil nicht zu **begründen** (in BGH 43, 368 = NJW 65, 1530 offen gelassen); das ist abzulehnen, weil sonst fehlerhafte Ermessensausübung (Rn 3) nicht nachprüfbar wäre (ebenso Schneider NJW 66, 334). Daher ist Begründung nur entbehrlich, wo kein Antrag auf Beeidigung gestellt war. – Abnahme des **Zeugeneides statt des SachverstEides** (§ 410) oder umgekehrt ist gleichbedeutend mit unterbliebener Beeidigung. – **Eidesbelehrung** § 395, 480. – **Verfahren** der Eidesabnahme: §§ 478–484. – **Verstoß** gegen § 391 verletzt § 286 und ist revisibel (BGH 43, 368), soweit nicht Heilung durch Rügeverzicht, § 295.

392 *[Zeugeneid nach Vernehmung]*

Die Beeidigung erfolgt nach der Vernehmung. Mehrere Zeugen können gleichzeitig beeidigt werden. Die Eidesnorm geht dahin, daß der Zeuge nach bestem Wissen die reine Wahrheit gesagt und nichts verschwiegen habe.

Abnahme des Nacheides: §§ 478–484; in fremder Sprache: § 188 GVG. Wegen der religiösen Form des Eides vgl § 481 u § 484 (s § 391 Rn 1). Wird der Zeuge vor der Vernehmung beeidigt, so ist die Aussage (entgegen OLG 23, 184) ebenfalls als wirksam beeidigt anzusehen (vgl RGSt 70, 366), denn § 392 ist, soweit Nacheid vorgeschrieben, Ordnungsvorschrift. Das schließt bei Voreid aber vorsorgliche (obwohl entbehrliche) Abnahme der Versicherung gemß § 398 III nach der Aussage nicht aus. Verlesung der Aussage vor Eidesleistung: §§ 160 III 4, 162 (s § 162 Rn 7). Bei Ergänzung der Aussage nach Eidesleistung: § 398 III. 1

393 *[Uneidliche Vernehmung]*

Personen, die zur Zeit der Vernehmung das sechzehnte Lebensjahr noch nicht vollendet oder wegen mangelnder Verstandesreife oder wegen Verstandesschwäche von dem Wesen und der Bedeutung des Eides keine genügende Vorstellung haben, sind unbeeidgt zu vernehmen.

1) Allgemeines über Pflicht zur Eidesleistung s Rn 1 zu § 391, über Pflicht zur Abnahme des Eides Rn 2 zu § 391, über das Verfahren zur Eidesabnahme s §§ 478–484. 1

2) Die **Eidesmündigkeit** beginnt mit Vollendung des 16. Lebensjahres; sie fehlt auch dauernd Geistesschwachen, welche (obwohl uU noch aussagetüchtig, vgl Rn 3 zu § 373, BGH NJW 67, 360) die Einsicht der besonderen Bedeutung eines Eides nicht besitzen. Wegen der Strafbarkeit des Meineides eines nicht Eidesmündigen: RGSt 36, 278; BGHSt 10, 142/144 (Strafbarkeit bejaht bei Strafmündigkeit). Die von einem nicht Eidesmündigen beeidigte Aussage ist als unbeeidigte zu werten. Bei vorübergehend Mangel der Einsichtsfähigkeit (zB Trunkenheit) ist zu vertagen (z betrunkenen Zeugen s § 380 Rn 2). – Entfallen ist die frühere Nr 2 (betraf die uneidliche Vernehmung eidesunfähiger Personen) wegen der Aufhebung von § 161 StGB durch Art 40 StRRG v 25. 6. 1969, BGBl I 645. 2

394 *[Zeugenvernehmung]*

(1) Jeder Zeuge ist einzeln und in Abwesenheit der später abzuhörenden Zeugen zu vernehmen.

(2) Zeugen, deren Aussagen sich widersprechen, können einander gegenübergestellt werden.

Abs I: Das Gebot der Einzelvernehmung ist nur Ordnungsvorschrift, Verstoß ist nicht revisibel (RG JW 28, 1857). § 394 gilt nicht für Sachverständige, wohl aber für sachverständige Zeugen (§ 414). Nach beendeter Aussage darf der Zeuge aus Gründen des § 169 GVG (gilt nur für das Prozeßgericht!) während der Einvernahme anderer Zeugen anwesend bleiben. Die Aussage ist aber erst mit Entlassung durch den Vorsitzenden beendet. Bei Entfernung vor Entlassung gilt § 380. Entlassung des Zeugen sollte nur mit Zustimmung der Parteien erfolgen. Oft wird sich die Frage der Beeidigung (§ 391) erst nach Vernehmung aller Zeugen beantworten lassen. Gemeinsame Beeidigung: § 481 IV. – Anwesenheitsrecht der Parteien: § 357. Fragerecht der Parteien: § 397. 1

Abs II: Gegenüberstellung – gilt auch für Sachverständigen – ist Recht des Gerichts, auch des verordneten Richters, nicht der Parteien (vgl § 398 **I)**. Obwohl in § 451 nicht erwähnt, ist Gegenüberstellung auch bei Parteivernehmung zulässig (R-Schwab § 125 IV 3). Gegenüberstellung ist Frage des grds nicht nachprüfbaren Ermessens (BAG NJW 68, 566). 2

395 *[Wahrheitsermahnung; Vernehmung zur Person]*
(1) Vor der Vernehmung wird der Zeuge zur Wahrheit ermahnt und darauf hingewiesen, daß er in den vom Gesetz vorgesehenen Fällen unter Umständen seine Aussage zu beeidigen habe.

(2) Die Vernehmung beginnt damit, daß der Zeuge über Vornamen und Zunamen, Alter, Stand oder Gewerbe und Wohnort befragt wird. Erforderlichenfalls sind ihm Fragen über solche Umstände, die seine Glaubwürdigkeit in der vorliegenden Sache betreffen, insbesondere über seine Beziehungen zu den Parteien, vorzulegen.

1 **Abs I:** Außer nach § 395 ist der Zeuge vor Einvernahme gem § 383 II u § 480 zu belehren. Jedoch ist § 395 bloße Ordnungsvorschrift wie § 394. Belehrung über Strafbarkeit (§§ 153, 154 StGB) ist zweckmäßig.

2 **Abs II:** Die **Vernehmung zur Person** dient der Feststellung der Identität des Zeugen. Auch hierauf erstrecken sich die Wahrheitspflicht iS §§ 153, 154 StGB und das Zeugnisverweigerungsrecht (§§ 383, 384; RG JW 11, 189). Keine Pflicht zur Offenbarung der Religion (Art 140 GG, Art 136 III WV). – Fragen zur Glaubwürdigkeit sind Ermessenssache. Wegen Auskunft über Vorstrafen, insbes Eidesdelikt des Zeugen s Rn 5 zu § 384. – Zweckmäßig zur Wahrheitsermittlung ist es, den Zeugen zunächst über seine Wissensquellen, erst dann gem § 396 über das Beweisthema zu befragen.

396 *[Vernehmung zur Sache]*
(1) Der Zeuge ist zu veranlassen, dasjenige, was ihm von dem Gegenstand seiner Vernehmung bekannt ist, im Zusammenhang anzugeben.

(2) Zur Aufklärung und zur Vervollständigung der Aussage sowie zur Erforschung des Grundes, auf dem die Wissenschaft des Zeugen beruht, sind nötigenfalls weitere Fragen zu stellen.

(3) Der Vorsitzende hat jedem Mitglied des Gerichts auf Verlangen zu gestatten, Fragen zu stellen.

Lit: s Hinweise vor Vorbem zu § 284 sowie zu den Regeln der Zeugenvernehmung; *Arntzen*, Vernehmungspsychologie, 1978; *Bernder/Röder/Nack*, Tatsachenfeststellung vor Gericht, Bd II Vernehmungslehre, 1981; *Berhardt*, Festgabe für Rosenberg, 1949, S 42; *Krönig* DRiZ 60, 178; *Lenckner* NJW 65, 321; *Reinecke* MDR 86, 630; *E. Schneider* MDR 65, 14/181/351/535/715/879; 69, 429; zur Vernehmung geistig behinderter Zeugen *Hetzer/Pfeiffer* NJW 64, 411 und § 373 Rn 3.

1 **Abs I.** § 396 ist nicht nur Ordnungsvorschrift; Verletzung macht – sofern nicht § 295 vorliegt – die Aussage unverwertbar (BGH NJW 61, 2168). Unzulässig ist zB die bloße Bezugnahme auf eine mitgebrachte schriftl Erklärung, die nicht verlesen wird (§§ 160 III 4, 162) oder die bloße Beantwortung gestellter Fragen mit „ja" oder „nein"; letzteres kann und soll bereits das Gericht bei der Fragestellung verhindern (keine Suggestivfragen wie „ist es richtig, daß ...?"). Die Ausübung des Fragerechtes (§ 397) sollte erst zugelassen werden, wenn der Zeuge zusammenhängend spontan ausgesagt hat (BAG NJW 83, 1691/1693). Wegen Vernehmung stummer Zeugen s § 186 GVG, § 483 ZPO. Zur Zulässigkeit, die Befragung des Zeugen über das im Beweisbeschluß angegebene Beweisthema (§ 359 Nr 1) hinaus zu erstrecken, s § 360 Rn 6.

2 Der Zeuge muß sich **vor seiner Vernehmung genau informieren,** insbesondere schriftl Aufzeichnungen zur Auffrischung seines Gedächtnisses einsehen (s § 373 Rn 2); Nachforschungen mit außergewöhnl Zeitaufwand braucht er jedoch nicht zu machen, RG 48, 392. Zulässig ist: Überreichung der **schriftl niedergelegten Aussage,** deren Vortrag u Erklärung, daß Zeuge das schriftl Aufgezeichnete zum Inhalt s Aussage mache (dann nach Vorlesung u Genehmigung Protokollanlage), JW 28, 1957. Bei derart schriftl vorbereiteten Aussagen ist hinsichtlich ihrer Urheberschaft äußerste Vorsicht geboten; die Frage nach dem Grund der Niederschrift u nach den Wissensquellen ist hier unerläßlich. Die Verwertung derart schriftl Aussagen darf nicht großzügiger gehandhabt werden, als es nach § 377 III u IV zulässig wäre. Niederschrift der Aussage: §§ 160, 161, 162, 165.

3 Im **Zusammenhang.** Man lasse den Zeugen grundsätzlich erst alles erzählen, was er glaubt angeben zu müssen, u nehme die Aussage nach Weglassung dessen, was nicht zum Beweisthema (§ 359 Nr 1) gehört, zu Protokoll. Das gilt besonders für das auf Tonträger aufgenommene Protokoll (s Rn 2 zu § 160 a). Unklarheiten können dabei vom **Gericht** durch Befragen richtig- od klargestellt werden. Erst nach Niederschrift dieser Aussage hat man nach Abs II durch **Vorhaltungen** e weitere Klärung herbeizuführen; zur Protokollfassung in diesem Fall s § 160 Rn 8.

Abs II u III betrifft Aufklärungs- u Fragepflicht des Gerichts. Erst nach Erfüllung dieser Amtspflicht setzt das Fragerecht der Parteien (§ 397) ein. Bei Beanstandung richterl Fragen durch die Partei gilt § 140, beim beauftragten u ersuchten Richter § 400. – Verbreitet ist die (Un-)Sitte, dem Zeugen (selbst bei längerer Aussage) das Sitzen zu verwehren; diese physische Anstrengung dient weder der Wahrheitsermittlung noch der Würde des Gerichts. 4

Jeder Zeuge ist befugt, seine Aussage von der Anwesenheit seines eigenen **Rechtsbeistands** (auch in nichtöffentl Sitzung) abhängig zu machen, BVerfG NJW 75, 103 = MDR 75, 290. Die ihm hierdurch erwachsenden Kosten hat der Zeuge selbst zu tragen. 5

397 *[Befragung durch Parteien]*

(1) Die Parteien sind berechtigt, dem Zeugen diejenigen Fragen vorlegen zu lassen, die sie zur Aufklärung der Sache oder der Verhältnisse des Zeugen für dienlich erachten.

(2) Der Vorsitzende kann den Parteien gestatten, und hat ihren Anwälten auf Verlangen zu gestatten, an den Zeugen unmittelbar Fragen zu richten.

(3) Zweifel über die Zulässigkeit einer Frage entscheidet das Gericht.

1) Das Fragerecht der Partei ist die notw Ergänzung des Grundsatzes der Parteiöffentlichkeit (§ 357). Frageberechtigt sind neben der Partei deren Streithelfer. Die Partei kann das Recht auch im Anwaltsprozeß persönlich ausüben (über die Erstattungsfähigkeit der Reisekosten der Partei s München NJW 64, 1480; Frankfurt MDR 80, 500; 72, 614; Koblenz MDR 77, 673), doch ist die Partei selbst nur zur „Vorlage“ von Fragen, der RA dagegen zur unmittelbaren Befragung des Zeugen (Abs II) berechtigt. Neben dem Fragerecht der Parteien persönlich steht deren Recht, sich gemäß § 137 IV (s dort Rn 4) persönlich zur Sache zu äußern; hierzu sollte das Gericht jedoch den Parteien erst nach Einvernahme aller Zeugen im Rahmen der Beweiserörterung (§§ 285, 370) Gelegenheit geben, um eine Beeinflussung der Zeugen zu vermeiden. Anders als im Fall § 137 IV steht das Fragerecht der Partei auch dann zu, wenn die Beweisaufnahme im Anwaltsprozeß in Abwesenheit ihres Anwalts (§ 367) erfolgt; gerade in diesem Fall sollte das Gericht bei der Gestattung von Fragen der Partei nicht kleinlich sein. 1

§ 397 gilt entsprechend für den SachverstBeweis (§ 402), bei Parteieinvernahme (§ 451), im Beweissicherungsverfahren (§ 492), im Verf der freiw Gerichtsbarkeit (§ 15 FGG; KG NJW 62, 2114). Im Einverständnis mit schriftl Befragung des Zeugen (§ 377 IV) liegt Verzicht auf Fragerecht; wird nachträgl Antrag auf nochmalige schriftl oder mündl Befragung gestellt, gilt § 398. Über die Ausübung des Fragerechts gegenüb dem Sachverst nach schriftl Gutachten s § 411 Rn 5a. 2

Ausübung des Fragerechts **nur im gleichen Termin,** und erst *nach* Ausübung des Fragerechts des Gerichts (§ 396 II); ob spätere Fragen zugelassen werden, ist Ermessenssache iS § 398 (BGH 35, 370 = NJW 61, 2308). 3

2) Umfang des Fragerechts (zusfassend H. von Lanzenauer DRiZ 66, 223): Zweck der Befragung ist die Ausschöpfung des Beweismittels; daraus ergeben sich die Grenzen des Fragerechtes: **Unzulässig sind Fragen,** die mit dem Beweisthema (§§ 359 Nr 1, 377 II 2) nichts zu tun haben, Ausforschungsfragen (Rn 5 vor § 284), iS § 383 III u § 376 unzulässige Fragen, Suggestivfragen, welche die Antwort bereits beinhalten u nur mit „ja“ oder „nein“ zu beantworten sind, Fragen, welche Werturteile u nicht tatsächl Wahrnehmungen des Zeugen z Gegenstand haben. Wegen der Behandlung in ungebührl Form gestellter Fragen s § 157 II ZPO u §§ 177, 178 GVG. 4

Bei **Streit über die Zulässigkeit von Fragen** entscheidet das Prozeßgericht (auch der Einzelrichter) durch nicht selbst anfechtbaren Beschluß. Für den Zulässigkeitsstreit vor dem Richterkommissar gelten §§ 398 II, 400. Zweckmäßig (obwohl keine Pflicht des Gerichts; vgl § 160 Rn 14) ist im Streitfall, die nicht zugelassene Frage wörtlich im Protokoll festzuhalten. 5

398 *[Wiederholte und nachträgliche Vernehmung]*

(1) Das Prozeßgericht kann nach seinem Ermessen die wiederholte Vernehmung eines Zeugen anordnen.

(2) Hat ein beauftragter oder ersuchter Richter bei der Vernehmung die Stellung der von einer Partei angeregten Frage verweigert, so kann das Prozeßgericht die nachträgliche Vernehmung des Zeugen über diese Frage anordnen.

(3) Bei der wiederholten oder der nachträglichen Vernehmung kann der Richter statt der nochmaligen Beeidigung den Zeugen die Richtigkeit seiner Aussage unter Berufung auf den früher geleisteten Eid versichern lassen.

Lit: *Nasall*, ZZP 98 [1985], 313.

1 **1) Die wiederholte Vernehmung (Abs I)** eines Zeugen, eines Sachverständigen (§ 402) oder einer Partei (§ 451) liegt nur vor, wenn der Zeuge usw über das gleiche Beweisthema (RG 48, 386; Schleswig OLGZ 80, 58) in dem gleichen Prozeß – wenn auch in früherer Instanz (BGH 35, 370; NJW 61, 2308; 68, 1138; 72, 584) oder im Beweissicherungsverfahren (BGH NJW 70, 1920) – bereits einmal ausgesagt hatte. Einer früheren Aussage entspricht die frühere schriftl Auskunft gem § 377 III u IV. Nicht anwendbar ist § 398, soweit frühere Aussagen aus anderen Verfahren als Urkundenbeweis i den Prozeß eingeführt wurden u danach Ladung des gleichen Zeugen beantragt wird (BGHZ 7, 116/122; hierzu § 373 Rn 9). Ob die frühere Vernehmung vor dem ProzGericht oder dem verordneten Richter stattfand, bleibt gleich (§ 400).

2 Eine wiederholte Vernehmung liegt nur vor bei erneuter Anhörung der Auskunftsperson zu demselben Beweisthema (§§ 359 Nr 1, 377 II 2), nicht aufgrund eines inhaltl anderen Beweisbeschlusses. Ob letztere veranlaßt ist, hat das Gericht gem §§ 282, 296 II, 367 II zu prüfen. Ebenso ist die Vorladung des Sachverständigen gem § 411 III sowie des Zeugen nach schriftl Auskunft gem § 377 III (anders aber § 377 IV!) keine erneute Vernehmung iS § 398 u daher nicht nur Ermessenssache, sondern (wegen §§ 355, 397) grds notwendig, soweit beantragt (§ 411 Rn 5 a; § 377 Rn 10).

3 Die erneute Vernehmung steht im **Ermessen des Gerichts.** Die Ermessensausübung ist pflichtgebunden (BGH NJW 76, 1742; Schneider NJW 74, 841) nach folgenden Grundsätzen:

4 **a) Erneute Vernehmung entbehrlich,** wenn die erste Vernehmung, obwohl prozessual richtig durchgeführt (hierzu §§ 355, 357, 396, 397), lediglich unergiebig blieb (Schleswig OLGZ 80, 58), wenn das (Berufungs-)Gericht den objektiven Aussageinhalt rechtlich anders würdigt als die Partei oder die Vorinstanz (BGH VersR 66, 577; 72, 951; hier aber Hinweis gem § 278 III geboten!); wenn das Berufungsgericht eine vom Erstrichter als unerheblich angesehene Aussage als entscheidungserheblich wertet (BGH NJW 72, 584); wenn das Berufungsgericht aus obj Gründen von der Beweiswürdigung des Erstrichters abweicht, ohne daß es hierbei auf die subj Glaubwürdigkeit des Zeugen (zB nach dessen kommissarischer Einvernahme im ersten Rechtszug) ankommt (Oldenburg NdsRPfl 75, 88); wenn ein Verfahrensfehler bei der früheren Anhörung (zB Verstoß gegen §§ 355, 375) ungerügt blieb (§§ 295, 531).

5 **b) Erneute Vernehmung geboten,** wenn die erste Vernehmung verfahrensfehlerhaft erfolgte und die Partei das rechtzeitig rügt; wenn die Vernehmungsniederschrift mehrdeutig ist (BGH MDR 79, 481); wenn das Berufungsgericht eine eidliche Aussage abweichend vom Erstrichter würdigen will (BGH NJW 74, 56; 68, 1138); wenn es für die abweichende Beurteilung der Glaubwürdigkeit eines Zeugen auf dessen persönlichen Eindruck ankommt (vgl § 355 Rn 6; BGH NJW 84, 2629; 82, 2875; 76, 1742; 64, 2414; VersR 66, 577; MDR 82, 220; 79, 481; 72, 500) oder aus Gründen des § 391 eine Vereidigung des Zeugen notwendig wird; ebenso wenn nachträgl eine Gegenüberstellung (§ 394 II) notwendig wird; wenn die Aussage nicht (§ 161) oder unzulänglich protokolliert ist (BGH NJW 82, 1052; 68, 1138) oder die Besetzung des Gerichts wechselt (BGH DRiZ 63, 441); wenn eine Partei schuldlos verhindert war, an der Beweisaufnahme teilzunehmen (§ 367 II), und wenn das Berufungsgericht die Aussage des Zeugen im ersten Rechtszug für zu ungenau, jedoch für entscheidungserheblich ansieht; denn die Ungenauigkeit kann auf einer unzulänglichen Fragestellung oder Protokollierung beruhen (§ 526 Rn 3; BGH NJW 82, 1052/1053 = MDR 82, 301). Hatte das Erstgericht die protokollierte Zeugenaussage im Urteil wegen Unerheblichkeit nicht gewürdigt, muß das Berufungsgericht bei Bejahung der Erheblichkeit dieser Aussage den Zeugen nochmals vernehmen, denn das Aussageprotokoll allein besagt noch nichts über den subjektiven Gehalt der Aussage (BGH NJW 86, 2885 = MDR 86, 1015).

6 **Anordnung** der wiederholten Vernehmung durch – nicht selbst anfechtbaren (§ 355 II) – Beschluß des ProzGerichts. Versagung i den Gründen des Endurteils ausreichend.

7 **2)** Die **nachträgliche Vernehmung (Abs II)** über bereits früher gestellte, jedoch zu Unrecht nicht zugelassene Fragen (§ 397 III) nimmt entweder das ProzGericht selbst vor oder es ordnet die Vernehmung durch den verordneten Richter verbindlich (§ 158 GVG) an. In diesem Fall ist der Beweisführer zu nochmaligem Auslagenvorschuß (§ 379) nicht verpflichtet (§ 8 GKG).

8 **3)** Die **Beeidigung** der späteren Aussage steht ebenso wie bei der ersten Vernehmung im pflichtgebundenen Ermessen des Gerichts (Rn 2 zu § 391). Soweit (zB nach Ergänzung einer beeidigten früheren Aussage) nochmalige Beeidigung geboten, genügt – nach nochmaliger Belehrung gem §§ 383 II, 395 I, 480 – die Versicherung der Richtigkeit unter **Berufung auf den**

früheren Eid. Nochmalige Beeidigung ist aber auch zulässig, bei nachträgl Erweiterung des Beweisthemas sogar notwendig (RG 48, 387), bei großem zeitl Abstand beider Aussagen zweckmäßig (JZ 55, 267). Bloßer Hinweis des Richters auf den früheren Eid genügt nicht (RG 58, 302). Strafbarkeit: § 155 Nr 2 StGB. Erfolgt die wiederholte Vernehmung schriftl, ist ihre Richtigkeit (auch bei früherer Beeidigung) eidesstattl zu versichern (§ 377 III).

399 *[Verzicht auf Zeugen]*

Die Partei kann auf einen Zeugen, den sie vorgeschlagen hat, verzichten; der Gegner kann aber verlangen, daß der erschienene Zeuge vernommen und, wenn die Vernehmung bereits begonnen hat, daß sie fortgesetzt werde.

1) Der Beweisantritt (§ 282) ist Prozeßhandlung, jedoch widerruflich (vor § 128 Rn 19; vor § 284 Rn 2). § 399 gestattet den Widerruf in der Form des Verzichtes. **Zulässig ist der Verzicht,** solange der Zeuge (ebenso die Partei, BAG NJW 74, 1349) noch nicht ausgesagt hat. Keinesfalls kann durch nachträgl einseitigen Verzicht das Gericht an der Verwertung einer Aussage gehindert werden. Jedoch kann der Beweisführer noch während der Einvernahme auf weitere Befragung des Zeugen verzichten; dann ist, wenn der Gegner nicht die Fortsetzung der Befragung verlangt, der Zeuge zu entlassen. Wird er trotzdem (weiter) befragt, so ist diese unter Verletzung des Grundsatzes der Parteiherrschaft (Rn 2 vor § 284) erlangte Aussage bei Widerspruch des Beweisführers (§ 295 gilt auch hier) im Urteil nicht verwertbar. 1

2) Die **Verzichtserklärung** ist Prozeßhandlung, unterliegt dem AnwZwang (§ 78). Schlüssiges ProzVerhalten, zB widerspruchslose Hinnahme einer Aussageverweigerung oder der Entfernung des Zeugen, kann genügen (JW 04, 586; 14, 646). Im Zweifelsfall muß das Gericht fragen (§ 139). Bloßes Nichtverlesen eines schriftl Beweisangebotes ist regelm noch kein Verzicht (Rn 3 vor § 284). Kein Verzicht auch das Einverständnis mit der Nichterhebung weiterer angebotener Beweise für den Fall, daß das Gericht den Beweis als bereits erbracht ansieht, denn Verzicht iS § 399 bedeutet Verwahrung gegen die Beweiserhebung. 2

3) Wirkung des Verzichts: Der Zeuge wird abgeladen bzw vor Anhörung entlassen. Verlangt der Gegner die Anhörung, so wird er Beweisführer u damit Partei im etw Zwischenstreit gem § 387 (Hamburg FamRZ 65, 277). Der Verzicht wirkt nur für die Instanz. Bei späterer nochmaliger Benennung des Zeugen zum gleichen Beweisthema gelten §§ 282, 296, 528 (BAG NJW 74, 1349/1350). 3

400 *[Befugnisse des verordneten Richters]*

Der mit der Beweisaufnahme betraute Richter ist ermächtigt, im Falle des Nichterscheinens oder der Zeugnisverweigerung die gesetzlichen Verfügungen zu treffen, auch sie, soweit dies überhaupt zulässig ist, selbst nach Erledigung des Auftrages wieder aufzuheben, über die Zulässigkeit einer dem Zeugen vorgelegten Frage vorläufig zu entscheiden und die nochmalige Vernehmung eines Zeugen vorzunehmen.

1) Mit der Beweisaufnahme betraut ist der **beauftragte** (§ 361) u **ersuchte** (§ 362) **Richter** (= verordnete Richter). Über deren Befugnisse i allg s Anm zu §§ 361, 362, 366, 389. § 400 will die Befugnisse des verordneten Richters nicht abgrenzen, sondern in drei bes Fällen klarstellen: 1

a) Nichterscheinen des Zeugen: Zwangsmaßnahmen gem § 380, auch deren Aufhebung oder Abänderung gem § 381. 2

b) Aussage- oder Eidesverweigerung: Zwangsmaßnahmen gem § 390 nur, sofern die Weigerung ohne Angabe von Gründen (auch mit abwegiger Begründung, vgl Rn 2 zu § 390) erfolgt oder nach mit Begründung versehener Weigerung, sobald das Prozeßgericht im Zwischenstreit gem §§ 387–389 die Weigerung rechtskräftig (§ 387 III) zurückgewiesen hat. 3

c) Zulässigkeit von Fragen: Vorläufige Zulassung oder Zurückweisung gem § 397 II, solange nicht bei fortdauerndem Streit das Prozeßgericht gem § 398 verbindliche (§ 158 GVG) Anordnungen über die Zulassung der Frage trifft. 4

2) Rechtsbehelf gegen alle Entscheidungen des verord Richters gem § 576 Anrufung des Prozeßgerichts, Beschwerde erst gegen dessen Entscheidung (RG 68, 66; abw LG Frankenthal NJW 61, 1363). Unmittelbare Beschwerde zu dem dem verord Richter örtl übergeordneten Gericht nur gegen sitzungspol Maßnahmen (§ 181 GVG) u Gebührenfestsetzung (§ 401, § 16 II ZuSEG). Bei sonstigen (also nicht oben Rn 2–4 genannten) Hindernissen für die Beweisaufnahme s § 366. 5

401 *[Zeugengebühren]* **Der Zeuge wird nach dem Gesetz über die Entschädigung von Zeugen und Sachverständigen entschädigt.**

1 **1)** Ges üb die Entschädigung von Zeugen u Sachverst (ZuSEG) i der Fassung v 1. 10. 1969 (BGBl I 1757), zuletzt geändert am 9. 12. 1986 (BGBl I 2326). **Der Entschädigungsanspruch** des Zeugen u Sachverst ist – ebenso wie die Pflicht zum Erscheinen u Aussagen (§§ 380, 390, 407, 409) – öffentl-rechtl Natur u nach Grund und Höhe abschließend durch das ZuSEG geregelt, auch soweit der im unmittelbaren Auftrag einer Partei erschienene Zeuge von dieser gem § 670 BGB Ersatz seiner Aufwendungen verlangt (s unten). Zur Abgrenzung der Entschädigung des SV von der Entschädigung des sachverständigen Zeugen s § 414 Rn 2 und 3.

2 **2) a)** Weder § 401 noch § 1 ZuSEG unterscheiden zwischen dem v Gericht geladenen (§ 377) u dem **mitgebrachten oder freiwillig erschienenen Zeugen.** Entgegen RG 43, 411 ist nicht nur der geladene Zeuge entschädigungsberechtigt. Maßgeblich für den Entschädigungsanspruch ist nur, ob der Zeuge oder Sachverst vom Gericht iS § 1 ZuSEG **zu Beweiszwecken herangezogen,** dh entweder vom Gericht geladen oder (falls mitgebracht) einvernommen wird (KG NJW 75, 1423). Weitergehend Stuttgart MDR 64, 857, wonach sogar der mitgebrachte Zeuge, dessen Vernehmung (zB wegen Klagerücknahme oder Vergleich im Termin) unterbleibt, vom Gericht zu entschädigen sei, wenn er nur für eine entscheiderhebl Aussage benannt war; hier fehlt es aber an einer Heranziehung durch das Gericht, deshalb ist dieser Zeuge auf Ersatzansprüche (§ 670 BGB) gegen „seine" Partei zu verweisen. Mit Recht schränkt Koblenz NJW 67, 1866 den Entschädigungsanspruch des ohne Ladung erschienenen und einvernommenen Zeugen aber dann ein, wenn der Zeuge nicht am Gerichtsort wohnt u die Einvernahme vor dem Prozeßgericht (wegen § 362) nicht notwendig war. Hat eine Partei den iS § 91 notwendigen Zeugen selbst entschädigt, so sind diese Auslagen gem §§ 91, 104 erstattungsfähig (KG NJW 75, 1423). Im übrigen steht der Umstand, daß wegen der notw Entschädigung des mitgebrachten und einvernommenen Zeugen die den Zeugen stellenden Partei von ihrer Vorschußpflicht (§ 379; § 68 GKG) befreit ist, der Anwendung des ZuSEG nicht entgegen.

3 Soweit ein Zeuge vom Gericht geladen war, ist sein Entschädigungsanspruch unabhängig von der Zweckmäßigkeit der Ladung u von einer tatsächl Einvernahme. Der Zeuge hat auf Ladung zu erscheinen; eine Prüfung der Zweckmäßigkeit seines Erscheinens steht ihm nicht zu. Einschränkend Naumburg HRR 38, 124, wonach die erkennbar irrtümlich als Zeuge geladene Partei keinen Entschädigungsanspruch haben soll.

4 **b) Entschädigung** wird **nur auf Verlangen** gewährt, § 15 ZuSEG. Das Verlangen ist unbegründet, wo vorher **Gebührenverzicht** erklärt war (§ 379 Rn 3). Dann aber Erstattungsfähigkeit der von der Partei dem Zeugen bezahlten Auslagen (Koblenz MDR 73, 859; München MDR 58, 47). Über die grundsätzl Unwiderruflichkeit der Verzichtserklärung s Varrentrapp NJW 62, 903. Der Anspruch erlischt, wenn er nicht binnen 3 Monaten nach der Vernehmung erhoben wird. Bei schriftl Zeugenaussage (§ 377 III u IV) u Gutachten beginnt die Frist ab Eingang der Schrift beim Gericht (LG Celle, JMBl NRW 59, 54). Die Frist ist Ausschlußfrist, Verlängerung (§ 224 II) oder Wiedereinsetzung (§ 233) sind ausgeschlossen. **Verjährung des Anspruchs** nach rechtzeitiger Geltendmachung in 2 Jahren: §§ 196 Nr 17, 201 BGB. – Zur Frage, unter welchen Voraussetzungen der Sachverständige den **Höchstsatz** des § 3 ZuSEG beanspruchen kann, eingehend BayObLGZ 1970, 249.

5 **c) Verfahren der Festsetzung:** Die Berechnung der Entschädigung erfolgt zunächst ohne richterl Festsetzung in Form der Kostenanweisung durch die UrkBeamten der GeschSt. Einwendungen hiergegen sind als Antrag auf gerichtl Festsetzung (§ 16 ZuSEG) zu behandeln. Gegen die richterl Festsetzung einfache Beschwerde (Beschwerdesumme 100,– DM, § 567 II ZPO, § 5 II GKG), sofern nicht ein OLG festgesetzt hat (§ 567 III). Beschwerdeberechtigt ist der Zeuge bzw Sachverst und die Staatskasse, nicht der Kostenschuldner (vgl § 16 IV ZuSEG; der Kostenschuldner hat den Rechtsbehelf gem § 5 GKG, LG Oldenburg NJW 69, 1861).

6 **d) Vorschuß an mittellose Zeugen:** § 14 ZuSEG. Das Verfahren ist bundeseinheitlich geregelt durch VerwAnordnung v 1. 8. 1977 (BayJMBl 77 S 199). Danach erfolgt die Anweisung des Auslagenvorschusses im Justizverwaltungsweg grundsätzl auf Bewilligung des Gerichts, das die Ladung veranlaßt hat. In Eilfällen Anweisung durch den aufsichtsführenden Richter des AG am Wohnsitz. Bei Ablehnung: Beschwerde z örtl übergeordneten Gericht gem Art XI § 1 KostÄndGes v 26. 7. 57 (BGBl I 861), Tschischgale Rpfleger 63, 30.

7 **3)** Wegen des **Verlustes des Entschädigungsanspruchs** des Sachverständigen bei von ihm zu vertretender Unbrauchbarkeit des Gutachtens usw s § 413.

4) Entschädigung erhält der Zeuge einmal für den Verdienstausfall, auch wenn er die Beweisfrage(n) schriftlich beantwortet (§ 2 Abs 1 Satz 2 ZuSEG). Die Entschädigung richtet sich nach dem regelmäßigen Bruttoverdienst und beträgt 3 bis 20 DM pro Stunde (§ 2 Abs 2 ZuSEG). Mehr als 10 Stunden je Tag werden nicht entschädigt (§ 2 Abs 5 ZuSEG). Hat ein Zeuge zwar keinen Verdienstausfall (wie zB ein Rentner), aber ersichtliche Nachteile (die nicht geldlicher Art sein müssen) erlitten, so beträgt der Mindestentschädigungssatz pro Stunde 12,– DM (§ 2 Abs 3 ZuSEG). Neben dem Verdienstausfall sind dem Zeugen auch notwendige Fahrtkosten (§ 9 ZuSEG) und der Mehraufwand anläßlich der Terminswahrnehmung (sog Abwesenheitsgeld) – § 10 ZuSEG – zu ersetzen. 8

Achter Titel

BEWEIS DURCH SACHVERSTÄNDIGE

402 *[Anwendbarkeit der Zeugenvorschriften]* **Für den Beweis durch Sachverständige gelten die Vorschriften über den Beweis durch Zeugen entsprechend, insoweit nicht in den nachfolgenden Paragraphen abweichende Vorschriften enthalten sind.**

Lit: *Bleutge*, Hilfskräfte des SV, NJW 85, 1185; *Bremer*, Der Sachverständige, 1973; *Döbereiner/von Kayserlingk*, Sachverständigenhaftung, 1979; *Döhring*, Fachliche Kenntnisse der Richter u ihre Verwertung i Prozeß, JZ 68, 641; *Hegler*, Die Unterscheidung des Sachverst v Zeugen, AcP 104, 151; *Jessnitzer*, Der gerichtl Sachverständige, 8. Aufl 1980; *Lent*, Zur Abgrenzung des Sachverst v Zeugen, ZZP 60, 9; *K. Müller*, Der Sachverst i gerichtl Verfahren, 1978; *Nagel*, Der SV-Beweis im Rahmen internationaler Rechtshilfe, IPRax 81, 47; *Oelzen*, Das Verhältnis Richter-SV im Zivilprozeß, ZZP 93 [1980], 66; *Pieper/Breunung/Stahlmann*, SV im Zivilprozeß, 1982; Pieper, Richter u Sachverst i Zivilprozeß, ZZP 84, 1; *Schmidhäuser*, Zeuge, Sachverst u Augenscheinsgehilfe, ZZP 72, 365; *Tröndle*, Der SachverstBeweis, JZ 69, 374; *Wachsmuth*, Zur Problematik des medizinischen SV-Gutachtens im Arzthaftungsprozeß, DRiZ 82, 412; *Wellmann*, Der Sachverständige i der Praxis, 4. Aufl 1981. Zur Gutachtertätigkeit privater Organisationen und einer „Universitätsklinik" kritisch *Jessnitzer* NJW 71, 1075 u *Stern* NJW 69, 2259.

1) Begriff des Sachverständigen: Während der **Zeuge** (Rn 1 zu § 373) dem Gericht über eigene Wahrnehmung von Tatsachen u tats Vorgängen berichtet, ohne diesen Bericht durch Schlußfolgerungen auszuwerten, unterstützt der (austauschbare, § 404 I 3; BGH NJW 85, 1399) SV das Gericht bei der Auswertung vorgegebener Tatsachen, indem er auf Grund seines Fachwissens subj Wertungen, Schlußfolgerungen u Hypothesen bekundet. Über die Zulässigkeit der Tatsachenermittlung durch den SV s unten Rn 5 und § 355 Rn 2. 1

Kein SV-, sondern Urkundenbeweis (aber nicht iS des § 592, Frankfurt WPM 75, 87) ist das von einer Partei vorgelegte **Privatgutachten:** es ist urkundlich belegtes Parteivorbringen, das ein SVGutachten nur entbehrlich macht, wenn das Gericht es (worauf das Gericht hinzuweisen hat) gem § 286 für ausreichend hält, um die Beweisfrage zuverlässig zu beantworten (BGH NJW 83, 999; 82, 2874; VersR 81, 576; 62, 450; LM § 286 – E – Nr 7). Soweit demnach die urkundenbeweisliche Verwertung des Privatgutachtens in Betracht kommt, ist es Sache des Gegners der vorlegenden Partei, den Gegenbeweis durch Antrag auf Einholung eines neuen Gutachtens anzutreten (vgl entsprechend § 373 Rn 9) oder die Anhörung des Privatgutachters gemäß § 411 III zu beantragen (BGH VersR 62, 450/451). Für den Antritt des Gegenbeweises durch das Gutachten eines anderen SV sind im Beweisantritt die in § 412 Rn 1 genannten Voraussetzungen darzulegen. Das Gericht ist gemäß § 278 III (dort Rn 17) gehalten, seine Absicht, das Privatgutachten als überzeugenden Beweis zu verwerten, erkennbar zu machen, wenn der Gegner ohne eigenen Beweisantritt dessen Verwertbarkeit widerspricht. Das gleiche gilt für die Verwertung von **Gutachten aus anderen Verfahren** (BGH NJW 83, 122 = MDR 82, 996). Kein „anderes Verfahren" idS ist aber das Beweissicherungsverfahren; seine Verwertung i Prozeß ist SV-Beweis (BGH NJW 70, 1919). 2

Der **sachverständige Zeuge** (§ 414) ist echter Zeuge, der ledigl die zu bekundenden Tatsachen erst auf Grund seiner bes Sachkunde ohne gerichtl Auftrag hierzu (nach BGH NJW 65, 1492 kann auch der v Gericht beauftragte Sachverständige nach seiner Ablehnung noch sachverständiger Zeuge sein) festgestellt hat (so BGH MDR 74, 382 für den Privatgutachter einer Partei); zum SV wird er jedoch, wenn er aus den derart festgestellten Tatsachen auch noch Wertungen ableitet. Zur Kompetenzabgrenzung zwischen SV und sachverständigen Zeugen s näher § 414 Rn 2 u 3. 3

4 **Der Schiedsgutachter** (s § 1025 Rn 40) ist im Gegensatz zum gerichtl bestellten SV ein von den Parteien durch Schiedsgutachtervertrag bestellter Dritter, dem die – auch für das Gericht verbindliche – Feststellung entscheidungserhebl Tatsachen übertragen ist (BGH NJW 82, 1879; BGHZ 6, 335 = NJW 52, 1296; Zweibrücken NJW 71, 943). Auch die Entscheidung vorgreiflicher Rechtsfragen kann von den Parteien dem Schiedsgutachter übertragen werden (BGH 48, 25 = NJW 67, 1804 für die Frage der veränderten Verhältnisse bei Wertanpassungsklauseln). Zur Frage der auf alle Fälle grober Unbilligkeit beschränkten gerichtl Nachprüfung von Schiedsgutachten s Bulla NJW 78, 397.

5 **2) Inhalt eines SV-Gutachtens** können und dürfen grds nur die auf Grund besonderen (dem Gericht fehlenden; s unten Rn 7) Fachwissens des SV getroffenen **Wertungen, Schlußfolgerungen und Hypothesen** sein, welche der SV **auf der Grundlage** ihm **vorgegebener Tatsachen** zu treffen hat. Die Feststellung dieser Tatsachen (sog Anschlußtatsachen) ist wegen des Grundsatzes der Beweisunmittelbarkeit (§ 355) Aufgabe des Gerichts selbst; allenfalls darf das Gericht zu dieser ihm obliegenden Tatsachenfeststellung, insbesondere bei der Einvernahme von Zeugen, den SV zur Vorbereitung dessen Gutachtens hinzuziehen (näher § 355 Rn 2). Nur ausnahmsweise darf das Gericht die Feststellung streitiger Anschlußtatsachen (uU auch Rechtstatsachen, § 286 Rn 10) dem SV allein überlassen, wenn bereits hierfür die dem Gericht fehlende besondere Sachkunde des SV in Anspruch genommen werden muß (BGHZ 37, 389 = NJW 62, 1770; Jessnitzer S 188 ff). Zur Wahrung des Grundsatzes der Parteiöffentlichkeit (§ 357) bei dieser Tatsachenfeststellung s § 411 Rn 3 und Lit-Hinweis bei § 357. Zur Einnahme des Augenscheins durch den SV § 371 Rn 2. – Wo das Gericht streitige Anschlußtatsachen selbst festgestellt hat, sollte bereits der im Beweisbeschluß enthaltene Gutachtensauftrag an den SV deutlich machen, von welchen Tatsachen der SV nach der (insoweit bereits offenzulegenden) Beweiswürdigung des Gerichts auszugehen hat (§ 359 Rn 3).

6 **3) Sachverständiger kann sein,** wer nicht Partei ist u als **Einzelperson** sein persönliches Fachwissen sowie seine aus diesem Wissen hergeleiteten subjektiven Wertungen dem Gericht als dessen Gehilfe zur Verfügung stellt. Die Parteien haben wegen des großen Einflusses der Begutachtung auf die Meinungsbildung des Gerichts und damit auf das Urteil grundsätzlich ein Recht darauf, die Person des SV schon vor dessen Begutachtung zu kennen, um sich eine Meinung über dessen Qualifikation und Unbefangenheit (§ 406) bilden zu können, zumal sie befugt sind, diesen SV nach schriftlicher Begutachtung persönlich zur Erläuterung des Gutachtens (§ 411 III) vorladen zu lassen oder dem Gericht einen (ihrer Meinung nach) geeigneten anderen SV vorzuschlagen (§ 404 IV). Daher ist **grundsätzlich nur eine** vom Gericht im Beweisbeschluß zu benennende **natürliche Person** zur Begutachtung aufzufordern (§ 404; München NJW 68, 202; StJSchL § 404 Anm I 8; Jessnitzer NJW 71, 1075; Friedrichs ZZP 83, 404 und NJW 72, 1115), die dann auch die persönliche Verantwortung für ihr Gutachten trägt (näher § 404 Rn 1 a). Auch wo die vom Gericht benötigte Sachkunde eines (wissenschaftlichen) Instituts, einer Anstalt oder Körperschaft in Anspruch genommen werden soll, ist der Gutachtensauftrag grundsätzlich einem Mitglied dieses Instituts usw persönlich zu erteilen; nötigenfalls kann sich das Gericht durch Voranfrage bei dem Institut usw die geeignetste und verfügbare Person benennen lassen. Nur so kann der Unsitte vorgebeugt werden, daß der Institutsleiter ein von seinem Gehilfen erstelltes Gutachten abzeichnet, zur mündlichen Erläuterung des Gutachtens (§ 411 III) aber den Gehilfen entsendet (zur fehlenden Gutachtereigenschaft solcher Gehilfen § 404 Rn 1 a).

Nur ausnahmsweise gestattet es das Gesetz im Zivilprozeß (anders zB § 83 III StPO), **Fachbehörden** als solche (also ohne Beauftragung einer bestimmten Person) zur Abgabe auch gutachtlicher und als SV-Gutachten zu wertender Auskünfte zu beauftragen (zu § 273 II 2 s dort Rn 7 u 8), wenn es um die Verwertung amtlicher Erkenntnisse geht, so zB das Patentamt (§ 29 PatG, § 14 WZG), den Gutachterausschuß gemäß § 137 BBauG für Grundstückswerte (BGHZ 62, 93 = NJW 74, 701), die RA-Kammer gemäß § 12 II BRAGO für Anwaltshonorare (unten Rn 7), den Rentenversicherungsträger für die Errechnung des Versorgungsausgleichs (Hamm Rpfleger 79, 433; Lappe Rpfleger 80, 240). Vereinzelt geht der BGH noch weiter und erachtet die Einholung von sachkundigen **Auskünften privater Unternehmen** für zulässig, so die Auskunft eines Meinungsforschungsinstituts (BGH JZ 63, 225; vgl § 286 Rn 11) und die gutachtliche Auswertung eines Fahrtschreiberdiagramms durch die Herstellerfirma (BGH NJW 63, 586).

Zur beschränkt statthaften Übertragung einzelner Begutachtungstätigkeiten auf einen **Gehilfen des Sachverständigen** s § 404 Rn 1 a.

7 **4) Verfahren:** Ob das Gericht die eigene Sachkunde für ausreichend erachtet (das bedarf der Bekanntgabe an die Parteien, BVerfG JZ 60, 124; BGH NJW 70, 419, und der Darlegung der eigenen Sachkunde im Urteil, BGH NJW 82, 2874; BayObLGZ 83, 310) oder ein SV-Gutachten erholt, ist (mit Ausnahme der Fälle gem §§ 654, 655, 671, 676, 679) seinem Ermessen (Rn 1 zu § 286) über-

lassen (RG 110, 49; BGH NJW 62, 2151; 63, 1739; einschränkend BGH VersR 76, 389; 71, 129, soweit schwierige technische Fragen der Beantwortung auf Grund spezieller Sachkunde bedürfen; so Baumgärtl VersR 75, 677 für Kfz-Schäden), ebenso, ob es (zunächst) ein schriftl Gutachten einholt, den SV sogleich zur mündlichen Begutachtung lädt oder die Begutachtung mit einem Augenschein verbindet (§ 372). Das Gutachten kann auf Antrag oder von Amts wegen (§ 144), letzteres sogar schon vor der mündlichen Verhandlung (§ 358 a), eingeholt werden. Zwingend vorgeschrieben (nach Schneider NJW 61, 2198 sogar schon vor der mündlichen Verhandlung) ist das gebührenfreie (München NJW 75, 884) Gebührengutachten der RAKammer gem § 12 II BRAGO im Honorarprozeß des RA; vor Einholung dieses Gutachtens ist allenfalls ein Zwischenurteil über den Grund der Honorarforderung zulässig (Düsseldorf AnwBl 84, 443), Auswahl des Gutachters § 404. Pflicht des Ernannten zur Erstattung des Gutachtens §§ 407–409. Kostenvorschuß § 397. **Das Gutachten unterliegt der freien Beweiswürdigung** (Rn 1 zu § 286). Von einem als unvollständig oder unverständlich erscheinenden SV-Gutachten darf das Gericht wegen seiner eigenen (besseren?) Sachkunde aber nicht beweiswürdigend abweichen, ohne von der Möglichkeit Gebrauch zu machen, das Gutachten vom SV ergänzen oder erläutern zu lassen (BGH NJW 81, 2578 = MDR 82, 45). Zur Beweiswürdigung mehrerer sich widersprechender Gutachten s § 412 Rn 3. Das Eigenstudium von Fachliteratur berechtigt das Gericht nicht, von einem SV-Gutachten abzuweichen, ohne diese „eigene" Sachkunde den Parteien bekanntgegeben und mit dem SV erörtert zu haben (BGH NJW 84, 1408 = MDR 84, 660). Überhaupt sollte das Gericht, trotz seiner Pflicht zur kritischen Würdigung des Gutachtens (§ 286 Rn 1) bis zur Erlangung seiner „persönlichen Gewißheit" (§ 286 Rn 13), sich davor hüten, wegen vermeintlich besserer Sachkunde von einem Gutachten abzuweichen, obwohl doch gerade das Fehlen solcher Sachkunde Anlaß gab, ein Gutachten überhaupt zu erholen (Schneider MDR 85, 199; Pieper ZZP 84 [1971], 28).

5) **Anwendbare Vorschriften über den Zeugenbeweis: §§ 375, 376, 377** (ohne Abs II, insoweit gilt § 411, BGH 6, 399), **379** (jedoch nicht bei Beweiserhebung von Amts wegen; vgl Rn 1 zu § 379), **381–384, 386–389, 391, 394** (jedoch ohne Abs I) – **400.** 8

6) Eine **Haftung des SV** für Schaden durch falsches Gutachten kann sich für den **Privatgutachter** aus dem Vertragsrecht ergeben (§§ 276, 635 BGB; BGH NJW 67, 719; Jessnitzer aaO S 311; zur Vertragshaftung des Bau-SV Glaser JR 71, 365). Auch Deliktshaftung (§§ 823, 826 BGB) kommt insoweit in Betracht. 9

Der **gerichtl bestellte SV** steht in keiner vertragl Beziehung zum Gericht u zu den Parteien; für ihn kommt daher allenfalls eine Deliktshaftung in Betracht (München MDR 83, 403), die ggf nur den SV persönlich u nicht gem Art 34 GG, § 839 BGB den Staat trifft, denn der SV übt ungeachtet des gerichtl Auftrags kein hoheitliches Amt aus (BGH 59, 315 = NJW 73, 554), falls er nicht ausnahmsweise in beamteter Eigenschaft zugezogen wurde (so Jessnitzer aaO S 317 für den Landgerichtsarzt in Bayern u für Anstaltsärzte). Deliktshaftung des gerichtl SV besteht vorbehaltlos nach allg Regeln (§ 823 BGB), wenn er bei Gelegenheit der Gutachtertätigkeit einen Dritten schädigt, zB durch Körperverletzung bei der Untersuchung (BGH 59, 310), durch Sachbeschädigung bei einer Ortsbegehung, durch Verletzung der Schweigepflicht § 203 StGB (Jessnitzer aaO S 308 u 317). Dagegen ist entgegen vielfach geäußerter gegenteiliger Ansicht (Schneider JurBüro 75, 433 und MDR 78, 613; Speckmann MDR 75, 461; Friederichs DRiZ 73, 113; Rasehorn NJW 74, 1172; Arndt DRiZ 73, 272; 74, 185; Hellmer NJW 74, 556) eine **Deliktshaftung des gerichtl SV für den** (unrichtigen) **Inhalt seines Gutachtens** nur beschränkt anzunehmen. Der BGH (BGH 62, 54 = NJW 74, 312) bejaht eine Haftung des SV insoweit nur bei nachweisbarem Schädigungsvorsatz (§ 826) u entsprechend bei einem (zumindest bedingt) vorsätzlichen Eidesdelikt (§ 823 II BGB in Verbindung mit § 410 ZPO, §§ 153–156 StGB). Dagegen verneint der BGH (aaO) mit rechtspolit Begründung eine Haftung des SV für (grob oder leicht) fahrlässig verschuldete Inhaltsmängel des Gutachtens (das muß entgegen Jessnitzer aaO S 298 aber auch im Fall § 163 StGB gelten), weil der SV als Richtergehilfe gleich dem Richter nicht durch ein bereits bei Fahrlässigkeit einsetzendes Haftungsrisiko in seiner inneren Unabhängigkeit beeinträchtigt werden dürfe und weil der Möglichkeit, rechtskräftige Verfahren über einen Haftungsprozeß nochmals aufzurollen, Grenzen zu setzen seien. Dieser Rechtsmeinung des BGB ist das BVerfG (NJW 79, 305 = MDR 79, 201) insoweit entgegengetreten, als jedenfalls eine auf § 823 I BGB gestützte Haftung des SV für vorsätzlich oder grob fahrlässig falsche Gutachten und dadurch verursachte Verletzung absoluter Rechte einer Partei von der Rechtsprechung nicht contra legem ausgeschlossen werden kann. Im übrigen jedoch (bei leichter Fahrlässigkeit) beruht jedes Gutachten weitgehend (zur Abgrenzung von Tatsachenbehauptungen und der insoweit erweiterten Haftung des SV Schneider MDR 78, 613) auf subjektiven Wertungen, welche das Gericht kritisch zu würdigen hat (hierzu § 286 Rn 1; BGH NJW 75, 1464; Franzki NJW 75, 2225) und denen die Parteien gem §§ 397, 402, 411 III, 412 hinreichend entgegentreten können; aM für Haftung auch bei 10 einfacher Fahrlässigkeit Wasner NJW 86, 119. Im übrigen fehlt bei unbeeidigt gebliebenen Gutachten eine Haftungsgrundlage insoweit, als § 410 kein Schutzgesetz iS § 823 II BGB ist (BGH NJW 68, 787; 65, 298; Hamm MDR 83, 934).

11 Zur Frage der Verwirkung des Honoraranspruchs wegen Mängeln des Gutachtens s Rn 2–8 zu § 413. Zwangsmittel gegen den säumigen SV sehen §§ 409, 411 II vor.

403 *[Beweisantretung]*

Der Beweis wird durch die Bezeichnung der zu begutachtenden Punkte angetreten.

1 1) § 403 entspricht nur scheinbar dem § 373. Tatsächlich ist der **Antritt des SV-Beweises nur Anregung an das Gericht,** ein Gutachten einzuholen, denn das Gericht darf u muß von Amts wegen (§§ 3, 144, 287, 372, 442; uU sogar schon vor der mündl Verhandlung § 358 a) ein Gutachten einholen, wo seine eigene Sachkunde zur Auswertung oder ausnahmsweise auch Ermittlung (BGH 37, 389 = NJW 62, 1770) der anspruchsbegründenden oder -vernichtenden Tatsachen nicht ausreicht. Andererseits kann (anders als beim Zeugenbeweis: Rn 2 ff zu § 284) das Gericht bei eigener Sachkunde den Parteiantrag auf Einholung eines SV-Gutachtens übergehen (Rn 7 zu § 402).

2 2) Für die **Bezeichnung der zu begutachtenden Punkte** genügt beim Beweisantritt (anders als im Beweisbeschluß § 359 Nr 1; s dort Rn 3) die summarische Bezeichnung der streitigen Frage. Von Bedeutung kann ein dem SV zu weit gesteckter Rahmen jedoch aus Kostengründen sowie aus den in Rn 5 zu § 402 dargelegten Gründen werden.

3 3) **Sonderregelung** für Beweissicherungsantrag: § 487.

404 *[Sachverständigenauswahl]*

(1) Die Auswahl der zuzuziehenden Sachverständigen und die Bestimmung ihrer Anzahl erfolgt durch das Prozeßgericht. Es kann sich auf die Ernennung eines einzigen Sachverständigen beschränken. An Stelle der zuerst ernannten Sachverständigen kann es andere ernennen.

(2) Sind für gewisse Arten von Gutachten Sachverständige öffentlich bestellt, so sollen andere Personen nur dann gewählt werden, wenn besondere Umstände es erfordern.

(3) Das Gericht kann die Parteien auffordern, Personen zu bezeichnen, die geeignet sind, als Sachverständige vernommen zu werden.

(4) Einigen sich die Parteien über bestimmte Personen als Sachverständige, so hat das Gericht dieser Einigung Folge zu geben; das Gericht kann jedoch die Wahl der Parteien auf eine bestimmte Anzahl beschränken.

1 1) **Die Auswahl des Sachverständigen** steht (Ausnahme Abs IV) im Ermessen des Gerichts. Ermessensmißbrauch (= revisibler Verfahrensmangel) wäre die Auswahl einer nicht oder lediglich für einen Teilbereich sachkundigen Person, wo ein Fachmann mit umfassender Sachkunde verfügbar gewesen wäre (BGH 9, 98 = NJW 53, 659). Der Vorwurf fehlerhaften Ermessens bei der Auswahl kann aber nicht auf Ablehnungsgründe iS § 406 gestützt werden, wenn Ablehnung des SV nicht erfolgte (BGH 28, 303 = NJW 59, 434). Als SV ausgewählt werden kann eine natürliche Person; eine Behörde oder ein sachkundiges Institut als solches nur ausnahmsweise (näher § 402 Rn 6). Eine **Anhörung der Parteien** zu der Frage, welche Person als SV gewählt werden soll, sieht das Gesetz nicht vor; gleichwohl kann eine dahingehende Absprache zwischen dem Gericht und den Parteien durchaus zu empfehlen sein, um das Ablehnungsrisiko (§ 406) zu mindern.

1a Der vom Gericht ausgewählte und persönlich beauftragte **SV hat das Gutachten selbst und eigenverantwortlich zu erstatten** (BVerwG NJW 84, 2645; Frankfurt MDR 83, 849). Eine Vertretung in der Ausarbeitung des Gutachtens ist ausgeschlossen; sie würde die Aufgabe des Gerichts, eine nach ihrer Persönlichkeit und Qualifikation geeignet erscheinende Person auszuwählen, illusorisch machen und überdies im Fall § 410 den derart vertretenen SV dem Risiko eines Eidesdelikts aussetzen. Das schließt aber nicht aus, daß der persönlich beauftragte und für das Gutachten umfassend selbst verantwortliche (§ 402 Rn 10) SV für die Ausarbeitung des Gutachtens Gehilfen heranzieht (vgl § 8 I 1 ZuSEG). Solche **Gehilfen des Sachverständigen** dürfen aber, um dessen Gesamtverantwortlichkeit nicht in Frage zu stellen, ausschließlich für Tätigkeiten untergeordneter Bedeutung (zB einzelne Laboruntersuchungen oder technische Befunde) nach Weisung und unter Aufsicht des SV herangezogen werden, während die wissenschaftliche Auswertung dieser Arbeitsergebnisse Pflicht des SV selbst bleibt (Frankfurt MDR 83, 849; BGH NJW 85, 1400; VersR 72, 927; Bleutge NJW 85, 1185). Daher wäre es ganz unzulässig, wenn der beauftragte SV ein Gutachten seines „Gehilfen" nur mit „einverstanden" abzeichnet (BVerwG NJW 84, 2645); ist das doch geschehen, kann und sollte der zunächst beauftragte SV ohne Honorar entlassen und gem § 404 I 3, § 360 der „Gehilfe" zum SV ernannt werden (BGH NJW 85, 1399). Gehilfen des SV können nicht gemäß § 406 abgelehnt werden (Zweibrücken MDR 86, 417).

2) Öffentlich bestellte Sachverständige sollen bevorzugt herangezogen werden. Grund: diese haben erfahrungsgemäß neben der bes Sachkunde auch forensische Erfahrung und sind gem § 407 zur Begutachtung verpflichtet. Abs II ist aber reine Ordnungsvorschrift; Mißachtung allein rechtfertigt noch nicht den Vorwurf des Ermessensmißbrauchs iS Abs I (Bleutge BB 73, 1417). Sonderregelung für die Beeidigung § 410 II. – Sachverständige werden öffentlich bestellt für ihren Aufgabenbereich von der Industrie- u Handelskammer (§ 36 GewO), Handwerkskammer (§ 91 I Nr 8 HandwO), Bezirksregierung (in Bayern, Ges v 11. 10. 1950, GVBl 219), techn Überwachungsverein (§§ 24, 24c GewO; § 25 Dampfkessel VO, BGBl 1965 I, 1300) u von weiteren landesrechtl ermächtigten Stellen (Jessnitzer, Der gerichtl Sachverst, S 38 ff). Zu den Pflichten des öffentl bestellten SV: Müller Betrieb 72, 1809. 2

Die Regel des § 404 II tritt im **Beweissicherungsverfahren** hinter dem dort freien Benennungsrecht der Partei zurück (§ 487 Rn 5; München VersR 77, 939 = ZSW 80, 217 m Anm Müller). 3

3) Benennung von Sachverständigen durch die Parteien kann durch das Gericht angeregt (Abs III) jedoch nicht erzwungen werden. Einigen sich beide Parteien auf einen oder mehrere SV, so muß (Abs IV) das Gericht diesen bzw diese beauftragen, wenn die Einigung (= einseitig unwiderrufliche Prozeßhandlung, Rn 17 vor § 128, daher Anwaltszwang § 78) vor Verkündung des einen SV benennenden Beweisbeschlusses dem Gericht angezeigt ist. Die Einigung der Parteien ist jedoch unbeachtlich, wenn entgegen gerichtl Auflage mehrere SV von den Parteien bezeichnet werden, denn die Anzahl der zu befragenden SV bestimmt allein das Gericht, § 412. Daher darf das Gericht auch neben dem von der Partei bezeichneten SV einen (oder mehrere) weiteren ernennen; der v Gericht derart zusätzlich benannte SV ist dann Gutachter von Amts wegen, daher für ihn kein Auslagenvorschuß (Rn 1 zu § 379). 4

Vom **Schiedsgutachtenvertrag** (BGH 6, 338) unterscheidet sich die Einigung der Parteien iS Abs IV dadurch, daß im letzteren Fall das Ergebnis der Begutachtung weder für das Gericht (§ 286) noch für die Parteien verbindlich ist, also Gegenbeweis und weitere Gutachten (§ 412) möglich bleiben. Zur beschränkten Nachprüfbarkeit von Schiedsgutachten (nur bei offensichtlicher Mangelhaftigkeit u grober Unbilligkeit) Bulla NJW 78, 397. 5

405 *[Ermächtigung des verordneten Richters zur Sachverständigenernennung]*

Das Prozeßgericht kann den mit der Beweisaufnahme betrauten Richter zur Ernennung der Sachverständigen ermächtigen. Er hat in diesem Falle die in dem vorstehenden Paragraphen dem Prozeßgericht beigelegten Befugnisse auszuüben.

1) Soweit das Prozeßgericht die Beweisaufnahme einem verordneten Richter überträgt (§§ 375, 361, 362), kann es diesem die Ernennung des SV (§ 404) überlassen. Auch hier ist aber vorausgesetzt, daß eine Beweiserhebung durch SV vom Prozeßgericht überhaupt angeordnet (§ 359 Nr 2) ist, denn der verordnete Richter ist zu selbständigen Anordnungen gem § 144 I nicht befugt. § 405 ist nur Ausnahme von § 404 I 1. 1

2) Wo der verordnete Richter den SV ernennen durfte, bestimmt er die Anzahl der Gutachter (§ 404 I), darf er den Gutachter wechseln (§ 360), ist er gem § 404 IV an Vorschläge der Parteien gebunden und entscheidet er über ein Ablehnungsgesuch (§ 406 IV); im letzteren Fall gegen seine Entscheidung Anrufung des Prozeßgerichts (§ 576). 2

3) Der BGH (LM § 209 BEG Nr 73 u 88 = NJW RzW 65, 466 u 67, 229) hält es entsprechend § 405 auch für zulässig, daß die Auswahl u Ernennung eines **Sachverständigen i Ausland** der dortigen dtsch Auslandsvertretung überlassen wird, denn die Auswahl sei kein Richterprivileg (§ 404 III u IV) und das Recht der Parteien, den derart ausgewählten SV abzulehnen, bleibe erhalten. Die mündliche Anhörung eines solchen SV (§ 411 III) hat, falls er nicht freiwillig vor Gericht erscheint, gemäß § 363 zu erfolgen (BGH Betrieb 80, 1794 = MDR 80, 931). 3

406 *[Ablehnung des Sachverständigen]* **(1) Ein Sachverständiger kann aus denselben Gründen, die zur Ablehnung eines Richters berechtigen, abgelehnt werden. Ein Ablehnungsgrund kann jedoch nicht daraus entnommen werden, daß der Sachverständige als Zeuge vernommen worden ist.**

(2) Das Ablehnungsgesuch ist bei dem Gericht oder Richter, von dem der Sachverständige ernannt ist, vor seiner Vernehmung, bei schriftlicher Begutachtung vor Einreichung des Gutachtens anzubringen. Nach diesem Zeitpunkt ist die Ablehnung nur zulässig, wenn glaubhaft gemacht wird, daß der Ablehnungsgrund vorher nicht geltend gemacht werden konnte. Das Ablehnungsgesuch kann vor der Geschäftsstelle zu Protokoll erklärt werden.

(3) Der Ablehnungsgrund ist glaubhaft zu machen; zur Versicherung an Eides Statt darf die Partei nicht zugelassen werden.

(4) Die Entscheidung ergeht von dem im zweiten Absatz bezeichneten Gericht oder Richter; eine mündliche Verhandlung der Beteiligten ist nicht erforderlich.

(5) Gegen den Beschluß, durch den die Ablehnung für begründet erklärt wird, findet kein Rechtsmittel, gegen den Beschluß, durch den sie für unbegründet erklärt wird, findet sofortige Beschwerde statt.

1 **1) a) Anwendungsbereich:** § 406 ist anwendbar auch in Verfahren der freiw Gerichtsbarkeit (KG NJW 65, 1086), im Bewilligungsverfahren der Prozeßkostenhilfe gem § 118 II (BGH VRS 29 (1965), 430). Für Dolmetscher gilt § 406 entsprechend, § 191 GVG (VG Köln NJW 86, 2207).

2 **Nicht anwendbar** ist § 406 auf Hilfskräfte des SV (§ 404 Rn 1 a), auf behördliche Auskunftspersonen (KG NJW 71, 1848; Nürnberg MDR 67, 221) und auf den sachverständigen Zeugen (§ 414), soweit dieser nicht zusätzl als SV in Anspruch genommen wird, Rn 3 zu § 402 (RG 59, 169). Als sachverständiger Zeuge kann sogar der erfolgreich abgelehnte SV vernommen werden (BGH NJW 65, 1492; MDR 74, 382).

3 **b)** Ob eine **Ablehnung des SV im Beweissicherungsverfahren** statthaft, ist streitig: ablehnend BLH § 406 Anm 1, § 487 Anm 2 Ac; StJSchl § 487 Anm II 3; LG Berlin NJW 71, 251; Wussow NJW 69, 1404; Oldenburg MDR 77, 499 – bejahend ThP § 487 Anm; R-Schwab § 124 III 2c; Müller NJW 82, 1962 und ZSW 83, 210; Schneider MDR 75, 353; Karlsruhe OLGZ 83, 326; München MDR 76, 851; Neustadt NJW 64, 2424; Köln OLGZ 72, 474. Soweit Ablehnung verneint, wird das mit dem Eilzweck des Beweissicherungsverfahrens begründet u mit der sonst drohenden Gefahr der Beweisvereitelung. Das ist tatsächl maßgeblich, verbietet aber die Ablehnung in diesem Verfahren gleichwohl nicht notwendig (Schulze NJW 84, 1019 mit Zusammenfassung des Meinungsstands).

4 Dem **Antragsteller** kann der Eilzweck nicht entgegengehalten werden, denn er selbst ist Herr des Beweissicherungsverfahrens; daher darf er seinen Antrag zurücknehmen, u dementsprechend den von ihm benannten SV (§ 487) auch austauschen, also ablehnen, wenn er damit nur nicht die Dringlichkeit seines Gesuchs in Frage stellt. Austausch aus Gründen des § 406 wird stets berechtigt sein, wenn Ablehnungsgrund nachträgl entsteht (München MDR 76, 851).

5 Der **Antragsgegner** darf im Beweissicherungsverfahren den SV ablehnen, weil der Ablehnungsgrund ihn im Hauptsacheprozeß beschwert (§ 493); jedoch tritt das Ablehnungsrecht des Antragsgegners hinter dem Eilzweck der Beweissicherung zurück, wenn sonst Gefahr der Beweisvereitelung droht. Ggf ist er daher auf sein Recht zu verweisen, ein eigenes Beweissicherungsgesuch anzubringen (§ 485 Rn 3) und seine Einwände gegen den gegnerischen SV im Hauptsacheprozeß geltend zz machen.

6 Soweit demnach (vorbehaltlich der evtl Eilbedürftigkeit der Sache) eine Ablehnung des SV im Beweissicherungsverfahren zulässig ist, hat sie bereits in diesem Verfahren zu erfolgen; eine bis zum späteren Hauptsacheverfahren zurückgestellte Ablehnung ist grds verspätet (vgl unten Rn 10), also unzulässig (Düsseldorf NJW RR 86, 63; MDR 82, 414; Karlsruhe Justiz 83, 236; München NJW 84, 1048; Schulze NJW 84, 1019; Kamphausen BauR 82, 302; Müller NJW 82, 1962/1965; aM für Zurückstellung der Ablehnung bis zum Hauptsacheverfahren München NJW 81, 2309; KG OLGZ 82, 91). – Zur Beendigung der Entscheidungszuständigkeit des Amtsgerichts im Beweissicherungsverfahren auch über die Ablehnung des SV s § 486 Rn 6.

7 **2) Ablehnungsgründe** sind – mit Ausnahme von § 41 Nr 5 (LM Nr 37 zu § 209 BEG 1956) – die gleichen wie bei der Richterablehnung, also die Ausschließungsgründe wegen persönl Beziehungen zu einer Partei (§ 41) und die Besorgnis der Befangenheit (§ 42). Daraus ergibt sich bereits, daß **nur eine natürliche Person,** nicht aber eine um ein Gutachten ersuchte Behörde oder sonstige Institution (Rn 6 zu § 402) abgelehnt werden kann (Nürnberg NJW 67, 401).

Beispiele für Besorgnis der Befangenheit: Es genügt jede Tatsache, die ein auch nur subjektives Mißtrauen der Partei (auf ein Mißtrauen ihres Anwalts kommt es nicht an) in die Unparteilichkeit des SV rechtfertigen kann (BGH NJW 75, 1363). Bedenken gegen die Sachkunde genügen nicht (München JurBüro 77, 1782; Rpfleger 80, 303), insoweit gelten §§ 404 (VerfRüge wegen fehlerhafter Auswahl) und 412. Die Besorgnis wird regelm begründet sein gegenüber dem Hausarzt einer Partei (Stuttgart MDR 62, 910; OLG 19, 114; 25, 111), gegenüber dem Arzt, der bereits eine privatärztl Diagnose über das Beweisthema erstattet hat (Celle Nds RPfl 66, 197), gegenüber dem Arzt des Geschädigten, der sich dem Versicherer des Schädigers zur Begutachtung des Schadensfalles erboten hat (Stuttgart NJW 58, 2122), gegenüber dem Konkurrenten (RG 64, 30), Gläubiger (OLG 9, 139) oder Arbeitnehmer bzw -geber (JW 02, 608) einer Partei, jedoch genügen ledigl wirtschaftl Beziehungen zu einer Partei idR noch nicht (Köln MDR 59, 1017). Besorgnis begründet auch gegenüber dem SV, der zur Vorbereitung des Gutachtens (Ortstermin, Materialsammlung) lediglich eine der beiden Parteien hinzuzieht (§ 411 Rn 3; BGH NJW 75, 1363; Hamm MDR 73, 144; LG Wuppertal MDR 60, 1017; München Rpfleger 83, 319; NJW 63, 1682; Hamburg MDR 69, 489), der für eine Partei ein entgeltl Privatguthaben erstattet hat (Frankfurt MDR 69, 225; BGH NJW 72, 1134) oder eine Partei über Möglichkeiten eines Vergleiches berät (JW 03, 97). Ablehnung kann auch begründet sein, wenn der SV es ablehnt, einen Ortstermin in Gegenwart eines technischen Beraters einer Partei durchzuführen (Düsseldorf MDR 79, 409). 8

Dagegen rechtfertigt die Ablehnung nicht, daß der SV in der Vorinstanz oder in einem früheren Verfahren bereits ein (selbst nachteiliges) Gutachten erstattet hatte (BGH LM Nr 37 zu § 209 BEG 1956; ebenso Stuttgart MDR 64, 63 für das parallele Strafverfahren) oder als Zeuge vernommen wurde (BGH MDR 61, 397; abw Kahlke ZZP 94 [1981], 50/60). Ablehnung unbegründet auch, wenn SV auf heftige Angriffe einer Partei scharf reagiert, denn Ablehnungsgrund darf nicht provoziert werden (Düsseldorf BB 75, 627). Daher auch unschädlich, wenn SV weg tatsächl erfolgter Beleidigung Strafantrag gegen die ihn provozierende Partei stellt (entspr für Richterablehnung München NJW 71, 384). Keine Ablehnung des SV wegen überhöhter Honorarforderung oder wegen mangelnder Qualifikation (München Rpfleger 80, 303). Der ärztl SV kann nicht mit Erfolg abgelehnt werden, weil er zur ärztl Untersuchung einer Partei nicht deren Gegner geladen hatte (Art 1, 2 GG; Saarbrücken OLGZ 80, 37). Im Verfahren der einstweiligen Verfügung Ablehnung des SV nicht bereits deshalb, weil er im Auftrag des Klägers ein vorprozessuales Gutachten zum Zweck der Glaubhaftmachung (§ 920 II) erstattet hatte (Nürnberg NJW 78, 954). 9

3) Verfahren: a) Das Ablehnungsgesuch kann frühestens nach Ernennung des SV (München NJW 58, 1192), **spätestens** unverzüglich (§ 121 BGB; hierzu Köln MDR 83, 412; Saarbrücken OLGZ 82, 366; Koblenz OLGZ 77, 376) nach erlangter Kenntnis vom Ablehnungsgrund gestellt werden (Schneider MDR 75, 353; Nürnberg MDR 70, 150); bei schriftl Gutachten also nach Erhalt desselben (München NJW 64, 1576; Oldenburg MDR 75, 408). Unzulässig ist das von einer (selbst innerprozessualen, Rn 18 vor § 128) Bedingung abhängig gemachte Gesuch (zB von der Beweiswürdigung des Gerichts, Suttgart NJW 71, 1090), denn die Möglichkeit, einen SV abzulehnen, dient der objektiven Wahrheitsfindung, nicht der Prozeßtaktik (Schulze NJW 84, 1019/20). Haben sich die Parteien auf einen SV geeinigt (§ 404 IV), so verzichten sie damit auf die bis zur Einigung bekannten Ablehnungsgründe (RG JW 03, 385). Verhandlung zur Sache oder über das Beweisergebnis (§ 285) hat Verlust des Ablehnungsrechts wegen bis dahin bekannter Gründe zur Folge, auch für spätere Instanz (Karlsruhe NJW 58, 188). Das Reichsgericht (RG 64, 432) mutet den Parteien zu, Ablehnungsgründe in der Person des SV sofort nach dessen Ernennung zu erforschen; eine Nachforschungspflicht ist aber nur im Fall des § 404 IV sachl gerechtfertigt, denn bei Ernennung durch das Gericht dürfen die Parteien auf sorgfältige Auswahl (§ 404 I) vertrauen (Schneider MDR 75, 353). Erlaß des Sachurteils hindert Ablehnung nicht (Düsseldorf MDR 56, 305), wohl aber formelle Rechtskraft. Der SV erster Instanz kann i Berufungsverfahren nur noch wegen dort neu zutage getretener Gründe abgelehnt werden (Düsseldorf WPM 70, 1305). Das kann uU dazu führen, daß die Ablehnung (je nach Grund) nur ex nunc begründet ist. Wegen der Rechtzeitigkeit der SV-Ablehnung im Beweissicherungsverfahren s Rn 6. 10

Das Gesuch **unterliegt nicht dem Anwaltszwang** (§ 78 II), wohl aber die sof Beschwerde. Die **Ablehnungsgründe sind glaubhaft zu machen** (§ 294), jedoch genügt eidesstattl Versicherung der Partei nicht. Entgegen OLG 17, 331 muß Antrag auf Befragung des SV genügen. Die Anbringung des Gesuches rechtfertigt nicht die Verweigerung der Einlassung zur Sache (§ 333) bis zur Entscheidung über das Gesuch (Werthauer NJW 62, 1235 gegen KG RzW 62, 135; vgl die ähnliche Situation in § 280 II 2. Hs, § 304 II 2. Hs). 11

Anzubringen ist das Gesuch beim **Prozeßgericht,** im Fall des § 405 beim verordneten Richter, dem dann auch vorbehaltl nachträgl Anrufung des ProzGerichts (§ 576) die Entscheidung zusteht. 12

13 **b) Die Entscheidung** trifft ohne notw mündl Verhandlung (nach Düsseldorf JMBl NRW 70, 235 notwendig vor der letzten mündl Verhandlung über die Hauptsache), das Gericht, das den SV ernannt hat (§§ 404, 405). Vor der Entscheidung ist **rechtliches Gehör** zu gewähren, soweit die Entscheidung Rechte der Beteiligten berühren kann: die ablehnende Partei hat das Recht, sich vor der Zurückweisung ihres Gesuchs zu der Erwiderung des Gegners oder des SV zu äußern; der Gegner der ablehnenden Partei ist anzuhören, wenn das Gericht der Ablehnung stattzugeben beabsichtigt; der SV ist anzuhören, soweit das zur sachlichen Prüfung des Gesuchs erforderlich ist (Karlsruhe OLGZ 84, 105; Schultz MDR 85, 854) und soweit bei einer begründeten Ablehnung sein Persönlichkeitsrecht berührt oder sein Honoraranspruch in Frage gestellt wird (zu letzterem s § 413 Rn 7). Der Beschluß (nicht in den Urteilsgründen, RG 60, 110; BayObLG Rpfleger 82, 433; Köln MDR 74, 761; Hamm Rpfleger 74, 193) ist, soweit nicht verkündet, der ablehnenden Partei i Fall der Zurückweisung förmlich zuzustellen (§ 329 III), im übrigen formlos mitzuteilen. Endurteil macht Entscheidung nicht entbehrlich. Unterbliebene Entscheidung zwingt zur Aufhebung des auf dem Gutachten beruhenden Urteils (BAG JZ 60, 606; Köln MDR 74, 761). Hat unzulässigerweise das Berufungsgericht statt dem Erstgericht entschieden, gilt § 10 (Hamburg NJW 60, 874 u 1260). – StJSchL (Anm II 2) halten ein Ablehnungsgesuch nach Beendigung der Instanz nur zum Rechtsmittelgericht für möglich, weil der Instanzrichter aus der begründeten Ablehnung keine Folgerungen mehr ziehen könne. Gegen diese Ansicht spricht Abs II 1, im übrigen auch die Folge, daß dann nach Einlegung der Revision nachträglich bekanntgewordene Ablehnungsgründe (wegen § 549) nicht mehr geltend gemacht w könnten. Daß der Instanzrichter noch Folgerung aus der erfolgreichen Ablehnung ziehen könnte, fordert, solange sein Urteil nur nicht formell rechtskräftig ist, das Gesetz nicht (wie hier Hamburg aaO u Düsseldorf MDR 56, 305).

14 **c) Rechtsmittel:** sofortige Beschwerde (§ 577) nur gegen Zurückweisung des Ablehnungsgesuchs. Die erfolglos ablehnende Partei ist auch gegen Beschluß des Berufungsgerichts beschwerdeberechtigt (Celle NJW 67, 1474), falls nicht das OLG entschieden hat (§ 567 III). Auch wenn das OLG unzulässig (RG 60, 110) über das Gesuch nur im Urteil entschieden hat, ist insoweit kein Rechtsmittel zulässig (LM § 404 Nr 3 = NJW 59, 293; KG NJW 65, 1086). Wo die Ablehnung unterblieben oder rechtskr für unbegründet erklärt ist, kann der Ablehnungsgrund auch nicht mehr als Verfahrensfehler bei Auswahl des SV (§ 404 I) geltend gemacht werden (BGH 28, 303 = NJW 59, 434), wohl aber als Angriff gegen die Überzeugungskraft des Gutachtens (BGH NJW 81, 2009 = MDR 81, 739/740; RG 43, 402; 64, 434). Keine weitere Beschwerde des Gegners, wenn erst auf Beschwerde hin die Ablehnung für begründet erklärt wurde (RG 35, 420; 51, 146; aM Frankfurt MDR 84, 323: der Gegner der erfolgreich ablehnenden Partei sei beschwerdeberechtigt, soweit sein Recht auf Anhörung mißachtet wurde). Gegen Entscheidung des verordneten Richters (§ 405) zunächst Anrufung des Prozeßgerichts: § 576 (RG 64, 431), aber ebenfalls nur, wenn die Ablehnung für unbegründet erklärt wurde.

15 **4) Folgen der Ablehnung:** Das Gutachten des erfolgreich abgelehnten SV darf nicht mehr (auch nicht zugunsten der ablehnenden Partei) verwertet werden. Das Gericht muß, sofern die Beweisfrage noch erheblich, gem § 404 einen neuen SV beauftragen. Der abgelehnte SV darf als sachverständiger Zeuge über sachkundig festgestellte Tatsachen vernommen werden (Rn 2). Gebührenanspruch des SV entfällt, wenn er den Grund seiner Ablehnung zu vertreten hat (Rn 3 zu § 413).

16 **5) Gebühren: a) des Gerichts:** Keine. Für das Beschwerdeverfahren 1 Gebühr aus dem nach dem Interesse des Beschwerdeführers festzusetzenden Wert (KV Nr 1181). – **b) des Anwalts:** Das Verfahren gehört zur Instanz (§ 37 Nr 3 BRAGO) und wird daher durch die Prozeßgebühr abgegolten (§ 31 Abs 1 Nr 1 BRAGO). Für das Beschwerdeverfahren: 5/10 Gebühr des § 61 Abs 1 Nr 1 BRAGO. Beschränkt sich die Tätigkeit des RA auf den Zwischenstreit, so Gebühren des § 31 BRAGO aus dem Wert des Zwischenstreits. S dazu im einzelnen: § 387 Rn 9.

407 *[Begutachtungszwang]*

(1) Der zum Sachverständigen Ernannte hat der Ernennung Folge zu leisten, wenn er zur Erstattung von Gutachten der erforderlichen Art öffentlich bestellt ist oder wenn er die Wissenschaft, die Kunst oder das Gewerbe, deren Kenntnis Voraussetzung der Begutachtung ist öffentlich zum Erwerb ausübt oder wenn er zur Ausübung derselben öffentlich bestellt oder ermächtigt ist.

(2) Zur Erstattung des Gutachtens ist auch derjenige verpflichtet, der sich hierzu vor Gericht bereit erklärt hat.

1) Während jedermann zur Aussage als Zeuge, auch als sachverständiger Zeuge (§ 414), verpflichtet ist (§ 380), erstreckt sich die Pflicht zur Erstattung von Gutachten u damit die Anwendbarkeit der Zwangsmittel gem §§ 409, 411 II nur auf folg Personenkreis: 1

a) öffentlich bestellte Sachverständige (§ 404 II), das sind die durch Behörden (regelm Landes- oder Fachbehörden, zB Industrie- u Handelskammer, Handwerkskammer) für best Sachgebiete ernannten, allgemein beeidigten (§ 410 II) u in Gutachterlisten erfaßten Personen (vgl § 404 Rn 2), 2

b) Gewerbetreibende, das sind hier über den Gewerbebegriff der GewO hinaus alle Personen, die sich öffentlich, dh der Allgemeinheit gegenüber, zur entgeltl Berufsausübung erbieten (RG 50, 391), gleichgültig ob für eigene oder fremde Rechnung (also auch Arbeitnehmer), zB Kaufleute, Fabrikanten, Landwirte, Schriftsteller, 3

c) Lizenzträger, zB Ärzte, Rechtsanwälte, Lehrer; aktive Berufsausübung ist hier nicht Voraussetzung (zB pensionierte Amtsärzte, Professoren usw) und 4

d) Personen, die sich zur Erstattung von Gutachten **bereit erklärt** haben; hier genügt Entgegennahme des gerichtl Ersuchens ohne unverzügl Ablehnung. 5

2) Zulässige Weigerungsgründe: § 408. Folgen unzulässiger Weigerung: §§ 409, 411 II. 6

408 *[Gutachtenverweigerungsrecht]*

(1) Dieselben Gründe, die einen Zeugen berechtigen, das Zeugnis zu verweigern, berechtigen einen Sachverständigen zur Verweigerung des Gutachtens. Das Gericht kann auch aus anderen Gründen einen Sachverständigen von der Verpflichtung zur Erstattung des Gutachtens entbinden.

(2) Für die Vernehmung eines Richters, Beamten oder einer anderen Person des öffentlichen Dienstes als Sachverständigen gelten die besonderen beamtenrechtlichen Vorschriften. Für die Mitglieder der Bundes- oder einer Landesregierung gelten die für sie maßgebenden besonderen Vorschriften.

(3) Wer bei einer richterlichen Entscheidung mitgewirkt hat, soll über Fragen, die den Gegenstand der Entscheidung gebildet haben, nicht als Sachverständiger vernommen werden.

1) Der **Sachverständige ist zur Verweigerung des Gutachtens berechtigt** (auch im Beweissicherungsverfahren, OLG 9, 138), **a)** soweit gem § 407 kein Begutachtungszwang besteht, 1

b) soweit er als Zeuge die Aussage verweigern dürfte: vgl §§ 383–385 und die für Richter, Beamte u Regierungsmitglieder gelt Sondervorschriften § 376 (Sondervorschriften für Beamte u gem § 46 DRiG daher auch für Richter sind §§ 61, 62 BBG u § 39 BRRG, abgedruckt in Rn 7, 8 zu § 376; s auch Jessnitzer, Behördenbedienstete als gerichtl SV, JVBl 72, 32), 2

c) soweit das Beweisthema Gegenstand einer richterl Entscheidung war, an der der SV als Berufsrichter oder ehrenamtl Richter (zB Schöffe, Beisitzer eines Ehrengerichts, Schiedsrichter iS § 1025) mitgewirkt hat: §§ 43, 45 III DRiG (Rn 2 zu § 376). 3

2) Verfahren bei Verweigerung: a) Das Gericht kann – im Fall § 404 IV nur nach Anhörung der Parteien – den SV formlos entlassen u gem § 360 einen anderen benennen. Der Beschluß ist nicht anfechtbar. Befugt hierzu ist auch der verordnete Richter, soweit er den SV ernannt hatte: §§ 405, 404 I. Von dieser Möglichkeit sollte wegen der Austauschbarkeit von SV weitherzig Gebrauch gemacht werden, um den Prozeß von Zwischenstreitigkeiten zu entlasten. 4

b) Wo kein anderer SV verfügbar, ist durch das Prozeßgericht (auch ERi, aber nicht verordneter Richter) der Zwischenstreit gem §§ 386–389 durchzuführen. Erst nach Rechtskraft des Zwischenurteils (§ 387 III) – bei Verweigerung ohne Angabe von Gründen auch ohne Zwischenstreit – sind die Zwangsmittel der §§ 409, 411 II anzuwenden. 5

409 *[Folgen des Ausbleibens oder der Gutachtenverweigerung]*

(1) Im Falle des Nichterscheinens oder der Weigerung eines zur Erstattung des Gutachtens verpflichteten Sachverständigen werden diesem die dadurch verursachten Kosten auferlegt. Zugleich wird gegen ihn ein Ordnungsgeld festgesetzt. Im Falle wiederholten Ungehorsams kann das Ordnungsgeld noch einmal festgesetzt werden.

(2) Gegen den Beschluß findet Beschwerde statt.

1 **1) Voraussetzung der Zwangsmittel: a)** Pflicht zur Begutachtung § 407, **b)** im Fall erklärter Weigerung: rechtskräftige Zurückweisung der behaupteten Weigerungsgründe §§ 408, 387 III, falls eine Begründung für die Weigerung überhaupt vorgetragen war (§ 386 I), **c)** im Fall der persönl Vorladung: Nichterscheinen trotz ordentl (§ 377) Ladung u Pflicht z Erscheinen. Keine Pflicht: §§ 375 II, 382, 386 III. Entfernung vor Aufruf (§ 220 II) oder sitzungspolizeiliche Entfernung (§ 158) sind gleichbedeutend mit Nichterscheinen. **d)** Fehlende Entschuldigung, § 381. – Nicht § 409, sondern § 411 II gilt bei der Verzögerung des schriftl Gutachtens.

2 **2) Ordnungsmittel und Kostenfolge** entsprechen dem zu § 380 Gesagten mit folg Ausnahmen: Keine Haft und zwangsweise Vorführung, wohl aber mehr als zweimaliges Ordnungsgeld zulässig (KG NJW 60, 1726). Der Beschluß ist zu verkünden u dem Abwesenden (wegen BeschwRecht hinsichtlich des Kostenausspruchs auch der abwesenden Partei) formlos mitzuteilen, § 329 II.

3 **3) Rechtsbehelf:** für den SV, hinsichtl unterbliebenem Kostenausspruch auch für die Parteien, einfache Beschwerde mit aufschieb Wirkung § 572. Beschwerdeeinlegung gem § 569, daher niemals Anwaltszwang für den SV. Keine Beschwerde gegen Beschluß des OLG § 567 III. Im übrigen s Rn 10 zu § 380.

410 *[Beeidigung]*

(1) Der Sachverständige wird vor oder nach Erstattung des Gutachtens beeidigt. Die Eidesnorm geht dahin, daß der Sachverständige das von ihm erforderte Gutachten unparteiisch und nach bestem Wissen und Gewissen erstatten werde oder erstattet habe.

(2) Ist der Sachverständige für die Erstattung von Gutachten der betreffenden Art im allgemeinen beeidigt, so genügt die Berufung auf den geleisteten Eid; sie kann auch in einem schriftlichen Gutachten erklärt werden.

Lit: *Steinke*, Probleme des Falscheides forensischer Sachverständiger, MDR 84, 272.

1 **1)** Für die **Notwendigkeit der Beeidigung** gilt das in Rn 3 zu § 391 Gesagte mit folgender Einschränkung: Soweit der SV subj Werturteile u Schlußfolgerungen aus Lehrmeinungen bekundet, ist der Eid auch bei Zweifeln des Gerichts kaum geeignet, deren Überzeugungskraft zu erhärten; in solchen Fällen ist § 412 der bessere Weg zur „Wahrheit". Beeidigung des SV ist daher nur geboten, wo subjektiv falsche Begutachtung bzw Begünstigung einer Partei zu besorgen ist. Verzicht der Parteien macht wie bei § 391 (dort Rn 5) Beeidigung unzulässig. – Wo das Prozeßgericht (niemals der verordnete Richter: Rn 6 zu § 391) Beeidigung anordnet, besteht **Eidespflicht.** § 393 wird niemals in Frage kommen.

2 **2) Verfahren:** Bei Eidesverweigerung gilt § 409. Wahlweise Vor- oder Nacheid. Der Voreid deckt schriftl u mündl Gutachten einschließl späterer Erläuterung (§ 411 III). Zeugeneid (§ 392) ersetzt den SV-Eid niemals, ist jedoch zusätzlich nötig, wo der SV neben oder in dem Gutachten auch Zeugenaussagen (entspr § 414) macht, zB über äußere Wahrnehmungen anläßlich einer Ortsbesichtigung. Über die Abnahme des Eides s §§ 478–484. Über den **Dolmetschereid** s § 189 GVG (Bay Ges v 1. 8. 1981, GVBl 324).

3 Dem Eid gleichwertig (vgl § 155 Nr 2 StGB) ist die **Berufung auf den allg Eid** (Abs II), auch wo diesen eine VerwBehörde (§ 405 Rn 2) abgenommen hat. Voraussetzung aber, daß der allg Eid sich auch auf Gutachten der betr Art erstreckt (vgl BGH MDR 85, 27; oft Vereidigung nur auf Verschwiegenheit oder gewisse gewerbl Tätigkeit, vgl Jessnitzer, Der gerichtl Sachverständige, 1980, S 184). Wegen der nur bei schriftl Gutachten i Betracht kommenden **eidesstattl Versicherung** s § 411 Rn 4. – Wo der SV sich auf seine allg Beeidigung beruft, besteht kein Anlaß für eine (nochmalige) Ermahnung gem § 395.

4 **3)** § 410 ist **kein Schutzgesetz iS § 823 II BGB** (BGH 42, 313 = NJW 65, 298; Celle NJW 60, 387; Hamm VersR 85, 842), daher keine Schadensersatzpflicht des SV gegenüber einer Partei bei nur objektiv schlechtem oder falschem Gutachten (abw Andresen NJW 62, 1760), s aber § 402 Rn 10.

411 *[Schriftliche Begutachtung]*

(1) Wird schriftliche Begutachtung angeordnet, so hat der Sachverständige das von ihm unterschriebene Gutachten auf der Geschäftsstelle niederzulegen. Das Gericht kann ihm hierzu eine Frist bestimmen.

(2) Versäumt ein zur Erstattung des Gutachtens verpflichteter Sachverständiger die Frist, so kann gegen ihn ein Ordnungsgeld festgesetzt werden. Das Ordnungsgeld muß vorher unter Setzung einer Nachfrist angedroht werden. Im Falle wiederholter Fristversäumnis kann das Ordnungsgeld in der gleichen Weise noch einmal festgesetzt werden. § 409 Abs. 2 gilt entsprechend.

(3) Das Gericht kann das Erscheinen des Sachverständigen anordnen, damit er das schriftliche Gutachten erläutere.

Lit: *Ankermann,* Das Recht auf mündl Befragung des SV, NJW 85, 1204; *Gehle,* Die Anhörung des SV, DRiZ 84, 101; *Schnapp,* Parteiöffentlichkeit bei Tatsachenfeststellungen des SV, Festschrift für Menger, 1985, S 557.

1) Das schriftliche Gutachten wird regelm die zweckmäßigere Form der Erhebung des SV-Beweises sein: es gibt dem SV die Möglichkeit gründlicher Ausarbeitung der Beweisfragen unter Verwendung von Fachliteratur (RG 150, 356), die Parteien u das Gericht können ihrerseits die notw Verhandlung über das Beweisergebnis (§ 285) besser vorbereiten als im Fall des § 370 (zum rechtlichen Gehör bei einem nur mündlich erstatteten Gutachten s § 285 Rn 2; BGH NJW 82, 1335 = MDR 82, 571) und die mündl Befragung des SV bleibt dennoch möglich. – Wegen der Verwertung von Privatgutachten u schriftl Gutachten aus anderen Verfahren s § 402 Rn 2. – Celle NJW 73, 203 hält § 411 (insbes Abs III) für nicht anwendbar auf das gem § 12 II BRAGO einzuholende Gutachten der RA-Kammer über die Angemessenheit von Rahmengebühren (bedenklich). 1

a) Die Anordnung der schriftl Begutachtung steht im **Ermessen des Gerichts,** einer Zustimmung der Parteien (wie in § 377 IV) bedarf es nicht, wie andererseits die erkl Zustimmung den späteren Antrag auf Vorladung des SV nicht ausschließt (BGH 6, 398 = NJW 52, 1214). Dem Gutachten muß die Anordnung iS Abs I vorausgehen, weil erst sie die besond Wahrheitspflicht des § 410 für den SV begründet. Die Verwendung eines ohne Anordnung gefertigten Gutachtens wäre Urkundenbeweis (BSG NJW 65, 368), das gilt insbes für Privatgutachten (Rn 2 zu § 402). 2

b) Der **Niederschrift des Gutachtens** sind grundsätzlich die unstreitigen oder vom Gericht selbst festzustellenden **Anschlußtatsachen** (hierzu § 355 Rn 2) vom SV zugrundezulegen. Das schließt nicht aus, daß der SV zu seiner eigenen Information (auch zur zulässigen Anmeldung sachkundig festgestellter Bedenken gegen die vorgegebenen Anschlußtatsachen) eine **Stoffsammlung** (zB Fachliteratur, auch Einholung von Auskünften, die dann im Gutachten offenzulegen sind, Köln NJW 62, 2161; RGZ 151, 349/356) vornimmt oder eine Ortsbesichtigung durchführt (so regelm in Bausachen). Ob die **Orts- oder Gegenstandsbesichtigung** des SV eine Hinzuziehung der Parteien (unzulässig die Hinzuziehung nur einer Partei, § 406 Rn 8) erfordert, ist nach der jeweiligen Sachlage unter Berücksichtigung des Rechts der Parteien auf Waffengleichheit und auf ein faires Verfahren (BVerfGE 38, 105/111 = MDR 75, 291) zu entscheiden (grds für Hinzuziehung der Parteien Düsseldorf BauR 74, 72; MDR 79, 409; Köln MDR 74, 589; Jessnitzer BauR 75, 73/76; einschränkend BGH VersR 60, 998/999; RG Warn 1912 Nr 376; Jessnitzer Betrieb 73, 2497/2498). Unverzichtbar ist jedenfalls die Hinzuziehung beider Parteien, wenn das Objekt der Vorbesichtigung sich im Besitz einer Partei befindet (BGH ZZP 67, 295/297; München NJW 84, 807; BAG AP § 402 ZPO Nr 1; Koblenz MDR 78, 148), wenn eine Partei das wünscht (Düsseldorf MDR 79, 409), wenn die Anwesenheit *einer* Partei am Ort der Besichtigung zu erwarten ist oder die Besichtigung Informationen durch eine Partei erfordert (BAG AP § 402 ZPO Nr 2; eingehend München Rpfleger 83, 319 = OLGZ 83, 355 = ZSW 83, 214 m Anm Müller). 3

Das Gutachten muß vom SV eigenhändig unterschrieben sein; so auch bei zulässiger (BGH VersR 72, 927; Celle NJW 72, 1524) Mitwirkung von Hilfskräften (näher § 404 Rn 1 a). Eidesstattl Versicherung der „Begutachtung nach bestem Wissen u Gewissen" (nicht der „Richtigkeit", die es bei Wertungen kaum gibt) ist möglich (§§ 377 III, 410 II), ohne ausdrückl Anordnung aber entbehrlich (RG 9, 377). 4

c) Die mündliche Erläuterung des schriftlichen Gutachtens (Abs III) „kann" das Gericht nach seinem eigenen und von Anträgen der Parteien unabhängigen Beweiserhebungsermessen (§ 144 Rn 1 u 2; vor § 284 Rn 2) anordnen. Dieses Ermessen ist gebunden durch Erfordernisse der Beweiserhebung und -würdigung (§ 286 Rn 1). Ein unzulängliches, unvollständiges oder dem Gericht unverständliches schriftliches Gutachten gibt dem Gericht (auch dem Berufungsgericht, selbst nach Anhörung des SV im ersten Rechtszug, BGH NJW 86, 2886/87) keine Ermessensfreiheit, von der Anhörung des SV (evtl auch nach einem schriftlichen Ergänzungsgutachten) abzusehen, so bei Zweifeln und Unklarheiten des Gutachtens (§ 402 Rn 7; BGH NJW 82, 2874; 81, 2578), bei Widersprüchen im Gutachten (BGH VersR 82, 849) oder bei einem Mißverständnis des SV bzgl der ihm vorgegebenen Anschlußtatsachen (§ 402 Rn 5, § 355 Rn 2; BGH NJW 81, 2009). Nur diese Möglichkeit bzw Notwendigkeit der Vorladung des SV zur Erläuterung seines schriftlichen Gutachtens regelt (ähnlich § 398) § 411 III. 5

5a Unabhängig von § 411 III kann sich für das Gericht der Zwang zur Vorladung des SV ergeben, wenn eine Partei das beantragt (BGHZ 6, 398; 26, 391/98 = NJW 52, 1214; 58, 826; BGH NJW 83, 340/41). Das **Antragsrecht der Partei** beruht auf §§ 355, 397; ihm steht § 398 und auch ein früher erklärtes Einverständnis mit schriftlicher Begutachtung nicht entgegen, denn bei der Anhörung des SV soll das Gutachten nicht wiederholt, sondern erläutert oder ergänzt werden. Der Antrag der Partei ist als Beweiseinrede (daher auch gegen ein vom Gegner vorgelegtes Privatgutachten zulässig; § 402 Rn 2) den **Beschränkungen des Rechtsmißbrauchs** (vor § 128 Rn 13) **und der Prozeßverschleppung** (§§ 282, 296) unterworfen (BGHZ 35, 370 = NJW 61, 2308; BGH NJW 83, 340; 75, 2143). Als mißbräuchlich zurückgewiesen werden darf (im Urteil) ein Antrag, wenn das schriftliche Gutachten vollständig und überzeugungsfähig ist (Ankermann NJW 85, 1204/05; BGH NJW 86, 2886/87; 83, 340), der Antrag aber gleichwohl nicht begründet wird (BGHZ 24, 9/14; BAG MDR 68, 529; Oldenburg OLGZ 70, 481; Rixecker NJW 84, 2135/37; der Antragsteller muß sich aber nicht auf schriftlich vorformulierte Fragen festlegen, BGH NJW 61, 2308) oder in seiner Begründung die Ankündigung abwegiger oder beweisunerheblicher Fragen enthält (Hamm MDR 85, 593; vgl § 397 Rn 4). Verspätet ist ein Antrag, wenn er nicht unverzüglich nach Kenntnisnahme vom schriftlichen Gutachten (hierzu s aber § 285 Rn 2; ggf kann Antrag auf Verlegung des Termins zur Beweisverhandlung geboten sein, §§ 227, 285 II) so rechtzeitig gestellt wird, daß der SV noch zum nächsten Termin geladen werden kann (BGHZ 35, 370; BGH NJW 83, 340; 75, 2143; VersR 72, 927; Koblenz OLGZ 75, 379). Entgegen BGH MDR 64, 998 ist der erst in der mündlichen Verhandlung gestellte Antrag nicht verspätet, wenn sich der Grund zur Antragstellung erst aus dem Ergebnis einer in dieser Verhandlung erfolgten Zeugenaussage ergibt, denn die Zurückweisung des Antrags als verspätet setzt eine schuldhafte Verfahrensverzögerung voraus (§ 282 Rn 3, § 296 Rn 24–26). – Den **Auslagenvorschuß** (§ 379) für die Ladung des SV hat der Antragsteller (nicht notwendig der Beweisführer, BGH MDR 64, 502) einzuzahlen; aber kein Vorschuß einzufordern, wenn das schriftliche Gutachten von Amts wegen eingeholt worden war (§ 144 Rn 1, § 379 Rn 3). § 379 ist aber eine Kann-Vorschrift (dort Rn 2); bei Kürze der Zeit bis zum bereits anberaumten Termin darf daher die (sonst noch mögliche) Ladung des SV nicht vom rechtzeitigen Eingang des Vorschusses abhängig gemacht werden.

5b Ist der SV nach seinem schriftlichen Gutachten verstorben, muß das Gericht für die Erläuterung des Gutachtens einen anderen SV heranziehen (BGH NJW 78, 1633 = MDR 78, 829/30). Zu den Möglichkeiten der Anhörung eines im Ausland wohnenden SV s § 405 Rn 3. Zur notwendigen Protokollierung der mündl Erläuterung des Gutachtens § 160 Rn 8.

6 **2) Fristsetzung u Zwangsmittel** (Abs II): § 409 ahndet die Säumnis des vorgeladenen SV und die grundlose Weigerung zur Begutachtung, § 411 II dagegen die bloße Verzögerung bei Vorlage des schriftl Gutachtens. **Voraussetzung** daher: **a)** der SV muß zur Begutachtung verpflichtet sein (§ 407), zumindest also den Auftrag vorbehaltlos entgegengenommen haben (Rn 5 zu § 407), **b)** das Gericht (auch der Vorsitzende; aM Neustadt ZZP 69, 80 = MDR 56, 175 das Kollegium) muß unter Androhung eine Nachfrist gesetzt haben. Über Verlängerung u Abkürzung dieser richterl Frist s §§ 224, 225.

7 **Ordnungsgeld:** über Höhe u Beitreibung, wiederholte Anordnung u Rechtsbehelf s Rn 5–7 zu § 380; jedoch hier keine Haftanordnung (vgl § 409 Rn 2). Vorführung des SV ist begrifflich ausgeschlossen, solange schriftl Begutachtung angeordnet bleibt. – Die mit Arbeitsüberlastung begründete Verzögerung des Gutachtens mit Ordnungsgeld zu ahnden (so Celle NJW 72, 1524), ist kaum nützlich; hier ist besser, den SV ohne Honorar zu entlassen u gem § 360 einen anderen zu bestellen (Franzki DRiZ 74, 307).

8 **Rechtsmittel:** Beschwerde des SV ist zulässig gegen die Anordnung von Zangsmitteln (Abs II iVm § 409 II), aber auch bereits gegen die Fristsetzung zur Vorlage des schriftl Gutachtens; denn es ist dem SV nicht zuzumuten, erst die Festsetzung eines Ordnungsgeldes abzuwarten, bis er die unangemessene Kürze der ihm gesetzten Frist geltend machen kann (Müller, Der SV im gerichtl Verfahren, 2. Aufl 1978, S 210; München VersR 80, 1078 = MDR 80, 1029). Keine Beschwerde – dann aber Gegenvorstellung – gegen Anordnungen des OLG, § 567 III.

9 **3) Gebühren: a) des Gerichts:** Das Beweisaufnahmeverfahren wird durch die Gebühr für das Verfahren im allgemeinen mit abgegolten. – **b) des Anwalts:** Für den Anfall der anwaltl 10/10 Beweisgebühr des § 31 Abs 1 Nr 3 BRAGO reicht die Weitergabe der Abschrift des schriftlichen Sachverständigengutachtens durch den RA an seine Partei aus (selbst wenn das Mandat erst nach der Anordnung des Beweises erteilt war); vgl Düsseldorf NJW 62, 2017 u Rpfleger 64, 358; KG AnwBl 70, 102. – Wird eine angeordnete Beweisaufnahme, gleichviel aus welchen Gründen, nicht mehr durchgeführt, so bleibt die einmal angefallene Beweisgebühr ohne weiteres bestehen (Koblenz NJW 76, 1461; Düsseldorf Büro 75, 1211; vgl auch Köln NJW 70, 572).

412 *[Neues Gutachten durch andere Sachverständige]*
(1) Das Gericht kann eine neue Begutachtung durch dieselben oder durch andere Sachverständige anordnen, wenn es das Gutachten für ungenügend erachtet.

(2) Das Gericht kann die Begutachtung durch einen anderen Sachverständigen anordnen, wenn ein Sachverständiger nach Erstattung des Gutachtens mit Erfolg abgelehnt ist.

1) Die Würdigung des SV-Gutachtens steht im **Ermessen des Gerichts** (§ 286 Rn 1, § 402 Rn 7). Wo es zur Überzeugung (nicht notwendig auch der Parteien) nicht ausreicht, ist nach § 411 III (dort Rn 5) zu verfahren. Erst wenn eine mündliche Erläuterung erfolglos blieb oder nicht erfolgversprechend ist, kommt unabhängig von Anträgen der Parteien ein weiteres Gutachten oder ein sog Obergutachten (zur Abgrenzung: Jessnitzer, Der gerichtl Sachverständige, 1980, S 247; Walter/Küper NJW 68, 184) in Betracht, wenn 1

a) das erste Gutachten mangelhaft (unvollständig, widersprüchlich, nicht überzeugend) ist,
b) das erste Gutachten von falschen tatsächl Voraussetzungen ausgeht,
c) der SV erkennbar oder erklärtermaßen nicht die notw Sachkunde hat,
d) die sog Anschlußtatsachen (§ 355 Rn 2, § 402 Rn 5, § 411 Rn 3) sich durch neuen Sachvortrag ändern oder
e) ein anderer SV über überlegene Forschungsmittel oder Erfahrung verfügt.

Ob diese Voraussetzungen vorliegen, hat das Gericht gem § 286 und entspr § 244 IV StPO ohne Bindung an Anträge (BayObLGZ 1971, 147; BGHZ 53, 245/258 = NJW 70, 949), jedoch unter Berücksichtigung substantierter (evtl auch durch Privatgutachten erhärteter) Einwendungen der Parteien gegen das erste Gutachten (BGH NJW 86, 1928/1930), selbständig zu prüfen. Daß die Kosten weiterer Gutachten im Mißverhältnis z Streitwert stehen, schließt ihre Notwendigkeit nicht aus, doch sollte ggf dem Beweisführer Gelegenheit gegeben werden, der Beweislast (Rn 15 ff vor § 284) den Vorrang vor der Kostenlast zu geben. 2

Liegen über dasselbe Beweisthema bereits mehrere v Gericht eingeholte Gutachten sich widersprechender Sachverständiger vor, so gebietet dieser Widerspruch allein noch nicht die Einholung eines weiteren (Ober-)Gutachtens; auch in diesem Fall darf das Gericht sich in freier Beweiswürdigung (§ 402 Rn 7; § 286 Rn 1) einem der Gutachter anschließen, wenn dessen Gutachten vollständig und überzeugend ist (BGH MDR 80, 662) und das Urteil Darlegungen darüber enthält, *warum* das Gericht dem anderen Gutachten nicht folgt (BGH VersR 86, 467). 3

2) Verfahren: Der Austausch von Sachverständigen (§§ 360, 404, 405) wie auch die Anordnung eines ergänzenden oder weiteren Gutachtens erfolgen ohne notw mündl Verhandlung durch (nicht selbst anfechtbaren) Beschluß des Prozeßgerichts (BGH NJW 85, 1399), des verordneten Richters nur beim Austausch § 405, denn ihm obliegt keine Beweiswürdigung. Auslagenvorschuß des Beweisführers (§ 379) auch hier erforderlich, falls nicht Beweiserhebung von Amts wegen (§ 379 Rn 1) erfolgt. – Der abgelehnte SV (Abs II) *muß* gegen einen anderen ausgetauscht werden (§ 406 Rn 15; das Wort „kann" ist Redaktionsfehler in Abs II); er kann noch sachverständiger Zeuge (§ 414) sein (BGH NJW 65, 1492). – Nicht § 412, sondern § 398 gilt, wenn nicht das Gericht, sondern eine Partei eine weitere Begutachtung für notwendig hält. Verstoß gegen § 412 ist revisibler Verfahrensfehler (BGH VersR 81, 371). 4

413 *[Sachverständigengebühren]*
Der Sachverständige wird nach dem Gesetz über die Entschädigung von Zeugen und Sachverständigen entschädigt.

Lit: *Kamphausen* MDR 84, 97, Verfassungsrechtliche Aspekte bei der Entschädigung gerichtlicher Sachverständiger; *Müller*, Entschädigung des SV nach seiner erfolgreichen Ablehnung, JR 81, 52.

1) Zum **Verfahren** u zur Höhe der dem SV zu gewährenden Entschädigung s § 401. Aus der öffentl-rechtl Gutachtenspflicht (§ 407) folgt, daß der SV seine Leistung nicht von einer Vorleistung seiner Entschädigung abhängig machen darf. Jedoch hat er gem § 14 ZuSEG ein Recht auf Vorschuß hinsichtlich seiner Barauslagen und seines kausalen Verdienstausfalls (Jessnitzer, Der gerichtl Sachverständige, 1980, S 285). – Zur Frage, wann dem SV der in § 3 ZuSEG vorgesehene Höchstbetrag der Entschädigung zugebilligt werden darf, s eingehend BayObLGZ 1970, 249; Düsseldorf Rpfleger 85, 333. Zur Zulässigkeit, bei der Bemessung der Entschädigung nicht nur die Schwierigkeit des Gutachtens, sondern auch dessen schnelle (= arbeitsintensive) Erstattung zu berücksichtigen, München NJW 77, 1109 = MDR 77, 589. Keine Entschädigung des SV 1

für seine Vorprüfung, ob er zur Erstattung des Gutachtens in der Lage ist, BGH MDR 79, 754. Dagegen ist die dem SV vom Gericht aufgegebene Vorprüfung der voraussichtlichen Gutachtenskosten selbständig zu entschädigen, wenn das Gutachten nicht in Auftrag gegeben wird (Stuttgart Rpfleger 85, 213).

2 2) **Verlust des Entschädigungsanspruchs** (hierzu Jessnitzer aaO S 290; Hesse NJW 69, 2263): Das ZuSEG geht von einer bestimmungsgemäßen Leistung aus (§ 3 aaO). Die Wirkung von Leistungsstörungen ist im Gesetz nicht geregelt u wegen der besonderen öffentl-rechtl Beziehung zwischen SV und Gericht (§ 401 Rn 1) auch nicht dem BGB zu entnehmen. Die Leistungsstörung kann aber wegen des auch das öffentl Recht beherrschenden Grundsatzes von Treu und Glauben (München NJW 71, 258) nicht ohne Auswirkung auf den Entschädigungsanspruch des SV bleiben:

3 **a)** Wird das **Gutachten ganz oder teilweise nicht erstattet,** ohne daß der SV das zu vertreten hat (Rücknahme des Auftrags durch das Gericht, nicht vorhersehbare Erkrankung des SV, objektive Unmöglichkeit der Feststellung der Anschlußtatsachen, § 402 Rn 5), so ist der SV ohne Rücksicht auf den Nutzen seiner Vorleistung nach der tatsächl erbrachten Leistung zu entschädigen.

4 **b)** Leistungsstörung infolge **Übernahmeverschulden** (hier genügt leichte Fahrlässigkeit des SV, Hesse aaO S 2266) mindert oder beseitigt den Entschädigungsanspruch. So bei Verletzung der Pflicht, dem Gericht die fehlende Sachkunde mitzuteilen, beim Abweichen von gerichtl Ausführungsanweisungen (Hamm NJW 70, 1240; KG NJW 70, 1241; LG Oldenburg NJW 69, 1861), soweit dadurch seine Leistung unbrauchbar ist oder der Leistungsaufwand das Notwendige übersteigt (Koblenz Rpfleger 81, 248); i letzt Fall teilw Entschädigung.

5 **c) Inhaltliche Mängel des Gutachtens,** insbes seines Beweiswerts, berühren den Entschädigungsanspruch grunds nicht, denn der SV hat das Gutachten nur nach subj bestem Wissen u Gewissen (§ 410) zu erstatten (Köln Rpfleger 67, 98). Anders, wenn das Gutachten unverständlich u daher unverwertbar ist (Hamm MDR 84, 964; LG Bremen NJW 77, 2126) oder wenn der Mangel auf Übernahmeverschulden (oben b) beruht oder dem SV als zumindest grob fahrlässig Verstoß geg die Pflicht zur sachgerechten Leistung vorzuwerfen ist (zu weitgehend Frankfurt NJW 63, 400, wonach Verschulden i letzteren Fall unmaßgeblich; wie hier Jessnitzer aaO S 292; Hesse aaO S 2266).

6 **d) Überziehen des Auslagenvorschusses** (§ 379) berührt den Entschädigungsanspruch niemals, wenn die Mehrleistung für ein sachgerechtes Gutachten nötig war, KG MDR 83, 678 = Rpfleger 83, 371; Hamburg MDR 81, 327. Anders bei Mehrkosten durch Abweichen vom gerichtl Auftrag u wenn ausdrücklich Leistung bis zur Erschöpfung des Vorschusses gefordert war, sowie (entspr § 242 BGB), wenn erhebl Kostenüberschreitung erkennbar das Gericht u die Parteien überraschen müßte u der SV Mitteilung hiervon unterläßt (Düsseldorf NJW 70, 1980; München NJW 72, 2053 = JVBl 72, 287; Kamphausen JurBüro 82, 7).

7 **e) Ablehnung des SV** (§ 406) u hierdurch bedingte Unverwertbarkeit des Gutachtens vernichtet den Entschädigungsanspruch nur bei verschuldetem Ablehnungsgrund. Hier genügt leichte Fahrlässigkeit bei Übernahmeverschulden (Rn 4), so bei Entgegennahme des Auftrags unter Verschweigen eines dem SV bereits bekannten, in seiner Person liegenden Ablehnungsgrundes. Dagegen schadet bei später entstandenen Ablehnungsgründen nur Vorsatz oder grobe Fahrlässigkeit (BGH NJW 76, 1154; VGH Mannheim Justiz 85, 149; Stuttgart Rpfleger 76, 189; Frankfurt NJW 77, 1502), denn § 407 zwingt den SV in eine Konfliktsituation, die nicht selten mit scharfen Angriffen der Parteien gegen seine Leistung u Person verbunden ist, denen sich nicht jeder reibungslos entziehen kann (München NJW 71, 258; Hesse aaO S 2267).

8 **f)** Zum **Verfahren bei Versagung oder Entziehung der Vergütung** s § 16 ZuSEG. Für dieses Verf ist die vorausgegangene Entscheidung über die Ablehnung des SV nicht bindend (KG MDR 73, 325), wenn die Staatskasse den öffentl-rechtl Rückerstattungsanspruch (§ 818 III BGB gilt für diesen nicht, Hamm NJW 73, 574) i notw gesondertem Prozeß geltend macht. – Zu den Voraussetzungen einer Rückforderung der überhöht ausgezahlten Vergütung (§ 16 ZuSEG, § 1 I 8 JBeitrO) s Jessnitzer Rpfleger 80, 216. Nach Ablauf eines Jahres ist entsprechend § 7 GKG eine Rückforderung des Honorars nicht mehr zulässig (KG MDR 82, 63; Rpfleger 81, 456; JurBüro 81, 1871). Die Partei, der im Urteil die Verfahrenskosten auferlegt wurden, kann ihr Recht, von den Kosten des Gutachtens eines erfolgreich abgelehnten SV befreit zu werden, nur gemäß § 5 GKG (nicht mit einer Schadensersatzforderung gegen den SV) geltend machen (BGH NJW 84, 870 = MDR 84, 305). – Zu Schadensersatzansprüchen gegen den SV s § 402 Rn 10, § 410 Rn 4.

414 *[Sachverständige Zeugen]* **Insoweit zum Beweis vergangener Tatsachen oder Zustände, zu deren Wahrnehmung eine besondere Sachkunde erforderlich war, sachkundige Personen zu vernehmen sind, kommen die Vorschriften über den Zeugenbeweis zur Anwendung.**

1) Der **sachverständige Zeuge** ist echter Zeuge, der ledigl die zu bekundenden Wahrnehmungen auf Grund seiner bes Sachkunde gemacht hat, zB der Arzt am Unfallort. Er ist von einer Partei zu benennen (§ 373), als Zeuge zu beeidigen (§ 392) u zu entschädigen (§ 401). Ablehnung (§ 406) ist ausgeschlossen (BGH MDR 74, 382; RG 59, 169). Beim sachverständigen Zeugen muß das Gericht besonders sorgfältig die Bekundung v Wahrnehmungen trennen von (unzulässigen, vgl Rn 1 zu § 373) Wertungen. 1

2) Verfahren: Ob eine Auskunftsperson i Einzelfall sachverständiger Zeuge oder SV ist, richtet sich zunächst nach dem ihr v Gericht erteilten Auftrag, i übrigen nach dem Inhalt ihrer Bekundung (BGH MDR 74, 382; Düsseldorf VersR 83, 544; Frankfurt NJW 52, 717; Hamm NJW 72, 2003). Die Aussage über sachkundig ohne gerichtl Auftrag getroffene Feststellungen ist immer Zeugenaussage. Sie kann mit einem späteren SV-Gutachten zusammentreffen u erfordert ggf zweifache Beeidigung (§ 410 Rn 2). Abgrenzungsschwierigkeiten ergeben sich erst bei der Wiedergabe von erst nach gerichtl Auftrag sachkundig getroffenen Feststellungen. Wo das Beweisthema (§ 377 II 2, § 359 Nr 1) sachkundige Wertungen erfordert, wird regelm ein Gutachtensauftrag vorliegen, der die Tatsachenermittlung iS der Rn 5 zu § 402 umfaßt. Kein Zeuge ist gehalten, allein wegen seiner Zeugenladung ihm bisher unbekannte Tatsachen erst zu ermitteln (§ 373 Rn 2). Erfolgte gleichwohl Ladung als „Zeuge", ist es Sache sowohl der Parteien als auch des „Zeugen" (des letzteren schon im Gebühreninteresse), das Gericht zur Klarstellung aufzufordern (Jessnitzer, Der gerichtl Sachverständige, 1980, S 295). Der erfolgreich abgelehnte SV kann über seine sachkundig getroffenen Tatsachenfeststellungen noch als sachverständiger Zeuge vernommen werden (BGH NJW 65, 1492). 2

3) Für die **Entschädigung des sachverst Zeugen** (§ 401) als solchen oder als SV ist darauf abzustellen, ob er nach dem Inhalt der Ladung (§ 377 II 2) und dem Gegenstand seiner Befragung durch das Gericht im Ergebnis als Zeuge, also über seine (selbst sachkundig wahrgenommenen) Tatsachenkenntnisse einvernommen wurde oder als Sachverständiger Fragen des Gerichts über auf seiner Sachkunde beruhende subjektive Wertungen, Schlußfolgerungen oder Hypothesen (§ 402 Rn 1) zu beantworten hatte (Düsseldorf VersR 83, 544; München JurBüro 81, 1699 m. Anm Mümmler). Die Sachkunde des sachverst Zeugen allein hat dessen Entschädigung als SV noch nicht zur Folge. In Grenzfällen sollte der nach gutachtlichen Bewertungen befragte sachverst Zeuge daher das Gericht bereits bei der Befragung darauf hinweisen, daß er solche gutachtliche Bewertungen (zulässigerweise) von der Zusage der Honorierung als Sachverständiger abhängig macht. 3

Neunter Titel

BEWEIS DURCH URKUNDEN

Übersicht

I) Die §§ 415–444 enthalten neben den **Verfahrensvorschriften** für die Führung des Urkundenbeweises (§§ 420–436, 444) in den §§ 415–419 **gesetzliche Beweisregeln,** welche den Gundsatz der freien Beweiswürdigung (§ 286) weitgehend ausschließen (Rn 3 zu § 286). Voraussetzung dieser Ausschlußwirkung ist die Echtheit und Unversehrtheit (§ 419) der Urkunde; für die Prüfung der Echtheit gelten die §§ 437–443. 1

II) Begriff der Urkunde: Urkunde iS der §§ 415 ff sind durch Niederschrift verkörperte Gedankenerklärungen, die geeignet sind, Beweis für streitiges Parteivorbringen zu erbringen (BGH 65, 300 = MDR 76, 304). Obwohl zur Wiedergabe von Worten geeignet, können **Tonband** u **Schallplatte** als Urkunde iS der §§ 415 ff, 592 ff nicht angesehen werden, weil ihnen die Verkehrsfähigkeit, idR auch die äußere Beweiskraft fehlen (vgl Rn 12 vor § 284 u 1 zu § 371). Keine Urkunden im Sinne der ZPO (wohl aber iS des StGB, RGSt 64, 49) sind gegenständliche **Beweiszeichen,** zB Grenzsteine, Siegelabdrucke, Fahrzeug- u Motornummern usw, weil bei ihnen der Aussagezweck hinter dem Kennzeichnungszweck zurücktritt; insoweit gilt § 371. Die **Fotokopie** einer Urkunde ist als solche nicht auch selbst Urkunde (vgl BGH NJW 71, 1812; Kienapfel NJW 71, 2

1780), sie wird zu einer solchen erst durch den Beglaubigungsvermerk (§ 435). Die **Fotografie** ist nicht Urkunde, sondern Gegenstand des Augenscheins § 371 (BGH 65, 300). – Grundsätzlich keine Urkunde, sondern Gegenstand des Augenscheins, sind der **EDV-Datenträger** und auch dessen ausgedruckter Datenbestand („output", vgl §§ 239 IV, 261 HGB für Handelsbücher), denn hierdurch wird keine originäre menschliche Gedankenäußerung bekundet, sondern nur die Tatsache der Eingabe und Programmierung von Daten (*Baltzer,* Festschrift für Bruns, 1980, S 80; *ders* ZZP 89 [1976], 406).

3 **III) Arten der Urkunden:** ZPO unterscheidet **1) Privaturkunden** (§ 416), das sind von Privatpersonen erstellte und unterschriebene Erklärungen, auch wenn die Unterschrift öffentl beglaubigt ist. Wo die Urheberschaft der Urkunde aus deren sonstigen Inhalt erkennbar ist, stellt die Unterschrift kein notw Wesensmerkmal einer Urkunde dar. § 126 BGB fordert die Unterschrift nur zur Wirksamkeit der Urkunde in bestimmten Fällen.

4 **2) Öffentliche Urkunden** (§§ 415, 417, 418), das sind von Behörden oder hierfür öffentl bestellten Personen (Notare, Konsuln usw) erstellte Zeugnisse über (privat- oder öffentl-rechtl Erklärungen Dritter (§ 415), über behördl Erklärungen u Entscheidungen (§ 417) u über Wahrnehmungen (§ 418). Das Verfahren u die Zuständigkeit für die Erstellung öffentl Urkunden regelt das BeurkG v 28. 8. 69 (BGBl I 1513) id Fassung v 20. 2. 1980 (BGBl I 157). Zur Schriftform, not Beurkundung, öffentl Beglaubigung sowie zur Urkundsfunktion der Niederschrift eines gerichtl Vergleichs s auch §§ 126–129 BGB.

5 **IV) Beweiskraft** der Urkunden: **1)** Die **äußere oder formelle Beweiskraft** erstreckt sich auf das Zeugnis für die Abgabe der beurkundeten Erklärung, also auf die Feststellung der Urheberschaft der i der Urkunde enthaltenen Erklärung. Die formelle Beweiskraft privater Urkunden ist in § 416, öffentl Urkunden in § 417 geregelt. Wegen Vermutung der Vollständigkeit u Richtigkeit s RG 68, 15.

6 **2)** Die **innere oder materielle Beweiskraft** betrifft die Richtigkeit der beurkundeten Erklärung. Voraussetzung der Beweiskraft ist die Echtheit der Urkunde, wofür die §§ 437–440 Vermutungen, die §§ 441–442 Beweisverfahrensregeln aufstellen. Wo die Echtheit der Urkunde (insoweit § 286 anwendbar) erwiesen ist, ist ein **Gegenbeweis** nur noch beschränkt zulässig: unzulässig ist er bzgl der äußeren Beweiskraft bei Privaturkunden u bei den öffentl Urkunden des § 417, bzgl der inneren Beweiskraft bei den öffentl Urkunden der §§ 417 u 418 II.

7 **V) Ersatz zerstörter u abhanden gekommener Urkunden:** VO v 18. 6. 1942, RGBl I 395 = BGBl III 315–4 regelt das Verfahren der Ersetzung verlorener Urkunden nach Durchführung einer Beweiserhebung (§ 3 aaO) über ihren Inhalt. Gem § 57 X BeurkG gilt die VO nur noch für Urkunden, die nicht öffentl Urkunden iS des BeurkG sind, also für gerichtliche Urkunden u Entscheidungen. Für andere öffentl Urkunden gilt im Falle ihres Verlustes § 46 BeurkG. Der Verlust privater Urkunden macht den Beweis ihres Inhalts mit den allgemeinen Beweismitteln (Rn 6 vor § 284) erforderlich.

8 **VI)** Zum Urkundenbeweis durch **Verwertung von Vernehmungsniederschriften** u Gutachten aus anderen Verfahren s § 355 Rn 4, § 373 Rn 9, § 402 Rn 2.

415 *[Beweiskraft öffentlicher Urkunden]*

(1) Urkunden, die von einer öffentlichen Behörde innerhalb der Grenzen ihrer Amtsbefugnisse oder von einer mit öffentlichem Glauben versehenen Person innerhalb des ihr zugewiesenen Geschäftskreises in der vorgeschriebenen Form aufgenommen sind (öffentliche Urkunden), begründen, wenn sie über eine vor der Behörde oder der Urkundsperson abgegebene Erklärung errichtet sind, vollen Beweis des durch die Behörde oder die Urkundsperson beurkundeten Vorganges.

(2) Der Beweis, daß der Vorgang unrichtig beurkundet sei, ist zulässig.

1 **I)** § 415 betrifft öffentl Urkunden, welche die Abgabe von Erklärungen gegenüber einer Behörde bezeugen. **Voraussetzung ihrer Beweiskraft** ist:

2 **1)** Es muß eine **Urkunde** (Rn 2 vor § 415) vorliegen, welche den gesetzl **Formvorschriften** entspricht vgl die Vorschriften des BeurkG v 28. 8. 1969 (BGBl I 1513) u der DONot v 1. 8. 1970 (BayJMBl S 67) für notar Urkunden, Art 80 ff WG für d Wechselprotest, §§ 159, 190 ff für Protokolle u Zustellungs-Urkunden u entsprechende Verfahrensvorschriften. Nicht beweiskräftig ist daher zB eine aus mehreren Blättern bestehende notar Urkunde, die entgegen § 44 BeurkG, § 29 DONot mit Klebestreifen u nicht mit Schnur u Siegel verbunden sind (Schleswig DNotZ 72, 556).

Die Urkunde muß von dem zuständigen Beamten (Vollmacht wird zunächst vermutet, BGH NJW 54, 108) unterschrieben u gesiegelt sein. Die Erfüllung aller Formerfordernisse muß aus der Urkunde selbst ersichtlich sein (RG 86, 390). Wo die Form der öffentl Urkunde gewahrt ist, kann die Urkundseigenschaft durch den Inhalt nicht in Frage gestellt werden; der Inhalt kann öffentl oder privatrechtl sein (BayObLGZ 54, 329; BGH 6, 307 = NJW 52, 1211; 66, 1808). Daher ist zB das Sparkassenbuch einer öffentl Sparkasse (über deren Behördeneigenschaft s § 273 Rn 8) ungeachtet der privatrechtlichen Beziehungen zu ihren Kunden eine öffentl Urkunde (BGH NJW 63, 1630). Eine Urkunde, die als öffentl Urk gewollt war, als solche weg Formmängeln aber unwirksam ist, kann als Privaturkunde (§ 416) noch wirksam sein (BGH NJW 62, 1152).

2) Eine **Behörde** oder öffentl **UrkPerson** muß die Urkunde erstellt haben. Über Begriff der Behörde s Rn 8 zu § 273. Auch ausländische Behörde möglich, vgl § 438. UrkPersonen sind Notare, Konsuln (KonsG v 11. 9. 74, BGBl I 2317), Urkundsbeamte der Gerichte, Standesbeamte, Postbeamte (§ 191), Gerichtsvollzieher. Die UrkPerson muß die beurkundete Erklärung selbst entgegengenommen haben (BGH NJW 63, 1012; einschränkend RG 61, 98, wonach Entgegennahme u Verlesung durch einen Gehilfen des ledigl anwesenden UrkBeamten genügt). Die **öffentl Beglaubigung** einer Urkunde (§ 65 BeurkG, § 129 BGB) macht diese über den Beglaubigungsvermerk (über dessen Beweiskraft BGHZ 37, 79/86) hinaus noch nicht zu einer öffentl Urkunde (BGH MDR 80, 299); ebenso nicht die öffentl Verwahrung einer Privaturkunde (zB Testament). 3

3) Die Behörde muß **innerhalb ihrer Amtsbefugnis** handeln, also keine Urkundenkraft von Niederschriften über Feststellungen innerdienstl Art oder außerhalb der Amtsbefugnis (BGH 6, 307; LM Nr 1 = RzW 62, 260; BayObLGZ 75, 229). Die sachl Zuständigkeit der Behörde muß gegeben sein. Dagegen kann das Fehlen der örtl Zuständigkeit nur die innere Beweiskraft in Frage stellen. 4

II) Beweiskraft: Unter Ausschluß richterl Beweiswürdigung (§ 286) wird voller Beweis für die Abgabe der beurk Erklärung, nicht für deren inhaltl Richtigkeit bewirkt. Bewiesen ist also, daß die i der Urkunde bezeichnete Person zur angegebenen Zeit, am angeg Ort vor der ausstellenden Behörde usw eine Erklärung des wiedergegebenen Inhalts abgegeben hat (= äußere oder formelle Beweiskraft). Über den Umfang der Beweiskraft **notar Urkunden** s BGH DNotZ 86, 78 m Anm Reithmann (Beweis für Vollständigkeit und Richtigkeit der beurkundeten rechtsgeschäftl Willenserklärungen) und BGH NJW 63, 1012, LG Berlin DNotZ 63, 250 (Beweis auch für Personenidentität des Erklärenden, vgl § 10 BeurkG). 5

Keine formelle Beweiskraft, wo die Voraussetzungen Rn 2–4 fehlen, wo die Echtheit der Urkunde fraglich (Rn 6 vor § 415), die Urkunde schadhaft (§ 419) und wo der **Gegenbeweis** (Abs II) der Falschbeurkundung (= obj Tatbestand des § 348 I StGB) erbracht ist. Durch Antrag auf Parteivernehmung kann der Gegenbeweis wegen § 445 II nicht geführt werden (BGH NJW 65, 1714 = MDR 65, 818). Bloße Zweifel an der Richtigkeit genügen für den Gegenbeweis nicht (BGHZ 16, 227; RGZ 85, 125; 131, 288). RG 50, 422 läßt den Gegenbeweis zu, daß der Erklärende einen Teil der beurk Erklärung beim Verlesen überhört oder falsch verstanden habe. Das wäre aber richtig als Erklärungsirrtum iS § 119 BGB zu behandeln. Nach RG 77, 312; 88, 282 schließt Unterzeichnung bzw Genehmigung einer Urkunde in bewußter Unkenntnis von deren Inhalt Anfechtung weg Irrtums aus; anders bei irriger Vorstellung über den Inhalt. – Für den Gegenbeweis gegen die Echtheit der Urkunde (§ 437) und gegen die Richtigkeit ihres Inhalts (= materielle Beweiskraft; Rn 6 vor § 415) gilt nicht Abs II, sondern freie Beweiswürdigung, § 286 (RG 50, 422). Zunächst spricht die Vermutung für Vollständigkeit u Richtigkeit der Urkunde (RG 68, 15). 6

Wegen **Beweiskraft der Sitzungsprotokolle** s §§ 165, 314. Diese bes Beweisregeln gelten nur für das Verfahren, in dem die gerichtl Urkunden erstellt wurden u nur für das Instanzgericht, das die Gesetzmäßigkeit des Verfahrens zu prüfen hat, nicht jedoch für den Beweis außerhalb dieses oder i einem anderen Verfahren (BGH NJW 63, 1060/1062). 7

416 *[Beweis durch Privaturkunden]*

Privaturkunden begründen, sofern sie von den Ausstellern unterschrieben oder mittels notariell beglaubigten Handzeichens unterzeichnet sind, vollen Beweis dafür, daß die in ihnen enthaltenen Erklärungen von den Ausstellern abgegeben sind.

1) Privaturkunden sind alle nichtöffentl Urkunden. Eine als öffentliche gewollte, wegen Formmängeln als solche aber unwirksame Urkunde, kann immer noch als Privaturkunde wirksam sein, zB ein Testament (BGH 37, 90 = NJW 62, 1152). Die Urkunde muß vom Aussteller unter- 1 schrieben sein, falls sich nicht die Person des Ausstellers aus dem sonstigen Inhalt bereits ergibt (vgl § 439 II). **Unterschrift** auch mit Bleistift oder mittels Handstützung (RG 58, 387), nicht mittels Schreibmaschine, Faksimilestempel (§§ 126 ff BGB). Schreibhilfe eines Dritten bei der Unterschriftsleistung des Ausstellers der Urkunde steht der Annahme einer eigenhändigen Unterschrift nicht entgegen, solange nicht die Unterschrift einer passiven und willenslosen Person nur noch durch die Herrschaft und Leitung des „Gehilfen" bestimmt ist (BGH NJW 81, 1900/1901). Nicht unbedingt erforderlich ist die Angabe von Ort u Zeit (RG 15, 310; 31, 397), Vor- u Zuname; es genügt Familienname, Künstlername, bei Kaufleuten die Firma, § 17 HGB, Unterschrift des Vertreters mit dem Namen der Vertretenen, nicht dagegen: „D.U.". Für den Beweis des Datums gilt der Grundsatz der freien Beweiswürdigung, RG 15, 309; 16, 436. Keine Beseitigung der Beweiskraft bei Blankounterschrift, BGH NJW 86, 3086; Hamm WPM 84, 829; RGZ 23, 109; 57, 67. Gegenbeweis ist aber zulässig, JW 87, 312. Gleiches gilt für e Urk mit Vordruck, JW 96, 204; RG 37, 66; 64, 406. Die Unterschrift deckt den Text nur insoweit, als sie unter diesem steht (§ 440 II). Daher keine Beweiskraft für unter der Unterschrift stehende Zusätze, wohl aber für nachträgl gefertigte Einschaltungen, die erkennbar von der Unterschrift gedeckt sind (BGH NJW 74, 1083 für Testament). Maßgebl für die Echtheit u damit für die Beweiskraft der Urkunde ist deren äußeres Bild. Keine Beweiskraft, wo auch nur der Verdacht einer nachträgl Einschaltung (§ 419) besteht, zB infolge nicht in das Schriftbild oder in den Zeilenabstand passender Zusätze (BGH NJW 66, 1657). Die Unterschrift muß nicht unbedingt lesbar sein, wenn sie nur individuelle Merkmale erkennen läßt (BGH NJW 59, 734; vgl § 130 Rn 7).

2 **2) Aussteller** ist nicht, wer die Urkunde tatsächlich niederschreibt, sondern wer die in der Urkunde enthaltenen Erklärungen abgibt. Oft sind beide Personen verschieden, so zB die zulässige (RG 74, 69) Vertretung i der Unterschrift u die von einem Dritten erstellte, vom Aussteller nur unterschriebene Urkunde.

3 **3) Handzeichen,** in der Regel aus drei Kreuzen bestehend. Wegen Beglaubigung von Handzeichen s § 129 BGB, § 40 VI BeurkG (LG Bonn BWNotZ 63, 19: Der Unterzeichner hat die Wahl zwischen Unterschrift und dem stets vor dem Notar zu vollziehenden Handzeichen). Als Handzeichen sind auch nicht allgemein verständliche Schriftzeichen zu behandeln, zB unleserliche Unterschrift (vgl § 130 Rn 7, § 170 Rn 4; BGH NJW 82, 1467 = MDR 82, 735; Düsseldorf BB 59, 1186), chinesische oder stenografierte Zeichen.

4 **4) Vollen Beweis** erbringt die Privaturkunde nur in formeller Hinsicht, nicht auch bezügl des materiellen Inhalts; bezügl letzterem freie Beweiswürdigung, RG 5, 385; 23, 109. Die formelle Beweiskraft der Urkunde beinhaltet aber noch nicht den Beweis ihrer Begebung (zB bei Verlust eines Entwurfs) und ihres Zugangs iS §§ 130 ff BGB. Dasselbe gilt für den zulässigen Beweis, der anscheinend klare und eindeutige Inhalt der Urkunde gebe den (gemäß §§ 133, 157, 242 BGB stets ermittlungsfähigen) tatsächlichen Erklärungswillen des Ausstellers falsch wieder (BGHZ 86, 41/46 = MDR 83, 293; BGH MDR 84, 295). Wer mündliche Vereinbarungen gegen den Inhalt der Urkunde behauptet, muß beweisen, daß die Urkunde unrichtig oder unvollständig sei und auch das mündlich Besprochene Gültigkeit haben solle, RG 52, 26; 68, 15; 88, 370; BGH VersR 60, 812; NJW 80, 1680; Köln JMBl NRW 70, 154; KG OLGZ 77, 487. Der Aussteller einer Urkunde ist nicht mit der bloßen Behauptung zu hören, daß er die Urkunde unterschrieben habe, ohne sie zu lesen: wer vorbehaltlos unterschreibt, einerlei, ob der Text schon vorgeschrieben war oder erst nachher darübergesetzt wurde, ohne vom Inhalt der Urkunde Kenntnis zu nehmen, unterwirft sich damit ohne weiteres der in der Urkunde ausgedrückten Verpflichtung, wie solche auch immer lauten möge, BGH NJW 68, 2102; 73, 282 (Wechselurkunde); RG 57, 68; 64, 406; 77, 312. Sein Einwand kann nur erheblich sein, wenn er nachweist, daß er sich über den Inhalt im Irrtum befunden habe oder getäuscht worden sei, RG 88, 282; JW 86, 227. Zur Haftung aus Rechtsschein bei Mißbrauch einer Blankounterschrift: BGH NJW 63, 1971; 64, 654/656. Durch Antrag auf Parteivernehmung kann wegen § 445 II der Gegenbeweis gegen die formelle Beweiskraft der Urkunde nicht geführt werden (BGH MDR 65, 818).

5 5) Die **Beweiskraft anderer als** der im § 416 behandelten Privaturkunden, zB nicht unterschriebener Urkunden (Handelsbücher, Rechnungen, Quittungen, Tabellen) unterliegt der freien Beweiswürdigung, § 286. Wegen des Beweiswertes des Tonbandes u der sog Beweiszeichen s Rn 2 vor § 415. Möglich ist, die sachl Beweiskraft zu vereinbaren (zB Postschein als Quittung), vgl Rn 23 vor § 284.

6 **6) Privaturkunden sind** (anders öffentl Urkunden: § 435) **grundsätzlich im Original vorzulegen,** falls nicht das Gericht gem § 286 begl Abschrift genügen läßt (BGH NJW 80, 1047 = MDR 80, 299).

417 [Beweiskraft von Behördenurkunden]

Die von einer Behörde ausgestellten, eine amtliche Anordnung, Verfügung oder Entscheidung enthaltenden öffentlichen Urkunden begründen vollen Beweis ihres Inhalts.

§ 417 betrifft **öffentl Urkunden über eigene Willenserklärungen einer Behörde,** zB Urteile, Beschlüsse, auch Strafbefehl, Erbschein usw. 1

Die Urkunde – ihre Echtheit vorausgesetzt, § 437 – erbringt unwiderlegbaren Beweis, *daß* die Behörde die beurkundete Erklärung usw abgegeben hat (= äußere oder formelle Beweiskraft). Der **Gegenbeweis** kann sich nur gegen die innere (= materielle) Beweiskraft richten und ist, wenn die Urkunde einen rechtsmittelfähigen Inhalt hat, nur durch Einlegung des Rechtsmittels (dann ggf Aussetzung § 148) zu führen; § 415 II gilt hier nicht entsprechend. 2

Nur der Inhalt der Entscheidung usw wird von der Beweiskraft der Urkunde erfaßt, nicht dagegen die Motive der Behörde hierfür. Daher beweist der Erbschein nur das Erbrecht, nicht die dieses begründenden Tatsachen wie Abstammung, Testament usw (BGH NJW 64, 558); das Negativattest des Finanzamtes über das Nichtbestehen einer öffentl Last (§ 128 LAG) beweist nicht, daß die umgestellte Hypothek nicht valutiert war (Neustadt NJW 64, 2163). Für den (Gegen-)Beweis dieser Entscheidungsmotive wie auch für den Beweis der (Un-)Echtheit gilt § 286. 3

418 [Beweiskraft öffentlicher Urkunden über Vorgänge]

(1) Öffentliche Urkunden, die einen anderen als den in den §§ 415, 417 bezeichneten Inhalt haben, begründen vollen Beweis der darin bezeugten Tatsachen.

(2) Der Beweis der Unrichtigkeit der bezeugten Tatsachen ist zulässig, sofern nicht die Landesgesetze diesen Beweis ausschließen oder beschränken.

(3) Beruht das Zeugnis nicht auf eigener Wahrnehmung der Behörde oder der Urkundsperson, so ist die Vorschrift des ersten Absatzes nur dann anzuwenden, wenn sich aus den Landesgesetzen ergibt, daß die Beweiskraft des Zeugnisses von der eigenen Wahrnehmung unabhängig ist.

1) § 418 betrifft **öffentl Urkunden über Wahrnehmungen oder Handlungen** einer Behörde oder Urkundsperson (Rn 3 zu § 415), also Urkunden, die weder Erklärungen Dritter (§ 415) noch Willenserklärungen der Behörde selbst (§ 417) bezeugen. Die Wahrnehmungen können solche der Behörde, im Fall des Abs III auch solche eines Dritten sein; im letzteren Fall ist die Beweiskraft beschränkt auf bes gesetzl Beweisregeln, zB Feststellung der Personenidentität in notar Urkunden gem § 10 BeurkG (BGH NJW 63, 1012), Personenstandsurkunden gem §§ 60, 66 PStG. – Urkunden iS § 418 sind zB Sitzungsprotokolle (§§ 159, 165), Tatbestand des Urteils (§ 314), Zustellungsurkunden (§§ 190–192, 198 II, 212, 212 a), Rechtskraftzeugnis (§ 706), Protokoll üb VollstrHandlungen (§ 762), Wechselprotest (Art 80 WG), Eingangsstempel, Unterschriftsbeglaubigung (§§ 40–42 BeurkG, § 129 BGB), amtliche Auskünfte (§ 273 II 2). Nicht hierher gehören öffentl Urkunden mit rechtsbestätigendem oder -gestaltenden Inhalt (= § 417) sowie die öffentl Beurkundungen fremder Erklärungen (= § 415). 1

Eine Urkunde kann teilweise nach § 418, teilweise nach §§ 415, 417 einzuordnen sein, zB das notar Testament mit Feststellung des Notars über Person u Testierfähigkeit des Erblassers. Die innere Beweiskraft ist dann keine einheitliche. 2

2) Beweiskraft: Die Urkunde beweist – vorbehaltlich ihrer Echtheit, § 437 – alle in der Urkunde bezeugten Tatsachen, soweit diese (Ausnahme des Abs III) auf eigenen Wahrnehmungen der Urkundsperson beruhen. Daher beweist zB die Sterbeurkunde gem Abs III iVm §§ 60, 66 PStG den Tod, nicht aber die Todesursache (BGH NJW 62, 1770 a E). Das notar Testament beweist gem § 415 die Abgabe der test Erklärung, gem § 418 III in Verbindung mit §§ 10, 28 BeurkG die Identität des Testators (Rn 1), gem § 418 I die Feststellung der eigenhändigen Unterschriftsleistung, aber nicht die vom Notar in der Urkunde festgestellte Geschäfts- oder Testierfähigkeit (§§ 11, 28 BeurkG; BayObLG DNotZ 75, 555). 3

Der Gegenbeweis (Abs II) ist zulässig, soweit er nicht gesetzlich ausgeschlossen oder beschränkt ist (zB §§ 165, 314). Er ist über schlichtes Bestreiten hinaus *substantiiert* anzutreten (BVerwG NJW 86, 2127; 85, 1179 für Beweis gegen die Richtigkeit der Zustellungsurkunde), soweit das dem Beweisführer zumutbar ist (der substantiierte Beweisantritt gegen die richtige Beurkundung innergerichtlicher oder postalischer Vorgänge kann uU unzumutbar sein, vgl Rn 8 vor § 128, Rn 22 vor § 284). Gegenbeweis durch Parteivernehmung ist wegen § 445 II ausgeschlos- 4 sen (BGH MDR 65, 818). Durch bloße Zweifel in die Richtigkeit der urkundlichen Feststellungen ist der Gegenbeweis noch nicht erbracht; Beweis des Gegenteils nötig (Köln MDR 86, 765; RG 85, 125; 131, 288). Jedoch genügt Glaubhaftmachung (§ 294 Rn 2) für den Gegenbeweis, wo das Gesetz statt des Vollbeweises Glaubhaftmachung genügen läßt (so BGH MDR 83, 749 = VersR 83, 491 für die Widerlegung der Richtigkeit eines gerichtl Eingangsstempels im Verfahren der Wiedereinsetzung gemäß § 236 II).

5 **Einzelfälle:** Genehmigungsvermerk iS § 162 ZPO: RG 108, 398; iS § 2245 BGB: BayObLG NJW 66, 57; Zustellungsurkunde: BVerwG NJW 86, 2127; BGH NJW 76, 149; BSG NJW 66, 1382; Rechtskraftzeugnis: LM § 418 Nr 1 RG 46, 360; Sparbuch einer öffentl Sparkasse: BGH NJW 63, 1631; Zeitangaben auf Telegramm: RG 105, 258; Eingangsstempel des Gerichts (BGH VersR 73, 187; BVerwG NJW 69, 1730 für Nachtbriefkasten).

419 *[Urkunden mit Mängeln]*

Inwiefern Durchstreichungen, Radierungen, Einschaltungen oder sonstige äußere Mängel die Beweiskraft einer Urkunde ganz oder teilweise aufheben oder mindern, entscheidet das Gericht nach freier Überzeugung.

1 **Sonstige äußere Mängel:** Risse, Verschiedenheit der Tinte, auch Auffälligkeiten im Schriftbild und dessen Anordnung auf dem Papier (BGH NJW 80, 893 = MDR 80, 385), Verdacht nachträgl Durchstreichung oder Zahlenänderung (zB Änderung des Datums in Empfangsbekenntnis des RA: BGH VersR 68, 309). Einschaltungen sind äußerlich (zB durch unregelmäßigen Zeilenabstand) erkennbare Einfügungen, u zwar nicht nur bei erwiesener nachträgl Ergänzung, sondern sogar, wenn das nach dem Erscheinungsbild der Urkunde nur möglich ist (BGH NJW 66, 1657). Dagegen keine Minderung der Beweiskraft durch förmlich beurkundete Ergänzungen oder Berichtigungen (Form: § 30 DONot; BGH DNotZ 56, 643); wegen Berichtigung gerichtl Protokolle s Anm zu § 164. – Nach BGH NJW 74, 1083 Einschaltung unbedenklich, wenn diese erkennbar von der Unterschrift gedeckt ist.

2 In allen diesen Fällen greift unter Ausschluß der gesetzl Beweisregeln der §§ 415–418 wieder die freie, von Parteivereinbarungen unabhängige (RG 95, 72), **richterl Beweiswürdigung** (§ 286) ein. Die freie Beweiswürdigung beschränkt sich nicht auf die verdächtigen Stellen der Urkunde, sondern betrifft alle Richtungen der Beweiskraft der ganzen Urkunde, RG 29, 430. Folge: erachtet das Gericht die Beweiskraft für gemindert, so ist Gegenbeweis zulässig; andernfalls bleibt es bei den gesetzl Beweisregeln. – Beweiskraft der Handelsbücher: § 43 HGB.

3 Zur Frage, ob jede handschriftl Änderung eines Urkundenentwurfs bei Beurkundung einer besonderen Unterzeichnung durch die Urkundsperson bedarf, u ob ein Verstoß gegen dieses Gebot der Urkunde die volle Beweiskraft nimmt, s BGH DNotZ 56, 643 u NJW 66, 1747 (verneinend wegen § 440 II). Jedoch greift § 419, also ein Wegfall der Beweiskraft nicht erst ein, wenn die nachträgl Veränderung usw feststeht; es genügt, daß eine solche Veränderung naheliegend mögl ist (BGH NJW 66, 1657; 80, 893).

420 *[Beweisantretung durch Vorlegung]*

Der Beweis wird durch die Vorlegung der Urkunde angetreten.

1 1) Der schriftsätzliche oder mündl Hinweis auf den Inhalt einer Urkunde ist noch kein **Beweisantritt.** Erforderlich ist deren **Vorlegung** gem §§ 420, 131, 134 in Urschrift (so grundsätzl bei Privaturkunden, BGH NJW 80, 1047 = MDR 80, 299) oder begl Abschrift vor dem Prozeßgericht (§ 435), nur ausnahmsweise (§ 434) vor dem kommissarischen Richter, und die Bezugnahme (§ 137 III) auf ihren Inhalt. Bei umfangreichen Urkunden (zB Büchern) sind die Bezugsstellen genau zu bezeichnen (RG 130, 21; BGH DRiZ 63, 60; NJW 56, 1878). Wegen des Verbleibs der Urkunde s § 142 II sowie § 299 a Rn 5.

2 **Keine Vorlagepflicht** des Beweisführers, wenn die Urkunde i Besitz einer Behörde (dann § 432, s aber dort Abs II), des Gegners (dann §§ 421–427) oder eines Dritten (dann §§ 428–431) ist. – Zur Verwendbarkeit rechtswidrig erlangter Urkunden i Prozeß s Rn 12 vor § 284 u 5 zu § 284.

3 **Wird eine Urkunde** als Beweismittel benannt, jedoch entgegen § 420 **nicht vorgelegt,** so ist die Partei gem § 134 zur Vorlage aufzufordern; Fristsetzung hierfür gem § 356. Erst bei Fristversäumung gilt § 296 I iVm § 273 II 1 (§ 356 Rn 7; BVerfG NJW 85, 3006 = MDR 85, 817).

2) Gebühren: a) des Gerichts: Keine. – **b) des Anwalts:** Ebenfalls keine Beweisgebühr, wenn die Parteien nach § 420 – das Einfordern od Vorlegen der Urkunde nach §§ 420, 421, 428 ist Beweisantritt od Vorbereitung der Verhandlung – aus freien Stücken Beweisurkunden, auch Geschäftsbücher, vorlegen und diese eingesehen werden. Das gleiche trifft zu, wenn die Urkundenvorlage auf Anordnung des Prozeßgerichts vor einem anderen Gericht erfolgt od wenn die Urkunde dem Gegner zur Erklärung über die Echtheit der Unterschrift vorgelegt wird. Die Beweisgebühr für den RA kann beim Urkundenbeweis nur erwachsen, wenn das Gericht die Vorlegung zwecks Beweisaufnahme, nicht bloß zu seiner Unterrichtung über unstreitige Tatsachen, angeordnet hat, § 34 BRAGO. 4

421 *[Vorlegung durch Gegner]* **Befindet sich die Urkunde nach der Behauptung des Beweisführers in den Händen des Gegners, so wird der Beweis durch den Antrag angetreten, dem Gegner die Vorlegung der Urkunde aufzugeben.**

Gegner als unmittelbarer Besitzer. Ausreichend ist, weil es hier auf die Vorlagemöglichkeit ankommt, mittelbarer Besitz, wenn das Besitzmittlungsverhältnis dem Gegner die Vorlage der Urkunde ohne weiteres ermöglicht; zB wenn der Gegner die Urkunde einem Dritten in Verwahrung gegeben hat (StJSchL Anm III). Nicht ausreichend die Möglichkeit der Besitzerlangung ohne Besitzmittlungsverhältnis. Der Nebenintervenient gilt, sofern er nicht gem § 69 Streitgenosse ist, nicht als Gegner, sondern als Dritter, § 428. Hat der Gegner die Urkunde nicht im Besitz, trifft § 428 zu. 1

Der **Antrag** (§ 424; RG HRR 33, 1466) ist in der mündl Verhandlung zu stellen; er fällt nicht unter § 297. Bei schriftl Verfahren u Verfahren nach Aktenlage genügt Antrag im Schriftsatz. Inhalt des Antrages: §§ 420, 424. Form der Anordnung: unanfechtb Beweisbeschl, § 425. Die Anregung, das Gericht möge gem §§ 142, 143 verfahren, ersetzt den Antrag nach § 424 nicht. 2

Wo Antrag nach § 421 mögl, wird einer (Wider-)**Klage auf Herausgabe oder Vorlage** der Urkunde regelm das Rechtsschutzbedürfnis fehlen; Frankfurt MDR 80, 228 deutet eine solche Widerklage in einen Antrag des § 421 um. 3

Ausgeschlossen ist der Vorlegungsantrag i Urkunden- u Wechselprozeß § 595 III, ohne die Wirkung des § 427 (= Unterstellung als erwiesen bei Nichtvorlage) ist er im Amtsbetrieb des Ehe- u Entmündigungsverfahren §§ 617, 670, 679, 684, 686. 4

422 *[Vorlegungspflicht nach bürgerlichem Recht]* **Der Gegner ist zur Vorlegung der Urkunde verpflichtet, wenn der Beweisführer nach den Vorschriften des bürgerlichen Rechts die Herausgabe oder die Vorlegung der Urkunde verlangen kann.**

1) Der Gegner des Beweisführers **ist zur Vorlage** (§ 142 II u III gilt entspr) von Beweisurkunden **verpflichtet,** wenn **a)** der Beweisführer Vorlegungsantrag (§§ 421, 424) stellt, **b)** der Gegner den unmittelb Besitz an der Urkunde einräumt (sonst § 426), **c)** ein mat-rechtl Anspruch des Beweisführers auf Vorlage besteht und **d)** das Gericht die Vorlage wegen Beweiserheblichkeit (Rn 9, 10 vor § 284) gem § 425 anordnet. – Wegen § 355 ist grundsätzlich dem Prozeßgericht vorzulegen; Ausnahme § 434. – Folgen der Nichtvorlage: §§ 427, 444. 1

2) Ein **mat-rechtl Anspruch auf Vorlage** besteht, wo der Beweisführer Auskunft u Rechnungslegung (§ 259 I BGB) oder Herausgabe verlangen kann. Beispiele: BGB §§ 402 (Pflicht des bisherigen Gläubigers zur Auslieferung der zum Beweis der Forderung dienenden Urkunde), 444 (gleiche Pflicht des Verkäufers); 675 (Herausgabepflicht bei e Geschäftsbesorgung); 667, 681 (Pflicht des Geschäftsführers zur Herausgabe); 716 (bei Gesellschaft); 810 (bei rechtl Interesse); 952 (Pflicht des Eigentümers e Schuldscheins zur Herausgabe); 1799 (bei Vormundschaft); vgl ferner BGB §§ 896, 1145; HGB §§ 118, 157, 166, 258–261; AktG §§ 131, 170, 175 II, 340 d. Über Vorlage ärztl Krankenpapiere s BGH NJW 78, 2337; 63, 389; Uhlenbruck NJW 80, 1339; Wasserburg NJW 80, 617/620; Daniels NJW 76, 345/349. Beschränkte Vorlagepflicht des Haftpflichtversicherers im Regreßprozeß: Wussow NJW 62, 423. 2

Keine Pflicht zur Vorlage lediglich z eigenen Gebrauch erstellter Gedächtnishilfen u Notizen (BGH 60, 275/292) oder dem Gegner vertraulich erteilter Urkunden. Wo eine mat-rechtl Pflicht des Gegners zur Vorlage nicht besteht, kann eine solche – auch nicht iS der Beweiswürdigung des Prozeßverhaltens, § 286 Rn 14 – nicht bereits aus der prozessualen Mitwirkungs- u Förderungspflicht hergeleitet werden. 3

423 *[Vorlegungspflicht bei bezuggenommenen Urkunden]* **Der Gegner ist auch zur Vorlegung der in seinen Händen befindlichen Urkunden verpflichtet, auf die er im Prozeß zur Beweisführung Bezug genommen hat, selbst wenn es nur in einem vorbereitenden Schriftsatz geschehen ist.**

1 § 423 begründet (neben dem materiell-rechtl Anspruch nach § 422) einen selbständigen prozessualen Anspruch auf Vorlage einer Urkunde. Der Gegner muß sich zum Zwecke der **Beweisführung** auf die Urkunde berufen haben. Bezugnahme lediglich auf den **Inhalt** genügt nicht (RG 69, 405); desgleichen nicht, wenn ein Zeuge auf die Urkunde Bezug genommen hat. § 423 gilt auch für den Streitgehilfen. Verzicht des Gegners auf die Verwertung der einmal von ihm gem § 131 in Bezug genommenen Urkunde beseitigt die prozessuale Vorlagepflicht (vgl §§ 131, 142) nicht mehr. Niederlegung von Urkunden zur Einsicht auf der GeschSt: §§ 134, 142 II.

2 **Folge der Nichtvorlage:** Zuungunsten des Beweisführers kann gem § 286 bei Bestreiten das Gegenteil des angebl Urkundeninhalts als erwiesen angesehen werden (vgl § 286 Rn 14 u § 427).

424 *[Vorlegungsantrag]* **Der Antrag soll enthalten:**

1. **die Bezeichnung der Urkunde;**
2. **die Bezeichnung der Tatsachen, die durch die Urkunde bewiesen werden sollen;**
3. **die möglichst vollständige Bezeichnung des Inhalts der Urkunde;**
4. **die Angabe der Umstände, auf welche die Behauptung sich stützt, daß die Urkunde sich in dem Besitz des Gegners befindet;**
5. **die Bezeichnung des Grundes, der die Verpflichtung zur Vorlegung der Urkunde ergibt. Der Grund ist glaubhaft zu machen.**

1 **§ 424 handelt vom Inhalt des Antrags** (§ 421) im vorbereitenden Schriftsatz. In der mündl Verh wird das „soll" zum „muß". Der Antrag braucht nicht verlesen zu werden, da er kein Sachantrag iSd § 297 ist. Fehlt hier eines der Erfordernisse, so ist der Antrag durch (selbständig nicht anfechtbares) Zwischenurteil oder im Endurteil zurückzuweisen, JW 98, 71.

2 **Zu Nr 1–3:** Die Angaben sind notwendig, um dem Gericht die Prüfung der Entscheidungserheblichkeit, Beweiserheblichkeit u Eignung des Beweismittels (§ 284 Rn 3 ff) zu ermöglichen, insbesondere den Ausforschungsbeweis (Rn 5 vor § 284) auszuschließen. Kein Ausforschungsbeweis aber, wenn die mat-rechtl Vorlegungspflicht gerade dem Interesse an der Prüfung der Rechte des Beweisführers dient (so insbes §§ 259, 810 BGB), wenn also die Voraussetzungen einer Stufenklage (§ 254) gegeben wären. Die Substantiierungspflicht des Beweisführers gewinnt bes Bedeutung durch § 427 S 2.

3 **Zu Nr 4:** §§ 422, 423. Bestreitet der Gegner den Besitz: § 426.

4 **Zu Nr 5: Glaubhaftmachung** (§ 294) erforderlich hinsichtlich des Grundes der mat-rechtl Vorlegungspflicht des Gegners, § 422. Sonderregelung für Handelsbücher: §§ 258–261 HGB.

425 *[Anordnung der Vorlegung]* **Erachtet das Gericht die Tatsache, die durch die Urkunde bewiesen werden soll, für erheblich und den Antrag für begründet, so ordnet es, wenn der Gegner zugesteht, daß die Urkunde sich in seinen Händen befinde, oder wenn der Gegner sich über den Antrag nicht erklärt, die Vorlegung der Urkunde an.**

1 **1)** Auf den Beweisantrag hin (§ 424) **prüft das Gericht,** ob die Urkunde **a)** entscheidungserheblich, **b)** beweiserheblich und **c)** als Beweismittel geeignet ist, erst dann, ob **d)** der Gegner im Besitz der Urkunde und **e)** vorlegungspflichtig ist (vgl die Anm zu §§ 422–424). Fehlen die Voraussetzungen zu a–c, unterbleibt Beweisbeschluß, was im Endurteil, zulässig auch in einem Beschluß oder Zwischenurteil § 303, zu begründen ist. Erst die Bejahung der Fragen zu a–c löst den eigentl Vorlegungsstreit aus, wenn Besitz oder Vorlegungspflicht bestritten werden.

2 **2) Gesteht der Gegner Besitz** u Vorlegungspflicht (§ 138 III genügt), ergeht Beweisbeschluß (Anordnung der Vorlage).

3 **3) Bestreitet der Gegner den Besitz** der Urkunde, so ist, wenn das Gericht die mat-rechtl Vorlegungspflicht (§ 422) bejaht, nach § 426 zu verfahren.

4) Steht der Besitz des Gegners fest (§ 426), bestreitet der Gegner aber die **Erheblichkeit** u s Vorlegungspflicht und wird die Vorlegung der Urkunde angeordnet, so setzt sich die Entscheidung zusammen aus einem nach § 303 mit Gründen zu versehenen **Zwischenurteil** über den Zwischenstreit hinsichtlich der Verpflichtung zur Vorlegung und aus einem Beweisbeschluß bezüglich der Vorlegung; letzterer bedarf keiner Begründung. Ist der Gegner in dem Termin, in dem auch über die Hauptsache verhandelt werden sollte (§§ 330, 331, 370), nicht erschienen, so ergeht gegen ihn VersUrteil hinsichtl der Hauptsache, andernfalls hinsichtl des Vorlegungsantrages VersZwischenurteil, § 347. Das Zwischenurteil ist nur mit dem Urteil in der Hauptsache anfechtbar. Selbständig anfechtbar ist jedoch das über einen streitgegenständlichen Vorlegungsanspruch (zB § 810 BGB) entscheidende Teilurteil (zur Abgrenzung vgl BGH ZZP 92, 362 m Anm Gottwald). 4

Zurückweisung des für unbegründet befundenen Antrags durch unanfechtb Beschl. Unbegründet ist der Antrag, wenn entweder die im Rn 2 ff zu § 284 genannten Voraussetzungen der Ablehnung vorliegen oder der Gegner nach der Überzeugung des Gerichts nicht im unmittelb Besitz der Urkunde ist (§ 426). 5

426 *[Vernehmung des Gegners über Verbleib der Urkunde]*

Bestreitet der Gegner, daß die Urkunde sich in seinem Besitz befinde, so ist er über ihren Verbleib zu vernehmen. In der Ladung zum Vernehmungstermin ist ihm aufzugeben, nach dem Verbleib der Urkunde sorgfältig zu forschen. Im übrigen gelten die Vorschriften der §§ 449 bis 454 entsprechend. Gelangt das Gericht zu der Überzeugung, daß sich die Urkunde im Besitz des Gegners befindet, so ordnet es die Vorlegung an.

1) Voraussetzungen der Vernehmung des Gegners sind: **a)** Beweisantritt gem § 421, **b)** Gegner muß den unmittelb Besitz der Urkunde bestritten haben, **c)** Vorlegungsantrag gem § 424, **d)** Entscheidungserheblichkeit u Beweisbedürftigkeit der durch die Urkunde zu beweisenden Tatsache (Rn 3, 4 vor § 284) und **e)** Überzeugung des Gerichts, daß es die Urkunde überhaupt gibt, denn die Vernehmung soll nicht deren Existenz, sondern nur deren Verbleib aufklären (RG 92, 225). 1

2) Verfahren: Fehlt eine der in Rn 1 genannten Voraussetzungen oder sind die antragsbegründenden Tatsachen iS § 424 nicht glaubhaft gemacht, so ist der Antrag auf Vernehmung des Gegners durch nicht selbst anfechtbaren Beschluß, Zwischenurteil (§ 303) oder in den Gründen des Endurteils zurückzuweisen. Andernfalls: Beweisbeschluß (§ 450 I) auf Vernehmung des Gegners (bei Streitgenossen § 449), evtl seines ges Vertreters (§ 455), über den Verbleib der Urkunde Vernehmung durch Prozeßgericht oder verord Richter (§ 451). Beeidigung freigestellt § 452. Beweisthema ist nicht nur der Besitz, sondern auch der Verbleib der Urkunde, daher im Fall des früheren Besitzes auch die Frage, an wen der Gegner die Urkunde weitergegeben hat, gleichgültig ob ein Besitzmittlungsverhältnis (hierzu § 421 Rn 1) besteht. 2

3) Beweisergebnis: Die durch die Urkunde zu beweisende Tatsache gilt als erwiesen (§ 427), wenn das Gericht vom Besitz des Gegners überzeugt ist (möglich auch bei Aussageverweigerung, § 453 II), sodann die Vorlage gem § 425 anordnet u der Gegner nicht vorlegt. – Ist Besitz nicht bewiesen (§ 286), unterbleibt die Vorlegungsanordnung (Begründung dann im Endurteil) oder ist die Anordnung durch unanfechtb Beschl abzulehnen. 3

4) Gebühren: a) des Gerichts: Keine. – **b) des Anwalts:** Die 10/10 Beweisgebühr fällt für den Anwalt mit der Anordnung der Vernehmung des Gegners über den Verbleib der Urkunde an (§ 31 Abs 1 Nr 3 BRAGO); dagegen entsteht die Beweisgebühr nicht, wenn das Gericht die Vorlegung der Urkunde durch Beweisbeschluß aufgibt (Gerold/Schmidt, BRAGO § 34 Rdnr 5; Hartmann, KostGes BRAGO § 34 Anm 2 B Abs 2 aE) od wenn die Vorlegung freiwillig geschieht (§ 34 Abs 1 BRAGO). 4

427 *[Folgen der Nichtvorlegung usw]*

Kommt der Gegner der Anordnung, die Urkunde vorzulegen, nicht nach oder gelangt das Gericht im Falle des § 426 zu der Überzeugung, daß er nach dem Verbleib der Urkunde nicht sorgfältig geforscht habe, so kann eine vom Beweisführer beigebrachte Abschrift der Urkunde als richtig angesehen werden. Ist eine Abschrift der Urkunde nicht beigebracht, so können die Behauptungen des Beweisführers über die Beschaffenheit und den Inhalt der Urkunde als bewiesen angenommen werden.

1 § 427 normiert (ebenso wie § 444) einen das gesamte Beweisverfahren beherrschenden Grundsatz: die Beweisführung darf dem Gegner nicht in arglistiger Weise erschwert werden (§ 286 Rn 14; BGH NJW 63, 389/90). Daher gilt § 427 entsprechend bei Nichtbefolgung einer gerichtl Anordnung gem § 142 (dort Rn 2) oder § 273 II 1 (dort Rn 6).

2 Die Vorlage der Urkunde durch den Gegner ist nicht erzwingbar. Unterbleibt sie, obwohl der Besitz der Urkunde nicht bestritten oder gem § 426 nachgewiesen ist, oder ist das Gericht der Überzeugung, daß der Gegner seiner Nachforschungspflicht (§ 426) nicht nachgekommen ist, so muß wegen dieses Prozeßverhaltens (vgl Rn 14 zu § 286) der Gegner sich so behandeln lassen, als wäre der angetretene Beweis durch die Urkunde erbracht, vgl BAG Betrieb 76, 1020. Gegenbeweis durch Parteivernehmung des Beweisgegners ist ausgeschlossen, § 445 II. Für nochmalige Vernehmung i zweiten Rechtszug gilt § 533.

428 *[Vorlegung durch private Dritte; Beweisantritt]*

Befindet sich die Urkunde nach der Behauptung des Beweisführers in den Händen eines Dritten, so wird der Beweis durch den Antrag angetreten, zur Herbeischaffung der Urkunde eine Frist zu bestimmen.

1 **1)** Die Beischaffung einer im Besitz eines Dritten befindl Urkunde ist (Ausnahme § 432) **Sache des Beweisführers** selbst. Er hat nur auf Antrag (RG 135, 131) Anspruch auf eine vom Gericht zu bestimmende (§ 431) Schonfrist (= praktisch Aussetzung des Verfahrens), bis zu deren Ablauf er die Urkunde notfalls im Wege der Klage gegen den Dritten beizuschaffen hat. Inhalt des Antrages: § 430.

2 **2) Dritter** ist jeder, der nicht PozGegner des Beweisführers ist, also auch der Nebeninterv u Streitgenosse des Beweisführers. Streitgehilfen eines Gegners sind Dritte, sofern nicht § 69 zutrifft. Streitgenossen des Gegners (§ 61) sind Dritte, soweit das Beweisthema sie selbst nicht unmittelbar betrifft. Notwendige Streitgenossen (§ 69) sind niemals Dritte. **Antrag** auf Fristbestimmung kann in der mündl Verh oder schriftl gestellt werden. Entscheidung: § 431. Unzulässig ist es, den Dritten als Zeugen zu laden mit der Aufford, die Urkunde vorzulegen (§ 429). § 428 ist im Urkundenproz nicht anwendbar, § 595 III, wohl aber im Ehe- u Familienstandsprozeß.

429 *[Vorlegungspflicht Dritter]*

Der Dritte ist aus denselben Gründen wie der Gegner des Beweisführers zur Vorlegung einer Urkunde verpflichtet; er kann zur Vorlegung nur im Wege der Klage genötigt werden.

1 Die **Vorlagepflicht des Dritten** setzt einen mat-rechtl Anspruch (vgl Rn 2 zu § 422) voraus, der sich durch Beweisantritt gem § 428 u Fristsetzung gem § 431 inhaltl nur insoweit ändert, als die **Klage auf Vorlage der Urkunde** vor dem Gericht zu richten ist u der Dritte die Einsichtnahme auch des Gegners dulden muß. Ob vor dem Prozeßgericht oder dem verordneten Richter vorzulegen ist, bestimmt das ProzGericht gem § 434 zugl mit der Frist des § 431. Im übr obliegen Klage u Zwangsvollstreckung (§§ 883, 899) allein dem Beweisführer. Kein besond Gerichtsstand für die Klage.

430 *[Vorlegungsgesuch bei Vorlegung durch Dritte]*

Zur Begründung des nach § 428 zu stellenden Antrages hat der Beweisführer den Erfordernissen des § 424 Nr. 1 bis 3, 5 zu genügen und außerdem glaubhaft zu machen, daß die Urkunde sich in den Händen des Dritten befinde.

1 Der Beweisantritt zum Urkundenbeweis durch die im Besitz eines Dritten befindliche Urkunde erfolgt i Form des § 424 mit der Abweichung bzgl der dortigen Nr 4. Inhaltlich bedeutet der Beweisantritt das Gesuch um Gewährung der Schonfrist (§ 428 Rn 1) zur Durchführung des selbständigen Prozesses geg die Dritten als vorlegungspflichtigen Urkundenbesitzer. Für die vom Gericht hierauf zu treffenden Maßnahmen gilt das zu § 425 Rn 1 Gesagte entsprechend. Jedoch tritt hier an die Stelle des Beweisbeschlusses die Fristsetzung gem § 431.

2 **Glaubhaftmachung:** § 294. Glaubhaft zu machen ist nicht nur der Besitz des Dritten, sondern „außerdem“ die Existenz einer Urkunde mit beweiserheblichem Inhalt sowie der gegenwärtige

Anspruch des Beweisführers gegen den Besitzer auf Vorlage. Das Bemühen, nach dem Verbleib der Urkunde zu forschen oder die Voraussetzungen eines Vorlageanspruchs erst zu schaffen, genügt keinesfalls.

431 *[Frist für Vorlegung durch Dritte]*

(1) Ist die Tatsache, die durch die Urkunde bewiesen werden soll, erheblich und entspricht der Antrag den Vorschriften des vorstehenden Paragraphen, so hat das Gericht eine Frist zur Vorlegung der Urkunde zu bestimmen. Die Frist kann ohne mündliche Verhandlung bestimmt werden.

(2) Der Gegner kann die Fortsetzung des Verfahrens vor dem Ablauf der Frist beantragen, wenn die Klage gegen den Dritten erledigt ist oder wenn der Beweisführer die Erhebung der Klage oder die Betreibung des Prozesses oder der Zwangsvollstreckung verzögert.

1) Voraussetzung der **Fristsetzung** ist der Antrag gem §§ 428, 430 u die Bejahung der Beweisbedürftigkeit u -erheblichkeit (Rn 9, 10 vor § 284). Die Frist ist eine richterliche iS der Rn 5 vor § 214, daher Abkürzung u Verlängerung gem § 224 II zulässig. § 431 ist lex specialis gegenüber § 356. Da die Fristsetzung (vorbehaltl Abs II) einen befrist Stillstand des Verfahrens zur Folge hat, hat der Gegner des Beweisführers analog § 252 (s dort Rn 1) **Beschwerde** gegen zu lange Frist oder Versagung der gem Abs II beantragten vorzeitigen Fortsetzung (bestr! wie hier StJSchL; Wieczorek; BLH Anm 1 B; aM ThP Anm 1 c). Gegen Verweigerung der Fristsetzung Beschwerde (§ 567) des Beweisführers. Das Beschwerdegericht hat die Zulässigkeit der Fristsetzung in formeller Hinsicht (§§ 430, 431) und die angemessene Dauer (ausreichend für Klage geg den herausgabepflichtigen Urkundenbesitzer) zu prüfen, nicht aber die Frage der Beweisbedürftigkeit u -erheblichkeit, die das Prozeßgericht selbständig zu beantworten hat. 1

2) Die Bestimmung der Frist erfolgt durch Beschluß ohne notw mündl Verhandlung. Nach Ablauf der Frist ist das Verf erst auf Antrag (§ 216) fortzusetzen. **Folgen der Versäumung;** § 356, falls ein vom Beweisführer behebbares Hindernis für die Beischaffung der Urkunde besteht; sonst auf Antrag Fristverlängerung unter der Voraussetzung des § 224 II; bei nicht behebbarem Hindernis gilt § 230 (vgl § 284 Rn 8, § 244 III StPO analog; § 356 Rn 1 und 7). **Fortsetzung vor Fristablauf** auf jederzeit mögl Antrag des Beweisführers (= Verzicht auf den Beweisantritt); auf Antrag des Gegners gem Abs II nur bei offensichtl Verschleppung. 2

432 *[Vorlegung durch öffentliche Behörden]*

(1) Befindet sich die Urkunde nach der Behauptung des Beweisführers in den Händen einer öffentlichen Behörde oder eines öffentlichen Beamten, so wird der Beweis durch den Antrag angetreten, die Behörde oder den Beamten um die Mitteilung der Urkunde zu ersuchen.

(2) Diese Vorschrift ist auf Urkunden, welche die Parteien nach den gesetzlichen Vorschriften ohne Mitwirkung des Gerichts zu beschaffen imstande sind, nicht anzuwenden.

(3) Verweigert die Behörde oder der Beamte die Mitteilung der Urkunde in Fällen, in denen eine Verpflichtung zur Vorlegung auf § 422 gestützt wird, so gelten die Vorschriften der §§ 428 bis 431.

1) Allgemeines: Für die Einführung von Beweisurkunden, die sich im Besitz einer Behörde (Begriff: § 273 Rn 8) oder eines Beamten in dessen dienstl Eigenschaft (nicht ausreichend Privatbesitz des Beamten) befinden, mögen es öffentliche (§§ 415, 417, 418) oder private sein, in den Prozeß, gibt es 4 Möglichkeiten: **a)** formlose Anregung, die Urkunde gemäß § 273 II 2 vorbereitend anzufordern, **b)** Vorlage vom Beweisführer zu beschaffender Ausfertigungen, Auszüge oder begl Abschriften öffentl Urkunden (§ 435) oder originaler Privatkunden, soweit die besitzende Behörde zur Erteilung bzw Herausgabe an den Beweisführer bereit ist, **c)** Antrag gem Abs I auf Vorlageersuchen des Gerichts an die Behörde (nur zulässig, soweit b) nicht durchführbar) und **d)** Antrag gem § 428 auf Fristsetzung (§ 431) zur (nötigenfalls klageweiser) Durchsetzung des Vorlageanspruchs (§ 422) durch den Beweisführer gegen die Behörde. 1

Alle diese Möglichkeiten setzen voraus, daß die Behörde oder der Beamte Dritter iS Rn 2 zu § 428 ist; anderenfalls (auch wenn das durch die Behörde oder den Beamten vertretene Gemeinwesen Partei ist) gelten nur §§ 420–426. Im Urkundenprozeß gilt § 432 nicht: § 595 III. Der Beweisantritt muß auch im Fall des § 432 substantiiert iS § 424 Nr 1–3 erfolgen, soweit das dem Beweisführer zumutbar ist. Es ist nicht Aufgabe des Gerichts, aus beigezogenen Akten das wesentliche selbst herauszusuchen (Teplitzky JuS 68, 72). 2

3 **2) Verfahren: a) Abs I** setzt voraus, daß keine Vorlegungspflicht nach § 429, 422 besteht (sonst Abs III), daß also nur e Amtshilfe der Behörde ggüber dem Gericht in Frage steht. Anordnung der Erholung von Urkunden, Akten (dazu Arnold NJW 1953, 1283), amtl Auskünften durch Beweisbeschluß (§ 358) oder nach § 273 II Nr 2. Geht das Gericht auf den Antrag nicht ein, so bedarf es keines Ablehnungsbeschlusses (Gründe in den Urteilsgründen mitzuteilen); gg e ausgesprochene Ablehnung kein Beschwerderecht (§ 355 II). Ersuchschreiben durch den Vorsitzenden (Einzelrichter). Ob die Behörde verpflichtet ist, dem Ersuchen des Gerichts z entsprechen, richtet sich nach öffentl Recht. Grundsätzl gegenseitige Beistandspflicht der Behörden Art 35 GG, bei landesrechtl Regelung: § 168 GVG; § 99 VwGO (Vorlagepflicht der Behörden) ist nur im Bereich des Untersuchungsgrundsatzes (§§ 606–687) entsprechend anwendbar (OVG Münster MDR 66, 83). Außerhalb der bei Beweisantritt einer Partei nicht maßgeblichen Amtshilfe und beim Fehlen der in Abs II gemeinten gesetzlichen Vorlageregeln (Rn 5) steht die Vorlage von Verwaltungsakten im pflichtgemäßen Ermessen der aktenführenden Behörde (BVerwG DÖV 68, 836 = MDR 69, 75). Geheimhaltung öffentl Urkunden und Behördenakten kann aus Gründen des öffentl Wohls (vgl § 96 StPO) oder mit Rücksicht auf berechtigte Interessen Dritter (zB Steuergeheimnis, § 30 AO oder Schutz des Persönlichkeitsrechts Dritter, BVerfG NJW 60, 555) gerechtfertigt sein. Zivilgericht kann selbst nicht darüber entscheiden, ob Ablehnung seines Ersuchens gerechtfertigt ist (kein Fall des § 159 GVG). Gericht auch daran gebunden, wenn Behörde ihre Urkunden (Akten) nur unter Beschränkungen der Einsicht und Verwertung zur Verfügung stellt; aus § 299 ergibt sich kein Recht der Parteien zur Einsicht in beigezogene Akten fremder Behörden (BGH NJW 1952, 305). Was hiernach den Parteien nicht zugänglich gemacht werden darf, kann bei der Entscheidung nicht verwertet werden. Gegen Ablehnung des gerichtl Ersuchens oder Beschränkungen b der Verwertung ggfalls Aufsichtsbeschwerde z vorgesetzten Behörde, uU verwaltungsgerichtl Klage des Beweisführers auf Vorlegung, falls ihm ein öffentlrechtl Anspruch darauf zusteht oder Behörde durch ihre Ablehnung ermessensmißbräuchl handelt (Fristsetzung des Gerichts nach § 356). Wegen der Einsicht in staatsanwaltschaftl Ermittlungs- u in Strafakten s Nr 182–189 der Richtlinien für das Strafverfahren.

4 Kommt die Behörde dem Ersuchen nach, so teilt Geschäftsstelle den Parteien den Eingang entspr § 362 II formlos mit; Vorlegung i der mündl Verhandlung oder nach § 434 bzw Verwertung i der schriftl Entscheidung.

5 **b) Abs II** trifft zB zu bei Ausfertigung von Urteilen, standesamtl, not u pfarramtl Urkunden, Grundbuch- u Handelsregisterauszüge, auf deren Erteilung der Beweisführer (Recht des Gegners genügt nicht) ein Recht hat. Wegen Patenterteilungsakten s RG 84, 142. Können sich die Parteien die Urkunden selbst beschaffen, erfolgt die Antretung des Beweises nach § 420.

6 **c) Abs III.** Auch hier Voraussetzung, daß Behörde bzw Beamter Dritter. Wird Vorlagepflicht nach §§ 422, 429 behauptet, dann Verf nach §§ 428 ff zwecks Klageerhebung durch den Beweisführer (RG JW 1898, 159), soweit Rechtsweg gegeben.

7 **3) Gebühren: a) des Gerichts:** Keine. – **b) des Anwalts:** Nicht zu verwechseln sind die Anordnung aus § 142 (Vorlegung von Urkunden usw zum Zwecke der Information) – sie ist durch die Prozeßgebühr des § 31 Abs 1 Nr 1 BRAGO gedeckt – und die Anordnung nach Bestreiten von Tatsachen und Berufung einer Partei auf den Inhalt der Urkunde. Im letzteren Falle fällt eine anwaltl Beweisgebühr an. Förmlicher Beweisbeschluß ist nicht erforderlich. So entsteht die anwaltl Beweisgebühr auch dann, wenn das Gericht nach Antritt des Beweises die bei ihm selbst befindlichen Akten heranzieht und den Inhalt, sei es auch nur zum Teil, bei der Entscheidung beweismäßig verwertet. S Gerold/Schmidt, BRAGO § 34 Rdnr 16 u Rdnr 8. S auch BVerfG Rpfleger 83, 258 m zust Anm Schemmerer = MDR 83, 552 = NJW 83, 1657. – Fehlt ein eindeutiger Hinweis in den Hauptakten, so können die Voraussetzungen des § 34 Abs 1 BRAGO durch eine dienstl Äußerung des Richters, die den Parteien zugestellt werden muß, nachgewiesen werden (Stuttgart JurBüro 82, 1034).

433 (weggefallen)

434 *[Vorlegung vor verordnetem Richter]*

Wenn die Urkunde bei der mündlichen Verhandlung wegen erheblicher Hindernisse nicht vorgelegt werden kann oder wenn es bedenklich erscheint, sie wegen ihrer Wichtigkeit und der Besorgnis ihres Verlustes oder ihrer Beschädigung vorzulegen, so kann das Prozeßgericht anordnen, daß sie vor einem seiner Mitglieder oder vor einem anderen Gericht vorgelegt werde.

1) Unter **Durchbrechung des Grundsatzes der Beweismittelbarkeit** (§ 355) darf das Gericht bei Urkunden, deren Verlust bei Versendung eine unzumutbare Gefahr darstellt, entweder selbst die Urkunde an Ort u Stelle einsehen (§ 219) oder gem § 434 einen verordneten Richter (§§ 361, 362) i Anspruch nehmen (vgl Rn 1 zu § 375). Vor dem verordneten Richter kein Anwaltszwang, § 78 III. 1

2) Anordnung durch Beweisbeschluß (§ 358) nach mündl Verh; nach § 360 auch ohne mündl Verh. Die Anordnung steht i Ermessen des Gerichts. Keine selbst Anfechtung § 355 II. Die Vorlegung der Urkunde vor dem beauftragten oder ersuchten Richter besteht nur in der Vorweisung der Urkunde: Der Richter wird daher, um dem ProzGericht eine genaue Kenntnis zu verschaffen e beglaubigte Abschrift oder Ablichtung der Urkunde oder der in Betracht kommenden Teile der Urkunde zu den Akten nehmen und seine Feststellungen über die Echtheit der ihm vorgelegten Urkunde zu Protokoll treffen (vgl § 439). Weiteres Verfahren §§ 362 II, 367, 370. 2

435 *[Gleichstellung öffentlicher Urkunden mit beglaubigten Abschriften]*

Eine öffentliche Urkunde kann in Urschrift oder in einer beglaubigten Abschrift, die hinsichtlich der Beglaubigung die Erfordernisse einer öffentlichen Urkunde an sich trägt, vorgelegt werden; das Gericht kann jedoch anordnen, daß der Beweisführer die Urschrift vorlege oder die Tatsachen angebe und glaubhaft mache, die ihn an der Vorlegung der Urschrift verhindern. Bleibt die Anordnung erfolglos, so entscheidet das Gericht nach freier Überzeugung, welche Beweiskraft der beglaubigten Abschrift beizulegen sei.

1) Privaturkunden (§ 416) sind beim Beweisantritt (§ 420) **im Original** vorzulegen, sofern nicht der Gegner durch Nichtbestreiten des Inhalts vorgelegter Abschriften (§ 138 III) den Beweis für die Echtheit und Existenz des Originals (§§ 439 ff) entbehrlich macht. Auch hier kann das Gericht aber Vorlage des Originals gem § 142 anordnen. Der Gegner hat das Recht zur Einsichtnahme auf die Geschäftsstelle (§§ 134, 142 II), daneben ein Recht auf Aushändigung von Abschriften gem §§ 131, 299. 1

2) Bei **öffentl Urkunden** (§§ 415, 417, 418) genügt – weil die Urschrift regelm in amtl Verwahrung ist – Vorlage **öffentl beglaubigter Abschriften,** falls nicht das Gericht Vorlage des Originals anordnet (BGH NJW 80, 147 = MDR 80, 299; Verfahren dann: § 432). Über den Begriff der begl Abschrift s Rn 8 zu § 170 sowie § 129 BGB. Beglaubigungsorgane sind: die Behörde, welche die betr öffentl Urkunde ausgestellt hat, der UrkBeamte der Geschäftsstelle (§ 299 I), der Notar (§ 42 BeurkG), jedoch (weil hier öffentliche Beglaubigung der öffentlichen Urkunde gefordert) nicht auch der Rechtsanwalt (zur Beglaubigungsbefugnis des RA im übrigen s § 170 Rn 10). Wie bei Privaturkunden (Rn 1) kann aber auch bei öffentl Urkunden das Nichtbestreiten die Beglaubigung vorgelegter Abschriften entbehrlich machen. Zur Urkundenvorlage im Urkundenprozeß s § 593 Rn 6 ff. 2

436 *[Verzicht auf vorgelegte Urkunde]*

Der Beweisführer kann nach der Vorlegung einer Urkunde nur mit Zustimmung des Gegners auf dieses Beweismittel verzichten.

Der Beweisantritt (§§ 282, 420) ist Prozeßhandlung, daher, sofern die Urkunde bereits gemäß § 420 vorgelegt wurde (Ankündigung der Vorlage ist frei widerruflich), grundsätzlich unwiderruflich (Rn 17 vor § 128). § 436 gestattet – ähnlich § 399 – Widerruf in Form des Verzichts nur mit Zustimmung des Gegners. Verzicht (Rn 2 zu § 399) und Zustimmung sind ihrerseits unwiderrufl Prozeßhandlungen und haben zur Folge, daß das Gericht die Urkunde trotz Kenntnis von deren Inhalt bei der Entscheidung nicht berücksichtigen darf. Wo das zu einem das mat Recht widersprechenden Ergebnis führen würde, ist Abhilfe durch Beweiserhebung von Amts wegen gem §§ 142, 144 (Beweisbeschluß §§ 358, 358 a nötig; keine Anordnung des Vorsitzenden! vgl § 273 Rn 7) möglich, falls nicht die Umstände ergeben (§§ 133, 157 BGB), daß mit dem beiders Verzicht auf die Beweisführung zugleich auf das in der Urkunde verbriefte mat Recht verzichtet wurde. Ob ein solcher Verzichtswille der Parteien besteht, hat das Gericht durch deren Befragung (§§ 139, 278 III) aufzuklären; nur wenn der Verzichtswille feststeht, wäre ein Beharren des Gerichts auf der Urkundenvorlage ein unzulässiger Übergriff auf den Beibringungsgrundsatz (Rn 1 vor § 284; Rn 10 vor § 128). 1

437 *[Echtheit inländischer öffentlicher Urkunden]*
(1) Urkunden, die nach Form und Inhalt als von einer öffentlichen Behörde oder von einer mit öffentlichem Glauben versehenen Person errichtet sich darstellen, haben die Vermutung der Echtheit für sich.

(2) Das Gericht kann, wenn es die Echtheit für zweifelhaft hält, auch von Amts wegen die Behörde oder die Person, von der die Urkunde errichtet sein soll, zu einer Erklärung über die Echtheit veranlassen.

1 **Inländische öffentl Urkunden** haben, sofern sie keine äußere Mängel aufweisen (§ 419) u wenn die in Rn 2 zu § 415 genannten Voraussetzungen erfüllt sind, die Vermutung dafür, daß der vom Beweisführer als Urheber der Urkunde Bezeichnete der Aussteller ist (= Echtheit). Daher hat der Gegner des Beweisführers die Beweislast für die behauptete Unechtheit (§ 292). Bei Zweifeln des Gerichts gilt Abs II. Über Klage auf Feststellung der Echtheit s § 256 Rn 6. Verfahren z Prüfung der Echtheit: §§ 441, 442, 286. Die Echtheit der Urkunde ist Voraussetzung der Beweiskraft (Rn 6 vor § 415). Jedoch erstreckt sich die Echtheitsvermutung des § 437 nicht auch auf den Inhalt der Urkunde; insoweit gelten §§ 415, 417, 418.

438 *[Echtheit ausländischer öffentlicher Urkunden]*
(1) Ob eine Urkunde, die als von einer ausländischen Behörde oder von einer mit öffentlichem Glauben versehenen Person des Auslandes errichtet sich darstellt, ohne näheren Beweis als echt anzusehen sei, hat das Gericht nach den Umständen des Falles zu ermessen.

(2) Zum Beweis der Echtheit einer solchen Urkunde genügt die Legalisation durch einen Konsul oder Gesandten des Bundes.

Lit: *Luther,* Beglaubigung u Legalisation im zwischenstaatlichen Rechtsverkehr, MDR 86, 10.

1 1) Für die Echtheit **ausländ öffentl Urkunden** (das sind von ausländ Amtspersonen ausgestellte Urkunden, auch wenn Ausstellung im Inland erfolgte) spricht keine gesetzl Vermutung (vgl § 437), solange sie nicht legalisiert sind. Die Legalisation (= Bestätigung der Echtheit; Luther MDR 86, 10; Wagner DNotZ 75, 581; Bülow DNotZ 55, 9) erfolgt durch den dtsch Konsul oder Gesandten, in dessen Bezirk die ausländ Urkunde errichtet wurde (§ 13 KonsG v 11. 9. 74, BGBl I 3714). Wegen ausländ Notar s NJW 55, 1177. Vielfach ist in Staatsverträgen über den Rechtshilfeverkehr (Rn 20–26 zu § 199) die Legalisation als entbehrlich vereinbart; so durch das Europ Übereinkommen v 7. 6. 1968, dem die BRD seit 19. 9. 1971 beigetreten ist (hierzu Arnold NJW 71, 2109), u durch das Haager Übereinkommen v 5. 10. 1961 (BGBl 1965 II 875; 1972 II 391; gültig i Verhältn zu Belgien, Frankreich, Großbritannien, Japan, Jugoslawien, Liechtenstein, Malawi, Malta, Niederlande, Österreich, Portugal, Schweiz, Schweden, Ungarn und Zypern; hierzu Blumenwitz DNotZ 68, 728; Ferid RabelsZ 27, 413; BayJME v 2. 8. 1973, MittBayNot 73, 412–423 in der Fassung v 28. 1. 1981, BayJMBl 1981 S 21–30). Wo Legalisation entbehrlich, gilt § 437 entsprechend. Im übrigen „genügt" (Abs II) die Legalisation für den Beweis der Echtheit; auch ohne Legalisation kann daher (§ 286) eine ausl öffentl Urkunde als echt angesehen werden. Auf Bestreiten oder Zugestehen der Echtheit kommt es hierbei (anders § 439) nicht an.

2 2) Wo die ausl öffentl Urkunde als echt angesehen wird, entspricht ihre **Beweiskraft** (Rn 1, 5 vor § 415) derj einer dtsch öffentl Urkunde (§§ 415, 417, 418; RG JW 27, 1096).

3 3) Wegen **Übersetzung** ausländ Urkunden s § 142 III und VO v 21. 11. 1942 (RGBl I 609). Wegen der Vertragspartner internat Übereinkommen über Entbehrlichkeit der Legalisation s Luther MDR 86, 10 und die Sammlung Bülow-Arnold, Internat Rechtsverkehr.

439 *[Erklärung über Echtheit einer Privaturkunde]*
(1) Über die Echtheit einer Privaturkunde hat sich der Gegner des Beweisführers nach der Vorschrift des § 138 zu erklären.

(2) Befindet sich unter der Urkunde eine Namensunterschrift, so ist die Erklärung auf die Echtheit der Unterschrift zu richten.

(3) Wird die Erklärung nicht abgegeben, so ist die Urkunde als anerkannt anzusehen, wenn nicht die Absicht, die Echtheit bestreiten zu wollen, aus den übrigen Erklärungen der Partei hervorgeht.

Privaturkunden (§ 416; s auch Rn 1 zu § 435) haben anders als öffentl Urkunden (§ 437) keine Vermutung der Echtheit. Die Vorlage der Urkunde (§ 420) beinhaltet daher die Parteibehauptung ihrer Echtheit. Der Gegner hat die Last der Behauptung der Unechtheit. 1

Nichtbestreiten (Rn 9 zu § 138) gilt als Geständnis mit der Wirkung gem §§ 440 II, 416, 288. Wegen Nachholung des Bestreitens i der Berufungsinstanz s § 528 II (RG 97, 164). Sonderregelung des Nichtbestreitens im amtsgerichtl Verf (§ 510) u im Ehe-, Kindschafts- und Entmündigungsverfahren (Rn 9 zu § 138). Nur bei ausdrückl Anerkennung der Echtheit der Urkunde gilt § 290, denn das Bestreiten iS § 439 III kann (vorbehaltlich § 296) bis zum Schluß der letzt mündl Verh erfolgen. Bei verspäteter Erklärung des Gegners gelten §§ 282, 296. Jedoch darf der Gegner die Echtheit der Urkunde im Nachverfahren (§ 600) noch bestreiten, wenn er im Urkundenverfahren (§ 592) hierzu geschwiegen hatte (BGHZ 82, 115 = NJW 82, 183 = MDR 82, 209). 2

Zur Zwischenfeststellungsklage bzgl Echtheit einer Urkunde s § 256 Rn 6, 21–29.

440 *[Beweis der Echtheit einer Privaturkunde]*

(1) Die Echtheit einer nicht anerkannten Privaturkunde ist zu beweisen.

(2) Steht die Echtheit der Namensunterschrift fest oder ist das unter einer Urkunde befindliche Handzeichen notariell beglaubigt, so hat die über der Unterschrift oder dem Handzeichen stehende Schrift die Vermutung der Echtheit für sich.

1) Die **Beweiskraft der Privaturkunde** (§ 416) setzt Unversehrtheit des Papiers (§ 419), Echtheit der Unterschrift und Echtheit des Textes voraus. Im Gegensatz zu öffentl Urkunden haben Privaturkunden keine (v Gegner zu widerlegende, § 292) Vermutung der Echtheit (§ 437) ihres gesamten Inhalts. Lediglich der über der Unterschrift stehende Text wird als echt und dem Willen des Ausstellers entsprechend vermutet, wenn die Echtheit der Unterschrift (infolge Nichtbestreitens iS § 439, öffentl Beglaubigung iS § 129 BGB oder sonstigen Beweises) feststeht (BayOblG Rpfleger 85, 106). Wegen der Beweiskraft von Blankounterschriften, nachträgl Einschaltungen sowie von Unterschriften bei bewußter oder unbewußter Unkenntnis vom Urkundeninhalt s Rn 1 u 4 zu § 416, Rn 1 zu § 419. 1

2) **Beweislast: a) Der Beweisführer** hat zunächst nur die Echtheit der Unterschrift unter der vorgelegten Privaturkunde zu beweisen. Eine dahin gehende Beweisführung ist entbehrlich, wenn die Echtheit der Unterschrift unstreitig oder nur unsubstantiiert (RGZ 72, 292) bestritten ist. Der Beweis für die Echtheit der Unterschrift ist ggf vom Beweisführer durch Zeugenbenennung des Ausstellers oder gemäß §§ 441, 442 anzutreten. 2

b) Der Beweisgegner trägt, wenn die Echtheit der Unterschrift feststeht (§ 286), die Last des Gegenbeweises gegen die gesetzlich vermutete (§ 292) Übereinstimmung des Urkundentextes mit dem Willen des Ausstellers. Er hat also, soweit ihm nicht bereits Urkundenmängel iS des § 419 die Beweislast abnehmen, behauptete Inhaltsmängel der Urkunde zu beweisen, zB den Ausstellerwillen in Frage stellende Begebungsmängel, Willensmängel iS der §§ 104 ff BGB, Urkundenfälschung, Blankettmißbrauch (BGH NJW 86, 3086; Hamm WPM 84, 829); näher § 416 Rn 4. 3

441 *[Schriftvergleichung]*

(1) Der Beweis der Echtheit oder Unechtheit einer Urkunde kann auch durch Schriftvergleichung geführt werden.

(2) In diesem Falle hat der Beweisführer zur Vergleichung geeignete Schriften vorzulegen oder ihre Mitteilung nach der Vorschrift des § 432 zu beantragen und erforderlichenfalls den Beweis ihrer Echtheit anzutreten.

(3) Befinden sich zur Vergleichung geeignete Schriften in den Händen des Gegners, so ist dieser auf Antrag des Beweisführers zur Vorlegung verpflichtet. Die Vorschriften der §§ 421 bis 426 gelten entsprechend. Kommt der Gegner der Anordnung, die zur Vergleichung geeigneten Schriften vorzulegen, nicht nach oder gelangt das Gericht im Falle des § 426 zu der Überzeugung, daß der Gegner nach dem Verbleib der Schriften nicht sorgfältig geforscht habe, so kann die Urkunde als echt angesehen werden.

(4) Macht der Beweisführer glaubhaft, daß in den Händen eines Dritten geeignete Vergleichungsschriften sich befinden, deren Vorlegung er im Wege der Klage zu erwirken imstande sei, so gelten die Vorschriften des § 431 entsprechend.

1 **1)** Die **Schriftvergleichung** ist neben allen anderen ebenfalls zulässigen Beweismitteln (Rn 6 vor § 284) der bessere Beweis für die Echtheit einer Urkunde. Vergleicht das Gericht selbst, liegt Beweis durch Augenschein (§ 371) vor, anderenfalls Beweis durch (Schrift-) Sachverständige (§ 402). Über die Beweislast s Rn 2, 3 zu § 440.

2 **2) Beweisverfahren:** Gem Abs II untersteht der Beweis durch Schriftvergleichung ausschließl der Parteiherrschaft (Rn 2 vor § 284), auch wo Sachverständige zugezogen werden; §§ 144, 372 sind für die Beischaffung von Vergleichsurkunden nicht anwendbar. Das schließt aber die Verwertung bereits i den Akten oder Beiakten befindl Urkunden nicht aus, auch wenn keine Partei hierauf Bezug nimmt. Die Verwertung derartiger Vergleichsurkunden erfordert jedoch deren Bekanntgabe (rechtl Gehör, RG JW 16, 964; 32, 944).

3 Der Aussteller e Privaturkunde kann nicht angehalten werden, zur Herstellung e Vergleichungsschrift eigenhändig etwas zu schreiben. Wird aber eine Schriftprobe vom Gegner ohne hinreichenden Grund verweigert, so wird das Gericht dieses Verhalten nach § 446 (nicht nach § 444) frei würdigen.

442 *[Würdigung der Schriftvergleichung]*

Über das Ergebnis der Schriftvergleichung hat das Gericht nach freier Überzeugung, geeignetenfalls nach Anhörung von Sachverständigen, zu entscheiden.

1 Freie Beweiswürdigung gem § 286 (BGH NJW 82, 2874 = MDR 83, 35). Die Zuziehung von Schriftsachverständigen steht (obwohl meistens zweckmäßig) im Ermessen des Gerichts, gleichgültig ob sie beantragt war oder nicht. Die Parteien haben ein Recht auf Anwesenheit, § 357, auch wenn die Vergleichung ausnahmsweise (§ 434) vor einem verordneten Richter erfolgt. Schriftl Gutachten des SV (§ 411) zulässig. München NJW 70, 1925 erachtet Echtheitsbeweis durch SV-Gutachten für überzeugend, obwohl „Aussteller" unter Eid die Unechtheit der Unterschrift behauptet hatte. Zur Würdigung solcher Vergleichsgutachten BGH aaO und MDR 82, 862; Langenbruch JR 50, 212; Deitigsmann JZ 53, 494.

443 *[Verwahrung verdächtiger Urkunden]*

Urkunden, deren Echtheit bestritten ist oder deren Inhalt verändert sein soll, werden bis zur Erledigung des Rechtsstreits auf der Geschäftsstelle verwahrt, sofern nicht ihre Auslieferung an eine andere Behörde im Interesse der öffentlichen Ordnung erforderlich ist.

1 Die von den Parteien vorgelegten Urkunden werden nicht Bestandteil der Gerichtsakten, auch dann nicht, wenn sie zum Zweck der Verwahrung zu den Akten genommen werden. Vgl auch § 952 BGB. Die Rückgabe der niedergelegten Urkunde bildet keinen Bestandteil des Verfahrens der Parteien vor dem Gericht. Etwaige Auslagen hat mit Erledigung des Antrages der Antragsteller zu zahlen. Die Rückgabe an sich gehört zwar zu den selbständigen Obliegenheiten der GeschSt; diese hat aber doch stets die Einwilligung des Richters einzuholen, weil dieser über die Zeitdauer der Zurückbehaltung der Urkunde zu befinden hat. Vgl §§ 142, 299. Nach Erledigung des Proz sind auch die zurückbehaltenen Urkunden dem Beweisführer zurückzugeben, sofern nicht die öffentl Ordnung die Auslieferung der Urkunde an eine Behörde erforderlich macht (zB an die Staatsanwaltschaft bei Verdacht der Fälschung; dann auch Aussetzung gem § 149 zulässig).

444 *[Beweis bei beseitigten Urkunden]*

Ist eine Urkunde von einer Partei in der Absicht, ihre Benutzung dem Gegner zu entziehen, beseitigt oder zur Benutzung untauglich gemacht, so können die Behauptungen des Gegners über die Beschaffenheit und den Inhalt der Urkunde als bewiesen angesehen werden.

1 **1) Grundsatz:** § 444 ist (ebenso wie § 427) ein Anwendungsfall des jegliche Beweisaufnahme (auch Zeugen-, SachverstBeweis, Augenschein, Parteivernehmung) beherrschenden Grundsatzes, daß auch das prozessuale Verhalten einer Partei Gegenstand der Beweiswürdigung sein kann (Rn 14 zu § 286). Vereitelt oder erschwert eine Partei der anderen arglistig die Benützung eines Beweismittels, so kann das Gericht hieraus in freier Beweiswürdigung auf die Wahrheit des gegn Vorbringens schließen (BGH NJW 63, 389/90; 52, 867; LM § 282 Nr 2; RG 128, 125; zur

Beweisvereitelung: München OLGZ 77, 79; Peters ZZP 82, 200; E. Schneider MDR 69, 4; Gerhardt AcP 169, 289 u ZZP 86, 63). UU kann bereits Fahrlässigkeit hierfür genügen (BSG NJW 73, 535; Ordemann NJW 62, 1902). Dabei muß eine Partei sich das Verschulden eines Dritten anrechnen lassen, der auf ihre Anordnung oder mit ihrem Einverständnis tätig geworden ist, sei es während des oder vor dem Prozeß (RG 101, 198). Eine „Umkehrung der Beweislast" tritt hierdurch nicht ein, lediglich eine der vereitelnden Partei nachteilige Beweiswürdigung des gegnerischen Vorbringens (Rn 21 vor § 284).

2) Vereitelung des Urkundenbeweises liegt insbes vor, wenn der gem §§ 422, 423 zur Vorlage 2
verpflichtete Gegner die Vorlage oder Verwendung der Urkunde unmöglich macht. Auf Eigentum an der Urkunde (zB § 952 BGB), sachl Verfügungsmacht, Rechtswidrigkeit oder Strafbarkeit (§§ 133, 274 StGB) kommt es nicht an, s auch § 427.

Wegen der Ersetzung zerstörter oder abhanden gekommener Urkunden s VO v 18. 6. 1942, 3
RGBl I 395, u § 6 ZustErgG v 7. 2. 1952, BGBl I 407 (s aber Rn 7 vor § 415!).

Zehnter Titel

BEWEIS DURCH PARTEIVERNEHMUNG

Lit: *Krönig,* Die Bedeutung der Beweislast für Parteivernehmung u -vereidigung, MDR 49, 735; s i übr die Nachweise vor Rn 1 vor § 284.

1) Neben der **Parteivernehmung als Beweismittel** (§§ 445–455, 287, 426, 595 II, 613, 640) kennt 1
die ZPO die **Anhörung einer Partei zur Aufklärung** des Sachvortrags (§§ 118, 141); letztere ist keine Beweiserhebung i techn Sinn, weil sie nicht dem Beweis streitiger Tatsachen dient, sondern der bloßen Information des Gerichts über den (nicht notw streitigen) proz Sachverhalt (Rn 1 zu § 141). Nur die Parteivernehmung iS §§ 445 ff löst die Beweisgebühr aus (jedoch auch, wenn sie verfahrenswidrig i der Form des § 141 erfolgte, München NJW 65, 2112; aM Stuttgart MDR 86, 860). Wegen der besonderen Zulässigkeitsvoraussetzungen der Parteivernehmung (Rn 5 ff) ist darauf zu achten, daß die stets zulässige (§ 139) informative Befragung einer Partei nicht in eine Parteivernehmung ausartet, wo deren Voraussetzungen fehlen, RG 149, 63; BAG NJW 63, 2340.

2) Als Partei kann vernommen werden, wer zur Zeit seiner Einvernahme (BGH MDR 65, 287) 2
selbst Kläger oder Beklagter und prozeßfähig ist, ebenso das Vertretungsorgan der prozeßunfähigen Partei. Daher ist der minderjährige oder sonst geschäftsunfähige Kläger oder Bekl – sofern nicht die Ausnahme des § 455 II vorliegt – als Zeuge, der gesetzl Vertreter u ebenso das Vertretungsorgan der jur Person als Partei zu vernehmen. Wegen der Abgrenzung zwischen Partei u Zeuge im Einzelfall s Rn 5, 6 zu § 373.

3) Welche Partei ist zu vernehmen? a) der Gegner des Beweisführers auf Antrag des letzte- 3
ren, wenn andere Beweismittel erschöpft oder nicht verfügbar sind, § 445; **b) die beweispflichtige Partei** selbst auf deren Antrag, sofern der Gegner zustimmt, § 447; **c) jede Partei** ohne Rücksicht auf die Beweislast bei Anordnung von Amts wegen gem § 448. Bei Streitgenossenschaft s § 449.

4) Verfahrensgrundsätze: a) Es gelten die **allg Grundsätze der Beweisaufnahme** für Beweis- 4
antritt, Beweisthema, Beweisanordnung, Beweislast, wie in Rn 3 ff vor § 284 ausgeführt, soweit nicht die nachfolgenden Sonderregeln eingreifen:

b) Subsidiarität der Parteivernehmung (§§ 445, 450 II): Die Parteivernehmung ist erst nach 5
Ausschöpfung aller sonstigen Erkenntnisquellen zulässig, denn die Partei soll der Last der Aussage u evtl Beeidigung u dem hiermit verbundenen Interessenkonflikt nur im Notfall ausgesetzt werden (Lent ZZP 52 [1927], 14); vgl den gleichen Zweck der Vorschrift des § 383 I Nr 1–3. – Zum Begriff der Subsidiarität s § 445 Rn 1 und 3.

c) Keine Aussagepflicht der Partei aus den in b) genannten Gründen; lediglich eine Aussage- 6
last in Form nachteiliger Beweiswürdigung der Weigerung, §§ 446, 453, 454.

d) Unzulässig ist die Parteivernehmung im Verfahren der Prozeßkostenhilfe (nur informative 7
Anhörung § 118), zum Beweis des Gegenteils bereits erwiesener Tatsachen, zB zur Entkräftung gesetzl Beweisregeln (§ 445 II; BGH MDR 65, 818; vgl Rn 11 vor § 284). Beschränkt zulässig ist die Partei-Vernehmung im Urkundenprozeß § 595 II, im Entmündigungsverfahren § 670 II und im Wiederaufnahmeverfahren gem § 581; im letzteren Fall ist nur die Vernehmung von Amts wegen zulässig (§ 448; BGH 30, 60 = NJW 59, 1369).

8 e) **Auf Antrag** ist die Parteivernehmung gem §§ 445, 447, **von Amts wegen** i den Fällen der §§ 287, 448, 613, 640 zulässig.

9 **f)** Über die **Beteiligtenvernehmung im Verwaltungsrechtsstreit** s Kretschmer NJW 65, 383; im **Verf der freiw Gerichtsbarkeit** s §§ 12, 15 II FGG, BayObLG NJW 60, 2287; im **Konkursverfahren** s LG Nbg-Fürth NJW 61, 834; im **Verfahren der einstw Verfügung** s Düsseldorf MDR 60, 850.

10 **g)** Über die **Geständniswirkung der Parteiaussage,** selbst bei Widerspruch zum Vorbringen des Rechtsanwalts s Rn 5 zu § 288. Entgegen BGH 8, 235 – NJW 53, 621 legt die wohl herrsch Meinung (StJSchL II 3 vor § 445; R-Schwab § 125 I 3; Lent NJW 53, 621) der bestätigenden Parteiaussage keine Geständniswirkung iS §§ 288–290 bei. Die Beweiswürdigung (§ 286) wird idR aber zu dem gleichen Ergebnis führen (§ 445 Rn 1).

445 *[Antrag auf Vernehmung des Gegners]*

(1) Eine Partei, die den ihr obliegenden Beweis mit anderen Beweismitteln nicht vollständig geführt oder andere Beweismittel nicht vorgebracht hat, kann den Beweis dadurch antreten, daß sie beantragt, den Gegner über die zu beweisenden Tatsachen zu vernehmen.

(2) Der Antrag ist nicht zu berücksichtigen, wenn er Tatsachen betrifft, deren Gegenteil das Gericht für erwiesen erachtet.

1 **1) Die Parteivernehmung ist,** sofern sie unter Berücksichtigung der bes Verfahrensvorschriften durchgeführt wird, ein **vollwertiges Beweismittel,** welches in gleicher Weise wie die übrigen Beweismittel der richterl Beweiswürdigung (§ 286) dient; vgl § 453 I. Wo die Partei eine Behauptung des beweispflichtigen Gegners bestätigt, hat das höheren Beweiswert als alle sonstigen Beweismittel, nach BGH 8, 235 = NJW 53, 621 sogar – selbst bei Widerspruch zum anwaltschaftl Sachvortrag – Geständniswirkung iS §§ 288, 290 (zur herrschenden Gegenmeinung s Rn 10 vor § 445). Der Qualifizierung der Parteivernehmung als Beweismittel geringeren Grades (so BLH § 453 Anm 1 B) können wir daher nicht folgen. Die Besonderheit des Beweismittels besteht ledigl in seiner beschränkten Anwendbarkeit.

2 **2) Zulässigkeit des Beweisantrages: a)** Nur die **beweisbelastete Partei hat Anspruch auf Vernehmung des Gegners,** also nur die Partei, welche die formelle Beweislast (Rn 18 vor § 284) für ihr Vorbringen trägt. Der Antrag des Gegners auf Einvernahme der beweisbelasteten Partei wäre, solange diese „den ihr obliegenden Beweis" nicht geführt hat, als vorweggenommener Gegenbeweis unbeachtlich, wie überhaupt die Parteivernehmung als Mittel des Gegenbeweises unzulässig ist (Abs II). Wird verfahrenswidrig die beweisbelastete Partei vernommen, so hat ihre – selbst beeidigte – Aussage keinen Beweiswert, es sei denn, der Gegner der beweisbelasteten Partei stimmt nach Belehrung (§ 278 III) über die Beweislast der Verwertung ausdrücklich zu: § 447. Jedoch stellt ein vorweggenommener Antritt des Gegenbeweises auf Vernehmung des beweisbelasteten Gegners noch keine Zustimmung iS des § 447 dar (Born JZ 81, 775). Die Frage der Beweislast hat hier erhöhte Bedeutung (hierzu Krönig MDR 49, 735). Die beweisbelastete Partei selbst darf ohne Risiko des Rechtsnachteils iS §§ 446, 453 II die Aussage verweigern.

3 **b) Grundsatz der Subsidiarität:** Die Parteivernehmung setzt voraus, daß zunächst alle anderen Möglichkeiten des Beweises ausgeschöpft wurden, daß also entweder andere Beweismittel nicht zur Verfügung stehen oder keinen Beweis erbracht haben (BGH 33, 66 = NJW 60, 1950). Das Gesetz nimmt hier Rücksicht auf den Interessenkonflikt der zur Vernehmung aufgeforderten Partei (s Rn 5 vor § 445), wie auch sonst eine Beweisführung wegen Unzumutbarkeit unzulässig sein kann (BGH 8, 241; 23, 291; 28, 254 = NJW 53, 584; 57, 746; 59, 34; 71, 241). In diesem Schutzzweck erschöpft sich aber der Grundsatz der Subsidiarität. Deshalb ist nach erfolgter Parteieinvernahme weiterer (nachträgl) Beweis zulässig; ebenso setzt die Parteivernehmung auch keinen vorherigen sonstigen Beweis oder auch nur Glaubhaftmachung oder Wahrscheinlichkeit der unter Beweis gestellten Behauptung voraus (BGH 33, 66).

4 **c) Unzulässig ist die Parteivernehmung** (Abs II) als Mittel des Gegenbeweises, wo also das Gegenteil bereits anderweitig erwiesen ist, sei es infolge Offenkundigkeit (§ 291), Würdigung anderer Beweise (§ 286) oder gesetzlicher Beweisregeln (Rn 7 vor § 445). Grund: Keiner Partei ist es zumutbar, trotz des Erfolges der eigenen Beweisführung bzw Mißerfolges der gegnerischen Beweisführung, dieses ihr günstige Prozeßergebnis durch eine eigene Aussage in Frage zu stellen. Dagegen hindern lediglich gesetzl Vermutungen (§ 292), bloße Wahrscheinlichkeit des Gegenteils oder bloßer Indizienbeweis (Rn 9 a zu § 286) die Parteivernehmung nicht (BGH 33, 65). Wegen der beschränkt Zulässigkeit gem §§ 595 II u 581 s Rn 7 vor § 445. – Zulässigkeit der Parteivernehmung setzt somit eine abschließende Würdigung der bisherigen Beweisaufnahme voraus.

3) Verfahren: Der Beweisantritt erfolgt durch Antrag auf Vernehmung des Gegners über vom 5
Beweisführer substantiiert zu behauptende Tatsachen. Der Antrag kann entspr § 399 zurückgenommen u (vorbehaltl §§ 282, 296) wiederholt werden (BAG NJW 74, 1349). Die (vom Gericht zwingend zu beachtende) Abgrenzung des Beweisthemas (§ 359 Nr 1) ist hier besonders wichtig, um das Beweisrisiko der gegnerischen Aussage nicht gegen den Willen des Beweisführers zu vergrößern; die Aussage des Gegners ist unbeschränkt verwertbar (§ 286), auch soweit sie das Gegenteil des v Beweisführer Behaupteten ergibt (Grundsatz der Einheitlichkeit der Beweiswürdigung, § 286 Rn 2; Stuttgart VersR 58, 649). Wird gleichzeitig anderer (zB Zeugen-) Beweis angeboten, so ist die Anordnung (§ 358) der Parteivernehmung unzulässig (Rn 3). Ausnahme: Neben dem Antrag auf Parteivernehmung ist der Antrag auf urkundl Verwertung einer Parteiaussage i einem anderen Prozeß unbeachtlich (LM § 445 Nr 3), es sei denn, der Antrag betrifft Tatsachen, deren Gegenteil das Gericht durch andere Beweismittel als die frühere Aussage für erwiesen erachtet (BGH FamRZ 66, 566). Der Beweisführer müßte den Antrag auf Vernehmung des Gegners nach Erhebung der anderen Beweise wiederholen (RG 154, 229); stillschweigende Bezugnahme (Rn 3 zu § 137) würde hier nicht genügen. Namentl Bezeichnung des Gegners ist nicht erforderlich; bei Streitgenossen hat das Gericht die Wahl (§ 449). Bei jur Personen oder Geschäftsunfähigen hat das Gericht den ges Vertreter (§ 455) vorzuladen. Bei Zweifeln an der Partei- oder Zeugeneigenschaft eines Vertreters darf dessen Aussage verwertet werden, obwohl diese Zweifel nicht ausgeräumt sind (LM § 373 Nr 3). Trotz verfahrenswidriger Einvernahme der beweispflichtigen Partei auf Antrag des Gegners (Rn 2) ist hierdurch niemand beschwert. Bei Zurückweisung des Antrags (ausreichend i den Urteilsgründen) wegen Abs II muß das Urteil erkennen lassen, worauf die Überzeugung vom Gegenteil beruht, sonst revisibler Verfahrensfehler. Vernehmung ohne förml Beweisbeschluß ist verzichtbarer Verfahrensfehler (§ 450 Rn 1); Protokollierung gem § 160 III 4. Die Art der Protokollierung entscheidet bei Zweifeln, ob die Partei zu Beweiszwecken gem § 445 oder nur informativ gem § 141 gehört wurde (BAG NJW 63, 2340); über den Unterschied beider Arten der Parteibefragung s Rn 1 vor § 445 und Rn 1 zu § 141.

4) Gebühren: a) Für das Gericht: Keine. – **b) Für den Anwalt:** Im Gegensatz zu der rein informatorischen Befragung 6
gemäß § 141 löst die Parteivernehmung für den RA ohne weiteres – wenn durch Beweisbeschluß angeordnet u der RA dabei irgendwie tätig geworden – die 10/10 Beweisgebühr aus, gleichviel ob die Parteivernehmung zulässig war, aber auch selbst ohne förmlichen Beweisbeschluß, wenn sie – der beweismäßigen Klärung dienend – in der Form des § 141 erfolgte (München NJW 65, 2112; Frankfurt NJW 63, 664; vgl BFH BB 76, 1445; aM Hamburg MDR 74, 765). S auch Hartmann, KostGes BRAGO § 31 Anm 7 B sowie unten § 450 Rn 5.

446 *[Freie Beweiswürdigung bei Widerstand des Gegners]*

Lehnt der Gegner ab, sich vernehmen zu lassen, oder gibt er auf Verlangen des Gerichts keine Erklärung ab, so hat das Gericht unter Berücksichtigung der gesamten Sachlage, insbesondere der für die Weigerung vorgebrachten Gründe, nach freier Überzeugung zu entscheiden, ob es die behauptete Tatsache als erwiesen ansehen will.

1) § 446 ist – ähnlich wie § 444 – ein Anwendungsfall des Grundsatzes, daß auch das prozessu- 1
ale Verhalten einer Partei Gegenstand der Beweiswürdigung sein kann (Rn 14 zu § 286 und Rn 1 zu § 444). **Beweiswürdigung zum Nachteil der sich weigernden Partei** setzt Zulässigkeit der Anordnung ihrer Vernehmung voraus (Rn 2–4 zu § 445). Andererseits muß aus der Weigerung nicht notwendig Nachteiliges für die Partei gefolgert werden, denn die Weigerung kann achtenswerte Motive haben, zB Drohung Dritter, Besorgnis außerproz Nachteile, Scham, vgl § 384. Nur unmotivierte Weigerung rechtfertigt nachteilige Schlüsse; unmotiviert idS ist auch die Erklärung, nichts zu wissen, wenn der Gegner darlegt, worauf das Wissen der Partei beruhen kann. Anders bei erkennbarer Ausforschung (Rn 5 vor § 284). Im übrigen erfordert der Beweisantritt aber keine Glaubhaftmachung des Wissens der zu vernehmenden Partei (BGH 33, 63 = MDR 60, 830).

2) Verfahren: Weigerung ausdrücklich oder durch Unterlassen. Die Weigerung ist zu protokol- 2
lieren, §§ 160 II u IV, 510 a. Spätere Bereitwilligkeit z Aussage ist trotzdem zu berücksichtigen, sofern nicht Verschleppungsabsicht anzunehmen (§§ 282, 296); wegen Nachholung der Aussage in 2. Instanz s § 533.

447 *[Vernehmung der beweispflichtigen Partei]*
Das Gericht kann über eine streitige Tatsache auch die beweispflichtige Partei vernehmen, wenn eine Partei es beantragt und die andere damit einverstanden ist.

1 **1)** Abweichend von § 445 (dort Rn 2) ist die **Vernehmung der beweispflichtigen Partei** über deren eigene Behauptung zulässig, wenn beide Parteien das übereinstimmend wünschen. In der Einwilligung des Gegners der beweisbelasteten Partei liegt, soweit kein anderer Beweis verfügbar, Zustimmung zu dem (grundsätzlich unzulässigen, Rn 10 vor § 284) vorweggenommenen Gegenbeweis, also Verzicht auf die Regel des § 445 II. Das Gericht „kann" (= freies Ermessen) die Vernehmung anordnen. Sinnvoll ist eine solche Vernehmung nur, wenn in Ermangelung sonstiger Beweismittel – die vorweg ausgeschöpft werden müssen – Beeidigung der beweispflichtigen Partei (§ 452) beabsichtigt ist. Wegen der besonderen Bedeutung der genauen Abgrenzung des Beweisthemas i diesem Verfahren s § 445 Rn 5.

2 **2) Einverständnis des Gegners** ist unwiderrufliche (Hamburg MDR 64, 414) und notwendig ausdrückliche (Antrag gemäß § 445 in Verkennung der Beweislast genügt nicht; Born JZ 81, 775) Prozeßhandlung (StJSchL Anm I 2 halten analog § 399 übereinstimmenden Widerruf für zulässig, solange Gegner noch nicht vernommen). Bei unzulässigem Widerruf gilt § 446 entsprechend. Deshalb und wegen des hiermit verbundenen Verzichts des Gegners auf den Vorteil der Beweisfälligkeit der zu vernehmenden Partei (Rn 18 vor § 284) äußerst gefährlich. Daher regelmäßig Belehrung über die Verteilung der Beweislast (§§ 139, 278 III) und sodann ausdrückliche Einverständniserklärung, Protokollierung und Verlesung (§§ 160 III 3, 510 a, 162) nötig. – Das Einverständnis gilt für die ganze Instanz, ist aber mit einmaliger Vernehmung der Partei verbraucht.

3 **3) Bei fehlendem Einverständnis** ist Antrag als Anregung zu § 448 zu werten. Liegt Einverständnis vor, gelten die allg Vorschriften, also auch §§ 446, 453.

448 *[Anordnung von Parteivernehmung von Amts wegen]*
Auch ohne Antrag einer Partei und ohne Rücksicht auf die Beweislast kann das Gericht, wenn das Ergebnis der Verhandlungen und einer etwaigen Beweisaufnahme nicht ausreicht, um seine Überzeugung von der Wahrheit oder Unwahrheit einer zu erweisenden Tatsache zu begründen, die Vernehmung einer Partei oder beider Parteien über die Tatsache anordnen.

1 **1)** § 448 ist **Ausnahme vom Beibringungsgrundsatz** (Rn 1 vor § 284, vgl § 144 Rn 1), daher als Ausnahme von der Regel zurückhaltend anzuwenden. Wegen der Abgrenzung dieser Beweisaufnahme von Amts wegen von der gem §§ 139, 141 unbeschränkt zulässigen Anhörung der Parteien zur Aufklärung (nicht zum Beweis) des streitigen Sachverhalts vgl § 141 Rn 1 und Rn 1 vor 445.

2 § 448 will u darf nicht die beweisbelastete Partei von den Folgen der Beweisfälligkeit (Rn 15 ff vor § 284) befreien; das Gericht darf die Maßnahme im Rahmen des § 286 nur ergreifen, um zum Schluß einer restlos durchgeführten Beweiserhebung verbliebene Zweifel möglichst auszuräumen. Andererseits ist es ein revisibler Verfahrensfehler, nach anderweitiger Beweiserhebung eine Partei für beweisfällig zu erklären, ohne § 448 anzuwenden, obwohl die Voraussetzungen hierfür gegeben waren (RGZ 144, 321). Daher sind die Gründe der Nichtanwendung des § 448 jedenfalls dann im Urteil darzulegen, wenn (zB bei einem dahin gehenden Antrag der beweisbelasteten Partei oder bei deren Beweisnot) die Voraussetzungen der Parteivernehmung von Amts wegen bei Anwendung pflichtgebundenen Ermessens (BGH VersR 75, 155) in Betracht kamen (BGH NJW 83, 2033 = MDR 83, 478 = VersR 83, 445; RGZ 144, 321).

3 **2a) Voraussetzung** der Parteivernehmung von Amts wegen ist die vorweg durchzuführende **Erhebung aller angebotenen u erheblichen Beweise** u deren abschließende Würdigung iSd Rn 12 ff zu § 286. In Ermangelung anderer Beweise kann Würdigung des Prozeßverhaltens der Parteien ausreichen.

4 Die Beweiswürdigung muß zumindest eine gewisse **Wahrscheinlichkeit** der unter Beweis gestellten Behauptung im Zeitpunkt der Parteivernehmung (BGH MDR 65, 287) erbracht haben. Wo nichts bewiesen ist oder eine Beweiserhebung keine größere Wahrscheinlichkeit einer Behauptung erbracht hat, ist für § 448 kein Raum (BGH VersR 69, 220; 76, 587/588).

5 **b) Welche Partei** das Gericht vernimmt, steht ohne Rücksicht auf die Verteilung der Beweislast (RG 145, 273; BGH VersR 59, 199) im Ermessen des Gerichts. Maßgeblich ist, welche Partei zum Beweisthema überhaupt eigene Wahrnehmungen bekunden könnte, von welcher Partei nach ihrem bisherigen Verhalten die höhere Glaubwürdigkeit zu erwarten ist (BGH WPM 68,

406) und für welche Partei die bereits gewonnene Wahrscheinlichkeit zeugt. Die Vernehmung beider Parteien ist nicht unzulässig, im Hinblick auf § 452 I 2 aber selten zweckmäßig (das ist auch ratio des § 533 II). Gegenüber der Vernehmung allein der beweisbelasteten Partei ist aber der Vernehmung beider Parteien der Vorzug zu geben (Hamburg MDR 70, 58).

3) Verfahren: Anordnung erfordert Beweisbeschluß (§ 450). Abgrenzung des Beweisthemas (§ 359 Nr 1) hier besonders wichtig, denn die Vernehmung ist uU nur für best Fragen zulässig. Ob § 141 oder § 448 gewollt ist, muß klar erkennbar sein (BAG NJW 63, 2340). Die Zurückstellung anderer angetretener Beweise ist nur zulässig, wo die Parteiaussage für die Notwendigkeit ihrer Erhebung (Rn 9, 10 vor § 284) vorgreiflich ist. Im Urteil ist der Inhalt der Aussage vom streitigen Sachvortrag zu trennen; die Zulässigkeitsgründe der Parteivernehmung, ggf auch des Absehens hiervon, sind darzulegen (oben Rn 2). Berufungsverfahren: § 533. 6

4) Gebühren: Wegen der Beweisgebühr s § 445 Rn 6. 7

449 *[Parteivernehmung bei Streitgenossen]*

Besteht die zu vernehmende Partei aus mehreren Streitgenossen, so bestimmt das Gericht nach Lage des Falles, ob alle oder nur einzelne Streitgenossen zu vernehmen sind.

1) Der **Beweisführer kann,** wo ihm mehrere Prozeßgegner gegenüberstehen (einfache § 61, notw Streitgenossenschaft § 62 oder streitigen Nebenintervention § 69), den zu vernehmenden **Gegner namentl bezeichnen;** dann ist bei der gemäß § 445 beantragten Parteivernehmung nur diese benannte Partei zu vernehmen. Nur bei der Parteivernehmung von Amts wegen (§ 448) besteht ein (dem Untersuchungsgrundsatz angenähertes) Wahlrecht des Gerichts (hierzu § 448 Rn 5), das aber allenfalls und erst dann in Betracht kommt, wenn die vom Beweisführer benannte Partei vernommen wurde. 1

2) **Fehlt namentl Bezeichnung,** so hat das Gericht die Wahl, welchen der streitigen Gegner es vernimmt; es darf auch alle vernehmen. Nachträgl Änderung des Beweisbeschl (§ 450) ist jederzeit möglich (§ 360). 2

3) Bei **einfacher Streitgenossenschaft** (§ 61) muß das Gericht prüfen, ob das Beweisthema den namentl benannten Gegner selbst betrifft, weil dieser andernfalls **als Zeuge** zu vernehmen ist (Rn 5 zu § 373; Düsseldorf MDR 71, 56). 3

450 *[Beweisbeschluß]*

(1) Die Vernehmung einer Partei wird durch Beweisbeschluß angeordnet. Die Partei ist, wenn sie bei der Verkündung des Beschlusses nicht persönlich anwesend ist, zu der Vernehmung unter Mitteilung des Beweisbeschlusses persönlich durch Zustellung von Amts wegen zu laden.

(2) Die Ausführung des Beschlusses kann ausgesetzt werden, wenn nach seinem Erlaß über die zu beweisende Tatsache neue Beweismittel vorgebracht werden. Nach Erhebung der neuen Beweise ist von der Parteivernehmung abzusehen, wenn das Gericht die Beweisfrage für geklärt erachtet.

1) Abs I: Beweisbeschluß (Inhalt: § 359) ist verzichtbare (BGH LM § 450 ZPO Nr 1; § 516 BGB Nr 3; BGH FamRZ 65, 212) Voraussetzung der Parteivernehmung. Formlose Vernehmung (zB verfahrenswidrig ausgedehnte Befragung gem § 141; Rn 1 vor § 445) löst, wenn im Urteil verwertet, Beweisgebühr aus (München NJW 65, 2112). 1

Der Beweisbeschluß muß das Beweisthema genau bezeichnen und abgrenzen (§ 445 Rn 5, § 448 Rn 6), um das in der Einvernahme des Gegners liegende Beweisrisiko für den Beweisführer nicht über dessen Antrag hinaus zu vergrößern. Der Beschluß ist, sofern nicht i Anwesenheit aller Beteiligten (auch der zu vernehmenden Partei) verkündet, mit Terminsladung **förmlich zuzustellen,** (wegen § 454 Rn 3 u 4). Die zu vernehmende Partei ist, sofern bei Verkündung abwesend, persönlich (also nicht zu Händen ihres ProzBevollm BGH NJW 65, 1598) förmlich zu laden. Ersatzzustellung (§§ 181–186) ist zulässig. Androhung der Folgen des Ausbleibens (§§ 446, 454) entbehrlich. Für die Partei muß aber aus Beweisbeschluß u Ladung erkennbar sein, daß ihre Einvernahme Beweiszwecken dient, worüber sie aussagen soll und auf wessen Betreiben (§ 445 oder § 448) das geschieht; anderenfalls sind §§ 446, 453 II nicht anwendbar. 2

3 **2) Abs II** ist Konsequenz der Subsidiarität der Parteivernehmung (Rn 3 zu § 445). Das Gericht soll (es muß nicht; vgl „kann") nachträgl angebotene sonstige Beweise, sofern diese nicht gem §§ 282, 296 als verspätet zurückgewiesen werden, vor Durchführung der Parteivernehmung erheben. Dann **Aussetzung** der Parteivernehmung entweder durch ausdrückl Beschluß (unanfechtbar) oder stillschw durch Anordnung der anderen Beweiserhebung. Der mit der Parteivernehmung beauftragte Richter (§§ 451, 375) hat Weisung des ProzGerichts einzuholen.

4 Hält das Gericht nach Erhebung der neuen Beweise die Beweisfrage für geklärt, so hat es (zwingend! BGH NJW 74, 56) von der Parteivernehmung abzusehen, mag diese auch bereits angeordnet gewesen sein. Es ist zulässig, ohne förml Aufhebung des Beweisbeschlusses lediglich in den Urteilsgründen zu erörtern, warum die Vernehmung der Partei unterblieb.

5 **3) Gebühren: a) des Gerichts:** Keine. – **b) des Anwalts:** Beweisgebühr zu 10/10, wenn der RA im Beweisaufnahmeverfahren mitwirkt (§ 31 Abs 1 Nr 3 BRAGO). S auch § 445 Rn 6.

451 *[Ausführung der Vernehmung]*

Auf die Vernehmung einer Partei gelten die Vorschriften der §§ 375, 376, 395 Abs. 1, Abs. 2 Satz 1 und der §§ 396, 397, 398 entsprechend.

1 **1) Bei der Parteivernehmung sind anwendbar § 375:** Vernehmung durch das Prozeßgericht; die Vernehmung durch e beauftragten oder ersuchten Richter ist nur in den Fällen des § 375 Nr 1–3 zulässig; Verstoß hiergegen ist verzichtbarer Verfahrensfehler, BGH NJW 64, 108. **§ 376:** Vernehmung von Beamten (im Fall § 376 Rn 6) nur mit Genehmigung ihrer vorgesetzten Dienstbehörde; **§ 395 I:** Ermahnung zur Wahrheit u Hinweis auf mögl Beeidigung; **§ 395 II S 1:** Befragung über Vor- u Zuname, Alter, Stand oder Gewerbe u Wohnort. Je nach Lage des Falles werden auch Fragen über die Glaubwürdigkeit zweckmäßig sein; **§ 396:** Die Partei ist zu veranlassen, was ihr vom Gegenstand der Vernehmung bekannt ist, im Zusammenhang anzugeben. Fragestellung zur Aufklärung u Vervollständigung der Aussage; **§ 397:** Befragung durch die Gegenpartei u die Anwälte; **§ 398:** wiederholte u nachträgl Vernehmung. – **Protokoll:** §§ 160 III Nr 4 u 5, 162.

2 **2) Keine Anwendung finden: § 394 I.** Sind beide Parteien zu vernehmen, hat die eine das Recht, der Vernehmung der anderen anzuwohnen (§ 357 I); **§ 399:** Verzicht auf die Vernehmung. Nimmt aber eine Partei den Antrag auf Parteivernehmung zurück, so wirkt dies wie ein Verzicht (s aber § 447 Rn 2); **§ 401:** Zeugengeb. Die der Partei durch die Vernehmung entstandenen Kosten sind bei Obsiegen der Partei gem § 91 erst nach abschließender Kostenentscheidung (§ 308 II) und -festsetzung (§ 104) erstattungsfähig. Wegen des Reisekostenvorschusses für die arme Partei s Nr 1907 KV zu § 11 GKG sowie die bundeseinheitl Verw-AO v 1. 8. 1977 über die Bewilligung von Reiseentschädigung an mittellose Personen (BayJMBl 77 S 199); vgl entsprechend § 401 Rn 6.

452 *[Beeidigung bei Parteivernehmung]*

(1) Reicht das Ergebnis der unbeeidigten Aussage einer Partei nicht aus, um das Gericht von der Wahrheit oder Unwahrheit der zu erweisenden Tatsache zu überzeugen, so kann es anordnen, daß die Partei ihre Aussage zu beeidigen habe. Waren beide Parteien vernommen, so kann die Beeidigung der Aussage über dieselben Tatsachen nur von einer Partei gefordert werden.

(2) Die Eidesnorm geht dahin, daß die Partei nach bestem Wissen die reine Wahrheit gesagt und nichts verschwiegen habe.

(3) Der Gegner kann auf die Beeidigung verzichten.

(4) Die Beeidigung einer Partei, die wegen wissentlicher Verletzung der Eidespflicht rechtskräftig verurteilt ist, ist unzulässig.

1 1) Eine **Pflicht zur Eidesleistung besteht für die Partei nicht,** weil sie auch nicht aussagepflichtig ist (Rn 5, 6 vor § 445). Wegen der Folge der Eidesverweigerung s § 453 II.

2 2) Eine **Pflicht zur Abnahme des Eides besteht für das Gericht nicht.** Die Beeidigung ist als Teilbereich der freien richterl Beweiswürdigung (§ 286) in das pflichtgebundene Ermessen des Prozeßgerichts (nicht des verordneten Richters, dieser darf nur auf Weisung des ProzGerichts vereidigen) gestellt. Wegen der Grundsätze der Ermessensausübung gilt das in Rn 3 zu § 391

Gesagte. Ermessensmißbrauch kann unterbliebene Beeidigung der Parteiaussage über einen nur der Partei bekannten Sachverhalt sein, wenn das Gericht an der Richtigkeit der Aussage zweifelt (BGH MDR 64, 490 = NJW 64, 1027 = LM Nr 1). Das Gericht muß dann i Urteil darlegen, warum es die Möglichkeit der Beeidigung nicht wahrgenommen hat, sonst revisibler VerfFehler (JW 37, 233).

3) Unzulässig ist die Beeidigung: a) bei **Verzicht** des Gegners (vgl Rn 5 zu § 391); **b)** bei rechtskräftiger **Vorstrafe der Partei** (gilt nicht für Zeugen) wegen eines wissentlichen, also vorsätzlichen, **Eidesdelikts** (§§ 154–156, 159, 160 StGB). Ob ein solches Delikt begangen und bestraft wurde, ist zwar von Amts wegen festzustellen; eine dahingehende Amtsermittlung (Strafregisterauskunft) ist aber nur zu verlangen, wenn dem Gericht Anhaltspunkte für eine solche Vorstrafe bekannt oder erkennbar sind; **c) keine Beeidigung beider Parteien** bei widersprüchl Aussage (Abs I 2); zu beeidigen ist dann, wenn überhaupt, idR der Gegner der beweisbelasteten Partei (Rn 15 ff vor § 284), dagegen die beweisbelastete Partei selbst, wenn deren Aussage mit Rücksicht auf sonstigen Beweis glaubwürdiger ist; hierzu Sonderregelung für das Berufungsverfahren § 533 II; **d)** eine unzulässige Parteibefragung (Rn 2 zu § 445) macht auch die Beeidigung unzulässig. – Wegen Vereidigung Minderjähriger s § 455 II. 3

4) Eidesleistung: s § 481 u Abs II. Eidesbelehrung §§ 395, 480. 4

453 *[Beweiswürdigung bei Parteivernehmung]*

(1) Das Gericht hat die Aussage der Partei nach § 286 frei zu würdigen.

(2) Verweigert die Partei die Aussage oder den Eid, so gilt § 446 entsprechend.

1) Nicht nur der Inhalt der Aussage, auch die äußeren Umstände ihrer Abgabe (Rn 14 zu § 286) oder Verweigerung (Rn 1 zu § 446) unterliegen der freien Beweiswürdigung. Obwohl § 394 für die Partei nicht anwendbar (s § 451), kann der Beweiswert der Aussage gemindert sein, wenn die Partei bei Einvernahme von Zeugen anwesend war. Über die mögl Geständniswirkung einer Parteiaussage s Rn 5 zu § 288. Erfolgt ausnahmsweise die Parteivernehmung vor dem verordneten Richter, so dürfen über den Aussageinhalt (Protokoll: §§ 160 III 4, 162) hinausgehende Wahrnehmungen (zB Nervosität der Partei, Berichtigungen usw) beweiswürdigend nur berücksichtigt werden, wenn sie im Prot oder in den Urteilsgründen festgehalten sind (Rn 3 zu § 285). – Wegen des besonderen Gewichts des persönl Eindrucks der Partei während ihrer Aussage, wird Anhörung vor dem Prozeßgericht (§ 355) idR unverzichtbar bzw nachzuholen sein (BGH LM § 398 Nr 7). 1

2) Abs II: Die Eidesverweigerung macht es dem Gericht unmöglich, gleichwohl die Aussage zugunsten der verweigernden Partei zu verwerten. – Zwangsmaßnahmen gegen die Partei wegen Aussageverweigerung gibt es nicht. 2

454 *[Ausbleiben der zu vernehmenden oder zu beeidigenden Partei]*

(1) Bleibt die Partei in dem zu ihrer Vernehmung oder Beeidigung bestimmten Termin aus, so entscheidet das Gericht unter Berücksichtigung aller Umstände, insbesondere auch etwaiger von der Partei für ihr Ausbleiben angegebener Gründe nach freiem Ermessen, ob die Aussage als verweigert anzussehen ist.

(2) War der Termin zur Vernehmung oder Beeidigung der Partei vor dem Prozeßgericht bestimmt, so ist im Falle ihres Ausbleibens, wenn nicht das Gericht die Anberaumung eines neuen Vernehmungstermins für geboten erachtet, zur Hauptsache zu verhandeln.

1) Abs I: Wurde die Parteivernehmung in Anwesenheit der Partei angeordnet (§ 450), so gilt bei Aussage- oder Eidesverweigerung §§ 446, 453 II. 1

Das **Ausbleiben der Partei** in einem für ihre Einvernahme anberaumten (§ 450 Rn 2) späteren Termin rechtfertigt eine **nachteilige Beweiswürdigung** ihrer Säumnis nur, wenn **a)** die Parteivernehmung überhaupt zulässig wäre (Rn 2, 3 zu § 445 und Rn 1 zu § 446), 2

b) die Partei persönlich ordentlich (Rn 2 zu § 450) geladen war. Ladungsfrist (§ 217) muß gewahrt sein. Ladung des ProzBevollm genügt nicht, ebensowenig Ladung iS §§ 141, 273 II 3, 279 II, und 3

c) die Partei bis zum Schluß des Termins (§ 220 II) nicht erscheint, obwohl ihre Säumnis nicht entschuldigt ist. Eine ungenügende Entschuldigung (zB Vergessen) erlaubt nachteilige Beweis- 4 würdigung aber nur, wenn sie erkennbar nur als Vorwand für die tats gewollte Aussageverweigerung gebracht wird. Im Zweifel daher Vertagung geboten unter Hinweis auf das mit nochmaliger Säumnis verbundene Beweisrisiko (StJSchL Anm II 1 a).

5 Liegen die Voraussetzungen a–c vor, so gilt für die Beweiswürdigung das in Rn 1 zu § 446 Gesagte.

6 **2) Abs II: Weiteres Verfahren:** Das Gericht darf (insbes, wenn unverschuldete Säumnis zu vermuten) neuen Vernehmungstermin bestimmen. § 356 ist dann anwendbar. Die Partei ist gem § 450 erneut zu laden; § 218 gilt für sie nicht. Das Gericht muß vertagen, wenn eine der Voraussetzungen gem Rn 2–4 fehlt.

7 Ist Vertagung nicht veranlaßt, so gibt der verordnete Richter die Akten dem Prozeßgericht zurück. Fand der Termin vor dem Prozeßgericht statt, so ist sofortige Verhandlung zur Hauptsache zulässig (nicht zwingend geboten, auch hier Vertagung zulässig), vgl § 370 I. Mit dem Eintritt i die Verhandlung zur Hauptsache gilt der Beweisbeschluß als erledigt u ist VersUrteil zulässig, vgl Rn 1 zu § 367. Auch der ProzBevollm der säumigen Partei kann gegen den ebenfalls abwesenden Gegner nach Maßgabe der §§ 330 ff VersUrteil erwirken. – Erscheint die säumige Partei in einem späteren Termin, so ist sie zu vernehmen. Einen Anspruch auf nochmalige Ladung hat sie (§ 398) nicht.

8 **3) Ordnungsmittel** gegen die nicht erscheinende Partei und eine **Kostenfolge des Fernbleibens** (wie § 380) sieht das Gesetz (im Gegensatz zu § 141 III) nicht vor (vgl Rn 6 vor § 445 sowie zur Kostenneutralität des Fernbleibens Oldenburg Rpfleger 65, 316); die einzige Konsequenz der Aussageverweigerung ist die nachteilige Beweiswürdigung dieser Beweisvereitelung (§§ 446, 453 II; hierzu vgl § 286 Rn 14). Auch § 95 ZPO, § 34 GKG sind (entgegen BLH Anm 1 B) wegen dieser Beweisvereitelung nicht anwendbar, denn für die Partei gibt es keine Aussagepflicht, nur eine Aussagelast entsprechend ihrer objektiven Beweislast (vor § 284 Rn 18).

455 *[Prozeßunfähige Partei; Vernehmung ihres gesetzlichen Vertreters]*

(1) Ist eine Partei nicht prozeßfähig, so ist vorbehaltlich der Vorschrift in Abs. 2 ihr gesetzlicher Vertreter zu vernehmen. Sind mehrere gesetzliche Vertreter vorhanden, so gilt § 449 entsprechend.

(2) Minderjährige, die das sechzehnte Lebensjahr vollendet haben, sowie Volljährige, die wegen Geistesschwäche, Verschwendung oder Trunksucht entmündigt sind oder unter vorläufige Vormundschaft gestellt sind, können über Tatsachen, die in ihren eigenen Handlungen bestehen oder Gegenstand ihrer Wahrnehmung gewesen sind, vernommen und auch nach § 452 beeidigt werden, wenn das Gericht dies nach den Umständen des Falles für angemessen erachtet. Das gleiche gilt von einer prozeßfähigen Person, die in dem Rechtsstreit durch einen Pfleger vertreten wird.

1 **1) Nur die prozeßfähige Partei** kann (vorbehaltl Abs II) parteiverantwortl einvernommen werden. Wegen Prozeßfähigkeit s §§ 52, 53. Bei fehlender Prozeßfähigkeit ist die Partei selbst (soweit sie natürl Person ist) als Zeuge, ihr ges Vertreter als Partei zu vernehmen, vgl Rn 6 zu § 373; BGH NJW 65, 2254. Wegen der Vernehmung geschäftsunfähiger (zB geistesschwacher) Personen s Rn 3 zu § 373. Bei Zweifeln an der Partei- oder Zeugeneigenschaft der vernommenen Person darf die Aussage trotzdem beweiswürdigend verwertet werden (LM § 373 Nr 3).

2 **2) Ausnahme** (Abs II): Über eigene Handlungen (vgl ebenso § 385 Rn 6) oder Wahrnehmungen darf nach freiem Ermessen des Gerichts die prozeßunfähige Partei parteiverantwortl vernommen werden, wenn sie **a)** als Minderjähriger das 16. Lebensjahr vollendet hat,

3 **b)** als Volljähriger aus einem anderen Grund als dem der Geisteskrankheit entmündigt (§ 6 BGB) oder unter vorläufige Vormundschaft (§ 1906 BGB) gestellt ist oder

4 **c)** trotz bestehender Prozeßfähigkeit für den Rechtsstreit unter Pflegschaft (§ 53; § 1910 BGB) gestellt ist.

5 Auf andere prozeßunfähige Personen (zB Gemeinschuldner im Prozeß des Konkursverwalters) ist Abs II nicht entspr anwendbar. Wo die prozeßunfähige Partei als solche vernommen wird, kann ihr Vertreter Zeuge sein. Maßgeblich für den Zeitpunkt der Einvernahme. Der frühere Vertreter kann stets Zeuge sein (s aber § 373 Rn 5).

456-477 (weggefallen)

Elfter Titel

VERFAHREN BEI DER ABNAHME VON EIDEN

Die Vorschriften des elften Titels beziehen sich auf alle zivilproz Eide, also auf den Zeugen-, Sachverständigen-, Dolmetschereid u den Eid bei Parteivernehmung. Sie gelten gem § 807 II entsprechend für die eidesstattliche Offenbarungsversicherung (vgl auch §§ 883 IV, 889 I). 1

Zur Strafbarkeit des Meineids, fahrlässigen Falscheides, falscher eidesgleicher Versicherungen u falscher Versicherungen an Eides Statt s §§ 154 ff StGB. Zur Frage, ob diese Strafnormen Schutzgesetze iS § 823 II BGB sind, vgl (grundsätzlich bejahend) BGH MDR 59, 116, LM § 823 BGB (Be) Nr 8; s aber Rn 10 zu § 402. 2

Das BVerfG unterstellt die Beeidigungsnormen des Verfahrensrechts dem Vorrang des Art 4 GG (NJW 72, 1183); dem hat die Fassung des § 484 durch Ges v 20. 12. 1974 Rechnung getragen. 3

478 *[Eidesleistung in Person]*

Der Eid muß von dem Schwurpflichtigen in Person geleistet werden.

1) Schwurpflichtig ist, wer das 16. Lebensjahr vollendet hat (§§ 393, 455 II), zur Erkenntnis von Wesen u Bedeutung des Eides geistig i der Lage ist, zur Aussageverweigerung u damit zur Verweigerung des Eides nicht kraft Gesetzes (§§ 383 ff) berechtigt ist (berechtigt ist vorbehaltlich §§ 446, 453 II stets die Partei) und vom Gericht gem §§ 391, 410, 452 zur Eidesleistung aufgefordert wird. 1

2) Eine **Vertretung bei Ableistung des Eides ist ausgeschlossen,** auch bei i übr gesetzl Vertretung der Auskunftsperson, vgl §§ 393, 455 II. Wegen der Ausübung des Aussage- u Eidesverweigerungsrechtes nicht geschäftsfähiger Personen s Rn 3 zu § 3 zu § 373. – Über den **Inhalt der Eidesnorm** s für Zeugen § 392, für Sachverständige § 410, für Dolmetscher § 189 GVG, für Parteien § 452 II, für die eidesstattliche Versicherung des Vollstreckungsschuldners § 807 II, des Herausgabeschuldners § 883 II, des Rechenschaftspflichtigen §§ 259 II, 260 II BGB, § 889 ZPO. 2

3) Folgen der Eidesverweigerung: Zeugen § 390, Sachverständige § 410 Rn 2, Partei § 453 II, Dolmetscher keine Zwangsmittel, Schuldner §§ 888, 889 II. 3

479 *[Eidesleistung vor dem verordneten Richter]*

(1) Das Prozeßgericht kann anordnen, daß der Eid vor einem seiner Mitglieder oder vor einem anderen Gericht geleistet werde, wenn der Schwurpflichtige am Erscheinen vor dem Prozeßgericht verhindert ist oder sich in großer Entfernung von dessen Sitz aufhält.

(2) Der Bundespräsident leistet den Eid in seiner Wohnung vor einem Mitglied des Prozeßgerichts oder vor einem anderen Gericht.

1) Wo das Prozeßgericht die Beweiserhebung dem beauftragten oder ersuchten Richter (§§ 361, 362) überträgt (§§ 375, 402, 451), ist ihm die Entscheidung der Beeidigungsfrage vorbehalten (§ 391 Rn 6). § 479 regelt den (seltenen) Fall, daß allein die Beeidigung vor dem Richterkommissar erfolgt. Die Voraussetzungen hierfür entsprechen denen des § 375 (s dort Anm); sie sind als Durchbrechung des Grundsatzes der Beweisunmittelbarkeit (§ 355) streng zu prüfen (§ 355 Rn 7). 1

2) Verfahren: Anordnung auch ohne mündl Verhandlung (RG 16, 411) durch unanfechtb Beschluß, RG 46, 366, der, wenn nicht verkündet, den Parteien von Amts wegen mitzuteilen ist. Abänderung: § 360. – § 479 ist grundsätzlich auf Eidesabnahme im Ausland anwendbar, RG 46, 368. Die Sondervorschrift für den Bundespräsidenten (Abs II) gilt entsprechend für Exterritoriale u ausländ Konsuln, soweit diese aussagebereit sind (§ 373 Rn 2, § 377 Rn 1). Rechtshilfeersuchen: § 157 GVG. Bei Streit über die Eidespflicht gilt § 366. 2

480 *[Eidesbelehrung]*
Vor der Leistung des Eides hat der Richter den Schwurpflichtigen in angemessener Weise über die Bedeutung des Eides sowie darüber zu belehren, daß er den Eid mit religiöser oder ohne religiöse Beteuerung leisten kann.

1 Feststellung in der Niederschrift, § 160 II. Unterlassung des Hinweises bewirkt nicht Ungültigkeit des Eides. Befragung über die persönl Verhältnisse nicht vorgeschrieben, aber Feststellung der Identität erforderlich. S auch §§ 395, 402, 451. Belehrung über Strafbarkeit (§§ 153 ff StGB) nicht ausdrücklich vorgeschrieben, aber stets veranlaßt. Ermahnung durch die Partei (RG 76, 103) ersetzt die Eidesbelehrung durch das Gericht nicht. Ohne Hinweis auf die Möglichkeit, statt des Eides die eidesgleiche Bekräftigung gem § 484 zu wählen, wäre die Auskunftsperson befugt, ohne nachteilige Folgen aus Glaubensgründen die Eidesleistung zu verweigern (BVerfG NJW 72, 1183).

481 *[Art der Eidesleistung]*
(1) Der Eid mit religiöser Beteuerung wird in der Weise geleistet, daß der Richter die Eidesnorm mit der Eingangsformel:

„Sie schwören bei Gott dem Allmächtigen und Allwissenden"
vorspricht und der Schwurpflichtige darauf die Worte spricht (Eidesformel):
„Ich schwöre es, so wahr mir Gott helfe."

(2) Der Eid ohne religiöse Beteuerung wird in der Weise geleistet, daß der Richter die Eidesnorm mit der Eingangsformel:
„Sie schwören"
vorspricht und der Schwurpflichtige darauf die Worte spricht (Eidesformel):
„Ich schwöre es."

(3) Gibt der Schwurpflichtige an, daß er als Mitglied einer Religions- oder Bekenntnisgemeinschaft eine Beteuerungsformel dieser Gemeinschaft verwenden wolle, so kann er diese dem Eid anfügen.

(4) Der Schwörende soll bei der Eidesleistung die rechte Hand erheben.

(5) Sollen mehrere Personen gleichzeitig einen Eid leisten, so wird die Eidesformel von jedem Schwurpflichtigen einzeln gesprochen.

1 **1) Die Eidesleistung** besteht aus: **a) Vorspruch des Richters,** bestehend aus Eingangsformel und Eidesnorm. Beispiel für Zeugeneid: „Sie schwören bei Gott dem Allmächtigen und Allwissenden (= Eingangsformel), daß Sie nach bestem Wissen die reine Wahrheit gesagt und nichts verschwiegen haben (= Eidesnorm gem § 392)".

2 Eidesnormen für Sachverständige, Dolmetscher u Parteien s Rn 2 zu § 478. Gleichzeitige Vereidigung mehrerer Zeugen oder Sachverständigen: §§ 392, 402. Zur Frage des Vor- bzw Nacheides: §§ 392, 410.

3 **b) Eidesformel des Schwörenden:** „Ich schwöre es, so wahr mir Gott helfe".

4 **2)** Bei der Ableistung des Eides sollen alle Anwesenden (auch die Richter) stehen. Die Aufforderung, aufzustehen, ist Ordnungsbefehl iS § 177 GVG. Der Schwörende „soll" (Abs III) während der Eidesformel die rechte Hand heben. Ausziehen der Handschuhe ist üblich. **Der Ausspruch der Worte „Ich schwöre es" ist unabdingbar (sonst § 484).**

5 Die **religiöse Beteuerungsformel** im Vorspruch des Richters („bei Gott dem Allmächtigen und Allwissenden") u in der Eidesformel („so wahr mir Gott helfe") kann auf Wunsch des Schwörenden entfallen. Zulässig sind konfessionelle Zusätze (RG St 10, 181) oder Gebräuche, zB Kopfbedeckung bei Juden (Jünemann MDR 70, 727) oder der Schwur „beim Worte Allahs" bei Mohammedanern (Leisten MDR 80, 636). – Beteuerungsformeln religiöser oder weltlicher Bekenntnisgemeinschaften (zu den letzteren Heimann/Trosien JZ 73, 612) sind, soweit damit nicht offenbar eine Verhöhnung des Gerichts beabsichtigt ist (dann § 178 GVG), zuzulassen. – Zur Zulässigkeit der Weigerung, unter einem Kreuz auszusagen, BVerfG NJW 73, 2197 und § 383 Rn 3.

482 **(weggefallen)**

483 *[Eidesleistung Stummer]*
(1) Stumme, die schreiben können, leisten den Eid mittels Abschreibens und Unterschreibens der die Eidesnorm enthaltenden Eidesformel.

(2) Stumme, die nicht schreiben können, leisten den Eid mit Hilfe eines Dolmetschers durch Zeichen.

Gilt entsprechend für Taube, denen der Vorspruch (Rn 1 zu § 481) schriftl vorzulegen ist. Wo keinerlei Verständigungsmöglichkeit besteht, ist das Beweismittel ohnedies als untauglich zurückzuweisen (Rn 5 zu § 284). 1

484 *[Eidesgleiche Bekräftigung]*
(1) Gibt der Schwurpflichtige an, daß er aus Glaubens- oder Gewissensgründen keinen Eid leisten wolle, so hat er eine Bekräftigung abzugeben. Diese Bekräftigung steht dem Eid gleich; hierauf ist der Verpflichtete hinzuweisen.

(2) Die Bekräftigung wird in der Weise abgegeben, daß der Richter die Eidesnorm als Bekräftigungsnorm mit der Eingangsformel:

„Sie bekräftigen im Bewußtsein Ihrer Verantwortung vor Gericht"
vorspricht und der Verpflichtete darauf spricht:

„Ja".

(3) § 481 Abs. 3, 5, § 483 gelten entsprechend.

§ 484 geändert durch Ges v 20. 12. 74 nach Maßgabe von BVerfG NJW 72, 1183.

Die Verweigerung religiöser Beeidigungsformelen oder des Eides überhaupt braucht wegen Art 4 GG nicht mehr mit der Zugehörigkeit zu bestimmten Religions- oder Bekenntnisgemeinschaften motiviert zu werden. Jeder (auch der Christ) darf aus behaupteten (praktisch nicht nachprüfbaren) Glaubens- oder Gewissensgründen statt des Eides die Bekräftigung wählen. Wo auch diese verweigert wird, gilt § 390. – Strafbarkeit § 155 Nr 1 StGB. 1

Zwölfter Titel

SICHERUNG DES BEWEISES

Lit: *Altenmüller*, Die Entscheidung über die Kosten des Beweissicherungsverfahrens, NJW 76, 92; *Locher*, Problematik des Beweissicherungsverfahrens im Baurecht, BauR 79, 23; *Schilken*, Grundlagen des Beweissicherungsverfahrens, ZZP 92, [1979], 238; *Stürner*, Das ausländische Beweissicherungsverfahren, IPRax 84, 299; *Wussow*, Probleme der gerichtl Beweissicherung in Baumängelsachen, 1979 sowie NJW 69, 1401; hierzu kritisch *Weyer* NJW 69, 2233; *R-Schwab* Lehrb § 120.

Die Sicherung des Beweises („Beweisaufnahme zum ewigen Gedächtnis") unterscheidet sich von der normalen Beweisaufnahme im Prozeß (§§ 355–484) durch folgende Besonderheiten: **a)** Ein Prozeß über die **Hauptsache muß noch nicht anhängig sein;** soweit er anhängig ist, steht sein Ruhen, seine Aussetzung oder Unterbrechung der Beweissicherung nicht entgegen. Hat aber das Gericht der Hauptsache dieselbe Beweiserhebung bereits angeordnet, so fehlt ein Bedürfnis für die gesonderte Beweissicherung (Düsseldorf MDR 81, 324). Entsprechend endet die Beweissicherungskompetenz des Amtsgerichts (§ 486 II), sobald im späteren Hauptsacheverfahren eines anderen Gerichts gemäß § 493 die Verwendung der Beweissicherung angeordnet wird (§ 486 Rn 6) 1

b) Das Verfahren ist, obwohl der streitigen Gerichtsbarkeit zugehörig, **nicht notwendig kontradiktorisch** (§§ 491 II, 494); jedoch setzt die rechtserhaltende Wirkung der Beweissicherung (§§ 477, 478, 479, 485, 490, 639 BGB) voraus, daß ein Gegner vorhanden ist u – soweit bekannt – 2 am Verfahren beteiligt wird, BGH NJW 80, 1458 = MDR 80, 663; Köln VersR 71, 378. Zur Dauer der Unterbrechungswirkung („Beendigung des Verf" iS §§ 477, 639 BGB) s BGH 60, 212 = NJW 73, 698 u BGH 53, 46 = NJW 70, 419 = MDR 70, 316 (vgl § 492 Rn 4). – Zu den Rechten des Gegners: § 487 Rn 3.

3 **c)** Als Beweismittel kommen **nur Augenschein, Zeugen u Sachverständige** in Frage; zur **Ablehnung des SV** im Beweissicherungsverfahren s § 406 Rn 3–6.

4 **d) Besondere Zulässigkeitsvoraussetzung** ist (neben den in Rn 8 ff vor § 284 genannten, welche nur bis zur Bejahung des rechtl Interesses iS § 485 zu prüfen sind; RG 49, 388; zum rechtl Interesse s § 485 Rn 5) die **Gefahr des Verlustes** des Beweismittels oder seiner späteren Tauglichkeit, s auch Rn 2 ff zu § 487.

5 **e)** Durch den Eilzweck des Verfahrens bedingt sind die Vorschr über Aussetzung u Unterbrechung des Verfahrens (§§ 148 ff, 239 ff) nicht anwendbar (vgl § 487 Rn 5); für das Gesuch (§ 486) besteht kein Anwaltszwang, wohl aber für das weitere Verfahren (Bergerfurth NJW 61, 1239). Gerichtsferien (§ 199 GVG) hindern Anordnung im Fall § 485 Rn 5 nicht (Karlsruhe Justiz 75, 271; streitig! Daher sollte vorsorglich Ferienantrag gestellt werden, falls nicht ohnedies die Hauptsache eine gesetzl Feriensache ist).

6 **f)** Über die **Verwertbarkeit des Beweisergebnisses in anderen Zweigen der Gerichtsbarkeit** vgl § 98 VwGO, § 76 SGG, § 164 FGG, § 46 II ArbGG; Müller NJW 66, 721; Rn 2 zu § 486.

7 **g)** Wegen **der Kosten** des Verfahrens s Rn 5 ff zu § 490 sowie Altenmüller NJW 76, 92. Zur **Prozeßkostenhilfe** s § 490 Rn 5.

485 *[Sachliche Voraussetzung]*

Auf Gesuch einer Partei kann die Einnahme des Augenscheins und die Vernehmung von Zeugen und Sachverständigen zur Sicherung des Beweises angeordnet werden. Der Antrag ist nur zulässig, wenn der Gegner zustimmt oder zu besorgen ist, daß das Beweismittel verloren oder seine Benutzung erschwert werde, oder wenn der gegenwärtige Zustand einer Sache festgestellt werden soll und der Antragsteller ein rechtliches Interesse an dieser Feststellung hat.

1 **1) Gesuch:** Form § 486; Inhalt § 487. Das Gericht darf bei Vorliegen der Voraussetzungen des S 2 das Gesuch nicht ablehnen, wenn es die Sicherung des Beweises für unzweckmäßig hält. Keine Prüfung, ob das Beweismittel für den Hauptproz **erheblich** ist, BGH 17, 117; RG 49, 388. Ist das Beweismittel aber offensichtl ungeeignet, einen iS § 487 Nr 2 u 4 erheblichen Beweis überhaupt zu erbringen, dann kann der Antrag, weil nutzlos, zurückgewiesen werden, so zB bei Verneinung der Entscheidungserheblichkeit oder Beweisbedürftigkeit (Rn 9, 10 vor § 284) durch das Gericht der letzten Tatsacheninstanz, München OLGZ 75, 52. Bei Gesuchablehnung: einf Beschwerde nach § 567 (LG Mannheim MDR 69, 931).

2 **Zustimmung** des Gegners macht Darlegung und Glaubhaftmachung der Beweissicherungsdringlichkeit entbehrlich. Die Zustimmung ist dem Gericht vorzulegen oder vor diesem selbst zu erklären, mindestens glaubhaft zu machen, § 294 (abw Schilken ZZP 92, 238/266; der Vollbeweis für Zustimmung des Gegners für erforderl erachtet). Als Prozeßhandlung ist die Zustimmung unwiderruflich u nicht wegen Willensmängeln anfechtbar (Rn 17 vor § 128; Wussow NJW 69, 1401).

3 Der Gegner darf (an Stelle der Zustimmung) wegen des Benennungsrechts (§ 487 Nr 3) auch einen eigenen **Gegenantrag** stellen, RG 49, 390; Hamm OLG 25, 113; Oldenburg MDR 77, 499; Wussow NJW 69, 1405; Hesse ZfBR 83, 247; Motzke BauR 83, 500; Weinkamm BauR 84, 29; abw Schilken aaO S 256 (vgl § 486 Rn 1).

4 **2) Besorgnis des Verlustes** liegt zB vor bei drohender Verjährung (§§ 477 II, 639 I BGB), bei schwerer Erkrankung, Auswanderung der zu vernehmenden Personen, mutmaßl Veränderung der zu besichtigenden Sache, nicht jedoch bei Annahme, die Zeugen könnten sich an den fragl Vorfall bei späterer Vernehmung nicht mehr genau erinnern. Das hohe Alter eines Zeugen rechtfertigt für sich allein nicht die Besorgnis, daß das Beweismittel verlorengehe oder seine Benutzung erschwert werde; hier ist auch der Gesundheitszustand zu berücksichtigen (Nürnberg BayJMBl 53, 36; KG JurBüro 77, 1627 bejaht Zulässigkeit allgemein bei 92jährigem Zeugen). Wo Besorgnis des Verlustes oder der Veränderung des Beweismittels fehlt bzw nicht glaubhaft gemacht ist (§ 487 Nr 4), ist das Gesuch bereits aus diesem Grund (nicht wegen fehlenden rechtl Interesses) unzulässig; die gleichwohl zugelassene Beweiserhebung ist aber im Hauptsacheprozeß verwertbar (§ 493 Rn 2).

3) Zwecks **Feststellung des gegenwärtigen Zustandes e Sache** kann – ohne daß dabei ein bestimmter Zustand der Sache bereits behauptet werden müßte (LG Frankfurt JR 66, 182; abw LG Bln-Charlottbg MDR 61, 152) – Beweissicherung beantragen, wer ein **rechtliches Interesse** hierfür darlegt. Das rechtl Interesse ist (entsprechend § 256 Rn 7) zu bejahen, wenn der Zustand der im Gewahrsam des Antragstellers, -gegners oder auch eines (zur Duldung der Beweissicherung bereiten) Dritten befindlichen Sache für die Rechtsbeziehungen der Beteiligten zueinander bereits relevant ist (zB Obhutspflicht des unmittelbaren Besitzers aus Verwahrung, Leihe, Miete, Pacht, Werkbearbeitungsvertrag usw) oder auch nur möglicherweise (oben Rn 1) relevant werden kann (zB für Gewährleistungs- oder Schadensersatzansprüche). Wo eine solche Rechtsbeziehung zwischen den Verfahrensbeteiligten zumindest in der Ausgangslage (Besitzmittlungsverhältnis oder schuldrechtliche, auch nachbarrechtliche Beziehung iS §§ 906 ff BGB, Art 124 EGBGB) gemäß § 487 Nr 4 dargelegt bzw glaubhaft ist, kommt es nicht auch darauf an, ob ein Rechtsstreit über die Sache und deren Zustand mit Sicherheit zu erwarten ist; bereits die Möglichkeit eines solchen Streits genügt. Andererseits genügt nicht ein ausschließlich wirtschaftliches Interesse ohne rechtlichen Bezug oder gar schlichte Neugier. 5

Das schutzwürdige **rechtliche Interesse fehlt** idR, wo es dem Beweisführer zumutbar ist, das in seinem Besitz befindliche Beweismittel unverändert zu erhalten. Dagegen Interesse zu bejahen bei unzumutbarem Erhaltungsaufwand u bei Bedürfnis alsbaldiger Instandsetzung oder Veräußerung einer schadhaften Sache (Wussow NJW 69, 1402; Schilken aaO S 261). 6

Beispiele für Feststellungsinteresse: **a)** der Käufer, dem nach s Behauptung wegen eines Mangels der gekauften Sache (§ 459 I, II BGB) ein Anspruch auf Wandelung oder Minderung (§ 462 BGB) oder statt dessen auf Schadensersatz wegen Nichterfüllung bzw der Anspruch auf Lieferung e fehlerfreien Sache (§ 480 BGB) zusteht. Durch das bei Gericht in Urschrift eingereichte Gesuch um Sicherung des Beweises wird die Verjährung der Ansprüche unterbrochen (§ 477 II 1 BGB; RG 66, 368; Zurücknahme des Gesuchs hebt die Unterbrechung der Verjährung auf; BGH NJW 73, 698; RG 66, 307); ferner kann der Käufer nach Vollendung der Verjährung die Zahlung des Kaufpreises insoweit verweigern, als er auf Grund der Wandelung oder Minderung dazu berechtigt sein würde, § 478 I 2 BGB. 7

b) derj, dem auf Grund eines anderen, auf Veräußerung oder Belastung e Sache gegen Entgelt gerichteten Vertrags (zB e Tausches) wegen eines Mangels der Sache einer der unter a) bezeichneten Ansprüche zusteht (§§ 493, 515 BGB); 8

c) der Beschenkte, der nach s Behauptung gegen den Schenker wegen Fehlerhaftigkeit der Sache einen Anspruch auf Lieferung e fehlerfreien Sache oder auf Schadenersatz wegen Nichterfüllung hat (§ 524 BGB); 9

d) der Besteller e Werkes, der wegen e Mangels desselben einen Anspruch auf Beseitigung des Mangels (§ 633 II 1 BGB), Wandelung oder Minderung (§ 634 BGB) oder auf Schadenersatz wegen Nichterfüllung (§ 635 BGB) zu haben behauptet; 10

e) der Kommissionär, Spediteur, Lagerhalter oder Frachtführer, der nach §§ 388 I, 407 II, 417 I HGB für den Beweis des Zustandes e Gutes zu sorgen verpflichtet ist; 11

f) der Veräußerer einer Sache u der Unternehmer e Werkes, wenn der Käufer bzw Besteller ihm einen Mangel der Sache rechtzeitig angezeigt (vgl §§ 478 I 1, 493, 510, 524 II 3, 634 II, 639 BGB) oder die Abnahme der Sache oder des Werkes wegen Mangelhaftigkeit abgelehnt hat. Das rechtl Interesse ist glaubhaft zu machen, § 294; 12

g) der Bauherr, der wegen beabsichtigter Baumaßnahmen auf seinem Grundstück Ansprüche des Nachbarn wegen Einwirkungen auf dessen Gebäude (§§ 907–909 BGB) zu besorgen hat (BGH NJW 69, 2140); ebenso der Bauherr, der den Werkvertrag des Bauunternehmers nach dessen Teilleistung gekündigt hat und diese Teilleistung vor Vollendung des Baues durch einen Dritten feststellen lassen muß (München, Schäfer/Finnern/Hochstein Rspr zum privaten Baurecht § 8 VOB/B Nr 6); 13

h) der Mieter bzgl des Zustandes der Mieträume vor Einzug des Mietnachfolgers. 14

486 *[Gesuch; Zuständigkeit]*

(1) Das Gesuch ist bei dem Gericht anzubringen, vor dem der Rechtsstreit anhängig ist; es kann vor der Geschäftsstelle zu Protokoll erklärt werden.

(2) In Fällen dringender Gefahr kann das Gesuch auch bei dem Amtsgericht angebracht werden, in dessen Bezirk die zu vernehmenden Personen sich aufhalten oder der in Augenschein zu nehmende Gegenstand sich befindet.

(3) Bei dem bezeichneten Amtsgericht muß das Gesuch angebracht werden, wenn der Rechtsstreit noch nicht anhängig ist.

1 1) Über **Form u Inhalt des Gesuchs** s § 487, über seine mat-rechtl Wirkung (Unterbrechung der Verjährung) s Rn 2 vor § 485 u Rn 7 ff zu § 485. Rechtshängigkeit (§ 261) begründet das Gesuch nicht; abw Schilken ZZP 92, 238/251 u 256, der eine eigene „Rechtshängigkeit" des Beweissicherungsverfahrens als solchen annimmt und deshalb auch einen Gegenantrag der beteiligten anderen Partei (§ 485 Rn 3) als unzulässig erachtet.

2 **2) Zuständigkeit: a) Rechtsweg:** § 486 setzt Zulässigkeit des Rechtsweges zum ordentl Gericht (§ 13 GVG) voraus. Ausnahmsweise ist das Amtsgericht i den Fällen Abs II u III wegen § 46 II ArbGG auch in Arbeitssachen zuständig; ebenso § 164 FGG. In allen anderen Fällen ist, wo der Rechtsweg z ordentl Gericht für den Hauptsachenanspruch nicht gegeben wäre, das Gesuch auf Antrag formlos an das zuständige Gericht abzugeben, bei Widerspruch gegen Abgabe ist Zurückweisung geboten. Vgl Rn 6 vor § 485. Wurde Unzulässigkeit des Rechtsweges nicht beachtet, so ist die Verwertung des Beweisergebnisses in jedem Zweig der Gerichtsbarkeit trotzdem zulässig.

3 **b) Sachl u örtl Zuständigkeit:** Ist der Rechtsstreit über die **Hauptsache bereits anhängig** (Rn 4 zu § 253; Rechtshängigkeit nicht nötig, Frankfurt NJW 65, 306; Anhängigkeit eines Arrest- oder Verfügungsverfahrens genügt für Abs I nicht, Frankfurt NJW 85, 811 = MDR 84, 1034), so ist grundsätzlich das für die Hauptsache zuständige Gericht für die Durchführung der Beweissicherung zuständig, uU daher auch das Berufungsgericht, jedoch niemals das Revisionsgericht (BGH 17, 117 = NJW 55, 908; BVerwG NJW 61, 1228). Spätere Klagerücknahme beseitigt Zuständigkeit nicht, OLG 43, 147, kann aber das rechtl Interesse iS § 485 beseitigen. Übertragung auf den Einzelrichter oder verordneten Richter (§§ 361, 362, 375) ist zulässig, ebenso Rechtshilfeersuchen § 363 bei Beweiserhebung i Ausland. Entgegen StJSchL Anm I 2 ist bei Beweissicherung durch das Prozeßgericht der Grundsatz der Beweisunmittelbarkeit (§§ 355, 375) zu wahren.

4 Trotz Anhängigkeit der Hauptsache ist **bei dringender Gefahr das Amtsgericht neben dem Gericht der Hauptsache** nach Wahl des Antragstellers (Schleswig MDR 74, 761) zuständig (Abs II), wobei **örtlich zuständig** dasjenige Amtsgericht ist, in dessen Bezirk sich das Beweismittel befindet oder der zu vernehmende Zeuge wohnt (Schleswig MDR 74, 761/62), also nicht notwendig das Amtsgericht am Ort des Gerichts der Hauptsache. Diese Zuständigkeit des Amtsgerichts setzt eine besondere, über die Dringlichkeitsgründe des § 485 hinausgehende Dringlichkeit der Gefahr des Beweismittelverlustes voraus, die regelm nur besteht, wenn das Gericht der Hauptsache aus vom Antragsteller darzulegenden und glaubhaft zu machenden Gründen die *sofortige* Beweiserhebung nicht erwarten läßt. Wegen Zuständigkeit bei Auslandsbelegenheit des Beweismittels s unten Rn 5a.

5 Ist die **Hauptsache noch nicht anhängig,** so ist stets das Amtsgericht (Abs III) am Ort des Beweismittels zuständig. Bei Notwendigkeit der Beweisaufnahme in versch AG-Bezirken ist gem § 36 Nr 3 zu verfahren (München Rpfleger 86, 263/264; RGZ 164, 308) oder sind mehrere Gesuche bei den versch Amtsgerichten vorzulegen.

5a Befindet sich der **Gegenstand der Beweissicherung im Ausland,** erfolgt gleichwohl die Beweisanordnung nur durch ein deutsches Gericht, nötigenfalls im Wege des § 363 und nach Maßgabe des Haager Übereinkommens vom 18. 3. 1970 über die Beweisaufnahme im Ausland (hierzu § 363 Rn 6–12 und Stürner IPRax 84, 299). Die von einem ausländischen Gericht angeordnete und durchgeführte Beweissicherung könnte allenfalls urkundenbeweislich (also nicht gemäß § 493; vgl § 402 Rn 2, § 373 Rn 9) in das Hauptsacheverfahren eingeführt werden (hierzu Köln NJW 83, 2779; Meilicke NJW 84, 2017). Welches **Amtsgericht bei Auslandsbelegenheit des Beweismittels iS Abs II und III** und bei Inanspruchnahme eines ausländischen Sachverständigen örtlich zuständig ist, regelt § 486 trotz des offenbaren Regelungsbedürfnisses nicht (Gesetzeslücke). Schleswig MDR 74, 761/62 sieht hier nur das WohnsitzAmtsgericht eines gemäß § 487 Nr 3 benannten deutschen Sachverständigen als zuständig an; das lehnt Meilicke aaO ab, weil sonst die Gerichtszuständigkeit manipulierbar wäre. Die somit bestehende Gesetzeslücke kann im Wege der Rechtsanalogie (vgl Einleitung vor § 1 Rn 97, 100) nur derart geschlossen werden, daß bei Auslandsbelegenheit des Beweismittels im Fall Abs II und III das Amtsgericht örtlich zuständig ist, in dessen Bezirk das (gegenwärtige oder künftige) Hauptsachegericht liegt (aM Stürner IPRax 84, 300, der hier in den Fällen Abs II und III anstatt des Amtsgerichts das Gericht der (ggf künftigen) Hauptsache als örtlich zuständig ansieht; aber damit wird ohne zwingenden Grund von der sachlichen Sonderzuständigkeit des Amtsgerichts abgewichen).

6 Wird die **Hauptsache nachträglich anhängig,** so bleibt das Amtsgericht zunächst zuständig bis zur Beweisverwertung im Hauptsacheprozeß. Die (Hilfs-)**Zuständigkeit des Amtsgerichts endet**

mit der Anordnung der Beiziehung der Beweissicherungsakten durch das Gericht der Hauptsache gemäß § 493; von nun ab kann und darf das Amtsgericht in die auf das Gericht der Hauptsache übergegangene Beweiserhebungskompetenz weder durch Anordnungen (zB Ergänzungen oder mündliche Erläuterung eines Gutachtens gemäß § 411 III) noch durch Entscheidungen (zB über ein Ablehnungsgesuch) eingreifen (München OLGZ 82, 200/201; aM Braunschweig NdsRpfl 83, 141: Zuständigkeitswechsel bereits mit Anhängigkeit der Hauptsache und erneute Zuständigkeit des Amtsgerichts nach Rücknahme der Hauptsacheklage).

Zur Beendigung der mat-rechtl Wirkungen des Beweissicherungsverfahrens s § 492 Rn 4. Zur aktenmäßigen Vereinigung der Beweisssicherungs- und Hauptsacheakten s § 13 AktO.

3) Zurücknahme des Gesuchs bedarf keiner Zustimmung des Gegners (RG 66, 368). Zur Kostenfolge der Rücknahme: § 490 Rn 5. 7

4) Wegen **Kosten** s § 490 Rn 5 ff. 8

487 *[Inhalt des Gesuchs]*

Das Gesuch muß enthalten:

1. **die Bezeichnung des Gegners;**
2. **die Bezeichnung der Tatsachen, über welche die Beweisaufnahme erfolgen soll;**
3. **die Bezeichnung der Beweismittel unter Benennung der zu vernehmenden Zeugen und Sachverständigen;**
4. **die Darlegung des Grundes, der die Besorgnis rechtfertigt, daß das Beweismittel verloren oder seine Benutzung erschwert werde. Dieser Grund ist glaubhaft zu machen.**

I) Form des Gesuches: Kein Anwaltszwang für das Gesuch (§§ 486 I, 78 II), wohl aber für das weitere Verfahren, soweit es vor dem Kollegialgericht (Prozeßgericht, § 486 Rn 3) stattfindet. Eigenhändige Unterschrift des Antragstellers oder Prozeßbevollmächtigten nötig, sonst keine Unterbrechung der Verjährung (RG 66, 368); Vollmacht ist vorzulegen, § 88 II. Auslagenvorschuß § 65 GKG u KV Nr 1140; s auch Rn 9 zu § 490. Angabe des Wertes § 23 GKG (Streitwert s § 3 Rn 16 „Beweissicherung"). – Bei Mängeln des Gesuchs: § 490 Rn 3. 1

II) Inhalt des Gesuches: Die Angaben zu Nr 1 bis 4 sind Zulässigkeitsvoraussetzung. Nichtbeachtung führt zur Zurückweisung. 2

Zu Nr 1. Unbekannter Gegner: § 494. Nach der Bezeichnung des Gegners richtet sich die Unterbrechungswirkung (Rn 2 vor § 485) des Gesuchs (BGH NJW 80, 1458; Köln VersR 71, 378). Über die **Rechte des Gegners:** Wussow NJW 69, 1405; Gegner hat das beschwerdefähige Recht, die Zulässigkeit des Verfahrens zu bestreiten u (auf eigene Kosten, § 65 GKG) Gegenbeweis anzutreten (§ 485 Rn 3; RGZ 49, 390; Oldenburg MDR 77, 499; Suttgart ZZP 23, 207). Er darf Anhörung des Sachverständigen (§ 411 Rn 5 a) beantragen (BGH 6, 398/401; Schilken ZZP 92, 238/256). Ablehnung des Sachverständigen grds zulässig (§ 406 Rn 3). – Kommen mehrere Personen als Gegner in Betracht (im Baumängelprozeß häufig), sind alle zu benennen. Das macht die von Wussow (aaO 1407) als zulässig erachtete Streitverkündung überflüssig, denn der Gegner darf seinerseits Dritte als weitere Gegner benennen und eine „Streitverkündung" ist im Beweissicherungsverfahren, das als solches zu keiner der Rechtskraft zugänglichen Sachentscheidung führt, begrifflich ausgeschlossen (LG Bremen MDR 84, 237). 3

Zu Nr 2. Entspricht §§ 359 Nr 1, 371, 373, 377 II Nr 2, 403. Auch hier ist Ausforschungsbeweis (Rn 5 vor § 284) unzulässig. Die Erheblichkeit der Tatsachen im Proz ist nicht glaubhaft zu machen, RG 49, 388. Sind aber die Tatsachen für den Prozeß offensichtlich nutzlos, so kann der Antrag zurückgewiesen werden (§ 485 Rn 1). Zweckmäßig ist Angabe des Anspruchs. – Für alle unter Beweis gestellten Tatsachen muß das besondere Feststellungsbedürfnis des § 485 bestehen. Daher schließt zB die Feststellung der Mängel einer Werkleistung (§ 633 BGB) nicht notwendig auch die Feststellung der Nachbesserungskosten ein (Schilken aaO S 263), wohl aber (zB bei Baumängeln, Hesse BauR 84, 23) die Feststellung der Mängelursachen. 4

Zu Nr 3. Den Sachverständigen hat der Antragsteller zu bezeichnen (München VersR 77, 939 = ZSW 80, 217 m Anm Müller). Diese Abweichung von § 404 ist Folge des Umstands, daß hier der Antragsteller Herr des nicht notw kontradiktorischen Verfahrens ist u der Gegner seine Rechte durch eigenen Antrag wahren kann (Rn 3; abw Schilken aaO S 252 ff). **Ablehnung des SV** (§ 406) ist grds zulässig (§ 406 Rn 3–6). Wenn der Antragsteller keinen geeigneten Sachverständigen kennt, wird man ihm gestatten müssen, dessen Benennung dem Gericht (§ 404) zu überlassen (LG Köln NJW 78, 1866), wie auch das Gericht von Amts wegen (insoweit dann keine Vor- 5 schußpflicht, § 379 Rn 1) neben dem benannten einen weiteren Sachverständigen ernennen darf (StJSchL Anm II 3; Schmidt JR 82, 321; LG Köln NJW 78, 1866; abw Wussow NJW 69, 1403; Schneider JurBüro 67, 290). Gegen die Ablehnung des derart v Gericht ernannten Sachverständigen auch durch den Antragsteller bestehen, soweit das den Eilzweck des Verfahrens nicht gefährdet, keine durchgreifenden Bedenken; vgl § 406 Rn 4, 5 und zur Rechtzeitigkeit des Ablehnungsgesuchs bereits im Beweissicherungsverfahren § 406 Rn 6.

6 **Zu Nr 4.** Das konkrete Beweissicherungsinteresse (§ 485 Rn 5) ist als Zulässigkeitsvoraussetzung des Gesuchs darzulegen (sonst § 490 Rn 3) und glaubhaft zu machen (§ 294; Glaubhaftmachung erst auf Anforderung durch das Gericht genügt). Diese Darlegung und Glaubhaftmachung ist entbehrlich, wenn der Gegner nachweislich (zum Nachweis § 485 Rn 2) dem Gesuch zugestimmt hat.

488 (weggefallen)

489 (weggefallen)

490 *[Entscheidung]*

(1) Über das Gesuch kann ohne mündliche Verhandlung entschieden werden.

(2) In dem Beschluß, durch welchen dem Gesuch stattgegeben wird, sind die Tatsachen, über die der Beweis zu erheben ist, und die Beweismittel unter Benennung der zu vernehmenden Zeugen und Sachverständigen zu bezeichnen. Der Beschluß ist nicht anfechtbar.

1 **1) Die Entscheidung** ergeht durch Beschluß nach freigestellter mündl Verhandlung. Wegen Feriensache s Rn 5 vor § 485. Schriftl Anhörung des Gegners zweckmäßig, soweit nicht Gefahr im Verzug. Über Rechte des Gegners s § 487 Rn 3.

2 **Der stattgebende Beschluß** entspricht inhaltlich (Abs II) einem Beweisbeschluß (§ 359) und ist wie ein solcher nicht anfechtbar. Einer Begründung bedarf der Beschluß nur, soweit er v Antrag (auch des Gegners) abweicht (einschr LG Frankfurt JR 66, 182). Anordnung des Gegenbeweises zulässig (§ 485 Rn 3). Wird gleichzeitig Termin z Beweisaufnahme bestimmt, ist der Beschl förmlich zuzustellen (§ 329 II), sonst formlos mitzuteilen. Wegen Zulässigkeit schriftl Gutachten s § 492 Rn 1.

3 **Abweisender Beschluß** ergeht **a)** bei iS §§ 485–487 unzulässigem Gesuch, **b)** bei fehlender Zuständigkeit (Rn 3 zu § 486), **c)** bei Ungeeignetheit des Beweismittels (Rn 5 zu § 284). Jedoch keine Abweisung wegen fehlender Entscheidungserheblichkeit oder Beweisbedürftigkeit (Rn 9, 10 vor § 284), denn deren Prüfung bleibt dem Hauptsacheprozeß vorbehalten (RG 49, 388), soweit nicht das rechtl Interesse (§ 485) in Frage steht. – Wegen der notw Beschränkung der Entscheidung auf nur solche Feststellungen, für die das besondere Feststellungsbedürfnis iS § 485 besteht, s § 487 Rn 4 (ggf Teilrückweisung des Antrags!).

4 **2) Rechtsbehelf:** Beschwerde (§ 567) nur gegen Abweisung oder gegen Änderung (§ 360; zur Zulässigkeit der Änderung Schilken ZZP 92, 238/257) des stattgebenden Beschlusses zum Nachteil des Beschwerdeführers (OLG 25, 146; LG Mannheim MDR 69, 931), also zulässig auch gegen Zurückweisung des Gegenbeweises. – Entgegen Karlsruhe OLGZ 80, 62 keine Beschwerde statthaft gegen Hinweise des Vorsitzenden auf Bedenken gegen Zulässigkeit oder Erfolgsaussicht des Antrags, denn solche Hinweise (vgl § 278 III) sind noch keine Entscheidung iS § 567.

5 **3)** Eine **Kostenentscheidung** ist (abgesehen vom Beschwerdeverfahren; hier gilt § 97) nicht veranlaßt, weil eine Kostenerstattung für den Gegner grundsätzlich nur u erst im Hauptsacheprozeß möglich ist, BGH 20, 5. **Ausnahme:** Hatte sich der Gegner am Verfahren vor Zurückweisung des Gesuchs als unzulässig beteiligt, so dürfen die Kosten des Gegners dem Antragsteller auferlegt werden (BGH NJW 83, 284 = MDR 83, 204); dasselbe gilt, wenn nach Beteiligung des Gegners der Antragsteller sein Gesuch zurücknimmt (Altenmüller NJW 76, 92/97; LG Kassel AnwBl 81, 448; LG Hamburg MDR 86, 945/946; abw LG Frankenthal MDR 81, 940) oder für erledigt erklärt (Hamm MDR 85, 415). Die Gewährung von **Prozeßkostenhilfe** für das Beweissiche-

rungsverfahren bedarf auch bei Anhängigkeit des Hauptsacheprozesses (§ 486 I) der gesonderten Bewilligung (vgl § 122 III 3 BRAGO). Diese Bewilligung ist (entgegen LG Bonn MDR 85, 415) auch außerhalb eines bereits anhängigen Rechtsstreits nicht ausgeschlossen (LG Saarbrücken BauR 85, 607; LG Düsseldorf MDR 86, 857; LG Aurich MDR 86, 504); sie setzt aber über die Darlegung und ggf Glaubhaftmachung der Beweissicherungsvoraussetzungen hinaus (§§ 485, 487) die Darlegung der besonderen Gründe voraus, welche einer gleichzeitigen und erfolgversprechenden (§ 114) Klage noch entgegenstehen (vgl § 119 Rn 5 und Rn 7 vor § 114).

Außerhalb des Hauptsacheprozesses ist Kostenschuldner der Antragsteller § 49 GKG, bei Gegenbeweis also der Gegner (LG Stade NJW 65, 1818). Kommt es zu keinem Hauptsacheprozeß, muß der Antragsteller seine Kosten gegen den Gegner i einem gesondert Verf geltend machen, sofern hierfür eine mat-rechtl Anspruchsgrundlage (zB positive Vertragsverletzung, culpa in contrahendo, Verzugsschaden) besteht (BGH NJW 83, 284 = MDR 83, 204; BGHZ 45, 251/257; Köln VersR 71, 425; AG M-Gladbach NJW 72, 1055). Allein die Erfolgschance eines letztlich unterbliebenen Hauptsacheprozesses genügt als Anspruchsgrundlage nicht. Dementsprechend genügt das Unterbleiben des Hauptsacheprozesses auch nicht als mat-rechtl Anspruchsgrundlage eines Kostenerstattungsanspruchs des Gegners (Düsseldorf MDR 82, 414 = VersR 82, 1147). 6

Kommt es z **Hauptsacheprozeß,** so sind die Kosten der Beweissicherung Teil der Kosten dieses Rechtsstreits u nach Maßgabe der Notwendigkeit (§ 91 Rn 13 zu „Beweissicherung") zu erstatten. Da die Frage der Notwendigkeit hier nicht im Kostenfestsetzungsverfahren zu entscheiden ist (München Rpfleger 81, 203), muß der **Kostenausspruch im Urteil ausdrücklich** gemäß § 308 II auch über die Kosten der Beweissicherung befinden (sonst § 321), denn die in der Hauptsache unterlegene Partei ist nicht bereits aus diesem Grund Schuldner der (gesamten) Kosten einer Beweissicherung. Nicht erstattungsfähig gem § 96 die Kosten des als unzulässig zurückgewiesenen Antrags (Düsseldorf NJW 72, 295), ebenso die Kosten einer im Hauptsacheverfahren nicht verwerteten (zB Beweissicherung bzgl einer Hilfsaufrechnung, über die iS § 322 II nicht entschieden wurde, München Rpfleger 82, 196) oder aus sonstigem Grund nutzlosen Beweissicherung (München Rpfleger 73, 446). Köln NJW 83, 2779 erachtet das Ergebnis des Beweissicherungsverfahrens vor einem ausländischen Gericht für weder verwertbar noch für kostenerstattungsfähig; dem ist hinsichtlich der Kostenerstattungsfähigkeit wegen der Möglichkeit der §§ 363, 364 zuzustimmen, nicht jedoch hinsichtlich der (urkundenbeweislichen; § 486 Rn 5 a) Verwertbarkeit der ausländischen Beweisergebnisse (Stürner IPRax 84, 299). Bei Verwertung der Ergebnisse der Beweissicherung in mehreren Hauptsacheprozessen von unterschiedl Streitwert verteilt Köln, NJW 72, 953 u Düsseldorf NJW 76, 115 die Beweissicherungskosten anteilig. Dasselbe (nur quotenmäßige Einbeziehung der Beweissicherungskosten in die Kosten der Hauptsache) gilt, wenn der Gegenstandswert der Beweissicherung höher als der Streitwert der Hauptsache ist (KG Rpfleger 86, 106; Hamburg MDR 82, 326). Dagegen gelten §§ 92, 96 entsprechend, soweit die Beweissicherung nur einen best Teil des Gegenstands des Hauptsacheprozesses betrifft (Hamm MDR 79, 677; Rpfleger 80, 69; Düsseldorf NJW 76, 115; KG AnwBl 74, 184) oder die Beteiligten des Beweissicherungsverfahrens und des Hauptsacheprozesses nur zum Teil identisch sind (Köln MDR 86, 764; JurBüro 78, 1820; aM Hamburg MDR 86, 591/592). Ausnahme: Betrifft die Beweissicherung, Grund oder Höhe des Anspruchs, wird die Klage aber weg fehlender Passivlegitimation des Bekl abgewiesen, so erfaßt die Kostenentscheidung dieses Urteils nur die dem Bekl erwachsenden Kosten, während über die Kosten der Beweissicherung erst im Prozeß geg den richtigen Schuldner entschieden wird (BGH 20, 4 = NJW 56, 785). Ebenso, wenn im Hauptverfahren die Klage als unzulässig abgewiesen wird (Hamburg MDR 71, 852). Die Kosten einer vom Beklagten betriebenen Beweissicherung sind nach **Klagerücknahme** grds nicht gemäß § 269 III vom Kläger zu tragen (näher § 269 Rn 18). Werden bei hälftigem Unterliegen des Klägers die Kosten im Endurteil gemäß § 92 gegeneinander aufgehoben, so sind die Kosten der den gesamten Streitstoff betreffenden (bei nur teilw Betreff s oben) Beweissicherungskosten wie Gerichtskosten beiden Parteien je zur Hälfte aufzuerlegen und nicht etwa dem Beweissicherungsführer als dessen außergerichtliche Kosten zu belassen (Hamburg MDR 83, 409). Ob dasselbe gilt, wenn die Parteien in einem Vergleich Kostenaufhebung vereinbart haben, ist (entgegen Hamm MDR 82, 326) Frage des Vertragswillens und sollte daher tunlichst im Vergleich ausdrücklich geregelt werden (vgl hierzu Stuttgart Rpfleger 82, 195; Nürnberg MDR 82, 941; Frankfurt MDR 83, 941). Die Überbürdung der Kosten einer Beweissicherung auf den im Hauptsacheprozeß unterlegenen Gegner setzt grds dessen Identität mit dem Gegner im Beweissicherungsverfahren (§ 487 Rn 3) voraus (KG Rpfleger 85, 251; 80, 393; MDR 76, 846); diese Identität der Gegner ist aber auch zu bejahen, wenn der Gegner im Hauptsacheprozeß Rechtsnachfolger des Gegners im Beweissicherungsverfahren ist (Düsseldorf MDR 85, 1032; Celle NJW 63, 54). 7

8 Die **Festsetzung des Streitwerts** obliegt nur im Fall § 486 I dem Hauptsachegericht, sonst dem Amtsgericht des § 486 II oder III bzw dem diesem übergeordneten LG als BeschwGericht (Hamm NJW 76, 116). Zur Höhe des Streitwerts s § 3 Rn 16 „Beweissicherung" und Knacke NJW 86, 36.

9 **4) Gebühren: a) des Gerichts:** Für das Verfahren nach §§ 485 ff erwächst – gleichviel ob es innerhalb eines Prozesses od isoliert davon eingeleitet wird – nach KV Nr 1140 eine halbe Gebühr. Diese Gebühr erhöht sich nicht, wenn der Antrag in höherer Instanz (§ 486 Abs 1) gestellt wird. Durch die Gebühr wird das gesamte Verfahren abgegolten, also auch die Bestellung eines Vertreters für den unbekannten Gegner (§ 494 Abs 2). Das Beweissicherungsverfahren ist gebührenrechtlich ein selbständiges Verfahren, so daß die nach KV Nr 1140 entstandene Gebühr neben den im Hauptprozeß bezüglich desselben Gegenstandes anfallenden Gebühren zu erheben ist. – Mehrere nacheinander gestellte Beweissicherungsanträge leiten jeweils besondere Verfahren ein, so daß für jeden Antrag eine besondere Gebühr entsteht, und zwar selbst dann, wenn über die mehreren Anträge nach Verbindung eine gemeinsame Entscheidung ergeht. Ergänzung od Berichtigung eines gestellten Antrags ist nicht gebührenpflichtig. S dazu im einzelnen Drischler/Oestreich/Heun/Haupt, GKG 3. Aufl VII KV Nr 1140 Rdnr 5; Hartmann, KostGes KV Nr 1140 Anm 1; Markl KV 1140 Rdnr 1. – Die Gebühr des KV Nr 1140 wird fällig mit der Einreichung des Antrags (§ 61 GKG); Kostenschuldner ist der Antragsteller (§ 49 S 1 GKG); dieser ist auch für die Auslagen, jedoch nicht für die Gebühr des KV Nr 1140 vorschußpflichtig (§ 68 Abs 1 GKG), s München JurBüro 75, 1230. Die im Hauptprozeß zur Tragung der Kosten verurteilte Partei haftet aus § 54 Nr 1 GKG (mit Vorrang nach § 58 Abs 2 GKG) auch für die Kosten des Beweissicherungsverfahrens (München JurBüro 73, 1082; aM Schleswig JurBüro 77, 1626); dies ist nicht der Fall, wenn die Streitgegenstände verschieden sind (Schleswig, JurBüro 76, 1546) od wenn die Parteien des Hauptprozesses u des Beweissicherungsverfahrens nicht dieselben sind (KG JurBüro 76, 1384). – Wird in einem Beweissicherungsverfahren die (nicht anhängige) Hauptsache verglichen, so fällt neben der halben Gebühr nach KV Nr 1140 die gerichtl Vergleichsgebühr (KV Nr 1170) an; wegen des Gegenstandswerts des Vergleichs in diesem Fall s Drischler usw, aaO, Rdnr 6. Für die Vergleichsgebühr haftet derjenige, der die Kosten im Vergleich übernommen hat (§ 54 Nr 2 GKG); als „Antragsteller der Instanz" haftet aber jeder am Vergleichsabschluß als Partei Beteiligter (§ 49 S 1 GKG). – Die Zurücknahme des Antrags ist ohne Einfluß auf die einmal angefallene Gebühr des KV Nr 1140. Die Gebühr wird auch erhoben, wenn die Beweissicherung nicht durchgeführt wird. – Das Beschwerdeverfahren wegen der Zurückweisung od Ablehnung des Gesuchs (s § 485 Rn 1) ist nach KV Nr 1181 gebührenpflichtig, wenn die Beschwerde (als unzulässig) verworfen od zurückgewiesen wird.

b) des Anwalts: Ist die Hauptsache bereits anhängig, so gehört das Beweissicherungsverfahren nach § 37 Nr 3 BRAGO zum Rechtszug. Ist die Hauptsache noch nicht anhängig, so erhält der RA die in § 31 BRAGO bestimmten Gebühren je zu ½, § 48 BRAGO. Die (halbe) Prozeßgebühr entsteht bereits mit der Einreichung des Gesuchs. Für mehrere Beweissicherungsanträge erhält der RA die Gebühren nach dem Werte des Gegenstandes je gesondert.

c) Streitwert: s § 3 Rn 16 unter „Beweissicherung".

491 *[Ladung des Gegners]*

(1) Der Gegner ist, sofern es nach den Umständen des Falles geschehen kann, unter Zustellung des Beschlusses und einer Abschrift des Gesuchs zu dem für die Beweisaufnahme bestimmten Termin so zeitig zu laden, daß er in diesem Termin seine Rechte wahrzunehmen vermag.

(2) Die Nichtbefolgung dieser Vorschrift steht der Beweisaufnahme nicht entgegen.

1 **1) Abs I.** Die Ladung soll dem Gegner (§ 487 Nr 1) die Wahrnehmung seiner Rechte gem §§ 357, 397, 402 (s auch § 487 Rn 3) ermöglichen. Ladung von Amts wegen § 214. Einhaltung der Ladungsfrist nicht vorgeschrieben, aber wegen des Mitwirkungsrechts der Parteien (§§ 397, 402) sachl geboten (vgl § 375 Rn 5; Teplitzky NJW 73, 1675). Ladung der Zeugen u Sachverständigen von Amts wegen: §§ 377, 278. Mangel e Gegners: § 494. – Erfordert die Beweissicherung keinen Termin (so bei schriftl Gutachten), genügt mangels Ladung die formlose Mitteilung des Beweisbeschlusses, BGH NJW 70, 1919/1921. Dennoch ist förmliche Zustellung aus Gründen des Zugangsbeweises dringend anzuraten im Hinblick sowohl auf die rechtserhaltende Wirkung des Gesuchs (Rn 2 vor § 485) als auch auf die Beweisverwertungsvoraussetzung gemäß § 493 II und die Kostenfolge im Hauptsacheprozeß (§ 490 Rn 7 am Ende).

2 **2) Abs II.** Keine Benützung der Beweissicherung, wenn § 491 I verletzt, § 493 II. Bloßes Ausbleiben hindert die Beweisaufnahme nicht, § 367.

492 *[Beweisaufnahme]*

(1) Die Beweisaufnahme erfolgt nach den für die Aufnahme des betreffenden Beweismittels überhaupt geltenden Vorschriften.

(2) Das Protokoll über die Beweisaufnahme ist bei dem Gericht, das sie angeordnet hat, aufzubewahren.

1) Abs I. Es gelten die allg Vorschriften der §§ 355–371, daneben für den Augenschein §§ 371–372a, für Zeugen §§ 373–401, für Sachverständigen §§ 402–414. Wegen Ablehnung des Sachverständigen gem § 406 vgl dort Rn 3. Schriftl Sachverständigengutachten (§ 411) ist zulässig, vorbehaltl Antrag einer Partei auf Anhörung des SV (§ 411 Rn 5a; LG Frankfurt MDR 85, 149/50 (offengelassen BGH NJW 70, 1920; aber was im normalen Verfahren genügt, muß auch hier ausreichen; Schilken ZZP 92, 238/256). Die Anhörung des SV kann, sofern sie noch dem Sicherungszweck des Eilverfahrens dient (§ 485 Rn 5, § 487 Rn 6), im Beweissicherungsverfahren, sonst jedenfalls noch im Hauptsacheprozeß von allen Parteien und jeweils in der gebotenen Unverzüglichkeit (§ 411 Rn 5a; LG Frankfurt MDR 85, 150) beantragt werden. Dasselbe gilt für die Anhörung von Zeugen nach deren auch hier gemäß §§ 377 III u IV zulässigen schriftlichen Auskunft (vgl § 377 Rn 10). 1

Im Termin kann der Gegner **Einwendung** gegen das Verfahren selbst (die Zuständigkeit des Gerichts, Ordnungsmäßigkeit des Gesuchs) vorbringen. Entscheidung hierüber durch Beschluß des die Beweisaufnahme anordnenden Gerichts, RG 97, 132. Anfechtung s § 490 Rn 4. Das Gericht kann die Anordnung aus § 490 wieder zurücknehmen, auch die Beweisaufnahme von Amts wegen vertagen, um dem Gegner Gelegenheit zur Äußerung zu geben. 2

Die **Vereidigung** von Zeugen oder Sachverständigen kann, wenn die Hauptsache anhängig ist, nur das ProzGer nach mündl Verh anordnen. Ist die Hauptsache nicht anhängig, so entscheidet das in § 486 III bezeichnete AG, RG 97, 132. Die Beeidigung eines Zeugen im Beweissicherungsverfahren wird nur ganz ausnahmsweise geboten sein, denn die Frage der Notwendigkeit einer Vereidigung ist Teil der (dem Beweissicherungsverfahren fremden) Beweiswürdigung (§ 391 Rn 2). 3

Das **Beweissicherungsverfahren ist beendet** iS §§ 477, 639 BGB mit Verlesung der mündl Aussage des Zeugen oder SV im Termin (§ 162) bzw mit Zustellung des Schriftl Gutachtens (LG M-Gladbach MDR 84, 843), sonst mit Zurückweisung oder Zurücknahme des Gesuchs (BGH 53, 46; 60, 212 = NJW 73, 698). Zur Beendigung der Beweissicherungszuständigkeit des Amtsgerichts s § 486 Rn 6. Für eine Unterbrechung oder Aussetzung des Verfahrens ist im Beweissicherungsverfahren kein Raum. Wegen Feriensache s Rn 5 vor § 485. 4

2) Abs II. Protokoll: § 160, bleibt bis zur Beiziehung durch das Prozeßgericht (§ 493), dann wieder nach Abschluß des Hauptsacheverfahrens, beim anordnenden Gericht; § 13 AktO. 5

493 *[Benutzung des Beweisergebnisses im Prozeß]*

(1) Jede Partei hat das Recht, die Beweisverhandlungen in dem Prozeß zu benutzen.

(2) War der Gegner in einem Termin zur Beweisaufnahme nicht erschienen, so ist der Beweisführer zur Benutzung der Beweisverhandlung nur dann berechtigt, wenn der Gegner rechtzeitig geladen war oder wenn der Beweisführer glaubhaft macht, daß ohne sein Verschulden die Ladung unterblieben oder nicht rechtzeitig erfolgt sei.

1) Abs I. Benutzung liegt nur vor, wenn die Niederschriften nach Beiziehung der Beweissicherungsakten zum Hauptsacheverfahren durch Beweisverhandlung gemäß § 285 als Vernehmungs- oder Besichtigungsprotokoll benutzt werden (§ 278 II). Die Verwertung des im Vorverfahren erhobenen Beweises im Hauptverfahren ist **kein Urkundenbeweis** (anders bei Beweiserhebung durch ein ausländisches Gericht, s § 486 Rn 5a, und bei fehlender Identität der Parteien beider Verfahren, Frankfurt MDR 85, 853). Der Beweis ist so zu behandeln, als wäre er erst im Hauptprozeß selbst erhoben (BGH NJW 70, 1920). Daher gilt für **nochmalige Vernehmung** (vorbehaltlich Abs II) § 398, für weiteres Gutachten § 412, für Anhörung des Sachverständigen § 411 III. Jedoch wird man den im Beweissicherungsverfahren unterbliebenen Antrag auf Anhörung des Sachverständigen (§ 492 Rn 1) noch bis zur ersten mündl Verhandlung über die Hauptsache zulassen, denn das schriftl Gutachten wird idR dem Sicherungszweck des Vorverfahrens genügt haben. 1

War das Beweissicherungsverfahren iS der §§ 485, 487 Nr 4 **unzulässig,** so hindert das die Verwertung seines Ergebnisses i Hauptprozeß nicht, denn das ursprüngl fehlende Feststellungsinteresse berührt nicht den Beweiswert; anders bei Mängeln im Verfahren der Beweiserhebung, zB Unzulässigkeit einer schriftl Zeugenaussage (Wussow NJW 69, 1403/04). 2

Soweit die **Ablehnung der Sachverständigen** im Vorverfahren unzulässig oder noch nicht veranlaßt war (§ 406 Rn 6), kann sie im Hauptprozeß (grundsätzlich nur bis zur 1. mündl Verhandlung! vgl § 406 Rn 10) nachgeholt werden. Die rein tatsächl Feststellungen des erfolgreich abge- 3 lehnten Sachverständigen bleiben als Aussage eines sachverständigen Zeugen verwertbar (BGH NJW 65, 1492).

4 Verwertung des Ergebnisses des Beweissicherungsverfahrens ist Beweiserhebung u löst **Beweisgebühr** aus, Hamburg AnwBl 69, 356; Frankfurt MDR 79, 65. Jedoch fallen für die Anwälte, wenn im Prozeß ausschließlich das Ergebnis der Beweissicherung als Beweis benutzt wird, über die halbe Gebühr des § 48 BRAGO hinaus keine weiteren (nochmaligen) Beweisgebühren an (KG MDR 68, 770; Bremen JurBüro 78, 1814; Köln JurBüro 78, 1820).

5 **2) Abs II.** Ist die Ladung des Gegners ohne Verschulden des Beweisführers (etwa aus Versehen des Zustellungsbeamten, was glaubhaft zu machen ist) unterblieben oder zu spät erfolgt, so kann letzterer dennoch die Beweisaufnahme benützen; der Beweisgegner darf in diesem Fall aber zur Ausübung seines Fragerechts (§§ 397, 402), sofern dieses nicht erkennbar rechtsmißbräuchlich oder verspätet (vgl § 411 Rn 5a) ausgeübt wird, die (nochmalige) Vorladung des im Beweissicherungsverfahren einvernommenen Zeugen oder SV beantragen, ohne daß dem § 398 entgegensteht. Das Ergebnis der unter Mißachtung der Rechte des Gegners durchgeführten Beweissicherung darf, soweit Verschulden des Beweisführers hierfür ursächlich, auch nicht als Urkundenbeweis verwertet werden (Köln MDR 74, 589), vgl § 494 I. Jedoch kann der Sachverständige, der im Beweissicherungsverfahren ein Gutachten erstattet hatte, in jedem Fall (vgl § 406 Rn 2) über die hierbei sachkundig festgestellten Tatsachen als sachverständiger Zeuge (§ 414) befragt werden, wenn das beantragt ist. – Einwendungen des Beweisgegners gegen die Benutzung des Beweisergebnisses bedürfen der unverzüglichen Verfahrensrüge (§ 295), denn sie sind verzichtbar.

494 *[Verfahren ohne Gegner]*

(1) Wird von dem Beweisführer ein Gegner nicht bezeichnet, so ist das Gesuch nur dann zulässig, wenn der Beweisführer glaubhaft macht, daß er ohne sein Verschulden außerstande sei, den Gegner zu bezeichnen.

(2) Wird dem Gesuch stattgegeben, so kann das Gericht dem unbekannten Gegner zur Wahrnehmung seiner Rechte bei der Beweisaufnahme einen Vertreter bestellen.

1 **1) Abs I.** Unverschuldete Unkenntnis des Gegners zB bei Schadensfeststellung, wenn Täter noch unbekannt. Verletzung zumutbarer Nachforschungspflicht ist schuldhaft. Nichtbeteiligung des Gegners beeinträchtigt dessen Rechte (§ 487 Rn 3) nachhaltig; daher strenger Maßstab bei Verschuldensprüfung. Glaubhaftmachung: § 294.

2 **2) Abs II.** Stuttgart OLG 40, 379 läßt Vertreterbestellung (§ 51) auch zu, wenn der Gegner gestorben oder sein gesetzl Vertreter weggefallen ist. – Eine Verpflichtung zur Übernahme des Amtes besteht nicht; findet sich niemand, der die Vertretung unentgeltlich übernimmt, so hat die Kosten einstweilen der Antragsteller zu tragen. Sie bilden für den nachfolgenden Prozeß einen Teil der außergerichtlichen Prozeßkosten. Die Staatskasse haftet dem Vertreter für seine Kosten nicht, daher keine Vorschußpflicht gemäß § 68 GKG.

3 **3) Gebühren: a) des Gerichts:** Die Gebühr für das Beweissicherungsverfahren (KV Nr 1140) umfaßt auch die Bestellung eines Vertreters für den unbekannten Gegner; daher keine besondere Gebühr (§ 1 Abs 1 GKG). – **b) des Anwalts:** Das Gesuch gehört zum Rechtszug (§ 37 Nr 3 BRAGO).

Zweiter Abschnitt

VERFAHREN VOR DEN AMTSGERICHTEN

495 *[Allgemeine Vorschrift]*

Für das Verfahren vor den Amtsgerichten gelten die Vorschriften über das Verfahren vor den Landgerichten, soweit nicht aus den allgemeinen Vorschriften des ersten Buches, aus den nachfolgenden besonderen Bestimmungen und aus der Verfassung der Amtsgerichte sich Abweichungen ergeben.

1 **1) Zuständigkeit der Amtsgerichte: a) ausschließlich** zuständig ist das AG ohne Rücksicht auf den Streitwert in **Wohnraum-Mietsachen** § 23 Nr 2 GVG, § 29a ZPO, mit Ausnahme der Wohn-

raummiete zu nur vorübergehendem Gebrauch gem § 29a II ZPO, §§ 556a VIII, 565 III BGB; **Ehe- und Familiensachen** § 23a bis c GVG; **Beweissicherungsverfahren** im Fall § 486 III; **Rechtshilfesachen** § 157 GVG, §§ 129a, 362 ZPO;

b) nicht ausschließlich zuständig (also gem §§ 38–40 grds prorogationsfähig) ist das AG für **vermögensrechtliche Sachen** bis zum Streitwert von (einschließlich) **5000,– DM** § 23 Nr 1 GVG (zur Problematik der Erschleichung des Gerichtsstands durch mehrere Teilklagen s R-Schwab § 32 II 1; Goldschmidt JW 31, 1753; Zeiss, Die arglistige Prozeßpartei, 1967, S 81 ff); **Reisesachen** § 23 Nr 2b GVG; **Viehmängelsachen** § 23 Nr 2c GVG, §§ 481 ff BGB; **Wildschadensachen** § 23 Nr 2d GVG, §§ 29 ff BJagdG; **Leibgedings- u Altenteilsachen** § 23 Nr 2g GVG, Art 96 EGBGB; zum Begriff des Leibgedings vgl BayObLGZ 75, 134 = MDR 75, 941; **Aufgebotssachen** § 23 Nr 2h GVG, §§ 946 ff ZPO; **Beweissicherungsverfahren** § 486 II; **Arrest- u Verfügungssachen** §§ 919, 942. 2

2) Verfahren der Amtsgerichte: Das amtsgerichtliche Verfahren entspricht, soweit nicht bereits die Besetzung des Gerichts durch **Einzelrichter** (§ 22 GVG) Abweichungen bedingt, seit der VereinfNovelle 1976 weitgehend dem landgerichtl Verfahren. Besonderheiten bestehen mit Rücksicht auf die relativ geringere Bedeutung bzw auf die Eilbedürftigkeit der oben genannten Zuständigkeiten insoweit, als (mit Ausnahme der Ehe- u Familiensachen) **kein Anwaltszwang** besteht (§§ 78, 79) u der Prozeß nicht notw schriftlich vorzubereiten ist (§§ 496, 129, 129a). Dem hierdurch bedingten höheren **Fürsorgebedürfnis der Parteien** will das Gesetz Rechnung tragen: Die Parteien können den Prozeß ohne Vertretung betreiben, eine Prozeßvollmacht ersatzlos kündigen (§ 87) und sich (ganz oder teilweise § 83 II) nicht-anwaltschaftlicher Beistände bedienen (§ 90); die Vollmacht u Postulationsfähigkeit solcher Beistände hat das Gericht von Amts wegen zu prüfen (§§ 88 II, 157). Anträge u Erklärungen können zu Protokoll jedes Amtsgerichts (nicht notw Gericht der Hauptsache, § 129a) abgegeben werden. Wesentliche Parteierklärungen in der Verhandlung sind (abweichend v § 160 IV) von Amts wegen in der Sitzungsniederschrift festzuhalten (§ 510a). Von Amts wegen zu belehren sind die Parteien über Zuständigkeitsmängel, deren Bedeutung u Verzichtbarkeit (§§ 504, 39 Satz 2), sowie über die Folgen eines schriftlich erklärten Anerkenntnisses (§§ 499, 307 II). Vom Gegner vorgelegte Urkunden sind abweichend v § 439 III nur dann als stillschweigend anerkannt anzusehen, wenn die Partei zur Erklärung über die Echtheit der Urkunde aufgefordert worden war (§ 510). Die Aufklärungspflicht des Gerichts gem §§ 139, 278 III erhält im amtsgerichtl Verfahren ein besonderes Gewicht. 3

Nicht der Fürsorge für die Parteien, sondern der **Vereinfachung u Beschleunigung des Verfahrens** dient die gem § 217 abgekürzte Ladungsfrist von mindestens 3 Tagen u die Vereinfachung der Ladungen gem § 497 (wenig zweckmäßig!). Die perpetuatio fori (§ 261 III 2) ist eingeschränkt durch § 506. Schließlich kann – weitergehend als in § 255 – die Verurteilung zur Vornahme einer Handlung (§§ 887, 888) für den Fall der Nichterfüllung bereits mit der bedingten Verurteilung zur Schadensersatzleistung verbunden werden (§ 510b); die Erzwingungsvollstrekkung nach §§ 887, 888 ist dann ausgeschlossen (§ 888a). 4

496 *[Schriftsätze oder Erklärungen zu Protokoll]*

Die Klage, die Klageerwiderung sowie sonstige Anträge und Erklärungen einer Partei, die zugestellt werden sollen, sind bei dem Gericht schriftlich einzureichen oder mündlich zum Protokoll der Geschäftsstelle anzubringen.

Die Partei hat vor dem AG die **Wahl,** ob sie bestimmende Anträge oder sonstige Erklärungen schriftlich einreicht oder mündl zu Protokoll der Geschäftsstelle anbringt. Nur durch gerichtl Anordnung gem § 129 II kann, wo das sachl geboten ist, das Wahlrecht der Parteien eingeschränkt werden. 1

1) Soweit **Schriftsätze** eingereicht werden, gelten für deren Form u Inhalt die §§ 130–133 u § 253 entsprechend. Inhaltsmängeln hat das Gericht durch Fragen u Hinweise (§§ 139, 278 III), notfalls durch Anordnung (§ 129a) ergänzender Angaben zu Protokoll zu begegnen. Über die Erfordernisse der „Einreichung“ von Schriftsätzen beim richtigen Adressaten sowie über die fristwahrende Wirkung einer Einreichung s § 270 Rn 5, 6 ff. 2

2) Erklärungen zu Protokoll der Geschäftsstelle (§ 153 GVG) können gem § 129a I vor jedem beliebigen Amtsgericht (nicht nur Gericht der Hauptsache) abgegeben werden. Der UrkBeamte der GeschStelle (§ 153 GVG), in den Angelegenheiten des § 24 RpflG der Rechtspfleger, ist zur Entgegennahme u Niederschrift sowie zur unverzüglichen Vorlage bzw Übersendung des Protokolls an das zuständige Prozeßgericht amtl verpflichtet (§ 129a II). Soweit die Klage entgegengenommen wird, muß deren Inhalt den Erfordernissen des § 253 genügen (vgl § 498); die unverzügliche Weitergabe an das Prozeßgericht erhält hier durch § 270 III besondere Bedeutung. Bei Nie- 3 derschrift sonstiger Erklärungen soll der UrkBeamte auf den in §§ 130, 131 für Schriftsätze vorgeschriebenen Inhalt hinwirken. Zur Niederschrift eines wörtlichen Diktats ist der UrkBeamte bei verworrenen oder gar beleidigenden Erklärungen nicht verpflichtet; Inhaltsprotokoll genügt regelmäßig. Im übrigen sieht aber das Gesetz eine Zurückweisung des mündl Vorbringens wegen dessen Umfangs oder querulatorischen Inhalts (wie in § 157 III) mit Rücksicht auf das Fürsorgebedürfnis im Parteiprozeß nicht vor. Hier kann aber, soweit § 270 III nicht Entgegennahme der Klage gebietet, Hinweis auf die Möglichkeit des Gesuchs um Prozeßkostenhilfe helfen. Zur zulässigen Verbindung der Klage mit dem Gesuch um Prozeßkostenhilfe s § 253 Rn 5, § 117 Rn 6, 7.

4 Sondervorschrift für das **Mahnverfahren: § 702.**

5 **3) Kosten des Gerichts:** Wird die Klage zu Protokoll der Geschäftsstelle angebracht, so ist die Aufnahme des Protokolls (Original) nicht gebührenpflichtig. Mit dem Abschluß des Protokolls (durch Vorlesen bzw eigenes Durchlesen des Antragstellers u Genehmigung) entsteht u wird zugleich fällig die Gebühr für das Verfahren im allgemeinen (§ 61 GKG). Die gleichzeitig für die Zustellung von Amts wegen notwendigerweise gefertigten Durchschriften (vom Original) sind nicht schreibauslagenpflichtig, weil es der Kläger hier nicht pflichtwidrig unterlassen hat, die entsprechenden Abschriften einzureichen. Vgl Drischler/Oestreich/Heun/Haupt, GKG, 3. Aufl VII KV Nr 1900 Rdnr 5 (Abs 6); Hartmann, KostGes KV Nr 1900 Anm 2 B. – Unterläßt es der Kläger, bei schriftlicher Einreichung der von Amts wegen zuzustellenden Klageschrift die jeweils für die Zustellung erforderliche Anzahl von Abschriften beizufügen, so daß diese das Gericht anfertigen muß, so ist hierfür Schreibauslagenschuldner allein der Kläger, zu dessen Lasten dieses Versäumnis geht (§ 56 S 2 GKG, KV Nr 1900 Ziff 1b). Eine Haftung anderer Kostenschuldner (§§ 49, 54 GKG), etwa als Zweitschuldner, scheidet aus. Vgl dazu Drischler usw, aaO, § 56 Rdnr 4; Hartmann, aaO, § 56 Anm 2 B.

497 *[Ladungen]*

(1) Die Ladung des Klägers zu dem auf die Klage bestimmten Termin ist, sofern nicht das Gericht die Zustellung anordnet, ohne besondere Form mitzuteilen. § 270 Abs. 2 Satz 2 gilt entsprechend.

(2) Die Ladung einer Partei ist nicht erforderlich, wenn der Termin der Partei bei Einreichung oder Anbringung der Klage oder des Antrages, auf Grund dessen die Terminsbestimmung stattfindet, mitgeteilt worden ist. Die Mitteilung ist zu den Akten zu vermerken.

1 **1) Abs I. Der Termin wird von Amts wegen bestimmt** (unanfechtbar), sofern nicht eines der in Rn 4–12 zu § 216 genannten Verfahrenshindernisse vorliegt. Eines Antrags bedarf es im amtsgerichtl Verfahren nur, wenn die Partei ein ruhendes Verfahren aufnehmen (§§ 251, 251 a) nach e Zwischenurteil nach § 304 über den Grund, nach e Vorbehaltsurteil im Nachverfahren (§ 600) oder nach Widerspruch im Mahnverf über den Anspruch verhandeln will, § 696, vgl Rn 2 zu § 216 (abw für Terminsbestimmung von Amts wegen nach Vorbehaltsurteil StJSchL Anm I 2). Bei Zurückweisung des Terminsantrags einf Beschwerde, § 567.

2 Die **Ladung** erfolgt durch die GeschSt (vgl Rn 7 vor § 214 sowie Rn 2 zu § 214 wegen des notw Inhalts der Ladung u weg der Folgen fehlerhafter Ladung). Dem Bekl wird mit der Ladung eine beglaub Abschrift der Klage (des Einspruchs usw) formell zugestellt, § 498. Dem Kl wird, wenn nichts Gegenteiliges angeordnet ist, die Ladung formlos ausgehändigt oder übersandt (= Ausnahme von § 329 II 2). Keiner Ladung bedarf es bei Terminsbestimmung in verkündeter Entscheidung (§ 218). Wegen Terminsverlegung s § 227. Ladungsfrist s § 217; Einlassungsfrist § 274 III; Abkürzung dieser Fristen: § 226; ohne Mitteilung der Abkürzung mit der Ladung kein VersUrteil, § 335 I 2.

3 **2) Abs II.** Dem Kl kann bei Anbringung der Klage, dem Bekl bei Einlegung des Einspruchs der Termin (mit Abkürzung der Einlaß- oder Ladungsfrist) sofort (formlos) bekanntgegeben werden. Daß dies geschehen, ist in den Akten zu vermerken u von dem Beamten zu unterzeichnen. Unterschrift der Partei ist nicht nötig. Zweckmäßig: Aushändigung e schriftl Terminsnotiz. Im übrigen genügt Übersendung der Terminsmitteilung an Kl bzw seinen ProzBevollm. Abs II gilt auch für Nebenintervent. Bei Nichterscheinen des Kl kann VersUrt erlassen werden; legt Kl Einspruch ein u macht er Nichtempfang der Ladung (Terminsmitteilung) glaubhaft, so sind die Gerichtskosten niederzuschlagen, § 8 GKG, wenn Zugang der formlosen Terminsmitteilung nicht feststellbar (vgl BVerfG NJW 74, 133). Daher treffen i diesem Fall Anwaltskosten des Gegners diesen; denn das VersUrt ist nicht in gesetzl Weise ergangen (§ 344). Entscheidung nach Aktenlage ist bei Ausbleiben des Kl ohne Vorliegen eines LadNachweises nicht möglich.

4 **3) Gebühren:** Vor der Zustellung der Klage ist die Gebühr für das Verfahren im allgemeinen (vgl KV Nr 1010) und sind die Auslagen für die förmliche Klagezustellung (vgl KV Nr 1902) vorauszuzahlen (§ 65 Abs 1 S 1 GKG). Es handelt sich dabei zwar um eine Sollvorschrift, ist aber Amtspflicht für das Gericht. – Die Vorauszahlungspflicht fällt weg, wenn **a)** dem Antragsteller die Prozeßkostenhilfe bewilligt ist (§ 65 Abs 7 Nr 1 GKG), oder **b)** ihm Kosten- bzw nur Gebührenfreiheit zusteht (§ 65 Abs 7 Nr 2 GKG) oder **c)** er glaubhaft macht, daß ihm aa) die alsbaldige Zahlung der Kosten mit

Rücksicht auf seine Vermögenslage od aus sonstigen Gründen Schwierigkeiten bereiten würde (§ 65 Abs 7 Nr 3 GKG) oder bb) eine Verzögerung einen nicht od nur schwer zu ersetzenden Schaden bringen würde, wobei hier zur Glaubhaftmachung die Erklärung des zum ProzBevollmächtigten bestellten RA genügt (§ 65 Abs 7 Nr 4 GKG). In den letzten beiden Fällen aa) bis bb) muß der Antragsteller, auch wenn die jeweiligen Voraussetzungen vorliegen, die Vorauszahlung leisten, wenn die beabsichtigte Rechtsverfolgung aussichtslos oder mutwillig erscheint (vgl dazu § 114 S 1). – Die Einforderung der vorauszuzahlenden Kosten (Gebühr u Auslagen) wird vom Kostenbeamten selbständig veranlaßt (§ 22 Abs 2 S 2 KostVfg) und erfolgt ohne vorherige Überweisung an die Gerichtskasse mittels Kostennachricht (Vordruck) ohne Sollstellung unmittelbar vom Kostenschuldner (Zahlungspflichtigen), § 31 Abs 1 KostVfg, u wenn die genaue Anschrift des Zahlungspflichtigen unbekannt ist od der Bevollmächtigte (ProzBevollmächtigte) sich zur Vermittlung der Zahlung erboten hat, von diesem, § 32 Abs 2 KostVfg. Die Klage ist jedoch nach Eingang zunächst dem Richter (oder ein Antrag bei funktioneller Zuständigkeit des Rechtspflegers diesem) vorzulegen, wenn sich daraus ergibt, daß die Erledigung der Sache ohne Vorauszahlung angestrebt wird (§ 22 Abs 2 KostVfg).

498 *[Zustellung der protokollierten Klage]*

Ist die Klage zum Protokoll der Geschäftsstelle angebracht worden, so wird an Stelle der Klageschrift das Protokoll zugestellt.

Die vor dem Amtsgericht gem § 496 **zu Protokoll gegebene Klage** entspricht nach Zweck u Inhalt dem § 253 (vgl § 496 Rn 3). Erst ihre Zustellung an den Gegner begründet Rechtshängigkeit §§ 253 I, 261. Wegen Vorwirkung der Klageeinreichung, wenn Zustellung „demnächst“ erfolgt, s § 270 III. Bei Protokollierung der Klage durch GeschSt eines anderen Amtsgerichts als des Prozeßgerichts (§ 129 a) ist diese erst mit Zugang des Protokolls beim Prozeßgericht bei diesem „eingereicht“ iS von § 270 III und damit anhängig (§ 253 Rn 4). Erst das Prozeßgericht veranlaßt die Zustellung des Klageprotokolls an den Bekl gem § 271 u trifft hierbei die Anordnungen gem §§ 272 ff, ggf mit Hinweisen gem §§ 499, 504, 510. 1

Bei **Mängeln des Klageprotokolls** ist gem §§ 139, 278 III zu verfahren, die mangelhafte Klage aber gleichwohl unverzüglich (§ 271 I) zuzustellen, weil rückwirkende Heilung uU möglich (§ 253 Rn 22). 2

499 *[Belehrung über Anerkenntnisfolgen]*

Mit der Aufforderung nach § 276 ist der Beklagte auch über die Folgen eines schriftlich abgegebenen Anerkenntnisses zu belehren.

Vor dem Amtsgericht gelten die Vorschriften über die Vorbereitung des frühen ersten Termins oder des Haupttermins (§§ 272 ff) entsprechend. Bei Wahl des schriftl Vorverfahrens § 276 ist der Bekl wegen seines Fürsorgebedürfnisses im Parteiprozeß (§ 495 Rn 2) unabhängig von den durch § 276 gebotenen Hinweisen (vgl § 276 Rn 6) auf die **Möglichkeit des schriftl Anerkenntnisurteils** (§ 307 II) besonders hinzuweisen. Dieser Hinweis ist geboten, auch wenn der Kläger den (nachholbaren) Antrag nach § 307 noch nicht gestellt hat u auch wenn der Bekl durch RA vertreten ist (wegen erweiterter Möglichkeit zur Kündigung der Vollmacht § 87). 1

Fehlender Hinweis nach § 499 verbietet schriftl Anerkenntnisurteil, nicht aber ein solches in mündl Verhandlung. 2

499 a–503 (weggefallen)

504 *[Hinweis auf Unzuständigkeit]*

Ist das Amtsgericht sachlich oder örtlich unzuständig, so hat es den Beklagten vor der Verhandlung zur Hauptsache darauf und auf die Folgen einer rügelosen Einlassung zur Hauptsache hinzuweisen.

1) Grundsätzlich wird der Mangel der sachl oder örtl Zuständigkeit dadurch behoben, daß der Beklagte ohne Geltendmachung der Unzuständigkeit des Gerichts mündl zur Hauptsache verhandelt (§ 39 u § 282 III). Das gilt ohne Rücksicht darauf, ob der Bekl die an sich veranlaßte Verfahrensrüge bewußt oder in Rechtsunkenntnis unterlassen hat. Um eine **Erschleichung der amtsgerichtl Zuständigkeit** unter Ausnutzung der Rechtsunkenntnis des Bekl zu verhüten, gebietet § 504 die Belehrung des Bekl über Zuständigkeitsmängel u über die Rechtsfolge der 1

rügelosen Einlassung zur Hauptsache. Solange diese Belehrung unterblieben ist, tritt die Rechtsfolge des § 39 nicht ein (§ 39 S 2) u kann die zunächst unterbliebene Verfahrensrüge abweichend von § 282 III nachgeholt werden. Die Vorschrift will dem bes Fürsorgebedürfnis der Parteien im amtsgerichtl Verfahren (§ 495 Rn 3) Rechnung tragen.

2 **2) Die Belehrungspflicht** besteht im amtsgerichtl Verfahren unabhängig davon, ob der Bekl anwaltschaftl vertreten ist oder gem § 78 vertreten sein muß. Belehrung hat gem § 273 schriftl oder spätestens mündl im Verhandlungstermin – dann wegen der verfahrensrechtl Bedeutung gem § 160 II Protokollierung geboten – vor Eintritt in die streitige mündl Verhandlung (§ 137 I) zu erfolgen. Die zunächst **unterbliebene Belehrung** kann u muß v Gericht bis zum Schluß der mündl Verhandlung (LG Hannover MDR 85, 772) nachgeholt werden, so auch bei iSd § 506 nachträgl Wegfall der amtsgerichtl Zuständigkeit (§ 506 Rn 3); dann gilt § 39 S 1 ex nunc. Die durch verspätete Belehrung bedingten gerichtl Mehrkosten (bei Verweisung § 281 nach fortgeschrittenem Verfahren) sollten gem § 8 GKG niedergeschlagen werden.

3 **3) Sonderregelung** f das Mahnverfahren § 696. Im arbeitsgerichtl Verf gilt § 504 entspr (§ 46 II 1 ArbGG; BAG NJW 65, 127). Über Belehrung bei internat Unzuständigkeit s Katholnigg BB 74, 395 (§ 39 S 1 gilt hier nur vorbehaltlich vertragl abweichender Regelung, zB Art 18 EG Übereink v 27. 9. 68; vgl Frankfurt MDR 79, 586).

505 (weggefallen)

506 *[Nachträgliche sachliche Unzuständigkeit]*

(1) Wird durch Widerklage oder durch Erweiterung des Klageantrages (§ 264 Nr. 2, 3) ein Anspruch erhoben, der zur Zuständigkeit der Landgerichte gehört, oder wird nach § 256 Abs. 2 die Feststellung eines Rechtsverhältnisses beantragt, für das die Landgerichte zuständig sind, so hat das Amtsgericht, sofern eine Partei vor weiterer Verhandlung zur Hauptsache darauf anträgt, durch Beschluß sich für unzuständig zu erklären und den Rechtsstreit an das zuständige Landgericht zu verweisen.

(2) Die Vorschriften des § 281 Abs. 2, Abs. 3 Satz 1 gelten entsprechend.

1 **1) Anwendungsbereich:** § 506 ist **Ausnahme von der Regel der perpetuatio fori** (§ 261 III 2) u will (insofern ähnlich § 504) der Erschleichung der amtsgerichtl Zuständigkeit durch Klageerweiterung erst nach Begründung der amtsgerichtl Zuständigkeit dadurch vorbeugen, daß Verweisung an das Landgericht trotz ursprüngl sachl Zuständigkeit des AG zulässig bleibt. Dementsprechend gilt § 506 nur bei gem § 261 II nachträglicher Veränderung der die sachliche Zuständigkeit des AG (§ 23 Nr 1 GVG) begründenden Umstände durch Klageerweiterung (§ 264 Nr 2 u 3), streitwerterhöhende Klageänderung (§ 263), Widerklage (§ 33) oder nachträgl Zwischenfeststellungsklage (§ 256 II).

2 Dem Normzweck entsprechend, die perpetuatio fori nur im sachl gebotenen Umfang zu durchbrechen, **gilt § 506 nicht:** bei ursprüngl sachl oder örtl Unzuständigkeit (dann nur §§ 504, 281) u bei Eintritt anderer zuständigkeitsverändernder Umstände als den in § 506 genannten (keine extensive Auslegung der Ausnahmevorschrift!), also bei streitwerterhöhender nachträgl Klageerweiterung oder Widerklage i den Fällen § 302 IV 4, § 510 b, § 600 II, § 717 II 2, § 1042 c II oder bei Prozeßverbindung (§ 147, s aber dort Rn 8 und Sonderregelung für Verbindung von Anfechtungsklagen nach § 112 II GenG).

3 **2) Verfahren: a)** Da das Schutzbedürfnis des Beklagten (§ 504 Rn 1) bei nachträgl Wegfall der amtsgerichtl Zuständigkeit nicht geringer ist als bei ursprüngl Unzuständigkeit des Amtsgerichts, besteht auch hier die Hinweispflicht des Gerichts, ohne deren Erfüllung die Prorogationswirkung der rügelosen Einlassung (§ 39 Rn 10) nicht eintritt; § 39 in der Fassung der Novelle vom 21. 3. 1974 will den Beklagten in jedem Fall vor der Wirkung einer unbewußten Prorogation bewahren (Vollkommer Rpfleger 74, 129; Löwe NJW 74, 473; Diederichsen BB 74, 377). Dem Umstand, daß § 39 S 2 nur auf § 504 verweist und nicht auch auf § 506 ist entgegen LG Hamburg MDR 78, 940 keine den Normzweck einschränkende Bedeutung beizumessen, denn auch mit nachträgl Wegfall der amtsgerichtl Zuständigkeit „ist" das Amtsgericht unzuständig (geworden) iS des § 504. Der Unterschied des § 506 von § 504 erschöpft sich in der von § 281 abweichenden Regelung, daß jede der Parteien den Verweisungsantrag stellen kann und Abs II nur Einzelregelungen des § 281 übernimmt (wie hier Müller MDR 81, 11).

b) Bei Zuständigkeitsrüge **Verweisung** (§ 281) **nur auf Antrag** u nur, wenn dieser Antrag vor streitiger Einlassung zur zuständigkeitsverändernden Hauptsache gestellt wird (sonst § 39). Den Verweisungsantrag kann abweichend von § 281 jede Partei stellen, auch bei Säumnis des Gegners. Der Antrag kann auch auf Verweisung an die Kammer für Handelssachen gerichtet werden (§ 96 II GVG), nicht jedoch auf Verweisung an ein besonderes Gericht (zB Arbeitsgericht; an dieses verweist ggf das LG weiter). Vor dem **LG als Berufungsgericht** ist Antragstellung nur mit dem Ziel der Verweisung an Zivilkammer erster Instanz unmöglich (RGZ 119, 379; abw LG Hannover MDR 85, 329 und Oldenburg NJW 73, 810, die verkennen, daß § 506 nur im amtsgerichtl Verfahren gilt u die Zuständigkeitsabgrenzung der Zivilkammern eine nur funktionelle ist). Jedoch darf das LG als Berufungsgericht, wenn das hilfsweise beantragt ist, *unter Aufhebung des Ersturteils* des unzuständigen Amtsgerichts die Sache (im Urteil oder durch Beschluß neben dem Urteil) antragsgemäß an die Zivilkammer (zur Wiederholung des ersten Rechtszuges) *abgeben* (so im Ergebnis auch StJL § 281 Rn 28). 4

Wird der **Verweisungsantrag nicht gestellt,** erfolgt insoweit bei Verfahrensrüge Prozeßabweisung durch Urteil des AG. 5

c) Entscheidung: Der unbegründete Verweisungsantrag (zB im Fall § 39 Satz 1) ist durch Zwischenurteil (§ 303) oder in den Gründen des Endurteils zurückzuweisen. Bei begründetem Antrag Verweisung durch Beschluß, der gem § 281 II nicht anfechtbar u für das angewiesene LG hinsichtl seiner sachl Zuständigkeit bindend ist, soweit nicht Weiterverweisung an ein besonderes Gericht veranlaßt ist (zB Arbeitsgericht). Eine Bindung des LG hinsichtl seiner örtl Zuständigkeit führt der Beschluß nach § 506 nicht herbei; jedoch ist das LG auch örtlich an die Verweisung gebunden, wenn das AG (was zulässig ist) mit der Verweisung nach § 506 antragsgemäß eine solche nach § 281 an das örtl zuständige LG verbindet oder wenn das gem § 506 verweisende AG bereits durch eine frühere örtl Verweisung durch ein anderes AG gem § 281 II insoweit gebunden war (München OLGZ 65, 187). 6

d) Kostenfolge der Verweisung: § 281 III 2 gilt bei nur sachl Verweisung gem § 506 nicht, denn der Kläger hatte hier ja beim ursprüngl sachl zuständigen AG geklagt. Jedoch gilt § 281 III 2, wo das AG zugleich gem § 281 (oben Rn 6) an ein anderes als das ihm örtl übergeordnete LG verweist. 7

3) Gebühren: a) des Gerichts: Der Verweisungsbeschluß ist gebührenfrei (§ 1 Abs 1 GKG). Das Verfahren vor dem AG und LG gilt gebührenrechtlich als eine Instanz iS der §§ 27, 9 Abs 1 GKG. – Für das auf Abweisung erkennende Prozeßurteil (s oben Rn 5 aE) fällt eine Urteilsgebühr (KV Nrn 1016/1017) an; hinsichtl des Tabellensatzes s Rn 7 zu § 300. – Wird ein Zwischenurteil erlassen (oben Rn 4), so ist dieses gerichtsgebührenfrei (s Rn 12 zu § 303). – **b) des Anwalts:** Dem vor u nach der Verweisung tätigen RA erwachsen im Hinblick auf die Einheit der Instanz die vor dem AG verdienten Gebühren nicht ein zweites Mal nach der Verweisung. Wechselt der RA, so verdient der neue Anwalt entsprechend der von ihm entwickelten Tätigkeit jeweils neue Gebühren. 8

507-509 (weggefallen)

510 *[Erklärung über Urkunden]*

Wegen unterbliebener Erklärung ist eine Urkunde nur dann als anerkannt anzusehen, wenn die Partei durch das Gericht zur Erklärung über die Echtheit der Urkunde aufgefordert ist.

1) § 510 gilt nur für **Privaturkunden** (§ 416), denn für die Echtheit öffentl Urkunden (§ 415) spricht die vom Gegner zu widerlegende gesetzl Vermutung (§ 437). Dagegen unterliegt die Frage der Echtheit von Privaturkunden der Parteidisposition (§ 439). 1

2) Im Parteiprozeß erhöht § 510 den Schutz des (oft rechtsunkundigen) Beweisgegners, indem die Geständnisfiktion (§§ 138 III, 439 III) von einem dahin gehenden Hinweis des Gerichts (= Anwendungsanfall von § 278 III) abhängig gemacht wird. Die Nachprüfbarkeit der Beweiswürdigung durch das Berufungsgericht bedingt, daß die gerichtl Aufforderung im Sitzungsprotokoll oder im Tatbestand des Urteils festgestellt wird. Nachholung des Bestreitens i der Berufungsinstanz kann nur dann iS § 528 II verspätet sein, wenn das Amtsgericht den Beweisgegner zur Stellungnahme gemäß §§ 510, 439 aufgefordert hatte (RGZ 97, 164). 2

510 a

[Sitzungsprotokoll]

Andere Erklärungen einer Partei als Geständnisse und Erklärungen über einen Antrag auf Parteivernehmung sind im Protokoll festzustellen, soweit das Gericht es für erforderlich hält.

1 § 510 a erweitert mit Rücksicht auf das Fürsorgebedürfnis der Parteien im amtsgerichtl Verf (§ 495 Rn 3) die Vorschrift des § 160 IV, da auch ohne bes Antrag wesentliche „Vorgänge oder Äußerungen" von Amts wegen in die Sitzungsniederschrift aufzunehmen sind. Im Hinblick auf § 160 II hat § 510 a keine besondere praktische Bedeutung.

510 b

[Urteil auf Vornahme einer Handlung]

Erfolgt die Verurteilung zur Vornahme einer Handlung, so kann der Beklagte zugleich auf Antrag des Klägers für den Fall, daß die Handlung nicht binnen einer zu bestimmenden Frist vorgenommen ist, zur Zahlung einer Entschädigung verurteilt werden; das Gericht hat die Entschädigung nach freiem Ermessen festzusetzen.

1 **I) Allgemeines:** § 510 b ist ein auf das amtsgerichtl Verfahren beschränkter Anwendungsfall der objekt Klagenhäufung (§ 260), wobei der (nicht etwa als Hilfsanspruch bedingt gestellte) Entschädigungsanspruch unbedingt erhoben und rechtshängig wird, obwohl er materiell ein künftiger Anspruch (vgl § 259) und durch die Nichterfüllung des Hauptanspruchs bedingt ist (Köln OLGZ 76, 477). Die Gefahr dieses Verfahrens liegt in der hypothetischen Schadensermittlung u -berechnung durch das Gericht, für den Kläger im Verlust der Vollstreckungsbefugnis bezgl des Hauptanspruchs (§ 888 a) und in der dem Schuldner aufgezwungenen Notwendigkeit der späteren Vollstreckungsabwehrklage (§ 767), falls er die Nichterfüllung des Hauptanspruchs nicht zu vertreten hat (§§ 283 I 3, 285, 323 BGB) oder die Höhe der zuerkannten Entschädigung bestreitet. Wegen der Entbehrlichkeit des Nachweises einer Besorgnis der Nichterfüllung des bedingten EntschädAnspruchs geht § 510 b über § 259 hinaus u gefährdert auch insoweit den Schuldner. Um diese Risiken für den Schuldner abzugrenzen, ist das Verfahren auf die amtsgerichtl Zuständigkeit (wegen Landgericht s Rn 1 u 2 zu § 255), insoweit aber auch auf das Berufungsverfahren vor dem Landgericht beschränkt und keiner erweiternden Auslegung zugänglich. Im arbeitsgerichtl Verfahren entspricht § 61 II ArbGG dem § 510 b.

2 **II) Verfahren. 1) Anwendungsbereich:** Klage auf Vornahme einer vertretbaren oder unvertretbaren Handlung iS §§ 887, 888, 889. Nicht anwendbar auf Unterlassungs-, Duldungs- oder Herausgabeansprüche (arg: § 888 a; Köln MDR 50, 432; BAG 5, 78 zu § 61 II ArbGG). Ob die Handlung durch Zwangsvollstreckung erzwingbar ist (vgl § 888 II), ist gleichgültig; die Nichtvornahme muß nur Entschädigungsansprüche (auch Vertragsstrafe) auslösen können. Das AG (bzw ArbG) ist zuständig, auch wenn der Entschädigungsanspruch seine Zuständigkeit übersteigt (unten Rn 9).

3 **2) Antrag:** „... den Beklagten zu verurteilen, binnen einer vom Gericht zu setzenden Frist (oder: bis spätestens am ... usw) das Hindernis auf dem X-Weg zu beseitigen und nach ergebnislosem Fristablauf an den Kläger eine hinsichtl ihrer Höhe in das Ermessen des Gerichts gestellte Entschädigung (oder: 2000,– DM als Entschädigung) zu zahlen". Der Antrag auf Fristsetzung u Entschädigung kann auch nachträgl (selbst i der Berufungsinstanz) gestellt (§ 261 II) werden, jedoch nicht mehr nach Verweisung gem § 506 (für das erstinstanzl Verf vor dem LG s Rn 1 u 2 zu § 255). Darlegung einer Besorgnis der Nichterfüllung (§ 259) ist entbehrlich. Bezifferung der Entschädigung ist (wie bei § 287) entbehrlich, zur Begründung späterer Rechtsmittelbeschwer (BGH VersR 63, 185; NJW 66, 780) aber zweckmäßig (s entspr § 287 Rn 5 u 9). Für den Antrag auf Fristsetzung gilt das in Rn 5 zu § 255 Gesagte. Der Antrag begründet Rechtshängigkeit (§ 261 I) des Entschädigungsanspruchs.

4 **3) Entscheidung:** Das Gericht muß über den Hauptanspruch und (insoweit gilt § 255) über die Fristsetzung entscheiden. Teilurteil nur über den Hauptanspruch ist unzulässig („zugleich"), weil dann dessen Vollstreckungsfähigkeit (§ 888 a) ungewiß bliebe. **Entscheidung über die Entschädigung steht** (vgl „kann") **im Ermessen des Gerichts;** das Gericht darf von einer sachl Entscheidung insoweit absehen, wenn über Grund u Höhe der Entschädigung umfangreiche Beweiserhebung nötig wäre. Da nur der Hauptanspruch den Streitwert bestimmt (§ 5 gilt hier ähnlich wie bei dem Inzidentantrag gem § 717 II 2 nicht; s unten Rn 9), wäre Verweisung gem § 506 wegen Höhe der Entschädigung unzulässig und für das Landgericht nicht bindend.

5 **a)** Sieht das Gericht von einer Sachentscheidung über die Entschädigung ab, so ist das nur i den Urteilsgründen darzulegen; kein Ausspruch insoweit im Urteilstenor. Trotzdem ist Kläger

dann beschwert; er kann den Entschädigungsanspruch mit (Anschluß–) Berufung vor dem LG weiterverfolgen. Tut er das nicht, entfällt Rechtshängigkeit des Entschädigungsanspruchs mit form Rechtskraft (§ 705) des Urteils.

b) Der **Entschädigungsanspruch** ist als **unzulässig** (im Urteilstenor) abzuweisen, wenn die in Rn 2 genannten Voraussetzungen fehlen. 6

c) Der **Entschädigungsanspruch** ist als **unbegründet** abzuweisen – selbst bei begründetem Hauptanspruch –, wo seine materiell-rechtl Voraussetzungen fehlen, sei es daß die Nichterfüllung der Handlungspflicht keine Ersatzpflicht auslöst oder (trotz hypothetischer Schadensermittlung) ein geldwerter Schaden nicht denkbar ist. 7

d) Der **Entschädigungsanspruch** ist **begründet,** wo das Gericht – notfalls in Anwendung von § 287 – seine Voraussetzungen bejaht. 8

e) In jedem Fall der Zuerkennung oder auch der Nichtannahme (oben Rn 5) bzw Abweisung des Entschädigungsanspruchs (als unzulässig oder unbegründet) bleibt *dieser* Ausspruch ohne **Kostenfolge** im Urteil. Das ist notwendige Konsequenz der hier uneigentlichen (dh nur zum Zweck der Zwangsvollstreckung erfolgten) Anspruchshäufung. Bei Erlaß des Urteils ist noch ganz ungewiß, ob die Bedingung, unter welcher der Entschädigungsanspruch steht (= Nichterfüllung des Hauptanspruchs), überhaupt eintreten wird (oben Rn 1). Dementsprechend bestimmt auch allein der Hauptanspruch den **Streitwert** des gesamten Verfahrens erster Instanz, selbst wenn der (hypothetische) Entschädigungsanspruch einen höheren Wert haben sollte; § 5 (dort Rn 8) gilt hier nicht (Schneider MDR 84, 853). 9

III) Zwangsvollstreckung: Das Urteil ist i vollem Umfang für vorläufig vollstreckbar (§§ 708–710) zu erklären. Vollstreckungsklausel (§ 725) ist sofort (nicht erst nach Ablauf der gesetzt Frist; § 726 gilt hier nicht) zu erteilen. Ist auf Entschädigung erkannt, so ist (auch vor Fristablauf) Zwangsvollstreckung auf Vornahme der Handlung ausgeschlossen: § 888 a; vollstreckt Kläger trotzdem gem §§ 887, 888, hat Beklagter hiergegen sof Beschwerde, § 793. 10

Alle **Einwände** gegen Vollstreckung der Entschädigung muß Schuldner gem § 767 geltend machen (zB rechtzeitige Vornahme der Handlung, Nichtvertretenmüssen der Nichtvornahme gem §§ 283 I 3, 323 BGB, nachträglich (§ 767 II!) entstandene Einwände geg Grund oder Höhe der Entschädigung oder Aufrechnung). 11

510 c **(weggefallen; s jetzt § 128 III)**

Drittes Buch

RECHTSMITTEL

Vorbemerkungen

Übersicht

1 **I) Rechtsmittel im Sinne der ZPO sind** nur Berufung, Revision und Beschwerde, nicht dagegen Wiedereinsetzung in den vorigen Stand (§§ 232 ff), Einspruch (§§ 338 ff), Nichtigkeits- und Restitutionsklage (§§ 578 ff), Nichtigkeitsklage im Entmündigungs- und Aufgebotsverfahren (§§ 664, 684, 957), Aufhebungsklage im schiedsrichterl Verfahren (§ 1041), Antrag auf Berichtigung und Ergänzung des Urteils (§§ 319 ff), Erinnerung (§§ 104, 576, 766), Widerspruch (§§ 694, 924, 936, 1042 c, 1044 a). Die Erinnerung gegen eine Entscheidung des Rechtspflegers kann zur Beschwerde werden (§§ 11 II, 21 II RpflG).

2 Rechtsmittel ist ein Rechtsbehelf, durch den eine Entscheidung vor ihrer Rechtskraft der Nachprüfung einer höheren Instanz mit dem Ziel der Aufhebung unterbreitet wird. Zum Wesen des Rechtsmittels gehört der **Devolutiveffekt** (Anfallwirkung: die Sache geht zur Verhandlung und Entscheidung auf die höhere Instanz über) und der **Suspensiveffekt** (Hemmungswirkung: der Eintritt der formellen Rechtskraft wird aufgeschoben).

3 Mit der Einlegung eines Rechtsmittels (Berufung oder Revision) gegen ein Endurteil wird auch die Zwangsvollstreckung hinausgeschoben, falls das Urteil nicht für vorläufig vollstreckbar erklärt ist, § 704. Dagegen hat die Beschwerde nur dann aufschiebende Wirkung, wenn sie gegen eine der in §§ 109, 380, 390, 409, 613, 656, 678 erwähnten Entscheidungen gerichtet ist (§ 572 I) oder wenn der iudex a quo oder das Beschwerdegericht die Vollziehung der Entscheidung aussetzen, § 572 II, III.

4 **II) Zulässig ist ein Rechtsmittel: 1) wenn es statthaft ist,** das heißt, wenn eine mit diesem Rechtsmittel anfechtbare Entscheidung vorliegt und das Rechtsmittel von einer hierzu berechtigten Person (Partei oder Dritten) eingelegt ist (vgl RG HRR 30 Nr 825; BGH MDR 78, 307 [auch ein Dritter, der irrtümlich im Rubrum als Partei genannt ist]);

5 **2) wenn** bei der Einlegung – bei Berufung und Revision auch bei der Begründung – **Form und Frist gewahrt sind;**

3) eine Beschwer des Rechtsmittelklägers vorliegt und bei Rechtsstreitigkeiten über vermögensrechtl Ansprüche (§§ 511a, 546) und bei Entscheidungen über Kosten, Gebühren und Auslagen (§ 567 II) **die Beschwerdesumme erreicht wird.** Materiellrechtliche Fehler des Urteils können diese Voraussetzungen nicht ersetzen (Waldner NJW 80, 218; dazu rechtspolitisch Kahlke ZRP 81, 268). **6**

Fehlt eine der Voraussetzungen, so ist das Rechtsmittel als unzulässig zu verwerfen (§§ 519b, 554a, 574). **7**

III) Beschwer. Lit: *Brox*, ZZP 81 [1968], 379 u *Bettermann*, ZZP 82 [1969], 24 (Beschwer als Rechtsmittelvoraussetzung); *Ohndorf*, Beschwer und Geltendmachung der Beschwer, 1972; *Fenn*, ZZP 89 [1976], 121 (Anschließung, unbezifferter Antrag); *Gilles*, ZZP 91 [1978], 128 (Anschließung, reformatio in peius, Parteidisposition); *Kahlke*, ZZP 94 [1981], 423 (Beschwer und Rechtsschutzbedürfnis).

1) Die Zulässigkeit eines Rechtsmittels setzt (in Antragsverfahren: Düsseldorf FamRZ 82, 84) eine Beschwer des Rechtsmittelklägers voraus sowie das Bestreben, diese Beschwer mit dem Rechtsmittel zu beseitigen (RGZ 130, 100; BGH MDR 83, 120 = NJW 83, 179). Ob sie vorliegt, bestimmt sich nach dem rechtskräftigen Inhalt der Entscheidung, wobei die Gründe zur Auslegung heranzuziehen sind (BGH NJW 86, 2703). Sie ergibt sich nicht schon aus dem Rechtsmittelkläger unerwünschten Feststellungen, zB der gerichtlichen Bestätigung des bereits rechtskräftigen Versäumnisurteils (Celle NJW 80, 2140 m Anm Kniestedt) oder einer von seinem Vortrag abweichenden Begründung (Düsseldorf MDR 79, 956; Celle OLGZ 79, 194). Erst recht genügt nicht, daß die Urteilsbegründung einem Streithelfer nachteilig (Köln NJW 75, 2108) oder daß nur bei einem anderen Streitgenossen die Beschwer zu bejahen ist (Köln VersR 73, 641). Andererseits steht der Beschwer nicht entgegen, daß der Berufungskläger sie durch eigenes prozessuales Verhalten im ersten Rechtszug ausgelöst hat (Düsseldorf FamRZ 80, 1050) oder sie sich nicht vollstreckungserschwerend auswirkt (BGH JurBüro 82, 377); und eine gegebene Beschwer entfällt auch nicht, weil die verurteilte Partei vor Berufungseinlegung den Anspruch des Gegners zur Abwendung der Zwangsvollstreckung erfüllt (Karlsruhe OGLZ 79, 351). Die Beschwer muß im Zeitpunkt der Rechtsmitteleinlegung vorliegen (BGHZ 1, 29; Hamburg NJW 54, 722). Sie kann nicht durch Klageerweiterung im zweiten Rechtszug geschaffen werden (Schleswig SchlHA 78, 198), wenn nicht wenigstens ein Teilstück des ursprünglichen Begehrens mit dem Rechtsmittel weiterverfolgt wird; denn die Erweiterung setzt ebenso wie die Klageänderung ein zulässig eingelegtes Rechtsmittel voraus, also die Weiterverfolgung eines vorinstanzlich aberkannten Anspruchs(teils). Unzulässig daher auch, wenn Berufung lediglich mit dem Ziel eingelegt wird, einen erstinstanzlich nicht geltend gemachten Anspruch zur Entscheidung zu stellen (Karlsruhe MDR 81, 235) oder nach erstinstanzlicher Abweisung wegen fehlender Aktivlegitimation Forderungsabtretung nach Urteilsverkündung geltend zu machen (Oldenburg NdsRpfl 83, 142), und sie ist auch nur insoweit beachtlich, als eine Berufungsbegründung (§ 519 III Nr 2) dafür gegeben worden ist (Schleswig SchlHA 78, 198 u § 519 Rn 31). Bei fehlender Beschwer Verwerfung als unzulässig (uU aber Umdeutung in zulässige Anschlußberufung bzw Anschlußrevision mögl, BGH ZZP 71 [1958], 84). **8**

2) Trotz gegebener formeller Beschwer kann ein Rechtsmittel ausnahmsweise unzulässig sein, weil es aus anderen Gründen am **Rechtsschutzinteresse** fehlt (BGHZ 50, 263; 57, 225; NJW 58, 995), zB weil der Beschwerdeführer keine Beseitigung seiner Beschwer erstrebt (Karlsruhe FamRZ 80, 682; s Rn 8). Eine ursprünglich vorhandene Beschwer kann auch entfallen, etwa wenn der zur Auskunft verurteilte Beklagte die Auskunft zwischen den Instanzen erteilt und dennoch Berufung einlegt (Schleswig FamRZ 84, 174). Regelmäßig ergibt sich aus der Beschwer aber zugleich das Rechtsschutzbedürfnis (BGHZ 57, 225). Am Rechtsschutzbedürfnis fehlt es, wenn das Gericht den Klageanspruch zugesprochen und ihn nur anders als in der Klage geschehen rechtl eingeordnet hat (BGHZ 50, 263; MDR 59, 486). Ob es vorliegt, wenn das Gericht einen Klagegrund oder Klageabweisungsgrund gegen den Willen der Partei vorgezogen hat, ist str (vgl BGH LM § 511 Nr 6) und dann zu bejahen, wenn dadurch der Streitgegenstand (prozessualer Anspruch) mit der Folge betroffen wird, daß der Kläger mit seinem Antrag nicht so durchdringt, wie er gestellt ist (ausführlich dazu Melissinos, Bindung des Gerichts an Parteianträge nach § 308 I ZPO, 1983, S 73 ff). **9**

3) Die Frage, ob der Rechtsmittelkläger beschwert ist, ist je nach seiner **Parteirolle** in der Vorinstanz verschieden zu beantworten (die Berechtigung dieser Unterscheidung wird vielfach bestritten). Ein nicht beschwerter Streitgenosse kann aber nicht die Zulässigkeit der von ihm eingelegten Berufung aus der Beschwer des anderen Streitgenossen herleiten (Schleswig SchlHA 78, 198). **10**

11 **a)** Beim **Kläger** wird regelmäßig eine formelle Beschwer vorausgesetzt. Sie ist gegeben, wenn dem Klageantrag nicht in vollem Umfang stattgegeben ist (vgl BGH NJW 58, 995), was ggf durch Auslegung an Hand der Gründe zu ermitteln ist (BGH NJW 86, 2703). Dies gilt auch dann, wenn das Gericht über einen evtl vorgetragenen Klageantrag oder Klagegrund, der weniger weit als der in erster Linie vorgebrachte geht, vor Erledigung dieses Antrags oder Klagegrundes entscheidet (Rn 9), oder wenn es unter Verstoß gegen § 308 I über mehr oder weniger erkennt, als beantragt war (s dazu Frank, Anspruchsmehrheiten im Streitwertrecht 1986 S 27, 36). Beschwer des Klägers, der mit Haupt- u Hilfsantrag abgewiesen wird, berechnet sich durch Addition, auch wenn einem weiteren Hilfsantrag stattgegeben wird (BGHZ 26, 295). Eine Ausnahme gilt, wenn **Haupt- u Hilfsantrag** gleichwertig sind (BGHZ 50, 261; vgl a BGH LM § 511 Nr 6; s dazu Kion, Eventualverhältnisse im Zivilprozeß, 1971, insbes S 181 ff); das ist nicht der Fall, wenn der Kläger Schmerzensgeldrente, hilfsweise einen Kapitalbetrag verlangt, selbst wenn Kapital und Rente wertgleich sind (BGH MDR 85, 40 = VersR 84, 739 = JR 84, 501 m Anm Lindacher). Ist der im Berufungsverfahren gestellte geringerwertige Hauptantrag nicht berufungsfähig, wohl aber der höherwertige Hilfsantrag, dann ist das Rechtsmittel insgesamt zulässig; die Reihenfolge der Anträge ist unerheblich (KG OLGZ 79, 348). Ebenso nach BSG (BSGE 14, 280; BB 78, 714), wenn zwei in einer Klage zusammengefaßte Ansprüche dergestalt voneinander abhängig sind, daß der eine präjudiziell für den anderen ist.

12 **b)** Eine formelle Beschwer des Klägers liegt auch vor, wenn entgg seinem Antrag, die **Hauptsache für erledigt** zu erklären, die Klage abgewiesen wird, selbst wenn es ihm nur auf eine Abänderung der ihn belastenden Kostenentscheidung ankommt (BGHZ 57, 224 m Anm Zeiss JR 72, 68; WPM 81, 386; München NJW 59, 2219; Hamburg WRP 70, 441; Köln JMBlNRW 70, 70; Düsseldorf OLGZ 72, 39). Das gilt auch bei gemischter Kostenentscheidung nach teilweiser Hauptsacheerledigung, sofern im Kostenpunkt Beschwer und Frist nach §§ 91a II, 567 II, 577 II gewahrt sind (München NJW 73, 289; Zweibrücken NJW 73, 1935). Daß das Erledigungsereignis in die Zeit zwischen Verkündung und Berufungseingang fällt, so daß die Erledigungserklärung erst nach Berufungseinlegung abgegeben werden kann, steht der Zulässigkeit nicht entgegen (LG Bonn NJW 73, 1934). Siehe auch unten Rn 21. Erklärt der Kläger den Hauptantrag auf Leistung für erledigt und beantragt er gleichzeitig Feststellung der Erledigung, dann wird er beschwert, wenn der auf Feststellung der Erledigung gehende Hauptantrag mangels eines erledigenden Ereignisses abgewiesen wird, nicht jedoch, wenn der Hauptantrag deshalb abgewiesen wird, weil der angeblich erledigte Anspruch anfänglich unbegründet war (BGH WPM 82, 1260).

13 **c)** Der Kläger ist ferner beschwert: wenn statt begehrter Sachentscheidung in einen **anderen Rechtsweg** verwiesen wird (BGHZ 28, 349); wenn verfahrensrechtl gebotene Kostenentscheidung zwischen den Parteien unterblieben ist, die Kosten vielmehr in der irrigen Annahme, es bestehe keine rechtsfähige Klagepartei, dem als ihr gesetzl Vertreter aufgetretenen Dritten auferlegt wurden (BGH NJW 59, 291).

14 **d)** Das uneingeschränkte **Grundurteil** beschwert den Beklagten in Höhe des eingeklagten Betrages. Bei gequoteltem Grundurteil ist für Kläger und Beklagten die Beschwer nach dem belastenden Bruchteil zu berechnen, wobei gleichgültig ist, ob teilweise abgewiesen worden ist (Schmitt NJW 68, 1127). Im Haftpflichtprozeß beschwert auch die Beschränkung auf Gefährdungshaftung im Grundurteil, wenn Ansprüche verfolgt werden, die oberhalb der Haftungsgrenzen bei Gefährdungshaftung liegen und nur bei Bejahung von Verschuldenshaftung durchsetzbar sind (BGH VRS 22, 419).

15 **4) Unbezifferte Anträge** sind zulässig (s dazu Schellhammer Zivilprozeß Rn 141, 142), richtiger Ansicht nach auch ohne Angabe einer Größenvorstellung, wie der BGH sie entgegen älterer Rspr jetzt verlangt (s dazu Schneider MDR 85, 992; Husmann VersR 85, 715, der entgegen Bähr, VersR 86, 533, Dunz, NJW 84, 1734, überzeugend widerlegt hat). Über die damit zusammenhängenden Streitwertfragen s § 3 Rn 16 unter „Unbezifferte Klageanträge". Der Kläger, der einen unbezifferten Zahlungsanspruch erhoben hatte (zB auf „angemessenes" Schmerzensgeld), ist nicht beschwert, wenn ihm ein Betrag zuerkannt worden ist, dessen Höhe der im Klagevorbringen zum Ausdruck gebrachten Erwartung und Größenordnung entspricht (BGH VersR 83, 1160). Er kann allerdings auch ohne Teilabweisung beschwert sein; so, wenn der Erstrichter zu seinen Ungunsten von einem anderen als dem behaupteten Sachverhalt ausgegangen ist, also für die Bemessung des Anspruchs wesentl Tatsachen als nicht erwiesen angesehen oder entgg seinem Vorbringen anspruchsmindernde Tatsachen (zB Mitverschulden) angenommen hat (BGHZ 45, 94; KG VersR 69, 1120); insbes aber dann, wenn der Kläger eine Mindestsumme gefordert oder wenigstens die Größenordnung bezeichnet hatte, in der sich nach seiner Vorstellung der angemessene Betrag bewegen solle, u der zugesprochene Betrag dahinter zurückgeblieben ist (BGHZ 45, 91). Eine niedrige Streitwertangabe wirkt sich in diesem Zusammenhang zu seinen

Ungunsten aus (BGHZ 45, 94). In Abweichung von einer zu Gewohnheitsrecht erstarkten, nahezu hundertjährigen Gerichtspraxis (s Husmann VersR 85, 715) hat der BGH das Erfordernis der Größenangabe durch den Kläger als Zulässigkeitsvoraussetzung der Klage (s dazu Schneider Anm KoRsp ZPO § 3 Nr 440, 462 sowie MDR 85, 992) durchgesetzt. Folgende Grundsätze gelten nach der nunmehr einheitlichen Rspr des BGH (zB VersR 82, 96 = KoRsp ZPO § 3 Nr 556 m Anm Schneider = JR 82, 156 m Anm Gossmann; MDR 85, 40 = JR 84, 501 m Anm Lindacher): Durch Zulassung unbezifferter Anträge soll der Kläger nur in engen Grenzen vom Kostenrisiko freigestellt werden. Deshalb unterliegen auch solche Anträge dem Bestimmtheitserfordernis des § 253 II 2. Der Kläger muß die „ungefähre Größenordnung" des begehrten Betrages beziffern (BGH VersR 79, 472; 77, 861), damit die Klage zulässig ist. Die erforderliche Größenangabe muß erklärt werden; aus den Akten nicht belegbare Angaben bleiben unberücksichtigt (Oldenburg VersR 75, 1111). Jedoch können Angaben zum Gebührenstreitwert oder konkludentes Zueigenmachen einer gerichtlichen Wertfestsetzung (Absehen von Streitwertbeschwerde!) zugleich als Zulässigkeits-Größenangabe gedeutet werden (zB BGH NJW 84, 1809 zu III). Grob ermessenswidrige unangemessen niedrige Schätzungen des Erstrichters können auch bei fehlender oder ungenügender Größenangabe eine Beschwer setzen (BGHZ 45, 94; Schneider Anm LM § 511 ZPO Nr 20); dann darf der Kläger die versäumte Bezifferung in der Berufungsinstanz noch nachholen. Vergleichbare Fragen können sich stellen, wenn mit der Klage eine Vertragsstrafe begehrt wird, deren Höhe in das Ermessen des Gerichts gestellt ist (s Hamburg WRP 74, 686). In der Revisionsinstanz ist nur zu prüfen, ob das Berufungsgericht die gesetzlichen Grenzen seines Ermessens eingehalten und von seiner Ermessensfreiheit einen gesetzmäßigen Gebrauch gemacht hat (s § 550 Rn 14).

5) Keine Beschwer: a) Wenn der beanspruchte Betrag als Kaufpreis und nicht wie beantragt, als Nutzungsentschädigung zugesprochen wurde (BGH MDR 59, 486) oder im Urteilstenor eine Haftungsbeschränkung (etwa nach § 12 StVG) nicht erwähnt ist, die Entscheidungsgründe aber insoweit eindeutig sind (BGH VersR 81, 1180; r + s 86, 88). **b)** Ist der Kläger in der Vorinstanz siegreich geblieben, so ist mangels Beschwer sein Rechtsmittel unzulässig, mit dem die Klage erweitert oder neue Ansprüche erhoben werden sollen (vgl BGHZ 24, 370; Schleswig SchlHA 78, 198; Karlsruhe MDR 81, 235), die Erhebung solcher neuer Ansprüche setzt ein schon aus anderen Gründen zulässiges Rechtsmittel voraus (RGZ 100, 208; 130, 100); gfls hierwegen aber Anschließung an Rechtsmittel des Gegners möglich. **c)** Auch das Bestreben, von einem ungünstigen Folgenvergleich loszukommen, schafft keine Beschwer (Schleswig SchlHA 76, 141); denn das maßgebl wirtschaftl Interesse am Ausgang des Rechtsstreits (LG Mannheim ZMR 76, 16) muß auf den Streitgegenstand bezogen sein. 16

6) Ist der **Beklagte** ganz oder zum Teil verurteilt, so ist er beschwert, gleichgültig, ob er dem Klageantrag widersprochen hat oder nicht (BGH JZ 1953, 276 m abl Anm Lent); es reicht aus, daß ihm die Entscheidung ihrem Inhalt nach nachteilig ist (BGH NJW 55, 545), zB weil ihm eine zwar wertgleiche, aber andere als die geschuldete Nachbesserung zuerkannt worden ist (BGH WPM 85, 1457). Der Beklagte kann daher auch gg ein Anerkenntnisurteil Berufung einlegen (BGH LM § 263 ZPO Nr 5; Karlsruhe OLGZ 78, 114; MDR 82, 417; zur Beschwer bei Berufungsrücknahme s Karlsruhe Justiz 82, 137). 17

a) Bei **Klageabweisung** in der Vorinstanz ist der Beklagte dagg in der Regel nicht beschwert, es sei denn, daß Prozeßabweisung statt Sachabweisung ergangen ist (BGHZ 28, 349; BAG NZA 86, 480). Im umgekehrten Fall keine Beschwer des Bekl, weil Sachabweisung weiter reicht als Prozeßabweisung (Bremen DRZ 49, 308; BAG MDR 86, 961). 18

b) Der Bekl kann auch nicht Rechtsmittel einlegen, um die gleiche Art der **Abweisung mit anderer** Begründung zu erreichen (Köln Rpfleger 86, 184), etwa um materielle Anspruchsgrundlagen oder gar unerwünschte Formulierungen auswechseln zu lassen. Verfehlt ist es jedoch, dies ohne weiteres auf Abweisungsgründe im prozessualen Bereich auszudehnen, etwa die Prozeßabweisung mangels Rechtsschutzbedürfnisses derjenigen wegen Unzulässigkeit des Rechtsweges gleichzusetzen (so BGH LM § 511 ZPO Nr 6; dagegen zutr Bettermann ZZP 82, 1969, 57 f). Dabei wird die unterschiedliche Rechtskraft von Prozeßurteilen verkannt. Die Voraussetzungen einer Feststellungsklage (§ 43 VwGO) werden im Verwaltungsgerichtsprozeß wesentlich anders beurteilt als im Zivilprozeß; bei Abweisung wegen fehlenden Rechtsweges können sich bei erneuter Klage insoweit keine Rechtskraftprobleme ergeben. Die aus 1954 stammende Entscheidung BGH LM § 511 ZPO Nr 6 dürfte durch die Rechtsentwicklung in der Verwaltungsgerichtsbarkeit überholt sein. Beschwert ist der Beklagte, der volle Klageabweisung beantragt hat, wenn die Klage nur mit einer ihm nachteiligen Einschränkung abgewiesen wird, zB als zur Zeit unbegründet (BGHZ 24, 279), in einen anderen Rechtsweg verwiesen wird (BGHZ 28, 349), entgegen seinem Antrag die Hauptsache für erledigt erklärt wird, er zum vollen Schadensersatz statt nur 19 zur angemessenen Entschädigung verurteilt wird (BGHZ 22, 43). Verteidigt sich der Beklagte mit Aufrechnung, dann gilt folgendes: Rechnet er gegen eine unstreitige Klageforderung auf (sog Primäraufrechnung) und erreicht er Abweisung, dann wird er in Höhe der Aufrechnungsforderung beschwert (§ 322 II). Bestreitet er die Klageforderung und erreicht er Abweisung, ohne daß über seine Gegenforderung entschieden wird, dann ist er nicht beschwert. Wird hingegen die Gegenforderung mit der streitigen Klageforderung verrechnet und deshalb die Klage abgewiesen, dann ist der Beklagte doppelt beschwert, nämlich weil er entgegen seiner Ansicht Schuldner ist und seine eigene Forderung verliert. Jedoch hat der Beklagte die Möglichkeit, seine Berufung auf die Abwehr der Klage unter Verzicht der Aufrechnung oder auf die Aufrechnung unter Anerkennung der Klageforderung zu beschränken. Stellt er dies in der Berufungsbegründung (§ 519 II Nr 2) klar, dann ist seine Beschwer nur einfach zu berechnen. S auch § 3 Rn 16 unter „Aufrechnung". Durch ein **Grundurteil** wird der Beklagte beschwert, wenn dieses nicht klarstellt, ob Mitverschulden oder bestrittener Kausalzusammenhang zwischen Schadensereignis und einzelnen Schadenspositionen dem Betragsverfahren überlassen worden ist (BGH NJW 68, 1968). Auch durch eine Verurteilung mit nicht vollstreckungsfähigem Inhalt wird der Beklagte beschwert (Habscheid NJW 64, 234 gg Bremen NJW 64, 259).

20 **c)** Beschwer nur wegen der **Kosten** ist nach § 99 I unbeachtl. Ist aber das Rechtsmittel zulässig und nur unbegründet, dann darf eine falsche Kostenentscheidung von Amts wegen berichtigt werden, weil § 308 II die Antragsbindung aufhebt (BGH WPM 81, 46 [48 zu V]; s § 536 Rn 11). Nach teilweiser Hauptsacheerledigung und einheitlicher Kostenentscheidung im Endurteil ist auch der Kostenpunkt berufungsfähig (KG MDR 86, 241).

21 **d)** Ob bei **Eintritt eines die Hauptsache erledigenden Ereignisses** nach der letzten mündl Verhandlung erster Instanz, aber **vor Rechtsmitteleinlegung,** ein Rechtsmittel zulässig ist, um im Berufungsverfahren für erledigt erklären zu können, ist str. Verneinend BGH LM § 91 a ZPO Nr 4, davon aber abrückend (auf das Rechtsschutzbedürfnis abstellen) BGH NJW 58, 995; bejahend ua Düsseldorf OLGZ 72, 39; Karlsruhe Justiz 80, 472; Hamm WRP 84, 36; Schneider MDR 79, 498 m weiteren Nachw. Die Erledigung während des Rechtsmittelverfahrens macht Rechtsmittel nicht unzulässig (Hamburg VersR 83, 1040 m Nachw; BAG NJW 57, 478); Rechtsmittelkläger muß die Hauptsache für erledigt erklären (BGH NJW 67, 564; Schleswig SchlHA 55, 222). Tut er das, dann erledigt sich nach München (MDR 86, 61) auch ein zuvor hilfsweise gestellter Verweisungsantrag. Zur Erledigung, wenn der **Haftpflichtversicherer** die Urteilssumme zahlt, s Rn 25. S auch § 91 a Rn 20, 21, 38.

22 **7)** Die Berufung des **Streithelfers** wirkt für die unterstützte Partei und bringt diese in die Stellung des Rechtsmittelklägers (BAG NZA 84, 167). Eigene Beschwer ist nicht erforderlich; es genügt die Beschwer der unterstützten Partei, so daß zB auch der angebliche außereheliche Erzeuger als Nebenintervenient zur Unterstützung des beklagten Kindes Berufung gegen ein der Anfechtung stattgebendes Urteil einlegen kann (BGH Rpfleger 80, 220; Hamm FamRZ 84, 810 = MDR 84, 851 = DAVorm 84, 700). Widerspricht die Hauptpartei einer vom Streitgehilfen eingelegten Berufung, dann bleibt die Verfügungsfreiheit der Hauptpartei jedoch erhalten; diese kann das Rechtsmittel zurücknehmen oder darauf verzichten (St/J/Leipold § 67 Rn 12; Wieczorek § 67 Anm B II e 5; Hamm DAVorm 84, 700 sehen die Berufung dann als unzulässig an mit der Folge, daß sie von der Hauptpartei nicht mehr zurückgenommen werden kann). Legen Hauptpartei und Streithelfer Berufung ein, dann handelt es sich nur um eine Berufung (BGH MDR 82, 744). Daß die Urteilsgründe dem **Streithelfer** nachteilig sind, schafft keine Beschwer (Köln NJW 75, 2108). Bei mehreren Streitgenossen als Gesamtschuldner ist einfach, anderenfalls doppelt zu bewerten (s § 3 Rn 16 unter „Streitgenossen" zu § 546 Rn 14). Ist ein Streitgenosse nur im Kostenpunkt beschwert, so wird seine Berufung nicht dadurch zulässig, daß ein anderer Streitgenosse bei hinreichender Sachbeschwer Berufung eingelegt hat (Köln VersR 73, 641). Da die Streithelfer-Berufung nur das Prozeßrechtsverhältnis zwischen den Hauptparteien betrifft, unterbricht die Konkurseröffnung über das Vermögen des Klägers oder des Beklagten (§ 240) den Rechtsstreit; obwohl der Streithelfer nicht Partei ist, wird § 240 bei einem nur von ihm für die unterstützte Partei eingelegten Rechtsmittel für das gesamte Rechtsmittelverfahren und nicht lediglich für das Kostenfestsetzungsverfahren anzuwenden sein (aA Hamburg OLGE 40, 352; Wieczorek § 240 Am E III b; § 67 Anm D).

23 **8)** Bei der **Ehescheidung** ist im Interesse der Aufrechterhaltung der Ehe eine Beschwer nicht erforderlich, wenn die Partei, deren Antrag stattgegeben worden ist, Berufung einlegt, um die im ersten Rechtszug erklärte Zustimmung zur Scheidung zu widerrufen und Abweisung des Scheidungsantrages zu erreichen (BGHZ 89, 325) oder um auf ihren Scheidungsantrag zu verzichten (Karlsruhe FamRZ 80, 1121; Stuttgart NJW 79, 662; s dazu Walter FamRZ 79, 663). Jedoch gilt dies nicht bei verschiedenen Streitgegenständen: das Rechtsmittel gegen ein Verbundurteil wegen der ungünstigen Entscheidung zum Versorgungsausgleich ermöglicht nicht, über den erstinstanzlich nach Antrag zuerkannten Unterhalt hinaus zweitinstanzlich höheren Unterhalt zu beantragen; dazu fehlt die Beschwer (Celle FamRZ 81, 379). Bei Einlegung einer antragslosen Berufung gg ein den Berufungsführer nur in einer Folgesache beschwerendes Verbundurteil kann bei Rücknahme vor Antragstellung nicht davon ausgegangen werden, daß ausnahmsweise auch die Erhaltung der vorinstanzlich geschiedenen Ehe erstrebt werde (Bamberg KoRsp GKG § 14 Nr 27 m Anm Schneider).

9) Wird eine Sachentscheidung unter Verbrauch einer hilfsweise zur **Aufrechnung** gestellten **24** Forderung des Beklagten getroffen, dann begründet das eine Beschwer für ihn (BGHZ 48, 212; BAG NJW 74, 1264; Celle DAR 76, 130; zum Umfang der Beschwer vgl BGH WPM 77, 416). Wenn in der höheren Instanz nur noch die **Zug um Zug** zu erbringende Gegenleistung streitig ist, ist die Beschwer danach zu berechnen. Der Wert des Klageanspruches begrenzt jedoch nach oben (BGH MDR 75, 398; das Interesse an der Aufrechterhaltung des Vorteils der Zug-um-Zug-Leistung erhöht die Beschwer nicht (BGH MDR 86, 1007 = NJW-RR 86, 1062). Bei teilweiser Abweisung und teilweisem Obsiegen Zug um Zug sind die Werte der Teilabweisung und der Gegenleistung zusammenzurechnen, wiederum begrenzt durch den Wert des Klageanspruchs (BGH MDR 85, 1022). Zum Auswechseln der Art der **Nachbesserung** s Rn 17.

10) Bei **Zahlung** nach vorläufig vollstreckbarer Verurteilung vor Rechtsmitteleinlegung ist zu **25** unterscheiden: **a)** Beschwer bleibt bestehen bei Zahlung lediglich zur Vollstreckungsabwehr, also nicht zur Erfüllung (BGH MDR 76, 1005; WPM 68, 923), zB Überweisung „unter Vorbehalt" oder gleichzeitig mit Rechtsmitteleinlegung (Karlsruhe OLGZ 79, 353: betr Gegendarstellung) oder wenn Bekl nach Urteilserlaß zahlt, weil er von einem späteren Fälligkeitstermin ausgeht als der Kläger (BGH MDR 75, 388). **b)** Beschwer fällt weg bei endgültiger Zahlung (BGH LM § 91a ZPO Nr 4; MDR 76, 473). Das kann sich aus ausdrücklicher Erklärung ergeben, aber auch aus den Umständen, zB wenn zugleich mitgeteilt wird, es werde kein Rechtsmittel eingelegt (BGH MDR 76, 473). Fehlen solche Umstände, dann ist im Zweifel nur unter Vorbehalt gezahlt (BGH MDR 76, 1005; Hamm NJW 75, 1843 [mit in sich widersprüchlicher und vom LS abweichender Begründung]). **c)** In Haftpflichtsachen entfällt für die Berufung des Versicherungsnehmers das Rechtsschutzbedürfnis, wenn sein Versicherer die Urteilssumme für ihn erfüllt (BGH MDR 76, 473), nach Frankfurt (MDR 85, 60 = VersR 85, 956) dagegen nicht, wenn der Versicherer auch als Mithaftender gem § 3 PflVG die eigene Verpflichtung erfüllt.

11) Zur Beschwer einer Berufung gegen eine **befristete Verurteilung** siehe Schneider JurBüro **26** 75, 1318.

12) Ohne Beschwer ist zur Rechtsmitteleinlegung befugt die Stelle, die einen Verwaltungsakt **27** erlassen hat, der durch Antrag auf gerichtl Entscheidung durch das **Bauland**gericht angegriffen worden ist, §§ 157, 162 I 2 BBauG (BGH MDR 75, 827).

IV) Inkorrekte Entscheidungen. In der Regel ist eindeutig, welche Entscheidung gewollt ist. **28** Zweifel sind durch Auslegung aller Urteils- oder Beschlußteile zu ermitteln. Überschrift (Teil-, Grund-, Schluß-, Endurteil usw) nicht maßgebend. Daher Teilurteil, wenn versehentlich ein Antrag nicht verlesen und beschieden worden ist, auch wenn Gericht meinte, Vollendurteil zu erlassen und dementsprechend die Kosten voll verteilt hat.

1) Rechtsmittel bei inkorrekten Entscheidungen. Hat ein Gericht eine Entscheidung abwei- **29** chend von der im Gesetz vorgesehenen Form als Urteil oder Beschluß erlassen, so kann sich die Zulässigkeit der Anfechtung und die Art des Rechtsmittels nach dem in der Entscheidung zum Ausdruck gebrachten Willen des iudex a quo (subjektive Theorie) oder nach dem Inhalt der Entscheidung (objektive Theorie) richten. Da jedoch grundsätzl davon auszugehen ist, daß Fehler des Gerichts niemals zu Lasten der Parteien gehen dürfen (BGH VersR 81, 548 [549]), ist sowohl das Rechtsmittel gegeben, das der erkennbar gewordenen Entscheidungsart entspricht, wie dasjenige, das der Entscheidung entspricht, für die die Voraussetzungen gegeben waren (**Grundsatz der Meistbegünstigung:** BGH MDR 66, 232; ZZP 92 [1979], 363 m Anm Gottwald; NJW 79, 43; BAG ZIP 83, 1252). Er kann als Ausprägung der verfassungsrechtlichen Grundsätze der allgemeinen Gleichberechtigung und des Vertrauensschutzes (Leibholz/Rinck GG Art 20 Rn 42 ff m Nachw) verstanden werden (so auch BGHZ 90, 3; BGH WPM 86, 1098, 1099, bei fehlerhafter Beurteilung einer Wert- oder Zulassungsrevision durch das Berufungsgericht; s § 546 Rn 56). Der Meistbegünstigungsgrundsatz greift auch ein, wenn ein Versäumnisurteil irrig als „zweites" bezeichnet wird (BGH VersR 84, 287; Köln MDR 72, 225). Wird durch Urteil entschieden, wo Beschlußform vorgesehen ist, gibt es daher Berufung und Beschwerde (Hamm MDR 86, 417). Nach München (NJW 57, 836) soll jedoch gegen die in Urteilsform ergangene Kostenentscheidung aus § 91a nur die sofortige Beschwerde zulässig sein; dagegen mit Recht Pohlmann NJW 57, 1197. Umgekehrt ist bei Erlaß eines Beschlusses statt eines Urteils oder Zwischenurteils

Berufung und Beschwerde gegeben (unrichtig KG NJW 67, 1865: nur Beschwerde). Ist bei Zulassung der Revision (§ 546 I 2) durch ein bayerisches OLG nicht gesagt, ob der BGH oder das BayObLG zuständig sei (s dazu § 546 Rn 26), dann darf der Rechtsmittelführer wählen, wo er einlegt (BGH FamRZ 81, 28). Zur **Urteilsberichtigung** s Schneider MDR 86, 377 u § 516 Rn 6.

30 2) Die in ihrer Form dem Gesetz nicht entspr Entscheidung kann allerdings **keinen weiteren Rechtsmittelzug** eröffnen, wenn gg die in gesetzentsprechender Form ergangene Entscheidung desselben Gehalts kein Rechtsmittel zulässig wäre (BGH MDR 59, 554; BGHZ 40, 267; 46, 113; NJW 69, 845; KG NJW 67, 1865; Frankfurt FamRZ 79, 537), zB bei gewolltem Versäumnisurteil statt Streiturteil (Düsseldorf MDR 85, 1034: Nur Einspruch). Dem ist nicht uneingeschränkt zu folgen. Wenn das Rechtsmittel, das nach der äußeren Form der angefochtenen Entscheidung gegeben wäre, auch nicht zu einer zweitinstanzl Entscheidung in der Sache führen kann, auf die bei richtiger Entscheidungsform kein Anspruch bestünde, so kann es doch zulässig sein, um die Beseitigung der angegriffenen falschen Entscheidung zu ermöglichen. So ist die Berufung gg ein Urteil gegeben, das als Teilurteil bezeichnet u gewollt war, in Wirklichkeit aber ein unzulässiges Zwischenurteil darstellt, damit es beseitigt werden kann (Hamburg MDR 57, 743). Köln JMBlNRW 71, 234 u OLGZ 72, 42 lassen Beschwerde wegen offenbarer Gesetzwidrigkeit gg Beschluß zu, der fälschl anstelle eines Urteils erging. Eine Ausnahme hat auch der BGH (BGHZ 40, 267) in entspr Anwendung des § 547 II 1 gemacht: Zulässige Revision gg ein eine Sachentscheidung ablehnendes Urteil des OLG, wenn eine solche Entscheidung im Beschlußweg – dann unanfechtbar – hätte ergehen können u müssen (dazu noch BGH JZ 67, 367). Deshalb sind entgegen Hamm (MDR 86, 417 = NJW-RR 86, 739; weitere Nachw § 319 Rn 26) Berichtigungsbeschlüsse des LG als Berufungsgericht beschwerdefähig (s näher Schneider MDR 68, 421 ff); es gibt keinen allgemeinen Prozeßrechtsgrundsatz, wonach der Beschwerdeweg nicht länger sein darf als der Berufungsweg (§ 568 Rn 43).

31 3) **Überleitung ins richtige Verfahren.** Wird das der äußeren Form der Vorentscheidung entsprechende Rechtsmittel eingelegt, so braucht das Rechtsmittelgericht dem Untergericht nicht auf dem eingeschlagenen falschen Weg zu folgen, sondern kann das Verfahren selbst in die richtige Bahn lenken (Überleitung eines Berufungs- in ein Beschwerdeverfahren: BGH MDR 66, 232; Hamm Rpfleger 72, 328; Düsseldorf FamRZ 80, 811; Schleswig SchlHA 80, 70; eines Beschwerdeverfahrens in ein Urteilsverfahren oder umgekehrt: Köln JMBlNRW 71, 234; OLGZ 72, 42; Karlsruhe OLGZ 86, 129). Häufig wird es aber angezeigt sein, durch Aufhebung der angefochtenen Entscheidung u des zugrunde liegenden Verfahrens und Zurückverweisung dem Untergericht die Möglichkeit zu geben, seinerseits die Sache in das richtige Verfahren überzuleiten (vgl auch BGHZ 40, 265).

32 4) **Falsches Kostenurteil.** Berufung zulässig gg ein „Urteil", das nach Erledigung der Hauptsache nur über die Kosten entschieden hatte (BGH MDR 59, 554; 66, 232; s a Pohlmann NJW 57, 1197). Ebenso, wenn bei der Stufenklage der mangels Bezifferung unzulässig gewordene Leistungsantrag nicht abgewiesen, sondern statt dessen nur ein Kostenschlußurteil erlassen wird (Zweibrücken FamRZ 83, 1154). Im Hinblick auf § 515 III S 3 keine Revision gg Verlustigkeits„urteil" nach § 515 (BGHZ 46, 112). Beschwerde zulässig gg „Beschluß", wenn Urteil hätte ergehen müssen (BGHZ 21, 147; KG NJW 67, 1865).

33 5) **Beschluß im Urteil.** Kein Fall der inkorrekten Entscheidung liegt dann vor, wenn eine Entscheidung, die in selbständiger Beschlußform hätte ergehen sollen, in ein Endurteil mit aufgenommen worden ist (zB Streitwertfestsetzung; Entscheidung über Prozeßkostenhilfe). Hier handelt es sich in der Regel lediglich um eine äußere Verbindung zweier an sich selbständiger Entscheidungen, die nach den je für sie geltenden Bestimmungen anfechtbar sind.

34 6) Noch nicht existent gewordene **Scheinurteile** können mit den normalen Rechtsmitteln angegriffen werden, um die Scheinwirkung zu beseitigen (BGH VersR 84, 1192; BGHZ 32, 370; NJW 64, 248). Die Zustellung eines Scheinurteils, etwa eines nicht verkündeten Entwurfs, setzt die Berufungsfrist des § 516 nicht in Lauf (BGH VersR 84, 1192, 1193 m Nachw). Wird ein solches Urteil demnächst existent, so wird es von dem bereits eingelegten Rechtsmittel mit ergriffen (BGH aaO; krit Jauernig NJW 65, 722). Nicht jeder Mangel bei der Verkündung oder Zustellung nach § 310 III hat aber zur Folge, daß nur der Schein eines Urteils vorläge (BGHZ 15, 39; 42, 94). Ein im schriftlichen Verfahren ergangenes Urteil muß nach § 128 II verkündet werden; Zustellung macht nicht wirksam, sondern schafft ein Scheinurteil, das jedoch berufungsfähig ist (Frankfurt FamRZ 79, 430 [BGHZ 17, 118 weicht nicht ab, da damals die Rechtslage anders war]; Schleswig SchlHA 79, 21).

35 V) **Umdeutung von Rechtsmittelerklärungen** kann ausnahmsweise zulässig sein, wenn sich Erklärtes und Beabsichtigtes nach Ziel und Wirkung entsprechen (BGH VersR 86, 785, 786: ver-

neint für Wiedereinsetzung und sofortige Beschwerde; s auch § 577 Rn 15). Umdeutung der verspäteten Begründung einer unselbständigen Anschlußberufung in zulässige Wiederholung der Anschlußberufung: BGH NJW 54, 109; einer nach Ablauf der Berufungsbegründungsfrist, aber noch innerhalb der Berufungsfrist eingegangenen Berufungsbegründung in zulässige Wiederholung der Berufung: BGH NJW 58, 551; einer als selbständiges Rechtsmittel eingelegten Revision in Anschlußrevision: BGH JZ 55, 218; einer in einer Baulandsache eingelegten Revision in eine zulässige Berufung: BGH NJW 62, 1820; einer Berufung gg eine in Urteilsform ergangene gemischte Kostenentscheidung in eine sofortige Beschwerde nach § 91a II: BGHZ 40, 265; einer Beschwerde in eine Anschlußberufung: BGHZ 40, 272. Die nur fälschl Benennung eines Rechtsmittels ist immer unschädl (RGZ 170, 387), zB irrige Bezeichnung einer Beschwerde als Einspruch.

VI) Gegen dieselbe Entscheidung können uU **verschiedenartige Rechtsmittel** gegeben sein, je nachdem von welcher Seite sie eingelegt werden (vgl BGHZ 40, 271). Zum Nebeneinander mehrerer Rechtsmittel derselben Partei gg dasselbe Urteil (Kostenmischentscheidung) vgl München NJW 70, 761. 36

1) Mehrmalige Rechtsmitteleinlegung derselben Partei gegen dieselbe Entscheidung vermehrt nicht die Rechtsmittel, sondern ist Gebrauchmachen von einem einheitlichen Anfechtungsrecht. Darüber ist deshalb auch einheitlich zu entscheiden, wobei die Zulässigkeitsvoraussetzungen nur einmal gegeben sein müssen (s § 519b Rn 5). 37

2) Begründung als Einlegung. In einer erst nach Ablauf der Begründungsfrist eingebrachten Berufungsbegründungsschrift kann, soweit nicht bereits Bindung nach § 318 eingetreten ist (§ 519b Rn 10), bei noch nicht abgelaufener Einlegungsfrist eine wiederholte Einlegung der Berufung erblickt werden (BGH NJW 58, 551; DRiZ 72, 209; s Rn 35 u § 519b Rn 5). 38

Erster Abschnitt

BERUFUNG

511 *[Statthaftigkeit der Berufung]*

Die Berufung findet gegen die im ersten Rechtszuge erlassenen Endurteile statt.

I) 1) Endurteile sind auch Anerkenntnis- (KG OLGZ 1979, 114), Verzichts-, Vorbehalts-, Teil- und Ergänzungsurteile (§§ 306, 307, 302 III, 599 I, III, 301, 321) u Urteile im Eilverfahren (§§ 925 I, 936). Wenn sie ordnungsgemäß verkündet oder nach § 310 III zugestellt worden sind, erledigen sie den Rechtsstreit in der Instanz vollständig oder hinsichtlich eines Teiles des Streitgegenstandes (§§ 300, 301). Bezüglich des Versäumnisurteils vgl § 513 (regelmäßig Einspruch, ausnahmsweise Berufung, jedoch nicht nach bloßem Kosteneinspruch, Stuttgart JurBüro 81, 1894). Den Gegensatz bilden die **Zwischenurteile** (§ 303), die in der Regel nur mit dem Hauptsacheurteil anfechtbar sind; gegen einzelne Zwischenurteile findet jedoch sof Beschwerde statt, §§ 71, 135, 387, 408; andere wieder sind hinsichtlich der Rechtsmittel (u der Rechtskraft) den Endurteilen gleichgestellt, §§ 280 II, 302, 304, 599 III (BGH MDR 79, 297; JZ 81, 147; Hamburg VersR 79, 847). 1

2) Der Berufung eines Klägers, dessen Klage in erster Instanz entgg seinem Antrag, die **Hauptsache** für **erledigt** zu erklären, abgewiesen wurde, steht § 99 auch dann nicht entgg, wenn es ihm mit dem Rechtsmittel nur auf die Änderung der ihn belastenden Kostenentscheidung ankommt (BGHZ 57, 224). Zur Verfolgung materiellrechtlicher Kostenerstattungsansprüche mit der Berufung vgl BGH MDR 68, 407. Zur Anfechtung von Räumungsfristentscheiden s § 721 VI (uU sof Beschwerde; dazu LG Landshut NJW 67, 1374 m Anm Schmidt/Futterer). Rechtsmittel gg inkorrekte Entscheidungen: s Vorbem 28 ff. Nicht berufungsfähig ist das Ausschlußurteil beim Aufgebot (§ 957). 2

3) Berechtigt zur Berufung sind die Hauptparteien erster Instanz sowie diejenigen, die in erster Instanz oder im Laufe der Rechtsmittelfrist als Gesamtnachfolger oder Sondernachfolger, Parteiwechsel oder Parteibeitritt (§ 856 III) in den Prozeß eingetreten sind oder deren Eintritt durch Urteil abgelehnt wurde. Der zugelassene (BGH MDR 82, 650) Streithelfer darf Berufung für die Hauptpartei einlegen (zu seiner Beschwer s Rn 22 vor § 511), auch Beitritt und Rechtsmitteleinlegung verbinden (§§ 66 II, 70 I 1; St/J/Leipold § 66 Rn 7). Diese Befugnis hat jedoch nicht ein interessierter Dritter, selbst wenn er wegen der Urteilswirkung nach Art 103 I GG hätte gehört werden sollen (Schlosser JZ 67, 436; Erdsiek NJW 62, 1049; Wolf JZ 71, 406). Wird ein Dritter hingegen irrtümlich im Rubrum aufgeführt, dann darf er Berufung einlegen, um sich vor 3 ungerechtfertigter Vollstreckung zu schützen (BGH MDR 78, 307); er ist nicht auf die Berichtigung nach § 319 verwiesen.

4 **4)** Von mehreren **Streitgenossen** kann jeder für sich Berufung einlegen; den übrigen Streitgenossen kommt die Berufung nur bei notwendiger Streitgenossenschaft zugute. Im Verhältnis Hauptpartei zu Streithelfer genügt es, wenn bei verspäteter Berufungseinlegung der Partei die Begründung innerhalb der Frist für die fristgerecht eingelegte Berufung des Streithelfers eingeht (BGH MDR 85, 751). Zur Beschwer s § 511 a Rn 17 u § 546 Rn 14.

5 **5)** Zur Rechtsmitteleinlegung befugt ist auch eine Partei, die sich gg ihre Behandlung in der Vorinstanz als **prozeßfähig** u gg die dort ergangene Sachentscheidung wendet, ebenso wie umgekehrt die Partei, der wegen angenommener Prozeßunfähigkeit eine Sachentscheidung verweigert wurde (BGHZ 18, 190; 35, 6; FamRZ 72, 35; vgl a BGH NJW 70, 1683). Das gleiche gilt beim Streit um die **Parteifähigkeit** oder rechtl **Existenz** überhaupt; die nicht parteifähige Partei kann ein Rechtsmittel einlegen, um die gg sie ergangene Sachentscheidung zu beseitigen, die in der Vorinstanz für nicht parteifähig gehaltene, um das Gegenteil feststellen zu lassen (BGHZ 24, 91; vgl a BGHZ 51, 27). Eine nicht wirksam vertretene prozeßunfähige Partei kann jedoch nicht die Fortsetzung des Berufungsverfahrens wegen nichtigen Prozeßvergleichs (Köln WRP 83, 453) beantragen (BGHZ 86, 184, abl Hager ZZP 97, 1984, 174 ff; s auch § 56 Rn 13). Die allgemeinen Rechtsmittelvoraussetzungen, insbes die Beschwer, müssen gegeben sein (anderenfalls kommt nur Nichtigkeitsklage nach § 579 Nr 4 in Betracht). Löschung einer GmbH im Verlaufe des Berufungsverfahrens läßt Parteifähigkeit entfallen und macht Berufung ab dann unzulässig (Karlsruhe WRP 85, 714). Wurde eine Person als vermeintl (gesetzl oder bevollmächtigter) **Vertreter** der zu verklagenden Partei vor Gericht gezogen, so kann seine durch das Urteil beschwerte Partei durch ihren wirkl Vertreter Berufung einlegen, sei es, um den Rechtsstreit unter Genehmigung der bisherigen Prozeßführung fortzusetzen, sei es, um durch Klarstellung des Vertretungsmangels die Abweisung der Klage als unzulässig zu erreichen (RG JW 16, 130; vgl BGHZ 40, 198). Es kann aber auch durch vermeintl Vertreter seinerseits für die Partei Berufung einlegen, sei es, um entgg deren Auffassung seine Vertretungsmacht bestätigt zu erhalten, sei es, um durch Feststellung des Vertretungsmangels Aufhebung des gg die Partei ergangenen Urteils und Klageabweisung zu erwirken (RGZ 29, 408; 86, 340; JW 31, 1855; Saarbrücken NJW 70, 1664; LG München VersR 71, 615).

6 **6) Zu richten ist das Rechtsmittel** gegen die dem Berufungskläger gegenüberstehende Hauptpartei oder deren Rechtsnachfolger; bei der **notwendigen Streitgenossenschaft** (§ 62) ist die Berufung form- u fristgerecht gg alle Streitgenossen einzulegen (sonst unzulässig, BGHZ 23, 73). Gegen **Nebenintervenienten** kann die Berufung nicht gerichtet werden, weil sie nicht Partei sind; wohl kann der Nebenintervenient selbst sof Beschwerde (§ 71 II) gegen eine Zurückweisung seines Beitritts in der Entscheidung zur Hauptsache einlegen (BGH MDR 82, 650).

7 Zur Rechtsmitteleinlegung gg eine in **Konkurs** gefallene Partei, die vor Konkurseröffnung ein obsiegendes Urteil erstritten hatte, vor Aufnahme des Rechtsstreits durch den Konkursverwalter s BGHZ 50, 397, Grunsky JZ 69, 235.

8 **II) Berufungsgericht:** Für die Berufung gg AG-Urteile das LG (Zivil- bzw Handelskammer, §§ 72, 94 ff GVG), dessen Zuständigkeit erhalten bleibt, wenn durch Klageerweiterung die Wertgrenze des § 23 Nr 1 GVG überschritten wird (§ 506 Rn 4; aA LG Hannover MDR 85, 329; Oldenburg NJW 73, 810). In Kindschaftssachen und in Familiensachen ist das OLG zuständig (§ 119 Nr 3 GVG). Berufungsgericht in Kartellsachen §§ 93, 94 GWB; dazu BGHZ 49, 37; Celle NJW 73, 808; in Binnenschiffahrtssachen das OLG als „Schiffahrtsobergericht", § 11 BinnenschiffVerfG vom 27. 9. 1952, BGBl I 641. Familiensenate sind in Familiensachen auch dann zuständig, wenn erstinstanzlich kein Familiengericht entschieden hat (BGH Rpfleger 78, 368); erläßt dagegen AG als Familiengericht ein Urteil in einer Nichtfamiliensache, dann ist das LG zuständig für die Berufung; es entscheidet also die materiellrechtliche Qualifizierung (BGHZ 72, 182; BGH MDR 81, 302). Verweist das AG an das LG, weil es von einer Nichtfamiliensache ausgeht, muß das OLG als Berufungsgericht erneut prüfen, ob der allgemeine oder der Familiensenat zur Entscheidung berufen ist (BGH Warneyer 79 Nr 220). Berufungen gegen Patent-LG (§ 143 II PatG) auch dann durch Patentanwalt (§ 143 III PatG), wenn sachlich kein Patentstreit entschieden wurde (BGH NJW 78, 2245).

9 **III) Gebühren: 1)** des **Gerichts:** Verfahrensgebühr beträgt den 1½fachen Tabellensatz (KV Nr 1020). Sie ermäßigt sich auf die Hälfte der Gebühr nach der Tabelle zu § 11 Abs 2 S 2 GKG, also nicht auf die Hälfte des nach KV Nr 1020 anzusetzenden Satzes von 1½, wenn die Berufung oder die Klage zurückgenommen wird (§§ 515, 269) vor Ablauf des Tages, an dem entweder eine (vorbereitende) Anordnung nach § 273 unterschriftlich verfügt oder ein Beweisbeschluß unterschrieben – beim Kollegialgericht kommt es auf die zuletzt geleistete Unterschrift an – oder ein Termin zur mündlichen Verhandlung unterschriftlich bestimmt worden ist (KV Nr 1021). Bei teilweiser Rücknahme der Berufung oder

Klage ist für die Berechnung der Verfahrensgebühr nach § 21 Abs 3 GKG zu verfahren. Die Erledigungserklärung der Hauptsache (§ 91a) steht der Rücknahme des Rechtsmittels oder der Klage nicht gleich (Halbsatz 2 in KV Nr 1021). – Eine Vorauszahlungspflicht besteht für die Berufungsinstanz nicht (Nürnberg NJW 61, 2264 = JurBüro 62, 221). Fällig wird die Verfahrensgebühr mit dem Eingang der Rechtsmittelschrift (§ 61 GKG); die Gebühr ist alsbald nach Fälligkeit zu Soll zu stellen (vgl § 13 KostVfg). – Hinsichtl der Urteilsgebühren sowie der jeweiligen Höhe des Gebührensatzes: s § 300 Rn 7. Bezügl der auch im 2. Rechtszug urteilsgebührenfreien Zwischenurteile s Rn 12 zu § 303; wie im 1. Rechtszug wird auch für ein im Berufungsverfahren erstmals erlassenes Grundurteil (§ 304) oder Vorbehaltsurteil (§§ 302, 599) je 1 (ganze) Urteilsgebühr erhoben (KV Nr 1023). – Keine Urteilsgebühr für ein im Berufungsrechtszug ergehendes Anerkenntnis- oder Verzichtsurteil (KV vor Nrn 1024/1026). Wegen der Gebühren im Säumnisverfahren der Berufungsinstanz s Rn 19 zu § 542.

2) des **Anwalts:** Im Berufungsverfahren erhöhen sich die Gebühren des § 31 BRAGO um 3/10, die volle Gebühr beträgt demnach 13/10 (§ 11 Abs 1 S 2 BRAGO). Soweit dem RA nur eine halbe Gebühr anfällt, erhält er 13/20.

3) Streitwert: s § 3 Rn 16 unter „Rechtsmittelinstanz“.

511a *[Berufungssumme]*

(1) In Rechtsstreitigkeiten über vermögensrechtliche Ansprüche ist die Berufung unzulässig, wenn der Wert des Beschwerdegegenstandes siebenhundert Deutsche Mark nicht übersteigt.

(2) Der Berufungskläger hat diesen Wert glaubhaft zu machen; zur Versicherung an Eides Statt darf er nicht zugelassen werden.

I) Die sog **Erwachsenheitssumme** ist wiederholt geändert und den wirtschaftlichen Verhältnissen angepaßt worden. Anhebung auf über 700 DM durch Ges vom 8. 12. 1982 (BGBl I S 1615). Wirtschaftliche Bedeutung der Sache kann die Berufungssumme nicht ersetzen (Waldner NJW 80, 217 gg Lüke NJW 79, 2049 zu II 1a), desgleichen nicht materiellrechtliche Unrichtigkeit der Vorentscheidung oder die Mitwirkung eines nicht abgelehnten befangenen Richters (aA Lüke aaO). Im schriftlichen Verfahren ist mangels Einspruchsmöglichkeit Berufung trotz Fehlens der Erwachsenheitssumme analog § 513 II zulässig (s § 513 Rn 5). Umstritten ist, ob auch im Verfahren mit mündlicher Verhandlung die Berufung wegen Gehörsverletzung (Art 103 I GG) gegeben ist (so Seetzen NJW 82, 2337; Kahlke NJW 85, 2231; LG Dortmund NJW 86, 2959; aA LG Freiburg NJW-RR 86, 616). Dafür ließe sich anführen, daß im Beschwerderecht eine verschlossene Instanz wegen sog greifbarer Gesetzeswidrigkeit eröffnet wird (s § 567 Rn 41). Indessen erfüllt eine Gehörsverletzung diese Voraussetzungen noch nicht. Darüber hinaus steht das wesentlich strenger formalisierte Berufungsverfahren dem Beschwerdeverfahren nicht gleich. Eine Ausnahme-Berufung trotz Fehlens hinreichender Beschwer wegen verfahrensrechtlicher oder materiellrechtlicher Fehler der Vorinstanz ist deshalb abzulehnen. – Zur Beschwer bei **PKH-Antrag** für eine nur bis 700 DM erfolgversprechende Berufung s § 114 Rn 36. 1

II) 1) In vermögensrechtlichen Angelegenheiten muß die Beschwer (vgl Rn 8 ff vor § 511) als Voraussetzung der Zulässigkeit der Berufung die Berufungssumme übersteigen; in **nichtvermögensrechtlichen** Sachen fordert das Gesetz keine Mindestbeschwer. **Vermögensrechtlich sind Ansprüche,** die aus einem auf Vermögenswerte abgestellten Rechtsverhältnis abgeleitet oder wenigstens selbst auf Geld oder geldwerte Leistungen gerichtet sind (vgl § 546 Rn 1–9). 2

2) Wird Berufung wegen eines mit einem vermögensrechtl Anspruch **verbundenen nichtvermögensrechtl Anspruch** eingelegt, so ist keine Berufungssumme nötig, wenn der vermögensrechtl Anspruch von dem nichtvermögensrechtl abhängig ist (RGZ 164, 289). Sind beide Ansprüche voneinander unabhängig, muß, wenn die Berufung wegen des vermögensrechtl Anspruchs zulässig sein soll, der Wert des Beschwerdegegenstandes 500 DM übersteigen. 3

III) Beschwerdegegenstand ist der Betrag, um den der Berufungskläger durch das Urteil der ersten Instanz in seinem Recht verkürzt zu sein behauptet und in dessen Höhe er mit seinem Berufungsantrag Abänderung des Urteils beantragt. Zunächst ist durch einen Vergleich der in der Vorinstanz zuletzt gestellten Anträge mit dem angefochtenen Urteil der Umfang des Unterliegens und damit der durch das Urteil erlittenen Beschwer zu ermitteln. Der Beschwerdegegenstand ergibt sich sodann aus den **Berufungsanträgen,** mit denen die ganze oder teilweise Beseitigung der erlittenen Beschwer verlangt wird (s § 519 Rn 31). Maßgebend für seinen Wert ist das Interesse des Berufungsklägers an der Abänderung des angefochtenen Urteils (BGHZ 57, 302; NJW 73, 654), wobei wirtschaftl Betrachtung geboten ist (LG Mannheim WM 76, 191). Beschwer und Wert des Beschwerdegegenstands können sich mit dem Streitwert der ersten Instanz dekken oder hinter ihm zurückbleiben, aber grundsätzlich (über Ausnahmen vgl Schumann, Berufung in Zivilsachen, 3. Aufl 1985 § 13 II 2) nicht höher sein als dieser (zum Gebührenstreitwert siehe § 14 II 1 GKG); neue Ansprüche, die im Berufungsverfahren durch Klageerweiterung gel- 4 tend gemacht werden, zählen also bei Berechnung der Beschwer nicht mit (BGH VersR 83, 1160).

5 **IV)** Der Umfang der Beschwer, soweit sie noch besteht (vgl RGZ 168, 360; BGH LM § 91 a ZPO Nr 4), ist grundsätzl nach dem **Zeitpunkt der Berufungseinlegung** zu berechnen (RGZ 118, 150; BGHZ 1, 29; MDR 83, 388 = NJW 83, 1063; ausführlich Frank Anspruchsmehrheiten im Streitwertrecht 1986 S 111 ff). Nachträgliche Klageerweiterung ist unbeachtlich (BGH JurBüro 84, 379). Die **nachträgl Minderung** ist für die Zulässigkeit des eingelegten Rechtsmittels unschädl, sofern der Rechtsmittelkläger nicht durch willkürl Ermäßigung seiner Anträge oder teilweise Klaglosstellung des Gegners bewirkt, daß die Rechtsmittelsumme nicht mehr erreicht ist (BGH MDR 83, 388 = NJW 83, 1063 m Nachw; zur willkürlichen Beschränkung von Rechtsmittelanträgen vor Rücknahme s jetzt BGHZ 70, 315 u Schneider NJW 78, 786); das beurteilt sich nicht nach dem schriftsätzlich angekündigten, sondern nach dem in der mündlichen Verhandlung verlesenen Berufungsantrag, weil er bis dahin wieder erweitert werden darf (§ 519 Rn 31).

6 **1)** So wird die Berufung nicht unzulässig, wenn der Berufungskläger seine Anträge nur der vom Gegner freiwillig geschaffenen prozessualen Lage anpaßt, um eine Abweisung als unbegründet zu vermeiden, und mit den Anträgen nun hinter der Berufungssumme zurückbleibt, zB indem er nach Zahlung des in erster Instanz mit dem Klageabweisungsantrag durchgedrungenen Beklagten während des Berufungsverfahrens die Hauptsache für erledigt erklärt u nur noch Abänderung der erstinstanzl Kostenentscheidung begehrt. S dazu Frank Anspruchsmehrheiten im Streitwertrecht 1986 S 112 ff.

7 **2)** Umgekehrt kann der Kläger nicht durch **Verzicht auf einen Teil des Klageanspruchs** die bisher zulässige Berufung des Beklagten unzulässig machen (RGZ 165, 87).

8 **3)** Die Berufung des in erster Instanz verurteilten **Beklagten** wird durch sein Handeln unzulässig, wenn er der mit der Berufung bekämpften Leistungspflicht während des Berufungsverfahrens **freiwillig genügt,** so daß die Urteilsbeschwer wegfällt (BGH NJW 51, 274; s dazu Frank Anspruchsmehrheiten im Streitwertrecht 1986 S 112 f mwNachw). Beispiel: Im Rahmen einer Stufenklage ergeht Teilurteil auf Auskunftserteilung, gegen das der Beklagte Berufung einlegt, in der Berufungsbegründung dann aber die Auskunft erteilt; damit nimmt er sich die Beschwer (der Kläger muß die Hauptsache der ersten Stufe für erledigt erklären). Anders aber bei Erfüllung wegen Fälligwerdens während des Berufungsverfahrens (BGH NJW 66, 59; vgl auch Rn 25 vor § 511) oder wenn der Kläger auf die Berufung des vorbehaltslos verurteilten Beklagten freiwillig die von diesem verlangte Gegenleistung erbringt und der Beklagte daraufhin nur noch Abänderung der erstinstanzlichen Kostenentscheidung beantragt (Frankfurt NJW 67, 1811; vgl auch Rn 12 vor § 511). Berufung des in 1. Instanz zur Unterlassung verurteilten Beklagten wird auch nicht unzulässig, wenn das mit der Berufung bekämpfte Verbot während des Rechtsmittelverfahrens durch Zeitablauf endet, der Berufungskläger nun die Erledigterklärung abgibt u nur noch Abänderung der erstinstanzl Kostenentscheidung verlangt; auch dann handelt es sich nicht um eine Beschränkung des Rechtsmittelantrags aus freien Stücken (BAG NJW 57, 478). Dem Beklagten ist es weiter nicht nachteilig, wenn er zwar während des Berufungsverfahrens den Kläger befriedigt, aber den Klageabweisungsantrag aufrechterhält u damit bezügl eines die Berufungssumme übersteigenden Betrags eine Sachentscheidung begehrt (BGH NJW 67, 564). Verteidigt sich ein Wettbewerber gegen eine Abmahnung mit negativer Feststellungsklage und erhebt später der Abmahnende in einem selbständigen Verfahren Unterlassungsklage, dann besteht das Feststellungsinteresse des Abgemahnten auch in höherer Instanz fort, solange nicht über die Unterlassungsklage rechtskräftig entschieden worden ist (Hamm NJW-RR 86, 923).

9 **4)** Es genügt, wenn die Berufungssumme dadurch erreicht wird, daß der Berufungsführer, der unbeschränkt Berufung eingelegt hatte, seine Anträge während der Begründungsfrist innerhalb seiner Beschwer auf die Erwachsenheitssumme **erweitert,** sofern mit dem ersten niedrigeren Antrag kein Berufungsverzicht im übrigen verbunden war. Sofern die Berufung nicht schon vorher als unzulässig verworfen war, kann er eine solche Erweiterung im Rahmen der Berufungsbegründung bis zur Schlußverhandlung erklären (§ 519 Rn 31).

10 **5)** Der Rechtsmittelkläger, dessen Interesse die Rechtsmittelsumme nicht erreicht, kann sich **nicht** auf ein **höheres Interesse des Gegners** berufen (BGHZ 23, 205). Das wird insbesondere bei der Berufung eines zur Auskunft verurteilten Beklagten praktisch (Rn 23). Da der Wert des Beschwerdegegenstands nicht über die Urteilsbeschwer hinausgehen kann, wird die Berufung des Klägers nicht dadurch zulässig, daß er den **Klageantrag erweitert,** um über die Wertgrenze zu kommen (s § 519 Rn 31).

11 **V) Der Wert des Beschwerdegegenstandes. 1)** Er bestimmt sich nach den Wertverhältnissen zur Zeit der Berufungseinlegung; Wertveränderungen bei gleichbleibendem Streitgegenstand

nach diesem Zeitpunkt bleiben außer Betracht. Der Wert ist **glaubhaft** zu machen. Das Berufungsgericht stellt ihn ohne Bindung an den für die erste Instanz festgesetzten Streitwert (Meyer NJW 69, 700) bei der Prüfung der Zulässigkeit des Rechtsmittels fest; das LG als Berufungsgericht endgültig. Im Bedarfsfall kann der Wert durch gesonderten Beschluß, wenn er streitig ist und die Zulässigkeit des Rechtsmittels davon abhängt, auch durch Zwischenurteil (§ 303) festgesetzt werden. Den richtigen Wert zu ermitteln und zu prüfen, ob die Berufungssumme erreicht ist, obliegt dem Prozeßbevollmächtigten. Wird vom LG ein unter 700,01 DM liegender Wert festgesetzt und auf Streitwertbeschwerde hin auf über 700 DM erhöht, dann rechtfertigt das nicht die Wiedereinsetzung in den vorigen Stand; der Anwalt hätte es rechtzeitig selbst klären müssen, §§ 233, 85 II (München NJW 78, 1489).

2) Die **Wertberechnung** richtet sich nach §§ 3–9, nicht nach den GKG-Gebührenvorschriften, 12
auch nicht in Mietstreitigkeiten (§ 8 Rn 1). Abzustellen ist auf das Interesse des Rechtsmittelführers, seine erstinstanzliche Verurteilung zu beseitigen (BGH WPM 78, 335). Das Interesse des Gegners ist also unbeachtlich. Die Kostenbeschwer bleibt neben der Hauptsachebeschwer außer Ansatz (§ 4) und ist nicht isoliert berufungsfähig (§ 99 I). Kostenpunkt ausnahmsweise selbständig anfechtbar, wenn nach Teilurteil über die Hauptsache Schlußurteil über die Kosten ergeht (§ 99 Rn 10); jedoch müssen dann beide Urteile angefochten werden (Schleswig SchlHA 79, 127). Bei unbezifferten Zahlungsansprüchen – meist handelt es sich dabei um „angemessenes Schmerzensgeld" – ist auf die erstinstanzl Betragsvorstellung des Klägers abzustellen und zu fragen, inwieweit ihr durch das angefochtene Urteil entsprochen worden ist (s Rn 15 vor § 511).

3) Die zwischen Einreichung der Klage und Rechtsmitteleinlegung fällig gewordenen Bezüge 13
an **wiederkehrenden Leistungen** (zB bei Unterhaltsurteilen) dürfen bei Berechnung der Berufungssumme nicht zu dem nach § 9 zu bezeichnenden Kapital hinzugerechnet werden (wohl aber für den Gebührenstreitwert die verlangten Rückstände aus der Zeit vor Anhängigkeit, § 17 IV GKG). Auch titulierte, aber unstreitige freiwillige Zahlungen bleiben bei der Berechnung der Beschwer unberücksichtigt (BGH KoRsp ZPO § 3 Nr 736 = WPM 85, 279).

4) Bei **Klage und Widerklage** entfällt eine Zusammenrechnung für die Zuständigkeit; für das 14
Rechtsmittel einer Partei, das Klage und Widerklage betrifft, sind deren Werte dagegen zusammenzurechnen, sofern sie nicht denselben Streitgegenstand betreffen, § 19 Abs 1 GKG (BGHZ 43, 31; aA, aber wegen Verwechslung von Eingangszuständigkeit und Beschwer unhaltbar, LG Gießen NJW 75, 2206 m abl Anm Schmitt; 85, 870). Da einfachrechtlicher Fehler, ist der Verstoß gegen Art 101 I 2, 103 I GG nicht korrigierbar.

5) Die früher umstrittene Frage, ob es zur Wertaddition führt, wenn der Beklagte sich mit 15
Eventualaufrechnung verteidigt, ist jetzt gebührenrechtlich in § 19 III GKG beantwortet: Streitwertaddition, wenn über die Gegenforderung mit Rechtskraftwirkung nach § 322 II ZPO entschieden wird; die Höhe der Klageforderung begrenzt den ansetzbaren Wert der Gegenforderung. Wegen der Einzelheiten sei verwiesen auf Schneider, Streitwert-Kommentar, 7. Aufl 1986, „Aufrechnung". Die GKG-Regelung gilt entsprechend für die Berechnung der Beschwer. Zur Abgrenzung des Gebührenwerts gegen den Rechtsmittelwert vgl § 5 Rn 9. Gebührenstreitwert und Rechtsmittelbeschwer unterliegen hier denselben Bewertungsgrundsätzen. Ein Kläger, der seine Klageforderung durch Eventualaufrechnung des Beklagten verliert, ist nur in der Höhe der Klageforderung beschwert, da diese zuerkannt wird; der Beklagte dagegen ist in doppelter Höhe beschwert (BGH KoRsp GKG § 19 Nr 33).

6) Bei Berufung gegen **mehrere Teilurteile** (zu den Wirkungen s § 301 Rn 12) muß der Wert 16
des Beschwerdegegenstandes für jedes Teilurteil die Erwachsenheitssumme erreichen (BGH VersR 83, 1082; RGZ 163, 253). Wird gegen ein Teilurteil zulässig Berufung eingelegt, so kann die zugehörige Kostenentscheidung im Schlußurteil auch dann angefochten werden, wenn die Beschwer hinter der Erwachsenheitssumme zurückbleibt (BGHZ 29, 126; ZIP 83, 1387; Schleswig SchlHA 79, 127; Frankfurt NJW 71, 518; s § 99 Rn 9–12). Das Gericht kann daher einer Sache durch Teilurteile die Rechtsmittelfähigkeit nehmen, was insbesondere im Verhältnis von OLG zum BGH von Bedeutung sein kann. Da es sich um Ausübung von Verfahrensermessen handelt (§ 301), muß die betroffene Partei dies hinnehmen. Verfassungsbeschwerden sind aussichtslos; daher ist auch ein darauf gestützter Aussetzungsantrag zurückzuweisen (Köln MDR 77, 938). Abweichend von der hier vertretenen hM ist Lousanoff (Zur Zulässigkeit des Teilurteils gemäß § 301 ZPO, 1979) der Auffassung, daß das Gericht kein Teilurteil erlassen darf, wenn es dadurch die Rechtsmittelfähigkeit beseitigt. Allerdings kann bereits die gleichzeitige Erhebung von Teilklagen rechtsmißbräuchlich und deshalb unbeachtlich sein (s dazu Frank Anspruchsmehrheiten im Streitwertrecht 1986 S 88–92); dann muß sich das Berufungsgericht mit der Zulässigkeit der Klage befassen.

17 **7)** Wenn nur ein **Streitgenosse** Berufung einlegt, so ist die auf ihn treffende Beschwer maßgebend (vgl RG JW 33, 2216); er kann also die Zulässigkeit seiner Berufung nicht aus der Beschwer des anderen Streitgenossen herleiten (Schleswig SchlHA 78, 198). Hingegen sind bei mehreren Streitgenossen ihre Beschwerungen, soweit sie sich nicht decken, zusammenzurechnen (RGZ 161, 351; BGHZ 23, 334; BAG NJW 70, 1812; s § 3 Rn 16 unter „Streitgenossen" u § 546 Rn 17). Nimmt ein Streitgenosse sein Rechtsmittel zurück oder verzichtet er darauf oder erklärt er für seine Person wegen eines insoweit abgeschlossenen Vergleichs die Hauptsache für erledigt, so wird das Rechtsmittel der übrigen unzulässig, wenn der Wert des Beschwerdegegenstands damit unter die Erwachsenheitssumme sinkt (BGH NJW 65, 761; DB 73, 521; s dazu Frank Anspruchsmehrheiten im Streitwertrecht 1986 S 117 f, 140, der dagegen begründete Bedenken vorbringt).

18 Bei **Streitgenossen als Berufungsbeklagten** verhält es sich entsprechend. Die gegen mehrere Streitgenossen gerichtete Berufung schafft einen einheitlichen Beschwerdegegenstand, der als solcher zu bewerten ist; es ist deshalb unschädlich, wenn die gegen einen Streitgenossen geltend gemachte Forderung die Berufungssumme nicht erreicht (Celle NdsRpfl 69, 111). Bei **unzulässiger Anspruchshäufung** ist die Beschwer nur nach den einzelnen prozessualen Ansprüchen zu berechnen (Frank Anspruchsmehrheiten im Streitwertrecht 1986 S 92–94).

19 **8)** Bei einem Rechtsmittel des Beklagten gegen ein entgegen seinem Antrag die **Erledigung aussprechendes Urteil** richtet sich der Wert des Beschwerdegegenstandes nach dem Hauptsachewert, nicht nach dem Kosteninteresse oder einem nach § 3 ZPO zu schätzenden Feststellungsinteresse; die Frage ist jedoch äußerst umstritten, zumal der BGH auf das Kosteninteresse abstellt (s NJW 58, 2016; 69, 1173; zur Problematik Schneider MDR 73, 625 ff; umfangreiche Nachw zur überwiegend abweichenden Judikatur der Obergerichte bei Schneider, Streitwert-Kommentar, 7. Aufl 1986, „Erledigung der Hauptsache" Nr 4 ff). Jedenfalls bleibt die Hauptsache Streitgegenstand (BGHZ 23, 340; 37, 142). Nach BGH ist auf das Kosteninteresse auch abzustellen bei einem Rechtsmittel des Klägers gg ein Urteil, das entgg seiner Erledigungserklärung dem Antrag auf Klageabweisung stattgegeben hatte (BGH NJW 61, 1210; 69, 1173). Hatte sich der Rechtsstreit in der Hauptsache zum Teil erledigt u hat das Urteil über den nicht erledigten Teil der Hauptsache u zugleich über die Kosten des erledigten Teils entschieden, so ist die Berufung nur zulässig, wenn der nicht erledigte Teil der Hauptsache die Berufungssumme erreicht; die Kosten des erledigten Teils bleiben außer Betracht (BGH NJW 62, 2252; jedoch umstritten; vgl Schneider, Streitwert-Kommentar „Erledigung der Hauptsache" Nr 13–15). Auch bei unzulässigem Teil-Erledigungsurteil in der Auskunftsstufe (s dazu Rixecker MDR 85, 633) ist Berufung zulässig, wenn die Erwachsenheitssumme erreicht wird (Köln FamRZ 84, 1029 = KoRsp GKG § 18 Nr 17 m Anm Schneider).

20 **9)** Wird der Kläger mit **Hauptanspruch und Hilfsanspruch** oder mit mehreren Hilfsansprüchen abgewiesen, so ist für die Bemessung seiner Beschwer im Hinblick auf den rechtskraftfähigen Inhalt des Urteilsspruchs der Wert aller Ansprüche zusammenzurechnen, sofern sie nicht wirtschaftl identisch sind (Mattern LM § 546 ZPO Nr 62; NJW 69, 1089; Schumann NJW 82, 2802). Diese Auffassung wird jetzt auch vom BGH vertreten (WPM 83, 1320 = MDR 84, 208 = KoRsp ZPO § 5 Nr 54 m Anm Schneider), wodurch BGHZ 26, 295 überholt und der gebührenrechtliche Mißgriff des § 19 IV GKG (s dazu Schneider NJW 75, 2105; Frankfurt MDR 79, 411; LAG Hamm KoRsp ArbGG § 12 Nr 40) wenigstens für die Rechtsmittelbeschwer korrigiert worden ist (ausführlich dazu Frank Anspruchsmehrheiten im Streitwertrecht 1986 § 16).

21 Verfolgt der Rechtsmittelkläger Haupt- und Hilfsantrag, dann ist das Rechtsmittel zulässig, wenn auch nur einer der Anträge die Beschwerdesumme erreicht; welcher, ist gleichgültig, weil die Reihenfolge der Anträge unerheblich ist (KG OLGZ 79, 348; Schumann NJW 82, 1272).

22 **10)** Hat der Kläger einen bestimmten Geldbetrag als **Teilbetrag** einer behaupteten Forderung gg den Beklagten, hilfsweise als Teilbetrag einer anderen Forderung eingeklagt und erhält er unter Verneinung des primären Klagegrunds auf Grund der hilfsweise geltend gemachten Forderung einen Teilbetrag der Klagesumme zugesprochen, so ist er nach BGHZ 26, 295 in Höhe der vollen Klagesumme, nicht nur in Höhe der Differenz zwischen dieser und dem zugesprochenen Betrag beschwert.

23 **11)** Hat der Kläger statt vorbehaltsloser Verurteilung des Beklagten nur eine solche gg eine **Zug um Zug** zu erbringende Gegenleistung erreicht, so bemißt sich für seine Berufung hiergegen der Wert des Beschwerdegegenstands nach dem Wert dieser Gegenleistung, nach oben begrenzt durch den Wert seines Klageanspruchs (BGH NJW 73, 654); daß der Vorbehalt die Vollstreckung nicht hindert, ist für die Beschwer unerheblich (BGH NJW 82, 1048). Wird nur die **Art der Gegenleistung** angegriffen und statt der zuerkannten eine andere verlangt, dann entspricht die Beschwer auch dann den vollen Mängelbeseitigungskosten, wenn zugesprochene und ver-

langte Gegenleistung hinsichtlich der Höhe der aufzuwendenden Kosten nicht voneinander abweichen (BGH Warneyer 1985 Nr 254 = WPM 85, 1457). Bei teilweiser Abweisung der Klage und Verurteilung Zug um Zug wegen des zuerkannten Restes sind Teilabweisung und Gegenleistung bis zur Höhe des ursprünglichen Klageantrages zu addieren (BGH Warneyer 1985, Nr 61 = KoRsp ZPO § 3 Nr 743).

12) Ist der **Zinsanspruch** höher als der Hauptanspruch und wird das Rechtsmittel nur wegen der Zinsen eingelegt, kommt es für die Beschwer auf den Betrag der Zinsen an (RGZ 47, 256; Wieczorek § 3 Anm B IV 3d; aA Stettin JW 28, 1528). Zinsen aus einem nur zum Teil erledigten Hauptanspruch sollten dagegen nicht als Hauptforderung angesehen werden (RG JW 27, 2129; HRR 32 Nr 2195; Stuttgart JW 30, 177; BGH LM ZPO § 4 Nr 1; von Lübtow NJW 58, 2041; aA BGHZ 26, 174). Der Kläger kann jedoch den Zinsanspruch dadurch zur Hauptsache machen, daß er hinsichtlich der Hauptforderung Klagerücknahme (§ 269 I) oder Verzicht (§ 306) erklärt oder den Rechtsmittelantrag auf das Zinsbegehren beschränkt. Dadurch kann auch bei einer nicht rechtsmittelfähigen Abweisung des Hauptanspruchs der Zinsanspruch rechtsmittelfähig werden (RGZ 47, 258; OLG Schleswig SchlHA 55, 362; von Lübtow NJW 58, 2041, 2044; auch hier aA BGHZ 26, 177). Beispiel: Eingeklagt werden 28 000 DM nebst 16 % Zinsen für zwei Jahre; verurteilt wird nur zu 27 650 DM nebst 4 % Zinsen. Berufung lediglich wegen der Zinsabweisung, die mehr als 700 DM ausmacht. „Widersinnig" (so BGHZ 26, 177) wäre es nur, die Zinsberufung bei uneingeschränkter Verurteilung zur Hauptsache (28 000 DM) zuzulassen, nicht hingegen bei Teilabweisung ab einem Pfennig (mit der Begründung, das Zinsbegehren werde immer noch neben einem Teil des Hauptanspruchs geltend gemacht und sei deshalb Nebenforderung, § 4 Abs 1). 24

VI) Glaubhaftmachung: § 294, hier aber unter Ausschluß der eidesstattl Versicherung. Beweise, die nicht sofort verwertet werden können, sind ausgeschlossen, § 294 II. Glaubhaftmachung zB durch Bezugnahme auf den in der Vorinstanz festgesetzten Streitwert. 25

VII) Ausnahme von dem Erfordernis der Berufungssumme jetzt noch bei nichtvermögensrechtl Streitigkeiten, in denen der Streitwert aber ohnehin meist erhebl höher ist, § 12 II GKG (Eheprozeß, Kindschaftsprozeß; zum anderen nichtvermögensrechtl Streitigkeiten vgl § 546 Rn 3); ferner zB in Schiffahrtssachen nach § 9 I des Ges v 27. 9. 1952 (BGBl I 641). 26

512 *[Vorentscheidungen des ersten Rechtszuges]*

Der Beurteilung des Berufungsgerichts unterliegen auch diejenigen Entscheidungen, die dem Endurteil vorausgegangen sind, sofern sie nicht nach den Vorschriften dieses Gesetzes unanfechtbar oder mit der Beschwerde anfechtbar sind.

I) 1) Die dem angefochtenen Urteil vorausgegangenen **Entscheidungen** (nicht auch deren Begründung und Folgerungen daraus: BGH MDR 75, 569) sollen grundsätzlich mit dem Urteil der Nachprüfung des Berufungsgerichts unterliegen. In einer Reihe von Fällen muß das Berufungsgericht aber die vorausgegangenen Entscheidungen des Erstrichters (ggf samt ihrer Abänderung im Rechtsmittelweg) hinnehmen, zB den Beschluß, durch den die Ablehnung eines Richters (§ 46 II; KG FamRZ 86, 1023 m Nachw) oder Sachverständigen für unbegründet erklärt wurde (§ 406 V; BGHZ 28, 305) oder die verfahrenswidrige Zulassung verspäteten Vorbringens (Köln JMBlNRW 80, 232). Dem Endurteil vorausgegangen u nur mit ihm anfechtbar sind Beweis- (§§ 358a, 359), Verbindungs- u Trennungsbeschlüsse (§§ 145, 147; München NJW 84, 2227) sowie das Zwischenurteil über einen Zwischenstreit (§ 303). Ein Zwischenurteil des LG, durch das im Wiederaufnahmeverfahren ein landgerichtliches Scheidungsurteil aufgehoben und die Sache zur neuen Verhandlung über die Hauptsache an das Familiengericht verwiesen wird, ist berufungsfähig und damit selbständig überprüfbar (BGH MDR 79, 297). Wenn dem angefochtenen Urteil ein **Versäumnisurteil** vorausgegangen war, hat das Berufungsgericht auch die Zulässigkeit des Einspruchs zu prüfen. 1

2) Über den Wortlaut des § 512 hinaus ist das mit der Berufung gg das Endurteil angegangene Berufungsgericht auch an Entscheidungen der Vorinstanz gebunden, die **selbständig** der Berufung unterliegen (Teilurteil, Zwischenurteil über prozeßhind Einreden § 280 II, über den Grund des Anspruchs § 304, das Vorbehaltsurteil im Urkundenprozeß, § 599); vgl RGZ 136, 277. 2

II) Unanfechtbar sind die Entscheidungen in den Fällen §§ 37, 46, 127, 157, 174, 177, 225, 227, 268, 281, 319, 320, 336, 355, 490, 506, 534, 691, 696, 707, 719, 813a, 924. Sie sind für das Berufungsgericht ebenfalls bindend. Um schwere Rechtsverletzungen korrigieren zu können, hat die Rspr die Ausnahmebeschwerde wegen sog „greifbarer Gesetzeswidrigkeit" (§ 567 Rn 41) zugelassen, 3 etwa bei §§ 707, 719, 769. Seidel (ZZP 99, 1986, 86) will, wenn diese Ausnahmevoraussetzungen gegeben sind, die Überprüfung durch das Berufungsgericht zulassen (von ihm erörtert für § 343 II 2). Dem ist zuzustimmen, da die Ausnahme-Beschwerde wegen greifbarer Gesetzeswidrigkeit nicht von der ratio des § 512 erfaßt wird.

4 **III)** Mit **Beschwerde** anfechtbare Entscheidung: s § 567; Zwischenurteile §§ 71, 135, 387, 408. Auch insoweit ist das Berufungsgericht gebunden. Zur Anfechtbarkeit von **Verweisungsbeschlüssen** s Schneider DRiZ 83, 24; Gaul JZ 84, 65 u 564 sowie oben § 281 Rn 14.

512 a *[Örtliche Zuständigkeit]*

Die Berufung kann in Streitigkeiten über vermögensrechtliche Ansprüche nicht darauf gestützt werden, daß das Gericht des ersten Rechtszuges seine örtliche Zuständigkeit mit Unrecht angenommen hat.

1 **I) Örtl Zuständigkeit: 1)** §§ 12–35, auch die **ausschließl** (RGZ 110, 57) u **vereinbarte.** § 512 a (der nicht verfassungswidrig ist, BGHZ 24, 47) gilt, gleichviel ob Vorderrichter seine örtl Zuständigkeit in einem Urteil nach § 280 (BGH WM 66, 401; Schleswig FamRZ 78, 428) oder stillschweigend durch Eingehen auf die Sache selbst angenommen hat. Im ersteren Fall findet gg das Urteil überhaupt keine Berufung statt (unzulässig, BGH NJW 53, 222; Hamburg MDR 67, 599; aM KG JR 66, 349), während Entscheidungen, die außerdem noch andere Fragen erledigen, insoweit angefochten werden können (BGH aaO). § 512 a schließt aber nicht aus, daß das Berufungsgericht anstelle des in erster Instanz tätig gewordenen AG den Rechtsstreit an das nach **§ 6a AbzG** ausschließl zuständige AG verweist (LG Hannover NJW 71, 1847; aA LG Berlin NJW 75, 2041). § 512 a ist nicht anzuwenden, wenn gerügt wird, daß ein Anspruch bei zwei verschiedenen Gerichten eingeklagt worden ist und das zuletzt angegangene Gericht seine Zuständigkeit für Eilmaßnahmen nach § 937 I unter Verkennung seiner Unzuständigkeit wegen anderweitiger Rechtshängigkeit bejaht hat (Hamburg MDR 81, 1027). Prüft das LG eine nur auf unerlaubte Handlung gestützte Klage auch nach vertraglichen oder vertragsähnlichen Ansprüchen, dann verliert der Beklagte durch diese Überschreitung der örtlichen Zuständigkeit in zweiter Instanz sein Rügerecht nicht, wenn der Kläger sein Berufungsbegehren auch auf diese Übermaßprüfung stützt (BGH WPM 86, 657 = MDR 86, 667 = VersR 86, 654). Bedenklich ist es, das Recht des Klägers zur Gerichtsstandswahl (§ 35) entgegen § 512a wegen fehlenden Rechtsschutzinteresses einzuschränken, weil der Kläger damit die Anwendung einer ihm günstigen Rspr erstrebt (so aber Hamm MDR 86, 858 Nr 81, 82).

2 **2)** Nur die **Bejahung** der örtlichen Zuständigkeit durch das erstinstanzliche Gericht ist durch § 512 a der Nachprüfung entzogen. Wird die Zuständigkeit **verneint,** dann ist § 512 a unanwendbar (BGH DB 66, 1516), also dann, wenn das Gericht des ersten Rechtszuges sich zu Unrecht als nicht zuständig ansieht und deshalb die Klage abweist; diese Entscheidung ist berufungsfähig.

3 **3)** In **nichtvermögensrechtlichen** Streitigkeiten ist § 512 a ebenfalls unanwendbar. In diesen prüft das Berufungsgericht bindungsfrei die Bejahung und Verneinung der örtlichen Zuständigkeit durch das erstinstanzliche Gericht (Koblenz DAVorm 76, 147). Werden im selben Rechtsstreit vermögensrechtliche und nichtvermögensrechtliche Ansprüche geltend gemacht, ohne daß der eine aus dem anderen hergeleitet ist (vgl § 12 III GKG), dann darf im Berufungsrechtszug die örtliche Zuständigkeit des erstinstanzlichen Gerichts nur hinsichtlich der nichtvermögensrechtlichen Ansprüche überprüft werden (Schleswig FamRZ 78, 428).

4 **II) 1)** Auf die **sachl Zuständigkeit** findet § 512 a keine Anwendung (dazu § 529), desgleichen nicht auf das Verhältnis Zivilkammer/Kammer für Handelssachen (Gaul JZ 84, 564). Jedoch ist § 10 zu beachten, wonach das Urteil eines LG nicht mit der Begründung angefochten werden kann, das AG sei zuständig gewesen.

5 **2)** Bei Streit darüber, ob die **internationale Zuständigkeit** der deutschen Gerichte gegeben ist, ist § 512 a nicht anzuwenden (München IPRax 84, 319); hier kann also die Berufung darauf gestützt werden, daß das Erstgericht zu Unrecht seine internationale Zuständigkeit angenommen oder (bei Klageabweisung) verneint habe (BGHZ 44, 46). Macht der ausländische Beklagte von seinem Rügerecht keinen Gebrauch, so kann das als stillschweigende Gerichtsstandsvereinbarung gedeutet werden (Karlsruhe OLGZ 73, 479).

6 Auch gg ein **Zwischenurteil,** das die Einrede der fehlenden internationalen Zuständigkeit verworfen hat, ist die Berufung zulässig (Frankfurt NJW 70, 1010).

7 Die durch § 512 a ausgeschlossene Rüge fehlender örtl Zuständigkeit des erstinstanzl Gerichts kann nicht in die Rüge fehlender internationaler Zuständigkeit gekleidet werden, wenn statt des

Gerichts der Vorinstanz ein anderes gleichgeordnetes deutsches Gericht örtl u international zuständig wäre, da es nur auf die internationale Zuständigkeit der deutschen Gerichte insgesamt ankommt (BAG NJW 71, 2143 mit Anm Geimer NJW 72, 407).

Von Amts wegen ist die internationale Zuständigkeit der deutschen Gerichte im Verhältnis der Vertragsstaaten des EWG-Gerichtsstands- u Vollstreckungsübereinkommens v 27. 9. 68 (BGBl 72 II 773, 73 II 60) zu prüfen (Art 19, 20 des Übereinkommens). 8

3) § 512a auch nicht anwendbar bei Streit darüber, ob **völkerrechtl Befreiung von der deutschen Gerichtsgewalt** vorliegt (RGZ 157, 392; dazu Pagenstecher JW 38, 2293). 9

III) § 512a ist im **Beschwerdeverfahren** entspr anwendbar (KG JW 32, 182, 201; 38, 249; Karlsruhe WRP 77, 44; MDR 76, 1026), desgleichen im **Verwaltungsverfahren** (OVG Saarlouis NJW 76, 1909), jedenfalls bei vermögensrechtl Ansprüchen (OVG Hamburg HambJVBl 76, 11). 10

513 *[Versäumnisurteile erster Instanz]*

(1) Ein Versäumnisurteil kann von der Partei, gegen die es erlassen ist, mit der Berufung nicht angefochten werden.

(2) Ein Versäumnisurteil, gegen das der Einspruch an sich nicht statthaft ist, unterliegt der Berufung insoweit, als sie darauf gestützt wird, daß der Fall der Versäumung nicht vorgelegen habe. § 511a ist nicht anzuwenden.

I) Abs 1. Versäumnisurteil: §§ 330 ff. Das – zu Recht oder zu Unrecht (Düsseldorf MDR 85, 1034) – gegen den Säumigen erlassene Versäumnisurteil (echtes Versäumnisurteil) ist nur mit Einspruch anfechtbar (KG OLGE 29, 131); bei Teil-Versäumnisurteil und Teil-Streiturteil gegen dieses Berufung auf Grund selbständiger Zulässigkeitsprüfung (BGH FamRZ 86, 897). Gegen das bei Ausbleiben des Beklagten die Klage ganz oder teilweise abweisende Versäumnisurteil (unechtes Versäumnisurteil, § 331 II) ist Berufung nach § 511 zulässig (LAG Hamm BB 75, 746); das gleiche gilt von dem beim Ausbleiben einer Partei (§ 331a) oder beider Parteien (§ 251a) erlassenen Urteil nach Aktenlage. Zum Rechtsmittel bei Verwerfung des Einspruchs s § 341 Rn 13. 1

II) Abs 2. Lit: *Hoyer,* Das technisch zweite Versäumnisurteil, 1980. **1) Einspruch** gegen das Versäumnisurteil ist nicht statthaft, wenn die Partei, welche gegen ein Versäumnisurteil Einspruch eingelegt hatte, im Einspruchstermin wieder nicht erschienen ist u auf Antrag des Gegners der Einspruch gegen das 1. Versäumnisurteil durch neues Versäumnisurteil verworfen wurde (§ 345) oder wenn die Partei, die gegen das Versäumnisurteil Einspruch eingelegt u Wiedereinsetzung beantragt hatte, im Termin zur Verhandlung darüber wieder nicht erscheint u gegen sie unter Verwerfung des Wiedereinsetzungsgesuches neues Versäumnisurteil ergeht (§ 238 II). Der **Vollstreckungsbescheid** steht einem Versäumnisurteil gleich (§ 700 I). 2

2) Versäumt der Schuldner, der Einspruch eingelegt hatte, den hierüber anberaumten Termin, so wird der Einspruch „verworfen". Dieses Urteil ist nur mit Berufung nach § 513 anfechtbar. 3

3) Ob gegen das Versäumnisurteil Einspruch oder Berufung zulässig ist, richtet sich nicht nach dem Wortlaut des Urteilstenors; entscheidend ist also nicht eine (falsche) Bezeichnung, sondern der Inhalt des Urteils (BGH VersR 76, 251), also welches Versäumnisurteil nach den gesetzl Vorschriften in Wirklichkeit vorliegt (KG OLGE 29, 131). Wurde zB nach Einspruch über ihn und über die Hauptsache verhandelt, vertagt u erging im neuen Termin Urteil auf „Verwerfung des Einspruchs", so findet gegen dieses neue Versäumnisurteil Einspruch, nicht Berufung statt. Wahlweise Einspruch oder Berufung ist aber nach dem **Grundsatz der Meistbegünstigung** (Rn 29 vor § 511) gegeben (BGH VersR 84, 287), zB wenn bei zwei Versäumnisurteilen das zweite irrig als „Zweites Versäumnisurteil" bezeichnet wurde (Köln MDR 69, 225; Nürnberg OLGZ 1982, 447; LG Wuppertal NJW 85, 2653). 4

4) Entsprechend anwendbar, also auch ohne das Erreichen der Berufungssumme (§ 511a), wenn der Beklagte im schriftlichen Verfahren (§ 128 II, III) die Schriftsatzfrist nicht oder schuldlos versäumt hat (LG Frankfurt NJW 85, 1171; LG Kiel AnwBl 84, 502; aA LG Bonn MDR 84, 674 = NJW 85, 1170; s ferner § 128 Rn 19 u Schneider MDR 79, 793). Das BVerfG hat diese Rspr gebilligt (BVerfGE 60, 78; 61, 119), aber nicht als verfassungsrechtlich bindend vorgeschrieben (MDR 86, 729 = NJW 86, 2305). 5

III) Voraussetzungen. 1) Berufung gegen das zweite Versäumnisurteil iSd § 345 ist nur zulässig, wenn die säumige Partei behauptet, ein Fall der Versäumnis habe (beim zweiten Versäum- 6 nisurteil) nicht vorgelegen. Es geht dabei nur um die Säumnis bei Erlaß des zweiten Versäumnisurteils; beim ersten hätte Einspruch eingelegt werden müssen. Ein solcher Sachverhalt ist in der Berufungsinstanz vollständig vorzutragen (BGH NJW 67, 728; BAG NJW 72, 790), jedoch nicht notwendig vollständig innerhalb der Begründungsfrist, wenn die Berufung aufgrund anderer Darlegungen ordnungsgemäß begründet worden ist (s Schneider MDR 85, 376 m Nachw). In BGHZ 73, 87 (ebenso WPM 82, 601) hat der BGH erkannt, daß beim zweiten Versäumnisurteil, das den Einspruch gegen einen Vollstreckungsbescheid verwirft, die Berufung wegen nicht gesetzmäßigen Ergehens des Vollstreckungsbescheides eröffnet ist. Ebenso liegt es bei richterlichem ersten und zweiten Versäumnisurteil, so daß § 513 II entgegen früher hM auch dann anwendbar ist, wenn verkannt worden ist, daß die Klage unzulässig oder unschlüssig war, und auch das zweite Versäumnisurteil auf diesem Gesetzesverstoß beruht (Fuchs NJW 79, 1306; Braun ZZP 93 [1980], 443; Vollkommer ZZP 94 [1981], 91; Orlich NJW 80, 1782; Hoyer, Das technisch zweite Versäumnisurteil, 1980; JZ 80, 615; Schneider MDR 85, 375; BAG NJW 71, 1198 = AP ZPO § 345 Nr 3 m zust Anm Vollkommer; NJW 74, 1103 = AP ZPO § 345 Nr 4 m zust Anm Grunsky; LAG Hamm NJW 81, 887 u BB 75, 745; aA BAG AP § 513 ZPO Nr 6; Marcelli NJW 81, 559; diese Frage ist in BGH MDR 86, 928 = WPM 86, 951 = WuB VII A § 345 ZPO 1.86 m Anm Messer = JZ 86, 857 m Anm Peters offengeblieben). Eine Partei kann also ein zweites Versäumnisurteil mit der Berufung angreifen, weil das erste Versäumnisurteil nicht hätte ergehen dürfen und dieser Fehler vom Gericht bei Erlaß des zweiten Versäumnisurteils nicht berücksichtigt worden ist (ausführlich begründet von Vollkommer in der Anm zu AP § 513 ZPO Nr 6 u in ZZP 94, 1981, 91 ff). Die Partei kann also die Berufung gegen ein zweites Versäumnisurteil auch darauf stützen, daß sie bei Erlaß des ersten Versäumnisurteils nicht säumig gewesen sei, zB wegen nicht ordnungsgemäßer Ladung (s die vorstehenden Nachw; hier aA BGHZ 97, 341 = MDR 86, 928 = WPM 86, 951 = WuB VII A § 345 ZPO 1.86 m zust Anm Messer = JZ 86, 857 m zust Anm Peters = NJW 86, 2113). Zu den möglichen Prozeßsituationen s Schneider MDR 85, 376; s ferner § 345 Rn 4).

7 **2)** Ein Fall der Säumnis ist auch dann nicht gegeben, wenn die Säumnis nicht auf einem Verschulden der Partei beruht (BGH WPM 82, 601), so daß nach § 337 zu vertagen gewesen wäre, zB irreführende Ladungen, BAG DB 77, 919 u BGH WPM 82, 601; Ladung in einen falschen Sitzungssaal; nicht rechtzeitige Bewilligung von Prozeßkostenhilfe trotz rechtzeitiger Antragstellung (Schneider MDR 85, 377 m Nachw; München JurBüro 85, 1268). Von praktischer Bedeutung sind auch fehlender Aufruf der Sache (Hamm NJW 77, 1459) oder ein Aufruf, mit dem nicht zu rechnen war, weil noch andere Verfahren zu verhandeln waren (vgl Peters NJW 76, 675) oder der Prozeßbevollmächtigte wegen anderer Termine nicht länger warten konnte (LAG Hamm NJW 73, 1950), ferner ein Verstoß gegen örtl Anwaltsgebrauch oder gegen standesrechtl Regelungen (BGH NJW 76, 106; Hamm AnwBl 83, 515 m Anm Chemnitz; Frankfurt AnwBl 80, 151; Karlsruhe NJW 74, 1096; aA LG Braunschweig NdsRpfl 62, 259; Peters NJW 76, 675). Übersteigert zur Autopanne: BAG NJW 72, 790 u LAG Frankfurt NJW 73, 1719 (es könne geboten sein, bei einem Verkehrsstau den Pkw abzustellen und zu Fuß oder mit der Taxe zum Gericht zu kommen; dagegen mit Recht Hoyer, Das technisch zweite Versäumnisurteil, 1980, 58). Die **Darlegungslast** für fehlendes Verschulden hat die säumige Partei (BGH VersR 85, 542; 543; oben Rn 6).

8 **3)** Nach LAG Hamm (NJW 73, 1950) sind bei der Prüfung des Hinderungsgrundes weniger strenge Maßstäbe anzulegen als bei Wiedereinsetzungsfällen. Ob die Tatsachen, die zur Vertagung nach § 337 hätten Veranlassung geben müssen, für das Gericht erkennbar waren, ist unerheblich (LAG Frankfurt NJW 73, 1719; LAG Köln AnwBl 84, 159). Mangelndes Verschulden der Partei muß festgestellt werden; Beweislast trägt der Säumige, und zwar auch bei Zustellung nach § 182 (bedenklich daher LAG Baden-Württemberg JZ 83, 620 m Anm Braun).

9 **4)** Wird das Nichtvorliegen eines Falles der Versäumung nicht behauptet, so ist die Berufung als unzulässig zu verwerfen (BGH NJW 67, 728; VersR 85, 542, 543; München JurBüro 85, 1268; Schneider MDR 85, 345). Erweist sich die Behauptung als richtig: Aufhebung des Versäumnisurteils u Zurückverweisung in die erste Instanz (§ 538 Nr 5), also grundsätzlich keine eigene Entscheidung nach § 540. Erweist sie sich als unrichtig: Zurückweisung der Berufung als unbegründet (RGZ 51, 197). Zum fehlerhaften zweiten Versäumnisurteil s Rn 4. Voraussetzung des § 513 II ist weiter, daß gg die Entscheidung, wenn sie in Form eines kontradiktorischen Urteils ergangen wäre, ein Rechtsmittel zulässig wäre; § 513 II soll einen vorinstanzlichen Fehler beseitigen, nicht aber eine auch bei richtiger Entscheidung verschlossene Instanz eröffnen.

10 **IV) Berufungssumme (Abs II 2).** Abweichend vom alten Recht (bis 1. 7. 77) ist als Zulässigkeitsvoraussetzung nur noch eine Beschwer an sich erforderlich; die Erwachsenheitssumme (§ 511 a) braucht nicht erreicht zu werden. Entsprechend ist auch die sof Beschwerde an den BGH gegen einen OLG-Beschluß, durch den der Einspruch gegen ein Versäumnisurteil als

unzulässig verworfen worden ist, ohne Mindestbeschwer zulässig (BGH ZZP 92 [1979], 370 m Anm Grunsky) und darf nicht nach § 554b abgelehnt werden (BGH WPM 78, 336).

V) Ehesachen: siehe § 612 IV: Versäumnisurteil gegen Beklagten unzulässig. 11

VI) Anschlußberufung gg Versäumnisurteil: siehe § 521 II. 12

VII) Gebühren: 1) des **Gerichts:** Wird gegen ein Versäumnisurteil Berufung eingelegt (§ 513 II), so ist zunächst die allgemeine Verfahrensgebühr mit dem 1 ½fachen Tabellensatz zu erheben (KV Nr 1020). Hebt das Berufungsgericht unter Zurückverweisung der Sache in die 1. Instanz (§ 538 I Nr 5) das Versäumnisurteil auf, so fällt für dieses Urteil – das den Berufungsrechtszug abschließt – die Urteilsgebühr mit dem 2fachen Satz an, sofern das Berufungsurteil eine schriftl Begründung enthält und enthalten muß (KV Nr 1026), dagegen nur mit dem 1fachen Satz, wenn das Berufungsurteil keine Begründung enthält oder sie nach § 313a nicht zu enthalten braucht (KV Nr 1027). Das gleiche gilt für ein (die Berufungsinstanz ebenfalls abschließendes) Urteil, durch das die Berufung (gegen ein erstinstanzl Versäumnisurteil) als unbegründet zurückgewiesen oder als unzulässig verworfen wird. **2)** des **Anwalts:** Die Höhe der RA-Gebühren beträgt im Berufungsverfahren 13/10 (§ 11 Abs 1 S 2 BRAGO). 13

514 *[Berufungsverzicht]*

Die Wirksamkeit eines nach Erlaß des Urteils erklärten Verzichts auf das Recht der Berufung ist nicht davon abhängig, daß der Gegner die Verzichtsleistung angenommen hat.

Lit: *Habscheid,* NJW 65, 2369; *Oske,* MDR 72, 14; *Zeiss,* NJW 69, 166.

I) 1) Der vor Urteilsverkündung erklärte Verzicht ist in der ZPO nicht berücksichtigt. Eine vor Urteilserlaß, sei es ggüber dem Gericht, sei es gegenüber dem Gegner einseitig abgegebene Erklärung dieses Inhalts ist nach hM wirkungslos (vgl BGHZ 28, 48, auch NJW 67, 2059; aM Habscheid, NJW 65, 2369, für Verzichte außerhalb Ehe- und Kindschaftssachen, für die allein die Streitfrage allerdings praktisch wird, s zB Heintzmann FamRZ 80, 114). Entgegen früher hM (zB Celle NdsRpfl 81, 197; Hamm Rpfleger 82, 111) macht der BGH (FamRZ 84, 372; 86, 1089, 1090) die Wirksamkeit eines im Anschluß an die Urteilsverkündung in der mündlichen Verhandlung erklärten Rechtsmittelverzichts nicht von ordnungsmäßiger Protokollierung (§ 162 I) abhängig, sondern sieht darin nur eine auf andere Weise ersetzbare Beweismöglichkeit. 1

2) Mögl ist aber schon vor Urteilserlaß eine **Vereinbarung** zwischen den Parteien, nach Ergehen des Urteils kein Rechtsmittel einzulegen bzw auf das Rechtsmittel zu verzichten (BGHZ 2, 114; 28, 45; BGH MDR 86, 313). Eine solche Vereinbarung enthält noch keine Verfügung über das Anfechtungsrecht, sondern begründet nur Verpflichtungen hierzu. Sie unterliegt nach hM dem materiellen Recht und ist Prozeßvertrag. Die Vereinbarung ist formfrei (Nürnberg VersR 81, 887), für sie besteht kein Vertretungszwang (BGHZ 2, 114; 4, 320; BGH MDR 86, 313). Die Wirkung des Vertrages liegt auf prozessualem Gebiet. Er begründet eine **prozessuale Einrede,** die vom Gegner geltend zu machen ist und zur beschlußmäßigen (BGH WPM 84, 484) Verwerfung der Berufung führt (BGHZ 28, 52; BGH WPM 84, 484). 2

Die verpflichtende Vereinbarung braucht nicht als „Verzicht" bezeichnet zu werden, sondern muß nur den eindeutigen Willen ausdrücken, es bei dem Urteil belassen zu wollen (BGH WPM 85, 739). Diese Erklärung kann nicht einseitig widerrufen werden (BGHZ 28, 54), außer wenn die Gegeneinrede der Arglist durchgreift (Rn 11) oder ein Restitutionsgrund vorliegt (BGH MDR 86, 139). Ein Verstoß gegen § 138 I genügt nur, wenn er auch die Arglistvoraussetzungen erfüllt (BGH MDR 86, 139). 3

In Scheidungssachen kann zwar auch die nicht beschwerte Partei Berufung mit dem Ziel der Aufrechterhaltung der Ehe einlegen (s Rn 23 vor § 511). Ein wirksamer Verzicht schließt diese Möglichkeit jedoch aus (BGHZ 89, 325, 327; aA Düsseldorf MDR 67, 1018). 4

II) Berufungsverzicht nach Erlaß des Urteils. 1) Er kann vor oder nach Einlegung der Berufung erklärt werden. Der Berufungsverzicht nach Einlegung der Berufung ist sachl eine Berufungsrücknahme (§ 515) unter Rechtsmittelverzicht; über seine Wirksamkeit kann aber nicht nach § 515 III entschieden werden (BGH LM § 514 ZPO Nr 14). Zu den Auswirkungen auf die **Anschlußberufung** und den Verzicht darauf s § 521 Rn 19. 5

2) Verzicht kann **einseitig** von einer Partei erklärt werden. Daneben ist aber auch nach Erlaß des Urteils ein außergerichtlicher **vertraglicher Rechtsmittelverzicht** zulässig. Der Berufungsverzicht kann sowohl dem Gericht wie dem Gegner gegenüber erklärt werden (BGHZ 2, 112; WPM 85, 739). Die Erklärung gegenüber dem Gericht unterliegt im Anwaltsprozeß dem **Anwaltszwang,** diejenige gegenüber dem Gegner nicht (BGH WPM 84, 484; 85, 739; 86, 1061, 1062), mag sie auch in Anwesenheit des Gerichts abgegeben werden (BGHZ 2, 112). Auch der Rechtsmittelverzicht eines Anwalts, der lediglich zu diesem Zweck beauftragt wird (sog Verzicht „zwischen 6

Tür und Angel"), ist wirksam (München OLGZ 67, 23; Zeiss NJW 69, 170; aA Zweibrücken OLGZ 66, 26; Bergerfurth, Der Anwaltszwang und seine Ausnahmen, 1981, S 110).

7 **3)** Inhalt und Reichweite eines gegenüber dem Gericht erklärten Rechtsmittelverzichts bestimmt sich danach, wie er ungeachtet des inneren Willens des Erklärenden bei objektiver Betrachtung zu verstehen ist (BGH FamRZ 81, 947 = NJW 81, 2816; FamRZ 86, 1089). Er braucht **nicht ausdrücklich** erklärt zu sein (Rn 3), er kann auch durch schlüssige Handlungen erklärt werden, bezieht sich aber immer auf das Rechtsmittel als Ganzes, nicht auf einzelne Rechtsmittelschriften (ebenso wie bei der Rechtsmitteleinlegung, s § 519b Rn 5). Beiderseitiger Rechtsmittelverzicht gegen den Scheidungsausspruch im Verbundurteil kann auch Verzicht auf Anschlußrechtsmittel enthalten (s § 521 Rn 19), zB wenn beide Ehegatten sich alsbald anderweit verheiraten wollen (Hamm FamRZ 79, 944; 80, 278). Eine Verzichtserklärung durch schlüssige Handlung kann aber nur dann angenommen werden, wenn die Handlung bei objektiver Betrachtung (BAG BB 82, 151) völlig **unzweideutig** erkennen läßt, daß die Partei auf das Rechtsmittel verzichten wollte (RG HRR 1930 Nr 2108; BGHZ 4, 314; VersR 59, 806). Erklärung „Kläger legt keine Berufung ein" kann im allg als Verzicht auf Berufung gewertet werden (BGH LM § 514 ZPO Nr 6); nicht ausreichend die Erklärung, daß Rechtsmitteleinlegung nicht beabsichtigt sei (BGH FamRZ 58, 180), oder Formulierung eines Rechtsmittelantrages, der hinter der Beschwer zurückbleibt (BGH Warneyer 84 Nr 303 S 644; 81 Nr 226 = NJW 81, 2360, 2361). Ob in der kommentarlosen Zahlung der Urteilssumme ein Rechtsmittelverzicht liegt, ist nach den Umständen des Einzelfalles zu beurteilen; dann zu verneinen, wenn die Zahlung unter dem erkennbaren Vorbehalt der Richtigkeit des Urteils und zur Abwendung einer möglichen Vollstreckung geleistet wird (BGH NJW 81, 1729 [1730 zu I]). Teilt dagegen ein Beklagter dem Kläger nach Urteilserlaß schriftl mit, er habe den Urteilsbetrag zur Zahlung angewiesen und bitte deshalb, von Zwangsvollstreckungsmaßnahmen abzusehen, so kann darin die Erklärung eines Verzichtswillens gesehen werden (OLG Hamm MDR 75, 496; s auch BGH MDR 76, 473); anders wenn der Beklagte nur zahlt, um die vorläufige Vollstreckung abzuwenden (München AnwBl 80, 504). Unter Umständen kann auch Rechtsmittelverzicht gegen das ergangene Urteil in einem danach abgeschlossenen Vergleich gesehen werden (BGH MDR 69, 477).

8 **4)** Der **gegenüber dem Berufungsgericht erklärte Rechtsmittelverzicht** ist als Prozeßhandlung unwiderruflich (Rn 14) und bedarf nicht der Zustimmung des Berufungsbekl, außer wenn dieser bereits mündl verhandelt u zulässig Anschlußberufung eingelegt hatte (str, wie hier Celle MDR 63, 1113 = JZ 64, 461; St/J/Grunsky § 514 Rn 5; B/Albers § 514 Anm 2; Th/P § 514 Rn 3b, aa; Schellhammer, Zivilprozeß Rn 949; aA Schleswig SchlHA 85, 104; Pohle JZ 64, 462). Rechtsmittelverzicht ist uU auch wirksam, wenn Verfahren nach § 249 unterbrochen ist (BGHZ 4, 314). Ein Rechtsmittelverzicht, den der gesetzl Vertreter einer juristischen Person unter offensichtl Mißbrauch seiner Vertretungsmacht erklärt hat, ist unwirksam (BGH MDR 62, 374).

9 **5)** Der **gegenüber dem Gegner erklärte Berufungsverzicht** hat nicht zur Folge, daß das Verfahren unmittelbar beendet wird; er erzeugt nur eine **Einrede** für den Gegner, mit der dieser der Berufung entgegentreten kann (BGHZ 28, 52; FamRZ 85, 802; BAG NJW 82, 788 [„Prozeßfortsetzungsverbot"]; Düsseldorf FamRZ 80, 709).

10 **a)** Aus dieser Wirkung des Verzichts ergibt sich, daß er – anders als die Zurücknahme der Berufung – vor Ablauf der Rechtsmittelfrist mit Zustimmung des Gegners **widerruflich** ist (BGH WPM 85, 1375 = MDR 85, 830) und daß der Gegner auf diese Einrede **verzichten** kann (RGZ 150, 392 [394]; BGH JZ 53, 153). Im beiderseitigen Einvernehmen kann der nur dem Gegner ggüber erklärte Rechtsmittelverzicht also wieder aus der Welt geschafft werden; darüber hinaus einseitig bei Vorliegen eines Restitutionsgrundes, nicht aber mit der Behauptung eines Verstoßes gegen die Wahrheitspflicht, § 138 I (BGH WPM 85, 740).

11 **b)** Der Einrede des Verzichts kann aber auch mit der **Gegeneinrede der Arglist** begegnet werden (allg M, zB BGH WPM 85, 740); sie kann etwa bei einer unter Druck oder in einem Depressionszustand ohne anwaltschaftl Beratung übereilt abgegebenen Verzichtserklärung in Betracht kommen (BGH NJW 68, 794).

12 **c)** Greift die Einrede des Verzichts durch, so ist die Berufung als unzulässig zu verwerfen (BGHZ 28, 52), was durch Beschluß geschehen kann (BGH WPM 84, 484). Demgegenüber nimmt Düsseldorf (NJW 65, 404) an, daß der von den Parteien untereinander erklärte gegenseitige Rechtsmittelverzicht die Urteilsrechtskraft herbeiführe, auch in Ehesachen (letzteres dahingestellt von BGH LM ZPO § 514 Nr 5; aA mit Recht Wüstenberg NJW 65, 699; Zeiss NJW 69, 166; Oske MDR 72, 14).

13 **d)** Wird der Rechtsmittelverzicht dagegen in gehöriger Form unmittelbar gegenüber dem Berufungsgericht erklärt, so kann die Berufung von Amts wegen durch Beschluß als unzulässig verworfen werden (BGHZ 27, 60; Celle NJW 65, 1113; aM Kubisch NJW 58, 1492).

e) Anfechtung des Verzichts ist **unzulässig** (RGZ 105, 355; BGH JR 85, 423 m abl Anm Zeiss; FamRZ 86, 1089). Er ist auch nicht frei widerruflich (BGH NJW 68, 794; MDR 86, 139 = Warneyer 1985 Nr 80 u 141). Ausnahme: Bei Einverständnis des Gegners (Rn 10) oder Vorliegen eines Restitutionsgrundes (BGH WPM 85, 1375 = MDR 85, 830; FamRZ 86, 1089). Dann muß das Rechtsmittel innerhalb der Frist des § 586 eingelegt werden, es genügt nicht der bloße Widerruf innerhalb dieser Frist (Celle MDR 66, 1009). Auch der nur dem Gegner gegenüber erklärte Rechtsmittelverzicht ist nicht einseitig frei widerrufl, sondern nur bei Vorliegen von Wiederaufnahmegründen; er kann auch nicht nach den Vorschriften des bürgerl Rechts angefochten werden; es kommt nur die Gegeneinrede der Arglist in Betracht (Rn 10). 14

f) Das gilt auch, wenn die entgegen dem Rechtsmittelverzicht eingelegte Berufung gegen ein Scheidungsurteil die Aufrechterhaltung der Ehe bezweckt, selbst wenn das Scheidungsurteil zu Unrecht ergangen war (BGH NJW 68, 794; aA Düsseldorf MDR 67, 1018; Zeiss NJW 69, 166). Der einseitige Rechtsmittelverzicht gegenüber dem Gegner macht das ergangene Scheidungsurteil auch dann nicht rechtskräftig, wenn die Gegenpartei dadurch nicht beschwert ist (Karlsruhe NJW 71, 664; Oske MDR 72, 14). Der beiderseits gegenüber dem Gericht erklärte Rechtsmittelverzicht läßt das Urteil rechtskräftig werden. 15

6) Dem Anschluß an Rechtsmittel der Gegenpartei steht der Verzicht auf eigenes Rechtsmittel nicht entgegen (§ 521 I); wohl kann die Auslegung eines Verzichts auf Rechtsmittel ergeben, daß damit auch auf Anschlußrechtsmittel verzichtet worden ist (Hamm FamRZ 79, 944; FRES 5, 93). 16

III) Ebenso wie eine Berufungsbeschränkung von Anfang an (§ 519 Rn 29) und eine teilweise Berufungsrücknahme (§ 515 Rn 6), ist auch ein **Teilverzicht** möglich, soweit er sich auf einen abtrennbaren Teil des Streitgegenstands bezieht (BGHZ 7, 144; München DAR 69, 41). Ankündigung eines beschränkten Rechtsmittelantrags ist jedoch im allg noch kein Verzicht auf weitergehende Anfechtung (BGHZ 7, 144; WPM 85, 144). Bei beschränkten Berufungsanträgen u gleichzeitigem Rechtsmittelverzicht im übrigen kann die Berufung hinsichtlich des nicht angefochtenen Teils des Streitgegenstands nicht als unzulässig verworfen werden, weil die Sache insoweit beim Berufungsgericht nicht anhängig geworden ist (BGH NJW 68, 2106; dazu J. Blomeyer NJW 69, 50). 17

IV) Gebühren: 1) des **Gerichts:** Keine (§ 1 Abs 1 GKG). – **2)** des **Anwalts:** Der ausdrückl auf die Abgabe des Rechtsmittelverzichts beschränkte Auftrag des RA löst eine Gebühr nach § 56 Abs 1 BRAGO aus (Riedel/Sußbauer, BRAGO § 31 Rdnr 13; Hamburg JurBüro 75, 1081; München MDR 75, 153). Im Hinblick auf das Berufungsverf ist die Gebühr ½ von 13/10 (Hamburg JurBüro 76, 473; Stuttgart NJW 72, 774). Das gleiche gilt bei Revisionseinlegung durch den LG- oder OLG-Anwalt, Riedel/Sußbauer, aaO, § 31 Rdnr 14. 18

515 *[Zurücknahme der Berufung]*

(1) Die Zurücknahme der Berufung ist ohne Einwilligung des Berufungsbeklagten nur bis zum Beginn der mündlichen Verhandlung des Berufungsbeklagten zulässig.

(2) Die Zurücknahme ist dem Gericht gegenüber zu erklären. Sie erfolgt, wenn sie nicht bei der mündlichen Verhandlung erklärt wird, durch Einreichung eines Schriftsatzes.

(3) Die Zurücknahme hat den Verlust des eingelegten Rechtsmittels und die Verpflichtung zur Folge, die durch das Rechtsmittel entstandenen Kosten zu tragen. Auf Antrag des Gegners sind diese Wirkungen durch Beschluß auszusprechen. Der Beschluß bedarf keiner mündlichen Verhandlung und ist nicht anfechtbar.

I) Zurücknahme der Berufung ist erst nach Berufungseinlegung (§ 518) möglich; davor nur Verzicht (§ 514). Von der Rechtsmittelrücknahme zu unterscheiden ist die **Zurücknahme der Klage** im Berufungsverfahren: Einwilligungserfordernis des § 269 I wirkt fort (RG JW 13, 1047; Wieczorek § 271 Anm B I b 2; Batsch NJW 74, 300 f). Zurücknehmen kann nur der Instanzanwalt, im höheren Rechtszug also nicht mehr der vorinstanzliche Prozeßbevollmächtigte; da Klagerücknahme eine Prozeßhandlung ist, deren Wirksamkeit sich über alle Instanzen erstreckt, ist keine zusätzliche Rechtsmittelrücknahme mehr erforderlich (vgl RG JW 11, 51 Nr 46); Kostenfolge aus § 269 III 2 erstreckt sich auch auf die Kosten des Berufungsverfahrens. Bei **Berufung des Nebenintervenienten** (Rn 22 vor § 511; § 67 Rn 5) gilt folgendes: § 515 ZPO regelt nur die Berufungsrücknahme desjenigen, der die Berufung eingelegt hatte. Jedoch kann die einer Berufungseinlegung widersprechende Hauptpartei eine gleichwohl vom Streithelfer eingelegte Berufung zurücknehmen (Rn 22 vor § 511), so daß auch auf diese Prozeßlage § 515 anwendbar ist. Demgegenüber hält das OLG Hamm (FamRZ 84, 810) in diesem Fall die vom Streithelfer einge- 1 legte Berufung für unzulässig mit der Folge, daß § 515 unanwendbar und stattdessen eine anfechtbare Entscheidung nach § 519 b zu treffen ist.

2 **1)** Zurücknahme **mit Einwilligung des Gegners** ist bis zur Beendigung des Berufungsverfahrens durch unanfechtbares Urteil, andernfalls bis zur Rechtskraft des Endurteils, also noch während der Revisionsfrist bis zur Einlegung der Revision zulässig (nicht mehr aber nach deren Einlegung, außer wenn zunächst die Revision zurückgenommen wird, das Berufungsurteil dadurch aber noch nicht rechtskräftig geworden ist, weil die Revisionseinlegungsfrist noch läuft).

3 **2)** Auch eine **unzulässige Berufung** kann zurückgenommen werden (aA für die Rücknahme der Streithelfer-Berufung durch die Hauptpartei Hamm FamRZ 84, 810 = MDR 84, 851; s Rn 1).

4 **3)** Wird bei Vorliegen **mehrerer Berufungserklärungen** desselben Berufungsklägers eine Berufungszurücknahme erklärt, so bedeutet sie nicht notwendig ein Rückgängigmachen der Anfechtung überhaupt (RGZ 102, 364; BGHZ 24, 179). Da jedoch trotz mehrfacher Einlegung der Berufung nur ein einziges Rechtsmittelverfahren anhängig werden kann (Rn 37 vor § 511; § 518 Rn 3), ist mangels entgegenstehender Indizien im Zweifel davon auszugehen, daß die Rücknahmeerklärung sämtliche Einlegungsakte erfaßt (München MDR 79, 409).

5 **4)** Eine **Erledigterklärung** des Berufungsklägers kann die Bedeutung einer Berufungsrücknahme haben (BGHZ 34, 200).

6 **5)** Die Zurücknahme kann entsprechend der Möglichkeit, die Berufung von vornherein zu beschränken (§ 519 Rn 29), auch bezügl eines zum Erlaß eines Teilurteils geeigneten **Teils des Streitgegenstandes** erklärt werden (RGZ 134, 132; 142, 65; JW 30, 2954; 35, 2281). Die Wiedererneuerung auf den alten Umfang ist bis zum Ablauf der Berufungseinlegungsfrist möglich, danach nicht mehr (RGZ 142, 65; JW 30, 2955; Hamm NJW 67, 2216). In der bloßen Beschränkung des Berufungsantrags ist nicht ohne weiteres eine Teilrücknahme zu finden (RG JW 35, 2281; 39, 248), wohl aber im Zweifel bei nachträglicher Antragsbeschränkung (Frankfurt FamRZ 84, 406). Zu den möglichen Bedeutungen einer solchen Antragsbeschränkung s RGZ 142, 65; 152, 44; sie führt zur teilweisen Kostenbelastung (§§ 515 III 1, 92 I 1).

7 **6)** Die Rechtsmittelzurücknahme im **Scheidungsprozeß** ist nicht deswegen unwirksam, weil durch sie ein zu Unrecht ergangenes Scheidungsurteil aufrechterhalten wird (BGH NJW 68, 794). Nach dem Tode eines Ehegatten kann jedoch die Berufung gegen ein Scheidungsurteil nicht mehr zurückgenommen werden, § 619 (Koblenz FamRZ 80, 717).

8 **7)** Sie ist unwirksam, wenn sie vom **gesetzl Vertreter** einer juristischen Person unter offensichtl Mißbrauch seiner Vertretungsmacht erklärt wird (BGH MDR 62, 374). Die Rechtsmittelzurücknahme durch eine **prozeßunfähige,** aber für prozeßfähig gehaltene Partei ohne gesetzl Vertreter ist wirksam; nur Nichtigkeitsklage nach § 579 I 4 (BGH JW 58, 130; FamRZ 63, 131; dazu Rosenberg FamRZ 58, 95).

9 **8)** Die Rücknahmeerklärung ist **bedingungsfeindlich.** Keine **Anfechtung** wegen Willensmängeln (RGZ 152, 324). Auch mit Einverständnis des Gegners kann die Zurücknahme nicht **widerrufen** werden (RGZ 150, 395). **Ausnahmen:** Die Rechtsmittelrücknahme beruhte auf einem vom Prozeßgegner verursachten Irrtum (LG Hannover NJW 73, 1757); der Irrtum war für Gericht und Gegner ganz offensichtl (BGH VersR 77, 574). Dann steht der Berufung auf die Wirkungen der Rücknahme der Einwand entgegen, gegen Treu und Glauben zu verstoßen.

10 **9)** Widerruf bei **Vorliegen von Wiederaufnahmegründen:** RGZ 150, 395; 153, 65; BGHZ 12, 294; 33, 73; BAG ZZP 75 [1962], 264; Gaul ZZP 74 [1961], 49; 75 [1962], 267. Ein etwa ergangener Verlustigkeitsbeschluß nach III hindert diesen Widerruf nicht. War die Rechtsmittelzurücknahme durch eine strafbare Handlung veranlaßt, so setzt Wirksamkeit des Widerrufs das Vorliegen der Voraussetzungen des § 581 voraus (BGHZ 12, 284; 33, 75 gg RGZ 150, 396; wie RG Fröhlich JR 55, 336). UU kann der Rechtsstreit aber ausgesetzt werden, bis das Strafverfahren durchgeführt ist (BGHZ 33, 76; RGZ 150, 396). Der Widerruf ist nur innerhalb eines Monats seit Kenntnis der hierzu berechtigenden Tatsachen möglich, auch wenn das Strafverfahren zu diesem Zeitpunkt noch nicht durchgeführt ist (BGHZ 33, 73). Nach Ablauf von 5 Jahren seit Rechtskraft des Urteils kann die vom Gegner durch Täuschung veranlaßte Rechtsmittelzurücknahme nicht mehr widerrufen werden (BGH NJW 58, 670). Wenn Rechtsmittelzurücknahme widerrufen wurde, beginnt die Frist zur Wiedereinsetzung in die versäumte Begründungsfrist ohne Rücksicht auf die Wirksamkeit des Widerrufs mit dem Tag zu laufen, an dem der Widerruf dem Gericht mitgeteilt wurde (BGHZ 33, 73).

11 **10)** Zum Widerruf einer einseitigen Berufungserledigungserklärung durch den Berufungskläger, wenn Berufungsbeklagter den Antrag auf Zurückweisung der Berufung aufrechterhält, s Frankfurt NJW 67, 1811; vgl auch Ulmer NJW 67, 2330.

II) Eine Verpflichtung zur Zurücknahme kann **vertragl** begründet werden (vgl auch BGH NJW 61, 460). Der Gegner kann aus ihr eine **prozessuale Einrede** herleiten, die zur Verwerfung der gleichwohl aufrechterhaltenen Berufung führt (BGH FamRZ 84, 161 = MDR 84, 302 = NJW 84, 805; FamRZ 85, 48); nach aM ist in diesem Fall die Berufung durch Urteil als zurückgenommen zu erklären. Gesonderte Klage auf Zurücknahme (vgl für Zivilklagen auf Zurücknahme einer verwaltungsgerichtl Klage Bamberg DVBl 67, 55; Hillermaier DVBl 67, 19) wäre überflüssiger Umweg (kein Rechtsschutzinteresse). Dazu Baumgärtel FS Hans Schima (1969), 41 ff. 12

III) Einwilligung des Gegners ist mit Rücksicht auf die Möglichkeit der Anschließung von Bedeutung. Einwilligung kann schlüssig erklärt, aber auch konkludent verweigert werden, zB durch Antrag auf Zurückweisung der Berufung (BGH VersR 81, 1135). 13

1) **Mündl Verhandlung** des Berufungsbekl über das mit Berufung angefochtene erstinstanzliche Urteil. Gemeint ist nur die Verhandlung zur Hauptsache, der im schriftlichen Verfahren der Eintritt der Entscheidungsmöglichkeit nach § 128 II entspricht (Stuttgart FamRZ 84, 402 m Nachw). Einseitige Verhandlung reicht zur Anwendbarkeit aus, sei es, daß beide Parteien erscheinen, der Rechtsmittelführer aber keinen Sachantrag stellt (BGH MDR 67, 32), oder daß der Rechtsmittelführer säumig ist (BGH ZZP 94 [1981], 330 m insoweit abl Anm Münzberg). In dem Verlesen des Antrags auf Verwerfung der Berufung als unzulässig liegt noch nicht der Beginn der mündl Verhandlung des Berufungsbekl; es ist also auch noch nach Stellung dieses Antrags Zurücknahme der Berufung zulässig (RGZ 85, 88; 103, 124; Stuttgart FamRZ 84, 402). Hat aber der Berufungsbekl außer dem Antrag auf Zurückweisung der Berufung den Berufungsanschließungsantrag verlesen, so kann die Berufung ohne Einwilligung des Berufungsbekl nicht mehr wirksam zurückgenommen werden (RGZ 85, 86). 14

2) Dadurch, daß gegen den im ersten Termin ausgebliebenen Rechtsmittelkläger **Versäumnisurteil auf Zurückweisung** der Berufung ergangen ist, ist der Rechtsmittelkläger nicht gehindert, nach eingelegtem Einspruch die Berufung ohne Einwilligung des Berufungsbekl zurückzunehmen. Das gilt erst recht, wenn einem Antrag des Gegners auf Erlaß eines Versäumnisurteils wegen § 335 I nicht entsprochen worden ist (BGH NJW 80, 2313 = ZZP 94 [1981], 328 m Anm Münzberg). 15

3) Auch nach **Zurückweisung** durch das Revisionsgericht an das Berufungsgericht kann die Berufung noch (mit Einwilligung des Gegners) zurückgenommen werden. Die Einwilligung in die Rücknahme kann auch konkludent erklärt werden, zB durch Stellung des Antrags aus § 515 III 2 (RG HRR 39 Nr 1261; Stuttgart FamRZ 84, 402). 16

4) Haben die Parteien Antrag auf **schriftl Entscheidung** gestellt, so ist Zurücknahme der Berufung nur noch mit Zustimmung des Gegners mögl (Hamm JMBlNRW 53, 126; Stuttgart FamRZ 84, 402). 17

5) Wenn die Berufungszurücknahme mangels Einwilligung des Gegners **unwirksam** ist, können die fallengelassenen Berufungsanträge wieder aufgenommen werden. 18

IV) Zurücknahmeerklärung muß an das Gericht gehen. Die Rücknahme einer in Binnenschiffahrtssachen eingelegten Berufung wird erst mit dem Eingang bei dem zur Entscheidung berufenen Gericht wirksam (BGH VersR 77, 574). 19

1) Zurücknahmeerklärung **gegenüber dem Gegner** ist unwirksam, kann aber als Verpflichtung zur Zurücknahme oder als Verzicht auf den Anspruch gewertet werden (s Rn 12). 20

2) Die Erklärung gegenüber dem Gericht (in der mündl Verhandlung oder durch Schriftsatz) unterliegt dem **Anwaltszwang.** Hat jedoch die Partei selbst oder ein nicht postulationsfähiger Anwalt das Rechtsmittel eingelegt, kann der Betreffende selbst zurücknehmen (LG Bremen NJW 79, 987; BFH BB 78, 1104; BVerwG NJW 62, 1170; aA Mattern AnwBl 70, 301). 21

3) Der Rücknahmeschriftsatz ist durch die Geschäftsstelle **zuzustellen,** § 270 (an den Berufungsanwalt des Gegners; wenn ein solcher noch nicht beteiligt ist, an den erstinstanzl Anwalt, äußerstenfalls an die Partei selbst). 22

V) Verlust des Rechtsmittels. Da der Berufungskläger durch die Zurücknahme nur des eingelegten Rechtsmittels verlustig geht, nicht aber das Recht auf Berufung überhaupt verliert (sofern mit der Rücknahme kein Verzicht verbunden ist), kann die Berufung innerhalb der Einlegungsfrist erneut eingelegt werden (RGZ 161, 350; vgl a BGHZ 24, 180; 45, 380; Vollkommer NJW 68, 1092). Zurücknahme innerhalb der Einlegungsfrist führt daher nicht Rechtskraft des angefochtenen Urteils herbei. Spätere Zurücknahme führt die Rechtskraft herbei, so daß die gleichwohl weiterverfolgte Berufung unzulässig geworden ist (RGZ 150, 395; BGHZ 15, 398; 46, 112). Die nachträgl Zurücknahme wirkt nicht auf den Zeitpunkt des Ablaufs der Notfrist zurück (KG JR 52, 247; Oldenburg MDR 54, 367). Bezieht sich die Zurücknahme nur auf eine von mehre- 23 ren Berufungserklärungen, so ist sie auf den Fortgang des Berufungsverfahrens ohne Einfluß (BGHZ 24, 179).

24 **VI)** Der Rechtsmittelkläger, der sein Rechtsmittel zurücknimmt, hat die durch das Rechtsmittel entstandenen **Kosten** zu tragen. Zur Zurücknahme der Streithelfer-Berufung durch die Hauptpartei s Rn 1; wegen der Kosten einer Anschlußberufung s § 521 Rn 32, 33.

25 **1)** Der Antrag kann sich auf die Kostenfolge oder die Verlustfolge beschränken; Kostenausspruch auch während der Gerichtsferien (Frankfurt MDR 83, 943). Er unterliegt insofern **nicht dem Anwaltszwang,** als er vom vorinstanzlichen Prozeßbevollmächtigten gestellt werden kann; wenn die erste Instanz das Amtsgericht war, kann die dort nicht vertretene Partei den Antrag selbst stellen (Köln MDR 76, 1025; Celle MDR 71, 400; LG Arnsberg NJW 62, 451; Schneider Rpfleger 71, 154 u 73, 315; Vollkommer Rpfleger 74, 19 u 78, 173; Bergerfurth, Der Anwaltszwang und seine Ausnahmen, 1981, Rz 246). Demgegenüber nimmt der BGH an, der Antrag könne nur durch einen beim Rechtsmittelgericht zugelassenen Anwalt gestellt werden (NJW 78, 1262; MDR 77, 302; NJW 70, 1320; ebenso Koblenz Rpfleger 74, 117; Celle Rpfleger 73, 315; Hamm NJW 72, 771; Braunschweig MDR 63, 1019). Die Folge der Auffassung des BGH ist, daß eigens für den Verlustig- und Kostenantrag ein eigener Anwalt bestellt und unter Umständen dafür sogar noch Prozeßkostenhilfe bewilligt werden muß (Schleswig SchlHA 76, 142), ein begriffsjuristisch gefundenes Ergebnis, das schwerlich mit der Tendenz vereinbar ist, die Prozeßführung durch Abbau der Kostenlast zu erleichtern. Für bayerische Revisionssachen hat der BGH diese Auffassung mittlerweile aufgegeben (GSZ BGHZ 93, 12).

26 **2)** Falls ein Anwalt **ohne Vollmacht** Berufung eingelegt hatte, sind die Kosten ihm aufzuerlegen (Köln NJW 72, 1330). Siehe dazu Schneider Rpfleger 76, 229 ff.

27 **3)** Die Kostenfolge des III tritt aber nicht ein bei Rücknahme einer nur zur Fristsicherung bestimmten zweiten Berufung (BGH MDR 58, 508).

28 **4)** Haben beide Parteien Berufung eingelegt und werden **beide Berufungen zurückgenommen,** so sind die Kosten des Berufungsverfahrens nach § 92 verhältnismäßig (nach Bruchteilen) zu verteilen. Nimmt nur eine von beiden Parteien die Berufung zurück, so ist auch über die Kosten dieser Berufung im Endurteil, unter Anwendung des § 92, zu entscheiden; eine Vorwegnahme der Entscheidung über die Kosten ist nicht zulässig. Zu Berufung u **Anschlußberufung** s § 521 Rn 32.

29 **5) Rechtsschutzbedürfnis** für den Verlustigkeitsbeschluß besteht auch, wenn nach der Berufungszurücknahme ein Vergleich mit Kostenregelung geschlossen wurde (BGH MDR 72, 945); für den Kostenbeschluß gilt dies nicht, wenn die Kosten auf Grund des Vergleichs bereits bezahlt sind (BGH aaO). Unerheblich ist, wann der den Antrag einreichende Prozeßbevollmächtigte des Rechtsmittelgegners sich bestellt hat; welchen Einfluß der Zeitpunkt der Mandatserteilung (vor oder nach Rechtsmittelrücknahme) auf die Gebührenerstattung hat, ist allein im Kostenfestsetzungsverfahren zu prüfen und berührt das Rechtsschutzbedürfnis nicht. Nach Karlsruhe (Justiz 78, 105) soll das Rechtsschutzbedürfnis jedoch dann fehlen, wenn dem Gegner vor Zurücknahme keine Kosten entstanden seien, weil der Berufungsanwalt nur mit dem erstinstanzlichen Anwalt korrespondiert habe. Diese Auffassung ist abzulehnen. So läßt sich das Rechtsschutzbedürfnis nur verneinen, wenn vorgreifliche Gebührenfragen (Abgeltungsbereich der §§ 31 I Nr 1; vgl KG KoRsp BRAGO § 37 Nr 12) entschieden werden; das aber ist ein unzulässiger Vorgriff des Berufungsgerichts in das Kostenfestsetzungsverfahren.

30 **6) Entscheidung** über den Antrag: § 515 III 2, 3. Mündl Verhandlung freigestellt, von praktischer Bedeutung nur, wenn Wirksamkeit der Zurücknahme zweifelhaft. Wird in diesem Fall die Zurücknahme bejaht, ist darüber durch Beschluß nach § 515, nicht durch Urteil zu entscheiden (BGHZ 46, 112 = LM § 515 ZPO Nr 17 m Anm Schneider; aA Gaul ZZP 81, 1968, 273). Auch diese Entscheidung ist nach § 515 III 3 unanfechtbar (BGHZ 46, 113; NJW 78, 1558; Zweibrücken JurBüro 79, 1717; Hamm FamRZ 84, 810). Selbst wenn das Berufungsgericht irrtümlich durch Urteil entschieden hat, gibt es dagegen keine Revision (BGHZ 46, 112).

31 Der die Kostenbelastung aussprechende Beschluß ist im **Kostenfestsetzungsverfahren** als Grundentscheidung bindend, so daß nicht mit der Begründung abgesetzt werden darf, mangels erstattungsfähiger Aufwendungen sei der Beschluß entbehrlich gewesen (KG JurBüro 76, 628). Ist er gegen die Erben ergangen, darf er nicht nachträglich geändert werden, weil die Erbschaft ausgeschlagen worden sei (BAG AP § 246 ZPO Nr 2).

32 Hat der Rechtsmittelkläger die Berufung zurückgenommen und ist daraufhin antragsgemäß Kostenbeschluß ergangen, dann behält dieser ebenso wie ein nach ihm abgewickeltes Festsetzungsverfahren seine Wirksamkeit, auch wenn später erneut Berufung eingelegt und auf diese hin ein Sachurteil mit Kostenentscheidung erlassen wird (Frankfurt JurBüro 78, 1409).

7) Bei Verlustigerklärung richtet sich der **Streitwert** nach BGHZ 15, 394 (gegen RGZ 155, 382) nicht nach der Hauptsache, sondern nach dem Betrag der Kosten, die in der Rechtsmittelinstanz bis zum Antrag auf Verlustigerklärung und Kostenentscheidung entstanden sind (ebenso zB Schleswig SchlHA 76, 142; Bamberg JurBüro 75, 770 u 76, 337). Dagegen bestehen erhebliche Bedenken. Lediglich dann, wenn der Rechtsmittelgegner seinen Antrag auf den Ausspruch der Kostentragung beschränkt, können die bis zur Rechtsmittelzurücknahme erfallenden gerichtl und außergerichtl Kosten für den Streitwert maßgebend sein. Beantragt er darüber hinaus auch, den Verlust des eingelegten Rechtsmittels festzustellen, dann will er eine zusätzl Entscheidung. Dieses Mehr muß bewertet werden und kann nicht im Kostenwert enthalten sein. Eine besondere Bemessungsvorschrift fehlt. Die Hauptsache kann nicht wertbestimmend sein, weil es dem Rechtsmittelgegner lediglich darum geht, den Rechtsmittelverlust urkundl feststellen zu lassen. Es bleibt daher nur die Schätzung nach § 3 ZPO übrig, die auf einen Betrag oberhalb des bloßen Kosteninteresses zu gehen hat (s a Schneider JurBüro 70, 897 [899 f]). 33

VII) Abs 3 ist auf das **Rechtsmittel der Beschwerde** entspr anzuwenden (Rn 64 zu § 567), desgl auf die Zurücknahme einer Erinnerung (Bamberg JurBüro 73, 348; LG Essen Rpfleger 64, 183); auch auf die Rücknahme des Widerspruchs gegen einstweilige Verfügung (Celle NdsRpfl 64, 111) sowie entsprechend bei Versäumnisurteil und Vollstreckungsbescheid (§§ 700 I, 346). Bei Zurücknahme einer gegen ein Verbundurteil gerichteten Beschwerde in einer Folgesache der fG ist § 515 III, nicht § 13a I 1 FGG anzuwenden (Karlsruhe MDR 84, 59; Düsseldorf JurBüro 80, 1735; Zweibrücken JurBüro 80, 1894; München FamRZ 79, 734; Bamberg KoRsp ZPO § 515 Nr 39; aA Oldenburg NdsRpfl 80, 180; Frankfurt FamRZ 86, 368). 34

VIII) Gebühren: 1) des **Gerichts:** Wegen Ermäßigung der allgemeinen Verfahrensgebühr Rn 9 zu § 511 sowie KV Nr 1021. Für das Verfahren über Anträge nach § 515 III wird eine Gebühr nicht erhoben. Die Entscheidungen nach § 515 III 2 gehören zum Berufungsrechtszug; dies gilt auch, soweit das Urteil der Vorinstanz infolge der Klagerücknahme für wirkungslos erklärt werden soll. 35

2) des **Anwalts:** Der Antrag nach § 515 III gehört zum (zweiten) Rechtszug (§ 37 Nr 7 BRAGO). Der außerhalb der mündlichen Verhandlung schriftlich gestellte Antrag nach § 515 III wird durch die vom RA verdiente Prozeßgebühr mit abgegolten (Frankfurt MDR 53, 741). An die Zurücknahme der Berufung (mit Zustimmung des Gegners) kann sich eine Verhandlung über die Kosten anschließen. Der nach Rechtsmittel-(Klage-)Rücknahme im Verhandlungstermin gestellte Antrag, die Wirkungslosigkeit des vorinstanzl Urteils auszusprechen, den Rechtsmittelführer seines Rechtsmittels für verlustig zu erklären und über die Kosten zu befinden, löst für den RA eine Verhandlungsgebühr in Höhe von 13/10 bei streitiger Verhandlung (§§ 31 I Nr 2, 11 I S 2 BRAGO), in Höhe von 13/20 bei nichtstreitiger Verhandlung (§§ 33, 11 I 2 BRAGO) aus, Hamm Rpfleger 65, 245; JMBlNRW 51, 106. AM LG Hannover NdsRpfl 76, 134 = JurBüro 76, 1663 mit abl Anm v Mümmler.

3) Gegenstandswert: s § 3 Rn 16 unter „Berufungszurücknahme" und vorstehende Rn 33. Die Verhandlungsgebühr für den RA ist nach dem Gesamtbetrag der im Rechtsstreit bis zur Verhandlung angefallenen gerichtlichen und außergerichtlichen Kosten zu berechnen (Hamm, aaO). Der zusätzlich zu dem Antrag, die Kosten dem Rechtsmittelkläger zu überbürden, gestellte Antrag, den Rechtsmittelführer seines Rechtsmittels für verlustig zu erklären (§ 515 III 2) oder das Urteil des Erstgerichts für wirkungslos zu erklären (§ 269 III 3), hat keinen selbständigen Wert (BGHZ 15, 394).

516 *[Berufungsfrist]*

Die Berufungsfrist beträgt einen Monat; sie ist eine Notfrist und beginnt mit der Zustellung des in vollständiger Form abgefaßten Urteils, spätestens aber mit dem Ablauf von fünf Monaten nach der Verkündung.

I) Durch die Vereinfachungsnovelle vom 3. 12. 76 (BGBl I S 3281) war die zeitliche Sicherheitssperre von fünf Monaten ab Verkündung abgeschafft worden, weil zugleich die Amtszustellung der Urteile (§ 317 I 1) eingeführt worden war. Dabei war nicht bedacht worden, daß Amtszustellungen im Einzelfall unwirksam sein können und dann keine Rechtsmittelfrist in Lauf setzen. Davon betroffene Entscheidungen konnten nicht rechtskräftig werden. Das Versehen ist durch Ges v 21. 6. 80 (BGBl I S 687) behoben und die Fünfmonatsfrist wieder eingeführt worden. Sie gilt ab 22. 6. 80 (Art 7 des Ges). Auf zustellungsbedürftige, aber nicht oder fehlerhaft zugestellte **Beschlüsse** ist die Regelung entsprechend anzuwenden. 1

II) Die Berufung kann erst eingelegt werden, wenn das Urteil rechtlich **existent** geworden ist (RGZ 110, 70; VGH Mannheim NJW 73, 1663). Vor Verkündung (oder gem § 310 III der Zustellung) liegt kein Urteil, sondern lediglich dessen Entwurf vor u beginnt keine Frist zu laufen (BGH VersR 84, 1192; 85, 45). Ein verfrüht eingelegtes Rechtsmittel gegen ein Urteil, das erst nach Einlegung existent wird, ist deshalb unbeachtlich und muß wiederholt werden. Wird kein „Stuhlurteil" (§ 315 II) erlassen, sondern Verkündungstermin anberaumt, muß das Urteil bei Verkündung vollständig abgefaßt sein (§ 310 II); eine besprochene Kassette oder eine Platte reicht nicht aus (München MDR 86, 62). Der Mangel ist durch ordnungsmäßige neue Verkündung heil- 2 bar, jedoch nicht mehr nach Ablauf der Berufungsbegründungsfrist (München MDR 86, 62, 63). Jedoch ist die Berufungsfähigkeit für sog **Scheinurteile** zu bejahen, die den Parteien (auf falsche Weise) bekanntgegeben worden sind (s Vor § 511 Rn 34); ein etwa später ergehendes gleichlautendes wirksames Urteil ist durch die erste Berufung miterfaßt (aA Jauernig NJW 64, 722). Derartige Fälle, die in aller Regel auf formalen Fehlern des Gerichts, zB Zustellungsmängeln, beruhen, sollten stets in einer die Parteien möglichst wenig belastenden Weise gelöst werden. Siehe auch BGHZ 32, 370 zu der Prozeßlage, daß Revision gegen ein Berufungsurteil eingelegt wird, das über ein bekanntgegebenes, aber noch nicht existent gewordenes LG-Urteil entschieden hatte und selbst an demselben Formmangel litt; der BGH hat mit Recht entschieden, ohne den (fast immer) heilbaren Formmangel zuvor beseitigen zu lassen. Siehe weiter Rn 3, 8.

3 **III)** Die **Verlautbarung** des Urteils muß äußerlich erkennbar und gewollt sein, anderenfalls nur der Schein eines Urteils gesetzt wird. Jedoch reicht dazu nicht aus, daß die Verkündung lediglich mit einem Mangel behaftet ist (vgl BGHZ 15, 142; 42, 94).

4 **IV) Fristlauf. 1)** Die **Monatsfrist** wird nach §§ 222 ZPO, 187 I, 188 II, III BGB berechnet, endet also mit dem Ablauf des Tages des auf die Zustellung folgenden Monats, der seiner Zahl nach dem Zustellungstag entspricht, falls nicht § 222 II ZPO oder § 188 III BGB eingreift. Beispiel für den Normalfall: Urteilszustellung 3. 5. – Ende der Berufungsfrist 3. 6. Begründungsfrist einer innerhalb der Gerichtsferien eingelegten Berufung endet am 15. 10., auch wenn der 15. 9. auf ein Wochenende fällt (BGH VersR 85, 574; AnwBl 85, 514). Wird ein Urteil am 28. 2. zugestellt, läuft die Berufungsfrist gem § 188 II BGB am 28. 3. ab (so jetzt BGH VersR 84, 162 = MDR 84, 473 [gg Celle OLGZ 79, 360: am 31. 3.]). Am letzten Tag darf die Frist bis 24 Uhr ausgenutzt werden, und zwar unabhängig davon, ob noch am selben Tag mit einer Entgegennahme oder Leerung des Gerichtsfachs oder Postfachs des Gerichts zu rechnen ist (jetzt allg M; BGH WPM 86, 1396 = NJW 86, 2646; s auch § 518 Rn 9 ff).

5 **2)** In **Entschädigungssachen** beträgt die Berufungsfrist 3 bzw 6 Monate (§ 218 II BEG).

6 **3) Urteilsberichtigung: a)** Nach § 321: neuer Fristbeginn, § 517. **b)** Nach § 320: Unerheblich, da keine Änderung der Beschwer. **c)** Nach § 319: Berichtigungsbeschluß wirkt auf Verkündung zurück, so daß die berichtigte Entscheidung als verkündet fingiert wird (BGHZ 89, 184 = MDR 84, 387). Das gilt immer, wenn die Berichtigung keine die Instanz eröffnende Beschwer enthält, wie bei Berichtigung nur der Kostenentscheidung (BGH MDR 70, 757; VersR 82, 70), oder wenn nur der Verhandlungstag (§ 313 Nr 3) geändert oder genannt wird (BGH VersR 80, 744). Abweichend davon setzt die Berichtigung eine neue Frist in Lauf, wenn die verkündete Fassung kein Rechtsmittel gab, wohl die berichtigte, oder wenn die verkündete Fassung nicht beschwerte, wohl die berichtigte (BGHZ 17, 149; VersR 81, 548). Problematisch ist die Prozeßlage, daß die verkündete Fassung eine andere Beschwer als die berichtigte enthält. Dann ist die Berichtigung für den Fristlauf unmaßgeblich, wenn sie die Beschwer des Rechtsmittelführers verringert oder nur unwesentlich vergrößert (BGH VersR 66, 956; BGHZ 89, 184 = MDR 84, 387). Die Zustellung des Berichtigungsbeschlusses ist maßgebend, wenn die zusätzliche Beschwer so erheblich ist, daß erst die berichtigte Fassung der Partei Anlaß zu einem Rechtsmittel gegeben hat (BGH VersR 85, 838 = Warneyer 85 Nr 153: Abänderung von Schleswig SchlHA 85, 105). Ob dies der Fall ist, ist eine Wertungsfrage, für deren Beantwortung in erster Linie maßgebend sind: die absolute Mehrbeschwer (geringfügige Geldbeträge scheiden aus), die relative Mehrbeschwer (5000 DM sind bei einem Streitwert von 5 Mio unerheblich) und schließlich die durch Nichteinlegung des Rechtsmittels auf Grund der ursprünglichen Beschwer erkennbar gewordene Bewertung des Rechtsmittelführers, der dadurch in etwa die Größenordnung angezeigt hat, innerhalb deren er die ungünstige Entscheidung hinzunehmen bereit war. Bei dieser Wertung kommt es auf diejenige des Berufungsgerichts an. Das Revisionsgericht kann sie nur in dem Umfang wie allgemein die Ermessensentscheidungen überprüfen (§ 550 Rn 14). Im Ergebnis ist die Rspr unbefriedigend. Die Ungewißheit, die aus dem Fehler des Gerichts folgt, wird auf die Parteien abgewälzt (s BGH VersR 81, 549; Stuttgart FamRZ 84, 402). Die dadurch bedingte Unsicherheit wird auch an der Rspr des BGH erkennbar: BGHZ 17, 149 wird erläutert („abgegrenzt") durch BGHZ 89, 184; diese Entscheidung wird wieder erläutert („abgegrenzt") durch BGH VersR 85, 838 = NJW 86, 935, welche die Wertung von Schleswig (SchlHA 85, 105) verwirft. Das durchlöcherte Dogma von der „rückwirkenden Kraft der Berichtigung" sollte zur Beseitigung unerträglicher Rechtsunsicherheit aufgegeben werden. Ein Berichtigungsbeschluß setzt analog § 517 eine neue Rechtsmittelfrist in Gang, wenn er entweder erstmals eine Beschwer erkennen läßt oder wenn die Zusatzbeschwer („Berichtigungsbeschwer") für sich allein die Rechtsmittelsumme erreicht (s Schneider MDR 86, 377). Es ist dann allein Sache der Partei, darüber zu befinden, ob sie die neue Beschwer zum Anlaß nehmen will, die höhere Instanz anzurufen. Nur dies entspricht der ratio des Rechtsmittelrechts.

4) Da ein **in vollständiger Form abgefaßtes Urteil** zugestellt werden muß, ist die ältere Rspr des BGH (BGHZ 2, 347; NJW 70, 424; VersR 72, 590) überholt, wonach Unkenntnis der Entscheidungsgründe bei Zustellung einer abgekürzten Urteilsausfertigung den Fristlauf nicht hinderte. 7

a) Nach wie vor ist jedoch Voraussetzung des Beginns der Frist eine **ordnungsmäßig** erfolgte Zustellung (§ 317 I), auch wenn der unzuständige Urkundsbeamte der Geschäftsstelle ausgefertigt hat (BAG NJW 86, 1008). Parteizustellung ersetzt die Amtszustellung nicht. Auch die Zustellung einer beglaubigten Abschrift, der keine Ausfertigung zugrunde liegt, genügt nicht (BGH NJW 58, 2117). Die Namen der mitwirkenden Richter müssen angegeben sein (Nürnberg MDR 67, 311; BGH Rpfleger 73, 15). Die Unterschriften der Richter sind nicht ordnungsgemäß wiedergegeben, wenn die Richternamen auf der Ausfertigung nur in Klammern gesetzt sind ohne Hinweis darauf, daß die Richter auch unterschrieben haben (BGH VersR 80, 741; FamRZ 82, 482). Sind nur die Unterschriften zweier Richter wiedergegeben und fehlt hinsichtlich des dritten Richters ein wirksamer Verhinderungsvermerk (oder ist der Verhinderungsgrund nicht angegeben: BGH VersR 84, 586), dann liegt nur ein Urteilsentwurf vor u beginnt die Berufungsfrist nicht zu laufen (BGH VersR 78, 138; MDR 80, 842); wo Rechtsmittelbelehrung vorgeschrieben ist, zB durch § 9 V ArbGG, muß auch diese unterschrieben sein (BAG VersR 80, 784). Der Vermerk, ein beisitzender Richter sei an der Unterzeichnung des Urteils verhindert gewesen, muß seinen Urheber erkennen lassen (BGH NJW 61, 782). Der Beglaubigungsvermerk (§ 170 II) muß handschriftlich vollzogen werden (BGHZ 24, 116); besonderer Wortlaut nicht erforderlich (BGHZ 31, 36). 8

b) Bei Bezugnahme auf ein anderes zwischen den Parteien erlassenes Urteil muß dieses bereits zugestellt sein, bevor die Zustellung des bezugnehmenden Urteils fristauslösend wirken kann. Anderenfalls wäre der Sinn des § 516, vollständige Information zu gewährleisten, bevor Rechtsmittelüberlegungen anzustellen sind, nicht gewahrt. Im alten Recht war das anders, weil Zustellung eines abgekürzten Urteils genügte (siehe auch § 517 Rn 2). 9

5) Wesentl Zustellungsmängel können **nicht** durch Verzicht **geheilt** werden (RGZ 103, 339; BGH NJW 52, 934). Zustellung an nicht prozeßfähige, aber bisher für prozeßfähig gehaltene Partei ist nach der Rspr des BGH wirksam und setzt die Rechtsmittelfrist in Lauf (BGH FamRZ 58, 58; NJW 70, 1681; so auch BVerwG NJW 70, 962). 10

6) Die Berufungsfrist beginnt bei **Streitgenossen** für jeden Streitgenossen selbständig mit der Urteilszustellung zu laufen (BGH VersR 80, 928), auch wenn notwendige Streitgenossenschaft vorliegt (RGZ 48, 417; 49, 427). Beim einfachen **Nebenintervenienten** ist Zustellung an die Hauptpartei genügend und erforderl, da er nicht selbst Partei ist, sondern nur fremde Rechte wahrnehmen kann, wenn er ein Rechtsmittel einlegt (BGH MDR 86, 36 = NJW 86, 257; RGZ 34, 363; BAG EzA ArbGG 1979 § 74 Nr 1); es gibt also keine gesonderte Rechtsmittelfrist für den Streithelfer (BGH Warneyer 85 Nr 199). Es genügt, wenn Streithelfer die fristgerechte Berufung der Partei fristgerecht begründet (BGH MDR 85, 751 = Warneyer 1985 Nr 108). Jedoch keine Berufung gegen den Willen der Hauptpartei (BGHZ 49, 188). Beim **streitgenössischen Nebenintervenienten** (§ 69) ist wegen dessen selbständiger Stellung – er gilt als Streitgenosse der Hauptpartei – auf die Zustellung an ihn selbst abzustellen (RGZ 108, 132); und bei ihm hindert auch ein entgegenstehender Wille der Partei selbst nicht die Rechtsverfolgung. Zustellung an **Beistand des § 1685 BGB** wirkt nicht fristauslösend, da er nicht Vertreter ist (BGH DAVorm 81, 751). 11

7) Hat eine Partei **mehrere Prozeßbevollmächtigte,** beginnt die Rechtsmittelfrist mit der ersten Zustellung an einen von ihnen zu laufen (BVerwG NJW 80, 2269). 12

V) 1) Die Monatsfrist ist eine **Notfrist.** Abkürzung oder Verlängerung ist ausgeschlossen (§ 224). Unkenntnis von der fehlenden Möglichkeit einer Verlängerung schadet nach BGH (VersR 70, 863) auch einem Ausländer. Jedoch ist Wiedereinsetzung in den vorigen Stand mögl, § 233. 13

2) Die Frist läuft auch während der **Gerichtsferien** (§ 223 II). **Unterbrechung** und **Aussetzung:** §§ 239 ff, 249. Zum Beginn der Berufungsfrist für den **Erben** nach Aussetzung gemäß § 246 siehe auch BGH NJW 72, 258. Konkurseröffnung unterbricht Einlegungs- und Begründungsfrist, hindert aber nicht wirksame Einlegung (BGH VersR 82, 1054). Zur Fristwahrung s § 518 Rn 15. 14

VI) Beweis. 1) Für den **Zustellungsbeweis** gilt uneingeschränkt der Grundsatz der freien Beweiswürdigung (§ 286 ZPO). Daher ist auch Gegenbeweis gegen den Urkundenbeweis des Eingangsstempels mögl (BGH VersR 83, 491), und zwar ohne irgendwelche erschwerenden Beweisregeln (BGH VersR 77, 721; 74, 1021); Aussage des Prozeßbevollmächtigten kann genügen (LAG Berlin DStR 81, 57). 15

2) Beweislast: Ist Zustellung oder fristwahrender Eingang der Berufungsschrift urkundl belegt, muß der Berufungsbeklagte eine etwaige frühere Zustellung darlegen und beweisen 16

(BGH VersR 77, 967; 80, 90; NJW 81, 1789). Für Versäumnisurteile unterscheidet Hamburg (MDR 79, 851): Wer das Versäumnisurteil erwirkt hat, trägt die Beweislast für Fristbeginn durch Zustellung; die säumige Partei hat Wahrung der Einspruchsfrist zu beweisen. Nach Abschaffung der fristauslösenden Parteizustellung haben diese Fragen jedoch an Bedeutung verloren. Der Rechtsmittelführer trägt nicht die Beweislast für Vorgänge, die er nicht aufklären kann, weil sie sich ausschließlich im gerichtsinternen Bereich abgespielt haben und die Unaufklärbarkeit deshalb allein in den Verantwortungsbereich des Gerichts fällt (BGH NJW 81, 1673 [1674]; VersR 80, 90 [91]). Ist der Zustellungsnachweis **im Bereich des Gerichts verlorengegangen** und nicht mehr rekonstruierbar, dann muß die Frist als gewahrt angesehen werden; desgleichen wenn die Angabe des Datums im Empfangsbekenntnis unleserlich und deswegen eine (frühere) Zustellung nicht feststellbar ist (BGH VersR 81, 354); eine Beweislast der Partei kann nur für Ungewißheiten bejaht werden, die in ihren Sorgfalts- und Nachweisbereich fallen (Köln MDR 76, 497; BSG MDR 73, 170; Düsseldorf MDR 69, 1031 gegen Düsseldorf NJW 64, 1684 u Hamm GA 57, 222 [es handelt sich um strafprozessuale Entscheidungen]). Siehe ferner Vollkommer Rpfleger 71, 228 und Schneider JurBüro 76, 430 (zu „Irrläufern"). Auf jeden Fall muß sich das Gericht intensiv bemühen, Klarheit über den Fristbeginn zu gewinnen, um der Partei effektiven Rechtsschutz zu gewähren (BGH VersR 80, 91). Dazu gehört, daß alle aktenmäßig feststellbaren Indizien ausgewertet werden und die Parteien auch Gelegenheit bekommen, sich dazu zu äußern; uU kommt sogar die Möglichkeit einer Beweislastumkehr in Betracht (angedeutet in BGH VersR 80, 91). Zum Beweis des fristwahrenden Eingangs s § 518 Rn 20.

17 **VII) Fehlende oder mangelhafte Zustellung** läßt die Berufungsfrist nicht beginnen. Der letzte Hs des § 516 verhindert, daß deswegen nie Rechtskraft eintritt (im arbeitsgerichtlichen Verfahren gilt bei fehlender Rechtsmittelbelehrung die Jahresfrist des § 9 V 4 ArbGG; BAG NZA 85, 195). **Grundgedanke:** Vermutung, daß eine Partei, die vor Gericht str verhandelt hat, mit dem Erlaß einer Entscheidung rechnet und es ihr daher zuzumuten ist, sich zu erkundigen, ob und mit welchem Inhalt entschieden worden ist (BGH LM § 88 ZPO Nr 3). Daher ist § 516 von seiner ratio her unanwendbar, wenn die beschwerte Partei im Verhandlungstermin nicht vertreten und nicht ordnungsgemäß geladen war (RG JW 38, 2982; BGH LM § 88 ZPO Nr 3); denn dann besteht keine Aussicht, daß ein Urteil auch bei Nichtzustellung der nicht erschienenen Partei bekannt wird (anders Frankfurt FamRZ 85, 613 gegenüber nicht geladenem Versorgungsträger).

18 **1)** Ist nicht oder nicht wirksam zugestellt (zB weil Zustellungsurkunde versehentlich nicht unterschrieben, BGH VersR 81, 101 m abl Anm Klässel S 289, oder die Postzustellungsurkunde nicht eindeutig ausgefüllt, BVerwG NJW 83, 1976, oder das Zustellungsdatum entgegen § 212 I nicht auf der Sendung vermerkt ist, Hamburg MDR 83, 410) oder läßt sich eine Zustellung nicht nachweisen, beginnt die Berufungsfrist mit Ablauf von fünf Monaten seit der Verkündung oder dem Verkündungsersatz (§ 310 III). Die Frist zur Einlegung der Berufung endet dann längstens sechs Monate ab Verlautbarung des Urteils. Auf die 5-Monats-Frist ist § 222 II unanwendbar, so daß gleichgültig ist, ob der letzte Tag der Frist ein Werktag oder ein Samstag, Sonntag, gesetzlicher Feiertag ist (Frankfurt NJW 72, 2313). Da es sich nicht um eine Notfrist handelt, gibt es auch keine Wiedereinsetzung bei Versäumung (RG HRR 41 Nr 902); sie wird jedoch im Zustellungsrecht wie eine Notfrist behandelt (§ 187 S 2), so daß § 187 S 1 unanwendbar ist (BGHZ 32, 370). **Berechnungsbeispiel:** Urteilsverkündung am 19. 4.; Beginn der Berufungsfrist spätestens am 19. 9.; letzter Tag zur Berufungseinlegung 19. 10.

19 **2)** Wurde das Urteil vor Ablauf von 5 Monaten seit Verkündung zugestellt, endigt die Berufungsfrist einen Monat nach Zustellung (Bamberg VersR 72, 445). Eine Verlängerung der Frist ist nicht möglich. Unterbrechung und Verfahrensaussetzung nach Verkündigung sind auf den Fristenlauf ohne Einfluß. Unterbrochen wird nur die im Anschluß an die fünf Monate laufende einmonatige Berufungsfrist (RGZ 122, 54; Celle Rpfleger 57, 85). Daß der Berufungskläger während der fünf Monate keine Kenntnis von den Entscheidungsgründen des angefochtenen Urteils erhält, ändert nichts daran, daß sich die einmonatige Berufungsfrist unmittelbar anschließt. Die Unkenntnis ist kein Wiedereinsetzungsgrund (BGH NJW 70, 424).

20 **3)** Entsprechende Anwendung des § 516 auf die sofortige Beschwerde, nicht aber auch auf Einspruch gegen Versäumnisurteil (BGHZ 30, 300; BAG NJW 57, 518); ein Versäumnisurteil wird ohne Zustellung nicht rechtskräftig. Ebenso liegt es bei Vollstreckungsbescheiden (LG Wuppertal NJW 72, 636). Entgegen Rohlff (FamRZ 71, 622) können jedoch einseitige kontradiktorische Scheidungsurteile (§ 612 IV) nicht wie Versäumnisurteile behandelt werden; auf sie ist vielmehr § 516 anzuwenden.

517 *[Urteilsergänzung und Berufungsfrist]*
Wird innerhalb der Berufungsfrist ein Urteil durch eine nachträgliche Entscheidung ergänzt (§ 321), so beginnt mit der Zustellung der nachträglichen Entscheidung der Lauf der Berufungsfrist auch für die Berufung gegen das zuerst ergangene Urteil von neuem. Wird gegen beide Urteile von derselben Partei Berufung eingelegt, so sind beide Berufungen miteinander zu verbinden.

I) Das **Ergänzungsurteil** (§ 321) ist ein selbständiges Teilurteil; gegen jedes der beiden Urteile findet (bei Vorliegen der allgemeinen Rechtsmittelvoraussetzungen hinsichtl jeden Urteils) selbständig Berufung mit besonderer Berufungsfrist statt, wobei sich die Beschwer des Ergänzungsurteils nur nach diesem berechnet (BGH VersR 80, 263). Ist das Ergänzungsurteil fehlerhaft, weil in Wirklichkeit kein Antrag übergangen worden war, dann richtet sich das Rechtsmittel gegen das Hauptturteil gleichwohl in seiner durch das Ergänzungsurteil gestalteten Fassung; danach ist die Beschwer zu berechnen, so daß die Gesetzwidrigkeit des Ergänzungsurteils unbeachtlich ist (BGH VersR 80, 263). „Innerhalb der Berufungsfrist" bedeutet: vor Ablauf der Berufungsfrist (BGH MDR 62, 127); § 517 daher auch anwendbar, wenn das Ergänzungsurteil vor Beginn der Berufungsfrist gegen das Hauptturteil ergeht. 1

II) War bei Erlaß des Ergänzungsurteils die Berufungsfrist für das Hauptturteil bereits abgelaufen, so verbleibt es dabei. Die neue Rechtsmittelfrist für das ergänzte Urteil beginnt auch dann, wenn das Ergänzungsurteil für sich allein (zB wegen fehlender Beschwer oder Nichterreichens der Beschwerdesumme) nicht anfechtbar ist (RGZ 151, 308). Jedoch ist § 517 nicht anwendbar, wenn der Antrag auf Ergänzungsurteil **abgelehnt** wird (RGZ 151, 309). 2

III) Bei **Berichtigungen nach §§ 319, 320** läuft die Rechtsmittelfrist ab Zustellung des Urteils, sofern nicht eine rechtsmittelfähige „Berichtigungsbeschwer" gesetzt wird (s § 516 Rn 6). Werden zur selben Zeit zwei Urteile zwischen denselben Parteien verkündet und nimmt das eine Urteil teilweise auf das andere Urteil Bezug (zulässig: BGH NJW 71, 39), dann muß § 517 entgegen früherer Rspr (BGH aaO) als anwendbar angesehen werden. Das ergibt sich aus der Neufassung des § 516, wonach die Berufungsfrist erst mit Zustellung des **in vollständiger Form** abgefaßten Urteils zu laufen beginnt. Die Berichtigung des später zugestellten bezogenen Urteils wirkt auf die frühere Zustellung zurück. 3

IV) Wird vor dem **Tod einer Partei** ein vollständiges Urteil verkündet und nach ihrem Tod ein zweites, das die Rechtsnachfolge feststellt (§ 239 IV), dann ist darauf § 517 unanwendbar (RGZ 140, 353). 4

V) Im Revisionsverfahren ist § 517 entspr anwendbar (BGH LM § 517 ZPO Nr 1; VersR 80, 263). Zur Urteilsberichtigung nach Revisionszulassung (§ 546) für den falschen Beklagten vgl BGH VersR 81, 548. 5

VI) Verbindung (§ 517 S 2) entgegen § 147 zwingend, daher auch Trennung nach § 145 unzulässig. Entsprechend anwendbar, wenn nach Teilurteil zur Hauptsache das Kostenschlußurteil angefochten wird (s § 511 a Rn 16). 6

518 *[Berufungseinlegung]*
(1) Die Berufung wird durch Einreichung der Berufungsschrift bei dem Berufungsgericht eingelegt.

(2) Die Berufungsschrift muß enthalten:

1. die Bezeichnung des Urteils, gegen das die Berufung gerichtet wird;

2. die Erklärung, daß gegen dieses Urteil Berufung eingelegt werde.

(3) Mit der Berufungsschrift soll eine Ausfertigung oder beglaubigte Abschrift des angefochtenen Urteils vorgelegt werden.

(4) Die allgemeinen Vorschriften für die vorbereitenden Schriftsätze sind auch auf die Berufungsschrift anzuwenden.

Übersicht

1 **I) Einlegung. 1)** Da die Berufung allein durch die Tatsache der Einlegung unmittelbare Rechtswirkungen erzeugt, kann sie nicht an eine **Bedingung** geknüpft werden (allg M, Karlsruhe OLGZ 86, 200). Berufung für den Fall, daß das gleichzeitig eingereichte PKH-Gesuch bewilligt wird, ist daher unzulässig (s § 114 Rn 14), wohl kann die Einreichung eines PKH-Gesuchs zugleich unbedingte Berufungseinlegung sein (BGH FamRZ 86, 1087). Trotz Verwerfung aus diesem Grunde jedoch Wiedereinsetzung nach Bewilligung möglich (dann § 236 II 2 beachten: Antrag entbehrlich, aber kein stillschweigender Antrag, wenn Prozeßbevollmächtigter die Berufungsfrist falsch berechnet und an seiner irrigen Meinung festhält, BGH VersR 83, 558). Wird zusammen mit PKH-Gesuch für die Berufungsinstanz auch eine Berufungsschrift eingereicht, so ist klarzustellen – vom Rechtsmittelführer, sonst durch Auslegung: BGH JurBüro 78, 845 –, ob die Berufung damit eingelegt sein soll oder ob die Berufungsschrift nur einen Entwurf darstellt, dessen Inhalt zur näheren Begründung des PKH-Gesuchs dienen soll (vgl BGH VersR 72, 490; 86, 40). Bitte, die dem PKH-Gesuch beigefügte ordnungsmäßige Berufungsschrift erst nach Bewilligung der PKH in den Geschäftsgang zu geben, bedeutet Vorbehalt der Zurücknahme der unbedingt eingelegten Berufung. Über Berufungseinlegung für den Fall der Bewilligung von Wiedereinsetzung siehe BGH VersR 74, 194 und Kaufer NJW 62, 572.

2 **2)** Wird ein Rechtsmittel unter **Vorbehalt der Erweiterung der Anträge** zunächst nur für einen Teilbetrag eingelegt, dann wird die Rechtskraft des angefochtenen Urteils in vollem Umfange gehemmt (BGHZ 7, 143; NJW 61, 1115; 65, 2055; München NJW 66, 1082; anders Grunsky NJW 66, 1393; siehe weiter unten in Rn 3).

3 **3) Mehrfache Einreichung** einer Rechtsmittelschrift ist mögl (BGH NJW 58, 551; BGHZ 45, 380; NJW 68, 49 m Anm Vollkommer S 1092); wenn ein Rechtsmittel zulässig ist, sind die anderen gegenstandslos (Düsseldorf OLGZ 79, 454). Abwegig und gegen den allgemeinen Gleichheitsgrundsatz (Art 3 I; BVerfGE 41, 13 u ö) verstoßend die Auffassung des BGH (VersR 86, 470), gegen ein unterschriebenes Empfangsbekenntnis sei „ein Gegenbeweis nur unter strengen Anforderungen zulässig"; es gelten auch insoweit die zu § 286 entwickelten allgemeinen Beweiswürdigungsregeln, die nicht verschärft werden dürfen. Der **Verkündungsbeweis** (§ 165) wird durch ein mangelhaftes oder fehlerhaft berichtigtes (§ 164) Protokoll entwertet (BGH VersR 86, 487). Wird wegen Zweifeln an der Wirksamkeit der ersten Berufung eine zweite Berufungsschrift eingereicht, so sind beide nur ein mehrfaches Gebrauchmachen von einem einheitl Rechtsmittelrecht (s Rn 37 vor § 511). Wenn die erste Berufung zurückgenommen oder sonst wirkungslos ist, zB wegen verspäteter Begründung, ist auf Grund der zweiten Berufungsschrift über das Rechtsmittel zu entscheiden; die früher eingelegte Berufung darf also nicht isoliert als unzulässig verworfen werden (BGH VersR 78, 720; 67, 1180; BGHZ 45, 380; BAG AP § 9 ArbGG

1953 Nr 16 [erneute Revision nach Verwerfung der ersten]; siehe weitere Nachw oben in Rn 2). Die erste Berufung kann allenfalls wegen der Kostenverteilung bedeutsam sein. Der wiederholten Berufungseinlegung kann jedoch die Rechtskraft einer Verwerfung entgegenstehen (BGH Warneyer 81 Nr 144), so daß zB nach Verwerfung wegen Fristversäumnis die zweite Berufung nicht darauf gestützt werden kann, die Frist habe mangels wirksamer Zustellung noch nicht zu laufen begonnen (Frankfurt NJW 83, 2395).

Ist die Berufungsfrist noch nicht abgelaufen, weil das Urteil noch nicht zugestellt ist, dann ist eine nach Ablauf der Berufungsbegründungsfrist eingegangene Berufungsbegründung grundsätzl als zulässige Wiederholung der Berufung aufzufassen (BGH NJW 58, 551; 69, 706; VersR 70, 184; 78, 720; siehe auch Karlsruhe WRP 74, 691: Auslegungsfrage, bei der es auf den erkennbaren Willen des Verfassers der Begründungsschrift ankommt). S auch § 516 Rn 3. 4

4) Die **einem Wiedereinsetzungsantrag beigefügte Berufungsbegründung** enthält zugleich eine Wiederholung der Berufungseinlegung (BGH VersR 62, 218). 5

5) Über den **Verlust eines Rechtsmittelschriftsatzes** siehe BGHZ 23, 291. 6

6) Wenn für die Entscheidung über die Berufung ein **auswärtiger Senat** des OLG zuständig ist, genügt auch fristgemäßer Eingang beim OLG-Stammgericht (BGH NJW 67, 107; BAG NJW 82, 1119; Karlsruhe OLGZ 84, 223). 7

II) Einlegungsform. Einlegung der Berufung zum **Sitzungsprotokoll** der Vorinstanz oder zu Protokoll eines **Urkundsbeamten** ist ausgeschlossen. Die Berufungsschrift muß also vorgefertigt an das Gericht gelangen. 8

1) Die **gesetzliche Frist** (zur Unterbrechung durch Konkurs s § 516 Rn 14) zur Einlegung von Rechtsmitteln endet um 24.00 Uhr des Tages, mit dessen Ablauf die Frist endet (§ 516 Rn 4). Daraus ergeben sich praktische Probleme (s auch § 270 Rn 5): 9

2) Die Gerichte erledigen ihre Dienstgeschäfte innerhalb festgelegter Dienststunden. Es ist nicht damit zu rechnen, daß Parteien zu jeder Zeit auf dem Gericht Zutritt finden, um durch Übergabe eines Schriftstückes eine Frist zu wahren. Deshalb muß das Gericht durch entsprechende Organisation sicherstellen, daß der Rechtsmittelführer auch **nach Dienstschluß** bis 24.00 Uhr ein Schriftstück in die Verfügungsgewalt des Gerichts bringen kann. Die abweichende ältere Rspr ist durch BVerfGE 52, 203 mit Bindungswirkung nach § 31 I BVerfGG überholt (Rn 15, 16). 10

3) Bei **Briefkasteneinwurf** (zur Organisation vgl Frankfurt VersR 82, 449) wurde entscheidend auf die Entnahme abgestellt (RG JW 29, 3157; 31, 2019), so daß bei Einwurf in einen gewöhnlichen Gerichtsbriefkasten die Frist als nicht gewahrt angesehen wurde (BGH VersR 73, 87). Demgegenüber hatte bereits das BVerwG (NJW 64, 1359) mit Recht Fristwahrung bei nachweislichem Einwurf in einen Behördenbriefkasten bejaht. Der sog **Nachtbriefkasten** (s dazu Borgmann AnwBl 79, 223) erleichtert den Eingangsbeweis, ohne daß es auf die Leerung am selben Tag ankommt (BGH VersR 84, 388 = NJW 84, 1237). Aus BVerfGE 52, 203 folgt jedoch, daß jeder beliebige andere Zugang der Berufungsschrift beim Gericht bis 24.00 Uhr des letzten Tages fristwahrend wirkt. Auch hier ist die frühere gegenteilige Rspr (zB BGHZ 2, 32) wegen Verfassungswidrigkeit überholt (BGH Warneyer 1981 Nr 101), so daß sich die Anwendung des Wiedereinsetzungsrechts erübrigt (BVerfGE 52, 213; BGH MDR 81, 576). 11

4) Bei der „Einreichung" handelt es sich um eine einseitige Prozeßhandlung, die nicht der **Mitwirkung eines Bediensteten** des Gerichts bedarf (BVerfGE 52, 208; 57, 120). Die frühere gegenteilige Rspr verkürzte verfassungswidrig den grundgesetzlich verbürgten Anspruch des Rechtsmittelführers darauf, die ihm gesetzlich eingeräumte Frist bis zum Ablauf des letzten Tages voll auszuschöpfen (BVerfGE 52, 211), und ist überholt (BGH MDR 81, 576). 12

5) Der bei einer gemeinsamen Einlaufstelle eingereichte Schriftsatz ist bei dem Gericht eingegangen, an das er adressiert ist (BGH MDR 83, 214 = NJW 83, 123). Es genügt jedoch nicht, daß er in einen offenstehenden unbesetzten Raum eines anderen Gerichts abgelegt wird, selbst wenn das Berufungsgericht in demselben Gebäude untergebracht ist (BGH VersR 85, 87). Entscheidend ist nicht die Anschrift, sondern daß der Schriftsatz in die Verfügungsgewalt des Rechtsmittelgerichts kommt (KG FamRZ 86, 1024; BAG EzA ZPO § 519b Nr 4 S 8). Eine **falsche Adressierung** ist bei Einlegung in ein Fach oder Einwurf in Nachtbriefkasten unschädl, wenn die Einrichtung nur einem einzigen Gericht dient. Gleiches gilt bei richtiger Adressierung für eine für mehrere Gerichte eingerichtete gemeinschaftl Briefannahmestelle (BGH AnwBl 81, 499; BAG EzA ZPO § 519b Nr 4 = MDR 86, 876: Austauschfach ArbG/LG oder ArbG/LAG) oder einen gemeinsamen Briefkasten (BAG NJW 69, 766); ebenso, wenn der als Urkundsbeamter der angeschlossenen Gerichte bestellte Kanzleibeamte die Schrift entgg der fälschl Adressierung an das zuständige Gericht weiterleitet, auch wenn sie dort erst nach Fristablauf eingeht (BGH JR 13

53, 430; NJW 61, 361). Leitet sie der Beamte entspr der Adressierung an das unzuständige Gericht weiter, so nützt der fristgemäße Eingang bei der gemeinsamen Briefannahmestelle nach BGH (MDR 60, 1001; NJW 61, 361) nichts, weil der Kanzleibeamte dann als Urkundsbeamter des unzuständigen Gerichts tätig geworden ist; diese Auffassung ist nur noch mit der Einschränkung zutreffend, daß der Begriff der „Einreichung" nicht durch das Erfordernis der Mitwirkung eines zur Entgegennahme zuständigen Beamten eingeschränkt werden darf (BVerfGE 52, 208; JMBlNRW 81, 152). Es hilft auch nichts, wenn die Schrift noch innerhalb der Frist beim unzuständigen Gericht einläuft u dort sofort weitergeleitet wird, aber erst nach Fristablauf beim zuständigen Gericht eintrifft (BGH VersR 77, 720; 75, 1148). Die Berufung gegen das Urteil eines Schiffahrtsgerichts ist nach BGH (MDR 79, 475) verspätet, wenn die Berufungsschrift vor Fristablauf beim OLG eingereicht wird, aber erst nach Fristablauf an das Schiffahrtsobergericht gelangt; unvereinbar mit BVerfGE 52, 302, da Zugang nicht von der Entgegennahme durch einen zuständigen Beamten abhängt; kein Zugang daher nur, wenn Schiffahrtsobergericht in einem anderen Gebäude als das OLG untergebracht ist. Gleiche Grundsätze gelten bei Einwurf einer an ein unzuständiges Gericht adressierten Rechtsmittelschrift in einen auch für das zuständige Gericht eingerichteten Nachtbriefkasten (BGH NJW 51, 71; 61, 361; MDR 67, 299; Hamburg MDR 60, 768). Wird eine **fristwahrende Klageschrift** beim unzuständigen Gericht eingereicht, so muß dieses zustellen, weil die Fristwahrung nicht von der Zulässigkeit der Klage abhängt. Wird stattdessen formlos abgegeben und beim zuständigen Gericht die jetzt nicht mehr von einem postulationsfähigen RA unterschriebene Klage zugestellt, sollte die Abgabe wie eine Verweisung behandelt werden (so BGHZ 34, 230, 235; aA BGH VersR 84, 471).

14 Wird die Einlegung beim unzuständigen Gericht erkannt, ist aus prozessualer Fürsorgepflicht die Rechtsmittelschrift umgehend im normalen Geschäftsgang unter Hinweis auf die Eilbedürftigkeit an das zuständige Gericht weiterzuleiten, um einer Fristversäumung vorzubeugen; Verstoß kann Wiedereinsetzung begründen (Karlsruhe OLGZ 81, 241). Die rechtzeitige Weiterleitung wirkt fristwahrend, weil sie dem wirklichen Willen des Prozeßbevollmächtigten entspricht und deshalb ein ausdrücklicher Auftrag zur Weiterleitung überflüssig ist (BGH NJW 81, 1673 [1674]).

15 **III) Fristwahrung außerhalb der Dienststunden.** Ist während der Dienststunden kein zuständiger Beamter zur Empfangnahme von Rechtsmittelerklärungen anzutreffen, so ist das grundsätzlich belanglos, weil es zur Einreichung der Berufungsfrist der Mitwirkung eines Bediensteten des Gerichts nicht bedarf (BVerfGE 52, 208); da die Frist gewahrt ist, bedarf es nicht der Einleitung eines Wiedereinsetzungsverfahrens (BVerfGE 52, 213). Die gegenteilige ältere Rspr ist überholt. Nachtbriefkästen, in denen die bis 24.00 Uhr eingeworfene Post mechanisch von später eingeworfener getrennt wird, müssen als solche gekennzeichnet und leicht auffindbar sein, anderenfalls ein Wiedereinsetzungsgrund gegeben ist (BGHZ 23, 307; 9, 119). Auch wenn der Anwalt weiß, daß nach Dienstschluß keine Gelegenheit zur Ablieferung mehr besteht, ist er nicht gehalten, die Berufungsschrift während der Dienststunden einzureichen (BVerfGE 52, 203), wodurch BGHZ 23, 307 u MDR 60, 223 überholt ist (BGH MDR 81, 576).

16 **IV)** Die gesamte ältere Rspr muß unter Beachtung der vom **BVerfG herausgearbeiteten Grundsätze** gelesen und an dem „Gebot einer rechtsstaatlichen Verfahrensgestaltung" (BVerfGE 69, 385) gemessen werden. Sie lassen sich wie folgt zusammenfassen (vgl BVerfGE 40, 44 f; 41, 326 ff; 44, 304 ff; 45, 362; 52, 203; 57, 117): Der Bürger darf jede ihm gesetzte Frist bis zur Grenze ausnutzen. Er darf darauf vertrauen, daß alle Behörden die organisatorisch und betriebl gebotenen Vorkehrungen zur Beförderung und Annahme von Schriftstücken treffen und beachten. Für fremdes Fehlverhalten hat er nicht einzustehen. Anderenfalls würde ihm in unzumutbarer, aus Sachgründen nicht mehr zu rechtfertigender Weise der Rechtsweg erschwert. Die Rspr beginnt, sich diesen Grundsätzen anzupassen. Beispiele: Wiedereinsetzung bei unerwartet langer Postbeförderung (BAG NJW 78, 1495; BayObLG NJW 78, 1488); Verjährungsunterbrechung durch PKH-Gesuch am letzten Tag der Frist (BGHZ 70, 235 gg BGHZ 17, 199; 37, 113); unerheblich, ob mit der Leerung eines Gerichtsfachs am selben Tag zu rechnen ist (BGH MDR 84, 653); irreführende Angabe über Fernschreibanschluß (BVerfGE 69, 381 = MDR 85, 816 = Rpfleger 85, 406). Mit BVerfGE 52, 203 unvereinbar ist aber, wenn mit Wiedereinsetzung gearbeitet wird, wo Fristversäumung nicht hätte verneint werden dürfen. In einschlägigen Fällen ist nicht von der älteren ZPO-Rspr, sondern von der neuen Rspr des BVerfG auszugehen und jede zweifelhafte Fristentscheidung daran zu messen.

17 **V) Rechtsmitteleinlegung. 1)** Rechtsmitteleinlegung durch **Telegramm** ist zulässig (RGZ 139, 46; BGHZ 24, 300; NJW 66, 1077; VersR 80, 331; BAG NJW 71, 2190), auch wenn der normale Postweg ausreichen würde (BAG NJW 71, 2190). Sie muß wenigstens aus dem Zusammenhang erkennen lassen, welcher Rechtsanwalt für den Text verantwortlich ist und die Aufgabe des

Telegramms veranlaßt hat (BAG EzA ZPO § 518 Nr 29) und den an eine ordnungsmäßige Rechtsmitteleinlegung zu stellenden Anforderungen (Rn 21 ff) genügen: Angabe der Parteien, ladungsfähige Anschriften, angefochtenes Urteil (vgl BGH VersR 77, 1101; BAG NJW 73, 2320; Karlsruhe AnwBl 74, 162 m Anm Späth). Daß das Aufgabetelegramm nicht bei Gericht eingeht, ist unschädl; maßgebend das zum Gericht gelangende Ankunftstelegramm (RGZ 139, 45; BGHZ 24, 300). Fernmündl Aufgabe des Telegramms wird zugelassen (RGZ 139, 47; 151, 86; BGHZ 24, 300 – RGZ 140, 72 betrifft Sonderfall), uU sogar durch einen Beauftragten des Prozeßbevollmächtigten (BGH VersR 65, 852). Nach BGH Rpfleger 53, 29 – betr Rechtsbeschwerde nach LwVG – wahrt auch fernmündl Durchsage des Telegramms durch Postanstalt an Gericht die Frist, falls die Durchsage von einer hierzu befugten Person entgegengenommen u darüber eine Niederschrift gefertigt wird, die bis zum Eingang des Ankunftstelegramms dasselbe ersetzt (so auch Neustadt NJW 52, 271; Tübingen MDR 54, 109; Hamm MDR 56, 426); von dem Erfordernis der „zur Entgegennahme befugten Person" muß jedoch abgesehen werden (BVerfGE 52, 203; BGH MDR 81, 576).

2) Fernschriftl Rechtsmitteleinlegung ist ebenfalls zulässig (BGH VersR 80, 331; NJW 82, 1470 m Nachw); Telekopie genügt (BGHZ 87, 63 [betr Beschwerde; s dazu Buckenberger NJW 83, 1475]; BAG ZIP 83, 1232; MDR 86, 524), muß aber die Unterschrift des Absenders wiedergeben (BAG MDR 86, 524; s auch Rn 24). Soweit der BGH (Rpfleger 75, 247 m Anm Vollkommer Rpfleger 76, 240) meint, ein Fernschreiben, das außerhalb der Dienststunden in der nicht besetzten Fernschreibanlage des Gerichts eingehe, sei damit allein noch nicht bei Gericht eingereicht, schränkt er das Recht des Rechtsmittelführers verfassungswidrig ein (BVerfGE 52, 203). Die Frist ist gewahrt; der Wiedereinsetzung bedarf es nicht. Einlegung durch Telekopie genügt immer, auch wenn Gericht nicht über Empfangsgerät verfügt, aber die Fernkopie dem Rechtsmittelgericht vom Postboten überbracht wird (BGH NJW 83, 1498; BAG NJW 84, 199). Die Übermittlung der Telekopie an einen privaten Zwischenempfänger und Weiterleitung durch Boten ist in BGHZ 79, 314 als nicht hinreichend angesehen worden. 18

3) Berufungseinlegung durch **Telefon** genügt auch dann nicht der Schriftform, wenn bei Gericht ein Vermerk über das Gespräch aufgenommen wird (vgl BGHSt 14, 240; NJW 81, 1627; BVerwG NJW 64, 831; BFH NJW 65, 174; BFH NJW 65, 176; krit Stephan AP § 129 ZPO Nr 1). Anders für Bußgeldsachen BGHSt 29, 173 (nicht für Berufungen: BGHSt 30, 64 = JR 82, 210 m abl Anm Wolter). 19

VI) Beweis des Eingangs. Bei der Führung des dem Rechtsmittelkläger obliegenden Beweises des Eingangs hat das Gericht eine durch § 139 begründete Hinweis- und Hilfepflicht (BGH VersR 76, 193). Es genügt Eingang beim zuständigen Gericht; nicht nötig ist, daß der Berufungs- oder Begründungsschriftsatz auch in die richtigen Akten gelangt (BGH VersR 75, 473). Erst recht ist unerheblich, ob das für eingehende Post bestimmte Fach noch am selben Tag geleert wird (BGH MDR 84, 653; s auch Rn 15, 16). Dafür Sorge zu tragen, ist nicht Sache des Rechtsmittelführers, der ohnehin nicht für Fehler im Gerichtsbetrieb einzustehen hat (§ 516 Rn 16). **Beurkundung** des Eingangs durch **Eingangsstempel:** § 418 I (vgl BGH VersR 82, 652; Westphal BB 83, 2178; Wilde BB 84, 1042). Gegenbeweis ist zulässig (§ 418 II; BGH VersR 83, 491; 84, 442). Jedoch Strengbeweis nötig, Glaubhaftmachung genügt nicht (BGH VersR 86, 60; 73, 186). Deshalb ist auch so weitgehende Substantiierung zu fordern, daß eine gewisse Wahrscheinlichkeit für den Beweis dargelegt wird (BVerwG DGVZ 85, 72). – **Einzelfälle** zur Beweiskraft und zum Widerlegungsbeweis betr den Eingangsstempel: KG OLGZ 76, 361; Frankfurt AnwBl 78, 310 m Anm Staehly; s ferner BAG BB 72, 1455; BVerwG NJW 69, 1730; BFH JuS 77, 55. **Beweiserschwerungen** sind nicht gerechtfertigt; es gelten die allgemeinen Regeln der freien Beweiswürdigung (§ 286; s § 516 Rn 15). Die **Beweislast** für die Fristwahrung hat der Berufungskläger (BAG NJW 71, 671), bei Briefkastenbenutzung auch für den rechtzeitigen Einwurf (BGH NJW 81, 1789, 1790), jedoch nicht für Vorgänge, die in der Verantwortungssphäre des Gerichts liegen (Köln Rpfleger 76, 110; s näher § 516 Rn 16). 20

VII) Inhalt der Berufungsschrift, Abs 2. Zwingende Vorschrift; Mangel eines wesentl Punktes bewirkt Unzulässigkeit (§ 519b I); Nachholung nach Fristablauf ist nutzlos (BGH DB 77, 1684). Fehlende Prozeßvollmacht ist rückwirkend genehmigungsfähig (Rn 24). Die Versagung einer Heilungsmöglichkeit auch bei nicht individualisierender Unterschrift (Rn 23) ist abzulehnender Formalismus (List DB 83, 1672). Die gesetzlichen Formerfordernisse sind von der Rspr ohne Rückhalt im Wortlaut der Vorschrift wesentlich erweitert worden, vor allem hinsichtlich der „eigenhändigen Unterschrift" (Rn 22 ff) und der „Bezeichnung des Urteils" (Rn 30 ff). Dieses Vorgehen ist verfassungsrechtlich äußerst bedenklich; denn die Gerichte sind nicht befugt, die Wirksamkeit eines Rechtsmittels von weiteren als den gesetzlich festgelegten Voraussetzungen abhängig zu machen (BVerfGE 52, 203, 210; s auch unter Rn 30). 21

22 **1)** Außer bei Telegramm, Fernschreiben, Telex (Rn 17, 18) ist **eigenhändige Unterschrift** (s § 130 Rn 5) erforderlich (allg M, zB BGH MDR 71, 756; München Rpfleger 71, 188). Sie beweist, daß die Rechtsmittel- oder Rechtsmittelbegründungsschrift eigene Prozeßhandlung des Unterzeichnenden ist (BAG BB 78, 1573). Der BGH (zB VersR 73, 86; 83, 271; MDR 76, 569; näher Probst AnwBl 75, 133) hält daran auch ggüber den geringeren Anforderungen durch Saarbrükken NJW 70, 434, AnwBl 70, 53, BVerwG NJW 71, 1054, Vollkommer NJW 70, 1051, JZ 70, 655, Rpfleger 71, 188, Roth/Stielow NJW 70, 2057, Späth VersR 72, 24 fest. Der Grund für die strengere Auffassung ist, daß die Berufungsschrift ein bestimmender Schriftsatz ist und die mit ihr vorgenommene Prozeßhandlung unmittelbar mit Zugang wirksam wird, so daß auch die Wirksamkeitskriterien auf diesen Zeitpunkt abstellen müssen; dazu rechnet aber auch die Unterschrift, die klarstellt und beweist, daß ein postulationsfähiger Anwalt die Verantwortung für den Inhalt der Schrift übernimmt. Deshalb läßt die hM (so wieder München MDR 80, 61) es nicht genügen, daß bei fehlender Unterschrift den Umständen zu entnehmen ist, der Schriftsatz werde vom Einreicher voll verantwortet, etwa weil er ihn selbst abgegeben hat und sich die Einreichung durch einen Einlaufstempel hat bestätigen lassen. ME ist es übersteigerte Formstrenge, zu verlangen, die Wirksamkeit der Berufungseinlegung müsse ohne weitere Beweisaufnahme allein an Hand der Rechtsmittelschrift ermittelt werden können. Formstrenge wird dadurch zum Mittel, der Verwirklichung materieller Gerechtigkeit auszuweichen. Richtig ist jedoch, daß für den Zeitpunkt der Zurechnung auf den fristwahrenden Eingang abzustellen ist; nachträgliche Unterzeichnung nach Fristablauf hat keine rückwirkende Kraft (BGH VersR 80, 331). Eigenhändige Unterschrift auch erforderl für den **Beglaubigungsvermerk** auf der miteingereichten Abschrift (BGHZ 24, 180), auch der für die eigenen Handakten bestimmten, vom Gericht wieder zurückzugebenden (BGH LM § 519 ZPO Nr 14).

23 **2) Unterschrift** ist ein Schriftzug individuellen Charakters, aus dem ein Dritter den Namen, den er kennt, noch herauszulesen vermag (BGH VersR 83, 273 [274]; BAG DB 81, 2183). **Lesbarkeit** ist nicht geboten, wohl aber ein aus Buchstaben abgeleiteter, individueller charakteristischer Schriftzug; Paraphe oder Faksimilestempel genügen nicht (BGH MDR 85, 407; VersR 60, 142, 164 u ö), auch nicht Einreichung einer Fotokopie oder Lichtpause einer handschriftl unterzeichneten Berufungsschrift (BGH NJW 62, 1505). Die Rspr, die sich mit der Deutung „hakenförmiger Zeichen, willkürlicher Linien, Bögen mit anschließend geschlängelter Linie, Schlangenlinien, wahllosen Auf- u Abstrichen, doppelhakenförmigen Linien mit Aufstrich" usw plagt (§ 130 Rn 7), ist in einen erschreckenden Formalismus abgeglitten und hat teilweise die Grenze zur Komik überschritten, nimmt jedoch keine Kritik an (vgl zB Vollkommer, Formstrenge und prozessuale Billigkeit S 407 ff). Ihre Ergebnisse sind oft unberechenbar, etwa wenn jahrzehntelang unbeanstandete Unterschriften plötzlich verworfen werden und ein Rechtsmittel unzulässig machen. Das ist deshalb so schwerwiegend, weil auch die rückwirkende Heilung einer nicht hinreichend individualisierten Unterschrift abgelehnt wird (dagegen mit Recht List DB 83, 1672).

24 **3)** Die Unterschrift muß von einem beim Berufungsgericht **zugelassenen Anwalt** stammen (BGH VersR 66, 1094; VersR 73, 86; BAG DB 77, 1564) und muß die Wirksamkeitserfordernisse (Rn 30 ff) abdecken; fernmündliche „Klarstellung" reicht nicht aus (BGH NJW 85, 2650 = VersR 85, 1092 = MDR 86, 309). Auch muß der Anwalt bevollmächtigt sein; eine einmal erhobene Rüge fehlender Vollmacht wirkt für alle Instanzen, braucht also im höheren Rechtszug nicht wiederholt zu werden (BGH WPM 86, 1128). Die Tatsache der Vollmacht darf nachträglich nachgewiesen werden, selbst noch im Revisionsverfahren (GmS OGB BGHZ 91, 115). Bei fehlender Vollmacht oder Untervollmacht gilt folgendes: Ist der Prozeßbevollmächtigte postulationsunfähig, zB der LG-Anwalt legt OLG-Berufung ein, dann ist die Einlegung unwirksam und nicht rückwirkend genehmigungsfähig. Besteht hingegen Postulationsfähigkeit, zB der OLG-Anwalt legt vollmachtlos Berufung ein, dann kann die vollmachtlos vorgenommene Rechtshandlung noch nach Ablauf der Einlegungsfrist mit rückwirkender Heilung genehmigt werden (Rn 29), jedoch nicht mehr nach Verwerfung der vollmachtlos eingelegten Berufung (GmS OGB BGHZ 91, 113).

25 **4)** Unterschriftsbefugt ist auch ein beim Berufungsgericht **zugelassener Vertreter** des Prozeßbevollmächtigten (Berg NJW 53, 426); auch der nach § 53 BRAO allgemein bestellte Vertreter (BGH NJW 66, 1362); das kann auch ein Referendar sein (München AnwBl 85, 589). Wenn der amtl bestellte Vertreter den Berufungsschriftsatz noch während der Vertretungszeit unterzeichnet u in Auslauf gibt, schadet es nicht, daß der Schriftsatz erst nach Ablauf der Vertretungszeit bei Gericht eingeht (Frankfurt DAVorm 81, 683; Vollkommer Rpfleger 71, 229 gg Frankfurt ebenda, das seine abw Ansicht in DAVorm 81, 683 u JurBüro 85, 151 jedoch eingeschränkt hat: genügend, wenn ein fristwahrender Entäußerungswille feststellbar ist oder bei Eingang ein anderer postulationsfähiger Anwalt bestellt ist). Unterschriftsbefugt ist für alte Aufträge nach §§ 55 II 3 BRAO auch der zum **Abwickler der Kanzlei** eines verstorbenen RA bestellte Anwalt (BGH LM § 518 ZPO Nr 15; NJW 66, 1362; Hamburg MDR 66, 684), und zwar auch insoweit als

der vertretene Anwalt seinerseits Vertreter ist, da der allgemeine Vertreter sämtliche Befugnisse des Anwalts hat, den er vertritt (BGH MDR 81, 753 = NJW 81, 1740; NJW 75, 542).

5) Blankounterschrift genügt nicht, auch nicht echte Unterschrift auf einem Klebestreifen, 26
den ein anderer später unter einen Schriftsatz klebt (BFH DB 83, 2041). Ausnahmsweise kann Blankounterschrift des Berufungsanwalts durch Büroangestellten genügen, der auf Anweisung des Anwalts in dessen Abwesenheit die Berufungschrift fertigt (BGH NJW 66, 351). Eine fehlende Unterschrift wird nicht dadurch ersetzt, daß in einem weiteren (unterzeichneten) Schriftsatz bemerkt wird, der andere (nicht unterzeichnete) Schriftsatz enthalte die Rechtsmittelerklärung (BGHZ 37, 156; kritisch dazu § 519 Rn 8).

6) Einreichung einer nicht unterzeichneten Berufungsschrift zusammen mit einem **unter-** 27
zeichneten Anschreiben genügt (BGH NJW 74, 1582; DStR 75, 431; s auch Johannsen Anm zu LM § 519 Nr 45).

7) Auch die Unterschrift eines **zur Vertretung befugten Anwalts** genügt, er darf mit dem 28
Namen des Vertretenen unterschreiben (BGH VersR 76, 830). Voraussetzung ist jedoch, daß er selbst postulationsfähig ist (BGH VersR 76, 689).

8) Mangel der Vollmacht ist rückwirkend heilbar (GmS OGB BGHZ 91, 116; BGH VersR 84, 29
781; Frankfurt OLGZ 84, 193 = MDR 84, 763 = NJW 84, 2896). Zwischenzeitlicher Fristablauf schadet also nicht, wohl Verwerfung des Rechtsmittels (GmS OGB BGHZ 91, 113). Zur **Wiedereinsetzung** bei fehlender Unterschrift: BGH NJW 62, 1248; 71, 1749; bei Fristverlängerung: § 519 Rn 22; bei fehlerhafter Verwerfung: § 519 b Rn 10, 11; im Beschwerdeverfahren: § 567 Rn 26, 27.

VIII) Einzelangaben. Nach dem eindeutigen Wortlaut des § 518 II Nr 1, 2 ist Formerfordernis 30
für die Berufungsschrift nur die Bezeichnung des angefochtenen Urteils und die Erklärung, dagegen werde Berufung eingelegt. Die Rspr hat diese klaren Voraussetzungen nach und nach so erweitert und verschärft, daß immer wieder Berufungen an mehr oder weniger sinnlosen Formalien scheitern. Dazu trägt auch bei, daß die einschlägige Judikatur teilweise in sich widersprüchlich und ungereimt ist. Zu welcher Verwirrung dies führen kann, zeigt erschreckend BVerfGE 71, 202: Verwerfung einer „namens des Klägers" eingelegten Berufung, weil nicht erkennbar sei, für wen die Berufung eingelegt worden sei (ähnlich BAG NJW 73, 1949)! Die Aufstellung zusätzlicher Formerfordernisse ist vom Gesetzeszweck her nicht zu rechtfertigen und, gemessen an der Rspr des BVerfG (s zB BVerfGE 49, 304; 65, 183; s auch oben Rn 21), verfassungswidrig, weil sie über den Gesetzeswortlaut hinaus die Rechtsmitteleinlegung erschwert (s dazu ausführlich und überzeugend Westerhoff JR 86, 269 ff). Die insbesondere von der höchstrichterlichen Rspr teilweise frei erfundenen Formerfordernisse, mit denen Rechtsmittelführer manchmal überraschend, weil rückwirkend konfrontiert werden, bedürfen ebenso wie die ältere restriktive Rspr zu Rechtsmitteleinlegung (Rn 16) und Fristverlängerung (§ 519 Rn 21) dringend verfassungsrechtlicher Überprüfung. **1)** Nötig ist die Angabe des **Berufungsklägers** (BGHZ 21, 168; BGH NJW 85, 2650 = VersR 85, 1092 = MDR 86, 309; FamRZ 86, 1088), die allerdings auch durch Auslegung ermittelt werden darf (BGH VersR 82, 769); auch bei Berufungseinlegung durch Telegramm oder Fernschreiben (BGH VersR 65, 791; 77, 1101; BAG NJW 72, 1440). Die Reihenfolge der Parteibezeichnungen reicht dazu nicht aus (BAG NJW 72, 1440). Das Fehlen einer ausdrückl Angabe ist unschädl, wenn die Person des Rechtsmittelführers eindeutig aus den sonstigen während der Notfrist bei Gericht eingereichten Unterlagen zu entnehmen ist (BAG BB 81, 795: Begründungsschrift); die Möglichkeit der Ermittlung aus den Gerichtsakten reicht jedenfalls dann nicht aus, wenn diese dem Berufungsgericht innerhalb der Notfrist nicht vorliegen (BGHZ 21, 168; VersR 71, 763, 1145). Das Rechtsmittelgericht ist ohnehin nicht verpflichtet, die Berufungsschrift unverzüglich nach Eingang daraufhin zu überprüfen, ob sie dem Gesetz genügt (BAG NJW 73, 1391). Entbehrlich ist die Angabe der Parteistellung in der Vorinstanz (BAG NJW 65, 171), erst recht die Benennung des Gegenanwalts (BAG NJW 78, 2120).

2) Der **Rechtsmittelbeklagte** muß mindestens bestimmbar bezeichnet sein oder wenigstens 31
innerhalb der Rechtsmittelfrist erkennbar werden (BGH VersR 84, 1093; 86, 471; NJW 85, 2651). Nicht ordnungsgemäß daher eine Berufungsschrift, die als Rechtsmittelbeklagten nicht den wirklichen Berufungsbeklagten, sondern ein mit diesem nicht identisches Unternehmen benennt, ohne daß der gemeinte erstinstanzliche Beklagte innerhalb der Berufungsfrist erkennbar wird (BGH BB 85, 950 = VersR 85, 570). Aus dem Fehlen der ladungsfähigen Anschrift des Berufungsbeklagten leitet der BGH nicht die Unwirksamkeit der Berufungseinlegung her (BGHZ 65, 114), auch wenn zusätzlich die Anschrift des Prozeßbevollmächtigten fehlt (BGH LM § 518 Abs 2 Ziff 1 ZPO Nr 6 m Anm Doerry; zur abw Rspr des BAG s BB 86, 261).

3) Erforderlich ist die genaue Angabe insbesondere bei Vorhandensein mehrerer Gegner 32
(BGH NJW 61, 2347). Unerläßlich ist, daß alle **Streitgenossen** genannt werden, die Rechtsmittel-

führer sein sollen (BGH VersR 85, 970; 76, 493). Bei der Bezeichnung streitgenössischer Rechtsmittelbeklagter ist die Rspr großzügiger. Die uneingeschränkt eingelegte Berufung nach Klageabweisung richtet sich im Zweifel gegen alle erfolgreichen Streitgenossen, wenn diese in der Berufungsschrift alle angeführt sind (BGH VersR 83, 984 = MDR 84, 134). Sollen nur Einzelne verklagt werden, ist die Beschränkung der Anfechtung dadurch klarzustellen, daß in der Rechtsmittelschrift nur diese genannt werden. Ist nur der im Klagerubrum an erster Stelle stehende Streitgenosse in der Berufungsschrift angeführt, kann die Auslegung gleichwohl ergeben, daß die Berufung sich gegen alle Streitgenossen richtet (BGH NJW 69, 928).

33 4) Die **Bezeichnung des Urteils** muß das Rechtsmittelgericht (BGH VersR 84, 870; 83, 250) eindeutig darüber informieren, welches Urteil angefochten wird (BGHZ 22, 272; VersR 76, 1157; 86, 574). Zur vollständigen Bezeichnung gehört: AktenZ, Verkündungsdatum, Zustellungsdatum. Fehlt eine dieser Angaben oder ist sie fehlerhaft, ist dies unschädlich, wenn dadurch keine unbehebbaren Identitätszweifel auftreten (BGH VersR 75, 925; BAG BB 81, 1037), zB weil sich aus einer beigefügten Urteilsausfertigung das erstinstanzliche Gericht ergibt (BGH VersR 86, 574). Werden in verbundenen Sachen Teilurteile unter verschiedenen AktZ zur selben Zeit verkündet, macht die Angabe des falschen AktZ die Berufung unzulässig (BGH VersR 81, 854), ebenso wenn bei Teilurteil u Schlußurteil das AktenZ des Teilurteils u das Zustellungsdatum des Schlußurteils angegeben wird (BGH MDR 78, 308). Berichtigungen helfen nicht weiter, weil Schreibfehler nur beachtlich korrigiert werden können, wenn sie einen Erklärungsinhalt bestätigen, den die Berufungsschrift bei sinnvoller Auslegung schon von Anfang an hatte (BGH MDR 78, 308). Anhand der Prozeßakten kann das Berufungsgericht häufig Fehler erkennen und unschädlich machen (BGH VersR 84, 870); meist gehen aber die Akten erst nach Fristablauf ein, so daß Fehlererkenntnis zu spät kommt; selbst bei früherem Eingang der Akten ist das Gericht nicht gehalten, sofort die Individualisierungsangaben der Berufungsschrift mit dem Akteninhalt zu vergleichen. Ratsam daher, bei Erlaß mehrerer Urteile im selben Rechtsstreit zusätzlich eine kurze Kennzeichnung beizufügen, etwa „Unterhaltsurteil" oder „Schlußurteil" usw; noch besser, die Sollvorschrift des § 518 III zu beachten!

34 5) Angabe des **Prozeßbevollmächtigten des Berufungsbeklagten** angebracht, Fehlen aber nicht schädl, wenn der Berufungsbeklagte selbst genannt ist (BAG VersR 76, 104; BB 77, 100 u 1607; NJW 78, 2120). Für den Fall, daß beide nicht genannt sind: Rn 32.

35 6) Fehlende Angabe des **Nebenintervenienten** unschädl: BAG NJW 78, 392.

36 7) **Anträge** braucht die Schrift nicht zu enthalten; ebenso sind überflüssig Ladung, weil von Amts wegen erfolgend (§ 519a), u Aufforderung zur Anwaltsbestellung (§ 520 I 2). Der unbedingte Wille zur Rechtsmitteleinlegung muß klar erkennbar sein (BGH LM § 233 ZPO Nr 21; vgl a MDR 61, 398); Gebrauch des Worts Berufung aber nicht unbedingt nötig. Fall einer Umdeutung: BGH NJW 62, 1820. War die Berufungseinlegung wegen Unterbrechung des Verfahrens ohne Rechtswirkung, so kann im Aufnahmeschriftsatz eine zulässige Wiederholung der Berufung gesehen werden (BGHZ 36, 259). Die Berufungsanschließung kann auch stillschweigend, insbesondere dadurch geschehen, daß der Kläger u Berufungsbeklagte die geltend gemachten Ansprüche erhöht.

37 8) **Heilung** mögl, wenn Mängel vor Fristablauf beseitigt werden (BGH VersR 83, 250; BAG MDR 82, 965 = NJW 83, 903) oder Lücken vom Berufungsgericht durch Heranziehung anderer Unterlagen geschlossen werden können (BAG BB 75, 1439). Dagegen ist es bedeutungslos, daß das Berufungsgericht einen vorhandenen Mangel nicht erkannt oder rechtl nicht als solchen bewertet hat (BAG DB 74, 392). Durch Wiedereinsetzung können Form- und Inhaltsmängel nicht geheilt werden (BFH DB 77, 1684).

38 **IX) Beglaubigte Ausfertigung, Abs 3:** Ordnungsvorschrift, die zu wenig beachtet wird, obwohl sie manche mangelhafte Berufung retten könnte (s Rn 32, 33; OLG Köln WRP 85, 46). Bei den heutigen Vervielfältigungsmöglichkeiten sollte die Beifügung einer Ablichtung des angefochtenen Urteils zur Büroroutine werden. **Abs 4:** Zu den vorbereitenden Schriftsätzen vgl §§ 129 ff. Die Berufung kann auch schon in der Berufungsschrift begründet werden.

39 **X) Gebühren des Gerichts:** Die allgemeine Verfahrensgebühr (KV Nr 1020) wird mit dem Eingang der Rechtsmittelschrift beim Berufungsgericht fällig. Zu Soll kann sie aber erst gestellt werden, wenn der Streitwert feststeht. Folglich entsteht sie für den Berufungsrechtszug auch dann, wenn die Partei gebeten hat, die Berufungsschrift nicht vor der Entscheidung über den gleichzeitig eingereichten Antrag auf Bewilligung der PKH „zuzustellen" (vgl Nürnberg Rpfleger 56, 297). Für den Fall, daß der Berufungsführer gebeten hat, die Berufung erst nach Bewilligung der gleichzeitig beantragten PKH „in den Geschäftsgang zu nehmen", s BGH, LM ZPO § 518 Nr 2.

519 *[Berufungsbegründung]*
(1) Der Berufungskläger muß die Berufung begründen.

(2) Die Berufungsbegründung ist, sofern sie nicht bereits in der Berufungsschrift enthalten ist, in einem Schriftsatz bei dem Berufungsgericht einzureichen. Die Frist für die Berufungsbegründung beträgt einen Monat; sie beginnt mit der Einlegung der Berufung. Die Frist kann auf Antrag von dem Vorsitzenden verlängert werden, wenn nach seiner freien Überzeugung der Rechtsstreit durch die Verlängerung nicht verzögert wird oder wenn der Berufungskläger erhebliche Gründe darlegt.

(3) Die Berufungsbegründung muß enthalten:

1. die Erklärung, inwieweit das Urteil angefochten wird und welche Abänderungen des Urteils beantragt werden (Berufungsanträge);

2. die bestimmte Bezeichnung der im einzelnen anzuführenden Gründe der Anfechtung (Berufungsgründe) sowie der neuen Tatsachen, Beweismittel und Beweiseinreden, die die Partei zur Rechtfertigung ihrer Berufung anzuführen hat.

(4) In der Berufungsbegründung soll ferner der Wert des nicht in einer bestimmten Geldsumme bestehenden Beschwerdegegenstandes angegeben werden, wenn von ihm die Zulässigkeit der Berufung abhängt.

(5) Die allgemeinen Vorschriften über die vorbereitenden Schriftsätze sind auch auf die Berufungsbegründung anzuwenden.

Übersicht

I) Begründung ist nötig, auch wenn die Gründe für den Standpunkt der Partei schon in erster Instanz erschöpfend vorgebracht wurden oder die Rechtslage einfach ist (Celle NdsRpfl 82, 64). Sie kann schon in der Berufungsschrift enthalten sein, aber auch in besonderem Schriftsatz eingereicht werden (II 1). Der Schriftsatz muß nicht von einem beim OLG zugelassenen Rechtsanwalt verfaßt worden sein; es genügt, daß er den vorbereiteten Text überprüft, billigt und die Verantwortung dafür übernimmt (BGH VersR 86, 816 = MDR 86, 667 = NJW 86, 1760; s dazu Rn 8). 1

1) § 519 I–V gilt für jede Berufung, auch für die in **Arrestsachen,** § 922 I. 2

2) Die von der Hauptpartei eingelegte Berufung kann auch vom **Streitgehilfen** begründet werden (§ 67 Hs 2) u umgekehrt. 3

4 **3) Zuordnungsvermutung.** Zu vermuten ist, daß die Berufungsbegründung von der Partei stammt, die Berufung eingelegt hatte, nicht von einem namensgleichen Dritten, der in 1. Instanz nicht beteiligt war, aber als wirkliche Sachpartei in Betracht kommen könnte (BGH VersR 71, 230).

5 **4) Anwaltszwang** (§ 78). Hat der RA eine von der Partei gefertigte Begründungsschrift unterzeichnet, so ist der Vorschrift des § 519 Genüge getan, wenn der RA seine Unterschrift auf Grund einer von ihm selbst vorgenommenen Prüfung u unter Übernahme der vollen Verantwortung für den Inhalt geleistet hat (BGHZ 37, 156; JR 54, 463; MDR 59, 281; VersR 62, 1204; BAG NJW 61, 1599); inwieweit er den Prozeßstoff selbst durchgearbeitet hat, ist im Regelfall ohne Bedeutung (BGH VersR 72, 787). Wörtl Wiedergabe der Ausführungen des beim Berufungsgericht nicht zugelassenen Korrespondenzanwalts kann genügen (BGH VersR 62, 1204).

6 **5) Nachträgl Erklärung** des Prozeßbevollmächtigten, die eingereichte Begründung solle nicht die Bedeutung einer solchen haben, hat keine Wirkung (BGH NJW 59, 725).

7 **II) Einreichungsformalien. 1)** Eingang beim zuständigen Gericht (s dazu § 518 Rn 22) erforderlich; Stammgericht und auswärtiger Spruchkörper stehen gleich (BGH NJW 67, 107; BAG NJW 82, 1119; Karlsruhe WRP 84, 102). **Eingereicht** ist ein Schriftsatz, wenn er in die Verfügungsgewalt des Gerichts gelangt, gleichgültig ob dabei ein Bediensteter des Gerichts mitwirkt (BVerfGE 52, 208 f, s § 518 Rn 12). Ein mit der nicht unterschriebenen Berufungsbegründung eingereichtes unterschriebenes Exemplar der für die Handakten des RA bestimmten sog zweiten Urschrift genügt (Schleswig VersR 83, 65). AktZ darf fehlen oder falsch sein (BGH VersR 82, 673). Ebenso wie bei § 518 (s dort Rn 17, 18) wirkt nach BGH (BGHZ 97, 283 = ZIP 86, 671 = WPM 86, 656 = WuB VII A § 519 ZPO 3.86 m Anm Messer = JR 86, 416 m Anm Zeiss = MDR 86, 846) auch telegrafische oder fernschriftliche Begründung trotz fehlender Unterschrift fristwahrend (gg Stuttgart VersR 83, 1082), so daß keine Verlängerung der Begründungsfrist beantragt zu werden braucht. Für eine in der mündl Verhandlung erhobene unselbständige Anschlußberufung genügt eine mündl Begründung nicht; sie muß schriftl fixiert werden (BAG NJW 58, 357). Auch die Begründung durch **Telekopie** wird neuerdings zugelassen (BSG NZA 86, 578 = CR 86, 475; BAG MDR 86, 524 = CR 86, 473; s auch § 518 Rn 18 sowie Redeker CR 86, 489); die Telekopie muß jedoch die Unterschrift des Prozeßbevollmächtigten wiedergeben (BSG NZA 86, 578 = CR 86, 475; BAG MDR 86, 524 = CR 86, 473).

8 **2)** Der **Nachweis,** daß eine Berufungsbegründung von einem beim Berufungsgericht zugelassenen Anwalt stammt, kann nur **durch die Unterschrift** (dazu § 518 Rn 23) geführt werden (BGHZ 37, 156; LM § 519 ZPO Nr 63). Sie läßt erkennen, daß es sich um seine eigene Prozeßhandlung handelt (BAG BB 78, 1573). Eigenhändig unterzeichnete beglaubigte Abschrift kann als Urschrift genommen werden (BGH VersR 86, 868), sofern nicht lediglich die Übereinstimmung der Abschrift mit einer Begründung aus fremder Feder beglaubigt wird (BAG AP § 518 ZPO Nr 42). Gibt der Anwalt die Begründungsschrift selbst bei Gericht ab, kann dadurch trotz fehlender Unterschrift hinreichender Zuordnungsbeweis nicht geführt werden (BGH NJW 80, 291 = JR 80, 205 m zust Anm Zeiss; VersR 80, 765; München NJW 79, 2570; aA Saarbrücken NJW 70, 434; Frankfurt VersR 77, 339 = NJW 77, 1246; LG Krefeld AnwBl 73, 209; dagegen Hagen SchlHA 73, 57; gegen den BGH Späth VersR 77, 339; 78, 605 m Nachw; s auch § 518 Rn 22). Nach BGH VersR 73, 636, soll es nicht einmal genügen, wenn die nicht unterschriebene Begründung einer unterschriebenen Berufungsschrift beigeheftet ist. Das erscheint als formalistische Übertreibung. Wer anders sollte wohl die Begründungsschrift der eigenhändig unterschriebenen Berufungsschrift angeheftet haben als der Anwalt oder in seinem Auftrag ein Angestellter? Diese Entscheidung dürfte auch schwerl in Einklang zu bringen sein mit dem Gebot, jeden Schriftsatz unter Heranziehung weiterer Urkunden zu deuten, zB einem beigefügten handschriftl Anschreiben (BFH NJW 74, 1582) oder einer unterschriebenen Abschrift der Begründungsschrift (BAG MDR 73, 794; BGH VersR 73, 636 dürfte mittlerweile auch überholt sein durch BGHZ 97, 251 = VersR 86, 861 = MDR 86, 667), wonach es ausreicht, wenn die nicht unterschriebene Berufungsbegründung mit einem unterzeichneten Begleitschreiben fest verbunden ist, zB einer Loch-Heftleiste. Sind in einem Anwaltsbüro **mehrere an verschiedenen Gerichten zugelassene Rechtsanwälte** tätig, darf selbstverständlich nur der postulationsfähige unterschreiben, was feststellbar sein muß. **Behörden** u öffentl-rechtl Körperschaften oder Anstalten genügen der Schriftform, wenn der maschinengeschriebene Verfassername mit einem Beglaubigungsvermerk versehen ist (GmS OGB BGHZ 75, 340).

9 **3)** Die Berufungsbegründungsfrist ist **keine Notfrist** (§ 223; Berechnung: § 222; vgl auch BAG JZ 58, 130). Gegen ihre Versäumung ist aber gleichwohl Wiedereinsetzung mögl (§ 233). Tod des Prozeßbevollmächtigten unterbricht den Fristlauf bis zur Aufnahme (BGH VersR 81, 658). Wenn die Berufung zurückgenommen war und die Zurücknahme wegen behaupteter Wiederaufnah-

megründe widerrufen wird, beginnt die Frist zur Wiedereinsetzung in die versäumte Begründungsfrist an dem Tag zu laufen, an dem der Widerruf dem Gericht mitgeteilt wird (BGHZ 33, 73).

4) Eine in der Berufungsinstanz vorgenommene **Klageerweiterung** ist nicht an die Frist des § 519 gebunden (BGH NJW 61, 1115; VersR 65, 141). Die Erweiterung ist jedoch nur im Rahmen der fristgerecht eingereichten Begründung möglich; zu ihrer Rechtfertigung dürfen keine neuen Gründe nachgeschoben werden (BGHZ 12, 62; Koblenz WRP 81, 115; Hamm FRES 6, 7 [mwNachw]). S auch Rn 31, 37. **10**

III) Fristbeginn mit **Einlegung** der Berufung, die schon vor Urteilszustellung möglich ist (§ 518); ihr Ablauf ist dann nicht bis zur Urteilszustellung gehemmt (BAG DB 73, 288). Beginn mit telegrafischer Einlegung der Berufung auch dann, wenn nachträgl noch eine Berufungsschrift eingereicht wird (LAG Saarbrücken NJW 65, 1043). Während der **Gerichtsferien** läuft die Begründungsfrist nur in Feriensachen; s dazu bei § 223. Bei Berufungseinlegung vor Ferienbeginn und Erklärung zur Feriensache in den Gerichtsferien läuft keine neue Frist an, sondern die bis dahin gehemmte Frist läuft weiter (BGH VersR 75, 663). Bei einer während der Gerichtsferien in einer Nichtferiensache eingelegten Berufung beginnt die Begründungsfrist mit dem Anfang des 16. 9. (BGH VersR 82, 651). Wird die Sache während der Gerichtsferien als Feriensache bezeichnet (§ 200 IV GVG), so beginnt mit der Zustellung dieser Verfügung die Begründungsfrist zu laufen (BGHZ 28, 398; LM § 519 ZPO Nr 7). Zur Verlängerung in den Ferien s Rn 26. **11**

1) Wird wegen Zweifeln an der Wirksamkeit der ersten Berufungseinlegung eine **zweite Berufungsschrift** eingereicht u die erste, tatsächl wirksame Berufung dann zurückgenommen, so bestimmt sich die Begründungsfrist nach dem Eingang der zweiten Berufungsschrift (BGHZ 24, 179). Bei Berufungseinlegung durch Partei und Streithelfer handelt es sich nur um ein Rechtsmittel; deshalb braucht nur eine fristgerechte Einlegung mit einer fristgerechten Begründung zusammenzutreffen (s § 511 Rn 4). **12**

2) Wenn die **Begründungsfrist versäumt** wurde, kann dem auch ohne Wiedereinsetzung abgeholfen werden, sofern die Berufungsfrist noch nicht abgelaufen ist, weil das angefochtene Urteil noch nicht zugestellt war; denn dann ist die nach Ablauf der Begründungsfrist eingegangene Berufungsbegründung grundsätzl als zulässige Wiederholung der Berufung mit gleichzeitiger Begründung aufzufassen (BGH NJW 58, 551). **13**

3) Auch wenn die **Berufung verspätet eingelegt** wurde, beginnt die Frist mit der Einlegung zu laufen (BGH NJW 71, 1217; VersR 74, 357; 77, 137). Durch ein Gesuch um Wiedereinsetzung in die Berufungseinlegungsfrist u durch die Entscheidung des Gerichts hierüber wird der Ablauf der Begründungsfrist nicht berührt (BGH VersR 81, 1032; 86, 788 u 892), desgleichen nicht durch Beschlußverwerfung (BGH VersR 78, 841). Legt der Berufungskläger mit dem Wiedereinsetzungsgesuch eine neue Berufungsschrift vor, statt auf die bereits eingereichte Bezug zu nehmen (§ 236), so ist für den Beginn der Begründungsfrist nur die zunächst (verspätet) eingelegte Berufung maßgebend, nicht die mit dem Wiedereinsetzungsgesuch verbundene Wiederholung (BGH NJW 55, 1318; VersR 71, 349; 77, 137). Durch Verwerfung der Berufung als unzulässig u ein nachfolgendes Beschwerdeverfahren wird die Berufungsbegründungsfrist nicht unterbrochen (BGH VersR 63, 1188; MDR 67, 838; VersR 75, 421; 77, 573). Diese von der Rspr entwickelten Grundsätze gelten auch dann, wenn gegen einen Verwerfungsbeschluß eines OLG Verfassungsbeschwerde eingelegt wird, weil dagegen gem § 519b II die sofortige Beschwerde gegeben ist, der Verwerfungsbeschluß den Rechtsstreit also noch nicht endgültig abschließt. Anders verhält es sich bei der Beschlußverwerfung durch ein LG als Berufungsgericht (§ 519b Rn 9, 14), die Rechtskraft wirkt. In diesem Fall beseitigt eine erfolgreiche Verfassungsbeschwerde die Rechtskraft mit der Folge, daß die Berufungsbegründungsfrist ab Entscheidung des BVerfG erneut zu laufen beginnt (s Wagner NJW 86, 2933). **14**

IV) Fristende mit Ablauf des Tages des auf die Berufungseinlegung folgenden Monats, der seiner Zahl nach dem Tag der Berufungseinlegung entspricht, falls nicht § 222 II eingreift (Beispiel für Regelfall: Einlegung 10. 5., Ende der Begründungsfrist 10. 6.). Frist zur Begründung einer während der Gerichtsferien eingelegten Berufung in Nichtferiensache: Beginn am 16. 9., Ablauf am 15. 10. (BGH VersR 80, 976; 81, 459). Zur Verlängerung s Rn 16 ff. **15**

V) Fristverlängerung. 1) Nur auf **Antrag** mit Anwalts- und Schriftformzwang (BGHZ 93, 300 = MDR 85, 574 = WPM 85, 1541 = WuB VII A §§ 519, 329 ZPO 2. 86 m Anm Messer). Angabe erforderlich, bis wann die Frist verlängert werden soll (BAG DB 73, 288; s aber Rn 18). Verlängerung für Streithelfer wirkt zugunsten der Hauptpartei (BGH MDR 82, 744 = NJW 82, 2069). Auf Verlangen Glaubhaftmachung nötig (§ 224 II). Die Begründungsfrist kann nicht wirksam unbestimmt (unbefristet, undatiert) verlängert werden, etwa bis zur Entscheidung über ein PKH- **16**

Gesuch (s dazu BGH VersR 86, 91). Wird die Verlängerung befristet, dann ist es allerdings unschädlich, daß zugleich mit der Datierung eine zu erwartende prozessuale Maßnahme erwähnt wird (zB Verlängerung bis zur Entscheidung über das PKH-Gesuch am 3. 4.). Fehlende Unterschrift unter der Verlängerungsverfügung oder bloße Paraphe hindert Wirksamwerden (Fortentwicklung von BGHZ 76, 236 = MDR 80, 543; LAG Hamm MDR 82, 612; EzA § 340 ZPO Nr 2; s dazu Schneider MDR 82, 818). Jedoch trotz des dadurch eingetretenen Fristablaufs noch Verlängerung möglich (BGHZ 83, 217 = MDR 82, 637); außerdem muß der Partei Vertrauensschutz gewährt werden, zB wenn eine Ausfertigung mit Unterschrift übermittelt wird (BAG AP § 21 MTB II Nr 3). Verlängerung ohne Anhörung des Gegners beeinträchtigt die Wirksamkeit nicht (BAG VersR 79, 947). Zurückweisung des Verlängerungsgesuchs ist unanfechtbar, § 225 III (BGH VersR 80, 772).

17 2) **Erhebliche Gründe:** Es kommt immer auf den einzelnen Fall an, zB Arbeitsüberlastung, Erkrankungen des Personals, Urlaube, festgelegte Kur, Beschaffungsschwierigkeiten bei Beweisurkunden oder Gutachten, fehlende Information (BGH VersR 85, 972, 973); nicht dagegen „Einverständnis des Gegners", es sei denn wegen schwebender außergerichtl Vergleichsverhandlungen. Großzügigkeit ist angebracht; unter Zeitzwang läßt sich nicht ruhig verhandeln; schlecht vorbereitete Termine sind zeitaufwendiger als eine verlängerte Begründungsfrist (s a Schneider MDR 77, 90).

18 3) **Fehlerhafte Verlängerung:** Zuständig ist der Vorsitzende, auch wenn er die Verlängerung ablehnt (Demharter MDR 86, 797; aA Stephan § 225 Rn 2: dann Zuständigkeit des Kollegiums). Antragsteller genießt weitgehenden Vertrauensschutz. Er darf sich auf den objektiven Inhalt der ihm zugehenden Erklärung verlassen. Verlängerung über den beantragten Zeitraum hinaus darf ausgenutzt werden (BGH MDR 63, 588). Fristverlängerung auch wirksam, wenn sie vom Vorsitzenden eines nach der Geschäftsverteilung unzuständigen Senats verfügt wird (BGHZ 37, 125). Verlängerung durch den dafür unzuständigen Berichterstatter wirkt zugunsten der Partei, nicht jedoch dessen Ablehnung, weil keine Partei durch angemaßte Zuständigkeit verschlechtert werden darf. Unbeanstandete Antragsmängel schaden nicht (BGH LM § 554 ZPO Nr 3). Eine undatierte Verlängerungsverfügung (Rn 16) schützt bis zur Datierung, die aber nicht rückwirkend oder unzumutbar kurz sein darf (Art 103 I GG). Selbst auf eine nicht schriftlich verfügte, sondern nur telefonisch durchgegebene Verlängerung des Vorsitzenden darf sich der Anwalt verlassen (BGHZ 93, 300 = MDR 85, 574 = WPM 85, 1541 = WuB IV A §§ 519, 329 ZPO 2. 86 m Anm Messer). Allerdings muß er diese Ausnahme beweisen.

19 4) Keine **vorherige Anhörung** (bei wiederholter Verlängerung [nach § 66 I 4 ArbGG nur einmal!] aber § 225 II) des Gegners. Dessen Interessen und Belange müssen jedoch berücksichtigt werden.

20 5) Eine Verlängerungsverfügung kann zugleich für die **selbständige Berufung des Gegners** gelten; dies muß jedoch der Verfügung selbst zu entnehmen sein (BGH VersR 72, 1128).

21 6) Wird der Verlängerungsantrag innerhalb laufender Frist gestellt, **kann er noch nach deren Ablauf positiv beschieden werden** (BAG GS NJW 80, 309; BGHZ 83, 217 = MDR 82, 637). Berufungsverwerfung wegen Fristversäumung jedoch im Ergebnis gerechtfertigt, wenn die Berufung auch nicht innerhalb der begehrten Fristverlängerung begründet worden ist (BGH VersR 83, 248). Bei fristgerecht eingelegtem Verlängerungsantrag obliegt dem Anwalt keine Erkundigungspflicht (BGH VersR 86, 787); er darf darauf vertrauen, daß die Berufung nicht vor Bescheidung des Verlängerungsantrages verworfen wird (BGH VersR 86, 166: Ausnahme bei rechtsmißbräuchlicher Wiederholung von Verlängerungsanträgen). Bei rechtzeitig gestelltem Antrag darf der Anwalt auf die Beachtung einer jahrelangen Bewilligungspraxis vertrauen (BGH VersR 85, 972) und unterliegt keiner Erkundigungspflicht (ArbG Mannheim BB 86, 1160). BAG (NJW 80, 309) legt dem RA eine Informationspflicht auf, weil der Verlängerungsantrag innerhalb eines Monats nach Ablauf der ursprünglichen Begründungsfrist beschieden werden müsse; das läßt sich aus dem Gesetz nicht ableiten.

22 7) Die Verlängerung kann nicht nachträgl durch einen **Antrag auf Wiedereinsetzung** erreicht werden (BGH VersR 67, 1094; 84, 894); das Risiko der Ablehnung der Verlängerung trägt der Rechtsmittelführer (s aber Rn 21). Geht der Anwalt davon aus, die Begründungsfrist laufe noch, so kann jedoch in einem Verlängerungsantrag ein stillschweigender Antrag auf Wiedereinsetzung in die in Wirklichkeit bereits versäumte Begründungsfrist gesehen werden (Vollkommer DRiZ 69, 244; aA BGH MDR 68, 1004: Umdeutung nicht möglich).

23 8) Förml **Zustellung** der Verlängerungsverfügung, der ein entsprechender Aktenvermerk gleichsteht, jedenfalls insoweit nicht nötig, als Entbindung vom bisherigen Endtermin bewirkt werden soll (RGZ 156, 388; BGHZ 4, 389; 14, 150); ob die Setzung des neuen Endtermins nur bei

förml Zustellung wirksam wird, ist str (s Jonas JW 37, 3047 gg RGZ 156, 388). Mitteilung auch an Gegner; Wirksamkeit hängt davon aber nicht ab (Stuttgart JW 31, 3572). Ob die Verlängerungsverfügung auch zugunsten des Gegners wirkt, der ebenfalls Berufung eingelegt, aber keine Verlängerung beantragt hatte, muß sich aus der Verfügung ergeben (BGH VersR 72, 1129).

9) Eine **Abkürzung der Frist** durch Parteivereinbarung mögl, nicht durch das Gericht (§ 224 II; Schleswig SchlHA 76, 28); auch die verlängerte Frist kann nicht wieder abgekürzt werden (Hamburg MDR 52, 561; Schleswig aaO). **24**

10) Wegen des **Ablaufs der verlängerten Frist** s a Anm zu § 224. Genaue Datierung ist anzuraten; bei Verlängerung nach Zeiträumen (Woche, Monat) schließt die Verlängerungsfrist an den Ablauf der vorhergegangenen Frist an, § 224 III (KG VersR 81, 1075). Wenn bei Verlängerung um einen bestimmten Zeitraum der letzte Tag der ursprüngl Frist auf einen Sonntag (allg Feiertag) fällt, so beginnt der verlängerte Teil der Frist erst mit Ablauf des nächstfolgenden Werktages (BGHZ 21, 43 gg RGZ 131, 337). Fällt das Ende der vom Vorsitzenden um einen bestimmten Zeitraum oder bis zu einem Endzeitpunkt verlängerten Frist nach dem Wortlaut der Verlängerungsverfügung auf einen Sonntag (allg Feiertag), so ist § 222 II anzuwenden (BGH LM § 765 BGB Nr 1). Gleiches gilt, wenn die verlängerte Frist am Sonnabend ablaufen würde (§ 222 II). Wirkung einer Unterbrechung des Verfahrens auf die verlängerte Begründungsfrist: BGH NJW 67, 1420. Nach BAG NJW 57, 1942 kann die Begründungsfrist auch nach Tagen u Stunden verlängert werden, so daß sie zu einer bestimmten Uhrzeit des folgenden Tages abläuft. **25**

11) Zur Wirkung der **Gerichtsferien** auf die Begründungsfrist s zunächst Rn 11–15. Hat der Vorsitzende während der Gerichtsferien in einer Nichtferiensache unter Bestimmung eines in die Ferien fallenden Endzeitpunkts verlängert, so beginnt der in die Ferien fallende Teil der Frist nach dem Ende der Gerichtsferien zu laufen (BGHZ 27, 143), bei Endzeitpunkt 15. 9. Ablauf nach den Ferien (BGH NJW 73, 2110), bei Endzeitpunkt danach ist das Verlängerungsdatum maßgebend (BGH VersR 83, 758), auch wenn es der 16. 9. ist (BGH 82, 546). **26**

VI) Inhalt der Begründung, Abs 3. Zwingend: Nichtbeachtung führt zur Verwerfung der Berufung als unzulässig, § 519b I. **27**

1) Zu Nr 1. a) Die **Berufungsanträge,** dh, die unbedingte (§ 518 Rn 1) Erklärung, inwieweit das Urteil angefochten u welche Abänderung des Urteils beantragt wird, müssen bestimmt genug sein, um dem Gericht unter Berücksichtigung der Anfechtungsgründe eine Entscheidung möglich zu machen (BGH FamRZ 85, 631; VersR 75, 48 u 738), und zwar materiellrechtlich, so daß eine Berufung mangels eines auf Abänderung des Urteils gerichteten Antrags unzulässig ist, wenn mit ihr lediglich beantragt wird, die Sache wegen eines Verfahrensmangels aufzuheben und zurückzuweisen (München VersR 78, 1027). Genügend aber, daß der Sachantrag „hilfsweise" gestellt wird, weil dann der Anfechtungswille eindeutig erklärt wird, da der (vermeintliche) Hauptantrag nur eine Anregung ist, die fälschlich als Antrag formuliert worden ist und den Berufungsantrag nicht unter eine Bedingung stellt (was zur Unzulässigkeit der Berufung führen würde, Rn 18 vor § 128). Es ist nicht einmal erforderlich, daß der „hilfsweise" Sachantrag ausdrücklich formuliert wird (Wieczorek/Rössler § 519 Anm D I a). Das Sachbegehren kann sich auch konkludent aus dem Zusammenhang ergeben (RGZ 145, 38; BGH LM ZPO § 519 Nr 1; VersR 66, 369; 75, 48), etwa bei Zurückverweisungsantrag wegen eines absoluten Revisionsgrundes (BGH VersR 85, 1164). Der Berufungskläger braucht sich bei der Berufungseinlegung noch nicht über den Umfang der Anfechtung auszusprechen, sondern kann dies der Berufungsbegründung vorbehalten. Jedoch setzt jede Klageänderung und -erweiterung die Zulässigkeit der Berufung voraus; es muß also immer ein wenn auch noch so geringer Teil der erstinstanzlich gesetzten Beschwer Gegenstand des Berufungsverfahrens sein (s näher Schneider MDR 82, 626 zu I). **28**

b) Er kann die Anfechtung auf einen tatsächl u rechtl selbständigen, gesonderter Beurteilung zugängl Teil des Streitgegenstands **beschränken;** so auf einen von mehreren Ansprüchen, einen quantitativ abgegrenzten Teil des Streitgegenstands, auf den Grund bei streitig bleibender Höhe, bei einander gegenüberstehenden Ansprüchen auf den einen oder den anderen, mag die Gegenforderung nun widerklagsweise, im Weg der Aufrechnung oder zurückbehaltungsweise geltend gemacht werden (vgl BGHZ 45, 289; 53, 154; Reinicke NJW 67, 513). Beschränkung der Berufung auf einzelne Urteilselemente ist unzulässig (Gilles AcP 177, 242 f; aA Bamberg NJW 79, 2316 im Anschluß an Grunsky ZZP 84 [1971] 129 ff). Bamberg sieht sich genötigt, die Einschränkung zu machen, „soweit keine Interessen des Rechtsmittelbeklagten entgegenstehen"; damit wird die Zulässigkeit nicht nur von einem Werturteil abhängig gemacht, sondern kann auch nicht ohne Berücksichtigung der Stellungnahme des Gegners (Art 103 I GG) geklärt werden, was mit dem Gebot der Rechtsmittelklarheit schwerlich zu vereinbaren ist. **29**

30 Zur Beschränkung der Anfechtung auf einen die Erwachsenheitssumme nicht erreichenden Teil (mit der Folge der Unzulässigkeit der Rechtsmittel) und zu den Folgen einer Beschränkung auf den Kostenpunkt siehe Schneider NJW 78, 786 u BGH GSZ MDR 78, 553. Wird die Berufung auf einen Teil des Streitgegenstands erster Instanz beschränkt, so wird das Urteil in der Regel auch im übrigen nicht rechtskräftig, da immer noch Erweiterung oder Anschließung erfolgen kann (RGZ 54, 226; BGH LM 2 zu § 318 ZPO; NJW 61, 1115; München NJW 66, 1082; anders Grunsky NJW 66, 1393). Zum Verhältnis von Rechtsmittelbeschränkung und Klagerücknahme siehe Batsch (NJW 74, 299) und Karmasin (NJW 74, 982).

31 **c)** Da Teilanfechtung die Rechtskraft des angefochtenen Urteils insgesamt hemmt, sind die angekündigten Anträge nicht endgültig und dürfen innerhalb der Beschwer (s Rn 8 vor § 511; Schneider MDR 82, 626) bis zum Ablauf der Begründungsfrist erweitert werden (BGHZ 7, 144; 12, 67; MDR 83, 388 = NJW 83, 1063; FamRZ 85, 631; WPM 85, 1373 = WuB § 519 ZPO 1. 86 m abl Anm Messer; FamRZ 86, 254, 256), selbst durch Einbeziehung einer Widerklage (BGH NJW 85, 3079 = Warneyer 84 Nr 303 S 644). Erweiterung noch zulässig bis zum Schluß der mündlichen Verhandlung (BGH NJW 61, 1115; 63, 444; 71, 34), sofern sich der Berufungskläger im Rahmen der ursprünglichen Berufungsbegründung hält und nicht neue Gründe nachschieben muß (std Rspr, zB BGHZ 88, 360, 364; WPM 85, 1373; FamRZ 86, 254, 256; aA Grunsky NJW 66, 1393 u ZZP 88, 1975, 49 ff u St/J § 521 Rn 20, dagegen zutr Messer Anm zu WuB § 519 ZPO 1. 86). Auf die Berechnung der Erwachsenheitssumme hat die Erweiterung keinen Einfluß (§ 511 a Rn 4). Ist die Berufung wegen hinreichender Beschwer zulässig, hält sich der Berufungsantrag in der Begründungsschrift aber unterhalb der Beschwer, darf der Antrag jedoch bis zum Schluß der mündlichen Verhandlung erweitert werden, um die Berufung zulässig zu machen (BGHZ 12, 67 f; BGH NJW 61, 1115 = Warneyer 1961 Nr 4; w Nachw bei Frank Anspruchsmehrheiten im Streitwertrecht 1986 S 136–140, der selbst aA ist). Damit ist nicht zu verwechseln der Fall, daß ein angekündigter Berufungsantrag oberhalb der Beschwerdesumme nur mit einem Anspruchsteil unterhalb der Beschwer begründet wird; dann ist die Berufung zu verwerfen (BGH BB 76, 815). Zulässigkeit kann auch nicht durch Stellung von Anträgen geschaffen werden, für die es an jeder Möglichkeit der Begründung fehlt (RG JW 37, 3185; 38, 1416; BGH LM § 91 a ZPO Nr 1), auch nicht durch Erhebung einer von vornherein unzulässigen Feststellungs- oder Feststellungswiderklage (BGH NJW 73, 370) oder durch Einbeziehen außergerichtlicher Kosten in den Antrag (Saarbrücken JurBüro 77, 1276). Eine während der Begründungsfrist auf die Kosten beschränkte Berufung kann, weil unzulässig, danach nicht mehr auf die Hauptsache erstreckt werden (RG JW 26, 253; offenlassend BGH NJW 61, 1115). Wenn sich aus der Berufungsschrift ergibt, daß bezügl eines bestimmt bezeichneten Teils des Streitgegenstands auf Anfechtung verzichtet wird, so ist eine spätere Erweiterung ausgeschlossen; das angefochtene Urteil wird dann insoweit rechtskräftig (BGHZ 7, 144; NJW 68, 2106), so daß die Berufung nicht teilweise verworfen werden darf (§ 514 Rn 17). Der Zwang, sich bei einer späteren Antragserweiterung im Rahmen der Berufungsbegründung zu halten, kann nicht durch eine vorsorgliche Zusatzbegründung in der Berufungsrechtfertigung umgangen werden. **Beispiel:** Klage auf 8 000 DM, nämlich a) 4 000 DM aus Vertrag vom 16. 3. u b) weitere (andere!) 4 000 DM aus Vertrag vom 19. 10. Urteil weist Antrag zu a) ab und gibt dem zu b) unter Abweisung im übrigen in Höhe von 3 000 DM statt. Berufung nur zu b) mit vorsorglicher Begründung auch zu a), weil Berufungserweiterung erwogen werde. Sie wäre jedoch nach § 519 III unzulässig. In **Familiensachen** ist Erweiterung auch möglich, wenn gegen ein Verbundurteil „Beschwerde gem § 621 e" eingelegt worden ist, wodurch dann allerdings die Beschwerde zur Berufung wird (BGH VersR 81, 859). Der zulässige Angriff in einer Folgesache darf auf eine weitere Folgesache erweitert werden (BGH FamRZ 82, 1198; Hamburg FamRZ 84, 706), und zwar auch noch nach Ablauf der Begründungsfrist, wenn bei einer Sorgerechtsregelung neue Abänderungsgründe entstanden sind (BGH FamRZ 86, 895). In Unterhaltssachen darf nach Aufhebung und Zurückweisung durch das Revisionsgericht ein neuer Sachverhalt statt durch selbständige Abänderungsklage (§ 323) schon im zweiten Berufungsverfahren durch Berufungserweiterung geltend gemacht werden (BGH NJW 85, 2029; s auch München FamRZ 84, 491). Zur Notwendigkeit einer Anschlußberufung, wenn Gründe für eine **Abänderungsklage** erst nach Schluß der mündlichen Verhandlung entstehen, s BGH WPM 86, 474 = WuB VII A § 323 Abs 2 ZPO 1.86 m Anm Messer u Eckert MDR 86, 542 sowie § 323 Rn 34.

32 **d)** Ein **förml Berufungsantrag** ist **nicht nötig;** es muß aber aus der Berufungsschrift oder Berufungsbegründung mit Sicherheit zu entnehmen sein, in welchem Umfang das erste Urteil angegriffen wird und welche Abänderungen erstrebt werden (BGH NJW 51, 153; 66, 933; VersR 78, 736; 83, 974; s auch Rn 28). So kann sich aus der Wiederholung des Sachvortrags erster Instanz, wo Klageabweisung beantragt war, ergeben, daß derselbe Antrag wieder gestellt wird (BGH NJW 66, 933). Wegen der mögl Zweifel ist aber ein ausdrückl Antrag dringend anzuraten. Kein Verstoß, wenn Berufungskläger den Teilbetrag einer Gesamtforderung, den er im Beru-

fungsverfahren weiter verfolgen will, nicht in der Begründungsschrift auf die einzelnen selbständigen Ansprüche aufteilt (BGHZ 20, 219); das kann noch in der mündl Verhandlung geschehen. Zum unbezifferten Leistungsantrag vgl Rn 15 vor § 511. Bloßer Antrag auf Aufhebung und Zurückverweisung ohne Sachantrag ist unzulässig (Rn 28). Ist der Berufungsbegründung eindeutig zu entnehmen, daß der Berufungsführer seinen prozessualen Anspruch jedenfalls zu einem bestimmten Teil weiterverfolgen will, dann bleibt die Berufung selbst dann zulässig, wenn die Berufungsanträge wegen weitergehender Ansprüche noch unklar sind (BGH NJW 75, 2013). Darin darf also nicht etwa ein Verzicht gesehen werden, nicht einmal wenn zunächst nur ein Kostenantrag gestellt wird (LG Mannheim NJW 74, 505). Zur **Hilfsaufrechnung** s Rn 19 vor § 511.

2) Zu Nr 2: Berufungsbegründung (dazu Mittenzwei MDR 72, 468; Lang AnwBl 82, 241). 33
a) Durch die Begründung soll Zusammenfassung und Beschleunigung des Rechtsstreits in der Berufungsinstanz ermöglicht werden, ein **Zweck,** der allerdings nicht immer zu erreichen ist, weil die Angriffe gg das angefochtene Urteil im Laufe des Berufungsverfahrens (in den Schranken des § 528) weitgehend ausgewechselt werden können (vgl Vollkommer AP Nr 25 zu § 519 ZPO). Der Berufungsantrag kann die Begründung nicht ersetzen; ausnahmsweise reicht er dazu aus, wenn der Beklagte mit der Berufung lediglich Verurteilung unter Vorbehalt im Urkundenprozeß anstrebt (Hamm MDR 82, 415) oder wenn wegen eines absoluten Revisionsgrundes Aufhebung und Zurückweisung beantragt wird (BGH VersR 85, 1164; s Rn 28). Ein den gesetzlichen Erfordernissen genügender Begründungsschriftsatz muß auch zur Begründung bestimmt sein (BGH VersR 86, 91). Daran fehlt es, wenn sich ein entsprechender Wille nicht aus Inhalt, Überschrift oder Begleitschreiben ergibt, insbesondere nicht, wenn der Schriftsatz lediglich die hinreichende Erfolgsaussicht gem § 114 für PKH-Bewilligung darlegt oder gar Begründungsverlängerung beantragt und zugleich erklärt wird, die Berufungsbegründung stehe noch aus (BGH VersR 86, 91). Die Rechtsfolge ungenügender Begründung ist Verwerfung der Berufung (§ 519b I), auch dann, wenn ein die Beschwer erreichender Berufungsantrag nur mit einem Anspruchsteil unterhalb der Beschwer begründet wird (BGH BB 76, 815).

b) Daß die Ausführungen in der formell ordnungsmäßigen Berufungsbegründung tatsächl 34
oder rechtl neben der Sache liegen, macht die Berufung nicht unzulässig (BGH VersR 64, 949). Weder **Schlüssigkeit** noch auch nur **Vertretbarkeit** der Begründung sind Zulässigkeitsvoraussetzung (BGH VersR 77, 152). Es verhält sich hier ähnl wie bei der Unterscheidung zwischen dem abgeschwächten Substantiierungsgebot, das zur ordnungsmäßigen Klageerhebung nach § 253 II 2 nötig ist (vgl Wieczorek ZPO 2. Aufl 1976, § 253 Anm G IVc 1/2), und derjenigen Substantiierung, die nötig ist, um eine Klage schlüssig zu machen (über praktische Folgen siehe Schneider JurBüro 64, 865 ff; ferner Anm zu § 527: an dieser Vorschrift wird das Rechtsmittel scheitern!). Ungeachtet der erst in der mündl Verhandlung vorzunehmenden rechtl Würdigung gibt es jedoch untere Grenzen, unterhalb deren eben überhaupt nicht mehr von einer Begründung im Sinne einer wenigstens versuchten Darlegung der Urteilskritik gesprochen werden kann, etwa wenn das angefochtene Urteil nur als „irrig" oder „unhaltbar" eingestuft wird (BFH DStR 77, 287). Eine kurze, auf die wesentlichen Gesichtspunkte beschränkte Darlegung ist daher unerläßlich (BGH VersR 80, 580), und zwar auch in einfachen Streitfällen (BGH FamRZ 81, 534). Diese Grenze zu bestimmen, ist sehr schwierig und nie mögl unter Absehen vom konkreten Fall (näheres dazu in den folgenden Anmerkungen). Jedenfalls führt eine Beschwer, für die es an einer Berufungsbegründung fehlt, nicht zur Zulässigkeit (Schleswig SchlHA 78, 198). Inwieweit beleidigender Inhalt dazu führen kann, die Mindestanforderungen an eine Begründungsschrift zu verneinen, ist zweifelhaft (siehe dazu Karlsruhe NJW 74, 915 – Strafsache); Zulässigkeit mangels gesetzmäßiger Begründung wird man nur verneinen dürfen, wenn sich der wesentl Inhalt in sachfremden Anwürfen erschöpft.

c) Von einer Begründung ist zu verlangen, daß sie auf den zur Entscheidung stehenden **Streit-** 35
fall zugeschnitten ist und erkennen läßt, aus welchen tatsächl oder rechtl Gründen das angefochtene Urteil unrichtig sei (BGH VersR 76, 441; 77, 1004; 78, 667). Werden nur die erstinstanzlichen Rechtsausführungen angegriffen, dann muß die eigene Rechtsansicht dargelegt werden (BGH JurBüro 84, 539; LAG Berlin AP ZPO § 519 Nr 31); es reicht nie aus, die Auffassung des Erstrichters als falsch oder die Anwendung einer bestimmten Vorschrift als irrig zu rügen (BGH ZfBR 84, 87; VersR 85, 67). Formularmäßige Sätze und allgemeine Redewendungen reichen dazu nicht aus (BGH VersR 78, 182), auch nicht die bloße Angabe von Richtlinien, unter denen die Überprüfung des Urteils erfolgen soll (BGH VersR 76, 588). Zumindest ist nötig, daß die Ausführungen auf den Streitfall hin konkretisiert werden (BGH NJW 75, 1032). Wie weit dabei zu gehen ist, hängt vom Einzelfall ab. Genügend, wenn zu den Gründen Stellung genommen wird, aus denen die Vorinstanz abgewiesen hat (BGH NJW 75, 1032). Wird die Berufung jedoch ausschließlich auf neue Tatsachen und Beweise gestützt, erübrigt sich eine Auseinandersetzung mit den

vorinstanzlichen Gründen (BGH MDR 67, 755). Bei einer abgewiesenen Klage auf Nichtigkeitserklärung von Entlastungsbeschlüssen der Hauptversammlung für Vorstand und Aufsichtsrat sowie einer Aufsichtsratswahl ist beispielsweise zu jedem dieser Sachverhaltsteile auszuführen, warum das erstinstanzl Urteil fehlerhaft sei (BGH WPM 77, 941). Zu den Begründungsanforderungen im Bauprozeß s BGH ZfBR 84, 87; zur Auslegung Kaufvertrag/Kommissionsvertrag s BGH WPM 79, 619. Schlechthin ungenügend: „Gerügt werden mit der Berufung die tatsächliche und rechtliche Würdigung des Verhaltens des Beklagten" (BGH JurBüro 78, 1324).

36 **d) Gebot der Klarheit:** Für das Berufungsgericht u den Berufungsbekl soll ausreichend klargestellt werden, in welchen Punkten und mit welchen Gründen das Ersturteil angegriffen wird (BGH LM § 519 ZPO Nr 24; VersR 83, 974; BAG AP § 519 ZPO Nr 25 mit Anm Vollkommer). Stützt sich der Berufungskläger nicht auf neue Tatsachen u Beweise, so muß er bestimmt angeben, aus welchem Grund das Urteil angefochten wird. Die Ausführungen des Berufungskl müssen erkennen lassen, in welchen Streitpunkten er die Ansicht des Erstrichters bekämpft (BGH VersR 81, 531). Soll nur der Rechtsauffassung des Erstrichters entgegengetreten werden, so muß der Berufungskl seine eigene Rechtsansicht darlegen. Eine Berufungsbegründung, die sich nur auf den Satz beschränkt, die Verletzung eines bestimmten ziffernmäßig bezeichneten Paragraphen werde gerügt, ist idR unzureichend (BAG AP § 511 ZPO Nr 3). Eine erschöpfende sachlrechtl Begründung der Berufungsanträge ist aber nicht erforderl, wenn der Erstrichter wegen mangelnder Zuständigkeit abgewiesen hatte und die Berufungsbegründung sich damit eingehend auseinandersetzt (Düsseldorf OLGZ 66, 431). Bei Begründung einer Berufung gegen ein Versäumnisurteil muß der Sachverhalt vorgetragen werden, der die Statthaftigkeit der Berufung ergibt (BGH NJW 67, 728; BAG NJW 72, 790). Übergehen eines Beweisantritts muß ausdrückl beanstandet werden (BGHZ 35, 103).

37 Bei **Mehrheit** mit der Berufung **verfolgter Ansprüche** ist Begründung für jeden nötig (BGHZ 22, 272; NJW 68, 396; 71, 807; Schwab ZZP 84 [1971], 445; Dehner NJW 71, 1565, Mittenzwei MDR 72, 468). Im Kündigungsschutzprozeß muß der mit dem Feststellungsantrag und dem Weiterbeschäftigungsantrag unterliegende Kläger den Beschäftigungsantrag getrennt begründen (BAG NZA 86, 600). Auch die Angriffe wegen der im ersten Rechtszug primär geltend gemachten u dort abgewiesenen, im zweiten Rechtszug nur noch hilfsweise geltend gemachten Ansprüche sind zu begründen (BGHZ 22, 278). Bei **einheitlichem Streitgegenstand** mußte sich die Berufungsbegründung nach bisher hM auf alle Teile des Urteils erstrecken, deren Abänderung verlangt wurde, widrigenfalls das Rechtsmittel für den nicht begründeten Teil unzulässig war (BGH WPM 68, 96; 71, 419 = NJW 71, 807 m krit Anm Dehner = ZZP 84, 1971, 443 m abl Anm Schwab; dagegen auch Mittenzwei MDR 72, 486 u Gilles AcP 177, 1977, 224 ff; wie der BGH zB KG DAR 71, 237; München WRP 76, 393). Nach neuerer Rspr kommt es nicht auf den Umfang der Begründung an. Die Berufung ist vielmehr insgesamt zulässig, wenn sie in einer den ganzen Anspruch erfassenden Rüge zureichend begründet worden ist, so daß uU ein einziger Satz genügen kann, zB die Erhebung der Verjährungseinrede (BGH MDR 84, 310 = WPM 83, 1291 = ZIP 83, 1510 = NJW 84, 177; s dazu ausführlich Schneider MDR 85, 21) oder das Bestreiten der Fälligkeit (BGH FamRZ 85, 1023: Selbst wenn auch diese in der mdl Verhandlung fallen gelassen wird, S 1024) oder die Rüge, ein erheblicher Beweisantrag sei übergangen, ein Schriftsatz entgegen Art 103 I GG nicht berücksichtigt worden. Die infolgedessen zulässige Berufung hindert den Rechtsmittelkläger nicht, sein Vorbringen nach Ablauf der Begründungsfrist zu ergänzen; insoweit unterliegt er jedoch den Zulassungsbeschränkungen der §§ 296 I, 523, 527, 528. Die neue Rspr des BGH ist bedenklich und höhlt den Begründungszwang entgegen der Zielsetzung des § 519 III Nr 2 weitgehend aus (Schneider MDR 85, 22). Lepp (NJW 84, 1944) hat diese Praxisänderung überzeugend kritisiert. Die frühere Rspr des BGH sollte wieder aufgenommen werden. Dann gilt folgendes: Wird bei mehreren möglichen Rügen nur eine Rüge gesetzmäßig erhoben, dann ist die Berufung zwar zulässig, die anderen Rügen können jedoch nicht mehr nachgeschoben werden, weil sie keine Angriffsmittel sind, sondern der den Streitgegenstand bestimmende Angriff selbst. Neues Vorbringen kommt nur noch für die erhobene Rüge in Betracht und ist nach §§ 527, 296 zu beurteilen. Zur **Erweiterung** der Berufung s Rn 31.

38 **e) Zinsbegehren.** Bei Forderungsklagen werden meist mehr als 4 % gesetzl Zinsen geltend gemacht. In der Berufungsbegründung des unterlegenen Beklagten finden sich dann oft keine Ausführungen zum Zinsanspruch. Ist die Berufung im übrigen zulässig, aber unbegründet, so müßte sie streng genommen insoweit zurückgewiesen und wegen des Zinsbegehrens verworfen werden. Denn ein uneingeschränkter Berufungs-Abänderungsantrag auf Zurückweisung der Klage erfaßt auch das Zinsbegehren. Dieses ist ein prozessual selbständiger Anspruch (der Grund dafür, warum er für die Wertberechnung ausdrückl als unbeachtl erklärt worden ist, §§ 3 ZPO, 22 I GKG); er ist auch teilurteilsfähig und müßte deshalb nach § 519 III 2 selbständig begründet werden. Die in Rn 37 angeführte neue Rspr des BGH zum notwendigen Begrün-

dungsumfang ist wegen selbständigen Streitgegenstandes nicht einschlägig. In der Praxis wird jedoch nicht so genau verfahren, sondern der Begründungsmangel beim Zinsbegehren wird unter die Beurteilungsform der Hauptsache gefaßt und die Berufung insgesamt „als unbegründet" zurückgewiesen (siehe auch Schneider JurBüro 74, 166). Der **Kostenpunkt** braucht weder angegriffen noch seine Beanstandung begründet zu werden, weil amtswegige Entscheidung geboten ist (§ 308 I). Anders liegt es, wenn bei Mischkostenentscheidungen (§ 99 Rn 7 ff) Berufung wegen eines streitigen Hauptsacherestes und wegen der Kostenquote eingelegt wird, die auf den endkräftig beschiedenen Hauptsacheteil entfällt. Das ist ein isolierter Rechtsmittelangriff (§§ 91 a II, 99 II; s § 99 Rn 11) wegen eines selbständigen Streitgegenstandes, so daß auch eine zusätzliche Begründung nötig ist. Sie liegt allerdings regelmäßig in den ohnehin vorgebrachten Sachausführungen, da die Kostenverteilung deren rechtlicher Beurteilung grundsätzlich folgt. Der Streitwert erhöht sich dadurch jedoch nicht (§§ 4 I ZPO, 22 II GKG; Frankfurt JurBüro 81, 1782).

f) Ein **Prozeßkostenhilfe-Gesuch,** das innerhalb der Berufungsbegründungsfrist beim Rechtsmittelgericht eingeht und den Begründungsanforderungen genügt, wird in der Regel auch dazu bestimmt sein, als Berufungsbegründung zu dienen (BGH VersR 77, 570). Es ist nicht erforderl, daß dies ausdrücklich hervorgehoben wird; dies kann auch dem Zusammenhang und den Begleitumständen entnommen werden. Läßt sich ein entsprechender Wille nicht feststellen, ist die Berufung unzulässig (Rn 33). Ungenügend ist dagegen die Begründung durch Bezugnahme auf das vom Prozeßbevollmächtigten erster Instanz unterzeichnete Gesuch um Bewilligung von PKH (RGZ 145, 269; BGH FamRZ 81, 534). Ein vor der Berufungseinlegung eingereichtes PKH-Gesuch macht die Berufungsbegründung nicht entbehrl (BGH NJW 51, 442). Die in Bezug genommenen Ausführungen ersetzen die Berufungsbegründungen nur, wenn das Gesuch vom Berufungsanwalt unterzeichnet ist, sich auf das angefochtene Urteil bezieht, sich in denselben Akten befindet u inhaltl den Anforderungen einer Berufungsbegründung entspricht (RGZ 145, 266; BGH MDR 59, 282; BAG NJW 63, 1739; LAG Nürnberg LAGE ZPO § 519 Nr 1). Nicht ausreichend, wenn Berufungsführer außer der (unzulässigen) Bezugnahme auf ein PKH-Gesuch, das von einem beim Berufungsgericht nicht zugelassenen Anwalt herrührt, selbst ledigl ausführt, das Urteil werde nur in rechtl Hinsicht angefochten (BGH LM Nr 20 zu § 519 ZPO; VersR 81, 531). 39

g) Überflüssig ist eine **Bezugnahme**, soweit es um erstinstanzlich abgegebene Erklärungen mit Gestaltungswirkung geht (zB Aufrechnung, BGH MDR 86, 578, 579; Zurückbehaltungsrecht, BGH WPM 86, 841). Ergänzende Bezugnahme auf erstinstanzliches Vorbringen ist zulässig und macht das bezogene Vorbringen zum zweitinstanzlichen Streitstoff. Der übliche Hinweis auf „das Vorbringen erster Instanz" reicht regelmäßig aus, ebenso wie die ergänzende pauschale Bezugnahme auf Schriftsätze und Akteninhalt im Urteil; es besteht kein Anlaß, vom Anwalt insoweit mehr Schreibarbeit als vom Gericht zu verlangen. Eine strengere Auffassung verletzt aber nicht Art 103 I (BVerfGE 70, 288). Anders dann, wenn die global bezogenen Schriftsatzdarlegungen vorinstanzlich nicht Entscheidungsgrundlage waren und deshalb nicht erörtert zu werden brauchten (BVerfGE 46, 320), zB eine Eventualaufrechnung, auf die es im ersten Rechtszug nicht ankam (BGH NJW 86, 659 Ls 4 – insoweit ohne Abdruck der Gründe). Hingegen ist die **bloße Bezugnahme** keine Berufungsbegründung iSd § 519 III 2. Sie verpflichtet auch das Berufungsgericht nicht, in bezogenen Akten nach Schriftsätzen zu suchen, die ergänzendes Vorbringen enthalten könnten (München WRP 76, 393; 77, 432 m Anm Kiethe S 508). Was bezogen wird, muß in Ablichtung beigefügt werden (BGH VersR 77, 1004). Im einzelnen: 40

Die Bezugnahme auf das Vorbringen des ersten Rechtszugs oder auf die früheren Schriftsätze oder ein Prozeßkostenhilfegesuch genügt als Berufungsbegründung selbst dann nicht, wenn der Streitstoff einfach liegt u nur eine einzige Rechtsfrage zu entscheiden ist (BGHZ 7, 170; NJW 81, 1620; w Nachw bei Lang AnwBl 82, 241), auch dann nicht, wenn die Partei in beiden Rechtszügen durch denselben Anwalt vertreten ist (BGH ZZP 71 [1958], 147). Nur ausnahmsweise kann Bezugnahme auf einen bestimmten, in der Vorinstanz eingereichten Schriftsatz genügen (BGH VersR 66, 1138). Ungenügend ist die Bezugnahme auf ein der Berufungsbegründung beigefügtes Rechtsgutachten oder Sachverständigengutachten ohne eigene Stellungnahme des Berufungsklägers (RGZ 146, 250; BGH MDR 63, 483; BFH BB 85, 1251), auf eine nicht vom RA verfaßte Begründungsschrift der Partei (Breslau JW 35, 777) oder eines nicht zugelassenen RA (BGHZ 7, 170), auf Sachverhaltsschilderung eines Dritten (BGH NJW 67, 728), auf den in erster Instanz erlassenen Beweisbeschluß u die Beweiserhebungsprotokolle (Nürnberg JW 35, 1026). Jedoch bleiben in Bezug genommene erstinstanzliche Beweisanträge erheblich, nach Peters (Richterliche Hinweispflichten und Beweisinitiativen im Zivilprozeß, 1983, 124 f) sogar ohne Bezugnahme, weil der Streitstoff erster Instanz in die Berufungsinstanz fortwirke. Globale Bezugnahme auf erstinstanzliches Vorbringen reicht nicht aus, um das Berufungsgericht über Art 103 I GG zu 41 verpflichten, vorinstanzliche Schriftsätze auf Beweisanträge zu durchforschen; anders, wenn vorinstanzlich unter Beweis gestelltes Vorbringen dort als unerheblich behandelt worden ist und der Berufungskläger gerade diese Rechtsauffassung angreift, worin ihm das Berufungsgericht folgen will (BVerfGE 60, 311; BGH MDR 82, 29 = GRUR 81, 676).

42 In Bezug genommene Schriftsätze, die nicht von einem beim Berufungsgericht zugelassenen Anwalt unterzeichnet sind, können auch nicht als Teil der Berufungsbegründung angesehen werden (s BGHZ 22, 256), zB nicht ein aus fremder Feder stammendes Rechtsgutachten (BFH DB 85, 1724). Hierbei kann es keinen Unterschied machen, in welcher Weise die Bezugnahme erfolgt. Auch wenn es in der Berufungsschrift heißt, der Prozeßbevollmächtigte mache sich den Inhalt der in Bezug genommenen Schriftsätze zu eigen oder er trage ihren Inhalt vor, ergibt sich daraus kein sachl Unterschied gegenüber einer Bezugnahme schlechthin (BGHZ 7, 170). Zulässig ist aber im Hauptsacheprozeß Bezugnahme auf die vom selben Anwalt unterzeichnete Berufungsbegründung in einer einstweiligen Verfügungssache, die denselben Sachverhalt betrifft, wenn eine beglaubigte Abschrift dieser Begründung mit eingereicht wird (BGH VersR 85, 67, 68), oder unter denselben Voraussetzungen auf die Begründung e Schriftsatzes, mit dem in derselben Sache Einstellung der Zwangsvollstreckung beantragt worden war (BGHZ 13, 244; Anm zu LM Nr 16 zu § 519 ZPO). Zur Berufungsbegründung in Parallelprozessen s BGH MDR 66, 665; VersR 77, 1004; BAG NJW 66, 565; BB 69, 275.

43 **h)** An den Inhalt der schriftl Begründung der erst in der mündl Verhandlung erhobenen Anschlußberufung werden geringere Anforderungen gestellt, weil hier eine Vorbereitung des Rechtsstreits für die mündl Verhandlung nicht in Betracht kommt (BAG NJW 58, 358).

44 **VII) Neues Vorbringen** (neue Tatsachen, Beweismittel, Beweiseinreden) ist bei Meidung der Folgen der §§ 520, 527 in der Berufungsbegründung mitzuteilen. Dies bezieht sich nur auf neues Vorbringen zum bisherigen Streitstoff, nicht auf Vorbringen zur Begründung von Ansprüchen, die in der Berufungsinstanz neu geltendgemacht werden sollen (s § 528 Rn 3). Auch Vorbringen, das in der ersten Instanz als verspätet zurückgewiesen worden war (§ 296), muß in der Berufungsbegründung gebracht werden, wenn der Berufungskläger darauf zurückkommen und die Präklusionsentscheidung angreifen will.

45 **VIII) Abs 4** ist eine Sollvorschrift: wegen § 511 a. – **Abs 5:** Vorbereitender Schriftsatz: §§ 129 ff. – **Vorauszahlungspflicht** bei Anberaumung eines Termins besteht nur, wenn in der Rechtsmittelinstanz die Klage erweitert wird; sie ist auf den erweiterten Klageantrag beschränkt (§ 65 I 3 GKG).

46 **IX)** Zum **Beweis** der Wahrung **der Berufungsbegründungsfrist** und zur Beweislast s § 516 Rn 15, 16; § 518 Rn 20. Zur Bindungswirkung an fehlerhafte Verwerfungsbeschlüsse s § 519 b Rn 9.

47 **X)** Zu den **Folgen inhaltl Lücken** der schriftl Berufungsbegründung s bei § 527.

519 a *[Zustellung von Berufungsschrift und -begründung]*

Die Berufungsschrift und die Berufungsbegründung sind der Gegenpartei zuzustellen. Mit der Zustellung der Berufungsschrift ist der Zeitpunkt mitzuteilen, in dem die Berufung eingelegt ist. Die erforderliche Zahl von beglaubigten Abschriften soll der Beschwerdeführer mit der Berufungsschrift oder der Berufungsbegründung einreichen.

1 **I) 1) Zustellung von Amts wegen** (§ 210 a), auch beglaubigte Abschriften (§ 210) der die Berufungsbegründung ergänzenden, innerhalb der Begründungsfrist eingereichten Schriftsätze (aM Celle JW 32, 667). Ihre Urschrift bleibt ebenso wie diejenige der Berufungsschrift und die Berufungsbegründung bei den Akten.

2 **2)** Bei mehreren **Streitgenossen** auf der Gegenseite Zustellung an alle, zu deren Gunsten das angefochtene Urteil ergangen ist, wenn nicht die Berufung auf einzelne beschränkt wird. Bei Berufungseinlegung durch einen Streitgenossen Zustellung auch an die übrigen durch das Urteil Beschwerten.

3 **3)** Zustellung auch an bereits aufgetretenen **Nebenintervenienten.**

4 **4)** Zustellungsempfänger: § 176 oder § 210 a. Nichtzustellung macht die Berufung nicht unwirksam; der Berufungsbekl ist aber nicht ordnungsgemäß geladen (LG Freiburg JW 18, 779).

5 **5)** Mängelheilung nach § 295 möglich (BGHZ 65, 116). Ist die Klage dem im Ausland wohnenden Bekl gemäß § 199 zugestellt und hat er keinen Zustellungsbevollmächtigten bestellt, so genügt auch für die Zustellung der Berufungsschrift Aufgabe zur Post (KG JW 36, 1689).

II) Satz 2 will dem Berufungsbekl wegen einer evtl Anschlußberufung ermöglichen, den Zeitpunkt des Ablaufs der Berufungsbegründungsfrist (§ 519 II) festzustellen. 6

III) Satz 3: Sollvorschrift (RGZ 145, 233). Bei Nichteinreichung Herstellung durch die GeschSt (§ 210) auf Kosten der Partei (RGZ 145, 233), KV Nr 1900 Ziff 1 b; für diese sog „verschuldeten Schreibauslagen" haftet nur die säumige Partei, auch wenn ihr im Urteil keine Kosten auferlegt sind (BVerwG NJW 67, 170), § 56 S 2 GKG. 7

519 b *[Prüfung der Zulässigkeit der Berufung]*

(1) Das Berufungsgericht hat von Amts wegen zu prüfen, ob die Berufung an sich statthaft und ob sie in der gesetzlichen Form und Frist eingelegt und begründet ist. Mangelt es an einem dieser Erfordernisse, so ist die Berufung als unzulässig zu verwerfen.

(2) Die Entscheidung kann ohne mündliche Verhandlung durch Beschluß ergehen; sie unterliegt in diesem Falle der sofortigen Beschwerde, sofern gegen ein Urteil gleichen Inhalts die Revision zulässig wäre.

Übersicht

I) Eine sachl Entscheidung über die Begründetheit der Berufung setzt die **Prüfung** (und positive Feststellung: BGH VersR 78, 960) ihrer **Zulässigkeit** voraus. Diese Prüfung muß daher notwendig der Sachentscheidung vorausgehen (über Ausnahmen im Beschwerderecht vgl Köln NJW 74, 1515; DB 74, 2202 u § 574 Rn 6; in engen Grenzen ist es auch im Urteilsverfahren vertretbar, wegen Unbegründetheit unter Offenlassen der Zulässigkeitsfrage zu entscheiden, s St/J/Schumann Einl Rn 327). Die Zulässigkeitsprüfung ist von Amts wegen vorzunehmen. Für sie gilt Freibeweis; bei Zweifeln ist der Berufungskläger darlegungs- u beweispflichtig (BAG NJW 69, 2221; 71, 671; aM Vollkommer Rpfleger 71, 228 unter Hinweis auf RGZ 106, 265; anders auch BSG NJW 73, 535 für den Fall, daß der Gesichtspunkt der Beweisvereitelung eingreift). Die Rspr (siehe Schneider JurBüro 74, 1357) läßt keine klare und vor allem keine rechtsstaatl konsequente Linie erkennen. Das OLG Köln hat deshalb eine Beweislastverteilung vorgenommen und die Partei dadurch von Fehlleistungen im Gerichtsbetrieb freigestellt (s MDR 76, 498 u § 516 Rn 15 sowie § 518 Rn 20; zutreffend die Ausführungen von Vollkommer Rpfleger 71, 228 zu 2). 1

1) Gegenstand der Prüfung: Entscheidungszuständigkeit des angerufenen Gerichts, zB Familiensache (BGH Warneyer 79 Nr 220); Statthaftigkeit der Berufung, also Vorliegen eines Urteils, gegen das Berufung an sich gegeben ist (§ 511), u Berufungsberechtigung (§ 511 Rn 3), bei entsprechender Rüge die anwaltliche Vollmacht (§ 518 Rn 24); ferner Beschwer (Rn 8 ff vor § 511), Berufungssumme in den Fällen des § 511 a I, Form und Frist der Berufungseinlegung u der 2

Berufungsbegründung, ausnahmsweise die vom Berufungskläger darzulegenden Voraussetzungen des § 513 (dort Rn 6), Verzicht auf Berufung (bei Verzichtserklärung ggüber dem Gegner von diesem einredeweise geltend zu machen, § 514 Rn 9 ff), Zurücknahme der Berufung, Einlegung der Berufung während Unterbrechung oder Aussetzung des Verfahrens (s aber BGHZ 50, 397). Zu den Rechtsfragen der **Streithelfer-Berufung** s Rn 22 vor § 511. Solange ein **Verlängerungsantrag** noch nicht beschieden ist, darf nicht verworfen werden (§ 519 Rn 21).

3 **2)** Bei **Wiedereinsetzungsantrag** wegen Versäumung der Berufungsfrist oder der Begründungsfrist gehört die Entscheidung hierüber (§ 238) zur Entscheidung über die Zulässigkeit der Berufung (BGH VersR 85, 1143). Heilung von Zulässigkeitsmängeln ist auch bei Zustimmung des Gegners nicht mögl (RGZ 10, 401) oder dadurch, daß das Berufungsgericht die Zulässigkeit irrtüml bejaht (BAG AP § 518 ZPO Nr 18, 22).

4 **3)** Betrifft die Berufung **Klage und Widerklage,** so ist Teilentscheidung mögl, (RGZ 122, 54). Nachträgl Gewährung der Wiedereinsetzung beseitigt vorausgegangene Verwerfungsentscheidung (Rn 29).

5 **4)** Hat der Rechtsmittelkläger die **Berufung wiederholt,** dann handelt es sich um ein einheitliches Rechtsmittel (BGH NJW 85, 2834; NJW 68, 49 m Anm Vollkommer S 1092). Darüber muß einheitlich entschieden werden; es darf also nicht die zuerst eingelegte Berufung isoliert verworfen werden, weil die zweite zulässig sein könnte mit der Folge, daß eine Verwerfung überhaupt nicht in Betracht kommt (BGHZ 45, 380; LM § 519b ZPO Nr 22; VersR 78, 720 u 765; BAG MDR 73, 83; Karlsruhe Justiz 84, 394; Frankfurt FamRZ 84, 406). Genügt auch nur eine Berufungsschrift den Zulässigkeitserfordernissen, dann ist auf die Zulässigkeit der übrigen nicht mehr einzugehen. Ist aber die zuerst eingelegte Berufung (etwa wegen Versäumung der Begründungsfrist) bereits als unzulässig verworfen oder zurückgenommen worden, dann hindert das nicht, eine Sachentscheidung über die während noch laufender Einlegungsfrist wiederholte Berufung zu treffen, falls diese den Zulässigkeitsanforderungen entspricht. Jedoch kann die Bindungswirkung einer Verwerfungsentscheidung entgegenstehen, wenn derselbe Sachverhalt zu beurteilen ist (BGH Warneyer 1981 Nr 144; Frankfurt NJW 83, 2395; s auch Rn 10). Bei Berufung durch Hauptpartei und Streithelfer ebenfalls nur ein Rechtsmittel, das nicht teils verworfen, teils sachlich beschieden werden darf (BGH JZ 82, 429; s Rn 22 vor § 511).

6 **II) Mündliche Verhandlung.** Die Entscheidung über die Zulässigkeit der Berufung kann auf Grund mündl Verhandlung oder ohne mündl Verhandlung (nach Gehörsgewährung für Gegner: BGH VersR 82, 246) und in bejahendem oder verneinendem Sinn ergehen. Die Entscheidung auf Grund mündl Verhandlung ergeht durch Urteil; die Entscheidung ohne mündl Verhandlung ergeht nach Anhörung der Parteien (BAG NJW 71, 1823) durch (von Amts wegen zuzustellenden, § 329 III; BGH MDR 66, 757) Beschluß. Zuständig ist nur das angegangene Gericht; die Weiterleitung einer an das LG gerichteten Berufungsschrift an das OLG ohne Verweisungsbeschluß begründet für das OLG keine Zuständigkeit (BGH VersR 78, 626).

7 **1)** Die auf Grund mündl Verhandlung ergehende, die Zulässigkeit **bejahende Entscheidung** erfolgt **in den Gründen des Endurteils** oder bei besonderem Anlaß durch Zwischenurteil nach § 303. Für die Entscheidung in bejahendem Sinn ist aber in der Regel das Verfahren ohne mündl Verhandlung vorzuziehen, so insbesondere, wenn gegen die Versäumung der Berufungsfrist oder der Begründungsfrist Wiedereinsetzung gewährt wird. Die die Zulässigkeit bejahende Entscheidung – wenn eine solche überhaupt veranlaßt ist – hat im allgemeinen zu lauten: „Die Berufung ist zulässig" (RG JW 25, 1370); es ist jedoch zulässig und in der Regel zweckmäßig, im Fall der Wiedereinsetzung die Entscheidung auf diese Frage zu beschränken. Der Entscheidungssatz lautet dann: „Dem Berufungskläger wird gegen die Versäumung der Berufungsfrist Wiedereinsetzung in den vorigen Stand erteilt."

8 **2)** Eine die **Zulässigkeit verneinende Entscheidung** lautet auf Verwerfung der Berufung (ggfalls nach oder in Verbindung mit Versagung der Wiedereinsetzung, vgl § 238 I). Auf Grund mündl Verhandlung wird die Verwerfung durch Endurteil ausgesprochen, sonst durch Beschluß nach § 519b II. Daß die Parteien schon zur Sache verhandelt hatten, steht der Verwerfung durch Beschluß nicht entgegen (BGH MDR 79, 836). Zur Verwerfung, wenn mehrere Berufungsschriften eingereicht sind, siehe oben Rn 5.

9 **III)** Der Beschluß, durch den die Berufung als unzulässig verworfen wird, **bindet** das Berufungsgericht. Für die oberlandesgerichtl Beschlüsse ergibt sich dies aus §§ 577 III, 318 analog (Jauernig MDR 82, 286), für die Landgerichte als Berufungsgerichte aus der Beendigung der Instanz. Jedoch ist Berichtigung des Beschlusses nach § 319 zulässig, (KG JW 25, 1418 u 31, 3566; Jena JW 28, 1317; Düsseldorf JMBlNRW 51, 172; Hamm FamRZ 86, 1136).

1) Sehr umstritten ist die Möglichkeit einer Korrektur **fehlerhafter Verwerfungsbeschlüsse** (siehe dazu Schneider JurBüro 75, 1502; 76, 430). Vereinzelt wird sie zugelassen (siehe zB OLG Frankfurt NJW 70, 715; LG Hamburg NJW 70, 1610; vgl auch BSG NJW 67, 2332). Die RevRspr verneint sie (zB BGH VersR 74, 1110; BAG NJW 71, 1823 [unter Aufgabe von NJW 69, 2221]; BFH AP § 329 ZPO Nr 1), gleich aus welchen Gründen es zur fehlerhaften Verwerfung gekommen ist. Dem ist nicht zuzustimmen. Das Wiedereinsetzungsrecht, das nur helfen kann, ist außerordentl kompliziert. Es ist rechtsstaatl nicht vertretbar, einer Partei das große Risiko aufzulasten, das mit der Beachtung aller fristgebundenen Wiedereinsetzungshandlungen durch ihren Prozeßbevollmächtigten (§ 85 II) verbunden ist, nur weil beispielsweise am Gericht nicht aufgepaßt worden ist (Problem der „Irrläufer" und des Abheftens in falsche Akten; siehe Schneider JurBüro 76, 430; BVerfG 46, 187 u ö). Die Bindung sollte deshalb jedenfalls dann verneint werden, wenn wegen eines in der Sphäre des Gerichts liegenden Fehlers zu Unrecht verworfen worden ist (so Schumann, Berufung in Zivilsachen, 3. Aufl 1985, Rn 337). Jedoch kann auf diese Weise kein Fehler in der rechtlichen Beurteilung eines dem Berufungsgericht bekannt gewesenen Sachverhalts korrigiert werden, weil § 318 das ausschließt (Jauernig MDR 82, 286; BGH MDR 81, 1007). 10

2) Ergeht ein unrichtiger Verwerfungsbeschluß, weil dem Berufungsgericht eine den Fristablauf hindernde **Verfahrensunterbrechung nicht bekannt** war, dann ändert das nicht den gesetzl Fristlauf. Es muß daher Wiedereinsetzung in den vorigen Stand bewilligt werden, obwohl in Wirklichkeit gar keine Frist versäumt worden ist (BAG NJW 71, 1822; Köln OLGZ 73, 41; LG Bochum MDR 85, 239). Die zugunsten des Rechtsmittelführers als versäumt zu fingierende Prozeßhandlung braucht deshalb auch nicht zusammen mit dem Wiedereinsetzungsgesuch wiederholt zu werden (Köln OLGZ 73, 41). 11

3) Bloße **Änderung einer höchstrichterlichen Rechtsprechung** oder der Rechtsanschauung ist kein Grund, einen Verwerfungsbeschluß abzuändern (Schleswig SchlHA 56, 145). 12

IV) Verwerfungsbeschluß. 1) Derjenige eines **Oberlandesgerichts** ist, außer im Fall des § 545 II, ohne Rücksicht auf den Wert des Beschwerdegegenstandes (BGH VersR 62, 163) mit der sofortigen Beschwerde (§ 567 III 2) anfechtbar, da gegen ein Urteil gleichen Inhalts ohne Rücksicht auf den Wert des Beschwerdegegenstandes die Revision zulässig wäre (§ 547). Anfechtbar ist auch ein Beschluß, durch den eine Anschlußberufung ohne gesetzliche Grundlage für wirkungslos erklärt wird, § 522 I (BGH Warneyer 1984 Nr 174). 13

2) Gegen Verwerfungsbeschlüsse der **Landgerichte** als Berufungsgerichte gibt es keine Beschwerde (Celle NdsRpfl 62, 201), auch nicht gegen deren Ablehnung eines Wiedereinsetzungsantrages (Nürnberg MDR 52, 367; Hamburg MDR 68, 157; München MDR 71, 588). Dagegen will Düsseldorf (JMBlNRW 51, 172) die Beschwerde dann zulassen, wenn ein Verwerfungsbeschluß aus tatsächl Gründen vom LG berichtigt worden ist (abzulehnen; siehe oben Rn 10). 14

3) Der Beschluß des OLG, durch den die **Wiedereinsetzung** gegen die Versäumung der Berufungsfrist oder Berufungsbegründungsfrist **versagt** wird, ist praktisch ein die Berufung verwerfender Beschluß und daher gemäß § 238 II 1 wie dieser durch sofortige Beschwerde an das Revisionsgericht anfechtbar (RGZ 108, 347; BGHZ 21, 147; 26, 99; NJW 68, 107; MDR 73, 126); auch dann, wenn das Berufungsgericht verfahrenswidrig (Rn 3) bereits vor seiner Entscheidung über das Wiedereinsetzungsgesuch die Berufung als unzulässig verworfen hatte und dagg kein Rechtsmittel eingelegt wurde (BGH VersR 65, 898). Die Entscheidung über die Berufung selbst wird durch den ledigl die Wiedereinsetzung verweigernden Beschluß noch nicht entbehrl, während durch die nachträgliche Gewährung der Wiedereinsetzung der Verwerfungsbeschluß gegenstandslos wird. 15

4) Ein als Wiedereinsetzungsantrag bezeichnetes Gesuch kann in eine sofortige Beschwerde gegen den Verwerfungsbeschluß **umgedeutet** werden (BGH Warneyer 74 Nr 168). 16

5) Ausgeschlossen ist es, die sofortige **Beschwerde auf Wiedereinsetzungsgründe zu stützen** (BGH VersR 77, 817; 82, 95). Ist die Wiedereinsetzung abgelehnt worden, so muß auch dagegen Beschwerde eingelegt werden, weil anderenfalls der BGH bei der Prüfung der Verwerfungsbeschwerde an die rechtskräftige Ablehnung des Wiedereinsetzungsantrages gebunden wäre (BGH MDR 73, 126). Siehe unten Rn 21. 17

V) Die **Frist** für die sofortige Beschwerde gegen Verwerfungsbeschluß des OLG beginnt mit der Amtszustellung (BGH MDR 66, 757). Zur Wiedereinsetzung bei Versäumung der Beschwerdefrist s BGH NJW 67, 875. Zum **Beweis** und zur **Beweislast** s § 516 Rn 15, 16; § 518 Rn 20. 18

1) Die Beschwerde kann auch **beim OLG eingelegt** werden (§§ 569 I, 577 II; auch in Bayern, BGH NJW 62, 1617; VersR 69, 804). Dann Vertretung durch den beim Berufungsgericht zugelassenen Prozeßbevollmächtigten mögl (BGH VersR 67, 231), der uU auch in PKH beigeordnet werden kann (§ 121 Rn 8). Sonst Einlegung beim BGH bzw (in Bayern) BayObLG (§ 7 VI EGZPO). 19

20 2) Die Beschwerde kann auf **neue Tatsachen** und Beweise gestützt werden, um darzutun, daß die Berufung oder die Berufungsbegründung rechtzeitig eingegangen sei (BGH MDR 59, 210; VersR 70, 184). Sie muß noch im Zeitpunkt der Entscheidung über sie begründet sein (BGH NJW 59, 724). Wenn das OLG irrig angenommen hatte, die Berufung sei verspätet eingelegt, danach aber die Begründungsfrist versäumt wurde, ist die Beschwerde zu verwerfen (BGH NJW 59, 724). Zur Verhinderung wegen unbeschiedenen PKH-Antrages s BGH FamRZ 84, 677. Es besteht Anwaltszwang nach § 78, also wegen § 569 II 2 nicht in selbständigen Unterhaltssachen (BGH NJW 84, 2413).

21 3) Auf **Wiedereinsetzungsgründe** kann die sofortige Beschwerde nach § 519b nicht gestützt werden (siehe oben Rn 17). Über solche hat auf entspr Antrag das OLG zu entscheiden (§ 238 I), dessen Bewilligung der Wiedereinsetzung den Verwerfungsbeschluß gegenstandslos macht (unten Rn 29), während gg den ablehnenden Beschluß gemäß § 238 II 1 die sofortige Beschwerde zum Revisionsgericht zulässig ist. Wird diese selbständige Anfechtungsmöglichkeit versäumt, keine Nachprüfung der behaupteten Wiedereinsetzungsgründe durch das Revisionsgericht mehr (BGH MDR 73, 126; VersR 82, 95 u 673). Offen ist die Frage, ob der BGH dann selbst wiedereinsetzen kann, wenn die Vorinstanz darüber nicht entschieden hat, Wiedereinsetzungsgründe aber offensichtlich gegeben sind. Prozeßwirtschaftliche Gründe sprechen dafür, erst recht verfassungsrechtliche, wenn anderenfalls ein Grundrecht des Rechtsmittelführers verletzt würde.

22 **VI) Das Endurteil eines Oberlandesgerichts, durch das eine Berufung verworfen wird,** ist außer im Fall des § 545 II (BGH NJW 68, 699; Frankfurt NJW 65, 1922) mit der Revision anfechtbar, § 547. Gleiches gilt für ein die Wiedereinsetzung versagendes Urteil eines Oberlandesgerichts (BGH NJW 67, 1566).

23 1) **Bei Ausbleiben des Berufungsklägers** in der mündl Verhandlung wird das unzulässige Rechtsmittel regelmäßig (Ausnahme s BGH NJW 57, 1840) durch unechtes Versäumnisurteil (BGH NJW 61, 829; 69, 845) verworfen (Revision nach § 547).

24 2) Wird dagg sein Gesuch um **Wiedereinsetzung** in die versäumte Berufungs- oder Berufungsbegründungsfrist bei seinem Ausbleiben in der mündl Verhandlung **verworfen,** so handelt es sich um ein echtes Versäumnisurteil (keine Nachprüfung der behaupteten Wiedereinsetzungsgründe), gegen das jedoch gemäß § 238 II 2 kein Einspruch gegeben ist (Revision kann gemäß §§ 566, 513 II nur darauf gestützt werden, daß kein Fall der Versäumung vorgelegen habe, RGZ 140, 77, BGH NJW 69, 845).

25 3) Diesen Regeln folgt auch die **urteilsmäßige Verwerfung** der unzulässigen Berufung im Versäumnisfall, wenn die Unzulässigkeit allein darauf beruht, daß das Wiedereinsetzungsgesuch des Berufungsklägers infolge seiner Säumigkeit ohne Sachprüfung zurückzuweisen war (BGH NJW 69, 845).

26 4) Das Endurteil eines **Landgerichts als Berufungsgericht,** das die Berufung als unzulässig verwirft, ist mit Verkündung rechtskräftig; kein Rechtsmittel (oben Rn 14).

27 **VII) 1) Die Entscheidung in bejahendem Sinn,** gleichgültig ob sie auf Grund mündl Verhandlung durch Zwischenurteil oder ohne mündl Verhandlung durch Beschluß ergangen ist, bindet das Berufungsgericht (§ 318) hinsichtl der einzelnen Zulässigkeitserfordernisse, über die darin befunden ist (BGH NJW 54, 880; BGHZ 26, 99; aM Hamburg NJW 55, 1481).

28 2) Ein die **Berufung zulassender Beschluß** oder ein entspr Zwischenurteil des OLG ist nicht selbständig, sondern nur zusammen mit dem Endurteil durch Revision anfechtbar (§ 548). Die Revision ist dann nicht ohne Rücksicht auf den Wert des Beschwerdegegenstandes zulässig (§ 547). Daß die Entscheidung über die Zulässigkeit der Berufung in die Form eines selbständigen Beschlusses gekleidet ist, ist gleichgültig (BGH MDR 51, 732; BGHZ 6, 370).

29 **VIII) Eine die Berufung verwerfende Entscheidung** (Endurteil oder Beschluß) wird durch die Erteilung der Wiedereinsetzung in den vorigen Stand gegen die Versäumung der Berufungsfrist oder der Berufungsbegründungsfrist gegenstandslos, ohne daß es einer ausdrückl Aufhebung bedarf (BGHZ 45, 384; VersR 82, 95); diese ist jedoch zulässig und zweckmäßig (RGZ 127, 287). Davon zu unterscheiden ist der Sachverhalt, daß eine Berufung verworfen wird, daraufhin erneut Berufung eingelegt und nunmehr für diese Wiedereinsetzung gewährt wird, da dann die Wiedereinsetzung nur die zweite, nicht verworfene Berufung betrifft; die erste Berufung bleibt beschwerdefähig (BGH MDR 78, 753 = GRUR 78, 527; LM § 519b ZPO Nr 22).

30 1) Trotz der Verwerfung der Berufung als unzulässig ist die **Wiederholung der Berufung** bis zum Ablauf der Berufungsfrist zulässig, vorausgesetzt, daß der Mangel vermieden wird, der zur Verwerfung der ersten Berufung geführt hatte (RGZ 158, 53; BGHZ 45, 380; NJW 66, 931; 68, 49 mit Anm Vollkommer S 1092). Die Frage ist insbesondere dann von praktischer Bedeutung, wenn die Berufung vor Zustellung des Urteils eingelegt und die Berufungsbegründungsfrist ver-

säumt wird. Dann kann durch nochmalige Einlegung der Berufung innerhalb der Berufungsfrist eine neue Begründungsfrist in Lauf gesetzt werden. Siehe dazu auch oben Rn 5.

2) Der Verwerfungsbeschluß ist nach § 794 I Nr 3 ohne besonderen Ausspruch **vollstreckbar.** Eine analoge Anwendung des § 708 Nr 10 mit der Folge, daß eine erstinstanzl ausgesprochene Sicherheitsleistung (§ 709) entfallen würde, ist nicht mögl (LG Stuttgart NJW 73, 1050). Zum Zeitpunkt des Eintritts der Rechtskraft des angefochtenen Urteils bei Verwerfung der Berufung als unzulässig vgl BFH JZ 72, 167 m Anm Grunsky. 31

IX) Bei **Verwerfung infolge Anwaltsverschuldens** haftet der Prozeßbevollmächtigte. Ob ein Schaden entstanden ist, das Rechtsmittel also Erfolg gehabt hätte, ist im Haftpflichtprozeß bindungsfrei zu entscheiden; die Auffassung des Richters im Schadensersatzprozeß ist maßgebend (BGH VersR 62, 224; Saarbrücken VersR 73, 929 m Anm Späth). 32

X) Gerichtsgebühren: Keine, wenn durch Beschluß das Rechtsmittel als unzulässig verworfen wird. Die beschlußmäßige Verwerfung der Berufung als unzulässig hat auch keine Ermäßigung der allgemeinen Verfahrensgebühr mehr zur Folge. Bei Verwerfung des Rechtsmittels als unzulässig auf Grund mündlicher Verhandlung durch Endurteil ist eine Urteilsgebühr zu erheben; hinsichtlich der Höhe des Gebührensatzes s im einzelnen: KV Nrn 1024 ff. Im übr s auch Rn 7 zu § 300, Rn 11 zu § 313a sowie Rn 9 zu § 511. – Für ein in 2. Instanz ergehendes Urteil, das beim Ausbleiben des Berufungsklägers in der mündl Verhandlung dessen Gesuch um Wiedereinsetzung in die versäumte Berufungsfrist oder Berufungsbegründungsfrist verwirft, ist k e i n e Urteilsgebühr zu erheben, weil hier ein echtes Versäumnisurteil gegen die säumige Partei vorliegt (s oben Rn 24); dagegen ist ein Urteil, das beim Ausbleiben des Berufungsklägers in der mündl Verhandlung dessen Berufung als unzulässig verwirft, ein unechtes Versäumnisurteil (s oben Rn 23) und daher gebührenpflichtig – Keine Urteilsgebühr fällt für ein die Zulässigkeit des Rechtsmittels bejahendes Zwischenurteil nach § 303 (s oben Rn 7) an (§ 1 Abs 1 GKG). Auch ein die Berufung zulassender Beschluß ergeht gebührenfrei. 33

520 *[Terminsbestimmung; Einlassungsfrist]*

(1) Wird die Berufung nicht durch Beschluß als unzulässig verworfen, so ist der Termin zur mündlichen Verhandlung zu bestimmen und den Parteien bekanntzumachen. Von der Bestimmung eines Termins zur mündlichen Verhandlung kann zunächst abgesehen werden, wenn zur abschließenden Vorbereitung eines Haupttermins ein schriftliches Vorverfahren erforderlich erscheint.

(2) Der Vorsitzende oder das Berufungsgericht kann dem Berufungsbeklagten eine Frist zur schriftlichen Berufungserwiderung und dem Berufungskläger eine Frist zur schriftlichen Stellungnahme auf die Berufungserwiderung setzen. Im Falle des Absatzes 1 Satz 2 wird dem Berufungsbeklagten eine Frist von mindestens einem Monat zur schriftlichen Berufungserwiderung gesetzt. § 277 Abs. 1, 2, 4 gilt entsprechend.

(3) Mit der Bekanntmachung nach Absatz 1 Satz 1 oder der Fristsetzung zur Berufungserwiderung nach Absatz 2 Satz 2 ist der Berufungsbeklagte darauf hinzuweisen, daß er sich vor dem Berufungsgericht durch einen bei diesem Gericht zugelassenen Rechtsanwalt vertreten lassen muß. Auf die Frist, die zwischen dem Zeitpunkt der Bekanntmachung des Termins und der mündlichen Verhandlung liegen muß, sind die Vorschriften des § 274 Abs. 3 entsprechend anzuwenden.

I) Die Vorschrift ist durch die **Vereinfachungsnovelle** neu gefaßt worden. Über § 523 gelten die neuen Verfahrensvorschriften des ersten Rechtszuges auch in der Berufungsinstanz, soweit nicht im ersten Abschnitt des dritten Buches der ZPO Sonderregelungen enthalten sind. Eine davon ist § 520. Mit der Fristsetzung soll das Verfahren gefördert und beschleunigt werden. Deshalb sind möglichst schon mit ihr Hinweise zu geben, zB dazu, daß das Berufungsgericht von der Ansicht des Erstrichters abweichen will und damit vorinstanzliche Beweisangebote nunmehr entscheidungserheblich werden können (BGH MDR 82, 29). 1

II) Verfahrensweisen

1) Früher erster Termin kann nach §§ 523, 272 II, 275 bestimmt werden. Es wird keine Prozeßgebühr angefordert, sofern nicht die Klage schon mit Einlegung der Berufung erweitert wird; in diesem Fall **soll** die Differenzgebühr angefordert werden (§ 65 I 3 GKG). Terminsbestimmung in diesem Fall „unverzüglich" nach Eingang der Berufungsbegründung (§ 216 II). 2

Ladungsfrist für den Berufungskläger (§ 217) mindestens eine Woche; praktisch wegen des Geschäftsanfalls immer mehrere Wochen. **Einlassungsfrist** für den Berufungsbeklagten (§§ 520 III 2, 274 III) mindestens zwei Wochen. Grundsätzl zu kurz, jedenfalls dann, wenn auch noch erwidert werden muß (siehen unten Rn 7). 3

2) Schriftliches Vorverfahren (§§ 520 I 2, 276), dann angebracht, wenn anderenfalls nicht damit zu rechnen ist, daß die Sache in einem einzigen Haupttermin (§ 278) erledigt oder doch weitge- 4 hend gefördert wird. Hier kommen zB umfangreiche Bauprozesse, Abrechnungsklagen, Ausgleichsansprüche der Handelsvertreter u dgl in Betracht. Es ist nicht sinnvoll, einen Termin anzuberaumen, nur um Prozeßmaterial (Unterlagen, Briefe, Kontoauszüge usw) zu sammeln. Das läßt sich einfacher durch ein Vorverfahren erledigen, jedenfalls dann, wenn Aussicht besteht, daß schon dadurch wesentl Streitpunkte ausgeräumt werden können. Bei schriftl Vorverfahren wird Haupttermin bestimmt, wenn Berufungserwiderung und gfls Replik darauf vorliegen (früher sprach man davon, daß eine Sache „ausgeschrieben" sein müsse).

5 **3)** In der Berufungspraxis werden die Möglichkeiten des § 520 oft nicht ausgeschöpft. Der Berufungsbeklagte erhält eine Erwiderungsfrist gesetzt, die Parteien werden persönl geladen, angeführte Akten werden beigezogen, aber **die eigentl Vorarbeit wird zu spät geleistet,** nämlich erst kurz vor dem Termin. Zu Hinweisen nach §§ 139, 278 III ist es dann oft zu spät; die Anwälte haben keine hinreichende Gelegenheit, sich damit zu befassen. In manchen Fällen kommen diese Hinweise sogar erst im Termin selbst und lösen dann Schriftsatznachlässe aus. Bei diesem Verfahren „wie früher" kommt es in Wirklichkeit nicht zu einem Haupttermin, wie er dem Gesetzgeber der Vereinfachungsnovelle vorgeschwebt hat.

III) Fristen

6 **1)** Bei Anberaumung eines **frühen ersten Termins** (Rn 2) steht es im **Ermessen** des Vorsitzenden oder des Gerichts, dem Berufungsbeklagten eine Frist zur schriftl Berufungserwiderung zu setzen, auf die der Berufungskläger gfls nach weiterer Fristsetzung, die mit derjenigen an den Berufungsbeklagten verbunden werden kann, replizieren muß.

7 **a)** Bei der Fristsetzung sollte **großzügig** verfahren werden, was leider in der Praxis nicht immer geschieht. Bei der Dauer der Prozesse kommt es nicht darauf an, ob ein Termin um ein, zwei Wochen länger vorbereitet wird. Das dient letzten Endes der Sache, nicht dagegen, daß ein Anwalt unter Zeitdruck inhaltlich unvollkommene Schriftsätze anfertigen muß. Auch die Voraussetzungen für eine **gütliche Einigung** – oberstes Ziel der Vereinfachungsnovelle – lassen sich nur in einem von allseitigem Verständnis getragenen Verhandlungsklima schaffen.

8 **b)** Im Gesetz ist keine bestimmte Frist für die **Erwiderung** vorgesehen. § 277 III, der die Vorschrift des § 275 insoweit konkretisiert, ist in § 520 nicht bezogen, so daß der Vorsitzende im Berufungsverfahren freier gestellt ist. Man wird § 277 III aber insofern sinngemäß anwenden müssen, als jedenfalls keine kürzere Erwiderungsfrist als zwei Wochen gesetzt werden darf.

9 **2)** Bei **schriftl Vorverfahren muß** (arg § 520 II 2: „wird") dem Berufungsbeklagten eine Erwiderungsfrist von mindestens einem Monat gesetzt werden. Durch Bezugnahme auf § 277 ist klargestellt, daß er seine Verteidigungsmittel entsprechend sorgfältig beachteter Prozeßförderungspflicht vorzubringen hat, und zwar durch einen beim Berufungsgericht zugelassenen Anwalt, worüber er zu belehren ist. Der Hinweis auf den Anwaltszwang ist Voraussetzung für eine spätere Entscheidung auf Säumnis und für Nichtzulassen von Vorbringen nach §§ 527, 296 I (Bergerfurth, Der Anwaltszwang und seine Ausnahmen, 1981, S 80 Nr 184). Damit ist das Berufungsverfahren dem erstinstanzl Verfahren angepaßt worden. Auch bei dieser Verfahrensweise **kann** (nicht muß!) dem Berufungskläger Frist für eine Replik gesetzt werden (Rn 6).

10 **3)** Alle Fristen können **verlängert** werden, wenn „erhebliche Gründe" dies erfordern und sie glaubhaft gemacht worden sind (§ 224 II). Auch hier sollte nicht kleinlich verfahren und kein Anwalt zum Schaden seiner Partei und der gerechten Sache gehetzt werden (s Rn 6). Insbesondere dürfen die Parteien nicht ungleich behandelt werden (Prinzip der „Waffengleichheit": Köln MDR 71, 933; Celle NJW 69, 1905). Jedoch ist es kein erheblicher Verlängerungsgrund, daß die Partei den Berufungsanwalt verspätet beauftragt hat (Schleswig SchlHA 78, 117). Sonst würde Nachlässigkeit in der Prozeßführung honoriert. Anders wenn die Partei aus zureichenden Gründen an früherer Anwaltsbestellung gehindert war.

11 **4) Versäumung** der Erwiderungsfristen löst die prozessualen Nachteile aus, die in § 296 Abs 1, 4 festgelegt sind (§ 527). Außerdem gilt das Novenrecht der §§ 527, 528.

12 **5) Gerichtsferien** hemmen den Lauf der Frist gem § 232 I 1; Einzelheiten bei § 223.

13 **IV) Bekanntmachung.** Terminsbestimmung und Fristsetzungen sind bekanntzumachen (§ 520 I 1, II 2), wobei der Berufungsbeklagte auf den Anwaltszwang hinzuweisen ist. Bekanntmachung an **alle Beteiligten** erster Instanz nötig, auch an Streitgenossen und Streithelfer.

14 **V) Maßnahmen.** Unabhängig davon, welche Verfahrensart gewählt wird, besteht die **Förderungspflicht** des Gerichts, das alle durch die §§ 139, 278 III gebotenen und durch § 273 ermöglichten Anregungen und Mitwirkungshandlungen ausschöpfen sollte. Hat zB der Berufungsführer auf vorinstanzlich gestellte Beweisanträge nur pauschal Bezug genommen, weil sie vom Erstrichter als unerheblich angesehen worden sind, das Berufungsgericht sie aber als erheblich behandeln will, dann muß es rechtzeitig vor mündlicher Verhandlung auf seine abweichende Beurteilung hinweisen (BGH Warneyer 1981 Nr 88). Wegen der vielfältigen Einzelheiten ist auf die einschlägigen Vorschriften für das Verfahren im ersten Rechtszug zu verweisen.

VI) Berufungserwiderung. Abweichend von § 519 III ist für die Erwiderung kein Mindestinhalt zwingend vorgeschrieben. Da Anwaltszwang besteht, gelten jedoch dieselben Unterschriftsanforderungen (§ 518 Rn 22 ff). Auch muß die Erwiderungsschrift erkennen lassen, daß sie das Werk des zweitinstanzlichen Prozeßbevollmächtigten ist. Unzulässig daher dessen bloßes Unterschreiben der vom erstinstanzlichen Anwalt gefertigten Erwiderungsschrift; desgleichen keine zulässige Bezugnahme auf fremde Schriftstücke als Inhalt der Erwiderung. Wer vorinstanzlich obgesiegt hatte, braucht jedoch als Berufungsbeklagter seinen früheren Vortrag nicht zu wiederholen, sondern kann sich auf die Verteidigung des angefochtenen Urteils beschränken (BGH FamRZ 86, 1086). 15

521 *[Berufungsanschließung]*

(1) Der Berufungsbeklagte kann sich der Berufung anschließen, selbst wenn er auf die Berufung verzichtet hat oder wenn die Berufungsfrist verstrichen ist.

(2) Die Vorschriften über die Anfechtung des Versäumnisurteils durch Berufung sind auch auf seine Anfechtung durch Anschließung anzuwenden.

Übersicht

Lit: *Fenn,* FamRZ 76, 259; *ders,* ZZP Bd 89 [1963], 121; *Gilles,* ZZP Bd 91 [1978], 128 u 92 [1979], 152; *Klamaris,* Das Rechtsmittel der Anschlußberufung, 1975.

I) Ist auch der **Berufungsbeklagte** durch das erstinstanzl Urteil **beschwert** (u § 511 a erfüllt), so kann er seinerseits selbständig Berufung einlegen. Er kann aber durch Anschlußberufung auch erreichen, daß nicht allein die Anträge des Berufungsklägers die Grenzen bestimmen, innerhalb deren der Rechtsstreit neu zu verhandeln ist, kann also auch seinerseits Abänderung des erstinstanzl Urteils begehren und damit das den Berufungskläger schützende Verschlechterungsver- 1 bot ausschalten. Zweck des § 521 ist es, diejenige Partei zu schützen, die in Unkenntnis des Rechtsmittels der Gegenpartei die Rechtsmittelfrist im Vertrauen auf den Bestand des Urteils verstreichen läßt.

2 Er **muß** sich **anschließen,** wenn er ohne eigenes Rechtsmittel mehr erreichen will als Verwerfung oder Zurückweisung der Hauptberufung (vgl BGH LM § 521 ZPO Nr 4), sei es auch nur eine Verbesserung der Vollstreckbarkeitsentscheidung, § 718 (Düsseldorf FamRZ 85, 307), kann dann aber auch Anträge nach §§ 707, 719 stellen. Umgekehrt kann mit der Anschlußberufung nicht derselbe Antrag wiederholt werden, dem das angefochtene Urteil stattgegeben hat (Koblenz WRP 80, 646). Überflüssig ist die Anschlußberufung, wenn lediglich das Ziel verfolgt wird, die Zurückweisung der Berufung mit der Maßgabe zu erreichen, daß abweichend vom erstinstanzlichen Urteil Zahlung nicht an den Kläger, sondern an dessen Zessionar zu erfolgen habe (BGH MDR 78, 398 = ZZP 91 [1978], 314 m Anm Grunsky). Im Scheidungsprozeß ist Anschlußberufung mit dem Ziel des Angriffs auf Scheidungsanspruch zulässig, auch wenn der Rechtsmittelführer sich nur gegen eine Folgeentscheidung wendet, den Scheidungsanspruch also nicht durch das Berufungsgericht nachprüfen lassen will (BGH FamRZ 80, 233 mit Nachw). Berufung gegen ein die Scheidung aussprechendes Urteil ist nach dem **Tode eines Ehegatten** nicht mehr möglich; mit der Anschlußberufung kann aber immer noch Feststellung der Hauptsacheerledigung (§ 619) erreicht werden (Koblenz FamRZ 80, 717). Will ein **Unterhaltsberechtigter** als Berufungsbeklagter Umstände erhöhter Bedürftigkeit geltend machen, kann er der Präklusion des § 323 II nur durch Anschlußberufung ausweichen (BGH [s dazu die Nachw bei § 519 Rn 31 aE] NJW 86, 383); nach Schleswig (SchlHA 82, 42) darf er statt dessen auch nach § 323 vorgehen.

3 Anschlußberufung mit dem Ziel, einen **Hilfsantrag** zu stellen oder einen erstinstanzlich abgewiesenen Hauptantrag nunmehr als Hilfsantrag weiterzuverfolgen, ist möglich (s dazu Schneider JurBüro 78, 490); dagegen keine Anschließung zur Stellung eines Hilfsantrages, wenn Kläger erstinstanzlich schon mit dem Hauptantrag erfolgreich war (Köln FamRZ 81, 486). Auf **Erinnerung** und **Beschwerde** ist § 521 analog anzuwenden (s § 567 Rn 45).

4 **II)** Die **Rechtsnatur** der Anschließung ist umstritten. Nach BGH (vgl BGHZ 4, 233; MDR 84, 569) ist sie „nicht selbst ein Rechtsmittel, sie ist nur ein auch angriffsweise wirkender Antrag innerhalb der fremden Berufung", in ihrem Verhältnis zur Hauptberufung nur akzessorisch (BGH NJW 84, 2951, 2952; WPM 84, 349 = NJW 84, 1240 mwN, auch zur Gegenmeinung). Folgerungen aus der Grundkonzeption ergeben sich für die Notwendigkeit einer Beschwer (Rn 20).

5 **III)** Die **Form** der Anschließung regelt § 522 a (s dort). Die Anschlußberufung ist entweder **unselbständig oder selbständig.**

6 **1)** Im ersteren Fall – unselbständig – ist sie abhängig von der Berufung; wird diese zurückgenommen oder als unzulässig verworfen, dann wird auch die Anschlußberufung ohne weiteres hinfällig, § 522 I. Selbständige Anschlußberufung dagegen liegt vor, wenn sie innerhalb der Berufungsfrist eingelegt worden ist (§ 522 II); ihr Schicksal ist unabhängig von dem der Berufung. Legen **beide Parteien Berufung** ein, dann empfiehlt es sich, die zeitlich spätere Berufung ebenfalls als Anschlußberufung zu bezeichnen. Das ist sprachlich kürzer, verständlicher und eindeutiger als „Berufung des Klägers/Beklagten [Gegners]".

7 **2)** Wird die **Hauptberufung** zurückgenommen oder als unzulässig verworfen, so wird die **selbständige Anschlußberufung** so behandelt, als hätte der Berufungsbeklagte selbständig Berufung eingelegt (§ 522 II); sie kann also nach Wegfall der Hauptberufung für sich weiterbetrieben werden (während eine unselbständige Anschlußberufung von selbst ihre Wirkung verliert). Es müssen dann aber auch sämtl Erfordernisse einer selbständigen Berufung erfüllt sein, also Beschwer, erreichte Berufungssumme und ein mit einer selbständigen Berufung verfolgbares Ziel (RGZ 156, 243); wegen der Förmlichkeit bleibt § 522 a maßgebend (RGZ 156, 243).

8 **3) Umdeutung:** Eine selbständige, wegen fehlender Beschwer oder Nichterreichung der Berufungssumme unzulässige Berufung kann als Anschlußberufung aufrechterhalten werden (vgl BGH JZ 55, 218; ZZP 71 [1958], 84). Allerdings kann eine „Anschlußberufung" in Wirklichkeit auch eine zulässige Berufungserweiterung sein (München FamRZ 84, 492).

9 **4)** Solange die Hauptberufung nicht zurückgenommen oder verworfen ist, werden selbständige und unselbständige Anschlußberufung **gleichbehandelt** (RGZ 156, 242; § 522 Rn 6). Beschwer und Erreichung der Berufungssumme sind für die Anschlußberufung solange nicht erforderl (RGZ 156, 242; BGHZ 4, 234). Auf die Anschließung darf nicht verzichtet worden sein (§ 514).

10 **IV)** Die **Anschlußberufung** kann auch **bedingt** erhoben werden, dh für den Fall, daß dem in erster Linie gestellten Antrag auf Verwerfung oder Zurückweisung der Berufung nicht entsprochen werden sollte (RGZ 142, 311; BGH MDR 84, 569; Schneider JurBüro 78, 490).

V) Angriffsziel. 1) Die Anschlußberufung kann sich **nur gegen den Berufungsführer** richten, dessen Berufung sich der Berufungsbeklagte anschließt, nicht gegen Dritte (BGH NJW 58, 868). Sie muß sich **gegen dasselbe** Urteil richten wie die Hauptberufung (RG JW 10, 115; KG OLGE 25, 309). Bei Berufung im Eilverfahren kann nicht mit der Anschlußberufung ein Neuerlaß der nicht vollzogenen ersten einstweiligen Verfügung erwirkt werden; es ist erneuter Antrag beim Eingangsgericht zu stellen (str; aA Hegmanns WRP 84, 120; s auch WRP 83, 212 m Nachw). 11

2) Anschließung nicht an Anschlußberufung, um das eigene Rechtsmittel zu erweitern (s dazu Frankfurt FamRZ 85, 821, 822), sondern **nur an die vom Gegner eingelegte Hauptberufung** oder selbständige Anschlußberufung (BGH NJW 84, 2952, 2953; BGHZ 88, 360 = ZZP 97, 1984, 476 m abl Anm Grunsky = JZ 84, 476 m abl Anm Fenn, der mit Recht auf die darin liegende Benachteiligung des Berufungsklägers hinweist; s auch BGH MDR 86, 658 = NJW 86, 1494 u Bergerfurth FamRZ 86, 940). Unselbständige Anschlußberufung der Hauptpartei an eine Berufung, die ihr **eigener Streitgenosse eingelegt** hat, ist nicht mögl und deshalb unzulässig (KG VersR 75, 452). Jedoch Umdeutung in eigene (selbständige) Berufung zu erwägen; anderenfalls Vorbringen der Hauptpartei als Unterstützung der Berufung des Streithelfers zugunsten der Hauptpartei zu beachten. Zur Gegenanschließung an das unselbständige Anschlußrechtsmittel gem § 629 a III s Bergerfurth FamRZ 86, 940 m Nachw. 12

VI) 1) Bei einer Berufung des Beklagten gegen ein **Teilurteil** kann der Kläger nicht im Weg der Anschlußberufung erreichen, daß im Berufungsrechtszug auch über den Teil des Anspruchs entschieden wird, der noch in erster Instanz anhängig ist (BGHZ 30, 213; FamRZ 83, 459 [Versorgungsausgleich]; Celle NdsRpfl 70, 281). Jedoch darf das Berufungsgericht den in erster Instanz noch anhängenden Teil des Rechtsstreits mitbescheiden, wenn das erstinstanzl Gericht unzulässigerweise durch Teilurteil entschieden hat (siehe BGH MDR 60, 219; Hamm JMBlNRW 65, 279; VGH Mannheim NJW 77, 1255; Schneider MDR 76, 95). 13

2) Nach **rechtskräftiger Teilabweisung** eines mit Teilklage geltend gemachten Anspruchs darf der später mit Anschlußberufung beanspruchte Mehrbetrag noch nicht Gegenstand des Rechtsstreits gewesen sein, da sonst die Rechtskraft der Teilabweisung unbeachtet bliebe (BGH NJW 61, 1813). 14

3) Ist ein Teilanspruch erstinstanzlich abgewiesen worden, dann ist der Kläger nicht gehindert, ihn durch Anschließung an die Berufung des Beklagten im zweitinstanzlichen **Nachverfahren** weiter geltend zu machen (BGHZ 37, 131). 15

4) Über Wiedergeltendmachung eines durch Teilurteil des Berufungsgerichts rechtskräftig aberkannten Rententeilanspruchs durch Anschlußberufung statt durch Abänderungsklage s BGH VersR 54, 497. 16

VII) Akzessorietät. 1) Die Anschlußberufung ist grundsätzl **solange zulässig,** wie das Verfahren über die Hauptberufung schwebt (RG JW 13, 140). Sie ist unzulässig, wenn die Anschlußberufungsschrift erst nach Schluß der mündl Verhandlung eingeht und kein Anlaß zu deren Wiedereröffnung besteht (BGH NJW 61, 2309). Nach abschließender Verhandlung über die Berufung kann die Anschlußberufung auch nicht mehr erweitert werden (BGH MDR 84, 1014 = NJW 84, 2951). Hat der Berufungskläger auf seine Berufung verzichtet oder sie wirksam zurückgenommen, so kann sich insoweit der Berufungsbeklagte der Berufung nicht mehr anschließen (RGZ 55, 276). Ob der Anschlußberufungskläger von der Zurücknahme der Hauptberufung Kenntnis hatte, ist unerheblich (BGHZ 17, 399). 17

2) Anschluß des Säumigen (§ 521 II) ist meist unzulässig, weil nur nach §§ 513, 345 gegen ein VersUrt Berufung und Anschließung des Säumigen (mit der Begründung des § 513 II) zulässig ist. Zur Anschlußberufung des nicht Säumigen s LG Bonn NJW 66, 602. 18

VIII) Ein **Verzicht** des Berufungsklägers auf den **Klageanspruch** hindert die Anschließung nicht, weil damit die Berufung noch nicht hinfällig wird (Düsseldorf NJW 57, 1641; str). Auch der vollständige oder teilweise (Grunsky ZZP 97, 1984, 480; München VersR 68, 1072) Verzicht auf die **Berufung** (s zu § 514) hindert die Anschließung nicht (§ 521 I). Der Verzicht auf die **Anschlußberufung** ist vor Einlegung des Hauptrechtsmittels unwirksam (str, s Walter FamRZ 83, 1153 u die Nachw in BGH NJW 84, 2829 sowie Köln FamRZ 83, 854 gg Stuttgart FamRZ 83, 1152; Hamm FamRZ 83, 823). Für die praktisch wichtige Prozeßlage des Verbundverfahrens wird eine Ausnahme zugelassen. In ihm kann bei beiderseitigem Rechtsmittelverzicht gegen das Verbundurteil schon vor Einlegung des Hauptrechtsmittels wirksam auf Rechtsmittelanschließung zum Scheidungsanspruch verzichtet werden (BGH FamRZ 84, 467 = MDR 84, 829 = NJW 84, 2829; Koblenz FamRZ 85, 822). Daß für den Scheidungsanspruch auf Tatbestand und Gründe verzichtet wird (§ 313 a), ist für die Verzichtserklärung zum Verbundurteil unerheblich (BGH NJW 81, 2816), kann aber indizielle Bedeutung haben (Köln FamRZ 86, 482). 19

Zum **Teilrechtskraftzeugnis** bei Verzicht auf Rechtsmittel und Anschlußrechtsmittel s Frankfurt FamRZ 79, 1048.

20 **IX) Beschwer. 1)** Da die Anschlußberufung nicht als Rechtsmittel im förml Sinne angesehen wird (BGHZ 4, 233; oben Rn 4), hat sie **keine Beschwer zur Zulässigkeitsvoraussetzung** (BGH FamRZ 80, 233 m Nachw). Wohl muß das Begehren des sich anschließenden Berufungsbeklagten auf mehr gehen als das, was ihm das angefochtene Urteil bereits zugesprochen hat, weil es sonst am Rechtsschutzbedürfnis für die Anschließung fehlen würde (s Rn 1 f). Dieses Mehr darf nicht bereits eingeklagt sein, weil es dann in dem selbständigen Klageverfahren verfolgt werden müßte.

21 **2)** Nicht zulässig ist Anschließung lediglich zwecks **Änderung der Urteilsgründe;** das gilt auch dann, wenn das einheitl Klagebegehren auf verschiedene sich ausschließende Klagegründe gestützt ist, von denen jeder den Klageanspruch in voller Höhe rechtfertigt, und einer von ihnen verneint wurde (BGH NJW 58, 868).

22 **3)** Wegen der Entbehrlichkeit einer Beschwer kann sich auch der in erster Instanz voll durchgedrungene Kläger der Berufung des Beklagten zur **Klageerweiterung** anschließen (RGZ 86, 23; 156, 242; BGHZ 4, 234; Warneyer 1985 Nr 107); auch, um vom ursprüngl Feststellungsanspruch zum Zahlungsanspruch überzugehen (KG VersR 69, 190); jedoch nicht, wenn der sachlichrechtl Anspruch nicht zur Entscheidung des Berufungsgerichts steht, weil sich die Hauptberufung gg ein Versäumnisurteil richtet (LG Bonn NJW 66, 602). Die Erweiterung der Anschlußberufung selbst ist nach Entscheidung über die Hauptberufung nicht mehr möglich (Rn 17), deren Schlußverhandlung setzt die zeitliche Grenze, selbst wenn der Kostenpunkt noch offen ist (Düsseldorf FamRZ 82, 921).

23 **4) Zahlt der Beklagte** nach Erlaß des erstinstanzl Urteils und nach Berufungseinlegung, aber vor Einlegung der Anschlußberufung den dem Kläger durch das angefochtene Urteil zugesprochenen Teil der Klageforderung, dann kann er dadurch die Anschlußberufung nicht unzulässig machen (KG OLGZ 76, 361). Auf diese hin ist vielmehr sachl zu erkennen. Eine Hauptsacheerledigung kann auf einen entspr Antrag des Klägers nur bejaht werden, wenn die Klage zulässig und begründet gewesen ist (KG aaO).

24 **5)** Die Anschließung ist auch zulässig, wenn sie **auf den Kostenpunkt beschränkt** wird (BGHZ 17, 397). Eine solche Anschließung ist aber nicht erforderlich, weil die Kostenentscheidung ohnehin von Amts wegen insgesamt zu überprüfen ist (BGH WPM 81, 46 [48 zu V]), nach BGH auch bezügl eines am Rechtsmittelverfahren nicht beteiligten Streitgenossen (VersR 81, 1033 m Nachw auch zur Gegenmeinung, vor allem Köln JMBlNRW 79, 149; zweifelnd Stephan oben § 373 Rn 5), der bei Verschlechterung jedoch gehört werden muß, Art 103 I GG (vgl BGH VersR 81, 1035). Volle Überprüfung auch bei nur teilweisem Angriff gg eine Verbundentscheidung des Familiengerichts (Karlsruhe KoRsp ZPO § 99 Nr 55). Gilles (ZZP 92 [1979], 158 f) hält deshalb sogar die Anschließung lediglich im Kostenpunkt für unzulässig. Bei teilweiser Annahme der Revision (§ 554 b) hält der BGH (MDR 86, 664) eine Überprüfung des rechtskräftig gewordenen Kostenteils des Berufungsurteils für unzulässig; das widerspricht seiner übrigen Rspr.

25 **6)** Zulässig ferner Anschlußberufung gegen die Entscheidung zur **vorläufigen Vollstreckbarkeit** des erstinstanzl Urteils (KG NJW 61, 2357).

26 **7)** Weiter kommt Anschließung in Betracht, um **unter § 264 Nr 2, 3 fallende Antragsänderungen** vorzunehmen (RGZ 61, 254), wobei eine Anfechtung des Gegners insoweit nicht notwendig ist (RGZ 46, 373).

27 **8)** Anschließung an Berufung des Beklagten auch mögl, wenn in erster Instanz nur dem **Hilfsantrag,** nicht dem **Hauptantrag** entsprochen war, um diesen durchzusetzen (BGHZ 41, 38; s auch Schneider JurBüro 78, 490), jedoch nicht umgekehrt (Köln FamRZ 81, 486).

28 **9)** Der Beklagte kann sich der Berufung des in erster Instanz abgewiesenen Klägers auch zur Erhebung einer **Widerklage** anschließen (RGZ 156, 242; BGHZ 4, 234). Sind Klage und Widerklage im ersten Rechtszug abgewiesen worden, so ist Anschließung zur **Weiterverfolgung der Widerklage** zulässig (RGZ 46, 373), selbst wenn der Beklagte und Widerkläger eine von ihm vorher selbständig eingelegte Berufung zurückgenommen (§ 515) oder auf sie verzichtet (§ 514) hatte (RGZ 38, 430); gleich steht der Fall, daß diese Berufung bereits als unzulässig verworfen worden war (RGZ 153, 348).

29 **10)** Ist die Klage erstinstanzl **als zur Zeit unbegründet** abgewiesen worden, kann die Anschließung darauf gerichtet werden, endgültige Klarheit zu erreichen und eine entspr Entscheidung herbeizuführen (BGHZ 24, 279). In diesem Fall muß aber der Grundsatz beachtet werden, daß auch die Anschlußberufung keine Angriffe ledigl auf die Fassung und Wahl der Entscheidungsgründe ermöglicht (siehe oben Rn 21).

11) Zur Verfolgung von **Einwendungen,** die im ersten Rechtszug erfolglos vorgebracht worden sind, bedarf es keiner Anschlußberufung, weil dies zur Schlüssigkeitsprüfung gehört, zu der die Berufung zwingt (siehe BGH NJW 55, 825). Nach BGH MDR 78, 398 gilt das auch für den Fall, daß nach Berufung des Beklagten der Kläger deren Zurückweisung mit der Maßgabe beantragen will, der Beklagte möge (nicht zur Zahlung an den Kläger – so erste Instanz, sondern) zur Zahlung an einen Abtretungsempfänger verurteilt werden. Grunsky (ZZP 91 [1978], 314) hält dies für unrichtig. Schon aus prozeßökonomischen Gründen ist jedoch dem BGH zuzustimmen. 30

X) Entscheidung: Über die unselbständige Anschlußberufung kann (außer bei Anträgen nach § 718: Düsseldorf FamRZ 85, 307) in aller Regel nicht durch Teilurteil vorweg entschieden werden (RGZ 159, 293; DR 41, 1680; BGHZ 20, 311). Ein Verstoß dagegen stellt einen erhebl Verfahrensmangel dar, der vom Revisionsgericht auch ohne Verfahrensrüge von Amts wegen beachtet wird (RGZ 159, 295; BGHZ 16, 74; BAG BB 75, 655). Ausnahme, wenn das Berufungsgericht Teilurteil erläßt, weil dann die Anschlußberufung durch Rücknahme der restlichen Berufung nicht mehr wirkungslos werden kann; deshalb darf auch über die Anschlußberufung durch Teilurteil entschieden werden, dessen Zulässigkeitsvoraussetzungen (§ 301 Rn 6 ff) vorausgesetzt (BGH NJW-RR 86, 357). 31

XI) Kostenentscheidung (Finger MDR 86, 881; Schneider, Kostenentscheidung im Zivilurteil, 2. Aufl 1977, § 31 XIV u die Nachw zur Anschlußrevision bei § 556 Rn 9).

1) Wird die **Hauptberufung** vor Beginn der mündl Verhandlung **zurückgenommen,** wenn auch mit Einwilligung des Gegners (München MDR 85, 943), oder als unzulässig **verworfen,** so treffen den Berufungskläger auch die **Kosten** der damit wirkungslos gewordenen unselbständigen Anschlußberufung (BGHZ 4, 241; Düsseldorf MDR 83, 64; aA Braunschweig NJW 75, 2302: § 91 a analog). Wird die Hauptberufung nach Beginn der mündl Verhandlung mit Zustimmung des Berufungsbeklagten (§ 515 I) zurückgenommen, so hat letzterer die Kosten seiner Anschließung zu tragen (BGHZ 4, 241 f). Die Kosten von Berufung und Anschließung sind nach § 92 I auszuquoteln (Karlsruhe Justiz 79, 61). Das gleiche gilt, wenn sich der Berufungsbeklagte einer von vornherein unzulässigen Hauptberufung angeschlossen hatte (RG JW 36, 257; BGHZ 4, 240; Hamm KoRsp ZPO § 515 Nr 38), oder wenn die Hauptberufung vor der Anschließung (wenn auch ohne Wissen des Berufungsbeklagten) wieder zurückgenommen war (BGHZ 17, 398). Die Kosten einer wegen eigener Mängel unzulässigen Anschlußberufung treffen den Anschließenden (BGHZ 4, 240), ebenso die Kosten einer sachl unbegründeten oder zurückgenommenen Anschlußberufung, §§ 92, 97, 515 III (BGHZ 4, 240 f). Ist die Hauptsache einschließlich des entsprechenden Kostenanteils rechtskräftig erledigt, dann muß dieser Teil unverändert in die spätere Gesamtkostenentscheidung einbezogen werden, auch wenn aus Klarheitsgründen die ganze Kostenentscheidung aufgehoben wird (BGH JurBüro 84, 1505 zu 3). Zur Kostenentscheidung, wenn die **Revision abgelehnt** wird, s § 556 Rn 9. 32

2) Voraussetzung ist jedoch, daß die Anschlußberufung den Streitgegenstand betrifft, der zwischen Kläger und Beklagtem verhandelt wird. Benutzt der Beklagte die Anschlußberufung, um Widerklage gegen einen bislang am Rechtsstreit nicht beteiligten Dritten zu erheben, dann darf der Kläger auch bei Zurücknahme der Berufung nicht mit den dadurch erfallenen (Mehr)Kosten belastet werden (Köln VersR 77, 62). 33

XII) Gebühren: 1) des **Gerichts:** Werden von beiden Parteien gegen dasselbe Urteil eingelegte Rechtsmittel in *einem* Verfahren verhandelt, so entsteht die allgemeine Verfahrensgebühr (KV Nr 1020) nur einmal, und zwar: von dem einfachen Wert, wenn derselbe Streitgegenstand vorliegt, von dem zusammengerechneten Wert der Streitgegenstände, wenn diese verschieden sind (§ 19 Abs 1 und 2 GKG). Der jeweilige Berufungsführer, auch der selbständige oder unselbständige Anschlußberufungskläger, haftet nach § 49 GKG für die allgemeine Verfahrensgebühr; beim zusammengerechneten Streitwert bis zu der sich aus dem Wert seines Rechtsmittels ergebenden Gebührenhöhe (München JurBüro 75, 1230 = NJW 75, 2027; Bamberg JurBüro 72, 902 mit Anm von Mümmler). Betreffen Haupt- und Anschlußberufung denselben Streitgegenstand, so ändert eine nach KV Nr 1021 wirksame **Rücknahme der Anschlußberufung** an der Höhe der nur einmal zu erhebenden Gebühr für das Berufungsverfahren im allgemeinen nichts, wenn die Hauptberufung weiterhin bestehen bleibt. Bei Verschiedenheit des Streitgegenstandes bezügl des Haupt- und Anschlußrechtsmittels kann die unter den in KV Nr 1021 aufgezählten Voraussetzungen wirksam zurückgenommene Anschlußberufung eine Gebührenermäßigung zur Folge haben. Die im Zusammenhang mit der Rücknahme bedeutsamen Umstände (wie die unterschriftlich verfügte Anordnung nach § 273 oder der unterzeichnete Beweisbeschluß oder die Terminierung der mündl Verhandlung) müssen auch das Anschlußrechtsmittel umfassen; dabei ist besonders darauf zu achten, daß der zunächst nur für die Hauptberufung bestimmte Termin idR auch der Verhandlungstermin über das Anschlußrechtsmittel ist. Verliert die (unselbständige) Anschlußberufung wegen der Zurücknahme oder Verwerfung der Hauptberufung ihre Wirkung (§ 522 Abs 1), so kommt dies kostenrechtlich einer Rücknahmeerklärung des Anschlußrechtsmittels gleich. Bei Rücknahme des Anschlußrechtsmittels, wenn dieses und das Hauptrechtsmittel einen verschiedenen Streitgegenstand haben, ist hinsichtl der Gebührenermäßigung nach § 21 Abs 3 GKG zu verfahren. Zunächst ist vom Wert der Hauptberufung die allgemeine Verfahrensgebühr mit dem 1 ½fachen Tabellensatz (KV Nr 1020) und dann die auf ½ ermäßigte Gebühr (aus der Tabelle zu § 11 Abs 2 GKG) vom Wert der zurückgenommenen Anschlußberufung zu berechnen. Beide Gebühren – zusammengezählt – dürfen aber eine Gebühr mit dem 34

1 ½fachen Tabellensatz vom Gesamtwert (= zusammengerechneten Wert der beiden Rechtsmittel: § 19 Abs 1 S 2 GKG) nicht übersteigen. Vgl zu allem Drischler/Oestreich/Heun/Haupt, GKG 3. Aufl, VII KV Nr 1021 Rdnr 7 iVm Rdnr 12 und GKG § 49 Rdnr 14–16, § 58 Rdnr 2.

2) des **Anwalts:** Wenn gegen das gleiche Urteil Rechtsmittel beider Parteien in demselben Prozeß verhandelt werden, liegt nur eine Gebühreninstanz vor (vgl Hartmann, KostGes BRAGO § 13 Rn 3 D); die Anschlußberufung löst daher keine besondere Gebühr aus (§ 13 Abs 2 BRAGO). Im übrigen gilt § 33 Abs 1 S 2 BRAGO auch für den Prozeßbevollmächtigten des Anschlußrechtsmittelklägers, der daher für seinen Antrag auf Erlaß eines Versäumnisurteils wegen Nichterscheinens des Gegners eine 13/10 Verhandlungsgebühr erhält.

522 *[Anschließung, Unwirksamwerden]*

(1) Die Anschließung verliert ihre Wirkung, wenn die Berufung zurückgenommen oder als unzulässig verworfen wird.

(2) Hat der Berufungsbeklagte innerhalb der Berufungsfrist sich der erhobenen Berufung angeschlossen, so wird es so angesehen, als habe er die Berufung selbständig eingelegt.

1 **I) Abs 1.** Die unselbständige Anschließung ist nur **zulässig,** wenn die Berufung zur Zeit der Anschließung noch anhängig ist.

2 **1)** Sie **verliert ihre Wirkung,** wenn die Berufung vor Beginn der mündl Verhandlung – oder nachher mit Einwilligung des Gegners – zurückgenommen oder als unzulässig (nicht als unbegründet!) verworfen wird. Deshalb darf über die Anschlußberufung nicht durch Teilurteil vorweg entschieden werden (§ 521 Rn 31). Einseitige Zurücknahme der Berufung ist auch noch möglich, wenn trotz Säumnis des Berufungsklägers der Antrag auf VU zurückgewiesen oder ihm entgegen § 335 I stattgegeben und dagegen Einspruch eingelegt wird (BGH NJW 80, 2313). **Übereinstimmende Hauptsacheerledigung** steht der Berufungsrücknahme nicht gleich. Die Anschlußberufung wird dadurch nicht wirkungslos, weil bei der noch ausstehenden Kostenentscheidung gem § 91a die Erfolgsaussichten des Hauptrechtsmittels zur Erledigung zu prüfen sind, was zu einer Abänderung der vorinstanzlichen Kostenregelung zum Nachteil des Anschlußberufungsklägers führen kann (BGH Warneyer 1984 Nr 174 = NJW 86, 852; Warneyer 1963 Nr 202 = NJW 64, 108; aA Habscheid/Lindacher NJW 64, 2395). Gegen die kraft Gesetzes eintretende Wirkungslosigkeit der Anschließung gibt es kein Rechtsmittel (BGH FamRZ 81, 658 m Anm Borgmann).

3 **2)** Eine unselbständige Anschlußberufung verliert in entsprechender Anwendung des § 522 I auch dann ihre Wirkung, wenn die Parteien über die mit der Hauptberufung verfolgten Ansprüche einen **Vergleich** schließen. Erhält der Berufungsbeklagte trotzdem seine unselbständige Anschlußberufung aufrecht, dann ist sie als unzulässig zu verwerfen (BGH Warneyer 1984 Nr 174 = NJW 86, 852; BAG MDR 76, 961).

4 **3)** Die unselbständige Anschließung **verliert ihre Wirkung nicht,** wenn der Berufungskläger nach dem Verlesen der Anträge und nach Erklärung der Anschließung die Berufung ohne Einwilligung des Gegners zurücknimmt, bevor eine Verhandlung zur Sache stattgefunden hat (RGZ 85, 83: Rücknahme unwirksam, § 515 I) oder der Berufungskläger im Verhandlungstermin auf seinen Anspruch nach § 306 verzichtet (RGZ 45, 409) oder wenn die Berufung des Berufungsklägers wegen seines Ausbleibens durch VersUrt zurückgewiesen wird (RGZ 103, 125).

5 **4)** Urteilsformel im Falle des Abs 1: „Die Anschließung ist wirkungslos". Da die Wirkung der Berufungsrücknahme oder -verwerfung kraft Gesetzes eintritt, hat ein Ausspruch darüber nur deklaratorische Bedeutung. Anders jedoch, wenn die Entscheidung gerade einen Streit über die Wirksamkeit der Zurücknahme des Hauptrechtsmittels klären will; dann ist die Revisionsbeschwerde gem § 519b II zulässig (BGH Warneyer 1984 Nr 174 = NJW 86, 852; § 519b Rn 15).

6 **II) Abs 2.** Ist der die Anschließung enthaltende Schriftsatz innerhalb der Berufungsfrist beim Berufungsgericht eingegangen, so gilt die Anschließung als **selbständige Berufung;** mögl ist deshalb auch die Anschließung an eine solche (selbständige) Anschlußberufung (RGZ 17, 47; Stuttgart NJW 60, 1161). Nimmt der Berufungskläger seine Berufung zurück oder wird sie als unzulässig verworfen, so bleibt die selbständige Anschlußberufung wirksam, wenn sie sich gegen eine Beschwerung durch das angefochtene Urteil richtet, also nicht nur der Geltendmachung neuer Ansprüche dient, nicht nur den Kostenausspruch betrifft und (in vermögensrechtl Streitigkeiten) die Berufungssumme erreicht ist (RG JW 32, 3617).

7 Diese Erfordernisse sind erst nach Wegfall der Hauptberufung zu prüfen (RG JW 32, 3617); von diesem Zeitpunkt an wird erst die Anschließung nach § 522 II als selbständige Berufung behandelt und muß auch den Erfordernissen einer solchen entsprechen (s jedoch § 522a). Auch ein früherer Verzicht auf Berufung (§ 514) ist in diesem Fall zu beachten; § 521 I gilt nur für die unselbständige Anschlußberufung.

III) Zur **Kostenentscheidung** siehe Rn 32, 33 zu § 521. 8

IV) Wegen der **Gebühren**ermäßigung s Rn 34 zu § 521. 9

522 a

[Form und Begründung der Anschließung]

(1) Die Anschließung erfolgt durch Einreichung der Berufungsanschlußschrift bei dem Berufungsgericht.

(2) Die Anschlußberufung muß vor Ablauf der Berufungsbegründungsfrist (§ 519 Abs. 2) und, sofern sie nach deren Ablauf eingelegt wird, in der Anschlußschrift begründet werden.

(3) Die Vorschriften des § 518 Abs. 2, 4, des § 519 Abs. 3, 5 und der §§ 519a, 519b gelten entsprechend.

I) Einreichung bei Gericht (vgl BGHZ 2, 31; LM Nr 14 zu § 519 ZPO); bloße gerichtliche Protokollierung genügt nicht (BAG NJW 82, 1175). Formmängel sind von Amts wegen zu beachten, also auch im Säumnisverfahren (BAG NJW 82, 1175). Anschließung möglich bis zur letzten mdl Verhandlung; Begründung wird aber nach Verspätungsrecht, §§ 528 II u 523, 296 II, 282 II, beurteilt (BGHZ 83, 371 = MDR 82, 843 = NJW 82, 1708 m Anm Deubner = JR 82, 414 m Anm Olzen = LM § 521 ZPO Nr 3 m Anm Bliesener). Zur **Erweiterung** der Klage oder der Anschließung s § 521 Rn 22. 1

1) Bezeichnung als „Anschlußberufung" unnötig; es kommt auf den Inhalt des Schriftsatzes an (RGZ 142, 311; Köln VersR 75, 772). **Stillschweigende Anschlußberufung** dadurch mögl, daß der Berufungsbeklagte seinerseits einen Antrag auf Abänderung des angefochtenen Urteils stellt (BGH NJW 54, 266), zB indem er als Kläger den geltend gemachten Klageanspruch erhöht. Bloßer Antrag auf „kostenpflichtige Zurückweisung der Berufung" genügt nicht (BGH FamRZ 84, 657). Notwendig ist nur, daß sich eindeutig bestimmen läßt, in welchem Umfang das Urteil angegriffen oder der Klageanspruch erweitert werden soll. Umgekehrter Fall: Der Rechtsmittelgegner überschreibt seine Berufungserwiderung auch mit „Anschlußberufung", stellt jedoch keinen Abänderungsantrag. Dann kommt es auf die Begründung an. Greift er darin ihm ungünstig entschiedene erstinstanzliche Positionen an, spricht das für Anschließung. Zweifel sollten in der Praxis nie aufkommen dürfen, da schon vor mündlicher Verhandlung, spätestens in ihr auf Klarstellung hinzuwirken ist (§§ 139, 278 III). 2

2) Wirksam wird die Anschlußberufung mit der Stellung des Antrages in der mündl Verhandlung; daher nach Schluß der mündl Verhandlung (wenn sie nicht wieder eröffnet wird) keine wirksame Anschließung mehr (BGH NJW 61, 2309; aA Düsseldorf FamRZ 82, 921: formgerechte Einlegung genügt). 3

3) Ledigl durch **mündl Antrag** in der Berufungsverhandlung kann eine Anschlußberufung nicht erhoben werden (RG JW 36, 2544; RGZ 171, 131). Nach Einreichen eines Schriftsatzes, der den zu stellenden Antrag nebst Begründung enthält und in dem Anschlußberufung vorbehalten wird, genügt aber die Erklärung in der mündl Verhandlung, daß Anschlußberufung eingelegt werde, und die Stellung des angekündigten Antrags (BGHZ 33, 169). Unterzeichnung des Schriftsatzes durch einen beim Berufungsgericht zugelassenen Prozeßbevollmächtigten nötig wie bei § 518. 4

4) Zustellung von Anschlußschrift und Begründungsschrift von Amts wegen (dazu § 519 a), außer wenn die Abschrift dem Gegner in der mündl Verhandlung übergeben werden kann (BGH FamRZ 65, 556); jedoch nur Ordnungsvorschrift (Düsseldorf FamRZ 82, 922). 5

5) Von einer **Frist** ist die Zulässigkeit der Anschließung nicht abhängig, solange das Verfahren über die Hauptberufung noch nicht beendet ist (RGZ 170, 20). Zur Anschließung während des Nachverfahrens vgl BGH MDR 62, 733 u § 521 Rn 15. 6

6) Wird die Anschlußberufung innerhalb der Frist für die Einlegung der Hauptberufung eingelegt, so gilt sie als **selbständig** (§ 522 II). Jedoch gibt es **keine Verlängerung** der Begründungsfrist für eine selbständige Anschlußberufung (Köln JMBlNRW 75, 265). Die **verspätete Begründung** einer unselbständigen Anschlußberufung kann eine zulässige Wiederholung der unzulässigen (ersten) Anschlußberufung sein (RGZ 170, 18; BGH NJW 54, 109; BAG NJW 68, 957). Eine **zurückgenommene Anschlußberufung** kann bis zum Schluß der mündl Verhandlung wiederholt werden (RAG JW 35, 2229). 7

II) Begründung. 1) Die Anschlußberufung muß entspr dem § 519 III **begründet** werden, außer wenn sie der in erster Instanz siegreich gebliebene Kläger nur zur Erweiterung des Klageantrags, der in erster Instanz erfolgreiche Bekl nur zur Erhebung einer Widerklage eingelegt hat, weil dann das erstinstanzl Urteil nicht angegriffen wird (RGZ 150, 249; 153, 104; JW 38, 895). 8

9 **2) Bestimmte Anträge** (§ 519 III Nr 1) sind auf jeden Fall erforderlich. Eintritt der Rechtshängigkeit neu erhobener Ansprüche: § 261 II.

10 **3)** Wird die Anschlußberufung vor Ablauf der **Begründungsfrist für die Hauptberufung** eingelegt, so muß die Begründung gleichfalls innerhalb dieser Frist (gfls der verlängerten, s Rn 11) erfolgen. Das gilt auch für die innerhalb der Berufungsfrist eingelegte (und daher selbständige) Anschlußberufung; sie ist nicht innerhalb einer von der Einlegung der Anschlußberufung an laufenden Einmonatsfrist zu begründen (RGZ 156, 240 gg RGZ 65, 78). Wann die Hauptberufung eingelegt wurde, ersieht der Berufungsbekl aus der Mitteilung des Berufungsgerichts nach § 519 a S 2, die er bei Zustellung der Berufungsschrift erhält.

11 **4) Verlängerungen** der Begründungsfrist für die Hauptberufung kommen auch dem Anschlußberufungskläger zugute; solche Verlängerungen sind dem Gegner des Berufungsführers ebenfalls mitzuteilen. Wird die vorher eingelegte Anschlußberufung erst nach Ablauf der Frist zur Begründung der Hauptberufung begründet, so gilt diese Begründungsschrift nunmehr als (unselbständige) Anschließung samt Begründung (RGZ 170, 18; BGH NJW 54, 109).

12 **5)** Ist die Anschlußberufung erst **nach Ablauf der Begründungsfrist** für die Hauptberufung eingelegt, so muß sie nach II in der Anschlußfrist zugleich begründet werden. Da eine spätere Begründung aber (wie oben) als wiederholte Anschließung gilt, kann praktisch die Begründung bis zum Schluß der Verhandlung über die Hauptberufung nachgeholt werden. Der Anschließende setzt sich damit jedoch dem Risiko der Zurückweisung nach §§ 528 II u 523, 296 II, 282 II aus (oben Rn 7).

13 **6)** Auch für die erst **in der mündl Verhandlung erhobene** unselbständige Anschlußberufung genügt mündl Begründung nicht; schriftl Fixierung ist erforderl (BAG NJW 58, 357; aM BGH FamRZ 65, 556: jedoch Besonderheit des Eheprozesses, Anschlußberufung bezog sich auf erstinstanzlichen Prozeßstoff); da der Gesichtspunkt der Vorbereitung der mündl Verhandlung entfällt, sind hier an den Inhalt der Berufungsbegründung geringere Anforderungen zu stellen (BAG aaO; BGH LM Nr 15 zu § 519 ZPO).

14 **7) Unterbleibt** die erforderl **Begründung,** so ist die Anschlußberufung unzulässig. Das steht aus den vorerwähnten Gründen (siehe Rn 12) aber erst nach Schluß der Verhandlung über die Hauptberufung fest. Vorher daher auch keine Verwerfung der Anschlußberufung als unzulässig (BGH NJW 54, 109; 56, 1030). Bleibt die Begründung nach Verspätungsrecht unbeachtet (Rn 7), dann ist die Anschlußberufung als unbegründet zurückzuweisen.

15 **III) Abs 3. § 518 II:** Inhalt der Anschlußschrift; **§ 518 IV:** Anwendung der allg Bestimmungen über die vorbereitenden Schriftsätze; **§ 519 III:** Inhalt der Anschlußbegründung; **§ 519 V:** Anwendung der allg Bestimmungen über die vorbereitenden Schriftsätze auf die Begründung der Anschlußberufung; die Vorschrift gilt aber nur entsprechend für die unselbständige Anschlußberufung, also nur insoweit und in der Art, wie sie für dieses Institut paßt (BAG NJW 58, 357). **§ 519 a:** Zustellung von Anschlußberufung und Begründung von Amts wegen; **§ 519 b:** Prüfung der Zulässigkeit von Amts wegen. Revisionsbeschwerde (§§ 547, 519 b II) auch dann, wenn das OLG die Anschlußberufung nicht nur deklaratorisch, sondern streitentscheidend für wirkungslos erklärt (§ 522 Rn 5).

523 *[Verfahren wie beim Landgericht]*

Auf das weitere Verfahren sind die im ersten Rechtszug für das Verfahren vor den Landgerichten geltenden Vorschriften entsprechend anzuwenden, soweit sich nicht Abweichungen aus den Vorschriften dieses Abschnitts ergeben.

1 **I)** Unmittelbar anzuwenden sind die Vorschriften des ersten Buches (§§ 1–252). **Entsprechend anzuwenden** sind die §§ 253–494 zum landgerichtl Verfahren, womit das gesamte Recht der Vereinfachungsnovelle auch für das Berufungsverfahren gilt. Die Vorschriften über das **amtsgerichtl Verfahren** sind nicht für anwendbar erklärt. Ein Urteil nach § 510 b kommt daher im Berufungsrechtszug nur in Betracht, wenn die Berufung an eine Zivilkammer geht.

2 **II)** Zur **Verweisung** von der Berufungskammer an die erstinstanzl Zivilkammer in entsprechender Anwendung des § 506 siehe Oldenburg NJW 73, 810.

3 **III)** Besondere Regelungen für die Erhebung einer **Widerklage** und die Geltendmachung einer **Eventualaufrechnung** erstmals im zweiten Rechtszug enthalten § 530 I, II.

4 **IV) Einzelne Hinweise: 1)** Rechtl Gehör: Erstinstanzl Versäumnisse können durch nachträgl Gewährung geheilt werden (BVerfGE 5, 24). Neue Verletzungen wegen der dann drohenden Ver-

fassungsbeschwerde unter allen Umständen zu vermeiden. **Überraschungsentscheidungen** rechnen hierher, zB Anwendung ausländischen Rechts ohne vorherigen Hinweis, obwohl bis dahin nur deutsches Recht angewandt worden ist und weder Erstgericht noch Prozeßbevollmächtigte Anwendung ausländischen Rechts überhaupt in Erwägung gezogen hatten (BGH MDR 76, 379) sowie hinweislose Anwendung des § 296 (Kinne DRiZ 85, 15). Keine Aussetzung nach § 148 wegen Einlegung einer Verfassungsbeschwerde (LAG Hamm MDR 83, 789). Zur **erneuten Beweisaufnahme** bei Abweichung von der erstinstanzlichen Zeugenbeurteilung s § 525 Rn 7.

2) Über **verspätete** nachgelassene **Schriftsätze** (§ 283) siehe Landsberg MDR 76, 726. 5

3) Berufung des Gemeinschuldners nach Konkurseröffnung vgl Düsseldorf DB 74, 2001: wirksam, Eintritt des Konkursverwalters ist Klageänderung. 6

4) Zurücknahme der Klage nach Einlegung eines Rechtsmittels: Vollkommer Rpfleger 74, 89; Koblenz Rpfleger 74, 117. Volles oder teilweises Anerkenntnis (§ 307) des Bekl und BerKl in zweiter Instanz bestätigt die Klage, so daß die Berufung im Umfang des Anerkenntnisses als unbegründet zurückzuweisen, also nicht zu verwerfen ist. 7

5) Sachdienlichkeit einer Klageänderung in der Berufungsinstanz: Grundsätzlich dazu in BGH Rspr BauZ 2.10 – Bl 48 (Urteil vom 16. 10. 1975 – VII ZR 38/73; WPM 81, 657; BauR 83, 485 = MDR 83, 1017). Nur ausnahmsweise zu verneinen, insbesondere wenn Bejahung zur Beurteilung eines völlig neuen Streitstoffes nötigen würde, ohne daß dafür das Ergebnis der bisherigen Prozeßführung verwertet werden könnte. Maßgeblicher Gesichtspunkt der Gedanke der **Prozeßwirtschaftlichkeit** (BGH MDR 83, 1017; WPM 86, 1200), wobei es allein darauf ankommt, ob und inwieweit die Zulassung geeignet ist, den Streitstoff im Rahmen des anhängigen Rechtsstreits auszuräumen und weiteren Rechtsstreitigkeiten vorzubeugen. So liegt es zB, wenn der Kläger sich zweitinstanzlich das Verteidigungsvorbringen des Beklagten hilfsweise zu eigen macht (BGH MDR 85, 741 = NJW 85, 1841). Gegen Sachdienlichkeit spricht zB, wenn über das neue Begehren keine abschließende zweitinstanzliche Entscheidung möglich ist, weil ohnehin wegen eines Aufrechnungseinwandes zurückzuverweisen ist (BGH NJW 84, 1552, 1555). Die subjektiven Interessen einer Partei sind unmaßgeblich (BGH MDR 83, 1017). Unerheblich ist, ob noch Erklärungen der Parteien und Beweiserhebungen notwendig sind, ob Zulassung also verzögern würde, oder ob die Parteien bei Zulassung eine Tatsacheninstanz verlieren (BGH WPM 83, 604 u 769 zu VI; 86, 1200, 1201). Jedoch sollte Sachdienlichkeit verneint werden, wenn die Klageänderung zur Zuständigkeitseinrede führen würde, die eine kostenaufwendige Verweisung nach sich zöge oder die endgültige Beilegung des Streits nicht fördern würde (Hamm FamRZ 81, 1200). S auch § 528 Rn 11. Bei Bejahung der Sachdienlichkeit einer Klageerweiterung muß das Berufungsgericht selbst entscheiden und darf nicht zurückverweisen (BGH MDR 83, 1018; NJW 84, 1552). Die Verneinung der Sachdienlichkeit ist nur gleich Zurückweisung der neuen Klageansprüche, macht also das Rechtsmittel selbst nicht unzulässig, so daß kein Fall des § 547 gegeben ist (BGH WPM 83, 1090). Zu Ehesachen vgl § 611 Rn 6. 8

6) Hat das Erstgericht ein **Teilurteil** erlassen, das wegen Divergenzmöglichkeit zum Schlußurteil **unzulässig** ist (siehe dazu Schneider MDR 76, 93), dann kann die Unzulässigkeit im zweiten Rechtszug dadurch **geheilt** werden, daß ein Zwischenfeststellungsantrag nach § 256 II gestellt wird, dessen Bescheidung die Möglichkeit eines Widerspruchs zwischen Teilurteil und Schlußurteil ausräumt (Köln VersR 73, 89). 9

7) Die Möglichkeit eines **vorgezogenen Beweisbeschlusses** (§ 358 a) dient auch im Berufungsverfahren der Beschleunigung. 10

8) Soweit nicht spezielles Verzögerungsrecht nach §§ 527, 528 eingreift, gilt auch für die Berufungsinstanz § 282 (Stuttgart NJW 81, 2581 zu III 5). 11

523 a (aufgehoben; siehe jetzt die neue Fassung des § 524)

524 *[Einzelrichter]*

(1) Zur Vorbereitung der Entscheidung kann der Vorsitzende oder in der mündlichen Verhandlung das Berufungsgericht die Sache dem Einzelrichter zuweisen. Einzelrichter ist der Vorsitzende oder ein von ihm zu bestimmendes Mitglied des Berufungsgerichts, in Sachen der Kammern für Handelssachen der Vorsitzende.

(2) Der Einzelrichter hat die Sache so weit zu fördern, daß sie in einer mündlichen Verhandlung vor dem Berufungsgericht erledigt werden kann. Er kann zu diesem Zweck einzelne Beweise erheben; dies darf nur insoweit geschehen, als es zur Vereinfachung der Verhandlung vor dem Berufungsgericht wünschenswert und von vornherein anzunehmen ist, daß das Berufungsgericht das Beweisergebnis auch ohne unmittelbaren Eindruck von dem Verlauf der Beweisaufnahme sachgemäß zu würdigen vermag.

(3) Der Einzelrichter entscheidet

1. **über die Verweisung nach § 100 in Verbindung mit den §§ 97 bis 99 des Gerichtsverfassungsgesetzes;**
2. **bei Zurücknahme der Klage oder der Berufung, Verzicht auf den geltend gemachten Anspruch oder Anerkenntnis des Anspruchs;**
3. **bei Säumnis einer Partei oder beider Parteien;**
4. **über die Kosten des Rechtsstreits nach § 91a;**
5. **über den Wert des Streitgegenstandes;**
6. **über Kosten, Gebühren und Auslagen.**

(4) Im Einverständnis der Parteien kann der Einzelrichter auch im übrigen entscheiden.

1 **I)** Einzelrichter kann nur ein **Mitglied des Kollegiums** sein. „Geborener" Einzelrichter ist der Vorsitzende; „gekorener" Einzelrichter ist ein von ihm zu bestimmendes Mitglied des Berufungsgerichts, in Sachen der Kammern für Handelssachen immer der Vorsitzende (§ 524 I 2). Die Bestimmung des Einzelrichters liegt zwar im **Ermessen** des Vorsitzenden (siehe Koebel JZ 65, 245; Dinslage DRiZ 65, 14). Diese Auswahlbefugnis hat heute jedoch weitgehend nur noch theoretische Bedeutung. Innerhalb des Kollegiums sind nach § 21g GVG die Geschäfte für das gesamte Geschäftsjahr im voraus grundsätzl unabänderl auf die Mitglieder des Spruchkörpers zu verteilen. Die dadurch bestimmten „Berichterstatter" übernehmen nach durchgehender Übung zugleich die Aufgabe des Einzelrichters.

2 In **Baulandsachen** ist durch §§ 220 I 3, 229 I 3 BauGB der Einzelrichter für die erste u zweite Instanz ausgeschlossen. Verstoß aber gem § 295 I heilbar (BGHZ 86, 105).

3 **II)** Vom Einzelrichter ist der **beauftragte** und der **ersuchte Richter** zu unterscheiden (siehe dazu Schneider DRiZ 77, 13 ff). Im ersten Rechtszug wird das zwingende Recht der §§ 348, 375 ZPO heute bereits weitgehend unterlaufen, indem der Berichterstatter als „beauftragter Richter" bezeichnet und ihm ledigl die Beweisaufnahme übertragen wird, so daß er zur Entscheidung durch die Kammer an diese zurückverweisen kann (siehe dazu und mit Recht ablehnend Hartmann NJW 78, 1463 m Nachw). Im Berufungsverfahren stellt sich diese Problematik nicht, da dort die Übertragung einer Sache auf den Einzelrichter nicht dessen grundsätzl endgültige Entscheidungszuständigkeit begründet.

4 **III) Zuweisung ist in jeder Lage des Verfahrens** mögl, also auch, wenn bereits Termin anberaumt oder durchgeführt oder sogar Teilbeweis erhoben worden ist. Oft ergibt sich erst auf Grund mündl Verhandlung, daß die Zuweisung an den Einzelrichter zur Sachverhaltsaufklärung und weiteren Vorbereitung der Entscheidung angebracht ist.

5 **1)** Die **Zuweisungsbefugnis des Vorsitzenden** besteht nur vor Beginn der mündl Verhandlung. Ab dann ist nur noch das Berufungsgericht zuständig, eine Sache dem Einzelrichter zuzuweisen (§ 524 I 1). Der Wortlaut „**in** der mündlichen Verhandlung" soll nur besagen, daß dort die Zuständigkeit des Vorsitzenden endet; er darf zuweisend nur tätig werden, solange eine mündl Verhandlung noch nicht stattgefunden hat.

6 **2)** Die Zuweisung durch den Vorsitzenden geschieht durch **Verfügung,** diejenige durch das Kollegium in **Beschlußform.** Der Beschluß ist, wenn er auf Grund mündl Verhandlung ergeht, zu verkünden (§ 329 I 1). **Formlose Mitteilung** genügt, da kein Vollstreckungstitel und keine Beschwerdemöglichkeit (§ 329 III). Außerhalb mündl Verhandlung ergangene Zuweisungsbeschlüsse des Gerichts sind formlos mitzuteilen, sofern nicht zugleich ein Termin bestimmt oder eine Frist in Lauf gesetzt wird; dann Zustellung (§ 329 II).

7 **3) Stillschweigende Zuweisung** einer Sache an den Einzelrichter sollte es nicht geben (München BayJMBl 53, 183 fordert ausnahmslos Schriftlichkeit).

8 **4) Welches Kollegialmitglied** die Tätigkeit des Einzelrichters auszuüben hat, bestimmt auch bei Übertragung durch das Prozeßgericht (§ 524 I 1) der Vorsitzende (s aber Rn 1).

9 **5)** Ist der Einzelrichter – durch Verfügung des Vorsitzenden oder durch Beschluß des Kollegiums – einmal bestellt, dann **konkurriert seine Zuständigkeit** nur noch mit derjenigen des Kol-

legiums, nicht mit derjenigen des Vorsitzenden. Dieser darf daher die Sache nicht an die Kammer oder den Senat zurückholen.

a) Streitig ist, ob er – bei Verbleiben der Sache beim Einzelrichter – die **Person** des tätig werdenden Kollegialmitglieds **auswechseln** darf. Man wird ihm diese Befugnis dann ohne Verstoß gegen Art 101 I 2 GG einräumen dürfen, wenn **gewichtige sachl Gründe** dafür sprechen, etwa Überlastung oder Erkrankung des bisherigen Einzelrichters oder auch, weil sich zeigt, daß im konkreten Fall besondere Sachkunde notwendig ist, über die ein anderes Mitglied des Kollegiums besser verfügt, oder daß mit einer weiter eingegangenen Berufung ein rechtl oder tatsächl Sachzusammenhang besteht, der Anlaß gibt, die Bearbeitung einem einzigen Richter zu überlassen; in der Praxis wird dann meist zugleich durch Übernahme oder Abgabe ein interner Belastungsausgleich vorgenommen. 10

b) Scheidet der bestellte Einzelrichter generell aus, zB weil er einer anderen Kammer oder einem anderen Senat zugeteilt worden ist, dann ist das Bestimmungsrecht des Vorsitzenden ohne jede Einschränkung gegeben. Praktisch tritt aber nur der neue Berichterstatter an die Stelle des ausgeschiedenen und führt dessen begonnene Tätigkeit zu Ende. 11

c) Das Kollegium darf eine Sache jederzeit vom Einzelrichter an die Kammer oder an den Senat **zurückholen** (wie hier Wieczorek/Rössler, 2. Aufl 1981, § 524 Anm B I). R-Schwab (ZPR, 13. Aufl, 1981, § 111 IV 3) meint demgegenüber, die Zuweisung an den Einzelrichter sei so lange unwiderrufl, bis dieser seine Tätigkeit beendet habe. Aber damit wird das Verhältnis zwischen Kollegium und vorbereitendem Einzelrichter und insbesondere die dominierende gerichtsverfassungsrechtl Stellung des Kollegiums verkannt. Auch im alten Recht hatte das Kollegium immer „das letzte Wort". § 349 II 4 aF sah ausdrückl vor, daß bei Meinungsverschiedenheiten zwischen Vorsitzendem und Einzelrichter über die Verhandlungsreife das Prozeßgericht zu entscheiden habe. Diese Regelung war sachbedingt und gilt heute noch (s auch Rn 20). 12

6) Den **Parteien** ist jeder **Einfluß** auf die Zuweisung und Bestimmung des Einzelrichters **versagt** (RG JW 32, 646); dahingehende „Anträge" sind nur Anregungen, deren Nichtbeachtung den Beschwerderechtszug nicht eröffnet, auch nicht mit dem Ziel, den Einzelrichter zur Abgabe an das Kollegium zu zwingen (KG JW 26, 1596; Frankfurt JW 26, 1606). Es handelt sich um ein gerichtsinternes Verhältnis, das nicht geoffenbart wird; die Parteien erfahren daher auch nichts darüber, wenn Meinungsverschiedenheiten zwischen Vorsitzendem und Kollegium wegen der Einzelrichterzuweisung beizulegen sind. 13

7) Die **Bekanntgabe der Person** desjenigen Richters, der im einzelnen Streitfall die Aufgaben des Einzelrichters übernimmt, ist nicht vorgesehen. Sie ergibt sich aber ohne weiteres für die Prozeßbevollmächtigten aus seinem Tätigwerden. 14

IV) Aufgabe des Einzelrichters. Sein erstes Ziel wird sein, eine **gütliche Regelung** herbeizuführen. Gelingt das nicht, dann soll er den Prozeßstoff klären, Unterlagen zusammentragen, Berechnungen mit den Parteien abstimmen usw und auf diese Weise die Sache so nachhaltig fördern, daß sie vom Berufungsgericht in einem Haupttermin abgeschlossen werden kann. 15

Verfassungswidrig (Art 101 I 2 GG) ist es, wenn der Einzelrichter seine die Entscheidung des Kollegiums vorbereitende Tätigkeit **„in Abstimmung mit dem Vorsitzenden"** ausübt. Wenn überhaupt eine Rücksprache in Betracht kommt, kann sie sich nur auf die Frage beziehen, ob der gesetzl Aufgabenbereich des Einzelrichters ausgeschöpft und die Sache abzugeben ist; sie darf dann nur mit dem Kollegium stattfinden, nicht mit dem Vorsitzenden allein. 16

V) Befugnisse des Einzelrichters. 1) Grundsatz: Nur Erörterung und Klärung des gesamten Streitstoffes mit den Parteien, um Entscheidungsreife vor dem Kollegium herbeizuführen. **Ausnahme:** Erhebung einzelner Beweise, soweit das diesem Zweck dienl ist und gewiß ist, daß eine zuverlässige Beweiswürdigung durch das Kollegium ohne persönl Eindruck möglich sein wird (§ 524 II 2). So liegt es zB häufig in Bausachen, wenn zahlreiche Mängel aufzuklären sind, zumal wenn ein Sachverständiger hinzugezogen wird. Ortsbesichtigungen, die ledigl darin bestehen, einen bestimmten Gegenstand in Augenschein zu nehmen, können ebenfalls hierher gerechnet werden, wenn das Ergebnis im Protokoll genau beschrieben werden kann (§ 160 III Nr 5). Verlagerung der Beweisaufnahme auf den Einzelrichter kann verfahrenswidrig sein und das Revisionsgericht zur Aufhebung und Zurückverweisung veranlassen (BGH ZSW 81, 36: Arztprozeß mit schwieriger Begutachtung). 17

2) Die **Vernehmung von Zeugen** sollte grundsätzl nur durch das beweiswürdigende Kollegium vorgenommen werden, zumal auch im Verhältnis zur unteren Instanz abweichende Würdigung ohne erneute Vernehmung verfahrenswidrig ist (BGH Warneyer 78, Nr 230; std Rspr); leider liegt aber gerade hier der Hauptanwendungsfall der Tätigkeit des Einzelrichters, die häufig gesetzeswidrig ist (§ 355 I: Unmittelbarkeitsgebot). 18

19 3) Der **Beweisbeschluß** (§§ 358, 358 a), auf Grund dessen der Einzelrichter tätig wird, kann vom Kollegium oder von ihm selbst erlassen werden. Es empfiehlt sich in beiden Fällen, einen **umfassenden Beschluß** abzusetzen, damit der weitere Verfahrensgang klargestellt ist. Ob dieser umfassende Beweisbeschluß ganz oder teilweise vom Einzelrichter zu erledigen ist, kann schon im Beschluß festgelegt werden. Darüber hinaus hat der Einzelrichter die Möglichkeit, nach Erhebung einzelner Beweise an das Kollegium zurückzuverweisen, wenn er dies nach § 524 II 2 für sachdienl hält.

20 4) **Meinungsverschiedenheiten** darüber, ob die Beweisaufnahme durch den Einzelrichter angebracht und/oder noch gesetzmäßig ist, können auftreten. Wie sie zu lösen sind, sagt das Gesetz nicht. Der Einzelrichter ist grundsätzl an den Beschluß des Kollegiums gebunden (oben Rn 12); er ist aber nicht verpflichtet, gegen das Gesetz zu verstoßen. Ist die Zuweisung mit den §§ 524 II 2, 355 I, 375 unvereinbar, so kann er es ablehnen, die Beweisaufnahme durchzuführen, und die Sache an das Kollegium zurückverweisen. Diesem bleibt dann nichts anderes übrig, als die Zurückverweisung anzunehmen; daß es sich nicht um eine prozessual bindende Verweisung handelt (wie etwa bei § 281 oder §§ 97 ff GVG), wirkt sich im Ergebnis nicht aus.

21 5) Über eine **Befangenheitsablehnung** des Einzelrichters entscheidet das Kollegium, soweit es ohne den Einzelrichter noch beschlußfähig ist (§ 45 I).

22 6) Anders als vor dem beauftragten oder ersuchten Richter besteht vor dem Einzelrichter **Anwaltszwang,** auch für Vergleichsabschlüsse. Legale Umgehung ist mögl, indem der Einzelrichter an sich als beauftragten Richter verweist (§ 279 I 2) – womit der Anwaltszwang in Fällen einseitig mögl Vertretung (Ehescheidungsprozeß) ad absurdum geführt und abzulehnen ist (zutreffend daher BGH LM § 826 BGB [Fa] Nr 3, Bl 435 Rückseite; Wüstenberg RGRKomm z BGB, 11. Aufl 1968, § 72 EheG Anm 126 m weiteren Nachw; ausführlich Bergerfurth, Der Anwaltszwang und seine Ausnahmen, 1981, S 95 f).

23 7) **Zwischenentscheidungen** des Einzelrichters **binden das Kollegium** nach § 318, da die Tätigkeit des Einzelrichters die Einheit der mündl Verhandlung nicht aufhebt. Der Einzelrichter selbst ist im selben Umfang gebunden.

24 8) Bei jeder **Zeugenvernehmung** durch den Einzelrichter sollte dieser Vorgänge in der Beweisaufnahme, eigene Wahrnehmungen, das Verhalten von Zeugen usw, auf das es für die Gesamtwürdigung ankommen kann, im Protokoll festhalten. Anderenfalls dürfen diese Umstände vom Berufungsgericht bei der Beweiswürdigung nicht verwertet werden (Einzelheiten bei Schneider, Beweis und Beweiswürdigung, 3. Aufl 1978, § 3 m Nachw).

25 9) **Ein Verbot eidl Vernehmung** durch den Einzelrichter ist im Gesetz nicht vorgesehen. Es ergibt sich aber mittelbar aus § 524 II (aA Schumann, Berufung in Zivilsachen, 2. Aufl 1980, S 155). Beeidigung setzt nach § 391 voraus, daß sie „mit Rücksicht auf die Bedeutung der Aussage oder zur Herbeiführung einer wahrheitsgemäßen Aussage für geboten erachtet" wird. Dies aber ist gleichbedeutend damit, daß eine Glaubwürdigkeitsprüfung nicht ohne unmittelbaren Eindruck (§ 524 II 1) durchführbar ist. In diesem Fall genügt es daher auch nicht, daß der Einzelrichter seinen eigenen Eindruck zu Protokoll bringt.

26 10) **Parteivernehmung** durch den Einzelrichter erscheint immer unangebracht (so auch BGH FamRZ 65, 212 [213]). Das Kollegium soll (§ 141 I) das persönl Erscheinen der Parteien anordnen, wenn dies zur Sachverhaltsaufklärung dienlich erscheint. Das aber ist immer der Fall, wenn eine Partei sogar über ihr Wissen *vernommen* werden soll. Die Parteivernehmung gehört daher grundsätzl in die mündl Verhandlung des Kollegiums. Köln (NJW 72, 953 – zu altem Recht) hat die Anordnung der Parteivernehmung gemäß § 448 durch den Einzelrichter des LG ohne verfahrensrechtl erkennbaren Anlaß sogar als Grund für eine durchgreifende Befangenheitsablehnung angesehen.

27 **VI) Entscheidungsbefugnis.** Der Einzelrichter soll nur die Endentscheidung vorbereiten; er darf sie deshalb grundsätzl nicht selbst treffen. Die Parteien können ihn jedoch dazu ermächtigen (§ 524 IV). Da er Beweiserhebungen ohnehin beschließen darf, hat diese Ausnahme vor allem Bedeutung für **Zwischen- und Endurteile.**

28 **1) Das Einverständnis. a) Grundsatz:** Das Einverständnis muß **erklärt** werden. Dazu ist eine eindeutige Stellungnahme der Parteien notwendig. Grundsätzl bedeutet dies bei ordnungsmäßigem Verfahren, daß das Gericht eine **klare Frage** stellt und darauf eine **klare Antwort** erhält – mündl zu Protokoll in der Verhandlung, sonst schriftsätzl.

29 **b) Stillschweigendes Einverständnis** der Parteien wird für mögl gehalten (München NJW 53, 187), ist aber bedenklich (ebenso Wieczorek/Rössler, 2. Aufl 1981, § 524 Anm E II). Als Voraussetzung ist dann jedenfalls zu fordern, daß das Prozeßverhalten der Parteien keine andere Deutung zulassen darf als die einer Zustimmung zur Entscheidung durch den Einzelrichter. Wenn es aber

schon soweit kommt, indiziert das ein mangelhaftes Verfahren. Wenn nämlich erst nach dem Erlaß der Entscheidung, um deren Zulässigkeit es geht, klargestellt werden muß, ob das dazu erforderl Einverständnis vorgelegen hat, und wenn obendrein im nachhinein dieses Einverständnis mit Hilfe der Konstruktion einer „konkludenten Prozeßhandlung" bejaht werden muß, dann hat das Gericht seine **Aufklärungspflicht verletzt.** Zweifel sind nicht durch nachträgl Deutungen, sondern durch **rechtzeitiges Befragen** auszuräumen (siehe zu dem gleichliegenden Fall des „konkludenten Verzichts" auf Zeugenvernehmung durch Einverständniserklärung mit der Verwertung von Strafakten Schneider VersR 77, 163).

c) Kein Einverständnis liegt jedenfalls darin, daß der Einzelrichter eine Sache „zum Spruch" nimmt und die Parteien nicht widersprechen; verfahrenswidrige Eigenmächtigkeiten des Gerichts können nicht fehlende Zulässigkeitsvoraussetzungen schaffen (aA Köln JW 27, 1329). Daher bestehen auch Bedenken gegen die Auffassung des OLG Köln in JMBlNRW 73, 93, durch **rügelose Einlassung** könne auf die Beschränkungen des Einzelrichters **verzichtet** werden. Es geht nicht an, schweigenden Parteien zu unterstellen, was der Einzelrichter an Zustimmung wünscht. Er hat, wenn er prozeßordnungsmäßig verfährt, zu fragen; unterläßt er solche Fragen, dann darf **Schweigen grundsätzl nicht in Zustimmung umgedeutet** werden. Dazu müssen vielmehr **zusätzl Feststellungen** getroffen werden können, etwa aktives Mitwirken der Parteien bei der Vorbereitung und Verhandlung einer Entscheidung durch den Einzelrichter. Selbst dann aber wird ein korrekter Einzelrichter es nicht versäumen, die Einverständniserklärung nach § 524 IV ZPO zu protokollieren. 30

d) Im Streitgenossenprozeß muß die Erklärung von allen Genossen abgegeben werden. Gegen den nicht zustimmenden (gleichbedeutend: schweigenden) Streitgenossen wirkt die Einzelrichter-Entscheidung anderenfalls nicht. 31

e) Einwilligung des Streithelfers wirkt nicht für die Hauptpartei; seine Erklärung ist belanglos, daher auch sein Widerspruch. Erklärt jedoch ein Streitgenosse sein Einverständnis ausdrückl in Gegenwart oder in Kenntnis (bei schriftsätzl Erklärung) der Hauptpartei und widerspricht diese nicht, so wird darin deren eigene Zustimmung zu sehen sein. Auch hier ist fragen besser als deuten! 32

2) Geltungsbereich des Einverständnisses. Welche Verfahrensspanne von der Einverständniserklärung gedeckt wird, ist umstritten. Karlsruhe (Justiz 73, 320) hat angenommen, das Einverständnis gelte für das gesamte Verfahren einschließl der Entscheidungen im Rahmen der Zwangsvollstreckung. Rosenberg (ZPR, 9. Aufl 1961, § 109 IV 1; so noch heute R-Schwab, 13. Aufl 1981, § 111 III 3) hat die Einverständniserklärung noch dann als für die Partei verbindl angesehen, wenn zwischenzeitl gegen das Urteil des Einzelrichters Berufung eingelegt worden war, die zur Aufhebung und Zurückweisung wegen wesentl Verfahrensmangels geführt hatte. Köln (JMBlNRW 72, 228) hat das Einverständnis jedenfalls auf die Endentscheidung ausgedehnt. Richtig erscheint es, die Reichweite des Einverständnisses **nur auf die der Erklärung folgende nächste Sachentscheidung** zu beziehen und die Einverständniserklärung ab dann als verbraucht anzusehen. Sachentscheidung in diesem Sinne ist ein Urteil oder jede das Urteil unmittelbar vorbereitende Entscheidung, die über Sachanträge der Parteien ergeht, nicht also eine ledigl prozeßleitende Maßnahme. 33

3) Widerruf. Die Frage der Widerruflichkeit des Einverständnisses überschneidet sich mit derjenigen nach seiner Reichweite (siehe Rn 33). Es sind nämlich Fälle denkbar, in denen die bis zur nächstfolgenden Sachentscheidung bindende Einverständniserklärung vorzeitig widerrufen werden kann. Köln (JMBlNRW 72, 228) hat einen solchen Widerruf für schlechthin unbeachtlich angesehen. Das geht jedoch zu weit. Der jederzeit freie Widerruf ist ebenso abzulehnen wie die Bindung der Parteien an ihre Einverständniserklärung schlechthin. Es geht einerseits nicht an, Widerrufserklärungen mitten in die Arbeit des Einzelrichters, in eine Beweisaufnahme, in die Absetzung des Urteils usw hineinwirken zu lassen. Es geht aber auch nicht an, die Bindung unbegrenzt zu bejahen, etwa einer Partei zuzumuten, ihre Sache erneut von einem Einzelrichter entscheiden zu lassen, dessen Urteil wegen schwerer Verfahrensverstöße (verfassungswidrige Nichtbeachtung des Anspruchs auf rechtl Gehör; Überraschungsentscheidung usw) kassiert worden ist. Eine sachgerechte Lösung bietet sich an, indem **§ 128 II 1 entspr angewandt** wird mit der Folge, daß die Einverständniserklärung (die bis zur nächsten auf sie ergehenden Sachentscheidung wirkt; Rn 33) stets **„bei einer wesentl Änderung der Prozeßlage widerrufl ist"** (ebenso jetzt Wieczorek/Rössler, 2. Aufl 1981, § 524 Anm E III unter Aufgabe von § 349 Anm C II a [jederzeit freie Widerruflichkeit]). Dazu rechnet gewiß, daß ein Einzelrichter-Urteil wegen schwerer Verfahrensmängel aufgehoben worden ist. 34

4) Bindung des Einzelrichters. a) Das Einverständnis der Parteien berechtigt den Einzelrichter, **verpflichtet ihn** aber **nicht,** die ihm eröffneten Entscheidungsmöglichkeiten auszuschöpfen. 35

Er kann in jedem Stadium des Verfahrens seine Zuständigkeit durch Rückgabe der Sache an das Kollegium beenden (siehe dazu Rn 20).

36 **b)** Auch soweit der Einzelrichter wegen Sachzusammenhangs (siehe unten Rn 47) ohne Einverständnis der Parteien Zwischenentscheidungen treffen darf (zB nach §§ 135, 360, 366, 387, 391, 406), bleibt er in seiner Entscheidung frei und kann nicht durch Anregungen oder Erklärungen der Parteien gebunden werden. Er darf die Entscheidung des Kollegiums darüber herbeiführen, und er wird es sogar dann tun, wenn es sich um zweifelhafte, umstrittene oder wichtige Vorgänge im Rechtsstreit handelt. Darin liegt keine Abgabe der Sache insgesamt an das Kollegium, die die Zuständigkeit des Einzelrichters beenden würde (unten Rn 78 f). Nach der Zwischenentscheidung des Kollegiums darf er ohne erneute Zuweisung weiter tätig werden.

37 **VII) Fehlerhaftes Vorgehen** des Einzelrichters kann im weiteren Rechtsstreit gerügt werden. **1)** Ist sein Tätigwerden als **unrichtige Sachbehandlung** einzuordnen, so dürfen die dadurch ausgelösten Gerichtskosten nicht erhoben werden (§ 8 I 1 GKG). Auf Anregung einer Partei ist nachträgl Nichterhebung zu beschließen (Frankfurt NJW 71, 1757; Einzelrichter holte ein mit hohen Kosten verbundenes Sachverständigengutachten ein, auf das es nicht ankam).

38 **2)** Erläßt ein Einzelrichter ein **Urteil, ohne** von den Parteien dazu **ermächtigt** worden zu sein, dann ist die Entscheidung fehlerhaft, aber beachtl; es liegt also **kein Nichturteil** vor (ausführl dazu Jauernig, Das fehlerhafte Zivilurteil, 1958, § 5). Nichtigkeitsklage nach § 579 I 1 mögl u vorrangig vor Verfassungsbeschwerde (BayVerfGH NJW 86, 372). Ein unter Überschreitung der Entscheidungsbefugnis erlassenes Urteil des Einzelrichters ist **aufzuheben,** wenn es dagegen noch ein Rechtsmittel gibt; anderenfalls kommt Verfassungsbeschwerde in Betracht, da ein Verstoß gegen das Gebot des gesetzl Richters (Art 101 I 2) vorliegt (§ 90 BVerfGG). Daß das Kollegium an Stelle des Einzelrichters entscheidet, ist stets unschädl, zumal darin das konkludente Ansichziehen der Sache liegt, das dem Kollegium in jeder Lage des Verfahrens gestattet ist (siehe Rn 12).

39 **3) Verstöße gegen** eine von § 524 I 2 nicht mehr gedeckte **Beweiserhebung** des Einzelrichters – praktisch immer umfassende Vernehmung von Zeugen – sind nach der Rspr **unanfechtbar** (§ 355 II) und einem Rügeverzicht (§ 295) zugängl (vgl zB BGHZ 40, 179; Hamm MDR 78, 676; allerdings umstritten, vgl Bosch, Grundsatzfragen des Beweisrechts, 1963, S 105 ff; Müller NJW 74, 680 ff; MDR 76, 850; Schneider JurBüro 70, 226 – alle mit Nachweisen zum alten Recht; Hartmann NJW 78, 1463 u Werner/Pastor NJW 75, 331 zum neuen Recht). In einer neueren Entscheidung (ZSW 81, 36) hat der BGH jedoch trotz Fehlens einer speziellen Verfahrensrüge nach § 554 III Nr 3b wegen schwerer Fehler der Beweiserhebung aufgehoben und zurückverwiesen und dabei die Beweisaufnahme durch den Einzelrichter als „ein erstes Anzeichen" dafür gewertet, daß das Berufungsgericht der Tatsachenfeststellung nicht die gebührende Bedeutung beigemessen habe. Die Heilungsmöglichkeit bei Verstößen gem § 524 II 2 darf nicht mit der gleichen Problematik bei § 348 verwechselt werden.

40 **4)** Sind die **Prozeßbevollmächtigten** mit der zu weit gehenden Zeugenbeweisaufnahme durch den Einzelrichter **einverstanden,** was auch durch **rügelose Mitwirkung** an der Beweisaufnahme geschehen kann, dann schmälern sie die Rechte ihrer Parteien wegen des daraus folgenden Verlusts des Rügerechts (§ 295). Erweist sich erst in der Beweisaufnahme, daß ein persönl Eindruck des Berufungsgerichts für eine sachgerechte Beweiswürdigung unerläßl ist, dann sollte sofort darauf hingewiesen, spätestens aber nach Schluß der Beweisaufnahme ein **Antrag auf wiederholte Vernehmung** durch das Kollegium (§ 398 I) gestellt werden. Die Wiederholung kann allerdings nicht erzwungen werden. Ebenso, wie das Berufungsgericht eine erstinstanzl Beweisaufnahme ohne Wiederholung verwerten darf, wenn es ihr folgt (nicht, wenn es davon abweichen will; § 526 Rn 3), ist das Kollegium im Verhältnis zum Einzelrichter frei oder wegen abweichender Würdigung zur Wiederholung gezwungen.

VIII) Entscheidungszuständigkeit des Einzelrichters **ohne Partei-Einverständnis** ist durch den Katalog in § 524 III klargestellt. Es handelt sich im einzelnen um:

41 **1) Verweisungen** zwischen Zivilkammer und Kammer für Handelssachen (Nr 1). Abgaben oder „Verweisungen" zwischen Familiengericht und anderen Spruchkörpern desselben Gerichts fallen nicht unter § 281 und sind deshalb nicht bindend (BGH NJW 78, 1531). § 524 III Nr 1 ist darauf entspr anzuwenden.

42 **2) Zurücknahme** der Klage (§ 269) oder der Berufung (§ 515); Verzicht (§ 306) und Anerkenntnis (§ 307), Nr 2.

43 **3) Säumnisentscheidungen** nach § 524 (Nr 3); dazu rechnen auch die sog **unechten Versäumnisurteile** (aA für das frühere Recht Köln WRP 69, 389).

4) **Kostenentscheidungen** nach übereinstimmender Erklärung der Hauptsache für erledigt, § 91a (Nr 4); für das frühere Recht wurde eine abweichende Auffassung vertreten (Stuttgart NJW 70, 204; München FamRZ 67, 44). Zuständigkeit des Einzelrichters aber natürl nur, wenn die Hauptsache ihm gegenüber für erledigt erklärt worden ist. Bei Erklärung gegenüber dem Kollegium muß dieses entscheiden. Bestellung des Einzelrichters nur zur Fällung der Kostenentscheidung nach § 91a wäre gesetzwidrig, zumal nichts mehr vorzubereiten wäre, da wegen des Verbots weiterer Beweiserhebung Entscheidungsreife besteht. 44

5) **Streitwertfestsetzung** (Nr 5). Immer, soweit es sich um Vorgänge handelt, die der Einzelrichter bearbeitet hat (so schon früher München BayJMBl 53, 183); darüber hinaus alle Wertfestsetzungen, die der Förderung und Beschleunigung des Verfahrens dienen, zB um die Kosten eines Prozeßvergleichs oder die Beweiskosten abschätzen zu können. 45

6) Entscheidungen über **Kosten, Gebühren und Auslagen** (Nr 6); gemeint sind solche Entscheidungen, die Vorgänge betreffen, die vom Einzelrichter bearbeitet und erledigt worden sind; er ist also nicht befugt, Kostenentscheidungen zu Kammer- oder Senatsentscheidungen zu treffen. Zu den Gebühren rechnen nicht nur die Zeugen-, sondern auch die Sachverständigen-Entschädigung. Der Einzelrichter ist daher auch zuständig für die Festlegung des Stundensatzes (§ 16 ZSEG) und folgl auch dann, wenn dem Sachverständigen eine Entschädigung wegen Erstattung eines völlig unbrauchbaren Gutachtens zu versagen ist. 46

IX) Sachzusammenhang. Unabhängig von dem Katalog des § 524 III ist der Einzelrichter für alle Entscheidungen zuständig, die im Rahmen der ihm übertragenen und von ihm ausgeführten Tätigkeit liegen, zB Entscheidung nach § 534 (siehe dort Rn 6). Insoweit hat er insbesondere zu entscheiden über: 47

1) **Prozeßverbindung und Prozeßtrennung** nach §§ 147, 145 (Stuttgart Rpfleger 74, 118). 48

2) Anträge auf **Wiedereinsetzung** in den vorigen Stand, wenn es sich um Fristen handelt, die ihm gegenüber versäumt worden sind. 49

3) Zulassung oder Zurückweisung eines **Streithelfers** nach § 71 (Frankfurt NJW 70, 817). 50

4) Alle **Maßnahmen im Rahmen der** von ihm durchgeführten **Beweiserhebung,** also etwa Zuziehung eines Sachverständigen zum Augenscheinstermin (§ 372), Festsetzung von Ordnungsgeld oder Ordnungshaft gegen unentschuldigt ausgebliebene Zeugen (zum Vorbehalt der Bestrafung siehe Rn 68), auch deren zwangsweise Vorführung (§ 380), Zwischenentscheidungen über die Rechtmäßigkeit einer Zeugnisverweigerung, § 387 (Köln MDR 74, 238), Sachverständigenablehnung (§ 406), Anordnung der Urkundenvorlage (§ 425) usw. 51

5) **Hinweise** nach §§ 139, 278 III in mündl Verhandlungen oder durch Beschluß. 52

6) Anberaumung eines **Sühnetermins** nach § 279. 53

7) **Wiedereröffnung einer mündl Verhandlung** nach § 156, solange die Sache noch bei ihm bearbeitet wird, also bis zur Abgabeverfügung oder zum Abgabebeschluß (nicht darüber hinaus nach Terminsbestimmung durch den Vorsitzenden; es kommt dann aber Neuzuweisung an den Einzelrichter in Betracht; siehe Rn 81). 54

8) Verhängung einer **Verzögerungsgebühr** nach § 34 GKG (Königsberg JW 26, 865) – die allerdings meist ein Indiz für mangelhafte Prozeßleitung ist (Schneider JurBüro 76, 5 ff). 55

9) Behandlung einer Sache als **Feriensache** (§ 200 IV GVG). 56

10) Ausübung der **Sitzungspolizei** (§§ 176 ff GVG), wozu aber in Zivilsachen fast nie Anlaß besteht (Schneider MDR 75, 622 ff). 57

11) **Anrufung des BVerfG;** jedoch nur, wenn die verfassungsrechtl Vorfrage eine Entscheidung betrifft, die in seine Kompetenz fällt (BVerfGE 8, 248 ff; 54, 163). 58

X) Abgrenzungsprobleme. 1) Weder vom Katalog des § 524 III (siehe Rn 41–46) noch vom Sachzusammenhang gedeckte Entscheidungen (siehe Rn 47–58) des Einzelrichters bedürfen des Einverständnisses der Parteien (siehe dazu Rn 27 f). Wie allerdings die Abgrenzung zu verlaufen hat, ist im Gesetz nicht geregelt und schwierig zu klären. Als Abgrenzungskriterium käme der Vergleich der Zuständigkeitskataloge für den Einzelrichter in § 349 II (Vorsitzender der Kammer für Handelssachen) und § 542 III in Betracht, so daß alle Zuweisungen in § 349 II, die in § 524 III nicht wiederholt sind, beim Berufungs-Einzelrichter Einverständnis der Parteien voraussetzen würden. Die durch Sachzusammenhang begründete Entscheidungsbefugnis (Rn 47) zeigt jedoch, daß Überschneidungen auftreten, die einer derartigen Abgrenzung der Entscheidungszuständigkeit des Berufungs-Einzelrichters ohne und mit Einverständnis der Parteien entgegenstehen. Die Zuweisungsdifferenz zwischen § 349 II und § 524 III ist daher kein taugliches Abgrenzungskriterium. 59

60 2) Aus der **Fassung** des § 524 IV **„im übrigen"** läßt sich für die Auslegung nicht viel herleiten. Diese Begrenzung ist entweder falsch (nämlich soweit sie absolut gemeint sein sollte); oder sie ist richtig, dann aber **relativ.** Letzteres ist unstreitig der Fall (Rn 47). Infolgedessen stellen sich ungeachtet der von § 349 III aF abweichenden und mit § 349 III nF übereinstimmenden Formulierung des § 524 IV die Sachfragen gleichermaßen wie nach altem Recht. Es ist daher nötig, von Fall zu Fall die Zuständigkeit zu bestimmen. Dabei sind vor allem auseinanderzuhalten die Fragen: welche Zuweisungen an den Einzelrichter mögl und welche ausgeschlossen sind, sowie die weitere, davon unabhängige Frage, welche Befugnisse er innerhalb einer rechtmäßigen Zuweisung ausüben darf. Eine generelle Abgrenzung ist nicht mögl, weil es notwendig auch darauf ankommt, in welchem Umfang der Einzelrichter jeweils mit der Sache verfahrensrechtl befaßt ist. Bei Zweifeln ist die **Tendenz der Vereinfachungsnovelle** zu beachten, die Stellung des Einzelrichters zu stärken.

61 3) Vorbehaltl der notwendigen konkreten Prüfung und weitherzigen Rechtsanwendung läßt sich folgende **Auslegungs-Richtschnur** aufstellen: Tätigkeiten des Einzelrichters im Rahmen der Erfüllung seines ihm vom Kollegium erteilten Auftrages, die nicht bereits durch den Katalog des § 524 III gedeckt sind, bedürfen keines Einverständnisses der Parteien. Deren Einverständnis deckt umgekehrt alle Entscheidungen des Einzelrichters, die getroffen werden müssen, um zu derjenigen Sachentscheidung gelangen zu können, zu der das Einverständnis erteilt worden ist.

62 **XI) Wichtige Prozeßlagen: 1) Prozeßkostenhilfe** (zum alten Recht vgl Neustadt DRZ 49, 69; Schleswig SchlHA 49, 124; Gaul DRiZ 58, 22; Bergerfurth DRiZ 59, 54; Erhard DRiZ 60, 18). Der Einzelrichter ist zuständig, soweit es um die Bewilligung innerhalb eines Verfahrensteils geht, den er abschließen soll (Schleswig JurBüro 59, 206 – betr einstw Anordnung nach § 627 aF); soll er im Einverständnis mit den Parteien ein die Instanz abschließendes Urteil erlassen, muß ihm auch insoweit die Entscheidungsbefugnis zugestanden werden, jedenfalls dann, wenn der Antrag auf Bewilligung von PKH erstmals vor ihm gestellt wird. Ist er bereits vor dem Kollegium gestellt worden und wird anschließend das Einverständnis nach § 524 IV mit der vollständigen Erledigung der Sache durch den Einzelrichter erteilt, entsteht seine Zuständigkeit zur Entscheidung über die PKH kraft Sachzusammenhangs (ebenso Wieczorek/Rössler, 2. Aufl 1981, § 524 Anm D II). Denn anderenfalls träte die Situation auf, daß das Kollegium über die hinreichende Erfolgsaussicht eines Rechtsmittels oder einer Rechtsverteidigung zu beschließen, der Einzelrichter dagegen unabhängig davon und bindungsfrei (§ 318 könnte sich nur auf die PKH-Entscheidung beziehen!) in der Sache selbst zu erkennen hätte. Birkl (Prozeßkosten- und Beratungshilfe, 1980, § 127 Anm 2) verneint die Zuständigkeit des Berufungs-Einzelrichters zur PKH-Bewilligung schlechthin; dies beruht aber auf mangelnder Differenzierung der in Betracht kommenden Prozeßlagen.

63 Für ein **isoliertes PKH-Prüfungsverfahren** kann keine Zuständigkeit des Einzelrichters begründet werden. Denn hierbei handelt es sich um ein reines Beschlußverfahren außerhalb des Erkenntnisverfahrens. Auf Beschlußverfahren ist § 524 aber nicht anwendbar, auch nicht analog (siehe unten bei Rn 66: Beschwerdeverfahren).

64 **2) Arrest und einstweilige Verfügung.** Keine Zuständigkeit begründbar, soweit es sich um reine Beschlußverfahren ohne mündl Verhandlung handelt. Ist mündl Verhandlung anberaumt worden, dann besteht kein gesetzl Verbot, zur Vorbereitung der Berufungsentscheidung einen Einzelrichter zu bestellen. Jedoch wird es kaum jemals Fälle geben, in denen dieses Vorgehen als zweckmäßig und verfahrensbeschleunigend angesehen werden könnte. Soweit es ausnahmsweise anders liegt, ist die Zuweisung und Zuständigkeit des Einzelrichters von Parteierklärungen unabhängig.

65 **3) Aussetzung.** Im Verlaufe der Tätigkeit des Einzelrichters können sich Prozeßlagen ergeben, die eine Verfahrensaussetzung (§§ 148 ff) sachdienl erscheinen lassen. Dann handelt es sich um Entscheidungen, die im Sachzusammenhang mit der Tätigkeit des Einzelrichters stehen, so daß seine Zuständigkeit nicht durch eine Einverständniserklärung der Parteien bedingt ist. Jedoch wird es sich empfehlen, daß der Einzelrichter die Entscheidung vom Kollegium fällen läßt (wodurch seine Zuständigkeit noch nicht endet: Rn 36). Die Frage war nach altem Recht streitig (vgl Wieczorek, ZPO, § 349 D I m Nachw). Der hier vertretenen Lösung läßt sich schwerl entgegenhalten, eine Aussetzung sei dem Einzelrichter verwehrt, weil er die Sache nur fördern dürfe (so Darmstadt HRR 28 Nr 374); denn auch die Aussetzung kann förderl sein, schon weil dadurch Zeit und Kosten verursachende Tätigkeiten vermieden werden können. Zur Aussetzung nach § 620 aF = § 614 nF vgl LG Bückeburg MDR 59, 932 (bejahend) und Oldenburg MDR 57, 554 (verneinend).

66 **4) Beschwerdeverfahren.** Ein Tätigwerden des Einzelrichters – mit oder ohne Einverständnis der Parteien – kommt nur in Betracht, wenn § 524 auf das Beschwerdeverfahren analog ange-

wendet werden darf, was jedoch nicht der Fall ist. Das Beschwerdeverfahren läuft schriftl ab. Zur Vorbereitung der Entscheidung des Kollegiums wird daher ohnehin immer nur ein Mitglied des Kollegiums tätig – der Vorsitzende oder der Berichterstatter –, das durch Verfügungen auf Wahrung rechtl Gehörs achtet, Hinweise gibt, den Schriftsatzwechsel kontrolliert usw. Es besteht angesichts dessen kein Anlaß, den ohnehin tätigen einzelnen Richter zum Einzelrichter zu bestellen; das wäre letztl nur eine für das Verfahren überhaupt nicht förderl Umbenennung. In den wenigen Fällen, in denen mündl Verhandlung im Beschwerdeverfahren anberaumt wird, handelt es sich um so wichtige oder schwierige Sachen, daß erst recht kein Anlaß besteht, damit nur einen einzigen Richter zu befassen. Für eine rechtsähnl Anwendung des § 524 auf das Beschwerdeverfahren besteht angesichts dessen weder ein Bedürfnis noch eine Analogiebasis (ebenso Wieczorek/Rössler, 2. Aufl 1981, § 524 Anm A I unter Aufgabe der verneinenden Ansicht in Anm C II zu § 348).

5) Bestrafungsbeschlüsse nach § 890. Richtiger Ansicht nach darf der Einzelrichter hier überhaupt nicht tätig werden. Es handelt sich um ein selbständiges Beschlußverfahren, das nicht in den Anwendungsbereich des § 524 fallen kann (Hamburg MDR 64, 1014; Nürnberg BayJMBl 53, 248). 67

6) Bestrafung einer säumigen Partei. Soweit der Einzelrichter Zeugen vernehmen muß, hat er auch die vom Gesetz gebotenen Maßnahmen (oben Rn 51) zu treffen, um die Vernehmung durchführen zu können. Bei der Parteivernehmung verhält es sich ebenso (abgesehen von der anderen Frage, ob sie überhaupt vor dem Einzelrichter angebracht ist; vgl Rn 26). Der Einzelrichter wird aber, wenn er erörtert oder verhandelt, regelmäßig die Parteien zuziehen und deren Erscheinen anordnen (§ 141 I 1). Dann muß ihm – kraft Sachzusammenhangs (oben Rn 47) – auch die Befugnis eingeräumt werden, die im Gesetz vorgesehenen Erzwingungsmaßnahmen zu treffen. Er darf also ein Ordnungsgeld androhen und festsetzen, sich auch diese Festsetzung vorbehalten, falls eine genügende Entschuldigung (§ 381) nicht nachgebracht wird. In diesem Fall bleibt seine Bestrafungszuständigkeit auch nach Abgabe der Sache bestehen. Die gegenteilige Auffassung des OLG Köln (MDR 74, 283) ist abzulehnen. Sie geht davon aus, mit Rückgabe der Sache an das Kollegium verliere der Einzelrichter jede Zuständigkeit, ausgenommen die der Tatbestandsberichtigung nach § 320 IV 2. Ob das für das alte Recht vertretbar war, mag dahinstehen; für das neue Recht ist das jedenfalls nicht so. Es wäre zudem sachwidrig, das Kollegium zwingend mit Vorgängen zu befassen, die sich ledigl vor dem Einzelrichter abgespielt haben. 68

7) Beweissicherung. Soweit es sich um ein isoliertes Beschlußverfahren handelt, kann überhaupt keine Zuständigkeit des Einzelrichters begründet werden (Rn 66). Soweit dagegen während der Befassung des Einzelrichters mit der Sache ein Antrag auf Beweissicherung gestellt wird, handelt es sich um eine begleitende Maßnahme, die er ohne Einverständnis der Parteien beschließen darf (ebenso Wieczorek/Rössler § 524 Anm D II). Meist wird es zweckmäßig sein, die Entscheidung des Kollegiums nachzusuchen, jedenfalls dann, wenn zugleich die Beweiserheblichkeit bestimmten Vorbringens präjudiziert werden könnte oder müßte. 69

8) Einstweilige Einstellung. Zuständigkeit kraft Sachzusammenhangs nur, wenn es sich um seine eigenen Entscheidungen handelt (Hamburg MDR 68, 54; nach altem Recht sehr umstritten, vgl mit Nachw Köln NJW 68, 406). Außerhalb Sachzusammenhangs überhaupt keine Entscheidungsbefugnis, da es sich um ein selbständiges Beschlußverfahren handelt (§ 769 III). 70

9) Prozeßpfleger: Recht zur Bestellung nach § 57 ZPO (Wieczorek § 57 Anm B III). 71

10) Ruhen des Verfahrens. Anordnung nach § 251 unproblematisch, da im beiderseitigen Parteiantrag das Einverständnis nach § 524 IV liegt. Anordnung nach § 251 a III fällt in den Entscheidungs-Sachzusammenhang, so daß deswegen die Einzelrichter-Zuständigkeit besteht. 72

11) Schiedspruchvollstreckung. Keine Angelegenheit, in der der Einzelrichter tätig werden kann, da keine notwendige mündl Verhandlung (§ 1042 a I 1). Soweit wegen angeordneter mündl Verhandlung ein Urteilsverfahren in Gang gesetzt wird (§ 1042 a I 2), ist Einzelrichter-Bestellung denkbar, aber wohl immer unangebracht. 73

12) Sicherheitsleistung. Kraft Sachzusammenhangs zuständig, soweit die Anordnung nach § 108 seine eigene Entscheidung betrifft, zB wenn sein Urteil im Vollstreckbarkeitsausspruch wegen der Art der Sicherheitsleistung erweitert wird. 74

13) Verweisung. Über die Möglichkeiten des § 524 III 1 hinaus kommt Verweisung nach § 281 in Betracht. Grundsätzl obliegt sie dem Kollegium. Findet aber eine mündl Verhandlung vor dem Einzelrichter statt, in der entspr Verweisungsanträge gestellt werden, so hat er darüber kraft Sachzusammenhangs zu entscheiden, bedarf also nicht des Parteien-Einverständnisses gemäß § 524 IV. Siehe zur Verweisung auch oben Rn 41. 75

76 **14) Vorabentscheidung über vorläufige Vollstreckbarkeit.** Nach § 718 auf Antrag gesonderte Verhandlung und Entscheidung. Dient der Vorbereitung der Hauptsache-Entscheidung und kann daher ohne Einverständnis der Parteien dem Einzelrichter übertragen werden. Im Rahmen einer vor ihm stattfindenden Verhandlung besteht seine Zuständigkeit kraft Sachzusammenhangs (oben Rn 47).

77 **15) Wechsel- und Scheckprozeß.** Wegen der Dringlichkeit dieser Verfahren auch in der Berufungsinstanz ist Zuweisung an den Einzelrichter stets untunlich (so die früher hM; Wieczorek, ZPO, § 348 Anm C II). Zum Beschluß nach § 534 s dort Rn 12.

78 **XII)** Nach **Erledigung seiner Aufgabe** legt der Einzelrichter die Sache dem Vorsitzenden vor, damit dieser Termin zur mündl Verhandlung vor dem Kollegium anberaumen kann.

79 **1)** Vielfach geschieht dies in Beschlußform („Der Rechtsstreit wird an die Kammer/den Senat zurückverwiesen"). Diese Ausdrucksweise ist untechnisch gemeint und soll nur klarstellen, daß das Verfahren vor dem Einzelrichter abgeschlossen ist. Unterrichtung der Parteien oder Prozeßbevollmächtigten durch formlose Mitteilung dieses Beschlusses oder einer entspr Nachricht ist angebracht, soweit sich nicht die Information schon aus dem Protokoll ergibt.

80 **2)** Hat der Einzelrichter die Sache wieder an das Kollegium abgegeben, dann ist damit seine **Zuständigkeit erloschen.** Als Einzelrichter darf er nicht mehr tätig werden, ausgenommen nur bei solchen Handlungen und Entscheidungen, die sich auf seine frühere Tätigkeit beziehen, zB Festsetzung eines Streitwertes für einen vor ihm abgeschlossenen gerichtl Vergleich (München MDR 63, 688) oder eine Tatbestandsberichtigung nach § 320 (Köln MDR 74, 238).

81 **3)** Will er **darüber hinaus tätig** werden, muß er sich **erneut** vom Gericht **bestellen** lassen. Das gilt auch dann, wenn es sich um Maßnahmen handelt, die zwar durch seine frühere Tätigkeit bedingt sind, aber vom sachl Gehalt her nicht Vergangenes betreffen, sondern die zukünftige Verfahrensgestaltung. Beispiel: Vergleich vor dem Einzelrichter und spätere Einwendungen gegen die Erteilung der Vollstreckungsklausel nach § 732 (Oldenburg NJW 63, 257). Die wiederholte Zuweisung ist zulässig (Wieczorek/Rössler, 2. Aufl 1981, § 524 Anm D IV).

82 **4)** Hat der Einzelrichter urteilsmäßig erkannt, dann ist er allein zuständig für sich anschließende **Berichtigungsverfahren nach § 320** (Köln MDR 74, 238). Berichtigungen nach **§ 319** können jedoch auch vom Kollegium vorgenommen werden, da es sich um **offenkundige** Unrichtigkeiten handeln muß, also um solche, die für jedermann erkennbar sind. (Daraus erklärt sich auch die Befugnis des Berufungsgerichts, Berichtigungen erstinstanzl Entscheidungen nach § 319 selbst vorzunehmen; vgl BGH NJW 64, 1858).

83 **XIII) Gebühren: 1)** des **Gerichts:** Keine (§ 1 Abs 1 GKG). – **2)** des **Anwalts:** „Anträge" des RA, die Sache einem Einzelrichter zuzuweisen oder wieder an das Kollegium abzugeben, stellen keine Anträge zur Prozeß- oder Sachleitung dar, sondern sind lediglich Anregungen (s oben Rn 13), die keine ½ Verhandlungsgebühr nach § 33 Abs 2 BRAGO für den RA auslösen können. AM Hartmann, KostGes BRAGO § 33 Anm 4 „Einzelrichter". So auch Riedel/Sußbauer, BRAGO § 33 Rn 18..

525 *[Verhandlung vor dem Berufungsgericht]*

Vor dem Berufungsgericht wird der Rechtsstreit in den durch die Anträge bestimmten Grenzen von neuem verhandelt.

1 **I) Gegenstand** der Verhandlung und Entscheidung des Berufungsgerichts wird durch die Anträge bestimmt (§ 537), auch soweit sie im Berufungsverfahren neu erhoben werden. Bei Aufhebung und Zurückverweisung durch das Revisionsgericht s § 565 Rn 2. Beschwer nötig; daher unzulässig der Antrag auf Erhöhung des Unterhalts bei Berufung gegen Entscheidung wegen Versorgungsausgleichs im Verbundurteil, wenn vorinstanzlich dem Unterhaltsbegehren voll stattgegeben worden war (Celle FamRZ 81, 379).

2 **1)** Die Grenzen werden durch die verlesenen (§ 297) Anträge gezogen (vgl §§ 308, 536), die von den in der Berufungsbegründung enthaltenen (§ 519 III 3) abweichen und – im Rahmen der Berufungsbegründung (§ 519 Rn 10) – bis zum Schluß der mündl Verhandlung erweitert werden können (BGH NJW 61, 1115; 71, 34).

3 **2) Beiderseitige Berufungseinlegung** ändert nichts an der Einheitlichkeit des Rechtsstreits, auch wenn (in Ehesachen) die Rechtsmittel verschieden sind (BGH FamRZ 84, 406: Berufung und Beschwerde); über sie wird ohne Verbindungsbeschluß (§ 147) verhandelt (RGZ 29, 348, 144, 118). Auch mehrfache Berufungseinlegung derselben Partei läßt nicht mehrere Berufungsverfahren entstehen (BGHZ 45, 383; NJW 68, 49; Rn 37 vor § 511).

II) Neue Verhandlung: jedoch nicht ohne Rücksicht auf die Ergebnisse erster Instanz; deren Streitstoff kann aber ergänzt werden, soweit nicht §§ 527 ff entgegenstehen. Da die mündl Verhandlung in der Berufungsinstanz eine Fortsetzung der Verhandlung erster Instanz bildet, wirken insbes unwiderrufl Parteierklärungen fort (vgl § 532); desgleichen die Beweisergebnisse (vgl § 526 I). Nach einseitiger Erledigungserklärung und Abweisung der Klage durch Sachentscheidung ist Berufung mit dem Ziel zulässig, lediglich eine Abänderung der Kostenentscheidung zu erreichen (BGHZ 57, 224; WPM 81, 386). 4

III) Zu überprüfen sind auch die **Vorentscheidungen** erster Instanz, soweit sie unter § 512 fallen. § 525 gilt auch in Ehesachen (RGZ 64, 316; 126, 302), mit Rücksicht auf den Grundsatz der Einheitlichkeit der Entscheidung aber nicht uneingeschränkt. 5

IV) Verfahrensgrundsätze müssen in jeder Instanz beachtet werden (s Köln OLGZ 79, 472; ZIP 81, 434: betr Beschwerdeverfahren). **1)** Wichtig auch für das Berufungsgericht, seiner **Hinweispflicht** nach §§ 139, 278 III nachzukommen, und zwar möglichst früh vor dem Termin, zB um wegen anderer Beurteilung der Rechtslage auf fehlende oder unklare (pauschale Bezugnahme in der Berufungsbegründung) Beweisanträge hinzuweisen (BGH MDR 82, 29 = GRUR 81, 676). Hinweise im Termin selbst haben meist wenig Wert, da die Prozeßbevollmächtigten und Parteien sich nicht darauf vorbereiten konnten (Einzelheiten bei Schneider MDR 77, 881 ff, 969 ff). – Heraufziehen versehentlich übergangener Ansprüche oder bei unzulässigem Teilurteil: s § 537 Rn 3, 9. 6

2) Beweisrecht: § 526 Rn 3. 7

3) Gewährung rechtl Gehörs (vgl Schneider MDR 79, 617): Erstinstanzl Versäumnisse können durch **nachträgl Gewährung geheilt** werden (BVerfGE 5, 24), neue müssen vermieden werden. Das Berufungsgericht muß alle Ausführungen zur Kenntnis nehmen. Ein Verstoß dagegen stützt die Verfassungsbeschwerde. Das BVerfG (BVerfGE 46, 315) hat dies bejaht, weil ein OLG seine Entscheidung auf die Parteivernehmung des Klägers gestützt hatte, ohne diesem ein in der mündl Verhandlung vorgelegtes Protokoll vorzuhalten, in dem der Kläger Angaben gemacht hatte, die mit seiner Bekundung inhaltl völlig unvereinbar waren. Das BVerfG hat damit – soweit ersichtl – erstmals in eine konkrete Beweiswürdigung eingegriffen. 8

V) Zum **Verschlechterungsverbot** siehe zu § 536. Es gilt nicht für die Kostenentscheidung; auch bei erfolglosem Rechtsmittel darf eine falsche Kostenentscheidung wegen fehlender Antragsbindung (§ 308 II) von Amts wegen berichtigt werden (BGH WPM 81, 46 [48 zu V]; näher § 521 Rn 24). 9

526 *[Vortrag des Akteninhalts des ersten Rechtszuges]*

(1) Bei der mündlichen Verhandlung haben die Parteien das durch die Berufung angefochtene Urteil sowie die dem Urteil vorausgegangenen Entscheidungen nebst den Entscheidungsgründen und den Beweisverhandlungen insoweit vorzutragen, als dies zum Verständnis der Berufungsanträge und zur Prüfung der Richtigkeit der angefochtenen Entscheidung erforderlich ist.

(2) Im Falle der Unrichtigkeit oder Unvollständigkeit des Vortrags hat der Vorsitzende dessen Berichtigung oder Vervollständigung, nötigenfalls unter Wiedereröffnung der Verhandlung, zu veranlassen.

I) Zusammenhang. Die Vorschrift ist nicht an das neue Recht der Vereinfachungsnovelle angepaßt worden, so daß Unklarheiten entstanden sind. Nach § 278 I **muß** das Gericht im Haupttermin in den Sach- und Streitstand einführen, und die erschienenen Parteien **sollen** dazu selbst angehört werden. Das gilt über § 523 auch für das Berufungsverfahren. Die Parteien können aber darauf verzichten (§ 295). 1

II) Die **Bedeutung** des § 526 I liegt darin, daß **auch die Parteien** ihre Sache darzulegen haben, daß also der Richtervortrag nach §§ 278 I, 523 den Parteivortrag nicht ersetzen kann (RGZ 54, 7). Den Erfordernissen des § 526 I wird durch eine ordnungsmäßige Berufungsbegründung (§ 519) entsprochen. Diese wiederum wird ganz allgemein in der mündl Verhandlung in Bezug genommen (§ 137 III), so daß – formal gesehen – keine Darlegungslücken auftreten können (siehe auch RGZ 102, 328). Erkennbar nicht vorgetragener Prozeßstoff muß jedoch unberücksichtigt bleiben (RGZ 8, 326). Aber dann ist vorher darauf hinzuweisen (§ 139) und gegebenenfalls nach § 278 III zu verfahren. 2

3 **III) Beweisrecht** (s auch § 539 Rn 16–20). Eine Beweisaufnahme erster Instanz behält ihren Wert auch für die Berufungsinstanz; Verwertung von Beweisprotokollen aus anderen Verfahren ist immer zulässig, selbst wenn eine Partei widerspricht (BGH VersR 83, 667; MDR 85, 567). **Beweisverwertungsverbote** (Rn 12 vor § 284) müssen berücksichtigt werden, zB die versäumte Belehrung über ein Aussageverweigerungsrecht (BGH MDR 85, 567 = NJW 85, 1470). Streitgenossen dürfen nicht als Zeugen vernommen werden, sofern sie noch selbst betroffen sind (BGH WPM 83, 729), wobei Fortbeteiligung im Kostenpunkt genügen kann (Schneider MDR 82, 372 m Nachw). **Beweisantizipation** ist unzulässig (s dazu Schneider Beweis und Beweiswürdigung § 12 sowie oben § 268 Rn 1). Dem Verbot der Vorwegwürdigung von Beweisen korrespondiert das **Erschöpfungsgebot.** Festgestellte und unterstellte Beweisumstände müssen berücksichtigt werden (BGH ZSW 91, 271: Voreingenommenheit des Gutachters). Auf ein abweichendes PrivatGA muß eingegangen werden (BGH GRUR 81, 534), desgleichen auf ein gerichtliches GA in einem Vorprozeß (BGH ZSW 82, 39); ggf neue Begutachtung, wenn sonst die Parteien das Recht verlören, gem §§ 402, 397 Fragen zu stellen (BGH NJW 83, 121 = ZSW 83, 134 m Anm Müller). Eine *Auseinandersetzung* mit solchen Privat- oder VorGA kann geboten sein (BGH GRUR 81, 534), desgl amtswegige Veranlassung der Ergänzung oder mdl Erläuterung eines gerichtlichen GA (BGH MDR 82, 45). Nicht festgestellte Tatsachen dürfen bei der Beweiswürdigung nicht berücksichtigt werden. Bei Strafaktenverwertung statt Zeugenvernehmung darf die Wahrheit beurkundeter Aussagen nicht aus Gründen angezweifelt werden, für die weder in der Urkunde noch sonst belegbare Umstände erkennbar sind (BGH VersR 81, 1127: Verletzung des § 139 I; kritisch dazu Hartung VersR 82, 141). Ein GA scheidet als Beweisgrundlage aus, wenn der SV einen anderen Sachverhalt als das Gericht zugrunde gelegt hat (BGH MDR 68, 37; ZSW 81, 271). **Gesamtschau** ist geboten. Der Tatrichter ist nicht nur verpflichtet, entscheidungserhebliche Umstände erschöpfend zu würdigen, sondern muß die einzelnen Beweismittel auch in ihrem Gesamtzusammenhang zum Prozeßgeschehen werten; rein theoretische Erörterungen können nicht den tatsächlichen Ablauf ersetzen (BGH VersR 81, 352). Der Wahrheitspflicht der Parteien (§ 138 I) entspricht die Wahrheitsermittlungspflicht des Gerichts. Zuwiderhandlungen sind Verfahrensfehler, etwa wenn eine schwierige Beweisaufnahme in einem Arztprozeß, der auf Grund von Gutachten zu entscheiden ist, entgegen § 524 II dem Berichterstatter als Einzelrichter übertragen wird (BGH ZSW 81, 36 m Anm Müller). Innerhalb der Beweiswürdigung hat das Gericht einen **Ermessensbereich.** Beim Indizienbeweis ist der Richter freier gestellt und darf vorab (antizipierend) die Schlüssigkeit der Beweiskette prüfen (BGH MDR 83, 47). Im Ermessen des Berufungsgerichts steht es, ob es bei wirtschaftlich unbedeutenden Positionen die Beweisaufnahme wiederholt (Gedanke des § 287); der Kostenfaktor muß bedacht werden, da anwaltliche Beweisgebühren und gerichtliche Beweisauslagen anfallen. In der **Praxis** wird gegen diese Beweisgrundsätze nicht selten verstoßen. Mangelhafte Beweiswürdigungen zählen zu den vom BGH am häufigsten beanstandeten Verfahrensfehlern. Vermeintliche Zeitnot und Erledigungsstreben rechtfertigen sie nicht, zumal sie sich im Ergebnis fast immer als unökonomisch erweisen. Um im ersten (gem § 273 vorbereiteten) oder in einem neuen (§ 358) Termin eine oft nur kurze Beweisaufnahme nicht durchführen zu müssen, wird eine falsche Entscheidung und in revisiblen Sachen auf Kosten der Parteien die Gefahr einer Aufhebung und Zurückverweisung (§ 564) in Kauf genommen. Die Parteien sind über das vom Gericht geplante Vorgehen durch **Hinweis** vorzubereiten, zB wenn das Gericht ein GA, das ein anderer als im Beweisbeschluß benannter SV schriftlich erstattet hat, trotz Widerspruchs einer Partei verwerten (BGH MDR 85, 923 = NJW 85, 1399 = JZ 86, 241 m Anm Giesen) oder wenn es eine erstinstanzliche Aussage abweichend von der Vorinstanz bewerten will, ohne den Zeugen erneut zu vernehmen (BGH VersR 85, 183 = MDR 85, 567 = Warneyer 84 Nr 345).

Zu den einzelnen Beweismitteln: **Augenschein.** Sein protokolliertes Ergebnis darf vom Berufungsgericht nicht ohne eigene Feststellungen abweichend bewertet werden (BGH VersR 85, 839 = Warneyer 85 Nr 152). **Zeugen.** Die Frage, ob die protokollierte Aussage inhaltlich ergiebig ist, darf an Hand der erstinstanzlichen Vernehmungsniederschrift beurteilt werden (zB BGH NJW 72, 584; r + s 85, 76). Insoweit steht es im Ermessen des Berufungsgerichts, ob es die Zeugen erneut vernehmen will (§ 398 I). Fordert jedoch die Beweislage im Einzelfall eine erneute Vernehmung, weil dadurch eine bessere Aufklärung erzielt wird, dann zwingt pflichtgemäße Ermessensausübung zur Wiederholung der Beweisaufnahme (ebenso Gerhardt ZZP 92, 1979, 403/404; Wieczorek/Rössler § 526 Anm A II). Dabei kann es genügen, die Wiederholung auf einzelne, besonders wichtige Aussagen zu beschränken. Zu beachten ist bei diesen Überlegungen, daß erneute Vernehmung die Aussagetüchtigkeit nicht verbessert; der Realitätsgehalt einer Aussage sinkt im Gegenteil mit jeder weiteren Vernehmung (psychologisch gesicherte Erkenntnis; vgl zB Hörmann, Handbuch der Psychologie, Bd I 2, Lernen und Denken, 2. Aufl 1964, S 225 ff, 242 f). – Die Tendenz der neueren Rspr des BGH geht dahin, den Ermessensbereich des Berufungsgerichts beim Absehen von eigener unmittelbarer Sachverhaltsaufklärung immer mehr einzuengen (zum Umfang der revisionsrechtlichen Überprüfung s § 559 Rn 13). Soweit das Berufungsgericht in der **Glaubwürdigkeitsbeurteilung** von derjenigen der ersten Instanz abweichen will, muß es die Beweisaufnahme wiederholen, um sich selbst den zur Würdigung nötigen persönlichen Eindruck zu verschaffen (s zB BGH MDR 83, 35; 85, 268; weitere Nachw bei Schneider NJW 74, 841 u Nasall ZZP 98, 1985, 313). Es besteht dann kein Ermessensspielraum (BGH GRUR 81, 534). Ebenso liegt es, wenn die Vorinstanz mehreren Zeugenaussagen keine oder die gleiche Überzeugungskraft beimißt, das Berufungsgericht jedoch eine der Aussagen als überzeugungskräftiger ansehen und deshalb das Beweiswürdigungsergebnis anders beurteilen will (BGH WPM 83, 1394). Sehr weitgehend fordert der BGH, daß wesentliche Zeugen erneut vernommen werden, wenn das Erstgericht die Beweiserheblichkeit verneint und sich deshalb zur Glaubwürdigkeit gar nicht geäußert hatte (BGH MDR 82, 220 gg NJW 72, 584; VersR 86, 970 = MDR 86, 1015 = NJW 86, 2855). Ebenso, wenn es der Aussage eines erstinstanzlich vernommenen Zeugen bei der Würdigung der Aussage eines *anderen* Zeugen stärkeres Gewicht als das Erstgericht beimessen will (BGH VersR 85, 183 = MDR 85, 566 = Warneyer 84 Nr 345; r + s 85, 200) oder wenn das Berufungsgericht eine entscheidende Stelle der Aussageniederschrift abweichend vom Wortlaut und der Deutung des Erstrichters werten will (BGH MDR 85, 390 = Warneyer 84 Nr 380; WPM 82, 16), ohne daß es darauf ankommt, ob beeidet worden ist oder nicht (BGH MDR 82, 297). Problematisch ist die Abgrenzung, wann das Berufungsgericht nur in der subjektiven Wertung („persönlicher Eindruck") abweicht. Dazu hat der BGH in Warneyer 1985 Nr 2 S 5 ausgeführt, eine Pflicht zur erneuten Vernehmung bestehe „grundsätzlich nur dort, wo für die abweichende Bewertung der Aussage Faktoren im Vordergrund stehen, deren Beurteilung – wie die Urteilsfähigkeit des Zeugen, sein Erinnerungsvermögen, seine Wahrheitsliebe – wesentlich vom persönlichen Eindruck des Zeugen auf den Richter abhängen. Geht es demgegenüber nur darum, ob der Inhalt der protokollierten Aussage (objektiv) für die Beweisfrage ergiebig ist oder nicht, dann kann der zweitinstanzliche Richter prinzipiell diese Aussage anders beurteilen als die erste Instanz, ohne den Zeugen nochmals hören zu müssen. Hier kann sich eine Pflicht zur Wiederholung der Zeugenvernehmung in der Regel nur bei Zweifeln darüber ergeben, ob die Aussage des Zeugen vollständig und präzise genug protokolliert worden ist". Viel anfangen läßt sich auch damit nicht, weil in der Zeugenbeurteilung nichts unergiebiger und fehlerträchtiger ist als der „persönliche Eindruck". Gleichwohl sind die strengen Anforderungen des BGH im Ergebnis gerechtfertigt, weil die eigene Vernehmung der bloßen Lektüre einer fremden Niederschrift immer überlegen ist. **Sachverständiger.** Benötigt der Richter sachverständige Hilfe, will er aber später abweichend vom GA entscheiden, dann muß er sich mit den sachverständigen Darlegungen auseinandersetzen und diese unter Nachweis eigener Sachkunde in den Entscheidungsgründen so widerlegen, daß dem Revisionsgericht eine Überprüfung möglich ist (BGH NJW 82, 2874). In der Regel bewahrt dies den Berufungsrichter jedoch nicht vor Aufhebung und Zurückverweisung gem § 564, weil die in sich widersprüchliche Rspr des BGH weitgehend floskelhaft die eigene Sachkunde des Berufungsgerichts verneint (s dazu Schneider MDR 85, 199 m Nachw). Zweifel sollte der Berufungsrichter nicht durch eigene Sachkunde, sondern durch Befragung des SV beheben (BGH MDR 84, 660 = NJW 84, 1408 = ZSW 84, 280 m Anm Müller). Das gilt insbes bei widerstreitenden GA (BGH MDR 80, 662; BB 76, 480), vor allem im Arztprozeß (vgl zB BGH NJW 85, 2752; VersR 86, 467). Bei unklaren GA ist amtswegige Ergänzung oder mdl Erläuterung zu veranlassen (BGH MDR 82, 45 = ZSW 82, 64 m Anm Müller). Auf Antrag einer Partei besteht **Anhörungszwang** (§ 411 Rn 5), insbesondere wenn neue sachliche Einwendungen vorgebracht werden, mögen sie auch ein Nachtragsgutachten betreffen (BGH VersR 86, 1079 = NJW 86, 2886; MDR 86, 915).

Zur **Parteivernehmung** und Beeidigung durch das Berufungsgericht vgl § 533. – Zur Einführung des Beweisergebnisses erster Instanz zum Betragsverfahren in das gegen das Grundurteil anhängige Berufungsverfahren s RGZ 105, 219. 4

IV) Schriftl Verfahren: Bei ihm (§ 128 II) ist, ebenso wie bei Aktenlage-Entscheidung (§ 251 a), der Akteninhalt auch ohne Vortrag durch die Parteien Entscheidungsgrundlage. 5

V) Abs 2: Gedacht als Ergänzung des § 139. Auch hier ist versäumt worden, eine Anpassung an das neue Recht vorzunehmen, das in § 278 III eine entspr Hinweispflicht vorgesehen hat, die nicht auf das Berufungsrecht beschränkt ist. Siehe dazu näher Schneider MDR 77, 881 ff, 969 ff. Darüber, wann eine geschlossene mündl Verhandlung wieder zu eröffnen ist, vgl Schneider JurBüro 77, 1184. 6

527 *[Verspätet vorgebrachte Angriffs- oder Verteidigungsmittel]* **Werden Angriffs- oder Verteidigungsmittel entgegen § 519 oder § 520 Abs. 2 nicht rechtzeitig vorgebracht, so gilt § 296 Abs. 1, 4 entsprechend.**

Lit: *Kallweit,* Die Prozeßförderungspflicht der Parteien und die Präklusion verspäteten Vorbringens, 1983, S 147 ff; *Hermisson* NJW 83, 2229 (zur Rspr des BVerfG und des BGH).

1 **I)** Bei unvollständiger Berufungsbegründungsschrift ist neues Vorbringen nur zuzulassen, wenn dem Gericht die Überzeugung verschafft wird, daß **a)** entweder dadurch keine Verzögerung auftreten kann oder **b)** der nachträgl Vortrag weder der Partei noch ihrem Prozeßbevollmächtigten (§ 85 II) als Verschulden angerechnet werden kann, wobei auf Verlangen Glaubhaftmachung nötig ist (§ 296 I, IV). Dieselben nachteiligen Wirkungen können für eine Partei eintreten, wenn die nach § 520 II gesetzten Fristen nicht eingehalten werden.

2 Über § 523 ist subsidiär § 282 anwendbar (BGH WPM 86, 1509; Stuttgart NJW 81, 2582 zu III 5). Bei der Anwendung des § 527 ist zu beachten, daß in der Berufungsbegründung oder auf Fristsetzung hin rechtzeitig vorgebrachte Angriffs- und Verteidigungsmittel damit noch nicht ohne weiteres verwertbar sind. Zusätzl ist vielmehr anschließend zu prüfen, ob der Berücksichtigung nicht die **Versäumung erstinstanzl Fristen** (§ 528 I), **nachlässige erstinstanzl Prozeßführung** (§ 528 II) oder gar **erstinstanzl gerechtfertigte Zurückweisung** (§ 528 III) entgegensteht.

3 **II)** Schließl kann die Prozeßlage eintreten, daß der Sachvortrag zwar in der Berufungsbegründung oder der fristgerecht eingereichten Erwiderung oder Replik enthalten ist (§ 527), auch kein Ausschluß nach § 528 in Betracht kommt, eine Partei jedoch auf Grund nachträgl eintretender Veränderungen der Sachlage ihr Vorbringen ändert (was zulässig ist: RG JW 39, 173; BGH NJW 55, 707), dabei aber ihre **prozessuale Sorgfalts- und Förderungspflicht** (§ 282) verletzt. Dann ist § 296 II über § 523 unmittelbar anzuwenden (so schon nach altem Recht RG JW 39, 173; BGH VersR 68, 581; s jetzt BGH WPM 86, 1059).

4 Auch mit im ersten Rechtszug als unbegründet befundenen und zunächst in der Berufungsbegründung nicht weiterverfolgten **selbständigen Klagegründen** ist der Berufungskläger nicht ausgeschlossen. Hätte er sie jedoch nach § 519 III Nr 2 in der Berufungsbegründung bringen müssen, um deren Zulässigkeitserfordernissen zu genügen, dann scheitert die spätere Geltendmachung daran (BGH NJW 68, 396; 71, 807; kritisch dazu Dehner NJW 71, 1565; Mittenzwei MDR 72, 471; Schwab ZZP 84 [1971], 445). Anderenfalls ist zu prüfen, ob in dem Wiederaufgreifen eine **Klageänderung** liegt, die der Zustimmung des Gegners oder der Bejahung der Sachdienlichkeit durch das Gericht bedarf (§ 523 Rn 8).

5 **III) Geltungsbereich des § 527. 1)** Anwendbar auch bei **frühem erstem Termin** oder **schriftl Vorverfahren,** soweit Fristen gesetzt worden sind (§ 520). Ferner für die **Berufungserwiderung** und eine befristete **Replik** darauf. Der Rechtsmittelgegner darf sich deshalb nicht einfach darauf verlassen, daß die zweite Instanz ebenso wie die erste entscheiden werde, sondern muß vorsorglich auch andere Ansprüche wenigstens in den Grundzügen behandeln (Stuttgart Justiz 82, 22).

6 **2)** In **Ehe- und Kindschaftssachen** wegen §§ 615 II, 640 unanwendbar.

7 **3) Rechtsausführungen** zählen nicht hierher, auch wenn sie in die Berufungsbegründung gehören (§ 519 III Nr 2); ihr Fehlen kann zudem nicht verzögern, da das Gericht das Recht von Amts wegen richtig anzuwenden hat. Deshalb sind auch unterlassene **Anregungen** zu Maßnahmen, die **amtswegig** zu erledigen sind, unschädl (vgl Dehner NJW 71, 1565; Mittenzwei MDR 72, 471). Jedoch kann es so liegen, daß nachgeschobene Rechtsausführungen deshalb nicht durchschlagen, weil sie auf neue Tatsachen oder Beweismittel gestützt werden, die nach § 527 unberücksichtigt bleiben müssen.

8 **IV)** Vorzubringen haben Berufungskläger und Anschlußberufungskläger – in der Begründung oder innerhalb der ihnen gesetzten Fristen – alle **Tatsachen, Beweismittel** und **Beweiseinreden,** die ihnen in diesem Zeitpunkt **bekannt** sind, gleichgültig ob sie dazu schon im ersten Rechtszug vorgetragen haben oder nicht (allg M; aA Kallweit, Prozeßförderungspflicht der Parteien und die Präklusion verspäteten Vorbringens, 1983, S 149). Muß nach dem Berufungsangriff auf die erstinstanzliche Beurteilung mit abweichender zweitinstanzlicher Würdigung gerechnet werden, dann hat die Berufungserwiderung auch darauf einzugehen (Stuttgart NJW 81, 2581). Begrenzt wird die Darlegungslast durch den Sachverhalt des Rechtsstreits; keine Partei ist gezwungen, sich schon vorsorglich auf ein bloß mögliches neues Vorbringen einzulassen (§ 528 Rn 3). Beweiseinreden sind Einwendungen gegen die Zulässigkeit oder Glaubwürdigkeit eines Beweismittels. Dabei ist zu unterscheiden: Tatsächliche Behauptungen (von Hilfstatsachen), um die Überzeugungskraft des Beweismittels zu erschüttern, fallen unter § 527 (oder § 528 II). Eine abweichende Meinung über den Wert des Beweismittels, insbes die Glaubwürdigkeit eines Zeugen, ist immer

zu beachten und kann Anregung zur Wiederholung der Beweisaufnahme sein (§ 398 I; s zur notwendigen Wiederholung § 526 Rn 3).

1) Neu oder „nicht rechtzeitig" sind Angriffs- oder Verteidigungsmittel, die vorinstanzlich nicht oder verspätet mitgeteilt worden sind (BVerfGE 67, 39). Vorzubringen ist auch **erstinstanzl zurückgewiesener Prozeßstoff;** ob es bei der Nichtbeachtung bleibt, beurteilt sich nach § 528 III. Dessen Prüfung erübrigt sich aber, wenn die Berücksichtigung des Vorbringens schon an § 527 scheitert. 9

2) Nachgeschobene Beweisanträge (Klingmüller VersR 76, 324) gehören zu den häufigsten Verstößen, die unter § 527 fallen. **a)** Sie müssen grundsätzl in der Berufungsbegründung gebracht werden, die **floskelhafte allgemeine Bezugnahme** deckt sie grundsätzlich nicht (BGH WPM 86, 1509; Schneider JurBüro 69, 802 u 1022), sondern nur in Ausnahmesachverhalten, zB wenn das Erstgericht ein unter Beweis gestelltes Vorbringen als unerhebl behandelt hat und die Berufung sich gerade dagegen richtet; dann muß das Berufungsgericht, wenn es abweichend vom Erstgericht die Erheblichkeit bejaht, erstinstanzl Beweisanträgen auch bei bloßer Bezugnahme auf früheres Vorbringen nachgehen (BVerfGE 32, 92 mit abl Anm Joost in NJW 74, 1502). 10

b) „Neu" ist ein Beweisantrag auch, wenn er im ersten Rechtszug gestellt, dort aber wieder **fallengelassen** worden war (München NJW 72, 2047); erst recht ist er „neu", wenn in erster Instanz nur der **Zeuge „N.N."** benannt worden war (Köln MDR 72, 332; Rixecker NJW 84, 2136); dann fehlte es bereits an einem beachtl Beweisantrag, weil der Zeuge nicht als Aussageperson individualisiert worden ist, wie das § 373 verlangt. Die Berufung auf Vernehmungsprotokolle in **Strafakten** und die zweitinstanzl Benennung der dort Vernommenen als Zeugen sind verschiedene Beweisanträge (München VersR 76, 1143): Urkundenbeweis und Zeugenbeweis; letzterer ist daher neu (München NJW 72, 2047). 11

3) In der Berufungsbegründung unterlassenes, später **nachgeholtes Bestreiten** fällt unter § 527, zB das nachgeschobene Vorbringen, allgemeine Geschäftsbedingungen nicht gekannt zu haben (Celle OLGZ 75, 358) oder die Beanstandung des Zinsbegehrens (BGH WPM 77, 172). Neu ist auch ein Bestreiten, wenn erstinstanzlich schriftsätzlich bestritten worden war, im Tatbestand des angefochtenen Urteils der Vorgang jedoch als unstreitig wiedergegeben und deswegen keine Berichtigung nach § 320 erwirkt worden ist (Rechtsfolge des § 314). 12

4) Neue Anträge fallen nicht unter § 527, da sie keine Angriffs- oder Verteidigungs**mittel,** sondern Angriff oder Verteidigung selbst sind, zB Übergang von einer wegen mangelnder Individualisierung (§ 253 II Nr 2) unzulässigen unbezifferten Leistungsklage zur bezifferten in der Berufungsinstanz. Jedoch kann (s Rn 3–7) der zugehörige Tatsachenvortrag durch § 527 ausgeschlossen sein, so daß der Antrag schon deshalb erfolglos bleiben muß (s § 528 Rn 8). 13

V) Verzögerung (siehe dazu § 296 Rn 11 ff; § 528 Rn 14) ist unabdingbare Voraussetzung für die Nichtbeachtung nachgeschobenen Vorbringens (BGH NJW 75, 1928). Da jede Präklusion die Gefahr eines falschen Urteils mit sich bringt, ist das Gericht verpflichtet, durch Hinweise (§ 139) und vorbereitende Maßnahmen (§ 273) dem Verzögerungsausschluß entgegenzuwirken. Um die gebotenen Maßnahmen treffen zu können, muß die Prozeßlage **systematisch richtig eingeordnet** werden. Dabei ist zu unterscheiden: 14

1. Erstinstanzlich ist verspätetes Vorbringen *zu Recht* zurückgewiesen worden. Dann ist es endgültig ausgeschlossen (§ 528 III); prozeßleitende Maßnahmen sind nicht zu treffen.
2. Erstinstanzlich ist *zu Unrecht* zurückgewiesen worden. Dann ist das zweitinstanzliche Vorbringen weder neu noch verspätet noch verzögernd. Das Berufungsgericht hat zu versuchen, den Verfahrensfehler auszugleichen (Maßnahmen wie Rn 18); ist das nicht möglich, hat es zwischen Zurückverweisung (§ 539, s dort Rn 13) und Selbstentscheidung nach § 540 (s dort Rn 1, 5, 6) zu wählen.
3. Ist das Vorbringen wirklich *neu,* also erstmals in zweiter Instanz gebracht worden, dann muß versucht werden, die Verzögerung durch geeignete Maßnahmen zu verhindern (Rn 18); ist das nicht möglich oder scheitert der Versuch, dann ist § 527 oder § 528 II anzuwenden.

Stets obliegt dem Gericht eine **Hinweispflicht** gem § 139, bevor es ungünstig entscheidet (Rn 25; ebenso bei § 528, s dort Rn 45). Zur Feststellung der Verzögerung s § 528 Rn 14, 15.

1) Ob die Berücksichtigung neuen Vorbringens den Rechtsstreit verzögert, ist nach der Prozeßlage im **Zeitpunkt des Vorbringens** zu bestimmen (BGHZ 75, 138; 76, 133). Prozeßstoff, der nur wegen einer den Parteien noch unbekannten Auffassung des Berufungsgerichts erheblich wird, darf nicht zu Maßnahmen nach § 527 führen (Deubner NJW 74, 1385; Schneider JurBüro 75, 293 [295]; s auch § 528 Rn 27). Die gegenteilige Auffassung des BGH (MDR 74, 650; Rspr BauZ 8.42 Bl 1) fordert praktisch Unmögliches, verstößt gegen Art 103 I 2 GG (BVerfGE 62, 255; Wieczorek/Rössler, 2. Aufl 1981, § 527 Anm B I a) und dürfte durch BVerfGE 67, 39 überholt sein. 15

16 **2)** Eine Verzögerung kann auch dadurch eintreten, daß der Gegner sich nicht mehr rechtzeitig äußern kann (zB weil der Prozeßbevollmächtigte keine Gelegenheit mehr hat, Informationen von der Partei einzuholen und zu verarbeiten), so daß eine **Vertagung nötig** würde, weil der ggf vom Gericht anzuregende Schriftsatznachlaß gem § 283 (BGH ZIP 85, 615, 622; WPM 85, 264, 267; § 296 Rn 16) nicht ausreichen würde.

17 **3)** Verzögerl wäre auch eine **Beweisaufnahme,** die bei rechtzeitigem Vorbringen durch Maßnahmen nach §§ 273, 358 a im ersten (und einzigen) Termin hätte durchgeführt werden können. Wäre es dagegen auf jeden Fall zu einer besonderen Beweisaufnahme (§ 358) gekommen, dann ist die Verzögerungskausalität des nachgeschobenen Vorbringens zu verneinen.

18 **4) Keine Verzögerung** darf angenommen werden, wenn sie sich durch **vorbereitende Maßnahmen des Gerichts** nach § 273 hätte verhindern lassen (BGHZ 76, 173; NJW 84, 1964). Denn dann liegt der Fehler (auch) beim Gericht, und dafür haben die Parteien nicht einzustehen. Jede Zurückverweisung setzt voraus, daß das Gericht die eigenen prozessualen Pflichten strikt und sorgfältig erfüllt hat (Karlsruhe OLGZ 84, 471). Anderenfalls mißbraucht das Gericht die Präklusionsvorschriften (BGHZ 86, 39; BVerfG JR 86, 16) und verstößt gegen den Grundsatz des fairen Verfahrens (Berkemann JR 86, 17). Das geschieht etwa, wenn gesetzwidrig Durchlauftermine anberaumt und in ihnen Verspätungsvorschriften angewandt werden (Schneider MDR 82, 906; BVerfGE 69, 126 = NJW 85, 1149; BGHZ 86, 39), aber auch schon dadurch, daß der Versuch einer Klärung durch Schriftsatznachlaß versäumt wird (BGH MDR 85, 755 = NJW 85, 539; § 296 Rn 16). Geboten sind nur im Rahmen des Geschäftsganges zumutbare (s § 528 Rn 24) und erfolgversprechende Maßnahmen, daher zB keine Zeugenladung auf Beweisanträge hin, deren Sinn oder Ziel erst in mündlicher Verhandlung geklärt werden muß. Gegenäußerung ist möglichst abzuwarten (Hermisson NJW 83, 2233 zu 3), da § 273 II 4 nicht für Ladungen auf das Geratewohl geschaffen worden ist. Hinweise (§ 139) und vorbereitende Maßnahmen binden das Gericht nicht; nachträglicher Prozeßstoff, zB die Erwiderung des Gegners, kann sogar zur Aufhebung bereits angeordneter Maßnahmen führen (Köln MDR 85, 772 = OLGZ 1985, 488). Sogar nach Vernehmung eines vorsorglich geladenen oder gestellten Zeugen kann sich Verzögerung wegen fehlender Entscheidungsreife herausstellen, weil die Aussage neue Behauptungen oder Beweisanträge auslöst (BVerfGE 63, 180). Das Ausmaß der dem Gericht obliegenden Maßnahmen hängt ab von seiner Geschäftsbelastung und dem Umfang der erforderlichen tatsächlichen Feststellungen. Große Belastung mit entsprechend weiter Terminierung entbindet nicht von verzögerungshindernder Terminsvorbereitung (BGH WPM 85, 819; Deubner NJW 86, 858). Einzelne verspätete Zeugenbeweisanträge müssen in der Regel berücksichtigt werden. Es besteht jedoch keine Pflicht zur Klärung von Streitstoff erheblichen Ausmaßes (BGH NJW 71, 1564; WPM 80, 555, 557); unter dieser Voraussetzung darf auch von der Vernehmung eines einzigen Zeugen abgesehen werden, wenn mit seiner stundenlangen Vernehmung zu rechnen ist (Düsseldorf OLGZ 79, 221). Zur Ladung zahlreicher Zeugen ist das Gericht nie verpflichtet (Köln ZIP 85, 436; Schneider MDR 85, 730 mwNachw). Die gleiche Situation ergibt sich, wenn die vorbereitende Zeugenladung andere Behauptungen beweiserheblich machen und zur Anberaumung eines neuen Termins zwingen würde (BGHZ 86, 189 = MDR 83, 397 = NJW 83, 1495) oder wenn die Vernehmung zwingen würde, erheblichen umfangreichen Gegenbeweisangeboten stattzugeben (Köln MDR 85, 772; KG NJW 74, 2011 m Anm Schneider NJW 75, 353; LG Hannover MDR 85, 240; Hermisson NJW 83, 2233; so jetzt auch BGHZ 83, 310 = MDR 82, 658 = NJW 82, 1535 abw von BGH MDR 77, 221) oder Folgebeweise unvermeidlich wären (BGH NJW 86, 2257). Werden solche Gegenbeweisanträge schon vor der Vernehmung angekündigt, dann erübrigt sich die vorbereitende Ladung oder sie ist rückgängig zu machen (Köln MDR 85, 772); vom BVerfG bestätigt, s MDR 86, 896). Stellt eine Partei in der mündlichen Verhandlung einen neuen Zeugen, dann darf dieser nicht vernommen werden, wenn der Gegner widerspricht, weil ihm dadurch Erkundigungen und die Stellung sachgerechter Fragen abgeschnitten würde (Hamm MDR 86, 766, bestätigt von BGH NJW 86, 2257). Ist die Berufung oder die Berufungsbegründung verspätet eingegangen, dann kommen vorbereitende Maßnahmen nach § 273 erst in Betracht, wenn über eine beantragte Wiedereinsetzung entschieden ist. Läßt sich diese Entscheidung erst auf Grund mündlicher Verhandlung treffen, dann dürfen neue Beweisanträge nicht mehr zugelassen werden. **Scheitern vorbereitende Maßnahmen,** weil Zeugen ausbleiben, dann steht damit die Verzögerung endgültig fest (BGH MDR 69, 634; Köln MDR 84, 675 = VersR 84, 1176; LG Koblenz NJW 82, 289; Hermisson NJW 1983, 2233; Schneider MDR 85, 729). Die betroffene Partei hat nur noch die Möglichkeit, sich durch Flucht in die Säumnis mit anschließendem Einspruch die Möglichkeit erneuter vorbereitender Ladung zu verschaffen (BGHZ 76, 173; Schneider MDR 79, 713; Deubner JuS 82, 174). In dieser praktisch außerordentlich wichtigen Frage vertritt der BGH eine gegenteilige Auffassung (BGH NJW 82, 2559 m abl Anm Deubner; MDR 86, 1018 m abl Anm Schneider = WPM 86, 869 = WuB VII A § 520 ZPO 1.86 m Anm Mendel; NJW 86, 2319 = WPM

86, 867 = WuB VII A § 528 Abs 2 ZPO 1.86 m Anm Krämer), die unvertretbar erscheint. Der BGH meint, wenn vorbereitende Zeugenladungen gem § 273 II 4 wegen (entschuldigten oder unentschuldigten) Ausbleibens von Zeugen ergebnislos blieben, müßten die Zeugen erneut geladen und in einem neuen Beweistermin vernommen werden. Die Begründung dafür ist widersprüchlich, weil (in BGH NJW 82, 2559) irrig das Verspätungsverschulden (§ 528 II) auf die Verspätungsfolge des Verzögerns erstreckt wird. In MDR 86, 1018 = WPM 86, 869 u NJW 86, 2319 = WPM 86, 867 hat der BGH versucht, diesen Fehler mit Hilfe des Begriffs des „Beruhens" auszugleichen. Danach soll die vom Parteiverschulden unabhängige Verzögerung nur dann Präklusionsfolgen nach sich ziehen, wenn zwischen verspätetem Vorbringen und Verzögerung Kausalzusammenhang besteht und zusätzlich die Verzögerung auf der Verspätung beruht. Damit ist indessen die Unlogik der Begründung nur noch verschlimmert worden. Das „Beruhen" ist ein logischer Begriff; eine Entscheidung „beruht" auf ihrer Begründung, wenn sie von dem rechtlichen Obersatz und dem tatsächlichen Untersatz des Syllogismus getragen wird (§ 550 Rn 6). Mit Kausalität hat das schlechthin nichts zu tun, weil Denkgesetze und Kausalgesetze in völlig verschiedene Wissenschaftsbereiche gehören. Es ist denkgesetzlich ausgeschlossen, einen Kausalzusammenhang, auch einen adäquaten, durch das Erfordernis des „Beruhens" weiter einzuschränken; daher ist der BGH auch nicht in der Lage, sein Beruhens-Kriterium sinnvoll zu definieren (s dazu Schneider MDR 86, 1019). Am „Verzögerungs-Beruhen" soll es fehlen, wenn die vorbereitenden Maßnahmen des Gerichts aus Gründen scheitern, „die dem Prozeß *allgemein* und unabhängig davon innewohnen, ob die Angriffs- oder Verteidigungsmittel rechtzeitig oder verspätet vorgebracht worden sind". Abgesehen davon, daß nicht nachvollziehbar ist, was einem konkreten Rechtsstreit „allgemein innewohnt", ist erst recht nicht einsichtig, wieso das Ausbleiben eines Zeugen dem Prozeß nicht „allgemein innewohnt". Die Praxis lehrt das Gegenteil, und deshalb gibt es die Vorschrift des § 380. Die völlig mißlungene Interpretation des § 528 II (und damit auch des § 296) durch den BGH ist die Folge des vom BGH vertretenen sog absoluten Verzögerungsbegriffs (Schneider MDR 86, 1020); sie hat die Bedeutung des Präklusionsrechts entgegen der Zielsetzung der Vereinfachungsnovelle weitgehend entwertet. Für die Tatsacheninstanzen stellt sich damit die Frage, ob es überhaupt noch sinnvoll und arbeitsökonomisch ist, Maßnahmen nach § 273 zu treffen. Abgesehen von dem häufigen Nichterscheinen von Zeugen, das jetzt immer zur Anberaumung eines neuen Beweistermins zwingt, sind weitgehende Mißbrauchsmöglichkeiten geschaffen worden. Es genügt jetzt, daß eine Partei irgend jemanden als Zeugen benennt, von dem sie weiß, daß er nicht erscheinen kann, zB wegen Urlaubs oder Krankheit. Sie ermöglicht es sich dadurch, beliebige Beweisanträge nachzuschieben, die im neuen Termin gem § 273 vorbereitend berücksichtigt werden müssen; denn daß umfangreiche Vorbereitungsmaßnahmen zu treffen sind, steht deren Notwendigkeit nicht entgegen, solange sie noch bei der Terminierung berücksichtigt werden können, da sie in diesem Verfahrensstadium den „normalen Geschäftsgang" nicht beeinträchtigen (Deubner NJW 86, 858).

Präklusionsvorschriften haben strengen Ausnahmecharakter (BVerfGE 62, 254; 66, 264). Deshalb ist zu verlangen, daß die Verzögerung von einer ins Gewicht fallenden **Erheblichkeit** ist (Karlsruhe NJW 80, 296; Wieczorek/Rössler, 2. Aufl 1981, § 527 Anm B I e). Das folgt aus dem das materielle und prozessuale Recht prägenden **Grundsatz der Verhältnismäßigkeit**, der Verfassungsrang hat (BVerfGE 19, 348/349; s auch § 528 Rn 15). Was sich mit einer kurzfristigen Vertagung, einem Schriftsatznachlaß u dgl erledigen läßt, rechtfertigt nicht eine Zurückweisung mit der naheliegenden Gefahr einer sachlich falschen Streitentscheidung. 19

VI) Sanktion. 1) Grundsatz. Ist Verzögerung anzunehmen – was auf Grund bloßer Schlüssigkeitsprüfung festzustellen und damit immer eindeutig zu beantworten ist (§ 528 Rn 14, 15) –, dann darf das nachgebrachte Vorbringen **nicht berücksichtigt** werden. Es muß vielmehr auf der Grundlage der Berufungsbegründung oder -erwiderung entschieden werden. Dies ist durch die Bezugnahme des § 296 I in § 527 klargestellt. 20

2) Ausnahmen. a) Die vom Ausschluß bedrohte Partei kann – abgesehen vom Versuch, der Verzögerungsannahme mit Rechtsausführungen entgegenzutreten – dem Gericht die Überzeugung verschaffen, das Nachschieben des Sachvortrages gereiche ihr **nicht** zum **Verschulden.** Das ist etwa dann der Fall, wenn sie erstinstanzlich siegreich war und keinen Anlaß hatte, danach unerhebliche Tatsachen vorzubringen (BVerfGE, 62, 255; BGH MDR 82, 29 = NJW 82, 581), oder wenn die Berufungsfrist wegen Verlängerung noch lief oder die Verspätung durch **verfahrenswidriges Verhalten des Gerichts** mitverursacht worden ist (Rn 18), etwa durch unterlassene Hinweise nach §§ 139, 278 III (BGH JR 62, 328; NJW 75, 1744 [1745]). Jedoch muß das Gericht davon **überzeugt** werden; ein **non liquet** geht zu Lasten der säumigen Partei (Schneider JR 65, 328; JurBüro 75, 293). 21

22 **b)** Legt die säumige Partei einen entlastenden Sachverhalt dar, so muß sie ihn auf Verlangen des Gerichts (Hinweispflicht: BGH NJW 84, 2039) auch **glaubhaft machen** (§§ 294, 296 IV), wobei anwaltl Versicherung meist genügen wird.

23 **3) Gelingt** der Partei der **Entlastungsbeweis nicht,** weil sie keine schlüssigen Darlegungen bringen oder solche nicht glaubhaft machen kann, dann **muß** das Gericht das Vorbringen unberücksichtigt lassen (Stuttgart NJW 81, 2581 zu III 4). Es hat **keinen Ermessensspielraum,** sondern ist gesetzl gebunden. Die Zulassung neuen Vorbringens, das nicht in der Berufungsbegründung oder in einer befristeten Erwiderung oder Replik enthalten war, ist jedoch nicht revisibel (Rn 26).

24 **4)** Den Folgen des Ausschlusses kann die Partei nicht dadurch entgehen, daß sie zu dem Komplex, den das angefochtene Urteil erfaßt, die Klage erweitert und diese Erweiterung dann mit nachträgl Begründung versieht. Auch dann gilt näml § 527. Er ist nur dann unanwendbar, wenn **ganz neue Anträge** gestellt werden, die unabhängig vom erstinstanzlichen Prozeßstoff eine eigene Begründung erfordern (s aber Rn 4); ganz unerwünschte Ergebnisse lassen sich manchmal auch durch Anwendung des Verhältnismäßigkeitsprinzips bei der Erheblichkeitsprüfung (Rn 19 u § 528 Rn 15) vermeiden.

25 **5) Rechtl Gehör** muß gewährt werden, bevor eine Partei mit neuem Vorbringen ausgeschlossen wird (Schneider JR 65, 329; Düsseldorf MDR 71, 670). Sie darf also nicht erst im Urteil damit überrascht werden, sondern muß Gelegenheit erhalten, sich zu dem vom Gericht beabsichtigten Ausschluß zu erklären u ggf Entschuldigungsgründe glaubhaft zu machen (BGH NJW 84, 2039). Rechtl Gehör wird auch durch eine **zu kurze Äußerungsfrist** versagt. Dann ist aber von der betroffenen Partei zu fordern, daß sie innerhalb angemessener Frist schriftsätzl vorträgt. Sonst würde sie selbst die Kausalität des gerichtl Fehlverhaltens ausräumen.

26 **VII) Entscheidung über Zurückweisung** (s auch § 528 Rn 45) ist nach vorheriger Anhörung der Partei (Rn 25) **im Urteil** zu treffen und **zu begründen.** Teilurteil unzulässig (BGHZ 77, 306; zweifelhaft, vgl § 528 Rn 13). Fehlerhafte Zulassung verspäteten verzögerl Vorbringens ist unanfechtbar, da berücksichtigtes Vorbringen nicht mehr verzögern kann (§ 528 Rn 46). Insoweit ist deshalb auch eine Begründung weder erforderlich noch üblich. Die Zurückweisung wird jedoch vom Revisionsgericht überprüft. Ist dies mangels einer Begründung nicht mögl, führt das zur Aufhebung und Zurückverweisung (BGH NJW 71, 1564 [1565]).

528 *[Zulassung neuer Angriffs- und Verteidigungsmittel]*

(1) Neue Angriffs- und Verteidigungsmittel, die im ersten Rechtszug entgegen einer hierfür gesetzten Frist (§ 273 Abs. 2 Nr. 1, § 275 Abs. 1 Satz 1, Abs. 3, 4, § 276 Abs. 1 Satz 2, Abs. 3, § 277) nicht vorgebracht worden sind, sind nur zuzulassen, wenn nach der freien Überzeugung des Gerichts ihre Zulassung die Erledigung des Rechtsstreits nicht verzögern würde oder wenn die Partei die Verspätung genügend entschuldigt. Der Entschuldigungsgrund ist auf Verlangen des Gerichts glaubhaft zu machen.

(2) Neue Angriffs- und Verteidigungsmittel, die im ersten Rechtszug entgegen § 282 Abs. 1 nicht rechtzeitig vorgebracht oder entgegen § 282 Abs. 2 nicht rechtzeitig mitgeteilt worden sind, sind nur zuzulassen, wenn ihre Zulassung nach der freien Überzeugung des Gerichts die Erledigung des Rechtsstreits nicht verzögern würde oder wenn die Partei das Vorbringen im ersten Rechtszug nicht aus grober Nachlässigkeit unterlassen hatte.

(3) Angriffs- und Verteidigungsmittel, die im ersten Rechtszug zu Recht zurückgewiesen worden sind, bleiben ausgeschlossen.

Übersicht

Lit: *Bender/Belz/Wax*, Verfahren nach der Vereinfachungsnovelle, 1977, S 112 f; *Dengler* NJW 80, 163; *Deubner* NJW 76, 2113; 78, 355; *Fuhrmann* NJW 82, 978; *Grunsky* JZ 77, 206; *Kallweit* (siehe bei § 527); *Lampenscherf* MDR 78, 356; *Schneider* MDR 78, 969; *Schulze* NJW 81, 2663; *Weil* JR 78, 493; *Wolf* ZZP 94 [1981], 310; *Leipold* ZZP 97 [1984], 395.

I) Neues (s § 527 Rn 9, 14) **Vorbringen** ist im zweiten Rechtszug grundsätzl zulässig. Das ergibt sich ohne weiteres daraus, daß der zweite Rechtszug eine **Tatsacheninstanz** eröffnet, die mit dem ersten Rechtszug eine Einheit bildet, was die tatsächl Feststellungen und die Entscheidungsgrundlage angeht. Die Parteien können daher ihr Vorbringen ergänzen, erweitern, ändern oder einschränken (nur die Anträge bilden die Grenze, § 525). Dabei bleibt es, wenn neues Vorbringen vom Gericht berücksichtigt wird, selbst wenn es bei richtiger Rechtsanwendung hätte zurückgewiesen werden müssen (BGH WPM 81, 323; Freiburg NJW 80, 295). Der Gegner hat keinen prozessual durchsetzbaren Anspruch auf Zurückweisung. 1

II) Begrenzung. 1) Gesetzeszweck: Uneingeschränkte Zulässigkeit neuen Sachvortrages kann wegen der dadurch bedingten Verzögerungen weder im Interesse einer geordneten, zügig arbeitenden Rechtspflege noch im Hinblick auf die schutzwürdigen Interessen der rechtsuchenden Partei hingenommen werden. Anderenfalls könnten nachlässige oder gar böswillige Prozeßparteien einen Rechtstreit mit immer neuen beliebigen Behauptungen unangemessen in die Länge ziehen. Der Konflikt zwischen materieller Wahrheit (die eine Berücksichtigung neuen Vorbringens fordert) und Gewährung von Rechtsschutz (gleichbedeutend mit Beendigung eines Rechtsstreits in absehbarer und zumutbarer Zeit) ist ein Dauerproblem des Zivilprozeßrechts. Immer neue Lösungen sind von den Gesetzgebern versucht worden, meist ohne sonderlichen Erfolg. Nach jetzigem Recht bleibt neues Vorbringen zwar grundsätzl zulässig; seine Beachtlichkeit im zweiten Rechtszug ist jedoch nur unter strengen Voraussetzungen vorgesehen. Dabei sind mehrere prozessuale Hürden aufgerichtet: **(1)** Die schriftl **Berufungsbegründung** muß **vollständig** sein, und es muß von beiden Parteien **fristgerecht geschrieben** werden (§ 527); **(2)** es ist zu prüfen, ob auch schon **in erster Instanz fristgerecht vorgetragen** worden ist (§ 528 I); **(3)** es muß feststehen, daß bereits im ersten Rechtszug die **prozessuale Sorgfalts- und Förderungspflicht** von den Parteien beachtet worden ist (§ 528 II); **(4) erstinstanzl zu Recht ausgeschlossenes Vorbringen** ist überhaupt nicht mehr in den zweiten Rechtszug einführbar (§ 529 III). Zur ersten Vorfrage vgl bei § 527. Die drei anderen Vorfragen sind hier zu behandeln. 2

a) Für das Berufungsverfahren selbst gilt § 282 (über § 523). Begrenzt wird die Darlegungslast durch den Sachverhalt des Rechtsstreits; keine Partei ist gezwungen, sich auf bloß mögliches neues Vorbringen einzulassen (BVerfGE 67, 39). Deshalb braucht der Berufungsbeklagte nicht in der Berufungserwiderung schon vorsorgl Darlegungen u Belege zu bringen, auf die es nach dem angefochtenen Urteil nicht ankommt. Er darf sich darauf verlassen, daß ihm das Berufungsgericht, wenn es insoweit dem Erstrichter nicht folgen will, einen Hinweis nach §§ 139, 278 III gibt, und zwar so rechtzeitig, daß er noch vor dem Termin zur mdl Verhandlung erfüllt werden kann (BGH NJW 81, 1378). 3

b) Fallenlassen bereits vorgetragener Behauptungen ist **kein Vorbringen** u kann daher nicht neu sein; es ist zulässig u zu berücksichtigen, selbst wenn es eine Beweisaufnahme nötig macht. Umgekehrt ist das Vorbringen neuer Tatsachen dann vom Verspätungsrecht nicht betroffen, wenn sie erst nach erstinstanzlicher Schlußverhandlung entstanden oder der Partei schuldlos bekannt geworden sind, desgl Sachvortrag u Beweisantritte, die erst durch die schriftl Urteilsbegründung ausgelöst worden sind (RG HRR 31 Nr 877; Wolf ZZP 94 [1981], 317). 4

5 **c)** Wolf (ZZP 94 [1981], 318 ff) will § 528 I, II auch dann anwenden, wenn verspätetes Vorbringen **unzulässige Rechtsausübung** darstelle. Abgesehen von den dabei schier unüberwindbaren Beweisschwierigkeiten ist es verfehlt, das Novenrecht der materiellrechtl Typologie des § 242 BGB zu unterstellen. Zudem dürfte es sich dabei um eine analoge Anwendung des § 528 handeln, die der BGH mit Recht ablehnt (JZ 81, 402; NJW 81, 1218 [zu Abs 3]).

6 **2)** In **Ehe- und Kindschaftssachen** ist § 528 nicht anwendbar (§§ 615 II, 640).

7 **III)** Die **Zulassungsbeschränkung nach § 528 I 1** hat zur Voraussetzung, daß im ersten Rechtszug Fristsetzungen (§ 296 I) unbeachtet geblieben sind. Die Versäumung muß sich auf **Angriffs- oder Verteidigungsmittel** bezogen haben. Dazu rechnen nur die Rechtsbehelfe, die eine Partei zur Begründung ihrer antragsmäßigen Begehren vorbringt, nicht dagegen der Angriff selbst – Klage und Widerklage (s § 282 Rn 2). Derartige **neue Ansprüche** können immer geltend gemacht werden (BGH NJW 55, 707), auch in der Berufungsinstanz (§§ 525, 256 II). Das kann dazu führen, daß wegen nicht zurückweisbarer selbständiger Angriffs- und Verteidigungsmittel auch unselbständige Angriffs- und Verteidigungsmittel (so die Terminologie des BGH) vor Zurückweisung geschützt sind: wird in zweiter Instanz eine Widerklage erhoben und zugelassen (§ 530 I), deren Begründung sich mit der Klagebegründung überschneidet, dann muß dieses Vorbringen berücksichtigt werden (BGH MDR 85, 667 = WPM 85, 145; NJW 81, 1217 zu II 2); allerdings nur, wenn die Zulässigkeit der Zurückweisung durch Teilurteil verneint wird (s dazu Rn 13).

8 **1)** Auf den **Angriff selbst,** also auf einen neuen Anspruch, bezieht sich auch die **Aufgliederung eines** aus mehreren Posten zusammengesetzten **Teilanspruchs** erstmals in der Berufungsinstanz (BGH VersR 62, 1068). Es kann jedoch so liegen, daß ein neuer Antrag erfolglos bleiben muß, weil der zugehörige neue Tatsachenvortrag nicht mehr berücksichtigt werden darf; anderenfalls könnte durch Erweiterung der Klage im zweiten Rechtszug das Verzögerungsrecht unterlaufen werden (Schneider MDR 82, 626 [628]; offengelassen in BGH VersR 82, 345, 346 = NJW 82, 1533, 1534; verneint in BGH WPM 86, 864, 867 = WuB VII A § 528 ZPO 2.86 m Anm Messer = MDR 86, 843). Eine andere Beurteilung kommt nach BGH allenfalls dann in Betracht, wenn die Erweiterung rechtsmißbräuchlich ist und nur den Sinn haben kann, Verspätungsfolgen zu umgehen (MDR 86, 843, 844 = WPM 86, 864, 867). Das läßt sich aber kaum jemals sicher feststellen. **Aufrechnung** ist zwar ein Verteidigungsmittel, fällt aber nicht unter § 528, sondern unter die Sonderregelung des § 530 II (s § 530 Rn 9). Beispiel: Beklagter verteidigt sich gegen eine Zahlungsklage, indem er Aufrechnung mit der Forderung F-1 erklärt; die Beweisaufnahme ergibt, daß Schuldner der Forderung F-1 ein Dritter ist; daraufhin schiebt der Beklagte eine neue Aufrechnungsforderung F-2 nach. Kein Verspätungsrecht anwendbar.

9 **2)** Eine **Klageerweiterung** gemäß §§ 523, 264 ist im Berufungsrechtszug ohne Einwilligung des Gegners mögl; eine erstinstanzl Fristversäumung kann nicht stattgefunden haben (BGH NJW 81, 287). Ebenso bei der Widerklage (Rn 7). Jedoch kann § 528 I, II anwendbar sein, wenn die tatsächlichen Ausführungen ergänzt oder berichtigt werden; Verspätungsrecht ist vorrangig vor § 264 Nr 1, der lediglich festlegt, daß darin keine Klageänderung zu sehen ist, aber nicht die uneingeschränkte Zulassung vorschreibt (s näher Schneider MDR 82, 627 sowie Rn 8). Entgegen Mertins (DRiZ 85, 345) kann der Kläger daher einer Zurückweisung nicht risikolos durch Klageerhöhung, der Beklagte nicht ohne weiteres durch Erhebung einer Widerklage oder Erweiterung einer bereits erhobenen Widerklage entgehen.

10 **3)** Auch ein in erster Instanz **fallengelassener Teilanspruch** kann in zweiter Instanz wieder aufgegriffen werden. Das gleiche wird für Teilansprüche angenommen, die im ersten Rechtszug anhängig gemacht worden und dort nach der Entscheidung „hängengeblieben" sind, weil über sie mangels Antragstellung nicht mitentschieden worden ist (Riechert ZZP 80 [1967], 102). Hierher rechnen auch Ansprüche, die zwar bereits klageweise geltend gemacht, aber durch das Teilurteil erster Instanz noch nicht miterledigt sind. In **beiderseitigem Einverständnis** der Parteien können sie an das Berufungsgericht „heraufgezogen" werden (vgl Schneider MDR 73, 450; 76, 95). Ein noch nicht Gegenstand des Rechtsstreits gewesener Teilanspruch kann nach Berufung des Beklagten gegen ein Teilurteil auch im Berufungsverfahren durch Klageerweiterung geltend gemacht werden; es besteht kein Zwang, zu diesem Zweck die Klage in der ersten Instanz zu erweitern (RGZ 148, 131).

11 **4) Klageänderung.** Über die **Beurteilungsmaßstäbe** vgl § 523 Rn 8. Soweit die klageweise Geltendmachung eines neuen Anspruchs nicht unter § 264 fällt (zu dessen Nr 1 s Rn 9), sondern Klageänderung ist (vgl BAG NJW 71, 1380), ist wie im ersten Rechtszug die Einwilligung des Gegners oder die Sachdienlicherklärung durch das Gericht erforderl (§§ 523, 263; anders in Ehesachen: § 611, bei denen aber die Klageänderung dem Familien-Berufungsgericht die Zuständigkeit nehmen kann: Düsseldorf FamRZ 80, 1036). Als Klageänderung wird auch der **Parteiwechsel** behandelt (BGHZ 91, 134; 65, 268). Die Hereinziehung eines neuen oder weiteren Beklagten

in die Berufungsinstanz erfordert jedoch im Interesse des Hereingezogenen im allgemeinen dessen **Zustimmung oder** deren **mißbräuchl Verweigerung** (std Rspr, BGH MDR 86, 304 = Warneyer 85 Nr 265 m Nachw). Kein Mißbrauch, wenn vorinstanzlich Beweis erhoben worden ist, der zweitinstanzlich fortwirken würde (§ 526 I), was aber wegen Art 103 I GG nur bei Einwilligung vertretbar ist. Auch das Ausscheiden des alten Beklagten aus dem Prozeß setzt dessen Zustimmung voraus (München NJW 67, 1812). Er kann jedoch nicht das Hereinziehen eines weiteren Beklagten verhindern (BGH NJW 62, 635). Unzulässig ist dagegen im Berufungsrechtszug die Klageerhebung gegen einen weiteren Beklagten, wenn diese Klage einen **anderen Streitgegenstand** hat als die schon anhängige (BAG NJW 71, 732). Sachdienlichkeit kann nicht wegen höherer Kosten verneint werden (RG JW 36, 928), auch nicht wegen des Verlusts einer Instanz (BGHZ 1, 65), in der Regel aber, wenn der Rechtsstreit dadurch auf eine völlig neue Grundlage gestellt (BGH LM zu § 523 ZPO Nr 1) oder nur deshalb **Beweisaufnahme** notwendig würde (Düsseldorf VersR 76, 151). Wird die **Klageänderung zugelassen,** ist § 528 unanwendbar (BGH NJW 81, 287).

Unanfechtbar (§ 268) zugelassen wird durch **Zwischenurteil** nach § 303 oder – meist – **in den Gründen des Endurteils.** Nichtzulassung bedeutet keine Aberkennung der neuen Ansprüche und hindert nicht, sie anderweit geltend zu machen, während zurückgewiesenes Vorbringen für die Partei infolge der Rechtskraftwirkung des danach ergehenden Urteils endgültig unverwertbar ist. 12

5) Die **Sanktion** bei erstinstanzl Fristversäumnis besteht darin, daß das Berufungsgericht, nachdem es vergeblich versucht hat, die Verzögerung durch Maßnahmen nach § 273 auszuräumen (§ 527 Rn 18), die neuen Angriffs- und Verteidigungsmittel **nicht zuläßt.** Darüber ist im Urteil zu befinden. Vorweg muß es jedoch prüfen, ob die Zulassung den Rechtsstreit verzögern würde und ob die Partei ein Verschulden trifft. Beides muß zusammentreffen, also kumulative Feststellung nötig (BGH NJW 81, 287). Vorinstanzlich **zu Unrecht zugelassenes** Vorbringen kann nicht verzögern (Deubner Anm zu BGH NJW 81, 930). Eine Verzögerung rechtfertigt nach BGHZ 77, 306 (= MDR 80, 927 = NJW 80, 2355; std Rspr, zB MDR 85, 667 = WPM 144, 145) nur dann die Zurückweisung des Vorbringens, wenn dadurch die Entscheidung des Rechtsstreits insgesamt betroffen wird; es soll nicht genügen, daß kein Teilurteil ergehen kann (s dazu u zum folgenden Stephan § 296 Rn 12a). Dem ist nur für die Prozeßlage zuzustimmen, daß ein Widerspruch zwischen Teilurteil und Schlußurteil auftreten könnte, weil verspätetes Vorbringen im Schlußurteil berücksichtigt werden müßte (s dazu Schneider MDR 76, 93; § 301 Rn 2 ff). Die weitergehende Rspr des BGH ist abzulehnen (ebenso Hermisson NJW 83, 2232; Mertins DRiZ 85, 346; Prütting/Weth, ZZP 98, 1985, 131). Sie ist insofern widersprüchlich, als die Verzögerung einer Entscheidung über den Grund des Anspruchs als zurückweisungserheblich angesehen wird (BGH WPM 79, 918 = MDR 80, 50), andererseits aber entgegen der ratio der §§ 92 II, 278 III die Verhinderung eines Teilurteils selbst dann folgenlos bliebe, wenn es die Hauptsache beträfe und nur noch eine Nebenforderung (ein geringfügiger Hauptsacherest) offenbliebe (s dazu Mertins DRiZ 85, 345, 346). 13

a) Verzögerung (s dazu § 296 Rn 11 ff). Ob die Berücksichtigung des neuen Vorbringens verzögerl wirkt, ist durch eine **Schlüssigkeitsprüfung** mit **allen** beweisrechtlichen Konsequenzen (s § 527 Rn 18) zu ermitteln, wobei in Relation zu setzen sind die Zeitprognosen bei Berücksichtigung und Nichtberücksichtigung des Vorbringens; die Zeitprognose für den Fall rechtzeitigen Vorbringens bleibt außer Betracht. Für diesen Verzögerungsbegriff hat sich der BGH entschieden (BGHZ 75, 138 = NJW 79, 1988 m Anm Schneider S 2614 = JR 80, 111 m Anm Bronsch = ZZP 93 [1980], 182 m Anm Walchhöfer = LM § 275 ZPO Nr 7 m Anm Girisch; BGHZ 76, 133 = NJW 80, 945 m Anm Schneider = LM § 528 ZPO Nr 14 m Anm Girisch; 76, 173 = LM § 275 ZPO Nr 8 m Anm Wolf). Die OLG-Rspr war bis zur Entscheidung des BGH überwiegend vom sog hypothetischen Verzögerungsbegriff ausgegangen, nach dem zu fragen ist, ob der Prozeß auch dann nicht schneller erledigt worden wäre, wenn der verspätete Schriftsatz rechtzeitig eingereicht worden wäre (s die Nachw bei Schneider NJW 79, 2615). Bei dieser Fragestellung kann es nicht zu dem seltsamen Ergebnis kommen, daß ein Rechtsstreit wegen der Fristversäumung schneller als bei Fristwahrung entschieden wird (sog Überbeschleunigung). Der Argumentationsfehler des BGH liegt in der Prämisse, daß die Vereinfachungsnovelle an der Grundkonzeption des Verspätungsrechts (§ 529 II aF) nichts geändert habe; das bedingt dann den methodisch verfehlten Ansatz, einfach an die ältere Rspr anzuknüpfen (Schneider NJW 79, 2615; zustimmend Leipold ZZP 93 [1980], 250). In WPM 80, 1191 hat der BGH (II ZR) offengelassen, welcher Verzögerungsbegriff vorzuziehen sei. Zu den verschiedenen Begriffsbestimmungen und zur Terminologie vgl Kallweit, Die Prozeßförderungspflicht der Parteien und die Präklusion verspäteten Vorbringens 1983 S 44 ff; zust Waldner ZZP 98, 1985, 452 Fn 10. Die obergerichtliche Praxis ist wegen § 546 I Nr 2 letztlich gezwungen, dem BGH zu folgen, solange dieser bei seiner Rspr 14 bleibt. Um so wichtiger ist es, in jedem Einzelfall zu prüfen, ob die Verzögerung nicht durch vorbereitende Maßnahmen nach § 273 II hätte vermieden werden können (std Rspr des BGH, zB BGHZ 76, 173 = LM § 275 ZPO Nr 8 m Anm Wolf; s § 527 Rn 18) und keine sonstigen Verfahrensfehler des Gerichts mitursächlich waren (Rn 24). Bei Schriftsatzeinreichung kurz vor dem Termin (§ 132 I) muß der Gegner sich sofort oder mit nachgelassenem Schriftsatz (§ 283) erklären (BGH NJW 85, 1543 u 1558; Mertins DRiZ 85, 346 m w Nachw); er hat keinen Anspruch auf Vertagung und nicht das Recht, die Einlassung zu verweigern.

15 Die Beurteilung der Verzögerung ist **Rechtsanwendung.** Ein Ermessensspielraum besteht dabei nicht; allerdings ist eine fehlerhafte Zulassung nicht revisibel (Rn 47), kann aber gegen Art 103 I GG verstoßen (BVerfGE 62, 249). Wo es an der Verzögerung fehlt, darf Vorbringen nicht zurückgewiesen werden (BGH NJW 75, 1928), zB wenn Urkundenbeweis nachgeschoben wird (Schleswig SchlHA 80, 213). Da die aus dem **Rechtsstaatsprinzip** abgeleiteten Grundsätze der **Verhältnismäßigkeit** und des **Übermaßverbotes** Verfassungsrang haben und deshalb auch die Gerichte binden (Nachw bei Leibholz/Rinck GG Art 20 Rn 27), darf Vorbringen nicht zurückgewiesen werden, wenn es nur **unerheblich verspätet** ist oder nur eine **unerhebliche Verzögerung** auslösen würde (RG HRR 31 Nr 877; ebenso Deubner NJW 83, 1030; Leipold ZZP 97, 1984, 399). Lange (DRiZ 80, 412) will dies nur für unerhebliche Verspätung des Vorbringens, nicht für unerhebliche Verzögerung des Rechtsstreits gelten lassen (wie hier aber zB Karlsruhe NJW 80, 296; s auch § 527 Rn 19). Das gilt auch dann, wenn die **Verzögerung durch geeignete Maßnahmen** nach § 273 ZPO **verhindert** werden kann, insbesondere durch vorbereitende Ladung von Zeugen (§ 527 Rn 18), es sei denn, daß dies nur im Wege der Rechtshilfe möglich ist (Köln MDR 64, 154; Celle MDR 66, 422; s näher § 527 Rn 18). Keine Verzögerung auch, wenn neues Vorbringen mit einem Gesuch um Bewilligung von **Prozeßkostenhilfe** eingeführt und später Wiedereinsetzung in den vorigen Stand mit Rücksicht auf PKH-Bewilligung gewährt wird; es bleibt dann genügend Spielraum für vorbereitende Maßnahmen nach §§ 273, 358 a.

16 **b) Genügende Entschuldigung** (vgl Schneider MDR 78, 969). Neues Vorbringen muß zugelassen werden, wenn die Partei die erstinstanzl Fristversäumung genügend entschuldigt und auch einfache Fahrlässigkeit (BGH NJW 85, 743, 744) ausgeräumt hat (s § 527 Rn 21). Die Gründe dafür sind von der Partei schlüssig darzulegen und auf Verlangen **glaubhaft** zu machen (§ 528 I 2). Sie können sich auch aus den Umständen des Falles ergeben, etwa wenn erstinstanzl **zu kurze Fristen** gesetzt worden sind und die Partei innerhalb angemessener Frist geschrieben hat oder wenn das Versäumnis durch einen **Verfahrensfehler des Gerichts** ausgelöst worden ist, zB unterlassene Hinweise nach §§ 139, 278 III (BGH NJW 75, 1744, 1745; Rn 24 u § 527 Rn 18). Ob die Partei sich genügend entschuldigt hat, entscheidet das Berufungsgericht in freier Überzeugung, wobei zuvor rechtliches Gehör zu gewähren ist (Mertins DRiZ 85, 346 m Nachw). Die Entscheidung ist revisionsrechtlich überprüfbar, wenn genügende Entschuldigung verneint wird; Zulassung auf Grund falscher Beurteilung der Entschuldigungsgründe ist unanfechtbar. Im zweiten Rechtszug kann eine erstinstanzlich versäumte Entschuldigung nicht nachgeholt werden (BGH JZ 80, 614 mit Anm Hoyer; Frankfurt MDR 79, 148; LG Frankfurt NJW 79, 2111 – alle zu § 528 III). Anders jedoch, wenn die Partei darlegt und glaubhaft macht, daß sie erstinstanzlich gehindert war, Entschuldigungsgründe vorzubringen, zB wegen eines Unfalls, da sonst Art 103 I GG verletzt würde (ThP § 528 Anm 3; ebenso BGH WPM 84, 1622; NJW 80, 1102 [1104]).

17 **c) Non liquet.** Die säumige Partei muß dem Gericht die **Überzeugung** verschaffen, daß einer der Ausnahmetatbestände (Rn 14–16) vorliegt (Schneider JR 65, 328; JurBüro 75, 293). Gelingt ihr das nicht, muß sie die Folgen der Beweisfälligkeit tragen, die in der Nichtberücksichtigung des neuen Vorbringens bestehen. Darauf muß sie vor einer ihr nachteiligen Entscheidung unter Gewährung von Erörterungsgelegenheit hingewiesen werden (BGH WPM 86, 854; Mertins DRiZ 85, 346 m Nachw). Dies und die Entscheidung selbst ist vom Erkenntnisstand des Rechtsmittelgerichts aus zu überprüfen (BGH MDR 85, 403).

18 **IV) Zulassungsbeschränkung nach § 528 II.** Die Voraussetzungen der Nichtberücksichtigung sind durch Überprüfung des Tatbestandes des § 282 festzustellen, und zwar **kumulativ:** Verzögerung u n d grobe Nachlässigkeit müssen ausgeschlossen werden (BGH WPM 80, 1461, 1462). Die Partei muß entweder beim Vorbringen ihrer Behauptungen, Einwendungen, Einreden oder auch des Bestreitens ihre **prozessuale Sorgfalts- und Förderungspflicht verletzt** haben (§ 282 I) oder die Anträge, Angriffs- oder Verteidigungsmittel, zu denen eine Erklärung des Gegners erst nach Informationseinholung erwartet werden konnte, **so spät schriftsätzl mitgeteilt** haben, daß diese Information nicht mehr rechtzeitig möglich war (§ 282 II). Die Entlastung obliegt der Partei! Sie muß insbesondere von sich aus darlegen, daß ihr keine grobe Nachlässigkeit vorzuwerfen ist (BGH NJW 82, 2560, 2561; Schneider MDR 77, 90).

1) Angriffs- und Verteidigungsmittel (Rn 7–12). Dazu rechnet auch die vorinstanzlich versäumte Beanstandung eines Sachverständigen-GA (Hamburg MDR 82, 60) u die Benennung des Zeugen „N.N." (§ 527 Rn 11). 19

2) Rechtzeitigkeit bedeutet: **Erklärung vor der mündl Verhandlung,** damit diese zur vollständigen Erörterung des Streitstoffes und Schaffung der Entscheidungsgrundlage taugl ist. Geschieht dies nicht, muß die Partei **von sich aus** Gründe darlegen, warum sie Vorbringen zurückgehalten hat (Rn 17, 18). Kann eine Frist entschuldigt nicht eingehalten werden, muß nach Wegfall des Hinderungsgrundes vorgetragen werden (LG Koblenz NJW 82, 289). Hinweise auf **„Prozeßtaktik"** (Rn 26) sind grundsätzl ungeeignet, eine Verspätung auszuräumen (Schneider MDR 77, 794 f). Insbesondere dürfen **Gegenrechte** nicht zurückgehalten werden. Wenn die Partei beabsichtigt, sich „zur gegebenen Zeit" darauf zu berufen, riskiert sie den Ausschluß damit. Deshalb muß auch eine **Eventualaufrechnung** oder eine **Verjährung** alsbald vorgebracht werden; schon deshalb, weil dies prozeßbeendigend wirken kann. Trägt die Partei nachträgl vor, sie habe „mit Sicherheit" darauf vertraut, ihr Hauptvorbringen werde Erfolg haben, so daß ein **Hilfsvorbringen** nicht habe gebracht werden müssen, dann räumt das den Verspätungsvorwurf nicht aus. Die prozessualen Fristanforderungen des Verzögerungsrechts sind unabhängig von materiellrechtlichen Fristen; deshalb muß auch eine Täuschungsanfechtung ungeachtet des § 124 BGB rechtzeitig iS des § 282 erklärt werden (BAG MDR 84, 347 = BB 84, 345). Gewährung eines Schriftsatznachlasses verzögert nicht (BGH NJW 85, 1556, 1558 mwNachw; aA Schleswig SchlHA 79, 22; Stuttgart NJW 84, 2538); das Gericht muß sogar auf eine Erklärung des Gegners hinwirken u dieser kann sich dem nicht dadurch entziehen, daß er keinen Antrag nach § 238 S 1 stellt (BGH NJW 85, 1359 = ZIP 85, 616). 20

3) Folge des nicht rechtzeitigen Vorbringens ist **Ausschluß** damit, und zwar zwingend („sind" nur zuzulassen im Gegensatz zu „können" zurückgewiesen werden in § 296 II). Das Gericht hat also **keine Ermessensfreiheit** (aber Berücksichtigung unanfechtbar, Rn 46). Eine **Ausnahme** vom Berücksichtigungsverbot ist dann gegeben, wenn das Gericht die **Überzeugung** davon gewinnt, daß die Verwertung des Vorbringens **nicht verzögerl** wirken kann oder die Partei **nicht grob nachlässig** gehandelt hat. Nichtzulassung setzt also voraus, daß Verzögerung und fehlende Entschuldigung **zusammentreffen** (BGH WPM 80, 1461 [1462]). 21

a) Verzögerung (Rn 14; § 527 Rn 18). Ist mit ihr nicht zu rechnen, muß zugelassen werden (BGH NJW 75, 1928). Daß ein Teilurteil unterbleiben müßte, soll nicht genügen (Rn 13). Die Verfassungsgrundsätze der **Verhältnismäßigkeit** und des **Übermaßverbotes** sind zu berücksichtigen, so daß eine unerhebliche Verspätung oder Verzögerung der Zurückweisung entgegensteht (Rn 15, 24). 22

b) Grobe Nachlässigkeit. Zur Entschuldigung wird in § 528 II mehr verlangt als in § 528 I (dort reicht „genügende Entschuldigung"). „Grobe Nachlässigkeit" entspricht der **„groben Fahrlässigkeit"**; es muß also, anknüpfend an die materiellrechtl Umschreibung (zB BGHZ 10, 16) *die im Prozeß erforderliche Sorgfalt in ungewöhnlich großem Maße verletzt und dasjenige unbeachtet geblieben sein, was im Streitfall jeder Partei hätte einleuchten müssen* (BGH WPM 86, 1509, 1510). Der Schuldvorwurf muß auf die Verletzung der Prozeßförderungspflicht bezogen und beschränkt werden (BGH NJW 82, 1533) und ist zu verneinen, soweit die Partei erstinstanzlich obsiegt und ihr Vorbringen entsprechend der vorinstanzlichen Beurteilung beschränkt hat (BGH ZIP 82, 1413 [1415]; VersR 56, 794; RG JW 38, 1249; zum erfolgreichen Beklagten s BGH LM § 550 ZPO Nr 5; VersR 68, 581). Ebenso bei erstinstanzlicher Berufung auf protokollierte Zeugenaussagen in einem Strafverfahren und späterer Benennung der Zeugen, wenn die Partei davon ausgehen durfte, die Beiziehung der Strafakten werde den Beweis erbringen (BGH NJW 83, 999). Vom Vorwurf grober Fahrlässigkeit muß die Partei sich durch geeignete Darlegungen entlasten (BGH NJW 82, 2559 [2561]; Rn 17). Die Praxis zeigt indes immer wieder, daß überhaupt keine Erklärung dazu abgegeben wird; dann aber kann das Gericht auch keine der Partei günstige Überzeugung gewinnen. 23

aa) Grobe Nachlässigkeit muß immer **verneint** werden, wenn die Verspätung durch einen **Verfahrensfehler des Gerichts** (mit)verursacht worden ist (§ 527 Rn 18), etwa durch versäumte Ausübung der Hinweispflicht nach §§ 139, 278 III (BGHZ 75, 139; 76, 178; ZIP 83, 864 [867]) oder weil keine Erklärung des Gegners, ggf nach Schriftsatznachlaß gem § 183 (Rn 22) herbeigeführt worden ist. Unberechtigte Zurückweisung infolge fehlerhafter Anwendung der Präklusionsvorschriften in nicht revisiblen Berufungsurteilen kann Verfassungsbeschwerde wegen Verstoßes gegen Art 103 I GG begründen (BVerfGE 60, 6 u 310; Hermission NJW 83, 2234). Gebotene Maßnahmen sind zB eindeutige Belehrung über die Folgen einer Fristversäumung (BGHZ 86, 218), genaue Bezeichnung aufklärungsbedürftiger Punkte (BAG DB 80, 2399), Ladung von Zeugen, auch wenn vorinstanzlich kein Vorschuß eingezahlt worden ist (BGH MDR 82, 1012 = NJW 82, 24

2559 m Anm Deubner; Einzelheiten s § 527 Rn 18). Jedoch ist das Gericht nur zu solchen Anordnungen verpflichtet, die geeignet sind, Verspätungsfolgen **im normalen Geschäftsgang** auszugleichen (BGH MDR 80, 487 m zust Anm Schneider; NJW 81, 268; Schleswig NJW 86, 856); es besteht also keine Verpflichtung zu Eilanordnungen oder zum Hinausschieben eines Termins über Einspruch und Hauptsache nach Versäumnisurteil, um Maßnahmen nach § 273 zu ermöglichen (BGH NJW 81, 286; aA Hamm NJW 80, 293 m abl Anm Deubner). Bei nachgeschobenen Auslandszeugen, die vom Gericht nicht vorbereitend zum Termin geladen werden können, ist der Beweisführer darauf hinzuweisen, daß er die Verzögerung durch Stellung der Zeugen im Termin verhindern könne (BGH MDR 80, 763 = GRUR 80, 875 m zust Anm Fritze, der dem Fairneßgebot, dem das Gericht unterworfen ist, zutreffend Rechtssatzqualität beimißt). Stets ist der **Verhältnismäßigkeitsgrundsatz** zu beachten (Rn 22); Verstoß dagegen ist Verfahrensfehler. Die Geltung des Übermaßverbots (Schmidt/Kessel Anm zu LM § 277 ZPO Nr 1) wird von Stuttgart (NJW 84, 2538) zu Unrecht mit der Begründung bestritten, die Verhältnismäßigkeit sei bereits vom Gesetzgeber mit Schaffung des § 296 I berücksichtigt worden. Die ZPO kann nicht die Verfassung präjudizieren. Dem Gericht ist auch zuzurechnen, wenn durch die von der Justiz verwendeten Formulare verzögerliche Irrtümer entstehen; nicht selten sind sie verwirrend und unübersichtlich; die Unklarheitenregel des § 5 AGBG sollte sinngemäß angewandt werden. Ebenso, wenn (möglicherweise) falsche Ladungsformulare verschickt worden sind (Oldenburg NJW 80, 295).

25 **bb)** Dagegen ist **grobe Nachlässigkeit zu bejahen,** wenn zunächst gegen die **Wahrheitspflicht** (§ 138 I) verstoßen worden ist, etwa wenn im nachhinein das Gegenteil des ursprünglich Vorgetragenen behauptet wird (Celle NdsRpfl 62, 35); ebenso wenn gerichtl Hinweise nicht beachtet werden (Köln NJW 71, 2234: Zeugengeld-Vorschuß) oder eine Partei trotz des Rechtsstreits ohne Mitteilung einer Postanschrift ins Ausland reist (BGH WPM 84, 1622) oder ihr bekannte Tatsachen nicht anläßl einer deswegen stattfindenden Ortsbesichtigung an Ort und Stelle vorbringt, sondern Wochen später schriftsätzl darüber berichtet (LG Bremen WuM 73, 256) oder sie einem sachkundigen Vertreter der Gegenpartei beim Ortstermin dem Sachverständigen den Zutritt verwehrt (OLG München NJW 84, 807). Das OLG Düsseldorf (NJW 82, 1888) hat einer Partei sogar angelastet, daß für sie ein „Kartellanwalt" aufgetreten ist, der den Rechtsstreit nicht kannte.

26 **cc)** Problematisch ist der **Entlastungsgrund der Prozeßtaktik.** Er steht im Konflikt mit der Prozeßförderungspflicht, die nicht so weit ausgedehnt werden darf, daß der Partei jede Prozeßplanung versagt wird (BVerfGE 54, 157). Das Verlangen nach unbegrenzter Ausweitung des Prozeßstoffes würde jedoch der Beschleunigungstendenz der ZPO zuwiderlaufen. Gerade sie fordert, daß nicht die subjektiven Vorstellungen der Partei über ihre Prozeßtaktik bei der Beurteilung dafür maßgebend sind, ob sie wesentliches Vorbringen grobfahrlässig zurückgehalten hat. Ebensowenig, wie ein solcher Entschuldigungsgrund nachgebrachtes Vorbringen nicht zu rechtzeitigem machen kann (Rn 20), kann er grundsätzl nicht entschuldigend wirken (ebenso Wieczorek/Rössler, 2. Aufl 1981, § 528 Anm C II). Jeder Partei muß einleuchten, daß es Sand im Getriebe des Verfahrens ist, wenn sie mit möglicherweise liquiden Anspruchsbegründungen oder Einwendungen zurückhält und erst einmal abwartet, wie sich das Gericht zu dem schon vorgebrachten Prozeßstoff stellt. Wird etwa der **Verjährungseinwand** oder ein die **Arglisteinrede** stützendes Vorbringen zurückgehalten, dann kann das dazu führen, daß zunächst einmal eine zeitraubende und Kosten auslösende Beweisaufnahme durchgeführt wird, nach deren für die Partei ungünstigem Ausgang diese dann getreu ihrer „Prozeßtaktik" ihre Behauptungen ergänzt und damit vielleicht – zB mit der Verjährungseinrede – ohne Beweisaufnahme obsiegt. Ein solches Vorgehen zu billigen, hieße die Zielsetzung der Vereinfachungsnovelle zu unterlaufen. Ebenso kann es liegen, wenn Zurückweisung befürchtet u deshalb erstmals im zweiten Rechtszug vorgetragen wird (LG Koblenz NJW 82, 289; ausführl Deubner JuS 82, 174). Anders wird es nur ausnahmsweise liegen, etwa wenn eine Partei keine Zeugen für die Echtheit einer Urkunde benannt hat, weil ihr nicht der Gedanke gekommen ist, der Gegner werde **wahrheitswidrig** bestreiten (Köln MDR 73, 324). Von keiner Partei darf verlangt werden, daß sie die Prozeßförderungspflicht dahin zu verstehen habe, sie müsse sich auch auf **unanständiges oder gar strafbares Verhalten** des Gegners im voraus einstellen (BGH ZZP 70, [1957], 236; NJW 60, 818). Dagegen wird man nicht umgekehrt argumentieren und einer Partei nachsehen dürfen, daß sie sich selbst durch vollständigen Vortrag **einer strafbaren Handlung bezichtigen** würde. Wenn sie darum nicht herumkommt, mag sie den Rechtsstreit gar nicht erst beginnen oder sich nicht darauf einlassen. Will sie dies nicht, so muß sie sich hinsichtl der Prozeßförderungspflicht nach den Maßstäben messen lassen, die für redliche Parteien gelten. Mißbilligenswertes vorprozessuales Verhalten privilegiert nicht.

dd) Zweifelhaft kann der **Rechtsirrtum** sein. Wenn eine Partei – praktisch: ihr Anwalt, § 85 II – einen Sachverhalt fehlerhaft beurteilt hat und deshalb nicht auf den Gedanken gekommen ist, ihn aus anderer Sicht zu werten und vorsorgl auch insoweit vorzutragen, so wird sie nur dann grob fahrlässig gehandelt haben, wenn der Irrtum **unverzeihlich** ist. Es muß sich dann schon um Fehlleistungen handeln, die keinem Juristen unterlaufen dürfen, etwa Unkenntnis dessen, daß aus Gefährdungshaftung kein Schmerzensgeldanspruch folgt, daß neben vertragl Ansprüchen solche aus unerlaubter Handlung immer mögl sind oder Verzug eine Mahnung voraussetzt u dgl. Sind Anhaltspunkte dafür gegeben, daß das Gericht der von der Partei vertretenen Rechtsauffassung nicht folgen werde, dann handelt sie im Zweifel grob fahrlässig, wenn sie dies außer acht läßt (KG NJW 77, 395). Anders, wenn es auf das neue Vorbringen nach der vom Erstgericht vertretenen Auffassung nicht ankam (BVerfG 62, 255; BGHZ 12, 52; Deubner NJW 74, 1385; Schneider JurBüro 75, 295). Einschlägige Fälle zB, daß das neue Vorbringen erst durch die Urteilsbegründung ausgelöst wird (Rn 4) oder die Partei **vorinstanzlich obgesiegt** hat (Rn 4). Selbst wenn in solchen Fällen Verschulden bejaht würde, müßte immer die **grobe** Fahrlässigkeit verneint werden. 27

c) Non liquet. Die Partei muß sich entlasten, also dem Gericht die Überzeugung verschaffen, daß entweder nicht mit einer Verzögerung zu rechnen ist, wenn das Vorbringen berücksichtigt wird, oder daß grobe Nachlässigkeit zu verneinen ist. Gelingt ihr das trotz richterlichen Hinweises (BGH WPM 86, 854; Mertins DRiZ 85, 346) nicht, trägt sie die Folgen kraft ihrer prozessualen Beweislast (wie Rn 17). Die Beweislast ist also anders verteilt als bei § 296 II, wo das Gericht die grobe Nachlässigkeit (positiv) feststellen muß, während ihm bei § 528 II das Gegenteil zu beweisen ist; das wird häufig verkannt (zB von Schleswig NJW 86, 857). Für vom **Streithelfer** schuldhaft verspäteten Vortrag hat die Partei nur bei hinzukommendem eigenen Verschulden einzustehen (Schulze NJW 81, 2663 u Fuhrmann NJW 82, 978). 28

V) Zulassungsausschluß nach § 528 III. Er hat seiner Tendenz nach die Funktion eines **Beweisverwertungsverbots;** erweiternde analoge Anwendung auf neues Vorbringen ist ausgeschlossen (BGH NJW 81, 1218). Verfassungsrechtliche Bedenken sind durch BVerfGE 55, 72 ausgeräumt. Jedoch bleiben zahlreiche Auslegungsschwierigkeiten. 29

1) Auslegung nach dem Wortlaut. Zurückweisung mit Vorbringen im ersten Rechtszug (§ 296 II); mitgemeint ist abgelehnte Zulassung (§ 296 I, III). Das Berufungsgericht prüft, ob dies zu Recht geschehen ist. Wird das verneint, ist das Vorbringen zu verwerten. Wird es bejaht, tritt **unabänderl Ausschluß** damit ein, so daß auch keine die Verzögerungsfolgen beseitigenden Maßnahmen nach § 273 zulässig sind. Der Ausschluß **wirkt innerhalb des gesamten Rechtsstreits** fort, also auch nach Aufhebung und Zurückverweisung gemäß §§ 538, 539 (Grunsky JZ 77, 206), selbst wenn seine Berücksichtigung **nicht** zu einer **Verzögerung** führen würde. Allerdings gilt das nur für dasselbe Begehren, so daß bei der Stufenklage der Ausschluß in der Auskunftsstufe nicht hindert, das Vorbringen in der Leistungsstufe wieder aufzugreifen (Karlsruhe MDR 85, 239). Die Möglichkeit, Entschuldigungsgründe vorzubringen, ist nicht vorgesehen. 30

2) Korrigierende Auslegung (s Schneider MDR 78, 969, ferner die Hinweise in BVerfGE 55, 72). Die Regelung des § 528 III ist ein **gesetzgeberischer Mißgriff** (ebenso Wieczorek/Rössler, 2. Aufl 1981, § 528 Anm D). Bei strikter Anwendung dieser Vorschrift muß das Gericht nicht selten sehenden Auges eine fehlerhafte Entscheidung treffen, obwohl es ohne Verzögerung materiell richtig entscheiden könnte. Angesichts dieser Situation, die bis an einen Konflikt zwischen Gesetz und Recht heranreicht (Art 20 III GG), muß die Berufungspraxis versuchen, den § 528 III so auszulegen, daß das Beschleunigungsziel der Vereinfachungsnovelle erreicht wird, aber die Konsequenzen der gesetzgeberischen Fehlleistung abgebogen werden. Das führt dann zu folgenden Rechtsanwendungsgrundsätzen: 31

a) Zurückweisung. Von § 528 III kann nur schlüssiges (BGH ZIP 85, 621) Vorbringen betroffen sein, das vorinstanzlich nach Verspätungsvorschriften zurückgewiesen worden ist (BGH NJW 80, 344; 79, 2109) und zu dem sich der Gegner geäußert hatte (Hensen NJW 84, 1672); lediglich zurückgehaltenes Vorbringen kann nicht vom Berufungsgericht für die erste Instanz zurückgewiesen werden (LG Freiburg NJW 80, 295; unrichtig Frankfurt MDR 80, 943). Wird ein Zeuge nicht geladen, weil kein Auslagenvorschuß eingezahlt worden ist (§ 379), ist das einer Zurückweisung nicht vergleichbar (BVerfGE 69, 147; BGH MDR 80, 225). Bleibt Vorbringen unberücksichtigt, das nach Schluß der mdl Verhandlung aktenkundig gemacht wird (§ 296 a), dann ist im zweiten Rechtszug nur eine Prüfung nach § 528 I, II u § 539 – Verstoß gg § 156? – veranlaßt; § 528 III ist unanwendbar, da es an einer Zurückweisung fehlt (BGH NJW 79, 2109 [2110]). Daß eine Zurückweisung, die sachlich berechtigt ist, fehlerhaft begründet worden ist, etwa unter Nennung einer nicht passenden Vorschrift, ist unerheblich (Oldenburg NdsRpfl 78, 151; Schneider MDR 78, 969 zu I). Jedoch ist das Berufungsgericht nicht zuständig, die Zurückweisung nach einer anderen 32

Vorschrift oder mit anderen Gründen aufrechtzuerhalten (Schleswig SchlHA 80, 161; aA Oldenburg NdsRpfl 78, 151); insbesondere darf im zweiten Rechtszug keine erstinstanzlich unterlassene Ermessensentscheidung nachgeholt werden (Rn 33). Praktische Bedeutung hat vor allem der Fall, daß das Erstgericht zu Unrecht nach § 296 I zurückgewiesen hat, obwohl es nach § 296 II hätte zurückverweisen dürfen, dies aber versäumt hat; dann kann das Berufungsgericht die zulässige Zurückweisung nicht nachholen, weil es die Ermessensentscheidung des Erstrichters nicht ersetzen darf (BGH NJW 80, 1102; 81, 2255; WPM 82, 1281 [1282]; Hamburg MDR 79, 147 Nr 76; Schleswig SchlHA 81, 190; LG Frankfurt NJW 79, 2111; aA KG MDR 81, 853 u Grundmann JR 81, 377). Unanwendbar ist § 528 III immer, wenn verspätetes Vorbringen **zugelassen** worden ist, mag dies auch zu Unrecht geschehen sein (BGH MDR 81, 666; Köln OLGZ 81, 490). Zugelassen ist verspätetes Vorbringen auch dann, wenn die Klage mangels Schlüssigkeit abgewiesen und zusätzlich das neue Vorbringen „hilfsweise" als verspätet bezeichnet wird. Das „zweite Bein" kann nichts daran ändern, daß das Gericht das neue Vorbringen zur Entscheidungsgrundlage gemacht hat (aA anscheinend BGH NJW 85, 1543).

33 **b) „Zu Recht** zurückgewiesen" ist das wichtigste Tatbestandsmerkmal des § 580 III, der nicht das Korrektiv der „Verzögerung" kennt (München MDR 78, 1028), das auch nicht hineininterpretiert werden darf (BVerfGE 55, 72). Da es sich um einen objektiv festzustellenden Umstand handelt, ist die Überprüfung aus der Sicht des Rechtsmittelgerichts vorzunehmen, so daß auch nachträglich bekanntwerdende Tatsachen zu berücksichtigen sind (Schneider MDR 78, 969; BGHZ 94, 195 = WPM 84, 1622 = ZIP 85, 188). Nichtzulassung in erster Instanz setzt immer eine wirksame Fristsetzung voraus, an der es bei nicht ordnungsgemäßer Unterzeichnung – Paraphe genügt nicht! – fehlt (BGHZ 76, 236 = MDR 80, 543; VersR 83, 33; LAG Hamm MDR 82, 612 = EzA § 340 Nr 2 m Anm Schneider). Zu Unrecht zurückgewiesen ist auch dann, wenn der Partei Entschuldigungsgründe zur Seite standen, sie aber objektiv gehindert war, diese erstinstanzlich vorzubringen; sie kann sie dann noch im zweiten Rechtszug vortragen, muß dazu aber darlegen und gfls glaubhaft machen, daß und warum sie im ersten Rechtszug dazu nicht imstande war (Rn 16); das ist auch die ratio decidendi des LG Paderborn NJW 78, 381. Von diesem Sonderfall abgesehen, kann eine erstinstanzlich unterbliebene Entschuldigung für verspätetes Vorbringen in der Berufungsinstanz nicht mehr nachgeholt werden (Rn 32). Im übrigen macht **jeder Verfahrensmangel** des erstinstanzlichen Gerichts § 528 III unanwendbar (§ 527 Rn 18). Die Feststellung, daß zu Unrecht zurückgewiesen worden ist, kann als wesentlicher Verfahrensmangel zur Aufhebung und Zurückverweisung führen (§ 539 Rn 13). Soweit die Vorinstanz im Rahmen einer Zurückverweisung Ermessen ausgeübt hat, geht die überprüfende Ermessensentscheidung voll auf das Berufungsgericht über, da dieses Tatsachengericht ist; also keine Beschränkung darauf, ob vorinstanzlich der Ermessensspielraum überschritten worden ist (aA Düsseldorf WRP 83, 412). Zu prüfen ist immer, ob fehlerhafte Zurückweisung entscheidungskausal ist; dabei geht es um die Frage des „Beruhens" (KG MDR 83, 235 = NJW 83, 580 spricht mißverständlich von „Heilung"). So darf zB zurückgewiesenes Verteidigungsvorbringen wiederholt werden, um einen vom Kläger erstmals in zweiter Instanz gestellten Hilfsantrag abzuwehren (Frankfurt MDR 83, 235 = ZIP 82, 1490).

34 **c) Unstreitigwerden.** Werden erstinstanzliche Behauptungen im zweiten Rechtszug unstreitig, dann fallen sie nicht unter § 528 III (BGHZ 76, 133 = LM § 528 ZPO Nr 14 m Anm Girisch; LG Freiburg MDR 82, 762; s auch BVerfGE 55, 72). Diese Sachlage kann auch durch Säumnis eintreten (§ 542 Rn 16).

35 **d) Parteivereinbarung.** Verlangen die Parteien übereinstimmend vom Gericht, von der Anwendung des Verspätungsrechts abzusehen, so ist dem zu entsprechen; dann ist auch § 528 III unanwendbar (Schneider NJW 79, 2506; zust B/H/Albers § 528 4 A; aA Lange DRiZ 83, 413; Kallweit, Prozeßförderungspflicht der Parteien und die Präklusion verspäteten Vorbringens, 1983, S 170 mwNachw). Ebenso ist analog §§ 263, 530 zu verfahren, wenn der durch § 528 III begünstigte Prozeßgegner die Anwendung dieser Vorschrift nicht wünscht und dies erklärt (zust Wieczorek/Rössler, 2. Aufl 1981, § 528 Anm D). Darüber hinaus bleibt ihm die Möglichkeit, sein Bestreiten aufzugeben oder zuzugestehen; er kann sich gegnerisches Vorbringen auch zu eigen machen, um daraus neue, ihm günstige Rechtsfolgen herzuleiten (Rn 34).

36 **e) Zeugenausschluß.** Ein erstinstanzlich zurückgewiesener (nicht ein bloß unausgeführter: BGH MDR 80, 225 = NJW 80, 343) Beweisantrag auf Zeugenvernehmung darf wegen § 528 III zweitinstanzlich nicht mehr ausgeführt werden (BGH MDR 80, 487 m Anm Schneider). Dieser Grundsatz gilt jedoch nicht ausnahmslos. Er setzt **Teilbarkeit der Aussage** voraus. Muß ein Zeuge, weil insoweit erstinstanzlich nicht zurückgewiesen worden ist, zu einem neuen Beweisthema aussagen, dann muß das ausgeschlossene Beweisthema jedenfalls dann in die Vernehmung einbezogen werden, wenn anderenfalls eine Fehlerquelle gesetzt und der Erkenntnis- und

Wahrheitsgehalt der Aussage vermindert würde (Schneider MDR 80, 489 zu Ziff 5). Nicht unter § 528 III fällt das **Auswechseln von Beweisanträgen:** bei erstinstanzlicher Zurückweisung des Beweisantrages „Zeuge X" ist die Partei nicht gehindert, statt des ausgeschlossenen Zeugen X nunmehr den Beweisantrag „Zeuge Y" zu stellen; dann ist jedoch § 528 II anwendbar.

f) Sachverständigengutachten. Ist erstinstanzlich der Antrag auf Einholung eines GA ausgeschlossen worden, dann bleibt es für diesen Beweisantrag dabei. Jedoch darf das Gericht stets von Amts wegen die Begutachtung durch Sachverständige anordnen. § 538 III will solche amtswegigen Aufklärungsbefugnisse nicht beschneiden. Das Berufungsgericht darf daher zwar einem zurückgewiesenen Antrag auf Einholung eines Sachverständigengutachtens nicht mehr stattgeben, bleibt jedoch berechtigt, von sich aus eine Begutachtung anzuordnen; denn präkludiert ist nur das Antragsrecht der Partei, nicht die Aufklärungsbefugnis des Gerichts. Ebenso verhält es sich bei erstinstanzlich zurückgewiesenem Antrag auf Einholung eines **Augenscheins** (§§ 371, 144) und der **amtlichen Auskunft** (§§ 273 II Nr 2, 358 a Nr 2). 37

Ist erstinstanzlich ein **schriftliches Gutachten** eingeholt worden, der Antrag auf **mündliche Erläuterung** (§§ 411 III, 402, 397) aber wegen Verspätung zurückgewiesen worden (s § 411 Rn 5), dann ist die Anhörung auch im zweiten Rechtszug nicht mehr statthaft. Wiederum aber ist das Berufungsgericht befugt, den Sachverständigen mit einer Ergänzung seines Gutachtens zu beauftragen oder auch eine neue Begutachtung zu beschließen, § 412 (Rn 37). 38

g) Parteivernehmung. Erstinstanzlicher Ausschluß mit einem Antrag nach § 445 wirkt fort (§ 528 III). Jedoch wird idR die Zurückweisung nicht „zu Recht" geschehen sein, da bei ordnungsmäßigem Verfahren (§ 141 I 1) die Parteien zum Haupttermin zu laden sind (Bender/Belz/Wax, Verfahren nach der Vereinfachungsnovelle, Rz 21) und dann ohne Verzögerung vernommen werden können (§ 278 I 2). Immer darf das Berufungsgericht aus eigener prozessualer Befugnis (§§ 523, 273 II Nr 1, 141 I 1) Parteien laden und anhören, nach § 448 auch amtswegig vernehmen. 39

h) Urkunden. Nachschieben eines Urkundenbeweises kann erstinstanzlich nicht zu einer Verzögerung führen. Die Urkunden brauchen lediglich gelesen und gewürdigt zu werden, so daß § 528 III unanwendbar ist (Schleswig SchlHA 80, 213); daß dem Gegner evtl ein Schriftsatznachlaß (§ 283) gewährt werden muß, damit er Stellung nehmen kann, würde keine Zurückweisung „zu Recht" gestatten (BGH NJW 1543 u 1556; Hensen NJW 84, 1672). Die Folgen des § 528 III lassen sich bei erstinstanzlich zurückgewiesenem Vorbringen sogar dadurch umgehen, daß dieses Vorbringen durch Vorlage einer präsenten Beweisurkunde für das Berufungsgericht verwertbar gemacht wird (Bender/Belz/Wax, Verfahren nach der Vereinfachungsnovelle, 1977, S 113; Wieczorek/Rössler, 2. Aufl 1981, § 528 Anm D; Dengler NJW 80, 164). Aus § 580 Nr 7 b ist mit Wolf (ZZP 94 [1981], 326) aus prozeßökonomischen Gründen zu folgern, daß zurückgewiesenes Vorbringen immer beachtet werden muß, wenn es einen **Wiederaufnahmegrund** darlegt. 40

i) Non liquet. Soweit das Gericht sich nicht davon überzeugen kann, daß erstinstanzlich „zu Recht" zurückgewiesen worden ist, die Möglichkeit eines mitursächlichen Fehlers des Gerichts also nicht ausgeräumt werden kann, ist § 528 III unanwendbar (Oldenburg NJW 80, 295). Wenn in diesem Fall im übertragenen Sinn von einer „Beweislast" gesprochen werden kann, trägt sie das Berufungsgericht. 41

3) Soweit § 538 III zu Lasten einer Partei angewandt werden muß, sind wegen der dadurch möglicherweise bedingten fehlerhaften Sachentscheidung Regreßansprüche gegen Anwälte zu gewärtigen. Ist nämlich der Prozeßbevollmächtigte von seiner Partei rechtzeitig informiert worden, dann geht die Zurückweisung wegen verspäteten erstinstanzl Vorbringens zu seinen Lasten. Er haftet dafür aus dem Mandatsvertrag und muß seinen Mandanten sogar auf diesen Schadensersatzanspruch hinweisen (vgl BGH VersR 75, 908; NJW 75, 1656). 42

4) In manchen Fällen lassen sich die durch § 528 III gesetzten Schwierigkeiten durch eine **Alternativbegründung** (s § 543 Rn 15) umgehen. **Argumentations-Schema:** *Entweder* zu Recht zurückgewiesen; dann deshalb unbegründet. *Oder* zu Unrecht; dann auch bei Berücksichtigung erfolglos. *Daher* kann offenbleiben, ob § 528 III anzuwenden ist. 43

5) Zum Ausschluß des § 528 III im **Versäumnisverfahren** vgl § 542 Rn 16. 44

VI) Die **Entscheidung** muß zusammen mit der Hauptsacheentscheidung getroffen werden; Teilurteil soll mit dem Zweck des Verzögerungsrechts unvereinbar sein (BGH WPM 84, 1623 = ZIP 85, 189; s näher Rn 13). **1)** Bevor eine der Vorschriften des § 528 zu Lasten einer Partei angewandt wird, muß ihr **rechtl Gehör** gewährt werden (§ 527 Rn 25). Bei erhebl Verstößen kommt, falls keine Revision gegeben ist, Verfassungsbeschwerde in Betracht, etwa wenn beim Erfordernis der Verzögerung verspätetes Vorbringen zurückgewiesen wird, das nicht verzögert hätte (BVerfG NJW 80, 277: Verletzung des Art 103 I GG) oder gegen den Gleichheitsgrundsatz (Willkürverbot) verstoßen wird (BVerfGE 54, 117). 45

46 2) Die **Zulassung** verspäteten Vorbringens ist **unanfechtbar** (BGH NJW 81, 928; ZIP 83, 864 [865 zu I 1]; VersR 84, 539 zu II 1; dazu Schneider MDR 71, 1003). Daher wird sie auch nicht begründet. Ist verspätetes Vorbringen verwertet worden, dann muß es zugelassen werden und darf nicht nachträglich zurückgewiesen werden (BGH Warneyer 78 Nr 265; WPM 81, 323), auch nicht hilfsweise (Rn 32 aE).

47 **Zulassung** von Vorbringen **entgegen § 528 III ist** jedoch **revisibel** (BGH WPM 80, 555; wohl auch MDR 85, 207 = NJW 85, 744 = Warneyer 1984 Nr 111). Bei der Anwendung dieser Vorschrift, die ein Beweisverwertungsverbot schafft, handelt es sich um reine Rechtsanwendung unter Ausschluß tatrichterlichen Ermessens und Verzicht auf das Verzögerungserfordernis (Deubner NJW 81, 930; Schneider MDR 85, 289; B/Albers § 528 Anm 4 D). Dadurch unterscheidet sie sich von § 528 I, II.

48 3) Die **Nichtberücksichtigung** von Vorbringen **muß begründet werden.** „Zu Recht zurückgewiesen", „rechtzeitiges Vorbringen", „genügende Entschuldigung" und „grobe Nachlässigkeit" sind **Rechtsbegriffe,** so daß im Revisionsrechtszug überprüft wird, ob sie richtig angewandt worden sind (BGHZ 12, 52; NJW 81, 2255 zu 3). Ist das nicht der Fall, liegt ein **Verfahrensmangel** vor, der Aufhebung und Zurückverweisung rechtfertigt (§ 564 II). Eine **fehlende Begründung** stellt ihrerseits einen Verfahrensmangel dar, da dem Revisionsgericht die Überprüfungsmöglichkeit genommen wird (BGH NJW 71, 1564 [1565]). Der Fehler unrichtiger Zulassungsablehnung kann nicht dadurch unschädl gemacht werden, daß das Berufungsgericht keine Selbstentscheidung trifft, sondern nach § 539 aufhebt und zurückverweist (BGH MDR 72, 601).

49 4) Die **Zulassungsentscheidung** ist **im Urteil** zu treffen, nicht in einem darauf beschränkten Teilurteil (s aber Rn 13) oder gar einem davon gesondert erlassenen Beschluß oder in einem Zwischenurteil über diese Frage nach § 303. Ein solcher Beschluß hätte keine Bindungswirkung nach § 318, sondern müßte als Hinweis gemäß §§ 139, 278 III verstanden werden.

529 *[Rügen der Unzulässigkeit der Klage]*

(1) Verzichtbare Rügen, die die Zulässigkeit der Klage betreffen und die entgegen § 519 oder § 520 Abs. 2 nicht rechtzeitig vorgebracht werden, sind nur zuzulassen, wenn die Partei die Verspätung genügend entschuldigt. Dasselbe gilt für verzichtbare neue Rügen, die die Zulässigkeit der Klage betreffen, wenn die Partei sie im ersten Rechtszug hätte vorbringen können.

(2) In Streitigkeiten über vermögensrechtliche Ansprüche prüft das Berufungsgericht die ausschließliche Zuständigkeit oder die Zuständigkeit des Arbeitsgerichts nicht von Amts wegen; eine Rüge des Beklagten ist ausgeschlossen, wenn er im ersten Rechtszug ohne die Rüge zur Hauptsache verhandelt hat und dies nicht genügend entschuldigt.

(3) Das Berufungsgericht prüft nicht von Amts wegen, ob eine Familiensache vorliegt. Die Rüge ist ausgeschlossen, wenn sie nicht bereits im ersten Rechtszug erhoben worden ist und dies nicht genügend entschuldigt wird.

(4) § 528 Abs. 1 Satz 2 gilt entsprechend.

1 **I) Übersicht.** § 529 ist durch Vereinfachungsnovelle v 3. 12. 77 (BGBl I 3281) neu gefaßt worden. Eine entspr Regelung fand sich in § 528 aF. Das Schwergewicht der Neufassung liegt auf Abs 1. Danach sind zunächst **alle Rügen,** gleichgültig wann sie erstmals erhoben worden sind oder hätten erhoben werden können, bereits in der **Berufungsbegründung** oder einer **fristgebundenen Erwiderung** geltend zu machen (§ 529 I 1). Bei **neuen Rügen,** also solchen, die erstmals im zweiten Rechtszug vorgebracht werden, muß hinzukommen, daß sie **schuldlos nicht früher** erhoben worden sind (§ 529 I 2). **Zuständigkeitsrügen** fallen unter die Sonderregelung in § 529 II. Zur **örtlichen Zuständigkeit** s § 512 a.

2 **II) Zulässigkeitsrügen. 1) Verzichtbare Rügen** hießen früher „prozeßhindernde Einreden". Gemeint sind die **Schiedsrichtervereinbarung** (§ 1025), die Einrede der **mangelnden Sicherheitsleistung** für die Prozeßkosten (§§ 110–113); die Einrede der **mangelnden Kostenerstattung** aus einem früheren Verfahren (§ 269 IV). Die (nicht eingehaltene) Absprache, vorher eine gütliche Einigung zu versuchen, fällt nicht darunter, sondern kann nur einen materiellrechtlichen Einwand begründen, etwa den der Vertragsuntreue oder fehlender Fälligkeit.

3 **2) Unverzichtbare Rügen** (vor allem: fehlender Rechtsweg; mangelnde Partei- oder Prozeßfähigkeit; Postulationsunfähigkeit; Rechtskraft [s aber Rn 11]) sind stets und in jeder Instanz von Amts wegen zu prüfen und fallen nicht unter § 529 I. Daß das **Landgericht an Stelle des Amtsgerichts** entschieden hat, kann nie gerügt werden (§ 10), desgleichen nicht die **örtl Unzuständigkeit**

des Erstgerichts in einem vermögensrechtl Streit (§ 512a). Im Revisionsrechtszug wird weder die sachl noch die örtl Zuständigkeit überprüft (§ 549 II).

III) Allgemeine Zulassungsvoraussetzung. Erhebung der Rüge in der Berufungsbegründung oder in einer fristgebundenen Erwiderung (§ 529 I 1). **1) Rechtzeitigkeit:** Siehe zu den Fristen Rn 6 ff zu § 520. **2) Genügende Entschuldigung:** Rn 16 zu § 528. Anwaltsverschulden ist nach § 85 II als Parteiverschulden zu behandeln. **3) Glaubhaftmachung:** §§ 529 III, 528 I 2, 294; siehe dazu § 528 Rn 16. 4

IV) 1) Neue Rügen sind solche, die bislang nicht oder zwar schon im ersten Rechtszug erhoben, dort aber wieder fallengelassen worden sind (dann „genügende Entschuldigung" gem § 529 I 2 nötig; vgl RGZ 155, 240). Bei Entstehen erst nach Abschluß erster Instanz Zulässigkeitsprüfung nach § 529 I 1. So liegt es auch, wenn der Kläger im zweiten Rechtszug die Klage ändert und dadurch eine verzichtbare Rüge zum Entstehen bringt (BAG AP § 61 ArbGG Nr 3). Hat der Beklagte die Einrede erstinstanzlich vergeblich vorgebracht, entfällt eine Zulassungskontrolle, da Erfolglosigkeit für § 529 I 2 unerheblich ist. 5

2) Zur genügenden Entschuldigung, warum die bereits erstinstanzl entstandenen Rügen dort nicht vorgebracht worden sind, vgl § 528 Rn 16. Es schadet jeder Sorgfaltsverstoß (BGH Warneyer 1984 Nr 111 S 209/210 m Nachw = MDR 85, 207 = NJW 85, 744). Der Vorbehalt, die Rüge „nur für die erste Instanz" fallenzulassen, stellt keine genügende Entschuldigung dar (Frankfurt NJW 69, 380). Auch wird die Partei nicht damit gehört, sie habe die Einrede der mangelnden Sicherheit für die Prozeßkosten nicht geltend gemacht, weil ihr die Kosten der Berufungsinstanz nicht bekannt gewesen seien; denn bei der Berechnung der Sicherheitsleistung werden die Kosten sämtl Rechtszüge berücksichtigt, so daß der einredeweisen Geltendmachung im ersten Rechtszug nichts im Wege steht (vgl BGH NJW 70, 1791; BGHZ 37, 266). § 259 I 2 will den Beklagten gerade daran hindern, verzichtbare Einreden für den zweiten Rechtszug aufzusparen (Frankfurt WPM 82, 198 = MDR 82, 329; Schröder ZZP 91 [1978], 302). Deshalb muß entgegen altem Recht (siehe BGHZ 37, 267; LM § 675 BGB Nr 6) auch ein Einverständnis des Klägers mit erstmaliger Geltendmachung in der Berufungsinstanz als unbeachtl angesehen werden (aA Wieczorek/Rössler, 2. Aufl 1981, § 529 Anm A Ib). 6

V) Zuständigkeitsrügen. 1) Nichtvermögensrechtl Ansprüche fallen nicht unter § 529 II; bei ihnen ist die Zuständigkeit uneingeschränkt von Amts wegen zu prüfen. 7

2) Vermögensrechtl Streitigkeiten sind solche, die Ansprüche betreffen, welche aus einem vermögensrechtl Rechtsverhältnis hergeleitet werden (BGHZ 14, 74). 8

a) Eine **Amtsprüfung** findet bei ihnen **nicht** statt, soweit es um die ausschl (sachl; zur örtl: § 512a) Zuständigkeit eines **ordentl Gerichts** oder um die Zuständigkeit des **Arbeitsgerichts** geht (§ 529 II Hs 1; ebenso § 67a ArbGG). Das gilt auch für das Verhältnis zwischen Zivilkammer und **Kammer für Baulandsachen,** § 220 BauGB (BGHZ 40, 148; KG OLGZ 72, 292), für die Entscheidung eines unzuständigen Spruchkörpers in **Patentsachen** (BGHZ 8, 21; 14, 75; 49, 99) und **Kartellsachen** (BGHZ 36, 108; 37, 194). Bezüglich der ausschließlichen Zuständigkeit des Familiengerichts können bei Verweisungen Schwierigkeiten auftreten, zB wenn das LG eine nur vermeintliche Familiensache mit einem Streitwert oberhalb 5000 DM an das AG-Familiengericht verweist; Oldenburg (FamRZ 80, 380) hilft, indem es die Zuständigkeit des OLG als Berufungsgericht annimmt. 9

b) Rechtsähnl ist § 529 II anzuwenden auf das Beschwerdeverfahren (Düsseldorf FamRZ 86, 1009) und dann, wenn wegen einverständl **Aufhebung eines Prozeßvergleichs** ein neues Verfahren eingeleitet wird (BAG NJW 74, 2151). Dann wird die rechtskraftähnl Wirkung des Vergleichs (siehe BGHZ 41, 310) im Berufungsrechtszug nicht von Amts wegen, sondern nur auf eine nach § 529 II zu beurteilende Rüge geprüft. 10

c) Unanwendbar ist § 529 II wegen des völlig selbständigen Verfahrensgangs – Beschwerdeverfahren nach FGG – in **Landwirtschaftssachen** (Celle MDR 76, 586; aA Koblenz MDR 68, 677), ferner dann, wenn es (ausgenommen die Arbeitsgerichtsbarkeit) um die **Gerichtsbarkeit, die internationale** (BGHZ 44, 46) und die **funktionelle Zuständigkeit** oder die richtige Besetzung der Richterbank geht. Hat das Gericht seine **sachl Zuständigkeit verneint** und deshalb die Klage abgewiesen, dann ist ebenfalls uneingeschränkte Überprüfung geboten; denn dann ist diese Frage ja gerade zweitinstanzl Streitgegenstand. 11

d) Der Beklagte kann eine **Zuständigkeitsprüfung durch Erhebung der Rüge** in zweiter Instanz erreichen. Mangels einer zweitinstanzlichen Amtsprüfung (§ 529 I Hs 1) ist die Rüge dort verzichtbar und muß deshalb **rechtzeitig** iSd § 529 I vorgebracht werden. Geschieht dies nicht, dann ist der Beklagte damit ausgeschlossen, auch wenn das Berufungsgericht ohne Sachentscheidung nach §§ 538, 539 aufhebt und zurückverweist (BGH NJW 60, 1951). Hinzu kommen 12 muß zur Beachtlichkeit der Rüge, daß der Beklagte sie auch bei gehöriger Sorgfalt nicht schon vor der Verhandlung zur Hauptsache im ersten Rechtszug geltend machen konnte. Die **Beweislast** ist dabei so verteilt (§ 529 II Hs 2), daß der Rügeausschluß eintritt, wenn der Beklagte im ersten Rechtszug rügelos verhandelt hat, daß er aber diese Wirkung beseitigen kann, indem er darlegt und (§ 529 III) auf Verlangen glaubhaft macht, er sei dazu schuldlos nicht im Stande gewesen. Die **Rüge des Klägers** ist nicht erwähnt; a maiore ad minus ist jedoch zu folgern, daß der Kläger erst recht nicht rügen kann, da er die Zuständigkeit für sich in Anspruch genommen hat. Zur **genügenden Entschuldigung** s Rn 6.

13 Die Bestimmung der Höhe der **Sicherheit** nach § 112 II soll alle Kosten veranschlagen, die in allen möglichen Rechtszügen anfallen können (RGZ 155, 241; BGH ZIP 81, 780). Deshalb muß die Einrede mangelnder Sicherheit nach § 282 III vor der ersten Verhandlung zur Hauptsache (im ersten Rechtszug) vorgebracht werden, anderenfalls bei mangelnder Entschuldigung der Ausschluß nach § 296 III eingreift. Deshalb ist in der höheren Instanz die Rüge nicht mehr zulässig, wenn sie in der Vorinstanz schuldhaft nicht erhoben worden ist (BGH ZIP 81, 780).

14 **e)** Ist der Beklagte befugt, eine beachtl Zuständigkeitsrüge erstmals im zweiten Rechtszug vorzubringen, **unterläßt er die Rüge** aber, so bleibt es dabei, daß keine Amtsprüfung stattfindet (Rn 9; BGHZ 49, 103).

15 **VI)** Die Zulassung einer verspäteten Rüge entgegen § 529 ist revisibel (BGH Warneyer 1984 Nr 111 = MDR 85, 207 = NJW 85, 744).

16 **VII) Abs 3** ist durch das Gesetz zur Änderung unterhaltsrechtlicher, verfahrensrechtlicher und anderer Vorschriften (UÄndG) v 20. 2. 1986 (BGBl I 303) neu eingefügt worden, wodurch der bisherige Abs 3 zum jetzigen Abs 4 geworden ist. Ausgehend davon, daß die Zuweisung der Familiensachen an das Familiengericht gem §§ 23b I GVG, 621 I ZPO keine eigene sachliche Zuständigkeit des FamG begründet, folglich auch § 529 II insoweit unanwendbar ist, sollte die bisherige unbeschränkte Prüfungs- und Rügemöglichkeit eingeschränkt werden. Gleichzeitig ist für Familiensachen der freiwilligen Gerichtsbarkeit eine entsprechende Regelung in § 621e IV geschaffen worden. Um die einheitliche Behandlung aller Familiensachen zu erreichen, also auch derjenigen der fG, ist von dem Erfordernis des § 529 II abgesehen worden, das Vorliegen oder Nichtvorliegen einer Familiensache bereits vor der Verhandlung zur Hauptsache zu rügen (s BR-Drucks 501/84 v 26. 10. 84 S 25 f).

530 *[Widerklage; Aufrechnung mit einer Gegenforderung]*

(1) Die Erhebung einer Widerklage ist nur zuzulassen, wenn der Gegner einwilligt oder das Gericht die Geltendmachung des mit ihr verfolgten Anspruchs in dem anhängigen Verfahren für sachdienlich hält.

(2) Macht der Beklagte die Aufrechnung einer Gegenforderung geltend, so ist die hierauf gegründete Einwendung nur zuzulassen, wenn der Kläger einwilligt oder das Gericht die Geltendmachung in dem anhängigen Verfahren für sachdienlich hält.

1 **I)** Erscheint die Zulassung von Widerklage oder Aufrechnung nach dem Aktenstand nicht sachdienlich, hat das Gericht keinen Anlaß, terminsvorbereitende Maßnahmen gem § 273 zu treffen. Anders jedoch, wenn der Gegner einwilligt. Nimmt er dazu nicht alsbald schriftsätzlich Stellung, ist ihm dies aufzugeben (§ 273 I 2), da von seiner Erklärung abhängt, ob und wie das Gericht seiner Pflicht (§ 273 I 1) zur Vorbereitung des Haupttermins nachzukommen hat. Die Frage nach der Einwilligung ist darüber hinaus auch deshalb zu stellen, weil die Rechtsfolge der Einwilligungsvermutung (§ 267) erfahrungsgemäß häufig übersehen wird, manchmal sogar nicht einmal bekannt ist (beides Anwendungsfälle des § 278 III). Der gesetzlich gebotene Hinweis rechtfertigt selbstverständlich keine Befangenheitsablehnung (Düsseldorf MDR 82, 940; s näher Schneider MDR 77, 973 f u Kniffka ZRP 81, 170 f).

2 **II) Widerklage. 1) Regelung** entspr der für die Klageänderung (§ 263). Kein Verzögerungsrecht anwendbar (BGH WPM 85, 145; § 528 Rn 7). Die Erhebung einer **Zwischenfeststellungswiderklage** (§ 256 II) fällt nicht unter I; sie bedarf nicht der Zulassung durch das Berufungsgericht (BGHZ 53, 92).

3 **2)** Für die Frage der **Sachdienlichkeit** kann von Bedeutung sein, ob die Widerklage geeignet ist, den Streit zwischen den Parteien endgültig und alsbald (Karlsruhe Justiz 83, 238) auszuräumen (§ 523 Rn 8). An erster Stelle steht aber der Gesichtspunkt der Prozeßwirtschaftlichkeit; sie kann zu verneinen sein, wenn das Berufungsgericht bei Zulassung der Widerklage über einen völlig neuen Streitstoff entscheiden müßte (BGHZ 33, 400; VersR 69, 1094; DB 71, 2308) oder nur

zur Widerklage Beweis zu erheben wäre mit der Folge, daß die anderenfalls bestehende Entscheidungsreife entfiele, also auch kein Teilurteil möglich wäre. Keine Zulassung, wenn dadurch Fragen entscheidungserheblich werden, die auch in einem zwischen den Parteien bereits anhängigen weiteren Rechtsstreit geklärt werden müssen; die Zulassung würde die Gefahr divergierender Entscheidungen mit sich bringen (Frankfurt MDR 80, 235). Widerklage gegen einen am Prozeß bisher nicht beteiligten Dritten nur bei dessen Zustimmung oder rechtsmißbräuchlicher Verweigerung möglich (vgl Wieser ZZP 86 [1973], 36); Zulassung nur ausnahmsweise angebracht, zB im Haftpflichtprozeß aus einem einheitlichen Verkehrsunfall (Karlsruhe VersR 79, 1033).

3) Über die Sachdienlichkeitsprüfung bei **Eventualwiderklagen** für den Fall der Begründetheit des Klagebegehrens s BGHZ 21, 13. Hilfsweise Verfolgung einer in erster Linie zur Aufrechnung gestellten Gegenforderung mit Eventualwiderklage, wenn Kläger vertragl Ausschluß der Aufrechnung behauptet: BGH MDR 61, 932. Wird eine Hilfswiderklage nicht zugelassen oder die gleichwohl weiterverfolgte als unzulässig abgewiesen, findet keine Gebührenwertaddition nach § 19 GKG statt (s § 3 Rn 16 unter „Eventualwiderklage"). 4

4) Verzögerung und **Verschulden** sind im Falle des Abs 1 nicht Voraussetzung für die Verneinung der Sachdienlichkeit, können aber bei der Ermessensprüfung des Gerichts mit gewürdigt werden (BGHZ 17, 124). 5

5) Die Entscheidung über die Zulassung ist im wesentlichen eine Ermessensentscheidung des Berufungsgerichts; s aber auch BGHZ 33, 400 mit Anm Johannsen in LM § 529 ZPO aF Nr 19. Ihre Zulassung bindet die höhere Instanz (BGH WPM 85, 145; MDR 76, 395). Eine vom Berufungsgericht **zu Unrecht nicht zugelassene Widerklage** kann das Revisionsgericht aber uU als zugelassen behandeln und dann bei Entscheidungsreife selbst eine Sachentscheidung treffen (BGHZ 33, 398). 6

6) Eintritt der Rechtshängigkeit des Widerklageanspruchs: § 261 II. 7

7) Die Zurückweisung einer nicht zugelassenen Widerklage geschieht durch **Prozeßurteil** (BGHZ 33, 401). Der Anspruch kann dann in einem anderen Prozeß verfolgt werden. 8

III) Aufrechnung. Lit: *Schneider* MDR 75, 979. **1) Ausnahmeregelung,** die nur anwendbar ist, wenn die Gegenforderung vorinstanzlich noch nicht geltend gemacht worden war (Rn 18). Obgleich die Aufrechnung ein Verteidigungsmittel ist (BGHZ 91, 303 = NJW 84, 1964, 1967) und damit unter § 528 fallen müßte, ist für eine neue Aufrechnung des Beklagten (nicht des Klägers) eine Sonderregelung getroffen. Sie ist wegen der Ähnlichkeit mit der Geltendmachung eines neuen Anspruchs durch Widerklage und wegen der Rechtskraftwirkung des § 322 II an die Regelung der Widerklage in § 530 I angeglichen worden. § 528 ist folgl nicht anwendbar (RGZ 119, 69; BGHZ 17, 125; Celle NJW 65, 1338). Als **Zulassungssperren** sind statt dessen Einwilligung des Klägers oder Sachdienlichkeits-Erklärung des Gerichts vorgesehen. Darüber hinaus gilt **allgemeines Verspätungsrecht** (§§ 523, 296), wenn mit der Aufrechnung nicht zugleich die sie begründenden Tatsachen vorgetragen werden (BGHZ 91, 293 = NJW 84, 1964). 9

2) Ein **Zurückbehaltungsrecht** fällt unter § 528; es darf nicht wie eine Aufrechnung behandelt werden (RG DR 39, 1885; BGH DB 75, 145). Wird jedoch, um den Zulassungsvoraussetzungen des § 530 II auszuweichen oder auch einfach aus Unkenntnis, die **Zurückbehaltung mit einer Geldforderung** gegen eine Geldforderung erklärt, dann liegt darin der Sache nach eine Aufrechnungserklärung (BGHZ 37, 344), so daß § 530 II anzuwenden ist (Celle OLGZ 72, 477; Schneider MDR 75, 980). Umgekehrt ist die Aufrechnung gegenüber einem **Freistellungsanspruch** mangels Gleichartigkeit nicht möglich, aber in die Geltendmachung eines Zurückbehaltungsrechts umzudeuten (BGHZ 47, 166/167) mit der Folge, daß § 528 anzuwenden ist. 10

3) Rechnerisch wie eine Aufrechnung wirkt der **Angriff auf eine Berechnung,** die der Klageforderung zugrunde liegt. Hier sind die jeweiligen Sachverhalte genau zu unterscheiden: 11

a) Ob der Beklagte sich mit **Aufrechnung verteidigt,** hängt nicht von der Wahl des Ausdrucks, sondern von der materiellrechtlichen Beurteilung ab. Deshalb nur nicht unter § 530 II fallendes Klageleugnen, wenn der Beklagte „Aufrechnung" mit Schadensersatzansprüchen aus Verschulden bei Vertragsabschluß oder positiver Vertragsverletzung erklärt (Koblenz KoRsp GKG § 19 Nr 107 m Anm Schneider) oder gegenüber einer Darlehensklage mit einem Anspruch wegen Belastung mit der Rückzahlungspflicht „aufrechnet" (BGH KoRsp GKG § 19 Nr 109) oder wenn der Beklagte mit der Begründung „aufrechnet", in der Abrechnung des Klägers seien Gegenposten nicht enthalten, die gutgeschrieben werden müßten (RG JW 99, 96). 12

b) Die **Minderungseinrede** gegenüber einem Kaufpreisanspruch richtet sich gegen die Berechnung der Klageforderung als solche und führt, wenn sie begründet ist, nicht zu einer Verrechnung, sondern zu einer anderen Berechnung ohne Verbrauch eigener Ansprüche; auch hierin liegt keine Aufrechnung (RGZ 63, 402). 13

14 **c)** Ebenso verhält es sich bei der Geltendmachung von **Gewährleistungsansprüchen** aus Kauf-, Miet- oder Werkvertragsrecht, soweit sie auf reine Mängelschäden gestützt sind, selbst wenn ein Nachbesserungsanspruch in der Weise verfolgt wird, daß dem Unternehmer der noch offenstehende restl Werklohnanspruch versagt werden soll (BGH NJW 78, 814; Düsseldorf BauR 84, 304; aA Düsseldorf, AnwBl 84, 612 = KoRsp GKG § 19 Nr 88 m Anm Schneider, bei Aufrechnung mit Ansprüchen auf Vorschuß für Mängelbeseitigungskosten gem § 633 III BGB und mit Schadensersatzansprüchen gem § 635 BGB).

15 **d)** Werden indessen weitergehende Ansprüche aus dem Rechtsgrund der **positiven Forderungsverletzung** geltend gemacht – sogenannte **Mangelfolgeschäden** oder **Begleitschäden** (vgl Glanzmann, RGRKomm z BGB, 12. Aufl 1975, § 635 Anm 39 ff) – und zur Aufrechnung gestellt, dann ist § 530 II anwendbar (weitergehend Düsseldorf AnwBl 84, 612 = KoRsp GKG § 19 Nr 88, s Rn 14).

16 **4)** Die Aufrechnung muß **erklärt** werden, also der Wille der Partei erkennbar sein, ihre Gegenforderung zur Verrechnung zu stellen (BGH WPM 65, 1062). Der bloße Hinweis darauf, sie habe solche Gegenforderungen, ist keine eindeutige Erklärung. Im Zweifel ist zu fragen (§ 139). Dies ist auch deshalb wichtig, weil nur eine erklärte Aufrechnung, nicht eine ledigl erstinstanzl erwähnte Gegenforderung nach § 530 II zurückgewiesen werden kann (BGH WPM 76, 583).

17 **5)** Der **Gegner muß** sich seinerseits dazu **erklären, ob er** in die Geltendmachung der Aufrechnung **einwilligt.** Schweigen bedeutet – analog § 267 – vermutete Einwilligung (vgl Schneider MDR 75, 979). Deshalb muß das Gericht fragen und hinweisen, §§ 139, 278 III (Rn 1).

18 **6) Neu** ist eine Aufrechnung immer, wenn sie in erster Instanz nicht gebracht worden ist, zB weil dort die Aufrechnung mit einer **anderen Forderung** erklärt worden ist. Schwierig kann die Beurteilung werden, wenn schon im ersten Rechtszug die Aufrechnung mit einer konkreten Forderung behandelt worden ist. Es kommt dann auf die genaue Klärung der Prozeßlage an. Eine erstinstanzlich **geltend gemachte Aufrechnung** fällt nicht unter § 530 II, wenn das Gericht darauf nicht eingegangen ist, weil es die Klage bereits aus anderen Gründen abgewiesen hat (BGH ZIP 82, 1413 = NJW 83, 205). Eine erstinstanzl **beschiedene Aufrechnungsforderung ist** im zweiten Rechtszug **nie neu.** Dies gilt auch dann, wenn sie wegen **ungenügender Substantiierung** erfolglos geblieben ist (dies hat der BGH MDR 75, 1008, verkannt; vgl die abl Anm Schneider aaO, zust Wieczorek/Rössler, 2. Aufl 1981, § 530 Anm C). Hat der Aufrechnende den **Aufrechnungseinwand** dagegen im ersten Rechtszug vor einer Entscheidung wieder **fallengelassen** oder hat das Gericht aus prozessualen Gründen eine **Sachentscheidung** über die Aufrechnungsforderung gem § 296 **abgelehnt,** dann ist die zweitinstanzl Aufrechnungserklärung neu; denn es ist noch nicht darüber erkannt worden (Schneider MDR 75, 981; s a Frankfurt NJW 71, 148; Celle NJW 65, 1338).

19 **7) Sachdienlichkeit** (s § 528 Rn 8) ist anzunehmen, wenn hinreichende Gründe dafür sprechen, daß über die Aufrechnungsforderung in dem anhängigen Rechtsstreit mitentschieden wird, was vom Standpunkt einer gesunden Prozeßwirtschaft aus zu prüfen ist. Weiter sind die berechtigten Interessen beider Parteien an der Entscheidung über die Aufrechungsforderung in dem anhängigen Rechtsstreit gegeneinander abzuwägen. Viel anzufangen ist mit diesen in BGHZ 17, 124 aufgestellten unbestimmten Voraussetzungen nicht (s Schneider MDR 75, 982). Es müssen statt dessen die **Prozeßsituationen** unter Berücksichtigung **konkreter Fallumstände** herangezogen werden (so auch BGH MDR 77, 310):

20 **a) Rechtl Zusammenhang** zwischen Klage- und Aufrechnungsforderung ist nicht erforderl, um Sachdienlichkeit bejahen zu können, allerdings auch nicht genügend (BGH NJW 66, 1029; Schneider MDR 75, 982).

21 **b) Sachdienlichkeit** ist in der Regel **zu bejahen,** wenn die Aufrechnung ohne weiteres als **durchgreifend** oder als **unbegründet** erscheint, weil dann auch dieser Streitpunkt zwischen den Parteien ohne neuen Prozeß bereinigt werden kann (§ 322 II). Desgleichen, wenn der Kläger erst in der Berufungsinstanz **vom Urkundenprozeß Abstand** nimmt, so daß der Beklagte erst jetzt die Möglichkeit zur Aufrechnung bekommt (BGHZ 29, 337; § 596 Rn 5; s auch Rn 23).

22 **c) Sachdienlichkeit** wird **zu verneinen** sein, wenn mit einer erst **während des Berufungsverfahrens erworbenen Forderung** die Aufrechnung erklärt wird und durch deren Zulassung der Prozeß mit völlig neuem Stoff belastet würde (BGHZ 5, 373). Das wird häufig bei Aufrechnung mit einer Schadensersatzforderung der Fall sein, die aus einem Geschehen stammt, das mit dem Klagegrund in keinem oder keinem engen Zusammenhang steht (BGH VersR 67, 477). Nicht sinnvoll ist die Sachdienlich-Erklärung auch dann, wenn die Aufrechnungsforderung auf Grund gerichtl Hinweise erst **noch substantiiert werden müßte** (BGHZ 17, 124). Zulassung grundsätzlich abzulehnen, wenn Aufrechnungsforderung anderweit rechtshängig gemacht worden ist

(statthaft: BGHZ 57, 242) oder die gleichen Tat- oder Rechtsfragen in einem anderweit anhängigen Prozeß anstehen, da dann die Gefahr divergierender Entscheidungen aufträte (Frankfurt MDR 80, 235).

8) Ist die **Forderung,** mit der aufgerechnet werden soll, erst **nach Schluß der ersten Instanz entstanden,** dann muß es mangels Ausnahmeregelung bei den Zulassungsvoraussetzungen des § 530 II bleiben. Allerdings wird diese für den Beklagten etwas mißliche Situation bei der Prüfung der Sachdienlichkeit in seinem Sinne zu berücksichtigen sein (siehe auch Rn 21). 23

9) Über die **Zulassung** ist **im Endurteil** zu entscheiden, nicht durch besonderen Beschluß oder Zwischenurteil (§ 303). Einer **Begründung** bedarf es nicht, weil die Zulassung der Aufrechnung (ebenso wie bei § 530 I, s Rn 5) nicht revisibel ist (BGH JZ 73, 607). Wird die **Zulassung abgelehnt,** so bedarf es einer Begründung, wenn es sich um einen revisiblen Rechtsstreit handelt, denn dann muß das Revisionsgericht auf Rüge nachprüfen, ob der Begriff der Sachdienlichkeit nicht verkannt worden ist (BGH NJW 77, 49). 24

10) Wird fehlerhafterweise die **Sachdienlichkeit verneint und zugleich** die **Aufrechnungsforderung für unbegründet erkannt** (RG Recht 07, 2608), dann kann dieser Denkfehler nur dadurch korrigiert werden, daß die Ausführungen zur Begründetheit **als nicht geschrieben gelten** und folgl unbeachtet bleiben (BGH MDR 83, 1018 = NJW 84, 128). Denn die Annahme einer stillschweigenden Sachdienlichkeits-Erklärung, die in der Praxis häufig vorkommt, verbietet sich bei ausdrückl Verneinung. Wegen der weitreichenden Folgen des § 322 II muß die für den Beklagten am wenigsten nachteilige Deutung des widersprüchl Urteils vorgezogen werden. 25

11) Die **Zurückweisung der Aufrechnung** wegen fehlender Einwilligung und mangelnder Sachdienlichkeit nimmt dem Beklagten seine Forderung nicht. Er kann sie also in einem anderen Rechtsstreit verfolgen. Umgekehrt ist er berechtigt, eine anderweit bereits eingeklagte Forderung zur Aufrechnung zu stellen (BGHZ 57, 242; NJW 84, 128, 129). 26

531 *[Verfahrensmängel]*

Die Verletzung einer das Verfahren des ersten Rechtszuges betreffenden Vorschrift kann in der Berufungsinstanz nicht mehr gerügt werden, wenn die Partei das Rügerecht bereits im ersten Rechtszug nach der Vorschrift des § 295 verloren hat.

Nach § 295 tritt Verlust des Rügerechts ein, wenn die Partei auf die Befolgung der betr Vorschrift verzichtet, oder wenn sie bei der nächsten mündl Verhandlung, die auf Grund des betr Verfahrens stattgefunden hat oder in der darauf Bezug genommen ist, den Mangel nicht gerügt hat, obgleich sie erschienen und ihr der Mangel bekannt war oder bekannt sein mußte. Der in erster Instanz eingetretene Rügeverlust wirkt für das Berufungsverfahren fort. In der Berufungsinstanz selbst gilt § 295 wiederum originär (§ 523). 1

532 *[Gerichtliches Geständnis]*

Das im ersten Rechtszuge abgelegte gerichtliche Geständnis behält seine Wirksamkeit auch für die Berufungsinstanz.

I) Ob in der Erklärung einer Partei tatsächlich ein **Geständnis** (§§ 288–290) zu finden ist, unterliegt der Nachprüfung des Berufungsgerichts. Es kommt nicht auf einen bestimmten Wortlaut an, sondern kann auch in der Äußerung liegen, die Ausführungen des Gegners würden nicht bestritten, wenn weitere Umstände auf ein Geständnis hindeuten (BGH WPM 85, 1112, 114; NJW 83, 1496; aA München MDR 84, 321, das die §§ 532, 290 auch auf die Geständnisfiktion des § 138 III anwendet). 1

II) Ein Geständnis kann unter den Voraussetzungen des § 290 in der zweiten Instanz **widerrufen** werden, auch wenn die Gründe dem Widerrufenden schon in der Vorinstanz bekannt waren (RGZ 11, 406); denkbar ist allerdings in diesem Fall ein Verzicht auf den Widerruf. Wegen der fingierten Geständnisse vgl § 138 III; dessen irrige Annahme durch den erstinstanzl Richter kann nur gerügt werden, wenn § 531 nicht eingreift. 2

533 *[Parteivernehmung]*
(1) Das Berufungsgericht darf die Vernehmung oder Beeidigung einer Partei, die im ersten Rechtszuge die Vernehmung abgelehnt oder die Aussage oder den Eid verweigert hatte, nur anordnen, wenn es der Überzeugung ist, daß die Partei zu der Ablehnung oder Weigerung genügende Gründe hatte und diese Gründe seitdem weggefallen sind.

(2) War eine Partei im ersten Rechtszuge vernommen und auf ihre Aussage beeidigt, so darf das Berufungsgericht die eidliche Vernehmung des Gegners nur anordnen, wenn die Vernehmung oder Beeidigung im ersten Rechtszuge unzulässig war.

1 **I) Ablehnung der Vernehmung** einer Partei: § 446; Aussage- oder Eidesverweigerung nach Bereiterklärung, sich vernehmen zu lassen: §§ 446–448, 453 II. Wenn die Partei damals keinen stichhaltigen Grund für ihre Weigerung hatte und daraus im angefochtenen Urteil geschlossen wurde, daß sie etwas zu verschweigen habe, soll die neuerl Vernehmung unterbleiben, da ihre Ergebnisse fragwürdig sein müßten. Die Partei soll aber auch nicht in Gewissensnöte gebracht werden, wenn sie einen triftigen Grund für ihre Weigerung hatte und dieser nach der Überzeugung des Gerichts noch fortbesteht. Die „Überzeugung" des Gerichts ist im Urteil zu begründen.

2 **II) Eid des Gegners: Abs 2** will verhüten, daß über dieselbe Tatsache zwei verschiedene eidl Aussagen abgegeben werden (vgl § 452 I 2). Anders nur, wenn die erste Vernehmung oder wenigstens die Vereidigung unzulässig war, zB bei Eidesunfähigkeit (§ 452 IV). Die uneidl Vernehmung des Gegners ist nicht unzulässig. § 533 II gilt entsprechend, wenn das Berufungsgericht selbst eine Partei vernommen und beeidigt hat und nach Aufhebung seines Urteils und Zurückverweisung wieder mit der Sache befaßt wird (RGZ 145, 271, auch zur Würdigung des entgg § 533 II abgenommenen Eides).

534 *[Vorläufige Vollstreckbarkeit]*
(1) Ein nicht oder nicht unbedingt für vorläufig vollstreckbar erklärtes Urteil des ersten Rechtszuges ist, soweit es durch die Berufungsanträge nicht angefochten wird, auf Antrag von dem Berufungsgericht durch Beschluß für vorläufig vollstreckbar zu erklären. Die Entscheidung kann ohne mündliche Verhandlung ergehen; sie ist erst nach Ablauf der Berufungsbegründungsfrist zulässig.

(2) Eine Anfechtung der Entscheidung findet nicht statt.

1 **I) Lit:** *Schneider* DRiZ 79, 44. Grundsätzl werden **alle Urteile** für **vorläufig vollstreckbar** erklärt, §§ 708, 709; Ausnahme: § 704 II. Nach § 705 wird ein Urteil auch insoweit nicht rechtskräftig, als es von der Berufung nicht betroffen wird, sofern nicht im übrigen auf das Rechtsmittel verzichtet wird; die Hemmungswirkung reicht weiter als die Anfallwirkung (RGZ 56, 34; München NJW 66, 1082; BGH NJW 71, 34; aM Grunsky NJW 66, 1393). § 534 gibt deshalb dem Gegner das Recht, bei dem Berufungsgericht zu beantragen, das Urteil insoweit erstmals oder unbedingt (vorbehaltlos, also ohne Sicherheitsleistung) für vorläufig vollstreckbar zu erklären, sofern es nicht bereits rechtskräftig ist (RGZ 130, 230) oder überhaupt keiner Vollstreckbarerklärung bedarf, wie Arrest- und Verfügungsurteile. Anwendbar auch, wenn vorinstanzlich vorläufige Vollstreckbarkeit gg Sicherheitsleistung entgegen § 708 ausgesprochen worden ist, zB wenn bei einem Teil-Anerkenntnis- und Schlußurteil fälschlich eine einheitliche Vollstreckbarkeitsentscheidung mit Sicherheitsleistung ergangen ist, obwohl das Teil-Anerkenntnisurteil unbedingt vorläufig vollstreckbar ist (§ 708 Nr 1). Entscheidung über den Antrag (Anwaltszwang, da Prozeßhandlung, § 78 I) außerhalb mündlicher Verhandlung; diese findet nur bei besonderer Anordnung statt. Keine entsprechende Anwendung bei Teilanfechtung einer Entscheidung im Hausratsverfahren (Karlsruhe FamRZ 83, 731).

2 **1) Antragsberechtigt** ist diejenige Partei, die aus dem nichtangefochtenen Teil des Vorurteils vollstrecken kann. Der Berufungsbeklagte kann den Antrag durch seinen erstinstanzlichen Prozeßbevollmächtigten stellen lassen, solange sich für ihn noch kein Berufungsanwalt bestellt hat (Frankfurt FamRZ 79, 538). **Berufungsanträge** sind auch Anschließungsanträge (§ 521); unerheblich ist, wer den Rechtsmittelantrag stellt; bei teilweise zugunsten, teilweise zuungunsten einer Partei ergangenem Urteil ist jede Partei berechtigt, den Antrag aus § 534 zu stellen (Schleswig SchlHA 80, 188). Beschränkung auch nachträglich möglich durch **Teilrücknahme** (§ 515) oder **Teilverzicht** (§ 514 Rn 17). Bedenken, daß dann uU Rechtskraft eintrete und § 534 deshalb nicht mehr anwendbar sei (RGZ 130, 230), greifen nicht durch, weil im Beschlußverfahren solche Prüfungen gerade nicht angestellt werden sollen, wenn die Rechtskraft nicht eindeutig ist. Sonst müßte möglicherweise gerade deshalb mündlich verhandelt werden, obwohl die Neufassung

(§ 534 I 2) diese Erschwernis beseitigt hat (s Rn 3 zum Ausschluß sachlicher Prüfung). Vorbehaltlose Vollstreckbarerklärung bleibt ohnehin immer nur *vorläufig*, so daß Rechtsnachteil ausgeschlossen ist, wenn wegen *vielleicht* schon eingetretener Rechtskraft sogar endgültige Vollstreckbarkeit gegeben ist. Bei Teilrücknahme in der Berufungsinstanz § 534 jedoch nur entsprechend anwendbar, was sich auf die Kostenentscheidung auswirkt (s Rn 14).

Anwendbar ist § 534 auch, wenn **Kläger teilweise abgewiesen** wurde und nur er dagegen Berufung einlegt (Schleswig SchlHA 80, 188; RGZ 130, 299 weicht nur scheinbar ab, da zu § 560 ergangen und auf altem Revisionsrecht beruhend; wie hier Skonietzki/Gelpcke, ZPO, § 534 Anm 9).

2) Der Beschluß ergeht **ohne sachliche Prüfung,** jedoch nur nach vorheriger Gewährung **rechtlichen Gehörs** für den Gegner (vielleicht legt er Anschlußberufung ein; vgl Rn 9). Erklärt der Antragsgegner, er habe bereits gezahlt (erfüllt), dann ist gleichwohl antragsgemäß zu beschließen, wenn der Antragsgegner das bestreitet; ein unbewiesener Erfüllungseinwand darf nicht berücksichtigt werden. Räumt der Antragsteller hingegen die Erfüllung ein, hält er aber seinen Antrag gleichwohl aufrecht, so ist er wegen fehlenden Rechtsschutzbedürfnisses damit kostenfällig (§ 91) abzuweisen. Nimmt er den Antrag zurück, wird er analog § 515 III mit den Kosten belastet. Daneben besteht für ihn die Möglichkeit, die Hauptsache des Beschlußverfahrens für erledigt zu erklären. Auf einseitige Erledigungserklärung hin ist die Sach- und Rechtslage zu überprüfen; bei übereinstimmenden Erklärungen ist § 91 a anzuwenden. 3

a) Vorgängige Entscheidung über die **Zulässigkeit der Berufung** hat zu unterbleiben; sie gehört in das eigentliche Berufungsverfahren, fordert häufig auch mündliche Verhandlung und macht die Hauptsache revisibel, wenn verworfen wird (§ 547). Vorbehaltlose Vollstreckbarkeit darf aber nicht in der Schwebe bleiben, bis Zulässigkeit geklärt ist. Wenn schon auf zulässige Teilberufung hin nach § 534 ZPO zu beschließen ist, dann erst recht auf (möglicherweise) unzulässige (arg a maiore ad minus). 4

b) Feststellungs- und **Gestaltungsurteile** sowie solche auf **Abgabe einer Willenserklärung** sind mangels vollstreckungsfähigen Inhalts nur im Kostenpunkt für vorläufig vollstreckbar zu erklären (Schneider, Kostenentscheidung im Zivilurteil, 2. Aufl 1977, § 36 III 7). Ist im angefochtenen Urteil entgegen § 894 auch die Hauptsache für vorläufig vollstreckbar erklärt worden – dann gegen Sicherheitsleistung, § 709! –, so fehlt für eine Entscheidung nach § 534 gleichwohl das Rechtsschutzinteresse, weil die Vollstreckungsmöglichkeit vom Eintritt der Rechtskraft abhängt (Zweibrücken JurBüro 83, 1889). 5

3) § 534 gilt auch für die **erstinstanzliche Kostenverurteilung** (KG ZZP 53, 92; aA Schleswig MDR 85, 679; SchlHA 83, 168), jedoch seiner ratio nach (s OVG Lüneburg MDR 75, 174) nur, wenn die auszuwerfende anteilige Quote eindeutig bestimmbar und die Möglichkeit späterer Korrektur ausgeschlossen ist. Daher grundsätzlich nicht, wenn: **a)** eine gemischte Kostenentscheidung gefällt worden ist (§§ 91, 92, 91 a, 93, 269; s Schneider, Kostenentscheidung, § 35); **b)** wegen objektiver Klagenhäufung gequotelt worden und dabei der Streitwert (auch) nach Ermessen (§ 3) festgesetzt worden ist (§ 92; s Schneider, Kostenentscheidung, § 22; Schneider, Streitwert-Komm, 7. Aufl 1986, Streitwertbeschwerde *[Bindung]*); hier muß die Kostenausgleichung (§ 106) abgewartet werden (Schleswig SchlHA 83, 168); **c)** die trotz Teilanfechtung erlaubte Überprüfung der Gesamtkostenentscheidung (BGH KoRsp § 308 ZPO Nr 4; § 521 Rn 24) zu einer Berichtigung der auf den nicht angefochtenen Urteils-Teil entfallenden Quote führen könnte. 6

4) Das Verfahren nach § 534 hat einen **anderen Streitgegenstand** als das Berufungsverfahren; daher ist bei dessen Unterbrechung oder Aussetzung vorbehaltlose Vollstreckbarerklärung zulässig und oft gerade dann sogar besonders wichtig (zB bei Konkurseröffnung, § 249). 7

5) Durch den unanfechtbaren (Abs 2) Beschluß wird auch die vorinstanzliche Anordnung einer Sicherheitsleistung hinfällig. 8

6) Da der Beschluß zur vorbehaltslosen Vollstreckbarerklärung keine Rechtskraft wirkt (Zweibrücken JurBüro 83, 1889), ist **Erweiterung** des Berufungsantrags (§ 519 Rn 31) oder **Anschlußberufung** noch möglich. Es bleibt jedoch bei der Unanfechtbarkeit (Abs 2) und damit Unabänderlichkeit (§ 318). In solchen Fällen kann der (unrichtig gewordene) Beschluß nur für die Zukunft unschädlich gemacht werden: durch einstweilige Einstellung in entsprechender Anwendung der §§ 719, 707 (RGZ 47, 419 [420]; Schleswig SchlHA 77, 190). 9

7) Stellt der Kläger den Antrag nach § 534, kann der Beklagte nicht verlangen, daß ihm gestattet wird, die dadurch unbedingt möglich gewordene Zwangsvollstreckung durch Sicherheitsleistung wieder abzuwenden (KG OLGE 23, 190), oder daß insoweit einstweilen eingestellt wird. Der Beschluß darf nicht einmal auf einen neuen Antrag hin abgeändert werden (Rn 9), da sonst einer schon vollzogenen Vollstreckung die Grundlage genommen würde. 10

11 8) Der Erlaß eines **Teilurteils** oder eines **Versäumnisurteils** hinsichtlich des nicht angefochtenen Teils durch das Berufungsgericht im Falle mündlicher Verhandlung kommt nicht in Betracht (München NJW 66, 1082; Schleswig SchlHA 66, 14). Ein solches Urteil müßte als Beschluß gem § 534 gedeutet werden.

12 **9) Der Einzelrichter** darf den Beschluß erlassen, wenn er mit der Sache befaßt ist, da dies der Vorbereitung der Endentscheidung dient, § 524. Bloße Bestellung für das Verfahren nach § 534 ist jedoch nur dann angebracht, wenn mündliche Verhandlung angeordnet wird (§ 534 I 2).

13 **II)** Der Beschluß ist **nicht beschwerdefähig** (Abs 2), auch nicht, wenn fälschlich (Rn 11) durch Urteil entschieden wird. Auch bei Zurückweisung des Antrags ist die Anfechtung ausgeschlossen. Es darf aber ein neuer Antrag gestellt werden, auf den hin das Berufungsgericht trotz anfänglicher Zurückweisung den Beschluß nachträglich erlassen darf, wenn es nunmehr die Voraussetzungen dafür bejaht.

14 **III)** Dem Beschluß ist eine **Kostenentscheidung** beizugeben (Hamm NJW 72, 2314; Schleswig SchlHA 80, 188), weil sonst die Anwaltsgebühr aus § 49 II BRAGO nicht festsetzbar ist (s dazu Bierbach Rpfleger 55, 166). Denn das angefochtene Urteil kann keine spätere Entscheidung im Beschlußverfahren zweiter Instanz im Kostenpunkt titulieren; das Berufungsurteil kann es nicht, weil es einen anderen Streitgegenstand betrifft (nämlich nur den *angefochtenen* Teil des Urteils erster Instanz); es handelt sich auch nicht um Vollstreckungskosten, da lediglich vorbereitender Aufwand, nicht schon Einleitung der Zwangsvollstreckung (Düsseldorf MDR 55, 560). Jedoch keine isolierte Kostenentscheidung bei Teilrücknahme in zweiter Instanz (Rn 2 aE), weil dann ein Teil des dem Berufungsgericht angefallenen Streitgegenstandes betroffen ist. Wird Kostenentscheidung vergessen, **Ergänzungsantrag** nach § 321 geboten. Wird sie **abgelehnt,** muß darüber im Berufungsurteil mitentschieden werden, wobei Kostentrennung (§§ 92, 97) vorzunehmen ist (s näher Düsseldorf Rpfleger 55, 165 m Anm Bierbach).

15 Wird der **Berufungsantrag nachträglich erweitert oder Anschlußberufung** eingelegt (Rn 9), dann dehnt sich dadurch insoweit die Anfallwirkung des Rechtsmittels rückwirkend auf den Streitgegenstand des Beschlußverfahrens aus. Gebührenrechtlich hat das zur Folge, daß die Gebühr aus § 49 II BRAGO insoweit auf die Prozeß- und Verhandlungsgebühr des Berufungsverfahrens anzurechnen ist, weil dann § 37 Nr 7 BRAGO eingreift (Celle NdsRpfl 59, 152). Die Kostenentscheidung des Beschlusses wird dadurch prozessual überholt.

16 **IV)** Ist einer Partei Prozeßkostenhilfe für das Berufungsverfahren bewilligt worden, so bedarf es keiner Erstreckung auf den Antrag aus § 534 (Riedel/Sußbauer, BRAGO, 5. Aufl 1985 § 49 Rn 23 m Nachw).

17 **V) Tenorierungsvorschlag:** Auf den Antrag vom ... wird das Urteil ... wegen eines Betrages von ... DM nebst ... Zinsen ab ... für vorläufig vollstreckbar erklärt. Der Beklagte trägt die Kosten des Verfahrens. – **Oder:** ... auf Antrag des ... vom ... beschlossen: Das Urteil ... ist in Höhe von ... DM nebst ... Zinsen ab ... vorläufig vollstreckbar. Der Beklagte trägt die Kosten des Verfahrens.

18 **VI) Gebühren: 1)** des **Gerichts:** Keine. – **2)** des **Anwalts:** Die Vollstreckbarerklärung eines Urteils gehört beim **RA** des **Berufungsklägers** zum Rechtszug des Berufungsverfahrens (§ 37 Nr 7 BRAGO). Jedoch erhält der **RA** des **Gegners** im Verfahren auf Vollstreckbarerklärung der durch Rechtsmittelanträge nicht angefochtenen Teile eines erstinstanzl Urteils (§ 534 Abs 1) nach deren Wert 3/10 von der nach § 11 Abs 1 S 2 BRAGO (= 39/100) erhöhten vollen Gebühr, § 49 Abs 2 BRAGO (Hartmann, KostGes BRAGO § 37 Anm 9D). Damit wird nach Celle, NdsRpfl 59, 152, der vom Anwalt gestellte Antrag und seine Tätigkeit in der event Verhandlung mit abgegolten. Wegen der Berücksichtigung der Anwaltskosten im Kostenfestsetzungsverfahren s Düsseldorf, Rpfleger 55, 165, mit krit Anm von Bierbach. – **3) Gegenstandswert:** Wert der nichtangefochtenen für vollstreckbar zu erklärenden Teile des Ersturteils (Gerold/Schmidt, BRAGO, § 37 Rdnr 24 sowie Hartmann, KostGes BRAGO § 49 Anm 3).

535 (weggefallen)

536 *[Beschränkung der Urteilsabänderung]*

Das Urteil des ersten Rechtszuges darf nur insoweit abgeändert werden, als eine Abänderung beantragt ist.

Lit: *Kapsa,* Das Verbot der reformatio in peius im Zivilprozeß, 1976.

I) Grundgedanke: § 536 entspricht dem § 308 I 1. Diese Vorschriften legen die Entscheidungsspanne des Berufungsgerichts fest. Bindung an die Anträge bedeutet: keine Verbesserung – *ne ultra petita;* keine Verschlechterung: Verbot der *reformatio in peius.* § 536 enthält zunächst das Verbot, das angefochtene Urteil **zugunsten** des Berufungsklägers (Anschlußberufungsklägers), er sei Kläger oder Beklagter, in weiterem Umfang **abzuändern** als beantragt. Das gilt auch im Versorgungsausgleichsverfahren (BGHZ 85, 180 = MDR 83, 116; anders beim öffentlich-rechtlichen Versorgungsausgleich, BGH MDR 84, 921). Maßgebend sind die bis zum Schluß der mündl Verhandlung in der Berufungsinstanz gestellten Anträge; nach Zurückverweisung durch das RevGericht die bis zum Schluß der mündl Verhandlung in der wiedereröffneten Berufungsinstanz gestellten (BGH NJW 63, 444). Dabei ist der gesamte Sachvortrag einer Partei zu berücksichtigen; nimmt zB der Berufungskläger die erstinstanzliche Feststellung der Vertragsnichtigkeit hin, dann darf das Berufungsgericht davon ohne weiteres ausgehen (KG NJW 83, 291). 1

1) Mehr wird **nicht** zugesprochen, wenn innerhalb eines Klageanspruchs ein Rechnungsposten zugunsten des Klägers heraufgesetzt, ein anderer entspr heruntergesetzt wird, so daß sich der Gesamtbetrag nicht erhöht (zB bei einheitl Schadensrente die für die einzelnen Zeitabschnitte ausgeworfenen Rententeilbeträge, RG JW 37, 2366; s a Rn 8). Karlsruhe (NJW 56, 1245) entscheidet zu Unrecht ebenso für zwei auf einheitlichem Klagegrund beruhende Zahlungsansprüche (zB Verdienstausfall und Schmerzensgeld; aber Ansprüche auf Schmerzensgeld, Ersatz von Heilungskosten und von Sachschaden sind selbständig, BGH NJW 56, 220). 2

2) Aus der Bindung an die Berufungsanträge folgt auch, daß das Berufungsgericht dem Berufungskläger (zwar weniger, aber) **nichts anderes** zusprechen darf als beantragt; daher bei hilfsweisen Anträgen Beachtung der vom Berufungskläger gewählten Reihenfolge (RGZ 104, 293; 152, 296; Merle ZZP 83 [1970] 436 ff). Zu einer Entscheidung über die Anträge hinaus s Rn 16. 3

II) § 536 verbietet weiter, das Urteil zum **Nachteil** der Partei **abzuändern,** die allein Berufung eingelegt hat; anders bei Anschlußberufung des Gegners. 4

1) Verschlechterung wird entgegen RGZ 54, 10 überwiegend verneint, wenn auf alleinige Berufung des Klägers das Berufungsgericht die Abweisung der Klage **als zZ unbegründet** durch Abweisung schlechthin ersetzt (Stuttgart NJW 70, 569; Düsseldorf JurBüro 83, 1901; Bötticher ZZP 65 [1952], 467); ebenso, wenn es die in erster Instanz nur wegen begründeter **Aufrechnung** abgewiesene Klage auf die Berufung des Klägers wegen Nichtbestehens der Klageforderung abweist (anders BGHZ 16, 394; dazu Rietschel LM Nr 37 zu § 387 BGB; Reinicke NJW 67, 517; s nun auch BGH WPM 72, 53). 5

2) Der **Beklagte** als Berufungskläger **wird schlechter gestellt,** wenn die erste Instanz seine Aufrechnungsforderung teilweise für begründet erachtet hatte, das Berufungsgericht auf seine Berufung hin dagg das Bestehen einer Aufrechnungsforderung verneint und die Urteilssumme aus anderen Gründen herabsetzt (BGHZ 36, 316). Wenn das Berufungsgericht auf die Berufung des verurteilten Beklagten hin, dessen zur Aufrechnung gestellte Gegenforderung in erster Instanz verneint worden war, diese zwar für begründet befindet, aber nun von einem höheren Betrag der Klageforderung ausgeht, als sie im ersten Rechtszug als begründet angesehen worden war, liegt ebenfalls Verschlechterung vor (RGZ 161, 167). Zu diesen Fragen auch, teilw abw, Gerkan ZZP 75 [1962], 214. 6

3) Bei einer Verurteilung zur **Leistung Zug um Zug** darf der Beklagte auf seine alleinige Berufung hin nicht vorbehaltlos verurteilt werden, auf alleinige Berufung des Klägers hin die Klage nicht abgewiesen werden. 7

4) Keine Schlechterstellung des Klägers als Berufungsführer liegt vor, wenn bei einem aus **mehreren Posten zusammengesetzten Anspruch** einzelne Posten gegenüber dem erstinstanzl Urteil herabgesetzt oder gestrichen werden, infolge Erhöhung anderer Posten aber die Gesamtsumme nicht geringer wird; so für einzelne Zeitabschnitte einer Schadensrente nach § 843 BGB BGH LM Nr 6 zu § 536 (s a Rn 2); ferner bei wechselseitigem Ausgleich zwischen den Beträgen für Arztkosten, Krankenhauskosten, Ausgaben für Medikamente (BGH LM Nr 6 zu § 536 ZPO). Das gleiche muß für die auf Minderung der Erwerbsfähigkeit und auf Erhöhung der Bedürfnisse entfallenden Teilbeträge der Unfallrente nach § 843 BGB gelten (RGZ 74, 131), nicht hingegen bei verbundener Geltendmachung eines Anspruchs der klagenden Ehefrau nach § 843 und eines abgetretenen des Ehemannes nach § 845 BGB (BGH VersR 56, 22). 8

5) Kein Verstoß gegen § 536, wenn **nur die Gründe** zum Nachteil des Berufungsklägers geändert werden, zB Vorsatz statt Fahrlässigkeit (BGH LM Nr 2 zu § 322 ZPO) oder durch anderweitige Bewertung der für die Berechnung des Schmerzensgelds maßgebenden Faktoren (zB Annahme einer höheren Mitverschuldensquote ohne für den Rechtsmittelkläger nachteilige Änderung der Gesamtsumme (BGH VersR 61, 347). 9

10 **6)** Keine unzulässige Verschlechterung ist nach Stuttgart (FamRZ 72, 385) bei negativer Vaterschaftsfeststellungsklage des Mannes gegeben, die im ersten Rechtszug wegen Unaufklärbarkeit der Abstammung nachgewiesen wurde, wenn auf seine Berufung hin die Klage mit der Begründung abgewiesen wird, daß er der Vater sei. Dem ist zuzustimmen, weil dieser Abweisungsgrund nur ein obiter dictum ist; tragend ist allein die Beweisfälligkeit (siehe Schneider, Beweis und Beweiswürdigung, 3. Aufl 1978, § 31).

11 **7) Verschlechterung ohne Anschlußberufung** des Gegners ist zulässig hinsichtl des **Kostenausspruchs** (§ 308 II; RG JW 13, 696; § 521 Rn 24; aA Kirchner NJW 72, 2295).

12 **8)** Das Verschlechterungsverbot bezieht sich auch nicht auf **Verfahrensfragen,** über die **von Amts wegen** zu befinden ist (Celle MDR 53, 111; Hamm JurBüro 84, 1906). Auch darf der Tenor klarer gefaßt oder durch Beseitigung eines unzulässigen Zusatzes richtiggestellt werden (vgl RG JW 07, 147; 27, 1637 Nr 8). Zum **Beschwerdeverfahren** s § 575 Rn 36.

13 **9)** Fehlt eine von Amts wegen zu prüfende **Prozeßvoraussetzung** (zB Unzulässigkeit des Rechtswegs), dann darf die als unbegründet abgewiesene Klage auf die Berufung des Klägers hin als unzulässig abgewiesen werden. Sie darf auch dann auf die alleinige Berufung des Klägers hin als unzulässig abgewiesen werden, wenn dieser zum Teil durchgedrungen war (RGZ 40, 268; 143, 130; BGHZ 18, 98 = LM § 423 HGB Nr 2 m Anm Lindenmaier; str, zur Gegenmeinung neigend BGH NJW 70, 1683; dazu kritisch Berg JR 71, 160). Der Kläger verliert dadurch den bereits errungenen Vorteil nicht endgültig, da er nicht gehindert ist, ihn in einem neuen mangelfreien Verfahren oder in einem anderen Rechtsweg wieder zu erstreiten. Problematisch jedoch, wenn durch Klageerhebung gewahrte Fristen ablaufen. Deshalb lehnt Wieczorek/Rössler (§ 536 Anm D II) die hM ab, sieht sich jedoch gezwungen, ihr zu folgen, „wenn die angefochtene Entscheidung wegen schwerster Mängel unwirksam ist". Dieses Wertungskriterium ist aber nicht geeignet, zulässige von unzulässiger Verschlechterung berechenbar abzugrenzen. Die in BGH NJW 70, 1683 vorgebrachten Bedenken sind jetzt verstärkt worden durch BGH MDR 86, 658 = Warneyer 85 Nr 359 = NJW 86, 1494. Dort wird unterschieden zwischen behebbaren Verfahrensmängeln, bei denen das Verschlechterungsverbot ausgeschlossen wird, und nicht heilbaren Mängeln, bei denen Verschlechterung nicht zugelassen wird (s dazu Blomeyer Zivilprozeßrecht 3. Aufl 1985 § 99 II). Übereinstimmung besteht insoweit, daß bei Aufhebung und Zurückverweisung wegen behebbarer Verfahrensmängel die neue Entscheidung der unteren Instanz nicht zuungunsten des Rechtsmittelführers von der aufgehobenen Entscheidung abweichen darf (RGZ 58, 256; BGH NJW 61, 1813; 86, 1495). Bei Zurückverweisung vom OLG an das LG und Revision mit dem Ziel der Sachentscheidung darf der BGH gegen den Rechtsmittelkläger wegen fehlender Begründung des Anspruchs durchentscheiden (Blomeyer § 99).

14 **10)** Die **Prozeßabweisung** in erster Instanz darf das Berufungsgericht durch Sachabweisung ersetzen, auch wenn allein der Kläger Berufung eingelegt hat, vorausgesetzt, daß eigene Entscheidung des Berufungsgerichts nach § 540 statt der an sich gebotenen Zurückverweisung nach § 538 I Nr 2 sachdienl ist (BGHZ 23, 36, 50; vgl Frankfurt NJW 62, 1920). Umgekehrt muß auch der Beklagte, der allein Berufung gg die Prozeßabweisung eingelegt hat, weil er die Klage als unbegründet abgewiesen haben will, es hinnehmen, daß das Berufungsgericht, statt die Klage als unbegründet abzuweisen, zur Sachprüfung zurückverweist, obwohl die Sachentscheidung dann zu seinen Ungunsten ausfallen kann (BGHZ 23, 50; MDR 62, 976; NJW 70, 1683; LG Köln WuM 76, 129; kritisch dazu Jessen NJW 78, 1616). Zur erlaubten Verschlechterung bei **Aufhebung und Zurückverweisung** s § 539 Rn 33; **Rechtsmittelbeschwer** bei diesen Prozeßlagen s Rn 18 vor § 511.

15 **III)** Nach BGH NJW 59, 1827 darf das Berufungsgericht ausnahmsweise (vgl BGHZ 30, 213) bei Häufung von Inzidentfeststellungsklage und davon abhängiger Leistungsklage, bei Stufenklage oder bei Häufung von Unterlassungs- u Schadensersatzklage (auf dem Gebiet des gewerbl Rechtsschutzes) auf die Berufung des Beklagten gg das ergangene Teilurteil die Klage ohne ausdrückl Rechtsmittelantrag voll abweisen, wenn mit der Abweisung des zur Entscheidung des Berufungsgerichts stehenden Anspruchs auch den noch in der ersten Instanz anhängigen Ansprüchen die Grundlage entzogen wird (s § 537 Rn 6, 7).

16 **IV)** Will der Berufungsbekl über die Prozeßlagen Rn 11–15 eine ihm günstige Entscheidung herbeiführen, so muß er selbst Berufung einlegen oder sich der des Gegners anschließen, § 521.

17 **1)** Einen Verstoß gg das Verschlechterungsverbot hat das RevGericht von Amts wegen zu beachten (BGHZ 36, 316).

18 **2)** § 536 findet auch in **Ehesachen** Anwendung (RGZ 64, 315); der Grundsatz Einheitlichkeit der Entscheidung kann aber dazu führen, daß das Rechtsmittelgericht über die Rechtsmittelanträge hinaus befinden muß; die nicht angefochtenen Teile sind dann allerdings in der ersetzenden Entscheidung unverändert zu übernehmen (vgl OGH NJW 49, 945; BGHZ 25, 80).

537 *[Nachprüfung des Berufungsgerichts]*
Gegenstand der Verhandlung und Entscheidung des Berufungsgerichts sind alle einen zuerkannten oder aberkannten Anspruch betreffenden Streitpunkte, über die nach den Anträgen eine Verhandlung und Entscheidung erforderlich ist, selbst wenn über diese Streitpunkte im ersten Rechtszug nicht verhandelt oder nicht entschieden ist.

I) Streitpunkte sind zum Unterschied von Ansprüchen die tatsächl und rechl Gesichtspunkte zur Begründung oder Bekämpfung des erhobenen Anspruchs (vgl RGZ 45, 319; auch BGH NJW 71, 807; Mittenzwei MDR 72, 471). Bei einer Darlehensklage zB: Behauptungen über Geldhingabe, Rückzahlungsvereinbarungen, Kündigung; Einreden und Einwendungen des Beklagten, wie Unzuständigkeit des Gerichts, mangelnde Aktivlegitimation, Schenkung, Wucher, Stundung, Erlaß, Rückzahlung, Aufrechnung mit Gegenforderung. In der ersten Instanz, aber nicht mehr in der Berufungsinstanz klageweise verfolgte Ansprüche können dort uU noch die Bedeutung von Streitpunkten haben (mit Klage u Widerklage geführter Abrechnungsstreit, wenn sich die Berufung nur noch gg den Erfolg der Widerklage, nicht gg die Abweisung der eigenen Klage richtet; München OLGZ 66, 180). In der ersten Instanz muß noch nicht über alle Streitpunkte verhandelt worden sein, die in der Berufungsinstanz erheblich werden. Rechtsgestaltende Willenserklärungen wie Anfechtung oder Zurückbehaltungseinrede sind immer zu beachten, auch wenn sie zweitinstanzlich nicht ausdrücklich wiederholt werden (BGH NJW-RR 86, 992); das gilt auch für die Verjährungseinrede. 1

II) Über **Ansprüche,** die weder zu- noch aberkannt worden sind, kann das Berufungsgericht nicht urteilen (RGZ 70, 182; s a RGZ 77, 126), auch nicht über Anspruchsteile, die nach (zulässigem) Teilurteil noch in der Vorinstanz anhängig sind (RGZ 86, 198; BGHZ 30, 213; BGH MDR 83, 652 = NJW 83, 1311: Teilentscheidung über Versorgungsausgleich). Zu Ausnahmen s Rn 7–9. 2

1) Auch über im ersten Rechtszug **versehentl übergangene Ansprüche** (Anspruchsteile) ist vom Berufungsgericht regelmäßig nicht entschieden worden; vielmehr ist nach § 321 vorzugehen (RGZ 59, 130; 75, 293; 171, 131; SA 89 Nr 15). Anders, wenn das Übergehen des Ersturteils nicht nur unvollständig, sondern unrichtig macht, etwa wenn das Erstgericht (zB wegen vermeintl Teilzurücknahme der Klage) irrig geglaubt hat, über den Anspruch nicht mehr entscheiden zu können (sachl-rechtl Fehler; vgl RG JW 93, 14; RGZ 105, 242; s a RG Warn 33 Nr 85), oder wenn durch das Übergehen gg den Grundsatz der Einheitlichkeit der Entscheidung in Ehesachen verstoßen wurde (Verfahrensfehler; vgl München FamRZ 84, 404; Düsseldorf OLGZ 65, 186). Darüber hinaus kann, da mit dem Ablauf der Frist des § 321 II die Rechtshängigkeit des übergegangenen Anspruchs in der Vorinstanz erlischt (RGZ 59, 131; BGH JZ 66, 189), abgesehen von der Möglichkeit, ihn neu einzuklagen (RG Gruch 59, 932), der Anspruch, wenn die Voraussetzungen für eine Klageerweiterung, Klageänderung, Widerklage in der Berufungsinstanz gegeben sind, diese also schon auf andere Weise eröffnet ist, als „neuer" im Berufungsverfahren geltend gemacht werden (RGZ 59, 130; HRR 28 Nr 1516). Bezügl übergangener Ansprüche s a Riechert ZZP 80 [1967], 102. 3

2) Zum **Übergehen eines Hilfsanspruchs** bei Klageabweisung s BGHZ 22, 272; JZ 66, 187. Wenn der Hauptanspruch durchgreift und der Hilfsanspruch deshalb nicht mehr erörtert wird, ist nichts „übergangen" (RGZ 77, 126; Johannsen LM 10 zu § 537). 4

III) Auch sonst kann, über den Wortlaut des § 537 hinaus, in der Berufungsinstanz auch über **neue Ansprüche** entschieden werden, mit denen die Vorinstanz noch nicht befaßt war, sofern sie im Wege der Klageerweiterung oder Widerklage (uU mittels Anschlußberufung) in zulässiger Weise im Berufungsverfahren anhängig gemacht worden sind (s dazu Schneider MDR 82, 626; § 519 Rn 31, 37; § 527 Rn 13; § 528 Rn 8–10). Die Erweiterung ist auch dadurch möglich, daß der Kläger, dem unter Verstoß gegen § 308 I zuviel zugesprochen worden ist, sein Klagebegehren zweitinstanzlich auf dieses Mehr erstreckt (BGH 86, 661; w Nachw s § 308 Rn 7). Der Erweiterung steht es nicht entgg, wenn nach Teilurteil der ersten Instanz dort noch ein Teilanspruch anhängig geblieben ist, so daß die Klageerweiterung (Widerklage) auch in erster Instanz möglich wäre (RGZ 148, 131). Beispiel: Klage auf Mietzins für die Zeit vom 1. 1. bis 30. 9., der durch Teilurteil stattgegeben wird; nach Berufung des Beklagten verlangt Kläger durch zweitinstanzliche Klageerweiterung auch Mietzins für den 1. 10. bis 31. 12. 5

IV) Dagg ist es grundsätzl unzulässig, nach ordnungsgemäßem Teilurteil der ersten Instanz einen dort noch unerledigt anhängigen Anspruch (Teilanspruch) in der Berufungsinstanz durch **Klageerweiterung** geltend zu machen (BGH VersR 77, 430; BGHZ 30, 213) oder einen widerklagend geltend gemachten, durch das Teilurteil noch nicht erledigten Anspruch in der Berufungsinstanz ebenfalls mit Widerklage zu verfolgen (BGHZ 30, 219; s a Düsseldorf OLGZ 65, 186). Das gilt auch dann, wenn der im Berufungsverfahren angefallene und der noch beim Erstgericht 6 anhängige Anspruch auf demselben Rechtsgrund beruhen, so daß die Rechtsauffassung des Berufungsgerichts bei Abweisung des Anspruchs auch zur Abweisung des beim Erstgericht verbliebenen Anspruchs führen müßte (BGHZ 12, 276; 30, 215).

7 **1)** Eine **Ausnahme** wird dann gemacht, wenn der erstinstanzlich zuerkannte, dem Berufungsgericht angefallene Anspruch die Grundlage des weiteren Anspruchs bildet, so daß mit der Aberkennung beiden Ansprüchen die Grundlage entzogen wird (BGHZ 12, 276; 30, 215; NJW 59, 1827; BAG NJW 69, 678); so bei der Stufenklage (BGH aaO; BAG aaO), bei Auskunftsanspruch in der Berufungsinstanz und Unterhaltsanspruch im ersten Rechtszug (Zweibrücken JurBüro 79, 772), bei Häufung von Feststellungs- oder Inzidentfeststellungs- u Leistungsklage (BGH aaO; BAG aaO) und bei Häufung von Unterlassungs- und Schadensersatzanspruch auf dem Gebiet des gewerbl Rechtsschutzes (BGH aaO u LM Nr 14 zu § 16 UWG; Karlsruhe WRP 77, 502; vgl a BGHZ 42, 322). Dann kann das Berufungsgericht, das den an ihn gelangten Anspruch abweist, auf Antrag den noch beim Erstgericht anhängigen Anspruch mit abweisen (Grunsky JZ 70, 226; Baumgärtel JR 70, 186; dagegen Schwab NJW 59, 1824). Das kann der Stufenkläger nicht dadurch verhindern, daß er beim Erstgericht Verhandlung über den Hauptanspruch beantragt (BGH NJW 85, 2405). Umgekehrt ist es zulässig, nach erstinstanzlichem Grundurteil in zweiter Instanz über die Höhe mit zu entscheiden, wenn das Berufungsvorbringen der Parteien sich auf das Betragsverfahren erstreckt (BGH VersR 83, 735). Zur fehlerhaften **Abweisung der Stufenklage** in erster Instanz s § 538 Rn 21.

8 **2)** Noch weitergehend läßt BGHZ 8, 383 die Mitabweisung eines nach Teilurteil in erster Instanz anhängig gebliebenen Anspruchs durch das Berufungsgericht allgemein zu, wenn sich der Kläger auf den entspr Antrag des Beklagten rügelos eingelassen hat (ebenso BGH LM § 303 ZPO Nr 4; VersR 83, 735 m w Nachw). Das **Einverständnis beider Parteien** rechtfertigt eine Abweichung von diesem Grundsatz (BGHZ 30, 213; 97, 280 = MDR 86, 930 = NJW 86, 2108 = WPM 86, 763, 768 m Nachw).

9 **3)** Nach **unzulässigem Teilurteil** erster Instanz darf das Berufungsgericht über den Anspruchsrest, über den das Erstgericht nicht entscheiden wollte, mit befinden (BGH NJW 60, 339); es kann statt dessen auch die aufgespaltenen Prozeßteile durch Zurückverweisung wieder vereinigen (Düsseldorf NJW 72, 1474). Ein Heraufholen in die Berufungsinstanz ist auch mögl bei unzulässigem Vorbehaltsurteil hinsichtl des vom Erstgericht vorbehaltenen Streitstoffs (BGH LM Nr 2 zu § 302 ZPO; BGHZ 25, 360; s a Schneider MDR 76, 93, 95) oder bei Erlaß eines Grundurteils trotz unstreitiger Höhe (s § 538 Rn 16; § 539 Rn 22).

10 **V)** Bei **mehrfacher Begründung** eines einheitl **Klageanspruchs** darf die Klage nicht abgewiesen werden, solange nicht alle Klagegründe geprüft und verneint sind (BGHZ 22, 276; München OLGZ 66, 180); so auch, wenn einer der Klagegründe nur **hilfsweise** geltend gemacht ist. Daher hat das Berufungsgericht über den hilfsweise vorgebrachten, vom Erstrichter nicht berücksichtigten Klagegrund mitzuentscheiden, wenn es den ersten, vom Erstrichter als durchschlagend angesehenen Klagegrund nicht für begründet hält; es darf insbes nicht durch Endurteil den ersten Klagegrund verneinen und die Sache wegen der übrigen Klagegründe zurückverweisen (RGZ 45, 316; 145, 204; BAG MDR 60, 794).

11 **1)** Hatte der Kläger einen **Hauptanspruch u einen Hilfsanspruch** erhoben und der Erstrichter den Hauptanspruch zuerkannt, so muß auf die Berufung des Beklagten das Berufungsgericht, das den Hauptanspruch für unbegründet erachtet, auch ohne Anschließung des Klägers über den Hilfsanspruch entscheiden (RGZ 77, 120; BGHZ 41, 39; VersR 79, 645, 646; Köln FamRZ 81, 486; ebenso für das Beschwerdeverfahren Stuttgart ZZP 97, 1984, 487 m zust Anm Münzberg; aM Merle ZZP 83 [1970], 448 u St/J/Grunsky § 537 Rn 5 mwNachw).

12 **2)** Wurde der Hauptantrag abgewiesen und **nur dem Hilfsantrag** entsprochen, so kann der Kläger den Hauptantrag nur durch eigene Berufung oder Anschlußberufung vor das Berufungsgericht bringen (BGHZ 41, 38; Merle ZZP 83, 1970, 456), außer wenn nur scheinbar Haupt- und Hilfsantrag, tatsächlich aber derselbe mehrfach begründete Anspruch geltend gemacht wird, beide Ansprüche also dasselbe wirtschaftliche Ziel haben. (BGH LM § 326 [A] BGB Nr 2; BAG MDR 60, 794).

13 **3)** Wenn dagg **Haupt- u Hilfsanspruch voneinander unabhängig** sind und nebeneinander bestehen können, darf das Berufungsgericht, das den Hauptanspruch für unbegründet hält, nicht über den als Hilfsanspruch bezeichneten weiteren Anspruch entscheiden, wenn insoweit keine Berufung (Anschlußberufung) eingelegt ist (RGZ 18, 388; BGH JZ 66, 189).

538 *[Zurückverweisung]*
(1) Das Berufungsgericht hat die Sache, insofern ihre weitere Verhandlung erforderlich ist, an das Gericht des ersten Rechtszuges zurückzuverweisen:

1. wenn durch das angefochtene Urteil ein Einspruch als unzulässig verworfen ist;

2. wenn durch das angefochtene Urteil nur über die Zulässigkeit der Klage entschieden ist;

3. wenn im Falle eines nach Grund und Betrag streitigen Anspruchs durch das angefochtene Urteil über den Grund des Anspruchs vorab entschieden oder die Klage abgewiesen ist, es sei denn, daß der Streit über den Betrag des Anspruchs zur Entscheidung reif ist;

4. wenn das angefochtene Urteil im Urkunden- oder Wechselprozeß unter Vorbehalt der Rechte erlassen ist;

5. wenn das angefochtene Urteil ein Versäumnisurteil ist.

(2) Im Fall der Nr. 2 hat das Berufungsgericht die sämtlichen Rügen zu erledigen.

I) Problemlage (Lit: *Bettermann,* ZZP 88 [1975], 385 ff; *Prütting,* DRiZ 77, 78; *Schneider,* MDR 74, 624; 77, 709): Die Auslegung der einzelnen Tatbestände (§ 538 I Nr 1–5) ist geprägt von einer unterschiedl Zielsetzung in der Tatsachen- und in der Revisionsinstanz. Die Berufungsgerichte wollen auf sachl Zusammenhänge und Praktikabilität abstellen mit der Folge, daß die Zurückverweisungsmöglichkeiten ausdehnend angewandt werden. Die Revisionsgerichte dagegen nehmen einen mehr formalen Standpunkt ein. Wie bei kaum einer anderen Vorschrift der ZPO hält aber der Widerstand der OLG-Berufungsgerichte gegen die höchstrichterl Rspr an. Immer wieder werden Fälle abweichend von ihr entschieden, und fast immer bleiben solche Vorstöße erfolglos (siehe zB zur Verjährung BGHZ 50, 25 und Hamm MDR 77, 585; BGH WPM 85, 1212 gg Koblenz u Frankfurt MDR 85, 150; zur Häufung eines bezifferten Antrages mit einem Feststellungsantrag in erster Instanz BGH VersR 62, 253 und Schneider MDR 74, 626 zu Ziff 6; zur fehlenden Aktivlegitimation Nürnberg MDR 68, 1017; zur Abweisung wegen AGB-Haftungsausschlusses BGH NJW 78, 1430). Um ihren rechtl Standpunkt verwirklichen zu können, ohne wegen der notwendigen Revisionszulassung (§ 546 I 2) die nahezu sichere Aufhebung und Zurückverweisung (§ 564) auszulösen, sichern sich manche Berufungsgerichte schon in der Schlußverhandlung ab und klären, ob die Prozeßbevollmächtigten ebenfalls Zurückverweisung nach § 538 wünschen oder billigen, so daß mit einem Rechtsmittel nicht zu rechnen ist. Zahlreiche Entscheidungen der Berufungsgerichte weichen so von der Rspr des BGH ab und werden nur deshalb nicht bekannt, weil sie nicht veröffentlicht werden und auch keine Revision eingelegt wird (Ausnahmen wie Hamm MDR 77, 585 sind selten). Eine Auslegungskommunikation zwischen den Instanzen (siehe Schneider MDR 78, 838) findet daher praktisch nicht mehr statt. Dies ist der prozessuale und methodologische Hintergrund, auf den jede Kommentierung des § 538 projiziert werden muß. 1

II) In den Fällen des Abs 1 hat das Erstgericht nicht oder nicht in vollem Umfang sachl entschieden. Soweit deshalb eine weitere Verhandlung notwendig ist, soll sie grundsätzl in der ersten Instanz stattfinden. 2

1) Die **Zurückverweisung** hat **von Amts wegen** und regelmäßig ohne Rücksicht auf Parteianträge und Parteivereinbarungen (s aber BGH MDR 67, 757) durch selbständig anfechtbares Endurteil iSd § 545 (RGZ 102, 218; BGHZ 18, 107) zu erfolgen; nie an eine andere Kammer oder Abteilung des AG (Celle JZ 79, 485; zu § 328 II StPO). Früher war sie zwingend vorgeschrieben (vgl RG JW 31, 2569); jetzt ist die Mußvorschrift durch § 540 abgemildert. Auf die Befolgung des § 538 können die Parteien auch verzichten (BGH LM Nr 11 zu § 538 ZPO). 3

2) Aufhebende und zurückverweisende Urteile sind **nicht** für **vorläufig vollstreckbar** zu erklären (Köln JMBlNRW 70, 70; aA BGH JZ 77, 232 [233], dazu § 543 Rn 24). 4

3) Die **Kostenentscheidung** ist dem Schlußurteil vorzubehalten. Jedoch kommt, wenn auch der Aufhebungsgrund des § 539 gegeben ist, Nichterhebung nach § 8 GKG in Betracht. 5

III) Die Zurückverweisung setzt voraus, daß die Entscheidung des Berufungsgerichts über die in § 538 bezeichneten Streitpunkte den **Rechtsstreit nicht endgültig erledigt,** also die Sache noch weiterer Verhandlung über den verbleibenden Streitstoff bedarf (vgl RG JW 31, 2569). Das ist nicht der Fall, wenn es in der Berufungsinstanz ausschließlich um Ansprüche geht, mit denen die erste Instanz nicht befaßt war; solche sind vom Berufungsgericht selbst zu erledigen (BGH NJW 84, 1555). Über die §§ 538, 539 hinaus darf das Berufungsgericht nicht aus bloßen Zweckmäßigkeitsgründen zurückverweisen (BGH VersR 62, 254, vgl BGHZ 31, 362; 50, 27; BGH NJW 78, 1430). Siehe aber zu dieser Grundhaltung oben Rn 1. 6

7 **IV) Bindung.** Die der Aufhebung zugrunde liegende Rechtsansicht bindet das Untergericht, an das zurückverwiesen wird entsprechend § 565 II (BGHZ 51, 135; Hamm FamRZ 86, 1138). Bei Rückläufern ist aber auch das Berufungsgericht selbst wieder an sie gebunden (BGHZ 25, 203; dazu Schiedermair JZ 58, 277; anders für den Fall einer zwischenzeitl Änderung der revisionsgerichtl Rspr BVerwG MDR 58, 541); denn das neue Berufungsurteil, das sich an seine frühere Auffassung hält, ist „richtig" (s a Schmitt JZ 59, 222; Bötticher MDR 61, 805). Nicht bindend für die Unterinstanz sind sonstige sachlrechtl Ausführungen des aufhebenden und zurückverweisenden Berufungsurteils (BGHZ 31, 364; 59, 84). Sie können aber für das weitere Verfahren nützl sein.

8 **V) Die Zurückverweisungstatbestände. 1) Zu Nr 1:** § 341. Erachtet das Berufungsgericht im Gegensatz zum Erstrichter den **Einspruch** für **zulässig** (so auch bei Gewährung der von der Vorinstanz versagten Wiedereinsetzung in die versäumte Einspruchsfrist), so hat Zurückverweisung zu erfolgen, damit in erster Instanz zur Sache verhandelt werden kann. Teilt dagg das Berufungsgericht die Ansicht des Erstrichters, so ist die Berufung zurückzuweisen, womit der Rechtsstreit erledigt ist. Nr 1 nicht analog anwendbar, wenn im Kündigungsschutzprozeß die Klage ohne Prüfung der Kündigungsgründe wegen unterbliebener Anhörung des Betriebsrates zurückgewiesen wird (BAG AP § 538 ZPO Nr 1).

Verhältnis zu Nr 5: Nr 1 betrifft nur den Fall, daß das Berufungsgericht den Einspruch nach § 341 ZPO abweichend vom Erstgericht für zulässig hält. Nr 5 betrifft den Fall, daß auch das Berufungsgericht die Einspruchsfrist als gewahrt ansieht, jedoch abweichend von der Vorinstanz den Fall der Versäumung verneint. Der Unterschied beider Vorschriften besteht darin, daß bei Nr 1 über den Einspruch mdl verhandelt und er durch berufungsfähiges kontradiktorisches Endurteil verworfen worden ist, während bei Nr 5 ein zweites Versäumnisurteil (§§ 341 a, 345) unter den engeren Voraussetzungen des § 513 II mit der Berufung angegriffen wird. Bei Nr 1 ist die Partei im Einspruchstermin erschienen und gleichwohl unterlegen, bei Nr 5 ist sie nicht erschienen und unterlegen. Im Fall des § 341 darf deshalb ein Einspruch nicht durch zweites Versäumnisurteil verworfen werden, wenn die Partei anwesend war (irrig ArbG Kassel AuR 62, 183).

Selbstentscheidung des Berufungsgerichts nach § 540 ist zulässig (Wieczorek § 513 Anm B IV; Braun ZZP 93, 1980, 462; unrichtig BAG AP § 513 ZPO Nr 6), mag dies auch in der Regel nicht sachdienlich sein, insbesondere wenn vorinstanzlich noch nicht mündlich verhandelt worden ist.

9 **2) Zu Nr 2: a)** Eine **Entscheidung** nur über die Zulässigkeit der Klage, nicht auch zur Sache, liegt dann vor, wenn deswegen die Klage in erster Instanz als unzulässig abgewiesen (oder gemäß § 113 S 2 für zurückgenommen erklärt) worden ist; ferner wenn die Unzulässigkeitseinrede durch Zwischenurteil nach § 280 verworfen worden ist. Zurückverweisung nach Nr 2 kommt jedoch nur im ersten Fall in Betracht, vorausgesetzt natürlich, daß das Berufungsgericht die der Klageabweisung zugrunde liegende Einrede im Gegensatz zum Erstrichter für unbegründet ansieht und sonstige Zulässigkeitseinreden nicht für gegeben hält (BGHZ 27, 15). Im zweiten Fall muß entweder das **Zwischenurteil** bestätigt werden, so daß die erste Instanz nicht erst durch Zurückverweisung seitens des Berufungsgerichts mit der ohnehin bei ihr verbliebenen Hauptsache befaßt werden muß (RGZ 70, 183; BGHZ 27, 27; BAG NJW 67, 648: ausdrückl erklärte Zurückverweisung ist jedoch unschädlich, weil überflüssig), oder die Klage muß entgegen der Ansicht des Erstrichters vom Berufungsgericht als unzulässig abgewiesen werden, so daß für eine Sachentscheidung kein Raum bleibt. Bei einer Berufung gegen das Zwischenurteil ist nach BGHZ 27, 15 auch Abs 2 unanwendbar, weil dem Berufungsgericht nur die Einrede angefallen ist, über die im Zwischenurteil entschieden worden ist.

10 **b)** Für die Anwendung der Nr 2 ist es **unerhebl, ob abgesondert verhandelt** worden ist (BGHZ 27, 27). Ob zur Zulässigkeit oder zur Begründetheit erkannt worden ist, bestimmt sich nicht nach der Wahl des Ausdrucks, sondern nach der Entscheidungsgrundlage (wie § 568 Rn 12).

11 **c)** Die **Zurückverweisung** ist **entbehrl, wenn** für die Klageabweisung als unzulässig auch eine **sachlrechtl Hilfsbegründung** gegeben wird, die überflüssig ist (RGZ 158, 155; KG VersR 71, 184). Jedoch nimmt dieser erstinstanzl Verfahrensfehler dem Berufungsgericht nicht die Befugnis, zurückzuverweisen (Schneider MDR 74, 625; Frankfurt FamRZ 81, 979).

12 **d)** Nr 2 ist auch dann anwendbar, wenn die Klage wegen eines **von Amts wegen** zu beachtenden Prozeßhindernisses (s § 529 Rn 3) **ohne** entspr **Rüge** als unzulässig abgewiesen worden ist (RGZ 70, 179; 158, 153; BGH WPM 83, 658 [660 zu 4 a]; Zweibrücken NJW 77, 1928).

13 **e) Entspr Anwendung.** Gemäß Nr 2 ist, vorbehalt der Selbstentscheidung nach § 540, auch in solchen Fällen zu verfahren, in denen die erste Instanz nur ein (vom Berufungsgericht nicht gebilligtes) **Prozeßurteil** erlassen hat und der Erstrichter von seinem Standpunkt aus nicht zur

Sache entscheiden konnte (BGHZ 14, 11; NJW 84, 126, 128); der ansonsten eintretende Verlust einer Instanz ist dabei ein gewichtiger Umstand (BGHZ 14, 11; KG VersR 71, 184), auch wenn keiner Partei ein unabdingbarer Anspruch auf zwei Sachprüfungen in zwei Rechtszügen zusteht (BGHZ 50, 27). **Beispiele:**

aa) Abweisung der Klage wegen **Versäumung der Klagefrist** (BGHZ 14, 11; LG Mannheim WuM 75, 98); **fehlendes Feststellungsinteresse** (KG MDR 61, 328; BAG NJW 67, 1439; Olschewski NJW 71, 551; aM RGZ 158, 152; Hamburg FamRZ 66, 110 [eine meist mißverstandene Entscheidung, da der Senat nach § 540 verfahren war; siehe Schneider MDR 74, 624]), ebenso **fehlendes Rechtsschutzbedürfnis** (Frankfurt NJW 62, 1920); **mangelhafte Klage** (RGZ 158, 152; JW 37, 813; KG VersR 71, 184); bei Annahme, daß ein vorausgegangener **Prozeßvergleich** nicht rechtzeitig widerrufen worden sei (BGH LM § 794 Abs 1 Ziff ZPO Nr 8; BAG AP § 794 ZPO Nr 17 m zust Anm Schumann); unrichtige Annahme **örtl Unzuständigkeit** (BAG AP § 5 TVG Nr 14 m Anm Wiedemann); auch die irrige Bejahung der **Verjährung** mit darauf gestützter erstinstanzl Klageabweisung sollte hierher gerechnet werden (Braunschweig MDR 75, 671 m Anm Schneider MDR 76, 52; Hamm MDR 77, 585; wohl auch Frankfurt MDR 85, 150; Schneider MDR 74, 627 zu Ziff II; aA BGHZ 50, 25; WPM 85, 1212; Prütting DRiZ 77, 78). Mit Frankfurt (MDR 85, 150) ist Nr 2 auch dann entsprechend anzuwenden, wenn die Klage erstinstanzlich wegen des Schiedsgutachtereinwandes abgewiesen worden ist, dieser Einwand aber zu Beginn der Berufungsinstanz weggefallen ist. 14

bb) Unanwendbar ist Nr 2 dagegen grundsätzl, wenn die erste Instanz die Klage **aus sachl Gründen abgewiesen** hat (zur Verjährung siehe aber vorstehend Rn 14). Hierher rechnet etwa irrige Verneinung der **Aktivlegitimation** (BGH NJW 75, 1785; Schneider MDR 74, 627; aA Nürnberg MDR 68, 1017; dagegen auch Prütting DRiZ 77, 78) oder **Klageabweisung wegen AGB,** die eine nähere Sachprüfung verhindern (BGH MDR 78, 838 m Anm Schneider). 15

3) Zu Nr 3: Zu den Problemen des Grundurteils in der Praxis vgl Schneider MDR 78, 705 ff, 793 ff. **Ratio** der Nr 3: Erstgericht nimmt zur Höhe gar nicht Stellung, weil es den Anspruchsgrund verneint. Daher nur anwendbar, wenn in erster Instanz **Grund und Betrag streitig** waren (RGZ 77, 398; 97, 28; siehe auch RG Warneyer 19 Nr 124; 21 Nr 25) und die Klage abgewiesen oder über den Grund vorab (§ 304) entschieden worden ist, sofern das Berufungsgericht (mit dem Erstrichter oder gegen ihn) den Grund bejaht; dann Zurückverweisung zur Entscheidung über die Höhe (unter Umständen auch bezügl einer Widerklage, RGZ 101, 32), wenn nicht auch dieser Streit zur Entscheidung reif ist (§ 540). Hat der Erstrichter ein **Grundurteil** erlassen, obwohl die **Höhe unstreitig** war, er also endkräftig hätte entscheiden müssen (§ 300 I), dann liegt darin ein Verfahrensmangel. Das Berufungsgericht kann gem § 539 verfahren, darf aber aus Zweckmäßigkeitsgründen (s RGZ 132, 104) gem § 540 durchentscheiden (Frankfurt MDR 86, 945). 16

a) Bei Bejahung des Grundes entgegen dem Erstrichter ist ein **Grundurteil** zu erlassen (BGHZ 71, 232; BGH LM § 538 ZPO Nr 5). Nach Frankfurt (WRP 79, 130) ist Zurückverweisung ausnahmsweise ohne Berufungs-Grundurteil zulässig, wenn der Beklagte gleichen unlauteren Wettbewerb des Klägers behauptet (Einwand der unclean hands = tu quoque; s Staudinger/Otto, 12. Aufl 1979, § 326 Rn 56), weil in diesem Fall der Schadensersatzanspruch noch ganz entfallen kann (zweifelhaft, s Pastor, Wettbewerbsprozeß, 3. Aufl 1980, S 710 f). Über den Grund muß das Berufungsgericht in vollem Umfang entscheiden; bei einem rechtl mehrfach begründeten Klageanspruch gibt es daher keine Zurückverweisung zur Prüfung des zweiten Klagegrundes (BGH VRS 9, 421); wohl kann das Berufungsgrundurteil beschränkt sein auf weniger weitreichende Anspruchsgrundlagen, zB nach StVG statt BGB, wobei jedoch wegen des nicht abgedeckten Anspruchsbereiches abzuweisen ist. In sog Punktesachen muß eine selbständige Grundentscheidung zu allen Positionen ergehen, die einen eigenen Streitgegenstand haben; dem Betragsverfahren dürfen nur solche Positionen überlassen werden, die lediglich die Höhe eines selbständigen prozessualen Anspruchs betreffen. Soweit zum Grund Beweis erhoben werden muß, ist darauf zu achten, daß zugleich für die Höhe benannte Zeugen vernommen werden, damit insoweit erstinstanzlich keine Beweisaufnahme mehr nötig ist. Zur Zurückverweisung an das Berufungsgericht durch das Revisionsgericht, wenn bei einer Mehrheit von Klageansprüchen bezügl eines von ihnen die Voraussetzungen der Nr 3 gegeben sind, vgl BGH NJW 55, 546. 17

Auch das Berufungsgericht darf nur dann ein Grundurteil erlassen, wenn dessen **Zulässigkeitsvoraussetzungen** gegeben sind: hohe Wahrscheinlichkeit, daß im Betragsverfahren noch etwas zuerkannt wird. Überprüfung aller Klagegründe, Erledigung erhebl Einwendungen und Gegenrechte wie gesetzl Forderungsübergang (zB § 67 VVG), Abtretung, Aufrechnung, Verjährung, Mitverschulden usw (s näher Schneider MDR 78, 705 ff, 793 ff). 18

b) War in erster Instanz ledigl der Betrag streitig, wird aber **in der Berufungsinstanz** auch **der Grund bestritten,** dann muß das Berufungsgericht, wenn es den Anspruch dem Grunde nach für 19 gerechtfertigt hält, auch über den Betrag entscheiden (RGZ 77, 398; 97, 28); es darf insoweit nicht zurückverweisen (Schneider MDR 74, 628 zu Ziff 4). War in der klageabweisenden ersten Instanz lediglich der Grund streitig und wird **in der zweiten Instanz zusätzlich die Höhe streitig,** dann ist zunächst zu prüfen, ob das Bestreiten zugelassen werden darf (§§ 527, 528). Wird das bejaht, entspricht es der ratio der Nr 3, daß das Berufungsgericht ein Grundurteil mit Zurückverweisung ins Höheverfahren erlassen darf; denn auch bei erstinstanzlichem Bestreiten der Höhe wäre die Klage wegen Verneinung des Grundes abgewiesen worden.

20 **c)** Geht der Kläger **im zweiten Rechtszug** von der Feststellungsklage zur **Leistungsklage** über, dann ist Nr 3 anwendbar (RGZ 77, 396; Düsseldorf MDR 62, 829; Ordemann MDR 63, 891); ebenso beim Übergang vom Rechnungslegungsanspruch zur Stufenklage (BGH WPM 74, 1162 [1164]; Warneyer 78 Nr 271); nicht dagegen ohne Erlaß eines Grundurteils (BGH Warneyer aaO). Problematisch ist folgender Sachverhalt: Im ersten Rechtszug wird eine bezifferte Klage mit einer Feststellungsklage verbunden. Weist der Erstrichter die Klage insgesamt ab, dann kann es dazu kommen, daß das Berufungsgericht die bezifferte Klage dem Grunde nach für gerechtfertigt erklärt, im übrigen aber noch keine Entscheidungsreife besteht. Dann darf es, weil sonst der Prozeß in zwei Instanzen geführt werden müßte oder könnte, **insgesamt** zurückverweisen (die abw Ansicht des BGH in VersR 62, 255 ist aus den in MDR 74, 628 dargelegten Gründen abzulehnen; zust Düsseldorf MDR 85, 61).

21 **d) Entspr Anwendung** der Nr 3 ist geboten, wenn in erster Instanz bei einer **Stufenklage** der **Auskunftsanspruch** unzutreffend **verneint** und die Klage deshalb insgesamt abgewiesen wird, das Berufungsgericht aber dem Auskunftsbegehren stattgibt; es darf dann wegen der Leistungsstufe zurückverweisen (BGH MDR 79, 309; NJW 82, 235). Gibt der Erstrichter der Klage in der ersten Stufe statt und weist das Berufungsgericht die Berufung des Beklagten zurück, dann kann es nicht zur Zurückverweisung kommen, da der erste Teilabschnitt der Stufenklage endgültig erledigt wird. Hält das Berufungsgericht in diesem Fall die Klage insgesamt für begründet, darf es sie auch insgesamt abweisen, ohne daß der Kläger dies durch Antrag beim Erstgericht auf Verhandlung über den Hauptanspruch verhindern könnte (BGH MDR 85, 825 = WPM 85, 830; s § 537 Rn 7). Hat das Erstgericht wegen **Verneinung eines Zahlungsanspruchs** die Stufenklage insgesamt abgewiesen, kann das Berufungsgericht, das den Auskunftsanspruch bejaht, unter Aufhebung der Klageabweisung die Sache zurückverweisen, auch wenn der Kläger zweitinstanzlich nur den Auskunftsantrag stellt (BGH MDR 85, 840 = NJW 85, 862 = WRP 85, 303). Analoge Anwendung auch, wenn AG Ehescheidung ausspricht und zugleich **Versorgungsausgleich** dem Grunde nach ablehnt (BGH NJW 82, 520; München FamRZ 79, 55).

22 **e)** Eine **teilweise Zurückverweisung** wegen eines von mehreren Streitgegenständen oder wegen des Teiles eines teilbaren Streitgegenstandes ist zulässig, desgleichen die Zurückverweisung nach **erstinstanzlicher Teilabweisung** (zu den hier in Betracht kommenden vielschichtigen Prozeßlagen s Schneider MDR 77, 709 ff). Damit über einzelne Ansprüche oder Anspruchsteile nach Möglichkeit einheitlich verhandelt und entschieden werden kann, soll § 538 in den Nrn 1 und 3 weit ausgelegt oder analog angewandt werden.

23 **f) Nicht entspr anwendbar** ist Nr 3, wenn die Vorinstanz fehlerhaft die **Aktivlegitimation** des Klägers verneint hat, diese aber in der Berufungsinstanz nicht mehr bestritten oder ihr Vorhandensein vom Berufungsgericht bejaht wird (BGH NJW 75, 1785; Schneider MDR 74, 627; aA Nürnberg MDR 68, 1017).

24 **g)** Bei der Vorabentscheidung in erster Instanz nur zum Grund ist ein ausdrückl **Zurückverweisungsausspruch** im Tenor des Berufungsurteils zwar übl, aber entbehrl, weil das Betragsverfahren ohnehin im ersten Rechtszug anhängig geblieben ist (RGZ 70, 183; BGHZ 27, 27).

25 **h)** Das zweitinstanzl Grundurteil hat sich auf den Grund zu beschränken. Ausführungen, welche **Anweisungen** oder Bemessungsrichtlinien **für das** sich anschließende **Höheverfahren** geben, sind **unbeachtl,** auch für das Erstgericht (München WRP 61, 283 [285]). Sie binden weder das Untergericht nach § 565 (analog) noch das Berufungsgericht nach § 318; entspr sind Höheausführungen im Ersturteil nicht nach § 512 bindend. Sie gelten einfach als nicht geschrieben. Soweit im Einzelfall solche entbehrl Bemerkungen angebracht erscheinen, sind sie deutl als solche kenntl zu machen (zB „Dem Berufungsgericht erscheint es sachdienlich, zum bevorstehenden Höheverfahren auf folgendes hinzuweisen ...").

26 **4) Zu Nr 4:** Zurückverweisung, wenn das **Vorbehaltsurteil** (§ 599) **bestätigt** wird. Allerdings hat der Zurückverweisungsausspruch dann keine praktische Bedeutung, weil das Nachverfahren ohnehin in erster Instanz anhängig geblieben ist. Entspr Anwendung der Nr 4, wenn erst das Berufungsgericht (nach Klageabweisung im ersten Rechtszug) Vorbehaltsurteil erläßt (München BayJMBl 55, 196; OLGZ 66, 34; offenlassend BGH MDR 67, 757; aM RGZ 57, 184), oder wenn ein Wechselvorbehaltsurteil vom Berufungsgericht aufgehoben wird, weil Einwendungen

des Beklagten gg die Wechselforderung zu Unrecht nicht berücksichtigt wurden (Schleswig SchlHA 66, 88). Wenn Kläger im Berufungsverfahren vom Urkundenprozeß Abstand genommen hat, geht der Rechtsstreit zweitinstanzlich ins ordentl Verfahren über, so daß das noch erstinstanzlich anhängige Nachverfahren gegenstandslos wird; keine entspr Anwendung der Nr 4 (BGHZ 29, 337 u NJW 65, 1599 gg KG JW 31, 2039; Koblenz NJW 56, 427; siehe auch Schneider MDR 74, 626 zu Ziff 3). Wird dem Beklagten erstmals im zweiten Rechtszug die **Hilfsaufrechnung** durch Vorbehaltsurteil nach § 302 vorbehalten, dann ist Nr 4 auf die zur Aufrechnung gestellte Forderung entspr anwendbar (Düsseldorf MDR 73, 856; LAG Düsseldorf DB 75, 2040).

5) Zu Nr 5: Zurückverweisung, wenn das Berufungsgericht einen Fall der **Versäumung nicht für gegeben erachtet.** Nr 5 bezieht sich nur auf wirkl Versäumnisurteile nach § 513 II (über die Abgrenzung zu Nr 1 s Rn 8), trifft also nicht zu beim unechten Versäumnisurteil des § 331 II Hs 2; letzterenfalls muß das Berufungsgericht den Rechtsstreit ganz entscheiden. Den Fällen des § 538 ist es gleichzustellen, wenn die Berufung gegen ein **Anerkenntnisurteil** Erfolg hat (Anerkenntnis irrig angenommen oder widerrufen) und eine weitere Verhandlung notwendig wird; auch dann Zurückverweisung (LG Nürnberg-Fürth NJW 76, 633; aA Prütting DRiZ 77, 78). Nr 5 entsprechend anzuwenden, wenn im schriftlichen Verfahren Urteil nach Fristversäumung ergeht (s § 128 Rn 19) sowie nach Köln (JMBlNRW 82, 153) im Beschwerdeverfahren. 27

VI) Abs 2 ist anwendbar, wenn das Erstgericht die Klage als unzulässig abgewiesen hatte. Wenn das Berufungsgericht zu dem Ergebnis kommt, daß es an einer anderen Prozeßvoraussetzung fehlt als der Erstrichter angenommen hatte, kann es die Klageabweisung auf Grund des nach seiner Auffassung gegebenen Mangels bestätigen und darf nicht zurückverweisen. Hatte das Untergericht dagg eine prozeßhindernde Einrede durch Zwischenurteil verworfen, so kann das Berufungsgericht nur über diese, nicht über andere Prozeßhindernisse befinden (str; s Rn 9). 28

VII) Gebühren: 1) des **Gerichts:** Das gesamte Verfahren vor dem Gericht des 1. Rechtszugs (vor und nach der Zurückverweisung durch das Rechtsmittelgericht) bildet eine kostenrechtl Instanz iS der §§ 27, 33 GKG. So wird zB in der 1. Instanz die **allgemeine Verfahrensgebühr** mit dem einfachen Satz (KV Nr 1010) nur einmal erhoben, wenn das Erstgericht bei streitigem Grund und Betrag zunächst Grundurteil (§ 304) erläßt, die dagegen eingelegte Berufung zurückgewiesen und die Sache zur weiteren Behandlung im Betragsverfahren durch das Rechtsmittelgericht in die erste Instanz zurückgegeben wird (vgl oben Rn 16 f). Entsprechendes gilt für das Verfahren der 1. Instanz bis zum Erlaß eines Vorbehaltsurteils und das spätere Nachverfahren (§§ 302, 599), wenn das Berufungsgericht das angefochtene Vorbehaltsurteil bestätigt und gleichzeitig in den 1. Rechtszug zurückverweist (vgl oben Rn 26). Das gleiche ist bei der Stufenklage (§ 254) für das frühere und spätere Verfahren vor dem Erstgericht der Fall, wenn der Auskunft- oder Rechnungslegungsanspruch als nicht zutreffend erachtet und darum die Klage im vollen Umfang abgewiesen wird, das Rechtsmittelgericht aber auf Berufung das klageabweisende Urteil aufhebt und die Sache an das Erstgericht zurückverweist (vgl oben Rn 21). Für das durch die Anfechtung des Urteils in Gang gesetzte Berufungsverfahren entsteht – da es sich hier um eine neue kostenrechtl Instanz handelt – jeweils die allgemeine Verfahrensgebühr mit dem 1½fachen Satz (KV Nr 1020). Anders verhält es sich mit der **Urteilsgebühr.** Hier wird in derselben Instanz bei gleichbleibendem Streitgegenstand sowohl eine Urteilsgebühr für ein (nach der Zurückverweisung ergehendes) Grund- oder Vorbehaltsurteil (KV Nr 1013) als auch eine weitere Urteilsgebühr für das nach der Zurückverweisung zu erlassende Endurteil – wenn dieses nicht ein Anerkenntnis-, Verzichts- oder Versäumnisurteil gegen die säumige Partei ist – nach KV Nr 1014 (einfacher Satz) oder Nr 1015 (½ Satz) erhoben. S dazu § 302 Rn 16 und § 304 Rn 30. Das Zurückverweisungsurteil, dem im Rechtsmittelverfahren weder ein Grund- noch ein Vorbehaltsurteil vorausgegangen ist und das die Rechtsmittelinstanz abschließt, ist nach KV Nr 1026 bzw 1027 gebührenpflichtig. 29

2) des **Anwalts:** Bei der Zurückverweisung erhält der RA, wenn er vorher in der Sache bereits tätig war, keine neue Prozeßgebühr; im übrigen aber liegt gebührenrechtlich eine neue Instanz vor (§ 15 BRAGO). Das Verfahren vor der Berufungsinstanz ist besonders gebührenpflichtig. Dort können alle Regelgebühren des § 31 BRAGO zu 13/10 entstehen.

539 *[Zurückverweisung bei Verfahrensmängeln]*

Leidet das Verfahren des ersten Rechtszuges an einem wesentlichen Mangel, so kann das Berufungsgericht unter Aufhebung des Urteils und des Verfahrens, soweit das letztere durch den Mangel betroffen wird, die Sache an das Gericht des ersten Rechtszuges zurückverweisen.

Übersicht

Lit: *Schneider*, MDR 73, 499.

1 **I)** § 539 ist eine **Kann-Vorschrift** (siehe § 540). Sie ist nicht bei ledigl nebensächl Fehlleistungen, sondern nur bei **schwerwiegenden Verfahrensmängeln** anzuwenden; dann jedoch muß auch die mit der Zurückverweisung notwendig verbundene Verteuerung des Verfahrens in Kauf genommen werden (Karlsruhe Justiz 73, 246). Hat das Erstgericht überhaupt keinen Verfahrensfehler begangen, dann ist die Zurückverweisung grundsätzl unzulässig, auch wenn erst in zweiter Instanz eine eigentl Sachprüfung stattfinden kann (BGH MDR 75, 915). Es geht dabei um die Problematik der erweiternden Anwendung des § 538 (siehe die Erläuterungen dazu). Ebenso ist die Zurückverweisung trotz schweren Verfahrensmangels unzulässig, wenn für das Berufungsgericht Entscheidungsreife besteht (BGH WPM 86, 658 = MDR 86, 667 = VersR 86, 655).

2 **II)** Über die Anwendung des § 539 ist **von Amts wegen** zu entscheiden. Das Einverständnis der Parteien kann das Fehlen eines Zurückverweisungsgrundes nicht ersetzen (RG SA Bd 86, 157). „Anträge" der Parteien auf Zurückweisung sind prozessual ledigl Anregungen. Deshalb ist auch eine Eventualstellung der Anträge dergestalt, daß in erster Linie Aufhebung und Zurückverweisung, hilfsweise Sachentscheidung beantragt wird, für das Berufungsgericht nicht verbindl; der „Hauptantrag" kann unbeachtet bleiben (Schleswig SchHA 74, 124).

3 **III) Wesentl Mängel.** Unter § 539 fällt nur ein **Verfahrens**mangel *(error in procedendo)*, nicht die unrichtige **materiell-rechtl** Beurteilung *(error in iudicando)*. Ob ein Verfahrensmangel anzunehmen ist, beurteilt sich aus der materiellrechtlichen Sicht des Erstrichters ungeachtet dessen, ob das Berufungsgericht sie billigt oder nicht (BGHZ 86, 221; NJW 86, 133 = WPM 86, 658). Die sachlich-rechtliche Qualifizierung ist also für § 539 unerheblich, wenn das Verfahren, das zu diesem Ergebnis geführt hat, fehlerfrei abgelaufen ist. Die Grenzen können jedoch im Einzelfall zerfließen. Die **Beweislast** wird etwa, ebenso wie die Behauptungslast, im materiellen Recht geregelt, so daß Verstöße dagegen keine Verfahrensfehler sind. Ein error in procedendo liegt jedoch beispielsweise vor, wenn die Einrede des nicht gehörig erfüllten Werksvertrags im Urteil als Minderungseinwand behandelt wird (Köln MDR 69, 674). Problematisch wird es, wenn das Erstgericht ganze Anspruchsbereiche ignoriert, etwa Nichtigkeit eines Vertrages bejaht, ohne Bereicherungsrecht zu prüfen; der Satz iura novit curia enthält auch ein verfahrensrechtliches Gebot (Köln MDR 84, 152 = ZIP 83, 1388; s auch BGH WPM 84, 421). Ein Verstoß dagegen wird allerdings in der Regel auch den Verfahrensmangel der Überraschungsentscheidung (unten Rn 12) erfüllen. Kritisch wird diese Janusköpfigkeit vor allem im Bereich des Beweisrechts. Haltlose Schätzungen etwa nach § 287 oder überraschende oder verfahrenswidrige Beweiswürdigungen können die Dimension eines error in procedendo erreichen (s unten Rn 16 f), wenn zur Vermeidung von Überraschungsentscheidungen nicht darauf hingewiesen wird, daß dieses procedere beabsichtigt ist; die Parteien müssen Gelegenheit erhalten, *vor* dem Urteil ihre Meinung dazu äußern zu können. Als **wesentl** oder **schwer** wird ein Mangel dann angesehen, wenn er „seiner Natur nach so erheblich ist, daß das erstinstanzliche Verfahren keine ordnungsmäßige Grundlage für eine Entscheidung" des Berufungsgerichts abgibt (BGH NJW 57, 714; Schleswig SchlHA 83, 164). Das Erfordernis der **Ursächlichkeit** ist damit eingeschlossen (RG HRR 39, 577; JW 36, 3543). Viel anfangen läßt sich indessen mit dieser oder einer ähnl Umschreibung nicht. Denn ob ein solcher Mangel vorliegt, ist in einer Ermessensentscheidung des Berufungsrichters festzustellen, der dabei jedoch den materiell-rechtl Standpunkt des Erstrichters einzunehmen hat (BGHZ 18, 107; 31, 362; WPM 86, 658). Das Revisionsgericht überprüft nur, ob der Begriff des „wesentlichen Mangels" richtig angewandt wird und die sachl-rechtl Ausführungen des Berufungsgerichts, mit denen es die Erheblichkeit des Verfahrensfehlers begründet, zutreffend sind (BGHZ 31, 358; NJW 69, 1699). Das Berufungsgericht muß sich bewußt sein, daß nicht jeder Verfahrensmangel ausreicht, sondern so schwer wiegen muß, daß es an einer Entscheidungsgrundlage fehlt (BGH NJW 57, 714). Für den Begriff des Verfahrensmangels ist es unerheblich, ob das Erstgericht sein Vorgehen für prozessual zutreffend hält; das allerdings schließt die Verfassungsbeschwerde aus, weil sich dann der Fehler im Bereich der Auslegung und Anwendung einfachen Verfahrensrechts hält (BVerfG NJW 80, 277 Nr 2).

IV) Einteilung der Verfahrensmängel. Die Möglichkeiten, prozeßordnungswidrig zu verfahren, sind prinzipiell unbegrenzt. Eine enumerative Einteilung über diejenige des § 551 hinaus ist daher nicht mögl, sondern ledigl eine deskriptive. Sie zeigt allerdings, daß sich die Mehrzahl der einschlägigen Fälle in verhältnismäßig wenigen Gruppen erfassen läßt. 4

1) Falsche Besetzung ist Verstoß gg Art 101 I 2 GG (gesetzlicher Richter), auch wenn dies auf gesetzwidrigen Präsidialbeschluß zurückgeht (LG Wiesbaden MDR 84, 676). **a)** Es darf kein Richter bei der Urteilsfällung mitwirken, der nicht an der letzten mündl Verhandlung teilgenommen hat (München MDR 55, 426; Karlsruhe MDR 57, 488). Unerheblich dagegen, wenn ein Richter an der Entscheidung eines Antrages auf Tatbestandsberichtigung nicht mitgewirkt hat, weil er sich im Urlaub befand (BFH BB 78, 1607). Ebenso ist ein schwerer Verfahrensverstoß darin zu sehen, daß ein **Richter auf Probe als Familienrichter** entscheidet (Frankfurt FamRZ 78, 520). Hierher rechnet auch die fehlerhafte Bescheidung der **Befangenheitsablehnung** eines Richters erstmals in den Entscheidungsgründen des Endurteils (BayObLG FamRZ 82, 1136); dieser Fehler kann nicht einmal durch Selbstentscheidung behoben werden, weil er sonst vom Berufungsgericht wiederholt würde; durch Zurückweisung muß das Beschwerdeverfahren des § 46 eröffnet werden (Köln MDR 74, 761; Frankfurt NJW 76, 1545; Düsseldorf JZ 77, 564; Schleswig SchlHA 82, 30; zu eng Frankfurt OLGZ 85, 377). Zu den Auswirkungen verfahrensrechtlicher Überlagerung infolge rechtskräftiger Hauptsacheentscheidung s § 567 Rn 11; § 579 Rn 4. Das Gericht ist auch dann nicht vorschriftsmäßig besetzt, wenn die **Kammer anstelle des Einzelrichters** entscheidet, ohne daß dieser nach § 348 IV zurückübertragen hat (aA Frankfurt NJW 77, 813, das aber den eindeutigen Verstoß gegen Art 101 I 2 GG übersehen hat). Bei der Entscheidung des Einzelrichters ist zu unterscheiden: Fehlte die **Zuweisung** an ihn (Schleswig SchlHA 83, 198) oder war sie **mangelhaft** (s dazu Seidel ZZP 99, 1986, 87 ff; genügend, daß sie sich nicht feststellen läßt: KG MDR 79, 764), dann liegt ein Verfahrensfehler vor, der bei Aufhebung seines Urteils zur Zurückverweisung an die Kammer führt (Hamm OLGZ 74, 321; Frankfurt NJW 76, 1545; Braunschweig NJW 76, 2024; Düsseldorf NJW 76, 115; JMBlNRW 79, 15; KG MDR 79, 764; Karlsruhe VersR 86, 662). Die Kammer kann erneut (korrekt) an den Einzelrichter verweisen; wird dieser ohne Zuweisung tätig, liegt wiederum ein Verfahrensmangel vor (Karlsruhe Justiz 79, 15). War die **Zuweisung** dagegen **korrekt,** dann ist bei einem dem Einzelrichter unterlaufenen Verfahrensfehler an diesen zurückzuverweisen, auch wenn an seiner Stelle verfahrenswidrig die Kammer entschieden hatte (Köln NJW 76, 1101); anderenfalls würde gegen Art 101 I 2 GG verstoßen (Köln NJW 76, 1101; KG NJW 79, 766). 5

b) Umstritten ist die Beurteilung der **Übertragung** (ledigl) **der Beweisaufnahme** auf den „Einzelrichter" oder den „beauftragten Richter". Daß dabei gegen §§ 348, 355 I, 375 verstoßen wird, liegt auf der Hand und wird nicht angezweifelt. Solche Verstöße sind daher wesentliche Mängel iSd § 539; sie bleiben jedoch nach mittlerweile ganz überwiegender Meinung sanktionslos, weil sie durch rügelose Einlassung als heilbar nach § 295 ZPO angesehen werden (Einzelheiten bei § 348 Rn 4, § 355 Rn 5), obwohl es sich um einen Verfassungsverstoß (Art 101 I 2 GG) handelt, der grundsätzlich unheilbar ist. Die Rspr hat damit die Chance vertan, anhaltende Verstöße gegen den Grundsatz der Unmittelbarkeit der Beweisaufnahme zu unterbinden. Der Schlußpunkt dieser Rspr dürfte BGHZ 77, 264, sein, wo ausgeführt ist, es könne nicht davon ausgegangen werden, daß eine Zivilkammer den Unterschied zwischen „Einzelrichter" und „beauftragtem Richter" kenne und daher diesen meine, wenn sie jenen mit der Beweisaufnahme beauftrage. 6

2) Zuständigkeit. Nichtbeachtung der **amtsgerichtl** Zuständigkeit durch ein LG (§ 10), zu Unrecht angenommene **örtl** Zuständigkeit (§ 512 a) und nach § 529 ausgeschlossene Rügen zur **Zulässigkeit der Klage** oder einer **ausschließl Zuständigkeit** dürfen im zweiten Rechtszug nicht beachtet werden. Sie können daher auch nicht als „wesentliche Verfahrensmängel" die Aufhebung und Zurückverweisung rechtfertigen (BGH WPM 86, 657; s § 512 a Rn 2). Anders liegt es nach LG Hannover (NJW 71, 1847) bei der Nichtbeachtung des ausschl Gerichtsstandes nach **§ 6a AbzG.** Anwendbar ist § 539 auch bei einer Entscheidung trotz Zuständigkeitsmangels wegen **Fehlens einer ordnungsmäßigen Verweisung** (München OLGZ 69, 370). 7

3) Fehlerhafte Behandlung von Parteivorbringen. a) Hierher rechnet jeder **Verstoß gegen § 308 I,** zB wenn der Tenor des angefochtenen Urteils über das mit der Klage formulierte Unterlassungsbegehren hinausgeht (Köln WRP 74, 503) oder über ledigl angekündigte, aber nicht verlesene Anträge entschieden wird (Köln MDR 72, 1044) oder über für erledigt erklärte Anträge (München FamRZ 83, 629), desgleichen die fehlerhafte Behandlung einer negativen Feststellungsklage (BGHZ 31, 362) oder die Nichtbescheidung einer zulässigen Klageänderung (Frankfurt FamRZ 81, 978) oder Annahme von Beweisfälligkeit bezüglich unstreitiger Tatsachen (Köln MDR 83, 760) oder umgekehrt die Behandlung streitiger Tatsachen als unstreitig (BGH r+s 85, 258) oder wenn eindeutiges Parteivorbringen offensichtlich sachwidrig und damit objektiv will- 8 kürlich gewürdigt wird (BVerfGE 57, 42), zB wenn das Gericht ohne Erörterung ein entscheidungserhebliches Schreiben in einem Sinn auslegt, den ihm keine Partei beimißt (Düsseldorf r+s 85, 260). Ebenso, wenn der Kläger einen Zahlungsanspruch stellt, obwohl er nach seinem eigenen Vorbringen nur einen Befreiungsanspruch hat, und das Gericht nicht darauf hinweist, sondern zum fehlerhaften Antrag verhandelt (Köln MDR 80, 674). Ein Verfahrensmangel ist es ferner, wenn das Gericht durch Versäumnisurteil ohne mündliche Verhandlung gegen den Kläger entscheidet, obwohl § 331 III 3 nur eine Säumnisentscheidung gegen den Beklagten erlaubt (Nürnberg MDR 80, 235). Über einen geänderten Antrag in einem nachgelassenen Schriftsatz darf nur nach Wiedereröffnung (§ 156) entschieden werden (München ZIP 81, 321); auf schriftsätzliches Vorbringen, das nicht Gegenstand der mündlichen Verhandlung war, darf sich kein Urteil gründen (Schleswig SchlHA 83, 164). Zurückverweisungsgrund liegt auch vor, wenn eine Abänderungsklage (§ 323) wie eine Erstklage verhandelt und beschieden wird (Zweibrücken FamRZ 82, 415). Gegen den Beibringungsgrundsatz wird verstoßen, wenn das Gericht die Täuschungsanfechtung eines Beklagten aus einem Grund durchgreifen läßt, den der Beklagte gar nicht vorgetragen hat (Saarbrücken OLGZ 84, 79 – im Ergebnis wohl unzutreffend, weil von konkludentem Vortrag auszugehen war) oder der Inhalt nicht nachgelassener Schriftsätze bei der Entscheidung verwertet wird, da sich der Gegner dazu nicht äußern konnte, auch wenn „nur" Rechtsausführungen nachgeschoben werden (Schneider MDR 86, 903; § 282 Rn 2).

9 **b)** Verfahrensfehlerhaft ist es auch, wenn eine im Prozeß erklärte **Aufrechnung** nicht berücksichtigt wird (RGZ 61, 413; Köln JMBlNRW 59, 217), die Klage ohne Prüfung der Klageforderung wegen einer Eventualaufrechnung abgewiesen wird (BGHZ 31, 363) oder eine Entscheidung in der irrigen Annahme getroffen wird, daß über die zur Aufrechnung gestellte Gegenforderung bereits anderweitig rechtskräftig entschieden sei (Celle MDR 69, 768). Dem entspricht die Unterlassung einer Entscheidung über eine **Widerklage,** weil diese irrig als nicht anhängig geworden angesehen wird (Düsseldorf OLGZ 65, 186).

10 **c)** Auch das **Übergehen von Vertagungsanträgen** kann einen wesentl Mangel darstellen (Köln JurBüro 77, 410), ebenso der Erlaß eines Urteils ohne mündl Verhandlung trotz Fehlens der nach **§ 128 II** nötigen Einverständniserklärungen (KG JW 28, 2157; Nürnberg MDR 69, 849).

11 **4) Mangelhafte Prozeßführung. a)** Hier sind vor allem Verstöße gegen das Prozeßgrundrecht des Anspruchs auf **Gewährung rechtl Gehörs,** Art 103 I GG, zu erwähnen (BVerfGE 58, 356; RGZ 81, 324; Hermisson NJW 83, 2234; Wassermann DRiZ 84, 425), wobei es nicht auf Verschulden ankommt (BVerfGE 67, 199, 202). Ob Gehör gewährt worden ist, muß das Gericht prüfen und darf nicht auf die Verfassungsbeschwerde verweisen (BVerfGE 49, 256 ff). Am häufigsten sind Verstöße gegen die **richterliche Aufklärungspflicht** gem §§ 139, 278 III (Schleswig SchlHA 82, 59; Köln NJW 73, 1984; WRP 84, 571; München OLGZ 1981, 441; Nürnberg MDR 85, 240; Düsseldorf r+s 85, 260). Wegen mangelnder Substantiierung darf nie abgewiesen werden, bevor auf Ergänzung des Sachvortrages hingewirkt worden ist, insbesondere bei ausfüllungsbedürftigen Wertungsbegriffen wie „sittenwidrig" (§ 826 BGB), „grob unbillig" (§ 1576 BGB) usw. Das gilt allgemein für fehlende Schlüssigkeit und auch im Anwaltsprozeß (BGH NJW 86, 776, 777; WPM 84, 964; Schneider MDR 84, 727; aA unter Verstoß gg § 136 GVG BGH MDR 84, 485 = NJW 84, 310 m abl Anm Deubner = JZ 84, 191 m abl Anm Peters; zu den Folgen dieser Rspr s Schneider NJW 86, 971; grundsätzlich dazu Peters, Richterliche Hinweispflichten und Beweisinitiativen im Zivilprozeß, 1983). Allerdings besteht keine Hinweispflicht, wenn die Parteien den Streitpunkt bereits schriftsätzlich behandelt haben (BGH WPM 86, 657, 659). Das Gericht muß eingehende Schriftsätze lesen (BVerfGE 70, 218), insbesondere wenn sie auf richterlichen Hinweis zurückgehen (BFH BB 86, 519), es muß alles Parteivorbringen zur Kenntnis nehmen u darf nicht vom allgemeinen Sprachgebrauch abweichend deuten, ohne dies vorher zu klären (Köln MDR 82, 761) oder erhebliches unstreitiges Vorbringen ignorieren (Köln ZIP 83, 869). Es darf nicht ohne Erörterung über offensichtl unsubstantiierte Forderungen Beweis erheben (Köln VersR 77, 577) und die Parteien nicht ungleich behandeln: Verstoß gegen das Gebot der Waffengleichheit (Köln MDR 71, 933; Rn 11). Es darf sein Urteil nicht auf fehlende Aktivlegitimation stützen, ohne zuvor darauf hingewiesen zu haben (Düsseldorf NJW 83, 634 m Anm Deubner) und auch keine Entscheidung auf Beweisfälligkeit treffen, wenn es nicht zuvor versucht hat, auf die Stellung sachdienlicher Beweisanträge hinzuwirken (Köln MDR 80, 647; Mayer NJW 83, 858). Erfolgt ein Hinweis, muß der Partei auch Gelegenheit gegeben werden, sich dazu sachgerecht zu erklären (Schleswig SchlHA 82, 29; LG Hannover NdsRpfl 80, 51). Gesetzte Fristen müssen ausreichend sein (Frankfurt NJW 86, 731). Zeigt sich ein Versäumnis des Gerichts nach Schluß der Verhandlung, muß wiedereröffnet werden (§ 156), falls eine Partei schriftsätzliche Ausführungen bringt, die nur deshalb nicht früher vorgetragen worden sind, weil das Gericht seiner Aufklärungs- und Hinweispflicht (§§ 139, 278 III) nicht entsprochen hatte (§ 156 Rn 3). Ausschlaggebend ist allein, ob durch Versäumnis oder Ungeschicklichkeit des Gerichts im Verfahren bis zum Schluß der

mdl Verhandlung eine vollständige u sachgerechte Aufklärung unmöglich gemacht oder erheblich beeinträchtigt worden ist (Schleswig OLGZ 81, 247). Wird ein darauf gestützter Wiedereröffnungsantrag abgelehnt, ist das gleichbedeutend mit der Versagung rechtlichen Gehörs (Art 103 I GG) und fällt unter § 539 (Deubner NJW 80, 264); ebenso wenn einem dringlichen und begründeten Vertagungsantrag nicht stattgegeben wird (BVerwG AnwBl 84, 316).

b) Überraschungsentscheidungen (Köln VersR 77, 844) müssen vermieden werden. Sie versto- 12
ßen nicht selten zugleich gegen den Grundsatz der **Waffengleichheit** (Schleswig SchlHA 83, 164: nicht mündlich verhandeltes Vorbringen einer Partei wird zur Urteilsgrundlage gemacht; s auch zur Berücksichtigung nicht nachgelassener Schriftsätze Rn 8 aE) oder gegen das verfassungsrechtliche Willkürverbot (BVerfGE 69, 254; 70, 93). Es darf nicht vorkommen, daß die Parteien erst im Urteil von einer bis dahin nicht erörterten Fallbewertung erfahren, oder daß sie umgekehrt mit Entscheidungsgründen konfrontiert werden, in denen ein ganzer einschlägiger Anspruchskomplex ignoriert wird (Köln ZIP 83, 1388: Vertragsnichtigkeit-Bereicherung). Das alles verstößt gegen das Gebot der fairen Verfahrensgestaltung (s dazu Einl Rn 100; BGH ZSW 84, 108 m Anm Müller; grundsätzlich Karwacki, Der Anspruch der Parteien auf einen fairen Zivilprozeß, 1984). Schleswig (NJW 82, 2783) verlangt Offenlegung, welche Folgerungen der Richter aus den von ihm angesprochenen rechtlichen Fragen ziehen will (s dazu auch Waldner, Aktuelle Probleme des rechtlichen Gehörs, 1983, S 124 ff). Dem Prozeß darf keine Wendung in der rechtlichen Beurteilung gegeben werden, von der die Parteien erst durch das Urteil erfahren (BVerwG NJW 83, 770), etwa wenn zur Stellung von Beweisanträgen aufgefordert, das angeblich beweisbedürftige Vorbringen dann aber im Urteil als rechtsunerheblich behandelt wird (Schleswig NJW 83, 347 m Anm Deubner; Frankfurt NJW 86, 855) oder wenn umgekehrt Beweis erhoben und anschließend ohne vorherigen Hinweis die Schlüssigkeit verneint wird (BGH WPM 86, 657, 659) oder wenn in erster und zweiter Instanz lediglich die Verjährungsfrage erörtert, darüber auch Beweis erhoben wird, das Berufungsgericht dann aber ohne vorherigen Hinweis der Klage aus materiellrechtlichen Erwägungen stattgibt (BGH WPM 86, 1371). Auch mit einer unrichtigen Ermessenausübung bei **Verneinung der Sachdienlichkeit** einer Klageänderung brauchen die Parteien dann nicht zu rechnen, wenn diese Frage nicht erörtert worden ist. Ob im Einzelfall ein Verschulden des Erstrichters vorliegt, ist belanglos; ein wesentl Verfahrensmangel ist daher auch die Nichtbeachtung der Unterbrechung des Verfahrens (RGZ 90, 225) oder Verwechslung der Parteien bei Nichtzahlung eines Auslagenvorschusses (BVerfGE 58, 136).

c) Fehlerhafte Zurückweisung von Vorbringen ist immer auch Versagen rechtlichen Gehörs 13
(BVerfGE 62, 255; 69, 145; Waldner [Rn 12] S 141 ff) und deshalb stets ein Verfahrensmangel (zB Schleswig SchlHA 80, 116; Köln NJW 81, 2256 [s dazu Hirtz NJW 81, 2234 u Schmidt NJW 82, 811]). Dazu reicht schon aus, daß Entschuldigungsgründe für die Verspätung als unglaubhaft behandelt werden, ohne daß zuvor bessere Glaubhaftmachung verlangt worden ist (BGH WPM 86, 854). **Fristen** zur Ergänzung, Erwiderung, Vorlage von Unterlagen oder Beseitigung von Beweiserhebungshindernissen (§§ 379, 356) dürfen nie zu kurz bemessen werden; im Anwaltsprozeß sind 3 Wochen jedenfalls dann unterste Grenze, wenn Rückkorrespondenz zum Mandanten nötig ist (s dazu Frankfurt MDR 86, 326 = OLGZ 1986, 101 = NJW 86, 731). Bei Verletzung der Fristsetzungs- oder der Hinweispflicht kann es auch zu Überraschungsentscheidungen (Rn 12) kommen (Kinne DRiZ 85, 15). Grob fehlerhaft ist es, im Gesetz nicht vorgesehene „Durchlauftermine" anzuberaumen, die nicht vorbereitet werden, in denen dann aber rigoros mit Verspätungsrecht gearbeitet wird (s BVerfGE 69, 127 = ZZP 98, 1985, 449 m Anm Waldner; Karlsruhe NJW 84, 618; Stuttgart NJW-RR 86, 1062; Schneider MDR 82, 902). Ist dagegen verspätetes Vorbringen entgegen § 296 zugelassen worden, dann liegt darin zwar ein Verstoß gegen Prozeßrecht, aber kein die Entscheidungsgrundlage verfälschender Verfahrensmangel (Köln NJW 80, 2361). Unter Umständen müssen auch vor mündlicher Verhandlung, aber **verspätet eingereichte Schriftsätze** berücksichtigt werden (München NJW 75, 2023; Schleswig SchlHA 74, 124), jedenfalls immer dann, wenn sie vom Gericht angenommen worden sind (Köln MDR 74, 761) und damit die Aufklärungs- und Hinweispflicht nach §§ 139, 278 III auslösen (Köln OLGZ 81, 490). Neues Vorbringen im Verfahren über den Einspruch gegen einen Vollstreckungsbescheid oder ein Versäumnisurteil darf nicht mit der Begründung zurückgewiesen werden, es habe vor Erlaß der angefochtenen Entscheidung vorgetragen werden können (BGHZ 76, 173).

d) Auf **offensichtl Irrtümer einer Partei** muß (nach § 278 III) hingewiesen werden, bevor ent- 14
schieden wird (Düsseldorf VersR 75, 616). Tatsächl Feststellungen im Tatbestand des angefochtenen Urteils, die mit dem Inhalt der Parteischriftsätze **in Widerspruch** stehen, können nur verfahrenswidrig zustande gekommen sein, wenn vorher nicht versucht worden ist, diesen Widerspruch durch Ausübung der richterl Fragepflicht zu beheben (Köln VersR 74, 1089).

15 **e)** Unter Umständen muß das Gericht auch darauf achten, daß die Partei ihr Anliegen **wirklich hat vortragen können** und genügend Zeit bekommt, um ihr gestellte Fragen zu beantworten (Hamm AnwBl 84, 93). Deshalb bestehen gegen die Wahrnehmung der Sitzungen durch einen sog „Kartellanwalt" Bedenken (Düsseldorf NJW 76, 1324 mit Anm Roesen in AnwBl 76, 19). Zweibrücken (OLGZ 83, 329) hat das Stattfinden einer mündlichen Verhandlung verneint, weil der Prozeßbevollmächtigte nur zufällig vom Termin Kenntnis erlangt und Klageabweisungsantrag gestellt hatte, über den Prozeßstoff jedoch nicht informiert war. Ein wesentl Verfahrensmangel liegt darin, daß die Zivilkammer den Rechtsstreit auf Grund mündl Verhandlung gemäß § 348 I dem Einzelrichter überträgt und dieser sodann ohne weitere mündl Verhandlung vor ihm ein Urteil verkündet (Köln NJW 77, 1159). Auch eine in der Zeitplanung mißlungene Terminsvorbereitung kann sich als dem Gericht anzulastender Verfahrensmangel auswirken (Schleswig OLGZ 81, 246). Mit Schriftsatznachlaß (§ 283) ist es dann nicht getan; notfalls muß wiedereröffnet werden (§ 156). **Nachgelassene Schriftsätze** dürfen nicht zur Entscheidungsgrundlage gemacht werden, ohne daß dem Gegner Gelegenheit zur Stellungnahme u zum substantiierten Bestreiten gegeben wird (München OLGZ 81, 441; Schleswig SchlHA 83, 164). Die Nachlaßfrist muß ausreichen, für das Durcharbeiten überlassener Unterlagen muß genügend Zeit gewährt werden; anderenfalls ist zu vertagen (BAG MDR 82, 611). Nachlaß für die eine Partei und anschließend für den Beklagten zur Erwiderung ist verfahrenswidrig, weil Umgehung des Mündlichkeitsgrundsatzes, § 128 I (Schleswig SchlHA 83, 182).

16 **5) Mangelhafte Tatsachenfeststellung. a)** Den vielleicht wichtigsten Anwendungsfall des § 539 stellen mangelhafte Beweiserhebungen dar, die sich häufig mit anderen Verfahrensfehlern, insbesondere mit der Nichtgewährung rechtl Gehörs überschneiden. Die Fehler können schon zu Beginn auftreten, etwa wenn zwingende Vorschriften über den Inhalt des Protokolls, § 160 III, verletzt werden (Stuttgart Justiz 67, 118). Insbesondere darf ein **nicht protokollierter Augenschein** von keinem Richter im Urteil gewürdigt werden, der ihn nicht auch eingenommen hat (Karlsruhe Justiz 73, 246; Schneider JurBüro 78, 1128). Der Antrag einer Partei, einen Sachverständigen zur mündlichen Erläuterung seines Gutachtens zu laden, darf nicht abgelehnt werden (BAG BB 81, 54; weitere Nachw § 411 Rn 5). Das **Übergehen eines Beweisantrages** ist immer ein Verfahrensfehler, wenn das Gericht die Beweiserheblichkeit nicht verneint hat, zB weil es für den Ausschluß nach §§ 356, 379 zu kurze Fristen gesetzt hat (Frankfurt MDR 86, 326 = NJW 86, 731 = OLGZ 1986, 101; s auch Rn 18). Verfahrenswidrig auch die ermessensfehlerhafte Parteivernehmung nach § 448 (Saarbrücken OLGZ 1984, 122).

17 **b)** Die Verwertung eines formal ordnungsmäßig gewonnenen Beweisergebnisses kann einen wesentl Verfahrensmangel darstellen, wenn die **Parteirechte verkürzt** worden sind, etwa weil die Parteien unangemessen kurzfristig vom Beweistermin in Kenntnis gesetzt und dadurch an seiner Wahrnehmung gehindert worden sind (Köln MDR 73, 856) oder weil die Frist für den Auslagenvorschuß, § 379, zu kurz bemessen worden ist (Frankfurt MDR 86, 326 = NJW 86, 731 = OLGZ 1986, 101). Stellt ein Prozeßbevollmächtigter im Anschluß an die Beweisaufnahme einen **Vertagungsantrag** und verkündet das Gericht, ohne darüber ein Wort zu verlieren, sofort ein Urteil, in dem es den Vertagungsantrag ablehnt und nicht beschiedene Beweisanträge rechtsfehlerhaft zurückweist, so wird Zurückverweisung in aller Regel geboten sein (Köln JurBüro 77, 410).

18 **c)** Stets verfahrenswidrig ist die **Nichtbeachtung von Beweisverwertungsverboten,** etwa heiml Tonbandaufnahmen (BGHZ 27, 284; VersR 82, 191), Ausforschungsbeweise, Beweiserhebung durch Sachverständige (BGH NJW 55, 671) usw (Einzelheiten bei Schneider, Beweis und Beweiswürdigung § 11). Die Kehrseite dieses Verstoßes ist die **unerlaubte Beweisantizipation** (s § 526 Rn 3), die immer ein erheblicher Verfahrensmangel ist (Frankfurt VersR 84, 168, 169), wobei aber auf die rechtliche Beurteilung der Vorinstanz abzustellen ist (BGH VersR 86, 654, 656). Zwar reicht im allgemeinen die Nichtvernehmung eines einzigen erhebl Zeugen nicht aus, die Zurückverweisung zu begründen, da dieser Mangel vom Berufungsgericht durch Ladung des Zeugen zum Haupttermin beseitigt werden kann (RG JW 36, 3543; BGH NJW 72, 1576). Die einschlägigen Fälle wiegen jedoch fast immer schwerer, etwa wenn von einer Beweisaufnahme überhaupt abgesehen wird (BGH NJW 72, 1576) oder ein beantragtes und notwendiges Blutgruppengutachten oder ein erbbiologisches Gutachten nicht eingeholt wird (LG Aachen NJW 65, 2015; LG Nürnberg NJW 66, 669). Hat der Kläger zum Unfallhergang Zeugenbeweis angetreten, dann darf nicht der Urkunden-Ersatzbeweis durch **Verwertung der Strafakten** als genügend erachtet werden, weil darin ein Verstoß gegen das Gebot der **Unmittelbarkeit der Beweisaufnahme** liegt (München VersR 73, 163; Koblenz VRS 68, 1985, 27); immer sind die Strafakten unverwertbar, wenn die darin protokollierten Aussagen verfahrenswidrig zustande gekommen sind (BGH r + s 85, 129: unterbliebene Belehrung über Aussageverweigerung). Die Übergehung von Beweisanträgen kann auch darin liegen, daß das Gericht einfach ein **Bestreiten unberücksichtigt** läßt

(Köln MDR 78, 60; KG VersR 73, 1145) oder sich zu erhebl Beweisanträgen völlig ausschweigt (Köln JMBlNRW 75, 113). Sieht das Erstgericht jedoch auf Grund einer Schlüssigkeitsprüfung von einer Beweiserhebung ab, weil es die Beweiserheblichkeit von Beweisanträgen verneint, dann kann allenfalls ein *error in iudicando* vorliegen, nie ein *error in procedendo* (BGH JZ 77, 232 [233]; unrichtig daher Nürnberg JurBüro 75, 1375 m abl Anm Schneider); ebenso bei Verkennung der Beweislast (aA Düsseldorf MDR 82, 502 m abl Anm Schneider). Fehlende Erörterung der Erheblichkeitsfrage läßt somit nicht ohne weiteres „einen sicheren Schluß" auf das Übergehen von Vorbringen zu (so aber anscheinend Deubner NJW 80, 267), sondern ist nur Indiz im Rahmen der Gesamtbeurteilung (arg §§ 313 III, 543).

d) Schließl können beweisrechtl Verfahrensfehler in **mangelhafter Beweiswürdigung** liegen (Köln VersR 77, 577), etwa in der nicht erschöpfenden Beurteilung des Streitstoffes, die gegen § 286 verstoßen kann (BGH NJW 57, 714), oder bei übersteigerten Substantiierungsanforderungen an die Partei mit korrespondierender Vernachlässigung der gerichtl Aufklärung durch Gutachterbefragung oder weitere Begutachtung (BGH VersR 81, 752). Zeugen dürfen grundsätzl nur dann als unglaubwürdig angesehen werden, wenn sich das Gericht von ihnen einen persönl Eindruck verschafft hat oder ein solcher in der protokollierten Aussage des Vernehmungsrichters festgehalten worden ist (Düsseldorf OLGZ 70, 170). Verfälscht wird die Beweiswürdigung uU auch, wenn eine Partei gehindert worden ist, in Ausübung ihres Fragerechts einem Sachverständigen, der sein Gutachten schriftl erstattet hatte, Fragen zu stellen (BGHZ 6, 398; 35, 370; BAG BB 81, 54; Köln MDR 72, 957). Ist das aus irgendwelchen Gründen, auch unverschuldeten, nicht mögl – zB weil der Sachverständige zwischenzeitlich verstorben ist –, dann muß ein neuer Gutachter bestellt werden (BGH NJW 78, 1633). Jedoch genügt es dann, daß der neue Sachverständige damit beauftragt wird, das bereits vorliegende Gutachten zu studieren und der Partei auf deren Fragen zu erläutern. Das Fragerecht wird auch dadurch umgangen, daß gegen den Willen der Parteien ledigl Strafakten ausgewertet und nicht Zeugen vernommen werden (München NJW 72, 2048). Ist ein Gutachter vom falschen Sachverhalt ausgegangen, muß das Gericht auch ohne Antrag mdl Erläuterung anordnen, § 411 III (BGH ZSW 81, 270). 19

In der Rechtsmittel-Rspr ist eine Tendenz erkennbar, **schwere Beweiswürdigungsfehler** stärker als bisher dem Bereich der Verfahrensmängel zuzuordnen, besonders deutlich beim verstärkten Zwang zur Wiederholung der Zeugenbeweisaufnahme (§ 526 Rn 3). Obwohl Beweiswürdigungsfehler grundsätzlich keine Verfassungsbeschwerde stützen können, hat das BVerfG sich in BVerfGE 47, 182 zu einem Eingriff in eine konkrete Beweiswürdigung veranlaßt gesehen (s dazu Schneider MDR 79, 619/620). Köln (MDR 80, 674) hat einen wesentlichen Verfahrensmangel darin gesehen, daß der Erstrichter einen Schaden nach § 287 geschätzt hatte, obwohl er damit die Grenzen seines Schätzungsermessens ersichtlich überschritten und diese Art der Tatsachenfeststellung nicht vorab mit den Parteien erörtert hatte, Hamm (ZSW 82, 209) darin, daß in einem solchen Fall kein Sachverständiger zugezogen worden ist. Weiter hat Hamm (VersR 80, 683) einen Verfahrensfehler darin gesehen, daß das Gericht sich bei Vorliegen zweier einander widersprechender Gutachten zu einem Beweisantrag auf Einholung eines Obergutachtens in den Urteilsgründen nicht geäußert hatte. Der BGH schließlich (ZSW 81, 36) hat es verfahrensrechtlich beanstandet, daß ein Kollegialgericht die gesamte Beweisaufnahme in einem schwierigen Arztprozeß dem Einzelrichter überlassen hatte. Frankfurt (NJW 86, 855) hat beanstandet, daß die Klage unter Berufung auf einen Erfahrungssatz abgewiesen wurde, der nicht evident war und zu dem sich die Parteien nicht hatten äußern können. Diese Tendenz ist grundsätzlich begrüßenswert, da mangelhafte Beweiswürdigungen der richtigen Sachentscheidung oft weit abträglicher sind, als reine Verfahrensverstöße. 20

6) Mängel des Urteils. a) Hierher rechnet der Erlaß eines Urteils gegen die **falsche Partei** (München NJW 71, 1615). Unter Umständen rechnen dazu aber auch formelle Urteilsmängel, etwa bei Widersprüchen oder Unklarheiten in Tenor, Tatbestand oder Gründen (RGZ 57, 268; Koblenz Rpfleger 85, 496, 497) sowie Verstöße gegen das Verkündungsgebot „in vollständiger Form abgefaßt" des § 310 II (München MDR 86, 62); heute sind jedoch die Erleichterungen des § 313 zu beachten); fehlende, nicht nachholbare Unterschrift (Koblenz VersR 81, 688), ferner fehlende Begründung für schwerwiegende Verfahrensgestaltungen, zB Abtrennung einer Folgesache (§ 628 I) unter bloßer Berufung auf den Gesetzeswortlaut (Hamm MDR 79, 322; Hamburg MDR 79, 678; Frankfurt FamRZ 78, 924; Stuttgart FamRZ 78, 809); erst recht fehlende Gründe oder deren Nachschieben nach Monaten (BAG MDR 82, 694; BGH MDR 76, 658; s a § 551 Rn 10). Mangel ordnungsmäßiger Verkündung des Urteils ist immer ein Verfahrensfehler, hindert jedoch nicht die Selbstentscheidung nach § 540 (Schleswig SchlHA 79, 21; Frankfurt FamRZ 79, 430). 21

22 **b) Teilurteile** werden nicht immer korrekt abgefaßt (s § 301 Rn 3 ff u Schneider MDR 76, 93 ff). Sie dürfen dem Restanspruch nicht vorgreifen (BGH NJW 60, 339; Köln MDR 76, 408; VersR 74, 64) und auch nicht der Widerklage (Frankfurt MDR 83, 498). In solchen Fällen ist die Zurückverweisung nur auszuschließen, wenn das Berufungsgericht den noch im ersten Rechtszug anhängigen Teil des Rechtsstreits **heraufzieht,** wozu es berechtigt ist (§ 537 Rn 9).

23 **c)** Bei **Aufrechnung** darf kein Vorbehaltsurteil nach § 302 ergehen, wenn die Aufrechnung unzulässig ist oder die Gegenforderung in rechtl Zusammenhang mit der Klageforderung steht (BGHZ 25, 360; LM § 302 ZPO Nr 4). Ebenso liegt ein Verfahrensmangel darin, daß die Aufrechnung überhaupt nicht geprüft worden ist (RGZ 61, 413) oder das Erstgericht darüber nur in unzureichendem Umfang entschieden hat (Braunschweig NJW 75, 2209).

24 **V) Über die Zurückverweisung ist** (Rn 1) **nach Ermessen** (unter Berücksichtigung der dadurch ausgelösten Kostenerhöhung!) von Amts wegen **zu entscheiden,** auch wenn ein dahingehender „Antrag" gestellt wird (RGZ 93, 155; es handelt sich nur um eine Anregung: München FamRZ 84, 407). Ermessensfehler sind revisibel (BGH NJW 69, 1669). Sachdienlichkeit muß gegeben sein; Selbstentscheidung des Berufungsgerichts ist immer mögl (§ 540), selbst bei nicht ordnungsmäßiger Verkündung (Schleswig SchlHA 79, 21; Frankfurt FamRZ 79, 430). Entschieden wird stets durch Urteil, das auch unter den Voraussetzungen der §§ 313 a, 523 (s § 543 Rn 1) zu begründen ist, da anderenfalls das Erstgericht den Aufhebungsgrund nicht kennt und denselben Fehler uU wiederholt (s a § 313 a Rn 1). Zurückzuverweisen ist immer an das erkennende Erstgericht, nicht an eine andere Kammer oder Abteilung des AG (Celle JZ 79, 485: zu § 328 II StPO). Hat das Familiengericht in einer Nicht-Familiensache entschieden, die streitwertmäßig an das LG gehört, führt die (nach dem Meistbegünstigungsgrundsatz: Vor § 511 Rn 29) beim Familiensenat eingelegte Berufung zur Zurückverweisung an das LG (Stuttgart FamRZ 80, 384).

25 **1)** Im Zusammenhang mit der Zurückverweisung erübrigt sich eine Verfahrensaufhebung, wenn der Mangel nur das **Urteilsverfahren** betrifft (zB Hinausgehen über die gestellten Anträge, unzulässiges Zwischenurteil), die erstinstanzl getroffenen Feststellungen also weiterhin Entscheidungsgrundlage sein können. Nur, wenn sie selbst fehlerhaft zustande gekommen sind, ist auch insoweit Aufhebung geboten.

26 **2)** Betrifft der Mangel nur einen **Verfahrensteil,** dann darf die Aufhebung darauf beschränkt werden (ebenso Wieczorek/Rössler, 2. Aufl 1981, § 539 Anm C II). Praktische Bedürfnisse erfordern, das Ausmaß der Aufhebung nicht am Streitgegenstand oder an auf bestimmte Weise abgegrenzten Verfahrensabschnitten zu orientieren, sondern ledigl den von dem Verstoß betroffenen Verfahrensvorgang zu eliminieren, so wie das bei § 590 ohne förml Ausspruch geschieht. Es darf also zB eine ohne Zuziehung der Parteien durchgeführte Beweisaufnahme aufgehoben werden, so daß ledigl ihre Ergebnisse für das erneute Verfahren im ersten Rechtszug außer Betracht zu bleiben haben (BayObLG SA Bd 52, 112; so auch weitgehend die ältere Literatur, zB Seuffert/Walsmann, § 539 Anm 3; Struckmann/Koch, § 539 Anm 4). Der Gesetzeswortlaut („soweit ... durch den Mangel betroffen") bestätigt diese Auffassung. Allerdings wird häufig ein einzelner Mangel, etwa fehlerhafte Besetzung der Richterbank bei einem Teilausschnitt der Verhandlung, Auswirkungen auf das gesamte Verfahren haben.

27 Schwierigkeiten können **Verfahrensfehler** bereiten, die **nur zum Grund oder nur zur Höhe** aufgetreten sind. Beispiel: Erstgericht erkennt nach beziffertem Leistungsantrag; Berufungsgericht hält die Beurteilung zum Grund für richtig. Die Höhenentscheidung beruht auf einem Verfahrensverstoß. Dann besteht zum Grund Entscheidungsreife (§ 540), so daß das Berufungsgericht ein Grundurteil erlassen und im übrigen aufheben und ins Höheverfahren zurückverweisen kann. Da jedoch nie ein Zwang zum Grundurteil besteht (§ 304 I: „kann" gg § 301 I: „hat"), ist auch volle Zurückverweisung mit Grundaufhebung statthaft.

28 Problematisch ist weiter folgender Fall: In erster Instanz **Zahlungsverurteilung bei teilweiser Abweisung,** zB ⅓ Kläger, ⅔ Beklagter. Nur der Beklagte legt Berufung ein. Das Berufungsgericht erkennt schwere Verfahrensmängel. Auch dann ist Selbstentscheidung (§ 540) oder Zurückverweisung (§ 539) statthaft. Bei völliger Aufhebung und Zurückverweisung wird das Verschlechterungsverbot aufgehoben; das neue erstinstanzliche Urteil dürfte dem Beklagten den Schaden voll auferlegen (unten Rn 33). Eine ⅔-Aufhebung könnte gleichbedeutend sein mit Erlaß eines unzulässigen Teilurteils (s oben Rn 22). In diesem Fall bleibt nur volle Selbstentscheidung oder volle Zurückverweisung.

29 Die **Fehlerkausalität** kann auch **durch das weitere Verfahren** auftreten. Beispiel: eine Klage auf Zahlung von 5000 DM wird erstinstanzlich unter Verletzung wesentlicher Verfahrensvorschriften beschieden. Im zweiten Rechtszug erweitert der Kläger die Klage oder der Beklagte legt Widerklage ein. Weder Erweiterung noch Widerklage können dann vom Verfahrensmangel

betroffen sein. Selbstentscheidung (§ 540) ist dann nur über den gesamten Streitstoff möglich. Statt dessen kann insgesamt zurückverwiesen werden, so daß nunmehr im weiteren erstinstanzlichen Verfahren auch die Erweiterung oder die Widerklage mitbeschieden werden müssen.

Im Haftpflichtprozeß mit **Beteiligung eines Haftpflichtversicherers** gelten wegen der Rechtskrafterstreckung durch § 3 Nr 8 PflVG Besonderheiten (s Schneider JurBüro 80, 495). 30

3) Das zurückverweisende Urteil enthält **keine Kostenentscheidung;** diese ist dem erstinstanzl Schlußurteil vorbehalten. Jedoch ist im Berufungsurteil die **Niederschlagung** der Kosten des Berufungsverfahrens, der durch Erlaß des erstinstanzl Urteils ausgelösten Kosten und evtl der Kosten von zu wiederholenden Verfahrensabschnitten anzuordnen. Das ergibt sich aus **§ 8 GKG,** da schwere Verfahrensmängel – und nur solche rechtfertigen eine Aufhebung und Zurückverweisung – stets eine unrichtige Sachbehandlung darstellen (BGHZ 27, 170; Köln MDR 74, 498; NJW 76, 1101; Hamm KoRsp GKG § 8 Nr 23; AnwBl 84, 93; Düsseldorf JurBüro 75, 1226; s a Schneider JurBüro 75, 873). 31

4) Das zurückverweisende Urteil enthält auch **keinen Ausspruch über die vorläufige Vollstreckbarkeit,** da es keinen vollstreckungsfähigen Inhalt hat (str, s § 543 Rn 24). **Begründungszwang:** § 540 Rn 8; **Beschwer:** § 545 Rn 1; **Revisionsbegründung:** § 550 Rn 14. 32

5) Für das weitere Verfahren ist das **Erstgericht an die Rechtsauffassung des Berufungsgerichts gebunden** (§ 565 II analog; BGHZ 25, 203). Es hat jedoch im übrigen auf der Grundlage des Inhalts der Neuverhandlung bindungsfrei zu entscheiden. Insbesondere besteht im Rahmen der Zurückverweisung **kein Verbot der Schlechterstellung** *(reformatio in peius).* Der Rechtsmittelführer, der die Aufhebung des von ihm angefochtenen Urteils ohne zweitinstanzl neue Sachentscheidung erreicht, hat keinen Anspruch darauf, wegen eines prozessualen „Mindestbestandsschutzes“ auf Grund neuer Verhandlung eine materiell unrichtige Entscheidung zu erhalten (§ 536 Rn 14; § 542 Rn 9; zum Beschwerderecht s § 575 Rn 38). Weist ein Urteil die Klage teilweise ab und gibt es ihr im übrigen statt, so kann auf die Berufung des Beklagten das gesamte Urteil wegen eines Verfahrensfehlers aufgehoben und die Sache zurückverwiesen werden; dann besteht jedoch Bindung wegen der rechtskräftig gewordenen Teilabweisung und darf der Beklagte insoweit nicht mehr verschlechtert werden (BGH NJW 61, 1813, 1814). 33

6) Jedoch wird der Rechtsmittelführer, der statt eines Sachurteils nur Aufhebung und Zurückverweisung erreicht, durch ein solches Urteil mit der Folge **beschwert,** daß er in revisiblen Sachen befugt ist, in der Revisionsinstanz die richtige Anwendung des § 539 durch das Berufungsgericht überprüfen zu lassen (BGH LM § 539 ZPO Nr 9). Allerdings gilt dann nicht das Verbot der Schlechterstellung, so daß der Anspruch nunmehr auch als unbegründet abgewiesen werden darf (§ 536 Rn 13). 34

7) Ist die **Klage nicht ordnungsgemäß erhoben** und dieser Mangel auch nicht geheilt worden, dann muß die Klage „angebrachtermaßen“ abgewiesen werden. Es ist also nicht zurückzuverweisen. Zurückverweisung ist jedoch mögl, wenn die Beseitigung des Mangels zu erwarten ist, etwa durch Genehmigung der Prozeßführung einer nicht prozeßfähigen Partei durch den jetzigen gesetzl Vertreter (BGH FamRZ 72, 35; vgl auch Nürnberg OLGZ 67, 426). 35

VI) Gebühren: s § 538 Rn 29. 36

540 *[Selbstentscheidung statt Zurückverweisung]*

In den Fällen der §§ 538, 539 kann das Berufungsgericht von einer Zurückverweisung absehen und selbst entscheiden, wenn es dies für sachdienlich hält.

I) Die Vorschrift drückt einen **allgemeinen Rechtsgrundsatz** aus (Schneider MDR 80, 726), der insbesondere auch im Beschwerdeverfahren gilt (KG JurBüro 86, 220, 221/222). Selbstverständliche Voraussetzung ist, daß eine vorinstanzliche Entscheidung getroffen worden ist; § 540 gestattet keine Entscheidung an Stelle des Erstrichters (Zweibrücken FamRZ 83, 1154 [1155]). Dem Berufungsgericht steht eine Ermessensentscheidung nur insoweit zu, als keine Entscheidungsreife besteht. Ist die Sache spruchreif, **muß** es selbst entscheiden und darf nicht zurückverweisen (Schneider MDR 80, 726). Auch bei Spruchreife muß Selbstentscheidung unterbleiben, wenn bei Behebung des Verfahrensmangels die Zuständigkeit fehlt, zB weil eine vom FamG falsch behandelte geänderte Klage keine Familiensache mehr ist (Frankfurt FamRZ 81, 978). 1

1) Verhältnis zu § 539. Für diese Vorschrift begründet § 540 keine Ermessensfreiheit; denn dort ist sie bereits gewährt (arg „kann“). § 540 **erweitert** den § 539 **ledigl** insoweit, als er ihn durch das dort nicht geschriebene Tatbestandsmerkmal der **Sachdienlichkeit** ergänzt. Notwendig wäre 2 das nicht gewesen. Denn jede Rechtsanwendung im prozessualen Bereich muß den Gesichtspunkt der Sachdienlichkeit beachten.

3 **2) Verhältnis zu § 538.** Diese Bestimmung sieht eine **Muß-Zurückverweisung** vor. Ursprüngl gab es davon keine Ausnahme. § 540 ist erst 1950 in die ZPO aufgenommen worden. Damit ist die Muß-Vorschrift des § 538 **in eine ungebundene Ermessensvorschrift umgestaltet** worden. Es hätte genügt, das Wort „hat" in § 538 in „kann" umzuändern.

4 **3)** War das angefochtene Urteil ein **Zwischenurteil,** so ist der Rechtsstreit ohnehin in der Unterinstanz anhängig geblieben; zu einer Selbstentscheidung kann es mangels angefallenen Streitgegenstandes insoweit nicht kommen. Das Berufungsgericht darf auch dann zurückverweisen, wenn einer erstinstanzl Klageabweisung wegen Unzulässigkeit eine **materiellrechtl Hilfsbegründung** beigegeben worden ist (§ 538 Rn 11).

5 **II) Sachdienlichkeit.** Sie ist zu bejahen, wenn das Interesse an einer schnelleren Erledigung (jede Zurückverweisung verzögert!) des Rechtsstreits gegenüber dem Verlust einer Tatsacheninstanz überwiegt. Diese Frage ist **mit den Parteien zu erörtern.** Ihre Stellungnahme bindet zwar nicht, ist aber für die Beurteilung des Gerichts sehr wesentl. Bei **divergierenden Parteiwünschen** sind die dafür vorgebrachten Gründe zusätzl Entscheidungselemente. Übereinstimmenden Anregungen auf Zurückverweisung wird das Gericht häufig entsprechen; denn dahinter steht oft der Wunsch, nunmehr im ersten Rechtszug alsbald zu Ende zu kommen, etwa durch erneute Vergleichsgespräche. Selbstentscheidung kann auch angebracht sein, wenn sich eine unsachliche Auseinandersetzung zwischen den Instanzen anbahnt, die letztlich auf dem Rücken der Parteien ausgetragen würde (s Schleswig SchlHA 82, 153: wiederholte Zurückverweisung wegen derselben Fehler). Sprechen sich **beide Parteien gegen eine Zurückverweisung** aus, so wird der Gesichtspunkt des Verlustes einer Instanz, mag er auch für sich allein nicht ausschlaggebend sein, unerhebl (BGH MDR 67, 757). Dann bleibt jedoch zu erwägen, welche Belastung das Berufungsgericht damit auf sich nimmt. Denn grundsätzl ist es nicht seine Aufgabe, erstinstanzl nicht geschaffene Entscheidungsgrundlagen im zweiten Rechtszug zu erarbeiten. Je umfangreicher die tatsächl Feststellungen sind, die das Berufungsgericht nachzuholen hätte, um so weniger dürfte eine Selbstentscheidung angebracht sein.

6 **III) Beispielsfälle für eigene Sachentscheidung:** Erstinstanzl Urteil ist in **falscher Besetzung** oder unter Verstoß gegen §§ 355, 375 ergangen, aber im Ergebnis bedenkenfrei und mit wenig Tatsachenfeststellung abzusichern (München MDR 55, 426; Karlsruhe MDR 57, 488). – In einer Eilsache hat das LG statt des zuständigen FamG entschieden (Frankfurt FamRZ 84, 1118). Das Erstgericht hat ein über den beschiedenen Teilanspruch übergreifendes und damit **unzulässiges** (siehe Schneider MDR 76, 93) **Teilurteil** erlassen; das Berufungsgericht kann aber durch Heraufziehen des noch unten anhängigen Streitteiles abschließend entscheiden (BGH NJW 60, 339; Hamm JMBlNRW 65, 279; Nürnberg BayJMBl 66, 97; aA Düsseldorf NJW 72, 1474, jedoch nur für seinen konkreten Fall). Ebenso bei erstinstanzlichem Grundurteil trotz unstreitiger Höhe (s § 538 Rn 16; § 539 Rn 22). – Berufung gegen ein **unzulässiges Vorbehaltsurteil** unter eigener Entscheidung über die zur Aufrechnung gestellte Gegenforderung (BGHZ 25, 360; LM § 302 ZPO Nr 4). – Erstgericht hat den Vorwurf der **groben Nachlässigkeit** unzulängl geprüft; er kann aber auf Grund des zweitinstanzl Sach- und Streitstandes ohne großen Aufwand festgestellt werden (ergibt er sich aus dem unstreitigen zweitinstanzl Sach- und Streitstand, dann *muß* das Berufungsgericht selbst entscheiden: Köln NJW 73, 1847) – In erster Instanz ist die Klage abgewiesen worden wegen **Versäumung der Klagefrist** (BGHZ 14, 11; VersR 66, 675), mangelnden **Rechtsschutzbedürfnisses** infolge Verneinung des Fortwirkens einer Störung bei einer Widerrufsklage (Frankfurt NJW 62, 1920), mangelnden **Feststellungsinteresses** (Hamburg FamRZ 66, 110; BAG NJW 67, 1439). – Im Berufungsverfahren gegen ein **Grundurteil** ist auch der Streit über die Höhe entscheidungsreif geworden (vgl § 538 I Nr 3) oder kann ohne nennenswerte Verzögerung entscheidungsreif gemacht werden oder sind Zeugen zu vernehmen, die auch über die Höhe informiert sind (s § 538 Rn 17). – Das Berufungsgericht darf auch bei Berufung bloß des Klägers ein **prozeßabweisendes Urteil** erster Instanz durch eine Sachabweisung ersetzen (BGHZ 23, 36; Frankfurt NJW 62, 1920).

7 **Zurückzuverweisen** ist dagegen, wenn das Erstgericht eine **Widerklage nicht beschieden** hat, weil es sie irrtüml als nicht mehr anhängig angesehen hat (Düsseldorf OLGZ 65, 186). Weitere Fälle sind bei § 538 Rn 8 ff angeführt.

8 **IV) Entscheidung.** Das Berufungsgericht muß das Absehen von der Zurückverweisung in revisiblen Sachen **begründen,** damit das Revisionsgericht bei entspr Verfahrensrüge die Ermessensentscheidung nachprüfen kann (BGHZ 23, 50). Fehlerhafte Ermessensausübung ist nach § 295 heilbar und dann nicht revisibel (BGH LM § 256 ZPO Nr 16), zB wenn der Rechtsmittelklä-

ger die Zurückverweisung selbst angeregt hatte (BGH WPM 83, 658 [660 zu 4b]). **Beschwer:** § 545 Rn 1. **Revisionsbegründung:** § 550 Rn 14.

Das Revisionsgericht kann, wenn wegen eines von mehreren Klageansprüchen die Voraussetzungen der Zurückverweisung an das LG nach § 538 I Nr 3 gegeben wären, im übrigen die Zurückverweisung an das Berufungsgericht erfolgen müßte, im Interesse der Prozeßwirtschaftlichkeit insgesamt an das Berufungsgericht zurückverweisen (BGH NJW 55, 546 – das OLG dagegen soll bei entspr Prozeßlage dazu nicht befugt sein: § 538 Rn 20). 9

Zurückverweisung durch das Revisionsgericht an das Berufungsgericht erfolgt auch dann, wenn dieses nach unzulässigem Teilurteil des LG über den dort anhängigen Restanspruch mitbefinden kann (BGH NJW 60, 339), desgleichen, wenn es nach unzulässigem Vorbehaltsurteil erster Instanz über die Aufrechnungsforderung selbst entscheiden darf (BGHZ 25, 360). 10

541 (weggefallen)

542 *[Versäumnisverfahren]*

(1) Erscheint der Berufungskläger im Termin zur mündlichen Verhandlung nicht, so ist seine Berufung auf Antrag durch Versäumnisurteil zurückzuweisen.

(2) Erscheint der Berufungsbeklagte nicht und beantragt der Berufungskläger gegen ihn das Versäumnisurteil, so ist das tatsächliche mündliche Vorbringen des Berufungsklägers als zugestanden anzunehmen. Soweit es den Berufungsantrag rechtfertigt, ist nach dem Antrag zu erkennen; soweit dies nicht der Fall ist, ist die Berufung zurückzuweisen.

(3) Im übrigen gelten die Vorschriften über das Versäumnisverfahren im ersten Rechtszug sinngemäß.

I) Übersicht. Die **Parteirollen erster Instanz** sind dabei **unerhebl.** Die Benennung als „Versäumnisurteil" ist nicht entscheidend, sondern sein Inhalt; die Entscheidung muß als Folge der Säumnis getroffen worden sein. Ein Versäumnisurteil wird daher nicht dadurch zu einem kontradiktorischen Urteil, daß das Gericht die Säumnis irrtümlich angenommen hat, weil auch in diesem Fall die (fehlerhafte) Entscheidung auf Säumnis gestützt ist; ein kontradiktorisches Urteil im Versäumnisverfahren setzt voraus, daß das Gericht trotz der Säumnis und ohne Rücksicht auf sie entscheidet (BGH WPM 81, 829 [830 zu 2]). 1

II) In **Ehesachen, Kindschaftssachen und Entmündigungssachen** darf im ersten Rechtszug kein Versäumnisurteil gegen den Beklagten ergehen (§§ 612 IV, 640 I, 670 I); das erstinstanzl Versäumnisurteil gegen den ausbleibenden Kläger ist in Ehe- und Kindschaftssachen dahin zu erlassen, daß die Klage als zurückgenommen gelte (§§ 635, 640 I). Für das **Berufungsverfahren** schlägt dieses Verbot des Versäumnisurteils gegen den säumigen Beklagten insofern durch, als er auch in zweiter Instanz nicht auf Säumnis verurteilt werden darf. Abzustellen ist dabei auf die erstinstanzl Parteirolle. Soweit der erstinstanzl Beklagte im zweiten Rechtszug Rechtsmittelführer ist, hat seine Säumnis nur zur Folge, daß die Berufung zurückgewiesen wird. Zu Einzelheiten s bei § 612. 2

III) Einzelrichter. Er kann nach § 524 III Nr 3 auf Säumnis entscheiden (§ 524 Rn 43). 3

IV) Zulässigkeitsprüfungen. 1) Vor Erlaß eines VU ist, gleichgültig welche Partei nicht erscheint, zunächst die **Zulässigkeit der Berufung** zu prüfen. Mangelt es daran, so ist die Berufung nach § 519b ungeachtet einer Säumnis des Berufungsbeklagten durch **unechtes Versäumnisurteil** (BGH NJW 61, 829 = Warneyer 1961 Nr 204; ZIP 86, 740) zu verwerfen. Ist das Berufungsgericht ein OLG, so findet nach § 547 unbeschränkt die Revision statt (BGH NJW 61, 829; 69, 846). 4

2) War die Berufungsfrist versäumt und die **Entscheidung über einen Wiedereinsetzungsantrag** der mündl Verhandlung über die Berufung vorbehalten worden, dann ist bei Säumigkeit des Berufungsklägers das Wiedereinsetzungsgesuch ebenfalls durch echtes Versäumnisurteil zurückzuweisen; dagegen gibt es keinen Einspruch (§ 238 II 2). Die Revision ist dann nur mit der Rüge mögl, es habe kein Fall der Säumnis vorgelegen, §§ 513 II, 566 (RGZ 140, 77; BGH NJW 69, 845). Daß die Verwerfung in diesem Fall gerade darauf beruht, daß der Wiedereinsetzungsantrag des Berufungsklägers infolge seiner Säumnis ohne Sachprüfung zurückzuweisen ist, führt nicht zu einer anderen Beurteilung (BGH NJW 69, 845). 5

6 **3)** Bei zulässiger Berufung ist weiter von Amts wegen zu prüfen, ob Zulässigkeitsbedenken gegen das **Verfahren erster Instanz** bestehen; auch hier ist unerhebl, welche Partei den Termin versäumt.

7 **a)** Das angefochtene Urteil muß **prozessual ordnungsmäßig** zustande gekommen sein, so daß es Grundlage des zweitinstanzl Verfahrens sein kann. Ist beispielsweise erstinstanzl ein Versäumnisurteil erlassen worden, obwohl der Einspruch verspätet eingelegt worden war, so daß er als unzulässig hätte verworfen werden müssen, dann muß dieser Mangel vom Berufungsgericht korrigiert werden.

8 **b)** Ebenso liegt es, wenn die **Zulässigkeit der Klage** zu verneinen ist. Das ist der Fall, wenn das Erstgericht übersehen hat, daß unverzichtbare Prozeßvoraussetzungen fehlen, etwa weil der Beklagte parteiunfähig oder prozeßunfähig ist. In dieser Prozeßlage ist **kein Versäumnisurteil** statthaft, sondern auf die zulässige Berufung hin muß das erstinstanzl Urteil dahin abgeändert werden, daß die **Klage als unzulässig abgewiesen** wird (BGH NJW 61, 2207).

9 **c)** Ist der Kläger im ersten Rechtszug mit der **Klage nur teilweise abgewiesen** worden, hatte er im übrigen dagegen Erfolg und legte er gegen die Abweisung Berufung ein, dann führt die zweitinstanzl Feststellung des Fehlens einer unverzichtbaren Prozeßvoraussetzung zur **Abweisung der gesamten Klage,** also auch hinsichtl des in erster Instanz zugesprochenen Teils (RGZ 143, 134; BGHZ 18, 106; Bötticher ZZP 65 [1952], 467/468; zur Rspr siehe auch Mattern, Anm zu § 563 ZPO Nr 10). Demgegenüber wird in der Literatur (vgl R-Schwab, § 141 II 2d m Nachw) teilweise angenommen, dem stehe das Verbot der *reformatio in peius* entgegen. Diese Auffassung ist abzulehnen. Wenn sich der Kläger entschließt, es nicht bei der erstinstanzl Verurteilung zu belassen, dann muß er auch sämtl Konsequenzen auf sich nehmen. Er hat von Rechts wegen keinen Anspruch darauf, daß ihm ein fehlerhafter „prozessualer Besitzstand" erhalten wird, obwohl im zweiten Rechtszug erkennbar wird, daß er insgesamt auf einer unhaltbaren Grundlage ruht (Bötticher aaO).

10 **d)** Ebenso wie bei Rn 7 ist im Fall Rn 8/9 die Entscheidung ein **streitiges Endurteil,** kein Versäumnisurteil (BGH MDR 61, 1011). Ein echtes Versäumnisurteil ergeht nur, wenn in keiner Hinsicht Zulässigkeitsbedenken bestehen (Rn 11–17) oder wenn trotz Zulässigkeitsmängel die Entscheidung mit auf dem als zugestanden geltenden Vorbringen des Rechtsmittelbeklagten beruht (BGH NJW 57, 1840: Behauptung der Rechtsnachfolge nach dem verstorbenen Rechtsmittelkläger).

11 **V) Säumnis des Berufungsklägers.** Bleibt er trotz richtiger und rechtzeitiger Ladung im Termin aus, dann ist die Berufung (Zulässigkeitsprüfung ohne Beanstandung vorausgesetzt: Rn 4–10) auf Antrag des Berufungsbeklagten (§ 330) durch **echtes Versäumnisurteil** zurückzuweisen (§ 542 I). Notwendig ist, daß der säumigen Partei der Sachvortrag des Beklagten rechtzeitig mitgeteilt worden ist (§ 335 I Nr 3). Denn das erstinstanzl Säumnisrecht gilt auch im Berufungsverfahren (§ 542 III).

12 **1)** Wird das erstinstanzl Urteil nur **zum Teil angefochten,** dann kann das Berufungsgericht auch nur insoweit auf Säumnis entscheiden; über den nicht angefochtenen Teil darf kein Versäumnisurteil erlassen werden (Schleswig SchlHA 66, 14). Erweist sich jedoch die prozessuale Grundlage des angefochtenen Teils und auch des nicht angefochtenen Teils des Urteils als nicht tragfähig, dann ist die Klage im zweiten Rechtszug insgesamt durch unechtes Versäumnisurteil abzuweisen (Rn 9).

13 **2)** Ist die **Berufung bereits zurückgenommen** worden, dann kann der Berufungsbeklagte bei Ausbleiben des Berufungsklägers im Termin Versäumnisurteil auf Verlustigerklärung nach § 515 III beantragen (RG JW 05, 150). Er muß diesen Antrag jedoch nicht stellen und kann ihn auch später schriftsätzl anbringen.

14 **VI) Säumnis des Berufungsbeklagten.** Es kommt (abweichend von § 542 II aF) nicht darauf an, ob das tatsächliche mündliche Vorbringen des Berufungsklägers mit dem erstinstanzlichen Sach- und Streitstand übereinstimmt. Sein letztes Vorbringen ist vielmehr als zugestanden zu behandeln.

15 **1)** Auf Antrag des Berufungsklägers (§ 331 I 1) ist die **Schlüssigkeit des Berufungsvorbringens** zu prüfen. Wird sie verneint, ist die Berufung durch unechtes Versäumnisurteil zurückzuweisen, bei prozessualen Hindernissen, zB fehlende Sicherheitsleistung gem § 113, zu verwerfen (Koblenz JurBüro 86, 119); dann kein Einspruch. Anderenfalls ist echtes Versäumnisurteil gegen den Beklagten nach Antrag zu erlassen. Bei **teilweiser Schlüssigkeit** ist die Berufung teilweise kontradiktorisch zurückzuweisen, ihr im übrigen durch echtes Versäumnisurteil stattzugeben. Auch hier ist vorausgesetzt, daß das gesamte Vorbringen des Berufungsklägers, das auf Schlüssigkeit überprüft wird, dem Berufungsbeklagten rechtzeitig mitgeteilt worden ist (§§ 335 I Nr 3,

542 III). Wenn die im ersten Rechtszug beklagte Partei im zweiten Rechtszug Berufungskläger ist, ist die Schlüssigkeit ihrer Verteidigung (Bestreiten, Einreden, Einwendungen) maßgebend.

2) Die **Geständnisfiktion** des § 542 II 1 erstreckt sich auf das gesamte neue Vorbringen, also auch auf solches, das bei streitiger Verhandlung nach §§ 527–529 auszuschließen wäre. Anders ist es jedoch, wenn sich aus dem Vorbringen des Berufungsklägers (zu dem auch der Akteninhalt gehört!) ergibt, daß erstinstanzliches Vorbringen „zu Recht" zurückgewiesen worden ist; dann verbietet § 528 III dessen Berücksichtigung schlechthin (BVerfGE 55, 72; BGH MDR 80, 487), es sei denn, die Geständnisfiktion der §§ 542 III, 331 I 1 mache das Vorbringen zweitinstanzlich unstreitig (BGHZ 76, 133; bei zulässigem Einspruch [§§ 338, 341] kommt aber auch dann § 528 III wieder zum Zuge). **Beweisantritte** für neues Vorbringen sind nicht erforderl; sie werden durch die Geständnisfiktion entbehrl. Allerdings wirkt ein **echtes Geständnis** nach § 288 im zweiten Rechtszug fort (§ 532), so daß die Widerrufsvoraussetzungen des § 290 nicht durch Säumnis ersetzt werden können (Wieczorek/Rössler, 2. Aufl 1981, § 542 Anm D I). 16

3) Ist im Säumnisverfahren eine **Klageänderung**, eine neue **Widerklage** oder eine neue **Aufrechnung** (§ 530) zu berücksichtigen, so ist das Gebot rechtzeitiger Mitteilung (§ 335 I Nr 3) zu beachten. Das Berufungsgericht muß eine **Sachdienlichkeitsprüfung** anstellen (§§ 263, 530). Eine Einwilligungsfiktion (Ersetzung des § 267 durch Säumnis) scheidet aus, weil die vermutete Einwilligung nur auf das Verhalten der in mündl Verhandlung anwesenden Partei gestützt werden darf. 17

VII) Verfahren: Mündl Verhandlung ist notwendige Voraussetzung der Entscheidung; im schriftl Vorverfahren (§ 520 I 2) darf in zweiter Instanz nicht auf Säumnis erkannt werden (StJGrunsky § 542 Anm 13). Eine **Aktenlageentscheidung** (§ 331a) ist nur statthaft, wenn beide Parteien in der Berufungsinstanz bereits streitig verhandelt hatten (§ 251a II 1; BGHZ 37, 81). **Tatbestand u Entscheidungsgründe** sind entbehrlich (§ 313b I 1). Die **vorläufige Vollstreckbarkeit** bestimmt sich, wenn das Berufungsgericht ein LG ist, nach § 708 Nr 2, anderenfalls nach § 708 Nr 10. Gem § 546 II 1 ist im Urteil die **Beschwer** festzusetzen. Für unechte VUe gilt das gleichermaßen wie für echte, für das erste VU ebenso wie für das zweite; denn ob es sich um ein rechtsmittelfähiges Urteil handelt, hat allein das Revisionsgericht zu beurteilen. 18

VIII) Gebühren: 1) des **Gerichts:** Urteile der in Rn 7–9 genannten Art sind keine Versäumnisurteile, so daß für sie als instanzabschließende Urteile eine Urteilsgebühr nach KV Nr 1026 bzw Nr 1027 zu erheben ist, wenn sie nicht als Anerkenntnis- oder Verzichtsurteile ergehen. **Keine Urteilsgebühr** fällt an für ein **echtes Versäumnisurteil: a) gegen** den in der mündlichen Berufungsverhandlung ausgebliebenen **Berufungskläger** auf Zurückweisung seiner Berufung (oben Rn 11; § 542 Abs 1) und **b) gegen** den ausgebliebenen **Berufungsbeklagten,** wenn jedenfalls das Berufungsvorbringen schlüssig und keine unverzichtbaren Prozeßvoraussetzungen fehlen (§ 542 Abs 2), durch (ggf teilweise) Aufhebung bzw Abänderung des angefochtenen Ersturteils oder Zurückverweisung in die Vorinstanz; bei Nichtschlüssigkeit oder Mängeln in den nichtverzichtbaren Prozeßvoraussetzungen ist das auf Zurückweisung der Berufung oder bei prozessualen Hindernissen auf Verwerfung der Berufung ergehende **unechte Versäumnisurteil** (s oben Rn 15) **gebührenpflichtig;** vgl auch Rn 17 zu § 331. 19

2) des **Anwalts:** Der RA des Berufungsklägers, auch des Anschlußberufungsklägers, erhält für den Antrag auf Erlaß eines Versäumnisurteils eine 13/10 Verhandlungsgebühr (§§ 33 Abs 1 S 2 Nr 2, 11 Abs 1 S 2 BRAGO), unabhängig davon, ob das Versäumnisurteil tatsächlich ergeht oder der Antrag zurückgewiesen wird (Hartmann, KostGes BRAGO § 33 Anm 4 „Versäumnisurteil"; Gerold/Schmidt, BRAGO § 33 Rdnr 14; Riedel/Sußbauer, BRAGO § 33 Rdnr 11 ff). Wenn der RA im Laufe des Berufungsverfahrens die volle Verhandlungsgebühr schon verdient hatte, fällt sie ihm für den Antrag auf Erlaß des Versäumnisurteils nicht von neuem an (§ 13 Abs 2 S 1 BRAGO). Der Prozeßbevollmächtigte des Rechtsmittel-(Anschlußrechtsmittel-)Klägers erhält nach Einspruchseinlegung gegen das Versäumnisurteil zu der ihm für den Antrag auf Erlaß des Versäumnisurteils oder bereits vorher erwachsenen 13/10 Verhandlungsgebühr (§ 33 Abs 1 S 2 Nr 2 BRAGO) für die nunmehr zur Hauptsache stattfindende Verhandlung zusätzlich eine weitere 13/10 Verhandlungsgebühr (§ 38 Abs 2 BRAGO) – Hartmann, aaO, § 38 Anm 3 und Gerold/Schmidt, aaO, § 38 Rdnr 14 sowie Hamburg JurBüro 78, 1031 –, während der Prozeßbevollmächtigte des Rechtsmittelgegners für die Verhandlung zur Hauptsache die Verhandlungsgebühr nach Gerold/Schmidt, aaO, nur zu 13/20 bekommt. Für den Antrag, den Einspruch des im Einspruchstermin abermals ausgebliebenen Rechtsmittelbeklagten durch ein 2. Versäumnisurteil zu verwerfen (§§ 542 Abs 3, 345), fällt dem Prozeßbevollmächtigten des Rechtsmittelklägers nochmals eine 13/10 Verhandlungsgebühr an, so Hamm (15. ZS) NJW 69, 2245 = JurBüro 69, 854, ebenso Schneider JurBüro 67, 954 ff und Riedel/Sußbauer, BRAGO § 33 Rdnr 12. Die zusätzliche Verhandlungsgebühr des § 38 Abs 2 entsteht mehrfach, wenn mehrmals Versäumnisurteile ergehen (Gerold/Schmidt, aaO, § 38 Rdnr 9). Das Verfahren über den Einspruch ist ein besonderes Verfahren, wenn der Einspruch (später) zurückgenommen wird (Koblenz VersR 85, 297). Nach Hamm (23. ZS) MDR 75, 675 ist die Verhandlungsgebühr nach § 38 Abs 2 BRAGO immer nur eine halbe Gebühr.

543 *[Aufbau des Berufungsurteils]*

(1) Im Urteil kann von der Darstellung des Tatbestandes und, soweit das Berufungsgericht den Gründen der angefochtenen Entscheidung folgt und dies in seinem Urteil feststellt, auch von der Darstellung der Entscheidungsgründe abgesehen werden.

(2) Findet gegen das Urteil die Revision statt, so soll der Tatbestand eine gedrängte Darstellung des Sach- und Streitstandes auf der Grundlage der mündlichen Vorträge der Parteien enthalten. Eine Bezugnahme auf das angefochtene Urteil sowie auf Schriftsätze, Protokolle und andere Unterlagen ist zulässig, soweit hierdurch die Beurteilung des Parteivorbringens durch das Revisionsgericht nicht wesentlich erschwert wird.

Lit: *Hartmann* JR 77, 181; *Raabe* DRiZ 79, 135; *Schneider* MDR 78, 1; 81, 969; JuS 78, 334; *Schneider* MDR 81, 462.

1 **I) Ratio legis. 1)** Im Hinblick darauf, daß in jedem Zivilprozeß der Haupttermin (§ 278 I) durch einen frühen ersten Termin (§ 275) oder ein schriftl Vorverfahren (§ 276) eingehend vorbereitet werden kann, die Parteien persönl angehört werden sollen (§ 278 I 2), eine ausführl Erörterung mit anschließender Beweisaufnahme stattfindet (§ 278 II), auf übersehene rechtl Gesichtspunkte hingewiesen werden muß (§ 278 III) und die Prozeßförderungspflicht der Parteien durch Zulassungsbeschränkungen bei Verstößen (§ 296) sanktioniert ist, besteht kein schutzwürdiges Interesse der Parteien daran, nachträgl noch einmal schriftl durch einen ausführl Tatbestand über ihr wechselseitiges Vorbringen und durch eine entspr umfangreiche rechtl Subsumtion über die Auffassung des Gerichts informiert zu werden (Stanicki DRiZ 83, 270 f; unzutreffend daher Raabe DRiZ 79, 136). Stanicki (DRiZ 83, 271) hält § 543 I für analog anwendbar auf amtsgerichtliche Urteile.

2 Für das Berufungsgericht gelten zunächst alle Erleichterungen, die in den **§§ 313–313b** für das erstinstanzl Urteil vorgesehen sind (§ 523). Im übrigen ist zu unterscheiden, ob das Berufungsgericht letztinstanzl (§ 543 I) entscheidet oder ob Revision stattfinden kann (§ 543 II). Zur **Gebührenermäßigung** nach § 313a, GKG KV Nr 1027 s Schneider MDR 85, 906.

3 **II) Klarheitsgebot.** Auch bei anzustrebender größtmögl Kurzfassung des Urteils sollte immer darauf geachtet werden, daß der Umfang der **Rechtskraft** erkennbar bleibt. Die Vorschrift des § 313a, die in der Praxis bislang offenbar nur geringe Bedeutung hat, wird diesem Anliegen nicht gerecht. Denn wenn Tatbestand und Entscheidungsgründe weggelassen werden, bleibt zur Bestimmung der Urteilskraft nur das Rubrum mit den Parteibezeichnungen und die Urteilsformel übrig. Nach Aktenvernichtung läßt sich dann unter Umständen der Einwand der rechtskräftig entschiedenen Sache nicht mehr beweisen. Um dem vorzubeugen, kann **im Urteilstenor** die **Individualisierung des Streitgegenstandes** vorgenommen werden (Verurteilung, wegen des Kaufs eines gebrauchten Opel Kadett durch Vertrag vom soundsovielten 3000 DM zu zahlen) oder eine kurze selbständige Begründung unter Absehen von Tatbestand und Entscheidungsgründen im technischen Sinne angefügt werden. Die Nichtberücksichtigung des Klarheitsgebotes kann auch eine Verfassungsbeschwerde begründen. Das BVerfG verlangt zwar nicht, daß ein Zivilgericht sich mit jedem Vorbringen auseinandersetzt; jedoch müssen die wesentlichen Tatsachenbehauptungen in den Entscheidungsgründen erarbeitet werden, anderenfalls verfassungswidrige Nichtberücksichtigung von Vorbringen angenommen wird (BVerfGE 54, 46; s Schneider MDR 81, 462 mwNachw).

4 **III) Tatbestand. 1) Beurkundungsfunktion.** Nach § 314 liefert der Tatbestand Beweis für das mündl Vorbringen, und zwar nicht nur für das Erklärte, sondern auch dafür, daß nichts behauptet worden ist, was im Tatbestand nicht erwähnt oder in Bezug genommen worden ist (BGH NJW 81, 1848). Von praktischer Bedeutung ist dabei vor allem die Kennzeichnung des **unstreitigen Sachverhalts.** Fehlerhafte Einordnung von Vorbringen als unstreitig unterliegt dem Berichtigungsverfahren nach § 320. Soweit ein Tatbestand gebracht wird, ist darauf besonders zu achten. Auch sollte schriftsätzl nicht vorbereiteter oder von Schriftsätzen **abweichender oder** sonstwie **wechselnder Tatsachenvortrag** ausdrückl dargestellt werden (BGH MDR 77, 480), desgleichen neues Vorbringen (BGH MDR 80, 734).

5 **2) Fehlen des Tatbestandes** ist dann ein von Amts wegen zu beachtender Revisionsgrund, wenn der Rechtsstreit revisibel ist (BGH WPM 83, 377; ausführlich bei § 551 Rn 8). Denn ohne Tatbestand hat das Revisionsgericht, das keine eigenen Feststellungen zur Sache treffen darf, keine Entscheidungsgrundlage. Es muß also, wie dies § 543 II 1 vorsieht, jedenfalls eine gedrängte Darstellung des Sach- und Streitstandes auf der Grundlage der mündl Vorträge der Parteien gebracht werden. Anders ausnahmsweise, wenn es nur um Rechtsfragen geht und der unstreitige Sachverhalt in beiden Instanzen derselbe ist (BAG ZIP 80, 1026 = MDR 81, 83) oder das Berufungsurteil genügend tatsächliche Angaben enthält, um dem Revisionsgericht jedenfalls die Beurteilung dieser Rechtsfrage zu ermöglichen (BGH MDR 81, 828; VersR 1981, 1180). Bezugnahme ist im Rahmen des § 543 II 2 zulässig, also nicht, soweit der vorinstanzliche Tatbestand ungenau ist oder das Berufungsgericht von einem anderen Sachverhalt ausgeht (BAG BB 80, 1696; MDR 82, 435 = NJW 82, 1832). Wird im Tatbestand auf entscheidungserhebliche Unter-

lagen verwiesen, die nach Abschluß des Berufungsverfahrens der einreichenden Partei zurückgegeben worden sind, führt das nach BGHZ 80, 64 immer zur Zurückverweisung wegen Mangels eines Tatbestandes, richtiger Ansicht nach jedoch nur dann, wenn ihr Inhalt oder ihre Vollständigkeit nach erneuter Vorlage in dritter Instanz str ist (BGH NJW 82, 2071).

Enthält ein revisibles Urteil keinen Tatbestand, weil das Berufungsgericht angenommen hat, die Revision finde unzweifelhaft nicht statt, dann ist auch dieser **Irrtum** in seinen Folgen eine **wesentl Verfahrensverletzung,** die zur Aufhebung durch das Revisionsgericht führt (BGHZ 73, 248 = LM § 543 ZPO Nr 1 m Anm Weber; WPM 80, 253); die Kosten des Revisionsverfahrens werden niedergeschlagen (BGH KoRsp GKG § 8 Nr 26; Weber Anm Ziff III zu LM § 543 ZPO Nr 1). Bei Unsicherheit über die Höhe der Rechtsmittelbeschwer darf deshalb grundsätzlich nicht vom Tatbestand abgesehen werden (BGH VersR 79, 865). Das muß allerdings auch im Verhältnis zum Erstgericht gelten. Denn auch dieses hat dem Berufungsgericht eine zweitinstanzl Entscheidungsgrundlage zu verschaffen und muß wenigstens den Anforderungen des § 313 genügen. Irrtüml Anwendung des § 313 a ist aber gleichbedeutend mit dem Fehlen einer zweitinstanzl Entscheidungsgrundlage und damit einem Anwendungsfall des § 539; jedoch bleibt dem Berufungsgericht die Befugnis zur Selbstentscheidung nach § 540. 6

3) Absehen vom Tatbestand. In nicht revisiblen Sachen braucht das Berufungsgericht keinen Tatbestand zu bringen und sollte von dieser Schreib-Erleichterung auch Gebrauch machen (§ 543 I). Das ist auch in den Fällen des § 313 a II statthaft, also in **Ehesachen; Kindschaftssachen; Entmündigungssachen;** bei künftig fällig werdenden wiederkehrenden Leistungen; Auslandsvollstreckung (B/H/Albers § 543 Anm 2 A; aA Wieczorek/Rössler § 543 Anm B II, S 152). Da das Berufungsgericht als zweitinstanzl Gericht tätig wird, entscheidet es über die Anfechtung eines Urteils, das bereits Tatbestand und Entscheidungsgründe enthält. Mit dem Sinn und Zweck des § 543 I wäre es unvereinbar, vom Berufungsgericht zu verlangen, diese erstinstanzl Schreibarbeit zu wiederholen. Ledigl dann, wenn das zweitinstanzl Urteil auf **neuem Vorbringen** und **neuen Feststellungen** beruht, sind diese in den Fällen des § 313 a II in einem Tatbestand, der im übrigen Bezug nehmen darf, mitzuteilen. 7

4) Anträge: Nur solche, die **notwendig** sind, damit das Gericht tätig werden darf (§ 297 I 1). **Überflüssige Anträge** (zur Kostenverurteilung und vorläufigen Vollstreckbarkeit) oder **bloße Anregungen** (die Revision zuzulassen usw) sind wegzulassen. Ledigl bei Anwendung der §§ 710, 711 S 2 ist bei revisiblen Sachen der Antrag zu erwähnen oder in das Protokoll aufzunehmen (Vorbereitung der Entscheidung nach § 719 II, s zB BGHZ 16, 376). 8

5) Bezugnahme. a) Auf das angefochtene Urteil, Schriftsätze, Protokolle und andere Unterlagen darf ausnahmslos verwiesen werden (§ 313 II 2). Verfährt das Gericht korrekt gem § 278 I 1, dann genügt auch eine Bezugnahme auf dessen Darlegungen in der mündlichen Verhandlung. In revisiblen Sachen muß darauf geachtet werden, daß durch die Bezugnahme die Beurteilung des Parteivorbringens durch das Revisionsgericht **nicht wesentl erschwert** wird (§ 543 II 2); **einfache Erschwerungen,** die durch die Notwendigkeit des Nachschlagens der in Bezug genommenen Stellen auftreten, müssen in Kauf genommen werden. **Neuer Sachvortrag,** schriftsätzl **nicht vorbereiteter** oder **wechselnder Sachvortrag** ist im Tatbestand revisibler Urteile zu erwähnen (BGH MDR 77, 480; 80, 734). Zumindest sollten solche Angaben im Sitzungsprotokoll festgehalten werden. Fehlerhaft ist es, in revisiblen Urteilen eine Ergänzungs-Bezugnahme statt auf § 543 II 2 auf § 543 I zu stützen, da diese Vorschrift nur für irrevisible Urteile gilt (BGH WPM 80, 253; NJW 81, 1848). 9

b) Bei der **Bezugnahme-Erklärung** ist zwischen nichtrevisiblen und revisiblen Sachen zu unterscheiden. **aa)** Eine Bezugnahme ist überflüssig, soweit nach § 543 I von der Darstellung des Tatbestandes ganz abgesehen wird. Bei gekürztem Tatbestand gilt alles als in Bezug genommen, was nicht in den Tatbestand aufgenommen wird (Bender/Belz/Wax, Vereinfachungsnovelle, 1977, S 83; Schneider MDR 78, 4; Wieczorek/Rössler § 543 Anm B I). Zutreffend hat der BGH (MDR 81, 1012) hervorgehoben, daß sich die mündliche Verhandlung im Zweifel auf den gesamten bis zum Termin angefallenen Akteninhalt erstreckt und durch die Stellung der Anträge und anschließendes Verhandeln dieser Akteninhalt auch Gegenstand der mündlichen Verhandlung wird. **bb)** In revisiblen Sachen muß ein Tatbestand gebracht werden (§ 543 II 1). Hier ist auch die Bezugnahme (§ 543 II 2) notwendig, um das Revisionsgericht darüber zu informieren, welcher nicht im Tatbestand aufgenommene Tatsachenvortrag in der Schlußverhandlung aufrechterhalten war (BGH VersR 81, 951). 10

6) Beweisergebnis. Die Aussagen der Zeugen, Sachverständigen und Parteien sowie das Ergebnis eines Augenscheins (§ 160 III Nr 4, 5) gehören nicht in den Tatbestand. Sie brauchen nicht einmal protokolliert zu werden, wenn das Berufungsgericht die Beweisaufnahme selbst durchführt und sein Urteil keinem Rechtsmittel unterliegt (§ 161 I Nr 1) oder der Rechtsstreit 11 ohne Streiturteil entschieden wird (§ 161 I Nr 2). Im Protokoll ist ledigl zu vermerken, daß die Vernehmung oder der Augenschein durchgeführt worden ist. In revisiblen Sachen kann das Protokoll auch dadurch ersetzt werden, daß der Inhalt von Zeugenaussagen **im Urteil** seinem wesentl Inhalt nach wiedergegeben wird. Dazu reicht es sogar aus, wenn der **Berichterstatter** über den Inhalt der Zeugenaussagen einen **Vermerk** zu den Akten nimmt, der im Urteil in Bezug genommen wird (BGHZ 40, 86), wegen der geringeren Zuverlässigkeit aber unverzügl den Parteien in Abschrift oder Ablichtung zugängl zu machen ist, damit diese sich dazu noch äußern können (BGH MDR 73, 132; s a BGH MDR 78, 826).

12 **7) Nicht nachgelassene Schriftsätze,** oft verbunden mit einem Antrag auf Wiedereröffnung der mündl Verhandlung nach § 156, sind kein verwertbarer Streitstoff und müssen deshalb auch nicht im Urteil – folgl auch nicht im Tatbestand – behandelt werden (Köln JurBüro 69, 1107). Es ist jedoch **unschädl,** wenn Ausführungen dazu in das Urteil hineingenommen werden, um sich die Schreibarbeit eines besonderen Beschlusses zu ersparen.

13 **IV) Entscheidungsgründe. Alles Entbehrliche ist wegzulassen.** Verfehlt daher, den Tatbestand wegzulassen, und dafür die Entscheidungsgründe umfangmäßig so zu erweitern, daß die Schreibarbeit weitgehend dieselbe bleibt. Die Entscheidungsgründe sind auf eine **kurze Zusammenfassung derjenigen Erwägungen** zu beschränken, auf denen die Entscheidung in tatsächl und rechtl Hinsicht **beruht** (§ 313 III). Nicht einmal das ist erforderl, soweit das Berufungsgericht den Gründen des angefochtenen Urteils folgt und darauf in seinem Urteil hinweist (§ 543 I); das darf es sogar in revisiblen Sachen, da durch eine solchermaßen erlaubte Bezugnahme nicht der absolute Revisionsgrund der fehlenden Gründe (§ 551 Nr 7) gesetzt wird; denn die erlaubte Bezugnahme stellt eine ordnungsmäßige Begründung dar (BGH MDR 85, 570 = NJW 85, 1784; BAG MDR 81, 83; s auch § 551 Rn 8, 9). Allerdings wird selten Anlaß bestehen, so zu verfahren. Angesichts dieser gesetzl Kürzungsmöglichkeiten ist es **unvertretbar,** heute noch im Urteil **Blattzahlen,** unerhebl **Daten,** amtl Kennzeichen von Unfallfahrzeugen, überflüssige **Passagen aus Verträgen** usw in den Entscheidungsgründen wiederzugeben. Eine gute Urteilsbegründung bedarf nicht scheinwissenschaftl Gelehrsamkeit in der Form von Belegketten und Zitaten (s dagegen Schneider MDR 78, 89), da es sich nur um dem Denken abträgl bibliothekarische Fleißarbeiten handelt (zu denen leider der BGH neigt, s Schneider ZZP 77 [1964], 222 ff).

14 **1)** Die **Diktion der Entscheidungsgründe** soll **sachl, konkret, anschaulich** und **fallbezogen** sein, frei von bloßen Vermutungen und emotionalen Äußerungen (BGH ZSW 83, 109 = NJW 82, 2874). Auch hier sollte sich der Berufungsrichter von der die Argumente ersetzenden Bildersprache höchstrichterl Entscheidungen distanzieren (zB BGHZ 70, 373; die Motivation eines Antrages sei „mit Händen zu greifen"; BGH MDR 78, 238 [239]; eine Vorschrift sei unanwendbar, weil „das Verfehltsein von Strafe ins Auge springe"; vgl zu dieser Thematik Haft, Juristische Rhetorik, 1978). **Aufgabe des Berufungsrichters** ist es statt dessen, unter Berücksichtigung des erstinstanzl Streitstoffes und des angefochtenen Urteils **seine eigene Entscheidung** zu finden und zutreffend zu begründen. Jedwede Kontroverse mit dem Erstrichter ist unangemessen. Folgt das Berufungsgericht ihm, dann mag es sich ihm kurzerhand anschließen. Folgt es ihm nicht, dann mag es die eigene Begründung schlüssig darlegen. Herabsetzungen des Erstgerichts durch unangemessene sprachl Wendungen (*willkürlich, undurchdacht, völlig verfehlt, unhaltbar usw)* sind nicht nur ungehörig, sondern auch ein Zeichen dafür, daß das Berufungsgericht sich seiner eigenen Aufgabe nicht bewußt ist (siehe dazu auch Schneider, Richterliche Arbeitstechnik, 2. Aufl 1975, Kap 14). **Schulmeistereien,** wie sie in AG Lübeck (NJW 78, 649) mitgeteilt worden sind, fallen auf den Berufungsrichter zurück – und zeigen fast immer (so auch im angegebenen Fall), daß er an die eigene Arbeit geringere Maßstäbe anlegt als an diejenige des Erstrichters. Eine Häufung solcher Mißgriffe kann sogar die Befangenheitsablehnung rechtfertigen (Hamm VersR 78, 646).

15 **2)** Jedes aufbaulogisch stringente **Umgehen von Rechtsfragen** ist erlaubt und meist angebracht. **Beispiel** in Köln VersR 76, 1095: Das LG hatte dem Kläger und Berufungsbeklagten einen Mithaftungsanteil auferlegt; die Berufung des Beklagten mit dem Ziel, eine Änderung der Haftungsquoten zu erreichen, wurde mit der Begründung zurückgewiesen, daß selbst bei unterstelltem positivem Beweisergebnis die nicht angefochtene Haftungsquote zu Lasten des Klägers gerechtfertigt sei, weil das LG ohnehin für ihn zu günstig entschieden habe. Desgleichen darf die Entscheidung auf gleichwertiges (äquipollentes) Vorbringen (s dazu Ro-Schwab, ZPR, 13. Aufl 1981, § 117 I 2; Schneider, Der Zivilrechtsfall in Prüfung und Praxis, 6. Aufl, S 240 m Nachw) gestützt werden (Wieczorek/Rössler, 2. Aufl 1981, § 543 Anm C I). Desgleichen sind alternative Begründungen zulässig (entweder § x oder § y); sie setzen jedoch voraus, daß nicht nur § x oder nur § y in Betracht kommt (s Köln MDR 81, 678).

Umstritten ist, **ob** in Ausnahmefällen die **Zulässigkeit dahingestellt bleiben darf,** wenn zur Begründetheit ohne weiteres durcherkannt werden kann. Die Frage taucht meist in Beschlußverfahren auf (siehe zB Köln NJW 74, 1515; DB 74, 2202; § 574 Rn 6), hat aber auch Bedeutung für das Erkenntnisverfahren (siehe Henckel, Parteilehre und Streitgegenstand im Zivilprozeß, 1961, S 192 ff; Rimmelspacher, Zur Prüfung von Amts wegen im Zivilprozeß, Diss 1966; Blomeyer ZPR S 185; Grunsky ZZP 80 [1967], 55 ff; Berg JR 68, 257). In der Praxis kommt ihr Bedeutung beim **Rechtsschutzinteresse** (BGH LM § 256 ZPO Nr 45; Köln MDR 68, 332) und im **Wiederaufnahmerecht** (§ 580 Rn 30; § 582 Rn 2; § 589 Rn 5) zu. Das BAG (NJW 67, 648 m abl Anm Lindacher S 1389) hat die **Rechtskraftfähigkeit** eines Urteils verneint, das unter Offenlassen der Zuständigkeitsfrage zur Sache entschieden hatte. Im Berufungsurteil empfiehlt es sich grundsätzl, den prozessualen Vorrang der Zulässigkeit vor der Begründetheit zu beachten. 16

3) Wird der Tatbestand nur noch knapp dargestellt oder ganz weggelassen, dann kann es aus Gründen der Verständlichkeit angebracht sein, **tatsächl Vorbringen im Rahmen der Begründungssubsumtion** mitzuteilen (zur Anwendung des § 320 in diesem Fall siehe Schneider MDR 78, 2), natürlich so konzentriert, daß die beim Tatbestand vermiedene Schreibarbeit nicht in die Gründe verlagert wird (oben Rn 13). 17

4) Die **Beweiswürdigung** ist nach § 286 II 2 insoweit zu begründen, als diejenigen Gründe mitzuteilen sind, die für die richterl Überzeugung leitend gewesen sind. Die Vorschrift ist mit der Neuregelung über die Abfassung des Urteils in den §§ 313, 313 a, 543 nicht abgestimmt worden. Sie muß heute in dem Sinne gelesen werden, daß auch die Beweiswürdigung zwar noch zu begründen, aber auf eine „kurze Zusammenfassung" der Würdigungsgesichtspunkte zu beschränken ist. Insbesondere bedarf es dann einer schriftl Beweiswürdigung, wenn das Urteil revisibel ist, vor allem wenn das Berufungsgericht auf Grund **eigener Sachkunde** von einem Gutachten abweichen will (§ 550 Rn 13) oder meint, ausnahmsweise Beweisanträge übergehen zu dürfen (s Schneider, Beweis und Beweiswürdigung, 3. Aufl 78, § 12). Der Beweiswürdigung muß zu entnehmen sein, daß der wesentliche Beweisstoff in den Gründen verarbeitet worden ist (BVerfGE 47, 189; 54, 46; s dazu Schneider MDR 81, 462). Das Absehen von einer beantragten Parteivernehmung ist zu begründen (BGH MDR 83, 478). 18

5) Weicht das Berufungsgericht nur teilweise von den Ausführungen des Erstgerichtes ab, dann ist § 543 I insofern anzuwenden, als das Berufungsgericht sich dort, wo es mit dem angefochtenen Urteil übereinstimmt, ohne eigene Begründung auf dieses beziehen darf (arg „soweit"). Nur das abändernde Erkenntnis muß selbständig begründet werden. 19

6) Bei revisiblen Urteilen ist auch die **Nichtzulassung verspäteten Vorbringens** (§§ 527, 528) zu begründen, da das Revisionsgericht überprüft, ob die maßgebenden Rechtsbegriffe richtig angewandt worden sind (BGH NJW 71, 1564 [1565]). 20

7) Zinsen. Soweit antragsgemäß darauf erkannt wird, ist eine Begründung überflüssig (zust Stanicki DRiZ 83, 270). Sie ist weiter dann entbehrl, wenn die Zinsen nur einen unwesentl Teil des Streitgegenstandes ausmachen. Denn was im Verhältnis zum eigentl Streitgegenstand wirtschaftl bedeutungslos erscheint, verdient keine zeitraubende Erörterung (arg § 278 III). Soweit in der Berufungsbegründung die Zinsen übergangen werden, sind sie wie die Entscheidung zur Hauptsache zu behandeln (§ 519 Rn 38). Die Anführung der Zins-Paragraphen, die bislang übl war, ist überflüssig geworden. 21

8) Die **Kostenentscheidung** im Berufungsurteil (siehe dazu Schneider, Kostenentscheidung im Zivilurteil, 2. Aufl 77, § 30) ist nur noch dann kurz zu begründen, wenn sie nicht ohne weiteres dem Obsiegen oder Unterliegen in der Hauptsache folgt. In diesem Fall erübrigt sich der floskelhafte Hinweis auf die §§ 91 ff. 22

9) Vorläufige Vollstreckbarkeit richtet sich im LG-Berufungsurteil nach §§ 704, 705, im Urteil des OLG nach § 708 Nr 10. Gesetzesangaben zur Vollstreckbarkeitsentscheidung sind überflüssig. 23

a) Aufhebende und zurückverweisende Urteile sind nicht für vorläufig vollstreckbar zu erklären (Köln JMBlNRW 70, 70; München NJW 71, 1615). Demgegenüber hat der BGH (JZ 77, 232) unter Berufung auf Frankfurt (OLGZ 68, 440; ebenso München MDR 82, 238 u Karlsruhe JZ 84, 635) die Auffassung vertreten, daß auch solche Urteile für vorläufig vollstreckbar zu erklären seien. Die einzige Begründung dafür: „Dieser Ausspruch ist auch bei Urteilen, die auf Aufhebung und Zurückverweisung lauten, nicht ohne praktische Bedeutung" – macht nicht erkennbar, wie und worauf aus einem aufhebenden und zurückverweisenden Urteil die Zwangsvollstreckung betrieben werden könnte. Es fehlt vielmehr jegl Vollstreckungsmöglichkeit. Dies erklärt auch, warum der BGH keine konkreten Anwendungsfälle einer „praktischen Bedeutung" aufgezeigt hat: Es gibt sie näml nicht (s dazu auch Schneider, Kostenentscheidung im Zivilurteil, 2. Aufl 77, § 36 I, III). 24

25 **b) Umstritten** ist, **ob OLG-Berufungsurteile,** die unzweifelhaft nicht revisibel sind, bereits **mit ihrer Verkündung rechtskräftig werden,** so daß sie nicht für vorläufig vollstreckbar zu erklären sind. Für nichtvermögensrechtliche OLG-Urteile wird das weitgehend bejaht (Düsseldorf FamRZ 85, 620, 621 mwNachw; s auch § 705 Rn 7). Für vermögensrechtliche Urteile wird es bei Nichtzulassung und offensichtlichem Fehlen der Beschwer teilweise in der Lit bejaht (vgl Leppin MDR 85, 899; Schneider DRiZ 77, 114; Engels AnwBl 79, 209 zur Ziff 11).

26 **10)** Wird **vorläufige Vollstreckbarkeit** ausgesprochen, dann grundsätzlich **ohne Anordnung einer Sicherheitsleistung** (§ 708 Nr 10). Kommt es aus den Gründen der §§ 711, 712 zur Anordnung einer Sicherheitsleistung, dann ist deren **Art** nach **§ 108** zu bestimmen. Dieser Ausspruch gehört, genau genommen, nicht in das Urteil, wird aber üblicherweise aus Vereinfachungsgründen in den Tenor mit hineingenommen, ohne daß Bindungswirkung nach § 318 ZPO eintritt (Schneider, Kostenentscheidung im Zivilurteil, 2. Aufl 77, S 330). Besteht die Art der Sicherheitsleistung im Erbringen einer **Bankbürgschaft** (s dazu Schneider JurBüro 69, 487), so braucht die Sicherungsbank nicht mit ihrer Firma genannt zu werden; es genügt „selbstschuldnerische Bürgschaft einer deutschen Großbank oder öffentlichen Sparkasse" (Schneider JurBüro 67, 98; aA Frankfurt OLGZ 66, 304); jedoch sollte im Hinblick auf mehrfache Zusammenbrüche von **Privatbanken** deren Zulassung als Sicherheitsinstitut mit Vorsicht gehandhabt werden (Schneider JurBüro 74, 1101). Neuerdings hat das LG Berlin (Rpfleger 78, 331) wieder entgegen der allg Praxis die Sicherheitsleistung durch eine „deutsche Großbank" als unzulässig angesehen, weil dieser Begriff gänzlich unbestimmt sei. In Wirklichkeit ist er **offenkundig** (§ 291): Deutsche Bank, Dresdner Bank, Commerzbank (vgl Schneider, Anm zu KostRsp § 108 ZPO Nr 9 m Nachw).

27 **11)** Die **Urteilsbeschwer** muß in jedem Fall im OLG-Berufungsurteil festgesetzt werden (§ 546 II 1), da die Revisibilität davon abhängen kann (Einzelheiten s § 546 Rn 19, 20).

28 **12) Angabe des Gebührenstreitwerts** am Ende der Entscheidungsgründe ist zweckmäßig, damit die Akten deswegen nicht wieder vom Kostenbeamten vorgelegt werden. Ebenso wie bei der Bestimmung der Art der Sicherheitsleistung handelt es sich dabei jedoch nur um ein **verkürztes Beschlußverfahren.**

29 **13)** Im Urteil ist die **Revision zuzulassen,** wenn die Urteilsbeschwer unterhalb 40 000 DM liegt, die Rechtssache aber **grundsätzl Bedeutung** hat (s § 546 Rn 31) oder das OLG von einer Entscheidung des BGH oder des Gemeinsamen Senats der obersten Gerichtshöfe **abweichen** will (s § 546 Rn 37). Eine **Sondervorschrift** findet sich im 3. MietrechtsänderungsG v 21. 12. 77 (BGBl I 1248): Will das LG als Berufungsgericht bei der Entscheidung einer Rechtsfrage zu §§ 556 a–c BGB vom BGH oder einem OLG abweichen, so muß es einen Rechtsentscheid beim übergeordneten OLG herbeiführen; will dieses vom BGH oder einem anderen OLG abweichen, so hat es dem BGH vorzulegen. Über die Zulassung der Revision – sei es wegen grundsätzl Bedeutung oder wegen Abweichung – ist stets **von Amts wegen zu entscheiden;** „Anträge" der Parteien sind prozessual nur Anregungen. Die Zulassung darf beschränkt werden (s § 546 Rn 43). Eine **nachträgl Zulassung** der Revision **durch Urteilsergänzung** gem **§ 321** ist ausgeschlossen (s § 546 Rn 55); erlaubt ist jedoch die Berichtigung nach **§ 319** (s § 546 Rn 54).

30 **14) Willkürl Verstöße** gegen § 546 bei Abweichung können die Verfassungsbeschwerde eröffnen (Schneider NJW 77, 1043). Der Erlaß eines Teilurteils, das eine an sich gegebene Rechtsmittelbeschwer nimmt, ist jedoch nach ganz hM zulässig; verschiedentlich deswegen eingelegte Verfassungsbeschwerden sind bislang nicht angenommen worden (kritisch dazu Lousanoff, Zur Zulässigkeit des Teilurteils gem § 301 ZPO, 1979, S 141 ff). Verfassungswidrige Anwendung des § 546 entfällt aber immer dann, wenn dem Berufungsgericht eine abweichende Rspr des BGH erst nach Verkündung des Urteils bekannt geworden ist (Köln MDR 78, 583).

31 **V) Gebühren: 1)** des **Gerichts:** Hinsichtlich der Urteilsgebühr maßgebend, ob in diesem 2. Rechtszug ein Grund- oder Vorbehaltsurteil (KV Nr 1023) vorausgegangen ist und außerdem, ob die schriftliche Urteilsbegründung weggelassen werden konnte oder nicht (§ 313a; KV Nrn 1024–1027). Haben zwar die Parteien auf die schriftliche Urteilsbegründung spätestens am 2. Tage nach dem Schluß der mündlichen Berufungsverhandlung verzichtet und ist auch das Urteil unzweifelhaft nicht revisibel (§ 313a Abs 1), hat aber das Berufungsgericht eine schriftliche Begründung im Einzelfall aus besonderen Gründen angefertigt, so steht dieser Umstand einer Ermäßigung der Urteilsgebühr nach KV Nr 1025 bzw 1027 nicht entgegen (vgl Amtl Begründung – BT-Drucks 7/2729 S 44). Kein Fall des § 313a, der zu einer Gebührenermäßigung führen könnte, liegt vor, wenn das Berufungsgericht in der Urteilsabfassung unter Hinweis auf § 543 Abs 1 lediglich darlegt, es folge den Gründen des angefochtenen Ersturteils (Bremen, Rpfleger 78, 233 und KG, ebenda, 234); hier ist die Urteilsgebühr nach dem doppelten Tabellensatz gemäß KV Nr 1026 zu erheben, wenn dem instanzabschließenden Berufungsurteil kein im 2. Rechtszug erlassenes Grund- oder Vorbehaltsurteil (KV Nr 1023) vorausgegangen ist. War aber letzteres der Fall, so beträgt die Urteilsgebühr nur den einfachen Tabellensatz (KV Nr 1024). Gebührenfrei ist wie im 1. Rechtszug ein in der Berufungsinstanz ergangenes Anerkenntnis- oder Verzichtsurteil. – **2)** des **Anwalts:** Der Verzicht auf die schriftliche Urteilsabfassung (§ 313a Abs 1) ist durch die bereits verdiente Prozeßgebühr (§§ 31 Abs 1 Nr 1, 11 Abs 1 S 2 BRAGO) mit abgegolten.

544 *[Prozeßakteneinforderung]*
(1) Die Geschäftsstelle des Berufungsgerichts hat innerhalb vierundzwanzig Stunden, nachdem die Berufungsschrift eingereicht ist, von der Geschäftsstelle des Gerichts des ersten Rechtszuges die Prozeßakten einzufordern.

(2) Nach Erledigung der Berufung sind die Akten der Geschäftsstelle des Gerichts des ersten Rechtszuges nebst einer beglaubigten Abschrift des in der Berufungsinstanz erlassenen Urteils zurückzusenden.

I) Zweck des Abs 1: Verhinderung der Erteilung des Rechtskraftzeugnisses (§ 706). Zweckmäßig ist es, die Beiakten sogleich mitanzufordern. Bleibt der Rechtsstreit teilweise noch in erster Instanz anhängig, zB bei einem **Teilurteil,** und soll er im ersten Rechtszug weitergeführt werden, müssen beglaubigte Abschriften angefertigt, praktisch also die Akten abgelichtet werden. Das kommt jedoch so gut wie nie vor. Regelmäßig wird das erstinstanzl Verfahren erst fortgesetzt, wenn die Akten aus dem Berufungsrechtszug zurückkommen. Jedenfalls aber muß das Originalaktenstück an die Geschäftsstelle des Berufungsgerichts übersandt werden. 1

II) Abs 2. Die Berufung ist erledigt, wenn ein **Prozeßvergleich** abgeschlossen oder ein **rechtskräftiges Urteil** ergangen ist. Ist die Beendigung der Instanz nicht ohne weiteres ersichtl, dann gilt eine Berufung als erledigt, wenn sie zurückgenommen wird oder die Zurücknahme zu den Akten angezeigt und in dem zur mündl Verhandlung bestimmten Termin kein Antrag gestellt wird (§ 39 IV AktO). Welche Schriftstücke des zweiten Rechtszuges bei den Sammelakten des Berufungsgerichts verbleiben, ergibt sich aus § 4 VI, VII AktO. Die übrigen Schriftstücke werden zu den erstinstanzl Akten genommen. Wenn die Urteilsurschrift beim Berufungsgericht verbleibt, ist nach § 544 II der ersten Instanz eine beglaubigte Abschrift zu übersenden, die ebenfalls in die Akten eingeheftet wird. Das Gesetz schreibt nicht vor, die Urschrift des Berufungsurteils zu den erstinstanzl Akten zu nehmen (BGH FamRZ 77, 124). 2

Zweiter Abschnitt

REVISION

545 *[Statthaftigkeit]*
(1) Die Revision findet gegen die in der Berufungsinstanz von den Oberlandesgerichten erlassenen Endurteile nach Maßgabe der folgenden Vorschriften statt.

(2) Gegen Urteile, durch die über die Anordnung, Abänderung oder Aufhebung eines Arrestes oder einer einstweiligen Verfügung entschieden wird, ist die Revision nicht zulässig. Dasselbe gilt für Urteile über die vorzeitige Besitzeinweisung im Enteignungsverfahren oder im Umlegungsverfahren.

I) Die Revision setzt wie die Berufung eine **Beschwer** voraus (s Rn 8 ff vor § 511); zu den Rechtsmittelberechtigten vgl § 511 Rn 3–5. Unter anderem beschwert Rückverweisung durch das Berufungsgericht die Partei, die um eine Sachentscheidung gebeten hatte (BGHZ 31, 361; NJW 84, 495; s auch § 540 Rn 8; weitergehend für Beschwer des Klägers selbst nach eigenem Verweisungsantrag der BGH NJW 65, 441, dazu Baur, JZ 65, 186; Bettermann ZZP 82 [1969], 33; Sonderfall bei Stufenklagen: BGH NJW 70, 1083). Nie beschwert die Selbstentscheidung (§ 540) anstelle möglicher Verfahrensaufhebung nach §§ 538, 539. Die Beschwer des Beklagten, der Klageabweisung beantragt hatte, durch die Zurückverweisung, entfällt nicht deswegen, weil sein neues Vorbringen, das das Berufungsgericht als verspätet zurückgewiesen hatte, nun in der ersten Instanz berücksichtigt werden kann (BGH MDR 72, 601); § 528 III ist nicht anwendbar, auch nicht analog. Die Verweisung in einen anderen Rechtsweg (§ 17 GVG) beschwert den Kläger, desgleichen den Beklagten, der Klageabweisung beantragt hatte (BGHZ 28, 349; 40, 1). Zur Beschwer des Klägers, dem auf unbezifferten Klageantrag hin ein nach seiner Meinung zu geringer Betrag zugesprochen wurde, vgl Rn 15 vor § 511. 1

Ausnahmsweise kann trotz formeller Beschwer das **Rechtsschutzbedürfnis** dafür fehlen, eine günstigere Entscheidung herbeizuführen (BGH NJW 58, 595; vgl a BGHZ 42, 85 und Rn 9 vor § 511). Ob das Rechtsschutzbedürfnis vorliegt, ist vom Revisionsgericht in tatsächlicher und rechtlicher Hinsicht zu prüfen; der Revisionskläger muß sich dabei an seinem eigenen Tatsachenvortrag festhalten lassen (BGH NJW 57, 303). Wegfall des Rechtsschutzbedürfnisses nach Einlegung der Revision beeinträchtigt ihre Zulässigkeit nicht (BAG NJW 57, 478; 66, 124 für den 2

Fall einer Änderung der sachlichen Rechtslage während des Revisionsverfahrens und BGH NJW 68, 50 für in der Revisionsinstanz schwebende leugnende Feststellungsklage, wenn der Gegner anderweitig Leistungsklage erhebt).

3 **II) Abs 1. Endurteile** (§ 511 Rn 1) sind auch Urteile, die gemäß §§ 538, 539 auf Zurückverweisung an die erste Instanz oder auf Aufhebung und Abgabe an ein anderes Gericht lauten (BGH NJW 84, 495; Rpfleger 86, 376) sowie Teilurteile (§ 301), Vorbehaltsurteile (§§ 302, 599), Zwischenurteile über die Zulässigkeit eines Parteiwechsels (BGH MDR 81, 386), Ergänzungsurteile (§ 321), Zusatzurteile über den Eintritt der Rechtsnachfolge (§ 239). Gegen eine vom Gesetz ausdrücklich als unanfechtbar bezeichnete Entscheidung ist die Revision auch dann nicht statthaft, wenn sie ausnahmsweise durch Urteil statt durch Beschluß ergeht (BGHZ 2, 278 für § 281 II); daran kann auch die Zulassung nichts ändern (BAG EzA KSchG § 5 Nr 19). Revisionsfähig sind aber Verweisungsurteile nach oder entsprechend § 17 GVG (BGHZ 28, 349; 40, 1). Zur Anfechtbarkeit eines **Kostenschlußurteils** s § 99 Rn 10, 11.

4 **1) Inkorrekte Entscheidungen:** Wenn die Statthaftigkeitsvoraussetzungen im übrigen gegeben sind, findet die Revision gegen ein Urteil auch dann statt, wenn eigentlich durch Beschluß hätte entschieden werden müssen (BGH MDR 59, 554; Köln OLGZ 72, 42), es sei denn, auch der Beschluß wäre unanfechtbar gewesen (BGH NJW 68, 2243; NJW 69, 845; BAG ZIP 83, 1252; s auch Rn 3). Gegen Beschlüsse ist bei Vorliegen der übrigen Voraussetzungen die Revision statthaft, wenn in Urteilsform hätte entschieden werden müssen. Vgl näher Rn 28 ff vor § 511.

5 2) Gegen (echte) **Versäumnisurteile** ist die Revision – neben Erfüllung der sonstigen Voraussetzungen für die Zulässigkeit (Rn bei § 546) – nur gegeben, wenn die Säumnis zu Unrecht angenommen worden sein soll (§§ 566, 513 II); statthaft ist sie gegen unechte Versäumnisurteile, zB solche, die bei Säumnis des Berufungsbeklagten gegen den Berufungskläger auf Verwerfung oder Zurückweisung seiner Berufung ergehen (RGZ 78, 400; JW 36, 1293); als echtes Versäumnisurteil wird ein solches Urteil aber dann behandelt, wenn es darauf beruht, daß der Wiedereinsetzungsantrag des Berufungsklägers wegen dessen Säumnis zurückgewiesen worden war (BGH NJW 69, 845).

6 3) **Zwischenurteile** können nur in den Fällen §§ 280, 304 wie Endurteile mit der Revision angefochten werden. Hat das Berufungsgericht unzulässigerweise über die Berufung gegen ein anderes Zwischenurteil sachlich entschieden, so ist die Revision bei Vorliegen der übrigen Voraussetzungen statthaft; demgegenüber nimmt BGHZ 3, 44 an, die Revision sei unzulässig und das Berufungsurteil ohne Wirkung. Ein Zwischenurteil, das den Antrag auf Wiedereinsetzung wegen Versäumung einer Frist zurückweist, von deren Wahrung die Zulässigkeit der Berufung abhängt, wird als selbständig anfechtbares Zwischenurteil nach § 280 behandelt (§ 238 II; BGHZ 47, 289; BGH VersR 79, 619 u 960).

7 4) Bei **Teilanerkenntnis** endet der Rechtszug hinsichtlich der anteiligen Kosten immer beim OLG, auch wenn eine einheitliche Kostenentscheidung gefällt und zulässige Revision eingelegt worden ist (BGHZ 58, 341).

8 **III) Sonderregelungen für Ehesachen im Entscheidungsverbund:** § 629 a; s die Anm dazu.

9 **IV)** Unter **Abs 2** fällt auch das Urteil, durch das im Widerspruchsverfahren gegen einen Arrest usw die Berufung als unzulässig verworfen wird; § 545 II geht dem § 547 vor (BGH MDR 85, 130; § 547 Rn 1). Auch Zulassung (§ 546) eröffnet nicht die Revision (OGH 1, 296). Zu den **Arrest-** und **Verfügungssachen** gehören auch Entscheidungen, die in solchen Verfahren über die Wiedereinsetzung ergehen (BGH LM § 238 ZPO Nr 1). Abs 2 ist entsprechend anzuwenden auf einstweilige Maßnahmen über die Anordnung der Aufnahme einer presserechtlichen Gegendarstellung gem § 11 Bad-Württ-PresseG (BGH NJW 65, 1230; vgl a BVerfGE 48, 367). Nicht unter Abs 2 fallen hingegen die Folgesachen, also nicht ein Streit aus § 945.

10 **V) Gebühren: a)** des **Gerichts:** In der Revisionsinstanz erhöht sich die allgemeine Verfahrensgebühr auf den doppelten Tabellensatz gemäß KV Nr 1030. Zur Revisionsinstanz gehört auch das Verfahren der Nichtigkeits- und Restitutionsklage, wenn es sich gegen ein Urteil des Revisionsgerichts richtet (§ 584). Die allgemeine Verfahrensgebühr ermäßigt sich auf die Hälfte der Gebühr der Tabelle zu § 11 Abs 2 GKG, wenn die Zurücknahme der Revision oder der Klage im Revisionsrechtszug erklärt wird, bevor die Revisionsbegründungsschrift bei Gericht eingegangen ist (KV Nr 1031), oder wenn das Revisionsgericht die Annahme der Revision mangels grundsätzlicher Bedeutung der Rechtssache ablehnt (§ 554 b, für den Fall der Sprungrevision: § 556 a [KV Nr 1032]). Enthält die Revisionseinlegungsschrift gleichzeitig die Revisionsbegründung, so ist eine spätere Ermäßigung der allgemeinen Verfahrensgebühr durch eine nachträglich erklärte Rücknahme des Rechtsmittels oder auch der Klage ausgeschlossen. Die Verwerfung der Revision als unzulässig durch Beschluß hat keine Ermäßigung der allgemeinen Verfahrensgebühr mehr zur Folge. Erledigungserklärungen nach § 91 a stehen der Zurücknahme des Rechtsmittels oder der Klage nicht gleich (KV Nr 1031 Hs 2). Der Kostenbeschluß nach §§ 566, 515 Abs 3 S 2 nach Zurücknahme der Revision oder der Klage ist gerichtsgebührenfrei. Im Revisionsverfahren ist für das instanzabschließende Urteil, soweit es sich bei ihm nicht um ein gebührenfreies Anerkenntnis- oder Verzichtsurteil handelt, als Urteilsgebühr der doppelte Tabellensatz bei notwendiger Begründung (KV

Nr 1036), anderenfalls der einfache Tabellensatz (KV Nr 1037) zu erheben, wobei es in dieser Instanz nicht darauf ankommt, ob ein Grund- oder Vorbehaltsurteil vorausgegangen ist. Wann die Voraussetzungen für die Erhebung des doppelten oder einfachen Tabellensatzes vorliegen s § 313a Rn 11 sowie § 300 Rn 7. Wegen der Urteilsgebühren im Säumnisverfahren des Revisionsrechtszugs vgl § 542 Rn 19 u § 557 Rn 6 – **b)** des **Anwalts:** Die Gebührensätze erhöhen sich um 3/10: allein bei der Prozeßgebühr tritt jedoch eine Erhöhung um 10/10 ein, soweit sich die Parteien nur durch einen bei dem BGH zugelassenen RA vertreten lassen können (§ 11 Abs 1 S 2 und 3 BRAGO). – **c) Streitwert:** s § 3 Rn 16 „Rechtsmittelinstanz".

546 *[Wertrevision; Zulassungsrevision]*

(1) In Rechtsstreitigkeiten über vermögensrechtliche Ansprüche, bei denen der Wert der Beschwer vierzigtausend Deutsche Mark nicht übersteigt, und über nichtvermögensrechtliche Ansprüche findet die Revision nur statt, wenn das Oberlandesgericht sie in dem Urteil zugelassen hat. Das Oberlandesgericht läßt die Revision zu, wenn

1. die Rechtssache grundsätzlich Bedeutung hat oder

2. das Urteil von einer Entscheidung des Bundesgerichtshofes oder des Gemeinsamen Senats der obersten Gerichtshöfe des Bundes abweicht und auf dieser Abweichung beruht.

Das Revisionsgericht ist an die Zulassung gebunden.

(2) In Rechtsstreitigkeiten über vermögensrechtliche Ansprüche setzt das Oberlandesgericht den Wert der Beschwer in seinem Urteil fest. Das Revisionsgericht ist an die Wertfestsetzung gebunden, wenn der festgesetzte Wert der Beschwer vierzigtausend Deutsche Mark übersteigt.

Übersicht

I) Grundgedanken. Die Vorschrift ist ein Gesetzeszwitter. § 546 I 2, II 1 gehört systematisch in das Berufungsrecht, da darin Anweisungen an das OLG über die Bezifferung der Beschwer bei der Wertrevision und die Zulassung bei der Zulassungsrevision gebracht werden. § 546 I 1, 2 u II 2 gehört ins Revisionsrecht; es geht dort um Statthaftigkeit der Revision und die Bindung des BGH. Der Grundsatz der Revisibilität von OLG-Endurteilen (§ 545 I) wird durch § 546 eingeschränkt. Bei einer Beschwer von mehr als 40 000 DM ist jeder Rechtsstreit revisibel (sog **Wertrevision**), jedoch darf die Annahme nach § 554b I bei Fehlen grundsätzlicher Bedeutung **(und** 1 mangelnder Erfolgsaussicht: BVerfGE 54, 293) abgelehnt werden. Zulassungsfrei sind weiter Revisionen gegen Berufungsverwerfungen (§ 547), Versäumnisurteile nach §§ 566, 513 II (diese ohne Rücksicht auf die Höhe der Beschwer: BGH MDR 79, 127 = ZZP 92 [1979], 370 m zust Anm Grunsky) und – ablehnbar – Sprungrevisionen (§ 566 a). In nichtvermögensrechtlichen Sachen und bei Beschwer bis 40 000 DM gibt es die Revision nur, wenn sie zugelassen wird (sog **Zulassungsrevision**). Besondere Bedeutung hat dies für **Familiensachen** (Sonderregelungen: §§ 621 d, 629 a); bei ihnen ist auch für vermögensrechtliche Ansprüche, die der materiellen Rechtsnatur nach Familiensache sind, selbst bei einer Urteilsbeschwer von mehr als 40 000 DM nur die Zulassungsrevision gegeben (BGH MDR 79, 388); die Regelung ist verfassungsgemäß (BGH Warneyer 79 Nr 204). Da die Erschwerung des Zugangs zum Revisionsgericht die Entlastung des BGH bezweckt, kann die fehlende Zulassung nicht durch die Rüge schwerer Rechtsverstöße des Berufungsgerichts ersetzt werden (BGH FRES 1, 131). Die Revision im **Arbeitsgerichtsverfahren** ist durch Ges v 21. 5. 79 (BGBl I S 545) als Zulassungsrevision ausgestaltet worden (§ 72 ArbGG), jedoch erweitert um die Nichtzulassungsbeschwerde (§ 72 a ArbGG). Sonderregelungen in Entschädigungssachen: §§ 219 ff BEG.

2 **1) Vermögensrechtliche Ansprüche** sind solche, die auf Geld oder geldwerte Leistung gerichtet sind, gleichgültig, ob sie aus einem vermögensrechtlichen oder nichtvermögensrechtlichen Grundverhältnis entspringen (BGHZ 14, 74; BGH MDR 74, 926); daher auch Unterhaltsansprüche nach § 621 I Nr 4, 5 einschl der diese vorbereitenden Auskunftsverlangen gem §§ 1605, 1361 IV 4 BGB (BGH JZ 82, 512). Bei der Herleitung vermögensrechtlicher Folgen aus nichtvermögensrechtlichen Verletzungen spricht man von „Reflexwirkung" (Schramm GRUR 75, 63). Ein unwesentlicher Reflex verändert nicht den nichtvermögensrechtlichen Charakter (BGH MDR 85, 397 = NJW 85, 809).

3 **2) Nichtvermögensrechtliche Ansprüche** sind solche, die nicht auf Geld oder Geldeswert gerichtet sind und nicht aus vermögensrechtlichen Verhältnissen entspringen (RGZ 88, 333; 144, 159), insbesondere also Angelegenheiten in Personenstands- und Familiensachen, wobei es auf die materielle Rechtsnatur der Streitigkeit ankommt. Beispiele: Presserechtliche Gegendarstellung (BGH NJW 63, 151), Schutz des räumlichen Bereichs der Ehe (BGHZ 35, 305), Beisetzung in einer bestimmten Grabstätte (RG HRR 31 Nr 138), Umbettung einer Leiche (RGZ 108, 219), Einsicht in Personalakten (Köln KoRsp GKG § 12 Nr 30). **Streitgegenstandsänderungen** können die Rechtsnatur ändern. Beispiel: *Übereinstimmende* Erledigungserklärungen machen auch in nichtvermögensrechtlichen Sachen den Kostenpunkt zur Hauptsache; die *einseitige* Erledigungserklärung verändert jedoch den Streitgegenstand nicht (BGH VersR 82, 295).

4 **3) Überschneidungen** zwischen vermögensrechtlichen und nichtvermögensrechtlichen Ansprüchen sind unvermeidbar und lösen Streitfragen aus (s Schack MDR 84, 456 sowie BGH Warneyer 84 Nr 346 zur Unterlassungsklage wegen belästigender Telefonanrufe).

5 **a)** Der **Ehrenschutz** ist nichtvermögensrechtlicher Art, vor allem Widerrufs- und Unterlassungsansprüche zum Schutz der sozialen Geltung in der Öffentlichkeit (BGH MDR 83, 655); gleichwohl kann eine Klage, bei der es um die Verteidigung der Ehre geht, wegen des damit auch verfolgten wirtschaftlichen Aspektes vermögensrechtlichen Charakter haben (BGH JZ 81, 197), desgleichen bei einem auf Verletzung des Persönlichkeitsrechts gestützten negatorischen Klagebegehren (BGH MDR 74, 926). Bei Streitigkeiten um die Mitgliedschaft in einem Verein oder einer sonstigen Körperschaft kommt es darauf an, ob mit der Mitgliedschaft im wesentlichen wirtschaftliche Zwecke verfolgt werden (dann vermögensrechtlich: BGHZ 13, 8) oder nicht (s Diederichsen BB 74, 382). Ähnlich verhält es sich bei **Firmen- und Namensrechten** (BGH LM § 16 UWG Nr 6) und beim Urheberrecht (BGH JZ 53, 643).

6 **b)** Hinzu kommt, daß die **Unterscheidung** zwischen vermögensrechtlichen und nichtvermögensrechtlichen Ansprüchen schon in sich als Kriterium für die Revisionswürdigkeit unbefriedigend ist und auf einer Überbewertung merkantiler Gesichtspunkte beruht, die der Wertordnung des GG nicht gerecht wird (s Art 1, 2, 6 GG). Mit Grund fragt Schramm (GRUR 75, 63), warum die Persönlichkeit nicht soviel wert sei wie Vermögenswerte. Den Übelstand, daß infolge irriger Beurteilung einer Familiensache als vermögensrechtliche Angelegenheit trotz Erreichens der Revisionssumme mangels Zulassung die dritte Instanz verschlossen blieb (so die ältere Rspr des BGH), hat das BVerfG beseitigt (BVerfGE 66, 331 = ZZP 98, 1985, 216 m Anm Walter). Die vom Berufungsgericht versäumte Überprüfung der Zulassungsvoraussetzungen wird vom BGH in eingeschränkter Anwendung des § 554 b nachgeholt (BGHZ 90, 1 = ZZP 97 [1984], 481 m Anm Walter = KoRsp GKG § 14 Nr 23 m Anm Schneider; s dazu Sieveking NJW 85, 2629).

7 **c)** Hat das Berufungsurteil eine **Familiensache** (nur Zulassungsrevision: § 621 d I) und außerdem einen vermögensrechtlichen Anspruch, der nicht Familiensache ist, beschieden, dann ist nach dem Wortlaut des § 546 trotz hohen Gesamtstreitwertes die Revision verschlossen, wenn

bezüglich der Familiensache keine Zulassung ausgesprochen worden ist und die vermögensrechtliche Angelegenheit wertmäßig nicht über 40000 DM liegt, zB bei Zusammentreffen von Zugewinnausgleich und Pflichtteilsanspruch (BGH MDR 80, 568). Denn wenn gleichzeitig über einen vermögensrechtlichen und einen nichtvermögensrechtlichen Anspruch entschieden worden ist, ist jeder Anspruch hinsichtlich der Revisionsfähigkeit für sich zu beurteilen. Ist die Revisionssumme für den vermögensrechtlichen Anspruch erreicht, dann wird die Revision hinsichtlich des nichtvermögensrechtlichen dadurch nicht ohne Zulassung statthaft (BGHZ 35, 302; VersR 69, 62), zB nicht bei verbundener Klage auf Widerruf und auf Schmerzensgeld wegen Verletzung des Persönlichkeitsrechts (s dazu BVerfGE 28, 1). Zur irrigen Beurteilung als Familiensache s Rn 6.

d) Eine Ausnahme gilt für den Fall, daß der eine **Anspruch** für den anderen **vorgreiflich** ist. Ist 8
die Revision hinsichtlich des vorgreiflichen Anspruchs kraft Zulassung oder als Wertrevision statthaft, dann erstreckt sich die Statthaftigkeit auch auf den Folgeanspruch (BGHZ 35, 306; RG DR 40, 1638), zB bei zulässiger Hauptforderungs-Revision auf den Zinsanspruch (BGH WPM 85, 173 = WuB VIII A § 519 ZPO 1. 86 m Anm Messer). Ist umgekehrt die Revision für den Folgeanspruch statthaft, dann muß zur Vermeidung einer Entscheidungsdivergenz auch die Revision in Ansehung des vorgreiflichen Anspruches statthaft sein, über den das Revisionsgericht inzidenter ohnehin mitzuentscheiden hat (Johannsen Anm LM § 546 ZPO Nr 41). Maßgeblich dafür, ob ein Anspruch in diesem Sinne für den anderen vorgreiflich ist, sind die Entscheidungsgründe des Berufungsurteils. Die Revision ist aber jeweils auch dann statthaft, wenn das Revisionsgericht die Vorgreiflichkeit für gegeben erachtet. Zur erweiterten Aufhebung bei Teilanfechtung nach § 629c s dort.

e) Der **Anwalt** wird diesen oft unberechenbaren Schwierigkeiten in einschlägigen Fällen 9
durch die vorsorgliche Anregung zu begegnen haben, die Revision zuzulassen. Zwar verneint der BGH seine Bindung nach § 546 I 3, wenn in einer revisiblen vermögensrechtlichen Sache gleichzeitig die Revision zugelassen wird (BGH MDR 80, 381). Die vorsorgliche Zulassung kann aber keine Nachteile bringen, sondern lediglich überflüssig sein; die unterlassene dagegen kann die dritte Instanz versperren.

II) Wert-Revision (wegen § 554b auch „Annahme-Revision" genannt). Sie ist zulässig bei allen 10
Streitigkeiten mit einer Urteilsbeschwer oberhalb 40000 DM, ausgenommen bei Versäumnisurteilen nach §§ 566, 513 II (BGH MDR 79, 127).

1) Berechnung der Beschwer. Maßstab sind die §§ 3–9 (Einzelheiten bei § 3 Rn 16). Der Zeit- 11
punkt für die Berechnung der Beschwer ist die letzte mündliche Verhandlung in der Berufungsinstanz. Der für die Zulässigkeit der Revision maßgebende Betrag kann nicht höher sein als der Wert der Beschwer. Daran kann auch eine unzulässige Klageerweiterung nichts ändern (BFH AnwBl 79, 113). Da das Streitwertrecht jedoch nicht auf die Zulässigkeit von Anträgen abstellt, ist die für die Rechtsmittelprüfung unerhebliche Wertsteigerung gebührenrechtlich beachtlich (BFH AnwBl 79, 113). Das gilt auch für sog unechte Revisionsanträge, die ohne jede Möglichkeit der Begründung und im Widerspruch mit der Sach- und Rechtslage nur zur Erschleichung der Revisionssumme gestellt werden (BGH LM § 91a Nr 11; KoRsp ZPO § 3 Nr 184).

a) Ausgangspunkt ist der Wert derjenigen Beschwer, die das Berufungsurteil dem Revisions- 12
kläger auferlegt hat (BGH Warneyer 81 Nr 104). Sie braucht sich nicht mit dem Streitwert zu decken, der sich nach dem Interesse des Klägers richtet (BGHZ 23, 205). Die Beschwer wird ermittelt beim Kläger durch die Wertdifferenz zwischen seinem letzten Sachantrag und der Formel des Berufungsurteils, für den Beklagten danach, womit der Urteilstenor ihn belastet (BGH VersR 82, 269). Bei Zweifeln sind die Entscheidungsgründe zur Auslegung der Urteilsformel heranzuziehen (BGH WPM 86, 331 = ZIP 86, 320). Unerheblich ist, inwieweit der Revisionskläger diese Beschwer auch zum Beschwerdegegenstand macht. Erreicht die Beschwer des Berufungsurteils die Revisionssumme, dann ist die Revision statthaft, auch wenn sie von vornherein oder nachträglich in den Revisionsanträgen auf einen Teil der **Beschwer beschränkt** wird (BGHZ 70, 371; MDR 81, 753). Der Zweck dieser Regelung ist es, daß von Anfang an festliegt, ob Wertrevision oder Zulassungsrevision gegeben ist, die verfahrensrechtlich eigenständig ablaufen (§ 554b u § 546 I 3). Da § 511a unanwendbar ist und keine sonstige Vorschrift dem Revisionskläger ein unteres Antragslimit setzt, ist auch eine Beschränkung des Revisionsantrags auf die niedrigste Gebührenstufe von 200 DM zulässig (BGHZ 70, 371; offengelassen in BGH MDR 81, 753). Wird eine solche Antragsbeschränkung jedoch im Zusammenhang mit der Zurücknahme der Revision erklärt, dann ist der eingeschränkte Antrag im Zweifel unbeachtlich, weil er nicht auf die Durchführung des Rechtsmittels, sondern lediglich auf die Senkung der Kostenbelastung gerichtet ist (BGHZ 70, 365; s dazu Schneider NJW 78, 786). Unmotivierten Beschränkungen kann jedoch begegnet werden, indem die Annahme abgelehnt wird (§ 554b Rn 2). Unbeachtlich sind

alle Veränderungen nach Erlaß des Berufungsurteils, etwa Teilzahlungen des Beklagten (BGH MDR 78, 210) oder Antragserweiterungen (so schon im alten Recht, BGH MDR 73, 311). Beschwer bei **aufhebenden und zurückverweisenden Urteilen** ist für beide Parteien der volle Hauptsachewert, da dem Rechtsmittelführer die beantragte Sachentscheidung versagt, dem Rechtsmittelbeklagten die erlangte günstige Abweisungsposition genommen wird (zur Nachprüfbarkeit s § 550 Rn 14).

13 **b) Mehrere Ansprüche,** über die das Berufungsgericht entschieden hat, sind wertmäßig zu addieren (§ 5), es sei denn, daß sich die Beschwer der einzelnen Ansprüche deckt, etwa bei Vorgreiflichkeit des einen Anspruchs gegenüber den anderen. Das gilt auch bei Abweisung von Hauptantrag und Hilfsanträgen (§ 511a Rn 20). Daß die Ansprüche rechtlich nicht zusammenhängen, steht ihrer Addition nicht entgegen. Nicht zusammengerechnet werden die Werte der Beschwer von Parteien gegensätzlicher Rollen (BGH WPM 81, 235, 236 zu I 2), so daß zB die Wertrevision für keine Partei zulässig ist, wenn einer Leistungsklage über 60000 DM zur Hälfte stattgegeben und sie im übrigen abgewiesen wird. Problematisch wird diese Situation dann, wenn nur eine der teils obsiegenden, teils unterliegenden Partei revisibel beschwert ist. Arnold (JR 75, 489) will dann beiden Parteien die Revision eröffnen, was aber schon deshalb nicht angeht, weil die unter der Erwachsenheitssumme bleibende Partei dann selbständig Revision einlegen dürfte, auch wenn ihr revisibel beschwerter Gegner davon absähe. Hier läßt sich die Gefahr einer Entscheidungsdivergenz nur abwenden, indem das OLG für die nicht revisibel beschwerte Partei die Revision zuläßt (Th/P § 546 Anm 5b). Dann muß jedoch auch die Zulassungsrevision dem § 554b unterstellt werden, weil dies dem Wertcharakter beider Revisionen entspricht und anderenfalls auch eine erneute Divergenzgefahr auftreten könnte (Annahmezwang nach § 546 I 3 – Ablehnungsbefugnis nach § 554b).

14 **c)** Bei **Streitgenossen** auf derselben Parteiseite entfällt eine Addition der Werte, soweit sich die Beschwer deckt, etwa wenn zwei Beklagte als Gesamtschuldner zur Zahlung von 35000 DM verurteilt werden. Soweit sich die Werte, mit denen die Streitgenossen beschwert sind, nicht dekken, ist die Beschwer durch Addition zu ermitteln (BGH LM § 546 ZPO Nr 95; KoRsp ZPO § 5 Nr 53), auch wenn die (fristgerechten) Berufungen mit verschiedenen Schriftsätzen eingelegt worden sind (BAG NZA 84, 167). Liegt sie über 40000 DM, darf jeder Streitgenosse selbständig Revision einlegen, auch wenn die eigene Belastung unterhalb 40000 DM liegt (BGH MDR 81, 398). Auch eine spätere Beschränkung auf einzelne der addierten Ansprüche ist kein Zulässigkeitshindernis (Rn 12), desgleichen nicht ein nachträglich abgeschlossener Teilvergleich, der die Beschwer unter die Revisionsgrenze sinken läßt (anders früher BGH Warneyer 72 Nr 260).

15 **d) Verbindung** (§ 146) steht im freien Ermessen des Berufungsgerichts. Wird durch Verbindung die erforderliche Revisionsbeschwer erreicht, ist die Wertrevision gegeben. Jedoch besteht kein Anspruch darauf, daß verbunden wird, um die Rechtsmittelfähigkeit zu schaffen (BAG BB 73, 755). Verschiedene Parteirollen der unterlegenen Parteien stehen der Zusammenrechnung ihrer Beschwer dann nicht entgegen, wenn diese Prozeßlage durch Verbindung entstanden ist (BGH Warneyer, 69 Nr 21: Forderungsklage und Klage des Schuldners gegen den Zedenten werden verbunden, die Klage des Zessionars wird wegen begründeter Aufrechnung abgewiesen, der Zedent zur Zahlung des Restbetrages verurteilt und diese Berufungsentscheidung von beiden unterlegenen Parteien gemeinsam angegriffen).

16 **e)** Bei rechtskräftiger Entscheidung auch über die **Hilfsaufrechnung** (§ 322 II), die zur Unbegründetheit der Klage führt, ist die Beschwer durch Verdoppelung der Klageforderung zu ermitteln (sog **materielle Beschwer,** BGHZ 48, 212 = MDR 67, 821; jetzt in § 19 III GKG grundsätzlich festgeschrieben). Einredebehaftete Gegenforderungen, zB nach § 20 I GmbHG, sind nach Schleswig (SchlHA 79, 126) nichtbestehenden Gegenforderungen iS des § 322 II gleichzusetzen und deshalb hinzuzurechnen. Die Aufrechnungsforderung darf jedoch nicht berücksichtigt werden, wenn der Aufrechnungseinwand nicht zugelassen wird (§ 530 II) und deshalb keine rechtskraftfähige Sachentscheidung darüber ergehen kann (BGH Warneyer 74 Nr 142); ebenso liegt es, wenn die Aufrechnung aus anderen Gründen versagt ist, zB durch § 55 KO (Schleswig SchlHA 79, 126). Wird ein **Bürge,** der sich hilfsweise durch Aufrechnung mit einer Gegenforderung des Hauptschuldners verteidigt, mit der Begründung verurteilt, die Gegenforderung bestehe nicht, dann erhöht sich für ihn die Beschwer nicht um den Wert der Gegenforderung (BGH MDR 73, 217; jedoch ist für Gebührenwert § 19 III analog anzuwenden).

17 **f) Zinsen,** die nach § 4 I Nebenforderungen sind, bleiben unberücksichtigt; deshalb auch die darauf entfallende Mehrwertsteuer (BGH MDR 77, 220; aA KG VersR 80, 851). Ist jedoch Gegenstand der Revision eine Zinsforderung und die Hauptforderung Gegenstand der Anschlußrevision, dann zählt der Zinsbetrag (BFH BStBl 77 II 36), desgleichen wenn der Hauptanspruch durch Teilurteil erledigt und nur wegen der Zinsen Schlußurteil erlassen worden ist (BGHZ 29,

126). Bei Verurteilung „abzüglich bereits gezahlter ... DM" ist darauf zu achten, daß gem § 367 I BGB zunächst die Zinsen getilgt werden; das kann für die Rechtsmittelfähigkeit ausschlaggebend sein (vgl Schneider DRiZ 79, 310).

g) Teilurteil und Schlußurteil sind ohne Zusammenrechnung selbständig zu bewerten; es kommt also auf die Beschwer durch das jeweilige Urteil an (BGH NJW 77, 1152), und zwar auch dann, wenn durch getrennte Entscheidungen der „Übelstand" (RGZ 13, 354) eintritt, daß eine bei einheitlichem Urteil gegebene hinreichende Beschwer verlorengeht; Ausnahme nur für ein Kostenschlußurteil zu einem revisiblen (und angefochtenen) Teilurteil in der Hauptsache (BGHZ 29, 176; ZIP 83, 1387; Warneyer 1977 Nr 6). **Verbindung** in der Revisionsinstanz selbst setzt voraus, daß in jedem Verfahren die Revision zulässig ist (BGH MDR 77, 658). 18

2) Angabe im Urteil (Abs 2 S 1) ist (nur bei der Wertrevision und in an sich revisiblen Sachen, München WPM 307, 308 zu III) zwingend vorgeschrieben, auch beim zweiten Versäumnisurteil nach § 542 (s § 542 Rn 18). „Urteil" ist alles, was in § 313 aufgeführt ist. Die Höhe der Urteilsbeschwer kann daher ebenso im Tenor wie in den Entscheidungsgründen angegeben werden; selbst wenn sie im Tatbestand steht, ist das beachtlich. Üblich ist es, die Urteilsbeschwer zusammen mit dem Gebührenstreitwert am Ende der Entscheidungsgründe zu beziffern; falsch eine Beschluß-Festsetzung, aber unschädlich, da der Entscheidungswille des Gerichts eindeutig ist. Da diese Angabe nach § 546 II 2 nur insofern für das Revisionsgericht erheblich ist, als der festgesetzte Wert mehr oder weniger als 40 000 DM beträgt, reicht eine entsprechende pauschale Feststellung aus („Urteilsbeschwer über/unter 40 000 DM"); anders als beim Gebührenstreitwert ist eine genaue Berechnung nicht gefordert. Fehlt im Urteil die Festsetzung der Urteilsbeschwer, kommt keine Ergänzungsentscheidung nach § 321 ZPO in Betracht, da weder ein Anspruch noch der Kostenpunkt übergangen ist. Es kann Revision eingelegt werden mit der Rüge, der Streitwert sei revisibel. Revisionseinlegung ist außerdem auch dann möglich, wenn die Urteilsbeschwer festgesetzt ist, der Revisionsführer die Bezifferung aber als zu niedrig angreift (BGH NJW 81, 579); er kann den Antrag auf Heraufsetzung der Beschwer durch den BGH auch auf neue Tatsachen stützen, die jedoch glaubhaft zu machen sind (BGH MDR 81, 391). Die fehlende Festsetzung der Urteilsbeschwer wird überdies fast immer auf einem Versehen beruhen und kann dann vom BGH selbst an Hand feststehender Umstände, etwa des festgesetzten Gebührenstreitwerts, ermittelt (BGH KoRsp ZPO § 3 Nr 745) oder nach § 319 berichtigt werden (vgl BGH MDR 64, 841). Da es sich nicht um einen Fall des § 321 handelt, dürfen die Akten auch dem Berufungsgericht zur nachträglichen Festsetzung der Beschwer zurückgeschickt werden. 19

3) Bindung des BGH. An die Feststellung des Berufungsgerichts, daß die Erwachsenheitssumme erreicht sei (§ 546 II 2), ist der Revisionsrichter gebunden (jedoch nicht wegen des Gebührenstreitwerts für die Revision: BGH VersR 82, 591), und zwar unabhängig davon, ob später geringwertige Anträge gestellt werden (BGH Warneyer 81 Nr 104). Diese Regelung ist eingeführt worden, weil der Mißstand beseitigt werden sollte, daß Revisionen, die im Vertrauen auf eine Streitwertfestsetzung des Berufungsgerichts eingelegt worden waren, vom Revisionsgericht mit der Begründung verworfen werden konnten, der Wert sei in Wirklichkeit niedriger (BGH NJW 81, 579). Dem entspricht der Umfang der Bindung; im Bereich oberhalb 40 000,01 DM ist der BGH frei und darf anders als das Berufungsgericht festsetzen (Schneider JurBüro 77, 620; aA BGH VersR 82, 591, der in der Festsetzung nach § 546 II keine Festsetzung zur Zulässigkeit des Rechtsmittels iS des § 24 GKG sieht[?]). Ebenso bindet die Festsetzung bis 40 000 DM nicht; der BGH kann eine gleichwohl eingelegte Revision annehmen, weil die Beschwer in Wirklichkeit höher liege (BGH NJW 81, 579; WPM 83, 944). Die Bewertungsgrundsätze, die anzuwenden sind, bleiben identisch; maßgebend ist das wirtschaftliche Interesse des Revisionsklägers am Erfolg seines Rechtsmittels (BayObLG MDR 74, 323). Damit ist die Rspr überholt, die bei offensichtlicher Gesetzwidrigkeit der Zulassung die Bindung verneinte (Vogel NJW 75, 1301). Abgesehen davon, daß das Revisionsgericht die Annahme ablehnen kann (§ 554b), ist es auch hinsichtlich aller sonstigen Zulässigkeitsvoraussetzungen nicht gebunden. Die Revision darf zB mit der Begründung als unzulässig angesehen werden, es handele sich bei der angefochtenen Entscheidung um ein unanfechtbares Zwischenurteil. Beruht die Festsetzung der Urteilsbeschwer durch das Berufungsgericht auf einer Ermessensentscheidung, dann ist der BGH grundsätzlich daran gebunden und darf nur abändern, wenn seine Überprüfung zu dem Ergebnis führt, das Berufungsgericht habe die gesetzlichen Grenzen seines Ermessens überschritten oder davon rechtsfehlerhaft Gebrauch gemacht (BGH VersR 83, 1161; s näher § 550 Rn 14). 20

Setzt der BGH den Streitwert anders fest als das Berufungsgericht, dann gilt dies **gebührenrechtlich** nur für die Revisionsinstanz. Das Berufungsgericht hat keinen Anlaß, von Amts wegen den zweitinstanzlichen Gebührenstreitwert abzuändern (Köln VersR 72, 205; KG KoRsp GKG § 25 Nr 51 m Anm Schneider); dies wäre vielmehr nach § 25 I 3 GKG Aufgabe des BGH. 21

22 **4) Ablehnung der Revisionsannahme** ist nach § 554b möglich und wird viel praktiziert. Zulässig ist auch Annahme in beschränktem Umfang (BGH VersR 80, 263; Warneyer 78 Nr 266). Wird bei einer zulässigen Wertrevision vom OLG gleichzeitig die Zulassung nach § 546 I Nr 1 ausgesprochen, so führt das nicht zur Bindung nach § 546 I 3. Das Revisionsgericht muß über die Annahme nach § 554b entscheiden, wobei die grundsätzliche Bedeutung der Rechtssache zu prüfen ist (BGH NJW 84, 927; s auch Rn 56 u § 554b Rn 1).

III) Zulassungs-Revision

Lit: *Krämer*, DRiZ 80, 971: Die Nichtzulassung der Revision; *Linnenbaum*, Probleme der Revisionszulassung wegen grundsätzlicher Bedeutung der Rechtssache, Diss Bochum 1986; *Rethorn*, Kodifikationsgerechte Rechtsprechung – Eine Untersuchung zur Bildung und Funktion von Leitsätzen, 1979, S 91 ff; *Tiedemann*, MDR 77, 813: Die abweichende Judikatur oberster Gerichtshöfe als Zulassungsgrund; *Tiedtke*, WPM 77, 666: Die beschränkte Zulassung der Revision.

23 **1)** Der **Grundgedanke** des § 546 ist, daß entweder das Berufungsgericht oder das Revisionsgericht zu prüfen hat, ob in einer Rechtssache die Revision stattfinden soll. Die Zuständigkeiten sind klar abgegrenzt: Bei der Wertrevision (§ 546 II) ist der BGH an die Festsetzung einer revisiblen Beschwer durch das OLG gebunden, prüft aber nachträglich (§ 554b) die grundsätzliche Bedeutung; bei der Zulassungs-Revision prüft nur das OLG die grundsätzliche Bedeutung, und der BGH ist gebunden (§ 546 I 3).

24 **2)** Diese **Kompetenzaufteilung** zeigt, daß das OLG nicht befugt ist, bei der Wertrevision die Beschwer oberhalb 40000 DM festzusetzen und zugleich zuzulassen (BGH MDR 78, 401); geschieht dies doch, dann handelt es sich nur um eine Wertrevision mit der Folge, daß § 554b anwendbar ist (BGHZ 69, 95; 83, 109). Das OLG kann also nicht durch überflüssige Zulassung erzwingen, daß der BGH sich mit einer Sache befaßt (BGH MDR 84, 33). Erkennbare Irrtümer können durch Auslegung berichtigt werden (BAG NJW 86, 2784). Zulassung kommt in Betracht bei vermögensrechtlichen Streitigkeiten bis 40000 DM und in allen nichtvermögensrechtlichen, bei denen *nur* durch Zulassung die Revision möglich ist.

25 **3) Anwendungsbereich.** Zugelassen werden darf auch, wenn das LG entschieden hat, obwohl das AG zuständig gewesen wäre (BGH ZZP 71 [1958], 132). Hat das OLG die Wiederaufnahmeklage in einer nichtvermögensrechtlichen Sache als unzulässig verworfen, findet ebenfalls ohne Zulassung keine Revision statt (BGH NJW 64, 2303 m zust Anm Bötticher; BGHZ 47, 21). Wenn über mehrere Ansprüche entschieden worden ist oder über die Ansprüche von Streitgenossen, stellt sich die Zulassungsfrage nur, falls die Summe der addierten Streitwerte 40000 DM nicht übersteigt, da es für die Wertrevision auf die Gesamtbeschwer ankommt (Rn 13–15). Auf die Einzelbeschwer ist nur für die gegeneinander streitenden Parteien abzustellen, etwa wenn bei einer Klage auf Zahlung von 50000 DM der Kläger nur zur Hälfte obsiegt; dann kommt für beide Parteien nur Zulassungsrevision in Betracht. Ist ein nichtvermögensrechtlicher Anspruch mit einem revisiblen vermögensrechtlichen Anspruch verbunden, gibt es nur die Wertrevision für diesen; für den nichtvermögensrechtlichen Anspruch müßte zugelassen werden (BGHZ 35, 302). Ausnahme: Wenn die Entscheidung über den vermögensrechtlichen Anspruch präjudiziell für den nichtvermögensrechtlichen Anspruch ist, wird auch für den abhängigen, an sich nicht revisiblen Anspruch die Revision eröffnet (BGHZ 35, 304; RG DR 40, 1638; s Rn 8). Die sofortige Beschwerde an den BGH gegen OLG-Beschlüsse, durch die der Einspruch gegen ein Versäumnisurteil als unzulässig verworfen wird, ist ohne Mindestbeschwer zulässig (BGH ZZP 92 [1979], 37 m Anm Grunsky) und darf nicht abgelehnt werden (BGH WPM 78, 336). Jede Zulassungsentscheidung eröffnet beiden Parteien die Revision. Es ist statthaft, die Revision auch mit anderen Gründen als der grundsätzlichen Rechtsfrage, deretwegen zugelassen wird, zu rechtfertigen (BGHZ 9, 357; 44, 197; VersR 71, 843).

26 **4)** Die Zulassungsentscheidung eines **bayerischen OLG** muß aussprechen, ob das BayObLG oder der BGH für die Revision zuständig ist (§ 7 I EGZPO); die Zuständigkeit richtet sich nach § 8 EGGVG. Solange eine solche Entscheidung nicht erlassen ist, darf nach dem Meistbegünstigungsgrundsatz (Rn 29 vor § 511) die Revision sowohl beim BGH wie beim BayObLG eingelegt werden (BGH FamRZ 81, 28).

27 **5)** Die Entscheidung über die Zulassung obliegt allein dem Berufungsgericht. Es handelt sich dabei **nicht** um eine **Ermessensentscheidung,** sondern es darf (nur) und muß (immer) zugelassen werden, wenn die Voraussetzungen des § 546 I 2 gegeben sind. Jedoch findet keine Überprüfung dieser Entscheidung statt.

28 **6) Endgültigkeit.** Auch ein Irrtum ist unabänderlich, etwa wenn das OLG fälschlich einen Fall der zulassungsfreien Wertrevision angenommen und deshalb nicht geprüft hat, ob die Voraussetzungen der Zulassung gegeben waren, zB wegen Abweichung (BVerfGE 67, 90; zur irrigen

Beurteilung als Familiensache s jedoch Rn 6). Auch die Rüge schwerer Rechtsverstöße des Berufungsgerichts ersetzt keine unterbliebene Zulassung (BGH FRES 1, 131). Wegen der genauen Kompetenzabgrenzungen kann der BGH auch keine vom Berufungsgericht unterlassene Zulassung nachholen (BGHZ 2, 16; LM § 546 ZPO Nr 38; FRES 1, 132 f), auch nicht, wenn Grundrechtsverletzungen gerügt werden (BGH MDR 80, 46). Verstößt die Nichtzulassung wirklich gegen ein Grundrecht, ist die Verfassungsbeschwerde möglich (Schneider NJW 77, 1034; Krämer FamRZ 80, 973). Dieser Weg ist jedoch verschlossen, wenn die Nichtzulassung auf Rechtsirrtum beruht, weil es dann an Willkür mangelt (BVerfGE 67, 90).

7) **Problematisch** ist, daß das OLG selbst über die grundsätzliche Bedeutung zu entscheiden hat. Es wird damit vor die schwierige Entscheidung gestellt, sein eigenes Werk zu bewerten und „der Kritik auszuliefern". Wer die OLG-Praxis kennt, weiß, welche psychologischen Mechanismen dabei in Gang gesetzt werden und die Objektivität des Beurteilers stören und fälschen können (s auch Rn 35). Wertlos sind daher Ratschläge der Art, die Zulassung „vernünftig und nicht engherzig zu handhaben" (Prütting MDR 80, 369). **29**

8) Die **Zulassung** ist **nur eine Voraussetzung der Zulässigkeit.** Obwohl sie stets für beide Parteien gilt, ist revisionsbefugt nur diejenige Partei, die durch das Urteil beschwert ist. Auch alle weiteren Zulässigkeitsvoraussetzungen müssen gegeben sein. Das Rechtsschutzbedürfnis des mitverklagten Versicherungsnehmers ist zu verneinen, wenn der verurteilte beschwerte Haftpflichtversicherer dem Gegner mitteilt, daß er von der Möglichkeit der zugelassenen Revision keinen Gebrauch machen werde und vorbehaltlos zahlt (vgl BGH Warneyer 75 Nr 234). **30**

9) Grundsätzliche Bedeutung, § 546 I 2 Nr 1, der Hauptsache (nicht lediglich des Kostenpunkts, Düsseldorf FamRZ 83, 628 [629 zu III]). Es handelt sich dabei um „einen überkommenen, hinreichend eingrenzbaren und durch die Rspr bereits weithin ausgefüllten Rechtsbegriff" (BVerfGE 49, 156). Primäre Bezugspunkte sind, die Wahrung der Rechtseinheit und die Fortbildung des Rechts durch die Revisionsgerichte zu ermöglichen (Hamm FamRZ 77, 318 [320]). Eine Rechtssache hat daher nur dann grundsätzliche Bedeutung, wenn zu erwarten ist, daß sie auch künftig wiederholt auftreten wird, und wenn über ihre Auslegung in der Rspr unterschiedliche Auffassungen geäußert worden sind; bei noch ganz offenen Fragen kann eine intensive literarische Diskussion die Grundsätzlichkeit indizieren (s auch Friedrichs NJW 81, 1423). Bei alternativer Begründung (s § 543 Rn 15) genügt es, wenn bei einer Alternative grundsätzliche Bedeutung besteht; jedoch sollte in derartigen Fällen nicht alternativ, sondern definitiv begründet werden. **31**

a) Ausgangspunkt ist, wie die §§ 549 I, 550 zeigen, immer eine **Rechtsfrage.** Die Grundsätzlichkeit kann daher nie aus konkreten tatsächlichen Auswirkungen hergeleitet werden, etwa aus der Betroffenheit eines größeren Personenkreises vom Ausgang des Rechtsstreits (BGH NJW 70, 1549; Hamm FamRZ 77, 318) oder von der Erfolgsaussicht der Revision oder gar aus neuem Tatsachenvortrag in der Revisionsinstanz (BAG BB 83, 1797). Die Auswirkungen der Entscheidung dürfen sich also nicht in einer Regelung der Beziehung der Parteien, auch über das eigentliche Streitobjekt hinaus, oder einer von vornherein überschaubaren Anzahl gleichgelagerter Angelegenheiten erschöpfen, sondern müssen eine unbestimmte Vielzahl von Fällen betreffen (Rethorn, Kodifikationsgerechte Rechtsprechung, 1979, S 92). Andererseits kann grundsätzliche Bedeutung auch eine Verfahrensfrage haben (BGH LM § 219 BEG Nr 9). Grundsätzliche Bedeutung in diesem Sinne haben zB Musterprozesse (Modellprozesse), die besonders im Arbeitsrecht häufig sind, aber auch sonst vorkommen zB in Enteignungssachen (BGHZ 57, 359 – Frankfurter U-Bahn-Bau). Ein anderes Beispiel ist die Frage, wie bei Zusammentreffen der Haftungsprivilegien aus §§ 636, 637 RVO und § 839 I 2 BGB zu entscheiden ist (BGH VersR 74, 1206). Immer aber ist erforderlich, daß die Rechtsanwendung einer Verallgemeinerung zugänglich ist (BSG MDR 75, 965). Ist eine Rechtsfrage höchstrichterlich abgeklärt, dann fehlt es an der grundsätzlichen Bedeutung. Ist sie noch in der Diskussion, liegt es anders, da dann nur durch die Zulassung die Möglichkeit besteht, gewichtige Argumente an das Revisionsgericht heranzutragen und es so zu einer Überprüfung seiner Ansicht zu veranlassen. **32**

b) Klärungsbedürftig ist eine Rechtsfrage, wenn die vom Revisionsgericht vertretene Auffassung auf anhaltenden Widerstand stößt (BSG NJW 76, 911) oder eine höchstrichterliche Entscheidung zu rechtlichen Konsequenzen in anders gelagerten Sachverhalten zwingt, die vom OLG als bedenklich angesehen werden. Der gefestigten Revisionsrechtsprechung müssen dann aber neue, noch nicht berücksichtigte Argumente entgegengesetzt werden können; die bloße Wiederholung von Einwänden reicht nicht aus, Grundsätzlichkeit zu bejahen (BAG MDR 83, 522). Da die grundsätzliche Bedeutung in die Zukunft weist, ist sie zu verneinen, wenn es um ausgelaufenes oder auslaufendes Recht geht, insbesondere auch um Übergangsrecht, es sei denn, daß der Einzelfall die Funktion eines Modellprozesses übernimmt und noch zahlreiche weitere gleichartige Rechtsstreite anstehen. Da vom Revisionsgericht eine Klärung der grund- **33**

sätzlichen Rechtsfrage erwartet wird, ist Voraussetzung weiter, daß es überhaupt in der Lage ist, über die Rechtsfrage zu entscheiden. Daran fehlt es bei nicht revisiblem Recht (§ 549 I) oder bereits eingetretener Selbstbindung des Revisionsgerichts (BSG MDR 85, 84). Vor allem aber auch dann, wenn das Berufungsurteil nicht auf der Beantwortung der grundsätzlichen Rechtsfrage beruht (§ 550 Rn 6 ff), zB wenn der Urteilsspruch auch durch eine Hilfsbegründung getragen wird, die ohne grundsätzliche Bedeutung ist.

34 c) **Wirtschaftliche Bedeutung** erfüllt für sich allein nicht die Voraussetzungen des § 546 I 2 Nr 1 (BGHZ 2, 396; BGH MDR 79, 132), es sei denn, daß die wirtschaftlichen Auswirkungen sich auf eine unbestimmte Vielzahl von Fällen erstrecken würden (BFHE 89, 117 [119]; Hamm FamRZ 77, 318 [320]). Das ist aber dann nicht der Fall, wenn lediglich zwischen den Prozeßparteien weitere Streitigkeiten anhängig sind, zu deren Klärung eine Revisionsentscheidung beitragen würde (BGH NJW 70, 1549).

35 d) Die **Problematik des Grundsätzlichen** liegt darin, daß der Begriff „grundsätzliche Bedeutung" logisch nicht faßbar ist. Er muß deshalb weitgehend negativ abgegrenzt werden. Die OLG-Praxis arbeitet nach der Faustformel, daß solche Rechtsfragen als grundsätzlich anzusehen sind, die noch nicht oder noch nicht klar entschieden sind und wichtige Problemkreise betreffen, zu denen divergierende Ansichten vertreten werden oder vertretbar sind. Die Zulassung wegen Grundsätzlichkeit hat also nicht die Funktion, ein Gericht von seinen eigenen Zweifeln zu befreien; entscheiden muß es selbst. Bedenklich ist daher die Übung, bei nicht einstimmig gefaßter Entscheidung aus der Kontroverse im Kollegium die Grundsätzlichkeit herzuleiten (und den BGH gewissermaßen zum „Obergutachter" zu machen). „Nicht entschieden" bezieht sich dabei auf die Rspr insgesamt, nicht lediglich auf diejenige des BGH (OLG München GRUR 79, 546 [548]; für Zulassung in diesem konkreten Fall Nirk BB 80, 553 u Krämer FamRZ 80, 973 Fn 20). Die Abweichung von einer OLG-Entscheidung rechtfertigt für sich noch nicht die Zulassung der Revision (Bremen OLGZ 80, 215: „Erst wenn nach Austausch aller für und gegen eine Ansicht sprechenden Argumente sich unvereinbare Standpunkte herausgebildet haben, wird es in der Regel einer höchstrichterlichen Klärung durch das Revisionsgericht bedürfen"). Die Zahl der Fälle, in denen die OLG-Rspr divergiert, ist so groß, daß die Funktionsfähigkeit des BGH gefährdet wäre, würde stets zugelassen. Gerade bei neu auftretenden Rechtsfragen ist es angebracht, die Problematik erst einmal durch Austragen der Kontroverse im OLG-Bereich vorzuklären. Das ist sogar geboten, damit keine verfrühte Revisionsentscheidung veranlaßt wird, die erfahrungsgemäß sehr viel schwieriger abzuändern ist als eine OLG-Rspr. Gewiß gibt es Fälle, in denen die Grundsätzlichkeit zu bejahen ist, wo höchstrichterlich noch nicht entschieden worden ist (Prütting MDR 80, 369). Die Regel ist das jedoch nicht; das OLG muß erst einmal selbst Grundsätze bilden. Es ist verfehlt, alle rechtlichen Zweifel in die Kompetenz des BGH zu verlagern. Dem steht nicht zuletzt entgegen, daß die konkreten Prozeßparteien eine solche Bildung von Richterrecht ohne eigenen Vorteil mit den Prozeßkosten bezahlen müssen. Nach wie vor ist daher beherzigenswert die Empfehlung des OLG Köln (NJW 60, 2150), bei neu auftauchenden Rechtsfragen Zurückhaltung in der Zulassung zu üben.

36 e) Hält das Berufungsgericht eine Vorschrift für **verfassungswidrig**, ist das zwar „grundsätzlich", aber nicht tatbestandsmäßig iS des § 546 I 2 Nr 1. Nach Art 100 GG ist nur das BVerfG und nicht das Revisionsgericht zur Klärung der verfassungsrechtlichen Problematik kompetent (Celle FamRZ 78, 518 [519]).

37 **10) Abweichung.** Die sog **Divergenz-Revision** kann als formalisierter Unterfall der Zulassung wegen grundsätzlicher Bedeutung angesehen werden, da eine Abweichung in der rechtlichen Beurteilung zwischen Berufungsgericht und Revisionsgericht die Rechtssicherheit und Berechenbarkeit des Rechts beeinträchtigt und damit über den Einzelfall hinausweist.

38 **a) Divergenz** (§ 546 I Nr 2). Es muß sich um eine Abweichung von einer Entscheidung des BGH oder des Gemeinsamen Senats der obersten Gerichtshöfe des Bundes handeln; unter Nr 2 fällt nicht die Abweichung von einer Entscheidung des Reichsgerichts, eines obersten Gerichtshofes einer anderen Gerichtsbarkeit oder eines anderen OLG; doch kann dann Zulassung wegen grundsätzlicher Bedeutung in Betracht kommen (s Rn 35). Die divergierende Entscheidung braucht kein Urteil zu sein; es genügt ein Beschluß, auch ein Nichtannahmebeschluß gem § 554 b, der Rechtsausführungen zur Erfolgsaussicht der Revision bringt. Ob es dabei um materielles Recht oder um Verfahrensrecht geht, ist unerheblich. Eine Abweichung wird in der Regel nur anzunehmen sein, wenn die zu vergleichenden Entscheidungen auf dieselbe Rechtsnorm (denselben Paragraphen) gestützt werden (BAG AP § 72 ArbGG 1953 Divergenzrevision Nr 36). Erforderlich ist das jedoch nicht; es genügt, wenn es um die Inhaltsbestimmung und die Tragweite eines Rechtsgrundsatzes geht, der in verschiedenen Gesetzesvorschriften zum Ausdruck gekommen ist (BGHZ 9, 179; Schneider NJW 77, 1043). Erst recht unerheblich ist, ob in der vorgreifli-

chen Entscheidung eine Rechtsfrage ausdrücklich oder stillschweigend beantwortet worden ist (BGHSt 11, 31). Wird in der präjudiziellen Entscheidung die Beantwortung einer Rechtsfrage als so selbstverständlich angesehen, daß sich eine Auseinandersetzung erübrige, ist die Zulassung sogar das beste Mittel, die Diskussion in Gang zu setzen. Sie kommt jedoch nur bei Abweichung von noch wirkender Rspr in Betracht, also nicht, wenn die präjudizielle Rspr zwischenzeitlich geändert oder aufgegeben worden ist (BAG BB 74, 1252; BFH BB 80, 1414). Abweichung ist nach BAG (BB 81, 674) auch dann anzunehmen, wenn das Revisionsgericht zurückverweist, das Berufungsgericht sich an die bindende (§ 565 II) Beurteilung der aufhebenden Entscheidung hält, vor Erlaß des zweiten Berufungsurteils aber das Revisionsgericht seinerseits seine ursprüngliche (für das Berufungsgericht bindende) Rspr ändert. Dem ist deshalb zuzustimmen, weil in diesem Fall das Revisionsgericht selbst nicht mehr nach § 318 gebunden ist (GmS OGB BGHZ 60, 392; s § 565 Rn 3).

b) Erheblichkeit der Abweichung setzt voraus, daß die Entscheidung des OLG auf einem von ihm anders interpretierten Rechtssatz **beruht** (s dazu § 550 Rn 6 ff). Das ist nur dann der Fall, wenn die jeweils tragenden Gründe der zu vergleichenden Entscheidungen in Gegensatz stehen (BGHZ 2, 396; BAG MDR 83, 524). Bei gegensätzlicher Beantwortung der Rechtsfrage müssen daher auch die im Urteilstenor zu formulierenden Erkenntnisse unvereinbar sein (BGHZ 3, 326; 21, 236; BAG NJW 63, 1643). Da hier im Einzelfall Unsicherheiten auftreten können, genügt es zur Zulassung der Revision, wenn das Berufungsgericht **beachtliche Bedenken** gegen die Vereinbarkeit seiner Entscheidung mit derjenigen des BGH oder des Gemeinsamen Senats hat (BGHZ 36, 56). Am Erfordernis des „Beruhens" wird es häufig fehlen, wenn das Berufungsurteil doppelt begründet („auf zwei Beine gestellt") ist; denn bei zwei tragenden Begründungen für dasselbe Ergebnis ist Abweichung lediglich bei einer Begründung kein Zulassungsgrund (BAG MDR 81, 1687). Ob es sich dabei um eine Alternativ- (§ 543 Rn 15) oder um eine Hilfsbegründung handelt, ist unerheblich (BGH NJW 58, 1051). Nicht tragende „beiläufige Bemerkungen" im OLG-Urteil oder im BGH-Urteil sind außer Betracht zu lassen, insbesondere also fallbezogene Hinweise bei Aufhebung und Zurückverweisung für das weitere Verfahren (BGH NJW 58, 1051). Gegen diese Auslegung hat Grunsky (St/J/Grunsky § 546 Rn 10, 11) gewichtige Bedenken vorgebracht. Erfahrungsgemäß richtet sich die Praxis der Tatsacheninstanz nach den Ausführungen veröffentlichter BGH-Entscheidungen, ohne zu fragen und zu prüfen, was davon ratio decidendi und was obiter dictum ist. Diese Frage wird erst gestellt, wenn die Zulassungspflicht erörtert wird. Dann aber ist es ein Widerspruch in sich, bei (zulassungsfreier) Übernahme der Argumente des BGH vom Erfordernis der Entscheidungskausalität abzusehen, diese aber als maßgeblich zu behandeln, wenn es um die Zulassungspflicht geht. Diese Unterscheidung (ver)führt sogar dazu, Hilfserwägungen zu konstruieren, um nicht vorlegen zu müssen. Die enge Definition erklärt sich daher aus dem Blick der Berufungsgerichte durch den Widerstand gegen unbeliebte Vorlagen und aus der Sicht des BGH aus dem Entlastungsbestreben. Beide parallel verlaufenden Motivationen verstärken sich wechselseitig so, daß die zutreffende Kritik Grunskys ohne Einfluß auf die Auslegung des § 546 I 2 Nr 2 bleiben wird. 39

11) Zulassungsentscheidung. Die Fassung des § 546 I 2 wird, soweit sie eine Entscheidungsanweisung an das Berufungsgericht enthält, nicht selten ungenau interpretiert. Die Vorschrift enthält ein Gebot an das OLG, die Revision unter bestimmten Voraussetzungen zuzulassen. Dieses Entscheidungsgebot impliziert die vorgreifliche Anweisung, das Vorliegen der Zulassungsvoraussetzungen zu prüfen. Fällt diese Prüfung negativ aus, gebietet § 546 I 2 keine Entscheidung. Dementsprechend ist es auch nur Voraussetzung der Revisibilität, daß (positiv) zugelassen wird. Ob man das Schweigen des Berufungsgerichts als „negative Entscheidung" bezeichnen soll (so BAG BB 81, 616), ist eine unwichtige Formulierungsfrage. 40

a) Es ist **von Amts wegen** über die Zulassung zu entscheiden. Anträge sind prozessual nur Anregungen, so daß deren „Zurückweisung" fehlerhaft, wenn auch unschädlich ist. Soweit in den Entscheidungsgründen Ausführungen dazu gebracht werden, warum ungeachtet einer Anregung nicht zugelassen worden ist, wird keine Negativ-Entscheidung getroffen, die gesetzlich auch nicht vorgeschrieben ist. 41

b) Bezogen ist die Zulassung immer auf den **prozessualen Anspruch** (Streitgegenstand). Eine Beschränkung auf einzelne rechtliche oder tatsächliche (zB Verwertbarkeit eines Beweismittels) Gesichtspunkte ist unwirksam (BGH VersR 80, 265; 84, 38; FamRZ 81, 340), desgleichen die Zulassung auf einzelne Urteilselemente (zB einzelne materiellrechtliche Anspruchsgrundlagen zu demselben unteilbaren prozessualen Anspruch, BGH WPM 85, 1454; MDR 84, 207 = WPM 84, 279 = NJW 84, 615 = JR 84, 113 m Anm Linnenbaum; aA Grunsky ZZP 84 [1971], 146). Derartige Beschränkungen sind nicht zu beachten; die Revision gilt als einschränkungslos zugelassen. 42

43 **c) Streitgegenstandsbezogene Beschränkungen** sind jedoch zulässig. Durch sie wird erreicht, das Revisionsgericht von derjenigen Arbeit am Fall freizustellen, die nicht zur Erhaltung der Rechtseinheit und zur Rechtsfortbildung notwendig ist. Deshalb kann der nicht zugelassene Streitgegenstand auch nicht durch unselbständige Anschlußrevision zur Entscheidung gestellt werden (BGH MDR 68, 832; BAG MDR 83, 348). Die Wirksamkeit der Beschränkung wird vom Revisionsgericht überprüft; bei Unwirksamkeit ist von unbeschränkter Zulassung auszugehen (BGH FamRZ 81, 340; Tiedtke WPM 77, 668). **Grundsatz:** Beschränkbar ist, was teil- oder grundurteilsfähig ist, so daß das Berufungsgericht Teile des Streitgegenstandes oder dessen Grund gesondert bescheiden und durch Zulassung oder Nichtzulassung über die Revisibilität erkennen könnte (BGH ZIP 82, 1089; VersR 84, 38). Einzelne Beschränkungsmöglichkeiten:

44 **aa)** Auf **eine von mehreren Prozeßparteien,** zu deren Nachteil die Rechtsfrage entschieden worden ist (BGHZ 7, 62; VersR 81, 548), nicht für deren Prozeßgegner, der das Urteil aus einem anderen Grunde anfechten möchte (BGHZ 7, 63); er hat jedoch die Möglichkeit der Anschlußrevision (BGHZ 7, 62; BGH FamRZ 70, 589; BAG EzA KSchG § 1 Tendenzbetrieb Nr 13).

45 **bb)** Bei (nicht notwendigen) **Streitgenossen** (BGH LM § 546 Nr 9; VersR 84, 38); die vom anderen Streitgenossen eingelegte Revision ist dann unzulässig.

46 **cc)** Auf **einen Anspruch von mehreren selbständigen prozessualen** (nicht materiellrechtlichen: BGH VersR 84, 38) **Ansprüchen,** der teilurteilsfähig ist (BGH NJW 77, 1639; 79, 767; VersR 84, 38); jedoch darf die Gesamtbeschwer 40000 DM nicht übersteigen, da sonst die Wertrevision gegeben ist und der BGH über die Annahme zu entscheiden hat (§ 554b), desgleichen für Klage oder Widerklage. Wird auf eine Rechtsfrage beschränkt, die nur bei einem von mehreren Ansprüchen entscheidungserheblich ist, dann liegt darin eine Beschränkung auf diesen Anspruch (BGHZ 48, 134). Wird die Beschränkung als unwirksam angesehen, ist die Revision mit voller Nachprüfung zulässig (BGH VersR 80, 265; FamRZ 81, 340). Bedenklich ist BGH WPM 76, 1339, wo die Beschränkung auf die Frage für statthaft angesehen worden ist, ob ein Schreiben als deklaratorisches Anerkenntnis einer Schlußrechnung zu werten sei. Das geht in Richtung einer Beschränkung auf ein Urteilselement oder eine Rechtsfrage. Bei Ansprüchen, die voneinander präjudiziell abhängen, ist die Zulassungsbeschränkung nur für einen von ihnen unwirksam (BGH WPM 76, 1339).

47 **dd)** Beschränkung auf **Teile eines Anspruchs** (nicht auf konkurrierende Anspruchsgrundlagen, Rn 42) ist ebenfalls zulässig, falls eine Entscheidung durch Teil- oder Grundurteil zulässig wäre, also nicht lediglich für Urteilselemente (BGH VersR 82, 160 m Nachw); bei Unterhaltsansprüchen zB, ob und in welchem Umfang eine Grundrente zu berücksichtigen sei, bei einem Pflichtteilsanspruch die Frage der Berücksichtigung des Voraus und der Einkommensteuerschuld des Erblassers bei der Bemessung des Nachlaßwertes (BGH Warneyer 79 Nr 2 = FRES 1, 118); unbeachtlich jedoch Beschränkung auf Berechnung des Vorsorgeunterhalts gem § 1578 III BGB, da nur unselbständiger Teil des einheitlichen Unterhaltsanspruchs (BGH VersR 82, 187).

48 **ee)** Beschränkung auf **einzelne Angriffs- oder Verteidigungsmittel** ist (nur: BGHZ 9, 357) zulässig, wenn das Angriffs- oder Verteidigungsmittel einen selbständigen Anspruch im prozessualen Sinne bildet, zB ein zur Aufrechnung gestellter Anspruch (BGHZ 53, 152; VersR 84, 38); es muß einen tatsächlich und rechtlich selbständigen und abtrennbaren Teil des Gesamtstreitstoffes darstellen (BGH Warneyer 79 Nr 2; s auch BGH MDR 71, 569; Pawlowski JZ 70, 506; Rietschel Anm LM § 546 ZPO Nr 74). Soweit zu ihnen Präjudizialität besteht, ist eine Beschränkung unwirksam (BGH WPM 76, 1339).

49 **ff)** Bei einem nach **Grund und Höhe** streitigen Anspruch ist die Beschränkung zur Höhe zulässig (BGH VersR 84, 38), selbst wenn kein Grundurteil erlassen worden ist (BGH NJW 79, 551; ZIP 82, 1088 = NJW 82, 2380). Darf im Verfahren über den Grund die Frage des Mitverschuldens dem Nachverfahren über den Betrag vorbehalten werden, dann ist es auch zulässig, bei Einbeziehung des Mitverschuldens in das Grundurteil die Zulassung auf die Mitverschuldensfrage (BGHZ 76, 397) und sogar auf das Mitverschulden zur Schadenshöhe unter Ausschluß des Mitverschuldenseinwandes gegen das schädigende Ereignis zu beschränken (BGH MDR 81, 132 = Warneyer 80 Nr 232).

50 **d) Eindeutigkeit.** Soweit die Zulassung der Revision beschränkt werden darf, muß die Beschränkung sich eindeutig aus der Entscheidung des Berufungsgerichts ergeben (BGH VersR 84, 38). Wie stets sind Unklarheiten unter Berücksichtigung des Gesamtzusammenhangs der Entscheidung, insbesondere der Entscheidungsgründe zu beheben (BGHZ 48, 136; BGH WPM 86, 712, 713; BAG MDR 85, 611). Ist das nicht möglich, ist von uneingeschränkter Zulassung auszugehen (BGH VersR 80, 265; FamRZ 81, 340). Der BGH gibt bei uneingeschränkter Zulassung im Tenor der auf eine bestimmte Frage abgestellten Begründung in den Urteilsgründen den Vorrang (zB BGHZ 48, 136; VersR 73, 1028).

e) Entscheidungsform. § 546 I 2 gibt darüber keine Anweisung; deshalb ist § 546 II 1 entsprechend anzuwenden: Zulassung durch das OLG „in seinem Urteil". Was zum Urteil rechnet, ergibt sich aus § 313 I. Es besteht daher kein Gebot, die Zulassung im Tenor auszusprechen, obwohl dies angebracht und üblich ist. Bei beschränkter Zulassung kann es sich empfehlen, im Tenor die Revision zuzulassen „in dem in den Entscheidungsgründen näher dargelegten Umfang". Dadurch wird der Tenor entlastet. Zulassung in den Entscheidungsgründen ist immer wirksam (BGHZ 53, 155; BGH WPM 76, 1339 m Nachw). Die Zulassung braucht nicht selbständig verkündet zu werden (BGHZ 44, 395). Steht sie im Urteil (gleichviel in welchem Teil, § 313 I; genügend auch in einer Rechtsmittelbelehrung: VGH Bad-Württ Justiz 80, 423; enger aaO S 424), so ist damit unwiderlegbar bewiesen, daß sie zur Zeit der Urteilsverkündung beschlossen war (BGH NJW 56, 831; BSGE 8, 148). 51

f) Begründung ist nicht erforderlich, sofern die Zulassung nicht beschränkt werden soll. Will das Berufungsgericht uneingeschränkt zulassen, ist eine Begründung sogar besser zu unterlassen, weil der BGH daraus uU eine Beschränkung herausliest (oben Anm III 50); sicherheitshalber soll jedenfalls der Begründung hinzugefügt werden, daß uneingeschränkte Zulassung beschlossen worden ist. Wird nicht zugelassen, bedarf es keiner Entscheidung (Koblenz NJW 77, 2218; Köln MDR 78, 583); Schweigen ist gleich Nichtzulassung (Zweibrücken FamRZ 80, 614); erst recht bedarf es dann keiner Begründung (Krämer FamRZ 80, 973). Sie ist nobile officium, wenn eine Partei die Zulassung schriftsätzlich angeregt hat oder diese in der mündlichen Verhandlung erörtert worden ist, jedoch nicht zugelassen wird. 52

12) Berichtigung, Ergänzung. Da Schweigen zur Zulassung gleich negativer Entscheidung ist (BAG BB 81, 616), kann sie, ebenso wie die Zulassung, nicht durch den Beweis des Gegenteils entkräftet oder angefochten werden (BGH NJW 56, 831; BGHZ 2, 16; BAG 9, 205). Bei willkürlicher Nichtzulassung kann die Verfassungsbeschwerde wegen Verletzung des Art 101 I 2 GG gegeben sein (Schneider NJW 77, 1043; Krämer FamRZ 80, 975; BVerfG FamRZ 85, 255). Bei versehentlicher oder irrtümlicher Nichtzulassung ist auch dieser Weg verschlossen und die Revision nicht eröffnet (BGH NJW 80, 785 u 1636). Der Grundsatz der Meistbegünstigung (Rn 29 vor § 511) hilft nicht weiter, weil die Entscheidung als solche der Form nach korrekt ist. Es kommt daher nur noch gerichtsseitige Korrektur in Betracht (s dazu Kärmer FamRZ 80, 973). 53

a) Berichtigung nach § 319 ist zulässig. Der BGH prüft jedoch die bindende Wirkung des Berichtigungsbeschlusses und bejaht sie nur, wenn aus dem Zusammenhang des Urteils oder aus den Vorgängen bei seiner Verkündung nach außen erkennbar geworden ist, daß die Revisionszulassung vom Gericht beschlossen und nur versehentlich nicht im Urteil ausgesprochen worden ist (BGHZ 78, 222 m Nachw). Die Zulassungsentscheidung eines bayerischen OLG ist auch dann unvollständig und zu berichtigen oder zu ergänzen, wenn der Ausspruch darüber fehlt, ob der BGH oder das BayObLG für die Revision zuständig ist. Anderenfalls muß entsprechend § 7 II EGZPO die Zuständigkeit des BayObLG angenommen werden, da sonst die Wirksamkeit der unvollständigen Zulassung verneint werden müßte. Vorsorglich kann die Revision auch beim BGH eingelegt werden. Wird die Zulassung nachträglich gem § 319 ausgesprochen, beginnt die Revisionsfrist neu zu laufen, desgleichen, wenn sich erst aus der Berichtigung die Beschwer einer Partei ergibt (BGH VersR 81, 548). 54

b) Ergänzungsentscheidung nach § 321 ist nach ganz hM unzulässig, da sonst die Revision gegen ein bereits rechtskräftig gewordenes Urteil möglich wäre (vgl zB BGHZ 44, 395; BGH FamRZ 81, 445; BAG BB 81, 616; Düsseldorf MDR 81, 235; aA Krämer FamRZ 80, 975 u Vollkommer § 321 Rn 5). Dieser schon für das alte Recht vertretenen Auffassung ist auch zur Neufassung des § 546 zuzustimmen. Danach ist über die Nichtzulassung nicht (positiv) zu entscheiden; Schweigen ist gleich Versagen der Zulassung (BAG BB 81, 616; Zweibrücken FamRZ 80, 614; Köln MDR 78, 583). Die Voraussetzungen des § 321 fehlen, weil die Zulassung kein Haupt- oder Nebenanspruch ist und nicht den Kostenpunkt betrifft; ein Antrag kann nicht übergangen worden sein, da von Amts wegen zu entscheiden ist (Rn 27). Das Ergänzungsverfahren ließe sich auch nicht praktizieren. Die beschwerte Partei müßte auf das Geratewohl behaupten, eine Prüfung sei versehentlich oder wegen Rechtsirrtums unterlassen worden. Schließlich liefe die Anwendung des § 321 der ratio des § 546 zuwider, sofort nach Urteilserlaß Klarheit über die Rechtsmittelfähigkeit zu gewinnen (s Rn 20). Vom Ergebnis her besteht auch kein Bedürfnis, eine Partei, die durch fehlerhafte Anwendung des § 546 I verschlechtert wird, gegenüber derjenigen Partei zu begünstigen, die durch schwere materielle Fehler oder Beweisfehler benachteiligt worden ist. Wird eine unterbliebene Zulassung durch unbeachtliche Ergänzungsentscheidung nachgeholt und dadurch eine Partei veranlaßt, unzulässige Revision einzulegen, führt das zur Anwendung des **§ 8 GKG** (BGH FamRZ 81, 445 [447 zu 3]). 55

56 **13) Bindung des BGH** (Abs 1 S 3). Nichtzulassung und Zulassung sind für den BGH gleichermaßen bindend (BGH NJW 80, 344) und damit unabänderlich, selbst bei Rechtsirrtum des OLG über die Zulassungsvoraussetzungen (BGHZ 76, 305; BGH FamRZ 80, 233), soweit er nicht durch Auslegung unschädlich gemacht werden kann (BAG NJW 86, 2784) und unabhängig davon, ob auch der BGH die den Zulassungsgrund bildende Rechtsfrage für entscheidungserheblich hält (BGH DB 68, 351; VersR 85, 358/359). Jedoch keine Bindung, soweit Revision allgemein ausgeschlossen ist, zB § 545 II (BGHZ 3, 246; MDR 84, 922; BAG EzA KSchG § 5 Nr 19, S 85). Weder der BGH noch das OLG dürfen eine unterlassene Zulassung nachholen (BGH FamRZ 79, 473; 80, 251); nur Berichtigung nach § 319 kommt in Betracht (Rn 54). Diese Bindung, die nicht durch Beweis des Gegenteils entkräftet werden kann (BGH NJW 56, 831), ist verfassungsgerecht (BGH NJW 80, 344). Bei offensichtlich gesetzwidriger Zulassung ist für das alte Recht eine Bindung des Revisionsgerichts verneint worden (vgl BGH NJW 73, 1239 m Nachw). Die Neufassung des § 546 I 3 hat auch diese Ausnahme beseitigt (Vogel NJW 75, 1301). Zulassung und Nichtzulassung stimmen heute in ihren Bindungswirkungen überein (Krämer, FamRZ 80, 972, verneint demgegenüber bei offensichtlich gesetzwidriger Nichtzulassung die Bindung des BGH und muß dann folgerichtig auch die Bindung bei offensichtlich gesetzwidriger Zulassung verneinen, was beides abzulehnen ist). Teilweise bindungsfrei ist der BGH, wenn er eine Zulassungsbeschränkung (Rn 42 ff) als unbeachtlich ansieht (BGH VersR 80, 265; FamRZ 81, 340) oder wenn das OLG in sich widersprüchlich entscheidet und bei einer Beschwer von über 40000 DM noch zuläßt (BGH NJW 84, 927, dann Annahmerevision nach § 554b, BGH MDR 80, 381 = NJW 80, 786). Völlig bindungsfrei bleibt der BGH in allen anderen Zulässigkeitsvoraussetzungen, also bezüglich form- und fristgerechter Einlegung, Rechtsschutzbedürfnis (BGH LM § 546 Nr 21; MDR 76, 473) usw. Zur irrigen Annahme einer zulassungsfreien Wertrevision, insbesondere in Familiensachen, s § 554b Rn 1.

547 *[Unzulässigkeit der Berufung]*

Die Revision findet stets statt, soweit das Berufungsgericht die Berufung als unzulässig verworfen hat.

1 **I) Anwendungsbereich.** § 547 bezieht sich auf Berufung und Anschlußberufung (BGH NJW 80, 2313), auch für die bedingte, wenn sie hilfsweise mit dem Antrag auf Verwerfung oder Zurückweisung der Berufung verbunden wird, oder wenn sie von einem anderen sog innerprozessualen Vorgang abhängig gemacht werden kann, der auch in einer bestimmten Entscheidung des Gerichts bestehen kann (BGH WPM 84, 349 = ZIP 84, 371 = NJW 84, 1240). Revisibel ist auch ein Beschluß, durch den eine Anschlußberufung für wirkungslos erklärt wird (BGH MDR 85, 125). § 547 gilt für vermögensrechtliche und nichtvermögensrechtliche Streitigkeiten. Streithelfer-Revision ist unzulässig, wenn OLG seinen Beitritt zurückgewiesen hatte (BGH MDR 82, 650 = NJW 82, 2070). Berufung sowohl der Hauptpartei wie ihres Streithelfers sind ein einheitliches Rechtsmittel; wird gleichwohl die Hauptberufung verworfen, die des Streithelfers aber sachlich beschieden, dann führt die Revision der Hauptpartei zur Aufhebung des BerufungsUrt insgesamt (BGH MDR 82, 744 = NJW 82, 2069). § 545 II geht § 547 vor, so daß die Revision gegen Urteile, die über die Anordnung, Abänderung oder Aufhebung eines Arrestes oder einer einstweiligen Verfügung entschieden haben, auch insoweit nicht statthaft ist, als das Berufungsgericht die Berufung als unzulässig verworfen hat (BGH MDR 85, 130 = NJW 84, 2368 = Warneyer 84 Nr 208). Hingegen geht § 547 dem § 554b vor, so daß das Revisionsgericht insoweit die Annahme der Revision nicht ablehnen kann. Kein Anwendungsfall des § 547, wenn das Berufungsgericht nach einer begründet eingelegten Berufung neu eingeführte Klageansprüche wegen unzulässiger Klageänderung abgewiesen hat (BGH WPM 83, 1090). Wohl macht die Zulässigkeit für einen präjudiziellen Anspruch auch den davon abhängigen an sich nicht revisiblen Anspruch revisionsfähig (§ 546 Rn 8).

2 **1)** In entsprechender Anwendung des § 547 ist auch die Revision gegen ein Zwischenurteil des OLG zulässig, das die Wiedereinsetzung in die versäumte Berufungsfrist (Berufungsbegründungsfrist) abgelehnt hat, da diese Entscheidung einer Verwerfung der Berufung nahekommt (BGHZ 47, 289; BGH VersR 79, 619 u 960; aus gleichem Grund bei Verweigerung der Wiedereinsetzung durch Beschluß sofortige Beschwerde nach § 519b II, s dort). Keine Anwendung des § 547, wenn der Einspruch gegen ein die Berufung als unzulässig verwerfendes Versäumnisurteil als unzulässig verworfen wurde (BGH LM § 341 ZPO Nr 1). § 547 auch nicht entsprechend anzuwenden auf Urteile, durch die eine Wiederaufnahmeklage gegen ein Berufungsurteil als unzulässig verworfen wird (BGH NJW 64, 2303; 82, 2071; BGHZ 47, 21).

2) Den für die Zulässigkeit der Berufung maßgebenden Sachverhalt kann das Revisionsgericht wie bei anderen Zulässigkeitsfragen auch in tatsächlicher Hinsicht selbständig würdigen (BGH MDR 63, 291). Bei Verwerfung nach Wertfestsetzung gem §§ 511 a, 3 prüft BGH nur, ob das OLG seine gesetzlichen Ermessensgrenzen beachtet hat (BGH MDR 82, 653). Erscheint die Revision begründet, so wird das Revisionsgericht die Sache in der Regel gem § 565 an das Berufungsgericht zurückverweisen; eigene Sachentscheidung nach § 565 III ist jedoch nicht ausgeschlossen, auch dann nicht, wenn gegen ein Sachurteil des OLG die Revision nicht statthaft gewesen wäre (BGH MDR 76, 469 mit w Nachw; aA Bettermann ZZP 88 [1975], 365, 404). 3

II) Auf **andere Verfahrensmängel** ist § 547 selbst dann nicht entsprechend anzuwenden, wenn der Verfahrensmangel zur Nichtigkeit des Berufungsurteils, insbesondere im Falle des Verfassungsverstoßes, führt (BGH LM Nr 8 zu § 511; Henckel ZZP 77 [1964], 321, 344). Solche Verfahrensmängel können infolgedessen mit der Revision geltend gemacht werden, wenn die Revision nicht ohnehin nach §§ 546, 547 statthaft ist. Die Entscheidung des Gesetzgebers ist eindeutig, wenn auch unzweckmäßig, weil sie die Last der Entscheidung auf die Verfassungsgerichtsbarkeit verlagert. Ein verfassungsrechtliches Gebot, daß Verfassungsverletzungen einer Instanz immer mit einem Rechtsmittel zur nächsten Instanz anfechtbar sind, besteht jedoch nicht. 4

548 *[Vorentscheidung der Vorinstanz]*

Der Beurteilung des Revisionsgerichts unterliegen auch diejenigen Entscheidungen, die dem Endurteil vorausgegangen sind, sofern sie nicht nach den Vorschriften dieses Gesetzes unanfechtbar sind.

I) § 548 entspricht dem § 512. Es geht dabei nicht um die Statthaftigkeit oder die Zulässigkeit der Revision, sondern um ihre Begründetheit (so auch bei den §§ 549–551). Die **Vorentscheidungen** werden als vorweggenommene Teile des mit der Revision angefochtenen Endurteils behandelt. So insbesondere die selbst nicht anfechtbaren Zwischenurteile (§ 303). Die Nachprüfung setzt eine konkrete Revisionsrüge (§ 554 III 2) voraus. 1

II) Von der Überprüfbarkeit zusammen mit dem Endurteil bestehen **Ausnahmen.** Über den Wortlaut des § 548 hinaus sind insbesondere solche **Vorentscheidungen** ausgenommen, **die selbständig mit Revision angefochten werden können** und mangels einer solchen Anfechtung rechtskräftig werden, so daß für die weitere Nachprüfung kein Raum mehr ist. Das trifft zu bei den Zwischenurteilen nach § 280, abgesehen von den in § 549 II besonders behandelten Fragen der örtlichen Zuständigkeit, bei den Grundurteilen (§ 304) und Vorbehaltsurteilen (§§ 302, 599); gleiches gilt, weil einer Berufungsverwerfung nahekommend und deshalb selbständig mit Revision anfechtbar (BGHZ 47, 289; BGH VersR 79, 619 u 960), für die Zwischenurteile des OLG, mit denen die Wiedereinsetzung wegen Versäumung der Berufungsfrist (Berufungsbegründungsfrist) versagt wird (BGHZ 47, 291; die inhaltsgleichen Beschlüsse des OLG fallen unter § 519 b II, s dort). Dagegen unterliegen Zwischenurteile und Beschlüsse des OLG, durch die die Wiedereinsetzung gewährt wird, der Nachprüfung nach § 548, die Beschlüsse, weil es auch bei ihnen um die Zulässigkeit der Berufung geht (RGZ 136, 277; 167, 213; BGH MDR 51, 732; BGHZ 6, 369). 2

III) Ausgenommen von der Überprüfung nach § 548 sind weiter die nach ausdrücklicher Gesetzesbestimmung **unanfechtbaren Entscheidungen,** zB die Untersagung des Vortrages nach § 157 II; s auch die weiter unten angeführten Beispiele. Wegen § 567 III gehören hierher Zwischenurteile des OLG, gegen die sonst sofortige Beschwerde gegeben wäre (Zwischenstreit mit Dritten, §§ 71, 135, 387; vgl BGH MDR 66, 915) und Beschlüsse des OLG im Urteilsverfahren (vgl RGZ 83, 2), zB der Beschluß, durch den die Ablehnung eines Sachverständigen für unbegründet erklärt wird, selbst wenn er ins Urteil aufgenommen ist, da er auch bei korrekter Beschlußentscheidung unanfechtbar wäre (BGHZ 28, 305; NJW 59, 293; MDR 79, 398; abw BAG JZ 60, 606), oder die Ablehnung eines Aussetzungsantrages, selbst wenn sie erst in den Gründen des Berufungsurteils ausgesprochen ist (BGH LM § 252 ZPO Nr 1; Bedenken: BAG NJW 68, 1493), oder die Feststellung der Wirksamkeit einer Berufungszurücknahme in dem Beschluß nach § 515 III, die der Verwerfung der dennoch aufrechterhaltenen Berufung vorangeht; auch diese Vorentscheidung bindet das Revisionsgericht, selbst wenn sie nicht durch selbständigen Beschluß, sondern erst in den Gründen der die Berufung verwerfenden Endentscheidungen getroffen wird (BGHZ 46, 115). Wegen ihrer Unanfechtbarkeit sind nach § 548 auch nicht nachprüfbar Zwischenurteile, die eine Klageänderung zulassen (§ 268; bei Nichtzulassung § 548) oder die örtliche Zuständigkeit bejahen (§ 549 II). S ferner Anm zu § 512. Folgerungen, die das Berufungsgericht aus einer unanfechtbaren Vorentscheidung für das Endurteil zieht, binden das Revisionsgericht nicht und sind möglicherweise unter dem Gesichtspunkt der Versagung des rechtlichen Gehörs 3 nachprüfbar; zB die Ablehnung eines Vertagungsgesuches (RGZ 81, 324; Gruch 66, 588), die Zurückweisung eines Unterbevollmächtigten (RGZ 83, 1), die Versagung der Bewilligung von Prozeßkostenhilfe durch das OLG (RGZ 160, 160; BGH LM 2 zu § 548). Vgl auch RGZ 127, 263 (Ablehnung der Aussetzung des Verfahrens). Desgleichen können fehlerhafte Beweisanordnungen zu einem Verstoß des Urteils gegen § 286 führen.

549 *[Revisibles Recht]*

(1) Die Revision kann nur darauf gestützt werden, daß die Entscheidung auf der Verletzung des Bundesrechts oder einer Vorschrift beruht, deren Geltungsbereich sich über den Bezirk eines Oberlandesgerichts hinaus erstreckt.

(2) Das Revisionsgericht prüft nicht, ob das Gericht des ersten Rechtszugs sachlich oder örtlich zuständig war, oder ob die Zuständigkeit des Arbeitsgerichts begründet war oder ob eine Familiensache vorliegt.

1 **I) Abs 1.** Die Revision kann nur auf **Rechtsverletzung** (s Rn zu § 550) gestützt werden; die tatsächlichen Feststellungen des Berufungsgerichts sind für das Revisionsgericht in der Regel bindend (§ 561 II). Die Rechtsverletzung kann in einem Verstoß gegen Verfahrensvorschriften (vgl §§ 549 III Nr 2b, 559 S 1) oder in fehlerhafter Anwendung des Rechts (in der Regel des sachlichen Rechts) auf den festgestellten Tatbestand bestehen. Für die Zulässigkeit der Revision ist es gleichgültig, welcher Normengruppe die als verletzt bezeichnete Rechtsnorm angehört. An die Begründung der sachlichrechtlichen und der verfahrensrechtlichen Rügen werden in § 554 III Nr 2 aber verschieden hohe Anforderungen gestellt (s dort). Beachtlich für das Revisionsgericht ist ein Rechtsverstoß nur, wenn die verletzte Vorschrift zu den in § 549 näher bezeichneten gehört (§ 562). Damit die Revision Erfolg haben kann, muß die angefochtene Entscheidung in der Regel auf dem Rechtsverstoß **beruhen** (§ 563 Rn 1). Bei Verfahrensverstößen reicht es aus, daß das angefochtene Urteil auf dem Verstoß beruhen *kann;* in den Fällen des § 551 wird der ursächliche Zusammenhang zwischen dem Verstoß und dem Inhalt des angefochtenen Urteils unwiderleglich vermutet. „Vorschrift" ist die „Rechtsnorm" des § 550.

2 **1) Bundesrecht:** Verfassungs-, Gesetzes- und Verordnungsrecht des Bundes, auch Bundesgewohnheitsrecht (BGH NJW 65, 1862). Die Bestimmungen eines Bundesrahmengesetzes sind revisibel, soweit sie in ein Landes-Ausführungsgesetz unverändert übernommen worden sind. Revisibel auch das Recht zwischenstaatlicher Abkommen, soweit es in innerstaatliches Bundesrecht umgesetzt worden ist (BGH NJW 73, 417). Völkerrecht als Bestandteil des Bundesrechts: Art 25 GG. In Betracht kommt auch früheres Recht, soweit es nach Art 124, 125 GG in Bundesrecht übergeleitet worden ist.

3 **2) Sonstige Vorschriften** sind revisibel, wenn sich ihr Geltungsbereich **über den Bezirk des Berufungsgerichts hinaus** erstreckt und deshalb durch die Rspr der Berufungsgerichte die Einheitlichkeit der Rechtsanwendung nicht gewährleistet werden kann. Soweit das BayObLG für die Revision zuständig ist (§ 8 EGGVG), sind alle Vorschriften des **bayerischen Landesrechts** revisibel (§ 7 EGZPO).

4 **a)** Revisibel ist das im ganzen Bundesgebiet geltende **Europäische Gemeinschaftsrecht.** Seine Auslegung steht zwar nach Art 177 EWG-Vertrag (BGBl 57 II 766) im wesentlichen dem EuGH zu. Das Revisionsgericht kann aber zu dem Ergebnis kommen, daß vom Berufungsgericht angewandtes innerstaatliches Recht durch das Gemeinschaftsrecht verdrängt war. Es kann sich auch ergeben, daß eine vom Berufungsgericht angewandte Vorschrift des Gemeinschaftsrechts, die er für nicht auslegungsbedürftig gehalten hat, der Auslegung bedarf, so daß das Revisionsgericht seinerseits zur Richtervorlage an den EuGH genötigt ist (BVerwG DVBl 70, 630). Es kann auch zu beanstanden sein, daß die Anwendung einer Vorschrift des Gemeinschaftsrechts durch den seinerseits zur Vorlegung nicht genötigten Tatrichter (Art 177 II EWG-Vertrag) mit der vom EuGH vorgenommenen Auslegung nicht übereinstimmt (vgl auch Steindorff JZ 63, 203; BVerfG NJW 68, 348; 71, 2122); das Berufungsgericht ist insofern nicht an die Entscheidung des BGH gebunden (§ 565 Rn 1).

5 **b)** Auch das **Landesrecht** erstreckt sich häufig über den Bezirk eines Berufungsgerichts hinaus und fällt dann unter Abs 1 (BGHZ 6, 147; BAG JZ 58, 252).

6 **c) „Geltende" Vorschrift** ist auch eine aufgehobene, die noch im zu entscheidenden Fall anzuwenden ist (BGHZ 24, 253). Eine Vorschrift „gilt im Bezirk des Berufungsgerichts", wenn sich dieser Bezirk im Zeitpunkt der Revisionsverhandlung ganz oder teilweise mit dem Hoheitsgebiet der Gebietskörperschaft deckt, für das diese die Vorschrift erlassen hat (BGHZ 24, 253). Eine

in diesem Zeitpunkt nur noch im Bezirk eines OLG geltende Vorschrift ist revisibel, wenn sich ihre Geltung früher auf mehrere Bezirke erstreckt hat, auch wenn sie dort inzwischen geändert wurde (BGH MDR 64, 753). Das im Bezirk mehrerer Berufungsgerichte übereinstimmend geltende Recht muß nicht notwendig aus derselben Rechtsquelle stammen. Es genügt, wenn die in mehreren Bezirken geltenden Gesetze bewußt in Übereinstimmung gebracht sind; zB Berliner Gesetze mit Bundesgesetzen (BGHZ 4, 219; 6, 49; MDR 64, 753), Vorschriften der Länder, die infolge zwingender Rahmengesetzgebung des Bundes übereinstimmen (BGHZ 34, 377) oder Ortsvorschriften, deren Inhalt mit Bedacht an das in übrigen Gebietsteilen des Landes geltende revisible Recht angeglichen sind (BayObLGZ 60, 72; BGH MDR 75, 831: für nicht über den Bezirk eines OLG hinaus geltende Dienstordnung einer AOK; BGH WPM 74, 234: für die Auslegung des Hamburger Hülsenfrucht-Schluß-Scheins Nr 5). Der Gleichlaut einzelner Bestimmungen genügt aber noch nicht (BGHZ 7, 300; WM 61, 757), auch nicht, daß in mehreren Bezirken zufällig dieselbe Rechtslage besteht (BGHZ 7, 299).

d) Ausnahmsweise kann das Revisionsgericht mit der Auslegung einer an sich nicht revisi- 7
blen Vorschrift befaßt werden, zB wenn das Berufungsgericht sich bei der Auslegung irrevisiblen Rechts durch revisibles Recht gebunden sieht (BVerwG NJW 76, 723). Im allgemeinen sind aber die zur Auslegung des irrevisiblen Rechts herangezogenen Auslegungsgrundsätze diesem zuzurechnen (BVerwG JZ 73, 26; § 562). Wenn eine nicht revisible Vorschrift aber einen Rechtsbegriff aus dem ihre Grundlage bildenden revisiblen Landesrecht entnommen hat, so kann die Anwendung dieses Rechtsbegriffs im Revisionsverfahren nachgeprüft werden (BGHZ 46, 17). Ferner kann das Revisionsgericht prüfen, ob die vom Tatrichter angewandte nicht revisible Vorschrift gegen höherrangiges revisibles Recht verstößt, in Wirklichkeit also dieses verletzt ist (BGH DÖV 63, 53; JR 67, 184; BayObLGZ 60, 329), zB durch Anwendung von Auslandsrecht, statt inländischem revisiblem Recht, von nicht revisiblem Partikularrecht statt Bundesrecht, durch Anwendung von Partikularrecht, das gegen das Grundgesetz verstößt, weil dann dieses verletzt ist (BGHZ 13, 382; WM 70, 933). Dagegen kann im allgemeinen nicht gerügt werden, daß die Art der Anwendung des Partikularrechts durch den Tatrichter gegen das Rechtsstaatsprinzip des Grundgesetzes verstoße (BVerwG JZ 73, 26). Eine landesrechtliche Vorschrift, die ohne Verstoß gegen Bundesrecht die Zuständigkeit eines Verwaltungsgerichts anstelle des ordentlichen Gerichts begründet, ist nicht schon deshalb revisibel, weil das Revisionsgericht die Zulässigkeit des Rechtswegs von Amts wegen zu prüfen hat (BGHZ 21, 217; Sonderfall: BGH ZZP 69 [1956], 189). Irrevisibles Recht kann aber zur Aufrechterhaltung eines Urteils nach § 563 herangezogen werden (RG JW 12, 473; BGHZ 24, 164). Insbesondere kann eine nur innerhalb eines OLG-Bezirks geltende Vorschrift vom Revisionsgericht ausgelegt und angewendet werden, wenn sie der Tatrichter unberücksichtigt gelassen hat, weil sie zur Zeit seines Urteils noch nicht galt (vgl BGHZ 36, 348), oder weil er einen Tatbestand übersehen hat, auf den sie anzuwenden gewesen wäre (BGHZ 24, 159; BayObLGZ 64, 168). Die bloße Nichterwähnung nötigt allerdings nicht ohne weiteres zu dem Schluß, der Tatrichter habe die Vorschrift übersehen (BGHZ 21, 214).

e) Rechtsgeschäftliche Bestimmungen sind keine Rechtsnormen und haben deshalb keinen 8
räumlich abgegrenzten Geltungsbereich; soweit sie dennoch als revisibel angesehen werden (§ 550 Rn 5), wird ein über den Bezirk des Berufungsgerichts hinausreichender Anwendungsbereich vorausgesetzt, so daß verschiedene Berufungsgerichte zu ihrer Auslegung berufen sein können (vgl BGH LM § 549 ZPO Nr 15). Für die Satzung eines Vereins kann ein über den OLG-Bezirk hinausreichender Geltungsbereich angenommen werden, wenn die Mitglieder über den Bezirk des OLG hinaus verstreut ihren Wohnsitz haben (BGHZ 21, 370; NJW 56, 1793). Die Satzungen von Stiftungen richten sich an jeden, den es angeht, und haben daher keinen räumlich abgegrenzten Anwendungsbereich (BGH NJW 57, 708). Das gleiche gilt für die Gesellschaftsverträge von Kapitalgesellschaften, soweit sie körperschaftsrechtliche Regelungen enthalten, nicht für ihre individualrechtlichen Bestimmungen (BGHZ 9, 281; MDR 54, 734). Auch die Gesellschaftsverträge von Massen-Kommanditgesellschaften haben im allgemeinen keinen abgegrenzten räumlichen Geltungsbereich (BGHZ 64, 238). Zur Gleichstellung solcher Bestimmungen mit Rechtsnormen s § 550 Rn 5, zu ihrer **Auslegung** § 550 Rn 10.

3) Ausländisches Recht ist nach hM (BGH 48, 214; BGH WPM 71, 1094; 86, 461) grundsätzlich 9
nicht revisibel, selbst wenn es um wortgleiche Vorschriften geht (BGH WPM 77, 1322). Auch die in der Praxis immer häufigere Anwendung ausländischen Rechts macht dieses nicht zu „Bundesrecht". Eine Praxisänderung ist schon deshalb nicht veranlaßt, weil die meisten anderen Rechtsordnungen ihrerseits das ausländische Recht als irrevisibel ansehen (Wengler BGB-RGRK Bd VI 2, 12. Aufl 1981, S 907 Fn 232). Fastrich (ZZP 94 [1984], 423, 444 f) befürwortet eine verstärkte drittinstanzliche Überprüfung durch sehr weitgehende Zulassung der Verfahrensrüge fehlerhafter Ermittlung ausländischen Rechts (rechtsvergleichend s Konstantinos ZZP 99 [1986], 166). Im Inland verwendete **ausländische AGB** sind ebenfalls irrevisibel (§ 550 Rn 5).

10 **a)** Nachprüfbar sind Kollisionsnormen des ausländischen Rechts (einschließlich der in ihnen verwendeten Sachnormen), soweit in Frage steht, ob sie auf deutsches Recht verweisen (BGH NJW 58, 750); nicht, wenn sie auf anderes Auslandsrecht verweisen, die Anwendung des deutschen Sachrechts also nicht in Betracht kommt (BGHZ 45, 351). Im allgemeinen stehen aber die Feststellungen des Berufungsgerichts über Bestehen und Inhalt des ausländischen Rechts Tatsachenfeststellungen gleich (§ 562). Das gilt auch dann, wenn vom Inhalt des ausländischen Rechts die Zuständigkeit der inländischen Gerichte (Heimatrecht des Ehemannes im Fall des § 606 b Nr 1 aF, BGH NJW 58, 830) oder die Beurteilung der Parteifähigkeit oder Rechtsfähigkeit einer Partei (BGH NJW 65, 1666) abhängt. Übereinstimmung des ausländischen Rechts mit inländischem macht jenes noch nicht revisibel (BGH NJW 59, 1873: als Teil der österreichischen Rechtsordnung geltende Bestimmungen des deutschen HGB; BGH MDR 60, 379; NJW 63, 252; WPM 77, 1322: ausländisches Wechselgesetz; für Nachprüfung, soweit die Übereinstimmung auf den Vereinheitlichungsbestrebungen innerhalb der europäischen Gemeinschaften beruht, Steindorff JZ 63, 203). Das Revisionsgericht kann auch nicht nachprüfen, ob bei der Anwendung des ausländischen Rechts allgemeine im internationalen Recht anerkannte Grundsätze verletzt sind (BGH NJW 57, 217). Eine ausländische Vorschrift kann aber vom Revisionsgericht berücksichtigt und angewendet werden, wenn sie erst nach Ergehen des tatrichterlichen Urteils erlassen wurde (BGHZ 36, 348), oder wenn sie dem Tatrichter sonst unbekannt war (BGHZ 40, 197). Wenn ausländisches Recht aufgrund materiellrechtlicher Verweisung durch Vertragsparteien zum Vertragsinhalt wird, ist es im gleichen Umfang wie sonstige typische Vertragsbestimmungen revisibel (Schütze NJW 70, 1584).

11 **b)** Wegen der Grenzen revisionsrichterlicher Nachprüfung bei in bezug auf die Anwendung ausländischen Rechts erhobenen Rügen s Rn 14 u § 562 Rn 3.

12 **c)** Revisibel ist dagegen das **deutsche internationale Privatrecht.** Insbesondere kann geprüft werden, ob das angewandte ausländische Recht dem deutschen ordre public widerspricht (BGHZ 40, 197). Abzulehnen BGH NJW 56, 1115 und NJW 63, 252 (dazu Steindorff JZ 63, 200), wonach der Tatrichter nicht offenlassen darf, ob deutsches oder ausländisches Recht anzuwenden ist. Deckt das deutsche Recht die Entscheidung nicht, so kann das Revisionsgericht zurückverweisen, damit der Tatrichter abschließend die Anwendbarkeit des Auslandsrechts prüft.

13 **4)** Eine **Bezugnahme auf revisibles Recht** macht allein nicht revisibel (BGHZ 10, 378). Allgemeine Rechtsgrundsätze, die auf nicht revisibles Recht angewendet wurden, gelten im allgemeinen als Bestandteil dieses Rechts; so für Auslegungs- und Beweislastregeln BGH WPM 69, 858, 1140. Für die Frage der Revisibilität kommt es auf den Zeitpunkt der Revisionsverhandlungen an (BGHZ 10, 367; 24, 256).

14 **5) Ermittlung von Auslands-, Gewohnheits- und Satzungsrecht:** § 293. Revisionsangriffe gegen die Feststellung des nicht revisiblen Rechts, die wie eine tatsächliche Feststellung bindet (§ 562), sind nur in sehr beschränktem Umfang möglich (§ 562).

15 **6)** Eine nur auf die Verletzung nicht revisiblen Rechts gestützte Revision ist nicht unzulässig, sondern **unbegründet** (RGZ 158, 320; BGHZ 10, 368; aA Bettermann ZZP 77, 1964, 30).

16 **II) Abs 2.** Im Gegensatz zu § 512 a gilt § 549 auch für nichtvermögensrechtliche Ansprüche, nicht nur für die Bejahung der Zuständigkeit, sondern auch für die Verneinung, und nicht nur für die örtliche Zuständigkeit, sondern auch für die sachliche Zuständigkeit einschließlich der Zuständigkeit der Arbeitsgerichte. Unberührt bleibt die Prüfung der Gerichtsbarkeit im übrigen (Zuständigkeit der Verwaltungsgerichte) sowie der funktionellen Zuständigkeit (zum Verhältnis Zivilkammer–Kammer für Handelssachen s Gaul JZ 84, 564/565), der Zuständigkeit des Familiengerichts (BGH NJW 84, 2040) und der internationalen Zuständigkeit (BGHZ 44, 46; FamRZ 83, 1215 = NJW 84, 1305; MDR 84, 385 = NJW 84, 1302), so daß insbesondere Rügen, die sich auf die internationale Zuständigkeit beziehen, in der Revisionsinstanz zulässig sind (vgl a Art 19 EuGVÜ). Dies findet seine Rechtfertigung darin, daß die Entscheidung über die internationale Zuständigkeit auch eine Vorentscheidung über das nach der lex fori anwendbare internationale Privatrecht und damit oft auch über das anzuwendende materielle Recht enthält.

17 Durch das UÄndG v 20. 2. 86 (BGBl I 301) ist dem Revisionsgericht auch die Überprüfung entzogen, ob eine **Familiensache** vorliegt. Das entspricht der gleichlautenden Regelung in § 529 III nF durch das UÄndG. Gesetzgeberischer Grund dafür waren Prozeßökonomie und Verfahrensbeschleunigung.

550 *[Gesetzesverletzung]*
Das Gesetz ist verletzt, wenn eine Rechtsnorm nicht oder nicht richtig angewendet worden ist.

Lit: *Gottwald,* Die Revisionsinstanz als Tatsacheninstanz, 1975; *Henke,* Die Tatfrage, 1966; *ders,* Rechtsfrage oder Tatfrage – eine Frage ohne Antwort?, ZZP 81 [1968], 196 ff, 321 ff; *Kuchinke,* Grenzen der Nachprüfbarkeit tatrichterlicher Würdigung und Feststellungen in der Revisionsinstanz, 1964; *May,* Auslegung individueller Willenserklärungen durch das Revisionsgericht?, NJW 83, 980; *Nierwetberg,* Die Unterscheidung von Tatfrage und Rechtsfrage, JZ 83, 237; *Riezler,* Ratio decidendi und obiter dictum im Urteil, AcP 139, 161 ff; *Schröder, Jochen,* Der tragende Rechtsgrund einer Entscheidung. Zur Abgrenzung von ratio decidendi und obiter dictum, MDR 60, 809 ff.

I) Gemeinsam mit § 549 und § 561 ergibt sich aus § 550, daß das Revisionsgericht das Beru- 1
fungsurteil nur in rechtlicher, nicht aber in tatsächlicher Hinsicht nachzuprüfen hat. Es ist deshalb zwischen der **Rechtsfrage** und der **Tatfrage** zu unterscheiden. Diese Abgrenzung kann entgegen allen theoretischen Bemühungen (zB Henke S 138 ff u ZZP 81 [1968], 196 ff, 321 ff; Gottwald S 138 ff) nicht rein begrifflich, sondern nur funktionell vorgenommen werden (Kuchinke S 58 ff), was allerdings zwangsläufig zu Unsicherheiten führt, die jedoch in dem unscharfen Gegensatzpaar selbst begründet liegen. Eine rein begriffliche Abgrenzung ist schon deshalb unmöglich, weil bereits jedes Erfassen eines Sachverhalts durch Sprache eine Subsumtion unter Begriffe erfordert, die als Rechtsbegriffe interpretierbar sind und die Wertungen enthalten (vgl dazu etwa Watzlawick/Beavin/Jackson, Menschliche Kommunikation, 4. Aufl 1974; Haft, Einführung in die Rechtsinformatik, 1977; Seiffert, Information über die Information, 3. Aufl 1971 sowie Einführung in die Wissenschaftstheorie, Bd 1 u 2, 9./7. Aufl 1980/1978). Maßgebend für die Abgrenzung ist deshalb die Funktion, die die Revisionsinstanz ausfüllen soll und kann: Die Revision ist auch heute noch Rechtsmittel und soll zu einer möglichst umfassenden Nachprüfung der Berufungsentscheidung führen. Das Revisionsgericht soll aber der Notwendigkeit, Beweise zu erheben, entbunden sein, so daß als nicht revisible Tatfrage insbesondere alles das zu gelten hat, was eine neue Beweisaufnahme erfordern würde; dabei kommt es freilich nicht darauf an, ob im konkreten Fall eine solche Beweisaufnahme notwendig wird, sondern darauf, ob sie notwendig werden könnte. Deshalb gelten auch solche Rechtsfragen als irrevisibel, die in der Praxis so eng mit der Beweisaufnahme verknüpft sind, daß häufig eine Entscheidung ohne Wiederholung der Beweisaufnahme nicht möglich erscheint, so etwa die Auslegung nach §§ 157, 242 BGB. Es gehört andererseits zu den Funktionen der Revision, die einheitliche Handhabung des Rechts zu gewährleisten. Deshalb ist es gerechtfertigt, die Revision dort in die Entscheidung der Tatfrage hineingreifen zu lassen, wo es nicht um die zwangsläufig individuelle Feststellung einmaliger Tatsachen geht, sondern wo Denkgesetze und allgemeine Erfahrungsregeln anzuwenden sind, die einheitlich angewandt werden können und müssen (ohne daß sie deshalb als Rechtsnormen qualifiziert werden müssen, Grave/Mühle MDR 75, 274). Die freie Beweiswürdigung nach § 286 wird dadurch nicht beeinträchtigt, weil § 286 den Richter nicht vor der Überprüfung seiner Überzeugungsbildung durch das Instanzgericht schützt. Wird eine Frage als Rechtsfrage qualifiziert, so prüft das Revisionsgericht insoweit das Ergebnis der angefochtenen Entscheidung unmittelbar; wird eine Frage als Tatfrage qualifiziert, so überprüft es nur, ob auf dem Wege zur Entscheidung Verfahrensverstöße unterlaufen sind. Dann bedarf es einer weiteren Abgrenzung zwischen Verfahrens- und Ergebnisüberprüfung, die ebenfalls pragmatisch zu treffen ist.

II) Revisibel ist die Feststellung, daß eine nach §§ 562, 549 revisible **Rechtsnorm** besteht oder 2
nicht besteht. Die Begriffe „Gesetz" und „Rechtsnorm" werden gleichbedeutend gebraucht (§ 12 EGZPO; vgl. RGZ 68, 148). Ob die Norm zum materiellen oder prozessualen Recht gehört, ist unerheblich (vgl zB BGH GRUR 81, 534), daher auch Verstoß gegen § 286 revisibel (BGH ZSW 82, 39). Fehlerhafte Verhaltensweisen in Verfahren hingegen sind etwas Faktisches und haben deshalb keinen Rechtsnormcharakter, sondern müssen an Normen gemessen werden. Das gilt auch für die Verfahrensrüge nach § 559 II 2 und erklärt, warum es keinen Revisionsgrund der Aktenwidrigkeit geben kann (BGH DRiZ 73, 98; VersR 81, 621 [622 zu 3] = Warneyer 81 Nr 81 S 84).

1) Gesetz ist demnach nicht nur der in einer Schrifturkunde formulierte verfassungsmäßig 3
erklärte Wille der gesetzgebenden Organe, Gesetz sind auch die auf gesetzlicher Ermächtigung beruhenden Rechtsverordnungen. Auch Verwaltungsvorschriften können objektives Recht enthalten (vgl BGH MDR 58, 669; BayObLGZ 57, 512), zB wenn sie die Einhaltung des Gleichheitsgrundsatzes sichern sollen (BGH MDR 70, 210). „Gesetz" sind auch die in Staatsverträgen enthaltenen Rechtssätze (vgl BGHZ 32, 76), soweit sie in innerstaatliches Recht transponiert sind,

sowie kirchenrechtliche Vorschriften (BVerwG JZ 73, 26). Die allgemeinen Grundsätze des Völkerrechts sind nach Art 25 GG Bestandteil des Bundesrechts. Auch das Gewohnheitsrecht ist „Gesetz" (vgl BGH MDR 63, 480; NJW 65, 1862; BayObLGZ 64, 161).

4 **2) Keine Rechtsnormen** sind Handelsbräuche (BGH MDR 52, 155). Objektives Recht können auch die Satzungen von Gebiets- und sonstigen öffentlich-rechtlichen Körperschaften und Anstalten enthalten (BGHZ 32, 229), das Statut einer Realgemeinde (BGHZ 36, 283), desgleichen Anstaltsordnungen (BGHZ 25, 208), auch Versicherungsbedingungen öffentlich-rechtlicher Anstalten (BGHZ 6, 373). Die Geschäftsverteilungspläne der Gerichte sind nach hM keine Rechtsnormen (vgl BGHZ 46, 148), doch können bei willkürlicher Anwendung Rechtsnormen, nämlich Art 101 I 2 GG, § 16 S 2 GVG, verletzt sein (BGHZ 40, 93; BGHSt 11, 106; 12, 227, 406; 15, 117).

5 **3)** Gewisse Bestimmungen **rechtsgeschäftlicher** Art werden wie Rechtsnormen behandelt und sind revisibel, wenn sie bestimmten Anforderungen in bezug auf ihren räumlichen Geltungsbereich genügen (§ 549 Rn 8). Dazu gehören insbesondere **allgemeine Geschäftsbedingungen,** § 1 AGBG (std Rspr, zB BGHZ 7, 368). Im Inland verwendete ausländische AGB oder auf der Grundlage ausländischen Rechts formulierte AGB sind jedoch wie ausländiches Recht zu behandeln (§ 549 Rn 9) und nach der Rspr des BGH vom Revisionsgericht nicht überprüfbar (WRP 86, 461 = ZIP 86, 653 mwNachw auch zum abw Schrifttum). Nach dem Vorbild der AGB werden auch andere typische Erklärungssachverhalte (Kuchinke S 172) wie Rechtsnormen behandelt, so insbesondere die Satzungen von Kapitalgesellschaften mit Ausnahme von Bestimmungen individualrechtlichen Inhalts (BGHZ 14, 25; NJW 53, 1021; MDR 54, 734), Vereinssatzungen (vgl BGHZ 47, 179), auch solche nicht eingetragener Vereine, wenn diese nur ins Leben getreten sind (BGHZ 21, 370), Stiftungssatzungen und Stiftungsurkunden (BGH NJW 57, 708; BAG NJW 62, 555), Gesellschaftsverträge von Publikumskommanditgesellschaften (vgl BGHZ 64, 238). Anders für kleine Versicherungsvereine BAG AP § 549 ZPO Nr 2. Die **Satzung eines eingetragenen Vereins** darf das Revisionsgericht frei auslegen, weil bei ihr Willensäußerungen und Interessen der Gründer, Entstehungsgeschichte und spätere Vereinsentwicklung nicht zu berücksichtigen sind, also nur Auslegung „lediglich aus ihrem Inhalt" in Betracht kommt (BGH WPM 86, 291).

6 **III) Das „Beruhen auf".** Grundsätzlich revisibel ist die vom Tatrichter vorgenommene **Subsumtion,** dh die Anwendung der Rechtsnormen und der ihnen gleichgestellten Vorschriften auf den von ihm festgestellten Sachverhalt. Subsumtion ist ein Denkweg, bei dem aus einem Obersatz (Prämisse I oder *propositio maior*) und einem Untersatz (Prämisse II oder *propositio minor*) eine Schlußfolgerung (Schlußsatz oder *conclusio*) gewonnen wird. Seine allgemeinste Form wird in der klassischen Lehre vom Schluß (s dazu zB Schneider, Logik für Juristen, 2. Aufl 1972, §§ 23–50; Herberger/Simon, Wissenschaftstheorie für Juristen, 1980, S 23 ff) als der sog **modus barbara** bezeichnet. Symbolisch hat er die Struktur: MaP/SaM/SaP (Alle Menschen sind sterblich/Sokrates war ein Mensch/Also war Sokrates sterblich). Dieser modus barbara kennzeichnet den sog Justizsyllogismus (s etwa Engisch, Logische Studien zu Gesetzesanwendung, 2. Aufl 1960, S 7 ff; Klug, Juristische Logik, 3. Aufl 1966, § 5): **Gesetz** als Obersatz, **Sachverhalt** als Untersatz, **Entscheidung** (Richterspruch) als Folgerung. Kehrt man diesen Denkweg vom Obersatz zur Konklusion um und geht man vom Ergebnis aus, dann führt das zu der Frage des **Beruhens** (s zB §§ 546 I 2 Nr 2, 549, 551 I) und damit zu der Prüfung, ob die im Urteilstenor getroffene Entscheidung von ihren beiden Voraussetzungen getragen wird, dem Gesetz als Obersatz und dem festgestellten Sachverhalt als Untersatz. Logisch handelt es sich dabei um eine Anwendung des Satzes vom zureichenden Grunde. Theoretische Grundlage des Erfordernisses des „Beruhens" ist also die ganz herrschende syllogistische Lehre von der Subsumtion (Fikentscher, Methoden des Rechts, Bd III, 1976, S 736 ff).

7 Beim Subsumtionsvorgang können nun Fehler im Obersatz, im Untersatz und in der Schlußfolgerung selbst auftreten. Im **Obersatz:** falsche Auslegung des Gesetzes oder Übersehen einer anzuwendenden Rechtsnorm; im **Untersatz:** falsche Beweiswürdigung, Übergehen von Beweisanträgen, Verstoß gegen Beweisverwertungsverbote usw; im **Schließen:** Nichtberücksichtigung oder fehlerhafte Anwendung der Schlußregeln (s dazu Schneider, Logik, § 28). Diese Unterscheidung ist für das Revisionsrecht außerordentlich wichtig. Der Obersatz betrifft die revisible Rechtsfrage. Das Schließen betrifft die revisible Anwendung der Denk- und Erfahrungsgesetze. Der Untersatz betrifft die Tatfrage; sie ist rechtlich nur begrenzt überprüfbar, nämlich daraufhin, ob die rechtlichen Prämissen der Tatsachenfeststellung bedenkenfrei sind (insbesondere, ob das Beweisrecht richtig angewandt worden ist) und ob die Denk- und Erfahrungssätze bei der Wahrheitserkenntnis beachtet worden sind (zu den sog Denkfehlern s Schneider, Logik, §§ 56–69). Um diese Abgrenzung scharf zu halten, werden zwei Hilfsbegriffe benutzt: **ratio deci-**

dendi und **obiter dictum** (s dazu Riezler AcP 139, 166 ff; Schlüchter, Mittlerfunktion der Präjudizien, 1986, 83 ff, 103 ff; Schröder MDR 60, 809). Alles, was aus der Entscheidungsbegründung hinweggedacht werden kann, ohne daß sich dadurch am Ergebnis etwas ändern würde, ist *obiter dictum;* alles, was mit Rücksicht auf das konkrete Ergebnis nicht hinweggedacht werden kann, ist *ratio decidendi,* tragender Entscheidungsgrund. Die Ausscheidung des Unerheblichen geschieht wieder mit Hilfe des Justizsyllogismus. Für die Einteilung der vorinstanzlichen Begründung in entscheidungskausale und nicht entscheidungskausale Ausführungen kommt es nicht auf ihren Umfang und nicht auf ihren Wahrheitsgehalt „an sich" an. Auch wenn die ratio decidendi nur in oberflächlichen Bemerkungen besteht, das obiter dictum dagegen in gedankenreichen Darlegungen, tragen diese die Entscheidung nicht, erst recht nicht Empfehlungen für das weitere Verfahren (BGH WPM 86, 109). Hat andererseits das Berufungsgericht seinen Obersatz rechtsirrig zu weit gefaßt, schließt der zur Entscheidung führende Syllogismus aber auch bei der zutreffenden engeren Fassung, dann ist für die Prüfung des Beruhens nur auf diese abzustellen. Die zu weite Fassung ist kein notwendiges Element des Syllogismus und deshalb obiter dictum; sie ist nicht entscheidungskausal (vgl Riezler AcP 139, 184 f).

Diejenigen Ausführungen, auf denen die Entscheidung beruht, müssen aus der Gesamtheit von Tatbestand und Entscheidungsgründen herausgearbeitet werden (zur Technik dieses Trennungsverfahrens Schneider, Logik §§ 71, 72; Hattenhauer, Die Kritik des Zivilurteils, 1970; Haft, Einführung in die Rechtsinformatik, 1977 [s auch Haft, MDR 80, 976]). Die gedankliche Unterscheidung zwischen ratio decidendi und obiter dictum ist am Fall nicht immer so einfach durchzuhalten. Deshalb wird das Erfordernis des Beruhens auch nicht immer sehr streng gehandhabt, sondern die Entscheidungskausalität bereits dann bejaht, wenn dafür eine gewisse Wahrscheinlichkeit spricht. Bezeichnend ist die Formulierung in RGZ 118, 384: „wenn die Entscheidung auf dem Mangel beruht, dh wenn wenigstens die Möglichkeit gegeben ist, daß ohne die Gesetzesverletzung anders erkannt worden wäre." Gerade bei Verfahrensrügen sprechen unabweisbare praktische Bedürfnisse für diese Einschränkung, da sich letztlich nie genau beantworten läßt, wie entschieden worden wäre, wenn das Verfahren prozessual ordnungsmäßig abgelaufen wäre. Von dieser Möglichkeit des Beruhens geht auch das BVerfG aus (zB BVerfGE 7, 241; 29, 344). Sie entfällt jedoch, wenn die Entscheidung alternativ oder hilfsweise auf eine zusätzliche Begründung gestützt wird, die ihrerseits verfahrensrechtlich einwandfrei gewonnen ist und trägt, weil dann die darauf gestützte Entscheidung „weggedacht werden könnte, ohne die Begründung des Urteils zu beeinträchtigen" (BVerfGE 17, 96; ebenso zB BGH NJW 58, 1051; BAG BB 81, 616; BSG MDR 75, 964). 8

Rechtsfeststellung, Rechtsauslegung (Interpretation), Tatsachenfeststellung, Rechtsanwendung (das Subsumieren) gehen ungeachtet aller theoretischen Scheidung am Fall ineinander über (s ausführlich Engisch, Logische Studien zur Gesetzesanwendung, 2. Aufl 1960, der vom Hin- und Herwandern des Blickes spricht). Um zu wissen, welches Gesetz anzuwenden ist, muß erst der Sachverhalt bekannt sein; dieser aber ist unvollkommen und streitig, er muß erst herausgearbeitet werden, und zwar wiederum im „Hin-Blick" auf konkrete Normen. Diese juristische Osmose ist der Grund für die Unmöglichkeit, die Rechtsfrage in der Praxis säuberlich von der Tatfrage zu trennen. Von dieser Einsicht ausgehend, sind die Schwierigkeiten revisionsrechtlicher Prüfung begreiflich und ist es verständlich, daß nicht alle Einzelentscheidungen mit allgemeinem Konsens rechnen können. 9

1) Die Subsumtion folgt aus interpretierten **Normen** und ist deshalb von der Feststellung des Norminhaltes nicht zu trennen. Da sie aber über weite Bereiche auch von der Feststellung des Sachverhaltes nicht zu trennen ist, muß die Abgrenzung pragmatisch erfolgen. Die Rspr hat im wesentlichen folgendes Fallrecht entwickelt: Die Auslegung **rechtsgeschäftlicher Willenserklärungen** (s dazu May NJW 83, 980) ist Sache des Tatrichters. Das gilt für einen individuell ausgehandelten Vertrag, auch wenn er später als Formularvertrag gegenüber neuen Vertragspartnern verwendet wird (BGH MDR 74, 293), aber auch für die Auslegung von Schiedsverträgen (BGHZ 24, 15), von Prozeßvergleichen (BGH MDR 68, 576) und von letztwilligen Verfügungen (BGH LM Nr 1 zu § 133 BGB). Ist die Auslegung des Tatrichters fehlerfrei, dann wird das Revisionsgericht dadurch ohne Rücksicht auf seine eigene Auslegungstendenz gebunden.. Die Revisibilität der gesetzlichen Auslegungsregeln (§§ 133, 157 BGB) sowie die angenommene Revisibilität der sogenannten Denkgesetze und der allgemeinen Erfahrungssätze kann aber zu einer beschränkten Nachprüfung auch atypischer Willenserklärungen durch das Revisionsgericht führen (BVerwG MDR 82, 77). Das Revisionsgericht kann nachprüfen, ob der Tatrichter von ihm selbst festgestellte wesentliche Tatsachen bei der Auslegung gebührend berücksichtigt hat (BGH LM § 550 ZPO Nr 5; BGHZ 24, 19, 41). Den „wichtigen Grund" einer Kündigung prüft der BGH konkret nach, erkennt allerdings einen „tatrichterlichen Ermessensspielraum" an (BGHZ 4, 111 ff; s dazu Ulmer, Münchener Kommentar § 723 Rn 26, 27). Manchmal müssen auch sehr formale Kon- 10 struktionen herhalten, um ein vom Revisionsgericht inhaltlich mißbilligtes Auslegungsergebnis korrigieren zu können, etwa wenn beanstandet wird, der Tatrichter habe den Beginn eines Wandels der Wertanschauungen als maßgeblichen Auslegungsumstand verkannt (BGH NJW 83, 2692; s dazu Zuck MDR 86, 375). Hat der Tatrichter in diesem Sinne fehlerhaft ausgelegt oder eine gebotene Auslegung unterlassen, dann ist aufzuheben und zurückzuverweisen, wenn erhebliche Auslegungsumstände nicht aufgeklärt worden sind. Eine vom Berufungsgericht unterlassene Auslegung darf der BGH selbst vornehmen, wenn die dazu erforderlichen Feststellungen bereits zweitinstanzlich getroffen worden sind und weitere Aufklärung nicht mehr in Betracht kommt, wobei unerheblich ist, ob mehrere Auslegungsmöglichkeiten bestehen (BGH MDR 76, 135; Schneider MDR 81, 885 mwNachw). Zur Auslegung von Vereinssatzungen s Rn 5.

11 **Prozessuale Willenserklärungen,** zB den Rechtsmittelverzicht (BGH WPM 85, 739 = Warneyer 85 Nr 80 = MDR 86, 423 m Anm Zeiss), prüft das Revisionsgericht uneingeschränkt auf ihre Auslegung nach (BGHZ 4, 334 f; VersR 79, 373); dazu gehört auch die in der Klageschrift enthaltene Parteibezeichnung (BGH WPM 81, 829). Abzustellen ist darauf, welcher Sinn der prozessualen Erklärung aus objektiver Sicht beizumessen ist (zur Klageänderung s Rn 15). Die Erforschung der für die Auslegung bedeutsamen Begleitumstände und der inneren Willensrichtung der Beteiligten ist aber eine tatrichterliche Aufgabe (BAG NJW 71, 639); ob die kommentarlose Überweisung der Urteilssumme als konkludenter Rechtsmittelverzicht zu deuten ist, stellt das Berufungsgericht daher bindend fest (BGH NJW 81, 1729 [1739 zu I]). Bei lückenhaften Gründen des tatrichterlichen Urteils kann das Revisionsgericht eine Vertragsurkunde frei auslegen (BGH LM § 133 [A] BGB Nr 2). Zur Nachprüfung einer vom Berufungsgericht vorgenommenen ergänzenden Vertragsauslegung nach dem hypothetischen Parteiwillen vgl BGHZ 15, 74; 37, 243; 40, 103; 44, 183; JZ 61, 261. Im Gegensatz zu den im allgemeinen beschränkten Befugnissen des Revisionsgerichts bei der Auslegung von Willenserklärungen steht die freie Auslegung durch das Revisionsgericht in anderen Fällen, zB bei der Auslegung gerichtlicher Entscheidungen und Schiedssprüche (BGHZ 21, 312; 24, 16), von Grundbucheintragungen (BGHZ 13, 134; MDR 61, 672; BayObLGZ 64, 4), von Verwaltungsakten (BGHZ 3, 15; 13, 19; 21, 295; 28, 34; VRS 14, 281; BayObLGZ 66, 288). Auch die Bedeutung verfahrensrechtlicher Erklärungen kann das Revisionsgericht frei würdigen (vgl BGH VersR 79, 373; LM § 519 BGB Nr 8; NJW 63, 956), auch solcher in einem anderen Verfahren, sofern nicht dort über die Bedeutung und Tragweite rechtskräftig entschieden wurde (BGH NJW 59, 2119). Als Rechtsfrage wird auch die Beurteilung behandelt, ob eine Willenserklärung oder Urkunde eindeutig und daher nicht auslegungsfähig ist (BGHZ 32, 60; BayObLGZ 66, 244), ob der Inhalt einer von einer Behörde errichteten Urkunde einen Verwaltungsakt oder einen bürgerlich-rechtlichen Vertrag darstellt (BGHZ 28, 34), ob ein Vertrag dem privaten oder dem öffentlichen Recht zuzurechnen ist (BGHZ 35, 69), ob eine Abmachung mit einem ausländischen Staat einen bürgerlich-rechtlichen Vertrag oder ein zwischenstaatliches Abkommen darstellt (BGHZ 32, 76). Fehlerhafte Rechtsanwendung auch dann, wenn ein in sich schlüssiger Ableitungszusammenhang von einer falschen oder verfahrenswidrig gewonnenen Prämisse ausgeht (BGH WPM 81, 799).

12 **2)** Begrenzt überprüfbar ist die Auslegung unbestimmter Rechtsbegriffe wie Treu und Glauben, gute Sitten, Zumutbarkeit, Angemessenheit, wichtiger Grund, Sozialwidrigkeit einer Kündigung (BAG EzA KSchG § 1 Nr 14) usw. Richtiger wäre es, von „Wertungsbegriffen" oder von „Werturteilen" zu sprechen. Denn es handelt sich dabei gerade nicht um Begriffe, weil Wertungen nicht definierbar sind. Die Auslegung auch unbestimmter Rechtsbegriffe gehört an sich zur Rechtsanwendung. Die enge Verknüpfung mit der Tatfrage steht jedoch einer vollständigen Nachprüfung durch das Revisionsgericht entgegen und beschränkt dieses auf die Überprüfung, ob die Wertungsgrenzen erkannt, die tatsächliche Wertungsgrundlage ausgeschöpft und die Denk- oder Erfahrungssätze beachtet worden sind. Dem Tatrichter wird so ein Beurteilungsspielraum, dh ein Bereich belassen, der der revisionsrichterlichen Nachprüfung nicht zugänglich ist. Das ist der Fall bei Ausfüllung einzelner dieser Rechtsbegriffe, wie etwa dem der Zumutbarkeit, des wichtigen Grundes und der Billigkeit (vgl BGHZ 4, 108; BAG AP § 626 BGB Nr 4–6; NJW 61, 44; 71, 957; aM Wolf NJW 61, 8; nach RGZ 110, 300 handelt es sich bei der Frage des wichtigen Grundes um eine reine Tatfrage; s dazu Ulmer, Münchener Kommentar § 723 Rn 26, 27). Rechtsbegriffe sind an sich auch die Fahrlässigkeit (BGH NJW 53, 1139) und grobe Fahrlässigkeit (BGHZ 10, 14); ob das im Einzelfall gegebene Verschulden als einfache oder als grobe Fahrlässigkeit zu würdigen ist, wird dagegen weitgehend als Tatfrage angesehen (BGHZ 10, 14; MDR 59, 374; VersR 63, 711; 67, 127; vgl auch BAG AP BetrVG § 23 Nr 1: „grobe Verletzung gesetzlicher Pflichten"). Das Revisionsgericht kann aber jedenfalls nachprüfen, ob bei der Einordnung des festgestellten Sachverhalts unter den Rechtsbegriff alle für die Beurteilung wesentlichen Umstände berücksichtigt wurden und ob der Rechtsbegriff nicht verkannt wurde (BGH VersR 76, 688; BAG NJW 68, 908; 71, 957; BFH NJW 69, 1736), so insbesondere, ob bei einem sich in glei-

cher Form häufig ereignenden Sachverhalt die Anforderungen an die Sorgfaltspflicht nicht übertrieben hoch oder erheblich zu gering bemessen oder ob maßgebliche Umstände außer acht gelassen und Beweismittel nicht erschöpft wurden (BGH VersR 76, 688). Das BAG (BB 80, 1160) hat so formuliert, die revisionsgerichtliche Nachprüfung erstrecke sich lediglich darauf, ob der Rechtsbegriff selbst verkannt, ob die Unterordnung des Sachverhalts Denkgesetze oder allgemeine Erfahrungssätze verletze und ob alle vernünftigerweise in Betracht zu ziehenden Einzelumstände berücksichtigt worden seien. Diese voller Wertungen steckende Abgrenzung zeigt die Schwierigkeiten auf, die sich dem Revisionsgericht im Einzelfall stellen können. Immer liegt ein Rechtsfehler vor, wenn das Berufungsgericht einen überhaupt nicht bestehenden „allgemeinen Erfahrungssatz" zur Entscheidungsgrundlage gemacht hat (BVerwG ZMR 75, 62). Tatfrage wiederum ist, ob eine verwirkte Vertragsstrafe übermäßig hoch ist; Nachprüfung durch das Revisionsgericht nur dahin, ob der Tatrichter bei Ausübung seines Ermessens von zutreffenden rechtlichen Erwägungen ausgegangen ist (BGHZ 23, 183). Auch die Frage, ob ein Mangel im Sinne des § 459 I BGB erheblich ist, liegt im wesentlichen auf tatsächlichem Gebiet (BGHZ 10, 248). Die Bemessung von Entschädigungen, die nach Billigkeitsgesichtspunkten erfolgen soll, ist im wesentlichen Sache des Tatrichters; dem Revisionsgericht steht nur die Prüfung dahin zu, ob alle wesentlichen Umstände berücksichtigt wurden und ob die Bemessung einen Rechtsirrtum oder einen Verstoß gegen Erfahrungssätze enthält (BGHZ 55, 45). Solche Grundsätze gelten auch für die Bemessung von Schmerzensgeld (BGH VersR 70, 281) und für den Ausgleich sonstigen immateriellen Schadens (BGH VersR 70, 134). Nach Teplitzky (DAR 71, 257) müßte das Revisionsgericht in der Lage sein, sowohl allzu reichliche als auch allzu kärgliche Bemessung von Schmerzensgeld zu korrigieren. Zum Spielraum des Tatrichters bei Billigkeitsentscheidungen s a GmS OGB NJW 72, 1411 und Bachof JZ 62, 641. Die Abwägung der beiderseitigen Verantwortlichkeit für einen Schaden (§ 254 BGB) steht dem Tatrichter zu; das Revisionsgericht kann nur nachprüfen, ob alle Unterlagen berücksichtigt wurden und ob die Abwägung gegen Denkgesetze oder allgemeine Erfahrungssätze verstößt (BGH LM § 561 ZPO Nr 8–10; vgl aber auch BGH VRS 5, 90).

3) Die **Beweiswürdigung** des Tatrichters kann darauf nachgeprüft werden, ob sie in sich widersprüchlich ist, den Denkgesetzen oder allgemeinen Erfahrungssätzen zuwiderläuft (die dadurch aber nicht zu Rechtsnormen werden, Grave/Mühle MDR 75, 274) oder Teile des Beweisergebnisses ungewürdigt läßt (BAG ZIP 83, 719 [723 f]), zB Beweismaterie wie GA im Vorprozeß unberücksichtigt läßt oder Beweiseinreden ohne Begründung als unerheblich behandelt (BGH ZSW 82, 39) oder ermessenswidrig von der Beziehung entscheidungswichtiger Strafakten absieht (BAG NJW 77, 1504 = AP ZPO § 313 Nr 9 m Anm Grunsky) oder mit Vermutungen arbeitet (BGH VersR 82, 1145) oder zu Unrecht Beweismöglichkeit annimmt (BGH VersR 86, 183) oder gutachtliche Unklarheiten unerörtert hinnimmt (BGH ZSW 83, 109 = NJW 82, 2874) oder Beweisverwertungsverbote nicht beachtet werden (BGH MDR 85, 567 = NJW 85, 1470). Insbesondere in Arztprozessen dürfen die Äußerungsrechte der Parteien nicht verkürzt werden (BGH VersR 84, 661 u 665; 85, 361). Das läßt sich allerdings nicht allein mit der Rüge der „Aktenwidrigkeit" (Rn 2) darlegen. Soweit die tatsächliche Begründung (§ 286 I 2) so schwere gedankliche Widersprüche aufweist, daß sie unlogisch ist, verstößt sie zugleich gegen das verfassungsrechtliche Willkürverbot (BVerfGE 70, 98). Um reine Rechtsfragen handelt es sich bei den Beweislastvorschriften, die erst nach abgeschlossener Beweiswürdigung eingreifen (vgl BGH LM § 559 ZPO Nr 8; BGHZ 28, 254; 41, 155; 46, 267). Auch die Voraussetzungen des Anscheinsbeweises, der zwischen Beweisregel und Beweislastregel liegt, prüft die Revisionsinstanz (vgl BGH NJW 62, 31). Die Rspr des BGH tendiert dazu, immer stärker in die eigentliche Beweiswürdigung des Tatrichters einzugreifen (s § 526 Rn 3), ist dabei allerdings so sehr ins Kasuistische abgeglitten, daß sie für den Instanzrichter nicht mehr berechenbar ist (s zB zur „eigenen Sachkunde" Schneider MDR 85, 199 m Nachw). **13**

4) Die Handhabung des **Ermessens,** sei es in verfahrensrechtlichen, sei es in sachlichrechtlichen Fragen, ist der Nachprüfung des Revisionsgerichts im allgemeinen entzogen (BGH MDR 82, 653). Das Revisionsgericht hat aber zu prüfen, ob die Voraussetzungen für eine Ermessensentscheidung vorgelegen haben, ob das Ermessen überhaupt ausgeübt worden ist, ob die Grenzen der Ermessensausübung eingehalten wurden, ob alle wesentlichen Umstände Beachtung gefunden haben und ob die Handhabung des Ermessens dem Sinn und Zweck des Gesetzes entsprach (BGHZ 23, 183; WPM 81, 799). Grundlage der Überprüfung sind die tatrichterlichen Feststellungen und Argumente. Je mehr sich das Berufungsgericht dabei exponiert, etwa von Schmerzensgeld-Regelwerten abweicht, um so ausführlicher muß es begründen (BGH VersR 86, 59). Ermessensverstöße sind beispielsweise bejaht worden, wenn ein Gutachter, der vom falschen Sachverhalt ausgegangen ist, nicht amtswegig zur mdl Erläuterung gem § 411 III geladen wird (BGH ZSW 81, 270; NJW 82, 2874) oder wenn den Parteien nicht hinreichende Gelegenheit **14**

zur Überprüfung umfangreicher erheblicher Unterlagen geboten wird (BAG BB 82, 1490: Art 103 I GG). Gerät eine Partei durch Ablehnung ihres Antrages auf Parteivernehmung in Beweisnot, dann muß der Berufungsrichter gfls in nachprüfbarer Weise das Absehen von der Beweisaufnahme begründen (BGH MDR 83, 478 = VersR 83, 445). Zur Ermessensausübung bei **unbeziffertem Klageantrag** s Rn 15 vor § 511). Weitere Einzelheiten: § 526 Rn 3. – Bei **Zurückverweisung** nach §§ 538, 539 ist ebenfalls eine Begründung erforderlich, da die Parteien dadurch beschwert werden (§ 545 Rn 1). Jedoch nimmt das Revisionsgericht keine eigene Prüfung der Sachdienlichkeit vor (BGH WPM 83, 658 [600 zu 4 b]), sondern überprüft lediglich, ob die ausgesprochene Aufhebung und Zurückverweisung gegen das Gesetz verstößt (BGH NJW 84, 495), was wiederum den Revisionskläger zur genauen und bestimmten Angabe der tatsächlichen Voraussetzungen eines Verfahrensmangels zwingt (BGHZ 14, 209 f).

15 **5) Einzelfälle:** Tatfrage ist, ob eine bestimmte Verkehrssitte besteht (BGM LM § 157 [B] BGB Nr 1), ob etwas ortsüblich ist (BGH NJW 67, 1907). Tatfrage ist die Feststellung des Bestehens eines örtlichen Gewohnheitsrechtes oder Herkommens (BayObLGZ 64, 161). – Bei der Revision gegen ein **Grundurteil** ist amtswegig zu prüfen, ob es einen nach Grund und Betrag streitigen Anspruch betrifft (BGH MDR 75, 1007); es ist also keine Verfahrensrüge nötig, wenn § 304 verletzt worden ist (aA früher RGZ 75, 19; 85, 217). – Sachdienlichkeit einer **Klageänderung** (§ 263) durch Auswechseln von Hauptbegründung und Hilfsbegründung nur darauf überprüfbar, ob der Rechtsbegriff der Sachdienlichkeit verkannt und dadurch die Ermessensgrenzen überschritten worden sind (BGHZ 16, 322; WPM 81, 799). Hat das Berufungsgericht die Sachdienlichkeit nicht geprüft, muß dies vom Revisionsgericht nachgeholt werden (BGH LM § 263 ZPO 1976 Nr 2). – **Fehlender Tatbestand** führt immer zur Aufhebung des Berufungsurteils (BGHZ 73, 248 = LM § 543 ZPO Nr 1 m Anm Weber; WPM 80, 253; Kostenfolge: § 6 GKG, s BGH KoRsp GKG § 8 Nr 26 m Anm Schneider). Ist ein Tatbestand so lückenhaft, daß er keine brauchbare tatsächliche Beurteilungsgrundlage abgibt, dann steht das seinem völligen Fehlen gleich (BGH NJW 81, 1848). S auch § 543 Rn 5 u § 551 Rn 8. Der BGH ist jedoch bemüht, Revisionen nicht an einem mangelhaften Tatbestand scheitern zu lassen, und läßt es uU genügen, wenn wenigstens die für die maßgebliche Rechtsfrage wesentlichen Tatsachen mitgeteilt sind (vgl BGH NJW 81, 1848 u Schneider MDR 84, 17).

16 **IV) Gesetzesverletzung** ist rein objektiv zu verstehen; ob das Berufungsgericht in der Lage war, so zu entscheiden, wie es aus der Sicht des Revisionsgerichts notwendig ist, spielt keine Rolle. Eine Gesetzesverletzung im Sinne des § 550 liegt deshalb auch dann vor, wenn das Berufungsgericht nach dem zur Zeit seiner Entscheidung geltenden Recht richtig entschieden hat, danach aber eine Veränderung der Rechtslage eingetreten ist. Das Revisionsgericht hat grundsätzlich jedes nach Erlaß des angefochtenen Urteils ergangene neue Gesetz zu berücksichtigen, sofern es nach seinem zeitlichen Geltungswillen das streitige Rechtsverhältnis erfaßt (BGHZ 9, 104; 36, 348; NJW 54, 1929; 73, 417; MDR 58, 406; BAG NJW 56, 39; BayObLG NJW 71, 1964). Das gilt auch für Rechtsänderungen durch in innerstaatliches Recht umgesetzte Staatsverträge (BGH NJW 73, 417). Umgekehrt hat das Revisionsgericht ein fehlerhaftes Urteil aufrechtzuerhalten, wenn es durch ein späteres Gesetz richtig geworden ist (RG JW 27, 1257; BGH NJW 51, 922). Dies gilt auch für Verfahrensrecht, zB für ein Gesetz, das die Zulässigkeit des Rechtsweges ändert (BGH ZZP 69 [1956], 189). Hingegen bleiben Veränderungen im irrevisiblen Recht, die sich zwischenzeitlich ergeben haben, in der Regel außer Betracht (BGHZ 21, 214).

17 **V)** Die §§ 550, 551 sind **entsprechend anwendbar** auf die revisionsartig ausgestalteten weiteren Beschwerden beispielsweise nach §§ 14 III KostO, 10 III BRAGO, 17 ff AGEuAnerkVollstrÜbk.

551 *[Absolute Revisionsgründe]*

Eine Entscheidung ist stets als auf einer Verletzung des Gesetzes beruhend anzusehen:

1. **wenn das erkennende Gericht nicht vorschriftsmäßig besetzt war;**
2. **wenn bei der Entscheidung ein Richter mitgewirkt hat, der von der Ausübung des Richteramts kraft Gesetzes ausgeschlossen war, sofern nicht dieses Hindernis mittels eines Ablehnungsgesuchs ohne Erfolge geltend gemacht ist;**
3. **wenn bei der Entscheidung ein Richter mitgewirkt hat, obgleich er wegen Besorgnis der Befangenheit abgelehnt und das Ablehnungsgesuch für begründet erklärt war;**
4. **wenn das Gericht seine Zuständigkeit oder Unzuständigkeit mit Unrecht angenommen hat;**

5. **wenn eine Partei in dem Verfahren nicht nach Vorschrift der Gesetze vertreten war, sofern sie nicht die Prozeßführung ausdrücklich oder stillschweigend genehmigt hat;**
6. **wenn die Entscheidung auf Grund einer mündlichen Verhandlung ergangen ist, bei der die Vorschriften über die Öffentlichkeit des Verfahrens verletzt sind;**
7. **wenn die Entscheidung nicht mit Gründen versehen ist.**

I) Kausalität: Ein Gesetzesverstoß im Sinne des § 550 führt nur dann zum Erfolg der Revision, wenn das Urteil auf dem Verstoß **beruht,** dh wenn es bei richtiger Anwendung des Gesetzes anders gelautet hätte (s dazu § 550 Rn 6). Besteht der Mangel darin, daß das Gericht den ordnungsgemäß festgestellten Sachverhalt unzutreffend subsumiert hat, weil es die maßgeblichen Normen nicht berücksichtigt oder fehlerhaft ausgelegt hat, so beruht die Entscheidung auf der Verletzung des Gesetzes, wenn bei richtiger Subsumtion ein anderes Ergebnis erzielt worden wäre (vgl § 563). Auch wenn der Mangel darin besteht, daß bereits der Sachverhalt in einem fehlerhaften Verfahren festgestellt worden ist, hat die Revision grundsätzlich nur dann Erfolg, wenn anzunehmen ist, daß ein korrektes Verfahren zu anderen Tatsachenfeststellungen geführt hätte (§ 563). Bei **Verfahrensmängeln** stößt die Feststellung der Kausalität auf besondere Schwierigkeiten. Abweichend von den gewöhnlichen Revisionsgründen (§§ 549, 550) hat der Gesetzgeber deshalb für die in § 551 Nr 1–7 aufgeführten Revisionsgründe von dem Erfordernis der Entscheidungskausalität abgesehen, so daß die Revision beispielsweise auch dann begründet ist, wenn mit Sicherheit feststeht, daß das erkennende Gericht in vorschriftsmäßiger Besetzung ebenso entschieden hätte (§ 551 Nr 1). Diese Besonderheit erklärt die Bezeichnung **absolute Revisionsgründe** (s dazu Henckel ZZP 77 [1964], 344; Rimmelspacher ZZP 84 [1971], 41; Bettermann ZZP 88 [1975], 365). Zu beachten ist dabei, daß § 551 nicht die Zulässigkeit der Revision betrifft, sondern deren **Begründetheit.** Auch die absoluten Revisionsgründe des § 551 führen deshalb nur zum Erfolg der Revision, wenn diese nach §§ 545–547 statthaft ist (BGHZ 2, 278; BAG NJW 56, 526), und wenn die Mängel, soweit es sich nicht um von Amts wegen zu prüfende unverzichtbare Prozeßvoraussetzungen handelt, gem § 554 III Nr 3 b ordnungsgemäß gerügt wurden. Der absolute Revisionsgrund muß in der Regel in der Berufungsinstanz gesetzt worden sein, weil sonst das Berufungsurteil nicht darauf beruhen kann (BGH NJW 58, 1398), es sei denn, der Fehler hat sich in das Berufungsurteil hinein fortgesetzt (weil das Berufungsgericht beispielsweise die auf unzulässige Besetzung des Landgerichts gestützte Berufung ohne sachliche Urteilsprüfung zurückgewiesen hat). 1

1) Zu Nr 1: Auch im Beschlußverfahren anwendbar (BAG MDR 84, 347). Die Vorschriften über die ordnungsmäßige Besetzung des Gerichts finden sich vornehmlich im GVG, für die Mitwirkung im Urteil in § 309 ZPO; sie gelten auch für das schriftliche Verfahren nach § 128 II, III (Krause MDR 82, 184). Besetzungsfehler sind nicht von Amts wegen, sondern nur auf Rüge zu berücksichtigen (BGH NJW 62, 318). Wenn beide Parteien Revision eingelegt haben, aber nur eine von ihnen die begründete Rüge nicht vorschriftsmäßiger Besetzung des Untergerichts erhoben hat, ist das angefochtene Urteil gleichwohl in vollem Umfange aufzuheben (BGH NJW 66, 933). Auf Nichtzuziehung eines Urkundsbeamten bezieht sich Nr 1 nicht (§§ 549, 550 anzuwenden, RGZ 38, 102). Es liegt auch kein absoluter Revisionsgrund vor, wenn eine nicht zur Entscheidung berufene Person entgegen § 193 GVG bei der Beratung zugegen war (BAG NJW 67, 1581). Nur auf die Besetzung in der mündlichen Verhandlung stellt die Nr 1 ab; ordnungswidrige Besetzung bei Beweisaufnahme oder Urteilsverkündung kein absoluter Revisionsgrund; diejenigen Richter, die an der mündlichen Verhandlung mitgewirkt und die Entscheidung getroffen haben, brauchen mit den verkündenden Richtern nicht identisch zu sein (BGH MDR 74, 219 = LM § 309 ZPO mit Anm Schmidt). Bei den im schriftlichen Verfahren erlassenen Urteilen ist die dem Urteil zugrunde liegende letzte Beratung maßgebend (BGH LM § 551 ZPO Nr 48). Irrige Auslegung des Geschäftsverteilungsplanes und sonstige Verfahrensirrtümer begründen die Revision nicht (RG 29, 222, 229; RGSt 36, 321; BGHZ 40, 93; BGH NJW 76, 1688; BVerwG MDR 74, 779). Willkürliche oder offensichtlich unhaltbare Anwendung würde sich dagegen als Entziehung des gesetzlichen Richters darstellen (Art 101 I 2 GG, § 16 GVG), die mit der Revision gerügt werden kann (BVerfGE 29, 49; NJW 67, 2152). Unvorschriftsmäßige Besetzung bei Schlafen des Richters (RG JW 36, 3473), wegen zeitweiliger Behinderung durch Übermüdung s aber BGHSt 2, 14; zu den Anforderungen an die Schlüssigkeit der entsprechenden Rüge s BVerwG DRiZ 73, 358; NJW 86, 2721. Zur vorübergehender Entfernung eines Beisitzers während der Verhandlung BAG NJW 58, 924. Berichtigung der Angabe und Unterschrift des Richters auf einem Urteil, der tatsächlich nicht mitgewirkt hat, ist jederzeit möglich, also auch nach Rechtsmitteleinlegung (BGHZ 18, 350 = MDR 57, 342; Frankfurt NJW 83, 2395). Nicht vorschriftsmäßige Besetzung des Gerichts des ersten Rechtszuges bildet bei Revision gegen Berufungsurteile keinen Revisionsgrund (BGH NJW 58, 1398), wenn das Berufungsgericht in ordnungsgemäßer Besetzung über die 2

Sache selbst entschieden hat. Das ist der Fall, wenn bei Verhinderung des ordentlichen Vorsitzenden dessen Vertreter den Verhandlungsvorsitz führt und sodann an der Entscheidung mitwirkt (BGH RsprBauZ 8. 41 – Bl 17). Erhebliche Mängel: Der erkennende Richter ist auf Grund eines gesetzwidrigen Präsidialbeschlusses tätig geworden (LG Wiesbaden MDR 84, 676); am OLG wirkt ein bereits erprobter Richter nur deshalb als Hilfsrichter oder ein Senatsrichter als stellvertretender Vorsitzender mit, weil die Planstelle aus haushaltsrechtlichen Gründen nicht besetzt worden ist (BGHZ 95, 24 = MDR 85, 930 = LM § 551 Ziff 1 ZPO Nr 53 m Anm Treier; BGHZ 95, 246 = MDR 85, 1017 = LM § 551 Ziff 1 ZPO Nr 54 m Anm Recken; NJW 86, 2115). Besetzungsfehler auch, wenn ein Richter das Urteil erst unterschreibt, nachdem er in den Ruhestand versetzt worden ist (Hess VGH DRiZ 83, 234). Über die **Unwirksamkeit eines Prozeßvergleichs** wird zwar im fortzusetzenden alten Verfahren entschieden, jedoch darf die Richterbank anders besetzt sein als zur Zeit des Vergleichsabschlusses (BSG MDR 76, 524).

3 **2) Zu Nr 2:** §§ 41, 46 II. Auf den Urkundsbeamten nicht auszudehnen. Ein Richter, der im ersten Rechtszug beim Grundurteil mitgewirkt hat, ist im zweiten Rechtszug des Betragsverfahrens nicht von der Mitwirkung ausgeschlossen (BGH NJW 60, 1762), ebenso nicht im Verhältnis zwischen dem Verfahren wegen Einwendung gegen die Zulässigkeit der Vollstreckungsklausel und einer Vollstreckungsgegenklage (BGHZ 76, 295) oder zwischen der Erstellung der Recherche gem § 43 PatG und dem Beschwerdeverfahren gem § 73 PatG (BPatG BlfPMZ 79, 182). Der Richter des Vorprozesses ist, anders als im Strafverfahren, nicht im Wiederaufnahmeverfahren ausgeschlossen (BGH MDR 81, 481; zur Ablehnung OLG Düsseldorf NJW 71, 1221). Über mittelbare Einflußnahme eines ausgeschlossenen Richters auf die Entscheidung vgl BVerfG JZ 56, 407 mit Anm Kern und zu den Einzelheiten § 41 Rn 12 f.

4 **3) Zu Nr 3:** § 42. Es kommt nur auf die Mitwirkung bei der Entscheidung an. Ein absoluter Revisionsgrund liegt nur vor, wenn das Ablehnungsgesuch für begründet erklärt war; Verstoß gegen § 47 reicht nicht aus, wenn das Ablehnungsgesuch für unbegründet erklärt worden ist. Nr 3 nicht anwendbar bei Mitwirkung eines Richters, der wegen Befangenheit hätte abgelehnt werden können, wenn die Ablehnung versäumt wurde (vgl KG OLGZ 67, 217; BayObLG Rpfleger 70, 136), wohl aber bei für begründet erklärter Selbstablehnung des Richters (§ 48). Im Strafverfahren wird letzterenfalls der Richter als kraft Gesetzes ausgeschlossen angesehen (BGHSt 3, 68; BGH JZ 56, 409; BVerfG JZ 56, 407), so daß dann hier Nr 2 anwendbar wäre. Nr 3 ist auch anwendbar, wenn der abgelehnte Richter mitwirkt, bevor über das Ablehnungsgesuch rechtskräftig entschieden ist (BFH AnwBl 75, 202), sowie dann, wenn der Vorsitzende von sich aus ein Verhältnis anzeigt, das eine Ablehnung rechtfertigen könnte, und hierauf sein Vertreter den Vorsitz führt, ohne daß vorher über die Anzeige nach § 48 entschieden worden ist (BGHSt 25, 122 = JR 74, 73 m Anm Arzt).

5 **4) Zu Nr 4:** § 549 II geht der Nr 4 vor, sachliche oder örtliche Unzuständigkeit des Gerichts des ersten Rechtszugs oder Zuständigkeit des Arbeitsgerichts sind also weder ein absoluter noch ein relativer Revisionsgrund, auch nicht der Verstoß gegen das Aussetzungsverbot des § 96 II GWB (BGH WuW 83, 135). Die Nr 4 hat deshalb nur noch für die internationale Zuständigkeit und die funktionelle Zuständigkeit Bedeutung (vgl Rn 16 zu § 549). Verstoß gegen den Geschäftsverteilungsplan gehört zu Nr 1, nicht hierher, ebenso Entscheidung durch Kammer für Handelssachen statt Zivilkammer und umgekehrt (RG Gruch 47, 433; s dazu Gaul u Herr JZ 84, 65, 318, 563).

6 **5) Zu Nr 5:** §§ 51, 56, 80, 88, 89 II. Der Mangel der gesetzlichen Vertretung ist auch in der Revisionsinstanz von Amts wegen zu prüfen, doch kann die Partei die Prozeßführung genehmigen (BGHZ 41, 104; 51, 27; MDR 67, 565). Nr 5 unterscheidet nicht zwischen gesetzlicher und rechtsgeschäftlicher Vertretung durch einen Prozeßbevollmächtigten, sondern trifft alle Fälle, in denen eine Partei nicht ordnungsgemäß vertreten war (RGZ 38, 406); also auch anwendbar, wenn eine prozeßunfähige Partei weder einen gesetzlichen Vertreter noch einen wirksam bestellten Prozeßbevollmächtigten hatte, zB wenn in Unkenntnis der Konkurseröffnung noch mündlich verhandelt und daraufhin ein Berufungsurteil verkündet wird (BGH WPM 84, 1170; MDR 67, 565). Mit der Folge des § 551 kann der Mangel nur von der nicht vertretenen Partei gerügt werden, nicht hingegen von ihrem Gegner (BGHZ 63, 78 gegen RGZ 126, 263); da der Mangel aber auch ohne Rüge von Amts wegen zu beachten ist, kann er im Ergebnis auch vom Gegner geltend gemacht werden. Gesetzesverletzung, wenn die Partei nicht vertreten war, weil sie überhaupt nicht zum Verfahren zugezogen wurde (Henckel ZZP 77 [1964], 350), etwa bei Klageerhebung gegen eine aus einer Mehrzahl von Personen bestehende Gegenpartei, wenn bei der Klagezustellung eine von ihnen übersehen, sie dann aber mit verurteilt wird, desgleichen bei Nichtbeteiligung des Bundeskartellamts entgegen § 66 II GWB (BGH WRP 83, 670). Mangelnde Prozeßführungsbefugnis (BGH MDR 67, 565) und mangelnde Parteifähigkeit (BGHZ 51, 27; NJW 72, 1714) sind den Fällen der Nr 5 gleichzustellen. Ist bei einer OHG Vertretung durch einen Gesellschaf-

ter und einen Prokuristen unter Ausschluß des anderen Gesellschafters vorgesehen, so ist die Regelung unwirksam und ggf in Gesamtvertretung der Gesellschafter umzudeuten (s RGRK-HGB, 3. Aufl 1973, § 125 Rn 26, 27). Ein dies nicht beachtendes Urteil beruht auf nicht gesetzmäßiger Vertretung, auch wenn wegen § 171 III die Zustellung in Ordnung war.

6) Zu Nr 6: §§ 169 ff GVG (s über das subjektive öffentliche Recht auf Teilnahme an Gerichtsverhandlungen Bäumler JR 78, 317). Absoluter Revisionsgrund ist nur der Verstoß in derjenigen mündlichen Verhandlung, aufgrund deren das Urteil erging; sonst kommt es darauf an, ob der Verstoß die Entscheidung beeinflußt haben kann (§ 563). Da das Gesetz die Angabe des Grundes der Ausschließung ohne Rücksicht auf die Sachlage im einzelnen zwingend vorschreibt (§ 174 GVG), erfüllt schon die Unterlassung der Angabe die Nr 6 (RGZ 128, 216; JW 31, 1361; BVerwG NJW 83, 2155). Nach BGHZ 26, 340 soll trotz § 160 I Nr 5 die absolute Beweiskraft des Protokolls nach § 165 hier nicht oder nur eingeschränkt gelten. Die Vorschriften über die Öffentlichkeit des Verfahrens sind auch verletzt, wenn in öffentlicher statt in zwingend vorgeschriebener nichtöffentlicher Sitzung verhandelt worden ist (hM; RGZ 16, 393; aA zu § 338 Nr 6 StPO BGH JZ 70, 34; BGHSt 23, 276). Vgl im übrigen Kommentierung zu §§ 169 ff GVG. 7

7) Zu Nr 7: a) Den fehlenden Gründen steht es gleich, wenn die Gründe sich nicht auf alle nach dem Tatbestand des Urteils vorliegenden Ansprüche und selbständigen Angriffs- und Verteidigungsmittel erstrecken, zB der Einwand des Mitverschuldens oder die Verjährungseinrede übergangen ist (RGZ 65, 93; 86, 113; 109, 201; RG JW 31, 3553; BGHZ 39, 337; BGH VersR 79, 348 [349] zu II 1). Der Mangel liegt zeitlich nach Erlaß des Urteils und kann daher dessen Inhalt nicht beeinflußt haben, macht aber das Urteil höherinstanzlich unkontrollierbar. Deshalb erfaßt dieser Revisionsgrund nicht nur das völlige Fehlen einer Begründung (BGHZ 39, 337) oder die dem gleichstehende fehlende, nicht ersetzbare Unterschrift (BGH MDR 77, 488; Hess VGH DRiZ 83, 234), sondern auch Lücken in der entscheidungserheblichen (BGHZ 39, 33; dagegen Bettermann ZZP 88, 1975, 380) Begründung. Revisibel also, wenn das Urteil so mangelhaft und mit völlig nichtssagenden Worten oder verworrenen Ausführungen begründet ist, daß von einer nachprüfbaren gedanklichen Deduktion, die die Bezeichnung „Begründung" verdient, nicht mehr gesprochen werden kann (BGHZ 39, 337; BayObLGZ 51, 46), zB weil die Entscheidungsgründe so unvollständig und lückenhaft sind, daß sie nicht erkennen lassen, welche rechtlichen Erwägungen und tatsächlichen Feststellungen für die Entscheidung maßgebend waren (BAG BB 72, 1504), oder wenn die Beweiswürdigung völlig fehlt (BGHZ 39, 338). Nr 7 ist aber nicht schon dann anwendbar, wenn Urteilsgründe unrichtig, unzureichend oder unvollständig sind (BGH WPM 83, 658 [660 zu 4b]), etwa bei unvollständiger Würdigung des Parteivorbringens oder des Beweisergebnisses (RGZ 109, 204; BGHZ 39, 338; aA BGH VersR 85, 188, 189). Es ist unzulässig, daß ein Urteil anstelle eigener Begründung auf die Entscheidungsgründe einer zwar am gleichen Tage verhandelten und verkündeten Sache verweist, die aber zwischen anderen Parteien anhängig war (RG JW 26, 815). Zulässig ist hingegen die Bezugnahme auf die Gründe einer in anderer Sache früher ergangenen Entscheidung dann, wenn sie Gegenstand der mündlichen Verhandlung war (BGHZ 39, 346) oder wenn es sich um eine im Fachschrifttum veröffentlichte Entscheidung handelt. Zulässig ist es auch, auf Gründe einer zwischen den Parteien früher ergangenen und ihnen bekanntgegebenen Entscheidung (BGHZ 39, 345) oder auf die Gründe eines in einem Parallelprozeß zwischen den Parteien gleichzeitig ergehenden Urteils Bezug zu nehmen, wobei es auf die Reihenfolge der Zustellung der Urteilsgründe nicht ankommt (BGH NJW 71, 39; s a BFH NJW 71, 584). Auch in revisiblen Rechtsstreitigkeiten ist es statthaft, daß das Berufungsgericht lediglich feststellt, es folge den Gründen der angefochtenen Entscheidung, da § 543 II 1 unabdingbar nur einen Tatbestand verlangt (§ 543 Rn 13). Jedoch reicht eine völlige Bezugnahme auf vorinstanzliche Entscheidungsgründe nur in dem seltenen Fall aus, daß erst- und zweitinstanzliches Vorbringen einschließlich der rechtlichen Beurteilung übereinstimmen (BAG ZIP 80, 1026). Soweit in der Berufungsinstanz neue Angriffs- oder Verteidigungsmittel vorgebracht werden, scheidet eine Bezugnahme schon deshalb aus, weil das landesgerichtliche Urteil dazu keine Gründe enthalten kann, denen sich das Berufungsgericht anschließen könnte (BGH MDR 80, 734). 8

Der **Tatbestand** (vgl § 543 Rn 4 ff) fällt nicht unter Nr 7, darf aber nach § 543 II 1 nicht fehlen, da das Revisionsgericht sonst keine tatsächliche Beurteilungsgrundlage (§ 561) hätte (BGHZ 73, 248 = LM § 543 ZPO Nr 1 m Anm Weber; WPM 80, 253). Jedoch kann der zweitinstanzliche Tatbestand durch eine völlige oder teilweise Bezugnahme (§ 543 I) hergestellt werden, wenn der Sachverhalt in beiden Rechtszügen deckungsgleich ist, also zweitinstanzlich nichts Neues vorgetragen wird (BAG ZIP 80, 1026). Dann muß die zweitinstanzliche Entscheidung aber völlig frei sein von eigenen tatsächlichen Erwägungen des Berufungsgerichts (BGH MDR 85, 570 = Warneyer 85 Nr 16). Unterbleibt auch die Bezugnahme, dann ist das Fehlen des Tatbestandes selbst dann eine Verletzung des § 543, wenn die Parteien nur um Rechtsfragen streiten, deren Beant- 9 wortung die Feststellung eines konkreten Sachverhalts nicht voraussetzt (offengelassen in BGHZ 73, 248 u WPM 80, 253); das Berufungsurteil kann nur dann gehalten werden, wenn sein Tatbestand wenigstens genügend tatsächliche Angaben enthält, um die allein streitige Rechtsfrage beurteilen zu können (BGH MDR 81, 828; VersR 1981, 1180) oder wenn sich der Sachverhalt den Entscheidungsgründen entnehmen läßt (BGH NJW 83, 1901; BGH MDR 85, 570 = Warneyer 85 Nr 16). Es liegt dann ein relativer Revisionsgrund vor, der praktisch wie ein Verstoß gegen Nr 7 (mit der Folge der Kostenniederschlagung nach § 8 GKG: BGH ZIP 83, 493 [494]; KoRsp GKG § 8 Nr 27) zu behandeln ist. Rückgabe entscheidungserheblicher Unterlagen an Parteien kann zu einem wesentlichen Mangel im Tatbestand führen (BGHZ 80, 64), wenn ihr Inhalt oder ihre vollständige erneute Vorlage im Revisionsrechtszug streitig ist (BGH VersR 82, 645; s Schneider MDR 84, 17). Ob das Fehlen des Tatbestandes auf unrichtiger Anwendung des Streitwertrechts (BGH ZIP 83, 493) oder auf falscher Übernahme der Wertangaben einer Partei (BGH WRP 83, 944) beruht, ist unerheblich. Ist die angefochtene Entscheidung materiellrechtlich unzweifelhaft richtig, dann kann trotz fehlenden Tatbestandes die Annahme der Revision abgelehnt werden (§ 554b Rn 4 aE).

10 **b)** Unklar ist die Rechtslage zu der Frage, bis zu welchem Zeitpunkt das Berufungsgericht die völlig fehlenden Urteilsgründe noch nachschieben kann (auch die nachträgliche Ergänzung einer unvollständigen Urteilsbegründung ist gesetzlich nicht geregelt, vgl §§ 320, 321) und von welchem Zeitpunkt an deshalb davon gesprochen werden kann, daß das Urteil mit Gründen nicht versehen sei. Sachgerecht erscheint es, die 5-Monats-Frist des § 552 als maßgebend anzusehen (BGH MDR 84, 399 = NJW 84, 2828 m Nachw; 86, 2958). Ein Urteil, dessen Gründe nach Ablauf dieser Frist abgefaßt werden, gewährleistet nicht mehr den Zusammenhang mit mündlicher Verhandlung und Beratung und steht deshalb einer nicht mit Gründen versehenen Entscheidung gleich (BVerwG MDR 76, 782; s auch NJW 80, 1865). Das gilt auch, wenn das Urteil zwar noch innerhalb der nach Ablauf von fünf Monaten ab Verkündung beginnenden Einlegungsfrist (§ 552) zugestellt wird, jedoch so spät, daß dem Revisionsführer nur einige Tage zur Überprüfung des Urteils bleiben (BGH NJW 86, 2959). Das BAG geht bei einer Zeitdifferenz von mehr als 12 Monaten von einem Urteil ohne Gründe aus (MDR 82, 694; 84, 434; ebenso BSG MDR 81, 612; 82, 878).

11 **II)** Neben den absoluten Revisionsgründen des § 551 stehen die vom Revisionsgericht auch ohne Rüge **von Amts wegen zu beachtenden** absoluten **Verfahrensmängel** (s Rimmelspacher, Zur Prüfung von Amts wegen im Zivilprozeß, 1966). Stellt das Revisionsgericht einen solchen absoluten Verfahrensmangel fest, so ist die Wirkung dieselbe wie bei den absoluten Revisionsgründen des § 551 (s zu § 559).

552 *[Revisionsfrist]*

Die Revisionsfrist beträgt einen Monat; sie ist eine Notfrist und beginnt mit der Zustellung des in vollständiger Form abgefaßten Urteils, spätestens aber mit dem Ablauf von fünf Monaten nach der Verkündung.

1 **I)** Parallelvorschrift zu § 516, s die Erläuterungen dort. Notfrist: § 223, Wiedereinsetzung § 233. In Entschädigungssachen beträgt die Revisionsfrist 3 bzw 6 Monate (§§ 215 IV, 218 II BEG); sie beginnt auch dort spätestens mit Ablauf von 5 Monaten ab Verkündung zu laufen, und zwar ohne Rücksicht darauf, in welcher Form das Berufungsurteil zugestellt worden ist (BGH MDR 76, 41); jedoch kann dann ein absoluter Revisionsgrund gegeben sein (§ 551 Rn 10). Einlegung der Revision nach Existentwerden des Urteiles, aber schon vor seiner Zustellung ist zulässig (Rn 2 zu § 516). § 517 ist entsprechend anzuwenden, so daß bei Urteilsergänzung innerhalb der Revisionsfrist der Lauf der Frist erneut beginnt (RGZ 151, 306; BGH LM 1 zu § 517). Auch für die Revision ist § 517 auf vergleichbare Fälle entsprechend anzuwenden, also auf die Berichtigung nach § 319, wenn das alte Urteil nicht klar genug war, um die Grundlage des weiteren Handelns der Parteien zu bilden (BGHZ 17, 149; BGH LM Nr 6 zu § 319; BGHZ 67, 287; VersR 81, 548). Vorsicht ist allerdings wegen der von der Rechtsprechung angewandten strengen Maßstäbe geboten. Denn grundsätzlich ist schon die Zustellung des *unberücksichtigten* Urteils fristauslösend und beginnt ab Berichtigung keine neue Frist zu laufen (RGZ 170, 186; BGHZ VersR 67, 284 [286]).

2 Nimmt das Berufungsurteil nur auf die Begründung eines anderen zwischen den gleichen Partnern ergangenen Urteils Bezug und wird letzteres erst später zugestellt, so beginnt die Revisionsfrist erst mit der Zustellung des anderen Urteils (BGH NJW 71, 39).

II) Die Revisionsfrist läuft für jede Partei gesondert. Wurde das Verfahren mangels Zustellung des Berufungsurteils wegen Todes einer Partei unterbrochen, so kann die Aufnahme gleichzeitig mit Revisionseinlegung (ohne vorherige Aufnahme bei der Unterinstanz) erklärt werden (BGHZ 36, 258; vgl auch BGHZ 30, 119 u Anm zu § 239). 3

553 *[Revisionsschrift]*

(1) Die Revision wird durch Einreichung der Revisionsschrift bei dem Revisionsgericht eingelegt. Die Revisionsschrift muß enthalten:

1. die Bezeichnung des Urteils, gegen das die Revision eingelegt wird;

2. die Erklärung, daß gegen dieses Urteil die Revision eingelegt werde.

(2) Die allgemeinen Vorschriften über die vorbereitenden Schriftsätze sind auch auf die Revisionsschrift anzuwenden.

I) Abs 1: a) Revisionsgericht ist der BGH (§ 133 GVG), auch für Baulandsachen nach § 170 BBauG. Für Urteile bayerischer Oberlandesgerichte gilt abweichend davon: soweit ein bayerisches Oberlandesgericht die Revision nach § 546 I zuläßt, hat es nach § 7 I EGZPO zugleich auszusprechen, ob das BayObLG nach § 8 EGGVG, Art 21 BayAGGVG oder der BGH zuständig sind. Die Revision ist dann unmittelbar beim zuständigen Revisionsgericht einzulegen. Unterbleibt eine solche Klarstellung im Urteil des bayerischen OLG, dann kann nach dem Grundsatz der Meistbegünstigung die zugelassene Revision sowohl beim BayObLG wie beim BGH eingelegt werden (BGH FamRZ 81, 28). Revisionen, die ohne Zulassung statthaft sind, sind nach § 7 II 1 EGZPO hingegen grundsätzlich beim BayObLG einzulegen, das dann über die Zuständigkeit entscheidet. Wiederum in Abweichung davon sind Revisionen in Entschädigungssachen (BGH LM § 189 BEG 1956 Nr 1, hierzu Keidel NJW 61, 2333) und Revisionen in Baulandsachen nach § 230 BauGB (BGHZ 46, 190) stets unmittelbar beim BGH einzulegen. 1

b) Revisionsschrift: vgl § 518 I, II, IV für die Berufung; statt § 518 III gilt für die Revision § 553 a. Die regelmäßig erforderliche Bezeichnung als Revision (I Nr 2) kann ausnahmsweise entbehrlich sein; so kann, nachdem eine wegen Unterbrechung des Verfahrens unzulässige Revision eingelegt war, in einem beim Revisionsgericht eingereichten Aufnahmeschriftsatz eine Wiederholung der Revision zu erblicken sein (BGHZ 36, 258). Fall einer Umdeutung in umgekehrter Richtung: BGH NJW 62, 1812. Zum Eingang der Revisionsschrift, zur Einlegung der Revision durch Telegramm oder Fernschreiben s Rn 17, 18 zu § 518. Bei Fehlen eines der Erfordernisse Verwerfung der Revision als unzulässig (§ 554 a). 2

II) Abs 2: §§ 129–133 und Anm zu § 518. **Einlegung** der Revision beim BGH nur durch einen dort zugelassenen Rechtsanwalt (§ 78). Dies gilt auch für Baulandsachen (§ 222 III BauGB). Revisionen gegen ein LAG-Urteil können fristwahrend nur beim BAG eingelegt werden (BAG BB 76, 140). Soweit die Revision beim BayObLG einzulegen ist (Rn 1), können sich die Parteien nach § 8 EGZPO bis zur Entscheidung des BayObLG über die Zuständigkeit sowohl durch einen beim BGH zugelassenen Rechtsanwalt als auch durch einen beim BayObLG, bei einem (auch außerbayrischen) OLG oder LG zugelassenen Anwalt vertreten lassen. 3

III) Zustellung der Revisionsschrift von Amts wegen: § 553 a II. 4

IV) Gerichtsgebühren: Wegen der allgemeinen Verfahrensgebühr s Rn 10 zu § 545; hinsichtlich ihrer Fälligkeit gilt dasselbe wie bei der Berufung, s Rn 39 zu § 518. Die Behandlung der beim BayObLG im Revisionsverfahren erwachsenen Kosten ist für Bay i der Zusatzbestimmung zu § 5 I KostVfg geregelt. Danach werden die vor der Abgabe der Sache an den BGH (s Rn 1) entstandenen Kosten nur dann angesetzt, wenn der die Kosten auslösende Antrag vor der Übersendung der Akten an den BGH erledigt oder das Verfahren insoweit abgeschlossen ist, zB bei einem Antrag auf einstw Einstellung der ZwVollstr (BayJMBl 1979, S 104/105 Nr 6). 5

V) Aktenbehandlung und **Aktenzeichen: 1)** beim **BGH:** Registerzeichen für Revisionen in Zivilsachen „ZR". Regelung der Einrichtung der Akten und Register durch vom BJM auf Grund des § 153 GVG erlassenen Vorschriften (§ 19 Abs 1 Geschäftsordnung für den BGH v 30. 4. 1952 – BAnz 52 Nr 83). Die im Verfahren vor dem BGH entstehenden Akten werden grundsätzlich mit den nach Erledigung des Rechtsmittels zurückzuleitenden Akten der Vorinstanzen vereinigt, wobei der Präsident des BGH das Nähere bestimmt (§ 19 Abs 2 der genannten GeschOrdnung idF der Bek v 21. 7. 1971 – BAnz Nr 114). – **2)** beim **BayObLG:** Registerzeichen „RReg . . Z"; auch hierfür ist eine vom Präsidium erlassene Geschäftsordnung maßgebend. Wegen des Aktenzeichens vgl auch § 4 Nrn 1, 6 und 7 AktO. 6

553 a *[Zustellung der Revisionsschrift]*
(1) Mit der Revisionsschrift soll eine Ausfertigung oder beglaubigte Abschrift des angefochtenen Urteils vorgelegt werden.

(2) Die Revisionsschrift ist der Gegenpartei zuzustellen. Hierbei ist der Zeitpunkt mitzuteilen, in dem die Revision eingelegt ist. Die erforderliche Zahl von beglaubigten Abschriften soll der Beschwerdeführer mit der Revisionsschrift einreichen.

1 **I) Abs 1:** Entspricht dem § 518 III für die Berufung. Abs 1 ist nur Ordnungsvorschrift; Nichtbefolgung macht die Revisionseinlegung nicht unwirksam.

2 **II) Abs 2:** Entspricht dem § 519 a für die Berufung. Abs 2 S 2 hat seine Bedeutung verloren, nachdem § 556 I die Frist für die Anschlußrevision nicht mehr an den Ablauf der Revisionsbegründungsfrist anknüpft, sondern an die Zustellung der Revisionsbegründung.

3 **III)** Die Herstellung nicht eingereichter Abschriften (Abs 2 S 3) veranlaßt die Geschäftsstelle auf Kosten der säumigen Partei (KV Nr 1900 Ziff 1 b).

554 *[Revisionsbegründung]*
(1) Der Revisionskläger muß die Revision begründen.

(2) Die Revisionsbegründung ist, sofern sie nicht bereits in der Revisionsschrift enthalten ist, in einem Schriftsatz bei dem Revisionsgericht einzureichen. Die Frist für die Revisionsbegründung beträgt einen Monat; sie beginnt mit der Einlegung der Revision und kann auf Antrag von dem Vorsitzenden verlängert werden.

(3) Die Revisionsbegründung muß enthalten:
1. die Erklärung, inwieweit das Urteil angefochten und dessen Aufhebung beantragt werde (Revisionsanträge);
2. in den Fällen des § 554 b eine Darlegung darüber, ob die Rechtssache grundsätzliche Bedeutung hat;
3. die Angabe der Revisionsgründe, und zwar:
a) die Bezeichnung der verletzten Rechtsform;
b) insoweit die Revision darauf gestützt wird, daß das Gesetz in bezug auf das Verfahren verletzt sei, die Bezeichnung der Tatsachen, die den Mangel ergeben.

(4) Wenn in Rechtsstreitigkeiten über vermögensrechtliche Ansprüche der von dem Oberlandesgericht festgesetzte Wert der Beschwer vierzigtausend Deutsche Mark nicht übersteigt und das Oberlandesgericht die Revision nicht zugelassen hat, soll in der Revisionsbegründung ferner der Wert der nicht in einer bestimmten Geldsumme bestehenden Beschwer angegeben werden.

(5) Die Vorschriften des § 553 Abs. 2 und des § 553 a Abs. 2 Satz 1, 3 sind auf die Revisionsbegründung entsprechend anzuwenden.

1 **I) Abs 1 u 2 S 1** entsprechen dem § 519 I, II 1. Form- und fristgerechte **Revisionsbegründung** gehören zur Zulässigkeit (§ 554 a). Die Revisionsbegründung einer Körperschaft oder Anstalt des öfftl Rechts oder einer Behörde genügt der Schriftform, wenn der in Maschinenschrift wiedergegebene Name des Verfassers mit einem Beglaubigungsvermerk versehen ist (BGHZ 75, 340).

2 **II) Abs 2: Begründungsfrist** ist keine Notfrist (§ 223 III), so daß sie – außer in Feriensachen – durch die Gerichtsferien gehemmt wird (§ 223 I). Fristbeginn mit Einlegung der Revision. Dies gilt auch bei verspäteter Einlegung ohne Rücksicht auf das Schicksal eines etwa gestellten Wiedereinsetzungsgesuches (BGH NJW 71, 1217); sogar bei zwischenzeitlicher Verwerfung der Revision bleibt es im Falle der Wiedereinsetzung beim Lauf der Begründungsfrist (vgl BGH MDR 67, 838; BAG DB 73, 288). Wenn mit der Einreichung bis zur Entscheidung über das Wiedereinsetzungsgesuch gewartet werden soll, muß Verlängerung der Begründungsfrist beantragt werden. Auch in bayerischen Sachen beginnt die Revisionsbegründungsfrist grundsätzlich mit der Einlegung der Revision. Lediglich dann, wenn sich in den Fällen der zulassungsfreien Revision das BayObLG für unzuständig und den BGH für zuständig erklärt, beginnt nach § 7 V EGZPO die Revisionsbegründungsfrist mit der Zustellung des Beschlusses (an den Revisionskläger) von neuem. Der die Zuständigkeit des BayObLG bejahende Beschluß setzt hingegen die Begründungsfrist nicht neu in Lauf (BGHZ 24, 36; BayObLGZ 55, 142). Fristberechnung: § 222. Wiedereinsetzung: s § 233 Rn 23 unter „Prozeßkostenhilfe".

1) Verlängerung der Begründungsfrist: § 519 Rn 16 ff. Die in § 519 II 3 enthaltene Einschränkung, daß die Frist nur verlängert werden darf, wenn nach freier Überzeugung des Vorsitzenden der Rechtsstreit dadurch nicht verzögert wird oder wenn der Rechtsmittelkläger erhebliche Gründe darlegt, gilt sinngemäß auch hier. Der Rechtsmittelbeklagte kann keine Verlängerung der Begründungsfrist für die Revision beantragen, weil er Anschlußrevision einzulegen beabsichtigt (BGH VersR 77, 152; 51, 605). 3

2) Wegen der **förmlichen Erfordernisse** s § 519 Rn 1 ff. In bayerischen Sachen kann die Revisionsbegründung zu einer beim BayObLG einzulegenden Revision (§ 553 Rn 3) nach § 8 EGZPO auch noch durch einen beim BayObLG, bei einem (auch außerbayerischen) LG, OLG oder dem BGH zugelassenen Rechtsanwalt eingereicht werden, solange noch nicht die Verweisung an den BGH nach § 7 EGZPO beschlossen und wirksam geworden ist. Die von einem nicht beim BGH zugelassenen Rechtsanwalt wirksam eingereichte Revisionsbegründung bleibt auch nach Verweisung an den BGH ordnungsgemäß. 4

III) Revisionsbegründung (Abs 3). Mängel infolge ungenügender Darlegungen, insb zu Nr 3b, führen zur Verwerfung der Revision als unzulässig (BGH FamRZ 83, 581; BAG ZIP 83, 606). 5

1) Nr 1 entspricht dem § 519 III Nr 1. **a)** Die **Revisionsanträge** müssen ergeben, ob das angefochtene Urteil im ganzen oder zum Teil angegriffen wird und welche Abänderung erstrebt wird. Lassen die Ausführungen der Revisionsbegründung das klar ersehen, so ist das Fehlen eines formulierten Revisionsantrags unschädlich (RGZ 158, 347; BGH AnwBl 72, 22). Enthält die Revisionsbegründung nur allgemeine Rechtsausführungen, so kann daraus kein bestimmter Antrag hergeleitet werden (BSG MDR 77, 347). Antrag auf Aufhebung des angefochtenen Urteils und Zurückverweisung kann genügen (BAG NJW 66, 269). Im Fall BGHZ 54, 204, in dem ein Antrag, die Beschränkung der Erbenhaftung vorzubehalten, für unzureichend angesehen wurde, handelt es sich wohl richtig um einen Fall fehlenden Rechtsschutzbedürfnisses. Für die Revisionsbegründung (nicht schon für die Einlegung) wird in Abs 3 Nr 1 auch Erklärung des Revisionsklägers darüber verlangt, in welchem **Umfang** das ergangene Urteil **angefochten** werde (BGH NJW 68, 2106). Die Anfechtung kann also auf einen abtrennbaren Teil des Streitgegenstandes beschränkt werden, so bei einer Mehrheit von Klageansprüchen oder einem teilbaren Anspruch, auch auf die Entscheidung über Klage oder Widerklage, bei Streit um Grund und Höhe der Klageforderung auf die Höhe. Beschränkte Beschwer bei einem Gegenüber von Forderung und Gegenforderung oder bei unterschiedlicher Entscheidung über Haupt- und Hilfsantrag kann zu entsprechender Beschränkung der Revisionsanträge nötigen (vgl Reinicke NJW 67, 515). Jedenfalls können die Revisionsanträge in der Weise eingeschränkt werden, in der auch die Zulassung der Revision nach § 549 beschränkt werden kann (s dazu § 546 Rn 43; § 564 Rn 1). Eine Wertgrenze, unter die die Beschwer durch eine Beschränkung der Anfechtung nicht sinken dürfte, besteht nicht (vgl § 546 Rn 12). Auch in bezug auf den Umfang der Anfechtung bedarf es nicht unbedingt einer ausdrücklichen Erklärung. So umfaßt der Aufhebungsantrag des Revisionsklägers, der in der Berufungsinstanz teilweise obsiegt hatte, den ganzen Streitgegenstand, wenn der von ihm jetzt geltend gemachte Anspruch den in der Berufungsinstanz zuerkannten zwangsläufig ausschließt (BGH MDR 59, 482). Die Ankündigung beschränkter Anträge in der Revisionseinlegungsschrift enthält hingegen auch ohne ausdrücklichen Vorbehalt der Erweiterung im allgemeinen noch keine Rechtsmittelbegrenzung (BGH LM § 318 ZPO Nr 2; BGH NJW 58, 343). 6

b) Die Revisionsanträge sind auch nach Ablauf der Revisionsbegründungsfrist **nicht bindend,** zB dürfen Haupt- und Hilfsanträge auch in der Revisionsinstanz umgekehrt werden (BAG AP § 611 BGB Bergbau Nr 17 m Anm Boldt). Eine (weitere) Beschränkung ist jedenfalls bis zum Schluß der mündlichen Verhandlung noch zulässig. Bis dahin ist aber auch eine Erweiterung der Anträge zulässig, soweit die neuen Anträge von der fristgerecht gegebenen Revisionsbegründung bereits in einer Weise erfaßt sind, die den nachstehend dargestellten Anforderungen an die Revisionsbegründung gerecht wird (s zum Berufungsverfahren § 519 Rn 31). Liegt hingegen der neue Anspruch außerhalb des Bereichs der bisher gegebenen Revisionsbegründung, so kann er nach Ablauf der Begründungsfrist nicht mehr zulässig erhoben werden (BGHZ 7, 143; 12, 52; LM § 543 Nr 5). Unzulässig ist die Erhebung neuer Ansprüche, wenn die Revisionsanträge zugleich einen Verzicht auf die Revision im übrigen enthalten, was aber im allgemeinen nicht unterstellt werden kann (BGHZ 7, 143; BGH NJW 68, 2106), insbesondere nicht darin liegt, daß die Fassung des Rechtsmittelantrages hinter der Beschwer zurückbleibt oder die Begründung nicht auf einen von ihr tatsächlich abgedeckten Widerklageantrag eingeht (BGH WPM 85, 144). Wegen der Möglichkeit, die Revisionsanträge zu erweitern (Rn 9), bleibt die Rechtskraft auch der Teile des Berufungsurteils, die nach Maßgabe der Revisionsbegründung nicht angefochten sind, bis zur Erledigung der Revision gehemmt (BGHZ 7, 143; NJW 61, 1115). 7

8 **c)** Daß neue Verfahrensrügen nach § 561 I 2 ausgeschlossen sind, betrifft die **Begründetheit,** nicht die Zulässigkeit der Revision und gehört deshalb nicht hierher.

9 **d)** Revisionsanträge können innerhalb der durch das Berufungsurteil gegebenen Beschwer nachträglich erweitert werden, jedoch nicht Ansprüche, die nicht Gegenstand des Berufungsurteiles gewesen sind (zu Ausnahmen s § 561 Rn 10; zu präjudiziellen und daraus folgenden Ansprüchen s § 546 Rn 8).

10 **2) Nr 2: Darlegung der grundsätzlichen Bedeutung.** Abs 3 Nr 2 ist eine Ordnungsvorschrift, deren Nichtbefolgung darauf hinausläuft, daß der Revisionsführer die ihm gebotene Möglichkeit des rechtlichen Gehörs nicht nutzt (Ullmann GRUR 77, 527). Dem entspricht es, daß eine Revision auch dann gesetzmäßig begründet ist, wenn sich die grundsätzliche Bedeutung der Rechtssache aus der Begründung selbst ergibt (BGHZ 66, 273 = ZZP 90 [1977], 77 m Anm Prütting). Das Fehlen der Angabe macht die Revision also nicht unzulässig, sondern es muß nach § 554b über die Annahme entschieden werden. Diese Auslegung wird durch die ratio des § 554 III Nr 2 gefordert, da die Darlegungen zur „grundsätzlichen Bedeutung" nur bezwecken, dem Revisionsgericht die Prüfung zu erleichtern (und nicht etwa abzunehmen!), ob nach § 554b Annahme geboten ist (Ullmann GRUR 77, 527; Prütting ZZP 90 [1977], 78; Th/P § 554 Anm 3).

11 **3) Nr 3: Begründung.** Abs 3 Nr 3 unterscheidet zwischen Sach- und Verfahrensrügen und stellt an deren Begründung insoweit erhöhte Anforderungen, als auch die Bezeichnung der Tatsachen gefordert wird, die den Mangel ergeben. Grund: Den sachlichen Mangel kann das Revisionsgericht aus dem Berufungsurteil, welches alle zur Überprüfung notwendigen Angaben zu enthalten hat – das Fehlen zur Überprüfung notwendiger Angaben ist selbst ein sachlicher Mangel – unmittelbar entnehmen. Mängel des dem Urteil vorausgegangenen Verfahrens hingegen ergeben sich bestenfalls aus den Prozeßakten, deren vollständige Überprüfung gewissermaßen „auf Verdacht hin" das Revisionsgericht mit übermäßiger und weitgehend ineffektiver Arbeit belasten würde; daher die Verpflichtung, dem Revisionsgericht eine zusätzliche Darstellung der Tatsachen zu liefern. Dieser Funktion entsprechend ist für das Revisionsverfahren ohne Anlehnung an § 295 zwischen Sachmängeln und Verfahrensmängeln abzugrenzen. Sachmängel sind danach aus dem Urteil selbst ersichtliche Mängel; Verfahrensmängel solche, zu deren Begründung außerhalb des Urteils liegende Tatsachen herangezogen werden müssen. Die hM unterscheidet mehr nach den Voraussetzungen des Sachurteils und des Prozeßurteils und verlangt deshalb auch für solche Mängel eine ausdrückliche Rüge, die aus der Urteilsbegründung klar ersichtlich sind, zB dann, wenn sich das Berufungsgericht irrig an eine andere Entscheidung für gebunden hielt (BGHZ 27, 249) oder wenn das Berufungsurteil überhaupt prozessual unzulässig ist (RGZ 101, 419; BGHZ 16, 71). Den oft untragbaren Konsequenzen dieser Auffassung ist die Rechtsprechung begegnet, indem sie die ohne Verfahrensrüge von Amts wegen zu berücksichtigenden Urteilsmängel stark erweitert hat (§ 559 Rn 6 ff). Bei richtiger Abgrenzung zeigt sich, daß es sich meist um sachliche Mängel handelt. Beispiele: BGHZ 5, 240; 45, 287 (Unklarheit über die Tragweite des Urteilsspruches, die auch unter Zuhilfenahme des übrigen Urteilsinhalts nicht zu beheben ist), BGHZ 73, 248; BAG NJW 71, 214 (völliges Fehlen eines Urteilstatbestandes; s dazu § 551 Rn 8), BAG NJW 67, 2226; 70, 1812; BGH MDR 69, 133 (widerspruchsvoller Urteilstatbestand), BGHZ 40, 84 (Nichtwiedergabe der Angaben der zu Beweiszwecken vernommenen Parteien im Tatbestand, Sitzungsprotokoll oder einer in Bezug genommenen Anlage), BAG NJW 67, 459 (in sich widerspruchsvolle tatsächliche Feststellungen), BGH MDR 61, 395; BAG NJW 71, 1332 (über die im Tatbestand wiedergegebenen Anträge hinausgehendes Urteil), BGHZ 36, 316 (aus dem Urteil ersichtlicher Verstoß gegen das Verbot der reformatio in peius), BGHZ 45, 287 (Verurteilung zur Leistung Zug um Zug bei nicht genügend bestimmter Gegenleistung) usw.

12 **a) Sachrügen:** Die Anforderungen des **Abs 3 Nr 3a** gehen über die in § 519 III Nr 2 hinaus. Auch die Revisionsbegründung entspricht den Anforderungen nicht schon dann, wenn sie die in Nr 3a geforderte Angabe enthält. Wie die Urteilsbegründung (§ 551 Rn 8) muß auch die Revisionsbegründung mindestens zu den gemäß Nr 3 gerügten Punkten eine sachliche **Auseinandersetzung mit den Urteilsgründen** enthalten, deren Mindestgehalt vom Gehalt der Urteilsbegründung abhängt (BAG 2, 58; BAG AP Nr 27 zu § 72 ArbGG 1953 Streitwertrevision; BB 75, 1439). Die bloße Wiedergabe des Zulassungsgrundes wegen Abweichung vom BGH ist jedenfalls dann ungenügend, wenn die genannte BGH-Entscheidung mehrere Rechtssätze entwickelt (BGH Warn 74 Nr 200). Ebenso reicht es nicht aus, daß lediglich frühere schriftliche Ausführungen zur Klagebegründung wörtlich wiederholt werden (BFH NJW 74, 664). Materiellrechtliche Rügen unrichtiger Rechtsanwendung können nur mit rechtlichen Erwägungen begründet werden (BSG AP § 554 ZPO Nr 16). In **Schmerzensgeldrevisionen** ist darzulegen, daß und warum der Richter nicht alle Tatsachen und Gesichtspunkte für die Bemessung der „billigen Entschädigung" (§ 847 BGB) berücksichtigt hat (Husmann VersR 85, 716); bleibt die zuerkannte Entschädi-

gung hinter den Erwartungen des Klägers zurück, dann muß er die Fehler aufzeigen, die das Gericht bei der Tatsachenfeststellung und der Billigkeits-Rechtsanwendung begangen hat (Husmann VersR 85, 717). Hat sich das Berufungsurteil lapidar auf eine in der Auslegung umstrittene Norm bezogen, so genügt es, wenn auch die Revisionsbegründung die Auslegung des Berufungsgerichts lapidar als falsch bezeichnet. Hat sich das Berufungsgericht hingegen mit der Auslegungsfrage eingehend auseinandergesetzt, so muß auch die Revisionsbegründung zumindest erkennen lassen, in welchem Punkt sie die Argumentation des Berufungsgerichts bekämpft (BFH BStBl 77 II 217, ablehnend Hermstädt BB 77, 885). **Bezugnahme** auf veröffentlichte Entscheidungen und juristische Fachliteratur reicht ebenso aus wie die Bezugnahme auf einen Schriftsatz in anderer zwischen den Parteien beim Revisionsgericht anhängiger Sache. Bezugnahme auf Schriftsätze aus früheren Verfahrensstadien ist in der Regel nicht genügend, jedenfalls nicht pauschale Bezugnahme, weil die Revisionsbegründung eine konkrete Auseinandersetzung mit dem Berufungsurteil zu enthalten hat. Verweisung zur Vertiefung der Revisionsbegründung aber unbedenklich. Bezieht sich die Revision auf **mehrere Ansprüche** im prozessualen Sinn, so muß zu jedem Anspruch eine ausreichende Revisionsbegründung gegeben werden; soweit sie fehlt, ist die Revision unzulässig (BAGE 2, 58; BFH DStR 79, 351). Begründungslücken führen jedoch nicht zur Unzulässigkeit der Revision insgesamt, da eine einmal zulässige Revision nicht durch Verminderung der Beschwer unzulässig wird (§ 546 Rn 12). Ist das Urteil des Berufungsgerichts auf mehrere voneinander unabhängige, selbständig tragende rechtliche Erwägungen gestützt, muß der Revisionskläger zu jeder tragenden Begründung darlegen, warum sie rechtsfehlerhaft sei (BVerwG NJW 80, 2268). Hat das Berufungsgericht die Entscheidung über einen Anspruch auf **mehrere Hilfsbegründungen** gestützt, so muß die Revisionsbegründung zu allen Hilfsbegründungen Stellung nehmen. Die verletzte Rechtsnorm muß nicht unbedingt durch die Angabe der Nr des Paragraphen bezeichnet werden (BGH MDR 53, 164), wie es auch zulässig ist, die Verletzung einer Rechtsnorm des **ungeschriebenen Rechts** zu rügen, wozu allerdings nähere Angaben dazu nötig sind, woraus ein allgemeiner Rechtsgrundsatz folgt und in welcher konkreten Ausprägung er verletzt sei (BFH NJW 76, 1424); ebenso ist eine falsche Zitierung des Gesetzes unschädlich (BGH MDR 53, 165; BAG 4, 291). Einleuchtend, überzeugend oder gar zutreffend brauchen die einzelnen Rügen nicht zu sein; wohl müssen sie eine **ernsthafte Befassung mit dem Gegenstand** erkennen lassen, offensichtlich mutwillige Rügen können deshalb unbeachtet bleiben. Als Grundsatz gilt, daß der Revisionsanwalt durch die Darlegung der Gründe, die das Urteil als unrichtig erscheinen lassen, erkennbar machen muß, daß er das angefochtene Urteil nachgeprüft und sich damit auseinandergesetzt hat (BGH VersR 76, 1063). Form- und Inhaltsfehler können nicht durch Wiedereinsetzung in den vorigen Stand geheilt werden (BFH BB 77, 1087).

Abs 3 Nr 3a betrifft ausschließlich die **Zulässigkeit** der Revision. Ist ein Anspruch durch Erhebung auch nur einer einzigen hinreichenden Sachrüge zulässig in das Revisionsverfahren eingeführt worden, so richtet sich der Prüfungsumfang nach § 559 II 1; eine Beschränkung der Prüfung auf die erhobenen Revisionsrügen findet nicht statt. Unter dem Gesichtspunkt der Zulässigkeit der Revision ist deshalb eine Sachrüge überhaupt entbehrlich, wenn eine zulässige, den Anspruch betreffende Verfahrensrüge erhoben worden ist; ungeachtet, ob die Verfahrensrüge begründet ist, führt sie auch zur sachlichen Nachprüfung des Berufungsurteils. Umgekehrt reicht es jedoch nicht aus, wenn gegen eine vorinstanzliche Verwerfung als unzulässig lediglich materiellrechtliche Rügen erhoben werden (BSG MDR 85, 700). 13

b) Nr 3b. aa) Verfahrensrügen: Die Verfahrensrüge hat eine Doppelfunktion: Ordnungsmäßige Erhebung ist zur Zulässigkeit der Revision erforderlich (falls nicht andere Rügen ordnungsgemäß geltend gemacht sind). Anders als bei der Sachrüge ist aber Nachprüfung des Berufungsurteils nach § 559 II 2 auf den Umfang der ordnungsgemäß erhobenen Rügen beschränkt; insoweit betrifft Nr 3b die Begründetheit der Revision und erfordert, daß die Tatsachen, die den Verfahrensmangel ergeben sollen, in den wesentlichen Punkten genau und bestimmt angegeben werden (BGHZ 14, 205). Wenn mangelnde Auswertung umfangreicher Beiakten gerügt wird, muß im einzelnen dargelegt werden, welche Aktenstellen nicht berücksichtigt wurden und inwiefern das angefochtene Urteil auf dem Mangel beruhen kann (BGH NJW 56, 1755). Wenn das Übergehen von Beweisangeboten für ein bestimmtes Beweisthema gerügt werden soll, müssen die Stellen der Schriftsätze bezeichnet werden, in denen sich die Beweisangebote finden (BGHZ 14, 210; BAG ZIP 83, 606). Wird die Nichterhebung eines Abstammungsbeweises (§ 372a) beanstandet, muß die Mitwirkungsbereitschaft des Rügenden dargelegt werden (BGH FamRZ 86, 663). Bei einer Rüge der Nichtvernehmung von Zeugen muß angegeben werden, welche genau zu bezeichnenden Tatsachen von entscheidungserheblicher Bedeutung von den Zeugen zu bekunden gewesen wären (BFH BB 73, 318); wenn Erklärungen dieser Zeugen aus anderen Verfahren verwendet worden sind, muß angegeben werden, aus welchen Gründen dies nicht 14 hätte geschehen dürfen (BGH MDR 58, 496). Bei der Rüge unterlassener Fragestellung (§ 139) oder des unterbliebenen Hinweises nach § 278 III muß die Revision die unterlassene Frage oder den übersehenen rechtlichen Gesichtspunkt bezeichnen und angeben, wie darauf reagiert worden wäre (RG JW 31, 1795; BayObLG NJW 67, 58); ebenso bei Versagung rechtlichen Gehörs (BFHE 145, 497 = BStBl II 86, 409). Das Vorbringen, daß bei der Entscheidung unzulässigerweise ein Hilfsrichter mitgewirkt habe, genügt nicht, wenn nicht die näheren Umstände angegeben werden, aus denen sich die Unzulässigkeit ergeben soll (BGH MDR 58, 319). Wenn beanstandet wird, daß anstelle des Vorsitzenden Richters ein anderes Senatsmitglied den Vorsitz geführt habe, muß angegeben werden, warum kein Fall gesetzmäßiger Vertretung vorgelegen habe (BGH LM Nr 10 zu § 571 Nr 1 ZPO). Der Vorgang, in dem ein Verfahrensverstoß erblickt wird, muß bestimmt behauptet werden; es genügt nicht, wenn die Revision nur vorbringt, daß ein wesentlicher Verfahrensvorgang in der Sitzungsniederschrift nicht protokolliert sei, wenn sie nicht behauptet, daß er stattgefunden habe (vgl BGHZ 26, 344; BGHSt 7, 164). Es genügt auch nicht die Bitte um Prüfung, ob die von einem Zeugen bekundeten Tatsachen die Feststellungen des Berufungsurteils rechtfertigen, mit dem Beifügen, dem Revisionskläger sei es nicht möglich gewesen, die einschlägigen Unterlagen einzusehen (BGH MDR 61, 142). Zur Rüge einer Zurückverweisung (§§ 538–540) gehören Darlegungen, worin der Ermessensverstoß liege (BGH NJW 84, 495; s § 550 Rn 14).

15 **bb) Beispiele für Verfahrensverstöße:** Verletzung der Fragepflicht (BGH LM Nr 3 zu § 519; Düsseldorf NJW 70, 2217), Übergehen wesentlicher Beweisangebote, Verletzung der Aufklärungspflicht im Verfahren mit Amtsermittlungsgrundsatz (BGH MDR 67, 825), Nichtzuziehung eines Sachverständigen zu Fragen, deren Beantwortung einer beim Gericht nicht vorauszusetzenden Sachkunde bedarf (BGH LM Nr 6 zu § 286 [E]; BGH ZZP 72 [1959], 201), Vorwegnahme der Beweiswürdigung (BGHZ 53, 260; BGH DRiZ 66, 381; München NJW 72, 2048; Schneider MDR 69, 268), Verwertung bloßer Anhörung einer Partei als Beweismittel (BGH MDR 67, 834), Verwertung ungesetzlich erlangter Beweismittel (BGHZ 27, 284; BGH NJW 70, 1848), ungesetzliche Beeidigung, Verlagerung der Beweisaufnahme auf den Einzelrichter in einem schwierigen Arztprozeß (BGH ZSW 81, 369), Nichtunterrichtung der Parteien über wesentliche Verfahrenstatsachen (BGH NJW 61, 363), so Nichtzuleitung von Aufzeichnungen des Berichterstatters über nicht protokollierte Zeugenaussagen an den Prozeßbevollmächtigten (BGH NJW 72, 1673; Mezger NJW 61, 1701; Schneider ZZP 77 [1964], 116), ungerechtfertigte Zurückweisung neuen Vorbringens nach §§ 528, 529, Nichtwiedereröffnung der mündlichen Verhandlung, wenn sie ausnahmsweise Pflicht gewesen wäre (BGHZ 27, 163), überhaupt Nichtgewährung des rechtlichen Gehörs (dazu Henckel ZZP 77 [1964] 321). Wenn nicht schon aus der Art des Mangels folgt, daß das Urteil auf ihm beruhen kann, so müssen in der Revisionsbegründung die Tatsachen angegeben werden, aus denen gefolgert werden soll, daß ohne die Verfahrensverletzung möglicherweise anders entschieden worden wäre (BGH MDR 61, 142). Auch in den Fällen des § 551 (absolute Revisionsgründe) ist Rüge und ihre Belegung durch Tatsachen erforderlich, soweit es sich nicht um von Amts wegen zu prüfende Prozeßvoraussetzungen handelt (vgl BGH LM Nr 10 zu § 551 Nr 1). **Wiedereinsetzung** ist in Übereinstimmung mit der in der Literatur hM auch zur Geltendmachung einzelner Verfahrensrügen zu gewähren (Rosenberg JZ 53, 310; Pentz NJW 63, 366; Hamburg JZ 53, 308; aA BAG NJW 62, 2030). Über Verlust des Rügerechts s § 558; über Zulässigkeit der Behebung von Urteilsmängeln durch Urteilsberichtigung trotz hierauf gestützter Verfahrensrüge s BGHZ 18, 350; BGH NJW 58, 1237; BAG NJW 57, 725; Geißler NJW 56, 344; über Protokollberichtigung, durch die einer Verfahrensrüge der Boden entzogen wird, s BGHZ 26, 341; MDR 58, 512.

16 **IV) Abs 4** gehört sachlich zu § 554 III 2 und betrifft den Fall, daß der Revisionskläger die den BGH wegen § 546 II 2 nicht bindende Festsetzung der Beschwer auf mehr als 40 000 DM und damit die Zulässigkeit der Revision (§ 546 I 1) erreichen will. Ein Verstoß gegen diese Soll-Vorschrift hat keine prozessualen Folgen.

17 **V) Abs 5.** Vgl § 519 a. **§ 553 II:** Anwendung der allgemeinen Bestimmungen über vorbereitende Schriftsätze (§§ 129 ff); die Revisionsbegründung ist ein sog bestimmender Schriftsatz. **§ 553 a II S 1, 3:** Zustellung von Amts wegen unter Beifügung der erforderlichen Zahl von beglaubigten Abschriften (§§ 208 ff).

554 a [Prüfung der Zulässigkeit]

(1) Das Revisionsgericht hat von Amts wegen zu prüfen, ob die Revision an sich statthaft und ob sie in der gesetzlichen Form und Frist eingelegt und begründet ist. Mangelt es an einem dieser Erfordernisse, so ist die Revision als unzulässig zu verwerfen.

(2) Die Entscheidung kann ohne mündliche Verhandlung durch Beschluß ergehen.

I) Abs 1. Entspricht dem § 519b. Ein gegenüber dem Revisionsgericht formgerecht erklärter 1
Verzicht auf die Revision macht sie unzulässig und führt zu ihrer Verwerfung (BGHZ 27, 60). Als unzulässig zu verwerfen ist auch die von einem vollmachtlosen Vertreter eingelegte, von der Partei nicht genehmigte Revision (BGH LM § 554a ZPO Nr 4). Zur Wiederholung einer während einer Verfahrensunterbrechung und daher unzulässig eingelegten Revision (§ 249 II) durch Aufnahmeschriftsatz des wieder prozeßführungsberechtigt gewordenen Revisionsklägers s BGHZ 36, 258. Eine Revision, die schon vor der Verfahrensunterbrechung (zB wegen fehlender Begründung) unzulässig war, kann auch während der Unterbrechung verworfen werden (BGH NJW 59, 532, bedenklich unter dem Gesichtspunkt des rechtlichen Gehörs). Hatte sich nach übereinstimmender Erklärung der Parteien die Hauptsache zwischen den Instanzen (vor Revisionseinlegung) erledigt, so ist die Revision gleichfalls unzulässig (BGH LM § 554a ZPO Nr 3; wegen der Erledigung der Hauptsache während des Revisionsverfahrens s BGH NJW 65, 537 mit Anm Putzo S 1018; BGH MDR 72, 765; BAG NJW 66, 124). Bei Mehrheit von Klageansprüchen ebenso wie bei Streitgenossen kann die Revision teils zulässig, teils unzulässig sein.

II) Abs 2. Vor der mündlichen Verhandlung geschieht die **Verwerfung der Revision als unzulässig** durch unanfechtbaren Beschluß, Gewährung rechtlichen Gehörs aber erforderlich. Ansonsten Verwerfung durch Urteil, § 555. Durch Beschluß kann auch ein Antrag auf Wiedereinsetzung verworfen werden (RG JW 06, 756; vgl BGHZ 21, 147). Eine nicht mit der Verwerfungsentscheidung verbundene Ablehnung der Wiedereinsetzung kommt insbesondere in Betracht, wenn der Wiedereinsetzungsantrag erst nach der Verwerfung der Revision gestellt wurde (vgl BGH LM § 519b ZPO Nr 10). Bewilligung der Wiedereinsetzung durch Beschluß (RGZ 125, 68). Auch die Zulässigkeit der Revision kann durch Beschluß nach § 554a festgestellt werden (BGHZ 9, 22), sonst nach mündlicher Verhandlung in einem Zwischenurteil (§ 303) oder in den Gründen des Endurteils. Form der Beschlüsse des Revisionsgerichts: BGHZ 9, 22. Ein Verwerfungsbeschluß ist unabänderbar, auch wenn er auf groben Verfahrensverstößen beruht (BFH BB 79, 1234; s näher § 519b Rn 10). Zur Bindung an einen Beschluß, durch den die Wiedereinsetzung in die versäumte Revisionsbegründungsfrist versagt wird, vgl BAG NJW 72, 1685 u BGH NJW 54, 880. Zustellung: § 329 III. Zum Zeitpunkt des Rechtskrafteintritts bei Verwerfung einer unzulässigen Revision vgl Köln NJW 78, 1442; Münzberg NJW 77, 2058. 2

III) Gerichtsgebühren: Keine für den Beschluß, durch den die Revision als unzulässig verworfen wird. Genauso wie bei der Berufung (vgl Rn 33 zu § 519b) keine Ermäßigung der allgemeinen Verfahrensgebühr mehr, wenn die Revision durch Beschluß als unzulässig verworfen wird (vgl Rn 10 zu § 545). Wird auf Grund mündlicher Verhandlung die Revision durch Urteil als unzulässig verworfen, so ist für dieses eine Urteilsgebühr zu erheben; hinsichtlich der Höhe des Gebührensatzes s KV Nrn 1036 bzw 1037, Rn 11 zu § 313a und Rn 7 zu § 300. Gleichviel, ob die Zulässigkeit der Revision nach mündlicher Verhandlung durch Zwischenurteil (§ 303) oder ohne mündliche Verhandlung durch Beschluß festgestellt wird (s oben Rn 2), sind beide Entscheidungen gebührenfrei (§ 1 Abs 1 GKG). Wegen der Urteilsgebühr bei Verwerfung der Revision als unzulässig durch Versäumnisurteil s Rn 6 zu § 557. 3

554 b [Ablehnung der Annahme der Revision]

(1) In Rechtsstreitigkeiten über vermögensrechtliche Ansprüche, bei denen der Wert der Beschwer vierzigtausend Deutsche Mark übersteigt, kann das Revisionsgericht die Annahme der Revision ablehnen, wenn die Rechtssache keine grundsätzliche Bedeutung hat.

(2) Für die Ablehnung der Annahme ist eine Mehrheit von zwei Dritteln der Stimmen erforderlich.

(3) Die Entscheidung kann ohne mündliche Verhandlung durch Beschluß ergehen.

I) Verfassungsmäßiger Anwendungsbereich. 1) Die Ablehnungsbefugnis des BGH bei fehlen- 1
der grundsätzlicher Bedeutung der Rechtssache ist durch verfassungskonforme Auslegung des § 554b dahin eingeengt, daß die Ablehnungsbefugnis bei Verneinung der grundsätzlichen Bedeutung entfällt, wenn die Revision im Endergebnis Aussicht auf Erfolg hat (BVerfGE 54, 277). Damit das dem Revisionsrichter eingeräumte Ablehnungsermessen überprüfbar ist, müssen Nichtannahmebeschlüsse nach § 554b begründet werden (BVerfGE 55, 205). Hat der BGH die Annahme der Revision einmal abgelehnt, ist die Entscheidung endgültig und eine Änderung

nicht mehr zulässig (BGH MDR 81, 26). Ab Ablehnung der Annahme ist das angefochtene Urteil rechtskräftig; Gegenvorstellungen können daran nichts ändern (BGH WPM 80, 1324). Anwendbar ist § 554 b nur bei der Wertrevision nach § 546 I; bei der Zulassungsrevision ist das Revisionsgericht gebunden (§ 546 I 3 ist lex specialis gegenüber § 554 b). Auch § 547 geht dem § 554 b vor, so daß das Revisionsgericht die Annahme der Revision nicht ablehnen darf, soweit das Berufungsgericht die Berufung als unzulässig verworfen hat. Die sofortige Beschwerde an den BGH gegen OLG-Beschlüsse, durch die der Einspruch gegen ein Versäumnisurteil als unzulässig verworfen wird, ist ohne Mindestbeschwer zulässig (BGH ZZP 92 [1979], 370 m Anm Grunsky) und darf nicht abgelehnt werden (BGH WPM 78, 336). Ist die Revision wegen Überschreitens der Beschwer von 40 000 DM als Wertrevision gegeben und läßt das Berufungsgericht obendrein auch wegen grundsätzlicher Bedeutung oder wegen Divergenz zu, dann liegt kein Fall des § 546 III vor, sondern es muß über die Annahme der Revision nach § 554 b entschieden werden (§ 546 Rn 56). Ebenso verhält es sich, wenn das OLG eine nichtvermögensrechtliche Streitigkeit mit einem Streitwert von über 40 000 DM irrig als vermögensrechtlich ansieht und deshalb keine Zulassungsentscheidung getroffen hat; dann holt der BGH aus verfassungsrechtlichen Erwägungen (BVerfGE 66, 331) die unterbliebene Prüfung der Voraussetzungen des § 546 I 2 Nr 1, 2 bei der Annahmeentscheidung nach (BGHZ 90, 1; MDR 86, 838 = VersR 86, 969 = WPM 86, 1098). Hat das Berufungsgericht die Beschwer höher als 40 000 DM festgesetzt, ist die Revision als Annahmerevision zulässig, auch wenn der Revisionsantrag unterhalb 40 000 DM liegt (BGH NJW 81, 1564). Die Bedeutung der Beschwer nach § 546 II erschöpft sich darin. Entgegen StJGrunsky (§ 546 Rn 22) darf der Revisionsführer sogar das Rechtsmittel mit einem Antrag unterhalb 700,01 DM führen (in BGH NJW 81, 1564 offengelassen).

2 **2)** Auch nach der Rspr des BVerfG darf die Bindung des BGH an hinreichende Erfolgsaussicht jedoch nicht so weit gehen, daß der Revisionskläger zu Lasten seines Gegners unrechtmäßig begünstigt wird. Hat das Berufungsgericht auf Grund zu hoher falscher Wertangaben des späteren Revisionsführers die Urteilsbeschwer zu hoch angesetzt und dadurch gem § 546 II 2 den BGH in der Zulässigkeitsprüfung gebunden, dann darf dieser den Fehler durch Nichtannahme der Revision korrigieren. § 546 will zwar das Vertrauen der Parteien auf die vom Berufungsgericht bejahte Revisibilität schützen und sie auch vor einem Rechtsverlust durch irrige zu niedrige Wertfestsetzung bewahren, wie sich aus § 546 II 2 ergibt. Nicht geschützt werden soll indessen die „Erschleichung“ der Revision durch falsche Wertangaben, wobei es, wie stets im Prozeßrecht, grundsätzlich nicht auf Verschulden ankommt, sondern auf den objektiven Sachverhalt.

3 **II)** Das Revisionsgericht „kann“ die Annahme **ablehnen** (ausgenommen bei Versäumnisurteilen: § 566 Rn 3). Solange nach § 148 wegen Vorgreiflichkeit ausgesetzt ist, bleibt auch die Annahmeentscheidung offen (BGHZ 81, 397). Wird eine Revision nicht angenommen, dann kann sie auch nicht unverändert als unselbständige Anschlußrevision durchgeführt werden (BGH WPM 86, 60 = WuB VII A § 556 ZPO 1. 86 m Anm Messer).

4 **1)** Die Ablehnung ist unzulässig, wenn die Sache grundsätzliche Bedeutung hat oder (analog § 546 I Nr 2 u §§ 136, 137 GVG) das Urteil von einer Entscheidung des BGH oder des Gemeinsamen Senats der obersten Gerichtshöfe des Bundes abweicht und auf dieser Abweichung beruht (H. Schneider NJW 75, 1537). Werden Verfahrensrügen erhoben, so wird die Annahme abzulehnen sein, wenn der behauptete Verfahrensverstoß das Urteilsergebnis offenkundig nicht beeinflußt hat (was gerade bei absoluten Revisionsgründen nach § 551 möglich ist) und auch keine Grundrechte des Revisionsklägers berührt sind (s dazu Schneider MDR 79, 617 ff). Bei Verfahrensrügen kann die Ablehnung auch dann gerechtfertigt sein, wenn mögliche Urteilsmängel zwar die Entscheidung beeinflußt haben können, die materiellen Auswirkungen aber bedeutungslos sind und die Annahme der Revision deshalb für Gericht und Parteien Aufwendungen verursachen würden, die in keinem angemessenen wirtschaftlichen Verhältnis zum betroffenen Streitgegenstand stünden (Gedanke der Verhältnismäßigkeit). Daher kann auch bei der Rüge des fehlenden Tatbestandes (§ 550 Rn 15) nur dann auf Annahme mit nachfolgender Aufhebung und Zurückverweisung vertraut werden, wenn das Urteil zugleich materiellrechtlich fehlerhaft ist (Weber Anm Ziff 2c zu LM § 543 ZPO Nr 1).

5 **2) Beschränkte Annahme.** Ebenso wie die Zulassung der Revision vom Berufungsgericht beschränkt werden darf (§ 546 Rn 43 ff), darf das Revisionsgericht die Annahme auf Teile des Streitgegenstandes beschränken (BGH VersR 84, 38), zB in Höhe der geringeren Beschwer eines vermeintlichen Ergänzungsurteils, durch das unzulässigerweise das Haupturteil nachträglich verändert worden ist (BGH VersR 80, 263), oder auf einen von mehreren selbständigen Klageansprüchen (BGHZ 69, 93) oder einen Teil des Klageanspruchs (BGH MDR 79, 219), wobei unerheblich ist, ob der angenommene Teil noch die Wertgrenze von 40 000 DM übersteigt. Beschränkt

werden darf die Zulassung auch auf einzelne einfache Streitgenossen (BGH LM § 546 ZPO Nr 9; NJW 79, 550). Bei einem nach Grund und Höhe streitigen Anspruch darf die Ablehnung auf den Grund (BGH MDR 79, 391) oder die Höhe beschränkt werden. Die Möglichkeit teilweiser Annahme endet da, wo es nicht mehr um selbständige und abtrennbare Teile des Gesamtstreitstoffes geht (BGHZ 53, 152 [155]; Warneyer 78 Nr 323 S 964).

3) Die **Kosten** einer nicht angenommenen Revision trägt der Revisionskläger (§ 97 I). Wird dadurch eine unselbständige Anschlußrevision wirkungslos, dann tragen die Parteien die nach adddierten Streitwerten berechneten Gesamtkosten anteilig (s näher § 556 Rn 9). **Prozeßkostenhilfe** wird dann nicht bewilligt (§ 119 Rn 29). Bei nur teilweiser Annahme darf die zum rechtskräftig gewordenen Teil des Berufungsurteils gehörende Kostenentscheidung nicht mit überprüft werden (BGH MDR 86, 664; s auch § 521 Rn 24). Bei der Entscheidung über die Höhe einer Ausländersicherheit nach §§ 110–112 durch das Revisionsgericht sind die voraussichtlichen Kosten anzusetzen, die bis zur Entscheidung über die Annahme erfallen; wird angenommen, kann der Sicherheitsgläubiger weitere Sicherheitsleistung verlangen (BGH WPM 80, 504). Kosten bei Anschlußrevision: § 556 Rn 9. 6

III) Über die Ablehnung der Annahme wird nach Gewährung rechtl Gehörs durch Beschluß entschieden, der bei Vorliegen eines Wiederaufnahmegrundes einem Endurteil gleichsteht (BGH WPM 80, 1350; BGHZ 62, 18). Wird die Annahme abgelehnt, so ist der Beschluß gem § 329 III den Parteien zuzustellen, da er die Rechtskraft des Berufungsurteils herbeiführt. 7

IV) Gerichtsgebühren: Der ohne mündliche Verhandlung ergehende Beschluß ist gerichtsgebührenfrei (§ 1 Abs 1 GKG). Die Ablehnung der Revisionsannahme hat eine Ermäßigung der allgemeinen Verfahrensgebühr auf die Hälfte der Gebühr der Tabelle zu § 11 Abs 2 GKG zur Folge (KV Nr 1032). Wird die Ablehnung auf einen Teil des Streitgegenstandes beschränkt, so ist § 21 Abs 3 GKG anzuwenden (vgl dazu Drischler/Oestreich/Heun/Haupt, GKG VII KV Nr 1032 aE). 8

555 *[Verhandlungstermin]*

(1) Wird nicht durch Beschluß die Revision als unzulässig verworfen oder die Annahme der Revision abgelehnt, so ist der Termin zur mündlichen Verhandlung von Amts wegen zu bestimmen und den Parteien bekanntzumachen.

(2) Auf die Frist, die zwischen dem Zeitpunkt der Bekanntmachung des Termins und der mündlichen Verhandlung liegen muß, sind die Vorschriften des § 274 Abs. 3 entsprechend anzuwenden.

I) Abs 1. Terminsbestimmung durch den Vorsitzenden. Bekanntmachung durch Zustellung (§ 329 II 2), keine Ladung. Hat der Revisionsbeklagte noch keinen Prozeßbevollmächtigten bestellt, so wird an den Prozeßbevollmächtigten der Vorinstanz zugestellt (§ 210 a). 1

II) Abs 2. Einlassungsfrist grundsätzlich zwei Wochen. Abkürzung: § 226. 2

556 *[Anschlußrevision]*

(1) Der Revisionsbeklagte kann sich der Revision bis zum Ablauf eines Monats nach der Zustellung der Revisionsbegründung anschließen, selbst wenn er auf die Revision verzichtet hat.

(2) Die Anschließung erfolgt durch Einreichung der Revisionsanschlußschrift bei dem Revisionsgericht. Die Anschlußrevision muß in der Anschlußschrift begründet werden. Die Vorschriften des § 521 Abs. 2, der §§ 522, 553, des § 553 a Abs. 2 Satz 1, 3, des § 554 Abs. 3 und des § 554 a gelten entsprechend. Die Anschließung verliert auch dann ihre Wirkung, wenn die Annahme der Revision nach § 554 b abgelehnt wird.

Lit: *H. Schneider*, Die Anschlußrevision, FS Baur, 1981, S 615; *Waldner* JZ 82, 632 (Kosten u Streitwert).

I) Die **Anschlußrevision** gleicht weitgehend der Anschlußberufung (§§ 521–522 a). Unterschiede bestehen bei der Zulassung, der Ablehnung und der Annahme der Revision, bei der Unzulässigkeit der Geltendmachung neuer Ansprüche in der Revisionsinstanz und bei der mit Ablauf der Revisionsbegründungsfrist eintretenden Präklusionswirkung. Mit der Anschließung kann keine Beschwer durch die erstinstanzliche Entscheidung bekämpft werden (BGH MDR 83, 738 = NJW 83, 1858). Eine Zulassungsbeschränkung (§ 546 Rn 43) kann nicht dadurch umgangen 1 werden, daß der nicht zugelassene Streitgegenstand durch Anschlußrevision zur Entscheidung des Revisionsgerichts gestellt wird (BAG MDR 83, 348). Dementsprechend kann auch eine abgelehnte Revision nicht unverändert als unselbständige Anschlußrevision durchgeführt werden (BGH WPM 86, 60 = WuB VII A § 556 ZPO 1. 86 m Anm Messer).

2 **II)** Haben die Parteien teils obgesiegt, teils verloren, so können sie unabhängig voneinander Revision einlegen. Die später eingehende Revision wird als **selbständige Anschlußrevision** bezeichnet (§§ 556 II 2, 522 II). Dementsprechend sind die Revisionen dann in ihren Zulässigkeitsvoraussetzungen voneinander völlig unabhängig; insbesondere muß jede Partei die für sie laufenden Begründungsfristen wahren. Es ist aber nicht unzulässig, daß eine Partei die Aufrechterhaltung ihrer selbständig zulässigen Revision davon abhängig macht, daß die Revision der anderen Partei zulässig oder auch begründet ist (vgl BGH LM § 242 Bb BGB Nr 18; s auch § 547 Rn 1). Im Zweifel ist das nicht anzunehmen (§ 522 II), die bloße Verwendung des Wortes „Anschlußrevision" genügt nicht zur Annahme, die Zweitrevision solle von der Erstrevision abhängig sein.

3 **III)** Die **unselbständige Anschlußrevision** nach § 556 (analog anwendbar in Rechtsbeschwerdeverfahren gem §§ 73 ff GWB) zeichnet sich dadurch aus, daß sie der selbständigen Revision gegenüber in bezug auf die Einlegungsfrist sowie in gewissen Fällen insofern privilegiert ist, als die dem Gegner gegenüber erreichte Revisionssumme auch der Anschlußberufung zugute kommt. Sie ist nur statthaft, wenn Revision eingelegt ist, also zu verwerfen, wenn die Revision vor Einlegung der Anschlußrevision zurückgenommen ist (BGHZ 17, 398). Zulässig ist sie nur, soweit sie sich auf Ansprüche bezieht, für die Revision zulässig ist (BGH Ufita Bd 76, 324); sie muß sich also gegen einen Beteiligten richten, der selbst Revision eingelegt hat (BFH BB 76, 1350). Wenn beide Parteien Revision eingelegt haben, darf jeder Revisionskläger seinen Antrag hilfsweise mit Anschlußrevision verfolgen, um dem Risiko vorzubeugen, daß nur die gegnerische Revision gem § 554 b angenommen wird (H. Schneider, FS Baur, 1981, 616).

4 **1)** Die **Monatsfrist** des § 556 I beginnt mit Zustellung der Revisionsbegründung an den Revisionsbeklagten. Entscheidend ist der Zeitpunkt der tatsächlichen Begründung. Schiebt der Revisionskläger innerhalb der Begründungsfrist eine weitere Begründung nach, so beginnt die Anschlußfrist erneut zu laufen. Versäumt der Revisionskläger die Begründungsfrist, so ist die Revision unzulässig und damit die Anschlußrevision mit ihr (§ 522 I); eine Verlängerung der Frist zur Begründung der Revision auf Antrag des Beklagten, weil dieser beabsichtigt, Anschlußrevision einzulegen, ist nicht statthaft (BGH VersR 77, 152). Die Anschlußrevision kann auch schon vor Beginn des Fristlaufes erhoben werden. Wird die Frist für die Erhebung der Anschlußrevision versäumt, so ist Wiedereinsetzung nach § 233 S 1 zulässig, obwohl die Frist des § 556 I nicht ausdrücklich als Notfrist bezeichnet ist (RGZ 156, 156; BGH NJW 52, 425; Bruns JZ 68, 456). Wird eine selbständige Revision nicht fristgerecht begründet, so besteht sie im Zweifel als unselbständige Anschlußrevision fort, auch wenn es sich um die zuerst eingelegte Revision handelt (BGH JZ 55, 218).

5 **2)** Die Statthaftigkeitsanforderungen der Anschlußrevision sind im übrigen grundsätzlich die gleichen wie die der selbständigen Revision.

6 **a)** Dies setzt **Beschwer** voraus, jedoch keine Mindestbeschwer, so daß die Anschließung zB unzulässig ist, wenn mit ihr nur die Abänderung einer Klageabweisung als unbegründet in unzulässig begehrt wird (BSG VersR 74, 855; § 521 Rn 20); die Frage hat im Gegensatz zur Anschlußberufung für die Anschlußrevision keine praktische Bedeutung, da in der Revisionsinstanz nach dem auch für die Anschlußrevision geltenden § 561 neue Ansprüche nicht erhoben werden können (§ 561 Rn 10). Die Anschlußrevision muß sich im Rahmen der Hauptrevision halten, kann also nicht die Nachprüfung nicht revisibler Klageansprüche erreichen, zB bei nur beschränkt zugelassener Revision (BAG EzA KSchG § 1 Tendenzbetrieb Nr 13); in diesem Fall ist die Anschlußrevision nur statthaft, wenn sie die Voraussetzungen des § 546 selbständig erfüllt (vgl BGHZ 36, 162). So, wie das Berufungsgericht die Revision nur in Ansehung einzelner von einer Partei erhobener Ansprüche für zulässig erklären kann, erfaßt die Zulassung der Revision gegen die Abweisung von Ansprüchen der einen Partei nicht von selbst auch die Ansprüche der anderen Partei (BGH NJW 68, 1476; zum notwendigen Entscheidungsverbund s § 546 Rn 43). Die Zulassung nur für eine Partei hindert jedoch die andere nicht, sich anzuschließen (§ 546 Rn 44). Ist die Revision als Wertrevision statthaft, so macht dies die Anschlußrevision wegen nicht zugelassener nichtvermögensrechtlicher Ansprüche nicht statthaft; in Ansehung vermögensrechtlicher Ansprüche ist dann jedoch die Anschlußrevision ohne Rücksicht auf den Wert der Beschwer zulässig (vgl BGH NJW 62, 797).

7 **b)** Die Beschwer des Revisionsklägers und die Beschwer des Führers der Anschlußrevision können nicht zusammengezählt werden, so daß die nicht zugelassene und die Revisionssumme

nicht erreichende Revision nicht durch Einlegung einer Anschlußrevision zulässig werden kann. Nach § 556 II 4 verliert die Anschlußrevision auch dann ihre Wirkung, wenn die Annahme der Revision nach § 554b abgelehnt wird. Dies gilt nur, wenn die Annahme der Revision insgesamt abgelehnt wird; wird auch nur ein Teil der Revision zur Entscheidung angenommen, so bleibt die Anschlußrevision wirksam. Allerdings kann das Revisionsgericht auch deren Annahme der Anschlußrevision ganz oder zum Teil ablehnen.

3) Hatte der Revisionskläger **Revision nur in beschränktem Umfange** eingelegt, so kann er sich der Anschlußrevision seinerseits nach § 556 anschließen und damit auf die Anschlußrevision reagieren. Wollte man ihm diese Reaktion verwehren, so müßte der Revisionskläger immer vorsichtshalber uneingeschränkte Revisionsanträge stellen, weil er erst nach Ablauf der Frist für die Anschlußrevision abschätzen kann, ob er angesichts der in der Anschlußrevision gestellten Anträge auf die Verfolgung eines Teiles seiner eigenen Revision verzichten kann. 8

4) Die Statthaftigkeit oder Zulässigkeit der Revision ist nicht Zulässigkeitsvoraussetzung der Anschlußrevision. Doch **verliert die Anschlußrevision** von selbst ohne besonderen Ausspruch **ihre Wirkung,** wenn die Revision wirkungslos wird oder es nicht zu einer Sachentscheidung über die Revision kommt, wenn also die Revision zurückgenommen oder nicht zur Entscheidung angenommen (Abs 2 S 4) oder wenn sie als unzulässig zurückgewiesen wird (§§ 556 II, 522 I). Damit entfällt die Möglichkeit eines Kostenausspruches zu Lasten des Führers der Anschlußrevision. Jedoch bestehen keine Bedenken, wegen der sich anschließenden Kostenerstattung analog §§ 269 III 3, 515 III 2 die Kostentragungspflicht bezüglich der Anschlußrevision auszusprechen. Diese tritt dann ein, wenn eine zulässige Revision vor Verhandlung zurückgenommen wird (BGH VersR 75, 1206; BGHZ 4, 239; 67, 305). Bei Nichtannahme (§ 554b) trägt jede Partei ihre Kosten im Verhältnis der Werte von Revision und Anschließung (BGHZ 80, 146; kritisch dazu Waldner JZ 82, 632), wobei nach den addierten Streitwerten von Revision und Anschlußrevision abgerechnet wird (BGH KostRsp ZPO § 92 Nr 23; BGHZ 72, 339 [insoweit ist BGHZ 67, 305 = MDR 77, 917 m abl Anm Schneider, überholt]). Von einer Kostenverteilung will der BGH immer dann absehen, wenn mit der unselbständigen Anschlußrevision aberkannte Zinsen gefordert werden, weil diese Anschlußrevision keinen eigenen Streitwert habe (MDR 85, 52 = KoRsp ZPO § 4 Nr 52 m abl Anm Schneider = NJW 84, 2952). Das ist unrichtig. Es gibt kein Rechtsmittel und kein Anschlußrechtsmittel ohne Streitwert. Nur kommt es wegen §§ 4 I, V ZPO; 19 I, II, 22 I GKG nicht zu einer Zusammenrechnung. Das steht aber nach § 92 I 1, II einer Kostenquotierung nur dann entgegen, wenn die Zinsforderung im Verhältnis zur Hauptsache „verhältnismäßig geringfügig war", was durchaus nicht der Fall sein muß (s BGHZ 26, 174). Ist die Anschlußrevision innerhalb der Revisionsfrist eingelegt worden, so ist sie auch dann ausdrücklich als unzulässig zu verwerfen, wenn sie mangels fristgerechter Begründung als unselbständig behandelt wird. Im übrigen gelten nach Abs 2 die für die Revision bestimmten Zulässigkeitsvoraussetzungen entsprechend. Daß nach Abs 2 S 2 die Anschlußrevision „in der Anschlußschrift" begründet werden muß, ist nicht wörtlich zu nehmen; Begründung innerhalb der Anschlußrevision genügt (BGH NJW 61, 1816). Ist die Anschlußrevision innerhalb der Anschlußfrist zwar erhoben, aber nicht begründet worden, so ist Wiedereinsetzung nach § 233 möglich. 9

IV) Der Revisionsbeklagte kann aufgrund seiner Anschlußrevision alle **Anträge** stellen, die auch bei selbständiger Revision zulässig sind, aber auch keine weitergehenden (Rn 3). 10

V) Gebühren: 1) des **Gerichts:** Verfahrensgebühr wie in der Berufungsinstanz, s Rn 34 zu § 521. Wie bei der Hauptrevision hat die Zurücknahme der Anschlußrevision vor Eingang der Schrift zu ihrer Begründung bei Gericht und vor Ablauf der Begründungsfrist für die Hauptrevision (BGH NJW 61, 1816) die Ermäßigung der allgemeinen Verfahrensgebühr auf die Hälfte der Gebühr der Tabelle zu § 11 Abs 2 S 2 GKG zur Folge (KV Nr 1031). Dieselbe Ermäßigung, wenn die (unselbständige) Anschlußrevision wegen der Rücknahme oder der Verwerfung der Hauptrevision ihre Wirkung verliert (§§ 566, 522, 515). – Keine Vorauszahlungspflicht hinsichtlich der allgemeinen Verfahrengebühr in der Revisionsinstanz; diese Gebühr ist lediglich alsbald nach Fälligkeit (§ 61 GKG) zu Soll zu stellen (§ 13 Abs 1 und 4 KostVfg). – **2)** des **Anwalts:** s Rn 34 zu § 521. 11

557 *[Verfahren wie beim Landgericht]*

Auf das weitere Verfahren sind die im ersten Rechtszug für das Verfahren vor den Landgerichten geltenden Vorschriften entsprechend anzuwenden, soweit sich nicht Abweichungen aus den Vorschriften dieses Abschnitts ergeben.

I) Anwendung finden §§ 253–494; Ausnahmen: §§ 557a, 565a, 566. Die Vorschriften über das Berufungsverfahren sind nur im Rahmen des § 566 anwendbar. Möglich auch Aussetzung (§ 148) im Revisionsverfahren eines Anfechtungsprozesses nach AnfG, wenn der vorläufig vollstreckbare Titel des Gläubigers aufgehoben wird (BGH MDR 83, 574). 1

2 **II) Säumnisverfahren.** Die Bestimmungen für den ersten Rechtszug sind analog anzuwenden, auch § 542. Es kommt nicht auf die Parteirolle in erster Instanz, sondern auf die im Revisionsverfahren an. § 330 (§ 542 I) ist also auf den Revisionskläger und auf den Anschluß-Revisionskläger anzuwenden.

3 **1)** § 554a gilt auch bei Säumnis des Revisionsklägers, so daß eine **unzulässige Revision** nicht durch (echtes) Versäumnisurteil, sondern durch kontradiktorisches Urteil (trotz der Säumnis) als unzulässig zu verwerfen ist (BGH NJW 57, 1840; 61, 829). Echtes Versäumnisurteil nur dann, wenn das die Revision als unzulässig verwerfende Urteil auch Elemente einer Sachentscheidung enthält, zB die Rechtsnachfolge nach § 239 IV feststellt (BGH NJW 57, 1840). Erweist sich die Revision des säumigen Klägers als zulässig, so ist sie nach § 330 ohne Sachprüfung durch Versäumnisurteil zurückzuweisen, sofern keine Zulässigkeitsbedenken gegen das vorinstanzliche Verfahren bestehen (Einzelheiten § 542 Rn 11).

4 **2)** Bei **Säumnis des Revisionsbeklagten** gelten § 331 I und II (vgl § 542 II). Ist die Revision also zulässig, so prüft das Revisionsgericht in der Sache. Dabei bleibt die Geständnisfiktion des § 331 I 1 ohne Bedeutung, weil nach § 561 I 2 neue Tatsachen nur insoweit vorgebracht werden können, als sie Verfahrensmängel betreffen; die Wahrheit solcher Tatsachenbehauptungen wird vom Revisionsgericht aber von Amts wegen auch im Geständnisfall überprüft (vgl § 331 I 2 u § 561 Rn 9). Dennoch ist das gegen den Revisionsbeklagten ergehende Urteil ein echtes Versäumnisurteil (BGHZ 37, 79; dazu Baumgärtel JR 68, 303; diese nach dem Gesetzeswortlaut wohl unvermeidliche Rechtsfolge ist nicht sinnvoll). Erweist sich die Revision als unbegründet, so ist das bei Säumnis des Revisionsbeklagten gegen den Revisionskläger ergehende Urteil ein streitiges, also kein Versäumnisurteil (unechtes Versäumnisurteil BGH NJW 67, 2162).

5 **III)** Besonderheiten in **Ehesachen** s Anm zu §§ 612, 616, 635. – Über **Bindung** an Anträge und Verschlechterungsverbot s Anm zu § 559, über **Klageänderung,** Klageerweiterung, Widerklage s § 561 Rn 10. Die **Verbindung** mehrerer Verfahren in der Revisionsinstanz setzt voraus, daß es in jedem Verfahren zu einer Verhandlung in der Sache kommen kann, jede Revision also zulässig ist. Daher ist die Verbindung beispielsweise ausgeschlossen, wenn bei einer Klage über 70000 DM ein Teilurteil über 38000 DM und ein Schlußurteil nebst Kostenentscheidung über 32000 DM ergeht, so daß die gegen beide Urteile eingelegten Revisionen unzulässig sind, da die Beschwer nicht zusammengerechnet werden darf (BGH Warneyer 77 Nr 6). Ein durch Konkurseröffnung unterbrochener Rechtsstreit gegen den Gemeinschuldner kann auch in der Revisionsinstanz aufgenommen werden, und zwar sowohl gegen den Konkursverwalter wie gegen den Gemeinschuldner, die dann durch zwei miteinander verbundene Klagen einfache Streitgenossen werden, wobei jedoch die Anträge unterschiedlich sind: Feststellung gegen den Konkursverwalter, Zahlung mit Vollstreckungsbeginn nach Konkursbeendigung gegen den Gemeinschuldner (BGH ZIP 80, 23).

6 **IV) Gebühren: 1)** des **Gerichts:** Wird im Termin bei Säumnis des Revisionsklägers dessen Revision durch Urteil als unzulässig verworfen (vgl § 554a), so liegt ein einseitig streitiges, unechtes Versäumnisurteil vor, für das eine Urteilsgebühr in Ansatz kommt. Auch für das beim Ausbleiben des Revisionsbeklagten gegen den (erschienenen) Revisionskläger zu erlassende einseitig streitige, unechte Versäumnisurteil, durch das die Revision als unbegründet zurückgewiesen wird, ist eine Urteilsgebühr zu erheben. Hinsichtlich der Höhe der Gebühr s KV Nrn 1036 bzw 1037. Keine Urteilsgebühr für echtes Versäumnisurteil, wenn dieses neben der Verwerfung der Revision als unzulässig auch Sachentscheidungselemente enthält (s oben Rn 3). Das gleiche gilt für das gegen den säumigen Revisionsbeklagten ergehende echte Versäumnisurteil (vgl BGHZ 37, 49), durch das das angefochtene Berufungsurteil aufgehoben und anderweitig entschieden wird. Desgleichen keine Urteilsgebühr für ein im Revisionsrechtszug ergehendes Anerkenntnis- oder Verzichtsurteil (KV vor Nrn 1036/1037). – Wegen eines in Ehesachen in der Revisionsinstanz zu erlassenden Versäumnisurteils s Rn 6 zu § 635. – **2)** des **Anwalts:** Der RA des Revisionsklägers (auch des Anschlußrevisionsklägers) erhält für den Antrag auf Erlaß eines Versäumnisurteils eine 13/10 Verhandlungsgebühr (§§ 33 I 2 Nr 2, 11 I 2 BRAGO), gleichviel, ob das Versäumnisurteil tatsächlich erlassen oder der Antrag zurückgewiesen wird.

557 a *[Kein Einzelrichter]* **Die Vorschriften der §§ 348 bis 350 sind nicht anzuwenden.**

Im Revisionsverfahren wirkt kein Einzelrichter mit.

558 *[Verlust des Rügerechts]*

Die Verletzung einer das Verfahren der Berufungsinstanz betreffenden Vorschrift kann in der Revisionsinstanz nicht mehr gerügt werden, wenn die Partei das Rügerecht bereits in der Berufungsinstanz nach der Vorschrift des § 295 verloren hat.

Wortgleich mit § 531. Ein in der Berufungsinstanz erfolglos beanstandeter Verfahrensverstoß des Berufungsgerichts kann mit der Revision gerügt werden, desgleichen ein Verfahrensverstoß erster Instanz, wenn er dort nicht nach § 295 geheilt wurde und im Berufungsverfahren erfolglos geltend gemacht wurde, vorausgesetzt, daß das Berufungsurteil darauf beruht (vgl RG Gruch 48, 645). 1

559 *[Umfang der Revisionsprüfung]*

(1) Der Prüfung des Revisionsgerichts unterliegen nur die von den Parteien gestellten Anträge.

(2) Das Revisionsgericht ist an die geltend gemachten Revisionsgründe nicht gebunden. Auf Verfahrensmängel, die nicht von Amts wegen zu berücksichtigen sind, darf das angefochtene Urteil nur geprüft werden, wenn die Mängel nach den §§ 554, 556 gerügt worden sind.

I) Nachprüfung in den Grenzen der gestellten Anträge entspricht § 308 (über nachträgliche Erweiterung der in der Revisionsbegründungsschrift enthaltenen Anträge s § 554 Rn 9; über Änderung des Klageantrags in der Revisionsinstanz s § 561 Rn 10. Fehlen eines Klageabweisungsantrags des Beklagten in der Rechtsmittelinstanz: BGH NJW 59, 1827). Daher auch keine **reformatio in peius,** wenn nicht auch der Gegner Revision (auch Anschlußrevision) erhoben hat (Ausnahme im Kostenpunkt, § 521 Rn 24). Insoweit ist zu unterscheiden: 1

1) Richtet sich die Revision gegen ein **Prozeßurteil** (Prozeßurteil des Berufungsgerichts oder Sachurteil des Berufungsgerichts, durch das ein Prozeßurteil der ersten Instanz aufrechterhalten worden ist), so begehrt der Revisionskläger in der Regel anstelle des Prozeßurteils ein ihm günstiges Sachurteil. Gibt in diesem Fall das Gericht der Revision statt, so muß es der Revisionskläger hinnehmen, daß das Sachurteil, gleichgültig ob es nach Zurückverweisung oder gem § 565 III vom Revisionsgericht selbst erlassen wird, ihm ungünstig ist. Wendet sich also der Revisionskläger dagegen, daß seine Klage als unzulässig abgewiesen worden war, so muß er die ihn stärker beschwerende Abweisung als unbegründet ebenso hinnehmen, wie er dies schon in erster Instanz trotz § 308 hinnehmen mußte (BGHZ 12, 308; 46, 281; BGH NJW 54, 150). Legt der Beklagte Revision gegen das Urteil ein, das die Klage entgegen seinem Antrag als unzulässig statt als unbegründet zurückgewiesen hat, so muß er es, ebenso wie wenn der Kläger erneut klagen würde, hinnehmen, daß der Klage nunmehr stattgegeben wird (BGH MDR 62, 976). 2

2) Wendet sich die Revision gegen ein **Sachurteil,** so muß es der Revisionskläger ebenso wie in allen anderen Verfahrensstadien hinnehmen, daß die Zulässigkeit der Klage von Amts wegen geprüft wird, soweit sie der Disposition der Parteien entzogen ist (s dazu auch unten Rn 6 f). Wendet sich also der Kläger mit der Revision dagegen, daß seine Klage als unbegründet abgewiesen worden ist, so muß er die (ihm ohnehin wegen fehlender materieller Rechtskraft in der Regel günstigere) Abweisung als unzulässig hinnehmen, wenn Prozeßvoraussetzungen fehlen, die von Amts wegen zu beachten sind. Wendet sich der Beklagte mit der Revision gegen ein der Klage stattgebendes Urteil, um die Abweisung als unbegründet zu erreichen, so muß er die Abweisung als unzulässig hinnehmen, auch wenn er dadurch der Gefahr einer neuen Klage ausgesetzt wird. Das gleiche gilt für die Überprüfung der dem Revisionsverfahren vorausgegangenen Verfahrensstadien, soweit sie dem Revisionsgericht von Amts wegen obliegt (Rn 6 f). Wer den Rechtsstreit durch Erhebung der Revision fortsetzt, trägt wie in allen anderen Verfahrensstadien auch in der Revisionsinstanz das Risiko, daß ein Mangel der dem Revisionsverfahren vorausgegangenen Verfahrensteile entdeckt wird, der dazu nötigt, das Verfahren wieder in ein früheres Stadium zurückzuversetzen. 3

3) Immer aber muß sich das Revisionsurteil im Rahmen der Anfallwirkung halten (Rn 5). Ist nur ein **Teil** des Berufungsurteils **angefochten,** so darf das Revisionsgericht nicht das ganze Berufungsurteil aufheben, auch wenn der von ihm festgestellte Mangel den nicht angefochtenen Teil miterfaßt (zB bei falscher Besetzung der Richterbank). Davon macht die Rechtsprechung Ausnahmen aus dem Gesichtspunkt der Prozeßökonomie (s § 537 Rn 7). 4

II) Das Revisionsgericht hat über alle in der Revisionsinstanz (dh in der letzten mündlichen Verhandlung) gestellten Anträge zu entscheiden, auch wenn sie unzulässig sind, zB weil sie unzulässigerweise erst nach Ablauf der Revisionsbegründungsfrist erhoben worden sind (s § 554 5

Rn 2) oder weil sie sich nicht im Rahmen der **Anfallwirkung** halten. Nur über Anträge, die sich im Rahmen der Anfallwirkung halten, darf das Revisionsgericht sachlich entscheiden. Da die Geltendmachung neuer Ansprüche in der Revisionsinstanz grundsätzlich nicht zulässig ist (§ 561 Rn 10), ist die Anfallwirkung in der Regel durch die Entscheidung des Berufungsgerichts begrenzt. Vorentscheidungen nur zur Zulässigkeit sind deshalb auch nur insoweit revisionsrechtlich zu überprüfen, wobei nicht erforderlich ist, daß gem § 280 abgesondert verhandelt worden ist (BGHZ 27, 27); für den Urkundenbeweis gilt insoweit nichts besonderes (BGH WPM 86, 407 = NJW 86, 2765). Dies gilt auch dann, wenn der vom Berufungsgericht beschiedene Anspruch nach materiellem Recht für eine noch in einem früheren Verfahrenstadium anhängigen Anspruch präjudiziell ist (aA BGHZ 30, 215; BGH NJW 59, 1827; BGH LM § 16 UWG Nr 14; dazu Schwab NJW 59, 1824; Mattern JZ 60, 385). Anders dagegen, wenn die Vorgreiflichkeit auf Verfahrensrecht beruht. Richtet sich die Revision also gegen ein Grundurteil, so hat das Revisionsgericht die Klage insgesamt abzuweisen, wenn es sie dem Grunde nach für nicht gerechtfertigt hält, ebenso bei anderen selbständig anfechtbaren Zwischenurteilen. Handelt es sich um das Urteil über eine Zwischenfeststellungsklage, so darf das Revisionsgericht über die Leistungsklage nur mitentscheiden, wenn der Klageantrag so gefaßt ist, daß der Kläger über den Leistungsantrag nur im Falle des Erfolges seiner Zwischenfeststellungsklage entschieden wissen will. Ansprüche, über die das Berufungsgericht noch nicht entschieden hat, können der Revisionsinstanz auch in den Fällen des notwendigen Entscheidungsverbunds nach §§ 623, 629 anfallen, so ausdrücklich nach § 629c.

6 **III)** In den Grenzen der Revisionsanträge (Rn 1–4) und der Anfallwirkung (Rn 5) hat das Revisionsgericht nach **Abs 2** das Berufungsurteil auf von Amts wegen zu berücksichtigende Verfahrensmängel zu überprüfen (sog **absolute Verfahrensmängel);** darüber, welche Mängel zu diesem Kreis gehören, äußert sich das Gesetz nicht (s dazu Haueisen NJW 61, 2329); zur Problematik ihrer Feststellung durch das Revisionsgericht s Lueder NJW 82, 2763.

7 **1) Absolute Verfahrensmängel** sind solche, von denen das Verfahren der Revisionsinstanz in seiner Gültigkeit und Rechtswirksamkeit abhängt. Darüber, daß es sich bei vielen Fällen, die von der Rechtsprechung als absolute Verfahrensmängel behandelt worden sind, tatsächlich um sachliche Urteilsmängel handelt, vgl § 554 Rn 11.

8 2) Absolute Verfahrensmängel sind ua in folgenden **Fällen** angenommen worden: Fehlende Gerichtsbarkeit (§§ 18 ff GVG) oder sonst fehlende Jurisdiktionsgewalt (BGH NJW 61, 1116), Unzulässigkeit des Rechtsweges (BGHZ 14, 294; 21, 214; BAGE 11, 277), anderweitige Rechtshängigkeit, das Vorliegen einer rechtskräftigen Entscheidung, mangelnde Partei- (RGZ 86, 63) oder Prozeßfähigkeit (BGHZ 24, 94; BGH NJW 69, 1574; 70, 1683; 72, 1714), Mangel der Prozeßführungsbefugnis (BGHZ 31, 279; 48, 15 – gehört richtigerweise wohl zur sachlichen Urteilsüberprüfung nach § 559, vgl BGH NJW 78, 205), Unklarheit von Ansprüchen nach dem Abkommen über den internationalen Währungsfonds (BGH NJW 70, 1507; 71, 983), Mißachtung gesetzlicher Ausschlußfristen zur Klageerhebung (BGHZ 18, 128; BGH NJW 68, 995) oder einer zeitweiligen Klagesperre (BGH NJW 69, 982; das Vorliegen einer Schiedsvereinbarung ist hingegen nicht von Amts wegen zu prüfen BGHZ 24, 15). Auch die Prozeßfortsetzungsbedingungen sind von Amts wegen zu prüfen (BGH DRiZ 73, 131); so soll die Zulässigkeit der Berufung (auch der Anschlußberufung) ohne Bindung an eine vom Berufungsgericht gewährte Wiedereinsetzung zu prüfen sein (BGHZ 6, 369 = LM § 548 ZPO Nr 1 mit Anm Johanssen; BGH MDR 63, 291; BAG NJW 62, 1933); desgleichen im Verstoß des Berufungsgerichts gegen Säumnisvorschriften, insbesondere gegen die Zulässigkeit eines Einspruchs einschließlich der Wiedereinsetzungsfrage (BGH NJW 81, 1673 [1674]; 76, 1940). Zu prüfen ist auch, ob das angefochtene Urteil überhaupt ergehen durfte, zB, ob die Voraussetzungen eines Grundurteils vorlagen (vgl BGH NJW 75, 1968; 82, 1757 [1759]; das RG [RGZ 75, 19; 85, 217] verlangte eine entsprechende Verfahrensrüge). Von Amts wegen zu beachten ist auch ein Hinausgehen über die gestellten Anträge (BGH MDR 61, 395), eine unzulässige Schlechterstellung des Berufungsklägers (BGHZ 38, 319), die Nichtbeachtung der Bindungswirkung des Revisionsurteils im Falle der Rückverweisung (BGHZ 3, 324), ein Widerspruch zwischen Urteilstenor und Urteilsgründen (BGHZ 5, 246), die mangelnde Aufgliederung einer aus einer Mehrheit von Ansprüchen zusammengesetzten Klageforderung (BGHZ 11, 1194; BGH NJW 58, 1590; MDR 59, 743). Ein Berufungsurteil, dessen Tenor so unbestimmt ist, daß auch unter Berücksichtigung der Urteilsgründe nicht geklärt werden kann, in welchem Umfang ein Anspruch zuerkannt oder abgesprochen wurde, kann keine Rechtswirkungen erzeugen, so daß das Urteil vom Rechtsmittelgericht von Amts wegen aufzuheben ist (BGHZ 5, 240; 45, 287; BAG NJW 67, 843; vgl a BAG NJW 67, 648 mit kritischer Anm Lindacher S 1389). Zum Fehlen des Tatbestandes vgl § 551 Rn 8.

3) Da die absoluten Verfahrensmängel (im Gegensatz zu den absoluten Revisionsgründen des § 551, s dort) von Amts wegen zu beachten sind, können solche Mängel im Ergebnis auch noch **nach Schluß der Revisionsbegründungsfrist** vorgetragen werden. Weil es sich dabei um Mängel handelt, deren Berücksichtigung im öffentlichen Interesse liegt, ist über die amtswegige Beachtung hinaus auch der zugehörige Sachverhalt vom Revisionsgericht in gewissen Grenzen zu ermitteln, wobei Freibeweis gilt (BGH VersR 78, 155; s dazu Werp DRiZ 75, 278). 9

IV) Alsdann hat das Revisionsgericht die nach §§ 554, 556 erhobenen **Verfahrensrügen** zu prüfen, und zwar nach § 561 I unter Beschränkung auf die in der Revisionsbegründung vorgetragenen Tatsachen. Nach Ablauf der Revisionsbegründungsfrist ist die Geltendmachung weiterer Verfahrensrügen ausgeschlossen, auch in bezug auf absolute Revisionsgründe. 10

1) Werden **vorinstanzliche Verfahrensfehler nicht gerügt,** dann ist auch der BGH an das mangelhafte Verfahren gebunden, und im weiteren Verfahren muß auf der Grundlage des Fehlers weitergearbeitet werden (BGH NJW 81, 1727 [1729 zu IV]: irrige Einstufung eines LG-Endurteils durch das BerGericht als Teilurteil). Rüge der Gehörsverletzung (Art 103 I GG) erfordert Darlegung, was bei Gewährung vorgetragen worden wäre (BGH BB 82, 977). 11

2) Der Revisionsbeklagte kann Verfahrensrügen grundsätzlich bis zum Schluß der mündlichen Verhandlung erheben, sogenannte **Gegenrügen** (BAGE 17, 236; BGH LM Nr 2 zu § 1750 BGB; BGHZ 37, 83; BFH NJW 71, 168). Er kann dies zumindest zu dem Zweck, ihm ungünstige Feststellungen des Berufungsurteils aus der Welt zu schaffen, die sich zwar zunächst nicht nachteilig für ihn ausgewirkt haben (weshalb er sich gegen diese Feststellungen auch nicht mit der Revision wenden konnte), die aber bei anderer Beurteilung der Rechtslage durch das Revisionsgericht relevant werden können (BGH MDR 76, 138). So kann der vor dem Berufungsgericht erfolgreiche Kläger, der in der Revisionsinstanz zu unterliegen droht, rügen, daß für den Erfolg der Klage eigentlich wesentliche tatsächliche Feststellungen (zB über die Wahrung einer Ausschlußfrist) infolge eines Verfahrensverstoßes unterblieben waren (BayObLG NJW 67, 57; ebenso für unrichtig getroffene, dem Kläger im Berufungsverfahren aber nicht nachteilig gewordene Feststellungen BSG AP § 559 ZPO Nr 12). Gleiches gilt bei fehlenden oder unrichtig getroffenen Feststellungen zu einzelnen von mehreren Klagegründen. War der Kläger in der Berufungsinstanz mit einem Klagegrund durchgedrungen, während der weitere vom Berufungsgericht verneint wurde, so kann er der Revision des Beklagten, die den vom Berufungsgericht gebilligten Klagegrund bekämpft, mit Rügen gegen die tatsächlichen Feststellungen entgegentreten, auf die das Berufungsgericht die Verneinung des zweiten Klagegrundes gestützt hatte, oder beanstanden, daß das Berufungsgericht die für den behaupteten zweiten Klagegrund erforderlichen Feststellungen nicht getroffen hat. Hatte das Berufungsgericht den zweiten Klagegrund trotz feststehenden Sachverhalts rechtlich überhaupt nicht gewürdigt, so muß das Revisionsgericht diesen auch ohne Verfahrensrüge des Klägers (§ 559 II) überprüfen, bevor es die Klage abweist (vgl BayObLGZ 66, 16). Auch der Beklagte kann uU als Revisionsbeklagter Gegenrügen erheben. Wenn eine seiner Einwendungen gegen die Klageforderung zur Klageabweisung geführt hat, seine weiteren Einwendungen dagegen für unbegründet erklärt wurden, kann er bei der Verteidigung gegen die Revision des Klägers die tatsächlichen Feststellungen, aufgrund deren das Berufungsgericht die weiteren Einwendungen für nicht durchschlagend erachtet hatte, mit eigenen Revisionsrügen bemängeln (BGH LM § 1750 BGB Nr 2; BAG NJW 65, 2268); so auch, wenn der Beklagte nur durch Aufrechnung mit einer streitigen Gegenforderung die Klageabweisung erreicht hatte, während seine Einwendungen gegen den Bestand der Klageforderung vom Berufungsgericht verneint wurden (vgl BGHZ 16, 394). Da für die Erhebung von Gegenrügen durch den Revisionsbeklagten keine Frist vorgesehen ist, kann er sie bis zum Schluß der mündlichen Verhandlung anbringen (BAG NJW 65, 2268). 12

3) Prozessuale **Rügen aus § 286** scheiden bei unstreitigem Sachverhalt aus (BAG BB 78, 303), desgleichen grundsätzlich die Rüge unterlassener Beweiserhebung, wenn keine entsprechenden Beweisanträge gestellt worden waren (BFH DStR 78, 201). Aktenwidrigkeit ist kein Revisionsgrund (BGH DRiZ 73, 98; VersR 81, 621 [622 zu 3]). 13

4) Entgegen dem Gesetzeswortlaut wird aus prozeßökonomischen Gründen die Geltendmachung von **Wiederaufnahmegründen** nach § 580 zugelassen (BGHZ 3, 65; einschränkend BGHZ 5, 240; 18, 59: Umstände des Einzelfalles und Interessen der Allgemeinheit maßgebend; für uneingeschränkte Zulassung auch nach § 579: RG Gruch 44, 498; RGZ 150, 395; 153, 68). 14

V) Bei der schließlich folgenden Prüfung der **sachlichen** Richtigkeit des Berufungsurteils ist das Revisionsgericht nach Abs 2 S 1 an die geltend gemachten Revisionsgründe nicht gebunden. Hat der Revisionskläger also nur eine den Anspruch betreffende zulässige Verfahrensrüge erhoben oder eine ausreichende Revisionsbegründung zur Sache geliefert, so hat das Revisionsgericht das Berufungsurteil insoweit umfassend auf sachliche Richtigkeit nachzuprüfen. Zulässig 15 aber ist der Antrag des Revisionsklägers, die Nachprüfung auf bestimmte rechtliche Gesichtspunkte zu beschränken (nicht zu verwechseln mit der unzulässigen Beschränkung der Revision auf einzelne Anspruchselemente, § 554 Rn 2). Auch bei der Prüfung der sachlichen Richtigkeit werden in gewissen Grenzen neue Tatsachen zugelassen; § 561 Rn 4.

560 *[Vorläufige Vollstreckbarkeit]*

Ein nicht oder nicht unbedingt für vorläufig vollstreckbar erklärtes Urteil des Berufungsgerichts ist, soweit es durch die Revisionsanträge nicht angefochten wird, auf Antrag von dem Revisionsgericht durch Beschluß für vorläufig vollstreckbar zu erklären. Die Entscheidung kann ohne mündliche Verhandlung ergehen; sie ist erst nach Ablauf der Revisionsbegründungsfrist zulässig.

Lit: *Schneider,* Unbedingte Vollstreckbarkeit nach §§ 534, 560 ZPO, DRiZ 79, 444.

1 **I)** Entspricht § 534 I (s dort). Die Einlegung der **Revision hemmt** die **Rechtskraft** nur, soweit eine Revision statthaft sein kann. Eine Teilanfechtung hemmt den Eintritt der Rechtskraft des ganzen Urteils, weil die Frage, welche Revisionsanträge selbst noch nach Ablauf der Begründungsfrist nachgeschoben werden können, nicht mit einer für die Außenwirkung erforderlichen Sicherheit beantwortet werden kann (vgl Saarbrücken NJW 76, 1325). Bei der Anwendung des § 560 wird die Streitfrage erheblich, ob Berufungsurteile über nichtvermögensrechtliche Ansprüche bei Nichtzulassung der Revision mit ihrer Verkündung rechtskräftig werden, da dann nicht von einer statthaften Revision ausgegangen werden kann (s § 543 Rn 25).

2 **II)** Entschieden wird wie bei § 534 durch unanfechtbaren Beschluß nach Gewährung rechtlichen Gehörs. Die Vorschrift ist wegen § 708 Nr 10 ohne große Bedeutung. Einstweilige Einstellung der Zwangsvollstreckung: durch das Revisionsgericht nach § 719 II; durch das BayObLG vor der Zuständigkeitsentscheidung nach § 7 II EGZPO (BGH NJW 67, 1967).

3 **III) Gebühren** s § 534 Rn 17.

561 *[Tatsächliche Grundlagen der Nachprüfung]*

(1) Der Beurteilung des Revisionsgerichts unterliegt nur dasjenige Parteivorbringen, das aus dem Tatbestand des Berufungsurteils oder dem Sitzungsprotokoll ersichtlich ist. Außerdem können nur die im § 554 Abs. 3 Nr. 3 Buchstabe b erwähnten Tatsachen berücksichtigt werden.

(2) Hat das Berufungsgericht festgestellt, daß eine tatsächliche Behauptung wahr oder nicht wahr sei, so ist diese Feststellung für das Revisionsgericht bindend, es sei denn, daß in bezug auf die Feststellung ein zulässiger und begründeter Revisionsangriff erhoben ist.

1 **I) Abs 1:** Grundlage der Entscheidung des Revisionsgerichts ist das aus Urteilstatbestand, Sitzungsprotokollen und in Bezug genommenen Schriftsätzen und Anlagen ersichtliche Parteivorbringen in der Vorinstanz. Nach Abs 1 S 2 sind es weiter die für die Verfahrensrügen bedeutsamen Tatsachen und nach Abs 2 die tatsächlichen Feststellungen des angefochtenen Urteils. Dazu können einige weitere nach Schluß der letzten mündlichen Verhandlung in der Berufungsinstanz eingetretene Tatsachen kommen, deren Berücksichtigung durch das Revisionsgericht die Rechtsprechung zuläßt (Rn 4).

2 **1) Abs 1 S 1** bezieht sich nur auf **Parteivorbringen tatsächlicher Art.** Tatbestand: § 314 S 1 (zu seiner negativen Beweiskraft s BGH NJW 83, 885); Sitzungsprotokoll: §§ 159 ff. Mängel des Urteilstatbestandes nötigen uU dazu, das Urteil von Amts wegen aufzuheben (Wiedergabe der Angaben der zu Beweiszwecken vernommenen Parteien weder im Tatbestand noch im Sitzungsprotokoll oder einem sog Berichterstattervermerk (BGHZ 40, 84; s § 543 Rn 11). Ebenso, wenn die Gründe des Berufungsurteils von einem anderen Sachverhalt ausgehen, als dem, der für das Revisionsgericht nach dem Tatbestand maßgebend ist (BGH VersR 86, 34). Das Revisionsgericht darf nicht von sich aus versuchen, tatsächliche Unklarheiten aufzuklären, etwa an Hand der Gerichtsakten (Köln MDR 84, 857). Mit Recht ausgeschlossenes Vorbringen (§ 528 III) ist auch für das Revisionsgericht unbeachtlich (BGH NJW 85, 1556, 1558 = WPM 85, 267).

3 **2)** Nach **Abs 1 S 2** sind auch die zur Begründung von **Verfahrensrügen** (rechtzeitig) nach § 554 III Nr 3b vorgebrachten Tatsachen zu beachten, auch die der Begründung von Gegenrügen des Revisionsbeklagten (BGH MDR 76, 138; § 559 Rn 12) dienen.

3) Veränderungen. a) Durch Abs 1 S 1 wird die Berücksichtigung solcher Vorgänge nicht ausgeschlossen, die die prozessuale Rechtslage erst im **Revisionsverfahren** verändert haben, wie Rücknahme der Klage oder Widerklage, Klageverzicht, Anerkenntnis, Erledigterklärung, Genehmigung der Prozeßführung einer nicht parteifähigen Partei durch diese selbst nach Wiedererlangung der Parteifähigkeit (BGHZ 51, 27), Erwerb der deutschen Staatsangehörigkeit im Scheidungsprozeß (BGHZ 53, 128 mit Anm Johannsen LM § 561 ZPO Nr 38); Konkurseröffnung (BGH NJW 75, 442; ZIP 80, 23) u Konkursaufhebung (BGHZ 28, 13; MDR 81, 1012) sowie materiellrechtliche Auswirkungen eines Parteiwechsels durch Rechtsnachfolge von Todes wegen (§ 246, BGH WPM 86, 1386); Wegfall (BGHZ 18, 98, 106; VersR 83, 724 [726]) oder Begründung (BGH ZIP 83, 995) des Feststellungsinteresses; Wegfall eines Aufrechnungsverbots (BGH MDR 75, 383), Einbürgerung des auf Feststellung der Vaterschaft beklagten Mannes (BGH NJW 77, 498), Eintritt eines vom Berufungsgericht festgestellten Fälligkeitstermins (BGH LM Nr 1 zu § 240 BGB). 4

b) Ferner kann neues tatsächliches Vorbringen zu den vom Revisionsgericht von Amts wegen zu prüfenden Fragen berücksichtigt und dazu auch Beweis erhoben werden (Werp DRiZ 75, 278; BGH VersR 72, 975; 78, 155 [rechtswirksame Urteilszustellung]; BGHZ 31, 279; 46, 249; WPM 86, 1201 [Verlust und Erlangung der Prozeßführungsbefugnis]). Aber keine Berücksichtigung eines erstmals im Revisionsverfahren behaupteten außergerichtlichen Erledigungsvergleichs vor Klageerhebung (BAG NJW 82, 788 = MDR 82, 258). 5

c) Zu berücksichtigen ist weiter neues Vorbringen zur Begründung der erstmals in der Revisionsinstanz erhobenen Erstattungsansprüche (Rn 10). 6

d) Weiter läßt die Rspr die Berücksichtigung bedeutsamer Rechtstatsachen zu, die für die Beurteilung der sachlichen Rechtslage erheblich, aber erst nach Schluß der mündlichen Verhandlung in der Berufungsinstanz eingetreten sind. Für diese einschränkende Auslegung des § 561 ist das Bestreben nach Prozeßwirtschaftlichkeit, nämlich der alsbaldigen endgültigen Streitbereinigung bei gleichzeitiger Einsparung von Arbeitskraft und Kosten bestimmend (BGH WPM 85, 263, 264). **Beispiele:** Wegfall des Rechtsschutzbedürfnisses (BGH WPM 78, 439; s auch Rn 4 zum Feststellungsinteresse); Änderungen im Personenstand (BGHZ 53, 131; 54, 135) oder in der Staatsangehörigkeit einer Partei (BGHZ 53, 128; BGH NJW 77, 498). Nach BGHZ 17, 73 (vgl a BGH NJW 70, 1742) kann beim Tod einer Partei nach der letzten mdl Berufungsverhandlung der Erbe noch in der Revisionsinstanz die Einrede der beschränkten Erbenhaftung geltend machen; ist der Vorbehalt der beschränkten Erbenhaftung vom Berufungsgericht übergangen worden, kann das Revisionsgericht ihn nachholen (BGH WPM 83, 661 [663]). Die Verjährungseinrede kann jedoch nicht mehr nachgeholt werden (BGHZ 1, 234). Erteilung oder Vernichtung eines Patentes oder Klarstellung des Patentanspruches, aber regelmäßig nicht eine Patentanmeldung oder eine erstmals in der Revisionsinstanz entgegengehaltene Vorveröffentlichung (BGHZ 3, 365; 40, 332), sonstige behördliche Akte wie die Erteilung einer Devisengenehmigung (vgl BGHZ 53, 131), landwirtschaftsgerichtliche Genehmigung (BGH Warneyer 84 Nr 285), Entscheidungen über die Anerkennung eines Arbeitsunfalls im Verfahren der RVO mit Bindung des Zivilgerichts nach § 638 RVO (BGH VersR 80, 822), des EuGH zum EWG-Vertrag (BGH WPM 85, 241) oder eine vorgreifliche rechtskräftige Entscheidung in einem anderen Prozeß zwischen den Parteien (BGH WPM 85, 263; VersR 84, 77, 78). Wegfall des Grundes für die Ausschließung eines Gesellschafters, weil mildere Maßnahmen möglich geworden sind (BGHZ 18, 350), sachlichrechtliche Erklärungen des Klägers, nach denen ein Übernahmeanspruch des Klägers nach § 141 HGB nunmehr gerechtfertigt erscheint (BGH LM Nr 6 zu § 142 HGB). Dabei werden vom BGH auch entgegen § 561 aus prozessual erheblichen Änderungen materiellrechtliche Konsequenzen gezogen, zB der Wegfall eines formularmäßigen Aufrechnungsverbots infolge Konkurseröffnung nach Abschluß des Berufungsverfahrens (BGH ZIP 83, 1473; WPM 75, 134). Legt der Berufungsbeklagte nach Schlußverhandlung vor, daß er seit Jahren geschäftsunfähig und damit prozeßunfähig sei (absoluter Revisionsgrund, § 551 Nr 5; Nichtigkeitsgrund, § 579 I Nr 4), dann muß das Berufungsgericht gem § 156 wiedereröffnen, weil eine von Amts wegen zu berücksichtigende Prozeßvoraussetzung fehlen kann. Ergeht gleichwohl Sachurteil, dann verlagert sich die Prüfung bei Revisionseinlegung auf den BGH, der entweder eigene tatsächliche Feststellungen trifft, ggf durch Beweiserhebung, oder deswegen zurückverweist (BGH WPM 86, 58 = NJW-RR 86, 157). Zur Rechtsbehelfsbefugnis des Prozeßunfähigen s Hager ZZP 97 [1984], 174 u oben § 56 Rn 10 ff. 7

e) Die Berücksichtigung neuer Tatsachen ist aber nicht immer dann zulässig, wenn diese offenkundig oder zugestanden sind und deshalb keines Beweises bedürfen (vgl BGHZ 53, 131), insbesondere dann nicht, wenn der Berücksichtigung schützenswerte Interessen einer Partei entgegenstehen (BGH MDR 74, 479 = ZZP 87 [1974], 460 m zust Anm Gottwald). Auch darf das 8

Revisionsgericht durch die Berücksichtigung nicht mit der *Bewertung* von Tatsachen belastet werden (BGH WPM 81, 678 [679 zu II 1 a] m Nachw). Nicht berücksichtigt worden ist zB die Fortdauer des Getrenntlebens der Ehegatten (BGH FamRZ 78, 884). **Antragsänderungen** (Rn 10) dürfen berücksichtigt werden, wenn sie den früheren Antrag lediglich beschränken oder modifizieren und der zugrunde liegende Sachverhalt vom Tatrichter bereits gewürdigt worden ist (BayObLGZ 82, 222: Zustimmung zur Auflassung statt Auflassung). Keine Berücksichtigung der erstmals in der Revisionsinstanz hilfsweise erhobenen Zurückbehaltungseinrede, die der Tatrichter nicht prüfen konnte (BayObLGZ 82, 222).

9 4) Soweit das Revisionsgericht die Wahrheit neuer tatsächlicher Behauptungen selbst feststellen kann und will (also nicht zur Feststellung zurückverweisen will), gelten für die **Beweiserhebung** die allgemeinen Regeln; soweit es sich also um die Feststellung der Verfahrensvoraussetzungen handelt, gilt Freibeweis (BAG NJW 72, 887; BGH VersR 78, 155); insoweit ist das Revisionsgericht an einschlägige Feststellungen des Tatrichters nicht gebunden (BGHZ 31, 282; 48, 15; BGH NJW 69, 984); nach BGHZ 26, 340 soll trotz § 160 I Nr 5 die absolute Beweiskraft des Protokolls nicht oder nur eingeschränkt gelten. Handelt es sich hingegen um die Feststellung neuer Tatsachen für die Entscheidung über den Klageantrag selbst, so gelten nach § 557 die Vorschriften §§ 355 ff. – Änderungen der Gesetzgebung: § 550 Rn 16.

10 **II)** Die Einführung neuer Ansprüche in die Revisionsinstanz im Wege der **Klageänderung, Hilfsantrag, Klageerweiterung, Widerklage,** Zwischenfeststellungsklage ist unzulässig, weil es sich auch dabei um neues Vorbringen nach § 561 I handeln würde (BGHZ 24, 285; 26, 37; 28, 131; BAG NJW 82, 790). Jedoch kann die in der Berufungsinstanz unterbliebene Prüfung der Sachdienlichkeit vom Revisionsgericht nachgeholt werden (BGH MDR 79, 829). Immer sind neue Ansprüche in den Fällen zu berücksichtigen, in denen das Gesetz den Übergang von einem zum anderen Anspruch ausdrücklich zuläßt, §§ 302 IV 4, 600 II, 717 II, III, 1042c (vgl RGZ 34, 385). Auch ein Hilfsantrag kann in der Revisionsinstanz nicht zum Hauptantrag erhoben werden, wenn darin eine Klageänderung liegt (BGHZ 28, 131); Hilfserwägungen des Berufungsgerichts müssen unberücksichtigt bleiben, wenn das Berufungsgericht die Klage oder die Berufung für unzulässig erachtet (BGHZ 46, 281; BGH MDR 76, 138). Eine Antragsänderung, die sich nicht als Klageänderung darstellt, ist nur zulässig, wenn sie sich im Rahmen des unstreitigen Parteivorbringens und der tatsächlichen Feststellungen des Berufungsgerichts hält (BGHZ 12, 68). **Zugelassen** wird daher nach Forderungsabtretung die Umstellung des Klageantrags auf Zahlung an den Abtretungsempfänger (BGHZ 26, 31), nach Konkurseröffnung auf Feststellung zur Konkurstabelle (BGH LM Nr 5 zu § 146 KO; ZIP 80, 23); das Stellen eines zusätzlichen Hilfsantrages auf Feststellung, wenn der Leistungsanspruch derzeit nicht durchsetzbar ist (BGH WM 57, 1335), uU auch der Übergang von der Leistungs- zur Feststellungsklage (BGHZ 29, 33; s aber BGH NJW 61, 1467); zulässig auch Umstellung der Klage auf Rechnungslegung in eine solche auf Vorlage von Abrechnungen (BGH MDR 62, 562). Eine zulässige Antragsänderung ist auch die einseitige Erledigungserklärung des Klägers in der Revisionsinstanz (vgl BGH NJW 65, 537; Putzo NJW 65, 1018; Walchshöfer ZZP 79 [1968], 296) oder die bloße Beschränkung des früheren Antrags (BayObLGZ 82, 222: Zustimmung zur Auflassung statt Auflassung).

11 **III) Abs 2.** Die **Bindung** nach § 561 II setzt voraus, daß das Zustandekommen der Feststellungen nicht erfolgreich mit Verfahrensrügen angegriffen wird und daß sie auch nicht Mängel aufweisen, die die Nachprüfung der Rechtsanwendung hindern (vgl BayObLGZ 65, 102). Sie gilt, gleichviel ob die Urteilsfeststellungen auf freier Überzeugungsbildung, auf gesetzlichen Beweisregeln, auf Geständnis, Nichtbestreiten, Allgemeinkundigkeit usw beruhen. Die Feststellungen sind nicht bindend, soweit Elemente der Tatsachenfeststellung wie Rechtsnormen behandelt werden, wenn also sog Denkgesetze und allgemeine Erfahrungsregeln eine Rolle spielen (§ 550 Rn 6 ff). Keine Bindung an tatsächliche Feststellungen, die vom Revisionsgericht von Amts wegen zu berücksichtigende Umstände betreffen (BGHZ 31, 282; 48, 15; BGH NJW 69, 984). Bindend sind nur eindeutige Feststellungen, nicht in sich widersprüchliche (BayObLGZ 51, 118; BAG NJW 67, 459), und auch nur Feststellungen tatsächlicher Art (vgl zur Abgrenzung zwischen Tat- und Rechtsfrage § 550 Rn 1). Bei unstreitigem Sachverhalt scheiden fehlerhafte Tatsachenfeststellungen aus (BAG DB 78, 303); ebenso reicht die Rüge der „Aktenwidrigkeit" nicht aus (BGH DRiZ 73, 98; VersR 81, 621 [622]). Fehlerhaft ist die Tatsachenfeststellung jedoch bei Übergehen eines Beweisantrages (BGH MDR 74, 399); das Revisionsgericht muß dies beachten, weil es zu überprüfen hat, ob der Tatrichter alle für die Aufklärung dienlichen Beweise erhoben hat (BGH FamRZ 74, 644). Hängt die Entscheidung von nichtjuristischer Sachkunde ab, dann muß die Beweiswürdigung uU eine gegenüber einem Sachverständigengutachten bessere Sachkunde des Gerichts erkennen lassen (s zB BGH MDR 78, 42; ZSW 81, 36). **Auslegung** individueller Willenserklärungen ist für das Revisionsgericht bindend (BAG AP § 133 BGB Nr 34 m zust Anm

Schumann). Ist jedoch die Vertragsauslegung durch das Berufungsgericht in sich widersprüchlich, hat das zur Folge, daß eine das Revisionsgericht bindende tatrichterliche Vertragsauslegung fehlt (BGH FamRZ 80, 1104); ebenso, wenn erhebliche Auslegungsumstände unberücksichtigt geblieben sind (Verletzung des § 133 BGB). Kommen weitere Feststellungen über Auslegungsumstände nicht mehr in Betracht, kann der BGH selbst auslegen (BGHZ 65, 112; FamRZ 80, 1105; s § 550 Rn 10). Zum fehlenden Tatbestand im Berufungsurteil s § 551 Rn 8. Zum Berichterstattervermerk bei unterbliebener Aussageprotokollierung (§ 161) s BGH MDR 73, 132 m Nachw. Gebunden ist das Revisionsgericht ferner grundsätzlich an die Anwendung nicht revisiblen Rechts (§ 549 Rn 1). Zur Geltendmachung von Wiederaufnahmegründen im Revisionsverfahren vgl § 578 Rn 17.

562 *[Nicht revisibles Recht]*

Die Entscheidung des Berufungsgerichts über das Bestehen und den Inhalt von Gesetzen, auf deren Verletzung die Revision nach § 549 nicht gestützt werden kann, ist für die auf die Revision ergehende Entscheidung maßgebend.

I) Wie sich der Richter Kenntnis des geltenden Rechts verschafft, steht in seinem Ermessen. 1
§ 293 befaßt sich nur mit der Ermittlung von ausländischem Recht, Satzungsrecht und Gewohnheitsrecht (vgl dazu BGH MDR 57, 33; BGH NJW 61, 410; 63, 252; BAG MDR 75, 874; BGH NJW 76, 1581; BGH NJW 76, 1581; BGH NJW 65, 1862 [Bundesgewohnheitsrecht], BayObLGZ 64, 161 [örtliches Herkommen]). § 549 unterscheidet zwischen **revisiblen** und **nicht revisiblen Rechtssätzen.** Zu den letzteren gehören die ausländischen Rechte und das nicht über den Bezirk des OLG hinausgehende Recht (s § 549 Rn 3 ff).

II) Über das **Bestehen und den Inhalt von revisiblem Recht** kann das Revisionsgericht frei 2
befinden. Eine Beweisaufnahme über förmliches revisibles Recht ist ausgeschlossen (Bremen DStR 77, 386; Tipke NJW 76, 2199). Nach BAG (NJW 66, 1836) soll das Revisionsgericht die Ermittlung von Rechtssätzen, nach denen geforscht werden muß, zB von Tarifnormen, ausnahmsweise auch dem Tatrichter übertragen können.

III) Dagegen steht das, was der Tatrichter als **bestehendes irrevisibles Recht und seinen** 3
Inhalt festgestellt hat, insbesondere also ausländisches Recht (§ 549 Rn 9), nach § 562 einer tatsächlichen Feststellung gleich, die das Revisionsgericht bindet. Die Feststellung ist Revisionsangriffen sogar weniger zugänglich als eine Tatsachenfeststellung. Die Revision kann allenfalls darauf gestützt werden, daß der Tatrichter bei seinen Ermittlungen nicht alle ihm zugänglichen Erkenntnisquellen benützt hat (RGZ 126, 202; 167, 380; BGH MDR 57, 33; BGH NJW 61, 411). Meist bezweckt eine solche Rüge der Sache nach aber nur unzulässigerweise eine Nachprüfung des irrevisiblen Rechts (BGH WM 71, 1094). Gerügt werden kann, daß der Tatrichter bei seiner Auslegung tatsächliche Behauptungen oder Beweisergebnisse übergangen hat, die von seinem Standpunkt aus für die Auslegung erheblich gewesen wären (BGHZ 3, 346; 24, 164; WM 77, 793). Darüber hinaus können auch keine Rügen nach §§ 139, 286 erhoben werden (RGZ 154, 231; BGHZ 3, 346; 24, 164; BGH NJW 63, 252). Es kann auch nicht gerügt werden, daß die einschlägigen Darlegungen des Tatrichters unvollständig seien (RGZ 152, 29; BGH NJW 63, 252 mit Anm Steindorff JZ 63, 200) oder daß die vorgenommene Auslegung allgemeinen Rechtsgedanken, Auslegungsgrundsätzen, Erfahrungssätzen oder den Denkgesetzen widerspreche (BayObLGZ 64, 167). Nichterwähnung der irrevisiblen Norm im Berufungsurteil schließt Bindung des Revisionsgerichts (an Nichtbestehen oder Unanwendbarkeit) nicht ohne weiteres aus (BGHZ 21, 217).

IV) Nur in **Ausnahmefällen** kann das Revisionsgericht irrevisibles Recht, das der Tatrichter 4
angewandt hatte, selbst auslegen, oder solches, das er nicht angewandt hatte, selbst berücksichtigen (§ 549 Rn 16). Insbesondere ist vom Revisionsgericht zu prüfen, ob etwa durch die Anwendung nicht revisiblen Rechts revisibles Recht verletzt worden ist, das statt dessen anzuwenden gewesen wäre. Zur Aufrechterhaltung eines Urteils nach § 563 kann auch nicht revisibles Recht herangezogen werden (BGHZ 24, 164; 40, 197), desgleichen grundsätzlich bei der Beurteilung eines Tatbestandes, den das Berufungsgericht übersehen und nicht gewürdigt hatte (BGHZ 24, 159), ferner wenn eine nicht revisible Rechtsvorschrift erst nach Ergehen des angefochtenen Urteils erlassen wurde (BGHZ 36, 353) oder wenn der Tatrichter von ihrem Bestehen keine Kenntnis hatte (BGHZ 40, 197; Leipold ZZP 81, 1968, 72). Vgl weiter § 565 IV mit Rn 12. Bei Prüfung der Zulässigkeit des Rechtsweges ist das Revisionsgericht an die Feststellung nicht revisiblen Rechts in der Regel gebunden (BGHZ 21, 214; BGH NJW 65, 1666). Sonderfall: BGH ZZP 69, 1956, 189: aus nachträglich erlassenem irrevisiblen Landesrecht ergab sich, daß die Beklagte

eine Körperschaft öffentlichen Rechts war. Die Überprüfung steht auch dann nicht offen, wenn nach dem irrevisiblen Recht eine Vorfrage zu beantworten ist und die davon abhängige Hauptfrage dem revisiblen Recht angehört (BGH NJW 58, 830; 55, 1666). – Die nur auf Verletzung nicht nachzuprüfenden Rechts gestützte Revision ist unbegründet, nicht unzulässig (RGZ 158, 320; BGHZ 10, 368; s § 554 Rn 11).

563 *[Zurückweisung der Revision]*

Ergeben die Entscheidungsgründe zwar eine Gesetzesverletzung, stellt die Entscheidung selbst aber aus anderen Gründen sich als richtig dar, so ist die Revision zurückzuweisen.

1 **I) Anwendungsbereich.** Versehentliche Unrichtigkeiten zählen nicht hierher; sie werden vom Revisionsgericht kurzerhand berichtigt, zB eine den Entscheidungsgründen zu entnehmende, aber im Tenor fehlende Teilabweisung bei gequoteltem Grundurteil oder bei Hauptantrag und Hilfsantrag (BGH FamRZ 84, 878 zu III). Maßgebend ist allein, ob das objektive Recht die vorinstanzliche Entscheidung trägt. Dieser Fall kann beispielsweise gegeben sein, wenn das Berufungsgericht von einer zu weit gefaßten Prämisse ausgegangen ist, eine Rechtsnorm also überdehnt hat, die enger gefaßte Norm jedoch die Entscheidung ebenfalls tragen würde. Zu beachten ist, daß § 563 sich nicht auf die Fälle des § 551 bezieht, da es sich dort um absolute Revisionsgründe handelt. Auch bei Durchgreifen anderer Verfahrensrügen ist für die Anwendung des § 563 häufig kein Raum, da das Revisionsgericht zumeist nicht beurteilen kann, ob es zu den vom Verfahrensfehler betroffenen Feststellungen, auf die ein Urteil gestützt ist, auch ohne den Verfahrensfehler gekommen wäre. Zurückweisung wird auch erforderlich sein, wenn getrennt geführte Verfahren mit nicht völlig identischen Parteien erst in der Revisionsinstanz verbunden werden, damit rechtliches Gehör gewährt werden kann (BAG NJW 84, 1703). Im allgemeinen ist aber nicht nur zu prüfen, ob eine Gesetzesverletzung vorliegt, sondern auch, ob sie das angefochtene Urteil beeinflußt und zu seiner Unrichtigkeit geführt hat (Problem des „Beruhens"; s § 550 Rn 6 ff). **Beispiele:** Das Urteil wird auch durch die verfahrensfehlerfrei getroffenen Feststellungen getragen. – Die irrige Verwerfung einer Anschlußrevision hat sich nicht auf die Sachentscheidung ausgewirkt (BGHZ 4, 58). Vor allem aber ist die Selbstentscheidung des Revisionsgerichts geboten, wenn trotz fehlerhafter materiellrechtlicher Subsumtion das Ergebnis des angefochtenen Urteils auch durch die zutreffende Subsumtion gestützt wird (BGH FamRZ 84, 470, 472 zu 3: unzulässige Hilfsanträge; BGH NJW 84, 1807, 1809 zu III 2: Angabe der Größenordnung eines Schmerzensgeldanspruchs).

2 **II)** Die Grenzen, innerhalb derer die **Ersetzung einer Anspruchsbegründung** durch eine andere die Parteien nicht berührt, decken sich mit den objektiven Grenzen der Rechtskraft (vgl Rn 30 ff vor § 322). Da die Rechtskraft des Leistungsurteils den zugrunde liegenden Anspruch des materiellen Rechts nicht umfaßt, ist ein Auswechseln der Anspruchsgründe im Revisionsverfahren auf die Rechtskraft und damit auch auf die Beschwer der Parteien ohne Einfluß, also zulässig. Dasselbe gilt umgekehrt für klageabweisende Urteile.

3 **III) Einzelfälle:** Kommen für **Verspätungszurückweisung** mehrere zwingende Vorschriften in Betracht, dann darf das Revisionsgericht die Vorentscheidung auch mit einer vom Berufungsgericht nicht angewandten Bestimmung stützen, wenn diese keine Ermessensentscheidung voraussetzt (Deubner NJW 82, 1710). Soweit der BGH (NJW 82, 1708 [1710] unter Berufung auf BGH NJW 81, 1217 [1218] u 2255 zu 2b) gegenteiliger Ansicht ist, verkennt er die Unterschiede zwischen zwingender und ins Ermessen gestellter Zurückweisung. Wenn das OLG ein **Vorbringen** des in erster Instanz verurteilten Beklagten, das zur Klageabweisung hätte führen können, **zu Unrecht als verspätet zurückgewiesen,** die Sache aber **wegen eines Verfahrensfehlers an das LG zurückverwiesen** hat, ist sein Urteil nicht deswegen iS des § 563 richtig, weil das neue Vorbringen nun vom LG berücksichtigt werden kann; denn eine Nachprüfung durch das OLG hätte möglicherweise schon in der Berufungsinstanz zur Klageabweisung geführt (BGH MDR 72, 601). Auch **irrevisibles Recht** kann zu einer Aufrechterhaltung des Urteils führen, wenn das Revisionsgericht nicht nach § 565 IV zurückverweist. Ebenso ist die Revision zurückzuweisen, wenn das Berufungsgericht zwar offengelassen hatte, **ob deutsches oder ausländisches Recht** anzuwenden ist, seine Entscheidung aber nach beiden Rechtsordnungen richtig ist (BGH NJW 56, 1155; 63, 252; Steindorff JZ 63, 200). Erst recht ist das angefochtene Urteil aufrechtzuerhalten, wenn der Revisionskläger durch den **Rechtsfehler begünstigt** worden ist (Verbot der reformatio in peius § 559 Rn 1). Das angefochtene Urteil ist auch dann aufrechtzuerhalten, wenn es zwar auf einem **Verfahrensfehler** beruht, dieser aber **vom Revisionsgericht** ausnahmsweise **richtiggestellt** werden kann, wenn zB ein in einem Feststellungsprozeß unzulässigerweise ergangenes Zwi-

schenurteil über den Grund (§ 304) in ein Feststellungsurteil umgedeutet werden kann. Die Revision ist auch unbegründet, wenn der vorliegende **Rechtsfehler mit der Revision nicht gerügt** werden kann, weil die Beanstandung auf einem anderen Weg hätte erfolgen müssen (zB Geltendmachung eines Ablehnungsgrundes gegen einen vernommenen Sachverständigen erst in der Revision, BGH VRS 29, 430; Angriff auf die Angaben im Tatbestand, BGH WM 62, 1289), weil das Rügerecht verwirkt ist (§§ 295, 558) oder in der Revisionsinstanz sonst nicht mehr ausgeübt werden kann (§§ 528, 529 mit 566, 549 II) oder der Rechtsirrtum der Revision überhaupt nicht zugänglich ist (§§ 549 I, 562) oder nur Aktenwidrigkeit geltend gemacht wird (BGH DRiZ 73, 98; VersR 81, 261 [622]). Die Revision ist schließlich auch zurückzuweisen, wenn das Berufungsgericht zwar das zur Zeit seiner Entscheidung geltende Recht unrichtig angewandt hat, wenn sich sein Urteil aber infolge einer **zwischenzeitlichen Gesetzesänderung** nun als richtig darstellt (BGHZ 2, 324; 9, 101; 10, 282) oder sonst **neue Tatsachen,** soweit sie im Revisionsverfahren berücksichtigt werden können, die Rechtslage zugunsten des Revisionsklägers verändert haben (zB Wiedererlangen der Prozeßführungsbefugnis, deren bisheriges Fehlen der Tatrichter übersehen hatte).

IV) Ob das **Gesetz verletzt** ist, darf das Revisionsgericht nicht offenlassen. Abzulehnen daher BAG NJW 72, 1439, wonach ein Vorbehaltsurteil gem §§ 302, 599 zulässig sei mit dem Vorbehalt, daß das BVerfG in einem bereits anhängigen Normenkontrollverfahren die maßgebliche Vorschrift bestätige. Die Unzulässigkeit ergibt sich schon daraus, daß eine vom BVerfG vorgenommene verfassungskonforme Auslegung nicht mehr berücksichtigt werden könnte (vgl auch Scholz NJW 72, 1911; Jülicher ZZP 86, 1973, 197). 4

V) Wenigstens die Zurückverweisung wird erspart, wenn das Revisionsgericht die Entscheidung, die in der Vorinstanz geboten gewesen wäre, unter Abänderung des angefochtenen Urteils **selbst treffen** kann (s § 565 Rn 8 ff). Wichtige Anwendungsfälle sind die Prozeßlagen, in denen Prozeßabweisung und Sachabweisung ausgetauscht werden. Zwar darf das Revisionsgericht grundsätzlich keine Klage aus sachlichen Gründen abweisen, wenn das Berufungsgericht die Zulässigkeit der Klage zu Unrecht verneint hat (BGHZ 12, 316). Ausnahmsweise ist jedoch diese „ersetzende" Zurückweisung zulässig, wenn die Feststellungen des Berufungsgerichts unanfechtbar getroffen worden sind und damit eine revisionsrichterliche Beurteilungsgrundlage abgeben, sofern sicher ist, daß auch bei Zurückverweisung kein anderes Ergebnis in Betracht kommt (BGHZ 33, 401; 46, 285; WPM 78, 935). Mit dieser Einschränkung darf eine vorinstanzliche Prozeßabweisung in eine Sachabweisung abgeändert werden (BGH NJW 78, 2031; WPM 78, 470), sogar der vom Berufungsgericht als unzulässig abgewiesenen Klage auf Grund des identischen Sachverhaltes stattgegeben werden (BGH MDR 76, 469). Bei irriger Annahme des Berufungsgerichts, es sei im Schlußurteil zur Beurteilung des Grundes durch ein vorangegangenes Teilurteil gebunden, kann das Revisionsgericht unter den genannten Voraussetzungen über den Grund selbst entscheiden (BGH WPM 80, 1392). Ausnahmsweise ist bei erschöpfenden Feststellungen über Auslegungsumstände auch eigene Vertragsauslegung des BGH statthaft (BGHZ 65, 112; FamRZ 80, 1105; s § 550 Rn 10). Bei einer Zurückweisung der Revision als unbegründet (sei es, weil sich überhaupt kein Rechtsfehler ergibt, sei es nach § 563) sind Berichtigungen des Berufungsurteils ohne sachliche Änderung möglich (vgl RGZ 101, 108; OGHZ 2, 382), etwa der Ausspruch des vom Berufungsgericht übergangenen Vorbehalts der Erbenhaftung nach § 780 (BGH WPM 83, 661 [663]). 5

564 *[Aufhebung des angefochtenen Urteils]*

(1) Insoweit die Revision für begründet erachtet wird, ist das angefochtene Urteil aufzuheben.

(2) Wird das Urteil wegen eines Mangels des Verfahrens aufgehoben, so ist zugleich das Verfahren insoweit aufzuheben, als es durch den Mangel betroffen wird.

I) Zu Abs 1: 1) „Insoweit": Hinsichtlich quantitativer Teile des Streitgegenstandes, insbesondere bei Anspruchshäufung, kann teils Zurückweisung der Revision, teils Aufhebung in Betracht kommen. Bei **Klage und Widerklage** kann sich die Aufhebung auf eine von ihnen beschränken, sofern sie sich nicht überdecken; bei Streit über **Grund und Betrag** auf den letzteren (BAG NJW 62, 1637). Bei **Haupt-** und **Hilfsanspruch** ausnahmsweise Teilentscheidung über den unbegründeten und schon vom Berufungsgericht abgewiesenen Hauptanspruch durch Zurückweisung der Revision neben Aufhebung und Zurückverweisung wegen des vom Berufungsgericht fehlerhaft verneinten Hilfsanspruchs (BGH NJW 56, 1154). Die Aufhebung kann auf alle Teile des Berufungsurteils beschränkt werden, die nach §§ 301 ff Gegenstand einer selb- 1 ständigen Entscheidung sein könnten, also auch auf die zur **Aufrechnung** gestellte Gegenforderung. Zur Entscheidung, wenn umgekehrt die Gegenforderung begründet ist, zur Klageforderung aber weitere Feststellungen nötig sind, s Reinicke NJW 67, 515. Hingegen kann die Aufhebung nicht auf **einzelne Entscheidungselemente** beschränkt werden (Reinicke NJW 67, 513; Tiedtke, Die innerprozessuale Bindungswirkung von Urteilen der Obersten Bundesgerichte, 1976). Die von BGHZ 45, 287 zugelassene Beschränkung der Aufhebung nur auf das **Zurückbehaltungsrecht** ist vertretbar, weil das Zurückbehaltungsrecht nach § 274 BGB zumindest in eingeschränktem Sinne selbst Streitgegenstand wird (§ 145 Rn 25). Da Berufung der Hauptpartei und ihres Streithelfers nur ein Rechtsmittel sind, muß einheitlich entschieden werden; Verstoß zwingt zur Aufhebung insgesamt (BGH MDR 82, 744 = NJW 82, 2069).

2 **2) Entscheidung.** Ist eine Teilaufhebung zulässig, so ist sie auch geboten; analog § 301 II ist dem Revisionsgericht jedoch ein Ermessensspielraum gegeben (BGH NJW 66, 2356; aA Reinicke NJW 67, 513). Wie zu tenorieren ist, befindet das Revisionsgericht völlig frei nach Zweckmäßigkeitsgesichtspunkten (s Bettermann ZZP 88 [1975], 369). Mit dem angefochtenen Urteil sind auch die nach § 548 der Beurteilung des Revisionsgerichts unterliegenden **Vorentscheidungen** aufzuheben, wenn sie fehlerhaft sind und dem Urteil als Grundlage gedient haben, um für das neue Berufungsurteil die Bindung nach § 318 zu beseitigen. Ob die das aufgehobene Urteil ersetzende Entscheidung vom Revisionsgericht selbst getroffen oder ob zu diesem Zweck an das Untergericht zurückverwiesen wird, bestimmt sich nach § 565.

3 **II) Zu Abs 2** vgl § 539. Der Verfahrensfehler kann das ganze Verfahren oder einen Teil betreffen. Die **Aufhebung** kann sich beispielsweise auf eine unter Verletzung des rechtlichen Gehörs durchgeführte Beweisaufnahme beschränken mit der Folge, daß ihr Ergebnis im wiedereröffneten Berufungsverfahren nicht verwertet werden kann. Bei Teilaufhebung bleiben die Verfahrensvorgänge außerhalb des aufgehobenen Verfahrensteils unberührt; sie behalten ihre Bedeutung für die neue Berufungsverhandlung (vgl BayObLG SA 52, 112). Für den Umfang der Verfahrensaufhebung kann nicht danach unterschieden werden, ob bei beiderseitiger Revision beide Parteien den Mangel gerügt haben oder nur eine Partei (BGH NJW 66, 933). Die Ergebnisse des neu durchzuführenden Verfahrens wirken auf alle beim Gericht noch anhängigen Ansprüche ohne Beschränkung auf die von der Revision betroffenen und ohne Verbot der reformatio in peius (§ 539 Rn 33; § 565 Rn 2, 3). Bei fehlerhaft bejahter Bindung gem § 528 III ist die doppelt fehlerhafte Anwendung des Präklusionsrechts durch Zurückverweisung an das LG zu beheben (s Hermisson NJW 83, 2234 m Nachw).

565 *[Zurückverweisung; eigene Sachentscheidung]*

(1) Im Falle der Aufhebung des Urteils ist die Sache zur anderweiten Verhandlung und Entscheidung an das Berufungsgericht zurückzuverweisen. Die Zurückverweisung kann an einen anderen Senat des Berufungsgerichts erfolgen.

(2) Das Berufungsgericht hat die rechtliche Beurteilung, die der Aufhebung zugrunde gelegt ist, auch seiner Entscheidung zugrunde zu legen.

(3) Das Revisionsgericht hat jedoch in der Sache selbst zu entscheiden:

1. wenn die Aufhebung des Urteils nur wegen Gesetzesverletzung bei Anwendung des Gesetzes auf das festgestellte Sachverhältnis erfolgt und nach letzterem die Sache zur Endentscheidung reif ist;

2. wenn die Aufhebung des Urteils wegen Unzuständigkeit des Gerichts oder wegen Unzulässigkeit des Rechtswegs erfolgt.

(4) Kommt in den Fällen der Nummern 1 und 2 für die in der Sache selbst zu erlassende Entscheidung die Anwendbarkeit von Gesetzen, auf deren Verletzung die Revision nach § 549 nicht gestützt werden kann, in Frage, so kann die Sache zur anderweiten Verhandlung und Entscheidung an das Berufungsgericht zurückverwiesen werden.

1 **I) Abs 1. Zurückverweisung** an Berufungsgericht, gegebenenfalls einen anderen (sachkundigen: BGH VersR 86, 1079, 1080) Senat, was Art 101 I 2 GG nicht verbietet (BVerfGE 20, 336). Wird nach Aufhebung eines Teilurteils an einen anderen Senat zurückverwiesen, so hat dieser auch den in der Berufungsinstanz anhängig gebliebenen Teil des Streitgegenstandes zu erledigen (BGH LM § 765 BGB Nr 1); auch bei Zurückverweisung an einen anderen Senat sind Richter, die am Ersturteil mitgewirkt haben, nicht ausgeschlossen (BVerfG NJW 75, 1241). Möglich ist auch Zurückverweisung an das Landgericht (auch außerhalb der Fälle der Sprungrevision, § 556 a), insbesondere wenn das Berufungsgericht bei richtiger Entscheidung seinerseits hätte zurück-

verweisen müssen (vgl OGH NJW 50, 866; BGHZ 16, 82). Wenn wegen eines von mehreren Ansprüchen in Anwendung des § 538 an das LG, im übrigen an das Berufungsgericht zurückzuverweisen wäre, kann (entsprechend § 540) im ganzen Umfang an das Berufungsgericht zurückverwiesen werden (BGH NJW 55, 1546). Wenn ein Vorbehaltsurteil bei zulässiger Aufrechnung vom Berufungsgericht bestätigt wurde, obwohl Forderung und Gegenforderung in rechtlichem Zusammenhang stehen, ist auch auf Revision des Beklagten regelmäßig zurückzuverweisen (BGHZ 25, 360). Zur Verweisung an das Berufungsgericht, damit es den nach unzulässigem Teilurteil der ersten Instanz dort anhängig gebliebenen Teil des Rechtsstreites an sich zieht und über ihn mitentscheidet: BGH NJW 60, 339. Zurückverweisung wegen eines Hilfsbegehrens, das von Bedeutung wird, weil das Revisionsgericht den vom Kläger mit seinem Hauptbegehren erzielten Erfolg nicht in vollem Umfang aufrechterhält: BGHZ 25, 80 (sofern nicht § 563 anwendbar ist: BGH FamRZ 84, 470, 472 zu I 3).

II) Abs 2. Lit: *Tiedtke,* Die innerprozessuale Bindungswirkung von Urteilen der obersten Bundesgerichte, 1976, sowie JZ 78, 626.

1) Durch die Zurückverweisung wird die untere Instanz wieder eröffnet (RGZ 158, 196); die **frühere Verhandlung bildet mit der neuen eine Einheit** (RGZ 149, 160). Möglich hiernach Erhebung neuer Ansprüche (BGH WM 62, 1117; NJW 63, 444) sowie Erweiterung auf einen Anspruchsteil, der dem Kläger im ersten Rechtszug noch nicht rechtskräftig aberkannt wurde (BGH NJW 63, 444; München FamRZ 84, 491, 492). Soweit Teilrechtskraft eingetreten ist, muß sie beachtet werden, auch wenn sie sich lediglich auf eine Kostenquote zwischen zwei Parteien bezieht (BGH JurBüro 84, 1505). Auch Klageänderung und Widerklage wie sonst. Neue Behauptungen und Einführung neuer Beweismittel möglich, allerdings auch Zurückweisung nach §§ 527, 528. Frühere Beweisaufnahmen brauchen nicht wiederholt zu werden (vgl § 398), wenn das Verfahren insoweit nicht aufgehoben worden ist (§ 564 II); andere Würdigung der Ergebnisse ist aber nicht ausgeschlossen (BAG AP Nr 10 zu § 565 ZPO). 2

2) Überhaupt besteht keine **Bindung** des Berufungsgerichts an seine früheren tatsächlichen Feststellungen und auch nicht an seine frühere Rechtsansicht, selbst wenn diese vom Revisionsgericht als bedenkenfrei bezeichnet worden war (RG JW 29, 509; 30, 3314; BGH NJW 69, 661; str, vgl Bötticher MDR 61, 885). Das Berufungsgericht ist aber an frühere Vorentscheidungen nach § 318 gebunden, wenn sie nicht vom Revisionsgericht ebenfalls aufgehoben worden sind. An die Rechtsansicht des Revisionsgerichts ist das Berufungsgericht insoweit gebunden, als sie der Aufhebung zugrunde liegt (RG JW 30, 3314; BGHZ 3, 21; 6, 76), nicht an eine sonstige Begründung, insbesondere nicht an Voraussetzungen, die keine Rechtssätze darstellen, etwa der Revisionsentscheidung zugrunde liegende technische Regeln oder Erfahrungssätze (BGH MDR 82, 399). Insoweit wird allerdings auch die Auffassung vertreten, die Bindung erstrecke sich auf die der Aufhebung logisch notwendig vorangehenden Erwägungen (so Mathiessen JW 30, 3314; BAG NJW 61, 1229; BVerwGE 42, 243; BFHE 99, 109; 117, 4; KG NJW 62, 1114; s dazu Bötticher MDR 61, 885; Tiedtke JZ 76, 626 sowie Johannsen Anm zu LM § 565 Abs 2 ZPO Nr 6). Es ist jedoch zweifelhaft, ob bei diesem Meinungsstreit wirklich Gegensätze vertreten werden. Eher scheint es, daß Formulierungsfragen irrig als Sachprobleme angesehen werden, weil der Begriff des „Beruhens" (s dazu § 550 Rn 6) nicht übereinstimmend angewandt wird. Die Bindung der Vorinstanz bei Zurückverweisung ist auf die ratio decidendi des Revisionsurteils beschränkt, soweit es die vorinstanzliche Rechtsauffassung verwirft. Obiter dicta binden nicht; für die aufhebende Entscheidung sind aber auch bestätigende Ausführungen des Revisionsgerichts obiter dicta, da auf ihnen nicht die zur Zurückverweisung führende Entscheidung beruhen kann. Gerade dadurch erklärt es sich auch, daß die Vorinstanz ihre ursprüngliche Rechtsauffassung aufgeben darf, weil und soweit sie vom Revisionsgericht gebilligt worden ist (Riezler AcP 139, 192). Aufgabe des Revisionsgerichts ist es angesichts dessen, die Entscheidungskausalität seiner Ausführungen in den eigenen Entscheidungsgründen deutlich herauszustellen, was leider nicht immer geschieht. Wird die revisionsrichterliche Entscheidung darauf abgefragt, auf welchen der angeführten Gründe die Aufhebung beruht, dann lassen sich so gut wie alle Zweifel klären. Insbesondere wird dann eindeutig, daß niemals die (wünschenswerten!) Richtlinien für das neue Verfahren und die neue Entscheidung an der Bindungswirkung teilnehmen (RAG HRR 33 Nr 1432), desgleichen nicht die rechtlichen Erwägungen, die das Revisionsgericht zu § 563 angestellt hat (BAG AP § 11 BUrlG Nr 10 m zust Anm Schmidt), und daß bei Aufhebung wegen eines Verfahrensmangels keine sachlichrechtliche Bindung des Berufungsgerichts begründet wird (BGHZ 3, 321). Die Beurteilung eines Schiedsgutachtens als offenbar unbillig wegen Nichtberücksichtigung eines ausschlaggebenden Umstandes mit der Anweisung an das Berufungsgericht, nunmehr selbst zu schätzen, bindet insofern, als dieses sich nicht erneut einfach dem Schiedsgutachten anschließen darf (BGH WPM 82, 102). 3

4 **3)** An die Auslegung des Klageantrages durch das Revisionsgericht ist das Berufungsgericht gebunden (BGH NJW 63, 956). Die stillschweigende Bejahung der bis dahin nicht in Zweifel gezogenen Parteifähigkeit durch das Revisionsgericht bindet nicht (BGH MDR 59, 121), desgleichen nicht die stillschweigende Annahme des Vorliegens unverzichtbarer Prozeßvoraussetzungen durch das Revisionsgericht, da diese konkludente Prämisse nicht ratio decidendi der Aufhebung ist (zu ausdrücklichen und stillschweigenden Entscheidungen s Leipold ZZP 81 [1968], 69 ff). „Aufhebung" ist jedoch die Verneinung eines Klagegrundes im zurückverweisenden Revisionsurteil (BGH VersR 62, 980). Die Frage der Verfassungsmäßigkeit des anzuwendenden Gesetzes ist von der Bindung nach Abs 2 nicht ausgenommen, so daß das Berufungsgericht nicht mehr an das BVerfG vorlegen darf, wenn das Revisionsgericht die Verfassungsmäßigkeit bejaht hatte (BVerfGE 2, 406). Nach der lex specialis des Art 177 EWG-Vertrag ist hingegen das Berufungsgericht nicht gehindert, die Sache auch noch nach Rückverweisung dem EuGH vorzulegen (EuGH NJW 74, 440; NJW 78, 1741). Der BGH ist dann nicht mehr an seine eigene Auffassung gebunden, deretwegen er das Berufungsurteil aufgehoben hatte, wenn er diese Ansicht inzwischen geändert und verlautbart hat (BGHZ 60, 392; s dazu Sommerlad NJW 74, 123; Tiedtke JZ 78, 626). Folgerichtig entfällt auch die Bindung des Berufungsgerichts, wenn die höchstrichterliche Praxisänderung nach Erlaß des Revisionsurteils bekannt wird (BGHZ 60, 397; BAG BB 81, 647).

5 **4)** Auch Gesetzesänderungen nach dem Revisionsurteil muß das Berufungsgericht beachten. Kommt es zu anderen tatsächlichen Feststellungen, so kann es sie auch selbständig würdigen (BGH FamRZ 85, 691, 692; NJW 83, 1496, 1497). In Unterhaltssachen darf darüber hinaus ein neuer Sachverhalt statt durch selbständige Abänderungsklage (§ 323) schon im zweiten Berufungsverfahren durch Anschlußberufung (BGH LM § 323 ZPO Nr 4) oder Berufungserweiterung (BGH NJW 85, 2029 = Warneyer 85 Nr 111) geltend gemacht werden. Zur möglichen Verschlechterung des Revisionsklägers durch das neue Berufungsurteil s § 565 Rn 3.

6 **5)** In gleichgelagerten Sachen ist das Berufungsgericht an die Rechtsansicht des Revisionsgerichts nicht gebunden (RG JW 37, 2229). Das **Revisionsgericht** unterliegt zwar keiner Selbstbindung bei Rückläufern (Rn 4), ist jedoch an rechtskräftige Vorentscheidungen gebunden (BGHZ 25, 200: Bejahung des Rechtsweges durch nicht angefochtenes Berufungsurteil).

7 **6)** Die Entscheidungsreife kann fehlen, wenn eine entscheidungserhebliche Rechtsfrage der **Vorentscheidung** durch einen anderen Spruchkörper oder ein anderes Gericht vorbehalten ist. In Betracht kommen kann die Vorlegung nach §§ 136 ff GVG oder an den Gemeinsamen Senat der obersten Gerichtshöfe des Bundes nach Maßgabe des Gesetzes zur Wahrung der Einheitlichkeit der Rechtsprechung der Obersten Gerichtshöfe des Bundes (vgl BAG NJW 69, 1267; BFH NJW 70, 831; BSG NJW 71, 80; Gemeinsamer Senat NJW 72, 1411; NJW 73, 1273), die Vorlegung an das BVerfG nach Art 100 oder Art 126 GG sowie die Vorlegung an den EuGH nach Art 177 EWG-Vertrag (vgl Boie NJW 76, 1570; Feige AöR 75, 530, 584; Riegel RIW/AWD 76, 413, 416; Zehetner EuR 75, 113; Lutter JZ 72, 603 u ZZP 86 [1973], 107).

8 **III) Abs 3** wird vom BGH (BGHZ 33, 401; WPM 82, 102 zu III) als Ausdruck des allgemeinen Rechtsgrundsatzes verstanden, wonach das Revisionsgericht abschließend entscheiden darf, wenn auf Grund des feststehenden Sachverhalts Entscheidungsreife gegeben ist und Zurückverweisung lediglich eine überflüssige, verfahrensrechtlich doktrinäre Maßnahme wäre. So erklärt sich auch Wiedereinsetzung gegen Versäumung der Berufungsbegründungsfrist durch den BGH bei eindeutiger Sachlage (BGH VersR 82, 187; NJW 82, 1873). **„In der Sache selbst"** bedeutet ersetzende, nicht notwendig sachliche Entscheidung. Die ersetzende Entscheidung des Revisionsgerichts kann auch eine prozessuale sein (BayObLG NJW 49, 223; Bötticher Anm zu AP § 565 ZPO Nr 11). Voraussetzung ist, daß die Sache für die konkret gebotene Entscheidung reif ist. Bei Prozeßverbindung erst in der Revisionsinstanz kann der Anspruch auf Gewährung rechtlichen Gehörs Zurückverweisung notwendig machen (BAG ZIP 82, 984).

9 **1)** Eine **Prozeßentscheidung** kommt in Betracht, wenn das Revisionsgericht im Gegensatz zur Vorinstanz die Klage, sei es aus einem der in Nr 2 angeführten Gründe, sei es aus einem anderen Grunde (zB Wegfall des Feststellungsinteresses, BGHZ 18, 98, fehlende Prozeßfähigkeit, entgegenstehende Rechtskraft usw), als unzulässig abweist oder die vom Berufungsgericht als zulässig angesehene Berufung als unzulässig verwirft. Das Revisionsgericht kann auch eine Verweisungsentscheidung treffen; bei noch möglicher Zuständigkeitsprüfung und in der Revisionsinstanz nachgeholtem oder in der Vorinstanz nicht beachtetem Verweisungsantrag kann es die Sache gem § 281 an das zuständige Gericht verweisen (Jonas JW 30, 3483; RGZ 165, 384; 170, 232; BGHZ 12, 53; 13, 146) oder sie gem § 17 GVG in einen anderen Rechtsweg (BGHZ 22, 71; BayObLGZ 65, 212; vgl auch BGHZ 25, 346; 28, 349; 32, 289) oder entsprechend § 17 GVG ins Verfahren der freiwilligen Gerichtsbarkeit (vgl BGHZ 40, 1) verweisen. Zu den Folgen einer Sach-

entscheidung der Vorinstanz unter Offenlassung der Zuständigkeit vgl BAG NJW 67, 648 u Lindacher NJW 67, 1389.

10 **2)** Eine abschließende **sachliche Entscheidung** des Revisionsgerichts nach Nr 1 wird dann getroffen, wenn sie in vollem Umfang ersetzt; dann schließt sie – außer wenn sie nur eine Teil- oder Zwischenentscheidung der Vorinstanz betraf – den Rechtsstreit in vollem Umfang ab. Ausnahmsweise kann sie auch nur teilweise ersetzen, so daß der Rest noch von der Vorinstanz, an die zurückverwiesen wird, zu erledigen ist, zB bei Bejahung des Grundes durch das Revisionsgericht nach klageabweisendem Urteil in der Vorinstanz (über Zwischenurteile in der Revisionsinstanz s Reinicke NJW 67, 513).

11 Eine sachliche Entscheidung des Revisionsgerichts setzt voraus, daß die erforderlichen tatsächlichen Feststellungen getroffen und weitere entgegenstehende nicht mehr zu erwarten sind. Daran fehlt es regelmäßig, wenn die Vorinstanz die Klage als unzulässig abgewiesen oder die Berufung als unzulässig verworfen hatte; hilfsweise Ausführungen zur Sache gelten dann regelmäßig als nicht geschrieben (BGHZ 11, 222; WPM 78, 470; NJW 78, 2031). Nur ausnahmsweise kann das Revisionsgericht auch in solchen Fällen sachlich entscheiden (vgl Mattern Anm zu LM § 563 Nr 10; Johannsen Anm zu LM § 563 Abs 3 ZPO Nr 9; BGH WPM 78, 935). Das kann zB der Fall sein, wenn bei unstreitigem Sachverhalt die Klage in der Vorinstanz wegen Unzulässigkeit des Rechtsweges abgewiesen wurde, das Revisionsgericht aber den Zivilrechtsweg für gegeben hält. Das Revisionsgericht kann die von der Vorinstanz als unzulässig abgewiesene Klage auch dann als unbegründet abweisen, wenn der Klagevortrag nach jeder Richtung unschlüssig und die Möglichkeit auszuschließen ist, daß der Kläger seinen Anspruch durch Einführung neuen Prozeßstoffs noch schlüssig machen könnte (BGH NJW 54, 150; 78, 2031; MDR 76, 469 = GRUR 76, 256 m zust Anm Droste; WPM 78, 470; aA Bettermann ZZP 88 [1975], 405; s auch BGH WPM 80, 1392: Nachholung der Entscheidung zum Grund, weil das Berufungsgericht zu Unrecht im Schlußurteil Bindung durch vorangegangenes Teilurteil angenommen hatte). Ebenso wenn das Berufungsgericht die erforderlichen tatsächlichen Feststellungen aus Anlaß der von ihm als unbegründet abgewiesenen Hilfsklageanträge getroffen hat, so daß sie verfahrensrechtlich beachtet werden können, und dabei den Streitstoff erschöpfend berücksichtigt hat (BGHZ 46, 281). Jedoch kein Eingehen auf Hilfserwägungen des Berufungsgerichts zur Begründetheit, wenn es die Klage oder die Berufung als unzulässig angesehen hat (BGH MDR 76, 138; BGHZ 11, 222; 31, 279; 33, 401; 46, 281). Hat das Berufungsgericht die Klage wegen fehlenden Rechtsschutzinteresses als unzulässig abgewiesen, so kann das Revisionsgericht die Klage bei Vorliegen der entsprechenden sachlichen Voraussetzungen als unbegründet abweisen (BGHZ 12, 308; WPM 78, 470). Das Revisionsgericht kann schließlich der vom Berufungsgericht als unzulässig verworfenen Klage auch stattgeben, wenn es dem Urteil denselben Sachverhalt zugrunde legen kann, auf dem die Prozeßabweisung beruhte, und wenn dieser Sachverhalt unstreitig ist (BGH MDR 76, 469). Kritisch zu all diesen Fällen Arens AcP 161, 177; Baur JZ 54, 326. Hat das Berufungsgericht zu Unrecht eine Widerklage nicht zugelassen, die denselben Streitgegenstand betraf wie die Klage (negative Feststellungsklage einerseits, Widerklage auf Zahlung andererseits), so kann das Revisionsgericht die Widerklage als zulässig behandeln und sachlich über sie entscheiden, wenn nach dem festgestellten Sachverhalt insoweit Entscheidungsreife besteht (BGH NJW 61, 362). Wenn das Berufungsgericht eine Zwischenfeststellungsklage zu Unrecht als unzulässig abgewiesen hat, kann das Revisionsgericht sachlich darüber entscheiden, sofern sie aufgrund der zur Hauptklage getroffenen Feststellungen entscheidungsreif ist (BAG NJW 66, 1140). Wenn das Revisionsgericht im Gegensatz zum Berufungsgericht die Zulässigkeit der Berufung bejaht, muß in der Regel an das Berufungsgericht zurückverwiesen werden; ausnahmsweise kann das Revisionsgericht aber sachlich erkennen, wenn die Sachlage eindeutig ist und jede Möglichkeit ausscheidet, daß die Parteien weiteres Material zur Sachentscheidung vorbringen könnten (BGM LM § 565 Abs 3 ZPO Nr 6). Dazu, daß eine klageabweisende Durchentscheidung des Revisionsgerichts ausnahmsweise auf weitere, noch in der Vorinstanz anhängig gebliebene Teilansprüche erstreckt werden kann, vgl BGH NJW 59, 1827; BAG NJW 69, 678; § 559 Rn 5. – Über Versäumnisentscheidungen des Revisionsgerichts § 557 Rn 2–4.

12 **IV) Abs 4** stellt klar, daß das Revisionsgericht zwar zurückverweisen kann, wenn die eigene Entscheidung die Anwendung irrevisiblen Rechts erfordern würde, daß es aber nicht zurückverweisen muß, also trotz § 562 irrevisibles Recht selbst anwenden kann (RG JW 32, 240).

565 a

[Keine Begründung der Entscheidung bei Rügen von Verfahrensmängeln]

Die Entscheidung braucht nicht begründet zu werden, soweit das Revisionsgericht Rügen nach Verfahrensmängeln nicht für durchgreifend erachtet. Dies gilt nicht für Rügen nach § 551.

1 Die Vorschrift ist auch im arbeitsgerichtlichen Verfahren anzuwenden (Philippsen NJW 79, 1335). Sie bezweckt die Entlastung des Revisionsrichters von Schreibarbeit und entspricht damit den Erleichterungen für die erste Instanz (§§ 313 II, III, 313 a I) und das Berufungsgericht (§ 543). Verfassungsrechtliche Bedenken bestehen nicht, da nicht von einer Erfolgsprüfung, sondern lediglich von ihrer schriftlichen Darlegung freigestellt wird.

2 Die Verneinung eines absoluten Revisionsgrundes (§ 551) muß begründet werden.

566

[Anzuwendende Vorschriften des Berufungsverfahrens]

Die für die Berufung geltenden Vorschriften über die Anfechtbarkeit der Versäumnisurteile, über die Verzichtsleistung auf das Rechtsmittel und seine Zurücknahme, über die Vertagung der mündlichen Verhandlung, über die Rügen der Unzulässigkeit der Klage, über den Vortrag der Parteien bei der mündlichen Verhandlung und über die Einforderung und Zurücksendung der Prozeßakten sind auf die Revision entsprechend anzuwenden.

1 **I)** Im allgemeinen gelten die Vorschriften über das **landgerichtliche Verfahren** in erster Instanz (§ 557). Da das Revisionsverfahren ein Rechtsmittelverfahren ist, sind in § 566 auch einige Vorschriften des **Berufungsverfahrens** für entsprechend anwendbar erklärt. Außerdem enthält der Abschnitt über das Revisionsverfahren noch einzelne Parallelbestimmungen zu den Vorschriften über das Berufungsverfahren. § 542 II ist nicht für entsprechend anwendbar erklärt, gilt aber dennoch sinngemäß; im übrigen sind für die **Säumnisse** im Revisionsverfahren die Vorschriften für den ersten Rechtszug entsprechend anzuwenden (§ 577 Rn 2–4).

2 **II) Anwendbare Vorschriften:** Für die Anfechtung von **Versäumnisurteilen** der Vorinstanz mit Revision bzw Anschlußrevision statt durch Einspruch gelten die §§ 513, 521 II (vgl § 556 II, III) entsprechend (§ 545 Rn 5), wobei weder eine Mindestbeschwer erforderlich ist (BGH MDR 79, 127 = ZZP 92 [1979], 370 m zust Anm Grunsky) noch nach § 554 b abgelehnt werden darf (BGH WPM 78, 336; VersR 81, 1056). Für den **Verzicht** auf die Revision und ihre **Zurücknahme** sind die §§ 514, 515 entsprechend anzuwenden; Einverständnis gem § 313 a ist wegen §§ 551 Nr 7, 561 als Verzicht auf die Revision zu deuten. Die Rücknahme der Revision unterliegt ebenso wie die Einlegung dem Anwaltszwang nach § 78. Eine Ausnahme gilt für die **Rücknahme bayerischer Revisionen,** die auch dann noch durch einen der in § 8 EGZPO genannten Anwälte zurückgenommen werden können, wenn das BayObLG einen Verweisungsbeschluß nach § 7 II EGZPO gefaßt hat (BGH Rpfleger 78, 172). Dieselbe Rechtslage besteht für den Kostenantrag nach §§ 566, 515 III 2 (BGHZ 93, 12). **Rügen der Unzulässigkeit** der Klage sind im Revisionsverfahren nur im Rahmen der §§ 529, 519, 520 II zu berücksichtigen (unverzichtbare, erhaltene gebliebene und – soweit solche überhaupt in Betracht kommen – neu entstandene); vgl BGHZ 37, 266 (Einrede mangelnder Sicherheitsleistung); ausgeschlossen, wenn unentschuldigt nicht schon vor der ersten Verhandlung zur Hauptsache im ersten Rechtszug vorgebracht (BGH ZIP 81, 780; s a § 529 Rn 12). **Parteivortrag:** § 526. Einforderung und Rücksendung der **Akten:** § 544.

3 **III) Gebühren: 1)** des **Gerichts:** Keine (§ 1 Abs 1 GKG). Bezüglich einer Ermäßigung der allgemeinen Verfahrensgebühr infolge Zurücknahme der Revision oder der Klage in der Revisionsinstanz s Rn 10 zu § 545 sowie infolge Ablehnung der Annahme der Revision wegen der nicht grundsätzlichen Bedeutung der Rechtssache s Rn 8 zu § 554b, im Falle der Sprungrevision s Rn 7 zu § 566a. – **2)** des **Anwalts:** Der Antrag, den Rechtsmittelführer seines Rechtsmittels für verlustig zu erklären und ihm die Kosten aufzuerlegen, gehört zum (dritten) Rechtszug (§ 37 Nr 7 BRAGO) und wird durch die Regelgebühren des § 31 BRAGO abgegolten. Hinsichtlich der Verhandlungsgebühr für den RA, wenn sich nach Zurücknahme der Revision oder der Klage eine Verhandlung über die Kosten anschließt, s § 515 Rn 35.

566 a

[Sprungrevision]

(1) Gegen die im ersten Rechtszug erlassenen Endurteile der Landgerichte kann mit den folgenden Maßgaben unter Übergehung der Berufungsinstanz unmittelbar die Revision eingelegt werden.

(2) Die Übergehung der Berufungsinstanz bedarf der Einwilligung des Gegners. Die schriftliche Erklärung der Einwilligung ist der Revisionsschrift beizufügen; sie kann auch von dem Prozeßbevollmächtigten des ersten Rechtszuges abgegeben werden.

(3) Das Revisionsgericht kann die Annahme der Revision ablehnen, wenn die Rechtssache keine grundsätzliche Bedeutung hat; 554 b Abs. 2, 3 ist anzuwenden. Die Revision kann nicht auf Mängel des Verfahrens gestützt werden.

(4) Die Einlegung der Revision und die Erklärung der Einwilligung (Absatz 2) gelten als Verzicht auf das Rechtsmittel der Berufung.

(5) Verweist das Revisionsgericht die Sache zur anderweitigen Verhandlung und Entscheidung zurück, so kann die Zurückverweisung nach seinem Ermessen auch an dasjenige Oberlandesgericht erfolgen, das für die Berufung zuständig gewesen wäre. In diesem Falle gelten für das Verfahren vor dem Oberlandesgericht die gleichen Grundsätze, wie wenn der Rechtsstreit auf eine ordnungsmäßig eingelegte Berufung beim Oberlandesgericht anhängig geworden wäre.

(6) Die Vorschrift des § 565 Abs. 2 ist in allen Fällen der Zurückverweisung entsprechend anzuwenden.

(7) Von der Einlegung der Revision nach Absatz 1 hat die Geschäftsstelle des Revisionsgerichts innerhalb vierundzwanzig Stunden der Geschäftsstelle des Landgerichts Nachricht zu geben.

I) Abs 1. Sprungrevision. Zulässig gegen alle nach §§ 511, 511 a berufungsfähigen („unter Übergehung der Berufungsinstanz") Urteile der Landgerichte, also gegen erstinstanzliche Endurteile und die den Endurteilen gleichgestellten selbständig anfechtbaren Zwischenurteile. Die Sprungrevision ist in vermögensrechtlichen wie in nichtvermögensrechtlichen Streitigkeiten zulässig, ohne Rücksicht darauf, ob der Wert der Beschwer DM 40 000,– übersteigt oder bei der Entscheidung des OLG nur die Zulassungserklärung nach § 546 I die Revisibilität bewirken würde (BGHZ 69, 354 m Nachw S 358). Aus der Wendung „unter Übergehung der Berufungsinstanz" ergibt sich, daß gegen nicht berufungsfähige Endurteile des Landgerichts die Sprungrevision verschlossen ist; § 566 a will einen gegebenen Rechtszug austauschbar machen, nicht aber die Überprüfung schlechthin unanfechtbarer Entscheidungen ermöglichen. Dementsprechend gilt auch § 545 II für die Sprungrevision, sie ist also gegen Urteile, die über die Anordnung, Abänderung oder Aufhebung eines Arrests oder einer einstweiligen Verfügung oder über die vorzeitige Besitzeinweisung im Enteignungsverfahren oder im Umlegungsverfahren entscheiden, nicht zulässig. 1

II) Abs 2. Die schriftliche **Einwilligungserklärung** unterliegt dem Anwaltszwang (RGZ 118, 294; BGH VersR 80, 772; aA BAG MDR 86, 260 für den insoweit gleichlautenden § 76 I 1 ArbGG) und ist unwiderruflich. Nachbringen der Einwilligung ist zulässig (BAG NJW 79, 2422), aber nur während der Revisionsfrist möglich (BGHZ 16, 192); nach BGHZ 92, 76 genügt nur fristgerechte Einreichung des handschriftlich unterzeichneten Originals, was zu formalistisch sein dürfte. Die Einwilligung kann auch telegrafisch erteilt werden (BGH LM Nr 1 zu § 33 VVG). Im ArbGG-Verfahren muß nach § 76 I ArbGG Zulassungsantrag hinzukommen (vgl dazu BAG MDR 82, 611). Vor Erlaß des LG-Urteils und sogar vor Klageerhebung können die Parteien außerhalb des Anwaltszwanges wirksam Sprungrevision vereinbaren (BGH MDR 86, 313 = NJW 86, 198). Verweigert der Gegner trotz wirksamer Vereinbarung die Abgabe der schriftlichen Einwilligungserklärung, dann kann er sich wegen arglistigen Verhaltens nicht auf den Berufungsverzicht des Gegners berufen (BGH WPM 73, 144; MDR 86, 313 = NJW 86, 198). 2

III) Abs 3. Siehe die Erläuterungen zu § 554 b. Auch §§ 554 III Nr 2, 556 II 4 sind entsprechend anzuwenden, so daß der Revisionskläger die **grundsätzliche Bedeutung** der Sache darzulegen hat (Vogel NJW 75, 1302). Die sonst von Amts wegen zu beachtenden **Verfahrensmängel** sind auch bei zulässiger Sprungrevision zu beachten (RGZ 151, 66). Im übrigen sind Verfahrensrügen unbeachtlich. Ist eine Sprungrevision nur mit Verfahrensrügen begründet, so wird sie entgegen RGZ 158, 318 in der Regel unzulässig sein, weil die Begründung den Anforderungen des § 554 III Nr 3 a nicht genügt. 3

IV) Abs 4. Die Verzichtswirkung ist endgültig, so daß auch dann keine Berufung mehr eingelegt werden kann, wenn die Annahme der Sprungrevision abgelehnt wird (§ 566 a III). Der Revisionsführer wird dadurch nicht unbillig belastet, da das Revisionsgericht bei hinreichender Erfolgsaussicht die Annahme nicht ablehnen darf und dies auch zu begründen hat (s § 554 b Rn 1). Ebenso bleibt die Verzichtswirkung bestehen, wenn die Sprungrevision zurückgenommen wird oder sich als unzulässig erweist (RGZ 146, 209). Ist bereits Berufung eingelegt worden, steht das der Sprungrevision nicht entgegen (RGZ 154, 146). 4

V) Abs 5 und 6. Zurückverweisung kann an das LG erfolgen, gegen dessen neuerliches Urteil wiederum Berufung oder Sprungrevision zulässig ist. Stattdessen kann auch an das OLG zurückverwiesen werden. Dann folgt das weitere Verfahren den Regeln über die Berufung. Eine 5

Berufungsbegründung braucht nicht mehr eingereicht zu werden. Für eine Aufhebung des Urteils des LG durch das OLG ist kein Raum mehr, da es bereits vom Revisionsgericht aufgehoben worden ist. Das Gericht, an das zurückverwiesen wird, ist an die Aufhebungsansicht des Revisionsgerichts gebunden (Abs 6); das OLG darf deswegen auch nicht weiter an das LG zurückverweisen. Entscheidet das LG nach Zurückverweisung und wird gegen dessen Urteil Berufung eingelegt, so ist auch das Berufungsgericht an die Aufhebungsansicht des Revisionsgerichts gebunden.

6 **VI) Abs 7. Benachrichtigung** wegen des Rechtskraftzeugnisses (§ 706); Akteneinforderung vom LG: §§ 544, 566.

7 **VII) Gebühren: 1)** des **Gerichts:** Die Ablehnung nach Abs 3 führt zur Ermäßigung der allgemeinen Verfahrensgebühr (KV Nr 1030) auf die Hälfte der Gebühr der Tabelle zu § 11 Abs 2 GKG – KV Nr 1032. Der Ablehnungsbeschluß ist gebührenfrei (§ 1 Abs 1 GKG). – Wenn der BGH (Revisionsgericht) auf Sprungrevision die Sache an das LG (Gericht der unteren Instanz) zurückverweist, so bildet gemäß § 33 GKG das weitere Verfahren mit dem früheren Verfahren vor dem LG eine einheitliche Gebühreninstanz (§ 27 GKG). Soweit im früheren Verfahren schon Gerichtsgebühren angefallen waren und der Streitgegenstand sich nicht änderte, können daher die Gebühren nicht erneut erhoben werden. Verweist das Revisionsgericht die Sache an das OLG, das für die Berufung zuständig gewesen wäre, und nicht an das LG zurück (Abs 5), so handelt es sich bei dem Verfahren vor dem OLG um eine neue Gebühreninstanz (s Markl, GKG § 33 Rdnr 2). – **2)** des **Anwalts:** Die Einwilligung nach Abs 2 ist durch die verdiente Prozeßgebühr (§ 31 Abs 1 Nr 1 BRAGO) mit abgegolten. Ist die Tätigkeit des RA auftragsgemäß auf die Einwilligung oder auf die Einholung dieser Einwilligung beschränkt, fällt die Einzelgebühr des § 56 Abs 1 Nr 1 BRAGO an. Für die Frage, ob die Einzelgebühr 5/10 oder nur 2/10 (§ 56 Abs 3 iVm § 120 Abs 1 BRAGO) beträgt, ist der erteilte Auftrag maßgebend. – Anders als bei den Gerichtsgebühren stellt bei der Zurückverweisung an ein untergeordnetes Gericht das nunmehrige Verfahren vor diesem Gericht für den RA grundsätzlich einen neuen Gebührenrechtszug dar (§ 15 Abs 1 S 1 BRAGO). Jedoch erhält der nun wiederum tätige Prozeßbevollmächtigte für das weitere Verfahren vor dem untergeordneten Gericht die Prozeßgebühr nicht von neuem (Hamburg MDR 75, 852 und BFH BStBl II 71, 742); dies gilt auch, wenn auf Sprungrevisionen an das LG zurückverwiesen wird. Verweist das Revisionsgericht bei einer Sprungrevision die Sache an das OLG, das an sich für die Berufung zuständig gewesen wäre, so erwächst für den weiterhin tätigen RA die Prozeßgebühr (zu 13/10) neu, weil es sich hier um ein Gericht handelt, das iS des § 15 Abs 1 S 2 BRAGO mit der Sache noch nicht befaßt war.

Dritter Abschnitt

BESCHWERDE

567 *[Zulässigkeit]*

(1) Das Rechtsmittel der Beschwerde findet in den in diesem Gesetz besonders hervorgehobenen Fällen und gegen solche eine mündliche Verhandlung nicht erfordernde Entscheidungen statt, durch die ein das Verfahren betreffendes Gesuch zurückgewiesen ist.

(2) Die Beschwerde gegen Entscheidungen über Kosten, Gebühren und Auslagen ist nur zulässig, wenn der Wert des Beschwerdegegenstandes einhundert Deutsche Mark übersteigt.

(3) Gegen die Entscheidungen der Oberlandesgerichte ist eine Beschwerde nicht zulässig. § 519b, § 542 Abs. 3 in Verbindung mit § 341 Abs. 2, § 568a bleiben unberührt.

Übersicht

Lit: *Kunz,* Erinnerung und Beschwerde, 1980.

I) Anwendungsbereich. Die Entscheidungen in der Sache selbst erfolgen in der Regel durch Endurteil. Gegen sie findet nicht Beschwerde statt (Ausnahmen zB §§ 99 II, 629a II, 721 VI Nr 1), sondern in den zulässigen Fällen Berufung oder Revision. Gegen verfahrensbeendende Entscheidungen in Beschlußform gibt es die Beschwerde nach besonderen Regelungen (zB § 519b II). Sonst ist nach den Motiven die Beschwerde das Rechtsmittel für diejenigen Fälle, in denen ohne Endurteil die Einleitung oder Fortsetzung des Verfahrens versagt oder aufgehalten wird oder nur noch die Ausführung eines Endurteils in Frage steht, ferner für Entscheidungen, die andere Personen als die Parteien betreffen. Zur Anwendung der **§§ 1–510b** s § 573 Rn 4. 1

II) Der **Wille,** eine **Überprüfung** durch die höhere Instanz **herbeizuführen,** muß erkennbar sein (KG JurBüro 86, 1743; s dazu u zur Hinweispflicht des Gerichts § 569 Rn 7). Zur inkorrekten Bezeichnung vgl § 577 Rn 15; zum Unterschied von Beschwerde u Gegenvorstellung s unten Rn 19. 2

III) 1) Die Beschwerde **kann** (ebenso wie die Erinnerung: Koblenz Rpfleger 82, 295) **wirksam eingelegt werden, sobald** die anzufechtende **Entscheidung erlassen** worden ist, also nicht vorsorglich gegen eine zu erwartende Entscheidung (Koblenz AnwBl 86, 401). „Entscheidungen" sind Urteile, Beschlüsse und Verfügungen (Rn 1 vor § 300), wobei teilweise vorausgesetzt wird, daß beiderseitiges Gehör vorangegangen sei (zB Breslau OLGE 16, 335; 19, 193; München OLGE 20, 386; Hamburg OLGE 17, 202), um den Begriff von richterlichen Anordnungen abzugrenzen, gegen die nur Erinnerung gegeben ist. Mangels einer einheitlichen Definition des Begriffs der „Entscheidung" sind Einzelheiten sehr umstritten (s dazu Kunz, Erinnerung und Beschwerde, 1980, S 110 ff). Keine Entscheidungen sind Nichtabhilfe- und Vorlagebeschlüsse nach § 571 (Frankfurt JurBüro 79, 1873). Der **Erlaß** geschieht bei zu verkündenden Beschlüssen durch den Akt der Verkündung; bei **zustellungsbedürftigen** (siehe § 329) wird darauf abgestellt, ob sich das Gericht „des Beschlusses entäußert und damit nach außen zu erkennen gegeben hat, daß es diesen Beschluß erlassen hatte" (BGH VersR 74, 365; Köln ZIP 81, 92; Koblenz VersR 82, 1058; FamRZ 84, 1234; Karstendiek DRiZ 77, 276). Durch **Zustellung** wird der Beschluß dann „wirksam" (die Terminologie zu dem Gegensatzpaar „erlassen = existent – wirksam" – s § 329 Rn 5 ff 3

– ist jedoch nicht einheitlich). Unterschrift aller mitwirkenden Richter ist keine notwendige Voraussetzung für Erlaß (Düsseldorf MDR 80, 943). Unwirksam ist jedoch eine „Eventualbeschwerde", weil (künftig) mit dem Erlaß einer Entscheidung gerechnet werde (Hamm Rpfleger 79, 461); in diesem Fall tritt auch keine Heilung ein, wenn später wirklich entschieden wird.

4 **2)** Die **Beschwerdefrist** beginnt (bei sof Beschwerde: § 577 II 1) schon mit der **ersten** Zustellung zu laufen, jedoch nur für die Partei, der zugestellt worden ist; bei Urteilen auf Säumnis und Anerkenntnis (§ 310 III) verhält es sich nach Inkrafttreten der Vereinfachungsnovelle ebenso (aA Nürnberg NJW 78, 832 m abl Anm Schneider).

5 Wird eine sofortige Beschwerde vor Zustellung eingelegt und beschieden, dann führt das zum **Verbrauch des Beschwerderechts** (§ 577 Rn 16).

6 **3)** Ab Erlaß kann eine Partei **Änderung des Beschlusses** verlangen, auch wenn er noch nicht zugestellt ist (BGHZ 12, 248 [252]; s ferner Köln ZIP 81, 92; VersR 74, 365); entsprechend darf das Gericht den Beschluß nicht „zurückrufen", um ihn zu ändern (Karstendiek DRiZ 77, 276). Auch das eingelegte Rechtsmittel ist verbraucht und kann nach Hinausgehen des Beschlusses oder gar Zustellung nicht mehr zurückgenommen werden.

7 **IV)** Ausnahmsweise kann trotz formaler Beschwer das **Rechtsschutzbedürfnis** fehlen (vgl Hamm JMBlNRW 59, 232; 63, 156), so bei **prozessualer Verwirkung** oder **Überholung,** in Grenzen auch aus **wirtschaftlichen Erwägungen** (zu Verzögerungsversuchen im Vollstreckungsrecht s Schneider MDR 86, 641).

8 **1)** Durch **mißbräuchliches Hinausziehen der Anfechtung** kann das Beschwerderecht **verwirkt** werden (LG Aachen JurBüro 84, 458). Verstreichenlassen längerer Zeit ist für sich allein nicht ausreichend, den Verwirkungstatbestand zu begründen. Es muß hinzukommen, daß die verspätete Beschwerdeführung **gegen Treu und Glauben verstößt,** so insbesondere, wenn der Gegner sich auf die durch die erste Entscheidung geschaffene Rechtslage verlassen hat und verlassen durfte (vgl BVerfGE 32, 305; BGHZ 43, 292; NJW 63, 154; Schleswig SchlHA 78, 211; Frankfurt FamRZ 80, 475 u 826). Tatsächlich gibt jedoch der Zeitablauf stets den Ausschlag (s zB Frankfurt FamRZ 82, 1227: Einlegung nach 22 Monaten), so daß deshalb auch bei sofortiger Beschwerde praktisch Verwirkung ausscheidet (s § 577 Rn 20).

9 **2)** Bei **Streitwertbeschwerden** kommt nach der Neufassung des § 25 I 4 GKG (Änderungsverbot, sobald Hauptsache 6 Monate rechtskräftig erledigt ist), Verwirkung nur noch ganz ausnahmsweise in Betracht (siehe Schneider, Streitwert-Komm „Streitwertbeschwerde *[Verwirkung]*"). Damit hat sich ein Hauptanwendungsfall durch Gesetzesänderung erledigt.

10 **3) Verfahrensrechtliche Überholung** (s dazu Kahlke ZZP 95 [1982], 288) kann die Beschwerde wegen Wegfall des Rechtsschutzbedürfnisses unzulässig machen. Das ist der Fall, wenn sich das laufende Verfahren vor Entscheidung des Beschwerdegerichts erledigt und eine spätere Beschwerdeentscheidung den Beschwerdeführer nicht mehr besserstellen könnte. Beispiele: Der Antrag auf einstweilige Einstellung der Zwangsvollstreckung nach zeitlich begrenzter Unterlassungsverurteilung erledigt sich durch Zeitablauf (BGH Warneyer 79 Nr 195); einstweilige Einstellung nach unbedingter Aufhebung des Pfändungsbeschlusses (Köln JurBüro 80, 1090); Erinnerung oder Beschwerde wegen fehlerhafter Vollstreckung, wenn diese durch Befriedigung des Gläubigers erledigt ist (Köln MDR 84, 60; AG Köln DGVZ 78, 30; s weiter RGZ 43, 424; Schleswig SchlHA 56, 203; Hamm JMBlNRW 59, 232; Bremen ZZP 75 [1962], 370). In solchen Fällen muß die Hauptsache für erledigt erklärt werden, anderenfalls die Beschwerde zu verwerfen ist (BGH MDR 82, 473 [474]; Hamburg FamRZ 79, 532), was nicht mit der Erledigung durch Wegfall der Beschwer zu verwechseln ist (§ 575 Rn 19). Überlagerung des PKH-Bewilligungsverfahrens durch eine dem Hilfsbedürftigen günstige Entscheidung in der Hauptsache macht den Bewilligungsbeschluß nicht entbehrlich (s § 114 Rn 16). In allen Fällen verfahrensrechtlicher Überholung muß die Beschwerde anfänglich zulässig gewesen sein; tatsächliche Erledigung oder eine entsprechende Behauptung des Beschwerdeführers eröffnen keine verschlossene Instanz. Nach Zweibrücken (FamRZ 85, 614) kann das Rechtsschutzbedürfnis auch deshalb fehlen, weil die Herbeiführung einer möglichen verfahrensrechtlichen Überholung versäumt wird: Beschwerde statt Berichtigung nach § 319 (s Rn 42).

11 Problematisch ist es, wenn eine **Ablehnungsbeschwerde** als unzulässig angesehen wird, weil unmittelbar nach Zurückweisung des Ablehnungsgesuches ein rechtskräftiges Urteil unter Mitwirkung des abgelehnten Richters verkündet und erst dann die sof Beschwerde nach § 46 II eingelegt worden ist. Hier kann weder von einer Überlagerung noch von einem Wegfall der Beschwer ausgegangen werden (Düsseldorf JMBlNRW 78, 44 m Nachw; Karlsruhe Justiz 78, 72; ausführl Kahlke ZZP 95 [1982], 292 ff, auch zur Ablehnung von Zeugen und Sachverständigen; s ferner § 46 Rn 18 u § 47 Rn 7). Zur Nichtigkeitsklage in diesem Fall s § 579 Rn 4.

4) Wirtschaftliches Desinteresse kann nur unter ganz engen Voraussetzungen einen Rechtsmittelmißbrauch begründen (BGHZ 57, 225). Eine solche Ausnahme ist vom OLG München (FamRZ 82, 187) mit Recht bei einer Beschwerde bejaht worden, mit der lediglich eine Korrektur des Versorgungsausgleichs um 20 Pfennige erstrebt wurde. Die Problematik tritt häufiger im Vollstreckungsrecht auf (s Schneider DGVZ 78, 166). **12**

V) Praktische Bedeutung haben die **Eingaben von Querulanten (Lit:** *Günter* DRiZ 77, 239; *Engel*, Rpfleger 81, 81 [Zwangsversteigerungsverfahren]; *Klag*, Die Querulantenklage in der Sozialgerichtsbarkeit, 1980). Die Rspr ist unsicher. Unter den Begriff „Querulant" fallen zahlreiche Persönlichkeitsvarianten: vom verletzten oder gesteigerten Rechtsgefühl hin bis zum echten Wahn im psychiatrischen Sinne (siehe Langelüddeke/Bresser, Gerichtl Psychiatrie, 4. Aufl 1976, S 37 f, 212 ff). Solche Rechtsfanatiker lassen sich nicht einfach als geschäfts- und prozeßunfähige Psychopathen disqualifizieren, ohne daß ein med Sachverständiger zugezogen wird (bedenklich VGH Kassel NJW 68, 70). Ehrverletzenden Äußerungen in Schriftsätzen (Walchshöfer MDR 75, 11), systematisch wiederholten Ablehnungs- und Beschwerdeanträgen als Ausdruck der Mißachtung (Koblenz MDR 77, 425) oder unflätigen Beschimpfungen in Schriftsätzen (Hamm NJW 76, 978) wird am sachgerechtesten durch **Verneinung des Rechtsschutzbedürfnisses** begegnet. Wird die **Bescheidung** der Eingabe des Querulanten **abgelehnt,** dann muß wegen Art 103 I GG (einmal!) angekündigt werden, daß Anträge oder Beschwerden in Zukunft wegen Fehlens des Rechtsschutzbedürfnisses keine schriftliche Entscheidung mehr veranlassen. Es besteht also keine Pflicht zur wiederholten Bescheidung (BVerfGE 2, 231 ff [betr wiederholte Petitionen]). Gezieltem Mißbrauch von Beschwerden zur Blockierung des Verfahrens ist durch Fortführung unter Nichtbeachtung der unzulässigen Anträge zu begegnen (Köln ZIP 80, 388 = OLGZ 1980, 350 = Rpfleger 1980, 233; BayVGH BRAK-Mitt 82, 86; s auch Schneider MDR 86, 641). **13**

VI) Die Einlegung der **Beschwerde durch einen dazu nicht befugten Dritten,** zB einen wirtschaftlich interessierten Vertragspartner (Frankfurt FRES 2, 334), ist unstatthaft und führt zur Verwerfung, wenn die Antragsberechtigung nicht dargelegt ist, zur Zurückweisung als unbegründet, wenn sie nicht nachgewiesen wird (BayObLG FamRZ 86, 719; s auch § 568 Rn 16 aE mit Verweisungen). Sie kann nicht nach der Verwerfung der Beschwerde als unzulässig von einem an sich zur Beschwerde Berechtigten rückwirkend genehmigt werden, um das Beschwerdeverfahren im Wege weiterer Beschwerde selbst fortführen zu können (Hamm NJW 68, 1147). **Wirtschaftliche Beteiligung** an einer Handelsgesellschaft schafft ebenfalls keine Beschwerdeberechtigung in Angelegenheiten der Gesellschaft (Köln Rpfleger 75, 29). Wird dagegen jemand in einem Beschluß als Partei behandelt, obwohl er tatsächlich nicht Partei ist, dann hat er dagegen ein Beschwerderecht (BGH MDR 78, 307), zB der vermeintliche Geschäftsführer einer GmbH im Verfahren zur Abgabe der eidesstattlichen Versicherung (Hamm WPM 84, 1343); das Beschwerderecht des Vertretenen (der GmbH) bleibt unberührt. S zur **Kostenbelastung** Rn 43. **14**

VII) Verzicht macht das Rechtsmittel unzulässig (vgl Naumburg JW 30, 3866; Schleswig SchlHA 57, 75). Die **Zurücknahme** der Beschwerde (mündl in mündl Verhandlung oder schriftlich in der Form der Einlegung [§ 569 II; Braunschweig MDR 50, 557; Celle NdsRpfl 70, 50]) ist ohne Zustimmung des Gegners möglich, solange die Beschwerdeentscheidung noch nicht erlassen ist (§ 573 Rn 19); RG JW 35, 2898 stellt auf die Bekanntgabe ab. Die Zurücknahme begründet die Kostenpflicht des Zurücknehmenden (unten Rn 64; Schneider, Kostenentscheidung im Zivilurteil, 2. Aufl 1977, § 31 II 5). Jedoch gibt es im Beschlußverfahren nicht den Ausspruch des Verlustes des Beschwerderechts (KG OLGE 19, 127). Eine nach Rücknahme der Beschwerde eingelegte Anschlußbeschwerde ist als unzulässig zu verwerfen, auch wenn dem Anschlußbeschwerdeführer die Rücknahme nicht bekannt war (Hess VGH MDR 83, 872). **15**

VIII) Einer **Wiederholung** der Beschwerde (bei sofortiger: innerhalb der Beschwerdefrist) steht die Zurücknahme nicht entgegen, sofern sie nicht mit einem Rechtsmittelverzicht verbunden war (Frankfurt MDR 55, 487). Auch eine wegen formeller Mängel als unzulässig **verworfene Beschwerde** kann nach Beseitigung der Mängel wiederholt werden (BayObLG FamRZ 82, 1129), bei sofortiger Beschwerde wiederum nur, wenn die Beschwerdefrist noch läuft. Da auch Beschlüsse materiell rechtskräftig werden können (§ 329 Rn 42), schließt Bescheidung im prozessualen oder materiellen Bereich eine Wiederholung aus (BayObLGZ 81, 213; München Rpfleger 83, 294 = MDR 83, 585, LG Wiesbaden NJW 86, 939), gleichgültig ob es sich um eine einfache oder um eine sofortige Beschwerde handelt. Auch das Vorbringen neuen Tatsachenstoffs rechtfertigt die Wiederholung nicht (Kunz, Erinnerung und Beschwerde, 1980, S 253 f m Nachw). Das Gesetz räumt einer Partei in einem identischen Verfahren nur **einmal** das Recht ein, eine Beschwerdeentscheidung zu bewirken. Mit deren Erlaß hat das Beschwerdegericht seine Funktion erfüllt und ist grundsätzlich nicht mehr für eine Sachentscheidung über denselben Komplex zuständig (BayObLG Rpfleger 81, 401 m Nachw). **16**

17 **1)** Die Partei ist jedoch nicht gehindert, bei einer **Änderung der Verhältnisse** neuen Prozeßstoff durch einen neuen Antrag an das Erstgericht zur Entscheidung heranzutragen. Es wird jedoch auch die Auffassung vertreten, daß in einem solchen Fall aus Gründen der Praktikabilität die **Wiederholung der einfachen** (nie der sofortigen) **Beschwerde** zugelassen werden sollte (vgl Königsberg JW 31, 2844; Celle SA 82 Nr 199; siehe auch Schneider DRiZ 65, 288). In Ausnahmefällen mit klarem Sachverhalt (zB eine vom Beschwerdegericht vermißte Urkunde wird aufgefunden und nachgereicht) mag dies angehen. Grundsätzlich aber sollte der Instanzenzug eingehalten und der Antrag beim Erstgericht gestellt werden. Dieses muß dann natürlich neu entscheiden und darf nicht etwa einen bloßen Abhilfe- oder Nichtabhilfebeschluß nach § 571 treffen; denn der neue Antrag setzt ein neues Verfahren mit neuem Beschwerderechtsweg in Gang, löst allerdings auch erneut die Kostenlast aus – ein Gesichtspunkt, der wiederum dafür spricht, **ausnahmsweise** auch die Wiederholung der Beschwerde wegen neuer tatsächlicher Umstände zuzulassen.

18 **2)** Wird der **Antrag beim Erstgericht erneut gestellt,** dann muß dieses genau prüfen, ob auch wirklich eine Änderung der tatsächlichen oder (bei Gesetzesänderung) rechtlichen Verhältnisse eingetreten ist. Fehlt es daran, dann muß der Antrag abgewiesen werden, weil Bindung an den bereits bestehenden Beschwerdebeschluß eingetreten ist (RGZ 37, 385; Hamburg MDR 52, 367). Der nicht auf neue Tatsachen gerichtete zweite Antrag an das Erstgericht kann jedoch uU als Gegenvorstellung gegen die Entscheidung des Beschwerdegerichts gedeutet werden. Gfls ist der Antragsteller danach zu befragen (§§ 139, 278 III) und dem Beschwerdegericht vorzulegen, das dann über eine etwaige Abänderung entscheiden muß. Umgekehrt kann auch eine auf neue Tatsachen gestützte Beschwerde oder Gegenvorstellung beim Beschwerdegericht von diesem als ein neuer Antrag gedeutet und (nach Rückfrage beim Einsender) an das Erstgericht abgegeben werden, was zur Einleitung eines neuen Beschwerdeverfahrens führt.

IX) Gegenvorstellung. Lit: *Baumgärtel* MDR 68, 790 u JZ 59, 437; *Schneider* DRiZ 65, 288 u MDR 72, 567; *Schmidt* JurBüro 75, 1311.

19 **1)** Dieser häufig vorkommende Rechtsbehelf zielt auf eine **Überprüfung der ergangenen Entscheidung durch dieselbe Instanz** ab, die sie erlassen hatte (BGH VersR 82, 598). Sie darf nicht mit der Beschwerde verwechselt werden; die sprachliche Bezeichnung ist unerheblich, Umdeutung oft geboten (sehr formal BGH VersR 82, 598). Ihre Zulässigkeit ist heute anerkannt, ihr breiter Anwendungsbereich zu befürworten (ebenso Schumann NJW 82, 1272).

20 **2)** Aus der **Unanfechtbarkeit** von Entscheidungen des Beschwerdegerichts oder des Gerichts der weiteren Beschwerde folgt zunächst nur, daß der Gesuchsteller keinen Anspruch auf Bescheidung einer wiederholten Beschwerde hat (vorstehend Rn 16). Auch ein prozessuales **Recht auf Bescheidung** seiner Gegenvorstellung hat er nicht, so daß ein ablehnender Beschluß nicht seinerseits beschwerdefähig ist (München ZSW 80, 217). Jedoch besteht für das Gericht jeder Instanz, also auch den BGH (MDR 86, 654), immer und grundsätzlich die Amtspflicht, korrigierbare Fehler zu beheben und dementsprechend bindungsfreie abänderungsbedürftige Entscheidungen abzuändern (ausdrücklich hervorgehoben in § 25 I 3 GKG, siehe dazu Schneider, Streitwert-Komm, „Abänderung"). Deshalb muß jede Gegenvorstellung daraufhin überprüft werden, ob sie sich gegen einen abänderbaren Beschluß richtet und Anlaß gibt, diesen zu ändern.

21 **3)** Der Überprüfung und Abänderbarkeit sind damit einmal alle Entscheidungen entzogen, die in **materielle Rechtskraft** erwachsen, weil sie urteilsähnliche Funktion haben (RG DR 42, 183; Düsseldorf MDR 50, 491; Braunschweig OLGZ 65, 313; München AnwBl 70, 136; Baumgärtel JZ 58, 68; MDR 68, 971; Gaul Rpfleger 71, 46). Dasselbe gilt für alle Beschwerdeentscheidungen, die auf ein **fristgebundenes Rechtsmittel** hin ergehen, weil in derartigen Fällen Selbstbindung und Änderungsverbot eintritt (München MDR 58, 244; Hamburg MDR 67, 500; Bremen JurBüro 74, 1607; Stuttgart JurBüro 83, 1890; Bamberg FamRZ 86, 1011, 1013; aA Stettin OLGE 33, 83; Kassel OLGE 37, 154; Naumburg JW 26, 1609; Braunschweig MDR 50, 557). Ebenso wie bei Rechtsmitteln sind solche Gegenvorstellungen **unzulässig;** sie sind jedoch, da es sich nicht um Rechtsmittel handelt, nicht „als unzulässig zu verwerfen" (§ 574), sondern der Tenor enthält nur die Aussage „Die Gegenvorstellung ist unzulässig".

22 **4)** Es bleiben für den Anwendungsbereich der Gegenvorstellung folglich noch alle Beschwerdeentscheidungen, die auf **einfache Beschwerde** hin ergangen sind (Schmidt JurBüro 75, 1311 m Nachw). Über die Zulassung der Gegenvorstellung in diesem engen Rahmen besteht jedoch auch keine einheitliche Meinung (zB aus jüngerer Zeit bejahend Hamm JurBüro 76, 1120; Bremen JurBüro 78, 601; verneinend Hamm JR 75, 23; KG FamRZ 75, 103; Düsseldorf MDR 77, 235 – alle m Nachw). Zumindest bei **schweren Verfahrensverstößen** sollte die Gegenvorstellung gegen Beschlüsse, die auf einfache Beschwerde hin ergangen sind, immer zugelassen werden. Hier

kommen insbesondere falsche Besetzung (Art 101 I 2 GG) und Verstoß gegen rechtliches Gehör (Art 101 I GG; so Hamm JurBüro 76, 1120; Bamberg FamRZ 86, 1011, 1013) in Betracht, da es wenig sinnvoll ist, die Korrektur über eine Verfassungsbeschwerde zu erzwingen. Auch das BVerfG (siehe BVerfGE 42, 245; JMBlNRW 78, 11) fordert vom Gesetzgeber, eine „Selbstkontrolle der Fachgerichtsbarkeit ... bei Verletzung von Verfahrensgrundrechten" zu ermöglichen, wie es durch Schaffung des § 33a StPO schon geschehen ist. **Die Zivilgerichte sollten dieser durchaus sachgerechten Anregung bereits jetzt durch großzügige Handhabung der Gegenvorstellung entsprechen.** Deshalb sollte Abänderungsanregungen beispielsweise auch bei Verstößen gegen §§ 139, 278 III entsprochen werden. Allerdings wird zu verlangen sein, daß die Gegenvorstellung in tatsächlicher oder rechtlicher Hinsicht, je nach dem Ziel der Rüge, hinreichend begründet wird (BPatG BB 75, 1127), etwa durch Darlegung, daß der Beschluß eines OLG sachlich unrichtig ist, weil tatsächliches Vorbringen des Beschwerdeführers übergangen worden ist (Bremen JurBüro 78, 601). Da die Gegenvorstellung kein Rechtsmittel ist, ist die Formvorschrift des § 569 II 1 unanwendbar; jedoch muß einwandfreie Zuordnung zum Antragsteller möglich sein, so daß Niederschrift zu Protokoll oder Schriftlichkeit mit Unterschrift zu fordern ist (s Kunz, Erinnerung und Beschwerde, 1980, S 14 Anm 4).

5) Ist die Gegenvorstellung allgemein zulässig, so muß im Einzelfall noch ein auf diesen bezogenes **Rechtsschutzbedürfnis** gegeben sein (Schneider MDR 72, 567). Es fehlt beispielsweise, wenn die Gegenvorstellung sich gegen einen **noch beschwerdefähigen Beschluß** richtet oder wenn ein RA einen OLG-Streitwertbeschluß ermäßigt, die Partei ihn erhöht sehen will oder wenn wegen eigener Fristversäumnisse eine gegenüber dem Beschwerdeverfahren günstigere Rechtsstellung erstrebt wird (Köln JMBlNRW 73, 47). Nicht zu billigen ist es, wenn Düsseldorf (FamRZ 78, 125) die Zulässigkeit der Gegenvorstellung davon abhängig macht, daß sie auf **neue Tatsachen** gestützt wird, weil anderenfalls die Gerichte zu stark belastet und die Verfahren verzögert würden. Beide Argumente leuchten nicht ein; Recht zu gewähren ist wichtiger als Arbeitsbelastung; Verzögerungen können durch schnelle Entscheidung verhindert werden. Düsseldorf schränkt mit sachfremden Erwägungen ein bestehendes Rechtsschutzbedürfnis ein. Für die Partei ist es belanglos, ob das Gericht falsch entschieden hat, weil es von unrichtigen Tatsachen ausgegangen ist, ober ob es einem Rechtsirrtum unterlegen ist. Mit Recht hat daher München (BayJMBl 54, 182; MDR 54, 237) auf einfache Beschwerde hin ergangene Entscheidungen nach einer Gegenvorstellung trotz unveränderter Sachlage abgeändert und lediglich die Einschränkung gemacht, daß der mit der Gegenvorstellung erstrebte Erfolg nicht auf anderem verfahrensrechtlich zulässigem Weg (etwa durch neuen Antrag beim Erstgericht) erreicht werden kann (in diesem Sinne auch Stuttgart MDR 59, 1018; JZ 59, 445; Bamberg NJW 65, 2407). Erst recht muß dies gelten, wenn lediglich die Klarstellung einer Beschwerdeentscheidung erstrebt wird (Bamberg NJW 65, 2407). 23

6) In Sonderfällen kommt, wenn die Gegenvorstellung erfolglos ist oder nicht aussichtsreich erscheint, auch **Wiedereinsetzung in den vorigen Stand** in Betracht (s § 578 Rn 26). 24

7) Zuständig ist das Gericht, das den abzuändernden Beschluß erlassen hat (BGH MDR 86, 654). Sein Beschluß ist nicht beschwerdefähig (München ZSW 80, 217). **Zwischen den Instanzen** wird die Zuständigkeit danach zu bestimmen sein, ob die Gegenvorstellung vor oder nach Einlegung des Rechtsmittels eingegangen ist (s Schneider MDR 72, 568). 25

X) Besonderes Unbehagen bereiten der Praxis solche Fälle, in denen **versehentlich eine einfache oder sofortige Beschwerde verworfen worden ist,** weil irrtümlich das Fehlen einer Zulässigkeitsvoraussetzung angenommen worden ist, beispielsweise, weil ein Schriftsatz in die falsche Akte geraten oder eine Beschwer falsch berechnet worden ist. Dann wird häufig – mit Recht! – ungeachtet aller aus Rechtskraft und Fristgebundenheit hergeleiteten Bedenken auf Gegenvorstellung hin abgeholfen (siehe zB Naumburg JW 26, 1609; Braunschweig MDR 50, 557; Düsseldorf MDR 68, 767; Frankfurt JurBüro 76, 660; AnwBl 80, 70; Brüggemann JR 69, 369; Riedel/Sußbauer, BRAGO, 5. Aufl 1985, § 57 Rn 60, schlagen entspr Anwendung der §§ 578 ff vor). Diese Auffassung ist beeinflußt durch eine Entscheidung des KG (JW 31, 3566), in der hervorgehoben ist, daß es für die betroffene Partei eine nicht erträgliche Härte sei, wenn ihr die Möglichkeit sachlicher Nachprüfung, die sie sich zu Recht eröffnet hatte, genommen und sie auf den Regreßweg verwiesen würde. 26

XI) Damit wird aber eine weitere Rspr zweifelhaft, nämlich die zu **Verwerfungsbeschlüssen nach § 519b** (s dazu § 519b Rn 10) und solche auf Versagung der Wiedereinsetzung. Sind diese durch einen Irrtum zustande gekommen, dann gibt es (vorbehaltlich der Wiedereinsetzung; Köln VersR 73, 161; BAG NJW 71, 1823) nach der Rspr des BGH nicht die Möglichkeit der Abänderung (vgl VersR 74, 1110; NJW 73, 1197; s a MDR 73, 126 u BAG BB 80, 891 [Gegenvorstellung bei Verwerfung der Nichtzulassungsbeschwerde]). StJPohle (19. Aufl 1968, § 249 Anm IV u § 329 Anm II 27

2; ebenso anscheinend Grunsky, 20. Aufl 1977, § 519b Anm 35) wollen **§ 319** anwenden. Das ist indessen keine vertretbare Lösung, weil dann diese Vorschrift offensichtlich falsch angewandt werden muß. Richtiger Ansicht nach sollte in solchen Fällen entsprechend dem Grundgedanken des § 33a StPO und der Rspr des BVerfGE (BVerfGE 42, 245; JMBlNRW 78, 11) die **Selbstbindung verneint** werden (so Frankfurt NJW 70, 715; Schumann, Berufung in Zivilsachen, 3. Aufl 1985 Rn 337; Schneider JurBüro 74, 1502; ferner vielfach die Landgerichte, die solche Beschlüsse aber kaum veröffentlichen; LG Hamburg NJW 70, 1610 ist eine Ausnahme; s auch LG Zweibrükken MDR 80, 675). Die unterschiedliche Behandlung fehlerhaft verworfener Beschwerden und Berufungen ist jedenfalls wenig einleuchtend, und das Argument der „urteilsvertretenden Funktion" des Verwerfungsbeschlusses ist nur eine begriffsjuristische Leerformel.

28 **XII)** Ist eine Beschwerde **zu Unrecht als unzulässig verworfen** worden, so wird man dem Beschwerdeführer jedenfalls immer gestatten müssen, sein **Rechtsmittel zurückzunehmen.** Es geht nicht an, ihm – beispielsweise nach erfolglosem Einlegen einer Gegenvorstellung – zu verwehren, die von ihren Voraussetzungen her fehlerhafte, für ihn ungünstige Entscheidung auf diese Weise zu beseitigen.

29 **XIII)** Zur **Anschlußbeschwerde** siehe unten Rn 45; über das Verhältnis des Beschwerderechtszuges zum **Rechtszug in der Hauptsache** vgl § 568 Rn 43.

30 **XIV)** Von der Beschwerde nach §§ 567 ff ist die **Dienstaufsichtsbeschwerde** zu unterscheiden, über die von der Justizverwaltung (oder richterlichen Personen in ihrer Eigenschaft als Organe der Justizverwaltung) entschieden wird, ferner die **Verwaltungsbeschwerde** gegen Justizverwaltungsentscheidungen nach §§ 23 ff EGGVG.

31 **XV)** Bei den „in diesem Gesetz besonders hervorgehobenen Fällen" der Beschwerde handelt es sich um einfache oder sofortige (befristete: § 577) Rechtsmittel. **Ein Kriterium dafür, nach welchen Gesichtspunkten der Gesetzgeber sich für einfache oder sofortige Beschwerde entschieden hat, gibt es nicht.** In jedem Fall sind die einschlägigen Vorschriften der ZPO maßgebend. Jedoch finden sich in zahlreichen anderen Gesetzen ebenfalls Beschwerdezulassungen, die nach den Regeln der ZPO-Beschwerde zu behandeln sind, zB im GKG, der BRAGO, dem ZVG, der KO, dem BBauG (siehe Celle NJW 58, 468; Bamberg NJW 66, 60). Ohne gesetzliche Grundlage kann jedoch die gerichtliche Zulassung der ersten oder weiteren Beschwerde keinen verschlossenen Rechtszug eröffnen (BGH MDR 84, 922).

32 **1)** Darf eine Entscheidung nur nach vorheriger **mündl Verhandlung** erlassen werden, dann ist die Beschwerde nur zulässig, wenn sie im Gesetz ausdrücklich vorgesehen ist; mangelt es daran, dann kommt nur eine Anfechtung zusammen mit der Entscheidung in der Hauptsache in Betracht (§§ 512, 548). Wird dagegen auf Grund mündl Verhandlung entschieden, obwohl diese nicht geboten war, dann ist die Beschwerde gegeben (RGZ 39, 394).

33 **2) Ein das Verfahren betreffendes Gesuch** (siehe RGZ 47, 365) muß von der Partei ausgehen. **Amtswegige Tätigkeiten** im inneren Justizbetrieb und im Verfahrensablauf genügen nicht. Jedoch schließt eine von Amts wegen getroffene Entscheidung nicht schlechthin aus, daß dadurch zugleich ein Antrag iS des § 567 zurückgewiesen wird (Seidel ZZP 99 [1986], 85). So wird zB ein Abgabebeschluß nach § 46 WEG als beschwerdefähig angesehen obwohl es sich um eine amtswegig zu beachtende Zuständigkeitsfrage handelt (so Celle NdsRpfl 78, 33 m Nachw; aA BGHZ 97, 287 = MDR 86, 830; Karlsruhe NJW 69, 1442 m abl Anm Merle S 1859; anders aber bei Abgabe durch Urteil, § 545 Rn 3). Bei Unklarheiten, zB ob eine gerichtliche Verfügung nur Hinweis oder schon Entscheidung ist, gewährt Karlsruhe (OLGZ 80, 62) nach dem Meistbegünstigungsgrundsatz (Rn 29 vor § 511) die Beschwerde.

34 **a)** An einem Verfahrensgesuch fehlt es, wenn lediglich einem Antrag des Gegners widersprochen wird (Schleswig SchlHA 56, 145; Köln NJW 67, 1473) oder eine Gegenvorstellung zurückgewiesen worden ist (München ZSW 80, 217). Daß eine Eingabe als „Antrag" oder „Gesuch" bezeichnet wird, ist belanglos; maßgebend ist, was bezweckt wird (München MDR 84, 592).

35 **b)** Das Gesuch muß **zurückgewiesen** worden sein (siehe dazu Rohlff FamRZ 71, 623); verzögerliche Sachbehandlung steht der Zurückweisung nicht gleich (Karlsruhe Justiz 75, 271), kann aber zur konkludenten Ablehnungsentscheidung werden (s zur **PKH** § 119 Rn 20). Wohl genügt die **Ablehnung** des Gerichts, **überhaupt eine Entscheidung zu treffen** (Hamburg FamRZ 79, 528), etwa eine solche über Kosten (KG NJW 60, 635) oder PKH (s § 127 Rn 24). Entsprechend liegt auch dann keine Entscheidung über Kosten iS des § 567 II vor, wenn darüber ohne Antrag trotz Antragserfordernisses entschieden wird, etwa bei § 269 III 5. Von dieser Unterscheidung kann es auch abhängen, ob ein Rechtsmittel befristet oder unbefristet ist (s KoRsp BRAGO § 19 Nr 4 u 29 betr Festsetzung der Anwaltsvergütung gg die eigene Partei). Zur sof Beschwerde gegen einen Beschluß des Richters, durch den eine Erinnerung fälschlich zurückgewiesen wird, siehe Stutt-

gart Justiz 71, 249. Schon mangels Verfahrensgesuchs gibt es auch keine Beschwerde für den Richter gegen einen Beschluß, der seine Selbstablehnung für unbegründet erklärt (Celle NdsRpfl 66, 118; richtig, aber verfassungsrechtlich nicht ausdiskutiert: Persönlichkeitsrecht des Richters? Vgl Schneider DRiZ 78, 42). Prozeßleitende Anordnungen des Gerichts, die in seinem freien Ermessen stehen, betreffen den amtswegigen Verfahrensgang und ermöglichen keine Anfechtung durch Beschwerde, zB die Bestimmung eines frühen ersten Termins nach § 272 II (Frankfurt MDR 83, 411) oder des schriftlichen Vorverfahrens (Schleswig NJW 83, 459), Anordnungen zur Beweisaufnahme und Beweissicherung (KG MDR 81, 325; München ZSW 81, 217; Hamm FamRZ 79, 1065; LG Mannheim Justiz 78, 232), Auflage an eine Partei, ein Gutachten über ausländisches Recht beizubringen (Frankfurt MDR 83, 410) oder Beschränkung der Verhandlung nach § 146 (Stuttgart ZZP 70 [1957], 382; 69 [1956], 67).

c) **Beispiele für Zurückweisung von Gesuchen** und Eröffnung des Beschwerdeweges: Ableh- 36
nung des Antrages um Abkürzung einer gesetzlichen oder richterlichen Frist; Ablehnung der Terminsanberaumung (RGZ 65, 421; Schleswig SchlHA 84, 56) oder deren Unterlassung entgegen § 216 II (Schleswig NJW 82, 246; s auch NJW 81, 691), Ablehnung, das Sitzungsprotokoll zu berichtigen (Koblenz MDR 86, 593) oder Protokollabschriften einer Beweisaufnahme auszuhändigen (Köln NJW 67, 1473); Zurückweisung von Bevollmächtigten und Beiständen nach § 157 (Schleswig SchlHA 62, 303; LG Duisburg JMBlNRW 55, 87); Beiordnung eines Anwalts nach § 625 gegen den Willen der Partei (Oldenburg NdsRpfl 80, 32); Ablehnung einer Entscheidung über den Einwand der Ungültigkeit eines zur Beilegung des Rechtsstreits abgeschlossenen Prozeßvergleichs (RGZ 65, 420); Ablehnung der Streitwertfestsetzung (KG AnwBl 54, 30) oder einer Kostenentscheidung (KG NJW 60, 635) oder der Vergütungsfestsetzung nach § 19 BRAGO (Nürnberg u München KoRsp BRAGO § 19 Nr 4, 29 m Anm Schneider; siehe auch unten Rn 67) oder Ablehnung einer Rechtskraftbescheinigung (Celle FamRZ 78, 920); Ablehnung des Prozeßgerichts, zur Notwendigkeit der Reise eines Armenanwalts Stellung zu nehmen (Hamm JMBlNRW 54, 213); nicht beantragte Verweisung des Rechtsstreits (Braunschweig NJW 64, 872; siehe dazu auch Saarbrücken NJW 67, 1616); Ablehnung, nach Grundurteil über die Höhe zu verhandeln (KG MDR 71, 588).

d) **Keine Beschwerde ist gegeben:** Gegen die Ablehnung von Anordnungen betr das Verfah- 37
ren, wenn diese im freien Ermessen des Gerichts stehen, zB Vertagung einer Verhandlung oder Ablehnung einer Vertagung (kann jedoch rechtliches Gehör verletzen!), Vorverlegung oder Hinausschiebung eines Termins, Ablehnung einer Fristverlängerung (RGZ 23, 368), Beweissicherungsbeschluß in den Gerichtsferien (Karlsruhe Justiz 75, 271); gegen den nachträglichen Beschluß betreffend die Art der angeordneten Sicherheitsleistung (Frankfurt MDR 56, 617); gegen den Beschluß, der die getrennte Verhandlung von Klage und Widerklage oder von mehreren Klageanträgen anordnet (München NJW 84, 2227 = MDR 84, 946); gegen einen Beweisbeschluß (§ 355 II; auch für Beweissicherung: München ZSW 80, 217), auch wenn seine Ausführung längere Zeit in Anspruch nimmt (Frankfurt NJW 63, 912), außer wenn die Beweiserhebung (etwa bei Einholung eines erbbiologischen GA nach Jahresfrist) praktisch einer Verfahrensaussetzung gleichkommt (Schleswig SchlHA 68, 262; Bremen NJW 69, 1908; aA Frankfurt NJW 63, 912; für Kindschaftssachen gelten jetzt §§ 640 f, 252); Änderung eines Beweisbeschlusses nach § 360 oder Anordnung, für den Sachverständigen bestimmte Unterlagen bereitzustellen (Hamburg MDR 54, 554); Nichtformulierung bestimmter Beweisfragen (Hamburg OLGE 23, 193); Übertragung des Rechtsstreits auf den Einzelrichter (§ 348 II 2; Düsseldorf NJW 81, 352); nachträgliche Beeidigung eines Zeugen oder Anordnung eines Auslagenvorschusses (§§ 379, 402).

e) **Ausschluß des Beschwerderechts außerhalb des Erkenntnisverfahrens:** Ablehnung, eine 38
freigestellte mdl Verhandlung anzuordnen; einstweilige Einstellung (Hamm MDR 79, 852; zu Ausnahmen Schneider MDR 80, 529 m Nachw); Berichtigung eines Zwangsversteigerungsprotokolls (Hamm OLGZ 79, 376); vom Richter angeordnete Erteilung des Rechtskraftzeugnisses (§ 706), einer ersten oder weiteren vollstreckbaren Ausfertigung (§§ 724, 730, 733); Vorlagebeschluß zur Normenkontrolle nach § 100 GG (Köln MDR 70, 852; LG Bremen NJW 56, 587) oder Vorlage an EuGH durch Instanzgericht gem Art 177 EWG-Vertrag (Celle NJW 63, 2202; Schumann ZZP 78 [1965], 112), wohl aber gegen Aussetzung ohne Vorlegung an das BVerfG, um das Ergebnis eines bereits anhängigen Normenkontrollverfahrens abzuwarten (BayObLG NJW 67, 110 – Versuch eines Auswegs: BAG NJW 72, 1439; s dazu Scholz NJW 72, 1911; Jülicher ZZP 86 [1973], 197; BVerfGE 34, 320 hat gg BAG entschieden).

f) **Verfahrensorgane haben kein Beschwerderecht:** nicht der Richter gegen einen seine 39
Selbstablehnung für unbegründet erklärenden Beschluß (Celle NdsRpfl 66, 118) oder gegen Maßnahmen der Geschäftsverteilung (Müller MDR 77, 975) oder der Gerichtsvollzieher gegen die Anordnung einer Amtshandlung durch das Vollstreckungsgericht (Stuttgart Rpfleger 80, 236;

Düsseldorf NJW 80, 1011 [Aufgabe der zeitweilig abw Rspr; s dazu Rudolph DRiZ 80, 190]). Der **Sachverständige,** dem nach § 411 II 3 ein Ordnungsgeld angedroht wird, kann sich jedoch beschweren (§§ 411 II 4, 409 II; München ZSW 81, 68).

40 **g)** Durch die **Neuregelung des Familienrechts,** insbes des 1. EheRG, sind zahlreiche Zweifelsfragen aufgetreten, die auch in das Beschwerderecht übergreifen, zB Nichtabtrennung von Folgesachen (Stuttgart Justiz 80, 415), Versorgungsausgleich (Hamm FamRZ 79, 1033), Ehewohnungs- und Hausratssachen (BGH FamRZ 80, 670). Auf diese Kontroversen ist hier nicht einzugehen, da es sich um ein Sondergebiet handelt.

41 **XVI)** Um **grob fehlerhaften Entscheidungen** begegnen zu können, hat die Rspr einen eigenen Zulassungsgrund für Beschwerden geschaffen: die **„greifbare Gesetzwidrigkeit"** (vgl BGHZ 28, 350 f; BGH Rpfleger 86, 56 = WPM 86, 178 = WuB VII A § 567 Abs 3 S 1 ZPO 1.86 m Anm Krämer = BGH EzA ZPO § 127 Nr 9 m Anm Schneider; NJW-RR 86, 1263 = EzFamR FGG § 63a Nr 1 m Anm Schneider), wobei jedoch die Nichtbeachtung wesentlicher Verfahrensvorschriften allein nicht hinreicht, unanfechtbare Entscheidungen vor die höhere Instanz zu bringen (BGH VersR 75, 343; Schleswig SchlHA 75, 62). Die Darlegungs- und Beweislast hat der Beschwerdeführer, wobei sich Zulässigkeit und Begründetheit überschneiden (s Schneider MDR 85, 547; Anm EzA ZPO § 127 Nr 9 S 54). Der Anwendungsbereich dieser Ausnahme-Beschwerde ist nicht beschränkt. Sie wird zB praktiziert im PKH-Recht (§ 127 Rn 32), bei fehlerhaften Verweisungsbeschlüssen (BGH MDR 78, 650; Düsseldorf FamRZ 77, 720), unangemessen langer Terminierung (Köln NJW 81, 2263; OLGZ 85, 122), bei Untätigbleiben des Gerichts (Karlsruhe NJW 84, 985 = OLGZ 84, 98; § 119 Rn 20), bei Wiedereinsetzung ohne mdl Verhandlung (Düsseldorf MDR 84, 763) und vor allem bei fehlerhaften Einstellungsbeschlüssen nach §§ 707, 719, 769 (s Schneider MDR 80, 529 ff sowie § 707 Rn 22, § 719 Rn 10, § 769 Rn 13). Seidel (ZZP 99 [1986], 79 ff) läßt die Ausnahmebeschwerde auch zu, um die Unanfechtbarkeit fehlerhafter Einzelrichterübertragung (§ 348 II 2) bei schweren Mängeln aufzuheben. Ausgerechnet bei dem häufigsten Rechtsverstoß, nämlich bei der **Versagung rechtlichen Gehörs,** wird jedoch überwiegend angenommen, sie stelle keine „greifbare Gesetzeswidrigkeit" dar, die einen verschlossenen Instanzenzug eröffne (vgl zB BGHZ 43, 19; BGH WPM 86, 178; BAG NJW 73, 871; BFH DB 77, 2264; BayObLG MDR 86, 419; Schleswig SchlHA 84, 62; Frankfurt NJW 86, 1052; Köln JurBüro 86, 1103), was in Einklang mit der Rspr des BVerfG steht (BVerfGE 28, 95; 60, 98; 64, 206). Allerdings wird diese Meinung zunehmend aufgegeben (zB Schleswig SchlHA 84, 62; München AnwBl 82, 532; Frankfurt MDR 79, 940; LG Zweibrücken MDR 80, 675; LG Kiel MDR 86, 943; früher schon Neustadt MDR 58, 702), wobei ersichtlich die mahnenden Anregungen des BVerfG (zB BVerfGE 49, 258; näher Schneider MDR 79, 622 f) nachwirken, die Fachgerichte sollten bemüht sein, solche Verfassungsverstöße selbst zu korrigieren und dadurch Verfassungsbeschwerden überflüssig zu machen. Bamberg (FamRZ 86, 1012) hat die Ausnahmebeschwerde wegen Gehörsverletzung nicht zugelassen, „wenn der angefochtene Beschluß eine Nebenentscheidung von untergeordneter Bedeutung betrifft und die Folgen der Unanfechtbarkeit für die betreffende Partei noch hinnehmbar sind." Die Frage, ob Verstöße gegen Art 103 I GG auch bei wichtigen Sachentscheidungen keine verschlossene Instanz eröffnen, hat der Senat ausdrücklich offengelassen. Dieselbe Tendenz zeigt das Schrifttum. Werner (Rechtskraft und Innenbindung zivilprozessualer Beschlüsse, 1983, 69 ff) verneint bei nicht abänderbaren Beschlüssen die Innenbindung, wenn sie gegen Art 103 GG verstoßen. Nach Seetzen (NJW 82, 2337) ist in solchen Fällen innerhalb eines Monats ab Zustellung der mit Gründen versehenen Entscheidung die Gegenvorstellung zulässig, auf die hin der iudex a quo unter Wegfall seiner Selbstbindung den Verfassungsverstoß durch erneute Entscheidung beheben kann. Der Ausnahmebeschwerdegrund der greifbaren Gesetzeswidrigkeit, mit dem die Fachgerichte das BVerfG von Verfassungsbeschwerden wegen Verletzung des Art 103 I GG entlasten, ist gedanklich längst nicht bewältigt. Diese „Notbremse" durchbricht das formalisierte Rechtsmittelsystem und bringt damit zwangsläufig Rechtsunsicherheit, sogar Widersprüche mit sich. Die begriffliche Unklarheit wird schon an der bildhaften Sprache erkennbar, zB „handgreifliche Gesetzwidrigkeit" (Frankfurt FamRZ 85, 193) oder einer Entscheidung fehle „in greifbarer Weise die gesetzliche Grundlage" (Düsseldorf MDR 84, 763). Dahinter verbergen sich reine Wertungen, die mangels definitorischer Abgrenzung letztlich nur Einzelfallregelungen darstellen. Bezeichnend dafür Karlsruhe (BauR 83, 188), das davon ausgeht, eine Gehörsverletzung eröffne keine verschlossene Instanz, dann aber die unzulässige Beschwerde in einen Abänderungsantrag an die Vorinstanz umdeutet und in dessen Verwerfung den allgemeinen Beschwerdegrund des § 567 sieht. Mehr Klarheit könnte die Zurückführung auf das aus Art 3 GG abgeleitete Willkürverbot bringen (s Leibholz/Rinck, Komm z GG, Art 3 Rn 10; von Münch, Komm z GG, 3. Aufl, Art 3 Rn 10 ff u die Analyse Zucks in MDR 86, 723), obwohl auch das BVerfG letztlich nicht über verbale Umschreibungen hinausgelangen kann. Nach seiner Rspr begründet auch eine zweifelsfrei fehlerhafte Anwendung einfachen Rechts noch keinen

Verstoß gegen den allgemeinen Gleichheitssatz (BVerGE 67, 94 ff); es kommt nicht auf subjektive Willkür an, sondern auf „die tatsächliche und eindeutige Unangemessenheit einer Maßnahme im Verhältnis zu der tatsächlichen Situation, deren sie Herr werden soll" (BVerfGE 4, 155; 66, 329). Wenn eine Entscheidung „sachlich schlechthin unhaltbar" ist, dann ist sie auch objektiv willkürlich (BVerfGE 58, 167; 62, 192), weil dann offensichtlich unsachliche Erwägungen zur Entscheidungsgrundlage gemacht worden sind (BVerfGE 57, 42; 59, 59). Diese Grundsätze gelten auch für Auslegung und Anwendung von Verfahrensrecht, etwa wenn die richterliche Frage- und Aufklärungspflicht des § 139 aus Erwägungen verneint wird, die nicht mehr verständlich sind (BVerfGE 43, 64, 74, 78). Ausgehend von diesen Rechtsgrundsätzen könnten dann auch schwere materiellrechtliche Fehler als „greifbare Gesetzeswidrigkeit" angesehen werden (so Düsseldorf FamRZ 84, 1095, weil die vorinstanzlichen Erwägungen „an dem entscheidenden Rechtsgesichtspunkt vorbeigehen"). Vor allem aber wären auch Gehörsverletzungen jedenfalls korrigierbar, soweit sie wegen ihrer Schwere den Willkürentscheidungen zugerechnet werden müßten (zB Schleswig SchlHA 84, 164), was in jedem Einzelfall mitzuprüfen ist (s Schneider Anm EzFamR FGG § 63 a Nr 1 u Anm EzA ZPO § 127 Rn 9 S 53). Damit wäre auch die Übereinstimmung zu § 568 II erreichbar, wo schon einfache Gehörsverletzungen trotz übereinstimmender Vorentscheidungen die weitere Beschwerde eröffnen (§ 568 Rn 19).

Auch die Zurückführung der „greifbaren Gesetzeswidrigkeit" auf die Willkür-Rspr des BVerfG könnte allerdings das Grundproblem selbst nicht lösen. Es taucht an vielen Stellen auf, zB bei der Durchbrechung der Rechtskraft mit Hilfe des § 826 BGB (Rn 72 ff vor § 322) oder bei der Abwehr eines titulierten Anspruchs mit nichttitulierten Einwendungen (§ 771 Rn 15). Das Grundthema ist der Konflikt zwischen Rechtskraft und unrichtiger Entscheidung. Die Aporie ist nicht aufhebbar („Ungerechtigkeit muß sein; sonst kommt man zu keinem Ende" – Karl Kraus); nur die Problemgrenzen können verschoben werden. So bleibt beispielsweise die Frage unbeantwortet, warum mit Hilfe der „greifbaren Gesetzeswidrigkeit" eine verschlossene Beschwerdeinstanz eröffnet werden kann, nicht aber eine verschlossene Berufungsinstanz (§ 511 a Rn 1; § 513 Rn 5; Kahlke NJW 85, 2234).

XVII) Die Zulässigkeit der Beschwerde hat eine **Beschwer** zur Voraussetzung, zB bei vollständiger oder teilweiser Zurückweisung eines Antrages oder bei Bescheidung eines nicht gestellten Antrages (§ 308 I) Daß der Beschwerdeführer lediglich die Beschlußgründe geändert haben möchte, reicht nicht (Köln Rpfleger 86, 184; s auch Rn 19 vor § 511). Er muß ein rechtliches Interesse am Erfolg des Rechtsmittels haben (Rn 7–13, 23), das auch bei bloß formaler Beschwer fehlen kann (Rn 7). Bei Straffestsetzung aus § 890 ist der Gläubiger beschwert, wenn er die festgesetzte Strafe für zu niedrig hält (Karlsruhe NJW 57, 917). Da § 512 a im Beschwerderecht entsprechend anzuwenden ist, reicht es zur Beschwer nicht aus, daß der Erstrichter seine örtliche Zuständigkeit zu Unrecht angenommen hat. Auch ein Fehler des Gerichts kann die Beschwer beseitigen, zB wenn das AG nach einstweiliger Einstellung der Zwangsvollstreckung aus einem Pfändungs- und Überweisungsbeschluß diesen Beschluß unbedingt und mit sofortiger Wirkung aufhebt und dadurch das Rechtsschutzbedürfnis an einer beantragten Überprüfung des Einstellungsverfahrens beseitigt (Köln JurBüro 80, 1090; EWiR § 793 ZPO 1/86, 1145; Schneider MDR 84, 371). Zweifelhaft ist, wie bei bloß **vermeintlicher Beschwer** zu verfahren ist. Dividiert zB der Richter falsch (1593:3 = 511) oder verschreibt er sich (1593:3 = 513), dann kommen Fehlbeträge von zwanzig bzw achtzehn DM heraus. Es ist aber offensichtlich, daß es sich um Rechen- oder Schreibfehler handelt; was vom Gericht gewollt ist (nämlich das Rechenergebnis 531 DM), ist erkennbar. Die Beschwer kann gleichwohl nicht verneint werden, weil sonst bei der prozessual nicht ausschließbaren unanfechtbaren (§ 319 III) Berichtigungsablehnung der Fehler nicht behebbar wäre. Bei unbefristeten Beschwerden ist jedoch vor erfolglosem Berichtigungsantrag das Rechtsschutzbedürfnis zu verneinen (Zweibrücken FamRZ 85, 614), bei sofortigen Beschwerden tritt durch eine Berichtigung verfahrensrechtliche Überholung ein (Rn 10; § 575 Rn 19). 42

XVIII) Beschwert ist auch derjenige, der nicht Partei ist, aber **als Partei behandelt** wird (Rn 14), etwa durch fehlerhafte Zustellung (Köln MDR 75, 937) oder durch Kostenbelastung als vollmachtloser Vertreter (Schneider Rpfleger 76, 229). Soweit es um die Prozeßfähigkeit, Parteifähigkeit oder rechtliche Existenz einer Partei geht, ist sie zur Klärung dieses Streitpunktes beschwerdebefugt (§ 56 Rn 13; BGHZ 86, 186 u Hager ZZP 97 [1984], 174). 43

XIX) Besondere Probleme ergeben sich bei der **weiteren Beschwerde** hinsichtlich des dazu nötigen neuen Beschwerdegrundes (siehe dazu § 568 Rn 6–14). 44

XX) Die **Anschlußbeschwerde** ist in der ZPO nicht ausdrücklich geregelt. Es handelt sich – wie bei Berufung und Revision – um eine Beschwerde im Anschluß an eine vorgängige selbständige Beschwerde **des Gegners** (Köln Rpfleger 75, 29); Anschließung an die unselbständige Anschlußbeschwerde ist nicht zulässig (BGH NJW 86, 1494 = FamRZ 86, 455; s auch § 521 45

Rn 12). Auf die Benennung kommt es nicht an. Sie wird heute ganz überwiegend als zulässig angesehen (Nachweise bei Schneider JurBüro 74, 1362; Kirchner NJW 76, 610; Koblenz JurBüro 80, 1091; Frankfurt WRP 79, 726; BayObLG FamRZ 78, 599; LAG Düsseldorf BB 80, 1586; s auch BGHZ 86, 51 [Versorgungsausgleichsverfahren]). Ebenso wie bei Berufung und Revision setzt die unselbständige Anschlußbeschwerde keine Mindestbeschwer voraus und ermöglicht die **Geltendmachung neuer Ansprüche** (Köln NJW 70, 336), kann sich also auch ungeachtet des § 99 I lediglich gegen die Kostenentscheidung der Vorinstanz richten (Hamm MDR 69, 400; Karlsruhe OLGZ 86, 134) was aber wegen § 308 II nicht erforderlich ist (§ 521 Rn 24). Sie ist jedoch von der Zulässigkeit und Aufrechterhaltung der Hauptbeschwerde abhängig; eine Rücknahmesperre entsprechend § 515 I (§ 269 I) besteht mangels notwendiger mündlicher Verhandlung nicht. In der Beschwerdeinstanz muß die Frist des § 556 I gewahrt werden (BGHZ 86, 51). Einlegung nach Beschwerderücknahme ist unzulässig (Hess VGH MDR 83, 872).

46 Ebenso wie die Anschlußbeschwerde ist die **Anschlußerinnerung** (an die Erinnerung gegen Entscheidungen des Rechtspflegers in Kostenfestsetzungsverfahren) möglich (München NJW 71, 763; KG JurBüro 73, 556; Koblenz Rpfleger 76, 142; Bamberg JurBüro 78, 592).

47 **XXI) Beschwerdesumme (Abs 2).** Bei Entscheidungen über Kosten, Gebühren und Auslagen des Gerichts, der Parteien und Anwälte muß eine Mindestbeschwer von 100,01 DM erreicht sein. Das gilt auch für isolierte Kostenentscheidungen nach § 91 a (Erledigung der Hauptsache) und § 99 II (Anerkenntnisurteil), auch für § 269 III. Bei der Beschwerde gegen eine **Kostenmischentscheidung** (§§ 99 Rn 7 ff) zählt die Gesamtbeschwer, so daß es nicht darauf ankommt, ob die Anteile der Quotierungstatbestände die Erwachsenheitssumme erreichen (Zweibrücken NJW 68, 1635). Beispiel: Mischkostenentscheidung nach §§ 269 III, 91 a zu Lasten des Klägers; Kostenbeschwer wegen Rücknahme 80 DM, wegen Hauptsacheerledigung 90 DM; Gesamtbeschwer 170 DM. Die Kostenbeschwer bleibt jedoch bei der Berechnung der Erwachsenheitssumme für die Berufung, §§ 4 I, 511 a I, außer Betracht (München NJW 70, 761). Forderungspfändungen wegen einer Kostenforderung fallen nicht unter § 567 II (Hamm Rpfleger 77, 109). Dem § 567 II angepaßte Regelungen finden sich zB in §§ 5 II, 25 II GKG; 10 III BRAGO. Bei Ablehnung einer Kostenentscheidung ist § 567 II unanwendbar (Rn 35); desgleichen beim Absetzen von Kosten im Mahnverfahren (LG Hamburg AnwBl 79, 274).

48 **1)** Berechnet wird die Beschwer nicht nach dem Kostengesamtbetrag, sondern nach der Differenz, um die der Beschwerdeführer sich verbessern will (LAG Hamm KoRsp ZPO § 567 Nr 11); das gilt auch für Rahmengebühren nach § 12 BRAGO, es sei denn, daß der Beschwerdeführer die Instanz mit offensichtlich übersetzten Honorarforderungen eröffnen will (Düsseldorf JurBüro 83, 590). Zur Beschwerdesumme bei **Anfechtung einer gemischten Kostenentscheidung** vgl Zweibrücken NJW 68, 1635; München NJW 70, 761. Bei **Streitwertbeschwerden** (§§ 25 II GKG, 9 II, 10 III BRAGO) kommt es nicht auf die Höhe des Streitwertes an, sondern auf die Gebührendifferenz zwischen dem festgesetzten und dem erstrebten Streitwert (Köln MDR 70, 854). **Kostenfestsetzungsgebühren** sind bei der Errechnung der Beschwerdesumme nicht zu berücksichtigen (Röhrig Rpfleger 52, 278; aM München BayJMBl 55, 61). Ob dies auch für die **Umsatzsteuer** des Anwalts gilt, ist umstritten, wird heute aber wohl überwiegend bejaht (Nachw Schneider JurBüro 74, 966).

49 **2)** Ob die Beschwerdesumme erreicht ist, bestimmt sich nach dem **Zeitpunkt der Beschwerdeeinlegung** (Frankfurt KoRsp ZPO § 567 Nr 12; KG NJW 58, 2023; Hamm MDR 71, 1019); eine spätere Verminderung der Beschwer ist daher ohne Bedeutung (s zur Teilabhilfe Rn 65). **Nachgeschobene Kosten,** über die noch nicht entschieden ist, sind in die Beschwerdesumme nicht einzurechnen, auch dann nicht, wenn über eine Durchgriffserinnerung (§§ 11 II, 21 II RpflG) entschieden werden muß (Hamm Rpfleger 73, 32; Bamberg JurBüro 78, 924); ebenso wenn ein Teilverzicht auf Rechtsmittel gegeben ist (Stuttgart Justiz 78, 234).

50 **3)** Wird eine **Durchgriffserinnerung** dem Rechtsmittelgericht vorgelegt, obwohl der Beschwerdewert des § 567 II nicht erreicht ist, ist der Vorlagebeschluß aufzuheben und die Sache wegen der Erinnerung an den Richter zur Entscheidung zurückzuverweisen (Düsseldorf Rpfleger 77, 109; Frankfurt Rpfleger 78, 149; KG JurBüro 78, 1087; Bischof MDR 75, 633, der [S 632 ff] alle praktisch wichtigen Fälle der notwendigen Sachentscheidung des Instanzgerichts bei Erinnerung, also Ausschluß der Durchgriffserinnerung, mit erschöpfenden Rspr-Angaben zusammengestellt hat). Gegenstandswert eines Erinnerungs- und Beschwerdeverfahrens gegen einen zweiten Kostenfestsetzungsbeschluß ist die Differenz zwischen den im ersten und im zweiten Beschluß festgesetzten Beträgen (München AnwBl 80, 299).

51 **4)** Bei der **Weigerung des Gerichtsvollziehers,** Kosten der Zwangsvollstreckung mit beizutreiben, ist § 567 II sinngemäß anzuwenden (LG Frankenthal Rpfleger 76, 367).

5) Hilft das Erstgericht der Beschwerde teilweise ab, so daß die verbleibende Beschwer weniger als 100,– DM beträgt, ist (entgegen 13. Aufl) auf den Zeitpunkt der Abhilfe abzustellen; nur dadurch wird die ratio der dem Erstgericht gewährten Abänderungsbefugnis verwirklicht (s Schneider, Streitwert-Komm, Streitwertbeschwerde [Beschwer]; Markl, GKG, 2. Aufl 1983, § 25 Rn 24; ebenso Hamm JurBüro 70, 47; 82, 582; Koblenz Rpfleger 76, 302 [dort weitere Nachw zur Gegenmeinung, zB KG NJW 58, 2023 = MDR 59, 59]). 52

6) Bei der **Kostenerinnerung** (Durchgriffserinnerung gegen eine Entscheidung des Rechtspflegers) beginnt das Beschwerdeverfahren nicht schon mit der Einlegung der Erinnerung beim Gericht der Instanz, sondern erst mit dessen Vorlage an das Beschwerdegericht. Bei teilweiser Abhilfe durch das Untergericht entscheidet daher dieser zweite Zeitpunkt darüber, ob die Beschwerdesumme noch erreicht ist (Hamm NJW 71, 1142; Koblenz Rpfleger 76, 11; JurBüro 76, 521 u 1256). Ist bei der Durchgriffserinnerung in einer Kostensache die Beschwerdesumme von vornherein nicht erreicht oder sinkt der Beschwerdewert bis zur Abhilfeentscheidung unter 100,01 DM, dann ist die Erinnerung als Beschwerde unzulässig und bleibt eine Erinnerung, über die das Untergericht abschließend zu entscheiden hat. An dieses ist die Sache unter Aufhebung des Nichtabhilfebeschlusses zurückzugeben (s Rn 50; heute ausgetragen). Das Beschwerdegericht verwirft nur als unzulässig, wenn die sofortige Erinnerung wegen Verspätung unzulässig ist (Bamberg JurBüro 76, 1094; Koblenz MDR 76, 321). 53

7) Haben die Parteien die **Kosten nach Bruchteilen** zu tragen, so ist dies bei der Berechnung des Beschwerdewertes ohne Rücksicht auf eine mögliche Kostenausgleichung zu beachten (Koblenz VersR 76, 347). Hat der Rechtspfleger die zu erstattenden **Kosten in zwei Beschlüssen** festgesetzt, die beide mit einer Beschwerde angefochten werden, dann sind die Beträge beider Beschlüsse zur Ermittlung des Beschwerdewertes nicht zu addieren, sondern es handelt sich um zwei Rechtsmittel, von denen jedes einen selbständigen Beschwerdewert hat (Stuttgart JurBüro 79, 609 gg Nürnberg JurBüro 75, 191). Sinkt der Beschwerdewert erst nach Vorlage an das Beschwerdegericht unter 100,01 DM, dann ist dies für die Zulässigkeit unbeachtlich (Köln JurBüro 75, 241; oben Rn 49). Jedoch kann ein nicht erreichter Beschwerdewert nicht nachträglich dadurch geschaffen werden, daß anzusetzende Kosten nachgeschoben werden; das ist nur statthaft, wenn die Beschwer ohnehin gegeben ist (Bamberg JurBüro 78, 924; Hamm Rpfleger 73, 32). Ein bereits erklärter Verzicht bleibt beachtlich (Stuttgart Justiz 78, 234). 54

8) Die Beschwerde wegen versagter **Prozeßkostenhilfe** fällt nicht unter § 567 II; von ihr wird nicht lediglich der Kostenpunkt betroffen, sondern es geht um die Gewährung sozialer Hilfe zur Verwirklichung von Chancengleichheit im Prozeß (s § 127 Rn 17). 55

9) Auch die **sofortige Beschwerde gegen die Verwerfung der Berufung** (§ 519 b) ist nicht von einer Beschwerdesumme abhängig (BGH VersR 62, 163), desgleichen nicht die Bestrafung im Verfahren durch Verhängen einer Kostenbelastung, zB § 89 (Naumburg JW 37, 553). Auch hier gilt jedoch der Grundsatz, daß ungeachtet der Kostenbeschwer Entscheidungen ohne jede gesetzliche Grundlage anfechtbar sind (Nürnberg BayJMBl 55, 204; oben Rn 41); deshalb darf sich auch ein nur vermeintlich am Verfahren Beteiligter gegen eine unzulässige Kostenbelastung mit der Beschwerde wehren (OVG Münster NJW 72, 118). Ob die Verletzung des Anspruchs auf rechtliches Gehör den Mangel der Beschwerdesumme ersetzen kann, ist umstritten (verneinend LG Berlin DGVZ 72, 10; s oben Rn 41). In einer unter 100,01 DM liegenden Kostensache ist die Beschwerde gegeben, wenn eine Entscheidung überhaupt abgelehnt wird (LG Mainz Rpfleger 74, 74; Schneider JurBüro 74, 168) oder der Gerichtsvollzieher sich weigert, tätig zu werden (LG Berlin DGVZ 72, 70). 56

XXII) Ausschluß der Beschwerde, Abs 3: 1) Die **Kostenentscheidungen der Oberlandesgerichte** können nie mit der Beschwerde angegriffen werden (§§ 567 III, 568 III), auch nicht von Prozeßbeteiligten, die keine Parteistellung haben (BGH VersR 75, 373). Daran kann auch eine (fehlerhafte) Zulassung nichts ändern (BGH MDR 86, 302; s auch Hamm Rpfleger 77, 109). Im übrigen sind OLG-Beschlüsse nur dann mit der Beschwerde anfechtbar, wenn sie eine Berufung (§ 519 b) oder den Einspruch gegen ein Versäumnisurteil (§§ 542 III, 341 II) verwerfen oder über eine solche Verwerfungsvorentscheidung befinden (§ 568 a). Das gilt auch bei Ablehnung der Wiedereinsetzung, sofern Revision zulässig wäre (§ 519 b II; siehe BGHZ 21, 147; JurBüro 76, 1048). Jedoch darf es sich nicht um Arreste oder einstweilige Verfügungen handeln (§ 545 II; BGHZ 43, 168). Bei Beschlußverwerfung des Einspruchs gegen ein vom OLG erlassenes Versäumnisurteil ist sofortige Beschwerde an den BGH gegeben, wenn die Beschwer 40 000 DM übersteigt (§ 546), ohne daß der BGH (wie in § 568 a) die Annahme ablehnen darf (BGH VersR 78, 349). 57

2) Unanfechtbar ist ein **Beschluß des OLG nach § 515 III,** der nach Zurücknahme der Berufung, über deren Wirksamkeit nachträglich gestritten wird, den Verlust des Rechtsmittels fest- 58 stellt (BGHZ 46, 112). Keine Beschwerde gegen Ordnungsstrafe (BGH JZ 57, 182) oder gegen einen Beschluß, durch den das OLG ein Richterablehnungsgesuch zurückgewiesen hat (BGH NJW 66, 2062). Nach Erledigung der Hauptsache endet der Rechtsmittelzug immer beim OLG, auch hinsichtlich der Kostenentscheidung (BGH NJW 67, 1131), desgleichen, wenn durch OLG-Beschluß die Wiederaufnahme eines rechtskräftig abgeschlossenen Zwangsversteigerungsverfahrens abgelehnt wird (BGH ZIP 81, 209). Beschwerde gegen Nichtzulassung der Revision gibt es im Zivilprozeß (vorbehaltlich § 220 BEG) nicht (BGH NJW 65, 1965), möglicherweise aber Verfassungsbeschwerde (Schneider NJW 77, 1043). Zur Eröffnung eines an sich verschlossenen Beschwerdeweges wegen **greifbarer Gesetzeswidrigkeit** s Rn 41.

59 **3)** Da Beschwerden gegen OLG-Beschlüsse unstatthaft (im Gesetz überhaupt nicht vorgesehen) sind, erübrigt sich auch eine **Weiterleitung an den BGH** bzw das BayObLG (§ 571 Rn 2). Verlangt der Beschwerdeführer Weiterleitung, so kann dem entsprochen werden. Das führt dann zur Verwerfung durch das Revisionsgericht. Bei Zurücknahme einer solchen Beschwerde nach Belehrung des Beschwerdeführers ist das OLG für die Kostenentscheidung aus § 515 III zuständig (BGH LM § 567 ZPO Nr 2). Die offensichtlich unstatthafte Beschwerde an das OLG kann aber als Gegenvorstellung gedeutet werden (Rn 19 ff).

XXIII) Kostenentscheidung im Beschwerdeverfahren. Lit: *Schneider,* Kostenentscheidung im Zivilurteil, 2. Aufl 1977, § 31.

60 **1) Grundsätzlich gelten alle Vorschriften, die im Urteilsverfahren anzuwenden sind.** Bei Zurückweisung oder Verwerfung einer Beschwerde ist § 97 I anzuwenden. Bei Erfolg oder Teilerfolg ist die Kostenentscheidung nach §§ 91, 92 zu treffen.

61 **2)** Einem anderen Beteiligten als dem Beschwerdeführer dürfen Kosten nur auferlegt werden, wenn er Beschwerdegegner oder **vollmachtloser Vertreter** (E. Schneider Rpfleger 76, 229 ff) ist. Notwendig ist weiter, daß überhaupt **erstattungsfähige Parteikosten** erfallen (Schneider, Kostenentscheidung § 31 I). Daran fehlt es zB bei der Bescheidung einer Gegenvorstellung (Frankfurt AnwBl 78, 425), insbesondere aber im Verfahren auf Streitwertbeschwerde, was durch die Neufassung des § 25 III GKG geklärt worden ist. Ebenso liegt es bei der Beschwerde im Verfahren auf Bewilligung von Prozeßkostenhilfe (§ 118 Rn 23). Billigkeitserwägungen können daran nichts ändern (Schleswig SchlHA 78, 44). Die Beschwerdeentscheidung soll deshalb, wenn keine Parteikosten zu erstatten sind, auch nicht über die Tragung von Gerichtskosten befinden; wer dafür aufzukommen hat, ergibt sich unmittelbar aus dem GKG, so daß eine gerichtliche Entscheidung dazu überflüssig ist und nie auf §§ 91 ff gestützt werden kann. **Eine überflüssige Kostenentscheidung stiftet aber nur Verwirrung,** da nachträglich zweifelhaft werden kann, ob eine Bindung an die (fehlerhafte, aber rechtskräftige) Kostenentscheidung für das Festsetzungsverfahren anzunehmen ist. Inwieweit § 620 g bei **einstweiligen Anordnungen** einer Kostenentscheidung im Beschwerdeverfahren entgegensteht, ist umstritten (§ 620 g Rn 8). Zu den Beschwerdekosten in den Fällen des § 788 III s dort Rn 27.

62 **3)** Bei **Erledigung der Beschwerde in der Hauptsache** ist § 91 a entsprechend anzuwenden (Hamm NJW 67, 1719; München NJW 69, 617; Pohle JZ 57, 24; Einzelheiten bei Schneider, Kostenentscheidung § 31 II 6). Konkurrieren §§ 91 a und 620 g, hat § 91 a Vorrang (Köln JMBlNRW 73, 185; Düsseldorf FamRZ 80, 1047 [begrenzt für die Kosten der Beschwerdeinstanz]). Nach aA (Düsseldorf NJW 73, 1937; München MDR 74, 761; Bremen FamRZ 18, 133) ist § 91 a nur anzuwenden, wenn das Beschwerdegericht die Erfolgsaussicht verneint, wenn also die Beschwerde ohne Hauptsacheerledigung hätte zurückgewiesen werden müssen. Im Rahmen des § 91 a sind die Veranlassungsgedanken der §§ 93, 96, 97 II, 98, 269 zu berücksichtigen (siehe dazu Schneider, Kostenentscheidung § 25 X, § 31 II 5, 8; ferner Schleswig SchlHA 58, 7).

63 **4)** Werden **mehrere Beschwerden** (dazu E. Schneider MDR 73, 979) eingelegt, dann kommt eine Kostenentscheidung nach Streitgenossen-Grundsätzen oder Anschlußrechtsmitteln in Betracht (Schneider, Kostenentscheidung § 31 II 7, § 30 VI, XIV). Es dürfen dann nicht etwa die Kosten der Beschwerde dem Beschwerdeführer auferlegt werden „soweit er unterlegen ist"; vielmehr muß eine gequotelte Beschwerdekostenentscheidung getroffen werden. Das gilt auch ab Verbindung (§ 147) mehrerer Beschwerden (die zu einem einheitlichen Beschwerdewert führt! § 5 ZPO).

64 **5)** Bei **Zurücknahme der Beschwerde** ergibt sich die Kostenpflicht aus entsprechender Anwendung des § 515 III (BGH LM § 515 ZPO Nr 1), die auch Unanfechtbarkeit nach § 515 III 3 einschließt. Das gilt auch bei Zurücknahme einstweiliger Anordnungen nach § 620; die §§ 269, 515 III sind vorrangig vor § 620 g (Bremen KoRsp ZPO § 620 g Nr 1 gegen Hamm KoRsp ZPO § 620 g Nr 2). Sonderregelung in § 45 I LwVG; siehe Frankfurt JurBüro 78, 421.

a) Hat zur Zeit der Rücknahme das Erstgericht die Beschwerde **noch nicht weitergeleitet,** dann obliegt ihm der Kostenausspruch (Braunschweig NdsRpfl 54, 25; Celle MDR 60, 507; Neustadt NJW 65, 591; Düsseldorf KoRspr § 515 Nr 16; Gubelt MDR 70, 896). Ebenso ist zu entscheiden, wenn das Erstgericht teilweise abgeholfen hatte und mit Rücksicht darauf die Beschwerde wegen des Rechtsmittelrestes vor der Vorlage an das Rechtsmittelgericht zurückgenommen wird (Gubelt MDR 70, 896; BGH LM § 567 ZPO Nr 2: zu § 567 III 1). Bei Zurücknahme treffen den Beschwerdeführer auch die Kosten der unselbständigen Anschlußbeschwerde (Düsseldorf MDR 61, 243); es gelten insoweit die für Anschlußrechtsmittel im Verfahren mit mündlicher Verhandlung herausgearbeiteten Grundsätze (siehe dazu Schneider, Kostenentscheidung § 30 XIV). **65**

b) Den **Antrag** auf den Kostenausspruch nach § 515 III kann der beim Erstgericht zugelassene Anwalt stellen, wobei es nicht darauf ankommt, ob die Beschwerde beim Beschwerdegericht eingereicht oder vom Erstgericht vorgelegt worden war (Celle NdsRpfl 70, 15). **66**

6) Auch dann, wenn das Erstgericht der Beschwerde vollständig abhilft, ist eine Kostenentscheidung erforderlich, da ein Beschwerdeverfahren eingeleitet worden ist. Die **Entscheidung obliegt dem Erstgericht** (KG DR 40, 2190), vorausgesetzt natürlich, daß es zu einer Kostenerstattung kommen kann. Die Entscheidungszuständigkeit des Erstgerichts ist auch dann gegeben, wenn das Beschwerdegericht nach § 575 zurückverwiesen und dem Untergericht die Kostenentscheidung übertragen hat. **67**

7) Wird die **Kostenentscheidung vergessen,** muß entsprechend § 321 auf Antrag Beschlußergänzung zugelassen werden. Wird die Kostenentscheidung **bewußt verweigert,** ist dagegen Beschwerde gegeben (KG NJW 60, 635; 69, 850; unten § 568 Rn 36); die Ablehnung einer Entscheidung in Kostensachen hat selbst keine Regelung der Beschwerdekosten zum Inhalt. Zu Unrecht folgert das LG Essen (NJW 70, 1688) aus der Möglichkeit eines Ergänzungsverfahrens nach § 321 die Unzulässigkeit einer Beschwerde zur Herbeiführung einer Kostenentscheidung. Bei fehlerhaftem Verhalten des Gerichts ist der Partei grundsätzlich kein möglicher Weg der Rechtsdurchsetzung zu versagen (Prinzip der Meistbegünstigung, Rn 29 vor § 511, das anwendbar ist, Karlsruhe Justiz 77, 457; Hamm MDR 78, 324). Gleichzustellen ist der Fall, daß ein Antrag aus § 127a irrtümlich als (unzulässiger: BGH MDR 79, 652) Antrag auf Erlaß einer einstweiligen Verfügung auf Prozeßkostenvorschuß behandelt wird. Dann ist die durch § 127a II 1 ausgeschlossene Beschwerde ausnahmsweise mit dem Ziel eröffnet, die Vorentscheidung zu beseitigen, um dem Erstrichter Gelegenheit zu geben, erstmals über den bislang unbeachtet gebliebenen Antrag zu entscheiden (Hamm KoRsp ZPO § 127a Nr 3). **68**

8) Wird begründete Beschwerde eingelegt, weil die Kostenentscheidung abgelehnt worden ist, dann kann der Rechtszug uU wegen Wegfalls der Sperren nach §§ 567 II, 568 III bis zum OLG führen. Ist dieses der Auffassung, eine Kostenentscheidung müsse getroffen werden, dann muß ausnahmsweise seine Befugnis zur Selbstentscheidung (§ 575 Rn 11) verneint werden, weil es nie gesetzlicher Richter sein kann (Art 103 I 2 GG). Mit der Kostenentscheidung als Sachentscheidung kann kein OLG befaßt werden. Entweder trifft das AG – notfalls nach Weisung des LG, § 575 – die Kostenentscheidung; dann endet die Instanz beim LG (§ 568 III); oder AG und LG sind übereinstimmend der Meinung, eine Kostenentscheidung sei entbehrlich; dann endet die Instanz nach § 568 II beim LG. Solange das LG diese Rechtsfrage nicht beantwortet, sondern die Erstbeschwerde als unzulässig verworfen hat, darf das OLG auch nicht unmittelbar an das AG mit der Auflage zurückverweisen, eine Kostenentscheidung zu treffen. Darüber hat zuständigkeitshalber nur das LG zu entscheiden; an dieses ist deshalb auch zurückzuverweisen. S zusammenhängend Schneider MDR 78, 525 ff; auch § 575 Rn 17. **69**

9) Ebenso wie im Urteilsverfahren (Schneider, Kostenentscheidung im Zivilurteil § 30 II) läßt sich allerdings auch im Beschwerdeverfahren die **Sperre des § 568 III umgehen,** indem zugleich teilweise Sachbeschwerde eingelegt wird (§ 568 Rn 46). **70**

10) Im Urteils-Rechtsmittelverfahren gibt es (§ 14 I GKG) die Möglichkeit, eine antragslos eingelegte Berufung oder Revision vor Zurücknahme durch **Stellung eines minimalen Sachantrages** kostenmäßig zu beschränken (siehe dazu ausführlich mit Nachw und kritischer Stellungnahme Schneider NJW 78, 786 ff; BGHZ 70, 365, dazu Schneider JurBüro 78, 802; weitere Rspr-Nachw in KoRsp zu § 14 GKG). Das Beschwerdeverfahren ist zwar in § 14 I GKG nicht erwähnt. Da jedoch für Beschwerden grundsätzlich kein Anwaltszwang besteht (§ 569 Rn 13 ff), kann durch einen vor Zurücknahme nachgeschobenen verminderten Antrag der Beschwerdewert ermäßigt werden. Indessen ist das wegen der geringen Gebühren meist weniger bedeutsam und häufig auch sachlich nicht durchführbar, weil die angefochtene Entscheidung sich nicht teilweise anfechten läßt, etwa eine Anordnung an den Gerichtsvollzieher, die Erteilung einer Vollstreckungsklausel usw. Praktische Bedeutung scheint diese Möglichkeit daher nicht zu haben; Rspr dazu liegt nicht vor. **71**

72 **XXIV) Gebühren: 1)** des **Gerichts: a)** Für das Verfahren über Beschwerden nach § 71 II, § 91a II, § 99 II, § 269 III, § 620c S 1, § 620 f S 3, § 641d III sowie über Beschwerden gegen die Zurückweisung eines Antrags auf Anordnung eines Arrestes oder einer einstweiligen Verfügung wird 1 Gebühr erhoben, KV Nr 1180, gleichviel, wie sich das Beschwerdeverfahren erledigt. Dagegen wird in allen anderen, nicht in KV Nrn 1180, 1096, 1097, 1126 und 1136 geregelten Fällen für das gesamte Beschwerdeverfahren die Gebühr nur erhoben, soweit die Beschwerde verworfen oder zurückgewiesen wird, KV Nr 1181. KV Nrn 1180, 1181 sind auch auf Beschwerdeverfahren gegen die Zulassung der Zwangsvollstreckung einschließlich der Erteilung der Vollstreckungsklausel, gegen die Feststellung der Anerkennung einer Entscheidung oder gegen die Ablehnung solcher Anträge gemäß dem AusfG v 29. 7. 1972 zum EuGVÜ v 27. 9. 1968 nicht anwendbar; hier werden die Festgebühren nach KV Nrn 1097 bzw 1098 erhoben. – Wegen der Auslagen bei Verfahren über Beschwerden s KV Nr 1920.

Mehrere Beschwerden gegen dieselbe Entscheidung gelten, wenn sie gleichzeitig entschieden werden, als ein Verfahren; werden mehrere in derselben Sache ergangene Entscheidungen mit Beschwerde angefochten, so ist jedes Beschwerdeverfahren gebührenrechtlich selbständig zu behandeln. Wird gegen die Entscheidung des Beschwerdegerichts von derselben Partei **weitere Beschwerde** eingelegt und wird dieser in vollem Umfang stattgegeben, so kommt für diese Entscheidung keine Gebühr zum Ansatz; überdies fällt die Gebühr des Beschwerdegerichts nachträglich weg. Wird der weiteren Beschwerde teilweise stattgegeben, so wird für dieses Verfahren vor dem Beschwerdegericht und für dasjenige vor dem Gericht der weiteren Beschwerde 1 Gebühr nach dem Wert des Gegenstandes erhoben, der die Zurückweisung betrifft. Hat die weitere Beschwerde der Gegner des Beschwerdeführers der Vorinstanz eingelegt und wird dieser weiteren Beschwerde voll stattgegeben, so ist für das Verfahren der weiteren Beschwerde keine Gebühr zu erheben, wohl aber 1 Gebühr für das Verfahren der Vorinstanz. Hatte die weitere Beschwerde nur teilweise Erfolg, so wird für das Verfahren der 1. Instanz 1 Gebühr nach dem Wert des Beschwerdegegenstandes erhoben (Schuldner: der Beschwerdeführer der Vorinstanz) und für das Verfahren über die weitere Beschwerde 1 Gebühr aus dem Wert des aufrechterhaltenen Teiles der Entscheidung der 1. Instanz (Schuldner: der Beschwerdeführer der 2. Instanz).

b) Scheidungssachen und Folgesachen: Wird eine Beschwerde nach § 629a II eingelegt, kommen die Gebühren KV Nrn 1120 ff, für das Verfahren der event weiteren Beschwerde die Gebühren nach KV Nrn 1130 ff zum Ansatz. Für das Beschwerdeverfahren der vorgezogenen Entscheidung über die elterliche Sorge (§ 627 iVm § 621e) entstehen Gebühren ebenfalls nach KV Nrn 1120 ff. Eine erst im Beschwerdeverfahren nach § 628 II erlassene einstw Anordnung ist genauso wie in erster Instanz gebührenfrei. Für ein Beschwerdeverfahren im Falle der Abtrennung von Folgesachen nach § 628 sind wie bei § 627 Gebühren nach KV Nrn 1120 ff zu erheben. Wird gegen ein Urteil, in dem über eine güterrechtliche Ausgleichsforderung und zugleich über einen Antrag auf Stundung der Ausgleichsforderung oder auf Übertragung von Vermögensgegenständen (§§ 1382 V, 1383 III BGB) erkannt ist, nur wegen der Stundung oder nur wegen der Übertragung Beschwerde (§§ 621a II 2, 629a II, 621e) eingelegt, so richten sich auch hier die Gebühren für das Beschwerdeverfahren nach KV Nrn 1130 ff.

2) des **Anwalts: a)** Gleichviel, ob es sich um eine einfache, sofortige oder weitere Beschwerde handelt, 5/10 der in § 31 BRAGO bestimmten Gebühren, § 61 I Nr 1 BRAGO. Eine Ermäßigung scheidet aus, weil §§ 32, 33 BRAGO nicht gelten (§ 61 III BRAGO). Der Anwalt muß im Beschwerdeverfahren tätig gewesen sein; die bloße Empfangnahme der Beschwerdeentscheidung durch den RA des Beschwerdegegners löst zB die Gebühr nicht aus, weil insoweit nur eine Botentätigkeit vorliegt (München Rpfleger 73, 444; vgl auch LG Göttingen JurBüro 55, 113).

b) Scheidungssachen und Folgesachen: Die Gebühren des § 31 BRAGO erwachsen auch in den Beschwerdeverfahren nach § 621e I, § 629a II sowie in den Verfahren der weiteren Beschwerde nach § 621e II und § 629a II (§ 61a S 1 BRAGO). Sämtliche Gebühren entstehen zu 13/10 (§ 61a S 2 iVm § 11 I 2 BRAGO); im Verfahren über die weitere Beschwerde vor dem BGH erhöht sich die Prozeßgebühr auf 20/10, da sich hier die Parteien durch einen beim BGH zugelassenen RA als Bevollmächtigten vertreten lassen müssen (§ 621e IV ZPO iVm § 11 I 3 BRAGO). In allen in § 61a BRAGO nicht aufgeführten Beschwerdeverfahren, wie zB nach § 620c S 1, nach § 620f S 3, nach § 626 I iVm § 269 III 5 erhält der RA lediglich die auf 5/10 ermäßigten Gebühren des § 61 I Nr 1 BRAGO.

568 *[Beschwerdegericht]*

(1) Über die Beschwerde entscheidet das im Rechtszuge zunächst höhere Gericht.

(2) Gegen die Entscheidung des Beschwerdegerichts ist, soweit nicht in ihr ein neuer selbständiger Beschwerdegrund enthalten ist, eine weitere Beschwerde nicht zulässig.

(3) Entscheidungen der Landgerichte über Prozeßkosten unterliegen nicht der weiteren Beschwerde.

Übersicht

I) Beschwerdegerichte: 1) LG (§ 72 GVG); Kammer für Handelssachen als Beschwerdegericht (§§ 94, 104 GVG); **OLG** (§ 119 Nr 2, 4 GVG) heute vor allem in **Familienrechtssachen;** weitere Zuständigkeit des OLG als Beschwerdegericht nach dem AusfG v 29. 7. 72, BGBl I S 1328, zum EWG-Gerichtsstands- u Vollstreckungsübereinkommen v 27. 9. 68; in **Baulandsachen** entscheidet der Senat für Baulandsachen (Celle NJW 58, 468; Bamberg NJW 66, 60; München NJW 66, 893); in Kartellsachen der Kartellsenat (§ 92 GWB); **BGH** ausnahmsweise: § 133 Nr 2 GVG; ferner Zuständigkeit für Rechtsbeschwerden gegen Beschwerdeentscheidungen der OLG, zB in Landwirtschaftssachen (§ 24 LwG); **BayObLG** nach § 7 VI EGZPO (dazu Keidel NJW 61, 2333). 1

2) Die **Zuständigkeit** zur Entscheidung über die Beschwerde gegen eine **Zwischenentscheidung** des AG (Einstellung der Zwangsvollstreckung) geht vom LG auf das OLG über, wenn der Prozeß vom AG zuständigkeitshalber an das LG verwiesen wird (Köln OLGZ 67, 187; Nürnberg OLGZ 69, 56). In diesem Fall ist auch ein Verfahren vor dem Urkundsbeamten des verweisenden Gerichts nicht von der Verweisungswirkung ausgenommen (KG NJW 69, 1816). 2

3) Über Entscheidungen des **Erstgerichts im Abhilfeverfahren** s § 571. Über die Einwendungen gegen eine Entscheidung des **beauftragten** oder des **ersuchten Richters** oder Urkundsbeamten entscheidet zunächst das Prozeßgericht vgl § 576 I (s aber auch § 577 IV). **Rechtspflegererinnerungen** gehen zunächst an den Richter der Instanz, können aber, wenn dieser nicht abhilft, als Beschwerde an das Beschwerdegericht gehen (§§ 11 I, II; 21 II RPflG). 3

4) Die **Bestimmung des zuständigen Gerichts** richtet sich nach § 36. 4

II) Abs 2 (unanwendbar in fG-Sachen, BGHZ 91, 392). **Weitere Beschwerde** gibt es immer nur, wenn im ersten Rechtszug ein AG entschieden hat, weil die Beschwerdeinstanz nicht über das OLG hinausreicht (§ 567 III). Das ist zB nicht der Fall, wenn der Amtsrichter ein gegen ihn gerichtetes Ablehnungsgesuch mangels Rechtsschutzbedürfnisses als unzulässig zurückweist und sodann das Landgericht entscheidet (Köln OLGZ 79, 470 = MDR 59, 850; KG FamRZ 85, 729; 86, 1024; Vollkommer oben § 45 Rn 6; aA Koblenz MDR 85, 850 = Rpfleger 85, 368 m abl Anm; KG MDR 83, 60) oder wenn die säumige Partei sich gegen die erfolgreiche Beschwerde des Gegners aus § 336 I 1 mit einer weiteren Beschwerde wehren will (KG MDR 83, 412) oder wenn der Beschwerdeführer geltend macht, das LG habe entschieden, obwohl überhaupt keine Beschwerde eingelegt worden sei (KG Rpfleger 82, 304). Die weitere Beschwerde muß jedoch nicht eine abermalige des ersten Beschwerdeführers sein; es kann sich auch um eine **Beschwerde des Gegners** handeln, den die Entscheidung über die erste Beschwerde ungünstiger gestellt hat. 5

1) Immer muß ein **neuer selbständiger Beschwerdegrund** gegeben sein (nicht im Verfahren der fG, da § 568 II dort unanwendbar ist: Karlsruhe Justiz 80, 22). Der neue Beschwerdegrund ist nicht gleich Gesetzesverletzung (Schneider MDR 79, 883 zu V). Er muß nur im Zeitpunkt der Einlegung der weiteren Beschwerde gegeben sein; sein späterer Wegfall ist unbeachtlich (Schneider MDR 78, 530; zust Kunz Erinnerung und Beschwerde, 1980, S 258). 6

a) Neu ist er dann, wenn er in der Entscheidung des AG noch nicht enthalten war. Diese Frage ist für jede Partei selbständig zu beantworten. Daher ist dem Gegner des beim LG erfolgreichen Beschwerdeführers wegen der ihn beschwerenden abändernden Entscheidung immer die dritte Instanz eröffnet. 7

b) Er **fehlt immer,** wenn das Beschwerdegericht unter Würdigung des ihm unterbreiteten Tatsachenstoffs eine Entscheidung getroffen hat, die mit derjenigen der ersten Instanz inhaltlich **übereinstimmt,** wenn also über den Streitgegenstand im Ergebnis gleich entschieden worden ist (Übersicht über die möglichen Prozeßlagen bei Schneider MDR 79, 882 zu III). Ob es sich dabei 8 um eine Entscheidung zur Zulässigkeit oder zur Begründetheit handelt, ist gleichgültig. Auch das Übersehen materiellrechtlicher Anspruchsgrundlagen ist unerheblich (sofern dies nicht auf einem wesentlichen Verfahrensmangel beruht; s unten Rn 16). An einer Divergenz fehlt es auch dann, wenn das Landgericht auf die Erstbeschwerde die Entscheidung des Amtsgerichts teilweise zugunsten des Beschwerdeführers ändert und sich wegen des Restes der Auffassung des Amtsgerichts anschließt (Koblenz MDR 78, 412).

9 **Aufhebung und Zurückverweisung** stellt für den vorinstanzlich Obsiegenden einen neuen selbständigen Beschwerdegrund dar (Schneider JurBüro 80, 481). Beim Beschwerdeführer, der Aufhebung und Zurückverweisung erreicht hat, hängt es von der Prozeßlage ab: **aa) Ja,** wenn trotz Entscheidungsreife aufgehoben und zurückverwiesen worden ist (Schneider MDR 80, 726). **bb) Nein,** wenn bei fehlender Entscheidungsreife lediglich die Ermessensausübung gerügt wird, ohne daß zugleich die Voraussetzungen einer fehlerhaften Ermessensausübung dargelegt werden (Schneider JurBüro 80, 482).

10 **c)** Ob die **Begründungen** der Vorentscheidungen sich decken, ist unerheblich (Köln MDR 72, 957). Erst recht kommt es nicht darauf an, ob die übereinstimmenden Entscheidungen sachlich zutreffend sind oder nicht; denn gerade diese Prüfung soll nach dem Gesetzeszweck dann ausgeschlossen sein, wenn bereits zwei Gerichte hintereinander rechtlich gleich beurteilt haben. Daher ist der immer wieder unternommene Versuch von vornherein untauglich, aus behaupteter falscher sachlich-rechtlicher Beurteilung einen Verfahrensmangel (Rn 16) herzuleiten. Die Bereiche materiellen und prozessualen Rechts müssen getrennt beurteilt werden. Aus **unrichtiger Anwendung materiellen Rechts** folgt kein fehlerhaftes Verfahren, aus fehlerhaftem Verfahren folgt keine unrichtige Anwendung sachlichen Rechts. Bei duae conformes führt deshalb kein Weg aus dem einem Bereich in den anderen. Hier liegt der eigentliche Grund, warum es unerheblich ist, ob die Entscheidungen unterschiedlich begründet worden sind; es geht eben nur um das tenorierte Beurteilungs**ergebnis.** Die Rüge eines Begründungsmangels (dazu Schneider MDR 79, 833 zu V u unten Rn 21) hat daher nur Sinn, wenn vorgetragen wird, dazu sei es wegen eines Verfahrensmangels gekommen, der dann natürlich selbständig zu beurteilen ist, zB weil das Auswechseln der Begründung eine Überraschungsentscheidung u damit eine Gehörsverletzung darstellt (Köln OLGZ 84, 296). **Alternative Begründungen** (entweder unzulässig oder unbegründet) führen zur Übereinstimmung, weil in diesem Fall die Sachfrage verbindlich beantwortet worden ist, mag dabei auch gegen den prozessualen Vorrang der Zulässigkeitsfrage verstoßen worden sein. **Materiell-rechtliche Hilfsbegründungen** (sowohl unzulässig als auch unbegründet) sind unbeachtlich und gelten als nicht geschrieben (Schneider MDR 79, 882 zu IV). Dazu rechnet auch das bewußte Offenlassen der Zulässigkeitsfrage aus arbeitsökonomischen Gründen (§ 574 Rn 6).

11 **d)** Bei der **Durchgriffserinnerung** ist hinsichtlich der Divergenz auf die **richterlichen** Entscheidungen abzustellen. Soweit der Amtsrichter nicht abhilft, schließt er sich der Rechtspfleger-Entscheidung an, so daß dessen Bestätigung durch das LG als Beschwerdegericht die weitere Beschwerde grundsätzlich wegen sog **duae conformes** ausschließt (Karlsruhe Justiz 76, 471; München Rpfleger 72, 449; Hamm Rpfleger 71, 104). Hilft der Amtsrichter dagegen der Erinnerung ab, dann muß seine Entscheidung **mit derjenigen des LG** als Beschwerdegericht verglichen werden; der Beschluß des Rpflegers hat für den neuen selbständigen Beschwerdegrund keine Bedeutung mehr (Saarbrücken OLGZ 66, 182; Celle NJW 68, 896; OLGZ 72, 479; Karlsruhe Justiz 76, 471; KG Rpfleger 74, 406).

12 **2)** Aus dem Vorstehenden folgt im einzelnen: **a) Weist das LG** in Übereinstimmung mit dem AG eine Beschwerde als unbegründet zurück, dann endet damit der Rechtszug. Ob als unbegründet zurückgewiesen worden ist, ergibt ein Vergleich der Beschlußformeln, wobei es im Zweifel auf sinngemäße Übereinstimmung ankommt (Stuttgart Rpfleger 61, 21). Hat das AG als unzulässig, das LG als unbegründet beurteilt oder umgekehrt, dann ist damit ein neuer selbständiger Beschwerdegrund gesetzt. Jedoch ist auch hier **nicht die verbale Formulierung maßgebend.** Wird etwa eine Beschwerde mangels Beschwer „als unbegründet" zurückgewiesen, dann handelt es sich sachlich um eine die weitere Beschwerde eröffnende Verwerfung (BGH NJW 82, 448; Hamm Rpfleger 56, 197). Ebenso liegt es im umgekehrten Fall, wenn also das LG eine sachlich begründete Zurückweisung als Verwerfung behandelt (Hamm KTS 78, 46). Die Frage, ob das Gericht die Beschwerde als unzulässig verworfen hat, beurteilt sich also nicht allein nach der Beschlußformel, sondern **nach dem sachlichen Gehalt** der Entscheidung (Hamm Rpfleger 78, 422 m Anm Kirberger). Der Grundsatz der Meistbegünstigung (Rn 29 vor § 511; § 577 Rn 3) steht nicht entgegen, da er nur die falsche Entscheidungsform korrigiert, nicht den durch Auslegung zu ermittelnden Entscheidungsinhalt. Verleitet eine irreführende Tenorierung jedoch zur Einlegung eines unzulässigen Rechtsmittels, ist § 8 GKG anzuwenden. Die Beschlußgründe dür-

fen durch Bezugnahme auf die Gründe eines anderen Beschlusses ergänzt werden, der zwischen den Parteien ergangen ist (Köln OLGZ 80, 1). Zu alternativen und eventuellen Begründungen s Rn 10.

b) Bei fehlerhafter Verwerfung liegt der neue selbständige Beschwerdegrund darin, daß das LG ein **sachliches Eingehen auf den Verfahrensgegenstand abgelehnt** hat. Hat es umgekehrt die Sache behandelt, aber fehlerhaft als unzulässig verworfen, dann mangelt es am neuen selbständigen Beschwerdegrund, weil zwei übereinstimmende Sachprüfungen vorliegen. Die falsche Formulierung des Beschlußtenors ändert daran nichts (KG MDR 69, 316; Hamm KTS 78, 46; Mes Rpfleger 69, 139). Nur wenn das **LG erstmals auf die Sache eingeht,** das AG dies also abgelehnt hatte, ist ein neuer selbständiger Beschwerdegrund gegeben, weil sog **duae difformes** vorliegen. Keine weitere Beschwerde, wenn das Beschwerdegericht eine den Antrag als unzulässig verwerfende Entscheidung des AG bestätigt; die Übereinstimmung, die den Rechtszug beendet, kann sich auf die prozessuale Beurteilung beschränken. **13**

c) Entscheidet das Beschwerdegericht unter **Offenlassen der Zulässigkeitsfrage** in der Sache selbst (s dazu § 574 Rn 6), dann handelt es sich um eine alternative Begründung (entweder zulässig – oder unbegründet). Ein eindeutiger Übereinstimmungsvergleich ist nicht möglich, so daß ein neuer selbständiger Beschwerdegrund zu bejahen ist (Schneider MDR 83, 104). **14**

3) Die neue selbständige Beschwer kann auch einen **Teil des Streitgegenstandes** betreffen, etwa wenn ein Antrag des Schuldners auf Pfandfreigabe mehrerer Gegenstände erstinstanzlich als unbegründet, zweitinstanzlich teilweise als unbegründet, teilweise als unzulässig beschieden wird. Wird jedoch einem vom AG abgewiesenen Antrag vom Beschwerdegericht teilweise stattgegeben, dann gibt es dagegen keine weitere Beschwerde; zwar wird der Antrag des Schuldners zweitinstanzlich günstiger beschieden als erstinstanzlich, er wird aber dadurch nicht beschwert, sondern verbessert (s Celle JurBüro 59, 419; Koblenz MDR 78, 412). Hat das LG über Schutzanträge nach § 30b ZVG u § 765a ZPO entschieden, dann ist bei duae difformes wegen § 30b III 2 ZVG nur die Entscheidung zu § 765a drittinstanzlich überprüfbar (aA Nürnberg WPM 85, 954: auch die zu § 30b ZVG). **15**

4) Auch die **Nichtbeachtung wesentlicher Verfahrensvorschriften** rechtfertigt grundsätzlich keine Anfechtung an sich unanfechtbarer Entscheidungen (BGH VersR 75, 343). In der Praxis treten jedoch immer wieder Fälle auf, die Anlaß geben, diesen Grundsatz zu durchbrechen. Ähnlich wie die Judikatur gegen an sich unanfechtbare Entscheidungen die Erstbeschwerde wegen „greifbarer Gesetzeswidrigkeit" eröffnet hat (§ 567 Rn 41), ist sie bei der weiteren Beschwerde vorgegangen. **Durch Bildung von Richterrecht hat sie die zweite Beschwerdeinstanz auch dann eröffnet, wenn dem Landgericht erstmals ein wesentlicher Verfahrensverstoß unterlaufen ist und die Sachentscheidung bei korrektem Vorgehen möglicherweise anders ausgefallen wäre.** Dieses prozessuale Gewohnheitsrecht (Hamm ZIP 80, 258) ist vom BVerfG (BVerfGE 49, 255, 256), für die Fachgerichte bindend (§ 31 I BVerfGG), bestätigt worden. Zur Zulässigkeit genügt, daß ein wesentlicher Verfahrensmangel **dargelegt** ist oder sich **aus den Akten ergibt**, seine Feststellung gehört zur Begründetheit (s KG JurBüro 86, 1742; es verhält sich wie bei §§ 707, 719, 769, s Schneider MDR 85, 547, 550, und der sog „greifbaren Gesetzwidrigkeit", § 567 Rn 41). **16**

Beachtlich sind jedoch nur **wesentliche** Verfahrensmängel (Karlsruhe ZIP 82, 193 m Anm Schneider; näher Schneider MDR 79, 881). Sie brauchen nicht gerügt zu werden; Rüge aber dringend anzuraten, damit bei der amtswegigen Prüfung nichts übersehen wird (Schneider MDR 79, 881 zu II). Ein Verfahrensmangel folgt nie aus vom Beschwerdeführer angenommener falscher Sachentscheidung (s unten Rn 21 u oben Rn 8). Die Feststellung, daß ein Verfahrensmangel wesentlich (oder „erheblich") sei, ist deshalb so wichtig, weil jeder Verfahrensmangel, der vom Gericht der weiteren Beschwerde berücksichtigt wird, die **gesamte Instanz eröffnet** und zur umfassenden rechtlichen und tatsächlichen Nachprüfung führt (BayObLG Rpfleger 79, 67). Die Beschwerdeinstanz ist also nicht auf die vom Verfahrensmangel betroffenen Teile des Vorbringens oder Begehrens beschränkt. Voraussetzung ist aber auch hier, daß eine Beschwer gegeben ist. Sie fehlt, soweit selbständige Entscheidungsteile nicht auf dem Verfahrensmangel beruhen können (Köln ZIP 86, 384). **Unerheblichkeit** ist zB anzunehmen, wenn der Verfahrensmangel einen bedeutungslosen Nebenpunkt (Zinslauf, Kostenanteil usw) betrifft (arg § 92 II ZPO; s auch BVerfGG § 93a IV 2; § 554b ZPO). Ebenso liegt es beispielsweise, wenn die Mitteilungspflicht nach § 11 II 4 RPflG versäumt worden ist. Daraus, daß verfahrensrechtliche Sollvorschriften vor Gericht wie Mußvorschriften zu beachten sind (BayObLG Rpfleger 81, 75), folgt für das Erfordernis der Wesentlichkeit des Verstoßes nichts. **17**

a) Der **Verfahrensmangel** kann **offensichtlich** sein: Das Beschwerdegericht übersieht eine Gesetzesänderung (Celle NJW 53, 588) oder daß eine Rechtsnorm vom BVerfG für nichtig erklärt worden ist (BVerfGE 65, 297); in der zweiten (nicht in der ersten!) Instanz übt ein Referendar **18**

gesetzeswidrig richterliche Geschäfte aus (Hamm JMBlNRW 64, 31); das Beschwerdegericht entscheidet prozeßordnungswidrig an Stelle des AG über eine Erinnerung aus § 766 ZPO (Hamm MDR 74, 239; s auch Köln Rpfleger 72, 65; Koblenz Rpfleger 72, 220; KG Rpfleger 73, 32); das Beschwerdegericht entscheidet vor Ablauf einer von ihm **selbst gesetzten Frist** und verletzt damit Art 103 I GG (BVerfGE 46, 314; 42, 247; 49, 215; 61, 42); es wird eine **Überraschungsentscheidung** gefällt (Köln Rpfleger 75, 441; ZIP 80, 386; MDR 83, 325), die aber nicht aus abweichender oder knapper Begründung hergeleitet werden kann (Köln Rpfleger 72, 377; JurBüro 75, 1110; Hamburg ZSW 82, 262), wohl aber aus einem unvorhersehbaren Auswechseln der Gründe (Köln OLGZ 84, 296). Von einer Überraschungsentscheidung wird man heute immer dann auszugehen haben, wenn die **Hinweispflicht aus § 278 III verletzt** worden ist (Köln ZIP 81, 434; s dazu Schneider MDR 77, 881 ff, 969 ff).

19 **b) Weitere Fälle aus der Rechtsprechung:** Entscheidung eines unzuständigen Beschwerdegerichts (RGZ 42, 355); nicht geheilte (Karlsruhe ZIP 82, 193) **Verletzung rechtlichen Gehörs** (s dazu § 573 Rn 6–10), zB Verwertung eines den Parteien nicht bekanntgegebenen Rechtspflegervermerks als Entscheidungsgrundlage (Köln ZIP 83, 870) oder Unterlassen des Übersendens einer zur Beschwerdebegründung erbetenen Abschrift des Versteigerungsprotokolls (Celle Rpfleger 82, 388), wobei es nie auf Verschulden ankommt (BVerfGE 11, 220; 34, 347; 50, 385). Auch **fehlende Begründung** (§ 329 Rn 24) kann ein Verfahrensmangel sein (Celle MDR 86, 154; § 573 Rn 12) oder einen Verstoß gegen Art 103 I GG indizieren (BVerfG MDR 86, 379; s auch Schneider MDR 81, 462). Verletzung des Grundsatzes, der Gefahr divergierender Entscheidungen vorzubeugen (Köln ZIP 81, 433); Verstoß gegen die Pflicht zur amtswegigen Sachverhaltsaufklärung (Frankfurt ZIP 80, 175); Nichtberücksichtigung von Schriftsätzen vor Existentwerden des Beschlusses (BayObLG Rpfleger 81, 144), sofern dies gegen das Willkürverbot verstößt (Köln ZIP 81, 92; s a BGHZ 12, 252 zu 2); Erinnerungsvorlage an das Beschwerdegericht, obwohl die Rechtspflegerentscheidung offensichtlich fehlerhaft war (Frankfurt JurBüro 80, 620); **Übergehen von Sachvortrag,** dessen Berücksichtigung zu einer anderen Entscheidung geführt hätte (Hamburg MDR 64, 423; München Rpfleger 72, 479; Koblenz MDR 79, 765), auch bei Verspätung, weil §§ 296, 296 a, 527 f unanwendbar sind (München MDR 81, 1025; aber § 283 S 2 analog anzuwenden: Köln ZIP 81, 92); nicht vorgetragener Sachverhalt als Entscheidungsgrundlage (Hamburg MDR 64, 423); **Mißverstehen** des Parteivorbringens (Hamm JMBlNRW 58, 7; Köln ZIP 80, 386). Verwertung eines nicht protokollierten Augenscheins (Hamm JMBlNRW 55, 222); Verletzung einer Amtsermittlungspflicht (Hamm MDR 72, 521); Verstoß gegen die **Bindung an Anträge** (Hamm JMBlNRW 63, 32; Köln NJW 80, 1531), auch an Hilfsanträge (jedoch nicht, wenn es sich dabei nur um falsch bezeichnete unerhebliche Beweisanträge handelt, Köln DGVZ 83, 55); verfahrenswidrige **Verschlechterung** (s dazu KG JW 38, 1841), zB Bestätigung der mit Sachgründen gestützten amtsgerichtlichen Zurückweisung eines Antrages wegen Fehlens des Rechtsschutzbedürfnisses (KG OLGZ 80, 333). Übergehen eines erst im Beschwerdeverfahren gestellten **Schutzantrages nach § 765 a** (Hamm NJW 65, 1339; dazu auch Nürnberg Rpfleger 66, 149; Karlsruhe Justiz 76, 471; zu Besonderheiten nach ZVG s Schneider MDR 80, 617); Unterlassen einer gebotenen Kostenentscheidung (KG NJW 60, 635; NJW 69, 850; s dazu aber auch LG Essen NJW 70, 1688). Zurückweisung einer Erinnerung durch den Richter unter **Verletzung der Vorlagepflicht** (Frankfurt VersR 78, 261).

20 c) Der **Verfahrensfehler muß neu sein,** darf also nicht bereits dem AG unterlaufen sein. Der Begriff der „Neuheit" (s dazu Schneider MDR 79, 883 zu VI) bei Verfahrensverstößen ist bislang auf solche Mängel beschränkt worden, die nur dem Landgericht unterlaufen sind; ein Verfahrensfehler des AG, der vom LG nicht beachtet worden ist, eröffnete danach nicht die weitere Beschwerde (Hamm JMBlNRW 64, 31; Hamburg MDR 64, 423; KG OLGZ 68, 428; Frankfurt ZIP 80, 175). Das ist aus der Überlegung hergeleitet worden, es gehe nicht an, bei materiellrechtlicher Übereinstimmung die weitere Beschwerde zu versagen, sie aber bei prozessualer Übereinstimmung zu gewähren. Diese Auffassung bedarf jedoch der Differenzierung. Richtig ist, daß es an einem neuen Verfahrensfehler mangelt, wenn AG und LG eine verfahrensrechtliche Frage überprüft und übereinstimmend (falsch) beantwortet haben, wenn sie zB beide irrigerweise eine Prozeßvoraussetzung bejaht (KG NJW 68, 2245) oder übereinstimmend ein Schriftstück irrig als Vollmacht angesehen haben. Anders liegt es dann, wenn in beiden Vorinstanzen prozessuale Aufklärungs- und Hinweispflichten schlicht **unbeachtet geblieben** sind. Das ist von Köln (NJW 79, 1834) zunächst für Verstöße gegen das Gebot, rechtliches Gehör zu gewähren (Art 103 I GG), angenommen worden mit der Begründung, daß nach der ratio des § 568 II keine dritte Nachprüfung eines Rechtsfalles stattfinden soll, wenn bereits zwei Instanzen geprüft haben, daß es an dieser Voraussetzung aber gerade dann fehlt, wenn in beiden Vorinstanzen **prozessuale Pflichten lediglich versäumt** worden seien. Wiederholte Gehörsfehler sind stets neu, weil jeder Instanz eine eigene, selbständige Verpflichtung zur Beachtung des Art 103 I GG obliegt (zust Kunz, Erin-

nerung und Beschwerde, 1980, S 268). In einer weiteren Entscheidung (ZIP 81, 434 = MDR 81, 591 = Rpfleger 81, 311) hat Köln diese für Verfassungsverstöße getroffene Differenzierung auf alle Verfahrensverstöße übertragen mit der Folge, daß wegen duae conformes die weitere Beschwerde nur ausgeschlossen ist, wenn die Vorinstanzen auf Grund einer rechtlichen oder tatsächlichen Überprüfung, also auf Grund eines **Tätigwerdens** in verfahrensrechtlicher Hinsicht übereinstimmen, nicht wenn die Übereinstimmung auf wiederholter verfahrensrechtlicher **Untätigkeit** beruht. Damit wird der unbillige Zustand überwunden, daß bei einem zweitinstanzlichen wesentlichen Verfahrensmangel die weitere Beschwerde eröffnet ist, nicht aber dann, wenn die Verfahrensrechte einer Partei besonders nachdrücklich, nämlich auch schon in erster Instanz, verletzt worden sind. Diese verfassungskonforme Auslegung des § 568 II hat außer ihrer Sachgerechtigkeit den Vorteil, daß die vom BVerfG befürwortete Selbstkontrolle der Fachgerichte (s dazu Schneider MDR 79, 623 zu III) verstärkt und dadurch der Umweg über die Verfassungsbeschwerde vermieden wird (zust Hamm MDR 84, 947 = WPM 84, 1378 = OLGZ 84, 463; B/H/Albers § 568 Anm 2 Bc; Th/P § 568 Anm 3a; wohl auch Celle MDR 86, 154, das mit Recht einen Verfahrensmangel bejaht, wenn in zwei Instanzen über die umfangreichen Ausführungen des Beschwerdeführers wortlos hinweggegangen wird).

d) Im **Einzelfall** kann es **zweifelhaft** werden, ob ein wesentlicher Verfahrensmangel vorliegt 21
oder nicht. Da davon die Beschwerdemöglichkeit abhängt, wird nicht selten versucht, einen „wesentlichen Verfahrensmangel" zu **konstruieren,** wobei dann meist unter der Hand materiellrechtliche Erwägungen vorgetragen werden, was gänzlich aussichtslos ist, weil eine sachlich unrichtige Anwendung des Gesetzes keinen neuen selbständigen Beschwerdegrund darstellt (Frankfurt JurBüro 80, 1896; München MDR 83, 413; Rn 10). Insbesondere werden solche Rügen erfahrungsgemäß darauf gestützt, Art 103 I GG (Anspruch auf rechtliches Gehör) sei verletzt (s Schneider MDR 86, 642). Ist wesentlicher Parteivortrag nicht berücksichtigt oder mißverstanden worden, dann reicht das hin (BVerfGE 49, 255; Rn 19). Jedoch wird immer wieder übersehen, daß dieser Sachverhalt eben nicht schon dann gegeben ist, wenn die Beschlußgründe sich mit schriftlichem Parteivorbringen nicht im einzelnen auseinandersetzen. **Die Rüge, Schriftsätze seien nicht oder nicht ausführlich genug gewürdigt** und deshalb sachlich falsch entschieden worden, muß **erfolglos** bleiben (Koblenz VersR 78, 551; Köln Rpfleger 72, 419). Das LG darf Vorbringen sogar ganz unberücksichtigt lassen, wenn es nach seiner Rechtsauffassung nicht entscheidungserheblich ist (Düsseldorf JMBlNRW 70, 220). Erst recht braucht es sich nicht im einzelnen mit der tatsächlichen oder rechtlichen Wertung auseinanderzusetzen, die der Beschwerdeführer für zutreffend hält (Hamm JurBüro 70, 696; Koblenz VersR 78, 757); auch daraus, daß dieser drittinstanzlich neues Vorbringen nachschiebt, folgt nicht, dies beruhe auf Verletzung einer Hinweispflicht des LG. Der wesentliche Verfahrensmangel kann daher grundsätzlich nicht auf die Sachbegründung der Vorentscheidung gestützt werden, zumal AG und LG ihre in der Sache übereinstimmende Entscheidung sogar gänzlich verschieden begründen können, ohne eine zusätzliche Beschwer zu schaffen (Köln Rpfleger 72, 377; s Rn 8–10). Auch hier muß jedoch die Rspr des BVerfG beachtet werden, wonach die wesentlichen Tatsachenbehauptungen in Gründen verarbeitet werden müssen, anderenfalls anzunehmen sei, daß das entsprechende Vorbringen bei der Urteilsfindung nicht in Erwägung gezogen worden sei (BVerfGE 47, 189, 190; s näher Schneider MDR 81, 462 sowie § 573 Rn 17). Vollständiges Übergehen wesentlicher Parteiausführungen kann deshalb einen erheblichen Verfahrensmangel indizieren (Koblenz MDR 79, 765; Köln ZIP 81, 781), desgleichen die bloße Wiedergabe des Gesetzeswortlauts (Schleswig SchlHA 80, 79) oder eine bloße Bezugnahme auf die amtsgerichtliche Entscheidung ohne jedes Eingehen auf das Beschwerdevorbringen (Verletzung des Art 103 I GG; BVerfGE 47, 190).

e) Läßt sich im Einzelfall ein Verstoß gegen Art 103 I GG und damit ein wesentlicher Verfah- 22
rensmangel feststellen, dann muß beachtet werden, daß dieser **Mangel** im Verfahren der weiteren Beschwerde, die eine Tatsacheninstanz einleitet, **behoben werden kann** (BVerfGE 5, 24; Hamm JMBlNRW 78, 55). Ein Beschwerdeführer, der Aufhebung und Zurückverweisung (§ 575) erreichen will, sollte deshalb in der Beschwerdebegründung entsprechende Darlegungen dazu bringen, warum ihm an einer Entscheidung des LG liegt.

f) Der wesentliche Verfahrensmangel als neuer Beschwerdegrund muß schließlich **entschei-** 23
dungskausal sein; die angefochtene Entscheidung muß darauf „beruhen" (zu diesem Begriff s § 550 Rn 6). Es genügt allerdings die **Möglichkeit,** daß das prozeßordnungswidrige Verfahren die angefochtene Entscheidung beeinflußt hat. Kann die Beschwerdeentscheidung jedoch nicht auf dem Verfahrensmangel beruhen, dann ist die weitere Beschwerde nicht zulässig und zu verwerfen (Köln ZIP 86, 384 = EWiR § 73 KO 1/86, 397 m Anm Schneider). Es ist dem OLG verwehrt, den Sachverhalt materiellrechtlich umfassend zu würdigen (München MDR 83, 413; Frankfurt Rpfleger 80, 196; Hamm MDR 79, 236; KG ZZP 90 [1977], 417; Köln NJW 76, 1546). So liegt es beispielsweise, wenn wegen Verletzung des Art 103 I GG unbekannt gebliebenes schriftsätzliches

Vorbringen des Gegners die Entscheidung nicht oder für die andere Partei nicht nachteilig beeinflußt hat oder wenn der Mangel lediglich hilfsweises Vorbringen betrifft (BVerfGE 17, 96; s aber Rn 10) oder sich nur auf einen unbedeutenden Nebenpunkt ausgewirkt hat (oben Rn 17) oder gar nur eine nach § 319 berichtigungsfähige offenbare Unrichtigkeit vorliegt. Umgekehrt wird das Beruhen nicht dadurch wieder ausgeräumt, daß die vom Mangel betroffene Entscheidung vom Beschwerdegericht auf Grund neuer Darlegungen oder Beweismittel (§ 570) im Ergebnis gehalten wird; in diesem Fall ist vielmehr die Beschwerde zulässig, aber unbegründet. **Es empfiehlt sich daher für den Beschwerdeführer, in der Begründung darzulegen, daß ohne den von ihm gerügten Verfahrensmangel eine andere Beschwerdeentscheidung ergangen wäre.** Dies genügt zur Zulässigkeit; die Beweisführung gehört in den Abschnitt der Begründetheit der Beschwerde.

24 **5)** Für die weitere Beschwerde müssen im übrigen die **gleichen Voraussetzungen** gegeben sein **wie für die erste Beschwerde** (RGZ 57, 319). Das gilt insbesondere für das Erfordernis einer **Beschwer** durch die Entscheidung über die erste Beschwerde. Wer am vorangegangenen Beschwerdeverfahren nicht beteiligt war, kann nicht gegen die Beschwerdeentscheidung weitere Beschwerde einlegen, selbst wenn er gegen die ihm nachteilige Ausgangsentscheidung Beschwerde hätte führen können (Hamm NJW 68, 1147). Der Beschwerdeführer muß also an beiden Vorentscheidungen beteiligt gewesen sein, wenn auch nicht notwendig in derselben Parteirolle (Rn 7 und § 567 Rn 14), so daß ein Schuldner nicht weitere Beschwerde einlegen kann, wenn vorinstanzlich lediglich die Gläubigerin als Antragstellerin und Beschwerdeführerin am Verfahren beteiligt gewesen ist (Köln JMBlNRW 65, 19).

25 **6)** Ob die weitere Beschwerde eine **einfache oder sofortige** (Terminologie: §§ 26 I 1, 29 II FGG) ist, hängt von der Einordnung der Beschwerdeentscheidung ab. Es kann daher ausnahmsweise gegen eine auf einfache Beschwerde hin ergangene Entscheidung des LG die sofortige weitere gegeben sein und umgekehrt (zB bei Aussetzung § 252).

26 **7)** Die weitere Beschwerde nach der ZPO ist keine Rechtsbeschwerde; **neue Tatsachen und Beweise** sind daher gemäß § 570 ebenso zu berücksichtigen wie im ersten Beschwerderechtszug (BayObLG Rpfleger 79, 67). Das hat zur Folge, daß das Beschwerdegericht sich auch bei **Ermessensentscheidungen** nicht auf eine Ermessensprüfung beschränken darf, sondern eigenes Ermessen ausüben muß (ganz hM; s Wenzel Anm EzA ArbGG 1979 § 12 Nr 6) und zwar entgegen Behrens (Die Nachprüfbarkeit zivilrechtlicher Ermessensentscheidungen, 1979) unbeschränkt, nicht etwa nur im Rahmen des § 114 VwGO. Es besteht **keine Tatbestandsbindung** wie im Verfahren der Rechtsbeschwerde (§§ 561 S 1; 27 S 2 FGG, 78 S 2 GBO usw); § 314 ist nicht auf das Beschwerdeverfahren anzuwenden (Köln MDR 76, 848). Zur beschränkten Ermessensausübung bei Einstellungsbeschwerden s § 707 Rn 22, § 719 Rn 10, § 769 Rn 13.

27 **8) Handelt jemand namens des Beschwerdeführers** oder des Beschwerdegegners, dann ist dies prozessual nur beachtlich, wenn er sich durch eine **Vollmacht** ausweist (Köln Rpfleger 76, 102). Bei Rechtsanwälten ist ein Mangel der Vollmacht nicht von Amts wegen zu prüfen (§ 88 II). Fällt der Mangel der Vollmacht erst dem Gericht der weiteren Beschwerde auf, dann kann die Vollmacht nachgereicht, damit aber zugleich ein die weitere Beschwerde eröffnender wesentlicher Verfahrensmangel beseitigt werden. Köln (KTS 76, 303) hat deshalb von einem Hinweis abgesehen, um ein faires Verfahren zu gewährleisten (vgl dazu aber Schneider, MDR 78, 530). Bleibt es beim Vollmachtsmangel, so ist die Beschwerde unzulässig; war das vorinstanzlich verkannt worden, hat das Beschwerdegericht die Sachentscheidung in Prozeßabweisung abzuändern (Köln MDR 82, 239).

28 **9)** In den **neuen Kostengesetzen** ist teilweise eine resivionsartig ausgestaltete weitere Beschwerde vorgesehen, die der Zulassung bedarf und nur auf Gesetzesverletzungen iS der §§ 550, 551 gestützt werden kann (s §§ 14 III KostO, 10 III BRAGO). Rechtsbeschwerden gibt es weiter zB nach § 100 PatG und § 24 LwVG.

29 **10)** In anderen Fällen ist die **weitere Beschwerde gesetzlich ausgeschlossen.** Erfahrungsgemäß scheitern nicht wenige Rechtsmittel daran, daß dies übersehen wird.

30 **a)** Aus der **ZPO** sind zu nennen: § 127 II 3 (Verweigerung oder Aufhebung der Bewilligung von Prozeßkostenhilfe), § 642 a (Festsetzung des Regelunterhalts), § 721 VI Nr 2 (Räumungsfrist für Wohnraum) und vor allem § 568 III (s dazu unten Rn 34 ff). **Außerhalb der ZPO** ist die weitere Beschwerde ausgeschlossen beispielsweise bei Bestätigung oder Verwerfung eines Zwangsvergleichs (§ 189 III KO) und allgemein im Vergleichsverfahren bei Entscheidungen, deren Rechtsgrundlage die VerglO ist (§ 121 III). Besonders wichtig sind die häufig übersehenen Bestimmungen des **ZVG: §§ 30 b III 2, 74 a V 3.** Gegen Beschwerdeentscheidungen in Verfahren auf einstweilige Einstellung nach § 30 a ZVG und auf Festsetzung des Verkehrswertes eines Grundstückes nach § 74 a V 1 ZVG ist keine weitere Anfechtungsmöglichkeit gegeben, auch nicht in Verbin-

dung mit einer zulässigen Beschwerde nach § 765a (Rn 15 aE). Rechtsmittel sind also völlig aussichtslos, selbst wenn das LG einen neuen selbständigen Beschwerdegrund gesetzt hat; das OLG darf die Wertfestsetzung nicht überprüfen, mag es sie auch für unrichtig halten. Folgendes ist jedoch zu beachten:

b) Der Ausschluß der weiteren Beschwerde ist **nicht für Vollstreckungsschutzanträge nach § 765a ZPO** vorgesehen (vgl dazu Schneider MDR 80, 617 ff). Wird in den Vorentscheidungen sowohl § 30a ZVG wie § 765a ZPO beschieden, dann kann es zur Befassung des OLG mit der Sache kommen, vorausgesetzt natürlich, daß § 568 II im übrigen gegeben ist (s Rn 15 aE). Manchmal liegt es so, daß das AG nur nach § 30a ZVG entscheidet, das LG darüber hinaus auch § 765a ZPO prüft und verneint. Damit wird ein neuer selbständiger Beschwerdegrund gesetzt (siehe aus der umfangreichen Judikatur dazu zB Hamm JR 54, 64; Stuttgart OLGZ 68, 446; aA Neustadt MDR 56, 750; vollständige Nachweise bei Zeller ZVG § 1 Anm 316). Daher ist immer zu empfehlen, einen erstinstanzlich nicht gestellten Schutzantrag aus § 765a mit der sofortigen Beschwerde nachzuschieben. 31

c) Bei der **Verkehrswertschätzung** kann eine Sache dann an das OLG gebracht werden, wenn das LG die **Befangenheitsablehnung** des mit der Schätzung beauftragten Sachverständigen als unbegründet beschieden hat (Frankfurt Rpfleger 77, 66). 32

11) Das **Verfahren der weiteren Beschwerde** entspricht demjenigen der einfachen Beschwerde (§§ 569 ff). Zwischenzeitlich eingetretene Gesetzesänderungen sind vom Gericht der weiteren Beschwerde zu beachten (Hamburg FamRZ 59, 255). 33

III) Prozeßkostenentscheidungen, Abs 3: 1) Völliger **Ausschluß der weiteren Beschwerde** ist vorgesehen, wenn ein **LG über Prozeßkosten** entschieden hat, auch bei der Kostenfestsetzung nach § 13a II FGG (BGHZ 33, 205). Das ist immer dann der Fall, wenn über die **Pflicht zur Tragung** von Prozeßkosten oder über deren **Höhe** oder deren **Beitreibung** befunden wird. Im Einzelfall ist also zu prüfen, ob in materieller Hinsicht über eine Kostenfrage entschieden worden ist (Köln JurBüro 82, 933). Bejaht wird dies insbesondere bei Sachverständigenkosten (Hamburg ZSW 82, 262); Streitwertfestsetzung (KG Rpfleger 62, 162); Vollstreckungskosten (Köln JurBüro 66, 344; Stuttgart Justiz 80, 47), nicht jedoch bei Entscheidungen über Vollstreckungsmaßnahmen aus einem Kostentitel (Stuttgart Justiz 83, 302), zB bei Ablehnung des Antrages auf Zwangsversteigerung aus einem Kostentitel. Keine weitere Beschwerde weiter bei Vergütungen für Konkurs-, Vergleichs- und Zwangsverwalter, Gläubigerausschußmitglieder und Sequester (Celle Rpfleger 71, 320; Schleswig SchlHA 78, 201; KG ZIP 80, 30; Frankfurt ZIP 82, 1364). Gleichbehandelt wird der Fall, daß das LG im Kostenfestsetzungsverfahren eine Erinnerung ohne eigene Sachprüfung als unzulässig verworfen hat (München JurBüro 72, 262). Noch weitergehend versagt das OLG Köln (EWiR § 793 ZPO 1/86, 1145) die Beschwerde, wenn sie in der Sache mangels Rechtsschutzbedürfnisses unzulässig ist und deshalb nur der Kostenpunkt überprüfbar wäre. 34

2) Eine Zwischenstellung nehmen Entscheidungen ein, die im Beschwerdeverfahren nach **§ 91a** ergehen. Fällt das erledigende Ereignis in das Verfahren vor dem AG mit der Folge, daß nur noch die Kosten Streitgegenstand sind, dann ist § 568 III unzweifelhaft einschlägig. Erledigt sich dagegen die Hauptsache erst im Verfahren auf sofortige Beschwerde, dann entscheidet das LG erstmals lediglich über die Kosten. Gleichwohl ist auch auf diesen Sachverhalt § 568 III anzuwenden, da es die gesetzliche Zielsetzung ist, das OLG nicht mit Nebenverfahren zu belasten (s auch § 567 II). Dieser Auffassung sind Schleswig (Rpfleger 62, 429), Hamm (MDR 69, 400 mit Nachw) u KG (Rpfleger 78, 103). AA Frankfurt (MDR 68, 333), wonach es sich in diesem Fall um eine Erstbeschwerde an das OLG handele. Maßgebend ist, daß das OLG in der dritten Instanz mit dem Verfahren befaßt wird, und zwar nur hinsichtlich des Kostenpunktes. 35

3) Anders liegt es dann, wenn die Vorinstanz es **ablehnt, eine Entscheidung über Prozeßkosten zu treffen.** Die Weigerung, über Kosten zu entscheiden, kann nicht einer Kostenentscheidung gleichgesetzt werden, desgleichen nicht die einen vollmachtlosen Vertreter belastende Kosten*grund*entscheidung (s Frankfurt OLGZ 80, 278 zu § 20a FGG m Nachw; s aber Rn 42). Es ist deshalb immer einfache Beschwerde gegeben, die weitere dann, wenn die Voraussetzungen des § 568 II im übrigen vorliegen (s § 567 Rn 68 u BGH NJW 59, 291; KG Rpfleger 60, 60; NJW 69, 850; KoRsp ZPO § 99 Nr 58; LG Mainz Rpfleger 74, 74). 36

4) Hat das LG über Prozeßkosten entschieden, dann ist die weitere Beschwerde schlechthin ausgeschlossen. Weder duae difformes (Düsseldorf JMBlNRW 63, 31: unbegründet/unzulässig) noch ein wesentlicher Verfahrensmangel (Hamm JurBüro 66, 1069: falsche Besetzung) können sie eröffnen, auch nicht ein **Verfassungsverstoß** (Düsseldorf MDR 70, 934: Verletzung des Anspruchs auf rechtliches Gehör; s aber § 567 Rn 41). 37

38 **5)** Zu beachten ist, daß § 568 III nur Entscheidungen meint, die das **LG auf** (einfache oder sofortige) **Beschwerde hin** trifft, nicht also solche, die es als Prozeßgericht erster Instanz oder erstmals als Beschwerde- oder Berufungsgericht erläßt. Soweit es in dieser Funktion über Kosten entscheidet, gilt nur die Sperre der Mindestbeschwer aus § 567 II. Bei Streitwertbeschwerden ist die Zulässigkeit weiter begrenzt durch § 25 II 2 GKG: Wenn das LG auf Beschwerde hin oder erstmals für seine Instanz den Streitwert festgesetzt hat, ist auch die einfache Beschwerde ausgeschlossen (Hamm Rpfleger 73, 106 Nr 102; Köln NJW 59, 2074), die weitere Beschwerde ohnehin (§§ 25 II 1 Hs 2; 5 II 7 GKG).

39 Ob die **Beschwerde gegen einen Streitwertbeschluß des LG** als Beschwerdegericht eine erste oder eine zweite Beschwerde ist (s KG NJW 68, 1729 u Hamm Rpfleger 73, 107), hängt davon ab, ob der Beschwerdeweg durch den Hauptsacheweg begrenzt ist (unten Rn 43).

40 **6)** Neben Sachverhalten, in denen unmittelbar über die Kostentragungspflicht – nach Grund und/oder Höhe – befunden wird, bezieht § 568 III auch alle Entscheidungen ein, die nur **mittelbar Prozeßkosten betreffen,** insbesondere deren Beitreibung im Wege der Zwangsvollstreckung (Frankfurt Rpfleger 76, 368 m Nachw). Außer Verfahren, welche die **Gerichtskosten** nach dem GKG betreffen, fällt beispielsweise auch die Erteilung der **Vollstreckungsklausel** zum Kostenfestsetzungsbeschluß unter § 567 III (RGZ 43, 387) sowie die Entscheidung über die **Vollstreckbarerklärung** von Kostenentscheidungen ausländischer Gerichte nach dem AusfG z Haager ZPR-Abkommen (Oldenburg NJW 68, 2203). Für die Kostenfestsetzung nach § 13 a FGG liegt es ebenso (BGHZ 33, 205).

41 Zur **weiteren Kostenbeschwerde kraft Zulassung,** beschränkt auf Rechtsprüfung, s Rn 28. Da die Zwangsvollstreckungskosten (§ 788) ebenfalls zu den Kosten des Rechtsstreits gehören, ist § 568 III anwendbar, wenn der Gerichtsvollzieher angewiesen werden soll, Kosten nach § 788 I beizutreiben (Düsseldorf JMBlNRW 63, 31).

42 **7)** Die Kosten können ausnahmsweise auch einem **vollmachtlosen Vertreter** (s § 89; ausführlich Schneider Rpfleger 76, 229) auferlegt werden. Er wird dadurch am Verfahren beteiligt. Das ändert jedoch nichts daran, daß über Prozeßkosten entschieden wird und demnach die §§ 567 II, 568 III anzuwenden sind (RGZ 51, 100; s aber Rn 36).

43 **IV) Beschwerdeweg und Hauptsacheweg: 1)** Umstritten ist, ob in Fällen, in denen eine weitere Beschwerde nicht kraft Gesetzes ausgeschlossen ist, die dritte Instanz des Beschlußverfahrens eröffnet ist, obwohl das Urteilsverfahren zur Hauptsache beim LG endet. Es sind dies die Fälle, in denen das **LG als** (letztinstanzliches) **Berufungsgericht** tätig wird (vgl dazu Stüben ZZP 83 [1969], 8 ff). **Ein allgemeiner Grundsatz, daß der Beschwerderechtszug nicht weitergehen dürfe als der Rechtszug in der Hauptsache, ist in der ZPO nicht ausgesprochen und auch nicht anzuerkennen** (BGH NJW 60, 1574; Frankfurt MDR 84, 323; Celle NJW 57, 1844 u NdsRpfl 78, 33; Köln MDR 58, 244; München NJW 66, 1082).

44 **2)** Bei der weiteren Beschwerde muß die **Ausgangsentscheidung immer vom AG** stammen, da der Beschwerderechtszug notwendig beim OLG endet (§ 567 III 1). Darüber hinaus läßt sich keine allgemeine Regel aufstellen. Dort, wo die Beschwerde als Ersatz für das Rechtsmittel der Berufung gegeben ist, gilt die Beendigung der Instanz beim LG auch für sie; die Beschwerde als Berufungsersatz soll der Partei nicht mehr Rechte verschaffen als diejenigen, die ihr durch eine Berufung eingeräumt würden (s Köln JMBlNRW 60, 139; LG Köln JMBlNRW 60, 208; LG Landshut NJW 67, 1283; LG Itzehoe SchlHA 68, 187). Von praktischer Bedeutung sind Erstbeschwerden gegen Kostenbeschlüsse des LG als Rechtsmittelgericht der Hauptsache (Frankfurt MDR 68, 333: § 91 a; Celle NJW 60, 1816: § 269 III). Infolge der Zuständigkeit AG-OLG in Familiensachen kann sich dort eine entsprechende Situation ergeben, wenn die Sachentscheidung des AG unanfechtbar ist. Nach Düsseldorf (FamRZ 78, 258) ist dann auch eine Nebenentscheidung nicht beschwerdefähig (s auch OLG Schleswig SchlHA 78, 57).

45 **3) Durch die Beschwerdeentscheidung darf jedoch einer Entscheidung des LG in der Hauptsache nicht vorgegriffen werden.** Ist dagegen die in der Hauptsache zu treffende Entscheidung im Beschwerdeverfahren lediglich als **Vorfrage** zu beantworten, dann ist nach heute wohl überwiegender Ansicht die Beschwerde nicht schon deshalb ausgeschlossen, sofern nur eine Entscheidung in der Sache selbst unterbleibt (s zB Celle MDR 72, 333 m Nachw; Schleswig SchlHA 78, 57; Schneider MDR 68, 421 zu Karlsruhe). Einzelheiten sind umstritten. Die praktisch besonders wichtige Kontroverse der Rechtsmittelfähigkeit von Einstellungsbeschlüssen nach §§ 707, 719, 769 ist unter vollständiger Auswertung der Rspr behandelt bei Schneider MDR 80, 529 ff; eine vollständige Zusammenstellung der sonstigen Rspr bis etwa 1969 findet sich bei Stüben ZZP 83, 1970, 8 ff; zu § 620 c S 2 vgl Schneider MDR 87, Heft 2. Im übrigen ist auf die Anm zu den einschlägigen Vorschriften hinzuweisen, insbesondere zu §§ 148, 252, 319 III.

V) Wegen der **Kostenentscheidung** s § 567 Rn 60 ff. Zu beachten ist, daß bei weiterer Beschwerde wegen eines entscheidungskausalen wesentlichen Verfahrensmangels, § 568 II, zu prüfen ist, ob gemäß **§ 8 GKG** von der Kostenerhebung abzusehen ist. **§ 99 I ist anwendbar,** so daß ein Beschluß mit Sach- und Kostenentscheidung nicht nur wegen der Kostenregelung angegriffen werden kann. Ebenso wie im Urteilsverfahren (s dazu Schneider, Kostenentscheidung im Zivilurteil, 2. Aufl 1977, § 30 II) kann diese Rechtsmittelsperre umgangen werden, indem (bei teilbarem Beschwerdegegenstand) Teilbeschwerde in der Sache eingelegt wird, selbst wenn mit deren Erfolglosigkeit gerechnet werden muß. Das Beschwerdegericht darf dann eine fehlerhafte Kostenverteilung gleichwohl korrigieren (Nachw bei Schneider aaO). 46

VI) Hinweise für die Anwaltspraxis: Praktische Erfahrung lehrt, daß verhältnismäßig viele Beschwerden verworfen werden müssen, weil Zulässigkeitsvoraussetzungen übersehen oder verkannt werden. Das gilt auch für Verfahren, die von Anwälten vertreten werden. Es erscheint deshalb nützlich, eine Kontrolliste zu bieten, an Hand deren im Einzelfall „gecheckt" werden kann. Folgende Fragen sind dabei vornehmlich abzurufen: 47

1. Hat das Verfahren **beim AG begonnen?** Wenn nicht: Begrenzt der Hauptsacherechtszug den Beschwerderechtszug?
2. Geht es um **nicht weiter beschwerdefähige** Vorgänge nach §§ 30 a, 74 a ZVG oder nur um Kosten?
3. **Weichen AG und LG** in der Entscheidung selbst (also nicht nur in der Begründung) **voneinander ab?**
4. Bei duae conformes: Ist dem LG ein **wesentlicher Verfahrensfehler** unterlaufen?
5. Ist der **Verfahrensmangel neu?**
6. Kann die LG-Entscheidung auf dem Mangel **beruhen?**

Führt die Beantwortung dieses Fragenkataloges immer noch dazu, daß die (sofortige) weitere Beschwerde gegeben ist, dann sollte **schon in der Begründung darauf hingewiesen werden.** Wird sie nachgereicht, ist es angebracht, sich selbst bereits in der Beschwerdeschrift eine **Frist** dafür zu setzen, die das Beschwerdegericht dann beachten muß (Art 103 I GG); es ist dagegen nicht verpflichtet, von sich aus eine Frist zu setzen, sondern gewährt rechtliches Gehör bereits dann, wenn es die Entscheidung so lange hinausschiebt, daß der Beschwerdeführer Gelegenheit zur Äußerung hatte. 48

Weist das Beschwerdegericht den Beschwerdeführer **auf Bedenken** gegen die Zulässigkeit der Beschwerde hin, dann sollte dazu entweder alsbald Stellung genommen oder das Rechtsmittel zurückgenommen werden. Statt dessen kommt es immer wieder vor, daß – auch bei anwaltlicher Vertretung! – nichts geschieht, so daß die weitere Beschwerde kostenfällig verworfen werden muß. Nach der Rspr des BGH (MDR 75, 831 m Nachw) muß der Anwalt seinen Mandanten dann gegebenenfalls darauf hinweisen, daß er ihm wegen der angefallenen Gerichtskosten schadensersatzpflichtig ist. 49

568 a *[Weitere sofortige Beschwerde]*

Beschlüsse des Oberlandesgerichts, durch die über eine sofortige Beschwerde gegen die Verwerfung des Einspruchs gegen ein Versäumnisurteil entschieden wird, unterliegen der weiteren sofortigen Beschwerde, sofern gegen ein Urteil gleichen Inhalts die Revision stattfinden würde; §§ 546, 554 b gelten entsprechend.

I) Im Beschlußverfahren gibt es gegen die Erstentscheidung (nur) zwei Rechtsmittel: die **Beschwerde** und die **weitere Beschwerde.** Ob das jeweilige Rechtsmittel innerhalb einer bestimmten Frist eingelegt werden muß, regelt das Gesetz von Fall zu Fall. Im Beschlußverfahren wird für den Ausdruck „befristet" der Begriff „sofortig" benutzt. Er besagt lediglich, ob die Einlegung einer Beschwerde oder einer weiteren Beschwerde fristgebunden ist oder nicht. „Sofortig" kennzeichnet folglich nicht die Rechtsmittelstufe, sondern nur eine Zulässigkeitsvoraussetzung. Statt „weitere sofortige Beschwerde" muß es daher richtig heißen „sofortige weitere Beschwerde" (richtige Terminologie zB in § 29 II FGG). 1

§ 568 a zieht die prozessuale Konsequenz aus der ebenfalls neu in die ZPO eingefügten Vorschrift des § 341 II. Nach § 341 aF konnte ein Einspruch immer nur durch **Versäumnisurteil** verworfen werden. Das ist auch heute noch statthaft mit der Folge, daß dann die Berufung das gegebene Rechtsmittel ist (§ 513 II). Nunmehr steht es dem Gericht aber auch frei, statt durch Urteil den Einspruch ohne mündliche Verhandlung durch **Versäumnisbeschluß** zu verwerfen 2

(§ 341 II 1). In diesem Fall gibt es statt der Berufung die sofortige Beschwerde (§ 341 II 2), vorausgesetzt, daß die Berufung stattfände, wenn das Gericht den Einspruch nicht durch Beschluß, sondern durch Urteil verworfen hätte. Dementsprechend ist dann auch die Überprüfung der sofortigen Beschwerde nur im Rahmen des § 513 II vorzunehmen. Um den dreistufigen Instanzenzug auch dann zu gewähren, wenn das LG einen Einspruch durch Beschluß statt durch Urteil verwirft, mußte in § 568a die Beschwerde an den BGH eröffnet werden; anderenfalls würde sie bei Bestätigung der landgerichtlichen Entscheidung durch das OLG an § 568 II scheitern, weil es am neuen selbständigen Beschwerdegrund mangeln würde.

3 **II) Statthaft ist die Revisionsbeschwerde** gegen jeden OLG-Beschluß, der über eine sofortige Beschwerde nach Verwerfung des Einspruchs gegen ein Versäumnisurteil (oder wegen § 700 I gegen einen Vollstreckungsbescheid, BGH VersR 82, 1168) entschieden hat. Es macht also keinen Unterschied, ob das OLG die sofortige Beschwerde zurückweist oder seinerseits verwirft. Erklärt das OLG auf die sofortige Beschwerde hin den vom LG verworfenen Einspruch für zulässig, dann wird dadurch der **Gegner** des Beschwerdeführers **beschwert** und kann sich an den BGH wenden. Voraussetzung ist aber in allen genannten Fällen, daß die Revision gegeben wäre, wenn das OLG durch Urteil entschieden hätte.

4 **III)** Die **(hypothetische) Revisibilität** richtet sich nach §§ 546, 554b. Die Entscheidung des OLG auf sofortige Beschwerde hin ist also nur mit der sofortigen weiteren Beschwerde angreifbar, wenn der Streitgegenstand mehr als 40 000 DM ausmacht oder das OLG die Revision zugelassen hat, sei es wegen der grundsätzlichen Bedeutung der Sache oder wegen einer Abweichung von der Rspr des BGH. Ist bei der Wertrevision die Revisionssumme (§ 546 I 1) erreicht, dann steht es immer noch beim BGH, ob er die Annahme der Revision ablehnen will (§ 554b).

5 **IV)** Unberührt bleibt die Vorschrift des **§ 547.** Danach findet die Revision immer statt, soweit das Berufungsgericht eine Berufung als unzulässig verworfen hat. Da § 568a die Entscheidung auf sofortige Beschwerde den gleichen Rechtsmitteln unterstellen will, wie bei Verfahren aufgrund mündlicher Verhandlung, ist entsprechend § 547 die Revision gegeben, wenn die sofortige Beschwerde vom Berufungsgericht als unzulässig verworfen wird.

6 **V)** Für das **Verfahren** nach Einlegung der sofortigen weiteren Beschwerde sind keine Sonderregeln vorgesehen, so daß das allgemeine Beschwerderecht gilt, insbesondere also die §§ 574, 575, 577 anzuwenden sind.

7 **VI) Gebühren: 1)** des **Gerichts:** 1 Gebühr, wenn das Rechtsmittel keinen Erfolg hat (KV Nr 1181). Das gleiche gilt für weitere Beschwerde. Soweit die Beschwerde (auch die weitere Beschwerde) Erfolg hat oder im Beschwerdeverfahren keine Entscheidung zu treffen ist, ist das Verfahren gebührenfrei. Wird der Einspruch gegen das Versäumnisurteil nicht mit Beschluß, sondern durch Endurteil als unzulässig verworfen und gegen dieses Urteil Berufung eingelegt, so fällt in der Berufungsinstanz wie auch sonst zunächst die allgemeine Verfahrensgebühr an (1 ½facher Tabellensatz: KV Nr 1020). Für ein die Berufungsinstanz abschließendes Urteil beträgt die Urteilsgebühr entweder den zweifachen oder den einfachen Tabellensatz (KV Nr 1026 oder 1027). – **2)** des **Anwalts:** Es gilt § 61 I Nr 1 BRAGO; die Anwaltsgebühr beträgt 5/10. Für ein etwaiges Berufungsverfahren ist § 31 BRAGO unmittelbar anzuwenden. Eine volle Anwaltsgebühr ist im Berufungsverfahren 13/10 (§ 11 Abs 1 S 2 BRAGO). Beschränkt sich der Antrag des RA in der mündl Verhandlung nur auf die Prozeß- oder Sachleitung, so erhält er die Verhandlungsgebühr nur zu 13/20 (§ 33 Abs 2 BRAGO).

569 *[Beschwerdeeinlegung]*

(1) Die Beschwerde wird bei dem Gericht eingelegt, vor dem oder von dessen Vorsitzenden die angefochtene Entscheidung erlassen ist; sie kann in dringenden Fällen auch bei dem Beschwerdegericht eingelegt werden.

(2) Die Beschwerde wird durch Einreichung einer Beschwerdeschrift eingelegt. Sie kann auch durch Erklärung zu Protokoll der Geschäftsstelle eingelegt werden, wenn der Rechtsstreit im ersten Rechtszug nicht als Anwaltsprozeß zu führen ist oder war, wenn die Beschwerde die Prozeßkostenhilfe betrifft oder wenn sie von einem Zeugen oder Sachverständigen erhoben wird.

1 **I) Abs 1.** Die Beschwerde ist **regelmäßig beim Untergericht einzulegen,** damit es (bei der einfachen Beschwerde) über die Abhilfe aus § 571 befinden kann. Bei Dringlichkeit kann sie direkt beim Beschwerdegericht (§ 568 Rn 1), in den Fällen des § 621e III muß sie beim OLG eingelegt werden (Düsseldorf FamRZ 78, 200). Die weitere Beschwerde gegen einen die Erstbeschwerde als unzulässig verwerfenden Beschluß eines bayerischen OLG ist beim BayObLG einzulegen, § 7 II 1, 8 EGZPO (BayObLG FamRZ 80, 908). Mehrfache Einreichung einer Beschwerdeschrift vermehrt nicht die Rechtsmittel, so daß einheitlich zu entscheiden ist (Koblenz FamRZ 80, 905), auch wenn gleichzeitig bei verschiedenen Instanzen eingelegt wird (BGH VersR 84, 788).

1) Bejaht das Beschwerdegericht die **Dringlichkeit,** dann entscheidet es unmittelbar, ohne vorher eine Entscheidung des Erstrichters über die Abhilfe (§ 571) herbeizuführen. **Verneint** das Beschwerdegericht die Dringlichkeit, dann gibt es die angeforderten Akten an das Erstgericht zurück, damit dieses darüber entscheiden kann, ob Abhilfe geboten ist. Wird also eine Beschwerde ohne Dringlichkeit direkt beim Beschwerdegericht eingelegt, dann darf das nicht zur Verwerfung oder Zurückgabe der Beschwerdeschrift an die Partei führen. 2

2) Bei der **sofortigen Beschwerde** kommt eine Abhilfe nicht in Betracht (§ 577 II). Einer Vorbefassung des Erstrichters mit der Beschwerde bedarf es daher nicht. Diese Konsequenz zieht § 577 II 2, wonach der Beschwerdeführer nach seiner Wahl die Beschwerde beim Unter- oder beim Beschwerdegericht einlegen kann. 3

3) § 569 I gilt entsprechend für die Einlegung der **einfachen weiteren Beschwerde,** also grundsätzlich Einlegung beim LG, das nach § 571 abhelfen darf; bei Dringlichkeit ausnahmsweise Einlegung unmittelbar beim OLG. Dieses entscheidet, wie bei der Erstbeschwerde, sofort selbst, wenn die Dringlichkeit bejaht wird; anderenfalls gibt es die Sache an das Beschwerdegericht zurück, um eine Entscheidung aus § 571 herbeizuführen. Der Beschwerdeweg in **Kindschaftssachen und in Familiensachen** geht unmittelbar vom AG an das OLG (§ 119 I 2 GVG). 4

4) Gegen die **Vollstreckbarerklärung einer Entscheidung eines Vertragsstaates des EWG-Gerichtsstands- u Vollstreckungsübereinkommens** (v 27. 9. 68, BGBl 72 II S 773; 73 II S 60) durch den Vorsitzenden der Zivilkammer gibt es die befristete Beschwerde. Sie ist innerhalb eines Monats einzulegen, kann aber vom Vorsitzenden verlängert werden; einzulegen ist die Beschwerde nicht beim LG, sondern beim OLG (AusfG v 29. 7. 72, BGBl I S 1328, §§ 9 II, 10, 12 I, 16 I). Die Zulässigkeit der Beschwerde wird jedoch nicht dadurch berührt, daß sie beim LG eingelegt wird, das die Zwangsvollstreckung zugelassen hat. Das LG darf nicht abhelfen (München NJW 75, 504). Ist irrig durch Urteil statt durch Beschluß entschieden worden, darf Berufung eingelegt werden (Hamm MDR 78, 324). 5

II) Abs 2. 1) Über den **Inhalt der Beschwerdeschrift** enthält die ZPO keine besonderen Vorschriften. Entsprechend **§ 518** ist die Entscheidung, gegen die sich die Beschwerde richtet, eindeutig zu bezeichnen. Ist dies geschehen, dann scheidet nach Ablauf der Beschwerdefrist eine Umdeutung dahingehend aus, in Wirklichkeit habe eine andere Entscheidung angefochten werden sollen (BFH WPg 75, 52). Eine entsprechende Erklärung innerhalb der Beschwerdefrist ist jedoch gleichbedeutend mit einer rechtzeitig eingelegten neuen Beschwerde. Der **Beschwerdeführer** ist **genau zu kennzeichnen,** auch wenn das Rechtsmittel durch einen Bevollmächtigten eingereicht wird. Da die Beschwerde ein Rechtsmittel ist, kann sie zulässigerweise **nicht unter einer Bedingung** eingelegt werden (Hamm JurBüro 68, 247). 6

2) Dagegen ist die unrichtige Bezeichnung des Rechtsmittels (etwa als Einspruch, Widerspruch oder Berufung) unschädlich solange irgendwie der **Wille** zum Ausdruck gebracht wird, die **angefochtene Entscheidung möge** durch das übergeordnete Gericht **sachlich geprüft** werden (LG Berlin MDR 71, 850; Rpfleger 82, 479; s auch § 567 Rn 2; § 577 Rn 15). Selbst die schriftliche „Bitte" eines Rechtsanwalts um „Überprüfung" eines gerichtlichen Beschlusses kann daher noch als Einlegung einer (sofortigen) Beschwerde gedeutet werden (OGHZ 2, 235). Umgekehrt kann eine an sich eindeutige Rechtsmittelbezeichnung durch die zugehörigen Sachausführungen ihren Aussagewert verlieren, zB wenn ein mit „Berufung" überschriebener Schriftsatz nur als Entwurfs-Anlage zu einem PKH-Gesuch beigefügt ist (BGH VersR 86, 40; s auch § 518 Rn 1). Bei anwaltlich nicht vertretener Partei ist entgegenkommende Deutung geboten, da anderenfalls Rechtsverlust droht, was sozialstaatswidrig und damit verfassungsverletzend sein könnte (Art 28 GG). In jedem Fall besteht die Pflicht des Gerichts (Gedanke der §§ 139, 278 III u Art 103 I GG), sofort Rückfrage zu halten, notfalls telefonisch, um Deutungszweifel noch innerhalb laufender Frist zu beheben. Ist jedoch der Anfechtungswille auch bei großzügiger Auslegung nicht erkennbar, zB bei bloßer Übersendung eines unterschriebenen Blattes mit aufgeklebten Gebührenmarken unter Angabe eines Aktenzeichens (BGH NJW 66, 1077), dann kann eine Eingabe an das Gericht nicht nachträglich dadurch zu einer Beschwerdeschrift gemacht werden, daß die Partei erklärt, ihre Eingabe möge als Beschwerde oder befristete Erinnerung angesehen werden (Hamm JMBlNRW 59, 137; Stuttgart JurBüro 82, 1256). Diese Erklärung kann allenfalls als neue Beschwerde verstanden werden, deren Zulässigkeitsvoraussetzungen, insbesondere bei Fristgebundenheit, selbständig geprüft werden muß. Bei Eingang eines Schriftsatzes in Unkenntnis eines bereits erlassenen Beschlusses kann keine Beschwerde gewollt sein (LAG Frankfurt AuR 62, 184), so daß die häufig übliche Rückfrage, ob der Schriftsatz „als Beschwerde gewollt sei", bedenklich erscheint; bei bejahender Antwort darf jedenfalls eine Beschwerdefrist erst ab Eingang der Antwort berechnet werden. 7

8 **3)** Eine **Begründung** der Beschwerde ist nicht vorgeschrieben und insbesondere dann nicht notwendig, wenn keine neuen Tatsachen und rechtlichen Argumente vorgebracht werden sollen, also lediglich die reine Rechtsprüfung des Beschwerdegerichts erstrebt wird (RGZ 152, 316). Aber auch darüber hinaus ist eine Begründung nicht Zulässigkeitsvoraussetzung (Neustadt MDR 56, 432; Stuttgart ZZP 68 [1955], 98). Begründung ist vorgeschrieben in § 620d.

9 **4)** Entbehrlich ist weiter ein **Beschwerdeantrag** (RGZ 152, 319; Neustadt MDR 56, 432; Stuttgart ZZP 68 [1955], 98). Der Antrag ist allerdings, ebenso wie die Begründung, immer zweckmäßig. Unerläßlich ist er dann, wenn die Vorentscheidung nur teilweise angefochten werden soll, was zulässig ist (BayObLG FamRZ 82, 1129). Antragsänderung ist möglich, da eine neue Tatsacheninstanz eröffnet wird (§ 570). Welche **Beschwer** der Beschwerdeführer durch das Rechtsmittel von sich abwenden will, ergibt sich in aller Regel aus der Vorentscheidung. Zweifel sind durch Rückfragen des Gerichts zu klären (§ 139).

10 **5) Schriftform** ist nötig („Einreichung einer Beschwerdeschrift", § 569 II 1). Außerhalb des Anwaltszwangs (Rn 13) genügt die schriftliche Erklärung der Partei selbst (nicht notwendig in Deutsch; vgl Schneider MDR 79, 534; St/J/Leipold Rn 149 vor § 128; aA die hM, vgl KG OLGZ 1986, 125 = Rpfleger 86, 58 u unten GVG § 184 Rn 3), anderenfalls ist ein Anwaltsschriftsatz Formerfordernis. **Handschriftliche Unterzeichnung** ist grundsätzlich nötig, sofern die Beschwerde nicht durch Telegramm, Fernschreiben oder Telebrief eingelegt wird (§ 518 Rn 17, 18). Unterschriftsstempel sind kein Unterschriftsersatz (RGZ 151, 82); Blankounterschrift auf einem Blatt, auf das ein Angestellter die Beschwerdeschrift ohne Nachkontrolle schreibt, genügt nicht (München NJW 80, 460). Das alles gilt uneingeschränkt für den Anwalt, der für eine Partei handelt, mag auch kein Anwaltszwang bestehen (BGHZ 92, 251). Gegenüber der Partei selbst ist mehr Nachsicht angebracht; bei ihr genügt es, wenn sie trotz fehlender Unterschrift durch sonstige Umstände als Aussteller ausgewiesen wird (BGHZ 92, 255). Jedoch reicht nicht aus, daß eine Beschwerdeschrift nur mit dem Firmennamen einer juristischen Person unterzeichnet ist, weil dann unerkennbar bleibt, ob die Unterschrift von einer vertretungsberechtigten Person stammt (BGH NJW 66, 1077).

11 **6)** Wegen des **Zeitpunkts, in dem frühestens Beschwerde eingelegt werden kann,** vgl § 567 Rn 3. **a)** Der **Einlegung der Beschwerde zu richterlichem Sitzungsprotokoll** muß die Erklärung zu Protokoll der Geschäftsstelle gleichgestellt werden (s Schneider JurBüro 74, 705 m Übersicht über den Streitstand). Früher wurde diese Auffassung weitgehend abgelehnt (zB Dresden JW 33, 552; Hamm OLGZ 66, 433; LG Berlin Rpfleger 74, 407; BGH NJW 57, 990 für die fG). Soweit ersichtlich ist diese enge Auffassung in der OLG-Rspr seit Jahrzehnten nicht mehr vertreten worden und dürfte heute überholt sein (wie hier zB Hamm MDR 76, 763; StJGrunsky, 20. A. 77, § 569 Anm 8; Wieczorek, 2. Aufl 77, § 569 Anm B IIb 1). Nur diese Auffassung ist praktikabel und einleuchtend. **Die stärkste Form der Beurkundung im Zivilprozeß ist die durch das Sitzungsprotokoll (§§ 165, 314).** In vielen Fällen ist die Beschwerde-Erklärung zu richterlichem Sitzungsprotokoll geeignet, das Verfahren zu beschleunigen und zu vereinfachen, darüber hinaus allen Beteiligten Zeit zu ersparen. Daher ist **§ 569 II 2** in diesem Fall **zumindest analog** anzuwenden. Damit grundsätzlich übereinstimmend wohl auch Celle (FamRZ 78, 139), das eine nach § 621e III 1 beim OLG einzureichende Beschwerdeschrift darin gesehen hat, daß eine zu Protokoll der Geschäftsstelle des AG erklärte Beschwerde innerhalb der Beschwerdefrist an das OLG weitergeleitet worden war – dies, obwohl das Protokoll von der Beschwerdeführerin nicht unterschrieben worden war. Unterschreibt die Partei die vom Richter aufgenommene Niederschrift, dann ist die Schriftform ohnehin gewahrt, und die Frage der Zulässigkeit einer Beschwerde zu richterlichem Protokoll stellt sich nicht.

12 **b) Eine Verpflichtung des Gerichts, Beschwerden zu Protokoll zu nehmen, besteht allerdings nicht.** Es wird indessen kaum jemals ein zureichender Grund dafür gegeben sein, die Protokollierung abzulehnen. Allenfalls kommt ein Hinweis in Betracht, daß die Zulässigkeit dieses Verfahrens umstritten sei. Dieser Hinweis sollte dann mit ins Protokoll aufgenommen werden, damit dem Vorwurf unterlassener oder unrichtiger Belehrung vorgebeugt wird.

13 **III) Anwaltszwang, Abs 2 S 1. 1)** Richtet sich die Beschwerde gegen eine Entscheidung des LG, so muß (Ausnahme Rn 19) die Beschwerdeschrift, wenn sie beim LG eingereicht wird, von einem dort zugelassenen Anwalt unterzeichnet sein; wird sie beim OLG eingereicht, so muß ein OLG-Anwalt unterschreiben (§ 78 I; BGH VersR 83, 247; Frankfurt FamRZ 83, 516; Koblenz WRP 85, 292), auch im Verfügungsverfahren (§ 78 Rn 15). In der Praxis ist es fast ausnahmslos so, daß die erstinstanzlichen Anwälte die Beschwerde beim LG einlegen und dann mit dem OLG korrespondieren, auch im Verhältnis OLG zu BGH (NJW 84, 2413); das spricht dafür, auch die Einlegung der Beschwerde beim OLG durch den LG-Anwalt zuzulassen (so Vollkommer § 78 Rn 21).

2) Die **Durchgriffserinnerung** gegen eine Entscheidung des Rechtspflegers (§§ 11, 21 RPflG) kann immer ohne Anwalt eingelegt werden, also auch dann, wenn sie sich gegen eine Entscheidung des Rechtspflegers beim LG richtet und deshalb beim LG anzubringen ist (§ 13 RPflG; s dazu ausführl Bergerfurth, Anwaltszwang S 115). 14

3) Wird eine Beschwerde von einem **nicht zugelassenen Anwalt** eingereicht, dann kann der **Formmangel** für die Zukunft (ex nunc) **geheilt** werden, falls die Beschwerde vom Eingangsgericht weitergeleitet wird und bei demjenigen Gericht eingeht, bei dem sie durch den Anwalt formgerecht hätte eingereicht werden können, weil er dort zugelassen ist (RG Warn 35, Nr 139). Hat ein beim LG zugelassener Anwalt die beim OLG eingereichte sofortige Beschwerde unterzeichnet, so gilt sie nur dann als rechtzeitig eingelegt, wenn der Beschwerdeschriftsatz noch innerhalb der Beschwerdefrist beim erstinstanzlichen Gericht eingeht (Koblenz WRP 85, 293). Ebenso, wenn die Beschwerde beim LG eingeht, aber von einem dort nicht zugelassenen Anwalt, etwa einem OLG-Anwalt unterschrieben ist (KG JW 27, 2220; Stuttgart NJW 54, 273). Die in der Übernahme durch einen zugelassenen Anwalt liegende Genehmigung heilt nicht rückwirkend (RG JW 04, 118). 15

4) Wird die **Beschwerde gegen einen Verwerfungsbeschluß** aus § 519 b beim OLG eingelegt, so genügt die Unterschrift des dort zugelassenen Anwalts (RG DR 39, 1189; BGH VersR 67, 231). Nur wenn sie unmittelbar beim BGH eingereicht wird, muß sie von einem dort zugelassenen Anwalt unterschrieben werden. Bei Einlegung der Beschwerde beim BayObLG (s Keidel NJW 61, 2336) kann die Beschwerde von einem beliebigen, also auch außerbayerischen LG-, OLG- oder BGH-Anwalt unterzeichnet sein (§§ 7, 8 EGZPO). 16

5) Anwaltszwang beim Familiengericht. In Familiensachen (s §§ 23 a, 23 b, 119 GVG) besteht Anwaltszwang für Ehesachen, Folgesachen von Scheidungssachen und Ansprüche aus dem ehelichen Güterrecht auch im amtsgerichtlichen Verfahren (s näher § 78 Rn 27 ff). 17

6) In allen Fällen der Einreichung einer Beschwerdeschrift durch einen nicht zur Unterschrift berechtigten RA hat das Gericht (§§ 139, 278 III), **für die Behebung des Mangels Sorge zu tragen** und den Anwalt umgehend zu informieren. Bei fristgebundenen Beschwerden ist die Beschwerdeschrift unverzüglich an die Stelle weiterzuleiten, bei der sie mit der vorhandenen Unterschrift formgerecht eingelegt werden kann. Notfalls sollte angeregt werden, daß ein zugelassener Anwalt unverzüglich seine Unterschrift hinzufügt. Damit kann der Mangel innerhalb laufender Frist noch behoben werden. 18

7) Ausnahmen vom Anwaltszwang (ausführl dazu Bergerfurth, Anwaltszwang S 111 ff). Wie in Rn 10 erwähnt, kann die Beschwerde, soweit sie nicht dem Anwaltszwang unterliegt, von der Partei selbst und dann auch durch Erklärung zu Protokoll der Geschäftsstelle eingelegt werden. Ungeachtet des Anwaltszwangs ist das immer bei **Prozeßkostenhilfebeschwerden** und bei **Kosten- und Streitwertbeschwerden** (§§ 5 III, 25 II 1 GKG) statthaft. Außerhalb des Anwaltszwanges stehen ferner Beschwerden von **Zeugen** oder **Sachverständigen**, denen der **Sequester** gleichgestellt ist, soweit er seinen Vergütungsanspruch verfolgt (Saarbrücken DGVZ 77, 188). Natürlich ist in derartigen Fällen die Beauftragung eines Anwaltes, auch wenn er beim Erst- oder Beschwerdegericht nicht zugelassen ist, unschädlich. 19

Daraus, daß eine bestimmte Prozeßhandlung vom Anwaltszwang befreit ist, folgt aber nicht auch die Befreiung vom Anwaltszwang für das Beschwerdeverfahren vor dem LG (Bergerfurth, Anwaltszwang S 114); daher besteht Anwaltszwang auch für die Beschwerde gegen die Ablehnung eines Arrestes oder einer einstweiligen Verfügung (§ 78 Rn 15). 20

8) Einzelfälle zu § 569 II 2: a) Wird anläßlich eines erstinstanzlichen LG-Prozesses das **AG als ersuchtes Gericht** (vgl § 78 II) oder als **Vollstreckungsgericht** tätig, dann handelt es sich insoweit um Verfahren beim AG: kein Anwaltszwang, folglich Protokoll-Beschwerde möglich (RGZ 12, 356; 36, 363; JW 95, 598). Hat das AG nach Einspruch gegen einen Vollstreckungsbescheid den Rechtsstreit gem § 700 III an das LG abgegeben, gilt für das weitere Verfahren einschließlich der Beschwerde Anwaltszwang (BGH Warneyer 79 Nr 122; VersR 83, 785). 21

b) § 562 II 2 gilt auch für Beschwerden gegen Entscheidungen im Berufungs- oder Beschwerdeverfahren (BGH NJW 84, 2413), insbesondere besteht daher **kein Anwaltszwang** für die **weitere Beschwerde,** da sie immer eine Ausgangsentscheidung des AG voraussetzt. Ebenso liegt es bei Beschwerden gegen **Zwischenentscheidungen,** die das LG in einem AG-Prozeß erstmals (anstelle des AG) trifft (RGZ 35, 348); **Ablehnung** des Amtsrichters: § 45 II 1 (s Köln OLGZ 79, 470). Entsprechend ist die für unbegründet erklärte Ablehnung des Richters einer Berufungskammer vom Anwaltszwang frei, weil in diesem Fall der Rechtsstreit im ersten Rechtszug ein AG-Prozeß „war" (§ 569 II 2). Die gegenteilige Auffassung (Nürnberg NJW 67, 1329; Frankfurt HRR 29 Nr 2040) ist abzulehnen (Habscheid NJW 67, 1329). 22

23 **c)** Wird vom AG wegen Annahme eigener sachlicher Unzuständigkeit an das sachlich zuständige LG verwiesen, dann besteht **ab Verweisung Anwaltszwang,** weil das weitere Verfahren vor dem LG mit dem vor dem AG eine Instanz bildet und eine Sachentscheidung des AG prozessual nicht in Betracht kommt (s Stuttgart ZZP 68 [1955], 378; KG OLGE 23, 194). Ebenso BGH Warneyer 79 Nr 122 für § 700 III.

24 **d)** Alle Beschwerden im Verfahren auf Bewilligung von Prozeßkostenhilfe (§ 127 II) sind vom Anwaltszwang befreit, und zwar ungeachtet dessen, vor welchem Gericht der Rechtsstreit schwebt. Das gilt auch für die Beschwerde gegen die Zurückweisung eines Ablehnungsgesuchs im PKH-Bewilligungsverfahren (Bamberg BayJMBl 53, 156). Gleichzustellen sind die Fälle, in denen sich die Partei gegen die Ablehnung eines Antrags auf **Beiordnung eines Rechtsanwalts** beschwert (§§ 78b, 127 II); desgleichen gegen die Ablehnung des Antrags eines Entmündigten gemäß § 679 III, ihm zur Klageerhebung einen Rechtsanwalt als Vertreter beizuordnen (Hamm Rpfleger 59, 320; Düsseldorf OLGZ 67, 31).

25 **e)** Kein Anwaltszwang besteht für die Beschwerde eines **Zeugen oder Sachverständigen** nach §§ 380, 387, 390, 411 oder einer gemäß §§ 141 III, 273 IV 2 bestraften Partei. Gleichzustellen ist die Beschwerde einer Person, die bestraft wird, weil sie zu einem Termin zur Blutentnahme nicht erscheint, §§ 372a, 390 (Düsseldorf JMBlNRW 64, 30; FamRZ 71, 666).

26 **f)** Auch im LG-Prozeß herrscht kein Anwaltszwang in denjenigen Verfahren, die vor dem **beauftragten oder ersuchten Richter** stattfinden, ferner nicht bei Vornahme von Prozeßhandlungen, die vor dem **Urkundsbeamten der Geschäftsstelle** vorgenommen werden können (§ 78 III). Jedoch befreit § 78 III nicht auch ohne weiteres vom Anwaltszwang für die Beschwerde gegen solche Entscheidungen, die auf einen vom Anwaltszwang befreiten Antrag ergehen (str vor allem für abgelehnte einstweilige Verfügungen, s Rn 13). Die Voraussetzungen des § 78 III sind also jeweils für die konkrete Prozeßhandlung festzustellen, bezüglich der Beschwerde für diese (vgl Bergerfurth, Anwaltszwang S 114 m Beispielen).

27 **g)** Die **Durchgriffserinnerung** gegen eine Entscheidung des **Rechtspflegers beim AG und beim LG** fällt unter § 569 II 2; in § 13 RPflG ist dies ausdrücklich hervorgehoben (Einzelheiten bei Arnold/Meyer-Stolte, RPflG, 3. Aufl 1978, § 13 Anm 1–3; Bergerfurth, Anwaltszwang S 115 f – beide m Nachw).

28 **h) Erinnerungen und Beschwerden** des Schuldners **gegen den Kostenansatz** können immer ohne Mitwirkung eines Bevollmächtigten eingelegt werden (§ 5 III 1 GKG). Durch Verweisung darauf oder auf inhaltsgleiche Vorschriften in anderen Kostengesetzen hat diese Regelung umfassende Bedeutung gewonnen; vgl **GKG** § 25 II 1 (Streitwertbeschwerde), § 34 II 2 (Verzögerungsgebühr), § 64 II 2 (Vorauszahlung für Schreibauslagen), § 72 II 2 (Rechnungsgebühren); **KostO** § 14 IV (Kostenansatz), § 156 IV 1 (Kostenberechnung des Notars); **JVwKostO** § 13 (Kostenansatz); **GVKostG** § 9 (Rechtsmittel), § 11 II (Nichterhebung wegen unrichtiger Sachbehandlung); **EhrRiEG** § 12 IV (Anträge, Erklärungen, Beschwerden); **ZSEG** § 16 III (Anträge, Erklärungen, Beschwerden); **BRAGO** § 10 IV (Wertfestsetzung durch das Gericht), § 19 V (Anträge, Erklärungen und Beschwerden im Vergütungsfestsetzungsverfahren), §§ 127, 128 (Vorschuß und Vergütung bei Prozeßkostenhilfe).

29 **IV) Bevollmächtigungsnachweis. 1)** Eine Vollmacht braucht sich das Gericht, wenn ein Anwalt tätig wird, nicht vorlegen zu lassen (§ 88 II).

30 **2)** Im übrigen muß jeder Bevollmächtigte sich ausweisen; das Gericht hat darauf von Amts wegen zu achten (§ 88 II). **Ausschlaggebend** ist jedoch die **Bevollmächtigung als solche,** nicht deren Nachweis. Bei der sofortigen Beschwerde kann daher die Vollmacht noch nach Ablauf der Rechtsmittelfrist zu den Akten gereicht werden, ohne daß dadurch ein Rechtsverlust eintritt (KG OLGE 39, 37; JW 25, 2342).

31 **3)** Die Möglichkeit **rückwirkender Heilung des Mangels** der Vollmacht kann im Verfahren der weiteren Beschwerde zu einem prozessualen Konflikt führen: Wird das Fehlen der Vollmacht nicht bemerkt, ist dies aber nur für die Entscheidung des LG ursächlich, dann liegt darin ein wesentlicher Verfahrensmangel, der einen neuen selbständigen Beschwerdegrund darstellt und die weitere Beschwerde zulässig macht. Weist das OLG darauf hin, dann wird bei Vorlage der Vollmacht die Zulässigkeitsvoraussetzung des § 568 II beseitigt, und die weitere Beschwerde müßte gerade deswegen verworfen werden. Köln (Rpfleger 76, 101) hat deshalb, um dem Beschwerdeführer ein faires Verfahren zu garantieren, den Mangel der Vollmacht als Zulässigkeitsgrund genommen und an das LG zurückverwiesen, um die Sachprüfung zu ermöglichen. Richtiger erscheint es, hinsichtlich des Verfahrensmangels nur auf den **Zeitpunkt der Einlegung** der Beschwerde abzustellen (Schneider MDR 78, 530).

570 *[Neues Vorbringen]* **Die Beschwerde kann auf neue Tatsachen und Beweise gestützt werden.**

I) Verfahrensregeln. Die zulassungsbeschränkenden Vorschriften der §§ 527–529 sind auf das Beschwerdeverfahren nicht anwendbar, weil das Beschlußverfahren außerhalb notwendiger mündlicher Verhandlung abläuft. Da auch das Beschwerdeverfahren einen Streit zwischen Verfahrensgegnern regelt, gilt jedoch § 282, wonach jede Partei ihre **Darlegungen und Beweiserbieten so zeitig vorzubringen** hat, daß ein zügiger Ablauf des Beschwerdeverfahrens gewährleistet ist. Das Beschwerdegericht hat die Möglichkeit, durch Setzung von Äußerungsfristen dazu beizutragen. Eine analoge Anwendung des § 296 oder sonstiger Präklusionsvorschriften im Beschwerdeverfahren ist ausgeschlossen (BVerfGE 59, 330 = MDR 82, 545 mit Bindungswirkung gem § 31 I BVerfGG). Wie stets aber darf das Beschwerdegericht in jeder Lage des Verfahrens auf eine **gütliche Beilegung** hinwirken und kann dazu die Parteien vor ein Mitglied des Kollegiums, meist den Berichterstatter, als beauftragten Richter verweisen (§ 279). 1

Die Beschränkungen, die dem Beklagten im Berufungsverfahren bezüglich der **Aufrechnung mit einer Gegenforderung** auferlegt werden (§ 530 II), gelten im Beschwerdeverfahren nicht; dort ist die – primäre oder hilfsweise – Aufrechnung immer statthaft (KG OLGE 37, 125). Die Erhebung einer **Widerklage** (§ 530 I) ist im Beschwerdeverfahren von der Sache her nicht denkbar. Dem Beschwerdeführer ist es unbenommen, neue Tatsachen und Beweise durch **Wiederholung des abgewiesenen Antrages** mit ergänzter Begründung vorzubringen und so ein Beschwerdeverfahren zu vermeiden (vgl § 567 Rn 17). 2

II) 1) Streitgegenstand des Beschwerdeverfahrens ist immer der vorinstanzlich gestellte Antrag, der vom Beschwerdegericht erneut geprüft werden soll, Hilfsanträge eingeschlossen (Stuttgart ZZP 97, 1984, 448 m zust Anm Münzberg). **Auswechseln der Anträge** ist im höheren Rechtszug nicht zulässig, da anderenfalls eine Instanz übergangen würde, bei einfachen Beschwerden auch das Abhilfeverfahren des § 571 (Köln MDR 72, 691; Zweibrücken MDR 82, 412 [kein Nachschieben neuer Gründe zur Befangenheitsablehnung]; Einzelheiten bei Wieczorek § 570 A II–A II b 2); vertretbar nur die analoge Anwendung des § 263 (Zweibrücken ZSW 86, 75), da unter dessen Zulassungsvoraussetzungen die schutzwürdigen Interessen des Gegners hinreichend berücksichtigt werden können. Die **Änderung oder Erweiterung des Antrages ist,** ohne die Beschränkung des § 264 Nr 2, 3, zulässig (RGZ 55, 58; KG JW 36, 1310). So können beispielsweise in **Kostensachen** Rechnungspositionen ausgetauscht werden; auch kann im Beschwerdeverfahren ein **Vollstreckungsschutzantrag** nach § 765 a nachgeschoben werden (Stuttgart OLGZ 68, 446; Hamm NJW 68, 2247; s § 568 Rn 31), was nicht selten in Zwangsversteigerungsverfahren geschieht, weil zunächst nur der Antrag aus § 30 a ZVG gestellt worden ist (s dazu Schneider MDR 80, 617). Eine sonst **nicht erreichte Beschwerdesumme** (§ 567 II) kann nicht durch nachgeschobene Ansprüche aufgefüllt werden (Hamm Rpfleger 73, 32; Bamberg JurBüro 78, 924). 3

2) Ob die „neuen Tatsachen" vor oder nach Erlaß des angefochtenen Beschlusses **entstanden** sind, ist unerheblich, desgleichen, ob sie bereits in der Beschwerdeschrift oder in einer späteren schriftlichen Erklärung dargelegt werden (anders bei § 620 d; s dort). Das Gericht, dessen Beschluß angefochten ist, kann aber natürlich im Abhilfeverfahren (§ 571) nur solches Vorbringen berücksichtigen, das bereits in der Beschwerdeschrift enthalten ist. Schriftsätze, die nach Nichtabhilfe eingehen, sind dem Beschwerdegericht vorzulegen und nur noch von diesem bei der Überprüfung zu beachten. 4

3) Die **Befugnis,** neue Tatsachen und Beweise **vorzubringen** (§ 570), gilt für jede Beschwerde, auch wenn sie sich gegen einen Beschluß nach § 519 b richtet und die Rechtzeitigkeit der Berufung oder Berufungsbegründung dargelegt wird (BGH MDR 59, 210). Unanwendbar ist § 570 grundsätzlich bei der sofortigen Beschwerde gegen eine **Kostenentscheidung aus § 91 a,** da bei ihr der Sach- und Streitstoff im Zeitpunkt der Erledigungserklärung maßgebend ist. Späterer unstreitiger oder urkundlich belegter Tatsachenvortrag darf jedoch in Grenzen berücksichtigt werden (Köln MDR 69, 848; Einzelheiten bei Schneider MDR 76, 885 ff). 5

4) Ermessensentscheidungen der Vorinstanz sind durch eigene Ermessensausübung zu überprüfen (s § 568 Rn 26). Behrens (Die Nachprüfbarkeit zivilrechtlicher Ermessensentscheidungen, 1979) will § 114 VwGO analog anwenden, also nur Grenzüberschreitungen und zweckwidrigen Ermessensmißbrauch als abänderungsfähig ansehen. Diese Restriktion ist abzulehnen. Die bisherige Praxis der vollen Überprüfung hat sich bewährt. 6

5) Werden entgegen § 570 vom Beschwerdegericht neue Tatsachen und Beweise **nicht berücksichtigt,** dann liegt darin ein wesentlicher Verfahrensverstoß, der nach der Rechtsprechung die weitere Beschwerde (§ 568 II) eröffnet (s § 568 Rn 16 ff). Der Mangel ist aber in der Beschwerdeinstanz heilbar (Hamm JMBlNRW 78, 55). 7

571 *[Verfahren des Gerichts des ersten Rechtszuges]*

Erachtet das Gericht oder der Vorsitzende, dessen Entscheidung angefochten wird, die Beschwerde für begründet, so haben sie ihr abzuhelfen; andernfalls ist die Beschwerde vor Ablauf einer Woche dem Beschwerdegericht vorzulegen.

1 **I) Anwendungsbereich.** Kann-Vorschrift (ganz hM; s zB Hamm FamRZ 86, 1127, 1128). Die Vorlagefrist von einer Woche beginnt (Hs 2) erst zu laufen, wenn das Erstgericht dem Gegner rechtl Gehör gewährt hat (Rn 6) und, ggf nach weiterer Aufklärung (Rn 2) zu dem Ergebnis gekommen ist, es sei nicht abzuhelfen. § 571 (zu ihrer Entstehungsgeschichte vgl Kunz, Erinnerung und Beschwerde, S 134 ff) bezieht sich nur auf die einfache Beschwerde (§ 577 III). Die darin vorgeschriebene Abhilfeprüfung ist ihrer Funktion nach eine vorgeschaltete Gegenvorstellung (Kunz, Erinnerung und Beschwerde, S 137 ff, 239 f). Nichtabhilfe iS des § 571 setzt daher immer eine vorangegangene Entscheidung voraus. Daran fehlt es, wenn über einen Antrag überhaupt noch nicht entschieden worden ist, zB weil das Gericht noch um weitere Sachverhaltsaufklärung bemüht ist oder Parteivorbringen nicht als Antrag erkannt wird, so daß Maßnahmen des Gerichts auch nicht Entscheidungs-Charakter haben können (Frankfurt JurBüro 79, 1873). Unanwendbar ist § 571, wenn die unmittelbar beim Beschwerdegericht eingelegte einfache Beschwerde von diesem als dringlich anerkannt wird (s § 569 Rn 2).

2 Eine **mündliche Verhandlung** ist auch im Abhilfeverfahren nach § 571 möglich, kommt aber kaum vor. Angebracht ist jedoch vielfach eine erweiterte Sachverhaltsaufklärung vor der Abhilfeentscheidung; dazu darf der Richter auch Beweis erheben (Kunz, Erinnerung und Beschwerde, S 231). Wird der gesamte **Rechtsstreit an ein anderes Gericht verwiesen,** dann ist das angewiesene Gericht zur Abänderung der von dem verweisenden Gericht erlassenen Entscheidungen befugt, soweit diesem die Änderung der eigenen Entscheidung gestattet war (KG NJW 69, 1816). **Keine Abhilfepflicht** besteht, wenn ein Beschwerderechtszug überhaupt nicht gegeben ist, etwa weil die weitere Beschwerde oder die Beschwerde an den BGH ausgeschlossen ist. In diesem Fall braucht der Erstrichter die Beschwerde allerdings nicht erst vorzulegen, sondern kann sie selbst verwerfen (BGH LM § 567 ZPO Nr 2; NJW 53, 1262; BayObLGZ 57, 129; Zweibrücken FamRZ 84, 1031; Köln Rpfleger 75, 67; s auch § 567 Rn 59). Legt das Erstgericht vor, dann bedarf es keiner Nichtabhilfeentscheidung, zB nicht bei einer wegen § 348 II 2 unstatthaften Beschwerde gegen die Übertragung des Rechtsstreits auf den Einzelrichter (Düsseldorf NJW 81, 352). Besteht der Beschwerdeführer auf einer Vorlage der unstatthaften Beschwerde, dann wird grundsätzlich vorzulegen sein (Köln Rpfleger 75, 67); abzusehen ist auch in diesem Fall von der Vorlage, wenn der Beschwerdeführer – was in der Praxis hin und wieder vorkommt – mit dem bewußt (er ist zB schon darauf hingewiesen oder mit einer Beschwerde abgewiesen worden) unstatthaft eingelegten Rechtsmittel das Verfahren verzögern, etwa das Zwangsversteigerungsverfahren blockieren will (Köln OLGZ 80, 350). Zu beachten ist, daß die Nichtvorlage nur dann Rechtens ist, wenn der Beschwerderechtszug schlechthin verschlossen ist. Die Prüfung, ob eine Beschwerde zulässig ist, obliegt allein dem Beschwerdegericht.

3 **II) Neues Vorbringen** (Zulässigkeit: § 570), das in der Beschwerdeschrift enthalten ist, muß vom Gericht oder Vorsitzenden berücksichtigt werden (RG JW 36, 1480; Hamburg MDR 64, 423; Frankfurt NJW 68, 57). Anderenfalls wird der Zweck des § 571, die kostenverursachende und zeitraubende Befassung des Beschwerdegerichts mit der Sache selbst zu vermeiden, leicht verfehlt, etwa wenn gebotene Korrekturen der Erstentscheidung unschwer durch das Erstgericht selbst vorgenommen werden können.

4 **1)** Der **Amtspflicht** (RG JW 36, 1480), den **Inhalt der Beschwerdeschrift** daraufhin **zu überprüfen,** ob die angefochtene Entscheidung ohne Vorlage an das Beschwerdegericht zu ändern ist (s dazu Werner, Rechtskraft und Innenbindung zivilprozessualer Beschlüsse, 1983, S 59 ff), darf nicht unter Berufung auf § 571 Hs 2 ausgewichen werden. Grobe Verstöße gegen die Überprüfungspflicht stellen einen wesentlichen Verfahrensmangel dar, der zur Aufhebung des Vorlagebeschlusses und zur Zurückweisung führen kann, zB wenn der Rechtspfleger ein Kostenfeststellungsgesuch mit einer offensichtlich unhaltbaren Begründung zurückgewiesen hat und das Erstgericht daraufhin wortlos vorlegt (Frankfurt Rpfleger 80, 276). Die Vorlagefrist von einer Woche ist eine **Soll-Vorschrift** (Rn 1), die ohnehin oft nicht eingehalten werden kann.

5 **2)** Wird eine **Beschwerde ohne Begründung eingelegt,** dann darf das Erstgericht die Soll-Vorschrift des § 571 Hs 2 beachten und **sofort vorlegen;** es braucht also nicht abzuwarten, ob und wann der Beschwerdeführer eine Begründung nachreicht. Wenn dies nach Vorlage geschieht, ist der Schriftsatz einfach an das Beschwerdegericht weiterzuleiten, und dieses hat sich damit zu befassen. Hat der Beschwerdeführer jedoch eine Begründung angekündigt, dann ist diese abzuwarten; hat er selbst eine Frist genannt, ist diese maßgebend, anderenfalls eine angemessene Frist, wobei es zweckdienlich ist, daß das Gericht sie von sich aus dem Beschwerdeführer mit-

teilt, damit die Überprüfung der Gewährung rechtlichen Gehörs (Art 103 I GG) unschwer möglich ist (vgl § 568 Rn 19 u § 573 Rn 10).

3) Vor jeder Abhilfe ist **rechtliches Gehör** zu gewähren (Art 103 I GG). Der Gegner muß also hinreichend Gelegenheit erhalten, sich zum Inhalt der Beschwerdeschrift zu äußern, bevor ein abändernder Beschluß ergeht (Hamm FamRZ 86, 1127). Erschöpft sich der Nichtabhilfe-Beschluß in der Vorlage an das Beschwerdegericht, dann verlangt Art 103 I GG entgegen heute weitgehend üblicher Praxis, daß die Parteien auch darüber unterrichtet werden, da sie ein schutzwürdiges Interesse daran haben, alsbald zu erfahren, daß und ab wann das Beschwerdegericht mit der Sache befaßt ist; der Nichtabhilfebeschluß ist den Parteien also mitzuteilen (Schneider JurBüro 75, 1425). Eine entsprechende ausdrückliche Regelung enthält § 11 II 4 RPflG. Dafür spricht im übrigen auch die Praktikabilität, da anderenfalls Schriftsätze mit weiteren Erklärungen und Gegenerklärungen statt an das aktenführende OLG noch an das LG gerichtet werden und von dort unter Zeitverlust weitergeleitet werden müssen, wozu eine **Pflicht** besteht (BVerfGE 62, 353). 6

III) Form und Inhalt des Vorlagebeschlusses. 1) Nach Koblenz (Rpfleger 78, 104; 74, 260) muß über die Abhilfe durch Beschluß entschieden werden, der die Namen der beteiligten Richter erkennen läßt, so daß eine lediglich vom Vorsitzenden unterzeichnete Übersendungsverfügung ungenügend ist. Der fehlende Beschluß kann aber nachgeholt werden; ein verständiges Beschwerdegericht verweist daher nicht zurück (§ 575), sondern leitet die Akten mit einem entsprechenden Vermerk an das Untergericht (s Rn 18). 7

2) Nichtabhilfebeschlüsse (Vorlagebeschlüsse) müssen nur dann **begründet** werden, wenn der Beschwerdeführer neue Tatsachen vorgebracht hat, deren Erheblichkeit verneint wird (Schleswig SchlHA 75, 180; Hamburg OLGZ 1982, 391; Köln FamRZ 86, 487). Werden sie begründet, dann muß die Begründung den Parteien ausnahmslos mitgeteilt werden. Hat das Erstgericht dies versäumt, so muß das Nachholen dieser Information die erste Maßnahme des Berichterstatters am Beschwerdegericht sein. Die Parteien können eine Beschwerde nur dann sachgerecht führen, wenn sie über sämtliche Erwägungen des unteren Gerichts unterrichtet sind. In der Praxis wird dagegen nicht selten verstoßen, zB indem der Berichterstatter des Erstgerichts einen Aktenvermerk niederlegt, in dem die Überlegungen festgehalten werden, die einer Abhilfe entgegenstehen, und dann vom Gericht ein nicht begründeter Vorlagebeschluß erlassen wird. Dieser Aktenvermerk muß den Parteien unbedingt (Art 103 I GG!) bekanntgegeben werden, notfalls noch in der Beschwerdeinstanz. 8

3) Zweifelhaft ist, ob in derartigen Fällen der **Aktenvermerk** überhaupt **zulässig** ist. Das wird verschiedentlich verneint und die Vorlage an das Beschwerdegericht in dieser Form für verfahrenswidrig gehalten (Kiel HEZ 2, 368). Auch wenn man dem folgt, ist den Parteien zunächst einmal vom Beschwerdegericht der Inhalt des Aktenvermerks zugänglich zu machen. Der Beschwerdeführer erhält dadurch die Möglichkeit, sein Rechtsmittel zurückzunehmen, wodurch vermieden werden kann, daß ein Beschwerdeverfahren fortgeführt wird, an dem der Beschwerdeführer nicht mehr interessiert ist, das er aber nicht rechtzeitig beenden kann, weil bereits an das Beschwerdegericht vorgelegt worden ist. Wegen des Verfahrensfehlers ist § 8 GKG anzuwenden. Auf keinen Fall ist es sinnvoll, aufzuheben und zurückzuverweisen, nur um dem Erstgericht Gelegenheit zu geben, seinen angefochtenen Beschluß mit anderer Begründung und gleichem Ergebnis erneut zu erlassen. Deshalb sollte aus diesem verfahrensrechtlich bedenklichen Vorgehen vom Beschwerdegericht keine Konsequenz gezogen werden, da sonst die prozessualen Schwierigkeiten, der Zeitaufwand und der Kostenanfall noch größer werden (ebenso wohl auch BFHE 121, 167). 9

4) Will das Erstgericht mit Rücksicht auf den Inhalt der Beschwerdeschrift an seiner Entscheidung nebst Begründung festhalten, aber die **Begründung durch weitere Erwägungen ergänzen,** dann kommt eine Abhilfe durch Erlaß eines neuen Beschlusses nicht in Betracht, sondern die ergänzende Begründung ist in den Vorlagebeschluß (oder auch einen „Aktenvermerk") hineinzunehmen (Köln FamRZ 86, 487). Es empfiehlt sich aber, dem Beschwerdeführer die erwogene Ergänzung der Begründung **vorher** mitzuteilen, so daß er auch in diesem Fall Gelegenheit hat, sich von den Erwägungen des Erstrichters überzeugen zu lassen und die Beschwerde zurückzunehmen (s Rothe DRZ 50, 152; s auch Hamelbeck DRZ 50, 296). 10

5) Erachtet das Erstgericht die Beschwerde nur **teilweise für begründet,** dann hilft es ihr insoweit ab und legt die Akten dem Beschwerdegericht wegen der unerledigten Beschwerde vor (zur Beschwer s Rn 19). Auch hier ist der Teil-Abhilfebeschluß den Parteien grundsätzlich zunächst mitzuteilen und die Vorlage an das Beschwerdegericht bis zu deren Äußerung zurückzustellen. Es kommt nämlich immer wieder vor, daß der Beschwerdeführer sich mit der Teil-Abhilfe begnügt und keinen Wert mehr auf die Fortsetzung des Beschwerdeverfahrens legt; er wird 11 dann die Beschwerde zurücknehmen. Geschieht das nicht, dann behält die bereits eingelegte Beschwerde ihre Wirksamkeit; es liegt ein einheitliches Erinnerungs- und Beschwerdeverfahren vor, das auch nur mit einer Kostenentscheidung abzuschließen ist (Rn 14). Der Beschwerdeführer braucht nicht etwa gegen die teilweise Nichtabhilfe erneut Beschwerde einzulegen (KG NJW 58, 2023).

12 Hilft das Erstgericht einer Beschwerde teilweise ab und legt daraufhin **die andere Partei Beschwerde gegen den Abhilfebeschluß** ein, dann ist das Beschwerdegericht mit **zwei Beschwerden** befaßt. Entscheidet es darüber nach Verbindung (§ 147) in einem einzigen Beschluß, so wird uU die Kostenentscheidung dieser Doppelung Rechnung tragen müssen (s Nürnberg JurBüro 63, 648; Schneider, Kostenentscheidung im Zivilurteil, 2. Aufl, § 31 II 7).

13 **6)** Zur **Abhilfe** ist das Erstgericht auch dann befugt, **wenn** die bei ihm eingegangene Beschwerde **wegen Formmangels unzulässig** ist (Nürnberg JurBüro 62, 359); ebenso bei fehlender Beschwer (RG JW 36, 1480). Das gilt auch bei **weiterer Beschwerde** (RGZ 33, 377; 37, 385). In der Sache bedeutet das, daß die unzulässige Beschwerde als Gegenvorstellung behandelt wird, etwa wenn sie unter Umgehung des Anwaltszwanges eingelegt worden ist. Zum Wegfall der Vorlagepflicht bei ausgeschlossener Beschwerde s Rn 2.

14 **IV) Abhilfeverfahren. 1)** Abhilfe **in vollem Umfang** erledigt die Beschwerde. Das Erstgericht hat dann auch über die **Kosten** des Beschwerdeverfahrens zu entscheiden (zum Kostenausspruch s KG DR 40, 2190; Gubelt MDR 70, 895; ferner Schellberg NJW 71, 1347 unter 4). Bei teilweiser Abhilfe hat das Beschwerdegericht eine einheitliche Kostenentscheidung zu treffen (KG DR 40, 2190; Frankfurt JurBüro 85, 1718). Die **Verlautbarung** des Abhilfebeschlusses richtet sich nach § 329.

15 **2)** Der Nichtabhilfebeschluß als solcher ist unanfechtbar (LG Berlin JurBüro 83, 1890). Die Beschwer des Beschwerdeführers wird durch volle Abhilfe beseitigt. Der Gegner jedoch kann gegen den ihn belastenden Abhilfebeschluß Beschwerde einlegen. Da auch diese Beschwerde zum Gericht der Erstbeschwerde geht, ist sie keine weitere und löst erneut die Prüfungspflicht und die Abhilfemöglichkeit nach § 571 aus.

16 **3) Hilft das untere Gericht nicht ab,** dann legt es die Akten mit einem entsprechenden Vermerk – in der Praxis meist in der Form eines von allen Richtern unterschriebenen Beschlusses – vor, aus dem sich ergibt, daß Abhilfe erwogen, aber abgelehnt worden ist. Eine nicht unterschriebene Vorlage ist zur Nachholung der Unterschrift zurückzusenden, damit feststeht, wem sie zuzurechnen ist. Ist das vorlegende Gericht jedoch nicht zur Abänderung befugt, dann ist das Fehlen einer Unterschrift unter der Vorlageverfügung bedeutungslos (Köln MDR 76, 497).

17 **V) Mit der Vorlage fällt die Sache dem Beschwerdegericht an,** selbst wenn der weitere Rechtszug verschlossen ist (oben Rn 1). **1)** Bei mangelhaftem Nichtabhilfebeschluß darf das Beschwerdegericht nach § 575 iVm §§ 538 ff analog zur erneuten Abhilfeprüfung zurückverweisen (Kunz, Erinnerung und Beschwerde, S 240). Formale Mängel lassen sich durch formlose Rücksendung der Akten zur Korrektur beheben (s Schneider MDR 78, 527; aA Kunz aaO).

18 **2)** Von der fehlenden Begründung des Nichtabhilfebeschlusses (Rn 8) ist die fehlende Begründung des angefochtenen Beschlusses und der Beschwerdeentscheidung (§ 573 Rn 17) zu unterscheiden. **Fehlt dem angefochtenen Beschluß** als solchem **die Begründung,** dann liegt darin ein Verfahrensmangel, wenn die Begründung sich nicht ohne weiteres aus dem Gesetz oder dem Akteninhalt ergibt; der Mangel kann dadurch geheilt werden, daß die fehlende Begründung im Nichtabhilfe-Beschluß nachgeholt wird (Hamm OLGZ 77, 410; Oldenburg NdsRpfl 80, 200; Schleswig SchlHA 82, 43; Schneider NJW 66, 1367). Die nachgeschobene Begründung ist jedoch den Parteien mitzuteilen, und zwar möglichst vor Weiterleitung der Akten an das OLG, damit der Beschwerdeführer Gelegenheit zur frühen Zurücknahme des Rechtsmittels hat.

19 **VI)** Umstritten ist, wie sich die **Beschwer** bemißt, wenn das Erstgericht einer Beschwerde **teilweise abhilft** (oben Rn 11). War die Beschwer vorher gegeben, dann kann teilweise Abhilfe das Rechtsmittel unzulässig machen, so daß der Erstrichter insgesamt selbst zu entscheiden hat (§ 567 Rn 49).

20 Die **Abhilfe** nach § 571 **kann** den Beschwerdeführer auch **verschlechtern,** wenn kein Verbot der reformatio in peius besteht, zB nach § 25 I 3 GKG im Streitwertbeschwerdeverfahren (Nürnberg JurBüro 68, 543; weitere Nachw bei Schneider, Streitwert-Komm, Streitwertbeschwerde *Reformatio in peius;* siehe ferner § 575 Rn 34).

572 *[Aufschiebende Wirkung]* **(1) Die Beschwerde hat nur dann aufschiebende Wirkung, wenn sie gegen eine der in den §§ 380, 390, 409, 613, 656, 678 erwähnten Entscheidungen gerichtet ist.**

(2) Das Gericht oder der Vorsitzende, dessen Entscheidung angefochten wird, kann anordnen, daß ihre Vollziehung auszusetzen ist.

(3) Das Beschwerdegericht kann vor der Entscheidung eine einstweilige Anordnung erlassen; es kann insbesondere anordnen, daß die Vollziehung der angefochtenen Entscheidung auszusetzen sei.

I) Abs 1. 1) Aufschiebende Wirkung (Gruetzmacher SchlHA 70, 218) der Beschwerde: **§§ 380, 390, 409, 613:** Bestrafung eines Zeugen oder Sachverständigen wegen unentschuldigten Ausbleibens, Verweigerung des Zeugnisses oder des Gutachtens; Bestrafung der trotz Anordnung des persönlichen Erscheinens ausgebliebenen Partei in Ehesachen; **§ 656:** Unterbringung des zu Entmündigenden in einer Heilanstalt; **§ 678:** Wiederaufhebung der Entmündigung. 1

2) § 572 I ist entsprechend anwendbar in den Fällen der **§§ 141 III, 273 IV:** Ausbleiben einer Partei trotz Anordnung ihres persönlichen Erscheinens; **§ 387 III:** Zwischenurteil wegen Zeugnisverweigerung; **§ 411:** Versäumung der Frist zur Abgabe eines Gutachtens durch den Sachverständigen; **§ 900 V:** Beschluß über die Pflicht zur Abgabe der eidesstattlichen Versicherung; nach **§ 74 KO** kann das Beschwerdegericht die sofortige Wirksamkeit einer Entscheidung anordnen; nach **§ 181 II GVG** haben Beschwerden gegen Maßnahmen innerhalb der Sitzung (§ 178 GVG) keine aufschiebende Wirkung, während diese bei Maßnahmen außerhalb der Sitzung (§ 180 GVG) vorgesehen ist. 2

3) Die **Aufzählung in § 572** ist im übrigen **erschöpfend;** sie gilt auch für die sofortige Beschwerde. Wenn die Beschwerde keine aufschiebende Wirkung hat, kann das Verfahren fortgesetzt werden; hat die angefochtene Entscheidung einen **vollstreckungsfähigen Inhalt,** dann ist sie ungeachtet der Beschwerde ein beachtlicher Vollstreckungstitel (§ 794 I Nr 3). Das Fehlen aufschiebender Wirkung wird nicht selten bei **Vollstreckungsbeschwerden** übersehen und kann zu unheilbaren Vermögensschäden des Gläubigers führen, wenn Vollstreckungsmaßnahmen aufgehoben werden, ohne daß nach § 572 II die Vollziehung des aufhebenden Beschlusses bis zu dessen Rechtskraft ausgesetzt wird (BGHZ 66, 395; Berner Rpfleger 61, 56; Rn 6). 3

4) Soweit eine aufschiebende Wirkung besteht, genügt zur **Hemmung des Vollzugs** bereits der Nachweis, daß Beschwerde eingelegt worden ist. Wenn die Zwangsvollstreckung schon in Gang gesetzt ist, muß eine einstweilige Anordnung nach §§ 732 II, 775 Nr 2 erwirkt werden. 4

II) Abs 2 u 3. 1) Die Anordnung, daß die **Vollziehung auszusetzen** sei, kann vom Untergericht, dessen Vorsitzendem oder dem Beschwerdegericht erlassen werden. Das Beschwerdegericht ist unmittelbar zuständig, wenn die Beschwerde bei ihm eingelegt *und* die Sache als dringend befunden worden ist (§ 569 I Hs 2), sonst erst nach Vorlage durch das Erstgericht. Vor einer verfahrensmäßig gebotenen Entscheidung des Untergerichts über die Abhilfe ist das Beschwerdegericht nicht befugt, die Vollziehung auszusetzen, auch wenn ein dahingehender selbständiger Antrag gestellt wird (Schleswig SchlHA 71, 51). 5

2) Darüber, ob **Aussetzung der Vollziehung** angebracht ist, muß von Amts wegen befunden werden, so daß ein Antrag lediglich die Bedeutung einer Anregung hat. Erhebliche Gründe sind beispielsweise wesentliche Nachteile durch Vollziehung oder zweifelhafte Rechtslage. Das Erstgericht darf auch von vornherein das Wirksamwerden seiner Entscheidung bis zu deren Rechtskraft aussetzen. Das ist insbesondere dann geboten, wenn Vollstreckungsmaßnahmen aufgehoben werden sollen, da ohne diese sichernde Vollziehungshemmung die Vollstreckungsmaßnahmen wegen des Fehlens aufschiebender Wirkung (§ 572 I) endgültig und unheilbar unwirksam werden mit der Folge, daß Neuvornahme erforderlich ist, verbunden mit dem Schaden des Gläubigers bei zwischenzeitlicher Pfändung durch andere Gläubiger (§ 804 III; s BGHZ 66, 395; Berner Rpfleger 53, 585; 61, 56 m Nachw; Köln ZIP 80, 578). Deshalb darf das Beschwerdegericht bei teilweiser sachlicher Unbegründetheit der Beschwerde gegen den Erlaß eines Pfändungs- und Überweisungsbeschlusses auch nur teilweise zurückweisen und nicht insgesamt aufheben und zurückverweisen, wenn nicht zugleich die Wirksamkeit der aufhebenden Entscheidung bis zu ihrer Rechtskraft ausgesetzt wird (Köln ZIP 80, 578). Der Fehler der unbedingten Aufhebung kann auch das Rechtsschutzbedürfnis entfallen lassen, so wenn das AG nach einstweiliger Einstellung der Zwangsvollstreckung den Pfändungs- und Überweisungsbeschluß mit sofortiger Wirkung aufhebt und dadurch die Beschwerde im nebenherlaufenden Einstellungsverfahren gegenstandslos macht (Köln JurBüro 80, 1090). 6

7 **3)** Das **Beschwerdegericht** darf, abweichend vom Untergericht, auch einstweilige Anordnungen anderer Art treffen, etwa die Vollziehung gegen Leistung einer Sicherheit einstellen oder entsprechend § 711 eine Abwendungsbefugnis aussprechen; es ist inhaltlich nicht gebunden. Die Anordnung ist **solange wirksam und beachtlich,** bis die Schlußentscheidung des Beschwerdegerichts gegenüber den Beteiligten verlautbart wird, § 329 III (Köln WRP 83, 304). Dadurch tritt sie von selbst außer Kraft. Unberührt von der Unanfechtbarkeit der Anordnungen bleibt die **Befugnis des Beschwerdegerichts,** die von ihm selbst oder vom Untergericht (Wieczorek, 2. Aufl 77, § 572 Anm B IV) erlassenen **Anordnungen jederzeit wieder aufzuheben.** Eine derartige Entscheidung ist ihrerseits wiederum unanfechtbar (KG JW 38, 1841), ebenso wie die Ablehnung eines Antrags, eine einstweilige Anordnung aufzuheben oder erstmals zu erlassen (Hamm JMBlNRW 56, 17; 63, 132; Celle MDR 60, 232; Schleswig SchlHA 71, 51). Zur **Einstellung der Zwangsvollstrekkung** wegen einer die Vollziehung aussetzenden Anordnung ist die Ausfertigung der gerichtlichen Entscheidung vorzulegen (§ 775 Nr 2).

8 **III) Beschwerde** ist **ausgeschlossen** (RGZ 35, 341; München MDR 73, 147; LG Saarbrücken DAVorm 85, 83). Das gilt auch innerhalb der Zwangsvollstreckung, weil es sich nicht um eine „Entscheidung" iS des § 793 handelt (RGZ 35, 341; KG NJW 71, 473; s ausführl dazu Kunz, Erinnerung und Beschwerde, 1980, S 17 ff). Mit Köln (JMBlNRW 68, 9) ist jedoch die Beschwerde ausnahmsweise dann zuzulassen, wenn eine im Zwangsvollstreckungsverfahren erlassene einstweilige Anordnung einer Entscheidung in der Hauptsache gleichkommt, zB wenn die Versagung oder Gewährung einer Räumungsfrist durch „einstweilige Einstellung" vorweggenommen wird. In derartigen Fällen handelt es sich in Wirklichkeit um eine Entscheidung zur Hauptsache, die nur äußerlich in der Form eines Einstellungsbeschlusses ergeht. Das führt dann zur Zubilligung des in der Hauptsache statthaften Rechtsmittels. Das Beschwerdegericht hat die Möglichkeit, unbefristete oder überlange einstweilige Einstellungen in Abänderung des angefochtenen Beschlusses angemessen zu befristen. Die Beschwerde ist ausnahmsweise auch dann zu gewähren, wenn es für den Erlaß der einstweiligen Anordnung an der **funktionellen Zuständigkeit** gefehlt hat, weil sonst einer Partei der gesetzliche Richter (Art 101 I 2 GG) entzogen würde. Deshalb ist auch Stuttgart (OLGZ 77, 115) zuzustimmen, das eine Beschwerde zur Entscheidung angenommen hat, nachdem das LG über einen Räumungsschutzantrag, den der Rpfleger beschieden hatte, unter Übergehung des AG sachlich entschieden hatte.

9 **IV) Gebühren** des **Gerichts**: Die Anordnungen nach Abs 2 u 3 sind gebührenfrei (§ 1 Abs 1 GKG).

573 *[Entscheidung über die Beschwerde]*

(1) Die Entscheidung über die Beschwerde kann ohne mündliche Verhandlung ergehen.

(2) Ordnet das Gericht eine schriftliche Erklärung an, so kann sie durch einen Anwalt abgegeben werden, der bei dem Gericht zugelassen ist, von dem oder von dessen Vorsitzenden die angefochtene Entscheidung erlassen ist. In den Fällen, in denen die Beschwerde zum Protokoll der Geschäftsstelle eingelegt werden darf, kann auch die Erklärung zum Protokoll der Geschäftsstelle abgegeben werden.

1 **I) Abs 1.** Über Beschwerden wird in der Praxis fast ausnahmslos **ohne mündliche Verhandlung** entschieden. Da das Beschwerdegericht Tatsacheninstanz ist, darf es weiter aufklären, auch Beweis erheben. Seine Entscheidung hat sich auf das zur Zeit der Beschlußfassung geltende Recht zu stützen (Frankfurt FRES 5, 370).

2 **1)** Soll ausnahmsweise mündlich verhandelt werden, hat die **Anordnung durch das Gericht** zu ergehen; der Vorsitzende allein ist dafür nicht zuständig. In diesem Fall besteht **Anwaltszwang,** weil das Beschwerdegericht immer ein Kollegialgericht ist (§ 78 I 1). Gleichgültig ist, ob der Rechtszug beim AG begonnen hat und deshalb die **Einreichung** der Beschwerde **vom Anwaltszwang befreit** ist (§ 569 II 2; Bergerfurth, Der Anwaltszwang und seine Ausnahmen, 1981, S 114). Mündlicher Vortrag vor einem Kollegialgericht mit Anwaltszwang setzt Postulationsfähigkeit des Vortragenden voraus. Dabei hat es auch dann sein Bewenden, wenn die Beschwerde aus einer Durchgriffserinnerung gegen eine Entscheidung des LG-Rechtspflegers entstanden ist (Bremen NJW 72, 1241; Bergerfurth, Anwaltszwang S 115 f).

3 **2)** Hiervon ist jedoch die Frage zu unterscheiden, ob bei **Durchgriffserinnerungen** gegen Entscheidungen des LG-Rechtspflegers Anwaltszwang auch im lediglich schriftlichen Verfahren geboten ist. Mit Bergerfurth (Der Anwaltszwang und seine Ausnahmen, 1981, S 115 f m Nachw zum Streitstand) besteht für die Einlegung der Erinnerung **kein** Anwaltszwang und nach Vor-

lage beim Beschwerdegericht und dadurch notwendig werdender schriftlicher Erklärung **gemilderter** Anwaltszwang (§ 573 II 1). **Strenger** Anwaltszwang (Postulationsfähigkeit beim Beschwerdegericht) ist deshalb auf den seltenen Fall der Anordnung mündlicher Verhandlung beschränkt. S auch unten Rn 12.

II) Auf das Beschwerdeverfahren sind die **allgemeinen Vorschriften** (§§ 1–252) **anzuwenden,** also auch die zur Beteiligung Dritter (§§ 64 ff; zur Streithilfe in fG-Verfahren s BGHZ 38, 110 = ZZP 77 [1964], 305 m Anm Fenn) u zur Unterbrechung und Aussetzung (§§ 239 ff; Wieczorek § 567 Anm A IIIb 1) sowie der Verweisung gem § 281 (Hamburg FamRZ 84, 804). Von den Bestimmungen über das Verfahren im ersten Rechtszug (§§ 253–510b) gelten diejenigen, die wegen Gleichheit des Verfahrensganges auf das Beschwerdeverfahren passen (s zur Anwendung von Urteilsvorschriften § 329 Rn 28 ff u im übrigen die Auflistung bei Wieczorek § 567 Anm A II). Für die Praxis wichtig ist, daß § 315 I für Beschwerdeentscheidungen nicht gilt (§ 329 Rn 36). Beschlüsse müssen lediglich erkennbar machen, welche Richter an Beratung und Beschlußfassung teilgenommen haben. Es genügt daher zB die Unterschrift des Vorsitzenden und des Berichterstatters, wenn der mitwirkende dritte Richter an anderer Stelle des Beschlusses namentlich genannt ist. Hier ist in jedem Einzelfall eine **Prüfung der Analogiefähigkeit** nötig, wobei ein wesentliches Unterscheidungskriterium die Notwendigkeit mündlicher Verhandlung nur im Urteilsverfahren ist, weshalb zB die Präklusionsvorschriften nicht anwendbar sind (BVerfGE 59, 330; s § 570 Rn 1). Nach Köln (JMBlNRW 82, 153) ist § 538 I Nr 5 rechtsähnlich anwendbar, wenn Vorbringen als unstreitig behandelt worden ist, weil der Beschwerdeführer eine ihm gesetzte Äußerungsfrist nicht gewahrt hat. Einen **Einzelrichter** gibt es im Beschwerdeverfahren nicht (s § 524 Rn 66). 4

III) Hinsichtlich der **Beweisaufnahme** ist das Beschwerdegericht im Beschlußverfahren freier gestellt als im Erkenntnisverfahren (KG JW 31, 3565). Die maßgebenden Grundsätze des Beweisverfahrens sind jedoch zu beachten (Hamm JMBlNRW 55, 222); denn sie stellen **Schutzrechte zugunsten der Parteien** dar, die teilweise sogar durch die Grundrechte verfassungsrechtlich geschützt sind. Gebote beispielsweise wie die Unmittelbarkeit der Beweisaufnahme (§ 355 I), das Fragerecht der Parteien gegenüber Zeugen und Sachverständigen (§§ 397, 402) oder das Verbot der Beweisantizipation sowie der Berücksichtigung rechtswidrig erlangter Beweismittel (s Schneider, Beweis und Beweiswürdigung, §§ 11, 12) müssen in einem rechtsstaatlich ablaufenden Verfahren immer beachtet werden. 5

IV) Abs 2. 1) Das **schriftliche Verfahren** ist die Regel. Eine Aufforderung zur schriftsätzlichen Äußerung (§ 573 II 1) liegt schon darin, daß die Beschwerdeschrift oder die Gegenäußerung der anderen Partei ohne gleichzeitige Anberaumung einer mündlichen Verhandlung zur Kenntnis und zur Stellungnahme zugeleitet wird. 6

2) Soweit in §§ 91a II 2, 99 II 2 vorgesehen ist, daß der Gegner über die Entscheidung zur Beschwerde zu hören sei, handelt es sich nicht um eine Ausnahme, sondern – nach heutigem Rechtsverständnis – um eine Selbstverständlichkeit. Denn der in Art 103 I GG niedergelegte **Grundsatz des Anspruchs auf Wahrung rechtlichen Gehörs** (Wassermann DRiZ 84, 421) verlangt, daß der Beschwerdegegner die Möglichkeit hat, sich zu äußern, wenn die Entscheidung zu seinen Ungunsten abgeändert werden soll (BayObLG MDR 80, 858; Frankfurt Rpfleger 80, 396; Köln Rpfleger 85, 498; Nachw zur Rspr des BVerfG in Leibholz/Rinck Art 103 Anm 1–17). Unerheblich ist, ob ein Verstoß dagegen auf Verschulden beruht (s zB BVerfGE 34, 347; 50, 385). 7

3) Zweifelhaft ist, ob **Anhörung des Gegners** dann entbehrlich ist, wenn die **Beschwerde** aufgrund des eigenen Vorbringens des Beschwerdeführers **zurückgewiesen** werden kann, insbesondere wenn sie unstatthaft oder unzulässig ist. Das sollte bejaht werden (ebenso Frankfurt Rpfleger 80, 396; Schneider MDR 86, 642; Waldner, Aktuelle Probleme des rechtlichen Gehörs, 1983, S 206 ff). Dementsprechend verfährt auch die Praxis weitgehend. Dies dient nicht nur der Beschleunigung, sondern vermindert auch die Kosten. Wird dem Beschwerdegegner eine unstatthafte, unzulässige oder offensichtlich unbegründete Beschwerdeschrift zur Stellungnahme übersandt, so wird, wenn bereits ein Anwalt tätig ist, dieser erwidern; anderenfalls wird die Partei uU einen Anwalt eigens zur (prozessual völlig überflüssigen) Erwiderung mandatieren. Das Verfahren kann dadurch nicht gefördert, sondern nur verzögert werden. Im übrigen wäre ein solches Vorgehen selbst dann folgenlos, wenn man darin eine Verletzung des rechtlichen Gehörs sehen wollte, weil die sofortige Abweisung der Beschwerde den Gegner nicht beschweren kann. Art 103 I GG steht nicht entgegen, weil die sofort verwerfende oder zurückweisende Entscheidung nicht auf der unterbliebenen Anhörung des Gegners beruht (s BVerfGE 14, 323 f; 36, 97); er wird nicht beschwert (BVerfGE 7, 98; 19, 51; 30, 408). 8

9 **4)** Wird die Beschwerde nicht sofort abgewiesen, sondern das **Verfahren schriftlich durchgeführt,** dann ist eine **Gegenäußerung** auch dem Beschwerdeführer zur Stellungnahme zuzusenden; das nicht mündlich ablaufende Verfahren muß also „ausgeschrieben" werden. Dazu gehört, daß beide Parteien Gelegenheit erhalten, sich zum Ergebnis einer Beweisaufnahme im Beschwerdeverfahren zu äußern, bevor das Beweisergebnis zur Entscheidungsgrundlage gemacht wird.

10 **5)** Zweckmäßigerweise werden Schriftsätze unter gleichzeitiger **Setzung einer Frist zur Äußerung** übersandt. Aus Art 103 I GG folgt jedoch keine Pflicht, unter Fristsetzung zur Stellungnahme aufzufordern, sondern das Gericht muß lediglich eine angemessene Äußerungszeit abwarten (Köln Rpfleger 84, 424; NJW-RR 86, 1124; ZIP 86, 658, bestätigt von BVerfG ZIP 86, 1336), wobei das Mindestmaß der anzusetzenden Bearbeitungszeit für Partei oder Anwalt von den Umständen des Einzelfalles abhängt, insbesondere von der Schwierigkeit der Sache, dem Umfang der Akten, der Eilbedürftigkeit usw. (BVerfGE 60, 317, 318; Hamburg ZSW 82, 262; BayObLG MDR 60, 147). In der Regel wird ein Zeitraum von **zwei bis drei Wochen** genügen; geringeres Zuwarten erscheint im Hinblick auf Art 103 I GG bedenklich. Für Rechtsausführungen hat das BVerfG eine Zeitspanne „von etwa zwei Wochen bis zur Entscheidung des Gerichts noch als angemessen" angesehen (ZIP 86, 1337). Eine zu kurze Frist ist verfassungswidrig (LG Frankfurt Rpfleger 86, 401: drei Tage bei notwendiger Rücksprache mit dem Mandanten). Soweit BVerfGE 36, 85 verlangt hat, das Gericht müsse vor Erlaß einer Entscheidung prüfen, ob rechtliches Gehör gewährt worden sei und sich dazu vergewissern, ob ein formlos (!) übersandter Schriftsatz auch zugegangen sei, kann dem nicht gefolgt werden (ablehnend auch Scheld Rpfleger 74, 212). Ein derartiges Verlangen kann in der Praxis nur dadurch erfüllt werden, daß jedes Schriftstück förmlich zugestellt wird (Frankfurt MDR 83, 1029 fordert gfls Überwachung „durch Beifügen einer rückgabepflichtigen Empfangsbescheinigung" [?]). Dem steht aber bereits die Regelung in § 270 II 2 entgegen, die eine Vermutung für den Zugang formlos übermittelter Schriftsätze aufstellt, der Partei aber Gelegenheit gibt, Zugangsmängel vorzubringen. Es ist nicht ersichtlich, daß diese Regelung verfassungswidrig sei; dann aber können die Gerichte auch nicht gegen Art 103 I GG verstoßen, wenn sie danach verfahren. Eine dem Beschwerdeführer gewährte hinreichende Äußerungsfrist muß von ihm gewahrt werden; er hat keinen Rechtsanspruch auf Fristverlängerung und kann sie sich auch nicht dadurch verschaffen, daß er dem Gericht mitteilt, ihm reiche die (hinreichend bemessene) Zeit nicht, sofern er nicht dafür plausible Gründe darlegt (Köln ZIP 83, 116).

11 **V) Anwaltszwang (Lit:** *Bergerfurth,* Der Anwaltszwang und seine Ausnahmen, 1981). In den Fällen des § 569 II 2, in denen die **Beschwerde zu Protokoll des Urkundsbeamten** der Geschäftsstelle oder schriftlich eingelegt werden darf, können die Parteien ihre Erklärung auch während des Verfahrens vor dem Beschwerdegericht zu Protokoll der Geschäftsstelle oder privatschriftlich ohne Anwalt abgeben. Anwaltszwang besteht dann nicht, solange nicht Entscheidung aufgrund mündlicher Verhandlung angeordnet wird (s dann Rn 2).

12 **1)** Umstritten ist, ob das auch dann gilt, wenn eine **Durchgriffserinnerung** gegen eine Entscheidung des LG-Rechtspflegers durch Nichtabhilfe zur Beschwerde wird, obwohl die Erinnerung privatschriftlich oder zu Protokoll der Geschäftsstelle eingelegt werden konnte (§ 13 RPflG). Alle denkbaren Auffassungen werden vertreten: **Anwaltszwang** (Frankfurt NJW 71, 1188; Bremen NJW 72, 1281); **kein Anwaltszwang** (Hamm NJW 71, 1186; KG Rpfleger 71, 63); **schon Vorlage an das Beschwerdegericht sei unzulässig** (Stuttgart Rpfleger 71, 145; NJW 71, 1707). Einzelheiten dazu finden sich bei Bergerfurth, Der Anwaltszwang und seine Ausnahmen, sowie bei § 569 Rn 21 ff.

13 **2)** Soweit der **Gegner sich nicht** durch einen Anwalt oder persönlich **äußert,** ist lediglich auf der Grundlage des Beschwerdevorbringens zu entscheiden. Nach allgemeinen Verfahrens- und Beweiswürdigungsgrundsätzen ist das **Schweigen** des Gegners dahin zu deuten, daß die tatsächlichen Darlegungen des Beschwerdeführers zutreffend sind (RG JW 95, 382). Die Frage des Anwaltszwangs stellt sich dann nicht.

14 **3)** Im üblichen Verfahren mit schriftlicher Erklärung ist der **Anwaltszwang** immer **gemildert** (s Bergerfurth NJW 61, 1239). Die erstinstanzlich zugelassenen Anwälte der Parteien dürfen das schriftsätzliche Verfahren führen, auch wenn sie beim Beschwerdegericht nicht zugelassen sind. Dementsprechend wird in der Praxis das Beschwerdeverfahren vor dem OLG so gut wie immer durch LG-Anwälte vertreten (s auch § 569 Rn 13).

15 **VI)** Die **Entscheidung des Beschwerdegerichts** ist bei auf Grund mündlicher Verhandlung ergehenden Beschlüssen **zu verkünden** (§ 329 I), im übrigen **formlos mitzuteilen** oder ausnahmsweise **zuzustellen** (§ 329 II, III). Durch Beschluß ist auch dann zu entscheiden, wenn ein Urteil oder Zwischenurteil zulässigerweise mit der Beschwerde angefochten worden ist.

1) Die Beschwerdeentscheidung muß sich auf den **Beschwerdeantrag** oder bei nicht formuliertem Antrag auf das **erkennbare Beschwerdeziel** beschränken **(§ 308 I).** Eine Entscheidung zu Ungunsten des Beschwerdeführers **(reformatio in peius)** ist grundsätzlich nicht statthaft. Kein Verschlechterungsverbot für Verfahrensvoraussetzungen, die von Amts wegen zu beachten sind (§ 536 Rn 8, 9; § 575 Rn 34); nicht zu verwechseln mit der Schlüssigkeitsprüfung, wozu im Vollstreckungsverfahren auch die Pfändbarkeit zählt (Hamm DAVorm 86, 265, 268). Ausnahmsweise entfällt die Antragsbindung und das Verschlechterungsverbot, wenn das Gericht nach freiem Ermessen entscheiden oder abändern darf, auch bei Aufhebung und Zurückweisung (§ 575). Hauptanwendungsfall ist das Streitwertbeschwerdeverfahren (§ 25 I 3 GKG). 16

2) Eine **Begründung der Beschwerdeentscheidung** (s dazu Waldner, Aktuelle Probleme des rechtlichen Gehörs, 1983, S 111 ff u § 568 Rn 21) ist nicht vorgeschrieben. Aus rechtsstaatlichen Gründen ist sie aber angebracht, weil anderenfalls die Beteiligten über die Erwägungen des Beschwerdegerichts im unklaren bleiben und sich nicht darüber schlüssig werden können, ob und welche weiteren Möglichkeiten zu ergreifen sind, etwa die Einlegung der weiteren Beschwerde oder einer Verfassungsbeschwerde (§ 329 Rn 24; Schneider NJW 66, 1367; MDR 81, 462). Das verfassungsrechtliche Willkürverbot wird verletzt, wenn vom eindeutigen Wortlaut einer Vorschrift ohne jedwede Begründung abgewichen wird (BVerfGE 71, 135 f). Jedoch ist nur hinreichende Information der Parteien zu verlangen. Gibt es schon in der ZPO keinen Rechtssatz, wonach beschwerdefähige Entscheidungen immer begründet werden müssen, dann kann dies erst recht nicht für unanfechtbare Beschlüsse gelten. Auch das Beschwerdegericht ist nicht gehalten, sich mit sämtlichem Vorbringen der Parteien auseinanderzusetzen oder gar auf Streitstoff einzugehen, den es für unerheblich ansieht (BVerfGE 65, 293, 295). Es darf sich also knapp halten und sich entsprechend § 543 I auch mit einer Bezugnahme begnügen. Verfahrensrügen können entsprechend § 565 a übergangen werden, wenn sie nicht durchgreifen. 17

3) Der **Inhalt der Beschwerdeentscheidung** richtet sich nach §§ 574, 575 (s auch § 329 Rn 28 ff). **Formzwang** wie beim Urteil (§ 313) besteht nicht, so daß häufig kein Sachverhalt mitgeteilt wird. Unterschrift aller mitwirkenden Richter ist (anders als beim Urteil, § 315 I) kein Wirksamkeitserfordernis (Düsseldorf MDR 80, 943). Es muß nur erkennbar sein, daß es sich um einen Beschluß des Kollegiums handelt (Braunschweig JW 28, 1843; Dresden JW 28, 2734). 18

4) Die **Zurücknahme der Beschwerde** ist ohne Einwilligung des Gegners statthaft; die §§ 269 I, 515 I sind nicht entsprechend anwendbar, da sie eine notwendige mündliche Verhandlung voraussetzen. Anwaltszwang bei Rücknahme richtet sich danach, ob er auch für die Einlegung besteht (s Bergerfurth, Der Anwaltszwang und seine Ausnahmen, 1981, S 114 f). 19

5) Über die **Kostenentscheidung** s § 567 Rn 60 f. Über den Wertansatz und den Kostenpunkt bei Anfechtung einer Entscheidung durch **mehrere Beschwerden** vgl Schneider, MDR 73, 979. Mehrere Beschwerden können auch **entsprechend § 147** miteinander **verbunden** werden. Da – falls nicht ausnahmsweise angeordnet – keine mündliche Verhandlung stattfindet, darf hier – anders als im Urteilsverfahren (vgl Schneider MDR 74, 7) – lediglich zur gemeinsamen Entscheidung verbunden werden. In diesem Fall gilt ab Verbindung, also für den die mehreren Beschwerden einheitlich erledigenden Beschluß des Beschwerdegerichts, das Gebot der Beschwerdewertaddition (§ 5 ZPO, 19 GKG). 20

6) Ob Beschlüsse und damit auch Beschwerdeentscheidungen **rechtskräftig** werden, hängt von ihrem Inhalt ab (Einzelheiten bei Wieczorek, 2. Aufl 76, § 322 Anm A II b–A III d). Von praktischer Bedeutung ist diese Frage wegen der Abänderungsmöglichkeit (§ 567 Rn 16 ff, 19 ff). 21

Darüber, wann Beschwerdeentscheidungen **existent und wirksam** werden, s § 567 Rn 3.

574 *[Prüfung der Zulässigkeit der Beschwerde]*

Das Beschwerdegericht hat von Amts wegen zu prüfen, ob die Beschwerde an sich statthaft und ob sie in der gesetzlichen Form und Frist eingelegt ist. Mangelt es an einem dieser Erfordernisse, so ist die Beschwerde als unzulässig zu verwerfen.

I) § 574 entspricht der Regelung des § 519 b für das Berufungsverfahren. Zu den **Formerfordernissen** der Beschwerde vgl § 569 Rn 6; zur **Frist** bei der sofortigen Beschwerde § 577 Rn 5 ff; zur Zulässigkeit der **weiteren Beschwerde** § 568 Rn 5 ff. Zur **deutschen Sprache** s § 569 Rn 10. Im übrigen sei auf die Erläuterungen zum Berufungsrecht verwiesen. Ist **statt Erinnerung** nach § 766 eine **Beschwerde** eingereicht und vom AG dem LG vorgelegt worden, so kann die Sache an das AG zur eigenen Entscheidung zurückgegeben werden. 1

2 **1) Zulässigkeit** ist im Rechtsmittelrecht der Oberbegriff. Mit „an sich statthaft" ist gemeint, daß die Beschwerde überhaupt gegeben sein muß; das ist beispielsweise nicht der Fall bei OLG-Beschlüssen (§ 567 III 1) oder gegen Beschlüsse des LG als Berufungsgericht, weil der Rechtsmittelzug in der Hauptsache erschöpft ist (s § 567 Rn 10). Zur Zulässigkeit ist dann weiter die Beschwerdefähigkeit (§ 567 I), eine Beschwer (§ 567 II) und bei sofortigen Beschwerden Fristwahrung (§ 577 II) erforderlich. Darüber hinaus kann im Einzelfall der Mangel eines Rechtsschutzbedürfnisses die Zulässigkeit ausräumen, etwa bei sog prozessualer Überholung (s oben § 567 Rn 7). Hat das Untergericht seine **örtliche Zuständigkeit** zu Unrecht genommen, dann kann die Zulässigkeit der Beschwerde im höheren Rechtszug nicht mehr verneint werden (§§ 512a, 549 II; Karlsruhe MDR 76, 1026; WRP 77, 44; LG Berlin JurBüro 79, 771).

3 **a)** Für die Zulässigkeit der Beschwerde ist (abgesehen von der Fristwahrung nach § 577 II 1, 2) nicht der **Zeitpunkt** der Einlegung, sondern der **der Entscheidung** maßgebend. **Anfängliche Mängel** können daher noch **geheilt** werden, zB das Fehlen der Vollmacht (Köln Rpfleger 76, 101; dazu Schneider MDR 78, 530; § 569 Rn 15, 31); die geschäftsunfähige Partei kann, soweit es gerade um ihre Geschäftsfähigkeit geht, selbständig Beschwerde einlegen und sich dabei auch anwaltlich vertreten lassen (Frankfurt FRES 2, 315). Daß der Zeitpunkt der Einlegung die Zulässigkeit nicht fixiert, zeigen auch die Fälle verfahrensrechtlicher Überholung, in denen das Rechtsschutzbedürnis nach Einlegung entfällt, weil der Rechtsstreit in eine Lage kommt, in der die mit der Beschwerde begehrte Entscheidung zwecklos wird, etwa wenn nach Ablehnung einer Verfahrensaussetzung Endurteil ergeht (§ 567 Rn 10).

4 **b)** Eine **unzulässige Beschwerde** wird durch Beschluß verworfen, der eine Kostenentscheidung gegen den Beschwerdeführer zu enthalten hat (§ 97 I). Ist ein **vollmachtloser Vertreter** aufgetreten, dann sind die Kosten des Beschwerdeverfahrens dem Beschwerdeführer aufzuerlegen, wenn er die vollmachtlose Vertretung veranlaßt hat, anderenfalls dem Vertreter selbst (ausführlich dazu Schneider Rpfleger 76, 229 ff; ferner Schleswig SchlHA 78, 114). **Keine Verwerfung** findet statt, wenn eine Beschwerde an die falsche Kammer oder an den falschen Senat gelangt ist. Sie ist entsprechend der **funktionellen Zuständigkeit** oder der Regelung im Geschäftsverteilungsplan vom Amts wegen abzugeben, da der Eingang beim Gericht als solchem maßgebend ist; die innere Zuständigkeit richtet sich nur nach dem Geschäftsverteilungsplan und ist für die Rechtsmittelförmlichkeiten unerheblich.

5 **2)** Die **Begründetheit** beurteilt sich nach dem **Zeitpunkt der Entscheidung,** also dem der Beschlußfassung; das dann geltende Recht ist maßgebend (Frankfurt FRES 5, 370).

6 **II)** Verwerfung als unzulässig und Zurückweisung als unbegründet können zusammentreffen, wenn in einem Verfahren Rechtsschutzziele mit je eigenem Instanzenzug verfolgt werden, zB bei §§ 30b III 2 ZVG, 765a. Es handelt sich dabei um zwei Anträge mit selbständigen Verfahrensgängen und Rechtsmittelzügen, die lediglich konkludent verbunden sind. Deshalb könnten auch getrennte Beschwerdeentscheidungen ergehen.

Umstritten ist, ob die **Zulässigkeit** den absoluten **prozessualen Vorrang** vor der Begründetheit hat. Das wird zwar allgemein bejaht, aber nicht ebenso allgemein praktiziert. Es ist oft wenig sinnvoll, ein umständliches Verfahren ablaufen zu lassen, um Zulässigkeitsvoraussetzungen zu ermitteln, wenn die offensichtliche Unbegründetheit einer Beschwerde bereits feststeht und mit einem Satz dargetan werden kann. Das läuft auf Prinzipienreiterei hinaus. Richtig ist es in solchen Fällen, die Zulässigkeitsfrage kurzerhand offenzulassen und als unbegründet zurückzuweisen (so zB Köln NJW 74, 1515 mit zust Anm Gottwald; Rpfleger 75, 29; KG NJW 76, 2353; Hamm MDR 79, 943). So verfährt auch das BVerfG (BVerfGE 6, 7; 55, 269; 60, 246) und die zivilprozessuale Rechtsmittelpraxis (s § 536 Rn 5; § 543 Rn 15; § 563 Rn 5). Zu den Auswirkungen auf die weitere Beschwerde s § 568 Rn 14.

7 **III) Verlautbarung:** Ob zuzustellen oder formlos mitzuteilen ist, richtet sich nach § 329.

575 *[Entscheidung bei Zulässigkeit der Beschwerde]*

Erachtet das Beschwerdegericht die Beschwerde für begründet, so kann es dem Gericht oder Vorsitzenden, von dem die beschwerende Entscheidung erlassen war, die erforderliche Anordnung übertragen.

Übersicht

I) Zur **Entscheidung des Beschwerdegerichts** im allgemeinen s bei § 573. Bei unzulässiger Beschwerde gilt § 574 (s dort). § 575 handelt von der Begründetheitsprüfung, erwähnt aber von mehreren Entscheidungsmöglichkeiten nur eine (zu ihr u Rn 7); § 539 ist entsprechend anwendbar (Zweibrücken FamRZ 83, 617; Koblenz WRP 84, 568, 569). Folgende Prozeßlagen kommen in Betracht: 1

1) Die Beschwerde ist **zulässig, aber unbegründet:**

a) Dann ist sie **zurückzuweisen,** nicht zu „verwerfen" (auch nicht „abzuweisen", da so nur bei Ablehnung erstinstanzlicher Anträge formuliert wird). Die Kostenentscheidung richtet sich nach § 97 I; Kostenbelastung entgegen dem Obsiegen nach § 97 II. 2

b) Hat sich die Beschwerde durch **nachträglichen Wegfall der Beschwer** erledigt, so daß sie deshalb nicht mehr begründet sein kann, dann ist § 91a anwendbar, wenn der Beschwerdeführer die Hauptsache für erledigt erklärt und der Beschwerdegegner zustimmt (aus der Rspr vgl Schleswig SchlHA 56, 115, 145; 58, 7; Hamm NJW 67, 1719; Bremen ZZP 75 [1962], 370; München NJW 69, 617; siehe ferner Pohle JZ 57, 24). Es gelten die für das Erkenntnisverfahren herausgearbeiteten Grundsätze (s Schneider, Kostenentscheidung im Zivilurteil, 2. Aufl 77, § 25); **Erledigungserklärung** daher auch **stillschweigend** möglich sowie **beschränkbar** auf einen Teil des Beschwerdegegenstandes. **Zulässigkeit des Rechtsmittels ist Voraussetzung** (BGHZ 50, 197; VersR 81, 956). Dem Beschwerdeführer steht es frei, das Rechtsmittel auf den **Kostenpunkt** zu beschränken (KG OLGZ 73, 143). 3

c) Bei einseitiger Erledigungserklärung ergeht Beschluß auf Feststellung des Erledigungstatbestandes oder – wenn es daran fehlt – auf Zurückweisung als unbegründet mit Kostenentscheidung nach §§ 91 oder 97. **Beschwerdewert** ist dann nicht der Kostenbetrag, sondern die Hauptsache (entsprechend dem Urteilsverfahren; dort umstritten; s Schneider, Streitwert-Komm, Erledigung der Hauptsache Nr 4 ff). 4

2) Die Beschwerde ist **zulässig und begründet:**

a) Die angefochtene Entscheidung wird **aufgehoben** mit Kostenentscheidung zu Lasten des Gegners (§ 91). 5

b) Kann die Beschwer durch die Aufhebung der Vorentscheidung nicht behoben werden, dann **entscheidet** das Beschwerdegericht **in der Sache selbst,** wobei es entsprechend § 308 an die Beschwerdeanträge gebunden ist (Hamm JMBlNRW 63, 32; Köln NJW 76, 114; s u Rn 24 f). 6

7 **3)** Statt einer eigenen ersetzenden Entscheidung kann das Beschwerdegericht – Fall des § 575 – die **ersetzende Entscheidung dem Untergericht übertragen.** Dessen Entscheidungsspielraum ist dann mehr eingeengt als bei Zurückverweisung wegen eines Verfahrensmangels, da auch Bindung in der Tatfrage möglich ist. § 575 sieht zudem ausdrücklich vor, daß „die erforderliche Anordnung übertragen" wird. Zu weiter möglichen Fällen der Übertragung, bei denen das Beschwerdegericht gewissermaßen dem Grunde nach selbst entscheidet und die Vorinstanz nur noch mit bestimmten zur Ausführung nötigen Maßnahmen beauftragt vgl BGHZ 51, 137 u Löscher Anm zu LM § 36p PatG Nr 1.

8 **4)** Bezüglich **abtrennbarer Teile des Beschwerdegegenstandes** sind entsprechend **§ 301** Teilentscheidungen möglich (LG Stuttgart Rpfleger 60, 128). Die Entscheidung darüber steht im Ermessen des Gerichts. Hier gelten jedoch Besonderheiten, weil ein Konflikt mit dem vorrangigen **Grundsatz des Entscheidungszwangs bei Entscheidungsreife** eintreten kann (s dazu Schneider MDR 80, 726). Es ist zu unterscheiden:

9 **a)** Ist dem **Antrag vorinstanzlich stattgegeben** worden und die Beschwerde des Gegners teilweise unbegründet, dann darf nicht insgesamt aufgehoben und mit Verfahrens- oder Entscheidungsanweisungen zurückverwiesen werden. Der Beschwerdegegner könnte sonst hinsichtlich seiner begründeten Ansprüche Nachteile erleiden, weil auch für diese im weiteren Verlauf des Verfahrens das Verschlechterungsverbot aufgehoben wäre (Rn 38). Die ihm günstige rechtliche Beurteilung in den Gründen der zurückverweisenden Entscheidung nähme auch nicht an der Bindungswirkung teil, weil die Entscheidung darauf nicht beruhen würde (Rn 29, 30). Es muß deshalb der unbegründete Teil der Beschwerde sofort zurückgewiesen und darf nur im übrigen aufgehoben und zurückverwiesen werden. Das wird besonders deutlich, wenn vorinstanzlich angeordnete Vollstreckungsmaßnahmen mit aufgehoben würden. Dies würde zum endgültigen Rangverlust führen, wenn nicht zugleich Aussetzung bis zur Rechtskraft angeordnet würde (BGHZ 66, 395; Köln ZIP 80, 578; Schneider MDR 84, 371 u § 766 Rn 30). Dieses Vorgehen wäre zugleich verfassungswidrig (Art 14 I GG); Ermessensbefugnisse müssen nämlich so ausgeübt werden, daß sie nicht zu einer Verkürzung des effektiven Rechtsschutzes führen (BVerfGE 49, 226).

10 **b)** Ist der **Antrag vorinstanzlich zurückgewiesen** worden, dann kann der Beschwerdeführer nicht dadurch verschlechtert werden, daß das Beschwerdegericht insgesamt aufhebt und mit Weisungen zurückverweist, obwohl es bereits jetzt teilweise Entscheidungsreife für oder gegen den Beschwerdeführer bejaht. Dieser kann keine bereits erworbene Rechtsstellung verlieren. Anders wieder im Zwangsvollstreckungsrecht: Soweit das Beschwerdegericht einen abgelehnten Antrag für begründet hält, muß es sofort einen Pfändungs- und Überweisungsbeschluß erlassen, weil jede Verzögerung endgültige Rangnachteile auslösen kann. Bei Zurückverweisung wäre auf jeden Fall unerläßlich die Anweisung, sofort einen beschränkten Pfändungs- und Überweisungsbeschluß zu erlassen. Entsprechend liegt es bei vergleichbaren Vollstreckungsmaßnahmen. Die Kostenentscheidung ist im letzten Beschluß für alle Teilentscheidungen zu treffen. Umgekehrt dürfen **mehrere Beschwerden** zur gemeinsamen Entscheidung verbunden werden (§ 573 Rn 20).

11 **II)** Ein **Zwang zur Zurückverweisung besteht nicht** (§ 540). Bei Zuschlagsbeschwerde (§ 101 ZVG) muß das Beschwerdegericht jedoch in der Sache selbst entscheiden. Zur Selbstentscheidung und Zurückverweisung in PKH-Beschwerden s § 127 Rn 19, 35.

12 **1)** Von der Zurückverweisung **muß abgesehen werden,** wenn für das Beschwerdegericht **Entscheidungsreife** besteht (vgl Schneider MDR 80, 726). Ebenso sollte verfahren werden, wenn die Sache eilbedürftig ist (München OLGZ 83, 87 [89]) oder ohne wesentliche Verzögerung in der Beschwerdeinstanz abgeschlossen werden kann. So ist etwa ein vom unzuständigen Einzelrichter erlassener, aber inhaltlich richtiger Beschluß aus § 91a durch Zurückweisung der Beschwerde zu bestätigen (Stuttgart NJW 70, 204); ebenso Saarbrücken (OLGZ 69, 31) für die Beschwerderüge, das erstinstanzliche Gericht sei zur Entscheidung über die erledigte Hauptsache sachlich nicht zuständig gewesen.

13 **2)** Ist die angefochtene **Entscheidung** oder der Nichtabhilfebeschluß (Frankfurt Rpfleger 84, 477) **nicht mit Gründen versehen,** dann ist dies allein noch kein hinreichender Anlaß, aufzuheben und zurückzuverweisen (zust Stanicki DRiZ 83, 271). Einen Rechtssatz des Inhalts, jeder beschwerdefähige Beschluß müsse begründet werden, gibt es im Zivilprozeßrecht nicht (§ 573 Rn 17); das **Fehlen der Begründung kann daher nicht prinzipiell als wesentlicher Verfahrensmangel angesehen werden,** der immer zur Aufhebung und Zurückverweisung führen müsse (s § 568 Rn 10, 21). Es ist stets auf den Einzelfall abzustellen. Ergibt sich aus den Umständen, aus dem Akteninhalt, dem Parteivorbringen oder dem (den Parteien mitzuteilenden!) Vorlagebeschluß, auf welchen Erwägungen die Entscheidung beruht, dann ist in der Regel die verfahrensbeschleunigende Selbstentscheidung des Beschwerdegerichts angebracht (Schneider NJW 66, 67;

Köln Rpfleger 71, 20; Düsseldorf MDR 71, 495; ThP § 575 Rn 2; aA Celle NJW 66, 936; zu den verfassungsrechtlichen Mindestanforderungen vgl Schneider MDR 81, 462). Ist die Vorentscheidung in sich widersprüchlich oder ist gar unklar, worüber eigentlich entschieden worden ist, dann wird in der Regel Zurückverweisung angebracht sein (Koblenz Rpfleger 85, 496; s auch § 539 Rn 21), desgleichen, wenn die Vorinstanzen die maßgeblichen Ausführungen des Beschwerdeführers völlig übergehen (Celle MDR 86, 154). Das gilt erst recht, wenn deshalb die Vorentscheidung gedanklich nicht nachvollziehbar und damit objektiv willkürlich ist, zB wenn ohne ein Wort der Begründung von einer textlich eindeutigen Vorschrift abgewichen wird (BVerfG MDR 86, 379).

3) Hat das Untergericht **zu Unrecht als unzulässig verworfen,** dann kann entsprechend § 538 I Nr 2 zur anderweiten Entscheidung zurückverwiesen werden; ebenso entsprechend § 539 bei **schweren Verfahrensmängeln** der Vorinstanz (KG OLGE 15, 259; 27, 50). Dem Beschwerdegericht ist jedoch grundsätzlich die eigene Entscheidung erlaubt (§ 540). Deshalb sollte stets sorgfältig überlegt werden, ob Aufhebung und Zurückverweisung die Sache fördert und den schutzwürdigen Interessen der Parteien entspricht. 14

a) Weist der **Richter** die **Erinnerung** gegen die Entschließung des Rechtspflegers **zurück, statt** sie dem zuständigen Gericht zur Entscheidung **vorzulegen,** dann setzt er damit einen schwerwiegenden Verfahrensmangel; der zurückweisende Beschluß **muß aufgehoben** werden. Zu einer Zurückverweisung besteht gleichwohl kein Anlaß. Sie würde nur dazu führen, daß der Richter nunmehr vorlegen würde; denn deutlicher als durch die (verfahrensrechtlich fehlerhafte) Zurückweisung der Erinnerung kann er nicht zum Ausdruck bringen, daß er nicht abhelfen will. Selbstentscheidung ist deshalb geboten (Frankfurt VersR 78, 261). 15

b) Auch das **Gericht der weiteren Beschwerde** darf immer in der Sache selbst entscheiden, mag das LG gegen wesentliche Verfahrensgrundsätze verstoßen oder die Beschwerde zu Unrecht verworfen haben (Wieczorek, 2. Aufl 77, § 575 Anm B III). Orientierung am **Verfassungsrecht** verweist in derartigen Fällen auf eine bislang nicht erörterte Problematik. Verwirft das LG erstmals als unzulässig oder unterläuft ihm erstmals ein schwerer Verfahrensmangel, dann eröffnet dieser neue selbständige Beschwerdegrund die dritte Instanz (§ 568 II). Bei unrichtiger Verwerfung fehlt es immer, bei schwerem Verfahrensmangel häufig an einer zweiten Sachprüfung. Sie sollte in derartigen Fällen durch Zurückverweisung ermöglicht werden. Entscheidet das OLG selbst, dann wird damit, genau genommen, der gesetzliche Richter (Art 101 I 2 GG) verändert. Bei Aufhebung und Zurückweisung muß das LG nämlich nunmehr in der Sache entscheiden. Stimmt es dabei dem AG zu, dann endet der Rechtsmittelzug (§ 568 II). Die Sache wäre daher nie an das OLG gekommen, wenn von vornherein richtig entschieden worden wäre. Daß dies zunächst nicht geschehen ist, ist kein hinreichender Grund, die Sachentscheidung auf das OLG zu verlagern. Dieses sollte vielmehr durch Aufhebung und Zurückverweisung den gesetzlichen Instanzenzug herstellen und aufeinanderfolgende Sachentscheidungen des AG und des LG ermöglichen. Erst wenn auch dann duae difformes auftreten, ist nach § 568 II das OLG zur Entscheidung berufen und sollte dann allerdings auch tunlichst nicht mehr zurückverweisen (Wieczorek, 2. Aufl 77, § 575 Anm B I a 2). 16

c) Aus Art 103 I 2 GG ist sogar ein **Verbot der Selbstentscheidung** und ein Gebot der Zurückverweisung herzuleiten, wenn das AG den Erlaß einer Kostenentscheidung ablehnt und es über eine Verwerfung beim LG zur weiteren Beschwerde an das OLG kommt (§ 567 Rn 69). 17

4) Zurückverweisung an die erste Instanz ist statthaft, auch bei weiterer Beschwerde (Wieczorek § 565 Anm C IVc). Bei begründeter Durchgriffserinnerung gegen eine Entscheidung des Rechtspflegers, über die das Gericht der Vorinstanz nach § 11 II 4 RPflG nicht entschieden hat, kann unmittelbar an den Rechtspfleger zurückverwiesen werden, wenn er gegen wesentliche Verfahrensvorschriften verstoßen hatte (Stuttgart Justiz 71, 250). Zurückverweisung an eine andere Kammer des LG oder eine andere Abteilung des AG ist nicht vorgesehen; § 565 I 2 gestattet dies nur dem Revisionsgericht im Verhältnis zum Berufungsgericht und ist nicht analogiefähig (Schneider JurBüro 80, 482 zu III). Davon zu unterscheiden ist die zulässige Verweisung durch das Beschwerdegericht zur Behebung von Zuständigkeitsmängeln entsprechend § 281 (Stettin JW 28, 745); die fehlerhaft bejahte örtliche Zuständigkeit darf jedoch auch dann nicht korrigiert werden, da § 512a analog anzuwenden ist. Anders als im Berufungsverfahren (§ 539) ist die Zurückverweisung ohne vorinstanzlichen Verfahrensmangel zulässig (KG FamRZ 86, 284); die „erforderliche Anordnung" kann deshalb auch darin bestehen, den Sachverhalt weiter aufzuklären (aA KG NJW 82, 2326, 2327). 18

III) Bei **prozessualer Überholung** einer Beschwerde (§ 567 Rn 10) kann es weder zur Zurückverweisung noch zur Sachentscheidung kommen. Diese Prozeßlage tritt dann auf, wenn die Beschwer nachträglich entfällt, weil der Rechtsstreit in eine Lage kommt, in der die mit der 19

Beschwerde begehrte Entscheidung zwecklos wird, zB wenn im Zwangsversteigerungsverfahren vom Schuldner Erinnerung/Beschwerde gegen den Anordnungsbeschluß des AG eingelegt wird und zwischenzeitlich ein Einstellungsbeschluß des LG im Rechtsstreit wegen Unzulässigerklärung der Zwangsvollstreckung erlassen wird (weitere Beispiele bei StJGrunsky § 575 Rn 2). Auf derartige Prozeßlagen ist § 91 a entsprechend anzuwenden (Bremen ZZP 75 [1962], 370; MDR 63, 335; Saarbrücken NJW 71, 386; s ferner § 567 Rn 62).

20 **IV)** Der **Beschluß des Beschwerdegerichts** ist, wenn er eine Partei beschwert, seinerseits nach allgemeinen Regeln **anfechtbar.** Neue Beschwer ist erforderlich. Fraglich ist, ob sie auch dann angenommen werden kann, wenn der Beschwerdeführer lediglich **Aufhebung und Zurückverweisung** erreicht. Hier ist zu unterscheiden:

21 **1)** Die **Ermessensausübung** des Beschwerdegerichts, eine Selbstentscheidung zu treffen oder nicht, ist **grundsätzlich unanfechtbar** (vgl Schneider JurBüro 80, 481). Gerügt werden könnte allenfalls, daß die Möglichkeit einer Ermessensentscheidung oder der Ermessensspielraum verkannt oder Ermessen mißbräuchlich bzw willkürlich ausgeübt worden sei. Beispiel: Das LG meint, bei Verletzung funktioneller Zuständigkeit oder rechtlichen Gehörs müsse zwingend aufgehoben und zurückverwiesen werden.

22 **2) Beschwerdefähig** ist eine aufhebende und zurückverweisende Entscheidung, wenn **Entscheidungsreife** gegeben war, etwa weil die sofortige Beschwerde wegen Fristversäumung unzulässig oder nach feststehendem Sachverhalt unbegründet war. Dann darf nicht zurückverwiesen werden, wie § 574 für den Zulässigkeitsbereich klarstellt und wie für den Begründetheitsbereich anerkannt ist (Schneider MDR 80, 726; JurBüro 80, 482).

23 **V) Zurücknahme des Rechtsmittels** (§ 567 Rn 64) ist nur bis zum Erlaß der Beschwerdeentscheidung möglich, wie auch immer sie lauten mag; Antragsrücknahme ist nach verfahrensabschließender Selbstentscheidung des Beschwerdegerichts nicht mehr möglich, wohl noch nach Aufhebung und Zurückverweisung (s RG HRR 32 Nr 560).

24 **VI)** Jede Beschwerdeentscheidung läßt **Bindungswirkungen** entstehen, die nach dem Inhalt der Rechtsmittelentscheidung zu bestimmen sind (Schneider JurBüro 66, 93; 80, 483 zu IV).

25 **1)** Das **Beschwerdegericht** ist stets an seine eigene Entscheidung gebunden, sofern diese nicht im höheren Rechtszug abgeändert oder aufgehoben wird (§ 318). Ein oberster Gerichtshof des Bundes ist an eine seiner Zurückverweisung zugrunde liegende Rechtsauffassung nicht gebunden, wenn er erneut mit derselben Sache befaßt wird (GmS-OGB BGHZ 60, 392).

26 **2)** Soweit das Beschwerdegericht **teilweise** in der Sache **entscheidet, im übrigen zurückverweist,** ist es selbst nach **§ 318,** das Untergericht **analog § 565 II** an die Rechtsauffassung des Beschwerdegerichts gebunden (RGZ 124, 324; Hamburg JurBüro 79, 732; Hamm FamRZ 86, 1136). Das Erstgericht hat dann nur noch die ihm übertragenen Anordnungen auszuführen und zu entscheiden. Es verhält sich ähnlich wie im Erkenntnisverfahren, wenn zweitinstanzlich ein Grundurteil erlassen und ins Höheverfahren zurückverwiesen wird.

27 **a)** Vergleichbar ist die Regelung bei der Beschwerde im Verfahren auf Bewilligung von **Prozeßkostenhilfe.** Bejaht das Beschwerdegericht bei gegebener Hilfsbedürftigkeit im Gegensatz zum Untergericht die hinreichende Erfolgsaussicht (§ 114), dann wird es insoweit die ersetzende Entscheidung selbst treffen, muß aber die Auswahl des Rechtsanwalts dem Erstrichter übertragen. Hat dieser die Erfolgsaussicht nicht geprüft, sondern nur die Hilfsbedürftigkeit verneint, dann ist auch das Beschwerdegericht nur damit befaßt und hat sich zur hinreichenden Erfolgsaussicht nicht zu äußern. Hat der Erstrichter die Hilfsbedürftigkeit offengelassen und nur die hinreichende Erfolgsaussicht verneint, dann überläßt das Beschwerdegericht ihm die Prüfung der Hilsbedürftigkeit. Zur Erfolgsaussicht kann es selbst entscheiden oder bestimmte tatsächliche oder rechtliche Punkte abschließend beurteilen und im übrigen zurückverweisen.

28 **b)** Das Beschwerdegericht kann in allen Fällen **bindende Anweisungen** für die Findung der neuen Entscheidung erteilen (RGZ 53, 315; BGHZ 51, 136), etwa weitere Sachaufklärung fordern (RGZ 23, 370; 32, 400) oder die Anberaumung einer mündlichen Verhandlung aufgeben (KG WRP 70, 144). Im Kostenfestsetzungsverfahren kann das Beschwerdegericht dem unteren Gericht auch die Festsetzung des Gegenstandswerts für einzelne Anwaltsgebühren nach einem fiktiven Verfahrensablauf übertragen (Hamburg JurBüro 79, 732) oder anweisen, die Vergütung auf der Grundlage einer bestimmten Bruchteilsgebühr neu festzusetzen (Düsseldorf 79, 48). Das Untergericht ist dann nicht nur in seinem Verfahren analog § 565 II an die rechtliche oder tatsächliche Beurteilung des Beschwerdegerichts gebunden (RGZ 53, 315), sondern aufgrund des § 575 auch **verpflichtet,** ein den Anordnungen des Beschwerdegerichts entsprechendes Verfahren durchzuführen (BGHZ 51, 136 f).

c) Wieweit die Bindungswirkung reicht, muß bei Zweifeln durch **Auslegung der Gründe** des zurückverweisenden Beschwerdebeschlusses geklärt werden. Zu beachten ist dabei, daß nur denjenigen Weisungen, Anordnungen und Äußerungen des Beschwerdegerichts Bindungswirkung zukommen kann, auf denen die Aufhebung und Zurückverweisung **beruht;** es verhält sich ebenso wie im Berufungsverfahren (vgl zB Wieczorek § 538 Anm B IV a). Insbesondere sind Ausführungen des Beschwerdegerichts zur Sache dann unverbindlich (wenngleich oft angebracht und vom Untergericht erwünscht), falls lediglich wegen eines Verfahrensfehlers aufgehoben und zurückverwiesen wird (RG Warn 14 Nr 344). Andererseits entfällt die Bindungswirkung bei tragenden Äußerungen nicht deshalb, weil sie nach Ansicht des Untergerichts rechtlich verfehlt sind; es kommt nicht darauf an, sondern maßgebend ist lediglich, ob auf ihnen die aufhebende und zurückverweisende Entscheidung „beruht" (s § 550 Rn 6). 29

3) Trifft das Beschwerdegericht **in der Sache selbst keine Entscheidung,** sondern verweist es lediglich wegen einzelner konkreter Gründe zurück, dann beschränkt sich die Bindungswirkung darauf. War etwa vorinstanzlich kein rechtliches Gehör gewährt worden, dann hat das Untergericht im neuen Verfahren die benachteiligte Partei anzuhören, ist aber im übrigen völlig frei in der Entscheidung. Ist wegen funktioneller Unzuständigkeit zurückverwiesen worden, dann beschränkt sich die Bindung des angewiesenen Gerichts darauf, daß es selbst entscheiden muß, also nicht mehr abgeben oder verweisen darf. 30

4) Bei sog **Rückläufern** (erneute Beschwerde nach Aufhebung und Zurückverweisung) erweitert sich die Bindungswirkung des § 318 dahin, daß das Beschwerdegericht an seine erste, das Untergericht an seine zweite Entscheidung gebunden ist. Die Bindung geht nicht nur – negativ – dahin, daß das Gericht die von ihm getroffene Entscheidung nicht formell aufheben oder abändern darf, sondern darüber hinaus – positiv – dahin, daß das Gericht den in der Entscheidung gezogenen Schluß auf die darin ausgesprochene Rechtsfolge dem weiteren Verfahren zugrunde legen muß und daher neues Parteivorbringen zu dem entschiedenen Punkt nicht mehr zulassen oder berücksichtigen darf (BGHZ 51, 138). Eine weitere, dem Beschwerdeverfahren eigentümliche Konsequenz ist die, daß das Beschwerdegericht dann sogar an seine eigenen früheren Anordnungen gebunden ist. Entscheidungsspielraum bleibt ihm nur, soweit die Anordnungen in der aufhebenden Entscheidung dem Untergericht noch Entscheidungsfreiheit ließen (BGHZ 51, 139; Hamm MDR 66, 1010). Ob das Beschwerdegericht auf erste oder weitere Beschwerde hin entschieden hat, ist dabei unerheblich. 31

5) In welcher **Form** das Beschwerdegericht **Anordnungen und Weisungen** an das Untergericht erteilt, steht in seinem Ermessen. Die Annahme StJGrunskys (20. Aufl 77, § 575 Rn 6), die Übertragung der Anordnung müsse im **Beschlußtenor** ausgesprochen werden, ist falsch. Das wäre oft schon aus sprachlichen Gründen schwierig und würde zu überlangen Beschlußformeln führen. In die Formel werden meistens nur Negationen hineingenommen etwa des Inhalts, das Untergericht werde angewiesen, den Antrag auf Bewilligung von Prozeßkostenhilfe nicht wegen Fehlens hinreichender Erfolgsaussicht zurückzuverweisen. Positive Anweisungen werden üblicherweise in den Gründen formuliert, wogegen schon deshalb keine Bedenken bestehen, weil das Untergericht verpflichtet ist, den gesamten Beschluß des Beschwerdegerichts zu lesen. Beruht die Aufhebung und Zurückverweisung auf konkreten Verfahrensmängeln, dann unterbleibt in aller Regel eine ausdrückliche Anordnung. Hat etwa das Untergericht den Anspruch auf Gewährung rechtlichen Gehörs verletzt und wird deshalb zurückverwiesen, dann ist es selbstverständlich, daß nunmehr rechtliches Gehör gewährt werden muß. Liegt der Sachverhalt nicht so eindeutig oder sind die Anweisungen umfangreicher oder komplizierter, dann verfährt die Praxis in der Weise, daß im Beschlußtenor mit dem Zusatz zurückverwiesen wird, „nach Maßgabe der Gründe" [des Beschwerdebeschlusses] zu entscheiden, oder daß in den Beschlußgründen ein einleitender Satz etwa des Inhalts gebracht wird: „Im weiteren Verfahren hat das AG/LG ... (dieses oder jenes zu tun)." **In die Formel kommen positive Anordnungen daher nur, wenn sie kurz sind oder auf die Sachentscheidung selbst hinauslaufen,** etwa die Weisung, einen beantragten Pfändungsbeschluß zu erlassen (ThP § 575 Rn 3). 32

6) Jegliche Bindungswirkung, also sowohl die aus § 318 wie die aus § 575, **entfällt** dann, wenn sich zwischenzeitlich die Sach- oder Rechtslage geändert hat. Denn jedes Gericht ist nur an die auf einen festgestellten Sachverhalt bezogenen Entscheidungen oder Anordnungen gebunden (BGHZ 51, 136/137). Fakten sind immer stärker (§ 570), soweit ihrer Berücksichtigung nicht die Rechtskraft entgegensteht, was auch bei Beschlüssen der Fall sein kann. 33

VII) Verschlechterungsverbot (reformatio in peius): Lit: *Kapsa,* Das Verbot der reformatio in peius im Zivilprozeß, 1976. **1)** Entscheidet das Beschwerdegericht **in der Sache selbst,** dann darf der Beschwerdeführer entsprechend § 536 (Hamm JurBüro 84, 1904) nicht schlechter gestellt werden, sofern dies im Gesetz nicht ausdrücklich vorgesehen ist (zB in § 25 I 3 GKG für das 34

Streitwertbeschwerdeverfahren). Das Verschlechterungsverbot ist systematisch das Gegenstück zu § 308 I, der es verbietet, dem Antragsteller mehr zuzusprechen, als er verlangt hat (ne ultra petita). Unterliegt also der Beschwerdeführer im Beschwerdeverfahren, dann darf er durch eine ihm ungünstige Entscheidung nicht zusätzlich benachteiligt werden, zB darf ein vorinstanzlicher Beschluß, durch den fehlerhaft, weil ohne Sicherungsaussetzung nach § 572 I, Vollstreckungsmaßnahmen bedingungslos aufgehobenen und damit unheilbar unwirksam gemacht worden sind (Rn 9), auf erfolglose Schuldnerbeschwerde hin nicht rückwirkend wieder hergestellt werden (Hamm Rpfleger 59, 283). Jedoch besteht ein Verschlechterungsverbot nur insoweit, als es gerade um denjenigen Streitgegenstand geht, der dem Rechtsmittelgericht angefallen ist. Wer 1 000 verlangt, erstinstanzlich 500 zugesprochen bekommt und mit der Beschwerde die restlichen 500 weiterverfolgt, verliert die zugesprochenen 500 auch dann nicht, wenn das Rechtsmittelgericht meint, ihm stehe überhaupt nichts zu; dann wird, wenn keine Anschlußbeschwerde eingelegt wird, nur die Beschwerde zurückgewiesen. Praktisch wird dies vor allem bei PKH-Beschwerden, wenn Ratenherabsetzung beantragt wird, das Beschwerdegericht aber die erstinstanzlich festgesetzte Rate bereits als zu niedrig ansieht (s § 127 Rn 19).

35 **2)** Besonderheiten gelten für das **Kostenfestsetzungsverfahren,** weil ein Kostenfestsetzungsantrag sich aus mehreren Positionen zusammensetzt und das Verschlechterungsverbot sich auf den Saldo bezieht, so daß der Austausch von Positionen bei unverändertem Endergebnis zulässig ist (vgl zB Nürnberg JurBüro 75, 771; KG MDR 77, 941 = Rpfleger 77, 375; KG KoRsp ZPO § 104(B) Nr 12 m Anm v Eicken). Das Verschlechterungsverbot gilt für die vom Untergericht neu zu treffende Entscheidung auch, wenn dessen ursprünglicher Beschluß trotz nur **teilweiser Anfechtung** vom Rechtsmittelgericht im ganzen aufgehoben worden ist (Köln NJW 75, 2347); die Anfechtung hätte aber in der Rechtsmittelinstanz erweitert werden können (Düsseldorf JurBüro 76, 379). Kein Verschlechterungsverbot, wenn das Rechtsmittelgericht zu dem Ergebnis kommt, es fehle an einer wirksamen Kostengrundentscheidung (Hamm NJW 72, 2047; aA Köln NJW 67, 114).

36 **3)** Um eine **Verschlechterung** handelt es sich **nicht,** wenn das Beschwerdegericht einen Antrag als **unzulässig** abweist, den das Erstgericht als **unbegründet** beurteilt hat. Umgekehrt darf das Beschwerdegericht die erstinstanzliche Abweisung als unzulässig durch eine Zurückweisung als unbegründet ersetzen (KG OLGZ 67, 41; KG JurBüro 86, 220: zu § 19 BRAGO); das ergibt sich aus entsprechender Anwendung der §§ 538 I Nr 2, 540 (BGHZ 23, 50).

37 **4)** Im Bereich der Zulässigkeit, also insbesondere der **Prüfung der von Amts wegen** zu beachtenden Verfahrensvorschriften (Hamm NJW 72, 2047; München JurBüro 67, 923), bei **Ermessensfreiheit** in der Entscheidung (RGZ 53, 4; Karlsruhe Justiz 69, 66) oder **prozessualer Überholung** (Celle MDR 53, 111; § 567 Rn 10), greift das Verschlechterungsverbot nicht ein (einschränkend für das Kostenfestsetzungsverfahren Köln NJW 67, 114).

38 **5)** Ebenso ist das Untergericht nach **Aufhebung und Zurückverweisung** nicht gehindert, eine dem Beschwerdeführer nunmehr ungünstigere Entscheidung zu treffen. Durch Aufhebung wird die Vorentscheidung völlig beseitigt und prozessual freier Raum für eine **neue,** und dann natürlich **richtige** Entscheidung geschaffen (vgl Schneider JurBüro 80, 483 zu IV 3). Der Beschwerdeführer erlangt keinen „Mindestbestandsschutz" (Bötticher ZZP 65, 1952, 464, 468; KG NJW 82, 2326). Es verhält sich wie im Berufungs- und Revisionsverfahren (s § 539 Rn 33; § 559 Rn 3); im Kostenfestsetzungsverfahren gilt das Verschlechterungsverbot auch (§§ 103, 104 Rn 21 unter „Reformatio in peius"), hindert jedoch nicht den Austausch von Kostenpositionen (§§ 103, 104 Rn 21 unter „Gebührenauswechslung").

VIII) 1) Zur **Kostenentscheidung** s § 567 Rn 60 ff.

39 **2)** Soweit im Zwischenverfahren keine Kostenentscheidung zu treffen ist, weil die Kosten zur Hauptsache gehören oder keine Kostenfestsetzung stattfindet (insbesondere in Prozeßkostenhilfe- und Streitwertbeschwerden), wird auch im Beschwerdebeschluß keine Kostenentscheidung getroffen (Wieczorek, 2. Aufl 77, § 575 A IIb; 1; Gubelt, MDR 70, 895, 896 zu II 1c).

40 **3)** Bei **Aufhebung und Zurückverweisung** ist die Kostenentscheidung dem Untergericht zu übertragen, da der Ausgang des Verfahrens und damit das Maß des Obsiegens und Unterliegens (§§ 97 I, 92) noch offen ist. Immer ist dann jedoch zu prüfen, ob die Kosten des Beschwerdeverfahrens nicht nach **§ 8 GKG** niederzuschlagen sind (s für das Berufungsverfahren Köln MDR 74, 498; grundsätzl Schneider JurBüro 75, 869 ff).

IX) Hinweise für die Beschwerdepraxis (vgl ausführl Schneider MDR 78, 525 ff):

41 **1)** Die Entschließung darüber, ob Zurückverweisung oder Selbstentscheidung veranlaßt ist, steht im Ermessen des Beschwerdegerichts. Es ist jedoch dahin gebunden, daß eine **Selbstentscheidung** getroffen werden **muß, wenn Entscheidungsreife** besteht.

2) In der Regel wird nur dann **Anlaß** zur Aufhebung und Zurückverweisung gegeben sein, wenn das Untergericht die Sachverhaltsaufklärung vernachlässigt und **keine tragfähige Entscheidungsgrundlage** für das Beschwerdegericht geschaffen hat. Auch dann ist aber Selbstentscheidung vorzuziehen, wenn die Feststellungslücken nur einzelne Streitpunkte betreffen und zweitinstanzlich ohne umfangreiche Beweiserhebungen geschlossen werden können. 42

3) Verfahrensmängel, auf denen die angefochtene Entscheidung **nicht beruht,** rechtfertigen keine Aufhebung und Zurückverweisung. Das gilt auch für Verfahrensmängel, die zweitinstanzlich behoben werden können und ohne Einfluß auf die sachliche Beurteilung sind. 43

4) Ein Verfahrensmangel, dessen Rüge in einem **selbständigen Verfahren** zu prüfen ist, führt notwendig zur Aufhebung und Zurückverweisung, weil dem Beschwerdegericht die Kompetenz fehlt, darüber mitzuentscheiden (zB übergangene Richterablehnung). 44

5) Wird aufgehoben und zurückverwiesen, dann sind zugleich so **konkrete und erschöpfende Weisungen und Anordnungen** zu erteilen, daß das Verfahren tunlichst auf Grund der neuen Entscheidung des Untergerichts endgültig abgeschlossen werden wird. 45

6) Nach Aufhebung und Zurückverweisung hat das Untergericht auf Grund des neuen Rechts- und Streitstandes richtig zu entscheiden; ein **Verbot der Verschlechterung des Beschwerdeführers besteht nicht.** 46

7) Eine **aufhebende und zurückverweisende Beschwerdeentscheidung** setzt für beide Beschwerdeparteien eine neue selbständige Beschwer, so daß die **weitere Beschwerde** eröffnet ist. Begründet kann sie nur sein, wenn für das Untergericht Entscheidungsreife bestanden hat; denn dann hätte nicht in Aufhebung und Zurückverweisung ausgewichen werden dürfen. 47

8) Verwirft das LG eine Beschwerde gegen einen Beschluß des AG, der zur Sache entscheidet, dann sollte das OLG als Gericht der weiteren Beschwerde stets aufheben und zurückverweisen, um dem LG Gelegenheit zu geben, die Sachentscheidung nachzuholen, da diese bei Übereinstimmung mit der Entscheidung des AG zum Ausschluß der weiteren Beschwerde führen kann (§ 568 II). 48

9) Während das **Fehlen amtswegig zu beachtender Verfahrensmängel** Zulässigkeitsvoraussetzung eines jeden Rechtsmittels ist, kann bei der weiteren Beschwerde nach § 568 II ein Verfahrensverstoß spezielle Zulässigkeitsvoraussetzung sein. Dann beseitigt die Heilung des von Amts wegen zu beachtenden Verfahrensmangels nicht rückwirkend die spezielle Zulässigkeitsvoraussetzung. Es kann jedoch angebracht sein, das Verfahren durch Aufhebung und Zurückverweisung wieder in eine einwandfreie Ausgangslage zu bringen. 49

10) Lehnt das AG den **Erlaß einer Kostenentscheidung** ab und gelangt das Verfahren über § 586 Abs 2 ZPO an das OLG, so hat dieses sich einer Sachentscheidung zum Kostenpunkt zu enthalten; eine etwa fehlerhafte Beschwerdeentscheidung ist lediglich aufzuheben und die Sache an das LG – nicht an das AG! – zurückzuverweisen. 50

576 *[Änderung der Entscheidung des verordneten Richters oder Urkundsbeamten]*

(1) Wird die Änderung einer Entscheidung des beauftragten oder ersuchten Richters oder des Urkundsbeamten der Geschäftsstelle verlangt, so ist die Entscheidung des Prozeßgerichts nachzusuchen.

(2) Die Beschwerde findet gegen die Entscheidung des Prozeßgerichts statt.

(3) Die Vorschrift des ersten Absatzes gilt auch für den Bundesgerichtshof und die Oberlandesgerichte.

I) Entscheidung des beauftragten oder ersuchten Richters (über Begriff und Rechtsstellung vgl Schneider DRiZ 77, 13 ff). **1) Beispiele:** §§ 229 (Termins- und Fristenbestimmung); 279 (Güteversuch); 361, 362 (Beweisaufnahme); 365 (Ersuchen an ein anderes Gericht um Beweisaufnahme); 380, 390, 400 (Strafbeschlüsse bei Ausbleiben eines Zeugen oder Zeugnisverweigerung); der Rechtspfleger lehnt es ab, eine Vergütungsfestsetzung nach § 19 BRAGO vorzunehmen (Schneider KoRsp BRAGO § 19 Nr 1 Anm A I 1b m Nachw); jedoch Durchgriffserinnerung nach § 11 II RPflG, wenn der Rechtspfleger gem § 21 I RPflG im Festsetzungsverfahren sachlich entschieden hat. 1

2) LG Frankenthal (NJW 61, 1363) nimmt entgegen RGZ 68, 66 an, daß die **Beschwerde gegen eine Ordnungsstrafe** des ersuchten Richters aus § 380 unmittelbar an das diesem übergeordnete LG zu richten sei. Das ist unzutreffend, da dieses nicht das allein zuständige „Prozeßgericht" ist (LSG München NJW 65, 1350; Wieczorek, 2. Aufl 76, § 380 Anm B III). 2

3 **3) Unanwendbar** ist § 576 auf die befristete Beschwerde gegen Ordnungsstrafbeschlüsse des beauftragten oder ersuchten Richters nach **§§ 180, 181 GVG;** über sie hat nach § 181 III GVG das dem ersuchten Amtsrichter übergeordnete OLG zu entscheiden (Schleswig SchlHA 62, 84; s auch KG OLGE 33, 26). Weiter ist § 576 unanwendbar auf die **Festsetzung der Entschädigung** für Zeugen oder Sachverständige durch den beauftragten oder ersuchten Richter; § 16 I 2 ZuSEG schaltet das Prozeßgericht aus, mit gutem Grund, da die Höhe der Entschädigung mit dem Rechtsstreit selbst nichts zu tun hat.

4 **4) Beauftragter und ersuchter Richter dürfen abhelfen,** da sie berechtigt sind, ihre Verfügungen auch von Amts wegen zu ändern, was das Prozeßgericht sogar anregen darf (RGZ 68, 67); dieselbe Befugnis wird dem Urkundsbeamten der Geschäftsstelle eingeräumt (Palm Rpfleger 67, 365). Wäre gegen die Maßnahme des beauftragten oder ersuchten Richters, falls sie vom Prozeß- oder Vollstreckungsgericht erlassen worden wäre, die sofortige Beschwerde gegeben, dann wäre entsprechend § 577 IV die Abänderungsbefugnis nicht gegeben.

5 **5)** Das **bei Nichtabhilfe** zur Entscheidung berufene **Prozeßgericht** ist beim beauftragten Richter dasjenige, dem dieser angehört, beim ersuchten Richter dasjenige, von dem das Ersuchen ausgegangen ist. Der **Einzelrichter** ist Prozeßgericht (§§ 348, 349, 524). Bei Entscheidungen des **Urkundsbeamten** der Geschäftsstelle ist Prozeßgericht dasjenige, dem der Urkundsbeamte angehört, gegebenenfalls also auch das Vollstreckungsgericht. **Wichtige Fälle:** Ablehnung der Erteilung des Notfrist- und Rechtskraftzeugnisses nach § 706 (BGH NJW 80, 702; Bamberg FamRZ 83, 519; s dazu Rohlff FamRZ 71, 662); Ablehnung der vollstreckbaren Ausfertigung (§ 724). Der Kostenfestsetzungsbeschluß wird jetzt im Zivilprozeß nicht mehr vom Urkundsbeamten, sondern vom Rechtspfleger erlassen (§ 21 RPflG); Erinnerungen gegen seine Entscheidung richten sich nach den Sondervorschriften der §§ 11, 21 RPflG.

6 **II) Beschwerde. 1)** § 576 I gibt die **Erinnerung** und **schließt** gleichzeitig die **Beschwerde aus;** diese ist erst gegen die Entscheidung des Prozeßgerichts statthaft, vorausgesetzt natürlich, daß dieses nicht abhilft und die Beschwer dadurch beseitigt. Beauftragter oder ersuchter Richter sowie Urkundsbeamte haben kein Beschwerderecht.

7 **2)** Während beauftragter und ersuchter Richter sowie Urkundsbeamter ihre Verfügungen ohne weiteres ändern dürfen, ist das Prozeßgericht, auch soweit es Vollstreckungsgericht ist, zu einer **Änderung** nur befugt, **wenn** ein entsprechender **Antrag** gestellt und Erinnerung eingelegt wird. Das Prozeßgericht kann lediglich seine ursprünglichen Weisungen und Ersuchen ändern und so mittelbar eine Änderung veranlassen, da ersuchter und beauftragter Richter nur ausführende Funktionen haben und sich an den Auftrag des Prozeßgerichts in seiner jeweiligen Fassung halten müssen.

8 **3)** Die **Beschwerde gegen die Entscheidung des Prozeßgerichts** ist nur nach Maßgabe des § 567 gegeben (Bamberg FamRZ 83, 519). Die Beschwerde ist eine sofortige, wenn die Entscheidung des beauftragten oder ersuchten Richters oder des Urkundsbeamten der Geschäftsstelle, sofern sie vom Prozeßgericht getroffen worden wäre, der sofortigen Beschwerde unterläge; andernfalls ist nur einfache (oder auch keine!) Beschwerde statthaft.

9 **4) Anwaltszwang** für die Beschwerde entfällt, wenn ein Befreiungsgrund nach §§ 569 II, 78 II gegeben ist, also immer, wenn das Prozeßgericht ein Amtsgericht ist. Er besteht **nie für das Änderungsgesuch** (die Erinnerung), da stets die Ausnahme des § 78 II gegeben ist. Daher kommt es nicht darauf an, ob die unbefristete oder die befristete (sofortige: § 577 IV) Erinnerung gegeben ist oder ob das Prozeßgericht ein AG oder ein LG ist (RGZ 66, 203).

10 **5) Verfahren.** Das Prozeßgericht entscheidet durch Beschluß, der – je nachdem, ob die mündliche Verhandlung freigestellt oder obligatorisch ist – gemäß § 329 formlos oder durch Zustellung zu verlautbaren ist.

11 **6)** In den Fällen, in denen die Entscheidung des Prozeßgerichts der **sofortigen Beschwerde** unterliegt, ist die Sonderregelung in § 577 IV zu beachten. Der Änderungsantrag der Partei nach § 576 I stellt sich dann als befristete Erinnerung dar (§ 329 III) und ist, wenn das Prozeßgericht nicht abhilft, als sofortige Beschwerde zu behandeln und vom Prozeßgericht dem Beschwerdegericht als solche vorzulegen.

12 **7)** Sowohl die einfache wie die befristete Erinnerung gegen eine Entscheidung des beauftragten oder ersuchten Richters oder des Urkundsbeamten führt in die **erste Beschwerde,** nicht in die „weitere"; die besonderen Zulässigkeitsvoraussetzungen des § 568 II brauchen deshalb nicht gegeben zu sein (RGZ 9, 385). Erst die Beschwerde gegen die Entscheidung des dem Prozeßgericht übergeordneten Beschwerdegerichts ist eine weitere Beschwerde. Sie ist nur denkbar, wenn das AG ersucht oder dessen Urkundsbeamter entschieden hat (§ 567 II).

8) Ändert das Prozeßgericht auf die Erinnerung hin durch Beschluß ab, so **entfällt** damit die **Beschwer;** möglicherweise wird aber nunmehr der Gegner beschwert und kann dann Beschwerde einlegen, wenn die Voraussetzungen des § 567 I gegeben sind. 13

III) Gebühr: 1) des **Gerichts:** Das Verfahren nach Abs 1 ist gebührenfrei; für das Beschwerdeverfahren erwächst nach KV Nr 1181 eine Gebühr nur dann, wenn die Beschwerde verworfen (§ 574) oder zurückgewiesen wird (§ 575). – **2)** des **Anwalts:** Soweit der zum Prozeßbevollmächtigten bestellte RA nach § 576 tätig wird, wird diese Tätigkeit durch die Gebühren des § 31 BRAGO abgegolten. Beschränkt sich die Tätigkeit auf das Verfahren nach § 576: 3/10 der in § 31 BRAGO bestimmten Gebühren, § 55 BRAGO; uU kann auch die Vergleichsgebühr des § 23 BRAGO entstehen. 14

577 *[Sofortige Beschwerde]*

(1) Für die Fälle der sofortigen Beschwerde gelten die nachfolgenden besonderen Vorschriften.

(2) Die Beschwerde ist binnen einer Notfrist von zwei Wochen, die mit der Zustellung, in den Fällen der §§ 336 und 952 Abs. 4 mit der Verkündung der Entscheidung beginnt, einzulegen. Die Einlegung bei dem Beschwerdegericht genügt zur Wahrung der Notfrist, auch wenn der Fall für dringlich nicht erachtet wird. Liegen die Erfordernisse der Nichtigkeits- oder der Restitutionsklage vor, so kann die Beschwerde auch nach Ablauf der Notfrist innerhalb der für diese Klagen geltenden Notfristen erhoben werden.

(3) Das Gericht ist zu einer Änderung seiner der Beschwerde unterliegenden Entscheidung nicht befugt.

(4) In den Fällen des § 576 muß auf dem für die Einlegung der Beschwerde vorgeschriebenen Wege die Entscheidung des Prozeßgerichts binnen der Notfrist nachgesucht werden. Das Prozeßgericht hat das Gesuch, wenn es ihm nicht entsprechen will, dem Beschwerdegericht vorzulegen.

I) Abs 1. Sofortige Beschwerde (s § 567 Rn 31 ff; § 568 a Rn 1; Lüke JuS 79, 863). **1)** War die **erste Beschwerde eine sofortige,** dann ist es in der Regel auch die weitere (RGZ 30, 395); da es sich auch anders verhalten kann (s § 568 Rn 25), ist in jedem Einzelfall Prüfung notwendig (zu Abgrenzungsschwierigkeiten vgl Wieczorek § 577 Anm A I a/b). 1

2) Im **Zwangsversteigerungsverfahren** gelten Besonderheiten. Einzelheiten ergeben sich aus §§ 95 ff ZVG. Vor der Beschlußfassung über den Zuschlag sind nur solche Entscheidungen beschwerdefähig, die über Anordnung, Aufhebung, einstweilige Einstellung oder Verfahrensfortsetzung befinden. Das gilt auch für die Teilungsversteigerung (§ 176 GVG). Die Beschwerdeberechtigten sind ausdrücklich aufgeführt (§§ 97, 102 ZVG). Zusätzliche Beschränkungen finden sich in § 100 ZVG für die sog Zuschlagsbeschwerde. 2

3) Wird bei der Entscheidung die **falsche Form** gewählt – Beschluß statt Urteil oder Urteil statt Beschluß –, dann hat die beschwerte Partei nach dem sog **Prinzip der Meistbegünstigung** (s Rn 29 vor § 511; ferner BGHZ 40, 267) die Wahl des Rechtsmittels. Sie darf sich also für dasjenige Rechtsmittel entscheiden, das bei korrekter Entscheidung gegeben wäre, kann aber auch dasjenige einlegen, das der inkorrekten Entscheidung formal entspricht. Die sofortige Beschwerde gegen einen Beschluß, der als Urteil hätte ergehen müssen, ist daher zulässig (Celle NdsRpfl 73, 182) und umgekehrt (Hamm MDR 78, 324). Formfehler beeinflussen aber nicht den Inhalt einer Entscheidung (s § 568 Rn 12). Bescheidet das Gericht im Beschlußtenor eine einfache Beschwerde in Verkennung, daß es sich um eine sofortige Beschwerde gehandelt hat, dann muß ebenfalls der Meistbegünstigungsgrundsatz angewandt werden mit der Folge, daß die weitere Beschwerde trotz Nichtwahrung der Zweiwochenfrist zulässig ist. Das ist der Ersatz für die im ordentlichen Verfahren fehlende Rechtsmittelbelehrung. Einer Wiedereinsetzung in den vorigen Stand (§ 233) bedarf es daher nicht. Vorsorglich sollte sie jedoch beantragt werden, da die Rechtsfrage, soweit ersichtlich, bislang nicht entschieden worden ist. 3

4) Die **Anschlußbeschwerde** (s dazu Schneider JurBüro 74, 1362; Kirchner NJW 76, 610) ist gegeben, wenn der Gegner des Beschwerdeführers seinerseits nach Einlegung des Hauptrechtsmittels Beschwerde einlegt. Geschieht das innerhalb der Frist, ist die Anschlußbeschwerde **selbständig,** anderenfalls **unselbständig.** Die Zulässigkeit der Anschlußbeschwerde wird heute ganz überwiegend bejaht (s § 567 Rn 45). 4

II) 1) Die Notfrist (Abs 2) beträgt zwei Wochen; sie kann weder abgekürzt noch verlängert werden. Gegen ihre Versäumung gibt es aber die Wiedereinsetzung in den vorigen Stand (§ 233). Diese ist in derselben Form zu beantragen, die für die Einlegung der Beschwerde vorgesehen ist, § 236 I (Frankfurt NJW 68, 404). 5

6 **2)** Der **Beginn** der nach § 222 zu berechnenden Notfrist hängt von der Verlautbarungsform des Beschlusses ab.

7 **a)** Bei **verkündeten Beschlüssen** beginnt die Frist für jede Partei gesondert mit der Zustellung an sie zu laufen (§§ 329 II, 2, 270 I). Soweit ausnahmsweise der Fristlauf bereits mit Verkündung beginnt, ist dies im Gesetz hervorgehoben: § 336 I (Zurückweisung des Antrages auf Erlaß eines Versäumnisurteils; aA LG Köln MDR 85, 593); § 952 IV (Ausschlußurteil im Aufgebotsverfahren); § 98 ZVG (Versagung des Zuschlags); § 121 II VerglO (grundsätzlich im Vergleichsverfahren); § 189 II KO (Bestätigung oder Verwerfung eines Vergleichs); ferner in §§ 112 ff GenG.

8 **b)** Bei **nicht verkündeten Beschlüssen** beginnt die Notfrist **immer mit Zustellung** (§ 329 II 1, III), die amtswegig zu veranlassen ist, da die Parteizustellung abgeschafft ist (§ 270 I) und damit konkurrierende Zustellungen nicht mehr vorkommen können (früher anders, s Niemeyer NJW 68, 285).

9 **c) Formlose Mitteilung statt Zustellung** setzt keine Beschwerdefrist in Lauf. Die Zustellung einer leserlichen und mit der Urschrift übereinstimmenden (BayObLG Rpfleger 82, 218) beglaubigten Abschrift oder Ausfertigung (§ 170) ist erforderlich; die **Beschlußgründe** müssen darin enthalten sein; die insoweit früher abweichende Regelung des § 317 II 2 aF ist durch die Vereinfachungsnovelle beseitigt worden (s § 317 II nF); die abweichende Entscheidung des OLG Nürnberg (MDR 60, 232) ist damit überholt. Auch die Zustellung einer **einfachen (unbeglaubigten) Abschrift** setzt keine Frist in Lauf, weil sie den Formerfordernissen des § 170 nicht entspricht und Heilung nicht möglich ist (§ 187 S 2).

10 **d) Fehlende oder mangelhafte Zustellung** ist zwar für den Fristbeginn wesentlich, nicht jedoch dafür, ob die Entscheidung existent geworden ist; dazu genügt bereits das Hinausgehen aus dem inneren Geschäftsbetrieb (Schneider NJW 78, 833; Köln ZIP 81, 92; s näher § 567 Rn 3). Infolgedessen kann es dazu kommen, daß das Existentwerden des Beschlusses feststeht, der Zeitpunkt der Zustellung aber unaufklärbar bleibt. In einem derartigen Fall muß der Beschwerdeschriftsatz als fristwahrend behandelt werden, weil eine Partei lediglich die **Beweislast** für solche fristwahrenden Maßnahmen trägt, die ihr selbst obliegen, nicht aber für Vorgänge, die sich ausschließlich im internen Bereich des Gerichts abspielen und deren Nachweis ihr daher so gut wie unmöglich ist (Köln MDR 76, 497; BGH NJW 81, 1673 [1674]; VersR 80, 90 [91]; LG Köln NJW 86, 1179: zu § 176; s a § 516 Rn 16). Bei unterbliebener oder wirkungsloser oder nicht datierbarer Zustellung sind jedoch die §§ 516, 552 analog anzuwenden, so daß die Beschwerdefrist spätestens mit Ablauf von fünf Monaten nach Verkündung zu laufen beginnt.

11 **III) 1) Fristwahrung** geschieht durch Einlegen der sofortigen Beschwerde gemäß § 569, in den Fällen des § 569 II 2 auch durch Erklärung zu Protokoll der Geschäftsstelle (näher zur **Form** der Einlegung § 569 Rn 10). Zur Beweislast des Beschwerdeführers stehen nur die von ihm zu bewirkenden Maßnahmen, insbesondere also fristgerechte Einreichung, nicht Handlungen, die dem Gericht von Amts wegen obliegen, wie die Zustellung (Köln MDR 76, 497 Nr 65; vorstehend Rn 10). Da Beschlüsse auch vor Zustellung existent werden (Rn 10), kann Beschwerde bereits **vor Zustellung** eingelegt werden (RGZ 50, 352; JW 30, 3549), dagegen **nicht vor Verkündung** oder Hinausgehen aus dem inneren Geschäftsbetrieb (Unbeachtlichkeit von „Eventualbeschwerden" vor Erlaß der anzufechtenden Entscheidung: Hamm Rpfleger 79, 461).

12 **2)** Auch in **nicht dringenden Fällen** genügt die Einlegung beim Beschwerdegericht (§ 577 II 2; anders bei der einfachen Beschwerde: § 569 I). Zulässig ist auch die Einlegung bei dem Gericht, dessen Entscheidung angefochten wird. Die **sofortige weitere Beschwerde** kann nur beim LG oder beim OLG eingelegt werden, nicht beim AG (Dresden OLGE 35, 97 zu 1 a; KG HRR 38 Nr 1502). Sonderregelung zB in § 621 e III (s dazu BGH NJW 78, 1165).

13 **3)** Durch **Einreichung** der Beschwerdeschrift **bei einem unzuständigen Gericht** wird die Notfrist nicht gewahrt. Das gilt auch dann, wenn von der Möglichkeit des § 129 a Gebrauch gemacht und die Beschwerde zu Protokoll der Geschäftsstelle eines unzuständigen (Amts-)Gerichts eingelegt wird; denn die Wirkung einer derart vorgenommenen Prozeßhandlung tritt frühestens ein, wenn das Protokoll beim zuständigen Gericht eingeht (BGH NJW 78, 1165; Celle NdsRpfl 78, 54). Die unverzügliche Übersendung dorthin ist jedoch Amtspflicht, Verstoß kann Wiedereinsetzung begründen (Karlsruhe OLGZ 81, 241; s a § 518 Rn 13).

14 **4)** Die **befristete Durchgriffserinnerung** nach §§ 11, 21 II RPflG ist bei dem Gericht einzulegen, dessen Rechtspfleger die Entscheidung erlassen hat; die Einlegung beim Beschwerdegericht ist nicht fristwahrend (Köln MDR 75, 671; Stuttgart MDR 76, 852; Arnold/Meyer-Stolte, RPflG, 3. Aufl 1978, § 11 Anm 4.4, S 152 m w Nachw; aA Bamberg JurBüro 75, 1498).

15 **5)** Eine terminologisch **korrekte Bezeichnung** des Rechtsmittels ist **nicht erforderlich** (§ 300 StPO). Ist der Sache nach die sofortige Beschwerde das richtige Rechtsmittel, dann ist es

unschädlich, welche Benennung der Beschwerdeführer ihr gibt. In der Praxis kommen, wenn der Beschwerdeführer nicht anwaltlich vertreten ist, nahezu alle denkbaren **Fehlbezeichnungen** vor: Einspruch, Widerspruch, Berufung, Revision, Anklage, „Ungeheuerlichkeit", „schärfster Protest" usw – die Zulässigkeit hängt nur davon ab, daß der Wille der Partei zur Einlegung des ihr zustehenden Rechtsmittels eindeutig ist (§ 569 Rn 7). Wird allerdings form- und fristgerecht **Berufung** eingelegt, und ist diese auch **gewollt,** dann richtet sich deren Zulässigkeit nach Berufungsrecht (BGH NJW 62, 2252). Allerdings darf auch dann noch die unzulässige Berufung in eine sofortige Beschwerde **umgedeutet** werden (BGH aaO). Die Beschwerde ist aber nach der für sie maßgebenden Notfrist zu beurteilen; und da diese nur zwei Wochen beträgt, während die Berufungsfrist einen Monat ausmacht (§ 516), wird die Umdeutung in der Regel wegen Fristversäumung nicht weiterhelfen. Ausgeschlossen ist die Umdeutung in eine Prozeßerklärung, die ihrer Zielsetzung und Wirkung nach mit der erklärten nicht vergleichbar ist (BGH VersR 86, 785; s auch Rn 35 vor § 511).

6) Eine **zurückgenommene Beschwerde** (§ 567 Rn 64) darf wiederholt werden; ihre Zulässig- 16
keit hängt dann davon ab, daß auch die zweite Einlegung innerhalb der Beschwerdefrist vorgenommen wird (Frankfurt MDR 55, 487). Ist jedoch die Rechtsmittelrücknahme Ausdruck eines **Rechtsmittelverzichts** oder gar Vollzug einer entsprechenden Parteiabrede, dann ist das **Beschwerderecht verbraucht** und die zweite Einlegung ungeachtet der Fristenprüfung unzulässig. Verbraucht ist das Beschwerderecht auch dann, wenn über eine sofortige Beschwerde entschieden wird, obwohl die Notfrist mangels ordnungsmäßiger Zustellung noch nicht in Lauf gesetzt war; das ist die Konsequenz der Zulassung der Beschwerde ab Existentwerden des Beschlusses, auch wenn dieser Zeitpunkt vor Zustellung liegt (Rn 11).

7) Zu den **Formerfordernissen** der Beschwerde gehören weder Antrag noch Begründung 17
(§ 569 Rn 13, 14). Dementsprechend können diese ohne prozessualen Nachteil noch nach Fristablauf schriftsätzlich eingereicht werden.

8) Der **Mangel der Vollmacht** (§ 569 Rn 29) ist, wenn keine anwaltliche Vertretung stattfindet 18
(§ 88 II), von Amts wegen zu berücksichtigen, kann aber noch nach Fristlauf durch Vorlage der Vollmachturkunde geheilt werden (KG OLGE 39, 37; JW 25, 2342). Diese Möglichkeit der rückwirkenden Heilung kann nach Köln (Rpfleger 76, 101) sogar in eine prozessuale Aporie führen: Hat nämlich die Nichtbeachtung des Fehlens der Vollmacht die weitere Beschwerde eröffnet (§ 568 II – wesentlicher Verfahrensmangel), so würde ein nach §§ 139, 278 III gebotener Hinweis des Gerichts der weiteren Beschwerde zur Beseitigung des Mangels und damit (bei Abstellen auf den Zeitpunkt der Entscheidung) zugleich dazu führen, daß die zulässig eingelegte Beschwerde rückwirkend unzulässig würde, weil der neue selbständige Beschwerdegrund beseitigt würde. Das OLG Köln hat deshalb einen Hinweis aus § 139 ZPO unterlassen und an die Vorinstanz zurückverwiesen. Richtiger ist es wohl, für § 568 II ZPO nur den Zeitpunkt der **Einlegung** der Beschwerde maßgebend sein zu lassen (vgl Schneider MDR 78, 530).

IV) Gesetzliche Regelung. 1) Neben § 577 gelten die allgemeinen Vorschriften (§§ 567 ff, ins- 19
bes § 574). Die §§ 521, 556 über die unselbständige Anschließung an ein Rechtsmittel gelten entsprechend (§ 567 Rn 45; Koblenz Rpfleger 76, 142).

2) Verwirkung des Beschwerderechts (s § 567 Rn 8) hat nur noch geringe Bedeutung, da 20
wegen der analogen Anwendung der §§ 516, 552 bei verkündeten Beschlüssen auf jeden Fall die Fristbegrenzung mit längstens sechs Monaten eingreift. Weiß die beschwerte Partei allerdings von der Entscheidung, dann hat sie die Möglichkeit, gegen den existent gewordenen Beschluß Beschwerde einzulegen (Rn 11). Macht sie davon keinen Gebrauch, sondern zieht sie die Einlegung des Rechtsmittels übermäßig hin, dann kann dies im Einzelfall als Verstoß gegen Treu und Glauben angesehen werden mit der Folge, daß das Beschwerderecht verwirkt und die verspätet eingelegte Beschwerde als unzulässig zu verwerfen ist (s dazu BGHZ 43, 292 f; BFH BStBl 76 II 194 m Nachw).

3) Über sonst **anwendbare Vorschriften der ZPO** siehe bei § 567. 21

V) Nichtigkeitsbeschwerde (§ 577 II 3). In der Praxis kommt die Nichtigkeitsbeschwerde sel- 22
ten vor, meist handelt es sich dann um eine **Zuschlagsbeschwerde** (§§ 96, 100 ZVG). Beispiele: RGZ 73, 196: bei der Erteilung des Zuschlags wirkt ein Richter mit, der von der Ausübung des Richteramtes ausgeschlossen war; KG Rpfleger 76, 368: Beibringen von Urkunden gemäß § 580 Nr 7b; Schneider Rpfleger 76, 384: Mangel der gesetzlichen Vertretung gemäß § 579 I Nr 4 in der Teilungsversteigerung; Kirberger Rpfleger 75, 43: Geltendmachen der Geschäftsunfähigkeit des Erstehers nach Erlösverteilung. Die Nichtigkeitsbeschwerde ist aber beispielsweise auch geeignetes Rechtsmittel, um gegenüber einem Konkurseröffnungsbeschluß Prozeßunfähigkeit geltend zu machen (Hamburg MDR 55, 366).

23 **1)** Wenn die **Voraussetzungen der Wiederaufnahmeklage** (§§ 579–582) gegeben sind, kann die sofortige Beschwerde auch noch nach Ablauf der Notfrist des § 577 II 1 innerhalb der längeren Notfrist des § 586 I eingelegt werden.

24 **2) Innerhalb der Notfrist** des § 577 II 2 ist **lediglich** die **(normale) sofortige Beschwerde** gegeben. Die Nichtigkeitsbeschwerde findet erst statt, wenn der Beschwerdeführer die Frist des § 577 II 1 hat verstreichen lassen und **dadurch Rechtskraft** mit der Folge der Unabänderlichkeit in der Instanz eingetreten ist. Für durch § 577 II 3 gewährte Erweiterung des Rechtsweges durch Verlängerung der Einlegungsfrist müssen die besonderen Voraussetzungen der §§ 579, 580 gegeben sein. Darüber hinaus gehört zur Zulässigkeit, daß auch die Voraussetzungen des § 567 für die allgemeine Beschwerde vorliegen. Daher gibt es keine Nichtigkeitsbeschwerde, wenn der Rechtsmittelzug bereits ausgeschöpft ist (Hamm JMBlNRW 78, 78; Düsseldorf FamRZ 86, 86), also dann nicht, wenn schon in letzter Instanz entschieden worden ist oder ein OLG-Beschluß angegriffen werden soll (§ 567 III 1; BGH ZIP 81, 209). Ob es in diesem Fall ein selbständiges Wiederaufnahmeverfahren gibt (§§ 578 ff), ist eine andere Frage (Rn 26).

25 **3) a)** Durch § 577 III 3 wird das zur Beseitigung rechtskräftiger Urteile geschaffene Wiederaufnahmeverfahren mit dem Ziel auf Beschlüsse übertragen, eine versäumte Beschwerdefrist zu verlängern und die Säumnis unschädlich zu machen. Der prozessuale Effekt der Übertragung liegt nicht in der Begründung eines neuen selbständigen Rechtsmittels, sondern lediglich darin, daß die Beschwerdefrist von **zwei Wochen** (§ 577 I 1) auf **einen Monat** (§ 586 I) verlängert wird, wobei der **Fristbeginn** entsprechend § 586 II **hinausgeschoben** sein kann, bei § 577 I Nr 4 sogar auf unbegrenzte Zeit, nämlich bis zur Zustellung an den gesetzlichen Vertreter (§ 586 III). Im Fall des § 586 II 2 (fünfjährige Ausschlußfrist) ist der „Tag der Rechtskraft des Urteils" der Zeitpunkt, in dem der Beschluß für den jeweiligen Beschwerdeführer unanfechtbar geworden ist, sog relative formelle Rechtskraft (KG OLGZ 76, 364). Ist ein Beschluß bereits unanfechtbar geworden oder fehlt es an einem Wiederaufnahmegrund gem §§ 579, 580, dann hat es dabei sein Bewenden (Rn 24).

26 **b)** Die **Nichtigkeitsbeschwerde ersetzt die Klage,** wenn Nichtigkeits- oder Restitutionsgründe gegeben sind. Soweit die sofortige Beschwerde als Ersatz der Klage gegeben ist, ist die Klage selbst ausgeschlossen, zB bei Gleichstellung von Beschlüssen mit Endurteilen iS des § 578 I, wie bei § 519b (s § 578 Rn 18, 26). Umstritten ist, ob darüber hinaus ein **Wiederaufnahmeverfahren gegen rechtskräftige Beschlüsse** möglich ist. Das wird dann bedeutsam, wenn der Rechtsmittelzug ausgeschöpft und deshalb die Nichtigkeitsbeschwerde nicht gegeben ist (s Rn 24 u § 578 Rn 18, 26). Das Problem wird vor allem bei Angriffen auf **rechtskräftige Zahlungsbeschlüsse** im Zwangsversteigerungsverfahren erörtert. Braunschweig (OLGZ 74, 51) und Hamm (JMBlNRW 78, 78) bejahen die Möglichkeit eines Wiederaufnahmeverfahrens entsprechend §§ 578 ff, wobei dann an die Stelle der Klage im Urteilsverfahren ein Antrag im Beschlußverfahren tritt. Demgegenüber lehnen Köln (Rpfleger 75, 406) und Stuttgart (NJW 76, 1324) die Anwendung der §§ 578 ff auf rechtskräftige Beschlüsse ab. Über den Streitstand im einzelnen informieren mit Nachweisen Zeller, ZVG § 81 Rn 5 [4]; Kirberger Rpfleger 75, 407 u Braun NJW 76, 1923; 77, 27. Zutreffend erscheint die entsprechende Anwendung der §§ 578 ff auf rechtskräftige Beschlüsse (vgl § 578 Rn 26).

27 **4)** Da die Wiederaufnahmebeschwerde, wenn man sie mit der hier vertretenen Ansicht zuläßt, insgesamt den Vorschriften der §§ 578 ff zu unterstellen ist, kommt sie als Restitutionsbeschwerde (§ 580) nur in Betracht, wenn der Restitutionsgrund dem Beschwerdeführer **nach Ablauf der Frist** des § 577 II 1 oder der verlängerten Frist der §§ 577 II 3, 586 I **bekannt geworden** ist. Denn anderenfalls ist er damit ausgeschlossen, weil er den Restitutionsgrund bei Beachtung der im Prozeß erforderlichen Sorgfalt bereits im Beschwerde-Rechtsmittelzug hätte geltend machen können (§ 582).

28 **5)** Beginnt die normale Frist der sofortigen Beschwerde (§ 577 II 1) für **mehrere beschwerte Parteien** getrennt zu laufen, dann berechnet sich die erst mit Fristende beginnende Wiederaufnahmefrist des § 586 **für jeden Beschwerten gesondert.** Die Nichtigkeitsbeschwerde kann daher einem Beschwerten offen stehen, während der andere noch die sofortige Beschwerde nach § 577 I 1 hat (und deshalb noch keine Nichtigkeitsbeschwerde einlegen kann).

29 **6) a) Zur Zulässigkeit** der Nichtigkeitsbeschwerde gehört nach §§ 587, 588 zunächst die **schlüssige Darlegung** eines Nichtigkeits- oder Restitutionsgrundes iS der §§ 579, 580.

30 **b)** Die Nichtigkeitsbeschwerde leitet jedoch **kein echtes Wiederaufnahmeverfahren** ein, so daß dessen Dreiteilung (1. Zulässigkeitsprüfung der Wiederaufnahmeklage; 2. Begründetheitsprüfung der Wiederaufnahmeklage; 3. erneute Verhandlung der Hauptsache) im Verfahren der Nichtigkeitsbeschwerde unterbleibt. Der (die Stationen 1 u 2 einschließenden) Frage im Urteilsverfahren: „Ist der Rechtsstreit wiederaufzunehmen?" entspricht im Beschwerdeverfahren die

einheitliche Prüfung, ob die Nichtigkeitsbeschwerde zulässig ist. Deshalb gehört zu ihrer Zulässigkeit, daß die Wiederaufnahmegründe nicht nur dargelegt, sondern darüber hinaus auch **bewiesen** werden. Mangelt es an diesem Beweis, dann ist die Nichtigkeitsbeschwerde trotz schlüssiger Darlegung als unzulässig zu verwerfen (KG Rpfleger 76, 368).

c) Da die Nichtigkeitsbeschwerde allgemeinem Beschwerderecht unterliegt (Rn 24), muß bei **weiterer Beschwerde** ein neuer selbständiger Beschwerdegrund iSd § 568 II gegeben sein (KG Rpfleger 76, 268). 31

7) An Stelle der Nichtigkeitsbeschwerde kann die **Anschließung an die sofortige Beschwerde eines anderen Beteiligten** treten. Doch wird dies kaum praktisch werden, weil eine Anschließung nur an das Rechtsmittel des Gegners möglich ist (Köln Rpfleger 75, 29). Der Gegner ist aber als der Begünstigte normalerweise nicht beschwert und jedenfalls nur sehr selten Rechtsmittelführer; so liegt es jedenfalls fast ausnahmslos in den praktisch besonders wichtigen Nichtigkeits-Zuschlagsbeschwerden (KG Rpfleger 76, 369). 32

VI) Änderungssperre (Abs 3 – s dazu Werner, Rechtskraft und Innenbindung zivilprozessualer Beschlüsse, 1983, S 57 ff). **1)** Eine **Änderung** des angefochtenen Beschlusses ist **zwischen seinem Erlaß und Einlegung** der Beschwerde **nicht statthaft** (Rn 40). Die Ausnahme des § 765a III erklärt sich durch die Eilbedürftigkeit und die Änderung der Sachlage (s Gaul Rpfleger 71, 48). Wie bei allen Entscheidungen ist jedoch jederzeit die **Berichtigung offenbarer Unrichtigkeiten** gemäß § 319 möglich und geboten (RGZ 129, 161). In entsprechender Anwendung des § 321 darf das Untergericht trotz Einlegung der Beschwerde auf Antrag seine Entscheidung nachträglich **ergänzen,** wenn ein Anspruch oder der Kostenpunkt versehentlich übergangen worden ist. 33

2) § 577 III wendet sich nur an das **Untergericht,** dessen Entscheidung mit der Beschwerde angefochten worden ist. Die Frage der Änderung stellt sich für das Beschwerdegericht nicht, solange seine Entscheidung noch nicht existent geworden ist, da es bis dahin in der rechtlichen Beurteilung frei ist und einen Beschlußentwurf abändern darf (Köln ZIP 81, 92). Ob und unter welchen Voraussetzungen das Beschwerdegericht **nach Erlaß** einer nicht mehr anfechtbaren Entscheidung seinen Beschluß noch ändern darf, ist umstritten (s § 567 Rn 16 ff). 34

VII) Abs 4: Sofortige Hilfsbeschwerde. 1) Wäre gegen die Entscheidung des **beauftragten oder ersuchten Richters** oder des **Urkundsbeamten** der Geschäftsstelle (§ 576), falls sie vom Prozeßgericht selbst getroffen worden wäre, die sofortige Beschwerde gegeben, dann ist auch die **Erinnerung** nach § 576 **fristgebunden.** Ihre Form richtet sich nach § 569 II. Die Notfrist läuft bereits ab Zustellung der Entscheidung des beauftragten oder ersuchten Richters oder des Urkundsbeamten. 35

2) Einzureichen ist die sofortige Erinnerung **beim Prozeßgericht,** also weder beim beauftragten oder ersuchten Richter noch beim Beschwerdegericht. Eine entsprechende Regelung findet sich für die befristete Durchgriffserinnerung in §§ 11, 21 RPflG. Die danach gegebene sofortige Erinnerung ist bei dem Gericht einzulegen, dem der Rechtspfleger angehört; Einlegung beim Beschwerdegericht wahrt die Frist nicht (Rn 14). 36

3) Das **Prozeßgericht** oder das dem Rechtspfleger übergeordnete Gericht **hilft der Erinnerung ab, wenn** es sie für **begründet** erachtet. Will es nicht ändern, dann leitet es die sofortige Erinnerung lediglich an das Beschwerdegericht weiter; sie gilt dann als sofortige Beschwerde. Im Zeitpunkt des Einlegens der Erinnerung hat diese daher schon (nämlich für den Fall der Nichtabhilfe durch das Prozeßgericht) die Funktion einer „vorsorglich" eingelegten Beschwerde; deshalb spricht man in diesem Fall von einer **Hilfsbeschwerde.** 37

Hinsichtlich der Abhilfebefugnis und der weiteren sachlichen Bearbeitung ist zwischen der **Rechtspflegererinnerung** und der **Vollstreckungserinnerung** zu unterscheiden. Der Rechtspflegererinnerung (§ 11 RPflG) darf der Rechtspfleger abhelfen; unterläßt er das, legt er dem Richter vor. Dieser wiederum entscheidet darüber, wenn er sie für zulässig und begründet erachtet; stimmt er dagegen mit dem Rechtspfleger überein, legt er die Erinnerung dem Rechtsmittelgericht vor, wo sie kraft Gesetzes als Beschwerde gegen die Entscheidung des Rechtspflegers behandelt wird (deshalb der Ausdruck „Durchgriffs"-Erinnerung). Bei der (unbefristeten) Vollstreckungserinnerung (§ 766) darf der Rechtspfleger nach heute wohl allgemeiner Ansicht ebenfalls abhelfen („in entsprechender Anwendung eines allgemeinen Prinzips des Verfahrensrechts": Arnold-Meyer-Stolte, RPflG, 3. Aufl 1978, § 20 Anm 10.7). Jedoch hat der Richter nicht die Wahl zwischen eigener stattgebender Entscheidung und Vorlage an das Beschwerdegericht, **sondern er muß immer selbst entscheiden.** Die Vollstreckungserinnerung darf also nicht als Durchgriffserinnerung behandelt werden; darin läge ein Verfahrenverstoß (KG Rpfleger 78, 334). Über das teilweise sehr umstrittene Verhältnis der Rechtspflegererinnerung zur allgemeinen Vollstreckungserinnerung (§ 766) und zur Erinnerung gegen die Klauselerteilung (§ 732) vgl die 38

Nachw bei Stöber, Rpfleger 74, 52; Koblenz, Rpfleger 78, 227 (beide zu § 766) sowie Schneider, JurBüro 78, 1118 (zu § 732); grundlegend dazu Kunz, Erinnerung und Beschwerde, 1980.

39 4) **Anwaltszwang** (s dazu Bergerfurth, Der Anwaltszwang und seine Ausnahmen, 1981, S 126) **entfällt** unter den Voraussetzungen des § 569 II 2. Er **besteht** dann, wenn das LG ersucht hat oder die Entscheidung des Urkundsbeamten des LG angegriffen wird (s § 569 Rn 26). Jedoch kann die sofortige Hilfsbeschwerde immer durch einen beim Untergericht zugelassenen Anwalt eingelegt werden (vgl § 576 Rn 9).

40 5) Der beauftragte oder ersuchte Richter oder der Urkundsbeamte der Geschäftsstelle dürfen der **Hilfsbeschwerde nicht abhelfen** (Rn 33). Dazu ist nur das Prozeßgericht oder das dem Urkundsbeamten übergeordnete Gericht befugt. Macht dieses von seinem Abhilferecht Gebrauch, ändert es also die Vorentscheidung ab, so ist darüber förmlich zu beschließen; der Beschluß ist nach § 329 zu verlautbaren. Da es sich in der Regel um nicht zu verkündende Entscheidungen handelt, ist mit Rücksicht auf seine Rechtsmittelfähigkeit zuzustellen (§ 329 III). Der abändernde Beschluß des Prozeßgerichts kann eine **neue Beschwer** setzen, insbesondere für den Gegner des Erinnerungsführers. Ob der neue Beschluß beschwerdefähig ist und welche Beschwerde in Betracht kommt (einfache oder sofortige), richtet sich nach allgemeinem Beschwerderecht.

41 6) Die **Vorlage bei Nichtabhilfe** durch das Prozeßgericht ist nur ein Weiterleiten, da der Erinnerungsführer von vornherein **zwei Rechtsmittel eingelegt** hat: in erster Linie sofortige Erinnerung, hilfsweise sofortige Beschwerde. Es bedarf daher keines besonderen Nichtabhilfebeschlusses (Vorlagebeschlusses), wie er bei § 571 notwendig ist. Deshalb ist es auch belanglos, wenn die Vorlageverfügung nicht unterschrieben ist (Köln Rpfleger 76, 101).

Viertes Buch

WIEDERAUFNAHME DES VERFAHRENS

578 *[Gemeinsames für Nichtigkeits- und Restitutionsklage]*

(1) Die Wiederaufnahme eines durch rechtskräftiges Endurteil geschlossenen Verfahrens kann durch Nichtigkeitsklage und durch Restitutionsklage erfolgen.

(2) Werden beide Klagen von derselben Partei oder von verschiedenen Parteien erhoben, so ist die Verhandlung und Entscheidung über die Restitutionsklage bis zur rechtskräftigen Entscheidung über die Nichtigkeitsklage auszusetzen.

Lit: *Braun*, Rechtskraft und Restitution, Teil I, 1979; Teil II, 1985.

I) Abs 1. Ratio legis. Nichtigkeits- und Restitutionsklage, in ihren Voraussetzungen verschieden, verfolgen denselben Zweck: die Aufhebung eines rechtskräftigen Endurteils und anderweite Entscheidung des Rechtsstreits. Dabei richtet sich die Nichtigkeitsklage (§ 579) gegen die Verletzung wichtiger Prozeßnormen, die Restitutionsklage (§ 580) gegen eine evident unrichtige oder unvollständige Urteilsgrundlage. Beide Klagen haben rechtsmittelähnlichen Charakter, sind jedoch als außerordentliche Rechtsbehelfe **keine** wirklichen **Rechtsmittel.** 1

II) 1) Der **Verzicht** auf die Nichtigkeits- oder Restitutionsklage ist möglich (RGZ 23, 434). 2

2) Eine **Beschwer** ist Klagevoraussetzung (BGHZ 39, 179); für die Restitutionsklage in Kindschaftssachen ist sie nach § 641 i II immer gegeben. 3

III) 1) Die **Parteien des Wiederaufnahmeverfahrens** sind dieselben wie in dem vorangegangenen Verfahren, gfls deren Gesamtrechtsnachfolger. 4

2) Sonderrechtsnachfolger haben im allgemeinen nicht die Parteifähigkeit für Wiederaufnahmeverfahren (BGH MDR 59, 373). Hat der frühere Kläger seinen Anspruch aus dem Urteil vor Rechtshängigkeit der Wiederaufnahmeklage an einen anderen abgetreten, dann ist die Klage gegen den früheren Kläger zu richten (RGZ 168, 258). Zumindest ist dieses prozessuale Vorgehen möglich, auch dann, wenn die Sonderrechtsnachfolge erst nach rechtskräftigem Abschluß des Vorverfahrens eingetreten war und der Rechtsnachfolger eine vollstreckbare Ausfertigung des früheren Urteils erhalten hat (BGHZ 29, 329). 5

3) Auch ein **Nebenintervenient** ist befugt, die Wiederaufnahmeklage zu erheben (Wieczorek, 2. Aufl 1977, § 578 Anm C IIa 2; offengelassen in RGZ 89, 426). 6

IV) Die **Prozeßvollmacht** deckt nach § 81 auch die Wiederaufnahme des Verfahrens. 7

V) 1) Die **Wiederaufnahme gegen ein Scheidungsurteil** ist auch dann zulässig, wenn der andere Ehegatte inzwischen wieder geheiratet hat (BGH NJW 53, 1263; FamRZ 59, 14; 63, 132). Die Erhebung der Nichtigkeitsklage kann jedoch unzulässige Rechtsausübung darstellen (BGHZ 30, 140; Frankfurt FamRZ 78, 922). 8

2) Wegen des **Verbundes von Scheidungs- und Folgesachen** (§ 623) erstreckt sich die Wiederaufnahme der Scheidungssache ohne weiteres auf die Folgesachen; jedoch kann die Wiederaufnahme auf eine Folgesache beschränkt werden mit der Wirkung, daß die rechtskräftige Scheidung in ihrem Bestand unberührt bleibt. Da Entscheidungen über den öffentlichrechtlichen oder schuldrechtlichen Versorgungsausgleich materiell rechtskräftig werden können, ist eine Fehlerkorrektur nur analog Wiederaufnahmerecht möglich (BGH MDR 82, 833; 84, 922 = NJW 84, 2364). 9

3) Nach dem Tode eines Ehegatten sind Restitutionsklagen gegen ein Scheidungsurteil nicht mehr möglich (BGHZ 43, 239; Johannsen Anm zu § 578 ZPO Nr 9; vgl ferner Jauernig FamRZ 61, 98). Diese Beschränkung erstreckt sich auch auf die Kostenentscheidung (BGHZ 43, 244). 10

4) Wegen des Grundsatzes der Einheitlichkeit der Entscheidung war früher umstritten, ob die Wiederaufnahme in Ehesachen in beschränktem Umfang zulässig ist (s jeweils m Nachw Arens ZZP 76 [1963], 423 u Gilles ZZP 80 [1968], 391). Meist ging es dabei um den Schuldausspruch. Durch die Neugestaltung des Scheidungsrechts dürfte die Problematik überholt sein. 11

VI) Endurteil. 1) Seine formelle Rechtskraft ist Voraussetzung für die Wiederaufnahme (RGZ 38, 406). Unerheblich ist, ob es sich um ein Sach- oder um ein Prozeßurteil handelt (StJGr, 12

20. Aufl 1977, § 578 Anm 1; aA RGZ 68, 336). Auf die **Art der Endurteile** kommt es nicht an; Gestaltungsurteile, Anerkenntnisurteile und Versäumnisurteile sind wiederaufnahmefähig, bei Vorliegen von Restitutionsgründen auch mit der Restitutionsklage (Breslau JW 31, 3584). Das gilt auch für die Fälle des § 580 Nr 7b (BGHZ 46, 300; Johannsen Anm zu LM § 580 Nr 7b ZPO Nr 18; Gaul ZZP 81 [1968], 284; anders RGZ 130, 388; 163, 291).

Zur Wiederaufnahme bei **Teilurteilen** vgl unten § 583 Rn 6.

13 **2)** Wiederaufnahme ist auch gegen rechtskräftige **Vollstreckungsbescheide** möglich (§§ 700 I, 584 II), desgleichen gegen Urteile in Arrest- und Verfügungssachen (München JZ 56, 122).

14 **3)** Nicht selbständig anfechtbare **Zwischenurteile** (§ 303) sind nicht wiederaufnahmefähig. Sie können nur auf dem Weg der Wiederaufnahmeklage **gegen das Endurteil** angefochten werden (§ 583). Das gilt nach nunmehr hM auch für solche Zwischenurteile (§§ 280, 304) und Vorbehaltsurteile (§§ 302, 599), die in bezug auf Rechtsmittel den Endurteilen gleichgestellt sind. Sie können ebenfalls nur auf dem Weg der Wiederaufnahmeklage gegen das Endurteil angefochten werden (Gilles ZZP 78 [1965], 483 ff; ThP § 578 Anm 1a). Ausnahmsweise sind sie dann unmittelbar mit der Wiederaufnahmeklage anzugreifen, wenn sie in einem höheren Rechtszug ergangen sind als das Endurteil (§ 583: „derselben oder einer unteren Instanz"; s dazu Gilles ZZP 78 [1965], 488). Ist der Wiederaufnahmegrund schon im Ausgangsverfahren hervorgetreten, dann kann er aber (und muß ggf, vgl §§ 579 I Nr 2, 582) schon im Rechtsmittelweg gegen das Zwischen- oder Vorbehaltsurteil, evtl in dessen Nachverfahren, geltend gemacht werden (BGH JZ 63, 450; vgl dazu Wilts NJW 63, 1532; Gilles ZZP 78 [1965], 486 f).

15 **4)** In keinem Fall kann aber die Restitutionsklage auf den **Kostenpunkt** beschränkt werden, da dem § 99 I entgegensteht (Hamburg HRR 35 Nr 1429, 1704; Wieczorek § 578 Anm D IV d).

16 **5)** Gegen **Prozeßvergleiche** gibt es keine Wiederaufnahme, da sie den Endurteilen nicht gleichgestellt werden können. Dafür besteht auch kein Bedürfnis, da die Vergleichsnichtigkeit innerhalb der (bei Nichtigkeit nur scheinbar) abgeschlossenen Instanz geltend gemacht werden kann (BGH NJW 77, 583 m w Nachw).

17 **6)** Auch im **Revisionsverfahren** können Wiederaufnahmegründe geltend gemacht werden. Die Rspr des BGH dazu läßt aber eine einheitliche Linie und klare Kriterien vermissen. Das RG (DR 44, 498) hatte das Vorbringen eines Restitutionsgrundes in der Revisionsinstanz zugelassen, als es um Tatsachen ging, die im Berufungsurteil noch nicht hatten berücksichtigt werden können. Dem hat sich der BGH (BGHZ 3, 65) für die Restitutionsgründe in § 580 Nr 1–7a angeschlossen. In BGHZ 5, 240 hat er auch den Restitutionsgrund des § 580 Nr 7b (neue Urkunde) einbezogen, dies jedoch ausdrücklich als Ausnahme erklärt, dafür aber nur ganz unbestimmte Abgrenzungskriterien genannt, die er in BGHZ 18, 60 wiederholt hat (Durchbrechung des § 561 nur, wenn „höhere Belange der Allgemeinheit und der ihr dienenden Rechtspflege dieses fordert"). Damit kann man alles und nichts beweisen und in jedem Einzelfall letztlich nach Belieben darüber befinden, ob ein Restitutionsgrund zu berücksichtigen ist oder nicht.

18 **7) Beschlüsse,** durch die die **Revision verworfen** wird, sind mit der Begründung aus § 580 Nr 7b anfechtbar (Rn 26), wenn die tatsächlichen Feststellungen des Revisionsgerichts angegriffen werden (BGHZ 62, 18; MDR 83, 292 = NJW 83, 883) und (BGH VersR 74, 168) nicht lediglich versucht wird, ein neugeschaffenes Beweismittel in das Verfahren einzuführen.

19 **8)** Eine **Rechtsmittelzurücknahme** kann bei Vorliegen eines Wiederaufnahmegrundes (gegebenenfalls bei Vorliegen der Voraussetzungen des § 581) widerrufen werden (RGZ 150, 392; 153, 65; BGHZ 12, 284; 33, 73; MDR 58, 670). Wo die Möglichkeit besteht, das Verfahren durch Widerruf der Rechtsmittelrücknahme weiterzuführen, ist die Restitutionsklage nicht gegeben (BGHZ 12, 284; BGH MDR 58, 670).

20 **a)** Der Widerruf der Rechtsmittelzurücknahme ist auch dann der gegebene Weg, wenn sich der Anfechtungsgrund nicht nur auf den Inhalt des ergangenen Urteils ausgewirkt, sondern auch die Erklärung der Rechtsmittelzurücknahme veranlaßt hat (BGH MDR 58, 670: Prozeßbetrug; s hierzu auch Gaul ZZP 74 [1961], 49).

21 **b)** Die **Frist des § 586 I** beginnt zu laufen, sobald die Partei von den Tatsachen Kenntnis erlangt hat, die sie zum Widerruf der Rechtsmittelrücknahme berechtigen (BGHZ 33, 73); nach Ablauf von fünf Jahren ab Rechtskraft des Urteils ist der Widerruf der Rechtsmittelrücknahme ausgeschlossen (BGH MDR 58, 670).

22 **c)** Der Widerruf der Rücknahmeerklärung ist zugleich **Antrag auf Fortsetzung** des Rechtsmittelverfahrens mit dem Ziel, die formelle Rechtskraft desjenigen Urteils zu beseitigen, gegen das sich das (zurückgenommene) Rechtsmittel gerichtet hatte (vgl Jauernig AP § 566 ZPO Nr 1; Gaul ZZP 75 [1962], 267).

d) War auf die Rechtsmittelzurücknahme hin ein **Verlustigkeitsbeschluß** nach §§ 515 III, 566 ergangen, durch den die nunmehr streitige Wirksamkeit der Rechtsmittelrücknahme bejaht worden war (s dazu BGHZ 46, 112), dann ist die Wiederaufnahmeklage gegen diesen Beschluß zu richten (Gaul ZZP 75 [1962], 267; 81 [1968], 279). 23

9) Auch ein **Rechtsmittelverzicht** ist bei Vorliegen eines Wiederaufnahmegrundes frei widerruflich (s § 514 Rn 14; § 580 Rn 11). 24

10) Den Widerruf eines **gerichtlichen Anerkenntnisses** (§ 307) hat RGZ 156, 70 ff für den Fall zugelassen, daß durch eine neue aufgefundene Urkunde (§ 580 Nr 7 b) nachgewiesen wird, daß das Anerkenntnis unrichtig und durch eine strafbare Handlung veranlaßt worden ist. 25

11) Die Wiederaufnahme ist auch gegen **unanfechtbare Beschlüsse** gegeben, die das Verfahren beendigen, etwa solche nach §§ 91 a, 519 b II, 554 a I (vgl zB BGHZ 62, 19; BAG NJW 55, 926; Hamm OLGZ 84, 455; VGH Kassel NJW 84, 378; Wieczorek § 578 Anm D IIIb 5 m w Nachw; ablehnend RGZ 73, 194; 120, 173) und in echten Streitverfahren der fG (BGH FamRZ 80, 989 [990]), zB über den Versorgungsausgleich gem §§ 1587 g BGB, 53 g FGG (BGH Warneyer 84 Nr 109; FamRZ 82, 687; Düsseldorf FamRZ 86, 86). Auch Beschlüsse im **Zwangsvollstreckungsverfahren** einschließlich rechtskräftiger Zuschlagsbeschlüsse im Zwangsversteigerungsverfahren sind wiederaufnahmefähig (§ 577 Rn 26), desgleichen ist die Wiederaufnahme gegen Konkurstabellenauszüge nach § 145 II KO (RGZ 37, 386) und gegen sonstige Beschlüsse im Konkursverfahren (Karlsruhe NJW 65, 1023 Nr 11) gegeben. Jedoch kann die Wiederaufnahme keinen verschlossenen (zusätzlichen) Instanzenzug eröffnen, so daß es auch gegen Beschlüsse des OLG, durch die eine Wiederaufnahme eines rechtskräftig abgeschlossenen Zwangsversteigerungsverfahrens abgelehnt wird, keine Beschwerde an den BGH gibt (BGH ZIP 81, 209). **Unanfechtbar** sind Beschlüsse, wenn sie a) keiner Innenbindung unterliegen und deshalb abänderbar sind, b) keinem befristeten Rechtsmittel unterliegen und deshalb nicht in formelle Rechtskraft erwachsen können, c) keine prozeßbeendende Wirkung haben oder d) nur den Kostenpunkt betreffen (Schneider Anm KoRsp GKG § 8 Nr 65 m Nachw), also zB keine Beschlüsse nach § 8 GKG (irrig OVG Münster FamRZ 86, 493). 26

12) Formel rechtskräftige **nichtige Entscheidungen** brauchen nicht durch Wiederaufnahme beseitigt zu werden. Ihre Unwirksamkeit kann dadurch geltend gemacht werden, daß eine Partei sich in einem Prozeß darauf beruft und auf diese Weise Inzidentfeststellung veranlaßt oder unmittelbar auf Feststellung der Nichtigkeit klagt. 27

VII) Schadensersatzklage nach § 826 BGB. Ein anderes Mittel als die in § 578 bezeichneten Klagen (an deren Stelle bei Beschlüssen der Antrag tritt, über den durch Beschluß zu entscheiden ist) zur Beseitigung eines rechtskräftigen Urteils gibt es nicht, insbesondere ist **keine Bereicherungsklage** möglich, da die Rechtskraft der Feststellung eines rechtsgrundlosen Vorganges entgegensteht. Wohl ist nach einhelliger Rspr (s Rn 72 ff vor § 322) eine Schadensersatzklage aus § 876 BGB wegen Urteilserschleichung möglich, und zwar unabhängig davon, ob auch eine Restitutionsklage in Betracht kommt und auch nicht eingeschränkt durch § 581 (BGHZ 50, 115; NJW 71, 1751). Eine solche Klage ist völlig selbständig zu beurteilen, und zwar in ihren Voraussetzungen nur nach materiellem Recht (s dazu ausführlich Staudinger/Schäfer BGB § 826 Rn 95–131; Musielak JA 82, 7; speziell zur Abwehr gegen die Vollstreckung titulierter sittenwidriger Kreditforderungen vgl Kohte NJW 85, 2217). 28

VIII) Gegen rechtskräftige gerichtliche Entscheidungen kommt nach Erschöpfung des Rechtsweges (§ 90 II 1 BVerfGG) die **Verfassungsbeschwerde** in Betracht, wenn der Beschwerdeführer sie darauf stützt, daß die ihn beschwerende Entscheidung ein Grundrecht oder ein gleichgestelltes Recht verletze (Einzelheiten im Komm z BVerfGG von Leibholz/Rupprecht u im Nachschlagewerk des BVerfG zu §§ 90 ff BVerfGG). 29

IX) Die **Konvention zum Schutz der Menschenrechte** (BGBl 1952 II S 686) sieht in den Art 25 ff eine **Individualbeschwerde** vor, die sich auch gegen gerichtliche Entscheidungen wenden kann und Erschöpfung des innerstaatlichen Rechtsweges voraussetzt, jedoch nicht zu einer Aufhebung der Entscheidung führen kann (vgl Schorn Rpfleger 67, 259). 30

X) Drei Verfahrensabschnitte sind **im Wiederaufnahmeverfahren** zu unterscheiden, deren Voraussetzungen jeweils für sich zu prüfen sind, über die aber in einer gemeinsamen Entscheidung erkannt werden darf, so daß äußerliche Trennung nicht notwendig ist (OGH NJW 50, 105; BGH LM § 580 Nr 7 b ZPO Nr 4; MDR 65, 816; gegen die Dreiteilung BSG NJW 69, 1079). 31

1) Prüfung der Zulässigkeit der Wiederaufnahme (§ 589 I). Diese Prüfung von Amts wegen hat sich außer auf die **allgemeinen Verfahrensvoraussetzungen** zu erstrecken auf die **Rechtskraft** des angefochtenen Urteils, die form- und fristgerechte **Klageerhebung,** die **schlüssige Darlegung** eines den §§ 579, 580 entsprechenden Wiederaufnahmegrundes und (Ausnahme: § 641 i II) die 32

Beschwer des Wiederaufnahmeklägers. Der BGH (LM § 582 ZPO Nr 1) rechnet hierher auch das Vorliegen der Voraussetzungen des § 582 (vgl auch RG Warn 38 Nr 67; näher dazu § 582 Rn 2). Das BSG (NJW 69, 1079) geht sogar davon aus, daß auch die Beweiserheblichkeit der Urkunde bei § 580 I Nr 7b zur Zulässigkeit gehöre; das ist jedoch unrichtig, da die Urkunde erst im zweiten Verfahrensabschnitt zu würdigen ist, der die Begründetheit betrifft (BGHZ 57, 212; 38, 337; BGH NJW 70, 1320). Zulässigkeitserfordernis ist es jedoch, daß mit der Urkundenvorlage auch inhaltlich Urkundenbeweis erbracht werden soll und nicht etwa durch schriftliche Festlegung von Zeugenaussagen der durch § 580 I Nr 7b ausgeschlossene Zeugen- oder Sachverständigenbeweis umgangen werden soll (BGH MDR 65, 816 Nr 23; BSG MDR 69, 517). Fällt die Zulässigkeitsprüfung negativ aus, ist Verfahrensabweisung veranlaßt.

33 **2) Prüfung der Begründetheit** der Wiederaufnahmeklage. Hierbei handelt es sich um die Prüfung, ob die geltend gemachten Wiederaufnahmegründe gegeben und nicht nach §§ 579 II, 582 ausgeschlossen sind (nach BGH, LM § 582 ZPO Nr 1, fällt die Prüfung des § 582 in den Zulässigkeitsabschnitt; s dazu § 582 Rn 2). Das Gericht darf über Zulässigkeit und Grund abgesondert verhandeln (§ 590 II). Werden Zulässigkeit und Grund bejaht, dann führt das zur rückwirkenden Aufhebung des angefochtenen Urteils, und zwar durch Zwischenurteil nach § 303 (RGZ 99, 169) oder zugleich im Endurteil (Rn 40; Näheres bei § 590).

34 **3) Die Neuverhandlung des alten Rechtsstreits,** soweit er von dem Wiederaufnahmegrund betroffen worden ist, schließt sich im dritten Verfahrensabschnitt an (§ 590 I). Es ist also der alte Prozeß erneut durchzuführen und über die Klage erneut zu entscheiden. Zu dieser sog **ersetzenden Entscheidung** s § 590 Rn 7 ff.

35 **XI) Abs 2.** Wird Nichtigkeits- und zugleich Restitutionsklage erhoben, dann ist das Verfahren über die Restitutionsklage abzutrennen und auszusetzen. Dringt die Nichtigkeitsklage durch, so wird damit die ausgesetzte Restitutionsklage in der Hauptsache gegenstandslos.

36 **XII)** Möglich ist ein **Inzidentantrag auf Rückgewähr** des aufgrund des angegriffenen Urteils Geleisteten (§ 585 Rn 15).

37 **XIII) Gebühren: 1)** des **Gerichts:** Gebühren wie im ordentl Prozeß: IdR also Gebühr für das Verfahren im allgemeinen und für eine Entscheidung, § 27 GKG, Nrn 1010, 1016–1019 KV (München Rpfleger 67, 135; Hamm Rpfleger 55, 256). Ist für das Wiederaufnahmeverfahren das Berufungs- oder Revisionsgericht zuständig (§ 584), so erwachsen die Gerichtskosten je nach der Instanz, vor der verhandelt wird (KG JW 39, 181); s dazu KV Nrn 1020 ff, 1030 ff. Die Wiederaufnahmeklagen beider Parteien sind getrennte Verfahren und bilden jeweils eigenständige Instanzen, so daß die Gebühren getrennt zu berechnen sind, bis eine etwaige Verbindung erfolgt (vgl Dresden DR 1941, 793).

2) des **Anwalts:** Gebühren nach § 31 BRAGO. Im Wiederaufnahmeverfahren vor dem Rechtsmittelgericht erhöhen sich die Gebühren des RA nach § 11 Abs 1 S 2 BRAGO. Bezügl der Wiederaufnahmeklagen durch beide Parteien gilt dasselbe, wie oben unter 1) ausgeführt worden ist.

3) Streitwert: Da mit der Nichtigkeits- und mit der Restitutionsklage die Aufhebung und Neuverhandlung eines durch rechtskräftiges Urteil abgeschlossenen Rechtsstreits bezweckt wird, deckt sich das Klägerinteresse mit dem Streitwert des abgeschlossenen Verfahrens (BGH AnwBl 78, 260). Für dessen Wert gelten die allgemeinen Bewertungsvorschriften, so daß insbesondere zuerkannte Zinsen und angefallene Prozeßkosten nicht werterhöhend zu berücksichtigen sind (§ 22 II GKG).

4) PKH s § 119 Rn 5.

579 *[Nichtigkeitsklage]*

(1) Die Nichtigkeitsklage findet statt:

1. **wenn das erkennende Gericht nicht vorschriftsmäßig besetzt war;**
2. **wenn ein Richter bei der Entscheidung mitgewirkt hat, der von der Ausübung des Richteramts kraft Gesetzes ausgeschlossen war, sofern nicht dieses Hindernis mittels eines Ablehnungsgesuchs oder eines Rechtsmittels ohne Erfolg geltend gemacht ist;**
3. **wenn bei der Entscheidung ein Richter mitgewirkt hat, obgleich er wegen Besorgnis der Befangenheit abgelehnt und das Ablehnungsgesuch für begründet erklärt war;**
4. **wenn eine Partei in dem Verfahren nicht nach Vorschrift der Gesetze vertreten war, sofern sie nicht die Prozeßführung ausdrücklich oder stillschweigend genehmigt hat.**

(2) In den Fällen der Nr. 1, 3 findet die Klage nicht statt, wenn die Nichtigkeit mittels eines Rechtsmittels geltend gemacht werden konnte.

1 **I) Abs 1.** Die Nichtigkeitsklage richtet sich nur gegen die **Verletzung von Verfahrensvorschriften** (zur geschichtlichen Entwicklung vgl Gaul, Festschrift Kralik 1986 S 161 ff). Ob das Urteil auf dem Verstoß beruht, ist (ebenso wie bei § 551) unerheblich. Die Aufzählung der Nichtigkeitsgründe in § 579 ist erschöpfend; lediglich durch die SchutzVO v 4. 12. 43 (RGBl I S 666) ist sie für

die von Kriegsverhältnissen Betroffenen erweitert (Abdruck bei Wieczorek, 2. Aufl 1976, § 239 Anm A III e). Beruht das ergangene Urteil auf einer gesetzlichen Vorschrift, die v BVerfG (in einem anderen Verfahren) für nichtig erklärt worden ist, dann rechtfertigt dies nicht die Wiederaufnahmeklage; nach § 79 II 2 BVerfGG ist jedoch die Vollstreckung aus einer solchen Entscheidung unzulässig (zur Rspr des BVerfG vgl Leibholz/Rupprecht, Komm z BVerfGG, 1968 u Nachtragsband 1971, Erl zu § 79; s auch § 578 Rn 29). Zuständigkeit in Familiensachen: § 584 Rn 1.

II) Einzelheiten. 1) Nr 1 behandelt die falsche **Besetzung der Richterbank,** insbesondere den Verstoß gegen § 309: Urteilsurkunde von anderen Richtern unterschrieben als denen, die im Sitzungsprotokoll oder im Urteilseingang genannt sind; ebenso, wenn ein beteiligter Richter erst unterschreibt, nachdem er in den Ruhestand getreten ist (HessVGH DRiZ 83, 234). Die richtige Besetzung ist im GVG geregelt. Ein Verstoß ist zugleich absoluter Revisionsgrund (§ 551 Nr 1 ZPO) mit der Folge, daß die Nichtigkeitsklage wegen ihrer Subsidiarität ausgeschlossen ist (§ 579 II). Zum unzuständigen **Einzelrichter** s § 524 Rn 38. 2

2) Nr 2 betrifft den kraft Gesetzes von der Ausübung des Richteramtes **ausgeschlossenen Richter** (§ 41). Dieser Tatbestand ist in § 551 Nr 2 als absoluter Revisionsgrund angeführt. Soweit der Verstoß gegen § 41 bereits erfolglos durch ein Ablehnungsgesuch gerügt worden ist, sind Revision und Nichtigkeitsklage ausgeschlossen. Die Nichtigkeitsklage ist darüber hinaus auch dann nicht gegeben, wenn der gesetzliche Ausschluß vom Richteramt erfolglos durch ein Rechtsmittel angegriffen worden ist. § 579 I Nr 2 ist entsprechend anwendbar auf den **Urkundsbeamten der Geschäftsstelle** (§ 49) beim Erlaß eines Vollstreckungsbescheides (§ 699). 3

3) Nr 3 behandelt die Ablehnung des Richters wegen **Besorgnis der Befangenheit** (§ 42). Dieser Nichtigkeitstatbestand ist in § 551 Nr 3 wortgleich als absoluter Revisionsgrund genannt. Soweit Berufung oder Revision hätte eingelegt werden können, ist die Nichtigkeitsklage ausgeschlossen (§ 579 II). Da die Befangenheitsablehnung ein eigenes Verfahren mit selbständigem Rechtszug in Gang setzt, ist es prozeßordnungswidrig, über das **Ablehnungsgesuch in Endurteil** zu entscheiden, wie es in der Praxis immer wieder geschieht, insbesondere bei der Sachverständigenablehnung (s Schneider JurBüro 74, 439). Ähnlich liegt es, wenn Endurteil erlassen wird, bevor über das Ablehnungsgesuch durch Beschluß entschieden worden ist. Das Ablehnungsverfahren wird dadurch prozessual nicht überholt, sondern das Beschwerdeverfahren muß ungeachtet des Endurteils abgeschlossen werden (Kollnig NJW 67, 2045; s § 567 Rn 11). Verstöße dieser Art führen zwingend zur Aufhebung und Zurückverweisung im Berufungsverfahren (§ 539 Rn 5 u § 567 Rn 11; ausführlich Kahlke ZZP 95 [1982], 288 ff). Soweit daher im Einzelfall Rechtsmittelfähigkeit gegeben ist, muß sie wegen § 579 II genutzt werden. Entsprechende Anwendbarkeit auf den **Urkundsbeamten der Geschäftsstelle** (§ 49) beim Vollstreckungsbescheid (§ 699). Ebenso wie in Nr 2 stellt das Gesetz auf die **„Entscheidung“** ab, nicht auf das Urteil. Nichtigkeitsklage daher auch denkbar bei erfolgreicher Ablehnung nach Urteilsverkündung, aber vor Entscheidung über Berichtigungsanträge nach §§ 320, 321. 4

4) Nr 4 ist der praktisch **wichtigste Nichtigkeitstatbestand.** Auch er ist wortgleich in § 551 Nr 5 als absoluter Revisionsgrund angeführt; jedoch ist keine Subsidiarität der Nichtigkeitsklage vorgesehen (§ 579 II). Die Verletzung des Anspruches auf Gewährung rechtlichen Gehörs ist einem Mangel der gesetzlichen Vertretung nicht gleichzusetzen (VGH Kassel NJW 84, 378). Auch das Unterlassen der durch § 640 e vorgeschriebenen Beiladung eines Elternteils, der nicht Partei ist, fällt nicht unter Nr 4 (vgl Grunsky FamRZ 66, 642). **Ratio legis der Nr 4** ist der Schutz solcher vertretungsbedürftiger Parteien, die ihre eigenen Angelegenheiten nur mit Hilfe eines Dritten regeln können; ist das nicht der Fall, dann steht es der Zulässigkeit einer Nichtigkeitsklage nicht entgegen, daß die Prozeßfähigkeit im Hauptverfahren bejaht worden ist (BGHZ 84, 24 = MDR 82, 1004 = NJW 82, 2449 = LM ZPO § 579 Nr 6 m Anm Blumenröhr). Mit dieser Entscheidung hat der BGH eine Ausnahme von dem Grundsatz zugelassen, daß die Nichtigkeitsklage nur bei Übersehen des Nichtigkeitsgrundes, nicht bei dessen Verneinung im Vorprozeß gegeben ist (Gaul, Festschrift Kralik 1986 S. 158 m Nachw), was bislang durchgehend befürwortet worden ist (Nachw bei Gaul S 159 Fn 11). Gaul hält dem entgegen, daß der BGH damit die Nichtigkeitsklage revisionsähnlich umgestaltet hat. Die Entscheidung ist jedoch als begrüßenswerter Schritt in die Richtung zu verstehen, dem Gebot des Art 103 I GG, gegen das in der Praxis unentwegt verstoßen wird, den gebührenden Stellenwert einzuräumen. Insbesondere werden geschützt minderjährige Kinder, beschränkt Geschäftsfähige, Gebrechliche und juristische Personen, die nur vermöge des Handelns natürlicher Personen am Rechtsverkehr teilnehmen können. In Zweifelsfällen ist deshalb zu prüfen, ob eine Interessenlage gegeben ist, die einen derartigen Schutz veranlaßt. Im einzelnen: 5

a) Zu bejahen: Die nicht prozeßfähige Partei war durch eine andere Person als ihren gesetzlichen Vertreter oder überhaupt **nicht vertreten.** Zu beachten ist, daß auch das dem Prozeßunfähi- 6 gen selbst zugestellte Urteil rechtskräftig werden kann (§ 586 Rn 20). – Die für prozeßfähig gehaltene, tatsächlich aber prozeßunfähige Partei, die ohne gesetzlichen Vertreter handelt, **nimmt ihr Rechtsmittel zurück** und bewirkt damit Eintritt der Rechtskraft (BGH JZ 58, 130 m in der Begründung abw Anm Rosenberg FamRZ 58, 95; BGH FamRZ 63, 131). Klagerücknahme muß innerhalb der Notfrist von einem Monat, § 586, widerrufen werden (BSG NJW 79, 1224). – Der Prozeßbevollmächtigte, der für die prozeßfähige Partei handelt, hatte von dieser **keine Vollmacht.** Fehlt nur die Vollmachtsurkunde, war er aber von der Partei mündlich bevollmächtigt, dann ist die Nichtigkeitsklage ausgeschlossen. – Das Verfahren war vor Schluß der mündlichen Verhandlung unterbrochen worden (§ 249); gleichwohl ist auf Grund dieser Verhandlung ein Urteil verkündet worden (BGH MDR 67, 565: Konkurseröffnung). Der Mangel gesetzmäßiger Vertretung kann jedoch noch in der Revisionsinstanz durch Genehmigung geheilt werden (BGH MDR 67, 565; RGZ 126, 261), was deshalb wichtig ist, weil gerade kurzfristig vor der Schlußverhandlung ergehende Konkurseröffnungsbeschlüsse dem Streitgericht nicht immer rechtzeitig bekannt werden. – Der Tod des anwaltlich vertretenen **Erblassers** unterbricht nicht (§ 246 I). Die Unterbrechungswirkung (§ 239 I) tritt jedoch ein, wenn der Gegner ein Rechtsmittel einlegt und der Rechtsmittelbeklagte verstirbt, bevor er einen beim Rechtsmittelgericht zugelassenen Anwalt bestellt hat (RGZ 71, 155; BGHZ 2, 227). Stirbt er erst nach Bestellung des Rechtsmittel-RA, dann sind die **Erben** ordnungsgemäß vertreten, wobei die Anwaltsbestellung auch durch den erstinstanzlichen Prozeßbevollmächtigten vorgenommen werden kann, wenn dieser dazu bevollmächtigt war (Schleswig MDR 86, 154). Ein Anwalt ist für die Partei ohne Auftrag im ersten Termin aufgetreten; nach Vertagung wird im darauf folgenden Termin wegen Nichterscheinens des Anwalts Versäumnisurteil erlassen und dies dem Anwalt zugestellt, ohne daß er die Einlegung des Einspruchs veranlaßt (RGZ 38, 406).

7 **b) Verneinend:** Durch **erschlichene öffentliche Zustellung** wird die Anwendbarkeit der Nr 4 nicht begründet (Frankfurt NJW 57, 307; anders Brüggemann JR 69, 370); möglicherweise liegt aber Prozeßbetrug vor, so daß Restitutionsklage nach § 580 Nr 4 gegeben sein kann. S zum Einwand unzulässiger Rechtsausübung wegen erschlichener öffentlicher Zustellung BGHZ 57, 108 (betreffend die Widerspruchsklage aus § 878). Erst recht scheidet eine Analogie bei ordnungsmäßiger öffentlicher Zustellung aus, weil die Partei davon unverschuldet nicht erfahren hat (aA Hamm FamRZ 81, 205).

8 **c) Insbesondere Geisteskrankheit:** Wird behauptet, daß der Kläger oder der Beklagte geisteskrank sei, dann ist die Nichtigkeitsklage nur zulässig, wenn nachgewiesen wird, daß die Geisteskrankheit **während des ganzen Rechtsstreits** bestanden hat. War die Partei nämlich nur bei Klageerhebung geisteskrank und später voll geschäftsfähig, so hat sie durch die Fortführung des Prozesses den Mangel der bisherigen Prozeßführung **genehmigt,** was sogar noch nach Eintritt der Rechtskraft möglich ist (Stuttgart FamRZ 80, 378). Wurde sie erst im Laufe des Prozesses geisteskrank, dann wirkt die einem Prozeßbevollmächtigten erteilte Vollmacht weiter, und die Nichtigkeitsklage ist unzulässig (RGZ 118, 124; BGH MDR 64, 126). Hatte die Partei aber keinen Prozeßbevollmächtigten bestellt und ist gegen sie ein Urteil erlassen worden, als sie bereits geisteskrank war, dann findet dagegen die Nichtigkeitsklage statt. Hatte ein Geisteskranker Klage erhoben, und wurde ihm während des Prozesses ein **Vormund** bestellt, dann kann dieser die bisherige Prozeßführung seines Mündels **genehmigen,** wozu aber bloßes Untätigbleiben nicht ausreicht (LG Hamburg MDR 71, 850). Die **unwirksame Zustellung** der Klage an die im Vorprozeß geschäftsunfähige Partei kann von ihr, wenn sie wieder prozeßfähig geworden ist, im Wiederaufnahmeverfahren **genehmigt** werden (BGH FamRZ 63, 133).

9 **d) Entsprechende Anwendbarkeit:** Bei **fehlender Parteifähigkeit,** zB einer nicht rechtsfähigen Organisation, sofern die Parteifähigkeit im Vorprozeß nicht geprüft und bejaht worden ist (Celle JW 20, 908; BGHZ 59, 127; Leipold ZZP 81 [1968], 70). **Nichtexistenz einer Partei** ist fehlender Parteifähigkeit gleichzusetzen und fällt ebenfalls unter Nr 4 (Stuttgart JW 36, 1145). Wird ein Miterbe unter **Übergehen des Testamentsvollstreckers** tätig, dann greift Nr 4 nicht ein, weil der Testamentsvollstrecker nicht wie ein gesetzlicher Vertreter der Erben behandelt werden kann (Schneider Rpfleger 76, 384). **Unverschuldete Unkenntnis** des Beklagten davon, daß gegen ihn ein Prozeß angestrengt war (Hamm MDR 79, 766).

10 **III) Klageerhebung.** 1) Die **Nichtigkeitsklage** nach Nr 4 kann nur von derjenigen Partei erhoben werden, die im vorausgegangenen Verfahren nicht gesetzlich vertreten war (BGH MDR 75, 44 = LM § 579 ZPO Nr 5 m Anm Johannsen), und zwar unabhängig davon, ob der Nichtigkeitsgrund im Hauptverfahren geprüft und bejaht worden ist (oben Anm 5). Sie ist gegen das letzte Urteil zu richten. War dieses ein Revisionsurteil, das die Revision als unbegründet zurückgewiesen hat, dann ist das Revisionsurteil Gegenstand der Nichtigkeitsklage (BGHZ 14, 252); ist die Revision dagegen ohne Sachprüfung verworfen worden, dann richtet sich die Nichtigkeitsklage

gegen das Urteil der letzten Tatsacheninstanz (BVerwG ZMR 76, 92; ebenso wohl auch BGHZ 14, 258). Fehlte dem Kläger im Vorprozeß die Prozeßfähigkeit, dann kann dieser Mangel im Nichtigkeitsstreit nicht mehr geheilt werden, so daß dort bei ersetzender Entscheidung das Urteil in ein Prozeßurteil abzuändern ist (BVerwG ZMR 76, 92).

2) Rechtsmittel (II zu Nr 1, 3). Dazu rechnet auch der **Einspruch** gegen ein Versäumnisurteil, 11
obwohl es sich dabei nicht um ein Rechtsmittel im prozeßtechnischen Sinne handelt (umstritten; wie hier: StJGr, 20. Aufl 1977, § 850 Anm 9; ThP § 579 Anm 3; R-Schwab, ZPR 12. Aufl 1977, § 161 I 2; aA Wieczorek, 2. Aufl 1977, § 579 Anm A IIa; BLHartmann § 579 Anm 6). Nicht unter § 579 II fällt dagegen die **Rechtspfleger-Erinnerung** nach §§ 104 III, 11 I 2, 21 II 1 RPflG (Wieczorek § 579 Anm A IIa). Ebenso wie die unterlassene Rechtsmitteleinlegung wirkt sich auch die **erfolglose Geltendmachung eines behaupteten Anfechtungsgrundes** im Rechtsmittelweg aus. Ist nämlich dieser Grund einmal geprüft, dann besteht kein Bedürfnis mehr für eine Nichtigkeitsklage (vgl Leipold ZZP 81 [1968] 70).

3) Ohne daß dies im Gesetz ausdrücklich ausgesprochen worden ist, herrscht Übereinstim- 12
mung darüber, daß der Ausschluß der Nichtigkeitsklage wegen Nichtgeltendmachens eines Rechtsmittels nur dann eintritt, wenn diese Unterlassung auf einem **Verschulden** beruht (BLHartmann § 579 Anm 6; ThP § 579 Anm 3). Soweit die Zulässigkeit der Nichtigkeitsklage nicht vom Fehlen einer Rechtsmittelmöglichkeit abhängig ist (Nr 2, 4), hat die Partei die **Wahl,** entweder vor Rechtskraft des Urteils das zulässige Rechtsmittel einzulegen oder nach dessen Rechtskraft Nichtigkeitsklage zu erheben (BGHZ 84, 27). Für I Nr 2, 4 bejaht Gaul (Festschrift Kralik, 1986, S 157 ff, 167) die Wahl zwischen Rechtsmittel und Nichtigkeitsklage nur bei nachträglich bekannt gewordenen Nichtigkeitsgründen.

IV) Gebühren: s § 578 Rn 37. 13

580 *[Restitutionsklage]*

Die Restitutionsklage findet statt:

1. **wenn der Gegner durch Beeidigung einer Aussage, auf die das Urteil gegründet ist, sich einer vorsätzlichen oder fahrlässigen Verletzung der Eidespflicht schuldig gemacht hat;**
2. **wenn eine Urkunde, auf die das Urteil gegründet ist, fälschlich angefertigt oder verfälscht war;**
3. **wenn bei einem Zeugnis oder Gutachten, auf welches das Urteil gegründet ist, der Zeuge oder Sachverständige sich einer strafbaren Verletzung der Wahrheitspflicht schuldig gemacht hat;**
4. **wenn das Urteil von dem Vertreter der Partei oder von dem Gegner oder dessen Vertreter durch eine in Beziehung auf den Rechtsstreit verübte Straftat erwirkt ist;**
5. **wenn ein Richter bei dem Urteil mitgewirkt hat, der sich in Beziehung auf den Rechtsstreit einer strafbaren Verletzung seiner Amtspflichten gegen die Partei schuldig gemacht hat;**
6. **wenn das Urteil eines ordentlichen Gerichts, eines früheren Sondergerichts oder eines Verwaltungsgerichts, auf welches das Urteil gegründet ist, durch ein anderes rechtskräftiges Urteil aufgehoben ist;**
7. **wenn die Partei**
   a) **ein in derselben Sache erlassenes, früher rechtskräftig gewordenes Urteil oder**
   b) **eine andere Urkunde auffindet oder zu benutzen in den Stand gesetzt wird, die eine ihr günstigere Entscheidung herbeigeführt haben würde.**

I) Restitutionsklage. 1) Sie soll einer Partei in den Fällen zu ihrem Recht verhelfen, in denen 1
a) das Verfahrensergebnis durch strafbare Handlungen beeinflußt ist (Nr 1–5) oder **b)** eine bestimmte Urteilsgrundlage weggefallen ist (Nr 6) oder **c)** diese Grundlage mit qualifizierten verbrieften Beweismitteln in Widerspruch steht (Nr 7). Mit dieser **Zielsetzung** dient die Restitutionsklage letztlich auch öffentlichen Interessen und soll verhindern, daß die Autorität der Gerichte und das Vertrauen der Allgemeinheit in die Rspr dadurch beeinträchtigt werden, daß rechtskräftige Urteile nicht überprüft werden können, obwohl ihre Grundlagen für jedermann erkennbar in einer für das allgemeine Rechtsgefühl unerträglichen Weise erschüttert sind (BGHZ 57, 214 f). Ein derartiger Vertrauensschutz ist jedoch dann nicht veranlaßt, wenn der Restitutionskläger den (übersehenen und deshalb vom Gericht nicht beschiedenen: Gaul, Festschrift Kralik, 1986, S 165/166) Anfechtungsgrund bei Anwendung gebotener Sorgfalt **bereits im Vorprozeß hätte geltend machen können,** insbesondere durch Einspruch, Berufung oder

Anschlußberufung. Ist das versäumt worden, dann ist die Klage nicht zulässig (§ 582). Für die Fälle der Nr 1–5 ist zusätzliche Voraussetzung, daß entweder eine strafrechtliche Verurteilung stattgefunden hat oder es dazu aus anderen Gründen als Beweismangel nicht gekommen ist (§ 581).

2 **2) Nur die in § 580 aufgeführten Gründe** können die Zulässigkeit einer Restitutionsklage stützen (RGZ 100, 98; BGHZ 38, 336). Insbesondere ist die **Änderung der Rechtsauffassung** kein Restitutionsgrund (BAG AP § 580 ZPO Nr 1).

3 **a)** Umstritten ist, ob **neuartige Beweisverfahren** einen Restitutionsgrund abgeben können, wobei es in erster Linie um eine analoge Anwendung der Nr 7b geht. Das OLG Köln (FamRZ 55, 52) hat diese Auffassung bejaht, das OLG Hamm (JMBlNRW 50, 239) hat sie verneint, und das BAG (NJW 58, 2133) hat dagegen Bedenken angemeldet. Deisenhofer (FamRZ 55, 33) hat sich näher mit diesem Thema befaßt, das für den wohl wichtigsten Anwendungsfall **(Vaterschaftsfeststellung: § 641 i)** vom Gesetzgeber im Sinne des OLG Köln entschieden worden ist. Im Hinblick auf den teilweise ungeheuer schnellen Fortschritt insbesondere im Bereich der Naturwissenschaften und die dadurch gewonnenen und ständig sich vermehrenden Erkenntnismöglichkeiten auch zu Problemen, deren Lösung noch vor zwei, drei Jahrzehnten für unmöglich gehalten worden ist, sollte die Rspr sich gegenüber dieser Entwicklung aufgeschlossen zeigen. **Es ist daher verfehlt, die Berücksichtigung neuartiger Beweisverfahren durch eine Gesetzesanalogie von vornherein zu verneinen.** Eine aufgrund abstrakter Überlegungen antizipierte „Lösung" dieses Analogieproblems ist methodisch unzulässig, weil es sich dabei lediglich um eine vom Sachverhalt gelöste Projektion eines rechtlichen Vorurteils in die Zukunft handelt. Dem Grundgedanken des § 641 i entspricht es eher, Gutachten, die neue wissenschaftliche Erkenntnisse verwerten, auch in anderen Prozessen als tauglichen Restitutionsgrund zuzulassen (Bamberg FamRZ 70, 593).

4 **b)** Kein Wiederaufnahmegrund wird dadurch gesetzt, daß das **BVerfG eine gesetzliche Vorschrift,** auf der das angegriffene Urteil beruht, **für nichtig erklärt** (§ 79 II BVerfGG). Jedoch ist die Vollstreckung aus einer solchen Entscheidung nicht statthaft (§ 579 Rn 1).

5 **3)** Bei der Restitutionsklage ist eine Kausalitätsprüfung erforderlich. Es muß also geprüft werden, ob das rechtskräftige Endurteil auf einem der Restitutionsgründe beruht. Im Gesetz ist dies mit den Wendungen „gegründet" (Nr 1, 2, 6), „erwirkt" (Nr 4), „in Beziehung auf" (Nr 5) und „günstigere Entscheidung herbeigeführt haben würde" (Nr 6) ausgedrückt (s dazu Riezler AcP 139, 187 f). Die in § 580 aufgeführten Restitutionsgründe stellen daher nur dann einen Wiederaufnahmegrund dar, wenn zwischen ihnen und dem Erlaß der Vorentscheidung ein **ursächlicher Zusammenhang** besteht. Der Restitutionsgrund muß zu der Vorentscheidung in solcher Beziehung stehen, daß er dem Urteil eine der Grundlagen entzieht, auf denen es beruht. Während in den Fällen der Nr 1–3 nachträglich ein Beweismittel, auf das sich das Urteil stützt, in seinem Beweiswert zerstört wird, tritt im Fall der Nr 7b ein **bisher noch nicht vorhandenes Beweismittel,** nämlich die Urkunde, nachträglich hinzu. Diese muß so beschaffen sein, daß sie, wenn sie dem Richter des früheren Verfahrens vorgelegen hätte, eine dem Restitutionskläger günstigere Entscheidung veranlaßt hätte. Deshalb kann (anders als bei § 641 i I: BGH DAVorm 80, 741) nur eine solche Urkunde einen Wiederaufnahmegrund bilden, die für sich allein oder in Verbindung mit den Beweisergebnissen des früheren Verfahrens – also nicht erst zusammen mit neuen weiteren Beweismitteln, etwa Zeugenaussagen – ein für den Restitutionskläger günstigeres Ergebnis herbeigeführt, dem früheren Urteil eine tragende Stütze genommen oder erhebliche neue Tatsachen erwiesen hätte (BGHZ 31, 356; 38, 335; 57, 215; BAG NJW 68, 862; Celle NJW 62, 1401; Köln JMBlNRW 65, 126; s weiter u Rn 15 ff). Der Richter des Restitutionsverfahrens hat sich daher die Frage vorzulegen, **wie der Vorprozeß vom Rechtsstandpunkt des früheren Richters** (BGH LM § 580 Nr 7b ZPO Nr 4; BAG NJW 68, 862) **aus zu entscheiden gewesen wäre,** wenn zu dem gesamten damaligen Prozeßstoff, wie er im Zeitpunkt der letzten mündlichen Verhandlung des Vorprozesses gegeben war, zusätzlich auch die jetzt vorgelegte Urkunde berücksichtigt worden wäre. Die Entscheidung dieser Frage liegt überwiegend im Bereich tatrichterlicher Würdigung und Feststellung (RGZ 75, 57; 82, 268; 151, 203; OGH NJW 50, 65; BAG AP § 580 ZPO Nr 2, 3; NJW 68, 862 m krit Anm von Baumgärtel zu AP § 580 ZPO Nr 7).

6 **4)** Nach **§ 23 II StPO** ist ein Richter im strafrechtlichen Wiederaufnahmeverfahren kraft Gesetzes ausgeschlossen, wenn er an einer vorangegangenen Entscheidung mitgewirkt hat. Eine entsprechende Regelung ist in der ZPO nicht enthalten. Die analoge Anwendung des § 23 II StPO mit der Folge, daß der Richter im zivilprozessualen Wiederaufnahmeverfahren wegen seiner Beteiligung an der früheren Urteilsfindung **als befangen abgelehnt** werden kann, wird jedoch verschiedentlich vertreten (Düsseldorf MDR 71, 765; Zweibrücken MDR 74, 406; aA Karlsruhe OLGZ 75, 242). Für eine solche Analogie spricht, daß dem § 42 eine Nr 3 angehängt werden

soll, die ein solches Ablehnungsrecht vorsieht (Bericht der Kommission für das Zivilprozeßrecht, 1977, S 181, 363).

5) Zur Restitutionsklage im **gewerblichen Rechtsschutz** vgl von Falck GRUR 77, 308. 7

II) Die Restitutionsgründe der Nrn 1–6

1) Zu Nr 1: Parteieid: § 452; Urkundenbesitz: § 426. Es genügt jede, auch eine nur teilweise Verletzung der Eidespflicht, mag sie sich auch auf **Nebenpunkte** beschränken (RGZ 14, 325; 137, 94). Unter Nr 1 fallen der vorsätzliche (§ 154 StGB) und der fahrlässige (§ 163 StGB) Falscheid sowie die falsche eidesstattliche Bekräftigung nach § 155 StGB. Bei falscher Versicherung an Eides Statt und falscher uneidlicher Parteiaussage kommt nur Nr 4 in Betracht. 8

2) Zu Nr 2: Urkundenfälschung: §§ 267 ff StGB. **a)** Wer der **Täter** ist und ob die Partei von der Tat Kenntnis hatte, ist gleichgültig. Das Urteil muß jedoch auf der falschen Urkunde **beruhen. b)** Das wird für einen im Mahnverfahren ergangenen **Vollstreckungsbescheid** von RGZ 130, 386 verneint, weil schon der schlüssige Parteivortrag des Gläubigers ohne Rücksicht auf die gleichzeitig vorgelegten verfälschten Beweismittel für den Erlaß des Zahlungs- und Vollstreckungsbefehls genügt hätte. Für das neue Mahnrecht ist dem sicherlich zuzustimmen, da nicht einmal mehr eine Schlüssigkeitsprüfung stattfindet (§ 692 I Nr 2). **c)** Die gleiche Rechtsfrage stellt sich aber dann, wenn ein **Versäumnisurteil** erlassen wird, nachdem der Kläger verfälschte Klagewechsel vorgelegt hatte. Das OLG Frankfurt (HRR 36 Nr 571) hat in diesem Fall die Voraussetzungen der Nr 2 bejaht. Dem ist jedenfalls dann zuzustimmen, wenn der Schuldner den möglichen Einspruch (§ 338) gegen das Versäumnisurteil gerade mit Rücksicht auf die ihm entgegengehaltenen gefälschten Beweismittel unterlassen hat. Außerdem wird in solchen Fällen Nr 7b zu prüfen sein (vgl BGHZ 46, 300 m Anm Johannsen zu LM § 580 Ziff 7b ZPO Nr 18). 9

3) Zu Nr 3: Strafrechtliche Tatbestände: §§ 153–156, 163 StGB. **a)** Auch die **vorsätzliche uneidliche Falschaussage** nach § 153 StGB ist Restitutionsgrund, desgleichen die vorsätzliche oder fahrlässige falsche Versicherung an Eides Statt. Auf das Zeugnis oder Gutachten ist ein Urteil nicht schon dann gestützt, wenn darauf in den Gründen des Urteils Bezug genommen wird; erforderlich ist vielmehr, daß das Zeugnis oder Gutachten **die Entscheidung trägt,** sei es für sich allein oder (§ 286 ZPO) im Zusammenhang mit dem Ergebnis einer weiteren Beweisaufnahme oder dem sonstigen Inhalt der Verhandlungen (RGZ 143, 46), zu dem insbesondere auch das Vorbringen und Verhalten der Parteien rechnet (s dazu Schneider, Beweis und Beweiswürdigung, 3. Aufl 1978, §§ 3–8). **b)** Unabhängig davon ist die Restitutionsklage jedoch auch dann begründet, wenn die strafrechtlich festgestellte Eidesverletzung einen für die Entscheidung des Vorprozesses **unerheblichen Teil der beschworenen Aussage** betrifft (RGZ 137, 90; OGH NJW 50, 105). Das Kausalitätserfordernis (Rn 5) ist also auf die Aussage als Einheit zu beziehen. **c)** Es ist nicht einmal erforderlich, daß die Eidesverletzung in demselben Prozeßverfahren begangen worden ist, dessen Abschluß das mit der Restitutionsklage angegriffene Urteil bildet; auch das falsche Zeugnis in einem **vorgreiflichen Verfahren** rechtfertigt die Anwendung der Nr 3, wenn die falsche Aussage im präjudiziellen Rechtsstreit die Ursache für das angefochtene Erkenntnis geworden ist (RGZ 143, 46). **d)** Sachverständiger ist auch der im Verfahren zugezogene Dolmetscher, wie sich aus § 191 GVG ergibt. **e)** Nur **strafbare Falschaussagen eines Sachverständigen oder Zeugen** können die Wiederaufnahme begründen, nicht auch falsche Erklärungen anderer am Prozeß beteiligter Personen (OVG Koblenz RdL 74, 333). Insofern können jedoch materiell-rechtliche Schadensersatzansprüche in Betracht kommen. Zu möglichen Schadensersatzansprüchen gegen die Gegenpartei bei Urteilserschleichung durch falsche Zeugen s § 578 Rn 28; auch Schadensersatzansprüche aus unerlaubter Handlung gegen die Zeugen selbst können in Betracht kommen, desgleichen gegen Sachverständige wegen grob fahrlässiger falscher Begutachtung (BVerfGE 49, 304 [BGHZ 62, 54 ist darin aufgehoben worden]). 10

4) Zu Nr 4: Die **strafbare Handlung** kann jeden einschlägigen Tatbestand des StGB betreffen, zB Betrug, Erpressung, Freiheitsberaubung zwecks Terminsversäumnis, Untreue, Parteiverrat, Erschleichung der Offenbarungsversicherung des § 261 BGB (RGZ 46, 343) oder einer sonstigen falschen eidesstattlichen Versicherung. **a)** Wird **Prozeßbetrug** durch **Erschleichung der öffentlichen Zustellung** begangen, dann kann § 579 I Nr 4 eingreifen. Auch die **wissentlich unwahre Parteibehauptung** (anders bei bloßem Schweigen: Stuttgart DAVorm 75, 550) stellt Prozeßbetrug dar (RGSt 72, 115, 150) und kann Restitutionsklage nach Nr 4 rechtfertigen. **b)** Wird mit dem Prozeßbetrug nicht nur ein falsches Urteil erwirkt, sondern darüber hinaus der Gegner auch zur **Rechtsmittelzurücknahme** veranlaßt, dann gilt folgendes: Der urteilskausale Verzicht auf eine Rechtsposition infolge strafbarer Handlung fällt unter Nr 4, eröffnet jedoch nur dann die Restitutionsklage, wenn auch die Voraussetzungen des § 581 I gegeben sind. Ist ein Strafverfahren bereits eingeleitet, wird **Aussetzung** nach § 149 vom Gericht anzuregen sein (RGZ 150, 396). Darüber hinaus muß die **Subsidiarität der Restitutionsklage** beachtet werden (§ 582). Die beschwerte 11

Partei kann nämlich, wenn Nr 4 gegeben ist, die betrügerisch herbeigeführte **Rücknahmeerklärung widerrufen** und das alte Verfahren weiterführen (BGHZ 12, 284; MDR 58, 670). Unterläßt sie das, dann verliert sie damit die Möglichkeit, Restitutionsklage zu erheben (RGZ 150, 393; BGH MDR 58, 670). **c) Zurücknahme** oder **Verzicht eines Rechtsmittels** kann, da es sich dabei um eine Prozeßhandlung und nicht um ein Rechtsgeschäft handelt, nicht nach §§ 119, 123 BGB angefochten werden (BAG ZZP 75 [1962], 265); jedoch kommt Widerruf statt Restitutionsklage in Betracht (s § 578 Rn 19).

12 **5) Zu Nr 5:** Strafrechtliche Tatbestände: § 334 StGB (Bestechung); § 336 StGB (Rechtsbeugung). **a) Disziplinarverstöße** oder disziplinarrechtliche Maßnahmen genügen dazu nicht. **b)** Der Richter muß außerdem bei der Fällung des Urteils mitgewirkt haben. Liegt die strafbare Amtspflichtverletzung darin, daß er in rechtsbeugender Absicht unter irreführenden Angaben die Rechtsmittelzurücknahme veranlaßt, dann ist Nr 5 ebenfalls anwendbar (vgl zu diesem Fall BAG ZZP 75 [1962], 264). **c)** Steht **Rechtsbeugung** fest, **Kausalität** jedoch nur zwischen strafbarer Handlung und einem Tatbestandsteil, der lediglich ein Teilurteil gerechtfertigt hätte, dann ist gleichwohl das gesamte Urteil aufzuheben und die Sache insgesamt neu zu verhandeln (KG NJW 76, 1356: betrifft durch Rechtsbeugung zustande gekommenen Schiedsspruch). **d)** Beim **Vollstreckungsbescheid** (§ 700) steht der Rechtspfleger dem Richter gleich, da er den maßgeblichen Vollstreckungstitel schafft.

13 **6) Zu Nr 6:** Es müssen **drei Urteile** vorliegen: ein **präjudizielles** Urteil, das darauf beruhende **angegriffene** Urteil und ein **rechtskräftiges Urteil,** das das präjudizielle Urteil aufgehoben hat. **a)** Nr 6 ist entsprechend anwendbar bei **Aufhebung eines Schiedsspruchs** (RGZ 61, 144). **b)** Der Begriff **„Verwaltungsgericht"** umfaßt auch Finanz- und Sozialgerichte. **c)** Den Urteilen gleichzustellen sind **Verwaltungsentscheidungen** und **Beschlüsse** in fG-Verfahren, wenn sie ihrer Bedeutung nach einem Urteil gleichkommen (Hamm OLGZ 84, 456; § 578 Rn 26) und das mit der Restitutionsklage angegriffene Urteil sich darauf gestützt hatte (vgl Haueisen NJW 65, 1214), etwa Änderungsbescheide der LVA im Versorgungsausgleichsverfahren (s dazu München FamRZ 82, 314) oder Zustimmungsbescheide der Hauptfürsorgestelle zur Kündigung von Schwerbehinderten (BAG MDR 81, 524); nicht genügend ist eine widerrufende und ersetzende Auskunft des Trägers der gesetzlichen Rentenversicherung über den Versorgungsausgleich (BGHZ 89, 114; MDR 84, 922, = NJW 84, 2364). **d)** Daß der Richter des Vorprozesses an die aufgehobene Entscheidung **gebunden** war, ist nicht Voraussetzung der Nr 6; es genügt, daß die tatsächlichen Feststellungen oder die rechtlichen Erwägungen der aufgehobenen Entscheidung für das angegriffene Urteil **mitbestimmend** waren (KG OLGZ 69, 121); das allerdings ist unerläßlich (BGH VersR 84, 453, 455).

14 **III) Die Urkundenrestitution. 1) Zu Nr 7 a:** Das aufgefundene Urteil muß über **dieselbe Sache** (KG OLGZ 69, 121) zwischen **denselben Parteien** oder deren Rechtsvorgängern erlassen und **vor** dem angefochtenen Urteil **rechtskräftig** geworden sein. Daß das Urteil erst nach dem Schluß des Vorprozesses aufgefunden worden ist, muß nachgewiesen werden. Keine Restitution, wenn die Rüge des Rechtskraftverstoßes im Vorprozeß beschieden worden ist (Gaul, Festschrift Kralik 1986 S 165/166).

15 **2) Zu Nr 7 b:** Dieser **wichtigste Restitutionsgrund** enthält eine Ausnahme von dem Grundsatz, wonach schon zur Zeit des Vorprozesses vorhandene, aber erst später aufgefundene Beweismittel die Wiederaufnahme nicht rechtfertigen.

16 **a) Der Begriff der Urkunde** ist hier im weitesten Sinne zu verstehen. Er deckt beispielsweise auch die **Photokopie** eines Schriftstückes (FG NJW 77, 2232), **nicht** dagegen **Photographien** und ähnliche Augenscheinobjekte (BGH MDR 76, 305 = LM § 580 Ziff 7 b ZPO Nr 23 m Anm Hagen). **aa)** Die Urkunde muß augenfällig machen, daß das mit ihr angegriffene Urteil möglicherweise der sachlichen Rechtslage nicht entspricht (BGHZ 38, 336; 46, 303; Gaul FamRZ 63, 179). Die **freie Beweiswürdigung** ist nicht aufgehoben, sondern nur durch die formelle Beweiskraft der §§ 415 ff ZPO beschränkt (BGH NJW 80, 1000); Nr 7 b meint also auch Urkunden, die für die zu beweisende Tatsache lediglich einen frei zu würdigenden Beweiswert haben (BGHZ 31, 356; 57, 212, 215; aA Gaul ZZP 73 [1960], 424). **bb)** Sie muß entweder schon zur Zeit der letzten mündlichen Verhandlung im Vorprozeß vorhanden gewesen (vgl BGHZ 30, 60; dazu Henke JR 60, 86) oder zumindest nach Verkündung des Urteils erster Instanz, aber vor Ablauf der Berufungsfrist errichtet worden sein, da sie diesenfalls noch im Berufungsverfahren hätte benutzt werden können (RGZ 123, 304). **cc)** Gleich steht die **Errichtung einer Urkunde nach Erlaß des Versäumnisurteils,** aber vor Ablauf der Einspruchsfrist (BGHZ 46, 305). **dd)** Dagegen werden Restitutionsklagen nicht zugelassen, wenn sie auf Urkunden gestützt werden, die in der **Zeit zwischen der letzten mündlichen Verhandlung vor dem Berufungsgericht und der Urteilsverkündung** oder später errichtet worden sind (BGHZ 30, 60; VersR 84, 453, 455). Als Grund dafür wird angeführt,

daß solche Urkunden nicht zu den Beweismitteln gehören, die vom Tatrichter bei seiner Entscheidung hätten berücksichtigt werden müssen; denn sie hätten nur nach Wiedereröffnung der mündlichen Verhandlung (§ 156) in das Verfahren eingeführt werden können, was aber eine Ermessensentscheidung des Gerichts voraussetze. Urkunden, die erst nach dem Zeitpunkt errichtet worden sind, bis zu dem neue Beweismittel in den Vorprozeß eingeführt werden konnten, scheiden also grundsätzlich als Restitutionsgrund aus (BGH VersR 75, 260), zB ein nach Abschluß des Vorprozesses erlassener Strafbefehl (BGH MDR 80, 31) oder eine geänderte Auskunft des Rentenversicherungsträgers nach rechtskräftiger Entscheidung über den Versorgungsausgleich, wenn die erste Auskunft unter dem ausdrücklichen Vorbehalt weiterer Ermittlungen ergangen war (Koblenz FamRZ 80, 813).

b) Ausnahmsweise sind auch **Urkunden** als Restitutionsgrund zugelassen, die erst **nach Schlußverhandlung** der letzten Tatsacheninstanz **errichtet** worden sind, aber eine **vorausliegende Tatsache** bezeugen. **aa) Geburtsurkunden** als Beweismittel für Ehebruch (vgl BGHZ 2, 245; 46, 300 = ZZP 81 [1968], 281 m Anm Gaul; Nürnberg NJW 75, 2024; Düsseldorf FamRZ 69, 651 [in Verbindung mit Vaterschaftsanerkenntnis]; BGHZ 5, 157 [mit Beischreibungsvermerk über Legitimation eines Kindes durch nachfolgende Eheschließung]; Celle NdsRpfl 53, 6 [Totgeburt]). Das gilt auch dann, wenn die sich aus der nachträglich errichteten Geburtsurkunde ergebende Empfängniszeit erst nach der letzten mündlichen Verhandlung in der Berufungsinstanz, aber vor Urteilsverkündung endet (Köln FamRZ 73, 543). Im **Kündigungsschutzprozeß** ist der nach rechtskräftiger Klageabweisung ergehende Feststellungsbescheid über die Schwerbehinderteneigenschaft zur Zeit der Kündigung Restitutionsgrund (BAG NJW 85, 1485 = EzA ZPO § 580 Nr 2 = AP § 12 SchwbG m zust Anm Gaul. **bb)** Unter Nr 7b fällt auch ein **Beischreibungsvermerk zu einer Geburtsurkunde,** mit dem auf Grund eines Statusurteils die Nichtehelichkeit eines Kindes bezeugt wird (ausführlich dazu m Nachw jetzt KG FamRZ 75, 624; es ist anzunehmen, daß der BGH seine abweichende Auffassung in BGHZ 34, 77 nicht aufrechterhalten wird, nachdem er in BGHZ 39, 185 angedeutet hat, daß er seine Ansicht überprüfen wolle). **cc)** Auch eine **Einbürgerungskunde** kommt als Restitutionsgrund nach Nr 7b in Betracht, selbst wenn sie eine erst während des Revisionsverfahrens erfolgte Einbürgerung betrifft (Hamm DAVorm 76, 139; ebenso jetzt BGH MDR 77, 212 [dazu Jochem JuS 77, 194]). **dd) Nicht** genügend ist auch ein **nachträgliches Vaterschaftsanerkenntnis** (Neustadt NJW 54, 1372; grundsätzlich ebenso Düsseldorf FamRZ 69, 651, das im Einzelfall mit Rücksicht auf hinzukommende Geburtsurkunden anders entschieden hat). **ee)** Zur nachträglichen Errichtung von Urkunden, die bezeugen, daß ein durch Bekanntmachung oder Eintragung begründeter **Patentschutz** rückwirkend entfallen ist, vgl von Falck GRUR 77, 308; er bejaht die Anwendbarkeit der Nr 7b gegenüber dem rechtskräftigen Verletzungsurteil. 17

c) Die Urkunde hat nicht den spezifischen urkundlichen Beweiswert, wenn mit ihr nur **neue Zeugen oder Sachverständige** in den Prozeß eingeführt werden sollen (BGHZ 38, 337; MDR 65, 816, 817; BSG NJW 69, 1079; Saarbrücken DAVorm 75, 32; vgl die Anm von Johannsen zu LM § 578 ZPO Nr 7 u § 580 Ziff 7b Nr 14, 15). Da eine Restitutionsklage nicht auf eine neue Zeugenaussage gestützt werden darf, könnte andernfalls durch schriftliche Zeugenerklärungen diese gesetzliche Regelung umgangen werden (BGHZ 80, 389). § 641i nicht analog anwendbar (BGH FamRZ 75, 2196; s dazu Köln FamRZ 81, 195 [196]). 18

aa) Es genügen also nicht in anderen Verfahren protokollierte oder schriftlich niedergelegte Erklärungen von Personen, die im Vorprozeß noch nicht bekannt waren oder nur zu anderen Beweisthemen vernommen worden sind, über ihre Erfahrungen und Wahrnehmungen (BGHZ 38, 337; MDR 65, 816; oben § 578 Rn 38). Dagegen können die **Erklärungen bereits vernommener Zeugen oder Sachverständiger** von Bedeutung sein, wenn sie von ihren Aussagen im Vorprozeß abweichen und damit zur Erschütterung ihrer Glaubwürdigkeit führen (Johannsen Anm zu LM § 578 ZPO Nr 7 u § 580 Ziff 7b ZPO Nr 15; beiläufig BGHZ 38, 338). 19

bb) Verwertbar sind auch nachträglich aufgefundene oder benutzbar gewordene **Privaturkunden,** in denen der Restitutionsbeklagte Erklärungen über erhebliche Tatsachen abgegeben hat, die ihm jetzt vorgehalten werden können (BGHZ 57, 211; BGH NJW 80, 1000; Johannsen Anm zu LM § 578 ZPO Nr 7 u § 580 Ziff 7b ZPO Nr 15). Deshalb ist auch das früher in einem anderen Verfahren abgegebene **protokollierte Geständnis** einer Partei – die Fälle betreffen fast immer Ehebruch – Restitutionsgrund (Bamberg NJW 57, 1604; Johannsen Anm zu LM § 578 ZPO Nr 7 u § 580 Ziff 7b ZPO Nr 16; aM Bosch FamRZ 58, 186; StJGr, 20. Aufl 1977, § 580 Anm 27, mit der Begründung, dem Geständnis komme nicht genügend Beweiskraft bei [?]). Ein neu aufgefundenes **früheres Vaterschaftsanerkenntnis** des Restitutionsbeklagten genügt ebenfalls als Beweismittel für Ehebruch (BGHZ 39, 185; BGH FamRZ 63, 350; Schrodt JR 58, 303; str, aA StJGr, 20. Aufl 1977, § 580 Anm 27 mwN in Fn 59). 20

21 **cc)** Kein Restitutionsgrund ist ein nachträglich aufgefundener, nicht von dem betreffenden Ehegatten herrührender **Hotelmeldezettel,** aus dem auf Ehebruch geschlossen werden soll, sofern die Urkunde nicht durch den Prozeßstoff des Vorprozesses ergänzt werden kann (BGHZ 31, 351; vgl dazu Johannsen Anm zu LM § 580 Ziff 7 b ZPO Nr 13; Gaul ZZP 73 [1960], 418). Bei **Briefen,** insbesondere Liebesbriefen, ist genau zu prüfen, was sie beweisen können und sollen; es genügt nicht, wenn sie nur Mittel sind, um neuen Prozeßstoff einzuführen (BGHZ 38, 338 ff; s auch Gaul FamRZ 63, 179). Diese Streitfragen haben für das neue Ehescheidungsrecht ganz erheblich an Bedeutung verloren, da der Tatbestand des Ehebruchs als Scheidungsgrund abgeschafft worden ist. Die Rspr dazu und die Diskussion im Schrifttum behält jedoch ihren Erkenntniswert für die allgemeine Auslegung des § 580 Nr 7 b.

22 **dd)** Ob das Beweismittel **geeignet** ist, richterliche Überzeugung zu begründen, ist erst im zweiten Verfahrensabschnitt (§ 578 Rn 31 f) zu prüfen (BGHZ 57, 211; BGH NJW 80, 1000 zu Ziff 1).

23 **d)** Die Urkunde darf **im Hauptprozeß nicht benutzbar** gewesen sein, sei es, weil ihr Vorhandensein oder ihr Verbleib nicht bekannt war oder weil sie sonst nicht verwertbar war, mag das auch darauf beruhen, daß damals ihre Erheblichkeit für die Beurteilung des Rechtsstreites ganz fern lag (RGZ 151, 207). **Benutzbar** war die Urkunde auch dann, wenn ein Antrag auf Vorlegung möglich war (RGZ 99, 170). Ist die Urkunde bei der Vorentscheidung vom Gericht ohne Inhaltsprüfung als unerheblich angesehen worden, fehlt es am Restitutionsgrund (Frankfurt MDR 82, 60). Ist die Urkunde **verwertet** worden, dann kann die Restitutionsklage nicht darauf gestützt werden, die Partei habe sie nicht benutzen können, weil sie ihr erst durch die Entscheidungsgründe des angegriffenen Urteils bekanntgeworden sei (BGH MDR 65, 817). Jedoch ist dann zu prüfen, ob nicht eine auf Art 103 I GG (Verletzung des Anspruchs auf Gewährung rechtlichen Gehörs) gestützte Verfassungsbeschwerde in Betracht kommt.

24 **e)** Wäre eine später aufgefundene Urkunde bei **Anwendung gehöriger Sorgfalt** früher auffindbar gewesen, dann kann die Restitutionsklage nicht mit Erfolg auf das nachträgliche Auffinden gestützt werden (§ 582: „ohne ihr Verschulden"). **Schuldhaftes Unterlassen** von Nachforschungen nach der nunmehr beigebrachten Urkunde schließt gemäß § 582 die Restitutionsklage auch dann aus, wenn dieses Verschulden dem gesetzlichen Vertreter zur Last fällt (s Staudinger/Werner, § 278 Anm 16; zum Verschulden des Prozeßbevollmächtigten vgl § 85 II). Deshalb auch kein Restitutionsgrund, wenn nur die Berücksichtigung tatsächlichen Vorbringens erreicht werden soll, das im Rechtsstreit selbst hätte vorgebracht werden können (Bremen FamRZ 80, 1135: bekanntgewesene versicherungsrechtlich erhebliche Tatsachen zur Berechnung des Versorgungsausgleichs waren nicht mitgeteilt worden).

25 **f)** Die **nachträglich aufgefundene Urschrift** einer Urkunde, **deren Inhalt** im Vorprozeß **bekannt** und unstreitig war, kann die Restitutionsklage nicht begründen (BAG NJW 58, 1605). Das gilt erst recht, wenn eine Ablichtung vorgelegen hat.

26 **g)** Wird jedoch nachträglich eine Urkunde aufgefunden, die Anlaß dazu gibt, ein **früher unterbliebenes Bestreiten** nachzuholen, so kann das die Voraussetzungen der Nr 7 b erfüllen (Wieczorek, 2. Aufl 1977, § 580 Anm E II); aA Celle (NJW 62, 1401), wenn der Restitutionskläger im Vorprozeß ohne weiteres habe bestreiten können, weil der Gegner beweispflichtig gewesen sei. Damit setzt es sich aber über § 138 I hinweg. Zwar darf eine Partei auch Tatsachen behaupten, die sie nicht genau kennt, und Vorbringen des Gegners bestreiten, über das sie nichts weiß. Nimmt sie es aber mit der Wahrheitspflicht besonders ernst, dann handelt sie gesetzmäßig; und dies sollte ihr im Wiederaufnahmeverfahren nicht zum Nachteil angerechnet werden. Jedenfalls ist es nicht gerechtfertigt, die Befolgung der Wahrheitspflicht und ein damit identisches Unterlassen von Bestreiten schlechthin unter Absehen vom Einzelfall aus dem Anwendungsbereich der Nr 7 b auszuschließen.

27 **h)** Kein Restitutionsgrund liegt vor, wenn die **Urkunde nur in Verbindung mit noch nicht vorgebrachten Beweismitteln,** etwa Zeugen, oder in Verbindung mit der Einlassung des Restitutionsbeklagten (BGHZ 38, 333) **erheblich** ist. Anders liegt es dann, wenn die Urkunde in Verbindung mit den **Beweismitteln des früheren Verfahrens,** auch wenn der Beweis nicht erhoben worden ist, eine günstigere Entscheidung herbeigeführt hätte (BGH NJW 52, 1095; BGHZ 31, 356; 38, 335; 57, 216). Maßgebend ist der **Rechtsstandpunkt des früheren Richters** (BGH LM § 580 Ziff 7 b ZPO Nr 4; BAG NJW 68, 862). Gleichgültig ist, ob die Tatsache, die durch die nunmehr benutzbar gewordene Urkunde erwiesen ist, schon früher vorgebracht worden ist (BGH NJW 53, 1263; Gaul ZZP 73 [1960], 423; Johannsen Anm zu LM § 580 Ziff 7 b ZPO Nr 15) oder früher durch Zeugen hätte nachgewiesen werden können, sofern nur die Urkunde nicht schon früher bekannt gewesen war. **Nicht erforderlich** ist, daß die Urkunde eine **Unterschrift** trägt (RGZ 2, 416), ebensowenig, daß es sich um eine **Originalurkunde** handelt. Durchschriften, insbesondere unterschriebene, oder Ablichtungen genügen daher.

3) Nicht unter Nr 7b fallen: Vernehmungsprotokolle über Zeugenaussagen und schriftliche Ausführungen eines Sachverständigen im Rechtsstreit, falls diese nur den Zeugen- oder Sachverständigenbeweis ersetzen sollen (RGZ 80, 240; BGH MDR 65, 816); nicht ein nachträglich erteilter **Erbschein** (Schleswig SchlHA 52, 95; BVerwG NJW 65, 1295); nicht der Beweis durch Ausfertigung einer **nach Erlaß** des angefochtenen Urteils **ergangenen Entscheidung,** sofern nicht Nr 6 gegeben ist (BGH MDR 80, 31 [Strafbefehl nach Abschluß des Vorprozesses]; KG OLGZ 69, 114 [ergänzender Rückerstattungsbeschluß]); zum Beischreibungsvermerk nach Statusurteil s oben Rn 17; nicht Schriftstücke, die lediglich einen Rechtssatz wiedergeben (RG Grucho 1919, 115) oder Abhandlungen in Fachzeitschriften (Karlsruhe NJW 65, 1023), Photographien und ähnliche **Augenscheinsobjekte** (RGZ 82, 268; BGH MDR 76, 304), Patentschriften oder Anmeldungen zur Gebrauchsmusterrolle (RGZ 48, 375; 59, 413), veröffentlichte **Bebauungspläne** (BVerwG DWW 74, 213) oder Entwürfe eines Bebauungsplanes (BVerwG ZMR 74, 86). **Dokumentationen über zeitgeschichtliche Vorgänge** fallen nicht unter Nr 7b, wenn sie lediglich Bekundungen über historische Ereignisse enthalten und nicht selbst ein Teil des zu erweisenden historischen Geschehens sind wie Anordnungen, Erlasse, Weisungen, Verträge usw (BGH LM § 580 Ziff 7b ZPO Nr 16; offengelassen in BGH LM § 580 Ziff 7b ZPO Nr 17). Ungeeignet sind **neue Sachverständigengutachten** als Restitutionsgrund (BGHZ 1, 218; Frankfurt VersR 74, 61; BAG NJW 58, 2133; BVerwG NJW 61, 235; s aber Rn 3). Die Verwertung neuer **Vaterschaftsgutachten** auch gegenüber Statusurteilen ist durch § 641i eingeführt worden; Ausnahmevorschrift, die nicht analog auf die Restitutionsklage gegen eine abgewiesene Ehelichkeitsanfechtungsklage anwendbar ist (BGH FamRZ 75, 2196 gg Köln DAVorm 71, 460; s auch Köln FamRZ 81, 195). Gänzlich aussichtslos ist die Berufung auf **divergierende Rspr anderer Gerichte** (BAG AP § 580 ZPO Nr 9; BFH BB 77, 1643); insoweit gibt es auch keine Verfassungsbeschwerde (BVerfGE 1, 85; 4, 358; 21, 91 uö). Zur widerrufenden Auskunft über den **Versorgungsausgleich** s Rn 13. 28

4) Zum **Beweis der Echtheit** einer Urkunde sind neue Beweismittel unbeschränkt zulässig (Freiburg JR 52, 172). 29

5) Wird die Klage abgewiesen, weil die Urkunde kein günstigeres Ergebnis herbeigeführt hätte, dann darf die Frage der Zulässigkeit der Wiederaufnahmeklage ausnahmsweise offenbleiben (BGH LM § 580 Ziff 7b ZPO Nr 4). Ob ein Beweismittel eine Urkunde ist, darf ebenfalls offenbleiben, wenn sie jedenfalls nicht als Restitutionsgrund iS der Nr 7b in Betracht kommt (BGH MDR 65, 817). 30

IV) Gebühren des **Gerichts** und des **Anwalts:** s § 578 Rn 37. 31

581 *[Strafurteil als Voraussetzung]*

(1) In den Fällen des vorhergehenden Paragraphen Nr. 1 bis 5 findet die Restitutionsklage nur statt, wenn wegen der Straftat eine rechtskräftige Verurteilung ergangen ist oder wenn die Einleitung oder Durchführung eines Strafverfahrens aus anderen Gründen als wegen Mangels an Beweis nicht erfolgen kann.

(2) Der Beweis der Tatsachen, welche die Restitutionsklage begründen, kann durch den Antrag auf Parteivernehmung nicht geführt werden.

I) Feststellung der Straftat. 1) Außer der **Behauptung einer Straftat** gehören zur Zulässigkeit einer auf § 580 Nr 1–5 gestützten Restitutionsklage auch die **Voraussetzungen des § 581** (RGZ 150, 395; BGHZ 50, 122). Die Restitutionsklage ist daher nur dann begründet mit der Wirkung, daß sie zur Aufhebung des früheren Urteils führt, wenn auch der in § 580 Nr 1–5 vorausgesetzte **ursächliche Zusammenhang** vorliegt (BGHZ 50, 118). Die umstrittene und zunächst auch in der Rspr (s BGHZ 3, 65, 70; 50, 119, 123; VersR 62, 175) nicht eindeutig geklärte Frage, wie weit der Zivilrichter im Wiederaufnahmeverfahren an ein rechtskräftiges Strafurteil gebunden sei, hat der BGH (für einen Fall des § 580 Nr 3) nunmehr mit der hM dahin beantwortet, daß keine Bindung besteht, sondern der Restitutionsrichter sich selbst vom Vorliegen der strafbaren Handlung überzeugen muß (BGHZ 85, 32 = NJW 83, 320 = JZ 83, 112 m Anm Grunsky = JR 83, 113 m Anm Schubert = ZZP 97 [1984], 68 m Anm Braun = LM § 580 Ziff 3 ZPO Nr 2 m Anm Zysk). 1

2) Die Voraussetzungen des § 581 müssen auch gegeben sein, wenn Restitutionsgründe nach § 580 Nr 1–5 durch **Widerruf von Rechtsmittelrücknahme** oder **Rechtsmittelverzicht** oder **Widerruf eines Anerkenntnisses** im Vorprozeß geltend gemacht werden (BGHZ 33, 75; 12, 284 gegen RGZ 150, 392; BAG ZZP 75 [1962], 264 m Anm Gaul), auch bei der Geltendmachung im Revisionsverfahren (BGHZ 5, 299; 50, 123) oder zwecks **Aufhebung eines Schiedsspruchs nach § 1041 Nr 6** (BGH NJW 52, 1018). 2

3 **3)** Dagegen ist § 581 nicht auf eine **Schadensersatzklage aus § 826 BGB** entsprechend anzuwenden (BGHZ 50, 116 abw von BGH NJW 64, 1672). Die Klage aus § 826 BGB steht selbständig neben der Restitutionsklage und ist auch dieser gegenüber nicht subsidiär; das Begehen einer Straftat ist aber nicht Tatbestandsmerkmal des § 826 BGB.

4 **4)** Bei der **ersten Alternative des § 581** muß die strafgerichtliche Verurteilung bereits rechtskräftig sein.

5 **a)** Solange ein Strafverfahren zwar möglich, aber noch nicht durchgeführt ist, fehlt der Restitutionsklage die Zulässigkeit (BGHZ 5, 299; 12, 284). Nach BGHZ 50, 122 soll es nicht statthaft sein, der Abweisung als unzulässig durch **Aussetzung nach § 149** ZPO auszuweichen. Dem kann in dieser Allgemeinheit nicht zugestimmt werden. Zwar ist es richtig, daß grundsätzlich in derartigen Fällen kein Anlaß zur Aussetzung des Restitutionsverfahrens besteht, weil mangels rechtskräftiger Verurteilung durch das Strafgericht Entscheidungsreife im Bereich der Zulässigkeit besteht. Andererseits kann der Sachverhalt so liegen, daß der rechtskräftige Abschluß des Strafverfahrens kurz bevorsteht; in solchen Fällen sollte es noch als zulässige Ermessensausübung iS des § 149 angesehen werden, wenn das Zivilgericht Verfahrensaussetzung beschließt (ebenso Bereiter/Hahn FamRZ 56, 273 zu II), wobei es eine untergeordnete Frage ist, ob es sich dabei um eine unmittelbare oder nur entsprechende Anwendung des § 149 handelt.

6 **b)** Wenn die **Strafverfolgungsbehörde kein Verfahren einleitet** (Verfahrenseinstellung nach § 170 StPO oder erfolgloses Klageerzwingungsverfahren nach §§ 172–174 StPO), weil ihrer Ansicht nach keine strafbare Handlung vorliegt, dann ist die Restitutionsklage unzulässig. Das Zivilgericht ist also nicht berechtigt, diese Frage selbständig zu prüfen (BGH VersR 62, 175).

7 **5) Zweite Alternative:** Wenn aber die Staatsanwaltschaft erklärt, trotz der Überzeugung von der Beweisbarkeit der Beschuldigung ein Strafverfahren **aus anderen Gründen** nicht durchführen zu können, dann kann der Nachweis der strafbaren Handlung im Wiederaufnahmeverfahren geführt werden (RGZ 73, 152)

8 **a) Aus anderen Gründen** kann die Einleitung oder Durchführung eines Strafverfahrens beispielsweise nicht erfolgen, wenn der Angeklagte **verstorben** ist (Düsseldorf MDR 69, 1071) oder sich **im Ausland aufhält** (RGZ 73, 150). Ein Hindernis iSd § 581 wird zB weiter gesetzt durch zwischenzeitlich eingetretene Geisteskrankheit, **Verjährung der Strafverfolgung,** Erlaß einer Amnestie (BGH VersR 62, 177) oder Absehen von der Verfolgung wegen geringen Verschuldens **(§ 153 StPO).** Einstellung wegen lediglich **unterstellter Schuld** reicht nicht aus (Koblenz MDR 79, 410). Jedoch geht es nicht an, aus einem Verstoß gegen § 153 StPO (Einstellung trotz Vergehensverdachts) ohne weiteres ein Klagehindernis iS des § 581 I herzuleiten (so wohl Koblenz aaO); das schutzwürdige Interesse des Betroffenen erfordert vielmehr Klärung. **Vorläufige Einstellung (§ 154 StPO)** genügt (Hamburg MDR 78, 851; aA Hamm MDR 86, 679). Wird das Verfahren nach § 154 IV StPO wieder aufgenommen und später freigesprochen, dann wird die Wiederaufnahmeklage unzulässig, wenn sie noch nicht rechtskräftig erledigt ist; anderenfalls ist § 580 Nr 6 anwendbar (s Wieczorek, 2. Aufl 1977, § 581 Anm B II a).

9 **b) Mangel an Beweis** der Straftat schließt die Restitutionsklage aus. Das ist der Fall, wenn der Angeklagte wegen **Schuldunfähigkeit** bei der Tatbegehung außer Verfolgung gesetzt oder freigesprochen wird. Das soll auch dann gelten, wenn das Strafurteil zwar auf Freispruch wegen Unzurechnungsfähigkeit lautet, **der objektive Tatbestand der Straftat** jedoch als **bewiesen** angesehen worden ist (RGZ 139, 44; BGHZ 50, 119; Celle NJW 58, 467). Es handelt sich in den angeführten Fällen um **Meineide,** also vorsätzlich falsche Prozeßaussagen. Das Ergebnis ist recht unbefriedigend. Richtiger erscheint es, jedenfalls bei Feststellung der objektiven Straftat eine Einstellung oder einen Freispruch nicht als solchen wegen Mangels an Beweis iS des § 581 zu behandeln. Der Schutzzweck des § 580 Nr 3, niemanden dem Zwang auszusetzen, sich einem Urteil zu unterwerfen, das wegen vorsätzlicher Falschbekundung unrichtig ausgefallen ist, sollte berücksichtigt werden. Die jenige Partei, die das Unrecht erlitten hat (und es nach BGHZ 50, 119 für alle Zukunft schweigend ertragen soll), wird nicht durch die persönliche Verantwortung des Falschaussagenden belastet, sondern durch das falsche Urteil (im Ergebnis wie hier Wieczorek, 2. Aufl 1977, § 580 Anm C III a 2; Baumgärtel/Scherf JZ 70, 317 zu 3 a).

10 **6)** Mit dem Vorliegen der Voraussetzungen des § 581 oder unverschuldeter späterer Kenntnis des Wiederaufnahmeklägers hiervon beginnt die **Notfrist** des § 586 I zu laufen (Düsseldorf MDR 69, 1017). Eine **Verurteilung nach Ablauf der fünfjährigen Ausschlußfrist** des § 586 II 2 ermöglicht die Wiederaufnahmeklage nicht mehr (vgl BGHZ 50, 120). Ist aber die Ausschlußfrist durch rechtzeitige Klageerhebung gewahrt worden, dann dürfen auch noch Restitutionsgründe des § 580 Nr 1–5 nachgeschoben werden (Bereiter/Hahn FamRZ 56, 272; verneinend RGZ 64, 227 f; in RGZ 168, 230 f klingen bereits Zweifel an). Zu beachten ist, daß es sich bei dieser Frage lediglich um die Frist nach § 586 II 2 handelt; über das Nachschieben von Restitutionsgründen, für die bei

Klageerhebung die Frist aus § 586 I, II 1 bereits abgelaufen war, s BGH VersR 62, 175 u § 586 Rn 6.

II) Beweisführung. Anders als § 581 I gilt Abs 2 für sämtliche Restitutionsgründe, also auch für die Nr 6, 7 (BGHZ 30, 61). Das Vorliegen eines Restitutionsgrundes ist **von Amts wegen** zu prüfen. Die Beseitigung der Rechtskraft eines früheren Urteils durch übereinstimmende Parteierklärungen soll dadurch verhindert werden (RGZ 135, 130; BGHZ 30, 62). Das ist der Grund dafür, warum der Beweis durch **beantragte Parteivernehmung** für die eigentlichen Restitutionsgründe **nicht** zugelassen worden ist. Bei der Parteivernehmung von Amts wegen nach § 448 sind die Einflußmöglichkeiten der Parteien ausgeschaltet, so daß die erwähnten Bedenken nicht bestehen. Das Gericht darf deshalb die nicht beweispflichtige Partei vernehmen, wenn für die zu beweisende Restitutionstatsache bereits anderweitige Beweisumstände sprechen (BGHZ 30, 60). Die Beweislast für die tatsächlichen Voraussetzungen eines Restitutionsgrundes trägt der Restitutionskläger (BGHZ 85, 32). 11

582 *[Zulässigkeit der Restitutionsklage]*

Die Restitutionsklage ist nur zulässig, wenn die Partei ohne ihr Verschulden außerstande war, den Restitutionsgrund in dem früheren Verfahren, insbesondere durch Einspruch oder Berufung oder mittels Anschließung an eine Berufung, geltend zu machen.

I) Grundsatz der Subsidiarität. 1) § 582 legt die **Hilfsnatur** der Restitutionsklage fest, so wie dies für die Nichtigkeitsklage durch § 579 I Nr 2 u II geschehen ist. Die Restitutionsklage greift daher auch dann nicht ein, wenn der Restitutionsgrund bereits im früheren Verfahren geltend gemacht worden ist, die Partei damit aber keinen Erfolg hatte (LAG Frankfurt NJW 62, 1886; Schlosser ZZP 79 [1966], 191), desgleichen nicht, wenn die Partei mit der Restitutionsklage die Berücksichtigung tatsächlichen Vorbringens erreichen will, dessen Vortrag sie im Rechtsstreit selbst schuldhaft versäumt hat (Bremen FamRZ 80, 1135). Das kann allerdings dann nicht gelten, wenn sich der Wiederaufnahmekläger schon im Vorprozeß ohne sein Verschulden erfolglos auf eine strafbare Handlung iS des § 580 Nr 1–5 berufen hatte und erst **später die strafgerichtliche Verurteilung** (§ 581) erfolgt, die nunmehr erst evident macht, daß das Urteil auf unsicherer Beweisgrundlage beruht (Leipold ZZP 81 [1968], 71 f; aA StJGr, 20. Aufl 1977, § 582 Rn 2). 1

2) Die Voraussetzungen des § 582 sind **von Amts wegen** zu prüfen (RGZ 99, 170). Nach dem Wortlaut des § 582 („ist nur zulässig") fällt diese Prüfung in den Bereich der Zulässigkeit. Dieser Wortlaut ist jedoch ungenau. Die Erörterung und Entscheidung darüber, ob die Voraussetzungen des § 582 gegeben sind, rechnet nicht zum Vorverfahren über die Zulässigkeit der Restitutionsklage, sondern **gehört in den zweiten Verfahrensabschnitt,** der sich mit der Prüfung des Wiederaufnahmegrundes befaßt (OGH NJW 50, 65; RGZ 75, 57). Deshalb ist es auch verfahrensrechtlich nicht zu beanstanden und kein Übergriff in das nachfolgende Prozeßstadium, wenn zunächst geprüft wird, ob überhaupt ein Wiederaufnahmegrund vorliegt. Ist diese Frage aus tatsächlichen oder rechtlichen Gründen einfacher zu beantworten als die der Voraussetzungen des § 582, dann kann diese dahingestellt bleiben. Der BGH (LM § 582 ZPO Nr 1 m Nachw zum Streitstand) vertritt demgegenüber die Auffassung, die Frage, ob die Voraussetzungen des § 582 vorlägen, beträfe die Zulässigkeit der Restitutionsklage (ebenso BAG EzA ZPO § 580 Nr 2 S 11 = AP § 12 SchwbG m zust Anm Gaul Bl 81; Gaul FamRZ 60, 320; wie hier dagegen BAG EzA ZPO § 580 Nr 1 = AP SchwbG § 12 Nr 7 zu II = NJW 81, 2023; StJGr, 20. Aufl 1977, Rn 25 vor § 578). Aus einer solchen Klassifizierung sollten jedoch keinesfalls starre Richtlinien für die verfahrensrechtliche Behandlung hergeleitet werden. Auch wenn man dem BGH folgt, muß es deshalb als zulässig angesehen werden, wenn die Abweisung der Restitutionsklage auf das Fehlen eines Restitutionsgrundes gestützt und offengelassen wird, ob die Voraussetzungen des § 582 die Abweisung nicht auch rechtfertigen würden. Dies muß um so mehr als statthaft angesehen werden, als die Entscheidungen in den Stadien 1 und 2 vom Gericht auch im nämlichen Urteil getroffen werden dürfen. 2

3) Beweislast. Den Wiederaufnahmekläger trifft die Beweislast dafür, daß er den Restitutionsgrund nicht bereits in einem früheren Verfahren durch Einlegung eines Rechtsmittels geltend machen konnte (RGZ 99, 170). 3

II) Möglichkeit der Geltendmachung. Die Möglichkeit der Geltendmachung hat dann bestanden, wenn der Restitutionsgrund **bekannt gewesen ist und sein Vorbringen Aussicht auf Erfolg hatte** (RG JW 01, 33; RGZ 99, 170). 4

5 **1)** Daran kann es in den Fällen des § 580 I Nr 1–5 fehlen, wenn die Partei zum Nachweis auf die **Ermittlung der Strafverfolgungsbehörde** angewiesen ist (LAG Frankfurt NJW 62, 1886).

6 **2)** Weiter muß für die Partei im früheren Verfahren eine Prozeßlage bestanden haben, die die Geltendmachung noch ermöglichte. Die Frist für die Einlegung des **Einspruchs gegen ein Versäumnisurteil** oder der **Berufung** (RGZ 123, 105), gegebenenfalls für die Wiedereinsetzung in den vorigen Stand (Nürnberg WM 60, 1157), darf daher noch nicht abgelaufen gewesen sein. Bei analoger Anwendung des § 580 Nr 6 auf das Versorgungsausgleichsverfahren fehlt es an der Zulässigkeit, wenn die LVA auf möglichen Hinweis ihren Bescheid bereits im früheren Verfahren geändert hätte (München FamRZ 82, 314).

7 **3)** Bei einer **Berufungsentscheidung** ist auf die zweitinstanzliche Schlußverhandlung abzustellen, da eine Partei die Wiedereröffnung nach § 156 nicht erzwingen kann (BGHZ 30, 60).

8 **4)** In der Revisionsinstanz ist nach der Rspr des BGH neues tatsächliches Vorbringen in der Regel nicht mehr möglich (BGHZ 5, 240; 18, 59; ausführlich dazu § 578 Rn 17).

9 **5)** Besteht die Möglichkeit, den Restitutionsgrund noch im Nachverfahren oder im Höheverfahren geltend zu machen, dann muß sie gewahrt werden (BGH JZ 63, 450; vgl dazu Wilts NJW 63, 1532; Gilles ZZP 78 [1965], 486 f).

10 **6)** Trotz des § 581 sind auch strafbare Handlungen iS des § 580 Nr 1–5 nach Möglichkeit schon im anhängigen Verfahren geltend zu machen (BGH MDR 58, 670), da das Fehlen einer strafgerichtlichen Verurteilung die Berücksichtigung einer nachweisbaren Straftat im anhängigen Rechtsstreit nicht ausschließt (§ 581 Rn 2, 8, 9). Jedoch schadet nur eine **schuldhafte Versäumnis** dieser Möglichkeiten. Daran fehlt es, wenn die Partei lediglich eine Ermessensentscheidung anregen könnte, zB Aussetzung nach § 148 oder Wiedereröffnung der mündlichen Verhandlung (§ 156), um Urkunden in den Prozeß einzuführen, die sie erst nach der letzten mündlichen Verhandlung aufgefunden hat (BAG EzA ZPO § 580 Rn 2 S 11 zu 4 b = AP § 12 SchwbG m Anm Gaul Bl 81; Gaul FamRZ 60, 320). S näher zur Urkundenrestitution § 580 Rn 16, 17.

11 **III) Verschulden.** Darunter fällt jede Fahrlässigkeit, auch die des Vertreters, nach § 85 II auch die des Prozeßbevollmächtigten (RGZ 84, 145; Gaul ZZP 73 [1960], 418). Das Unterlassen von Anregungen zu Maßnahmen, die im **Ermessen** des Gerichts stehen, ist einer Partei nicht anzulasten (Rn 10).

12 **1)** Ein **Verschulden der Partei** liegt immer vor, wenn sie eine während des Rechtsstreits in ihrem Gewahrsam befindliche **Urkunde erst nachträglich vorlegt,** weil diese wegen Unordnung in den Geschäftsunterlagen oder unterlassener Nachforschung unbemerkt geblieben ist (BGH MDR 74, 575). Schuldhaft kann die **Nichtauswertung allgemein zugänglicher Urkunden** wie öffentlicher Register sein (vgl KG OLGE 25, 134). Konnte sich der Beweisführer die jetzt vorgelegte Urkunde in dem früheren Verfahren dadurch beschaffen, daß er sich nach §§ 428 ff eine **Frist zu ihrer Herbeischaffung** bestimmen ließ (RGZ 79, 5), oder hatte er das Vorhandensein der Urkunde **vergessen,** dann trifft ihn ein Verschulden. Es liegt dann nicht anders als bei unsorgfältiger Aufbewahrung oder nicht ernstlich betriebener Nachforschung (s dazu BGH MDR 74, 575; RGZ 99, 170). Nur ganz ausnahmsweise wird ein **Irrtum über die Erheblichkeit** der Urkunde verschuldensmäßig unbeachtet bleiben dürfen (BGH VersR 62, 175, 176 zu 2 b). RGZ 151, 207 hat diese Möglichkeit in einem Fall bejaht, in dem die Erheblichkeit der Urkunde für den Rechtsstreit so fern lag, daß man von ihr sagen müsse, sie sei „erst neuerdings aufgefunden worden" (Nachw zur Rspr bei Wieczorek, 2. Aufl 1977, § 582 Anm B IIb – B IIc 3).

13 **2)** Dem **Rechtsanwalt** gereicht es zum Verschulden, wenn er sich nicht an Hand einschlägiger Dokumentationen über **maßgebliche Rspr und Literatur** unterrichtet (Karlsruhe NJW 65, 1023: NJW-Leitsatzkartei; NJW-Fundhefte). Er handelt auch dann schuldhaft, wenn er eine durch Prozeßbetrug veranlaßte **Rechtsmittelzurücknahme nicht widerruft** (BGH MDR 58, 770). Diese Fahrlässigkeiten gehen zu Lasten der Partei.

14 **3)** Die **Beweislast für fehlendes Verschulden** trifft, unbeschadet der Prüfung von Amts wegen, immer den Restitutionskläger (RGZ 46, 345; 99, 170). Bei Eidesverletzungen im ersten Rechtszug ist es ratsam, neben der Einlegung der Berufung gleichzeitig Strafantrag zu stellen und sodann im zweiten Rechtszug Verfahrensaussetzung nach § 149 zu beantragen (vgl Bereiter/Hahn FamRZ 56, 273; oben § 581 Rn 5). Dieser Weg ist aber dann nicht gegeben, wenn das strafbare Verhalten ohne Einfluß auf den laufenden Rechtsstreit ist, sondern lediglich als Restitutionsgrund gegen ein anderes rechtskräftiges Urteil in Betracht kommt, dessen Bindungswirkung beseitigt werden soll (Düsseldorf JMBlNRW 60, 51).

583 *[Geltendmachung von Anfechtungsgründen]*
Mit den Klagen können Anfechtungsgründe, durch die eine dem angefochtenen Urteil vorausgegangene Entscheidung derselben oder einer unteren Instanz betroffen wird, geltend gemacht werden, sofern das angefochtene Urteil auf dieser Entscheidung beruht.

I) Die Bestimmung, die für die Nichtigkeits- und die Restitutionsklage gilt, entspricht den §§ 512, 548; sie unterscheidet sich nur darin, daß sie auch **selbständig beschwerdefähige und für unanfechtbar erklärte Entscheidungen** einbezieht, auch etwaige Vorentscheidungen der unteren Instanz. Bei den Vorentscheidungen handelt es sich insbesondere um **Zwischenurteile** nach §§ 280, 303, 304 und **Vorbehaltsurteile** nach §§ 302, 599, aber auch um Beschlüsse und Verfügungen innerhalb des Verfahrens. 1

II) Die Wiederaufnahmeklage ist **nicht unmittelbar gegen die Vorentscheidung** zu richten, sondern gegen das Endurteil (§ 578 I). Bei dessen Überprüfung werden die vom Anfechtungsgrund betroffenen Vorentscheidungen mit überprüft, sofern das Endurteil auf ihnen beruht (dazu Gilles ZZP 78 [1965], 479 f). Die Vorentscheidung muß eine der **Grundlagen des Urteils** gebildet, der Fehler sich aber nicht auf das Endurteil ausgewirkt haben. 2

III) Gegen Zwischen- und Vorbehaltsurteile einer **höheren Instanz** ist die Wiederaufnahmeklage unmittelbar zulässig (§ 578 Rn 14). 3

IV) Die §§ 579 I 2, II, 582 können dazu nötigen, gegen die von dem Anfechtungsgrund betroffenen Vorentscheidungen das zulässige **Rechtsmittel** einzulegen, wenn diese selbständig anfechtbar sind. In entsprechender Anwendung dieser Bestimmung muß gegebenenfalls der Anfechtungsgrund bereits **im Nachverfahren** geltend gemacht werden (§ 578 Rn 14). Das schließt nicht aus, sich auf den Mangel noch im laufenden Verfahren zu berufen, wenn er wenigstens da noch korrigiert werden kann. 4

V) Die dem angegriffenen Endurteil des Vorprozesses vorausgegangenen Urteile (Zwischenurteile, Vorbehaltsurteile) werden, wenn sie von einem Anfechtungsgrund betroffen sind, in der aufhebenden Entscheidung des zweiten Stadiums des Wiederaufnahmeverfahrens (§ 578 Rn 39) **zusammen mit dem Endurteil förmlich aufgehoben** (vgl § 590 Rn 5). Die sonstigen „mitbetroffenen" Vorentscheidungen verlieren ihre Eignung, dem ersetzenden Urteil im dritten Verfahrensabschnitt (§ 578 Rn 34) als Grundlage zu dienen (s § 590 Rn 5). 5

VI) Mehrere Teilurteile, die beseitigt werden sollen, müssen jedes für sich mit der Wiederaufnahmeklage angegriffen werden, weil anderenfalls die Rechtskraft des nicht angefochtenen Teilurteils bestehen bleibt (BGH MDR 59, 1002), was bei der Kostenquotierung beachtet werden muß (BGH NJW 80, 1000). In solchen Fällen kann es ausschlaggebend sein, ob bei Erlaß eines nur einen Klagegrund bejahenden **Grundurteils** Klageabweisung im übrigen ausgesprochen worden ist. Grundsätzlich sollte mit einem den Grund nur teilweise bejahenden Urteil die Klageabweisung im übrigen verbunden werden. Fehlt im Tenor ein solcher Ausspruch, so kann er sich immer noch aus den Entscheidungsgründen ergeben (Celle NdsRpfl 73, 181; Wieczorek, 2. Aufl 76, § 304 Anm C III a). Ist aber ein entsprechender Wille des Gerichts zur Klageabweisung nicht feststellbar, dann besteht nur eine innerprozessuale Bindung nach §§ 318, 512, also keine äußere (Abweisungs-)Rechtskraft. Deshalb bedarf es keiner Wiederaufnahmeklage auch gegen das Grundurteil, das nicht zugleich Teilurteil ist, sondern es genügt der Angriff auf das Schlußurteil (BGH JZ 60, 256, Anm dazu Bötticher JZ 60, 240 u 258, Pohle MDR 60, 129), wobei jedoch vorausgesetzt ist, daß der Wiederaufnahmegrund nicht schon im Grundverfahren oder im Höheverfahren geltend gemacht werden konnte (§ 586 Rn 14). 6

584 *[Ausschließliche Zuständigkeit und Gerichtsstand]*
(1) Für die Klagen ist ausschließlich zuständig: das Gericht, das im ersten Rechtszuge erkannt hat; wenn das angefochtene Urteil oder auch nur eines von mehreren angefochtenen Urteilen von dem Berufungsgericht erlassen wurde oder wenn ein in der Revisionsinstanz erlassenes Urteil auf Grund des § 580 Nr. 1 bis 3, 6, 7 angefochten wird, das Berufungsgericht; wenn ein in der Revisionsinstanz erlassenes Urteil auf Grund der §§ 579, 580 Nr. 4, 5 angefochten wird, das Revisionsgericht.

(2) Sind die Klagen gegen einen Vollstreckungsbescheid gerichtet, so gehören sie ausschließlich vor das Gericht, das für eine Entscheidung im Streitverfahren zuständig gewesen wäre.

I) Grundgedanke. § 584 bezieht sich auf die Nichtigkeits- und auf die Restitutionsklage; die Vorschrift regelt die **ausschließliche sachliche und örtliche Zuständigkeit,** so daß eine **Parteiver-** 1

einbarung nicht in Betracht kommt (§ 40 II). Eine Sonderregelung für bestimmte Restitutionsklagen in Kindschaftssachen enthält § 641 i III. Dem Grundsatz nach ist dasjenige Gericht zuständig, dessen Urteil mit der Wiederaufnahmeklage angegriffen wird. In Familiensachen ist das heute auch dann ein Familiengericht, wenn die Ehe noch nach altem Recht durch ein LG geschieden worden war (Stuttgart FamRZ 80, 378 gg Köln FamRZ 78, 359 [zust Walter FamRZ 79, 275] u KG FamRZ 79, 526). Gaul (Festschrift Kralik, 1986, 168 ff) leitet aus dieser Zuständigkeitsregelung mit beachtlichen Gründen ab, daß entgegen BGHZ 84, 24 auch in Fällen mangelnder Prozeßfähigkeit die Nichtigkeitsklage nur zulässig ist, wenn der Mangel vorinstanzlich übersehen, nicht wenn darüber entschieden worden ist, weil in diesem Fall nach § 551 Nr 5 nur eine revisionsrechtliche Überprüfung in Betracht komme.

2 **1) Berufungsgericht. a)** Ist die **Berufung** für **zulässig** erklärt und in der Sache selbst tatsächlich und rechtlich erkannt worden, dann ist das erstinstanzliche Urteil bestätigt oder abgeändert worden, so daß für die Wiederaufnahmeklage nur das Berufungsgericht zuständig ist; Mängel des erstinstanzlichen Urteils sind im erneuerten Berufungsverfahren zu beheben. Die Zuständigkeit des **Gerichts erster Instanz** ist lediglich gegeben, wenn dessen Urteil wegen Ansprüchen angefochten wird, deretwegen ein Rechtsmittel nicht eingelegt worden war.

3 **b)** Ist die **Berufung verworfen** worden, so ist das Gericht **erster Instanz** ausschließlich zuständig, weil es an einer zweitinstanzlichen Sachentscheidung fehlt (RGZ 75, 60).

4 **c)** Werden **beide Urteile angefochten,** dann obliegt die Verhandlung und Entscheidung dem Berufungsgericht. Ebenso verhält es sich, wenn der Erstrichter den Klageanspruch nur aus **einem von mehreren Klagegründen** (zB nur Gefährdungshaftung, nicht Verschuldenshaftung) für gerechtfertigt erklärt und das Berufungsgericht die Klage insgesamt abgewiesen hat (BGH JZ 60, 256 m Anm Bötticher JZ 60, 240 u 258, Pohle MDR 60, 129).

5 **d)** Hatte das Berufungsgericht die Sache nach **§ 538** oder **§ 539** an das Gericht erster Instanz **zurückverwiesen** und dieses sodann ein **neues Endurteil** erlassen, dann ist hinsichtlich der Zuständigkeit für die Wiederaufnahmeklage zu unterscheiden: **aa)** Das **Berufungsgericht** ist zuständig, wenn dessen Urteil angefochten wird; **bb)** Das **Gericht erster Instanz** ist zuständig, wenn sich die Wiederaufnahmeklage gegen dessen Urteil richtet; **cc)** Das **Berufungsgericht** wiederum ist zuständig, wenn sowohl dessen Urteil wie das spätere Urteil der ersten Instanz angefochten wird, wobei es unerheblich ist, ob dafür dieselben oder verschiedene Gründe vorgebracht werden.

6 **2)** Ist für eine Restitutionsklage das **OLG zuständig,** dann wird dadurch die **Zuständigkeit für die Kostenfestsetzung** des Wiederaufnahmeverfahrens nicht berührt. Diese obliegt dem Rechtspfleger beim LG als dem Gericht der ersten Instanz (München Rpfleger 73, 318).

7 **3) Revisionsgericht. a)** Hat der BGH nicht in der Sache selbst entschieden, sondern die **Revision** als unzulässig **verworfen,** dann ist für das Wiederaufnahmeverfahren die Zuständigkeit des **Berufungsgerichts** begründet (RGZ 120, 173; BGHZ 14, 257).

8 **b)** Hat das Revisionsgericht unter Aufhebung des vorinstanzlichen Urteils die Sache **zur weiteren Entscheidung zurückverwiesen,** so ist nach BGHZ 14, 257 ebenfalls das **Berufungsgericht** zuständig. Dem ist zuzustimmen. Die Prüfung durch das mit der Sache selbst befaßte Gericht ist sachgerecht. Anderenfalls müßte man die Urteile getrennter Anfechtung unterwerfen, bei Anfechtung beider Urteile auch gesonderte Verhandlung und Entscheidung über beide Klagen bejahen. Denn die Zuständigkeit des Revisionsgerichts als des höheren Gerichts (wie im Verhältnis des Berufungsgerichts zum Erstgericht; Rn 4) scheidet aus, da das Revisionsgericht weder tatsächliche Feststellungen zu treffen noch solche zu überprüfen hat, sofern es sich nicht um seine eigenen handelt.

9 **c)** Hatte das Revisionsgericht in der Sache selbst erkannt, auch durch Zurückweisung der Revision als unbegründet (BGHZ 14, 251), dann ist es für die Wiederaufnahmeklage zuständig, falls diese sich auf § 579 oder auf § 580 Nr 4, 5 stützt (BGH WPM 80, 1350). Gründet sich die Klage dagegen auf § 580 Nr 1–3, 6 oder 7, dann muß sie beim Berufungsgericht erhoben werden (vgl Wieczorek, 2. Aufl 77, § 584 Anm B I–B Ib 1). Aber auch für eine auf § 580 Nr 4 gestützte Restitutionsklage ist der BGH dann **nicht zuständig,** wenn damit die **tatsächlichen Feststellungen des Berufungsgerichts** angegriffen werden (BGHZ 61, 95). Anders, wenn der Restitutionsgrund auch (BGH WPM 80, 1351) oder ausschließlich das Revisionsurteil betrifft (BGHZ 61, 98). Ein Nichtannahmebeschluß nach § 554 b steht einem die Revision zurückweisenden Endurteil gleich (BGH WPM 80, 1350).

10 **d)** Wird das Urteil der Revisionsinstanz **teils** wegen Verletzung des **§ 580 Nr 4, 5** angefochten, **teils** wegen Verletzung des **§ 580 Nr 2, 3, 6 oder 7,** dann scheidet eine Verbindung beider Klagen vor dem Revisionsgericht aus, weil dieses nicht über die tatsächlichen Feststellungen der Vorin-

stanz mitbefinden kann. In Betracht käme eine Klagentrennung, so daß das Revisionsgericht für die Gründe des § 580 Nr 4, 5, das Berufungsgericht für die übrigen Gründe zuständig wäre. Das erscheint jedoch wenig praktikabel. Deshalb ist in solchen Fällen mit StJGr (20. Aufl 77, § 584 Anm 6 iVm Anm 5) die **einheitliche Zuständigkeit des Berufungsgerichts** anzunehmen.

4) An Stelle des RG entscheidet, wenn das Vordergericht in der BRD liegt, der BGH (BGHZ 14, 259). Die Zuständigkeit für die Wiederaufnahme gegen Urteile von Gerichten, an deren Sitz keine deutsche Gerichtsbarkeit mehr ausgeübt wird, ist in § 4 I, IV ZustErgG v 7. 8. 52 geregelt (BGBl I S 407). Über die Zuständigkeit bei Änderung der Gerichtseinteilung s das Gesetz v 6. 12. 33 (RGBl I S 1037). Westdeutsche Gerichte sind nicht zuständig für Wiederaufnahmeklagen gegen Urteile von Gerichten der DDR (Frankfurt NJW 57, 307; aM Jarck NJW 57, 716). Die Wirkung solcher Urteile im Bundesgebiet kann jedoch uU dadurch beseitigt werden, daß ihnen die Anerkennung versagt wird (vgl für den bisherigen Rechtszustand BGHZ 20, 223; 21, 313). 11

5) Zur Fristwahrung bei Klageerhebung in der falschen Instanz s § 586 Rn 5. 12

II) Abs 2 ist durch die Vereinfachungsnovelle v 1. 7. 77 neu gefaßt worden. Der **Vollstreckungsbescheid** steht einem für vorläufig vollstreckbar erklärten Versäumnisurteil gleich (§ 700), so daß er nach Rechtskraft wiederaufnahmefähig ist. Da der Vollstreckungsbescheid vom Rechtspfleger erlassen wird (§ 20 Nr 1 RPflG), wird durch Abs 2 die Zuständigkeit des Streitgerichts begründet, die sich nach §§ 23 ff, 71 GVG richtet, so daß entweder das AG oder das LG über die Wiederaufnahmeklage zu befinden hat. Die örtliche Zuständigkeit richtet sich nach §§ 12 ff. Da auch der Gerichtsstand des § 584 II ausschließlich ist, scheidet eine Gerichtsstandsvereinbarung aus (§ 40 II). 13

585 *[Verfahren im allgemeinen]*

Für die Erhebung der Klagen und das weitere Verfahren gelten die allgemeinen Vorschriften entsprechend, sofern nicht aus den Vorschriften dieses Gesetzes sich eine Abweichung ergibt.

I) Die Klageerhebung richtet sich nach § 253. Den Inhalt schreiben die §§ 587, 588 vor. Im selben Umfang, in dem eine **teilweise Aufhebung** möglich ist (§ 590 Rn 4), kann auch der Wiederaufnahmeantrag beschränkt werden. 1

Anwaltszwang besteht vor den Kollegialgerichten und in Familiensachen (§ 78). Die Vollmacht (§ 81) des Prozeßbevollmächtigten ermächtigt zu allen Prozeßhandlungen, die durch die Wiederaufnahme veranlaßt werden; in Ehesachen ist § 609 zu beachten. 2

II) Verfahrensgrundsätze. Da Nichtigkeits- und Restitutionsklagen **keine gewöhnlichen Klagen** im prozessualen Sinne sind, die einen neuen Rechtsstreit einleiten, sondern nur **außerordentliche Rechtsbehelfe** gegenüber einem in der Hauptsache erlassenen rechtskräftigen Endurteil, sieht § 585 vor, daß „die allgemeinen Vorschriften entsprechend" gelten. Praktisch läuft das aber weitgehend auf unmittelbare Anwendung hinaus. Zu erwähnen sind insbesondere (vollständige Zusammenstellung bei Wieczorek, 2. Aufl 77, § 585 Anm B–C III): 3

1) Partei- und **Prozeßfähigkeit** (§§ 50–57) muß gegeben sein. 4

2) Streitgenossenschaft (§§ 59 ff) ist im Wiederaufnahmeprozeß möglich; Wiederaufnahmeklage kann aber nur von den Streitgenossen erhoben werden, in deren Person ein Wiederaufnahmegrund gegeben ist. **Notwendige Streitgenossen** sind im Wiederaufnahmeverfahren zu beteiligen (§ 63; RGZ 96, 52). 5

3) Die Prozeßkostenhilfe (§§ 114 ff) ist für die Wiederaufnahmeklage selbständig zu bewilligen, also unabhängig davon, ob sie im Vorprozeß bewilligt worden war oder nicht. 6

4) Da die im Vorprozeß erteilte **Prozeßvollmacht** sowohl zur Erhebung der Wiederaufnahmeklage wie zur Verteidigung ihr gegenüber ermächtigt (§ 81), sind **Zustellungen** (§§ 176, 178, 210 a) an den Prozeßbevollmächtigten der Instanz zu richten, bei der die Klage erhoben wird. Beauftragt der Wiederaufnahmekläger jedoch einen **anderen Prozeßbevollmächtigen,** so erledigt sich damit die Vollmacht (§ 87 I), was bei der Zustellung zu berücksichtigen ist. Wird die Wiederaufnahmeklage in der **Rechtsmittelinstanz** erhoben und ist dort noch kein Prozeßbevollmächtigter bestellt gewesen, dann ist dem erstinstanzlichen Bevollmächtigten zuzustellen (Frankfurt JW 29, 2624; Hamburg HRR 30, Nr 449; Naumburg JW 33, 536). 7

5) Der **Verhandlungsgrundsatz,** der sich insbesondere in den §§ 128, 138, 288, 306, 307 niedergeschlagen hat, gilt ebenso wie die Befugnis zur **Prozeßtrennung** und **Prozeßverbindung** (§§ 145, 147, 150); einzelne Wiederaufnahmegründe können also getrennt verhandelt werden; Nichtig- 8 keitsklage und Wiederaufnahmeklage müssen gesondert verhandelt werden (§ 578 II). **Aussetzung** nach §§ 148, 149 kommt nicht in Betracht, insbesondere nicht, um Wiederaufnahmeklagen erst zulässig oder begründet zu machen (zu § 149 s aber § 581 Rn 5).

9 **6)** Soweit im Wiederaufnahmeprozeß **Beweis** zu erheben ist, gilt das allgemeine Beweisrecht. Dabei kann es sich jedoch nur um den Beweis über Prozeßbedingungen der Wiederaufnahmeklage handeln. Die Beweisaufnahme zur Sache selbst ist nur im neuen Verfahren (3. Stadium der Wiederaufnahme; § 578 Rn 34) denkbar.

10 **7) Klagerücknahme** (§ 269) ist möglich. Zur „Hauptsache" iS dieser Vorschrift ist verhandelt worden, wenn das Vorliegen eines Wiederaufnahmegrundes erörtert worden ist.

11 **8) Befangenheitsablehnung** wegen Mitwirkung am Vorprozeß (§ 42) ist möglich (§ 580 Rn 6).

12 **9) Klageänderung** (§§ 263, 264) ist im dritten Wiederaufnahmeabschnitt möglich.

13 **10) Einstellung der Zwangsvollstreckung** aus dem Urteil des Vorprozesses ist nach § 707 möglich. Bei noch nicht rechtskräftigem Strafurteil ist Restitutionsklage unzulässig (§ 581). Hier besteht jedoch die Möglichkeit, wenn die Voraussetzungen einer Schadensersatzklage nach § 826 BGB gegeben sind (s dazu § 578 Rn 28), die Zwangsvollstreckung aus dem anzugreifenden Urteil durch Erwirken einer einstweiligen Verfügung zu verhindern (RGZ 61, 359; BGHZ 50, 122).

14 **11) Urkunden- und Wechselprozeß** (§§ 592 ff). Dessen besondere Verfahrensvorschriften gelten erst für den dritten Verfahrensabschnitt (StJGr, 20. Aufl 77, § 585 Rn 5).

15 **III)** Auf Antrag des in dem Verfahren zur Zahlung verurteilten Restitutionsklägers kann (s § 256 II) auch die Verurteilung des Gegners zur **Rückzahlung des beigetriebenen Betrages** entsprechend § 717 III ausgesprochen werden (RGZ 91, 195). Jedoch ist auch eine darauf gerichtete besondere Klage möglich, die mit der Wiederaufnahmeklage verbunden werden darf (BGH MDR 63, 119; BGHZ 57, 211 – nicht abgedruckt, s aber Thumm Anm zu LM § 580 Ziff 7b ZPO Nr 20/21 aE). Eine **besondere Klage** ist nötig, § 717 II also nicht entsprechend anzuwenden, wenn Ersatz des durch die Vollstreckung des Urteils entstandenen Schadens verlangt wird (RGZ 99, 171; 91, 203); dabei wird es sich meist um die **Zinsen** vom eingezogenen Betrag für die Zeit zwischen Empfang bis Rückzahlung handeln. Zur **Aufrechnung** siehe Rn 15 zu § 590.

16 **IV) Wiederaufnahme gegen Beschlüsse.** Das Verfahren wird durch Antrag, nicht durch Klage eingeleitet und gem § 573 mit freigestellter mündlicher Verhandlung betrieben (ebenso StJGr, 20. Aufl 77, Rn 28, 29 vor § 28, 29 vor § 578; RG, ZZP 61, 142, hat die Klage zugelassen).

17 **V) Gebühren:** Wiederaufnahmeklagen werden den allg Vorschriften entsprechend, näml durch Klageerhebung, eingeleitet, so daß § 65 Abs 1 Satz 1 GKG anzuwenden ist und für den Kläger hinsichtl der allg Verfahrensgebühr Vorwegleistungspflicht besteht. S dazu § 253 Rn 23. Vgl auch Drischler/Oestreich/Heun/Haupt, GKG Teil VII § 65 Rdnr 9.

586 *[Klagefrist]*

(1) Die Klagen sind vor Ablauf der Notfrist eines Monats zu erheben.

(2) Die Frist beginnt mit dem Tage, an dem die Partei von dem Anfechtungsgrund Kenntnis erhalten hat, jedoch nicht vor eingetretener Rechtskraft des Urteils. Nach Ablauf von fünf Jahren, von dem Tage der Rechtskraft des Urteils an gerechnet, sind die Klagen unstatthaft.

(3) Die Vorschriften des vorstehenden Absatzes sind auf die Nichtigkeitsklage wegen mangelnder Vertretung nicht anzuwenden; die Frist für die Erhebung der Klage läuft von dem Tage, an dem der Partei und bei mangelnder Prozeßfähigkeit ihrem gesetzlichen Vertreter das Urteil zugestellt ist.

1 **I) Klagefrist: Berechnung** der Frist nach §§ 222, 223. **Verlängerung** oder **Abkürzung** ist im Gesetz nicht vorgesehen und daher nicht möglich, weil es sich um eine gesetzliche Frist iS des § 224 II handelt. Gegen die Versäumung der Notfrist ist nach § 233 **Wiedereinsetzung** möglich (BGH VersR 62, 175, 176). Wenn nach einer besonderen Verfahrensordnung die Rechtsmittelfrist länger als einen Monat währt, dann gilt das auch entsprechend für die Notfrist des § 586 I (BGHZ 57, 213; MDR 63, 119; KG OLGZ 69, 114); praktische Bedeutung hat dabei vor allem die Verlängerung auf drei (§ 210 I BEG) und sechs (§ 210 II BEG) Monate in Entschädigungssachen.

2 **II) Klageerhebung. 1)** Die Klage kann schon **vor Beginn der Notfrist** erhoben werden, sofern nur das anzufechtende Urteil formell rechtskräftig ist (RG JW 28, 2712; RGZ 38, 409). Kenntnis vom Wiederaufnahmegrund noch vor Eintritt der Rechtskraft kann die Partei verpflichten, den Anfechtungsgrund **im Rechtsmittelweg** durchzusetzen und damit eine Wiederaufnahmeklage überflüssig zu machen (§§ 579 II, 582).

2) Die Einreichung eines Antrages auf Bewilligung von Prozeßkostenhilfe wahrt die Frist nicht, weil § 586 I ausdrücklich Erhebung der Klage verlangt (BGHZ 19, 22; Lange JR 50, 538). Jedoch ist Wiedereinsetzung, § 233, möglich. 3

3) Die wesentlichen Erfordernisse der Klageschrift sind in § 587 aufgeführt; darüber hinaus enthält § 588 **Sollvorschriften zum Inhalt der Klageschrift.** Werden diese Sollvorschriften nicht beachtet, dann steht das der Bejahung der Klageerhebung nicht entgegen (RGZ 168, 230). Wie bei jeder Klage ist Rückbeziehung der Zustellung auf den Zeitpunkt der Einreichung geboten, wenn die Voraussetzungen des § 270 III gegeben sind. 4

4) Die Wahrung der Klagefrist ist **von Amts wegen** zu prüfen (BGHZ 5, 159). Da § 586 nur fristgemäße Klageerhebung verlangt, nicht auch eine solche vor dem örtlich und sachlich zuständigen Gericht, genügt zur Fristwahrung die **Erhebung der Klage vor einem örtlich oder sachlich unzuständigen Gericht** (Stettin JW 25, 2273; BSG NJW 70, 966; Zeihe NJW 71, 2292). Das unzuständige Gericht hat dann gemäß § 281 zu verweisen (Zeihe NJW 71, 2294). Das gilt erst recht dann, wenn die Einrede der Unzuständigkeit, etwa diejenige des Arbeitsgerichts, nach § 529 II ausgeschlossen ist (BAG NJW 58, 1605). 5

5) Andere **Restitutionsgründe** können nur **nachgeschoben** werden, wenn die Monatsfrist für sie im Zeitpunkt der Klageerhebung noch nicht abgelaufen war (BGH VersR 62, 165; RGZ 64, 227; 82, 271). Erst nach der Klageerhebung entstandene oder bekanntgewordene Restitutionsgründe können aber auch noch nach Ablauf eines Monats seit Kenntniserlangung nachgebracht werden (RGZ 168, 230). Zum Nachschieben von Restitutionsgründen nach Ablauf der Frist des § 586 II 2 vgl § 581 Rn 10. 6

6) Zurücknahme der Wiederaufnahmeklage ist unter den Voraussetzungen des § 269 möglich. „Hauptsache" iS dieser Vorschrift ist das Vorliegen des Wiederaufnahmegrundes. 7

III) Kenntnis (Abs 2). 1) Der **Partei** steht hinsichtlich des Wissens gleich ihr **gesetzlicher Vertreter** oder ihr **Bevollmächtigter,** der Generalbevollmächtigte, wenn sein Auftrag auch dahin geht, die Partei in der den Gegenstand des Wiederaufnahmeverfahrens bildenden Angelegenheit zu vertreten (Johannsen Anm zu LM § 586 ZPO Nr 5; RGZ 37, 389). **Kenntnis eines Terminvertreters der öffentlichen Hand** ist nur dann erheblich, wenn er diese Kenntnis als verantwortlicher Sachbearbeiter für das durch das angegriffene Urteil erledigte Verfahren erlangt hat (BGH MDR 63, 119). Das **Verschulden ihres Prozeßbevollmächtigten** muß sich die Partei immer anrechnen lassen, § 85 II (vgl dazu Gaul ZZP 73 [1960], 418). Auf die Kenntnis des Prozeßbevollmächtigten des ersten Rechtszuges kommt es jedoch nicht an, wenn sein Auftrag bereits beendet war, als er die Kenntnis erlangte (BGHZ 31, 351). Erstattet er dann aber auftragsgemäß Strafanzeige im Hinblick auf § 580 Nr 3, so muß die Partei sich seine Kenntnis zurechnen lassen, wenn dieser Auftrag zur Einleitung des Vorschaltverfahrens nach § 581 der Vorbereitung des Restitutionsverfahrens diente (BGH WPM 78, 1162 – Einengung von BGHZ 31, 351). 8

2) In Betracht kommt nur das **auf sicheren Grundlagen beruhende Wissen** über die Wiederaufnahmetatsachen (BGH VersR 62, 176) nicht also das bloße Erfahren eines Gerüchts. Dagegen kommt es **nicht auf die zutreffende rechtliche Einordnung,** also die Kenntnis davon an, daß die bekanntgewordenen Tatsachen einen Wiederaufnahmegrund ermöglichen; wollte man auch eine solche rechtliche Qualifizierung in den Begriff der „Kenntnis vom Anfechtungsgrund" hineinnehmen, so würde das zu einer völligen Rechtsunsicherheit des Wiederaufnahmerechts führen (BGH VersR 62, 176; KG OLGZ 69, 119; Düsseldorf MDR 69, 1017). 9

a) In den Fällen des § 580 Nr 1–5 **beginnt die Frist** mit dem Tag, an dem die Partei von der rechtskräftigen Verurteilung Kenntnis erlangt hat. Kann es aus anderen Gründen als dem Mangel an Beweis nicht zu einer rechtskräftigen Verurteilung kommen (§ 581), ist abzustellen auf die **Kenntnis von der Straftat** und ihre **Beweisbarkeit** bei gleichzeitiger Unmöglichkeit der Einleitung oder Durchführung eines Strafverfahrens. Wenn eine **nicht verfolgbare Straftat** den Restitutionsgrund bildet, der Verfolgungszwang jedoch rechtlich zweifelhaft ist (zB hinsichtlich der Voraussetzungen einer Amnestie), dann läuft die Notfrist erst mit Erschöpfung der Rechtsbehelfe aus § 172 StPO, falls ein Klageerzwingungsverfahren eingeleitet worden ist (Frankfurt NJW 50, 317). Soll die Restitutionsklage auf die strafbare Verletzung der Wahrheitspflicht durch einen inzwischen **verstorbenen Zeugen** gestützt werden, dann beginnt die Monatsfrist nicht vor Kenntnis vom Tode dieser Person (Düsseldorf MDR 69, 1017). 10

b) Gründet sich die Wiederaufnahme auf **§ 580 Nr 7,** so ist die **Kenntnis des Inhalts der Urkunde** und der Möglichkeit davon, sie zu benutzen, erforderlich (BAG EzA ZPO § 580 Nr 2 S 10). Auf die **Erkenntnis der Erheblichkeit** der Urkunde kommt es auch hier regelmäßig nicht an (RG HRR 31 Nr 1261; BGH VersR 62, 175; s vorstehend Rn 9). Werden **nacheinander mehrere Urkunden** aufgefunden, mit denen je dieselbe Tatsache bewiesen werden soll, beginnt jedesmal 11 eine neue Klagefrist zu laufen, solange noch keine zulässige Klage erhoben ist (BGHZ 57, 211 gegen Schleswig SchlHA 52, 189). Handelt es sich um eine nachträglich errichtete **Geburtsurkunde,** so ist regelmäßig Kenntnis von der **Geburt** des Kindes entscheidend (Köln JMBlNRW 65, 126). Wird die Restitutionsklage auf eine nach rechtskräftigem Abschluß des Scheidungsprozesses bekanntgewordene Geburtsurkunde gestützt, mit der ein Ehebruch der Frau nachgewiesen werden soll, dann läuft die Frist erst, wenn ein die Nichtehelichkeit feststellendes Abstammungsurteil rechtskräftig geworden ist, da der Restitutionskläger vorher durch § 1593 BGB gehindert ist, die Nichtehelichkeit geltend zu machen (Nürnberg MDR 76, 1025).

12 **c)** Wann die Partei jeweils Kenntnis erhalten hat, ist **glaubhaft zu machen** (§ 589 II; RGZ 99, 169). Vor **Rechtskraft** des angegriffenen Urteils beginnt die Frist nicht. Wird das Urteil vor Eintritt der Rechtskraft zugestellt, dann ist die Notfrist gehemmt, beginnt jedoch mit Eintritt der Rechtskraft ohne erneute Zustellung zu laufen (Köln JMBlNRW 77, 65).

13 **d)** Die **Zurücknahme eines Rechtsmittels** kann nur innerhalb eines Monats **widerrufen** werden, gerechnet von dem Zeitpunkt an, in dem die Partei von den zum Widerruf berechtigenden Tatsachen erfahren hat (BGHZ 33, 73 = ZZP 73 [1960], 448 m zust Anm Baumgärtel). Der Zeitpunkt des Eintritts der Rechtskraft ist auch bei Zurücknahme eines wegen Nichterreichens der Rechtsmittelsumme unzulässigen Rechtsmittels maßgebend, so daß auch in diesem Fall auf den Zeitpunkt der Zurücknahme abzustellen ist (KG NJW 65, 1866). BSG, NJW 79, 1224, fordert auch bei **Klagerücknahme** wegen des Wiederaufnahmegrundes des **§ 579 I Nr 4** Wahrung der Notfrist von einem Monat.

14 **e)** Wiederaufnahmegründe gegen ein **Grundurteil** schließen eine selbständige Wiederaufnahmeklage aus, soweit es der Partei möglich war, die Gründe im Höheverfahren geltend zu machen (BGH Warn 63 Nr 14). Dies hat jedoch unter Beachtung der Fristen des § 586 zu geschehen (Wilts NJW 63, 1532). Auch § 582 ist anwendbar, so daß die Partei mit Wiederaufnahmegründen ausgeschlossen ist, wenn sie es schuldhaft unterlassen hat, diese bereits im Grundverfahren vorzubringen, da sie anderenfalls im Höheverfahren besser gestellt würde als bei Erhebung einer selbständigen Wiederaufnahmeklage (Wilts aaO). Jedoch ist zu beachten, daß eine hiernach unzulässige Restitutionsklage entsprechend § 140 BGB umgedeutet und der darin enthaltene Sachvortrag als Verteidigungsvorbringen im Höheverfahren beachtlich werden kann (BGH Warn 63 Nr 14).

15 **3)** Bei der **Ausschlußfrist des § 586 II 2** (anders Abs 3) wird der erste Tag der Frist nicht mit eingerechnet (RGZ 65, 25). **Wiedereinsetzung** in den vorigen Stand, **Abkürzung** oder **Verlängerung** ist **nicht** möglich, da es sich um eine absolute Frist handelt. Deshalb kann sie auch nicht aus den Gründen des § 203 BGB gehemmt werden, sofern nicht Kriegsvorschriften eine abweichende Regelung vorsehen (BGHZ 19, 22; 1, 153).

16 **a)** Die **Frist beginnt** ohne Rücksicht auf Kenntnis oder Unkenntnis vom Anfechtungsgrund zu laufen (RGZ 15, 385; BGHZ 50, 120), jedoch **nicht vor** Eintritt der **Rechtskraft** des angegriffenen Urteils (RGZ 61, 420). Die vom Prozeßgegner **durch Täuschung veranlaßte Zurücknahme eines Rechtsmittels** kann nach Ablauf von fünf Jahren, vom Tag der Rechtskraft des Urteils ab gerechnet, nicht mehr widerrufen werden (BGH MDR 58, 670; BGHZ 33, 75).

17 **b)** In den Fällen des § 580 Nr 1–5 kann dadurch ein Rechtsverlust drohen, daß die rechtskräftige strafrechtliche Verurteilung (§ 581) sich hinzieht. In derartigen Fällen sollte es deshalb für zulässig angesehen werden, daß die Restitutionsklage vorzeitig erhoben und bis zum rechtskräftigen Abschluß des Strafverfahrens ausgesetzt wird (s o § 581 Rn 5; Baumgärtel/Scherf JZ 70, 317; Bereiter-Hahn FamRZ 56, 273 zu II; StJGr, 20. Aufl 77, § 586 Rn 10). Für die betroffene Partei benachteiligend ist auch die Ansicht des RG (RGZ 64, 227), das nach Ablauf der Fünfjahresfrist das **Nachschieben** eines erst nach rechtzeitiger Klageerhebung entstandenen Restitutionsgrundes nicht mehr zuläßt. Diese Auffassung ist abzulehnen (s § 581 Rn 10, Bereiter/Hahn FamRZ 76, 272; StJGr, 20. Aufl 77, § 588 Rn 2).

18 **c)** Für **Kindschaftssachen** ist § 586 durch § 641 i IV ausgeschlossen.

19 **d)** Das Einreichen lediglich eines Gesuchs um Bewilligung von **Prozeßkostenhilfe** wahrt die Frist des § 586 nicht (BGHZ 19, 22).

20 **IV) Abs 3.** Fristenrechtlich besonders behandelt wird eine Partei, die im früheren Verfahren **nicht ordnungsgemäß vertreten** war. Der Mangel der Vertretung hindert nicht den Eintritt der Rechtskraft des früheren Urteils (BGH FamRZ 63, 131, 132; Hamburg HRR 36 Nr 438). Infolge des Vertretungsmangels ist die Partei aber andererseits rechtlich (und häufig auch wegen ihrer körperlichen Verfassung tatsächlich) gehindert, sich gegen ein wiederaufnahmefähiges Endurteil zu wehren. Deshalb darf sie Wiederaufnahmeklage **ohne Rücksicht auf die Länge der seit Erlaß des rechtskräftigen Urteils verstrichenen Zeit** erheben, wenn das Urteil weder ihrem

gesetzlichen Vertreter noch ihr selbst nach Wiedererlangung der Prozeßfähigkeit zugestellt worden ist. **Im einzelnen:**

1) Die fünfjährige Ausschlußfrist des § 586 II 2 gilt hier nicht, sondern **lediglich die Monatsfrist** des § 586 I, die auch hier nicht vor Rechtskraft des Urteils beginnen kann (RG JW 17, 605; Warn 17 Nr 258). Eintritt der Rechtskraft ist auch im Fall des § 586 III möglich, sei es nach Zustellung an die zu Unrecht als prozeßfähig behandelte Partei oder an einen falschen gesetzlichen Vertreter oder einen nicht wirksam bestellten Prozeßbevollmächtigten (RG Warn 17 Nr 258; JW 17, 605; BGH FamRZ 58, 58; 70, 545) oder wegen Ablaufs der Frist in §§ 516, 552. Auch die **Rechtsmittelrücknahme** durch eine solche Partei oder die Versäumung der Rechtsmittelfrist (§§ 516, 552) kann zum Eintritt der Rechtskraft führen. 21

2) Zustellung: Vor wirksamer Zustellung an den **gesetzlichen Vertreter** oder die **wieder prozeßfähig gewordene Partei** kann die Frist nicht zu laufen beginnen (BGH MDR 63, 391). Es genügt jedoch auch **öffentliche Zustellung,** da tatsächliche Kenntnis für den Fristbeginn nicht erforderlich ist (Wieczorek, 2. Aufl 77, § 586 Anm A IVa). **Unverschuldete Unkenntnis** kann jedoch Wiedereinsetzung nach § 233 rechtfertigen, wobei dann wieder die Frist des § 234 zu beachten ist. Wird an einen nicht wirksam bestellten früheren Prozeßbevollmächtigten oder sonst an einen Vertreter ohne Vertretungsmacht zugestellt, dann ist das für § 586 III bedeutungslos (RG JW 28, 2712; Kiel SchlHA 49, 130). Wird wirksam zugestellt, aber vor Rechtskraft des Urteils, dann ist die Zustellung nicht bedeutungslos, wie StJGrunsky (20. Aufl 77, § 586 Anm 14) meinen; vielmehr ist lediglich die Notfrist zur Erhebung der Nichtigkeitsklage gehemmt; mit Eintritt der Urteilsrechtskraft beginnt der Fristablauf ohne erneute Zustellung (Köln OLGZ 77, 118). 22

3) Die Notfrist des § 586 I beginnt auch dann nicht zu laufen, wenn die Partei oder ihr gesetzlicher Vertreter bereits vor Eintritt der Rechtskraft **von dem Mangel der Vertretung Kenntnis** erlangt (KG NJW 70, 817; FamRZ 79, 526). Sie erlangt lediglich das Recht, in diesem Fall früher als nach § 586 III geboten, Nichtigkeitsklage zu erheben (RG JW 28, 2712). Wird gemäß § 586 III zugestellt, ist aber der **Mangel der Vertretung aus dem zugestellten Urteil nicht zu erkennen,** dann muß auf die Kenntnis abgestellt werden mit der Folge, daß die Notfrist erst ab Kenntnis zu laufen beginnt (Hamm DRZ 49, 448; KG NJW 70, 817). 23

4) Mit Rücksicht auf den Schutzzweck des § 586 III scheidet eine **Verwirkung** der Nichtigkeitsklage durch Fristablauf aus (so wohl auch BGH FamRZ 63, 131), zumal es in aller Regel auch an einem schutzwürdigen Vertrauenstatbestand fehlt; der Gegner des Nichtigkeitsklägers hat es in der Hand, die Frist des § 586 III durch Veranlassung ordnungsmäßiger Zustellung in Lauf zu setzen. Sind aber beide Parteien über den Mangel in Unkenntnis, dann geht es schwerlich an, über die Annahme einer Verwirkung des Rechts zur Nichtigkeitsklage nur eine Partei zu begünstigen. 24

5) Der Nichtigkeitsgrund des § 579 I Nr 4 kann auch vom **Gegner der nicht vertretenen Partei** durch Erhebung einer Nichtigkeitsklage geltend gemacht werden. Auf ihn ist jedoch, wenn er selbst ordnungsgemäß vertreten war, nicht die Frist des § 586 III, sondern die des § 586 II anzuwenden (Schleswig NJW 59, 200). 25

587 *[Inhalt der Klage]*

In der Klage muß die Bezeichnung des Urteils, gegen das die Nichtigkeits- oder Restitutionsklage gerichtet wird, und die Erklärung, welche dieser Klagen erhoben wird, enthalten sein.

I) Der **notwendige Inhalt** der Wiederaufnahme-Klageschrift entspricht dem der Berufungsschrift (§ 518 II). Der Gegenstand der Verhandlung und Entscheidung in den beiden ersten Verfahrensabschnitten (s § 578 Rn 31) wird dadurch hinreichend bestimmt. Eine auf diese Erfordernisse beschränkte Klageschrift reicht aus, um die Frist des § 586 zu wahren (RGZ 168, 230). Das Prüfungsverfahren entspricht der Zulässigkeitskontrolle im echten Rechtsmittelverfahren (BAG EzA ZPO § 580 Nr 2 S 9). 1

II) Genügt die Wiederaufnahme-Klageschrift dem § 578 nicht, dann ist die Klage **als unzulässig zu verwerfen** (§ 589 I). Jedoch ist ein Mangel oder ein Irrtum in der Bezeichnung der Klageart unschädlich, wenn die gewollte Rechtsverfolgung aus dem Antrag oder dem sonstigen Inhalt der Klageschrift erkennbar ist (RGZ 61, 418). Auch die fälschliche Anführung des erstinstanzlichen Urteils statt des ersetzenden Berufungsurteils ist unschädlich, wenn erkennbar ist, was mit der Klage erreicht werden soll (BAG AP § 580 ZPO Nr 4). Ohnehin besteht **kein Zwang zu bestimm-** 2

ten Anträgen und **kein Begründungszwang.** Die Hinweise in § 588 zum Inhalt der Klageschrift sollen zwar, müssen aber nicht beachtet werden. Jedoch muß der Wiederaufnahmekläger wenigstens **nachträglich weiter substantiieren,** wenn das Wiederaufnahmeverfahren den zweiten Verfahrensabschnitt erreicht (s § 588 Rn 2; § 589 Rn 7).

3 **III)** Der Übergang von der Nichtigkeitsklage zur Restitutionsklage und umgekehrt ist **Klageänderung** (§ 263).

588 *[Inhalt der Klage als vorbereitender Schriftsatz]*

(1) Als vorbereitender Schriftsatz soll die Klage enthalten:

1. die Bezeichnung des Anfechtungsgrundes;

2. die Angabe der Beweismittel für die Tatsachen, die den Grund und die Einhaltung der Notfrist ergeben;

3. die Erklärung, inwieweit die Beseitigung des angefochtenen Urteils und welche andere Entscheidung in der Hauptsache beantragt werde.

(2) Dem Schriftsatz, durch den eine Restitutionsklage erhoben wird, sind die Urkunden, auf die sie gestützt wird, in Urschrift oder in Abschrift beizufügen. Befinden sich die Urkunden nicht in den Händen des Klägers, so hat er zu erklären, welchen Antrag er wegen ihrer Herbeischaffung zu stellen beabsichtigt.

1 **I)** Mit dem **vorbereitenden Schriftsatz** war der in § 272 aF erwähnte gemeint (s auch § 132). Die Vereinfachungsnovelle hat insofern wesentliche Änderungen gebracht und die Förderungspflicht des Gerichts erweitert (s § 273 II Nr 1). § 588 I ist eine Sollvorschrift (RGZ 168, 230), so daß ihre Nichtbeachtung die Zulässigkeit der Wiederaufnahmeklage selbst unberührt läßt. Prozessuale Nachteile können jedoch infolge mangelnder Mitwirkung am Verfahren durch die **Zurückweisungsmöglichkeiten** nach neuem Recht eintreten (§ 296).

2 **1)** Die **Anfechtungsgründe** müssen spätestens in der mündlichen Verhandlung **schlüssig dargelegt** werden (vgl RGZ 68, 230); anderenfalls ist die Klage als unzulässig zu verwerfen (§ 578 Rn 32; § 589 Rn 7). **Andere Gründe** innerhalb derselben Klageart (§§ 587, 578 II) **dürfen nachgeschoben** werden, sofern die Notfristen des § 586 für sie im Zeitpunkt der Klageerhebung noch nicht abgelaufen waren (RGZ 168, 230). Die **Klageerhebung bewirkt** dann **Fristwahrung** (Einzelheiten, auch zur Frage des Nachschiebens von Gründen nach Ablauf der Ausschlußfrist des § 586 II, § 581 Rn 10; § 586 Rn 6; § 587 Rn 2).

3 **2) Beweismittel:** Für den Anfechtungsgrund gilt **allgemeines Beweisrecht.** Ausschluß der Parteivernehmung auf Antrag durch § 581 II. **Glaubhaftmachung** (§ 294) für Erhebung der Klage vor Ablauf der Notfrist (§ 589 II).

4 **3)** Der **Klageantrag** zur Wiederaufnahme wird meist schon in der Klageschrift (§ 587) enthalten sein und dann gegebenenfalls von dort übernommen werden (Nürnberg OLGE 17, 179). Soweit die **teilweise Aufhebung** des angefochtenen Urteils möglich ist (§ 590 Rn 4), kann auch der Aufhebungsantrag beschränkt werden (vgl dazu Gilles ZZP 78 [1965], 272 f). Die **Anträge zur Hauptsache** müssen **spätestens in der mündlichen Verhandlung** gestellt werden, können sich aber wegen der Einheit der mündlichen Verhandlung des dritten Verfahrensabschnittes mit dem erneut aufzurollenden Vorprozeß notfalls auch aus den dort gestellten Anträgen ergeben (Gilles ZZP 78 [1965], 472).

5 **II) Abs 2.** Trotz des Wortlautes (sind ... beizufügen) ebenfalls nur **Sollvorschrift** wie § 588 I (RGZ 135, 129; 168, 230; Conrad, Anm zu LM § 580 Ziff 7 b ZPO Nr 5). Der **Urkundenbeweis** wird gemäß §§ 420 ff durch Vorlage oder Antrag auf Vorlage durch den Gegner geführt (§§ 420 ff; vgl RGZ 135, 129; 64, 226).

589 *[Prüfung der Zulässigkeit]*

(1) Das Gericht hat von Amts wegen zu prüfen, ob die Klage an sich statthaft und ob sie in der gesetzlichen Form und Frist erhoben sei. Mangelt es an einem dieser Erfordernisse, so ist die Klage als unzulässig zu verwerfen.

(2) Die Tatsachen, die ergeben, daß die Klage vor Ablauf der Notfrist erhoben ist, sind glaubhaft zu machen.

I) „An sich statthaft": 1) Trotz dieses Ausdruckes gehört das tatsächliche Vorliegen eines Wiederaufnahmegrundes **nicht zur Zulässigkeit der Klage;** dazu genügt vielmehr **schlüssiges Behaupten** des Wiederaufnahmegrundes (RGZ 75, 56; BGHZ 57, 213). Der BGH ist damit von seiner älteren Rspr abgewichen, wonach nicht nur die Behauptung eines geeigneten Wiederaufnahmegrundes, sondern auch seine Feststellung zu den Zulässigkeitsvoraussetzungen gerechnet wurde (s FamRZ 65, 427; unter Berufung auf diese Entscheidung ebenso BSG AP § 580 ZPO Nr 8). In der Kommentar-Literatur findet sich nur noch die BGHZ 57, 213 entsprechende Auffassung, daß die Zulässigkeit lediglich von der schlüssigen Behauptung eines Wiederaufnahmegrundes abhängt (vgl Wieczorek, 2. Aufl 77, § 578 Anm B I a 4 unter Berufung auf RGZ 118, 124; StJGr, 20. Aufl 77, Rn 23 vor § 578; Karlsruhe OLGZ 74, 52). Bei den Restitutionsgründen nach § 580 I Nr 1–5 gehören auch die bindungsfrei festzustellenden Voraussetzungen des § 581 zur Zulässigkeit (vgl § 581 Rn 1, 2). Die **Zulässigkeit** ist, wie auch sonst, **von Amts wegen zu prüfen,** auch noch in der Revisionsinstanz (BGH LM § 580 Ziff 7 b ZPO Nr 7), wobei eine etwa gewährte Wiedereinsetzung wegen Versäumung der Notfrist des § 586 I gegebenenfalls mitzuprüfen ist (BGHZ 5, 159; RGZ 167, 213). 1

2) Die **gesetzliche Form** richtet sich nach §§ 253, 587, die **Frist** nach § 586. Mangelt es an Form oder Frist, dann ist die Wiederaufnahmeklage nach mündlicher Verhandlung, gfls nach abgesonderter Verhandlung (§ 590 II), durch selbständig anfechtbares Endurteil als unzulässig zu verwerfen (§ 589 I 2). Umstritten ist, wie bei **Säumnis des Wiederaufnahmeklägers** zu verfahren ist. Nach Wieczorek (2. Aufl 77, § 585 Anm C I j 7) sind die Säumnisvorschriften der §§ 330 ff im ersten Teil des Wiederaufnahmeverfahrens insgesamt unanwendbar. Diese Ansicht ist jedoch vereinzelt geblieben und nicht zu billigen. Es ist vielmehr zu unterscheiden: 2

a) Ergibt die Amtsprüfung zur **Zulässigkeit,** daß diese **zu verneinen** ist, dann ist die Klage durch **unechtes Versäumnisurteil** zu verwerfen, gegen das der Einspruch nicht zulässig ist (BGH NJW 59, 1780 m abl Anm Stephan S 2117). 3

b) Ist die **Zulässigkeit zu bejahen,** dann wird die Klage durch **echtes Versäumnisurteil** abgewiesen, nunmehr aber als unbegründet (BGH MDR 66, 40). Diese Unterscheidung macht deutlich, daß zwischen BGH NJW 59, 1780 und MDR 66, 40 kein Widerspruch besteht. 4

3) Eine als unzulässig **verworfene Wiederaufnahmeklage kann** unter Vermeidung des Mangels **wiederholt werden,** wenn die erneute Klage die gesetzlichen Fristen wahrt (BGH LM § 580 Ziff 7 b ZPO Nr 4, Bl 40). Scheidet diese Möglichkeit aus, dann bestehen keine Bedenken dagegen, entgegen dem allgemeinen Grundsatz, wonach die Begründetheit nicht vor der Zulässigkeit geprüft werden darf, die Zulässigkeit der Wiederaufnahmeklage offenzulassen und sie als „jedenfalls unbegründet" abzuweisen. Denn für die Parteien ist es (so BGH aaO) „praktisch völlig gleich", ob die Klage wegen Versäumung der Frist als unzulässig verworfen oder mangels durchgreifenden Restitutionsgrundes als unbegründet abgewiesen wird. 5

4) Sind die **formellen Voraussetzungen** des § 589 I **gegeben** (Zulassung durch Zwischenurteil oder in den Gründen des Endurteils), dann ist im zweiten Verfahrensabschnitt (§ 578 Rn 33) das Vorliegen des Wiederaufnahmegrundes (zB nach § 580 I Nr 7 b) zu prüfen, wobei wieder Abtrennung nach § 590 II 1 möglich ist. Das Zwischenurteil zur Zulässigkeit der Wiederaufnahmeklage ist mit der Berufung anfechtbar, auch wenn über Zulässigkeit und Grund zusammen verhandelt und entschieden wird (BGH MDR 79, 297). Für das Revisionsgericht ist in § 590 III eine Sonderregelung dahingehend enthalten, daß es bei der Prüfung von Grund und Zulässigkeit der Wiederaufnahme auch bestrittene Tatsachen feststellen und würdigen muß. 6

5) Ist der **Wiederaufnahmegrund nicht stichhaltig,** wird die Wiederaufnahmeklage als unbegründet zurückgewiesen (§ 590 Rn 3). Anderenfalls wird das frühere Urteil aufgehoben und die (alte) Hauptsache erneut verhandelt und beschieden (§ 590 Rn 4, 7). 7

6) Das Wiederaufnahmeverfahren zerfällt somit in **drei Abschnitte** (BGH MDR 79, 297): Prüfung der Zulässigkeit, Prüfung der Begründetheit, Neuverhandlung in der Hauptsache (§ 578 Rn 31). Diese theoretisch klare und einleuchtende Dreiteilung führt allerdings erfahrungsgemäß in der Praxis immer wieder zu Schwierigkeiten (so zB in LM § 580 Nr 7 b ZPO Nr 4). Um so wichtiger ist es, daß im Einzelfall die für jeden Verfahrensabschnitt geltenden besonderen Erfordernisse genau beachtet werden. 8

II) Abs 2: Glaubhaftmachung nach § 294. Sie ist beispielsweise erforderlich im Fall des § 580 Nr 7 b für den Zeitpunkt des Auffindens der Urkunde (RGZ 99, 169). Bei § 586 III ist glaubhaft zu machen, daß das Urteil an die Partei selbst oder an ihren gesetzlichen Vertreter zugestellt und zur Zeit der Klageerhebung die Notfrist, gerechnet ab dem Tag der Zustellung, noch nicht abgelaufen war **oder** daß eine Zustellung dieser Art überhaupt noch nicht stattgefunden hat (RG JW 28, 2712). Bei § 579 I Nr 4 obliegt es dem Kläger jedoch nicht, glaubhaft zu machen, daß er im frü- 9 heren Rechtsstreit mangelhaft vertreten gewesen ist (BAG AP § 589 ZPO Nr 1). Soweit der Gegner die **Glaubhaftmachung** durch den Wiederaufnahmekläger **widerlegen** will, gilt auch für ihn § 294 (BGHZ 31, 355). Beide Parteien müssen deshalb ihre Beweismittel bereithalten; bloße Beweiserbieten sind nicht zu beachten (§ 294 II).

590 *[Neue Verhandlung]*

(1) Die Hauptsache wird, insoweit sie von dem Anfechtungsgrunde betroffen ist, von neuem verhandelt.

(2) Das Gericht kann anordnen, daß die Verhandlung und Entscheidung über Grund und Zulässigkeit der Wiederaufnahme des Verfahrens vor der Verhandlung über die Hauptsache erfolge. In diesem Falle ist die Verhandlung über die Hauptsache als Fortsetzung der Verhandlung über Grund und Zulässigkeit der Wiederaufnahme des Verfahrens anzusehen.

(3) Das für die Klagen zuständige Revisionsgericht hat die Verhandlung über Grund und Zulässigkeit der Wiederaufnahme des Verfahrens zu erledigen, auch wenn diese Erledigung von der Feststellung und Würdigung bestrittener Tatsachen abhängig ist.

1 **I) Allgemeiner Verfahrensablauf. 1)** Zwischen der Prüfung der Zulässigkeit der Wiederaufnahmeklage (§ 589) und der Verhandlung über die Hauptsache (§ 590 I) liegt der **zweite Verfahrensabschnitt** (§ 578 Rn 33). Wird die Klage für zulässig befunden, dann ist anschließend das Vorliegen des behaupteten Wiederaufnahmegrundes zu prüfen, nach dem Ermessen des Gerichts auf Grund abgesonderter Verhandlung, sei es zusammen mit der Zulässigkeitsprüfung oder für sich allein (§ 590 II). Die Prüfung ist **von Amts wegen** vorzunehmen (RGZ 99, 170; 135, 130), so daß Anerkenntnisse und Geständnisse lediglich die Bedeutung von frei zu würdigenden Beweismitteln haben; dadurch wird **einverständliches Zusammenwirken** der Parteien zur Beseitigung eines rechtskräftigen Urteils **verhindert.**

2 **2)** Der **Beweiswert** der nachträglich benutzbar gewordenen Urkunden ist in diesem Verfahrensabschnitt zu prüfen (BGHZ 57, 213; früher streitig; vgl § 589 Rn 1). Das zur Entscheidung über die Wiederaufnahmeklage zuständige Revisionsgericht (§ 584) kann dabei die einschlägigen Tatsachen selbst feststellen, auch wenn sie bestritten sind (§ 590 III); anders jedoch nach § 561 II bei der Revision gegen ein Berufungsurteil, wenn es um die **vom Berufungsgericht** zur Frage des Wiederaufnahmegrundes getroffenen Feststellungen geht (s § 584 Rn 7–10).

3 **3)** Verbleibende **Ungewißheit geht zu Lasten des Wiederaufnahmeklägers,** der insoweit die Beweislast trägt (RGZ 99, 170; BGH ZIP 82, 1486 [1489]). Ist der **Wiederaufnahmegrund nicht erwiesen,** dann wird die Wiederaufnahmeklage als **unbegründet** zurückgewiesen (RGZ 75, 76; BGH LM § 580 Nr 7b ZPO Nr 4; BGHZ 57, 216; s § 589 Rn 1). Bei **Säumnis einer Partei** ist in diesem Fall durch unechtes Versäumnisurteil zu entscheiden, so daß kein Einspruch zulässig ist (BGH NJW 59, 1780; Johannsen Anm zu LM § 589 ZPO Nr 2; BGH MDR 66, 40 weicht nur scheinbar ab, vgl § 589 Rn 2).

4 **4) Liegt ein Wiederaufnahmegrund vor,** so wird das **angefochtene Urteil** auf Grund mündlicher Verhandlung über die Anfechtungsgründe und ihre Tragweite **aufgehoben** (BGHZ 84, 24 = MDR 82, 1004 = NJW 82, 2449). Das kann durch (berufungsfähiges: BGH MDR 79, 297) Zwischenurteil nach § 303 (RGZ 99, 169) mit lediglich vorläufiger Wirkung (BGHZ 43, 244; Johannsen Anm zu LM § 578 ZPO Nr 9; Zeuner MDR 60, 66, 88) geschehen; statt dessen kann auch zusammen mit der ersetzenden Entscheidung im dritten Verfahrensabschnitt darüber befunden werden. Bei **mehreren Streitgegenständen** oder bei **teilbarem Streitgegenstand** des Vorprozesses ist die Aufhebung auf einen abtrennbaren Teil zu beschränken, wenn lediglich dieser von dem Anfechtungsgrund betroffen ist (Gilles ZZP 78 [1965], 473).

5 **5)** War im Vorprozeß ein **Zwischen- oder Vorbehaltsurteil vorausgegangen,** sei es auch in einer unteren Instanz, so ist es ebenfalls mit aufzuheben, sofern es von dem Anfechtungsgrund betroffen ist (§ 583 Rn 2, 5). Anderenfalls behält es die Bindungswirkung nach § 318 auch für die ersetzende Entscheidung des dritten Verfahrensabschnittes. Anders als nach § 564 II sind die zu beanstandenden Verfahrensteile nicht durch ausdrücklichen Ausspruch mit aufzuheben; ihre in den Gründen zu erörternde Aussonderung besteht darin, daß sie im ersetzenden Urteil nicht mehr verwertet werden dürfen (Rn 9).

6 **6)** Werden Wiederaufnahmegründe durch **Widerruf einer Rechtsmittelzurücknahme** oder eines **Rechtsmittelverzichts** geltend gemacht, dann ist für eine Aufhebung kein Raum, weil nicht das vorinstanzliche Urteil mit einem Mangel behaftet ist, der beseitigt werden müßte, sondern lediglich die auf anfechtbare Weise herbeigeführte Rechtskraft (vgl Gaul ZZP 75 [1962], 267).

II) Neuverhandlung der Hauptsache. 1) Bei Zulässigkeit der Klage und Bejahung eines Wiederaufnahmegrundes wird über die **Hauptsache** – regelmäßig der Streitgegenstand des Vorprozesses – **neu verhandelt** (§ 589 I). Wenn in einem Zwischenurteil (Rn 4) das Urteil des Vorprozesses nur teilweise oder nur das Endurteil unter Bestehenlassen einer Vorentscheidung aufgehoben worden ist, ist auch nur in den dadurch gezogenen Grenzen neu zu verhandeln (vgl Gilles ZZP 80 [1967], 392). Gleiches gilt, wenn nur beschränkte Aufhebungsanträge gestellt worden sind und die aufhebende Entscheidung zusammen mit der ersetzenden ergeht. 7

2) Die **Anträge zur Hauptsache** müssen spätestens jetzt gestellt werden (RGZ 168, 230), wenn es nicht bei denen des Vorprozesses verbleiben soll (vgl Gilles ZZP 78 [1965], 472). **Klageänderung** und **Klageerweiterung** ist möglich (RGZ 91, 197; KG OLGE 15, 154). Da mit Eintritt in die neue Verhandlung zur Hauptsache das Verfahren in die alte Prozeßlage zurückversetzt wird, sind auch die dafür geltenden Verfahrensvorschriften anzuwenden; der Wiederaufnahmekläger, der im Vorprozeß Beklagter war, kann jetzt **Widerklage** erheben (RGZ 91, 197) oder als früherer Berufungsbeklagter **Anschlußberufung** einlegen (BGH NJW 59, 1918, 1920 zu 4). 8

3) Infolge der **Einheit der mündlichen Verhandlung** des dritten Verfahrensabschnitts mit der mündlichen Verhandlung des Vorprozesses wird über den Streitstoff nunmehr so verhandelt, wie wenn noch keine Vorentscheidung ergangen wäre (Wieczorek, 2. Aufl 1977, § 590 Anm C I). Die neue Verhandlung zur Hauptsache erstreckt sich jedoch **nur auf den vom Anfechtungsgrund betroffenen Teil des Verfahrens,** so daß auch nur in diesen Grenzen eine neue, selbständige und unabhängige Verhandlung stattfindet; im übrigen bleibt der nicht betroffene Rest des alten Verfahrens maßgebend (RGZ 82, 273; RAG HRR 36 Nr 603; BL Hartmann § 590 Anm 2; ThP § 590 Anm 2; Grunsky ZZP 76 [1963], 181; kritisch dazu Gilles ZZP 80 [1967], 392 ff). 9

a) Für das ersetzende Urteil scheiden als **Urteilsgrundlage** die Verfahrensergebnisse des Vorprozesses aus, die von dem Anfechtungsgrund betroffen sind, in den Fällen des § 579 also regelmäßig die gesamten gerichtlichen Verhandlungen, Beweisergebnisse und Parteihandlungen (ebenso für § 580 Nr 5 das KG in NJW 76, 1356). Je nach Art und Tragweite des Anfechtungsgrundes scheiden jedoch auch nur **einzelne Verfahrensergebnisse** als Entscheidungsgrundlage aus, beispielsweise ein abgenötigtes Geständnis oder eine unter Verletzung der Wahrheitspflicht zustande gekommene Zeugenaussage. 10

b) Im Fall des **§ 580 Nr 7** ist die als unvollständig erwiesene Urteilsgrundlage zu ergänzen. 11

c) Es können auch die bisherigen Verfahrensergebnisse zur Begründetheit des Klageanspruchs **gegenstandslos** werden, wenn zufolge des Anfechtungsgrundes (zB bei bestehender Prozeßunfähigkeit schon im Zeitpunkt der Klageerhebung) die **ursprüngliche Klage nunmehr als unzulässig** abzuweisen (vgl KG OLGE 15, 152; BGH LM § 580 Nr 7b ZPO Nr 4) oder bei der Wiederaufnahme gegen ein Urteil der Rechtsmittelinstanz das **Rechtsmittel als unzulässig zu verwerfen** ist (Einzelheiten dazu bei Gilles ZZP 80 [1967], 392 ff). 12

d) Bei der **tatsächlichen und rechtlichen Würdigung** der bestehengebliebenen und der neu hinzugekommenen Verfahrensergebnisse ist das Wiederaufnahmegericht frei und nicht an die Auffassung des früheren Richters gebunden (RG Gruch 31, 101; Gilles ZZP 80 [1967], 403; enger RAG HRR 36 Nr 603). **Nicht betroffene Geständnisse, Anerkenntnisse** usw bleiben wirksam, können aber durch die neu verwertbar gewordenen Urkunden widerlegt werden (RGZ 35, 409). 13

e) Für das **Verfahren** gelten die **allgemeinen Vorschriften,** bei besonderen Verfahrensarten (etwa Urkundenprozeß oder Statusverfahren) im Hauptprozeß diese. Neue Behauptungen und Beweismittel können vorgebracht werden und sind zu berücksichtigen (BGH WPM 83, 959 [960]). 14

f) Ein **Antrag auf Erstattung** des auf Grund des angefochtenen Urteils beigetriebenen Hauptbetrages ist durch **Zwischenantrag** (§ 256 II) analog § 717 III möglich (RGZ 91, 198; 99, 171). Der Wiederaufnahmekläger darf aber insoweit auch eine **besondere Klage** erheben, die sogar mit der Wiederaufnahmeklage verbunden werden kann (BGH MDR 63, 119; Johannsen Anm zu LM § 580 Nr 7b ZPO Nr 20/21). Ein **durch Zwangsvollstreckung entstandener Schaden** (Vollstrekkungskosten oder Zinsen bis zum Tage der Rückzahlung des Hauptbetrages) muß durch **selbständige Klage** geltend gemacht werden; insoweit scheidet eine entsprechende Anwendung des § 717 II aus (RGZ 91, 202). Gegenüber dem Anspruch auf Erstattung des gezahlten Hauptbetrages ist die **Aufrechnung** mit einer Gegenforderung **nicht zulässig** (RGZ 34, 354); jedoch ist mit dem BAG (NJW 62, 1125, 1126 zu b) die Aufrechnung mit einer **unbestrittenen Gegenforderung** als wirksam und beachtlich zu behandeln, da hierdurch eine Verzögerung in der Erfüllung des Rückgewährungsanspruchs nicht eintreten kann. 15

4) Im Urteil wird (neben der Aufhebung des früheren Urteils, wenn diese nicht bereits durch ein Zwischenurteil ausgesprochen worden ist) über die Klage des Vorprozesses entsprechend den alten oder den nunmehr gestellten Anträgen **neu zur Hauptsache entschieden,** was natür- 16 lich auch zur Abweisung der ursprünglichen Klage als unzulässig führen kann (BGH LM § 580 Nr 7b ZPO Nr 4; KG OLGE 15, 152). Soll es bei der Entscheidung des Vorprozesses über die Hauptsache verbleiben, dann kann eine neue **Entscheidung mit demselben Inhalt** wieder erlassen werden (RGZ 75, 57); statt dessen darf aber auch das Urteil des Vorprozesses **entsprechend § 343 aufrechterhalten** werden (Zeuner MDR 60, 87; Wieczorek, 2. Aufl 1977, § 590 Anm D IIc 1), was sogar der prozessual einfachere und deshalb auch empfehlenswertere Weg ist (aA Gilles ZZP 78 [1965], 467; 80 [1967], 419).

17 **5)** Die **Kostenentscheidung** wird für die gesamten Kosten des Vorprozesses und des Wiederaufnahmeverfahrens nach dessen Ergebnis einheitlich neu getroffen. Rechtskräftige Teilurteile, die nicht vom Wiederaufnahmeverfahren betroffen sind, müssen beachtet werden, was zur Kostenquotierung führen kann, § 92 I. Bei **Säumnis** gelten die allgemeinen Grundsätze (§§ 330, 331, 542). Bei dem Nichtigkeitsgrund der mangelnden Vertretung (§ 579 I Nr 4) sind die Grundsätze zur Kostenbelastung bei **vollmachtloser Vertretung** (s dazu Schneider Rpfleger 76, 229) nicht anwendbar, da der Schein-Vertreter im Wiederaufnahmeverfahren nicht beteiligt ist. Ein materiell-rechtlicher Schadensersatzanspruch muß deshalb in einem besonderen Prozeß verfolgt werden (StJGr, 20. Aufl 1977, § 590 Anm 18).

591 *[Rechtsmittel]*

Rechtsmittel sind insoweit zulässig, als sie gegen die Entscheidungen der mit den Klagen befaßten Gerichte überhaupt stattfinden.

1 **I) Rechtsmittel. 1)** In Betracht kommen **Berufung** (§ 511), **Revision** (§ 545) und **Beschwerde** (§ 567). Das neue Urteil tritt an die Stelle des in dem früheren Verfahren in derselben Instanz erlassenen Urteils und unterliegt deshalb auch denselben Rechtsmitteln wie dieses. Jedoch ist die Rechtsmittelfähigkeit stets nach dem gegenwärtig geltenden Recht zu beurteilen; fehlt sie danach, dann gibt es kein Rechtsmittel, auch wenn es nach dem Rechtsstand zZ des Erlasses des ersetzten Urteils bestanden hätte (BAG NJW 58, 1605).

2 **2) Ist das LG als Wiederaufnahmegericht** mit der Wiederaufnahme **gegen** ein landgerichtliches **Berufungsurteil** befaßt oder betrifft das Wiederaufnahmeverfahren ein **Revisionsurteil,** dann ist jedes Rechtsmittel ausgeschlossen (RGZ 57, 234; JW 35, 780; 36, 2099). Die Revision gegen ein **OLG-Urteil,** das **in nichtvermögensrechtlichen Streitigkeiten** die Wiederaufnahmeklage als unzulässig verworfen hatte, ist nur zulässig, wenn das Berufungsgericht die Revision zugelassen hat; § 547 ist nicht „entsprechend" (§ 585) anwendbar (BGH MDR 82, 838 = NJW 82, 2071 m Nachw). In **vermögensrechtlichen Sachen** ist die Revision bei einer Beschwer bis 40 000 DM ebenfalls nur zulässig, wenn sie im Urteil zugelassen worden ist (§ 546 I). Dann ist das Revisionsgericht befugt, die Annahme der Revision gemäß § 554b abzulehnen. Gegen einen Beschluß, durch den das OLG die Wiederaufnahme eines abgeschlossenen **Zwangsversteigerungsverfahrens** abgelehnt hat, gibt es keine Beschwerde an den BGH (ZIP 81, 209).

3 **3)** Gegen ein **Zwischenurteil nach § 303,** das die Zulässigkeit und Begründetheit der Wiederaufnahmeklage bejaht, gibt es nach § 280 II 1 die gegen ein Endurteil möglichen Rechtsmittel (BGH MDR 79, 297; BGHZ 3, 244 u 38, 335 betreffen altes Recht).

4 **4)** Hat das LG **Prozeßkostenhilfe für eine Nichtigkeitsklage** versagt, die ein landgerichtliches Berufungsurteil betrifft, dann gibt es gegen diesen Beschluß keine Beschwerde (Oldenburg NdsRpfl 51, 222; KG JR 63, 387).

5 **II)** Das im Wiederaufnahmeverfahren erlassene **ersetzende Urteil** kann bei Vorliegen entsprechender Anfechtungsgründe seinerseits wiederum mit der Nichtigkeits- oder Restitutionsklage angefochten werden (vgl Gaul ZZP 73 [1960], 421). Entsprechend hindert auch die Abweisung einer Wiederaufnahmeklage nicht die wiederholte Erhebung einer Wiederaufnahmeklage gegen dasselbe Urteil des Vorprozesses auf Grund anderer Anfechtungsgründe, sofern die Fristen des § 586 noch gewahrt werden können; nur der zuerst geltend gemachte Anfechtungsgrund ist rechtskräftig verneint worden.

Fünftes Buch

URKUNDEN- UND WECHSELPROZESS

I) Verfahrenszweck. Den Urkundenprozeß kann man als ein **provisorisches Verfahren** bezeichnen, das zwar unmittelbar zur Zwangsvollstreckung führt, dessen Ergebnis aber möglicherweise durch ein im ordentlichen Prozeß zu verhandelndes Nachverfahren wieder umgestoßen wird. Die Prüfung im vorläufigen Verfahren erstreckt sich dabei nicht auf sämtliche Angriffs- oder Verteidigungsmittel und Parteibehauptungen; sie ist auf dasjenige rechtserhebliche Tatsachenvorbringen beschränkt, das durch fehlerfreie, beweiskräftige öffentliche oder private Urkunden sofort belegt werden kann. 1

1) Der **Kläger hat** die klagebegründenden Tatsachen **mit Urkunden zu beweisen;** welche das sind, ist dem materiellen Recht zu entnehmen (s Stuttgart NJW-RR 86, 898 zur Werklohnforderung vor Abnahme nach VOB). Der Beklagte hat seine Gegeneinreden ebenfalls durch Urkunden nachzuweisen. Zeugen- und Sachverständigenbeweis sind ausgeschlossen. **a)** Kann der Beweis vom Kläger nicht durch Urkunden geführt werden, dann ist seine Klage, so wie sie – unter dem Vorbehalt der ordentlichen Klage – angebracht worden ist, abzuweisen. **b)** Ist der Beklagte nicht in der Lage, seine Behauptungen durch Urkunden zu beweisen, dann wird er verurteilt unter Vorbehalt seiner Rechte im Nachverfahren. Will er die ihm vorbehaltenen Rechte weiter verfolgen, dann bleibt der Rechtsstreit ohne weiteres anhängig (§ 600), unbeschadet natürlich der aus dem Vorbehaltsurteil möglichen Zwangsvollstreckung (§ 708 Nr 4). 2

2) Eine Verpflichtung des Klägers, im Urkundenprozeß zu klagen, besteht nicht (§ 592; „kann"). Daraus folgt, daß er auch nicht Mehrkosten zu tragen hat, die sich etwa daraus ergeben, daß er im ordentlichen Prozeß statt im Urkundenprozeß oder umgekehrt klagt. 3

3) Da der Kläger die freie Wahl des Prozesses hat, auch noch im Urkundenprozeß selbst (§ 596), kann er sich auch **vertraglich verpflichten,** einen bestimmten Anspruch nicht im Urkundenprozeß einzuklagen (RGZ 160, 241). Eine solche Vereinbarung hat jedoch keine unmittelbare verfahrensrechtliche Wirkung und muß deshalb vom Gegner durch **Einrede im Urkundenprozeß** geltend gemacht werden; dies hat dann zur Folge, daß die Klage als in der gewählten Prozeßart unstatthaft abzuweisen ist. 4

4) Vereinbarungen über den Verfahrensgang des Urkundenprozesses selbst sind unwirksam. Die Parteien können also nicht etwa den Richter durch Vertrag zwingen, die gesetzlich vorgeschriebenen Voraussetzungen des Urkundenprozesses teilweise ungeprüft zu lassen. Denn derartige Abreden liefen auf die Schaffung eines unserem Verfahrensrecht unbekannten Konventionalprozesses hinaus (RGZ 160, 243). 5

5) Ein **protokollierter Prozeßvergleich** (§ 794 I Nr 5) ist eine qualifizierte Urkunde, aus der die Zwangsvollstreckung betrieben werden kann. Diese Urkunde genügt zugleich den Erfordernissen des Urkundenprozesses. Für ihn besteht jedoch kein **Rechtsschutzbedürfnis,** weil eben aus dem Prozeßvergleich schon vollstreckt werden kann. Ausnahmsweise kann es jedoch so liegen, daß trotz des Prozeßvergleichs ein Rechtsschutzbedürfnis für eine Leistungsklage gleichen Inhalts zu bejahen ist, insbesondere wenn mit einer Vollstreckungsgegenklage zu rechnen ist (BGH NJW 61, 1116; Rn 18 vor § 253). In einem solchen Fall darf dann auch aus dem Prozeßvergleich im Urkundenprozeß geklagt werden (Hamm NJW 76, 246). 6

II) Besonderheiten. 1) Innerhalb des Urkundenprozesses nimmt der **Wechsel- und Scheckprozeß** wieder eine Sonderstellung ein. Für diese Verfahrensarten gelten spezielle Regelungen, die in §§ 602 ff enthalten sind: zusätzlicher Gerichtsstand, kürzere Fristen, Erleichterungen für die Beweisführung. Über Besonderheiten im **Mahnverfahren** siehe § 703 a. 7

2) Ausländer brauchen als Kläger im Urkundenprozeß dem Beklagten **keine Sicherheit** wegen der Prozeßkosten zu leisten (§ 110 II Nr 2). Die Staatsangehörigkeit des Beklagten ist stets belanglos (Düsseldorf NJW 73, 2165). Im Rechtsmittelverfahren bleibt die ursprüngliche Klägerstellung maßgebend (BGHZ 37, 266). 8

3) Mit dem Zweck des Urkundenprozesses ist es **unvereinbar,** das Verfahren **nach § 148 auszusetzen,** etwa weil über die Wirksamkeit des Prozeßvergleichs im alten Verfahren weiter gestritten werde (BGH ZZP 87, 86; Hamm NJW 76, 246). Die Einwendungen des Beklagten sind vielmehr ohne Aussetzung im Nachverfahren zu prüfen. 9

10 **4)** Wechselsachen und Regreßansprüche aus einem Scheck (Art 40 ff ScheckG) sind **Feriensachen** (§ 200 II Nr 6, 7 GVG). Das gilt auch für das Nachverfahren (BGH MDR 77, 649; VersR 78, 255), es sei denn, daß die Klage im Nachverfahren hilfsweise auch auf den der Wechsel- oder Scheckzahlung zugrunde liegenden Vertrag gestützt wird (BGHZ 37, 371). Eine dahingehende Erklärung muß eindeutig sein (BGH VersR 79, 255). Das hilfsweise Zurückgreifen auf das Grundgeschäft stellt eine Klageänderung dar, die einer Sache die Eigenschaft einer „Feriensache" nehmen kann, jedoch nur für die Zukunft, so daß versäumte Fristen dadurch nicht geheilt werden können (BGH MDR 77, 649, 650).

11 **5)** Im Verfahren vor den **Arbeitsgerichten** sind die §§ 592–605 a durch § 46 II 2 ArbGG für unanwendbar erklärt worden. Siehe dazu § 603 Rn 8.

12 **III) Gebühren: 1)** des **Gerichts:** Gebühren wie in einem gewöhnlichen Prozeßverfahren; das Nachverfahren (§ 600) bildet mit dem früheren Verfahren bis zum Erlaß des Vorbehaltsurteils bezügl der allgemeinen Verfahrensgebühr kostenrechtl **eine Instanz** (§ 27 GKG). Doch ist hinsichtl der Urteilsgebühr zu beachten, daß diese jeweils als 1 Gebühr für das Vorbehaltsurteil nach § 599 (KV Nr 1013) und auch für das im Nachverfahren später ergehende Endurteil mit notwendiger Begründung (KV Nr 1014) anfällt; enthält das Endurteil allerdings keine Begründung oder braucht es diese nicht zu enthalten (§ 313 a), so ermäßigt sich die Urteilsgebühr auf ½ (KV Nr 1015). Keine Urteilsgebühr entsteht, wenn es sich bei dem Endurteil im Nachverfahren um ein Anerkenntnis-, ein Verzichts- oder um ein gegen die säumige Partei (Kläger oder Beklagten) ergehendes Versäumnisurteil handelt. Beide Urteilsgebühren werden unabhängig voneinander erhoben. Der Wert des Streitgegenstandes ist für jedes Urteil besonders festzustellen, wobei § 21 GKG zu beachten ist, wenn beide Urteile nur teilweise sich auf den gleichen Streitgegenstand beziehen. – **2)** des **Anwalts:** Der Urkundenprozeß und das anschließende Nachverfahren gelten je als besondere Angelegenheit; die Prozeßgebühr des Urkunden-(Wechsel-)Prozesses wird jedoch auf dieselbe vom RA verdiente Gebühr des Nachverfahrens angerechnet (§ 39 BRAGO). Wenn sich im Nachverfahren der Streitwert erhöht, so wird dadurch keine neue anwaltl Prozeßgebühr ausgelöst, vielmehr tritt lediglich eine dementsprechende Erhöhung der Gebühr ein, soweit die neue Antragstellung wegen der Erweiterung sich werterhöhend auf den bisherigen Streitwert auswirkt. Im übr können sämtl Gebühren der §§ 31 ff BRAGO erwachsen.

592 *[Voraussetzungen des Prozesses]*

Ein Anspruch, welcher die Zahlung einer bestimmten Geldsumme oder die Leistung einer bestimmten Menge anderer vertretbarer Sachen oder Wertpapiere zum Gegenstand hat, kann im Urkundenprozeß geltend gemacht werden, wenn die sämtlichen zur Begründung des Anspruches erforderlichen Tatsachen durch Urkunden bewiesen werden können. Als ein Anspruch, welcher die Zahlung einer Geldsumme zum Gegenstand hat, gilt auch der Anspruch aus einer Hypothek, einer Grundschuld, einer Rentenschuld oder einer Schiffshypothek.

1 **I) Leistungsgegenstand. 1) a)** Geld, nur wenn Zahlung verlangt wird. Die Klage auf **Hinterlegung** einer Geldsumme oder auf **Sicherheitsleistung** ist daher im Urkundenprozeß nicht statthaft; wohl kann geklagt werden auf Zahlung einer bestimmten Geldsumme gemeinschaftlich an den Kläger und denjenigen, dem die Forderung verpfändet worden ist (RGZ 104, 36) sowie auf Duldung der Zwangsvollstreckung, wenn der Hauptanspruch im Urkundenprozeß geltend gemacht werden kann (RGZ 50, 51). Zulässig ist auch die Klage auf Zahlung einer Geldsumme **an einen Dritten** zum Zweck der Leistung einer Kaution (BGH NJW 53, 1707). **b) Vertretbare Sachen** (§ 91 BGB). Die wichtigste vertretbare Sache ist das Geld. Sie ist, ebenso wie Wertpapiere, wegen ihrer Bedeutung besonders hervorgehoben (s auch § 363 HGB). **c) Wertpapiere** (§ 821 Rn 2 ff).

2 **2)** Auf den **Entstehungsgrund** des Anspruches kommt es nicht an. Im Urkundenprozeß verfolgbar sind somit Ansprüche sowohl persönlicher wie dinglicher Natur, Ansprüche aus Verträgen und anderen Rechtstiteln, solche, die von einer Vor- oder Gegenleistung (RGZ 56, 302), einer Leistung Zug um Zug (§ 322 I BGB; RGZ 56, 303), dem Eintritt einer Bedingung oder Kündigung abhängen usw. Der Rechtsanwalt, dessen Vergütungsfestsetzungsantrag nach § 19 IV 1 BRAGO abgelehnt worden ist, darf das Honorar anschließend im Urkundenprozeß einklagen (LG Köln NJW 63, 306). Zulässig ist die Klage auf künftige Leistung nach § 257 (OGHZ 4, 227) oder die auf Zahlung an einen Dritten (BGH NJW 53, 1707); auch Mietforderungen dürfen im Urkundenprozeß geltend gemacht werden (LG Hamburg ZMR 75, 80; LG Koblenz NJW 56, 1285). Ob der Schuldner sich die **beschränkte Erbenhaftung** vorbehalten kann (s dazu §§ 780 ff), ist für die Frage der Zulässigkeit des Urkundenprozesses unerheblich.

3 **3) Feststellungsklagen** (§ 256 I, II) sind im Urkundenprozeß ausgeschlossen (BGHZ 16, 213; WPM 79, 614). Das gilt jedoch nicht für die Klage auf Feststellung einer **bestrittenen Konkursforderung** (§ 146 KO). Das folgt daraus, daß es dabei um die Feststellung **bezifferter Geldforderungen** geht. Wenn § 146 II 1 KO auf die Klage „im ordentlichen Verfahren" verweist, so schließt das die besonderen Verfahrensarten ein. Daß diese Lösung zutreffend ist, ergibt sich auch aus

§ 146 III KO, wonach ein Zahlungsprozeß, der durch Konkurseröffnung unterbrochen worden ist, als Feststellungsprozeß fortzusetzen ist (zust München MDR 85, 419 = WPM 85, 399). Identisch bleibt der Streit darüber, ob ein bestimmter Geldbetrag zu zahlen sei. Ist aber in diesem Fall die Fortführung des unterbrochenen Verfahrens im Urkundenprozeß zulässig (RGZ 32, 231; Mentzel/Kuhn/Uhlenbruck, KO, 9. Aufl 1979, § 146 Anm 11; Jaeger/Weber, KO, 8. Aufl 1973, § 146 Anm 5 – beide mit Nachw), dann fehlt es an einem sachlichen Grund, anders zu entscheiden, wenn von vornherein gemäß § 146 II 1 KO auf Feststellung zur Tabelle geklagt wird. Beide Prozeßlagen sind gleich zu behandeln, so daß auch die Ansicht abzulehnen ist, ein unterbrochener Urkundenprozeß gehe von selbst in das ordentliche Verfahren über (München ZIP 85, 297; Hamm MDR 67, 929; Breslau HRR 39, 113; dagegen mit Recht Mentzel/Kuhn/Uhlenbruck § 146 Rn 11 u Teske ZZP 99, 1986, 185 ff, beide m Nachw).

4) Klagen auf **Befreiung von einer Geldschuld** sind unstatthaft (RG Warn 17 Nr 236), desgleichen **Gestaltungsklagen** und Klagen auf **individuelle Sachleistungen** oder auf **Handlungen** oder **Unterlassungen,** etwa auf Abgabe einer Willenserklärung (Köln MDR 59, 1017). 4

II) Amtsprüfung. 1) Ob sich die Klage für den Urkundenprozeß eignet, ist von Amts wegen zu prüfen. Wenn nicht, wird sie als in der gewählten Prozeßart unstatthaft abgewiesen (§ 597 II), auch wenn der Beklagte säumig ist. So auch, wenn das Tatbestandsmerkmal der Beweisbarkeit entfällt, weil der Kläger das Wertpapier vor Klageerhebung verloren hat (Frankfurt ZIP 81, 1192); dann ist der Urkundenprozeß nur nach Aufgebotsverfahren zulässig (§ 602 Rn 2). Eine Vereinbarung des Inhalts, daß nicht im Urkundenprozeß geklagt werden dürfe, ist zulässig (RGZ 160, 241) und führt ebenfalls zur Klageabweisung (Rn 4 vor § 592). 5

2) Wird ein im Urkundenprozeß unstatthafter Anspruch geltend gemacht, erklärt aber der Beklagte ein **Anerkenntnis nach § 307** oder der Kläger den **Verzicht nach § 306,** dann wird das Fehlen der Prozeßbedingungen des § 592 unerheblich; es ist ohne Prüfung der Eignung des Anspruchs für den Urkundenprozeß zu entscheiden, so daß der Kläger nicht gehalten ist, vom Urkundenprozeß Abstand nehmen zu müssen, um ein Anerkenntnisurteil erlangen zu können. Erst recht spielt der Urkundenbeweis bei einem Anerkenntnis des Beklagten keine Rolle (§ 597 Rn 5). 6

3) Die **Verbindung** des Urkundenprozesses mit einer Klage im ordentlichen Verfahren ist unzulässig (KG OLGE 15, 154), auch die Verbindung eines gewöhnlichen Urkundenprozesses mit einem Wechselprozeß (§ 602 Rn 6, 7). 7

III) Urkundenbeweis zum Klagegrund. 1) Was zum Klagegrund gehört, bestimmt sich nach den Tatbestandsvoraussetzungen der jeweiligen Anspruchsnorm und nach Beweislastgrundsätzen. Rechtsbegründende Tatsachen sind zB diejenigen, die das Zustandekommen eines Darlehens- oder Mietvertrages ausmachen. Der Eintritt einer mitvereinbarten Bedingung gehört ebenso dazu wie die Fälligkeit, insbesondere wenn diese von einer Kündigung abhängt, die dann ebenfalls rechtsbegründende Tatsache ist. Die **Sachbefugnis** und die **Vertretungsmacht** desjenigen, der als Vertreter abgeschlossen hat, rechnen zur „Begründung des Anspruchs" (RGZ 115, 136; Karlsruhe BB 71, 1384). Bei der Klage aus **Bürgschaft** gehört das Bestehen und die Fälligkeit der Forderung gegen den Hauptschuldner dazu (RGZ 97, 162), bei der Klage aus einer Bürgschaft für eine Wechselverbindlichkeit das Bestehen der Wechselforderung (vgl RG JW 99, 142). Im Einzelfall muß eine **Schlüssigkeitsprüfung** angestellt werden, deren Ergebnis festlegt, welche tatsächlichen Behauptungen zur Beweislast des Klägers stehen. Auf diese bezieht sich dann der Zwang zum Urkundenbeweis. 8

2) Prozeßvoraussetzungen sind von Amts wegen zu berücksichtigen und bedürfen nicht des Urkundenbeweises; sie unterliegen auch im Urkundenprozeß dem **Freibeweis** (RGZ 160, 346; BAG NJW 72, 1216; Karlsruhe Justiz 85, 442); die Beweiseinschränkungen der §§ 592, 592 II, III gelten nicht (BGH WPM 86, 404 = MDR 86, 130). Das gilt nicht nur für die Zulässigkeitsrügen nach § 282 III, sondern auch für verzichtbare prozeßhindernde Einreden (RGZ 160, 346), zB die des Schiedsvertrages (BGH WPM 86, 402 = MDR 86, 130 = NJW 86, 2765). So erstreckt sich die Beschränkung der Beweismittel nicht auf die Prozeßlegitimation (§ 56), zB die Gesamtvertretung im Prozeß, die Prozeßfähigkeit, die anderweite Rechtshängigkeit oder die Vereinbarung der Zuständigkeit; auch nicht auf die **Bezeichnung der Partei,** so daß der unter seiner Firma als Kläger Auftretende nicht bereits bei Klageerhebung durch Urkunden nachweisen muß, er sei Inhaber der Firma; er gilt ohne weiteres als solcher. „Keine Prozeßordnung hat einen Paßzwang für das Betreten der Gerichtsschwelle begründet. Auch im Prozeßverkehr wird Betrug oder absichtliche Täuschung nicht vermutet. Jeder gilt zunächst als der, als den er sich vorstellt" (RGZ 41, 410). Natürlich steht es dem Gegner frei, die Identität zu bestreiten und auf diese Weise zum Beweis zu zwingen. 9

10 **3) a)** Die dem Kläger obliegende **Beweisführung** (§ 597 II) erstreckt sich **nicht auf offenkundige Tatsachen,** § 291 (RGZ 113, 119), desgleichen nicht auf unstreitige (Köln ZIP 82, 1426; Habscheid ZZP 96 [1983], 313) und zugestandene (§ 288). Da die **Gerichtskundigkeit** neben der **Allgemeinkundigkeit** zum Begriff der Offenkundigkeit zählt, entfällt der Beweiszwang im Urkundenprozeß auch für Tatsachen, die das erkennende Gericht selbst amtlich wahrgenommen hat oder aus seinen Akten entnehmen kann. Deshalb ist auch eine vom Beklagten behauptete Prolongationsabrede nicht beweiserheblich, wenn unstreitig oder offenkundig ist, daß bezüglich des Wechselschuldners bereits Konkursantrag gestellt worden ist; denn jede Prolongationsabrede steht unter dem konkludenten (weil selbstverständlichen) Vorbehalt, daß sich die Vermögenslage des Schuldners nicht wesentlich verschlechtert (LG Hamburg MDR 74, 49).

11 **b) § 138 III, IV** ist anwendbar, so daß bei Tatsachenbehauptungen, die als zugestanden gelten, ebenfalls die Beweiserheblichkeit mit Urkunden entfällt (BGH WPM 1985, 738; BGHZ 62, 286; abl Bull NJW 74, 1514; Gloede MDR 74, 895; Stürner JZ 74, 579). Eine Geständnisfiktion kann sich allerdings auch zu Lasten des Klägers auswirken. Nimmt beispielsweise das Verteidigungsvorbringen des Beklagten der Klage die **Schlüssigkeit** und bestreitet der Kläger dieses Verteidigungsvorbringen nicht, so ist seine Klage als unbegründet abzuweisen; daran ändert sich nichts dadurch, daß bezüglich anderer Punkte des Klagevorbringens kein Urkundenbeweis geführt ist; dies rechtfertigt nicht eine Abweisung als in der gewählten Prozeßart unstatthaft auch hinsichtlich mangelnder schlüssiger Darlegungen (BGH MDR 76, 561).

12 **4)** Bei **Säumnis des Beklagten** muß der Urkundenbeweis geführt werden (s § 597 Rn 11, dort auch zur **Prorogationsabrede**).

13 **5)** Bei **Erledigung der Hauptsache** ist über die Kosten nach § 91 a, nicht durch Vorbehaltsurteil nach §§ 599, 91 zu entscheiden. Der mutmaßliche Ausgang des Nachverfahrens ist zu berücksichtigen (Hamm MDR 63, 317 Nr 66; s dazu Karstendiek MDR 74, 980). Die Erledigungserklärung muß sich jedoch auf den gesamten Streitgegenstand beziehen, sie kann nicht auf die Rechtsverfolgung im Urkundenprozeß beschränkt werden (s auch § 596 Rn 15).

14 **6)** Die vergleichsweise **Übernahme der Kosten** eines Wechselprozesses erstreckt sich im Zweifel auf die Kosten des Vor- und des Nachverfahrens (Hamm Rpfleger 75, 322).

15 **IV) Beweisführung. 1)** Unzulässig ist der Beweis der klagebegründenden Tatsachen durch Zeugenvernehmung, Sachverständigengutachten, Einnahme eines Augenscheins und Parteivernehmung von Amts wegen. Andere als klagebegründende Tatsachen, insbesondere die Echtheit von Urkunden oder Einreden, sind nach § 595 II dem Beweis durch **beantragte Parteivernehmung** zugänglich. Als **Urkunden** kommen nur Schriftstücke in Betracht. Jedoch ist es gleichgültig, ob die Urkunden öffentlich, privat, unterschrieben oder nicht unterschrieben, gedruckt, maschinengeschrieben oder handgeschrieben sind (§§ 415 ff); deshalb eröffnet auch ein schriftliches Schuldanerkenntnis den Urkundenprozeß (BGH WPM 83, 22). Sie müssen auch nicht selbst Träger des Klageanspruchs sein, wie etwa eine Vertragsurkunde; es genügt, daß sie den Anspruch bezeugen (RGZ 142, 306; BGH WM 67, 367), also einen Indizienbeweis auf die klage- oder einredebegründende Haupttatsache ermöglichen (BGH WPM 83, 22; 85, 1244 = WuB VII A § 595 Abs 2 ZPO 1.86 m Anm Krämer = NJW 85, 2953 = MDR 86, 304), etwa weil die Grundurkunde nicht mehr vorhanden oder nicht vorlegbar ist. Deshalb ist es verfahrensrechtlich auch unerheblich, ob der Schuldner bei der Errichtung der Urkunde mitgewirkt hat (RGZ 142, 306). Das **Protokoll über die Vernehmung eines Zeugen** in einem anderen Zivilprozeß oder in einem Strafverfahren ist daher urkundenbeweislich verwertbar (RGZ 49, 374; München NJW 53, 1835). Nur muß das Protokoll vorgelegt werden oder in Akten enthalten sein, die dem Gericht zugänglich sind; der **Antrag auf Aktenbeiziehung** ist kein Urkundenbeweis (§ 420). Für die **Beweiswürdigung** gelten keine Besonderheiten; § 286 ist anzuwenden (s § 595 Rn 7; § 597 Rn 5).

16 **2) a)** Der **Beweiszwang des § 592** darf nicht umgangen werden. Deshalb keine Vorlage privatschriftlicher Zeugenerklärungen (RGZ 97, 162), auch nicht in Form einer eidesstattlichen Versicherung (München NJW 53, 1835), den vom Gesetz geforderten Urkundenbeweis zu führen. Denn hierbei handelt es sich nicht um Vernehmungsurkunden, sondern um **selbstgefertigten Ersatz** für die nicht zugelassene Zeugenvernehmung. Alle privatschriftlichen Urkunden, die ihrem Inhalt nach auf einen derartigen „Ersatzbeweis" für Zeugenaussagen, Sachverständigengutachten oder Augenscheinergebnisse hinauslaufen, scheiden daher im Urkundenprozeß als Beweismittel aus (BGHZ 1, 220; Frankfurt WPM 75, 87; Wieczorek, 2. Aufl 1977, § 592 Anm C IIb 3: bei Widerspruch des Gegners; demgegenüber wollen StJSch, 20. Aufl 1976, § 592 Rn 17, derartige „berichtende Urkunden" unbeschränkt zulassen).

17 **b)** Eine Zwischenstellung nimmt die Vernehmung von Zeugen oder Sachverständigen im Rahmen des **Beweissicherungsverfahrens** (§§ 485 ff) ein. Nach Wieczorek (2. Aufl 1977, § 592 Anm

C IIb 3) müßte die Beweistauglichkeit derartiger Protokolle im Urkundenprozeß bejaht werden, da der Gegner ihrer Verwertung nicht widersprechen kann (§ 493 I). Nach hM ist diese Lösung zweifelhaft. Die Antwort läßt sich nur auf Grund exakter Abgrenzung ermitteln. Hier ist auf die **Definition des RG** (RGZ 97, 162) zurückzugehen: „Urkunden im Sinne dieses Gesetzes sind alle schriftlichen Beweisstücke, aus denen das Gericht die volle Überzeugung von der Wahrheit der zu beweisenden Tatsache nach dem Grundsatze der freien Beweiswürdigung zu gewinnen vermag. Nur die von der beweisführenden Partei zum Zwecke der Beweisführung außergerichtlich erhobenen schriftlichen Erklärungen von Zeugnissen sind keine tauglichen Urkunden, da sie den nicht zugelassenen Zeugenbeweis auf diesem Umweg ersetzen sollen". Bei der Zeugen- oder Sachverständigenvernehmung im Rahmen eines Beweissicherungsverfahrens handelt es sich aber nicht um derartige Zeugnis- oder Sachverständigenurkunden, da das Gericht bei ihrer Entstehung entsprechend dem Verfahrensrecht tätig wird (§ 492). Deshalb sind solche Vernehmungsprotokolle im Urkundenprozeß verwertbar.

3) Ist im ersten Rechtszug ein **nicht zugelassenes Beweismittel verwertbar** oder gar – durch unzulässige Parteivernehmung – geschaffen worden, dann hebt das die Unzulässigkeit nicht auf. Im höheren Rechtszug darf deshalb diese Urkunde nicht im Urkundenprozeß verwertet werden (Karlsruhe BB 71, 1384). **18**

4) Die Urkunde ist vom Tatrichter **auszulegen** und in Ausschöpfung des Ermessensrahmens des § 286 I (Köln ZIP 82, 1427) frei auf ihre Echtheit (s § 595 Rn 5 f) und ihren Beweiswert zu würdigen (BGH WM 67, 367). Das gilt auch für die in gerichtlichen Protokollen niedergelegten Bekundungen; die Beweisregel des § 415 I findet keine Anwendung (Karlsruhe BB 71, 1384). **Urkundenauszüge** können genügen, wenn sie die zur Begründung des Anspruches erforderlichen Tatsachen beweisen (RGZ 142, 304). Von **fremdsprachlichen Urkunden** darf das Gericht beweiskräftige Übersetzungen fordern (§ 142 III). Die **Echtheit** der Urkunde ist nach §§ 437 ff zu beurteilen; der Beweis der Echtheit kann nach § 595 II durch Antrag auf Parteivernehmung geführt werden. Der Urkundenbeweis als solcher besteht in der **Vorlegung der Urkunde** (§ 420), was § 595 III ausdrücklich hervorhebt. Das bloße **Angebot** der Vorlage ist kein beachtlicher Beweisantritt (aber Hinweispflicht des Gerichts nach §§ 139, 278 III!). **19**

5) Reicht die Urkunde zum **Beweis nicht** aus und kann der Nachweis nicht durch nachgebrachte Urkunden innerhalb der Frist des § 593 II ergänzt werden, dann muß die Klage als in der gewählten Prozeßart unstatthaft abgewiesen werden (§ 597 II). Jedoch sollte dies nie vorkommen, ohne daß das Gericht bei der Terminsvorbereitung rechtzeitig Behebung des Mangels angeregt hat (§§ 273, 139, 278 III). **20**

6) Läßt sich die **Höhe des materiellrechtlichen Anspruches** durch die vorhandene Urkunde nicht vollständig nachweisen, dann ist der Kläger befugt, denjenigen **bezifferten Teilbetrag** im Urkundenprozeß einzuklagen, der sich durch Urkunden belegen läßt (BGH WM 67, 367). Erst recht steht es ihm natürlich frei, bei uneingeschränkter Beweisbarkeit durch Urkundenvorlage nur einen Teilbetrag geltend zu machen, etwa aus Kostengründen. **21**

V) Fiktive Geldansprüche aus einer Hypothek, Grundschuld, Rentenschuld oder Schiffshypothek (Reallasten fallen als Zahlungsansprüche [§ 1107 BGB] ohnehin unter § 592), haben kaum praktische Bedeutung. Gemeint ist sowohl der dingliche wie der persönliche Anspruch. **22**

1) Die **dingliche Klage** richtet sich gegen den Eigentümer des mit der Hypothek belasteten Grundstücks. Sie ist dann erforderlich, wenn es an einer Unterwerfungserklärung fehlt (§§ 794 I Nr 5, 800). Der Gerichtsstand ist nach § 24 ausschließlich nach der Belegenheit des Grundstücks zu bestimmen. Der **Klageantrag** der dinglichen Klage lautet: „Der Beklagte hat wegen eines Betrages von ... DM nebst ... Zinsen ab ... und Kosten die Zwangsvollstreckung in das Grundstück (genaue Bezeichnung) zu dulden." **23**

2) Wenn der **Eigentümer** zugleich **persönlicher Schuldner** ist, kann die persönliche Klage mit der dinglichen verbunden werden. Der Gerichtsstand bestimmt sich dann nach § 25. Der Klageantrag hat etwa zu lauten: „Der Beklagte hat an den Kläger ... DM nebst Zinsen ab ... und Kosten zu bezahlen sowie wegen derselben Summe nebst Zinsen und Kosten die Zwangsvollstreckung in das Grundstück (genaue Bezeichnung) zu dulden." **24**

3) Auch der Gläubiger einer auf Grund eines schuldrechtlichen Vollstreckungstitels eingetragenen **Zwangshypothek** (§ 867) kann daraus die dingliche Klage erheben. Er hat an einem dinglichen Schuldtitel neben dem schuldrechtlichen ein Interesse, weil er für den Fall einer Zwangsversteigerung des belasteten Grundstücks auf Grund des dinglichen Schuldtitels weitergehende Rechte im Versteigerungsverfahren hat, insbesondere ihm gegenüber eine Veräußerung nach Beschlagnahme wirkungslos ist (§ 26 ZVG). Wenn er Miet- oder Pachtzinsen pfändet, gilt darüber hinaus die Pfändung als Beschlagnahme (§§ 1123, 1124 BGB). **25**

26 4) Wird der **Anspruch aus einer Hypothek, Grundschuld, Rentenschuld oder Schiffshypothek** im Urkundenprozeß geltend gemacht, dann müssen alle zur Begründung des Anspruches dienenden Urkunden vorgelegt werden, also etwa bei der Buchhypothek ein Grundbuchauszug nach dem letzten Stand, sonst der Hypothekenbrief, die Zustellungsurkunde zur Kündigungserklärung u dgl. Die Vorlage des Hypothekenbriefes, der verlustig gegangen ist, wird durch ein Ausschlußurteil nach § 1018 ersetzt. Die Verpflichtung zur Urkundenvorlage besteht im Urkundenprozeß auch dann, wenn der Schuldner von seinem Recht aus § 1160 II BGB keinen Gebrauch macht, bei Kündigung oder Mahnung die Vorlage des Hypothekenbriefes oder der öffentlich beglaubigten Abtretungserklärung (§ 1155 BGB) zu verlangen.

593 *[Klageschrift]*

(1) Die Klage muß die Erklärung enthalten, daß im Urkundenprozeß geklagt werde.

(2) Die Urkunden müssen in Urschrift oder in Abschrift der Klage oder einem vorbereitenden Schriftsatz beigefügt werden. Im letzteren Falle muß zwischen der Zustellung des Schriftsatzes und dem Termin zur mündlichen Verhandlung ein der Einlassungsfrist gleicher Zeitraum liegen.

1 **I) Erklärung zur Prozeßart. 1)** Ihr **Zweck** ist der, bereits durch die Klageschrift klarzustellen, daß der Kläger die Erschwerungen in der Beweisführung des Urkundenprozesses auf sich nehmen will und der Beklagte von vornherein weiß, er werde sich in seiner Verteidigung auf die beschränkende Prozeßart einrichten müssen (Hahn, Materialien z ZPO, S 389, 391, 396).

2 **a)** Aus diesem Zweck der Erklärung folgt, daß sie **zwingender Natur** und damit iS des § 295 unverzichtbar ist (RGZ 142, 304). Es folgt daraus jedoch nicht auch, daß eine bestimmte verbale Formulierung gewählt werden müsse; vielmehr genügt jede Erklärung in der Klageschrift, die den Willen des Klägers unzweideutig erkennen läßt, in der qualifizierten Prozeßart zu klagen. Deshalb kann auch die Erklärung „im Wechselprozeß" ausreichen, um eindeutig die Wahl des Scheckprozesses erkennbar zu machen, etwa wenn in der Klagebegründung der Anspruch aus einem Scheck hergeleitet wird, der in der Abschrift beiliegt (RGZ 96, 100).

3 **b) Fehlt** allerdings eine **Erklärung** oder eine in diesem Sinne eindeutige, dann ist die Klage im ordentlichen Verfahren erhoben worden, und es stellt sich die Frage, ob die Überleitung in den Urkundenprozeß noch anschließend zulässig ist. Das RG (RGZ 79, 71) hat die nachträgliche Abgabe der Erklärung, es werde nunmehr im Urkundenprozeß geklagt, als unbeachtlich angesehen. Der BGH (BGHZ 69, 66 = LM § 593 ZPO Nr 1 m Anm Krohn = MDR 77, 918) hält die Unterschiede der beiden Rechtsschutzmöglichkeiten jedoch für nicht so gewichtig, daß dem Kläger ein Übergang zum Urkundenprozeß stets versagt werden müßte. Entsprechend § 263 läßt er ihn nach Eintritt der Rechtshängigkeit zu, wenn der Beklagte zustimmt oder das Gericht die Sachdienlichkeit bejaht, die allerdings häufig zu verneinen sein wird.

4 **c)** Zur Erklärung im **Mahnverfahren** siehe § 703 a.

5 **2)** Mit einer im Urkundenprozeß rechtshängigen Forderung kann wirksam in einem anderen Prozeß die **Aufrechnung** erklärt werden, weil die Aufrechnungserklärung die Forderung nicht iS des § 261 rechtshängig macht (BGHZ 57, 242). Diese Aufrechnungsmöglichkeit besteht auch dann, wenn es sich um eine im Wechselprozeß eingeklagte Forderung handelt (BGH MDR 77, 1013). Der Aufrechnungsgegner kann dann in beiden Prozessen dieselben Einwendungen gegen die Aufrechnungsforderung geltend machen.

6 **II) Offenlegung der Urkunden.** Abs 2 soll dem Beklagten ermöglichen, seine Verteidigung vorzubereiten; dazu muß er die Urkunden kennen, auf die der Kläger seine Klage stützt.

7 **1)** Die Urkunden sind **beizufügen,** also beizuheften. Um der Gefahr der Beschädigung oder gar des Verlustes vorzubeugen, darf der Kläger **Abschriften** von Urkunden stellvertretend für die Urschrift beifügen. Der Gegner erhält dann eine anwaltlich beglaubigte Abschrift der Abschrift; die Beglaubigung ist allerdings im Gesetz nicht vorgeschrieben. Bloße Niederlegung auf der Geschäftsstelle genügt nicht, weil das keine Information des Gegners ist (RGZ 5, 352).

8 **2)** Ist die **Unterschrift** auf der Urschrift der Urkunde unleserlich, dann genügt auf der Abschrift die Feststellung „Unterschrift unleserlich". **Lücken, Schreibfehler** und dergleichen sind mangels Rüge des erschienenen Gegners unschädlich (RGZ 44, 122), darüber hinaus durch Nachzustellung heilbar.

3) Der **vorbereitende Schriftsatz** kann dem Beklagten formlos mitgeteilt (§ 270 II) und noch in der Berufungsinstanz nachgereicht werden, sofern nur die Frist des § 593 II 2 gewahrt wird (RGZ 108, 390; 56, 306). Mitteilung der Urkunde in mündlicher Verhandlung steht rechtzeitiger Zustellung gleich, wenn sie lange genug vor der Schlußverhandlung liegt (RGZ 104, 34; 114, 365). 9

4) Ist die **Zustellung der Urkunde unterblieben,** dann darf bei Ausbleiben des Beklagten **kein Versäumnisurteil** ergehen (§ 335 Nr 2); die Klage ist vielmehr gemäß § 597 II als unstatthaft abzuweisen, sofern nicht vertagt wird oder der Kläger nach § 596 vom Urkundenprozeß Abstand nimmt (Hinweispflicht nach §§ 139, 278 III!). 10

5) a) Erscheint der Beklagte im Termin und wird erst jetzt vom Kläger die Urkunde vorgelegt, dann muß die Einlassungsfrist erneut gewahrt werden (Karlsruhe Justiz 68, 260). 11

b) Der Beklagte kann aber darauf verzichten, da § 295 anwendbar ist (RGZ 12, 133; 114, 371; Wieczorek, 2. Aufl 1977, § 593 Anm B II a). Bedenken dagegen (s Karlsruhe Justiz 68, 260) erscheinen nicht gerechtfertigt, da die Urkundenmitteilung lediglich die Interessen des Beklagten wahren soll und er am besten wissen muß, ob er dieses Schutzes bedarf (StJSch, 20. Aufl 1976, § 593 Anm 5). 12

c) Rügt der Beklagte allerdings den Mangel, dann muß auf seinen Antrag hin vertagt werden, damit vor der neuen Verhandlung die Einlassungsfrist gewahrt werden kann (Karlsruhe Justiz 68, 280; Wieczorek § 593 Anm B II a mwN). Deshalb ist auch entgegen RGZ 142, 304 ein **Verzicht des Beklagten auf Urkundenvorlage überhaupt** wirksam; es erscheint wenig sinnvoll, dem Beklagten gegen seinen Willen Urkunden aufzudrängen, die er bereits kennt oder gar abgelichtet in Händen hat (wie hier StJSch, 20. Aufl 1976, § 593 Anm 5 m Nachw in Fn 13), vorausgesetzt jedoch, daß die Urkunde vorhanden ist, also nicht, wenn Kläger sie vor Klageerhebung verloren hat (Frankfurt ZIP 81, 1192), da Beweisbarkeit Tatbestandsmerkmal des § 592 ist („bewiesen werden können"). Erst recht ist der Verzicht zulässig, wenn mitgeteilte Abschriften lediglich Fehler enthalten oder nur mangelhafte Auszüge zugestellt worden sind (RGZ 12, 133). 13

6) Von der **Urkunden-Information** des § 593 II ist der **Urkundenbeweis** zu unterscheiden, der nur durch Vorlage der Original-Urkunden angetreten und geführt werden kann (§ 595 III). 14

7) Einlassungsfrist: § 274 III. Abkürzung: § 226. Fristen im Wechselprozeß: § 604 II, III. Zustellungsmängel sind nach § 295 heilbar. 15

594 (weggefallen)

595 *[Widerklage. Beweismittel]*

(1) Widerklagen sind nicht statthaft.

(2) Als Beweismittel sind bezüglich der Echtheit oder Unechtheit einer Urkunde sowie bezüglich anderer als der im § 592 erwähnten Tatsachen nur Urkunden und Antrag auf Parteivernehmung zulässig.

(3) Der Urkundenbeweis kann nur durch Vorlegung der Urkunden angetreten werden.

I) 1) Wird eine **Widerklage** erhoben, dann ist sie als „im Urkundenprozeß unstatthaft" abzuweisen (§§ 595 I, 597 II). Daneben ist es statthaft, die Widerklage entsprechend § 147 abzutrennen (Wieczorek, 2. Aufl 1977, § 595 Anm B I). Im Nachverfahren, das nicht den Beschränkungen des Urkundenprozesses unterliegt, ist die Erhebung einer Widerklage ohnehin erlaubt. Ein Bedürfnis für die Widerklage im Urkundenprozeß besteht im übrigen nicht, da die **Aufrechnung** erklärt werden darf, sofern der Beweis mit den im Urkundenprozeß möglichen Beweismitteln zu führen ist (§ 598). 1

2) Die Erhebung einer **Urkundenwiderklage** wird von Wieczorek (2. Aufl 1976/77, § 260 Anm F II b–b 3; § 595 Anm B II) generell, von Schlosser (in StJ, 20. Aufl 1976, § 600 Anm 19) wenigstens im Nachverfahren für zulässig angesehen, was die hM jedoch ablehnt. 2

3) Gegenanträge nach §§ 600 II, 304 II, 717 II fallen nicht unter den Begriff der Widerklage und sind deshalb im Urkundenprozeß zulässig (Köln OLGE 5, 50); es gelten jedoch die Beweisbeschränkungen des § 595 II, III (Wieczorek, 2. Aufl 1977, § 595 Anm B III; aA Köln aaO). 3

4) Streitverkündung und **Nebenintervention** sind ebenso zugelassen wie die Einrede des Schiedsvertrags (dazu RGZ 71, 15). 4

5 **II) Abs 2:** Die Beschränkung der Beweismittel zur **Urkundenechtheit** gilt auch für die vom Beklagten zur Klageabwehr vorgelegten Urkunden (Habscheid ZZP 96 [1983], 313).

6 **1)** Unter den **„anderen Tatsachen"** als den in § 592 erwähnten sind alle zu verstehen, die zur Begründung des Klageanspruchs nicht erforderlich sind, also die **Einwendungen** und **Einreden** des Beklagten, etwa der Erfüllung, Stundung, Arglist; desgleichen der **Gegenvortrag des Klägers,** soweit er diese Einwendungen auszuräumen hat, zB mit der Behauptung, daß sich die vom Beklagten vorgelegte Quittung auf ein anderes Geschäft bezogen habe.

7 **2)** Bezüglich der Urkundenechtheit und des Nachweises der „anderen Tatsachen" ist die **Beweisbeschränkung des § 592** lediglich durch die Zulassung der Parteivernehmung auf Antrag erweitert. Zeugenbeweis, Sachverständigenbeweis, Augenscheinsbeweis (durch Schriftvergleich), Verwertung eidesstattlicher Versicherungen und sonstige „Berichtsurkunden" (s § 592 Rn 16) sind also ausgeschlossen, desgleichen die Parteivernehmung von Amts wegen (§ 448). Zu unterscheiden davon ist die Würdigung der Urkunde selbst, auch auf ihre Echtheit, die frei nach § 286, auch durch Indizienbeweis, vorzunehmen ist (BGH WPM 85, 1244 = WuB VII A § 595 Abs 2 ZPO 1.86 m Anm Krämer = MDR 86, 304 = Warneyer 85 Nr 231; DB 67, 728 = WPM 67, 367; RGZ 72, 292; 113, 18; Köln ZIP 82, 1424; LG Nürnberg-Fürth u LG Koblenz ZIP 82, 164, 165; aA LG Bonn ZIP 82, 166). S auch § 597 Rn 5.

8 **3) Prozeßvoraussetzungen** unterliegen keiner beweisrechtlichen Einschränkung. Ihr Nachweis ist durch Einsatz aller Beweismittel möglich (§ 592 Rn 9).

9 **III) Urkundenvorlage (Abs 3).** § 595 III entspricht der in § 420 geregelten Form des Urkunden-Beweisantrages. Eine einmal vorgelegte und formell anerkannte Urkunde braucht im Rechtsstreit nicht fortwährend zur Stelle sein.

10 **1) Vorlage ist Präsentieren.** Anträge auf Vorlegung einer Urkunde durch den Gegner, einen privaten Dritten oder eine Behörde (§§ 421–432) sind prozessual unbeachtlich. Unzulässig ist auch ein **Antrag auf Beiziehung von Akten** eines anderen Gerichts (München NJW 53, 1835). Dagegen darf auf Urkunden in sonstigen Akten des Prozeßgerichts **Bezug** genommen werden, weil diese stets greifbar sind (RGZ 8, 45; einschränkend Hamburg OLGE 31, 73). Aus diesem Grund muß auch eine Bezugnahme als zulässig angesehen werden, wenn sie sich zwar auf **fremde Akten** bezieht, diese dem Prozeßgericht aber bereits **vorliegen** (Karlsruhe Justiz 68, 260; StJSch, 20. Aufl 76, § 595 Anm 3 mwN). Akten, auf die sich **niemand** berufen hat, sind nie beizuziehen, auch nicht gemäß § 273 II Nr 2 (Karlsruhe Justiz 68, 260).

11 **2)** Zur Urkundenvorlage bei **Säumnis** des Beklagten s § 597 Rn 11.

12 **IV)** Lehnt es eine **Partei** ab, sich vernehmen zu lassen, dann reicht dies allein noch nicht aus, die vom Gegner behaupteten Tatsachen als erwiesen anzusehen (Düsseldorf WPM 81, 369; LG Düsseldorf WPM 73, 657). Ein **Antrag auf Parteivernehmung** ist abzulehnen, wenn sich aus feststehenden Tatsachen seine **Unerheblichkeit** ergibt, etwa wenn der Schuldner eine Prolongationsabrede behauptet, gegen ihn aber bereits Konkursantrag gestellt worden ist, so daß eine mögliche Prolongationsabrede wegen Vermögensverschlechterung nicht mehr verbindlich wäre (LG Hamburg MDR 74, 49). Abgesehen von dem Ausschluß der Widerklage und der Beschränkung der Beweismittel stehen dem Beklagten alle Verteidigungsmöglichkeiten offen, auch die Hilfsaufrechnung (BGH WPM 81, 386).

596 *[Abstand vom Urkundenprozeß]*

Der Kläger kann, ohne daß es der Einwilligung des Beklagten bedarf, bis zum Schluß der mündlichen Verhandlung von dem Urkundenprozeß in der Weise abstehen, daß der Rechtsstreit im ordentlichen Verfahren anhängig bleibt.

1 **I) Erklärung der Abstandnahme. 1)** Es handelt sich um eine prozessuale Willenserklärung **(Prozeßhandlung),** die in der mündlichen Verhandlung abzugeben ist. Im schriftlichen Verfahren (§ 128 II) und bei der diesem entsprechenden Entscheidung nach Aktenlage (§ 251 a) genügt schriftsätzliche Erklärung. Als Prozeßhandlung muß sie **unbedingt** abgegeben werden und ist **unanfechtbar.** Selbst **Rechtsbedingungen** sollten vermieden werden, da sie schädlich sein können (RGZ 4, 352; Abstandnahme, falls das Gericht den Urkundenprozeß für unstatthaft halte; RG JW 97, 532: Abstandnahme, falls die primär angebotenen Beweise nicht genügen sollten). Die Erklärung muß darüber hinaus **eindeutig** sein. Die Stellung eines Beweisantrages auf Zeugenvernehmung genügt diesem Erfordernis nicht (RG HRR 32 Nr 1791). Wer im Urkundenprozeß lediglich Beweise antritt, die nur im ordentlichen Prozeß erhoben werden dürfen, drückt damit nicht ohne weiteres aus, daß er vom Urkundenprozeß Abstand nehme (BGH WPM 79, 803).

Bedenklich daher OLG Colmar (Recht 01, 709), das eine beachtliche konkludente Erklärung darin gesehen hat, daß der Kläger die Erhebung der vom Beklagten angetretenen, im Urkundenprozeß unzulässigen Beweise geduldet hat. Das kann auf Unwissenheit oder Versehen beruhen. Deshalb muß das Gericht vorab auf Klarstellung hinwirken (§§ 139, 278 III).

2) Die Erklärung der Abstandnahme muß den ganzen Anspruch erfassen; die **Beschränkung** auf einen Anspruchsteil macht sie **unzulässig** (KG OLGE 15, 154). Ein Trennungsbeschluß nach § 145 verselbständigt die getrennten Prozeßteile, so daß auch die Abstandnahmeerklärung sich auf eines der getrennten Verfahren beschränken darf. 2

3) Im ersten Rechtszug bedarf es keiner **Einwilligung des Beklagten** zur Abstandnahmeerklärung (keine Klageänderung, Rn 11). Er muß jedoch darüber unterrichtet sein. Bleibt er der mündlichen Verhandlung fern, so ist die Abstandnahmeerklärung ihm gegenüber nur beachtlich, wenn sie vorher angekündigt worden war (§ 335 I Nr 3). 3

4) Auch im **zweiten Rechtszug** ist die Erklärung der Abstandnahme vom Urkundenprozeß noch zulässig, dann jedoch nur entsprechend **§ 263,** wenn der Beklagte zustimmt oder das Gericht dieses Vorgehen für sachdienlich erachtet (BGHZ 29, 337; BGH BB 77, 1176; Hamm AnwBl 84, 504; Hamburg WPM 85, 1506 = WuB VII A § 596 ZPO 1.86 m Anm Pflug; Steckler/Künzl WPM 84, 862). Das gilt auch dann, wenn die Klage im ersten Rechtszug abgewiesen worden war (Frankfurt MDR 77, 236 gegen StJSch, 20. Aufl 1976, § 596 Anm 5). Die zulassende Entscheidung ist entsprechend § 268 unanfechtbar (BGHZ 29, 337). Der Rechtsstreit geht in der Berufungsinstanz ins ordentliche Verfahren über, so daß auch ein noch in erster Instanz anhängiges Nachverfahren gegenstandslos wird und für eine Aufhebung und Zurückverweisung nach § 538 I Nr 4 kein Anlaß besteht (BGHZ 29, 339; Schneider MDR 74, 624, 628; aA Koblenz NJW 56, 427). Wird jedoch vom Berufungsgericht die Sachdienlichkeit verneint, dann ist aufzuheben und zurückzuverweisen (Schleswig SchlHA 68, 88). 4

a) Die Voraussetzungen für eine **Zurückweisung** von Vorbringen des Beklagten nach **§ 528** bei Abstandnahme im zweiten Rechtszug werden selten gegeben sein. In Betracht kommen nur Angriffs- und Verteidigungsmittel, die bereits im Vorverfahren hätten geltend gemacht werden müssen. Auch die Sachdienlichkeit einer Aufrechnungserklärung in zweiter Instanz (§ 530 II) wird in aller Regel zu bejahen sein, da anderenfalls der Beklagte benachteiligt würde, nämlich wegen des Vorgehens des Klägers eine Instanz verlöre (BGHZ 29, 342 f). Für Widerklagen (§ 530 I) gilt entsprechendes (Johannsen Anm zu LM § 596 ZPO Nr 1). 5

b) Wird die **Abstandnahme** im zweiten Rechtszug **nicht zugelassen,** dann bleibt der Rechtsstreit als Urkundenprozeß anhängig (RG JW 26, 579). Der Beklagte darf dann nur unter Vorbehalt (§ 599) verurteilt werden. 6

II) 1) Die **Erklärung** der Abstandnahme **ist endgültig;** sie kann nicht nachträglich widerrufen werden, um eine Rückkehr zum Urkundenprozeß zu ermöglichen. Dagegen läßt sie die Anhängigkeit des Anspruchs unberührt. Es ändert sich lediglich der geforderte Rechtsschutz. Die Klage kann deshalb nicht mehr als in der gewählten Prozeßart unstatthaft (§ 597 II) abgewiesen werden. Es ist nunmehr auch unerheblich, ob der Urkundenprozeß überhaupt zulässig war oder nicht; diese Frage ist prozessual überholt (Kiel OLGE 37, 155). 7

2) Die **Beweisbeschränkungen** der §§ 592, 595 II **entfallen.** Ist der Beklagte bei Abgabe der Erklärung im Termin anwesend, dann kann sofort weiterverhandelt werden. Die bis dahin abgegebenen Erklärungen (Geständnisse, Verzichte usw) behalten ihre Wirkung für das ordentliche Verfahren (RGZ 13, 399). Darüber hinaus können neue – unbeschränkte – Beweise angeboten werden. Der Beklagte darf entgegen § 595 I Widerklage erheben und kann mit nicht nach § 595 II beweisbaren Gegenansprüchen die Aufrechnung erklären. 8

3) Einen **Vertagungsanspruch** hat der im Termin anwesende Beklagte grundsätzlich nicht, da er stets mit einer Abstandnahmeerklärung des Gegners rechnen muß. Jedoch sollte hier nicht formal entschieden werden. Denn andererseits hat auch der Kläger immer die Möglichkeit, den Beklagten schriftsätzlich auf die Abstandnahmeerklärung vorzubereiten. Auf jeden Fall muß dem Beklagten **Gelegenheit** gegeben werden, sich zu neuem Vorbringen – Behauptungen und Beweisanträge – des Klägers **zu äußern,** sei es durch Vertagung oder durch Schriftsatznachlaß gemäß § 283 (Hamm NJW 74, 1515). Ist der **Beklagte** in dem Termin, in dem die Abstandnahme erklärt wird, **nicht erschienen,** dann hat der Kläger die Vertagung zu beantragen. Dem Beklagten ist eine neue Ladung und die Benachrichtigung von der Abstandnahmeerklärung zuzustellen. Hierbei braucht nur die Ladungsfrist des § 217, nicht die Einlassungsfrist des § 274 III eingehalten zu werden. War der Beklagte zu dem Termin unter Mitteilung der Abstandnahme (§ 335 I Nr 3) geladen worden, darf der Kläger Versäumnisurteil beantragen, selbst wenn er seinen Anspruch nicht durch Urkunden beweisen kann; darauf kommt es nicht mehr an. 9

10 **III) 1)** Zulässig ist es auch, **vom Wechselprozeß oder Scheckprozeß Abstand zu nehmen** und in den Urkundenprozeß überzugehen oder umgekehrt vom Urkundenprozeß in den Wechsel- oder Scheckprozeß (BGHZ 53, 11[17] = JZ 70, 552 m Anm Hadding; WPM 82, 3; Steckler/Künzl WPM 84, 861). Dagegen ist es **nicht statthaft, in beiden Verfahren zugleich** zu klagen, also etwa denselben Anspruch in erster Linie im Wechselprozeß, hilfsweise im gewöhnlichen Urkundenprozeß geltend zu machen. Da die nur hilfsweise erklärte Abstandnahme vom Wechselprozeß unzulässig ist (aA Steckler/Künzl WPM 84, 862), bleibt der Rechtsstreit in dieser Verfahrensart anhängig mit der Folge, daß die Wechselklage als unbegründet und das Hilfsbegehren als im Wechselprozeß unstatthaft abzuweisen ist, so daß keine Rechtskraftwirkung wegen sonstiger Ansprüche aus der Urkunde eintritt (BGH WPM 82, 3[5] = BGHZ 82, 200; WPM 82, 271 u 665 = MDR 82, 992 = NJW 82, 2258; BGHZ 53, 11).

11 **2)** Wird im ersten Rechtszug vom Wechsel- oder Scheckanspruch **auf das Grundgeschäft zurückgegangen,** dann liegt darin **keine Klageänderung** (Steckler/Künzl WPM 84, 861), wohl bei Übergang in der Berufungsinstanz (Rn 4).

12 **3)** Der Übergang von einer Prozeßart in die andere stellt nur dann eine **Abstandnahme im prozeßtechnischen Sinne** des § 596 dar, wenn der Rechtsstreit in das ordentliche Verfahren übergeleitet wird. Zwischen Wechsel-, Scheck- und allgemeinem Urkundenprozeß scheidet deshalb eine formale Abstandnahme aus, weil sämtliche Verfahrensarten ohnehin den Regeln des Urkundenprozesses unterliegen; auch hier ist jedoch die Abstandnahme zu erklären (BGH WPM 82, 3 u 271), da es anderenfalls zu einer Überleitung von Amts wegen kommen könnte, zB wegen Formungültigkeit eines Wechsels (zutr Steckler/Künzl WPM 84, 862).

13 **IV)** Auf die **Kostenentscheidung** ist die Abstandnahme vom Urkundenprozeß ohne Einfluß. Für die Kostenbelastung kommt es nur darauf an, wer am Ende obsiegt oder unterliegt.

14 **1) § 96** ist auch dann **unanwendbar,** wenn durch den Wechsel in der Prozeßart besondere Kosten entstanden sind, da die Klage kein Angriffsmittel ist, sondern der Angriff selbst.

15 **2)** Bei **Erledigung der Hauptsache** ist § 91 a anzuwenden (§ 592 Rn 13). Werden die beiderseitigen Erledigungserklärungen nach Übergang in das ordentliche Verfahren abgegeben, dann gelten die allgemeinen Verfahrensvorschriften. Wird dagegen ohne Abstandnahmeerklärung der Urkundenprozeß insgesamt in der Hauptsache für erledigt erklärt, dann gelten die Regeln des Urkundenprozesses und ergeht hinsichtlich der Kosten ein **Vorbehaltskostenbeschluß** nach § 91 a, der im Kosten-Nachverfahren überprüfbar ist (Göppinger ZZP 70 [1957], 221 ff).

16 **V) Gebühren: 1)** des **Gerichts:** s Rn 12 vor § 592. – **2)** des **Anwalts:** Das nach Abstandnahme in den ordentl Rechtsstreit übergeleitete Verfahren (§ 596) und das Nachverfahren nach Erlaß des Vorbehaltsurteils (§ 600) bilden jeweils eine neue Instanz, Nürnberg AnwBl 72, 161 = JurBüro 72, 404; Hamm MDR 75, 1029 = JurBüro 75, 1608. – Der RA, der in beiden Verfahren seinen Mandanten vertritt, erhält für beide Verfahren nur eine Prozeßgebühr, wenn im Urkunden- oder Wechselprozeß und im späteren Verfahren (Nachverfahren) der Gegenstandswert gleich bleibt (§ 39 BRAGO); bei höherem Gegenstandswert im anschließenden Verfahren wird die anwaltl Prozeßgebühr zwar nach dem höheren Wert berechnet, jedoch um die dem RA im Urkunden- oder Wechselprozeß bereits erwachsene gekürzt (Hartmann, KostGes BRAGO Anm 2C zu § 39). S im übr Rn 12 vor § 592.

3) Streitwert des Nachverfahrens: Für die Höhe ist gem § 12 Abs 1 GKG iVm § 4 Abs 1 ZPO der Zeitpunkt der Einreichung der Klage und nicht der Beginn des Nachverfahrens maßgebend, und zwar sogar auch dann, wenn er in diesem Verfahrensteil geringer sein sollte. Nur wenn der Wert bei Beendigung der Instanz (des späteren Verfahrens) höher ist als zu Instanzbeginn, ist dieser nach § 15 Abs 1 GKG für alle in der Instanz entstandenen Gebühren entscheidend, nicht aber eine Wertminderung (Frankfurt KTS 80, 66). Ergeht im Urkunden- und Wechselprozeß ein Vorbehaltsurteil über die ganze Klageforderung, so vermindert sich der Streitwert nicht, wenn der Beklagte im Nachverfahren nur wegen eines Teilbetrages Klageabweisung beantragt. Verringert sich infolge Eröffnung des Konkurses der Wert des Streitgegenstandes, so ist dies auf den Kostenstreitwert der Instanz ohne Einfluß (Nürnberg JurBüro 62, 425). Wird im Nachverfahren die Rückgabe des auf Grund Vorbehaltsurteils Geleisteten verlangt, so handelt es sich um denselben Streitgegenstand iS des § 19 Abs 1 GKG (BGHZ 38, 237; Nürnberg Rpfleger 56, 269).

597 *[Klageabweisung]*

(1) Insoweit der in der Klage geltend gemachte Anspruch an sich oder infolge einer Einrede des Beklagten als unbegründet sich darstellt, ist der Kläger mit dem Anspruch abzuweisen.

(2) Ist der Urkundenprozeß unstatthaft, ist insbesondere ein dem Kläger obliegender Beweis nicht mit den im Urkundenprozeß zulässigen Beweismitteln angetreten oder mit solchen Beweismitteln nicht vollständig geführt, so wird die Klage als in der gewählten Prozeßart unstatthaft abgewiesen, selbst wenn in dem Termin zur mündlichen Verhandlung der Beklagte nicht erschienen ist oder der Klage nur auf Grund von Einwendungen widersprochen hat, die rechtlich unbegründet oder im Urkundenprozeß unstatthaft sind.

I) Unbegründetheit. 1) § 597 I geht von dem Sachverhalt aus, daß die **allgemeinen Prozeßvoraussetzungen,** also diejenigen, die der Urkundenprozeß mit dem ordentlichen Verfahren gemeinsam hat, gegeben sind (Schleswig SchlHA 55, 23). Ist das festgestellt, dann wird die Klage als unbegründet abgewiesen, wenn: **a)** der Kläger nicht erscheint und der Beklagte Versäumnisurteil gegen ihn beantragt, § 330; **b)** der Kläger auf seinen Anspruch verzichtet und der Beklagte daraufhin Klageabweisung beantragt, § 306; **c)** die Behauptungen des Klägers den Klageanspruch nicht rechtfertigen, die nur auf Wechselrecht gestützte Klage also nicht schlüssig begründet worden ist (BGH WPM 82, 271), oder die Einrede des Beklagten bereits im Urkundenprozeß den Klageanspruch zu Fall bringt, etwa bei Erfüllung oder Erlaß. **d)** Wird der Wechselanspruch hilfsweise auch auf nichtwechselrechtliche Ansprüche gestützt, Abweisung der Klage als unbegründet, soweit mit ihr Wechselansprüche geltend gemacht werden, darüber hinaus als im Wechselprozeß unstatthaft (§ 596 Rn 10). 1

2) Bei **teilweiser Unbegründetheit** kann Teilurteil ergehen, § 301 I (RG Gruch 30, 1066). 2

3) Ist die **Klage durch Sachurteil** nach § 597 I **abgewiesen** worden, dann wirkt dies endkräftig. Der mit ihr verfolgte Anspruch kann nach Rechtskraft des Urteils weder im ordentlichen Verfahren noch erneut im Urkundenprozeß geltend gemacht werden (RGZ 148, 201). Anders verhält es sich bei der Abweisung nach § 597 II (s u Rn 7). 3

II) Unzulässigkeit. Der Urkundenprozeß kann unstatthaft sein, wenn der erhobene Anspruch seinem Gegenstand nach nicht unter § 592 fällt (s dort Rn 1–5), insbesondere aber, wenn die nur beschränkt zugelassenen Beweismittel des Klägers nicht ausreichen, was auch bei Verlust des Wertpapiers der Fall ist (Frankfurt ZIP 81, 1192). 4

1) Im Urkundenprozeß müssen die **klagebegründenden Tatsachen** durch Urkunden bewiesen werden (§ 592); **andere Tatsachenbehauptungen,** insbesondere die Einreden des Beklagten, können darüber hinaus auch durch **Parteivernehmung** entkräftet werden (§ 595 II). Ist das nicht möglich, dann muß die Klage nach § 597 II abgewiesen werden. Zu beachten ist jedoch, daß der **Grundsatz der freien Beweiswürdigung** durch die Beweismittelbeschränkung im Urkundenprozeß **nicht aufgehoben** wird; der Beweiswert der im Urkundenprozeß zulässigen Beweismittel ist gem § 286 frei zu würdigen (BGH WPM 85, 1244 = WuB VII A § 595 Abs 2 ZPO 1.86 m Anm Krämer = MDR 86, 304; w Nachw bei § 595 Rn 7). Daraus folgt, daß unstreitige, vom Gegner zugestandene (nach § 288, aber auch nach § 138 III; § 592 Rn 11) oder offenkundige Tatsachen keines Beweises bedürfen. Auch ein Anerkenntnis schließt daher die Abweisung nach § 597 II wegen unzureichender Beweisführung aus (s § 592 Rn 6). 5

2) Die im Urkundenprozeß erhobene Klage kann **zugleich nach § 597 I unbegründet und nach § 597 II unzulässig** sein. Bei einer derartigen „Abweisungskonkurrenz" ist wie folgt zu verfahren: **Fehlen die allgemeinen Prozeßvoraussetzungen,** also diejenigen, die auch im ordentlichen Verfahren von Amts wegen zu beachten sind, dann muß die Klage als **unzulässig** abgewiesen werden. **Fehlen** lediglich **die besonderen Prozeßvoraussetzungen** des Urkundenprozesses, erweist sich die Klage aber darüber hinaus materiellrechtlich nicht als begründet, dann ist sie nicht als im Urkundenprozeß unstatthaft, sondern als **unbegründet** nach § 597 I abzuweisen (BGH MDR 76, 561; WPM 82, 5 u 271; Bassenge JR 76, 376; aA Steckler/Künzl WPM 84, 862). So zu verfahren ist deshalb geboten, weil lediglich dann eine endkräftige Entscheidung ergeht und der Beklagte davor geschützt ist, in einem neuen Verfahren mit dem als unbegründet erkannten Anspruch überzogen zu werden (Rn 7). Ist die Klage nach den bestrittenen Behauptungen des Klägers schlüssig, fehlt aber eine besondere Prozeßvoraussetzung des Urkundenbeweises, dann ist Entscheidungsreife zur **Abweisung als im Urkundenprozeß unstatthaft** gegeben. Diese Entscheidung ist sofort zu treffen und nicht etwa Beweis zu erheben (§ 300 I). 6

3) Soweit lediglich als im Urkundenprozeß unstatthaft abgewiesen wird, ist der Kläger nicht gehindert, seinen **Anspruch erneut im ordentlichen Verfahren geltend zu machen** (RGZ 148, 201; Habscheid ZZP 96 [1983], 314). Die Rechtskraft hindert ihn daran nur, wenn Abweisung nach § 597 I ausgesprochen worden ist (Rn 3). 7

4) Teilansprüche, mit denen der Kläger nach § 597 II abgewiesen worden ist (§ 301 ist anwendbar: RG Gruch 30, 1066), kann er auch durch **Klageerweiterung in dem Nachverfahren** geltend machen, das sich an die Teilverurteilung des Beklagten im übrigen anschließt, die unter dem Vorbehalt des § 599 I stehen muß (RGZ 148, 202). Dies ist sogar sinnvoll, weil dadurch einem weiteren Rechtsstreit mit einer möglicherweise divergierenden Entscheidung vorgebeugt wird. 8

5) a) Nach § 597 II ist auch zu verfahren, wenn der Beklagte gegen die urkundlich nicht erwiesene Klageforderung **hilfsweise mit einer Gegenforderung aufrechnet,** die unstreitig ist oder für die er den Beweis nach § 595 II erbringt. Würde hier die Klage wegen der Aufrechnung schon im Urkundenprozeß als unbegründet (§ 597 I) abgewiesen, dann verlöre der Kläger die Klageforde- 9 rung endgültig ohne die Möglichkeit, die Aufrechnung mit allen Beweismitteln (außerhalb des Urkundenprozesses) zu bekämpfen. Deshalb ist § 597 II anzuwenden (Dunz MDR 55, 721). Hat der Beklagte mit dieser liquiden Gegenforderung bereits in einem anderen anhängigen Rechtsstreit gegenüber dem Kläger die Aufrechnung erklärt, dann ist die Klage ebenfalls als im Urkundenprozeß unstatthaft abzuweisen, wenn der Kläger nicht den Urkundenbeweis führen kann, daß die Gegenforderung durch Aufrechnung in jenem anderen Prozeß verbraucht ist (BGH WPM 86, 537 = WuB VII A § 597 Abs 2 ZPO 1.86 m Anm Krämer = NJW 86, 2767).

10 **b)** Verteidigt sich der Beklagte in erster Linie mit Einwendungen, die er nicht mit den im Urkundenprozeß zulässigen Beweismitteln beweisen kann, hilfsweise mit einer urkundlich bewiesenen Aufrechnungsforderung, gegen die sich der Kläger mit Gegeneinwendungen verteidigt, die er nicht mit den Beweismitteln des Urkundenprozesses beweisen kann, dann ist die Klage ebenfalls als in der gewählten Prozeßart unstatthaft abzuweisen (BGHZ 80, 97). Die statt dessen in Betracht kommende Nichtzulassung der Hilfsaufrechnung würde zu dem untragbaren Ergebnis führen, daß der Kläger bei liquider Klageforderung einen vorläufigen Zahlungstitel bekäme, aus dem er vollstrecken könnte, obwohl feststünde, daß das Urteil im Nachverfahren aufgehoben werden müßte (BGH WPM 81, 386). Der Kläger kann der Abweisung entgehen, indem er vom Urkundenprozeß Abstand nimmt (§ 596).

11 **6) a)** Auch bei **Säumnis des Beklagten** muß für die anspruchsbegründenden Tatsachen, soweit sie nicht offenkundig sind (§ 291), der Urkundenbeweis nach § 592 geführt werden (KG JW 31, 3566; Bernstein JW 29, 825), da sie nach § 597 II nicht als zugestanden behandelt werden dürfen. Die Geständnisfiktion des § 331 I 1 gilt nur für die Echtheit der Urkunden und die „sonstigen Tatsachen" nach § 595 II (BGHZ 62, 290; Frankfurt MDR 75, 232). § 597 II sieht nämlich vor, daß der Urkundenbeweis auch bei Säumnis des Beklagten „geführt" wird. Deshalb müssen die für § 592 erheblichen **Urkunden im Original** vorgelegt werden (KG JW 31, 3566; wohl auch BGHZ 62, 290). Lediglich die Echtheit der vorgelegten Urkunden fällt unter die Geständnisfiktion des § 331 I 1. Auch eine **Gerichtsstandsvereinbarung** (§ 38 II) ist wegen § 331 I 2 keiner Geständnisfiktion zugänglich und muß einschließlich der Vollkaufmannseigenschaft des Beklagten urkundlich bewiesen werden (Frankfurt MDR 75, 232). Ausreichend ist, daß sich jemand ausweislich der vorgelegten Korrespondenz als Vollkaufmann geriert hat.

12 **b)** Eine Gegenmeinung (vgl KG JW 29, 120; StJSch, 20. Aufl 1976, § 597 Anm 5; BL-Hartmann § 597 Anm 3) zieht daraus den weitergehenden Schluß, die nach § 593 II mitgeteilten Abschriften gälten als echt, so daß sich eine Vorlage überhaupt erübrige. Das erscheint bedenklich, wird auch von der Gegenmeinung jedenfalls insoweit nicht durchgehalten, als auch sie die Vorlegung von Wechseln und anderen Inhaberpapieren zum Nachweis der Inhaberschaft verlangt.

13 **c)** Das Versäumnisurteil ergeht ohne Vorbehalt (§ 599 Rn 6).

14 **7)** Wird nach **§ 597 II gegen den Kläger** entschieden, dann findet **kein Nachverfahren** mehr statt (§ 599 I; RGZ 148, 202).

598 *[Zurückweisung von Einwendungen]*

Einwendungen des Beklagten sind, wenn der dem Beklagten obliegende Beweis nicht mit den im Urkundenprozeß zulässigen Beweismitteln angetreten oder mit solchen Beweismitteln nicht vollständig geführt ist, als im Urkundenprozeß unstatthaft zurückzuweisen.

1 **I) Einwendungen des Beklagten.** § 598 entspricht § 597 II und bezieht sich auf das sachliche Vorbringen des Beklagten zur Entkräftung des Klageanspruchs.

2 **1)** Die für Einwendungen des Beklagten **zulässigen Beweismittel** ergeben sich aus § 595 II (dort Rn 5). Soweit der Beklagte sich auf Verfahrenshindernisse beruft, die von Amts wegen zu beachten sind, findet keine Beweismittelbeschränkung statt (§ 592 Rn 8).

3 **2)** Die Einwendungen des Beklagten müssen, wenn darüber auf Grund mündlicher Verhandlung entschieden wird, **in der Verhandlung selbst vorgebracht** werden. Dazu muß dem Beklagten jedoch auch Gelegenheit gegeben werden, insbesondere wenn im ersten Termin die Abstandnahme vom Urkundenprozeß erklärt wird und der Beklagte seine Einwendungen nicht vorgebracht hatte, weil ihm die im Urkundenprozeß zulässigen Beweismittel dazu nicht zur Verfügung standen (Hamm NJW 74, 1515; § 596 Rn 5 f).

4 **3)** Sofern die Einwendungen des Beklagten nicht schon im Urkundenprozeß erfolgreich sind und zur Abweisung der Klage nach § 597 I führen, veranlassen sie jedenfalls, selbst wenn sie nicht stichhaltig sind, zum **Erlaß eines Vorbehaltsurteils** nach § 599 I. In dessen Gründen sind sie je nach Sachlage verschieden zu behandeln:

a) Vermag der Beklagte seine Einwendungen aus **tatsächlichen** Gründen nicht mit den nach § 595 II zulässigen Beweismitteln zu beweisen oder kann er (noch) keinen vollständigen Beweis führen, dann sind die Einwendungen **in den Gründen** des Vorbehaltsurteils (also nicht im Tenor) als im Urkundenprozeß unstatthaft zurückzuweisen und können im Nachverfahren (§ 600) weiter verfolgt werden. Sowohl die Darlegungen wie die Beweisanträge dürfen dort erweitert werden. 5

b) Werden die Einwendungen schon im Urkundenprozeß als unschlüssig erkannt, dann ist **im Vorbehaltsurteil endgültig darüber zu entscheiden.** Zwar muß auch dann der Vorbehalt des § 599 I ausgesprochen werden; die Zurückweisung der Einwendungen als unbegründet behält jedoch seine Wirkung für das Nachverfahren (BGH WPM 72, 970). 6

II) Aufrechnung. Eine Einwendung iS des § 598 ist insbesondere die Aufrechnungserklärung, die sich schon aus den vom Kläger vorgelegten Urkunden, etwa dem Schriftwechsel, ergeben kann (BGH MDR 72, 41). 7

1) Erweist sich die Klage als im Urkundenprozeß begründet, desgleichen aber die **primär** zur Aufrechnung gestellte Gegenforderung, dann ist die Klage mit der Wirkung des § 322 II **endkräftig als unbegründet abzuweisen.** Wenn für Klage und Gegenforderung nicht gleichzeitig Entscheidungsreife besteht, geht § 598 als Sondervorschrift den §§ 135 III, 302 vor (vgl Joch NJW 74, 1956 gg Celle NJW 74, 1473; aber str, s B/Hartmann § 598 Anm 1; Th/P § 598 Anm 2 c, ferner Wieczorek § 598 Anm A III–III b; St/J/Schlosser § 598 Rn 3). 8

2) Kann die **Gegenforderung nicht mit den Beweismitteln des § 595 II nachgewiesen** werden, dann ist der Aufrechnungseinwand gemäß § 598 in den Gründen des Vorbehaltsurteils zurückzuweisen (BGH MDR 72, 41). 9

3) Keine Zurückweisung nach § 598, sondern Klageabweisung als in der gewählten Prozeßart unstatthaft (§ 597 II) ist geboten, wenn der Beklagte sich gegen eine im Urkundenprozeß liquide Klageforderung mit nach § 595 II nicht bewiesener Einwendung und darüber hinaus mit einer **liquiden Eventualaufrechnung** verteidigt (BGH WPM 81, 385 = JR 81, 332 m zust Anm Zeiss; Dunz MDR 55, 722). Grunsky (ZZP 77 [1964], 468) will dann die Klage durch Vorbehaltsurteil abweisen. Die Auffassung, es sei nach § 598 zu verfahren und die Einwendung als im Urkundenprozeß unstatthaft zurückzuweisen, ist vom BGH aaO abgelehnt worden (s § 597 Rn 9). Erklärt der Beklagte die **unbedingte Aufrechnung** mit einer urkundlich bewiesenen Gegenforderung, welcher der Kläger schlüssige Gegeneinwendungen entgegensetzt, die er nicht mit den im Urkundenprozeß zulässigen Beweismitteln beweisen kann, dann ist die Klage durch Prozeßurteil als in der gewählten Prozeßart unstatthaft abzuweisen (BGHZ 50, 112; WPM 81, 385 [386]). 10

599 *[Vorbehaltsurteil]*

(1) Dem Beklagten, welcher dem geltend gemachten Anspruch widersprochen hat, ist in allen Fällen, in denen er verurteilt wird, die Ausführung seiner Rechte vorzubehalten.

(2) Enthält das Urteil keinen Vorbehalt, so kann die Ergänzung des Urteils nach der Vorschrift des § 321 beantragt werden.

(3) Das Urteil, das unter Vorbehalt der Rechte ergeht, ist für die Rechtsmittel und die Zwangsvollstreckung als Endurteil anzusehen.

I) Grundsätze. Der Beklagte ist vorbehaltlos zu verurteilen, soweit dies nach den für das ordentliche Verfahren geltenden Regeln geboten ist, also bei Fehlen allgemeiner Prozeßvoraussetzungen, Anerkenntnis, Nichtverhandeln und Säumnis (s § 592 Rn 9). Anderenfalls muß ihm die **Ausführung seiner Rechte vorbehalten** werden, ohne daß es dazu eines Antrages bedarf. 1

1) Der Vorbehalt ist in der **Urteilsformel** auszusprechen (RGZ 47, 364; BGH LM § 643 ZPO Nr 7, Bl 2). Unrichtig dürfte es aber sein, wenn BL-Hartmann (§ 599 Anm 2 A) meinen, der Vorbehalt lediglich in den Entscheidungsgründen sei unbeachtlich. Das widerspricht den allgemeinen Auslegungsgrundsätzen für Urteile und der Gesetzesfassung. § 599 II verlangt den Vorbehalt im „Urteil"; aus § 311 II ergibt sich, daß damit nicht lediglich die Urteilsformel (der Tenor) gemeint sein kann. Daher kommt auch keine Berichtigung nach § 319 in Betracht. 2

2) Fehlt dagegen der Vorbehalt auch in den Gründen, dann muß **Ergänzung nach § 599 II** beantragt werden. Hat der Kläger vorbehaltlose Verurteilung beantragt, so ist er, wenn dem nicht entsprochen wird, nicht etwa mit der Klage teilweise abzuweisen; es handelt sich vielmehr um eine amtswegig zu beachtende Entscheidung (Künkel NJW 63, 1043). 3

4 **3)** Umgekehrt ist niemals ein Vorbehalt in das Urteil aufzunehmen, wenn die Klage abgewiesen wird (RGZ 148, 202). Denn ein Vorbehaltsurteil ist nur für den Fall der Verurteilung des Beklagten vorgesehen; die Klage darf also nicht durch Vorbehaltsurteil abgewiesen und dem Beklagten die Ausführung seiner Rechte im Nachverfahren vorbehalten werden (BGH WPM 81, 386; aA Grunsky ZZP 77 [1964], 468).

5 **II) 1)** Voraussetzung für den Vorbehalt ist, daß der Beklagte dem geltend gemachten Anspruch **widersprochen** hatte. Der Widerspruch muß, wenn darüber auf Grund mündlicher Verhandlung entschieden wird, **in dieser erklärt** werden. Für ihn genügt schon ein Antrag, mit dem sich der Beklagte seiner vorbehaltslosen Verurteilung widersetzt (vgl Köln NJW 54, 1085; Frankfurt MDR 82, 415). Eines Antrages auf den Vorbehalt bedarf es dagegen nicht. Der Widerspruch braucht **nicht begründet** zu werden. Selbst **fehlende Stichhaltigkeit** einer überflüssigerweise beigefügten Begründung ist für die Frage, ob das Urteil mit oder ohne Vorbehalt zu ergehen hat, ohne Belang. An den erklärten Widerspruch ist der Beklagte **nicht gebunden;** er kann ihn im Laufe des Verfahrens zurücknehmen.

6 **2) Fehlender Widerspruch. a)** Am Widerspruch fehlt es bei **Säumnis** des Beklagten. In das daraufhin ergehende Versäumnisurteil ist deshalb **kein Vorbehalt** aufzunehmen (Furtner MDR 66, 553; für den Regelfall ebenso Künkel NJW 63, 1044, 2014; aM Moller NJW 63, 2013). Das gilt wegen § 332 auch dann, wenn der Beklagte **in einem früheren Termin widersprochen** hatte und erst dann säumig wurde (ThP § 599 Anm 1b; aM Künkel NJW 63, 2014; Moller NJW 63, 2013, die in diesem Fall den früheren Widerspruch fortwirken lassen). Nach Furtner (MDR 66, 553 FN 32) hat in diesem Fall ein gewöhnliches streitmäßiges Vorbehaltsurteil zu ergehen. Ob der Kläger ein Versäumnisurteil unter Vorbehalt beantragt, ist unerheblich; einem solchen Antrag ist nicht stattzugeben (Lent NJW 55, 68 gegen LG Freiburg NJW 55, 68; Furtner MDR 68, 553; aM Moller NJW 68, 2013, bei früherem Widerspruch auch Künkel NJW 63, 1044).

7 **b)** Am **Widerspruch fehlt** es, wenn der Beklagte **vorbehaltlos anerkennt;** allenfalls ist ein Widerspruch gegen die Kostentragungspflicht (§ 93) möglich. Dann ist jedoch keine Kostenverurteilung des Beklagten unter Vorbehalt auszusprechen, da es insoweit gem § 308 II um eine amtswegige Entscheidung geht (s dazu § 592 Rn 9) und es nicht dem Beschleunigungszweck des Urkundenprozesses entspricht, den Kostenpunkt im Nachverfahren zu klären; zur isolierten Kostenentscheidung entfällt deshalb die Beweismittelbeschränkung (Karlsruhe OLGZ 1986, 124; Künkel NJW 63, 1043; Göppinger ZZP 70, 1957, 227; Schwab JZ 55, 154; str, aA St/J/Grunsky § 599 Rn 2 mwNachw).

8 **c)** Zulässig ist es, daß der Beklagte den Klageanspruch bestreitet und **nur für den Urkundenprozeß anerkennt,** weil er ihn mit den beschränkten Beweismitteln des Urkundenprozesses nicht entkräften kann. Dann hat **Anerkenntnis-Vorbehaltsurteil** in der Hauptsache und im Kostenpunkt zu ergehen (München MDR 63, 603; Schriever MDR 79, 24 m Nachw).

9 **d)** Ist das durch den Vorbehalt der Rechte für das **Nachverfahren eingeschränkte Anerkenntnis unvereinbar mit** der für den Widerspruch gegebenen und aufrechterhaltenen **Begründung,** so daß das Gericht den Anerkenntnistatbestand doch wieder prüfen muß, dann kann dies zur Ablehnung des Anerkenntnisurteils führen (Hamburg MDR 55, 238 – Anerkenntnis bei gleichzeitiger Behauptung, die Klage sei wegen fehlender Devisengenehmigung unwirksam).

10 **3)** Zur Entscheidung nach **Erledigung der Hauptsache,** wenn der Kläger nicht gemäß § 596 vom Urkundenprozeß Abstand nimmt, s § 596 Rn 15.

11 **4)** Die **Verteidigung des Beklagten** ist nur insoweit **eingeschränkt,** als das Vorbehaltsurteil auch für das Nachverfahren bindet (s dazu § 600 Rn 19). Will der Kläger gegen die Verurteilung unter Vorbehalt angehen, also ein vorbehaltsloses Erkenntnis erlangen, dann kann er das nur durch Einlegung eines Rechtsmittels gegen das Vorbehaltsurteil selbst erreichen; im Nachverfahren besteht diese Möglichkeit nicht mehr (BGH NJW 62, 446).

12 **III)** Ein **Vorbehaltsurteil** kann auch **erstmals in der Rechtsmittelinstanz** ergehen, sei es auf Grund eines Rechtsmittels gegen die erstinstanzliche Klageabweisung (vgl München BayJMBl 55, 196), sei es auf Grund eines Rechtsmittels des Beklagten gegen seine vorbehaltslose Verurteilung (u Rn 13). Zum Nachverfahren in diesem Fall s § 600 Rn 19. Wird in der höheren Instanz ein Rechtsmittel gegen das Vorbehaltsurteil zurückgewiesen, dann braucht der Vorbehalt nicht erneut ausgesprochen zu werden.

13 **IV)** Enthält das **Urteil keinen Vorbehalt,** dann hat der unterlegene Beklagte zwei Möglichkeiten: Einmal kann er das **Berichtigungsverfahren** nach § 321 einleiten. Unabhängig davon ist er aber auch (§ 599 III) befugt, das gegebene **Rechtsmittel** einzulegen (RGZ 10, 348). Dieser Weg bleibt ihm dann als einziger, wenn er die Frist des § 321 II versäumt hat oder ein Berichtigungsverfahren aussichtslos erscheint, etwa wenn das Gericht von einem Vorbehalt bewußt abgese-

hen hatte, weil es der irrigen Meinung war, daß bei schon im Urkundenprozeß als unbegründet befundenen Einwendungen vorbehaltslos zu verurteilen sei (s dazu § 598 Rn 6).

V) 1) In Betracht kommende Rechtsmittel sind die Berufung (§ 511) und die Revision (§ 545). Zur Bedeutung des Ausgangs des Rechtsmittelverfahrens im Urkundenprozeß für das Nachverfahren und umgekehrt s § 600 Rn 12. Berufung oder Revision sind grundsätzlich die einzigen Möglichkeiten, das Vorbehaltsurteil anzugreifen. 14

2) Die **Zwangsvollstreckung** findet nach § 704 statt. Das Vorbehaltsurteil ist ohne Antrag für **vorläufig vollstreckbar** zu erklären (§ 708 Nr 4). Daß der Vorbehalt noch nicht erledigt ist, steht der Zulässigkeit der Zwangsvollstreckung nicht entgegen. 15

Ist im Vorbehaltsurteil dem Beklagten gestattet worden, die Zwangsvollstreckung durch **Sicherheitsleistung** abzuwenden, dann entfällt diese Befugnis, sobald das Vorbehaltsurteil rechtskräftig geworden ist, mag auch das Nachverfahren noch anhängig sein (BGHZ 69, 270). Denn das Nachverfahren ist kein Rechtsmittel, so daß das Vorbehaltsurteil nach § 704 I mit Eintritt der äußeren Rechtskraft endgültig vollstreckbar ist. 16

Jedoch gibt es dagegen die **einstweilige Einstellung** gemäß § 707. Vor der Neufassung dieser Bestimmung war die Möglichkeit einer einstweiligen Einstellung von Vorbehaltsurteilen bis zur Entscheidung im Nachverfahren umstritten. Daß der Gesetzgeber im Anschluß an die früher schon herrschende Meinung die Einstellungsmöglichkeit bejaht hat, ändert nichts an dem Gewicht der bisherigen Gegenargumentation. **Einstellungen aus § 707 sollten daher nur ganz ausnahmsweise gewährt werden,** da sie mit dem Ziel des Urkundenprozesses, dem Kläger schnell zu einer durchsetzbaren Entscheidung zu verhelfen, grundsätzlich unvereinbar sind. 17

3) Materiell rechtskräftig wird das Vorbehaltsurteil erst durch Bestätigung im Nachverfahren (RGZ 47, 190). Die Vollstreckbarkeit eines formell rechtskräftigen Vorbehaltsurteils endet, sobald im Nachverfahren ein abänderndes Urteil ergeht (RG JW 02, 163). Auf Vorlage der Urteilsausfertigung ist die Zwangsvollstreckung einzustellen (§ 775 Nr 1). Ab dann wird auch der **Schadensersatzanspruch nach §§ 600 II, 302 IV 3, 717 II** realisierbar (München OLGE 23, 195), also nicht in einem vor der Abänderung liegenden Zeitpunkt (KG OLGE 17, 180). 18

4) War zur Abwendung der vorläufigen Vollstreckung aus einem Wechselvorbehaltsurteil eine **selbstschuldnerische Prozeßbürgschaft** geleistet worden, dann kann der Gläubiger nach Eintritt der äußeren Rechtskraft des Urteils den Bürgen in Anspruch nehmen (BGHZ 69, 270). 19

VI) Dem Vorbehaltsurteil ist eine **Kostenentscheidung** nach §§ 91 ff beizugeben (nicht zu verwechseln mit dem unzulässigen Kostenvorbehaltsurteil; s Rn 7). Sie steht aber, ebenso wie der Hauptanspruch, unter dem Vorbehalt der Aufhebung im Nachverfahren. Zum Kostenpunkt bei Anerkenntnis und Hauptsacheerledigung s o Rn 8; zum Teilanerkenntnis- und Restvorbehaltsurteil vgl Hamm JZ 54, 609 m abl Anm Schwab, das die gesamte Kostenentscheidung als unter Vorbehalt stehend angesehen hat. 20

VII) Gebühren: 1) des **Gerichts:** s Rn 12 vor § 592. – **2)** des **Anwalts:** Behält sich der Beklagte nur die Ausführung seiner Rechte im Nachverfahren vor, ohne den Anspruch des Klägers auf Erlaß eines Wechselvorbehaltsurteils zu bestreiten, so fällt hierfür ledigl eine anwaltl 5/10 Verhandlungsgeb nach § 33 Abs 1 S 1 BRAGO an (Koblenz JurBüro 75, 192 mit Anm Mümmler u Riedel/Sußbauer, Rn 5 zu § 33 mwN); s im übr Rn 12 vor § 592. – Hinsichtlich des **Streitwerts** im Nachverf: § 596 Rn 16. 21

600 *[Nachverfahren]*

(1) Wird dem Beklagten die Ausführung seiner Rechte vorbehalten, so bleibt der Rechtsstreit im ordentlichen Verfahren anhängig.

(2) Soweit sich in diesem Verfahren ergibt, daß der Anspruch des Klägers unbegründet war, gelten die Vorschriften des § 302 Abs. 4 Satz 2 bis 4.

(3) Erscheint in diesem Verfahren eine Partei nicht, so sind die Vorschriften über das Versäumnisurteil entsprechend anzuwenden.

I) Das Nachverfahren ist die **Fortsetzung des Vorbehaltsverfahrens,** bildet mit ihm eine Einheit und hat den Zweck, dem Beklagten durch die Fortsetzung des Rechtsstreits im ordentlichen Verfahren die Möglichkeit zu geben, sein materielles Recht durchzusetzen (BGH NJW 60, 100). Diese Grundkonzeption kann für die Auslegung konkreter Zweifelsfragen ausschlaggebend sein. So hat das OLG Hamm (Rpfleger 75, 322) mit Recht daraus hergeleitet, daß die vergleichsweise Übernahme der „Kosten des Rechtsstreits" wegen dieser Einheit im Zweifel die Kosten des Vor- und Nachverfahrens umfaßt; entsprechend ist bei Änderung des Gebührenrechts auf 1 das Nachverfahren das zZt des Vorverfahrens geltende Recht angewandt worden (Hamm JurBüro 76, 1644). Bei Leistung des selbstschuldnerisch haftenden Bürgen an den Gläubiger auf Grund rechtskräftigen Vorbehaltsurteils geht die Forderung gegen den Hauptschuldner erst mit Anschluß des Nachverfahrens auf den Bürgen über, so daß er vorher auch keinen Rückgriffsanspruch durchsetzen kann (BGH BB 83, 401).

2 **II)** Das Nachverfahren bleibt **in der ersten Instanz anhängig,** auch wenn gegen das Vorbehaltsurteil ein Rechtsmittel eingelegt wird. Die in § 538 I Nr 4 vorgesehene Zurückweisung nach Bestätigung eines Vorbehaltsurteils ist daher eine prozessual überflüssige, jedenfalls praktisch bedeutungslose Maßnahme. Als sinnvoll könnte sie lediglich dann angesehen werden, wenn erst in der Berufungsinstanz vom Urkundenprozeß Abstand genommen wird; aber dann ist die Zurückweisung nicht statthaft (Schneider MDR 74, 628 zu 3 m Nachw).

3 **1)** Das **Nachverfahren kann sofort** nach Verkündung des Vorbehaltsurteils **fortgesetzt werden.** Aussetzung gem § 148 bis zum Eintritt der Rechtskraft des Vorbehaltsurteils ist unzulässig (BGH NJW 73, 467; ZZP 87 [1974], 86). Wenn der Termin nicht nur zur Verkündung einer Entscheidung bestimmt war, kann in ihm weiterverhandelt werden (BGH NJW 73, 467). Sonst kann jede Partei Anberaumung eines Termins zur Fortsetzung beantragen. Im Nachverfahren hat der Kläger zu **beantragen,** das ergangene Urteil für vorbehaltlos zu erklären; der Antrag des Beklagten geht dahin, die Klage unter Aufhebung des Vorbehaltsurteils abzuweisen.

4 **2)** Die **Parteistellung** und der **Klagegrund** ändern sich im Nachverfahren nicht. **Klageänderung** ist zulässig (BGHZ 17, 31). Der Beklagte darf **Widerklage** erheben; sie bleibt nach § 595 I ausgeschlossen, soweit im (ordentlichen) Nachverfahren keine Urkunden- oder Wechselwiderklage erhoben werden kann (BL-Hartmann Anh nach § 253 Anm 1 C; aA Schlosser, 20. Aufl 1976, § 600 Anm 19). Gerichtliche **Geständnisse** und das **Anerkenntnis** der Echtheit von Urkunden behalten ihre Wirkung für das Nachverfahren. Es werden also die **bestehenden Prozeßlagen übernommen,** so daß auch Rügeverluste nach §§ 295, 531, 558 fortwirken.

5 **3)** Wegen der verfahrensrechtlichen Einheit von Vor- und Nachverfahren kann der Klageanspruch **nicht in einem neuen Prozeß** vor einem anderen Gericht geltend gemacht werden, selbst wenn die Parteien dies vereinbaren. Es liegt nicht in ihrer Macht, sich zwei Rechtswege zu verschaffen, wo das Gesetz nur einen gewährt (RGZ 57, 186).

6 **4)** Die **Bewilligung von Prozeßkostenhilfe** im Urkundenprozeß erstreckt sich ohne weiteres auf das Nachverfahren (§ 119 Rn 1).

7 **5)** Der **Streitwert** des Nachverfahrens bestimmt sich danach , für welchen Streitgegenstand dem Beklagten die Ausführung seiner Rechte vorbehalten worden sind. Wenn dies regelmäßig der gesamte Klageanspruch ist, decken sich die Streitwerte des Vor- und des Nachverfahrens. Der Beklagte kann den Streitwert auch nicht dadurch vermindern, daß er im Nachverfahren nur noch **teilweise Klageabweisung beantragt;** denn der Zeitpunkt der Wertbemessung liegt früher als dieser Antrag, nämlich bei Klageerhebung oder streitwertverminderndem Vorbehaltsurteil über einen Teil der Klageforderung; der Beginn des Nachverfahrens ist streitwertmäßig unerheblich (Schneider StrW-Komm „Wechselprozeß" Nr 4 m Nachw).

8 **III) 1)** Die **Zuständigkeit des ersten Gerichts** für das Nachverfahren bleibt bestehen, wenn es selbst das Vorbehaltsurteil erlassen hat.

9 **2)** Fällt dagegen das Vorbehaltsurteil erst im **Berufungsverfahren** (auf erfolgreiche Berufung des im ersten Rechtszug abgewiesenen Klägers oder des vorbehaltslos verurteilten Beklagten), dann wird das Nachverfahren im zweiten Rechtszug anhängig und ist dort fortzusetzen (RGZ 57, 186). Demgegenüber wird zunehmend die Auffassung vertreten, das Nachverfahren müsse, gleichgültig in welcher Instanz das Vorbehaltsurteil erlassen worden sei, immer im ersten Rechtszug beginnen, weil der Beklagte sonst einen Rechtszug verliere (Düsseldorf MDR 73, 856; Frankfurt MDR 77, 236). Richtig dürfte es sein, mit RGZ 57, 186 grundsätzlich die Zuständigkeit derjenigen Instanz anzunehmen, die erstmals das Vorbehaltsurteil erlassen hat, jedoch dann, wenn dies im zweiten Rechtszug geschehen ist, dem Berufungsgericht nach §§ 538 I Nr 4, 540 die Wahl zwischen Zurückverweisung und Selbstentscheidung zu lassen (so München OLGZ 66, 34; BayJMBl 55, 196). Aus der Fassung der Entscheidungsgründe in BGH LM § 538 ZPO Nr 11 dürfte zu schließen sein, daß auch der BGH an der Unabdingbarkeit der Zuständigkeit des Berufungsgerichts, das erstmals das Vorbehaltsurteil erlassen hat, nicht festhalten will. Die Rechtslage ist insofern also anders als diejenige bei Abstandnahme vom Urkundenprozeß im zweiten Rechtszug (o Rn 2 ff).

10 **3)** Wird erstmals in der **Revisionsinstanz** auf den Vorbehalt erkannt, dann kann der BGH an das LG durchverweisen; anderenfalls ist das OLG für das Nachverfahren als das angewiesene Gericht zuständig (Wieczorek § 565 Anm C IVc; § 600 Anm D Ib).

IV) Verteidigung des Beklagten im Nachverfahren (Stürner ZZP 85 [1972], 424). **1)** Da das Nachverfahren durch den **Wegfall der Beweisbeschränkungen** (§§ 592, 595 II) gekennzeichnet ist, kann der Beklagte alle im ordentlichen Prozeß zulässigen Beweismittel einführen, insbes gegenüber anspruchsbegründenden Tatsachen, für die der Urkundenbeweis geführt war, mit anderen Beweismitteln den Gegenbeweis antreten. Einwendungen und Einreden, für die er den Beweis nach § 595 II nicht führen konnte und die deshalb als im Urkundenprozeß unstatthaft (§ 598) zurückgewiesen wurden, kann er mit weiteren Beweismitteln verfechten (RG Gruch 37, 1148; SeuffA 55, 472; Kiel OLGE 35, 171), selbst wenn sie im Urkundenprozeß als widerlegt angesehen worden sind (RGZ 14, 323; 18, 380; Hamburg NJW 53, 1070). 11

2) Ob der Kläger das neue Vorbringen des Beklagten schon mit den Mitteln des Urkundenprozesses hätte entkräften können, ist unerheblich (BGH NJW 60, 100). **Denn auch der Kläger unterliegt keiner Rechtsbeschränkung.** Deshalb darf er sich auch durch Anschlußberufung verteidigen und mit ihr Ansprüche verfolgen, die er im Urkundenverfahren noch nicht geltend gemacht hatte (StJSch, 20. Aufl 1976, § 600 Rn 10 gegen KG ZZP 55 [1930], 300 f). 12

3) Da der Beklagte seinen Widerspruch (§ 599 I) nicht zu begründen brauchte, kann er anspruchsbegründende Tatsachen, die er im Urkundenprozeß nicht bestritten hatte, nunmehr **wirksam bestreiten** (BGH NJW 60, 100). Er kann beispielsweise die Echtheit der vorgelegten Urkunden, die Aktiv- oder Passivlegitimation noch jetzt angreifen. Das nachträgliche Bestreiten ist selbst dann möglich, wenn der Beklagte den Gegenbeweis bereits im Vorverfahren mit den Mitteln des § 595 II hätte führen können (BGH NJW 60, 100). Ein **Geständnis** nach § 288 behält allerdings für das Nachverfahren seine Wirkung und kann nur unter den Voraussetzungen des § 290 unbeachtlich werden (Frankfurt NJW 68, 2385). 13

4) Der Beklagte kann ferner **Einwendungen und Einreden neu erheben,** auch früher entstandene. Es macht dabei keinen Unterschied, ob die Einwendungen schon im Urkundenprozeß möglich gewesen wären (BGH NJW 60, 100; Köln MDR 59, 133) oder ob ihr Vorbringen im Urkundenprozeß ausgeschlossen war (vgl BGHZ 57, 300: Einwand des Beklagten im Wechselnachverfahren, ihm stehe gegen den Anspruch aus dem Grundgeschäft ein **Zurückbehaltungsrecht** zu). Auch die Einrede der mangelnden **Sicherheit für** die **Prozeßkosten** (§§ 110, 282) ist vom Beginn des Nachverfahrens ab möglich, weil erst dann der Befreiungsgrund des § 110 II 2 entfällt (Hamburg NJW 83, 526). 14

5) Ausgeschlossen sind **Einwendungen** des Beklagten im Nachverfahren, die im Vorbehaltsurteil ohne Rücksicht auf die Beweismittelbeschränkung im Urkundenprozeß als unbegründet zurückgewiesen worden sind, gleich ob als unschlüssig (BGH WPM 79, 272) oder wegen der Beweislage (BGH NJW 60, 576 Nr 8; MDR 73, 312 = ZZP 87 [1974], 87 m abl Anm Stürner). 15

6) Erst **nach dem Vorbehaltsurteil entstandene Einwendungen,** etwa zwischenzeitliche Zahlung, müssen im Nachverfahren vorgebracht werden; sie dürfen nicht für eine etwaige Vollstreckungsgegenklage aufgespart werden (RGZ 45, 432). Nach § 767 II sind sie unzulässig, weil sie vor Schluß der mündlichen Verhandlung des Nachverfahrens entstanden sind. 16

7) Wiederaufnahmegründe gegen das Vorbehaltsurteil müssen ebenfalls im Nachverfahren vorgebracht werden; eine selbständige Nichtigkeits- oder Restitutionsklage gegen das Vorbehaltsurteil müßte abgewiesen werden (§ 578 Rn 14). 17

8) Die **Zurückweisung verspäteten Vorbringens** im Nachverfahren richtet sich nur nach diesem, zB bei nachgeschobener Rüge aus § 1027 a (Düsseldorf NJW 83, 2149). Fristversäumnisse und Nachlässigkeiten im Vorverfahren wirken also nicht in das Nachverfahren fort. Ungeachtet dessen ist das Gericht zu vorbereitenden Maßnahmen nach § 273 verpflichtet (LG Berlin MDR 83, 235). Unabhängig davon ist Zurückweisung stets ausgeschlossen, wenn sie sich auf Einwendungen des Beklagten bezieht, die materiellrechtlich nicht schlüssig sind, da in diesem Fall wegen der lediglich erforderlichen Rechtsprüfung keine Verzögerung eintreten kann. Zur Unschlüssigkeit wegen **Bindungswirkung** s Rn 19. 18

V) Bindung für das Nachverfahren (Bilda NJW 83, 124 ff) wird angenommen, soweit das Vorbehaltsurteil im Urkundenprozeß nicht auf der eigentümlichen Beschränkung der Beweismittel im Urkundenprozeß beruht (BGHZ 82, 115 m Nachw). Diese definitorische Umschreibung wird allerdings nicht immer durchgehalten; daher darf der Bekl zB noch im Nachverfahren das Bestreiten der Urkundenechtheit nachholen (BGHZ 82, 115 = JR 82, 333 m Anm Schreiber). Zur endkräftigen und damit bindenden Beurteilung gehören insbesondere **Schlüssigkeitsprüfung** und **Beweiswürdigung,** soweit nicht beachtliches neues Vorbringen zu einer abweichenden Beurteilung zwingt (Rn 15). Die gegenteilige Auffassung Stürners (ZZP 85, 1972, 424; 87, 1974, 87), der ein bindungsloses Nebeneinander von Vor- und Nachverfahren vertritt, ist abzulehnen (BGH WPM 81, 1299 [1300] = BGHZ 82, 115 = NJW 82, 183 = JR 82, 333 m Anm Schreiber). Die Kritik 19

Stürners sollte jedoch zum Anlaß genommen werden, präzisere Abgrenzungsformeln zu finden. Zu weit gehen sicherlich Wendungen (vgl RGZ 159, 175; Neustadt MDR 59, 668; etwas einschränkend BGH NJW 60, 576), wonach sämtliche Streitpunkte, über die das Vorbehaltsurteil befinden mußte, damit es überhaupt ergehen konnte, dem Nachverfahren entzogen seien, selbst wenn sie im Vorbehaltsurteil nicht ausdrücklich erörtert wurden. Im einzelnen gilt folgendes:

20 **1)** Das Nachverfahren kann sich nicht mehr auf **Einwendungen** erstrecken, die im Vorbehaltsurteil nicht infolge der Beschränkung der Beweismittel im Urkundenprozeß, sondern ohne Rücksicht darauf als materiell unbegründet zurückgewiesen worden waren (BGH ZZP 87 [1974], 87; WPM 79, 272). Bindend ist das Vorbehaltsurteil für das Nachverfahren, soweit es die **Prozeßvoraussetzungen** bejaht hat, zB die Zulässigkeit des Rechtswegs (RGZ 159, 176; Düsseldorf NJW 83, 2149 [keine entgegenstehende Schiedsabrede, § 1027 a]); die Zuständigkeit des ordentlichen Gerichts im Verhältnis zu den Arbeitsgerichten (BGH MDR 76, 206; BAG NJW 72, 35), die Parteifähigkeit (Köln MDR 72, 957), die Prozeßführungsbefugnis (München BayJMBl 56, 35). Auch die Zulässigkeit des Urkundenprozesses steht für das Nachverfahren bindend fest (BGH NJW 62, 446; ZZP 87 [1974], 86).

21 **2)** Bindend ist ferner, wenn auch unter dem Vorbehalt neuen tatsächlichen Vorbringens, die **rechtliche Einordnung des Klageanspruchs** (RGZ 159, 179; BGH MDR 69, 34; aA Stürner ZZP 87 [1974], 92), die Bejahung derjenigen Anspruchsvoraussetzungen, ohne deren rechtliche Beurteilung kein Vorbehaltsurteil zugunsten des Klägers hätte ergehen dürfen (BGH MDR 60, 397; MDR 69, 34), zB die Fälligkeit der Klageforderung (BGH WM 57, 66), die Formgültigkeit des Wechsels (BGH WM 69, 1279; Frankfurt NJW 68, 2385), die Wirksamkeit des Begebungsvertrages (BGH WPM 79, 272) oder die Wechselrechtsfähigkeit (Köln MDR 72, 957).

22 **3)** Die **abschließende** – sei es auch stillschweigende (RGZ 159, 177) – **Zurückweisung von Einwendungen und Einreden** des Beklagten, für die der Sachverhalt vollständig vorgetragen war, aus anderen Gründen als wegen der Beweisbeschränkungen des Urkundenprozesses bindet im Nachverfahren ebenfalls (BGH MDR 60, 397; 69, 34; NJW 73, 467; ZZP 87 [1974], 86), etwa der Verjährungseinrede (RGZ 63, 370). Unerheblich ist dabei, ob über die Einwendungen schon im Vorbehaltsurteil entschieden werden mußte; maßgebend ist nur, ob es geschehen ist (BGH NJW 60, 576; Köln MDR 59, 133). Für das Beharren auf solchen Einwendungen, zB hinsichtlich eines übersehenen Mangels des Wechsels, steht nur der Rechtsmittelweg gegen das Vorbehaltsurteil offen (BGH NJW 62, 446; MDR 69, 34; WPM 69, 1279).

23 **4)** Die im Urkundenprozeß in tatsächlicher Hinsicht **nicht genügend substantiierten** oder dort **nicht erwiesenen** oder **widerlegten Einwendungen** sind im Nachverfahren insoweit weiter verfolgbar, als dazu neue Darlegungen oder neue Beweisanträge gebracht werden (o Rn 11 u Wieczorek, 2. Aufl 1977, § 600 Anm C Ic 2).

24 **VI)** Soweit das Vorbehaltsurteil bindende Wirkung hat, gilt das nicht nur für das erkennende Gericht, sondern auch für das **Rechtsmittelgericht** des Nachverfahrens (Köln MDR 72, 957). Mit dem Erlaß des Vorbehaltsurteils ist der Urkundenprozeß beendet (BGH ZZP 87 [1974], 86), nicht dagegen das Nachverfahren. Infolgedessen können **Entscheidungsdivergenzen** auftreten, die es unerläßlich machen, die möglichen Prozeßlagen sorgfältig auseinanderzuhalten.

25 **1)** Das **Vorbehaltsverfahren** geht **zuungunsten des Klägers** aus: **a)** Seine **Klage wird** im Vorbehaltsverfahren **endkräftig abgewiesen,** etwa mangels Schlüssigkeit oder wegen geführten Gegenbeweises. Dann hat der Kläger nur die Möglichkeit, gegen die Klageabweisung **Berufung** einzulegen. Ein Nachverfahren gibt es nicht (§ 599 I); einem erneuten Rechtsstreit im ordentlichen Verfahren steht die Rechtskraft entgegen.

26 **b)** Wird im Vorbehaltsverfahren die **Klage als im Urkundenprozeß unstatthaft abgewiesen** (§ 597 II), dann gibt es ebenfalls kein Nachverfahren (§ 599 I); der Kläger kann aber **Berufung** gegen das Vorbehaltsurteil einlegen oder eine neue, durch weitere Beweismittel verbesserte Urkundenklage oder eine neue Klage im ordentlichen Verfahren erheben (§ 597 Rn 7).

27 **2)** Geht das **Vorbehaltsverfahren zugunsten des Klägers** aus, wird also der Beklagte unter Vorbehalt der Ausführung seiner Rechte verurteilt (§ 599 I), dann geht das Vorbehaltsverfahren ohne weiteres in das Nachverfahren über (in der Praxis wird erst auf Stellung eines Antrages hin weiter verhandelt). Folgende Situationen können auftreten:

28 **a)** Gegen das Vorbehaltsurteil wird **vom Beklagten Berufung** eingelegt; das Vorbehaltsurteil wird in zweiter Instanz aufgehoben und der Kläger mit der Klage rechtskräftig abgewiesen. Dann wird dadurch das Nachverfahren hinfällig, selbst wenn in diesem inzwischen ein Urteil auf Verurteilung des Beklagten ergangen ist. Das gilt auch dann, wenn die Aufhebung des Vorbehaltsurteils durch rechtskräftiges Versäumnisurteil erfolgt. In jedem Fall ist **das Urteil im Nachverfahren vom Bestand des Vorbehaltsurteils abhängig;** das formell rechtskräftige Urteil

im Nachverfahren wird erst dann materiell rechtskräftig, wenn auch das Vorbehaltsurteil rechtskräftig geworden ist. Bis dahin ist das Urteil im Nachverfahren **auflösend bedingt,** so wie beim Zwischenurteil nach § 280 (BGH ZZP 87 [1974], 86 f m abl Anm Stürner S 93). Wird das Vorbehaltsurteil zweitinstanzlich in Klageabweisung abgeändert, dann ist ab dann auch ein Rechtsmittel gegen ein bereits ergangenes Urteil im Nachverfahren unzulässig. Ist es bereits eingelegt worden, so ist das Rechtsmittelverfahren durch **prozessuale Überlagerung** erledigt und auf die **Kosten** zu beschränken. Soweit das Nachverfahren im ersten Rechtszug begonnen hat (was wegen der Versendung der Akten an das Berufungsgericht nur bei Aktenvervielfältigung vorkommen kann), ist nach Klageabweisung nur noch über die Kosten des Nachverfahrens zu entscheiden (Hamburg OLGE 13, 177; Wieczorek, 2. Aufl 1977, § 600 Anm B IIb).

b) Stellt sich der **Anspruch des Klägers** auch im Nachverfahren als **begründet** heraus, dann wird das im Urkundenprozeß erlassene Urteil „aufrechterhalten" oder „bestätigt" (die Formulierung ist unwesentlich) mit der Maßgabe, daß der darin ausgesprochene Vorbehalt wegfällt (RGZ 46, 76). Die **Urteilsformel** mag lauten: „Das Vorbehaltsurteil des LG X-Stadt vom ... bleibt aufrechterhalten. Der Vorbehalt entfällt." Diese Entscheidung ist jedoch auflösend bedingt durch den Ausgang eines etwaigen Rechtsmittels gegen das Vorbehaltsurteil (vorstehend Anm 28; Wieczorek, 2. Aufl 1977, § 600 Anm B IIIb). Streitig ist, ob bei Aufrechterhaltung des Vorbehaltsurteils dessen **Ausspruch im Kostenpunkt** nunmehr das ganze Verfahren betrifft. Dafür spricht, daß Vorbehalts- und Nachverfahren prozeßrechtlich eine Einheit bilden, so daß sich eine erneute Kostenentscheidung nach §§ 91 ff ebenso erübrigt wie eine (neue) Gesamtkostenentscheidung. Die Frage zu diskutieren, lohnt nicht, weil es immer zweckmäßig und angebracht ist, schon aus Gründen der Klarheit zu tenorieren: „Der Beklagte hat auch die weiteren Kosten des Rechtsstreits zu tragen." Kosten, die dadurch entstanden sind, daß der Kläger nicht von Anfang an im ordentlichen Verfahren geklagt hat, gehen grundsätzlich zu Lasten des Beklagten (BGHZ 17, 35); jedoch sollte **§ 97 II** angewandt werden. Die **vorläufige Vollstreckbarkeit** des aufrechterhaltenen Urteils im Nachverfahren richtet sich nach § 708 Nr 5. **29**

c) Wird das **Vorbehaltsurteil** im Nachverfahren **aufgehoben** und die **Klage** rechtskräftig **abgewiesen** (Rn 28), dann endet damit auch ein etwa in höherer Instanz noch schwebender Urkundenprozeß (BGH NJW 73, 467; ZZP 87 [1974], 86). Der Kläger, der im Urkundenprozeß obsiegt hat, aber im Nachverfahren unterliegt, hat die sämtlichen **Kosten** zu tragen, also auch diejenigen des Urkundenprozesses, selbst wenn das Schlußurteil dies nicht ausdrücklich anordnet (KG OLGE 7, 299; Koblenz JurBüro 85, 1886). Es ergibt sich aus der Einheit des Vor- und Nachverfahrens, die sich auch kostenrechtlich auswirkt. Auch hier ist **§ 97 II** anzuwenden, so daß der Beklagte mit Kosten des Rechtsmittelverfahrens belastet werden kann, wenn er die Abweisung im Nachverfahren nur auf Grund von Vorbringen und Beweisen erreicht hat, die er schon im Vorverfahren hätte geltend machen können (StJSch, 20. Aufl 1976, § 600 Anm 31, gg Hamburg OLGE 17, 182). **30**

3) Zu dem vorstehend dargestellten **Verhältnis des Vorverfahrens zum Nachverfahren** wird von StJSchlosser (20. Aufl 1976, § 600 Anm 8) eine grundsätzlich abweichende Auffassung vertreten. Er schlägt vor, dem Vorverfahren prinzipiellen Vorrang einzuräumen und vom Kläger zu verlangen, Urkundenprozeß und Nachverfahren nicht gleichzeitig zu betreiben; vom Beklagten ist dann entsprechend eine Entscheidung zu fordern, ob er Berufung gegen das Vorbehaltsurteil einlegen oder sogleich ins Nachverfahren übergehen will. Ein gegen das Vorbehaltsurteil eingelegtes Rechtsmittel macht nach Sch. den Antrag auf Eröffnung des Nachverfahrens wegen Rechtshängigkeit unzulässig. Diese Auffassung steht im Zusammenhang mit der These, daß im Nachverfahren keine Bindung an Feststellungen aus dem Vorbehaltsurteil existiert (Anschluß an Stürner ZZP 85 [1972], 424; 87 [1974], 87). Bislang ist diese Auffassung vereinzelt geblieben. Es ist schwerlich anzunehmen, daß sie sich gegen eine Praxis durchsetzen wird, die durch eine vom RG bis zum BGH reichende Kette von Judikatur präjudiziert ist. **31**

VII) Nebenfolgen. 1) Bei Klageabweisung ist der Kläger (Verweis auf § 302 IV 2–4) zum **Ersatz des Schadens** verpflichtet, der dem Beklagten durch die Vollstreckung des Vorbehaltsurteils oder durch eine zur Abwendung der Zwangsvollstreckung gemachte Leistung entstanden ist (vgl dazu Henckel, Prozeßrecht und materielles Recht, S 265 ff). Der Beklagte kann diesen Schadensersatzanspruch durch selbständige Klage oder sogleich im Nachverfahren durch förmliche Widerklage, auch durch einfachen Zwischenantrag geltend machen; er kann auch mit diesem Anspruch die Aufrechnung erklären. **32**

2) Wegen der Möglichkeit, zur **Sicherung des Schadensersatzanspruchs** einen Arrest oder eine einstweilige Verfügung zu erwirken, vgl RG JW 98, 540. **33**

VIII) Abs 3: Die **Säumnisentscheidung** richtet sich nach §§ 330, 331.

34 **1)** Bei **Ausbleiben des Klägers** wird auf Antrag des Beklagten, ohne daß es der Mitteilung eines besonderen Antrages nach § 335 I Nr 3 bedarf, unter Aufhebung des Vorbehaltsurteils die Klage abgewiesen (§ 330).

35 **2) Erscheint der Beklagte nicht** in der mündlichen Verhandlung, dann ist das Vorbehaltsurteil für vorbehaltslos zu erklären (zur Urteilsformel s Rn 29).

36 **3)** Die **Entscheidung nach Aktenlage** ist gemäß §§ 331 a, 251 a zu fällen.

37 **IX)** Nach § 703 a II Nr 4 verläuft das weitere Verfahren nach einem auf Vorbehalt der Rechte beschränkten Widerspruch im Urkunden-, Wechsel- oder Scheck**mahnbescheid** entsprechend den dargestellten Regeln zu § 600.

38 **X) Gebühren:** s § 596 Rn 16 und Rn 12 vor § 592.

601 (weggefallen)

602 *[Wechselklage]*

Werden im Urkundenprozeß Ansprüche aus Wechseln im Sinne des Wechselgesetzes geltend gemacht (Wechselprozeß), so sind die nachfolgenden besonderen Vorschriften anzuwenden.

1 **I)** Der **Wechselprozeß ist** ein **Urkundenprozeß,** wenn auch ein spezieller. Daraus folgt, daß § 592 gilt und sämtliche anspruchsbegründenden Tatsachen urkundlich bewiesen werden müssen, wozu allerdings der Wechsel meist ausreichen wird.

2 **1) Ansprüche aus Wechseln** sind solche, die dem legitimierten Wechselinhaber oder dem Besitzer des Wechsels gegen den aus der Wechselunterschrift Verpflichteten zustehen. **Es gehören hierher:** die Ansprüche auf Zahlung der Wechselsumme gegen den Annehmer des gezogenen, den Aussteller des eigenen Wechsels und den Wechselbürgen (Art 28, 32, 48 ff, 78 WG), der Anspruch auf Zahlung der Rückgriffssumme (Art 48 WG), derjenige gegen den vollmachtlosen Unterzeichner des Wechsels (Art 8 WG) und der Anspruch aus einem abhanden gekommenen Wechsel auf Grund eines Ausschlußurteils nach § 1018 sowie nach Einleitung des Aufgebotsverfahrens und Sicherheitsleistung gemäß Art 90 I 2 WG. Daß der Kläger unstr Scheckinhaber gewesen ist, das Papier aber vor Klageerhebung verloren hat, genügt nicht (Frankfurt ZIP 81, 1192).

3 **2)** Die Wechselklage ist auch zulässig, wenn die Ansprüche von Personen geltend gemacht werden, die **keine wechselmäßige Legitimation** haben, wie der Zessionar oder der Pfändungspfandgläubiger. Desgleichen können Personen im Wechselprozeß verklagt werden, die kraft Gesetzes für die wechselmäßige Verbindlichkeit haften, so die **Erben** des Wechselzeichners, der **Übernehmer des ganzen Vermögens,** § 419 BGB (also nicht der Übernehmer einer speziellen Schuld, § 414 BGB), der **Übernehmer eines Handelsgeschäfts** (§ 25 HGB), gemäß § 128 HGB auch der **Gesellschafter** einer oHG (BGH MDR 60, 379) und der **Kommanditist** (§ 171 HGB) für die Wechsel der Gesellschaft. Haftet für die Wechselschuld das Gesamtgut, dann kann auch im Wechselprozeß die Verurteilung zur Duldung der Zwangsvollstreckung (§ 743) verlangt werden (RGZ 50, 51). Gewillkürte Prozeßstandschaft ist zulässig; im Nachverfahren bedarf es für die Zulassung keines Ermächtigungsindossaments (BGH ZIP 83, 279).

4 **3) Gemeinsame Wechselinhaber** können gemeinschaftlich klagen.

5 **4) Nicht statthaft** ist der Wechselprozeß für Ansprüche aus **Art 45 WG** (Schadensersatz gegen den Nachmann wegen unterlassener oder verspäteter Benachrichtigung), **Art 50 WG** (Auslieferung von Wechsel und Protest gegen Erstattung der Wechselsumme), **Art 55 IV WG** (Anspruch des Honoraten gegen den Ehrenannehmer oder Ehrenzahler), **Art 16 II WG** (Anspruch auf Herausgabe des Wechsels gegen den nach Wechselrecht legitimierten Besitzer). Einzelheiten sind umstritten, insbesondere die Frage, ob der **Bereicherungsanspruch aus Art 89 WG** wechselprozeßfähig ist (verneinend RG Gruch 28, 1013; Wieczorek, 2. Aufl 1977, § 602 Anm B II b 1). Praktische Bedeutung kommt dieser Frage jedoch letztlich nicht zu; denn die Wechselklage wird fast immer daran scheitern daß der Kläger die Bereicherung des Ausstellers oder Akzeptanten zu seinem Nachteil nicht mit den Beweismitteln des Urkundenprozesses dartun kann.

5) Ansprüche, für die der **Wechselprozeß nicht zugelassen** ist, können in ihm auch **nicht** hilfsweise mitverfolgt werden (BGHZ 53, 17; WPM 72, 461). Dementsprechend ist auch die Rechtskraft eines klageabweisenden Urteils im Wechselprozeß eingeschränkt (BGH WPM 72, 461). 6

II) Rechtshängig wird nur der formelle Wechselanspruch, nicht der Anspruch aus dem Grundgeschäft (RGZ 26, 370). Neben der Klage aus dem Wechsel im ordentlichen Verfahren ist eine zusätzliche Klage im Wechselprozeß nicht statthaft (RGZ 160, 345). Anders ist es, wenn neben der Wechselklage im ordentlichen Rechtsstreit **aus dem Grundgeschäft geklagt** wird. In diesem Fall sind die in beiden Prozessen geltend gemachten Ansprüche streitgegenstandsmäßig nicht identisch, so daß auch das Prozeßhindernis der Rechtshängigkeit nicht besteht (Karlsruhe-Freiburg NJW 60, 1955). Das muß auch dann gelten, wenn der Wechselprozeß ins Nachverfahren übergeleitet wird (insoweit anscheinend aA Dresden OLGE 7, 299). Da auch die Aufrechnung eine Forderung nicht iS des § 261 rechtshängig macht (BGHZ 57, 242), darf mit einer im Wechselprozeß geltend gemachten Forderung in einem anderen Rechtsstreit die Aufrechnung erklärt werden, auch wenn das Wechselnachverfahren anhängig ist (BGH MDR 77, 1013). Das führt dann dazu, daß – ebenso wie bei der Klage aus dem Grundgeschäft neben der Wechselklage – in beiden Prozessen dieselben Einwendungen geltend gemacht werden dürfen, insbesondere also solche aus dem Grundgeschäft wie ungerechtfertigte Bereicherung, Zurückbehaltung oder die Einrede des nicht erfüllten Vertrages (BGHZ 57, 300; aA Oldenburg NJW 70, 667). 7

III) Zulässig ist der **Übergang vom Wechselprozeß zum Urkundenprozeß,** da es sich um die nämliche Verfahrensart handelt (o Rn 1; BGHZ 53, 17). Auch der umgekehrte Übergang – vom Urkundenprozeß zum spezielleren Wechselprozeß – ist zu gestatten (ebenso Wieczorek, 2. Aufl 1977, § 596 Anm B). **Unzulässig** ist es nur, in beiden Verfahrensarten **nebeneinander** zu klagen (BGHZ 53, 17). Das entspricht der Entwicklung der Judikatur, wonach (entgegen RGZ 79, 69) durch Klageänderung nach § 263 ZPO vom ordentlichen Prozeß zum Urkundenprozeß übergegangen werden darf (BGHZ 69, 66). 8

IV) Nach Art 39 WG hat der Inhaber auf Verlangen gegen Zahlung den quittierten Wechsel auszuhändigen. Deshalb ist die **Urteilsformel** dahin zu fassen, daß die Zahlung **Zug um Zug** gegen Aushändigung des quittierten Wechsels zu geschehen hat (Nürnberg BB 65, 1293; Celle WPM 65, 984; Liesecke DRiZ 70, 318; aA Bl-Hartmann § 602 Anm 3 B). Nach RGZ 37, 5 enthält die Verurteilung, auch wenn dieser Zusatz fehlt, konkludent die Klausel „gegen Aushändigung des quittierten Wechsels“. 9

V) Wechselsachen sind **Feriensachen** (s Rn 10 vor § 592). 10

VI) Den Wechseln sind **Schecks** gleichgestellt (§ 605a). Die §§ 603 ff sind unanwendbar, wenn ein Anspruch aus einem Wechsel oder Scheck im ordentlichen Verfahren geltend gemacht wird. 11

603 *[Gerichtsstand]*

(1) Wechselklagen können sowohl bei dem Gericht des Zahlungsortes als bei dem Gericht angestellt werden, bei dem der Beklagte seinen allgemeinen Gerichtsstand hat.

(2) Wenn mehrere Wechselverpflichtete gemeinschaftlich verklagt werden, so ist außer dem Gericht des Zahlungsortes jedes Gericht zuständig, bei dem einer der Beklagten seinen allgemeinen Gerichtsstand hat.

I) Zahlungsort. Dieser **Gerichtsstand** ist **zusätzlich** eingeräumt und auch dann zur Wahl, wenn er nicht Erfüllungsort eines im Wechselprozeß zulässigen Anspruchs ist. Wird jedoch ein Anspruch aus einem Wechsel unmittelbar **im ordentlichen Verfahren** geltend gemacht, dann ist **§ 603 unanwendbar.** Umgekehrt wird der durch die Erhebung der Wechselklage einmal begründete Gerichtsstand durch den Übergang ins ordentliche Verfahren **nicht wieder aufgehoben.** 1

1) Gericht des Zahlungsorts: Art 1 Nr 5; 75 Nr 4 WG; Art 1 Nr 4 ScheckG. Der Zahlungsort geht aus dem Wechsel hervor. Im Zweifel ist der bei dem Namen oder der Firma des Bezogenen angegebene Ort maßgebend. Die Klausel „Zahlbar hier und allerorten“ (ROHG 4, 261) meint nicht mehrere Zahlungsorte (was den Wechsel nichtig machen würde; RG Gruch 54, 403; BGH WPM 69, 1278), sondern enthält nur die **Unterwerfungserklärung** unter den vom Gläubiger zu wählenden Gerichtsstand (B-Hefermehl WG Art 1 Anm 10). Sie ermöglicht dem Wechselinhaber Klage am jeweiligen Aufenthaltsort. Ist ein Zahlungsort in **mehrere Gerichtsbezirke** geteilt, dann ist die ganze Ortschaft Zahlungsort iS des WG (Stranz, WG Art 1 Anm 15) und damit auch des § 603 (KG OLGE 15, 154). 2

3 **2)** Ein **deutscher Zahlungsort begründet** auch die **internationale Zuständigkeit** der deutschen Gerichte für Klagen gegen Ausländer ohne Rücksicht darauf, ob das Urteil im Ausland anerkannt wird (Düsseldorf NJW 69, 380). Für die internationale Zuständigkeit der inländischen Gerichte im EWG-Bereich gelten Art 2 ff des EWG-Gerichtsstand- und Vollstreckungsübereinkommens vom 27. 9. 68 (BGBl 1972 II S 773; 1973 II S 60).

4 **II)** Der **allgemeine Gerichtsstand** bestimmt sich nach §§ 12–17. Da die Gerichtsstände des § 603 I **nicht ausschließlich** sind, hat der Kläger auch die Wahl (§ 35), in einem besonderen Gerichtsstand nach §§ 20–23, 28, 39, 31 zu klagen.

5 **1)** Zulässig ist auch die **Vereinbarung eines Gerichtsstandes,** zB des Erfüllungsorts für das Grundgeschäft (RG JW 95, 166; 03, 46), soweit §§ 38 ff nicht entgegenstehen. Auch die Vereinbarung eines **ausschließlichen** Gerichtsstandes ist möglich (BGHZ 49, 126). In diesem Fall muß die Vereinbarung in den Wechsel aufgenommen werden, wenn sie auch gegenüber einem Dritterwerber des Wechsels wirken soll, der sich dieser Vereinbarung nicht unterworfen hat (RG JW 03, 46). Darüber hinaus ist die Aufnahme der Gerichtsstandsvereinbarung in den Wechsel nicht erforderlich (LG Berlin JW 26, 877; nach § 38 II 2 ist jedoch schriftliche Abfassung oder Bestätigung nötig).

6 **2)** Auch die **internationale Zuständigkeit** kann **vereinbart** werden (BGHZ 49, 124; 59, 23). Zu Gerichtsstandsvereinbarungen im EWG-Bereich s Art 17 des Übereinkommens vom 27. 9. 68 (BGBl 1972 II S 773; 1973 II S 60).

7 **3)** Für Wechselklagen aus **Abzahlungsgeschäften** sowohl des Verkäufers als auch der Finanzierungsbank, gilt ausschließlich der Gerichtsstand des **§ 6a I AbzG,** auch wenn abweichende Vereinbarungen getroffen worden sind (Stuttgart MDR 73, 321; LG Mannheim NJW 70, 2112; Löwe NJW 71, 1829; Meyer MDR 71, 812; Lieser/Bott/Grothwohl DB 71, 906, wohl auch BGHZ 62, 111; aA StJSch, 20. Aufl 1976, § 603 Anm 2; Evans-v Krbek NJW 75, 861).

8 **III)** Für die **sachliche Zuständigkeit** gelten keine Besonderheiten. Am LG ist nach § 95 I Nr 2, 3 GVG die Kammer für Handelssachen zuständig, was jedoch zu beantragen ist (§§ 96, 98 GVG). Wird **Arbeitsentgelt durch Scheck oder Wechsel** bezahlt, dann ist für die Scheck- oder Wechselklage das ordentliche Gericht zuständig, nicht das Arbeitsgericht, und zwar unabhängig davon, ob der Wechsel weitergegeben worden ist oder nicht (Großelanghorst/Kahler WPM 85, 1025 m Nachw). Bassenge (SchlHA 68, 201) will die Zuständigkeit davon abhängig machen, ob der Arbeitnehmer oder ein Dritter klagt. Ist das Nachverfahren bereits eingeleitet, darf schon wegen der Bindung an das die Prozeßvoraussetzungen bejahende Vorbehaltsurteil die Zuständigkeit des ordentlichen Gerichts nicht mehr verneint werden (BAG NJW 72, 1216). Die durchgehende Zuständigkeit des ordentlichen Gerichts rechtfertigt sich auch deshalb, weil im Arbeitsgerichtsverfahren kein Wechsel- oder Scheckprozeß geführt werden kann (§ 46 II 2 ArbGG), so daß der Arbeitgeber als Inhaber diese prozessuale Vergünstigung verlöre.

9 **IV) Schuldnermehrheit. 1)** Abweichend von § 36 Nr 3 räumt § 603 II dem Kläger die Befugnis ein, den Gerichtsstand zu bestimmen. Es ist nicht erforderlich, daß alle Wechselverpflichteten zugleich verklagt werden, sofern nur die Zustellung an den im Gerichtsbezirk wohnenden Beklagten bis zur Schlußverhandlung durchgeführt wird. In diesem Fall wirkt auch eine **unzulässige Klage gerichtsstandsbegründend** (ThP Anm zu § 603). Abs 2 trifft auch dann zu, wenn der Annehmer des Wechsels neben dem Aussteller, Indossant oder Wechselbürgen als **Streitgenosse,** § 60, verklagt wird oder einer der Wechselverpflichteten im Ausland wohnt.

10 **2)** Unanwendbar ist § 603 II, wenn die Klage im vereinbarten Gerichtsstand (Anm 5) erhoben wird, die **Vereinbarung** jedoch **nur mit einem der Streitgenossen** getroffen worden ist. Der vereinbarte Gerichtsstand ist nur erzwingbar, wenn er mit sämtlichen Wechselverpflichteten formgerecht ausbedungen worden ist.

11 **3)** Die einmal begründete **Zuständigkeit bleibt** ungeachtet nachträglicher Veränderungen der sie begründenden Umstände **erhalten** (§ 261 III Nr 2). Es kann also die Klage gegen den im Gerichtsbezirk wohnenden Beklagten im ersten Termin prozessual folgenlos zurückgenommen werden. Darin liegt die **Gefahr des Mißbrauchs.** Deshalb ist die **Arglisteinrede** gegeben, wenn ein Wechselverpflichteter lediglich deshalb mitverklagt wird, damit die anderen dem für ihn begründeten Gerichtsstand unterworfen werden können (RGZ 51, 175: hierin liege eine gegen Treu und Glauben verstoßende Erschleichung des Gerichtsstands).

604 *[Klageinhalt, Einlassungs- und Ladungsfrist]*
(1) Die Klage muß die Erklärung enthalten, daß im Wechselprozeß geklagt werde.

(2) Die Ladungsfrist beträgt mindestens vierundzwanzig Stunden, wenn die Ladung an dem Ort, der Sitz des Prozeßgerichts ist, zugestellt wird. In Anwaltsprozessen beträgt sie mindestens drei Tage, wenn die Ladung an einem anderen Ort zugestellt wird, der im Bezirk des Prozeßgerichts liegt oder von dem ein Teil zu dessen Bezirk gehört; dies gilt nicht für Meß- und Marktsachen.

(3) In den höheren Instanzen beträgt die Ladungsfrist mindestens vierundzwanzig Stunden, wenn die Zustellung der Berufungs- oder Revisionsschrift oder der Ladung an dem Ort erfolgt, der Sitz des höheren Gerichts ist; mindestens drei Tage, wenn die Zustellung an einem anderen Ort erfolgt, der ganz oder zum Teil in dem Landgerichtsbezirk liegt, in dem das höhere Gericht seinen Sitz hat; mindestens eine Woche, wenn die Zustellung sonst im Inland erfolgt.

I) **Erklärung** nach § 604 I muß **in der Klageschrift** enthalten sein; Nachholen in einem späteren Schriftsatz ist unwirksam (RGZ 79, 71). Die **Anforderungen, die an die Erklärung gestellt werden, sind gering.** Zur Annahme eines Wechselprozesses genügt es, wenn sich aus der Klageschrift entnehmen läßt, daß eine Wechselklage erhoben werden soll, beispielsweise die Bezeichnung der Klage als „Klage im Wechselprozeß“ oder „Wechselklage“. Im Scheckprozeß genügt die Bezeichnung, „es wird im Wechselprozeß geklagt“, wenn aus Klagebegründung und beigefügter Scheckabschrift der Wille zum Scheckprozeß eindeutig ist (RGZ 96, 100). 1

II) Der **Übergang vom Mahnverfahren in den Wechselprozeß** ist nur möglich, wenn bereits der Mahnbescheid im Wechselprozeß ergangen ist (§ 703 a II Nr 1). 2

III) Die in § 604 II aF geregelte **Einlassungsfrist** ist durch die Vereinfachungsnovelle beseitigt worden. Heute ist die allgemeine Einlassungsfrist des § 274 III maßgebend. Sie kann nach § 226 auf Antrag abgekürzt werden. 3

IV) 1) Die **Ladungsfristen** im ersten und zweiten Rechtszug sind in § 604 II, III genau festgelegt. Auch sie können nach § 226 verkürzt werden; das ist aber eine rein theoretische Möglichkeit, da in der Praxis bereits die Fristen des § 604 wesentlich überschritten werden. 4

2) Würde die **im Ausland zu bewirkende Zustellung** übermäßige Zeit in Anspruch nehmen, dann kann statt dessen öffentliche Zustellung bewilligt werden (Hamburg MDR 70, 426; Auslandszustellung 18 Monate!). 5

3) **Ort iS des § 604 II, III** ist die politische Gemeinde. Nach Art 88 WG, 55 III ScheckG kann die Justizverwaltung bestimmen, daß Nachbarorte als ein Ort gelten; s hierzu die VO v 26. 3. 34 (RGBl I S 161) u v 7. 2. 35 (RGBl I S 1432). 6

V) Zur **Sorgfaltspflicht des Rechtsanwalts** hinsichtlich der Fristenwahrung im Wechselprozeß s BGH VersR 69, 78; 70, 326; 75, 260, 644. Meist geht es dabei um falsche Fristnotierungen, weil die Feriensachen-Eigenschaft (§ 200 II Nr 6, 7 GVG) übersehen worden ist. 7

605 *[Beweismittel]*
(1) Soweit es zur Erhaltung des wechselmäßigen Anspruchs der rechtzeitigen Protesterhebung nicht bedarf, ist als Beweismittel bezüglich der Vorlegung des Wechsels der Antrag auf Parteivernehmung zulässig.

(2) Zur Berücksichtigung einer Nebenforderung genügt, daß sie glaubhaft gemacht ist.

I) Zur Erhaltung des wechselmäßigen Anspruchs bedarf es der **rechtzeitigen Protesterhebung,** insbesondere im Fall des Art 44 WG, Art 40 ScheckG (Verweigerung der Annahme, Zahlung oder Einlösung). In diesen Fällen muß der Kläger Vorlegung des Wechsels oder des Schecks urkundlich beweisen (§ 592). In den anderen Fällen (Anspruch gegen den Akzeptanten nach Art 53 WG; Erlaß des Protestes nach Art 46 WG) genügt es, wenn in der Klage die Vorlegung des Wechsels behauptet und dies vom Beklagten nicht bestritten wird. 1

1) Beim **Ausbleiben des Beklagten** gilt die Behauptung als zugestanden, § 331, auch wenn die Vorlegung nicht urkundlich nachgewiesen wird (KG OLGE 20, 330). 2

2) Die **Vorlage des Wechsels** zur Hauptsache erbringt Beweis auch für **Verzugszinsen.** 3

3) Soweit **Beweis notwendig** ist, kommt außer dem Urkundenbeweis auch Antrag auf **Parteivernehmung** in Betracht (§ 605 I). Ist die Wechselvorlegung formungültig und deshalb unwirksam, dann wird die Klage als unbegründet abgewiesen (RGZ 44, 121). 4

5 **II) § 605 II** bringt eine **weitere Ausnahme** zu § 592. Die **Glaubhaftmachung** richtet sich nach § 294. Sie gilt auch für Einwendungen des Beklagten gegen Nebenforderungen.

6 **1) Nebenforderungen** sind Zinsen, Provision, Protestkosten, Porto usw (vgl Art 48, 49, 52 WG). Die Praxis hält Spesennotenvorlage für genügend.

7 **2)** Neben der statthaften Glaubhaftmachung ist **Vollbeweis möglich,** so daß auch trotz § 294 II der Beweisantrag auf Parteivernehmung beachtlich ist (Frankfurt OLGE 10, 361).

605 a

[Scheckprozeß]

Werden im Urkundenprozeß Ansprüche aus Schecks im Sinne des Scheckgesetzes geltend gemacht (Scheckprozeß), so sind die §§ 602 bis 605 entsprechend anzuwenden.

1 **I)** Die **Erklärung,** „Im Wechselprozeß" zu klagen, reicht aus, wenn sich der Wechselanspruch aus Klagebegründung und Abschrift des Wechsels ergibt (RGZ 96, 100).

2 **II) Zuständig** ist nach § 95 I Nr 3 GVG die Kammer für Handelssachen, wenn ein entsprechender Antrag gestellt wird (§§ 96, 98 GVG).

3 **III)** Auch das Scheckverfahren ist **Feriensache** (§ 200 II Nr 7 GVG), und zwar sowohl im Vorwie im Nachverfahren (BGH VersR 77, 546); anders nur dann, wenn die Klage im Nachverfahren eindeutig (BGH VersR 79, 255) hilfsweise auch auf den Vertrag gestützt wird, in dessen Ausführung der Scheck begeben worden ist (BGH VersR 78, 255).

4 **IV)** Nach § 703 a kann der Anspruch auch im **Mahnverfahren** geltend gemacht werden.

5 **V)** Da der Scheckprozeß eine Unterart des Urkundenprozesses ist, darüber hinaus ohne jede Abweichung dem Wechselprozeß entspricht, ist wegen der Einzelheiten auf die Erläuterungen zu den §§ 592–600, 602–605 zu verweisen.

Sechstes Buch

FAMILIENSACHEN · KINDSCHAFTSSACHEN UNTERHALTSSACHEN · ENTMÜNDIGUNGSSACHEN

Einführung

Das sechste Buch regelt verschiedene besondere Prozeßarten, die nur teilweise miteinander zusammenhängen. Gewisse Parallelen bestehen – gleichsam als übergreifende Klammer – für alle sog Statussachen (Ehesachen, Kindschaftssachen und Entmündigungssachen), an denen außer den Beteiligten auch die Allgemeinheit ein besonderes Interesse hat. Soweit dieses Interesse reicht, verdrängt der Untersuchungsgrundsatz die Verhandlungsmaxime. Hieraus ergibt sich die Notwendigkeit, für die Statussachen besondere Verfahrensbestimmungen zu schaffen. 1

Außerdem regelt das sechste Buch Angelegenheiten, die mit einem Teil der Statussachen zusammenhängen können. Die sonstigen Familiensachen (typische aus der Ehe herrührende Streitigkeiten einschließlich Unterhaltsprozesse – § 621 I) können im Regelfall sowohl im Verbundverfahren mit der Ehescheidung zusammen als auch selbständig betrieben werden. Vergleichbar hiermit gestattet es § 643, in einem Urteil, das die nichteheliche Vaterschaft feststellt, den Vater zum Regelunterhalt zu verurteilen. Außerdem regelt das sechste Buch alle Besonderheiten des Verfahrens über den Unterhalt Minderjähriger. 2

Erster Abschnitt

VERFAHREN IN FAMILIENSACHEN

Erster Titel

ALLGEMEINE VORSCHRIFTEN FÜR EHESACHEN

Vorbemerkungen

I) Welche Sachen **Familiensachen** sind, ist in dem Katalog des § 23b I GVG abschließend aufgezählt. Die ZPO regelt im ersten Titel des ersten Abschnittes das Verfahren in Ehesachen (Begriff s Rn 2–24), im zweiten Titel das Verfahren in allen anderen Familiensachen (Begriff s § 621 Rn 1 ff) und im dritten Titel den Verbund zwischen Scheidungs- und anderen Familiensachen, in denen eine Entscheidung für den Fall der Scheidung von Amts wegen zu treffen ist oder von einem Ehegatten begehrt wird. Der vierte Titel enthält besondere Bestimmungen für einen Teil der im ersten Titel geregelten Ehesachen, nämlich für die Verfahren auf Nichtigerklärung und auf Feststellung des Bestehens oder Nichtbestehens einer Ehe. **Sachlich zuständig** ist das AG/FamG (§§ 23a Nr 4, 23b I 2 Nr 1 GVG). Berufungs- und Beschwerdegericht ist das **OLG** (§ 119 GVG); die Revision und die Beschwerde in den Fällen des § 519b II, des § 542 III iVm § 341 II und des § 568a gehen an den **BGH.** 1

II) Ehesachen sind nach § 606 I Verfahren, die zum Gegenstand haben: **1)** Die **Scheidung** (§§ 1564–1568 BGB), dh die Trennung der Ehe durch rechtsgestaltendes Urteil. Einziger Scheidungsgrund ist seit Inkrafttreten des 1. EheRG das Scheitern der Ehe (§ 1565 BGB). 2

2) Die **Aufhebung** der Ehe (§§ 28–37, 39 EheG). Aufhebungsgründe: Mangel der Einwilligung des gesetzlichen Vertreters (§ 30 EheG), Irrtum über die Eheschließung oder über die Person des anderen Ehegatten (§ 31 EheG), Irrtum über die persönlichen Eigenschaften des anderen Ehegatten (§ 32 EheG), arglistige Täuschung (§ 33 EheG), Drohung (§ 34 EheG) und Eheschließung bei Lebzeiten eines für tot erklärten Ehegatten (§ 39 EheG). 3

4 **3) Die Nichtigkeit der Ehe** (§ 631 Rn 2) und die Feststellung des Bestehens oder Nichtbestehens einer Ehe (§ 638).

5 **4) Die Herstellung des ehelichen Lebens** (§ 1353 BGB): Bis 1938 diente die Herstellungsklage zur Vorbereitung einer Scheidungsklage wegen böslichen Verlassens nach § 1567 II Nr 1 BGB aF. Stellte ein Ehegatte, obwohl er rechtskräftig dazu verurteilt worden war, die ehel Lebensgemeinschaft gegen den Willen des anderen in böser Absicht nicht wieder her, so konnte der andere die Scheidung verlangen. Seit Außerkrafttreten dieser Regelung hat die Herstellungsklage an Bedeutung verloren, zumal da das Herstellungsurteil nicht vollstreckbar ist (§ 888 II). Heute wird sie als Anachronismus empfunden (Wieczorek B I e 1, Gernhuber § 23, 4, MünchKomm/Wacke § 1353 Rn 6); dennoch hat sie die Eherechtsreform von 1976 überdauert. Die verfahrensrechtl Besonderheiten der §§ 606 ff und der Ausschluß der Zwangsvollstreckung erfordern es, die Herstellungsklage von ähnlichen Klagen abzugrenzen.

6 **a)** Die Herstellungsklage kann auf Herstellung der ehelichen Lebensgemeinschaft schlechthin gerichtet werden. Mit ihr kann auch die **Erfüllung einzelner Pflichten** verlangt werden, die aus der Gemeinschaft entstehen, wenn diese hierdurch wiederhergestellt wird (BGH FamRZ 71, 633 = MDR 72, 33; Hamburg FamRZ 67, 100). Aus der Verpflichtung zur Lebensgemeinschaft (§ 1353 I 2 BGB) lassen sich allerdings fast alle ehel Pflichten ableiten, zB auch die Pflicht, dem haushaltsführenden Ehegatten ein Wirtschaftsgeld oder dem bedürftigen Ehepartner einen Prozeßkostenvorschuß zu zahlen (§ 1360 a II und IV BGB). Die Erfüllung dieser Pflichten kann im Unterhaltsprozeß, notfalls durch einstweilige Verfügung, der Anspruch auf Prozeßkostenvorschuß auch durch einstweilige Anordnung durchgesetzt werden (§§ 127 a, 620 Nr 9, 621 f). Es besteht kein Rechtsschutzbedürfnis dafür, neben diesen Verfahrensarten das Eheverfahren zuzulassen, das nicht einmal zu einem Vollstreckungstitel führt (§ 888 II; MünchKomm/Wacke § 1360 Rn 34; Gernhuber § 23, 2; München NJW 63, 49).

7 **b)** Da die Herstellungsklage – wie das Vollstreckungsverbot des § 888 II zeigt – nur für den höchstpersönlichen Bereich der Ehe paßt, sind auch **andere vermögensrechtl Ansprüche** der Ehegatten gegeneinander keine Ehesachen (München aaO und FamRZ 79, 721/723; Hamburg FamRZ 82, 507; Koblenz FamRZ 82, 942; BayObLG FamRZ 85, 947; Walter JZ 83, 476), zB **aa)** der Anspruch auf Mitwirkung bei der Zusammenveranlagung zur Einkommensteuer (München FamRZ 79, 721; BayObLG aaO mwN; Tiedtke, FamRZ 77, 690 und 78, 385 ff) oder der Schadensersatzanspruch wegen Verweigerung der Mitwirkung (Frankfurt FamRZ 80, 274; Schleswig SchlHA 80, 163; Düsseldorf FamRZ 84, 805; Tiedtke aaO), mögen sie auch aus der Verpflichtung zur ehel Lebensgemeinschaft hergeleitet werden (BGH FamRZ 77, 38/41), **bb)** der Streit um den **Ausgleich zwischen gesamtschuldnerisch haftenden Ehegatten,** namentlich bei gemeinsamer Steuerveranlagung (Hamm FamRZ 79, 607), **cc)** der Streit darum, an welchen Ehegatten bei gemeinsamer Veranlagung der **Einkommensteuererstattungsbetrag** auszuzahlen ist (Schleswig SchlHA 80, 163), **dd)** die Klage, mit der ein Ehegatte von dem anderen einen Anteil am Lohnsteuerjahresausgleich verlangt (Hamburg FamRZ 82, 507). Diese Klagen betreffen auch nicht den gesetzlichen Unterhalt (§ 621 Rn 44).

8–11 Frei

12 **c)** Macht ein Ehegatte gegen den anderen einen **im persönl Bereich liegenden Anspruch** geltend, der aus der Verpflichtung zur ehel Lebensgemeinschaft herzuleiten ist, so muß er Herstellungsklage iS des § 606 I 1 erheben und kann im Falle seines Sieges nicht die Vollstreckung betreiben. Zu diesen Herstellungsklagen gehören: **aa)** die Klage auf **Unterlassung von ehewidrigen Handlungen** (Ehebruch, Körperverletzung, geschäftsschädigende Äußerungen, Bruch des Briefgeheimnisses – MünchKomm/Wacke § 1353 Rn 13; Gernhuber § 23, 2; Celle NJW 65, 1918), **bb)** Streitigkeiten von Ehegatten über die Art ihrer **Beiträge zum Familienunterhalt,** namentl die Klage auf Führung des Haushalts (MünchKomm/Wacke § 1360 Rn 34; Gernhuber § 23, 2), **cc)** die Klage auf **Unterrichtung** über den Bestand des Vermögens und über wesentliche Vermögensänderungen (Hamburg FamRZ 67, 100; Stuttgart FamRZ 79, 809 mwN; Staudinger/Thiele § 1386 Rn 22), **dd)** die Klage eines Ehegatten gegen den anderen, daß er es unterläßt, das Mietverhältnis für die Ehewohnung zu kündigen, **ee)** die Klage des einen Ehegatten gegen den anderen, ihm die **Benutzung der Ehewohnung** und des Hausrats zu gestatten, wenn der Kläger zugleich behauptet, auf diese Weise die eheliche Lebensgemeinschaft herstellen zu wollen. Maßgeblich für die Entscheidung, ob es sich um eine Ehesache handelt, ist allein diese Behauptung. Ist sie unbewiesen (weil zB der Kläger in einem anderen Prozeß die Ehescheidung begehrt), so hat das Familiengericht die Herstellungsklage nicht als unzulässig, sondern als unbegründet abzuweisen. Nur wenn sich bereits aus der Klagbegründung ergibt, daß der Kläger die Mitbenutzung der Ehewohnung erstrebt, die eheliche Lebensgemeinschaft aber nicht wieder aufnehmen will, hat das Familiengericht seine Zuständigkeit mit der Begründung zu verneinen, die

Klage betreffe keine Ehesache (Hamm FamRZ 81, 477; s auch § 12 Rn 14). **ff)** Ehesache ist auch die Herstellungsklage, mit der ein Ehegatte die Verurteilung des anderen dazu begehrt, daß dieser mit ihm eine **andere Wohnung bezieht** (Schleswig FamRZ 57, 420; Düsseldorf FamRZ 69, 153), **gg)** ferner die Klage, daß der andere Ehegatte eine Beratungsstelle für Suchtkranke aufsucht oder sich einer **Heilbehandlung** unterzieht, damit danach die eheliche Lebensgemeinschaft wiederhergestellt werden kann (Frankfurt FamRZ 82, 484 mwN).

Frei 13–18

d) Auch für im persönl Bereich liegende Streitigkeiten bestehen gelegentl **Sonderregelungen,** 19
die die allgemeine Herstellungsklage verdrängen: **aa)** Keine Ehesachen sind Streitigkeiten über die Beschränkung oder Ausschließung der **Schlüsselgewalt;** diese regelt das Vormundschaftsgericht (§ 1357 II 1 BGB). **bb)** Keine Ehesache ist die von der Rechtsprechung entwickelte **Ehestörungsklage,** mit der ein Ehegatte von dem anderen oder einem Dritten die Unterlassung von Ehestörungen im äußeren, räuml Lebensbereich, vor allem in der Ehewohnung, verlangen kann. Aus Art 6 GG ergibt sich die Notwendigkeit eines solchen Schutzes, der im Vollstreckungsbereich über den Schutz der Herstellungsklage hinausgeht (BGHZ 6, 361/365 f; 34, 80/85 f; LM 1b und 2 zu § 823 [Af] BGB; Braunschweig FamRZ 71, 648; München FamRZ 73, 93; Karlsruhe FamRZ 80, 139). Von der Herstellungsklage unterscheidet sich die Ehestörungsklage dadurch, daß jene den persönl Bereich der Ehe, diese den räuml-gegenständl Bereich schützt (BGHZ 6, 360/365; Hamm FamRZ 81, 477; Düsseldorf FamRZ 81, 577; anders Celle FamRZ 80, 242 = NJW 711, das die Ehestörungsklage zu den Herstellungsklagen rechnet und folgl die Vollstreckung des Unterlassungsurteils nur gegen die Freundin des unterlegenen Ehemannes zuläßt, nicht aber gegen diesen selbst).

Frei 20–21

5) Die der Herstellungsklage entsprechende **negative Feststellungsklage** wird üblicherweise 22
in die Form gekleidet, daß **Feststellung des Rechts zum Getrenntleben** begehrt wird. Eine solche Klage ist nur zulässig, wenn der Kläger ein rechtliches Interesse an der Feststellung seines Rechts hat (§ 256). Dieses Interesse besteht, wenn er der Herstellungsklage des anderen Ehegatten zuvorkommt. Daß der andere mit der Trennung nicht einverstanden ist, genügt nicht (anders Gernhuber § 23, 5). Hier bringt die Feststellung des Rechts zum Getrenntleben dem Kläger keinen Rechtsvorteil, und seine Klage ist deshalb mangels Rechtsschutzbedürfnisses unzulässig (München FamRZ 86, 807; Braunschweig FamRZ 80, 568; AG Groß-Gerau FamRZ 79, 504).

Frei 23

6) Ehesachen sind auch die Klagen, mit denen Ehegatten eine **im ausländischen Recht vorgesehene Gestaltung ihrer Ehe** durchsetzen wollen, zB das Trennungsverfahren des italienischen Rechts (Frankfurt FamRZ 79, 813 u NJW 84, 572; Schleswig, SchlHA 82, 74; Karlsruhe FamRZ 84, 184). Die Trennung von Tisch und Bett kann ausgesprochen werden, wo ein solcher Spruch nach dem anzuwendenden ausländischen Recht (dazu vgl Simson JZ 56, 579) vorgesehen ist (BGHZ 47, 324 gegen RGZ 167, 193; dazu Heldrich JZ 67, 675, München NJW 78, 1117; anders AG Darmstadt, FamRZ 77, 649). 24

7) Parteien von Ehesachen können nur die Ehegatten (bei Bigamie ausnahmsweise auch ein Ehegatte der früheren Ehe) und der Staatsanwalt sein (§ 632). Im Verfahren nach den §§ 606 ff kann nicht auf Feststellung geklagt werden, daß zwischen dem Beklagten und einem Dritten oder zwischen zwei am Prozeß nicht beteiligten Personen eine Ehe besteht oder nicht besteht (Hamm FamRZ 80, 706). Trotzdem kann im gewöhnl Zivilprozeß über das Bestehen oder Nichtbestehen einer Ehe zwischen beliebigen Personen entschieden werden, wenn dieser Punkt als Vorfrage, zB eines Erbschaftsprozesses, von Bedeutung ist. 25

8) Über die Bewilligung von **Prozeßkostenhilfe** für Scheidungssachen s § 114 Rn 42 ff u § 624 Rn 5 ff. Rechtskräftige Urteile, durch die eine Ehe geschieden, aufgehoben oder für nichtig erklärt wird, sind **Gestaltungsurteile** und wirken deshalb für und gegen alle. Diese Wirkung haben nach den Ausnahmebestimmungen der §§ 636 a, 638 S 2 auch rechtskräftige Urteile, durch die eine Nichtigkeitsklage abgewiesen oder das Bestehen oder Nichtbestehen einer Ehe festgestellt wird. Wird ein Scheidungsantrag, eine Aufhebungs- oder Herstellungsklage abgewiesen oder wird festgestellt, daß Ehegatten zum Getrenntleben berechtigt sind, so wirkt das rechtskräftige Urteil nur zwischen den Parteien. 26

III) Alle **sonstigen** die Ehe berührenden **Streitigkeiten** (elterl Sorge, Unterhalt, Zugewinnausgleich) sind auch dann keine Ehesachen, wenn sie als Folgesachen mit einer Ehesache verbunden werden (BayObLG FamRZ 79, 939; BGH FamRZ 80, 48 = NJW 188 = MDR 215). 27

606 *[Örtliche Zuständigkeit]*
(1) Für Verfahren auf Scheidung, Aufhebung oder Nichtigerklärung einer Ehe, auf Feststellung des Bestehens oder Nichtbestehens einer Ehe zwischen den Parteien oder auf Herstellung des ehelichen Lebens (Ehesachen) ist das Familiengericht ausschließlich zuständig, in dessen Bezirk die Ehegatten ihren gemeinsamen gewöhnlichen Aufenthalt haben. Fehlt es bei Eintritt der Rechtshängigkeit an einem solchen Aufenthalt im Inland, so ist das Familiengericht ausschließlich zuständig, in dessen Bezirk einer der Ehegatten mit den gemeinsamen minderjährigen Kindern den gewöhnlichen Aufenthalt hat.

(2) Ist eine Zuständigkeit nach Absatz 1 nicht gegeben, so ist das Familiengericht ausschließlich zuständig, in dessen Bezirk die Ehegatten ihren gemeinsamen gewöhnlichen Aufenthalt zuletzt gehabt haben, wenn einer der Ehegatten bei Eintritt der Rechtshängigkeit im Bezirk dieses Gerichts seinen gewöhnlichen Aufenthalt hat. Fehlt ein solcher Gerichtsstand, so ist das Familiengericht ausschließlich zuständig, in dessen Bezirk der gewöhnliche Aufenthaltsort des Beklagten oder, falls ein solcher im Inland fehlt, der gewöhnliche Aufenthaltsort des Klägers gelegen ist. Haben beide Ehegatten das Verfahren rechtshängig gemacht, so ist von den Gerichten, die nach Satz 2 zuständig wären, das Gericht ausschließlich zuständig, bei dem das Verfahren zuerst rechtshängig geworden ist; dies gilt auch, wenn die Verfahren nicht miteinander verbunden werden können. Sind die Verfahren am selben Tage rechtshängig geworden, so ist § 36 entsprechend anzuwenden.

(3) Ist die Zuständigkeit eines Gerichts nach diesen Vorschriften nicht begründet, so ist das Familiengericht beim Amtsgericht Schöneberg in Berlin ausschließlich zuständig.

Übersicht

1 **I) Zuständigkeit in Ehesachen: 1)** Die Vorschrift definiert den Begriff **Ehesache** (s Rn 2–24 vor § 606) und regelt die **Zuständigkeit** in Ehesachen, anknüpfend an die §§ 23 a Nr 4, 23 b I 2 Nr 1 GVG. Nach diesen Bestimmungen ist das AG sachlich und die Abteilung für Familiensachen (Familiengericht) gerichtsintern zuständig. Ergänzend dazu bestimmt § 606, daß die sachl Zuständigkeit **ausschließlich** ist und regelt außerdem die **örtliche** Zuständigkeit des FamG wiederum als ausschließl. Die Zuständigkeit ist in jeder Lage des Verfahrens von Amts wegen zu prüfen (BGH MDR 58, 316).

2 **2)** Ist das FamG örtl zuständig, so ist es regelmäßig auch **international** (BGH FamRZ 76, 336 = NJW 1590 = MDR 745) und **interlokal** (BGHZ 91, 186 = FamRZ 84, 674 = NJW 2361) zuständig. Ausnahmen hiervon regelt § 606 a I für den Fall, daß beide Ehegatten nicht deutsche Staatsangehörige sind. Ergibt diese Vorschrift, daß die deutschen Gerichte zuständig sind, so richtet sich die örtl Zuständigkeit wiederum nach § 606.

3 **3)** Ist das angerufene Gericht sachl oder örtl unzuständig, so kann das Verfahren auf Antrag des Klägers/Antragstellers an das zuständige Gericht **verwiesen** werden (§ 281 I). Fehlt die internationale Zuständigkeit des angerufenen Gerichts, so kann der Antrag bzw die Klage nicht an ein ausländisches Gericht verwiesen werden, sondern ist als unzulässig abzuweisen.

4 **II) Örtliche Zuständigkeit: 1) Zuständigkeitsbegründende Merkmale** sind der gewöhnl Aufenthalt und der gemeinsame gewöhnl Aufenthalt der Ehegatten. Dabei ist auf den **Aufenthalt im Inland** abgestellt, weil sich nur dann aus ihm die Zuständigkeit eines inländ Familiengerichts ergeben kann. Zum Inland in diesem Sinn gehört nur das Gebiet, in dem die eigene Gerichtsbarkeit ausgeübt wird, nicht die DDR (so schon BGHZ 7, 219; 34, 139; NJW 56, 1031).

5 **2) Gewöhnl Aufenthalt:** Die Begriffe Wohnsitz und gewöhnl Aufenthalt sind zwar verwandt, aber nicht gleichbedeutend. Der Wohnsitz (§§ 7 ff BGB) wird an dem Ort begründet, wo jemand sich ständig niederläßt, was gleichzeitig an mehreren Orten der Fall sein kann; er hängt von einem rechtl erheblichen Willensakt ab. Für den gewöhnl Aufenthalt kommt es dagegen nur auf die tatsächliche, auf eine gewisse Dauer berechnete Eingliederung in die Umgebung, nicht auf

einen Willen in bestimmter Richtung oder auf die Willens- und Handlungsfähigkeit der betr Person an (BGH 21, 318; Stuttgart NJW 80, 1227 f), auf den Mittelpunkt der Lebensführung (BayObLG FamRZ 84, 1259/1261). Er kann – genügend lange Zeit vorausgesetzt – auch dort gegeben sein, wo jemand sich gegen seinen Willen aufhält, zB in einer Strafanstalt (Stuttgart MDR 64, 768, Düsseldorf MDR 69, 143; Schleswig SchlHA 80, 73, anders SchlHA 55, 98 u Schneider FamRZ 60, 54); in einer Heilanstalt (Schneider aaO), einem Flüchtlingslager (Schleswig SchlHA 55, 166; anders SchlHA 55, 98).

Der gewöhnl Aufenthalt fällt auch mit dem **Wohnsitz** nicht unbedingt zusammen. Der Wohnsitz eines kasernierten Berufssoldaten oder Soldaten auf Zeit am Standort (§ 9 BGB) schließt nicht aus, daß er seinen gewöhnl Aufenthalt am Familienwohnort hat (Frankfurt NJW 61, 1586; SchlHOLG SchlHA 63, 125). Es kann jemand seinen Wohnsitz aus berufl Gründen in der Stadt, seinen gewöhnl Aufenthalt bei Verwandten auf dem Land haben. Der Wohnsitz kann im Ausland oder in der DDR, der gewöhnl Aufenthalt in der Bundesrepublik gegeben sein. Der deutsche Beamte mit Dienstsitz im Ausland hat vermöge des § 15 zwar Wohnsitz im Inland, aber nicht seinen gewöhnl Aufenthalt (Düsseldorf FamRZ 68, 467 mit Anm Beitzke). Der ausländische Diplomat hat bei nicht nur vorübergehender Tätigkeit an einer Botschaft im Bundesgebiet dort ungeachtet seines ausländ Wohnsitzes seinen gewöhnl Aufenthalt (LG Köln MDR 62, 903). Es ist auch mögl, daß jemand überhaupt keinen Wohnsitz, aber einen gewöhnl Aufenthalt hat. Andererseits kann jemand mehrfachen Wohnsitz, aber nur einen gewöhnl Aufenthalt haben; denn ein gleichzeitiger gewöhnl Aufenthalt an mehreren Orten ist schwer vorstellbar (wer im Sommer an der See, im Winter in der Großstadt lebt, hat nicht gleichzeitig zwei gewöhnl Aufenthalte, sondern im Sommer einen anderen als im Winter). Bei Trennung der Eltern erlangt das Kind einen von beiden abgeleiteten Doppelwohnsitz (BGH FamRZ 84, 162); seinen gewöhnlichen Aufenthalt hat es bei dem Elternteil, in dessen Obhut es sich befindet. 6

Der gewöhnl **Aufenthalt** braucht kein **ständiger** zu sein; durch vorübergehende Abwesenheit entfällt er nicht; es darf sich aber nicht nur um einen gelegentl oder vorübergehendes Verweilen handeln (Düsseldorf DR 44, 628; Kassel NJW 49, 868; Stuttgart FamRZ 82, 84). Das Wochenende in der Ferienwohnung ändert nichts am gewöhnl Aufenthalt in der Stadt (vgl a Karlsruhe FamRZ 70, 410). 7

3) Ihren **gemeinsamen gewöhnlichen Aufenthalt** haben die Ehegatten dort, wo sich der Mittelpunkt des Ehelebens befindet, die persönlichen, familiären und die hauswirtschaftl Beziehungen der Ehegatten sich vereinen. Ein solcher Fall kann auch beim Fehlen einer gemeinsamen ständigen Wohnung gegeben sein (vgl Schleswig SchlHA 50, 195; Hamm MDR 57, 171). Ununterbrochene gemeinsame Anwesenheit der Eheleute am selben Ort ist nicht erforderlich; berufsbedingte Abwesenheit an auswärtiger Arbeitsstelle schließt, auch wenn damit eine Wohnungsannahme am Arbeitsort verbunden ist und selbst wenn das bei beiden Eheleuten der Fall ist, einen gemeinsamen gewöhnl Aufenthalt nicht aus; entscheidend ist das private Zusammenleben an einem Ort bei berufl Abkömmlichkeit (Schleswig SchlHA 63, 125). Gemeinsamer gewöhnl Aufenthalt der Eheleute am Familienwohnort auch, wenn der Mann als Soldat mit anderweitem Standort dorthin nur an den freien Wochenenden und im Urlaub kommen kann (BayObLG 49, 39; Frankfurt NJW 61, 1586; SchlHOLG SchlHA 63, 125). Ein gemeinsamer gewöhnl Aufenthalt kann am Hochzeitsort auch gegeben sein, wenn die Eheleute dort nur sehr kurze Zeit zusammengelebt haben, bei der Aufenthaltsnahme aber die Absicht hatten, dort für längere Zeit gemeinsamen Aufenthalt zu nehmen (Frankfurt MDR 66, 845); nicht aber, wenn nur die Frau dort verbleibt, der Ehemann dagegen sofort an seinen alten Wohnort zurückkehrt (Schleswig SchlHA 53, 11). Ein gemeinsamer gewöhnl Aufenthalt der Ehegatten fehlt, wenn sie am selben Ort, aber getrennt leben (Stuttgart FamRZ 82, 84). 8

Ist der gewöhnl **Aufenthalt** des Beklagten **unbekannt,** so ist dies dem Fehlen eines gewöhnl Aufenthaltsorts gleichzustellen (BGH FamRZ 82, 1199 mwN = NJW 83, 285 = MDR 83, 120). Nicht maßgebend ist hier (entgegen LG Stuttgart NJW 58, 955) der letzte gemeinsame gewöhnl Aufenthalt der Ehegatten, an dem sich der Kläger nicht mehr aufhält, auch nicht (entgegen LG Köln NJW 62, 350) der letzte bekannte gewöhnl Aufenthalt des beklagten Ehegatten. 9

III) Reihenfolge der Gerichtsstände: Die vom Gesetz vorgesehenen Gerichtsstände sind in einer Reihenfolge angeordnet, die von Amts wegen zu beachten ist (vgl BGH MDR 58, 316). Der Gerichtsstand bestimmt sich 10

1) in erster Linie nach dem **gemeinsamen gewöhnl Aufenthalt** der Ehegatten. Dieser Begriff ist oben in Rn 4 ff erläutert, der Begriff gemeinsamer Aufenthalt in Rn 8; 11

2) in zweiter Linie nach dem Ort, in dem der eine **Ehegatte zusammen mit den gemeinsamen Kindern** seinen gewöhnl Aufenthalt hat. Gesetzgeberischer Grund: Die Scheidungsfolgesachen 12 elterl Sorge, Umgangsrecht und Kindesherausgabe betreffen die gemeinsamen Kinder. Die Zusammenarbeit zwischen örtl zuständigem Jugendamt (§ 11 JWG) und Familiengericht wird erleichtert. Gemeinsame Kinder sind auch scheineheliche Kinder, auch wenn sie unstreitig nicht vom Ehemann abstammen. Die Frage, ob die Ehelichkeit mit Erfolg angefochten werden kann, läßt sich nicht als Vorfrage für die Zuständigkeit klären. Wenn nach Rechtshängigkeit der Ehesache durch Urteil festgestellt wird, daß das Kind nicht vom Ehemann der Mutter abstammt, bleibt das Gericht zuständig: perpetuatio fori; Rn 19.

13 **a)** Dieser Grund besteht auch, wenn die gemeinsamen ehel **Kinder** sich teils bei einem Ehegatten, **teils bei Dritten** befinden. Auch in diesem Fall ist Abs 1 S 2 anwendbar; denn hierdurch wird vermieden, daß das Scheidungsverfahren vor ein Gericht gelangt, in dessen Bezirk sich keines der Kinder aufhält (BGH FamRZ 84, 370 = MDR 656). Der Gerichtsstand des Abs 1 S 2 besteht nicht, wenn die gemeinsamen Kinder sich teils bei dem einen, teils bei dem anderen Ehegatten aufhalten. In diesem Fall bestimmt sich die örtl Zuständigkeit nach Abs 2 (Koblenz FamRZ 86, 1119; anders AG Hersbruck FamRZ 79, 717).

14 **b)** § 606 I 2 verlangt einen **gemeinsamen gewöhnl Aufenthalt des Ehegatten und der Kinder.** Ehegatten und Kinder müssen im Regelfall in Wohngemeinschaft leben. Nach Frankfurt (FamRZ 84, 806) genügt es, daß ein Kind im selben Dorf beim Bruder der Mutter lebt. Die Entscheidung ist bedenklich wegen der Abgrenzungsprobleme, die sie aufwirft. Vorübergehender Aufenthalt der Kinder bei einem Ehegatten erfüllt nicht den Tatbestand des Abs 1 S 2. Gewöhnl Aufenthalt eines Kindes ist nur der Ort, an dem der Schwerpunkt seiner persönl Bindungen, sein Daseinsmittelpunkt liegt. Der gewöhnl Aufenthalt eines Kleinkindes stimmt mit demjenigen der Person überein, die es ständig betreut und versorgt; bei älteren Kindern sind auch soziale Beziehungen zu anderen Familienmitgliedern, Freunden und die Schule bzw Lehrstelle zu berücksichtigen. Ein vorübergehender Aufenthalt ist kein gewöhnl. Eine gewisse Dauer muß mindestens beabsichtigt sein. Diese Erwägung hat der BGH (FamRZ 81, 135 = NJW 81, 520 = MDR 81, 215) zu § 13 MSA angestellt; sie passen aber gleichermaßen zu § 606 ZPO.

15 **c) Entführungsfälle:** Hat ein Ehegatte die Kinder ohne Zustimmung des anderen an sich genommen, so kann auch dadurch ein gewöhnl Aufenthalt der Kinder begründet werden. Wie in Rn 14 ausgeführt, kommt es nur auf die dauernde soziale Eingliederung der Kinder an (BayObLG DAVorm 84, 931). Je kürzer die Entführung zurückliegt, desto weniger wird eine dauernde Eingliederung erkennbar sein (BGH aaO). Der Wille der Kinder, bei dem einen oder dem anderen Elternteil zu bleiben, ist für die soziale Eingliederung bedeutsam, ferner der Wille des Elternteils, bei dem sich das Kind befindet, dieses dauernd behalten zu wollen. Auf den Willen des anderen Elternteils kommt es nur an, solange die Möglichkeit besteht, daß er die Rückführung des Kindes durchsetzt, ehe es zu dessen sozialer Eingliederung in seine neue Umwelt gekommen ist (BGH aaO; Bamberg FamRZ 83, 82; Düsseldorf FamRZ 84, 194). Einschränkend BayObLG (DAVorm 81, 691/702): Auf die dauernde soziale Eingliederung der entführten Kinder komme es nicht an, wenn der Sorgeberechtigte bereits vor einer Verfestigung des durch die Entführung geschaffenen Zustandes einen ausländischen Rückführungsbeschluß erwirkt habe und außerdem im Inland die Vollziehung dieses Beschlusses betreibe.

16 **3)** In dritter Linie richtet sich der Gerichtsstand nach dem **letzten gemeinsamen gewöhnl Aufenthalt der Ehegatten,** vorausgesetzt, daß ein Ehegatte gewöhnl Aufenthalt (noch oder wieder, BayObLG 49, 38; NJW 49, 223) im Bezirk dieses Familiengerichts hat; in vierter Linie nach dem **gewöhnl Aufenthalt des beklagten Ehegatten** im Inland (nicht ersatzweise nach dem letzten bekannten gewöhnl Aufenthalt des Beklagten), in fünfter Linie nach dem gewöhnl Aufenthalt des klagenden Ehegatten. Wenn sich kein Ehegatte mehr in dem Gerichtsbezirk aufhält, in dem die Gatten ihren letzten gemeinsamen gewöhnl Aufenthalt hatten, oder wenn ein gemeinsamer gewöhnl Aufenthalt im Inland überhaupt nicht bestanden hatte, so ist grundsätzl bei dem Gericht zu klagen, in dessen Bezirk der andere Ehegatte seinen gewöhnl Aufenthalt hat. Erst wenn ein gewöhnl Aufenthalt des andern im Inland fehlt, kann beim Familiengericht des eigenen Aufenthaltsorts geklagt werden.

17 **4) Mehrere Klagen:** Wenn beide Ehegatten jeweils beim Gericht des anderen Teils klagen, entscheidet die Priorität; es kommt darauf an, welche Klage zuerst gestellt wurde (Abs 2 S 2). Wenn beide Klagen am gleichen Tag zugestellt wurden, so muß das für beide zuständige Gericht nach § 36 bestimmt werden (Abs 2 S 4). Die einheitl Zuständigkeit eines der beiden angerufenen Gerichte für beide Eheklagen gilt auch dann, wenn diese nicht miteinander verbunden werden können (vgl §§ 610, 633, 638), zB bei Scheidungsklage des einen, Nichtigkeitsklage des anderen Teils. Das später angegangene Gericht muß die zu ihm erhobene Klage als unzulässig abweisen, wenn nicht Verweisung (§ 281) beantragt wird. Die anderweitige Rechtshängigkeit ist auch dann zu berücksichtigen, wenn das erste (inländ) Verfahren ausgesetzt wurde und seit Jahren nicht

mehr betrieben wird (BGH FamRZ 67, 460). Ist die erste Klage in der DDR oder im Ausland erhoben, so ist die zweite nicht zulässig, wenn die fremde Rechtshängigkeit vom inländischen Gericht zu beachten ist. Das ist der Fall, wenn das fremde Urteil voraussichtl anerkannt werden wird (vgl BGH NJW 56, 1031; 58, 103 für das Verhältnis zur DDR; ferner Hamburg FamRZ 65, 151; LG Karlsruhe JZ 68, 706 mit Anm Grunsky u FamRZ 70, 140; München NJW 72, 2186; Habscheid FS Lange [1970], 429; Meyer MDR 72, 110). Unbeachtlich ist die ausländische Rechtshängigkeit, wenn das dortige Verfahren für die Dauer stillsteht (BGH NJW 61, 124). Da an ein ausländisches Gericht, auch an ein solches der DDR, nicht verwiesen werden kann, bleibt bei zu beachtender ausländischer Rechtshängigkeit nur Klagabweisung als unzulässig.

5) In letzter Linie (wenn die Parteien im Inland niemals zusammengelebt haben und wenn 18
auch jetzt keiner der Gatten im Inland lebt) ist das Familiengericht beim AG Berlin-Schöneberg ausschließl zuständig (Abs 3). Beispiel: Eine Deutsche, die in der Schweiz lebt, will sich von ihrem britischen Ehemann scheiden lassen. Die deutsche Gerichtsbarkeit steht Deutschen zur Verfügung. Ist ungewiß, wo der Antragsgegner sich aufhält, so steht dies dem Fehlen eines inländischen Aufenthalts gleich (Zweibrücken FamRZ 85, 81).

IV) Veränderung von zuständigkeitsbegründenden Tatsachen im Laufe des Rechtsstreits: 19
1) perpetuatio fori: Um dem Familiengericht eine Sachentscheidung zu ermöglichen, genügt es, daß es am Schluß der mündl Verhandlung **örtl** zuständig ist. War es zu Beginn des Verfahrens unzuständig und tritt die Zuständigkeit erst im Laufe des Verfahrens durch Umzug einer Partei oder ihrer Kinder ein, so wird der anfängl Zuständigkeitsmangel geheilt (RG JW 26, 375). Durch einen weiteren Umzug geht die Zuständigkeit nicht wieder verloren. Ändern sich die zuständigkeitsbegründenden Tatsachen nach Rechtshängigkeit der Ehesache, so bleibt die örtl Zuständigkeit erhalten (§ 621 III; Hamburg NJW 50, 509; Stuttgart FamRZ 82, 84).

2) Fortfall der Zuständigkeit nach Anhängigkeit der Ehesache: Wegen des Begriffs anhängig 20
s § 621 Rn 86. Wird vor der Bewilligung von PKH der Entwurf eines Scheidungsantrags dem Gegner formlos mitgeteilt, so wird dadurch die Ehesache nicht rechtshängig. Wechselt der Gegner nach der Mitteilung den Aufenthalt, so kann dies zum Verlust des ursprüngl vorhandenen Gerichtsstandes führen (BGH FamRZ 80, 131). Besteht die Gefahr eines solchen Verlustes, so ist dem Antragsteller zu empfehlen, nicht erst die Bewilligung von Prozeßkostenhilfe abzuwarten, sondern einen regelrechten Scheidungsantrag einzureichen und dessen Zustellung zu beantragen, ohne daß die Prozeßgebühr vorausgezahlt wird (§ 65 VII GKG).

c) Ausdehnung der perpetuatio fori: Das 1. EheRG hat an die bloße Anhängigkeit einer Ehe- 21
sache wichtige Folgen geknüpft: Nach § 620 a II 1 können einstweilige Anordnungen beantragt und erlassen werden; nach § 621 II ist das Gericht der Ehesache für alle Familiensachen derselben Partei ausschl zuständig. Diese beiden Bestimmungen legen den Gedanken nahe, die perpetuatio fori auf den Zeitpunkt der Anhängigkeit vorzuverlegen, wenn vor Rechtshängigkeit der Ehesache einstweilige Anordnungen beantragt worden oder andere Familiensachen bei dem Gericht der Ehesache rechtshängig geworden sind. Könnte in diesem Verfahrensstadium die Zuständigkeit für die Ehesache noch wechseln, so ergäben sich unnötige Komplikationen. Nach § 621 III müßten die bei dem zunächst zuständigen Gericht anhängigen Familiensachen an das andere Familiengericht übergeleitet werden, das nach dem Zuständigkeitswechsel für die Ehesache zuständig geworden ist. Dasselbe gilt für Verfahren der einstweiligen Anordnung, die noch nicht abgeschlossen sind. Diese Verwicklungen sind durchaus prozeßunökonomisch. Da der Grundsatz der perpetuatio fori um der Prozeßökonomie willen geschaffen worden ist, empfiehlt es sich, aus Gründen dieser Ökonomie die perpetuatio fori auf die Anhängigkeit der Ehesache vorzuverlegen, wenn andere Familiensachen oder Verfahren der einstweiligen Anordnung bei dem zunächst zuständigen Gericht anhängig sind.

V) Für **Nichtigkeits- und Restitutionsklagen** in Ehesachen ist nach § 584 ZPO das Gericht des 22
Vorprozesses ausschließlich zuständig. Da dessen Zuständigkeit durch das 1. EheRG vom Landgericht auf das FamG übertragen worden ist, ist dieses für das Wiederaufnahmeverfahren zuständig (Braunschweig NJW 78, 56; Stuttgart FamRZ 80, 379; Hamm FamRZ 86, 1026 aE). Nicht praktikabel ist der Lösungsversuch des OLG Köln (FamRZ 78, 359) und des KG (FamRZ 79, 526), das Landgericht habe zunächst über Grund und Zulassung der Wiederaufnahme zu entscheiden und zugleich mit dem beides bejahenden Zwischenurteil das Verfahren zur Entscheidung über die Hauptsache an das Familiengericht zu verweisen. Eine Teilung der Zuständigkeiten im Wiederaufnahmeverfahren verhindert eine zügige Verfahrenserledigung (Hamm aaO).

VI) Gebühren: a) des **Gerichts:** In Klageverfahren auf Aufhebung oder auf Nichtigerklärung einer Ehe, auf Feststel- 23
lung des Bestehens oder Nichtbestehens einer Ehe, auf Herstellung des ehelichen Lebens oder auch auf Feststellung des Rechts zum Getrenntleben, werden die Gerichtsgebühren wie im gewöhnlichen Prozeß nach KV Nrn 1010 ff erhoben; idR also die allgemeine Verfahrensgebühr sowie die Urteilsgebühr nach KV Nrn 1014 ff. Letztere beträgt für

gewöhnlich den zweifachen Tabellensatz, weil das Urteil in Ehesachen (mit Ausnahme einer die Scheidung inländischer Ehegatten aussprechender Entscheidung) eine schriftliche Begründung enthalten muß (§ 313a Abs 2 Nr 1 ZPO) und außerdem auch im Regelfall kein Vorbehalts- oder Grundurteil (KV Nr 1013) vorausgegangen ist (KV 1016). Für Scheidungsverfahren richten sich die Gebühren nach KV Nrn 1110–1119. Bei wechselseitigen Scheidungsanträgen handelt es sich stets um denselben Streitgegenstand, so daß die gerichtl allgem Verfahrensgeb nur ein einziges Mal nach KV Nr 1110 entsteht, auch wenn beide Anträge zunächst getrennt behandelt worden sind (KG MDR 78, 678 = Rpfleger 78, 270; Bamberg JurBüro 80, 250 zust Anm Mümmler, s auch Schneider NJW 79, 846, 850). – Hinsichtlich der Gebühr für das Verfahren im allgemeinen besteht eine Vorauszahlungspflicht (§ 65 Abs 1 GKG), nicht jedoch für Scheidungsfolgesachen (§ 65 Abs 2 GKG). Bei Ehesachen, die keine Scheidungssachen sind, wird die allgemeine Verfahrensgebühr mit dem Eingang der Klageschrift beim Familiengericht fällig, beim isolierten Scheidungsverfahren mit dem Eingang der Antragsschrift bei Gericht (§ 61 GKG). Die nach § 19a GKG angenommene gebührenrechtliche Einheit zwischen Scheidungsverfahren und Folgesachen löst zwar nur eine einzige allgemeine Verfahrensgebühr aus, diese wird aber in Teilbeträgen zeitlich unterschiedlich fällig. Zuerst wird der Teil der allgemeinen Gebühr fällig, der sich aus der Wertaddition der Scheidungssache und der gleichzeitig geltendgemachten Folgesachen berechnet (§ 61 GKG), der Restteil der Gebühr mit der Beendigung der Instanz (§ 63 Abs 1 GKG); s im einzelnen Lappe, Kosten in Familiensachen. Jedenfalls tritt jeweils eine Erhöhung der allgemeinen Gesamtgebühr ein, wenn eine weitere Folgesache in den Verhandlungs- und Entscheidungsverbund eingeführt wird. Hinsichtlich der Höhe der Gebühren (der Tabellensätze) für die Rechtsmittelverfahren in Scheidungs- und Folgesachen s KV Nrn 1120 ff, 1130 ff. – Wer Kostenschuldner ist, richtet sich nach § 54 GKG; daneben haftet als Zweitschuldner der Antragsteller der Instanz, § 49 S 1 GKG (bei einverständlicher Scheidung sind die Eheleute Gesamtschuldner: § 58 Abs 1 GKG). Bezügl der Verfahrensgebühr für Folgesachen ist Antragstellerin diejenige Partei, die sie durch ihren Antrag veranlaßt hat (§ 49 S 1 GKG); aM Lappe, aaO Rdnr 476 ff.

b) des **Anwalts:** Gebühren nach §§ 31 ff BRAGO aus den zusammengerechneten Werten der Scheidungs- und Folgesache(n). In Ehesachen erhält der RA des **Klägers** (bei der Scheidung: des Antragstellers), auch des Widerklägers (nicht aber des sog Instanzklägers), die volle Verhandlungsgebühr auch dann, wenn die Verhandlung nicht streitig war (§ 33 Abs 1 Nr 3 BRAGO); dem RA des **Beklagten** kann dagegen die volle Verhandlungsgebühr nur anfallen, wenn er streitig verhandelt, nicht aber, wenn die Verhandlung des Beklagten einseitig war (Hartmann, KostGes BRAGO § 33 Anm 4 unter „Ehesache"). Wird eine Sache nach der HausratsVO (§ 621 I Nr 7 ZPO) als Scheidungsfolgesache anhängig (§ 623 ZPO), so ermäßigen sich die Gebühren nach § 63 Abs 3 BRAGO nicht (s § 31 Abs 3 BRAGO).

c) Streitwert: s § 3 Rn 16 unter „Ehesachen".

606 a *[Internationale Zuständigkeit]*

(1) Für Ehesachen sind die deutschen Gerichte zuständig,

1. wenn ein Ehegatte Deutscher ist oder bei der Eheschließung war,

2. wenn beide Ehegatten ihren gewöhnlichen Aufenthalt im Inland haben,

3. wenn ein Ehegatte Staatenloser mit gewöhnlichem Aufenthalt im Inland ist oder

4. wenn ein Ehegatte seinen gewöhnlichen Aufenthalt im Inland hat, es sei denn, daß die zu fällende Entscheidung offensichtlich nach dem Recht keines der Staaten anerkannt würde, denen einer der Ehegatten angehört.

Diese Zuständigkeit ist nicht ausschließlich.

(2) Der Anerkennung einer ausländischen Entscheidung steht Absatz 1 Satz 1 Nr. 4 und, wenn die Entscheidung von den Staaten anerkannt wird, denen die Ehegatten angehören, Nummern 1 bis 3 nicht entgegen.

Übersicht

Lit: Nachw bei *Basedow* StAZ 83, 233; *Breuer/Paetzold* in Handb des Familiengerichtsverfahrens (hrsg von Rahm/Künkel), 1985, Kap VII; *Dessauer*, IPR, Ethik und Politik. Betrachtungen zur Reform des IPR am Beispiel der Anerkennungsprognose als Zuständigkeitsvoraussetzung im internationalen Eherecht, 1986; *Gottwald* IPRax 84, 57; *Grundmann* StAZ 84, 152; *Mansel* StAZ 86, 317; *Winkler von Mohrenfels* ZZP 81, 71; NJW 86, 639. Weitere Lit vor IZPR und § 328.

A) Grundlagen

I) Neufassung ab 1. 9. 1986 durch IPR-ReformG (BGBl I 1142); Materialien: Entwurf der BReg und Stellungnahme des BRats BT-Drucks 10/504 = Geimer/Schütze I 1713; Rechtsausschuß-Bericht: BT-Drucks 10/5632. – § 606b Nr 1 aF war mit Art 3 II GG unvereinbar, soweit er die Bejahung der dt internationalen Zuständigkeit von der Anerkennung der dt Entscheidung durch das Heimatrecht des Mannes abhängig machte, BVerfG NJW 86, 658 (Geimer) = IPRax 151 (Henrich 139) = MDR 555 = JZ 319 (Rauscher). Hierzu auch Grundmann NJW 86, 2166. 1

II) Reform: 1) Internationale Entscheidungszuständigkeit: Die auf die Staatsangehörigkeit gestützte internationale Zuständigkeit (Rn 37 ff) wurde ganz erhebl dadurch erweitert, daß es nunmehr genügt, daß ein Ehegatte **bei Beginn der Ehe** Deutscher war (Ausweitung der Nr 2 aF auch auf Scheidungssachen und alternative Anknüpfung an die Staatsangehörigkeit jedes Ehegatten. Die Konkordanz zwischen Art 13 EGBGB und § 606 a Nr 2 aF entfällt, Rn 45). Aber auch der Umfang der **internationalen Aufenthaltszuständigkeit** (Rn 46) wurde ausgedehnt: Auf das Anerkennungserfordernis wird grundsätzl verzichtet. Dies gilt uneingeschränkt, wenn beide Ehegatten im Inland ihren gewöhnl Aufenthalt haben (Nr 2) oder wenn ein Ehegatte staatenlos ist und seinen gewöhnl Aufenthalt im Inland hat (Nr 3). Nur für folgende Hypothese spielt nach der Neuregelung die Anerkennungsprognose eine Rolle: Beide Eheleute sind ausl Staatsangehörige; nur einer von ihnen hält sich (noch) im Inland auf, Nr 4. Während früher die internationale 2

Aufenthaltszuständigkeit der BRepD nur eröffnet wurde, wenn mit hinreichender Wahrscheinlichkeit (Nachw Dessauer 372) feststand, daß die dt Entscheidung im Ausland anerkannt werden würde **(positive Anerkennungsprognose)**, trägt der gewöhnl Aufenthalt (nur eines Ehegatten) die internationale Entscheidungszuständigkeit der BRepD nur dann nicht, wenn offensichtl die dt Entscheidung weder im Heimatstaat des Mannes noch in dem der Frau anerkannt wird **(negative Anerkennungsprognose)**. Das dt Gericht braucht nur mehr eine kursorische „Offensichtlichkeitsprüfung" zur Anerkennungsfrage durchzuführen. Solange die Nichtanerkennung der dt Entscheidung in den Heimatstaaten beider Ehegatten nicht offensichtl ist, ist die internationale Aufenthaltszuständigkeit der BRepD gegeben, auch wenn nur ein Ehegatte seinen gewöhnl Aufenthalt im Inland hat.

3 **Die Neuregelung verbessert die Möglichkeit für Ausländer, im Inland Rechtsschutz zu erlangen.** Gleichwohl bestehen gegen § 606 a I 1 Nr 4 **schwere verfassungsrechtl Bedenken,** weil die in der BRepD sich aufhaltenden Ausländer in zwei Gruppen aufgeteilt werden, näml in solche, denen es gestattet ist, Rechtsschutz vor dt Gerichten zu erlangen, und solche, denen der Rechtsschutz im Inland verweigert wird, Rn 56. Es geht also nicht um die verfassungsrechtl zulässige Differenzierung zwischen In- und Ausländern, sondern um die Frage, ob auf kompetenzrechtl Gebiet innerhalb der Ausländer verschiedene Kategorien geschaffen werden dürfen. Dies verkennt Grundmann NJW 86, 2166 bei Fn 17.

4 **2) Internationale Anerkennungszuständigkeit:** Voraussetzung für die Anerkennung ausl Entscheidungen in Ehesachen ist wie bisher die internationale Zuständigkeit des Erststaates. Diese wird durch spiegelbildl Anwendung der dt Zuständigkeitsanknüpfungen (Staatsangehörigkeit des Erststaates, gewöhnl Aufenthalt im Erststaat) fixiert, Rn 107 ff. Die Grundregel des § 328 I Nr 1 wurde aber durch § 606 a aF erheblich modifiziert: Die nach § 328 I Nr 1 an sich zu bejahende internationale Zuständigkeit des Erststaates wurde dann nicht anerkannt, wenn der Bekl Deutscher und mit der Anerkennung nicht einverstanden war. Dem Ausland wurde also im Ergebnis weniger Jurisdiktion zugestanden als man selbst in Anspruch nahm, 14. Aufl Rn 13; Geimer/Schütze I 1710. Diese Einschränkung der internationalen Anerkennungszuständigkeit wurde beseitigt. **Die BRepD beansprucht für eigene Staatsangehörige keine ausschließl internationale Zuständigkeit mehr, § 606 a I 2.** Nunmehr schlägt das Pendel in die entgegengesetzte Richtung: Man beschränkte sich nicht darauf, die Kongruenzregel des § 328 I Nr 1 (§ 328 Rn 96) durch Streichung des § 606 a aF (wieder) herzustellen, sondern hat sogar **fremden Staaten mehr Jurisdiktion zuerkannt, als die BRepD für die eigenen Gerichte in Anspruch nimmt.** Dies geschieht in zweierlei Hinsicht, § 606 a II: Zum einen gilt das Anerkennungserfordernis der Nr 4 (Rn 53) nur für die internationale Entscheidungszuständigkeit der BRepD, nicht jedoch für die Anerkennung der internationalen Zuständigkeit fremder Staaten, wenn Anknüpfungspunkt für deren Jurisdiktion der gewöhnl Aufenthalt nur eines Ehegatten war (Rn 110). Zum anderen steht die anhand der dt Normen an sich gegebene internationale Unzuständigkeit des Erststaates (kein Ehegatte ist Angehöriger des Erststaates und auch keiner von ihnen hält sich dort gewöhnl auf; klassisches Beispiel: Mexikoscheidung) **der Anerkennung dann nicht entgehen, wenn die erststaatl Entscheidung vom Heimatstaat beider Ehegatten bzw bei gemischtnationaler Ehe von den Heimatstaaten beider Ehegatten anerkannt wird,** Rn 98. Fazit: Auch jetzt besteht Inkongruenz zwischen internationaler Entscheidungszuständigkeit (§ 606 a I) und Anerkennungszuständigkeit (§ 328 I Nr 1, erweitert durch § 606 a II) in Ehesachen, jedoch in umgekehrter Richtung als bisher.

5 **III) Regelungsprogramm des § 606 a:** § 606 a I umschreibt die Grenzen der von der BRepD beanspruchten internationalen Zuständigkeit in Ehesachen. Die **örtl Zuständigkeit** ergibt sich aus §§ 606, 621. Ist die internationale Zuständigkeit der BRepD gegeben, so ist die örtl Zuständigkeit als selbständige Prozeßvoraussetzung dem § 606 zu entnehmen. Letztl ist das AG Schöneberg in Berlin (West) örtl zuständig, § 606 III, und zwar auch bei unbekanntem Aufenthalt, Zweibrücken FamRZ 85, 81. Die internationale Zuständigkeit fremder Staaten als Voraussetzung der Anerkennung regelt § 328 I Nr 1 iVm § 606 a I, jedoch erweitert durch § 606 a II, Rn 96 ff.

6 **IV) Gerichtsbarkeit** (IZPR Rn 97): Neben der internationalen Zuständigkeit ist die dt Gerichtsbarkeit (facultas iurisdictionis) zu prüfen. – Zur Berücksichtigung der Exterritorialität LG Köln MDR 62, 903 = IPRspr 62–63/174. **Konsularbeamte** sind in familienrechtl Angelegenheiten von der dt Gerichtsbarkeit nicht befreit; § 19 GVG, Art 43 Wiener Übereink über konsularische Beziehungen befreit nur wegen Handlungen, die in Wahrnehmung konsularischer Aufgaben vorgenommen werden. Hierzu gehören nicht die (eigenen) familienrechtl Angelegenheiten der Konsularbeamten, Hamburg IPRspr 83/153.

7 **V) Anknüpfungen:** Als Anknüpfungspunkt für die dt internationale Zuständigkeit in Ehesachen verwendet das Gesetz die dt Staatsangehörigkeit und den gewöhnl Aufenthalt. Ist minde-

stens ein Ehegatte dt Staatsangehöriger oder war er dies bei Eheschließung, so ist die internationale Zuständigkeit gegeben, ohne Rücksicht auf Wohnsitz, gewöhnl Aufenthalt, anwendbares Recht, Parteirolle oder Anerkennung durch einen fremden Staat (**internationale Staatsangehörigkeitszuständigkeit**), Rn 37, 44. Besitzt keiner der Ehegatten die dt Staatsangehörigkeit und war dies auch nicht bei Eheschließung der Fall, so ist die BRepD international zuständig, wenn mindestens einer der Ehegatten seinen gewöhnl Aufenthalt im Inland hat (**internationale Aufenthaltszuständigkeit**), Rn 46 ff. Dies gilt ohne Einschränkung nur, wenn **beide Eheleute** zu Beginn des Verfahrens oder während desselben ihren gewöhnl Aufenthalt im Inland haben. Hat nur einer der Ehegatten seinen gewöhnl Aufenthalt im Inland, so begrenzt § 606 a I 1 Nr 4 die internationale Aufenthaltszuständigkeit der BRepD, Rn 53.

VI) Abweichungen vom allgemeinen Zuständigkeitsrecht: Die goldene Zuständigkeitsregel actor sequitur forum rei (§§ 12, 13) gilt nicht für Ehe- und Kindschaftssachen (§ 640 a), Geimer IZPR Rz 1332. Die Zuständigkeitsanknüpfungen (dt Staatsangehörigkeit, gewöhnl Aufenthalt) sind nicht – wie meist im Zuständigkeitsrecht – auf die **Person des Beklagten/Antragsgegners** fixiert. Sie sind vielmehr ambivalent in dem Sinne, daß es auch genügt, wenn sie in der **Person des Klägers/Antragstellers** verwirklicht sind. So ist die internationale Entscheidungszuständigkeit der BRepD bereits dann eröffnet, wenn der Kläger/Antragsteller dt Staatsbürger ist bzw war (Nr 1 zweite Altern, Rn 44) oder im Inland seinen gewöhnl Aufenthalt hat (Nr 4). Insoweit ist die Rechtslage vergleichbar mit der im franz Recht, doch mit dem wesentl Unterschied, daß Art 14, 15 Code civil der franz Partei ein **Jurisdiktionsprivileg** einräumen: Frankreich hält sich für ausschließl international zuständig, mit der Folge, daß die Anerkennung ausl Urteile ausgeschlossen ist, es sei denn, der durch Art 14, 15 Code civil begünstigte Franzose hat auf dieses Jurisdiktionsprivileg verzichtet; anders § 606 a I 2 (Rn 95). 8

VII) Prüfung der internationalen Zuständigkeit im Prozeß (IZPR Rn 177): Die dt internationale Zuständigkeit ist eine selbständige Prozeßvoraussetzung. Nach hM ist die örtl vor der internationalen Zuständigkeit zu prüfen. Vor dieser ist aber in jedem Falle die Zulässigkeit des Rechtswegs zu klären. Die internationale Zuständigkeit der BRepD ist in jeder Lage des Verfahrens von Amts wegen zu prüfen, auch in der Revisionsinstanz. § 549 II gilt nur für die örtl Zuständigkeit, BGH MDR 84, 214 = NJW 1305 = IPRax 85, 162 (Filios/Henrich 150) = IPRspr 83/151, ebenso § 512 a, der aber von vorneherein nur für vermögensrechtl Streitigkeiten (also nicht Ehesachen, allenfalls Ehefolgesachen) in Betracht kommt. Erwächst ein Urteil in Rechtskraft, obwohl die Voraussetzungen des § 606 a I nicht gegeben waren (hat das dt Gericht also die Grenzen der dt internationalen Zuständigkeit überschritten), so ist es gleichwohl wirksam. Auch eine Nichtigkeitsklage findet nicht statt, Geimer IZPR Rz 1011. 9

VIII) Lex fori-Prinzip: Die Prüfung der Frage, ob die BRepD international zuständig ist, erfolgt ausschließl nach dt Zivilprozeßrecht (lex fori-Prinzip), IZPR Rn 5. Ob für die Sachentscheidung dt oder ausl Recht zur Anwendung kommt, spielt keine Rolle. Dies ist eine Frage des dt IPR. Desweiteren ist es ohne Bedeutung, ob etwa ein auswärtiger Staat in der gleichen Sache eine internationale Zuständigkeit für sich beansprucht und ob diese konkurrierend oder ausschließl ist mit der Folge, daß die dt Entscheidung in diesem Staat nicht anerkannt werden kann; Heldrich, Internationale Zuständigkeit und anwendbares Recht, 1969, 162. Das Völkerrecht gebietet nicht, den Rechtsstandpunkt auswärtiger Staaten zu beachten. Dieser ist für den dt Richter nur insoweit relevant, als das dt Recht die Rücksichtnahme auf das ausl Recht vorschreibt. Dies ist nur in § 606 a I 1 Nr 4 geschehen. Es handelt sich um eine Sondervorschrift, die der Ausweitung zu einem allgemeinen Prinzip nicht fähig ist. 10

Ob über den Antrag/Klage im Verfahren nach §§ 606 ff oder im normalen Zivilprozeß zu entscheiden ist bzw ob eine **Familiensache** oder eine allgemeine Zivilsache vorliegt, bestimmt die dt lex fori. Das gleiche gilt im **Verhältnis zwischen streitiger und freiw Gerichtsbarkeit.** Vgl § 640 a Rn 14; BGH LM § 23 b GVG Nr 39 = Rpfleger 83, 68 = IPRspr 82/160; Düsseldorf IPRax 83, 129 = IPRspr 82/169. Vgl IZPR Rn 10. 11

IX) Anwendung ausl Verfahrensrechts im Interesse der internationalen Entscheidungsharmonie: Die Frage, ob und in welchen Fällen deutsche Gerichte in Anwendung des vom dt IPR berufenen ausl Rechts eine fremde Tätigkeit ausüben können, beurteilt sich nach den (ungeschriebenen) Regeln über die „wesenseigene Zuständigkeit"; Gamillscheg, FS Dölle, II 1963, 289 ff; Booß, Fragen der „wesenseigenen Zuständigkeit" im internationalen Familienrecht, 1965; Schlosser, Gestaltungsklagen und Gestaltungsurteile, 1966, 305 ff; Heldrich, Internationale Zuständigkeit und anwendbares Recht, 1969, 255 ff; Grasmann ZZP 83 (1970), 214 ff; Staudinger/Gamillscheg § 606 b Rn 478 ff; Dessauer 630. **Eine dem dt Rechtssystem völlig wesensfremde und von ihm daher nicht zu bewältigende Tätigkeit hat der dt Richter abzulehnen.** In einem solchen Fall fehlt es nach hM an der dt internationalen Zuständigkeit, obwohl die in § 606 a I niedergeleg- 12 ten Voraussetzungen gegeben sind, Heldrich 265. Nach aA bleibt die dt internationale Zuständigkeit unberührt; es fehlt jedoch an der **besonderen Prozeßvoraussetzung** der „Zulässigkeit einer (vom ausl Recht vorgeschriebenen) gerichtl Tätigkeit", Schlosser 392; Schlechtriem, Ausl ErbR im dt VerfahrensR, 1966, 15.

13 Hiervon zu unterscheiden sind die Fälle, in denen die vom dt IPR gerufene ausl Sachnorm mit dem dt **ordre public** (Art 6 EGBGB) nicht zu vereinbaren ist. Denn dann wird die Spannung durch das aus dt Sicht eingreifende **Ersatzrecht** (Geimer/Schütze I 1579/1594) gelöst. Bei den unter dem Stichwort „wesensfremde" Tätigkeit diskutierten Fällen geht es um folgende Hypothese: Das anzuwendende Sachrecht hat die ordre public-Hürde passiert, es ist also nicht diametral entgegengesetzt zu den Grundwerten der inländischen Rechtsordnung, die vom dt Richter verlangte Tätigkeit stellt diesen aber vor **verfahrensmäßig unüberwindliche Probleme:** Das „Angleichungspotential" (Dessauer 634) des dt Verfahrensrechts ist total erschöpft.

14 Solche Konstellationen sind denkbar, aber in der Praxis bisher nicht vorgekommen. Daß die vom ausl Recht vorgeschriebene richterl Tätigkeit als solche dem dt Recht unbekannt ist, rechtfertigt noch nicht, daß die dt Gerichte die Vornahme einer solchen richterl Handlung ablehnen, Beitzke FamRZ 67, 594. Nur wenn diese das dt Rechtssystem schlechthin sprengen würde, ist eine Ablehnung indiziert. Es handelt sich dabei um ganz **vereinzelte Sonderfälle. Meist kann schon dadurch geholfen werden, daß man die dt Verfahrensvorschriften analog anwendet.** So ist eine dem dt Recht unbekannte **Klage auf Trennung von Tisch und Bett** (zB Art 150 ff ital Cc) analog §§ 606 ff zu behandeln, BGHZ 47, 324; München NJW 78, 1117; Düsseldorf FamRZ 81, 146 = IPRspr 80/154; Schleswig DAVorm 82, 709 = IPRspr 81/68; Breuer Rz 167. Zuständig ist das Familiengericht (§ 23b I Nr 1 GVG); aA Frankfurt FamRZ 78, 520 = IPRspr 77/133. Im Statusverfahren nach §§ 606 ff ist auch über einen Antrag auf **gerichtl Bestätigung einvernehml Trennung** (Art 158 ital Cc) zu entscheiden, AG Offenbach FamRZ 78, 509 (Jayme) = IPRspr 77/135. Auch § 621 ist für Trennungsfolgesachen anwendbar. AA Koblenz FamRZ 80, 174 = IPRspr 80/148. – Weitere Einzelheiten, um die Anerkennung dt Scheidungsurteile in Italien sicherzustellen, Bremen IPRax 85, 46, 47 (Jayme); Grundmann NJW 86, 2167.

15 **Kennt das dt Recht keine passenden Regeln, die analog angewandt werden könnten, so muß das dt Erkenntnisverfahren an die ausl Verfahrensvorschriften angepaßt werden.** Der Grundsatz, daß das dt Verfahren nur nach der dt lex fori (IZPR Rn 5) zu gestalten sei, wird insoweit modifiziert. Zu Recht betont Staudinger/Gamillscheg, § 606 b Rn 482: „Sachliches und Verfahrensrecht bilden eine untrennbare Ordnung, die man nicht ohne Not auseinanderreißen darf; ... sonst würde der Befehl des Gesetzgebers, das ausländische Recht sachgetreu anzuwenden, verletzt." Nachw Coester-Waltjen Rz 151 FN 557. Verlangt das auf den Scheidungsantrag anwendbare ausl Recht die **Beteiligung der Staatsanwaltschaft am Verfahren** (als defensor vinculi), muß diese soweit wie mögl verwirklicht werden, AG u OLG München IPRspr 82/156 und 64 (Nachholung vor OLG möglich: OLG München IPRspr 82/156 scheidet vorsorgl die Ehe nochmals). Diese Frage wurde vor allem im Verhältnis zu Italien diskutiert, Nachw Dessauer 513. Beteiligung des dt Staatsanwalts ist nicht Voraussetzung für Anerkennung in Italien, weil ital ordine pubblico nicht verletzt, Karlsruhe IPRspr 83/154 und FamRZ 84, 184 = IPRspr 83/156; Frankfurt NJW 84, 572 = IPRspr 83/155; Celle FamRZ 84, 280 = IPRspr 83/158; Bremen IPRax 85, 47 = IPRspr 83/171. Ausführlich Dessauer 518, 538.

16 Die lex causae ist bei Ausgestaltung des Verfahrens auch insoweit zu beachten, als sie über § 613 hinaus eine **intensivere Beteiligung der Parteien am Scheidungsverfahren** verlangt, Staudinger/Gamillscheg § 606 b Rn 509 und LG Hamburg FamRZ 72, 40: persönl Befragung der Ehegatten (Art 1, 4 ital ScheidungsG). Eine Scheidung im gegenseitigen Einverständnis der Parteien ist nach belg Recht nur dann mögl, wenn jede Partei, begleitet von einem Notar, sich zum Gerichtsvorsitzenden begibt und diesem ihren Willen zur Scheidung erklärt hat, Art 281 CC. Dem sollte im dt Verfahren durch einen Sühneversuch, bei dem die Parteien von ihren Anwälten begleitet werden, entsprochen werden, Staudinger/Gamillscheg § 606 b Rn 510; Booß, 91.

17 Eine **Beschränkung der Beweismittel nach ausl Recht** ist zumindest dann zu beachten, wenn hiervon die Anerkennung des dt Urteils abhängt, LG Hamburg IPRspr 64–65/233: Keine Beachtung eines Geständnisses, wenn dieses nach dem Scheidungsstatut unzulässig ist; Jayme FamRZ 71, 226; 72, 302. Weitere Beisp Staudinger/Gamillscheg § 606 b Rn 508 ff; Coester-Waltjen Rz 115 FN 557. Zur Klage auf Aushändigung des Scheidebriefs nach israel Recht Neuhaus FamRZ 81, 5.

Kennt das Scheidungsstatut noch einen Schuldausspruch, so ist diese Feststellung für das dt Gericht keinesfalls wesensfremd, Zweibrücken FamRZ 80, 781 = IPRspr 80/79; BGH IPRax 83, 181 (Henrich 163); Frankfurt IPRax 82, 22 (Henrich 10); Breuer Rz 168.

Während der Geltung des § 606 b Nr 1 aF war die Bereitschaft der dt Gerichte groß, auf ausl Vorstellungen über die Gestaltung des Eheprozesses einzugehen, um die Anerkennungsfähigkeit der dt Entscheidung im Ausland (Heimatstaat des Mannes) sicherzustellen. Von der Anerkennungsbereitschaft hing nämlich wiederum die Bejahung der dt internationalen Entscheidungszuständigkeit ab. Auch wenn das Anerkennungserfordernis durch die Reform (Rn 2) stark reduziert wurde (Anerkennung nur mehr erforderl nach Nr 4), sollte der impetus der dt Gerichte nicht erlahmen, im Interesse der Entscheidungsharmonie verfahrensrechtl Postulate der lex causae und/oder der Heimatstaaten der Ehegatten zu beachten. 18

X) Andere Familiensachen (§ 621). Ist die BRepD auf Grund der dt Staatsangehörigkeit einer Partei oder des gewöhnl Aufenthalts einer Partei im Inland oder sonst (Rn 77 ff, 85, 88) für eine Ehesache (§ 606 I) international zuständig, so beansprucht sie internationale **Annexzuständigkeit** auch für die die gleiche Familie betreffenden anderen Familiensachen (§ 621 I), wenn und solange die Ehesache vor dt Gerichten anhängig ist, § 621 II 1. Auch bei Abweisung des Scheidungsantrages wegen Scheidung im Ausland können Folgesachen (nachehel Unterhalt) vorbehalten werden, § 629 III 2, BGH NJW 83, 1269 = FamRZ 368; BGH NJW 84, 2041. – Die Annexzuständigkeit wird nicht als international ausschließl betrachtet: Sonstige Zuständigkeitsanknüpfungen, wie Wohnsitz des Bekl (§§ 12 ff) oder des Klägers (§ 23 a), bleiben unberührt, München FamRZ 79, 153 = IPRspr 78/147; Jayme IPRax 84, 121, 330. Dies geht jetzt auch klar aus § 621 II 1 nF hervor. 19

Aus der internationalen Zuständigkeit für die Hauptsache folgt auch die für **einstw Anordnungen,** Karlsruhe FamRZ 84, 184 = IPRspr 83/156. § 620 a verlangt Anhängigkeit vor dt Gericht, Karlsruhe IPRax 85, 107. Bei Anhängigkeit im Ausland will Breuer Rz 66.2 gleichwohl Verfahren nach § 620 vor dt Gericht zulassen, zB Wohnungszuweisung. 20

Staatsvertragl Regelungen über die internationale Entscheidungszuständigkeit haben Vorrang. In Betracht kommen vor allem das **Haager Minderjährigenschutzabk – MSA** (§ 640 a Rn 16; Breuer Rz 280; Jayme IPRax 84, 123) hinsichtl der elterl Sorge (§ 621 I Nr 1), der Regelung des Umgangsrechts (§ 621 I Nr 2) und der Herausgabe des Kindes (§ 621 I Nr 3; Mitzkus 116, 187; § 640 a Rn 24) und das GVÜ hinsichtl der Unterhaltsfragen (§ 621 I Nr 4, 5). Zur Sorgerechtsregelung Köln IPRspr 80/96 A; Frankfurt IPRspr 80/159. Nach dem **GVÜ** ist die BRepD für Unterhaltssachen nur zuständig in den in Art 2 I und Art 5 Nr 2 geregelten Fällen. Zu Art 5 Nr 2 nF Schlosser-Bericht Rz 32, 41 und Geimer/Schütze I 439. – Zu Art 5 Nr 2 aF Frankfurt FamRZ 82, 528 = IPRspr 81/180; Breuer Rz 219.1. 21

Im Falle einer Auslandsscheidung, die im Inland anzuerkennen ist, kann im Inland auf **Durchführung des Versorgungsausgleichs** (§§ 1587 ff BGB) geklagt werden, wenn dieser im ausl Scheidungsverfahren nicht behandelt wurde. Die internationale Zuständigkeit ist nicht nur dann zu bejahen, wenn ein Gerichtsstand für die Folgesache im Inland gegeben ist (§ 621 II 2), sondern auch dann, wenn die BRepD für das Scheidungsverfahren international zuständig wäre, also eine Partei Deutsche(r) ist oder im Inland ihren gewöhnl Aufenthalt hat, Rn 37 ff. Zuständig ist das FamG, § 626 II, KG NJW 79, 1107; BGHZ 75, 244 = IPRspr 79/75 = FamRZ 80, 29, 30 und NJW 83, 1270; BayObLGZ 80, 58; Jayme FamRZ 79, 557, 559. Ebenso gegenüber DDR BGH IPRax 85, 37 (von Bar 18). – Allgemein zu den Scheidungsfolgesachen BGH NJW 84, 2041 = FamRZ 256 = IPRspr 83/75. Teilw anders Paetzold Rz 514. 22

Zur internationalen Zuständigkeit für **(isolierte) Hausratsverfahren** Düsseldorf IPRax 83, 129 = IPRspr 82/169 und Hamm FamRZ 81, 875 = IPRspr 81/60; Karlsruhe IPRax 85, 106 (Henrich 88). 23

§ 621 gilt auch für das **Verlangen einer Morgengabe („mehrijeh")** im Zusammenhang mit der Scheidung. Die Morgengabe ist in diesem Zusammenhang als Unterhalt zu qualifizieren, § 621 I Nr 5 und 8; Köln IPRax 83, 73 (Heldrich 64) = IPRspr 81/67, Hamburg IPRax 83, 76 = IPRspr 81/71 b; Zweibrücken IPRax 84, 329 = IPRspr 83/53. 24

Auf die Anerkennung der Annexentscheidung (zB über Sorgerecht) im Heimatstaat der Eheleute und/oder des Kindes kommt es nicht an. Soweit nach § 606 a die internationale Zuständigkeit der BRepD für die Ehesache (Statusverfahren) zu bejahen ist, folgt daraus ohne weiteres die internationale Zuständigkeit für die anderen Familiensachen für die Dauer des Verbunds, Jayme IPRax 84, 121. – § 50 b FGG schränkt die dt internationale Zuständigkeit nicht ein. Lebt das Kind im Ausland, dann entfällt seine persönl Anhörung. Es ist nach § 50 b III FGG zu verfahren, zB durch Einschaltung des Internationalen Sozialdienstes; vgl auch Zweibrücken NJW 86, 3033. – Die internationale Verbundzuständigkeit gilt für alle unter §§ 606 ff fallenden Ehesachen, zB auch für nach der ausl lex causae vorgesehene Trennungsverfahren, Jayme IPRax 84, 124, Frankfurt IPRax 83, 193. AA Koblenz FamRZ 80, 713, Frankfurt FamRZ 85, 621. 25

26 Zur **Regelung der elterl Sorge im Ehetrennungsverfahren** nach ital Recht Frankfurt IPRax 82, 30, BGH IPRax 85, 40 (Jayme 23). Vgl auch Düsseldorf FamRZ 81, 1005 = IPRax 81/97.

27 **XI) Scheidbarkeit der Ehe.** Hierüber bestimmt die lex causae. Beispiel: Das gemeinsame Heimatrecht beider Eheleute, die in der BRepD leben, läßt Scheidung nicht zu. Künftige Lebensgestaltung ist irrelevant, zB daß beide jeweils in Deutschland leben wollen und Deutsche heiraten wollen, kritisch Dessauer 732, 746. – Zur Trennung von Tisch und Bett, wenn die Heimatrechte beider Ehegatten eine solche vorsehen, dt Recht aber lex causae ist, Henrich IPRax 86, 247.

28 **XII) Notwendigkeit gerichtl Verfahrens für Scheidung.** Ist nach dt IPR ausl Recht maßgebl, so entscheidet dieses darüber, ob die Scheidung durch rechtsgeschäftl Ausübung eines Gestaltungsrechts oder durch richterl Gestaltungsurteil erfolgt. Über die Notwendigkeit einer Gestaltungsklage entscheidet also die lex causae, nicht die lex fori, IZPR Rn 22. Anders ohne überzeugende Begründung BGHZ 82, 34 = NJW 82, 517 = MDR 82, 126 = FamRZ 82, 44 = IPRax 83, 37 (Kegel 22).

29 **XIII) Kein Gleichlauf zwischen forum und ius: 1) Internationale Entscheidungszuständigkeit: a) Kein positiver Gleichlauf:** Das dt IZPR kennt kein forum legis (IZPR Rn 119). Aus dem Umstand, daß gemäß dt IPR (zB Art 17 EGBGB) in der Sache dt Recht anzuwenden ist, folgt nicht, daß die BRepD international zuständig ist, und zwar auch dann nicht, wenn das dt Recht eine richterl Rechtsgestaltung vorschreibt, IZPR Rn 121; Nachw Dessauer 566. Die internationale Zuständigkeit knüpft an andere Tatbestandsmerkmale an als das IPR. Dies ist auch einleuchtend, weil das Regelungsprogramm für die internationale Zuständigkeit sich ganz wesentl unterscheidet von der IPR-Frage, bei der es darum geht, die für den Sachverhalt/das Rechtsverhältnis nächste Rechtsordnung zu fixieren. Bei der Normierung der internationalen Zuständigkeit geht es um die Gewichtung der Parteiinteressen. Es stehen sich gegenüber der Justizgewährungsanspruch des Antragstellers/Klägers, dessen Interesse auf einen möglichst großen Jurisdiktionsbereich der BRepD tendiert, und der legitime Wunsch des Antragsgegners/Beklagten, vor unzumutbarer Ausweitung seiner Gerichtspflichtigkeit geschützt zu werden, Geimer FamRZ 80, 789. Das IPR-System wählt eine Rechtsordnung aus, die für das konkrete Rechtsverhältnis Anwendung finden soll. Dagegen sind im Kompetenzrecht konkurrierende internationale Zuständigkeiten die Regel: Es stehen also mehrere Foren zur Verfügung. Unmittelbare staatl Interessen, die vorrangig vor oder neben den Parteiinteressen durchzusetzen wären, sind nicht erkennbar. Dies heißt: Wenn in concreto die BRepD nach ihrem IPR die Anwendung eigenen Rechts vorschreibt, so heißt dies nicht, daß sie ein eigenes unmittelbares Interesse als Staat hätte, daß ihr Recht angewandt wird, sondern nur, daß die dt Gerichte angewiesen sind, nach dt Recht zu entscheiden, falls sie mit dem Fall befaßt werden. Ob der Zugang zu den dt Gerichten eröffnet (durch die Normen über die internationale Zuständigkeit) und ob der Antragsteller/Kläger Gebrauch macht von dem dt forum, steht auf einem ganz anderen Blatt, Rn 34. **Fazit:** Die Anwendbarkeit dt Rechts erzwingt nicht die Öffnung des Zugangs zu den dt Gerichten. (Eine andere Frage ist, ob die kraft Gesetzes gegebene internationale Zuständigkeit der BRepD derogierbar ist, Rn 86). – Atavistisch wäre auch die Vorstellung, daß der Status dt Staatsangehöriger nur von dt Gerichten geklärt werden darf. Dies ist spätestens seit Streichung der § 606 a aF und § 328 I Nr 3 aF klar, war auch vorher eindeutig (arg § 606 a Nr 3 aF). Rechtsvgl Dessauer 830 (in Österreich wurde § 80 Nr 3 EO gestrichen. Auch die Türkei erhebt keinen Ausschließlichkeitsanspruch mehr, Ansay StAZ 83, 29).

30 **b) Kein negativer Gleichlauf:** Daß die dt Entscheidung von der von dt Recht bestimmten lex causae nicht anerkannt wird, ist kein Grund, eine nach dt Kompetenzrecht gegebene internationale Entscheidungszuständigkeit zu verneinen. Dies ist ein allgemeines Prinzip des dt IZPR, IZPR Rn 127, das früher nur durch die Sondervorschrift des § 606 b Nr 1 aF modifiziert war. Diese Regel hat die IPR-Reform – entgegen den Vorschlägen der Wissenschaft (MPI RabelsZ 83, 680; Nachw Dessauer 809) – als § 606 a I 1 Nr 4 nF überlebt, jedoch inhaltl verändert. Während früher – bei reinen Auslandsprozessen – positiv feststehen mußte, daß die dt Entscheidung im Heimatstaat des Ehemannes anerkannt wird **(positive Anerkennungsprognose),** wird nach § 606 a I 1 Nr 4 nF die internationale Aufenthaltszuständigkeit nur dann (ausnahmsweise) verneint, wenn die dt Entscheidung offensichtl weder im Heimatstaat des Mannes noch in dem der Frau anerkannt wird **(negative Anerkennungsprognose),** Rn 2, 55. Eine Konkordanz zwischen lex causae und Anerkennung – wie früher im Verhältnis zwischen Art 17 I EGBGB und § 606 b Nr 1 aF – besteht nicht mehr. Die Anerkennung durch die lex causae (Nachw Dessauer 851), die nicht unbedingt das Recht eines der Heimatstaaten zu sein braucht, spielt keine Rolle, kritisch Dessauer 733. Auch wenn die lex causae nicht anerkennt, ist die internationale Aufenthaltszuständigkeit zu bejahen, wenn wenigstens ein Heimatstaat anerkennt. Umgekehrt ist nach dem Wortlaut der Nr 4 auch bei Anerkennung durch die lex causae die internationale Zuständigkeit

zu verneinen, wenn offensichtl kein Heimatstaat bereit ist, die dt Entscheidung anzuerkennen. Dies gibt wenig Sinn. Deshalb entfällt das Anerkennungserfordernis der Nr 4, wenn in der Sache dt Recht berufen ist oder wenn die ausl lex causae anerkennt, Rn 71.

2) **Internationale Anerkennungszuständigkeit:** Die Anerkennung einer ausl Entscheidung setzt nicht voraus, daß die lex causae die dt Entscheidung anerkennt. Sind die Anerkennungsvoraussetzungen (Staatsvertrag bzw § 328) gegeben, so ist die ausl Entscheidung im Inland auch dann anzuerkennen, wenn die lex causae die drittstaatl Entscheidung nicht anerkennt, § 328 Rn 45. Dies gilt auch vice versa. Ist nach dem dt Anerkennungsrecht die Anerkennung zu verweigern, so ist die ausl Entscheidung aus dt Sicht unbeachtl, auch wenn die lex causae die Entscheidung anerkennt. Hiervon zu unterscheiden ist, daß das dt Anerkennungsrecht in den Fällen des § 606 a II auf die Prüfung der internationalen Zuständigkeit verzichtet. Die an sich nach den dt Regeln (§ 328 I Nr 1 iVm § 606 a I) fehlende internationale Zuständigkeit des Erststaates steht der Anerkennung dann nicht entgegen, wenn die zur Anerkennung anstehende drittstaatl Entscheidung sowohl im Heimatstaat des Mannes als auch der Frau anerkannt wird, § 606 a II zweite Altern, Rn 98. 31

XIV) Forum non conveniens. Sind die Voraussetzungen für die dt internationale Zuständigkeit gegeben, so ist die BRepD zur Justizgewährung verpflichtet, ohne Rücksicht darauf, welches Recht nach IPR anzuwenden ist, welche Mühe die Ermittlung des ausl Rechts (§ 293) macht, wo die Beweise zu erheben sind, etc, vgl IZPR Rn 130. Eine Verweigerung der Sachentscheidung aus dem Gesichtspunkt des forum non conveniens, etwa weil das Verfahren in einem anderen Staat schneller, leichter, besser oder mit mehr Aussicht auf Anerkennung betrieben werden könnte, ist verboten. AA Jayme IPRax 84, 14 für extreme Ausnahmefälle und Frankfurt IPRax 83, 294 (Schlosser 285) = IPRspr 82/161; Breuer Rz 2.2. Nachw Dessauer 638, 723, 1268 Fn 514. – Wollte man die forum non conveniens-Doktrin akzeptieren, so wäre die Versuchung übermächtig, lästige auslandsrechtl Fälle abzuschieben, Dessauer 654, 724, 862. Vgl Rn 50. 32

XV) Rechtshängigkeit in einem anderen Staat. 1) Bei gleichem Verfahrensgegenstand ist die zeitl frühere Rechtshängigkeit in einem anderen Staat zu beachten, sofern keine ernstl Bedenken gegen die voraussichtl Anerkennung der im Ausland zu erwartenden Entscheidung bestehen; IZPR Rn 182. Ratio legis (§ 261): Soweit es in ihrer Macht steht, leistet die BRepD durch die Beachtung der ausl Rechtshängigkeit ihren Beitrag zur Vermeidung widersprechender Entscheidungen, Frankfurt IPRax 82, 242 (Linke 229) = IPRspr 81/178; BGH NJW 83, 1269 = FamRZ 83, 366 = IPRspr 83/165; BGH NJW 86, 662. Nachw Schumann IPRax 86, 14 u FS Kralik (1986) 301. 33

2) Dies hat **auf den Justizgewährungsanspruch folgende Auswirkungen: a)** Unter mehreren international zuständigen Staaten hat der Kläger/Antragsteller die Wahl. Dies darf durch forum non conveniens-Gesichtspunkte nicht eingeschränkt werden. Hat der Kläger/Antragsteller seine Wahl getroffen, so ist nur der zuerst angegangene Staat zur Justizgewährung verpflichtet. Dies gilt zunächst während der Dauer des zuerst anhängigen Verfahrens. 34

b) Endet dieses mit einer **Entscheidung in der Sache,** so kommt es darauf an, ob diese im Inland anerkennungsfähig ist. Wenn dies der Fall ist, erübrigt sich ein zweites Verfahren. Dieses wäre unzulässig. Ein Anspruch auf eine erneute Sachentscheidung besteht nicht (anders möglicherweise die Rspr des BGH, § 328 Rn 30). Insoweit ist der Anspruch auf Justizgewährung im Inland erloschen. – Wird aber die ausl Entscheidung im Inland nicht anerkannt, so muß zur Wiederholung des Rechtsstreits ein kompetentes Gericht bereitgestellt werden, um Justizverweigerung zu vermeiden: Der Anspruch auf Justizgewährung lebt wieder auf. IZPR Rn 114.

c) Endet das ausl Verfahren **ohne Entscheidung in der Sache,** zB durch Klage-/Antragsrücknahme (Beispiel: BGH FamRZ 82, 917 = IPRspr 82/168), so kann der Kläger/Antragsteller wieder von seinem Wahlrecht Gebrauch machen. Er hat erneut Anspruch auf Justizgewährung im Inland, sofern dann (noch) ein Anknüpfungspunkt für die internationale Zuständigkeit der BRepD gegeben ist. Dies gilt auch, wenn das ausl Gericht die Klage/den Antrag als unzulässig zurückgewiesen hat, und zwar ohne Rücksicht darauf, ob das Prozeßurteil nach dem Recht des Urteilsstaates Rechtskraftwirkung entfaltet. Denn im Inland anerkennungsfähig sind nur Entscheidungen in der Sache, nicht solche über prozessuale Vorfragen bzw Zwischenpunkte, § 328 Rn 33.

3) Die **Sperre des § 621 II 1** gilt nicht, wenn Ehesache im Ausland anhängig. Insbesondere blockiert Scheidungsverfahren im Ausland nicht Folgeverfahren im Inland. Dies stellt Neufassung klar. Es gibt keine internationale Verbundsunzuständigkeit, Düsseldorf IPRax 83, 129 (Jayme) = IPRspr 82/169. 35

35a **4) Identität des Streitgegenstandes** (§ 261 III Nr 1) zu verneinen, wenn Ehetrennungsverfahren (in Italien) und Scheidungsverfahren (in BRepD) anhängig ist, KG NJW 83, 2324 = IPRspr 167.

36 **XVI) Staatsverträge,** die die (dt) internationale Zuständigkeit in Ehesachen durch Befolgungsregeln normieren, dh auch mit Wirkung für den dt Richter im Erkenntnisverfahren den Umfang der internationalen Entscheidungszuständigkeit festlegen, hat die BRepD nicht geschlossen. Die Zuständigkeitsvorschriften in den Anerkennungs- und Vollstreckungsverträgen stellen nur sog Beurteilungsregeln auf; diese sind nur dann von Bedeutung, wenn (im Verfahren nach Art 7 § 1 FamRÄndG) geklärt werden muß, ob der Urteilsstaat international zuständig war. Vgl Art 3 dt-schweizer Abk, Art 3 dt-ital Abk, Art 2 I Nr 3 und Art 4 I dt-belg Abk; hierzu IPG 74 Nr 18 (München); Köln NJW 1976, 1040; Düsseldorf IPRspr 81/191; Art III (3) dt-brit Abk; Art 2 dt-griech Vertr; hierzu BGH FamRZ 83, 1217; Art 32 dt-tunes Vertr; Art 8 dt-span Vertr. Auch das Übereink der Internationalen Zivilstandskommission Nr 11 vom 8. 9. 1967 (noch nicht in Kraft) und das Haager Übereink über die Anerkennung der Scheidungen und Trennungen von Tisch und Bett (noch nicht in Kraft, abgedr bei Jayme/Hausmann[3]; hierzu Basedow StAZ 83, 238 Fn 55) enthalten nur Beurteilungsregeln.

B) Internationale Zuständigkeit der BRepD in Ehesachen (Entscheidungszuständigkeit)

37 **I) Internationale Staatsangehörigkeitszuständigkeit:** Die BRepD ist in Ehesachen (Rn 19) international zuständig, wenn mindestens ein Ehegatte die dt Staatsangehörigkeit besitzt. Ob der gewöhnl Aufenthalt der Parteien im Inland liegt oder nicht, spielt keine Rolle. Desgleichen ist ohne Bedeutung, ob der dt Staatsbürger Kläger oder Bekl bzw Antragsteller oder Antragsgegner (§ 622 III) ist (Rn 8) oder ob die dt Partei auch noch die Staatsangehörigkeit eines anderen Staates besitzt. Daß die ausl Staatsangehörigkeit „effektiver" ist, weil die Partei ihren Lebensmittelpunkt im auswärtigen Staat hat, ist irrelevant, Hamburg MDR 72, 421 = IPRspr 72/145; Basedow in Reform des dt IPR, 1980, 93 sub 2 a; Jayme IPRax 84, 124 bei FN 30. Nachw Mitzkus 30, FN 14. Unzutreffend Bamberg FamRZ 81, 1106 = IPRax 82, 28.

38 Zur internationalen Zuständigkeit für die **Nichtigkeitsklage des Staatsanwalts und/oder des Ehegatten aus erster Ehe** Geimer NJW 76, 1039; BGH NJW 76, 1590. Vgl § 328 Rn 281. – Zur mißbräuchl Erhebung Karlsruhe IPRax 86, 166 (Heßler 146).

39 Die **dt Staatsangehörigkeit** ist nach den einschlägigen dt Gesetzen, insbesondere dem RuStAG zu beurteilen. Ob die dt Staatsangehörigkeit von ausl Staaten anerkannt wird, ist gleichgültig. Auch ein rückwirkender Erwerb der dt Staatsangehörigkeit durch Ausgebürgerte nach Art 116 II 2 GG kann die dt internationale Zuständigkeit begründen, BGHZ 27, 375 = JZ 59, 122 (Beitzke) = FamRZ 58, 364 (Bosch) = MDR 58, 755.

40 Eine **frühere dt Staatsangehörigkeit vor oder während der Ehe** ist ohne Bedeutung, ausgenommen den Sonderfall, daß mindestens einer der Ehegatten diese bei Eheschließung besaß (Rn 44). **Maßgebl Zeitpunkt** ist die letzte mündl Verhandlung; auch in der Revisionsinstanz ist die Einbürgerung zu beachten, BGHZ 53, 128; BGH StAZ 75, 338 = IPRspr 75/55; BGH NJW 77, 498; BayObLGZ 80, 356. § 561 steht nicht entgegen. Ist die Einbürgerung beantragt und kommt es für die Bejahung der dt internationalen Zuständigkeit auf die dt Staatsangehörigkeit einer Partei an, weil die Voraussetzungen des § 606 a I Nr 2–4 nicht vorliegen, so ist der Eherechtsstreit auszusetzen, Hamburg JW 37, 963; Staudinger/Gamillscheg § 606 b Rn 87. Verliert die dt Partei während des Prozesses ihre dt Staatsangehörigkeit, so bleibt die dt internationale Zuständigkeit analog § 261 III Nr 2 bestehen (auch wenn die Voraussetzungen des § 606 a Nr 1 2–4 nicht vorliegen). AA Breuer Rz 69.

41 **Deutsche iS von Art 116 I GG** stehen dt Staatsangehörigen gleich, Art 9 II Nr 5 FamRÄndG. **Staatsbürger der DDR** iSd DDR-StaatsbürgerschaftsG sind aus der Sicht der BRepD dte Staatsangehörige. Haben jedoch beide Ehegatten ihren gewöhnl Aufenthalt in der DDR, dann nimmt die BRepD im innerdeutschen (interlokalen) Verhältnis (IZPR Rn 192) für sich keine innerdeutsche Zuständigkeit in Anspruch. § 606 III ist insoweit nicht (entspr) anzuwenden. Dagegen wird die innerdeutsche Zuständigkeit bejaht, wenn der Antragsteller seinen gewöhnl Aufenthalt im Ausland, der Gegner dagegen in der DDR (einschl Ost-Berlins) hat, Staudinger/Gamillscheg § 606 b Rn 649 (so hM). Zum innerdeutschen Zivilprozeßrecht § 328 Rn 286. – Zu **Verfolgten,** denen in der Zeit zwischen 30. 1. 1933 und 8. 5. 1945 die dt Staatsangehörigkeit aus politischen, rassischen oder religiösen Gründen aberkannt wurde, BVerfGE 23, 98.

42 Zu den den dt Staatsangehörigen Gleichgestellten Rn 77.

43 **Kein Gleichlauf zwischen forum und ius.** Auch wenn gem dt IPR (Art 17 EGBGB) in der Sache nach ausl Recht zu entscheiden ist, ist die internationale Zuständigkeit der BRepD aufgrund der dt Staatsangehörigkeit einer der Parteien eröffnet.

II) Internationale Zuständigkeit kraft früherer dt Staatsangehörigkeit bei Eheschließung, § 606 a Nr 1 zweite Altern (auch Antrittszuständigkeit genannt). Ein Ehegatte muß bei Eheschließung dt Staatsangehöriger gewesen sein. Ob er die dt Staatsangehörigkeit durch Heirat oder sonstige Umstände verloren hat, spielt keine Rolle. Auf die Staatsangehörigkeit des anderen Ehegatten kommt es nicht an. Welche Staatsangehörigkeit der ehemals dt Ehegatte nun besitzt oder ob er staatenlos ist, ist ohne Bedeutung, ebenso, wo sich die Eheleute gewöhnl aufhalten, wo die Ehe geschlossen wurde und wo der gemeinsame Lebensmittelpunkt der Eheleute war/ist. Auch eine **nicht effektive frühere dt Staatsangehörigkeit** eröffnet internationale Antrittszuständigkeit der BRepD. Beispiel: eine Deutsch-Brasilianerin, die nie Europa gesehen hat, heiratet einen US-Amerikaner und verliert anläßl der Einbürgerung in USA ihre dt Staatsangehörigkeit. Jeder Ehegatte kann in der BRepD Scheidung beantragen. 44

Die zweite Altern Nr 1 bringt eine **enorme Ausweitung des Jurisdiktionsbereichs der BRepD** im Vergleich zu § 606 b Nr 2 aF: Die internationale Zuständigkeit gem § 606 b Nr 2 aF bestand nicht – wie jetzt – für alle Ehesachen, sondern nur für die Nichtigkeits-, Aufhebungs- und Ehefeststellungsklage (es schieden also aus: die Widerherstellungsklage und der Scheidungsantrag). Zweck des § 606 b Nr 2 aF war die Bereitstellung eines Forums, um die Anwendung dt Rechts (Art 13 EGBGB) zu gewährleisten, Nachw Staudinger/Gamillscheg § 606 b Rn 414, Dessauer 618. Diese **Konkordanz zwischen forum und ius gilt für die Neufassung nicht;** denn die Bejahung der dt internationalen Entscheidungszuständigkeit hängt nicht davon ab, daß in der Sache nach dt Recht (zB Art 17 I 2 zweite Altern) zu entscheiden ist. Internationale Zuständigkeit daher auch zu bejahen, wenn der sich der Scheidung widersetzende Ehegatte (Antragsgegner) zur Zeit der Eheschließung Deutscher war. Unpräzis amtl Begr 90: Die Antrittszuständigkeit der Nr 1 zweite Altern sei das „prozessuale Gegenstück zum sog Antrittsrecht nach Art 17 I 2 EGBGB". Ungenau auch schon die Vorschläge des Dt Rats für IPR (Vorschläge und Gutachten zur Reform des dt internationalen EheR, 1962, 32), der den „rechtspolitischen Grund für die Antrittszuständigkeit" wie folgt umschreibt: „die Gerichte des Staats, unter dessen Recht ein Gatte die Ehe angefangen hat, sollen zuständig sein, die Ehe gegebenenfalls wieder zu lösen". Nr 1 erfaßt aber alle Ehesachen, also auch positive Feststellungsklagen. – Für eine teleologische Reduktion besteht keine Veranlassung, da Gleichlauf zwischen forum und ius nicht Absicht des dt Gesetzgebers (Rn 28). Die ratio novae legis ist vielmehr einleuchtend und überzeugend: Jeder Ehegatte, der bei Eheschließung Deutscher war, soll sich unter den Schutz der dt Gerichte begeben können, und zwar für alle Ehesachen (zu eng Kühne 183). Das gleiche Recht wird dem ausl oder staatenlosen Ehepartner eingeräumt (dieser ist Antragsteller/Kläger, ehem Deutscher ist Antragsgegner/Bekl). – Die Anknüpfung an die frühere Staatsangehörigkeit ist völkerrechtl nicht zu beanstanden. Sie darf auch nicht durch forum non conveniens-Erwägungen eingeschränkt werden, Rn 32. 45

III) Internationale Aufenthaltszuständigkeit. 1) Beide Ehegatten haben ihren gewöhnl Aufenthalt im Inland. Ist keiner der Ehegatten dt Staatsangehöriger, so ist die BRepD gleichwohl international zuständig, wenn beide Ehegatten zum maßgebl Zeitpunkt (Rn 47) ihren gewöhnl Aufenthalt im Inland (BRepD einschließl West-Berlin) haben (§ 606 a I 1 Nr 2). Auf die Anerkennung durch den/die Heimatstaaten oder die lex causae (Art 17 EGBGB) kommt es nicht an. – Der **schlichte Aufenthalt** genügt – entgegen den Vorschlägen des Dt Rats für IPR – nicht, um die internationale Zuständigkeit der BRepD zu begründen. Eine solche Anknüpfung ist zu instabil. 46

Maßgebender Zeitpunkt: Beginn der Rechtshängigkeit, § 261 III Nr 2. **Momente der Zukunftsplanung** bleiben außer Betracht, Rn 94. Die spätere Aufenthaltsverlegung während des anhängigen Verfahrens ins Ausland (eines oder beider Ehegatten) ist unschädl, BGH FamRZ 83, 1216 = IPRax 85, 162 = IPRspr 83/151; Düsseldorf IPRax 83, 129 = IPRspr 82/155; LG Köln MDR 62, 903 = IPRspr 62–63/174 betr Versetzung eines Diplomaten. Nimmt eine Partei ihren gewöhnl Aufenthalt während des Scheidungsverfahrens im Inland, so wirkt dies zuständigkeitsbegründend und ist entgegen § 561 selbst in der Revisionsinstanz zu beachten; Staudinger/Gamillscheg § 606 b Rn 173. In diesem Fall ist jedoch besonders genau zu prüfen, ob die Begründung eines inländischen Aufenthalts nicht bloß der (verbotenen) Zuständigkeitserschleichung dienen soll. 47

Der **Kompetenztatbestand „gewöhnl Aufenthalt"** (Rn 112) ist ausschließl nach dt Recht zu qualifizieren und zu beurteilen. Wann ein **schlichter Aufenthalt im Inland** zum gewöhnl Aufenthalt wird, ist gesetzl nicht geregelt. Faustregel der Praxis: der Aufenthalt muß mindestens 6 Monate andauern, MPI RabelsZ 1983, 681; rechtsvergl Dessauer 626; v Hoffmann IPRax 84, 328. 48

Es reicht nicht aus, daß die Parteien ihren **letzten gemeinsamen gewöhnl Aufenthalt** vor der Trennung im Inland hatten, Düsseldorf IPRax 83, 129 = IPRspr 82/155. AA Frankfurt FamRZ 75, 694 = IPRspr 75/152. 49

50 Hatte eine Partei zum maßgebl Zeitpunkt (Rn 47) im Inland ihren gewöhnl Aufenthalt, besteht Anspruch auf Justizgewährung im Inland. Forum non conveniens-Erwägungen (Rn 32) sind unzulässig, BGH IPRax 85, 162 = IPRspr 83/151, der Vorinstanz aufhob: Diese hielt es für sachgerecht, daß der Scheidungsrechtsstreit angesichts der Rückkehr beider Parteien nach Griechenland vor einem griech Gericht ausgetragen werde. Dort lasse sich der Sach- und Streitstand leichter aufklären.

51 **2) Nur ein Ehegatte hat (noch) seinen gewöhnl Aufenthalt im Inland. a) Grundsatz:** Für die Bejahung der internationalen Entscheidungszuständigkeit der BRepD genügt es grundsätzl, wenn nur einer der Ehegatten seinen gewöhnl Aufenthalt im Inland hat. Dabei hat die Parteirolle keine Bedeutung (Rn 8). Belanglos ist, welches Recht nach dt IPR zur Anwendung kommt, ob die Ehe im Inland oder Ausland geschlossen wurde und ob der letzte gemeinsame gewöhnl Aufenthalt der Eheleute im In- oder Ausland lag, Staudinger/Gamillscheg § 606 b Rz 51.

52 **Ist einer der Ehegatten staatenlos,** gleich ob Kläger oder Bekl/Antragsteller oder Antragsgegner, ist der gewöhnl Aufenthalt des staatenl Ehegatten im Inland als solcher zuständigkeitsbegründend, § 606 a I 1 Nr 3. Auf die Anerkennung des dt Urteils durch einen fremden Staat kommt es nicht an. Notwendig ist aber, daß sich der staatenlose Ehegatte im Inland aufhält. Die BRepD ist – anders als nach § 606 b Nr 1 aF – nicht nach Nr 3 und auch nicht nach Nr 4 international zuständig, wenn der staatenlose Ehegatte im Ausland lebt und der Heimatstaat des im Inland sich aufhaltenden ausl Ehegatten die dt Entscheidung offensichtl nicht anerkennt.

53 **b) Ausnahme:** Die internationale Zuständigkeit der BRepD (aufgrund des gewöhnl Aufenthalts nur eines ausl Ehegatten) entfällt nur, wenn offensichtlich keiner der Heimatstaaten die dt Entscheidung anerkennt. Besitzt jeder der Ehegatten eine ausl Staatsangehörigkeit, so hält sich die BRepD auf Grund des **gewöhnl Aufenthalts nur einer Partei** im Inland dann nicht für international zuständig, wenn das dt Urteil offensichtl nach dem Recht keines der Staaten, denen einer der Ehegatten angehört, anerkannt würde. Die internationale Aufenthaltszuständigkeit der BRepD ist also zu bejahen, wenn feststeht, daß einer der Heimatstaaten – bei Doppelstaatern genügt auch die Anerkennung durch den Staat, zu dem die weniger effektive Beziehung besteht, Rn 64 – die dt Entscheidung anerkennt, aber auch dann, wenn die Anerkennungsfrage offen oder zweifelhaft ist. **Die dt internationale Entscheidungszuständigkeit entfällt nur dann, wenn offensichtl ist, dh auf der Hand liegt, daß keiner der Heimatstaaten die dt Entscheidung anerkennen wird.**

54 Zum Verständnis dieser Regelung ist ihre Vorgeschichte unerläßl: § 606 b Nr 1 aF stellte verfassungswidrig (Rn 1) auf die Anerkennung durch den Heimatstaat des Mannes ab. Die BReg schlug vor, dt internationale Aufenthaltszuständigkeit nur dann zu eröffnen, wenn das dt Urteil durch einen Heimatstaat anerkannt würde. Demgegenüber verlangte der BRat in Übereinstimmung mit dem Dt Rat für IPR und der Wissenschaft (MPI RabelsZ 83, 680; Kropholler Rz 119; Martiny I Rz 755 gE; Basedow StAZ 83, 237, Nachw Dessauer 574, 614, 768, 809, 1203) die gänzl Streichung des Anerkennungserfordernisses mit folgender überzeugender Begründung: Die Prüfung der Voraussetzungen für die Anerkennung eines dt Scheidungsurteils im Ausland sei schwierig und arbeitsaufwendig. Die Prüfung, ob die Anerkennung eines dt Scheidungsurteils im Heimatstaat eines Ehegatten zu erwarten ist, sei für die FamilienG arbeitsaufwendiger als die Durchführung des Scheidungsverfahrens selbst. „Hinkende Scheidungen", die in keinem Heimatstaat der Ehegatten anerkannt werden, dürften nicht überbewertet werden.

55 Im Gesetzgebungsverfahren kam es zu folgendem **Kompromiß:** Haben **beide Ehegatten** ihren gewöhnl Aufenthalt im Inland, so spielt die Anerkennungsfrage keine Rolle, Rn 46. Hält sich **nur ein Ehegatte im Inland** auf – gleichgültig ist, wo der „Schwerpunkt der Ehe" zu lokalisieren ist; dt internationale Zuständigkeit besteht auch dann, wenn die Eheleute ihren gemeinsamen gewöhnl Aufenthalt während intaker Ehe nie im Inland hatten –, so genügt dies für die Bejahung der dt internationalen Zuständigkeit, es sei denn, es liegt bei einer Ehe zwischen zwei Ausländern (arg § 606 a I 1 Nr 3) auf der Hand, daß offensichtl keiner der Heimatstaaten die dt Entscheidung anerkennen wird. Nur für diesen Ausnahmefall hält der IPR-Reform-Gesetzgeber an dem verfehlten Konzept des § 606 b Nr 1 aF fest, der auf die Wahrung des äußeren Entscheidungseinklangs abzielte (BGH IPRax 85, 162 = IPRspr 83/151). **Fazit:** Der mit der Anerkennungsprognose für Richter und Parteien unvermeidl verbundene „Frustrationseffekt" (Schwimann RabelsZ 70, 209 = IZVR 32) wird durch Nr 4 zwar statistisch reduziert, jedoch leider nicht in toto ausgemerzt, vgl auch Rn 65.

56 Das alte Recht hatte in verfassungsrechtl nicht haltbarer Weise dem Postulat der internationalen Entscheidungsharmonie zu viel Priorität eingeräumt. Dies führte in vielen Fällen zu einer **Rechtsschutzverweigerung** im Inland, weil via § 606 b Nr 1 aF auch die exorbitantesten Zuständigkeitsanmaßungen und sonstigen willkürl (vom internationalen Standard abweichenden)

Anerkennungshindernisse des Heimatstaates des Ehemannes (systematisiert bei Dessauer 746 ff, 829, 865; Kropholler Rz 118) vom dt Gericht zu beachten waren. Daran hält leider Nr 4 weiter fest. Dagegen treffend Dt Rat für IPR, Vorschläge und Gutachten, 1981, 43: „Die internationale Zuständigkeit muß aufgrund der prozessualen Interessen gerecht bestimmt werden und darf nicht von der Billigung durch einen fremden Staat abhängen. Hinkende Ehen sind ohnehin nicht zu vermeiden, da man nicht Anerkennung durch sämtliche Staaten fordern kann." Ebenso Kühne, IPR-Gesetz-Entw, 1980, 184; Basedow StAZ 83, 237, Max-Planck-Institut RabelsZ 83, 680. Das Abstellen auf die Anerkennung im Ausland (im Heimatstaat einer Partei) ist nicht nur unpraktisch (weil die Gerichte mit nutzloser Rechtsvergleichung belastet werden, die sie überfordert, vgl die BR-Stellungnahme) und dogmatisch schwer begründbar (weshalb sollen wir unsere internationale Zuständigkeit in Ehesachen davon abhängig machen, daß dies ein anderer Staat gutheißt? Sonst wird die dt internationale Entscheidungszuständigkeit nicht durch die Anerkennung im Ausland eingeschränkt, § 640 a Rn 6), sondern auch verfassungsrechtlich problematisch: Wie soll die Verweigerung des inländischen Rechtsschutzes vor dem GG gerechtfertigt werden? Die BRepD hat zu einer Ehe, die im Inland „gelebt" wurde, eine mindestens genauso starke, wenn nicht sogar stärkere Beziehung als der/die Heimatstaat(en). Das Anerkennungserfordernis des § 606 a I 1 Nr 4 teilt die im Inland lebenden Ausländer in zwei Gruppen, solche, denen es gestattet ist, Rechtsschutz vor dt Gerichten zu erlangen, und solche, denen Rechtsschutz im Inland verweigert wird. Diese Differenzierung widerspricht dem im dt IZPR allgemein geltenden Grundsatz der Gleichbehandlung der Kläger: Man darf nicht das Ideal eines äußeren Entscheidungseinklangs auf dem Rücken der Beteiligten exerzieren und deren legitime, durch das GG geschützte Rechtsschutzinteressen vernachlässigen, Geimer NJW 86, 658.

In der Diskussion zu wenig berücksichtigt wurde bisher auch das **Völkervertragsrecht:** So garantieren Art 14 des Internationalen Paktes vom 19. 12. 1966 über bürgerl und politische Rechte (BGBl 73 II 1533) sowie Art 6 MRK Ausländern mit Wohnsitz/Aufenthalt im Inland Gleichbehandlung im Hinblick auf Rechtsschutz und Rechtsverfolgung. **57**

Die von Nr 4 befohlene Rücksichtnahme auf das Heimatrecht eines Ehegatten verfehlt von vornherein ihr rechtspolitisches Ziel (Anerkennung durch lex causae, Thümmel NJW 85, 523), wenn der Rechtsstreit nach dt IPR nach einer anderen ausl Rechtsordnung zu entscheiden ist. **58**

Schließl sollten das Postulat nach internationaler Entscheidungsharmonie, bzw vice versa die mißl Auswirkungen hinkender Rechtsverhältnisse nicht überschätzt werden. Zu Recht betont Holleaux (FamRZ 63, 637): „Der bisweilen panische Schrecken vor hinkenden Verhältnissen ist eigentlich unberechtigt. Es leben tatsächlich unzählige Leute ganz gemütlich in hinkenden Familienrechtsverhältnissen. Katastrophale Fälle ... sind wunderseltene Ausnahmen. Jedenfalls ist bei vielen Gelegenheiten – besonders auf dem Gebiet des Familienrechts – häufig eine weit bessere, menschlich gerechtere und auch sachgemäßere Lösung, ein hinkendes Verhältnis freimütig in Kauf zu nehmen, als aus abergläubischer Achtung vor einem theoretischen Entscheidungsgleichheitsideal zu einer vielleicht rechtstheoretisch vertretbaren (was ist nicht alles theoretisch und technisch zu rechtfertigen?), aber nichtsdestoweniger faktisch ungerechten Lösung Zuflucht zu nehmen." – Nicht einleuchtend daher Grundmann NJW 86, 2167, der das Scheidungsstatut als „starke" und das „Prozeßstatut" als „schwache" Anknüpfung einordnet. **59**

c) Einzelheiten zur negativen Anerkennungsprognose: Nicht erforderl ist positive Anerkennungsprognose: Dt internationale Aufenthaltszuständigkeit grundsätzl gegeben, auch wenn sich nur ein Ehegatte im Inland aufhält. Sie entfällt nur, wenn Anerkennungsprognose offensichtl negativ ist (Rn 2). Die Einschränkung der internationalen Aufenthaltszuständigkeit durch Nr 4 ist **restriktiv** zu handhaben. So klar Rechtsausschuß-Bericht: „Das Gericht soll seine Zuständigkeit jedoch nur dann verneinen können, wenn schon ohne intensive Nachforschungen davon auszugehen ist, daß keiner der Heimatstaaten der Ehegatten die Scheidung anerkennen würde. Das wird nach dem heutigen Stand nur noch in verhältnismäßig wenigen Fällen festgestellt werden können." Die Einholung eines Gutachtens ist nicht erforderl. Sofern die Durchsicht der gängigen (für das Gericht erreichbaren) Literatur nicht offensichtl ergibt, daß das dt Urteil in keinem der in Betracht kommenden Heimatstaaten anerkannt wird, ist die internationale Zuständigkeit der BRepD auf Grund des inländischen gewöhnl Aufenthalts nur einer Partei zu bejahen. Nur diese Auslegung wird den Intentionen des Gesetzgebers gerecht, der nur eine (Zeit und Kraft sparende) kursorische Prüfung der Anerkennungsfrage will. **60**

Anerkennung der dt Entscheidung durch den Heimatstaat eines Ehegatten. Ein Heimatstaat muß das dt Urteil in concreto anerkennen, und zwar in seinen vom dt Recht gewollten Wirkungen. Es genügt zB nicht, daß der dt Scheidung die Wirkungen einer Trennung von Tisch und Bett beigelegt werden (Staudinger/Gamillscheg § 606 b Rn 111), oder daß das ausl Gericht auf der Grundlage des dt Scheidungsurteils – evtl nach einer révision au fond – erneut die Scheidung **61**

ausspricht, Dessauer 448. AA Breuer Rz 65. Zur „Zweitscheidung" nach Art 3 Nr 2e ital ScheidungsG Dessauer 718, 751.

62 Vorstehendes gilt nach hM nur für Urteile, die der Klage stattgeben. **Klageabweisende Sachurteile** könnten auch ergehen, wenn kein Heimatstaat sie anerkennt. Dies folge aus dem Zweck des § 606 a I 1 Nr 4 (früher § 606 b Nr 1), hinkende Ehen zu vermeiden; Riezler, IZPR, 247; Heldrich 246 N 50; BGHZ 47, 324 = IPRspr 66–67/90 (passim). Diese Ansicht verkennt, daß es keinen „hinkenden Eheprozeß" gibt, in dem von vornherein feststeht, daß nur zugunsten einer Partei eine Sachentscheidung ergehen darf, Staudinger/Gamillscheg § 606 b Rn 166.

63 Bei **Mehrrechtsstaaten,** zB USA, kommt es auf die Anerkennungsbereitschaft durch diejenige Teilrechtsordnung an, mit der der Ehegatte am engsten verbunden ist. Dies ist die Rechtsordnung an seinem gewöhnl Aufenthalt zu dem maßgebl Zeitpunkt (Rn 66). Sofern nach Religionszugehörigkeit differenziert wird, kommt es auf das Anerkennungsrecht der betr Religionsgemeinschaft an, vgl Fall des AG Wiesbaden IPRax 86, 247 (Henrich).

64 **Gehört ein Ehegatte mehreren Staaten** an, so reicht es aus, wenn nur einer der Heimatstaaten die dt Entscheidung anerkennt. AA Hamburg IPRspr 1958–59/122; StJSchl § 606 b Rz 9; Breuer Rz 68. Danach sei die Haltung desjenigen Staates maßgebl, zu dem der Ehemann „die überwiegenden Beziehungen unterhält".

65 **Die Frage der Anerkennungsfähigkeit ist aus der Sicht des/der in Betracht kommenden ausl Staates/en zu beurteilen.** Das dt Gericht darf die ausl Rechtsordnung nicht abweichend von der ausl Judikatur auslegen (§ 293 Rn 24). Dies gilt auch, wenn die Anerkennung durch Staatsvertrag geregelt ist und die Auslegung durch die Rechtspraxis des Heimatstaates aus dt Sicht falsch ist (BGH FamRZ 83, 1215 = IPRax 85, 162 = IPRspr 83/151). – Das Anerkennungserfordernis verlangt vom dt Richter ein hohes Maß an Selbstverleugnung. Denn er muß im Rahmen seiner Prognose auch untersuchen, ob seine Entscheidung mit dem ordre public des Anerkennungsstaates zu vereinbaren ist. Verneint er dies, hat er sich einer Sachentscheidung zu enthalten. Beispiel: Frankfurt IPRax 83, 193 = IPRspr 82/162; Karlsruhe NJW 83, 1984 = IPRspr 82/164.

66 **Maßgebender Zeitpunkt für das Erfordernis der Anerkennung der dt Entscheidung** durch den Heimatstaat ist der Schluß der mündl Verhandlung. Dies gilt auch im Fall des Wechsels der Staatsangehörigkeit. § 261 III Nr 2 insoweit unanwendbar, BGH NJW 84, 1305 = FamRZ 83, 1216 = IPRax 85, 162 = IPRspr 83/151. Die (zu Beginn des Verfahrens vorhandene) internationale Entscheidungszuständigkeit entfällt, wenn die (zunächst positive) Anerkennungsprognose während des Rechtsstreits offensichtlich negativ wird, Jayme IPRax 84, 124; Nachw Mitzkus 30 Fn 14. Ergibt sich der Wegfall der Anerkennungserwartung aus einer Änderung des ausl Rechts, so kommt es auf dessen **intertemporären Vorschriften** an. Es ist zu prüfen, ob auch schwebende Verfahren davon erfaßt werden sollen.

67 Auch in der **Revisionsinstanz ist die Anerkennungsfähigkeit des dt Urteils** nachzuprüfen; denn es geht um die Anwendung dt Prozeßrechts, das die Grenzen der dt internationalen Zuständigkeit umschreibt, auch wenn es dabei auf den Standpunkt eines ausl Rechts abstellt, aA BGHZ 27, 47; BGH IPRax 84, 208. Nachw Dessauer 380, 416, 1083.

68 Hat OLG internationale Zuständigkeit verneint wegen fehlender Anerkennungsbereitschaft, so hat BGH insbes nachzuprüfen, ob es die Grenzen der kursorischen Anerkennungsprognose (Rn 53) eingehalten hat oder ob es zu intensiv geprüft hat. Im letzteren Fall ist das Urteil aufzuheben und die internationale Zuständigkeit zu bejahen. Hat das OLG die internationale Zuständigkeit bejaht, so muß der BGH auch die Offensichtlichkeitsgrenze einhalten. Nur wenn er zu dem Ergebnis kommt, daß entgegen dem OLG offensichtlich ist, daß in keinem Heimatstaat Anerkennungsbereitschaft besteht, darf er die Klage/Antrag wegen internationaler Unzuständigkeit der BRepD durch **Prozeßurteil** abweisen. AA Dessauer 762 (Sachurteil).

69 **d)** Negative Anerkennungsprognose hindert Bejahung der internationalen Aufenthaltszuständigkeit der BRepD in folgenden Fällen nicht: **aa) Nichtehe nach dem Recht eines Heimatstaates.** Bei der Scheidung einer nach dt Recht gültigen Ehe, die der Heimatstaat des Ehemannes als nicht existent betrachtet, weil er die Eheschließung nicht anerkennt oder die er bereits für geschieden/aufgelöst erachtet (durch eine in der BRepD nicht anerkennungsfähige Scheidung), kam es nach § 606 b Nr 1 aF auf die Anerkennung durch den Heimatstaat des Mannes nicht an, Stuttgart FamRZ 80, 783 = IPRspr 80/78; BGHZ 82, 50 = FamRZ 83, 47; Breuer Rz 79 ff. Diese Regel ist nunmehr – angesichts des Umstandes, daß die Konkordanz zwischen Art 17 I EGBGB aF und § 606 b Nr 1 aF im neuen Recht entfallen ist – dahingehend zu modifizieren, daß sie nicht nur gilt, wenn die Ehe in beiden Heimatstaaten (des Mannes und der Frau) als nicht (mehr) existent betrachtet wird, sondern auch dann, wenn dies nur in einem Heimatstaat der Fall ist.

Denn die ratio legis (Nr 4) läßt sich dahingehend zusammenfassen: Die Aufenthaltszuständigkeit der BRepD soll nur dann entfallen, wenn beide Heimatstaaten die dt Entscheidung offensichtl nicht anerkennen. Die **Entscheidungsdisharmonie zu einem Heimatstaat genügt nicht.** Im Fall der Nicht(mehr)ehe aus der Sicht eines Heimatstaates liegt aber bei Scheidung dieser Ehe in der BRepD substantiell keine Disharmonie zu diesem Staat vor, weil in der BRepD der Rechtszustand (gleichsam im Wege der Nachholung) hergestellt wird, der dort bereits gilt. 70

bb) Anerkennung des dt Urteils durch lex causae. Hier ist die Verweigerung des Rechtsschutzes durch die dt Gerichte im Hinblick auf die fehlende Anerkennungsbereitschaft der Heimatstaaten nicht gerechtfertigt (Rn 30). Es liegt ein Redaktionsversehen vor. 71

cc) Trennung von Tisch und Bett als Zwischenentscheidung (Vorstufe) vor Scheidung. Bestr, ob negative Anerkennungsprognose dt internationale Zuständigkeit entfallen läßt. Verneinend Breuer Rz 81; AG Hamburg FamRZ 80, 578. AA Frankfurt FamRZ 85, 620. 72

dd) Notzuständigkeit. Da Rechtsschutzverweigerung im Inland droht, soll Scheidung durch dt Gerichte gleichwohl mögl sein, „wenn die Parteien ein besonderes Bedürfnis für eine Scheidung im Inland nachweisen" (Jayme FamRZ 73, 6) bzw wenn das Bedürfnis nach Rechtsschutz im Inland überwiegt (Neuhaus/Kropholler RabelsZ 80, 337). Kritisch Dessauer 825, 869. – Es handelt sich um einen Anwendungsfall der Notzuständigkeit. Diese ist nicht auf die Fälle der Aufenthaltszuständigkeit begrenzt, Rn 85. 73

e) Länderübersicht (Fundstellenhinweise) 74

Grundsätzliche Anerkennungsbereitschaft für Scheidungen von Staatsangehörigen von **Afghanistan:** AG Bonn IPRax 85, 165 (Krüger 151). **Algerien:** IPG 72/37 (Berlin). **Angola:** Celle FamRZ 82, 813. **Argentinien:** wenn Ehe außerhalb Argentiniens geschlossen, LG Hamburg FamRZ 74, 460; KG NJW 80, 535; Goldschmidt RabelsZ 67, 632; FS Bosch (1976) 337. Scheidung einer sog Inlandsehe (= eine in Argentinien geschlossene Ehe) wird nicht anerkannt, Art 7 EheG, Dessauer 1046 Fn 580. Derzeit ist ScheidungsG im Parlament. **Belgien:** falls Bekl Wohnsitz oder gewöhnl Aufenthalt in der BRepD hat oder wenn hier der letzte gemeinsame Aufenthalt war und Kläger hier zur Zeit der Klageerhebung seinen gewöhnl Aufenthalt hatte, Art 4 dt-belg Abk, Köln NJW 76, 1040. **Brasilien:** Rechsteiner RabelsZ 85, 138. **Volksrepublik China:** Art 204 ZPO 1982 (IPRax 83, 83 = RabelsZ 83, 94). **Dänemark:** KG DR 40, 1383, LG Hamburg IPRspr 73/146, 74/67. **Frankreich:** Mezger FS Firsching (1985) 175, wenn ein Franzose durch Klageerhebung in der BRepD oder als Beklagter durch ausdrückl Unterwerfung unter dt Jurisdiktion auf die nach Art 14, 15 Cc stets gegebene internationale Zuständigkeit Frankreichs verzichtet und der bekl Ehegatte seinen Wohnsitz in der BRepD hat, München NJW 66, 2274; Helmreich NJW 67, 507; LG Hamburg IPRspr 75/150, Cour de cassation FamRZ 65, 46 (Sonnenberger). **Ghana:** Weiden IPRspr 74/162; AG Hamburg IPRspr 82/66 A. **Griechenland:** Art 2, 4 II dt-griech Vertr oder nach autonomem griech AnerkennungsR (Art 339 ZPG), Pouliadis IPRax 85, 357; BGH NJW 84, 1305; LG Düsseldorf FamRZ 72, 298; Frankfurt FamRZ 75, 693; LG Hamburg IPRspr 75/151; AG Stuttgart IPRspr 77/69; Hamm FamRZ 78, 511; München IPRspr 79/50; AG Hamburg-Altona IPRspr 82/72. Nicht erforderl, daß beide Parteien zur Zeit der Antragstellung ihren gewöhnl Aufenthalt im Inland haben, so aber KG IPRax 81, 219, Düsseldorf FamRZ 82, 486 = IPRax 83, 129; Bamberg IPRax 85, 162 = IPRspr 83/148; Jayme IPRax 81, 219; Filios/Henrich IPRax 85, 150. **Großbritannien:** Art 4 I c dt-brit Abk nebst Protokoll; Recognition of Divorces and Legal Separations Act 1971; Frankfurt FamRZ 76, 640; Schurig FamRZ 72, 288; Farnborough NJW 74, 396; Turner StAZ 74, 228; Meister FamRZ 77, 108. **Indonesien:** LG Hamburg StAZ 77, 339; IPRspr 83/153. **Iran:** AG Hamburg IPRax 83, 74. **Irland:** AG Charlottenburg IPRax 85, 162 (Coester-Waltjen 148); Dessauer 746. Auslandsscheidungen auch irischer Staatsangehöriger werden anerkannt, wenn Geschiedene bei Scheidung im Ausland domiziliert waren. **Island:** RG 151, 103. **Israel:** LG Bremen FamRZ 66, 635; ausführl Breuer Rz 116. **Italien:** (ausführl Dessauer 450, 719, 747, 765, 813, 872; Breuer Rz 117) wenn Parteien Wohnsitz in BRepD haben, Art 3 dt-ital Abk; AG München IPRax 82, 204 = IPRspr 82/156; IPRax 84, 104. Nach Reform des ital FamilienR kann die Ehefrau nunmehr einen selbständigen Wohnsitz (Art 13 dt-ital Abk) begründen, so daß die Anerkennung eines dt Urt in Italien ausgeschlossen ist, wenn die bekl Frau getrennt von ihrem Mann außerhalb der BRepD lebt, Düsseldorf FamRZ 78, 418 = IPRspr 78/151; Stuttgart Justiz 84, 397. – Um Eingreifen des ital ordre public (Art 4 I dt-ital Abk, Art 797 Nr 7 cpc) nicht zu provozieren, ist Sühneversuch und Beteiligung der dt Staatsanwaltschaft am Ehetrennungs- bzw Scheidungsverfahren vor dt FamG trotz Streichung des § 607 aF nicht nur zulässig, sondern auch vorsorgl geboten, wenn auch Nichtbeteiligung der Staatsanwaltschaft ital ordre public nicht verletzt, Rn 15, Nachw Dessauer 487, IPRax 85, 330. Sühneversuch ist aber für die Anerkennung erforderl, da dessen Unterlassen nach ital Recht grundsätzl zur Nichtigkeit der Entscheidung führt. – Es genügt, daß Bekl seinen Wohnsitz oder Residenzort in BRepD hat, Düsseldorf FamRZ 81, 146; Stuttgart IPRax 81, 142; Karlsruhe IPRax 82, 75; Stuttgart Justiz 84, 346 (sofern auch Unterhaltsansprüche minderj Kinder im Verbundverfahren geregelt, ebenso Bremen IPRax 85, 46, aA Frankfurt FamRZ 85, 619); Bremen IPRax 85, 47 (Anerkennung eines vorangegangenen dt Trennungsurteils nicht erforderl); Frankfurt FamRZ 84, 59 und 1233, 85, 619. **Jugoslawien:** wenn zu erwarten, daß keine Partei sich einer Anerkennung in Jugoslawien widersetzen und dadurch die Anerkennung nach Art 89 II jugoslaw IPRG (IPRax 83, 6) mögl wird, Stuttgart FamRZ 82, 817 = IPRspr 82/157; Justiz 84, 104 = IPRspr 83/147; IPRax 84, 277; Karlsruhe IPRax 84, 270 (Varady 249) = IPRspr 83/149. Andere Konstellationen: AG Rosenheim IPRax 81, 28; Köln FamRZ 83, 922; Karlsruhe FamRZ 84, 57; Stuttgart FamRZ 82, 817; Justiz 84, 104; AG Biberach IPRax 85, 47. Ausführl Breuer Rz 121. **Süd-Korea:** LG Hamburg IPRspr 77/67. **Libanon:** LG München FamRZ 77, 332; Braunschweig FamRZ 85, 1145. **Luxemburg:** Rechtslage ähnlich wie in Frankreich, AG Wittlich FamRZ 80, 782. **Mexico:** Stuttgart FamRZ 74, 459. **Niederlande:** Art 2 I G zur Regelung des KonfliktsR bei Ehescheidung und Trennung von Tisch und Bett und Anerkennung diesbezügl Entscheidungen, Art 814 I c RV (niederl ZPO), AG Altona IPRspr 83/145; LG Hamburg IPRspr 73/140; **Nigeria:** AG Bremervörde IPRspr 81/87; Breuer Rz 135. **Norwegen:** RG DR 41, 534; Breuer Rz 136. **Österreich:** AG Düsseldorf IPRspr 77/72; Karlsruhe FamRZ 80, 682; Hoyer FamRZ 78, 299. Keine staatsvertragl Regelung, Art 14 dt-österr Vertr. § 81 Nr 3 EO wurde gestrichen. Österreich beansprucht nunmehr für Entscheidungen über den Personenstand österr Staatsangehöriger keine ausschließl internationale Zuständigkeit mehr, Schwimann, FamRZ 85, 679. **Pakistan:** wenn einer der Ehegatten zur Zeit der Klageerhebung Domizil in der BRepD hat, Hamm FamRZ 85, 1145. **Polen:** KG FamRZ 74, 461; Rudnicki öJZ 77, 122; Breuer Rz 143. **Portugal:** LG Hamburg FamRZ 74, 257; IPRspr 76/47; Hamm FamRZ 80, 449; AG Besigheim IPRax 84, 277 (Jayme) = IPRspr 83/157. Für die Anerkennung reicht aus, wenn der Kläger/Antragsteller seinen Wohnsitz oder gewöhnl Aufenthalt im Inland hat, Art 75, Art 1096 CPrCiv, Hamm FamRZ 85, 1145; Breuer Rz 144. **Rumänien:** Celle IPRspr 80/151; Lipowschek WGO 77, 17. **Schweden:** LG Berlin IPRspr 62–63/176; IPG 79, 213. **Schweiz:** Art 3 dt-schweizer Abk; KG DR 39, 267; München NJW 72, 2186; Frankfurt FamRZ 82, 316; Sturm FS Beitzke (1979) 803. Keine Anerkennung, wenn bekl schweizer Ehegatte in Schweiz wohnt. **Spanien:** AG Rüsselsheim IPRax 85, 229 (Jayme); 86, 185, Ramos IPRax 85, 235; Frankfurt MDR 82, 192; Rau IPRax 81, 189; IPG 82/38 (München). **Trinidad/Tabago:** LG Hamburg IPRspr 77/131. **Tschechoslowakei:** Wiesbaden FamRZ 72, 208; Breuer Rz 158. **Türkei:** wenn türk Antragsgegner in BRepD wohnt, Art 27 türk IPRGesetz, Art 9 türk ZPO, AG Altena IPRspr 83/145; Düsseldorf FamRZ 86, 1117. Zur einvernehml Scheidung Ansay IPRax 85, 370; Breuer Rz 159; AG Düsseldorf FamRZ 84, 797 (Krüger); BayMdJ IPRspr 82/188; Ansay StAZ 83, 29; Krüger IPRax 85, 304; aA Karlsruhe IPRax 85, 105 (Henrich 89). **Tunesien:** Art 27 ff dt-tunes Vertrag; AG Mönchen-Gladbach IPRax 84, 101 = IPRspr 83/144. **UdSSR:** Celle FamRZ 82, 813; Breuer Rz 161. **Ungarn:** § 55 a GesetzesVO über IPR Nr 13/1979 (StAZ 80, 78). Wenn ein Ehegatte außerhalb Ungarns lebt, UngarOG ROW 85, 301; Breuer Rz 162. **USA:** wenn nach dem Recht des jew Bundesstaates jurisdiction der dt Gerichte gegeben ist, Grasmann FamRZ 64, 345; Rheinstein RabelsZ 68, 527; Breuer Rz 164. Dies ist der Fall, wenn ein Ehegatte in der BRepD domicile hat. Dies ist zu verneinen für US-Soldat, der nach 17 Monaten Armeeaufenthalt in Deutschland nach USA zurückkehren will, Bamberg IPRax 85, 229. Bei der Scheidung von US-Angehörigen kommt es auf die Zugehörigkeit zum jew Bundesstaat (states citizenship) an, weil das Scheidungsrecht in den USA unterschiedl geregelt ist und die Bundesstaaten eine eigene Gerichtsverfassung und ein eigenes IZPR haben. Martiny I Rz 747. **Venezuela:** Staudinger/Gamillscheg § 606 b Rn 383; AG Düsseldorf IPRspr 77/72.

75 **Anerkennungsbereitschaft fehlt: Ägypten:** Für Klagen (Anträge) gegen einen Ägypter beansprucht Ägypten eine ausschließl internationale Zuständigkeit mit der Folge, daß eine Anerkennung dt Scheidungsurteile ausgeschlossen ist, Braunschweig FamRZ 85, 1145. **Albanien:** verlangt staatsvertragl Regelung, die fehlt, Bergmann/Ferid 7. **Chile:** LG Hamburg IPRspr 77/132. **Irak:** Hamm FamRZ 74, 26; **Peru:** AG Ebersberg IPRax 82, 160. **Taiwan:** Luther FS Ferid (1978) 291; Breuer Rz 97.

76 Weitere Hinweise bei Breuer Rz 85 ff; Bergmann/Ferid, Internationales Ehe- und Kindschaftsrecht; Palandt/Heldrich Art 17 EGBGB; Staudinger/Gamillscheg/Hirschberg § 606 b Rn 212.

77 **IV) Personen mit Sonderstatus (dt Staatsangehörigen gleichgestellte Personen):** Bestimmte aufgrund ihres persönl Schicksals (typischerweise) besonders benachteiligte und daher als schutzbedürftig betrachtete Personen (Staatenlose, Flüchtlinge und heimatlose Ausländer, die in der BRepD wohnen, bzw sich dort gewöhnl aufhalten oder uU auch nur schlicht aufhalten) sind dt Staatsangehörigen hinsichtl des Zugangs zu den Gerichten gleichgestellt. Im Hinblick auf die Erweiterung der dt internationalen Staatsangehörigkeitszuständigkeit im Sinne einer allgemeinen „Antrittszuständigkeit“ durch Nr 1 zweite Altern (Rn 44) erhebt sich die Frage, ob diese

Gleichstellungsklausel wortwörtl zu nehmen ist. Dann wäre die BRepD auch dann noch international zuständig und müßte ihre Gerichte zur Verfügung stellen, wenn beide Ehegatten mit Sonderstatus längst die BRepD verlassen haben und woanders auf dieser Welt dauernd seßhaft geworden sind und möglicherweise dort eine neue Staatsangehörigkeit erworben haben, aber auch dann, wenn sie sich entschlossen haben, in ihr Heimatland zurückzukehren, aus welchen Gründen auch immer (Heimweh oder Änderung der dortigen politischen Verhältnisse). Eine solche am Wortlaut haftende Auslegung der Gleichstellungsklausel würde den Jurisdiktionsbereich der BRepD in (zwar völkergewohnheitsrechtl unbeanstandbarem, jedoch) rechtspolitisch bedenkl Umfang ausweiten und der ratio legis Gewalt antun. Denn die genannten Personen sollen **ledigl während der Dauer ihres Aufenthalts in der BRepD** nicht anders behandelt werden als Inländer, Nachw zum alten Recht Hirschberg IPRax 84, 19. Dogmatisch ist es daher besser, für die internationale Zuständigkeit in Eheprozessen, an denen eine Person mit Sonderstatus beteiligt ist, nicht die Staatsangehörigkeitszuständigkeit (Nr 1) heranzuziehen, sondern die Eröffnung der internationalen Zuständigkeit als eine besondere Form der internationalen Aufenthaltszuständigkeit (Rn 46) zu betrachten. Praktisch wird die Frage der Erweiterung der internationalen Zuständigkeit für die Personen mit Sonderstatus nur in folgenden Fällen: Wenn sich nur ein Ehegatte im Inland gewöhnl aufhält, entfällt die Einschränkung der dt internationalen Zuständigkeit durch das Erfordernis der Anerkennung in einem der Heimatstaaten (Nr 4). Eine Erweiterung (Abweichung von Nrn 2–4) kommt ferner in den seltenen Fällen zum Zuge, wenn keiner der Ehegatten zum maßgebl Zeitpunkt (Rn 47) seinen gewöhnl Aufenthalt in der BRepD hat, jedoch seinen Wohnsitz bzw schlichten Aufenthalt (Rn 51), aber nur dann und insoweit, als nach den in Rn 78 ff aufgeführten Vorschriften diese Anknüpfungen bedeutsam sind.

Sonderstatus haben **verschleppte Personen, Flüchtlinge und heimatlose Ausländer** nach Maßgabe der nachgenannten Normen. Zum maßgebl Zeitpunkt Bamberg FamRZ 82, 505. Auf die Anerkennung durch Heimatstaat eines Ehegatten kommt es nicht an. Die nachgenannten Vorschriften finden Anwendung, wenn nur ein Ehegatte seinen Aufenthalt (nicht erforderl: gewöhnl Aufenthalt) im Geltungsbereich des GG hat. Demgemäß ist die BRepD in Ehesachen international zuständig, wenn auch nur ein Ehegatte seinen Aufenthalt im Inland hat, der andere aber entweder überhaupt nicht in die BRepD gekommen oder bereits wieder ausgewandert ist, StJSchl § 606 b II. Folgende Normen sind zu beachten (abgedruckt bei Palandt/Heldrich Anh zu Art 5 II): 78

a) Gesetz Nr 23 der Alliierten Hohen Kommission vom 17. 3. 1950 (AblAHK 140; Berlin: VOBl 458) idF des ÄndG Nr 48 v 1. 3. 1951 (ABlAHK 808; Berlin: GVBl 332) über die Rechtsverhältnisse verschleppter Personen und Flüchtlinge. 79

b) Gesetz über die **Rechtsstellung heimatloser Ausländer im Bundesgebiet** vom 25. 4. 1951 (BGBl 269). Betrifft nahezu (§ 26) dieselbe Personengruppe wie Rn 79; Martiny I Rz 216. 80

c) Genfer Abkommen über die Rechtsstellung der Flüchtlinge (kurz: **Genfer Flüchtlingskonvention** = GFK) vom 28. 7. 1951 (BGBl 1953 II 53 559), ergänzt durch Protokoll v 31. 1. 1967 (BGBl 1969 II 1293). Zum Anwendungsbereich IPG 75 Nr 18 (Freiburg); BayObLGZ 74, 95, 99; 75, 291; Köln IPRspr 68–69/203 a; BGH NJW 82, 2732 = IPRax 84, 33 (Hirschberg 19) = IPRspr 82/158. Art 16 II GFK gewährleistet freien und ungehinderten Zugang zu den Gerichten der Vertragsstaaten. Der Flüchtling ist in Bezug auf die internationale Aufenthaltszuständigkeit einem Inländer gleichzustellen, BGH aaO; Mitzkus 35; Martiny I Rz 214. 81

d) UN-Übereinkommen über die Rechtsstellung von Staatenlosen vom 28. September 1954 (BGBl 1976 II 474; 1977 II 235). Art 16 II stellt Staatenlose mit Wohnsitz/Aufenthalt im Inland Deutschen gleich, Martiny I Rz 210. 82

e) Asylverfahrensgesetz vom 16. 7. 1982 (BGBl I 946; 1984 I 874). § 3 ersetzt § 44 II AusländerG; Asylberechtigte genießen – vorbehaltl günstigerer Vorschriften – die Rechtsstellung von Flüchtlingen iS der GFK (Rn 81). Vgl LG Hamburg NJW 70, 2168 = IPRspr 70/114; IPG 73/21 (München); Beitzke FS Fragistas I 1966, 377 ff. Fällt die Asylberechtigung nach Klageerhebung weg, so entfällt nicht die dt internationale Zuständigkeit, arg § 261 III Nr 2, Celle FamRZ 1974, 314 = IPRspr 74/Nr 51. AA StJSchlosser § 606 b II Rn 4 FN 7. 83

f) Gesetz über Maßnahmen für im Rahmen humanitärer Hilfsaktionen aufgenommener Flüchtlinge vom 22. Juli 1980 (BGBl I 1957). § 1 dieses Gesetzes verweist auf Art 16 GFK (Rn 81). 84

V) Notzuständigkeit. Droht Rechtsverweigerung, weil entweder ein zumutbares ausl Forum nicht existiert oder angegangen werden kann oder weil das ausl Urteil in der BRepD nicht anerkannt wird, etwa wegen § 328 I Nr 2 oder 3, so muß die dt internationale Zuständigkeit bejaht werden, IZPR Rn 113; AG Groß-Gerau FamRZ 81, 51 = MDR 80, 944 = IPRspr 80, 152; Nachw Dessauer 615, 623. Vgl Rn 73. 85

86 **VI) Zuständigkeitsvereinbarungen. 1) Derogation der (an sich) gegebenen dt internationalen Zuständigkeit.** Die dt internationale Zuständigkeit kann durch eine Zuständigkeitsvereinbarung der Parteien nicht beseitigt werden. Die Bereitstellung eines inländischen Forums in Ehesachen dient (auch) mittelbar öffentl Interessen. Es liegt auch im Staatsinteresse, daß die Statusverhältnisse von Inländern und wohl auch von inländischen Aufenthaltern – doch letzteres ist sehr fragl – von dt Gerichten geklärt werden können, Geimer 119 FN 107. Deshalb können die Parteien über die dt internationale Zuständigkeit in Ehesachen nicht disponieren; Staudinger/Gamillscheg § 606 b Rn 407. Dagegen hält Walchshöfer, ZZP 80 (1967), 214 f bei FN 212, nicht nur die dt internationale Aufenthaltszuständigkeit – worüber sich vielleicht noch reden ließe –, sondern auch die dt internationale Staatsangehörigkeitszuständigkeit für derogierbar. – Derogierbar ist jedoch die auf Staatsangehörigkeit bei Eheschließung beruhende internationale Antrittszuständigkeit (Rn 44).

87 **2) Prorogation der (an sich nicht gegebenen) dt internationalen Zuständigkeit.** Zur Annahme einer Prorogation in Ehesachen ist ein dt Gericht nicht berechtigt, Walchshöfer ZZP 80 (1967), 219; Staudinger/Gamillscheg, IPR, II, § 606 b Rn 402. Dieser Standpunkt der hM (anders 14. Aufl § 606 b Rn 59) ist seit IPR-ReformG außer Zweifel, Geimer IZPR Rz 1751, 1773.

88 **VII) Internationale Widerklagezuständigkeit.** Ist die BRepD für die Klage/Antrag in Ehesachen international zuständig, so ergibt sich daraus auch die internationale Zuständigkeit für die (konnexe) Widerklage bzw den (konnexen) Gegenantrag iSd § 610, StJSchlosser § 606 Rz 19; aA Staudinger/Gamillscheg, 1973, § 606 b Rn 165, der die Voraussetzungen der internationalen Zuständigkeit für die Widerklage/Gegenantrag selbständig an § 606 b (jetzt § 606 a I) mißt. Beisp: AG Wiesbaden IPRax 86, 247 (Henrich).

89 **VIII) Unbeachtlichkeit einer ausl Zuständigkeitsverweisung.** Für welche Rechtsstreitigkeiten die BRepD eine internationale Zuständigkeit für sich in Anspruch nimmt, bestimmen ausschl die dt Gesetze. Ob ein ausl Staat die BRepD für international zuständig hält oder nicht, ist an sich unbeachtl, Rn 10, 30. Der Standpunkt des ausl Rechts ist nur dann und nur insoweit von Bedeutung, als das dt Recht hierauf verweist. Vom § 606 a I 1 Nr 4 abgesehen, gibt es im dt Recht keine solche Verweisung (im Bereich der streitigen Zivilgerichtsbarkeit). Angesichts des weiten Umfangs der von der BRepD beanspruchten internationalen Zuständigkeit sind nur wenige Fälle denkbar, in denen die Annahme einer Zuständigkeitsverweisung – über § 606 a I hinaus – zuständigkeitsbegründend wäre, vor allem dann, wenn man die internationale Notzuständigkeit (Rn 85) als selbständige Zuständigkeitsanknüpfung zuläßt.

90 **IX) Keine internationale Zuständigkeit auf Grund der Maßgeblichkeit dt Rechts.** Das dt Zuständigkeitsrecht kennt kein forum legis, Rn 29; dies gilt auch, wenn nach dt Recht **Rechtsgestaltungen notwendigerweise durch Richterspruch** erfolgen müssen, sie also nicht auch durch einverständl Zusammenwirken der Beteiligten auf rechtsgeschäftl Weg erzeugt werden können. Dagegen fordert Heldrich 189 ff, die dt internationale Zuständigkeit bereits aus der Maßgeblichkeit der dt Sachnorm zu folgern. Die „Verkettung von gerichtl Tätigkeit und anzuwendendem Recht" verlange, daß in allen Fällen der Notwendigkeit einer richterl Rechtsgestaltung ein dt Forum zur Verfügung gestellt werde, soweit nach dt IPR dt Recht zur Anwendung komme. Ähnl Neuhaus, Die Grundbegriffe des IPR², 1977, § 57 III (428); Nachw bei Schröder 514 Fn 2249.

91 **X) Sonstige Zuständigkeitsanknüpfungen, die das dt Recht nicht rezipiert hat: 1) Schlichter Aufenthalt** ist zu instabil, um international Zuständigkeit zu tragen. Anders die Vorschläge des Deutschen Rats für IPR. – Vgl aber Rn 78.

92 **2) (Letzter) gemeinsamer Aufenthalt der Eheleute.** Daß die Ehe im Inland gelebt wurde, ist zuständigkeitsrechtl ohne Bedeutung. Allein entscheidend ist vielmehr, daß zum maßgebl Zeitpunkt (Rn 47) einer der Ehegatten sich im Inland gewöhnl aufhält. Ist dies nicht der Fall, so entfällt die dt internationale Zuständigkeit.

93 **3) Ort der Eheschließung (Zelebrationszuständigkeit).** Auch diese ist zuständigkeitsrechtl ohne Bedeutung.

94 **4) Aufenthaltsprognosen.** Kompetenzrechtl entscheidend ist ausschließl der gegenwärtige gewöhnl Aufenthalt, nicht die Aufenthaltsprognose für die Zeit nach der Scheidung (und auch nicht während des Ehe-(Scheidungs)verfahrens). Die dt internationale Zuständigkeit entfällt also nicht, wenn der (noch im Inland befindl) Ehegatte (Rn 47) fest vorhat, nach der Scheidung ins Ausland zu ziehen, und umgekehrt wird die internationale Zuständigkeit der BRepD nicht dadurch begründet, daß eine der Parteien ihren Wohnsitz künftig im Inland nehmen will. Zur kompetenzrechtl Irrelevanz der Aufenthaltsprognose Basedow, Die Anerkennung von Auslandsscheidungen, 1980, 80; Dessauer 740. Das gleiche gilt für einen **geplanten Staatsangehörigkeitswechsel.**

C) Internationale Zuständigkeit fremder Staaten in Ehesachen (Anerkennungszuständigkeit)

I) Keine ausschließl internationale Zuständigkeit der BRepD in Ehesachen, § 606 a I 2. Anders der bis 31. 8. 1986 geltende § 606 a aF, der intertemporalrechtl für die vor dem 1. 9. 1986 durchgeführten Auslandsscheidungen noch von Bedeutung ist (§ 328 Rn 273). Danach ist/war zu prüfen, ob die BRepD sich für die Ehesache, über die das ausl Gericht bzw die ausl Behörde entschieden hat, selbst für ausschließl international zuständig hält (**negative Zuständigkeitsprüfung**). Liegt eine solche dt ausschließl internationale Zuständigkeit vor, so scheidet eine Anerkennung aus, BayObLGZ 80, 55. Dies gilt auch dann, wenn der Erststaat für sich internationale Staatsangehörigkeitszuständigkeit in Anspruch nimmt. Ausnahme: Der Bekl ist mit der Anerkennung einverstanden, § 606 a Nr 3 aF. Ausführl 14. Aufl. 95

II) Prüfung der internationalen Zuständigkeit des Erststaats anhand des Kongruenzprinzips: Gem § 328 I Nr 1 ist einer ausl Entscheidung auf Rüge des Bekl (Rn 120) die Anerkennung zu versagen, wenn der Erststaat nach den dt Zuständigkeitsnormen nicht international zuständig war. Die internationale Zuständigkeit des Erststaates ist grundsätzl nach den gleichen Zuständigkeitsanknüpfungen zu beurteilen, die das dt Recht für die eigene internationale Zuständigkeit verwendet. Gemäß § 328 I Nr 1 sind die dt Normen über die eigene internationale Zuständigkeit spiegelbildl anzuwenden. Nach § 328 I Nr 1 iVm § 606 a I ist demnach der Erststaat international zuständig, wenn a) einer der Ehegatten die Staatsangehörigkeit des Erststaates besitzt oder bei Beginn der Ehe besaß oder b) einer der Ehegatten seinen gewöhnl Aufenthalt (= „Daseinsmittelpunkt", BayObLG 79, 196 = IPRspr 212) im Erststaat hat, Rn 107 ff. 96

III) Erweiterung des Umfangs der internationalen Anerkennungszuständigkeit gegenüber der von der BRepD für die eigenen Gerichte in Anspruch genommenen internationalen Entscheidungszuständigkeit durch § 606 a II: 1) Keine spiegelbildl Anwendung des kompetenzeinschränkenden Anerkennungserfordernisses des § 606 a I 1 Nr 4. Der Umstand, daß zum maßgebl Zeitpunkt (Rn 120) nur ein Ehegatte (noch) seinen gewöhnl Aufenthalt im Urteilsstaat hat(te), reicht aus, um die internationale Zuständigkeit des Erststaates zu bejahen. Das Anerkennungserfordernis des § 606 a I 1 Nr 4 (das die internationale Entscheidungszuständigkeit der BRepD einschränkt, wenn sich diese nur auf den gewöhnl Aufenthalt eines Ehegatten stützt, Rn 55) entfällt. Es kommt nicht darauf an, ob der Heimatstaat eines Ehegatten das erststaatl Urteil anerkennt. Ratio legis (BT-Drucks 10/504 S 90): Das für die Limitierung der eigenen internationalen Entscheidungszuständigkeit der BRepD aufgestellte Anerkennungserfordernis soll „im Rahmen der Anerkennung fremder Entscheidungen ... schon deshalb nach seinem Zweck ... nicht spiegelbildl herangezogen werden, wenn die Scheidung schon ausgesprochen ist und damit ihr Hinken im Sinn einer unterschiedl Beurteilung ihrer Wirksamkeit in verschiedenen Rechtsordnungen nicht mehr im vorhinein verhindert werden kann." 97

2) Keine Zuständigkeitsprüfung nach § 328 I Nr 1, wenn der gemeinsame Heimatstaat beider Eheleute bzw wenn – bei gemischtnationaler Ehe – der Heimatstaat eines jeden Ehegatten die erststaatl Entscheidung anerkennt. Wenn die internationale Zuständigkeit des Erststaates sich weder auf die Staatsangehörigkeit noch auf den gewöhnl Aufenthalt einer Partei im Gerichtsstaat stützen konnte, wird die Anerkennung dann nicht verweigert, wenn die zur Anerkennung anstehende ausl Entscheidung von den/dem Heimatstaat(en) beider Ehegatten anerkannt wird. Im Interesse der internationalen Entscheidungsharmonie (Vermeidung hinkender Rechtsverhältnisse) verzichtet das dt Prozeßrecht darauf, den Umfang der internationalen Anerkennungszuständigkeit und damit der Gerichtspflichtigkeit des Bekl/Antragsgegners nach dt Rechtsvorstellungen (§ 328 I Nr 1) durchzusetzen. So schon BayObLGZ 80, 354 = IPRspr 175. Wenn der/die Heimatstaat(en) beider Ehegatten die drittstaatl Entscheidung anerkennen, ganz gleich wie dies dort rechtstechnisch bewältigt wird (materiell- oder prozeßrechtl), sehen wir keine Veranlassung, wegen internationaler Unzuständigkeit (aus dt Sicht, Rn 96) dem ausl Urteil die Anerkennung zu versagen. Der Beklagtenschutz (§ 328 Rn 123) wird dabei über Bord geworfen. Denn nach § 606 a II müssen wir Entscheidungen aus kompetenzrechtl beziehungslosen Drittstaaten bloß wegen der Anerkennung durch den/die Heimatstaat(en) bei uns auch dann anerkennen, wenn sich der Bekl der Anerkennung widersetzt und die internationale Unzuständigkeit im Erstprozeß gerügt hat. Es handelt sich dogmatisch nicht um eine (bloße) Zuständigkeitsverweisung (Rn 89). Es genügt näml nicht, daß der/die Heimatstaat(en) die internationale Zuständigkeit (Jurisdiktion) des Erststaates bejaht, wenn er aus sonstigen Gründen die Anerkennung verweigert, zB wegen ordre public-Verstoß oder wegen einer dem dt Recht (§ 328 Rn 163) unbekannten kollisionsrechtl Kontrolle. Verweigert ein Heimatstaat die Anerkennung, so entfällt jeder Grund, im Interesse der Entscheidungsharmonie von der Regel des § 328 I Nr 1 abzuweichen, daß allein das dt Recht den Umfang der Gerichtspflichtigkeit des Bekl bestimmt, Rn 96. 98

99 Aus § 606 a II zweite Altern kann nicht der Schluß gezogen werden, das dt Recht akzeptiere in Ehesachen das ihm sonst **fremde Prinzip eines Gleichlaufs zwischen forum und ius** (Rn 31). Ist die internationale Zuständigkeit aus dt Sicht gegeben, weil ein Ehegatte dem Erststaat angehört oder dort seinen gewöhnl Aufenthalt hat (Rn 96), so ist die internationale Zuständigkeit des Erststaates gegeben und die ausl Entscheidung – sofern kein Versagungsgrund nach § 328 I Nr 2–4 vorliegt – anzuerkennen, ohne Rücksicht darauf, ob der/die Heimatstaat(en) und/oder der Staat der lex causae (Art 17 EGBGB) das gleiche tun.

100 Ist ein Ehegatte **Mehrstaater,** so reicht es aus, wenn einer seiner Heimatstaaten die Entscheidung des aus dt Sicht international unzuständigen Staates anerkennt. **Ein Heimatstaat** auf seiten eines jeden Ehegatten muß also die drittstaatl Entscheidung anerkennen. Es genügt, wenn dies der Heimatstaat tut, zu dem der betr Ehegatte **nicht die engste Beziehung** hat. Zwar ist auf den ersten Blick ein Abstellen auf die Anerkennungsbereitschaft nur des Staates plausibel, zu dem der betr Ehegatte die engste Beziehung hat. Denn nur dann erscheint es gerechtfertigt, von der Prüfung der internationalen Zuständigkeit nach den Regeln des dt Rechts (Rn 96) abzusehen. Doch führte dies zu Rechtsunsicherheit.

101 **Maßgebl Zeitpunkt** (vgl Rn 118): Eintritt der Urteilswirkung nach dem Recht des Urteilsstaates, § 328 Rn 124. Dieser Zeitpunkt entscheidet, auf wessen Staates Anerkennungsbereitschaft es ankommt. Die **Anerkennung durch einen früheren Heimatstaat genügt nicht.**

102 Bei **Mehrstaatern** (zB USA) kommt es auf die Anerkennungsbereitschaft durch die **Teilrechtsordnung an, der die Eheleute bzw der betr Ehegatte am engsten verbunden sind/ist.** Entscheidendes Kriterium hierfür ist im Zweifel der gewöhnl Aufenthalt zum maßgebl Zeitpunkt (Rn 101). Wenn zB Ehemann in New York sich gewöhnl aufhält, kommt es auf New Yorker Anerkennungsrecht an. Bei Differenzierung nach Religionszugehörigkeit kommt es auf Religion des betr Ehegatten an, Rn 63.

103 Die Anerkennungserleichterung des § 606 a II kommt nicht zum Zuge, wenn **beide Deutsche** sind oder – bei einer gemischtnationalen Ehe – wenn der **Bekl/Antragsgegner deutscher Staatsangehöriger** ist. Denn dann gilt zu dessen Schutz das dt Anerkennungsrecht, das seine Gerichtspflichtigkeit begrenzt (§ 328 I Nr 1, Rn 96). Hierauf kann er sich auch berufen, wenn er noch eine andere (effektivere) Staatsangehörigkeit besitzt.

104 Die Prüfung der internationalen Zuständigkeit anhand der Regeln des dt Rechts (Staatsangehörigkeit oder gewöhnl Aufenthalt) entfällt nicht, wenn die **lex causae (Art 17 EGBGB)** die drittstaatl Entscheidung anerkennt.

105 **Sonstige Versagungsgründe:** § 606 a II zweite Altern läßt § 328 I Nr 2–4 unberührt. Bei Anerkennung durch den/die Heimatstaat(en) beider Ehegatten steht nur die aus dt Sicht fehlende internationale Zuständigkeit des Erststaates (Rn 96) der Anerkennung nicht entgegen. Es entfällt also der Versagungsgrund des § 328 I Nr 1. Alle übrigen vom dt Recht aufgestellten Anerkennungsvoraussetzungen bzw Versagungsgründe (§ 328 Rn 131 ff) sind aber (weiter) zu prüfen. **Anerkennung im Heimatstaat(en) führt also nicht zwangsläufig auch zur Anerkennung in der BRepD.**

106 **IV) Die vom dt Recht anerkannten Anknüpfungen für die internationale Zuständigkeit des Erststaates:** Soweit die internationale Zuständigkeit des Erststaates zu prüfen (Rn 98, 120) ist, kommt es – soweit kein Staatsvertrag (Rn 126) eingreift – darauf an, ob eine der nachfolgenden Anknüpfungen zum maßgebl Zeitpunkt (Rn 118) gegeben ist.

107 **1) Staatsangehörigkeit des Erststaates** (§ 328 I Nr 1 iVm § 606 a I 1 Nr 1): Nicht erforderl, daß beide Parteien Angehörige des Erststaates sind. Es genügt, daß ein Ehegatte dem Erststaat angehört, auch wenn er noch eine andere (effektivere) Staatsangehörigkeit (zB die dt) hat. Parteirolle ist ohne Bedeutung. Die internationale Staatsangehörigkeitszuständigkeit des Erststaates ist auch dann gegeben, wenn der Kläger/Antragsteller dem Erststaat angehört. Auf den Aufenthalt der Parteien kommt es nicht an. Internationale Staatsangehörigkeitszuständigkeit des Erststaates ist aufgrund der Staatsangehörigkeit einer Partei immer gegeben, ohne Rücksicht darauf, wo die Parteien sich aufhalten; auch dann, wenn sich einer oder beide in der BRepD aufhalten.

108 Die internationale Zuständigkeit des Erststaates aufgrund der Staatsangehörigkeit einer Partei wird auch dann anerkannt, wenn **Bekl dt Staatsangehöriger** ist. Hier liegt ein ganz entscheidender Unterschied zum alten Recht. Die internationale Zuständigkeit des Erststaates wurde – vorbehaltl des Antrags nach § 606 a Nr 3 aF – nur anerkannt, wenn der Bekl im Ausland seinen gewöhnl Aufenthalt hat(te) oder wenn die Ehegatten ihren gemeinsamen gewöhnl Aufenthalt zuletzt irgendwo außerhalb Deutschlands gehabt haben, arg § 606 a Nr 1, 2 aF.

Die internationale Staatsangehörigkeitszuständigkeit fremder Staaten wird erhebl ausgeweitet durch § 606 a I 1 Nr 1 zweite Altern. Es genügt, wenn dem Erststaat zum Zeitpunkt der Eheschließung eine Partei angehört hat. 109

2) Gewöhnl Aufenthalt mindestens einer Partei im Erststaat (§ 328 I Nr 1 iVm § 606 a I Nr 2–4, ergänzt durch § 606 a II erste Altern): Gehört keiner der Ehegatten dem Erststaat an und hat auch keiner ihm zum Zeitpunkt der Eheschließung angehört, so scheidet eine internationale Staatsangehörigkeitszuständigkeit des Erststaates aus. In Betracht kommt eine **internationale Aufenthaltszuständigkeit,** wenn einer der Ehegatten zum maßgebl Zeitpunkt (Rn 118) seinen gewöhnl Aufenthalt im Erststaat hatte. Parteirolle ist ohne Bedeutung, auch der gewöhnl Aufenthalt des Klägers/Antragstellers vermittelt internationale Anerkennungszuständigkeit. Irrelevant auch die Staatsangehörigkeit der Beteiligten, so kann zB die Ehe von dt Staatsangehörigen im Aufenthaltsstaat des Klägers/Antragstellers geschieden werden. Nicht erforderl, daß der gemeinsame gewöhnl Aufenthalt der Eheleute im Erststaat gelegen ist/war. 110

Auf die Anerkennung durch den/die Heimatstaat(en) der Ehegatten (vgl § 606 a I 1 Nr 4, Rn 55) kommt es nicht an, § 606 a II erste Altern, Rn 97. 111

Zum **Begriff des gewöhnl Aufenthalts** (Rn 48): JM NRW IPRspr 80/176 sowie 81/188 a; Düsseldorf IPRspr 81/188 b; BayObLGZ 79, 196 = IPRspr 212. Maßgebend ist dt Recht, Martiny I Rz 219. – Gewöhnl Aufenthalt an mehreren Orten mögl, vgl Staudinger/Gamillscheg Rz 117; BayObLGZ 80, 56 = FamRZ 80, 883 = IPRax 81, 183 = IPRspr 80/172. **Schlichter Aufenthalt genügt nicht** (Rn 91). 112

3) Beteiligung von Personen mit Sonderstatus: Die oben (Rn 77 ff) erörterten (die Aufenthaltszuständigkeit erweiternden) Anknüpfungen tragen auch via § 328 I Nr 1 internationale Anerkennungszuständigkeit. 113

4) Notzuständigkeit: Auch diese Anknüpfung (Rn 85) wird als Grundlage der internationalen Zuständigkeit fremder Staaten aufgrund der Kongruenzregel des § 328 I Nr 1 kompetenzrechtl anerkannt, Schröder 213. Doch daraus folgt noch nicht die Anerkennung der erststaatl Entscheidung. Es müssen auch die sonstigen Anerkennungsvoraussetzungen (§ 328 I Nr 2–4) vorliegen. Beisp A: Hat das ausl Gericht noch einmal geschieden, weil es dt Urteil nicht für anerkennungsfähig hält, so scheitert Anerkennung an § 328 I Nr 3. Beispiel B: Die im Inland gültige Eheschließung wird vom Erststaat nicht anerkannt. Das dortige Gericht stellt Nichtbestehen der Ehe fest. 114

5) Widerklagezuständigkeit: Die Ausführungen Rn 88 gelten vice versa auch für die internationale Anerkennungszuständigkeit. 115

V) Unbeachtlichkeit einer Zuständigkeitsverweisung: Über die in Rn 106–115 erörterten Fälle hinaus besteht keine Möglichkeit, die internationale Zuständigkeit des Erststaates zu bejahen, obwohl kein Ehegatte die Staatsangehörigkeit des Erststaates besitzt oder im Erststaat seinen gewöhnl Aufenthalt hat. Insbesondere ist – abgesehen von § 606 a II zweite Altern – eine Zuständigkeitsverweisung der nach dt Recht international zuständigen Staaten auf den Erststaat nicht zu beachten, Rn 89; Geimer 126 Fn 129; Geimer/Schütze I 1550. 116

VI) Sonstige Familiensachen: Ist die internationale Zuständigkeit des Erststaates für die Ehescheidung anzuerkennen, so ergibt sich aus § 328 I Nr 1 iVm §§ 621, 623 ff auch eine internationale Annexzuständigkeit für Folgesachen, zB Unterhaltsregelungen, Martiny I Rz 745. – Die Zuständigkeit für Folgesachen (Rn 19) kann aber auch auf die Zuständigkeitsgründe gestützt werden, die dann zur Anwendung kämen, wenn über die Angelegenheit isoliert befunden würde. Die dt Vorschriften über Entscheidungsverbund sind jedoch nicht insoweit internationalisierungsfähig, daß die Anerkennung eines Scheidungsurteils deswegen scheitert, weil nicht gleichzeitig im Verbund über die Scheidungsfolgen entschieden worden ist, Martiny I Rz 745. – Dies stellt § 621 II 1 nF klar. 117

VII) Maßgebender Zeitpunkt hinsichtl des Vorliegens der Anknüpfungspunkte für die internationale Zuständigkeit des Erststaates (Staatsangehörigkeit des Erststaates bzw gewöhnl Aufenthalt einer Partei im Erststaat) ist im Fall des § 328 I Nr 1 iVm § 606 a I 1 Nr 1 zweite Altern der Zeitpunkt der Eheschließung (internationale Antrittszuständigkeit, Rn 109), im übrigen analog § 261 III Nr 2 der Zeitpunkt der **Klageerhebung/Antragstellung im Erststaat;** es genügt jedoch, wenn die Voraussetzungen im Zeitpunkt des Erlasses der anzuerkennenden Entscheidung vorgelegen haben. Wegfall der Zuständigkeitsanknüpfungspunkte nach Klageerhebung ist unschädl, auch wenn zB durch Zuzug in die BRepD eine dt internationale Zuständigkeit begründet wird, BayObLGZ 1967, 390 = NJW 68, 393 (Geimer 800); BayObLGZ 1974, 471 = FamRZ 75, 215 (Geimer) = IPRspr 74/187; vgl § 328 Rn 124. 118

Auf den **Zeitpunkt der Anerkennung** in der BRepD ist **nicht abzustellen,** so aber wohl BayObLGZ 80, 355 = IPRspr 80, 175. Der Status einer Person auf Grund richterl Rechtsgestal- 119 tung kann sich nicht durch nachträgl Staatsangehörigkeitswechsel verändern, § 328 Rn 124, 273. Die Antwort auf die Anerkennungsfrage darf nicht relativiert werden. Abzulehnen auch Riezler IZPR 534, der das Vorliegen der Zuständigkeitsanknüpfungspunkte sowohl im Zeitpunkt des Erlasses der ausl Entscheidung als auch im Feststellungsverfahren fordert.

120 **VIII) Die Prüfung der internationalen Zuständigkeit des Erststaates im Anerkennungsstadium** dient dem **Schutz des Beklagten vor unzumutbaren Foren.** Sie ist daher nicht von Amts wegen vorzunehmen, auch nicht auf Rüge des Klägers/Antragstellers, sondern nur auf Rüge der im Erststaat beklagten Partei, § 328 Rn 126. – Wird diese Rüge nicht oder nicht rechtzeitig erhoben, dann ist die ausl Entscheidung trotz internationaler Unzuständigkeit des Erststaates anzuerkennen. Das Recht, die internationale Unzuständigkeit des Erststaates zu rügen, kann die bekl Partei **verwirken.** Dies ist zB der Fall, wenn die Parteien die internationale Zuständigkeit des Erststaates vereinbart hatten oder wenn die bekl Partei zweifelsfrei zu erkennen gegeben hat, daß sie sich vorbehaltlos der Jurisdiktion des Erststaates unterwerfe. Erforderl ist ausdrückl und vorbehaltlose Unterwerfung unter die Jurisdiktion des Erststaates. Die bloße Einlassung im erststaatl Verfahren, die mitunter notwendig ist, um ungünstige prozessuale Konstellationen zu verhindern, genügt nicht; Staudinger/Gamillscheg § 328 Rz 131 und BayObLGZ 80, 58.

121 Das **Rügerecht der bekl Partei entfällt** weiter dann, wenn auch sie im Erstverfahren die Scheidung beantragt hat (aA Stuttgart IPRax 84, 35 (Vogel 23) = IPRspr 82/187). Ähnl, wenn auch enger, Staudinger/Gamillscheg § 328 Rz 135: „Man wird den Einwand des Rechtsmißbrauchs vor allem dann zugunsten der Anerkennung ins Feld führen, wenn aus Gründen, die mit der ersten Ehe nichts zu tun haben, eine zweite Ehe zu Fall gebracht werden soll.“ Ebenso BayObLGZ 80, 58 = FamRZ 80, 883 = IPRspr 80/172 passim; offen gelassen von JMNRW IPRspr 77/159 sub 5.

122 Nach Abschluß des erststaatl Verfahrens kann das Rügerecht entfallen, wenn sich **die bekl Partei mit der Scheidung abgefunden und wieder geheiratet hat.** Die hier vertretene rein prozessuale Theorie gelangt zu den gleichen Ergebnissen wie diejenigen, die eine Zuständigkeitsverweisung annehmen wollen, und vermeidet damit unnötig hinkende Scheidungen. Vgl insbes Staudinger/Gamillscheg § 328 Rz 165. – Die bekl Partei kann sich durch **Prozeßvertrag,** auch schon vor Beginn des Anerkennungsverfahrens nach Art 7 § 1 FamRÄndG, wirksam verpflichten, die Rüge der internationalen Unzuständigkeit des Erststaates **zu unterlassen.** Erhebt sie abredewidrig trotzdem die Rüge, so ist diese nicht zu beachten. Vgl. auch § 1041 Rn 24.

123 Beantragt die (im Erststaat) bekl Partei die Anerkennung der ausl Entscheidung, entfällt die Prüfung der internationalen Anerkennungszuständigkeit. Da die LJV (Rn 125) nur auf Rüge des Bekl die internationale Zuständigkeit des Erststaates prüfen darf (Rn 120) und die bekl Partei durch ihren Anerkennungsantrag zum Ausdruck gebracht hat, daß sie diese Rüge nicht erheben wolle, stellt sich die Frage der internationalen Anerkennungszuständigkeit der LJV gar nicht. **Fazit:** Die Prüfung der internationalen Zuständigkeit des Erststaates unterbleibt mit dem Ergebnis, daß auch Entscheidungen solcher Staaten anerkannt werden können, zu denen kein vom dt Recht anerkannter Zuständigkeitsanknüpfungspunkt besteht. Dies übersieht die hM, weil sie den **Normzweck** der Prüfung der internationalen Zuständigkeit des Erststaates (Schutz des Beklagten) nicht erkannt hat. Den Bekl gegen seinen eigenen Willen zu schützen, hat keinen Sinn. Ist der LJV die Prüfung der internationalen Zuständigkeit des Erststaates untersagt, weil der Bekl keine entspr Rüge erhoben hat, dann kann die Frage, ob der Erststaat eine ausreichende Beziehung zum Scheidungsrechtsstreit hatte, nicht doch wieder auf dem Umweg über § 328 I Nr 4 aufgeworfen werden. Anders die hM, vor allem die st Rspr des BayObLG, zB BayObLGZ 75, 44 = NJW 75, 1077 (Geimer) = FamRZ 75, 585 = IPRspr 75/176; BayObLGZ 75, 339 = NJW 76, 1037 (Geimer) = IPRspr 75/181; KG OLGZ 1976, 43 = IPRspr 75/179; LJV NRW IPRspr 77/160; BayObLGZ 80, 353.

124 **IX) Die Voraussetzungen für die Anerkennung einer ausl Entscheidung in Ehesachen** sind stets dem § 328 zu entnehmen, sofern sich nicht aus einem **Staatsvertrag** (Rn 36) etwas anderes ergibt. Dies gilt auch dann, wenn der Erststaat der Staat ist, dessen Recht gem Art 17 EGBGB anzuwenden ist. Unhaltbar ist der von Raape (Staatsangehörigkeitsprinzip und Scheidungsakt sowie internationale Zuständigkeit in Scheidungsprozessen, 1943, 26) aufgestellte „wahrhaft fundamentale Satz“: „Ist . . . eine ausländische Sachnorm anwendbar, hier gemäß Art 17 I EG die . . . über Scheidung, und fordert diese zur Herbeiführung der Rechtswirkung einen behördlichen Akt, so ist ohne weiteres dieser von dem ausländischen Staat vorgenommene Akt von uns anzuerkennen. Einerseits die ausländische Norm . . . für anwendbar erklären, andererseits dem von dieser Sachnorm zum Eintritt der Wirkung geforderten Staatsakt die Anerkennung versagen, weil er ein ausländischer Staatsakt ist . . ., ist ein Widerspruch in sich.“ Ebenso Frankfurt FamRZ 71, 373 = MDR 71, 759 = NJW 71, 1528 (krit Geimer 2139), vgl § 328 Rn 46.

X) Zum **Feststellungsverfahren nach Art 7 § 1 FamRÄndG** s oben § 328 Rn 219. In diesem Verfahren wird von der zuständigen Landesjustizverwaltung (LJV) geprüft, ob die Anerkennungsvoraussetzungen für eine ausl Entscheidung in Ehesachen gegeben sind oder nicht. Nur wenn ein Gericht des Heimatstaates beider Ehegatten entschieden hat, findet ein Anerkennungsverfahren nicht statt, Art 7 § 1 I 3 FamRÄndG. In diesem Fall kann jedes mit der Vorfrage (der Anerkennung dieser Entscheidung) befaßte dt Gericht bzw jede ausl Behörde selbständig prüfen, ob die Anerkennungsvoraussetzungen gegeben sind oder nicht. 125

XI) Staatsverträge (Rn 36) verpflichten die BRepD nicht, die Anerkennung zu versagen, wenn ein Versagungsgrund nach dem einschlägigen Vertrag vorliegt. Es ist vielmehr auf das anerkennungsfreundlichere autonome Recht (Rn 106 ff) zurückzugreifen, § 328 I Rn 5; Geimer/Schütze I 1384. 126

606 b (weggefallen)

§ 606 b betraf die internationale Zuständigkeit, die nunmehr in § 606 a I geregelt ist (IPR-Gesetz v 25. 7. 1986, BGBl I 1142; s auch § 606 a Rn 1 ff).

607 *[Prozeßfähigkeit]*

(1) In Ehesachen ist ein in der Geschäftsfähigkeit beschränkter Ehegatte prozeßfähig; dies gilt jedoch insoweit nicht, als nach § 30 des Ehegesetzes nur sein gesetzlicher Vertreter die Aufhebung der Ehe begehren kann.

(2) Für einen geschäftsunfähigen Ehegatten wird das Verfahren durch den gesetzlichen Vertreter geführt. Der gesetzliche Vertreter ist jedoch zur Erhebung der Klage auf Herstellung des ehelichen Lebens nicht befugt; für den Scheidungsantrag oder die Aufhebungsklage bedarf es der Genehmigung des Vormundschaftsgerichts.

I) Abs 1: 1) Beschränkung in der Geschäftsfähigkeit: BGB § 106 (Minderjährigkeit), § 114 (Entmündigung wegen Geistesschwäche, Verschwendung, Trunksucht oder Rauschgiftsucht, vorläufige Vormundschaft). Der beschränkt Geschäftsfähige ist prozeßfähig für alle Ehesachen und ohne Rücksicht auf die Parteirolle, außer im Fall des Hs 2. Bei der Entmündigung wegen Geistesschwäche ist aber zu prüfen, ob der Entmündigte sich, soweit Ehe und Scheidung in Frage stehen, nicht in einem die freie Willensbestimmung ausschließenden Zustand krankhafter Störung seiner Geistestätigkeit befindet und deshalb partiell geschäftsunfähig ist; dann ist Abs 1 auf ihn nicht anwendbar (BGH FamRZ 72, 497). Auch in Ehesachen ist § 53 anwendbar; bei Pflegerbestellung für einen beschränkt geschäftsfähigen Ehegatten nach § 1910 II BGB hat der Pfleger den Rechtsstreit zu führen (BGHZ 41, 303; aM Hamburg MDR 63, 761). 1

2) Prozeßfähigkeit: Der beschränkt Geschäftsfähige gilt für alle Beziehungen, die mit dem Scheidungsverfahren zusammenhängen, als prozeß- und geschäftsfähig. Er kann einen **Prozeßbevollmächtigten bestellen** (KG FamRZ 62, 482 aE, BayObLGZ 1963, 209/213; s auch § 664 Rn 5). Er kann Richter wegen Besorgnis der Befangenheit ablehnen (RGZ 68, 402/404), die von ihm angeforderte Prozeßgebühr rechtswirksam an die Gerichtskasse zahlen (RG JW 29, 852), Widerklagen erheben, soweit sie zulässig sind (§§ 610, 633, 638), einstweilige Anordnungen beantragen, das Kostenfestsetzungsverfahren und die Wiederaufnahme des Verfahrens betreiben (R-Schwab § 44 II 3c). Für das **Zwangsvollstreckungsverfahren** ist der beschränkt Geschäftsfähige jedoch nicht prozeßfähig (Hamm FamRZ 60, 161) ebensowenig für **Scheidungsfolgesachen** (Regierungsentwurf Materialiensammlung S 317). 2

3) Prozeßführungsbefugnis des gesetzlichen Vertreters – Abs 1 Hs 2: Nach § 30 I EheG kann ein Ehegatte Aufhebung der Ehe begehren, wenn er zur Zeit der Eheschließung oder im Falle des § 18 II zur Zeit der Bestägigung in der Geschäftsfähigkeit beschränkt war u sein gesetzl Vertreter nicht die Einwilligung zur Eheschließung oder zur Bestätigung erteilt hatte. Solange der Ehegatte in der Geschäftsfähigkeit beschränkt ist, kann nur sein gesetzl Vertreter die Aufhebung der Ehe begehren (Klage namens des Ehegatten, der selbst Partei ist, KG OLGZ 70, 353). 3

II) Abs 2: 1) Geschäftsunfähigkeit: § 104 BGB. Partielle Geschäftsunfähigkeit eines wegen Geistesschwäche Entmündigten: Rn 1. Auch ein an geistigen Störungen Leidender, dessen Entmündigung wegen Geisteskrankheit oder Geistesschwäche nicht in Frage steht, kann für einen bestimmten Kreis von Angelegenheiten, so auch für die mit der Ehe und Scheidung zusammen- 4 hängenden, geschäfts- und prozeßunfähig sein (BGH 18, 184; FamRZ 71, 243; vgl aber auch BGH FamRZ 70, 545). Bedeutung verbleibender Zweifel: BGH aaO u NJW 62, 1510.

5 **2) Gesetzl Vertreter:** Vormund, auch Prozeßpfleger nach § 57 bei Gefahr im Verzug; auch der für einen Geschäftsunfähigen für den Ehestreit nach § 1910 II BGB bestellte Pfleger (Karlsruhe FamRZ 57, 423 m Anm Beitzke; BGH 41, 104). Auch § 53 ist anwendbar (BGH 41, 303). Pflegerbestellung ohne gesetzl Grundlage: BGH aaO. Tritt Geschäftsunfähigkeit im Lauf des Prozesses ein (s §§ 241, 246), so kann der gesetzliche Vertreter den Rechtsstreit aufnehmen. Die Aufnahme heilt Mängel der Klageerhebung, wenn die Geschäftsunfähigkeit schon damals bestand (RG 86, 16; Warn 30 Nr 63; Köln NJW 64, 2211; BGH 41, 104).

6 **3) Urteilszustellung** an nicht als geschäftsunfähig erkannte Partei setzt Rechtsmittelfrist in Lauf (BGH FamRZ 58, 57; 70, 545; aM Rosenberg FamRZ 58, 95). Das von einer prozeßunfähigen Partei eingelegte **Rechtsmittel** ist zulässig, wenn gegen sie im 1. Rechtszug eine Sachentscheidung ergangen ist (BGH FamRZ 72, 35; § 511 Rn 5). Nimmt eine prozeßunfähige Partei, die keinen gesetzl Vertreter hat und im Rechtsstreit für prozeßfähig gehalten wurde, ihr Rechtsmittel zurück, so wird das Urteil in der gleichen Weise rechtskräftig, wie wenn eine prozeßfähige Partei das Rechtsmittel zurückgenommen hätte (BGH FamRZ 58, 58; 63, 131; krit Rosenberg aaO).

7 **4) Klage** und Widerklage **auf Herstellung der ehel Gemeinschaft** können nicht vom gesetzlichen Vertreter erhoben werden, weil sie ausschließlich die persönlichen Beziehungen der Ehegatten betreffen. Da sie der Geschäftsunfähige auch nicht selbst erheben kann, sind sie während der Geschäftsunfähigkeit überhaupt ausgeschlossen. Wird der Kläger erst nach Klageerhebung geschäftsunfähig, so kann der gesetzliche Vertreter den Prozeß fortsetzen.

8 **5) Das Vormundschaftsgericht** hat zu prüfen, ob die Klage dem mutmaßl Willen des geschäftsunfähigen Ehegatten entspricht, Mot 129. Nachträgl Genehmigung heilt den Mangel, RG 86, 17. Vormundschaftsgerichtl Genehmigung ist nötig auch für Widerklage des geschäftsunfähigen Ehegatten auf Scheidung oder Aufhebung; nicht zur Fortführung des Scheidungs- oder Aufhebungsprozesses, den der erst während des Rechtsstreits geisteskrank gewordene Ehegatte selbst eingeleitet hatte (RG 86, 15); nicht zu Rechtsmitteleinlegung (Königsberg DRpfl 36 Nr 273); nicht zur Erhebung von Nichtigkeits- und Bestandsfeststellungsklage (§§ 631, 638). Hat das Vormundschaftsgericht einen Prozeßpfleger bestellt, so liegt darin auch die Genehmigung für den Scheidungsantrag oder die Aufhebungsklage.

608 *[Verfahrensvorschriften]*

Für Ehesachen gelten im ersten Rechtszug die Vorschriften über Verfahren vor den Landgerichten entsprechend.

1 Die Vorschrift entspricht den §§ 621b, 624 III. Neben den besonderen Vorschriften für Ehesachen (§§ 606–620g, 622–638) gelten die §§ 253–494, soweit sie nicht durch jene Spezialbestimmungen verdrängt werden. § 608 schließt die Anwendung der Bestimmungen über das Verfahren vor dem AG (§§ 496–510b) aus. Diese Vorschriften sind auf einfache Angelegenheiten und darauf abgestimmt, daß die Parteien sich vor dem AG nicht durch Rechtsanwälte vertreten zu lassen brauchen. Da in Ehesachen Anwaltszwang besteht (§ 78 II 1 Nr 1), passen die Bestimmungen nicht für Ehesachen. § 495 bleibt trotz § 608 anwendbar, soweit er Abweichungen vom landgerichtlichen Verfahren vorbehält, die sich aus den allgemeinen Vorschriften der §§ 1–252 und aus der Verfassung der Amtsgerichte ergeben.

609 *[Besondere Vollmacht]*

Der Bevollmächtigte bedarf einer besonderen, auf das Verfahren gerichteten Vollmacht.

1 Die Bestimmung gilt für alle Arten von Ehesachen (Rn 2–24 vor § 606), auch für den der armen Partei **beigeordneten Anwalt** (RGZ 47, 415), für den gemäß § 625 beigeordneten Anwalt jedoch nur, wenn die Partei ihn zum Prozeßbevollmächtigten bestellt (s § 625 Rn 10). Eine **Generalvollmacht** oder eine von einem Generalbevollmächtigten erteilte Vollmacht reicht nicht aus, ebensowenig eine Erklärung, daß einem Rechtsanwalt Prozeßvollmacht erteilt wird, ohne daß der Gegenstand der Vollmacht näher bezeichnet wird. Die Vollmacht muß den Antragsgegner und die Art des Verfahrens (Scheidung, Aufhebung der Ehe, Ehenichtigkeitsklage, Klage auf Feststellung des Bestehens oder Nichtbestehens einer Ehe, Herstellungsklage) bezeichnen (BL-

Albers 1, ThP, Rolland 2, aA StJSchlosser 3). Geht der Kläger von einer Verfahrensart zur anderen über, zB von der Herstellungsklage zum Scheidungsantrag, so muß die Vollmacht entsprechend geändert werden (BL-Albers 1, Dresden OLG 19, 139). Die Vollmacht erstreckt sich auf die **Folgesachen** (§ 624 I) und auf **Anordnungsverfahren.**

§ 609 gilt auch für den **Antragsgegner** der Scheidungssache und den **Beklagten** in anderen Ehesachen. Da die Bestimmung sicherstellen soll, daß eine Ehesache nur auf Grund einer persönlichen Entscheidung jedes Ehegatten über die Erhaltung oder Auflösung der Ehe betrieben werden soll, muß das Verfahrensziel des Antragsgegners bzw des Beklagten (Auflösung oder Erhaltung der Ehe) hinreichend konkret angegeben werden (StJSchlosser 3). Es ist also Vollmacht für einen Abweisungsantrag oder für einen Gegenantrag auf Scheidung, Aufhebung der Ehe usw zu erteilen. Geht der Antragsgegner vom Abweisungsantrag zum Scheidungsantrag über, so ist die Vollmacht in der gleichen Weise zu ändern, wie wenn der Kläger von der Herstellungsklage zum Scheidungsantrag übergeht. 2

Der **Umfang der Vollmacht** richtet sich nach § 81. Der Bevollmächtigte kann einen Vertreter und einen Bevollmächtigten für die **höhere Instanz** bestellen, die Klage zurücknehmen, Vergleiche über Folgesachen schließen, die vom Gegner zu erstattenden Kosten in Empfang nehmen, die Zwangsvollstreckung betreiben. Den Klagantrag ändern, Widerklage erheben und die Wiederaufnahme des Verfahrens betreiben darf er nur, wenn er dazu besonders bevollmächtigt ist (Rn 2, hinsichtl der Widerklage StJSchlosser Rn 4). 3

Die Bestimmung des § 613 aF, daß das Gericht den Mangel der Vollmacht von Amts wegen zu berücksichtigen habe, ist durch das 1. EheRG aufgehoben worden. Im Anwaltsprozeß besteht kein Bedürfnis danach, die **Vollmacht von Amts wegen nachzuprüfen** (§ 88 II; Begründung des Regierungsentwurfs zu § 609, Materialiensammlung S 318; Frankfurt FamRZ 79, 323; Hamm NJW 79, 2316 mwN; anders StJSchlosser II). 4

610 *[Verfahrensverbindung, Widerklage]*

(1) Die Verfahren auf Herstellung des ehelichen Lebens, auf Scheidung und auf Aufhebung können miteinander verbunden werden.

(2) Die Verbindung eines anderen Verfahrens mit den erwähnten Verfahren, insbesondere durch die Erhebung einer Widerklage anderer Art, ist unstatthaft. § 623 bleibt unberührt.

§ 18 der 1. DVO zum EheG

Wird in demselben Rechtsstreit Aufhebung und Scheidung der Ehe begehrt und sind die Begehren begründet, so ist nur auf Aufhebung der Ehe zu erkennen.

I) Verbindung von Ehesachen: Der Kläger kann mehrere Sachen miteinander verbinden durch Klagenhäufung (§ 260). Der Beklagte kann Widerklage erheben (§ 33) und dadurch eine Verbindung zwischen Klage und Widerklage herstellen. Schließl kann das Gericht durch Beschluß mehrere Sachen miteinander verbinden, die in rechtl Zusammenhang stehen oder in einer Klage hätte geltend gemacht werden können (§ 147). 1

Diese allgemeinen Grundsätze gelten für Ehesachen nur eingeschränkt. Das Gesetz hält es für notwendig, Verfahren voneinander zu trennen, in denen 1. der reine Amtsermittlungsgrundsatz (§ 616 I), 2. der eingeschränkte Amtsermittlungsgrundsatz (§ 616 II) oder 3. die Verhandlungsmaxime gilt. Deshalb gilt es **zwei Gruppen von Ehesachen,** die miteinander verbunden werden können, wenn sie dieselbe Ehe betreffen: Einerseits Nichtigkeits- und Feststellungsklagen (§ 633) und andererseits Herstellungs-, Scheidungs- und Aufhebungsverfahren (§ 610 I). § 633 gilt nur für die erste, § 610 nur für die zweite Gruppe. Beide Bestimmungen verbieten es, andere Sachen mit den zu einer Gruppe gehörenden Angelegenheiten zu verbinden, ja sogar die beiden Gruppen miteinander zu vermischen. 2

Frei. 3

Dem Grundsatz des § 610 wirderspricht nicht, daß **Folgesachen,** die für den Fall der Scheidung zu regeln sind, gleichzeitig mit der Scheidungssache zu verhandeln und zu entscheiden sind (Abs 2 S 2, § 623 I). Hier handelt es sich nicht um eine Prozeßverbindung im eigentlichen Sinn, wie am deutlichsten § 624 Abs 4 zeigt, wonach Schriftsätze und Entscheidungen den an Folgesachen beteiligten Dritten nur zugestellt werden, soweit sie diese betreffen. Auch nur insoweit nehmen Dritte an der mündlichen Verhandlung teil (§ 624 Rn 15). 4

Frei. 5

6 § 610 verbietet nicht, daß der Kläger seine **Klage ändert** und zB von der Nichtigkeitsklage zur Scheidungsklage übergeht (§ 611 Rn 2 ff).

7 **II)** Bei **unzulässiger Klagenhäufung** Trennung nach § 145. Ist die nicht verbindbare weitere Klage hilfsweise erhoben, so ist sie als unzulässig abzuweisen; denn hilfsweise erhobene Klagen können nicht Gegenstand eines selbständigen Verfahrens sein (RG JW 38, 1538; BGHZ 34, 134/153 = FamRZ 61, 203/208 = NJW 874 ff; Stuttgart FamRZ 81, 579).

8 **III) Einheitliche Entscheidung:** Nach Abs 1 können Scheidungs- und Aufhebungssachen miteinander verbunden werden. Nach § 18 der 1. DVO zum EheG hat das Aufhebungsbegehren Vorrang, wenn **im selben Rechtsstreit Scheidung und Aufhebung** der Ehe begehrt werden und beide Begehren begründet sind. Da der Streitgegenstand des Scheidungsverfahrens ein anderer als derjenige des Aufhebungsverfahrens ist (Arens ZZP 76, 435 f, Rosenberg SJZ 50, 318, Schwab ZZP 65, 101 ff, aA Bötticher, Festgabe für Rosenberg 92), ist die Rechtshängigkeit der Scheidungssache kein Grund, der es verbietet, außerdem Aufhebungsklage zu erheben.

9 Scheidung und Aufhebung der Ehe können nicht gleichzeitig in verschiedenen Prozessen verlangt werden. Da die Ehe nur einmal aufgelöst werden kann, besteht für eine derartige Verfahrensgestaltung regelmäßig kein Rechtsschutzbedürfnis (StJSchlosser 9; der allerdings eine Ausnahme hiervon zuläßt, wenn die Scheidungssache in der Revisionsinstanz anhängig ist und infolgedessen ein neu entdeckter Eheaufhebungsgrund, der das Wahlrecht nach § 37 II EheG begründet, nicht mehr geltend gemacht werden kann). Über das Scheidungs- und das Aufhebungsbegehren **muß** vielmehr **einheitlich** verhandelt und **entschieden** werden. Dieser Grundsatz gilt weiter, obwohl § 616 aF, aus dem das Reichsgericht ihn ursprünglich hergeleitet hat (RGZ 104, 155 f), durch das 1. EheRG aufgehoben worden ist (BL-Albers 3 A vor § 610, Ambrock Anm 1, R-Schwab § 166 V 6).

10 **Konsequenzen aus Rn 9:** Durch die Zustellung eines Antrages, der auf Auflösung (Scheidung, Aufhebung) der Ehe gerichtet ist, wird der Bestand der Ehe in seinem ganzen Umfang angegriffen und rechtshängig. Deshalb darf über mehrere Auflösungsbegehren, gleich ob sie gebündelt von einer Seite oder einander entgegengesetzt erhoben werden, nur durch dasselbe Urteil entschieden werden (BGH FamRZ 83, 366 mwN = NJW 1269). Soweit dieser Grundsatz reicht, müssen getrennte Prozesse zusammengefaßt werden. Der Antragsgegner kann nicht in einem anderen, sondern nur im selben Prozeß seinerseits die Scheidung verlangen (BGH aaO). Bei doppelter Rechtshängigkeit genießt das früher rechtshängig gewordene Verfahren den Vorrang vor dem späteren selbst dann, wenn dies früher anhängig geworden ist (BGH aaO). Dies gilt auch, wenn eines der Verfahren im Ausland schwebt. Die ausländische Rechtshängigkeit der Scheidungssache hindert die Ehegatten, im Inland die Scheidung zu beantragen; es sei denn, das im Ausland zu erwartende Urteil ist im Inland nicht anzuerkennen (vom BGH aaO bei übermäßig langer Dauer des ausländischen Verfahrens bejaht). Umgekehrt führt die Nichtbeachtung inländischer Rechtshängigkeit dazu, daß ausländische Scheidungsurteile nicht anerkannt werden (BayObLG FamRZ 83, 501 mwN).

11 Sind mehrere Eheauflösungsanträge anhängig, so ist eine **Aussetzung** des Verfahrens über nur eines der Begehren nach § 614 nicht möglich (RGZ 58, 315, Köln JR 61, 68). Wegen der Notwendigkeit einheitlicher Entscheidung sind **Teilurteile** unzulässig (RGZ 71, 141, s auch LG Bonn NJW 70, 1423). Bei Entscheidung über die Klage darf die Widerklage nicht unerledigt anhängig bleiben (Düsseldorf OLGZ 65, 186). ZB darf das FamG nicht den Scheidungsantrag der Frau als unzulässig abweisen und gleichzeitig denjenigen des Mannes verweisen (Bamberg FamRZ 84, 302). Wegen der sonst eintretenden Aufspaltung des weiteren Verfahrens darf die Entscheidung über mehrere Begehren auch nicht teils durch **Versäumnis-,** teils durch streitiges Urteil ergehen (RG HRR 31 Nr 1606, LG Bonn u Bamberg aaO). Es ist nicht angängig, daß der Bestand der Ehe möglicherweise gleichzeitig der Beurteilung verschiedener Instanzen unterliegt (BGH MDR 69, 39). Der Grundsatz der Einheitlichkeit der Entscheidung gilt im **Rechtsmittelverfahren** auch, wenn das Urteil der Vorinstanz nur teilweise angefochten ist (zB Berufung nur gegen die Entscheidung über die Widerklage). Die **Rechtskraft** des angefochtenen Urteils wird dann in vollem Umfang gehemmt; das Rechtsmittelgericht hat insgesamt zu entscheiden. Die Überprüfung des angefochtenen Urteils hat sich dabei allerdings im Rahmen der gestellten Rechtsmittelanträge zu halten (§§ 525, 536); im übrigen hat es bei der Sachentscheidung des Untergerichts zu verbleiben; die nicht angefochtenen Entscheidungsbestandteile sind also vom Rechtsmittelgericht ungeprüft zu übernehmen. Aufhebung und Zurückverweisung müssen das ganze Urteil des Untergerichts umfassen; dann aber Bindung des letzteren an die nicht angefochtenen Entscheidungsbestandteile (RGZ 171, 41, BGHZ 25, 83/85). Wird die Ehe geschieden oder aufgehoben und übergeht das Gericht dabei einen Scheidungs- oder Aufhebungsantrag, so kann das Urteil nicht gemäß § 321 **ergänzt** werden. Der betroffene Ehegatte kann aber ein Rechtsmittel einlegen und

auf diese Weise eine einheitliche Entscheidung herbeiführen (RG HRR 1932 Nr 1789, R-Schwab § 166 V 6c, aA StJSchlosser 10).

IV) Rangfolge der Auflösungsanträge: Begehrt der eine Ehegatte die Aufhebung der Ehe und der andere Scheidung, so gilt § 18 der 1. DVO zum EheG: Sind beide Begehren begründet, so ist nur auf Aufhebung der Ehe zu erkennen. Dasselbe gilt, wenn ein Ehegatte Aufhebung und Scheidung begehrt. Er kann jedoch auch Scheidung, **hilfsweise** Aufhebung begehren (BGH FamRZ 64, 565 f, StJSchlosser 6, aA BLAlbers 3 C vor § 610). Macht ein Ehegatte mehrere Aufhebungsgründe geltend, so muß über alle entschieden werden; denn möglicherweise gibt nur einer der Gründe dem Ehegatten das Recht, die vermögensrechtlichen Scheidungsfolgen für die Zukunft auszuschließen (§ 37 II EheG). Der Kläger kann jedoch auch ein Rangverhältnis für die Aufhebungsgründe angeben mit der Folge, daß das Gericht über den Hilfsgrund nicht zu entscheiden hat, wenn die Klage aus dem Hauptgrund begründet ist. 12

V) Für das **Verhältnis der Herstellungsklage zur Aufhebungs- oder Scheidungsklage** gilt der Grundsatz der Einheitlichkeit der Entscheidung nicht (BGH, FamRZ 65, 498 = NJW 65, 2059 = JZ 65, 580). Weist das FamG den Scheidungsantrag und die Widerklage auf Herstellung der ehelichen Gemeinschaft ab und wird nur gegen die Abweisung des Scheidungsantrages Berufung eingelegt, so wird die Abweisung der Herstellungswiderklage rechtskräftig, sobald sie nicht mehr im Wege der Anschließung angefochten werden kann (RGZ 122, 211). Wird der Herstellungsklage stattgegeben und der Scheidungsantrag abgewiesen, so hemmt eine gegen die Abweisung dieses Antrags gerichtete Berufung auch die Rechtskraft des Herstellungsurteils. Dieses wird gegenstandslos, wenn die Ehe geschieden wird (BGH aaO). 13

Da **Scheidungs-** und Aufhebungsklage einerseits **und Herstellungsklage** andererseits einander widersprechende Ziele haben, kann ein Ehegatte sie nur im **Eventualverhältnis** erheben. 14

VI) Prozeßkostenhilfe: Betreffen in **Ehesachen** Klage (Antrag auf Scheidung) und Widerklage denselben Streitgegenstand, so erstrecken sich die dem Kläger (Antragsteller) bewilligte Prozeßkostenhilfe und die Beiordnung des Anwalts ohne weiteres auf die Rechtsverteidigung gegen die Widerklage, s § 119 Rn 7. 15

611 *[Neue Klaggründe, Ausschluß des schriftlichen Vorverfahrens]*

(1) Bis zum Schluß der mündlichen Verhandlung, auf die das Urteil ergeht, können andere Gründe, als in dem das Verfahren einleitenden Schriftsatz vorgebracht worden sind, geltend gemacht werden.

(2) Die Vorschriften des § 275 Abs. 1 Satz 1, Abs. 3, 4 und des § 276 sind nicht anzuwenden.

I) Anwendungsbereich: Die Bestimmung gilt für alle Arten von Ehesachen (Rn 2–24 vor § 606). Abs 1 gestattet das Vorbringen **neuer Tatsachen, Klagänderungen** und **Widerklagen** bis zum Schluß der mündlichen Verhandlung und ist eine Ausnahmebestimmung im Verhältnis zu den §§ 263, 530 I. Eine zeitliche Grenze für neuen Tatsachenvortrag, nicht für Klagänderungen und Widerklage, setzt § 615, s dort Rn 5 ff. 1

II) Klagänderung: Der Kläger kann ohne die Beschränkung aus § 263, also ohne Zustimmung des Gegners und ohne Rücksicht auf Sachdienlichkeit seine Klage ändern. Er kann von einem Ehenichtigkeits- oder -aufhebungsgrund zum anderen, zB von der arglistigen Täuschung zum Irrtum, übergehen. Ob hierin eine Klagänderung liegt, ist nach § 611 bedeutungslos. 2

Eine zulässige Klagänderung liegt auch im Übergang vom Scheidungs- zum Aufhebungsverfahren und umgekehrt. Ebenso im Übergang vom Scheidungsantrag zur Klage auf Feststellung des Rechts zum Getrenntleben (BGH FamRZ 64, 38 = NJW 298 = MDR 127). Der Kläger kann auch die Rangfolge verbundener Begehren umtauschen (RGZ 104, 293) und neue Haupt- oder Hilfsanträge stellen. Alle diese Befugnisse stehen dem Widerkläger in gleicher Weise zu. 3

Der Kläger kann auch von der Nichtigkeits- zur Aufhebungs- oder Scheidungsklage bzw von diesen zur Nichtigkeits- oder Feststellungsklage überwechseln (Seuffert/Walsmann § 614 Anm 2; Förster/Kann, ZPO, 3. Aufl, § 614 Anm 2a; Levis ZZP 56, 198; anders KG ZZP 56, 194: nur bei Einwilligung des Gegners oder Sachdienlichkeit). Dem KG folgen StSchlosser 7, Wieczorek B IIa, BLAlbers 1. Hatte jedoch der Beklagte widerklagende Ehescheidung beantragt, bevor die Klägerin ihren Scheidungsantrag in eine Nichtigkeitsklage änderte, so stehen die §§ 610, 633, 638 einer solchen Klagänderung im Wege; denn diese darf nicht zu einer Verbindung von Scheidungs- bzw Aufhebungsverfahren mit Nichtigkeits- oder Feststellungsverfahren führen. Aus demselben Grund kann ein Ehegatte, der anfangs Aufhebung der Ehe begehrt hatte, nicht seine Klage in der Weise ändern, daß er hilfsweise die Nichtigkeitsklage erhebt. 4

5 Solange ein Ehegatte seine Klage gemäß § 611 ändern oder erweitern und solange der Gegner Widerklage erheben kann, besteht für ein zweites nebenher laufendes Eheverfahren kein Rechtsschutzbedürfnis.

6 **III) Klagänderung in der Berufungsinstanz: 1)** Abs 1 gilt in der Berufungsinstanz in gleichem Umfang wie in der ersten Instanz. Auch hier kann die Klage erweitert, geändert werden, und Widerklage kann erhoben werden. § 528 findet keine Anwendung (§ 615 II); Abs 1 geht § 530 I vor. Da auch in Ehesachen eine Berufung grundsätzlich (außer zur Aufrechterhaltung der Ehe) eine Beschwer voraussetzt, kann der in erster Instanz siegreich gebliebene Kläger nicht allein zu dem Zweck Berufung einlegen, um seine Klage zu ändern. Wird der Scheidungsantrag abgewiesen und siegt auf diese Weise der Antragsgegner, so kann er nicht lediglich zur Erhebung einer Widerklage Berufung einlegen (RG DR 41, 106). Ist eine Partei durch das Urteil beschwert, so wird ihr Rechtsmittel nicht nachträglich dadurch unzulässig, daß sie den Antrag, durch dessen Abweisung sie beschwert ist, nicht mehr stellt, sondern statt dessen zu einer anderen Klagart übergeht (BGH FamRZ 64, 38 = NJW 64, 298 = MDR 64, 127).

7 **2)** Ändert der Kläger in der Berufungsinstanz seine Nichtigkeits- oder Aufhebungsklage in einen Scheidungsantrag, so wird die zweite zur ersten Instanz des Scheidungsverfahrens. Jetzt können bis zum Schluß der mündlichen Verhandlung vor dem OLG **Folgesachen** eingeleitet werden (§ 623 II); die Folgesachen elterliche Sorge und Wertausgleich von Versorgungsanwartschaften muß das OLG von Amts wegen einleiten (§ 623 III). Wer diese Lösung des Widerspruchs zwischen § 611 I und § 623 II ablehnt, muß die geänderte Ehesache analog § 629 b I 1 vom OLG an das FamG zurückverweisen, damit die Folgesachen dort anhängig gemacht werden (so Hamburg FamRZ 82, 1211). Der anfangs vorgeschlagenen Problemlösung gebührt der Vorrang vor der Zurückverweisung. Diese nimmt den Ehegatten und Drittbeteiligten zwar – wie jede Klagänderung im Berufungsrechtszug – eine Instanz, bewahrt sie aber vor langer Verfahrensdauer und erhöhten Kosten, indem sie die Möglichkeit abschneidet, abermals Berufung oder Beschwerde einzulegen.

8 **IV)** In der **Revisionsinstanz** kann die Klage nicht mehr erweitert oder geändert werden (BGH NJW 61, 1467). Ebensowenig können Widerklagen erhoben werden (BGHZ 24, 279/285).

9 **V) Abs 2:** Eine Frist zur schriftlichen Klagerwiderung (§ 275 I 1) darf dem Beklagten bzw Antragsgegner nicht gesetzt werden; ebensowenig darf dem Kläger eine Frist zur schriftlichen Stellungnahme auf die Klagerwiderung (§ 275 IV) gesetzt werden. Ein schriftliches Vorverfahren nach § 276 findet nicht statt. Anwendbar ist jedoch § 273, namentlich Abs 2 Nr 1. Das Gericht kann eine Frist zur Erklärung über bestimmte erklärungsbedürftige Punkte setzen. Wird diese Frist einer Partei gesetzt, damit sie ihr eigenes Vorbringen in bestimmten Punkten präzisiert, so kann die Versäumung der Frist dazu führen, daß verspätetes Vorbringen unberücksichtigt bleibt (§ 296 I). Wird einer Partei gemäß § 273 II 1 auferlegt, sich zu bestimmten, vom Gegner vorgetragenen Punkten zu äußern, so gilt § 617: Die Vorschriften über die Folgen der unterbliebenen Erklärung über Tatsachen sind nicht anzuwenden.

612 *[Besonderheiten des Verfahrens, Säumnis]*

(1) Die Vorschrift des § 272 Abs. 3 ist nicht anzuwenden.

(2) Der Beklagte ist zu jedem Termin, der nicht in seiner Gegenwart anberaumt wurde, zu laden.

(3) Die Vorschrift des Absatzes 2 ist nicht anzuwenden, wenn der Beklagte durch öffentliche Zustellung geladen, aber nicht erschienen ist.

(4) Ein Versäumnisurteil gegen den Beklagten ist unzulässig.

(5) Die Vorschriften der Absätze 2 bis 4 sind auf den Widerbeklagten entsprechend anzuwenden.

1 **I) Abs 1:** Die Bestimmung, daß die mündliche Verhandlung so früh wie möglich stattfinden soll (§ 272 III), ist nicht anzuwenden. Sie paßt insbesondere nicht ins Verbundverfahren (§ 623 I 1). Die notwendigen Folgesachen *elterliche Sorge* und *Wertausgleich von Versorgungsanwartschaften* lassen sich erst verhandeln, nachdem das Jugendamt gemäß § 48 a I Nr 6 JWG gehört worden ist und nachdem die Rentenversicherungsträger oder zuständigen Behörden Auskunft über die Versorgungsanwartschaften erteilt haben (§ 53 b II FGG). Statt des § 272 III gelten die §§ 624 III, 216 II, wonach auch im Scheidungsverfahren unverzüglich Verhandlungstermin zu bestimmen ist. So früh, wie die Geschäftslage es zuläßt, ist zu terminieren, wenn der Schei-

dungsantrag unschlüssig ist, zB weil die Voraussetzungen nicht dargelegt worden sind, unter denen nach § 1565 II BGB die Ehe vor Ablauf des Trennungsjahres zu scheiden ist (Schleswig SchlHA 84, 56; KG FamRZ 85, 1066; Frankfurt FamRZ 86, 79 = NJW 389). In gleicher Weise ist zu terminieren, wenn diese Voraussetzungen zwar behauptet, aber vom Antragsgegner bestritten werden (KG aaO). Ist die Ehe nach dem Vorbringen beider Ehegatten zu scheiden, so ist erst zu terminieren, wenn auch die Folgesachen entscheidungsreif sind (Schleswig, KG, Frankfurt aaO). Gegen die Ablehnung der Terminierung findet entsprechend § 252 die Beschwerde statt (Frankfurt aaO; anders München NJW 79, 1050).

II) Abs 2 u 3: Abs 2 ist Ausnahme von § 218; bezieht sich nur auf Verhandlungs-, nicht auf Verkündungstermine (Celle NdsRpfl 1954, 103). Verkündung eines neuen Verhandlungstermins ersetzt zwar die Ladung des Klägers, nicht aber diejenige des Beklagten (oder des Widerbeklagten, Abs 5), außer wenn der neue Termin in seiner Gegenwart verkündet wird (Abs 2) oder der Beklagte durch öffentliche Zustellung geladen, aber nicht erschienen war (Abs 3). Hier braucht nicht neben der Verkündung erneut durch öffentliche Zustellung geladen zu werden. Sind im Laufe des Verfahrens aber die Voraussetzungen für die öffentliche Zustellung weggefallen, ist zB der Aufenthalt des Beklagten bekannt geworden, so ist neu zu laden (BayObLG HEZ 2, 141). Der Beklagte bzw sein Anwalt wird von Amts wegen geladen (§ 214). – Abs 2 bezieht sich auch im Rechtsmittelverfahren nur auf den Beklagten (Widerbeklagten) der ersten Instanz, nicht auf den Rechtsmittelgegner. 2

III) Säumnis in erster Instanz (Lit: *Prütting* ZZP 91, 201; *Furtner* JuS 62, 255; MDR 66, 553; *Riechert* ZZP 71, 339; *Rohlff* FamRZ 71, 622): **1) Erscheint der Kläger nicht,** so wird die Klage durch Versäumnisurteil abgewiesen (§ 330; RGZ 28, 395). Bei Klagen auf Nichtigerklärung und auf Feststellung des Bestehens oder Nichtbestehens einer Ehe lautet das Versäumnisurteil, daß die Klage als zurückgenommen gilt (§§ 635, 638 S 1). Unter den Voraussetzungen des § 331 a kann das FamG auch nach Aktenlage entscheiden, statt ein Versäumnisurteil zu erlassen. War Widerklage erhoben, so ergeht kein Versäumnisurteil gegen den Kläger; denn nach Abs 5 und 4 darf ein solches über die Widerklage nicht ergehen, und über Klage und Widerklage ist einheitlich zu entscheiden (RG Gruch 58, 483, HRR 1931, 1606; Jena JW 1938, 1916; vgl § 610 Rn 9). 3

2) Gegen den **nicht erschienenen Beklagten** ergeht kein Versäumnisurteil und keine Aktenlageentscheidung (Abs 4); das Klagvorbringen gilt als bestritten und ist sachlich nachzuprüfen. Das FamG entscheidet nach einseitiger streitiger Verhandlung. Eine solche ist nur bei ordnungsmäßiger Ladung des Beklagten und rechtzeitiger Mitteilung der Sachanträge statthaft (RGZ 88, 66); sonst ist zu vertagen. Über das Klagvorbringen ist nach § 616 von Amts wegen Beweis zu erheben. Evtl ist schriftliches Vorbringen des Beklagten urkundenbeweislich zu würdigen. Im Regelfall ist der Beklagte persönlich zu hören (§ 613). Nach Sachprüfung ergeht einseitig kontradiktorisches Urteil (kein Einspruch nach § 338, sondern Rechtsmittel). Auch eine Widerklage des säumigen Beklagten kann wegen des Grundsatzes der Einheitlichkeit der Entscheidung nicht durch Versäumnisurteil abgewiesen werden (LG Bonn NJW 70, 1423). 4

3) Beiderseitiges Ausbleiben: Entscheidung nach Aktenlage (§ 251 a) möglich, Scheidungsausspruch aber nicht tunlich, weil Ausbleiben auf Versöhnung beruhen kann. 5

4) Einverständliche Scheidung: Beantragen beide Ehegatten die Scheidung, so findet bei Säumnis des einen eine einseitige streitige Verhandlung statt, und es ergeht ein kontradiktorisches Urteil, kein Versäumnisurteil; denn der erschienene Ehegatte kann nicht zugleich beantragen, die Ehe zu scheiden und den Scheidungsantrag des säumigen Gegners abzuweisen. Nimmt der Erschienene seinen Scheidungsantrag zurück, so muß dies dem Säumigen mitgeteilt werden. Erst wenn er im nächsten Termin erneut säumig bleibt, kann auf Antrag des Erschienenen Versäumnisurteil gegen ihn ergehen, durch das sein Scheidungsantrag abgewiesen wird. Hat nur ein Ehegatte die Scheidung beantragt und der andere zugestimmt, so findet bei Säumnis des zustimmenden eine einseitige streitige Verhandlung statt. Bleibt der Antragsteller säumig, so darf kein antragsabweisendes Veräumnisurteil gegen ihn ergehen, solange der andere Ehegatte seine Zustimmung nicht widerrufen hat und der Antragsteller in Kenntnis hiervon säumig geblieben ist. 6

Frei. 7

IV) Säumnis in der Rechtsmittelinstanz: In der Berufungsinstanz ist § 542 I anzuwenden, nicht aber in der Revisionsinstanz (Furtner JuS 62, 256; Prütting ZZP 91, 207; R-Schwab § 166 V 10c; StJSchlosser 15; anders BGH NJW 55, 748). Statt dessen gelten nach § 557 die Versäumnisvorschriften für die erste Instanz entsprechend (Prütting aaO 197, 207). 8

1) Bei Säumnis des Berufungsklägers ergeht auf Antrag Versäumnisurteil, und die Berufung wird ohne sachliche Überprüfung zurückgewiesen (§ 542 I). Entsprechendes gilt nach den §§ 557, 8a

330 bei Säumnis des **Revisionsklägers.** Dies gilt trotz Abs 4 auch für Rechtsmittel des Beklagten oder Widerbeklagten. Dieser kann durch Säumnis in gleicher Weise wie durch Rechtsmittelrücknahme über sein Rechtsmittel disponieren (Prütting aaO 201; BGHZ 46, 304). Hat der Kläger seine Klage in zweiter Instanz geändert, so ergeht kein Versäumnisurteil gegen den als Berufungskläger säumigen Beklagten (Saarbrücken NJW 66, 2123). Bleibt der Rechtsmittelkläger in der ersten Verhandlung vor dem Rechtsmittelgericht säumig, so kann der Rechtsmittelbeklagte nach verbreiteter Auffassung eine Sachentscheidung über die Berufung statt eines Versäumnisurteils erwirken (Celle FamRZ 65, 213; Hamm FamRZ 82, 295 Nr 163; Koblenz FamRZ 83, 759). Begründet wird dies damit, daß der Kläger in erster Instanz nur ein kontradiktorisches Urteil erwirken kann und daß nicht einzusehen sei, weshalb er in der Berufungsinstanz darauf beschränkt sein solle, ein Versäumnisurteil zu nehmen. Diese Begründung geht fehl. In erster Instanz darf kein Versäumnisurteil ergehen; deshalb muß erst nach Sachaufklärung entschieden werden. Bei Säumnis des Berufungsklägers darf Versäumnisurteil ergehen; damit entfällt der Grund für ein kontradiktorisches Urteil (Furtner JuS 62, 255; Hamm FamRZ 82, 295 Nr 164; Karlsruhe FamRZ 85, 505).

9 2) Bei **Säumnis des Berufungs- oder Revisionsbeklagten** ist zu unterscheiden: **a)** Ist dieser zugleich Beklagter oder Widerbeklagter, so darf nach Abs 4, 5 kein Versäumnisurteil ergehen. **b)** Ist er zugleich Kläger oder Widerkläger, so wäre im Berufungsverfahren nach § 542 II oder im Revisionsverfahren nach den §§ 557, 331 das tatsächliche mündliche Vorbringen des Rechtsmittelklägers als zugestanden anzusehen. Diese Geständnisfiktion ist jedoch in Ehesachen nicht anzuwenden (§ 617). Aus diesem Grund darf hier kein Versäumnisurteil erlassen werden (Prütting aaO 207; R-Schwab § 166 V 10b, c). Abweichend hiervon gestattet BLAlbers 3E im Anschluß an Furtner JuS 62, 256 und Riechert ZZP 71, 345 dem Rechtsmittelgericht, den im angefochtenen Urteil festgestellten Sachverhalt rechtlich zu überprüfen und danach durch Versäumnisurteil zu entscheiden. Hiergegen spricht: 1. Daß einer Berufung ohne weitere Sachaufklärung stattzugeben ist, kommt gerade in Ehesachen kaum vor. 2. Über die Berufung oder die Revision kann hier ebensogut nach einseitiger Verhandlung durch kontradiktorisches Urteil entschieden werden (Prütting aaO 207, 208; StJSchlosser 13). Es besteht kein Bedürfnis, daneben ein Versäumnisurteil zuzulassen.

10 **3) Bei beiderseitigen Berufungen** und Ausbleiben eines Teils ergeht ein einheitliches kontradiktorisches Urteil (auch hier keine Verbindung von Versäumnis- und kontradiktorischem Urteil).

11 **V)** Säumnis b **Nichtigkeits- u Feststellungsklage** s § 635.

12 **VI) Gebühren** im Säumnisverfahren: **a)** des **Gerichts: A.** Erster Instanz: Der Fall in obiger aa) **Rn 3:** Keine Urteilsgebühr, weil echtes Versäumnisurteil vorliegt; dagegen Urteilsgebühr nach KV Nrn 1016/1017 (für Ehesachen ohne Scheidung) oder nach KV Nrn 1114–1117 (für Scheidungs- und Folgesachen), wenn als Aktenlageentscheidung Sach- oder Prozeßurteil ergeht; bb) **Rn 4:** Urteilsgebühr nach KV Nrn 1014 ff bzw 1114 ff, wenn nach Sachprüfung einseitig kontradiktorisches Urteil erlassen wird; cc) **Rn 6:** Urteilsgebühr nach KV Nrn 1114 ff, wenn bei Ausbleiben eines Ehegatten nach einseitiger Verhandlung kontradiktorisches Urteil ergeht. Wenn nach Zurücknahme des Scheidungsantrags durch den erschienenen Ehegatten im darauf folgenden Termin gegen den erneut ausgebliebenen anderen Ehegatten nun ein Urteil ergeht, so ist dieses als echtes Versäumnisurteil gebührenfrei. Das gleiche ist der Fall, wenn der Antragsteller, der allein Scheidungsantrag mit Zustimmung des anderen gestellt hat, in Kenntnis eines Widerrufs durch den anderen säumig geblieben ist.

B. In der Berufungsinstanz: Der Fall in obiger aa) **Rn 8:** Keine Urteilsgebühr, weil das auf Zurückweisung der Berufung des Rechtsmittelklägers lautende Urteil ein echtes Versäumnisurteil ist; bb) **Rn 9:** War der säumige Berufungsbeklagte auch im 1. Rechtszug Beklagter, so darf kein Versäumnisurteil erlassen werden; ein etwaiges gegen ihn ergehendes Urteil unterliegt daher der Gebührenpflicht. Streitig ist, ob gegen den säumigen Berufungsbeklagten, der in 1. Instanz Kläger war, ein Versäumnisurteil erlassen werden kann (s Rn 9). Die Erhebung einer Urteilsgebühr in diesem Fall richtet sich allein danach, ob das Berufungsgericht sein Erkenntnis als echtes Versäumnisurteil – gebührenfrei – oder als kontradiktorisches Urteil – gebührenpflichtig nach KV Nrn 1124 ff – absetzt.

C. Ist in einem Verbundurteil neben einem kontradiktorischen Erkenntnis bezügl einer zivilprozessualen Folgesache (§ 621 I Nr 4, 5 und 8 iVm § 623) eine Versäumnisentscheidung mit enthalten, so wird hinsichtl des gegen die säumige Partei erlassenen Versäumnisurteils keine Urteilsgebühr erhoben; in diesem Fall wird die Urteilsgebühr nur von den zusammengerechneten Werten der Scheidungssache und der übrigen Folgesachen (§ 19a GKG) berechnet; anders verhält es sich mit der allgemeinen Verfahrensgebühr; s dazu Rn 23 zu § 606. – Wie im Regelfall des Einspruchs gegen ein Versäumnisurteil handelt es sich auch bei einem Verfahren nach Einspruch gegen ein in einem Verbundurteil enthaltenes Versäumnisurteil um dieselbe gebührenrechtliche Instanz (vgl § 27 GKG). Über die Kosten der Säumnis ist mit dem Einspruch zu entscheiden (§ 629 II 2 iVm § 344).

b) des **Anwalts:** §§ 31, 33 Abs 1 Nr 3, 38 BRAGO. S § 606 Rn 23, § 635 Rn 5.

613 *[Anhörung der Ehegatten, Parteivernehmung]*
(1) Das Gericht soll das persönliche Erscheinen der Ehegatten anordnen und sie anhören; es kann sie als Parteien vernehmen. Ist ein Ehegatte am Erscheinen vor dem Prozeßgericht verhindert oder hält er sich in so großer Entfernung von dessen Sitz auf, daß ihm das Erscheinen nicht zugemutet werden kann, so kann er durch einen ersuchten Richter angehört oder vernommen werden.

(2) Gegen einen zur Anhörung oder zur Vernehmung nicht erschienenen Ehegatten ist wie gegen einen im Vernehmungstermin nicht erschienenen Zeugen zu verfahren; auf Ordnungshaft darf nicht erkannt werden.

I) Anwendungsbereich: Die Bestimmung ergänzt und ändert die Vorschriften über die Anhörung der Parteien zur Aufklärung des Sachverhalts (§ 141) und über die Parteivernehmung (§§ 445–455). Sie ist in allen Ehesachen (Rn 2–24 vor § 606) anzuwenden, nicht in Folgesachen (München JurBüro 84, 1359; Hamburg FamRZ 83, 409; Schleswig SchlHA 80, 103 = JurBüro 1351) und Verfahren der einstweiligen Anordnung (Schleswig aaO). Für diese Verfahren gelten, soweit sie zivilprozessualer Natur sind (vgl §§ 623 Rn 35, 620 a Rn 27), nur die §§ 141, 445 ff. In Folgesachen aus dem Bereich der freiwilligen Gerichtsbarkeit (§ 621 a I 1) sind die §§ 12, 50 a–50 b FGG Rechtsgrundlage für die persönliche Anhörung von Beteiligten. Ob Beteiligte auch eidlich vernommen werden dürfen, ist streitig (Keidel § 15 Rn 36). Für einstweilige Anordnungen aus dem Bereich der freiwilligen Gerichtsbarkeit (s § 620 a Rn 29) gilt § 620 a III. 1

II) Anhörung: Der Untersuchungsgrundsatz legt dem Gericht die Verpflichtung auf, beide Ehegatten persönlich anzuhören. Die Anhörung dient nicht nur – wie im Fall des § 141 – der Aufklärung des Sachverhalts, sondern soll auch sicherstellen, daß über Ehesachen als höchstpersönliche Angelegenheiten nicht entschieden wird, ohne daß die Ehegatten sich persönlich dazu äußern. Für viele Entscheidungen ist auch der persönliche Eindruck des Gerichts von den Ehegatten bedeutungsvoll. In Scheidungssachen bietet die Anhörung zugleich Gelegenheit, einen noch nicht anwaltlich vertretenen Antragsgegner auf die schwerwiegenden Folgen der Scheidung und auf die Möglichkeit hinzuweisen, daß Folgesachen zugleich mit der Scheidungssache betrieben werden können (§ 625 I 2). 2

Die Verpflichtung des Gerichts, die Ehegatten anzuhören, besteht **nicht ausnahmslos.** Ist der Aufenthalt des Antragsgegners unbekannt, so kann auch ohne seine Anhörung ein Urteil ergehen; ebenso wenn der Antragsgegner sich im Ausland aufhält und der ausländische Staat keine Rechtshilfe leistet. Auch sonst sind Ausnahmesituationen vorstellbar, in denen sich das Gericht auch ohne persönliche Anhörung beider Parteien eine genügend sichere Grundlage für seine Entscheidung verschaffen kann; zB wird bei einer nachgewiesenen mehr als dreijährigen Trennung der Ehegatten eine Ehe unter Umständen auch ohne persönliche Anhörung des Antragsgegners geschieden werden können. Daß eine Partei trotz Ladung nicht erscheint, ist kein Grund, von ihrer Anhörung abzusehen, wie Abs 2 zeigt (Düsseldorf FamRZ 86, 1117). Unterläßt das Gericht die persönliche Anhörung zu Unrecht, so kann das Urteil wegen eines wesentlichen Verfahrensmangels aufgehoben und die Sache an die Vorinstanz zurückverwiesen werden (§ 539, Frankfurt NJW 69, 194). 3

III) Parteivernehmung: Das Gericht kann das Ergebnis der persönlichen Anhörung in freier Beweiswürdigung (§ 286) verwerten. Erhebt es Beweis über streitige oder von Amts wegen aufzuklärende Tatsachen (§ 617 I), so hat es einen oder beide Ehegatten als Partei zu vernehmen (Abs 1 S 1). Hierfür gelten abweichend von den §§ 445–455 folgende Besonderheiten: 4

1) Die Parteivernehmung ist **nicht** nur **subsidiäres Beweismittel,** wie es die §§ 445, 448, 450 II bestimmen. Es wird nicht vorausgesetzt, daß die Partei, die Beweis durch Parteivernehmung antritt, den ihr obliegenden Beweis mit anderen Beweismitteln nicht vollständig geführt oder andere Beweismittel nicht vorgebracht hat, und ebensowenig, daß das Ergebnis der Verhandlung und einer etwaigen Beweisaufnahme nicht ausreicht, um die Überzeugung des Gerichts von der Wahrheit oder Unwahrheit der zu beweisenden Tatsache zu begründen. Vor der Parteivernehmung brauchen auch nicht alle anderen Beweismittel erschöpft zu sein (vgl § 450 II). 5

2) Es steht im **Ermessen** des Gerichts, ob es einen oder beide Ehegatten als Partei vernehmen will. Der Grundsatz der §§ 445, 447, daß der Beweisführer nur die Vernehmung des Gegners und nur bei dessen Einwilligung seine eigene Vernehmung verlangen kann, verliert dadurch an Bedeutung, daß der Beweisführer anregen kann, von Amts wegen ihn selbst zu vernehmen. Es empfiehlt sich, über Vorgänge, die beide Ehegatten wahrgenommen haben, beide als Partei zu vernehmen. 6

7 **IV) Verfahren:** Es ist zweckmäßig, zum Verhandlungstermin das persönliche Erscheinen der Ehegatten anzuordnen (§ 273 II Nr 3). In den Ladungen sind sie auf die Folgen ihres Ausbleibens (Ordnungsgeld) hinzuweisen (Abs 2, §§ 141 III 3, 380 I), nicht aber darauf, ob sie angehört oder vernommen werden sollen. Die Ladung enthält kein Beweisthema. Nur wenn abzusehen ist, daß eine Partei voraussichtlich durch einen ersuchten Richter angehört oder vernommen werden wird, sollte von der Anordnung ihres persönlichen Erscheinens abgesehen werden.

8 Erscheinen die Ehegatten im Termin, so ist im Protokoll klarzustellen, ob sie angehört oder vernommen werden sollen (BGH FamRZ 69, 82 f). Erscheint der Antragsgegner/Beklagte ohne Rechtsanwalt, so kann er trotzdem angehört werden (KG FamRZ 70, 88 = NJW 70, 287). Auch ein prozeßunfähiger Ehegatte kann angehört oder vernommen werden (BGH MDR 64, 126).

9 Werden die Ehegatten nur **angehört,** so ist es zweckmäßig, aber nicht notwendig, den Inhalt ihrer Erklärungen zu protokollieren (BGH FamRZ 69, 82 f und MDR 62, 552). Mindestens sollte protokolliert werden, daß die Ehegatten gemäß § 613 I gehört werden; sonst kann nach Beendigung des Verfahrens nicht festgestellt werden, ob den Rechtsanwälten Beweisgebühren zustehen (s § 31 I Nr 3 BRAGO). Daß die Eheleute angehört werden sollen, braucht nicht durch besonderen Beschluß angeordnet zu werden (anders Koblenz JurBüro 79, 535).

10 Die **Vernehmung** eines Ehegatten wird durch Beweisbeschluß angeordnet (§ 450 I 1). Zweckmäßig, aber nicht notwendig ist es, daß im Beschluß das Beweisthema angegeben wird (Göppinger ZZP 73, 81). Wird ein anderes Gericht um die Vernehmung ersucht, so muß das Beweisthema angegeben werden (Düsseldorf OLGZ 68, 57, Koblenz FamRZ 76, 97).

11 Die Vernehmung beginnt damit, daß der zu vernehmende Ehegatte auf seine Wahrheits- und Eidespflicht hingewiesen (§§ 451, 395 II) und nach seinen Personalien gefragt wird (§ 395 II 1). Daran schließt sich die Vernehmung zur Sache an (§§ 396, 397). Der Vernommene ist nicht zur Aussage verpflichtet. Unter den Voraussetzungen des § 452 kann angeordnet werden, daß er seine Aussage zu beeidigen hat. Die Aussage ist in das Protokoll aufzunehmen (§ 160 III Nr 4); das OLG kann hiervon absehen, wenn es die Revision nicht zuläßt (§ 161 I Nr 1). Das Familiengericht kann von der Protokollierung absehen, wenn die Parteien auf Rechtsmittel gegen den Scheidungsausspruch verzichten (§§ 161 I Nr 1, 313 a I, II Nr 1).

12 **V) Abs 1 S 2:** Eine Anhörung oder Vernehmung durch den **ersuchten Richter** ist nur aus den in der Vorschrift genannten Gründen zulässig. Angesichts der Bedeutung der Ehesachen wird es in der Regel einem in der Bundesrepublik Deutschland ansässigen Ehegatten zuzumuten sein, auch vor einem weit entfernten Gericht zu erscheinen. Im Rechtshilfeersuchen sind das Beweisthema bzw die Fragen anzugeben, zu denen der Ehegatte angehört werden soll (Düsseldorf OLGZ 68, 57, Koblenz FamRZ 76, 97).

13 **VI) Abs 2** verweist auf § 380. **Zwangsmittel** sind nur bei ordnungsgemäßer Ladung anzuwenden, in der sie angedroht worden sind (§§ 141 III 3, 377 II Nr 3). Förmliche Zustellung der Ladung ist nicht erforderlich. Zwangsmaßnahmen dürfen jedoch nur gegen denjenigen Ehegatten ergriffen werden, dessen Rechtsanwalt mindestens eine Woche vor dem Termin förmlich durch Zustellung geladen worden ist (§§ 217, 329 II; Zweibrücken FamRZ 82, 1097). Zwangsmaßnahmen sind auch gegen den ausgebliebenen Antragsgegner möglich, der sich auf den Eheprozeß nicht eingelassen hat (Düsseldorf FamRZ 81, 1096 anders Schleswig SchlHA 56, 268, Celle NJW 70, 1689). Dem nicht erschienenen Ehegatten sind die durch sein Ausbleiben verursachten Kosten und ein Ordnungsgeld von 5,– DM bis 1000,– DM aufzuerlegen (§ 380 I ZPO, Art 6 I EGStGB). Keine Ordnungshaft (Abs 2 letzter Halbsatz). Bei wiederholtem Ausbleiben sind die Maßnahmen zu wiederholen, zwangsweise Vorführung des Ausgebliebenen durch den Gerichtsvollzieher möglich (§ 380 II, BLAlbers 3, ThP 5, Rolland 8, aA StJSchlosser 13). Die Vorführung anzuordnen, steht im Ermessen des Gerichts; Kosten und Ordnungsgeld muß das Gericht dem Ehegatten auferlegen. Zwangsmaßnahmen dürfen nur bei Verschulden des nicht Erschienenen angeordnet werden (Köln JR 69, 264). Auch der ersuchte Richter hat Zwangsmaßnahmen anzuordnen. Da die Ehegatten nicht zur Aussage verpflichtet sind, kein Zwang gegen erschienenen, aber nicht aussagebereiten Ehegatten. **Rechtsbehelfe** des nicht erschienenen Ehegatten gegen Zwangsmaßnahmen s §§ 381, 380 III, 576 I; des anderen Ehegatten gegen die Unterlassung von Zwangsmaßnahmen s § 380 III.

14 **VII) Gebühren: 1)** des **Gerichts:** Keine Gebühr für Anordnung und Anhörung nach § 613; diese gerichtl Tätigkeiten sind durch die allgemeine Verfahrensgebühr abgegolten. – **2)** des **Anwalts:** Die Anhörung oder Vernehmung gilt gebührenrechtl als Beweisaufnahme, unabhängig davon, ob diese zu Beweiszwecken oder lediglich zur Aufklärung des Parteivortrags geschieht. Dem RA fällt daher eine (10/10) Beweisgebühr an (§ 31 I Nr 3, III BRAGO), auch ohne einen darauf gerichteten förml Anordnungsbeschluß (Bamberg Rpfleger 82, 116, s auch 441). Soweit in der Scheidungssache eine Anhörung oder Vernehmung nach § 613 durchgeführt wird und zugleich auch in Folgesachen, in denen nach einhelliger Auffassung in Rspr u Literatur (s Rn 1) § 613 nicht anwendbar ist, mit den in diesen Verfahren zulässigen Beweismitteln

(s oben Rn 1, insbes Lappe, Kosten in Familiensachen, Rdnr 95 ff, 324 iVm 637) Beweis erhoben wird, sind sämtliche Gegenstandswerte zusammenzurechnen (§ 7 III BRAGO). Kommt es ledigl in mehreren Folgesachen oder in einer einzigen Folgesache (und nicht auch in der Scheidungssache) zu einer Beweisaufnahme (vgl Düsseldorf JurBüro 79, 532 f; Nürnberg AnwBl 80, 163 = JurBüro 79, 1871 Anm Mümmler), so ist für die Gebührenberechnung nur der Wert dieser einzigen Folgesache oder die Summe der addierten Werte der mehreren Folgesachen maßgebend. Keine Beweisgebühr, wenn es an den Mindestanforderungen an eine Parteianhörung nach § 613 fehlt (Zweibrücken JurBüro 83, 1520). – **3)** des **Gerichtsvollziehers:** Für die zwangsweise Vorführung (Rn 13; vgl § 191 GVGA) wird eine Gebühr von 30 DM erhoben; werden beide Ehegatten vom GV vorgeführt, so ist die Gebühr zweimal anzusetzen (JVBl 61, 53); § 26 Abs 1 GVKostG. Die Gebühr entsteht auch dann, wenn der GV die vorzuführende Person, um Aufsehen zu vermeiden, zum Gerichtsgebäude bestellt und sie von dort aus vorführt (Schröder-Kay, Das Kostenwesen der GV, GVKostG § 26 Anm 6 Abs 4).

614 *[Aussetzung des Verfahrens]*

(1) Das Gericht soll das Verfahren auf Herstellung des ehelichen Lebens von Amts wegen aussetzen, wenn es zur gütlichen Beilegung des Verfahrens zweckmäßig ist.

(2) Das Verfahren auf Scheidung soll das Gericht von Amts wegen aussetzen, wenn nach seiner freien Überzeugung Aussicht auf Fortsetzung der Ehe besteht. Leben die Ehegatten länger als ein Jahr getrennt, so darf das Verfahren nicht gegen den Widerspruch beider Ehegatten ausgesetzt werden.

(3) Hat der Kläger die Aussetzung des Verfahrens beantragt, so darf das Gericht über die Herstellungsklage nicht entscheiden oder auf Scheidung nicht erkennen, bevor das Verfahren ausgesetzt war.

(4) Die Aussetzung darf nur einmal wiederholt werden. Sie darf insgesamt die Dauer von einem Jahr, bei einer mehr als dreijährigen Trennung die Dauer von sechs Monaten nicht überschreiten.

(5) Mit der Aussetzung soll das Gericht in der Regel den Ehegatten nahelegen, eine Eheberatungsstelle in Anspruch zu nehmen.

I) Anwendungsbereich: Die Bestimmung dient der Aussöhnung der Ehegatten. Sie ist in allen Instanzen anwendbar, gilt aber nur für Scheidungsverfahren und Klagen auf Herstellung des ehelichen Lebens, auch für Klagen auf Feststellung des Rechts zum Getrenntleben als negativen Herstellungsklagen (Hamm FamRZ 57, 53), nicht für Aufhebungs-, Nichtigkeitsklagen und Klagen auf Feststellung des Bestehens oder Nichtbestehens einer Ehe. Die Bestimmung ist anwendbar, wenn ein Ehegatte auf Herstellung des ehelichen Lebens klagt und der andere mit der Widerklage Ehescheidung begehrt, ebenso wenn Scheidung, hilfsweise Aufhebung der Ehe begehrt wird, nicht aber im umgekehrten Fall der hilfsweise beantragten Scheidung. Verlangt ein Ehegatte Scheidung und der andere widerklagend Aufhebung der Ehe, so bewirken das Verbot, das Aufhebungsverfahren auszusetzen, und der Grundsatz der einheitlichen Entscheidung, daß auch das Scheidungsverfahren nicht ausgesetzt werden kann (§ 610 Rn 9; Rolland 12, Baumbach-Albers 5, aA StJSchlosser 13). 1

Neben § 614 sind die allgemeinen Bestimmungen über die Aussetzung (§§ 148 ff, 246 ff; StJSchlosser 2) und das Ruhen des Verfahrens anwendbar (§§ 251, 251 a II, KG FamRZ 78, 34, Karlsruhe NJW 78, 1388, FamRZ 78, 527, Frankfurt FamRZ 78, 919). 2

II) Voraussetzungen für die Aussetzung: 1) Dem **Aussetzungsantrag des Klägers** muß das Gericht entsprechen, bevor es über die Herstellungsklage entscheidet oder die Ehe scheidet (Abs 3). Das gilt auch bei Klagen auf Feststellung des Rechts zum Getrenntleben (Hamm FamRZ 57, 53). Ist der Scheidungsantrag abweisungsreif, so ist er abzuweisen; das Verfahren ist nicht auszusetzen (Stuttgart FamRZ 56, 240, Hamm FamRZ 60, 162, Oldenburg FamRZ 68, 604 = NJW 69, 101, München NJW 71, 711). Beantragt der Kläger die Aussetzung, bevor das Verfahren entscheidungsreif ist, so ist nach Auffassung von Oldenburg aaO das Verfahren bis zur Entscheidungsreife fortzuführen und dem Aussetzungsantrag erst stattzugeben, wenn sich das Scheidungsbegehren als begründet erweist. Diese Auffassung ist durch das 1. EheRG überholt; denn die Fortsetzung des Verfahrens ist regelmäßig geeignet, die Aussöhnung zu erschweren (BGH NJW 77, 717). Über eine Herstellungsklage darf das Gericht, sobald der Kläger die Aussetzung beantragt hat, auch dann nicht entscheiden, wenn die Klage abweisungsreif ist. 3

Beantragt der Kläger die Aussetzung, ohne zur Fortsetzung der Ehe bereit zu sein, so ist ein Antrag abzulehnen, weil er einen **Rechtsmißbrauch** darstellt. Im Scheidungsverfahren kommen solche mißbräuchlichen Anträge häufig vor, wenn dem Antragsteller der Nachweis mißlingt, daß die Fortsetzung der Ehe eine unzumutbare Härte für ihn bedeutet, und die einjährige Tren- 4 nungsfrist noch nicht abgelaufen ist (§ 1565 II BGB; Bamberg FamRZ 84, 897). Besteht in diesem Fall der Antragsgegner auf Abweisung des Scheidungsantrages, so ist dementsprechend zu erkennen und nicht etwa das Verfahren bis zum Ablauf der Trennungsfrist auszusetzen. Will auch der Antragsgegner geschieden werden, so sollten die Parteien das Verfahren bis zum Ablauf der Jahresfrist nicht betreiben oder das Ruhen des Verfahrens beantragen (Karlsruhe NJW 78, 1388). Es auszusetzen, besteht kein Anlaß.

5 Verlangen **beide Ehegatten** die Scheidung oder beantragt der eine die Herstellung des ehelichen Lebens, der andere die Scheidung, so muß das Verfahren nach Abs 3 ausgesetzt werden, wenn beide Ehegatten es beantragen. Beantragt in einem solchen Fall nur ein Ehegatte die Aussetzung, so verbietet es der Grundsatz der Einheitlichkeit der Entscheidung, das Verfahren über das eine Scheidungsbegehren auszusetzen und das Verfahren über das andere weiterzutreiben (s § 610 Rn 11). Es kann nur das gesamte Verfahren von Amts wegen ausgesetzt werden, wenn die im folgenden zu erörternden Voraussetzungen hierfür erfüllt sind.

6 **2) Aussetzung von Amts wegen:** Das Herstellungsverfahren ist auszusetzen, wenn dies zu seiner gütlichen Beilegung zweckmäßig ist (Abs 1). Das Scheidungsverfahren ist auszusetzen, wenn Aussicht auf Fortsetzung der Ehe besteht (Abs 2 S 1). Voraussetzung ist, daß konkrete Anhaltspunkte für eine Aussöhnung vorliegen. Die allgemein gehaltene Erwägung, das Zerwürfnis der Eheleute sei nicht schwerwiegend und der Versuch einer Aussöhnung nicht aussichtslos, genügt nicht (Celle MDR 65, 48, KG FamRZ 68, 167, Düsseldorf FamRZ 78, 609). Gegen den Widerspruch beider Ehegatten darf nicht ausgesetzt werden, wenn sie länger als ein Jahr getrennt leben (Abs 2 S 2). Auch bei kürzerem Getrenntleben dürfte eine Aussetzung gegen den Widerspruch beider Ehegatten kaum in Betracht kommen; denn es besteht keine Aussicht auf Fortsetzung der Ehe, wenn die Ehegatten sich nicht versöhnen wollen. Leben die Ehegatten seit drei Jahren getrennt, so wird das Scheitern ihrer Ehe unwiderlegbar vermutet (§ 1566 II BGB). Trotzdem kann das Scheidungsverfahren ausgesetzt werden, wenn Aussicht auf Fortsetzung der Ehe besteht (Abs 4 S 2). Konkrete Aussichten hierfür werden sich wohl nur feststellen lassen, wenn beide Ehegatten Anzeichen von Versöhnungsbereitschaft erkennen lassen.

7 **III) Verfahren: 1) Zuständig** ist das Gericht, bei dem das Scheidungsverfahren oder die Klage anhängig ist. Seine Befugnis, die Aussetzung anzuordnen, endet nicht schon mit dem Erlaß des Urteils, sondern erst mit der Einlegung eines Rechtsmittels (BGH NJW 77, 717).

8 **2)** Die Aussetzung wird durch **Beschluß** angeordnet. Unbegründete Aussetzungsanträge sind durch Beschluß abzulehnen. Der Beschluß ist zu verkünden, wenn er auf Grund mündlicher Verhandlung ergeht (§ 329 I). Sonst ist der Aussetzungsbeschluß den Ehegatten formlos mitzuteilen (§ 329 II). Hiernach müssen zwar Beschlüsse, die eine Frist in Lauf setzen, den Parteien förmlich zugestellt werden; nur dadurch können sie rechtliche Wirksamkeit erlangen (RGZ 137, 270). Bei der Aussetzungsfrist (Abs 4 S 2) handelt es sich jedoch nicht um eine echte Frist. Es genügt daher eine formlose Mitteilung (BGH NJW 77, 717). Der einen Aussetzungsantrag ablehnende Beschluß ist dem Antragsteller zuzustellen (§§ 329 II 2, 252).

9 **3) Inhalt des Beschlusses:** Den Ehegatten soll nahegelegt werden, eine Eheberatungsstelle in Anspruch zu nehmen (Abs 5). Die Dauer der Aussetzung ist zu bestimmen: Höchstens ein Jahr, bei mehr als dreijähriger Trennung höchstens sechs Monate (Abs 4). Dauer der Trennung: Trennungsbeginn bis Verkündung des Aussetzungsbeschlusses. Kürzere Aussetzung kann angeordnet werden. Die Aussetzung darf ein zweites Mal oder – was der wiederholten Anordnung gleichsteht – verlängert werden, soweit die Höchstfristen noch nicht erschöpft sind. Hat das FamG sie voll ausgeschöpft, so darf das OLG nicht noch einmal aussetzen.

10 **4) Wirkungen der Aussetzung:** Diese erfaßt alle Folgesachen, weil über sie nur bei Scheidung entschieden wird (§ 623 I 1). Einstweilige Anordnungen können auch während der Aussetzung erlassen werden (Schleswig SchlHA 50, 60; Celle MDR 68, 243 u NdsRpfl 75, 71).

11 Die Aussetzung bewirkt, daß der Lauf einer jeden Frist aufhört und nach Beendigung der Aussetzung die volle Frist von neuem zu laufen beginnt (§ 249 I). Die während der Aussetzung von einer Partei in Ansehung der Hauptsache vorgenommenen Prozeßhandlungen sind der anderen Partei gegenüber ohne rechtliche Wirkung (§ 249 II). Diese Bestimmung hat jedoch nicht zur Folge, daß ein während der Aussetzung eingelegtes Rechtsmittel unzulässig ist. Nur solche Prozeßhandlungen sind unwirksam, die dem Gegner gegenüber vorzunehmen sind. Rechtsmittel sind jedoch beim Gericht einzulegen (§§ 518 I, 553 I 1, 621e III 1; BGHZ 50, 397/400, BGH NJW 77, 717). Rechtsmittelbegründungsfristen laufen während der Aussetzung nicht (BGH aaO). Mit dem Ende des Aussetzungszeitraumes beginnen die Fristen von selbst zu laufen; Aufnahme (§ 250) nicht erforderlich (BGH LM 2 zu § 249 ZPO). Das Gericht braucht nicht von sich aus Termin anzuberaumen (StJSchlosser 17; Rolland 14; Habscheid FamRZ 67, 357/365; aA Düs-

seldorf FamRZ 66, 358 mit ablehnender Anmerkung von Bergerfurth). Es widerspricht dem Sinn des § 614, die Parteien zur Fortsetzung des Verfahrens anzuregen.

5) Rechtsbehelfe: Aufhebung der Aussetzung nur auf Antrag des Ehegatten, der sie begehrt hatte, der Amtsaussetzung auf Anregung der Parteien, jeweils auf Grund mündlicher Verhandlung. Gegen Ablehnung des Antrags auf Aussetzung sofortige Beschwerde, gegen die Aussetzung einfache Beschwerde (§ 252). Wird ein ausgesetztes Scheidungsverfahren nicht wieder aufgenommen, so steht einem neuen Scheidungsantrag die Einrede der Rechtsabhängigkeit entgegen (Düsseldorf JMBlNRW 70, 236). 12

IV) Gebühren: a) des **Gerichts:** Keine. – Für das Beschwerdeverfahren 1 Gebühr, soweit die Beschwerde verworfen oder zurückgewiesen wird (KV Nr 1181). – **b) des Anwalts:** Kann nur auf **Antrag** ausgesetzt werden (Rn 3), erwächst dem prozeßbevollm RA des Klägers (Antragstellers) eine halbe (5/10) Verhandlungsgebühr nach § 33 II BRAGO, sofern nicht bereits die Verhandlungsgebühr nach § 31 I Nr 2 BRAGO für einen Sachantrag entstanden ist; beide Gebühren können nicht nebeneinander ausgelöst werden (Hartmann, Kost-Ges BRAGO, Anm 3 C aE zu § 33). Ist dagegen von **Amts wegen** auszusetzen (Rn 6), so handelt es sich bei einem Aussetzungsantrag ledigl um eine Anregung an das Gericht, die die halbe Gebühr des § 33 II BRAGO nicht entstehen läßt (vgl Schneider, Anm zu KoRspr BRAGO § 33 Nr 4 (Karlsruhe). – Für das Beschwerdeverfahren eine 5/10 Gebühr (§ 61 Abs 1 BRAGO). 13

615 *[Zurückverweisung verspäteten Vorbringens]*

(1) Angriffs- und Verteidigungsmittel, die nicht rechtzeitig vorgebracht werden, können zurückgewiesen werden, wenn ihre Zulassung nach der freien Überzeugung des Gerichts die Erledigung des Rechtsstreits verzögern würde und die Verspätung auf grober Nachlässigkeit beruht.

(2) §§ 527, 528 sind nicht anzuwenden.

I) Anwendungsbereich: Die Bestimmung gilt für alle Ehesachen in der ersten und der zweiten Instanz gleichermaßen, nicht für Folgesachen im Sinne des § 623 I 1. 1

II) Verhältnis zu den Präklusionsbestimmungen: 1) § 296 I ist weitgehend unanwendbar. Diese Vorschrift gestattet es, Angriffs- und Verteidigungsmittel auszuschließen, die erst nach Ablauf einer hierfür gesetzten Frist (§§ 273 II Nr 1, 275 I 1, III, IV, 276 I 2, III, 277) vorgebracht werden. Von diesen Bestimmungen ist in Ehesachen nur § 273 II Nr 1 anwendbar, wonach das Gericht ua eine Frist zur Erklärung über bestimmte klärungsbedürftige Punkte setzen kann. § 611 II verbietet es ausdrücklich, die §§ 275 I 1, III, IV, 276 anzuwenden. Ebensowenig kann eine Frist nach § 277 III u IV gesetzt werden; denn diese Bestimmung regelt nur die Länge der nach § 275 I 1, III, IV zu setzenden Fristen. Nähere Einzelheiten über die Zurückweisung von Angriffs- und Verteidigungsmitteln nach den §§ 273 II Nr 1, 296 I s § 611 Rn 9. 2

2) Die **§§ 282, 296 II** enthalten eine Regelung, die Abs 1 weitgehend entspricht. Ob man beide Regelungen für nebeneinander anwendbar hält (so StJSchlosser 1) oder § 615 als lex specialis betrachtet (so Bastian 1, BLAlbers 1), macht im Ergebnis keinen Unterschied. 3

III) Verhältnis zum Amtsermittlungsgrundsatz. Soweit das Gericht den Sachverhalt gemäß § 616 von Amts wegen aufzuklären hat, darf es Sachvortrag nicht als verspätet zurückweisen; denn hierin liegt nur eine Anregung zur Amtsaufklärung. 4

IV) Angriffs- und Verteidigungsmittel ist alles, was der Durchsetzung und der Abwehr des in der Ehesache erhobenen Begehrens dient: Behauptungen, Bestreiten, Einwendungen, Beweismittel und Beweiseinreden (§ 282 I). Keine Angriffs- oder Verteidigungsmittel, sondern Angriff oder Verteidigung selbst sind neue Streitgegenstände, die durch Klagänderung oder Widerklage in den Prozeß eingeführt werden (StJSchlosser 4). Diese können nicht wegen Verspätung zurückgewiesen werden, auch in der Berufungsinstanz nicht (§ 611 Rn 1, 6). 5

V) Nicht rechtzeitig ist ein Vorbringen, wenn es später erfolgt, als es bei sorgfältiger und auf Förderung des Verfahrens bedachter Prozeßführung notwendig gewesen wäre. Wie zeitig vorgetragen werden muß, ergibt sich aus § 282. 6

VI) Verspätetes Vorbringen kann nur zurückgewiesen werden, wenn es zu einer **Verzögerung** des Rechtsstreits führt. Eine Verzögerung tritt ein, wenn der Rechtsstreit sonst zur Endentscheidung reif wäre, die Zulassung des verspäteten Vorbringens aber zu einer Vertagung nötigt (vgl § 296 Rn 20 f). Wird zwar spät, aber noch rechtzeitig vor dem Termin Beweis angetreten, so daß das Gericht die Beweismittel zum Termin herbeischaffen könnte, so ist der späte Beweisantritt nicht Ursache für eine Verzögerung, die dadurch eintritt, daß das Gericht die Herbeischaffung der Beweismittel unterlassen hat. Das verspätete Vorbringen verzögert die Erledigung des Verfahrens nicht, wenn dieses ohnehin noch nicht zur Endentscheidung reif ist und die Berücksich- 7 tigung des verspäteten Vorbringens keinen zusätzlichen Zeitaufwand erfordert. Dieser Fall wird besonders in **Verbundverfahren** (§ 623 I 1) gelegentlich eintreten, wenn in der Scheidungssache verspätete Angriffs- oder Verteidigungsmittel vorgebracht werden, eine Folgesache aber noch nicht entscheidungsreif ist und sich infolgedessen die Erledigung des Verbundverfahrens insgesamt nicht verzögert.

8 Ob eine Verzögerung eintritt, stellt das Gericht nach seiner **freien Überzeugung** fest. Eine Beweisaufnahme hierfür findet nicht statt; denn dadurch würde das Verfahren wiederum unnötig verzögert werden.

9 **VII)** Verspätetes Vorbringen kann nur zurückgewiesen werden, wenn die Verspätung auf **grober Nachlässigkeit** beruht. Verschleppungsabsicht ist nicht erforderlich; leichte Fahrlässigkeit ist bedeutungslos. Das Gesetz stellt auf prozeßförderungswidriges Verhalten durch besondere Sorglosigkeit ab, zB die Partei unterläßt es, ihren Prozeßbevollmächtigten zu informieren (Köln VersR 72, 985); dieser unterläßt es, seinen Mandaten zu befragen. Einzelheiten s § 296 Rn 24 und 27 ff. Das Verschulden des Bevollmächtigten steht dem der Partei gleich (§ 85 II).

10 **VIII)** Das verspätete Vorbringen **kann** zurückgewiesen werden. Die Zurückweisung steht im **Ermessen** des Gerichts. Dieses muß den Nachteil, den die Verzögerung des Verfahrens für den Gegner der verspätet vortragenden Partei mit sich bringt, abwägen im Vergleich zu dem Nachteil, der dieser Partei durch die Zurückweisung ihres Vorbringens droht.

11 **IX)** In der **Berufungsinstanz** sind die §§ 527, 528 nicht anzuwenden (Abs 2). Es gelten dieselben Grundsätze wie in erster Instanz. Da auch § 528 III nicht anwendbar ist, können Angriffs- und Verteidigungsmittel, die in erster Instanz mit Recht zurückgewiesen worden sind, in zweiter Instanz erneut vorgebracht werden, soweit nicht § 615 I entgegensteht. Anwendbar ist § 529 I, wenn die Einrede der mangelnden Kostenerstattung (§ 269 IV) oder der fehlenden Ausländersicherheit (§§ 110, 113) erhoben wird. § 530 I ist nicht anzuwenden; s § 611 Rn 6.

12 **X)** Im **Verbundverfahren** (§ 623 I 1) gilt § 615 nur für die Scheidungssache. In zivilprozessualen Folgesachen (Unterhalt, güterrechtliche Ansprüche) sind die §§ 296, 527 ff anzuwenden. In Folgesachen der freiwilligen Gerichtsbarkeit (elterliche Sorge, Umgangsrecht, Herausgabe eines Kindes, Versorgungsausgleich, Ehewohnung, Hausrat) gilt der Grundsatz der Amtsaufklärung, infolgedessen keine Zurückweisung verspäteten Vorbringens (Jansen § 12 Rn 77, Keidel/Kuntze/Winkler § 12 Rn 53). Nicht rechtzeitig vorgebrachte Angriffs- oder Verteidigungsmittel verzögern die Verbundverfahren nur, wenn sich seine Erledigung insgesamt hinausschiebt.

616 *[Untersuchungsgrundsatz]*

(1) Das Gericht kann auch von Amts wegen die Aufnahme von Beweisen anordnen und nach Anhörung der Ehegatten auch solche Tatsachen berücksichtigen, die von ihnen nicht vorgebracht sind.

(2) Im Verfahren auf Scheidung oder Aufhebung der Ehe oder auf Herstellung des ehelichen Lebens kann das Gericht gegen den Widerspruch des die Auflösung der Ehe begehrenden oder ihre Herstellung verweigernden Ehegatten Tatsachen, die nicht vorgebracht sind, nur insoweit berücksichtigen, als sie geeignet sind, der Aufrechterhaltung der Ehe zu dienen.

(3) Im Verfahren auf Scheidung kann das Gericht außergewöhnliche Umstände nach § 1568 des Bürgerlichen Gesetzbuches nur berücksichtigen, wenn sie von dem Ehegatten, der die Scheidung ablehnt, vorgebracht sind.

1 **I) Anwendungsbereich:** Der Amtsermittlungsgrundsatz gilt ohne Einschränkung für Nichtigkeitsklagen und Feststellungsklagen über den Bestand der Ehe. Für Scheidungsverfahren, Aufhebungsklagen und Klagen auf Herstellung des ehelichen Lebens schränkt Abs 2 seine Anwendung ein, soweit es um ehefeindliche Tatsachen geht. Für Scheidungsverfahren schränkt Abs 3 die Anwendung des Amtsaufklärungsgrundsatzes noch weiter ein. § 616 gilt für die erste und zweite Instanz gleichermaßen. Im Berufungsverfahren sind die §§ 525, 536 zu beachten. Die Berufungsanträge bestimmen die Grenzen der Amtsaufklärung. Im Revisionsverfahren können keine neuen Tatsachen mehr vorgebracht werden (§ 561). Zum Amtsermittlungsgrundsatz bei Wiederaufnahme einer Ehesache s Schlosser, Gestaltungsklagen 230 f, 352 f.

2 Frei.

3 **II) Abs 1:** Das Gericht kann von Amts wegen, notfalls gegen den Willen der Parteien, ihm bekanntgewordene Tatsachen berücksichtigen, auf die sich die Parteien nicht berufen haben. Wie es von den Tatsachen Kenntnis erhalten hat, ist gleichgültig. Ob es nach solchen Tatsachen

von Amts wegen forschen will (etwa bei einer Anhörung nach § 613), steht in seinem pflichtgemäßen Ermessen. Es ist befugt, auch über nicht vorgebrachte Tatsachen Beweis zu erheben, zB ihm bekannte Fürsorgeerziehungsakten heranzuziehen.

Wie weit die mit der Amtsermittlungsbefugnis des Gerichts korrespondierende **Amtsaufklärungspflicht** reicht, hängt davon ab, inwieweit öffentliche Interessen zu berücksichtigen sind. Solche bestehen an der Aufrechterhaltung nicht gescheiterter Ehen. Deshalb hat das Gericht nach ehefreundlichen Tatsachen besonders zu forschen, wenn der Antragsgegner im Scheidungsverfahren ausbleibt (Frankfurt NJW 69, 194). In anderen Punkten besteht ein öffentliches Interesse wie bei allen Prozessen nur daran, daß das Urteil gemessen an den von den Parteien vorgetragenen Tatsachen richtig ist. Die Parteien können auf die Beeidigung eines Zeugen nicht verzichten (§ 617), andererseits aber nicht erzwingen, daß seine Vernehmung überhaupt unterbleibt. Begrenzt wird die Aufklärungsbefugnis des Gerichts durch den Streitgegenstand. Tatsachen, die hiermit nicht zusammenhängen, sind nicht zu ermitteln (RGZ 126, 302). 4

III) Abs 2: Sondervorschrift für Scheidungs-, Aufhebungs- und Herstellungsklagen; bei Nichtigkeits- und Bestandfeststellungsklagen (§§ 632, 638) nicht anzuwenden. Wenn der die Auflösung der Ehe begehrende oder die Herstellung verweigernde Ehegatte der Verwertung bestimmter nicht vorgetragener Tatsachen widerspricht, die sein Begehren bzw seine Verteidigung stützen könnten, darf das Gericht diese Tatsachen nicht berücksichtigen. Ehefreundliche Tatsachen sind von Amts wegen zu berücksichtigen, zB das Fortbestehen der ehelichen Lebensgemeinschaft (§ 1565 BGB), Umstände, die die Erwartung rechtfertigen, daß die Ehegatten ihre Lebensgemeinschaft wieder herstellen werden (§ 1565 I BGB), das Interesse der Kinder an der Aufrechterhaltung der Ehe (§ 1568 I BGB). Im **Aufhebungsverfahren** kann eine Bestätigung der aufzuhebenden Ehe als ehefreundliche Tatsache von Amts wegen verwertet werden. Das Gericht ist aber nicht befugt, einen Vorgang als Aufhebungsgrund in das Verfahren einzuführen, den der Kläger nicht als solchen geltend machen will. 5

Der in Abs 2 erwähnte **Widerspruch** ist eine Prozeßhandlung und muß ausdrücklich erklärt werden (StJSchlosser 3, Rolland 5, Thomas/Putzo 3a; anders Jauernig, Verhandlungsmaxime, Inquisitionsmaxime und Streitgegenstand (1967) 56). Über Tatsachen, die nach Abs 2 nicht berücksichtigt werden dürfen, darf auch kein **Beweis erhoben** werden. Kommen sie bei einer Beweisaufnahme zufällig heraus, so dürfen sie gegen den Widerspruch des hierzu berechtigten Ehegatten nicht in der Entscheidung verwertet werden. 6

IV) Abs 3: Nach § 1568 I BGB soll eine gescheiterte Ehe nicht geschieden werden, wenn und solange die Scheidung für den Antragsgegner auf Grund außergewöhnlicher Umstände eine so schwere Härte darstellen würde, daß die Aufrechterhaltung der Ehe auch unter Berücksichtigung der Belange des Antragstellers ausnahmsweise geboten erscheint. Solche außergewöhnlichen Umstände sind nicht von Amts wegen zu ermitteln, sondern von dem Ehegatten, der die Scheidung ablehnt, vorzubringen; denn es soll ihm überlassen bleiben, ob er an der gescheiterten Ehe festhalten will. Ist der die Scheidung ablehnende Ehegatte nicht anwaltlich vertreten, so ist er über die Möglichkeit, sich auf die Härteklausel des § 1568 I BGB zu berufen, zu belehren. Er kann sich hierauf berufen, ohne sich durch einen Rechtsanwalt vertreten zu lassen (Bergerfurth FamRZ 76, 584, Schwab FamRZ 76, 506, Bastian 3, ebenso für den Widerspruch nach § 48 EheG BGH FamRZ 68, 447 u 69, 146, aA Rolland 6 u § 1568 BGB Rn 24, Hagena FamRZ 75, 391 Fußn 65). Abs 3 ist nicht anzuwenden, wenn eine gescheiterte Ehe im Interesse der aus ihr hervorgegangenen minderjährigen Kinder aufrechtzuerhalten ist (§ 1568 I BGB). 7

V) Verfahren: Ist eine Klage oder ein Scheidungsantrag unschlüssig, so hat das Gericht hierauf hinzuweisen. Der Amtsaufklärungsgrundsatz verlangt nicht, daß das Gericht selbst Ermittlungen anstellt, um die Klage schlüssig zu machen. Wird eine schlüssige Klage eingereicht, so hat das Gericht die Eheleute gemäß § 613 anzuhören und weitere Beweise zu erheben, wenn das Anhörungsergebnis nicht zur Überzeugungsbildung ausreicht. Der Grundsatz des **rechtlichen Gehörs** gebietet es, daß die Eheleute Gelegenheit erhalten, sich zur Beweisaufnahme zu äußern, ehe das Beweisergebnis dem Urteil zugrunde gelegt wird. Hierauf ist besonders zu achten, wenn Bestandteile fremder Akten beweiseshalber verwertet werden. 8

Der Amtsermittlungsgrundsatz nötigt das Gericht, **Anregungen der Parteien zur Beweiserhebung** nachzugehen, sofern dadurch eine weitere Aufklärung des Sachverhalts zu erwarten ist. Eine Beweisaufnahme darf nicht mit der Begründung abgelehnt werden, es sollten dadurch überhaupt erst neue beweiserhebliche Tatsachen, für die es bisher an Unterlagen fehle, ermittelt und in das Verfahren eingeführt werden. Ist das Gericht davon überzeugt, daß eine weitere Beweisaufnahme für das Verfahrensergebnis keine Bedeutung mehr haben kann, so braucht es von Amts wegen keine weiteren Beweise mehr zu erheben. 9

10 **Beweisanträge** der Ehegatten sind analog § 244 III–V StPO zu behandeln. Einzelheiten s § 284 Rn 2 ff. Wegen der Verwertung verbotener Beweismittel (heimlicher Beobachtungen oder Tonträgeraufnahmen) s BGHZ 27, 284, NJW 70, 1848; Bökelmann JR 71, 65; Arzt JZ 71, 388; Dilcher ArchZP 158, 469.

11 Trotz aller Bemühungen, den Sachverhalt erschöpfend aufzuklären, kommen **Beweislastentscheidungen** vor. Die Beweislast ergibt sich jeweils aus den Bestimmungen des BGB und des EheG. Durch Beweisvereitelung kann sich die Beweislast umkehren. Auch für den Beweis des ersten Anscheins ist Raum (StJSchlosser 14, Bergerfurth FamRZ 66, 340).

617 *[Einschränkungen des Verhandlungsgrundsatzes]*

Die Vorschriften über die Wirkung eines Anerkenntnisses, über die Folgen der unterbliebenen oder verweigerten Erklärung über Tatsachen oder über die Echtheit von Urkunden, die Vorschriften über den Verzicht der Partei auf die Beeidigung der Gegenpartei oder von Zeugen und Sachverständigen und die Vorschriften über die Wirkung eines gerichtlichen Geständnisses sind nicht anzuwenden.

1 **I) Anerkenntnis:** § 307. Folgen unterbliebener oder verweigerter Erklärung über Tatsachen: § 138 III, über die Echtheit von Urkunden: § 439 III, Beeidigungsverzicht: §§ 391, 410, 452 III, gerichtliches **Geständnis:** § 288. § 617 entzieht den Parteien jede Verfügung über den Klaganspruch durch Anerkenntnis und Geständnis. Als Beweisumstände können beide verwertet werden, auch wenn sie vom Prozeßbevollmächtigten des Beklagten erklärt werden (KG Rpfleger 72, 461). Auch aus dem Fallenlassen von Behauptungen, die eine Ehescheidungsklage begründen könnten, kann das Gericht seine Schlüsse ziehen (LG Bonn NJW 70, 1423). Weder die ausdrückliche Einlassung noch das Schweigen der Parteien binden das Gericht, mag es sich nun auf ehefreundliche oder ehefeindliche Tatsachen beziehen. Das Gericht hat sich seine Überzeugung über Wahrheit und Unwahrheit selbst nach pflichtgemäßem Ermessen zu bilden. Auch an Erklärungen der Parteien im Beweisverfahren ist es dabei nicht gebunden.

2 Der Anspruch auf **Herstellung des ehelichen Lebens** kann anerkannt werden; denn die Erhaltung der Ehe unterliegt der Disposition der Ehegatten (StJSchlosser 3, aA Wieczorek A III a; Frankfurt FamRZ 84, 1123).

3 **II) Parteivereinbarungen** zur Abstimmung des beiderseitigen Vorbringens sind möglich, aber nicht bindend. Allenfalls Einwand eines Verstoßes gegen Treu und Glauben, wenn sich die Gegenpartei nicht an das Vereinbarte hält (BGH FamRZ 61, 212).

4 **III)** Ein **Klagverzicht** (§ 306) ist wirksam (BGH FamRZ 86, 656) und bedarf nicht der Zustimmung des Gegners (Düsseldorf NJW 57, 1641). Er hindert den Verzichtenden nicht daran, auf Grund neuer Tatsachen von neuem die Scheidung zu verlangen (BGH aaO). Bei Nichtigkeits- oder Feststellungsklage hat der Verzicht, wenn er nicht eine Bestätigung der Ehe (§ 18 II EheG) enthält, entsprechend § 635 nur die Folge, daß die Klage für zurückgenommen erklärt wird.

5 **IV) Vergleiche** können auch in Ehesachen geschlossen werden. Über das Klagbegehren können die Parteien sich nicht in der Weise vergleichen, daß die Rechtshängigkeit beseitigt wird (BGHZ 15, 192; 48, 336; zweifelnd StJSchlosser 6), sie können aber den Prozeß einverständlich durch entsprechende Verfahrenserklärungen beenden, sei es auf Grund Aussöhnung durch **Klagrücknahme** oder **Erledigungserklärung** vor Urteilsrechtskraft oder durch **Rechtsmittelrücknahme** gegen ein klagabweisendes Urteil, sei es zwecks einverständlicher endgültiger Abkehr von der Ehe durch Absehen oder Zurücknahme von Rechtsmitteln gegen ein Scheidungsurteil (KG DR 41, 1164).

6 Verfahrenserklärungen, die auf Beendigung des Rechtsstreits im ganzen oder wenigstens eines abtrennbaren Teils gerichtet sind, sowie Vereinbarungen über die Kosten können auch in einem gerichtlich protokollierten Vergleich enthalten sein. Erledigt dieser das gesamte noch anhängige Verfahren, so ist er ein **Prozeßvergleich** iS des § 794 I Nr 1, aus dem die Zwangsvollstreckung betrieben werden kann (LG Hannover NdsRpfl 70, 174). Hat das Gericht jedoch nach Vergleichsabschluß noch eine Entscheidung zur Hauptsache zu treffen, so ist der Vergleich nur ein Teilvergleich, der zwar in der Kostenentscheidung berücksichtigt werden kann (§ 93 a I 3), der aber kein **Vollstreckungstitel** ist (BGHZ 5, 251/258; StJSchlosser 16).

7 Auch über die Art der Prozeßführung können sich Eheleute einigen, sofern nicht unwahre Scheidungsgründe vorgebracht werden (BGHZ 41, 172), zB durch einverständliches Fallenlassen einzelner ehefeindlicher Tatsachen oder eines Widerspruchs nach § 1568 I BGB; dies kann in einem Vergleich protokolliert werden. Solche **Zwischenabkommen** sind keine Prozeßvergleiche,

weil sie nicht auf Beilegung des Rechtsstreits abzielen und ein Urteil nicht entbehrlich machen, sondern nur eine vereinfachte Herbeiführung des Scheidungsurteils bezwecken (Gädecke DR 41, 1430; Tschischgale JR 51, 427; Kassel NJW 50, 112; KG AnwBl 55, 231).

Scheidungsfolgenvergleiche s § 630 Rn 15. Ehesachen, die **keine Scheidungssachen** sind, können nicht mit Folgesachen verbunden werden; s § 623 Rn 3. Ein Vergleich über die Folgen des erwarteten Urteils ist trotzdem möglich; er kann im Verfahren der einstweiligen Anordnung geschlossen werden (BGHZ 15, 192; 48, 336; München NJW 68, 945; Hamm NJW 68, 1241; BayObLG NJW 72, 2131; Bosch FamRZ 65, 240; Blomeyer Rpfleger 72, 386). 8

618 *[Zustellung von Urteilen]*

§ 317 Abs. 1 Satz 3 gilt nicht für Urteile in Ehesachen.

Die Erläuterungen zu dieser Vorschrift sind mit denjenigen zu § 621 c zusammengefaßt.

619 *[Tod eines Ehegatten]*

Stirbt einer der Ehegatten, bevor das Urteil rechtskräftig ist, so ist das Verfahren in der Hauptsache als erledigt anzusehen.

Übersicht

I) Anwendungsbereich: Die Bestimmung gilt für alle Eheverfahren in allen Instanzen, auch für Wiederaufnahmeverfahren. Ausnahme: Nichtigkeitsklage des Staatsanwalts (§ 636). 1

II) Tod vor Rechtshängigkeit: Die Auswirkungen des Todes eines Ehegatten auf das Verfahren sind unterschiedlich je nachdem, in welchem Verfahrensstadium der Ehegatte stirbt.

1) Lebt der **Antragsgegner** bereits bei Einreichung der Antragsschrift nicht mehr oder **stirbt** er nach Einreichung, aber **vor Zustellung** dieser Schrift, so ist die Klage mangels Existenz eines Gegners als unzulässig abzuweisen (Jauernig FamRZ 61, 103; BGHZ 24, 91/94). Der Antrag kann auch zurückgenommen werden (KG JurBüro 69, 984). Keine Kostenentscheidung; die Frage, ob eine Partei der anderen Kosten erstatten muß, entsteht hier nicht. 2

2) Stirbt der Antragsteller vor Zustellung der Antragsschrift, so ist diese nicht mehr zuzustellen. Eine Kostenentscheidung ergeht dann nicht; denn mangels Rechtshängigkeit der Sache kann die Frage der Kostenerstattung nicht entstehen. Wird die Antragsschrift zugestellt, obwohl der Kläger nach Klageinreichung verstorben ist, so ist die Hauptsache erledigt, wenn man den weiten Erledigungsbegriff (§ 91 a Rn 40) vertritt. Wegen der Kostenentscheidung s Rn 8. 3

III) Tod nach Rechtshängigkeit: 1) Durch den Tod eines Ehegatten wird das **Verfahren unterbrochen** (§ 239). War der Verstorbene durch einen Prozeßbevollmächtigten vertreten, so tritt keine Unterbrechung ein (BGH FamRZ 81, 245 = NJW 686 mwN). Auch die Prozeßvollmacht des Rechtsanwalts des Verstorbenen endet nicht mit dessen Tod (BGH aaO). Das Verfahren ist jedoch auf Antrag des Prozeßbevollmächtigten oder des Gegners **auszusetzen** (§ 246 I; ThP 2, Schleswig SchlHA 77, 102, aA Schleswig SchlHA 74, 103). Unterbrechung und Aussetzung bewirken, daß Prozeßhandlungen des überlebenden Ehegatten den Erben des verstorbenen 4

Ehegatten gegenüber unwirksam sind und umgekehrt Prozeßhandlungen der Erben dem überlebenden Ehegatten gegenüber unwirksam sind (§ 249 II). Stirbt ein Ehegatte nach Schluß der mündlichen Verhandlung, so ist das Gericht nicht gehindert, nach seinem Tode noch eine Entscheidung zu verkünden (§ 249 III). Infolge der Unterbrechung oder Aussetzung laufen aber die Fristen zur Einlegung von Rechtsmitteln gegen diese Entscheidung nicht (§ 249 I). Unterbrechung bzw Aussetzung enden, wenn das Verfahren aufgenommen wird.

5 **2)** Ist der Beklagte nach Rechtshängigkeit, aber vor mündlicher Verhandlung zur Hauptsache verstorben, so kann der Kläger die **Klage zurücknehmen** (München NJW 70, 1799, BLAlbers 1, ThP 2, StJSchlosser 2, zweifelnd Rolland 1). **Rechtsmittel** gegen den Scheidungsausspruch oder gegen eine Folgesachentscheidung können nach dem Tode eines der Ehegatten nicht mehr **zurückgenommen** werden; die Rechtskraft der Entscheidung der Vorinstanz kann auf diese Weise nicht herbeigeführt werden (Koblenz FamRZ 80, 717).

6 **3) Verfahren bei Erledigung der Hauptsache:** Mit dem Tode eines Ehegatten erledigt sich die Hauptsache kraft Gesetzes. Sie braucht nicht für erledigt erklärt zu werden (Saarbrücken FamRZ 85, 89). Entsprechend § 269 III 3 kann jedoch auf Antrag des überlebenden Ehegatten durch Beschluß ausgesprochen werden, daß die Ehesache und/oder eine Folgesache sich in der Hauptsache erledigt haben, wenn der Ehegatte hieran ein rechtliches Interesse hat, zB um statt des Versorgungsausgleichs eine Witwenrente zu erhalten (Celle NdsRpfl 81, 197; anders Saarbrücken aaO). Über die Kostenentscheidung ist mit den Erben des Verstorbenen und dem anderen Ehegatten mündlich zu verhandeln. Beerbt der überlebende Ehegatte allein den Verstorbenen, so ergeht keine Kostenentscheidung, weil Parteien, die einander Kosten zu erstatten haben, nicht mehr vorhanden sind.

7 **4) Inhalt der Kostenentscheidung:** Der BGH hebt im Regelfall die Kosten aller Instanzen entsprechend § 93 a gegeneinander auf. Er hält diese Vorschrift für eine den § 91 a verdrängende Sonderregelung. § 91 a sei nicht maßgeblich, weil er auf die Erfolgsaussicht der Rechtsverfolgung abstelle (FamRZ 83, 683 u 86, 253). Hiergegen spricht: § 93 a regelt den Kostenpunkt nur für die Fälle, daß eine Ehe geschieden, aufgehoben oder für nichtig erklärt wird. Der Fall, daß eine solche Klage abgewiesen wird, ist in § 91 geregelt (§ 93 a Rn 7), der durch § 93 a II ergänzt wird. Für die Rechtsmittelinstanz gilt § 97 (näheres s § 629 a Rn 8). Auch § 91 a regelt nicht den Fall des § 619, denn hier haben nicht die Parteien die Hauptsache für erledigt erklärt, sondern diese erledigt sich kraft Gesetzes. Hinsichtlich des Kostenpunktes ist das Gesetz lückenhaft.

8 Die Lücke kann nicht durch § 93 a geschlossen werden. Ehescheidung und Hauptsachenerledigung sind ebensowenig rechtsähnliche Fälle wie Abweisung des Scheidungsantrags und Hauptsachenerledigung. Dagegen sind beiderseitige Erledigungserklärung und Erledigung kraft Gesetzes einander ähnlich. Deshalb ist § 91 a analog anzuwenden und danach zu fragen, wie die Kosten unter Berücksichtigung des bisherigen Verfahrensstandes zu verteilen gewesen wären, wenn der eine Ehegatte nicht verstorben wäre (München NJW 70, 1799/1800; R-Schwab § 166 V 11 b). Ist der Verfahrensausgang ungewiß, so sind die Kosten gegeneinander aufzuheben. Wäre die Ehe voraussichtlich geschieden, aufgehoben oder für nichtig erklärt worden, so sind die Grundsätze des § 93 a I, III bei der Kostenentscheidung zu berücksichtigen. Wäre der Scheidungsantrag abgewiesen worden, so sind die Kosten dem Antragsteller bzw dessen Erben aufzuerlegen. Bei der Entscheidung über die Kosten der Folgesachen ist § 93 a II zu berücksichtigen. Wäre ein Rechtsmittel in einer Ehesache oder Folgesache zurückgewiesen worden, so ist § 97 zu berücksichtigen. Hätte es Erfolg gehabt, so gelten die in § 629 a Rn 9 f entwickelten Grundsätze entsprechend.

9 Frei.

10 **5) Anfechtung gegenstandsloser Hauptsachenentscheidungen:** Wird in Unkenntnis des Todes eines Ehegatten verhandelt und ein Urteil verkündet, so ist die Entscheidung über die erledigte Hauptsache (Ehesache und Folgesachen) gegenstandlos (BGH FamRZ 81, 245 f mwN = NJW 686; Düsseldorf DR 42, 43; Göppinger ZZP 67, 464 Fußn 4 a). Wirksam ist nur die Kostenentscheidung (BGH aaO; RG HRR 32 Nr 1611; Zweibrücken FamRZ 80, 716). Gegenstandslos wird die Hauptsachenentscheidung auch, wenn ein Ehegatte zwischen Urteilsverkündung und Rechtskraft stirbt (RG, Zweibrücken aaO). Gegen die Kostenentscheidung können jedoch die Erben des Verstorbenen und der überlebende Ehegatte analog § 91 a II sofortige Beschwerde einlegen (Hamm JMBlNRW 56, 32; Bremen NJW 75, 2074; anders RG JW 06, 311; R-Schwab § 166 V 11 b mwN: Beschwerde analog § 99 II; wieder anders Celle, NJW 65, 1813: unanfechtbar).

11 Bei gegenstandsloser Hauptsachenentscheidung ist es mangels Beschwer nicht zulässig, ein Rechtsmittel einzulegen mit dem Ziel, die Wirkungslosigkeit der Entscheidung in der Hauptsache feststellen zu lassen (BGH, Zweibrücken aaO; Düsseldorf FamRZ 70, 486; anders Koblenz FamRZ 80, 717 für eine Anschlußberufung). Ist ein Rechtsmittel gegen den Scheidungsaus-

spruch oder eine Folgesachenentscheidung eingelegt worden und begehrt der Rechtsmittelführer trotz des Todes eines Ehegatten eine Sachentscheidung des Rechtsmittelgerichts, so ist das Rechtsmittel als unzulässig zu verwerfen (so BGH aaO für die Beschwerde eines Versicherungsträgers in der Folgesache Versorgungsausgleich).

6) Unzulässige Klagen und Rechtsmittel: Die Erledigung der Hauptsache hat nur zur Folge, daß keine Sachentscheidung mehr ergehen darf. Einer Entscheidung aus verfahrensrechtlichen Gründen steht § 619 nicht im Wege, wenn die Klage mangels Zuständigkeit, gesetzlicher Vertretung, Prozeßfähigkeit usw unzulässig ist. Hier können die Erben des verstorbenen Beklagten das unterbrochene (§ 239) oder ausgesetzte (§ 246) Verfahren aufnehmen mit dem Ziel, daß die Klage als unzulässig abgewiesen wird (BGH NJW 74, 368 = ZZP 87, 347 mit Anm Grunsky, Bruns ZZP 79, 139). Ein unzulässiges Rechtsmittel ist auch dann zu verwerfen, wenn der Rechtsmittelgegner nach dessen Einlegung stirbt (BGH aaO). 12

IV) Mit der Erledigung der Hauptsache erledigen sich auch Anträge auf Erlaß **einstweiliger Anordnungen** oder Rechtsmittel gegen solche Anordnungen. Bereits erlassene Anordnungen treten außer Kraft (§ 620 f I 1). Anders als bei der Hauptsache ist dies auf Antrag durch Beschluß auszusprechen. Hiergegen findet sofortige Beschwerde statt (§ 620 f I 2 u 3). 13

V) Über **Folgesachen** iS des § 623 I 1 ist nur für den Fall der Scheidung zu entscheiden. Erledigt sich das Scheidungsverfahren in der Hauptsache, so sind analog den §§ 626 I, 629 III 1 auch die Folgesachen als erledigt anzusehen (BGH FamRZ 81, 245 f = NJW 686 u FamRZ 83, 683; Celle NdsRpfl 81, 197). Entsprechend anwendbar sind auch die §§ 626 II 1 u 629 III 2 (StJSchlosser 5, BL-Albers § 626 Anm 3 B, aA Rolland 14): Auf Antrag kann den Erben des verstorbenen Ehegatten oder dem überlebenden Ehegatten vorbehalten werden, eine Folgesache als selbständige Familiensache fortzuführen (aA Rolland 14: Folgesachen können ohne jeden Vorbehalt fortgeführt werden). Der Antrag muß gestellt werden, bevor die Kostenentscheidung rechtskräftig wird, die das erledigte Verfahren beendet (vgl § 626 Rn 9). Näheres über das Verfahren s § 626 Rn 9 f. Fortführen lassen sich indessen nur wenige Folgesachen: 14

1) Hatte der überlebende Ehegatte von dem Verstorbenen **Unterhalt** verlangt, so steht ihm uU nach § 1586 b BGB ein Unterhaltsanspruch gegen die Erben zu. Hier kann das Verfahren fortgeführt werden. Stirbt der Unterhalt fordernde Ehegatte, so erlischt sein Unterhaltsanspruch (§ 1586 I BGB). Unterhaltsansprüche für die Vergangenheit konnten nicht Folgesache sein (§ 623 Rn 12). Deshalb können sie auch nicht von den Erben fortgeführt werden. 15

2) Eine Fortführung der Folgesache **Zugewinnausgleich** kommt in Betracht, wenn der überlebende Ehegatte vom Verstorbenen den Ausgleich verlangt hatte und nicht dessen Erbe, Miterbe oder Vermächtnisnehmer ist (§§ 1371 II, 1933 I BGB). Verlangt er nunmehr von den Erben Zugewinnausgleich, so ändert sich uU dessen Berechnung erheblich, weil als Ende des Güterstandes nicht mehr der Tag der Zustellung des Scheidungsantrages gilt (§ 1384), sondern der Güterstand mit dem Tode des Ehegatten endet. Wird der Zugewinnausgleich durch Erhöhung des Erbteils verwirklicht (§ 1371 I), so kann die Folgesache nicht fortgeführt werden. 16

3) Alle anderen Folgesachen lassen sich nach dem Tode des einen Ehegatten nicht fortführen. Die **elterliche Sorge** für ein gemeinsames Kind steht nach dem Tode eines Elternteils dem anderen Teil zu (§ 1681 I BGB). Die Folgesachen elterliche Sorge, Umgangsrecht und Herausgabe des Kindes an den anderen Elternteil (§§ 1671, 1634, 1632 BGB) lassen sich infolgedessen nicht fortführen. Hatte ein Elternteil im eigenen Namen (§ 1629 III 1 BGB) künftige **Unterhaltsansprüche des Kindes** gegen den anderen Elternteil geltend gemacht (vgl § 623 Rn 5 f) und stirbt der andere, so erlischt der Unterhaltsanspruch des Kindes (§ 1615 I). Stirbt der Elternteil, der den Unterhaltsanspruch geltend gemacht hatte, so ist es nicht Sache seiner Erben, das Verfahren fortzuführen; denn weder vererbt sich die Prozeßstandschaft noch werden die Erben gesetzliche Vertreter des Kindes (aA teilweise Rolland 10). Ein **Versorgungsausgleich** und Verfahren über **Ehewohnung** und **Hausrat** finden nur im Scheidungsfall statt (§§ 1587 BGB, 1 I HausratsVO). 17

VI) Ist eine Ehe rechtskräftig geschieden oder aufgehoben worden, so ist nach dem Tode eines Ehegatten eine **Wiederaufnahme des Verfahrens** nicht mehr möglich (Jauernig FamRZ 61, 100, Rolland 6, StJSchlosser 11, BLAlbers 2, ThP 2 b, BGHZ 43, 239/142, aA Blomeyer 1. Aufl § 120 VII 3, Wieczorek A Ib 2, RGZ 118, 73 ff, RG JW 24, 908). Eine erneute Verhandlung über die Hauptsache (§ 590) kann nicht mehr stattfinden, weil diese durch den Tod des einen Ehegatten erledigt ist. Analog § 99 I kann das Verfahren auch nicht nur hinsichtlich der Kostenentscheidung wieder aufgenommen werden. 18

Da § 619 nicht anwendbar ist, wenn der Staatsanwalt zu Lebzeiten beider Ehegatten die **Nichtigkeitsklage** erhoben hat (§ 636), können solche Verfahren auch nach dem Tode eines Ehegatten wieder aufgenommen werden, und zwar sowohl vom Staatsanwalt als auch vom überlebenden 19

Ehegatten (StJSchlosser 12 mwN, str). Ob Verfahren auf **Feststellung des Bestehens oder Nichtbestehens einer Ehe** wieder aufgenommen werden können, ist streitig (vgl StJSchlosser 13, aA Jauernig FamRZ 61, 103).

20 **VII)** Ebensowenig wie die Wiederaufnahme des Verfahrens ist die **Wiedereinsetzung in den vorigen Stand** zulässig, wenn sie beantragt wird, um das Eheverfahren nach dem Tode eines Ehegatten weiterzubetreiben (StJSchlosser 14). Wird nach dem Tode eines Ehegatten die Frist zur Einlegung einer zulässigen sofortigen Beschwerde gegen eine Kostenentscheidung versäumt, so kann Wiedereinsetzung gewährt werden (Rolland 8; vgl Oldenburg NdsRpfl 52, 103).

21 **VIII)** § 619 ist nicht anzuwenden, wenn ein **Ehegatte** nach Rechtskraft des Scheidungsausspruchs, aber **vor rechtskräftiger Entscheidung einer Folgesache stirbt.** Dennoch erledigen sich hierdurch manche Folgesachen aus dem Bereich der freiwilligen Gerichtsbarkeit, die nur unter Lebenden und nur mit Wirkung für die Zukunft geregelt werden können: elterliche Sorge, Umgangsrecht, Herausgabe eines Kindes an den anderen Ehegatten, Ehewohnung und Hausrat. Der Wertausgleich von Versorgungsanwartschaften kann nicht rückwirkend für die Zeit zwischen Rechtskraft der Scheidung und dem Tod des Ausgleichsberechtigten geregelt werden (§ 53 g I FGG; BSG FamRZ 83, 389 u 699) und ist folglich erledigt. Anders beim Tod des Ausgleichsverpflichteten: Hier ist der Ausgleichsanspruch gegen die Erben geltend zu machen (§ 1587 e IV BGB; Koblenz FamRZ 84, 803). Stirbt der unterhaltsberechtigte Ehegatte, so können seine Erben den Unterhalt für die Zeit zwischen Rechtskraft der Scheidung und Tod verlangen (§ 1586 II BGB). Stirbt der Unterhaltsverpflichtete, so haben seine Erben den Unterhalt für diese Zeit zu bezahlen. Wegen des künftigen Unterhalts s Rn 15. – Erledigen sich Folgesachen aus dem Bereich der freiwilligen Gerichtsbarkeit (§ 621 a I 1), so hat das Gericht von Amts wegen die Erledigung festzustellen und über die Kosten zu entscheiden. In zivilprozessualen (unterhalts- und güterrechtlichen) Folgesachen wird das Gericht nicht von Amts wegen tätig, sondern nur, wenn der überlebende Gatte und/oder die Erben des Verstorbenen die Hauptsache für erledigt erklären.

620 *[Einstweilige Anordnungen)*

Das Gericht kann im Wege der einstweiligen Anordnung auf Antrag regeln:

1. **die elterliche Sorge für ein gemeinschaftliches Kind;**
2. **den Umgang eines Elternteils mit dem Kinde;**
3. **die Herausgabe des Kindes an den anderen Elternteil;**
4. **die Unterhaltspflicht gegenüber einem minderjährigen Kinde;**
5. **das Getrenntleben der Ehegatten;**
6. **den Unterhalt eines Ehegatten;**
7. **die Benutzung der Ehewohnung und des Hausrats;**
8. **die Herausgabe oder Benutzung der zum persönlichen Gebrauch eines Ehegatten oder eines Kindes bestimmten Sachen;**
9. **die Verpflichtung zur Leistung eines Kostenvorschusses für die Ehesache und Folgesachen.**

Im Falle des Satzes 1 Nr. 1 kann das Gericht eine einstweilige Anordnung auch von Amts wegen erlassen.

Übersicht

I) Voraussetzungen für den Erlaß einer einstweiligen Anordnung

1) Die §§ 620 ff gehören zu den allgemeinen Vorschriften für Ehesachen (Titelüberschrift vor 1 § 606) und sind nur anzuwenden, wenn eine **Ehesache** oder ein PKH-Gesuch für eine solche Sache anhängig ist (§ 620 a II 1). Näheres über Anhängigkeit s § 620 a Rn 2 ff. Einstweilige Anordnungen können in jeder Ehesache (Rn 2 ff vor § 606) erlassen werden, auch in Prozessen zwischen Ausländern (Hamburg DAVorm 83, 151 mwN), bei Klagen auf Feststellung des Rechts zum Getrenntleben (Köln FamRZ 82, 403) und im Wiederaufnahmeverfahren (Dresden HRR 40 Nr 694, Hamm NJW 72, 590). **Einstweilige Anordnungen** zur Regelung der Kostenvorschußpflicht können auch **in anderen Familiensachen** und Unterhaltssachen ergehen (§§ 621 f, 127 a). Die Unterhaltspflicht kann außer im Falle des § 620 nur im Vaterschaftsfeststellungsprozeß vorläufig geregelt werden (§ 641 d). Auch in selbständigen Verfahren zur Regelung der Rechtsverhältnisse an Ehewohnung und Hausrat, der elterlichen Sorge, des Umgangs mit einem Kind und der Herausgabe eines Kindes können einstweilige Anordnungen ergehen (Rn 24 ff).

2) Die **Erfolgsaussichten der Ehesache** sind im Anordnungsverfahren nicht zu prüfen (AG 2 Lörrach NJW 78, 1330). Nur wenn die Klage oder der Scheidungsantrag offensichtlich aussichtslos ist, fehlt einem Antrag des Klägers/Scheidungsantragstellers auf Erlaß einer einstweiligen Anordnung das Rechtsschutzbedürfnis (so bei offensichtlich unzulässigen Scheidungsanträgen Düsseldorf FamRZ 60, 155; Celle FamRZ 68, 165; KG FamRZ 74, 461 f; Bamberg FamRZ 83, 82; Hamburg DAVorm 83, 153); denn einstweilige Anordnungen, die bei der hier gebotenen Abweisung des Scheidungsantrages sofort wieder außer Kraft träten (§ 620 f I 1), sollten nicht erlassen werden. Bedarf in Ausländerehesachen die internationale Zuständigkeit der Klärung, so ist die Klage nicht offensichtlich unzulässig; einstweilige Anordnungen können erlassen werden (Hamburg aaO; Hamm NJW 77, 1597). Auch bei offensichtlich unbegründeten Scheidungsanträgen fehlt das Rechtsschutzbedürfnis für einstweilige Anordnungen (KG DR 40, 1484; Stuttgart MDR 57, 621; Celle aaO), zB wenn vor Ablauf des Trennungsjahres die Scheidung beantragt wird, ohne daß in der Person des Antragsgegners liegende Gründe vorgebracht werden, die die Fortsetzung der Ehe als besondere Härte erscheinen lassen (§ 1565 II BGB).

3) Einstweilige Anordnungen werden nur auf **Antrag** eines Ehegatten erlassen. Das Jugend- 3 amt und das Kind können eine solche Regelung anregen; antragsberechtigt sind sie nicht. Erhebt der Staatsanwalt Nichtigkeitsklage gegen beide Ehegatten (§ 632), so ist jeder Ehegatte, nicht aber der Staatsanwalt antragsberechtigt. Die elterliche Sorge für ein gemeinsames Kind kann das Gericht auch **von Amts wegen** einstweilen regeln (S 2).

4) Regelungsbedürfnis: Nur im Fall des § 628 II (Ehescheidung vor Regelung der elterlichen 4 Sorge) muß eine einstweilige Anordnung erlassen werden. Sonst *kann* sie erlassen werden (S 1). Der Erlaß steht nicht im Ermessen des Gerichts. Das Wort *kann* bedeutet vielmehr, daß das Gericht die Notwendigkeit einer vorläufigen Regelung prüfen und, wenn es sie bejaht, eine Anordnung erlassen muß. Im Verfahren der freiwilligen Gerichtsbarkeit gilt der Grundsatz, daß einstweilige Anordnungen zu erlassen sind, wenn ein dringendes Bedürfnis für ein sofortiges Einschreiten besteht, das ein Abwarten bis zur endgültigen Entscheidung nicht gestattet (Keidel § 19 Rn 25; Jansen § 19 Rn 28 mwN). Diese Regel paßt auch für das Anordnungsverfahren in Ehesachen. Hält das Gericht eine Regelung für unnötig, so muß es den Antrag auf Erlaß einer einstweiligen Anordnung zurückweisen, zB den Antrag auf Gestattung des Getrenntlebens, wenn die Eheleute seit Jahren getrennt leben oder wenn der Aufenthalt des Antragsgegners unbekannt ist, den Antrag auf Regelung des Unterhalts, wenn der Antragsgegner den begehrten Betrag freiwillig und rechtzeitig zu zahlen pflegt, und denjenigen auf Zahlung eines Prozeßkostenvorschusses, wenn nicht dargetan ist, daß der Antragsgegner vergeblich zur Zahlungs des Vorschusses aufgefordert worden ist. Kein Regelungsbedürfnis besteht für die Feststellung, daß kein Unterhalt geschuldet wird (AG Ludwigshafen FamRZ 83, 939). Über die Frage, ob eine einstweilige Anordnung erlassen werden darf, obwohl bereits ein Titel oder Regelungsbeschluß besteht, s Rn 15 ff.

5 **5)** Auch das 1. EheRG hat die Frage nicht geregelt, ob einstweilige Anordnungen einer **materiell-rechtlichen Grundlage** bedürfen (so München FamRZ 80, 448; Stuttgart FamRZ 72, 373; Deubner NJW 68, 924; Goerke FamRZ 74, 59; Leipold, Grundlagen des einstweiligen Rechtsschutzes (1971) 145 ff; anders München FamRZ 78, 54; Wilts NJW 67, 428. Diese Frage läßt sich nicht allgemein beantworten, sondern es ist mit Rolland Rn 4, 5 zu unterscheiden:

6 **a)** Soweit der Gegenstand einer einstweiligen Anordnung materiell-rechtlich geregelt ist, darf keine dieser Regelung widersprechende Anordnung erlassen werden.

7 **b)** Teilweise gibt § 620 dem Richter bewußt weitergehende Regelungsbefugnisse als das materielle Recht oder das sonstige Prozeßrecht. Soweit die Benutzung von Ehewohnung, Hausrat und von zum persönlichen Gebrauch bestimmten Sachen geregelt sowie die Herausgabe solcher Sachen angeordnet werden kann (S 1 Nr 7 u 8), fehlen häufig materiell-rechtliche Bestimmungen, mit denen sich die einstweilige Anordnung begründen läßt (Peschel-Gutzeit MDR 84, 892). Hier reicht § 620 als Rechtsgrundlage aus. Auch S 1 Nr 1 gibt dem Familienrichter weitergehende Befugnisse zur Regelung der elterlichen Sorge als die §§ 621 I Nr 1 ZPO, 1672 BGB; s Rn 32.

8 **6) Anordnungen nur für die Zeit nach Rechtskraft der Scheidung:** Nach Eintritt dieser Rechtskraft bleiben einstweilige Anordnungen zunächst in Kraft, bis eine anderweitige Regelung getroffen wird (§ 620 f). Das gilt auch für Anordnungen zur Regelung des Ehegattenunterhalts, obwohl der Anspruch auf ehelichen Unterhalt nicht identisch mit demjenigen auf Geschiedenenunterhalt ist; s § 620 f Rn 2. Ist für den ehelichen Unterhalt ein Titel vorhanden, so besteht kein Rechtsschutzbedürfnis dafür, den Unterhalt außerdem einstweilen zu regeln. Auch der Versuch, nur den Geschiedenenunterhalt durch einstweilige Anordnung zu regeln, muß scheitern. Daß der Unterhalt einer Partei für den Fall der Scheidung (dh aufschiebend bedingt) zuerkannt wird, sieht das Gesetz nur in Folgesachen vor (§ 623 Rn 1), nicht aber im Verfahren der einstweiligen Anordnung (Zweibrücken FamRZ 82, 1094).

II) Konkurrierende Verfahren

9 Die in § 620 aufgezählten Angelegenheiten können durch einstweilige Anordnung geregelt werden, solange eine Ehesache anhängig ist. Andererseits können sie Gegenstand eines ordentlichen Verfahrens nach den §§ 621–621 e sein. Schließlich bietet das Gesetz die Möglichkeit, Unterhaltsansprüche durch einstweilige Verfügung zu regeln (§ 940 Rn 8 *Unterhaltsrecht*) und in Verfahren zur Regelung der elterlichen Sorge, des Umgangs und der Herausgabe eines Kindes vorläufige Anordnungen zu erlassen (Keidel § 19 Rn 25). Die Vielzahl von Verfahrensmöglichkeiten führt zu der Frage, ob die Parteien zwischen ihnen wählen können oder ob das Anordnungsverfahren als Spezialregelung die anderen Verfahren verdrängt.

10 **1) Einstweilige Anordnung und Hauptsache: (Lit:** *Griesche* FamRZ 81, 1034). Die Möglichkeit, einen Verfahrensgegenstand einstweilen zu regeln, hindert die Ehegatten und sonstigen Beteiligten nicht daran, denselben Gegenstand im ordentlichen Verfahren endgültig zu regeln. Anträgen auf Einleitung solcher Verfahren und Klagen läßt sich nicht das **Rechtsschutzbedürfnis** mit der Begründung absprechen, die einstweilige Anordnung sei ein einfacherer und billigerer Weg zur Beseitigung des Streits. Das Anordnungsverfahren ist ein summarisches Verfahren mit beschränkten Beweismöglichkeiten; Glaubhaftmachung genügt (§ 620 a II 3). Einstweilige Anordnungen sind grundsätzlich unanfechtbar (§ 620 c 2). Die Gewähr für eine der materiellen Rechtslage entsprechende Entscheidung ist geringer als im ordentlichen Verfahren. Die Anordnung hat geringere Bestandskraft als eine endgültige Entscheidung (§ 620 f I 1). Mit einem solchen Titel brauchen die Parteien sich nicht zu begnügen. Einzelheiten:

11 **a)** Die Befugnis des FamG, einstweilige Anordnungen zur Regelung der elterlichen Sorge, des Umgangs mit einem Kind und der Herausgabe eines Kindes zu erlassen, hindert Eltern, Jugendämter und Kinder im Alter von 14–18 Jahren (§ 59 FGG) nicht daran, selbständige Verfahren zur Regelung dieser Gegenstände zu betreiben (BGH FamRZ 80, 131 = NJW 454 und FamRZ 82, 788 mwN = MDR 1005). Entsprechendes gilt für die Regelung der Benutzung von Ehewohnung und Hausrat (Köln FamRZ 86, 703; Bergerfurth FamRZ 85, 549).

12 Frei.

13 **b)** Auch wenn der Ehegattenunterhalt durch einstweilige Anordnung geregelt worden ist oder werden kann, besteht ein Rechtsschutzbedürfnis für eine Klage auf Zahlung von Unterhalt für die Dauer des Getrenntlebens (BGH FamRZ 83, 355 = NJW 1330; anders Hamm NJW 78, 1535; KG FamRZ 83, 620). Dasselbe gilt für Klagen auf Prozeßkostenvorschuß (BGH FamRZ 79, 472 mwN = NJW 1508 = MDR 652). Ist eine einstweilige Anordnung auf Zahlung von Unterhalt ergangen, so kann der Unterhaltsverpflichtete jederzeit die **Aufhebung der Anordnung** beantragen (§ 620 b). Auch wenn er mit diesem Antrag unterliegt, kann er im ordentlichen Prozeß auf

Feststellung klagen, daß er keinen Unterhalt schuldet (Schleswig SchlHA 84, 164; Köln FamRZ 86, 717; Koblenz FamRZ 83, 1148 mwN; Karlsruhe Justiz 81, 130; Düsseldorf FamRZ 79, 916; anders Hamburg NJW 78, 1272; Hamm NJW 78, 1535). Die Entscheidung im Anordnungsverfahren nimmt der Klage nicht das **Rechtsschutzbedürfnis** (Saarbrücken FamRZ 80, 277; Frankfurt FamRZ 81, 65). Der Rechtsgedanke der §§ 936, 926, daß vorläufige und summarische Regelungen einer Überprüfung im ordentlichen Verfahren zugänglich sind, gilt auch für das Anordnungsverfahren. Das Urteil, das der Feststellungsklage stattgibt, setzt die Anordnung außer Kraft (§ 620 f Rn 17). Gerade diese Vorschrift sieht vor, daß der Unterhalt durch eine Feststellungsklage anderweitig geregelt werden kann (Koblenz aaO). Nicht zu verwechseln mit der Frage nach dem Rechtsschutzbedürfnis ist das Problem, ob eine Klage auf Feststellung, daß kein Unterhalt geschuldet wird, mutwillig iS des § 114 ist, solange nicht versucht wird, im Abänderungsverfahren nach § 620b das gleiche Ergebnis zu erzielen (Schleswig, Köln aaO mwN).

Der Einwand, daß der durch einstweilige Anordnung festgesetzte Unterhalt bezahlt sei, kann mit der **Vollstreckungsabwehrklage** (§ 767) geltend gemacht werden. Die Möglichkeit, diesen Einwand im Verfahren der einstweiligen Anordnung zu erheben (§ 620b Rn 4), schließt die Abwehrklage nicht aus (Saarbrücken FamRZ 80, 385; anders Hamburg NJW 78, 1272; München MDR 80, 148). 14

c) Ist die **Hauptsache** bereits in einem anderen Verfahren **endgültig geregelt** worden, so kann diese Regelung **nicht durch eine einstweilige Anordnung geändert** werden. Das folgt im Umkehrschluß aus § 620 f 1. Da eine endgültige Regelung eine einstweilige Anordnung außer Kraft setzt, kann die einstweilige Anordnung nicht die endgültige Regelung beseitigen (Schleswig SchlHA 80, 162). Im einzelnen: 15

aa) Eine gemäß §§ 621 I Nr 1 ZPO, 1672 BGB ergangene Entscheidung über die **elterliche Sorge** läßt sich nicht durch einstweilige Anordnung vorläufig außer Kraft setzen (Schleswig aaO; KG FamRZ 85, 722), und zwar auch dann nicht, wenn das Hauptsacheverfahren ruht (Köln FamRZ 83, 517). Würde eine solche Anordnung ergehen, so würde die ursprüngliche Sorgerechtsregelung im Falle der Klagabweisung, -rücknahme oder Erledigung der Hauptsache von selbst wieder in Kraft treten (§ 621 f). Solch automatisches Hin und Her wäre dem Kindeswohl kaum dienlich. Hält das Familiengericht vor Abschluß des Scheidungsverfahrens eine Änderung der vorhandenen Sorgerechtsregelung für erforderlich, so ist nach § 1696 BGB ein selbständiges Änderungsverfahren einzuleiten (Schleswig SchlHA 80, 162). 16

bb) Bestehende Unterhaltstitel können durch einstweilige Anordnung ebensowenig wie durch eine Zusatzklage erweitert werden; s § 323 Rn 19; Hamm FamRZ 82, 409; AG Berlin-Charlottenburg FamRZ 79, 537; Karlsruhe MDR 60, 680; München NJW 53, 1111; Klauser DAVorm 82, 131; anders Hamm FamRZ 80, 608; München NJW 53, 1798 und FamRZ 70, 407; Hamburg MDR 57, 426; KG NJW 62, 1730; Freiburg JZ 52, 308. Der einzige Weg zur Erhöhung des Unterhalts ist die Abänderungsklage des § 323. Ist eine solche Klage erhoben worden, so kann in den Grenzen der Klaganträge durch einstweilige Anordnung vorläufig erhöhter Unterhalt zugesprochen werden (AG Berlin-Charlottenburg aaO). Das Urteil, das auf die Abänderungsklage ergeht, setzt die einstweilige Anordnung außer Kraft (§ 620 f). 17

Durch einstweilige Anordnung kann ein titulierter Unterhaltsanspruch auch nicht herabgesetzt werden (Hamm FamRZ 80, 608 u 82, 409; Zweibrücken FamRZ 80, 69). Der endgültige Titel geht einer einstweiligen Regelung vor. Um eine Herabsetzung zu erreichen, muß der Antragsteller Abänderungsklage erheben und analog § 769 I einstweilige Einstellung der Zwangsvollstreckung beantragen (Rolland 36; LG Wuppertal NJW 67, 2271). Durch die Einstellungsmöglichkeit ist ihm ein Rechtsbehelf gegeben, der ebenso schnell wie eine einstweilige Anordnung zum Ziel führt. Es besteht deshalb kein Rechtsschutzbedürfnis für eine Anordnung auf Herabsetzung des Unterhalts. Gegen die Zulässigkeit einer solchen Anordnung sprechen auch die Konsequenzen, die sich ergäben, wenn man sie zuließe. Dann würde nämlich der Unterhaltstitel einstweilen an Bestandskraft verlieren, diese würde aber bei Abweisung oder Rücknahme des Scheidungsantrages wieder aufleben (§ 620 f I 1; Hamm, Zweibrücken aaO). 18

2) Einstweilige Anordnungen und Folgesachen (§ 623 I 1) haben häufig den gleichen Regelungsgegenstand, überschneiden einander aber zeitlich nicht. Die Folgesachenentscheidung wird mit der Rechtskraft des Scheidungsausspruchs wirksam, bei Abtrennung der Folgesache gemäß § 628 oder bei Verzicht auf Rechtsmittel gegen den Scheidungsausspruch (§ 629a IV) später. Im Augenblick der Wirksamkeit ersetzt die Folgesachenentscheidung die entsprechende einstweilige Anordnung; diese tritt gemäß § 620 f I 1 außer Kraft. 19

3) Einstweilige Anordnung und einstweilige Verfügung: a) Vor Anhängigkeit einer Ehesache dürfen keine einstweiligen Anordnungen erlassen werden. Um den Unterhaltsberechtigten vor Not zu bewahren, kann die Zahlung von **Unterhalt** durch einstweilige Verfügung angeordnet 20 werden (§ 940). Ist eine Ehesache anhängig, so dürfen keine einstweiligen Verfügungen zur Regelung der im § 620 aufgezählten Angelegenheiten erlassen werden. Die Bestimmungen der §§ 620 ff sind insoweit **leges speciales** (BGH FamRZ 79, 472 = NJW 1508 = MDR 652; Düsseldorf FamRZ 85, 298 mwN; Gießler FamRZ 86, 959 mwN). Einstweilige Verfügungen sind jedoch zulässig, soweit einstweilige Anordnungen nicht ergehen dürfen (bei offensichtlich aussichtsloser Ehesache: Rn 2; bei Ablehnung des Prozeßkostenhilfegesuchs für eine Ehesache: § 620 a Rn 6). **Konsequenzen:** Wird eine einstweilige Verfügung auf Zahlung von Unterhalt beantragt und geht vor Erlaß der Verfügung oder vor Zustellung des Antrags an den Gegner ein Scheidungsantrag beim Gericht ein, so ist der Verfügungsantrag zurückzuweisen. Geht der Scheidungsantrag nach Anhörung des Gegners oder Erlaß der Verfügung ein, so wird dadurch die Zulässigkeit des Verfügungsverfahrens analog § 261 III Nr 2 nicht berührt (Hamburg FamRZ 82, 408 mwN; Bremen FamRZ 82, 1033/1035; Düsseldorf FamRZ 86, 75; anders Düsseldorf FamRZ 85, 299). Das Anordnungsverfahren verdrängt das Verfügungsverfahren nur, weil und soweit es weniger aufwendig und kostspielig als das Verfügungsverfahren ist. Müßte dieses Verfahren nach Anhängigwerden eines Scheidungsantrags für erledigt erklärt werden, um Raum für ein Anordnungsverfahren zu schaffen, so erreichte man hierdurch das Gegenteil einer Verfahrensvereinfachung und -verbilligung. Aus einem Verfahren würden zwei, und dementsprechend vermehrten sich die Kosten. Um dies zu vermeiden, ist das Verfügungsverfahren fortzusetzen. Nur bei Einverständnis der Parteien kann das Verfügungsverfahren in ein Anordnungsverfahren übergeleitet werden (anders Düsseldorf FamRZ 85, 299). Dies hat aber zur Folge, daß über die Erstattung der zusätzlichen Kosten, die durch das Verfügungsverfahren entstanden sind, nicht entschieden werden kann (Hamburg aaO). Hierauf ist bei Erteilung des Einverständnisses zu achten.

21 **b)** Wenn durch einstweilige Anordnung einem Ehegatten verboten werden kann, den anderen zu belästigen, zu bedrohen oder zu mißhandeln (s Rn 64, str), darf während der Anhängigkeit einer Ehesache ein solches Verbot nicht durch einstweilige Verfügung ausgesprochen werden. Die Vertreter der Gegenmeinung, daß **Belästigungsverbote** nicht durch einstweilige Anordnung verhängt werden dürfen, müssen konsequenterweise einstweilige Verfügungen zur Regelung dieses Gegenstandes zulassen.

22 **c) Prozeßkostenvorschüsse** für eine Ehesache können nicht Gegenstand einer einstweiligen Verfügung sein (§ 127 a Rn 2), und zwar auch nicht vor Anhängigkeit der Ehesache. Mit den §§ 127 a, 620 S 1 Nr 9, 621 f ist das Verfahren zur Erlangung eines Prozeßkostenvorschusses im Interesse der Prozeßbeschleunigung als schnell zu erledigendes Vorschaltverfahren ausgestaltet worden. Denn in diesen Bestimmungen und im § 620 c 2 ist die Entscheidung über den Prozeßkostenvorschuß für unanfechtbar erklärt worden. Gerade der Rechtsmittelausschluß spricht entscheidend gegen die Zulassung einer einstweiligen Verfügung. Für eine solche besteht kein Rechtsschutzbedürfnis, weil das Gesetz einen einfacheren und billigeren Weg zur Verfügung stellt (Oldenburg FamRZ 78, 526 = NJW 78, 1593; Hamm NJW 78, 2515; Düsseldorf FamRZ 80, 175; aA Düsseldorf FamRZ 78, 526 = NJW 78, 895; Karlsruhe FamRZ 81, 982). Billiger wird das Anordnungsverfahren auch deshalb, weil die Ehesache vor Erlaß der einstweiligen Anordnung nicht rechtshängig zu sein braucht; die Einreichung eines Scheidungsantrages und sogar eines PKHGesuchs genügt (§ 620 a II 1; unrichtig insofern Karlsruhe aaO).

23 **d)** Zu der Frage, wie weit die **rechtskräftige Ablehnung** des Antrages auf Erlaß **einer einstweiligen Verfügung** den Antragsteller daran hindert, eine erneute Regelung desselben Gegenstandes im Verfahren der einstweiligen Anordnung zu verlangen, s § 641 d Rn 5.

24 **4) Einstweilige Anordnungen in Ehesachen und in selbständigen Verfahren der freiwilligen Gerichtsbarkeit: a)** In **selbständigen Verfahren zur Regelung der elterlichen Sorge,** des Umgangs eines Elternteils mit dem Kind oder der Herausgabe des Kindes an den anderen Elternteil können einstweilige (oder vorläufige, beide Ausdrücke sind gebräuchlich) Anordnungen erlassen werden, wenn ein dringendes Bedürfnis für ein sofortiges Einschreiten besteht, das ein Abwarten bis zur endgültigen Entscheidung nicht gestattet (Keidel § 19 Nr 25). Ist außerdem eine Ehesache zwischen denselben Parteien anhängig, so können auch in dieser einstweilige Anordnungen ergehen. Beide Verfahren stehen gleichrangig nebeneinander (Hamm FamRZ 79, 1045; KG FamRZ 81, 83; Hamburg FamRZ 82, 722; Bamberg FamRZ 83, 82; anders Bremen FamRZ 82, 1033; Zweibrücken FamRZ 84, 405). Die beteiligten Ehegatten haben die Wahl, in welchem Verfahren sie den Erlaß einstweiliger Anordnungen beantragen wollen. Soweit eine Anordnung zur Regelung der elterlichen Sorge von Amts wegen erlassen wird (Abs 2), kann auch der Richter wählen. Überträgt er die elterliche Sorge auf einen Pfleger, weil beide Eltern die Kinder vernachlässigen, so sollte er diese Anordnung nicht im Scheidungsprozeß, sondern im selbständigen Verfahren treffen, damit die Eltern sie nicht durch Rücknahme ihrer Scheidungsanträge außer Kraft setzen können (§ 620 f I 1). Der Gefahr, daß in der Ehesache und im

selbständigen Verfahren einander widersprechende Anordnungen ergehen, wirkt die Verfahrenskonzentration aller Familiensachen beim selben Richter (§§ 621 II, III ZPO, 23b II 1 GVG) entgegen. Anordnungen in dem einen Verfahren können durch solche im anderen Verfahren geändert werden. Tritt die im Scheidungsverfahren ergangene Anordnung außer Kraft (§ 620 f I 1), so lebt die vorher im selbständigen Sorgerechtsverfahren erlassene Anordnung nicht wieder auf (Schleswig SchlHA 80, 162).

b) Wird ein **Verbundurteil,** das die Ehe scheidet und die elterliche Sorge regelt, nur wegen die- 25
ser Regelung angefochten, so können weiterhin einstweilige Anordnungen zur Regelung der Sorge erlassen werden, solange der **Scheidungsausspruch** noch nicht **rechtskräftig** ist. Rechtsgrundlage ist nicht § 24 III FGG, sondern § 620 Nr 1 ZPO. Diese Bestimmung enthält eine besondere Regelung, die derjenigen des § 24 III FGG vorgeht. Wird der Scheidungsausspruch durch Verstreichen der in §§ 629 a III gesetzten Fristen für Nachtragsrechtsmittel oder durch Rechtsmittelverzicht (§ 629 a IV) vor der Entscheidung über die Sorgesache rechtskräftig, so ist § 620 nicht mehr anzuwenden (§ 620 a Rn 3). Jetzt kann das OLG nach § 24 III FGG einstweilige Anordnungen erlassen, die inhaltlich der Folgesache entsprechen (Frankfurt FamRZ 79, 1041).

Frei. 26

d) Streitigkeiten zwischen getrennt lebenden Ehegatten über die Verteilung des **Hausrats** 27
oder die Benutzung der **Ehewohnung** sind im Verfahren nach der Hausratsverordnung auszutragen (§ 18 a HausratsVO), also in einem besonderen Verfahren der freiwilligen Gerichtsbarkeit (§ 13 I HausratsVO). Auch in diesen Verfahren können einstweilige Anordnungen erlassen werden (§ 13 IV HausratsVO). Wird eine Ehesache anhängig, so haben die Ehegatten die Wahl, wegen der Benutzung des Hausrats eine einstweilige Anordnung nach § 620 1 Nr 7 oder eine solche nach § 13 IV HausratsVO zu beantragen (Hamm FamRZ 68, 648; LG Essen NJW 59, 2215; Soergel–Häberle § 18 a HausratsVO Rn 4; anders Rolland § 13 HausratsVO Rn 10). Sachdienlicher ist häufig eine einstweilige Anordnung nach § 620 S 1 Nr 7, weil diese bis zum Wirksamwerden einer anderweitigen Regelung in Kraft bleibt (§ 620 f I 1), während die im Hausratsverfahren ergangene Anordnung nach der Auflösung der Ehe außer Kraft tritt (RGRK zum BGB, § 18 a HausratsVO Rn 15; Erman/Ronke § 18 a HausratsVO Rn 10; LG Oldenburg FamRZ 79, 43).

Frei. 28

III) Regelungsgegenstände

1) Abschließende Aufzählung: Der Katalog des § 620 zählt die Angelegenheiten, die durch 29
einstweilige Anordnung geregelt werden können, vollständig auf. Eine analoge Anwendung der einzelnen Bestimmungen ist jedoch nicht ausgeschlossen. Andere Gegenstände als die im § 620 genannten dürfen nicht durch einstweilige Anordnung geregelt werden. So kann zB der Frau nicht die Führung der Hauswirtschaft auf dem Bauernhof des Mannes untersagt werden (Celle NdsRpfl 51, 203), überhaupt nicht einem Ehegatten die Mitwirkung im Geschäft des anderen (Braunschweig NdsRpfl 57, 152). Keine vorläufige geschäftliche Auseinandersetzung zwischen den Ehegatten durch einstweilige Anordnung (Braunschweig aaO). Auch die Benutzung des Geschäftstelefons kann nicht einstweilen geregelt werden (KG FamRZ 58, 135), anders die Benutzung eines Privattelefons, die zur Benutzung der Ehewohnung gehört. Durch einstweilige Anordnung kann auch kein Verbot der Verfügung über den Zugewinn ausgesprochen werden (Nürnberg FamRZ 66, 357 = MDR 66, 760), keine Anordnung der Auseinandersetzung des Eigentums (Köln MDR 58, 851), der Sicherung des Eigentums im Hinblick auf künftige Auseinandersetzung (Schleswig SchlHA 49, 132), kein Verbot, ein Grundstück zu veräußern (München FamRZ 69, 151). Durch einstweilige Anordnung kann nicht die Rückabwicklung von Zuwendungen angeordnet werden, die in der Erwartung gemacht worden sind, daß die Ehe bestehen bleibt. Ebensowenig kann die Einwilligung zur Verfügung über ein Sparkassenguthaben ersetzt werden (Kiel SchlHA 48, 79). **Grenzfälle:** Wiedereinräumung des Mitbesitzes an der Ehewohnung s Rn 60, Auskunft über Einkommen und Vermögen s Rn 49.

2) Elterliche Sorge: a) Wegen der Änderung von Sorgerechtsbeschlüssen durch einstweilige 30
Anordnung s Rn 16. Ein **Regelungsbedürfnis** besteht nur, wenn das Wohl des Kindes den Aufschub der Regelung bis zur endgültigen Entscheidung nicht gestattet, s Rn 4. Einzelfälle: Hat der Mann Frau und Kinder verlassen, ohne sich noch um sie zu kümmern, so erfordert das Kindeswohl häufig keine vorläufige Regelung. Anders ist es, wenn die Frau ungeeignet ist, die Kinder zu erziehen, oder wenn die Operation eines Kindes die Einwilligung beider sorgeberechtigter Eltern erfordert. Ist die Frau ohne Billigung des Mannes zusammen mit den Kindern aus der ehelichen Wohnung ausgezogen und möchte der Mann, daß die Kinder zu ihm zurückkehren, so kann eine einstweilige Sorgerechtsregelung notwendig werden. Dringend erfordert das Kindeswohl ein sofortiges Einschreiten des Gerichts, wenn zu befürchten ist, daß der Mann die Kinder

eigenmächtig zurückholt. Sonst sollte erst nach persönlicher Anhörung der Eltern entschieden werden, ob der bestehende Zustand mit dem Kindeswohl zu vereinbaren ist. Ist dies nicht der Fall, so ist zu erwägen, die Sorge einstweilen auf den Mann zu übertragen. Entspricht der bestehende Zustand dem Kindeswohl, so stellt sich die Frage, ob der verlassene Mann ihn tolerieren kann. Ist er dazu nicht imstande, so empfiehlt es sich, klare Verhältnisse zu schaffen und die Sorge einstweilen auf die Frau zu übertragen.

31 Eine einstweilige Sorgeregelung kann die endgültige Entscheidung beeinflussen, ja geradezu vorwegnehmen, die im Scheidungsfall zu treffen ist. Bindungen zu dem einstweilen mit der elterlichen Sorge betrauten Elternteil können sich verstärken; der andere kann den Kindern fremder werden. Dies mahnt zur Vorsicht bei einstweiligen Sorgeregelungen, darf aber nicht dazu führen, daß eine Regelung unterbleibt, wo das Kindeswohl ein Eingreifen erfordert. Daß Kontinuitätsinteressen begründet werden und die endgültige Sorgeregelung beeinflußt werden kann, läßt sich nicht vermeiden und ist weniger eine Folge der einstweiligen Anordnung als eine solche der Trennung der Eltern (Hamburg FamRZ 86, 481).

32 **b) Regelungsbefugnis:** Im selbständigen Verfahren darf das FamG die elterliche Sorge nur regeln, soweit es nach dem BGB hierfür zuständig ist (§ 621 I Nr 1). Diese Zuständigkeit fehlt, wenn die Ehegatten in häuslicher Gemeinschaft leben (§ 1672 BGB) oder wenn nur Einzelanordnungen über einen Teil der elterlichen Sorge ergehen sollen, zB nur das Aufenthaltsbestimmungsrecht geregelt werden soll (BGH FamRZ 80, 1107 = NJW 81, 126 = MDR 81, 128). § 620 gibt dem Familiengericht eine weitergehende Zuständigkeit als § 621 I Nr 1: Durch einstweilige Anordnung kann die elterliche Sorge schlechthin ohne die zuvor genannten Einschränkungen geregelt werden (AG Besigheim FamRZ 83, 295; anders Köln FamRZ 85, 1050).

33 Deshalb darf der Antrag, die elterliche Sorge durch einstweilige Anordnung zu regeln, nicht aus dem Grund abgelehnt werden, weil die **Eltern noch in häuslicher Gemeinschaft** leben (so aber AG Hamburg FamRZ 83, 1043). Ist die Ehe gescheitert und soll die begehrte Anordnung die Trennung der Eltern erleichtern, so darf der zur Trennung entschlossene Elternteil nicht darauf verwiesen werden, zunächst die Kinder dem anderen Ehegatten wegzunehmen und erst danach eine einstweilige Anordnung zu beantragen. Eine solche Selbsthilfe ist unerwünscht; die umgekehrte Reihenfolge des Handelns dient dem Rechtsfrieden.

34 Anders als im selbständigen Sorgerechtsverfahren können durch einstweilige Anordnung auch Teilbereiche der elterlichen Sorge geregelt werden. Häufig wird nur das Recht übertragen, das Kind zu erziehen und seinen Aufenthalt zu bestimmen (s zB Hamm FamRZ 79, 157; Bremen FamRZ 82, 1033/1035; Stuttgart FamRZ 82, 1235). Der Grundsatz des Übermaßverbotes, wonach nicht härter als nötig in das Sorgerecht der Eltern eingegriffen werden darf, erfordert es nicht, eine solche **Teilung der elterlichen Sorge** zur Regel und die Übertragung der Sorge im Ganzen zur Ausnahme zu machen; denn meistens haben beide Regelungen praktisch das gleiche Ergebnis. Eine Teilung sollte nur angeordnet werden, wenn ein Bedürfnis dafür erkennbar ist, daß Teile der elterlichen Sorge weiterhin von beiden Eltern gemeinsam ausgeübt werden. Als Teilregelungen kommen in Betracht: Gesetzliche Vertretung des Kindes für bestimmte Angelegenheiten, Übertragung der Vermögenssorge auf einen Elternteil bei Streit über die Vermögensverwaltung, Schlichtung von Meinungsverschiedenheiten über den Schulbesuch oder den Umgang eines Kindes. Überträgt das Gericht das Aufenthaltsbestimmungsrecht auf das Jugendamt, so liegt hierin zugleich die Bestellung des Amtes zum Pfleger. Ausnahmsweise kann höchste Eile diese Verfahrensweise gebieten (s § 621 Rn 27). Sonst hat das Vormundschaftsgericht den Pfleger zu bestellen (§§ 1915, 1789 BGB).

35 **c)** Im übrigen sind die Familiengerichte beim Erlaß einstweiliger Anordnungen an die **materiellen Bestimmungen** der §§ 1672, 1671 II–V BGB gebunden (Kindeswohl, Berücksichtigung kindlicher Bindungen, Abweichung vom elterlichen Vorschlag, Vorschlag des Kindes, Trennung von Personen- und Vermögenssorge, Pflegerbestellung). Bei Ausländerscheidungen treten an die Stelle des § 1672 die entsprechenden Bestimmungen des ausländischen Rechts (KG DR 41, 2073; aM München NJW 60, 1771; Frankfurt OLGZ 71, 57). Diesen Grundsatz durchbricht das Minderjährigenschutzabkommen. Danach gilt deutsches materielles Recht, wenn das Kind seinen gewöhnlichen Aufenthalt in der Bundesrepublik hat (Art 1, 2 MSA), und zwar ohne Rücksicht darauf, ob das Kind einem Vertragsstaat angehört (Art 13 MSA, § 621 Rn 79). Wenn ein ausländisches Kind seinen gewöhnlichen Aufenthalt in einem ausländischen Vertragsstaat hat, sind deutsche Gerichte für Sorgerechtsanordnungen nicht zuständig (§ 621 Rn 80).

36 **d)** Der weite Regelungsbereich des § 620 Nr 1 kann zu **Kompetenzkonflikten zwischen Familien- und Vormundschaftsgericht** führen, zB im Fall des § 1666 BGB oder bei Schlichtung von Meinungsverschiedenheiten zwischen den Eltern, für die ohne Scheidungsverfahren das Vormundschaftsgericht zuständig wäre (MünchKomm/Hinz § 1627 Rn 16). Näheres s § 621 Rn 29 ff.

3) Persönlicher Umgang eines Elternteils mit dem Kind: Materiellrechtliche Grundlage ist § 1634 BGB. Hiernach muß der Elternteil, der den Umgang begehrt, entweder nicht sorgeberechtigt sein oder von dem anderen Elternteil und dem bei diesem lebenden Kind dauernd getrennt leben. Die Anordnung hat sich am Kindeswohl zu orientieren. Dieses kann auch einen einstweiligen Ausschluß des Umgangs zwischen Kind und Antragsteller rechtfertigen. 37

4) Herausgabe des Kindes an den anderen Elternteil: Es darf nur angeordnet werden, daß der nicht sorgeberechtigte Ehegatte das Kind an den sorgeberechtigten herauszugeben hat. Keine Anordnung gegen Dritte. Die Herausgabe zur Durchführung eines Besuchs regelt § 620 1 Nr 3 nicht. Materiellrechtliche Grundlage ist § 1632 BGB. Die Herausgabe darf nur angeordnet werden, wenn sie mit dem **Wohl des Kindes** zu vereinbaren ist. Auch wenn ein Ehegatte dem anderen das Kind eigenmächtig weggenommen hat, sind Analogieschlüsse zu den Vorschriften des Besitzrechts über die verbotene Eigenmacht nicht zulässig. Das Kind ist nicht bloßes Objekt von Elternrechten (Düsseldorf FamRZ 74, 99). 38

Frei. 39

5) Unterhaltspflicht gegenüber einem minderjährigen Kind: Rechtsschutzbedürfnis, Auskunftsanspruch s Rn 48, 49. Zu der Frage, ob ein Unterhaltstitel durch einstweilige Anordnung geändert werden kann, s Rn 17. 40

a) Seit Inkrafttreten des UÄndG am 1. 4. 86 wird die Unterhaltspflicht nicht mehr im Verhältnis der Eltern zueinander geregelt. Der Elternteil, in dessen Obhut sich das Kind befindet oder dem die elterliche Sorge zusteht, kann die Unterhaltsansprüche des Kindes nur im eigenen Namen geltend machen (§§ 1629 III 1 BGB). **Einstweilige Anordnungen** zur Regelung des Unterhalts und im Anordnungsverfahren geschlossene gerichtliche Vergleiche **wirken für und gegen das Kind** (§ 1629 III 2 BGB). 41

b) Die **Zwangsvollstreckung** aus einem solchen Titel kann nur das Kind betreiben, nicht der Elternteil, der den Titel erwirkt hat. Es besteht kein Anlaß, die Prozeßstandschaft des § 1629 III BGB zu einer **Vollstreckungsstandschaft** auszuweiten. Die Prozeßstandschaft erlischt mit Rechtskraft des Scheidungsausspruchs. Gleiches müßte konsequenterweise für die Vollstreckungsstandschaft gelten. Infolge des § 620 f wird häufig auch nach Eintritt jener Rechtskraft aus der einstweiligen Anordnung vollstreckt. Dann könnte der Schuldner Einwendungen gegen die Zulässigkeit der Vollstreckungsklausel erheben, die dem Vollstreckungsstandschafter erteilt worden war. Diese unnützen Komplikationen lassen sich vermeiden, wenn die Vollstreckungsklausel nur dem unterhaltsberechtigten Kind erteilt und die Konstruktion einer Vollstreckungsstandschaft abgelehnt wird. 42

Die **Vollstreckungsbefugnis des Elternteils,** der die einstweilige Anordnung erwirkt hat, ergibt sich auch nicht daraus, daß nach § 1629 III 2 der Titel auch für und gegen das Kind wirkt. Das Wort *auch* bedeutet nur, daß Verbundurteile und Scheidungsfolgenvergleiche neben den Rechtswirkungen, die sie zwischen geschiedenen Ehegatten hinsichtlich aller anderen Scheidungsfolgen erzeugen, *auch* unterhaltsberechtigten Kindern die Gläubigerstellung verschaffen können. Das ergibt sich aus dem ursprünglichen Zweck des § 1629 III BGB, es den Eltern zu ermöglichen, den Kindesunterhalt als Folgesache im Scheidungsprozeß geltend zu machen, ohne daß das Kind als Partei am Scheidungsprozeß seiner Eltern beteiligt wird. Nur zu diesem Zweck wurde 1976 die Prozeßstandschaft der Eltern für die Kinder geschaffen (BTDrucks 7/650 S 176; Hamburg FamRZ 85, 624 mwN, str). Hieran hat sich auch dadurch nichts geändert, daß das UÄndG 1986 die Prozeßstandschaft auf einstweilige Anordnungen ausgedehnt hat. 43

Einstweilige Anordnungen zur Regelung des Kindesunterhalts und im Anordnungsverfahren geschlossene gerichtliche Vergleiche aus der Zeit **vor dem 1. 4. 86** wirken weiterhin nur im Verhältnis der Eltern zueinander. Hier ist nur der durch den Titel begünstigte Elternteil zur Vollstreckung berechtigt (BGH FamRZ 83, 892 mwN = NJW 2200; FamRZ 86, 878 mwN). 44

c) Die **Unterhaltspflicht** gegenüber dem Kind richtet sich **materiell-rechtlich** nach den §§ 1602 ff BGB, eventuell auch nach ausländischem Recht (Karlsruhe FamRZ 60, 371; München FamRZ 73, 94: Zur Anwendung des Haager Unterhaltsübereinkommens). Durch einstweilige Anordnung kann nur die Unterhaltspflicht gegenüber einem gemeinsamen Kind geregelt werden, auch gegenüber einem scheinehelichen Kind, dessen Ehelichkeit noch nicht mit Erfolg angefochten ist (Oldenburg NJW 67, 359), nicht aber für ein nicht aus der Ehe stammendes Kind, das im gemeinsamen Haushalt der Eltern lebt. Wie voraussichtlich über die elterliche Sorge entschieden werden wird, ist für den Erlaß einer einstweiligen Anordnung unerheblich. Es kommt allein darauf an, daß der die Anordnung begehrende Elternteil das Kind in seiner Obhut hat (§ 1629 II 2 BGB). Wegen Unterhalts für die Vergangenheit s Rn 54. 45

46 **6)** Nach § 43 EheG konnte das Scheidungsbegehren damit begründet werden, daß der beklagte Ehegatte seine Verpflichtung zur ehelichen Lebensgemeinschaft (§ 1353 I BGB) verletze. Deshalb hatte dieser ein Interesse daran, daß ihm einstweilen das **Getrenntleben** gestattet wurde. Nachdem die Eherechtsreform von 1976 den § 43 EheG beseitigt hat, ist kritischer als früher zu prüfen, ob ein Rechtsschutzbedürfnis für eine solche Anordnung besteht. Leben die Ehegatten ohnehin getrennt, so fehlt dieses Bedürfnis (Frankfurt FamRZ 72, 208). Materiell-rechtliche Grundlage für eine Anordnung, durch die das Getrenntleben gestattet wird, ist § 1353 II BGB. Der Ehegatte, der eine solche Anordnung beantragt, soll glaubhaft machen (§ 620 a II 3), daß die Ehe gescheitert ist oder daß das Verlangen des anderen Ehegatten nach Herstellung der Gemeinschaft mißbräuchlich ist. Wie ein Vergleich des Wortlauts des § 620 S 1 Nr 5 mit demjenigen des § 627 I aF ergibt, kommt es nach neuem Recht weniger darauf an, den Eheleuten das Getrenntleben schlechthin zu gestatten, als darauf, die **Art und Weise des Getrenntlebens** zu regeln. Leben sie innerhalb der gemeinsamen Ehewohnung getrennt, so überschneidet sich die Regelung des Getrenntlebens häufig mit derjenigen der Benutzung der Ehewohnung; s Rn 56 ff.

47 Durch eine einstweilige Anordnung zur Regelung des Getrenntlebens können einem Ehegatten nicht **Pflichten** auferlegt werden, **die über das Getrenntleben hinausgehen,** zB kann ihm nicht untersagt werden, im Betrieb des anderen Ehegatten mitzuarbeiten (Celle NdsRpfl 51, 203), mit einem Dritten zusammenzuleben oder diesen in die Ehewohnung hineinzulassen. Ebensowenig kann er zur Mitarbeit angehalten werden (StJSchlosser 6; Rolland 33). Wohl aber kann ihm verboten werden, Wohnung oder Geschäft des anderen Ehegatten zu betreten, wenn es sich nicht um eine gemeinsame Wohnung handelt und er nicht im Geschäft beschäftigt ist. Umgekehrt kann er verpflichtet werden, es zu dulden, daß sein Ehepartner die gemeinsame Wohnung betritt (Braunschweig HRR 39 Nr 45; Bremen FamRZ 56, 120; KG FamRZ 73, 202). Eine Regelung des Getrenntlebens liegt auch in dem **Verbot,** den anderen Ehegatten zu **belästigen,** zu bedrohen oder zu mißhandeln (Karlsruhe FamRZ 84, 184 mwN; anders Schleswig SchlHA 71, 51; Düsseldorf MDR 74, 582; zu § 627 ZPO aF, der nur die Gestattung, nicht aber die Regelung des Getrenntlebens vorsah; anders auch jetzt noch Rolland 33).

48 **7) Unterhalt eines Ehegatten: a) Prozessuales:** Kein **Rechtsschutzbedürfnis** für den Erlaß einer einstweiligen Anordnung besteht, wenn feststeht, daß der Antragsgegner nicht zahlen wird, und keine Vollstreckungsmöglichkeiten bestehen (Hamm FamRZ 86, 919), wenn der Antragsteller ausreichendes Einkommen hat und allenfalls Aufstockungsunterhalt verlangen könnte (Zweibrücken FamRZ 81, 65) oder wenn ein Unterhaltsvertrag geschlossen worden ist und nicht dargetan wird, daß die Gefahr nicht rechtzeitiger oder unvollständiger Vertragserfüllung besteht. Besteht diese Gefahr, so ist eine einstweilige Anordnung auf Erfüllung des Vertrages zu erlassen. Das Rechtsschutzbedürfnis für eine einstweilige Anordnung fehlt auch, wenn ein Unterhaltstitel bereits vorhanden ist. Zur Änderung bestehender Unterhaltstitel durch einstweilige Anordnung s Rn 17. Daß kein Unterhalt geschuldet wird, darf nicht durch einstweilige Anordnung festgestellt werden (kein Rechtsschutzbedürfnis: AG Ludwigshafen, FamRZ 83, 939).

49 Verlangt ein Ehegatte von dem anderen **Auskunft** über Einkommen und Vermögen, so darf hierüber keine einstweilige Anordnung ergehen. Der Antragsteller erhielte sonst (was im summarischen Verfahren nicht sein darf) nicht nur vorläufig, sondern endgültig nicht mehr rückgängig zu machenden Rechtsschutz (Stuttgart FamRZ 80, 1138; Düsseldorf FamRZ 83, 514).

50 Frei.

51 **b) Materiell-rechtliches: Rechtsgrund** für eine einstweilige Anordnung auf Zahlung von Unterhalt ist entweder § 1360 oder § 1361 BGB, eventuell auch ausländisches Unterhaltsrecht (München FamRZ 73, 94; Frankfurt OLGZ 71, 47).

52 Leben die Ehegatten noch zusammen, so können ihre Beiträge zum **Familienunterhalt** durch einstweilige Anordnung geregelt werden. Maßgeblicher Grundgedanke für die Bemessung der Beiträge kann die bisherige Handhabung der Ehegatten sein, zB kann der Ehefrau das gleiche Haushaltsgeld zugesprochen werden, das sie bisher erhalten hat.

53 Leben die Ehegatten getrennt, so bestimmt sich die Höhe der **Unterhaltsrente** nach § 1361 BGB. Grundsätzlich ist der Unterhalt durch eine monatlich im voraus zahlbare Geldrente zu gewähren (§ 1361 IV BGB), es kann auch die Erbringung von Sachleistungen (Beheizung, Beleuchtung) angeordnet werden (Frankfurt NJW 55, 1362). Auch der Vorsorgeunterhalt (§ 1361 I 2 BGB) kann durch einstweilige Anordnung geregelt werden (Hampel FamRZ 79, 258 mwN; anders Stuttgart Justiz 79, 19). Auch die Verpflichtung zur Zahlung eines einmaligen Unterhaltsbeitrages kann ausgesprochen werden (Bamberg BayJMBl 51, 207; Bremen MDR 54, 367). Möglich ist bei unvorhergesehenen Bedürfnissen auch die Anordnung einer Zahlung für Sonderbedarf, zB bei Krankheit oder zur Beschaffung der Erstausstattung für ein erwartetes Kind (KG NJW 61, 1412) oder als Beitrag zu den Umzugskosten zur Ermöglichung des Getrenntlebens

(Celle NJW 61, 221), zu Erholungszwecken (Düsseldorf FamRZ 67, 43), nicht zur Ermöglichung zurückstellbarer Anschaffungen (Celle MDR 59, 494).

c) Durch einstweilige Anordnung kann nicht angeordnet werden, daß der Antragsgegner **Unterhalt für die Vergangenheit** zu leisten habe (Hamburg MDR 71, 844; Düsseldorf AnwBl 82, 435). Insoweit besteht kein Bedürfnis für eine Regelung. Erst ab Antragseingang kann dem Antragsteller Unterhalt zugesprochen werden. Gelegentlich besteht ein Bedürfnis zur Regelung des Unterhaltes für die Vergangenheit, zB wenn der Unterhalt zur Bezahlung rückständiger Wohnungsmiete gebraucht wird und der Vermieter die Rücknahme der Kündigung von der Zahlung der Mietrückstände abhängig macht (LG Köln MDR 63, 219). **54**

d) Unterhaltsvergleiche, die im Anordnungsverfahren geschlossen werden, enthalten im Zweifel nur eine einstweilige Regelung, die mit dem Wirksamwerden einer endgültigen Regelung oder bei Rücknahme oder rechtskräftiger Abweisung des Scheidungsantrages außer Kraft tritt (§ 620f; s dort Rn 10). Es empfiehlt sich, dies entweder ausdrücklich im Vergleichstext klarzustellen oder zu formulieren: Durch diesen Vergleich sind die Unterhaltsansprüche endgültig auch für die Zeit nach Rechtskraft der Scheidung geregelt. **55**

8) Benutzung von Ehewohnung und Hausrat: a) Ein **Rechtsschutzbedürfnis** für eine einstweilige Regelung besteht nur, wenn der Antragsteller die Wohnung oder Hausrat für seine Haushaltsführung benötigt und wenn der Antragsgegner sich weigert, ihm diese Sachen zu überlassen (Köln FamRZ 85, 498). Verlangt der Antragsteller die Herausgabe von Sachen nur aus dem Grunde, weil sie sein Eigentum sind und weil der Antragsgegner sie nicht braucht, so besteht kein Bedürfnis zum Erlaß einer einstweiligen Anordnung (KG NJW 59, 1330). Die Regelung der Benutzung von Ehewohnung und Hausrat hängt eng mit derjenigen des Getrenntlebens zusammen. Häufig ermöglicht sie erst eine Trennung (LG Essen FamRZ 69, 328/329). **56**

b) Materiell-rechtliche Grundlagen für die Regelung der Benutzung der **Ehewohnung** sind die §§ 1361b BGB, 2 HausratsVO. Das Gericht entscheidet nach billigem Ermessen; es hat die Umstände des Einzelfalls, namentlich das Wohl der Kinder zu berücksichtigen, nicht aber die Interessen Dritter (Köln FamRZ 85, 498). Es kann die Wohnung teilen, wenn dies möglich und zweckmäßig ist. Für eine solche Lösung spricht häufig der Grundsatz des Übermaßverbotes, wonach das Gericht nicht härter als erforderlich in die Lebensverhältnisse des Antragsgegners eingreifen darf (Köln aaO). Deshalb wird in der gerichtlichen Praxis oft der Standpunkt vertreten, daß im Anordnungsverfahren nur ausnahmsweise **die gesamte Ehewohnung einem Ehegatten zugewiesen** werden könne, zB wenn bei weiterem Zusammenwohnen eine Gefahr für die Gesundheit des Antragstellers oder der gemeinsamen Kinder besteht (Nachweise s Hamburg FamRZ 81, 64; ferner Köln FamRZ 82, 403 mwN; Frankfurt FamRZ 82, 484). Diese Auffassung ist zu eng. Bestehen unerträgliche Spannungen zwischen den Ehegatten, kommt es ständig zu Auseinandersetzungen und dauert das Eheverfahren lange Zeit, so sind auch andere Situationen als die zuvor genannten Gefahrenlagen denkbar, in denen die bisherige Ehewohnung durch einstweilige Anordnung dem einen Ehegatten zur alleinigen Benutzung zugewiesen werden kann. Insbesondere kann das Interesse der Kinder dies erfordern. Andererseits muß es dem Antragsgegner zuzumuten sein, aus der Ehewohnung auszuziehen. Hat er den Anlaß dafür gegeben, daß das weitere Zusammenleben in der Wohnung untragbar quälend für den Antragsteller geworden ist, so ist ihm der Auszug zuzumuten (Hamburg aaO; Karlsruhe FamRZ 82, 1220; anders Frankfurt, Köln aaO). **57**

Auch sonst sind Situationen denkbar, in denen die gemeinsame Ehewohnung einem Ehegatten zuzuweisen ist, ohne daß dadurch der Grundsatz des Übermaßverbotes verletzt wird: Ist der eine Ehegatte ohnehin überwiegend aushäusig oder ist er ohne weiteres imstande, sich eine andere Wohnung zu beschaffen, so stellt der Verlust der bisherigen Wohnung für ihn auch nicht einen übermäßig harten Eingriff in seine Lebensverhältnisse dar (Karlsruhe FamRZ 78, 132 u 711; AG Pforzheim FamRZ 78, 710). Ist ein Ehegatte bereits aus der Wohnung ausgezogen, so kann ihm das Betreten der Wohnung untersagt werden, wenn Anhaltspunkte für eine Rückkehr bestehen und diese dem anderen Ehegatten nicht zuzumuten ist. Dies gilt erst recht, wenn ein Ehegatte nach langer Trennung unter Berufung auf sein Recht, die Wohnung jederzeit zu betreten, dort eingedrungen ist (Frankfurt MDR 77, 145). Eine einstweilige Zuweisung der Ehewohnung an einen Ehegatten ist auch dann unbedenklich, wenn der andere bereits eine eigene Wohnung bezogen hat und die Weiterbenutzung der Ehewohnung durch den Antragsteller von beschwerenden Bedingungen abhängig machen will (LG Köln MDR 61, 1017). Dann können dem ausgezogenen Teil auch Kontrollbesuche in der früheren Ehewohnung untersagt werden (KG NJW 73, 1200). Bei Dienst- und Werkwohnungen ist bei der Zuweisung an einen Ehegatten auch auf die Interessen des Dienstherrn Rücksicht zu nehmen (BayObLG NJW 72, 2041). **58**

59 **c)** Wird die gesamte Ehewohnung dem einen Ehegatten allein zur Benutzung zugewiesen, so ist der andere zugleich **zur Räumung der Wohnung zu verurteilen;** denn sonst kann die einstweilige Anordnung nicht vollstreckt werden. Eine Räumungsfrist kann bewilligt und gemäß § 620b verlängert werden. § 721 gilt hier nicht (Hamburg FamRZ 83, 1151). Die Räumung wird dadurch vollstreckt, daß der Gerichtsvollzieher den verurteilten Ehegatten aus dem Besitz der Wohnung setzt und den anderen Ehegatten in den Besitz einweist (§§ 16 III HausratsVO, 885 ZPO). Die Vorschriften über die Wegschaffung beweglicher Sachen des Räumungsschuldners (§ 885 II–IV) passen nur ausnahmsweise in das Verfahren der einstweiligen Anordnung. Zur vorläufigen Sicherung des Rechtsfriedens ist die Wegschaffung von Sachen häufig nicht erforderlich. Es empfiehlt sich, diesen Punkt in der einstweiligen Anordnung ausdrücklich zu regeln, zB so: Die Ehewohnung wird der Ehefrau zur alleinigen Benutzung zugewiesen; der Ehemann wird verpflichtet, die Wohnung zu räumen. Bei der Räumung ist § 885 II–IV nicht anzuwenden (Hamburg aaO; anders Köln FamRZ 83, 1231: Vollstreckung durch Zwangsgeld und -haft). Daß der Gerichtsvollzieher die Wohnung betreten darf, braucht der Richter nicht anzuordnen (§ 758 Rn 10).

60 **d) Mitbenutzung der Ehewohnung:** Verlangt ein Ehegatte vom anderen die Wiedereinräumung des Mitbesitzes an der Ehewohnung, so ist zu unterscheiden: Hängt das Verlangen nicht mit dem Eheprozeß zusammen, so kann ihm nicht durch einstweilige Anordnung stattgegeben werden (Hamm MDR 77, 58), zB wenn der vor längerer Zeit ausgezogene Ehegatte auf die Zustellung des Scheidungsantrages hin in die Wohnung zurückkehren will. Sperrt hingegen während des Scheidungsprozesses ein Ehegatte den anderen aus der gemeinsamen Wohnung aus, so kann einstweilen angeordnet werden, daß er dem anderen den Mitbesitz wieder einräumen muß (Saarbrücken FamRZ 81, 64). Vollstreckung s Rn 59.

61 Durch einstweilige Anordnung kann die **Wohnung** in der Weise **geteilt** werden, daß dem einen Ehegatten diese, dem anderen jene Räume zur Alleinbenutzung zugewiesen werden. Damit können Verbote, gewisse Räume zu betreten, und Gebote, dem anderen das Betreten zu gestatten, verbunden werden. Dem Antragsgegner kann gleichzeitig aufgegeben werden, besondere **Schlösser,** die er angebracht hat, zu **entfernen** (LG Essen FamRZ 69, 328). Möglich sind auch einstweilige Anordnungen hinsichtlich der **Beheizung** und **Beleuchtung** der Wohnung, nicht aber bezüglich der Räume, die ein Ehegatte an Dritte vermietet hat (Schleswig SchlHA 68, 216). Wegen der Benutzung von Räumen, die sowohl Wohn- als auch gewerblichen Zwecken dienen, s Zweibrücken FamRZ 72, 511. Durch einstweilige Anordnung kann einem Ehegatten nicht verboten werden, Dritte (zB seine Geliebte) in die Wohnung aufzunehmen oder dort als **Besuch** zu empfangen. Geregelt werden kann auch die Benutzung des **Telefons** (KG OLGZ 72, 60 = NJW 71, 1414; Hamburg MDR 67, 495 u 70, 142; Karlsruhe FamRZ 67, 45).

62 **e)** Die einstweilige Anordnung gilt nur im Verhältnis zwischen den Ehegatten. Die Eigentumsverhältnisse und die **Rechtsbeziehungen zum Vermieter,** der am Verfahren der einstweiligen Anordnung nicht beteiligt ist, können nicht geregelt werden.

63 **f)** Materiell-rechtliche Grundlage für die Regelung der Benutzung des **Hausrats** ist § 1361 a BGB. Zum Hausrat gehören nicht die zum persönlichen Gebrauch eines Ehegatten oder eines Kindes bestimmten Sachen (§ 620 S 1 Nr 8). Zum Begriff des Hausrats s § 621 Rn 52. Bei der Benutzungsregelung kommt es auf die Eigentumsverhältnisse am Hausrat nicht an (Köln MDR 58, 851). Für die Überlassung darf keine Vergütung festgesetzt werden. Nicht zulässig sind Anordnungen zur Sicherung (KG JR 66, 224) oder Auseinandersetzung des Eigentums (Köln MDR 58, 851). **Voraussetzung** für die einstweilige Anordnung ist, daß der Antragsteller Teile des ehelichen Hausrats für einen abgesonderten Haushalt braucht und daß die Überlassung der Billigkeit entspricht. Von Bedeutung kann hiernach sein, ob der Antragsteller außerstande ist, sich die benötigten Haushaltsgegenstände selbst zu beschaffen (Nürnberg BayJMBl 54, 121). Möglich ist auch ein Verbot, Hausrat aus der gemeinschaftlichen Wohnung zu entfernen (Nürnberg FamRZ 59, 169; Düsseldorf FamRZ 79, 154; aA Bülow/Stössel MDR 78, 465). Möglich ist ferner die Anordnung, eigenmächtig oder gemäß einer wieder aufgehobenen Anordnung entfernte Hausratsgegenstände zurückzuschaffen (Nürnberg aaO; Düsseldorf NJW 62, 1402 und aaO; KG MDR 70, 237; Frankfurt FamRZ 78, 53). Einer Partei, der durch einstweilige Anordnung aufgegeben war, Hausratsgegenstände herauszugeben, kann durch weitere Anordnung gestattet werden, die Herausgabe durch Zahlung eines bestimmten Geldbetrages abzuwenden (Schleswig FamRZ 72, 94). Geregelt werden kann auch die Benutzung eines Fernsehgerätes (Düsseldorf MDR 60, 850 u JMBlNRW 67, 222).

64 **9) Zum persönlichen Gebrauch eines Ehegatten oder Kindes bestimmte Sachen: Lit:** *Peschel-Gutzeit* MDR 84, 890. In Frage kommen folgende Sachen: Krankenschein (Düsseldorf FamRZ 83, 514), Personalausweis, Paß, Zeugnisse, Kleidung, Schmuck, Medikamente, Kosmetika, dem

Beruf oder Hobby dienendes Werkzeug (Düsseldorf FamRZ 86, 1134), Schulbücher, Fachliteratur, Schul- und Aktenmappen. Musikinstrumente, Sportgeräte, Fahrzeuge, Möbel und Haustiere können zum persönlichen Gebrauch einer Person bestimmt sein. Soweit mehrere Familienmitglieder sie benutzt haben, handelt es sich um Hausrat; s § 621 Rn 52. Auf die Eigentumsverhältnisse stellt die Bestimmung nicht ab, sondern nur auf die Bestimmung zum Gebrauch. Nicht zum persönlichen Gebrauch bestimmt sind Geld, Sparbücher, Wertpapiere (Hamm FamRZ 80, 708). Soweit es sich um Gebrauchsgegenstände eines Kindes handelt, gilt die Regelung nur im Verhältnis der Ehegatten zueinander. Das Kind wird durch die Anordnung weder berechtigt noch verpflichtet.

10) Durch einstweilige Anordnung im Eheverfahren kann ein Ehegatte verpflichtet werden, dem anderen einen **Kostenvorschuß** zu zahlen: **a)** für die Ehesache und Folgesachen (S 1 Nr 9), **b)** für einstweilige Anordnungen (BGH FamRZ 81, 759 = MDR 1001; im übrigen ist diese Entscheidung durch das UÄndG überholt), **c)** nicht für andere selbständige Familiensachen (BGH FamRZ 80, 444 = NJW 1392 = MDR 565). 65

Materiell-rechtliche Grundlage für die Kostenvorschußpflicht sind die §§ 1360 a IV 1, 1361 IV 4 BGB, bei **Beteiligung von Ausländern** auch das nach IPR maßgebliche Recht (str; s StJSchlosser 11). Einzelne Staaten: Großbritannien (Hamm NJW 71, 2137), Italien (Düsseldorf OLGZ 69, 457), Jugoslawien (Wuppermann NJW 70, 2144), Niederlande (Düsseldorf FamRZ 75, 44 u 78, 908), USA (Düsseldorf FamRZ 75, 43), Tschechoslowakei (Düsseldorf OLGZ 75, 458), Türkei (Oldenburg FamRZ 81, 1176 = NJW 82, 2736). Läßt sich ausländiches Recht nicht ohne erhebliche Verzögerung ermitteln, so kann deutsches Recht angewandt werden (Düsseldorf FamRZ 74, 456 mwN). 66

Die **Höhe** des Prozeßkostenvorschusses richtet sich nach den Kosten, die dem Antragsteller voraussichtlich für eine Instanz entstehen werden. Die Werte der Scheidungssache und der Folgesachen sind zu ermitteln und zu addieren (§ 19 a GKG). Nach dem Gesamtwert sind zwei Anwaltsgebühren zu berechnen, ferner eine Beweisgebühr für die Scheidungssache (§ 31 I Nr 3 BRAGO). Wie weit auch für die Folgesachen Beweisgebühren und wie weit Gerichtsgebühren entstehen, hängt vom Einzelfall ab. Wird ein Rechtsmittel eingelegt, so kann eine weitere Anordnung auf Zahlung eines Prozeßkostenvorschusses für die **Rechtsmittelinstanz** erlassen werden. 67

Wegen der **Leistungsfähigkeit** des Antragsgegners, des Prozeßkostenvorschusses für offensichtlich aussichtslose Klagen und der Rückzahlung des Vorschusses s § 621 f Rn 11, 12, 14. 68

IV) Gebühren: s Rn 36 zu § 620a. 69

620 a

[Verfahren]

(1) Der Beschluß kann ohne mündliche Verhandlung ergehen.

(2) Der Antrag ist zulässig, sobald die Ehesache anhängig oder ein Antrag auf Bewilligung der Prozeßkostenhilfe eingereicht ist. Der Antrag kann zu Protokoll der Geschäftsstelle erklärt werden. Der Antragsteller soll die Voraussetzungen für die Anordnung glaubhaft machen.

(3) Vor einer Anordnung nach § 620 Satz 1, 2 oder 3 sollen das Kind und das Jugendamt angehört werden. Ist dies wegen der besonderen Eilbedürftigkeit nicht möglich, so soll die Anhörung unverzüglich nachgeholt werden.

(4) Zuständig ist das Gericht des ersten Rechtszuges, wenn die Ehesache in der Berufungsinstanz anhängig ist, das Berufungsgericht. Ist eine Folgesache im zweiten oder dritten Rechtszug anhängig, deren Gegenstand dem des Anordnungsverfahrens entspricht, so ist das Berufungs- oder Beschwerdegericht der Folgesache zuständig. Satz 2 gilt entsprechend, wenn ein Kostenvorschuß für eine Ehesache oder Folgesache begehrt wird, die im zweiten oder dritten Rechtszug anhängig ist oder dort anhängig gemacht werden soll.

Art 6 Nr 5 UÄndG

In Verfahren nach den §§ 620, 620b und 620f Satz 2 der Zivilprozeßordnung sind § 620a Abs. 4, § 620b Abs. 3 und § 620f der Zivilprozeßordnung in ihrer bisherigen Fassung bis zum Ende des anhängigen Rechtszuges weiterhin anzuwenden, wenn das Verfahren vor dem Inkrafttreten dieses Gesetzes anhängig geworden ist.

Übersicht

I) Zulässigkeit des Antrags

1 **1)** Unzulässig sind Anordnungsanträge, die vor **Anhängigkeit der Ehesache** oder Einreichung eines PKH-Gesuches gestellt werden (Frankfurt FamRZ 79, 156).

2 **2)** Sobald die **Ehesache** durch Einreichung eines Scheidungsantrages (§ 622 I) oder einer Klageschrift **anhängig** wird, können einstweilige Anordnungen erlassen werden. Dies gilt auch, wenn das **Verfahren ruht** (Celle NdsRpfl 61, 17) oder **ausgesetzt** ist (§ 614 Rn 10). Wird das Verfahren jedoch schon seit langem nicht mehr betrieben und soll es auch nicht weiter betrieben werden, so stellt der Antrag auf Erlaß einer einstweiligen Anordnung einen Verfahrensmißbrauch dar und ist mangels Rechtsschutzbedürfnisses nicht zulässig (LG Hamburg MDR 63, 846; Bergerfurth FamRZ 62, 52).

3 **3)** Die Anhängigkeit der Ehesache endet mit dem Tod eines Ehegatten (§ 619), der Rücknahme des Scheidungsantrages bzw der Klage oder der Rechtskraft des Urteils in der Ehesache. Danach können Anträge auf Erlaß einstweiliger Anordnungen nicht mehr zugelassen werden; s § 620 b Rn 6. Hierfür besteht auch dann kein Bedürfnis, wenn der Scheidungsausspruch vor der Entscheidung über die Folgesache Unterhalt rechtskräftig wird (Gießler FamRZ 86, 958; Luthin FamRZ 86, 1060; anders Mörsch FamRZ 86, 628); denn diese Folgesachenentscheidung kann uneingeschränkt für vorläufig vollstreckbar erklärt werden (§ 629 d Rn 11, § 620 f Rn 21; Gießler aaO).

4 Problem: **Nach Einreichung** eines Anordnungsantrages oder einer zulässigen Beschwerde (§ 620 c), aber bevor hierüber entschieden wird, **endet die Anhängigkeit der Ehesache.** Hier ist zu unterscheiden: **a)** Wird der Scheidungsantrag zurückgenommen oder wird seine Abweisung rechtskräftig, so darf und kann im Anordnungsverfahren keine Entscheidung mehr ergehen. Das folgt aus § 620 f, wonach einstweilige Anordnungen außer Kraft treten, wenn der Scheidungsantrag bzw die -klage zurückgenommen oder rechtskräftig abgewiesen werden (Hamm FamRZ 82, 721 f). **b)** Wird der Scheidungsausspruch oder ein der Eheklage stattgebendes Urteil rechtskräftig, bevor über den Anordnungsantrag bzw die Beschwerde entschieden ist, so ist hierüber noch zu entscheiden (Karlsruhe Justiz 74, 335; Hamm MDR 57, 749; Gießler FamRZ 86, 959 mwN; anders ThP 2 b; Karlsruhe Justiz 76, 257). Wird ohne mündliche Verhandlung über den Anordnungsantrag entschieden, so kann nicht beantragt werden, nach mündlicher Verhandlung erneut zu entscheiden (§ 620 b Rn 16).

5 Im Falle vorzeitiger Rechtskraft des Scheidungsausspruchs (durch Vorabscheidung nach § 628 I, durch Verstreichen der in § 629 a III vorgesehenen Fristen für Nachtragsrechtsmittel oder durch Rechtsmittelverzicht gemäß § 629 a IV) können in Folgesachen aus dem Bereich der freiwilligen Gerichtsbarkeit vorläufige Anordnungen erlassen werden; s § 620 Rn 25.

6 **4)** Auch wenn die Ehesache nicht anhängig ist, können **nach Einreichung eines Prozeßkostenhilfegesuches** einstweilige Anordnungen beantragt werden, nach Ablehnung des Prozeßkostenhilfegesuchs jedoch nicht mehr (Hamm FamRZ 82, 721 f).

7 **5)** Die Zulässigkeit des Antrages auf Erlaß einer einstweiligen Anordnung hängt regelmäßig nicht von den **Erfolgsaussichten der Ehesache** ab (s § 620 Rn 2).

8 **6) Antragsberechtigt** sind nur die Ehegatten; s § 620 Rn 3.

II) Anwaltszwang

9 Das Verfahren der einstweiligen Anordnung ist Teil der Ehesache. Das ergibt sich aus dem Sachzusammenhang und daraus, daß es in dem Titel „Allgemeine Vorschriften für Ehesachen" geregelt ist. Es unterliegt deshalb gemäß § 78 II 1 Nr 1 dem Anwaltszwang. Nach § 620 a II 2 kann zwar der Antrag auf Erlaß einer einstweiligen Anordnung zu Protokoll der Geschäftsstelle erklärt werden. Dies bedeutet aber nicht, daß auch für das weitere Verfahren Befreiung vom Anwaltszwang besteht (Wieczorek § 78 C III). Denn § 78 II erklärt die Vorschrift des Abs 1 betr den Anwaltsprozeß nur bezüglich solcher Prozeßhandlungen für unanwendbar, die vor dem Urkundsbeamten der Geschäftsstelle vorgenommen werden können. Aus § 620 a II 2 ergibt sich

jedoch, daß lediglich die Antragstellung gemäß § 78 III ZPO vom Anwaltszwang befreit ist. Solange sich allerdings das Anordnungsverfahren im schriftlichen Verfahren befindet und es allein um Ergänzungen und Gegenäußerungen (arg § 573 II 2) geht, besteht kein Anwaltszwang. Dasselbe gilt für Begehren um Aufhebung oder Änderung im schriftlichen Verfahren gemäß § 620 b, weil derartige Anträge das Verfahren des § 620 a lediglich modifizieren (Brüggemann FamRZ 77, 289; Frankfurt FamRZ 77, 799 = NJW 77, 172). Der Antrag auf mündliche Verhandlung und das ihm nachfolgende Verfahren unterliegen indessen der Vorschrift des § 78 II 1 Nr 1 über den Anwaltsprozeß (Düsseldorf FamRZ 78, 709; Brüggemann aaO 291; Gießler FamRZ 83, 518). Ausnahmsweise kann ohne Mitwirkung von Rechtsanwälten verhandelt werden, wenn bereits im Prozeßkostenhilfeverfahren mündlich über eine einstweilige Anordnung verhandelt wird oder wenn die elterliche Sorge von Amts wegen durch einstweilige Anordnung geregelt wird (Brüggemann aaO 290).

III) Zuständigkeit (Abs 4)

Zuständig für den Erlaß einstweiliger Anordnungen ist grundsätzlich das Familiengericht als Gericht der ersten Instanz (Rn 11, 12). Ausnahmsweise ist sachzusammenhangshalber das OLG als Berufungs- oder Beschwerdegericht (§ 119 I Nr 1 und 2 GVG) zuständig (Rn 13–16). Ob das FamG für die Ehesache örtlich oder international zuständig ist, braucht es nicht zu klären, bevor es eine einstweilige Anordnung erläßt (Hamburg DAVorm 83, 153). Nur wenn feststeht, daß es hierfür nicht zuständig ist, hat es den Erlaß einer einstweiligen Anordnung abzulehnen; s § 620 Rn 2. 10

1) Das **Familiengericht** der Ehesache ist **zuständig,** solange die Ehesache oder die Folgesache, deren Gegenstand dem des Anordnungsverfahrens entspricht, nicht in der zweiten Instanz anhängig ist. Diese Zuständigkeit überdauert die Verkündung des Verbundsurteils. Wird gegen ein solches schlechthin Berufung oder Beschwerde eingelegt, ohne daß zu erkennen ist, ob der Scheidungsausspruch oder welche Folgesachen angefochten werden, so ist das FamG weiterhin zuständig. Denn wenn ein Urteil zunächst ohne Anträge angefochten wird, in der Rechtsmittelbegründung aber nur ein beschränkter Antrag gestellt wird, so liegt darin keine Anfechtung in vollem Umfang und anschließende teilweise Rechtsmittelrücknahme, sondern das Rechtsmittel ist von vornherein nur beschränkt eingelegt (BGH FamRZ 83, 685 = NJW 1561 = MDR 1008; BayObLG FamRZ 80, 814). Auch wenn das Scheidungsurteil nur Folgesachen aus dem Bereich der freiwilligen Gerichtsbarkeit (elterliche Sorge, Versorgungsausgleich, Ehewohnung und Hausratsverteilung) regelt, enthält die Erklärung, daß Berufung eingelegt werde, keine Anfechtung des Scheidungsausspruchs. Der Rechtsmittelführer kann in der Rechtsmittelbegründung erklären, er fechte nur die Folgesachenentscheidung an; die falsche Bezeichnung des Rechtsmittels als Berufung schadet nicht (§ 629 a Rn 2). Wenn allerdings die Ehe vor der Entscheidung über alle Folgesachen geschieden wird (§ 628 I 1) oder wenn die elterliche Sorge vorweg geregelt wird (§ 627 I) und gegen solche Entscheidungen Rechtsmittel eingelegt werden, steht der Gegenstand des Rechtsmittelverfahrens von vornherein fest. Dann gelangt die Ehesache bzw die Folgesache elterliche Sorge bereits mit dem Eingang der bloßen Erklärung, daß ein Rechtsmittel eingelegt werde, in die zweite Instanz, und die Zuständigkeit des FamG für einstweilige Anordnungen kann damit auf diese Instanz übergehen. 11

Wird **vor der Anfechtung des Verbundurteils** eine einstweilige Anordnung beantragt und, bevor über diesen Antrag entschieden worden ist, ein Rechtsmittel gegen das Urteil eingelegt, so bleibt die Zuständigkeit des Familiengerichts bestehen und wechselt nicht etwa auf das OLG über. Der Grundsatz der perpetuatio fori (§ 261 III Nr 2) gilt hier sinngemäß (BGH FamRZ 80, 670 = MDR 657 mwN). 12

2) Der **Familiensenat** des OLG (§ 119 I GVG) ist **zuständig** für den Erlaß einstweiliger Anordnungen, wenn die Ehesache oder eine Folgesache, deren Gegenstand dem des Anordnungsverfahrens entspricht, in der zweiten Instanz anhängig ist. Welche Gegenstände einander entsprechen, ergibt sich aus den weitgehend übereinstimmenden Katalogen der §§ 620 und 621. Die einstweilige Regelung des Unterhalts eines getrennt lebenden Ehegatten und der Geschiedenenunterhalt entsprechen einander, wie § 620 f zeigt (§ 620 f Rn 2). Keinen einer Folgesache entsprechenden Gegenstand haben die einstweilige Regelung des Getrenntlebens, die Herausgabe oder Benutzung der zum persönlichen Gebrauch eines Ehegatten oder eines Kindes bestimmten Sachen und die Kostenvorschußpflicht (§ 620 S 1 Nr 5, 8 u 9). Dem Gegenstand *Getrenntleben* entspricht derjenige der Ehesache. Die zum persönlichen Gebrauch eines Kindes bestimmten Sachen hängen eng mit der elterlichen Sorge zusammen. Die Herausgabe oder Benutzung dieser Sachen kann das OLG einstweilen regeln, wenn die Folgesache *elterliche Sorge* bei ihm anhängig ist. Die zum persönlichen Gebrauch eines Ehegatten bestimmten Sachen sind Anhängsel zur Hausratsbenutzung. Die Herausgabe oder Benutzung dieser Sachen kann das 13

OLG einstweilen regeln, wenn es als Folgesache die Rechtsverhältnisse am Hausrat zu regeln hat. Für die Kostenvorschußpflicht enthält Abs 4 S 3 die Sonderregelung, daß das OLG sie durch einstweilige Anordnung zu regeln hat, wenn ein Vorschuß für die zweite und dritte Instanz begehrt wird, auch wenn die Ehe- oder Folgesache dort erst anhängig gemacht werden soll. Problem: Kann das OLG den Umgang eines Elternteils mit dem Kind oder die Herausgabe eines Kindes einstweilen regeln, wenn nur die Folgesache elterliche Sorge bei ihm anhängig ist? Die Begründung des Regierungsentwurfs zum UÄndG verneint dies ausdrücklich (BTDrucks 10/2888 S 27). Namentlich in problematischen Sorgerechtsfällen ist aber bedenklich, die einstweilige Umgangs- oder Herausgaberegelung einem anderen Richter anzuvertrauen als die einstweilige und endgültige Sorgerechtsregelung; denn dem Wohl des Kindes sind mehrfache Anhörungen durch verschiedene Richter und erst recht einander widersprechende Entscheidungen oder auch nur Entscheidungsbegründungen durchaus abträglich.

14 **3)** Welches Gericht ist zuständig, wenn die Ehe vor der Entscheidung über eine Folgesache geschieden, **gegen die Scheidung Berufung** eingelegt und daraufeine **einstweilige Anordnung** beantragt wird, **deren Gegenstand einer in erster Instanz anhängigen Folgesache entspricht?** Nach dem Gesetzeswortlaut wäre das OLG zuständig. Es liegt nahe, § 620 a IV hier als lückenhaft anzusehen, weil er diesen Fall nicht regelt. Dem Sinn der Vorschrift entspricht es (namentlich bei problematischen Sorgerechtsfällen, s Rn 13), sachzusammenhangshalber das FamG für zuständig zu halten.

15 **4)** Der **Familiensenat des OLG** (§ 119 I GVG) entscheidet in voller Besetzung über einstweilige Anordnungen. Die bis 1977 geltende Regelung des § 627 III 5, nach der der **Einzelrichter** zuständig war, ist durch die Eherechtsreform beseitigt worden. Die Zuständigkeit des OLG für das Anordnungsverfahren endet nicht bereits mit Verkündung der Entscheidung über das Rechtsmittel. Zur Rechtsmittelinstanz gehört auch die Zeit bis zur Einlegung eines weiteren Rechtsmittels oder bis zum Eintritt der Rechtskraft (§ 629 d Rn 4).

16 **5)** Wird gegen das Urteil des OLG in einer Ehesache **Revision** eingelegt, so erlischt dessen Zuständigkeit für einstweilige Anordnungen. Zuständig ist jetzt wieder das FamG (BGH FamRZ 80, 444 = NJW 1392 = MDR 565). Wird gegen die Folgesachenentscheidung eines OLG ein Rechtsmittel zum BGH eingelegt, so bleibt das OLG für einstweilige Anordnungen zuständig, deren Gegenstand dem der Folgesache entspricht. Diese Regelung ist nur auf den ersten Blick widerspruchsvoll. Bei Folgesachen gebietet es die Sachnähe, die Zuständigkeit des OLG aufrechtzuerhalten. Bei der in die dritte Instanz gelangten Ehesache läßt sich nicht generell entscheiden, ob das FamG oder das OLG dem Gegenstand der einstweiligen Anordnung näher steht. Deshalb bleibt das FamG zuständig.

17 **6) Übergangsregelung:** Abs 4 S 2 ist am 1. 4. 86 in Kraft getreten (Art 8 UÄndG, BGBl 86 I 301 ff). Für Anordnungsverfahren, die vor diesem Tag anhängig geworden sind, gilt bis zum Ende des anhängigen Rechtszuges weiterhin die Zuständigkeitsregelung des Abs 4 S 1, wonach das Gericht zuständig ist, bei dem die Ehesache anhängig ist (Art 6 Nr 5 UÄndG). Die Anhängigkeit eines Anordnungsverfahrens beginnt mit der Einleitung eines Verfahrens von Amts wegen in den Fällen der §§ 620 S 2, 620 b I 2 (elterliche Sorge usw) oder mit der Einreichung eines Antrages. Ist vor dem 1. 4. 86 eine einstweilige Anordnung ergangen und wird an oder nach diesem Tage ein Verfahren nach § 620 b eingeleitet, so dürfte dieses ein neues Verfahren sein und neues Recht anzuwenden sein.

18 **7)** Die Zuständigkeit für das Anordnungsverfahren kann auch durch **bindende Verweisung** vom Familiengericht an den Familiensenat des OLG und umgekehrt begründet werden (§ 281 II; BGH FamRZ 79, 1004 = NJW 2519 = MDR 80, 40; anders BayObLG FamRZ 79, 939 und 1042; Düsseldorf FamRZ 79, 154).

19 **8) Die internationale Zuständigkeit** für einstweilige Anordnungen folgt aus der internationalen Zuständigkeit für die Ehesache (Stuttgart NJW 80, 1227; Karlsruhe FamRZ 84, 184). Ausnahme: Hat ein Kind seinen gewöhnlichen Aufenthalt in einem MSA-Vertragsstaat, so sind für einstweilige Anordnungen zur Regelung der elterlichen Sorge, des Umgangsrechts und der Herausgabe des Kindes die Gerichte des Staates international zuständig, in dem das Kind seinen gewöhnlichen Aufenthalt hat (Art 1, 13 I MSA; Schleswig SchlHA 78, 54; Düsseldorf FamRZ 81, 1005 u 84, 194; Stuttgart NJW 83, 1981; Hamburg DAVorm 83, 151). Ausnahmen s Art 3, 4, 5 MSA. Über die perpetuatio fori bei Aufenthaltswechsel des Kindes während des Scheidungsprozesses s Düsseldorf FamRZ 81, 1005.

IV) Form und Inhalt des Antrages

20 Die Prozeßvollmacht für die Ehesache erstreckt sich auch auf das Anordnungsverfahren; s § 609 Rn 1. Der Antrag ist schriftlich oder zu Protokoll der Geschäftsstelle zu stellen. Zuständig für die Protokollierung ist die Geschäftsstelle des zuständigen Familiengerichts oder OLG, ferner die Geschäftsstelle jedes anderen Amtsgerichts (§ 129 a). Auch wenn der Antrag schriftlich gestellt wird, besteht kein Anwaltszwang (§ 78 III). Wegen der Bewilligung von Prozeßkostenhilfe s § 624 Rn 12. Im Antrag ist eine bestimmte Regelung zu begehren. Ist der Antrag nicht bestimmt genug, so ist mündliche Verhandlung anzuberaumen; in dieser sind die Mängel des Antrages zu erörtern und zu beheben. Nur wenn dies infolge von Meinungsverschiedenheiten zwischen Antragsteller und Familienrichter nicht gelingt, darf der Antrag mangels Bestimmtheit als unzulässig verworfen werden.

Der Antragsteller soll den Antrag **begründen** und die tatsächlichen Voraussetzungen für die Anordnung **glaubhaft machen** (Abs 2 S 3; § 294). Mängel der Begründung oder Glaubhaftmachung sind durch Auflagen oder in mündlicher Verhandlung zu beseitigen. Für einstweilige Anordnungen zur Regelung des Unterhalts gilt § 138 III; Tatsachen, die nicht ausdrücklich bestritten werden, gelten als zugestanden. Nicht bestrittene Tatsachen brauchen weder glaubhaft gemacht zu werden; noch sind sie analog § 616 I von Amts wegen aufzuklären. In einem vorläufigen Verfahren hat das Gericht nicht mehr aufzuklären als im ordentlichen Unterhaltsprozeß. 21

Bei Anordnungen zur Regelung der elterlichen Sorge, des Umgangs mit einem Kind, der Herausgabe des Kindes und der Benutzung von Ehewohnung und Hausrat kann das Gericht nicht verlangen, daß die Ehegatten ihr Vorbringen glaubhaft machen. Es hat analog § 12 FGG von Amts wegen zu ermitteln, wie weit eine Regelung erforderlich ist (so für das Kindeswohl München FamRZ 78, 54 u JurBüro 85, 80). Diese Analogie läßt sich damit begründen, daß alle jene Angelegenheiten als selbständige Verfahrensgegenstände nach dem FGG behandelt werden (§§ 621 a ZPO, 13 I HausratsVO; s auch BGH FamRZ 83, 1008/1010 = NJW 2775).

V) Gerichtliches Verfahren

1) Sinn und Zweck des Anordnungsverfahrens verbieten eine Aussetzung (Frankfurt FamRZ 85, 409). Eine **mündliche Verhandlung** ist nicht vorgeschrieben, aber zweckmäßig, um zu vermeiden, daß nach Erlaß der einstweiligen Anordnung auf Grund mündlicher Verhandlung erneut entschieden werden muß (§ 620 b II). Die Ladungsfrist von einer Woche (§ 217) ist einzuhalten, nicht aber die Einlassungsfrist (§ 274 III; s für das Arrestverfahren § 922 Rn 15; ebenso StJGrunsky § 922 Rn 21). Es ist zweckmäßig, die Ehegatten in der Verhandlung persönlich zu hören. Wie weit das Vorbringen glaubhaft ist, kann dann besser beurteilt werden. 22

Geht es um die elterliche Sorge, das Umgangsrecht oder die Herausgabe eines Kindes, so ist die **Anhörung** der Eltern sogar notwendig (§ 50 a FGG analog; Zweibrücken FamRZ 82, 945). Auch das Jugendamt und das Kind sollen persönlich gehört werden (Abs 3 S 1). Trotz dieser Bestimmung sind Jugendamt und Kind nicht Verfahrensbeteiligte. Die Anhörung begründet keine formelle Beteiligung und die Anhörungspflicht kein materielles Recht iS des § 20 I FGG (KG FamRZ 79, 740 = NJW 2251 mwN; s § 620 c Rn 12). Das Anhörungsgebot ist keine Ausprägung des Grundsatzes des rechtlichen Gehörs (Art 103 I GG); vielmehr ist die Anhörung das Mindestmaß an Sachaufklärung, die das Gericht zu leisten hat (München JurBüro 85, 79). Bei besonderer Eilbedürftigkeit kann ohne Anhörung eine einstweilige Anordnung erlassen werden; die Anhörung ist dann aber unverzüglich nachzuholen (Abs 3 S 2). 23

2) Wenn der Antrag nicht von vornherein zurückgewiesen wird, ist dem Antragsgegner **rechtliches Gehör** zu gewähren (Art 103 I GG). Dies geschieht durch Übersendung der Antragsschrift oder des vom Urkundsbeamten aufgenommenen Protokolls und – falls die Scheidungsantragsschrift noch nicht zugestellt worden ist – auch durch deren formlose Mitteilung. Zustellung nicht erforderlich wie überall im Beschlußverfahren mit fakultativer mündlicher Verhandlung. Wird nicht mündlich verhandelt, so ist dem Gegner eine Frist zur Stellungnahme zu setzen. Wird verhandelt, so ist dies ebenfalls zweckmäßig, aber nicht notwendig. – In Ehewohnungssachen ist der Vermieter nicht zu hören. Durch einstweilige Anordnung kann nur die Benutzung der Wohnung, nicht aber das Mietverhältnis geregelt werden. 24

Ist die **Gewährung rechtlichen Gehörs nicht möglich,** weil sofort eine Regelung getroffen werden muß, so ist dem Gegner unverzüglich nach der Anordnung Gehör zu gewähren. Dies geschieht in der Weise, daß ihm zugleich mit der Entscheidung Abschriften der maßgeblichen Schriftstücke und Protokolle übersandt werden. 25

3) Amtsaufklärung, Beweisaufnahme: Außer der Bestimmung des Abs 2 S 3, daß der Antragsteller die Voraussetzungen für die Anordnung glaubhaft machen soll, enthält das Gesetz keine Vorschrift über den Umfang der Sachaufklärung und Beweisaufnahme. Dieser Umfang richtet sich nach dem Verfahrensgegenstand: 26

27 **a)** Einstweilige Anordnungen, durch die die **Unterhaltspflicht** gegenüber einem Kind, der Unterhalt eines Ehegatten oder die Verpflichtung zur Leistung eines Prozeßkostenvorschusses geregelt werden, sind ihrem Gegenstand nach **zivilprozessuale Angelegenheiten.** In diesen Verfahren besteht kein Anlaß, den Sachverhalt weiter als im gewöhnlichen Zivilprozeß aufzuklären. Folglich gelten nicht bestrittene Tatsachen als zugestanden (§ 138 III); das Gericht erhebt nur solche Beweise, die die Parteien angetreten haben; es kann nichtpräsente Beweismittel unberücksichtigt lassen (§ 294 II), braucht dies aber nicht zu tun, wenn zu befürchten ist, daß die Nichtberücksichtigung zu einem Änderungsantrag (§ 620 b I 1) führen wird. Es besteht keine Amtsermittlungspflicht (Brühl/Göppinger/Mutschler, Unterhaltsrecht, 3. Aufl Rdnr 1561; anders StJSchlosser 7; Bergerfurth FamRZ 62, 52; BLAlbers 3 B a).

28 **b)** Wird eine Regelung des **Getrenntlebens** begehrt, so kann das Gericht entsprechend § 616 I von Amts wegen die Aufnahme von Beweisen anordnen und nach Anhörung der Ehegatten auch solche Tatsachen berücksichtigen, die sie nicht vorgebracht haben.

29 **c)** Einstweilige Anordnungen, durch die die elterliche Sorge, der persönliche Umgang mit dem Kind, die Herausgabe des Kindes und die Benutzung von Ehewohnung und Hausrat geregelt werden, sind ihrem Gegenstand nach **Angelegenheiten der freiwilligen Gerichtsbarkeit** (§§ 621 I Nr 1–3, 7, 621 a I 1 ZPO, 13 I HausratsVO). Die Regelung der Herausgabe persönlicher Sachen ähnelt derjenigen der Hausratsbenutzung und ist deshalb verfahrensrechtlich wie diese zu behandeln. Für das Verfahren in allen diesen Angelegenheiten gilt der Grundsatz der **Amtsaufklärung** (§ 12 FGG; StJSchlosser 7; München FamRZ 78, 54 f u 79, 317 f; JurBüro 85, 79; Kropp NJW 79, 2253). Den Umfang der Beweisaufnahme bestimmt das Gericht. Es ist nicht auf präsente Beweismittel beschränkt (Schleswig SchlHA 74, 111). Da das Gesetz nur Glaubhaftmachung verlangt, brauchen nicht alle entscheidungserheblichen Tatsachen abschließend aufgeklärt zu werden (München JurBüro 85, 79). Zeitraubende Ermittlungen, zB schriftliche Sachverständigengutachten, sollten unterbleiben, um eine unangemessene Verzögerung der Sachentscheidung zu vermeiden (München FamRZ 78, 54).

30 **4)** Über den Gegenstand des Anordnungsverfahrens können sich die Ehegatten im Regelfall **vergleichen.** In einem solchen Vergleich sollte klargestellt werden, ob er nur einstweilen bis zum Wirksamwerden einer anderweitigen Regelung (§ 620 f) oder endgültig gilt. Im Zweifel gilt er nur einstweilen; str, s § 620 f Rn 10. Über die elterliche Sorge, den Umgang mit dem Kind und die Herausgabe des Kindes können die Eltern sich zwar einigen. Wird eine solche Einigung gerichtlich protokolliert, so kann aber hieraus nicht die Zwangsvollstreckung betrieben werden. Die Einigung ist kein eine gerichtliche Entscheidung ersetzender Prozeßvergleich; denn ihr Gegenstand steht nicht zur freien Disposition der Ehegatten. Zum Wohle des Kindes kann das Gericht eine der Einigung widersprechende Entscheidung treffen (Düsseldorf FamRZ 79, 843; anders Zweibrücken FamRZ 79, 842; Koblenz FamRZ 78, 605).

31 **5)** Die **Entscheidung** ergeht durch Beschluß. Dieser ist zu **verkünden,** wenn er auf Grund mündlicher Verhandlung ergeht (§ 329 I 1), sonst ist er den Ehegatten formlos mitzuteilen (§ 329 II 1). Wird er versehentlich nicht verkündet, sondern nur zugestellt, so ist er trotz dieses Verfahrensfehlers wirksam (Bremen FamRZ 81, 1091). Eine Aussetzung des Verfahrens ist nicht zulässig (Rn 22). Enthält der Beschluß einen vollstreckbaren Inhalt oder unterliegt er der sofortigen Beschwerde gemäß § 620 c 1, so ist er zuzustellen (§ 329 III). Wegen der Begründung des Beschlusses s § 620 d, wegen der Kosten § 620 g, wegen der Rechtsbehelfe und -mittel §§ 620 b und 620 c.

32 Frei

VI) Vollstreckung einstweiliger Anordnungen

33 Anordnungen auf Zahlung von Unterhalt, Leistung eines Prozeßkostenvorschusses oder Herausgabe von zum persönlichen Gebrauch bestimmten Sachen werden nach den Bestimmungen der ZPO vollstreckt (§ 794 I Nr 3 a), ebenso Anordnungen auf Herausgabe der Ehewohnung (Einzelheiten s § 620 Rn 59) oder des Hausrates (§ 16 III HausratsVO; Hamburg FamRZ 83, 1151). Diese Anordnungen bedürfen einer Vollstreckungsklausel; § 929 gilt für sie nicht (Zweibrücken FamRZ 84, 716). Über die Vollstreckung von Anordnungen zur Regelung des Kindesunterhalts s § 620 Rn 42 ff).

34 **Umgangsregelungen** iS des § 620 1 Nr 2 oder einstweilige Anordnungen auf **Herausgabe eines Kindes** werden nach § 33 FGG vollzogen (BGH FamRZ 83, 1008/1010). Im UÄndG (BGBl 86 I 301) hat sich der Gesetzgeber jetzt ausdrücklich dieser Auffassung angeschlossen und im § 794 I Nr 3 u 3 a unmißverständlich klargestellt, daß die Anordnungen nicht nach Zivilprozeßrecht vollstreckt werden. Vergleiche der Eltern über den Umgang mit dem Kind können nicht vollzogen werden (§ 621 Rn 23). Da die Vollziehung einer einstweiligen Anordnung nicht Teil des Anord-

nungsverfahrens, sondern eine selbständige Verrichtung iS der §§ 621 a I 1 ZPO, 43 I FGG ist, ist für sie das Familiengericht zuständig, in dessen Bezirk das Kind seinen Wohnsitz oder beim Fehlen eines inländischen Wohnsitzes seinen Aufenthalt hat (§ 36 I FGG; BGH FamRZ 86, 789 mwN, str). Gegen Vollziehungsmaßnahmen findet die Beschwerde nach § 19 FGG statt (§ 621 a Rn 27; § 621 e Rn 8). Für sie besteht kein Anwaltszwang (Hamm FamRZ 84, 183).

Wird die Aufhebung einer Anordnung beantragt (§ 620 b) oder sofortige Beschwerde eingelegt 35
(§ 620 c), so kann die Vollstreckung oder Vollziehung **ausgesetzt** werden (§ 620 e).

VII) Gebühren: a) des **Gerichts:** Für die Entgegennahme und Niederschrift eines Antrags nach Abs 2 S 2: Keine. 36
Gebührenfrei sind überhaupt die Verfahren über Anträge nach § 620 S 1 Nr 1–3 und 5; entfallende etwaige Auslagen sind jedoch anzusetzen. Eine halbe Gebühr wird aber für die Entscheidung über Anträge nach § 620 S 1 Nr 4, 6–9 ZPO erhoben (KV Nr 1161). Durch diese Gebühr wird das gesamte Verfahren abgegolten sowie die etwaige Erteilung der Vollstreckungsklausel auf der Ausfertigung des Anordnungsbeschlusses (s Rn 33). Da der Anfall der Gebühr an die Entscheidung geknüpft ist, entsteht keine Gebühr in allen den Fällen, in denen es zu keiner Entscheidung kommt, zB wenn der Antrag vor der Entscheidung zurückgenommen wird, oder wenn eine andere Erledigung des Hauptverfahrens eingetreten ist. Mehrere Entscheidungen über den Antrag auf Erlaß einer einstw Anordnung innerhalb eines Rechtszugs gelten für die Gebührenerhebung als e i n e Entscheidung (KV Nr 1161 Abs 2). Darum lösen Aufhebungs- oder Abänderungsbeschlüsse bezügl einer bereits erlassenen einstw Anordnung (§ 620b) keine besondere Gebühr mehr aus; jedoch ist zu beachten, daß ein auf Erweiterung zielender Abänderungsbeschluß eine Streitwerterhöhung zur Folge haben kann und eine dadurch entstehende Gebührendifferenz nachzuerheben ist. S im übr Rn 33 zu § 641 d. – Keine Vorauszahlungspflicht. Fälligkeit mit dem Erlaß des Beschlusses (§ 61 Hs 2 GKG). Kostenschuldner der Antragsteller; daneben Haftung der in die Kosten der Hauptsache verurteilten Partei (die Kostenentscheidung in der Hauptsache umfaßt auch die Kosten des Anordnungsverfahrens: § 620g). Nach § 58 II 1 GKG geht die Haftung des Entscheidungs- oder auch Übernahmeschuldners der Haftung des Antragstellers vor.

b) des **Anwalts:** Verfahren nach §§ 620, 620b I und II gelten als besondere Angelegenheit (§ 41 I 1b BRAGO). Der RA kann daher alle Gebühren der §§ 31 ff BRAGO verdienen. Werden die tatsächlichen Voraussetzungen für den Erlaß und dessen Notwendigkeit lediglich durch Vorlage einer Versicherung an Eides Statt glaubhaft gemacht (§ 294 I), so fällt insoweit keine anwaltl Beweisgebühr an, wohl aber dann, wenn die Glaubhaftmachung durch Vernehmung von in der mündl Verhandlung anwesenden Personen erfolgt oder durch Aufnahme einer eidesstattl Versicherung solcher Personen durch das Gericht geschieht. Für mehrere Verfahren nach §§ 620, 620b I und II erhält der RA die Gebühren in jedem Rechtszug nur einmal (§ 41 I 2 BRAGO). Bei einer **Einigung der Parteien** steht dem RA die Prozeßgebühr nur zur Hälfte zu, wenn ein Antrag nach §§ 620, 620b I und II nicht gestellt ist oder, soweit lediglich beantragt ist, eine Einigung der Parteien zu Protokoll zu nehmen (§ 41 II BRAGO).

c) des **Gerichtsvollziehers:** zB für die angeordnete Räumung von Wohnraum eine Gebühr von 30 DM (§ 24 I Nr 1 GVKostG); s im übr Rn 102 zu § 621.

d) Prozeßkostenhilfe: § 119 Rn 6.

e) Streitwert: § 3 Rn 16 „Einstweilige Anordnung".

620 b *[Änderung von Anordnungen, erneute Entscheidung nach mündlicher Verhandlung]*

(1) Das Gericht kann auf Antrag den Beschluß aufheben oder ändern. Das Gericht kann von Amts wegen entscheiden, wenn die Anordnung die elterliche Sorge über ein gemeinschaftliches Kind betrifft oder wenn eine Anordnung nach § 620 Satz 1 Nr. 2 oder 3 ohne vorherige Anhörung des Jugendamts erlassen worden ist.

(2) Ist der Beschluß oder die Entscheidung nach Absatz 1 ohne mündliche Verhandlung ergangen, so ist auf Antrag auf Grund mündlicher Verhandlung erneut zu beschließen.

(3) Für die Zuständigkeit gilt § 620a Abs. 4 entsprechend. Das Rechtsmittelgericht ist auch zuständig, wenn das Gericht des ersten Rechtszuges die Anordnung oder die Entscheidung nach Absatz 1 erlassen hat.

I) Allgemeines. § 620b schafft einen Ausgleich dafür, daß einstweilige Anordnungen regelmä- 1
ßig nicht angefochten werden können. Die Bestimmung regelt zwei Tatbestände: Die Aufhebung oder Änderung eines Beschlusses, der im Verfahren der einstweiligen Anordnung ergangen ist, mag die Anordnung erlassen oder abgelehnt worden sein, mag der Beschluß nach mündlicher Verhandlung oder ohne solche ergangen sein (Abs 1); ferner die erneute Entscheidung über einen Antrag auf Erlaß einer einstweiligen Anordnung in dem Fall, daß zunächst ohne mündliche Verhandlung entschieden worden ist (Abs 2).

II) Änderung von Anordnungen (Abs 1)

1) Einstweilige Anordnungen erwachsen nicht in Rechtskraft, sondern können jederzeit geän- 2
dert werden, und zwar nicht nur bei einer **Änderung der Verhältnisse,** die für den Inhalt der Anordnung maßgeblich waren, sondern auch auf Grund abweichender Beurteilung desselben Sachverhalts (AG Mainz FamRZ 78, 499; Hamburg FamRZ 80, 904; Hamm FamRZ 81, 968; Klauser DAVorm 82, 137; anders AG Lörrach FamRZ 79, 918). Ist allerdings mündlich über die einst-

weilige Anordnung verhandelt worden, den Parteien eine Begründung gegeben worden und begehrt nunmehr eine Partei eine Änderung der Anordnung, ohne neue rechtliche oder tatsächliche Gesichtspunkte vorzubringen, so besteht kein **Rechtsschutzbedürfnis** für eine erneute gleichlautende Entscheidung, sondern der Änderungsantrag ist unzulässig (KG FamRZ 78, 431; Koblenz FamRZ 85, 1272; Gießler FamRZ 83, 518).

3 **2) Rückwirkende Änderung:** Der Unterhaltsberechtigte kann keine rückwirkende Erhöhung des Unterhalts verlangen (Stuttgart NJW 81, 2476; s § 620 Rn 54). Der Unterhaltsverpflichtete kann eine Änderung hinsichtlich des rückständigen, noch nicht bezahlten Unterhalts verlangen, nicht aber die Rückzahlung zuviel bezahlten Unterhalts; denn insoweit besteht kein Bedürfnis für einstweiligen Rechtsschutz (Klauser DAVorm 82, 137).

4 **3)** Mit einem Änderungsantrag können **dieselben Einwendungen wie mit einer Vollstreckungsabwehrklage** (§ 767) erhoben werden, zB der Einwand, daß der Unterhalt bereits bezahlt sei. Ein solcher Antrag verdrängt die Vollstreckungsabwehrklage nicht (s § 620 Rn 14).

5 **4)** Haben die Ehegatten im Anordnungsverfahren einen **Unterhaltsvergleich** geschlossen und begehrt ein Ehegatte danach die Neufestsetzung des Unterhalts, so ist zu unterscheiden: Erhält der Vergleich eine endgültige Regelung des Unterhalts (was im Zweifel nicht der Fall ist: § 620 f Rn 10), so kann er durch einstweilige Anordnung nur geändert werden, nachdem Abänderungsklage erhoben worden ist; s § 620 Rn 17. Enthält der Vergleich nur eine einstweilige Unterhaltsregelung, so kann er ebenfalls nicht jederzeit ohne weiteres geändert werden. Da die Parteien sich einstweilen binden wollten, kann der Vergleich im Anordnungsverfahren nur bei einer wesentlichen Änderung der für die Unterhaltsbemessung maßgebenden Verhältnisse geändert werden (AG Hamburg FamRZ 78, 805; OLG Hamburg FamRZ 82, 412; Hamm FamRZ 82, 409 mwN; Klauser DAVorm 82, 134).

6 **5)** Das Institut der einstweiligen Anordnung ist nicht dafür geschaffen worden, zeitlich unbegrenzt Änderungsverfahren nach § 620 b nach sich zu ziehen. Anträge auf **Änderung** oder Aufhebung einer Anordnung können nur gestellt werden, **solange die Ehesache anhängig ist.** Namentlich kann die Änderung einer Unterhaltsanordnung nach Rechtskraft des Scheidungsausspruchs nicht mehr verlangt werden (BGH FamRZ 83, 355 = NJW 1330 = MDR 653; zweifelnd BL Albers 1 A b; ThP 1 d). Der Unterhaltsberechtigte kann dann nur Leistungsklage, der Unterhaltspflichtige negative Feststellungsklage erheben (BGH aaO). Wird der Scheidungsausspruch rechtskräftig, während ein Änderungsverfahren schwebt, so hindert die Rechtskraft das Gericht nicht daran, das Änderungsverfahren zu entscheiden (§ 620 a Rn 4). Zur Frage der Änderung nach Rechtskraft des Eheurteils s § 620 a Rn 3. Zur Frage der Änderung nach Versagung der Prozeßkostenhilfe für eine nicht rechtshängige Ehesache s § 620 f Rn 9.

7 **6)** Einstweilige Anordnungen werden nur auf **Antrag** aufgehoben oder geändert; Ausnahme s Rn 9. Den Antrag können nur die Ehegatten stellen; s § 620 Rn 3. Antragsberechtigt ist auch derjenige Ehegatte, der im vorangegangenen Verfahren mit seinem Antrag voll obsiegt hat. Daß er durch die einstweilige Anordnung beschwert ist, ist nicht erforderlich (BLAlbers 1 B a, ThP 1 b). Der Antrag ist zu begründen (§ 620 d). Er ist wie im Fall des § 620 a schriftlich oder zu Protokoll der Geschäftsstelle zu stellen. Die tatsächlichen Voraussetzungen für die Änderung sind analog § 620 a II 3 glaubhaft zu machen. Einzelheiten s § 620 a Rn 21. Für den Antrag besteht kein **Anwaltszwang,** wohl aber für die mündliche Verhandlung über die Änderung der einstweiligen Anordnung; s § 620 a Rn 9.

8 **7)** Die **Prozeßkostenhilfe** für ein Anordnungsverfahren erstreckt sich auch auf ein späteres Änderungsverfahren (Hamm JurBüro 83, 1722 = Rpfleger 84, 34; anders KG JurBüro 84, 579), soweit der Gegenstand des Änderungsverfahrens nicht über denjenigen des Ursprungsverfahrens hinausgeht. Beispiel: Laut einstweiliger Anordnung erhält die Frau 1000,– DM Unterhalt. Wenn der Mann später eine Herabsetzung des Unterhalts begehrt, liegt dieser Antrag innerhalb des ursprünglichen Verfahrensgegenstandes. Begehrt die Frau Erhöhung ihres Unterhalts, so geht ihr Begehren über den ursprünglichen Gegenstand hinaus. Dann ist für das Änderungsbegehren gesondert PKH zu beantragen.

9 **8)** Einstweilige Anordnungen über die elterliche Sorge können auch **von Amts wegen** geändert oder aufgehoben werden. Das gleiche gilt für Anordnungen über den persönlichen Umgang mit einem Kind oder die Herausgabe eines Kindes, wenn diese Anordnungen ohne vorherige Anhörung des Jugendamts erlassen worden sind (Abs 1 S 2).

10 **9)** Für die **Zuständigkeit** gelten die gleichen Grundsätze wie im Fall des § 620 a; s dort Rn 10 ff. Zuständig für die Entscheidung über den Änderungsantrag ist das Gericht, bei dem die Ehesache oder der Anordnung entsprechende Folgesache anhängig ist. Abs 3 S 2 spricht dies ausdrücklich auch für den Fall aus, daß das Familiengericht die einstweilige Anordnung erlassen

hat, der Änderungsantrag aber erst gestellt wird, nachdem die Ehe- oder Folgesache in der Berufungsinstanz anhängig geworden ist. Im umgekehrten Fall, in dem das Berufungsgericht nach Erlaß einer einstweiligen Anordnung die Ehe- oder Folgesache an das Familiengericht zurückverwiesen hat, ist dieses zuständig, wenn nach der Zurückverweisung ein Änderungsantrag gestellt wird (Köln FamRZ 79, 529). Kompliziert wird die Zuständigkeit während der Anhängigkeit einer **Revision.** Betrifft diese die der Anordnung entsprechende Folgesache, so bleibt das OLG für den Änderungsantrag zuständig (§§ 620b III 1, 620a IV 2). Betrifft die Revision die Ehesache, so ist das Familiengericht für den Änderungsantrag zuständig (§§ 620b III 1, 620a IV 1). Ausnahmsweise ist auch hier das OLG zuständig, wenn es zuvor die einstweilige Anordnung erlassen hatte; denn es ist mit dem Verfahren der einstweiligen Anordnung besser vertraut als das FamG (Hamm FamRZ 78, 909). Übergangsregelung s § 620a Rn 17.

Mit Eingang des Änderungsantrages liegt die Zuständigkeit fest. Wird nach dem Eingang, aber vor Entscheidung über den Antrag ein Rechtsmittel eingelegt oder die Sache an die Vorinstanz zurückverwiesen, so wechselt die Zuständigkeit nicht auf das Rechtsmittelgericht oder die Vorinstanz über. Der Grundsatz der **perpetuatio fori** gilt sinngemäß; s § 620a Rn 12. 11

10) Für das **Verfahren,** das das Gericht bei der Entscheidung über den Änderungsantrag durchzuführen hat, gelten die gleichen Grundsätze wie für das Verfahren nach § 620a; s dort Rn 22 ff. Wie Abs 2 zeigt, kann über den Änderungsantrag auch ohne mündliche Verhandlung entschieden werden. Zweckmäßig ist dies aber nicht, weil die Gefahr besteht, daß einer der Ehegatten später verlangt, über den Änderungsgrund auf Grund mündlicher Verhandlung erneut zu entscheiden. Wird ein Änderungsantrag gestellt, so kann das Gericht die **Vollziehung** der ursprünglich erlassenen einstweiligen Anordnung aussetzen (§ 620e). 12

Frei 13

11) Die **Entscheidung** ergeht durch begründeten Beschluß (§ 620d). Die ursprünglich erlassene Anordnung kann aufgehoben oder geändert werden, oder der Änderungsantrag kann zurückgewiesen werden. Über den ursprünglich vor Erlaß der ersten Anordnung gestellten Antrag ist nicht erneut zu entscheiden (ThP 4). 14

12) Hat ein Ehegatte auf Grund einstweiliger Anordnung mehr Unterhalt erhalten, als ihm nach der später geänderten Anordnung zustand, so ist er zur **Rückzahlung** verpflichtet, s § 620 f Rn 23. Diese Verpflichtung kann nicht durch einstweilige Anordnung geregelt werden; kein Bedürfnis für eine vorläufige Regelung. 15

III) Erneute Verhandlung über einstweilige Anordnungen, die ohne mündliche Verhandlung ergangen sind (Abs 2). Die erneute Verhandlung findet nur auf Antrag statt, auch wenn es um die elterliche Sorge geht. An eine Frist ist der Antrag nicht gebunden; jedoch kann er nach rechtskräftiger Entscheidung der Ehesache nicht mehr gestellt werden; s Rn 6. Solange nicht auf Grund mündlicher Verhandlung ein erneuter Beschluß ergangen ist, kann in den Fällen, in denen die Anordnung ihrem Inhalt nach der sofortigen Beschwerde unterliegt, dieses Rechtsmittel nicht eingelegt werden (§ 620c). Für den Antrag, die Zuständigkeit, das Verfahren und die Entscheidung gelten die gleichen Grundsätze wie im Fall des Absatz 1; s Rn 7–14. 16

IV) Konkurrierende Rechtsbehelfe. Da einstweilige Anordnungen nicht nur bei einer Änderung der Verhältnisse, sondern jederzeit geändert werden können, findet eine Abänderungsklage (§ 323) nicht statt (BGH FamRZ 83, 355/356). Im übrigen kann der unterhaltsberechtigte Ehegatte jederzeit auf Zahlung eines höheren Unterhalts, als einstweilen festgesetzt, klagen; der Unterhaltsverpflichtete kann auf Feststellung klagen, daß er geringeren Unterhalt schuldet, als in der einstweiligen Anordnung festgesetzt worden ist (s § 620 Rn 10, 13, § 620 f Rn 17). Eine solche Klage ist nicht aus dem Grunde unzulässig, weil die Änderung des Unterhaltstitels auf dem einfacheren und billigeren Weg des § 620b erreicht werden kann. Die eine Änderung begehrende Partei kann wählen, ob sie diesen Weg oder den der Klage im ordentlichen Verfahren gehen will (s § 620 Rn 10). 17

V) Gebühren: s § 620a Rn 36. 18

620 c *[Sofortige Beschwerde]*

Hat das Gericht des ersten Rechtszuges auf Grund mündlicher Verhandlung die elterliche Sorge über ein gemeinschaftliches Kind geregelt, die Herausgabe des Kindes an den anderen Elternteil angeordnet oder die Ehewohnung einem Ehegatten ganz zugewiesen, so findet die sofortige Beschwerde statt. Im übrigen sind die Entscheidungen nach den §§ 620, 620b unanfechtbar.

I) Unanfechtbare Entscheidungen

1 **1) Grundgedanke:** Einstweilige Anordnungen sind grundsätzlich unanfechtbar. Diese Regelung ist nicht verfassungswidrig (BVerfG NJW 80, 386; München FamRZ 78, 360 = NJW 1635). Die weitgehende Beschränkung der Anfechtung soll der zügigen Erledigung des Eheverfahrens dienen und Verzögerungen verhindern, die durch das Hin- und Hersenden der Akten vom Familiengericht zum Beschwerdegericht und zurück entstehen können.

2 **2) Konsequenzen** des Grundgedankens: Soweit Entscheidungen im Verfahren der einstweiligen Anordnung unanfechtbar sind, können auch **Nebenentscheidungen** dieses Verfahrens nicht angefochten werden: Berichtigungsbeschlüsse (anders Schleswig SchlHA 80, 115); Versagung der PKH (Düsseldorf FamRZ 78, 258; Hamm FamRZ 80, 386; Köln FamRZ 80, 1142; Celle FamRZ 80, 175; Karlsruhe FamRZ 83, 1253; Schleswig SchlHA 85, 156; anders Zweibrücken FamRZ 85, 301; Frankfurt FamRZ 86, 926, wenn es darum geht, ob die Partei die Prozeßkosten nicht oder nur in Raten aufbringen kann). Insoweit geht der Instanzenzug nicht über denjenigen der Hauptsache hinaus (StJLeipold § 127 Rn 8). Unanfechtbar ist auch die Androhung von Zwangsgeld (§ 33 III 1 FGG), wenn sie analog § 890 II in Anordnung über den persönlichen Umgang eines Elternteils mit dem Kind enthalten ist. Gegen einen besonderen Androhungsbeschluß findet jedoch ebenso wie gegen alle anderen Vollziehungsmaßnahmen iS des § 33 FGG die Beschwerde nach § 19 FGG statt. Statthaft sind auch Beschwerden gegen die Aussetzung des Anordnungsverfahrens (Frankfurt FamRZ 85, 409), gegen die Streitwertfestsetzung (KG FamRZ 80, 1142, Lappe KostRspr GKG § 25 Nr 39; anders Köln FamRZ 86, 695 mwN) und im Kostenfestsetzungsverfahren (Düsseldorf JurBüro 81, 727), soweit es um die Festsetzung der Gebühren für das Verfahren der einstweiligen Anordnung geht. Da Kosten erst nach Beendigung des Scheidungsverfahrens oder bei dessen Rechtskraft festgesetzt werden (§§ 620g ZPO, 16 BRAGO), besteht nicht die Gefahr, daß jene Beschwerden die zügige Erledigung des Eheverfahrens verhindern.

3 **3)** Wird eine einstweilige Anordnung **ohne mündliche Verhandlung** erlassen oder geändert, so ist dieser Beschluß nicht anfechtbar. Ist eine Anordnung ursprünglich nach mündlicher Verhandlung erlassen, dann aber ohne erneute Verhandlung geändert worden, so findet gegen den Änderungsbeschluß keine Beschwerde statt (Stuttgart DAVorm 80, 430). Beschwerden sind in diesen Fällen als Anträge auf erneute Entscheidung nach mündlicher Verhandlung (§ 620b II) zu behandeln (Stuttgart NJW 78, 279; Hamm FamRZ 80, 67).

3a Probleme wirft das weit verbreitete, den §§ 608, 296a, 128 widersprechende **gemischt mündlich-schriftliche Verfahren** auf: Das FamG verhandelt zunächst mündlich über die einstweilige Anordnung, stellt dann Ermittlungen an und verwertet diese in seinem Anordnungsbeschluß, ohne erneut zu verhandeln. Beruht der Beschluß ausschließlich auf den nach der Verhandlung durchgeführten Ermittlungen, so ist er nicht auf Grund mündlicher Verhandlung ergangen und deshalb unanfechtbar (Stuttgart Justiz 81, 55). Beruht er teils auf der Verhandlung, teils auf den späteren Ermittlungen, so halten Bamberg (FamRZ 81, 294) und Zweibrücken (FamRZ 84, 916) die Beschwerde gegen ihn für unstatthaft. Hamburg (FamRZ 86, 182) hat sie in einem Fall zugelassen, in dem die nachgeholte Anhörung der Kinder nur das Verhandlungsergebnis bestätigte.

4 **4)** Auch **nach mündlicher Verhandlung erlassene Anordnungen** sind nur in den in S 1 aufgezählten Fällen anfechtbar. Lehnt das FamG es ab, durch einstweilige Anordnung die elterliche Sorge zu regeln, die Herausgabe eines Kindes anzuordnen oder die Ehewohnung einem Ehegatten ganz zuzuweisen, so ist die Beschwerde nicht zulässig (Frankfurt FamRZ 84, 295; Köln FamRZ 83, 732 mwN; Schleswig SchlHA 80, 45).

5 **5)** Umstritten ist, ob Beschlüsse anfechtbar sind, durch die das **FamG die Änderung einer einstweiligen Sorgerechtsregelung ablehnt** (verneinend Schleswig SchlHA 84, 57; Frankfurt FamRZ 84, 295; bejahend Frankfurt FamRZ 84, 296; Düsseldorf FamRZ 85, 300, wenn die Ablehnung wie eine positive Sorgerechtsregelung wirkt). Dieser Streit hängt zusammen mit dem ungeklärten **Verhältnis von § 620c zu § 620b I.** Nach § 620c S 1 sind einstweilige Anordnungen zur Regelung der elterlichen Sorge usw nur *befristet* anfechtbar. Nach § 620b I (s dort Rn 2) kann jeder Ehegatte *jederzeit* eine erneute Entscheidung über diese Gegenstände verlangen. Der Widerspruch wird offenbar, wenn sofortige Beschwerde gegen einen Beschluß eingelegt wird, durch den das FamG es ablehnt, eine Anordnung zu ändern, die an sich beschwerdefähig war, aber nicht oder erfolglos angefochten worden ist. Hier ist zu unterscheiden:

6 **a)** Befassen sich die erneute Entscheidung und die hiergegen gerichtete Beschwerde mit dem **unveränderten Sachverhalt,** der bereits Gegenstand der früheren Entscheidung des FamG oder der hiergegen eingelegten Beschwerde war, so findet keine Beschwerde gegen die erneute Entscheidung statt. Würde man anders entscheiden, so liefe dies auf die Eröffnung eines unbefristeten Beschwerdeweges hinaus. Das aber will § 620c gerade verhindern (Hamm FamRZ 80, 1141).

b) Haben sich seit der früheren Entscheidung des FamG oder, falls diese angefochten worden war, des Beschwerdegerichts die **tatsächlichen Verhältnisse** oder die Erkenntnismöglichkeiten des Gerichts, etwa durch Eingang eines psychologischen Gutachtens, **wesentlich geändert,** die für jene Entscheidung maßgeblich waren, so steht die erneute Entscheidung des FamG einer Anordnung gleich, durch die die elterliche Sorge usw erstmalig geregelt wird (Düsseldorf FamRZ 85, 300). Hiergegen findet die sofortige Beschwerde statt, einerlei, ob die frühere Entscheidung aufrechterhalten oder ob die elterliche Sorge auf eine andere Person übertragen wird. 7

6) Im Verhältnis von **§ 620c zu § 620b II** entstehen diese Probleme nicht. Ist die einstweilige Anordnung ohne mündliche Verhandlung ergangen und dann auf Antrag nach mündlicher Verhandlung erneut beschlossen worden, daß die Anordnung aufrechterhalten wird, so findet die Beschwerde statt. Lautet in diesem Fall der erneute Beschluß, daß die Anordnung aufgehoben und der Antrag auf Erlaß einer Anordnung zurückgewiesen wird, so ist dieser Beschluß ebensowenig anfechtbar wie der Beschluß, durch den der Antrag auf Erlaß einer Anordnung von vornherein zurückgewiesen wird (Köln FamRZ 83, 732; anders Karlsruhe FamRZ 79, 840). 8

II) Der sofortigen Beschwerde unterliegende Entscheidungen

1) Hat das FamG auf Grund mündlicher Verhandlung eine einstweilige Anordnung erlassen, so findet die sofortige Beschwerde nur in drei Fällen statt, die schwerwiegende Folgen haben: 1) Gegen die Regelung der **elterlichen Sorge.** Eine solche Regelung liegt auch dann vor, wenn nur ein Teilbereich der Sorge, zB das Aufenthaltsbestimmungsrecht, auf einen Elternteil übertragen worden ist (Hamm FamRZ 79, 157 = NJW 49; Köln FamRZ 79, 320; Bamberg FamRZ 83, 82). Der Umgang mit dem Kind ist kein Teilbereich in diesem Sinne (Saarbrücken FamRZ 86, 182). 2) Gegen die Anordnung der **Herausgabe des Kindes** an den anderen Elternteil und 3) gegen die **Zuweisung der ganzen Ehewohnung** an einen Ehegatten findet die sofortige Beschwerde statt, nicht aber allein wegen der Versagung einer Räumungsfrist oder wegen deren Länge. 9

Frei 10

2) Unabhängig von § 620c findet die sofortige Beschwerde ferner statt, wenn das FamG im Anordnungsverfahren eine **Sachentscheidung ablehnt,** obwohl die gesetzlichen Voraussetzungen hierfür vorliegen (Hamburg FamRZ 78, 804 und 79, 528 mwN). Angefochten werden kann auch eine Anordnung, für die eine gesetzliche Grundlage schlechthin nicht ersichtlich ist (München FamRZ 78, 360; Zweibrücken FamRZ 80, 69; Hamm FamRZ 82, 409 u 83, 515 mwN; Düsseldorf FamRZ 83, 514; Frankfurt FamRZ 85, 193), zB eine Anordnung auf Unterhalt, ohne daß ein Scheidungsverfahren anhängig ist (Frankfurt FamRZ 79, 320), auf Rückzahlung eines Prozeßkostenvorschusses (Düsseldorf AnwBl 80, 507); weitere Beispiele s § 620 Rn 29. Der in diesem Zusammenhang häufig verwendete Begriff der greifbaren Gesetzeswidrigkeit darf nicht so verstanden werden, als genüge bereits jeder eindeutige Verstoß gegen entscheidungserhebliche Rechtsnormen. Die Möglichkeit, gegen eine an sich unanfechtbare Entscheidung gleichwohl Beschwerde einlegen zu können, ist auf wirkliche Ausnahmefälle zu beschränken, in denen eine mit dem geltenden Recht schlechthin unvereinbare Entscheidung aufgehoben werden muß (BGH FamRZ 86, 150). Unanfechtbar ist aus diesem Grunde eine Anordnung auf Erteilung einer Auskunft über das Einkommen (Hamm FamRZ 83, 515; anders Stuttgart FamRZ 80, 1138; Düsseldorf FamRZ 83, 514). Sie entbehrt nicht schlechthin jeder gesetzlichen Grundlage; s § 620 Rn 49. Unanfechtbar ist auch ein gegen § 620b verstoßender Beschluß, durch den eine Anordnung aufgehoben wird, obwohl keine Partei dies beantragt hatte (Zweibrücken FamRZ 86, 1120). Eine an sich unanfechtbare Anordnung kann auch nicht aus dem Grunde angefochten werden, weil das rechtliche Gehör verweigert worden ist (BGH aaO; § 567 Rn 41). Wegen der Anfechtung von Aussetzungsbeschlüssen und Vollziehungsmaßnahmen s Rn 2. 11

III) Beschwerdeverfahren

1) Beschwerdeberechtigt sind die Ehegatten, nicht der Vermieter in Ehewohnungssachen; s § 620a Rn 24. Hamm (DAVorm 85, 508) hält den Vormund eines Kindes für berechtigt, Beschwerde gegen eine Sorgerechtsanordnung einzulegen. Das KG (FamRZ 79, 740) hat in einem solchen Fall dem Jugendamt die Beschwerdeberechtigung mit der Begründung abgesprochen, daß § 64a (heute § 64k) III 1 FGG nur in selbständigen Sorgerechtsverfahren und für Folgesachen, nicht aber in Ehesachen gilt. Zwingend ist dieser Schluß nicht (MünchKomm/Hinz, Ergänzungsband, § 1672 Rn 13). § 620c ist lückenhaft, weil er die Beschwerdeberechtigung nicht regelt. Gegen die Entscheidung über die elterliche Sorge in Folgesachen, in selbständigen Verfahren und gegen einstweilige Anordnungen in selbständigen Verfahren können das Jugendamt und das 14 bis 17 Jahre alte Kind Beschwerde einlegen (§ 621a Rn 29). Um des Kindeswohls willen ist diese Regelung hier analog anzuwenden (so Rolland 6 für die Beschwerdeberechtigung des Kindes; anders ThP 1; BLAlbers 1 B). 12

13 **2) Form der Beschwerde:** Die Beschwerde wird durch Einreichung einer **Beschwerdeschrift** beim Familiengericht oder beim OLG als Beschwerdegericht eingelegt (§§ 569 I, 577 II 2 ZPO, 119 I Nr 2 GVG). Sie kann nicht zu Protokoll der Geschäftsstelle eingelegt werden; denn in der ersten Instanz ist das Verfahren als Anwaltsprozeß zu führen (s § 620 a Rn 9). Infolgedessen besteht für die Ehegatten **Anwaltszwang** (§ 78 II 1 Nr 1; Karlsruhe FamRZ 81, 379; Celle FamRZ 82, 321; Frankfurt FamRZ 83, 516; anders Hamm FamRZ 85, 1146), nicht aber für das Jugendamt und das Kind (Rn 12), s § 78 II Nr 1. Wird die Beschwerdeschrift beim Familiengericht eingereicht, so genügt es, daß sie von einem Rechtsanwalt unterzeichnet ist, der beim Familiengericht oder dem übergeordneten Landgericht zugelassen ist (§ 78 II 2). Es ist nicht erforderlich, daß der Rechtsanwalt auch beim Beschwerdegericht zugelassen ist (Bremen FamRZ 77, 399 mwN; Celle aaO). Der nicht beim OLG zugelassene Anwalt kann jedoch nicht bei diesem Gericht Beschwerde einlegen (Frankfurt aaO). Auch der nur beim OLG zugelassene Anwalt kann beim Familiengericht Beschwerde einlegen; diese muß nur fristgemäß an das OLG gelangen. Äußert sich der Beschwerdegegner schriftlich zur Beschwerde, so muß er sich durch einen beim Familiengericht, dem übergeordneten Landgericht oder dem OLG zugelassenen Anwalt vertreten lassen (§ 573 II 1). Wenn dieser Anwalt nicht beim OLG zugelassen ist, kann er nur Schriftsätze an dieses Gericht richten. In der Beschwerdeverhandlung auftreten kann er nicht (Frankfurt aaO).

14 **3)** Die **Frist** für die Einlegung und Begründung (§ 620 d S 1) der **Beschwerde** beträgt 2 Wochen und beginnt mit der Zustellung des angefochtenen Beschlusses (§ 577 II). Wird die Beschwerdeschrift durch einen nur beim Familiengericht zugelassenen Anwalt beim OLG eingereicht oder durch einen nur beim OLG zugelassenen Anwalt beim Familiengericht, so ist die Frist nur gewahrt, wenn die Beschwerde rechtzeitig an das Gericht weitergereicht wird, bei dem der Anwalt zugelassen ist; s § 569 Rn 15. Die Beschwerde hat keine aufschiebende Wirkung (§ 572 I). Wird sie nicht fristgerecht eingelegt oder begründet, so ist sie als unzulässig zu verwerfen.

15 **IV) Konkurrenz zwischen Beschwerde und Änderungsantrag.** Ist nach mündlicher Verhandlung eine einstweilige Anordnung erlassen worden, so kann nach § 620 b I 1 ein Antrag auf Änderung der Entscheidung gestellt werden; in den Fällen des § 620 c kann auch sofortige Beschwerde gegen die Entscheidung eingelegt werden. Da dieselbe Sache nicht zugleich vor dem Familiengericht und dem Beschwerdegericht anhängig sein kann (Gefahr widersprechender Entscheidungen), stellt sich die Frage nach dem Vorrang: Stellt dieselbe Partei den Änderungsantrag nach § 620 b und legt zugleich Beschwerde ein, so hat der Familienrichter sie zu fragen, welcher Rechtsbehelf vorrangig behandelt werden soll. Stellt die eine Partei den Änderungsantrag und legt die andere Beschwerde ein, so ist zunächst die Beschwerde dem OLG vorzulegen.

V) Beschwerdeentscheidung

16 **1)** Das **Familiengericht** darf der Beschwerde weder abhelfen (§ 577 III) noch darf es die Vollziehung der angefochtenen Anordnung gemäß § 572 II aussetzen. Insoweit ist § 620 e lex specialis, wonach nur das Beschwerdegericht aussetzen darf; s § 620 e Rn 2. Wird die angefochtene Anordnung vollzogen, so entfällt dadurch nicht das Rechtsschutzbedürfnis für die Beschwerde (KG NJW 70, 953; StJSchlosser 2).

17 **2)** Das **OLG** kann mündlich über die Beschwerde verhandeln; es kann auch ohne solche Verhandlung entscheiden (§ 573 I). Es entscheidet durch begründeten Beschluß (§ 620 d). Wenn es der Beschwerde stattgibt und die angefochtene Anordnung ändert, ist es nicht darauf beschränkt, den Antrag auf Erlaß der Anordnung zurückzuweisen. Dies fordern weder Wortlaut noch Sinn des § 620 c. Dieser schränkt die Anfechtung einstweiliger Anordnungen um der zügigen Erledigung des Eheverfahrens willen ein (Rn 1). Würde das Beschwerdegericht sich darauf beschränken, den Antrag auf Erlaß der Anordnung zurückzuweisen, so müßte das FamG erneut entscheiden, und es gäbe eine erneute Beschwerdemöglichkeit. Dadurch würde das Verfahren nicht beschleunigt, sondern verlangsamt. Konsequenzen: Hatte das FamG der Mutter auf ihren Antrag die elterliche Sorge übertragen, so kann das OLG auf die Beschwerde des Vaters diesem die elterliche Sorge übertragen. Hatte das FamG dem Ehemann die Wohnung zugewiesen, so kann das OLG auf die Beschwerde der Ehefrau hin ihr die Wohnung zuweisen. Jedoch ist seine Entscheidungsbefugnis beschränkt auf den Gegenstand des angefochtenen Beschlusses (Köln MDR 72, 691). Es darf nicht den Umgang mit dem Kind regeln, wenn eine Sorgerechtsanordnung angefochten war.

18 **3)** Eine **weitere Beschwerde** findet nicht statt (§ 567 III 1).

19 **VI) Gebühren: 1)** des **Gerichts: 1** ganze Gebühr nach KV Nr 1180, und zwar ohne Rücksicht darauf, wie das Beschwerdeverfahren ausgeht. – **2)** des **Anwalts:** Gebühren nur zu 3/10 nach § 61 I Nr 1 BRAGO (vgl Köln JurBüro 75, 198).

620 d

[Begründungspflicht]

In den Fällen der §§ 620b, 620c sind die Anträge und die Beschwerde zu begründen; die Beschwerde muß innerhalb der Beschwerdefrist begründet werden. Das Gericht entscheidet durch begründeten Beschluß.

Anträge auf Aufhebung oder Änderung einer einstweiligen Anordnung (§ 620b I) und Anträge auf erneute Entscheidung auf Grund mündlicher Verhandlung (§ 620b II) sind zu begründen. Fehlt die Begründung, so hat das Gericht dem Antragsteller eine Frist zu setzen. Wird sie nicht fristgemäß nachgeholt, so ist der Antrag unzulässig. 1

Daß die **sofortige Beschwerde** begründet werden muß, war früher umstritten und ist durch das UÄndG (BGBl 86 I 301) klargestellt worden. 2

Frei. 3

Das Gesetz schreibt nur für drei Fälle ausrücklich vor, daß **Beschlüsse,** die im Verfahren der einstweiligen Anordnung ergehen, zu begründen sind, nämlich **1.** wenn das Gericht über die Änderung oder Aufhebung einer einstweiligen Anordnung zu entscheiden hat (§ 620b I), **2.** wenn es zunächst ohne mündliche Verhandlung eine Anordnung erlassen hatte und nunmehr auf Grund mündlicher Verhandlung erneut entscheidet (§ 620b II), **3.** wenn es über eine sofortige Beschwerde zu entscheiden hat (§ 620c). 4

Der Gegenschluß, daß **Erstentscheidungen** keiner **Begründung** bedürfen (KG FamRZ 82, 1031; Rolland 2; ThP; StJSchlosser 2; anders BLAlbers 1) ist nicht zwingend. Das Gesetz ist insoweit lückenhaft. Die Lücke ist durch den rechtsstaatlichen Grundsatz auszufüllen, daß eine Partei, deren Antrag abgelehnt oder in deren Rechte eingegriffen wird, Anspruch auf eine Begründung hierfür hat, damit sie ihre Rechte sachgemäß wahrnehmen oder verteidigen kann (BVerfGE 6, 33/44; Hamm FamRZ 77, 744/746 mwN). Dieser Grundsatz schließt es freilich nicht aus, daß das Gericht einem Anordnungsantrag stattgibt und sich der Antragsbegründung ausdrücklich anschließt, wenn der Antragsgegner sich nicht verteidigt. Streiten jedoch die Ehegatten, so ist eine Begründung unentbehrlich. Findet gegen die Entscheidung die sofortige Beschwerde statt (§ 620c Rn 9 ff), so muß sie auch aus dem Grunde begründet werden, damit das Beschwerdegericht sie nachvollziehen kann (Schleswig SchlHA 80, 79). Fehlt die Begründung, so liegt darin ein wesentlicher Verfahrensmangel, der zur Aufhebung des Beschlusses und Zurückverweisung der Sache an das Familiengericht führt (Celle FamRZ 78, 54; Düsseldorf FamRZ 78, 56). Eine eingehende Begründung ist jedoch entbehrlich, wenn die Entscheidung über die elterliche Sorge dem übereinstimmenden Begehren der Eltern entspricht (Düsseldorf aaO). 5

620 e

[Aussetzung der Vollziehung]

Das Gericht kann in den Fällen der §§ 620b, 620c vor seiner Entscheidung die Vollziehung einer einstweiligen Anordnung aussetzen.

Die **Vollziehung** einer einstweiligen Anordnung kann **ausgesetzt** werden, wenn 1. ein Antrag auf Änderung oder Aufhebung der Anordnung gestellt worden ist oder wenn eine Anordnung über die elterliche Sorge, den persönlichen Umgang mit dem Kind oder die Herausgabe des Kindes von Amts wegen zu ändern ist (§ 620b I), 2. wenn eine einstweilige Anordnung ohne mündliche Verhandlung ergangen ist und wenn ein Antrag gestellt worden ist, auf Grund mündlicher Verhandlung erneut zu beschließen (§ 620b II), 3. wenn eine sofortige Beschwerde gegen eine Anordnung über die elterliche Sorge, gegen eine Anordnung auf Herausgabe eines Kindes oder gegen die Zuweisung der ganzen Ehewohnung an einen Ehegatten eingelegt worden ist (§ 620c). 1

Zuständig für die Aussetzung der Vollziehung ist das Gericht, das endgültig zu entscheiden hat, dh in den Fällen des § 620b das Familiengericht oder, wenn die Ehesache bzw die der Anordnung entsprechende Folgesache in der Rechtsmittelinstanz schwebt, das OLG (§ 620a IV 2). Über die Zuständigkeit während der Revisionsinstanz s § 620a Rn 16. Im Falle der sofortigen Beschwerde ist nur das OLG für die Aussetzung zuständig; insoweit weicht § 620e von § 572 II ab und geht ihm vor (BLAlbers 2; ThP). 2

Verfahren: Ein Antrag auf Aussetzung der Vollziehung ist nicht erforderlich; die Aussetzung kann von Amts wegen angeordnet werden. Das Gericht kann auch anordnen, daß die Vollziehung nur gegen Sicherheitsleistung stattfindet oder ausgesetzt wird (StJSchlosser 1). Es kann die Entscheidung über die Aussetzung von Amts wegen aufheben oder ändern (StJschlosser). Ein Beschluß über die Aussetzung der Vollziehung ist unanfechtbar (Schleswig SchlHA 78, 102; Hamm FamRZ 80, 174; KG FamRZ 81, 65). 3

4 **Entscheidung:** Das Gericht kann nur die Vollziehung aussetzen. Vorläufige Anordnungen anderer Art kann es nicht treffen. § 24 III FGG, der dem Beschwerdegericht die Befugnis zu solchen Anregungen verleiht, ist nicht analog anwendbar, weil das Gesetz hier nicht lückenhaft ist.

5 **Gebühren: a)** des **Gerichts:** Keine (§ 1 I GKG). – **b)** des **Anwalts:** Der Antrag auf Aussetzung der Vollziehung (s Rn 3) gehört, wenn er auch in § 41 Abs I 1b BRAGO nicht ausdrücklich aufgeführt ist, zur einheitlichen Angelegenheit des § 620b I, II (vgl Hamburg MDR 76, 235) und wird durch die im bisherigen Verfahren bereits verdienten Gebühren mit abgegolten.

620 f *[Außerkrafttreten der einstweiligen Anordnung]*

(1) Die einstweilige Anordnung tritt beim Wirksamwerden einer anderweitigen Regelung sowie dann außer Kraft, wenn der Scheidungsantrag oder die Klage zurückgenommen wird oder rechtskräftig abgewiesen ist oder wenn das Eheverfahren nach § 619 in der Hauptsache als erledigt anzusehen ist. Auf Antrag ist dies durch Beschluß auszusprechen. Gegen die Entscheidung findet die sofortige Beschwerde statt.

(2) Zuständig für die Entscheidung nach Absatz 1 Satz 2 ist das Gericht, das die einstweilige Anordnung erlassen hat.

Übersicht

Lit: *Hassold* FamRZ 81, 1036; *Klauser* DAVorm 82, 125.

1 **I) Weitergeltung einstweiliger Anordnungen. 1) Grundgedanke:** Nach § 627 aF traten einstweilige Anordnungen im Regelfall mit der Auflösung der Ehe außer Kraft, und es trat ein regelungsloser Zustand ein. Um dies zu ändern, wurde im § 620f bestimmt, daß einstweilige Anordnungen auch nach der Scheidung bis zum Wirksamwerden einer anderweitigen Regelung fortwirken. Weiter bewirkt die neue Bestimmung, daß manche einstweilige Anordnung als endgültige Lösung akzeptiert wird und daß dadurch Rechtsstreitigkeiten verhindert werden.

2 **2)** § 620f gilt auch für einstweilige Anordnungen, durch die der **Unterhalt eines Ehegatten** geregelt wird. Ein Urteil über den Unterhalt eines getrennt lebenden Ehegatten umfaßt zwar nicht den Unterhalt für die Zeit nach der Scheidung. Anders die einstweilige Unterhaltsanordnung: § 620f läßt den Unterschied zwischen beiden Arten von Unterhalt außer acht und zieht eine Fortgeltung der vorläufigen Regelung dem vorübergehenden Eintritt eines regelungslosen

Zustandes vor (BGH FamRZ 81, 242/243). Aus diesem Grunde kann der durch Anordnung zum Unterhalt verpflichtete Ehegatte nicht mit der Vollstreckungsabwehrklage geltend machen, die Ehe sei inzwischen geschieden und damit sei die Rechtsgrundlage für die Anordnung weggefallen (BGH FamRZ 83, 355; Stuttgart FamRZ 81, 694; Hamburg FamRZ 81, 982; Frankfurt FamRZ 82, 719; Schleswig SchlHA 82, 75; Bamberg FamRZ 83, 84 mwN; anders München FamRZ 81, 912/914; Köln FamRZ 83, 940). Ebensowenig kann allein mit dieser Begründung auf Feststellung geklagt werden, daß kein Unterhalt mehr geschuldet wird.

3) Auch einstweilige Anordnungen, durch die der **Kindesunterhalt** geregelt ist, wirken über die Rechtskraft des Scheidungsausspruchs hinaus fort. Nach Eintritt der Rechtskraft kann zwar der Elternteil, in dessen Obhut sich das Kind befindet, dessen Unterhaltsansprüche gegen den anderen Elternteil nicht mehr im eigenen Namen geltend machen (§ 1629 III BGB). Die Anordnung wirkt aber weiterhin für und gegen das Kind (§ 1629 III 2 BGB, s § 620 Rn 40). 3

II) Außerkrafttreten einstweiliger Anordnungen ohne anderweitige Regelung. Wird der Scheidungsantrag abgewiesen, zurückgenommen oder erledigt sich das Verfahren durch den Tod eines Ehegatten, so ist für eine Fortgeltung der einstweiligen Anordnungen kein Raum. Abgesehen vom Todesfall sind zwar auch dann weitere Streitigkeiten zwischen den Ehegatten denkbar. Man kann aber nicht allgemein davon ausgehen, daß die vorhandenen einstweiligen Anordnungen solche Streitigkeiten vorläufig in angemessener Weise regeln würden, wenn sie fortgälten, und ebensowenig davon, daß die Streitigkeiten durch Weitergeltung der Anordnungen vermieden werden könnten (Frankfurt FamRZ 83, 202). Einstweilige Anordnungen treten deshalb (allerdings nicht rückwirkend, sondern nur mit Wirkung für die Zukunft) ersatzlos außer Kraft, wenn folgende Voraussetzungen erfüllt sind: 4

1) Im Falle der **Rücknahme des Scheidungsantrages** tritt diese Wirkung zu dem Zeitpunkt ein, in dem die Rücknahme wirksam wird. Ist hierzu die Zustimmung des Antragsgegners erforderlich (§ 269 I; Einzelheiten s § 626 Rn 1), so ist die Klagerücknahme erst wirksam, wenn der Beklagte dem Gericht gegenüber seine Zustimmung erklärt (§ 269 II). Die Anordnung tritt auch außer Kraft, wenn ein nur anhängiger, aber nicht rechtshängiger Scheidungsantrag zurückgenommen wird (anders Düsseldorf FamRZ 85, 1271). Wird einem Ehegatten nach Rücknahme des Scheidungsantrags vorbehalten, eine dem Gegenstand einer Anordnung entsprechende Folgesache als selbständige Familiensache fortzuführen (§ 626 II), so tritt die Anordnung trotzdem außer Kraft (Karlsruhe FamRZ 86, 1120). 5

2) Im Falle der rechtskräftigen **Abweisung** kommt es auf den Tag der **Rechtskraft** an. Diese tritt auch bei Urteilen der OLGe erst mit dem Ablauf der Revisionsfrist oder – falls Revision eingelegt wird, obwohl sie nicht zugelassen worden war – mit deren Verwerfung ein (str, s § 629 d Rn 3). Wird nach Eintritt der Rechtskraft einem Ehegatten Wiedereinsetzung in den vorigen Stand wegen der Versäumung der Rechtsmittelfrist oder -begründungsfrist gewährt, so fällt die Rechtskraft weg, und die einstweiligen Anordnungen werden wieder wirksam (ThP 2 c). 6

3) Tritt eine einstweilige **Sorgeregelungsanordnung** durch den **Tod eines Ehegatten** außer Kraft, so geht die Sorge kraft Gesetzes auf den überlebenden Ehegatten über (§ 1681 I 1 BGB). Die Voraussetzungen des § 1681 I 2 BGB, wonach das Vormundschaftsgericht nach dem Tode eines nach § 1672 BGB sorgeberechtigten Elternteils über die elterliche Sorge entscheidet, sind hier nicht erfüllt. Nach § 1672 BGB sorgeberechtigt ist nur der Ehegatte, dem die elterliche Sorge durch eine Endentscheidung im selbständigen Sorgerechtsverfahren übertragen worden ist, nicht aber derjenige, der kraft einstweiliger Anordnung Inhaber der elterlichen Sorge ist. Tritt eine einstweilige Sorgerechtsregelung durch Antragsrücknahme oder -abweisung außer Kraft, so lebt die gemeinsame elterliche Sorge von selbst wieder auf, ohne daß das Vormundschaftsgericht eingeschaltet wird. Es besteht kein Grund, der es rechtfertigt, beim Außerkrafttreten infolge Todes anders zu verfahren und auf einen von selbst eintretenden Übergang des Sorgerechts auf den überlebenden Elternteil zu verzichten. Das Vormundschaftsgericht hat hier nur unter den Voraussetzungen des § 1666 BGB einzugreifen. 7

4) Wird der **Scheidungsprozeß nicht mehr betrieben,** nachdem eine einstweilige Anordnung ergangen ist, so tritt diese nicht außer Kraft (StJSchlosser 12; anders Köhler, Unterhaltsrecht, 6. Aufl Rn 259). Hierfür spricht, daß sich die Zeit des Außerkrafttretens nicht bestimmen ließe. Der Antragsgegner kann nur die Aufhebung der Anordnung beantragen (§ 620 b I). 8

5) Wurde für eine nicht rechtshängige Ehesache PKH beantragt, darauf eine einstweilige Anordnung erlassen (s § 620 a II 1) und wird später das **Prozeßkostenhilfegesuch zurückgenommen,** so tritt die einstweilige Anordnung entsprechend § 620 f I 1 außer Kraft (Bergerfurth, Ehescheidungsprozeß S 73 Fußn 20). Nach Stuttgart (FamRZ 84, 720) soll dies auch gelten, wenn das PKH-Gesuch **zurückgewiesen** wird. Dabei werden die Probleme verkannt, die sich ergeben, 9

wenn eine Beschwerde gegen den zurückweisenden Beschluß Erfolg hat oder wenn der die Scheidung begehrende Ehegatte den Prozeß trotz Verweigerung der PKH weiterbetreibt. Daß die Anordnung auch in diesen Fällen außer Kraft tritt, widerspricht dem § 620 f. Da die Zurückweisung des PKH-Gesuchs keiner Rechtskraft fähig ist, bleibt das Verfahren trotz der Zurückweisung anhängig. Wie bei einem ruhenden Verfahren (s Rn 8) kann der Antragsgegner die Aufhebung der Anordnung beantragen (§ 620 b; Schleswig SchlHA 81, 81).

10 **III) Außerkrafttreten einstweiliger Anordnungen durch Wirksamwerden anderweitiger Regelungen.** Scheidung, Aufhebung oder Nichtigerklärung der Ehe setzen einstweilige Anordnungen nicht außer Kraft. Einerlei ob die Ehe aufgelöst wird oder das Eheverfahren fortdauert, bleiben solche Anordnungen bis zum Wirksamwerden einer anderweitigen Regelung in Kraft, es sei denn, das Gericht hat die Dauer der Anordnung von vornherein zeitlich begrenzt (Düsseldorf FamRZ 78, 913; Bamberg FamRZ 82, 86). Ist im Anordnungsverfahren ein **Vergleich** geschlossen worden, so wirkt dieser im Zweifel ebenso lange wie eine einstweilige Anordnung und wird wie diese durch eine anderweitige Regelung außer Kraft gesetzt (BGH FamRZ 83, 892 mwN; Bamberg FamRZ 84, 1119; Frankfurt FamRZ 83, 202; anders Köln FamRZ 83, 1122).

11 1) Anderweitige Regelungen, die einstweilige Anordnungen außer Kraft setzen, können in **Verträgen** zwischen Ehegatten enthalten sein, namentlich in **Scheidungsfolgen-** oder **Unterhaltsvergleichen.** Da einstweilige Anordnungen zur Regelung des Kindesunterhalts für und gegen das Kind wirken (§ 1629 III 2, § 620 Rn 41) können auch Verträge zwischen dem Kind und dem unterhaltspflichtigen Elternteil anderweitige Regelungen enthalten. Nur soweit die Ehegatten über den Vertragsgegenstand disponieren können, setzen Verträge einstweilige Anordnungen außer Kraft. Vereinbarungen über die elterliche Sorge oder den Umgang eines Kindes haben diese Wirkung nicht; denn hierüber können die Eltern nicht disponieren (§ 621 Rn 23).

12 2) Anderweitige Regelungen, die einstweilige Anordnungen außer Kraft setzen, können in **gerichtlichen Entscheidungen** enthalten sein, die den Gegenstand der Anordnung endgültig regeln. Die Kostenentscheidung eines Scheidungsurteils ist keine anderweitige Regelung, durch die eine Anordnung auf Zahlung eines Prozeßkostenvorschusses außer Kraft gesetzt wird (BGH FamRZ 85, 802 mwN = NJW 2263 = MDR 831). Außer Kraft setzende Entscheidungen können in Folgesachen (§ 623 I) ergehen, ferner in selbständigen Familiensachen während des Scheidungsprozesses (KG FamRZ 85, 722; § 620 Rn 10 ff) und danach.

13 3) **Anderweitige Regelungen in Unterhaltssachen. a)** Um eine Unterhaltsanordnung außer Kraft zu setzen, **kann der Unterhaltsberechtigte auf Zahlung von Unterhalt klagen.** Seine Klage ist **keine Abänderungsklage** (§ 323). Er verlangt nicht die Anpassung eines rechtskräftigen Titels an veränderte Verhältnisse. Einstweilige Anordnungen erwachsen nicht in Rechtskraft, sondern sind jederzeit abänderbar, auch wenn sich die für die Unterhaltsbemessung maßgeblichen Verhältnisse nicht geändert haben (§ 620 b Rn 2; BGH FamRZ 83, 356 = NJW 1330 = MDR 653; FamRZ 83, 893 = NJW 2200).

14 **b)** Der **unterhaltspflichtige Ehegatte kann,** um eine Unterhaltsanordnung außer Kraft zu setzen, auf **Rückzahlung des Unterhalts** klagen (BGH FamRZ 84, 768 = NJW 2095 = MDR 85, 32; Luthin FamRZ 86, 1060). Soweit der titulierte Unterhalt noch nicht gezahlt ist, kann und muß er (Luthin aaO) auf **Feststellung klagen,** daß er keinen Unterhalt schuldet (BGH FamRZ 83, 355 = NJW 1330 = MDR 653; FamRZ 83, 893 = NJW 2200). Da die einstweilige Anordnung nicht in Rechtskraft erwächst, kann der durch sie zum Unterhalt verpflichtete Ehegatte ohne weiteres von neuem die Bedürftigkeit des Unterhaltsberechtigten bestreiten oder den Einwand der fehlenden Leistungsfähigkeit erheben (BGH FamRZ 84, 768 = NJW 2095; FamRZ 85, 803 = NJW 2263). Die Beweislast ist ebenso verteilt wie bei der Zahlungsklage umgekehrten Rubrums (§ 256 Rn 18; Hamburg FamRZ 82, 702 mwN). **Vollstreckungsabwehrklage** kann der Unterhaltspflichtige nicht erheben; denn hiermit können nur rechtshemmende oder rechtsvernichtende Einwendungen gegen den Unterhaltsanspruch geltend gemacht werden (BGH FamRZ 83, 356). Der Einwand, daß der Unterhaltsanspruch aus § 1361 BGB mit der Scheidung erloschen sei, ist zwar rechtsvernichtend, nützt aber dem Unterhaltsverpflichteten nichts, weil die einstweilige Anordnung auch den Anspruch auf Geschiedenenunterhalt (§§ 1569 ff BGB) regelt (BGH aaO). Ebensowenig wie der Unterhaltsberechtigte kann der Unterhaltspflichtige die Anordnung durch **Abänderungsklage** außer Kraft setzen.

15 **c)** Die **Zwangsvollstreckung aus der einstweiligen Anordnung** kann auf Antrag des unterhaltspflichtigen Ehegatten **einstweilen eingestellt** werden, wenn dieser **1.** auf Feststellung klagt, daß er geringeren Unterhalt schuldet, als durch einstweilige Anordnung festgesetzt worden ist (BGH FamRZ 83, 357 mwN = NJW 1330; FamRZ 85, 369 = NJW 1074), **2.** Klageabweisung gegenüber einer Unterhaltsklage beantragt, die der nach der einstweiligen Anordnung Unterhaltsberechtigte gegen ihn erhoben hat (Hamburg FamRZ 85, 1273; Luthin FamRZ 86, 1061;

anders KG FamRZ 85, 951). Bedeutungslos ist, ob die Rechtsgrundlage für die Einstellung aus § 769 (so Karlsruhe Justiz 81, 130; Hamburg FamRZ 81, 982 u 82, 412; Schleswig SchlHA 81, 148) oder aus § 707 zu entnehmen ist (so Frankfurt FamRZ 80, 1139 u FamRZ 84, 717; Koblenz FamRZ 85, 1272). Umstritten ist, ob die §§ 707, 769 auch anwendbar sind, wenn die Ehesache noch anhängig ist (so Karlsruhe aaO; Luthin aaO 1060; Gießler FamRZ 82, 129 u 83, 518) oder ob in diesem Fall der Unterhaltsschuldner nur Änderung der Anordnung (§ 620 b I) und Aussetzung der Vollziehung (§ 620 e) beantragen kann (so Köln FamRZ 81, 379; Bremen FamRZ 81, 981; Hamm FamRZ 82, 411). Zwei Gesichtspunkte sprechen dafür, § 707 oder § 769 auch während des Scheidungsprozesses anzuwenden: 1. sind die §§ 620 b, 620 e keine Spezialbestimmungen, die die Anwendung der §§ 707, 769 verbieten, wie der Fall zeigt, daß sich der Unterhaltsschuldner mit dem Zahlungseinwand gegen die Vollstreckung aus der Anordnung wehrt. 2. ist es sinnvoll, die Einstellung von den Erfolgsaussichten der Klage oder der Verteidigung gegen eine solche abhängig zu machen. Diese Aussicht läßt sich besser im Klageverfahren als im Anordnungsverfahren beurteilen (Frankfurt FamRZ 84, 717; KG FamRZ 85, 951; Koblenz FamRZ 85, 1272).

d) Das Urteil, das den Unterhalt anderweitig regelt, muß klarstellen, von welchem **Zeitpunkt** 16
an diese Regelung gilt. Dementsprechend sind die Klageanträge zu fassen. Wird nur die Feststellung beantragt, daß der Kläger keinen Unterhalt mehr schuldet, so genügt der Antrag nicht dem Bestimmtheitsgebot des § 253 II Nr 2 und ist unzulässig. Eine Erhöhung des Unterhalts kann von dem Zeitpunkt an gefordert werden, in dem der Unterhaltspflichtige in Verzug geraten ist (§§ 1585 b II, 1613 II BGB) oder der Unterhaltsanspruch rechtshängig geworden ist. Eine Herabsetzung des Unterhalts kann der Kläger rückwirkend auf den Tag verlangen, von dem an ihn die einstweilige Anordnung zum Unterhalt verpflichtet (Schleswig SchlHA 82, 196; München FamRZ 85, 410; Düsseldorf FamRZ 85, 1147). Unrichtig ist die Auffassung, daß die Herabsetzung erst von dem Tag an verlangt werden kann, an dem der Unterhaltsberechtigte mit dem Verzicht auf die Rechte aus der einstweiligen Anordnung in Verzug gerät (so Voraufl Rn 19; Karlsruhe FamRZ 80, 608/610; Düsseldorf FamRZ 85, 86). Solange der Unterhalt nur einstweilen geregelt ist, kann der Unterhaltsberechtigte nicht auf den Bestand der Regelung vertrauen. Soweit der Unterhalt bezahlt ist, ist er durch § 818 III BGB hinreichend geschützt. Soweit der Schuldner nicht zahlt, ist dies ein Vertrauensschutz ausschließendes Indiz dafür, daß er um den Unterhalt streiten will.

e) Ist der Ehefrau durch einstweilige Anordnung Unterhalt zuerkannt und wird dann wäh- 17
rend des Scheidungsprozesses durch selbständiges Urteil festgestellt, daß der Mann ihr keinen Unterhalt schuldet, so tritt die einstweilige Anordnung endgültig außer Kraft, obwohl das Urteil nur den **Trennungs-** und nicht den **Geschiedenenunterhalt** regelt. Es wäre unrichtig anzunehmen, daß die einstweilige Anordnung nach Rechtskraft des Scheidungsausspruchs hinsichtlich des Geschiedenenunterhalts weiter wirksam ist. Wenn die Frau für die Zeit danach Unterhalt begehrt, kann sie diesen als Folgesache geltend machen.

f) Ist die **Unterhaltspflicht gegenüber einem Kind** vor dem 1. 4. 86 durch einstweilige Anord- 18
nung im Verhältnis der Ehegatten zueinander geregelt worden (§ 620 Rn 44), so ist die Klage auf Feststellung, daß kein Unterhalt geschuldet wird, zweckmäßig gegen den Ehegatten zu richten, der aus der Anordnung berechtigt ist. Nur wenn dies geschieht, kann die Zwangsvollstreckung einstweilen eingestellt werden (Hamburg FamRZ 82, 412; Bremen FamRZ 84, 70). Allerdings enthält auch ein Urteil, das im Prozeß zwischen den Kindern und dem aus der Anordnung verpflichteten Elternteil ergeht, eine anderweitige Regelung iS des § 620 f. Einstweilige Anordnungen, die nach dem 31. 3. 86 ergangen sind, wirken für und gegen das Kind (§ 620 Rn 41). Hier muß der unterhaltspflichtige Elternteil die negative Feststellungsklage gegen das Kind richten.

4) Einstweilige Anordnungen treten erst außer Kraft, wenn **anderweitige Regelungen wirk-** 19
sam werden. a) Verträge werden mit ihrem Abschluß wirksam. Die Vertragsschließenden können Rückwirkung oder Wirkung für die Zukunft vereinbaren, zB für den Fall der Scheidung.

b) Beschlüsse über die elterliche Sorge, das Umgangsrecht oder die Herausgabe eines Kindes 20
werden mit ihrer Bekanntgabe an die Beteiligten wirksam (§§ 621 a I ZPO, 16 I FGG; KG FamRZ 85, 722). Setzt das Beschwerdegericht die Vollziehung des Beschlusses aus (§ 24 III FGG), so lebt die Anordnung wieder auf (anders StJSchlosser 2). Beschlüsse in **Ehewohnungs- und Hausratssachen** werden mit ihrer Rechtskraft wirksam (§ 16 I 1 HausratsVO).

c) Urteile in Unterhaltssachen werden mit ihrer Verkündung wirksam. Soweit sie nur vorläu- 21
fig vollstreckbar sind, ist zu unterscheiden: Wird ein niedrigerer Unterhalt als in der einstweiligen Anordnung zugesprochen, so hat der Unterhaltsgläubiger kein schutzwürdiges Interesse daran, weiterhin uneingeschränkt aus der einstweiligen Anordnung zu vollstrecken, soweit ihm der Unterhalt im Urteil aberkannt worden ist. Insoweit setzt das Urteil die Unterhaltsanordnung außer Kraft (Hamburg FamRZ 84, 719 mwN; Luthin FamRZ 86, 1059). Im übrigen muß der

Unterhaltsberechtigte davor bewahrt werden, daß er aus der Anordnung nicht mehr und aus dem Urteil noch nicht vollstrecken kann, weil der Schuldner die Vollstreckung nach § 711 durch Sicherheitsleistung abwenden kann. Hier helfen ihm die §§ 711 S 2, 710, 714, 718. Wenn er den Unterhalt für seine Lebenshaltung dringend benötigt, kann er vor Verhandlungsschluß oder in der Berufungsinstanz (§ 718 Rn 2) beantragen, dem Schuldner die Abwendungsbefugnis zu versagen. Hat dieser Antrag Erfolg, so setzt das Urteil die Anordnung außer Kraft (Hamm FamRZ 84, 718). Hat er keinen Erfolg oder hat der Unterhaltsberechtigte versäumt, ihn zu stellen, so ist das Urteil, dessen Vollstreckung abgewendet werden kann, kein der Anordnung gleichwertiger Vollstreckungstitel und setzt deshalb die Anordnung nicht außer Kraft (Hamburg, Luthin aaO; anders Hamm aaO). – Ein ausländisches Unterhaltsurteil setzt eine Unterhaltsanordnung erst außer Kraft, wenn es nach § 722 oder dem Ausführungsgesetz zum Unterhaltsvollstreckungs-Übereinkommen (BGBl 86 I 1156) für vorläufig vollstreckbar erklärt worden ist (KG FamRZ 86, 822).

22 **5) Folgen der anderweitigen Regelung: a)** Soweit sich die in einem Urteil enthaltene anderweitige Regelung nicht auf **Unterhaltsrückstände** bezieht, können diese weiterhin auf dem Wege der Zwangsvollstreckung beigetrieben werden (LG Berlin JR 51, 156, LG Braunschweig MDR 57, 682, Köln FamRZ 64, 48, StJSchlosser 2).

23 **b)** Wird die Unterhaltspflicht durch Urteil anderweitig geregelt, so ist der Ehegatte, der auf Grund einstweiliger Anordnung mehr Unterhalt erhalten hat, als ihm nach dem späteren Urteil zusteht, dem anderen Ehegatten nicht zum **Schadensersatz** verpflichtet. Die §§ 945, 717 II sind nicht entsprechend anwendbar (BGH FamRZ 84, 767/769 mwN = NJW 2095 = MDR 85, 32). Zuviel gezahlter Unterhalt kann nur nach den Bestimmungen über die **ungerechtfertigte Bereicherung** (§§ 812 ff BGB) zurückgefordert werden. Soweit der Empfänger mit dem Unterhalt Schulden getilgt, Anschaffungen gemacht oder Ersparnisse gebildet hat, oder soweit er infolge der Unterhaltszahlung vorhandene Mittel erspart hat, die er sonst angegriffen hätte, ist er zur Rückzahlung verpflichtet (BGH aaO). Soweit er den Unterhalt für den Lebensbedarf verbraucht hat, ist er nicht mehr bereichert (§ 818 III BGB) und von der Rückzahlungspflicht befreit (BGH aaO). Auch wenn ihm eine Klage auf Feststellung zugestellt wird, daß der Kläger ihm nicht mehr zum Unterhalt verpflichtet ist, haftet er nicht verschärft nach § 818 IV BGB für die Rückzahlung (BGHZ 93, 183 = FamRZ 85, 368 = NJW 1074 u FamRZ 86, 793).

24–26 Frei.

27 **IV) Beschlußverfahren (Abs 1 S 2 u 3, Abs 2).** Da die Vollstreckungsorgane nicht prüfen können, ob eine einstweilige Anordnung noch in Kraft ist, ist auf Antrag einer Partei durch **Beschluß** auszusprechen, **daß die einstweilige Anordnung außer Kraft getreten ist.** Enthält der Beschluß mehrere Anordnungen oder andere Gegenstände, so kann die Beschlußformel lauten: Die im Beschluß vom ... enthaltenen einstweiligen Anordnungen über ... (die elterliche Sorge, die Unterhaltspflicht usw) sind seit dem ... außer Kraft. Vor allem bei Unterhaltsanordnungen ist das Datum des Außerkrafttretens wichtig, um klarzustellen, ob wegen Rückständen noch eine Zwangsvollsttreckung zulässig ist (Rn 22).

28 **1)** Der **Antrag,** mit dem ein solcher Beschluß begehrt wird, kann wie ein Antrag auf Erlaß einer einstweiligen Anordnung zu Protokoll der Geschäftsstelle gestellt werden (§ 620 a II 2). Welches Gericht **zuständig** ist, war früher streitig und ist durch das am 1. 4. 86 in Kraft getretene UÄndG (BGBl 86 I 301) geklärt worden (Abs 2).

29 **2) Verfahren:** Es braucht nicht mündlich verhandelt zu werden. Im schriftlichen Verfahren ist rechtliches Gehör des Gegners erforderlich, wenn dem Antrag stattzugeben ist. Eine mündliche Verhandlung ist zweckmäßig bei Streit über das Außerkrafttreten. Dann Anwaltszwang; s § 620 a Rn 9. Besteht Streit zwischen den Ehegatten, ob der Gegenstand der einstweiligen Anordnung durch Vertrag anderweitig geregelt worden ist (Rn 11), so ist hierüber Beweis zu erheben, wenn solcher angetreten wird. Das Familiengericht darf die Beweisaufnahme nicht ablehnen. Es darf den Antragsteller nicht darauf verweisen, daß er auf Feststellung der anderweitigen Regelung klagen könne. Das Verfahren nach § 620 f genießt als das einfachere und billigere Verfahren den Vorrang (Zweibrücken FamRZ 85, 1150).

30 **3)** Die **Entscheidung** ergeht durch begründeten Beschluß. Dieser ist mit einer Kostenentscheidung gemäß § 620 g zu versehen, wenn in der Ehesache bereits ein Urteil ergangen ist und kein Rechtsmittel hiergegen eingelegt worden ist (ähnlich Düsseldorf HRR 42 Nr 803, Köln MDR 58, 348). Ist in der Ehesache noch ein Urteil zu erwarten, so ist hierin über die Kosten des im 620 f I 2 geregelten Beschlußverfahrens zu entscheiden, weil es zum Verfahren der einstweiligen Anordnung gehört (StJSchlosser 16).

31 **4)** Wird aus der einstweiligen Anordnung weiterhin die Zwangsvollstreckung betrieben, obwohl die Anordnung außer Kraft getreten ist, so kann der Schuldner eine **Einstellung der**

Vollstreckung dadurch erreichen, daß er dem Vollstreckungsorgan eine Ausfertigung des Beschlusses über das Außerkrafttreten der einstweiligen Anordnung vorlegt (§ 775 Nr 1). Eine Vollstreckungsabwehrklage braucht dann nicht erhoben zu werden. (Koblenz FamRZ 81, 1092; Zweibrücken FamRZ 85, 1150).

5) Gegen den Beschluß, daß die Anordnung außer Kraft getreten sei, kann der Antragsgegner **sofortige Beschwerde** einlegen. (Abs 1 S 3). Gegen die Zurückweisung seines Antrages kann der Antragsteller sofortige (anders Wieczorek C II b: einfache) Beschwerde einlegen. Form und Frist der Beschwerde s § 620c Rn 13 u 14; Beschwerdeentscheidung § 620c Rn 16 f. 32

V) Gebühren: 1) des **Gerichts:** Der Beschluß nach Abs 1 S 2 (Rn 27 ff) ist gerichtsgebührenfrei (§ 1 Abs 1 GKG). Das Beschwerdeverfahren unterliegt der Gebührenpflicht nach KV Nr 1180, und zwar gleichviel, ob es erfolgreich ist oder nicht. – **2)** des **Anwalts:** Für den Antrag auf Feststellung, daß die einstw Anordnung außer Kraft getreten ist, keine Gebühr. Für das Beschwerdeverfahren die (5/10) Gebühren der §§ 31, 61 Abs 1 Nr 1 BRAGO. – **3)** Der **Streitwert** richtet sich jeweils danach, ob es um einen vermögensrechtl Gegenstand oder/und um einen nichtvermögensrechtl Gegenstand geht. Für nichtvermögensrechtl Gegenstände s § 8 Abs 2 S 3 BRAGO; für vermögensrechtl s § 3 Rn 16 unter „Einstw Anordnung“. 33

620 g

[Kosten des Anordnungsverfahrens]

Die im Verfahren der einstweiligen Anordnung entstehenden Kosten gelten für die Kostenentscheidung als Teil der Kosten der Hauptsache; § 96 gilt entsprechend.

I) Grundgedanke: § 620 g hängt eng mit der Regelung zusammen, die die BRAGO für einstweilige Anordnungen trifft. Nach § 41 BRAGO erhalten Rechtsanwälte für einstweilige Anordnungen besondere Gebühren. Sämtliche Anordnungsverfahren und Änderungsverfahren nach § 620 b gelten als eine Angelegenheit, für die der Rechtsanwalt die Gebühren im selben Rechtszug nur einmal erhält, berechnet nach dem zusammengerechneten Wert sämtlicher Verfahrensgegenstände (§§ 41 I 2, 7 II BRAGO). Diese Regelung erfordert es, daß über sämtliche einstweiligen Anordnungen nur *eine* Kostenentscheidung ergeht. 1

Die im Anordnungsverfahren entstehenden Kosten gelten nach § 620 g Hs 1 als **Teil der Kosten der Hauptsache.** Ob einer der Ehegatten sie allein zu tragen hat oder ob sie geteilt werden, richtet sich nach der Kostenentscheidung des Urteils in der Ehesache, und zwar auch dann, wenn die Kosten der einstweiligen Anordnungen weder in der Urteilsformel noch in den Entscheidungsgründen erwähnt werden. In der Anordnung selbst darf nicht über die Kosten entschieden werden. Geschieht dies doch, so können keine Kosten festgesetzt werden, bevor in der Ehesache eine Kostenentscheidung ergeht (KG MDR 82, 328). 2

II) Das bedeutet allerdings nicht, daß das Gericht sich bei der Kostenentscheidung in Ehesachen keine Gedanken über die Kosten der einstweiligen Anordnungen zu machen braucht. § 620 g bedeutet nur, daß die Kosten der Anordnungen **grundsätzlich im selben Verhältnis wie die Kosten der Ehesache** zu verteilen sind; Hs 2 der Bestimmung gestattet und erfordert aber **Ausnahmen.** Es ist also zunächst über die Kosten der Ehesache zu entscheiden (Kostenpflicht des unterlegenen Klägers nach § 91 oder Verteilung der Kosten nach § 93 a I u III), dann ist zu prüfen, ob ein Ehegatte, der nicht ohnehin sämtliche Verfahrenskosten zu tragen hat, erfolglose Anträge auf Erlaß einstweiliger Anordnungen gestellt hat (Hs 2 iVm § 96). Um den Eindruck zu vermeiden, daß die Kosten der Anordnungen im Urteil übergangen sind, und um Urteilsergänzungsverfahren (§ 321) zu verhindern, empfiehlt es sich, die Kosten einstweiliger Anordnungen in den Entscheidungsgründen zu erwähnen. Soweit Urteilsformulare verwendet werden, sollte dieser Punkt in deren Text aufgenommen werden. 3

III) Sind **Anträge** auf Erlaß einstweiliger Anordnungen **ohne Erfolg geblieben,** so ist das Gericht nach seinem **Ermessen** berechtigt (§ 96), die **Kosten** des erfolglosen Antrages dem **Antragsteller** aufzuerlegen. Das Ermessen wird im Regelfall in der Weise auszuüben sein, daß der Antragsteller die Kosten unzulässiger oder offensichtlich unbegründeter Anträge zu tragen hat (Hamm NJW 71, 2079, aA Celle NJW 69, 1124 für unbegründete Anträge). Im übrigen ist darauf abzustellen, ob der Antragsteller den Mißerfolg seines Antrages hätte voraussehen können (Hamm aaO), und auf das Ausmaß der Kosten. Sind zB die Kosten der Ehesache gegeneinander aufzuheben und hat jeder Ehegatte einen offensichtlich unbegründeten Antrag auf Erlaß einer einstweiligen Anordnung gestellt, so hat es bei annähernd gleichen Streitwert beider Anträge keinen Sinn, über die dadurch entstehenden Kosten besonders zu entscheiden. 4

IV) Wendet das Gericht § 96 entsprechend an, so ist im Urteil der Ehesache über die Kosten der Anordnungsverfahren **getrennt** zu **entscheiden,** zB wie folgt: Die Kosten werden gegeneinander aufgehoben, jedoch hat die Ehefrau die Kosten des Verfahrens der einstweiligen Anord- 5 nung zur Regelung des Getrenntlebens zu tragen. Eine Verquotung der Kosten hat hier keinen Sinn, weil sie sich exakt nur in der Weise durchführen läßt, daß der Richter zunächst sämtliche Kosten und dann die Quoten berechnet. Das ist unnötig umständlich.

6 **V) Anwendungsbereich:** § 620 g ist als lex specialis auch anwendbar, wenn Anordnungsanträge zurückgenommen (Frankfurt FamRZ 80, 387 Nr 224 mwN u 84, 720; Saarbrücken JurBüro 85, 1888; anders Düsseldorf FamRZ 78, 910) oder für erledigt erklärt werden (Düsseldorf NJW 73, 1937; Frankfurt FamRZ 84, 720; aA Köln JMBl NRW 73, 185; Karlsruhe Justiz 81, 480); ebenso, wenn im Anordnungsverfahren ein Vergleich geschlossen wird (KG MDR 75, 763, LG Aachen NJW 73, 2025; anders Karlsruhe MDR 82, 1025 = Justiz 403). § 620 g gilt auch für Anordnungen auf Zahlung eines Prozeßkostenvorschusses für Unterhalts- oder selbständige Familiensachen (§§ 127 a II 2, 621 f II 2). Trifft das Familiengericht abweichend von § 620 g eine selbständige Kostenentscheidung, so ist diese unanfechtbar (§ 620 c; Frankfurt FamRZ 80, 387 Nr 225).

7 **Nicht anwendbar** ist die Bestimmung, wenn eine einstweilige Anordnung nach Verkündung des die Kostenentscheidung enthaltenden Eheurteils erlassen wird (Düsseldorf HRR 42 Nr 803; Hamburg MDR 76, 586). Ist die Hauptsache nur anhängig, aber nicht rechtshängig geworden, so ist für eine Entscheidung über die Kosten der Hauptsache kein Raum (KG MDR 69, 230 und NJW 72, 1053; Hamm FamRZ 81, 189). Hier ist über die Kosten der einstweiligen Anordnung gesondert zu entscheiden.

8 **VI) Kostenentscheidung im Beschwerdeverfahren. Lit:** *Schneider* MDR 70, 804; *Crispin* MDR 71, 442; *Schellberg* NJW 71, 1345; *Schneider*, Kostenentscheidung im Zivilurteil, 2. Aufl, § 31 II 4. Bleibt die Beschwerde gegen eine einstweilige Anordnung erfolglos oder hat sie nur auf Grund neuen Vorbringens Erfolg, das der Beschwerdeführer auch vor dem Familiengericht hätte geltend machen können, so sind die Kosten nach § 97 dem Beschwerdeführer aufzuerlegen. Diese Bestimmung geht § 620 g vor (Bremen FamRZ 78, 133; Düsseldorf FamRZ 80, 1047; Karlsruhe Justiz 81, 480). Im übrigen kann bei gänzlich oder teilweise erfolgreicher Beschwerde über die Kosten der Beschwerdeinstanz nicht getrennt von denjenigen der ersten Instanz entschieden werden (Frankfurt FamRZ 84, 720). Folglich gelten die Beschwerdekosten ebenso wie die Kosten der ersten Instanz als Kosten der Hauptsache (str; s Schneider, Kostenentscheidung § 31 II 4).

9 Auch bei **Erledigung der Hauptsache** in der Beschwerdeinstanz gilt § 620 g (Frankfurt FamRZ 84, 720). Hiervon abweichend entscheidet das OLG Karlsruhe aaO nach § 91 a. Bei voraussichtlichem Erfolg der Beschwerde spricht es aus, daß die Beschwerdekosten nach § 620 g als Kosten der Hauptsache gelten; bei voraussichtlich erfolgloser Beschwerde belastet es den Beschwerdeführer nach § 97 I mit diesen Kosten. Bei Rücknahme der Beschwerde hat der Beschwerdeführer – wie auch sonst in Beschwerdeverfahren (BGH LM 1 zu § 515 ZPO) – analog § 515 III die Kosten zu tragen (Frankfurt aaO).

Zweiter Titel

VERFAHREN IN ANDEREN FAMILIENSACHEN

621 *[Zuständigkeit des Familiengerichts, Verweisung oder Abgabe an das Gericht der Ehesache]*

(1) Für Familiensachen, die

1. die Regelung der elterlichen Sorge für ein eheliches Kind, soweit nach den Vorschriften des Bürgerlichen Gesetzbuchs hierfür das Familiengericht zuständig ist,

2. die Regelung des Umgangs eines Elternteils mit dem ehelichen Kinde,

3. die Herausgabe des Kindes an den anderen Elternteil,

4. die gesetzliche Unterhaltspflicht gegenüber einem ehelichen Kinde,

5. die durch Ehe begründete gesetzliche Unterhaltspflicht,

6. den Versorgungsausgleich,

7. die Regelung der Rechtsverhältnisse an der Ehewohnung und am Hausrat (Verordnung über die Behandlung der Ehewohnung und des Hausrats – Sechste Durchführungsverordnung zum Ehegesetz – vom 21. Oktober 1944, Reichsgesetzbl. I S. 256),

8. Ansprüche aus dem ehelichen Güterrecht, auch wenn Dritte am Verfahren beteiligt sind,

9. Verfahren nach den §§ 1382 und 1383 des Bürgerlichen Gesetzbuchs betreffen, ist das Familiengericht ausschließlich zuständig.

(2) Während der Anhängigkeit einer Ehesache ist unter den deutschen Gerichten das Gericht ausschließlich zuständig, bei dem die Ehesache im ersten Rechtszug anhängig ist oder war. Ist eine Ehesache nicht anhängig, so richtet sich die örtliche Zuständigkeit nach den allgemeinen Vorschriften.

(3) Wird eine Ehesache rechtshängig, während eine Familiensache der in Absatz 1 genannten Art bei einem anderen Gericht im ersten Rechtszug anhängig ist, so ist diese von Amts wegen an das Gericht der Ehesache zu verweisen oder abzugeben. § 281 Abs. 2, 3 Satz 1 gilt entsprechend.

Übersicht

Lit: *Walter*, Der Prozeß in Familiensachen, 1985 u JZ 83, 476; *Klauser* MDR 79, 627 und 80, 809; *Böttcher* Rpfleger 81, 3.

I) Begriff der Familiensache. Der Gesetzgeber hat davon abgesehen, alle Streitigkeiten zwischen Ehegatten und zwischen Kindern und Eltern den Familiengerichten zuzuweisen. Er beschränkt im § 23b I 2 GVG deren Zuständigkeit bewußt auf einen abschließenden Katalog bestimmter Streitigkeiten, nämlich auf Ehesachen (Rn 2 ff vor § 606) und auf andere Familiensachen (6. Buch der ZPO, 1. Abschnitt, 2. Titel). Trotz der kasuistischen Regelung der §§ 23b GVG, 621 ZPO sind einige allgemeine Merkmale des Begriffs *andere Familiensache* erkennbar: 1

1) Es handelt sich um Verfahren, die grundsätzlich auf den **Personenkreis** von Ehegatten und ihren ehelichen Kindern beschränkt sind. Das ist in der Begründung zum Regierungsentwurf des 1. EheRG ausdrücklich gesagt worden (BTDrucksache 7/650 S 79, 188), im Gesetz freilich nur indirekt zum Ausdruck gekommen, indem § 621 I Nr 8 die Ausnahme zuläßt, daß an Güterrechtsprozessen auch Dritte beteiligt sein können (BGH FamRZ 79, 218 = NJW 660 = MDR 386). 2

2) Entsprechend dem allgemeinen Grundsatz, daß die Zuständigkeit nach dem Klagvortrag zu bestimmen ist und durch Einwendungen des Beklagten nicht beeinflußt wird, kommt es für die Qualifikation einer Sache als zivilprozessuale (unterhalts- oder güterrechtliche) Familiensache allein auf die – tatsächliche (Walter JZ 83, 54) – **Begründung des geltend gemachten Anspruchs** an (BGH ständig seit FamRZ 80, 988 = NJW 2476 = MDR 918; weitere Nachweise s FamRZ 84, 466). Ob der Beklagte zu seiner **Verteidigung,** zB durch Aufrechnung mit einem Unterhaltsanspruch, familienrechtliche Fragen in den Prozeß hineinbringt, ist unerheblich (BGH aaO). So kann der Zufall, welche Partei zuerst klagt, über die Qualifikation als Familiensache entschei- 3 den. Beispiel von Klauser (MDR 80, 811): DerEhemann verlangt Ausgleich für die Bezahlung gemeinsamer Schulden (§ 426 BGB). Dieser Streit ist auch dann keine Familiensache, wenn die Ehefrau sich damit verteidigt, der Mann müsse in der Weise zum Familienunterhalt beitragen, daß er die Schulden allein bezahle. Klagt umgekehrt die Frau auf Feststellung, daß der Mann die Schuld allein bezahlen müsse, so ist der Streit Familiensache. Darüber, ob in diesem Fall Klage und Widerklage im selben Prozeß verhandelt werden können, s Rn 100.

4 **3) Sachzusammenhang:** Der Gesetzestext verwendet die allgemein gehaltene Formulierung: „Familiensachen, die die Regelung der elterlichen Sorge, die Herausgabe, die gesetzliche Unterhaltspflicht ... betreffen" und erfaßt damit auch solche Verfahren, die mit den im Zuständigkeitskatalog des § 621 I genannten Rechtsgebieten sachlich zusammenhängen (BGH FamRZ 78, 582/584 = NJW 1533). Bei der Auslegung der Bestimmung kommt es darauf an, einerseits sachlich Zusammenhängendes nicht auseinanderzureißen, andererseits Sachfremdes von den Familiengerichten fernzuhalten. Mit einer Familiensache hängen sachlich zusammen:

5 **a) Nebenansprüche** von Familiensachen: Ansprüche auf Verzugs- und Prozeßzinsen, auf **Sicherheitsleistung** für Zugewinnausgleich (§ 1389 BGB) und für Unterhalt (§ 1585 a BGB), auf **Kapitalabfindung** für Unterhalt (§ 1585 II BGB) und Versorgungsausgleich (§ 1587 l BGB); ferner Ansprüche auf **Auskunft** über den Bestand des Endvermögens (§ 1379 BGB; Düsseldorf FamRZ 78, 129 f), über Einkünfte und Vermögen (§§ 1361 IV 4, 1580, 1605 BGB; Koblenz FamRZ 81, 992), über Versorgungsanwartschaften (§§ 1587 e, 1587 k BGB; Hamm FamRZ 78, 700 = NJW 2560; Koblenz FamRZ 78, 702; Hamburg FamRZ 78, 787/789; Düsseldorf FamRZ 78, 423; Schleswig SchlHA 79, 37; KG FamRZ 79, 297; Frankfurt FamRZ 80, 265). Auch Auskunftsansprüche aus § 242 BGB sind Familiensachen, wenn die Auskunft zur Durchsetzung eines Anspruchs dient, der Familiensache ist (Schleswig SchlHA 82, 736; Düsseldorf FamRZ 85, 721). Dient die Auskunft zur Durchsetzung anderer Ansprüche, so betrifft sie keine Familiensache und kann nicht vor dem Familiengericht eingeklagt werden (BGH FamRZ 84, 465 = NJW 2040 = MDR 655; anders Karlsruhe FamRZ 82, 1028; BayObLG FamRZ 85, 945).

6 **b)** Ansprüche aus **Verträgen,** durch die eine Familiensache inhaltlich näher ausgestaltet wird, namentlich die Höhe des Unterhalts festgelegt wird (BGH, FamRZ 79, 220 f, 907, 910 = NJW 2046 = MDR 1005), der Unterhalt durch eine Lebensversicherung (BayObLG FamRZ 83, 1246 = MDR 583) oder auf andere Weise gesichert wird oder zum Zwecke des Zugewinn- oder Versorgungsausgleichs Leistungen versprochen werden, ferner die Ansprüche aus der Kostenvereinbarung solcher Verträge (anders Schleswig SchlHA 82, 75).

7 **c) Schadensersatzansprüche** wegen Nicht- oder Schlechterfüllung solcher Verträge (anders Schleswig SchlHA 82, 76) bzw der gesetzlichen Unterhaltspflicht (§§ 1585 b II, 1613 I BGB; Schleswig FamRZ 83, 394), wegen Verweigerung der Zustimmung, daß der unterhaltspflichtige Ehegatte den Unterhalt als Sonderausgabe absetzen kann (Köln FamRZ 86, 1111); wegen Verzuges mit der Erfüllung anderer im § 621 I genannter Verpflichtungen (Karlsruhe FamRZ 79, 170; Braunschweig FamRZ 79, 719), wegen Betruges oder sittenwidriger vorsätzlicher Schädigung, begangen beim Geltendmachen von Unterhalts-, Versorgungsausgleichs- oder güterrechtlichen Ansprüchen (Karlsruhe FamRZ 82, 400).

8 **d) Ansprüche auf Rückgewähr** von grundlos gezahltem Unterhalt (BGH NJW 78, 1531 = MDR 824), Prozeßkostenvorschuß (München FamRZ 78, 601; Stuttgart FamRZ 81, 36), Zugewinnausgleich (Hamm FamRZ 79, 1036). Hat ein Vater seinem Sohn unterhaltshalber Wohnraum überlassen und verlangt er dessen Rückgabe, nachdem der Sohn sich selbst unterhalten kann, so ist dieser Streit Familiensache (anders Frankfurt FamRZ 83, 200). Verlangt der Scheinvater nach erfolgreicher Ehelichkeitsanfechtung von der Mutter Erstattung des Kindesunterhalts, so ist dies keine Familiensache (BayObLG FamRZ 79, 315 = NJW 1050).

9 **e)** Ansprüche auf Aufwendungsersatz aus **Geschäftsführung ohne Auftrag** nur, wenn der Geschäftsführer Ehegatte oder eheliches Kind des Geschäftsherrn ist und wenn die Geschäftsführung in der Gewährung von Unterhalt bestanden hat (BGH FamRZ 79, 218 = NJW 660 = MDR 386).

II) Familiensachen kraft prozeßrechtlichen Zusammenhangs

10 **1)** Führt die Frage, ob ein Verfahren Familiensache ist, zu einem **Kompetenzkonflikt,** so entscheidet nach allgemeiner Praxis der Familiensenat des OLG oder des BGH (§ 36 Nr 6).

11 **2)** Ist das Ausgangsverfahren Familiensache, so teilen seine Rechtsnatur **Zwischenverfahren** wie **a)** Ablehnungsgesuche gegen Richter und Sachverständige (BGH FamRZ 79, 472 = NJW 1463 = MDR 652), **b)** Anträge auf Zurückweisung einer Nebenintervention (§ 71), **c)** Zwischenstreitigkeiten über die Zeugnis- und Gutachtenverweigerung (§ 387 ff, 408 f), **d)** Prozeßkostenhilfe- und Prozeßkostenvorschußverfahren (§§ 114 ff, 127 a, 621 f; so für das Armenrecht BGH

FamRZ 78, 672 = NJW 1811). Die Festsetzung einer Vergütung für Beratungshilfe ist auch dann keine Familiensache, wenn eine solche Gegenstand der Beratung war (BGH FamRZ 84, 774 = NJW 85, 2537 = MDR 85, 36).

3) Die Rechtsnatur des Ausgangsverfahrens teilen ferner **Anhangsverfahren** wie **Streitwertbeschwerden, Kostenfestsetzungsverfahren** (BGH FamRZ 78, 585; 81, 19/21), auch solche des Prozeßbevollmächtigten gegen seine Partei (KG JurBüro 78, 1186), und teilweise Zwangsvollstreckungsangelegenheiten (Rn 17). Wenn ein Rechtsanwalt das Honorar für eine Familiensache am Gerichtsstand des Hauptprozesses (§ 34) einklagt, ist nicht das FamG, sondern die allgemeine Zivilprozeßabteilung des AG zuständig (BGH FamRZ 86, 347 = NJW 1178 = MDR 483). 12

4) Das **Beweissicherungsverfahren** ist Familiensache, wenn es sich auf eine anhängige Familiensache bezieht (§ 486 I). Ist eine solche Sache nicht anhängig, so wird nicht geprüft, auf welches Rechtsverhältnis sich das Beweissicherungsverfahren bezieht. In diesem Fall ist die allgemeine Zivilprozeßabteilung des Amtsgerichts zuständig (§ 486 III; LG Lüneburg FamRZ 84, 69). Für die **Rechtshilfe in Familiensachen** ist das FamG nicht kraft Gesetzes (Stuttgart FamRZ 84, 716), sondern nur dann zuständig, wenn der Geschäftsverteilungsplan des AG dies vorsieht. Streitigkeiten zwischen ersuchendem FamG und ersuchtem Rechtshilfegericht entscheidet der Familiensenat des OLG (§ 159 GVG; Frankfurt FamRZ 84, 1030). 13

5) Für **Arreste** zur Sicherung von Unterhalts- oder Zugewinnausgleichsansprüchen und für **einstweilige Verfügungen** auf Unterhaltszahlung ist das FamG als Gericht der Hauptsache zuständig (§§ 919, 937). Wird der Arrest bei dem AG beantragt, in dessen Bezirk sich der mit Arrest zu belegende Gegenstand befindet, so ist ebenfalls das FamG zuständig. Auch dieser Arrest betrifft eine Familiensache (BGH FamRZ 80, 46 = NJW 191 = MDR 216 mwN). 14

6) Soll in einer Familiensache das **Verfahren wieder aufgenommen** werden, so ist das FamG als Gericht der Hauptsache (§ 590) auch dann zuständig, wenn der Vorprozeß vor Inkrafttreten des 1. EheRG vom LG oder der Prozeßabteilung des AG entschieden worden ist; s § 606 Rn 22. 15

7) Abänderungsklagen (§ 323) in Unterhaltssachen sind Familiensachen, wenn der titulierte Anspruch Familiensache ist (BGH FamRZ 78, 674 = NJW 1924 = MDR 912; FamRZ 79, 907; FamRZ 82, 262 = NJW 941). Auch die Abänderungsklage nach § 641q gehört vor das FamG (§ 641q Rn 10). 16

8) Zwangsvollstreckung in zivilprozessualen Familiensachen: a) Soweit das **Prozeßgericht** mit der Zwangsvollstreckung befaßt ist, entscheidet in Familiensachen das FamG, zB in den Fällen der §§ 887 (Hamburg FamRZ 83, 1252), 888 (Düsseldorf FamRZ 78, 129; Schleswig SchlHA 81, 190), 890. Das gilt auch für die Vollstreckung aus einem vom Landgericht protokollierten Scheidungsfolgenvergleich aus der Zeit vor der Eherechtsreform (Hamburg aaO). Soweit das FamG mit der Zwangsvollstreckung befaßt ist, entscheidet es auch über die Bewilligung von PKH für das Vollstreckungsverfahren. Das FamG ist auch zuständig für die Klagen auf Erteilung der Vollstreckungsklausel (§ 731) und gegen deren Erteilung (§ 768), **Vollstreckungsabwehrklagen,** wenn der titulierte Anspruch Familiensache ist (BGH FamRZ 78, 672 = NJW 1811 = MDR 824 Nr 20; FamRZ 79, 220 u 910 = NJW 2046 = MDR 1005; FamRZ 81, 19 = NJW 346). Hat das LG den Titel geschaffen, gegen dessen Vollstreckung sich der Schuldner mit der Vollstreckungsabwehrklage wendet (zB einen Scheidungsfolgenvergleich), so ist trotz der Zuständigkeitsregelung des § 767 I das FamG zuständig. Durch das 1. EheRG hat die Zuständigkeit gewechselt (BGH FamRZ 80, 47 = NJW 188 = MDR 215; Hamburg FamRZ 82, 524). Familiensache ist auch eine **Klage aus § 826 BGB,** mit der der Schuldner sich gegen die Vollstreckung eines Familiensachentitels wendet (Düsseldorf FamRZ 80, 376; Karlsruhe FamRZ 82, 400). 17

b) Keine Familiensachen sind Zwangsvollstreckungssachen, die nicht dem Prozeßgericht zugewiesen worden sind, und alle den Vollstreckungsgerichten zugewiesenen Angelegenheiten (BGH FamRZ 79, 421; Celle FamRZ 79, 57), zB Erinnerungen (Düsseldorf FamRZ 78, 913) und Rechtsmittel gegen Pfändungs- und Überweisungsbeschlüsse in Unterhaltssachen (Düsseldorf NJW 78, 1012), die eidesstattliche Versicherung (§ 807 ZPO) wegen einer Unterhaltsschuld (LG Mainz NJW 78, 171), die Auskunftsklage gegen den Drittschuldner (§ 836 III; Nürnberg FamRZ 79, 524). Über die Bewilligung von PKH für das Vollstreckungsverfahren entscheidet regelmäßig der Rechtspfleger des Vollstreckungsgerichts (§ 20 Nr 5 RpflG; s BGH aaO). Das 1. EheRG hat an der Verteilung der funktionellen Zuständigkeit zwischen dem Vollstreckungs- und dem Prozeßgericht nichts geändert. Dies wäre auch wenig sinnvoll gewesen. Die rechtlichen Probleme, die bei der Vollstreckung von Unterhaltsurteilen auftreten, sind im wesentlichen die gleichen wie in anderen Zwangsvollstreckungsmaßnahmen. Ihre Bearbeitung verlangt daher in erster Linie Kenntnisse auf dem Gebiet des Vollstreckungsrechts und nicht so sehr eine besondere Vertrautheit mit familienrechtlichen Problemen (BGH aaO). 18

19 **c)** Für die Qualifikation der **Drittwiderspruchsklage** als Familiensache kommt es nicht darauf an, ob der Vollstreckungstitel eine Familiensache betrifft (Hamburg FamRZ 84, 804 mwN), sondern nur darauf, ob das die Veräußerung hindernde Recht materiell im Familienrecht wurzelt (BGH FamRZ 85, 903 mwN = NJW 3066 = MDR 1010; Frankfurt FamRZ 85, 403; beide zum Übernahmerecht nach § 1477 BGB; anders Stuttgart FamRZ 82, 401 zu § 1365 BGB). Diese Wurzel fehlt der rein prozessualen Widerspruchsklage aus § 774 (BGH aaO u FamRZ 79, 219 = NJW 929 = MDR 386).

20 **d)** Die **Vollstreckungsklausel** wird in Familiensachen vom Urkundsbeamten der Geschäftsstelle des Familiengerichts erteilt (§ 724 II). Über Einwendungen des Schuldners gegen die Zulässigkeit der Klausel entscheidet dieses Gericht (§ 732 I), über die Beschwerde gegen dessen Entscheidung der Familiensenat des OLG (Hamburg FamRZ 81, 980 mwN). Stammt der Titel aus der Zeit vor Inkrafttreten des 1. EheRG, so führt der Grundsatz der perpetuatio fori (§ 261 III Nr 2) dazu, daß das früher mit der Sache befaßte Gericht zuständig bleibt, obwohl es kein Familiengericht ist. Beschwerden gegen die Entscheidung dieses Gerichts sind jedoch an den Familiensenat des OLG zu richten (Düsseldorf FamRZ 78, 427; Stuttgart Rpfleger 79, 145).

21 **9)** Die **Vollziehung von Familiensachen aus dem Bereich der freiwilligen Gerichtsbarkeit** ist Familiensache (BGH FamRZ 86, 789). **a)** Endentscheidungen über den **Versorgungsausgleich** werden nach Zivilprozeßrecht vollstreckt (§§ 621 a I 1 ZPO, 53 g III FGG). Hierzu zählen auch Beschlüsse des FamG, durch die ein Ehegatte auf Antrag des anderen zur Auskunft über seine Versorgungsanwartschaften (§§ 1587 e I, 1587 k I BGB) verpflichtet wird. Diese werden dadurch vollstreckt, daß das FamG zur Erzwingung der Auskunft Zwangsgelder oder Zwangshaft verhängt (§ 888; Hamm FamRZ 86, 828; Frankfurt FamRZ 81, 180 mwN; Düsseldorf FamRZ 80, 813 mwN; str). Verlangt das FamG durch verfahrensleitende Verfügung Auskünfte über Versorgungsanwartschaften von Ehegatten, Behörden, Rentenversicherungsträgern, Arbeitgebern und Versicherungsgesellschaften (§§ 11 VersorgAusglHärteG, 53 b II FGG), so kann es diese Auskünfte nach § 33 FGG erzwingen (Karlsruhe FamRZ 84, 498; Stuttgart FamRZ 86, 705).

22 **b)** Entscheidungen über das **Umgangsrecht** des nicht sorgeberechtigten Elternteils mit dem Kind und über die **Herausgabe** eines Kindes werden gemäß § 33 FGG zwangsweise durchgesetzt (§ 621 a I; BGH FamRZ 86, 789). Für die Androhung und Festsetzung von Zwangsgeld und für die Verfügung, die dem Vollstreckungsbeamten die Anwendung von Gewalt gestattet, ist das Familiengericht zuständig (BGH FamRZ 78, 330 = NJW 1112 = MDR 737 f). Wegen der örtlichen Zuständigkeit für das Zwangsverfahren s unten Anm 90, 96.

23 **c)** Ein **Vergleich** der Eltern **über den Umgang** mit dem Kind kann nicht vollstreckt werden; denn hierüber können Eltern nicht beliebig disponieren. Nur wenn das FamG sich die Einigung der Eltern durch eine eigene Entscheidung zu eigen macht, kann es die Entscheidung nach § 33 FGG vollziehen (Stuttgart FamRZ 79, 342 u 81, 1105; Düsseldorf FamRZ 79, 843 u 83, 90; Hamm FamRZ 80, 932 mwN; Zweibrücken ZBlJugR 82, 108).

24 **10) Vollstreckung ausländischer Titel:** Soll ein ausländisches **Unterhalts- oder Güterrechtsurteil** im Inland vollstreckt werden, so ist für die Klage auf Erlaß des Vollstreckungsurteils (§ 722 ZPO) das Familiengericht zuständig (BGH FamRZ 85, 1018 u 86, 45 = NJW 1440; anders Schütze NJW 83, 154). Das gleiche galt für das Vollstreckbarkeitsverfahren nach dem Haager Übereinkommen über die Anerkennung und Vollstreckung von Entscheidungen auf dem Gebiet der Unterhaltspflicht gegenüber Kindern (BGH aaO u FamRZ 83, 1008 = NJW 2775 = MDR 921 u NJW 80, 2025 [LS]; Hamburg FamRZ 78, 907; Köln FamRZ 79, 718; Bamberg FamRZ 80, 66; Schleswig SchlHA 85, 107; anders Celle DAVorm 79, 533; Schütze aaO). An die Stelle dieses Übereinkommens ist jetzt das Haager Übereinkommen vom 2. 10. 73 über die Anerkennung und Vollstreckung von Unterhaltsentscheidungen (BGBl 86 II 825) getreten. Nach dessen Ausführungsgesetz (BGBl I 1156), § 1, entscheidet nicht mehr das FamG, sondern das LG über die Vollstreckbarerklärung von Unterhaltsentscheidungen und -vergleichen aus den Vertragsstaaten des Übereinkommens. Zuständig ist das FamG auch für die Vollstreckbarerklärung einer ausländischen Entscheidung auf **Herausgabe eines Kindes** an den anderen Elternteil (BGH FamRZ 83, 1008). Abweichend hiervon meint Schütze aaO: Die Zivilprozeßabteilung des Amtsgerichts oder die Zivilkammer seien für die Vollstreckbarerklärung ausländischer Urteile in Familiensachen ebenso zuständig wie für diejenige von ausländischen Urteilen in Arbeits- oder Handelssachen. Streitgegenstand sei nicht der Unterhaltsanspruch, sondern die Verleihung der Vollstreckbarkeit. Hiergegen spricht die Formulierung des § 621, daß die FamGe nicht nur in Unterhaltssachen zuständig sind, sondern in allen Verfahren, die mit Unterhaltssachen zusammenhängen (Rn 4). Weiter spricht gegen Schützes Meinung, daß im Vollstreckbarkeitsverfahren der Einwand der veränderten Verhältnisse (§ 323) erhoben werden kann (§ 4 des AusführungsG zum Haager Vollstreckungsabkommen – BGBl 61 I 1033).

Frei. 25

III) Elterliche Sorge, Umgangsrecht, Herausgabe eines Kindes

1) **Sorgerechtsangelegenheiten** sind nur Familiensachen, soweit hierfür nach dem BGB das FamG zuständig ist (Abs 1, Nr 1). dh in den Fällen der §§ 1671, 1672, 1678 II, 1681 II 3, 1696 BGB. Nach § 1672 BGB bestimmt das FamG, welchem Elternteil die elterliche Sorge für ein gemeinschaftliches Kind zustehen soll, wenn die Eltern nicht nur vorübergehend getrennt leben und wenn ein Elternteil eine solche Entscheidung beantragt oder wenn das Kindeswohl sie erfordert. Leben die Eltern in häuslicher Gemeinschaft, so kann das FamG nicht regelnd eingreifen. Ebenso verhält es sich, wenn nur Einzelanordnungen über einen Teil der elterlichen Sorge getroffen werden sollen, zB nur das Aufenthaltsbestimmungsrecht geregelt werden soll (BGH FamRZ 80, 1107 = NJW 81, 126 = MDR 81, 128). Nach § 1671 BGB regelt das FamG die elterliche Sorge für ein gemeinschaftliches Kind von Amts wegen, wenn eine Ehe geschieden (§ 1671 BGB), aufgehoben (§ 37 I EheG) oder für nichtig erklärt wird (§ 1671 VI BGB). In der gerichtlichen Praxis kommen die übrigen im Gesetz genannten Fälle kaum vor, nämlich die Übertragung der elterlichen Sorge auf den anderen Elternteil, wenn die Sorge des Elternteils ruht, dem sie nach den §§ 1671 f BGB übertragen worden war (§ 1678 II BGB) oder die Neuregelung der elterlichen Sorge nach Wiederheirat eines Ehegatten, wenn der andere irrtümlich für tot erklärt war und sich dann um das Sorgerecht bewirbt (§ 1681 II 2 BGB). Über die weitergehenden Regelungsbefugnisse des FamG im Verfahren der einstweiligen Anordnung s § 620 Rn 32. 26

2) Unter den Voraussetzungen des § 1671 V BGB kann das FamG die Personensorge und die Vermögenssorge einem **Vormund** oder **Pfleger** übertragen. Familiensache ist nur die Anordnung oder Aufhebung der Vormundschaft oder Pflegschaft. Die Auswahl, Bestellung und Entlassung des Vormundes oder Pflegers (§§ 1779, 1789, 1886 BGB), die Aufsicht über ihn (§§ 1837 ff BGB) und die Genehmigung seiner Rechgsgeschäfte (§§ 1812 III, 1819 ff BGB) sind Aufgabe des Vormundschaftsgerichts (BGH FamRZ 81, 1048 mwN = NJW 81, 2460 = MDR 82, 128; BayObLG FamRZ 77, 822 = NJW 78, 55 = MDR 78, 141; anders Stuttgart FamRZ 78, 830/832; LG Stuttgart DAVorm 81, 146; Koblenz FamRZ 81, 1004; AG Celle DAVorm 82, 294; Hamburg DAVorm 83, 151/155 in den Fällen, in denen sich die Gefahr für das Kindeswohl nur durch die Übertragung der Sorge auf einen bestimmten Vormund abwenden läßt). 27

3) Keine Familiensachen sind die in folgenden Vorschriften geregelten Aufgaben des **Vormundschaftsgerichts:** §§ 1666–1667, 1674, 1629 II 3, 1680–1693, 1727 I, 1748 BGB. 28

4) **Abgrenzung der Zuständigkeit von Familiengericht und Vormundschaftsgericht in Sorgesachen. Lit:** Schlüter/König FamRZ 82, 1159; MünchKomm/Hinz, ErgBd § 1666 Rn 8. Bei Scheidung oder dauernder Trennung der Eltern ist das **Familiengericht** zuständig für die Übertragung der **elterlichen Sorge im ganzen** (§§ 1671 I 1, 1672 BGB; KG FamRZ 84, 1143). Dabei kann es einen Teil der Sorge auf einen Pfleger übertragen (§ 1671 V BGB). Es kann auch dem einen Elternteil die Personensorge, dem anderen die Vermögenssorge (ganz oder teilweise) übertragen (§ 1671 IV 2 BGB). Diese Teile der Sorge darf es nur abspalten, wenn es zugleich die gesamte Sorge regelt. Einzelmaßnahmen darf es nicht treffen (BGH FamRZ 80, 1107 mwN = NJW 81, 126 = MDR 81, 128). Ausnahme: Es muß eine Pflegschaft, die es gemäß § 1671 V BGB eingerichtet hat, aufheben, wenn das Kindeswohl sie nicht mehr erfordert (§ 1696 II BGB). Bei Gefahr für das Kindeswohl ist das **Vormundschaftsgericht** zuständig für die zur Gefahrabwendung erforderlichen **Einzelmaßnahmen** (Zweibrücken DAVorm 81, 308; KG aaO), die allerdings in der Entziehung der gesamten Sorge gipfeln können (§§ 1666 bis 1667, 1680, 1681 BGB). 29

Hier können sich bei getrenntlebenden Eltern (s § 1696 I BGB) **Kompetenzüberschneidungen** ergeben: Das FamG kann Gefahren für das Kindeswohl, die von beiden Eltern oder einem von Ihnen ausgehen, durch Übertragung der elterlichen Sorge auf den anderen Elternteil oder einen Vormund abwenden (§§ 1672, 1671 V BGB). Zu dem gleichen Zweck kann das Vormundschaftsgericht beiden Eltern oder einem von ihnen die elterliche Sorge nach den §§ 1666 ff BGB entziehen und sie nach § 1680 BGB auf den anderen Elternteil oder einen Vormund übertragen. Die gleiche Kompetenzüberschneidung ergibt sich, wenn eine Ehe geschieden und die elterliche Sorge auf einen Elternteil übertragen worden war und es sich später herausstellt, daß im Kindesinteresse eine Änderung der Sorgerechtsregelung geboten ist. Hier kann nach den zuvor zitierten Bestimmungen das Vormundschaftsgericht eingreifen, nach § 1696 I BGB aber auch das FamG. Heute läßt sich die Auffassung nicht mehr aufrechterhalten, daß die Gefahrabwehrnormen der §§ 1666 ff BGB immer dann durch die spezielleren Bestimmungen der §§ 1696, 1671 BGB verdrängt werden, wenn eine Entscheidung nach diesen Vorschriften möglich ist und deshalb kein Bedürfnis für die Anwendung der §§ 1666 ff BGB besteht (so aber Soergel/Lange, BGB, 11. Aufl, § 1666 Anm 8; Gernhuber, Familienrecht, 3. Aufl S 870; Schlüter u König FamRZ 82, 1165; Hamm FamRZ 78, 941; Karlsruhe DAVorm 79, 136; Oldenburg FamRZ 79, 851; LG Berlin FamRZ 85, 30

965). Denn § 1680 II BGB (Teil der Sorgerechtsnovelle von 1979) läßt es ausdrücklich zu, daß das Vormundschaftsgericht einschreitet, nachdem zunächst das FamG die elterliche Sorge auf einen Elternteil übertragen hatte.

31 Auch die Auffassung, daß **während eines Scheidungsverfahrens** das Vormundschaftsgericht keine **Einzelanordnungen** nach § 1666 BGB erlassen dürfe (Schlüter u König FamRZ 82, 116 mwN), läßt sich nicht aus dem Gesetz herleiten (MünchKomm/Hinz, ErgBd § 1666 Rn 8), sondern beruht letztlich auf dem Wunsch, einander widersprechende Entscheidungen verschiedener Gerichte zu vermeiden. Dieser Wunsch gebietet dem Vormundschaftsrichter in der Tat, mit dem Familienrichter Kontakt aufzunehmen und diesem möglichst den Entscheidungsvorrang zu lassen. Dennoch sind vormundschaftsgerichtliche Maßnahmen nicht schlechthin ausgeschlossen.

32 **5) Kompetenzkonflikte:** Ob das Vormundschafts- oder das Familiengericht zuständig ist, läßt sich nur nach dem Inhalt der zu treffenden Sorgerechtsentscheidung bestimmen (KG FamRZ 84, 1143). Maßgeblich ist vorrangig die Entscheidung, die von Amts wegen zu treffen ist (Schlüter u König aaO 1162 mwN; AG Besigheim FamRZ 83, 295; Düsseldorf FamRZ 83, 938), in zweiter Linie diejenige, die ein Verfahrensbeteiligter begehrt (Zweibrücken DAVorm 81, 308). Beispiel: Beantragt die getrenntlebende Mutter, ihr das Aufenthaltsbestimmungsrecht zu übertragen, so ist für diese Einzelmaßnahme das Vormundschaftsgericht zuständig (BGH FamRZ 80, 1107 mwN = NJW 81, 126 = MDR 81, 128). Hält das Gericht es für geboten, über diesen Antrag hinaus die elterliche Sorge insgesamt zu regeln, so ist das FamG zuständig (Düsseldorf aaO).

33 Hat das **Familiengericht** ein Verfahren nach § 1672 oder § 1696 BGB eingeleitet, so kann es dieses nicht zuständigkeitshalber an das Vormundschaftsgericht mit der Begründung abgeben, diese solle Einzelmaßnahmen nach § 1666 BGB treffen. Das FamG muß entscheiden, ob es die elterliche Sorge auf eine andere Person als den/die bisherigen Inhaber überträgt. Gelangt es zu der Auffassung, daß eine Sorgerechtsübertragung ein zu weit gehender Eingriff in die Rechtsstellung des bisherigen Sorgeberechtigten ist, so muß es eine Endentscheidung erlassen, durch die die bisherige Sorgerechtsregelung aufrechterhalten bleibt. Gleichzeitig hat es die Akten dem Vormundschaftsgericht vorzulegen, damit dieses nach § 1666 BGB entscheidet. Es **darf** jedoch **nicht ohne eigene Sachentscheidung die Akten an das Vormundschaftsgericht abgeben** (Hamburg FamRZ 82, 943).

34 **6)** Das FamG kann den **Umgang** des nichtsorgeberechtigten Elternteils **mit dem ehelichen Kind** regeln (Abs 1 Nr 2, § 1634 I BGB), ferner den Umgang des sorgeberechtigten Elternteils, der von seinem Ehegatten und dem Kind nicht nur vorübergehend getrennt lebt (§ 1634 IV BGB). Das Wort „ehelich" ist durch das UÄndG (BGBl 86 I 301) in § 621 I Nr 2 eingefügt worden. Auf diese Weise wird klargestellt, daß die Bestimmung nicht für den Umgang der nichtehelichen Mutter mit ihrem bei Dritten lebenden Kind gilt, was früher zweifelhaft war. Für den Streit zwischen Pflegeeltern und den sorgeberechtigten leiblichen Eltern über den Umgang mit dem Kind ist das FamG nicht zuständig (anders LG Frankfurt FamRZ 86, 1036). Familiensachen sind nur auf Ehegatten und ihre ehelichen Kinder beschränkte Verfahren (Rn 2).

35 Hat das **Vormundschaftsgericht** den Eltern eines ehelichen Kindes die **Personensorge** nach § 1666 BGB **entzogen** und einem Vormund übertragen, so regelt nach Auffassung des BGH das FamG den Umgang der Eltern mit dem Kind (FamRZ 81, 659 = NJW 2067 = MDR 923 u FamRZ 83, 1102). Nicht durchgesetzt hat sich die von vielen OLG vertretene Gegenauffassung, des Sachzusammenhangs wegen müsse das Vormundschaftsgericht, das die Hauptentscheidung Personensorgeentziehung erlassen habe, auch die Folgeentscheidung Umgangsregelung treffen (so Hamburg FamRZ 78, 793; Frankfurt FamRZ 79, 1061; LG Berlin DAVorm 79, 139; Düsseldorf FamRZ 81, 479; Schleswig SchlHA 82, 41). Für die Änderung einer Umgangsregelung (§ 1696 I BGB) ist das FamG auch zuständig, wenn zuvor das Vormundschaftsgericht den Umgang geregelt hatte (Düsseldorf FamRZ 86, 203).

36 **7) Herausgabe des Kindes an den anderen Elternteil: a)** Das FamG entscheidet über die Herausgabe nur, wenn ein **Elternteil die Herausgabe eines** ehelichen (Köln FamRZ 78, 707; Frankfurt FamRZ 80, 288) **Kindes vom anderen Elternteil verlangt.** Wird ein Kind den Eltern oder einem Elternteil von einem Dritten widerrechtlich vorenthalten, so entscheidet das Vormundschaftsgericht über das Herausgabeverlangen der Eltern (§ 1632 III BGB). Beim Streit um die Herausgabe der Leiche eines Kindes zur Bestattung oder Umbettung gelten diese Grundsätze entsprechend (Hamm FamRZ 81, 701).

37 **b)** Obwohl § 1632 III BGB durch das Gesetz zur Neuregelung des Rechts der elterlichen Sorge neugefaßt worden ist, ist die umstrittene Frage ungeregelt geblieben, ob der **Streit zwischen Vormund bzw Pfleger und den Eltern** über die Herausgabe des Kindes vom Vormundschaftsgericht oder FamG zu entscheiden ist. Nach den §§ 1800, 1915 I BGB haben der Vormund und der personensorgeberechtigte Pfleger dieselben Befugnisse und Verpflichtungen, wie Eltern sie nach den §§ 1631–1633 BGB haben. Es liegt daher nahe, für sie auch die Zuständigkeitsregel des § 1632 III BGB anzuwenden. Andererseits würde dadurch gegen das Grundprinzip des § 621 verstoßen, daß Familiensachen nur Verfahren sind, die auf den Personenkreis von Ehegatten und ihren ehelichen Kindern beschränkt sind (s Rn 2).

Die Lösung bringt ein anderes Grundprinzip des § 621, der Gedanke des Sachzusammenhangs, der es einerseits gebietet, sachlich Zusammenhängendes nicht auseinanderzureißen, andererseits Sachfremdes vom FamG fernzuhalten (BGH FamRZ 78, 582 = NJW 1533). Vor das FamG gehören diejenigen Herausgabeverlangen von Vormündern und gegen diese, die mit einer familiengerichtlichen Sorgeregelung zusammenhängen (KG FamRZ 78, 351 = NJW 894 = MDR 671; Schleswig SchlHA 78, 216; Stuttgart DAVorm 82, 995). Hat das FamG die Sorge auf einen Vormund übertragen, so kann es dessen Sachlegitimation für das Herausgabeverlangen dadurch beenden, daß es sie auf einen Elternteil zurücküberträgt, und auf diese Weise eine dem Kindeswohl abträgliche Herausgabe verhindern (Gernhuber § 49 IV 4 S 717). Entsprechendes gilt für das Vormundschaftsgericht, das die Personensorge für ein Kind auf einen Pfleger übertragen hat und nunmehr ein Herausgabeverlangen des Pflegers daraufhin prüft, ob die Herausgabe dem Kindeswohl entspricht. Deshalb gehören diejenigen Herausgabeverlangen vor das Vormundschaftsgericht, die mit einer vormundschaftsgerichtlichen Regelung zusammenhängen (Oldenburg FamRZ 78, 706; Hamburg FamRZ 78, 792; KG FamRZ 78, 706 = MDR 852; ähnlich Karlsruhe FamRZ 79, 57 = NJW 930).

c) Da das FamG nur für Angelegenheiten zuständig ist, die den Personenkreis von (geschiedenen) Ehegatten und ihren gemeinsamen Kindern betreffen (s Rn 2), hat über die Herausgabe eines **nichtehelichen Kindes** das Vormundschaftsgericht zu entscheiden (Köln FamRZ 78, 707; Schleswig SchlHA 78, 217; Hamm FamRZ 79, 314; Frankfurt FamRZ 80, 288). **38**

IV) Gesetzliche Unterhaltspflicht gegenüber ehelichen Kindern, Ehegatten und geschiedenen Ehegatten

1) Kläger: Nur (minderjährige und volljährige) eheliche Kinder und (geschiedene) Ehegatten können ihre Unterhaltsansprüche vor dem FamG einklagen. Ihre **Rechtsnachfolger** stehen ihnen gleich, zB ihre Erben, soweit Unterhaltsansprüche vererblich sind (§§ 1361 IV 4, 1360 a III, 1615 I, 1586 II BGB), oder ihre Einzelrechtsnachfolger, auf die die Ansprüche gemäß §§ 1584 S 3, 1607 II 2 BGB, 37 BAFöG übergegangen sind oder gemäß §§ 90 BSHG, 82 JWG, 7 UnterhVorschußG übergeleitet worden sind (BGH VersR 79, 375 u FamRZ 81, 758). Auskunftsansprüche lassen sich nicht überleiten (BGH FamRZ 86, 568). Auch der Prozeß, mit dem der Kläger eine gepfändete und ihm zur Einziehung überwiesene Unterhaltsforderung seinr Schuldnerin gegen deren Ehemann geltend macht, ist Familiensache (Hamm FamRZ 78, 602 u 85, 407). **39**

Frei. **40**

3) Beklagter: Nur solche Unterhaltsprozesse gehören vor das FamG, in denen der Ehegatte, geschiedene Ehegatte oder ein Elternteil eines ehelichen Kindes verklagt wird. Auch diesen Personen stehen ihre Erben als **Rechtsnachfolger** gleich, soweit sie zum Unterhalt verpflichtet sind (§§ 1361 IV 4, 1360 a III, 1586 b, 1615 I BGB, 70 EheG; AG Groß-Gerau MDR 84, 502; Stanicki FamRZ 77, 685). Verlangt ein Unterhaltsberechtigter (Ehegatte, Kind) Unterhalt von einem Dritten mit der Begründung, dieser habe das **Vermögen** des Unterhaltspflichtigen (Ehegatten, Elternteils) **übernommen,** so tritt der Dritte der Schuld des Unterhaltspflichtigen kraft Gesetzes bei (§ 419 I BGB). Im Rechtsstreit zwischen dem Unterhaltsberechtigten und dem Dritten muß das Gericht prüfen, wie weit ein Anspruch gegen den Unterhaltspflichtigen besteht. Da der Streit den Unterhaltsanspruch betrifft, gehört er vor das FamG (Walter FamRZ 83, 363; Frankfurt FamRZ 83, 196; anders München FamRZ 78, 48 = NJW 550). **41**

4) Ein Rechtsstreit, dessen Parteien nicht zum Personenkreis der Ehegatten und ihrer ehelichen Kinder gehören und auch nicht Rechtsnachfolger oder Mitschuldner solcher Personen sind, ist keine Familiensache, auch wenn er die gesetzliche Unterhaltspflicht betrifft. Beispiel: Verklagt der Stiefvater den Vater auf Ersatz von Aufwendungen für den Unterhalt von dessen Kindern, so ist der Rechtsstreit nicht vom FamG zu entscheiden (BGH FamRZ 79, 218 = NJW 660). **42**

Für die Klage eines **nichtehelichen Kindes** gegen seinen Vater auf Unterhalt ist nicht das FamG, sondern die allgemeine Zivilprozeßabteilung des AG zuständig. Folglich ist auch der Unterhaltsanspruch, der vom nichtehelichen Kind auf seinen Scheinvater übergegangen ist (§ 1615 b BGB), hier geltend zu machen (München FamRZ 78, 349 f), auch Unterhaltsklagen von Enkeln gegen ihre **Großeltern** (BGH FamRZ 78, 585 = NJW 78, 1633 = MDR 825), ebenso Unterhaltsansprüche von Eltern gegen Kinder (Frankfurt FamRZ 81, 184). **43**

44 **5)** Nur Familiensachen, die die **gesetzliche** Unterhaltspflicht betreffen, können vor dem Familiengericht geltend gemacht werden. Hierzu zählen auch der Anspruch auf Zahlung eines **Prozeßkostenvorschusses** (Zweibrücken FamRZ 80, 1041; Koblenz FamRZ 82, 402), der familienrechtliche **Ausgleichsanspruch,** mit dem ein Elternteil vom anderen die Erstattung von Unterhalt verlangt (BGH FamRZ 78, 770 = MDR 79, 40 f), nicht der Streit der Eltern um die Kosten der **Bestattung** des Kindes (§ 1615 II BGB; Schleswig SchlHA 81, 67). Auch der Anspruch des unterhaltspflichtigen Ehegatten gegen den anderen auf Zustimmung, daß er den **Unterhalt als Sonderausgabe** (§ 10 I Nr 1 EStG) absetzen kann, betrifft die Unterhaltspflicht (Koblenz FamRZ 80, 791; Frankfurt FamRZ 81, 293; Köln FamRZ 82, 383 = NJW 83, 124; KG FamRZ 82, 1020; Bamberg FamRZ 82, 301); ebenso die Klage des unterhaltsberechtigten Ehegatten gegen den Unterhaltspflichtigen auf Erstattung der steuerlichen Mehrbelastung, die durch jene Zustimmung verursacht wird (s BGH FamRZ 83, 576 = NJW 1545 = MDR 919). Die in Rn 7 vor § 606 erwähnten Steuerangelegenheiten betreffen nicht den gesetzlichen Unterhalt. Der Ausgleichsanspruch des einen Elternteils gegen den anderen **Kindergeld** beziehenden Elternteil betrifft die Unterhaltspflicht (BGH FamRZ 80, 345; ebenso Köln FamRZ 85, 1168 für den Kinderzuschuß zur Rente); denn das Kindergeld wird gewährt, um beiden Eltern ihre Unterhaltspflicht in gleichem Maße zu erleichtern (BGHZ 70, 151 = FamRZ 78, 177 = NJW 753). Die Bestimmung des Anspruchsberechtigten gemäß § 3 IV KiGG fällt unter die Zuständigkeit des Vormundschaftsgerichts (Hamm MDR 80, 765; BayObLG DAVorm 81, 598/601 u 82, 78/80; Schleswig SchlHA 83, 55; anders Frankfurt FamRZ 79, 1038). Wegen der Ansprüche auf **Auskunft, Sicherheitsleistung, Kapitalabfindung, Schadensersatz** wegen Nichterfüllung der Unterhaltspflicht und **Rückzahlung** von Unterhalt s oben Rn 5, 7, 8.

45 Vor die Familiengerichte gehören auch Ansprüche aus **Verträgen,** namentlich Scheidungsfolgenvergleich, durch die die gesetzliche Unterhaltspflicht im einzelnen gestaltet und modifiziert wird (BGH FamRZ 79, 220, 907 mwN, 910). ZB kann sich der Ehemann unterhaltshalber verpflichten, den Kindesunterhalt durch eine Lebensversicherung zu sichern (BayOLG MDR 83, 583), Beiträge für die freiwillige Rentenversicherung der Frau (BGH FamRZ 79, 1005) oder Lebensversicherungsprämien für sie zu zahlen (Schleswig SchlHA 82, 154), die Lasten für ein Grundstück zu tragen, auf dem die Frau wohnt (Braunschweig FamRZ 83, 197), der Frau eine Wohnung zu überlassen (BayObLG FamRZ 81, 688, ihr Versorgungsausgleich zu gewähren (BGH FamRZ 85, 367 = MDR 478). Daß die Parteien sich vom gesetzlichen Unterhalt lösen und einen rein vertraglichen Anspruch schaffen wollen, kann bei solchen Verträgen nur angenommen werden, wenn besondere Umstände hierfür sprechen (BGH aaO mwN). Beispiele für rein vertragliche Ansprüche, die nicht vor das FamG gehören: Unterhaltszusage an einen vor 1977 schuldig geschiedenen Ehegatten (BGH FamRZ 78, 674 = NJW 1924 = MDR 912). Verzichtet die Frau im Scheidungsfolgenvergleich auf Unterhalt, verpflichtet sich aber der Mann, ihr die Kosten für ein Kindermädchen zu bezahlten, so ist nach BGH (FamRZ 78, 873) die Klage auf Bezahlung dieser Kosten keine Familiensache; zweifelhaft, der Vertrag betrifft die Pflege und Erziehung des Kindes durch die Frau, mithin ihre Unterhaltspflicht gegenüber dem Kind (§ 1606 Abs 3 S 2 BGB).

46 Die gesetzliche **Unterhaltspflicht gegenüber einem Kind** betreffen auch Rechtsstreitigkeiten aus Vereinbarungen, durch die Eltern die Unterhaltspflicht gegenüber ihren Kindern im Innenverhältnis geregelt haben (BGH FamRZ 78, 672 = NJW 1811 = MDR 824 Nr 20; FamRZ 81, 19/21 = NJW 346), namentlich Klagen auf Freistellung von Unterhaltszahlungen oder auf Erstattung von Unterhalt (BGH FamRZ 78, 770 = NJW 2279; FamRZ 79, 217 Nr 158 = MDR 295; FamRZ 79, 217 Nr 159; anders Stuttgart NJW 78, 1273; München FamRZ 78, 198). Verpflichtet sich ein Elternteil vertraglich, Kindergeld, das er erhält, an das beim anderen Elternteil lebende Kind weiterzuleiten, so ist auch die Klage auf Erfüllung dieses Vertrages Familiensache (Koblenz FamRZ 79, 610).

47 **V) Versorgungsausgleich.** Das FamG ist zuständig für die Übertragung und Begründung von Rentenanwartschaften (§ 1587 b BGB, 1 III VersorgAusglHärteG), für die Realteilung von Betriebsrentenanwartschaften (§ 1 II VersorgAusglHärteG), für die Regelung des schuldrechtlichen Versorgungsausgleichs (§§ 1587 f ff BGB, 2 VersorgAusglHärteG) und für die Genehmigung einer Scheidungsvereinbarung über den Versorgungsausgleich (§ 1587 o BGB). Auskunft über Versorgungsanwartschaften und Kapitalabfindung für Versorgungsausgleich s Rn 5. Über die Vollstreckung in Versorgungsausgleichssachen s Rn 21.

48 **VI) Ehewohnung und Hausrat.** Das FamG ist für das in der **HausratsVO** geregelte Verfahren zuständig (§ 11 I HausratsVO), auch bei Beteiligung Dritter (§ 7 HausratsVO). Es wird in Hausrats- und Ehewohnungssachen nur tätig, wenn sich die Ehegatten nicht darüber einigen können, wer von ihnen die Ehewohnung künftig bewohnen und wer die Wohnungseinrichtung und den

sonstigen Hausrat erhalten soll (§ 1 HausratsVO). Haben die Ehegatten sich hierüber geeinigt, so darf das FamG nicht tätig werden (BGH FamRZ 79, 789 = NJW 2156 = MDR 920). Ansprüche aus der Einigung können nur vor dem Landgericht oder der Zivilprozeßabteilung des Amtsgerichts geltend gemacht werden (BGH aaO).

1) Einigung: Ist zwischen den Parteien streitig, ob sie sich geeinigt haben, so ist hierüber als Vorfrage im Hausratsverfahren zu entscheiden (Koblenz FamRZ 84, 1241). Daß eine Einigung stattgefunden hat, kann auch auf Antrag eines Ehegatten im Ehewohnungs- und Hausratsverfahren festgestellt werden (Hamm FamRZ 80, 901). Eine Einigung über einen Teil des Hausrats führt dazu, daß das FamG nur noch den restlichen Hausrat verteilen darf, dabei jedoch die Einigung zu berücksichtigen hat (Frankfurt FamRZ 83, 730). Teileinigungen sind selten verbindlich. Solange die Parteien sich nicht über alle Punkte geeinigt haben, über die nach der Erklärung auch nur einer Partei eine Vereinbarung getroffen werden soll, ist es im Zweifel zu keiner Einigung gekommen (§ 154 I 1 BGB). Beispiele: Sind die Parteien einig, wer welche Sachen erhalten soll, aber uneins über die Höhe der Ausgleichszahlung, so ist keine Einigung zustande gekommen (Frankfurt aaO). Sind die Parteien einig, wer von ihnen künftig die gemeinsame Eigentumswohnung bewohnen soll, können sich aber über die Gestaltung der Rechtsverhältnisse nicht einigen, so ist keine Einigung zustande gekommen, und das FamG kann diese Angelegenheit regeln (Hamburg FamRZ 82, 941). Sind die Ehegatten über die Weiterbenutzung der Wohnung und die Übertragung des Mietverhältnisses auf einen von ihnen einig, stimmt aber der Vermieter nicht zu, so kann das FamG das Mietverhältnis regeln (Frankfurt FamRZ 80, 170; Karlsruhe FamRZ 81, 182; Hamburg FamRZ 82, 939; Schleswig SchlHA 84, 116). 49

2) Das FamG darf nur tätig werden, wenn die **künftigen Besitz- und Rechtsverhältnisse** hinsichtlich der Ehewohnung und des Hausrats zu regeln sind (Hamburg FamRZ 82, 941). Gibt ein Ehegatte die Ehewohnung endgültig auf und begehrt er nicht die Wiedereinräumung des Besitzes oder Mitbesitzes, sondern nur eine Nutzungsentschädigung, so darf das FamG dies nicht regeln (BGH FamRZ 82, 355 = NJW 1753; Hamburg aaO. Auch eine Ausgleichszahlung nach § 10 HausratsVO kann nur angeordnet werden, wenn demjenigen, der die Zahlung erbringen soll, Hausrat zugeteilt wird; eine isolierte Ausgleichsanordnung gibt es nicht (BGH FamRZ 86, 454 mwN; BayObLG FamRZ 85, 1057 mwN). Nicht im Hausratsverfahren zu behandeln sind **Schadensersatzansprüche** eines Ehegatten gegen den anderen wegen Beschädigung oder Veräußerung von Hausrat (BGH FamRZ 80, 45 = NJW 192 u FamRZ 80, 988 = NJW 2476 = MDR 918) oder wegen Beschädigung der Wohnung, Ansprüche auf Herausgabe des Erlöses aus der Veräußerung von Hausrat (§§ 816 I 1, 185 II 1 BGB), ebensowenig Ansprüche auf eine **Entschädigung für die** bisherige **Benutzung** von Hausrat (Köln FamRZ 80, 249) und Wohnung (Hamburg FamRZ 82, 941). Auch § 893 begründet keine Zuständigkeit des FamG für Schadensersatzansprüche (Düsseldorf FamRZ 85, 406); die Bestimmung paßt nur für Zivilprozesse, aber nicht für das zur freiwilligen Gerichtsbarkeit gehörige Hausratsverfahren (§ 13 I HausratsVO). 50

3) Die Zuständigkeit des FamG kann auch durch **bindenden Abgabebeschluß** des Prozeßgerichts begründet werden (§ 18 I 3 HausratsVO); selbst wenn der Beschluß sachlich unrichtig ist (BayObLG FamRZ 68, 319 und 75, 582; Zweibrücken FamRZ 78, 346; Köln FamRZ 80, 173; Schleswig SchlHA 80, 212; Hamburg FamRZ 82, 941; Heintzmann FamRZ 83, 960). Das FamG ist hinsichtlich der Zuständigkeit gebunden, nicht aber an die Verfahrensordnung der HausratsVO. Wird zB ein Schadensersatzanspruch bindend an das FamG abgegeben, so hat es im Zivilprozeß zu entscheiden, nicht im Verfahren der HausratsVO (Hamburg, Heintzmann aaO). 51

4) In **Hausratssachen** hängt die Zuständigkeit des FamG davon ab, ob eine Sache, um die Eheleute sich streiten, zum Hausrat gehört. Hausrat sind für die Wohnung, die Hauswirtschaft und das Zusammenleben der Familie bestimmte Sachen: Möbel, hauswirtschaftliches Gerät, auch als Wohnungsschmuck dienende kostbare Kunstwerke und andere Sachen von hohem Wert (BGH FamRZ 84, 575 = NJW 1758 = MDR 829). Daß bei deren Erwerb das Kapitalanlagemotiv mitgespielt hat, ist unerheblich. Es kommt nicht auf den Anlaß der Anschaffung, sondern auf die tatsächliche Benutzung an (Düsseldorf FamRZ 86, 1132). Nur ausschließlich als Kapitalanlage genutzte Sachen (zB Sammlungen) gehören nicht zum Hausrat (BGH aaO). Ein Auto und dessen Kraftfahrzeugbrief sind Hausrat, wenn das Fahrzeug gänzlich oder überwiegend für das familiäre Zusammenleben (Einkauf, Kinderbetreuung, gemeinsame Besuchs- und Urlaubsfahrten, gemeinsame Fahrten zum Arbeitsplatz) benutzt wird (BayObLG FamRZ 82, 399 = MDR 154; Köln FamRZ 80, 249). Nicht zum Hausrat gehört aber ein zum persönlichen Gebrauch eines Ehegatten bestimmtes Auto, auch wenn es für die Familie mitbenutzt wird (BayObLG aaO). Eine Einbauküche, die zur Herstellung eines Hauses eingefügt worden ist, ist wesentlicher Grundstücksbestandteil, aber kein Hausrat (Frankfurt FamRZ 82, 938). Auch Forderungen, die sich auf Hausratsgegenstände beziehen (zB aus den §§ 1369, 1368 BGB) können zum Hausrat 52 gehören und dem Hausratsverteilungsverfahren unterliegen (BGH FamRZ 80, 45 = NJW 192 = MDR 216; FamRZ 80, 988 = NJW 2476 = MDR 918; FamRZ 83, 794). Wegen Schadensersatzansprüchen eines Ehegatten gegen den anderen s Rn 50. Kein Hausrat sind zum persönlichen Gebrauch bestimmte Sachen (Düsseldorf FamRZ 78, 358; Karlsruhe FamRZ 79, 609; BayObLG FamRZ 82, 399 = MDR 154; teilweise anders Düsseldorf FamRZ 78, 523; Einzelheiten s § 620 Rn 64).

53 Nach den §§ 18a HausratsVO, 1361a BGB kann ein **getrennt lebender Ehegatte** im Hausratsverfahren nur Hausrat, der ihm allein gehört, vom anderen Ehegatten herausverlangen, ferner kann in diesem Verfahren über die Benutzung von Hausrat gestritten werden, der beiden gemeinsam gehört. Trotz des engen Wortlauts dieser Bestimmungen läßt der BGH (FamRZ 82, 1200 = NJW 83, 47 = MDR 83, 120; anders Frankfurt FamRZ 81, 184; Düsseldorf FamRZ 83, 164) es um der Praktikabilität und der Prozeßwirtschaftlichkeit willen zu, daß auch andere Streitigkeiten getrenntlebender Ehegatten um die Benutzung oder den Besitz von Hausrat im Hausratsverfahren ausgetragen werden, namentlich bei Besitzentziehung durch **verbotene Eigenmacht** (§ 861 BGB). Dementsprechend wird § 861 BGB durch § 1361a BGB als lex specialis verdrängt (Koblenz FamRZ 85, 931; Düsseldorf FamRZ 86, 276). Zu weit geht Frankfurt (FamRZ 84, 1118), wonach im Hausratsverfahren Dritte verurteilt werden können, die Wegnahme von Hausrat durch den Gerichtsvollzieher zu dulden.

54 **5) Ehewohnungssachen:** Ehewohnung ist eine Wohnung, die die Ehegatten gemeinsam bewohnen oder hierzu bestimmt haben (München FamRZ 86, 1019). Zieht ein Ehegatte aus, so bleibt sie Ehewohnung. Erst wenn der Ausgezogene sie endgültig aufgibt, verliert sie diese Eigenschaft (München aaO). Ehewohnung ist auch die Zweitwohnung (Zweibrücken FamRZ 80, 569, anders FamRZ 81, 259), das vor der Trennung gemeinsam benutzte Wochenendhaus (Zweibrücken FamRZ 80, 569; Frankfurt FamRZ 82, 398; anders KG FamRZ 86, 1010). Im Ehewohnungsverfahren kann nur der Besitz an der Ehewohnung geregelt und ein schuldrechtliches Miet- oder Nutzungsverhältnis übertragen oder begründet werden. In das Eigentum oder dingliche Rechte an der Wohnung darf das Gericht nicht eingreifen (KG FamRZ 86, 72). Entzieht ein Ehegatte dem anderen den (Mit-)Besitz an der Ehewohnung durch **verbotene Eigenmacht,** so kann der Anspruch auf Wiedereinräumung des Besitzes im Ehewohnungsverfahren geltend gemacht werden (so BGH FamRZ 82, 1200 für Hausrat, anders Karlsruhe FamRZ 79, 609). Auch der Streit um den Zutritt zur Ehewohnung gehört in dieses Verfahren (Düsseldorf FamR 85, 497). Begehrt ein Ehegatte **ohne Trennungsabsicht** vom anderen die Wiedereinräumung des Besitzes an der Wohnung oder die Beseitigung einer Besitzstörung (§ 861 f BGB), so gehört dieser Streit nicht in das Ehewohnungsverfahren (Düsseldorf FamRZ 85, 1061). Keine Ehewohnungssache ist eine Klage, mit der eine Ehefrau während des Scheidungsverfahrens erreichen will, daß dem Mann verboten wird, seine Geliebte in dem beiden Parteien gehörenden Haus zu empfangen (Karlsruhe FamRZ 80, 139; Hamm NJW 81, 1793). Ein Ehegatte kann im Ehewohnungsverfahren nur verlangen, daß er selbst die Wohnung erhält, nicht aber, daß die Wohnung dem anderen zugewiesen wird und daß dieser das Mietverhältnis fortsetzt (Celle FamRZ 81, 958).

55 Nach den §§ 18a HausratsVO, 1361b BGB **kann einem getrenntlebenden oder trennungswilligen Ehegatten die Ehewohnung** oder ein Teil der Wohnung zur alleinigen Benutzung **zugewiesen werden,** soweit dies zur Vermeidung einer schweren Härte notwendig ist. Durch diese neue Regelung, die am 1. 4. 86 in Kraft getreten ist (Art 1 Nr 2, Art 8 UÄndG – BGBl 86 I 301) ist der Streit darüber beendet worden, ob die Benutzung der Ehewohnung schon vor Anhängigkeit einer Ehesache geregelt werden kann.

56 Frei.

57 **VII) Güterrecht.** Zu den Familiensachen gehören **Zivilprozesse,** die güterrechtliche Ansprüche betreffen, nicht aber güterrechtliche Angelegenheiten, die das Gesetz dem **Vormundschaftsgericht** zugewiesen hat, wie der Ersatz der Zustimmung eines Ehegatten zu Rechtsgeschäften des anderen (§§ 1365 II, 1369 II BGB; BGH FamRZ 82, 785). Ausnahme: § 621 I Nr 9.

58 **1) Ansprüche** aus dem ehelichen Güterrecht sind solche, die sich **aus den §§ 1363–1561 BGB** herleiten lassen, vor allem der Anspruch auf Zugewinnausgleich (§ 1378 BGB), auf Auskunft über Vermögensminderungen, die nach § 1375 II BGB zum Endvermögen hinzuzurechnen sind (BGH FamRZ 82, 27), ferner der Anspruch eines Ehegatten gegen den anderen auf Unterlassung einer Verfügung über das Vermögen im ganzen (s Celle NJW 1970, 1882; Frankfurt FamRZ 86, 275). Weitere Beispiele aus dem Recht der Gütergemeinschaft s § 623 Rn 16 ff. Über Drittwiderspruchsklagen s Rn 19. Güterrechtlich wird eine Zuwendung eines Ehegatten an den anderen nicht dadurch, daß der Zuwendende bestimmt, die Zuwendung solle auf den Zugewinnausgleich angerechnet werden (§ 1380 I BGB; BayObLG FamRZ 83, 198/200). Eine Klage eines Ehegatten gegen den anderen wird auch nicht dadurch zu einer Güterrechtssache, daß die Klageforderung zum Endvermögen (§ 1375 I BGB) eines Ehegatten gehört und sich dadurch auf den Zugewinnausgleich auswirkt (Düsseldorf FamRZ 80, 1036 u Rpfleger 81, 239; BayObLG FamRZ 80, 468 aE u 85, 1057 = NJW-RR 86, 6).

An güterrechtlichen Verfahren können – wie ausdrücklich gesagt ist – auch **Dritte** beteiligt sein, so in den Fällen der §§ 1390 BGB (Ausgleichsanspruch gegen den beschenkten Dritten), 1495 BGB (im Streit zwischen überlebendem Ehegatten und Abkömmling bei fortgesetzter Gütergemeinschaft), 1437, 1460, 1480 BGB (persönliche Haftung für Gesamtgutsverbindlichkeiten – BGHZ 76, 305 = FamRZ 80, 551 = NJW 1626; Frankfurt FamRZ 83, 172). Familiensache ist auch die Klage eines Ehegatten, mit der er die Rechte gegen einen Dritten geltend macht, die sich aus der Unwirksamkeit einer Vermögensverfügung des anderen Ehegatten ergeben (§§ 1368, 1369 III BGB; BGH FamRZ 81, 1045). Über Drittwiderspruchsklagen s Rn 3. 59

Wird in einem Rechtsstreit zwischen (geschiedenen) Ehegatten mit einer güterrechtlichen Forderung **aufgerechnet** oder ein **Zurückbehaltungsrecht** wegen einer solchen Forderung geltend gemacht, so wird der Rechtsstreit hierdurch nicht zu einer Güterrechtssache, s Rn 3. 60

2) Zu den Güterrechtssachen gehören ferner Prozesse, in denen Ansprüche aus **Eheverträgen** geltend gemacht werden. Eheverträge sind Vereinbarungen, durch die die Eheleute ihre güterrechtlichen Verhältnisse abweichend vom gesetzlichen Güterstand des Zugewinnausgleichs regeln, zB die Vereinbarung der Gütertrennung oder der Gütergemeinschaft. Nach § 1408 BGB sind die Ehegatten nicht darauf beschränkt, einen der im Gesetz vorgesehenen Güterstände zu wählen und sich dabei der gesetzlichen Ausgestaltung dieses Güterstandes im ganzen zu unterwerfen. Sie können ihre güterrechtlichen Beziehungen beliebig gestalten (BGH FamRZ 83, 364), auch beschränkt auf einen einzelnen Gegenstand (BGH NJW 78, 1923). 61

Ein Vertrag, der sich auf einen einzelnen Vermögensgegenstand bezieht, ist nur dann güterrechtlicher Art, wenn er Rechtsfolgen auslöst, die nur durch eine Änderung des bestehenden Güterstandes ermöglicht werden können (BGH aaO mwN; anders BayObLG FamRZ 83, 1248). Schuld- und sachenrechtliche Rechtsgeschäfte zwischen Ehegatten, die den bestehenden Güterstand unberührt lassen, sind keine Eheverträge und haben keinen güterrechtlichen Charakter, auch wenn der Fortbestand der Ehe Geschäftsgrundlage ist; zB sind Schenkungen (BGH aaO mwN), Gesellschaftsverträge und gemeinschaftlicher Grundstückserwerb keine Eheverträge. Die Auseinandersetzung der Gesellschaft oder Gemeinschaft gehört nicht vor das FamG. 62

3) Dem ehelichen Güterrecht sind auch Ansprüche aus Verträgen der Ehegatten zuzurechnen, durch die bestehende güterrechtliche Ansprüche nachträglich geändert werden. Hierzu zählen vor allem **Vereinbarungen über die Auseinandersetzung der güterrechtlichen Verhältnisse bei Auflösung der Ehe** (BGH FamRZ 84, 35 mwN), zB ein Vertrag, durch den der Ausgleichsberechtigte anstelle des Zugewinnausgleichs ein Grundstück erhält (BGH NJW 80, 193 u FamRZ 80, 1106 = MDR 81, 127), ferner ein Vertrag, durch den andere Leistungen versprochen werden, wenn zugleich der Zugewinnausgleich ausgeschlossen wird (BGH FamRZ 82, 262 = NJW 941 = MDR 565). Es genügt, daß der Anspruch zum Zweck der Regelung güterrechtlicher Beziehungen begründet wurde (BGH aaO). Auf die Natur des konkreten Begehrens kommt es dagegen nicht an (zB Auflassung, BGH FamRZ 83, 156 = NJW 928). Die Leistung kann auch einem Dritten (zB dem gemeinsamen Kind) versprochen werden; die Klage des Dritten auf Erfüllung oder Schadensersatz ist Familiensache (BGH aaO). Auseinandersetzungsvereinbarungen, durch die nicht der Zugewinnausgleich oder andere güterrechtliche Beziehungen geregelt werden, durch die aber gleichwohl ein Ehegatte dem anderen eine Kapitalabfindung oder die Freihaltung von Schulden verspricht, betreffen nicht das Güterrecht (anders BayObLG FamRZ 83, 1248). Enthält ein Vertrag sowohl güterrechtliche als auch sonstige vermögensrechtliche Regelungen, so sind alle Streitigkeiten aus dem Vertrag vor den Familiengerichten auszutragen, wenn sich güterrechtliche und sonstige Regelungen nicht trennen lassen (BGH FamRZ 80, 878 = NJW 2529 = MDR 917 f). Dies gilt auch für die Kosten des Vertrages (BGH FamRZ 81, 19/21; Schleswig SchlHA 82, 75). Lassen sich güterrechtliche und sonstige Vertragsgegenstände trennen, so ist nur der Streit um die güterrechtlichen Angelegenheiten Familiensache (BGH FamRZ 80, 671 u 81, 19/21 = NJW 346 = MDR 126 f). 63

4) Vereinbaren Eheleute, daß die Frau ihren Zugewinnausgleich dem Mann als **Darlehen** zur Verfügung stellt, so ist durch Auslegung zu ermitteln, ob a) die Vereinbarung die an sich bestehenbleibende Zugewinnausgleichsschuld nur inhaltlich ändern soll mit der Folge, daß die von der Änderung nicht betroffenen Einwendungen aus dem alten Schuldverhältnis weitergelten, oder b) ob eine Schuldumschaffung (Novation) gewollt ist und ob durch diese eine neue abstrakte Schuld iS der §§ 780 f BGB begründet werden sollte (BGHZ 28, 164/166 = NJW 58, 2111). Wegen der weitgehenden Wirkungen einer Schuldumschaffung muß ein dahingehender Wille deutlich zum Ausdruck kommen. Allein aus der Vereinbarung, daß der Zugewinnausgleich 64 als Darlehen geschuldet werden soll (§ 607 II BGB), ergibt sich ein solcher Wille nicht. Im Zweifel ist anzunehmen, daß die Zugewinnausgleichsschuld in ihrem Kern bestehenbleibt und nur bezüglich der Zinsen und Kündigungsfristen nach Darlehensgrundsätzen umgewandelt wird. In diesem Fall ist für Streitigkeiten aus der Darlehensvereinbarung das FamG zuständig (BGH FamRZ 79, 215 = NJW 426; Karlsruhe FamRZ 79, 56 = NJW 434). Im Falle der Schuldumschaffung und Begründung eines neuen abstrakten Schuldverhältnisses gehört der Streit aus der Darlehensvereinbarung nicht vor das FamG (Beispiel: Zusammenfassung der Zugewinnausgleichsschuld und anderer Verbindlichkeiten zu einer neuen Schuld).

65 **5)** Auch bei güterrechtlichen Ansprüchen stehen – was die Zuständigkeit des FamG betrifft – die **Rechtsnachfolger** der Eheleute diesen gleich und zwar sowohl bei Abtretung oder Pfändung und Überweisung von güterrechtlichen Ansprüchen als auch bei Erbfolge.

66 **6)** Verfahren nach den **§§ 1382 f BGB** (Stundung einer Zugewinnausgleichsschuld und Übertragung von Vermögensgegenständen unter Anrechnung auf diese Schuld) betreffen an sich Ansprüche aus dem Güterrecht. Besonders aufgezählt worden sind sie nur aus dem Grunde, weil sie dem Rechtspfleger anvertraut (§ 14 Nr 2 RpflG) und deswegen zu Angelegenheiten der freiwilligen Gerichtsbarkeit gemacht worden sind (§ 621 a I 1).

67 **VIII) Andere vermögensrechtliche Streitigkeiten** zwischen (geschiedenen) Ehegatten sind keine Familiensachen, zB die Klage auf Befreiung von Verbindlichkeiten aus einem gemeinsam aufgenommenen Kredit (BGH FamRZ 80, 671 u FamRZ 81, 247), auf Ausgleich für die Bezahlung gemeinsamer Schulden (§ 426 BGB; Düsseldorf FamRZ 86, 180; Frankfurt FamRZ 86, 692), gesellschafts- und gemeinschaftsrechtliche Ansprüche auf Rechnungslegung, Schadensersatz und Auseinandersetzung (BayObLG FamRZ 80, 468), der Streit um die Verteilung des Erlöses aus der Versteigerung eines gemeinsamen Grundstückes (München FamRZ 82, 942), der Antrag, die Teilungsversteigerung eines solchen Grundstücks für unzulässig zu erklären (Zweibrücken FamRZ 79, 839), Schadensersatzansprüche wegen Beschädigung (BGH NJW 80, 192) oder Veräußerung (Hamm FamRZ 80, 66) von Sachen des klagenden Ehegatten, Ansprüche aus dem Widerruf einer Schenkung (LG Bonn FamRZ 80, 359). Weitere Beispiele s Rn 8–11 vor § 606.

IX) Zuständigkeit im allgemeinen

68 **1)** Daß die Amtsgerichte für andere Familiensachen iS der Überschrift des 2. Titels **sachlich zuständig** sind, ist in den §§ 23 a Nr 2 und 5 GVG, 64 k I FGG, 11 I HausratsVO geregelt. Die Bedeutung des § 621 I liegt nur in der Bestimmung, daß die vorgenannten Regelungen der sachlichen Zuständigkeit **ausschließlich** sind (BGHZ 71, 264/268 = FamRZ 78, 582 = NJW 78, 1531).

69 **2)** § 621 I ZPO und § 23 b GVG regeln nicht die **funktionelle Zuständigkeit** (anders Köln FamRZ 78, 359; KG MDR 78, 497). Diese bezieht sich darauf, welches Rechtspflegeorgan in ein und derselben Sache tätig zu werden hat (Einzelrichter, Kollegium, Rechtspfleger, Urkundsbeamter, Eingangsgericht, Rechtsmittelgericht, Prozeßgericht, Vollstreckungsgericht usw; s München FamRZ 79, 721); während die sachliche Zuständigkeit ergibt, welches Gericht in erster Instanz die Sache ihrer Rechtsnatur wegen zu bearbeiten hat.

70 **3)** Nach § 23 b 1 GVG werden beim Amtsgericht Abteilungen für Familiensachen (Familiengerichte) gebildet. Auf diese Weise regelt das Gesetz die Verteilung der Geschäfte innerhalb des Amtsgerichts. Die Frage, ob das Familiengericht oder eine andere Abteilung des Amtsgerichts zuständig ist, ist also eine solche der **gerichtsinternen Zuständigkeit oder der gesetzlichen Geschäftsverteilung** (BGHZ 71, 264 = FamRZ 78, 582 = NJW 1531).

71 **a) Konsequenzen:** Geht beim FamG eine Klage in einer Nichtfamiliensache ein, so darf der Familienrichter sich nicht gemäß § 281 für sachlich unzuständig erklären und die Sache an die allgemeine Zivilprozeßabteilung desselben Gerichts **verweisen.** Da es sich bei der Zuständigkeitsfrage um ein Problem der gerichtsinternen Zuständigkeit handelt, hat er die Sache an die nach dem Geschäftsverteilungsplan zuständige Abteilung **abzugeben** (BGH aaO; aA Jauernig FamRZ 77, 681 f und 761 f). Ob das AG sachlich und örtlich zuständig ist, ist in diesem Stadium des Verfahrens bedeutungslos. Hierüber hat der Richter der zuständigen Prozeßabteilung mit den Parteien zu verhandeln. Das FamG braucht hierüber nicht zu verhandeln, und zwar auch dann nicht, wenn die Klage an das FamG adressiert war.

72 Verhandelt aber das FamG dennoch eine Sache, die keine Familiensache ist, so kann seine Zuständigkeit nicht durch **rügeloses Verhandeln** des Beklagten zur Hauptsache begründet werden; denn es handelt sich nicht um eine Frage der sachlichen Zuständigkeit des AG. Rügt der Beklagte bei einer solchen Verhandlung zu Recht, daß auch das Amtsgericht, bei dem das FamG gebildet worden ist, sachlich oder örtlich unzuständig ist, so kann der Familienrichter unter den Voraussetzungen des § 281 ZPO den Rechtsstreit an das zuständige Gericht verweisen. Daß er ihn zunächst an die zuständige Abteilung angibt, diese dann noch einmal verhandelt und den

Verweisungsbeschluß verkündet, ist nicht notwendig. Wenn allerdings der Kläger keinen Verweisungsantrag stellt, darf der Familienrichter die Klage nicht als unzulässig abweisen. Dies ist Aufgabe des Richters der zuständigen Prozeßabteilung.

b) Die **Abgabe** vom FamG an die Prozeßabteilung desselben Gerichts **bindet** diese **nicht** **73** (BGHZ 71, 264/272 f = FamRZ 78, 582 und FamRZ 80, 554 = NJW 1283; Bosch FamRZ 86, 820 mwN). Bindend sind nur Verweisungsbeschlüsse über die örtliche oder sachliche Zuständigkeit (§ 281 II 2; Ausnahme s Rn 51), und auch diese sind nur für das Amts- oder Landgericht verbindlich, an das ein Rechtsstreit verwiesen worden ist, nicht aber für einzelne Abteilungen oder Kammern innerhalb des Gerichts. Die gerichtsinterne Zuständigkeitsregelung des § 23b GVG kann nicht durch bindenden Verweisungsbeschluß außer Kraft gesetzt werden, wenn dies nicht wie im Falle des § 102 GVG ausdrücklich bestimmt ist. § 102 GVG kann bei Verweisung ans FamG auch nicht analog angewendet werden; denn die FamG sind für Familiensachen ausschließlich zuständig (Abs 1), die Zuständigkeit der Kammer für Handelssachen ist jedoch keine ausschließliche (vgl §§ 93, 96–101 GVG, Hamburg FamRZ 80, 903). Werden diese Grundsätze in einem Verweisungsbeschluß verkannt und wird eine Nichtfamiliensache vom LG an das FamG verwiesen, so wird die Sache dadurch nicht zur Familiensache (BGH FamRZ 80, 557 = NJW 1282 = MDR 564). Bindend ist der Verweisungsbeschluß nur für das AG, nicht für das zu diesem Gericht gehörende FamG (BGH aaO BayObLG FamRZ 80, 1034 u 81, 62; München FamRZ 79, 721; Düsseldorf Rpfleger 81, 239; Nürnberg MDR 82, 235; anders Zweibrücken FamRZ 79, 839; Hamm FamRZ 78, 906 und 79, 1035; Köln FamRZ 82, 944 mwN). Zu entscheiden hat die Prozeßabteilung des Amtsgerichts. Bindend verwiesen werden kann auch aus der streitigen in die freiwillige Gerichtsbarkeit (BGH FamRZ 85, 1242 f = MDR 86, 216) und innerhalb der freiwilligen Gerichtsbarkeit (§ 621a Rn 11). Über fehlerhafte und deshalb nicht bindende Verweisungsbeschlüsse s BGH FamRZ 84, 774 = NJW 85, 2537; FamRZ 86, 789. Verweisungen im PKH-Verfahren binden nicht für das Streitverfahren (Karlsruhe Justiz 85, 101; s § 281 Rn 17).

c) Über **Kompetenzkonflikte** zwischen Familiengericht und Zivilprozeßabteilung entscheidet **74** nicht das Präsidium des AG. Dieses darf nur seinen eigenen Geschäftsverteilungsplan verbindlich auslegen; s § 21e GVG Rn 38. Über die gesetzliche Geschäftsverteilung entscheidet entsprechend § 36 Nr 6 das OLG (BGH FamRZ 78, 582). Auf die gesetzlichen Erfordernisse der rechtskräftigen Unzuständigkeitserklärung (§ 36 Nr 6) und des Gesuchs einer Partei (§ 37) wird dabei verzichtet (BGH aaO u FamRZ 79, 421).

Frei. **75**

4) Internationale Zuständigkeit: Abs 2 ist durch das IPR-NeuregelungsG neugefaßt worden, **76** um klarzustellen, daß die Verbundzuständigkeit keine ausschließliche internationale Zuständigkeit ist. Abs 3 ist nicht anzuwenden, wenn eine **Ehesache vor einem ausländischen Gericht** anhängig ist; deutsches Recht kann nicht die Zuständigkeit ausländischer Gerichte begründen (München FamRZ 79, 153; Frankfurt FamRZ 82, 528).

Da die internationale und interlokale Zuständigkeit der örtlichen folgt, ist bei **Anhängigkeit** **77** **einer Ehesache** das FamG, bei dem diese Sache in erster Instanz anhängig ist oder war, international zuständig für andere Familiensachen derselben Familie (§ 621 II; § 606a Rn 19; ebenso für Versorgungsausgleichssachen BGHZ 75, 241/243 f = FamRZ 80, 29; BGH FamRZ 82, 996 = NJW 2732 = MDR 83, 42; BGHZ 91, 186 = FamRZ 84, 674 = NJW 2361). Dieser Grundsatz wird durch staatsvertragliche Regelungen durchbrochen, die immer vorrangig sind (Jayme FamRZ 79, 21; StJSchlosser 18; BGH FamRZ 81, 135 = NJW 520; BGHZ 60, 68/71).

a) Das Europäische Übereinkommen über die gerichtliche Zuständigkeit und die Vollstrek- **78** kung gerichtlicher Entscheidungen in Zivil- und Handelssachen (EuGVÜ) gilt nicht für Ehesachen (Art 1 II Nr 1), wohl aber für Unterhaltssachen. Nach Art 2 I EuGVÜ sind Personen, die ihren Wohnsitz im Hoheitsgebiet eines Vertragsstaats (Frankreich, Italien, Belgien, Niederlande, Luxemburg, Bundesrepublik Deutschland) haben, ohne Rücksicht auf ihre Staatsangehörigkeit vor den Gerichten dieses Staates zu verklagen. In Unterhaltssachen kann der Unterhaltsberechtigete außerdem vor dem Gericht des Ortes klagen, an dem er seinen Wohnsitz oder gewöhnlichen Aufenthalt hat, wenn der Unterhaltspflichtige seinen Wohnsitz in einem anderen Vertragsstaat hat (Art 5 Nr 2 EuGVÜ). Diese Regelung hat Vorrang vor § 621 II (Art 3 EuGVÜ; Jayme IPRax 84, 123 f; Rahm/Breuer VIII Rn 220). In diese Richtung deuten auch EuGH IPRax 81, 19; Henrich IPRax 85, 207; anders Bülow/Böckstiegel EuGVÜ Art 5 IIc. Weiter haben deutsche FamG die Rechtshängigkeit von Unterhaltsprozessen zu beachten, die in einem der vorgenannten EWG-Staaten anhängig sind (Art 21 EuGVÜ). Die Zuständigkeitsregelung in Art 3 des Haager Übereinkommens über die Anerkennung und Vollstreckung von Entscheidungen auf dem Gebiet der Unterhaltspflicht gegenüber Kindern vom 15. 4. 58 (BGBl 61 II 1005), das vorbehaltlich seines Art 11 vom EuGVÜ nach dessen Art 57 unberührt bleibt, umgrenzt lediglich den Kreis der Behörden, deren Unterhaltsentscheidungen nach Maßgabe des Übereinkommens anerkannt und für vollstreckbar erklärt werden können (BGH NJW 86, 662). Für **Versorgungsausgleichs- und güterrechtliche Familiensachen** gilt das EuGVÜ nicht (Art 1 Nr 3), ebensowenig für **Ehewohnungs- und Hausratssachen** (StJSchlosser 24).

79 **b)** Für Verfahren zur Regelung der **elterlichen Sorge, des Umgangsrechts und der Herausgabe eines Kindes** gilt vorrangig vor § 621 II das Haager Minderjährigenschutzabkommen (MSA – BGBl 71 II 219), und zwar auch im Verbundverfahren (BGH FamRZ 84, 350). Das Abkommen verdrängt die allgemeinen Regeln des Internationalen Verfahrensrechts (BGH FamRZ 81, 136 mwN = NJW 520). Es ist anzuwenden, wenn ein Kind seinen gewöhnlichen Aufenthalt in einem Vertragsstaat (Schweiz, Portugal, Luxemburg, Niederlande, Frankreich, Österreich, Türkei – BayObLG FamRZ 84, 1261 – und Bundesrepublik Deutschland) hat. Es kommt nicht darauf an, ob das Kind einem Vertragsstaat angehört; denn die Bundesrepublik Deutschland hat sich nicht vorbehalten, die Anwendung des MSA auf Angehörige der Vertragsstaaten zu beschränken (Art 13 III MSA; BGH aaO u FamRZ 84, 350). Nach Art 1 MSA sind die Gerichte des Vertragsstaats, in dem ein Kind seinen gewöhnlichen Aufenthalt hat, international zuständig für Maßnahmen zum Schutz der Person und des Vermögens des minderjährigen Kindes. Die Regelung der elterlichen Sorge bei Trennung oder Scheidung der Eltern ist eine solche Schutzmaßnahme (BGHZ 60, 72 = FamRZ 73, 138 = NJW 417; FamRZ 81, 137 u 84, 687).

80 Hat ein **Kind ausländischer Staatsangehörigkeit** seinen gewöhnlichen Aufenthalt in einem ausländischen Vertragsstaat, so ist das FamG der Ehesache nicht zuständig. Hat ein solches Kind seinen gewöhnlichen Aufenthalt in der Bundesrepublik, so ist das FamG der Ehesache zuständig. Besteht nach dem Recht des Staates, dem das Kind angehört, ein elterliches Gewaltverhältnis kraft Gesetzes auch nach der Scheidung weiter, so darf ein deutsches Gericht in dieses Gewaltverhältnis nur eingreifen, soweit das Heimatrecht des Kindes dies gestattet (BGH FamRZ 84, 687 = NJW 2761 = MDR 1013). Im übrigen erlaubt Art 8 MSA bei einer ernstlichen Gefährdung des Kindes Eingriffe in das Gewaltverhältnis (BGHZ 60, 74). Umstritten ist, ob Art 3 MSA die Zuständigkeit deutscher Gerichte einschränkt (so BGH FamRZ 84, 687) oder nur bei der Sachentscheidung zu berücksichtigen ist (so Stuttgart NJW 85, 566; ausführlich hierzu Rahm/Paetzold VIII Rn 310–326). Ist ein Kind ausländischer und deutscher Staatsangehöriger, so ist das Gewaltverhältnis des ausländischen Heimatrechts nur zu beachten, wenn es zu seinem ausländischen Heimatstaat eine wesentlich engere Beziehung hat als zum Inland (BGH FamRZ 81, 135/138 = NJW 520; Bamberg FamRZ 81, 1106 = NJW 82, 527 mwN; BayObLG FamRZ 82, 1118 mwN). Hierfür ist der gewöhnliche Aufenthalt ein wichtiges Indiz (BGH aaO).

81 Hat ein **deutsches Kind** seinen gewöhnlichen Aufenthalt in einem ausländischen Vertragsstaat, so sind an sich die Gerichte dieses Staates international zuständig (Art 1 MSA); nach Art 4 MSA kann jedoch ein deutsches FamG eingreifen, wenn das Kindeswohl es erfordert (näheres s Jayme FamRZ 79, 22; BayObLGZ 1978, 113/116; BayObLG DAVom 83, 679/683).

82 Hält sich ein **Kind in einem Staat** auf, **der nicht** zu den **Vertragsstaaten** des MSA gehört, so ist das FamG der Ehesache nach § 621 II für Sorgerechtsregelungen zuständig. Hält sich ein Elternteil mit dem Kind im Ausland auf oder leben gar beide Eltern dort (vgl § 606 III), so können unlösbare Schwierigkeiten entstehen, wenn ermittelt werden soll, welche Regelung dem Kindeswohl am besten entspricht und welche Bindungen das Kind zu Eltern, Geschwistern und Dritten hat (vgl § 1671 II BGB). Nicht immer werden diese Probleme mit Hilfe des internationalen Sozialdienstes gelöst werden können. Die persönliche Anhörung von Eltern und Kind (§§ 50 a f FGG) wird oft unmöglich sein. Ist es, um eine Gefahr für das Kindeswohl abzuwenden, notwendig, die Personensorge auf einen Vormund zu übertragen, so kann eine solche Maßnahme sinnlos sein, wenn der Vormund die Sorge nicht ausüben kann, ohne die Souveränität des Staates zu verletzen, in dem das Kind sich aufhält. In solchen Fällen liegt es nahe, daß das deutsche FamG seine Zuständigkeit als **forum non conveniens** verneint, weil ein ausländisches Gericht dem Sachverhalt näher steht; vgl Jayme FamRZ 79, 22 f).

83 **c) Ohne Anhängigkeit einer Ehesache** folgt die internationale Zuständigkeit weitgehend der örtlichen Zuständigkeit: In unterhalts- und güterrechtlichen Familiensachen ist das Gericht des Wohnsitzes des Beklagten zuständig (§ 13). Die internationale Zuständigkeit kann auch durch rügelose Einlassung begründet werden (§ 39 ZPO; BGH NJW 79, 1104 mwN). Über die Geltung des EuGVÜ s Rn 78. Besonderer Gerichtsstand für Unterhaltssachen: § 23 a; über das Verhältnis dieser Vorschrift zum EuGVÜ s dort Rn 3. Für die elterliche Sorge, das Umgangsrecht und die Herausgabe eines Kindes gelten die §§ 43, 36 FGG (BGH FamRZ 79, 577) und das MSA; s Rn 79 ff. Wegen der maßgeblichen zuständigkeitsbegründenden Kriterien gewöhnlicher Aufenthalt, schlichter Aufenthalt bei Eilfällen s Bamberg FamRZ 81, 1106 = NJW 82, 527). Schließlich sind deutsche Gerichte immer zuständig, wenn das Kind deutscher Staatsangehöriger ist. Ob es zugleich ausländischer Staatsangehöriger ist und ob es zu seinem ausländischen Heimatstaat eine engere Beziehung hat als zum Inland, ist unerheblich (Karlsruhe FamRZ 84, 819; anders Bamberg aaO). Für selbständige Versorgungsausgleichssachen gilt § 45 FGG entsprechend.

d) In selbständigen **Ehewohnungs- und Hausratssachen** ist das Gericht, in dessen Bezirk die gemeinsame Wohnung der Ehegatten liegt, örtlich (§ 11 II HausratsVO) und damit auch international zuständig (Hamm FamRZ 81, 875). Hatten die Eheleute keine gemeinsame Wohnung im Inland, so ist § 45 FGG entsprechend anwendbar (Erman-Ronke, 1 zu § 11 HausratsVO; Hoffmann-Stephan, HausratsVO, 2. Aufl, § 11 Anm 1 mwN; anders Rahm/Paetzold VIII Rn 458). **84**

X) Örtliche Zuständigkeit (Abs 2)

1) Grundgedanke: Ehesachen (Rn 2–24 vor § 606) und andere Familiensachen derselben Familie, die gleichzeitig anhängig sind, können von einem Gericht sachgerechter und rationeller bearbeitet werden als von mehreren Gerichten. Häufig bestehen Zusammenhänge, zB zwischen der Unterhaltsklage der getrenntlebenden Ehefrau und der Frage, ob ihr die elterliche Sorge übertragen wird, oder zwischen der Höhe des Frauen- und des Kindesunterhalts. Deshalb werden alle Familiensachen beim Gericht der Ehesache zusammengefaßt. Dieses ist auch für die Unterhaltsklage eines erwachsenen Kindes gegen einen Elternteil und für diejenige eines Sozialhilfeträgers gegen einen Ehegatten zuständig. **85**

2) Die Zuständigkeitsregel des Abs 2 setzt **Anhängigkeit** der Ehesache voraus. Die Anhängigkeit beginnt mit der Einreichung des Scheidungsantrages oder der Klageschrift beim Familiengericht (§ 622 I). Die Einreichung eines Prozeßkostenhilfeantrages reicht – anders als im Fall des § 620 a II – nicht aus. Die Anhängigkeit endet mit Rücknahme des Scheidungsantrages bzw der Klage (§ 269), durch übereinstimmende Erledigungserklärungen beider Ehegatten in der mündlichen Verhandlung, mit dem Tod eines Ehegatten (§ 619) oder mit Rechtskraft des Urteils in der Ehesache (BGH NJW 86, 3141). Wegen der Rechtskraft des Scheidungsausspruchs s § 629 d Rn 3, 4. Wird durch Vorabscheidung (§ 628 I), Rechtsmittelverzicht (§ 629 a IV) oder durch Verstreichen der Fristen des § 629 a III der Scheidungsausspruch rechtskräftig, bevor über die Folgesachen entschieden wird, so begründet die Anhängigkeit der Folgesache nicht mehr den Gerichtsstand für andere Familiensachen (BGH FamRZ 82, 43 = NJW 1000 = MDR 217). Endet die Anhängigkeit der Ehesache zwischen Einreichung und Zustellung der Klage in einer anderen Familiensache, so erlischt die Zuständigkeit des Familiengerichts für die andere Sache (BGH FamRZ 81, 23 = NJW 126 = MDR 36). Endet die Anhängigkeit der Ehesache nach Zustellung dieser Klage, so bleibt das Gericht der Ehesache zuständig (§§ 253 I, 261 III 2; BGH NJW 86, 3141). **86**

3) § 621 II läßt sich mißbrauchen, um einen **Gerichtsstand** für selbständige Familiensachen zu **erschleichen.** Beispiel: Der Ehemann verläßt Frau und Kinder in Köln und zieht nach München. Um die Zuständigkeit für ein selbständiges Sorgerechtsverfahren zu erschleichen, reicht er beim dortigen unzuständigen FamG einen Scheidungsantrag ein, der mangels Kostenvorschusses nicht zugestellt wird. Sein Sorgerechtsantrag ist als unzulässig zurückzuweisen. **86a**

4) Wird während der Anhängigkeit der Ehesache eine Klage in einer anderen Familiensache bei einem **unzuständigen Gericht** erhoben, so ist sie als unzulässig abzuweisen oder auf Antrag des Klägers – nicht von Amts wegen – an das zuständige Gericht zu verweisen (§ 281 I; KG FamRZ 80, 470). Bei einer solchen Verweisung hst der Kläger – anders als im Fall des § 621 III 2 – die Mehrkosten zu tragen, die durch das Verfahren vor dem unzuständigen Gericht entstanden sind (§ 281 III 2). **87**

5) Im Falle des Abs 2 ist das Familiengericht **ausschließlich zuständig.** Prorogation eines anderen Gerichtsstands ist nicht zulässig (§ 40 II). Bei **Vollstreckungsabwehrklagen** in Familiensachen kollidiert diese Regelung mit den §§ 767 I, 802, die das erstinstanzliche Prozeßgericht des Vorprozesses für ausschließlich zuständig erklären. Die Zuständigkeit des Prozeßgerichts geht vor, weil die Vollstreckungsabwehrklage einer Fortsetzung des früheren Prozesses nahekommt (BGH FamRZ 80, 346 = NJW 1393 = MDR 477). Richtet sich die Klage gegen die Vollstreckung aus einem Scheidungsfolgenvergleich, den das LG vor dem 1. 7. 77 protokolliert hat, so ist jetzt das FamG zuständig, das nach dem Aufenthalt der Parteien zur Zeit des früheren Scheidungsprozesses zuständig gewesen wäre (BGH FamRZ 80, 47 = NJW 188 = MDR 215). Anders bei Vollstreckungsabwehrklagen gegen außergerichtliche Unterhaltstitel (Gütestellenvergleiche, notarielle und Jugendamtsurkunden). Zwar kollidiert auch hier der ausschließliche Gerichtsstand des § 621 II mit demjenigen der §§ 797 V, 802. Hier kann jedoch ein früherer Prozeß nicht fortgesetzt werden. Da im Scheidungsprozeß das Gericht der Ehesache ohnehin häufig mit den Unterhaltsstreitigkeiten der Parteien befaßt ist (einstweilige Anordnungen, Folgesachen), ist es vorrangig zuständig vor dem Familiengericht am allgemeinen Gerichtsstand nach § 797 V (Hamburg FamRZ 84, 68). **88**

89 **6) Abs 2 S 2:** Wird eine **Familiensache anhängig, ohne** daß eine **Ehesache anhängig** ist, so richtet sich die **örtliche Zuständigkeit** des FamG nach den allgemeinen Vorschriften, dh bei Klagen aus dem ehelichen **Güterrecht** nach den §§ 12–16, 20, 23, bei **Unterhaltsklagen** nach denselben Bestimmungen und den §§ 23a, 35a. In diesen zivilprozessualen Familiensachen kann die örtliche Zuständigkeit eines kraft Gesetzes nicht zuständigen FamG durch Vereinbarung oder rügelose Einlassung des Beklagten begründet werden (§§ 38 II, III, 39, 40 II). Die Regelung des Abs 1 über die ausschließliche Zuständigkeit betrifft nur die sachliche, nicht die örtliche Zuständigkeit (BGHZ 71, 264/267 f = FamRZ 78, 582 ff = NJW 1531). Für die Vollstreckungsabwehrklagen in Familiensachen ist jedoch das Prozeßgericht des ersten Rechtszuges ausschließlich zuständig (§§ 767 I, 802; BGH FamRZ 80, 346, Schleswig SchlHA 80, 143).

90 Bei Streitigkeiten über die **elterliche Sorge,** das Umgangsrecht und die Herausgabe eines Kindes richtet sich die örtliche Zuständigkeit nach den §§ 64k III 2, 43 I, 36 FGG. Das Zwangsverfahren nach § 33 FGG ist nicht Bestandteil des Umgangsregelungs- oder Herausgabeverfahrens, sondern ein selbständiges Verfahren. Örtlich zuständig ist das FamG am Wohnsitz des Minderjährigen (Hamm FamRZ 80, 481). Nach § 11 BGB teilt ein minderjähriges Kind den Wohnsitz seiner Eltern. Trennen sich die Eltern, so hat es bei jedem von ihnen einen abgeleiteten Wohnsitz, ohne daß es darauf ankommt, ob es sich bei dem Vater oder der Mutter aufhält, solange beiden Eltern die Vertretung des Kindes in persönlichen Angelegenheiten zusteht. Zu prüfen ist dann jedoch, ob die Eltern einvernehmlich den Wohnsitz des Kindes bei dem Elternteil aufgehoben haben, der von dem Kind getrennt lebt (Bremen FamRZ 85, 950). Beim **Versorgungsausgleich** und den Verfahren nach den §§ 1382 f BGB bestimmt sich die örtliche Zuständigkeit nach § 45 FGG, bei der Regelung der Rechtsverhältnisse an der **Ehewohnung** und am **Hausrat** nach dem § 11 II HausratsVO. In diesen Familiensachen aus dem Bereich der freiwilligen Gerichtsbarkeit sind ebenso wie sonst im Verfahren der freiwilligen Gerichtsbarkeit Vereinbarungen über die örtliche Zuständigkeit nicht zulässig (Keidel 6 vor § 3).

XI) Überleitung nach Abs 3

91 **1)** Alle Familiensachen derselben Beteiligten werden beim **Gericht der Ehesache** zusammengefaßt, wenn eine solche Sache rechtshängig wird, während andere Familiensachen bei anderen Gerichten im ersten Rechtszug anhängig sind (§§ 621 III 1 ZPO, 64k II 1 FGG, 11 III 1 HausratsVO). In diesem Fall hat das andere Gericht die bei ihm anhängigen Familiensachen an das Gericht der Ehesache überzuleiten. Überleitetn ist der Oberbegriff für verweisen und abgeben (vgl §§ 621 III, 623 IV).

92 **a)** Die **Ehesache** muß **rechtshängig** sein, dh die Antragsschrift muß zugestellt worden sein (§§ 261 I, 253 I). Wird im PKHVerfahren der Entwurf einer Antragsschrift dem Gegner zur Stellungnahme übersandt, so wird der Antrag dadurch nicht rechtshängig (BGHZ 7, 268).

93 **b)** Die **überzuleitende Sache** braucht nur **anhängig,** nicht aber rechtshängig zu sein. Die Anhängigkeit beginnt mit dem Eingang einer Antragsschrift oder Klagschrift beim Gericht, bei von Amts wegen einzuleitenden Verfahren (zB nach § 1696 BGB) mit der Einleitung von Ermittlungen durch das Gericht.

94 **c)** Ob das Gericht, das überleiten soll, ein FamG ist, ist unerheblich. Ist eine Familiensache entgegen § 621 I beim LG anhängig gemacht worden, so hat dieses die Sache an das Gericht der Ehesache zu verweisen.

95 **d)** Übergeleitet wird nur eine Familiensache, die in **erster Instanz** anhängig ist, selbst wenn die Verhandlung bereits geschlossen und die Sache entscheidungsreif ist. Hat das FamG eine Endentscheidung verkündet oder zugestellt, so darf es die entschiedene Sache nicht mehr an das Gericht der Ehesache verweisen; denn der Zweck des § 621 II, alle Entscheidungen beim Gericht der Ehesache zu konzentrieren, kann nicht mehr erreicht werden (BGH FamRZ 85, 800 mwN).

96 **2)** Nicht übergeleitet werden in der **Rechtsmittelinstanz** anhängige Familiensachen (BGH aaO). Der fortgeschrittene Verfahrensstand verbietet einen Zuständigkeitswechsel. Verweist aber die Rechtsmittelinstanz die Sache an das FamG zurück, so hat sie sie zugleich an das Gericht der Ehesache überzuleiten (BGH FamRZ 80, 444 = NJW 1392 = MDR 565).

Auch **Zwangsvollstreckungssachen** werden nicht übergeleitet. Beantragt ein Gläubiger beim Prozeßgericht, den Schuldner durch ein Zwangsgeld (§ 888) zur Erteilung der Auskunft über Einkommen und Vermögen anzuhalten, zu der das Prozeßgericht ihn verurteilt hatte, so darf dieses den Antrag nicht an ein anderes FamG überleiten, bei dem eine Ehesache anhängig ist. Anderes gilt für die **Vollziehung** von familiengerichtlichen Entscheidungen **nach § 33 FGG.** Dies ist nicht Teil des Verfahrens, in dem die zu vollziehende Entscheidung getroffen worden ist, sondern eine selbständige Verrichtung iS des § 43 I FGG (BGH FamRZ 86, 789 mwN, str). Sie ist an das Gericht der Ehesache abzugeben. Der Sinn dieser Verfahrensweise leuchtet namentlich in dem

Fall ein, in dem die Herausgabe eines Kindes erzwungen werden soll, für das das Ehegericht die elterliche Sorge zu regeln hat.

3) Überleiten bedeutet Verweisen und Abgeben. Zu verweisen sind unterhalts- und güterrechtliche Zivilprozesse, die übrigen Familiensachen der freiwilligen Gerichtsbarkeit sind **abzugeben** (§§ 64k II FGG, 11 III HausratsVO). Vor solchen Überleitungen ist den Parteien rechtliches Gehör zu gewähren. In Zivilprozessenmuß grundsätzlich **mündlich** über die Verweisung **verhandelt** werden. Das folgt aus den §§ 621 III 2, 281 II 1, die eine Verkündung des Verweisungsbeschlusses vorsehen, und aus § 329. Erklären sich die Parteien schriftlich mit der Verweisung einverstanden, so kann man darin ihr Einverständnis mit einer Verweisung ohne mündliche Verhandlung sehen. In diesem Fall wäre eine Verhandlung eine nutzlose Formalität. Verfahren der freiwilligen Gerichtsbarkeit können ohne mündliche Verhandlung abgegeben werden. Verweisungs- und Abgabebeschlüsse sind unanfechtbar (§ 281 II 1) und für das Gericht der Ehesache bindend (§ 281 II 2). Eine **Weiterverweisung** der übergeleiteten Sachen ist aber bei Verweisung der Ehesache gemäß § 281 I erforderlich, ebenso wenn ein Scheidungsantrag abgewiesen und später bei einem anderen Gericht erneut die Scheidung beantragt wird. 97

4) Die bis zur Überleitung entstandenen **Kosten** werden als Teil der Kosten beim Gericht der Ehesache behandelt (§ 281 III 1). Nicht anwendbar ist § 281 III 2; denn kein Beteiligter hat zunächst ein unzuständiges Gericht angerufen und verdient es deshalb, mit den hierdurch entstandenen Kosten belastet zu werden. 98

5) Werden Familiensachen an das Gericht der Scheidungssache übergeleitet, so werden sie zusammen mit dieser verhandelt und entschieden, soweit die Parteien erklären, daß sie eine Entscheidung nur für den Fall der Scheidung begehren (§ 623 I). Die übergeleiteten Sachen werden jedoch nicht automatisch zu Folgesachen. Werden Familiensachen an ein Familiengericht übergeleitet, bei dem keine Scheidungssache, sondern eine andere Ehesache anhängig ist, so ist eine **Verbindung** mit dieser nicht möglich (§§ 610 II, 633; s § 623 Rn 3). 99

XII) Anspruchshäufung und Widerklage sind auch bei Familiensachen iS des § 621 I zulässig, soweit die Voraussetzungen der §§ 260, 33 ZPO erfüllt sind. Mehrere zivilprozessuale Familiensachen lassen sich verbinden, ebenso mehrere Familiensachen aus dem Gebiet der freiwilligen Gerichtsbarkeit. Eine Verbindung von zivilprozessualen Sachen mit solchen der freiwilligen Gerichtsbarkeit ist nur ausnahmsweise möglich; s §§ 621a II, 623. Dagegen ist es nicht zulässig, Familiensachen und Nichtfamiliensachen zu häufen oder durch Widerklage miteinander zu verbinden (BGH FamRZ 79, 215 = NJW 426 = MDR 296, FamRZ 79, 217 = NJW 659 = MDR 295 u FamRZ 81, 1047 = NJW 2417; anders StJSchlosser 25). Die Nichtfamiliensachen sind abzutrennen und an die Zivilprozeßabteilung des AG abzugeben. Auch in der Rechtsmittelinstanz ist eine Trennung möglich (BGH FamRZ 79, 217). Wird allerdings eine nichtfamilienrechtliche Widerklage erst in der Berufungsinstanz erhoben, so ist sie als unzulässig abzuweisen (Düsseldorf FamRZ 82, 511). Wird eine Nichtfamiliensache als Hauptanspruch und eine Familiensache als Hilfsanspruch geltend gemacht oder umgekehrt, so ist zunächst das Gericht zuständig, das über den Hauptanspruch zu entscheiden hat. Eine Verweisung (Abgabe) wegen des Hilfsanspruchs, über den dieses Gericht nicht entscheiden darf, ist in diesem Stadium nicht möglich; sie kann erst nach rechtskräftiger Abweisung des Hauptanspruchs erfolgen (BGH FamRZ 80, 554 = NJW 1283 = MDR 565 u FamRZ 81, 1047 = NJW 2417). 100

Anspruchskonkurrenz: Unterscheide von der Anspruchshäufung den seltenen Fall, daß ein einheitlicher prozessualer Anspruch sowohl auf eine familienrechtliche als auch auf eine nichtfamilienrechtliche Anspruchsgrundlage gestützt wird. Beispiel: Haftung aus Bürgschaft und § 1480 BGB. Hier hat das Familiengericht über beide Anspruchsgrundlagen zu entscheiden (BGH FamRZ 83, 155; 86, 48/51; Walter FamRZ 83, 363 f; Waldner MDR 84, 190). 101

Wird in einer Unterhalts- oder Güterrechtssache mit einer nicht familienrechtlichen Forderung aufgerechnet oder wird in einem Zivilprozeß mit einem Unterhaltsanspruch oder einer güterrechtlichen Forderung aufgerechnet, so ist das Prozeßgericht nicht daran gehindert, über die Gegenforderung zu entscheiden (§ 145 Rn 19; anders München FamRZ 85, 84 u Vorauflage § 23b GVG Rn 18). 102

XIII) Gebühren: 1) des **Gerichts:** In selbständigen Familiensachen des § 621 I sind die Gebühren nach dem KV zum GKG (wie in sonstigen bürgerlichen Rechtsstreitigkeiten) zu erheben, wenn es sich um zivilprozessuale Familiensachen handelt. Dagegen richtet sich die Gebührenerhebung nach der KostO oder der HausratsVO, wenn Familiensachen der freiwilligen Gerichtsbarkeit den Gegenstand des Verfahrens bilden. 103

a) Zivilprozessuale Familiensachen (Abs 1 Nr 4, 5, 8): Es fallen an: Die Verfahrensgebühr im allgemeinen nach KV Nr 1010 oder auch die Entscheidungsgebühr KV Nr 1000 (das Mahnverfahren der §§ 688 ff dürfte allerdings nur in den seltensten Fällen sich eignen), schließlich die Urteilsgebühr nach KV Nrn 1013 ff oder uU die Beschlußgebühr nach KV Nr 1018/1019.

b) Familiensachen der freiwilligen Gerichtsbarkeit: aa) Abs 1 Nr 1–3: für diese Entscheidungen (Anordnungen) wird je eine volle Gebühr (§ 32 KostO) nach § 94 I Nr 4 bzw Nr 6 KostO erhoben. Soweit die Entscheidung mehrere Kinder betrifft, fällt nur eine einzige Gebühr an (§ 94 II 2 KostO). Kommt es zu keiner Entscheidung, zB weil der Antrag abgelehnt oder zurückgenommen wird, keine Gebühr; **bb)** Abs 1 Nr 9: für die Entscheidung wird eine volle Gebühr (§ 32 KostO) nach § 97 I Nr 1 KostO erhoben; bei Ablehnung oder Zurückweisung des Antrags keine Gebühr; **cc)** Abs 1 Nr 6: für das Verfahren als solches fällt nach § 99 I 1 KostO eine volle Gebühr an; kommt es durch richterliche Entscheidung zum Versorgungsausgleich, so erhöht sich die Gebühr auf das Dreifache (§ 99 I 2 KostO); dagegen ermäßigt sich die Gebühr auf die Hälfte der vollen Gebühr, wenn der Antrag im Falle des § 1587 g I BGB zurückgenommen wird, bevor eine Entscheidung erlassen oder eine vom Gericht vermittelte Einigung über den Versorgungsausgleich (§ 1587 o BGB) zustande gekommen ist; **dd)** Abs 1 Nr 7: für das Verfahren kommt eine volle Gebühr nach § 21 I 1 HausratsVO zum Ansatz; kommt es zur richterlichen Entscheidung, so erhöht sich auch hier die Gebühr auf das Dreifache der vollen Gebühr (§ 21 I 2 HausratsVO); die Gebühr ermäßigt sich aber auf die Hälfte, wenn der Antrag zurückgenommen wird, bevor es zu einer Entscheidung oder einer vom Gericht vermittelten Einigung gekommen ist (§ 21 I 3 HausratsVO).

Abs 3: Handelt es sich bei der rechtshängigen Ehesache nicht um eine Scheidungssache, so kann es nicht zu einem Verhandlungs- und Entscheidungsverbund kommen, weil nach allgemeiner Ansicht ein Verbund nur mit einem Scheidungsverfahren möglich ist. Die im Verfahren vor dem verweisenden oder abgegebenen Gericht erwachsenen Kosten werden als Teil der Kosten behandelt, die vor dem (übernehmenden) Ehegericht später entstehen (§ 621 III 2 iVm § 281 III 1 ZPO; s aber auch § 9 GKG). Gehören die übergeleiteten Sachen dem Bereich der freiwilligen Gerichtsbarkeit an, so werden allerdings kaum Gebühren angefallen sein (s § 7 KostO); entstandene Auslagen, selbst wenn schon fällig, sind idR erst bei Beendigung des Rechtszugs anzusetzen, sofern kein Verlust für die Staatskasse zu befürchten ist (§ 13 II 2 KostVfg). Ist die Ehesache aber eine Scheidungssache und gelangen die übergeleiteten Familiensachen in den Verbund, so gelten von nun an das Scheidungsverfahren und die Folgesachen kostenrechtlich als ein einziges Verfahren, dessen Gebühren nach dem zusammengerechneten Wert der Gegenstände zu berechnen sind (§ 19a GKG). Aus der Wertsumme ist die allgemeine Verfahrensgebühr nach KV Nr 1110 neu zu berechnen. Für den Differenzbetrag zwischen der bisherigen und der neuen Verfahrensgebühr besteht keine Vorauszahlungspflicht mehr (§ 65 II GKG). Dieser Mehrbetrag ist allerdings bei Fälligkeit (§ 61 GKG) anzusetzen und durch Sollstellung vom Antragsteller (§ 49 S 1 GKG) zu erfordern (§ 13 I KostVfg; s auch Drischler/Oestreich/Heun/Haupt, GKG, 3. Aufl VII § 61 Rdnr 1 Abs 3).

c) Wird über die elterl Sorge vorab entschieden (§ 627) oder dem Scheidungsantrag vor einer Entscheidung über eine Folgesache stattgegeben (§ 628), so handelt es sich gebührenrechtl um Teilerkenntnisse; s § 627 Rn 5.

d) Für das Verfahren auf Festsetzung von Zwangsgeld zur Durchsetzung der Umgangsregelung oder der Kindesherausgabe (§ 33 I, III FGG) fallen Gebühren nach § 119 KostO – die vorausgehende Androhung ist gebührenfrei (§ 119 IV KostO) –, zur Abgabe einer eidesstattl Versicherung über den Verbleib des nichtauffindbaren Kindes (§ 33 II 5 u 6 FGG) die Festgebühr von 25 DM (§ 134 KostO iVm KV Nr 1152) an.

2) des **Anwalts:** Die Scheidungssache und die Folgesachen gelten als dieselbe Angelegenheit iSd §§ 13 II, 7 BRAGO. In selbständigen zivilprozessualen Familiensachen entstehen die Gebühren nach §§ 31 ff BRAGO, in selbständigen Familiensachen aus der freiwilligen Gerichtsbarkeit (s vorstehend unter 1 b) die Gebühren nach § 118 BRAGO, bei Regelung der Rechtsverhältnisse an Ehewohnung u Hausrat jeweils zu $\frac{5}{10}$ (§§ 63 I Nr 1, III, 31 I Nr 1–4, II BRAGO, § 13 II HausratsVO). Auch kann die Vergleichsgebühr erwachsen (§ 23 BRAGO). Eine Änderung der Entscheidung nach § 17 HausratsVO durch das Familiengericht ist gebührenrechtl eine neue Angelegenheit und löst neue Gebühren aus. – Der Wert für die Gerichtsgebühren ist auch der Wert für die Anwaltsgebühren (§§ 8 I 1, 9 BRAGO). – Für die Zwangsvollstreckung fallen die Gebühren gemäß § 57 BRAGO an; eine Ermäßigung der $\frac{3}{10}$ Vollstreckungsgebühren nach § 63 III BRAGO tritt nicht ein. Soweit eine Vollstreckung nach § 33 FGG in Betracht kommt (s vorstehend 1 d), bildet das Verfahren auf Androhung und Festsetzung von Zwangsgeld (§ 33 I, III FGG) auf Anordnung von Gewalt (§ 33 II, III FGG) und zur Abnahme der eidesstattl Versicherung (§ 33 II 5 und 6 FGG) je eine besondere Angelegenheit der Zwangsvollstreckung (entspr Anwendung des § 58 III Nr 11; s Lappe, Kosten in Familiensachen, Rdnrn 138 ff).

3) des **Gerichtsvollziehers:** für die Wegnahme und Übergabe eines Kindes im Wege der Zwangsvollstreckung wird eine Wegnahmegebühr von 30 DM erhoben (§§ 23, 22 GVKostG); s auch § 184 GVGA. Wird im Verfahren zur Abgabe der eidesstattlichen Versicherung über den Verbleib des nichtauffindbaren Kindes, wegen Ausbleibens des Schuldners im Termin oder grundloser Weigerung eine Verhaftung und zwangsweise Vorführung erforderlich, so erhebt der GV für diese Maßnahmen ebenfalls eine Gebühr von 30 DM (§ 26 GVKostG; vgl Nr 32 GVKostGr). Zu den Wegnahme- und Verhaftungsgebühren des GV kommen Auslagen, wie zB Wegegelder (§ 35 I Nr 9 GVKostG), und zwar sog Orts- und Auswärtswegegelder (§ 37 Abs 3 u 4 GVKostG).

4) Streitwert bzw Gegenstandswert: a) im Kindes- und Ehegattenunterhaltsprozeß mit Geldrente: der verlangte Jahresbetrag mit etwaigen bis zur Einreichung der Klage angefallenen Rückständen (§ 17 I, IV GKG); **b)** im Zugewinnprozeß: die geltend gemachte Ausgleichsforderung; **c)** bei den Verfahren über die elterliche Sorge, über den Umgang (vgl Hamm, Rpfleger 76, 31), über die Kindesherausgabe, über die Zugewinnstundung (einschl der Übertragung von Vermögensgegenständen) richtet sich der Wert nach § 30 II KostO; **d)** in den Verfahren der Regelung hinsichtl der Ehewohnung und des Hausrats bemißt sich der Wert nach § 21 II HausratsVO; **e)** im Verfahren über den Versorgungsausgleich ist maßgebend § 99 III Nr 1–4 KostO (beachte auch § 99 III 2 KostO).

5) Prozeßkostenhilfe: Die für den Scheidungsprozeß bewilligte Prozeßkostenhilfe erstreckt sich im Zweifel auf sämtl Folgesachen, soweit diese im Bewilligungsbeschluß nicht ausdrückl ausgenommen sind (§ 624 Abs 2). Ausnahmen s § 624 Rn 6 ff.

621 a *[Anzuwendende Verfahrensvorschriften]*

(1) Für die Familiensachen des § 621 Abs. 1 Nr. 1–3, 6, 7, 9 bestimmt sich, soweit sich aus diesem Gesetz oder dem Gerichtsverfassungsgesetz nichts Besonderes ergibt, das Verfahren nach den Vorschriften des Gesetzes über die Angelegenheiten der freiwilligen Gerichtsbarkeit und nach den Vorschriften der Verordnung über die Behandlung der Ehewohnung und des Hausrats. An die Stelle der §§ 2 bis 6, 8 bis 11, 13, 14, 16 Abs. 2, 3 und des § 17 des Gesetzes über die Angelegenheiten der freiwilligen Gerichtsbarkeit treten die für das zivilprozessuale Verfahren maßgeblichen Vorschriften.

(2) Wird in einem Rechtsstreit über eine güterrechtliche Ausgleichsforderung ein Antrag nach § 1382 Abs. 5 oder nach § 1383 Abs. 3 des Bürgerlichen Gesetzbuchs gestellt, so ergeht die Entscheidung einheitlich durch Urteil. § 629 a Abs. 2 gilt entsprechend.

Übersicht

I) Geltung des FGG: Das Gesetz unterscheidet zivilprozessuale Familiensachen, nämlich Ehesachen (Rn 2–24 vor § 606), Unterhalts- und Güterrechtssachen (§ 621 I Nr 4, 5 u 8) und Familiensachen aus dem Bereich der freiwilligen Gerichtsbarkeit (§ 621 I Nr 1–3, 6, 7, 9), für die nach § 621 a I 1 die Bestimmungen des FGG gelten, nämlich die Regelung der elterlichen Sorge für ein eheliches Kind, soweit nach dem BGB hierfür das Familiengericht zuständig ist, die Regelung des Umgangs eines Elternteils mit dem Kind, die Herausgabe des Kindes an den anderen Elternteil, den Versorgungsausgleich und die güterrechtlichen Verfahren nach den §§ 1382 f BGB. Außerdem gehören zu dieser Gruppe die Verfahren zur Regelung der Rechtsverhältnisse an der Ehewohnung und am Hausrat. Hierfür gelten die Verfahrensvorschriften der HausratsVO, deren § 13 I ergänzend auf das FGG verweist. 1

Auch **Auskunftsansprüche,** die den **Versorgungsausgleich** betreffen, sind Angelegenheiten der freiwilligen Gerichtsbarkeit (BGH FamRZ 81, 533 = NJW 1508). Eine Klage auf Auskunft ist als Antrag im Verfahren der freiwilligen Gerichtsbarkeit zu behandeln (Düsseldorf FamRZ 80, 811). Entscheidet das Familiengericht rechtsirrtümlich durch Urteil statt durch Beschluß, so kann das Rechtsmittelgericht die Berufung als Beschwerde nach § 621 e behandeln und in das Verfahren der freiwilligen Gerichtsbarkeit übergehen (Düsseldorf FamRZ 79, 836 und aaO). 2

2) Die FGG-Vorschriften gelten auch im **Verhandlungs- und Entscheidungsverbund** nach § 623 I 1 mit einer Ausnahme: Wird dem Scheidungsantrag stattgegeben und gleichzeitig über Folgesachen entschieden, so ergeht die Entscheidung einheitlich durch Urteil (§ 629 I). Teilweise sind die FGG-Bestimmungen auch bei einstweiligen Anordnungen in Ehesachen anwendbar; s § 620 a Rn 23, 29, 34. 3

II) Geltung der ZPO: § 621 a I nennt zwei Ausnahmen von dem Grundsatz, daß in Sorgerechtssachen usw das FGG anzuwenden ist: 4

1) S 2 ersetzt einige FGG-Bestimmungen durch die für das zivilprozessuale Verfahren maßgeblichen Vorschriften; näheres s Rn 8–25. 5

2) ZPO und GVG bleiben anwendbar, soweit sich aus diesen Gesetzen etwas **Besonderes** gegenüber dem FGG ergibt. Die Anwendung von Verfahrensvorschriften aus der ZPO oder dem GVG auf Familiensachen aus dem Bereich der freiwilligen Gerichtsbarkeit bedarf also stets einer besonderen gesetzlichen Grundlage, sei es in einem der im Katalog des § 621 a I 2 aufgeführten Fälle, sei es an anderer Stelle (Frankfurt FamRZ 86, 368), zB § 78 II (Anwaltszwang in Folgesachen), §§ 93 a I, II, 97 III (Kostenentscheidung in Folgesachen), §§ 119 I Nr 2, 133 Nr 2 GVG (Zuständigkeit des OLG als Beschwerde- und des BGH als Rechtsbeschwerdeinstanz). Sondervorschriften für Rechtsmittel enthalten die §§ 621 e, 629 a. Wieweit die §§ 18–30 FGG neben diesen Bestimmungen anwendbar sind, regelt das Gesetz nicht. Hieraus sind zahlreiche Streitfragen entstanden, die in den folgenden Anmerkungen zur Anwendung einzelner Vorschriften des FGG behandelt werden. 6

7 **3)** Die zuvor erörterten Bestimmungen regeln den Umfang, in dem Zivilprozeßrecht anzuwenden ist, nicht erschöpfend: Da das FGG nur ein Rahmengesetz ist und keine vollständige Verfahrensregelung enthält, müssen seine Lücken weitgehend durch sinngemäße Anwendung zivilprozessualer Normen geschlossen werden, namentlich in den sog echten Streitverfahren der freiwilligen Gerichtsbarkeit, zu denen Versorgungsausgleichs-, Ehewohnungs-, Hausrats- und Güterrechtsangelegenheiten gehören. Sinngemäß anwendbar ist zB § 256 ZPO (Liermann NJW 82, 2229; BGH FamRZ 82, 42 = NJW 387 = MDR 306).

8 **III) Anwendbarkeit der allgemeinen Vorschriften des FGG: 1) § 2 FGG** wird ersetzt durch die §§ 156–168 GVG: Die Bestimmungen über Rechtshilfe gelten unmittelbar.

9 **2)** An die Stelle des **§ 3 FGG** tritt § 15: Die Bestimmungen über den Wohnsitz exterritorialer Deutscher gelten unmittelbar.

10 **3)** Nicht anwendbar ist **§ 4 FGG,** wonach unter mehreren zuständigen Gerichten demjenigen der Vorzug gebührt, welches zuerst in der Sache tätig geworden ist. Bastian 25, Koblenz FamRZ 83, 201 wollen ihn durch § 35 ersetzen, wonach der Kläger unter mehreren zuständigen Gerichten wählen kann. Dies ist jedoch keine Lösung für die Fälle, in denen Verfahren von Amts wegen eingeleitet worden sind oder in denen verschiedene Beteiligte dieselbe Sache bei mehreren Gerichten anhängig gemacht haben (Schleswig FamRZ 81, 148). Hier kann nur die § 4 FGG verwandte Bestimmung des § 261 III Nr 1 sinngemäß angewandt werden: Während der Dauer der Anhängigkeit bei einem FamG darf die gleiche Sache nicht anderweitig anhängig gemacht werden.

11 **4)** Den **§ 5 FGG** ersetzen die §§ 36 f. Kompetenzkonflikte zwischen mehreren Familiengerichten, Familien- und Vormundschaftsgerichten oder dem Familiensenat des OLG und der Beschwerdekammer des LG für Vormundschaftssachen entscheidet das zunächst höhere Gericht (BGHZ 71, 15/16 = FamRZ 78, 331 = MDR 564; BGHZ 78, 108 = FamRZ 80, 1107; FamRZ 81, 1048 u 85, 1242), dh das OLG, das BayObLG oder der BGH (§ 9 EGZPO). Dieser entscheidet Kompetenzkonflikte nur, wenn die Antragsschrift den Beteiligten mitgeteilt worden ist, bevor das Gericht sich für unzuständig erklärt hat (BGH FamRZ 81, 138). Ein örtlich unzuständiges Gericht kann das Verfahren von Amts wegen an das örtlich zuständige Gericht abgeben (Keidel § 1 Rn 30 mwN; Jansen § 1 Rn 98). Abweichend von § 281 bedarf es hierzu keines Antrags eines Beteiligten. Wird eine Sache wegen örtlicher Unzuständigkeit an ein anderes Gericht abgegeben, so ist dieser Beschluß analog § 281 II unanfechtbar und für das andere Gericht bindend (BGH FamRZ 78, 331 = MDR 564; FamRZ 86, 789 mwN). Abgaben wegen gerichtsinterner Unzuständigkeit sind nicht bindend (Schlüter u König FamRZ 82, 1167 mwN).

12 **5)** Für die Ausschließung und Ablehnung von Richtern gelten die §§ 41–48 anstelle des **§ 6 FGG.**

13 **6) § 7 FGG,** der die Handlungen eines örtlich unzuständigen oder ausgeschlossenen Richters für wirksam erklärt, gilt uneingeschränkt.

14 **7)** Statt der **§§ 8, 9 FGG** sind die §§ 176–183 GVG (Sitzungspolizei), 184–191 GVG (Gerichtssprache) und 192–197 GVG (Beratung und Abstimmung) anwendbar.

15 **8)** Den **§ 10 FGG** ersetzen die §§ 199–202 GVG: In den Familiensachen der freiwilligen Gerichtsbarkeit gibt es Gerichtsferien (BayObLG FamRZ 80, 908 mwN). Sorge- und Umgangsregelungssachen, Verfahren über die Herausgabe eines Kindes an den anderen Elternteil und solche über die Regelung der Rechtsverhältnisse an Ehewohnung und Hausrat sind kraft Gesetzes Feriensachen, soweit sie nicht Folgesachen (§ 623 I) sind (§ 200 I Nr 5 b GVG). Versorgungsausgleichs- und Güterrechtssachen, Verbundverfahren und einzeln anhängige Folgesachen können als Feriensachen bezeichnet werden. Praktisch bedeutsam ist diese Bezeichnung namentlich für den Lauf der Beschwerdebegründungsfrist (§§ 621 e III, 519 II 2, 554 II 2, 223 I).

16 **9)** Den **§ 11 FGG** ersetzen die §§ 496, 129 a über die Protokollierung von Anträgen und Erklärungen. Die Bestimmungen gelten, soweit kein Anwaltszwang besteht, also in Folgesachen für beteiligte Dritte (nicht aber für die Ehegatten) und in selbständigen Familiensachen für alle Beteiligten (§ 78 II Nr 1 u 3). Sie gilt nicht in der dritten Instanz.

17 **10) § 12 FGG** ist anzuwenden: Das Familiengericht hat von Amts wegen Ermittlungen anzustellen und Beweise zu erheben. Einschränkung: § 53 c FGG.

18 **11)** Das Recht der Beteiligten, mit einem Beistand zu erscheinen oder sich durch Bevollmächtigte vertreten zu lassen, richtet sich nicht nach **§ 13 FGG,** sondern nach den §§ 90, 79, 80 (Schleswig SchlHA 80, 187 mwN). Diese gelten nicht, soweit Anwaltszwang besteht; s Rn 16.

19 **12) § 13 a FGG,** die Bestimmung über die Erstattung von Kosten, ist anwendbar. In Folgesachen (§ 623 I) enthalten die §§ 93 a I, II, 97 III Sonderregelungen, die nach § 621 a I 1 dem § 13 a

FGG vorgehen. Einzelheiten s § 629 a Rn 8. Im übrigen sind die §§ 91 ff nicht anwendbar (Köln FamRZ 83, 1262).

13) Den **§ 14 FGG** ersetzen die §§ 114–127. Die zivilprozessualen Vorschriften über Prozeßkostenhilfe sind unmittelbar anzuwenden. 20

14) § 15 FGG handelt von der Beweisaufnahme und Glaubhaftmachung. Die Vorschrift gilt uneingeschränkt für Familiensachen. 21

15) Nach **§ 16 FGG** werden gerichtliche Verfügungen, und zwar auch Endentscheidungen iS des § 621 e (Bremen NJW 79, 1051) mit der Bekanntmachung an den Adressaten wirksam. Diese Bestimmung gilt mit folgenden Ausnahmen: Entscheidungen, die den Versorgungsausgleich betreffen, und solche über die Stundung des Zugewinnausgleichs und die Übertragung von Vermögensgegenständen unter Anrechnung auf die Ausgleichsforderung sowie Entscheidungen in Ehewohnungs- und Hausratsverfahren werden erst mit Rechtskraft wirksam (§§ 53 g I, 53 a II 1 FGG, 16 I HausratsVO). Entscheidungen in Folgesachen werden erst mit der Rechtskraft des Scheidungsausspruchs wirksam (§ 629 d). Wird eine Sorgerechtsentscheidung in Anwesenheit der Eltern verkündet, so wird sie diesen gegenüber bereits mit der Verkündung wirksam, nicht erst mit der Zustellung (Hamburg FamRZ 85, 94). Wird sie den Eltern nicht ordnungsgemäß zugestellt, sondern nur formlos übersandt, so ist sie jedenfalls dann wirksam, wenn die Eltern auf die Wirksamkeit vertrauen (Stuttgart FamRZ 82, 429). 22

Nicht anwendbar ist § 16 II und III FGG. An die Stelle dieser Bestimmung tritt § 329. Nach dessen Abs 2 sind Endentscheidungen, die der befristeten Beschwerde (§ 621 e) unterliegen, zuzustellen. **Entscheidungen über die elterliche Sorge,** das Umgangsrecht und die Herausgabe eines Kindes sind dem betroffenen Kind selbst **zuzustellen,** wenn es bei Verkündung oder Übergabe der Entscheidung an die Geschäftsstelle (§ 59 III FGG) das 14. Lebensjahr vollendet hat. Da ein solches Kind selbst Beschwerde einlegen kann (§ 59 FGG), ist es nicht prozeßunfähig iS des § 171 ZPO. Die Zustellung erfolgt nicht an den gesetzlichen Vertreter (Bumiller/Winkler § 16 Anm 7 a; Rüffer FamRZ 79, 410; Heintzmann FamRZ 80, 116); keine Ersatzzustellung an die Eltern (§ 185). Einzelheiten s. Heintzmann aaO. Entscheidungen in den vorgenannten Angelegenheiten sind ferner dem Jugendamt zuzustellen; s § 64 k III 3 FGG. 23

Entscheidungen in **Versorgungsausgleichssachen** sind den beteiligten Trägern der gesetzlichen Rentenversicherung **zuzustellen,** beim Quasisplitting nach den §§ 1587 b II BGB, 1 III VersorgAusglHärteG auch dem Träger der Beamtenversorgung bzw dem öffentlich-rechtlichen Versorgungsträger, bei der Realteilung von Versorgungsanwartschaften (§ 1 II VersorgAusglHärteG) auch dem Träger der geteilten Versorgung. Die Zustellung darf nicht aus dem Grunde unterbleiben, weil das Gericht ausgesprochen hat, daß ein Wertausgleich von Versorgungsanwartschaften nicht stattfindet. 24

16) Die Vorschrift über die Fristberechnung **(§ 17 FGG)** wird durch die §§ 221 ff ersetzt. 25

17) § 18 FGG ist anwendbar. Abs 1 gibt dem FamG namentlich die Befugnis, einer Beschwerde nach § 19 FGG (Rn 27) abzuhelfen. Ebensowenig, wie das FamG eine der sofortigen Beschwerde unterliegende Verfügung ändern darf, darf es der befristeten Beschwerde unterliegende Endentscheidungen ändern (§§ 621 e III 2, 577 III; BGH FamRZ 84, 572 = NJW 1543 = MDR 828). Zum Begriff der Endentscheidung s § 621 e Rn 2–11. Ausnahme vom Verbot, Endentscheidungen zu ändern: Das FamG kann während der Dauer der elterlichen Sorge seine Anordnungen jederzeit ändern, wenn es dies im Interesse des Kindes für angezeigt hält (§ 1696 I BGB). 26

18) § 19 FGG, wonach gegen Verfügungen der ersten Instanz die Beschwerde stattfindet, wird bei Endentscheidungen (§ 621 e Rn 2–11) durch § 621 e verdrängt. Gegen Verfügungen, die keine Endentscheidungen sind (s § 621 e Rn 3, 6–11), zB gegen vorläufige Anordnungen im Verfahren zur Regelung der elterlichen Sorge, gegen Zwangsmaßnahmen nach § 33 FGG (§ 621 e Rn 8) und gegen Zwischenentscheidungen (zB Aussetzung des Verfahrens: Frankfurt FamRZ 86, 1140) findet die Beschwerde des § 19 FGG statt (BGH FamRZ 78, 886 = NJW 79, 39 = MDR 79, 213 und FamRZ 79, 224 = NJW 820; Hamm FamRZ 78, 441). 27

19) Die Regelung der Beschwerdebefugnis **(§ 20 FGG)** gilt für Beschwerden nach § 19 FGG und für solche nach § 621 e. Beschwerdeberechtigt ist, wer durch eine gerichtliche Entscheidung oder Verfügung in seinen Rechten beeinträchtigt ist. Eine vorherige förmliche Beteiligung im Verfahren ist nicht Voraussetzung für die Beschwerdebefugnis (BGH FamRZ 80, 989 = NJW 2418 = MDR 1011). Ebensowenig ist diese davon abhängig, daß das FamG einen Antrag des Beschwerdeführers zurückgewiesen hat (formelle Beschwer; s Düsseldorf FamRZ 82, 84). Läßt das FamG in einer **verfahrensleitenden Anordnung** erkennen, daß es voraussichtlich einen für den Beschwerdeführer ungünstigen Rechtsstandpunkt einnehmen wird, so liegt darin keine **Rechtsbeeinträchtigung** (Hamburg FamRZ 80, 1133; anders Hamm FamRZ 80, 897). In seinen 28

Rechten beeinträchtigt ist der Beschwerdeführer aber durch eine Zwischenentscheidung, in der – ähnlich wie in einem Zwischenurteil nach § 304 – über den Anspruchsgrund vorab entschieden wird (Hamburg aaO). Eine **Beweisanordnung,** daß das Jugendamt Bericht erstatten soll, beschwert dieses nicht, es sei denn, ihm wird ein Zwangsgeld angedroht (Köln FamRZ 86, 707). **Beschwerdeberechtigte** können sein:

29 **a)** Wenn die **elterliche Sorge** oder der **Umgang** eines Elternteils mit dem Kind geregelt oder über die **Herausgabe** eines Kindes entschieden worden ist, die Eltern, das Jugendamt (§ 64k III 3 FGG), das über 14 Jahre alte Kind (§ 59 FGG). Das Kind kann einen Rechtsanwalt beauftragen; s § 621e Rn 48. Wird ein Beschluß, durch den die Herausgabe eines Kindes angeordnet worden ist, vollzogen, so entfällt hierdurch die Beschwerdeberechtigung des herausgebenden Elternteils nicht (Düsseldorf FamRZ 80, 728). Die Beschwer aller Beteiligten kann jedoch dadurch wegfallen, daß das Kind volljährig wird (Stuttgart NJW 80, 129). Über die Beschwerdeberechtigung nach § 57 I Nr 1 u 3 FGG s Rn 62.

30 **b)** Durch eine **Versorgungsausgleichsentscheidung** ist das Recht des augleichsberechtigten **Ehegatten** beeinträchtigt, wenn zu wenige Rentenanwartschaften auf ihn übertragen (§ 1587b I BGB) oder für ihn begründet (§§ 1587b II BGB, 1 III VersorgAusglHärteG) worden sind. Werden zuviele Rentenanwartschaften übertragen oder begründet, so ist das Recht des Ausgleichspflichtigen beeinträchtigt; denn dann werden dessen Rentenanwartschaften oder Versorgungsbezüge (§ 57 BeamtVG) in zu hohem Maße gekürzt. Außer der Rechtsbeeinträchtigung ist in diesen Fällen Voraussetzung für die Zulässigkeit der Beschwerde, daß der Beschwerdeführer die Beseitigung der Rechtsbeeinträchtigung erstrebt. Rügt er nur einen Berechnungsfehler, der sich im Ergebnis zu seinen Gunsten auswirkt, so ist die Beschwerde unzulässig und wird auch nicht dadurch zulässig, daß nach Ablauf der Beschwerdebegründungsfrist andere Beschwerdegründe nachgeschoben werden (BGH FamRZ 82, 1196 = NJW 83, 179 = MDR 83, 120). Über die Beschwerdeberechtigung, wenn das FamG eine Vereinbarung über den vertraglichen Ausschluß des Versorgungsausgleichs genehmigt, s § 621e Rn 3.

31 Die **Träger der Rentenversicherung und der Versorgungslast** können Beschwerde gegen Versorgungsausgleichsentscheidungen ohne Rücksicht darauf einlegen, ob sich das Rechtsmittel zugunsten oder zu Lasten des bei ihr versicherten bzw beschäftigten Ehegatten auswirkt (KG FamRZ 84, 496). Es kommt für ihre Beschwerdeberechtigung auch nicht darauf an, ob die anzufechtende Entscheidung zu einer finanziellen Mehrbelastung für sie führt; denn diese Frage läßt sich angesichts der ungewissen Lebensdauer der Ehegatten nicht beantworten (BGH FamRZ 81, 133 = NJW 1274 = MDR 304; FamRZ 84, 671 = MDR 85, 34).

31a **Versicherungsträger** haben die Interessen aller bei ihnen versicherten Personen zu wahren. Deshalb können sie sich gegen jeden in den §§ 1587–1587b BGB nicht vorgesehenen Eingriff in ihre Rechtsstellung mit der Beschwerde wehren (BGH aaO u FamRZ 82, 37 u 155 = NJW 448; BGHZ 85, 180 = FamRZ 83, 44/47 = NJW 173) oder mit dieser geltend machen, daß das FamG es zu Unrecht unterlassen habe, in diese Rechtsstellung einzugreifen (Bamberg FamRZ 83, 771 Koblenz FamRZ 85, 1266; anders Frankfurt FamRZ 85, 613).

31b Das gleiche gilt für die **Träger der Versorgungslast** (BGH FamRZ 82, 36 u 84, 671). Hier läßt sich die Beschwerdeberechtigung außerdem damit begründen, daß der Versorgungsträger dem Beamten ein zu hohes Ruhegeld zahlen muß, falls zu geringe Rentenanwartschaften für den anderen Ehegatten begründet werden, und daß er dem Rentenversicherungsträger zu hohe Aufwendungen erstatten muß (§§ 1304b II 2 RVO, 83b II 2 AVG), falls zu hohe Rentenanwartschaften für den anderen Ehegatten begründet werden (Bremen FamRZ 84, 497).

31c Steht dem ausgleichsberechtigten Ehegatten eine **Anwartschaft auf eine betriebliche Altersversorgung** zu, so wirkt sich diese nur in der Weise aus, daß sie die an ihn zu übertragenden oder für ihn zu begründenden Rentenanwartschaften vermindert. Durch die Entscheidung über den Versorgungsausgleich wird nicht in das Rechtsverhältnis zwischen dem Gatten und dem Träger der Altersversorgung eingegriffen. Dieser ist nicht beschwerdeberechtigt, wenn das FamG die betriebliche Altersversorgung unrichtig bewertet (Hamm FamRZ 85, 614). Wird eine betriebliche Altersversorgung des zum Versorgungsausgleich verpflichteten Gatten durch Realteilung ausgeglichen (§ 1 II VersorgAusglHärteG), so ist ihr Träger beschwerdeberechtigt. Wird sie durch Quasisplitting ausgeglichen (§ 1 III VersorgAusglHärteG), so ist ihr Träger im gleichen Umfang wie ein Versorgungsträger (Rn 31b) beschwerdeberechtigt (Frankfurt FamRZ 86, 1009).

31d Stehen einem oder beiden Ehegatten **mehrere Versorgungsanwartschaften** zu, so kann hinsichtlich der einen Anwartschaft das Splitting (§ 1587b I BGB), hinsichtlich der anderen das Quasisplitting (§§ 1587b II BGB, 1 III VersorgAusglHärteG) oder die Realteilung (§ 1 II VersorgAusglHärteG) durchgeführt werden, ohne daß beide Entscheidungsteile notwendigerweise voneinander abhängig sind. Das kann dazu führen, daß Teile der Entscheidung die Rechtsstellung einzelner Versicherungs-/Versorgungsträger nicht berühren und daß diese insoweit nicht beschwerdeberechtigt sind (Zweibrücken FamRZ 85, 614; Celle FamRZ 85, 939). Beispiele: Beide Ehegatten haben in der Ehezeit Rentenanwartschaften in der gesetzlichen Rentenversicherung erworben, der Mann außerdem eine öffentlich-rechtliche Zusatzversorgung (§ 1 III VersorgAusglHärteG). Das FamG hält diese irrtümlich für verfallbar (§ 1587 a II Nr 3 S 3 BGB) und berücksichtigt in seiner Entscheidung nur die Rentenanwartschaften. Sind die Rentenanwartschaften des Mannes 300 DM und diejenigen der Frau 100 DM wert und überträgt das FamG demgemäß Rentenanwartschaften im Wert von 100 DM auf die Frau, so ist die Rentenversicherungsanstalt des Mannes (anders als diejenige der Frau) hierdurch nicht beschwert; denn die Entscheidung des FamG über das Rentensplitting nach § 1587 b I BGB ist in jedem Fall richtig, einerlei ob auf die Beschwerde eines anderen Beteiligten hin die Entscheidung über das Quasisplitting nach § 1 III VersorgAusglHärteG nachgeholt wird oder ob dies nicht geschieht. – Die Versicherungsanstalt des Mannes ist jedoch beschwerdeberechtigt, wenn im vorigen Beispielsfall die Rentenanwartschaft der Frau 300 DM, diejenige des Mannes 100 DM und seine Zusatzversorgung 40 DM wert ist. Beschränkt sich hier das FamG darauf, Anwartschaften der Frau im Wert von 100 DM an den Mann zu übertragen, und läßt es die Zusatzversorgung des Mannes unberücksichtigt, so ist die Entscheidung über das Splitting falsch, und die Versicherungsanstalt des Mannes kann mit der Beschwerde geltend machen, daß nur Anwartschaften von 80 DM zu übertragen seien.

Nicht beschwerdeberechtigt sind die Träger der Rentenversicherung und Versorgungslast, wenn der **Versorgungsausgleich** durch Vertrag (§§ 1408 II, 1587 o BGB; Frankfurt FamRZ 85, 613 mwN) oder gemäß § 1587 c BGB (BGH FamRZ 81, 132/134 = NJW 1274; anders Bamberg FamRZ 83, 77) ganz oder teilweise **ausgeschlossen** wird; denn hierdurch werden nur die privaten Interessen der Ehegatten, nicht aber öffentliche Belange berührt, die die Versicherungs- und Versorgungsträger wahrzunehmen haben (BGHZ 92, 5 ff = FamRZ 84, 990/992). **32**

Werden Rentenanwartschaften gem § 1587 b II BGB „zu Lasten der Versorgungsanwartschaften des Beamten bei dem Lande X" begründet, hat die Benennung des Versorgungsträgers im Urteil keine Auswirkungen auf den Erstattungsanspruch des Versicherungsträgers nach § 1304 b II 2 RVO. Unzulässig ist eine Beschwerde des benannten Landes, mit der dieses geltend macht, als Dienstherr des Beamten sei eine andere Körperschaft zuständig (Hamm FamRZ 82, 829). **33**

c) Entscheidet das FamG nach der **HausratsVO** über die Ehewohnung, so sind auch der Vermieter und die sonstigen im § 7 HausratsVO genannten Beteiligten beschwerdeberechtigt. **34**

20) Anfechtung von Kostenentscheidungen: Soweit über die Kosten von Folgesachen gemäß § 93 a I II entschieden worden ist, tritt § 99 I an die Stelle von **§ 20 a FGG.** Diese Bestimmung ist jedoch anzuwenden, wenn eine Kostenentscheidung nach § 13 a FGG ergangen ist. In diesem Fall ist auch § 20 a II FGG anwendbar. Da die isolierte Kostenentscheidung keine Endentscheidung ist, findet gegen sie nicht die befristete Beschwerde des § 621 e, sondern die sofortige Beschwerde statt. Näheres s § 621 e Rn 7. **35**

21) § 21 FGG, die Vorschrift über die Form der Beschwerde und das Gericht, bei dem sie einzulegen ist, ist anwendbar, soweit die Beschwerde nach § 19 FGG stattfindet; s Rn 27. Über die Anwendung der Bestimmung auf die befristete Beschwerde s § 621 e Rn 18. Beschwerdegericht ist in beiden Fällen das OLG (§ 119 I Nr 2 GVG). **36**

22) § 22 FGG: Die sofortige Beschwerde ist in Familiensachen der freiwilligen Gerichtsbarkeit selten, sie findet gegen isolierte Kostenentscheidungen (§ 20 a II FGG) und gegen Entscheidungen statt, durch die der Familienrichter einer Erinnerung gegen die **Rechtspflegerentscheidung** in Zugewinn- und Versorgungsausgleichssachen stattgibt (§§ 60 I Nr 6, 53 a II 1, 53 g I FGG). Einzelheiten s § 621 e Rn 12. In diesen Fällen ist § 22 FGG anwendbar. Beschwerdegericht ist das OlG (§ 119 I Nr 2 GVG). Nicht anwendbar ist § 22 II 3 FGG; denn eine für die weitere Beschwerde zuständige Instanz fehlt. Der BGH entscheidet nur über weitere Beschwerden nach § 621 e II, nicht über sonstige weitere Beschwerden (§ 133 Nr 2 GVG). **37**

Die sofortige Beschwerde findet nicht statt, wenn durch **richterliche Endentscheidung** (§ 621 e Rn 5 ff) in Versorgungsausgleichssachen, über die Stundung einer Zugewinnausgleichsschuld oder über die Übertragung von Vermögensgegenständen unter Anrechnung auf diese Schuld entschieden wird. Die Regelung der §§ 60 I Nr 6, 53 a II 1, 53 g I FGG wird bei Endentscheidungen verdrängt durch die besondere Regelung des § 621 e. Werden die in dieser Bestimmung genannten Fristen versäumt, so ist nicht § 22 II FGG, sondern § 233 ZPO anzuwenden (BGH FamRZ 79, 30 = NJW 109 = MDR 213).

23) § 23 FGG gilt ohne Einschränkung: Auch die Beschwerde nach § 621 e kann auf neue Tatsachen und Beweise gestützt werden. Neues Vorbringen kann in der Beschwerdeinstanz nicht als verspätet zurückgewiesen werden. § 527 gilt nicht (München FamRZ 85, 79). **38**

39 **24) § 24 FGG** ist anzuwenden, und zwar sowohl bei Beschwerden gegen Endentscheidungen iS des § 621 e (Bremen NJW 79, 1051) als auch für solche iS des § 19 FGG. Für diese gilt nichts Besonderes. Bei jenen Beschwerden ist der Grundsatz des § 24 I FGG, daß die **Beschwerde keine aufschiebende Wirkung** hat, durch zahlreiche Ausnahmen fast in sein Gegenteil verkehrt. Entscheidungen im Hausratsverfahren, über den Versorgungsausgleich, die Stundung des Zugewinnausgleichs und die Übertragung von Vermögensgegenständen unter Anrechnung auf die Ausgleichsforderung werden erst mit ihrer Rechtskraft wirksam (§§ 16 I HausratsVO, 53 g I, 53 a II 1 FGG). Hier hat die Beschwerde praktisch aufschiebende Wirkung. § 24 I FGG gilt jedoch für Beschwerden gegen die Regelung der elterlichen Sorge, des Umgangs des nichtsorgeberechtigten Elternteils mit dem Kind und gegen Entscheidungen über die Herausgabe eines Kindes an den anderen Elternteil. Eine Beschwerde gegen Endentscheidungen dieses Inhalts hat – außer im Verbundverfahren (§ 629 d) – keine aufschiebende Wirkung.

40 § 24 II FGG ist bei Beschwerden nach § 621 e nicht anwendbar. Die Bestimmung, daß das **Amtsgericht die Vollziehung seiner Verfügung aussetzen** kann, hängt mit der Regelung des § 21 I FGG zusammen, nach welcher die Beschwerde auch bei dem Gericht eingelegt werden kann, dessen Verfügung angefochten wird. Ergeben sich für den Familienrichter aus der Beschwerdeschrift Zweifel an der Richtigkeit seiner Entscheidung, so kann er die Vollziehung aussetzen. Die Beschwerde gegen Endentscheidungen in den zuvor genannten Angelegenheiten ist jedoch beim OLG einzulegen (§ 621 e III 1). Der Familienrichter erhält keine Kenntnis vom Inhalt der Beschwerdeschrift. Deshalb ist es nicht sinnvoll, ihm die Befugnis zur Aussetzung der Vollziehung zu geben. Im übrigen wird man ihm diese Befugnis auch deshalb versagen müssen, weil er zur Änderung seiner Entscheidung nicht befugt ist (§§ 621 e III 2, 577 III). Insofern enthält die ZPO eine besondere Regelung, die nach § 621 a I 1 derjenigen des § 24 II FGG vorgeht.

41 In **selbständigen Familiensachen** der freiwilligen Gerichtsbarkeit ist jedoch **§ 24 III FGG** anzuwenden. Das Beschwerdegericht (OLG; § 119 I Nr 2 GVG) kann anordnen, daß die Vollziehung der angefochtenen Entscheidung auszusetzen ist. Ist die Entscheidung bereits vollzogen, zB dadurch, daß das Kind aus der Obhut des einen Elternteils in diejenige des anderen gelangt ist, so ist für eine Aussetzung kein Raum mehr. Das OLG (nicht das FamG) kann zwar dem anderen Elternteil durch einstweilige Anordnung aufgeben, das Kind zurückzugeben (§ 24 III FGG). Das Kindeswohl dürfte eine solche Anordnung indessen regelmäßig verbieten; denn ein Kind darf nicht im Laufe eines Gerichtsverfahrens je nach Verfahrensstand hin- und hergeschoben werden. Nur wenn das Kind an seinem jetzigen Aufenthaltsort gefährdet ist, kommt eine Anordnung auf Rückgabe des Kindes in Betracht (Bremen NJW 79, 1051). – Erläßt das Beschwerdegericht eine einstweilige Anordnung, ohne darüber mündlich zu verhandeln, so ist § 620 b II ZPO nicht entsprechend anwendbar. Es ist nicht auf Grund mündlicher Verhandlung erneut zu beschließen, wenn ein Beteiligter dies beantragt.

42 Diese Grundsätze gelten nicht, wenn eine Ehe im **Verbundverfahren** geschieden wird und nur hinsichtlich der Folgesachen elterliche Sorge, Umgangsrecht oder Herausgabe eines Kindes Beschwerde (§ 629 a II) eingelegt wird. Hier kommt § 24 III FGG für den Erlaß einstweiliger Anordnungen nicht in Betracht (anders Rolfs FamRZ 80, 870). Die §§ 620 I Nr 1–3, II enthalten eine besondere Regelung, die nach § 621 a I 1 derjenigen des § 24 III FGG vorgeht; s § 620 Rn 25.

43 **25) § 25 FGG** gilt uneingeschränkt. Die Beschwerdeentscheidung ist zu begründen.

44 **26) § 26 FGG** trifft Bestimmungen über die Wirksamkeit der Beschwerdeentscheidung in Fällen, in denen eine sofortige weitere Beschwerde stattfindet. Solche Fälle kommen in Familiensachen nicht vor; s Rn 45. § 26 FGG ist jedoch anzuwenden, wenn in selbständigen Verfahren zur Regelung der elterlichen Sorge, des Umgangs eines ehelichen Kindes mit dem nichtsorgeberechtigten Elternteil oder der Herausgabe eines Kindes gemäß § 621 e II weitere Beschwerde eingelegt wird; § 621 e trifft insoweit keine abweichenden Bestimmungen. Für Versorgungsausgleichssachen enthält § 53 g I FGG eine Sonderregelung, die § 26 FGG vorgeht.

45 **27)** Die Bestimmungen über die weitere Beschwerde **(§§ 27–30 FGG)** sind nicht anwendbar. Soweit das OLG über eine befristete Beschwerde nach § 621 e zu entscheiden hat, sind die Voraussetzungen, unter denen eine weitere Beschwerde eingelegt werden kann, im § 621 e II geregelt. Das Verfahren über die weitere Beschwerde bestimmt sich nach § 621 e II 3, III, IV. Neben dieser erschöpfenden Regelung ist kein Raum für die Anwendung der Bestimmungen des FGG über die weitere Beschwerde.

46 Soweit in Familiensachen aus dem Bereich der freiwilligen Gerichtsbarkeit die **einfache Beschwerde** nach § 19 FGG stattfindet (s oben Rn 27), kann die Entscheidung des Beschwerdegerichts nicht mit der weiteren Beschwerde des § 27 FGG angefochten werden. Dieser Bestimmung geht nach § 621 a I 1 die besondere Ausgestaltung vor, die die Beschwerde in Familiensachen der freiwilligen Gerichtsbarkeit gefunden hat. Nach § 119 I GVG ist für alle Beschwerden

gegen Entscheidungen der Familiengerichte das OLG zuständig. § 133 Nr 2 GVG zählt die Angelegenheiten, in denen gegen Entscheidungen des OLG Beschwerde und weitere Beschwerde eingelegt werden kann, erschöpfend auf. Eine weitere Beschwerde gegen die Beschwerdeentscheidung der OLG in Familiensachen ist dort nur für den Fall des § 621 e II vorgesehen, nicht aber für denjenigen des § 27 FGG (BGH FamRZ 78, 886/888 = NJW 79, 39 und FamRZ 79, 224 = NJW 820).

28) Rechtskraftzeugnisse erteilt nach **§ 31 FGG** die Geschäftsstelle der ersten Instanz. Diese Bestimmung gilt auch für Familiensachen der freiwilligen Gerichtsbarkeit. **47**

29) § 32 FGG paßt nicht für Familiensachen. **48**

30) § 33 FGG, die Vorschrift über Zwangsgeld und unmittelbaren Zwang ist anwendbar, ausgenommen bei der Vollstreckung von Entscheidungen, die den Versorgungsausgleich betreffen (§ 53 g III FGG). Nach § 33 FGG werden auch einstweilige Anordnungen zur Regelung des Umgangsrechts oder auf Herausgabe eines Kindes vollstreckt; s § 620 a Rn 34. **49**

31) § 34 FGG ist anwendbar, jedoch muß zuweilen das Interesse Dritter an der Akteneinsicht hinter den höherrangigen Interessen der Beteiligten an der Wahrung ihrer Menschenwürde zurücktreten, zB soweit bei der Regelung der elterlichen Sorge die Intimsphäre der Beteiligten erörtert wird (vgl StJSchumann/Leipold 19. Aufl § 299 Anm III 1). Hierfür spricht auch, daß Familiensachen der freiwilligen Gerichtsbarkeit im Intersse der Beteiligten nicht öffentlich verhandelt werden (§ 170 GVG) und daß Schriftsätze und Entscheidungen am Verbundverfahren beteiligten Dritten nur zugestellt werden, soweit sie diese betreffen (§ 624 IV). **50**

IV) Anwendbar sind die folgenden Bestimmungen des FGG über **Vormundschaftssachen:**

1) An die Stelle des **§ 35 FGG** tritt § 64 k I FGG: Für die den Familiengerichten obliegenden Verrichtungen sind die Amtsgerichte zuständig. **51**

2) § 36 I und **II FGG** regelt die örtliche Zuständigkeit des Familiengerichts in Angelegenheiten, in denen gemäß § 1671 V BGB die Sorge für die Person und das Vermögen des Kindes einem Vormund zu übertragen ist. Nach § 43 FGG gilt die Zuständigkeitsregelung auch für Verfahren zur Regelung der elterlichen Sorge, des Umgangs des nichtsorgeberechtigten Elternteils mit dem Kind und der Herausgabe eines Kindes. Zum Wohnsitz eines Kindes, dessen Eltern getrennt leben, s § 621 Rn 90. **52**

3) § 36 a FGG ist nicht anwendbar, weil die Bestellung eines Vormunds nicht Aufgabe des Familiengerichts ist, vgl § 621 Rn 27. **53**

4) § 37 I 2 FGG regelt durch Verweisung auf § 36 FGG die örtliche Zuständigkeit des Familiengerichts in Angelegenheiten, in denen gemäß § 1671 V BGB die Sorge für die Person oder das Vermögen eines Kindes einem Pfleger zu übertragen ist; denn dies ist ein Fall der Ergänzungspflegschaft iS des § 1909 BGB (vgl MünchKomm/Hinz § 1671 Rn 43). **54**

5) § 43 FGG bestimmt durch Verweisung auf § 36 I, II FGG die Zuständigkeit des Familiengerichts für Verfahren über die elterliche Sorge (§§ 1671, 1672, 1678 II, 1681 II 3, 1696 BGB), Umgangsregelungen und die Herausgabe des Kindes, soweit eine Ehesache nicht anhängig ist (§ 621 II; Schleswig SchlHA 81, 148 f). **55**

6) Nach **§ 45 FGG** richtet sich die Zuständigkeit des Familiengerichts in Verfahren, die den Versorgungsausgleich oder das eheliche Güterrecht betreffen. **a)** Das gilt für den Versorgungsausgleich nur, soweit er im selbständigen Verfahren durchgeführt wird, nicht aber, soweit er Folgesache eines Scheidungsverfahrens (§ 623) ist. In diesem Fall ist das Gericht der Ehesache ausschließlich zuständig (§ 621 II 1). Wird dem Scheidungsantrag vor der Entscheidung über den Versorgungsausgleich stattgegeben (§ 628 I), so bleibt das Gericht der Ehesache weiterhin zuständig (§ 261 III Nr 2). Da über den Wertausgleich von Versorgungsanwartschaften im Scheidungsfall von Amts wegen zu entscheiden ist (§ 623 III 1), kommen hier selbständige Verfahren nur ausnahmsweise vor, nämlich bei Scheidung im Ausland, Nichtigerklärung oder Aufhebung einer Ehe. Der schuldrechtliche Versorgungsausgleich ist nur auf Antrag zusammen mit der Scheidungssache zu verhandeln (§ 623 I 1). Hier wird es eher zu selbständigen Verfahren kommen (vgl MünchKomm/Maier § 1587 f Rn 9). **56**

b) Güterrechtsverfahren iS des § 45 FGG sind solche nach den §§ 1382 und 1383 BGB (Stundung des Zugewinnausgleichs und Überweisung von Vermögensgegenständen unter Anrechnung auf die Ausgleichsforderung). Andere Streitigkeiten aus dem ehelichen Güterrecht sind nicht im Verfahen der freiwilligen Gerichtsbarkeit, sondern im Zivilprozeß auszutragen. **57**

7) § 46 FGG ist anwendbar (Düsseldorf FamRZ 84, 914). Verfahren über die elterliche Sorge, Umgangsregelungen und die Herausgabe eines Kindes können aus wichtigem Grund an ein anderes Familiengericht abgegeben werden, wenn eine Ehesache nicht anhängig ist (§ 621 II). **58**

59 **8)** Die **§§ 50a–50c FGG** sind anwendbar. Sie enthalten Bestimmungen über die persönliche Anhörung in Verfahren, die die elterliche Sorge betreffen. Anwendbar ist auch **§ 50d,** wonach das Familiengericht zugleich mit der Anordnung der Herausgabe eines Kindes die Herausgabe der persönlichen Sachen des Kindes einstweilen regeln kann.

60 **9) § 53a FGG** regelt das Verfahren nach den §§ 1382, 1383 BGB (Stundung der Zugewinnausgleichsschuld, Übertragung von Gegenständen unter Anrechnung auf diese Schuld).

61 **10)** Die **§§ 53b–53g FGG** enthalten Bestimmungen über Verfahren, die den Versorgungsausgleich betreffen.

62 **11) § 57 I Nr 1 u 3 FGG** sind nicht anzuwenden. Lehnt das Familiengericht die Anordnung einer Vormundschaft/Pflegschaft ab oder hebt es eine Vormundschaft/Pflegschaft auf (s §§ 1671 V, 1696 BGB), so muß der Kreis der Beschwerdeberechtigten auf Eltern, über 14jährige Kinder und das Jugendamt beschränkt werden; s Rn 29. Dies ist notwendig, damit der Eintritt der Rechtskraft – namentlich im Verbundverfahren – nicht im Ungewissen bleibt. Der Kreis der nach § 57 I Nr 1 u 3 FGG beschwerdeberechtigten Personen ist unübersehbar. Die Entscheidung des Familiengerichts könnte kaum allen zugestellt werden. Die Folge, daß die Ablehnung der Vormundschaft erst 6 Monate nach Verkündung (§§ 621e III 2, 516) rechtskräftig würde, kann mindestens im Verbundverfahren nicht hingenommen werden. Dies ist bei Schaffung des § 64k III 3 FGG übersehen worden. Die hier entstandene Gesetzeslücke ist durch sinngemäße Anwendung dieser Vorschrift zu schließen (Weber FamRZ 79, 997 u 81, 940; Rüffer FamRZ 81, 420 u 940). **§ 57 I Nr 9 FGG** findet keine Anwendung. Das steht jedoch der Beschwerdeberechtigung des Jugendamts nicht entgegen (§ 64k III 3 FGG).

63 **12)** Nach **§ 58 FGG** kann, wenn mehrere Vormünder ihr Amt gemeinschaftlich führen, jeder von ihnen selbständig für das Kind Beschwerde einlegen. Dies gilt auch für Familiensachen.

64 **13)** Anwendbar ist auch die Bestimmung des **§ 59 FGG** über das eigene Beschwerderecht des Kindes, das das vierzehnte Lebensjahr vollendet hat.

65 **14) § 60 I Nr 6 FGG** ist in den Fällen der §§ 53a II 1, 53g I FGG anzuwenden, wenn der Rechtspfleger über Versorgungsausgleichssachen, die Stundung des Zugewinnausgleichs oder die Übertragung von Gegenständen unter Anrechnung auf den Zugewinnausgleich entscheidet und der Familienrichter der Erinnerung gegen diese Entscheidung stattgibt; s § 621e Rn 12. Entscheidet der Familienrichter hier ohne Vorschaltung des Rechtspflegers (§§ 621a II ZPO, 14 Nr 2, 2a RpflG), so trifft er eine Endentscheidung iS des § 621e; dann findet nicht die sofortige Beschwerde, sondern die befristete Beschwerde des § 621e statt.

66 **15)** Nach **§ 63 FGG** sind die §§ 58, 59 FGG entsprechend anwendbar auf die weitere Beschwerde gemäß § 621e II.

67 **16) § 64k FGG** enthält Bestimmungen über die Abgabe von Familiensachen der freiwilligen Gerichtsbarkeit an das Gericht der Ehesache und verknüpft für solche Sachen die Verfahrensvorschriften des FGG mit denjenigen der ZPO.

68 **V)** Die Verfahrensvorschriften der **HausratsVO** sind anwendbar. § 16 I HausratsVO, wonach gerichtliche Entscheidungen mit der Rechtskraft wirksam werden, wird bei Folgesachen durch § 629d ersetzt. Erst mit Rechtskraft des Scheidungsausspruches wird die Entscheidung über die Ehewohnung und den Hausrat wirksam. Die Kostenentscheidung in Folgesachen, die die Ehewohnung oder den Hausrat betreffen, richtet sich nach den zu § 629 Rn 3, § 629a Rn 8 entwickelten Grundsätzen, im selbständigen Hausratsverfahren nach § 20 HausratsVO.

69 **VI)** § 621a II regelt den Fall, daß ein Ehegatte auf **Zugewinnausgleich** klagt und die Übertragung von Vermögensgegenständen unter Anrechnung auf die Ausgleichsforderung begehrt, ferner der Fall, daß auf die Zugewinnausgleichsklage hin der Beklagte die Stundung seiner Schuld begehrt. Für die Klage gelten die Bestimmungen der ZPO, für das Stundungs- oder Übertragungsbegehren diejenigen des FGG (§§ 621a I 1, 621 I Nr 9). Die Entscheidung ergeht nicht durch Urteil im Zivilprozeß und Beschluß im Verfahren der freiwilligen Gerichtsbarkeit, sondern einheitlich durch Urteil.

70 Gegen ein solches Urteil kann **Berufung** eingelegt werden. Soll es nur angefochten werden, soweit über die Stundung oder Übertragung von Vermögensgegenständen entschieden worden ist, so ist nicht Berufung, sondern die befristete Beschwerde des § 621e einzulegen (§§ 621a II 2, 629a II 1). Beschwerde kann sogar nur zu dem Zweck eingelegt werden, um in zweiter Instanz erstmalig Anträge auf Stundung des Zugewinnausgleichs oder auf Zuweisung von Vermögensgegenständen unter Anrechnung auf den Ausgleich zu stellen; s § 621e Rn 23. Wird nach Einlegung der Beschwerde auch Berufung eingelegt, so ist über beide Rechtsmittel gleichzeitig zu verhandeln (§§ 621a II 2, 629a II 2, 623 I) und einheitlich durch Urteil zu entscheiden (§ 629 I). Das

Berufungsurteil ist unanfechtbar, soweit es über die Stundung oder Übertragung von Vermögensgegenständen entscheidet. § 629 a schließt die Revision, § 621 e II 1 die weitere Beschwerde aus (aA StJSchlosser 4 aE für den Fall, daß mit der Revision sowohl die Entscheidung über den Zugewinnausgleich als auch diejenige über die Stundung oder Übertragung von Vermögenswerten angefochten wird).

621 b

[Sonderregelungen bei güterrechtlichen Streitigkeiten]

In Familiensachen des § 621 Abs. 1 Nr. 8 gelten die Vorschriften über das Verfahren vor den Landgerichten entsprechend.

Die Vorschrift gilt nicht für die Anträge auf Stundung der Zugewinnausgleichsschuld und auf Übernahme von Vermögensgegenständen unter Anrechnung auf diese Schuld, die der Rechtspfleger zu bearbeiten hat (§§ 621 I Nr 9 ZPO, 3 Nr 2 a, 14 Nr 2 RPflG), sondern nur für zivilprozessuale Güterrechtssachen. Für diese besteht seit dem 1. 4. 86 ausnahmslos Anwaltszwang (§ 78 II Nr 2). Anzuwenden sind deshalb die §§ 253 bis 494, nicht die §§ 495 bis 510 b. 1

621 c

[Zustellung von Endentscheidungen]

§ 317 Abs. 1 Satz 3 ist auf Endentscheidungen in Familiensachen nicht anzuwenden.

§ 618

§ 317 Abs. 1 Satz 3 gilt nicht für Urteile in Ehesachen.

Urteile werden von Amts wegen zugestellt (§§ 270 I, 317 I 1). Wollen die Parteien nach Urteilsverkündung über einen Vergleich verhandeln, so können sie übereinstimmend beantragen, die **Zustellung** des Urteils bis zum Ablauf von fünf Monaten nach der Verkündung **hinauszuschieben** (§ 317 I 3). Dadurch wird vermieden, daß nur wegen des drohenden Fristablaufs vorsorglich Rechtsmittel eingelegt werden, obwohl die Vergleichsverhandlungen noch schweben. Um zu verhindern, daß der Fortbestand der Ehe nach dem Belieben der Eheleute über längere Zeit in der Schwebe bleibt, nimmt § 618 den Ehegatten die Möglichkeit, die Zustellung hinauszuschieben. Diesen Gedanken überträgt § 621 c auf Urteile in anderen Familiensachen. Da bei langdauernden Scheidungsverfahren ohnehin nicht alsbald Klarheit über den Bestand der Ehe geschaffen werden kann, läßt sich über die Zweckmäßigkeit dieser Regelung streiten. Das Gesetz ist aber eindeutig und zwingend. Die Parteien können jedoch das Gericht bitten, wegen Vergleichsverhandlungen die Urteilsverkündung aufzuschieben. 1

§ 618 gilt für **alle Urteile** in Ehesachen, auch für solche auf Feststellung des Bestehens einer Ehe oder auf Herstellung des ehelichen Lebens und für klagabweisende Prozeßurteile. 2

§ 621 c ist auf **Beschlüsse** in Familiensachen der freiwilligen Gerichtsbarkeit nicht anzuwenden. Diese Entscheidungen werden den Beteiligten gemäß § 329 verkündet oder zugestellt (anders Keidel § 64 a Rn 53). § 329 sieht ein Aufschieben der Zustellung nicht vor. 3

Vorbemerkungen

Rechtsmittel in Familiensachen: Für die vom FamG entschiedenen Sachen ist das OLG Berufungs- und Beschwerdegericht (§ 119 Nr 1 u 2 GVG). Für Berufungen in Ehe-, Unterhalts- und Güterrechtssachen gelten die §§ 511 ff, für Beschwerden in diesen Sachen die §§ 567 ff. In Familiensachen aus dem Bereich der freiwilligen Gerichtsbarkeit (§ 621 a I 1) treten die befristete Beschwerde und weitere Beschwerde (§ 621 e) an die Stelle von Berufung und Revision. Ergänzende Regelungen für Rechtsmittel im Verbundverfahren enthalten die §§ 629 a ff. 1

Auch wenn das FamG prozeßordnungswidrig über eine **Nichtfamiliensache** entschieden hat, ist das OLG als **Rechtsmittelgericht** zuständig, wenn das Rechtsmittel nach dem 31. 3. 86 eingelegt worden ist (§ 119 Nr 1 u 2 GVG, Art 6 Nr 6 UÄndG – BGBl 86 I 301). Daß das FamG sich irrtümlich für zuständig gehalten hat, hat im Rechtsmittelverfahren kaum Folgen. Das OLG prüft nicht von Amts wegen, ob eine Familiensache vorliegt. Die Parteien können diesen Verfahrensmangel nur rügen, wenn sie dies bereits vor dem FamG getan haben oder glaubhaft machen, daß sie diese Rüge unverschuldet unterlassen haben (§§ 529 III, 621 e IV 1). Der BGH prüft auch in diesen Fällen nicht, ob eine Familiensache vorliegt (§§ 549 II, 621 e IV 2). 2

3 Bei Rechtsmitteln, die vor dem 1. 4. 86 eingelegt worden sind, hängt die Zuständigkeit des OLG wie bisher von der sachlichen Beurteilung des Verfahrensgegenstandes als Familiensache ab (Art 6 Nr 6 UÄndG). Insoweit wird auf die Vorauflage, § 621 d Rn 3 bis 8 verwiesen.

621 d *[Revision]*

(1) Gegen die in der Berufungsinstanz erlassenen Endurteile über Familiensachen des § 621 Abs. 1 Nr. 4, 5, 8 findet die Revision nur statt, wenn das Oberlandesgericht sie in dem Urteil zugelassen hat; § 546 Abs. 1 Satz 2, 3 gilt entsprechend.

(2) Die Revision findet ferner statt, soweit das Berufungsgericht die Berufung als unzulässig verworfen hat.

1 **Grundgedanke:** § 621 d gilt für die Revision in Unterhalts- und Güterrechtssachen. Entsprechende Vorschriften für Ehesachen und Familiensachen aus dem Bereich der freiwilligen Gerichtsbarkeit enthalten die §§ 546 I 1, 621 e II. Nach allen diesen Bestimmungen findet die Revision bzw die revisionsähnliche weitere Beschwerde des § 621 e nur statt, wenn sie zugelassen worden ist oder wenn das OLG ein Rechtsmittel als unzulässig verworfen hat.

2 **Keine Streitwertrevision:** Um in Familiensachen einen einheitlichen Rechtsmittelzug zu schaffen, ist die Streitwertrevision auch dann ausgeschlossen worden, wenn in vermögensrechtlichen Familiensachen der Wert der Beschwer 40 000 DM übersteigt (BGH FamRZ 79, 220 = NJW 550 = MDR 388; FamRZ 79, 910 = NJW 2046 = MDR 1005; FamRZ 80, 551. Diese Regelung ist mit dem Grundgesetz vereinbar (BVerfG FamRZ 82, 243; BGH FamRZ 79, 910 = NJW 2046; ständige Rechtspr; s BGH FamRZ 83, 156 mwN = NJW 928). Wenn das OLG in einer Güterrechts- oder Unterhaltssache entscheidet, ist der Wert der Beschwer nicht festzusetzen.

3 Die **Revision gegen Verbundurteile** (§ 629 I) ist auch statthaft, soweit Entscheidungen über Folgesachen aus dem Bereich der freiwilligen Gerichtsbarkeit (§ 621 a I 1) zusammen mit zivilprozessualen Entscheidungsteilen angefochten werden (§ 629 a Rn 1), zB der Scheidungsausspruch und die Regelung des **Versorgungsausgleichs.** Auch in diesem Fall findet gegen die Regelung des Versorgungsausgleichs nicht die Streitwertrevision, sondern nur die Zulassungsrevision statt. Das ergibt sich aus dem Sinn der §§ 546 I, 621 d I, 621 e II.

4 **Zulassungsrevision:** Urteile, durch die über die Anordnung, Abänderung oder Aufhebung eines Arrests oder einer einstweiligen Verfügung entschieden wird, sind auch in Familiensachen nicht revisibel (§ 545 II). Hier darf die Revision nicht zugelassen werden. Wird sie gleichwohl zugelassen, so wird sie dadurch nicht statthaft (§ 545 Rn 9).

5 Im ordentlichen Prozeß läßt das OLG die Revision nur bei grundsätzlicher Bedeutung der Rechtssache oder entscheidungserheblicher Abweichung des Berufungsurteils von einer Entscheidung des BGH oder des Gemeinsamen Senats der obersten Gerichtshöfe des Bundes zu (§ 546 I 2). Wird die Zulassung im Urteil übergangen, so kann dieses nach § 321 ergänzt werden (s § 321 Rn 5), wenn die Ergänzung fristgerecht (§ 321 II) beantragt wird. Eine Ergänzung ist unzulässig, wenn die Revision nicht versehentlich, sondern bewußt, wenn auch rechtsirrtümlich nicht zugelassen worden ist (Nachweise hierzu s BGH FamRZ 80, 233 = NJW 785; Zweibrücken FamRZ 80, 614; anders Walter FamRZ 79, 673). Hier gebietet der Gleichheitssatz (Art 3 GG), daß die Revisionswürdigkeit von irgendeiner Instanz geprüft wird (BVerfG FamRZ 84, 866). Hat das OLG diese Prüfung unterlassen, weil es von einer Beschwer von über 40 000 DM ausging und irrtümlich annahm, über einen nicht familienrechtlichen, vermögensrechtlichen Anspruch zu entscheiden, so wendet der BGH jetzt § 554 b sinngemäß an (FamRZ 84, 371 = NJW 1188; anders die dort zitierte ältere Rspr). Hat die Sache grundsätzlich Bedeutung oder weicht das Berufungsurteil von einer BGH-Entscheidung usw ab, so wird die Revision angenommen; sonst wird die Annahme abgelehnt.

6 Die Wertrevision gemäß § 546 I findet statt im umgekehrten Fall, wenn ein Familiensenat eines OLG irrtümlich in einer Nichtfamiliensache entscheidet und weder die Revision zuläßt noch den Wert der Beschwer gemäß §§ 546 II festsetzt, weil er dies infolge seines Irrtums, es handele sich um eine Familiensache, nicht für erforderlich hält. Die Familiensenate der Oberlandesgerichte sollten immer, wenn Zweifel daran entstehen können, ob sie in einer Unterhalts- oder Güterrechtssache zu entscheiden haben, den Wert der Beschwer festsetzen, und wenn dieser Wert 40 000 DM übersteigt, abweichend von § 713 Vollstreckungsschutz gewähren.

7 Die **Zulassung** der Revision kann **auf Teile der Klagforderung beschränkt** werden, die Gegenstand eines Teilurteils sein können, ebenso auf ein Verteilungsmittel, das einen tatsächlich und rechtlich selbständigen und abtrennbaren Teil des Gesamtstreitstoffs darstellt (BGH VersR 80,

740; FamRZ 82, 466 = NJW 1216; FamRZ 82, 684; FamRZ 85, 48 = NJW 189). Der BGH hält eine beschränkte Zulassung sogar für wünschenswert, um sich von Arbeit zu entlasten, die nicht im Interesse der Rechtseinheit und -fortbildung notwendig ist (BGH FamRZ 79, 233 = NJW 767 = MDR 480). Begründet das OLG seine Entscheidung über die Zulassung der Revision, so liegt allein darin keine Zulassungsbeschränkung auf den Umfang der mitgeteilten Gründe (BGH FamRZ 82, 680 = NJW 1642; FamRZ 85, 471 u 559).

Hat das OLG die **Revision zugelassen,** so ist der **BGH** daran **gebunden** (§§ 621d I Hs 2, 546 I 3). 8
Dies gilt auch, wenn das OLG die Zulassung der Revision begründet hat und diese Gründe ergeben, daß die Voraussetzungen für diese Zulassung (grundsätzliche Bedeutung der Sache, Abweichung von einer Revisionsentscheidung) nicht vorlagen (BGH FamRZ 84, 655).

Gegen einen Beschluß, durch den das OLG einen **Einspruch gegen ein Versäumnisurteil verworfen** hat, findet die sofortige Beschwerde nur statt, wenn das OLG sie zugelassen hat (BGH 9
FamRZ 82, 162 = NJW 1104 = MDR 473).

Nach Abs 2 findet die Revision statt, wenn die **Berufung** oder Anschlußberufung (BGH 10
FamRZ 84, 680 = NJW 2951) durch Urteil **als unzulässig verworfen** worden ist. Ist die Berufung durch Beschluß verworfen worden, so unterliegt dieser der sofortigen Beschwerde (§§ 519b II, 547). In Familiensachen, die in der ersten Instanz nicht als Anwaltsprozeß zu führen waren (Unterhaltssachen) kann die sofortige Beschwerde ohne anwaltliche Vertretung eingelegt werden (BGH FamRZ 84, 677 = NJW 2413 = MDR 924). Wenn in einer Arrestsache oder einem Verfahren der einstweiligen Verfügung eine Berufung als unzulässig verworfen wird, findet hiergegen kein Rechtsmittel an den BGH statt (BGH FamRZ 84, 877 = NJW 2368).

Gebühren: a) des **Gerichts:** Verfahrensgebühr mit dem zweifachen Tabellensatz nach KV Nr 1030. Wird die Revision 11
oder die *Klage* zurückgenommen, bevor die Revisionsbegründungsschrift beim Revisionsgericht eingegangen ist, ermäßigt sich die Verfahrensgebühr auf die Hälfte der Gebühr aus der Tabelle zu § 11 II 2 GKG. Wenn am selben Tag sowohl die Schrift über die Begründung der Revision als auch die Schrift über die Rücknahme der Revision oder der Klage in den Gerichtseinlauf gelangt, ohne daß feststellbar ist, welcher Schriftsatz zuerst eingegangen ist, wird man die Erklärung über die Revisionsrücknahme als die erste ansehen müssen: Der Mangel, daß der Beamte der Einlaufstelle die genaue Uhrzeit über den Eingang nicht festgehalten hat, darf nicht zum Nachteil des Kostenschuldners führen (Drischler usw, aaO, KV Nr 1031 Rdnr 5). – Das Verfahren der sofortigen Beschwerde gegen den (gebührenfreien) Berufungsverwerfungsbeschluß (s Rn 9) ist gebührenmäßig nach KV Nr 1181 zu behandeln. – **b)** des **Anwalts:** Gebühren des § 31 BRAGO zu $^{13}/_{10}$ (§ 11 I 2 BRAGO). In Bayern bestimmen die OLGe nach § 7 I EGZPO gleichzeitig mit der Revisionszulassung auch, ob für die Verhandlung und Entscheidung der BGH oder das BayObLG zuständig ist. Im Revisionsverfahren erhöht sich die Prozeßgebühr auf $^{20}/_{10}$, soweit sich die Parteien nur durch einen bei dem BGH zugelassenen RA vertreten lassen können (§ 11 I 3 BRAGO). – Im Beschwerdeverfahren gegen den Berufungsverwerfungsbeschluß erhält der RA $^{5}/_{10}$ der in § 31 BRAGO bestimmten Gebühren (§ 61 I Nr 1 BRAGO).

621 e

[Rechtsmittel im Verfahren der freiwilligen Gerichtsbarkeit]

(1) Gegen die im ersten Rechtszug ergangenen Endentscheidungen über Familiensachen des § 621 Abs. 1 bis 3, 6, 7, 9 findet die Beschwerde statt.

(2) In den Familiensachen des § 621 Abs. 1 Nr. 1 bis 3, 6 findet die weitere Beschwerde statt, wenn das Oberlandesgericht sie in dem Beschluß zugelassen hat; § 546 Abs. 1 Satz 2, 3 gilt entsprechend. Die weitere Beschwerde findet ferner statt, soweit das Oberlandesgericht die Beschwerde als unzulässig verworfen hat. Die weitere Beschwerde kann nur darauf gestützt werden, daß die Entscheidung auf einer Verletzung des Gesetzes beruht.

(3) Die Beschwerde wird durch Einreichung der Beschwerdeschrift bei dem Beschwerdegericht eingelegt. Die §§ 516, 517, 519 Abs. 1, 2, §§ 519a, 552, 554 Abs. 1, 2, 5, § 577 Abs. 3 gelten entsprechend.

(4) Für das Beschwerdegericht gilt § 529 Abs. 3, 4 entsprechend. Das Gericht der weiteren Beschwerde prüft nicht, ob eine Familiensache vorliegt.

Übersicht

1 **I)** Die Bestimmung regelt die **Rechtsmittel** in Familiensachen der freiwilligen Gerichtsbarkeit (vgl § 621 a Rn 1). Wegen der Rechtsmittel in zivilprozessualen Familiensachen s § 621 d, wegen derjenigen gegen Urteile in Verbundsachen § 629 a.

2 **II)** Die befristete Beschwerde findet nur gegen **Endentscheidungen** statt, in denen über den Verfahrensgegenstand in instanzbeendender Weise entschieden wird.

3 **1)** Keine Endentscheidungen sind **Zwischenentscheidungen** (BGH FamRZ 79, 224) wie einstweilige Anordnungen in selbständigen Sorgerechtsverfahren (Zweibrücken FamRZ 83, 1162), Beschlüsse über die Aussetzung des Verfahrens, Verfügungen, durch die ein Versorgungsträger am Verfahren beteiligt wird (KG FamRZ 84, 66), Zwischenentscheidungen über die Dauer der Ehezeit (Hamm FamRZ 80, 897; Koblenz FamRZ 79, 47). Solche Entscheidungen können mit der Beschwerde nach § 19 FGG angefochten werden, soweit sie Rechte der Beteiligten beeinträchtigen (§ 20 FGG; Hamburg FamRZ 80, 1133 Nr 713; s § 621 a Rn 28). Die gerichtliche **Genehmigung einer Vereinbarung über den Versorgungsausgleich** kann nicht selbständig, sondern nur zusammen mit der anschließenden Entscheidung über den Versorgungsausgleich angefochten werden (Philippi FamRZ 82, 1057 mwN).

4 **2) Urteilsähnliche Entscheidungen:** Die Regelung des § 621 e beruht auf dem Grundgedanken, das Rechtsmittelsystem in Familiensachen aus dem Bereich der freiwilligen Gerichtsbarkeit demjenigen in zivilprozessualen Familiensachen anzugleichen. Form und Frist der Erstbeschwerde und der Berufung sind weitgehend vereinheitlicht; dasselbe gilt für Form und Frist der weiteren Beschwerde und der Revision; s Abs 3 und 4. Vor allem ist für zivilprozessuale Familiensachen und solche aus dem Bereich der freiwilligen Gerichtsbarkeit der Zugang zum BGH einheitlich eröffnet und denselben Zulassungsbeschränkungen unterstellt worden (Abs 2 und §§ 547, 549). Diese Erwägungen legen es nahe, als Endentscheidungen nur solche Entscheidungen anzusehen, die in Form eines Endurteils (§ 300 ZPO) ergehen würden, falls sie im Zivilprozeß bzw Verbundverfahren erlassen würden (so zögernd BGH FamRZ 81, 25 = MDR 36; eindeutig aber die dort zitierten OLG-Entscheidungen u Düsseldorf FamRZ 82, 186).

5 Zu den **Endentscheidungen** gehören namentlich: Teilentscheidungen im Verbundverfahren, durch die vorweg über die Verpflichtung eines Ehegatten zur Auskunft über seine Versorgungsanwartschaften entschieden wird (BGH FamRZ 82, 687 = NJW 1646; Schleswig SchlHA 80, 70 f; Hamburg FamRZ 81, 179; KG FamRZ 82, 823; s dazu § 623 Rn 21 f), die mit Teilurteilen vergleichbaren Vorwegentscheidungen über die elterliche Sorge gemäß § 627 (KG FamRZ 79, 340), Beschlüsse, daß ein Versorgungsausgleichsverfahren trotz Anfechtung oder Widerrufs eines Prozeßvergleichs erledigt ist (BGH FamRZ 82, 586 = NJW 2386) und Beschlüsse, durch die die Erledigung der Hauptsache festgestellt und über die Kosten entschieden wird (Köln FamRZ 83, 1262). Über den Fall, daß nach übereinstimmender Erledigungserklärung nur über die Kosten entschieden wird, s Rn 7. Über den Fall, daß ein Familienrichter an Stelle des Rechtspflegers entscheidet, s Rn 14.

6 **3) Keine Endentscheidungen:** § 621 e bezweckt nicht, in Familiensachen der freiwilligen Gerichtsbarkeit einen Rechtsweg zum BGH zu eröffnen, der in zivilprozessualen Familiensachen nicht besteht. Im Zivilprozeß können Beschlüsse der Oberlandesgerichte im Regelfall nicht angefochten werden (§ 567 III 1), zB Beschlüsse nach den §§ 91 a, 269 III 3 oder Beschlüsse im Zwangsvollstreckungsverfahren. Es besteht kein Anlaß, entsprechende Beschlüsse in Familiensachen der freiwilligen Gerichtsbarkeit als urteilsähnliche Endentscheidungen anzusehen und es zuzulassen, daß sie mit den berufungs- und revisionsähnlichen Beschwerden des § 621 e angefochten werden. Keine Endentscheidungen sind folglich:

a) Isolierte Kostenentscheidungen in Antragsverfahren (zB, wenn ein Ehegatte vom anderen Auskunft über dessen Versorgungsanwartschaften verlangt), die nach Antragsrücknahme (Karlsruhe FamRZ 78, 732; München FamRZ 79, 733) oder übereinstimmender Erledigungserklärung ergehen (Karlsruhe aaO u OLGZ 80, 159; Düsseldorf FamRZ 82, 186). 7

b) Entscheidungen über **Zwangsmittel** nach § 33 FGG (BGH FamRZ 83, 1008/1012 = NJW 2757 = MDR 921; FamRZ 81, 25 = MDR 36; FamRZ 79, 224 = NJW 820; FamRZ 79, 696). 8

c) Entscheidungen über Anträge auf Bewilligung oder Verlängerung einer **Frist zur Räumung der Ehewohnung** (anders München FamRZ 78, 196 = NJW 548). 9

4) Entscheidungen des Rechtspflegers: Im Bereich der freiwilligen Gerichtsbarkeit entscheidet der Rechtspfleger über folgende Angelegenheiten (§ 14 Nr 2 und 2a RPflG): **a)** Die Stundung der Zugewinnausgleichsschuld (§ 1382 I–IV, VI BGB), **b)** die Übertragung von Vermögensgegenständen unter Anrechnung auf den Zugewinnausgleich (§ 1383 I, II BGB), **c)** die Festsetzung der zur Begründung von Rentenanwartschaften erforderlichen Beträge, wenn ein Ehegatte auf Grund gerichtlich genehmigter Vereinbarung verpflichtet ist, für den anderen Zahlungen zur Begründung von Rentenanwartschaften in der gesetzlichen Rentenversicherung zu leisten (§ 53e II FGG), **d)** die Neufestsetzung von Beträgen, die zur Begründung von Rentenanwartschaften zu leisten sind, wenn sich die Berechnungsgrößen ändern (§ 53e III FGG), **e)** die Anpassung von rechtskräftigen Entscheidungen über den Versorgungsausgleich an die Veränderung der Verhältnisse im Falle der §§ 1587g III, 1587i III BGB. **f)** Über die Abfindung für künftige Ansprüche aus schuldrechtlichem Versorgungsausgleich (§ 1587l BGB) hat nicht der Rechtspfleger, sondern der Richter zu entscheiden. 10

Rechtspflegerentscheidungen sind keine Endentscheidungen. Sie würden nicht in Urteilsform ergehen, falls sie im Zivilprozeß erlassen würden. Auch im Zivilprozeß spricht ein Rechtspfleger keine Urteile. Würde man Rechtspflegerentscheidungen als Endentscheidungen ansehen, so wäre damit ein Instanzenzug vom Rechtspfleger zum BGH eröffnet, den es sonst nirgends gibt. Auch dies spricht für die hier vertretene Auffassung. 11

Gegen die **Entscheidung des Rechtspflegers** findet nicht die befristete Beschwerde des § 621e, sondern die **Erinnerung** statt (§ 11 I 1 RPflG). Die Erinnerung ist nach den §§ 11 I 2 RPflG, 22 I FGG **binnen 2 Wochen** nach Zustellung der Entscheidung einzulegen, weil gegen die Entscheidung, falls der Richter sie erlassen hätte, die sofortige Beschwerde gegeben wäre (§§ 60 I Nr 6, 53a II 1, 53g I FGG). Die Auffassung des KG (FamRZ 81, 374 = RPfleger 235), die Erinnerungsfrist betrage analog § 621e III 2 einen Monat, ist abzulehnen; sie führt zu der untragbaren Konsequenz, daß gegen Beschlüsse nach § 53a FGG unterschiedlich lange Erinnerungsfristen laufen, je nachdem, ob der Zugewinnausgleich oder der vorzeitige Erbausgleich gestundet worden ist. Der Rechtspfleger kann der Erinnerung nicht abhelfen (§ 11 II 1 RPflG); sondern hat sie dem Familienrichter vorzulegen (§ 11 II 2 RPflG). Gibt dieser der Erinnerung nicht statt, so legt er sie dem OLG (Familiensenat) vor: sie gilt dann als Beschwerde gegen die Entscheidung des Rechtspflegers (§ 11 II 4 und 5 RPflG). Hält der Familienrichter die Erinnerung für zulässig und begründet, so entscheidet er selbst über sie (§ 11 II 3 RPflG). Gegen die Entscheidung des Richters findet die **sofortige Beschwerde** statt (§§ 11 III RPflG, 60 I Nr 6, 53a II 1, 53g I FGG), nicht die befristete Beschwerde des § 621e. Das Erinnerungsverfahren ist mit einem Zivilprozeß nicht vergleichbar; es besteht deshalb auch kein Grund, das Rechtsmittel im Erinnerungsverfahren der Berufung anzugleichen. 12

Beschwerdegericht ist das OLG (§ 119 I Nr 2 GVG). Eine **weitere sofortige Beschwerde** findet nicht statt. Für Versorgungsausgleichssachen aus dem Zuständigkeitsbereich des Rechtspflegers ist dies in § 53g II FGG ausdrücklich ausgesprochen; im übrigen ergibt es sich auch daraus, daß eine für die weitere Beschwerde zuständige Instanz fehlt. § 133 Nr 2 GVG zählt die Angelegenheiten erschöpfend auf, in denen Rechtsmittel gegen OLG-Entscheidungen eingelegt werden können. Die weitere Beschwerde nach den §§ 27–29 FGG ist dort nicht vorgesehen (BGH FamRZ 78, 886/888 und 79, 224). 13

Entscheidet der Familienrichter gemäß §§ 5 II, 6 RPflG **ohne Vorschaltung des Rechtspflegers** über die Stundung der Zugewinnausgleichsschuld oder die Übertragung von Vermögensgegenständen unter Anrechnung auf den Zugewinnausgleich, so trifft er eine Endentscheidung iS des § 621e (Düsseldorf FamRZ 82, 81). 14

III) Zur **Beschwerde berechtigt** ist jeder Beteiligte, dessen Recht durch die Endentscheidung beeinträchtigt ist (§ 20 I FGG). Einzelheiten s § 621a Rn 28 ff. Fehlt eine Rechtsbeeinträchtigung, so ist die Beschwerde unzulässig. Weitere Zulässigkeitsvoraussetzung ist, daß der Beschwerdeführer in der Beschwerdebegründung diese Rechtsbeeinträchtigung (Beschwer) bekämpft. Rügt er in einer Versorgungsausgleichssache nur einen Berechnungsfehler, der sich zu seinen Gun- 15 sten auswirkt, so ist die Beschwerde unzulässig. Nach Ablauf der Begründungsfrist kann der Beschwerdeführer keine Beschwerdegründe nachschieben. Eine unzulässige Beschwerde wird hierdurch nicht zulässig (BGH FamRZ 82, 1196 = NJW 83, 179; Karlsruhe FamRZ 84, 912).

16 **IV)** Gegen Entscheidungen über den Hausrat ist die Beschwerde nur zulässig, wenn der **Wert des Beschwerdegegenstandes** 1 000 DM übersteigt (§ 14 HausratsVO). In Versorgungsausgleichssachen kennt das Gesetz keine Mindestbeschwer. Dennoch hat München (FamRZ 82, 187) eine Beschwerde, mit der eine Änderung der Versorgungsausgleichsentscheidung um 0,20 DM begehrt wurde, mangels Rechtsschutzbedürfnisses verworfen. Die Entscheidung wirft unlösbare Grenzziehungsprobleme auf.

17 **V) Einlegung und Begründung der Beschwerde: 1)** Befristete Beschwerden können nur beim **Beschwerdegericht** eingelegt werden (§ 621 e III 1), dh beim OLG (§ 119 I Nr 2 GVG). Diese Bestimmung geht § 21 I FGG vor, wonach die Beschwerde auch beim Erstgericht eingelegt werden kann. Dem Erfordernis, daß die Beschwerde beim OLG eingelegt werden muß, ist auch dann Genüge getan, wenn das Familiengericht die bei ihm eingereichte Beschwerde an das OLG weitergeleitet; dort muß sie allerdings innerhalb der Beschwerdefrist eingehen (BGH FamRZ 78, 232 = NJW 1165 = MDR 478 und FamRZ 79, 30 = NJW 108.

18 **2)** Die Beschwerde wird durch Einreichung einer **Beschwerdeschrift** eingelegt (§ 621 III 1). Diese Bestimmung geht zwar § 21 II FGG vor. Das bedeutet aber nicht, daß die Beschwerde nicht zu Protokoll der Geschäftsstelle eingelegt werden kann. Auch ein solches Protokoll ist eine Beschwerdeschrift, zumal da diese nicht vom Beschwerdeführer unterschrieben zu werden braucht. Weder der Beschwerdeführer noch die übrigen Beteiligten müssen sich **durch Rechtsanwälte vertreten** lassen, ausgenommen die Ehegatten im Verfahren der Beschwerde gegen eine Folgesachenentscheidung (§ 78 II Nr 1).

19 **3)** Die **Beschwerde** ist binnen einer **Notfrist von einem Monat** einzulegen, die von der Zustellung der in vollständiger Form abgefaßten Entscheidung an läuft (§ 516). Wird die Entscheidung verkündet, aber nicht zugestellt, so beginnt die Frist analog § 516 mit dem Ablauf von fünf Monaten nach der Verkündung (Zweibrücken FamRZ 86, 377). Die Beschwerde ist beim OLG einzulegen (§ 621 e III 1). Versehentliche Adressierung an das LG schadet nicht, wenn die Beschwerdeschrift beim OLG abgegeben wird (BGH VersR 81, 1182). Wird die Beschwerde vorschriftswidrig beim Familiengericht eingelegt, aber noch rechtzeitig an das OLG weitergeleitet, so ist die Beschwerde zulässig (Rn 17 u § 518 Rn 11 ff). Die **Frist für die Beschwerdebegründung** beträgt einen Monat und beginnt mit der Einlegung der Beschwerde (§ 519 II 2). Auf Antrag kann diese Frist vom Vorsitzenden des Beschwerdesenats verlängert werden (§ 519 II 3). Wegen Wiedereinsetzung bei Versäumung der Beschwerde- oder Begründungsfrist s § 621 a Rn 37 aE. Nach Ablauf der Beschwerdebegründungsfrist kann die Beschwerde nicht mehr um abtrennbare Verfahrensteile erweitert werden, die nach der Beschwerdebegründung unangefochten geblieben waren (BGH FamRZ 82, 1196 = NJW 83, 179; anders Köln FamRZ 79, 935).

20 **4)** Einen **Beschwerdeantrag** braucht die Beschwerdeschrift nicht zu enthalten (BGH FamRZ 79, 232 = NJW 766; FamRZ 79, 909 = NJW 1989; FamRZ 82, 36/38 u 84, 991). Da § 621 e II nicht auf § 519 III verweist, sind an den Inhalt der **Beschwerdebegründung** nicht die gleichen Anforderungen zu stellen wie an den Inhalt einer Berufungsbegründung. In ihr muß der Beschwerdeführer vortragen, aus welchen Gründen er die angefochtene Entscheidung für unrichtig hält (Karlsruhe FamRZ 82, 397), bzw was er an ihr mißbilligt; sonst ist die Beschwerde zu verwerfen (BGH FamRZ 79, 909 = NJW 1889 = MDR 1006; Oldenburg FamRZ 80, 474). Die nichtssagende Wendung, der Sachvortrag der ersten Instanz werde wiederholt, reicht nicht aus (Düsseldorf FamRZ 83, 721/728), ebensowenig die Begründung, der Versorgungsausgleich sei unbillig, deshalb werde das in erster Instanz gemachte Vergleichsangebot wiederholt (Karlsruhe FamRZ 82, 397). Eine hinreichende Beschwerdebegründung liegt in dem Begehren, eine Entscheidung zu treffen, die einer zur Akte gehörenden Auskunft über die Bewertung von Versorgungsanwartschaften entspricht, wenn das Familiengericht von dieser Bewertung abgewichen ist (BGH FamRZ 82, 36/38). Es genügt auch die Rüge einer Versicherungsanstalt, die Anwartschaften des bei ihr versicherten Ehegatten seien unrichtig bewertet; die Berechnung des Wertes braucht die Anstalt nicht innerhalb der Begründungsfrist vorzulegen (BGH VersR 81, 277). Zur Begründung genügt auch die Verweisung auf einen bereits bei den Akten befindlichen Schriftsatz, evtl sogar die stillschweigende Bezugnahme hierauf (BGH FamRZ 79, 30 = NJW 109).

21 **a)** Die Beschwerde kann nicht damit begründet werden, daß das FamG über eine **Nichtfamiliensache** entschieden habe, es sei denn, dies wurde bereits in erster Instanz gerügt oder das Unterlassen dieser Rüge wird genügend entschuldigt. Der Entschuldigungsgrund ist auf Verlangen des Gerichts glaubhaft zu machen (§§ 621 e IV 1, 529 III, IV, 528 I 2).

b) Die Beschwerde kann auf **neue Tatsachen und Beweise** gestützt werden (§ 23 FGG). Da der Sachverhalt von Amts wegen zu ermitteln ist, kann neues Vorbringen nicht als verspätet zurückgewiesen werden; s § 621 a Rn 38. Die Prüfungs- und Entscheidungsbefugnis des Beschwerdegerichts beschränkt sich aber auf den Verfahrensgegenstand der Vorinstanz; **neue Anträge** dürfen daher regelmäßig **nicht** gestellt werden (KG FamRZ 81, 60; Karlsruhe FamRZ 84, 819 f). Hat das Familiengericht über die elterliche Sorge entschieden, so darf das OLG nicht den Umgang des Kindes mit dem nichtsorgeberechtigten Elternteil regeln (Hamm FamRZ 80, 488; anders Stuttgart FamRZ 81, 1105 in dem Fall, daß die Eltern sich in der Beschwerdeinstanz über Sorge- und Umgangsrecht einigen und daß das Beschwerdegericht diese Einigung in seiner Entscheidung gutheißt). War in erster Instanz nur der Wertausgleich Verfahrensgegenstand, so kann in der Beschwerdeinstanz nicht beantragt werden, den schuldrechtlichen Versorgungsausgleich zu regeln (Köln FamRZ 79, 1027; KG aaO). Für die Zulassung neuer Anträge in der Beschwerdeinstanz besteht in diesen Fällen auch kein Bedürfnis, weil dieselben Anträge jederzeit beim Familiengericht gestellt werden können. 22

Das **Novenverbot gilt nicht** für Anträge, die nicht nachträglich beim Familiengericht gestellt werden können, weil dieses an seine eigene Entscheidung gebunden ist (§§ 621 e III 2, 577 III). So können zB Anträge auf Regelung des Versorgungsausgleichs in anderer Weise (§ 1587 b IV BGB) auch in der Beschwerdeinstanz zum ersten Mal gestellt werden (ähnlich Hamburg FamRZ 79, 599). Auch Anträge auf Stundung der Zugewinnausgleichsschuld und auf Übertragung von Vermögensgegenständen unter Anrechnung auf den Zugewinnausgleich können nach Beendigung eines Zugewinnausgleichsprozesses nicht mehr gestellt werden (§§ 1382 V, 1383 III BGB). Auch hier ist es zulässig, daß ein Ehegatte nur zu dem Zweck Beschwerde (§§ 621 a II 2, 629 a II 1) einlegt, um diese Anträge in der zweiten Instanz erstmalig zu stellen. 23

VI) Gesetzlich nicht geregelt, aber allgemein anerkannt ist, daß der Beschwerdegegner nach Verstreichen der Beschwerdefrist eine unselbständige **Anschlußbeschwerde** einlegen kann (BGHZ 92, 207/210 = FamRZ 85, 59/60 = NJW 968, stRspr). Da das Verbot der Schlechterstellung gilt (Rn 31 ff), ist der Beschwerdegegner in der gleichen Lage wie der Berufungsbeklagte, der sein Verfahrensziel nicht vollständig erreicht hat. Wie dieser ist er der Gefahr ausgesetzt, daß es bei der ihm ungünstigen Entscheidung bleibt, selbst wenn das Rechtsmittelgericht sie für falsch hält Deshalb gebieten die Gesichtspunkte der Waffengleichheit und der Verfahrensökonomie, die Anschließung auch nach Ablauf der Beschwerdefrist zuzulassen. Dadurch wird verhindert, daß die Partei, die sich mit dem ihr ungünstigen Teil der Entscheidung zufrieden geben will, solange nur der Gegner den ihr günstigen Teil nicht anficht, benachteiligt wird, wenn der Gegner unter voller Ausnutzung der Frist Beschwerde einlegt. Dem könnte sie nur dadurch begegnen, daß sie selbst vorsorglich die Entscheidung anficht. Das aber verstieße gegen den Grundsatz der Prozeßökonomie und wäre mit Risiken verbunden, die der Bereitschaft, es bei der ergangenen Entscheidung zu belassen, nicht gerecht werden (BGH aaO). 24

Nicht zugelassen wird die unselbständige **Anschlußbeschwerde, wenn** ein Rentenversicherungs- oder **Versorgungsträger** das **Hauptrechtsmittel** eingelegt hat. Hier kann das Beschwerdegericht entgegen dem Ziel des Rechtsmittels, den Versorgungsausgleich zu erhöhen, ihn herabsetzen oder umgekehrt bei beantragter Kürzung den Ausgleichsbetrag erhöhen. Wegen des ungewissen künftigen Versicherungs-/Versorgungsverlaufs verstößt eine solche Entscheidung nicht gegen das Verbot der Schlechterstellung des Rechtsmittelführers (BGHZ 92, 5 ff = FamRZ 84, 990/992). Da die Anschlußbeschwerde nur dieses Verbot mildern soll, besteht kein Rechtsschutzbedürfnis für sie, wo das Verbot nicht gilt (BGH FamRZ 85, 59/60 u FamRZ 85, 267/269 = NJW 2266). 25

Die Anschließung bedarf analog § 522 a der **Schriftform.** Die Form kann auch dadurch gewahrt werden, daß der Anschlußbeschwerdeführer seine Anschließung in der mündlichen Verhandlung zu Protokoll erklärt und dabei auf einen früheren Schriftsatz Bezug nimmt (BGH FamRZ 83, 459 = NJW 1311 = MDR 652). Weiteres zur Anschließung s § 629 a Rn 23. 26

VII) Gerichtliches Verfahren: 1) Beschwerdeschrift und Beschwerdebegründung sind allen Beteiligten (§ 624 Rn 16) außer dem Beschwerdeführer **zuzustellen** (§§ 621 e III 2, 519 a). Diese Regelung ist am 1. 4. 86 in Kraft getreten (Art 3 Nr 16 a, Art 8 UÄndG – BGBl 86 I 301). Sie ist im Hinblick auf § 629 a III geschaffen worden, wonach binnen einem Monat nach Zustellung der Beschwerdebegründung weitere Teile des Verbundurteils angefochten werden können (Begründung zum Regierungsentwurf, BTDrucks 10/2880 S 28). Sie gilt aber auch für Beschwerden gegen Entscheidungen in isolierten Sorgerechts-, Hausrats- und ähnlichen Verfahren der freiwilligen Gerichtsbarkeit. 27

2) Die Beschwerde hat grundsätzlich keine aufschiebende Wirkung (§ 24 I FGG). Ausnahmen s § 621 a Rn 39. Das Familiengericht ist **nicht** befugt, seine der Beschwerde unterliegende Ent- 28 scheidung zu ändern und der Beschwerde **abzuhelfen** (§§ 621 e III, 577 III). Die Änderungsbefugnis des § 18 FGG entfällt (s § 621 a Rn 26). Das OLG, nicht das Familiengericht, kann anordnen, daß die **Vollziehung** der angefochtenen Entscheidung **auszusetzen** ist; s § 621 a Rn 40, 41.

29 **VIII) Beschwerdeentscheidung: 1) Grenzen der Entscheidungsbefugnis des Beschwerdegerichts:** Das OLG überprüft die Entscheidung des FamG nur, soweit sie angefochten worden ist. Dies gilt grundsätzlich auch für Amtsverfahren, in denen die Beteiligten nicht nach freiem Belieben über den Verfahrensgegenstand disponieren können, zB für die elterliche Sorge und den Wertausgleich von Versorgungsanwartschaften (§§ 1587 a–1587 e BGB). Im Beschwerdeverfahren haben die Beteiligten hier zwar insofern weitergehende Dispositionsbefugnisse als in erster Instanz, als sie nach ihrem Belieben die – möglicherweise unrichtige – Entscheidung des FamG hinnehmen oder anfechten können. Daraus kann aber nicht hergeleitet werden, daß der Beschwerdeführer auch über den Inhalt eines diese Entscheidung ersetzenden Beschlusses des OLG disponieren kann (BGHZ 92, 5 ff = FamRZ 84, 991 = MDR 921).

30 **a) An den Antrag,** den der Beschwerdeführer stellt, **ist das Beschwerdegericht nicht gebunden.** § 621 e III verweist nicht auf § 536. Dieser ist auch nicht analog anwendbar (BGH aaO; BGHZ 18, 146; FamRZ 84, 1214). Beispiele: Das FamG überträgt die elterliche Sorge für ein Kind auf den Vater. Die Mutter legt Beschwerde ein mit dem Antrag, die Sorge auf sie zu übertragen. Das OLG kann die Sorge auf einen Vormund übertragen, wenn es beide Eltern für ungeeignet hält, das Kind zu erziehen. Das FamG überträgt 50 DM Rentenanwartschaften vom Konto des Mannes auf dasjenige der Frau. Mit der Beschwerde begehrt die Frau die Übertragung von 60 DM. Das OLG kann ihr 70 DM übertragen. Ausnahmsweise ist es an den Beschwerdeantrag gebunden, wenn es nur um private Interessen der Ehegatten geht, zB wenn mit der Beschwerde die Herabsetzung des Versorgungsausgleichs nach § 1587 c BGB begehrt wird (so andeutungsweise BGH FamRZ 84, 992).

30a **b)** Hat das FamG über mehrere Verfahrensgegenstände (die elterliche Sorge für mehrere Kinder (Frankfurt FamRZ 81, 813 u FRES 1, 87; BayObLG DAVorm 83, 377/379; anders Schleswig SchlHA 80, 188) oder einen **teilbaren Verfahrensgegenstand** (in manchen, nicht in allen Fällen die Übertragung und Begründung von Rentenanwartschaften gemäß § 1587 b I 2 BGB; s § 621 a Rn 31 d) entschieden, so kann die **Entscheidung teilweise angefochten** werden (BGH FamRZ 84, 991 u 1215; 86, 250).

31 **c)** Eingeschränkt wird die Entscheidungsbefugnis des Beschwerdegerichts durch das **Verbot der Schlechterstellung des Beschwerdeführers** (BGHZ 92, 5 ff = FamRZ 84, 990/991; FamRZ 86, 250). Soweit dieses Verbot reicht, hindert es das Beschwerdegericht daran, dem Beschwerdeführer eine für ihn günstige Rechtsposition abzuerkennen, die ihm erhalten geblieben wäre, wenn er keine Beschwerde eingelegt hätte.

32 **aa)** Daß das Verschlechterungsverbot für Beschwerden in Versorgungsausgleichssachen gilt, ist seit BGHZ 85, 180 = FamRZ 83, 44 = NJW 183 allgemein anerkannt. Es schützt den versorgungsausgleichsberechtigten Beschwerdeführer nur gegen eine Herabsetzung der auf ihn übertragenen Anwartschaften bzw den ausgleichspflichtigen Beschwerdeführer dagegen, daß ihm mehr von seinen Anwartschaften genommen wird, als dies in der angefochtenen Entscheidung geschehen ist. Das Verbot bietet keinen Schutz gegen eine Änderung der Begründung. Jedoch ist der Ausgleichsberechtigte als Beschwerdeführer dagegen geschützt, daß er statt des Wertausgleichs von Anwartschaften nur den schuldrechtlichen Versorgungsausgleich oder einen Anteil an der realiter geteilten Betriebsrente erhält. Hat das FamG die Betriebsrente fehlerhaft durch Begründung von Rentenanwartschaften ausgeglichen und verlangt der Ausgleichsberechtigte mit der Beschwerde eine Erhöhung des Versorgungsausgleichs, so hat das Beschwerdegericht nur für den zusätzlich zuzusprechenden Ausgleichsbetrag die von ihm als richtig erkannte Ausgleichsform zu wählen (BGH FamRZ 83, 44/47). Auch wenn die angefochtene Entscheidung sowohl hinsichtlich der Höhe als auch hinsichtlich der Form des Ausgleichs der Rechtslage nicht entspricht und die Abänderung dem Beschwerdeführer in der einen Hinsicht günstig, in der anderen aber nachteilig wäre, greift das Verbot der Schlechterstellung hinsichtlich der letzteren Änderung ein. Höhe und Form des Ausgleichs stehen zueinander nicht in einer solchen Wechselwirkung, daß ein höherer Ausgleich in einer weniger belasteten Form mit einem geringeren Ausgleich in belastenderer Form im Wege einer Gesamtschau verglichen werden könnte (BGH aaO). Umgekehrt ist auch der Ausgleichspflichtige als Beschwerdeführer durch das Verschlechterungsverbot dagegen geschützt, daß das Beschwerdegericht statt des schuldrechtlichen Versorgungsausgleichs den Wertausgleich durchführt (BGH aaO).

33 Das Verschlechterungsverbot schützt den Beschwerdeführer auch vor der Änderung einer **verfahrensfehlerhaften,** ihm günstigen **Entscheidung,** es sei denn, die verletzte Verfahrensnorm hat größeres Gewicht als das Verschlechterungsverbot (BGH FamRZ 86, 455/457). Verweist das

Rechtsmittelgericht eine Sache an die Vorinstanz zurück, so gilt das Verbot auch für diese (BGH FamRZ 86, 255).

bb) Das **Verschlechterungsverbot** schränkt die Entscheidungsbefugnis des Beschwerdegerichts **nicht** ein, **wenn** ein Versicherungs- oder **Versorgungsträger Beschwerde** eingelegt hat. Hier muß das Beschwerdegericht die Entscheidung der Vorinstanz in jeder Richtung, auch entgegen dem Ziel der Beschwerde, in Übereinstimmung mit der materiellen Rechtslage bringen. Durch eine solche Entscheidung wird die Position des Beschwerdeführers nicht verschlechtert; denn sein Interesse geht nur dahin, daß eine dem materiellen Recht entsprechende Entscheidung ergeht (§ 621 a Rn 31 ff; BGHZ 92, 5 ff = FamRZ 84, 990; FamRZ 85, 687 u 86, 250). **34**

cc) Das Verschlechterungsverbot beschränkt die Entscheidungsbefugnis des Beschwerdegerichts nicht, soweit dieses einer **Anschlußbeschwerde** des Beschwerdegegners stattgibt. Einzelheiten hierzu s Rn 24 f. **35**

dd) Das Verbot der Schlechterstellung gilt auch für das **Ehewohnungs- und Hausratsverfahren** (Jansen § 25 Rn 9). Verfahren zur Regelung der **elterlichen Sorge,** des **Umgangs** eines Elternteils mit dem Kind und der **Herausgabe** eines Kindes an den anderen Elternteil haben das Ziel, dem Wohl von Kindern zu dienen, die ihre Interessen nicht selbst ausreichend wahrnehmen können. Aus diesem Grunde weicht das Verschlechterungsverbot dem vorrangigen Grundsatz, daß auch für die Beschwerdeinstanz in erster Linie das Kindeswohl maßgeblich ist (BGHZ 85, 180 = FamRZ 83, 44 = NJW 173; Frankfurt FamRZ 79, 177 u 743, DAVorm 80, 944; Hamm FamRZ 81, 202; KG FamRZ 86, 1016 mwN; Jansen § 25 Rn 10). **36**

ee) Das Verschlechterungsverbot gilt nicht für die **Kostenentscheidung;** s § 525 Rn 9, § 536 Rn 11; anders Frankfurt FamRZ 82, 185). **37**

2) Die **Beschwerdeentscheidung** ist zu begründen (§ 25 FGG). Wegen ihrer Wirksamkeit s § 26 FGG u § 621 a Rn 44. Sie kann folgenden Inhalt haben: **a) Verwerfung oder Zurückweisung** des Rechtsmittels. **38**

b) Änderung der angefochtenen Entscheidung, verbunden mit **neuer Sachentscheidung.** Hat das FamG in zulässiger Weise eine **Teilentscheidung** erlassen, so darf das Beschwerdegericht nicht den Teil des Verfahrens an sich ziehen und entscheiden, den das FamG nicht entschieden hat und der bei ihm noch anhängig ist. Anders bei unzulässiger Teilentscheidung des FamG. Hier kann das Beschwerdegericht aus Gründen der Prozeßökonomie den in erster Instanz anhängig gebliebenen Teil an sich ziehen und mitentscheiden, um den Verfahrensfehler der ersten Instanz zu beheben (BGH FamRZ 83, 459 = NJW 1311 = MDR 652). **39**

c) Aufhebung der angefochtenen Entscheidung und **Zurückverweisung** der Sache an das FamG zur erneuten Prüfung und Entscheidung. Daß die Zurückverweisung zulässig ist, ergibt sich weder aus § 621 e noch aus den nach § 621 a I 1 ergänzend anwendbaren §§ 20, 23–26 FGG, ist aber – wie auch sonst im Verfahren der freiwilligen Gerichtsbarkeit – allgemein anerkannt (BGH FamRZ 82, 152 = MDR 390; Karlsruhe Justiz 84, 286; Braunschweig FamRZ 80, 568; Hamm FamRZ 79, 168). Da grundsätzlich das Beschwerdegericht selbst zur Sache zu entscheiden hat, muß die Zurückverweisung durch besondere Gründe gerechtfertigt sein (Jansen § 25 Rdnr 13). **Zurückverweisungsgründe** sind: **40**

aa) Wesentliche Verfahrensmängel (analog § 539), nicht die unrichtige materiell-rechtliche Beurteilung. Ob ein Verfahrensmangel vorliegt, ist vom materiell-rechtlichen Standpunkt des Erstrichters aus zu beurteilen (s § 539 Rn 3). Dies gilt namentlich von dem Verfahrensmangel der **ungenügenden Sachaufklärung.** Hat das FamG ohne Verfahrensfehler eine Sachentscheidung getroffen und hält das OLG aufgrund abweichender Rechtsauffassung noch weitere Punkte für aufklärungsbedürftig, so besteht kein Grund zur Zurückweisung. Auch schwere Mängel wie die Verletzung des rechtlichen Gehörs, das Unterlassen der Anhörung von Eltern und Kind im Sorgerechtsverfahren (§§ 50 a 50 b FGG; Zweibrücken DAVorm 81, 765), lückenhafte oder fehlende Begründung der angefochtenen Entscheidung oder andere absolute Revisionsgründe iS des § 551 können häufig im Beschwerdeverfahren geheilt werden. Diese Mängel sind zwar wesentlich iS des § 539. Analog § 540 kann das Beschwerdegericht aber von der Zurückweisung absehen und selbst entscheiden, wenn es dies für sachdienlich hält. Bei dieser Ermessensentscheidung sind der Vorteil einer baldigen Beendigung des Verfahrens und der Nachteil des Verlustes einer Tatsacheninstanz gegeneinander abzuwägen (Jansen aaO; BGH FamRZ 78, 873/877 = NJW 79, 43/46). Hat das FamG einen Antrag verfahrensfehlerhaft ohne jede Sachprüfung zurückgewiesen, so wird der zuletzt genannte Gesichtspunkt häufig zur Zurückverweisung führen (vgl § 538 I Nr 2, Braunschweig FamRZ 80, 568). **40a**

bb) Analog § 538 Abs 1 Nr 3 besteht ein Zurückverweisungsgrund, wenn eine Sachaufklärung unterblieben ist, weil das Familiengericht es rechtsirrtümlich von vornherein abgelehnt hat, eine **40b**

Angelegenheit zu regeln. Beispiel: Die Versorgungsanwartschaften der Eheleute sind nicht ermittelt und der Wertausgleich ist nicht durchgeführt worden, weil der Familienrichter irrtümlich meinte, die Eheleute hätten den Versorgungsausgleich wirksam ausgeschlossen (§ 1408 BGB; s BGH FamRZ 82, 152 = MDR 390). Auch hier wird der Gesichtspunkt des Instanzverlustes häufig zur Zurückverweisung führen.

41 **IX) Weitere Beschwerde: 1) Statthaftigkeit. a)** Die weitere Beschwerde ist nur in Familiensachen statthaft, die den Versorgungsausgleich, die Herausgabe eines Kindes, die Regelung der elterlichen Sorge oder des persönlichen Umgangs mit dem Kinde betreffen (§ 621 e II 1). Ausgeschlossen ist sie in Ehewohnungs- und Hausratsangelegenheiten, bei der Stundung der Zugewinnausgleichsschuld oder der Übernahme von Vermögensgegenständen unter Anrechnung auf diese Schuld (§§ 621 I Nr 9 ZPO, 1382 f BGB) ferner nach § 53 g II FGG bei richterlichen Entscheidungen über die Abfindung für künftige Ansprüche auf schuldrechtlichen Versorgungsausgleich (§ 1587 l BGB). Ebensowenig findet die weitere Beschwerde gegen die Versagung der Prozeßkostenhilfe für die Beschwerdeinstanz (BGH FamRZ 79, 232 = NJW 766) oder dagegen statt, daß eine unselbständige Anschlußbeschwerde entsprechend § 522 I ihre Wirkung verliert und daß das Berufungsgericht dies ausspricht (BGH FamRZ 81, 657).

42 **b)** Die weitere Beschwerde ist statthaft, wenn das OLG sie **zugelassen** hat. Zugelassen wird sie nur bei grundsätzlicher Bedeutung der Rechtssache oder entscheidungserheblicher Abweichung der Erstbeschwerdeentscheidung von einer Entscheidung des BGH oder des Gemeinsamen Senats der Obersten Gerichtshöfe des Bundes (§ 546 I 2). Wegen der Möglichkeit, die Zulassung auf Teile des Streitstoffs zu beschränken, s § 621 d Rn 7. Der BGH ist an die Zulassung gebunden, er kann die Annahme der weiteren Beschwerde nicht ablehnen. Richtet sich die Erstbeschwerde nicht gegen eine Urteilsähnliche Endentscheidung, sondern gegen eine Zwischen- oder Vollziehungsentscheidung des FamG, hält aber das OLG seine Beschwerdeentscheidung rechtsirrtümlich für eine solche nach § 621 e und läßt die weitere Beschwerde zu, so ist der BGH nicht an die Zulassung gebunden. Die kraft Gesetzes unanfechtbare Erstbeschwerdeentscheidung wird nicht dadurch beschwerdefähig, daß das OLG die weitere Beschwerde zugelassen hat (BGH FamRZ 79, 224 = NJW 820; FamRZ 79, 696; FamRZ 83, 1008/1012 = NJW 2775 = MDR 921; FamRZ 84, 669 = NJW 2364 = MDR 922).

43 **c)** Die weitere Beschwerde findet ferner statt, soweit das OLG die **Beschwerde als unzulässig verworfen** hat, auch bei Verwerfung mangels Beschwer. Weist es eine Beschwerde ausdrücklich als unbegründet zurück, obwohl sie eigentlich hätte verworfen werden müssen, so findet die weitere Beschwerde gleichfalls statt (BGH FamRZ 82, 155 = NJW 448 = MDR 393). In den Fällen der §§ 621 I Nr 7 und 9 ZPO, 53 g II FGG (s Rn 41) ist die weitere Beschwerde auch dann unzulässig, wenn die Erstbeschwerde als unzulässig verworfen worden ist. Die ZPO läßt die Überprüfung einer solchen Entscheidung durch den BGH nur in den Fällen zu, in denen das Erstbeschwerdegericht die weitere Beschwerde gegen seine Sachentscheidung zulassen könnte (BGH FamRZ 80, 234 = NJW 402 = MDR 295 und FamRZ 80, 670).

44 **2) Beschwerdegericht:** Nach Abs 3 ist weitere Beschwerde durch Einreichung einer Beschwerdeschrift beim BGH (§ 133 Nr 2 GVG) einzulegen. Zum Anwaltszwang s § 78 Rn 44. Verwerfen die OLG München, Nürnberg oder Bamberg eine Beschwerde als unzulässig, so ist die hiergegen gerichtete weitere Beschwerde beim BayObLG einzulegen (§ 7 VI EGZPO; BGH FamRZ 79, 576; BayObLG FamRZ 80, 908).

45 **3)** Hinsichtlich der **Beschwerdefrist** und der Beschwerdebegründungsfrist gelten dieselben Grundsätze wie für die Erstbeschwerde, s Rn 19. Die hierfür maßgeblichen §§ 552, 554 I, II stimmen wörtlich mit den Vorschriften für die Erstbeschwerde, §§ 516, 519 I, II überein.

46 **4)** Die weitere Beschwerde kann nur darauf gestützt werden, daß die Entscheidung auf einer Verletzung des Gesetzes beruht (§ 621 e II). Dies soll in der **Begründungsschrift** ausgeführt werden. Im übrigen sind an die Begründung dieselben Anforderungen zu stellen wie an eine Begründung der Erstbeschwerde; s Rn 20 f. Die weitere Beschwerde kann nicht auf neue Tatsachen gestützt werden, auch dann nicht, wenn diese erst nach der letzten tatrichterlichen Entscheidung eingetreten sind (BGH FamRZ 83, 682 = NJW 1908 = MDR 1006); Ausnahme: die weitere Beschwerde richtet sich gegen einen Beschluß, durch den eine Beschwerde als unzulässig verworfen worden ist (BGH FamRZ 79, 223 = NJW 876 = MDR 387).

46a **5) Beschwerdeberechtigt** ist nur, wer durch die Entscheidung des OLG in seinen Rechten beeinträchtigt worden ist. Wer eine ihm ungünstige Entscheidung des FamG hingenommen hat, kann weitere Beschwerde nur einlegen, soweit das OLG die Entscheidung des FamG zu seinen Ungunsten geändert hat (BGH FamRZ 80, 773 = NJW 1960 = MDR 832; FamRZ 84, 670 = NJW 2414 = MDR 924; FamRZ 86, 248/249 f; FamRZ 86, 890).

6) Hinsichtlich der Zulässigkeit der **Anschlußbeschwerde** gelten Rn 24–26 entsprechend. Da die weitere Beschwerde binnen Monatsfrist nach ihrer Einlegung begründet werden muß, ist für die Anschließung § 556 sinngemäß anzuwenden. Der Beschwerdegegner kann sich der Beschwerde nur bis zum Ablauf eines Monats nach Zustellung der Beschwerdebegründung anschließen, indem er eine auch die Begründung enthaltende Anschlußschrift beim BGH bzw beim BayObLG einreicht (BGHZ 86, 51 = FamRZ 83, 154 = NJW 578). Mit der Anschließung an eine weitere Beschwerde kann nur eine Beschwer durch die Entscheidung des OLG bekämpft werden. Ein Teil des Verfahrensgegenstandes, der mangels eines Rechtsmittels nicht in die zweite Instanz gelangt ist, kann nicht durch Anschließung in die dritte Instanz gebracht werden (BGH FamRZ 83, 683 = NJW 1858 = MDR 738). 47

7) Die Beschwerdeführer und sonstige Beteiligte, die sich zur weiteren Beschwerde äußern, müssen sich durch beim BGH zugelassene **Rechtsanwälte** vertreten lassen (§ 78 II Nr 3). Zu diesem Zweck kann auch ein Kind, das das 14. Lebensjahr vollendet hat (§ 59 FGG), einem Anwalt Vollmacht erteilen (BayObLG FamRZ, 85, 738 mwN). Jugendämter, Versicherungs- und Versorgungsträger brauchen sich nicht durch Anwälte vertreten zu lassen (§ 78 II 3; s § 78 Rn 44). 48

8) Hinsichtlich des **Abhilfeverbots** gilt Rn 28 entsprechend. 49

X) Die **Kostenentscheidung** richtet sich in selbständigen Familiensachen der freiwilligen Gerichtsbarkeit nach § 13 a FGG. Diese Bestimmung gilt auch bei Rücknahme der Beschwerde. Eine zivilprozessuale Sondervorschrift, die nach § 621 a I 1 das FGG verdrängen würde, fehlt hier; insbesondere ist § 515 III keine solche Vorschrift. Das Gesetz enthält eine lückenlose Regelung; folglich kann § 515 III auch nicht analog angewandt werden. Nach § 13 a I FGG hat der Beschwerdeführer im Falle der Rücknahme seines Rechtsmittels den übrigen Beteiligten nur dann die Kosten zu erstatten, wenn dies der Billigkeit entspricht (Frankfurt FamRZ 86, 368 mwN, str). Über Einzelheiten der Billigkeitsentscheidung s Lemke JurBüro 85, 641/643 ff. 50

XI) Gebühren: 1) des **Gerichts:** Das Beschwerdeverfahren ist – soweit die Beschwerden Erfolg haben – grundsätzlich gerichtskostenfrei nach § 131 I 2, V KostO. Nur gebührenfrei, aber nicht auslagenfrei ist eine Beschwerde, die sich gegen eine Entscheidung des Familiengerichts richtet und von einem unter elterlicher Sorge stehenden Kind, das das 14. Lebensjahr vollendet hat (§ 59 I FGG), oder in dessen Interesse eingelegt ist; § 131 III KostO. Auslagenpflichtig ist der Beschwerdeführer. Vgl LG Regensburg JurBüro 75, 1232 und Zweibrücken Rpfleger 75, 410. In den Fällen der Verwerfung oder Zurückweisung der Beschwerde (auch der weiteren Beschwerde) wird die Hälfte der vollen Gebühr (§ 32 KostO), im Falle der Zurücknahme der (auch weiteren) Beschwerde ¼ der vollen Gebühr erhoben (§ 131 I 1 Nr 2 Hs 1 KostO); wegen der teilweisen Zurücknahme: s § 131 I 1 Nr 2 Hs 2 KostO. Kostenschuldner: der Beschwerdeführer. – In Versorgungsausgleichssachen als selbständige Familiensachen der freiwilligen Gerichtsbarkeit werden im Verfahren über Beschwerden nach § 131a KostO die gleichen Gebühren wie im 1. Rechtszug (§ 99 KostO; auch Rn 103 zu § 621) erhoben. – Für das Beschwerdeverfahren gegen Entscheidungen nach der HausratsVO (s Rn 16) werden die gleichen Gebühren wie im 1. Rechtszug erhoben (§ 21 III HausratsVO; s auch Rn 103 zu § 621). – **2)** des **Anwalts:** Für Beschwerdeverfahren, die nicht Ehewohnungs- und Hausratssachen betreffen, erhält der RA die Gebühren nach § 118 BAGO; die Gebühren fallen für jede Instanz gesondert an (§ 13 II 2 BRAGO). Für das Beschwerdeverfahren nach der HausratsVO erwachsen dem RA die gleichen Gebühren wie im 1. Rechtszug (s Rn 103 zu § 621), sofern sich die Beschwerde gegen eine den Rechtszug beendende Entscheidung richtet (§ 63 II BRAGO); eine Erhöhung nach § 11 I 2 BRAGO tritt nicht ein. Für eine Beschwerde, die sich gegen eine den Rechtszug nicht beendende Entscheidung richtet, erhält der RA die 5/10 Beschwerdegebühr des § 61 I Nr 1 BRAGO (§ 63 I Nr 1 BRAGO). 51

621 f *[Kostenvorschuß]*

(1) In einer Familiensache des § 621 Abs. 1 Nr. 1 bis 3, 6 bis 9 kann das Gericht auf Antrag durch einstweilige Anordnung die Verpflichtung zur Leistung eines Kostenvorschusses für dieses Verfahren regeln.

(2) Die Entscheidung nach Absatz 1 ist unanfechtbar. Im übrigen gelten die §§ 620a bis 620g entsprechend.

I) In **allen Familiensachen** iS des § 23b I GVG kann das Gericht durch einstweilige Anordnung die Verpflichtung zur Leistung eines Kostenvorschusses regeln: Für Ehesachen ist dies im § 620 I Nr 9 bestimmt, für Unterhaltssachen (auch für solche, die nicht Familiensachen sind) im § 127 a, für die restlichen Familiensachen im § 621 f. 1

Frei. 2

II) Das **Verfahren** für die Familiensachen des § 621 f bestimmt sich nach den §§ 620–620 g (Abs 2 S 2). Einstweilige Verfügungen auf Zahlung von Prozeßkostenvorschüssen dürfen nicht erlassen werden (§ 620 Rn 22). Die Möglichkeit, eine einstweilige Anordnung zu erwirken, oder die Existenz einer solchen Anordnung schließen eine Klage auf Zahlung eines Prozeßkostenvorschusses und eine negative Feststellungsklage, daß ein solcher nicht geschuldet wird, nicht aus (BGH FamRZ 79, 472 = NJW 1508 = MDR 652; s § 620 Rn 19). 3

4 **1)** Die einstweilige Anordnung wird auf **Antrag** einer Partei oder eines Beteiligten erlassen (Abs 1). Der Antrag ist zulässig, sobald eine Familiensache anhängig oder ein Prozeßkostenhilfegesuch eingereicht ist. Der Antrag kann zu Protokoll der Geschäftsstelle erklärt werden. Der Antragsteller soll die Voraussetzungen für die Anordnung glaubhaft machen (§ 620a II). Der Antrag muß vor Schluß der mündlichen Verhandlung eingehen (Düsseldorf NJW 56, 1804). Nach Beendigung der Instanz kann er nicht mehr gestellt werden (Nürnberg FamRZ 82, 937; Karlsruhe FamRZ 80, 1037).

5 **2) Zuständig** für den Erlaß der Anordnung ist das FamG, das OLG nur, wenn die Sache in der zweiten oder dritten Instanz anhängig ist (§ 620a IV 3).

6 **3)** Die Anordnung kann **ohne mündliche Verhandlung** erlassen werden (§ 620a I), sie ergeht ohne Kostenentscheidung (§ 620g) und ist unanfechtbar (§ 621 f II 1), und zwar auch dann, wenn rechtsirrtümlich durch einstweilige Verfügung statt durch einstweilige Anordnung entschieden worden ist (Frankfurt FamRZ 79, 537). Wurde ohne mündliche Verhandlung entschieden, so können die Parteien beantragen, nach mündlicher Verhandlung erneut zu beschließen (§ 620b II). Das Gericht kann zunächst die Vollziehung der Anordnung aussetzen (§ 620e). Nach mündlicher Verhandlung ergeht ein erneuter Beschluß, der zu begründen ist (§ 620d).

7 **4)** Auch danach kann das Gericht auf Antrag die Anordnung **aufheben** oder **ändern** (§ 620b I 1). Schwebt das Verfahren inzwischen in der Berufungs- oder Beschwerdeinstanz, so ist das OLG für die Aufhebung oder Änderung zuständig, auch wenn das Familiengericht die Anordnung erlassen hat (§ 620b III).

8 **III)** Die einstweilige Anordnung darf nur ergehen, wenn der Antragsgegner **materiell-rechtlich** mit überwiegender Wahrscheinlichkeit verpflichtet ist, dem Antragsteller die Prozeßkosten vorzuschießen (Karlsruhe FamRZ 81, 1195; str, vgl StJSchlosser § 620 Rdnr 2 mwN). Als Anspruchsgrundlage kommen die §§ 1360a IV 1, 1361 IV 4, 1601–1603, 1610 BGB in Betracht. Der Unterhaltsanspruch eines Ehegatten gegen den anderen umfaßt den Anspruch auf Zahlung eines Kostenvorschusses für Verfahren, die eine persönliche Angelegenheit betreffen. Sämtliche Familiensachen sind persönliche Angelegenheiten, auch der Anspruch auf Zugewinnausgleich (MünchKomm-Wacke § 1360a Rn 28) und andere güterrechtliche Ansprüche. Familiensachen, die aus einer anderen Ehe als derjenigen mit dem Antragsgegner herrühren, sind im Regelfall keine persönlichen Angelegenheiten (Düsseldorf JMBlNW 84, 41; Nürnberg FamRZ 86, 697).

9 **1)** Ob **Eheleute getrennt oder zusammen leben,** ist für die Vorschußpflicht bedeutungslos (§ 1361 IV 4 BGB). Ein geschiedener Ehegatte hat keinen Vorschußanspruch gegen seinen früheren Ehepartner (BGH FamRZ 84, 148 mwN = NJW 281 = MDR 211).

10 **2)** Wer einem **minderjährigen Kind zum Unterhalt verpflichtet** ist, hat auch für die Prozeßkosten in persönlichen Angelegenheiten aufzukommen und sie vorzuschießen (BGHZ 57, 229/234, Köln FamRZ 79, 964 u 84, 723; LG Kiel SchlHA 82, 170). Auch volljährige Kinder können einen Kostenvorschuß fordern (Celle FamRZ 78, 822 u NdsRpfl 85, 283), es sei denn, sie haben eine von ihren Eltern unabhängige Lebensstellung erreicht (Düsseldorf FamRZ 86, 698 mwN).

11 **3)** Nicht zum Vorschuß verpflichtet ist, wer selbst arm ist. Über die Berücksichtigung sonstiger Verbindlichkeiten des Antragsgegners bei der Feststellung seiner **Leistungsfähigkeit** s Hamm MDR 57, 494. Keine Pflicht gegenüber dem Ehegatten, der ausreichendes Einkommen oder Vermögen hat, aber auch nicht gegenüber demjenigen, dem seinerseits schon Prozeßkostenhilfe bewilligt ist. Reichen die Mittel des auf Vorschuß in Anspruch Genommenen nur für die Kosten einer Partei, dann haben seine eigenen den Vorrang (Hamm JMBl NRW 54, 8). Auferlegung der Zahlung in Raten muß bei beschränkter Leistungsfähigkeit möglich sein (Nürnberg NJW 53, 309, Celle NdsRpfl 53, 83, NJW 54, 1533, Köln NJW 65, 1722); denn über die Leistungsfähigkeit hinaus darf nichts auferlegt werden. Kann der Berechtigte mit Raten nicht auskommen, so ist ihm Prozeßkostenhilfe zu bewilligen.

12 **4)** Die Vorschußpflicht besteht nur, soweit sie der **Billigkeit** entspricht (§ 1360a IV 1 BGB). Dies gilt auch für die Vorschußpflicht gegenüber einem Kind. Deshalb ist für mutwillige oder offensichtlich aussichtslose Klagen und Anträge kein Vorschuß zu zahlen (BayObLG FamRZ 80, 814 mwN; Karlsruhe FamRZ 81, 1195; Koblenz FamRZ 82, 402; Frankfurt FamRZ 83, 606).

13 **5)** Die **Höhe des Vorschusses** richtet sich nach den Kosten, die der vorschußberechtigten Partei voraussichtlich entstehen werden. Hinzuzurechnen sind die Kosten des Anordnungsverfahrens (Frankfurt FamRZ 79, 732).

14 **6)** Als Unterhaltsbeitrag ist der Kostenvorschuß nur dann ganz oder teilweise **zurückzuzahlen,** wenn sich die wirtschaftlichen Verhältnisse des Empfängers wesentlich gebessert haben oder die Rückzahlung aus anderen Gründen der Billigkeit entspricht. Ist der Vorschußempfänger verurteilt worden, die Prozeßkosten zu tragen, so kann der Vorschußgeber den Vorschuß

nicht zurückfordern (BGHZ 56, 92/96 = FamRZ 71, 360 = NJW 1262; BGH FamRZ 85, 802 = NJW 2263 = MDR 831). Die Kostenentscheidung ist keine die Vorschußanordnung außer Kraft setzende anderweitige Regelung iS der §§ 621 f II 2, 620 f I 1; (§ 620 f Rn 12). Der Vorschuß gehört nicht zu den Kosten, die der Geber gegen den Empfänger festsetzen lassen kann (KG NJW 80, 2820; Celle FamRZ 85, 731). Deshalb ist der geleistete Vorschuß im Kostenfestsetzungsverfahren anzurechnen, wenn der Vorschußgeber verurteilt worden ist, die Prozeßkosten zu tragen (KG MDR 79, 401; Karlsruhe AnwBl 81, 455 = Justiz 81, 479 u FamRZ 86, 376). Deckt der Kostenvorschuß nur einen Teil der Prozeßkosten des Empfängers und endet der Prozeß mit einer Kostenteilung, so wird der Vorschuß zunächst auf den Teil der Kosten des Empfängers angerechnet, die dieser selbst zu tragen hat. Erst der Rest wird auf die Kosten angerechnet, die sein Gegner, der Vorschußgeber, ihm zu erstatten hat (Karlsruhe aaO; anders Celle aaO).

IV) Gebühren: 1) des **Gerichts: a)** ½ Gebühr (KV Nr 1162), wobei es keine Rolle spielt, ob dem Antrag stattgegeben oder ob der Antrag zurückgewiesen wird. Da das Entstehen der Gebühr nicht an das Verfahren als solches, sondern allein an die Entscheidung über den Antrag geknüpft ist, wird die **Gebühr nicht** erhoben, wenn der Antrag vor der Entscheidung, dh vor deren Wirksamwerden, zurückgenommen wird, gleichgültig, ob eine mündliche Verhandlung (vgl Rn 6) oder eine Beweiserhebung uä stattgefunden hat oder nicht. Der Antragszurücknahme stehen Fälle der anderweitigen Erledigung, zB Abschluß eines Vergleichs, gleich. 15

b) Mehrere Entscheidungen innerhalb desselben Rechtszugs gelten für die Gebührenerhebung als eine Entscheidung (KV Nr 1162 II). Das gilt zB auch für eine den vormaligen Anordnungsbeschluß abändernde oder aufhebende Entscheidung (§ 620b I iVm § 621 f II 2); natürlich auch für einen auf Grund mündlicher Verhandlung nach § 620b II erlassenen neuen Beschluß sowie für die mögliche Aussetzung der Vollziehung (§ 621f II 2 iVm § 620e) usw. Gebührenrechtlich wird es so angesehen, als ob über die einzelnen Anträge nur eine einzige Entscheidung getroffen worden wäre; die halbe Entscheidungsgebühr kommt in allen Fällen des KV Nr 1162 nur einmal in der gleichen Instanz zum Ansatz. Im übr beträgt der Gebührensatz auch dann nur die Hälfte, wenn die einstw Anordnung vom Berufungsgericht im Falle des § 621 f II 2 (iVm § 620a IV) erlassen worden ist.

c) Fälligkeit tritt mit Wirksamwerden des Anordnungsbeschlusses ein (§ 61 GKG). Keine Vorwegleistungspflicht.

d) Bei einer Einigung der Parteien (Beteiligten) über den Gegenstand der einstw AO (etwa durch Abschluß eines **gerichtl Vergleichs),** bevor der Antrag verbeschieden wird, scheidet eine Erhebung nicht bloß der Entscheidungsgebühr nach KV Nr 1162, sondern auch einer Vergleichsgebühr nach KV Nr 1170 aus, weil hier der Vergleichsgegenstand den Streitgegenstand selbst dann nicht übersteigt, wenn die Parteien (Beteiligten) sich auf einen höheren als den zunächst begehrten Kostenvorschuß einigen (Drischler/Oestreich/Heun/Haupt, GKG 3. Aufl VII KV Nrn 1160–1163 Rdnr 17 Abs 2).

2) des **Anwalts:** Die Verfahren nach § 621 f gelten als besondere Angelegenheit (§ 41 Ic BRAGO). Der RA kann daher alle Gebühren der §§ 31 ff BRAGO verdienen. Werden vom Antragsteller die Voraussetzungen für die Anordnung lediglich durch Vorlage einer Versicherung an Eides Statt glaubhaft gemacht (Rn 4), fällt insoweit keine anwaltl Beweisgebühr an (Gerold/Schmidt, BRAGO § 34 Rdnr 3, § 31 Rdnr 131a), wohl aber dann, wenn die Glaubhaftmachung durch Vermehrung von in der etwaigen mündl Verhandlung anwesenden Personen erfolgt oder durch Aufnahme einer eidesstattl Versicherung solcher Personen durch das Gericht geschieht. Für mehrere Verfahren nach § 621 f erhält der RA die Gebühren in jedem Rechtszug nur einmal (§ 41 I 2 BRAGO). Bei einer Einigung über die Zahlung eines Prozeßkostenvorschusses, ohne daß ein Antrag nach § 621 f an das Gericht gestellt worden ist, erhält der RA die Prozeßgebühr nur zur Hälfte (§ 41 II BRAGO). Eine halbe Prozeßgebühr fällt auch dann an, wenn lediglich beantragt ist, eine Einigung der Parteien zu Protokoll zu nehmen (§ 41 II 2 BRAGO). Neben der halben Prozeßgebühr aus dem Wert des verlangten Kostenvorschusses erwächst die 10/10 Vergleichsgebühr des § 23 BRAGO, wenn ein Vergleich abgeschlossen wird, der den Voraussetzungen des § 779 BGB entspricht (vgl Gerold/Schmidt aaO § 41 Rdnrn 18 und 19).

V) Hinsichtl der Höhe der Gebühren für den im Wege der **Prozeßkostenhilfe** beigeordneten Anwalt s § 122 III 3 Nr 2 und § 123 BRAGO.

VI) Gegenstandswert: Der verlangte Betrag an Gerichts- und Anwaltskosten, die für die Durchführung des „Haupt"-Verfahrens voraussichtlich entstehen, s Rn 13.

Dritter Titel

SCHEIDUNGS- UND FOLGESACHEN

622 *[Scheidungsantrag]*

(1) Das Verfahren auf Scheidung wird durch Einreichung einer Antragsschrift anhängig.

(2) Die Antragsschrift muß vorbehaltlich des § 630 Angaben darüber enthalten, ob

1. gemeinschaftliche minderjährige Kinder vorhanden sind,

2. ein Vorschlag zur Regelung der elterlichen Sorge unterbreitet wird,

3. Familiensachen der in § 621 Abs. 1 bezeichneten Art anderweitig anhängig sind.

Im übrigen gelten die Vorschriften über die Klageschrift entsprechend.

(3) Bei der Anwendung der allgemeinen Vorschriften treten an die Stelle der Bezeichnungen Kläger und Beklagter die Bezeichnungen Antragsteller und Antragsgegner.

1 **I)** Das Scheidungsverfahren ist ein Zivilprozeß (§ 608). Die Klageschrift wird **Antragsschrift** (§ 622 I), die Parteien werden **Antragsteller** und **Antragsgegner** genannt (Abs 3).

2 **II)** Mit der Einreichung der Antragsschrift wird das Scheidungsverfahren **anhängig.** Die Antragsschrift ist dem Antragsgegner zuzustellen (§§ 622 II 2, 253 I). Mit der Zustellung wird die Scheidungssache **rechtshängig** (§ 261 I). Die Anhängigkeit einer Scheidungssache bewirkt, daß das Scheidungsgericht auch für andere Familiensachen derselben Beteiligten ausschließlich zuständig wird. Die Rechtshängigkeit bewirkt, daß anderswo anhängige Familiensachen an das Scheidungsgericht überzuleiten sind (§ 621 II und III). Die Anhängigkeit einer Scheidungssache ist ferner Voraussetzung für die Zulassung eines Antrages auf Erlaß einer einstweiligen Anordnung (§ 620 a II 1). Wegen des Beginns und Endes der Anhängigkeit s § 621 Rn 86, wegen der Rechtshängigkeit ebenda Rn 92.

3 **III) Inhalt der Antragsschrift. 1)** Die Angaben über gemeinschaftliche minderjährige **Kinder** sind notwendig, weil das FamG im Scheidungsurteil die elterliche Sorge regeln muß, auch wenn die Ehegatten dies nicht beantragen (§ 623 III 1). Gemeinschaftliche Kinder sind solche, die nach der Eheschließung geboren, gemeinsam adoptiert oder durch nachfolgende Eheschließung legitimiert worden sind (§§ 1591, 1593, 1719, 1754 I BGB). Auf die Abstammung kommt es nicht an. Zweckmäßig ist es, Namen und Aufenthaltsort der Kinder mitzuteilen (für den Gerichtsstand wichtig – § 606 I 2), ferner die Geburtsdaten (Anhörung – § 50 b FGG, Eintritt der Volljährigkeit im Laufe des Verfahrens). Falls die elterliche Sorge entzogen oder eingeschränkt worden ist, ist es zweckmäßig, auch dies in der Antragsschrift mitzuteilen. Haben die Parteien keine gemeinsamen Kinder, so sollte auch dies mitgeteilt werden, um Nachfragen zu vermeiden. Da das FamG bei der Entscheidung über die elterliche Sorge von einem gemeinschaftlichen Vorschlag der Eltern nur abweichen soll, wenn das Kindeswohl es erfordert (§ 1671 III BGB), verlangt das Gesetz bereits in der Antragsschrift Angaben darüber, ob ein **Vorschlag zur Regelung der elterlichen Sorge** unterbreitet wird.

4 **2)** Die Angaben über **anderweitig anhängige Familiensachen** dienen der Überleitung aller dieser Sachen an das Gericht der Ehesache. Auf diese Angaben hin veranlaßt das Gericht der Scheidungssache andere FamG oder andere Abteilungen desselben Gerichts, bei diesen anhängige Familiensachen abzugeben oder zu verweisen. Mitzuteilen sind die Gerichte und Aktenzeichen der anderen Familiensachen. Wenn eine solche Sache in der Rechtsmittelinstanz anhängig ist, ist dies ebenfalls mitzuteilen, damit im Falle der Zurückverweisung die Sache an das Scheidungsgericht gelangt (s § 621 Rn 96). Haben die Parteien den **Versorgungsausgleich vertraglich ausgeschlossen,** so sollte auch dies in der Antragsschrift mitgeteilt werden. Für eine **einverständliche Scheidung** schreibt § 630 weitere Angaben in der Antragsschrift vor.

5 **3)** Die **Vorschriften über die Klageschrift** sind entsprechend anzuwenden (Abs 2 S 2). Die Antragsschrift muß enthalten: Namen und Anschriften der Ehegatten (zweckmäßigerweise Vornamen übereinstimmend mit der Heiratsurkunde), die Bezeichnung des Gerichts (§ 253 II Nr 1) und den Antrag, die Ehe zu scheiden (§ 253 II Nr 2). Durch diesen Antrag ist zugleich der **Gegenstand des erhobenen Anspruchs** hinreichend bezeichnet; Datum und Standesamt der Eheschließung sind anzugeben. Als **Grund** des erhobenen Anspruchs (§ 253 II Nr 2) braucht nur angegeben zu werden, daß die Ehe gescheitert ist (§ 1565 I BGB). Das wird allerdings im Regelfall schon durch den Scheidungsantrag stillschweigend behauptet.

6 Zweckmäßig ist es, in der Antragsschrift die **Trennungszeit** und gegebenenfalls die Gründe mitzuteilen, aus denen die Fortsetzung der Ehe unzumutbar hart für den Antragsteller ist, s § 1565 II BGB. Zum notwendigen Inhalt der Antragsschrift gehört eine solche Substantiierung jedoch nicht. Es genügt, daß der Tatsachenkomplex angegeben wird, aus dem der Antragsteller die erstrebte Rechtsfolge ableitet (BGH MDR 76, 1005).

7 Der **Streitwert** braucht in der Antragsschrift nicht angegeben zu werden; denn die Zuständigkeit des Familiengerichts hängt nicht hiervon ab (§ 253 III). Die Antragsschrift muß weiter den allgemeinen Vorschriften über vorbereitende Schriftsätze entsprechen (§ 253 IV), insbesondere muß sie vom Prozeßbevollmächtigten des Antragstellers **unterschrieben** sein (§§ 130 Nr 6, 78 I 2 Nr 1). Ihr ist eine Abschrift beizufügen für die Zustellung an den Antragsgegner (§ 253 V).

8 **4) Mängel** der Antragsschrift lassen sich nachträglich beheben. Weigert sich der Antragsteller, sie zu beheben, so ist der Antrag als unzulässig abzuweisen.

9 **IV)** Begehrt der Antragsgegner **widerklagend** die Scheidung, so braucht er keine der Form des § 622 entsprechende Antragsschrift einzureichen. Er kann den Scheidungsantrag sogar in der mündlichen Verhandlung zu Protokoll stellen, wenn der Familienrichter dies gestattet (§ 297 I 2).

V) Anträge in Folgesachen (§ 623 I 1) und deren Begründung können in die Antragsschrift aufgenommen werden. Zweckmäßig ist es jedoch, in Folgesachen besondere Schriftsätze anzufertigen. Die Akten werden dadurch übersichtlicher, und es ist leichter möglich, Schriftsätze verfahrensbeteiligten Dritten nur insoweit zuzustellen, als sie betroffen sind (§ 624 IV). 10

623 *[Verhandlungs- und Entscheidungsverbund]*

(1) Soweit in Familiensachen des § 621 Abs. 1 eine Entscheidung für den Fall der Scheidung zu treffen ist und von einem Ehegatten rechtzeitig begehrt wird, ist hierüber gleichzeitig und zusammen mit der Scheidungssache zu verhandeln und, sofern dem Scheidungsantrag stattgegeben wird, zu entscheiden (Folgesachen). Wird bei einer Familiensache des § 621 Abs. 1 Nr 4, 5, 8 ein Dritter Verfahrensbeteiligter, so wird diese Familiensache abgetrennt.

(2) Das Verfahren muß bis zum Schluß der mündlichen Verhandlung erster Instanz in der Scheidungssache anhängig gemacht sein. Satz 1 gilt entsprechend, wenn die Scheidungssache nach § 629b an das Gericht des ersten Rechtszuges zurückverwiesen wird.

(3) Für die Regelung der elterlichen Sorge über ein gemeinschaftliches Kind und für die Durchführung des Versorgungsausgleichs in den Fällen des § 1587b des Bürgerlichen Gesetzbuchs bedarf es keines Antrags. Eine Regelung des persönlichen Umgangs mit dem Kinde soll im allgemeinen nur ergehen, wenn ein Ehegatte dies anregt.

(4) Die vorstehenden Vorschriften gelten auch für Verfahren, die nach § 621 Abs. 3 an das Gericht der Ehesache übergeleitet worden sind, soweit eine Entscheidung für den Fall der Scheidung zu treffen ist.

Übersicht

I) Grundzüge. Die Bestimmung schafft den sogenannten Verhandlungs- und Entscheidungsverbund zwischen Scheidungssachen und anderen Familiensachen des § 621 I, in denen eine Entscheidung für den Fall der Scheidung zu treffen ist **(Folgesachen).** Die Zusammenfassung aller Sachen zur gleichzeitigen Verhandlung und Entscheidung bezeichnet man als **Verbund.** § 623 bildet eine Ausnahme vom **Verbot der Klagenhäufung** in Ehesachen (§ 610 II). Er gestattet aber nicht beliebige Verbindungen zwischen Scheidung und Folgesachen. Folgesachenanträge können nur eventualiter für den Fall der Scheidung gestellt werden. Unbedingte Anträge oder solche für den Fall der Abweisung des Scheidungsantrages sind unzulässig (Diederichsen ZZP 91, 397/419). Zivilprozessuale Familiensachen und solche aus dem Bereich der freiwilligen Gerichtsbarkeit können nur unter den Voraussetzungen der §§ 623 I 1, 621a II miteinander verbunden werden. Im übrigen sind solche Verbindungen unzulässig. 1

2 Der **Grundgedanke** des § 623 ist, daß zugleich mit der Scheidung die wichtigsten Scheidungsfolgen geregelt werden sollen. Auf diese Weise wird den Ehegatten vor Augen geführt, welche Auswirkungen ihre Scheidung haben wird (BGH FamRZ 83, 641 = NJW 1317). Der Verbund dient auch dem Schutz des sozial schwächeren Ehepartners, der sich der Scheidung nicht mit Erfolg zu widersetzen vermag. Der Verbund kann verhindern, daß die Ehe geschieden wird, ohne daß die Rechte dieses Partners angemessen geregelt sind. Scheidet das Familiengericht eine Ehe, ohne zugleich über die Folgesachen zu entscheiden, so liegt hierin ein wesentlicher **Verfahrensmangel,** der zur Aufhebung des Urteils und Zurückverweisung der Sache an das Familiengericht führen kann (§ 539; München FamRZ 84, 407).

3 **II)** Ehesache und Folgesachen lassen sich in Scheidungssachen verbinden, auch in scheidungsähnlichen Verfahren, in denen ausländisches materielles Recht anzuwenden ist: Ehetrennung nach spanischem Recht (AG Rüsselsheim FamRZ 86, 185), nicht Trennung nach italienischem Recht (Frankfurt FamRZ 85, 619 mwN, str). § 623 gilt nicht für Klagen auf **Nichtigerklärung** oder **Aufhebung** der Ehe (§§ 610 II, 633 I; BGH FamRZ 82, 586 = NJW 2386 = MDR 740 f). Begehrt der Antragsteller (zulässigerweise: § 610 Rn 12) hauptsächlich Scheidung, hilfsweise Aufhebung der Ehe, so ist über die Folgesachen gleichzeitig mit der Hauptsache zu verhandeln. In allen anderen Fällen, in denen Scheidungsantrag und Aufhebungsklage, nebeneinander oder einander entgegengesetzt, zusammentreffen, ist die Ehe nach § 18 der 1. DVO zum EheG vorrangig aufzuheben und nur zu scheiden, falls das Aufhebungsbegehren unbegründet ist. Der Scheidungsantrag führt auch hier zum Verhandlungsverbund (Bergerfurth FamRZ 76, 582); jedoch empfiehlt es sich, über die Folgesachen erst zu verhandeln, wenn die Aufhebungsklage abweisungsreif ist. Zum Entscheidungsverbund führt der Scheidungsantrag nur, falls die Ehe nicht aufgehoben, sondern geschieden wird. Wird sie aufgehoben, so werden die Folgesachen analog § 629 III gegenstandslos; auf Antrag einer Partei ist ihr jedoch im Aufhebungsurteil vorzubehalten, eine Folgesache als selbständige Familiensache fortzusetzen (aA Bergerfurth aaO).

4 **III) Parteien und Beteiligte im Verbundverfahren:** Die gleichzeitige Verhandlung und Entscheidung von Scheidungs- und Folgesachen bringt die Gefahr übermäßiger Prozeßausweitung und -verzögerung mit sich. Um ihr zu begegnen, beschränkt das Gesetz den Kreis der Parteien und Beteiligten auf das notwendige Maß. Nur die Parteien des Scheidungsprozesses, die Ehegatten, können in zivilprozessualen (unterhalts- und güterrechtlichen) Folgesachen Partei sein. Klagen von Dritten gegen einen Ehegatten und solche eines Ehegatten gegen einen Dritten gehören nicht in den Verbund; sie werden – von Kindesunterhaltssachen abgesehen (hierzu s Rn 5) – im Regelfall auch keine Scheidungsfolgen zum Gegenstand haben.

5 **1)** Wichtig ist, daß zugleich mit der Scheidung und der damit notwendigerweise verbundenen Regelung der elterlichen Sorge (§ 623 III 1) festgelegt werden kann, wieviel **Unterhalt** der nichtsorgeberechtigte Elternteil seinen **minderjährigen Kindern** schuldet. Das Gesetz erkennt diese Notwendigkeit an und läßt es ausdrücklich zu, daß Unterhaltsansprüche minderjähriger Kinder im Verbund geltend gemacht werden (§ 623 I 1, 621 I Nr 4), vermeidet es aber dennoch, Kinder als Parteien am Scheidungsprozeß ihrer Eltern zu beteiligen. Um dies zu erreichen, bestimmt § 1629 III BGB, daß ein Elternteil die Unterhaltsansprüche eines minderjährigen Kindes gegen den anderen Elternteil nur im eigenen Namen geltend machen kann, solange eine Ehesache anhängig ist, und daß ein von diesem Elternteil erwirktes Urteil und ein Vergleich, den die Eltern schließen, für und gegen das Kind wirken.

6 Hieraus folgt: Im Scheidungsprozeß kann jeder Ehegatte, der die elterliche Sorge für sich beansprucht, auf dem Weg der Prozeßstandschaft von dem anderen Ehegatten Unterhalt für das gemeinsame Kind verlangen (Künkel FamRZ 84, 1064). Diese Befugnis hat er unabhängig davon, ob sich das Kind bereits während des Prozesses in seiner Obhut befindet (s § 1629 II BGB) und ob er sorgeberechtigt ist oder ob ihm die elterliche Sorge entzogen worden ist. Es genügt, daß er die elterliche Sorge für sich beansprucht. Stellen beide Ehegatten einander widersprechende Sorgerechts- und Unterhaltsanträge, so hat das FamG je nachdem, welchem Elternteil es die Sorge überträgt, dem einen oder dem anderen Unterhaltsantrag stattzugeben und den Gegenantrag abzuweisen.

7 Wird der Scheidungsausspruch durch Vorabscheidung (§ 628 I 1), Rechtsmittelverzicht (§ 629 a IV) oder Verstreichen der im § 629 a III gesetzten Fristen rechtskräftig, bevor über die Folgesache Kindesunterhalt entschieden worden ist, so endet nach § 1629 III BGB die Prozeßstandschaft des Elternteils, der den Folgesachenantrag rechtshängig gemacht hat. Dennoch ist diesem Elternteil die Fortführung des Prozesses zu gestatten (Bergerfurth FamRZ 82, 564). Das ergibt sich sinngemäß aus § 265 II 1. Wenn sogar die Abtretung der Klagforderung auf den Prozeß keinen Einfluß hat, dann gilt dies erst recht für das Erlöschen der Prozeßführungsbefugnis.

2) Unterhaltsklagen **volljähriger Kinder** gehören nicht in den Verbund (München FamRZ 83, 925 mwN). Wird ein Kind volljährig, während sein Unterhaltsanspruch als Folgesache rechtshängig ist, so erlischt die Prozeßführungsbefugnis seiner Eltern, und das Kind tritt von selbst anstelle des prozeßführenden Elternteils in den Prozeß ein (BGH FamRZ 85, 471/473 mwN = MDR 562; Bergerfurth FamRZ 82, 564). Das Kind ist Dritter iS des § 623 I 2. Die Folgesache Kindesunterhalt ist abzutrennen (Bergerfurth aaO). Hält der Elternteil, dessen Prozeßstandschaft erloschen ist, sein Unterhaltsbegehren gleichwohl aufrecht, so ist dieses als unzulässig abzuweisen (München aaO). 8

Die vorstehenden Grundsätze gelten entsprechend, wenn die **elterliche Sorge** dem prozeßführenden Elternteil rechtskräftig **entzogen** wird, bevor über die Folgesache Unterhalt entschieden ist. Erhält das Kind einen Vormund, so tritt dieser in den Prozeß ein. Die Folgesache Kindesunterhalt ist abzutrennen. Wird die elterliche Sorge auf den auf Unterhalt verklagten Elternteil übertragen, so ist die Folgesache Kindesunterhalt in der Hauptsache für erledigt zu erklären. 8a

3) § 623 I 2, wonach **güterrechtliche Folgesachen abgetrennt** werden, wenn ein Dritter als Hauptpartei oder Nebenintervenient Verfahrensbeteiligter wird, ist durch das UÄndG (BGBl 86 I 301) mit Wirkung ab 1. 4. 86 auf unterhaltsrechtliche Folgesachen erweitert worden. Abgesehen von den in Rn 8 und 8a erwähnten Fällen hat die Vorschrift bisher kaum Bedeutung erlangt. Wie sich aus § 93a II ergibt, bleibt die abgetrennte Sache Folgesache. Die Kostenentscheidung in der abgetrennten Sache richtet sich nach den §§ 91–93 (nicht § 93a I), 93a II. 9

4) An **Folgesachen aus dem Bereich der freiwilligen Gerichtsbarkeit** können Dritte beteiligt sein. Einzelheiten s § 624 Rn 15 ff. 10

IV) Gegenstände von Folgesachen

1) Folgesachen können **alle Familiensachen des § 621 I** sein, in denen eine Entscheidung für den Fall der Scheidung zu treffen ist. Die Regelung des Abs 1 S 1 erschöpft sich nicht darin, eine eventuelle Klageerweiterung bzw Eventualwiderklage für den Fall zuzulassen, daß der Hauptantrag auf Scheidung Erfolg hat. Aus dem Wort „Folgesache“ und aus der Formulierung „soweit eine Entscheidung für den Fall der Scheidung zu treffen ist“, ergibt sich außerdem, daß nur **Scheidungsfolgen** geregelt werden können. 11

2) Damit zieht das Gesetz eine zeitliche Grenze: **Regelungen für die Zeit vor Rechtskraft der Scheidung** können nicht mit dem Scheidungsausspruch verbunden werden. Nach den §§ 18a HausratsVO, 1361a, 1361b BGB kann die **Benutzung des Hausrats und der Ehewohnung** nur für die Dauer der Trennung von Ehegatten geregelt werden. Folgesachen können diese Verfahren nicht sein; als solche kommen nur die endgültige Wohnungszuweisung und Hausratsteilung (§§ 1–10 HausratsVO) in Frage. Ebensowenig kann der **Unterhalt** für die Zeit vor Rechtskraft der Scheidung als Folgesache geltend gemacht werden (BGH FamRZ 82, 781 = MDR 1001). Verlangt ein Ehegatte für diese Zeit eine Regelung der Wohnungs- bzw Hausratsbenutzung oder fordert er Unterhalt für sich oder die Kinder, so kann er nur eine einstweilige Anordnung beantragen (§ 620 Nr 4, 6, 7) oder ein selbständiges Verfahren nach § 18a HausratsVO einleiten bzw einen selbständigen Unterhaltsprozeß führen (§ 620 Rn 10). 12

3) **Besteht bereits ein Unterhaltstitel,** so kann die Frage, wie weit er nach der Scheidung weitergilt, zur Folgesache gemacht werden. Hier ist zu unterscheiden: **a) Unterhaltstitel zugunsten von Kindern** werden durch die Scheidung nicht berührt, sondern überdauern deren Rechtskraft. Wenn die Voraussetzungen des § 323 erfüllt sind, kann der für die Kinder sorgende Elternteil höheren Unterhalt für den Fall der Scheidung verlangen (§ 1629 III BGB). Unter den gleichen Voraussetzungen kann auch der Unterhaltsschuldner Herabsetzung des Unterhalts verlangen. Die **Abänderungsklage** ist dann Folgesache. 13

b) Unterhaltstitel zugunsten eines Ehegatten überdauern die Scheidung nicht, denn der Anspruch auf nachehelichen Unterhalt und der Unterhaltsanspruch des getrennt lebenden Ehegatten sind nicht identisch (BGHZ 78, 130 = FamRZ 80, 1099 mwN = MDR 81, 125 und FamRZ 81, 242). Für das Verbundverfahren des § 623 folgt aus dieser Auffassung: Der Ehegatte, der Inhaber des Unterhaltstitels ist, kann für den Fall der Scheidung auf Geschiedenenunterhalt klagen. Der andere Ehegatte kann auf Feststellung klagen, daß er keinen oder nur geringeren Unterhalt als tituliert schuldet. Er kann auch Vollstreckungsabwehrklage mit dem Antrag erheben, die Zwangsvollstreckung aus dem bestehenden Unterhaltstitel für die Zeit ab Rechtskraft des Scheidungsausspruchs für unzulässig zu erklären (BGH FamRZ 81, 242/244). 14

c) Für die **Höhe des Ehegattenunterhalts** sind die ehelichen Lebensverhältnisse und damit die Einkünfte beider Ehegatten zur Zeit der Scheidung maßgeblich (§ 1578 I BGB; BGH FamRZ 84, 988/989 mwN u 85, 472; stRspr). Wann der Scheidungsausspruch rechtskräftig werden wird, läßt sich am Tage der letzten mündlichen Verhandlung vor dem Familiengericht noch nicht überse- 15 hen. Mit Recht vernachlässigt die Rechtsprechung um des Verbundgedankens willen Änderungen der Einkommensverhältnisse, die zwischen der Verhandlung und der Rechtskraft der Entscheidung eintreten; s beide BGH-Urteile aaO. Bei wesentlichen Einkommensänderungen steht dem Ehegatten, zu dessen Lasten sich die Vernachlässigung auswirkt, die Abänderungsklage zu, s § 323 II. Verzögert sich der Eintritt der Rechtskraft durch ein Rechtsmittel, so kann der durch eine inzwischen eingetretene Einkommensveränderung benachteiligte Ehegatte auch durch ein eigenes Rechtsmittel oder eine Anschließung erreichen, daß der Unterhalt den veränderten Einkommensverhältnissen angepaßt wird. Auf Feststellung, daß er dem Gegner keinen Unterhalt schuldet, kann ein Ehegatte nur klagen, wenn sich der Gegner eines solchen Anspruchs berühmt. Aus § 623 läßt sich ein Feststellungsinteresse nicht herleiten (Hamm FamRZ 85, 952 = MDR 771).

16 **4)** Auch Ansprüche aus dem **ehelichen Güterrecht** können als Folgesachen geltend gemacht werden, so im Regelfall der Anspruch auf Zugewinnausgleich (§ 1378 I BGB), die Befugnis, in die Gütergemeinschaft eingebrachte Sachen zu übernehmen (§ 1477 II BGB; Karlsruhe FamRZ 82, 286), ferner der Anspruch eines jeden Ehegatten auf Erstattung des Wertes dessen, was er in die Gütergemeinschaft eingebracht hat (§ 1478 BGB; BGHZ 84, 333/337 = FamRZ 82, 991 = NJW 2373). Problematisch sind güterrechtliche Folgesachen, bei denen der künftige Wert einer Sache oder eines Vermögens ermittelt werden muß. **Beispiele:**

17 **a)** Nach § 1384 BGB ist für die **Zugewinnberechnung** der Tag maßgeblich, an dem der Scheidungsantrag rechtshängig geworden ist. Der Ausgleichspflichtige kann jedoch den Einwand aus § 1378 II BGB erheben. Hiernach wird die Höhe der Ausgleichsforderung durch den Wert des Vermögens begrenzt, das ihm beim Eintritt der Rechtskraft des Scheidungsausspruchs gehört (hM, vgl Soergel/Lange § 1378 Rn 8; Hamm FamRZ 86, 1106). Besteht dieses Vermögen nur aus einem Grundstück, so kann das FamG über den Zugewinnausgleich im Verbundurteil entscheiden und davon ausgehen, daß sich der Grundstückswert zwischen letzter mündlicher Verhandlung und Rechtskraft des Scheidungsausspruchs nicht mehr ändert; s Rn 15. Gehören zum dem die Ausgleichsforderung begrenzenden Vermögen jedoch verzinsliche Forderungen, Aktien oder ganze Unternehmen, so ist eine Vermögensbewertung für den in der Zukunft liegenden Tag der Rechtskraft des Scheidungsausspruchs unmöglich. Dennoch kann auch hier der Zugewinnausgleich als Folgesache geltend gemacht werden. Nur ist die Ehe dann vor der Entscheidung über diese Folgesache zu scheiden (§ 628 I Nr 1; vgl Soergel/Lange aaO).

18 **b)** Die **Gütergemeinschaft** endet mit der Rechtskraft des Scheidungsausspruchs. Will ein Ehegatte bei der Auseinandersetzung des Gesamtguts Gegenstände übernehmen, die er in die Gütergemeinschaft eingebracht hat, so hat er deren Wert zu ersetzen (§ 1477 II BGB), und zwar denjenigen Wert, den die Gegenstände zur Zeit der Übernahme haben. Wird der Anspruch auf Ersatz dieses Wertes als Folgesache geltend gemacht, so entsteht in gleicher Weise wie im vorigen Beispiel die Frage, ob hierüber zusammen mit dem Scheidungsausspruch entschieden werden kann oder ob die Ehe vorab zu scheiden ist (BGH FamRZ 84, 254).

19 **c)** Noch ein Beispiel aus dem **Gütergemeinschaftsrecht:** Der Überschuß, der nach Berichtigung der Gesamtgutsverbindlichkeiten an die Ehegatten zu verteilen ist (§ 1476 I BGB), läßt sich nur ausnahmsweise bereits vor Rechtskraft des Scheidungsausspruchs feststellen. Ist dieser Überschuß Gegenstand einer Folgesache, so ist im Regelfall die Ehe vorab zu scheiden.

19a **5)** Die **elterliche Sorge** ist stets Folgesache (Abs 3 S 1). Auch wenn ein Vormund die Sorge ausübt, muß das FamG prüfen, ob es sie auf einen Elternteil überträgt.

20 **6) Versorgungsausgleich:** Der Wertausgleich (§ 1587 b BGB) ist stets Folgesache (Abs 3 S 1). Beim schuldrechtlichen Versorgungsausgleich kann der ausgleichspflichtige Ehegatte erst mit Eintritt des Versorgungsfalls zur Zahlung der Ausgleichsrente verurteilt werden (§ 1587 g I 2 BGB). Der Ausgleich findet also häufig erst viele Jahre nach Rechtskraft des Scheidungsausspruchs statt. In einem solchen Fall kann der Anspruch auf Zahlung der Ausgleichsrente nicht Folgesache sein; über diesen Anspruch kann auch nicht dem Grunde nach entschieden werden (BGH FamRZ 84, 251/253). Ebensowenig kann hier bereits im Verbundurteil über den Ausschluß des Versorgungsausgleichs nach § 1587 h BGB entschieden werden (BGH aaO). Anträge auf Feststellung, daß der Gegner künftig zum schuldrechtlichen Versorgungsausgleich verpflichtet ist, erfordern ein besonderes Feststellungsinteresse. Ein solches fehlt für die allgemein gehaltene Feststellung, daß die Ehefrau eine der Höhe nach nicht bestimmte Ausgleichsrente verlangen kann, wenn dafür die gesetzlichen Voraussetzungen erfüllt sind (BGH FamRZ 82, 42 = NJW 387 = MDR 306). Für die Feststellung der Höhe des auf das Ende der Ehezeit bezogenen auszugleichenden Betrages kann im Einzelfall ein Feststellungsinteresse bestehen; dies ist aber nicht stets der Fall (BGH aaO u FamRZ 84, 251/254).

7) Auskunftsansprüche, die die Folgesachen Unterhalt, Zugewinn- oder Versorgungsausgleich vorbereiten (§§ 1379, 1580, 1605, 1587e I, 1587k I BGB), können als selbständige Familiensachen geltend gemacht werden, sobald ein Ehegatte die Scheidung beantragt hat (Hamburg FamRZ 81, 179). Das folgt aus § 1379 II BGB, der im Unterhalts- und Versorgungsausgleichsrecht entsprechend anwendbar ist (ähnlich Soergel/Hornhardt § 1587e Rn 3). Dieser prozessuale Weg ist jedoch unnötig teuer; s § 18 GKG. Deshalb ist für ihn die Prozeßkostenhilfe zu versagen (mutwillige Rechtsverfolgung iS des § 114; Hamburg aaO). § 623 I 1 gestattet es den Ehegatten, die zuvor erwähnten Auskunftsbegehren – vergleichbar mit einer Stufenklage – mit einer Folgesache und der Scheidungssache zu verbinden (FamRZ 79, 690/692 = NJW 1603 = MDR 827 u FamRZ 82, 151 = MDR 389). Die Bestimmung verlangt nur, daß über die Folgesache selbst (die letzte Stufe der Stufenklage) gleichzeitig mit dem Scheidungsausspruch entschieden werden muß. In Fällen, in denen ohne vorherige Auskunft eines Ehegatten nicht über die Folgesache entschieden werden kann, gebietet es die Vorschrift geradezu, über das Auskunftsbegehren durch eine Teilentscheidung vorweg zu entscheiden. Eine solche Entscheidung ist ebensowenig wie ein Teilurteil mit einer Kostenentscheidung zu versehen (Hamburg FamRZ 81, 179). Weist das FamG den Auskunftsantrag und den mit ihm durch Stufenklage verbundenen Folgesachenantrag im Verbundurteil ab, so darf das OLG zur Auskunft verurteilen und entsprechend § 538 I Nr 3 das Urteil im übrigen, also hinsichtlich der abgewiesenen Folgesache und des Scheidungsausspruchs aufheben und das Verfahren an das Familiengericht zurückverweisen (Stuttgart FamRZ 84, 806; s auch BGH NJW 82, 235 = MDR 26). 21

Verlangt ein Ehgatte im Verbundverfahren gemäß § 1587e BGB **Auskunft über** während der Ehe erworbene **Versorgungsanwartschaften,** so richtet sich das Verfahren nach dem FGG (§§ 621a I 1, 621 I Nr 6; s § 621a Rn 2). Gegen die Entscheidung findet die Beschwerde des § 621e statt (Hamburg FamRZ 81, 1095; Hamm FamRZ 79, 46f). Ist das Auskunftsbegehren im Verbundverfahren als Teil der Folgesache Versorgungsausgleich geltend gemacht worden, so richtet sich die Beschwerde gegen eine Teilendentscheidung in einer Folgesache und kann nur durch einen beim OLG zugelassenen Rechtsanwalt eingelegt werden (§ 78 II 1 Nr 1; Hamburg aaO; Karlsruhe FamRZ 80, 811; Schleswig SchlHA 82, 71; anders Hamm aaO; Bergerfurth FamRZ 82, 565). Das Auskunftsbegehren kann auch im selbständigen Verfahren der freiwilligen Gerichtsbarkeit geltend gemacht werden (Bamberg u Düsseldorf FamRZ 80, 811). Dann besteht Anwaltszwang nur für die weitere Beschwerde (§ 78 II 1 Nr 3), nicht aber für die Erstbeschwerde (Bamberg aaO). Unterscheide von der Entscheidung über das Auskunftsbegehren des einen Ehegatten gegen den anderen die prozeßleitende Anordnung, mit der das Familiengericht von einem Ehegatten Auskunft über seine Versorgungsanwartschaften verlangt (§ 11 VersorgAusglHärteG). Diese Anordnung unterliegt der einfachen Beschwerde (§ 19 FGG); s § 621e Rn 3. 22

V) Einleitung von Folgesachen

1) Verfahren zur Regelung der **elterlichen Sorge** und zur Durchführung des **Wertausgleichs von Versorgungsanwartschaften** werden von Amts wegen eingeleitet (Abs 3 S 1), auch wenn die Ehegatten dies nicht wünschen. Sie werden nicht von selbst anhängig, sobald ein Scheidungsantrag beim Gericht eingeht. Das FamG braucht diese Folgesache nicht einzuleiten, wenn feststeht, daß die Ehegatten keine Versorgungsanwartschaften erworben haben (Rentner-, Studentenehe: Köln JurBüro 78, 1698) oder daß der Scheidungsantrag abweisungsreif ist (KG FamRZ 79, 169). Auch in diesem Fall kann es jedoch zu einer Einleitung der Folgesachen dadurch kommen, daß einer der Ehegatten einen Antrag zur Regelung der elterlichen Sorge oder des Wertausgleichs stellt. Fragt das Familiengericht bei den Parteien an, ob sie gemeinsame Kinder haben oder ob sie in der Ehezeit Versorgungsanwartschaften erworben haben, so dienen diese Fragen nur der Klärung, ob entsprechende Folgesachen eingeleitet werden sollen (Hamm JurBüro 79, 1336). Eingeleitet werden sie erst dadurch, daß das Familiengericht die Ermittlungen aufnimmt (BGH NJW 86, 663), zB vom Jugendamt einen Bericht anfordert oder Auskünfte von Rentenversicherungsträgern einholt. 23

2) Andere Familiensachen werden nur zu Folgesachen, wenn ein Ehegatte dies begehrt. Ob das Begehren von dem Ehegatten, der die Scheidung beantragt hat, oder von dessen Gegner ausgeht, ist unerheblich. Da Scheidungs- und Folgesachen im Anwaltsprozeß verhandelt werden (§ 78 I 2), ist das Begehren, eine Familiensache als Folgesache anhängig zu machen, durch vorbereitenden **Schriftsatz** anzukündigen (§ 129 I). Dieser soll die **Anträge** enthalten, die der Antragsteller **in zivilprozessualen** (unterhalts- und güterrechtlichen) **Folgesachen** stellen will (§ 130 Nr 2). Der Schriftsatz ist zuzustellen (§ 270 II 1). 24

Da das Gesetz die Einreichung einer Klag- oder Antragsschrift nicht vorschreibt, kann der Scheidungsantrag nach § 297 auch durch Antragstellung im Termin um die Folgesache erweitert werden (Oldenburg NdsRpfl 80, 108; Celle NdsRpfl 83, 181). Wenn der Richter es gestattet, kann 25 der **Folgesachenantrag** sogar **zu Protokoll** erklärt werden (Celle aaO); sonst muß er aus einer dem Protokoll als Anlage beizufügenden Schrift verlesen werden (§ 297). Da Widerklage in derselben Weise erhoben werden kann (s § 261 II 1), kann auch der Antragsgegner Folgesachenanträge im Termin stellen. Wird in einem vorbereitenden Schriftsatz nur angekündigt, daß Unterhalt nach der Düsseldorfer Tabelle verlangt werden wird, so genügt diese Ankündigung nicht dem **Bestimmtheitsgebot** des § 253 II. In der mündlichen Verhandlung hat der Familienrichter hierauf hinzuweisen. Bleibt der Antragsteller bei seinem unbestimmten Begehren, so ist der Antrag als unzulässig abzuweisen.

26 In **Folgesachen aus dem Bereich der freiwilligen Gerichtsbarkeit** brauchen keine bestimmten Anträge gestellt zu werden (Zweibrücken FamRZ 80, 1143; Düsseldorf JurBüro 81, 933). Es genügt das Begehren eines Ehegatten, den Umgang des nichtsorgeberechtigten Elternteils mit dem Kind, den schuldrechtlichen Versorgungsausgleich oder die Rechtsverhältnisse an Ehewohnung und Hausrat zu regeln. Dieses Begehren muß unmißverständlich ergeben, daß das FamG bei der Scheidung eine Regelung treffen soll. Enthält die Antragsschrift eines Ehegatten – wie für die einverständliche Scheidung vorgeschrieben (§ 630 I Nr 2) – einen übereinstimmenden Vorschlag beider Ehegatten zur Regelung des persönlichen Umgangs eines Elternteils mit dem Kind, so enthält dieser Vorschlag zugleich das Begehren, das FamG möge den Umgang zusammen mit der Scheidung regeln (Düsseldorf aaO). Stellen die Beteiligten Anträge, so ist das FamG hieran nicht gebunden (BGHZ 85, 180/189 = FamRZ 83, 44/46 = NJW 173/175 für das Versorgungsausgleichsverfahren; BGHZ 18, 143/145f für die Hausratsverteilung).

27 Für zivilprozessuale Folgesachen und für solche aus dem Bereich der freiwilligen Gerichtsbarkeit gilt gleichermaßen: Um eine **Folgesache anhängig zu machen,** genügt nicht die Erklärung, einen **Vergleich** über als Folgesachen geeignete Gegenstände schließen zu wollen (Hamm MDR 81, 324). Ebensowenig genügt es, daß solche Gegenstände vergleichshalber im Termin erörtert werden, mag der Vergleich zustandekommen oder nicht (Düsseldorf aaO; KG Rpfleger 78, 389; anders Celle JurBüro 80, 874 mit ablehnender Anm von Mümmler u NdsRpfl 83, 181/183). Enthält die Scheidungsantragsschrift die Einigung der Ehegatten über den Kindesunterhalt, die durch die Ehe begründete Unterhaltspflicht und die Rechtsverhältnisse an Ehewohnung und Hausrat (s § 630 I Nr 3), so liegt allein darin nicht das Begehren, daß das Familiengericht diese Gegenstände im Falle der Scheidung regeln möge (Düsseldorf aaO).

28 **3)** Abs 1 S 1 verlangt ein **rechtzeitiges Begehren.** Es kann frühestens mit der Einreichung des Scheidungsantrages und spätestens bis zum Schluß der mündlichen Verhandlung in der ersten Instanz der Scheidungssache angebracht werden. Bei den Folgesachen elterliche Sorge und Wertausgleich, die das FamG von Amts wegen einzuleiten hat, ist es nicht erforderlich, daß eine Entscheidung rechtzeitig begehrt wird (BGH FamRZ 79, 232 = NJW 766). Wenn die Ehe vorab geschieden wird (§ 628), können danach keine neuen Folgesachen mehr anhängig gemacht werden. Eine bereits anhängige Unterhaltsklage kann zwar erhöht, aber nicht mehr um einen Auskunftsantrag erweitert werden.

29 Macht ein Ehegatte nachträglich eine Folgesache in einem Verfahrensstadium anhängig, in dem das Scheidungsverfahren bereits zur Endentscheidung reif ist, so kann das FamG unter der Voraussetzung des § 628 I 1 Nr 3 dem Scheidungsantrag vor der Entscheidung über die Folgesache stattgeben. Auf diese Weise kann verhindert werden, daß das **Scheidungsverfahren durch nachträgliche Anspruchshäufung verschleppt** wird. Wird zwischen Verhandlungsschluß und Verkündungstermin eine Folgesache anhängig gemacht, so ist dies allein kein Grund zur Wiedereröffnung der Verhandlung; s § 156 Rn 3, 4; anders Köln FamRZ 83, 289.

30 Ist die **Ehesache in der Berufungsinstanz** anhängig, so können nicht erneut Folgesachen anhängig gemacht werden. Wohl aber kann ein in erster Instanz anhängig gemachter Unterhaltsantrag erhöht werden. Der Antragsgegner kann auch negative Feststellungsklage erheben, wenn sich der Antragsteller eines höheren Unterhaltsanspruchs berühmt, als das FamG ihm zuerkannt hat. Jedoch kann ein Unterhaltsantrag nicht um ein Auskunftsbegehren erweitert werden. Dies ist ein anderer Streitgegenstand. Weiteres Beispiel: Nachdem eine Zugewinnausgleichssache in die zweite Instanz gelangt ist, verteidigt sich der Antragsgegner gegenüber dem bisher obsiegenden Antragsteller damit, daß nicht er seiner Frau Zugewinnausgleich schuldet, sondern umgekehrt sie ihm zum Ausgleich verpflichtet sei. Wenn die Frau daraufhin in der zweiten Instanz ihr Begehren um eine Klage auf Feststellung erweitert, daß sie dem Mann nichts schulde, ist dieser Antrag unzulässig, weil ein Anspruch des Beklagten auf Zugewinnausgleich nicht Gegenstand des Verfahrens in der ersten Instanz war.

Von dem Grundsatz, daß in der Berufungsinstanz nicht erneut Folgesachen anhängig gemacht werden können, läßt die Rechtsprechung gelegentlich aus praktischen Erwägungen **Ausnahmen** zu: Nach Schleswig (SchlHA 80, 188) kann in der zweiten Instanz über die elterliche

Sorge für alle Kinder der Parteien entschieden werden, wenn nach Abschluß der ersten Instanz ein weiteres Kind geboren wird. Hat das FamG nur die Ehe geschieden und über die elterliche Sorge entschieden, so kann das Beschwerdegericht sachzusammenhangshalber über den Umgang mit dem Kind entscheiden, wenn diese Entscheidung in der Billigung einer Vereinbarung besteht, die die Eltern in zweiter Instanz geschlossen haben (Stuttgart FamRZ 81, 1105). Hingegen kann in zweiter Instanz nicht erstmalig die Durchführung des schuldrechtlichen Versorgungsausgleichs beantragt werden, wenn vor dem FamG nur der Wertausgleich von Versorgungsanwartschaften anhängig war (Hamm FamRZ 81, 375). Über die Möglichkeit, Folgesachen beim OLG anhängig zu machen, wenn eine Eheaufhebungs- oder Nichtigkeitsklage in der zweiten Instanz geändert und Ehescheidung beantragt wird, s § 611 Rn 7.

Wird ein Urteil des FamG aufgehoben, durch das ein Scheidungsantrag abgewiesen worden ist, und die Sache an das FamG zurückverwiesen (§ 629b I 1), so können bis zum Schluß der Verhandlung vor dem FamG erneut Folgesachen anhängig gemacht werden (Abs 2 S 2). 31

4) Verfahren, die nach § 621 III an das Scheidungsgericht **übergeleitet** worden sind, werden nicht ohne weiteres zu Folgesachen, sondern nur, wenn der Antragsteller der übergeleiteten Sache dies will (Bergerfurth FamRZ 76, 582 Fußn 5). Beispiel: Schwebt zwischen getrennt lebenden Ehegatten ein Verfahren zur Regelung der **elterlichen Sorge** und wird dieses auf einen Scheidungsantrag hin übergeleitet, so empfiehlt es sich, daß der Familienrichter den Antragsteller des übergeleiteten Verfahrens fragt, ob er nunmehr nur noch eine Entscheidung für den Fall der Scheidung begehrt. Bejahendenfalls wird das übergeleitete Verfahren Folgesache. Verneinendenfalls bleibt es selbständige Familiensache und wird möglicherweise früher als das Verbundverfahren entschieden. Dann muß bei der Scheidung noch einmal über die elterliche Sorge entschieden werden (§ 623 III 1). Ebensowenig werden Prozesse, mit denen laufender Unterhalt begehrt wird, mit der Überleitung automatisch zu Folgesachen, sondern nur dann, wenn der Kläger erklärt, er verlange nur noch ab Rechtskraft des Scheidungsausspruchs Unterhalt. 32

Frei 33

VI) Gemeinsame Verhandlung und Entscheidung: Soweit Familiensachen nur auf Antrag eines Ehegatten zu Folgesachen werden, kann der Antragsteller seinen Antrag zurücknehmen. In zivilprozessualen Folgesachen kann die Rücknahme ohne Einwilligung des Antraggegners nur bis zum Beginn der mündlichen Verhandlung des Antraggegners zur Hauptsache erfolgen (§ 269 I). Auf diese Weise können Folgesachen von der Scheidungssache getrennt werden. Hieraus folgt, daß die Parteien bei Folgesachen, die nicht von Amts wegen in den Verbund zu nehmen sind (§ 623 III 1), übereinstimmend auf die gleichzeitige Entscheidung mit der Ehescheidung verzichten können (Köln FamRZ 80, 388; Hamm FamRZ 80, 1049 u 86, 823; Kersten FamRZ 86, 775). Auch gegen den Willen des Antragsgegners kann der Antragsteller vom Folgesachenantrag zur unbedingten Klage übergehen, wenn hierin eine sachdienliche Klageänderung liegt (§ 263). Von diesen Fällen abgesehen, ist über die Scheidungssache und die Folgesachen gleichzeitig und zusammen zu verhandeln und zu entscheiden (Abs 1 S 1). Das FamG darf weder einzelne Ansprüche gemäß § 145 abtrennen noch durch Teilurteil über die übrigen Gegenstände entscheiden. Ausnahmen s § 627 (Vorwegentscheidung über die elterliche Sorge) und § 628 I (Scheidung vor der Entscheidung über die Folgesachen). Hiervon abgesehen, darf die mündliche Verhandlung erst geschlossen werden, wenn entweder der Scheidungsantrag abweisungsreif ist oder wenn die Scheidung ausgesprochen werden kann und zugleich sämtliche Folgesachen zur Endentscheidung reif sind. 34

VII) Das Scheidungsverfahren und das **Verfahren** in unterhalts- und güterrechtlichen Folgesachen richten sich nach den Vorschriften der ZPO, für die übrigen Folgesachen sind die Bestimmungen des FGG maßgeblich (§§ 621a I 1 ZPO, 13 I HausratsVO). Dies gilt auch im Verbundverfahren. **Versäumnisentscheidungen** sind nur in zivilprozessualen (unterhalts- und güterrechtlichen) Folgesachen möglich, nicht aber in Folgesachen aus dem Bereich der freiwilligen Gerichtsbarkeit (§ 621a I 1). ZPO und FGG kollidieren miteinander in folgenden Punkten: 35

1) Auch in zivilprozessualen (unterhalts- und güterrechtlichen) Folgesachen ist die **Verhandlung nicht öffentlich** (§ 170 S 2 GVG). Dritte dürfen nur an den Teilen der Verhandlung teilnehmen, die sie betreffen (§ 624 Rn 15). 36

2) Den Zivilprozeß beherrscht das Prinzip der **Mündlichkeit** und Unmittelbarkeit: Alle erheblichen Tatsachen müssen in mündlicher Verhandlung vor dem Richter erörtert werden. Das Verfahren der freiwilligen Gerichtsbarkeit kennt dieses Prinzip nicht. Der gesamte Akteninhalt kann als Entscheidungsgrundlage dienen, soweit er den Beteiligten bekanntgegeben worden ist (Grundsatz des rechtlichen Gehörs). § 623 I 1 schreibt für das gesamte Verbundverfahren, also auch für die Folgesachen der freiwilligen Gerichtsbarkeit mündliche Verhandlung vor. Diese 37

Sachen sind zu erörtern; Anträge brauchen nicht gestellt zu werden (KG JurBüro 84, 1525). In zivilprozessualen Unterhalts- und Güterrechtsstreitigkeiten gilt die **Verhandlungsmaxime,** für die Familiensachen der freiwilligen Gerichtsbarkeit die **Offizialmaxime** (§ 12 FGG).

38 **VIII)** Fortsetzung von Folgesachen bei **Abweisung des Scheidungsantrags:** § 629 Rn 8).

39 **IX) Kostenentscheidung** des Verbundurteils: § 93 a I, II.

1) Gerichtskosten: § 1 II GKG gilt auch für Familiensachen der freiwilligen Gerichtsbarkeit, die Folgesachen einer Scheidungssache sind. **Streitwert:** Nach § 19a GKG sind die Werte der Scheidungssachen und aller Folgesachen zusammenzurechnen. Wert der Scheidungssache: § 12 II 2, 4 GKG, der Folgesachen elterliche Sorge, Umgang und Herausgabe des Kindes; § 12 II 3, 4 GKG, Unterhalt: § 17 I 1, IV GKG, Versorgungsausgleich: § 17a GKG, Hausrat: §§ 12 I GKG, 6 ZPO, Wohnung: § 16 I GKG, güterrechtliche Streitigkeiten: §§ 12 I GKG, 4 ZPO. – **2) Gerichtsgebühren:** Nr 1110 bis 1119 Kostenverzeichnis. – **3) Anwaltsgebühren:** §§ 7 III, 31, 36, 36a BRAGO.

624 *[Verfahrensvorschriften für den Verbund]*

(1) Die Vollmacht für die Scheidungssache erstreckt sich auf die Folgesachen.

(2) Die Bewilligung der Prozeßkostenhilfe für die Scheidungssache erstreckt sich auf Folgesachen nach § 621 Abs. 1 Nr. 1, 6, soweit sie nicht ausdrücklich ausgenommen werden.

(3) Die Vorschriften über das Verfahren vor den Landgerichten gelten entsprechend, soweit in diesem Titel nichts Besonderes bestimmt ist.

(4) Vorbereitende Schriftsätze, Ausfertigungen oder Abschriften werden am Verfahren beteiligten Dritten nur insoweit mitgeteilt oder zugestellt, als das mitzuteilende oder zuzustellende Schriftstück sie betrifft. Dasselbe gilt für die Zustellung von Entscheidungen an Dritte, die zur Einlegung von Rechtsmitteln berechtigt sind.

Übersicht

1 **I) Zu Abs 1:** In Ehesachen und Folgesachen (§ 623 I 1) müssen die Parteien sich durch Rechtsanwälte als **Prozeßbevollmächtigte** vertreten lassen (§ 78 II 1 Nr 1). Den Umfang der Prozeßvollmacht bestimmen §§ 81–83 und ergänzend Abs 1. Danach erstreckt sich die Vollmacht für die Scheidungssache auch auf die Folgesachen. Sie gilt auch für Anordnungsverfahren nach den §§ 620 ff; s § 609 Rn 1.

2 Fraglich ist, ob dies auch gilt, wenn ein in der **Geschäftsfähigkeit** beschränkter Ehegatte einen Rechtsanwalt für seine Scheidungssache bevollmächtigt (vgl § 607 Rn 2). Sicherheitshalber sollte man darauf hinwirken, daß auch der gesetzliche Vertreter Prozeßvollmacht erteilt.

3 In einer Scheidungssache kann der Antragsgegner nicht gezwungen werden, einen Prozeßbevollmächtigten zu bestellen. Erteilt er – um einer Verurteilung durch Versäumnisurteil zu entgehen – nur **für einzelne Folgesachen** einem Rechtsanwalt **Prozeßvollmacht,** so ist dies nicht zu beanstanden. Abs 1 ist nicht anzuwenden; denn der Antragsgegner hat keine Vollmacht für eine Scheidungssache erteilt. Auch aus dem Verbundprinzip ergibt sich nicht zwingend, daß eine Prozeßvollmacht nur für das gesamte Verbundverfahren erteilt werden kann.

4 Diese Überlegung führt auch zur Beantwortung der Frage, ob der die Scheidung begehrende Ehegatte seine Prozeßvollmacht auf die Scheidungssache beschränken oder sie für einzelne Folgesachen ausschließen kann (bejahend ThP 1, verneinend StJSchlosser 34). Insoweit gilt § 83 analog: Eine **Beschränkung der Vollmacht** auf einzelne Gegenstände hat dem Gegner gegenüber keine Wirkung, es sei denn, sie wird ihm ausdrücklich mitgeteilt (BGHZ 16, 167/170).

5 **II) Abs 2: 1) Prozeßkostenhilfe** ist dem **Antragsteller** zu bewilligen, wenn er die Kosten der Prozeßführung nicht aufbringen kann und wenn sein Scheidungsantrag hinreichende Aussicht auf Erfolg bietet (§ 114). Die **Erfolgsaussichten** für eine einverständliche Scheidung (§ 630) sind

zu bejahen, wenn die Antragsschrift die Angabe enthält, daß die Ehegatten bereit sind, die nach § 630 I erforderliche Erklärung zu gerichtlichem Protokoll abzugeben und wenn der Antragsgegner dies bei seiner Anhörung im PKH-Prüfungsverfahren bestätigt (KG AnwBl 80, 301). Daß eine vollstreckbare Urkunde über die Regelung der Unterhaltspflicht und der Rechtsverhältnisse an Ehewohnung und Hausrat vorgelegt wird, ist nicht Voraussetzung für die Bewilligung der PKH (KG aaO). Ist eine **Scheinehe** nur geschlossen worden, um einem Ausländer eine Aufenthaltserlaubnis zu verschaffen, so ist nur die Heirat mutwillig, nicht aber das Scheidungsbegehren. Die PKH darf nicht wegen Mutwillens versagt werden (Karlsruhe FamRZ 86, 680 mwN; Wax FamRZ 85, 11 mwN; kritisch Schneider MDR 85, 442).

2) Dem **Antragsgegner** darf die PKH für die erste Instanz nicht mit der Begründung versagt werden, daß seine Verteidigung gegenüber dem Scheidungsantrag keinen Erfolg verspreche. Da Ehen nur durch Urteil geschieden werden können, ist im Scheidungsverfahren die Interessenlage der Parteien anders als beim gewöhnlichen Zivilprozeß. Der Antragsgegner kann dem Verfahren nicht ausweichen, auch wenn er mit der Scheidung einverstanden ist. Auch die §§ 78 II, 625 sprechen für die Absicht des Gesetzgebers, daß im Scheidungsverfahren regelmäßig beide Seiten anwaltlich beraten sein sollen. Deshalb kommt es bei der Prüfung der Erfolgsaussichten des Antragsgegners nicht auf den Abwehrerfolg gegenüber dem Scheidungsantrag an. Vielmehr soll der Antragsgegner dem Scheidungsantrag gegenüber schlechthin durch einen Anwalt beraten und vertreten werden. Für diese Auffassung spricht auch der Zweck des § 114 ZPO. Die Prüfung der Erfolgsaussichten soll die Gerichte vor überflüssiger Arbeit und die Staatskasse davor schützen, daß sie die Kosten für nutzlose Streitigkeiten aufbringen muß. Von diesem Schutzzweck her ist gleichgültig, ob der Antragsgegner dem Scheidungsantrag und den Folgesachenanträgen widerspricht oder zustimmt; ein nutzloser Prozeß kann in keinem Falle vermieden werden (Frankfurt FamRZ 80, 716; Stuttgart NJW 85, 207; KG FamRZ 85, 621 mwN; Saarbrücken FamRZ 85, 723 mwN; anders Düsseldorf FamRZ 86, 697 mit Anm Nolting mwN). Dem Antragsgegner ist deshalb im selben Umfang wie dem Antragsteller PKH zu bewilligen. Er erhält jedoch keine PKH, solange der Scheidungsantrag noch nicht zugestellt worden ist (Zweibrücken FamRZ 85, 301). 6

Anderes gilt für die **zweite Instanz.** Begehrt der Antragsgegner des Scheidungsverfahrens PKH für eine Berufung gegen den Scheidungsausspruch oder beantragt ein Ehegatte PKH für ein Rechtsmittel gegen eine Folgesachenentscheidung, so ist diesem Gesuch nur bei hinreichender Erfolgsaussicht des Rechtsmittels stattzugeben. 7

3) Die Bewilligung der **PKH und Beiordnung** eines Anwalts **erstrecken sich** auch **auf** die **Folgesachen** elterliche Sorge und Versorgungsausgleich, soweit sie im Bewilligungsbeschluß nicht ausdrücklich ausgenommen werden (Abs. 2). Das am 1. 4. 86 in Kraft getretene UÄndG (BGBl 86 I 301) hat die bisherige Regelung eingeschränkt, nach der sich die Bewilligung der PKH auf alle zur Zeit der Bewilligung anhängigen Folgesachen erstreckte (Voraufl Rn 7). Eine Übergangsregelung enthält Art 6 Nr 3 UÄndG: *§ 624 II der Zivilprozeßordnung ist in seiner bisherigen Fassung bis zum Ende des anhängigen Rechtszuges weiterhin anzuwenden, wenn vor dem Inkrafttreten dieses Gesetzes (1. 4. 86) dem anderen Ehegatten in dem Rechtszug bereits Prozeßkostenhilfe bewilligt worden ist.* Die Neuregelung soll nach der Begründung zum Regierungsentwurf des UÄndG (BTDrucks 10/2888 S 28) bewirken, daß die PKH sich automatisch nur auf die von Amts wegen einzuleitenden Folgesachen erstreckt; s § 623 III. Der Gesetzeswortlaut ist weiter: Die PKH erstreckt sich auch auf den schuldrechtlichen Versorgungsausgleich, der nicht von Amts wegen eingeleitet wird. 8

Die **Folgesachen** elterliche Sorge und Versorgungsausgleich können **von der Bewilligung der PKH ausgenommen** werden. Diese Regelung stammt aus der Zeit vor Inkrafttreten des UÄndG, galt ursprünglich für alle Folgesachen und sollte die Staatskasse vor den Kosten aussichtsloser oder mutwilliger Prozeßführung schützen. Bei den jetzt übrig gebliebenen Folgesachen elterliche Sorge und Versorgungsausgleich wird kaum ein Anlaß bestehen, einer Partei die PKH zu versagen. Es gelten die gleichen Erwägungen wie in Rn 6. Da die Parteien den Folgesachenverfahren nicht entgehen können, ist ihnen ohne Rücksicht auf die Erfolgsaussichten ihrer Anträge PKH zu gewähren (Hamburg FamRZ 81, 581). 9

Für die Folgesachen Umgangsregelung, Herausgabe eines Kindes, Unterhalt, Güterrecht, Ehewohnung und Hausrat, die nicht in Abs 2 genannt sind, **muß die PKH besonders beantragt werden.** Das Gericht hat die Erfolgsaussichten des Antrags und der Rechtsverteidigung zu prüfen (§ 114). Ist für die Scheidungssache bereits PKH bewilligt, so braucht die Hilfsbedürftigkeit der Partei in der Regel nicht erneut geprüft zu werden (Karlsruhe, FamRZ 85, 1274 mwN). 10

Nach § 122 III 1 BRAGO erstreckt sich die **Beiordnung** eines Rechtsanwalts in einer Ehesache von selbst auf den Abschluß eines **Vergleichs** über den Geschiedenenunterhalt, den Kindesun- 11 terhalt, die elterliche Sorge, die Ehewohnung, den Hausrat und güterrechtliche Ansprüche. Auf die Anhängigkeit entsprechender Folgesachen kommt es nicht an (Zweibrücken JurBüro 81, 713 = Rpfleger 247), ebensowenig auf die ausdrückliche Beiordnung für den Vergleich. Selbst wenn die PKH für Folgesachen, die dem Vergleichsgegenstand entsprechen, wegen Aussichtslosigkeit verweigert worden ist, ist § 122 III 1 BRAGO anzuwenden. Enger ist Nr 1170 des Kostenverzeichnisses zum GKG, wonach für einen gerichtlich protokollierten Scheidungsfolgenvergleich ein Viertel der vollen Gebühr erhoben wird, soweit der Wert des Vergleichsgegenstandes den Wert des Streitgegenstandes übersteigt. Um diese Gebühr zu sparen, muß eine Partei, der PKH für die Scheidungssache zusteht, zusätzlich PKH für den Scheidungsfolgenvergleich beantragen, es sei denn, dieser regelt nur anhängige Folgesachen.

12 Auch für **einstweilige Anordnungen** muß die PKH besonders beantragt und bewilligt werden (Düsseldorf FamRZ 82, 1096; München JurBüro 84, 1851; Karlsruhe FamRZ 85, 1274; Bamberg FamRZ 86, 701). Die Beiordnung eines Anwalts darf nicht mit der Begründung abgelehnt werden, die Parteien könnten die Anordnung selbst zu Protokoll der Geschäftsstelle beantragen (§ 620 a II 2; Bamberg FamRZ 79, 527); denn von dieser Möglichkeit abgesehen besteht für das Anordnungsverfahren Anwaltszwang; s § 620 a Rn 9. Da der Erlaß und die Änderung der Anordnung gebührenrechtlich eine Angelegenheit sind (Nr 1161 des Kostenverzeichnisses zum GKG, § 41 I BRAGO), umfaßt die Bewilligung der PKH für ein Anordnungsverfahren auch spätere Änderungsverfahren nach § 620 b (Hamm MDR 83, 847 = Rpfleger 84, 34); es sei denn, der Gegenstand des Änderungsverfahrens geht über denjenigen des ersten Verfahrens hinaus.

13 **III) Geltung der Vorschriften über das Verfahren vor den Landgerichten: 1)** Abs 3 bedeutet nicht, daß die Vorschriften über das Verfahren vor den Landgerichten auch für diejenigen Folgesachen gelten, die als selbständige Familiensachen Angelegenheiten der freiwilligen Gerichtsbarkeit sind (Hamm FamRZ 80, 702; Stuttgart FamRZ 83, 81; KG FamRZ 84, 495). Hiergegen sprechen die §§ 624 IV 2 u 629 a II, die davon ausgehen, daß die Bestimmungen des FGG auch im Verbundverfahren anzuwenden sind.

14 **2)** Abs 3 läßt sich nur so auslegen, daß in den zivilprozessualen Folgesachen die Vorschriften über das Verfahren vor dem Landgericht, nicht diejenigen für das Verfahren vor dem Amtsgericht gelten. Insoweit wird das Verfahren in Folgesachen demjenigen in der Scheidungssache angepaßt (vgl § 608). Ein schriftliches Vorverfahren findet nicht statt (§ 611 II). Ist über die Folgesachen elterliche Sorge oder Wertausgleich von Versorgungsanwartschaften zu entscheiden, so hat es keinen Sinn, einen frühen ersten Termin (§ 272 II) anzuberaumen (KG FamRZ 83, 821). Um den Prozeß – wie § 272 I es vorschreibt – in einem umfassend vorbereiteten Verhandlungstermin zu erledigen, sollte erst terminiert werden, wenn die für jene Folgesachen notwendigen Ermittlungen abgeschlossen sind. Ist nicht über Folgesachen dieser Art zu entscheiden, so ist möglichst früh zu terminieren (§ 272 III).

15 **IV)** Abs 4 soll die Eheleute davor schützen, daß Dritte mehr als nötig über das Scheidungsverfahren erfahren. **Dritte** sind die **Beteiligten** in Folgesachen der freiwilligen Gerichtsbarkeit (s Rn 16) und das Kind, das das 14. Lebensjahr vollendet hat (s Rn 20). Es empfiehlt sich, für diese Folgesachen besondere Schriftsätze anzufertigen. Die Entscheidungsgründe sind so zu gliedern, daß die an Dritte zuzustellenden Teile aus sich heraus verständlich sind, ohne daß der Dritte den übrigen Teil der Gründe kennt. Abs 4 ist entsprechend anzuwenden, wenn Dritte an der mündlichen Verhandlung der Verbundsache teilnehmen. Die Verhandlung ist dann so zu gliedern, daß die Dritte betreffenden Folgesachen getrennt von den übrigen Angelegenheiten erörtert werden und daß Dritte nur bei dem sie betreffenden Teil der Verhandlung zugegen sind.

16 **1)** In Folgesachen aus dem Bereich der freiwilligen Gerichtsbarkeit sind als Dritte beteiligt: **a)** An den Verfahren zur Regelung der **elterlichen Sorge,** des Umgangsrechts und der Herausgabe von Kindern an den anderen Elternteil das Jugendamt (§ 48 a I Nr 3, 4, 6 JWG). Über die Fortdauer der Zuständigkeit des Jugendamts, wenn das Kind seinen gewöhnlichen Aufenthalt ändert, s § 52 a JWG. Über Kinder als Drittbeteiligte s unten Rn 19, 20. **b)** Nach § 53 b Abs 2 S 1 FGG hat das Gericht bei der **Übertragung** von Rentenanwartschaften (§ 1587 b I BGB) die Träger der gesetzlichen Rentenversicherung zu beteiligen, bei der **Begründung von Rentenanwartschaften** (§ 1587 b II BGB, 1 III VAHRG) die öffentlich-rechtlichen Versorgungsträger. Bei der Realteilung von Versorgungsanwartschaften (§ 1 II VAHRG) ist der Träger der zu teilenden Anwartschaft zu beteiligen. Seit Inkrafttreten des § 3 a VAHRG in der Fassung des Gesetzes über weitere Maßnahmen auf dem Gebiet des Versorgungsausgleichs am 1. 1. 87 sind auch die privatrechtlichen Versorgungsträger zu beteiligen, die ihren Arbeitnehmern Betriebsrenten zugesagt haben; denn nach dem Tod des ausgleichspflichtigen Ehegatten schulden sie dem Ausgleichsberechtigten unter Umständen eine Rente. Nach § 7 HausratsVO sind am **Ehewohnungsverfahren** der Vermieter und die anderen in dieser Bestimmung genannten Personen beteiligt.

Alle diese Dritten sind auch dann beteiligt, wenn das Gericht nicht in die Rechtsverhältnisse zwischen ihnen und den Ehegatten eingreift. Es genügt, daß die Entscheidung in ihre Rechte eingreifen kann. Wer beteiligt ist, richtet sich nicht nach dem Ausgang des Verfahrens (Habscheid, Freiwillige Gerichtsbarkeit, 7. Aufl § 14 I 1).

2) Zustellung von Entscheidungen: Das Verbundurteil ist den Ehegatten zuzustellen (§ 317). 17
Über die Zustellung an Dritte s § 621 a Rn 23 f. Gibt das Gericht dem Scheidungsantrag vor der Entscheidung über eine Folgesache statt (§ 628 I), so ist das Scheidungsurteil nicht an solche Dritte zuzustellen, die nur an der abgetrennten Folgesache beteiligt sind. Diese sind nicht berechtigt, Beschwerde mit der Begründung einzulegen, daß die Folgesache gleichzeitig mit der Scheidungssache hätte entschieden werden müssen (s § 628 Rn 16).

Wird ein Verbundurteil nur teilweise angefochten (zB nur hinsichtlich des Scheidungsaus- 18
spruchs oder einzelner Folgesachen), so ist die **Entscheidung des Rechtsmittelgerichts** nicht an solche Dritte **zuzustellen,** die nur an den unangefochtenen Folgesachen beteiligt waren. Dies führt freilich zu der unerwünschten Konsequenz, daß ein Versicherungsträger, der nur in erster Instanz am Verfahren beteiligt war, nicht erfährt, wann die Versorgungsausgleichsregelung wirksam wird; s hierzu BSG FamRZ 83, 389 u 699. Vielfach pflegen die Familiengerichte dies den Versicherungsträgern zwar mitzuteilen (Pillhofer FamRZ 83, 390), verpflichtet sind sie hierzu jedoch nicht (BSG aaO S 700). Beziehen diese Ehegatten bereits Renten aus der gesetzlichen Rentenversicherung, so sollte der Versorgungsausgleichsberechtigte vorsichtshalber dem Versicherungsträger des ausgleichspflichtigen Ehegatten ein Rechtskraftattest zusenden, um zu vermeiden, daß der Versicherungsträger mit befreiender Wirkung weiter an den Ausgleichspflichtigen zahlt (s § 1587 p BGB).

3) In der ersten Instanz des Scheidungsprozesses sind die **minderjährigen Kinder** der Schei- 19
dungsparteien nicht als Dritte an den Folgesachen elterliche Sorge, Umgangsrecht und Kindesherausgabe beteiligt. Ihnen wird nach § 50 b FGG in eingeschränktem Maße rechtliches Gehör gewährt. Kinder, die das 14. Lebensjahr vollendet haben, sind vor der Entscheidung über die elterliche Sorge stets persönlich zu hören (§ 50 b II 1 FGG). Jüngere Kinder sind persönlich zu hören, wenn ihre Neigungen, Bindungen oder ihr Wille für die Entscheidung von Bedeutung sind oder wenn es zur Feststellung des Sachverhalts angezeigt erscheint, daß sich das Gericht von dem Kind einen unmittelbaren Eindruck verschafft (§ 50 b I FGG). Bei der Anhörung soll das Kind, soweit nicht Nachteile für seine Entwicklung oder Erziehung zu befürchten sind, über den Gegenstand und möglichen Ausgang des Verfahrens in geeigneter Weise unterrichtet werden; ihm ist Gelegenheit zur Äußerung zu geben (§ 50 b II 3 FGG). Vorbereitende Schriftsätze, prozeßleitende Anordnungen und Zwischenentscheidungen des Familiengerichts werden auch über 14 Jahre alten Kindern nicht mitgeteilt.

Wird die Ehe geschieden und über die elterliche Sorge, das Umgangsrecht oder die Heraus- 20
gabe eines Kindes entschieden, so ist dieses, wenn es bei Urteilsverkündung (§ 59 III FGG) das 14. Lebensjahr vollendet hat, nach § 59 FGG **zur Beschwerde berechtigt.** Deshalb ist ihm das Urteil des Familiengerichts zuzustellen (§ 59 II FGG; näheres s § 621 a Rn 23). Hier macht § 624 IV 2 eine Einschränkung: Zuzustellen ist das Urteil nur, soweit es das **Kind** betrifft. Das bedeutet: Die Urteilsformel ist zuzustellen, soweit sie den Scheidungsausspruch und die Entscheidungen über die elterliche Sorge, das Umgangsrecht und die Herausgabe des Kindes enthält. Vom Tatbestand und den Entscheidungsgründen sind nur die Teile zuzustellen, die die erwähnten Folgesachen betreffen.

Das Kind, das das 14. Lebensjahr vollendet hat, kann einen Rechtsanwalt beauftragen und 21
durch diesen Beschwerde einlegen lassen (s § 621 e Rn 48). Als Beschwerdeführer wird es Verfahrensbeteiligter und wird, was die Zustellung und Mitteilung von Schriftsätzen und Entscheidungen betrifft, wie andere Drittbeteiligte behandelt.

625 *[Beiordnung eines Anwalts]*

(1) Hat in einer Scheidungssache der Antragsgegner keinen Rechtsanwalt als Bevollmächtigten bestellt, so ordnet das Prozeßgericht ihm von Amts wegen zur Wahrnehmung seiner Rechte im ersten Rechtszug hinsichtlich des Scheidungsantrags und der Regelung der elterlichen Sorge für ein gemeinschaftliches Kind einen Rechtsanwalt bei, wenn diese Maßnahme nach der freien Überzeugung des Gerichts zum Schutz des Antragsgegners unabweisbar erscheint; § 78 c Abs. 1, 3 gilt sinngemäß. Vor einer Beiordnung soll der Antragsgegner persönlich gehört und dabei besonders darauf hingewiesen werden, daß die Familiensachen des § 621 Abs. 1 gleichzeitig mit der Scheidungssache verhandelt und entschieden werden können.

(2) Der beigeordnete Rechtsanwalt hat die Stellung eines Beistandes.

1 **I) Voraussetzungen für die Beiordnung eines Rechtsanwalts: 1. Rechtshängigkeit** einer Scheidungssache (s § 621 Rn 92). **2. Unterlassung des Antragsgegners,** einen **Prozeßbevollmächtigten zu bestellen** oder Prozeßkostenhilfe zu beantragen. **3.** Zum Schutz des Antragsgegners muß ein **unabweisbares Bedürfnis** für die Beiordnung bestehen. Ein solches besteht, wenn der Antragsgegner aus Unkenntnis, mangelnder Übersicht über seine Lage und die Konsequenzen der Scheidung oder infolge einer Beeinflussung durch den Antragsteller oder von dritter Seite seine Rechte in unvertretbarer Weise nicht hinreichend wahrnimmt (Begründung des Regierungsentwurfs zu § 625, Materialiensammlung S 349; Hamm FamRZ 82, 86). Ob der Antragsgegner sich aus Uneinsichtigkeit oder Gleichgültigkeit so verhält, ist unerheblich. Es kommt auch nicht darauf an, ob er den Beistand eines Rechtsanwalts wünscht oder ablehnt, ebensowenig darauf, ob er sich dem Scheidungsbegehren mit Aussicht auf Erfolg widersetzen kann. Nimmt er trotz Beeinflussung seine Rechte ausreichend wahr, so besteht kein Bedürfnis für eine Beiordnung (Hamm aaO). Dasselbe gilt, wenn das Scheidungsbegehren nicht schlüssig ist und der Antragsgegner aus diesem Grunde nicht des Schutzes bedarf (Hamm aaO).

2 **II) Verfahren: 1) Hinweis und Anhörung:** Mit der Zustellung der Scheidungsantragsschrift ist der Beklagte aufzufordern, einen Rechtsanwalt zu bestellen, wenn er eine Verteidigung gegenüber dem Scheidungsantrag beabsichtigt (§§ 608, 271 II). Weigert es sich daraufhin ausdrücklich, einen Anwalt zu bestellen, so ist er persönlich (nicht schriftlich; Oldenburg FamRZ 80, 179) über den Grund der Weigerung zu hören und auf die Möglichkeit hinzuweisen, daß Folgesachen anhängig gemacht werden können (Abs 1 S 2). Dabei ist zu prüfen, ob er seine Rechte in unvertretbarer Weise nicht ausreichend wahrnimmt. Die Anhörung ist Sache des Familienrichters, nicht der Geschäftsstelle; denn ohne einen persönlichen Eindruck vom Antragsgegner kann der Familienrichter sich kein Bild darüber machen, ob der Antragsgegner imstande ist, seine Rechte selbst wahrzunehmen (Hamm FamRZ 86, 1122; Düsseldorf FamRZ 78, 918, KG FamRZ 78, 607). Erscheint der Antragsgegner nicht zur persönlichen Anhörung oder läßt er auf die Aufforderung, einen Rechtsanwalt zu bestellen, nichts von sich hören, so ist die Anhörung am Anfang der mündlichen Verhandlung durchzuführen, falls er in dieser ohne Anwalt erscheint. Bleibt er aus, so ist sein Erscheinen gemäß § 613 II zu erzwingen.

3 **2) Beiordnung:** Ergibt die Anhörung nach der freien Überzeugung des Familienrichters, daß der Antragsgegner seine Rechte nicht ausreichend wahrnimmt, und erklärt er sich trotz Hinweises nicht bereit, einen Anwalt zu bestellen, so ordnet der Familienrichter ihm zu seinem Schutz einen Rechtsanwalt bei, den er aus dem Kreis der beim AG oder dem übergeordneten LG zugelassenen Rechtsanwälte auswählt (§§ 78c I, 78 II 2). Der Beiordnungsbeschluß ist zu begründen (Hamm FamRZ 86, 1122). Der ausgewählte **Anwalt** muß die Beistandschaft übernehmen (§ 48 I Nr 3 BRAO). Er kann gegen die Beiordnung **Beschwerde** einlegen (§ 78c III), diese aber nur damit begründen, daß ein wichtiger Grund vorliege, nicht ihn, sondern einen anderen Anwalt beizuordnen (§ 48 II BRAO).

4 Auch der **Antragsgegner** kann mit der Beschwerde verlangen, daß ihm ein anderer Rechtsanwalt beigeordnet wird, wenn ein wichtiger Grund besteht (§ 78c III). Hingegen sieht das Gesetz nicht vor, daß der Antragsgegner die Beiordnung als solche anfechten kann. § 567 gibt ihm nicht die Befugnis zur **Beschwerde.** Die Beiordnung eines Anwalts gegen den Willen des Antragsgegners ist keine Entscheidung, durch die ein das Verfahren betreffendes Gesuch zurückgewiesen wird (KG FamRZ 78, 607; anders Oldenburg, FamRZ 80, 179). Obwohl eine gesetzliche Grundlage hierfür fehlt, läßt die Rechtsprechung eine Beschwerde des Antragsgegners gegen die Beiordnung mit der Begründung zu, hierfür bestehe ein unabweisbares Bedürfnis (KG aaO; Düsseldorf FamRZ 78, 918; Hamm FamRZ 82, 86 u 86, 1122). Die Beiordnung eines Beistandes gegen den erklärten Willen des Antragsgegners ist ein schwerwiegender Eingriff in die Entscheidungsfreiheit einer uneingeschränkt geschäftsfähigen Person. Im übrigen wird der Antragsgegner durch die Beiordnung mit Honorarverpflichtungen belastet (§ 36a BRAGO). Es kann nicht hingenommen werden, daß eine so einschneidende Maßnahme ergeht, ohne daß sie in der Beschwerdeinstanz überprüfbar ist (str, Nachw s KG, Düsseldorf aaO). Es wäre auch unverständlich, wenn eine Beschwerde nur gegen die weniger beeinträchtigende Auswahl eines bestimmten Anwalts zulässig wäre, nicht aber gegen die Beiordnung als solche.

5 Gegen einen **Beschluß,** durch den die **Beiordnung** eines Anwalts **abgelehnt** wird, kann der Antragsgegner **keine Beschwerde** einlegen. Es besteht kein Rechtsschutzbedürfnis für eine Beschwerde; denn der Antragsgegner kann selbst einen Anwalt zum Prozeßbevollmächtigten bestellen. Durch die Beiordnung spart er nicht einmal das Honorar (s Rn 8). Der Antragsteller kann mangels Beschwer keine Beschwerde dagegen einlegen, daß dem Antragsgegner ein Rechtsanwalt beigeordnet wird (Hamm FamRZ 82, 86).

3) Umfang der Beiordnung: Die Beiordnung erfolgt hinsichtlich des Scheidungsantrages und der Regelung der elterlichen Sorge für ein gemeinsames Kind (Abs 1 S 1), also nur hinsichtlich der persönlichen Rechtsbeziehungen, nicht hinsichtlich der vermögensrechtlichen Folgesachen. Wegen des Sachzusammenhanges ist es geboten, die Beiordnung auch für die Regelung des Umgangs mit dem Kind und den Streit über die Herausgabe des Kindes auszusprechen, falls diese Angelegenheiten zusammen mit der elterlichen Sorge geregelt werden müsse (vgl München AnwBl 79, 440; Diederichsen NJW 77, 606; ThP 3c; anders BLAlbers 2 Ba). Die Beiordnung erstreckt sich nicht auf einstweilige Anordnungen (Koblenz FamRZ 85, 618). Der Beistand wird nur für die erste Instanz beigeordnet. 6

III) Stellung des beigeordneten Anwalts: Dieser ist nur Beistand (§ 90), solange der Antragsgegner ihm keine Prozeßvollmacht erteilt. Er hat seine Partei zu beraten, namentlich auch darüber, daß ihr – solange keine vermögensrechtlichen Folgesachen anhängig sind – keine zusätzlichen Anwaltskosten entstehen, wenn sie ihm Prozeßvollmacht erteilt (Rn 8). Was der Beistand schriftlich oder mündlich vorträgt, gilt als von seiner Partei vorgebracht, soweit diese es nicht sofort widerruft oder berichtigt (§ 90 II). Er kann aber keine Prozeßhandlungen im Namen seiner Partei vornehmen. Zustellungen erfolgen an die Partei selbst, solange sie dem Beistand keine Prozeßvollmacht erteilt (§ 176). Es empfiehlt sich aber, dem Beistand Abschriften der zuzustellenden Schriftsätze zuzusenden, damit er seine Partei sachgemäß beraten kann. 7

IV) Gebühren: a) Die Beiordnung ist **gerichtsgebührenfrei** (§ 1 I GKG). Für ein Beschwerdeverfahren ist eine Gerichtsgebühr zu erheben, soweit die Beschwerde verworfen oder zurückgewiesen wird (KV Nr 1181); **b) Der Beistand** kann von seiner Partei dieselbe Vergütung wie ein Prozeßbevollmächtigter fordern, jedoch keinen Vorschuß (§ 36a I BRAGO). Bei Zahlungsverzug seiner Partei kann er wie ein im Wege der PKH beigeordneter Anwalt eine Vergütung aus der Landeskasse verlangen (§ 36a II BRAGO). 8

626 *[Rücknahme des Scheidungsantrags]*

(1) Wird ein Scheidungsantrag zurückgenommen, so gilt § 269 Abs. 3 auch für die Folgesachen. Erscheint die Anwendung des § 269 Abs. 3 Satz 2 im Hinblick auf den bisherigen Sach- und Streitstand in den Folgesachen der in § 621 Abs. 1 Nr 4, 5, 8 bezeichneten Art als unbillig, so kann das Gericht die Kosten anderweitig verteilen. Das Gericht spricht die Wirkungen der Zurücknahme auf Antrag eines Ehegatten aus.

(2) Auf Antrag einer Partei ist ihr durch Beschluß vorzubehalten, eine Folgesache als selbständige Familiensache fortzuführen. Der Beschluß bedarf keiner mündlichen Verhandlung. In der selbständigen Familiensache wird über die Kosten besonders entschieden.

I) Nimmt der Antragsteller den **Scheidungsantrag zurück,** so gelten nach § 608 die Bestimmungen des § 269 über die Klagerücknahme. Der Antragsteller kann seinen Antrag ohne weiteres zurücknehmen, solange der Gegner noch nicht zur Hauptsache verhandelt hat (§ 269 I), dh solange er keinen Sachantrag gestellt (§ 137 I) und sich nicht mündlich auf den Scheidungsantrag eingelassen hat (Frankfurt FamRZ 82, 809/811). Sagt der nicht durch einen Anwalt vertretene Gegner gemäß § 613 I 1 aus, so verhandelt er nicht zur Hauptsache; hier fehlt der Sachantrag (KG FamRZ 74, 447; Düsseldorf FamRZ 77, 131; Rosenberg ZZP 67, 385; Karlsruhe FamRZ 79, 63; aM Stuttgart ZZP 67, 381; Köln OLGZ 68, 37). Nachdem der Gegner zur Sache verhandelt hat, ist seine Zustimmung zur Antragsrücknahme erforderlich (§ 269 I). Diese ist bis zur Rechtskraft des Scheidungsausspruchs möglich. Sie kann nicht widerrufen werden, auch nicht bei Zustimmung des Gegners (München FamRZ 82, 510). 1

II) Wirkungen der Rücknahme: Wird der Scheidungsantrag zurückgenommen, so ist der Rechtsstreit als nicht abhängig geworden anzusehen; ein bereits ergangenes, noch nicht rechtskräftiges **Urteil** wird **wirkungslos,** ohne daß es ausdrücklich aufgehoben zu werden braucht (§ 269 III 1). Dies gilt nach § 626 I 1 für alle Folgesachen, auch für die vom Antragsgegner anhängig gemachten. Wirkungslos werden auch Beschlüsse, durch die das Familiengericht vorweg über die elterliche Sorge entschieden hat (§ 627 I), und Entscheidungen, durch die über abgetrennte Folgesachen (§ 628) entschieden worden ist. Dies gilt sogar, wenn solche Beschlüsse und Entscheidungen bereits rechtskräftig, aber mangels Rechtskraft des Scheidungsausspruchs noch nicht wirksam sind. 2

1) Nimmt der Antragsteller den Scheidungsantrag zurück, so hat er sämtliche **Kosten** zu tragen (§ 269 III 2). Haben beide Ehegatten die Scheidung beantragt und nehmen sie beide ihre Anträge zurück, so sind in entsprechender Anwendung des § 92 I die Kosten gegeneinander aufzuheben (Hamm FamRZ 79, 169). Zu entscheiden ist auch über die Kosten der Folgesachen; es sei denn, diese werden nach § 626 II fortgeführt. 3

4 **2)** Nach § 626 I 1 hat der Antragsteller, der den Scheidungsantrag zurücknimmt, auch diejenigen **Kosten** zu tragen, die durch **Folgesachen** entstanden sind ohne Rücksicht darauf, welche Partei die Folgesache anhängig gemacht hat. Würde diese Kostenregelung ausnahmslos innegehalten, so führte sie zu einem unbilligen Ergebnis, wenn der Scheidungsantragsgegner erkennbar unbegründete oder überhöhte Unterhaltsforderungen oder güterrechtliche Ansprüche als Folgesachen geltend gemacht hat. Für solche Fälle enthält Abs 1 S 2 eine dem § 93 a II 2 entsprechende Billigkeitsklausel, die es gestattet, die Kosten zu verteilen. Dabei kann an die zu § 91 a entwickelten Grundsätze angeknüpft werden. Zunächst ist festzustellen, wieweit die Ansprüche, die der Antragsgegner geltend gemacht hat, nach dem bisherigen Sach- und Streitstand abgewiesen werden müßten. Dann ist der Wert der abzuweisenden Ansprüche zu bestimmen. Im Verhältnis dieses Wertes zum Gesamtstreitwert (§ 19 a GKG) ist der Antragsgegner an den Kosten zu beteiligen. Streitwerte s § 623 Rn 39.

5 **3)** Die Billigkeitsklausel des Abs 1 S 2 gilt nur für zivilprozessuale **Folgesachen,** nicht für solche der **freiwilligen Gerichtsbarkeit.** Bei diesen wird es nur ausnahmsweise vorkommen, daß ein erkennbar unbegründeter Folgesachantrag des Antragsgegners den Wert des Streitgegenstandes und infolgedessen auch die Kosten unnötig in die Höhe treibt. Denkbar ist aber auch dies, zB wenn der Antragsgegner beantragt, der Antragsteller solle ihm ein Grundstück unter Anrechnung auf den Zugewinnausgleich übereignen (§ 1383 BGB). In diesem Fall ist der Grundstückswert zum Wert des Zugewinnausgleichs und den übrigen Werten hinzuzurechnen. Streitwert und Kosten können sich also erheblich erhöhen. Die Billigkeitsklausel des Abs 1 S 2 sollte analog angewandt werden.

6 **4)** Unbillig wäre es auch, dem Antragsteller des Scheidungsverfahrens Kosten aufzuerlegen, die durch einen unbegründeten Antrag des Antraggegners auf Erlaß einer **einstweiligen Anordnung** entstanden sind. Hier führen die §§ 620 g, 96 zu einer billigen Lösung.

7 **III) Die Wirkungen der Antragsrücknahme** (Scheidungsurteil wirkungslos, Kostenpflicht) spricht das Gericht auf Antrag eines Ehgatten durch **Beschluß** aus (Abs 1 S 3). Anders als im Falle des § 269 III 3 kann auch der Ehegatte diesen Antrag stellen, der seinen Scheidungsantrag zurückgenommen hat. Der Beschluß bedarf keiner mündlichen Verhandlung und ist mit der sofortigen Beschwerde anfechtbar (§ 269 III 4, 5).

8 **IV) Fortführung von Folgesachen: 1) Voraussetzungen:** Nach Rücknahme des Scheidungsantrages können Folgesachen als selbständige Familiensachen fortgeführt werden, sofern die Ehegatten ihre bisherigen Anträge in der Weise umstellen, daß sie nunmehr keine Entscheidung für den Fall der Scheidung begehren. Auf den Grund der Rücknahme kommt es nicht an. § 626 II ist auch anwendbar, wenn der Scheidungsantrag zurückgenommen oder für erledigt erklärt wird, weil die Ehe im Ausland geschieden worden ist (KG NJW 79, 1107; zweifelnd Oldenburg FamRZ 83, 94). In den Folgesachen des § 621 I Nr 1 bis 3 kommt eine Fortführung nur in Betracht, wenn die Ehegatten nach Rücknahme des Scheidungsantrages getrennt leben (§§ 1672, 1634, 1632 BGB). Hat ein ausländisches Gericht die Ehe geschieden und die elterliche Sorge geregelt, so kann nach Rücknahme des inländischen Scheidungsantrages die hier anhängige Folgesache mit dem Ziel fortgeführt werden, eine Änderung der ausländischen Sorgeregelung zu erreichen (anders Oldenburg aaO). War der Kindesunterhalt Folgesache, so kann der Ehegatte, in dessen Obhut sich das Kind befindet, diese Sache fortführen, wenn die Eltern weiterhin getrennt leben. Die Neufassung des § 1629 III BGB erhält ihm seine Prozeßführungsbefugnis. Unterhaltssachen eines Ehegatten gegen den anderen können fortgeführt werden, indem nunmehr Unterhalt nach den §§ 1360 ff BGB gefordert wird. Eine Fortführung der Versorungsausgleichssache ist nicht möglich; einen vorzeitigen Versorgungsausgleich vor Ehescheidung gestattet das Gesetz nicht. Wird jedoch die Scheidungsklage zurückgenommen, weil die Ehe bereits zuvor im Ausland geschieden worden ist und das ausländische Urteil auch im Inland anerkannt wird, so kann auch eine Versorgungsausgleichssache fortgeführt werden (KG NJW 79, 1107). Eine Hausratssache kann im Falle des Getrenntlebens fortgeführt werden (§§ 1361 a BGB, 18 a HausratsVO), jedoch bleiben – anders als im Scheidungsfall – die Eigentumsverhältnisse unberührt (§ 1361 a IV BGB). Ehewohnungssachen können nach den §§ 1361 b BGB, 18 a HausratsVO nur fortgeführt werden, wenn eine Regelung notwendig ist, um eine schwere Härte zu vermeiden. Auch dann kann der Richter nicht das Mietverhältnis an der Ehewohnung regeln.

9 **2) Verfahren:** Ein Ehegatte, der eine Folgesache als selbständige Familiensache fortführen will, muß beantragen, ihm dies vorzubehalten. Das Gesetz befristet diesen Antrag nicht. Da das Verfahren aus Gründen der Prozeßökonomie fortgesetzt wird (Verwertung bisheriger Beweisergebnisse), ist es sachgerecht, der fortführenden Partei eine angemessene Überlegungsfrist zuzubilligen. Der Scheidungsprozeß endet hier mit Rechtskraft des Beschlusses, durch den die Wirkungen der Rücknahme des Scheidungsantrages festgestellt werden (§§ 626 I 1, 269 III). Bis

dahin kann beantragt werden, dem Antragsteller die Fortsetzung der Folgesache vorzubehalten (Celle FamRZ 84, 301 mwN; StJSchlosser 4). Den Antrag kann nur der Ehegatte stellen, der die Folgesache anhängig gemacht hatte (Bastian 6, aA Rolland 6). In der von Amts wegen eingeleiteten Folgesache „elterliche Sorge" kann jeder Ehegatte den Antrag stellen. Da dieser Prozeßhandlung ist, muß er durch einen Rechtsanwalt gestellt werden.

Über den Antrag ist nach freigestellter mündlicher Verhandlung durch **Beschluß** zu entscheiden. Die Fortsetzungsbefugnis kann abgelehnt werden, wenn der Antrag zu spät oder nicht durch einen Anwalt gestellt worden ist, wenn die Folgesache, die der Antragsteller fortzuführen wünscht, nicht anhängig ist, nicht von ihm oder von Amts wegen eingeleitet worden ist oder wenn sie sich nicht fortführen läßt wie Versorgungsausgleichsverfahren. 10

Gestattet der Beschluß dem Antragsteller, eine Folgesache fortzuführen, so findet hiergegen keine **Beschwerde** statt. Der Antragsteller ist nicht beschwert. Für den anderen Ehegatten schließt § 567 I die Beschwerde aus: Er hat weder kraft ausdrücklicher Vorschrift ein Beschwerderecht noch ist ein von ihm gestelltes, das Verfahren betreffendes Gesuch zurückgewiesen worden. Hatte er beantragt, den Antrag seines Gegners zurückzuweisen, so ist dieser Antrag kein das Verfahren betreffendes Gesuch (§ 567 Rn 34). Wird dem Antragsteller die Fortführung einer Folgesache verweigert, so kann er Beschwerde einlegen. 11

3) Wirkungen des Beschlusses: Die Folgesache wird zur selbständigen Familiensache. Die Zuständigkeit des FamG bleibt erhalten (§ 261 III Nr 2, s § 621a Rn 10), jedoch können Sorgerechtsverfahren aus wichtigem Grund an ein anderes FamG abgegeben werden (§ 46 FGG, s § 621a Rn 58). Der Anwaltszwang fällt in Familiensachen der freiwilligen Gerichtsbarkeit und Unterhaltsprozessen fort (Schleswig SchlHA 80, 187). Über die Kosten ist so zu entscheiden, als wäre die fortgeführte Sache niemals im Verbund anhängig gewesen (Abs 2 S 3). Die Kostenentscheidung richtet sich in den zivilprozessualen Familiensachen nach den §§ 91 ff ZPO, in denjenigen der freiwilligen Gerichtsbarkeit nach § 13a FGG. 12

V) Gebühren: 1) Die Rücknahme des Scheidungsantrags führt unter den Voraussetzungen von KV Nr 1111 dazu, daß die **Gerichtsgebühr** für das Verfahren im allgemeinen wegfällt. Der Beschluß nach Abs 1 S 3 und Abs 2 kostet keine besondere Gerichtsgebühr, Markl KV 1110 Rdnr 9 aE. 13

2) Anwaltsgebühren: Der Antrag nach Abs 1 S 3 gehört zum Rechtszug (§ 37 Nr 7 BRAGO) und wird durch die Prozeßgebühr abgegolten. Steht die Prozeßgebühr infolge vorzeitiger Beendigung des Auftrages dem Anwalt nur zur Hälfte zu (§ 32 BRAGO), so entsteht durch den Kostenantrag die volle Prozeßgebühr nach dem Wert der Kosten zusätzlich. Wird der Antrag in der mündlichen Verhandlung gestellt, so hat der Anwalt Anspruch auf eine Verhandlungsgebühr nach dem Kostenwert, wenn er vorher noch keinen Anspruch auf eine Verhandlungsgebühr erworben hatte.

3) Gerichtsgebühren für die **Beschwerde** gegen die Kostenentscheidung nach § 626 I s Kostenverzeichnis Nr 1180, für die Beschwerde gegen einen Beschluß, durch den einer Partei die Fortführung einer Sache als selbständige Familiensache verweigert wird, s Kostenverzeichnis Nr 1181. **Anwaltsgebühren** für beide Beschwerden s § 61 I Nr 1 BRAGO.

4) Prozeßkostenhilfe: Bei Rücknahme des Scheidungsantrags u Aufrechterhaltung einer Widerklage s § 610 Rn 15.

627 *[Vorabentscheidung über die elterliche Sorge]*

(1) Beabsichtigt das Gericht, von einem übereinstimmenden Vorschlag der Ehegatten zur Regelung der elterlichen Sorge für ein gemeinschaftliches Kind abzuweichen, so ist die Entscheidung vorweg zu treffen.

(2) Über andere Folgesachen und die Scheidungssache wird erst nach Rechtskraft des Beschlusses entschieden.

Allgemeines: Weicht das Familiengericht gemäß § 1671 III BGB zum Wohl des Kindes von einem übereinstimmenden Vorschlag beider Ehegatten über die Regelung der elterlichen Sorge ab, so können sich hieraus unerwartete Konsequenzen für andere Folgesachen ergeben: Das Recht zum Umgang des nicht sorgeberechtigten Elternteils mit dem Kind muß anders als erwartet geregelt werden. Der Unterhaltsanspruch des Kindes ändert sich, weil ein anderer durch Pflege und Erziehung zum Unterhalt des Kindes beiträgt (§ 1606 III 2 BGB). Mittelbar können die Unterhaltsansprüche der Ehegatten und die Regelung der Rechtsverhältnisse an Ehewohnung und Hausrat berührt werden. Um den Verbund aufrechterhalten zu können, ist es notwendig, die Frage der elterlichen Sorge vorweg rechtskräftig zu entscheiden. 1

Der Umstand, daß vorweg entschieden wird, macht das Sorgeregelungsverfahren nicht zur selbständigen Familiensache. Auch die **Vorwegentscheidung** ergeht nur für den Fall der Ehescheidung. Das Verfahren bleibt **Folgesache.** Die Vorwegentscheidung wird erst wirksam mit der Rechtskraft des Scheidungsausspruchs (§ 629d). Vorher setzt sie eine einstweilige Anordnung über die elterliche Sorge nicht außer Kraft (Bastian 2; anders ThP 3a). 2

2a § 627 setzt einen übereinstimmenden Sorgerechtsvorschlag der Ehegatten voraus. Diese Voraussetzung ist nicht erfüllt, wenn die Mutter beantragt, die Eltern gemeinsam mit der elterlichen Sorge zu betrauen, während der Vater die elterliche Sorge allein beansprucht und sich dem Vorschlag der Mutter nur hilfsweise anschließt. Hier kann das Gericht die elterliche Sorge auf den Vater oder die Mutter übertragen, ohne vorweg zu entscheiden.

3 **Verfahren:** Die Vorwegentscheidung ergeht nach mündlicher Verhandlung (vgl § 623 Rn 37) durch Beschluß im Verfahren der freiwilligen Gerichtsbarkeit. Hiergegen kann die im § 621e vorgesehene Beschwerde eingelegt werden (KG FamRZ 79, 340). Erst nach der formellen Rechtskraft der Vorwegentscheidung darf über den Scheidungsantrag und die anderen Folgesachen entschieden werden (Abs 2). Weicht das Familiengericht von einem übereinstimmenden Vorschlag der Ehegatten zur Regelung der elterlichen Sorge ab, ohne hierüber vorweg zu entscheiden, so leidet das Verbundurteil an einem wesentlichen Verfahrensmangel, der zur Aufhebung und Zurückweisung führen kann (§ 539).

4 Wird gegen ein Verbundurteil des Familiengerichts Berufung eingelegt und will darauf das OLG von einem gemeinsamen Vorschlag der Ehegatten zur Regelung der elterlichen Sorge abweichen, so hat es hierüber vorweg zu entscheiden (München FamRZ 84, 407). Nach Ablauf der Frist für die weitere Beschwerde (s § 629d Rn 4) kann das OLG erneut verhandeln und über die Scheidungssache und die übrigen Folgesachen entscheiden.

5 **Gebühren:** Die Vorwegentscheidung ist ein Teilurteil (vgl § 621 Rn 103), für das die Urteilsgebühr nach KV Nr 1116 bzw 1117 anfällt, und nicht mit einer Kostenentscheidung zu versehen. Über die Kosten ist erst im anschließenden Verbundurteil (als Schlußendurteil) zu entscheiden, für das ebenfalls die Urteilsgeb nach KV Nr 1116 bzw 1117 entsteht; jedoch darf für beide Urteile zusammen keine höhere Urteilsgeb erhoben werden, als sie sich aus dem Gesamtwert der einzelnen Werteile errechnet (§§ 21 II, 27 GKG) – s § 301 Rn 13 –. Kosten des Rechtsmittels gegen die Vorwegentscheidung s § 621e Rn 51.

628 *[Scheidungsurteil vor Folgesachenentscheidung]*

(1) Das Gericht kann dem Scheidungsantrag vor der Entscheidung über eine Folgesache stattgeben, soweit

1. in einer Folgesache nach § 621 Abs. 1 Nr 6 oder 8 vor der Auflösung der Ehe eine Entscheidung nicht möglich ist,

2. in einer Folgesache nach § 621 Abs. 1 Nr. 6 das Verfahren ausgesetzt ist, weil ein Rechtsstreit über den Bestand oder die Höhe einer auszugleichenden Versorgung vor einem anderen Gericht anhängig ist, oder

3. die gleichzeitige Entscheidung über die Folgesache den Scheidungsausspruch so außergewöhnlich verzögern würde, daß der Aufschub auch unter Berücksichtigung der Bedeutung der Folgesache eine unzumutbare Härte darstellen würde.

Hinsichtlich der übrigen Folgesachen bleibt § 623 anzuwenden.

(2) Will das Gericht nach Absatz 1 dem Scheidungsantrag vor der Regelung der elterlichen Sorge für ein gemeinschaftliches Kind stattgeben, so trifft es, wenn hierzu eine einstweilige Anordnung noch nicht vorliegt, gleichzeitig mit dem Scheidungsurteil eine solche einstweilige Anordnung.

Übersicht

1 **I)** § 628 macht eine Ausnahme von dem Grundsatz, daß gleichzeitig mit der Scheidung über die Folgesachen zu entscheiden ist. Er regelt folgende Fragen: Unter welchen Voraussetzungen kann das Gericht die **Ehe vorab scheiden** und

a) von Amts wegen eingeleitete Folgesachen (elterliche Sorge und Wertausgleich von Versorgungsanwartschaften; § 623 III),

b) Folgesachen, die eine Partei anhängig gemacht hat, gegen deren Willen zur gesonderten späteren Erledigung abtrennen? § 628 löst nicht das Problem, ob eine Partei einen Folgesachenantrag, den sie selbst anhängig gemacht hat, aus dem Verbund herauslösen kann; hierzu s § 623 Rn 34.

1) Nach Abs 1 Nr 1 kann die Ehe vorab geschieden werden, wenn in einer Versorgungsausgleichs- oder Güterrechtssache eine **Entscheidung vor Auflösung der Ehe nicht möglich** ist. Gedacht ist an Fälle, in denen über die Folgesache erst entschieden werden kann, wenn der Tag feststeht, an dem der Scheidungsausspruch rechtskräftig wird. Nicht hierher gehört der schuldrechtliche Versorgungsausgleich bei Scheidungsparteien, die sich noch nicht im Rentenalter befinden. Hierüber kann nach der Scheidung ebensowenig wie gleichzeitig mit der Scheidung entschieden werden, sondern der Ausgleichspflichtige kann erst mit Eintritt des Versorgungsfalls zur Zahlung der Ausgleichsrente verurteilt werden (§ 1587g I 2 BGB). Hier kann die Durchführung des Versorgungsausgleichs nicht Folgesache sein; s § 623 Rn 20. 2

Die Situation, daß der **Versorgungsausgleich** vor Auflösung der Ehe nicht geregelt werden konnte, ist mehrfach dadurch eingetreten, daß das BVerfG entscheidungserhebliche Vorschriften für grundgesetzwidrig erklärt hat (BGH FamRZ 82, 478; 83, 569 = NJW 1548 = MDR 830). Auch **güterrechtliche Fälle** kommen zuweilen vor; Beispiele s § 623 Rn 17–19. Stufenklaganträge auf Auskunft und Zahlung des sich aus der Auskunft ergebenden Zugewinn- oder Versorgungsausgleichs führen nicht zur Trennung der Folgesachen nach § 628 I Nr 1; s § 623 Rn 21 f. 3

2) Nach § 628 I 1 Nr 2 kann die Ehe vor der Entscheidung über den Versorgungsausgleich geschieden werden, wenn die Folgesache **Versorgungsausgleich** gemäß § 53c II FGG **ausgesetzt** worden ist, weil vor einem Sozial-, Verwaltungs- oder Arbeitsgericht ein vorgreiflicher Rechtsstreit über eine Versorgungsanwartschaft oder -aussicht anhängig ist. Ist der Rechtsstreit nur vorläufig ausgesetzt und einem Ehegatten eine Frist gesetzt worden, um einen solchen vorgreiflichen Rechtsstreit einzuleiten (§ 53c I 1 FGG), so ist Abs 1 S 1 Nr 2 seinem Wortlaut nach nicht anzuwenden. Es besteht auch kein Anlaß für eine analoge Anwendung (Bastian 3). Wird die Frist eingehalten, so treten damit auch die Voraussetzungen für eine Abtrennung der Versorgungsausgleichssache nach Abs 1 S 1 Nr 2 ein. Wird die Frist versäumt, so hindert kein vorgreiflicher Rechtsstreit die Verbundentscheidung. 4

3) Abs 1 S 1 Nr 3 handelt von dem praktisch wichtigsten Fall der Abtrennung einer Folgesache. Die Bestimmung gilt für alle Folgesachen. Sie setzt zunächst voraus, daß die Entscheidung über die Folgesache die **Ehescheidung außergewöhnlich verzögern** würde. Die durchschnittliche Verfahrensdauer (statistisches Material hierzu s Walter JZ 82, 835 f) ist nicht außergewöhnlich, wohl aber eine solche von mehr als zwei Jahren (BGH FamRZ 86, 898/899). Die Dauer zählt von der Rechtshängigkeit an. Zeiten, in denen das Verfahren nicht betrieben wurde, geruht hat oder ausgesetzt war, werden nicht abgezogen (BGH aaO mwN). Zu berücksichtigen ist auch die Dauer des Rechtsmittelverfahrens (BGH aaO). Daß eine Verzögerung bereits eingetreten ist, verlangt § 628 nicht; es genügt, daß sie droht. Gewöhnliche Verzögerungen, die durch Auskünfte über Versorgungsanwartschaften oder durch eine Überlastung des Familiengerichts eintreten, müssen die Parteien hinnehmen, außergewöhnliche nicht. Eine Verzögerung wird nicht dadurch außergewöhnlich, daß eine Partei sie verursacht hat. Dieser Umstand ist nur bei der Prüfung zu beachten, ob eine unzumutbare Härte vorliegt (BGH aaO); s Rn 7. Außergewöhnlich sein können insbesondere Verzögerungen durch Sachverständigengutachten, durch die Verweigerung von Auskünften (§§ 1580, 1605, 1379, 1587e I BGB), durch das unnötig späte Anhängigmachen von Folgesachen (Karlsruhe FamRZ 79, 725 u 947), durch die Einholung einer verfassungsgerichtlichen Entscheidung (Art 100 GG; Oldenburg FamRZ 78, 812; Celle FamRZ 79, 295; Köln FamRZ 79, 296). 5

Der Aufschub der Ehescheidung muß eine **unzumutbare Härte** darstellen. Die außergewöhnliche Verzögerung bedeutet – für sich allein gesehen – keine solche Härte; sonst wäre der letzte Halbsatz des Abs 1 S 1 überflüssig (Frankfurt FamRZ 78, 363; Hamm FamRZ 79, 163). Zu berücksichtigen ist, ob die noch ausstehenden Ermittlungen, die eine gleichzeitige Entscheidung aller Verbundsachen derzeit unmöglich machen, die Ehegatten veranlassen könnten, verheiratet zu bleiben. Weiter sind die Interessen des Ehegatten, der die Scheidung begehrt, gegen die Belange des ihr widersprechenden Ehegatten abzuwägen (Hamm aaO; Schleswig SchlHA 81, 67; Frankfurt FamRZ 86, 922). 6

a) Zugunsten des die Scheidung begehrenden Ehegatten ist dessen Wunsch zu berücksichtigen, alsbald wieder zu heiraten, wenn dadurch ein Kind, das die Ehefrau oder die Geliebte des 7

Ehemannes erwartet, ehelich geboren wird (BGH FamRZ 86, 898/899 mwN). Ist die Lebenserwartung des Ehegatten, der nach der Scheidung wieder heiraten will, durch hohes Alter oder schlechten Gesundheitszustand begrenzt, so kann ein Aufschub der Scheidung unzumutbar hart sein (Hamm FamRZ 80, 373; Frankfurt FamRZ 80, 280; Celle FamRZ 79, 948; Oldenburg FamRZ 79, 616). Eine unzumutbare Härte kann auch vorliegen, wenn die Wiederheirat eines Ehegatten vorübergehend dadurch vereitelt wird, daß der Gegner Folgesachen verzögerlich behandelt, zB daß er durch die Verweigerung von Auskünften die Entscheidung in den Folgesachen Unterhalt, Versorgungsausgleich und Zugewinnausgleich erschwert (Frankfurt FamRZ 78, 363 u 86, 922) oder daß er ohne berechtigten Anlaß Folgesachen später als nötig anhängig macht (Karlsruhe FamRZ 79, 725 und 947; Schleswig SchlHA 81, 67). Eine verzögerliche Behandlung der Folgesachen kann auch dann unzumutbar hart sein, wenn der Gegner aufgrund eines Vergleichs mehr Unterhalt vom Antragsteller erhält, als ihm kraft Gesetzes zustände, und wenn er die Folgesache verzögert, um möglichst lange im Genuß der mit der Scheidung wegfallenden Unterhaltsrente zu bleiben (Celle FamRZ 79, 523; Frankfurt FamRZ 86, 922).

8 **b)** Auf seiten des **Ehegatten, der der Scheidung widerspricht,** ist zu berücksichtigen, ob er sich nach der Trennung einen eigenen Lebensmittelpunkt geschaffen hat (Frankfurt FamRZ 78, 363). Weiter kommt es auf die Bedeutung der Folgesache an. Wirkt sich die Regelung der Folgesache nicht auf die aktuelle Lebenssituation des Ehegatten aus wie zB der Zugewinnausgleich bei Ehegatten mit ausreichendem Einkommen (BGH FamRZ 86, 898/899 mwN) oder der Versorgungsausgleich bei erwerbsfähigen Ehegatten, so kann die Ehe eher vorab geschieden werden als in den Fällen, in denen die Unterhaltsfrage ungeregelt bleibt (Oldenburg FamRZ 79, 162; Schleswig SchlHA 80, 18). Die Bedeutung der Folgesache kann durch eine einstweilige Anordnung über den gleichen Gegenstand vermindert werden (Schleswig SchlHA 81, 67). Dem Verbundgedanken entspricht es, das Interesse des Ehegatten an wirtschaftlicher Sicherung hoch zu bewerten (Saarbrücken FamRZ 80, 282; Düsseldorf FamRZ 85, 412).

9 **c) Die Zustimmung eines Ehegatten zur Abtrennung einer Folgesache** kann ein Indiz dafür sein, daß seine Interessen durch eine Entscheidung vor Regelung der Folgesache nicht erheblich beeinträchtigt werden. Zwingend ist dieser Schluß nicht. Über die Vorabscheidung können die Parteien nicht disponieren (Hamm Rpfleger 84, 15 f = JMBlNW 18/20).

10 **d)** Auch das **Wohl der Kinder** der Scheidungsparteien kann berücksichtigt werden, wenn es darum geht, ob der Aufschub der Scheidung unzumutbar hart ist. Um Kinder aus haltloser Unsicherheit zu befreien, sollen Sorgerechtsentscheidungen möglichst schnell ergehen. Blockiert eine Folgesache die Scheidung und damit auch die Sorgeregelung (§ 628 I 2), so kann hieraus eine unzumutbare Härte entstehen (van Els FamRZ 83, 438 mit Nachw aus den Gesetzesmaterialien), wenn diese nicht durch eine einstweilige Anordnung beseitigt werden kann.

11 **II) Verfahren der Abtrennung und Rechtsmittel hiergegen:** Beabsichtigt das Familiengericht, die Ehe vorab zu scheiden, so muß es den Parteien vorher **rechtliches Gehör** gewähren, damit sie erkennen können, daß die mündliche Verhandlung in der Scheidungssache geschlossen wird (BGH FamRZ 86, 898/899 f). In den Fällen des § 628 I 1 Nr 1 u 2 steht die Vorabscheidung im **Ermessen** des Gerichts. Im Fall der Nr 3 besteht kein Ermessensspielraum. Hier muß das Gericht die Scheidung vorweg aussprechen; es darf keinem Ehegatten ansinnen, eine unzumutbare Härte hinzunehmen (Karlsruhe FamRZ 79, 725).

12 **1)** Ein besonderer **Trennungsbeschluß** braucht nicht erlassen zu werden. Ordnet das FamG nicht erst im Urteil, sondern durch besonderen Beschluß die Abtrennung einer Folgesache an, so ist dieser Beschluß nach § 567 I **unanfechtbar.** Eine Beschwerde hiergegen ist weder im Gesetz vorgesehen noch ist ein das Verfahren betreffendes Gesuch zurückgewiesen worden. Etwaige Anträge der Parteien auf Vorabentscheidung sind keine solchen Gesuche, weil das Prozeßrecht diese Anträge nicht vorsieht (Düsseldorf FamRZ 78, 123 u 807). Ebensowenig kann ein Beschluß angefochten werden, durch den das FamG es ablehnt, eine Ehe vor der Entscheidung über eine Folgesache zu scheiden (Hamburg MDR 78, 148 mwN; KG FamRZ 79, 615 mwN; Hamm NJW 79, 1309 mwN; Frankfurt FamRZ 80, 178 f; Zweibrücken FamRZ 86, 823; Bamberg FamRZ 86, 1011; anders Hamm FamRZ 78, 811 u 86, 1121; Frankfurt FamRZ 79, 62).

13 **2)** Die Abtrennung einer Folgesache kann aber – einerlei ob sie durch vorweggenommenen Beschluß oder im Scheidungsurteil vorgenommen worden ist – von demjenigen Ehegatten, dessen Folgesachenantrag unentschieden geblieben ist, mit der **Berufung oder Revision** gegen das Scheidungsurteil **angefochten** werden. Da das OLG hier nicht nach § 540 von der Zurückverweisung absehen und eine Sachentscheidung treffen kann, ist es – anders als sonst im Zivilprozeß – nicht notwendig, daß die Berufungsschrift einen Sachantrag enthält; der Antrag auf Aufhebung des Urteils und Zurückverweisung der Sache an das FamG genügt (Frankfurt FamRZ 83, 1258; Düsseldorf FamRZ 85, 412). Der Rechtsmittelführer kann die Verletzung der §§ 623, 628 nicht

rügen, wenn er sich in der Vorinstanz mit der Vorabscheidung einverstanden erklärt und damit auf die Befolgung jener Vorschriften verzichtet hat oder wenn er der Ankündigung des Gerichts, die Ehe vorab scheiden zu wollen, nicht widersprochen hat (§ 295). Die §§ 623 I 628 sind Vorschriften, auf deren Befolgung die Parteien wirksam verzichten können; s § 623 Rn 34. Nicht verzichtet werden kann auf den obligatorischen Verbund zwischen Ehescheidung einerseits und Regelung der elterlichen Sorge bzw Wertausgleich von Versorgungsanwartschaften andererseits (§ 623 III). Deshalb kann ein Rechtsmittelführer, der mit der Abtrennung dieser Folgesachen einverstanden gewesen ist, mit Erfolg die Verletzung des § 623 III rügen (Schleswig SchlHA 80, 18).

Ist die Rüge, daß die §§ 623, 628 verletzt seien, begründet, so leidet das **Urteil** an einem wesentlichen Verfahrensmangel. Das Rechtsmittelgericht kann es **aufheben und die Sache** nach den §§ 539, 564 II, 565 I **zurückverweisen** (BGH FamRZ 79, 690 = NJW 1603, FamRZ 80, 1108 = NJW 81, 55, FamRZ 81, 24 = NJW 233, FamRZ 83, 461 = NJW 1317, FamRZ 86, 898/899 mwN). 14

3) Unter den Voraussetzungen des § 628 I kann auch über einen **Teil einer Folgesache** zugleich mit der Scheidung **entschieden** und der andere Teil abgetrennt werden (BGH FamRZ 83, 38 = MDR 209 u FamRZ 83, 459 = NJW 1311 = MDR 652). Das gilt auch für Folgesachen aus dem Bereich der freiwilligen Gerichtsbarkeit (BGH aaO), namentlich für den Versorgungsausgleich (Bremen FamRZ 82, 391/393 mwN; anders Koblenz FamRZ 81, 901 mwN). Eine solche Teilentscheidung darf nur ergehen, wenn der vorab entschiedene Teil unabhängig davon ist, wie über den Rest der Folgesache entschieden werden wird (BGH aaO u FamRZ 84, 572 = NJW 1543 = MDR 828; Einzelheiten s § 621 e Rn 30 a, § 621 a Rn 31 d). Hat das Familiengericht dies verkannt und unzulässigerweise eine Teilentscheidung erlassen, so kann das Rechtsmittelgericht aus Gründen der Prozeßökonomie ausnahmsweise den in der Vorinstanz anhängig gebliebenen Teil mitentscheiden (BGH FamRZ 83, 459 = NJW 1311 = MDR 652 u FamRZ 83, 890 = NJW 84, 120). Es kann die Entscheidung aber auch wegen eines wesentlichen Verfahrensmangels aufheben und die Sache an das Familiengericht zurückverweisen; s Rn 14. 15

4) Legt ein Ehegatte nur gegen eine Folgesachenentscheidung, **nicht aber gegen den Scheidungsausspruch ein Rechtsmittel** ein, so kann er nicht rügen, daß die Folgesache zu Unrecht abgetrennt worden sei (BGH FamRZ 83, 461 = NJW 1317). Er kann nicht einerseits den Scheidungsausspruch hinnehmen, andererseits aber rügen, daß die Ehe entgegen § 628 I vorzeitig geschieden worden sei. Ebensowenig können am Verfahren beteiligte Dritte, zB das Jugendamt (§ 64 k III 3 FGG) oder ein Versicherungsträger die Abtrennung von Folgesachen rügen, an denen sie beteiligt sind; denn sie können den Scheidungsausspruch nicht anfechten. 16

5) § 628 ist **auch in der Berufungsinstanz** anzuwenden. Einzelheiten s § 629 a Rn 5 a. 17

III) Folgen der Abtrennung: Wird eine Folgesache abgetrennt, so bleibt der **Verbund** zwischen der Scheidungssache und den übrigen Folgesachen bestehen (Abs 1 S 2). Das Scheidungsurteil ist, obwohl es eigentlich ein Teilurteil ist (Bamberg JurBüro 84, 737 mwN u 1514 mwN; Düsseldorf JurBüro 84, 223), mit einer Kostenentscheidung zu versehen (§ 93 a I 1). Über Rechtsmittelverzicht s § 629 a Rn 22; über die Rechtskraft des Scheidungsausspruchs § 629 d Rn 3 f. Werden **mehrere Folgesachen abgetrennt,** so besteht zwischen ihnen kein Verbund mehr. Die Gegenmeinung kann sich weder auf Abs 1 S 2 berufen, der nur den Fortbestand des Verbundes zwischen der Scheidungssache und den nicht abgetrennten Folgesachen regelt, noch auf den Sinn des Verbundgedankens; denn § 623 bezweckt nur, den Ehegatten die Scheidungsfolgen vor Augen zu führen, bevor sie rechtskräftig geschieden sind, und den sozial schwächeren Partner alsbald nach der Scheidung zu schützen (vgl § 623 Rn 2). 18

Das FamG hat **das abgetrennte Verfahren** auch dann fortzusetzen, wenn gegen den Scheidungsausspruch Berufung eingelegt wird (KG FamRZ 82, 320). Das Verfahren **bleibt Folgesache** (BGH FamRZ 81, 24 = NJW 233). Trotz Aufhebung des Verbundes ist eine Entscheidung nur für den Scheidungsfall zu treffen (Hamm FamRZ 79, 725 = NJW 769 = MDR 497). Hierauf ist im Klagantrag und in der Folgesachenentscheidung zu achten. Ist die Scheidung inzwischen rechtskräftig, so ist der Eintritt der Rechtskraft bei der Unterhaltsberechnung zu berücksichtigen. Das FamG darf sich hier nicht darauf beschränken, einen Ehegatten vom Eintritt der Rechtskraft an zur Zahlung einer Unterhaltsrente zu verurteilen, ohne dieses Datum festzulegen. Trotz Abtrennung der Folgesache gilt weiterhin der Grundsatz des § 623 II 1, daß nach der letzten Verhandlung in der Scheidungssache keine neuen Folgesachen mehr anhängig gemacht werden können. In der Folgesache Unterhalt kann zwar der Klagantrag erhöht werden; der Zahlungsantrag kann aber nicht um einen Auskunftsantrag erweitert werden. Will der Antragsteller dies tun, so muß er seine Klage ändern und vom Folgesachenantrag zur unbedingten Unterhaltsklage übergehen (§ 623 Rn 34). Die Ehegatten müssen sich weiterhin durch Rechtsanwälte vertreten lassen (§ 78 II 1 Nr 1). Die Auflösung des Verbundes hat zur Folge, daß zivilprozessuale Sachen öffentlich zu verhandeln sind (§ 170 S 2 GVG) und daß Familiensachen der freiwilligen Gerichtsbarkeit 19 nicht mehr mündlich verhandelt zu werden brauchen, weil das für den Verbund eingeführte Mündlichkeitsprinzip (§ 623 I 1) wegfällt (KG FamRZ 84, 495; Koblenz FamRZ 85, 1144 mwN, str; für die Beschwerdeinstanz bejaht von BGH FamRZ 83, 267 = NJW 824 = MDR 475); Ausnahmen: §§ 53a I 1, 53b I FGG, 13 II HausratsVO. Zivilprozessuale Folgesachen werden durch Urteil entschieden, das der Berufung unterliegt. Folgesachen der freiwilligen Gerichtsbarkeit werden durch Beschluß entschieden; die Anfechtung des Beschlusses regelt § 621e. Für die Kostenentscheidung in allen abgetrennten Folgesachen gilt § 93a I: Regelmäßig sind die Kosten gegenüber aufzuheben. Dies gilt auch bei Rücknahme des abgetrennten Folgesachenantrages (AG Pinneberg SchlHA 84, 184). § 629d bezieht sich auch auf abgetrennte Folgesachen: Vor Rechtskraft der Scheidung werden die Entscheidungen über die abgetrennten Sachen nicht wirksam. Über ihr Wirksamwerden nach Rechtskraft der Scheidung s § 629d Rn 10 f.

20 Schließlich gilt für **abgetrennte Folgesachen** auch § 629 III: Sie werden **gegenstandslos,** wenn der **Scheidungsantrag abgewiesen** wird. Nach § 93a II ist dann im abweisenden Urteil erneut über die Kosten zu entscheiden: Diese fallen im Regelfall dem Ehegatten zur Last, dessen Scheidungsantrag abgewiesen worden ist, können jedoch aus Billigkeitsgründen anders verteilt werden. Einzelheiten s § 626 Rn 3 f.

21 **IV) Abs 2** will sicherstellen, daß zugleich mit dem Scheidungsausspruch die **elterliche Sorge** wenigstens vorläufig geregelt wird, wenn sie nicht bereits durch einstweilige Anordnung oder eine wirksame Entscheidung nach § 1672 BGB geregelt ist. Eine solche endgültige Entscheidung verbietet es, die elterliche Sorge noch einmal durch einstweilige Anordnung zu regeln; s § 620 Rn 16. Fehlt bisher eine endgültige oder einstweilige Sorgerechtsregelung, so ist gleichzeitig mit dem Scheidungsurteil eine einstweilige Anordnung zur Regelung der Sorge zu erlassen. Hierauf können die Ehegatten nicht wirksam verzichten. Werden andere Folgesachen abgetrennt, so können sie auf Antrag durch einstweilige Anordnung vorläufig geregelt werden, ausgenommen Versorgungsausgleichssachen und Güterrechtsstreitigkeiten.

22 **V) Gebühren: 1)** des **Gerichts:** Der Erlaß einer einstw Anordnung nach Abs 2 ist gerichtsgebührenfrei (vgl KV Nr 1161) – **2)** des **Anwalts:** Bei Vorabentscheidung über den Scheidungsantrag bilden Scheidungssache und Folgesachen gebührenrechtl dieselbe Angelegenheit (KG Rpfleger 81, 205 mwN).

629 *[Entscheidungsverbund, Vorbehalt bei Abweisung des Scheidungsantrages]*

(1) Ist dem Scheidungsantrag stattzugeben und gleichzeitig über Folgesachen zu entscheiden, so geht die Entscheidung einheitlich durch Urteil.

(2) Absatz 1 gilt auch, wenn es sich um ein Versäumnisurteil handelt. Wird hiergegen Einspruch und auch gegen das Urteil im übrigen ein Rechtsmittel eingelegt, so ist zunächst über den Einspruch und das Versäumnisurteil zu verhandeln und zu entscheiden.

(3) Wird ein Scheidungsantrag abgewiesen, so werden die Folgesachen gegenstandslos. Auf Antrag einer Partei ist ihr in dem Urteil vorzubehalten, eine Folgesache als selbständige Familiensache fortzusetzen. § 626 Abs. 2 Satz 3 gilt entsprechend.

1 **I) Abs 1: 1)** Wird die Ehe geschieden, so ergeht ein **einheitliches Urteil** hierüber und über die Folgesachen. Nicht entschieden wird über die elterliche Sorge, wenn hierüber bereits vorweg entschieden worden ist (§ 627), und über Folgesachen, die gemäß § 628 abgetrennt worden sind oder im Urteil abgetrennt werden. Die Urteilsformel hat alle noch anhängigen Folgesachen zu umfassen. Ist der Versorgungsausgleich nach § 1408 II oder § 1587o BGB ganz oder teilweise ausgeschlossen, so ist dies in der Urteilsformel auszusprechen (Philippi FamRZ 82, 1057). Es ist sinnvoll, daß dieser Ausspruch in Rechtskraft erwächst, um zu verhindern, daß nach Rechtskraft der Scheidung ein Ehegatte auf den Gedanken verfällt, der Vertrag über den Ausschluß des Versorgungsausgleichs sei unwirksam, und mit dieser Begründung ein neues Verfahren zur Regelung des Versorgungsausgleichs anhängig macht. Wird eine Sache im Urteil versehentlich übergangen, so ist dieses auf Antrag durch nachträgliche Entscheidung zu ergänzen (§ 321). Über den Fall, daß Verfahren auf Aufhebung der Ehe, auf Scheidung und in Folgesachen miteinander verbunden sind, s § 623 Rn 3.

2 Das Urteil ist mit Tatbestand und Entscheidungsgründen zu versehen (§ 313 I). Soweit es um den Scheidungsausspruch selbst und um güterrechtliche Folgesachen geht, können nach § 313a **Tatbestand und Entscheidungsgründe weggelassen** werden, wenn die Ehegatten spätestens am zweiten Tage nach Verhandlungsschluß hierauf und auf Rechtsmittel verzichten. Dies gilt aber nicht für die Folgesache Unterhalt (§ 313a II Nr 4) und nicht für Entscheidungen über Folgesachen, an denen Dritte beteiligt sind (Hamm FamRZ 79, 168).

2) Die **Kostenentscheidung** des Urteils richtet sich nach § 93a: Wird die Ehe geschieden, so sind im Regelfall die Kosten der Scheidungssache und der Folgesachen gegeneinander aufzuheben. Ausnahmen s § 93a I 2, 3. Wird der Scheidungsantrag abgewiesen, so hat der Antragsteller die Kosten zu tragen einschließlich der in den Folgesachen entstandenen Kosten (§§ 93a II, 91; Ausnahmen s § 93a II 2). Wird einer Partei auf ihren Antrag im Urteil vorbehalten, eine Folgesache als selbständige Familiensache fortzusetzen, so ist über die Kosten dieser Folgesache nicht zu entscheiden (§§ 629 III 3, 626 II 3). Alle diese Bestimmungen enthalten keine vollständige und erschöpfende Regelung des Kostenpunktes. Nicht geregelt ist, wer die Kosten von Dritten zu tragen hat, die an Folgesachen aus dem Bereich der freiwilligen Gerichtsbarkeit beteiligt sind, zB die Kosten des Vermieters, der sich an der Folgesache „Regelung der Rechtsverhältnisse an der Ehewohnung" beteiligt und sich dabei durch einen Anwalt vertreten läßt. Ob Dritte die Erstattung ihrer Kosten von den Ehegatten verlangen können, kann nicht aus § 93a I entnommen werden. Diese Bestimmung regelt die Kostentragungspflicht nur im Verhältnis der Ehegatten zueinander. Die Regelung, daß die Kosten gegeneinander aufgehoben werden, mit anderen Worten, daß jede Partei die Gerichtskosten je zur Hälfte zu tragen hat (§ 92 I 2), zeigt deutlich, daß dabei nur an das für den Zivilprozeß typische Zwei-Parteien-System (Kläger–Beklagter, Antragsteller–Antragsgegner) gedacht ist, nicht aber an die für das verfahren der freiwilligen Gerichtsbarkeit typische Fallkonstellation, daß mehrere Personen oder Behörden am Verfahren beteiligt sind, ohne sich als Gegner gegenüberzustehen. – Regelt die ZPO mithin die Kostentragungspflicht im Verbundverfahren unvollständig, so bleibt nach § 621a I 1 in den Folgesachen aus dem Bereich der freiwilligen Gerichtsbarkeit das FGG anwendbar, soweit die zivilprozessuale Regelung die Kosten in diesen Angelegenheiten nicht erfaßt (Hamburg FamRZ 79, 326; anders München FamRZ 79, 734; Düsseldorf FamRZ 80, 1052; Hamm FamRZ 81, 695). Anzuwenden sind die §§ 13a I FGG, 20 HausratsVO, wonach einem verfahrensbeteiligten Dritten Kosten nur zu erstatten sind, wenn dies der Billigkeit entspricht. 3

II) Abs 2: Eine Ehe darf nicht durch **Versäumnisurteil** geschieden werden (§ 612 IV). Ebensowenig dürfen Versäumnisurteile in Folgesachen der freiwilligen Gerichtsbarkeit erlassen werden; denn das FGG kennt kein Säumnisverfahren. Für die zivilprozessualen (unterhalts- und güterrechtlichen) Folgesachen gelten jedoch die §§ 330 ff. Die Säumnis eines Ehegatten führt nicht zum Versäumnisurteil, solange dem Scheidungsantrag nicht stattgegeben wird (§ 623 I 1). Zusammen mit dem Scheidungsausspruch kann jedoch gegen einen Ehegatten, der am Schluß der mündlichen Verhandlung nicht durch einen Rechtsanwalt vertreten ist, ein stattgebendes oder klagabweisendes Versäumnisurteil ergehen. Dieses ist Teil des Verbundurteils. Wegen der vorläufigen Vollstreckbarkeit eines solchen Urteils siehe § 629d Rn 11. 4

Soweit das Verbundurteil Versäumnisurteil ist, kann der säumige Ehegatte kein Rechtsmittel, sondern **Einspruch** einlegen; im übrigen finden die sonst zulässigen Rechtsmittel statt (BGH FamRZ 86, 897). Für Einspruch und Rechtsmittel laufen unterschiedliche Fristen, vgl §§ 339, 516, 552, 621e. Nur soweit der Einspruch reicht, wird der Prozeß in die Lage vor der Säumnis zurückversetzt (§ 342). Der Einspruch verlängert die Rechtsmittelfristen nicht (BGH aaO). Treffen Rechtsmittel und Einspruch zusammen, so ist zunächst über diesen zu entscheiden (Abs 2 S 2). Erst danach kann das Rechtsmittelverfahren betrieben werden (BGH aaO). 5

III) Abs 3: 1) Da eine Entscheidung über **Folgesachen** nur für den Scheidungsfall begehrt werden kann (§ 623 I 1), werden diese Sachen **gegenstandslos,** wenn der Scheidungsantrag abgewiesen wird. Über die Kosten der gegenstandslosen Folgesachen wird in dem Urteil entschieden, das den Scheidungsantrag abweist (§ 93a II). Sie sind im Regelfall demjenigen Ehegatten aufzuerlegen, der mit seinem Scheidungsantrag unterlegen ist, können jedoch aus Billigkeitsgründen auch anders verteilt werden. Einzelheiten s § 626 Rn 4. 6

Diese Grundsätze gelten auch für Berufungs- oder Revisionsurteile, durch die ein Scheidungsantrag abgewiesen wird. Die Gegenstandslosigkeit der Folgesachen fällt nachträglich weg, und der Entscheidungsverbund wird wiederhergestellt, wenn das Berufungs- oder Revisionsgericht ein Urteil der Vorinstanz aufhebt, durch das ein Scheidungsantrag abgewiesen worden ist. Näheres s § 629b. 7

2) Abs 3 S 3 ermöglicht es den Eheleuten, **Folgesachen fortzuführen,** wenn der Scheidungsantrag abgewiesen wird. Auf den Grund der Abweisung kommt es nicht an. Die Bestimmung ist auch anwendbar, wenn der Antrag abgewiesen wird, weil die Ehe bereits in einem anderen Verfahren geschieden worden ist, zB bei anzuerkennender Auslandsscheidung (BGH FamRZ 84, 256). Welche Folgesachen fortgeführt werden können, ist in § 626 Rn 8 erläutert. Jeder Ehegatte kann bis zum Schluß der mündlichen Verhandlung beantragen, ihm vorzubehalten, eine von ihm oder von Amts wegen eingeleitete Folgesache als selbständige Familiensache fortzuführen. Hat das Gericht die Absicht, den Scheidungsantrag abzuweisen, so muß es die Parteien hierauf 8 hinweisen und Gelegenheit geben, den Vorbehalt zu beantragen. Der Vorbehalt ist in dem Urteil auszusprechen, durch das der Scheidungsantrag abgewiesen wird. Wird gegen dieses Urteil ein Rechtsmittel eingelegt, so hindert dies die Parteien und das Familiengericht nicht daran, die verselbständigte Folgesache fortzuführen.

9 Wird der **Scheidungsantrag in der Berufungs- oder Revisionsinstanz abgewiesen,** so ist der Vorbehalt auf Antrag einer Partei im Berufungs- oder Revisionsurteil auszusprechen. Enthält das Berufungsurteil den Vorbehalt, so sind die in die zweite Instanz gelangen, vorbehaltenen Folgesachen in der Berufungsinstanz als selbständige Familiensachen fortzusetzen. Die Sache ist an das FamG zurückzuverweisen, soweit die fortzuführenden Folgesachen nicht in die zweite Instanz gelangt sind. Enthält das Revisionsurteil den Vorbehalt, so ist die Sache zur Fortsetzung der Folgesachen an das OLG zurückzuverweisen (BGH FamRZ 84, 256).

10 Der Vorbehalt bewirkt, daß die Folgesache zur selbständigen Familiensache wird. Näheres, auch hinsichtlich der Kostenentscheidung (Abs 3 S 3) s § 626 Rn 13.

11 **IV) Gebühren: a)** des **Gerichts:** Wegen der gerichtl Urteilsgebühr für Versäumnisurteil (Abs 2; Rn 4) s § 612 Rn 13 (D). – Werden im Falle der Abweisung des Scheidungsantrags (s Rn 8) Folgesachen zur Fortsetzung als selbständige Familiensachen vorbehalten, so ist eine Neuberechnung der Gebühren erforderlich, weil die jeweiligen Verfahrensgebühren erneut entstehen: s dazu § 621 Rn 103. Die bisher im Verbund entstandenen (gleichartigen) Gebühren sind auf die neuen (gleichartigen) zu verrechnen. Das Verhältnis der Einzelgebühren (nicht der Einzelstreitwerte, wie dies nach der Praxis üblich ist) ist festzustellen und die bisher vom addierten Wert der Scheidungs- u Folgesachen (§ 19a GKG) erhobene allgemeine Verfahrensgebühr aufzuteilen (Lappe, Kosten in Familiensachen, 4. Aufl, Rdnr 694 ff). Soweit die anteilige Verrechnung einen Restbetrag ergibt, ist dieser nachzuerheben. – **b)** des **Anwalts:** Bei ihm fallen im Verbund neben der Prozeßgeb (§ 31 I Nr 1, IV BRAGO) ggfs eine Verhandlungs- u Beweisgeb an (§ 31 I Nr 2 und Nr 3, IV BRAGO). Für die fortgesetzten ZPO-Familiensachen entstehen die Gebühren ebenfalls nach § 31 BRAGO, dagegen für FG-Familiensachen nach § 118 BRAGO, wobei zB die Prozeßgeb der Geschäftsgeb gleichzusetzen ist. Auch beim RA muß eine anteilige Anrechnung erfolgen. – **c) Prozeßkostenhilfe:** Bei Abweisung des Scheidungsantrags muß PKH für die Fortsetzung der vorbehaltenen selbständigen Familiensachen neu nachgesucht u bewilligt werden. Durch das den Scheidungsantrag abweichende Urteil ist die Instanz iS des Kostenrechts abgeschlossen. Die Weiterverfolgung der vorbehaltenen Familiensache, die eine Umformulierung des bisherigen Klageantrags verlangt, stellt kostenrechtl eine neue Instanz (§ 119 S 2 ZPO) dar.

629 a *[Rechtsmittel gegen Verbundurteile]*

(1) Gegen Urteile des Berufungsgerichts ist die Revision nicht zulässig, soweit darin über Folgesachen der in § 621 Abs. 1 Nr. 7 oder 9 bezeichneten Art erkannt ist.

(2) Soll ein Urteil nur angefochten werden, soweit darin über Folgesachen der in § 621 Abs. 1 Nr. 1 bis 3, 6, 7, 9 bezeichneten Art erkannt ist, so ist § 621e entsprechend anzuwenden. Wird nach Einlegung der Beschwerde auch Berufung oder Revision eingelegt, so ist über das Rechtsmittel einheitlich als Berufung oder Revision zu entscheiden. Im Verfahren vor dem Rechtsmittelgericht gelten für Folgesachen § 623 Abs. 1 und die §§ 627 bis 629 entsprechend.

(3) Ist eine nach § 629 Abs. 1 einheitlich ergangene Entscheidung teilweise durch Berufung, Beschwerde, Revision oder weitere Beschwerde angefochten worden, so kann eine Änderung von Teilen der einheitlichen Entscheidung, die eine andere Familiensache betreffen, nur noch bis zum Ablauf eines Monats nach Zustellung der Rechtsmittelbegründung, bei mehreren Zustellungen bis zum Ablauf eines Monats nach der letzten Zustellung beantragt werden. Wird in dieser Frist eine Abänderung beantragt, so verlängert sich die Frist um einen weiteren Monat. Satz 2 gilt entsprechend, wenn in der verlängerten Frist erneut eine Abänderung beantragt wird. Die §§ 516, 552 und 621e Abs. 3 Satz 2 in Verbindung mit den §§ 516, 552 bleiben unberührt.

(4) Haben die Ehegatten auf Rechtsmittel gegen den Scheidungsausspruch verzichtet, so können sie auf dessen Anfechtung im Wege der Anschließung an ein Rechtsmittel in einer Folgesache verzichten, bevor ein solches Rechtsmittel eingelegt ist.

Übersicht

I) Rechtsmittel gegen Verbundurteile des Familiengerichts: Gegen das Verbundurteil kann Berufung, gegen das Berufungsurteil Revision eingelegt werden, soweit das OLG sie zugelassen hat (§§ 546 I 1, 621d I). Diese Rechtsmittel finden auch statt, soweit Entscheidung in Folgesachen der freiwilligen Gerichtsbarkeit zusammen mit zivilprozessualen Entscheidungen angefochten werden, zB wenn ein Ehegatte den Scheidungsausspruch und die Durchführung des Versorgungsausgleichs anficht (BGH FamRZ 80, 670). Hiervon geht § 629a stillschweigend aus und regelt nur die Ausnahmen. 1

Eine von diesen besteht darin, daß statt der **Berufung** die berufungsähnliche **Beschwerde** nach § 621e stattfindet, wenn ausschließlich Folgesachen aus dem Bereich der freiwilligen Gerichtsbarkeit angefochten werden sollen (Abs 2 S 1). Wird Berufung eingelegt, in der Begründungsschrift aber nur eine FG-Folgesache angefochten, so schadet die falsche Bezeichnung nicht; das Rechtsmittel ist Beschwerde (BGH FamRZ 81, 946 = NJW 2360; Frankfurt FamRZ 84, 406). Umgekehrt liegt nur eine Berufung vor, wenn zunächst Beschwerde eingelegt und in der Begründungsschrift eine zivilprozessuale Folgesache oder der Scheidungsausspruch angefochten wird. Selbst wenn man annimmt, der Rechtsmittelführer habe durch die Bezeichnung des Rechtsmittels als Beschwerde den Rechtsmittelgegenstand auf FG-Folgesachen beschränkt, wäre er dadurch nicht gehindert, innerhalb der Begründungsfrist sein Rechtsmittel auf zivilprozessuale Folgesachen zu erweitern (BGH aaO). Nach Ablauf der Begründungsfrist ist allerdings keine Erweiterung mehr möglich (BGH NJW 84, 437/438; Zweibrücken FamRZ 82, 621). 2

1) Für die **Berufung** gegen ein Verbundurteil gelten die allgemeinen Vorschriften der §§ 511 ff. Richtet sich die Berufung gegen den Scheidungsausspruch und wird mit ihr die Aufrechterhaltung der Ehe erstrebt, so bedarf es keiner formellen **Beschwer.** Der Antragsgegner kann mit der Berufung seine Zustimmung zur Scheidung widerrufen (§ 630 II; BGHZ 89, 328 mwN = FamRZ 84, 350 = NJW 1302). Der Antragsteller kann Berufung einlegen, um auf den Scheidungsantrag zu verzichten oder ihn zurückzunehmen (BGH aaO u FmRZ 83, 685/686). Jauernig, ZPR § 91 II 17 und Lüderitz NJW 64, 1075 halten ein Rechtsmittel, das nur zwecks Antragsrücknahme eingelegt wird, für unzulässig, weil der Scheidungsantrag auch ohne Rechtsmitteleinlegung zurückgenommen werden könne. Dies trifft nur zu, wenn der Antrag auch ohne Zustimmung des Antragsgegners zurückgenommen werden kann (§ 626 Rn 1). Bedarf es solcher Zustimmung, so kann sich der Antragsteller nur durch eine Berufung den Weg offen halten, im Rechtsmittelverfahren auf den Scheidungsantrag zu verzichten, falls der Antragsgegner die Zustimmung verweigert. Soweit außer dem Scheidungsausspruch oder zivilprozessualen Folgesachen auch FG-Folgesachen angefochten werden, bedarf es keines Berufungsantrages; s § 621e Rn 20. Wegen des Inhalts der Berufungsbegründung bei der Anfechtung von FG-Folgesachen s § 621e Rn 20. Die Berufungsbegründungsfrist wird auch dann durch die Gerichtsferien gehemmt, wenn aus dem Verbundurteil nur die Entscheidung über die Folgesachen elterliche Sorge, Umgangsregelung, Herausgabe eines Kindes, Unterhalt, Ehewohnung oder Hausrat angefochten wird (§ 223 ZPO, 200 II Nr 5a, 5b GVG). Ältere Rechtsprechung (BGH FamRZ 83, 685 = NJW 1561 = MDR 1008) ist durch die Neufassung dieser Vorschrift im UÄndG (BGBl 86 I 301) überholt. Die Berufung eröffnet die Möglichkeit zur **Klagerweiterung** in Folgesachen. Der Berufungsführer kann zB die Regelung des Versorgungsausgleichs anfechten und außerdem seinen Antrag in der Folgesache Unterhalt, mit dem er vor dem FamG voll obsiegt hat, erweitern (BGHZ 85, 140 = FamRZ 82, 1198 = NJW 83, 172). Er kann nicht neue Folgesachen anhängig machen, die nicht Gegenstand des Verfahrens vor dem FamG waren (§ 623 II 1). 3

2) Abs 2 S 1: Gegen ein Verbundurteil ist nicht Berufung, sondern die **Beschwerde** des § 621e einzulegen, wenn nur der Teil des Urteils angefochten werden soll, der über eine Folgesache der freiwilligen Gerichtsbarkeit (vgl § 621a Rn 1) entscheidet. Beschwerdeberechtigung: § 621a Rn 28–34. Anwaltszwang besteht nur für die Ehegatten (§ 78 II Nr 1). Läßt sich ein Ehegatte als Beschwerdegegner durch einen Anwalt vertreten, der nicht beim OLG zugelassen ist, so kann dieser zwar keine prozessual wirksamen Erklärungen abgeben. Das OLG muß jedoch seinen Sachvortrag berücksichtigen (Folge der Amtsaufklärungspflicht nach § 12 FGG; Zweibrücken 4

FamRZ 82, 187). Auch für das über 14 Jahre alte Kind, das nach § 59 FGG beschwerdeberechtigt ist, besteht kein Anwaltszwang. Es kann selbst einen Anwalt beauftragen (§ 621 e Rn 48).

5 **3) Zusammentreffen von Berufung und Beschwerde (Abs 2 S 2):** Wird nach Einlegung der Beschwerde auch Berufung oder Revision eingelegt, so ist das gesamte Rechtsmittelverfahren als Berufungs- oder Revisionsverfahren zu behandeln (Abs 2 S 2). Durch das UÄndG (BGBl 86 I 301) sind im Abs 2 der S 2 geändert und der S 3 eingefügt worden. Die Novelle wendet sich gegen die bisherige Rechtsprechung des BGH (FamRZ 80, 773 = NJW 2135 = MDR 919; FamRZ 82, 358 = NJW 1937; FamRZ 83, 38 = MDR 209 Nr 35 mwN), daß die Vorschriften über den Verbund in der Rechtsmittelinstanz nicht anzuwenden seien, wenn das Rechtsmittelgericht nur über Folgesachen zu entscheiden habe. Auch in der Rechtsmittelinstanz ist jetzt über die Scheidungssache und die Folgesachen oder, falls nur Folgesachen angefochten worden sind, über diese gleichzeitig zu verhandeln und zu entscheiden (Abs 2 S 3). Hiermit soll erreicht werden, daß die Folgesachenentscheidungen aufeinander abgestimmt werden. Über mehrere Folgesachen muß das Rechtsmittelgericht auch dann gleichzeitig verhandeln und entscheiden, wenn der Scheidungsausspruch durch Vorabscheidung (§ 628), Rechtsmittelverzicht (Abs 4) oder mangels rechtzeitiger Anfechtung (Abs 3) vorzeitig rechtskräftig wird (Begründung zum Regierungsentwurf, BTDrucks 10/2888 S 29).

5a Will das Rechtsmittelgericht von einem übereinstimmenden Vorschlag der Eltern zur Regelung der elterlichen Sorge abweichen, so hat es hierüber vorweg zu entscheiden, bevor es über die anderen Folgesachen entscheidet (Abs 2 S 3, § 627). Unter den Voraussetzungen des § 628 kann es auch eine Folgesache zur späteren Entscheidung abtrennen und über die Scheidungssache und/oder die übrigen Folgesachen vorab entscheiden (Abs 2 S 3, § 628). Es kann aber nicht die in der Rechtsmittelinstanz anhängigen Folgesachen von der Scheidungssache trennen, wenn der Scheidungsausspruch nicht angefochten worden ist (BGH FamRZ 80, 1108 = NJW 81, 55 = MDR 81, 37). Für eine solche Trennung besteht angesichts des Abs 3 kein Bedürfnis.

6 Für das Verfahren gelten beim Zusammentreffen von zivilprozessualen Folgesachen mit solchen der freiwilligen Gerichtsbarkeit auch in der Berufungsinstanz die zu § 623 Rn 35 ff entwikkelten Grundsätze. Es ist **mündlich zu verhandeln,** abweichend vom FGG auch über die Folgesachen elterliche Sorge, Umgangsrecht und Herausgabe von Kindern. Wird die Berufung hinsichtlich der Scheidung und der zivilprozessualen Folgesachen zurückgenommen, so kann über jene Folgesachen, soweit sie in der Berufungsinstanz anhängig geblieben sind, und über die Kosten (§ 515 III 3) ohne mündliche Verhandlung entschieden werden. Nach § 524 I 1 kann das Berufungsverfahren dem **Einzelrichter** zugewiesen werden, und zwar auch, wenn Folgesachen aus dem Bereich der freiwilligen Gerichtsbarkeit angefochten worden sind. Hierfür spricht – obwohl das FGG keinen Einzelrichter kennt – die Annäherung des gesamten Verfahrens an den Zivilprozeß (Keidel § 30 Anm 7), die namentlich darin zum Ausdruck kommt, daß mündlich zu verhandeln ist.

7 4) Das **OLG entscheidet** durch Urteil, es sei denn, daß es nur über Beschwerden in FG-Folgesachen zu befinden hat. Dann ergeht die Entscheidung durch Beschluß.

8 **Kostenentscheidung der zweiten Instanz:** Die Kosten einer **ohne Erfolg eingelegten Berufung oder Beschwerde** fallen dem Rechtsmittelführer zur Last (§ 97 I u III). Sie sind dem Beschwerdeführer auch im Falle seines Sieges ganz oder teilweise aufzuerlegen, wenn er auf Grund neuen Vorbringens obsiegt, das er in der Vorinstanz hätte geltend machen können (§ 97 II). § 97 gilt als besondere Bestimmung iS des § 621 a I 1 auch für Dritte, die Folgesachenentscheidungen aus dem Bereich der freiwilligen Gerichtsbarkeit anfechten (Frankfurt FamRZ 86, 369), zB für das Jugendamt, den Versicherungsträger und den Vermieter der Ehewohnung.

9 Vom Fall des § 97 II abgesehen, gelten für **erfolgreiche Rechtsmittel** folgende Grundsätze: Führt die Berufung eines Ehegatten zur Aufhebung des Scheidungsausspruchs und Abweisung des Scheidungsantrages, so hat der die Scheidung begehrende Ehegatte die in beiden Instanzen entstandenen Kosten des Scheidungsverfahrens und der Folgesachen zu tragen (§ 93 a II; Ausnahme s § 93 a II 2). Im übrigen führt ein erfolgreiches Rechtsmittel eines Ehegatten dazu, daß die Kosten beider Instanzen gemäß § 93 a I 1 gegeneinander aufgehoben werden (KG FamRZ 81, 381 mwN; Ausnahmen s § 93 a I 2, 3). Nicht geregelt im § 93 a ist der Fall, daß ein Dritter mit einer Beschwerde in einer FG-Folgesache obsiegt. Ob der Sieger hier von den Ehegatten die Erstattung von Kosten verlangen kann, läßt sich nicht aus § 93 a entnehmen; denn diese Bestimmung regelt die Kostenerstattungspflicht nur im Verhältnis der Ehegatten zueinander; s § 629 Rn 3. Nach § 621 a I 1 bleiben in den Folgesachen aus dem Bereich der freiwilligen Gerichtsbarkeit die §§ 13 a FGG, 20 HausratsVO anwendbar, soweit die zivilprozessuale Regelung die Kosten der Folgesachen nicht erfaßt (Frankfurt FamRZ 86, 368 f). Nach diesen Bestimmungen kann der Beschwerdeführer nur dann die Erstattung von Kosten verlangen, wenn dies der Billigkeit ent-

spricht (anders München FamRZ 79, 734; Düsseldorf FamRZ 80, 1052; KG FamRZ 81, 381, die § 93a für anwendbar halten). Streitig ist, ob der Beschwerdeführer nach Rücknahme seines Rechtsmittels die Kosten der übrigen Beteiligten zu tragen hat; s § 621e Rn 50.

Bei **teilweisem Unterliegen** und restlichem Sieg des beschwerdeführenden Ehegatten bewertet der BGH nach den §§ 92 I, 97 I u III, daß die Beschwerde zu einer bestimmten Quote ohne Erfolg geblieben ist, und wendet im übrigen § 93a ZPO an (FamRZ 83, 44/48). **10**

II) Gegen das Berufungsurteil des OLG findet die **Revision** statt, soweit das OLG sie zugelassen hat (§§ 546 I 1, 621d I). Sie ist nicht statthaft, soweit das Berufungsurteil über die Ehewohnung, den Hausrat, die Stundung der Zugewinnausgleichsschuld oder die Übertragung von Vermögensgegenständen unter Anrechnung auf diese Schuld entscheidet (Abs 1). Diese Regelung entspricht derjenigen des § 621e II für selbständige Familiensachen. Ebensowenig findet die Revision statt, wenn das OLG über Ratenzahlungen auf eine Abfindung für künftige Versorgungsausgleichsansprüche entschieden hat (§ 1587l III 3 BGB). Das ergibt sich sinngemäß aus § 53g II FGG. Da der Rechtsmittelzug in diesen Fällen beim OLG endet, ist die Revision auch dann nicht zulässig, wenn das OLG die Berufung als unzulässig verworfen hat (BGH FamRZ 80, 670) oder wenn es rechtsirrtümlich ein Rechtsmittel gegen eine Endentscheidung zugelassen hat, die kraft Gesetzes unanfechtbar ist (s § 621e Rn 42). **11**

Das Revisionsgericht kann jedoch eine Entscheidung über Hausrat, Ehewohnung usw nach § 629c aufheben, soweit dies wegen des Zusammenhangs mt einer anderen aufgehobenen Entscheidung geboten ist. Beispiele: Wird die Entscheidung über die elterliche Sorge aufgehoben, so ist auch die Hausratsentscheidung hinsichtlich der Kinderbetten aufzuheben. Wird die Entscheidung über den Zugewinnausgleich aufgehoben, so ist die Entscheidung über die Stundung der Zugewinnausgleichsschuld oder die Übertragung von Vermögensgegenständen unter Anrechnung auf diese Schuld aufzuheben, falls sich die Höhe des Zugewinnausgleichs voraussichtlich wesentlich ändern wird. **12**

III) Wie die Verweisung des Abs 2 S 1 auf § 621e II ergibt, findet die **weitere Beschwerde** auch im Verbundverfahren nur statt, wenn Folgesachenentscheidungen über die elterliche Sorge, das Umgangsrecht, die Herausgabe eines Kindes oder den Versorgungsausgleich angefochten werden sollen und wenn das OLG die weitere Beschwerde zugelassen oder ein Rechtsmittel als unzulässig verworfen hat. Näheres s § 621e Rn 41 ff; Anwaltszwang: § 78 Rn 44. Weitere Beschwerde kann nur einlegen, wer durch die Entscheidung über die Erstbeschwerde in seinem Recht beeinträchtigt ist. Eine Beeinträchtigung durch die Entscheidung der ersten Instanz genügt nicht. Beispiel (BGH FamRZ 80, 773 = NJW 1960 = MDR 832): Das FamG hat den Versorgungsausgleich geregelt. Das OLG weist die Beschwerde eines Ehegatten gegen diese Regelung zurück. Legt darauf der Versicherungsträger weitere Beschwerde gegen die Entscheidung des OLG ein, so ist dieses Rechtsmittel unzulässig. Da der Versicherungsträger von seinem Erstbeschwerderecht keinen Gebrauch gemacht hat, ist die Entscheidung des Familiengerichts für ihn unanfechtbar. Durch die Entscheidung des OLG ist er nicht beschwert, sofern diese keine Änderung der erstinstanzlichen Entscheidung zu seinen Ungunsten enthält (BGH aaO). **13**

IV) Befristete Anschließung: Abs 3, geschaffen durch das UÄndG (BGBl 86 I 301) und in Kraft seit dem 1. 4. 86, löst zwei Probleme. **1.** verhindert er eine unzumutbare Verzögerung der Scheidung durch Rechtsmittel in Folgesachen, indem er die nachträgliche Anfechtung des Scheidungsausspruchs befristet. Diesem Zweck genügt § 628 I nicht überall; denn er ist nur anzuwenden, wenn die Scheidungssache und die abzutrennenden Folgesachen in derselben Instanz anhängig sind (BGH FamRZ 80, 1108 = NJW 81, 55 = MDR 81, 37). **2.** zerschlägt Abs 3 den mit dogmatischen Überlegungen nicht zu entwirrenden Gordischen Knoten, welcher Verfahrensbeteiligte sich im Verbundverfahren welchem Haupt- oder Anschlußrechtsmittel anschließen kann. Wie die folgenden Anmerkungen zeigen, regelt Abs 3 die nachträgliche Anfechtung von bisher unangefochtenen Teilen der Verbundentscheidung vielfach abweichend von den Regeln, die sonst für Anschlußrechtsmittel entwickelt worden sind. **Einzelheiten:** **14**

1) Die befristete Anschließung findet nur gegen **Verbundentscheidungen** (§ 629 I) statt, dh **a)** gegen Scheidungsurteile, in denen auch über Folgesachen entschieden worden ist, und **b)** gegen Entscheidungen der OLGe, in denen über mehrere Folgesachen zugleich entschieden wird; s Rn 5. Gegen Teilentscheidungen im Verbundverfahren, durch die nur über einen Streitpunkt entschieden wird (Vorwegentscheidung über die elterliche Sorge (§ 627), evtl Vorabscheidung (§ 628 I) können nur die allgemeinen Rechtsmittel und Anschlußrechtsmittel eingelegt werden. Werden die Fristen hierfür versäumt, so können sie nicht durch befristete Anschließung angefochten werden, sobald der Rest des ursprünglichen Verbundverfahrens in die Rechtsmittelinstanz gelangt (so BGH FamRZ 83, 461 = NJW 1317 für die unbefristete Anschließung). **15**

16 **2)** Die befristete Anschließung kann nur eingelegt werden, wenn die Verbundentscheidung mit einem **Hauptrechtsmittel** angefochten worden ist. Nach den §§ 522 I, 556 II 3 verliert die Anschließung ihre Wirkung, wenn das Hauptrechtsmittel zurückgenommen oder als unzulässig verworfen wird. Wird eine befristete Anschließung zurückgenommen oder verworfen, so verlieren später eingelegte weitere Anschlußrechtsmittel ihre Wirkung, soweit hierdurch die Fristenkette des § 629 a III 2, 3 abreißt (Bergerfurth FamRZ 86, 941 f).

17 **3)** Die befristete Anschließung findet nur gegen Teile der Verbundentscheidung statt, die **nicht schon Gegenstand eines Hauptrechtsmittels** sind (Abs 3 S 1). Betrifft dieses die elterliche Sorge oder den Unterhalt für ein Kind, so ist die elterliche Sorge bzw der Unterhalt für ein weiteres Kind der Parteien ein anderer Verfahrensgegenstand (§ 621 e Rn 30a). Verschiedene Gegenstände sind auch die Zuweisung der Ehewohnung und die Hausratsteilung. Als einheitlicher Gegenstand sind anzusehen: **a)** Elementarunterhalt und Vorsorgeunterhalt (§ 1578 II, III) des geschiedenen Ehegatten, **b)** Übertragung und Begründung von Rentenanwartschaften (§ 1587 b I u II BGB), Wertausgleich von Versorgungsanwartschaften und schuldrechtlicher Versorgungsausgleich, **c)** Zugewinnausgleich und die Anträge auf dessen Stundung und auf Übernahme von Gegenständen unter Anrechnung auf den Ausgleich. Teile des Verbundurteils, die bereits Gegenstand eines Hauptrechtsmittels sind, können durch unbefristete Anschließung angefochten werden; s Rn 23, 24.

18 **4)** Die **Anschließungsfrist** entspricht derjenigen für die Anschlußrevision (§ 556) und beträgt einen Monat. Sie beginnt mit Zustellung der Begründung des Hauptrechtsmittels. Ist dieses in einer Folgesache aus dem Bereich der freiwilligen Gerichtsbarkeit mehreren Beteiligten zuzustellen (s §§ 621 e Rn 27, 624 Rn 16), so beginnt die Frist mit der letzten Zustellung. Auf Antrag bescheinigt die Geschäftsstelle des OLG die Zustellungstage (§ 213 a). Schiebt der Rechtsmittelführer innerhalb der Begründungsfrist eine weitere Rechtsmittelbegründung nach, so ist auch diese zuzustellen, und die Anschließungsfrist beginnt erneut zu laufen (§ 556 Rn 4). Durch die Gerichtsferien wird der Fristenlauf gehemmt (§ 223 I 1; Frankfurt FamRZ 86, 1122). Mit der letzten Zustellung jeder fristgerecht eingelegten Anschließung beginnt eine weitere Anschließungsfrist, in der bisher unangefochtene Teile der Verbundentscheidung erneut durch befristete Anschließung angefochten werden können (Abs 3 S 2 u 3; Peschel-Gutzeit MDR 86, 457; anders Bergerfurth FamRZ 86, 941: Die Frist für jede Anschließung beginnt mit der letzten Zustellung des Hauptrechtsmittels, für die erste Anschließung beträgt sie einen Monat, für die zweite zwei Monate usw). Nachgeschobene Begründungen von befristeten Anschließungen setzen die Frist nicht von neuem in Lauf. Bei unverschuldeter Fristversäumnis ist Wiedereinsetzung nach § 223 möglich (§ 556 Rn 4, Sedemund-Treiber aaO 211). Eine Übergangsregelung enthält Art 6 Nr 9 UÄndG: *Liegen in einem Rechtsmittelverfahren die Voraussetzungen des § 629 a III 1 ZPO ... vor und ist die letzte Zustellung einer Rechtsmittelbegründung vor dem Inkrafttreten dieses Gesetzes (1. 4. 86) bewirkt worden, so beginnt die Frist des § 629 III 1 ZPO ... mit dem Inkrafttreten dieses Gesetzes zu laufen.*

19 **5) Zur befristeten Anschließung befugt** sind die Ehegatten und alle Drittbeteiligten (§ 624 Rn 16) im gleichen Maße, wie sie Hauptrechtsmittel hätten einlegen können. Ob der Hauptrechtsmittelführer nach Ablauf der Rechtsmittelfrist sein Rechtsmittel erweitern kann, ergibt sich nicht aus dem Gesetzeswortlaut, wohl aber aus der Entstehungsgeschichte des § 629 a III. Abweichend vom BGH, der Rechtsmittelerweiterungen stets nur im Rahmen der ursprünglichen Rechtsmittelbegründung gestattet hat, ging die Begründung zum Regierungsentwurf des UÄndG von der Vorstellung aus, daß Rechtsmittel beliebig erweitert werden könnten (BTDrucks 10/2888 S 29). Dieses Prinzip führte der Regierungsentwurf aber nicht konsequent durch. § 629 a III 2 idF des Entwurfs bestimmte, daß sich nach einer fristgerechten nachträglichen Anfechtung die Frist zur Einlegung weiterer nachträglicher Rechtsmittel für die Gegenpartei und verfahrensbeteiligte Dritte um einen weiteren Monat verlängert (BTDrucks aaO S 8). Demjenigen, der das Verbundurteil nachträglich angefochten hatte, wurde nicht gestattet, diese Anfechtung nochmals zu erweitern. Hiergegen wandte sich der Bundesrat mit dem Vorschlag, daß jeder Rechtsbehelf für *alle anderen* Beteiligten nochmals die Frist für die Einlegung eines Rechtsbehelfs eröffnen sollte (BTDrucks aaO S 45). Die Bundesregierung stimmte zu (BTDrucks aaO S 51), der Rechtsausschuß des Bundestages ebenfalls (BTDrucks 10/4514 S 24).

20 Hieraus folgt: Die im Regierungsentwurf enthaltene Unterscheidung, daß der Hauptrechtsmittelführer sein Rechtsmittel um einen bisher unangefochtenen Verfahrensgegenstand erweitern kann, der nachträglich Anfechtende jedoch nicht, ist nicht Gesetz geworden. Durchgesetzt hat sich der Vorschlag des Bundesrates, daß jedes Haupt- und jedes nachträgliche Rechtsmittel den *anderen* Verfahrensbeteiligten, dh allen außer dem Rechtsmittelführer, eine neue Frist zur Ein-

legung nachträglicher Rechtsmittel eröffnet. Der Hauptrechtsmittelführer kann sein Rechtsmittel nicht erweitern, er kann sich aber einem Anschlußrechtsmittel anschließen. Entsprechendes gilt für jeden Anschlußrechtsmittelführer. Anders ausgedrückt: Nach Ablauf der Rechtsmittelbegründungsfrist kann ein Rechtsmittel nicht mehr um einen anderen Verfahrensgegenstand erweitert werden. § 629 Abs 3 gestattet aber eine Gegenanschließung.

Dieses Ergebnis ist sinnvoll. Während der Rechtsmittel- und der Rechtsmittelbegründungsfrist hat der Berufungs- oder Beschwerdeführer genügend Zeit abzuwägen, in welchem Umfang er das Verbundurteil anficht. Es besteht kein Bedürfnis dafür, ihm zu gestatten, sein Rechtsmittel Monat für Monat zu erweitern. Ficht er einen Teil des Verbundurteils an und findet er sich mit anderen Teilen ab, so genügt die Zulassung der Gegenanschließung seinen Interessen vollauf. Hierdurch wird auch das unerwünschte Ergebnis verhindert, daß Teile des Verbundurteils rein vorsorglich angefochten werden, obwohl der Anfechtende eigentlich bereit ist, diese Urteilsteile hinzunehmen. 21

Analog §§ 522a, 556 ist das Anschlußrechtsmittel durch Schriftsatz einzulegen und in diesem zu begründen. Wird es nicht fristgerecht begründet, so ist es zu verwerfen. 22

6) **In der dritten Instanz** ist eine befristete Anschließung nur wegen solcher Verfahrensgegenstände möglich, hinsichtlich derer das OLG ein Rechtsmittel als unzulässig verworfen hat (§§ 621d II, 621e II 2) oder ein solches zum BGH zugelassen hat (§§ 621d I, 621e II 1; BGH NJW 68, 1476). Ein Teil eines Verbundurteils, der mangels Rechtsmittels nicht in die zweite Instanz gelangt ist, kann nicht durch Anschließung in die dritte Instanz gebracht werden (BGH FamRZ 83, 683 = NJW 1858 = MDR 738). 23

7) **Abs 3 S 4** bedeutet nur, daß § 629a III die Fristen für die Einlegung des Hauptrechtsmittels unberührt läßt (Sedemund-Treiber FamRZ 86, 210; Frankfurt FamRZ 86, 1122). 24

8) Verstreichen die in Abs 3 genannten Fristen, ohne daß ein Nachtragsrechtsmittel eingelegt wird, so werden die nicht angefochtenen **Teile der Verbundentscheidung rechtskräftig.** Hinsichtlich des Scheidungsausspruchs kann die Rechtskraft auch durch Verzicht der Ehegatten auf Rechtsmittel und Anschlußrechtsmittel herbeigeführt werden. **Abs 4** stellt klar, daß auf die **Anschließung verzichtet** werden kann, bevor ein Hauptrechtsmittel eingelegt ist, was bisher umstritten war (bejahend BGH FamRZ 84, 467 mwN = NJW 2829 = MDR 829). Eine Übergangsregelung hierzu enthält Art 6 Nr 8 UÄndG: *§ 629a IV ZPO ... ist nur anzuwenden, wenn die anzufechtende Entscheidung nach Inkrafttreten dieses Gesetzes verkündet oder statt einer Verkündung zugestellt worden ist.* Ist die Entscheidung früher zugestellt worden, so kann auf BGH aaO zurückgegriffen werden, was im Ergebnis aufs Gleiche hinausläuft. Wird schlechthin auf Rechtsmittel verzichtet, so gilt der Verzicht auch für Folgesachen (BGH FamRZ 86, 1089). Der Rechtsmittelverzicht kann nicht bereits vor Verkündung des Scheidungsurteils ausgesprochen werden (§ 514 Rn 1). Er kann nicht widerrufen werden, wenn er dem Gericht gegenüber erklärt worden ist (BGH FamRZ 85, 801 = NJW 2334 = MDR 830; FamRZ 86, 1089). Ebensowenig kann er wegen Willensmängeln angefochten werden (BGH aaO). Die Partei selbst kann nicht auf Rechtsmittel verzichten; Anwaltszwang (BGH FamRZ 84, 372). Die Wirksamkeit eines Rechtsmittelverzichts, der in der mündlichen Verhandlung anschließend an die Urteilsverkündung ausgesprochen wird, hängt nicht davon ab, daß er ordnungsgemäß protokolliert wird. Sind das Protokoll oder die vorläufigen Protokollaufzeichnungen unter Verstoß gegen § 162 I den Beteiligten nicht vorgelesen und von ihnen nicht genehmigt worden, so fehlt dem Protokoll insoweit die Beweiskraft einer öffentlichen Urkunde. Der Rechtsmittelverzicht kann aber auf andere Weise bewiesen werden (BGH FamRZ 86, 1089 mwN; anders Celle NdsRpfl 81, 197). Ist die Scheidung nicht Gegenstand einer Berufung gewesen, so ist es – um ihre Rechtskraft herbeizuführen – nicht erforderlich, daß die Ehegatten auch auf das Antragsrecht nach § 629c verzichten (anders Hamm FamRZ 80, 278; Düsseldorf FamRZ 80, 709 mwN). Auch wenn die angefochtene Folgesache noch in die dritte Instanz gelangt, kann der BGH nicht die Scheidungssache in die zweite Instanz zurückverweisen, weil diese dort niemals anhängig war; s § 629c Rn 3). 25

V) Teile der Verbundentscheidung, die bereits Gegenstand eines Hauptrechtsmittels sind, kann der Rechtsmittelgegner durch (selbständige oder unselbständige, §§ 522, 556 II 3), **Anschlußrechtsmittel** anfechten. Die Anschließung kann sich nur gegen den Rechtsmittelführer richten (§ 521 Rn 11, Rüffer FamRZ 79, 413 f mwN). Verfolgt ein Ehegatte mit der „Anschließung" dasselbe Ziel wie ein beschwerdeführender Dritter, so ist ihm dies unbenommen; eine zulässige Anschließung liegt hierin nicht (BGH FamRZ 82, 36/38 = NJW 224 = MDR 304; FamRZ 85, 59/60 = NJW 968 = Mdr 217; FamRZ 85, 267/269 = NJW 2266 = MDR 829; FamRZ 85, 799/800). In zweiter Instanz kann sich der Rechtsmittelgegner unbefristet anschließen, in der dritten nur befristet (§ 656; § 621e Rn 47). Nach Zurückverweisung einer Sache in die zweite Instanz kann er sich erneut anschließen (BGH FamRZ 80, 233 = NJW 702 = MDR 388; FamRZ 84, 657/659 = 26

NJW 2351/2353 u FamRZ 86, 447/448 f). Ein Teil eines Verfahrensgegenstandes, der mangels Rechtsmittels nicht in die zweite Instanz gelangt ist, kann nicht durch Anschließung in die dritte Instanz gebracht werden (BGH FamRZ 83, 683 = NJW 1858 = MDR 738). Der Hauptrechtsmittelführer kann sich nicht an ein unselbständiges Anschlußrechtsmittel seines Gegners anschließen (BGHZ 88, 360 = NJW 84, 437 = MDR 309; BGH FamRZ 84, 680 = NJW 2951 = MDR 1014 u FamRZ 86, 455). Einzelheiten über die Anschlußbeschwerde s § 621 e Rn 24 ff.

27 **VI)** Hinsichtlich solcher Teile der Verbundentscheidung, die bereits Gegenstand eines Hauptrechtsmittels sind, kann der Rechtsmittelführer sein **Rechtsmittel erweitern.** Insoweit ist an der ständigen Rechtsprechung des BGH festzuhalten, die eine Erweiterung nach Ablauf der Rechtsmittelbegründungsfrist nur zuläßt, soweit sich die Gründe hierfür bereits aus der Rechtsmittelbegründungsschrift ergeben (NJW 61, 1115; NJW 83, 1063 = MDR 388; FamRZ 86, 254/255 f mwN; § 519 Rn 31). Daß der Gesetzgeber für Nachtragsrechtsmittel von der Vorstellung ausgegangen ist, Berufung und Beschwerde könnten jederzeit beliebig erweitert werden (Rn 19), sollte als Ausnahmeregelung betrachtet werden und kein Anlaß sein, für die Rechtsmittelerweiterung von der bisherigen Rechtsprechung abzuweichen. Ausnahmsweise können nach Ablauf der Rechtsmittelbegründungsfrist neue Gründe nachgeschoben werden, wenn sich nachträglich **a)** in Unterhaltsfolgesachen die für die Unterhaltsbemessung maßgeblichen Tatsachen wesentlich ändern (§ 323 I; Hamburg FamRZ 84, 706 f), **b)** in den Folgesachen elterliche Sorge, Umgang und Herausgabe eines Kindes etwas ereignet, das im Kindesinteresse eine Änderung der Entscheidung des FamG erfordert (§ 1696 I BGB; BGH FamRZ 86, 895).

28 **VII)** Wird die **Wiederaufnahme** eines Verfahrens zugelassen, durch das eine Ehe geschieden worden ist, so werden die Folgesachen nicht von neuem verhandelt, wenn sie nicht ausdrücklich angefochten worden sind. Wird die Scheidungsklage im Wiederaufnahmeverfahren abgewiesen, so werden die früheren Entscheidungen in Folgesachen gegenstandslos (§ 629 III 1). Wird der Scheidungsausspruch aufrechterhalten, so bleiben die früheren Folgesachenentscheidungen bestehen. Es können auch einzelne Folgesachen wiederaufgenommen werden, ohne daß der Scheidungsausspruch dadurch berührt wird.

29 **VIII) Gebühren: a)** des **Gerichts:** Kostenverzeichnis Nr 1120–1139. Bei Beschwerden in FG-Sachen des § 621 I Nr 1–3, die nicht im Verbund stehen, richten sich die Gebühren nach § 131 KostO. Vgl auch § 131 a KostG (Versorgungsausgleich). Im Fall des Abs 2 S 2 (s Rn 5) werden die Gebühren einheitl für beide Rechtsmittelverfahren nach dem addierten Wert angesetzt; vgl Drischler/Oestreich/Heun/Haupt, GKG Teil VII Rdnr 41 zu KV Nrn 1110–1139; Fälligkeit der Kosten: § 63 I GKG (BGH MDR 81, 394). – **b)** des **Anwalts:** §§ 31, 11 I BRAGO. Dem RA können für die Tätigkeit im Beschwerdeverfahren alle Gebühren nach § 31 BRAGO erwachsen in Höhe von 13/10 (§ 61 a S 2 iVm § 11 I 2 BRAGO). § 61 a BRAGO gilt nur für FG-Folgesachen (§ 621 I Nr 1–3, 6, 7 u 9). In Beschwerdeverfahren ist auch § 32 I BRAGO anwendbar (BGH Rpfleger 82, 200). In der weiteren Beschwerde (§ 621 e II 2) kann der RA idR – da es sich hier um eine Rechtsbeschwerde handelt – nur die Prozeßgebühr verdienen, weil meist keine Verhandlung oder Beweisaufnahme stattfindet. Diese Prozeßgebühr beträgt 20/10; denn nach § 78 II Nr 1 können sich die Parteien nur durch einen beim BGH zugelassenen RA vertreten lassen (§ 11 I 3 BRAGO).

629 b *[Zurückverweisung bei Scheidung in höherer Instanz]*

(1) Wird ein Urteil aufgehoben, durch das der Scheidungsantrag abgewiesen ist, so ist die Sache an das Gericht zurückzuverweisen, das die Abweisung ausgesprochen hat, wenn bei diesem Gericht eine Folgesache zur Entscheidung ansteht. Dieses Gericht hat die rechtliche Beurteilung, die der Aufhebung zugrunde gelegt ist, auch seiner Entscheidung zugrunde zu legen.

(2) Das Gericht, an das die Sache zurückverwiesen ist, kann, wenn gegen das Aufhebungsurteil Revision eingelegt wird, auf Antrag anordnen, daß über die Folgesachen verhandelt wird.

1 **I) Grundlagen:** Wird der Scheidungsantrag abgewiesen, so werden die Folgesachen gegenstandslos (§ 629 III 1). Wird gegen das abweisende Urteil ein Rechtsmittel eingelegt, so gelangen die Folgesachen nicht in die nächsthöhere Instanz, wenn über sie in der unteren nicht entschieden worden ist. Um den Entscheidungsverbund wieder herzustellen, ordnet Abs 1 an, daß in einem solchen Fall die höhere Instanz die Ehe nicht scheiden darf, sondern das angefochtene Urteil aufheben und die Scheidungssache zurückverweisen muß. Sie darf nicht von der Zurückverweisung absehen und selbst entscheiden, wenn sie dies für sachdienlich hält. § 540 ZPO ist nicht anwendbar. Infolgedessen braucht die Berufungsschrift hier keinen Sachantrag zu enthalten. Der Antrag auf Aufhebung des Urteils und Zurückverweisung der Sache genügt; s § 628 Rn 13. Dennoch haben gelegentlich Oberlandesgerichte von der Zurückverweisung abgesehen, die Scheidung ausgesprochen und über die elterliche Sorge entschieden, wenn die Eheleute alle Scheidungsfolgen einschließlich des Versorgungsausgleichs durch Vergleich geregelt hatten und

bei vollständig geklärtem Sachverhalt nur noch über die elterliche Sorge entsprechend dem übereinstimmenden Vorschlag aller Beteiligten zu befinden war. In solchen Fällen wurde es als unnütze Formelei empfunden, die Sache zurückzuverweisen (Frankfurt FamRZ 80, 710; Köln FamRZ 80, 1048; Karlsruhe FamRZ 84, 57).

II) Aufhebung und Zurückverweisung: Abs 1 gilt, **1.** wenn das OLG auf eine Berufung hin ein abweisendes Urteil des FamG aufhebt, **2.** wenn der BGH auf eine Revision hin ein abweisendes Urteil des OLG aufhebt. **3.** Hebt der BGH ein Urteil des OLG auf, durch das eine Berufung gegen ein abweisendes Urteil des Familiengerichts zurückgewiesen worden ist, so ist zu unterscheiden: Gelangt der BGH zu der Auffassung, daß die Ehe zu scheiden ist, so kann er das Urteil des OLG aufheben und zugleich an Stelle des OLG in der Sache selbst entscheiden (§ 565 III Nr 1), daß das Urteil des FamG aufgehoben und die Sache an dieses zurückverwiesen wird. Ist die Frage, ob die Ehe zu scheiden ist, nach Auffassung des BGH noch nicht entscheidungsreif, so ist nur das Urteil des OLG aufzuheben und die Sache an dieses zurückzuverweisen. Das OLG kann dann entweder die Berufung erneut zurückweisen oder das Urteil des FamG aufheben und die Sache an dieses zurückzuverweisen, damit dort im Verbund auch über die Folgesachen entschieden wird. Hat das FamG den Scheidungsantrag abgewiesen, weil es örtlich unzuständig ist, so kann das OLG das Urteil aufheben und die Sache gemäß § 281 an das zuständige FamG verweisen (Hamburg FamRZ 83, 612). Hamburg (FamRZ 82, 1211) wendet § 629 b I analog an, wenn das FamG den Eheaufhebungsantrag abgewiesen hat und in zweiter Instanz ein begründeter Scheidungsantrag gestellt wird. Eine hiervon abweichende Problemlösung enthält § 611 Rn 7. 2

1) Zurückzuverweisen ist die Scheidungssache nur, wenn bei dem Gericht, das den Scheidungsantrag abgewiesen hat, eine **Folgesache zur Entscheidung ansteht.** Der Ausdruck *ansteht* geht über den Begriff der Anhängigkeit hinaus. Die *elterliche Sorge* und der *Wertausgleich von Versorgungsanwartschaften* sind von Amts wegen zu regeln und stehen auch dann beim FamG zur Entscheidung an, wenn es wegen dieser Folgesachen kein Verfahren eingeleitet, sondern den Scheidungsantrag von vornherein abgewiesen hat (Celle FamRZ 79, 234; Karlsruhe FamRZ 79, 946 u 81, 191; anders Frankfurt FamRZ 80, 283). Zur Entscheidung stehen ferner die Folgesachen an, die bei einem Gericht anhängig sind. Deshalb hat der BGH die Scheidungssache an das OLG zurückzuverweisen, wenn dort Folgesachen auf dem Rechtsmittelwege anhängig geworden sind. An das FamG ist zurückzuverweisen, wenn dort Folgesachen bis zum Schluß der mündlichen Verhandlung anhängig gemacht worden sind (§ 623 II 1) und nicht durch Rechtsmittel in die höhere Instanz gelangt sind. Hat ein Ehegatte den Schluß der mündlichen Verhandlung vor dem FamG versäumt und in einem nachgereichten Schriftsatz einen Folgesachenantrag gestellt, so ist keine Folgesache anhängig und die Scheidungssache darf nicht zurückverwiesen werden (anders Köln FamRZ 83, 289). 3

2) Eine Folgesache steht auch dann nicht zur Entscheidung an, wenn sie bereits aus dem Verbund ausgeschieden ist. Ausgeschieden sind vorweg entschiedene (§ 627 I), abgetrennte (§§ 623 I 2, 628 I) und **als selbständige Familiensachen fortgeführte Folgesachen** (§§ 629 III 2). Welche Folgesachen fortgeführt werden können, ergibt sich aus § 626 Rn 8. 4

a) Das Verfahren über die Regelung der **elterlichen Sorge** kann nach Abweisung des Scheidungsantrages als selbständige Familiensache fortgeführt werden, wenn die Ehegatten weiterhin getrennt leben (§ 626 Rn 8). Bleibt es aber nicht bei der Trennung, sondern kommt es zur Scheidung, so ist von Amts wegen über die elterliche Sorge zu entscheiden (§ 623 III 1). Das selbständig fortgeführte Verfahren erledigt sich in diesem Fall, wenn es noch nicht rechtskräftig abgeschlossen ist. Ist es rechtskräftig abgeschlossen, so ist erneut über die elterliche Sorge zu entscheiden. Die Folgesache „elterliche Sorge" steht mithin in jedem Fall, in dem die Ehegatten ein gemeinschaftliches minderjähriges Kind haben, zur Entscheidung an. 5

b) Andere selbständig fortgeführte Folgesachen werden **nicht von selbst wieder zu Folgesachen,** wenn das den Scheidungsantrag abweisende Urteil aufgehoben und die Scheidungssachen zurückverwiesen wird (Bastian § 629 Rn 9, aA Baumbach-Albers 1, Diederichsen NJW 77, 660). Die Anträge in diesen Sachen können jedoch umgestellt werden, daß eine Entscheidung für den Fall der Ehescheidung begehrt wird. Auf diese Weise können die Ehegatten selbständig fortgeführte Sachen wieder zu Folgesachen machen. 6

c) Hatte das FamG die Scheidung ausgesprochen und über Folgesachen entschieden, hatte aber das **OLG** den **Scheidungsantrag abgewiesen** und hält nunmehr der BGH die Ehe für scheidungsreif, so kann er selbst die Scheidung aussprechen und von einer Zurückverweisung absehen, wenn die Entscheidungen des FamG über Folgesachen nicht angefochten worden sind. In diesem Fall stehen bei dem OLG, an das die Scheidungssache zurückverwiesen werden könnte, keine Folgesachen zur Entscheidung an. Sind jedoch auch die Folgesachenentscheidungen des FamG angefochten worden, so stehen sie bei dem OLG, das infolge der Abweisung des Schei- 7 dungsantrages nicht über sie entscheiden durfte, noch zur Entscheidung an. Hier muß die Scheidungssache aus der Revisionsinstanz an das OLG zurückverwiesen werden, wenn der BGH das den Scheidungsantrag abweisende Urteil des OLG aufhebt.

8 3) Hat das FamG einen Scheidungsantrag abgewiesen, weil die Ehegatten noch nicht ein Jahr lang getrennt leben (§ 1565 II BGB), so führt eine Berufung gegen ein solches Urteil häufig zur Aufhebung und Zurückverweisung nach § 629 b I 1, weil bis zur mündlichen Verhandlung vor dem OLG das Trennungsjahr verstrichen ist. In diesem Fall sind die **Kosten des Berufungsverfahrens** analog § 97 II dem Berufungskläger aufzuerlegen. Er obsiegt mit dem neuen Vorbringen, daß das Trennungsjahr inzwischen verstrichen ist. Dies hätte er zwar vor dem FamG noch nicht geltend machen können. Das schließt aber eine analoge Anwendung des § 97 II nicht aus. Nach dem Sinn der Bestimmung treffen die Kosten der zweiten Instanz die Partei, die in erster Instanz nicht sachgerecht prozessiert hat und deshalb erst in der zweiten gewinnt. Insofern steht die Partei, die verfrüht die Scheidung begehrt und allein dadurch die Kosten für die zweite Instanz verursacht hat, derjenigen gleich, die in erster Instanz hätte siegen können, es jedoch unterlassen hat, die für den Sieg entscheidenden Tatsachen dort vorzutragen (Hamburg FamRZ 85, 711 mwN; Köln FamRZ 84, 280; str).

9 **III) Abs 1 S 2:** Die Vorinstanz, an die die Scheidungssache zurückverwiesen worden ist, ist wie im Falle des § 565 II **an die rechtliche Beurteilung** des zurückweisenden Rechtsmittelgerichts **gebunden,** soweit die Aufhebung auf ihr beruht (Düsseldorf FamRZ 81, 808; BGHZ 3, 321/326; 6, 76/79; FamRZ 63, 282 f; NJW 67, 1468 f). Diese Bindung schließt jedoch nicht aus, daß die Vorinstanz zu anderen tatsächlichen Feststellungen kommt und diese selbständig würdigt (Düsseldorf aaO; BGH NJW 51, 524, VersR 58, 610). Keine Bindung besteht, wenn das zurückverweisende Gericht inzwischen seine Rechtsauffassung geändert und seine neue Auffassung bekanntgemacht hat (BGH NJW 73, 1273).

10 **IV) Abs 2:** Hat das OLG die Scheidungssache an das FamG zurückverwiesen und wird gegen dieses Urteil Revision eingelegt, so hemmt diese die Wirkung des zweitinstanzlichen Urteils (StJGrunsky § 538 Rn 32; KG OLGZ 20, 319), und das FamG könnte an sich über die zurückverwiesene Scheidungssache und die Folgesachen nicht entscheiden. Hiervon macht Abs 2 um der Beschleunigung des Verfahrens willen eine Ausnahme. Das FamG darf über die **Folgesachen verhandeln,** bis sie entscheidungsreif sind; entscheiden darf es hierüber erst, wenn es nach Rechtskraft des zurückverweisenden zweitinstanzlichen Urteils und erneuter Verhandlung dem Scheidungsbegehren stattgibt.

11 Die Anordnung, daß über Folgesachen verhandelt wird, ergeht nur auf **Antrag** eines Ehegatten oder sonstigen Beteiligten. Gegen die Zurückweisung des Antrags findet die einfache Beschwerde statt. Ob die Verhandlung angeordnet wird, steht im **Ermessen** des FamG. Bei der Ausübung des Ermessens ist zu berücksichtigen, ob die Verhandlung voraussichtlich zu einer Verfahrensbeschleunigung führen wird. Dies ist zB nicht der Fall, wenn in Verfahren über die elterliche Sorge oder den Versorgungsausgleich alles darauf hindeutet, daß wahrscheinlich eine Verhandlung zusammen mit der Scheidungssache genügen wird. Hier kann eine vorherige Verhandlung der Folgesachen abgelehnt werden.

12 V) **Gebühren:** Das weitere Verfahren bildet mit dem früheren eine Gebühreninstanz (§§ 33, 27 GKG; § 15 II BRAGO).

629 c *[Erweiterte Aufhebung bei Teilanfechtung]*

Wird eine Entscheidung auf Revision oder weitere Beschwerde teilweise aufgehoben, so kann das Gericht auf Antrag einer Partei die Entscheidung auch insoweit aufheben und die Sache zur anderweitigen Verhandlung und Entscheidung an das Berufungs- oder Beschwerdegericht zurückverweisen, als dies wegen des Zusammenhangs mit der aufgehobenen Entscheidung geboten erscheint. Eine Aufhebung des Scheidungsausspruchs kann nur innerhalb eines Monats nach Zustellung der Rechtsmittelbegründung, bei mehreren Zustellungen bis zum Ablauf eines Monats nach der letzten Zustellung beantragt werden.

1 **I) Grundzüge:** Die Vorschrift bezweckt, den Scheidungsausspruch und die Entscheidungen in Folgesachen aufeinander abzustimmen, wenn eine Folgesache vom BGH anders als in den Vorinstanzen entschieden wird. Hierzu reichen die allgemeinen Grundsätze des Verfahrensrechts nicht aus, weil gegen das einheitliche Urteil des Berufungsgerichts die Revision oder weitere Beschwerde nur stattfindet, soweit sie zugelassen ist. Ist sie nur hinsichtlich eines Teils des Urteils zugelassen worden, so können zwar die übrigen Teile des Urteils angefochten werden, soweit sie *rechtlich* von den anfechtbaren Teilen abhängen (BGHZ 35, 302/306). Zwischen den

Folgesachenentscheidungen besteht aber häufig nur ein *tatsächlicher* Zusammenhang. Die Vorschrift eröffnet deshalb den Ehegatten die Möglichkeit, Entscheidungen, die mit einer vom BGH aufgehobenen Folgesachenentscheidung zusammenhängen, erneut gerichtlich überprüfen zu lassen. Diese Überprüfung weist das Gesetz dem OLG zu, um den BGH von Entscheidungen zu entlasten, die keine grundsätzliche Bedeutung haben (Regierungsentwurf zu § 629 c, Materialiensammlung S 359).

II) Voraussetzungen für eine Aufhebung und Zurückverweisung: 1) Die Bestimmung ist nur anwendbar, wenn der BGH auf eine Revision oder weitere Beschwerde hin eine Verbundentscheidung eines OLG (Urteil oder Beschluß) **teilweise aufhebt.** Ob die Teilaufhebung auf einer teilweisen Anfechtung oder einem Teilerfolg des Rechtsmittels beruht, ist unerheblich. § 629 c ist nicht anwendbar, wenn der BGH 2

a) ein Rechtsmittel zurückweist oder verwirft,
b) einen Scheidungsausspruch aufhebt und den Scheidungsantrag abweist; denn hier werden die Folgesachen gegenstandslos (§ 629 III);
c) ein den Scheidungsantrag abweisendes Urteil aufhebt; denn diesen Fall regelt § 629 b;
d) eine Entscheidung in vollem Umfang aufhebt. Hier hat der BGH die Sache ohnehin zurückzuverweisen, bei Entscheidungsreife kann er auch zur Sache entscheiden; s § 565.

2) Nach § 629 c können **nur Teile der Entscheidung des OLG aufgehoben** werden. Teile des erstinstanzlichen Verbundurteils, die nicht in die 2. Instanz gelangt sind, darf der BGH nicht aufheben (München FamRZ 80, 279 u 79, 942; Saarbrücken FamRZ 79, 729; Düsseldorf u Frankfurt FamRZ 79, 1048; Rüffer FamRZ 79, 415; Sedemund-Treiber FamRZ 86, 212). Er darf nicht eine Sache an das OLG zurückverweisen, die dort niemals anhängig war. 3

3) Weiter erfordert die Vorschrift einen **Zusammenhang** zwischen dem Teil der OLG-Entscheidung, der auf Revision oder weitere Beschwerde hin aufgehoben wird, und dem anderen Teil, der nach § 629 c aufzuheben ist. (BGH FamRZ 86, 895). 4

Vor allem die Entscheidung über die **elterliche Sorge** hängt häufig mit anderen Folgesachen zusammen. Da der Inhaber der Sorge seinen Beitrag zum Unterhalt des Kindes durch die Pflege und Erziehung des Kindes leistet (§ 1606 III 2 BGB), hat der andere Elternteil für den Geldbedarf des Kindes aufzukommen. Insofern besteht ein Zusammenhang zwischen Kindesunterhalt und elterlicher Sorge. Mit der Sorgeregelung hängt häufig auch die Entscheidung darüber zusammen, welchem Ehegatten die bisherige Ehewohnung zugeteilt wird und wie der Hausrat verteilt wird; s § 2 S 2 HausratsVO. Ein indirekter Zusammenhang besteht auch zwischen dem Unterhaltsanspruch der geschiedenen Ehefrau und der Sorgeregelung (§ 1570 BGB; BGH aaO). 5

Ein Zusammenhang besteht auch zwischen Entscheidungen über den **Zugewinnausgleich** einerseits und solchen über die Stundung der Ausgleichsschuld oder über die Übertragung von Vermögensgegenständen unter Anrechnung auf diese Schuld andererseits. 6

Dagegen werden Entscheidungen über den **Umgang des Kindes mit einem Elternteil** und über die Herausgabe des Kindes an den anderen Elternteil von selbst gegenstandslos, wenn die zurundeliegende Entscheidung über die elterliche Sorge aufgehoben wird. 7

4) Das Gesetz verlangt schließlich den **Antrag** eines Ehegatten auf Aufhebung und Zurückverweisung. Der Antrag kann nur durch einen beim BGH zugelassenen Rechtsanwalt (§ 78 II 1 Nr 1) und muß bis zum Schluß der mündlichen Verhandlung gestellt werden. Soweit Aufhebung des Scheidungsausspruchs beantragt wird, kann der Antrag nach S 2 nur innerhalb der für die befristete Anschließung geltenden Fristen gestellt werden (§ 629 a Rn 18). Im Revisionsverfahren soll der Antrag durch vorbereitenden Schriftsatz angekündigt werden (§§ 129 I, 130 Nr 2) und ist in der mündlichen Verhandlung zu stellen. Findet im Verfahren der weiteren Beschwerde nach § 621 e II keine mündliche Verhandlung statt, so ist er durch Schriftsatz zu stellen. Der BGH hat auf die Möglichkeit, einen Antrag nach § 629 c zu stellen, hinzuweisen, wenn er eine Entscheidung in einer Folgesache aufzuheben beabsichtigt. Über den Verzicht auf den Antrag, um die Scheidung rechtskräftig werden zu lassen, s § 629 a Rn 22. 8

III) Rechtsfolgen: Sind die genannten Voraussetzungen erfüllt, so **kann** der BGH zugleich mit der Aufhebung des angefochtenen Teils der Verbundentscheidung die Entscheidung über hiermit zusammenhängende andere Entscheidungsteile aufheben und die Sache auch wegen dieser Teile an das OLG zurückverweisen, soweit dies geboten erscheint. 9

IV) Verhältnis zur befristeten Anschließung (§ 629 a Rn 14): § 629 c ist nicht nur in den Fällen anzuwenden, in denen Teile der Entscheidung des OLG nicht mit befristeter Anschließung angefochten werden können. Die Parteien haben die Wahl zwischen befristeter Anschließung und dem Antrag nach § 629 c (StJSchlosser 1, Rolland 6). 10

11 **Hebt das OLG** auf Berufung oder Beschwerde hin eine **Entscheidung des Familiengerichts teilweise auf,** so ist § 629c nicht anwendbar. In diesem Fall besteht kein Bedürfnis dafür, nichtangefochtene Teile der erstinstanzlichen Entscheidung aufzuheben; denn die Eheleute können durch Rechtsmittel und Nachtragsrechtsmittel (§ 629a Rn 14) erreichen, daß das OLG die gesamte Entscheidung des Familiengerichts überprüft.

629 d

[Wirksamwerden der Folgeentscheidungen]
Vor der Rechtskraft des Scheidungsausspruchs werden die Entscheidungen in Folgesachen nicht wirksam.

Lit: *Rüffer*, FamRZ 79, 405 u Die formelle Rechtskraft des Scheidungsausspruchs bei Scheidung im Verbundverfahren, 1982; *Heintzmann*, FamRZ 80, 112 u 81, 329; *Adelmann*, Rpfleger 80, 264; *Henrich*, Das Standesamt 81, 69; *Gerhardt*, Festschrift für Beitzke (1979) 191; *Wolff*, MDR 79, 274.

1 **I) Allgemeines:** Da über Folgesachen nur für den Fall der Scheidung entschieden wird (§ 623 I 1) und diese Entscheidungen gegenstandslos werden, wenn die Ehe nicht geschieden wird (§ 629 III 1), werden die Entscheidungen in Folgesachen erst mit Rechtskraft der Scheidung wirksam. Diese Regelung geht in Folgesachen der freiwilligen Gerichtsbarkeit den allgemeinen Bestimmungen über die Wirksamkeit von Entscheidungen (§§ 16 I, 53a II 1, 53g I FGG) vor.

2 **II) Folgesachen** sind nicht nur die Angelegenheiten, über die gleichzeitig mit dem Scheidungsausspruch entschieden wird, sondern auch die Vorwegentscheidung über die elterliche Sorge (§ 627 I) und abgetrennte Folgesachen (§ 628 Rn 18 f).

3 **III)** Wirksam werden die Entscheidungen in Folgesachen erst mit der **Rechtskraft des Scheidungsausspruchs.** Diese kann durch Rechtsmittelverzicht herbeigeführt werden (§ 629a Rn 22). Wird ein Verbundurteil des FamG nur hinsichtlich einzelner Folgesachen angefochten, so erwächst der Scheidungsausspruch in Rechtskraft, sobald die in § 629a III vorgesehenen Fristen verstrichen sind, ohne daß ein Nachtragsrechtsmittel eingelegt worden ist (§ 629a Rn 22). Dasselbe gilt für Verbundurteile des OLG; hier kann jedoch die Rechtskraft des Scheidungsausspruchs auch durch einen rechtzeitigen Antrag nach § 629c S 2 gehemmt werden.

4 Scheidet das OLG eine Ehe oder weist es eine Berufung gegen ein Scheidungsurteil zurück, ohne die Revision zuzulassen, so wird der Scheidungsausspruch erst rechtskräftig, wenn die Revisionsfrist (§ 552) verstrichen ist, ohne daß Revision eingelegt worden ist. Nach § 705 I tritt die Rechtskraft nicht vor Ablauf der Frist ein, die für die Einlegung des zulässigen Rechtsmittels bestimmt ist. Diese Bestimmung setzt nur ein statthaftes, nicht aber ein zulässiges Rechtsmittel voraus. Gegen Scheidungsurteile findet an sich die Revision statt; deshalb hemmt die Revisionsfrist den Eintritt der Rechtskraft. Ob das OLG die Revision zugelassen hat, ist nach Auffassung des gemeinsamen Senates der obersten Gerichtshöfe des Bundes (BGHZ 88, 353/357 = FamRZ 84, 975 f = NJW 1027; dazu Borgmann FamRZ 85, 336) keine Frage der Statthaftigkeit, sondern eine solche der Zulässigkeit der Revision (anders Stuttgart Justiz 83, 20; BSG FamRZ 85, 595/597; Düsseldorf FamRZ 85, 620). Zwar läßt sich dieser Satz weder beweisen noch widerlegen. Die Auffassung des gemeinsamen Senates hat aber für sich, daß sie nicht nur für Ehesachen, sondern für alle Familiensachen und nichtvermögensrechtlichen Streitigkeiten paßt und insofern praktikabel ist, als sie den Urkundsbeamten der Geschäftsstelle davor bewahrt, bei der Erteilung des Rechtskraftzeugnisses Familien- und Nichtfamiliensachen, vermögens- und nichtvermögensrechtliche Streitigkeiten voneinander abzugrenzen. Auch um der Rechtseinheit willen sollte man sich dem gemeinsamen Senat anschließen (Borgmann aaO) und die gegenteilige Rechtsprechung der OLGe aufgeben (Karlsruhe Justiz 76, 362; Hamm FamRZ 78, 195; 81, 1194 mwN; Frankfurt FamRZ 78, 819; Stuttgart FamRZ 83, 84; Koblenz FamRZ 84, 1243; Düsseldorf FamRZ 85, 620; anders München FamRZ 79, 34/36; Bamberg FamRZ 82, 317 mwN; ebenso Münzberg NJW 77, 2058; Prütting NJW 80, 365).

5–9 Frei

10 **IV) Vollstreckbarkeit von Folgesachen: 1)** Solange der Scheidungsausspruch nicht rechtskräftig ist und die Entscheidungen in Folgesachen nicht wirksam sind, dürfen sie nicht vollstreckt werden. Wird durch Verbundurteil die Scheidung ausgesprochen und über Folgesachen entschieden, so ergibt sich für denjenigen, der § 629d kennt, ohne weiteres aus dem Urteil, daß die **Vollstreckungsklausel** für die Folgesachenentscheidung erst nach Rechtskraft des Scheidungsausspruchs erteilt werden darf. Bei abgetrennten Folgesachen (§ 628 I 1) ist es jedoch zweckmäßig, in der Urteilsformel darauf hinzuweisen, daß die Entscheidung erst wirksam wird,

wenn die am ... vor dem Standesbeamten in ... geschlossene Ehe der Parteien/der Eheleute A.X. und B.X. rechtskräftig geschieden wird (Rolland 2). Sonst besteht die Gefahr, daß bei der Erteilung der Vollstreckungsklausel die Bestimmung des § 726 nicht beachtet wird.

2) Schwab, FamRZ 76, 659, und ThP, Anm zu § 629d, folgern aus § 629d, daß Entscheidungen in zivilprozessualen Folgesachen nicht für **vorläufig vollstreckbar** erklärt werden dürfen. Dieser Schluß ist nicht zwingend. Ergeht ein Verbundurteil auf Ehescheidung und Unterhalt, so geschieht es häufig, daß der Scheidungsausspruch durch Verstreichen der Fristen des § 629a III oder Rechtsmittelverzicht (§ 629a IV) vor der Entscheidung über den Unterhalt rechtskräftig wird. Auch bei einer Vorabscheidung (§ 628 I) kann der Scheidungsausspruch eher als die Entscheidung über die Folgesache Unterhalt rechtskräftig werden. In diesen Fällen ist die Entscheidung über diese Folgesache für vorläufig vollstreckbar zu erklären (Gießler FamRZ 86, 958 mwN; str). Wegen des Unterhalts darf nur so lange nicht vollstreckt werden, wie die Entscheidung mangels Rechtskraft des Scheidungsausspruchs noch nicht wirksam ist. 11

3) Entsteht schon vor Rechtskraft des Scheidungsausspruchs das Bedürfnis, eine Folgesache vorläufig zu regeln, so kann dies durch **einstweilige Anordnung** (§ 620) geschehen. Eine solche bleibt wirksam, bis die Folgesache anderweitig geregelt ist (§ 620 f). In den Folgesachen elterliche Sorge, Umgangsrecht und Herausgabe eines Kindes kann das OLG nach Rechtskraft des Scheidungsausspruchs auch einstweilige Anordnungen nach § 24 III FGG erlassen; s § 620 Rn 25). 12

V) Gebühren: a) des **Gerichts:** Für die Entgegennahme und Protokollierung des Rechtsmittelverzichts (s Rn 3) keine Gebühr (§ 1 I GKG). – **b)** des **Anwalts:** Der vom prozeßbevollmächtigten RA erklärte Rechtsmittelverzicht ist durch die bereits verdiente Prozeßgeb (§ 31 I Nr 1 BRAGO) abgegolten. Der RA, dessen Auftrag auf die Verzichtsabgabe beschränkt war, erhält für die Verzichtserklärung eine 5/10 Gebühr aus § 51 I BRAGO (dazu Schneider in Anm 1–3 zu KoRspr BRAGO § 32 Nr 7 [Hamm] mwN; Zweibrücken Rpfleger 77, 112). 13

630 *[Einverständliche Scheidung]*

(1) Für das Verfahren auf Scheidung nach § 1565 in Verbindung mit § 1566 Abs. 1 des Bürgerlichen Gesetzbuchs muß die Antragsschrift eines Ehegatten auch enthalten:

1. **die Mitteilung, daß der andere Ehegatte der Scheidung zustimmen oder in gleicher Weise die Scheidung beantragen wird;**
2. **den übereinstimmenden Vorschlag der Ehegatten zur Regelung der elterlichen Sorge für ein gemeinschaftliches Kind und über die Regelung des persönlichen Umgangs des nichtsorgeberechtigten Elternteils mit dem Kinde;**
3. **die Einigung der Ehegatten über die Regelung der Unterhaltspflicht gegenüber einem Kinde, die durch die Ehe begründete gesetzliche Unterhaltspflicht sowie die Rechtsverhältnisse an der Ehewohnung und am Hausrat.**

(2) Die Zustimmung zur Scheidung kann bis zum Schluß der mündlichen Verhandlung, auf die das Urteil ergeht, widerrufen werden. Die Zustimmung und der Widerruf können zu Protokoll der Geschäftsstelle oder in der mündlichen Verhandlung zur Niederschrift des Gerichts erklärt werden.

(3) Das Gericht soll dem Scheidungsantrag erst stattgeben, wenn die Ehegatten über die in Absatz 1 Nr 3 bezeichneten Gegenstände einen vollstreckbaren Schuldtitel herbeigeführt haben.

Übersicht

1 **I) Grundzüge: 1)** Eine **Ehe** darf nur geschieden werden, wenn sie **gescheitert** ist, dh wenn die Lebensgemeinschaft der Ehegatten nicht mehr besteht und ihre Wiederherstellung nicht mehr erwartet werden kann (§ 1565 I BGB). Nur wenn sich das Gericht hiervon durch die Anhörung der Ehegatten und gegebenenfalls eine weitere Beweisaufnahme überzeugt hat, darf es die Scheidung aussprechen. Leben die Ehegatten ein Jahr getrennt und wollen sie übereinstimmend geschieden werden, so nimmt die unwiderlegliche Vermutung des § 1566 I BGB dem Gericht die Feststellung ab, daß die Ehe gescheitert ist (Köln FamRZ 78, 25). Für die Ehegatten bringt diese Gesetzesbestimmung den Vorteil mit sich, daß sie die Schwierigkeiten ihres ehelichen Zusammenlebens nicht dem Gericht zu offenbaren brauchen. Andererseits erschwert der Zwang, sich über alle denkbaren Folgesachen bis auf die Herausgabe eines Kindes, den Versorgungsausgleich und die güterrechtlichen Ansprüche einigen zu müssen (Abs 1 u 3), die einverständliche Scheidung nach den §§ 1566 I BGB, 630 ZPO erheblich. Das Gesetz will die Ehegatten vor einer übereilten einverständlichen Scheidung warnen, die noch Überraschungen hinsichtlich der Scheidungsfolgen in sich birgt.

2 **2)** Mit dieser Regelung ist freilich nicht gesagt, daß Ehegatten sich nur dann **einverständlich** scheiden lassen können, wenn sie sich über alle Scheidungsfolgen einig sind. Als einverständliche Scheidung in diesem Sinne wird hier jede Scheidung bezeichnet, bei der beide Ehegatten dem Gericht erklären, daß sie geschieden werden wollen, sei es durch beiderseitige Scheidungsanträge, sei es dadurch, daß der Antragsgegner dem Scheidungsantrag des anderen Ehegatten zustimmt (so auch Schwab Handbuch Rn 135). Sind in einem solchen Fall die Parteien sich über eine der in Abs 1 genannten Scheidungsfolgen nicht einig, so kommt ihnen die unwiderlegbare Vermutung des § 1566 I BGB nicht zugute (Zweibrücken FamRZ 83, 1132). Um geschieden zu werden, müssen sie dem Gericht die Überzeugung vermitteln, daß ihre Ehe gescheitert ist (§ 1565 I BGB; Köln FamRZ 78, 25 u 79, 236; Hamburg FamRZ 79, 702 mwN). Solange sie über eine einverständliche Scheidung iS des § 630 I und einen Scheidungsfolgenvergleich verhandeln, darf das Gericht sie nicht überraschend über das Scheitern ihrer Ehe vernehmen und scheiden (Frankfurt FamRZ 85, 823).

3 **II) Zulässigkeit des Scheidungsantrags:** Die Bestimmungen über den Inhalt der Antragsschrift (Abs 1), die Zustimmung des anderen Ehegatten (Abs 2) und die Schaffung eines Titels über die Scheidungsfolgen (Abs 3) sind keine Sachurteilsvoraussetzungen in dem Sinne, daß der Scheidungsantrag als unzulässig abzuweisen ist, wenn eine dieser Voraussetzungen nicht erfüllt ist (StJSchlosser 1, Rolland 2, Schwab Handbuch Rn 140 u FamRZ 76, 503, Brehm JZ 77, 596, Schlosser FamRZ 78, 319; aA BLAlbers 2 B, Ambrock I 5, Damrau NJW 77, 1169/1174, K. H. Schwab FamRZ 76, 662, Hagena FamRZ 75, 388, Bergerfurth FamRZ 76, 583, Diederichsen NJW 77, 654, Brüggemann FamRZ 77, 10). Wird ein Scheidungsantrag auf § 1566 I BGB gestützt, so wird damit nicht ein besonderes Verfahren der einverständlichen Scheidung eingeleitet, das einen anderen Gegenstand als das streitige Scheidungsverfahren hat (Schlosser FamRZ 78, 319 ff). Der Antragsteller verlangt vielmehr im einverständlichen ebenso wie im streitigen Scheidungsverfahren die Scheidung der Ehe mit der Begründung, daß die Ehe gescheitert sei. Ist ihm der Beweis für das Scheitern nicht gemäß § 1566 I BGB erleichtert, weil die formellen Voraussetzungen des § 630 nicht erfüllt sind, so muß er im einzelnen darlegen, daß die Ehe gescheitert ist, insbesondere daß die Wiederherstellung der ehelichen Lebensgemeinschaft nicht mehr zu erwarten ist. Hierüber ist dann Beweis zu erheben und anschließend eine Sachentscheidung darüber zu treffen, ob der Scheidungsantrag begründet ist oder nicht. So kann jedes Scheidungsverfahren „als einverständliches beginnen und als streitiges enden (Abs 2 S 1) und umgekehrt, ohne daß sich der Gegenstand und die Regeln des Verfahrens ändern" (so Schwab Handbuch Rn 141, Ambrock I 2, Hamburg FamRZ 79, 702; Frankfurt FamRZ 82, 809/811).

4 **III) Inhalt der Antragsschrift:** Über die allgemeinen Anforderungen an den Inhalt der Antragsschrift s § 622 Rn 3 ff. Die zusätzlichen Anforderungen, die Abs 1 stellt, können durch ergänzenden Schriftsatz nachgeholt werden. Notwendig sind folgende Angaben:

5 **1)** die Mitteilung, daß der andere Ehegatte **der Scheidung zustimmen** oder in gleicher Weise die Scheidung beantragen wird. Insoweit knüpft Abs 1 Nr 1 an § 1566 I BGB an, der nur anwendbar ist, wenn beide Ehegatten die Scheidung beantragen oder der Antragsgegner ihr zustimmt. Das Gesetz verlangt nur eine Mitteilung, nicht aber eine vom Antragsgegner unterschriebene Urkunde (Diederichsen NJW 77, 654, Brüggemann FamRZ 77, 9). Hat der andere Ehegatte bereits die Scheidung beantragt oder tut er dies gleichzeitig, so ist die Mitteilung entbehrlich.

6 **2)** Die Antragsschrift muß ferner den übereinstimmenden Vorschlag der Ehegatten zur Regelung der **elterlichen Sorge** und des persönlichen Umgangs des Kindes (Abs 1 Nr 2) und die Einigung der Ehegatten über ihren und ihrer Kinder **Unterhalt** sowie über die **Ehewohnung** und den **Hausrat** (Abs 1 Nr 3) enthalten. Hier soll im Gegensatz zu Abs 1 Nr 1 nicht nur mitgeteilt wer-

den, daß der Antragsgegner zustimmen wird, sondern der gemeinsame Vorschlag und die Einigung sollen in der Antragsschrift enthalten sein, dh eine entsprechende von beiden Ehegatten unterschriebene Urkunde ist beizufügen (Damrau NJW 77, 1171; Diederichsen NJW 77, 654; ThP 2b, c; Rolland 3b; BLAlbers 2 Ac; aA Bastian 6; Bergerfurth FamRZ 76, 583 Fußn 9a; Sedemund-Treiber DRiZ 76, 337 Fußn 67). Hinsichtlich des persönlichen Umgangs müssen die Einzelheiten festgelegt sein; es genügt nicht, daß ein großzügiges Besuchsrecht zugesichert wird (Diederichsen aaO). Auch die Höhe des Unterhalts und die Einzelheiten der Wohnungs- und Hausratsauseinandersetzung müssen abschließend geregelt sein.

Von dem Sorgerechtsvorschlag der Eltern hat das FamG abzuweichen, wenn das Kindeswohl dies erfordert (§ 1671 III BGB). Vereinbaren die Ehegatten einen zu niedrigen Kindesunterhalt, so kann das Vormundschaftsgericht dem Elternteil, in dessen Obhut sich das Kind befindet, dessen Vertretung entziehen (§§ 1629 II 3, 1796 BGB). Im übrigen kann das Gericht nicht eingreifen, wenn es die Einigung der Eheleute über die Scheidungsfolgen für ungerecht oder unzweckmäßig hält. In Betracht kommt hier die Beiordnung eines Rechtsanwalts (§ 625), falls ein Ehegatte nicht durch einen solchen vertreten ist. 7

IV) Widerrufliche Zustimmung zur Scheidung (Abs 2): Die Zustimmung und ihr Widerruf sind materiell-rechtliche Willenserklärungen und Prozeßhandlungen, denn ihre Voraussetzungen und Wirkungen regelt die ZPO. Sie können zu Protokoll der Geschäftsstelle eines jeden Amtsgerichts erklärt werden (§ 129a I). Infolgedessen unterliegen sie nicht dem Anwaltszwang (§ 78 III). Jedoch kann auch der Prozeßbevollmächtigte die Erklärung abgeben. Bis zum Schluß der mündlichen Verhandlung, auf die das Urteil ergeht, kann die Zustimmung widerrufen werden (Abs 2 S 1). Der Antragsgegner ist durch sie nicht gebunden. Aus diesem Grund hat sich das Gericht bei der Anhörung der Eheleute (§ 613 I) zu vergewissern, ob der Antragsgegner weiterhin zustimmt. Der Widerruf hindert den Antragsgegner nicht daran, im selben Verfahren später erneut der Scheidung zuzustimmen. 8

Der Widerruf ist auch in der **Berufungs- und Revisionsinstanz** zulässig. Ein Ehegatte, der bisher der Scheidung zugestimmt hat, kann gegen den Scheidungsausspruch ein Rechtsmittel einlegen und gleichzeitig die Zustimmung widerrufen; s § 629a Rn 3. 9

Hat der Antragsgegner nicht der Scheidung zugestimmt, sondern in gleicher Weise wie der Antragsteller die Scheidung beantragt, so steht seine Erklärung, er nehme den Scheidungsantrag zurück, dem Widerruf der Zustimmung gleich. Ob zur Wirksamkeit der Rücknahme die Einwilligung der Gegenseite erforderlich ist (§ 269 I), ist in diesem Zusammenhang unerheblich. Entscheidend ist allein, daß der Antragsgegner den Scheidungsantrag nicht mehr stellt. 10

V) Die **Einigung über die Scheidungsfolgen** kann **widerrufen** werden, wenn sie für den Fall der einverständlichen Ehescheidung erfolgt ist (AG Charlottenburg FamRZ 81, 787). Da die Zustimmung zur Scheidung frei widerruflich ist, kann die Scheidungspartei auch ein Geringeres tun und nur die Einigung widerrufen. Unwiderruflich sind jedoch Scheidungsfolgenverträge, die für den Scheidungsfall schlechthin, also auch für den Fall der streitigen Scheidung, geschlossen worden sind. Eine Art befristete Widerrufsmöglichkeit enthält § 1408 II 2 BGB: Ein Vertrag über den Ausschluß des Versorgungsausgleichs wird unwirksam, wenn innerhalb eines Jahres nach Vertragsschluß ein Antrag auf Scheidung der Ehe gestellt wird. Den übereinstimmenden Vorschlag zur Regelung der elterlichen Sorge und des Umgangs kann jeder Ehegatte widerrufen (Zweibrücken FamRZ 86, 1038 mwN; Kropholler NJW 84, 271 ff; Damrau NJW 77, 1172 f; weitere Nachweise s Hamm FamRZ 85, 637; anders Köln FamRZ 82, 1237). Da die Ehegatten hierüber nicht disponieren können (s § 621 Rn 23), sind sie an ihren Vorschlag auch nicht gebunden. 11

VI) Vollstreckbare Schuldtitel über Unterhalt, Ehewohnung und Hausrat: Ein solcher Titel ist entbehrlich, wenn die Ehegatten keine gemeinsamen minderjährigen Kinder haben, gegenseitig auf Unterhalt verzichten und erklären, daß Ehewohnung und Hausrat bereits geteilt seien; denn in diesem Fall ist nichts zu vollstrecken. Die Ehegatten können einen entsprechenden Vertrag schließen und dies dem Gericht bekanntgeben. Da der Vertrag keine Prozeßhandlung ist, brauchen sie beim Vertragsschluß nicht durch Rechtsanwälte vertreten zu sein. In allen anderen Fällen kommen als Schuldtitel in Betracht: 12

1) Notarielle Urkunden über Unterhalts- und andere Geldansprüche, in denen sich ein Ehegatte der sofortigen Zwangsvollstreckung unterwirft (§ 794 I Nr 5). Wenn die Leistung nur für den Fall der einverständlichen Scheidung versprochen wird, steht dies der Errichtung einer solchen Urkunde nicht entgegen. Der Schuldner kann sich auch wegen bedingter Ansprüche der Zwangsvollstreckung unterwerfen. Die Räumung und Herausgabe der Ehewohnung und die Herausgabe von Hausrat können jedoch nicht Gegenstand einer solchen Urkunde sein. 13

14 **2) Vergleiche,** die vor einer durch die Landesjustizverwaltung eingerichteten oder anerkannten **Gütestelle** für den Scheidungsfall abgeschlossen worden sind (§ 794 I Nr 1), zB vor der öffentlichen Rechtsauskunft- und Vergleichsstelle in Hamburg.

15 **3) Vergleiche,** die vor dem **Gericht der Scheidungssache** geschlossen worden sind. **a)** Sie können auch im Güteverfahren geschlossen werden. Der Familiensenat eines OLG kann die Ehegatten für einen Güteversuch vor einen beauftragten Richter verweisen (§ 279 I 2). Nimmt dieser einen Vergleich zu Protokoll, so brauchen die **Parteien** sich hierbei nicht **durch Rechtsanwälte vertreten** zu lassen (§ 78 III). Nicht durchgesetzt hat sich die Auffassung, daß auch das FamG Scheidungsfolgenvergleiche protokollieren kann, ohne daß Rechtsanwälte dabei mitwirken (Philippi FamRZ 82, 1083 mwN). Nach BGH FamRZ 86, 458 bestand hierfür bis zur Eherechtsreform von 1976 Anwaltszwang. Das neue Recht unterscheidet sich insoweit kaum vom alten. Es kann nicht empfohlen werden, Scheidungsfolgenvergleiche ohne Mitwirkung zweier Anwälte zu protokollieren; Schwierigkeiten bei der Vollstreckung sind zu erwarten (s Zweibrücken FamRZ 85, 1071; AG Hofgeismar FamRZ 84, 1027).

16 **b) In einem Scheidungsfolgenvergleich können** alle Angelegenheiten **geregelt werden,** die **Folgesachen** iS des § 623 I sein können. Daneben können auch Vereinbarungen über sonstige Streitpunkte getroffen werden, die nicht in die Zuständigkeit des Familiengerichts fallen, zB über die Auseinandersetzung von Grundstücksmiteigentum, das Innenverhältnis von Gesamtschuldnern usw (BGHZ 48, 336, München NJW 68, 945 f, Hamm NJW 68, 1241). Das Scheidungsgericht darf aber keinen Vergleich protokollieren, in dem ausschließlich andere Gegenstände als Folgesachen geregelt werden (KG Rpfleger 78, 389 f). Ein Scheidungsfolgenvergleich erledigt das Verfahren, soweit die Eheleute über dessen Gegenstände disponieren können. Dies ist nicht der Fall, soweit die Eheleute sich über die **elterliche Sorge** (Schleswig SchlHA 80, 79), den Umgang des Kindes mit dem nichtsorgeberechtigten Elternteil, die Herausgabe des Kindes und den **Versorgungsausgleich** einigen. Hinsichtlich der elterlichen Sorge haben sie nur ein Vorschlagsrecht (§ 1671 III 1 BGB). Von der Billigung dieses Vorschlages durch das Familiengericht hängt auch die Regelung des Umgangs und die Herausgabe ab. Vergleiche über den Versorgungsausgleich bedürfen der Genehmigung des Familiengerichts (§ 1587 o II BGB).

Soweit die vermögensrechtlichen Scheidungsfolgen durch Vergleich geregelt worden sind, ist dieser ein **Vollstreckungstitel** iS des § 794 I Nr 1 (Blomeyer Rpfleger 72, 385/387). Ist der Vergleich für den Fall der Ehescheidung geschlossen worden, so wird eine **vollstreckbare Ausfertigung** erst erteilt, wenn die Rechtskraft des Scheidungsausspruchs dem Rechtspfleger durch Rechtskraftzeugnis nachgewiesen wird (§ 726 I).

17 Enthält ein für den Scheidungsfall geschlossener Vergleich eine **Auflassung,** so ist diese unwirksam, weil sie unter einer Bedingung erfolgt (§ 925 II BGB). Erklären die Ehegatten nach Verkündung des Verbundurteils, daß sie auf Rechtsmittel und Anschlußrechtsmittel hinsichtlich des Scheidungsausspruchs verzichten, so erwächst dieser in Rechtskraft (vgl § 629 a Rn 22). Bestätigen die geschiedenen Ehegatten nach dem Rechtsmittelverzicht die Auflassung zu gerichtlichem Protokoll, so wird sie wirksam (BayObLG NJW 72, 2131 f).

18 **4) Unterhaltsurteile** kommen als Schuldtitel iS des Abs 3 nur beschränkt in Betracht (nach ThP 5 c, Diederichsen NJW 77, 655, Damrau NJW 77, 1173 sogar überhaupt nicht) Unterhaltstitel zugunsten eines Ehegatten überdauern die Scheidung nicht, § 623 Rn 14. Die Ehegatten können auch nicht vereinbaren, daß der Unterhaltstitel nach der Scheidung fortgelten soll (BGH FamRZ 82, 782/784 = MDR 1005). Ist über den Unterhaltsanspruch eines gemeinsamen minderjährigen Kindes gegen einen der Ehegatten bereits vor der Scheidung durch Urteil entschieden, so gilt dieses nach der Rechtskraft des Scheidungsausspruchs weiter (§ 623 Rn 13). Jedoch entsteht in jedem Fall die Frage, ob sich die für die Verurteilung oder die Bemessung der Unterhaltshöhe maßgeblichen Verhältnisse durch die Ehescheidung ändern. Nur wenn die Eheleute das Urteil auch für die Zeit nach der Scheidung als maßgeblich anerkennen, ist es als Schuldtitel im Sinn des Abs 3 geeignet (StJSchlosser 4).

19 **VII)** Das **Verfahren der einverständlichen Scheidung** unterscheidet sich im übrigen nicht von den sonstigen Scheidungsverfahren. Das Gericht entscheidet von Amts wegen über die Folgesachen elterliche Sorge und Versorgungsausgleich. Folgt es dem übereinstimmenden Vorschlag der Ehegatten zur Regelung der elterlichen Sorge nicht, so gilt § 627. Dritte sind, soweit notwendig, zu beteiligen; s § 624 Rn 16. Haben sich die Ehegatten in der Weise verglichen, daß einer von ihnen das Mietverhältnis hinsichtlich der bisher gemeinsam gemieteten Ehewohnung fortsetzen soll, so ist der Vermieter zu beteiligen. Das Gericht hat eine rechtsgestaltende Entscheidung über die Fortsetzung des Mietverhältnisses durch den einen Ehegatten zu treffen (§ 5 HausratsVO), und zwar zugleich mit dem Scheidungsausspruch im Verbundurteil. Der Vergleich zwischen den Eheleuten ersetzt diese Entscheidung nicht. Güterrechtliche Ansprüche und der

schuldrechtliche Versorgungsausgleich sind nach § 623 I 1 auf Antrag eines Ehegatten mit der Scheidungssache zu verbinden. Insoweit kann trotz einverständlicher Scheidung auch streitig verhandelt und entschieden werden.

VIII) Gebühren: a): des **Gerichts:** KV Nrn 1110 ff. S dazu Rn 23 zu § 606. – **b)** des **Anwalts:** Neben der (10/10) Prozeßgebühr erhält der RA des Antragstellers, der zur Scheidung einschließl der Folgesachen verhandelt, die (10/10) Verhandlungsgebühr; Hamburg NJW 78, 1443 u Ziemer NJW 78, 1419. Auch der RA des Antragsgegners kann die 10/10 Verhandlungsgebühr verdienen, wenn er im Termin zum Vorbringen in der Antragsschrift Stellung nimmt. Bezügl der Beweisgebühr s § 613 Rn 15. – **c) Prozeßkostenhilfe:** Die für das Verfahren der einverständl Scheidung bewilligte Prozeßkostenhilfe erstreckt sich auch auf die Weiterführung des Rechtsstreits als streitige Ehesache, wenn der andere Ehegatte sein ursprüngl erklärtes Einverständnis widerruft. 20

Vierter Titel

VERFAHREN AUF NICHTIGERKLÄRUNG UND AUF FESTSTELLUNG DES BESTEHENS ODER NICHTBESTEHENS EINER EHE

Vorbemerkungen

Die in der Überschrift genannten Klagen sind **Ehesachen** (§ 606 I 1), für die die §§ 606–609, 611–613, 615, 616 I, 617, 618, 620–620g gelten. Teilweise verdrängen die §§ 631–638 als **leges speciales** die allgemeinen Vorschriften: § 610 ist ersetzt durch § 633, § 619 ist modifiziert durch § 636. § 616 II ist nicht anwendbar: Tatsachen und Beweismittel, die den geltend gemachten Nichtigkeitsgrund stützen, sind von Amts wegen zu berücksichtigen, sogar gegen den Willen der Parteien. 1

Klage und Widerklage behalten ihre herkömmliche Bezeichnung. Die Ehegatten müssen sich durch Rechtsanwälte vertreten lassen (§ 78 II 1 Nr 1). **Zuständigkeit:** § 606, namentlich Rn 1, 2, § 606 a, bei Doppelehe s § 632 Rn 2. Die Anhängigkeit einer Ehenichtigkeits- oder -feststellungsklage führt zu einer **Zuständigkeitskonzentration** beim FamG der Ehesache (§ 621 II, III, s dort Rn 85–89, § 64 k II FGG, § 11 III HausratsVO), nicht aber zum Verhandlungs- und Entscheidungsverbund (§ 623 Rn 3). Im **Urteil** darf auf Tatbestand und Entscheidungsgründe nicht verzichtet werden (§ 313 a II Nr 1). **Kostenvorschrift:** § 93 a III, IV. **Instanzenzug:** Rn 1 vor § 606. 2

631 *[Nichtigkeitsklage]* **Für die Nichtigkeitsklage gelten die in den folgenden Paragraphen enthaltenen besonderen Vorschriften.**

Aussetzung von Verfahren, in denen es auf die Ehenichtigkeit ankommt: § 151. Streit darüber, ob eine **Nichtehe** (Eheschließung ohne Standesamt) vorliegt, fällt nicht unter § 631, sondern unter § 638 (Verbindung beider Klagen möglich: §§ 633, 638). 1

Niemand kann sich auf die **Nichtigkeit einer Ehe** berufen, solange diese nicht durch rechtskräftiges (§ 704 II) Urteil für nichtig erklärt worden ist (§ 23 EheG). Unheilbar nichtig sind Ehen zwischen Geschwistern oder Eltern und Abkömmlingen (§ 21 EheG) und Doppelehen (§ 20 I EheG, Ausnahmen § 20 II, 38 EheG). Doppelehen werden nicht dadurch geheilt, daß die ältere Ehe durch Tod oder Scheidung endet (BGHZ 30, 141; FamRZ 64, 418; BayObLG FamRZ 76, 700). Die Nichtigkeitsgründe Formmangel, Geschäftsunfähigkeit, Bewußtlosigkeit, vorübergehende Geistesstörung und Schwägerschaft sind heilbar (§§ 17 II, 18 II, 21 II EheG). 2

Der BGH hat früher Nichtigkeitsklagen bigamischer Ehegatten das **Rechtsschutzbedürfnis** abgesprochen, wenn der Kläger die erste Ehe nur als Vorwand benutzte, um sich aus sittlich verwerflichen Gründen von der zweiten zu lösen (BGHZ 30, 140/144; FamRZ 75, 332 = NJW 872 mwN). Seitdem 1977 die Scheidung erleichtert worden ist, kommen solche Klagen wohl nicht mehr vor. Wird nach Schließung einer Doppelehe die erste Ehe geschieden, so entfällt dadurch im Regelfall nicht das Rechtsschutzinteresse für eine Klage des StA oder des früheren Ehegatten auf Nichtigerklärung der Doppelehe (BGH FamRZ 86, 879). Das folgt aus den §§ 23, 26 III EheG. Ohne Nichtigkeitsurteil kann nicht festgestellt werden, ob der doppelt verheiratete Ehegatte berechtigt ist, den Unterhalt oder Versorgungsausgleich des geschiedenen Gatten der ersten Ehe wegen entsprechender Ansprüche des Partners der Doppelehe zu kürzen; s § 26 III EheG. Ist dieser Ehegatte weder unterhalts- noch versorgungsausgleichsberechtigt, so kann das 3

Rechtsschutzinteresse für eine Nichtigkeitsklage des StA fehlen, wenn die Zweitehe intakt ist (Gernhuber FamR § 13 III 2 mwN). Die Vernichtung dieser Ehe hätte keinen Sinn; die Bigamisten könnten sofort wieder heiraten.

4 **Verfahren** und anwendbare Bestimmungen s Rn 1, 2 vor § 631. Erhebt der StA oder einer der Ehegatten Klage auf Vernichtung einer Doppelehe, so ist entspr § 640 e dem Ehegatten der ersten Ehe rechtliches Gehör (Art 103 I GG) zu gewähren (BVerfG JZ 67, 442). Über die Anwendung ausländischen Rechts s RGZ 151, 226 (Ungültigerklärung).

5 **Gebühren: 1)** des **Gerichts:** KV Nrn 1010 ff. Soweit der Staatsanwalt als Partei unterliegt (§ 637), kommen Gerichtskosten nicht zur Erhebung, weil die Staatskasse Kostenbefreiungen nach § 2 GKG genießt. – Für das Säumnisverfahren s Rn 5 zu § 635. – **2)** des **Anwalts:** wie im ordentlichen Prozeß nach §§ 31 ff BRAGO; doch löst auch eine nichtstreitige Verhandlung durch den Prozeßbevollmächtigten des **Klägers** die volle Verhandlungsgebühr aus, unabhängig davon, ob der Beklagte erscheint oder nicht (§ 33 I 2 Nr 3 BRAGO). Kläger in diesem Sinne ist auch der Widerkläger, **nicht** aber der Rechtsmittelkläger. Dem RA des Beklagten kann die volle Verhandlungsgebühr nur erwachsen, wenn er streitig verhandelt (§§ 31 I Nr 2, 33 I 1 BRAGO) oder wenn es sich um einen Fall des § 33 I 2 Nr 1 u 2 BRAGO handelt; Hartmann, KostGes BRAGO § 33 „Ehesachen". – Wegen des Säumnisverfahrens s ebenfalls Rn 5 zu § 635.

6 **Aktenbehandlung: Eintragung: a)** beim **AG** im Register für Familiensachen unter „F (FH)", AktO § 13a Nr 1, Muster 22; **b)** beim **OLG** im Berufungs- u Beschwerderegister für Familiensachen unter „UF (UFH), WF", AktO § 39a Nr 1, Muster 25a; **c)** bei der **Staatsanwaltschaft:** beim **LG,** soweit überhaupt eine Registrierung erfolgt (§ 46 Nr 1 AktO), im Register für Zivilsachen „Hs" nach Muster 48 AktO; beim **OLG** im Register für Zivilsachen „Rs" nach Muster 49 AktO.

632 *[Klagebefugnis]*

(1) Die Nichtigkeitsklage des Staatsanwalts ist gegen beide Ehegatten und, wenn einer von ihnen verstorben ist, gegen den überlebenden Ehegatten zu richten. Die Nichtigkeitsklage des einen Ehegatten ist gegen den anderen Ehegatten zu richten.

(2) Im Falle der Doppelehe ist die Nichtigkeitsklage des Ehegatten der früheren Ehe gegen beide Ehegatten der späteren Ehe zu richten.

§ 24 EheG

(1) In den Fällen der Nichtigkeit kann der StA und jeder der Ehegatten, im Falle des § 20 auch der Ehegatte der früheren Ehe, die Nichtigkeitsklage erheben. Ist die Ehe aufgelöst, so kann nur der StA die Nichtigkeitsklage erheben.

(2) Sind beide Ehegatten verstorben, so kann eine Nichtigkeitsklage nicht mehr erhoben werden.

1 **I)** § 24 EheG regelt die **Aktivlegitimation. 1)** Klageberechtigt ist auch der **Ehegatte,** der bereits bei der Eheschließung bösgläubig war. Seine Klage kann aber wegen Rechtsmißbrauchs unzulässig sein (§ 631 Rn 3). Die Aktivlegitimation des Ehegatten erlischt durch Scheidung oder Aufhebung der nichtigen Ehe.

2 **2)** Klageberechtigt ist bei einer **Doppelehe** auch der frühere Ehegatte (§ 24 I EheG). Seine Aktivlegitimation erlischt nicht mit der Scheidung der früheren Ehe (BGH FamRZ 86, 879; Staudinger/Dietz, 11. Aufl § 24 EheG Rn 23), wohl aber mit der Auflösung der Doppelehe. **Gerichtsstand** ist das FamG, in dessen Bezirk die beklagten Ehegatten ihren gemeinsamen gewöhnlichen Aufenthalt haben (BGH NJW 76, 1590); auch sonst gilt § 606. Ist es zur Doppelehe deswegen gekommen, weil ein Ehegatte der früheren Ehe fälschlich für tot erklärt wurde, so gelten die §§ 38, 39 EheG; der **zu Unrecht für tot Erklärte** kann bei Schlechtgläubigkeit beider Ehegatten der neuen Ehe auf deren Nichtigerklärung klagen. Der gutgläubig wiederverheiratete Partner der früheren Ehe kann sich von der neuen Ehe durch Aufhebungsklage lösen.

3 **3)** Der **Staatsanwalt** ist stets klageberechtigt (§ 24 I 1 EheG). Für ihn besteht kein Anwaltszwang (BGHZ 23, 383). Ob er Nichtigkeitsklage erhebt, steht in seinem Ermessen. Zur Klage verpflichtet ist er nach Art 6 I GG bei Bigamie; es sei denn, die erste Ehe ist aufgelöst; s § 631 Rn 3. Ist die nichtige Ehe aufgelöst, so kann nur der Staatsanwalt Nichtigkeitsklage erheben (§ 24 I 2 EheG). Dritte können die Nichtigkeitsklage nicht erheben, sondern sich nur an den StA wenden, wenn sie ein rechtliches Interesse an der Ehenichtigkeit haben. Lehnt dieser die Klageerhebung ab, so ist nur Dienstaufsichtsbeschwerde möglich, nicht aber ein Antrag auf gerichtliche Entscheidung (§ 23 EGGVG Rn 28; Hamm NJW 65, 1241; KG FamRZ 86, 806; anders Lüke JuS 61, 210 f). Die Nichtigkeitsklage des StA ist nach § 24 EheG auch nach Auflösung der Ehe zulässig, solange noch einer der Ehegatten lebt. Nach dem Tode beider Ehegatten ist die Klage unzulässig (§ 24 II EheG). Dann kann sich niemand mehr auf die Nichtigkeit der Ehe berufen (Kanka DR 39, 1369).

4 **II)** § 632 regelt die **Passivlegitimation.** Werden beide Ehegatten verklagt, so sind sie notwendige Streitgenossen (§ 62, BGH NJW 76, 1590), auch wenn sie einander widersprechende Anträge

stellen. Schließt sich einer von ihnen dem Antrag des Staatsanwalts an, so wird er nicht dessen Streitgehilfe (München NJW 57, 954).

633 *[Klageverbindung. Widerklage]*

(1) Mit der Nichtigkeitsklage kann nur eine Klage auf Feststellung des Bestehens oder Nichtbestehens einer Ehe zwischen den Parteien verbunden werden.

(2) Eine Widerklage ist nur statthaft, wenn sie eine Nichtigkeitsklage oder eine Feststellungsklage der im Absatz 1 bezeichneten Art ist.

I) Klageverbindung s § 610 Rn 1, 2, 6. Kein Verbundverfahren: § 623 Rn 3. 1

II) Widerklage: 1) Gegen eine Nichtigkeitsklage kann **eine auf einen anderen Nichtigkeitsgrund gestützte Widerklage** erhoben werden. Streitgegenstand ist nicht die Vernichtbarkeit der Ehe überhaupt, sondern nur der klageweise geltend gemachte Nichtigkeitsgrund (§ 636a Rn 2). 2

2) Hat der **Staatsanwalt** oder Ehegatte der früheren Ehe **Nichtigkeitsklage** gegen in Bigamie lebende Ehegatten erhoben, so kann keiner von diesen Bestandsfeststellungswiderklage erheben; denn Gegner einer solchen Klage kann nur der andere Ehegatte sein (§ 638 Rn 2). Wohl aber kann die gegen beide Ehegatten erhobene Nichtigkeitsklage mit einer Bestandsfeststellungsklage des einen Ehegatten gegen den anderen verbunden werden, ebenso mit einer solchen Nichtigkeitsklage. Das Rubrum lautet dann: In der Ehesache 1. des Staatsanwalts gegen die Eheleute X, 2. des Ehemannes X gegen die Ehefrau X. 3

III) Unzulässige Verbindungen: 1. Klagen, die verschiedene Ehen betreffen. **2.** Da Nichtigkeitsklage und Klage auf Feststellung des Bestehens einer Ehe einander widersprechen, kann niemand beide Klagen in zulässiger Weise nebeneinander erheben, es sei denn, die Feststellungsklage wird hilfsweise erhoben oder es wird nur auf Feststellung geklagt, daß die Ehe bis zur Nichtigerklärung bestanden hat. **3.** Klagt jemand auf Feststellung, daß eine Ehe nicht besteht, und auf Nichtigerklärung, so kann die Nichtigkeitsklage nur hilfsweise erhoben werden. 4

IV) Zum **Gerichtsstand** bei gegenseitigen, bei verschiedenen Gerichten erhobenen Klagen s § 606 II 3, 4. 5

634 *[Mitwirkung des Staatsanwalts]*

Der Staatsanwalt kann, auch wenn er die Klage nicht erhoben hat, den Rechtsstreit betreiben, insbesondere selbständige Anträge stellen und Rechtsmittel einlegen.

Erhebt ein Ehegatte Nichtigkeits- oder Ehefeststellungsklage, so ist der StA zu benachrichtigen (VII 2 MiZi), um ihm die **Mitwirkung** nach den §§ 634, 638 zu ermöglichen. Er kann nach seinem Ermessen, das nicht nach § 23 EGGVG überprüfbar ist (§ 632 Rn 3) selbständig den Rechtsstreit betreiben. Er kann auch einer Partei als notwendiger Streitgenosse (§ 62) beitreten (BLAlbers, ThP, anders StJSchlosser 1). Er kann für und gegen den Bestand der Ehe tätig werden. Er kann Stellung nehmen und in der Verhandlung Sachanträge verlesen (§ 297). 1

Abweichend vom Strafprozeß, in der **Rechtsmittel** beim iudex a quo einzulegen sind, kann hier nur der dem Rechtsmittelgericht zugeordnete StA Berufung oder Revision einlegen (RGZ 18, 407). Entspricht das Urteil des FamG dem Antrag des StA, so kann der Generalstaatsanwalt beim OLG gleichwohl Berufung einlegen (RGZ 169, 403). Hatte der StA sich bereits in der Vorinstanz beteiligt, so beginnt die Rechtsmittelfrist mit der Zustellung des Urteils an ihn zu laufen. Hatte er sich in der Vorinstanz nicht beteiligt, so muß er die für die Parteien laufenden Rechtsmittelfristen einhalten (RG JW 31, 1337; BayObLG FamRZ 66, 640). Recht des Generalbundesanwalts auf Anhörung durch den BGH: § 138 II GVG. 2

635 *[Nichtigkeitsklage. Versäumnisverfahren]*

Das Versäumnisurteil gegen den im Termin zur mündlichen Verhandlung nicht erschienenen Kläger ist dahin zu erlassen, daß die Klage als zurückgenommen gelte.

I) Grundlagen: Die Parteien können nicht über den Bestand ihrer Ehe disponieren; deshalb sind bei Nichtigkeitsklagen, positiven und negativen Bestandsfeststellungsklagen klagabweisende Versäumnisurteile ausgeschlossen. Diese Regelung verhindert eine Disposition über den Bestand der Ehe durch einverständliche Herbeiführung der Versäumnisfolgen des § 330. 1

2 **II) Säumnis in 1. Instanz: 1)** Für die **Säumnis des Klägers** treffen die §§ 635, 638 eine Regelung, die von dem in Scheidungssachen anwendbaren § 330 abweicht. Durch Versäumnisurteil wird die Klage für zurückgenommen erklärt. Der Antrag des Beklagten auf Versäumnisurteil enthält seine Zustimmung (§ 269) zur Klagerücknahme. Die Rechtshängigkeit wird so beendet; wegen des öffentlichen Interesses daran, daß über den Bestand der Ehe weiterhin Feststellungen möglich bleiben, kann die Klage erneuert werden. Für den säumigen Widerkläger gilt Entsprechendes. Auf Antrag ist auch Aktenlageentscheidung möglich, wenn schon einmal mündlich verhandelt wurde und der Sachverhalt hinreichend aufgeklärt ist (§ 331 a). Wegen § 62 kein Versäumnisurteil gegen den Kläger, wenn ihm der Staatsanwalt als notwendiger Streitgenosse (§ 634 Rn 1) beigetreten ist (aM StJSchlosser 1). – Klageverzicht (§ 306) gilt entspr § 635 als Klagerücknahme.

3 **2)** Gegen den **Beklagten** ist ein Versäumnisurteil schon nach § 612 IV ausgeschlossen, gegen den Widerbeklagten nach § 612 V.

4 **III) Säumnis in der Rechtsmittelinstanz: 1.** des **Rechtsmittelklägers** s § 612 Rn 8. **2.** des **Rechtsmittelbeklagten** (bei zulässigem Rechtsmittel): **a)** Da § 635 nur für die 1. Instanz gilt und die Geständnisfiktion des § 542 II durch § 617 ausgeschlossen wird, kann gegen den **Kläger,** wenn er als Berufungsbeklagter ausbleibt, kein Versäumnisurteil ergehen; es ist einseitig streitig zu verhandeln (R-Schwab § 166 V 10 b). Dagegen wendet StJSchlosser 2 u § 612 Rn 13 § 542 II an. Stuttgart NJW 76, 2305 wendet hier § 635 an (Versäumnisurteil auf Zurücknahme der Klage, so daß das Urteil 1. Instanz entfiele; ebenso BLAlbers; dagegen Prütting ZZP 91, 204; ThP 2 b, bb). **b)** Wenn der **Beklagte** als Rechtsmittelbeklagter ausbleibt, kann gegen ihn wegen § 612 IV kein Versäumnisurteil ergehen; auch hier ist einseitig streitig zu verhandeln.

5 **IV) Gebühren: 1)** des **Gerichts:** Keine. Da gegen den säumigen Beklagten (Widerbeklagten) ein Versäumnisurteil unzulässig ist (s Rn 3), wird fingiert, daß der Kläger (Widerkläger) einseitig streitig verhandelt hat. Das in diesem Fall ergehende kontradiktorische Endurteil ist gebührenpflichtig. Als Urteilsgebühr ist der zweifache Tabellensatz (KV Nr 1016) zu erheben, weil die schriftl Begründung nicht wegfallen kann (§ 313a II Nr 1). – In der Rechtsmittelinstanz wird gegen den ausbleibenden Rechtsmittelkläger ein auf Zurückweisung seines Rechtsmittels lautendes gebührenfreies Versäumnisurteil erlassen. Dagegen kommt beim Ausbleiben des Rechtsmittelbeklagten immer nur eine einseitige streitige Verhandlung und damit ein kontradiktorisches Endurteil in Betracht (s Rn 4), das der Gebührenpflicht nach KV Nr 1026 (zweifacher Tabellensatz) iVm § 313a II Nr 1 unterliegt. Folgt man der Ansicht, daß im Fall des Ausbleibens des Berufungsbeklagten als Kläger der 1. Instanz Versäumnisurteil auf Zurücknahme der Klage zu ergehen hätte (s Rn 4), so wäre das Urteil als (echtes) Versäumnisurteil gegen die säumige Partei gebührenfrei. Für die Gebührenerhebung ist allein maßgebend, ob das Gericht seine Entscheidung als kontradiktorisches Urteil oder als Versäumnisurteil erläßt (vgl Bamberg JurBüro 77, 242).

2) des **Anwalts:** Der prozeßbevollmächtigte RA des Berufungs- oder Revisionsklägers erhält die volle (13/10) Verhandlungsgebühr für einen Antrag, gegen den Gegner ein Versäumnisurteil zu erlassen (§ 33 I 2 Nr 2 BRAGO). Hatte der RA schon vorher die volle Verhandlungsgebühr verdient, so erhält er keine zweite Verhandlungsgebühr (§ 13 II BRAGO). Wird Einspruch gegen das Versäumnisurteil eingelegt und nachfolgend zur Hauptsache verhandelt, entsteht für die Verhandlung, auf die das Versäumnisurteil ergangen ist, nachträglich eine halbe Verhandlungsgebühr und für die dem Einspruch folgende Verhandlung zur Hauptsache eine neue volle Verhandlungsgebühr (s dazu Hartmann, KostGes BRAGO § 38 Anm 3 B c bb; Riedel/Sußbauer, BRAGO § 38 Rdnr 10–12 und 15).

3) Streitwert: s § 3 Rn 16 „Ehesache".

636 *[Fortsetzung des Verfahrens bei Tod eines Ehegatten]*

Hat der Staatsanwalt die Nichtigkeitsklage zu Lebzeiten beider Ehegatten erhoben, so ist, wenn ein Ehegatte stirbt, § 619 nicht anzuwenden. Das Verfahren wird gegen den überlebenden Ehegatten fortgesetzt.

1 § 636 ist auch **anwendbar,** wenn nur ein Ehegatte Berufung gegen ein Urteil einlegt, das der Nichtigkeitsklage des StA gegen beide Ehegatten stattgibt. Stirbt der Berufungskläger, so führt die notwendige Streitgenossenschaft beider Ehegatten (s § 632 Rn 4) zur Fortsetzung des Verfahrens gegen den Überlebenden; denn dieser ist Partei des Berufungsverfahrens; s § 62 Rn 32.

2 In folgenden Fällen gilt nicht § 636, sondern § 619: **1.** wenn nach Fortsetzung des Verfahrens gegen den überlebenden Ehegatten auch dieser stirbt, **2.** bei Klagen, die der StA von vornherein nur gegen den überlebenden Ehegatten gerichtet hatte (§ 632 I 1), **3.** bei Klagen eines Ehegatten gegen den anderen (§ 632 I 2), **4.** bei Klagen des Ehegatten der früheren Ehe gegen die Partner der Doppelehe (§ 632 II): hier erledigt sich die Hauptsache sowohl durch den Tod des Klägers als auch durch denjenigen eines der Beklagten (Fechner JW 38, 2115).

3 **Analogie:** Hatte sich der Staatsanwalt zu Lebzeiten beider Ehegatten am Verfahren beteiligt (§ 634), so ist es prozeßökonomisch geboten, § 636 entsprechend anzuwenden, wenn der Staatsanwalt das Verfahren fortsetzen will; anderenfalls § 619 (StJSchlosser 5).

636 a *[Umfang der Rechtskraft]*
Das auf eine Nichtigkeitsklage ergehende Urteil wirkt, wenn es zu Lebzeiten beider Ehegatten oder, falls der Staatsanwalt die Nichtigkeitsklage erhoben hatte, des Längstlebenden von ihnen rechtskräftig geworden ist, für und gegen alle.

Das Urteil, das eine Ehe für nichtig erklärt, ist ein **Gestaltungsurteil** und wirkt aus diesem Grunde für und gegen alle. Insofern sind die §§ 636 a, 638 S 2 Ausdruck eines allgemein gültigen Rechtsgrundsatzes, der für alle Gestaltungsurteile gilt (RSchwab § 95 III 1). Daß die Gestaltungswirkung nur eintritt, wenn das Urteil zu Lebzeiten beider Ehegatten, oder, falls der StA die Nichtigkeitsklage erhoben hatte, zu Lebzeiten des längstlebenden Gatten rechtskräftig wird, beruht auf den §§ 619, 636 ZPO. Hiernach erledigt sich die Nichtigkeitsklage in der Hauptsache, wenn ein Ehegatte stirbt, bevor das Urteil rechtskräftig ist. Bei der Nichtigkeitsklage des StA erledigt es sich mit dem Tod des längstlebenden Gatten. 1

Anders als bei sonstigen Gestaltungsklagen wirkt auch ein **klagabweisendes Sachurteil** für und gegen alle, obwohl es die Rechtslage nicht umgestaltet. Es hindert auch andere Klageberechtigte (§ 632) daran, denselben Nichtigkeitsgrund noch einmal geltend zu machen. Nichtigkeitsgründe (§ 631 Rn 2), auf die die abgewiesene Klage nicht gestützt war, werden nicht verbraucht; Streitgegenstand ist nur der geltend gemachte Nichtigkeitsgrund (StJSchlosser § 611 Rn 5, str). War die Nichtigkeitsklage **als unzulässig abgewiesen** worden (zB mangels Rechtsschutzbedürfnisses: § 631 Rn 3), so kann sie wiederholt werden, wenn das Prozeßhindernis weggefallen ist (BGH NJW 64, 1853; Schlosser Gestaltungsklagen 402). 2

Ein Urteil, das der Klage stattgibt, vernichtet die Ehe rückwirkend. Materiellrechtlich wird dieser Grundsatz durch die §§ 1591 I 1, 1719 I 1 BGB, 26 EheG durchbrochen. 3

637 *[Kosten bei Klage des Staatsanwalts]*
In den Fällen, in denen der als Partei auftretende Staatsanwalt unterliegt, ist die Staatskasse zur Erstattung der dem obsiegenden Gegner erwachsenen Kosten nach den Vorschriften des fünften Titels des zweiten Abschnitts des ersten Buchs zu verurteilen.

I) Kostenerstattung: 1) Nichtigkeitsklage eines **Ehegatten** gegen den anderen: **a)** Ehe wird für nichtig erklärt: Kosten werden gegeneinander aufgehoben, evtl anderer Verteilungsmaßstab (§ 93 a III). **b)** Klage wird abgewiesen: Kläger trägt die Kosten (§ 91). **c)** Klage und Widerklage werden abgewiesen: Kosten werden gegeneinander aufgehoben (§ 92 I). 1

2) Nichtigkeitsklage des **Staatsanwalts oder des früheren Ehegatten: a)** Ehe wird für nichtig erklärt: Die Beklagten haben die Kosten je zur Hälfte zu tragen (§§ 93 a IV, 91, 100 I). **b)** Klage des früheren Ehegatten wird abgewiesen: Kläger trägt die Kosten (§ 91). **c)** Klage des Staatsanwalts wird abgewiesen: Die Staatskasse hat die außergerichtlichen Kosten der Beklagten zu tragen (§ 637). Kein Ausspruch über die Gerichtskosten (§ 2 I 1 GKG). 2

3) Betreibt der **Staatsanwalt** gemäß § 634 den Rechtsstreit, so tritt er **nicht** als **Partei** im Sinne des § 637 auf. Nur wenn er selbständig ein Rechtsmittel einlegt und damit unterliegt, hat die Staatskasse Kosten zu erstatten. 3

II) Die zu erstattenden außergerichtlichen Kosten des obsiegenden Gegners sind keine Ausgaben in Rechtssachen (Kap 04 04 Tit 526 21 ff), sondern Justizverwaltungsausgaben. Wegen der Zuständigkeit zur Erteilung der Auszahlungsanordnung ist die JMBek v 22. 5. 1957 Abschn B Nr 5 = BayBSVJu VI 12 idF der JMBek vom 11. 3. 1959 weiterhin entsprechend anzuwenden, bis die Ausübung der Anordnungsbefugnis in den Justizvollzugsbestimmungen zu den Verwaltungsvorschriften zur Haushaltsordnung (VV-HO) anderweitig geregelt wird; siehe BayJMS v 11. 12. 74 Gz 5226–VI–525/74 u BayJMS v 2. 3. 78 Gz 2352–I–171/78. Verbuchungsstelle: Kap 04 02 Tit 256 01. 4

638 *[Feststellungsklage]*
Die Vorschriften der §§ 633 bis 635 gelten für eine Klage, welche die Feststellung des Bestehens oder Nichtbestehens einer Ehe zwischen den Parteien zum Gegenstand hat, entsprechend. Das Urteil, durch welches das Bestehen oder Nichtbestehen der Ehe festgestellt wird, wirkt, wenn es zu Lebzeiten beider Parteien rechtskräftig geworden ist, für und gegen alle.

Anwendungsbereich: Mit der Klage wird festgestellt, ob eine Ehe wirksam geschlossen oder aufgelöst worden ist. Beispiele: Streit darüber, ob die Eheschließung vor einem Standesbeamten stattgefunden hat (§ 11 EheG) oder ob die Ehe geschieden worden ist (Verlust des Scheidungsurteils; BGHZ 4, 314/321). Die Wirksamkeit **ausländischer Scheidungsurteile** kann nicht nach § 638 1 geprüft werden, soweit die Anerkennung solcher Urteile ist dem Verfahren nach Art 7 § 1 FamRÄG vorbehalten ist; s § 606a Rn 125. Nicht diesem Verfahren unterliegen Scheidungsurteile von Gerichten der **DDR;** denn diese sind deutsche Gerichte. Ihre Urteile sind im Inland grundsätzlich ohne besonderes Verfahren anzuerkennen. Wenn ihre Wirksamkeit im Streit ist, kann darüber nur auf Bestandsfeststellungsklage hin entschieden werden (BGHZ 34, 134; 38, 1; FamRZ 63, 431 = NJW 1981; FamRZ 65, 36; Beitzke JZ 61, 649; Drobnig FamRZ 61, 341 und JR 63, 224; Habscheid FamRZ 63, 201; Neuhaus FamRZ 64, 18; Laufs NJW 66, 281). Die Klage muß binnen angemessener Frist alsbald nach Bekanntwerden des Scheidungsurteils erhoben werden; sonst kann die Klagbefugnis verwirkt werden (BGHZ 34, 148; FamRZ 63, 201). Entspr § 24 EheG kann auch der Staatsanwalt sie erheben (BGH FamRZ 63, 201), auch noch nach dem Tod eines Ehegatten (Frankfurt NJW 64, 730). Über die Kostenentscheidung in diesem Fall s § 637 Rn 2.

2 **Parteien:** Nur die Ehegatten bzw Scheinehegatten können gemäß § 638 klagen, nicht aber Dritte (StA s Rn 1). Daß eine Ehe besteht oder nicht besteht, kann von den Parteien allerdings in anderen Verfahren (Scheidung: Nürnberg FamRZ 70, 246; Rentenstreit: BSG NJW 78, 2472) vorgebracht werden. Mit Wirkung für und gegen alle kann darüber aber nur im Statusverfahren nach § 638 entschieden werden.

3 **Anwendbare Vorschriften: § 633:** Verbindung nur mit Nichtigkeits-, nicht mit Scheidungsklage. Wird diese hilfsweise erhoben, so ist sie nicht abzutrennen, sondern als unzulässig abzuweisen (BGHZ 34, 153). **§ 634:** Da § 632 nicht anwendbar ist, kann der StA zwar nicht klagen (Ausnahme s Rn 1), aber das Verfahren betreiben und Rechtsmittel einlegen. Als Rechtsmittelführer ist er notwendiger Streitgenosse (§ 62) der Partei, die er unterstützt (str). **§ 635:** Versäumnisurteil gegen den ausbleibenden Kläger auf Klagrücknahme.

4 Nach § 636a wirkt das auf eine Nichtigkeitsklage ergehende Urteil für und gegen alle, einerlei ob es der Klage stattgibt oder sie abweist (§ 636a Rn 2). § 638 verweist nicht auf diese Regelung, sondern bestimmt in **Satz 2** nur, daß stattgebende Urteile für und gegen alle wirken. Folglich haben klagabweisende Urteile diese Wirkung nicht (Schönke/Kuchinke § 83 IX; anders StJSchlosser 2; RSchwab § 166 V 13b). – Für und gegen alle wirken nur Urteile, die zu Lebzeiten der Parteien rechtskräftig werden. Über den Grund hierfür s § 636a Rn 1. Nur im Statusverfahren ergehende Urteile stellen das Bestehen oder Nichtbestehen von Ehen allgemein verbindlich fest, nicht aber Urteile, durch die Scheidungsbegehren mit der Begründung abgewiesen werden, die Parteien seien nicht verheiratet (Nürnberg FamRZ 70, 246).

5 Da das Urteil für und gegen alle wirkt, ist **rechtliches Gehör** (Art 103 I GG) zu gewähren: **1.** den aus der (Schein-)Ehe stammenden Kindern wegen ihrer Ehelichkeit, **2.** dem Ehegatten einer Partei, wenn es um den Fortbestand einer früheren Ehe dieser Partei geht (BVerfG JZ 67, 443; Grunsky FamRZ 66, 642 u Grundlagen des Verfahrensrechts § 25 II, § 30 III; Schlosser JZ 67, 433; Brüggemann JR 69, 363; Wolf JZ 71, 409 u ZZP 90, 119; Zeuner, Rechtliches Gehör, materielles Recht und Urteilswirkungen 34 ff, 42 ff). Das geschieht durch Beiladung entspr § 640e. Ein rechtskräftiges Urteil wirkt auch gegenüber Kindern und Ehegatten, denen das rechtliche Gehör versagt worden war (Schlosser JZ 67, 436; anders Grunsky FamRZ 66, 643; ähnlich zu § 65 VwGO: BVerwG 18, 124; 16, 23 = JZ 64, 105; hiergegen Bettermann MDR 67, 951). Folglich kann ein Kind nicht ohne weiteres auf Feststellung seiner Ehelichkeit klagen, wenn zuvor im Prozeß seiner Eltern festgestellt worden war, daß eine Ehe nicht besteht. Es kann aber Verfassungsbeschwerde gegen dieses Urteil einlegen; s § 640e Rn 4.

6 **Beweislast:** Läßt sich weder feststellen noch ausschließen, daß zwischen den Parteien eine Ehe besteht, so sind die positive und die negative Feststellungsklage abzuweisen. Insoweit unterscheidet sich die Klage auf Feststellung des Nichtbestehens einer Ehe von der vermögensrechtlichen negativen Feststellungsklage. Nur für diese gilt der Grundsatz, daß die Umkehrung der Parteistellung bedeutungslos ist (§ 256 Rn 18). Für die vom Untersuchungsgrundatz beherrschten Statussachen paßt dieser Grundsatz nicht (Schönke DR 40, 1692). Hier muß das Urteil wegen seiner Bedeutung für die Allgemeinheit möglichst der wahren Sachlage entsprechen. Nur wenn das Gericht davon überzeugt ist, daß eine Ehe nicht besteht, darf es dies feststellen, nicht aber bei Unaufklärbarkeit. Parallelproblematik s § 641h Rn 5.

7 Wird eine **positive Bestandsfeststellungsklage mit einer negativen beantwortet** oder umgekehrt, so liegt in dem Gegenantrag nur ein in andere Worte gekleideter Klagabweisungsantrag (Wieczorek A III b). Die Auffassung, daß die Identität des Streitgegenstandes einen solchen Antrag verbiete, trifft nicht zu; s § 640c Rn 5; anders Wieczorek aaO.

8 Wegen der **Gebühren** s § 631 Rn 5 und § 635 Rn 5 (Säumnisverfahren).

639 **(weggefallen)**

Zweiter Abschnitt

VERFAHREN IN KINDSCHAFTSSACHEN

640 *[Kindschaftssachen; Verfahrensvorschriften]*
(1) In Kindschaftssachen sind die Vorschriften der §§ 609, 611 Abs. 2, §§ 612, 613, 615, 616 Abs. 1, §§ 617, 618, 619, 635 entsprechend anzuwenden.

(2) Kindschaftssachen sind Rechtsstreitigkeiten, welche zum Gegenstand haben

1. **die Feststellung des Bestehens oder Nichtbestehens eines Eltern-Kindes-Verhältnisses zwischen den Parteien; hierunter fällt auch die Feststellung der Wirksamkeit oder Unwirksamkeit einer Anerkennung der Vaterschaft,**
2. **die Anfechtung der Ehelichkeit eines Kindes,**
3. **die Anfechtung der Anerkennung der Vaterschaft oder**
4. **die Feststellung des Bestehens oder Nichtbestehens der elterlichen Sorge der einen Partei über die andere.**

Übersicht

I) Abs 2 zählt die **Kindschaftssachen** abschließend auf. Unterhaltssachen gehören nicht dazu, jedoch kann der Kindesunterhalt durch einstweilige Anordnung geregelt werden (§§ 641 d ff) und der nichteheliche Vater kann in Kindschaftsverfahren zum Regelunterhalt verurteilt werden (§ 643). Für Kindschaftssachen gelten besondere Verfahrensgrundsätze, namentlich der Amtsermittlungsgrundsatz (Rn 41 ff), damit der Familienstand allgemein verbindlich festgestellt werden kann (§ 640 h S 1). **Parteien** können nur Personen sein, die behaupten oder bestreiten, daß ein Eltern-Kind-Verhältnis zwischen ihnen besteht. Weiteres Vorbringen als dies ist für eine **schlüssige Klagbegründung** nicht erforderlich; s Rn 41. Wird in einem gewöhnlichen Rechtsstreit der Familienstand einer Partei oder eines Dritten streitig, so ist das **Verfahren auszusetzen,** wenn der Kindschaftsprozeß vorgreiflich ist (§§ 153 f; BGH FamRZ 73, 26 = NJW 51 = MDR 39). Über **Ausländersachen** s § 640 a. 1

1) Die Nichtehelichkeit eines während der Ehe geborenen Kindes kann nur geltend gemacht werden, wenn sie rechtskräftig festgestellt ist (§ 1593 BGB). Die Rechtswirkungen der Vaterschaft für ein nichtehel Kind können nur geltend gemacht werden, wenn die Vaterschaft anerkannt oder durch gerichtliche Entscheidung festgestellt ist (§ 1600 a BGB). Infolgedessen ist eine **Inzidentfeststellung** des Nichtehelichenstatus in der Regel **nicht möglich.** Bevor die Nichtehelichkeit rechtskräftig festgestellt worden ist, kann **a)** das Kind von seinem Erzeuger keinen Unterhalt verlangen (Staudinger/Göppinger § 1593 Rn 30), **b)** der Ehemann der Mutter vom Erzeuger keinen Ersatz des Kindesunterhalts verlangen (Staudinger aaO), **c)** die nichteheliche Abstammung nicht bei der Entscheidung über die elterliche Sorge berücksichtigt werden (Staudinger aaO Rn 23 mwN, str), **d)** ebensowenig bei der Entscheidung über den Ehegattenunterhalt nach den §§ 1570, 1579 BGB (Staudinger aaO Rn 24) oder über den Ausschluß des Versorgungsausgleichs nach § 1587 c BGB (BGH FamRZ 83, 267). 2

3 **2)** Ausnahmsweise ist eine **Inzidentfeststellung** der nichtehelichen Abstammung **zulässig,** wenn daraus Rechtsfolgen hergeleitet werden, die den ehelichen Status des Kindes nicht berühren; nämlich **a)** zum Beweis des Ehebruchs der Mutter im Scheidungsprozeß (Bamberg FamRZ 85, 1069; Staudinger aaO Rn 32 mwN; anders BGHZ 45, 358 = FamRZ 66, 502 = NJW 1913), **b)** im Schadensersatzprozeß gegen einen Anwalt wegen Versäumnis der Anfechtungsfrist des § 1594 BGB (BGHZ 72, 299 = FamRZ 79, 112 = NJW 418; Staudinger aaO Rn 33 mwN). Ein Vertrag, durch den der Erzeuger eines Kindes die Unterhaltspflicht übernimmt, ist auch wirksam, wenn die Ehelichkeit nicht angefochten wird (BGHZ 46, 56 = FamRZ 66, 567 = NJW 2159; Staudinger aaO Rn 34). Mit Rücksicht auf § 1934c BGB kann ein scheineheliches Kind auf Feststellung seiner nichtehelichen Abstammung klagen, bevor über die Ehelichkeitsanfechtungsklage entschieden ist (KG DAVorm 77, 606). Das Verfahren ist jedoch bis zu dieser Entscheidung auszusetzen. Durch einstweilige Verfügung nach § 1615o BGB und durch einstweilige Anordnung nach § 641d können vor Feststellung der Vaterschaft Unterhaltsansprüche gegen den vermutlichen Vater geltend gemacht werden. Bei einer Unterhaltsklage nach französischem Recht kann die Vaterschaft incidenter festgestellt werden (StJSchlosser 17 vor § 640). Incidenter feststellen läßt sich auch, ob eine Vaterschaftsanerkennung unwirksam ist, weil sie den Erfordernissen der §§ 1600b bis 1600e BGB nicht genügt (§ 1600f I BGB; BGH FamRZ 85, 271 = NJW 804; Göppinger DRiZ 70, 145; MünchKomm § 1600f Rn 15; StJSchlosser 12 mwN).

4 **3) Klagearten:** Nr 1 und 4 sind Feststellungsklagen; die Klage auf Feststellung der nichtehelichen Vaterschaft ist jedoch Gestaltungsklage (§ 1600a BGB; StJSchlosser 9 mwN, anders RSchwab § 170 III 1), ebenso Nr 2 und 3. Über die Wirkung des Urteils für und gegen alle s § 640h.

5 Frei

6 **II) Feststellung des Bestehens oder Nichtbestehens eines Eltern- und Kindesverhältnisses zwischen den Parteien (Abs 2 Nr 1 Hs 1):** Die Bestimmung betrifft das eheliche und nichteheliche Eltern-Kind-Verhältnis. Abweichend von § 256 erfordert § 640 nicht, daß das rechtliche Interesse an der begehrten Feststellung besonders begründet wird (BGH FamRZ 73, 26 = NJW 51 = MDR 39); es fehlt nur in Ausnahmefällen, s Rn 12. Zur negativen Feststellungswiderklage s § 640c Rn 5. Parteien s Rn 1; zwei Vater- oder Mutterschaftsprätendenten können nicht gegeneinander klagen (Gesetzeswortlaut: zwischen den Parteien; s auch § 1600n I BGB). Gegen die Erben einer verstorbenen Partei kann der Rechtsstreit nur wegen der Kosten fortgesetzt werden (BGH NJW 74, 494). Eine Erweiterung des Kreises der Verfahrensbeteiligten ermöglichen die §§ 640e, 641b. – Keine Kindschaftssache ist die Klage auf Duldung der Untersuchung durch einen Sachverständigen, der zur Vorbereitung einer Restitutionsklage nach § 641i ein Abstammungsgutachten erstatten soll (LG Berlin FamRZ 78, 835).

7 **1) Eheliches Kindschaftsverhältnis: a) Eheliche Abstammung.** Wenn es darum geht, ob einem Kind die Rechtsstellung eines **ehelichen Kindes** zukommt, begründet jeder ernsthafte Zweifel hieran das Rechtsschutzbedürfnis für eine Statusklage. Streitig sein kann die Abstammung vom Mann (zB Klage des später als 302 Tage nach Auflösung der Ehe geborenen Kindes – § 1592 BGB– auf Feststellung, daß es ein ehel Kind ist, Tübingen NJW 52, 942). Der Streit kann ferner um den Tag der Geburt gehen. Streitig sein kann aber auch die Geburt von der Frau (Kindesverwechslung, -unterschiebung; sich als bisher verschollener Abkömmling Ausgebender; BGH NJW 73, 51); desgleichen, ob die Eltern in einer Nichtehe leben. Nichtigkeit der Ehe ist heute ohne Einfluß auf die eheliche Abstammung (§ 1591 I 1 BGB).

8 **b)** Unter Nr 1 Hs 1 fällt auch der Streit um die Wirksamkeit einer vor dem 1. 1. 77 zustandegekommenen **Adoption** (Engler FamRZ 70, 113). Auch der leibliche Vater konnte auf Feststellung der Unwirksamkeit eines ohne seine Zustimmung abgeschlossenen Adoptionsvertrags klagen (BGHZ 27, 126). Nach neuem Adoptionsrecht (Ges vom 2. 7. 76, BGBl I 1449, in Kraft ab 1. 1. 77) ist der Anwendungsbereich der Klage eingeschränkt; denn rechtliche Mängel lassen die Annahme als Kind nicht unwirksam werden, soweit sie nicht durch den Annahmebeschluß des Vormundschaftsgerichts (§ 1752 I BGB, § 56e FGG) geheilt werden, sondern stellen nur Gründe für die Aufhebung ex nunc (§§ 1759 ff BGB) dar (Lüderitz NJW 76, 1869). Zum Ausnahmefall absoluter Nichtigkeitsgründe s BT-Drucksache 7/3061 S 47, MünchKomm § 1759 Rn 16.

9 **c)** Der **Ehelicherklärung** (§§ 1723 ff BGB) kann der Boden nur durch die rechtskräftige gerichtl Feststellung entzogen werden, daß der Mann nicht der Vater des nichtehel geborenen Kindes ist (§ 1735 S 2 BGB). Ob für eine solche Entscheidung Raum ist, hängt davon ab, worauf die der Ehelicherklärung zugrundeliegende gegenteilige Annahme beruhte. Lag ein Vaterschaftsanerkenntnis vor, so bedarf es entweder der Feststellungsklage nach Nr 1 Hs 2 oder der Anfechtungsklage nach Nr 3 (s Rn 19). War die Vaterschaft dagegen im Statusverfahren rechtskräftig festgestellt, so muß ein Grund zur Wiederaufnahme dieses Verfahrens vorliegen.

d) Ebenso liegt es beim Streit über die Wirksamkeit einer **Legitimation durch nachfolgende Ehe.** Ein nichteheliches Kind wird durch die Heirat seiner Mutter nur ehelich, wenn deren Ehemann die Vaterschaft anerkannt hat oder diese gerichtlich festgestellt worden ist (§§ 1719 S 1, 1600a S 1 BGB). Liegen diese Voraussetzungen nicht vor, so kann nicht auf Feststellung geklagt werden, daß das Kind legitimiert worden ist. Liegen sie vor, so kann der Vater nur durch die im vorigen Absatz erwähnten Klagen die Legimation beseitigen (Düsseldorf DAVorm 82, 596), nicht aber durch Anfechtung der Ehelichkeit (Hamburg DAVorm 84, 610). 10

2) Nichteheliche Abstammung: a) Ist die Vaterschaft nicht anerkannt, so kann Klage auf Feststellung des Bestehens oder Nichtbestehens eines nichtehelichen Vater-Kind-Verhältnisses (Abs 2 Nr 1 Hs 1, § 1600 o I BGB) erhoben werden. Mit der positiven Feststellungsklage des Kindes kann der Antrag auf Regelunterhalt verbunden werden (§ 643). Der Kindesunterhalt kann auch durch einstweilige Anordnung geregelt werden (§§ 641 d ff). 11

b) Über das **Feststellungsinteresse** s Rn 6. Ist die Vaterschaft wirksam anerkannt worden und hat das Kind der Anerkennung zugestimmt (§ 1600 c BGB), so kann nicht auf Feststellung der Vaterschaft geklagt werden (§ 1600 n I BGB). Verweigert das Kind die Zustimmung zur Vaterschaftsanerkennung, so kann es auf Vaterschaftsfeststellung klagen. Es steht ihm frei, die geeignete Form der Feststellung zu wählen (Stuttgart DAVorm 85, 1039; Staudinger/Göppinger, § 1600 n Rn 12 mwN; Brüggemann, FamRZ 79, 384). Nur wenn kein Zweifel an der Vaterschaft des Anerkennenden besteht und kein Grund dafür erkennbar ist, daß das Kind die Zustimmung verweigert, kann das Rechtsschutzinteresse für die Klage fehlen (RGRK/Böckermann, § 1600 n Rn 11; Staudinger aaO Rn 13). Bei Verweigerung der Zustimmung kann auch der Vater auf Feststellung der Vaterschaft klagen. Zu bejahen ist das Rechtsschutzbedürfnis für eine inländische Klage des Kindes auch dann, wenn Beweisaufnahme und Vollstreckung voraussichtl im Ausland erfolgen müssen, weil der Mann inzwischen dorthin zurückgekehrt ist (Celle NdsRpfl 74, 105). Nach Koblenz FamRZ 79, 968; Brüggemann ZBlJugR 77, 204 hat auch das adoptierte Kind ein Anrecht darauf, daß sein nichtehelicher Vater festgestellt wird. 12

c) Auch für eine **negative Feststellungsklage** des als Vater bezeichneten, die Anerkennung der Vaterschaft verweigernden Mannes besteht ein **Rechtsschutzbedürfnis** (§§ 641, 641 h; Göppinger FamRZ 70, 125, NJW 70, 650, JR 71, 466; Hamburg FamRZ 71, 384; Odersky IV 1; Gernhuber FamR § 57 III 1; Roth-Stielow Rdnr 181; Brühl-Göppinger/Mutschler 3. Aufl 1211; Gerhardt in FS für Bosch 291 ff). Der die Vaterschaft bestreitende Mann muß nicht untätig abwarten, ob das Kind auf Vaterschaftsfeststellung klagt. Zur negativen Feststellungswiderklage s § 640 c Rn 5. 13

d) Für die nichteheliche Vaterschaft gelten die Sondervorschriften der §§ 641–641 k. Zur Feststellung der nichtehelichen Vaterschaft im Recht der **EWG-Staaten** s Siehr FamRZ 74, 401. Inzwischen sind allerdings in mehreren Staaten Neuregelungen in Kraft getreten. Gerichtl Feststellung der Vaterschaft nach dem Tode des Mannes oder Kindes durch das **Vormundschaftsgericht** s §§ 1600 n II BGB, 53 b FGG; Brühl-Göppinger-Mutschler 3. Aufl 1823 ff. 14

III) Feststellung der Wirksamkeit oder Unwirksamkeit einer Vaterschaftsanerkennung (Abs 2 Nr 1 Hs 2): 1) Unter diese Vorschrift fällt nicht die Anfechtung der Vaterschaftsanerkennung (2. Alternative des § 1600 f I BGB), sondern nur der Streit darüber, ob die **Vaterschaftsanerkennung** von vornherein unwirksam war, weil sie den Anforderungen der §§ 1600 b bis 1600 e BGB nicht genügt (1. Alternative des § 1600 f I BGB). Hierher gehört der Streit darüber, ob die Anerkennung wegen fehlender oder beschränkter Geschäftsfähigkeit (§ 1600 d BGB; BGH FamRZ 85, 271 = NJW 804), wegen Formmangel (§ 1600 e BGB) oder mangels Zustimmung des Kindes (§ 1600 c BGB) unwirksam ist, ferner der Streit darüber, ob die Vaterschaft wirksam anerkannt werden konnte, bevor die Nichtehelichkeit des Kindes rechtskräftig festgestellt war (§ 1600 b I BGB; Schleswig DAVorm 81, 123; anders Stuttgart FamRZ 81, 707). Andere Nichtigkeitsgründe (§§ 117, 118, 134, 138 BGB) gelten nicht (BGH aaO). Nach Ablauf der Fünfjahresfrist des § 1600 f II BGB kann die Unwirksamkeit der Anerkennung nicht mehr geltend gemacht werden (BGH aaO). Die Statusklage wird nicht dadurch ausgeschlossen, daß der Mann die Mutter geheiratet hat oder daß das Kind für ehelich erklärt worden ist. Hat die Klage Erfolg, so fallen die Wirkungen einer Legitimation durch nachfolgende Eheschließung oder einer Ehelicherklärung von selbst fort; s Rn 9, 10; Düsseldorf DAVorm 82, 596; Hamburg, DAVorm 84, 610. 15

Frei **16–17**

2) Zur Klage berechtigt sind der Mann, der die Vaterschaft anerkannt hat, und das Kind, nicht dagegen **a)** die Mutter, **b)** ein übergangener gesetzl Vertreter, dessen Zustimmung nach § 1600 d BGB erforderl gewesen wäre, **c)** ein Dritter, der seinerseits die Vaterschaft in Anspruch nehmen will. Die Klage kann nach Eintragung der Anerkennung in ein deutsches Personenstandsbuch (§ 29 PStG) nur innerhalb der **Fünfjahresfrist** des § 1600 f BGB erhoben werden. 18

19 **3)** Die Vaterschaft selbst ist nicht **Streitgegenstand** (Göppinger FamRZ 70, 126; Gravenhorst FamRZ 70, 128; Odersky FamRZ 75, 449). Wird allgemeinverbindlich (§ 640 h) festgestellt, daß die Anerkennung formell wirksam ist, so wird dadurch eine Klage auf Anfechtung der Anerkennung nach Abs 2 Nr 3 und § 1600 l BGB nicht ausgeschlossen. Andererseits gibt die Feststellung, daß die Anerkennung unwirksam ist, den Weg für eine gerichtl Feststellung der Vaterschaft oder eine neue Anerkennung frei. Mit der Klage auf Feststellung der Unwirksamkeit kann zugleich auch eine negative Vaterschaftsfeststellungsklage (Anfechtungsklage nach Nr 3) verbunden oder es kann **Widerklage** auf Feststellung der Vaterschaft erhoben werden (vgl Göppinger FamRZ 70, 126; Odersky aaO).

20 **4)** Bei Klagen auf Feststellung der Wirksamkeit oder Unwirksamkeit eines Vaterschaftsanerkenntnisses sind die §§ 640 a, 640 b, 640 d, 640 g nicht anwendbar; § 640 h wird durch § 641 k modifiziert; s § 641 Rn 2 und 4.

21 **5)** Auch **dritte Personen** können sich in jedem Verfahren **auf die Unwirksamkeit** der Anerkennung **berufen** (vgl Göppinger DRiZ 70, 145; Gravenhorst FamRZ 70, 128; MünchKomm/Mutschler § 1600 f Rn 15; StJ Schlosser 12). Kindschaftssache iS des § 640 ist aber nur der Prozeß zwischen Mann und Kind.

22 **IV) Anfechtung der Ehelichkeit des Kindes (Abs 2 Nr 2): 1)** Die **Anfechtungsklage** nach § 1593 BGB dient zur Zerstörung des Rechtsscheins des § 1591 BGB. **Anfechtungsberechtigte:** Ehemann (§ 1594 I BGB), dessen Eltern (§ 1595 a I BGB), Kind (§§ 1596 ff BGB), nicht Mutter (KG FamRZ 85, 1156; RSchwab § 170 I 2 a mwN; anders Finger NJW 84, 846), nicht Erzeuger des Kindes (BGHZ 80, 218 = FamRZ 81, 538 = NJW 1372). **Anfechtungsgegner:** § 1599 BGB. **Anfechtungsfristen:** §§ 1594 ff BGB. Die Frist wird durch Einreichung eines Prozeßkostenhilfegesuches gewahrt (§§ 1599, 1594 III, 203 II BGB iVm BGH NJW 81, 1550; KG FamRZ 78, 927). Die Beweislast dafür, wann die Frist begonnen hat (§§ 1594 II, 1595 a I 5, 1596 II BGB) trifft das Kind (BGH FamRZ 78, 494 = NJW 1629; FamRZ 79, 1007/1009 = NJW 80, 1335/1337). Die Beweislast dafür, daß die Klage vor Fristende eingereicht worden ist, trifft den klagenden Mann (Hamburg MDR 79, 851 mwN). Der Klagantrag nach § 1599 I BGB geht auf Feststellung, daß der Ehemann der Mutter nicht der Vater des Kindes ist. Da ein Erfolg des Klagebegehrens aber zu einer Änderung des Status des Kindes führt, handelt es sich gleichwohl um eine **Gestaltungsklage;** s Rn 4. Auf andere Weise als durch die Anfechtungsklage nach Nr 2 kann die Nichtehelichkeit eines während der Ehe oder innerhalb von 302 Tagen nach Auflösung der Ehe geborenen Kindes nicht festgestellt werden; so nicht nach Versäumung der Klagefrist durch Klage auf Feststellung, daß kein ehel Vater-Kind-Verhältnis besteht, auch nicht durch positive Vaterschaftsfeststellungsklage des Kindes gg einen anderen als Erzeuger bezeichneten Mann. Zur vorzeitig vor Erledigung des Ehelichkeitsanfechtungsprozesses erhobenen Vaterschaftsfeststellungsklage s Rn 3. Gegen ein nach dem 1. 7. 1970 durch nachfolgende Ehe legitimiertes oder für ehelich erklärtes Kind kann die Ehelichkeitsanfechtungsklage nicht erhoben werden, sondern nur die Klage auf Anfechtung der Vaterschaftsanerkennung (BGHZ 81, 353 = FamRZ 82, 48 = NJW 96).

23 **2)** Zum **Verfahrensrecht:** Die §§ 641 ff sind nicht anzuwenden. Gerichtsstand: §§ 12–16, § 640 a; erweiterte Prozeßfähigkeit, vormundschaftsgerichtl Genehmigung: § 640 b; Einschränkung des Untersuchungsgrundsatzes: § 640 d; Beiladung: § 640 e; Aufnahmerecht der Eltern des Mannes bei dessen Tod während des Rechtsstreits: § 640 g. Die Nebenintervention des wahren Erzeugers ist zulässig (Oldenburg NJW 75, 883, Celle FamRZ 76, 158). Einstw Anordnungen nach § 641 d sind nicht mögl (§ 641 d Rn 8); zur Frage der Anwendbarkeit des § 641 i auf Ehelichkeitsanfechtungsurteile s § 641 i Rn 2. Zur Widerklage gegen Ehelichkeitsanfechtungsklage s § 640 c Rn 5. Kosten: § 93 c; die Kosten des Anfechtungsprozesses kann der mit der Ehelichkeitsanfechtungsklage durchgedrungene Ehemann der Mutter vom Erzeuger des Kindes ersetzt verlangen (BGHZ 57, 229 = NJW 72, 199 gegen frühere Rspr). Nach dem Tod des Kindes oder des Mannes wird die Ehelichkeit durch Antrag beim Vormundschaftsgericht angefochten (§ 1599 II BGB).

24 Frei

25 **V) Anfechtung der Anerkennung der Vaterschaft (Abs 2 Nr 3). Lit:** *Damrau* FamRZ 70, 295 f; *Demharter* FamRZ 85, 232; *Firsching* Rpfleger 70, 16 unter b; *Göppinger* FamRZ 70, 126; DRiZ 70, 145; JR 71, 467. **1)** Willensmängel iS der §§ 119 I, 123 BGB berechtigen zur Anfechtung (§ 1600 m S 2 BGB), aber auch ohne solche kann mit der Klage aus § 1600 l BGB geltend gemacht werden, daß die **Vaterschaftsanerkennung inhaltl unrichtig** sei, weil das Kind in Wahrheit nicht von dem Mann stamme, der die Vaterschaft anerkannt hatte (2. Alternative des § 1600 f I BGB).Sogar der Mann, der die Vaterschaft wider besseres Wissen anerkannt hat, kann klagen (Göppinger DRiZ 70, 145). Eine Legitimation durch nachfolgende Ehe oder Ehelicherklärung des Kindes schließt die Klage nicht aus; s Rn 9, 10. Der **Klagantrag** geht zweckmäßig auf Feststellung, daß die Anerkennung unwirksam und der Mann (der anerkannt hatte) nicht der Vater des Kindes ist (Ham-

burg DAVorm 84, 610; Demharter aaO; Göppinger FamRZ 70, 126; Damrau aaO). Anfechtungsberechtigte: Mann, der die Vaterschaft anerkannt hat, Mutter, Kind, eventuell Eltern des Mannes (§ 1600 g). Kein Anfechtungsrecht hat ein dritter Mann, der behauptet, selbst der Vater des Kindes zu sein (§ 1600 g BGB; Firsching aaO). Anfechtungsgegner: § 1600 l; Anfechtungsfrist: §§ 1600 h, 1600 i. Zur schlüssigen Klagbegründung genügt die Behauptung, daß der Mann das Kind nicht gezeugt habe. Eine nähere Darlegung ist nicht nötig (Düsseldorf FamRZ 85, 1275; Demharter aaO mwN; str).

2) Beweislast: Nach § 1600 m BGB sind zwei Fälle zu unterscheiden: **a)** Im Regelfall muß 26
bewiesen werden, daß der Mann nicht der Vater des Kindes ist. Das gilt auch für eine gegen besseres Wissen erklärte Anerkennung. Schon ein non liquet bezüglich der Abstammung führt also zur Abweisung der Anfechtungsklage; um so mehr der Nachweis der Vaterschaft des Mannes (in diesem Fall keine Anwendung des § 641 h (Damrau FamRZ 70, 295 gegen Göppinger FamRZ 70, 126; § 641 h Rn 2).

b) Wird bewiesen, daß die Anerkennungserklärung mit **Willensmängeln** nach § 119 oder § 123 27
BGB behaftet war, so gilt die Vermutung der Vaterschaft nicht. Nach § 1600 m S 2 iVm § 1600 o II 2 BGB ist der Anerkennung schon dann der Boden entzogen, wenn schwerwiegende Zweifel an der Vaterschaft des Mannes verbleiben. Die Anerkennung gilt bereits dann als inhaltl unrichtig (Demharter FamRZ 85, 232). Da bei einer solchen Beweislage der Mann aber als Vater noch nicht ausgeschlossen ist, wird die Entscheidung als minus gegenüber dem Klagebegehren dahin zu lauten haben, daß die Anerkennung wirkungslos ist und der Mann nicht als Vater des Kindes festgestellt werden kann (andere Formulierung: Odersky IV zu § 1600 m BGB; Nürnbg FamRZ 72, 221). Nach Göppinger JR 71, 467 wäre bei diesem Beweisergebnis die Unwirksamkeit der Vaterschaftsanerkennung festzustellen und die Klage hinsichtlich des negativen Feststellungsbegehrens abzuweisen.

3) Verfahrensrecht: Gerichtsstand: §§ 12–16, § 640 a II (dazu Koblenz DAVorm 76, 147); erwei- 28
terte Prozeßfähigkeit, ggfalls vormundschaftsgerichtl Genehmigung: § 640 b; Aufnahmerecht der Eltern des Mannes bei dessen Tod während des Rechtsstreits: § 640 g; Einschränkung des Untersuchungsgrundsatzes; § 640 d; Beiladung: § 640 e; Kosten: § 93 c. Im Vaterschaftsanfechtungsverfahren kann die Zwangsvollstreckung aus einem mit der Vaterschaftsanerkennung verbundenen Unterhaltstitel nicht einstweilen eingestellt werden (Stuttgart DAVorm 80, 116; Saarbrükken, DAVorm 85, 155). Sind der Mann oder das Kind gestorben, so wird die Anerkennung durch Antrag beim Vormundschaftsgericht angefochten; jedoch fechten die Eltern des Mannes bei Lebzeiten des Kindes die Anerkennung durch Klage gegen das Kind an (§ 1600 l II BGB).

VI) Feststellung des Bestehens oder Nichtbestehens der elterlichen Sorge (Abs 2 Nr 4): Die in 29
der Praxis ungebräuchliche Klage kann von den Eltern oder einem Elternteil, auch der nichtehelichen Mutter (§ 1705 BGB), gegen das Kind erhoben werden und umgekehrt. Beispiele: Streit über Eintritt der Volljährigkeit bei Übersiedlung aus einem anderen Rechtsgebiet mit abweichenden Volljährigkeitsgrenzen; über Entziehung (§ 1666) oder Verwirkung der elterlichen Sorge (§ 1667 BGB), nicht über ihr Ruhen (§§ 1673 ff BGB). Beiladung: § 640 e. Auch die Klage eines Dritten, der im Widerspruch zum Ergebnis eines vorausgegangenen Statusverfahrens die elterliche Sorge für sich in Anspruch nimmt (§ 640 h S 2), gehört hierher. Streit der Eltern untereinander über die elterliche Sorge fällt nicht unter die Nr 4; er ist teils Sache des Vormundschaftsgerichts, s §§ 1627 ff BGB; teils Familiensache, s § 621 Rn 26 ff.

VII) In Abs 1 für anwendbar erklärte Vorschriften: § 609: Die Prozeßbevollmächtigten bedür- 30
fen einer besonderen Vollmacht für die Kindschaftssache. **§ 611 II:** Keine Fristsetzung zur Klageerwiderung und Replik. Kein schriftl Vorverfahren. **§ 612:** Möglichst frühe Verhandlung ist nicht vorgeschrieben, aber sinnvoll; näheres Rn 44 und § 613. Ladung des Beklagten zu allen nicht in seiner Gegenwart verkündeten Terminen (zur öffentlichen Zustellung von Klage und Ladung s Hamburg DAVorm 83, 308). Kein Versäumnisurteil gegen Beklagten und Widerbeklagten (ggfalls einseitig streitige Verhandlung). Verfahrenswidrig ergangenes Versäumnisurteil ist aber nicht wirkungslos (Karlsruhe Justiz 70, 415). Gegen Beklagten als Rechtsmittelkläger Versäumnisurteil auf Zurückweisung des Rechtsmittels (BGHZ 46, 304), aber kein kontradiktorisches Urteil nach einseitig mündl Verhandlung; str, s § 612 Rn 8a. Zum Versäumnisurteil gegen Kläger s unten bei § 635. **§ 613:** Anordnung des persönl Erscheinens, Vernehmung der Parteien. Die Amtsaufklärungspflicht gebietet stets die persönliche Anhörung des die Vaterschaft bestreitenden Mannes. Zur Unzulässigkeit eines Rechtshilfeersuchens, den Beklagten erneut zu vernehmen, s Koblenz FamRZ 76, 97. **§ 615:** Zurückweisung von infolge grober Nachlässigkeit verspätet vorgebrachten Angriffs- und Verteidigungsmitteln. Amtsermittlungspflicht geht aber vor. Im Berufungsverfahren sind die §§ 527, 528 nicht anwendbar. **§ 616 I:** Amtsermittlungsgrundsatz; Das Gericht hat den Sachverhalt auch ohne entsprechenden Beweisantritt der Parteien zu erfor-

schen. Vor der Verwertung sind die Parteien zu hören. § 616 II ist nicht für anwendbar erklärt; dafür dürfen bei den Anfechtungsklagen (Abs 2 Nr 2 und 3) bestimmte Tatsachen, auf die sich die Parteien nicht berufen wollen, nicht verwertet werden (§ 640d). Die Pflicht des Gerichts zur Sachaufklärung geht mit Rücksicht auf das öffentl Interesse daran, den wahren Status des Kindes festzustellen, weiter als in Ehesachen. Einzelheiten s Rn 41 ff. **§ 617:** Einschränkung der Parteiherrschaft. Keine Bindung an Geständnisse und Anerkenntnisse; aber Vaterschaftsanerkennung im Prozeß (§ 641c) und Klagverzicht (§ 617 Rn 4) sind möglich. Beeidigung steht im Ermessen des Gerichts. **§ 618:** Urteile sind von Amts wegen zuzustellen (§§ 317 I, 270 I). Die Urteilszustellung kann nicht gemäß § 317 I 3 hinausgeschoben werden. **§ 619:** Erledigung des Rechtsstreits durch Tod einer Partei (wenn wie in den Fällen der §§ 1595a II, 1600g II BGB beide Elternteile Partei sind, Erledigung erst mit dem Tode des Längerlebenden von ihnen). Fortsetzungsrecht der Eltern im Anfechtungsprozeß: § 640g. Die Erledigung des Vaterschaftsprozesses erstreckt sich auch auf das Regelunterhaltsbegehren nach § 643 I (Stuttgart FamRZ 73, 465). Gegen die Erben kann der Rechtsstreit nur wegen der Kosten fortgeführt werden (BGH NJW 74, 494). Vaterschaftsfeststellung nach dem Tode des Mannes oder Kindes durch das Vormundschaftsgericht: § 1600n II BGB; hierdurch wird jedoch die Erledigung des Statusverfahrens nicht verhindert. Eine nach dem Tode beim Prozeßgericht angebrachte Vaterschaftsfeststellungsklage ist entspr § 17 GVG an das Vormundschaftsgericht zu verweisen (BGH NJW 74, 494). **§ 635:** Gegen ausgebliebenen Kläger Veräumnisurteil auf Klagezurücknahme; bei Versäumnis des Klägers als Rechtsmittelkläger Veräumnisurteil auf Zurückweisung des Rechtsmittels. Zur Säumnis des Klägers als Berufungsbeklagter s § 635 Rn 4.

31–40 Frei

VIII) Amtsaufklärung, Beweisaufnahme. Lit: *Ankermann* NJW 74, 584; *Brühl* FamRZ 74, 66; *Johannsen* in Festschrift für Bosch (1976) 469; *Leipold* FamRZ 73, 67; *Odersky* FamRZ 75, 443; *Schlosser* FamRZ 76, 6 258; *Hoppe* DAVorm 86, 11.

41 **1) Umfang der Amtsaufklärung:** In Kindschaftssachen gilt unbestrittener Sachvortrag nicht als zugestanden. Das gilt nicht für den Regelunterhalt: § 643 Rn 6; str. Geständnisse sind nur Beweismittel. Die Ermittlungsaufgabe des Gerichts hängt nicht davon ab, welche Tatsachen die Parteien vortragen (Einschränkung für die Anfechtungsklagen in § 640d) und welche Beweismittel sie benennen. Zur Schlüssigkeit der Abstammungsklage genügt die Behauptung, daß das klagende Kind vom Beklagten abstammt. Ob sie zutrifft, hat das Gericht von Amts wegen zu ermitteln (KG DAVorm 79, 586; Düsseldorf FamRZ 85, 1275; Demharter FamRZ 85, 232). Verstößt es gegen diese Pflicht, so kann das Berufungsgericht die Sache zurückverweisen (§ 539; Zweibrükken DAVorm 81, 222). Es müssen alle Beweismittel benützt werden, die Aufklärung versprechen und erreichbar sind (BGHZ 61, 168 = FamRZ 73, 596; NJW 74, 2046; FamRZ 82, 691; zu unerreichbaren Beweismitteln s Stuttgart DAVorm 75, 372 und Rn 48). Mit Rücksicht auf zu erwartende Fortschritte der Wissenschaft die Parteien auf eine spätere Restitutionsklage nach § 641i zu vertrösten, statt die in der Gegenwart gegebenen, wenn auch vielleicht nicht so sicheren Aufklärungsmöglichkeiten auszuschöpfen, ist nicht zulässig (Celle FamRZ 71, 592).

42 Auf Grund der Amtsermittlungspflicht muß das Gericht eventuell auch Zeugen vernehmen, die Näheres über die Beziehungen zwischen Mutter und angeblichem Vater wissen (vgl BGH NJW 73, 2249). Einschlägige Akten sind beizuziehen (dazu Brüggemann ZBlJugR 76, 217). Mit der Zeugenaussage der Kindesmutter und etwaiger für Mehrverkehr benannter, diesen bestreitender Männer darf sich das Gericht nicht begnügen (BGH FamRZ 86, 667), auch dann nicht, wenn der seine Vaterschaft bestreitende Mann den Verdacht des Mehrverkehrs nicht durch substantiierte Angaben belegen kann (Nürnberg FamRZ 71, 590; Frankfurt FamRZ 72, 383; KG NJW 74, 608; FamRZ 74, 467; Maier NJW 71, 1898; aM Celle NJW 71, 1086; KG DAVorm 73, 550); der Mann hat ein Anrecht darauf, daß diese Bekundungen **durch objektive Beweismittel überprüft** werden.

43 Allen denkbaren Möglichkeiten muß allerdings nicht von Amts wegen nachgegangen werden (Stuttgart NJW 72, 2226; Saarbrücken DAVorm 73, 157; Hamburg DAVorm 83, 955; vgl BGH MDR 67, 825). Das Amtsaufklärungsprinzip verpflichtet das Gericht nur, die **Ermittlungen solange fortzusetzen, bis** es die **volle Überzeugung** erlangt, ob der Beklagte der Vater ist oder nicht (BGH FamRZ 78, 586 = NJW 1684; FamRZ 82, 691 = NJW 2124). BGH NJW 54, 550 und 74, 606; KG DAVorm 84, 412 und 503; Hamm DAVorm 84, 727 lassen im Normalfall eine Vaterschaftswahrscheinlichkeit von 99,73% zur Überzeugungsbildung genügen; Hamburg (aaO und DAVorm 85, 147; 86, 81 mit Anm von Hoppe DAVorm 86, 11) verlangt eine solche von 99,85% und die Erhebung aller wesentlichen Beweise. In Dirnenfällen genügt nach BGH FamRZ 82, 691 nicht einmal eine Wahrscheinlichkeit von 99,99%. In solchen und anderen Ausnahmefällen (Geschlechtsverkehr außerhalb der Empfängszeit, mit Verwandten, Brüder als Mehrverkehrer) ist dem Sachverständigen mitzuteilen, wovon er im serostatistischen Gutachten auszugehen hat (Hamm aaO). Hat das Gericht die Überzeugung von der Vaterschaft erlangt, so kann es von weiterer Begutachtung absehen, wenn keine Beweisanträge gestellt werden. Läßt sich trotz Erschöpfung aller Beweismittel die Vaterschaftsfrage weder sicher bejahen noch verneinen, so hat sich das Gericht die Frage zu stellen, ob und wie weit Zweifel an der Vaterschaft des in Anspruch genommenen Mannes (§ 1600 o II BGB) verbleiben (BGH FamRZ 78, 586 = NJW 1684).

2) Im Vordergrund muß die **medizinische Begutachtung** stehen. Sie liefert die zu verlässigsten Ergebnisse (BGHZ 61, 170; NJW 74, 2046; FamRZ 86, 664 mwN). Eine **Blutgruppenuntersuchung** ist immer geboten (BGH FamRZ 86, 667 mwN). Gewarnt sei jedoch davor, Statusverfahren schematisch mit einem solchen Gutachten zu beginnen. Der BGH hat in FamRZ 82, 691 = NJW 2124 verlangt, daß vor der biostatistischen Begutachtung geklärt wird, ob die Mutter in der Empfängszeit Prostituierte gewesen sei. Auch wenn sich ohne Anhörung der Mutter, des angeblichen Vaters und der Mehrverkehrszeugen kaum entscheiden lassen, ob es zweckmäßig ist, diese Zeugen von vornherein in das Blutgruppengutachten einzubeziehen. Wenn die herkömmlichen serologischen Untersuchungen nicht zum Ausschluß des Mannes geführt haben und er auch nicht auf Grund biostatistischer Auswertung des Befunds als Vater festgestellt werden kann, sind weitere Aufklärungsmöglichkeiten zu nutzen. Wenn die forensische Begutachtungspraxis zur Auswertung weiterer Blutmerkmale gelangt ist, ist ein weiteres Gutachten einzuholen. Ob die neuen Untersuchungsmethoden bereits vom Bundesgesundheitsamt anerkannt sind, ist nicht wesentlich (BGH NJW 76, 1793). Welcher Beweiswert ihnen zukommt, hat der Tatrichter (nach Beratung durch Sachverständige oder Auskunft des Bundesgesundheitsamts) zu beurteilen (BGH NJW 73, 1411; 76, 367, 1793; 77, 2120; MDR 77, 824). Hält er das Beweismittel für geeignet, so ist von dieser Aufklärungsmöglichkeit auch Gebrauch zu machen (BGH NJW 76, 1793; MDR 77, 824), außer wenn die Möglichkeit, daß sich ein Ausschluß des Mannes ergeben könnte, nur noch eine rein theoretische ist (BGH NJW 75, 2246). Über den hierfür erforderlichen Grad der Vaterschaftswahrscheinlichkeit s Rn 43. 44

Wenn die serologische Begutachtung kein eindeutiges Ergebnis erbringt, ist trotz Verfahrensverzögerung (vgl § 640 f) ein **erbbiologisches Gutachten** einzuholen (BGH NJW 74, 606, 2046; KG FamRZ 73, 270; München DAVorm 74, 108; Düsseldorf DAVorm 74, 554; Koblenz FamRZ 75, 50; Hamburg FamRZ 75, 107). Das gilt nach BGH NJW 74, 368, 606 selbst dann, wenn nach biostatistischer Begutachtung die Vaterschaft bereits sehr wahrscheinlich ist. Zum Teil wird dagegen die Notwendigkeit weiterer Aufklärung von Amts wegen durch ein Ähnlichkeitsgutachten verneint, wenn ein sehr hoher biostatistischer Wahrscheinlichkeitswert, überzeugend für die Vaterschaft des Mannes spricht und damit die Aussage der Kindesmutter bekräftigt, sie habe in der Empfängniszeit mit anderen Männern keinen Verkehr gehabt (so Nürnberg DAVorm 73, 299; Bamberg DAVorm 74, 184; Karlsruhe DAVorm 74, 557; Oldenburg DAVorm 76, 201; wohl auch BGH NJW 74, 2046; anders Hamburg DAVorm 84, 505 und 85, 325). Einem Beweisantrag des Mannes, der durch ein Ähnlichkeitsgutachten die für seine Vaterschaft sprechenden Umstände entkräften will, ist aber auch bei einer solchen Sachlage stattzugeben (unten Anm 46 aE). Anforderungen an Ähnlichkeitsgutachten: Stuttgart NJW 74, 432. 45

3) **Beweisanträge** (dazu Schlosser FamRZ 76, 6, 258; Roth-Stielow, Abstammungsprozeß Rn 281 ff) können das Gericht zu weiteren Beweiserhebungen nötigen, zu denen es auf Grund seiner Amtsermittlungspflicht nicht gehalten wäre; s vorigen Absatz aE. Das Gericht kann dann allerdings – und zwar nur in diesem Fall, nicht bei Amtsermittlung (Hamm DAVorm 85, 149; Hamburg FamRZ 86, 195) – einen Auslagenvorschuß verlangen (§§ 379, 402). Für Beweisanträge können die Grundsätze des **§ 244 StPO** rechtsähnl angewendet werden (BGHZ 53, 260; Schlosser aaO; einschränkend Brühl-Göppinger-Mutschler aaO 1351 Fn 3 a). **Unerheblichen Beweisanträgen** braucht nicht entsprochen zu werden; stellt sich die Unerheblichkeit erst nachträgl heraus, so muß auch eine bereits beschlossene Beweisaufnahme nicht durchgeführt werden (Karlsruhe DAVorm 74, 556). Bedenkl ist die Auffassung (Maier NJW 74, 1427; 76, 1136), bei Beweisanträgen, die auf Feststellung von Indizien gerichtet seien, könne das Beweisthema als wahr unterstellt werden und gleichzeitig könnten die Schlußfolgerungen, die der Beweisführer aus den Indizien ziehe, abgelehnt werden. Die Tragweite der Indizien für die Beweiswürdigung läßt sich meist erst nach Beweiserhebung im Zusammenhang mit den übrigen Indiztatsachen ermessen. Beweisanträgen, die auf die Anwendung **untauglicher Beweismittel** abzielen, braucht nicht stattgegeben zu werden. Die Eignung hat der Tatrichter selbständig zu prüfen. Das gilt auch für die Einholung von Gutachten nach noch nicht allgemein anerkannten Methoden (BGH NJW 76, 1793; MDR 77, 824; Rn 41). **Unerreichbare Beweismittel** sind nicht zu benutzen; evtl stellt sich die Frage der Beweisvereitelung (Rn 48). Beweisanträge auf **Zeugenvernehmung** dürfen nicht mit der Begründung abgelehnt werden, das Gegenteil stehe für das Gericht auf Grund anderer 46

Beweise bereits fest (BGHZ 53, 260; DRiZ 66, 381; KG DAVorm 72, 179; München NJW 72, 2048; E. Schneider MDR 69, 268) oder es seien keine zuverlässigen Angaben zu erwarten (BGH DAVorm 73, 296). Beweisanträge auf **Sachverständigengutachten** sind nicht deshalb unzulässig, weil ein bestimmtes Ergebnis der Begutachtung nicht behauptet werden kann (Johannsen aaO vor Rn 41, 490); sie dürfen nicht als unzulässiger Ausforschungsbeweis abgelehnt werden (BGHZ 40, 367; NJW 64, 1179; Nürnberg FamRZ 71, 590; Düsseldorf NJW 72, 396; KG NJW 74, 608). Ist der Antrag auf nochmalige Begutachtung gerichtet, muß aber angegeben werden, in welchen Punkten das bisherige Gutachten ergänzungsbedürftig oder unrichtig sein soll (Schlosser aaO; Johannsen aaO). Einem Beweisantrag des Mannes auf Erholung eines Ähnlichkeitsgutachtens, durch das die Aussagen der Kindesmutter widerlegt werden sollen, ist auch bei sehr hoher biostatistischer Vaterschaftswahrscheinlichkeit zu entsprechen (BGH NJW 74, 606; dazu auch BGH NJW 76, 378). Auch bei biostatistisch höchstwahrscheinlicher Vaterschaft ist einem Beweisantrag des Mannes nachzugehen, der behauptet, daß er wegen Zeugungsunfähigkeit nicht der Vater sein könne (BGH NJW 74, 1428; vgl auch BGHZ 61, 172 f).

4) Lit zu **Begutachtungsmethoden** und ihrem Beweiswert s oben vor Rn 41, ferner *Brühl-Göppinger-Mutschler* aaO 1353 ff (dazu Hummel DAVorm 76, 571); Bundesgesundheitsamt DAVorm 74, 228; *Glage* NJW 70, 1223; *Goedde, Hirth, Benkmann* NJW 76, 2296; *Gumbel* NJW 77, 1486; *Hummel* NJW 71, 1072; FamRZ 76, 257; DAVorm 76, 121, 571; NJW 78, 576; 79, 1240; 80, 1320; *Maier* NJW 76, 1135; *Oepen* NJW 70, 499; *Rittner* NJW 74, 590; *Rittner* und *Baur* NJW 76, 1778; *Rittner* und *Maier* FamRZ 73, 121; *Roth-Stielow* aaO 312 ff; *Scholl* NJW 79, 1913; 80, 1323 u 1933; *Spielmann* und *Seidl* NJW 73, 2229; 78, 2333; 80, 1322; *Zimmermann* NJW 73, 546.

47 Zur Verwertung **fachlicher Kenntnisse des Richters** im Prozeß s BGH JZ 68, 670; *Döhring* JZ 68, 641; *Lifschütz* NJW 69, 305; ferner die Nachweise bei Göppinger DRiZ 70, 146 Fn 78. Wenn der Richter vom Gutachten eines Sachverständigen abweichen will, hat er seine Sachkunde in den Urteilsgründen darzutun (BGH FamRZ 74, 85).

48 **5)** Zu Fragen der **Beweisvereitelung** s BGH NJW 72, 1133 mit Anm Gerhardt ZZP 86, 63 u AcP 169, 289; Peters ZZP 82, 200; Hausmann FamRZ 77, 302; Roth-Stielow aaO Rdrn 287 ff. Bei grundloser oder durch Zwischenurteil (§§ 372 a II, 387) für unbegründet erklärter Weigerung des Mannes, sich untersuchen zu lassen, sind die Zwangsmittel des § 372 a II anzuwenden (Zweibrücken DAVorm 73, 489; Hamburg DAVorm 76, 49). Wenn sich der Mann ins Ausland abgesetzt hat, kann die Untersuchung im Rechtshilfeweg durchgesetzt werden (Hausmann aaO). Ist dies nicht möglich und vereitelt der Mann vorsätzlich die Beweisaufnahme, so kann das Gericht ihn so behandeln, als hätte das Gutachten keine schwerwiegenden Zweifel an seiner Vaterschaft ergeben (§ 1600 o II BGB; BGH FamRZ 86, 664 mwN). Ehe an die Verweigerung der Begutachtung solch schwerwiegende Folge geknüpft wird, muß der Mann hierüber belehrt und ihm muß eine Frist nach § 356 gesetzt werden (BGH aaO). Über dem Kind ungünstige Beweisergebnisse, die bereits vorliegen und durch die Untersuchung entkräftet werden sollten, ist allerdings trotz Beweisvereitlung nicht hinwegzukommen (Karlsruhe FamRZ 77, 341).

48a **IX) Besonderheiten des Verfahrens: 1)** Kindschaftssachen werden **nicht öffentlich verhandelt** (§ 170 GVG) und sind **Feriensachen** (§ 200 II Nr 5 GVG). Sachlich **zuständig** ist das AG (§ 23a Nr 1 GVG), Zivilprozeßabteilung; folglich kein Anwaltszwang (§ 78). Örtliche Zuständigkeit: §§ 12–16, 640 a. Der Gerichtsstand kann nicht vereinbart werden (§ 40 II). Für Statussachen nichtehelicher Kinder besteht ein ausschließlicher Gerichtsstand (§ 641 a I). Nach dem Tod des Kindes oder des Ehemannes der Mutter ist die Ehelichkeitsanfechtung Vormundschaftssache (§ 1599 II BGB).

49 **2) Prozeßkostenhilfe:** Das nichteheliche Kind braucht keinen Vordruck über seine wirtschaftlichen und persönlichen Verhältnisse auszufüllen (§ 1 S 2 Nr 3 der DV zu § 117 ZPO – BGBl 80 I 2163), muß aber glaubhaft machen, daß es von seiner Mutter keinen Prozeßkostenvorschuß erhalten kann (KG NJW 82, 111; Düsseldorf DAVorm 81, 772; Karlsruhe Justiz 84, 345; anders Frankfurt DAVorm 81, 871 und 872; s auch § 117 Rn 18). Dies gilt auch für das eheliche Kind (KG DAVorm 84, 323; Frankfurt DAVorm 83, 215; anders Köln DAVorm 83, 959). Hinreichende Erfolgsaussicht (§ 114) besteht, wenn eine Beweisaufnahme ernsthaft in Betracht kommt (Hamburg DAVorm 84, 708). Näheres s § 114 Rn 46 ff. Wer die Vaterschaftsanerkennung anficht, muß glaubhaft machen, warum sie unrichtig ist, damit geprüft werden kann, ob die Klage mutwillig ist (Köln FamRZ 83, 736). Eine Vaterschaftsfeststellungsklage gegen einen Ausländer ist nicht deshalb mutwillig iS des § 114, weil Beweisaufnahme und Vollstreckung im Ausland erfolgen müssen (Celle NdsRpfl 74, 105; KG ZBlJugR 76, 255; Hamm DAVorm 79, 199).

50 Im Ehelichkeitsanfechtungsprozeß ist dem beklagten Kind auch dann Prozeßkostenhilfe zu gewähren, wenn es dem Klagebegehren nicht entgegentritt (Celle FamRZ 83, 735 = MDR 323; Frankfurt DAVorm 83, 306; Nürnberg FamRZ 85, 1275; München DAVorm 85, 1034; Schneider

MDR 85, 442 mwN; anders Koblenz FamRZ 83, 734; Köln DAVorm 83, 227 u 959; Schleswig SchlHA 85, 14; Düsseldorf DAVorm 85, 1032 u 1033). Abstammungsgutachten werden im Prüfungsverfahren nach § 118 nicht eingeholt (Karlsruhe FamRZ 68, 535). Der armen Partei ist in Kindschaftssachen grundsätzl ein RA beizuordnen (Nürnberg DAVorm 79, 502; Hamm AnwBl 82, 254; Karlsruhe Justiz 85, 354). Ausnahme: **1.** Besonders einfache Fälle (Hamm DAVorm 83, 514; Schleswig DAVorm 83, 688), **2.** Das Kind ist durch das Jugendamt vertreten (München FamRZ 79, 179; Koblenz FamRZ 82, 402; Bremen FamRZ 86, 189; anders Frankfurt FamRZ 80, 490 u DAVorm 83, 215; Zweibrücken Rpfleger 81, 205; Stuttgart Justiz 84, 345).

3) Prozeßkostenvorschuß. Nach Düsseldorf FamRZ 71, 454; KG NJW 82, 111 muß sich das nichteheliche Kind für die Vaterschaftsfeststellungsklage darauf verweisen lassen, von seiner Mutter einen Prozeßkostenvorschuß zu fordern, wenn sie leistungsfähig ist. Auf die Vorschußpflicht des als Vater verklagten Mannes kann das Kind wenigstens dann nicht verwiesen werden, wenn wegen ungewisser Erfolgsaussichten der Klage die Voraussetzungen für eine einstweilige Anordnung (§ 641 d) auf Prozeßkostenvorschuß fehlen (KG FamRZ 71, 44). Das seine Ehelichkeit anfechtende Kind, das damit die Vaterschaft des Ehemannes seiner Mutter leugnet, kann vom letzteren keinen Prozeßkostenvorschuß verlangen (Koblenz FamRZ 76, 359, Frankfurt FamRZ 83, 827; anders Hamm JurBüro 83, 453; Zweibrücken JurBüro, 82, 1259; vgl auch KG FamRZ 70, 141; NJW 71, 197; zum umgekehrten Fall s Düsseldorf FamRZ 69, 547). Eine einstw Anordnung auf Prozeßkostenvorschuß darf hier nicht ergehen; § 641 d ist im Ehelichkeitsanfechtungsprozeß nicht anwendbar (Koblenz FamRZ 74, 383). 51

4) Gesetzliche Vertretung des Kindes: § 640 b Rn 3. **Vertreterverschulden:** Laut BGH ist § 232 II aF, jetzt § 233, auch in Kindschaftssachen anzuwenden, so daß schuldhafte Fristversäumung durch Anwalt oder Jugendamt schadet (NJW 72, 584; MDR 72, 403; FamRZ 72, 201, 498, 560, 632; VersR 72, 1140, 1168, 1169; 73, 87); so auch München FamRZ 72, 385, Karlsruhe FamRZ 73, 48, Koblenz FamRZ 73, 49; Köln JMBlNRW 73, 46; aM Bosch FamRZ 72, 201, 501, 632; 73, 449, bei besonders schwerwiegenden Verfahrensmängeln auch Stuttgart DAVorm 74, 187; dazu Berkmann FamRZ 74, 294). Das BVerfG hat die Anweisung des § 232 II (aF) im Kindschaftsprozeß für verfassungsgemäß erklärt (NJW 73, 1315). § 233 nF hat das Unbehagen kaum gemildert. 52

5) Die **Mutter** eines nichtehelichen Kindes kann im Vaterschaftsfeststellungsprozeß **Zeuge** sein, wenn das Kind durch einen Pfleger gesetzlich vertreten ist, ihre elterliche Sorge also nach §§ 1705, 1706, 1630 BGB eingeschränkt ist (Karlsruhe FamRZ 73, 104; KG DAVorm 77, 174). Hat sie die volle elterl Gewalt, so kann sie als gesetzl Vertreterin nur als Partei vernommen werden (Karlsruhe aaO). Das gleiche gilt nach dem Beitritt als streitgenössische Streithelferin (Hamm FamRZ 78, 204). 53

(6) Berufungs- und Beschwerdegericht ist das OLG (§ 119 Nr 1 u 2 GVG). Dies gilt auch für Rechtsmittel, die sich nur gegen die Entscheidung über den Regelunterhalt (§ 643) richten (BGH FamRZ 80, 48 f mwN = NJW 292 = MDR 215 u FamRZ 84, 36 = MDR 214), ja sogar, wenn das AG unter Verstoß gegen § 643 zur Zahlung eines bezifferten Unterhalts verurteilt hat (BGH NJW 74, 751 = MDR 570). Da Kindschaftssachen nichtvermögensrechtliche Streitigkeiten sind, findet die **Revision** (abgesehen vom Fall der Verwerfung der Berufung, § 547) nur bei Zulassung durch das OLG statt (§ 546 I). Wegen der Revision gegen die Entscheidung über den Regelunterhalt s § 643 Rn 8. Zur **Beschwer** des Rechtsmittelklägers in Vaterschaftsfeststellungssachen s § 641 i Rn 12. 54

640 a

[Internationale (Abs 2) und örtliche (Abs 1) Zuständigkeit]

(1) Hat der Beklagte im Inland keinen allgemeinen Gerichtsstand, so ist das Amtsgericht zuständig, in dessen Bezirk eine der Parteien ihren gewöhnlichen Aufenthalt oder der Kläger seinen allgemeinen Gerichtsstand hat. Ist auch für diesen kein Gerichtsstand begründet, so ist das Amtsgericht Schöneberg in Berlin zuständig.

(2) Die deutschen Gerichte sind zuständig, wenn eine der Parteien

1. Deutscher ist oder

2. ihren gewöhnlichen Aufenthalt im Inland hat.

Diese Zuständigkeit ist nicht ausschließlich.

I) **Überblick:** Neufassung seit 1. 9. 1986 durch IPR-ReformG (§ 606 a Rn 1). – Abs 1 regelt die örtl (für Nichtehelichensachen gilt aber § 641 a), Abs 2 die internationale Zuständigkeit, und zwar in Abänderung zum bish Recht für alle Kindschaftssachen (§ 640 II) unter Einschluß der Nicht- 1 ehelichensachen (§§ 641 ff). Dies ergibt sich aus der Streichung des § 641 a II aF; amtl Begr BT-Drucks 10/504 S 90. (Dort ist die Einführung einer internationalen Betreuungszuständigkeit – vgl den Fall des BGH NJW 85, 552 = IPRax 85, 224 (Henrich 207) – für die Fälle des Fehlens der Aufenthalts- und Staatsangehörigkeitsanknüpfung ausdrückl abgelehnt).

2 **II) Internationale Zuständigkeit (Entscheidungszuständigkeit), Abs 2: 1) Internationale Staatsangehörigkeitszuständigkeit:** Besitzt einer der Parteien – gleich, ob Kläger oder Bekl – die **dt Staatsangehörigkeit,** so hält sich die BRepD für international zuständig, ohne Rücksicht darauf, wo der Bekl seinen Wohnsitz/gewöhnl Aufenthalt hat. Bei Mehrstaatern kommt es nicht darauf an, daß die dt Staatsangehörigkeit die effektivere ist, § 606 a Rn 37. Maßgebender Zeitpunkt: § 606 a Rn 40. **Ist keine der Parteien dt Staatsbürger,** so wurde nach § 640 a II aF auf die dt Staatsangehörigkeit der Mutter zurückgegriffen. Diese Anknüpfung entfällt seit Neufassung (Rn 12).

3 **2) Internationale Aufenthaltszuständigkeit: a)** Das alte Recht knüpfte nicht an den gewöhnl Aufenthalt, sondern grundsätzl an den Wohnsitz an. Nur in den Fällen des § 16 war Anknüpfungspunkt für die internationale Zuständigkeit der Aufenthalt im Inland (so aber auch jetzt noch für örtl Zuständigkeit Rn 9); BGH NJW 80, 2646 = MDR 81, 35 = IPRspr 80/145. Nunmehr wird – ebenso wie in Ehesachen (§ 606 a I 1 Nr 2–4) – auf den gewöhnl Aufenthalt abgestellt. Diese Kompetenzanknüpfung ist nach der dt lex fori zu beurteilen, § 606 a Rn 48.

4 **b)** Auch wenn der Bekl/Antragsgegner in der BRepD keinen gewöhnl Aufenthalt hat, erachtet sich die BRepD in Kindschaftssachen für international zuständig, wenn der **Kläger/Antragsteller im Inland** sich gewöhnl aufhält. Der inländische gewöhnl Aufenthalt des Klägers wirkt also in gleicher Weise zuständigkeitsbegründend wie der des Bekl. Von der **Regel actor sequitur forum rei findet sich also – wie in Ehesachen (§ 606 a Rn 8) – keine Spur.** Beispiel: BGH FamRZ 82, 917 = IPRspr 82/168.

5 **c)** Die Staatsangehörigkeit der Parteien spielt nach § 640 a II 1 Nr 2 keine Rolle. Auch für **reine Ausländerprozesse** begründet der gewöhnl Aufenthalt einer Partei internationale Entscheidungszuständigkeit der BRepD, BGH NJW 1980, 2646 = MDR 81, 35 = FamRZ 81, 23 = IPRspr 80/145.

6 **d) Auf die Anerkennung des dt Urteils durch den Heimatstaat der nichtdeutschen Partei oder die lex causae kommt es nicht an,** IPG 1973 Nr 22 (Heidelberg). § 606 a I 1 Nr 4 ist nicht Ausdruck eines allg Rechtsgedankens, kann also nicht analog angewandt werden, BayObLGZ 69, 8, 19 = NJW 59, 1038 = IPRspr 58–59/208; Beitzke FamRZ 67, 600; Köln FamRZ 83, 825 (Grunsky) = IPRspr 83/160, IZPR Rn 127.

Maßgebl Zeitpunkt für das Vorliegen der Zuständigkeitstatsachen: § 606 a Rn 47.

7 **3) Kein Gleichlauf zwischen internationaler Zuständigkeit und anwendbarem Recht:** Welches Recht nach den Regeln des dt IPR maßgebl ist, ist für die Frage der internationalen Zuständigkeit ohne Bedeutung, § 606 a Rn 29.

8 **4) Internationale Annexzuständigkeit** für Unterhaltssachen: §§ 643, 643 a. Wegen Verhältnis zu Art 2, 5 Nr 2 GVÜ § 606 a Rn 21. Verfehlt BGH NJW 85, 552, der Art 3 Nr 2 Haager Übereink über die Anerkennung und Vollstreckung von Entscheidungen auf dem Gebiet der Unterhaltspflicht gegenüber Kindern heranzieht. Dieses regelt aber nicht die internationale Entscheidungszuständigkeit, sondern nur die internationale Anerkennungszuständigkeit, Rn 16.

9 **III) Örtliche Zuständigkeit:** Anknüpfungen für örtl Zuständigkeit (Abs 1) sind (leider) nicht harmonisiert mit denen für internationale Zuständigkeit (Abs 2). Für diese kommen nur Staatsangehörigkeit oder gewöhnl Aufenthalt in Betracht, Rn 2, 3. Für örtl Zuständigkeit aber ist – wie bisher – primäre Anknüpfung der **allg Gerichtsstand des Bekl.** Grundsätzl gelten also für die örtl Zuständigkeit – sofern internationale Zuständigkeit zu bejahen ist, Rn 2, 3 – §§ 12 ff: Maßgebend ist also der Wohnsitz des Bekl und – wenn er nirgendwo einen Wohnsitz hat (auch nicht im Ausland) – ersatzw dessen inländischer Aufenthaltsort, und sofern es auch an einem solchen fehlt, der letzte inländische Wohnsitz, § 16. Wohnsitz ist nach dt Recht zu bestimmen. Allerdings kommt es auf lex causae für abgeleiteten Wohnsitz der Kinder an. AA Beitzke FamRZ 67, 600.

10 Sekundäre Anknüpfung an den **gewöhnl Aufenthalt einer Partei** (seit 1. 9. 1986) oder (wahlweise) wie bisher an den **allg Gerichtsstand des Klägers:** Es ist also auch das Gericht am gewöhnl Aufenthalt oder – soweit von diesem abweichend – am Wohnsitz des Klägers/Antragstellers örtl zuständig, §§ 640 a I 1, 13; hat der Kläger weder im In- noch im Ausland einen Wohnsitz, so ist das Gericht örtl zuständig, in dessen Bezirk sich der Kläger aufhält. Fehlt es auch an einem inländischen Aufenthaltsort, so wird an den Ort des letzten inländische Wohnsitzes angeknüpft, § 16. Diese Anknüpfungsleiter wird nur aktuell, wenn internationale Zuständigkeit zu bejahen ist. Sie ist zu kompliziert und sollte Abs 2 angeglichen werden. Insbes sollte im Falle der

internationalen Aufenthaltszuständigkeit (Rn 3) die örtl Zuständigkeit nur an gewöhnl Aufenthalt geknüpft werden. Aber auch bei internationaler Staatsangehörigkeitszuständigkeit (Rn 2) ist Festhalten am allg Gerichtsstand der Parteien – vor allem im Hinblick auf § 16 – nicht (mehr) stimmig. Hält sich keine Partei gewöhnl im Inland auf, dann sollte gleich – ohne die Umwege des § 16 – auf die Auffangregel (Rn 11) zurückgegriffen werden.

Örtl Zuständigkeit des **AG-FamG Berlin-Schöneberg als ultima ratio:** Da sich die BRepD auf Grund der dt Staatsangehörigkeit (einer) der Parteien für international zuständig hält, muß noch ein örtl zuständiges Gericht für die Fälle bestimmt werden, in denen keine der Parteien ihren gewöhnl Aufenthalt bzw – soweit abweichend – allg Gerichtsstand im Inland hat. 11

Die Sonderregelung für **Klagen auf Anfechtung der Ehelichkeit eines Kindes oder Anfechtung der Anerkennung der Vaterschaft (§ 640 a II)** wurde durch IPR-Reform (wegen ersatzloser Streichung des Art 18 II EGBGB aF) beseitigt. In den Fällen des § 640 a II aF war zuständigkeitsrechtl der Wohnsitz der Mutter, ersatzweise deren gewöhnl Aufenthalt, in dritter Linie der letzte inländische Wohnsitz bzw Aufenthalt (zur Zeit des Todes) der Mutter maßgebend. Gingen auch diese Zuständigkeitsanknüpfungen ins Leere, kam die örtl Zuständigkeit des AG Berlin-Schöneberg zum Zug. Übergangsrechtl (§ 328 Rn 273) auch jetzt noch wichtig für Beurteilung der internationalen Anerkennungszuständigkeit, Rn 19. – Anders als im Bereich der freiw Gerichtsbarkeit (§§ 36 II 2, 43 FGG) kann das AG Berlin-Schöneberg seine örtl Zuständigkeit nicht durch Abgabeverfügung delegieren. 12

Zur Bestimmung des örtl zuständigen Gerichts bei **passiver Streitgenossenschaft** BGH NJW 80, 2646 = MDR 81, 35 = FamRZ 81, 23 = IPRspr 80/145. **§ 36 Nr 3 erweitert aber nicht die internationale Zuständigkeit der BRepD.** Geimer IZPR Rn 1578. 13

IV) Abgrenzung zur freiw Gerichtsbarkeit: Ob ein bestimmter Rechtsstreit bzw eine bestimmte Rechtssache im Verfahren des Zivilprozesses (§§ 640 ff) oder der freiw Gerichtsbarkeit (§§ 36, 43 FGG) zu behandeln und zu entscheiden ist, beurteilt sich nach der dt **lex fori,** denn diese hat darüber zu befinden, in welcher Form Rechtsschutz bzw Rechtsfürsorge gewährt wird, IZPR Rn 10. Die Ehelichkeitsanfechtung erfolgt zB grundsätzl durch Klage vor dem Prozeßgericht, nach dem Tode des Kindes oder des Vaters durch Antrag beim Vormundschaftsgericht (§ 1599 II BGB); aA Beitzke FamRZ 1967, 602; weiteres Beisp: § 1600 n II BGB, § 55 b FGG (postmortale Vaterschaftsfeststellung); IPG 1975 Nr 25 Hamburg (S 217). 14

V) Internationale Zuständigkeit in **Vormundschafts- und Kindschaftssachen:** §§ 35 a, 43 a, 43 b FGG. Ausführl Beitzke FamRZ 1967, 602 sowie Mitzkus 36 ff. 15

VI) Staatsverträge: Das **GVÜ** kommt für Kindschaftssachen (§ 640 II) nicht zur Anwendung, Art 1 II Nr 1, Geimer/Schütze I 145. Wegen der internationalen Annexzuständigkeit auf Grund § 643, 643 a für Unterhaltssachen § 606 a Rn 21. – **Das Haager Minderjährigenschutzabkommen (= MSA)** vom 5. 10. 1961, BGBl 1971 II 219, gilt ebenfalls nicht für Kindschaftssachen. Es regelt die internationale Zuständigkeit für „Maßnahmen zum Schutz der Person und des Vermögens des Minderjährigen", Art 1. Was darunter zu verstehen ist, definiert das Übereink nicht. Mit Sicherheit klammert Art 1 Statussachen aus. Das MSA kann in Kindschaftssachen aber mittelbar eine Rolle spielen, so zB bei der Bestellung eines Ergänzungspflegers (Rn 33) (IPG 1974 Nr 20 Köln). Zum Anwendungsbereich Staudinger/Kropholler, Rz 265 vor Art 18 EGBGB; Siehr/MünchKomm Anh II nach Art 19 EGBGB; Jayme IPRax 84, 123. Die Abänderung einer Sorgerechtsentscheidung fällt unter MSA, Frankfurt FamRZ 1980, 730 = IPRspr 80/88. Vgl auch Frankfurt FamRZ 80, 710 = IPRspr 80/89; Hamm IPRspr 80/96. 16

Zentraler Anknüpfungspunkt des MSA ist der gewöhnl Aufenthalt des Minderjährigen; hierzu BGH IPRspr 80/87; BGHZ 78, 293 = NJW 81, 520 = MDR 81, 215 = FamRZ 81, 135 = IPRax 81, 139 (Henrich 125) = IPRspr 80/94; Schleswig DAVorm 80, 977 = IPRspr 80/93; Köln IPRspr 80/96A. – **Ex lege Gewaltverhältnisse** zu beachten, die sich aus Heimatrecht des Mj ergeben, Art 3. Bei Mehrstaatern ist das Recht des Staates maßgebend, zu dem das Kind die engste persönl Beziehung hat, BayObLG IPRax 85, 226 (Mansel 209 und Rauscher 214). Vgl auch BGH NJW 84, 2761 (Tunesien) und Stuttgart NJW 85, 566. – Das dt Gericht darf aber Maßnahmen nach Art 8 anordnen bei ernstl Gefährdung der Person oder des Vermögens des Mj. 17

Die bilateralen Anerkennungs- und Vollstreckungsverträge verdrängen § 640 a nicht; denn sie regeln nicht die Entscheidungszuständigkeit. 18

VII) Internationale Anerkennungszuständigkeit (§ 328 I Nr 1): Keine ausschließl internationale Zuständigkeit der BRepD: Eine ausschließl internationale Zuständigkeit der BRepD wäre allenfalls diskutabel, soweit ein Deutscher beteiligt ist. Aber auch insoweit beansprucht die BRepD keinerlei Jurisdiktionsmonopol, § 640 a II 2; LG Berlin DAVorm 83, 755 = IPRspr 99; München DAVorm 83, 246 = IPRspr 81/167; KG IPRspr 82/176, Martiny I Rz 769. Die Anerken- 19 nung ausl Statusurteile betr dt Kinder und/oder dt Eltern bzw Elternteile, scheitert also nicht am dt „Zuständigkeitsinteresse". Soweit wir ein **„Rechtsanwendungsinteresse"** haben, dh bestimmte Rechtsnormen bzw Rechtsgrundsätze auch international durchsetzen wollen, bedienen wir uns der ordre public-Klausel (§ 328 I Nr 4), Geimer NJW 75, 1079. – Die Sonderregelung § 641 a II aF für Nichtehelichen-Fälle (§ 641) wurde durch IPR-Reform (Rn 1) beseitigt.

20 **Anknüpfungspunkte für die internationale Zuständigkeit des Urteilsstaates (= Erststaates):** Es gilt die **allg Regel des § 328 I Nr 1:** Wir billigen ausl Staaten in dem gleichen Umfang internationale Zuständigkeit zu, wie wir sie selbst beanspruchen, § 328 Rn 96. Der Urteilsstaat ist also aus dt Sicht (§§ 328 I Nr 1 iVm § 640 a II 1) international zuständig, wenn einer der Parteien die (nicht notwendigerweise effektive) **Staatsangehörigkeit des Urteilsstaates** besitzt (auch wenn er selbst außerdem noch oder die andere Partei Deutscher ist) – **internationale Staatsangehörigkeitszuständigkeit des Erststaates** – oder wenn der Beklagte und/oder der Kläger im Erststaat seinen **gewöhnl Aufenthalt** hatte – **internationale Aufenthaltszuständigkeit des Erststaates.** – Allg zum forum actoris Martiny I Rz 82; vgl auch § 606 Rn 106. Die internationale Unzuständigkeit des Erststaates ist nur auf **Rüge des Beklagten** zu beachten, § 606 a Rn 120. **Maßgebl Zeitpunkt:** § 606 a Rn 118.

21 **VIII) Anerkennung ausl Entscheidungen in Kindschaftssachen:** § 328 II aF verlangte die Verbürgung der Gegenseitigkeit, was zu unsinnigen Ergebnissen führte. Dieses Anerkennungshindernis wurde durch das 1. EhereformG beseitigt. – Soweit ausländische Entscheidung dem FG-Bereich zuzuordnen ist (Rn 14), kommt § 16 a FGG zur Anwendung.

22 **Kein Feststellungsmonopol:** Ein dem Art 7 FamRÄndG (§ 328 Rn 219) vergleichbares Verfahren, durch das ein für allemal geklärt werden kann, ob eine ausl Statusentscheidung in der BRepD anzuerkennen ist oder nicht, gibt es für Kindschaftssachen nicht. Ein solches ist aber de lege ferenda zu fordern, da widersprechende Entscheidungen zur Frage der Anerkennung der ausl Statusentscheidung aus den gleichen Gründen wie in Ehesachen vermieden werden müssen.

23 Wegen der übrigen Anerkennungsvoraussetzungen s § 328 I Nrn 2–4. Hinsichtl der **Feststellungs- bzw Gestaltungswirkung** des ausl Urteils gilt das Recht des Erststaates, § 328 Rn 18. Wenn über die Ehelichkeit der Kinder im Scheidungsprozeß der Eltern nach dem Recht des Erststaates Feststellungen getroffen werden können, so ist diese Feststellungswirkung in der BRepD grundsätzl anerkennungsfähig (IPG 74/22 Köln S 226). Sorgfältig zu prüfen ist jedoch die Frage der Gewährung rechtl Gehörs. (Inwieweit muß das Kind die Prozeßführung der Eltern gegen sich gelten lassen?).

24 **IX) Klagen/Anträge auf Herausgabe eines Kindes:** Für Klagen auf Herausgabe eines Kindes gilt § 640 a nicht, arg § 640 II. Maßgebl sind §§ 12 ff, Beitzke FamRZ 1967, 602; Staudinger/Kropholler, Art 19 EGBGB Rz 293. Streitigkeiten zwischen Eltern sind nicht vor dem Prozeßgericht auszutragen. Es entscheidet vielmehr das für das Kind zuständige Vormundschaftsgericht. § 1632 II BGB ist auch dann anzuwenden, wenn nach ausl Recht zu entscheiden ist, Rn 14; Jayme FamRZ 64, 352 ff. Herausgabeanträge fallen in den Anwendungsbereich des MSA (Rn 16); die Anordnung auf Herausgabe ist Schutzmaßnahme iSv Art 1 MSA, Stuttgart NJW 85, 566. Das MSA hat Vorrang. **Ausl Entscheidungen,** die die Herausgabe des Kindes im Verhältnis zwischen den Eltern regeln, sind nicht nach §§ 722 f sondern nach § 33 FGG für vollstreckbar zu erklären, § 722 Rn 66.

25 **X) Geltendmachung der Nichtehelichkeit eines Kindes bei bestehender Ehe:** Ob die Nichtehelichkeit eines (im Ehebruch gezeugten) Kindes erst nach Durchführung eines gerichtl Verfahrens geltend gemacht werden kann, bestimmt die vom dt IPR berufene Rechtsordnung. So kann nach engl (KG IPRax 85, 48 [Jayme]) und US-amerik Recht die Ehelichkeit eines Kindes von jedermann – ohne gerichtl Verfahren – bestritten werden. § 1599 BGB (Notwendigkeit von Ehelichkeitsanfechtung und Gestaltungsurteil) findet bei Maßgeblichkeit ausl Rechts keine Anwendung. Der dt ordre public steht dem nicht entgegen, hM: KG IPRax 84, 42 (Henrich); MüKomm-Schwimann Art 18 Rz 39. Nach franz Recht (Art 313 – 1 Cc) kann die Mutter durch Weglassen des Namens des Ehemannes beim Geburtseintrag den nichtehel Status des Kindes herbeiführen, Hamm OLGZ 82, 289 = IPRax 82, 194 = IPRspr 81/115; BGH NJW 86, 3022. – Auch im ital Recht bedarf es keiner Ehelichkeitsanfechtungsklage. Die Ehelichkeitsvermutung des während der Ehe geborenen Kindes (Art 231 Cc) wird bereits entkräftet, wenn das Kind (vor der standesamtl Registrierung als ehel) von einem anderen Mann als dem Ehemann anerkannt und dies rechtzeitig dem Standesbeamten zur Kenntnis gebracht wird. Da nunmehr außer dem Ehemann der Mutter auch der andere Mann als Vater in Frage kommt, wird die Abstammung als unklar und das Kind daher als nichtehel behandelt, BGH IPRax 85, 35 (Klinkhardt 21). – Ver-

fahren: §§ 43 ff PStG. – Zum umgekehrten Fall (Legitimation) Köln IPRspr 81/117 = IPRax 82, 118.

Tritt die Nichtehelichkeit ex lege ein, so stellt die dt lex fori – ohne Rücksicht auf das ausl für das Statusverhältnis maßgebl Recht – die **Statusfeststellungsklage** zur Verfügung. 26

Hält die ausl lex causae ebenso wie das dt Recht die Durchführung eines gerichtl Verfahrens für erforderl, gestaltet es aber dieses nicht als Klage auf Erlaß eines Gestaltungsurteils, sondern als **Feststellungsverfahren** aus, so ist auch dies für dt Richter maßgebl. Das gleiche gilt im umgekehrten Fall, wenn das ausl Recht eine Gestaltungsklage verlangt, obwohl nach dt Recht eine solche nicht erforderl ist (Beisp: Geburt des Kindes nach dem 302. Tag der Auflösung der Ehe, § 1593 BGB). 27

Wer anfechtungsberechtigt ist und innerhalb welcher Frist die Klage erhoben werden muß, bestimmt die lex causae, IZPR Rn 21. Ist die Anfechtungsfrist nach ausl Recht wesentl kürzer als die Zweijahresfrist des dt Rechts (§§ 1594, 1596 II BGB), so taucht die Frage der ordre public-Widrigkeit nur bei extrem kurzer Frist auf. Ob die Nichtehelichkeit im **Zivilprozeß oder im Verfahren freiw Gerichtsbarkeit** (Beisp: Karlsruhe DAVorm 83, 147 = IPRspr 82/93) geltend zu machen ist, entscheidet die dt lex fori (§ 1599 II BGB), Rn 14. 28

XI) Vaterschaftsfeststellungsklage des nichtehel Kindes: Ob die Rechtswirkungen der nichtehel Vaterschaft ex lege oder erst nach Durchführung eines förml Vaterschaftsfeststellungsverfahrens (§ 1600 a S 2 BGB) eintreten, entscheidet die lex causae, vgl Rn 25. Zu beachten ist aber, daß nach BGHZ 60, 247 der Anwendungsbereich des dt Nichtehelichenrechts und damit des § 1600 a S 2 BGB sehr weit ist, Nachw BGH IPRax 86, 39 (Klinkhardt 23). – Dagegen Nachw Beitzke StAZ 84, 198; Rauscher JZ 84, 306. 29

Ist nach dt IPR das Verhältnis Vater–Kind nach ausl Recht zu beurteilen, kennt aber dieses keine Vaterschaftsfeststellungsklage mit Statuswirkung, so wird die Frage aktuell, ob ein dt Gericht eine solche Klage annehmen darf. Trennt man streng zwischen materiellrechtl Vater-Kind-Verhältnis einerseits und Möglichkeit der gerichtl Feststellung andererseits und unterstellt man den letztgenannten Komplex ausschließl der dt lex fori (IZPR Rn 5), so müßte man die Zulässigkeit einer Feststellungsklage ohne Rücksicht auf den Standpunkt des an sich maßgebl ausl Rechts bejahen. Legt man jedoch den Akzent auf die untrennbare Verwobenheit von Sach- und Verfahrensrecht im Bereich der ehel Abstammung, so muß auch der dt Richter das **Verbot der gerichtl Vaterschaftsfeststellung** beachten; dafür BGHZ 63, 219 = NJW 75, 114 (Sturm 493) = MDR 75, 122 = FamRZ 75, 26 = IPRspr 74/114. 30

XII) Durchführung des Statusverfahrens in Kindschaftssachen: Auch bei Maßgeblichkeit ausl Sachrechts wird Statusverfahren (§ 640 II) nach **dt lex fori** (§§ 640 ff) durchgeführt. Ausl Verfahrensrecht findet keine Anwendung. Dies ist der Grundsatz. Doch sollte man daraus kein unumstößl Dogma machen. So ist es denkbar, „sachrechtsbezogenes Verfahrensrecht" des Auslandes im dt Prozeß zu berücksichtigen. Vgl § 606 a Rn 12. – Große praktische Bedeutung hat die Abgrenzung zwischen lex causae und dt lex fori im Bereich der **Beweisfragen,** vor allem bei der gerichtl Vaterschaftsfeststellung, vgl Jayme FS Bosch, 1976, 462 Fn 19. Die Grenzziehung im einzelnen bedarf noch der Aufhellung. **Die Pflicht, im Inland eine Blutprobe zu dulden, wird man immer nach dt Recht beurteilen müssen,** vgl RGZ 169, 219; MüKomm-Schwimman Art 18 Rz 40. 31

Vereitelt der bekl Mann die weitere Aufklärung des Sachverhalts, indem er die Mitwirkung an der Blutprobe in seinem Heimatstaat verweigert, und kann er dort auch nicht durch Zwangsmittel dazu angehalten werden, so hat das dt Gericht in freier Beweiswürdigung nach dem bish Sachstand zu entscheiden. **Die vorsätzl Beweisvereitelung geht zu Lasten der Partei, die die Beweiserhebung durch ihr Verhalten unmögl gemacht hat.** Die Verweigerung der Blutentnahme spricht gegen den bekl Mann, also für seine Vaterschaft, Köln DAVorm 80, 850 = IPRspr 80/102; Braunschweig DAVorm 81, 51 = IPRspr 80/103. Anders ist es aber, wenn ein **Dritter (Zeuge) den Beweis vereitelt,** Köln FamRZ 83, 825 (krit Grunsky) = IPRspr 83/160. 32

Anordnung einer Ergänzungspflegschaft zur Vertretung des Kindes in Ehelichkeitsanfechtungsverfahren: BayObLGZ 82, 32. – Zu Unrecht will LG Hamburg IPRspr 81/90 forum non conveniens-Regeln anwenden. 33

640 b *[Prozeßfähigkeit bei Anfechtungsklagen]*
In einem Rechtsstreit, der die Anfechtung der Ehelichkeit eines Kindes oder die Anfechtung der Anerkennung der Vaterschaft zum Gegenstand hat, sind die Parteien prozeßfähig, auch wenn sie in der Geschäftsfähigkeit beschränkt sind; für das Kind gilt dies nur, wenn es volljährig ist. Ist eine Partei geschäftsunfähig oder ist das Kind noch nicht volljährig, so wird der Rechtsstreit durch den gesetzlichen Vertreter geführt; dieser kann die Klage nur mit Genehmigung des Vormundschaftsgerichts erheben.

1 **Anwendungsbereich:** Die Bestimmung gilt nur für Anfechtungsklagen nach § 640 II Nr 2 u 3, nicht für Klagen auf Feststellung, daß eine Vaterschaftsanerkennung unwirksam ist (§ 640 II Nr 1 Hs 2).

2 § 640 b erweitert die **Prozeßfähigkeit** über die Grenze des § 52 hinaus, wonach beschränkt Geschäftsfähige in der Regel prozeßunfähig sind (§ 52 Rn 5). Prozeßfähig ist nach S 1: **1.** Der wegen Minderjährigkeit beschränkt geschäftsfähige Vater (§§ 106, 1595, 1600 k I BGB), nicht das minderjährige Kind, **2.** wer wegen Geistesschwäche, Verschwendung, Trunk- oder Rauschgiftsucht entmündigt oder nach § 1906 BGB unter vorläufige Vormundschaft gestellt worden ist (§ 114 BGB), nicht der wegen Geisteskrankheit Entmündigte (§ 104 Nr 3 BGB). Wer hiernach prozeßfähig ist, ist auch geschäftsfähig für Rechtsgeschäfte, die mit dem Prozeß zusammenhängen (§§ 607 Rn 2, 664 Rn 5).

3 **S 2 Hs 1:** Für **geschäftsunfähige** (§ 104 BGB) und **minderjährige Kinder** bleibt es bei der Regel des § 51, daß ihre **gesetzlichen Vertreter** die Anfechtungsprozesse führen. Verklagt der Vater das Kind und sind die Eltern miteinander verheiratet, so kann die Mutter das Kind nicht vertreten (§§ 1629 II 1, 1795 I Nr 3 BGB; Zweibrücken FamRZ 80, 911). Ihm ist dann ein Ergänzungspfleger (§ 1909 BGB) zu bestellen. Sind die Eltern geschieden, so kann der sorgeberechtigte Elternteil das Kind im Prozeß gegen den anderen Elternteil vertreten (BGH NJW 72, 1708). Ein Ergänzungspfleger darf nur bestellt werden, wenn besondere Umstände einen erheblichen Interessenkonflikt zwischen Kind und sorgeberechtigtem Elternteil ergeben (§§ 1629 II 3, 1796 II BGB; Hamm FamRZ 63, 580 u Rpfleger 86, 13 = DAVorm 85, 1026; Stuttgart FamRZ 83, 831 mwN; Schmidt NJW 64, 2696 f). Ein nichteheliches Kind wird durch das Jugendamt gesetzlich vertreten (§§ 1706 Nr 1, 1709 BGB); es sei denn, das Vormundschaftsgericht hat angeordnet, daß die Pflegschaft nicht eintritt, oder es hat sie aufgehoben (§ 1707 BGB). Dann ist die Mutter gesetzliche Vertreterin (§ 1705 BGB). Zur Vertretungsmacht der nichtehelichen Mutter nach dem Recht der DDR s AG Berlin-Schöneberg FamRZ 74, 202.

4 **S 2 Hs 2** wiederholt die Regelung der §§ 1595 II, 1595 a III, 1597, 1600 k BGB, daß der gesetzliche Vertreter **nur mit Genehmigung des Vormundschaftsgerichts Klage erheben** kann. Die Genehmigung kann während des Prozesses nachgeholt werden (Staudinger/Göppinger § 1595 Rn 7). Sie soll nur bei Einwilligung der Mutter erteilt werden, wenn der Vormund eines Minderjährigen **1.** dessen Ehelichkeit anfechten will (§ 1597 III BGB), **2.** die Vaterschaftsanerkennung anfechten will, nachdem die Mutter den anerkennenden Mann geheiratet hat (§ 1600 k III BGB). Im übrigen muß das Vormundschaftsgericht im Genehmigungsverfahren prüfen, ob das Interesse des Kindes an der Klärung seiner Abstammung überwiegt oder ob es für das Kind wichtiger ist, als ehelich in seiner Ursprungsfamilie aufzuwachsen (Hamm DAVorm 84, 334 u 85, 1030). Vorrangig ist regelmäßig das zuletzt genannte Interesse (BVerfGE 38, 251 = FamRZ 75, 85 = NJW 203; BGH NJW 75, 345/347 = MDR 302; BGHZ 76, 304 = FamRZ 80, 559/560 = NJW 1693).

640 c *[Klageverbindung, Widerklage]*
Mit einer der im § 640 bezeichenten Klagen kann eine Klage anderer Art nicht verbunden werden. Eine Widerklage anderer Art kann nicht erhoben werden. § 643 Abs. 1 Satz 1 bleibt unberührt.

1 Ähnlich wie die für Ehesachen geltenden §§ 610, 633 bezweckt das **Verbindungsverbot,** den Kindschaftsprozeß von Ansprüchen freizuhalten, die ihn verzögern und für die die Verhandlungsmaxime gilt. **Ausnahme § 643 I:** Mit der Klage des Kindes auf Feststellung der nichtehelichen Vaterschaft (§ 640 II Nr 1 Hs 1 ZPO, §§ 1600 a S 1, 1600 n I BGB) kann die Klage auf Regelunterhalt (§ 643 I) – nicht auf Zahlung eines bezifferten Betrages – verbunden werden. Der Gesetzgeber glaubte, dadurch werde der Kindschaftsprozeß nicht belastet, weil die Veurteilung zum Regeltunterhalt automatische Folge der Feststellung der nichtehel Vaterschaft sei (Brückler, DRiZ 71, 231). Daß der Einwand der Erfüllung oder des Forderungsübergangs im Kindschaftsprozeß geltend zu machen ist (§ 643 Rn 3 ff), wurde damals nicht bemerkt.

Bezifferte Unterhaltsansprüche: Eine entgegen § 640c verbundene, bezifferte Unterhaltsklage ist abzutrennen (§ 145) u im Hinblick auf § 1600a S 2 BGB auszusetzen (§ 148). Wird nicht ausgesetzt, so ist sie als zur Zeit unbegründet abzuweisen (BGH FamRZ 74, 249 = NJW 751). Düsseldorf FamRZ 71, 383 u NJW 72, 396 hat die verbundene Unterhaltsklage als in der gewählten Prozeßart unstatthaft abgewiesen; jedoch ist bei unzulässigerweise verbundenen Klagen nur die gemeinsame Verhandlung und Entscheidung ausgeschlossen, so daß durch Trennung abgeholfen werden kann (BGH aaO). Auch nach Anerkennung der Vaterschaft gemäß § 641c kann im Kindschaftsprozeß kein bezifferter Unterhaltsantrag mit dem noch anhängigen Antrag auf Regelunterhalt verbunden werden (BGH NJW 74, 751). Unmögl ist ferner Verbindung mit beziffertem Unterhaltsbegehren nach DDR-Recht (Celle FamRZ 75, 509). Auch Unterhaltsklagen der Mutter (wegen Ansprüchen auch §§ 1615 k, 1615 l BGB) können mit der Vaterschaftsfeststellungsklage des Kindes nicht verbunden werden. Entscheidet das AG im Kindschaftsprozeß über einen Antrag, der nicht hätte verbunden werden dürfen, so ist die Berufung an das OLG zu richten (BGH FamRZ 80, 48 = NJW 292 = MDR 215). 2

Zulässige Verbindung mehrerer Kindschaftssachen: Klage auf Feststellung des ehelichen Kindschaftsverhältnisses, begründet durch Adoption, hilfsweise auf Feststellung der nichtehel Vaterschaft; Klage auf Feststellung der anfängl Unwirksamkeit einer Vaterschaftsankennung (§ 640 II Nr 1 Hs 2; 1. Alternative des § 1600f I BGB), hilfsweise auf Anfechtung der Vaterschaftsanerkennung (§ 640 II Nr. 3; 2. Alternative des § 1600f I BGB); Klage auf Feststellung des Nichtbestehens eines Eltern-Kind-Verhältnisses, hilfsweise auf Anfechtung der Ehelichkeit. 3

Mögl ist auch eine **Klägerhäufung** (Geschwister fechten ihre Ehelichkeit an) und **Beklagtenhäufung,** zB Klage des Kindes gegen beide Eltern auf Feststellung des Bestehens eines Eltern-Kind-Verhältnisses (§ 640 II Nr 4); Ehelichkeit-Anfechtungsklage des Kindes gegen einen Mann verbunden mit Klage auf Feststellung der nichtehel Vaterschaft gegen einen anderen Mann, Klage gegen mehrere Männer auf Vaterschaftsfeststellung, wobei in Kauf genommen wird, daß sie nur einem Beklagten gegenüber Erfolg haben kann (Regierungsentwurf BTDrucks V 3719, 378). Unzulässig ist eine alternative oder hilfsweise subjektive Klagenhäufung; s § 260 Rn 5: Deshalb keine Klage des Kindes gegen zwei Männer auf Feststellung, daß es von dem einen oder (hilfsweise) dem anderen abstammt. Statt dessen ist Streitverkündung möglich (§ 641b). 4

Auch eine **Widerklage** muß Statusklage iSd § 640 II sein. Einer Klage auf Feststellung des Bestehens der elterlichen Sorge (§ 640 II Nr 4) kann das Kind eine Ehelichkeitsanfechtungsklage (§ 640 II Nr 2) entgegensetzen. Klagt der Mann nach Heirat der Mutter auf Anfechtung der Vaterschaftsanerkennung (§ 640 II Nr 3), so kann das Kind Widerklage auf Feststellung erheben, daß ein Eltern-Kind-Verhältnis besteht (§ 640 II Nr 1). Trotz Identität des Streitgegenstandes besteht ein Rechtsschutzbedürfnis dafür, einer Ehelichkeitsanfechtungsklage eine Widerklage mit gleichem Antrag entgegenzusetzen (Köln NJW 72, 1721; bezügl der Bewilligung von Prozeßkostenhilfe einschränkend KG OLG 70, 161). Die Rechtshängigkeit der Klage schließt eine inhaltsgleiche Widerklage nicht aus. § 263 will nur einander widersprechende Urteile über denselben Gegenstand verhindern; diese Gefahr besteht bei Verbindung von Klage und Widerklage nicht. Ebenso kann das Kind trotz des gleichen Klageziels einer negativen Vaterschaftsfeststellungsklage des Mannes die positive Feststellungsklage entgegensetzen, damit es die Möglichkeit hat, eine einstweilige Anordnung (§ 641 d) zu erwirken und Antrag auf Zuerkennung des Regelunterhalts (§ 643 I) zu stellen (Büdenbender, Vorläufiger Rechtsschutz im Nichtehelichenrecht [1975] 79 f; zweifelnd StJSchlosser 4 mwN). 5

Gerichtsstand: Nach den §§ 33 II, 40 II gilt die Regel, daß beim Gericht der Klage eine Widerklage erhoben werden kann, nicht für Kindschaftssachen. Wird Widerklage erhoben, so hat das Gericht zu prüfen, ob es für sie nach den §§ 13, 15, 16, 640a örtlich zuständig ist. Fehlt eine solche Zuständigkeit, so kann es gleichwohl geboten sein, daß das für die Klage zuständige Gericht auch über die Widerklage entscheidet, wenn nur so die Gefahr vermieden werden kann, daß einander widersprechende Entscheidungen über das Eltern-Kind-Verhältnis ergehen (zum Parallelproblem in Ehesachen s § 610 Rn 8 ff). 6

640 d

[Eingeschränkte Verwertung kindschaftsfeindlicher Tatsachen]

Ist die Ehelichkeit eines Kindes oder die Anerkennung der Vaterschaft angefochten, so kann das Gericht gegen den Widerspruch des Anfechtenden Tatsachen, die von den Parteien nicht vorgebracht sind, nur insoweit berücksichtigen, als sie geeignet sind, der Anfechtung entgegengesetzt zu werden.

1 Für die Anfechtungsklagen nach § 640 II Nr 2 und 3 wird der **Untersuchungsgrundsatz** der §§ 640 I, 616 ähnl wie im Falle des § 616 II **durchbrochen.** Es besteht kein öffentliches Interesse daran, den Status eines ehelichen Kindes oder eine Vaterschaftsanerkennung zu beseitigen (BGH FamRZ 79, 1007/1009). Aus diesem Grunde kann der Anfechtende über die Verwertung anfechtungsbegründender Tatsachen ebenso disponieren wie über die Anfechtung selbst. Anfechtungsbegründende Tatsachen, die das beklagte Kind behauptet oder die von Amts wegen ermittelt worden sind, dürfen nicht berücksichtigt werden, wenn sie dem Tatsachenvortrag des Klägers widersprechen (BGH aaO). Stets zu berücksichtigen sind jedoch Tatsachen, die dem Anfechtungsbegehren entgegenwirken. § 640 d bezieht sich nur auf die Berücksichtigung von Tatsachen. Der Anfechtende kann dem Gericht nicht die Benutzung von **Beweismitteln** untersagen.

2 § 640 d ist im Verfahren vor dem Vormundschaftsgericht nach den §§ 1599 II, 1600 l II BGB sinngemäß anzuwenden (StJSchlosser 2, MünchKomm § 1599 Rn 20.

640 e *[Beiladung]*

Ist an dem Rechtsstreit ein Elternteil nicht als Partei beteiligt, so ist er unter Mitteilung der Klage zum Termin zur mündlichen Verhandlung zu laden. Hat die Mutter die Anerkennung der Vaterschaft angefochten, so ist das Kind unter Mitteilung der Klage zum Termin zur mündlichen Verhandlung zu laden. Der Elternteil oder das Kind kann der einen oder anderen Partei zu ihrer Unterstützung beitreten.

Lit: *ter Beck,* Mühl FS (1981) 85 ff; *Grunsky,* Grundlagen des Verfahrensrechts 2. Aufl (1974) §§ 25, 30; *Roth-Stielow,* Der Abstammungsprozeß (1974) 40 ff; *Schlosser,* Gestaltungsklagen und Gestaltungsurteile (1966) § 22 II, III; *Zeuner,* Schwind FS (1978) 383.

1 **I) Zweck, Anwendungsbereich:** Die Beiladung geht anders als die Streitverkündung vom Gericht aus und ist Amtspflicht. Sie soll einem nicht beteiligten Elternteil, im Falle des S 2 dem nicht beteiligten Kind, als Mitbetroffenem rechtl Gehör (Art 103 I GG) verschaffen (vgl BVerfGE 21, 132/137 = JZ 67, 442 = NJW 492; BGHZ 76, 299/302 = FamRZ 80, 559 f = NJW 1693; Schlosser JZ 67, 431; Wolf JZ 71, 409) und Gelegenheit zum Beitritt geben. So wird vermieden, daß die Gestaltungswirkung eines Statusurteils einen Mitbetroffenen präjudiziert, ohne daß er sich am Verfahren beteiligen kann (BGH FamRZ 84, 164 = NJW 353 = MDR 312). § 640 e schränkt die Befugnis zur Nebenintervention (§ 66) nicht ein (BGHZ 76, 299 = FamRZ 80, 559 f = NJW 1693; FamRZ 85, 61 = NJW 386 = MDR 129 f).

2 Beizuladen ist die **Mutter** im Ehelichkeitsanfechtungsprozeß (§ 1599 BGB), im Rechtsstreit um die Feststellung der ehel Vaterschaft (§ 1600 n I BGB) oder im Rechtsstreit zwischen Mann und Kind über die Anfechtung der Vaterschaftsanerkennung (§ 1600 l I BGB). Das **Kind** ist nach S 2 beizuladen, wenn die Mutter die Vaterschaftsanerkennung anficht (§ 1600 l I BGB). Wer als **gesetzl Vertreter** am Verfahren beteiligt ist, wird nicht beigeladen. Nicht beizuladen ist im Ehelichkeitsanfechtungsprozeß ein dritter Mann, der als Vater in Frage kommt und das Urteil, das die Nichtehelichkeit des Kindes feststellt, nach § 640 h gegen sich gelten lassen müßte. Die Gestaltungswirkung dieses Urteils läßt ihm gegenüber nur die Sperre des § 1593 BGB wegfallen, schneidet ihm aber nicht den Einwand ab, das Kind stamme doch vom Ehemann der Mutter ab (BGH FamRZ 82, 692 = NJW 1652 = MDR 749 mwN, str; s ferner § 640 h Rn 4). Zur Beiladung eines Mannes, der die nichteheliche Vaterschaft für sich in Anspruch nimmt, s § 641 k Rn 2.

3 **II) Verfahren:** Der Beigeladene ist zum ersten Termin mit einer Abschrift der Klagschrift zu laden, zweckmäßigerweise unter Hinweis auf den Zweck der Beiladung und die Wirkungen des Urteils. Ladung ohne Mitteilung der Klage genügt nicht (Koblenz DAVorm 81, 55). Ist die Ladung zum ersten Termin unterblieben, so ist ein neuer anzuberaumen und die Beiladung nachzuholen. Di Ladungsfrist (§ 217) ist einzuhalten, nicht die Einlassungsfrist. Bei Minderjährigkeit der beizuladenden Mutter ist an deren gesetzlichen Vertreter zuzustellen. Weitere Schriftsätze werden nicht übersandt, weitere Termine nicht mitgeteilt (Damrau FamRZ 70, 286). Wer auf die Beiladung hin nicht beitritt und sich nicht über den Rechtsstreit unterrichtet, trägt die Gefahr, daß dieser eine ihm unerwünschte Wendung nimmt (Bedenken: Schlosser JZ 67, 435, dazu Brüggemann JR 69, 365).

4 **Unterbliebene Beiladung:** Hat das Gericht die Beiladung unterlassen, so muß das Urteil dem Beizuladenden zugestellt werden. Innerhalb eines Monats nach dieser Zustellung kann er dem Rechtsstreit als streitgenössischer Nebenintervenient beitreten und Berufung einlegen, auch wenn die Partei, die er unterstützt, die Berufungsfrist ungenutzt verstreichen lassen hat (BGHZ

89, 121 = FamRZ 84, 164 = NJW 353). In erster Instanz unterbliebene Beiladung kann noch im Berufungsverfahren nachgeholt werden (Düsseldorf FamRZ 71, 377; Koblenz aaO); der Einzelfall entscheidet, ob Zurückverweisung nach § 539 geboten ist (KG DAVorm 71, 734; Stuttgart FamRZ 72, 584; DAVorm 74, 252; vgl Düsseldorf, Koblenz aaO). Ist das Urteil durch Zeitablauf rechtskräftig geworden, ohne daß der nicht am Verfahren beteiligte Elternteil beigeladen und ohne daß ihm das Urteil zugestellt worden ist, so wirkt das Urteil trotzdem allen und damit auch ihm gegenüber (§ 640 h; aM zu § 65 VwGO BVerwG JZ 64, 105, wo dem Urteil sogar die Rechtskraftwirkung gegenüber den Parteien abgesprochen wird; vgl dazu Wilde NJW 72, 1262, 1653). Soweit der Übergangene nicht nach § 640 h S 2 freie Hand für eine eigene Klage hat, steht ihm die Verfassungsbeschwerde wegen Verletzung des rechtl Gehörs (Art 103 I GG) offen, wenn er vom Prozeß auch sonst keine Kenntnis erhielt und sich daher mangels Beiladung kein Gehör verschaffen konnte (vgl BVerfG JZ 67, 442). Die Monatsfrist zur Einlegung der Beschwerde beginnt mit Kenntnis der in vollständiger Form abgefaßten Entscheidung. Grunsky FamRZ 66, 642 nimmt eigenes Klagerecht des Übergangenen auch außerhalb des § 640 h S 2 an, läßt also die Wirkung für und gegen alle wenigstens ihm gegenüber entfallen (ablehnend Schlosser JZ 67, 436). Die Nichtigkeitsklage entspr § 579 II Nr 4 steht dem Übergangenen nicht zu; sie findet nicht schon bei jeder Verletzung des rechtl Gehörs statt (vgl Grunsky aaO; Henckel ZZP 77, 370; Habscheid ZZP 86, 106).

III) Der **Beitritt als Nebenintervenient** steht dem Beigeladenen frei. Form des Beitritts: §§ 70, 71. Über den Beitritt nach Urteilsverkündung s Rn 4. Die **Untätigkeit des Beigeladenen** hat nicht wie im Falle der Streitverkündung die Interventionswirkungen der §§ 68, 74 III (StJSchlosser 11; aM Brüggemann FamRZ 69, 124; R-Schwab § 170 II 8; Odersky 3 zu § 640 h). Allein durch die Beiladung wird daher im Falle des § 640 h S 2 der Dritte für seine eigene spätere Klage noch nicht an die tatsächl Feststellungen und rechtl Erwägungen des vorher ergangenen Urteils gebunden. Eine Streitverkündung ist hier zu erwägen. 5

Für den Beitritt kann **Prozeßkostenhilfe** gewährt werden. Tritt die Mutter ihrem Kind bei, so ist dies nicht mutwillig (Frankfurt FamRZ 84, 1041; Stuttgart DAVorm 84, 610), es sei denn, sie führt den Prozeß bereits als gesetzliche Vertreterin des Kindes (Düsseldorf FamRZ 80, 1147; Künkel DAVorm 83, 349 mwN). Mutwillig kann der Beitritt auch sein, wenn das Urteil nur noch von einem Blutgruppengutachten abhängt, der Nebenintervenient also auf den Prozeß keinen Einfluß mehr nehmen kann (Düsseldorf DAVorm 82, 478). 6

Rechtsstellung des Beigetretenen: Durch den Beitritt wird der Beigeladene streitgenössischer Nebenintervenient (BGHZ 89, 121 = FamRZ 84, 164 = NJW 353). Er kann sich zum Vorbringen der unterstützten Hauptpartei in gewissem Umfang in Widerspruch setzen (§ 69 Rn 6–8). Sein persönliches Erscheinen kann angeordnet werden. Er kann nicht als Zeuge, sondern nur als Partei vernommen werden (Damrau FamRZ 70, 286; Karlsruhe FamRZ 73, 104); so namentl die nichtehel Mutter im Vaterschaftsfeststellungsprozeß (Hamm FamRZ 78, 204). Entscheidungen sind ihm gesondert zuzustellen und setzen eigene Rechtsmittelfristen für ihn in Lauf (BGH aaO). Gegen ein Urteil, das der unterstützten Hauptpartei ungünstig ist, kann er Rechtsmittel einlegen (BGH aaO u FamRZ 80, 559 = NJW 1693). 7

Auch **nicht beizuladende Personen,** die ein rechtliches Interesse am Sieg einer Partei haben, können dieser **als Nebenintervenienten** beitreten (§ 66). § 640 e schränkt diese Befugnis nicht ein (BGHZ 76, 299/302 = FamRZ 80, 559 = NJW 1693). Tritt im Ehelichkeitsanfechtungsprozeß der Erzeuger dem Kind als Streithelfer bei, so ist diese Nebenintervention nicht streitgenössisch; denn die erfolgreiche Anfechtung der Ehelichkeit wirkt sich nur auf den Status des Kindes, nicht aber auf das Rechtsverhältnis aus, das nach § 1615 b BGB zwischen dem Ehemann der Mutter und dem Nebenintervenienten besteht (§ 69; BGHZ 92, 275 = FamRZ 85, 61 = NJW 386). Das Urteil muß dem Nebenintervenienten nicht zugestellt werden. Legt er ein Rechtsmittel ein, so muß er die Fristen einhalten, die für die von ihm unterstützte Hauptpartei laufen (BGH NJW 86, 257). Diese kann seinem Rechtsmittel widersprechen (§ 67). Dann ist es zu verwerfen (BGH FamRZ 85, 61). 8

640 f *[Aussetzung zwecks Begutachtung]*

Kann ein Gutachten, dessen Einholung beschlossen ist, wegen des Alters des Kindes noch nicht erstattet werden, so hat das Gericht, wenn die Beweisaufnahme im übrigen abgeschlossen ist, das Verfahren von Amtswegen auszusetzen. Die Aufnahme des ausgesetzten Verfahrens findet statt, sobald das Gutachten erstattet werden kann.

1 § 640 f gilt für alle Kindschaftssachen. **Voraussetzungen** der Aussetzung: **1.** Erschöpfung aller anderen Beweismittel, **2.** Notwendigkeit der Begutachtung (§ 640 Rn 44 f), **3.** das Gutachten kann wegen des Alters des Kindes noch nicht erstattet werden: Die erbbiologische Begutachtung ist meist erst im Alter von 3 Jahren möglich, die serologische Begutachtung bei einem Alter von 8 Monaten und 3 Monate nach der letzten Bluttransfusion (BGesundheitsamt BGesundBl 77, 326). Die Verzögerung des Rechtsstreits rechtfertigt es nicht, die Begutachtung zu unterlassen (BGHZ 40, 378). Für die Dauer der Aussetzung kann für den Unterhalt des Kindes durch einstw Anordnung (§ 641 d) gesorgt werden. § 640 f deckt nicht eine Aussetzung wegen Unerreichbarkeit des beklagten Mannes oder von Mehrverkehrszeugen, die in eine Blutgruppenuntersuchung einbezogen werden sollen (Hamm DAVorm 72, 510; Köln FamRZ 83, 825); gegebenenfalls kommt § 356 in Betracht (vgl BGH NJW 72, 1133). Sobald die Begutachtung möglich ist, ist der Rechtsstreit von Amts wegen aufzunehmen (Abweichung von § 250).

2 **Beschwerde:** Da gegen den Aussetzungsbeschluß Beschwerde eingelegt werden kann (§ 252), ist er zu begründen (§ 329 Anm 24). Das Beschwerdegericht (OLG) darf nur nachprüfen, ob alle anderen Beweismittel erschöpft sind und ob das Gutachten eher eingeholt werden kann, als im angefochtenen Beschluß angenommen. Die Erforderlichkeit des Gutachtens darf es nicht überprüfen, darf also nicht entscheiden, ob der Rechtsstreit auch ohne das Gutachten entscheidungsreif sei (Nürnberg FamRZ 71, 590; ältere Rspr s StJ Schlosser 2).

640 g *[Tod im Anfechtungsprozeß]*

(1) Hat der Mann die Klage auf Anfechtung der Ehelichkeit des Kindes oder auf Anfechtung der Anerkennung der Vaterschaft erhoben und stirbt er vor der Rechtskraft des Urteils, so ist § 619 nicht anzuwenden, wenn zur Zeit des Todes seine Eltern oder ein Elternteil noch leben. Die Eltern können das Verfahren aufnehmen; ist ein Elternteil gestorben, so steht dieses Recht dem überlebenden Elternteil zu.

(2) War der Mann nichtehelich, so bleibt sein Vater außer Betracht.

(3) Wird das Verfahren nicht innerhalb eines Jahres aufgenommen, so ist der Rechtsstreit in der Hauptsache als erledigt anzusehen.

1 **I) Tod des Mannes als Anfechtungskläger:** Nach den §§ 640 I, 619 erledigt sich der Kindschaftsprozeß mit dem Tod einer Partei. Eine Ausnahme gilt, wenn der Mann eine Anfechtungsklage nach § 640 II Nr 2 oder 3 erhoben hat und vor Urteilsrechtskraft stirbt. Hier sieht § 640 g eine Regelung vor, die den §§ 1595 a, 1600 g 2 BGB entspricht. Unter den Voraussetzungen dieser Bestimmungen können nach dem Tode eines Mannes seine ehelichen Eltern, der überlebende Teil von ihnen oder seine nichteheliche Mutter die Ehelichkeit eines Kindes oder eine Vaterschaftsanerkennung anfechten. Nach § 640 g können diese Personen (die Eltern allerdings nur gemeinsam als notwendige Streitgenossen; § 62) den Anfechtungsprozeß aufnehmen. Dieser wird, wenn Aufnahmeberechtigte vorhanden sind, mit dem Tode des Mannes unterbrochen (§ 239 I) oder ist auf Antrag auszusetzen (§ 246, 248). Aufnahme: §§ 239, 246 II, 250. Die Aufnahmebefugnis ist befristet (Abs 3). Die Frist beginnt mit dem Tode des Mannes; auf Kenntnis vom Tode oder vom Prozeß kommt es nicht an (abweichend von den §§ 1595 a I 5, 1600 h III BGB). Das im aufgenommenen Prozeß ergangene rechtskräftige Urteil hat, da die Aufnehmenden nun als Partei gelten, ebenso die Wirkungen des § 640 h, wie wenn es zu Lebzeiten des Mannes ergangen wäre.

2 **II)** In folgenden Fällen ist die **Hauptsache** als **erledigt** anzusehen (§§ 640 I, 619): **1.** Bei ungenutztem Ablauf der Jahresfrist (Abs 3), **2.** beim Tod des letzten anfechtungsberechtigten Elternteils innerhalb dieser Frist, **3.** beim Tod des elternlosen Mannes, **4.** beim Tod beider Eltern, die das Verfahren aufgenommen haben. Stirbt ein Elternteil, so setzt der andere das Verfahren fort. **5.** Beim Tod des Kindes. **6.** Hat das Kind seine Ehelichkeit oder die Anerkennung der Vaterschaft angefochten (§§ 1596, 1600 g BGB), so erledigt sowohl sein Tod wie derjenige des Mannes die Hauptsache. Das Kind kann aber ein neues Verfahren beim Vormundschaftsgericht beantragen (§§ 1599 II, 1600 l II BGB). **Erledigungsfolgen** s § 619 Rn 6–9.

640 h *[Urteilswirkung gegen alle]* **Das Urteil wirkt, sofern es bei Lebzeiten der Parteien rechtskräftig wird, für und gegen alle. Ein Urteil, welches das Bestehen des Eltern-Kindes-Verhältnisses oder der elterlichen Sorge feststellt, wirkt jedoch gegenüber einem Dritten, der das elterliche Verhältnis oder die elterliche Sorge für sich in Anspruch nimmt, nur dann, wenn er an dem Rechtsstreit teilgenommen hat.**

I) Anwendungsbereich: S 1 bezieht sich auf alle Kindschaftssachen nach § 640 II. S 2 nimmt einen bestimmten Fall aus: Er betrifft nur Feststellungsklagen nach § 640 II Nr 1 und 4 und hier nur Urteile, die die eheliche Elternschaft (auch Adoptivelternschaft) oder das Bestehen der elterlichen Sorge positiv feststellen und damit die Rechtsstellung Dritter berühren, die ihrerseits die Elternschaft oder elterliche Sorge für sich in Anspruch nehmen (dazu Rn 14). Für die nichteheliche Vaterschaft stellt § 641 k die Wirkung gegen jedermann, auch gegen andere Vaterschaftsprätendenten, ohne eine dem S 2 entsprechende Einschränkung wieder her. 1

II) Klagt ein Kind zunächst gegen einen und dann gegen einen anderen Mann auf Vaterschaftsfeststellung, so hindert die Rechtshängigkeit der ersten Klage den Beklagten nicht daran, dem Beklagten des zweiten Prozesses als Streithelfer beizutreten (Hamm DAVorm 85, 143). Die Wirkung für und gegen alle ist nur rechtskräftigen **Urteilen** beigelegt. Der Rechtsstreit darf sich nicht vor Eintritt der Rechtskraft durch Tod einer Partei (im Falle des § 640 g durch den Tod der Aufnahmeberechtigten oder das Unterbleiben fristgemäßer Aufnahme) erledigt haben (§§ 640 I, 619, 640 g I, III). Ob das Urteil unter Mißachtung von Grundsätzen des Statusverfahrens ergangen ist, ist nicht erheblich (Versäumnisurteil, Karlsruhe Justiz 70, 415). Die Wirkung inter omnes kommt auch den die Abstammung feststellenden oder verneinenden Statusurteilen des früheren Rechts zu (Stuttgart NJW 73, 2305). Eine Selbstbeschränkung des Urteilsspruchs auf Rechtswirkungen bestimmter Art ist auch in Fällen mit Auslandsberührung nicht statthaft. 2

Frei 3

III) Rechtskraftwirkung gegenüber jedermann: 1) Dringt eine Ehelichkeitsanfechtungsklage durch, so verliert das Kind damit den Status eines ehelichen Kindes mit Wirkung für und gegen alle. Da die Sperre des § 1593 BGB wegfällt, hat es nun die Möglichkeit, einen anderen Mann als nichtehelichen Vater heranzuziehen. Die Gestaltungswirkung hat aber nicht die Folge, daß diesem anderen Mann die Behauptung abgeschnitten ist, in Wirklichkeit stamme das Kind doch vom Ehemann der Mutter ab. Sie geht nicht weiter als die Rechtskraft des Urteils. Rechtskräftig festgestellt ist nur der Status des Kindes. Die der Feststellung zugrundeliegenden Tatsachen erwachsen als bloße Urteilselemente weder in Rechtskraft, noch wirken sie rechtsgestaltend. Das Gesetz räumt der Ermittlung der wahren Abstammungsverhältnisse des nichtehelichen Kindes weithin den Vorrang vor dem Gedanken der Rechtsbeständigkeit gerichtlicher Erkenntnisse ein (§ 641 i ZPO); das gilt auch, wenn das Kind auf Grund erfolgreicher Anfechtungsklage die rechtliche Stellung eines nichtehelichen Kindes erlangt hat (BGHZ 61, 186 = FamRZ 73, 594; BGH FamRZ 82, 692 = NJW 1652 = MDR 749 mwN auch zur Gegenmeinung). 4

2) Wird eine **Klage auf Anfechtung** der Ehelichkeit oder des Vaterschaftsanerkenntnisses **abgewiesen,** so bleibt auch für jeden Dritten der Status bestehen, dessen Umgestaltung der Anfechtungskläger vergeblich erstrebt hat. Das Kind gilt weiterhin als ehelich (§ 1593 BGB) bzw als nichteheliches Kind dessen, der die Vaterschaft anerkannt hat (§ 1600 a S 1 BGB). Wird die Klage mit der Begründung abgewiesen, der Kläger habe die Anfechtungsfrist versäumt, so ist nur festgestellt, daß der Kläger die fehlende Abstammung nicht geltend machen kann: über die wahre Abstammung ist nichts ausgesagt (Düsseldorf FamRZ 80, 831 = NJW 2760). 5

3) Auch die **Urteile,** durch die das **Bestehen oder Nichtbestehen eines Eltern-Kind-Verhältnisses oder der elterlichen Sorge** der einen Partei für die andere festgestellt wird, haben nach S 1 (mit der Einschränkung nach S 2, s Rn 14) Wirkung für und gegen alle (vgl BGH NJW 73, 57). Für die Feststellung der nichtehel Vaterschaft ergibt sich das schon daraus, daß sie die Sperre des § 1600 a S 2 BGB beseitigen und dadurch die Rechtslage der Parteien untereinander und gegenüber Dritten verändern (Brüggemann FamRZ 69, 122; StJSchlosser § 640 Rn 9). Für erfolgreiche negative Feststellungsklagen gilt das gleiche wie für positive. Wird der Mann auf seine negative Feststellungsklage hin als nichtehelicher Erzeuger ausgeschlossen, so steht für jedermann fest, daß das vom Kind behauptete Statusverhältnis nicht besteht. Dennoch ist einem anderen Mann, der als Vater in Anspruch genommen wird, nicht die Behauptung abgeschnitten, das Kind stamme vom Sieger des Vorprozesses ab; s Rn 4. 6

4) Werden **Feststellungsklagen** als unbegründet (nicht als unzulässig) **abgewiesen,** so hängt das Ausmaß der Wirkung gegenüber jedermann davon ab, ob damit das Gegenteil des Klagebegehrens festgestellt ist, auf die positive Feststellungsklage des nichtehelichen Kindes etwa der 7

Ausschluß des Mannes als Erzeuger, auf die negative des Mannes seine Vaterschaft (§ 641 k). Solche dem Klagebegehren entgegengesetzte Feststellungen sind ebenso verbindlich, wie wenn sie auf Klage mit umgekehrtem Vorzeichen getroffen worden wären. Anders liegt es, wenn (positive oder negative) Feststellungsklagen abgewiesen wurden, weil die Abstammungsfrage nicht zu klären war (Rn 10 f).

8 5) **Bindung für sonstige Verfahren:** Die Wirkung gegenüber allen hat nicht nur zur Folge, daß (außer im Fall des S 2) keine abweichende Statusentscheidung ergehen kann. Sie wirkt sich auch auf andere Verfahren aus, in denen es auf den Status der Beteiligten ankommt. Gebunden sind auch der Richter in anderen Zivilprozessen (zB wegen Unterhalts) oder im FGG-Verfahren, trotz des § 262 StPO auch der Strafrichter (zB wegen Unterhaltspflichtverletzung; BGHSt 21, 111 = NJW 75, 1232; Odersky FamRZ 74, 563; Heimann/Trosien JR 76, 235), der Standesbeamte (§§ 29 ff PStG) und andere Verwaltungsbehörden (vgl BVerwG NJW 71, 2336).

9 6) **Rechtliches Gehör:** Die über die Verfahrensbeteiligten hinausreichende Urteilswirkung macht es notwendig, den Personen, deren Rechtsstellung durch das Urteil mitbetroffen wird, im Verfahren rechtl Gehör zu gewähren (vgl BVerfG JZ 67, 442; Schlosser JZ 67, 431; Brüggemann JR 69, 363; Wolf JZ 71, 405; Zeuner, Rechtliches Gehör, materielles Recht und Urteilswirkungen, 1974; Grunsky, Grundlagen des Verfahrensrechts 2. Aufl 1974, § 25 II) und sie beizuladen (§ 640 Rn 2). In den Fällen des S 2 wird von einer Erstreckung der Rechtskraftwirkung auf die betroffenen Dritten überhaupt abgesehen, so daß sie ihrerseits eigene Statusklage erheben können, ohne durch das Urteil des Vorprozesses daran gehindert zu sein. Dies gilt jedoch nicht, wenn die Beiladung in den Fällen des S 1 unterbleibt (§ 640 e Rn 4).

10 7) **Non-liquet-Fälle:** Die Wirkung für und gegen jedermann kann inhaltlich eingeschränkt sein, wo das Beweisergebnis zur Klärung der Abstammungsfrage nicht ausreicht.

11 a) Zweifel an der Abstammung spielen allerdings keine Rolle, wenn **Beweislastgrundsätze** oder **Vermutungen** das Defizit an richterlicher Überzeugung ausgleichen. So kann die Ehelichkeitsanfechtungsklage abgewiesen werden, wenn der Ehemann nicht den ihm obliegenden Beweis erbracht hat, daß er der Mutter in der Empfängniszeit nicht beigewohnt hat oder daß das Kind offenbar unmögl von ihm stammen kann. Dem Kind bleibt dann trotz bestehengebliebener Zweifel der eheliche Status erhalten. Auch im Nichtehelichenrecht rechtfertigen nach BGHZ 40, 367 Beweislastgrundsätze die vorbehaltlose Abweisung der Feststellungsklage des Kindes, wenn die behauptete Beiwohnung in der Empfängniszeit nicht sicher feststeht und ein direkter Vaterschaftsnachweis nicht möglich ist (Roth/Stielow, Abstammungsprozeß, 2. Aufl Rdnr 524; Gaul BoschFS (1976) 249 Fn 51; aM von Hülsen FamRZ 64, 280; Brüggemann FamRZ 64, 337; Gerhardt BoschFS 297). Schließl ist der positiven Feststellungsklage des Kindes uneingeschränkt stattzugeben, wenn bei feststehender Beiwohnung in der Empfängniszeit zwar noch Zweifel an der Abstammung verbleiben, diese aber von geringem Gewicht sind; denn dann wird das Beweisergebnis durch die Vermutung des § 1600 o II BGB ergänzt.

12 b) Zum Teil wird die Aufassung vertreten, daß die Vermutungsregelung des § 1600 o II BGB in jedem Fall eine eindeutige Entscheidung ermögliche und daß es non-liquet-Fälle nicht mehr gebe (Roth–Stielow aaO Rn 522; Gaul aaO 241, 247 ff). Wenn aber die Feststellungsklage des Kindes wegen schwerwiegender Zweifel an der Vaterschaft des Mannes abgewiesen wird, bedeutet dies nicht, daß er unmöglich der Vater sein kann. Dem Mann kommt in diesem Falle auch nicht eine Vermutung zu Hilfe, die es in Umkehrung des § 1600 o II BGB erlauben würde, das Beweisergebnis einem Ausschluß der Vaterschaft gleichzusetzen (so auch Grunsky ZZP 91, 84; aM Roth–Stielow und Gaul aaO). Auch die gewöhnl Beweislastregeln rechtfertigen es nicht, das Gegenteil des abgewiesenen Klagebegehrens als festgestellt zu betrachten (so aber BGHZ 5, 385; StJSchlosser 9; Gernhuber § 57 III 1; RGRK-Böckermann § 1600 n Rn 29) und damit die Vaterschaft zu verneinen; denn dies würde dem Grundsatz widersprechen, daß das Urteil in Statussachen wegen seiner Bedeutung für die Allgemeinheit der (nach richterl Überzeugung gegebenen) wahren Sachlage möglichst zu entsprechen habe (BGHZ 17, 262; 61, 168; s auch § 641 h Rn 5). Das gleiche gilt, wenn die negative Feststellungsklage des Mannes nicht zur vollständigen Klärung der Abstammung führt. Auch wenn nach dem Beweisergebnis die Vaterschaft unwahrscheinl ist, steht dies der Nichtvaterschaft nicht gleich (Düsseldorf FamRZ 80, 831). Hier gilt nicht der für vermögensrechtliche negative Feststellungsklagen entwickelte Grundsatz, daß der Beklagte die anspruchsbegründenden Tatsachen zu beweisen hat (§ 256 Rn 18). Er paßt nicht für die vom Untersuchungsgrundsatz beherrschten Kindschaftssachen (Schönke DR 40, 1692). Bei positiven und negativen Feststellungsklagen muß es bei dem den Gründen der klagabweisenden Entscheidung zu entnehmenden Ergebnis verbleiben, daß die Vaterschaft weder festgestellt noch ausgeschlossen ist. Darüber kann auch die Wirkung des Urteils gegenüber Dritten nicht hinausgehen. Als noch möglicher Erzeuger kann der Mann daher im Folgeprozeß gegen einen anderen

Mann in die Untersuchungen mit einbezogen werden (BGH FamRZ 82, 692 = NJW 1652 = MDR 749; Wieser FamRZ 71, 395) und das Gericht kann dort, ohne sich mit dem Urteil im Vorprozeß in Widerspruch zu setzen, zu dem Ergebnis kommen, daß der zuvor als Vater bezeichnete Mann nach wie vor als Erzeuger des Kindes möglich ist. Andernfalls würde bei einem beschränkten Kreis von als Väter in Frage kommenden Männern, die ihrerseits bereits Klagabweisung erreicht haben, dem zuletzt verklagten Mann die berechtigte Berufung auf Mehrverkehr abgeschnitten (Wieser aaO; Odersky IV 3 C zu § 1600n BGB). Auch der Anwendungsbereich der Interventionswirkung, um deretwillen die Möglichkeit der Streitverkündigung (§ 641b) geschaffen würde, wäre dann stark eingeengt.

c) Ob sich die Unmöglichkeit, die Abstammungsfrage zu klären, auch auf die **Beständigkeit des Urteils** auswirken kann, wird nicht einheitl beantwortet. Zum Teil wird die Auffassung vertreten, daß dann bei Vorliegen neuer Beweismittel eine Erneuerung der Klage auch außerhalb des Wiederaufnahmeverfahrens zulässig sei, weil das Urteil nur die derzeitige Unmöglichkeit der Klärung verlautbare (von Hülsen FamRZ 64, 280; Reinheimer FamRZ 70, 122; Göppinger JR 71, 467; Gerhardt BoschFS 306; Grunsky ZZP 91, 82). Eine solche, auch von Gaul aaO 252 und StJSchlosser 9 abgelehnte zeitl Begrenzung der Rechtskraft in non-liquet-Fällen wäre dem Rechtsfrieden abträglich. Auch sonst können Urteile nur auf die zur Zeit der Urteilsfällung vorliegenden Beweise gestützt werden, ohne daß das Beweisergebnis später ergänzt werden kann. BGH NJW 71, 1659 hat die Durchbrechung der Rechtskraft eines Urteils, das eine verneinende Abstammungsklage wegen Unmöglichkeit eindeutiger Klärung abgewiesen hatte, durch Erneuerung der Klage nur zugelassen, weil eine neue gesetzl Regelung bessere Möglichkeiten bot, sich von der Vaterschaft loszusagen. Andererseits verneint BGH NJW 76, 1028 die Bindung an ein Urteil, das die Feststellungsklage eines Kindes wegen schwerwiegender Zweifel an der Vaterschaft abgewiesen hatte, und ermöglicht es, die Vaterschaft in einem Unterhaltsprozeß nach ausländischem Recht incidenter erneut zu prüfen (dagegen StJSchlosser 17 vor § 640 Fn 41). 13

IV) Ausschluß der Rechtskrafterstreckung: Die Urteilswirkungen nach S 1 sind durch S 2 bei **Urteilen, die das Bestehen eines ehel Eltern-Kind-Verhältnisses oder der elterl Sorge feststellen** (§ 640 II Nr 1 Hs 2 und Nr 4) eingeschränkt, nicht aber bei negativen Feststellungsurteilen. Sie sind abgeschwächt gegenüber Dritten, die die ehel Elternschaft oder die elterl Sorge für sich selbst in Anspruch nehmen, außer wenn sie an dem Rechtsstreit (sei es auf Grund Beiladung, sei es aus eigenem Antrieb als Nebenintervenient) teilgenommen haben. Beiladung ohne Teilnahme steht nicht gleich; eine der Interventionswirkung (§ 74) gleichkommende Beiladungswirkung ist nicht vorgesehen (str, s § 640e Rn 5). War dem Dritten im Vorprozeß der Streit verkündet worden, so wird er nicht mit der Behauptung gehört, daß der Vorprozeß unrichtig entschieden sei (§§ 74 III, 68; vgl StJSchlosser 13, Odersky 3). Für die Feststellung der nichtehel Vaterschaft (§ 640 II Nr 1 Hs 1) und die Feststellung der anfänglichen Wirksamkeit einer Vaterschaftsanerkennung (§ 640 II Nr 1 Hs 2) gilt S 2 nicht (§ 641k). Die abgeschwächte Bindungswirkung nach S 2 bedeutet, daß ein dritter Vater-/Mutterschaftsprätendent seinerseits Statusklage erheben kann, um sein Verhältnis zum Kind feststellen zu lassen, und daß das Gericht des Zweitprozesses hierbei nicht an die tatsächlichen Feststellungen und rechtlichen Erwägungen des vorangegangenen Urteils gebunden ist. Erhebt der Dritte eine solche eigene Statusklage nicht oder hat er mit ihr keinen Erfolg, so muß er das erste Urteil auch gegen sich gelten lassen. Er kann dessen Richtigkeit nicht incidenter in einem anderen Verfahren in Frage stellen. 14

Gegen wen hat der Dritte seine neue Klage zu richten? § 640 II Nr 1 und 4 sieht nur vor, daß das Kind Gegner desjenigen ist, der die eheliche Elternschaft oder elterliche Sorge für sich beansprucht. Die Klage des Dritten gegen das Kind reicht daher aus, um eine rechtskräftige Feststellung des Status zu erwirken. Der Gegner des Kindes im Vorprozeß wäre nur entspr § 640e beizuladen. Dieser könnte sich allerdings nach S 2 durch Fernbleiben die Möglichkeit erhalten, eine dritte Statusklage zu erheben, um dem im Zweitprozeß siegenden Gegner des Kindes seinen Erfolg wieder streitig zu machen, usw. Um dies zu verhindern, ist es zweckmäßig, im Zweitprozeß den Gegner des Kindes aus dem Erstprozeß gewissermaßen als Duldungsschuldner mit zu verklagen (BLAlbers 2; Odersky 3; anders StJSchlosser 14 und ThP). 15

641 *[Sondervorschriften für nichtehelich geborene Kinder]*

Auf einen Rechtsstreit, der die Feststellung des Bestehens oder Nichtbestehens der nichtehelichen Vaterschaft sowie der Vaterschaft zu einem durch nachfolgende Ehe legitimierten oder zu einem für ehelich erklärten Kinde zum Gegenstand hat, sind die nachfolgenden besonderen Vorschriften anzuwenden.

1 Die §§ 640a–640h werden für die in § 641 genannten Fälle durch die §§ 641a–641k teilweise modifiziert. § 641 erfaßt folgende Sachen:

2 **1)** Die **Feststellungsklagen** nach § 640 II Nr 1 Hs 1, sofern es um das Bestehen oder Nichtbestehen der **nichtehel Vaterschaft** geht; ferner die Feststellungsklagen nach § 640 II Nr 1 Hs 2, die klären sollen, ob eine Vaterschaftsanerkennung wirksam zustande gekommen ist (1. Alternative des § 1600f I BGB). Dies gilt auch dann, wenn der Mann die Mutter des nichtehelich geborenen Kindes geheiratet hat oder das Kind für ehelich erklärt wurde, wenn also die Legitimationswirkung (§ 1719 BGB) oder die Wirksamkeit der Ehelicherklärung (§ 1735 S 2 BGB) von der anfänglichen Wirksamkeit der Vaterschaftsanerkennung abhängen.

3 **2)** Die §§ 641 ff gelten aber nicht für jeden Streit um die nichteheliche Vaterschaft (Koblenz DAVorm 77, 430). **Nicht anwendbar** sind sie auf **Ehelichkeitsanfechtungsklagen** nach § 640 II Nr 2 (Koblenz FamRZ 74, 383; DAVorm 76, 147) und bei Klagen auf **Anfechtung der Vaterschaftsanerkennung** (§ 640 II Nr 3; Brüggemann FamRZ 69, 124; Koblenz DAVorm 76, 147). Jedoch ist § 641i als Ausdruck eines allgemeinen Rechtsgedankens auch in Kindschaftssachen anwendbar, die in § 641 nicht aufgeführt sind (§ 641i Rn 2). Zur Frage der Anwendbarkeit der Zuständigkeitsvorschrift des § 641a auf Anfechtungsklagen s § 641i Rn 1.

4 **3) Nicht oder beschränkt anwendbare Vorschriften:** Im Anwendungsbereich des § 641 ist kein Raum für die §§ 640b, 640d, 640g, die nur Anfechtungsklagen betreffen. Statt § 640a gilt § 641a. § 640h wird durch § 641k modifiziert.

641a *[Gerichtsstand]*

Ausschließlich zuständig ist das Amtsgericht, bei dem die Vormundschaft oder die Pflegschaft für das Kind anhängig ist. Ist eine Vormundschaft oder Pflegschaft im Inland nicht anhängig, so ist das Amtsgericht ausschließlich zuständig, in dessen Bezirk das Kind seinen Wohnsitz oder bei Fehlen eines inländischen Wohnsitzes seinen gewöhnlichen Aufenthalt hat. Hat das Kind im Inland weder Wohnsitz noch gewöhnlichen Aufenthalt, so ist der Wohnsitz oder bei Fehlen eines inländischen Wohnsitzes der gewöhnliche Aufenthalt des Mannes maßgebend. Hat auch der Mann im Inland weder Wohnsitz noch gewöhnlichen Aufenthalt und ist der Mann oder das Kind Deutscher, so ist das Amtsgericht Schöneberg in Berlin ausschließlich zuständig.

1 **1)** Sachliche und örtliche **Zuständigkeit** für Kindschaftssachen s § 640 Rn 48a. Abweichend hiervon begründet § 641a für Klagen auf Feststellung des Bestehens oder Nichtbestehens der nichtehelichen Vaterschaft einen ausschließl Gerichtsstand, dessen Einhaltung von Amts wegen zu beachten ist. Keine Zuständigkeitsvereinbarung (§ 40 II). Das EuGVÜ ist nach seinem Art 1 II Nr 1 auf Kindschaftssachen nicht anzuwenden und steht der Zuständigkeitsregelung des § 641a nicht im Wege. Das gilt auch für den Antrag auf Regelunterhalt (§ 643 I) als Annex zur Statusklage (str: Rn 3 vor § 642). Die Zuständigkeitskonzentration nach § 641a ermöglicht es, bei Mehrverkehr der Mutter die Vaterschaftsprozesse gegen mehrere Männer beim gleichen Gericht durchzuführen. Eine solche Konzentration fehlt für den (in § 641 nicht genannten) Fall der Anfechtung der Vaterschaftsanerkennung. Hier bestimmen sich die Gerichtsstände nach den §§ 12–16, 641a (Koblenz DAVorm 76, 147; anders StJSchlosser 2; Brüggemann FamRZ 69, 124; Siehr, Auswirkungen des NEG auf das internationale Privat- und Verfahrensrecht 72f).

2 **2) S 1 und 2:** Während sonst in Kindschaftssachen regelmäßig der allgemeine Gerichtsstand des Beklagten (§§ 12 ff) und nur ausnahmsweise (§ 640a I) der des Klägers für die örtl Zuständigkeit maßgebend ist, führt § 641a in der Regel ohne Rücksicht auf die Parteirolle des Kindes zur Zuständigkeit des Gerichts, das für den Wohnsitz oder Aufenthaltsort des Kindes zuständig ist. Denn für die Vormundschaft oder Pflegschaft über ein nichteheliches Kind (Abs 1 S 1) ist nach § 36 FGG regelmäßig das AG zuständig, in dessen Bezirk das Kind seinen Wohnsitz, evtl Aufenthalt hat. Besteht keine inländische Vormundschaft oder Pflegschaft, weil die Mutter die elterliche Sorge ausübt (§ 1705 S 2, 1707 BGB), so führt Abs 1 S 2 zum gleichen Ergebnis, wenn das Kind im Inland Wohnsitz oder wenigstens gewöhnl Aufenthalt hat.

3 **3) S 3:** Wenn das Kind im Inland keinen Wohnsitz oder gewöhnlichen Aufenthalt hat, gelten die Hilfsgerichtsstände des S 3 oder 4. Das gilt auch beim Wohnsitz (gewöhnlichen Aufenthalt) in der DDR, die nicht Inland ist (Stuttgart DAVorm 71, 413; Celle FamRZ 75, 509). Im Falle des S 3 (allgemeiner Gerichtsstand des Mannes maßgeblich) ist die Staatsangehörigkeit der Parteien belanglos; auch auf den Wohnsitz oder Aufenthalt der Mutter kommt es nicht an.

4) S 4: Das AG Berlin-Schöneberg ist nur zuständig, wenn Mann und Kind oder einer von ihnen Deutsche sind. Deutsche sind an sich auch Angehörige der DDR; hier ist als Abgrenzungsmerkmal darauf abzustellen, ob sie im Inland Wohnsitz oder gewöhnlichen Aufenthalt haben (Celle FamRZ 75, 509). Fehlt es auch an der deutschen Staatsangehörigkeit des Mannes oder Kindes (deutsche Staatsangehörigkeit der Mutter reicht nicht aus), besteht also keinerlei Verknüpfung mit dem Inland, so ist kein inländ Gericht zuständig; die Zuständigkeit kann auch nicht vereinbart werden (§ 40 II). Es entscheiden dann ausländische Gerichte. 4

641b

[Streitverkündung]

Ein Kind, das für den Fall des Unterliegens einen Dritten als Vater in Anspruch nehmen zu können glaubt, kann bis zur rechtskräftigen Entscheidung des Rechtsstreits dem Dritten gerichtlich den Streit verkünden.

Lit: *Brühl-Göppinger-Mutschler* Unterhaltsrecht 3. Aufl 2. Teil 1239 f; *Wieser* FamRZ 71, 393.

I) Anwendungsbereich. § 640 e und § 641 b überschneiden sich nicht. Der Mann, dessen Vaterschaft weder durch Anerkennung noch durch gerichtliche Entscheidung festgestellt ist (§ 1600 a BGB), ist kein Elternteil iS des § 640 e. § 641 b ist nur bei Klagen auf Feststellung des Bestehens oder Nichtbestehens der ehelichen Vaterschaft (§ 641) anzuwenden. Das Kind, das einen Mann auf Feststellung der Vaterschaft oder der Wirksamkeit einer Vaterschaftsanerkennung nach § 640 II Nr 1 Hs 2 (Wieser aaO 394) verklagt, kann weiteren Männern, die ebenfalls als Vater in Frage kommen, den Streit verkünden, wozu es nach § 72 nicht berechtigt wäre. Das gleiche gilt für das Kind, das mit einer negativen Vaterschaftsfeststellungsklage überzogen wird. 1

Bei positiver Feststellungsklage des Mannes gegen das Kind ist § 641 b nicht anwendbar. Unterliegt das Kind hier, so kann es nicht aus diesem Grunde einen Dritten als Vater in Anspruch nehmen. Bei negativer Feststellungsklage des Kindes gegen einen Mann kann das Kind glauben, im Falle seines Sieges einen anderen Mann als Vater in Anspruch nehmen zu können. Hier kann § 641 b analog angewandt werden (StJSchlosser 2). 2

II) Die Streitverkündung ist in jeder Lage des Verfahrens mögl; je eher, desto mehr Raum läßt sie für die Interventionswirkung (Rn 5 ff). Form: §§ 73, 496; kein Anwaltszwang. Zustellung von Amts wegen (§ 270); formlose Mitteilung unzweckmäßig, aber ausreichend. Der Verkündungsempfänger kann seinerseits weiteren Männern den Streit verkünden (§ 72 II). 3

III) Beitritt. Der Verkündungsempfänger kann dem Kind beitreten (Form: § 70). Da zwischen ihm und dem Gegner des Kindes regelmäßig kein Rechtsverhältnis iS des § 69 besteht, wird er einfacher, nicht streitgenössischer Nebenintervenient (BGHZ 92, 275 = FamRZ 85, 61 = NJW 386). Hat der Gegner dem Kind Unterhalt bezahlt, so ist das rechtskräftige Urteil, das im Vaterschaftsprozeß ergeht, für das Rechtsverhältnis zwischen dem Nebenintervenienten und dem Gegner aus § 1615 b BGB maßgeblich. Hier handelt es sich um eine streitgenössische Nebenintervention (Wieser FamRZ 71, 396; Koblenz DAVorm 77, 646/649 mwN; str). Der einfache Nebenintervenient hat im Vaterschaftsprozeß eine wesentlich andere Rechtsstellung als der streitgenössische. Einzelheiten s § 640 e Rn 7, 8. Will der Verkündungsempfänger selbst die Vaterschaft beanspruchen und hat er deshalb ein Interesse daran, daß der Gegner des Kindes nicht als Vater festgestellt wird, so kann er diesem beitreten (Wieser aaO 393). § 641 b beschränkt die Befugnis zur Nebenintervention nach § 66 nicht ein (keine lex specialis: BGHZ 76, 299/302 = FamRZ 80, 559 = NJW 1693). Streit über die Zulässigkeit der Nebenintervention: § 71. 4

IV) Sieg des Kindes im Erstprozeß. Wird im Erstprozeß der Gegner des Kindes als dessen Vater festgestellt, so wirkt das rechtskräftige Urteil für und gegen jedermann, auch zugunsten des Verkündungsempfängers, gleichgültig ob er beigetreten war oder nicht (§§ 640 h S 1, 641 k; § 1600 a S 1 BGB); er scheidet damit als möglicher Vater aus. 5

V) Stellung des Verkündungsempfängers im Folgeprozeß. Unterliegt das Kind im Erstprozeß, in dem es einem Dritten den Streit verkündet hatte, so treten im Folgeprozeß gegen den Verkündungsempfänger ohne Rücksicht auf Beitritt oder Nichtbeitritt die Interventionswirkungen der §§ 68, 74 III ein. Sie erstrecken sich auf die das Ersturteil tragenden tatsächl Feststellungen und rechtl Erwägungen, die für das Kind im Erstprozeß ungünstig waren und im Folgeprozeß für den Verkündungsempfänger ungünstig sind (§ 68 Rn 6; Wieser FamRZ 71, 393). Das Kind darf den Folgeprozeß nicht aus Gründen verlieren, die den tragenden Feststellungen und Rechtsausführungen des Ersturteils widersprechen (Wieser aaO). **Im einzelnen:** 6

7 **1)** Wurde im Erstprozeß **festgestellt, daß der Gegner des Kindes nicht dessen Vater ist,** so ist diese Feststellung für den Verkündungsempfänger verbindlich. Gegenüber einer Vaterschaftsklage, die nunmehr gegen ihn gerichtet ist, kann er sich nicht damit verteidigen, daß das Kind von jenem Mann abstamme. Gegen die für ihn ungünstigen Feststellungen des Ersturteils kann er grundsätzlich nicht einwenden, daß das Erstgericht den ihm vorliegenden Streitstoff falsch beurteilt oder daß es seiner Amtsermittlungspflicht nicht genügt habe. Ist er streitgenössischer Nebenintervenient (Rn 4), so kann er auch nicht gemäß der 2. Alternative des § 68 Hs 2 geltend machen, daß ihn Erklärungen oder Handlungen des Kindes im Vorprozeß daran gehindert hätten, geeignete Angriffs- oder Verteidigungsmittel vorzubringen; denn daran hätte ihn das Kind nicht hindern können (§ 69 Rn 7). Er kann nur einwenden (§ 68 Hs 2, 1. Alternative), daß die Lage des ersten Prozesses zur Zeit der Streitverkündung ihm diese Möglichkeit genommen habe (verspätete Streitverkündung: § 67 Hs 1 iVm § 74 III). Weiter kann er geltend machen (§ 68 Hs 2, 2. Alternative), daß ihm Angriffs- oder Verteidigungsmittel, die dem Erstprozeß eine andere Wendung hätten geben können, unbekannt gewesen seien, während sie das Kind gekannt, aber absichtl oder aus grober Nachlässigkeit nicht benützt habe (Wieser aaO 396).

8 **2)** Ließ sich nach dem ersten Urteil die Abstammung des Kindes von seinem Prozeßgegner nicht feststellen, so liegt hierin **keine für den Folgeprozeß maßgebliche Feststellung.** Auch wenn die Voraussetzungen des § 68 Hs 2 nicht erfüllt sind, kann sich das Zweitgericht davon überzeugen, daß der frühere Gegner der Vater ist oder als solcher ausgeschlossen ist (Wieser aaO 395). Hält das erste Urteil den Geschlechtsverkehr zwischen der Mutter und dem Verkündungsempfänger nur für möglich oder wahrscheinlich, so liegt auch darin keine für den Folgeprozeß maßgebliche Feststellung (Wieser aaO 394).

9 **3)** Nur von den **das Ersturteil „tragenden" Feststellungen** darf im Folgeprozeß nicht abgewichen werden. Weist das erste Urteil die Vaterschaftsfeststellungsklage ab, weil der Geschlechtsverkehr zwischen der Mutter und dem Beklagten unbewiesen ist, so ist ein im Urteil enthaltenes obiter dictum, im übrigen sei die Vaterschaft des Verkündungsempfängers durch Gutachten praktisch erwiesen, für den Folgeprozeß nicht maßgeblich (Wieser aaO 396).

641c

[Vaterschaftsanerkennung im Prozeß]

Die Anerkennung der Vaterschaft, die etwa erforderliche Zustimmung des gesetzlichen Vertreters des Anerkennenden sowie die Zustimmung des Kindes und seines gesetzlichen Vertreters können auch in der mündlichen Verhandlung zur Niederschrift des Gerichts erklärt werden.

Lit: *Kemper* ZBlJugR 71, 194; FamRZ 73, 523; *Brüggemann* FamRZ 79, 381; *Demharter* FamRZ 85, 977.

1 **Anerkennung im Prozeß:** Anwendungsbereich: § 641. Ein prozessuales Anerkenntnis (§ 307) der nichtehelichen Vaterschaft ist nicht möglich (§§ 640 I, 617). Zur Beschwer durch ein verfahrenswidrig ergangenes Anerkenntnisurteil s Karlsruhe Justiz 71, 218. Dafür kann der Vater die sachlichrechtliche Anerkennungserklärung (§§ 1600 a ff BGB) in der mündlichen Verhandlung abgeben, ungeachtet des Anwaltszwangs persönlich (§ 1600 d III BGB) auch im Berufungsverfahren (Göppinger NJW 70, 650; Kemper aaO 195), aber nicht schriftsätzlich. Über die Anerkennung durch einen in der Geschäftsfähigkeit beschränkten oder geschäftsunfähigen Mann s § 1600 d I BGB u Kemper aaO. Die Erklärung ist in das Protokoll aufzunehmen, vorzulesen und vom Beklagten zu genehmigen (§§ 160 III Nr 3, 162). Auf die gleiche Weise können die Zustimmungserklärungen (§§ 1600 c, 1600 d BGB) abgegeben werden. Der Beurkundung von Anerkennung und Zustimmungen in den Formen des § 1600 e BGB bedarf es dann nicht. Vaterschaftsanerkennung und Zustimmungen können auch in einem gerichtlich protokollierten Unterhaltsvergleich erklärt werden. Mitteilungspflicht des Gerichts: § 1600 e II BGB. Liegen die Zustimmungserklärungen vor – die auch in der Form des § 1600 e BGB nachgebracht werden können – und erklären die Parteien den Rechtsstreit für erledigt (vgl Damrau aaO; BGH NJW 74, 751), so ist nur noch über die Kosten zu entscheiden. Im Rahmen der Billigkeitsentscheidung nach § 91 a ist auch der Grundgedanke des § 93 anwendbar (Schlicht DAVorm 75, 535). Sorgfältig zu prüfen ist dann aber, ob das Kind trotz der Vaterschaftsanerkennung Anlaß zur Klageerhebung hatte (§ 640 Rn 12; ähnlich München FamRZ 85, 530).

2 **Restprozeß über den Regelunterhalt.** War neben dem Feststellungsbegehren zugleich ein Antrag auf Regelunterhalt gestellt worden (§ 643 S 1), so wird dieser Nebenantrag durch die Erledigung der Hauptsache nicht unzulässig. Der Restprozeß ist fortzusetzen (BGH NJW 74, 751). Er

ist Kindschaftssache iS des § 640 und geht nicht in einen Unterhaltsprozeß nach § 642 über (BGH FamRZ 71, 369 = MDR 566; FamRZ 71, 637; FamRZ 80, 48 = NJW 292 = MDR 215). Will der Beklagte nach der Vaterschaftsanerkennung auch die Verpflichtung zum Regelunterhalt auf sich nehmen, so genügt dafür nicht wie für die Vaterschaftsanerkennung eine einseitige Erklärung zu gerichtlichem Protokoll (LG Berlin DAVorm 72, 366; zweifelnd Kemper FamRZ 73, 523). Möglich ist aber eine Verpflichtungsurkunde gemäß § 642c Nr 2 bzw § 49 I Nr 2 JWG (Kemper aaO). Über den Regelunterhalt kann auch ein **Prozeßvergleich** geschlossen werden (anders Demharter FamRZ 85, 979). Hieran werden die Parteien nicht durch die §§ 640 I, 616 I, 617 gehindert. Nur über die Abstammungsfrage können sie nicht disponieren und auch keinen Vergleich schließen. Dies gilt aber nicht für den Unterhalt (§ 642c Nr 1). Prozeßvergleiche sind auch in Statussachen möglich, soweit die Parteien über den Verfahrensgegenstand disponieren können (§ 617 Rn 5 f; RSchwab § 132 I 5). Dagegen darf der nichteheliche Vater nicht durch **Anerkenntnis- oder Versäumnisurteil** zum Regelunterhalt verurteilt werden (Demharter aaO, anders Vorauflage). Dies verbieten die §§ 640 I, 612 IV, 617. Sinnvoll ist dieses Verbot zwar nur für die Abstammungsfrage. Gleichwohl führt eine wortwörtliche Anwendung dieser Bestimmungen nicht zu unerträglichen Ergebnissen. Um das Prozeßrecht nicht unnötig zu verkomplizieren, sollte davon abgesehen werden, die Bestimmungen nur auf die Abstammungsfrage anzuwenden und für den Regelunterhalt eine Ausnahme zu machen.

Gebühren: 1) des **Gerichts:** Keine. Die Aufnahme in die Sitzungsniederschrift wird durch die nach KV Nr 1010 zu erhebende allgemeine Verfahrensgebühr abgegolten. Für jede Partei ist eine Abschrift der Sitzungsniederschrift schreibauslagenfrei (KV Nr 1900 Ziff 2d). – **2)** des **Anwalts:** Keine Gebühr für die isoliert abgegebenen Erklärungen des § 641c. Nur wenn diese im Rahmen eines gerichtl Vergleichs niedergelegt werden (Rn 1), kann eine 10/10 Vergleichsgebühr entstehen. 3

641d

[Einstweilige Anordnung auf Unterhalt]

(1) In einem Rechtsstreit auf Feststellung des Bestehens der Vaterschaft kann das Gericht auf Antrag durch einstweilige Anordnung bestimmen, daß der Mann dem Kinde Unterhalt zu zahlen oder für den Unterhalt Sicherheit zu leisten hat, und die Höhe des Unterhalts regeln.

(2) Der Antrag ist zulässig, sobald die Klage eingereicht ist. Er kann vor der Geschäftsstelle zu Protokoll erklärt werden. Der Anspruch und die Notwendigkeit einer einstweiligen Anordnung sind glaubhaft zu machen. Die Entscheidung ergeht auf Grund mündlicher Verhandlung durch Beschluß. Zuständig ist das Gericht des ersten Rechtszuges und, wenn der Rechtsstreit in der Berufungsinstanz schwebt, das Berufungsgericht.

(3) Gegen einen Beschluß, den das Gericht des ersten Rechtszuges erlassen hat, findet die Beschwerde statt. Schwebt der Rechtsstreit in der Berufungsinstanz, so ist die Beschwerde bei dem Berufungsgericht einzulegen.

(4) Die entstehenden Kosten gelten für die Kostenentscheidung als Teil der Kosten der Hauptsache; § 96 gilt sinngemäß.

Übersicht

Lit: *Bergerfurth* FamRZ 70, 362; *Brühl* FamRZ 70, 226; *Brühl/Göppinger/Mutschler*, Unterhaltsrecht 3. Aufl 2. Teil (1976) 1605 ff, 1637 ff, 1683 ff; *Brüggemann* FamRZ 71, 140; *Büdenbender*, Der vorläufige Rechtsschutz durch einstweilige Verfügung und einstweilige Anordnung im Nichtehelichenrecht (1975) und FamRZ 75, 281; 84, 513; *Christian* ZBlJugR 75, 449; *Damrau* FamRZ 70, 293; *Göppinger* FamRZ 75, 196; *Leipold* ZZP 90, 258; *Lüderitz* in Bosch-Festschrift (1976) 613; *Reinheimer* FamRZ 69, 388; *Roth/Stielow* Rdnr 502 ff).

1 **I)** Bis zur Beendigung eines Vaterschaftsprozesses und Schaffung eines Unterhaltstitels kann – namentlich durch Gutachten – lange Zeit vergehen. Bis dahin können **einstweilige Unterhaltsregelungen** das Kind vor Not bewahren, nämlich einstweilige Verfügungen (§ 940 Rn 8 Unterhaltsrecht), einstweilige Anordnungen im Eheverfahren (§§ 620 ff) und einstweilige Anordnungen im Vaterschaftsfeststellungsprozeß (§ 641 d). Problematisch ist die Frage der **Konkurrenz dieser Verfahrensarten.**

2 **1) Einstweilige Verfügungen zugunsten des Kindes: a) Einstweilige Verfügungen** auf laufenden Unterhalt **gemäß § 940** sind nur möglich, wenn die Vaterschaft bereits durch Vaterschaftsanerkennung oder Urteil (§ 1600 a BGB) festgestellt ist. Steht die Vaterschaft noch nicht fest, so verbietet die Sperre des § 1600 a S 2 BGB den Erlaß solcher Verfügungen. Dann sind die §§ 1615 o I BGB, 641 d ZPO anzuwenden.

3 **b)** Da vor Anhängigkeit einer Kindschaftssache keine einstweilige Anordnung erlassen werden darf, kann der Kindesunterhalt für die ersten drei Lebensmonate (aber nicht für eine vor der Antragstellung liegende Zeit) durch **einstweilige Verfügung gemäß § 1615 o BGB** gesichert werden. Nicht erforderlich ist hierfür, daß die Vaterschaft bereits feststeht. Auch der als Vater nur vermutete Mann (§ 1600 o II BGB) kann in Anspruch genommen werden. Die Voraussetzungen der Vermutung sind glaubhaft zu machen (§§ 936, 920 II, 294). Die Gefährdung des Anspruchs braucht nicht glaubhaft gemacht zu werden (§ 1615 o III BGB). Zum Unterschied von § 641 d kann der Antrag bereits vor der Geburt des Kindes gestellt und beschieden werden; dann kann Hinterlegung des erforderlichen Betrags angeordnet werden (§ 1615 o I 2 BGB). Zuständig ist als Gericht der Hauptsache (§ 937) das für den Unterhaltsprozeß zuständige Gericht (Frankfurt FamRZ 84, 512 mwN mit Anm Büdenbender, str). Maßgeblich ist also der allgemeine Gerichtsstand des Mannes (§§ 13, 15, 16), hilfsweise der des Kindes, wenn der Mann im Inland keinen allgemeinen Gerichtsstand hat (§ 23 a). Rechtsmittel sind an das LG zu richten (§ 72 GVG). Nicht zuständig sind das AG des Kindschaftsprozesses (§ 641 a) und das OLG als dessen Rechtsmittelinstanz (§ 119 GVG); denn Hauptsache iS des § 937 ist weder die Kindschaftssache noch der Regelunterhaltsantrag, sondern der Unterhaltsprozeß (Frankfurt aaO, str). Eine Fristsetzung zur Erhebung der Hauptsacheklage (§§ 936, 926 I) ist jedenfalls möglich, sobald die Vaterschaft feststeht, damit die Höhe des zugesprochenen Betrags im Unterhaltsprozeß überprüft werden kann. Ob auch schon vorher, ist str (dazu Odersky III 4 zu § 1615 o BGB, StJSchlosser II zu § 936, Büdenbender aaO 65, andererseits Göppinger aaO 198, Brühl/Göppinger/Mutschler 3. Aufl. 1634).

4 **c) Verhältnis von einstweiliger Verfügung und einstweiliger Anordnung:** Ist bereits ein Rechtsstreit auf Feststellung der Vaterschaft anhängig, so ist § 641 d lex specialis im Verhältnis zu § 1615 o BGB (StJSchlosser 6; anders ThP 1 c; BLAlbers 1; Damrau FamRZ 70, 294 f; Büdenbender 135; s § 620 Rn 20 mwN). Eine einstweilige Verfügung darf dann nicht mehr erlassen werden.

5 Rechtskräftige Entscheidungen im Verfahren der einstweiligen Verfügung stehen einer **abermaligen Entscheidung über demselben Gegenstand** im Verfahren der einstweiligen Anordnung jedenfalls dann im Wege, wenn keine neuen Tatsachen vorgetragen werden und Vorbringen, das bisher für nicht glaubhaft erachtet worden war, nicht mit anderen Mitteln glaubhaft gemacht wird (StJGrunsky, 19. Aufl II 3 b vor § 916). Dies gilt auch dann, wenn die abermalige Entscheidung im Verfahren der einstweiligen Anordnung begehrt wird; denn dieses Verfahren ist nur eine andere Form des einstweiligen Rechtsschutzes (StJGrunsky aaO I 3 vor § 935). Folgen: Ist der Antrag auf Erlaß einer einstweiligen Verfügung im Sinne des § 1615 o BGB rechtskräftig abgelehnt worden, so kann die Rechtskraft das Kind daran hindern, durch einstweilige Anordnung erneut Unterhalt für die ersten drei Lebensmonate zu fordern. Die Rechtskraft steht jedoch einer Unterhaltsregelung für die Zeit danach nicht entgegen (StJSchlosser 6).

6 Frei

7 **2) Einstweilige Anordnungen in Ehesachen** s § 620 Rn 40; wegen der Konkurrenz zwischen einstweiliger Anordnung und einstweiliger Verfügung § 620 Rn 20.

8 **3) Einstweilige Anordnung nach § 641 d: a) Anwendungsbereich:** § 641 d ist anwendbar bei positiver Vaterschaftsfeststellungsklage oder -widerklage (Bergerfurth FamRZ 70, 362); ob auch

bei negativer, ist streitig (bejahend Brühl FamRZ 70, 226; StJSchlosser 4; anders Odersky II 1a; ThP 1b; Bergerfurth aaO, Büdenbender, Rechtsschutz [Lit] 72). Jedenfalls ist eine positive Feststellungswiderklage des Kindes zulässig, um eine solche Anordnung zu erlangen (§ 640c Rn 5; Büdenbender aaO). Bei Klagen auf Feststellung der Unwirksamkeit eines Vaterschaftsanerkenntnisses und bei Ehelichkeitsanfechtungsklagen ist § 641d nicht anwendbar (Koblenz FamRZ 74, 383; Stuttgart DAVorm 78, 217; anders StJSchlosser 1). Für eine analoge Anwendung des § 641d ist in diesen Fällen kein Raum; der Unterhalt kann durch einstweilige Verfügung gemäß § 940 geregelt werden. Im Unterhaltsprozeß (§§ 642 ff) ist § 641d nicht anwendbar; daß neben der Vaterschaftsfeststellungsklage gesonderte Unterhaltsklage erhoben ist, schließt aber eine einstw Anordnung im Vaterschaftsprozeß nicht aus (KG NJW 71, 332, 1223).

b) Zweck: Da der Mann erst nach rechtskräftiger Vaterschaftsfeststellung zur Unterhaltszahlung verurteilt werden kann (§ 1600a S 2 BGB), schafft § 641d die Möglichkeit, für die Dauer des Rechtsstreits (und ggfalls noch darüber hinaus) vorläufig für den Unterhalt des Kindes zu sorgen. Das ist von besonderer Bedeutung, wenn sich der Rechtsstreit wegen Blutgruppen – oder erbbiologischer Begutachtung (§ 640f) lange hinzieht. Eine einstw Anordnung kann auch noch in der Berufungsinstanz ergehen, nachdem in erster Instanz die Vaterschaft festgestellt und zum Regelunterhalt verurteilt wurde (Koblenz FamRZ 75, 51); die einstw Anordnung bietet damit zugleich einen Ersatz dafür, daß die Verurteilung zum Regelunterhalt nach § 643 I nicht für vorläufig vollstreckbar erklärt werden kann (§ 704 II S 2). Selbst nach rechtskräftiger Vaterschaftsfeststellung und Verurteilung zur Regelunterhaltszahlung tritt sie noch nicht ohne weiteres außer Kraft (§ 641e). Die Anordnung kann auf Unterhaltszahlung oder, damit wenigstens die während des Rechtsstreits auflaufenden Beträge gedeckt werden, auf Sicherheitsleistung gehen (s Rn 27). 9

c) Einstw Anordnungen sind auch bei **Beteiligung von Ausländern** mögl. Wenn das deutsche Gericht für die Vaterschaftsklage international zuständig ist, ist es das auch für den Erlaß einstw Anordnungen (Koblenz NJW 75, 1085; ZBlJugR 77, 119). Ob deutsches oder ausländisches Sachrecht anzuwenden ist, richtet sich nach Art 18 EGBGB in der Fassung des IPR-Neuregelungsgesetzes vom 25. 7. 86 (BGBl I 1142 ff). Nach dessen Abs 1 gilt das Recht des Aufenthaltsorts des Unterhaltsberechtigten. Kann dieser hiernach keinen Unterhalt verlangen, so ist das Recht des Staates anzuwenden, dem die Parteien gemeinsam angehören. Steht dem Berechtigten auch hiernach kein Unterhalt zu, so gilt deutsches Recht (Art 18 II EGBGB). Ohne das es auf den Aufenthaltsort ankommt, gilt deutsches Sachrecht, wenn beide Parteien Deutsche sind und der Unterhaltsverpflichtete seinen gewöhnlichen Aufenthalt im Inland hat (Art 18 V EGBGB). Wenn der Inhalt des ausländischen Rechts nicht kurzfristig zu ermitteln ist, kann statt dessen deutsches Recht angewendet werden (BGH NJW 78, 496; dazu Heldrich FS Ferid 209). 10

II) Anträge nach § 641 d. 1) Zulässigkeit des Antrages: Der Erlaß einer einstweiligen Anordnung setzt einen entsprechenden Antrag des Kindes voraus. Er kann vor Zustellung, aber erst nach Einreichung der Klage oder zugleich mit ihr (Abs 2 S 1) und damit erst nach der Geburt des Kindes gestellt werden (vorher Antrag nach § 1615o BGB; s Rn 3). Der Antrag kann gestellt werden, solange die Klage nicht zurückgenommen, die Hauptsache nicht erledigt und das Urteil in der Kindschaftssache noch nicht rechtskräftig ist. Wird das Urteil nach Antragstellung, aber noch vor der Entscheidung über den Antrag rechtskräftig, so wird der Antrag dadurch nicht unzulässig (StJSchlosser 19). Nach Rechtskraft des Urteils kann der Antrag nicht mehr gestellt werden. Diese Grundsätze werden durch § 641f durchbrochen: Ergeht ein, wenn auch noch nicht rechtskräftiges Urteil, durch das die Vaterschaftsklage abgewiesen wird, so kann beim klageabweisenden Gericht keine einstweilige Anordnung mehr beantragt werden (auch wenn es hierfür noch zuständig wäre; s Rn 12). Sobald das Kind Berufung eingelegt hat, kann es aber beim OLG den Erlaß einer Anordnung beantragen (s § 641f Rn 1). – Aussetzung des Verfahrens nach § 640 f macht den Antrag nicht unzulässig (Düsseldorf DAVorm 73, 375; Karlsruhe ZBlJugR 75, 181). 11

2) Zuständigkeit (Abs 2 S 5): Zuständig ist das Amtsgericht, auch noch nach Urteilsverkündung, solange nicht Berufung eingelegt worden ist (Brühl FamRZ 70, 226; Bosch FamRZ 71, 198) oder das Urteil rechtskräftig geworden ist. Wird vor Einlegung der Berufung eine einstweilige Anordnung beantragt und sodann Berufung eingelegt, bevor über den Anordnungsantrag entschieden ist, so bleibt das Amtsgericht zuständig. Der Grundsatz der perpetuatio fori gilt hier sinngemäß (s § 620a Rn 12). Nach Einlegung der Berufung ist die einstweilige Anordnung beim OLG zu beantragen (Abs 2 S 5); im Einverständnis der Parteien kann der Einzelrichter entscheiden (§ 524 IV). Für die Zeit zwischen Verkündung des Berufungsurteils und dessen Rechtskraft oder Einlegung der Revision gilt das zuvor Gesagte entsprechend. Schwebt der Rechtsstreit in der Revisionsinstanz, so ist wieder das AG zuständig (Hamm NJW 62, 261; s Rn 16 zu § 620a). 12

13 **3) Form des Antrages:** Durch Schriftsatz oder zu Protokoll der Geschäftsstelle (Abs 2 S 2) des zuständigen AG oder OLG, ferner der Geschäftsstelle jedes anderen AG (§ 129 a). Anwaltszwang besteht auch im Berufungsverfahren nicht (§ 78 II); außer für mündliche Verhandlung vor dem OLG. Die Prozeßvollmacht für die Hauptsache erstreckt sich auch auf das Anordnungsverfahren (§§ 640 I, 609; s § 609 Rn 1).

14 **4) Bestimmtheit des Antrages:** Der Antragsteller muß erklären, ob er Zahlung oder Sicherheitsleistung begehrt (Abs 1). Er muß einen bezifferten Betrag angeben, nach Brühl FamRZ 70, 227 kann er den Betrag auch ins Ermessen des Gerichts stellen (str, s StJSchlosser 16 mwN).

15 **5)** Der Antrag ist zu **begründen;** die tatsächlichen Voraussetzungen für den Erlaß einer einstweiligen Anordnung sind **glaubhaft zu machen** (Abs 2 S 3).

16 **a)** Glaubhaft zu machen ist in erster Linie die zum Grund des Unterhaltsanspruchs gehörende **Vaterschaft** (§§ 1601, 1615 a BGB). Welche Anforderungen insoweit zu stellen sind, kann je nach Stand des Hauptsacheprozesses verschieden sein (Lüderitz aaO [Lit] 616 ff). Da der Antrag auf einstweilige Anordnung schon zusammen mit der Klage gestellt werden kann, bevor irgendwelche Beweisergebnisse vorliegen, können zunächst Glaubhaftmachungsmittel von geringer Zuverlässigkeit ausreichen, wie eidesstattliche Versicherungen der Mutter (falls nicht schon jetzt konkrete Zweifel an ihrer Glaubwürdigkeit bestehen), eidesstattl Versicherungen Dritter, die um die Beziehungen zwischen Mutter und Mann wissen, Bescheinigungen von Arzt und Hebamme über den Reifegrad. Auch von Amts wegen (Rn 22) können Ermittlungen angestellt werden, die eine vorläufige Beurteilung erleichtern.

17 **Darlegungs- und Glaubhaftmachungslast:** Das Kind muß den Geschlechtsverkehr seiner Mutter mit dem in Anspruch genommenen Mann in der gesetzlichen Empfängniszeit glaubhaft machen. Dann hilft ihm die Vermutung des § 1600 o Abs 2 S 1 BGB weiter. Macht der Mann Mehrverkehr glaubhaft und ist es nicht schon wegen der Zeit des Mehrverkehrs unwahrscheinlich, daß das Kind von dem dritten Mann abstammt, so sind damit zunächst einmal schwerwiegende Zweifel an der Vaterschaft glaubhaft gemacht (Damrau FamRZ 70, 293). Es ist Sache des Kindes, diese Zweifel zu entkräften. Zuweilen gelingt die Entkräftung mit Hilfe der im Hauptprozeß schon vorliegenden Beweisergebnisse, die das Gericht von Amts wegen zu berücksichtigen hat. Nach ihnen muß die Vaterschaft des Beklagten wahrscheinlicher sein als das Gegenteil. Vgl hierzu KG NJW 71, 332, 1223, 1945; DAVorm 73, 378; Düsseldorf FamRZ 71, 380; Celle FamRZ 71, 197; Stuttgart Justiz 74, 16; München DAVorm 75, 51. Liegen solche Beweisergebnisse noch nicht vor und bezieht sich das Kind nunmehr zur Glaubhaftmachung auf ein noch nicht vorliegendes Blutgruppengutachten, so ist diese Beweisaufnahme nach § 294 II unstatthaft, weil sie nicht sofort erfolgen kann. Zweckmäßigerweise wird das Gericht in dieser Situation den Parteien vorschlagen, die Entscheidung über die einstweilige Anordnung bis zum Eingang eines von Amts wegen einzuholenden Blutgruppengutachtens aufzuschieben; denn es ist sinnlos, den Antrag auf Erlaß einer einstweiligen Anordnung zurückzuweisen und das Kind auf einen neuen Antrag zu verweisen, der nach Eingang des Blutgruppengutachtens zu stellen ist. Besteht aber eine Partei auf sofortiger Entscheidung über den Anordnungsantrag, so muß das Gericht entscheiden. – Ist die Vaterschaft nach dem gegenwärtigen Verfahrensstand wenig wahrscheinlich, so kann statt auf Zahlung nur auf Sicherheitsleistung erkannt werden (Büdenbender, Rechtsschutz [Lit] 117; StJSchlosser 11; anders Köln FamRZ 71, 382).

18 **b)** Glaubhaft zu machen ist weiter die **Bedürftigkeit** des Kindes. Eine einstw Anordnung ist nicht notwendig, wenn das Kind eigenes Einkommen hat, aus dem sein Unterhalt bestritten werden kann (KG NJW 71, 1223; Hamm NJW 72, 2234). Andererseits verlangt das Gesetz keine Notlage des Kindes, die nur durch Unterhaltszahlungen des Mannes (oder durch Sozialhilfe) abzuwenden wäre; sein Lebensbedarf muß nicht gefährdet sein (Frankfurt FamRZ 71, 380). Daher steht dem Erlaß einer einstw Anordnung nicht entgegen, daß das Kind von der Mutter oder Verwandten ausreichend versorgt wird (KG NJW 71, 1223, 1945; Hamm NJW 71, 2234, Frankfurt FamRZ 71, 380; Karlsruhe Justiz 72, 203; Hamburg ZBlJugR 72, 33; Koblenz FamRZ 75, 79; NJW 75, 1085; Stuttgart Justiz 75, 272; Büdenbender aaO 105 f; aM Reinheimer FamRZ 69, 391; Odersky II 2d). Leistungen der Verwandten sind nur von Bedeutung dafür, worauf die einstw Anordnung gehen kann (Rn 19). Erst recht haben wegen ihres subsidiären Charakters (§ 2 BSozHG) Leistungen der Sozialhilfe oder nach dem Unterhaltsvorschußgesetz außer Betracht zu bleiben (Braunschweig DAVorm 71, 301; Schleswig DAVorm 72, 148; vgl a Düsseldorf FamRZ 75, 504). Zur **Höhe des Unterhaltsbedarfs** erübrigt sich eine Glaubhaftmachung seitens des Kindes, wenn es nur einen dem Regelunterhalt gleichkommenden Betrag beansprucht, da ihm dieser als Mindestunterhalt zusteht (§ 1615 f BGB). Wenn der Mann **mangelndes Leistungsvermögen** einwendet, liegt es an ihm, die Voraussetzungen glaubhaft zu machen, unter denen Herabsetzung des geschuldeten Unterhalts unter den Regelunterhalt verlangt werden kann

(§ 1615h BGB). Durch Ausübung des Fragerechts (§ 139) hat das Gericht darauf hinzuwirken, daß sich die Parteien über die Anrechnungsbeträge (§ 1615g BGB) erklären. Glaubhaftmachung seitens des Kindes ist erforderlich, wenn es (im Hinblick auf erhöhte Bedürfnisse oder die Lebensstellung der Eltern) mehr als den Regelunterhalt beansprucht, ebenso bei der Geltendmachung von Sonderbedarf (§ 1613 II BGB). Wenn das Kind im Ausland unter wesentlich anderen wirtschaftlichen Verhältnissen lebt, auf die der Warenkorb der RegelunterhaltsVO nicht zugeschnitten ist, ist glaubhaft zu machen, welcher Betrag dort zur Deckung des Lebensbedarfs erforderlich ist (vgl Koblenz NJW 75, 1085).

c) Wenn eine auf **Zahlung** gerichtete Anordnung beantragt wird, sind die besonderen Voraus- 19
setzungen hierfür glaubhaft zu machen. Eine Anordnung dieses Inhalts ist „notwendig", wenn Mutter oder mütterliche Großeltern den Unterhalt für das Kind nicht aufbringen können, wohl auch dann, wenn bei ausbleibenden Unterhaltsleistungen von dieser Seite ein etwa doch vorhandenes Leistungsvermögen erst auf umständliche Weise aufgeklärt werden müßte (Lüderitz aaO [Lit] 622), das Kind also ohne Einspringen der Sozialhilfe Not leiden müßte. Die Gewährung von Sozialhilfe oder von Unterhaltsleistungen nach dem Unterhaltsvorschußgesetz wendet die „Notwendigkeit" einer Zahlungsanordnung nicht ab (Büdenbender FamRZ 75, 506 gegen Düsseldorf FamRZ 75, 504; Braunschweig DAVorm 71, 301). Die Notwendigkeit entfällt dagegen im Regelfall, wenn Mutter oder mütterliche Großeltern dem Kind ausreichend Unterhalt gewähren können, ohne dadurch ihren eigenen angemessenen Unterhalt zu gefährden; dann genügt im allgemeinen eine Anordnung auf Sicherheitsleistung (Oldenburg DAVorm 71, 304; Koblenz FamRZ 75, 230; Büdenbender aaO 105 ff; Lüderitz aaO 621; StJSchlosser 15). Die Gefahr, daß der beklagte Mann im Falle seines Sieges im Hauptprozeß seinen Rückforderungsanspruch (§ 641g) nicht durchsetzen kann, muß berücksichtigt werden und kann Anlaß dazu geben, statt Zahlung Sicherheitsleistung anzuordnen.

d) Anordnung der **Sicherheitsleistung** setzt nicht die Gefahr voraus, daß Unterhaltsansprüche 20
in Zukunft überhaupt nicht mehr zu verwirklichen sein werden, etwa wegen Auswanderung oder Untertauchens des Mannes, wegen Gefahr des wirtschaftlichen Zusammenbruchs oder des Verlusts der Arbeitsfähigkeit (Frankfurt FamRZ 71, 380; Koblenz FamRZ 75, 230). Die Anordnung ist schon dann „notwendig", wenn zu befürchten ist, daß der Mann die während des Rechtsstreits auflaufenden Unterhaltsbeträge beim Sieg des Kindes nicht bezahlen kann (Celle FamRZ 71, 197; Frankfurt FamRZ 71, 380; KG NJW 71, 1945; Köln FamRZ 74, 263; Düsseldorf DAVorm 75, 50; Koblenz FamRZ 75, 230; Lüderitz aaO 623 f). Auch ein Mann, der in geordneten wirtschaftl Verhältnissen lebt und in einem festen Arbeitsverhältnis steht, ist im allgemeinen nicht imstande, solche Summen neben dem laufenden Unterhalt kurzfristig aufzubringen. Daher stehen solche Umstände einer Anordnung auf Sicherheitsleistung nicht entgegen (Frankfurt FamRZ 71, 380; Düsseldorf DAVorm 74, 263, 691; Koblenz FamRZ 75, 52; einschränkend Büdenbender, Rechtsschutz [Lit] 109 ff; für den Fall günstiger wirtschaftl Verhältnisse des Mannes auch Düsseldorf DAVorm 75, 50). Eine sich lange hinziehende Abtragung rückständiger Beträge ist dem Kind bzw den eingesprungenen Verwandten nicht zuzumuten (Düsseldorf DAVorm 74, 263, 691; Lüderitz aaO 624; anders Büdenbender aaO 111). Die begründete Erwartung, daß der Mann wenigstens hierzu in der Lage sein werde, schließt die Notwendigkeit der Sicherheitsleistung daher nicht aus. Auch Zusicherungen des Mannes, während des Rechtsstreits Rücklagen zu machen, bilden wegen der Ungewißheit, ob die angesammelten Beträge seinerzeit wirkl zur Verfügung stehen, kein Hindernis (Karlsruhe DAVorm 75, 198); anders, wenn der Mann freiwillig laufend auf ein Sperrkonto des Jugendamts einzahlt s Rn 25.

6) Prozeßkostenhilfe: Die Bewilligung der Prozeßkostenhilfe für das Kindschaftsverfahren 21
bezieht sich nicht auf das Anordnungsverfahren. Prozeßkostenhilfe muß für es besonders beantragt und bewilligt werden (Hamm NJW 72, 261). Für das Anordnungsverfahren muß ein Anwalt besonders beigeordnet werden (§ 122 III BRAGO). In aller Regel ist es unangemessen, vom vermuteten Vater zunächst im Wege der einstweiligen Anordnung einen Kostenvorschuß als Sonderbedarf (§ 1613 II BGB) zu erwirken, um dann gegen ihn das Anordnungsverfahren auf Unterhalt zu betreiben (Brühl–Göppinger–Mutschler, 3. Aufl Rn 1654).

III) Gerichtliches Verfahren. 1) Das Nebenverfahren auf einstw Anordnung ist ein Teil des 22
Kindschaftsprozesses und folgt im wesentl (vgl Damrau FamRZ 70, 293; Bergerfurth FamRZ 70, 363) den Verfahrensregeln des § 640 I. **Amtsermittlungen** sind nicht ausgeschlossen (vgl Bergerfurth aaO; Stuttgart Justiz 74, 16; Schleswig SchlHA 74, 111), jedenfalls nicht hinsichtl der zum Grund des Anspruchs gehörenden Fragen der Vaterschaft (dazu Rn 16). Hinsichtl der Vermögens- und Einkommensverhältnisse der Beteiligten und damit bezügl der Bedürftigkeit und Unterhaltshöhe gilt der **Beibringungsgrundsatz** (Stuttgart Justiz 75, 271; Büdenbender, Rechtsschutz [Lit] 96 f; Brühl-Göppinger-Mutschler aaO 1663; aM StJSchlosser 18).

23 **2) Verfahrensgang:** Mündliche Verhandlung ist vorgeschrieben (Abs 2 S 4; nicht öffentlich, § 170 GVG). In der Berufungsinstanz besteht für sie Anwaltszwang (§ 78 I). Ein **Vergleich** im Anordnungsverfahren ist möglich, da die Parteien insoweit über den Streitgegenstand verfügen können (Damrau aaO 293; Bergerfurth aaO 363 und NJW 72, 1843; einschränkend Brühl FamRZ 70, 230). Im Vergleich muß berücksichtigt werden, daß der Mann nur dann endgültig zahlungspflichtig ist, wenn er rechtskräftig als Vater festgestellt wird.

24 **IV) Entscheidung:** Durch verkündeten Beschluß (§ 329 I 1).

25 **1)** Der Antrag ist zurückzuweisen, wenn kein **Rechtsschutzbedürfnis** für eine einstweilige Anordnung besteht. Dieses fehlt, wenn der Mann von sich aus ausreichenden Unterhalt zahlt. Zahlt er freiwillig, aber weniger, als gefordert und voraussichtl geschuldet ist, so hat das Kind ein Rechtsschutzinteresse daran, einen Titel über den gesamten Betrag, nicht nur über die Spitze zu erhalten (Köln MDR 72, 421 und KG FamRZ 76, 90 je zu § 627 aF; vgl Stuttgart NJW 78, 112). Für den Erlaß einer einstweiligen Anordnung wird nicht vorausgesetzt, daß im Vaterschaftsprozeß zugleich ein Antrag auf Regelunterhalt gestellt wird (vgl § 641 e II). Das Rechtsschutzinteresse ist nicht zu verneinen, wenn der beklagte Mann bereits in 1. Instanz als Vater festgestellt und zur Zahlung des Regelunterhalts verurteilt wurde, da dieser Ausspruch für das Kind vor Rechtskraft der Vaterschaftsfeststellung keine praktische Bedeutung hat (KG NJW 71, 331; Koblenz FamRZ 75, 51). Das Rechtsschutzinteresse des Kindes an einer einstw Regelung seiner Unterhaltsansprüche entfällt nicht dadurch, daß die in § 1615 b genannten Personen dem Kind Unterhalt gewähren und folglich dessen Unterhaltsansprüche laufend auf sie übergehen. Es liegt im Interesse des Kindes, künftige Aufwendungen dieser Personen entbehrl zu machen (Celle FamRZ 71, 197; Frankfurt FamRZ 71, 380; KG NJW 71, 1945; Damrau FamRZ 70, 294 FN 107; anders Reinheimer FamRZ 69, 390).

26 **2) Verlust der Aktivlegitimation?** Wird das Kind von einem Dritten unterhalten und geht sein Unterhaltsanspruch auf den Dritten über (§§ 1615 b BGB, 90 BSHG, 82 JWG, 7 UnterhVorschußG), so verliert es seine Sachlegitimation nicht. Das Stammrecht auf Unterhalt verbleibt ihm (BVerwG MDR 68, 867; KG FamRZ 78, 134); der Anspruch auf künftigen Unterhalt geht nicht ohne weiteres über, sondern nur, wenn und soweit in der Folgezeit tatsächlich Hilfe geleistet wird, was durch Zahlungsanordnung gegenüber dem Mann gerade vermieden werden soll (LG Saarbrücken NJW 72, 1901; Düsseldorf FamRZ 80, 156 u 378; Hamm FamRZ 80, 456 mwN; vgl auch BGHZ 20, 132; anders Karlsruhe FamRZ 79, 709).

27 **3) Entscheidungsinhalt:** Über den Antrag darf nicht hinausgegangen werden (§ 308 I). Wenn nur Sicherheitsleistung beantragt ist, darf die Anordnung nicht auf Zahlung gehen (KG FamRZ 71, 454; Celle FamRZ 71, 197; Hamm FamRZ 71, 456), wohl aber umgekehrt. Unterhalt (auch Sicherheitsleistung) darf erst ab Antragseingang zugesprochen werden (Brühl FamRZ 70, 227; Damrau FamRZ 70, 293 Fn 92; KG NJW 71, 332; Hamburg ZblJugR 72, 33; Koblenz FamRZ 75, 51; Braunschweig ZBlJugR 76, 416). Bezifferung der zu zahlenden Beträge ist nötig, auch der zu hinterlegenden (Karlsruhe DAVorm 75, 181). Schlechthin auf Regelunterhalt, ggfalls mit Zu- oder Abschlag (vgl §§ 642, 642 d), darf die einstweilige AnO nicht gehen. Eine solche Verpflichtung hätte keinen vollstreckungsfähigen Inhalt, sondern bedürfte der Konkretisierung im Betragsfestsetzungsverfahren, was § 642 a nicht vorsieht (anders LG Koblenz DAVorm 79, 513). Bei der Bestimmung der **Höhe** des Unterhalts ist wenigstens annähernd darauf abzustellen, was der Mann im Falle der Verurteilung nach materiellem Recht schuldet (s § 620 Rn 7); unter gewöhnl Verhältnissen kommt ein dem Regelunterhalt entsprechender Betrag in Betracht. Zur Anwendung ausländischen Unterhaltsrechts s Rn 10. Bei ausländischen Kindern entscheiden die Bedürfnisse am Aufenthaltsort, nicht etwaige geringere in ihrer Heimat (Rn 18).

28 Die Art der **Sicherheitsleistung** kann das Gericht nach seinem Ermessen bestimmen (§ 108); kein Wahlrecht des Gegners nach §§ 232 ff BGB (KG FamRZ 76, 98; StJSchlosser 23, ThP 3 d; aM Koblenz FamRZ 73, 382, Stuttgart Justiz 75, 436; für materiell-rechtliche Natur der Sicherheit auch Brühl-Göppinger-Mutschler aaO 1644). Um den bei einer Hinterlegung eintretenden Zinsverlust zu vermeiden, kann Einzahlung auf ein mit Sperrvermerk versehenes Konto des Kindes (Celle FamRZ 71, 197) oder ein Sperrkonto des Jugendamts (Köln FamRZ 71, 382; Koblenz FamRZ 73, 383; 75, 230; Karlsruhe DAVorm 75, 198) angeordnet werden. Auch Bankbürgschaft kann zugelassen werden (Stuttgart Justiz 75, 436). Bei Soldaten können Leistungen nach dem UnterhaltssicherungsG in Anspruch genommen werden (AG Tübingen, DAVorm 73, 380).

29 Eine **Kostenentscheidung** enthält die Anordnung nicht (Abs 4; Stuttgart Justiz 75, 191). Die Anordnung ist **Vollstreckungstitel** (§ 794 I Nr 3); vollstreckbare Ausfertigung: §§ 795, 724, 725; Zustellung: § 750 I. Einlegung der Beschwerde (Rn 31) hindert die weitere Vollstreckung nicht (§ 572 I), solange die Vollziehung nicht ausgesetzt ist (§ 572 II, III).

4) Abänderung, Außerkrafttreten: Die Anordnung kann bei veränderten Verhältnissen vom Gericht auf Antrag (Brühl aaO 231) und auf Grund neuer mündl Verhandlung (entspr Abs 2 S 4) jederzeit abgeändert oder aufgehoben werden, auch wenn mangels Beschwerde keine Abhilfeentscheidung (§ 571) zu treffen ist. Abänderung zugunsten des Kindes zB, wenn neue Regelbedarfssätze in Kraft treten (Hamburg DAVorm 75, 199; Koblenz FamRZ 75, 229), zugunsten des Mannes beim Eintritt von Umständen, die ihn zu einem Herabsetzungsverlangen nach § 1615 h BGB berechtigen; Aufhebung insbes, wenn die Vaterschaft des Mannes unwahrscheinlicher geworden ist. Die Abänderung kann nicht rückwirkend auf eine vor dem Abänderungsantrag liegende Zeit erfolgen (aM Koblenz aaO für den Fall einer Erhöhung der Regelbedarfssätze). Auch ein Interimsvergleich (Rn 23) kann bei wesentl Änderung der Verhältnisse durch einstw Anordnung abgeändert werden (vgl § 620 b Rn 5; Zweibrücken FamRZ 75, 104); so können dem Mann höhere als die vereinbarten Leistungen auferlegt werden. Wird die Vaterschaftsfeststellungsklage abgewiesen oder zurückgenommen, so tritt die einstw Anordnung von selbst außer Kraft (§ 641 f); zur Schadensersatzpflicht des Kindes bei Zurücknahme oder rechtskräftiger Abweisung s § 641 g. Andere Fälle der Aufhebung oder des Außerkrafttretens: § 641 e. 30

V) Rechtsmittel (Abs 3). Gegen eine einstweilige Anordnung des AG einfache Beschwerde (Abs 3 S 1), der abgeholfen werden kann (§ 571). Beschwerdegericht ist das OLG (§ 119 Nr 2 GVG). Einlegung: § 569 I. Ist der Kindschaftsprozeß inzwischen in die Berufungsinstanz gelangt, so ist die Beschwerde beim OLG einzulegen (Abs 3 S 2, Ausnahme von § 569 I); kein Anwaltszwang (§§ 569 II 2, 78 II); Aussetzung der Vollziehung; § 572 II, III. Beim Beschwerdegericht ist mündliche Verhandlung freigestellt (§ 573 I); für sie besteht Anwaltszwang (§ 78 I). Gegen eine einstweilige Anordnung des OLG keine Beschwerde (§ 567 III). 31

VI) Kosten des Anordnungsverfahrens. Abs 4 entspricht dem § 620 g; Einzelheiten s Anm zu dieser Vorschrift. 32

VII) Gebühren: 1) des **Gerichts: a)** ½ Gebühr (KV Nr 1163), wobei es unerheblich ist, ob dem Antrag stattgegeben oder ob der Antrag zurückgewiesen wird. Die Gebühr wird nicht erhoben, wenn der Antrag vor der Entscheidung zurückgenommen wird. Auf die Nichterhebung der Gebühr hat es keinen Einfluß, ob eine mündliche Verhandlung (Rn 23) oder eine Beweiserhebung schon stattgefunden hat. Der Antragszurücknahme vor der Anordnung stehen die Fälle gleich, die eine Erledigung bewirken, wie zB der Tod einer Partei (§ 640 I iVm § 619) oder der Abschluß eines gerichtl Vergleichs über die Verpflichtung zur Zahlung eines bestimmten Unterhaltsbetrages nach Vaterschaftsanerkennung (§ 641 c). **b)** Mehrere Entscheidungen nach § 641 d innerhalb eines Rechtszugs gelten für die Gebührenerhebung als eine Entscheidung (KV Nr 1163 II), zB wenn wegen veränderter Verhältnisse die Abänderung oder sogar Aufhebung der erlassenen einstw AO beantragt ist oder wenn dem Antragsgegner (dem Mann) Sicherheitsleistung aufgegeben war und nun auf Grund des weiteren Prozeßergebnisses im Vaterschaftsprozeß die Anordnung einer Unterhaltszahlung erforderlich wird usw. Der Gebührensatz beträgt auch dann nur die Hälfte, wenn die einstw AO im Falle des § 641 d II 5 vom Berufungsgericht erlassen wird. **c)** Bei einer Einigung der Parteien vor der Entscheidung fällt weder eine Entscheidungsgebühr nach KV Nr 1163 noch eine Vergleichsgebühr nach KV Nr 1170 an, weil KV Nr 1170 Ansprüche, die im Verfahren nach § 641 d geltend gemacht werden können, von der Gebührenpflicht ausdrücklich freistellt, selbst wenn solche Ansprüche im Anordnungsverfahren noch nicht geltend gemacht worden sind (s Hartmann, KostGes KV Nr 1170 Anm 2 D; Drischler/Oestreich/Heun/Haupt GKG 3. Aufl. VII KV Nrn 1160–1163 Rdnr 17). **d)** Für das Verfahren über Beschwerden nach § 641 d III 1 wird eine Gebühr nach KV Nr 1180 erhoben, u zwar ohne Rücksicht auf den Ausgang des Verfahrens, die Gebühr wird mit der Einlegung der Beschwerde fällig (§ 61 GKG). 33

2) des **Anwalts: a)** Der RA kann alle Gebühren der §§ 31 ff BRAGO verdienen, insbesondere aber die Verhandlungsgebühr, weil über den Antrag nach § 641 d II 3 eine mündliche Verhandlung notwendig ist (Rn 23). Werden nach § 641 d II 2 Grund u Höhe des Betrags sowie die Notwendigkeit des Erlasses einer einstw AO ledigl durch Vorlage einer Versicherung an Eides Statt glaubhaft gemacht, so fällt keine Beweisgebühr an (Gerold/Schmidt BRAGO § 34 Rdnrn 3, 6), wohl aber dann, wenn die Glaubhaftmachung durch gerichtl Vernehmung von Personen erfolgt, die in der mündl Verhandlung anwesend sind, oder durch Aufnahme einer eidesstattl Versicherung solcher Personen durch das Gericht geschieht. **b)** Für mehrere Verfahren nach § 641 d erhält der RA die Gebühren in jedem Rechtszug nur einmal (§ 41 I 2 BRAGO; s auch Rn 12 zu § 641 e). Bei einer Einigung der Parteien steht dem RA die Prozeßgebühr nur zur Hälfte zu, wenn ein Antrag nach § 641 d nicht gestellt worden ist oder soweit ledigl beantragt ist, eine Einigung der Parteien zu Protokoll zu nehmen (§ 41 II BRAGO). Neben der halben Prozeßgebühr erhält der RA eine 10/10 Vergleichsgebühr des § 23 BRAGO, wenn ein Vergleich abgeschlossen wird (vgl Gerold/Schmidt aaO § 41 Rdnrn 18 u 19) **c)** Für das **Beschwerdeverfahren** erwächst eine 5/10 Beschwerdegebühr nach § 61 I Nr 1 BRAGO. **d)** Für die Höhe der Gebühren des **Prozeßkostenhilfe-Anwalts** ist der Streitwert im Zeitpunkt der Beiordnung maßgebend (München JurBüro 79, 1513). – Wegen etwaiger „weiterer Vergütung" des Anwalts s § 124 BRAGO.

3) Streitwert: Betrag des sechsmonatigen Bezugs (§ 20 II 1 GKG); s auch § 3 Rn 16 „Einstweilige Anordnung". Wenn nur Sicherheit für den vorläufigen Kindesunterhalt verlangt wird, will Hartmann, aaO GKG § 20 Anm 2 B aE, vom sechsmonatigen Bezug einen Abschlag (wie hoch?) machen.

VIII) Akten: Kein besonderer Eintrag, sondern Bearbeitung in den Akten der Hauptsache. Der Richter kann aber die Vereinigung der einstw AO betreffenden Schriftstücke in einem Sonderheft bestimmen, welches bei den zugehörigen Akten aufzubewahren ist; auf dem Aktenumschlag ist auf das (bestehende) Sonderheft hinzuweisen. AktO § 13 Nr 3 Sätze 2–4. 34

641e *[Außerkrafttreten der einstweiligen Anordnung]*

(1) Die einstweilige Anordnung tritt, wenn sie nicht vorher aufgehoben wird, außer Kraft, sobald das Kind gegen den Mann einen anderen Schuldtitel über den Unterhalt, der nicht nur vorläufig vollstreckbar ist, erlangt.

(2) Ist rechtskräftig festgestellt, daß der Mann der Vater des Kindes ist, und ist der Mann nicht zugleich verurteilt, den Regelunterhalt zu zahlen, so hat auf Antrag des Mannes das Gericht des ersten Rechtszuges eine Frist zu bestimmen, innerhalb derer das Kind wegen seiner Unterhaltsansprüche die Klage zu erheben hat. Wird die Frist nicht eingehalten, so hat das Gericht auf Antrag die Anordnung aufzuheben. Das Gericht entscheidet durch Beschluß; der Beschluß kann ohne mündliche Verhandlung ergehen. Die Entscheidung über den Antrag nach Satz 2 unterliegt der sofortigen Beschwerde.

(3) Ist der Mann rechtskräftig verurteilt, den Regelunterhalt, den Regelunterhalt zuzüglich eines Zuschlags oder abzüglich eines Abschlags oder einen Zuschlag zum Regelunterhalt zu zahlen, so hat auf Antrag des Mannes das Gericht des ersten Rechtszuges eine Frist zu bestimmen, innerhalb derer das Kind die Festsetzung des Betrages nach § 642a Abs. 1 oder nach § 642d oder § 643 Abs. 2 in Verbindung mit § 642a Abs. 1 zu beantragen hat. Absatz 2 Satz 2 bis 4 gilt entsprechend.

1 **I) Allgemeines.** Die Rechtskraft des Urteils im Kindschaftsprozeß, durch das die nichteheliche Vaterschaft des Mannes festgestellt wird (für den gegenteiligen Fall s § 641 f), läßt die im Prozeß ergangene einstw Anordnung (§ 641 d) oder einen statt dessen abgeschlossenen Interimsvergleich (§ 641 d Rn 23) noch nicht von selbst außer Kraft treten. Für vorläufig vollstreckbar darf ein solches Urteil ohnehin nicht erklärt werden (§ 704 II). Wann nach einem solchen Urteil die Wirksamkeit der einstw Anordnung endet oder wann sie aufzuheben ist, ergibt § 641 e.

2 **II) Automatisches Außerkrafttreten (Abs 1). 1)** Nach Abs 1 tritt die Anordnung bzw der Interimsvergleich von selbst außer Kraft, wenn das Kind gegen den Vater einen anderen geeigneten Unterhaltstitel erlangt und daher den vorläufigen Unterhaltstitel nicht mehr braucht. Das Außerkrafttreten der Anordnung führt in erster Linie ein auf **bezifferten Unterhalt** lautendes, rechtskräftiges Urteil herbei. Auch ein vorläufig vollstreckbares Urteil reicht – ebenso wie im Fall des § 620 f, s dort Rn 21 – aus, um die Anordnung außer Kraft zu setzen. Auch ein bezifferter Vergleich oder eine vollstreckbare Urkunde (auch eine solche des Jugendamts; §§ 49, 50 JWG) setzen die einstweilige Anordnung außer Kraft. Dieselbe Wirkung hat in der Regel ein Beschluß im Betragsfestsetzungsverfahren (Rn 3).

3 **2)** Keinen vollstreckbaren Inhalt haben Urteile oder andere Titel, durch die der Vater zum **Regelunterhalt** schlechthin, zum Regelunterhalt zuzüglich eines Zuschlages oder abzüglich eines Abschlages oder allein zur Leistung eines Zuschlages verpflichtet worden ist (§§ 642, 642 c, 462 d). Sie lösen die Wirkung des Abs 1 nicht aus. In all diesen Fällen wird erst im Betragsfestsetzungsverfahren (§ 642 a) ein Vollstreckungstitel (§ 794 I Nr 2 a) geschaffen. Wenn dem Festsetzungsbeschluß ein Urteil zugrunde liegt, darf es nicht nur vorläufig vollstreckbar sein, damit die Wirkung des Abs 1 eintritt. Denn Beschränkungen der Zwangsvollstreckung gehen auch in den Festsetzungsbeschluß ein (§ 642 a Rn 9). Dieser braucht seinerseits nicht formell rechtskräftig zu sein (anders StJSchlosser 4). Er ist schon mit seinem Wirksamwerden ein Vollstreckungstitel. Die Einlegung der befristeten Erinnerung bzw sofortigen Beschwerde hindert die weitere Vollstreckung aus ihm nicht, solange nicht die Vollziehung des Beschlusses nach § 572 ausgesetzt wird (§ 642 a Rn 10). Wird der Festsetzungsbeschluß im Beschwerdeverfahren aufgehoben, so kann aus der damit wiederauflebenden einstw Anordnung weiter vollstreckt werden.

4 **3)** Wird durch Vergleich oder vollstreckbare Urkunde (§ 642 c) ein **Teil des Unterhalts** tituliert, läuft aber über den Rest des Unterhalts noch ein Verfahren, so tritt die einstweilige Anordnung in Höhe des Teiltitels außer Kraft, bleibt aber wegen des überschießenden Restes wirksam.

5 **4) Rechtsbehelf gegen die Vollstreckung** aus einer außer Kraft getretenen einstw Anordnung: Vollstreckungserinnerung (§ 766), evtl Beschlußverfahren analog §§ 269 III 3, 620 f S 2. Wer solche Analogie verneint, muß die Vollstreckungsabwehrklage zulassen.

6 **III) Aufhebung der einstweiligen Anordnung durch das Gericht.** Die Rechtskraft des Urteils im Kindschaftsprozeß, das nur die nichteheliche Vaterschaft feststellt, hindert die weitere Vollstreckung aus der einstweiligen Anordnung nicht (Rn 1). Infolgedessen besteht die Gefahr, daß nach rechtskräftiger Feststellung der Vaterschaft eine endgültige Festsetzung des Unterhalts unterbleibt. Die Rechtsbehelfe der Abs 2 und 3 ermöglichen es dem Vater, das Kind daran zu hindern, die einstweilige Anordnung wie einen endgültigen Unterhaltstitel zu benutzen.

1) (Abs 2): Der Vater kann beantragen, dem Kind eine **Frist zur Erhebung der Unterhaltsklage** zu setzen. Der Antrag ist beim Amtsgericht zu stellen, auch wenn die Anordnung vom OLG erlassen worden war (Abs 2 S 1). Der Rechtspfleger (§ 20 Nr 14 RPflG) lehnt, ohne das Kind zu hören, den Antrag ab, wenn sich aus ihm ergibt, daß die Voraussetzungen des Abs 2 nicht erfüllt sind. Läßt der Antrag nicht erkennen, ob sie erfüllt sind, so ist der Vater zur Ergänzung seines Antrages aufzufordern. Sobald der Antrag schlüssig ist, läßt der Rechtspfleger ihn dem Kind zustellen (§ 270 II 1) und setzt diesem eine Frist zur Stellungnahme. Unter Wahrung des rechtlichen Gehörs beider Parteien erläßt er einen Beschluß, durch den er entweder den Antrag des Vaters ablehnt oder dem Kind eine Frist setzt, innerhalb derer es Klage wegen seiner Unterhaltsansprüche zu erheben hat. Der ablehnende Beschluß ist formlos mitzuteilen (§ 329 II 1) und unterliegt der nicht fristgebundenen Erinnerung, die im Falle der Vorlage an das OLG als Beschwerde gilt (§ 11 RPflG). Der fristsetzende Beschluß ist zuzustellen (§ 329 II 2); gegen ihn findet nur die Erinnerung statt, über die das Amtsgericht selbst zu entscheiden hat, weil gegen eine Entscheidung, durch die einem das Verfahren betreffenden Gesuch stattgegeben wird, keine Beschwerde gegeben ist (§§ 11 II 3 RPflG, 567 I ZPO). 7

Erhebt das Kind die Unterhaltsklage innerhalb der ihm gesetzten Frist, so bleibt die Anordnung bis zu ihrem Außerkrafttreten nach Abs 1 bestehen. Versäumt das Kind die Frist, so kann der Mann Aufhebung der einstweiligen Anordnung beantragen, und zwar auch dann, wenn das Kind die Klage inzwischen erhoben hat (StJSchlosser 8). Beachte aber § 270 III: Rechtzeitige Einreichung der Klage genügt, wenn die Zustellung demnächst erfolgt. 8

Der Antrag auf Aufhebung der einstweiligen Anordnung kann schon mit dem Antrag auf Festsetzung verbunden werden. Das Gericht (der Richter) hat dem Antragsgegner – das Kind – zu hören; mündliche Verhandlung ist freigestellt (Abs 2 S 3). **Entscheidung** durch Beschluß des Richters (mit Kostenentscheidung), der bei mündlicher Verhandlung zu verkünden (§ 329 I) und stets von Amts wegen zuzustellen ist (§ 329 III). 9

Gegen den (aufhebenden oder die Aufhebung ablehnenden) Beschluß **sofortige Beschwerde** (Abs 2 S 4). Trotz § 572 I wird der Aufhebungsbeschluß als gestaltende Entscheidung erst mit seiner Rechtskraft wirksam (StJSchlosser 8). 10

2) Fristsetzung zur Festsetzung des Regelunterhalts (Abs 3): Abs 3 betrifft den Fall, daß das Kind eine rechtskräftige Verurteilung des Vaters zum Regelunterhalt usw (s Gesetzestext) erreicht hat, sei es im Vaterschaftsfeststellungsprozeß (§ 643 I), sei es im gewöhnl Unterhaltsprozeß (§§ 642, 642 d), sei es auf eine Änderungsklage (§ 643 a) hin, so daß es nun das Betragsfestsetzungsverfahren (§ 642 a) betreiben könnte. Unterläßt es das und vollstreckt es statt dessen aus der (noch nicht außer Kraft getretenen, s Rn 1) einstw Anordnung weiter, so kann der verurteilte Vater nach Abs 3 S 1 darauf hinwirken, daß das Kind entweder das Betragsfestsetzungsverfahren durchführt oder seine Rechte aus der einstw Anordnung einbüßt. Das Verfahren ist das gleiche wie im Falle des Abs 2 (Abs 3 S 2). 11

IV) Gebühren: 1) des **Gerichts:** Gebührenfrei sind Fristsetzung nach Abs 2 S 1 und Abs 3 S 1 und Entscheidung über Abänderung oder Aufhebung der einstw AO oder auch Entscheidung über Anträge auf Aufhebung im Falle des Abs 2 und 3 nach fruchtlosem Fristablauf; denn für mehrere Entscheidungen, die dieselbe Nummer des Kostenverzeichnisses betreffen (hier Nr 1163), ist innerhalb des Rechtszugs nur **eine** Gebühr zu erheben. Bewirkt die beantragte Abänderung der einstw AO (zB infolge der Erhöhung des Unterhaltsbetrages) eine Streitwerterhöhung, so ist der dadurch ausgelöste Differenzbetrag der Gebühr nachzuerheben. Vermindert sich aber der Streitwert durch die verlangte Abänderung, so verbleibt es bei der Höhe der bisherigen Gebühr. – Für das Verfahren über die (sofortige) Beschwerde gegen den die einstw AO aufhebenden oder die Aufhebung ablehnenden Beschluß (Rn 10, 11) wird eine Gebühr nach KV Nr 1181 nur erhoben, wenn die Beschwerde verworfen oder zurückgewiesen wird; bei teilweisem Erfolg der Beschwerde ist die Gebühr vom erfolglosen Teilstreitwert, soweit ausscheidbar, zu berechnen (Hartmann, KostGes KV Nr 1181 Anm 1 Abs 1 aE). Soweit sich die Beschwerde als begründet erweist, bilden die Kosten des Beschwerdeverfahrens einen Teil der Kosten des Hauptsacheprozesses (§ 641 d IV); daneben besteht die Antragstellerhaftung des Beschwerdeführers nach § 49 S 1 GKG. 12

2) des **Anwalts:** Die Verfahren nach §§ 641 d, 641 e II, III gelten jeweils als besondere Angelegenheit (§ 41 I 1 BRAGO). Die Aufhebungsverfahren nach § 641 e II, III bilden mit dem Anordnungsverfahren nach § 641 d eine gebührenrechtl Einheit; für mehrere Verfahren erhält der RA die Gebühren der §§ 31 ff BRAGO in jedem Rechtszug nur einmal (§ 41 I 2 BRAGO). Für Verfahren der einstw AO, die erst im Berufungsrechtszug eingeleitet werden, erhöhen sich die Gebühren um ³⁄₁₀ (§ 11 I 2 BRAGO). Bei einer Einigung der Parteien entsteht die Prozeßgebühr nur zur Hälfte, wenn ein Antrag nach § 641 d oder § 641 e II, III nicht gestellt worden ist oder soweit ledigl beantragt ist, eine Einigung der Parteien zu Protokoll zu nehmen (§ 41 II BRAGO). Für das Beschwerdeverfahren: s § 61 I Nr 1 BRAGO (eine ⁵⁄₁₀ Gebühr).

641 f *[Weiteres Außerkrafttreten der einstweiligen Anordnung]*

Die einstweilige Anordnung tritt ferner außer Kraft, wenn die Klage zurückgenommen wird oder wenn ein Urteil ergeht, das die Klage abweist.

1 Außer im Fall des § 641 e I tritt die einstweilige Anordnung (§ 641 d) von selbst, also ohne Aufhebung durch das Gericht, außer Kraft, wenn die positive Vaterschaftsfeststellungsklage zurückgenommen wird (Einwilligung des Beklagten: § 269) oder wenn sie durch Urteil abgewiesen wird. Rechtskräftig braucht das abweisende Urteil (anders als im Falle des § 641 g) nicht zu sein. Schon sein Ergehen bekundet, daß der Anspruchsgrund nicht mehr glaubhaft ist (Büdenbender, Rechtsschutz 129; s § 641 d Lit). Bei Erfolg einer verneinenden Feststellungsklage des Mannes müßte an sich das gleiche gelten; das Gesetz geht aber offenbar davon aus, daß einstw Anordnung nach § 641 d nur auf positive Feststellungsklage (oder Feststellungswiderklage) des Kindes hin ergehen können (§ 641 d Rn 8). Ein Versäumnisurteil gegen den Kläger, das die Feststellungsklage als zurückgenommen erklärt (§§ 635, 640 I), muß aber wegen der Einspruchsmöglichkeit (§ 342) rechtskräftig sein. Das Außerkrafttreten der vom AG erlassenen einstw Anordnung nach § 641 f hindert das OLG, das mit der Berufung gegen das klagabweisende Urteil befaßt ist, nicht, nach § 641 d II 5 eine neue einstweilige Anordnung zu erlassen. – Bei Erledigung des Rechtsstreits durch Tod einer Partei (§§ 640 I, 619), mit dem der Unterhaltsanspruch des Kindes für die Zukunft entfällt (§ 1615 BGB), ist § 641 f entspr anzuwenden (Odersky 4).

2 **Gerichtsgebühr:** Das Außerkrafttreten der einstw AO ändert an der durch den Erlaß einmal entstandenen halben Gebühr (KV Nr 1163) nichts; sie bleibt bestehen. Das gleiche gilt für die dem **RA** erwachsenen Gebühren.

641 g *[Schadensersatzpflicht]*

Ist die Klage auf Feststellung des Bestehens der Vaterschaft zurückgenommen oder rechtskräftig abgewiesen, so hat das Kind dem Manne den Schaden zu ersetzen, der ihm aus der Vollziehung der einstweiligen Anordnung entstanden ist.

1 **I)** § 641 g ist anwendbar bei Zurücknahme oder rechtskräftiger Abweisung einer positiven Feststellungsklage des Kindes oder des Mannes auf Feststellung der nichtehelichen Vaterschaft, wenn die einstweilige Anordnung (§ 641 d) vollzogen wurde (oder der Mann auf die Anordnung hin gezahlt hat). Gesetzgeberisches Vorbild: §§ 717 II, 945. Auch der durch Sicherheitsleistung (§ 641 d I) entstandene Schaden ist zu ersetzen. Der Schadensersatzanspruch ist ggfalls im Klageweg zu verfolgen. Was auf Grund einstw Anordnung an Unterhalt gezahlt oder beigetrieben wurde, kann der Mann nach § 1615 b II BGB vom wirkl Vater ersetzt verlangen, sobald dieser feststeht (§ 1600 a BGB). Er braucht mit seinem Ersatzanspruch gegen das Kind aber nicht solange zu warten, da dieses nicht nur subsidiär haftet (aM wohl StJ Schlosser 3). Soweit der Mann solchen Ersatz tatsächl erhält, verringert sich der Schaden und damit auch die Schadensersatzpflicht des Kindes (vgl Brüggemann FamRZ 69, 125; Stolterfoht FamRZ 71, 346; Büdenbender Einstweiliger Rechtsschutz 133 f, Brühl-Göppinger-Mutschler Unterhaltsrecht 3. Aufl 1. Teil 822).

2 Leistet das Kind Schadensersatz, so kann es **Vorteilsausgleich** in der Weise verlangen, daß der Mann ihm den nach § 1615 b II BGB übergangenen Unterhaltsanspruch zurückzediert.

3 **II) Analoge Anwendung der Bestimmung. 1) Unterscheide bei Erledigung der Hauptsache: a)** Erledigt sich diese durch **Vaterschaftsanerkenntnis ((§ 641 c),** so besteht kein Schadensersatzanspruch. **b)** Bei Erledigung durch **Tod** des Kindes oder des Mannes (§§ 640 I 1, 619) kann § 641 g analog angewandt werden, wenn ein Antrag auf Vaterschaftsfeststellung vom Vormundschaftsgericht rechtskräftig abgewiesen oder zurückgenommen worden ist (s § 1600 II BGB).

4 **2)** Ist der Unterhalt nicht durch einstweilige Anordnung, sondern durch **Interimsvergleich** geregelt worden (§ 641 d Rn 23), so kann § 641 g analog angewandt werden, wenn die Klage auf Vaterschaftsfeststellung zurückgenommen oder rechtskräftig abgewiesen worden ist (anders StJSchlosser 2).

5 **III) Gebühren:** Wird der Schadenersatz in einem gesonderten Prozeß geltend gemacht, so entstehen die Gebühren wie in einem gewöhnlichen Prozeßverfahren.

641h *[Feststellung des Vaters entgegen negativer Feststellungsklage]*

Weist das Gericht eine Klage auf Feststellung des Nichtbestehens der nichtehelichen Vaterschaft ab, weil es den Kläger oder den Beklagten als Vater festgestellt hat, so spricht es dies in der Urteilsformel aus.

I) Negative Feststellungsklagen. Nach der ausdrückl Regelung der §§ 641, 641 h sind auch Klagen auf Feststellung des Nichtbestehens eines nichtehel Vater-Kind-Verhältnisses zugelassen, auch wenn sie nur vorbeugend klären und nicht einen bereits bestehenden Rechtsschein der Vaterschaft entkräften sollen. Sie können vom Mann oder vom Kind erhoben werden. Das Rechtschutzbedürfnis für sie kann nicht allgemein verneint werden (§ 640 Rn 13; BGH NJW 73, 51 zum ehelichen Kindschaftsrecht). Führt die Klage zum Ausschluß des Mannes als Vater, so ist ihr stattzugeben. Wird im Gegensatz zum Klagebegehren festgestellt, daß der Mann der Vater ist, so ist die Klage nach § 641 h unter Feststellung der Vaterschaft im Urteilssatz als unbegründet abzuweisen (Rn 3). Es bleiben die Fälle, in denen die Abstammung des Kindes ungeklärt bleibt (Rn 4). Eine Widerklage des Kindes gegen die verneinende Feststellungsklage des Mannes ist trotz des gleichen Klageziels zulässig (Rn 5 zu § 640 c). 1

II) Feststellung des Vaters entgegen dem Klagebegehren: 1) Anwendungsbereich des § 641 h: Die Bestimmung ist nur anzuwenden, wenn das Gericht den Kläger oder Beklagten als Vater festgestellt hat und deshalb die negative Feststellungsklage abweist. Nicht anwendbar ist die Bestimmung bei Klageabweisung wegen ungeklärter Abstammung (s Rn 4) und bei Abweisung der Klage des Mannes auf Anfechtung der Vaterschaftsanerkennung (§ 1600 f I BGB 2. Alternative), denn hier steht die Vaterschaft auf Grund der wirksam gebliebenen Anerkennung fest (Damrau FamRZ 70, 295; Odersky FamRZ 74, 567; anders Göppinger FamRZ 70, 126). Schließlich ist die Bestimmung auch dann nicht anwendbar, wenn eine Klage auf Feststellung der anfänglichen Unwirksamkeit eines Vaterschaftsanerkenntnisses (§ 640 II Nr 1 Hs 2) abgewiesen wird; denn hier ist die Vaterschaft nicht Streitgegenstand (§ 640 Rn 19). 2

2) Zweck, Verfahrensfragen: Ergeht auf die verneinende Vaterschaftsklage hin ein Urteil, daß die Klage abgewiesen wird, so läßt sich aus der Urteilsformel nicht entnehmen, ob der Mann als Erzeuger nicht ausgeschlossen werden konnte (Rn 4), oder ob sich das Gegenteil des Klagebegehrens ergeben hat. Deshalb soll die durch § 641 h vorgeschriebene Aufnahme des Beweisergebnisses in den Entscheidungssatz für jedermann deutlich machen, daß der Mann als Vater des Kindes festgestellt wurde. Der Ausspruch ist – auch ohne dahin zielende Widerklage – von Amts wegen in die Urteilsformel aufzunehmen. Das kann ohne Verstoß gegen das Verschlechterungsverbot (§ 536) in der Berufungsinstanz auch auf die alleinige Berufung des Mannes hin geschehen, wenn seine verneinende Feststellungsklage in der Vorinstanz wegen Unaufklärbarkeit der Abstammung abgewiesen wurde, das Berufungsgericht aber von seiner Vaterschaft überzeugt ist (Stuttgart FamRZ 72, 385; Koblenz DAVorm 74, 248; Odersky II 4; anders StJ Schlosser 3). Ist trotz Feststellung des Mannes als Vater in den Entscheidungsgründen der Ausspruch im Urteilstenor unterblieben, so kann darin eine offenbare Unrichtigkeit liegen, die sich nach § 319 berichtigen läßt (vgl BGH NJW 64, 1858); die Auslassung kann auch zu einer Urteilsergänzung (§ 321) führen. Der Ausspruch steht einer Feststellung des Mannes als Vater auf positive Feststellungsklage hin gleich, hat Gestaltungswirkung gegenüber jedermann (§§ 640 h S 1 ZPO, 1600 a S 1 BGB), sogar gegenüber Männern, die die Vaterschaft für sich selbst in Anspruch nehmen, auch dann, wenn sie am Rechtsstreit nicht teilgenommen haben (§ 641 k). 3

III) Non-liquet-Fälle. Lit: *Arens,* FamRZ 68, 183; A *Blomeyer,* JZ 55, 605; *Brüggemann,* FamRZ 64, 337; *Gaul,* in Festschrift für Bosch (1976) 247; *Gerhardt,* ebenda 291; *Gravenhorst,* FamRZ 70, 127; *von Hülsen,* FamRZ 64, 280; *Odersky,* Kommentar zu NEG 3. Aufl (1973) IV 5 zu § 1600 m, IV 3 zu § 1600 n BGB, I C zu § 641 h; *Reinheimer,* FamRZ 70, 122; *RSchwab,* 13. Aufl (1981) § 118 III 5 a, § 170 III b; *Roth-Stielow,* Der Abstammungsprozeß 2. Aufl (1978) Rdnr 519 ff; K. H. *Schwab,* ZZP 68, 121; *Wieser,* FamRZ 70, 393.

Auch im geltenden Recht verbleiben Fälle, in denen nicht geklärt werden kann, ob das Kind von dem als Vater bezeichneten Mann abstammt, ohne daß dieVermutung des § 1600 o II BGB die Beweiskette schließen könnte (§ 640 h Rn 11 f). Die positive Feststellungsklage des Kindes ist dann abzuweisen, weil die begehrte Feststellung nicht getroffen werden kann, ohne daß es darauf ankäme, ob die Vaterschaft des Mannes ausgeschlossen oder lediglich nicht erwiesen ist. Dagegen liegt nicht auf der Hand, wie über die negative Feststellungsklage des Mannes zu entscheiden ist, wenn die Vaterschaft des Mannes weder erwiesen noch ausgeschlossen ist. 4

Für die Abstammungsklagen des früheren Rechts hat BGHZ 17, 252 (ebenso BGH NJW 71, 1659) unter Aufgabe der auf Beweislast des Kindes abstellenden Entscheidung BGHZ 5, 385 und unter Rückkehr zur Rspr des RG (RGZ 164, 281; 165, 248) ausgesprochen, daß bei nicht eindeutig 5 geklärter Abstammung nicht nur positive, sondern auch negative Feststellungsklagen als unbegründet abzuweisen seien, da auch im letzteren Fall die begehrte Feststellung nicht getroffen werden könne. Vorschläge, bei einer solchen Sachlage geradezu auf Unaufklärbarkeit der Abstammung zu erkennen (Schleswig NJW 55, 591) oder die verneinende Feststellungsklage wegen Fehlens einer Prozeßvoraussetzung (der Entscheidbarkeit der Sache) als unzulässig abzuweisen, haben sich nicht durchgesetzt (vgl BGHZ 17, 263). Die leitende Erwägung des BGH, daß das Urteil in Statussachen wegen seiner Bedeutung für die Allgemeinheit nach Möglichkeit der wahren Sachlage zu entsprechen habe und das Gericht daher keine Feststellung treffen dürfe, von deren Richtigkeit es nicht überzeugt sei (BGHZ 17, 262; 61, 168), trifft auch für die Feststellungsklagen nach geltendem Recht zu. Nach § 1600 a BGB bestehen allerdings zwischen Kind und Mann, solange die Vaterschaft nicht gerichtl festgestellt ist, keine aktuellen Rechtsbeziehungen. Eine der verneinenden Feststellungsklage uneingeschränkt stattgebende Entscheidung könnte aber nicht ledigl dahin verstanden werden, daß solche Rechtsbeziehungen nicht bestehen und durch die gerichtl Entscheidung nicht begründet werden können. Denn da diese Feststellungsklagen zum Ziel haben, die biologische Abstammung des Kindes zu klären (BGHZ 60, 252), müßte einer solchen Entscheidung entnommen werden, daß der Mann nicht der Erzeuger des Kindes ist. Sie würde sich damit vom festgestellten Sachverhalt entfernen. Sie entspräche ihm ledigl bei einer die Rechtslage nach § 1600 a BGB widerspiegelnden eingeschränkten Fassung der Urteilsformel etwa dahin, daß der Mann nicht als Vater des Kindes anzusehen sei (so auch BLAlbers Anm und Gerhardt aaO 305; gegen solche Einschränkungen Roth-Stielow aaO 328, Gaul aaO 252, StJSchlosser 9 zu § 640 h). Hält man eine solche Form der Entscheidung, weil im Gesetz nicht vorgesehen, für unzulässig, so bleibt mit BGHZ 17, 252 nur die Abweisung der verneinenden Feststellungsklage als unbegründet. Für eine solche Form der Entscheidung spricht auch die Fassung des § 641 h (Odersky I C; zweifelnd StJSchlosser 2). Nach Beweislastgrundsätzen soll nach BGHZ 40, 367 der negativen Feststellungsklage des Mannes allerdings dann stattzugeben sein, wenn nicht einmal seine Beiwohnung innerhalb der Empfängniszeit erwiesen wird; dagegen Brüggemann aaO.

641i *[Außerordentliche Wiederaufnahme]*

(1) Die Restitutionsklage gegen ein rechtskräftiges Urteil, in dem über die Vaterschaft entschieden ist, findet außer in den Fällen des § 580 statt, wenn die Partei ein neues Gutachten über die Vaterschaft vorlegt, das allein oder in Verbindung mit den in dem früheren Verfahren erhobenen Beweisen eine andere Entscheidung herbeigeführt haben würde.

(2) Die Klage kann auch von der Partei erhoben werden, die in dem früheren Verfahren obgesiegt hat.

(3) Für die Klage ist das Gericht ausschließlich zuständig, das im ersten Rechtszug erkannt hat; ist das angefochtene Urteil von dem Berufungs- oder Revisionsgericht erlassen, so ist das Berufungsgericht zuständig. Wird die Klage mit einer Nichtigkeitsklage oder mit einer Restitutionsklage nach § 580 verbunden, so bewendet es bei § 584.

(4) § 586 ist nicht anzuwenden.

Lit: *Brüggemann*, FamRZ 69, 120; *Brühl-Göppinger-Mutschler*, Unterhaltsrecht, 3. Aufl, 2. Teil (1976) 1794 ff; *Gaul*, FamRZ 63, 219; Festschrift für Bosch (1976) 241 ff.

1 **I) Allgemeines.** Neue Blutgruppen- und erbbiologische Gutachten sind keine Urkunden iS des § 580 Nr 7 b (§ 580 Rn 28). Deshalb erweitert § 641 i für seinen Anwendungsbereich den Katalog der Restitutionsgründe, um neue wissenschaftl Erkenntnisse für die Feststellung der Vaterschaft nutzbar zu machen (Hamm DAVorm 81, 472/477). Die Erwartung, daß in einem späteren Zeitpunkt noch bessere Forschungsmethoden zur Verfügung stehen und mit der Wiederaufnahmeklage nach § 641 i nutzbar gemacht werden könnten, darf das Prozeßgericht nicht davon abhalten, in dem bei ihm abhängigen Vaterschaftsprozeß alle jetzt gegebenen Erkenntnismöglichkeiten auszuschöpfen (Celle FamRZ 71, 592).

2 **II) Anwendungsbereich.** § 641 i ist als Folgevorschrift zu § 641 eingereiht und bezieht sich vor allem auf Urteile, durch die über die nichteheliche Vaterschaft entschieden wurde (vgl BGH NJW 75, 1467), gleichviel ob sie bejaht oder verneint wurde (Hamm FamRZ 72, 215). § 641 i gilt auch in folgenden Fällen: **1.** wenn die nichteheliche Vaterschaft die Grundlage für eine Legitimation oder Ehelicherklärung bildet. **2.** bei Streitigkeiten über die anfängliche Wirksamkeit oder Unwirksamkeit einer Vaterschaftsanerkennung (§ 1600 f I BGB 1. Alternative). **3.** bei Urteilen,

durch die über die Anfechtung der Vaterschaftsanerkennung entschieden wurde (§ 1600f I BGB 2. Alternative; Odersky III; Damrau FamRZ 70, 296 Fn 125; Gaul BoschFS 268; wohl ebenso BGHZ 61, 192). Da § 641i einen allgemeinen Rechtsgedanken verkörpert (Hamm FamRZ 72, 216; BGHZ 61, 190), ist er sinngemäß in anderen Streitigkeiten um die Abstammung eines Kindes anzuwenden. So kommt der Restitutionsgrund des § 641i auch einem Kind zugute, das als eheliches Kind geboren wurde, aber durch erfolgreiche Ehelichkeitsanfechtung den Status eines nichtehelichen Kindes erlangt hat (BGHZ 61, 186; Hamm FamRZ 80, 392 u 86, 1026 mwN; Celle FamRZ 74, 381). Für den umgekehrten Fall, daß die Ehelichkeitsanfechtungsklage des Mannes abgewiesen wurde, seine Wiederaufnahmeklage also darauf abzielen würde, dem Kind den ehelichen Status zu nehmen, soll das nicht gelten (BGH NJW 75, 1465; in BGHZ 61, 186 offen geblieben; dagegen Braun NJW 75, 2196; StJSchlosser 1; Gaul aaO 268 f). Für analoge Anwendung spricht, daß es auch hier um die Feststellung geht, ob das Kind nichtehelich ist. Nicht anwendbar ist § 641i auf Urteile in Rechtsstreitigkeiten, in denen die Abstammungsfrage nur Vorfrage ist (Erbschaftsstreit, Schadensersatzprozeß gegen Rechtsanwalt wegen mangelhafter Prozeßführung in Statusverfahren); für analoge Anwendung in solchen Fällen jedoch Gaul aaO 263.

Das bekämpfte **Urteil** muß **rechtskräftig** sein. Auch gegen ein schon vor dem 1. 7. 70 ergangenes und rechtskräftig gewordenes Abstammungsurteil ist die Klage nach § 641i mögl (Celle FamRZ 74, 381). Der Gedanke des § 641i kann nicht zur Stützung einer verspätet erhobenen Ehelichkeitsanfechtungsklage dienen, wenn die rechtzeitige **Klageerhebung** deshalb **unterlassen** wurde, weil sie nach dem damaligen Stand der wissenschaftlichen Forschung keinen Erfolg versprochen hätte, wenn also gar kein Urteil vorliegt, das im Wege der Wiederaufnahme anzugreifen wäre (BGH FamRZ 75, 483 = NJW 1465; BGHZ 81, 353 = FamRZ 82, 48 = NJW 96). 3

III) Neues Gutachten. Die Vorlage eines neuen Vaterschaftsgutachtens, das allein oder in Verbindung mit den im früheren Verfahren erhobenen Beweisen eine andere Entscheidung herbeigeführt haben würde, ist Voraussetzung für die Zulässigkeit der Restitutionsklage (BGH FamRZ 80, 880 und FamRZ 82, 691 = NJW 2124). 4

1) Es muß ein **Gutachten** vorgelegt werden, dh eine schriftliche Äußerung eines Sachverständigen, die naturwissenschaftliche Erkenntnisse über die Abstammung enthält (Hamm DAVorm 81, 472/475). Soweit die Sachkunde des Gutachters nicht auf der Hand liegt, ist sie darzulegen. Ein Privatgutachten genügt (Hamm aaO). 5

2) Es muß sich um ein Gutachten über die **Vaterschaft** handeln: ein Blutgruppengutachten, ein erbbiologisches Gutachten, auch ein Gutachten über die Tragezeit oder die Zeugungsfähigkeit (BGH FamRZ 84, 681 = NJW 2630 = MDR 1021; Hamm aaO). 6

3) Das Gutachten ist **neu,** wenn es im Vorprozeß noch nicht verwertet wurde (Hamm FamRZ 72, 215 u 80, 392). Es muß nicht notwendig erst nach der letzten mündl Verhandlung im Vorprozeß erstellt worden sein (Gaul BoschFS 25). Wenn es aber zZ des Vorprozesses schon vorhanden war, muß die Partei wegen § 582 schuldlos außerstande gewesen sein, sich schon dort auf es zu berufen. Im übrigen ist § 582 nicht anwendbar. Der Partei, die ein neues Gutachten vorlegt und die Wiederaufnahme verlangt, kann nicht entgegengehalten werden, sie hätte Berufung gegen das Urteil des Vorprozesses einlegen und in zweiter Instanz die Einholung eines Gutachtens beantragen sollen (München DAVorm 81, 140/142; AG Itzehoe DAVorm 82, 102). 7

Neuheit setzt nicht voraus, daß im Vorprozeß bereits ein Gutachter tätig war. Das Gutachten muß kein erneutes sein (BGHZ 61, 186; Hamm aaO). Wenn § 641i auch in erster Linie die Verwertung neuer wissenschaftl Erkenntnisse ermöglichen soll, braucht das Gutachten doch nicht notwendig auf seit dem Vorprozeß fortgeschrittenen Forschungsmethoden zu beruhen (BGH aaO u FamRZ 84, 681); entscheidend ist seine Überzeugungskraft. Daß das Bundesgesundheitsamt die Forschungsmethode des neuen Gutachtens bereits anerkannt hat, ist nicht erforderl (Gaul aaO 258). Mögl ist auch ein neues Gutachten des schon im Vorprozeß gehörten Sachverständigen, wenn er sich jetzt auf zuverlässigere Forschungsmethoden stützen kann. 8

4) Abs 1 erfordert ein Gutachten, das möglicherweise eine **andere Entscheidung als die des Vorprozesses** herbeigeführt hätte (BGH FamRZ 82, 690 = NJW 2128 mwN und FamRZ 82, 691 = NJW 2124 mwN). Hierfür ist das Gutachten geeignet, wenn der Vorprozeß nicht entscheidungsreif gewesen wäre oder anders hätte entschieden werden müssen, falls das Gutachten damals schon vorgelegen hätte (Braunschweig DAVorm 82, 198). Kasuistik: Geeignet sein kann auch ein Gutachten über einen Mann, der am Vorprozeß nicht als Partei beteiligt war, aber als möglicher Vater begutachtet wurde (Braunschweig aaO). Ist der Vorprozeß ohne Blutgruppengutachten entschieden worden, so ist ein Gutachten, das sich allein mit dem Restitutionskläger, nicht aber mit dem Gegner befaßt, nicht geeignet, das Urteil des Vorprozeses zu erschüttern (Stuttgart FamRZ 82, 193). Wurde eine Klage auf Anfechtung der Ehelichkeit oder des Vater- 9 schaftsanerkenntnisses als verspätet abgewiesen, so kann der Kläger nicht mit einem Gutachten die Wiederaufnahme begehren (Düsseldorf DAVorm 82, 200). – Das Gutachten muß sich mit dem konkreten Fall befassen; allgemeine Erörterungen über den gegenwärtigen Stand der Wissenschaft reichen nicht aus (Odersky IV 4; Gaul aaO 258).

10 **5)** Das Gutachten muß **allein oder in Verbindung mit den im Vorprozeß erhobenen Beweisen** das Vorprozeßurteil erschüttern. Daß es nur zusammen mit erst noch zu erhebenden Beweisen das Urteil erschüttern könnte, reicht nicht aus (BGH FamRZ 80, 880; Gaul aaO 264).

11 **6)** Das **Gutachten muß** mit der Restitutionsklage vorgelegt werden, muß also bei Klageerhebung bereits **vorliegen,,** sonst ist die Restitutionsklage unzulässig; s Rn 4. Jedoch wird eine bis dahin unzulässige Klage zulässig, wenn das Gutachten erst im Lauf des Verfahrens vorgelegt wird (BGH FamRZ 82, 690 = NJW 2128 = MDR 930 f mwN). Da nur liquide Beweismittel die Wiederaufnahme rechtfertigen, ersetzt ein Beweisantritt durch Benennung eines Sachverständigen, der sich auf neue Erkenntnisse stützen könnte und zu ihnen gehört werden soll die Vorlegung eines Gutachtens nicht (Celle FamRZ 71, 593; Hamburg DAVorm 80, 486). Statt der Vorlage ist auch Bezugnahme auf andere Akten statthaft, zu denen das Gutachten erstattet wurde, damit sie beigezogen werden können (Celle FamRZ 74, 383; Braunschweig DAVorm 82, 198). In Betracht kommen insbesondere in einem Meineidsverfahren oder für das Vormundschaftsgericht erstattete Gutachten. Wer zur Vorbereitung einer Restitutionsklage ein Gutachten erstatten lassen will, hat keine Möglichkeit, seinen Gegner oder Dritte dazu zu zwingen, sich untersuchen zu lassen (Celle FamRZ 71, 593; Stuttgart FamRZ 82, 193; Damrau FamRZ 70, 287; Schlabrendorff FamRZ 73, 448; die §§ 810 f BGB sind nicht analog anwendbar (Roth-Stielow 137; Gaul BoschFS 262 f; anders Odersky II 4).

12 **IV) Verfahren.** Die Klage kann nach Abs 2 auch vom Sieger des Vorprozesses erhoben werden; eine **Beschwer** wird also für die Wiederaufnahmeklage nach § 641 i im Gegensatz zu sonst (Anm zu § 578) nicht vorausgesetzt. Die Bestimmung enthält einen allgemeinen Rechtsgedanken. Ähnlich wie im Scheidungsverfahren (Rn 23 vor § 511) können Rechtsmittel gegen Vaterschaftsurteile ohne Rücksicht auf eine formelle Beschwer eingelegt werden (StJSchlosser 6). Die Erben einer Partei können nicht Restitutionsklage erheben (Stuttgart FamRZ 82, 193).

13 An eine **Frist** ist die Wiederaufnahmeklage abweichend von § 586 nicht gebunden (Abs 4). Ausschließliche **Zuständigkeit:** Abs 3. Nach dem Tode des Mannes ist das Vormundschaftsgericht zuständig (analog § 1600 n BGB; Hamm FamRZ 86, 1026). Wie bei §§ 578 ff zerfällt das Verfahren in 3 Abschnitte: Im ersten ist die Zulässigkeit der Wiederaufnahmeklage zu prüfen, wozu insbes gehört, daß der Wiederaufnahmegrund schlüssig behauptet ist; das neue Gutachten muß vorgelegt oder in Bezug genommen sein. Im zweiten ist das Bestehen des Wiederaufnahmegrunds zu untersuchen; es ist also zu prüfen, ob das Gutachten, hätte es dem Gericht schon im Vorprozeß vorgelegen, möglicherweise zu einem anderen Ergebnis geführt hätte (BGH FamRZ 84, 681 mwN = NJW 2630). Die Bejahung kann in einem Zwischenurteil oder zusammen mit der Entscheidung über die Hauptsache im Endurteil erfolgen, während Verneinung zur Klageabweisung als unbegründet führt. Liegt der Wiederaufnahmegrund vor, so wird im dritten Abschnitt zur Hauptsache neu verhandelt, §§ 589, 590. Dabei kann sich das Gericht aller ihm zugänglichen Beweismittel bedienen. Rechtsmittel: § 591.

14 **V) Gebühren:** Das Verfahren gilt als neuer Rechsstreit; Gebühren wie im ordentl Prozeß; s auch Rn 43 zu § 578.

641k *[Urteilswirkung bei Feststellung der nichtehel Vaterschaft]*

Ein rechtskräftiges Urteil, welches das Bestehen der Vaterschaft feststellt, wirkt gegenüber einem Dritten, der die nichteheliche Vaterschaft für sich in Anspruch nimmt, auch dann, wenn er an dem Rechtsstreit nicht teilgenommen hat.

1 **Anwendungsbereich.** Prozessuale Ergänzung zu § 1600 a BGB: Bei nichtehelichen Kindern wird die Vaterschaft durch gerichtliche Entscheidung mit Wirkung für und gegen alle festgestellt. Die Bestimmung hat als Folgevorschrift zu § 641 nur die nichteheliche Abstammung zum Gegenstand; für eheliche Vaterschaftsprätendenten verbleibt es hinsichtlich der Rechtskrafterstreckung bei § 640 h. Betroffen werden von § 641 k Urteile, die die Vaterschaft eines Mannes (auch auf negative Feststellungsklage hin, § 641 h) positiv feststellen; ferner Urteile, die auf Klage nach § 640 II Nr 1 Hs 2 hin die bestrittene (anfängliche) Wirksamkeit einer Vaterschaftsanerkennung feststellen (Odersky 3). Wenn die Vaterschaft ausnahmsweise nur incidenter festgestellt wird (wenn ausländisches Recht den Unterhaltsanspruch eines nichtehelichen Kindes nicht von vorheriger allgemeinverbindlicher Feststellung der Vaterschaft abhängig macht), so greift man-

gels einer rechtskraftfähigen Feststellung der Vaterschaft auch § 641 k nicht Platz. Wenn die Klagen nach § 640 II Nr 1 (1. und 2. Hs) zur Verneinung der Vaterschaft oder der Wirksamkeit der Anerkennung führen, gilt für die Urteilswirkung § 640 h, § 641 k findet trotz der Zugehörigkeit zum Nichtehelichenrecht auch keine Anwendung auf Urteile, die die Klage auf Anfechtung der Vaterschaftsanerkennung (§ 640 II Nr 3) abweisen; dann bleibt es bei dem durch die Anerkennung erzeugten, mit Wirkung für und gegen alle aufrechterhaltenen (§ 640 h) Rechtsschein der Vaterschaft nach § 1600 a S 1 BGB.

Urteilswirkungen; rechtliches Gehör. § 641 k erstreckt die Rechtskraft, abweichend von § 640 h 2
S 2, auf Männer, die die nichtehel Vaterschaft für sich in Anspruch nehmen wollen, auch dann, wenn sie am Rechtsstreit nicht teilgenommen haben; dabei wird nicht unterschieden, ob der Dritte dem Rechtsstreit freiwillig ferngeblieben ist oder ob er keine Möglichkeit zur Teilnahme hatte, weil er vom Rechtsstreit keine Kenntnis erhielt. Daher wird die Verfassungsmäßigkeit der Bestimmung bezweifelt, soweit sie Dritte auch im letzten Fall nicht ausklammert (Grunsky ZZP 84, 116 f, StAZ 70, 254; StJSchlosser; dagegen Zeuner, Rechtliches Gehör, materielles Recht und Urteilswirkungen [1974] 32 f; Roth-Stielow, Der Abstammungsprozeß 2. Aufl 1978 Rdnr 83. Da der Dritte durch das Urteil insoweit betroffen wird, als er nun seinerseits die Vaterschaft nicht mehr wirksam anerkennen (§ 1600 b III BGB) und seine eigene gerichtl Feststellung als Vater nicht mehr betreiben kann, ist ihm im Rechtsstreit gegen den als Vater in Anspruch genommenen Mann jedenfalls rechtl Gehör (Art 103 I GG) zu gewähren, vorausgesetzt, daß er seine Absicht überhaupt bekanntgegeben hat. Wenn ihm nicht der Streit verkündet wird und er auch nicht durch Einbeziehung als Mehrverkehrszeuge vom Rechtsstreit Kenntnis erhält, ist er gemäß § 640 e beizuladen; so daß er als Nebenintervenient beitreten kann. Folgen unterbliebener Beiladung: § 640 e Rn 4. Wird trotz Beitritts der andere Mann als Vater (oder seine Vaterschaftsanerkennung als wirksam) festgestellt, dann wirkt das Urteil schon nach § 640 h S 1, § 1600 a S 1 BGB gegen ihn. Diese Wirkung hat das Urteil gemäß § 641 k aber auch dann, wenn er am Rechtsstreit nicht teilgenommen hat. Praktische Bedeutung kommt der Regelung schwerlich zu.

Dritter Abschnitt

VERFAHREN ÜBER DEN UNTERHALT MINDERJÄHRIGER

Erster Titel

VEREINFACHTES VERFAHREN ZUR ABÄNDERUNG VON UNTERHALTSTITELN

Lit: *Arnold,* JR 77, 137; *Behr,* Rpfleger 77, 432; *Brüggemann,* Kommentar zum Gesetz zur vereinfachten Abänderung von Unterhaltsrenten (1976); *Franz,* FamRZ 77, 24; *Köhler,* NJW 76, 1532; *Petermann,* Rpfleger 76, 413; *Puls,* DAVorm 76, 601; *Schroeder,* JurBüro 76, 1281, 1435; *Timm,* NJW 78, 745.

Übersicht

I) Grundlage der Anpassung von Unterhaltsrenten. Die §§ 641 l–641 t sind durch Art 2 Nr 3 des 1
Gesetzes zur vereinfachten Abänderung von Unterhaltsrenten vom 29. 7. 1976 (BGBl I 2029) – Dynamisierungsgesetz – mit Wirkung ab 1. 1. 1977 in die ZPO eingefügt worden. Nach **§ 1612 a BGB,** der ebenfalls durch dieses Gesetz geschaffen worden ist, können Unterhaltsrenten, die für

minderjährige Kinder gezahlt werden und durch gerichtl Entscheidung, Vereinbarung oder Verpflichtungsurkunde betragsmäßig festgelegt sind, einer erhebl Veränderung der wirtschaftlichen Verhältnisse auf eine Weise angepaßt werden, die die schwerfällige Abänderungsklage nach § 323 erspart, dafür allerdings die besonderen Verhältnisse der betroffenen Parteien vernachlässigt. Zu diesem Zweck setzt die Bundesregierung in gewissen Zeitabständen durch RechtsVO einen Prozentsatz fest, um den auf Verlangen des Begünstigten die Unterhaltsrenten nach Ablauf einer dreimonatigen Wartezeit pauschal erhöht oder herabgesetzt werden. Die gesetzl Regelung sieht je nach der allgemeinen wirtschaftlichen Entwicklung diese beiden Möglichkeiten vor; bei den gegenwärtigen, durch fortlaufende Erhöhung der Lebenshaltungskosten und eine entsprechende Hebung des durchschnittlichen Einkommensniveaus gekennzeichneten Verhältnissen kommt praktisch nur eine Erhöhung der Unterhaltsrenten in Betracht (§ 641 m Rn 2).

2 Nach Art 5 § 1 des Dynamisierungsgesetzes sollte die erste AnpassungsVO die Änderungen der allgemeinen wirtschaftl Verhältnisse seit Juli 1975 umfassen; spätestens alle 2 Jahre nach Erlaß einer AnpassungsVO soll die Bundesregierung prüfen, ob die Voraussetzungen für eine erneute Anpassung gegeben sind. Demgemäß sieht die AnpassungsVO 1977 (BGBl I 977) eine Erhöhung der Unterhaltsrenten für Minderjährige um 10% vor, die AnpassungsVO 1979 (BGBl I 1603) eine weitere Erhöhung von 11%, die AnpassungsVO 1981 (BGBl I 835) eine solche von 10% und die am 30. 9. 84 in Kraft getretene AnpassungsVO 1984 (BGBl I 1035) eine weitere Erhöhung von 10% ab 1. 1. 85. Die gesetzl Regelung wird durch die VO v 24. 6. 1977 (BGBl I 978) ergänzt, die für bestimmte Verfahrensakte amtl Vordrucke eingeführt hat; s § 641 t.

3 **II) Das Verfahren der Anpassung** ist verschieden geregelt je nachdem, ob ein vollstreckbarer Unterhaltstitel besteht oder nicht. Im letzteren Falle bewirkt das Anpassungsverlangen des durch die VO Begünstigten, daß die Unterhaltsverpflichtung nach Ablauf einer Wartefrist einen anderen Inhalt erhält. Zur Durchsetzung ist Klage erforderlich, falls die Parteien sich nicht einigen. Wenn dagegen bereits ein vollstreckbarer Titel vorliegt, setzt der Rechtspfleger auf Antrag des durch die AnpassungsVO Begünstigten im Vereinfachten Verfahren (§§ 641 l bis 641 t) die Unterhaltsrente neu fest. Grundsätzl wird dabei der in der AnpassungsVO festgelegte Prozentsatz zugrunde gelegt; der Antragsteller kann sich aber auch mit einem geringeren Anpassungssatz bescheiden (§ 641 m Nr 5). Der Antragsgegner hat die Möglichkeit, durch befristete Klage (§ 641 q) auf eine Abminderung des Anpassungsprozentsatzes hinzuwirken. Zum Verhältnis des vereinfachten Abänderungsverfahrens zur allgemeinen Abänderungsklage s Rn 9 ff.

4 **III) Ausschluß der Anpassung. 1)** Das vereinfachte Abänderungsverfahren ist nicht statthaft, wenn die Parteien, aus dem Titel ersichtl (andernfalls: § 641 q II, s dort Rn 7), bei der Festlegung des Unterhaltsanspruchs vereinbart haben, daß eine **Anpassung** an die Veränderung der wirtschaftlichen Verhältnisse **ausgeschlossen** sein soll (§ 1612 a I 2, 1. Alt BGB; § 641 o I 1 Hs 2, auch § 641 p III). Dann genießt die Parteiautonomie den Vorrang vor der den Einzelfall nicht berücksichtigenden gesetzl Regelung. Mit dem Einwand, daß der vertragliche Ausschluß nicht rechtswirksam sei (vgl §§ 1614, 1615 e BGB; Hamm FamRZ 77, 556), kann der Antragsteller der Zurückweisung seines Anpassungsantrags (§ 641 m III) nicht entgehen; denn für eine Verhandlung und Beweisaufnahme über solche Behauptungen ist im vereinfachten Verfahren kein Raum. Das folgt für den umgekehrten Fall, daß sich der Antragsgegner gegenüber dem Anpassungsverlangen des Antragstellers auf außerhalb des Titels wirksam vereinbarten Ausschluß künftiger Abänderungen beruft, aus dem Klagevorbehalt des § 641 q II (§ 641 q Rn 7). Der Antragsteller kann daher seinerseits den Unwirksamkeitseinwand ebenfalls nur im Klageweg (§ 323) verfolgen.

5 **2)** Das Vereinfachte Verfahren ist weiter unstatthaft, wenn die **Abänderung des Unterhaltstitels** wegen veränderter Verhältnisse, sei es durch Parteiabrede, sei es durch Gesetz, **besonders geregelt** ist (§ 1612 a I 2, 2. Alt BGB).

6 **a)** Die **Parteien** können für die Angleichung an veränderte Verhältnisse einen anderen Maßstab oder ein anderes Verfahren vorsehen. Ist in einem Vergleich der Unterhalt nach der Düsseldorfer Tabelle bemessen worden, so ist allein damit keine von § 1612 a BGB abweichende Möglichkeit für die Anpassung des Unterhalts an die Geldentwertung vereinbart worden. Beispiele für abweichende Maßstäbe: Verpflichtung zur Zahlung des jeweiligen Regelunterhalts, Vereinbarung einer Gleitklausel oder eines Schiedsverfahrens, Abrede, daß die Unterhaltshöhe sich auch künftig nach der jeweiligen Düsseldorfer Tabelle richten soll (Stuttgart DAVorm 82, 115). Beim Abschluß von Unterhaltsvergleichen ist darauf zu achten, daß das Vereinfachte Verfahren nicht versehentlich ausgeschlossen wird. Die parteiautonome Regelung hat Vorrang vor der schematischen Anpassung im Vereinfachten Verfahren. Den Erlaß des Anpassungsbeschlusses kann die Parteivereinbarung allerdings auch hier nur verhindern, wenn sie sich aus dem Unterhaltstitel selbst ergibt (§ 641 o I 1 Hs 2); andernfalls kann sie erst im Klageweg nach § 641 q II durchgesetzt werden (§ 641 q Rn 7).

b) Auch das **Gesetz** kann für die Abänderung von titulierten Unterhaltsrenten ein besonderes Verfahren vorsehen, so daß das vereinfachte Abänderungsverfahren nach §§ 641 l ff nicht zur Anwendung kommt. Das gilt insbesondere für die Regelunterhaltstitel nichtehel Kinder und für die einstw Anordnungen auf Unterhalt (§ 641 l Rn 3, 4). 7

3) Nach § 1612 a IV BGB ist die Anpassung von Unterhaltsrenten auf Grund einer neu ergangenen AnpassungsVO auch dann ausgeschlossen, wenn sie **innerhalb der letzten 12 Monate vor dem Wirksamwerden der Anpassung festgesetzt, bestätigt oder geändert wurden.** Denn dann kann davon ausgegangen werden, daß bei der Festlegung der Höhe innerhalb dieses Zeitraums der bisherige Verlauf der wirtschaftl Entwicklung und darüber hinaus auch der für die nächstfolgende Zeit zu erwartende bereits berücksichtigt wurden (BT-Drucksache 7/4791 S 13). Unter „Wirksamwerden der Anpassung" kann in diesem Zusammenhang nicht die Einreichung des Anpassungsantrags beim Gericht (§ 641 p I 2) verstanden werden (so Brüggemann 63 f zu § 1612 a BGB), sondern der Beginn des 4. Monats nach dem Inkrafttreten der VO, zu dem frühestens die Anpassung ausgesprochen werden kann (§ 1612 a II 3 BGB). Das ergibt sich aus dem Regierungsentwurf, BT-Drucksache 7/4791, wo in der vorgeschlagenen Fassung des § 1612 a II 3 BGB für den letztgenannten Zeitpunkt gleichfalls die (in der endgültigen Gesetzesfassung durch eine andere Formulierung ersetzte) Wendung „Wirksamwerden der Anpassung" gebraucht war. Die 12monatige Sperrfrist ist demnach von dem Beginn des 4. Monats nach Inkrafttreten einer AnpassungsVO zurückzurechnen. „Junge" Unterhaltstitel, die während dieser Sperrfrist errichtet, bestätigt oder geändert wurden, nehmen danach an der Anpassung auf Grund der ergangenen VO nicht teil, sondern können erst in spätere Anpassungen einbezogen werden (Amtl Begründung aaO S 13; Künkel DAVorm 84, 950 mwN; LG Wuppertal DAVorm 81, 73 u 83, 524 mwN; LG Hamburg DAVorm 81, 74; LG Braunschweig DAVorm 81, 492 mwN). Dieser Folge kann der Antragsteller nicht dadurch entgehen, daß er mit der Anbringung seines Anpassungsantrags über den Ablauf der Dreimonatsfrist des § 1612 a II S 3 BGB hinaus so lange zuwartet, bis zwischen der Errichtung des Unterhaltstitels und dem Zeitpunkt der Antragstellung 12 Monate liegen (so aber Brüggemann 64 zu § 1612 a BGB; Puls DAVorm 76, 604; Behr Rpfleger 77, 434; LG Tübingen DAVorm 81, 129; LG Koblenz DAVorm 83, 245; LG Hamburg DAVorm 85, 998, die in dem Zwölfmonatszeitraum eine Wartefrist erblicken, nach deren Ablauf auch die Anpassung eines kurz vor dem Inkrafttreten der AnpassungsVO errichteten Unterhaltstitels verlangt werden könne; weitere Nachweise s LG Wuppertal aaO). Damit entfällt auch die von Brüggemann und Puls aaO vorgeschlagene Phasenverschiebung bei künftigen Anpassungen, die eine zügige Abwicklung der Vereinfachten Verfahren erhebl erschweren würde (gegen eine solche Phasenverschiebung auch Behr aaO). 8

IV) Verhältnis zur allgemeinen Abänderungsklage (§ 323). 1) Doppelspurige Unterhaltserhöhung: Durch das Vereinfachte Verfahren ist die Anpassung von Unterhaltstiteln Minderjähriger an die allgemeine Entwicklung der wirtschaftlichen Verhältnisse wesentlich erleichtert worden. Trotzdem ist die Abänderungsklage nicht entbehrlich geworden; denn im Vereinfachten Verfahren kann die individuelle Entwicklung des Lebensbedarfs des Unterhaltsberechtigten und der Leistungsfähigkeit des Unterhaltspflichtigen nicht berücksichtigt werden. Demgemäß bleibt für Unterhaltstitel, die an sich im Vereinfachten Verfahren geändert werden können, die Abänderungsklage zulässig, wenn eine Anpassung im Vereinfachten Verfahren zu einer Unterhaltsrente führen würde, welche wesentlich von der Rente abweicht, die der Entwicklung der besonderen Verhältnisse der Parteien Rechnung trägt (§§ 323 V ZPO, 1612 a V BGB; BGH FamRZ 82, 915 u 84, 997). Durch § 323 V wird der in § 1612 a V BGB ausgesprochene materiell-rechtliche Vorrang der Individualanpassung in doppelter Weise eingeschränkt: **1.** Eine Abänderungsklage ist nur zulässig, wenn der Kläger die Festsetzung des Unterhalts auf einen Betrag verlangt, der wesentl von dem bei einer vereinfachten Anpassung herauskommenden Unterhalt abweicht (§ 323 Rn 31). **2.** Gelangt das mit der Abänderungsklage befaßte Gericht nach dem Ergebnis der Beweisaufnahme zu einem Unterhalt, dessen Höhe sich nicht wesentl von derjenigen unterscheidet, die sich im Vereinfachten Verfahren ergäbe, so muß die Abänderungsklage als unbegründet abgewiesen werden (Künkel DAVorm 84, 955). 9

Abänderungsklage kann demnach nur der Unterhaltsberechtigte erheben, der mit ihr ein wesentl günstigeres Ergebnis (20 DM monatlich; Hamburg FamRZ 85, 729 mwN) als im Vereinfachten Verfahren erstrebt und erreicht. Diese Klage kommt namentl in Betracht, wenn der Bedarf des Unterhaltsberechtigten oder die Leistungsfähigkeit des Unterhaltspflichtigen sich abweichend vom allgemeinen Einkommensniveau und von der Geldentwertung entwickeln. 10

Ist hiernach eine **Abänderungsklage** zulässig, so hat der Unterhaltsberechtigte die **Wahl,** ob er nur diese Klage erhebt oder gleichzeitig mit ihr das **Vereinfachte Verfahren** betreibt (BGH FamRZ 82, 915 mwN, str). Aus dem Gesetz ergibt sich nicht, daß in diesem Fall nur die Abände- 11 rungsklage gegeben und das Vereinfachte Verfahren ausgeschlossen ist. Hinge die Zulässigkeit des Vereinfachten Verfahrens davon ab, daß keine Abänderungsklage erhoben werden könnte, so nötigte dies den Rechtspfleger zu einer Prüfung der individuellen Verhältnisse der Parteien, die im Vereinfachten Verfahren nicht vorgenommen werden kann (BGH aaO).

12 Für ein solches doppelspuriges Änderungsverfahren besteht auch ein **Rechtsschutzbedürfnis.** Für den Unterhaltsberechtigten wird die Durchsetzung seines Rechts erheblich erleichtert, beschleunigt und verbilligt, wenn er zunächst eine geringe Unterhaltserhöhung im Vereinfachten Verfahren durchsetzt und das schwerfälligere, kostenträchtigere Klageverfahren nur wegen des Restbetrages betreiben muß. Auch dem Unterhaltspflichtigen kommt die Kostenersparnis im Vereinfachten Verfahren zugute; deshalb kann ihm das doppelspurige Verfahren zugemutet werden (BGH aaO).

13 Erhebt der Unterhaltsberechtigte die Abänderungsklage erst nach rechtskräftigem Abschluß des Vereinfachten Verfahrens, so hindert **§ 323 II** ihn nicht daran, Gründe geltend zu machen, die vor Abschluß des Vereinfachten Verfahrens entstanden sind. Da Abänderungsgründe aus dem persönl oder individuell wirtschaftl Bereich im Vereinfachten Verfahren nicht vorgebracht werden können, entfaltet die Rechtskraft des in diesem Verfahren ergangenen Beschlusses keine Präklusionswirkung, die über seinen Verfahrensgegenstand hinausgeht (BGH aaO).

14 Der Unterhaltsberechtigte braucht die Abänderungsklage auch **nicht binnen einem Monat** nach Zustellung des im Vereinfachten Verfahren ergangenen Beschlusses zu erheben. § 641 q III ist nicht analog anwendbar; s § 641 q Rn 5.

15 **2) Vereinfachtes Verfahren und Abänderungsklage mit entgegengesetzten Zielen: a)** Verlangt der Unterhaltspflichtige Herabsetzung des Unterhalts gemäß § 323 und der Unterhaltsberechtigte eine Erhöhung im Vereinfachten Verfahren, so ist dieses auszusetzen, wenn beide Verfahren **gleichzeitig anhängig** sind (s Rn 17) und wiederaufzunehmen, falls die Abänderungsklage abgewiesen wird. Wird hingegen der Abänderungsklage stattgegeben, so erledigt sich hierdurch das Vereinfachte Verfahren (s § 641 o Rn 10).

16 **b) Geht das Vereinfachte Verfahren** der Abänderungsklage **voraus,** so kann der Unterhaltsverpflichtete mit der besonderen Abänderungsklage des § 641 q erreichen, daß der im Vereinfachten Verfahren ergangene Erhöhungsbeschluß rückgängig gemacht wird, und kann außerdem Abänderungsklage nach § 323 erheben, damit der Unterhalt niedriger als vor Einleitung des Vereinfachten Verfahrens festgesetzt wird. Beide Klagen sind zweckmäßigerweise zu verbinden; s § 641 q Rn 2.

17 **3) Aussetzung des Verfahrens:** Wird wegen des Unterhaltsanspruchs eines Minderjährigen sowohl Abänderungsklage erhoben als auch ein Vereinfachtes Verfahren eingeleitet, so ist dieses Verfahren im Regelfall auszusetzen (§ 641 o II; s dort Rn 6). Dies entspricht dem Vorrang der Individualanpassung. Ist die Abänderungsklage schon vor Einleitung des Vereinfachten Verfahrens anhängig, so soll nach verbreiteter Auffassung der im Vereinfachten Verfahren gestellte Antrag zurückzuweisen sein (ThP 2 f, StJSchlosser 7, BLAlbers 1 Bf, Brüggemann 9f, alle zu § 641 m; anders Timm NJW 78, 745). Hiergegen spricht: Nach § 641 m III ist der Antrag nur zurückzuweisen, wenn entweder die sachlichen Voraussetzungen für das Verfahren (Titel eines Minderjährigen auf eine künftig fällig werdende Unterhaltsrente) nicht erfüllt sind oder wenn der Antrag die in § 641 m I geforderten förmlichen Angaben nicht enthält; zu diesen Angaben gehört auch die Erklärung, daß kein Verfahren nach § 323 anhängig ist, in dem die Abänderung desselben Titels begehrt wird. Enthält der Antrag die Erklärung, daß ein solches Verfahren bereits anhängig sei, so zwingt der Gesetzeswortlaut nicht zur Zurückweisung des Antrages, sondern läßt dem Gericht die Möglichkeit, das Vereinfachte Verfahren nach § 641 o II auszusetzen.

18 Für eine Aussetzung statt einer Zurückweisung des Antrages spricht namentlich: Der Unterhaltsberechtigte hat ein berechtigtes Interesse daran, daß er auch während der Anhängigkeit einer Abänderungsklage einen Antrag im Vereinfachten Verfahren stellen und zugleich die Aussetzung dieses Verfahrens beantragen kann. Wird ihm dies nicht gestattet, so läuft er Gefahr, einen nach materiellem Recht begründetes Erhöhungsbegehren aus prozessualen Gründen teilweise nicht durchsetzen zu können, weil zunächst die anhängige Abänderungsklage das Vereinfachte Verfahren verhinderte und später nach Rechtskraft der Entscheidung über die Abänderungsklage der Unterhaltstitel im Vereinfachten Verfahren nur noch mit Wirkung für die Zukunft geändert werden könnte (§ 641 p I 2). Unerträglich wäre dieses Ergebnis vor allem in dem Fall, daß der Unterhaltspflichtige eine unbegründete Abänderungsklage auf Herabsetzung des Unterhalts erhebt und den Unterhaltsberechtigten durch einen langwierigen Prozeß daran hindert, zur Erhöhung des Unterhalts das Vereinfachte Verfahren zu betreiben. Steht der Unterhaltsberechtigte vor der Wahl, eine Unterhaltserhöhung entweder durch Abänderungsklage oder

im Vereinfachten Verfahren durchzusetzen, so ist es nicht sinnvoll, ihm zwar zu gestatten, zunächst das Vereinfachte Verfahren einzuleiten und dann Abänderungsklage zu erheben, ihm aber den umgekehrten Weg zu versagen, daß seiner Abänderungsklage das Vereinfachte Verfahren folgt (so aber StJSchlosser § 641 o Nr 8; zweifelnd BGH FamRZ 82, 916). Die Zulassung und anschließende Aussetzung eines Antrages im Vereinfachten Verfahren löst das zuvor behandelte Problem, daß der Unterhaltsberechtigte sein begründetes Erhöhungsbegehren bei Anhängigkeit einer Abänderungsklage sonst nicht durchsetzen kann, jedenfalls in einer Weise, die mit § 323 V zu vereinbaren ist (Künkel DAVorm 84, 958), und zwar besser als der Vorschlag von Brüggemann (§ 641 l Rn 4, 6), bei Abänderungsklagen einen Hilfsantrag oder eine Widerklage des Unterhaltsberechtigten auf Zahlung derjenigen Unterhaltsrente zuzulassen, die sich im Vereinfachten Verfahren ergeben würde.

4) Konkurrenz von Anpassungskorrekturklage (§ 641 q) und Abänderungsklage: § 641 q Rn 2. 19

V) Verhältnis zur erstmaligen Unterhaltsklage. 1) Haben die Eltern eines minderjährigen 20
Kindes vor dem 1. 7. 77 einen **Scheidungsfolgenvergleich** geschlossen, durch den ein Elternteil dem anderen eine Unterhaltsrente für das Kind zu zahlen versprochen hat, so kann nur der aus dem Vergleich berechtigte Elternteil den Unterhaltsanspruch im Vereinfachten Verfahren heraufsetzen lassen (§ 641 m Rn 2). Diese Möglichkeit hindert das Kind nicht, selbst auf Unterhalt zu klagen (Düsseldorf FamRZ 78, 824 Nr 589), und zwar ohne die Beschränkungen des § 323. Der Vergleich ist im Zweifel kein echter Vertrag zugunsten des Kindes; dieses ist weder berechtigt, aus dem Vergleich zu vollstrecken, noch ist es an ihn gebunden (BGH FamRZ 82, 587 = MDR 740 und FamRZ 80, 342, beide mwN). Ist der Scheidungsfolgenvergleich nach dem 30. 6. 77 geschlossen worden, so wirkt er kraft Prozeßstandschaft des Elternteils, in dessen Obhut sich das Kind befindet, für und gegen das Kind (§ 1629 III BGB). Einen solchen Vergleich kann das Kind im Vereinfachten Verfahren oder nach § 323 abändern lassen.

2) Titel über einen Teil des Unterhalts: Ist der Unterhaltsverpflichtete (unzweckmäßigerweise; 21
Saarbrücken DAVorm 80, 745) verurteilt worden, über freiwillig gezahlte 150 DM hinaus monatl weitere 50 DM Unterhalt an sein minderjähriges Kind zu zahlen, und verlangt das Kind nunmehr eine Anpassung des Unterhalts im Vereinfachten Verfahren, während der Beklagte auch die freiwillig gezahlten 150 DM kürzen möchte, so kann das Kind den Titel über 50 DM im Vereinfachten Verfahren anpassen lassen und wegen der 150 DM monatl zuzügl eines Zuschlages auf diesen Betrag nach der AnpassungsVO Klage erheben (Düsseldorf FamRZ 78, 824 Nr 588). Aus prozeßökonomischen Gründen sollte man das Kind aber nicht dazu zwingen, beide Verfahren zu betreiben, sondern ihm gestatten, den gesamten Unterhalt in einem Prozeß einzuklagen, der dann teils eine Erstklage, teils eine Abänderungsklage zum Gegenstand hat. Sonst läuft das Vereinfachte Verfahren auf sein Gegenteil, eine Verkomplizierung, hinaus.

VI) Ausländische Unterhaltstitel. Im Inland anzuerkennende ausländische Unterhaltstitel 22
sind der Abänderung im Vereinfachten Verfahren nur dann zugängl, wenn der Unterhaltsanspruch nach deutschem materiellem Unterhaltsrecht zu beurteilen ist (vgl Brüggemann 10 zu § 1612 a BGB, StJSchlosser 11 zu § 641 l, Schroeder JurBüro 76, 1284, Arnold JR 77, 140 Fn 21, Siehr FS Bosch 927 ff, Kropholler ZBlJugR 77, 105 ff); denn nur dann ist § 1612 a BGB anwendbar, der die Grundlage für die Abänderung von Unterhaltstiteln im Vereinfachten Verfahren bildet. Wenn bereits der Errichtung des Unterhaltstitels deutsches Recht zugrunde lag, muß es weiterhin Unterhaltsstatut geblieben sein. Wenn sich der Unterhaltsanspruch bei seiner Festlegung nach ausländischem Recht bestimmte, inzwischen aber durch Einwanderung des Kindes ins Inland deutsches Recht Unterhaltsstatut wurde (Art 18 EGBGB), kann der ausländische Unterhaltstitel im Regelfall nicht im Vereinfachten Verfahren angepaßt werden. Dies wäre allenfalls dann möglich, wenn bei Schaffung des Titels der Lebensbedarf des Kindes und die Leistungsfähigkeit des Unterhaltsverpflichteten ungefähr deutschem Niveau entsprochen hätten und wenn seither Lebensbedarf und Leistungsfähigkeit im gleichen Maße wie im Inland gestiegen wären. Diese Feststellungen werden sich jedoch in einem „Vereinfachten" Verfahren niemals treffen lassen (so LG Rottweil DAVorm 83, 542 für einen DDR-Fall). Wenn bei der Errichtung des Unterhaltstitels deutsches Recht Unterhaltsstatut war, der Unterhaltsanspruch sich aber nunmehr (Übersiedlung des Kindes ins Ausland) nach ausländischem Recht bestimmt, bleibt für die Anpassung an veränderte Verhältnisse mangels Zulässigkeit des Vereinfachten Verfahrens nur die allgemeine Abänderungsklage. Internationale Zuständigkeit der deutschen Gerichte (zu ihr § 641 l Rn 11) ist in allen Fällen Voraussetzung.

641 l *[Anwendungsbereich; Zuständigkeit]*
(1) Urteile auf künftig fällig werdende Unterhaltszahlungen können auf Grund des § 1612a des Bürgerlichen Gesetzbuchs und einer nach diesen Vorschriften erlassenen Rechtsverordnung (Anpassungsverordnung) auf Antrag im Vereinfachten Verfahren abgeändert werden. Das Vereinfachte Verfahren zur Abänderung von Unterhaltstiteln gilt nicht als Familiensache.

(2) Absatz 1 gilt entsprechend, wenn sich die Verpflichtung zu den Unterhaltszahlungen aus einem anderen Schuldtitel ergibt, aus dem die Zwangsvollstreckung stattfindet.

(3) Ausschließlich zuständig ist das Amtsgericht, bei dem der Unterhaltsberechtigte seinen allgemeinen Gerichtsstand hat. Hat der Unterhaltsberechtigte im Inland keinen allgemeinen Gerichtsstand, so ist das Amtsgericht Schöneberg in Berlin ausschließlich zuständig. Wird die Abänderung eines Schuldtitels des § 641p beantragt, so ist das Amtsgericht ausschließlich zuständig, das diesen Titel erstellt hat.

(4) Eine maschinelle Bearbeitung ist zulässig.

(5) Die Landesregierungen werden ermächtigt, durch Rechtsverordnung vereinfachte Verfahren zur Abänderung von Unterhaltstiteln einem Amtsgericht für den Bezirk mehrerer Amtsgerichte zuzuweisen, wenn dies ihrer schnelleren und rationelleren Erledigung dient. Die Landesregierungen können die Ermächtigung durch Rechtsverordnung auf die Landesjustizverwaltungen übertragen. Mehrere Länder können die Zuständigkeit eines Amtsgerichts über die Landesgrenzen hinaus vereinbaren.

1 **I) Voraussetzungen im allgemeinen.** Neben den allgemeinen Verfahrensvoraussetzungen wie deutsche Gerichtsbarkeit, Parteifähigkeit, Prozeßfähigkeit, ordnungsgemäße gesetzl Vertretung setzt das Vereinfachte Verfahren eine AnpassungsVO, einen Antrag, der sich auf die VO beruft (§ 641m), und einen zur Anpassung geeigneten Unterhaltstitel zugunsten eines minderjährigen (ehel oder unehel) Kindes (Rn 2) voraus. Für volljährige Unterhaltsberechtigte ist das Vereinfachte Verfahren nicht geschaffen. Die Anpassung im Vereinfachten Verfahren darf nicht nach § 1612a I 2, IV BGB ausgeschlossen sein (Rn 4 vor § 641l).

2 **II) Zur Anpassung geeignete Unterhaltstitel.** Nach § 1612a I 1 BGB können gerichtliche Entscheidungen, Vereinbarungen und Verpflichtungsurkunden auf Grund einer AnpassungsVO der allgemeinen Entwicklung der wirtschaftlichen Verhältnisse angepaßt werden. Im Vereinfachten Verfahren können nur Vollstreckungstitel, nicht aber sonstige Vereinbarungen angepaßt werden (Rn 3 vor § 641l). § 641l nennt Urteile (Abs 1) und andere Titel (Abs 2).

3 **1) Form des Titels: a) Gerichtliche Entscheidungen:** Die Urteile müssen rechtskräftig oder vorläufig vollstreckbar sein (§ 704l). Sie müssen ferner auf bestimmte Geldbeträge lauten. Daher kommen **Urteile** nicht in Betracht, die auf **Regelunterhalt** (mit Zu- oder Abschlägen) lauten und erst durch betragsmäßige Festsetzungen ausgefüllt werden müssen. Aber auch die diesem Zweck dienenden **Festsetzungsbeschlüsse** (§§ 642a ff) scheiden aus; denn die Anpassung der dort festgesetzten Unterhaltsbeträge an veränderte Verhältnisse erfolgt durch Neufestsetzung nach § 642b und ist damit iSd § 1612a I 2 BGB auf andere Weise geregelt. Im Vereinfachten Verfahren angepaßt werden können auf bezifferte Beträge lautende Unterhaltsurteile und **frühere Anpassungsbeschlüsse** nach § 641p (vgl Abs 3 S 3). Vollstreckungsbescheide (§ 699) scheiden aus; im Mahnverfahren können nur bereits fällige, nicht erst künftig fällig werdende Beträge zugesprochen werden.

4 **b) Einstweilige Unterhaltsregelungen:** Das Vereinfachte Verfahren soll die aufwendigere Abänderungsklage ersetzen (Künkel DAVorm 84, 958). Wo diese nicht stattfindet, wie bei einstweiligen Verfügungen und einstweiligen Anordnungen (§ 323 Rn 10; § 620f Rn 13f), gibt es auch kein Vereinfachtes Verfahren (Künkel aaO; im Ergebnis ebenso ThP 1, BLAlbers 2 Ab; Arnold JR 77, 140 Fn 23; anders Brüggemann 40 zu § 1612a BGB; Behr Rpfleger 77, 437). Soweit Anpassungen an die Veränderung der wirtschaftl Verhältnisse notwendig sind, sind anderweitige Regelungen iS des § 1612a II 2 BGB vorhanden. Ändern sich die Verhältnisse, auf denen eine einstweilige Anordnung beruht, so kann dem jedenfalls während des Hauptsachestreits durch neue einstw Anordnung Rechnung getragen werden (§ 620b; § 641d Rn 30); überdies sind sie von vornherein auf Ersetzung durch einen endgültigen Unterhaltstitel angelegt (§§ 620f, 641e), bei deren Schaffung zwischenzeitl Änderungen Rechnung getragen werden kann. Das gleiche gilt für einstw Verfügungen auf Unterhalt nach § 940 (aM Brüggemann und Behr aaO); sie sind bei veränderten Umständen nach §§ 927, 936 ganz oder teilweise aufzuheben (KG OLG 40, 377; RG 132, 180) und wenn sich ihre Aufstockung als notwendig erweist, kann das durch ergänzende einstw Verfügung geschehen. Überdies müßten die einstw Anordnungen und einstw Verfügun-

gen entgegen ihrer Zweckbestimmung lange Zeit in Geltung gewesen sein, um nicht dem Anpassungshindernis des § 1612 a IV BGB zu verfallen.

c) Vereinbarungen und Verpflichtungsurkunden. Als für die Anpassung im Vereinfachten Verfahren geeignete (zweiseitige) Vereinbarungen und (einseitige) Verpflichtungsurkunden kommen in Betracht gerichtl Vergleiche (§ 794 I Nr 1), auch solche nach § 641 r S 4, ferner gerichtl und notarielle Urkunden (§ 794 I Nr 5) sowie von den Jugendämtern (§§ 49, 50 JWG) oder konsularischen Beamten (§ 10 KonsularG) aufgenommene Verpflichtungsurkunden, sofern sich der Unterhaltspflichtige darin der sofortigen Zwangsvollstreckung unterworfen hat. Auch die Vergleiche und Urkunden müssen auf bestimmte Geldbeträge lauten und dürfen wegen § 1612 a I 2 BGB nicht auf Regelunterhalt gehen. 5

d) Über die Anpassung **ausländischer Unterhaltstitel** s Rn 22 vor § 641 l. 6

2) Inhalt des Titels: Die Vollstreckungstitel müssen auf fortlaufende bezifferte **Unterhaltsrenten** lauten, die von einem nach dem Gesetz Unterhaltspflichtigen (auch von Großeltern) geschuldet werden. Leibrenten oder Schadensersatzrenten nach § 844 BGB gehören auch dann nicht hierher, wenn ein minderjähriges Kind aus ihnen seinen Lebensunterhalt bestreiten soll (Brüggemann 14 f zu § 1612 a BGB). Die Unterhaltsrenten müssen für den Unterhalt **minderjähriger Kinder** bestimmt sein. Das Kind muß an dem Tage, an dem der Anpassungsbeschluß ergeht, noch minderjährig sein. Wird es danach volljährig, so kann es trotzdem aus dem Anpassungsbeschluß weiter vollstrecken. Für die Unterhaltsansprüche minderjähriger Ehegatten gegen den Ehepartner ist das Vereinfachte Verfahren trotz des Gesetzeswortlauts, der diesen Fall nicht eindeutig ausschließt, nicht gedacht (s Brüggemann 22 zu § 1612 a BGB; Arnold JR 77, 139 Fn 17). Bei den Kindern kann es sich um **ehel oder nichtehel** handeln, um letztere unter der Voraussetzung, daß der Titel auf bezifferte Beträge und nicht auf Regelunterhalt lautet (Rn 3). Vor allem Kindern geschiedener oder getrennt lebender Eltern soll durch die Anpassung nach §§ 641 l ff auf einfachere Weise als durch die umständl Abänderungsklage ein Schritthalten mit der wirtschaftl Entwicklung ermöglicht werden. Die Unterhaltsrente kann und soll sogar nach Altersstufen gestaffelt sein (so überzeugend Künkel DAVorm 84, 947 mit Hinweisen auf die Materialien; MünchKomm/Köhler ErgBd § 1610 Rn 27; Stuttgart FamRZ 79, 64; Köln NJW 79, 1661; anders BGH DAVorm 82, 263/266; Bremen FamRZ 78, 825 und NJW 78, 2249; KG DAVorm 79, 110/120 f); Düsseldorf FamRZ 82, 1230; Schleswig SchlHA 79, 193). Es kann auch für mehrere Kinder unausgeschieden ein einheitl Unterhaltsbetrag ausgeworfen sein (§ 641 p Rn 3). Das unterhaltsberechtigte Kind muß nicht notwendig durch den Titel selbst als Vollstreckungsgläubiger ausgewiesen sein; auch Vereinbarungen zwischen den Eltern, insbes frühere Scheidungsfolgenvergleiche, die die Aufbringung des Kindesunterhalts nur zwischen den Eltern geregelt haben (Frankfurt FamRZ 82, 734) gehören hierher; s Rn 20 vor § 641 l u § 641 m Rn 2. 7

III) Antrag s § 641 m Rn 1 ff. 8

IV) Zuständigkeit (Abs 3). 1) Sachlich (ausschließl, Abs 3) zuständig sind die Amtsgerichte (§ 23 a Nr 2 GVG). Da das Vereinfachte Verfahren nicht Familiensache ist (Abs 1 S 2), ist eine allgemeine Zivilprozeßabteilung zuständig, nicht das Familiengericht, das sonst bei Unterhaltsansprüchen ehel Kinder gegen ihre Eltern zuständig wäre (§ 23 b I Nr 5 GVG; § 621 I Nr 4). **Funktionell** zuständig ist der Rechtspfleger (§ 20 Nr 10 RpflG). 9

2) Örtliche Zuständigkeit. a) Die (ausschließl) Regelzuständigkeit nach Abs 3 S 1 knüpft an den allgemeinen Gerichtsstand (§§ 13, 15, 16) des Unterhaltsberechtigten an, wenn ein solcher im Inland besteht. Hat ein Kind getrennt lebender Eltern einen Doppelwohnsitz (§§ 7 II, 11 BGB; BGH FamRZ 84, 162), so kann es zwischen beiden Gerichtsständen wählen (Künkel FamRZ 84, 964). Wenn der durch den Vollstreckungstitel als Unterhaltsgläubiger Ausgewiesene und das Kind, dem der Unterhalt zufließen soll, verschiedene Personen sind (Rn 7 aE), ist als Unterhaltsberechtigter iSd Zuständigkeitsvorschrift das minderjährige Kind zu verstehen (so auch Brüggemann 16, ThP 2 a; aM StJSchlosser 6 und Behr Rpfleger 77, 435). Nach dem Regierungsentwurf (BT-Drucksache 7/4791) sollte sich die örtl Zuständigkeit allerdings nach dem allgemeinen Gerichtsstand „des Antragstellers“ bestimmen; in der endgültigen Gesetzesfassung ist an die Stelle des Antragstellers aber der Unterhaltsberechtigte gesetzt worden und die Begründung des Rechtsausschusses (BT-Drucksache 7/5311 S 8 r Sp) läßt deutlich erkennen, daß damit das **unterhaltsberechtigte Kind** gemeint sein sollte. Auf den (sei es in-, sei es ausländischen) Gerichtsstand des Antragsgegners kommt es im Falle des Abs 3 S 1 nicht an; auch der in einem anderen EWG-Gründerstaat ansässige Unterhaltspflichtige muß sich vor das Wohnsitzrecht des Unterhaltsberechtigten ziehen lassen (Art 5 Nr 2 EuGVÜ). 10

b) Wenn der Unterhaltsberechtigte in der Bundesrepublik Deutschland keinen allgemeinen Gerichtsstand hat, so ist nach Abs 3 S 2 das AG Berlin-Schöneberg örtl ausschließl zuständig. 11

Die Anwendbarkeit dieser Vorschrift setzt allerdings voraus, daß die deutschen Gerichte für das Vereinfachte Verfahren überhaupt **international zuständig** sind. Wenn die deutsche internationale Zuständigkeit nicht aus einem inländischen Gerichtsstand des Unterhaltsberechtigten, gegebenenfalls des von ihm verschiedenen Antragstellers hergeleitet werden kann, so muß wenigstens ein allgemeiner oder besonderer Gerichtsstand des Antragsgegners im Inland bestehen. Hat der Antragsgegner seinen Wohnsitz in einem anderen EWG-Gründerstaat, dann reicht im Falle des Abs 3 S 2 auch ein besonderer Gerichtsstand im Inland nicht aus, um die deutsche internationale Zuständigkeit für das Vereinfachte Verfahren zu begründen (Art 2 I, 3 I EuGVÜ). Dem Unterhaltsberechtigten bleibt dann nur die Abänderungsklage vor dem ausländischen Gericht des Wohnsitzes des Unterhaltspflichtigen (Art 2 I EuGVÜ), gegebenenfalls seines eigenen Wohnsitzes (Art 5 Nr 2 EuGVÜ).

12 **c)** Die Zuständigkeitsregeln nach Rn 10, 11 greifen nicht Platz, wenn es sich bei dem anzupassenden Titel um einen **vorausgegangenen Anpassungsbeschluß nach § 641 p** handelt. Damit Daten, die bei dem früher tätig gewordenen AG angefallen sind, ohne Umstände nutzbar gemacht werden können, ist dann (gleichlautend mit der Regelung des § 642 b I 4 nF) das AG ausschließlich zuständig, das den vorausgegangenen Anpassungsbeschluß erlassen hatte. Gleichzustellen wird der Fall sein, daß ein vorausgegangenes Vereinfachtes Verfahren nicht durch Beschluß nach § 641 p, sondern durch Vergleich vor dem Rechtspfleger (§ 641 r S 4) geendet hatte; denn auch dann liegen bei dem betreffenden AG einschlägige Daten bereits vor. Die internationale Zuständigkeit der deutschen Gerichte (Rn 11) muß auch hier gegeben sein; allein daraus, daß der abzuändernde Titel ein inländischer ist, kann sie nicht abgeleitet werden.

13 **d)** Nach Abs 4 ist die **maschinelle Bearbeitung** der Vereinfachten Verfahren zulässig; dazu § 641 s. Vornehmlich zu deren Erleichterung sind die Landesregierungen durch Abs 5 ermächtigt, die **örtl Zuständigkeit** bei einigen wenigen Amtsgerichten zu **konzentrieren.** Die Landesregierungen können diese Ermächtigung auf die Landesjustizverwaltungen delegieren (Abs 5 S 2; Bay: VO v 6. 10. 1977, GVBl 512: Das AG Nürnberg ist für ganz Bayern zuständig). Die Zuständigkeitskonzentration ist auch über die Landesgrenzen hinweg mögl (Abs 5 S 3).

641 m *[Antrag]*

(1) Der Antrag muß enthalten:

1. **die Bezeichnung der Parteien, ihrer gesetzlichen Vertreter und des Prozeßbevollmächtigten des Antragstellers;**
2. **die Bezeichnung des angerufenen Gerichts;**
3. **die Bezeichnung des abzuändernden Titels;**
4. **die Angabe der Anpassungsverordnung, nach der die Abänderung des Titels begehrt wird;**
5. **die Angabe eines bestimmten Änderungsbetrags, wenn der Antragsteller eine geringere als die nach der Anpassungsverordnung zulässige Abänderung begehrt;**
6. **die Erklärung, daß kein Verfahren nach § 323 anhängig ist, in dem die Abänderung desselben Titels begehrt wird.**

(2) Dem Antrag ist eine Ausfertigung des abzuändernden Titels, bei Urteilen des in vollständiger Form abgefaßten Urteils, beizufügen. Ist ein Urteil in abgekürzter Form abgefaßt, so ist eine unter Benutzung einer beglaubigten Abschrift der Klageschrift hergestellte Ausfertigung oder, wenn bei dem Prozeßgericht die Akten insoweit noch aufbewahrt werden, neben der Ausfertigung des Urteils eine von dem Urkundenbeamten der Geschäftsstelle des Prozeßgerichts beglaubigte Abschrift der Klageschrift beizufügen. Der Vorlage des abzuändernden Titels bedarf es nicht, wenn dieser von dem angerufenen Gericht im Vereinfachten Verfahren auf maschinellem Weg erstellt worden ist; das Gericht kann dem Antragsteller die Vorlage des Titels aufgeben.

(3) Entspricht der Antrag nicht diesen und den in § 641 l bezeichneten Voraussetzungen, so ist er zurückzuweisen. Die Zurückweisung ist nicht anfechtbar.

1 **I) Allgemeines zum Antrag. 1) Antragserfordernis:** Das Vereinfachte Verfahren wird nur auf Antrag, nicht von Amts wegen eingeleitet. Der Antrag muß sich auf eine ergangene AnpassungsVO stützen (Abs 1 Nr 4). Wenn von vorausgegangenen AnpassungsVOen kein Gebrauch gemacht wurde, kann der Antrag auch übersprungene mit einbeziehen.

2 **2) Antragsberechtigt** ist der Teil des Unterhaltsschuldverhältnisses, dem die Berufung auf die AnpassungsVO zugute kommt. Die neutrale Fassung des Gesetzes deckt sowohl den Fall, daß

die Entwicklung der allgemeinen wirtschaftl Verhältnisse eine Erhöhung, als auch den umgekehrten, daß sie eine Herabsetzung der Unterhaltsrenten rechtfertigt. Die bisher ergangenen Anpassungsverordnungen sehen nur die Erhöhung von Unterhaltsrenten vor. Deshalb sind bis jetzt nur die Unterhaltsberechtigten antragsberechtigt. Wer unterhaltsberechtigt ist, richtet sich nach dem anzupassenden Titel. Bei nach dem 30. 6. 1977 geschlossenen Scheidungsfolgenvergleichen und Urteilen über die Folgesache Kindesunterhalt ist nur das Kind selbst unterhaltsberechtigt, nicht aber der Sorgeelternteil; denn diese Titel wirken kraft Prozeßstandschaft des Sorgeelternteils für und gegen das Kind (§ 1629 III BGB; Künkel FamRZ 84, 1064). Anders in der Regel bei älteren Scheidungsfolgenvergleichen über den Kindesunterhalt. Da das bis zur Eherechtsreform geltende Recht diese Prozeßstandschaft nicht kannte, wirkt der Vergleich nur im Verhältnis zwischen den Eltern. Hier ist nur der sorgeberechtigte Elternteil antragsberechtigt, nicht aber das Kind; s Rn 20 vor § 641 l. Ist ein Scheidungsfolgenvergleich alten Rechts fälschlich im Namen des Kindes angepaßt worden, so ist bei abermaliger Anpassung das Kind antragsberechtigt, weil der anzupassende Titel der vorige Anpassungsbeschluß ist (Frankfurt FamRZ 83, 755). Nicht antragsberechtigt ist das Land, das einem Kind Unterhaltsvorschuß oder Sozialhilfe gewährt und den Unterhaltsanspruch auf sich übergeleitet hat (§§ 90 BSHG, 7 UnterhVorschG; Künkel DAVorm 84, 951).

Der Unterhaltspflichtige ist in die Rolle des **Antragsgegners** verwiesen. Er kann das Verein- 3
fachte Verfahren nicht zum Zweck alsbaldiger Klärung in Gang setzen, welche Leistungen er künftig zu erbringen haben wird (Brüggemann 11 zu § 641 l; aM StJSchlosser 4 zu § 641 l). Einer solchen Feststellung bedarf es nicht, da das Anpassungsergebnis ohne weiteres berechenbar ist. Der Unterhaltspflichtige kann als Antragsgegner ledigl die Zulässigkeit des Vereinfachten Verfahrens überhaupt in Frage stellen oder auf richtige Anwendung der AnpassungsVO hinwirken; herabdrücken kann er das Anpassungsergebnis allenfalls nach durchgeführtem Vereinfachtem Verfahren durch Klage nach § 641 q, wenn es zu sehr von dem Unterhalt abweicht, der nach den besonderen Verhältnissen der Parteien angemessen ist.

3) Zeit der Antragstellung. Der Antrag kann jedenfalls gestellt werden, sobald die Anpas- 4
sungsVO in Kraft getreten ist. Auch ein schon zwischen Verkündung und Inkrafttreten der VO gestellter Antrag ist zulässig; allerdings kann der Rechtspfleger auf einen solchen hin zunächst nichts veranlassen, insbes nicht die in § 641 n vorgeschriebene Mitteilung an den Antragsgegner ergehen lassen. Wegen der Zeit, von der an der Titel angepaßt werden kann, s § 641 p Rn 4.

4) Antragsform: §§ 641 r und 641 t iVm der VordruckVO v 24. 6. 1977 (BGBl I 978); die Verwen- 5
dung des amtlichen Vordrucks ist durch § 641 t II zur Pflicht gemacht.

5) Prozeßkostenhilfe. Da Anwaltszwang nicht besteht, für die Beiordnung eines Vertreters 6
nach § 121 II regelmäßig kein Anlaß bestehen wird und Gerichtskosten nicht vorzuschießen sind, kommt PKH allenfalls zwecks Befreiung von Auslagenvorschüssen (Behr Rpfleger 77, 435 f) und für die Zwangsvollstreckung in Betracht.

6) Antragsrücknahme ist ohne Zustimmung des Antragsgegners mögl, solange der Anpas- 7
sungsbeschluß (§ 641 p) noch nicht ergangen ist (Analogie zur Rücknahme der Beschwerde – s § 567 Rn 15 – und zu § 696 IV; anders StJSchlosser 1: Rücknahme ohne Zustimmung des Gegners nur, solange er noch nicht gehört wurde).

II) Antragsinhalt (Abs 1). 1) Zu Nr 1. Antragsteller und Antragsgegner müssen mit den Par- 8
teien des abzuändernden Titels übereinstimmen; s Rn 2. Sie sind so genau zu bezeichnen, daß bei Zustellung und Vollstreckung keine Verwechslungen eintreten können (Name, Vorname, genaue Anschrift); wegen der Beschränkung der Anpassung auf Minderjährige ist das Geburtsdatum des unterhaltsberechtigten Kindes anzugeben, wenn es selbst Antragsteller ist, auch der gesetzl Vertreter. Wenn sich der Antragsteller eines Verfahrensbevollmächtigten bedient, ist er zu benennen; seine Vollmacht wird von Amts wegen nur geprüft, wenn er nicht RA ist (§ 88 II). Eine etwa im vorausgegangenen Unterhaltsprozeß erteilte Vollmacht wirkt nicht fort (StJSchlosser 2; Behr Rpfleger 77, 435; aM Brüggemann 1).

2) Zu Nr 2. Das angerufene AG ist zu benennen. Zuständiges Gericht: § 641 l Rn 9 ff. 9

3) Zu Nr 3. Der anzupassende Titel (gerichtl Entscheidung, Vergleich, Urkunde) ist nach 10
Gericht bzw beurkundender Stelle, Datum, Geschäftszeichen genau zu bezeichnen. Wesentl sind diese Angaben für das angerufene Gericht insbesondere dann, wenn der Titel ausnahmsweise nicht beigefügt zu werden braucht (Abs 2 S 3), damit ohne Verzögerung auf bereits gespeicherte Daten zurückgegriffen werden kann (Rn 14). Die geforderte Bezeichnung wird aber auch für die Mitteilung an den Antragsgegner (§ 641 n) benötigt und daher auch dann nicht entbehrl, wenn der Titel beigefügt ist (aM StJSchlosser 4).

11 **4) Zur Nr 4.** Bezeichnung der AnpassungsVO. Eine weitere Begründung des Antrags ist nicht vorgesehen; die besonderen Verhältnisse der Parteien können im Vereinfachten Verfahren ohnehin nicht berücksichtigt werden, es sei denn, daß der Antragsteller ihnen von sich aus durch Antragsbeschränkung (Nr 5) Rechnung trägt oder es zu einem Vergleich (§ 641 r S 4) kommt.

12 **5) Zu Nr 5.** Der Antrag braucht keine bezifferten Beträge zu nennen, da der Rechtspfleger den sich aus der AnpassungsVO ergebenden Betrag von Amts wegen errechnet (§ 641 p Rn 3). Eine unrichtige, insbesondere zu hohe Betragsangabe im Antrag ist unschädlich (§ 641 p I 3) und zieht keine Teilzurückweisung nach sich. Ein bezifferter Betrag ist nur anzugeben, wenn der Antragsteller den Vomhundertsatz der AnpassungsVO nicht voll ausschöpfen will, etwa deshalb, weil er andernfalls mit einer Herabsetzungsklage des Gegners nach § 641 q rechnet. In diesem Fall ist der Rechtspfleger an den geforderten Betrag gebunden (§ 308; § 641 p Rn 3). Infolge einer solchen Selbstbeschränkung des Antragstellers kann es zur Neufestsetzung der Unterhaltsrente auf einen Betrag kommen, der nicht wesentl über dem titulierten liegt und auf den daher im Rechtsstreit nach § 323 nicht erkannt werden könnte.

13 **6) Zu Nr 6.** Die Bestimmung soll verhindern, daß einander widersprechende Unterhaltstitel geschaffen werden, und es dem Gericht ermöglichen, das Verfahren auszusetzen (§ 641 o II; str, s Rn 17 vor § 641 l).

14 **III) Vorlage des abzuändernden Titels (Abs 2). 1)** Vorzulegen ist der letzte Titel. Ist dieser ein im vereinfachten Verfahren ergangener Anpassungsbeschluß (§ 641 p) des wiederum angerufenen Gerichts (§ 641 l III 3) und ist er maschinell erstellt worden (§ 641 l IV), so muß er dem Antrag nicht von vornherein beigefügt werden, weil dann die erforderl Daten bereits gespeichert vorliegen. Bei gegebenem Anlaß, etwa bei Unstimmigkeiten in der EDV-Anlage, kann der Rechtspfleger dem Antragsteller die Vorlage aber aufgeben (Abs 2 S 3 Hs 2). Nicht verlangen kann er, daß außer dem abzuändernden Anpassungsbeschluß auch der Grundtitel vorgelegt wird, auf dem der Anpassungsbeschluß beruht (LG Göttingen DAVorm 80, 403), es sei denn, der Antragsgegner erhebt Einwendungen, die sich aus dem Grundtitel ergeben, zB er bestreitet, daß es sich um einen Unterhaltstitel handelt; s § 641 o Rn 1).

15 **2)** Sonstige Unterhaltstitel sind dem Antrag in (nicht notwendig vollstreckbarer) Ausfertigung beizufügen, gegebenenfalls auf Aufforderung durch den Rechtspfleger (Rn 16) nachzubringen, solange der Antrag nicht wegen Unvollständigkeit zurückgewiesen ist. Für vorzulegende Urteile gelten die Vorschriften des Abs 2 S 1 und 2. Wenn das Urteil in vollständiger Form abgefaßt ist, ist eine vollständige Ausfertigung vorzulegen, die jede Partei vom Gericht verlangen kann (§ 317 II 2 Hs 2). Bei den in abgekürzter Form in Verbindung mit der Klageschrift abgefaßten Versäumnis- und Anerkennungsurteilen (§ 313 b II) bedarf es einer entspr Ausfertigung (§ 317 IV) oder zusätzl zur abgekürzten Ausfertigung einer beglaubigten Abschrift der Klageschrift, letzteres unter der Voraussetzung, daß die Akten beim Prozeßgericht noch vorhanden sind. Auf diese Weise soll dem Rechtspfleger die Prüfung ermöglicht werden, ob der zuerkannte Anspruch zu den in § 641 l I und § 1612 a BGB genannten gehört. Ist dies dem vorgelegten Titel nicht zu entnehmen, so können auch andere Erkenntnismittel benützt werden, deren Vorlage der Rechtspfleger dem Antragsteller aufgeben kann.

16 **IV) Zurückweisung des Antrags: 1)** Schon vor der Anhörung des Antragsgegners hat der Rechtspfleger (§ 20 Nr 10 RpflG) von Amts wegen zu prüfen, ob das Vereinfachte Verfahren zulässig ist (vgl § 641 n S 1). Wenn das nicht der Fall ist, ist der Antrag zurückzuweisen (Abs 3); im Falle behebbarer Mängel regelmäßig erst, wenn sie trotz Hinweises durch den Rechtspfleger nicht behoben wurden. Zurückzuweisen ist der Antrag, **a)** wenn er und die beigefügten Titel nicht den äußeren Anforderungen der Abs 1 und 2 entsprechen, **b)** wenn allgemeine Prozeßvoraussetzungen fehlen, zB der Antrag des minderjährigen Kindes nicht durch seinen gesetzl Vertreter gestellt ist, **c)** wenn die sachl Voraussetzungen der §§ 641 l I, II ZPO, 1612 a BGB nicht erfüllt sind, zB der vollstreckbare Titel keine Unterhaltsrente zum Gegenstand hat, das Kind nicht mehr minderjährig ist (demnächst eintretende Volljährigkeit steht nicht entgegen, § 641 p Rn 4), **d)** wenn für die Anpassung an veränderte Verhältnisse, aus dem Titel ersichtlich, ein anderer Maßstab vereinbart oder ein anderes Verfahren vorgesehen ist, **e)** wenn der Unterhalt in den letzten 12 Monaten vor dem Wirksamwerden der Anpassung festgesetzt, bestätigt oder geändert worden ist und die Anpassung deshalb nach § 1612 a IV BGB ausgeschlossen ist. Über das Wirksamwerden der Anpassung s Rn 8 vor § 641 l.

17 **1)** Ein mißlungener Einigungsversuch ist ebensowenig Zulässigkeitsvoraussetzung für einen Antrag nach § 641 m wie für eine Klage (§ 641 o I 2; Künkel DAVorm 84, 951 mwN, str; s § 642 b Rn 9).

Frei. **18–21**

f) Ist bereits eine **Abänderungsklage** nach § 323 anhängig, so ist dies **kein Grund zur Zurückweisung** eines Antrages (str, s Rn 17 vor § 641 l). **22**

g) Wenn es an der Entscheidungszuständigkeit des angegebenen Gerichts fehlt, erübrigt sich Zurückweisung des Antrags, sofern der Antragsteller entspr § 281 **Verweisung an das zuständige Gericht** beantragt, was der Rechtspfleger gegebenenfalls anzuregen hat (StJ Schlosser 11, BlAlbers 3 A, Behr Rpfleger 77, 434). Von Amts wegen ist nicht zu verweisen oder abzugeben (dafür aber Brüggemann 18, auch 5 zu § 641 o). Kein Gericht kann sich dem Rechtsschutzbegehren eines Antragstellers dadurch entziehen, daß es ohne dessen Zustimmung das Verfahren an ein anderes Gericht abgibt. Vor der Verweisung ist der Antragsgegner zu hören (§ 281 Rn 12, 17; Künkel DAVorm 81, 968); sonst ist sie für ihn nicht verbindlich (BGH FamRZ 80, 562, 563 u 675). **23**

2) Der **Zurückweisungsbeschluß** nach Abs 3 ergeht ohne vorherige Anhörung des Gegners und ohne mündliche Verhandlung. Begründung ist erforderlich. Keine Kostenentscheidung, weil kein Gegner vorhanden ist, der Kostenerstattung fordern könnte. Im Hinblick auf die Anfechtungsmöglichkeit (Rn 25) ist der Beschluß dem Antragsteller förml zuzustellen (§ 329 II 2; aM StJSchlosser 9). Dem Antraggegner wird er nicht mitgeteilt. **24**

3) Rechtsbehelf: Abs 3 schließt die Beschwerde sogar dann aus, wenn im zurückweisenden Beschluß angenommen worden ist, daß die materiellen Voraussetzungen der §§ 641 l I, ZPO, 1612 a BGB nicht erfüllt sind (LG Hamburg DAVorm 81, 74 mwN). Gegen die Zurückweisung durch den Rechtspfleger ist aber nach § 11 I S 2 RPflG die **befristete Erinnerung** (Notfrist: 2 Wochen, § 577 II 1) an den Richter gegeben, der der Rechtspfleger nicht abhelfen kann (§ 11 II 1 RpflG); der Richter entscheidet über sie endgültig. Daß die Zurückweisung des Antrags unanfechtbar ist, halten Brüggemann 19 und Behr Rpfleger 77, 438 für unerträglich. Ihr Vorschlag, die Zurückweisung erst nach Anhörung des Gegners auszusprechen, führt jedoch nicht dazu, daß gegen die Zurückweisung die Beschwerde stattfindet (§ 641 p Rn 13). **25**

V) Aktenbehandlung. Eintrag im Zivilprozeßregister des AG unter „H". AktO § 13, Nr 5, Muster 20. **26**

VI) Wegen der **Gebühren:** s Rn 14 zu § 641 p. **27**

641 n *[Mitteilung an Antragsgegner]*

Erscheint nach dem Vorbringen des Antragstellers das Vereinfachte Verfahren zulässig, so teilt das Gericht dem Antragsgegner den Antrag oder seinen Inhalt mit. Zugleich teilt es ihm mit, in welcher Höhe und von wann an eine Abänderung in Betracht kommt, und weist darauf hin, daß Einwendungen der in § 641 o Abs. 1 Satz 1, 2 bezeichneten Art binnen zwei Wochen geltend gemacht werden können. § 270 Abs. 2 Satz 2 gilt entsprechend.

I) Formlose Mitteilung des Antrages. Wenn der Antrag auf Anpassung im Vereinfachten Verfahren nicht von vornherein als unzulässig zurückgewiesen wird, ist er dem Antragsgegner zuzusenden. Statt dessen kann der Antragsinhalt mitgeteilt werden. Nur diese Form inst in den amtlichen Vordrucken vorgesehen (VO vom 24. 6. 77 – BGBl I 798). Mitzuteilen ist auch die Behauptung des Antragstellers, daß kein anderes Abänderungsverfahren anhängig sei, damit der Antragsgegner dies evtl richtigstellen kann. **1**

II) Mitteilungen und Hinweise des Gerichts (S 2). 1) Der Antragsgegner ist zu unterrichten, ab wann und in welcher Höhe die Unterhaltsrente angepaßt werden soll. Der Antragsteller erhält keine gleiche Vorankündigung; Abweichungen von seinem Antrag erfährt er erst aus dem Beschluß nach § 641 p, wenn der Rechtspfleger sie nicht vorher erörtert. **2**

2) Der Antragsgegner ist darauf hinzuweisen, daß nur die im § 641 o I 1, 2 genannten Einwendungen erhoben werden können. Der amtliche Vordruck genügt diesen Anforderungen. Er läßt allerdings nicht im einzelnen ersehen, was gegen die Zulässigkeit des Vereinfachten Verfahrens vorgebracht werden kann; auch nicht, in welcher Weise die Einwendungen angebracht werden können (vgl § 641 t). **3**

3) Der Antragsgegner ist darauf hinzuweisen, daß die in Rn 3 genannten Einwendungen binnen zwei Wochen geltend gemacht werden können. Diese Frist ist keine Ausschlußfrist. Einwendungen können so lange berücksichtigt werden, wie der Anpassungsbeschluß noch nicht ergangen ist (§ 641 o I 3). Der durch S 2 vorgeschriebene Hinweis auf die einzuhaltende Frist ist im amtlichen Vordruck enthalten. **4**

III) Obwohl das BVerfG (NJW 74, 133 = MDR 207) verlangt, das Gericht müsse sich zur Wahrung des rechtlichen Gehörs vom Zugang des Antrags überzeugen, sieht § 641 n (abweichend von **5**

§ 329 II 2) vor, daß der Antrag und die vorgeschriebenen Hinweise formlos an den Antragsgegner übersandt werden. Zugangsvermutung: Abs 1 S 3 mit § 270 II 2: ein oder zwei Tage nach Aufgabe zur Post. Zweckmäßig wäre es, dem Antragsgegner diese Zugangsvermutung mitzuteilen, damit er sich sofort äußert, wenn ihm der Antrag verspätet zugeht. Der amtliche Vordruck schweigt hierüber. Wohnt der Antragsgegner im Ausland, so ist ihm der Antrag förmlich zuzustellen (§ 642 a Rn 6).

641 o

[Einwendungen des Antragsgegners; gleichzeitige Abänderungsklage]

(1) Der Antragsgegner kann nur Einwendungen gegen die Zulässigkeit des Vereinfachten Verfahrens, die Höhe des Abänderungsbetrags und den Zeitpunkt der Abänderung erheben; die Einwendung, daß nach § 1612 a Abs. 1 Satz 2 des Bürgerlichen Gesetzbuchs eine Anpassung nicht verlangt werden kann, kann nur erhoben werden, wenn sich dies aus dem abzuändernden Titel ergibt. Ferner kann der Antragsgegner, der den Anspruch anerkennt, hinsichtlich der Verfahrenskosten geltend machen, daß er keinen Anlaß zur Stellung des Antrags gegeben habe (§ 93). Die Einwendungen sind zu berücksichtigen, solange der Abänderungsbeschluß nicht verfügt ist.

(2) Ist gleichzeitig ein Verfahren nach § 323 anhängig, so kann das Gericht das Vereinfachte Verfahren bis zur Erledigung des anderen Verfahrens aussetzen.

1 **I) Einwendungen des Antragsgegners. 1) Unzulässigkeit des Vereinfachten Verfahrens.** Auf sie ist schon von Amts wegen zu achten (§ 641 m Rn 16). Wenn sie nicht bereits zur Antragszurückweisung nach § 641 m III geführt hat, kann sich auch der nunmehr gehörte Antragsgegner auf sie berufen. So kann er die Zuständigkeit des angegangenen Gerichts oder die ordnungsmäßige Vertretung des Antragstellers bestreiten, nicht behobene äußere Mängel des Antrags rügen, sich auf fehlende Aktiv- oder Passivlegitimation, auf mangelnde Eignung des Titels für die Anpassung im Vereinfachten Verfahren, auf inzwischen eingetretene Volljährigkeit des Antragstellers, auf Wegfall oder Änderung des Unterhaltstitels berufen. Da § 641 m III auf § 641 l I und den dort herangezogenen § 1612 a BGB verweist, gehört auch der Ausschlußgrund des § 1612 a I 2 (Ausschluß der Anpassung oder anderweite Regelung der Angleichung an veränderte Verhältnisse) hierher; im Vereinfachten Verfahren kann er aber nur berücksichtigt werden, wenn er sich aus dem Titel (Vergleich, Verpflichtungsurkunde) selbst ergibt (andernfalls Klage nach § 641 q); denn für Beweiserhebungen über private Abmachungen der Parteien ist im Vereinfachten Verfahren kein Raum. Auch der Ausschlußgrund des § 1612 a IV BGB, daß die Unterhaltsrente in den letzten zwölf Monaten vor der Anpassung festgesetzt, bestätigt oder geändert worden ist, muß offenkundig sein, damit er im Vereinfachten Verfahren berücksichtigt werden kann. In der Regel ist er dem Titel zu entnehmen; s Rn 8 vor § 641 l. Das ist allerdings nicht der Fall, wenn der Titel innerhalb der letzten 12 Monate vor Wirksamwerden der Anpassung durch Abweisung einer Abänderungsklage „bestätigt" wurde. Dann muß die Berücksichtigung aber auf Grund der vom Antragsgegner vorzulegenden Urteilsurkunde mögl sein (vgl Behr aaO 437). Nach Brüggemann 11, 13 betreffen übrigens die Hinderungsgründe des § 1612 a I 2 und IV BGB nicht die Zulässigkeit des Vereinfachten Verfahrens, sondern die Begründetheit des Anpassungsantrags (§ 641 m Rn 16).

2 **2)** Der Antragsgegner kann auch den vorgesehenen **Anpassungszeitpunkt** beanstanden, wenn er zu früh angesetzt wurde, etwa auf einen Zeitpunkt vor Ablauf der dreimonatigen Wartefrist (§ 1612 a III 2 BGB) oder vor Antragseinreichung (§ 641 p I 2). Auch die in Aussicht genommene **Höhe der Anpassung** kann beanstandet werden, so bei unrichtiger Berechnung oder bei Hinausgehen über den gemäß § 641 m I Nr 5 beschränkten Antrag.

3 **3)** Wenn der Antragsgegner die verlangte Anpassung sofort anerkennt, kann er sich nach § 641 o I 2 gegen eine Belastung mit den **Verfahrenskosten verwahren** mit der Begründung, daß er zur Einleitung des gerichtlichen Verfahrens keinen Anlaß gegeben habe, weil der Antragsteller zuvor an ihn wegen gütlicher Anpassung nicht herangetreten sei. Möglich sind auch Einwendungen gegen die **Kosten,** deren Festsetzung der Antragsteller verlangt (§ 641 p I 4).

4 **4) Andere** als die zuvor erwähnten **Einwendungen,** namentlich materiellrechtliche, können im Vereinfachten Verfahren nicht vorgebracht werden, sondern nur mit der Klage des § 641 q.

5 **5) Weiteres Verfahren:** Es ist nicht öffentl und schriftl. Doch können die Parteien von selbst oder auf Anregung, etwa zwecks Vergleichsabschlusses (§ 641 r S 4), beim Rechtspfleger erscheinen (vgl Brüggemann 6 zu § 641 p, Behr Rpfleger 77, 437 Fn 57). Zu erheblichen Einwendungen des Antragsgegners ist der Antragsteller zu hören (Art 103 I GG), zu beachtlichen Gegeneinwen-

dungen des Antragstellers der Antragsgegner. Auch von sich aus kann der Rechtspfleger gemäß §§ 139, 278 III Anlaß haben, die Parteien zur Äußerung zu Zweifelsfragen zu veranlassen, etwa dazu, ob der vorgelegte Titel für eine Anpassung geeignet ist. Im Vereinfachten Verfahren kann der Rechtspfleger auch einen Vergleich protokollieren (§ 641r S 4). Dieser kann auch auf einen anderen als den gesetzl Anpassungsbetrag lauten. Dagegen kann das Anerkenntnis eines höheren Betrags durch den Antragsgegner, der andernfalls eine zusätzl Erhöhungsklage nach § 323 fürchtet, in den Anpassungsbeschluß nach § 641p nicht eingehen (Behr Rpfleger 77, 437; aM StJSchlosser 6). Wenn weder der Anpassungsantrag als unzulässig zurückzuweisen noch die Sache zuständigkeitshalber an ein anderes Gericht zu verweisen noch das Verfahren nach Abs 2 auszusetzen ist und es sich auch nicht durch Vergleich oder Antragszurücknahme erledigt, ergeht ein Beschluß nach § 641p.

II) Zusammentreffen mit Abänderungsklage (Abs 2). 1) Aussetzung: Das Vereinfachte Verfahren kann ausgesetzt werden, wenn es gleichzeitig mit einer Abänderungsklage des Unterhaltsberechtigten oder des Unterhaltspflichtigen anhängig ist. Ob zunächst das Vereinfachte Verfahren in Gang gesetzt und dann Abänderungsklage nach § 323 erhoben wird oder umgekehrt, macht keinen Unterschied (str, s Rn 17 vor § 641l). Der individuellen Anpassung gebührt in jedem Fall der Vorrang vor der pauschalen. Die Aussetzung des Verfahrens steht im Ermessen des Rechtspflegers. Bei der Ermessensentscheidung hat er nicht die Erfolgsaussichten der Abänderungsklage zu würdigen; damit wäre er überfordert. Will der Unterhaltsberechtigte im Vereinfachten Verfahren eine Anpassung des Unterhaltstitels und mit der gleichzeitig anhängigen Abänderungsklage eine weitere Erhöhung des Unterhalts erreichen, so ist von einer Aussetzung abzusehen. Der Unterhaltsberechtigte hat ein anzuerkennendes Interesse daran, einen Teil seiner Forderung möglichst schnell durchzusetzen. Trifft das Vereinfachte Verfahren mit einer Klage des Unterhaltsverpflichteten auf Herabsetzung des Unterhalts zusammen, so wird es auszusetzen sein, es sei denn, daß der Unterhaltspflichtige, der dürftigen Begründung seiner Klage nach zu schließen, offenbar gar keine Sachentscheidung im Prozeß erstrebt, sondern mit der Klageerhebung nur die Anpassung zu seinen Ungunsten verzögern will (StJSchlosser 8, Behr Rpfleger 77, 435). Der Rechtspfleger darf die Aussetzung aber nicht ablehnen, wenn er die Klage als nicht aussichtsreich beurteilt (so wohl Brüggemann 24). Vor der Aussetzung ist beiden Parteien Gelegenheit zur Stellungnahme zu geben. 6

2) Rechtsbehelfe: §§ 252 ZPO, 11 I und II RPflG. Gegen die Aussetzung kann unbefristet Erinnerung eingelegt werden, die als Beschwerde gilt, wenn Rechtspfleger und Amtsrichter ihr nicht abhelfen. Gegen die Ablehnung der Aussetzung findet die befristete Erinnerung statt, die bei Nichtabhilfe als sofortige Beschwerde gilt. Anders ThP 2b und Zöller/Karch, 12. Aufl Anm II 2: Die Aussetzung sei einer Antragszurückweisung auf Zeit gleichzusetzen, daher analog § 641m III 2 nur befristete Erinnerung. Wenn der Rechtspfleger den Aussetzungsantrag übergeht und einen Anpassungsbeschluß erläßt, finden weder die Erinnerung noch die Beschwerde statt (§ 641p Rn 10; LG Bochum DAVorm 86, 83). 7

3) Aufnahme des ausgesetzten Verfahrens: Wenn die Abänderungsklage zurückgenommen oder als unzulässig abgewiesen wird, kann das Vereinfachte Verfahren entspr § 250 wieder aufgenommen werden. Wenn ein Sachurteil ergeht, kommt es auf dessen Inhalt an. 8

a) Wird der **Erhöhungsklage des Unterhaltsberechtigten** ganz oder teilweise stattgegeben, so verbleibt es bei dem dort als individuell angemessen zugesprochenen Betrag. Für eine Fortsetzung des Vereinfachten Verfahrens ist dann kein Raum mehr. Weist das Prozeßgericht die Klage des Unterhaltsberechtigten mit der Begründung ab, daß der den persönlichen Verhältnissen der Parteien entsprechende Unterhalt nicht wesentlich von dem im Anpassungsverfahren zu erreichenden abweichen würde (§ 323 V), so ist der Weg für die Fortsetzung des Vereinfachten Verfahrens frei. Wird die Klage abgewiesen, weil der individuell angemessene Unterhalt nicht wesentl über dem bisher titulierten liegt (§ 323 I), so kann das Vereinfachte Verfahren ebenfalls fortgesetzt werden; angebracht ist dann aber eine Antragsbeschränkung nach § 641m I Nr 5, damit der Antragsgegner nicht mit einer Herabsetzungsklage nach § 641q antwortet. 9

b) Wird eine **Herabsetzungsklage des Unterhaltspflichtigen** mit der Begründung abgewiesen, daß der individuell gerechtfertigte Unterhalt jedenfalls nicht unter dem titulierten liegt, so steht die Rechtskraft dieses Urteils einer Erhöhung im Anpassungsverfahren nicht entgegen. Lassen in diesem Fall die Urteilsgründe den nach dem Dafürhalten des Prozeßgerichts angemessenen Betrag ersehen, so wird sich der Unterhaltsberechtigte bei seiner Antragstellung im Vereinfachten Verfahren zweckmäßig danach zu richten haben (§ 641m I Nr 5), wenn er nicht mit einer Klage nach § 641q überzogen werden will. Hat das Prozeßgericht den bisherigen Titel durch Herabsetzung der geschuldeten Unterhaltsrente abgeändert, so muß es dabei verbleiben; eine Anpassung nach oben ist ausgeschlossen (Brüggemann 31). 10

11 Wenn das Vereinfachte Verfahren nach dem Vorstehenden nicht fortgeführt werden kann, ist es für erledigt zu erklären (Brüggemann 27, 31). Sonst ist der Antrag nach § 641 m III zurückzuweisen.

641 p

[Anpassungsbeschluß]

(1) Ist der Antrag nicht zurückzuweisen, so wird der Titel nach Ablauf von zwei Wochen nach Bewirken der Mitteilung gemäß § 641 n ohne mündliche Verhandlung durch Beschluß abgeändert. Der Titel darf nur für die Zeit nach Einreichung oder Anbringung des Antrags abgeändert werden. Betragsangaben in dem Antrag werden nur im Falle des § 641 m Abs. 1 Nr. 5 berücksichtigt. In dem Beschluß sind auch die bisher entstandenen erstattungsfähigen Kosten des Verfahrens festzusetzen, soweit sie ohne weiteres ermittelt werden können; es genügt, daß der Antragsteller die zu ihrer Berechnung notwendigen Angaben dem Gericht mitteilt.

(2) In dem Beschluß ist darauf hinzuweisen, welche Einwendungen mit der sofortigen Beschwerde geltend gemacht werden können und unter welchen Voraussetzungen der Antragsgegner eine Abänderung im Wege der Klage nach § 641 q verlangen kann.

(3) Gegen den Beschluß findet die sofortige Beschwerde statt. Mit der sofortigen Beschwerde kann nur geltend gemacht werden, daß das Vereinfachte Verfahren nicht statthaft sei, der Abänderungsbetrag falsch errechnet sei, der Zeitpunkt für die Wirksamkeit der Abänderung falsch bestimmt sei oder die Kosten unrichtig festgesetzt seien. Eine weitere Beschwerde findet nicht statt.

1 **I)** Wenn die Zweiwochenfrist des § 641 n S 2 für die Einwendungen des Antragsgegners abgelaufen ist (Zugangsvermutung: § 641 n S 3 mit § 270 II 2) und etwaige Einwendungen oder Gegeneinwendungen keine weitere Aufklärung erfordern, auch keine Verweisungs- (§ 281) oder Aussetzungsentscheidung (§ 641 o II) zu treffen ist, kann **der das Vereinfachte Verfahren abschließende Beschluß** des Rechtspflegers ergehen. Er ist im schriftl Verfahren zu erlassen (Abs 1 S 1). Auch wenn der Sachverhalt mit den Parteien mündl erörtert wurde (§ 641 o Rn 5), ergeht er nicht auf Grund mündlicher Verhandlung iS des § 329; daher keine Verkündung.

1a **II)** Durch den Beschluß kann der **Antrag abgewiesen** werden, wenn sich erst im Anhörungsverfahren Unzulässigkeitsgründe (§ 641 o Rn 1) ergeben haben oder erkannt wurden. Dann sind dem Antragsteller die Kosten aufzuerlegen. Wenn dem Anpassungsantrag nicht in vollem Umfang entsprochen wird (zB hinsichtl des Anpassungszeitpunkts, der Kosten), ist er nicht teilweise abzuweisen. Die Abweichung vom Antrag ist lediglich der anders lautenden Festsetzung und der hierfür gegebenen Begründung zu entnehmen.

2 **III) Anpassungsbeschluß: 1) Förmlichkeiten:** Für den stattgebenden Beschluß ist der durch die VO v 24. 6. 1977 eingeführte Vordruck zu benutzen. Bei maschineller Bearbeitung wird der Beschluß durch die EDV-Anlage ausgedruckt. Anzugeben sind der Antragsteller, gegebenenfalls der von ihm verschiedene Unterhaltsberechtigte mit Geburtsdatum und sein gesetzl Vertreter, auch ein etwaiger Verfahrensbevollmächtigter. Der Antragsgegner wird aus dem Antrag übernommen. Genau zu bezeichnen sind der angepaßte Unterhaltstitel und etwaige frühere Abänderungen desselben.

3 **2) Sachlicher Inhalt: a)** Schon für die Mitteilung an den Antragsgegner (§ 641 n) war der Abänderungsprozentsatz der AnpassungsVO in einen **ziffernmäßigen Betrag** umzurechnen. In dem Beschluß ist er als der vom Antragsgegner nunmehr geschuldete Betrag festzusetzen. Hatte der Antragsteller einen höheren als den sich aus der AnpassungsVO ergebenden Betrag angegeben, so bleibt die Mehrforderung ohne förml Teilabweisung (Rn 1) außer Betracht. Ein über die AnpassungsVO hinaus verlangter Mehrbetrag kann auch dann nicht zugesprochen werden, wenn ihn der Antragsgegner anerkannt hatte (§ 641 o Rn 5). Andererseits darf gemäß § 308 I über den Antrag nicht hinausgegangen werden, wenn ihn der Antragsteller gemäß § 641 m I Nr 5 auf einen hinter den Anpassungssatz der VO zurückbleibenden Betrag beschränkt hatte. War die Unterhaltsrente ihrer Höhe nach nach Altersstufen des Kindes gestaffelt, so ist sie für jede noch in Betracht kommende Altersstufe neu festzusetzen (Arnold JR 77, 141 Fn 33; Behr Rpfleger 77, 436). War im Titel für mehrere Kinder unausgeschieden ein einheitl Unterhaltsbetrag ausgeworfen, so ist diese Gesamtsumme prozentual zu erhöhen (Behr Rpfleger 77, 436; vgl StJSchlosser 6 zu § 641 l); das ist allerdings dann nicht mögl, wenn eines der Kinder inzwischen volljährig geworden ist oder wenn für sie verschiedene Gerichtsstände bestehen. Ergibt der anzupassende Titel, daß der Unterhaltspflichtige zur Zahlung von X DM Unterhalt abzüglich der Hälfte des

gesetzlichen Kindergeldes verpflichtet worden ist, so ist der Betrag X DM um den in der AnpassungsVO genannten Prozentsatz zu erhöhen. Von dem Produkt ist dann der Anrechnungsbetrag abzuziehen (LGe Konstanz DAVorm 81, 607; Stuttgart DAVorm 82, 701; Koblenz DAVorm 82, 826; Hamburg FamRZ 84, 706/709; Künkel DAVorm 84, 868; AG Tempelhof Kreuzberg DAVorm 85, 924 mit Anm Bankert; anders DIV-Gutachten DAVorm 84, 981). Der sich ergebende Geldbetrag ist gemäß § 1612 a III BGB auf volle DM auf- oder abzurunden. Wenn die Zwangsvollstreckung aus dem abzuändernden Titel gemäß §§ 707 oder 719 einstweilen eingestellt ist, ist diese Einstellung in den Anpassungsbeschluß zu übernehmen (Brüggemann 20 zu 641 o).

b) Festzusetzen ist ferner der **Zeitpunkt, von dem ab die Abänderung des Titels gilt.** Mit dem Zeitpunkt des Erlasses oder der Zustellung des Abänderungsbeschlusses ist er nicht identisch. Anders als im § 1613 I BGB kommt es nicht darauf an, wann der Unterhaltspflichtige mit der Zahlung erhöhten Unterhalts in Verzug geraten ist. Für den Anfangstermin besteht eine andere doppelte zeitliche Schranke: 1. muß die mit dem Inkrafttreten der AnpassungsVO beginnende dreimonatige Wartezeit des § 1612 a I 3 BGB abgelaufen sein. 2. kann das Wirksamwerden der Anpassung frühestens für den Kalendertag ausgesprochen werden, der auf den Eingang des Anpassungsantrages folgt (§ 641 p I 2). Der Eingangstag bleibt auch bei einem zunächst mit Mängeln behafteten, dann aber verbesserten und daher nicht zurückgewiesenen Antrag maßgebend (Brüggemann 11; Behr Rpfleger 77, 432 Fn 4). Das gleiche gilt für die Anbringung bei einem unzuständigen Gericht, sofern die Sache von dort gemäß § 281 an das zuständige Gericht verwiesen wurde (LG Stuttgart DAVorm 82, 828 mwN); bei (unzulässiger; § 641 m Rn 23) formloser Abgabe wäre dagegen erst der Eingang beim zuständigen Gericht maßgebend (Behr Rpfleger 77, 434; vgl auch LG Hannover Rpfleger 77, 453; anders Brüggemann 18 zu § 641 m, 11 zu § 641 p). Bei Aufnahme des Anpassungsantrags durch die Geschäftsstelle eines anderen Amtsgerichts (§ 129 a) ist erst der Eingang des Protokolls beim zuständigen Adressatgericht maßgebend (§ 129 a II). Das Wirksamwerden der Anpassung ist nicht bis auf den Tag hinauszuschieben, an dem nach dem Titel die nächste Zahlungsrate fällig wird (Brüggemann 12; LG Freiburg DAVorm 82, 829); der auf die Teilperiode zwischen Anpassungs- und nächstem Zahlungstermin treffende nunmehr geschuldete Betrag ist im Anpassungsbeschluß und, falls dies versäumt wurde, bei der Zwangsvollstreckung auszurechnen. Hatte der Antragsteller die Anpassung für einen verfrühten Zeitpunkt begehrt, so ist auch hier die Abweichung vom Antrag der Begründung zu entnehmen (vgl Rn 1), ohne daß der Antrag insoweit ausdrückl zurückzuweisen und der Antragsteller mit Teilkosten zu belasten wäre. Ein **Endzeitpunkt** für die Wirksamkeit der Anpassung ist nicht festzusetzen. Wenn der Unterhaltsberechtigte demnächst volljährig wird, darf die Wirksamkeit der Anpassung nicht auf die Zeit der Minderjährigkeit beschränkt werden; der infolge der Anpassung geschuldete höhere Unterhalt fällt bei Erreichen der Volljährigkeit nicht etwa von selbst auf den Stand vor der Anpassung zurück (LG Berlin DAVorm 80, 963 mwN; Stuttgart FamRZ 82, 115; anders Celle FamRZ 81, 585). 4

c) Nach § 308 II ist im Beschluß von Amts wegen über die **Kosten** zu entscheiden. Im allgemeinen sind sie dem Antragsgegner aufzuerlegen (§ 91 I). Nach § 93 treffen sie den Antragsteller, wenn der Gegner nach Bekanntgabe des Anpassungsantrags (§ 641 n) sofort unter Verwahrung gegen die Kosten anerkannt und zur Einleitung des gerichtlichen Verfahrens keinen Anlaß gegeben hatte (§ 641 o I 2). Letzteres ist anzunehmen, wenn der Antragsteller zuvor keinen Versuch unternommen hatte, den Antragsteller zur freiwilligen Anpassung des geschuldeten Unterhalts (durch Verpflichtungsurkunde nach § 794 I Nr 5 oder nach §§ 49 f JWG) zu bewegen; die dreimonatige Wartefrist nach Erlaß einer AnpassungsVO (§ 1612 a II 3 BGB) soll es gerade ermöglichen, die Anpassung an veränderte wirtschaftliche Verhältnisse ohne Inanspruchnahme des Gerichts einvernehmlich zu regeln. 5

d) Wenn die **erstattungsfähigen Kosten** (Gerichtsgebühr, Anwaltsgebühr, Parteiauslagen) ohne weiteres zu ermitteln sind, sind sie im Beschluß **festzusetzen** (Abs 1 S 4). Die für die Berechnung notwendigen Angaben des Antragstellers bedürfen, wenn sie der Antragsgegner nicht bestreitet, keiner Glaubhaftmachung (Abs 1 S 4 Hs 2). Wenn Ermittlungen über die Höhe der Parteiauslagen notwendig werden, ergeht nachträglich ein besonderer Kostenfestsetzungsbeschluß nach den allgemeinen Vorschriften (§§ 103 ff). 6

3) Rechtsbehelfsbelehrung (Abs 2): Die durch Abs 2 vorgeschriebene (dem Zivilprozeß sonst fremde) Rechtsbehelfsbelehrung muß ersehen lassen, welche Einwendungen die Parteien gegen den Beschluß mittels Beschwerde (Erinnerung) vorbringen können (dazu Abs 3 S 2) und unter welchen Voraussetzungen der Antragsgegner eine Abänderung des Beschlusses im Klagewege erreichen kann (dazu § 641 q I, II). Über die genannten gesetzlichen Anforderungen hinaus unterrichtet der amtliche Vordruck für den Anpassungsbeschluß angebrachtermaßen auch über die jeweils zu beachtenden Förmlichkeiten und Fristen. 7

8 **IV) Zustellung; Zwangsvollstreckung.** Der Anpassungsbeschluß ist beiden Parteien von Amts wegen zuzustellen (§ 329 III). Er ist – schon vor Eintritt der formellen Rechtskraft – Vollstreckungstitel (§ 794 I Nr 2b und Nr 3); erste Instanz und Beschwerdegericht können die Vollziehung aussetzen (§ 572 II; § 11 IV RPflG). Der Antragsteller erhält eine vollstreckbare Ausfertigung. Mit Rücksicht auf die Klagemöglichkeit nach § 641 q darf die Zwangsvollstreckung aus dem Beschluß (einschließlich der Kostenfestsetzung) erst nach Ablauf eines Monats seit Zustellung beginnen (§ 798 a). Wegen der Vollstreckung aus einem dem Anpassungsbeschluß nachfolgenden (selbständigen) Kostenfestsetzungsbeschluß (Rn 6) s § 798 a S 2. – Der den Anpassungsantrag zurückweisende Beschluß (§ 641 m III) ist kein Vollstreckungstitel wegen der Kosten; s § 641 m Rn 24.

9 **V) Rechtsbehelfe des Antragsgegners: 1)** Dem Antragsgegner, gegen den der Anpassungsbeschluß ergangen ist, steht nach Abs 3 die **sofortige Beschwerde** zu, die jedoch nur auf bestimmte Beschwerdegründe gestützt werden kann. Zunächst ist nach § 11 I 2 RPflG gegen den Beschluß des Rechtspflegers die **befristete Erinnerung** (Frist: 2 Wochen, § 577 II; kein Anwaltszwang) gegeben, der der Rechtspfleger nicht abhelfen kann (§ 11 II 1 RPflG). Der Richter entscheidet über sie, wenn er sie für zulässig und begründet hält (gegen seine Abhilfeentscheidung sofortige Beschwerde, Abs 3 S 1 mit § 11 III RPflG); andernfalls legt er sie als sofortige Beschwerde dem Beschwerdegericht vor (§ 11 II 4, 5 RPflG). Beschwerdegericht ist das LG (§ 72 GVG; keine Familiensache, § 641 l I 2). Keine weitere Beschwerde (Abs 3 S 3). Wenn die Erinnerung nur den Kostenpunkt betrifft und die Beschwerdesumme des § 567 II (100 DM) nicht erreicht ist, entscheidet der Richter in jedem Falle endgültig (§ 11 II S 3 RPflG; vgl KG JurBüro 78, 1087). Dasselbe gilt, wenn der Erinnerungsführer nur Beschwerdegründe vorbringt, die in Abs 3 S 2 nicht genannt sind.

10 **2)** Die sofortige Beschwerde kann anders als die Erinnerung nur auf die in Abs 3 S 2 genannten **Beschwerdegründe** gestützt werden. Diese Gründe decken sich im wesentlichen mit den nach § 641 o I möglichen Einwendungen gegen den Anpassungsantrag. Allerdings kann mit dem Rechtsbehelf nicht mehr jeder Zulässigkeitsmangel (wie mangelhafter Antrag oder Unzuständigkeit des angegangenen Gerichts) gerügt werden, sondern nur noch Unstatthaftigkeit des vereinfachten Verfahrens überhaupt (Arnold JR 77, 142 Fn 44; BLAlbers 3 B). Wie in § 641 o I kann sich der Antragsgegner dabei auf den vereinbarten Ausschluß der Anpassung oder eine anderweitige Anpassungsregelung (§ 1612 a I 2 BGB) nur berufen, wenn sich dies aus dem anzupassenden Titel ergibt (Hamm FamRZ 80, 190). Erinnerung und Beschwerde können sich ferner gegen das Ausmaß der Anpassung und den für sie festgesetzten Zeitpunkt wenden. Diese Beschwerdegründe kann der Antragsgegner auch geltend machen, wenn er im Anhörungsverfahren keine entsprechenden Einwendungen (§ 641 o I) erhoben hatte (Brüggemann 19; StJSchlosser 5 Fn 11). Nach Abs 3 S 2 kann der Antragsgegner außerdem mit dem Rechtsbehelf (wegen der Beschwerdesumme s Rn 9) auch den Kostenausspruch und die Kostenfestsetzung angreifen. Das Gesetzt nennt zwar nur die unrichtige Kostenfestsetzung; da deren Grundlage aber der Kostenausspruch ist, kann auch er von der Anfechtung nicht ausgenommen sein (StJSchlosser 5, Brüggemann 21 wendet insoweit § 99 II an). Erinnerung und Beschwerde können nicht damit begründet werden, daß das Anpassungsverfahren im Hinblick auf eine gleichzeitig anhängige Abänderungsklage auszusetzen sei (§ 641 o II; LG Bochum DAVorm 86, 83).

11 **3)** Einige weitere Einwendungen kann der Antragsgegner mit der **Klage nach § 641 q** erheben; s dort Rn 6 ff. Der Beschwerdeweg ist für sie nicht eröffnet.

12 **VI) Rechtsbehelfe des Antragstellers: 1)** Durch den Inhalt des **Anpassungsbeschlusses** kann auch der **Antragsteller beschwert** sein. Das ist der Fall, wenn die Höhe des Anpassungsbetrags zu seinen Ungunsten unrichtig errechnet ist oder der Zeitpunkt des Wirksamwerdens der Anpassung auf einen gegenüber dem Antrag späteren Zeitpunkt festgelegt wird. Der Antragsteller ist ferner beschwert, wenn ihm entgegen seinem Antrag nach § 93 die Verfahrenskosten auferlegt werden oder die von ihm zur Festsetzung angemeldeten Kosten nur teilweise anerkannt werden. Auch eine Benachteiligung des Antragstellers in diesen Punkten, die auf eine Teilzurückweisung seines Antrags als unbegründet hinausläuft, fällt unter die durch Abs 3 S 2 zugelassenen, nicht allein dem Antragsgegner vorbehaltenen Anfechtungsgründe. Insoweit ist der Rechtsbehelf des Abs 3 auch zugunsten des Antragstellers gegeben (so auch Bericht des Rechtsausschusses BT-Drucksache 7/5311 S 9, 10, der deswegen die ursprünglich vorgesehene, dem § 641 n S 2 entsprechende Benachrichtigung des Antragstellers über den ins Auge gefaßten Inhalt des Anpassungsbeschlusses für entbehrlich erachtet hat).

13 **2)** Der Rechtsbehelf steht dem Antragsteller dagegen nicht gegen eine Zurückweisung seines Antrags als unzulässig zu. Nach der Aufzählung der Beschwerdegründe in Abs 3 S 2 kann zwar der Antragsgegner geltend machen, daß das Vereinfachte Verfahren zu Unrecht als statthaft

angesehen worden sei, nicht aber umgekehrt der Antragsteller, daß es irrig als unstatthaft behandelt wurde. Vielmehr bleibt der Antragsteller auch dann auf die befristete, nicht über den Richter des AG hinausführende Erinnerung nach § 641 m III mit § 11 RPflG (§ 641 m Rn 25) beschränkt, wenn sein Antrag erst nach Durchführung des Anhörungsverfahrens (und nicht schon bei der vorgezogenen Zulässigkeitsprüfung nach § 641 m) zurückgewiesen wird (LG Tübingen DAVorm 81, 129; LG Rottweil DAVorm 83, 542; StJSchlosser 6, Arnold JR 77, 142 Fn 43). Nach LG Braunschweig DAVorm 81, 492; Brüggemann 3 (auch 19 zu § 641 m) und Behr Rpfleger 77, 438 soll dem Antragsteller in diesem Falle die einfache Beschwerde nach § 567 mit vorgeschalteter unbefristeter Rechtspflegererinnerung zustehen. Das Gesetz unterscheidet aber nicht danach, in welchem Stadium des Verfahrens der Anpassungsantrag als unzulässig zurückgewiesen wird, ob die Zurückverweisung auf einen behebbaren oder einen dauernden Mangel gestützt ist und wann der Mangel zutage getreten ist. Der für den Antragsteller verkürzte Rechtsmittelzug wird wenigstens teilweise dadurch wieder ausgeglichen, daß mit der Zurückweisung seines Anpassungsantrags auch das Hindernis des § 323 V für die Erhebung der allgemeinen Abänderungsklage entfällt.

V) Gebühren: 1) des **Gerichts:** Für den abändernden Beschluß ist eine streitwertunabhängige Festgebühr zu 15 DM zu erheben (KV Nr 1164). Mit dieser Festgebühr ist das Verfahren der Abänderung insgesamt abgegolten, insbes das etwaige Aufgeben der Vorlage des abzuändernden Titels (§ 641 m II 1 Hs 2), die Mitteilungen nach § 641 n, die Hinweise nach § 641 p II, die Kostenfestsetzung nach § 641 p I 4, die etwaige Aussetzung nach § 641 o II usw. Gebührenpflichtig ist der Beschluß nur, wenn er eine Titelabänderung ausspricht, nicht Entscheidungen anderer Art, wie zB die Zurückweisung des Antrags (§ 641 m III), oder auch dessen Zurücknahme oder die Protokollierung einer Einigung über die Abänderung iSd § 641 r S 4 usw. Im übrigen wird die Festgebühr nur einmal erhoben, selbst wenn der Titel über mehrere Unterhaltsrenten wie zB von Geschwistern lautet u diese gleichzeitig abgeändert werden. Etwaige Auslagen (KV Nrn 1900 ff) treffen jedoch den Antragsteller, wenn der Antrag auf Abänderung zurückgewiesen, zurückgenommen usw wird; im übr kommt die Haftung des Antragstellers für die Kosten des Abänderungsverfahrens nur als Zweitschuldner in Betracht (§§ 49 S 1, 58 II 1 GKG), sofern sie ihm nicht durch den gerichtl Kostenausspruch auferlegt worden sind (§ 54 Nr 1 GKG) oder er diese in der erwähnten Einigung übernommen hat (§ 54 Nr 2 GKG). Keine Vorauszahlungspflicht für die Festgebühr. Fälligkeit mit Erlaß des den Unterhaltstitel abändernden Beschlusses (§ 61 GKG). – Das Beschwerdeverfahren, dem die gebührenfreie Rechtspflegererinnerung vorgeschaltet ist (s oben Rn 9), unterliegt nur insoweit der Gebührenpflicht, als die Beschwerde verworfen oder zurückgewiesen wird (KV Nr 1181); bei Zurücknahme der Beschwerde vor ihrer Verbescheidung fällt die Gebühr weg. – Wegen der Abänderungsklage nach § 641 q: s dort. 14

2) des **Anwalts** im Verfahren über den Abänderungsantrag (§§ 641 l–641 p, 641 r–641 t): 5/10 Gebühr (§ 43a I BRAGO), die sich unter den in § 32 BRAGO erwähnten Voraussetzungen auf die Hälfte ermäßigen kann (§ 43a III BRAGO). Über die Anrechnung auf die (10/10)Prozeßgeb in einem anschließenden Abänderungsrechtsstreit (§ 641 q) s Rn 17 zu § 641 q. Im Beschwerdeverfahren erwächst dem RA ebenfalls die 5/10 Gebühr nach § 61 I BRAGO u zwar neben der im Abänderungsverfahren verdienten Gebühr. Bezügl des Verfahrens der vorgeschalteten Rechtspflegererinnerung handelt es sich um einen Gebührenrechtszug, wenn der Richter über die Erinnerung nicht entscheidet, sondern diese an das Beschwerdegericht vorlegt (Durchgriffserinnerung). Dies gilt auch im Falle der Kostenfestsetzung nach § 641 p I 4, wenn die erstattungsfähigen Kosten die Wertgrenze von 100 DM (§ 567 II) übersteigen. Entscheidet das Gericht über den vom RA eingelegten Rechtsbehelf der Erinnerung, so gehört diese anwaltl Tätigkeit gebührenrechtl zum Rechtszug des (Vereinfachten) Abänderungsverfahrens (§ 37 Nr 5 BRAGO). Nur wenn sich die Tätigkeit des RA auf das Erinnerungsverfahren als solches beschränkt, entsteht für ihn die 3/10 Gebühr des § 55 BRAGO, was wohl äußerst selten der Fall sein dürfte (Hartmann, KostGes BRAGO Anm 1 aE unter Hinweis auf Koblenz VersR 81, 467 zu § 55). – **3) Streitwert:** s § 3 Rn 16 „Vereinfachtes Verfahren z Abänderung von Unterhaltstiteln".

641 q

[Anpassungskorrekturklage]

(1) Führen Abänderungen eines Schuldtitels im Vereinfachten Verfahren zu einem Unterhaltsbetrag, der wesentlich von dem Betrag abweicht, der der Entwicklung der besonderen Verhältnisse der Parteien Rechnung trägt, so kann der Antragsgegner im Wege der Klage eine entsprechende Abänderung des letzten im Vereinfachten Verfahren ergangenen Beschlusses verlangen.

(2) Der Antragsgegner kann die Abänderung eines im Vereinfachten Verfahrens ergangenen Beschlusses im Wege der Klage auch verlangen, wenn die Parteien über die Anpassung eine abweichende Vereinbarung getroffen haben.

(3) Die Klage nach den Absätzen 1 oder 2 ist nur zulässig, wenn sie innerhalb eines Monats nach Zustellung des Beschlusses erhoben wird.

(4) Das Urteil wirkt auf den in dem Beschluß bezeichneten Zeitpunkt zurück. Die im Verfahren über den Abänderungsantrag nach § 641 m entstandenen Kosten werden als Teil der Kosten des entstehenden Rechtsstreits behandelt.

I) Allgemeines. Da der Antragsgegner im Vereinfachten Verfahren nur einzelne näher bezeichnete Einwendungen erheben kann, die mit dem Zweck dieses beschleunigt und schema- 1 tisch abzuwickelnden Massenverfahrens zu vereinbaren sind (§ 641o I), gibt ihm § 641q die Möglichkeit, das Ergebnis des Vereinfachten Verfahrens in einem speziellen Klageverfahren überprüfen zu lassen. Die Klage steht nur dem bisherigen Antragsgegner – praktisch dem Unterhaltspflichtigen –, nicht beiden Parteien zu. Der Antragsteller kann jedoch Abänderungsklage (§ 323) erheben, wenn die Abänderung eines Schuldtitels im Vereinfachten Verfahren nur zu einer wesentlich niedrigeren Unterhaltsrente als eine Abänderungsklage führt, die der Entwicklung der besonderen Verhältnisse der Parteien Rechnung trägt (§ 323 V – s Rn 9 vor § 641l). Die Rechtskraft des im Vereinfachten Verfahren ergangenen Beschlusses hindert ihn daran nicht (BGH FamRZ 82, 915 mwN). Der Beschluß hindert ihn auch nicht daran, die Abänderungsklage auf Gründe zu stützen, die bereits vor Erlaß des Beschlusses bestanden (Rn 9 vor § 641l; BGH aaO).

2 **II) Klage auf Korrektur der Anpassung und Abänderungsklage. 1) Verhältnis beider Klagen zueinander:** Folgendes Beispiel verdeutlicht die Problematik: 1980 wird ein Unterhaltspflichtiger verurteilt, monatlich 400 DM Unterhalt an sein minderjähriges Kind zu zahlen. 1982 wird der Unterhalt durch Anpassungsbeschluß im Vereinfachten Verfahren um 10% auf 440 DM monatlich erhöht. Darauf erhebt der Unterhaltspflichtige Abänderungsklage auf Herabsetzung des Unterhalts auf 250 DM monatlich und macht geltend, das Kind verdiene seit Mitte 1981 als Lehrling einen Teil seines Unterhalts selbst, oder er begründet die Klage damit, daß seine Leistungsfähigkeit, verglichen mit 1980, erheblich gesunken sei. – Die Regelung des § 323 hätte zur Korrektur von Anpassungsbeschlüssen ausgereicht, die den individuellen Verhältnissen des Unterhaltsberechtigten und -verpflichteten nicht gerecht werden. Dennoch hat das Gesetz zur vereinfachten Abänderung von Unterhaltsrenten die besondere Abänderungsklage des § 641q – Anpassungskorrekturklage – geschaffen und in zwei Punkten abweichend von § 323 ausgestaltet: 1. Entgegen § 323 III wirkt das Anpassungskorrektururteil auf den im Anpassungsbeschluß bezeichneten Zeitpunkt für den Beginn der Unterhaltserhöhung zurück (Abs 4 S 1). 2. Die Anpassungskorrekturklage kann nur binnen einem Monat nach Zustellung des Anpassungsbeschlusses erhoben werden. Diese Unterschiede zwingen dazu, die Klagen aus § 323 und § 641q klar gegeneinander abzugrenzen. Mit der Anpassungskorrekturklage kann nur eine Reduzierung der Anpassung verlangt werden. Höchstens kann der Unterhalt auf den Betrag herabgesetzt werden, der vor Erlaß des Anpassungsbeschlusses tituliert worden war (Bremen FamRZ 82, 1035). Will der Unterhaltsverpflichtete durchsetzen, daß der Unterhalt noch weiter vermindert wird, so bleibt ihm die allgemeine Abänderungsklage des § 323, die zweckmäßigerweise mit der Anpassungskorrekturklage verbunden wird (StJSchlosser 8, Brüggemann 6). Hier können das Rückwirkungsgebot des Abs 4 S 1 und das Rückwirkungsverbot des § 323 III zu einer gestaffelten Abänderung des Anpassungsbeschlusses führen.

3 **2) Präklusion:** Läßt der Unterhaltsverpflichtete in den zuvor genannten Fällen die Frist für die Anpassungskorrekturklage ungenutzt verstreichen, und erhebt er erst nach Fristablauf die Klage aus § 323 auf Herabsetzung des Unterhalts, so werden seine Klaggründe nach § 323 IV, II präkludiert: Die entsprechende Anwendung des Abs 2 bedeutet, daß die Anpassungskorrekturklage an die Stelle des Einspruchs tritt. Die Abänderungsklage ist nur zulässig, soweit die Gründe, auf die sie gestützt wird, durch rechtzeitige Erhebung der Anpassungskorrekturklage und einer hiermit verbundenen Abänderungsklage nicht mehr geltend gemacht werden konnten (Celle FamRZ 81, 585; anders Bremen FamRZ 82, 1035). Insoweit besteht ein Unterschied zur Abänderungsklage, mit der das Kind nach Anpassung des Unterhalts im Vereinfachten Verfahren eine weitere Unterhaltserhöhung verlangt. Diese Klage wird durch den Anpassungsbeschluß nicht präkludiert; s Rn 9 vor § 641l.

4 Präklusionswirkung für jede spätere allgemeine Abänderungsklage, auch für eine solche des Unterhaltsberechtigten, hat jedoch die Anpassungskorrekturklage des Unterhaltspflichtigen. Diese Klage dient ebenso wie die allgemeine Abänderungsklage der Anpassung des Unterhaltstitels an den individuellen Lebensbedarf des Kindes bzw die individuelle Leistungsfähigkeit des Unterhaltspflichtigen und überschneidet sich in den Voraussetzungen und Rechtsfolgen weitgehend mit der allgemeinen Abänderungsklage. § 323 II ist deshalb sinngemäß anwendbar. Das bedeutet: Um der Präklusion zu entgehen, muß der Unterhaltspflichtige, der über die Korrektur des Anpassungsbeschlusses hinaus eine weitere Herabsetzung des Unterhalts verlangt, dies bis zum Schluß der mündlichen Verhandlung im Verfahren nach § 641q tun. Umgekehrt muß das Kind, das eine Erhöhung über den Anpassungsbeschluß hinaus durchsetzen will, bis zum Schluß dieser Verhandlung Abänderungswiderklage erheben.

5 **3)** Die Anpassungskorrekturklage ist nur zulässig, wenn sie binnen einem Monat nach Zustellung des Anpassungsbeschlusses erhoben wird (Abs 3). Die **Klagfrist** gilt nicht für die allgemeine Abänderungsklage, mit der eine Änderung des Anpassungsbeschlusses begehrt wird. Für diese

Klage ist Abs 3 nicht analog anwendbar (BGH FamRZ 82, 915). Durch die in Rn 4 behandelte Präklusion sind die Parteien genügend davor geschützt, daß die Frage in der Schwebe bleibt, ob der Anpassungsbeschluß den Unterhalt verbindlich festsetzt.

III) Klagegründe: 1) Abweichung vom individuell angemessenen Unterhalt (Abs 1): Nach dem Vorbehalt des § 1612 a V BGB kann der Unterhaltspflichtige auch gegenüber einer gesetzlichen Anpassungsregelung verlangen, nicht mehr als den nach den persönlichen Verhältnissen der Parteien angemessenen Unterhalt (§§ 1602 ff, 1610 BGB) entrichten zu müssen. Mit der Klage nach Abs 1 kann er daher geltend machen, daß diese Verhältnisse sich anders entwickelt hätten als die in der AnpassungsVO allein berücksichtigten allgemeinen wirtschaftlichen Verhältnisse. Er kann sich insbesondere darauf berufen, daß sein Einkommen hinter der durchschnittlichen Einkommenssteigerung zurückgeblieben sei (Frankfurt FamRZ 82, 734; Stuttgart DAVorm 82, 115/118), daß ihn andere seine Leistungsfähigkeit mindernde Umstände betroffen hätten oder daß der Bedarf des Unterhaltsberechtigten nicht in dem vorausgesetzten Ausmaß gestiegen sei. Zur Zulässigkeit der Klage nach § 641 q gehört weiter die Behauptung, daß der im Anpassungsbeschluß festgesetzte neue Unterhalt von dem individuell gerechtfertigten wesentlich abweiche. Für eine Klage, mit der nur geringfügige Korrekturen des Anpassungsbeschlusses erstrebt werden, fehlt das Rechtsschutzbedürfnis. Die Klage kann nicht auf Gründe gestützt werden, die mit der sofortigen Beschwerde gemäß § 641 p III 2 hätten geltend gemacht werden können (Hamm FamRZ 80, 190 = NJW 1112). 6

2) Anderweite Parteivereinbarungen (Abs 2): a) Nach Abs 2 kann mit der Anpassungskorrekturklage ferner geltend gemacht werden, daß sich die Parteien über die Auswirkungen veränderter Verhältnisse auf die Höhe des geschuldeten Unterhalts anderweit verständigt hätten, sei es, daß sie für diesen Fall eine Änderung überhaupt ausgeschlossen oder daß sie eine andere Art der Angleichung vorgesehen hätten (§ 1612 a I 2 BGB; Rn 4–6 vor § 641 l). Gleichgültig ist, ob sie eine solche Vereinbarung schon bei der Schaffung des Unterhaltstitels oder erst später, etwa in Erwartung einer AnpassungsVO, getroffen haben. Im Klageverfahren nach § 641 q kann solchen Abmachungen nachgegangen und auf diese Weise der Vorrang der parteiautonomen Regelung vor der notwendigerweise schematischen gesetzl Anpassungsregelung gewahrt werden. Das setzt jedoch voraus, daß die Parteivereinbarung nicht schon aus dem Unterhaltstitel ersichtl ist. Denn andernfalls war sie bereits im Vereinfachten Verfahren von Amts wegen zu berücksichtigen (§ 641 m Rn 16) und konnte dort vom Antragsgegner auch mittels Einwendung (§ 641 o I 1) oder Erinnerung und Beschwerde (§ 641 p III) zur Geltung gebracht werden, so daß für eine entsprechende Klage das Rechtsschutzbedürfnis fehlen würde (BT-Drucksache 7/4791 S 16; Brüggemann 13; Hamm FamRZ 80, 190 = NJW 1112). 7

b) Hatten die Parteien eine Anpassung an veränderte Verhältnisse überhaupt ausgeschlossen, so ist auf die Klage des Unterhaltspflichtigen nach Abs 2 der Anpassungsbeschluß aufzuheben und der Anpassungsantrag abzuweisen. Kann sich der Unterhaltspflichtige auf eine Vereinbarung berufen, die ihn bezügl der Höhe der Unterhaltsrente oder des Zeitpunkts ihrer Anhebung günstiger stellt als der auf die AnpassungsVO gestützte Änderungsbeschluß, so ist der Unterhaltstitel unter Aufhebung dieses Beschlusses entspr der Vereinbarung abzuändern. 8

IV) Einzelheiten zum Verfahren. 1) Das Klageverfahren nach § 641 q ist **kein Teil des Vereinfachten Verfahrens** (AG Lübeck NJW 78, 281); es fällt nicht mehr unter die Rechtspflegerzuständigkeit nach § 20 Nr 10 RPflG. Die Klage ist gegen den Antragsteller des Vereinfachten Verfahrens zu richten. Mithin klagt der Unterhaltspflichtige gegen den Unterhaltsberechtigten oder den sonstigen Inhaber des Unterhaltstitels. Die Klage kann von der Partei selbst schriftl oder zu Protokoll der Geschäftsstelle erhoben werden (§§ 496). 9

2) Zuständigkeit: a) Sachlich zuständig sind die Amtsgerichte (§ 23 a Nr 2 GVG), wenn das Verfahren den Unterhaltsanspruch eines ehel Kindes gegen Eltern oder Elternteile betrifft, das **Familiengericht** (§ 23 b I Nr 5 GVG; § 621 I Nr 4; Frankfurt FamRZ 78, 348), sonst, namentlich bei nichtehelichen Kindern, die allgemeine Zivilprozeßabteilung. Je nach dem familienrechtl Status des unterhaltsberechtigten Kindes folgt daraus die Zuständigkeit verschiedener Rechtsmittelgerichte (einerseits OLG, § 119 I Nr 1 GVG, andererseits LG, § 72 GVG). 10

b) Die **örtliche** Zuständigkeit knüpft nicht an die Zuständigkeit für das Vereinfachte Verfahren an, sondern folgt den allgemeinen Vorschriften, so daß grundsätzlich der allgemeine Gerichtsstand (§§ 12 ff) des Beklagten (früheren Antragstellers) entscheidet. Meistens ist dann im Hinblick auf § 641 l III 1 das gleiche Amtsgericht Prozeßgericht, dessen Rechtspfleger im Vereinfachten Verfahren tätig war. 11

3) Da die **Rechtsbehelfe nach § 641 p III, § 11 RPflG** einerseits, die **Klage nach § 641 q** andererseits auf unterschiedliche Gründe zu stützen sind, **schließen sie sich gegenseitig nicht aus.** Der 12 unterhaltspflichtige Antragsgegner, der etwa sowohl Unstatthaftigkeit des Vereinfachten Verfahrens als auch mangelnde Leistungsfähigkeit geltend machen will, kann nebeneinander beide Wege beschreiten.

13 4) Für die Klagen nach Abs 1 und 2 ist je eine **Klagefrist** von einem Monat bestimmt, die mit der Zustellung des letzten im Vereinfachten Verfahren ergangenen Beschlusses an den Antragsgegner beginnt. Hat dieser gegen den Anpassungsbeschluß Erinnerung eingelegt (§ 641 p Rn 9), so setzt erst die Zustellung der Entscheidung über die Erinnerung die Klagfrist in Lauf, es sei denn, daß sofortige Beschwerde eingelegt wird. In diesem Fall beginnt die Klagfrist erst mit Zustellung der Beschwerdeentscheidung. Einreichung der Klageschrift wahrt die Frist, wenn sie demnächst zugestellt wird (§ 270 III). Die Klagefrist ist im Gesetz nicht als Notfrist (§ 233) bezeichnet; eine **Wiedereinsetzung** bei Versäumung ist aber ähnlich wie bei der Versäumung anderer gleichfalls nicht als Notfrist bezeichneter Klagefristen (§ 233 Rn 8) für zulässig zu erachten (StJSchlosser 6; aM Brüggemann 25).

14 5) Die **Zwangsvollstreckung** aus dem Anpassungsbeschluß kann vom Prozeßgericht ebenso wie bei der allgemeinen Abänderungsklage nach § 323 entspr § 769 I **einstweilen eingestellt** werden (BT-Drucks 7/4791 S 19; Frankfurt FamRZ 82, 736).

15 **V) 1) Urteilswirkung:** Da das Klageverfahren der Korrektur des Anpassungsbeschlusses dient, tritt das rechtskräftige Urteil des Prozeßgerichts, wenn es die Höhe der Unterhaltsrente anders festsetzt als der Anpassungsbeschluß, an die Stelle des letzteren; es **wirkt** abweichend vom § 323 III, auf den gleichen Zeitpunkt **zurück,** von dem ab der Änderungsausspruch des Anpassungsbeschlusses wirksam werden sollte (Abs 4 S 1).

16 **2) Kosten:** Die Kosten des Vereinfachten Verfahrens sind als Kosten des Rechtsstreits zu behandeln (Abs 4 S 2); an die Stelle des Kostenausspruchs des Anpassungsbeschlusses tritt die Kostenentscheidung des Urteils, die über die Kosten beider Verfahren entsprechend dem Enderfolg einheitl befindet. Auszunehmen davon sind jedoch die Kosten eines etwaigen Erinnerungs- und Beschwerdeverfahrens; insoweit verbleibt es bei dem hierüber ergangenen Kostenausspruchs (StJSchlosser 9, ThP 3b, auch Brüggemann 26). Abzulehnen ist die Auffassung von Brüggemann 26, daß es für den Fall der Klagabweisung bei der Kostenentscheidung des Anpassungsbeschlusses verbleibe, neben die dann der Kostenausspruch des Urteils trete, der auf die Kosten des Rechtsstreits beschränkt sei. Diese Auffassung ist mit den in Rn 17 erwähnten Vorschriften, daß die Gerichts- und Anwaltsgebühren des Vereinfachten Verfahrens auf die im Verfahren nach § 641 q entstehenden Gebühren anzurechnen sind, nicht vereinbar.

17 **VI) Gebühren: 1)** des **Gerichts:** Verfahrensgebühr nach KV Nr 1011 (einfacher Tabellensatz), allerdings ermäßigt um die Festgebühr zu 15 DM nach KV Nr 1164. Eine Anrechnung der Auslagen des Vereinfachten Abänderungsverfahrens scheidet aus; das gleiche gilt für die Kosten (Gebühren u Auslagen) des Erinnerungs- oder Beschwerdeverfahrens nach § 11 I und II RPflG, § 641 p III. Die allgemeine Verfahrensgebühr ist auch für eine nach § 641 q II nicht fristgerecht erhobene Klage zu erheben; die Gebühr entfällt nur, wenn die Klage unter den in KV Nr 1012 genannten Voraussetzungen wieder zurückgenommen wird. Vorauszahlungspflicht hinsichtl der Verfahrensgeführ und der Auslagen für die Klagezustellung nach § 65 I 1 GKG. Die Urteilsgebühr richtet sich nach KV Nrn 1013 ff. Die im Vereinfachten Verfahren über den Abänderungsantrag (§ 641 m) entstandenen Kosten werden als Teil der Kosten des Abänderungsrechtsstreits behandelt (§ 641 q IV 2); dh endgültig maßgebend ist somit der Kostenausspruch des Urteils im Abänderungsrechtsstreit. – **2)** des **Anwalts:** Die im Vereinfachten Abänderungsverfahren nach § 641 l entstandene 5/10 Gebühr (§ 43a I BRAGO) wird auf die Prozeßgebühr im Verfahren nach § 641 q (I und II) angerechnet, § 43 II BRAGO. Auch die übrigen Gebühren des § 31 BRAGO können erwachsen. – **3) Streitwert:** s § 3 Rn 16 „Vereinfachtes Verfahren zur Abänderung von Unterhaltstiteln".

641 r *[Erklärungen bei der Geschäftsstelle; Vergleich]*

Im Vereinfachten Verfahren können die Anträge und Erklärungen vor dem Urkundsbeamten der Geschäftsstelle abgegeben werden. Soweit Vordrucke eingeführt sind, werden diese ausgefüllt; der Urkundsbeamte vermerkt unter Angabe des Gerichts und des Datums, daß er den Antrag oder die Erklärung aufgenommen hat. Soweit Vordrucke nicht eingeführt sind, ist für den Abänderungsantrag bei dem zuständigen Gericht die Aufnahme eines Protokolls nicht erforderlich. Erscheinen die Parteien vor Gericht und einigen sie sich über die Abänderung, so ist diese Einigung als Vergleich zu Protokoll zu nehmen.

1 **I) Erklärungsform. 1)** Soweit nach § 641 t **Vordruckzwang** besteht (wie nach der VordruckVO v 24. 6. 77 für den Antrag des Unterhaltsberechtigten auf vereinfachte Abänderung), können Anträge und Erklärungen nur unter Benutzung des ausgefüllten Vordrucks beim Gericht eingereicht werden (sonst Unwirksamkeit, § 641 t Rn 2). Sie können auch gegenüber dem Urkundsbeamten der GeschStelle des zuständigen AG (S 1) oder eines jeden AG (§ 129a I) mündl erklärt

werden. Der Urkundsbeamte hat dann seinerseits den Vordruck auszufüllen, ihn vom Antragsteller unterschreiben zu lassen und auf ihm den durch S 2 vorgeschriebenen Vermerk anzubringen. Mit diesem Vermerk ersetzt der ausgefüllte und unterschriebene Vordruck das herkömml Protokoll. Da S 2 im Gegensatz zu S 3 keine entspr Unterscheidung trifft, wird der Urkundsbeamte eines gemäß § 129 a in Anspruch genommenen anderen AG ebenso zu verfahren haben. Die bei einem anderen AG abgegebene Erklärung wird erst mit ihrem Eingang beim zuständigen AG wirksam (§ 129 a II). Abs 1 S 3 hat gegenwärtig keine praktische Bedeutung, da für den Abänderungsantrag des Unterhaltsberechtigten Vordruckzwang besteht und Abänderungsanträge des Unterhaltspflichtigen derzeit nicht in Betracht kommen.

2) Soweit einheitl **Vordrucke nicht eingeführt** sind (für Einwendungen des Antragsgegners nach § 641 o, Gegeneinwendungen des Antragstellers, das Erinnerungs- und Beschwerdeverfahren), können die Anträge und Erklärungen schriftl eingereicht oder wie oben beim Urkundsbeamten der GeschStelle mündl erklärt werden. Der Urkundsbeamte des zuständigen Gerichts braucht kein Protokoll aufzunehmen (S 3), anders der Urkundsbeamte eines anderen Amtsgerichts (§ 129 a). Erklärungen, die dieser Urkundsbeamte entgegennimmt, werden erst mit Eingang seines Protokolls beim zuständigen Gericht wirksam (§ 129 II 2). 2

3) Das **Klageverfahren nach § 641 q** gehört nicht mehr zum Vereinfachten Verfahren; zur Form der Klage s § 641 q Rn 9. 3

II) Vergleich im Vereinfachten Verfahren. Wenn beide Parteien vor dem Rechtspfleger erscheinen, kann dieser eine Einigung der Parteien über die Anpassung zu Protokoll nehmen. Diese Maßnahme fällt in seine Zuständigkeit nach § 20 Nr 10 RPflG. Zum mögl Inhalt der Einigung s Behr Rpfleger 77, 437. Die protokollierte Einigung ist gerichtl Vergleich iSd § 794 I Nr 1 und damit Vollstreckungstitel. Der Vergleich erledigt das Vereinfachte Verfahren. Auf Grund einer späteren AnpassungsVO kann er seinerseits wieder im Vereinfachten Verfahren abgeändert werden (§ 641 l II), sofern in ihm die weitere Anpassung nicht ausgeschlossen oder in anderer Weise geregelt ist (§ 1612 a I 2 BGB; § 641 o I 2 Hs 2). Er kann auch Gegenstand einer allgemeinen Abänderungsklage sein (§ 323 IV). 4

III) Die Aufnahme des Protokolls ist gerichtsgebührenfrei (§ 1 I GKG). 5

641 s *[Maschinelle Bearbeitung]*

(1) Sind bei maschineller Bearbeitung Beschlüsse, Verfügungen und Ausfertigungen mit einem Gerichtssiegel versehen, so bedarf es einer Unterschrift nicht.

(2) Der Bundesminister der Justiz wird ermächtigt, durch Rechtsverordnung mit Zustimmung des Bundesrates den Verfahrensablauf zu regeln, soweit dies für eine einheitliche maschinelle Bearbeitung der Verfahren erforderlich ist (Verfahrensablaufplan).

Die maschinelle Bearbeitung des Vereinfachten Verfahrens ist zulässig (§ 641 l IV). Insbesondere wegen der dazu nötigen Einrichtungen wurde die Möglichkeit vorgesehen, die Verfahren bei wenigen Amtsgerichten zu konzentrieren (§ 641 l V). Die Einführung des maschinellen Verfahrens ist noch in Vorbereitung; Vordrucke liegen bereits vor. Beschlüsse, Verfügungen und Ausfertigungen bedürfen dann keiner Unterschrift; sie wird durch das Gerichtssiegel ersetzt (Abs 1), das bereits eingedruckt sein kann. Weitere Sondervorschrift für maschinelle Bearbeitung: § 641 m II 3. 1

Von der Ermächtigung des Abs 2 ist noch kein Gebrauch gemacht. 2

641 t *[Amtliche Vordrucke]*

(1) Der Bundesminister der Justiz wird ermächtigt, durch Rechtsverordnung mit Zustimmung des Bundesrates zur weiteren Vereinfachung des Abänderungsverfahrens Vordrucke einzuführen.

(2) Soweit nach Absatz 1 Vordrucke für Anträge und Erklärungen der Parteien eingeführt sind, müssen sich die Parteien ihrer bedienen.

Die **Einführung einheitlicher Vordrucke** hat besondere Bedeutung für die künftige maschinelle Bearbeitung (§ 641 s); sie ist aber auch bei herkömml Bearbeitungsweise geeignet, das Verfahren zu vereinfachen und zu beschleunigen. Die gemäß der Ermächtigung in Abs 1 ergangene VO v 24. 6. 77 (BGBl I 978, in Kraft seit 29. 6. 77, geändert durch VO v 24. 11. 80 – BGBl I 2163) hat Vordrucke für beide Bearbeitungsweisen eingeführt. Der Vordruck für die herkömml Bearbei- 1 tungsweise ist als Durchschreibesatz ausgestaltet, so daß mit der Ausfüllung des Antragsvordrucks zugleich die Mitteilung an den Antragsgegner (§ 641 n), der Anpassungsbeschluß (§ 641 p) und seine Ausfertigungen beschriftet werden. Für die Einwendungen des Antragsgegners (§ 641 o I) sowie für das Erinnerungs- und Beschwerdeverfahren gibt es keine einheitlichen Vordrucke.

2 **Vordruckzwang** (Abs 2): Der ohne Verwendung des Formblatts eingereichte Antrag auf Abänderung im Vereinfachten Verfahren ist, wenn der Beanstandung durch den Rechtspfleger nicht Folge geleistet wird, als unzulässig zurückzuweisen (§ 641 m III). Wenn er nachgebessert wird, wahrt auch schon der erste Eingang den Anpassungszeitpunkt nach § 641 p I 2 (so auch ThP und Behr Rpfleger 77, 432 Fn 4). Auch der Urkundsbeamte der GeschStelle hat den amtl Vordruck zu verwenden, wenn er gemäß § 641 r S 2 den Antrag entgegennimmt (§ 641 r Rn 1).

Zweiter Titel

VERFAHREN ÜBER DEN REGELUNTERHALT NICHTEHELICHER KINDER

Vorbemerkungen

1 **Einleitung:** Die verfahrensrechtliche Regelung der §§ 642–644 ergänzt die materiell-rechtlichen Bestimmungen über den Regelunterhalt (§§ 1615 f–1615 i BGB). Da dessen Höhe vom Regelbedarf abhängt und dieser durch Rechtsverordnung festgesetzt wird (§ 1615 f II BGB), ist zur Festsetzung des Unterhalts und zu dessen Anpassung an Änderungen des Regelbedarfs ein vereinfachtes Verfahren geschaffen worden. Trotz der Überschrift bezieht sich der Titel nicht allein auf die Unterhaltsansprüche nichtehelicher Kinder, sondern regelt in § 644 auch Ansprüche der Mutter und Dritter gegen den nichtehelichen Vater.

2 **Grundzüge des Verfahrens:** Bei den Rechtsstreitigkeiten über den Unterhalt nichtehelicher Kinder handelt es sich nicht um Kindschaftssachen iSd § 640 II; die besonderen Vorschriften für Statusklagen (§ 640 I) finden keine Anwendung. Sachlich zuständig ist das AG (§ 23 a Nr 2 GVG); die Streitigkeiten betreffen eine durch Verwandtschaft (§ 1589 BGB) begründete gesetzliche Unterhaltspflicht. Auch für Unterhaltsabänderungsklagen (§ 323) ist nach § 23 a Nr 2 GVG das AG zuständig. Die Streitigkeiten sind keine Familiensachen (kein Fall des § 23 b GVG). Berufungs- und Beschwerdegericht ist (außer im Fall des § 643) das LG (§ 72 GVG); wegen der Grenzfälle s § 72 GVG Rn 2 u § 119 Nr 1 GVG. Die örtliche Zuständigkeit richtet sich bei den schlichten Unterhaltsklagen nach den §§ 12 ff; § 641 a ist nicht anzuwenden. Hat der Beklagte im Inland keinen allgemeinen Gerichtsstand, so ist das Gericht zuständig, bei dem der Kläger im Inland seinen allgemeinen Gerichtsstand hat (§ 23 a; Karlsruhe FamRZ 71, 668). Im Anwendungsbereich des EuGVÜ (BGBl 72 II 773, 73 II 60) gelten dessen Art 2 I und 5 Nr 2. Ein ausschließlicher Gerichtsstand ist jedoch nach § 643 a III für bestimmte Fälle der Änderungsklage nach § 643 a gegeben; außerdem stellt § 644 II für Klagen der Mutter nach § 1615 k und § 1615 l BGB einen Wahlgerichtsstand zur Verfügung. Ist in Fällen mit Auslandsberührung einer der genannten inländischen Gerichtsstände gegeben, so sind die inländischen Gerichte auch international zuständig. Anders als im Fall des § 641 a genügt die deutsche Staatsangehörigkeit einer Partei nicht, um die internationale Zuständigkeit deutscher Gerichte zu begründen. Die mündliche Verhandlung ist öffentlich (§ 169 GVG). Unterhaltsstreitigkeiten sind Feriensachen (§ 200 II Nr 5 a GVG).

3 Besonderes gilt für den im Kindschaftsverfahren geltend gemachten Regelunterhalt (§ 643 I). Auch insoweit ist der Prozeß Kindschaftssache; es gelten die Zuständigkeits- und Verfahrensvorschriften für Statusprozesse. Die Zuständigkeit nach § 641 a gilt auch für den Nebenantrag auf Regelunterhalt (Grunsky JZ 73, 643; aM Siehr, Auswirkungen des NEG auf das internationale Privat- u Verfahrensrecht, 1971, S 107 f; wohl auch Beitzke ZZP 86, 100). – Für das Betragsfestsetzungsverfahren (§§ 642 a ff) gelten die besonderen Zuständigkeitsvorschriften der §§ 642 a u 642 b, die grundsätzlich an den allgemeinen Gerichtsstand des nichtehelichen Kindes anknüpfen.

Lit: *Göppinger*, Unterhaltsrecht, 4. Aufl 1981, Rn 3154 ff; *Koehler*, Handbuch des Unterhaltsrechts, 6. Aufl 1983; *Odersky*, Nichtehelichengesetz, 4. Aufl 1978; *Damrau* FamRZ 70, 285. Zum Festsetzungs- u Neufestsetzungsverfahren weiter *Arndt* ZBlJugR 71, 301; *Berner* Rpfleger 70, 149; *Brüggemann* DAVorm 72, 432; 73, 459; *Czerner* ZBlJugR 73, 168; *Eisenschmidt* u *Odersky* Rpfleger 76, 44; *Kemper* FamRZ 72, 490; 73, 520; *Odersky* FamRZ 73, 528; Rpfleger 74, 209, *Künkel* DAVorm 84, 943; zur Vollstreckung v Unterhaltsurteilen im Ausland *Groth* DAVorm 77, 473; *Wolf* DAVorm 73, 329.

642 *[Unterhaltsklage]*
Das nichteheliche Kind kann mit der Klage gegen seinen Vater auf Unterhalt, anstatt die Verurteilung des Vaters zur Leistung eines bestimmten Betrages zu begehren, beantragen, den Vater zur Leitung des Regelunterhalts zu verurteilen.

I) Vaterschaftsfeststellung und Unterhaltstitel. 1) Überblick: § 1600 a 2 BGB hindert das nichteheliche Kind daran, eine bezifferte Klage auf Zahlung von Unterhalt gegen seinen Vater zu erheben, bevor die Vaterschaft anerkannt oder durch gerichtliche Entscheidung festgestellt worden ist. Folgende Wege können eingeschlagen werden, um dem Kind einen vollstreckbaren Titel auf Zahlung einer Unterhaltsrente zu verschaffen: 1

a) Wenn der Vater das Kind als das seine anerkennt und zur Unterhaltszahlung bereit ist, kann er ein Vaterschaftsanerkenntnis und eine Verpflichtung zur Zahlung von Unterhalt **beurkunden** lassen, und zwar durch den Urkundsbeamten des Jugendamtes (§ 49 I 1 Nr 1 und 2 JWG); Vollstreckungstitel (§ 50 I JWG). Beurkunden kann auch der Rechtspfleger des Amtsgerichts (§§ 62 Nr 1 und 2 BeurkG, 3 Nr 1 f RPflG) oder ein Notar (§§ 1, 8 BeurkG). 2

b) Erkennt der Vater das Kind als das seine an, besteht aber **Streit über** die Höhe des **Unterhalts,** so ist es zweckmäßig, ein Vaterschaftsanerkenntnis protokollieren zu lassen und dann auf Zahlung des Regelunterhalts, evtl zuzüglich eines Zuschlages oder abzüglich eines Abschlages, zu klagen (§§ 642, 642 d), wenn der Streit um die Höhe des Lebensbedarfs des Kindes (§ 1615 c BGB) oder um das Maß der Leistungsfähigkeit des Vaters geht (§ 1615 h BGB). Führt die Klage zu einem entsprechenden Urteil oder Vergleich, so kann der Unterhalt gemäß § 642 a festgesetzt werden und bei einer Änderung der Regelbedarfssätze gemäß §§ 642 b, 642 c angepaßt werden. Ist der Lebensbedarf des Kindes von der Höhe des Regelbedarfs unabhängig, zB durch Krankheit, Behinderung, Unterbringung in einem Heim, so kann das Kind auf Zahlung einer bezifferten Unterhaltsrente klagen. Ein dementsprechendes Urteil kann nicht nach § 642 b, wohl aber im Vereinfachten Verfahren zur Abänderung von Unterhaltstiteln den gestiegenen Lebensunterhaltungskosten angepaßt werden (StJSchlosser § 641 l Fn 2, anders aber 3 vor § 642). 3

c) Besteht **Streit über die Abstammung** des Kindes, so kann dieses auf Feststellung der nichtehel Vaterschaft klagen (§§ 640 II Nr 1, 641 ff) und mit dieser Klage eine solche auf Leistung des Regelunterhalts, nicht aber auf Zahlung einer bezifferten Unterhaltsrente verbinden (§§ 640 c 3, 643 I 1). Sobald ein dieser Klage stattgebendes rechtskräftiges Urteil vorliegt (§ 643 II), kann der Regelunterhalt gemäß § 642 a festgesetzt werden. Außerdem können beide Parteien wegen der Höhe des Regelunterhalts das Abänderungsverfahren nach § 643 a betreiben. Statt das Statusverfahren und die Klage auf Regelunterhalt miteinander zu verbinden, kann das Kind auch zunächst auf Feststellung der Vaterschaft klagen und daran einen Unterhaltsprozeß anschließen, und zwar entweder eine Klage auf Zahlung einer bezifferten Unterhaltsrente oder eine Klage auf Zahlung des Regelunterhalts (§ 642), evtl mit Zu- oder Abschlägen (§ 642 d), und mit anschließendem Betragsfestsetzungsverfahren (§§ 642 d I, 642 a). 4

2) Einzelheiten: a) Durchbrechung des Grundsatzes „Kein Zahlungstitel, wenn die Vaterschaft nicht feststeht": aa) Vorläufige Unterhaltsregelungen: §§ 1615 o BGB, 641 d ZPO. **bb)** Der Grundsatz gilt nicht, wenn auf den Unterhaltsanspruch ausländisches Recht anzuwenden ist, das sich mit der Inzidentfeststellung der Vaterschaft begnügt. Dann ist § 1600 a 2 BGB nicht anzuwenden (BGHZ 63, 222). 5

Frei. 6

b) Verbundene Vaterschaftsfeststellungs- und Regelunterhaltsklage: Wird die Vaterschaft im Kindschaftsprozeß nach § 641 c anerkannt, so kann der Restprozeß wegen des Regelunterhalts fortgesetzt werden; s § 641 c Rn 2. 7

c) Selbständige Unterhaltsklage nach Anerkennung der Vaterschaft: Streit über die Wirksamkeit des Vaterschaftsanerkenntnisses (§ 1600 f BGB) oder die Anfechtung eines Vaterschaftsanerkenntnisses (§§ 1600 f ff) sind Statussachen (§ 640 II Nr 1 Hs 2, Nr 3); im Unterhaltsprozeß kann darüber nicht entschieden werden (ggfalls Aussetzung nach § 148 bzw § 153). 8

II) Bezifferte Unterhaltsklage: Die §§ 642 ff gelten **nur für nichteheliche Kinder.** Nach § 1610 III BGB entspricht zwar der Lebensbedarf eines ehelichen Kindes mindestens dem Regelbedarf eines nichtehelichen Kindes. Hieraus folgt jedoch nicht, daß auch eheliche Kinder einen Rahmentitel nach § 642 erwirken und dann die Festsetzung nach § 642 a betreiben können. 9

Das Kind kann gegen den nichtehelichen Vater auf Zahlung einer bezifferten Unterhaltsrente klagen. Ein Rechtsschutzbedürfnis für die Klage besteht auch, wenn der Vater Teilbeträge freiwillig bezahlt (Stuttgart NJW 78, 112; Winter NJW 78, 706). Zahlungsklagen ohne Nennung eines bestimmten Betrags nur unter Vortrag der für die Bemessung maßgebenden Umstände und

Angabe der vorgestellten Größenordnung wie bei Schmerzensgeldklagen sind unstatthaft (Düsseldorf FamRZ 78, 134; aM AG Groß-Gerau MDR 77, 410). Nach Rn 1 kann die Klage nur Erfolg haben, wenn die Vaterschaft bereits mit Wirkung für und gegen alle feststeht. Mit einer Vaterschaftsfeststellungsklage kann die bezifferte Unterhaltsklage nicht verbunden werden (§ 640c). Auch ein Nebeneinander von Unterhaltsklage und im Vaterschaftsprozeß gestellten Begehren auf Regelunterhalt (§ 643 I) für gleiche Zeiträume ist nicht möglich (Celle NdsRpfl 70, 261; Braunschweig FamRZ 71, 46; Köln DAVorm 75, 347; aM StJSchlosser 9 zu § 643). Auf die bezifferte Klage ist das Kind für Unterhaltsansprüche nach Vollendung des 18. Lebensjahres angewiesen (kein Regelunterhalt mehr; § 1615f I 1 BGB). Das Gleiche gilt, wenn es von anderen Verwandten als dem Vater Unterhalt beansprucht (LG Schweinfurt DAVorm 74, 614). Anträge auf Stundung oder Erlaß rückständigen Unterhalts (§ 1615i BGB) muß der Vater mangels eines entspr Nachtragsverfahrens bereits im Unterhaltsprozeß stellen (anders im Falle der §§ 643 I 1, 643a). Das ergehende Urteil ist ohne Sicherheitsleistung vorläufig vollstreckbar (§ 708 Nr 8), hinsichtl der Rückstände auch, soweit sie nicht mehr als ein Vierteljahr vor Klageerhebung zurückliegen (sonst vollstreckbar gegen Sicherheitsleistung; § 709); für klagabweisende Urteile s § 708 Nr 11. Die zuerkannte bezifferte Unterhaltsrente kann gemäß § 1612a BGB nach Ergehen einer entspr AnpassungsVO im vereinfachten Abänderungsverfahren nach §§ 641l ff der allgemeinen wirtschaftl Entwicklung angepaßt werden; zur Anpassung an Veränderungen des individuellen Lebensbedarfs oder der individuellen Leistungsfähigkeit dient die Abänderungsklage nach § 323.

10 **III) Klage auf Regelunterhalt: 1)** Statt auf bezifferten Unterhalt kann das Kind nach § 642 auch auf Regelunterhalt klagen. Dieser errechnet sich aus dem jeweils durch VO festgesetzten Regelbedarf abzügl der Anrechnungsbeträge des § 1615g (§ 1615f I 2 BGB). Näheres ergibt die RegelunterhaltsVO v 27. 6. 70 (BGBl I 1010). Da der Regelunterhalt Mindestunterhalt ist (§ 1615f I BGB), erspart die Klage auf Regelunterhalt dem Kind eine nähere Darlegung seiner persönlichen Verhältnisse (etwaiges eigenes Einkommen, Lebensstellung der Eltern, notwendiger Lebensbedarf). Dessen bedarf es nur dann, wenn wegen höherer Bedürfnisse oder einer gehobenen Lebensstellung der Eltern ein den Regelunterhalt übersteigender Unterhalt (als Regelunterhalt mit prozentualem Zuschlag, § 642d) beansprucht wird. Dem Vater bleibt überlassen, Umstände, die einen hinter dem Regelunterhalt zurückbleibenden Unterhaltsbetrag als angemessen erscheinen lassen (eigenes Einkommen des Kindes, mangelndes eigenes Leistungsvermögen, anteilige Mithaftung der Mutter für den Unterhalt), im Wege der Einwendung geltend zu machen und demgemäß auf einen prozentualen Abschlag vom Regelunterhalt (§ 1615h BGB, § 642d) anzutragen. Das Kind kann seinerseits von vornherein auf Regelunterhalt abzügl eines prozentualen Abschlags klagen, wenn es erwartet, daß der Vater mit Einwendungen nach § 1615h BGB durchdringen könnte.

11 **2)** Mit dem auf Regelunterhalt (ggfalls mit Zu- oder Abschlag) lautenden Urteil erhält das Kind nur einen **Rahmentitel,** der einen vollstreckbaren Inhalt erst durch die **Betragsfestsetzung** (§ 642a) erhält. Wenn nachträglich der Regelbedarf durch VO anderweit festgesetzt wird oder sich die übrigen für die Errechnung des Regelunterhalts maßgebenden Faktoren (insbes die Anrechnungsbeträge nach § 1615g BGB) ändern, kann der Unterhalt neu festgesetzt werden (§ 642b). Die periodische Neufestsetzung des Regelbedarfs durch VO ermöglicht es insbesondere, die Unterhaltsrente nach § 642b steigenden Lebenshaltungskosten anzupassen, ohne daß dazu Abänderungsklage nach § 323 erhoben werden müßte. Wegen dieser Sonderregelung nehmen die durch Regelunterhaltstitel und Betragsfestsetzungsbeschlüsse festgelegten Unterhaltsrenten an der Anpassung im vereinfachten Abänderungsverfahren (§§ 641l ff) nicht teil (§ 1612a I 2 BGB; § 641l Rn 3).

12 **3)** Für Zuständigkeit und **Verfahren** gilt das Gleiche wie für die bezifferte Unterhaltsklage. Auch die isolierte Klage auf Regelunterhalt nach § 642 kann nur Erfolg haben, wenn die Vaterschaft des beklagten Mannes bereits feststeht (Rn 1 ff). Regelunterhalt kann nur bis zur Vollendung des 18. Lebensjahres beansprucht werden (§ 1615f I BGB). Da die Einrichtung des Regelunterhalts auf die Unterhaltsansprüche im Rahmen des Nichtehelichenrechts beschränkt ist, können auch Schadensersatzansprüche wegen entgangenen Regelunterhalts (etwa gegen einen nach § 844 II BGB verantwortl Schädiger oder einen regreßpflichtigen Anwalt) nicht mit Klage auf Regelunterhalt geltend gemacht werden (Künkel DAVorm 84, 950; anders LG Ulm FamRZ 76, 225; Walter FamRZ 76, 71); hier bleibt nur bezifferte Klage in Höhe der geltenden Regelunterhaltssätze, ggfalls Anpassung der Schadensersatzrente nach § 323 (keine Anwendung der §§ 641 ff, s § 641 l Rn 7). In Fällen mit **Auslandsberührung** ist Voraussetzung für die Verurteilung zum Regelunterhalt, daß nach Art 18 EGBGB deutsches Recht Unterhaltsstatut ist (Siehr FS Bosch [1976] 947/959; vgl auch Celle FamRZ 75, 509, Kropholler ZBlJugR 77, 105 ff; aM StJSchlosser 6 zu § 643). **Zuschläge** zum oder **Abschläge** vom Regelunterhalt (§ 642d) müssen bereits im

laufenden Verfahren verlangt werden. Hier steht (anders als in den Fällen der §§ 643, 643 a) kein nachträgliches Verfahren zur Aufstockung oder Abminderung des Regelunterhalts zur Verfügung. Im Betragsfestsetzungsverfahren (§ 642 a) sind Abänderungen des Grundtitels nicht zulässig. Ändern sich die Verhältnisse wesentlich, die für die Unterhaltsbemessung im Grundtitel maßgeblich waren, so kann Abänderungsklage auf Zuschläge zum Regelunterhalt, Abschläge hiervon oder auf Veränderung der Zu- bzw Abschläge erhoben werden (§ 642 d Rn 4). Da der Titel nur den veränderten Verhältnissen anzupassen ist (§ 323 Rn 40), darf auf eine Abänderungsklage hin ein Regelunterhaltstitel nicht in einen Zahlungstitel umgestaltet werden (anders Brüggemann ZfJ 84, 177; Künkel DAVorm 84, 945). Auch auf **Stundung** oder Erlaß rückständiger Beträge (§ 1615 i BGB) muß der Vater bereits im laufenden Rechtsstreit antragen; ein nachträgliches Verfahren zu diesem Zweck findet bei der isolierten Regelunterhaltsklage (anders im Falle des § 643 a IV 2) nicht statt (§ 642 e Rn 6). Das Urteil ist für **vorläufig vollstreckbar** zu erklären (§§ 708 Nr 8, 642 a I); **Vollstreckung** ist aber erst aus dem Betragsfestsetzungs- bzw Neufestsetzungsbeschluß (§§ 642 a, 642 b) möglich (§ 794 I Nr 2 a).

IV) Gebühren: 1) des **Gerichts:** wie in einem gewöhnlichen Prozeß. Wegen des Klageverfahrens auf Leistung des Regelunterhalts und des nachträglichen Beschlußverfahrens auf Betragsfestsetzung: s Rn 11 zu § 642a. – **2)** des **Anwalts:** Regelgebühren der §§ 31 ff BRAGO, gleichviel ob die Klage auf einen bestimmten Unterhaltsbetrag oder auf Leistung des Regelunterhalts lautet. – **3) Streitwert:** a) beim gewöhnlichen Unterhaltsprozeß der Jahresbetrag der verlangten monatl Unterhaltsrente, wenn nicht der Gesamtbetrag der geforderten Leistungen geringer ist, was selten der Fall sein dürfte (§ 17 I 1 GKG); b) beim Regelunterhaltsprozeß ebenfalls der Jahresbetrag auf der Grundlage des Regelbedarfs nach freiem Ermessen (§ 17 I 2 GKG). Rückstände aus der Zeit vor Klageeinreichung werden dem Streitwert hinzugerechnet (§ 17 IV GKG). 13

V) Akten. Eintrag im ZivProzRegister des AG unter „C", AktO § 13 Abs 1, Muster 20. 14

642 a

[Betragsfestsetzung]

(1) Auf Grund eines rechtskräftigen oder für vorläufig vollstreckbar erklärten Urteils, das einen Ausspruch nach § 642 enthält, wird der Betrag des Regelunterhalts auf Antrag durch Beschluß gesondert festgesetzt.

(2) Die Entscheidung kann ohne mündliche Verhandlung ergehen.

(3) Gegen die Entscheidung findet die sofortige Beschwerde statt. Eine weitere Beschwerde ist ausgeschlossen.

(4) Ausschließlich zuständig ist das Amtsgericht, bei dem der Unterhaltsberechtigte seinen allgemeinen Gerichtsstand hat. Hat der Unterhaltsberechtigte im Inland keinen allgemeinen Gerichtsstand, so ist das Amtsgericht Schöneberg in Berlin ausschließlich zuständig.

(5) Eine maschinelle Bearbeitung ist zulässig. § 641 l Abs 5, §§ 641 r, 641 s, 641 t gelten entsprechend.

I) Grundgedanke: Die Betragsfestsetzung ähnelt dem Kostenfestsetzungsverfahren. Der Richter entscheidet im Zivilprozeß nur darüber, ob ein Unterhaltsanspruch besteht, und über Zuschläge oder Abschläge zum Regelunterhalt, die in Prozenten des Regelbedarfs zu bemessen sind (§ 642 d II). Daran schließt sich das Festsetzungsverfahren vor dem Rechtspfleger an (§ 20 Nr 11 RpflG). Das Festsetzungsverfahren kann unterbleiben und hierdurch können Kosten gespart werden, wenn vom Jugendamt eine vollstreckbare Urkunde aufgenommen wird (§§ 49 I 1 Nr 2, 50 JWG); Gebührenfreiheit (§ 64 SGB X). 1

II) Anwendungsbereich: Unterhaltsansprüche nichtehelicher Kinder. Wegen der Ansprüche ehelicher Kinder s § 642 Rn 9. Der Betrag des Regelunterhalts wird festgesetzt: **1.** auf Grund eines rechtskräftigen (vgl §§ 704 II u 643 II) **Urteils im Vaterschaftsfeststellungsprozeß,** das die Vaterschaft des beklagten Mannes feststellt und ihn zugleich zur Leistung des Regelunterhalts verurteilt (§ 643); **2.** auf Grund eines rechtskräftigen oder vorläufig vollstreckbaren **Urteils im Nachverfahren** (Klageverfahren) nach § 643 a, das unter Abänderung des Urteils nach § 643 zur Leistung des Regelunterhalts mit Zu- oder Abschlag verurteilt; **3.** auf Grund eines rechtskräftigen oder vorläufig vollstreckbaren **Urteils im gewöhnlichen Unterhaltsprozeß,** das auf Leistung des Regelunterhalts (evtl mit Zu- oder Abschlag) lautet (§§ 642, 642 d); **4.** auf Grund eines **Prozeßvergleiches oder einer Verpflichtungsurkunde,** die ein Notar oder das Jugendamt aufgenommen hat (§§ 642 c ZPO, 49, 50 JWG), wenn sich der Vater zur Zahlung des Regelunterhalts (evtl mit Zu- oder Abschlag) verpflichtet und dem Betragsfeststellungsverfahren unterworfen hat. Die nach Vaterschaftsanerkennung im Prozeß (§ 641 c) zu Gerichtsprotokoll einseitig erklärte Verpflichtung, den Regelunterhalt zu zahlen, genügt nicht den Anforderungen des § 642 c (§ 641 c Rn 2). Auch auf Grund eines **Abänderungsurteils** nach § 323 kann Betragsfestsetzung erfolgen, wenn 2 es auf Regelunterhalt (evtl mit Zu- oder Abschlägen) lautet; dann handelt es sich um eine Erstfestsetzung, nicht um eine Neufestsetzung nach § 642b (Kemper FamRZ 73, 526; LG Nürnberg DAVorm 76, 528). Auf Grund eines anzuerkennenden **ausländischen Urteils** ist die betragsmäßige Festsetzung möglich, wenn es in Anwendung deutschen Rechts auf Regelunterhalt lautet (Odersky FamRZ 73, 530; Siehr FS Bosch [1976] 947, 959).

3 **III) Zuständigkeit:** Sachlich zuständig ist das AG (§ 23a Nr 2 GVG), nicht das FamG (kein Fall des § 23b GVG); funktionell zuständig ist der Rechtspfleger (§ 20 Nr 11 RPflG). Abs 4 regelt die **örtliche** ausschließliche Zuständigkeit: Allgemeiner Gerichtsstand (Wohnsitz, hilfsweise Aufenthaltsort: §§ 13, 16) des unterhaltsberechtigten Kindes, sofern ein solcher im Inland besteht. Die DDR ist nicht Inland im Sinne der Bestimmung (vgl zu § 641a Celle FamRZ 75, 509). Auf den (in- oder ausländischen) Gerichtsstand des Mannes kommt es im Falle des S 1 nicht an, auch nicht bei Ansässigkeit in einem anderen EWG-Gründerstaat, da dann Art 5 Nr 2 EuGVÜ eingreift. Wenn das Kind im Inland keinen allgemeinen Gerichtsstand hat, ist das AG Berlin-Schöneberg örtlich ausschließlich zuständig (Abs 4 S 2). Wenn zugleich ein inländischer Gerichtsstand des Mannes fehlt, ist die internationale Zuständigkeit der inländischen Gerichte daraus herzuleiten, daß ein nach deutschem Recht zustandegekommener Rahmentitel zu einem Vollstreckungstitel zu ergänzen ist (ähnl StJSchlosser 3). Hat im Falle des S 2 der Unterhaltspflichtige allerdings seinen Wohnsitz in einem anderen EWG-Gründerstaat, so kann er von einem Kind, das im Inland weder Wohnsitz noch gewöhnl Aufenthalt hat, vor den inländischen Gerichten weder nach Art 2 I noch nach Art 5 Nr 2 EuGVÜ belangt werden, so daß auch die örtliche Zuständigkeit des AG Berlin-Schöneberg entfällt; es bleibt dann nur (erneute) bezifferte Unterhaltsklage bei dem zuständigen Gericht. An die Stelle der Zuständigkeit nach Abs 4 kann durch RechtsVO die Zuständigkeit zentraler Amtsgerichte gesetzt werden (Abs 5 S 2 mit § 641 l V). S für Bayern die VO v 9. 5. 78 (BayGVBl 330), wonach die Verfahren dem AG Nürnberg zugewiesen sind. Wenn der Festsetzungsantrag bei einem unzuständigen Gericht gestellt wird, kann das Verfahren auf Antrag, auf den der Rpfleger hinzuwirken hat, an das zuständige AG verwiesen werden (§ 281).

4 **IV) Verfahren: 1) Maschinelle Bearbeitung** ist zulässig (Abs 5 S 1) und führt zu Formerleichterungen für die Erstellung von Beschlüssen, Verfügungen und Ausfertigungen (Abs 5 S 2, 641s I). Unterschrift entbehrlich. Durch Rechtsverordnung können Vordrucke zu diesem Zweck eingeführt, und der Verfahrensablauf kann geregelt werden (Abs 5 S 2, §§ 641s II, 641t); eine solche Verordnung ist bisher nicht erlassen worden.

5 **2)** Das Festsetzungsverfahren wird nur auf **Antrag** eingeleitet. Antragsberechtigt ist das Kind. Daß der Vater nicht antragsberechtigt ist, folgt aus § 641e III (Brüggemann FamRZ 69, 126; Damrau FamRZ 70, 288 Fn 49; StJSchlosser 4; aM Odersky IV 2, BLAlbers 2). Allerdings könnte bei verzögerter Antragstellung durch das Kind auch der Vater an alsbaldiger Festsetzung interessiert sein, um den genauen Umfang seiner Zahlungspflicht zu erfahren, der angesichts der Anrechnungsvorschriften (§ 1615g BGB und §§ 2 ff RegelunterhaltsVO) nicht stets auf der Hand liegt. Ein besonderes Rechtsschutzinteresse an der Festsetzung ist nicht Voraussetzung für die Zulässigkeit des Antrags; das Kind hat Anspruch auf einen Vollstreckungstitel. Für die gerichtl Betragsfestsetzung ist allerdings kein Raum mehr, wenn der geschuldete Unterhalt inzwischen auf andere Weise – etwa durch jugendamtliche Verpflichtungsurkunde (§§ 49, 50 JWG) – betragsmäßig festgelegt wurde. Ein vorgängiger Versuch des Unterhaltsberechtigten, auf diese Weise zu der den Grundtitel ergänzenden Bezifferung zu gelangen, ist aber nicht Voraussetzung für die Zulässigkeit des Antrags (vgl § 642b Rn 9; einschränkend Kemper FamRZ 73, 527). Der Antrag kann schriftlich eingereicht werden oder mündlich beim Urkundsbeamten der GeschStelle angebracht werden. Beim zuständigen AG braucht dann kein Protokoll aufgenommen zu werden (Abs 5 S 2 mit § 641r); Protokollaufnahme ist dagegen nötig bei Anbringung bei einem anderen AG (§ 129a). Die Benutzung von Vordrucken für den Antrag (Abs 5 S 2 iVm § 641t) ist noch nicht vorgeschrieben. Bezifferte Beträge müssen im Antrag nicht angegeben werden (Brüggemann DAVorm 73, 211; LG Oldenburg DAVorm 74, 58; LG Hamburg DAVorm 81, 410; aM LG Bochum FamRZ 80, 937 mwN; LG Hamburg DAVorm 82, 82; LG Nürnberg DAVorm 75, 316). Der Unterhaltsberechtigte kann mit seinem Antrag nicht – etwa um einer Herabsetzungsklage des Mannes nach § 323 mit § 1615h BGB zuvorzukommen – hinter dem Grundtitel zurückbleiben. Der Festsetzungsbeschluß darf von diesem nicht abweichen (Odersky FamRZ 72, 521; Kemper FamRZ 73, 524).

5a **Antragsgegner** ist der Vater. Wenn rechtsirrtümlich ein anderer Verwandter zum Regelunterhalt verurteilt worden ist, kann dieser auch gegen ihn festgesetzt werden. Vergleichen sich ein solcher Verwandter und das Kind auf den Regelunterhalt, so findet keine Betragsfestsetzung statt. Prozeßrecht ist kein dispositives Recht. Die Parteien können kein Verfahren vereinbaren, das die Prozeßordnung ihnen nicht zur Verfügung stellt (Künkel DAVorm 84, 950).

3) Weiterer Verfahrensgang: Der Gegner ist zu dem Antrag zu hören (Art 103 I GG). Der Antrag ist aus folgenden Gründen förmlich zuzustellen: **a)** Der Rechtspfleger muß sich vom Zugang des Antrags überzeugen (BVerfG NJW 74, 133 = MDR 207). **b)** dem Gegner ist eine Frist zu Stellungnahme zu setzen. Diese Verfügung ist zuzustellen (§ 329 II 2), und zwar zweckmäßig zugleich mit dem Antrag. **c)** Die Zustellung ist jedenfalls geboten, wenn aus dem Festsetzungsbeschluß im Ausland vollstreckt werden soll, damit das rechtl Gehör nachgewiesen werden kann (Art 6 des Haager Unterhaltsvollstreckungsabkommens (BGBl 86 II 826); näheres s Künkel DAVorm 84, 962). Im Verfahren gilt der **Beibringungsgrundsatz,** auch wenn die Verurteilung zum Regelunterhalt mit der Kindschaftssache verbunden worden war (§ 643). Das Festsetzungsverfahren ist nicht mehr Teil des Kindschaftsverfahrens. Auf anspruchsmindernde Umstände hat sich der Vater zu berufen (Brüggemann DAVorm 73, 211 und ZBlJugR 77, 48). Folge: Ist Inhalt und Fortbestand des Grundtitels unstreitig, so kann der Rechtspfleger nicht dessen Vorlegung verlangen (LG Göttingen DAVorm 80, 403). Der Rechtspfleger hat gemäß § 139 darauf hinzuwirken, daß sich beide Parteien zu den Anrechnungsbeträgen (§ 1615g BGB; §§ 2 ff RegelungsunterhaltsVO) wahrheitsgemäß erklären (vgl LG Bonn DAVorm 73, 215; LG Stade Rpfleger 74, 211; Kemper FamRZ 73, 524; Odersky FamRZ 73, 529). Im Bestreitungsfall ist über die Anrechnungsbeträge **Beweis** zu erheben. Da der Rechtspfleger im Betragsfestsetzungsverfahren weder Zu- noch Abschläge neu bewilligen darf (vgl Odersky FamRZ 72, 623), kann der Vater in diesem Verfahren auch nicht mit dem Einwand mangelnder Leistungsfähigkeit gehört werden (§ 642b Rn 4); auch **Stundung** und **Erlaß** von Rückständen können im Betragsfestsetzungsverfahren nicht verlangt werden (§ 642e Rn 6, 13). Es kann **mündlich verhandelt** werden; s Abs 2. Die Parteien können zu Protokoll des Rechtspflegers einen Prozeßvergleich schließen (Abs 5 S 2, § 641r S 4). Ist gleichzeitig mit dem Festsetzungsverfahren eine Klage auf Herabsetzung des Unterhalts (§ 643a) oder eine Abänderungsklage auf einen Abschlag vom Unterhalt (§§ 323, 642d) anhängig, so kann das Festsetzungsverfahren gemäß § 148 ausgesetzt werden (Frankfurt DAVorm 80, 728). 6

Frei. 7

4) Die **Entscheidung** ergeht durch Beschluß (Abs 1); dieser ist zu verkünden, wenn er auf Grund mündl Verhandlung erlassen wird (§ 329 I). Er ist zu begründen und von Amts wegen zuzustellen (§ 329 III). Der Rechtspfleger ist nicht befugt, dem Kind mehr Unterhalt zuzusprechen, als es beantragt hat (analog § 308). In dem Beschluß ist der geschuldete Regelunterhalt auszurechnen; in einer Zahl ist er auch dann festzusetzen, wenn der Grundtitel zusätzl auf Zu- oder Abschläge lautet (LG Saarbrücken DAVorm 77, 396). Die Anrechnungsvorschriften (§ 1615g BGB) sind zu beachten. Anzurechnen ist nur die Hälfte des Kindergeldes, das dem Vater zustände, wenn er Kindergeld bezöge (BGH FamRZ 81, 26; LG Hildesheim DAVorm 82, 1096; LG Nürnberg-Fürth DAVorm 83, 848). Zur Anrechnung ausländischer Sozialleistungen s Odersky FamRZ 73, 530. Wenn im Grundtitel auf Anrechnung von Sozialleistungen verzichtet war, hat der Festsetzungsbeschluß dem Rechnung zu tragen (LG Regensburg Rpfleger 77, 188). Abrundung des Festsetzungsbetrags: § 642d II 2. Rückstände sind betragsmäßig gesondert festzusetzen; von ihnen ist abzuziehen, was der Vater auf Grund einstw Anordnung (§ 641d) an das Kind bezahlt hatte. Bei entspr Antrag sollte die Festsetzung ungeachtet der Wahrscheinlichkeit, daß sich bis zur Vollendung des 18. Lebensjahrs Regelbedarfssätze und Anrechnungsbeträge ändern, auf alle noch in Betracht kommenden Altersstufen erstreckt werden (LGe Memmingen DAVorm 71, 149; Traunstein DAVorm 73, 443; Wuppertal DAVorm 77, 185; Stuttgart DAVorm 83, 400; Kemper FamRZ 73, 525 und Brühl/Göppinger/Mutschler 1520, 1521, vgl auch § 641 l Rn 7). Ab wann die Unterhaltsrente zu bezahlen ist, richtet sich nach dem Grundtitel; der Zeitpunkt des Eingangs des Festsetzungsantrags ist hier (anders als bei § 642b) nicht maßgebend (LG Nürnberg DAVorm 76, 528; LG Paderborn DAVorm 84, 322). Einwendungen gegen den Grund des Anspruchs (zB Verringerung des Bedarfs durch eigenes Einkommen des Kindes) dürfen nicht berücksichtigt werden (Brüggemann DAVorm 79, 87). Sie können nur mit der Klage auf Abänderung des Grundtitels (§ 323) geltend gemacht werden. Ist eine solche Klage gleichzeitig mit einem Betragsfestsetzungsverfahren anhängig, so kann dieses Verfahren ausgesetzt werden (§ 148). 8

Der Beschluß muß jedenfalls in den Fällen, in denen besondere **Kosten** entstehen (s Rn 11), eine Kostenentscheidung enthalten. Wenn der Grundtitel nur gegen **Sicherheitsleistung** vorläufig vollstreckbar ist oder die Vollstreckung durch Sicherheitsleistung abgewendet werden darf (etwa wegen länger zurückliegender Rückstände, §§ 708 Nr 8, 709, 711), ist dies in den Festsetzungsbeschluß zu übernehmen. Bei Aufhebung oder Abänderung des Grundtitels wird der Beschluß wie ein Kostenfestsetzungsbeschluß bei Aufhebung des Kostenausspruchs von selbst unwirksam (Damrau FamRZ 70, 280 Fn 51). Der Beschluß ist schon vor der formellen Rechtskraft Vollstreckungstitel (§ 794 Nr 2a). **Vollstreckungsklausel** ist nötig (§§ 795, 724, 725); sie ist zu erteilen, sobald der Beschluß wirksam geworden ist. Zu den Vollstreckungsvoraussetzungen s Brüggemann DAVorm 72, 432. Wartefrist: § 798. 9

10 **V) Rechtsmittel:** Gegen den Beschluß des Rechtspflegers befristete Erinnerung (§ 11 I 2 RpflG), der der Rechtspfleger nicht abhelfen kann (§ 11 II 1 RpflG). Weiteres Verfahren: § 11 II 2–5 RpflG. Gegen Aufhebung oder Abänderung durch den Richter sofortige Beschwerde; keine weitere Beschwerde (Abs 3). Die Beschwerde hat keine aufschiebende Wirkung (§§ 572 I); eine einstweilige Anordnung des Beschwerdegerichts ist möglich (§§ 572 III). Beschwerdegericht ist das LG (§ 72 GVG).

11 **VI) Gebühren: 1)** des **Gerichts:** Das Urteil, das auf Zahlung des Regelunterhalts (§ 642) mit einem etwaigen Zuschlag oder Abschlag oder auch allein auf Leistung eines Zuschlags zum Regelunterhalt (§ 642 d) lautet, sowie der nachfolgende Betragsfestsetzungsbeschluß sind gebührenrechtlich als eine einheitliche Entscheidung anzusehen mit der Folge, daß für das nachträgliche Festsetzungsverfahren keine Gebühr mehr anfällt. Eine gebührenrechtliche Einheit liegt auch vor, wenn ein Prozeßvergleich (§ 794 I Nr 1), in dem sich der Vater zur Zahlung des Regelunterhalts (ggfalls mit Zu- oder Abschlag usw) verpflichtet hat, den Titel für die spätere Festsetzung der Höhe nach bildet. Ob für das Betragsfestsetzungsverfahren auf Grund eines im Prüfungsverfahren über die Bewilligung der Prozeßkostenhilfe abgeschlossenen Vergleichs (§ 118 I 3 Hs 2) eine Gebühr zu erheben ist, erscheint zweifelhaft, weil hier idR der Errichtung des Schuldtitels (als Voraussetzung für die Gebührenfreiheit) eine gebührenpflichtige Gerichtstätigkeit nicht vorausgegangen ist (für Gebührenfreiheit in diesem Fall: Drischler/Oestreich/Heun/Haupt, GKG, 3. Aufl VII Nrn 1165–1168 Rdnr 4a und b aE). Dagegen wird eine streitwertunabhängige Festgebühr von 15 DM für die Entscheidung über einen Antrag auf Betragsfestsetzung des Regelunterhalts (§ 642 a I, II oder § 642 d – s oben) erhoben, wenn Festsetzungsgrundlage ein vor einer Gütestelle iS des § 794 I Nr 1 geschlossener Vergleich oder eine vollstreckbare Urkunde nach § 642 c Nr 2 (§ 794 I Nr 5 ZPO, § 50 Abs 2 JWG) ist (KV Nr 1165). Die Gebühr fällt immer an, gleichviel, ob es sich um eine dem Antrag stattgebende oder den Antrag zurückweisende Entscheidung handelt oder ob nach oder ohne mündl Verhandlung entschieden worden ist. Jedoch keine Gebühr, wenn der Antrag vor der Entscheidung zurückgenommen wird. Fälligkeit der Festgebühr mit der Entscheidung (§ 61 GKG), keine Vorauszahlungspflicht (§§ 65, 1 I GKG). Auslagen s KV Nrn 1900. Kostenschuldner: § 54 Nr 1 und 2 GKG; Zweitschuldnerhaftung des Antragstellers: §§ 49 S 1, 58 II 1 GKG. – Gebührenfrei die Protokollierung einer Einigung als Vergleich nach § 642 a V 1 iVm § 641 r S 4 im laufenden Festsetzungsverfahren (§ 642 a I), weil sich „Vergleichsgegenstandswert" mit „Streitgegenstandswert" deckt und somit KV Nr 1170 nicht anwendbar ist. – Das Beschwerdeverfahren, dem die gebührenfreie Rechtspflegererinnerung vorgeschaltet ist (s Rn 10), unterliegt nur insoweit der Gebührenpflicht, als die Beschwerde (sog Durchgriffserinnerung: § 11 II 4 u 5 RpflG) verworfen oder zurückgewiesen wird (KV Nr 1181); bei Zurücknahme der Beschwerde vor ihrer Verbescheidung fällt die Gebühr nicht an. – Wegen der Neufestsetzung des Regelunterhalts: s Rn 15 zu § 642 b.

2) des **Anwalts:** Die Tätigkeit ist durch die Gebühren mit abgegolten, die der RA im vorausgegangenen Prozeß der §§ 642, 642 d, der durch Urteil oder Prozeßvergleich beendigt worden ist, bereits verdient hat; denn das Betragsfestsetzungsverfahren stellt in diesen Fällen – ähnlich dem Kostenfestsetzungsverfahren im gewöhnlichen Prozeß – nur eine Ergänzung des Schuldtitels dar; so wie hier Odersky, NEG 3. Aufl Anm 2 zu § 37 u Anm II 1 zu § 43a (alt) je BRAGO sowie LG München II, NJW 1972, 2140; Hartmann, KostGes BRAGO § 43 b Anm 1 Ba, aber auch § 37 Anm 7 B Abs 3. Wenn aber die Festsetzung auf Grund eines vor einer Gütestelle der in § 794 I Nr 1 bezeichneten Art geschlossenen Vergleichs oder auf Grund einer Urkunde nach § 642 c Nr 2 (vgl oben bei den Gerichtsgebühren) beantragt wird, erhält der RA für die Vertretung im Verfahren der Festsetzung der Höhe nach 5/10 der vollen Gebühren, durch die ein etwaiges Tätigwerden in einer mündl Verhandlung oder in einer Beweisaufnahme oder bei einer Erörterung mit abgegolten sind (§ 43 b I Nr 1 BRAGO). Ist der RA bereits im Verfahren vor der Gütestelle des § 794 I Nr 1 tätig gewesen, so ist ihm neben der 5/10 Gebühr des § 43 b I Nr 1 BRAGO auch die volle Gebühr nach § 65 I Nr 1 BRAGO erwachsen. Das gleiche muß für die Mitwirkung im Verfahren der Errichtung der Urkunde nach § 642 c Nr 2 gelten (s zu allem Hartmann, aaO BRAGO § 43 b Anm 1 a bb). Ist der RA erstmals im Betragsfestsetzungsverfahren nach §§ 642 a, 642 d tätig geworden, so billigt Odersky, aaO, dem Anwalt nur 5/10 der vollen Gebühr des § 43 b I Nr 1 BRAGO zu, während Hartmann (aaO BRAGO § 37 Anm 7 B Abs 3) die §§ 23, 31 ff BRAGO gelten lassen will, sofern der ohne Mitwirkung des RA ergangene Titel (für die Festsetzung) ein gerichtl Vergleich oder ein Urteil ist. Da das Festsetzungsverfahren verhältnismäßig einfacher Natur ist (so ergibt sich der Regelbedarf aus einer VO und können die etwa anzurechnenden Sozialleistungen idR mit behördlichen Bescheinigungen belegt werden), erscheint es kaum angebracht, die antwaltl Gebühren in voller Höhe zu gewähren. Die 5/10 der vollen Gebühr können sich unter den Voraussetzungen des § 32 BRAGO auf eine 5/20 Gebühr ermäßigen (§ 43 b II BRAGO). – Im Beschwerdeverfahren (Rn 10) erwächst dem RA die 5/10 Gebühr nach § 61 I Nr 1 BRAGO. Beim Verfahren der Rechtspflegererinnerung liegt nur ein Gebührenrechtszug vor, wenn der Richter über die Erinnerung nicht entscheidet, sondern diese an das Beschwerdegericht vorlegt (Durchgriffserinnerung). Entscheidet das Gericht über die vom Anwalt für die Partei eingelegte Erinnerung, so gehört die diesbezügl vom RA entwickelte Tätigkeit gebührenrechtl zum Rechtszug (des Festsetzungsverfahrens), § 37 Nr 5 BRAGO. Nur wenn sich die Tätigkeit des RA auf das Erinnerungsverfahren als solches beschränkt, entsteht für ihn die 3/10 Gebühr des § 55 BRAGO.

3) Streitwert: § 17 I 2 GKG.

12 **VII) Aktenbehandlung.** Eintrag im ZivProzReg des AG unter „H", AktO § 13 Nr 5 Satz 3, Muster 20.

642 b

[Neufestsetzung]

(1) Wird der Regelbedarf, nach dem sich der Regelunterhalt errechnet, geändert, so wird der Betrag des Regelunterhalts auf Antrag durch Beschluß neu festgesetzt. Das gleiche gilt, wenn sich ein sonstiger für die Berechnung des Betrages des Regelunterhalts maßgebender Umstand ändert. § 323 Abs. 2,3 und § 642 a Abs. 2 bis 5 gelten entsprechend. Wird die Abänderung eines Schuldtitels des § 642 a beantragt, so ist das Amtsgericht ausschließlich zuständig, das diesen Titel erstellt hat.

(2) Ist gleichzeitig ein Verfahren nach § 323 anhängig, so kann das Gericht das Verfahren nach Absatz 1 bis zur Erledigung des anderen Verfahrens aussetzen.

I) § 642 b ermöglicht es, die Unterhaltsrente einer Veränderung bestimmter Umstände (Rn 3) in einem **einfachen Beschlußverfahren** anzupassen, ohne daß dazu die langwierigere Abänderungsklage nach § 323 bemüht werden müßte. 1

1) Anwendungsbereich: § 642 b setzt einen Grundtitel in der Recheneinheit Regelunterhalt (StJSchlosser 1) wie im Fall des § 642 a (dort Rn 2) und einen Betragstitel voraus. Der bisherige Unterhaltsbetrag kann auf gerichtlicher Festsetzung nach § 642 a (auch auf einem vorausgegangenen Neufestsetzungsbeschluß nach § 642 b) beruhen; er kann aber auch durch einen den Grundtitel ausfüllenden Vergleich oder eine ebensolche Verpflichtungsurkunde festgelegt worden sein (§ 642 c). Nach Abänderung des Grundtitels (§ 323) findet eine neue Erstfestsetzung, keine Neufestsetzung statt (§ 642 a Rn 2). Durch beziffertes Unterhaltsurteil zugesprochene Beträge können nicht nach § 642 b neu festgesetzt werden, auch dann nicht, wenn sich das Urteil an die damals geltenden Regelbedarfssätze oder verwandte Regelungen gehalten hat (vgl LG München I DAVorm 77, 76; LG Mainz DAVorm 77, 613). Da es hier an der Verpflichtung des Schuldners fehlt, die jeweils geltenden Regelunterhaltssätze zu bezahlen, würde die Neufestsetzung einen unzulässigen Eingriff in das Urteil bedeuten. Solche Urteile sind veränderten wirtschaftl Verhältnissen vielmehr im Wege des vereinfachten Abänderungsverfahrens nach § 641 l ff anzupassen. Spricht ein Urteil den Regelunterhalt zu und setzt zugleich den Betrag fest, so findet eine Neufestsetzung nur statt, wenn der Richter eindeutig zugleich den Festsetzungsbeschluß erlassen wollte (Künkel DAVorm 84, 950). Daß der Rechtspfleger hierfür zuständig gewesen wäre, macht nichts aus (§ 8 RpflG). Bei **Vergleichen und Verpflichtungsurkunden,** in denen sich der Unterhaltspflichtige zur Entrichtung des Regelunterhaltes (auch mit Zu- oder Abschlägen) und zugleich zur Zahlung der ausgerechneten Regelunterhaltssätze verpflichtet hat (vgl dazu Kemper FamRZ 73, 527), ist Neufestsetzung der letzteren möglich, wenn dem Vergleich oder der Urkunde eine Verpflichtung des Vaters zur Zahlung der jeweils geltenden Regelunterhatlsbeträge entnommen werden kann (vgl LGe Aschaffenburg, Hechingen, Wuppertal, Hanau DAVorm 73, 219, 220, 383; 77, 682; Odersky 2 zu § 642 c). 2

2) Zu berücksichtigen sind bei der Neufestsetzung nur **a)** Änderungen des Regelbedarfs durch Änderungen der RegelunterhaltsVO (Abs 1 S 1), **b)** Änderungen der sonstigen für die Festsetzung maßgeblichen Anrechnungsbeträge (Abs 1 S 2, §§ 1615 g BGB, 2 RegUnterhV: Kindergeld und -zulagen). Nach Abs 1 S 3 ist § 323 II entsprechend anzuwenden. Neufestsetzung ist daher nur wegen Umständen mögl, die bei der vorausgegangenen Festsetzung noch nicht berücksichtigt werden konnten (Brüggemann ZfJ 84, 179). Irrtümer bei der vorangegangenen Festsetzung können bei der Neufestsetzung nicht rückwirkend richtiggestellt werden (Kemper FamRZ 73, 525; Odersky FamRZ 73, 529; LG Deggendorf DAVorm 78, 71; anders LG Bremen DAVorm 82, 1102); ebensowenig ein Wechsel der herrschenden Rechtsprechung über die anrechenbaren Kindergeldbeträge (anders LGe Stuttgart DAVorm 82, 987; Heilbronn DAVorm 83, 395; Itzehoe DAVorm 85, 607). Bei der Neufestsetzung kann auch eine geringe Erhöhung oder Herabsetzung des Unterhalts verlangt werden. Anders als § 323 I verlangt § 642 b keine wesentliche Änderung der Verhältnisse. Bei der Neufestsetzung zu berücksichtigen ist auch der Übertritt des Kindes in eine höhere Altersstufe, für die ein höherer Regelbedarf angesetzt ist (LG München I DAVorm 74, 56; Damrau FamRZ 70, 289; Arndt ZfJ 71, 304; Odersky IV 5 c; aM Kemper FamRZ 73, 525, Brühl/Göppinger/Mutschler 1520), sofern nicht die Unterhaltsrente von vornherein für alle in Betracht kommenden Altersstufen festgesetzt war (§ 642 a Rn 8). 3

3) Stundung oder Erlaß rückständiger Beträge sind im Neufestsetzungsverfahren ebensowenig möglich wie bei der Erstfestsetzung nach § 642 a (§ 642 e Rn 6, 13). Andere Veränderungen der Verhältnisse als die in Rn 3 erwähnten, namentlich die Verminderung der Leistungsfähigkeit des Vaters, können im **Neufestsetzungsverfahren nicht berücksichtigt** werden (LG Würzburg NJW 78, 1167 mwN; Aachen JurBüro 83, 308; Odersky FamRZ 72, 623; Brüggemann DAVorm 73, 459). Dazu muß der Grundtitel geändert werden. Sind die Parteien sich einig, so können sie beim Notar oder beim Jugendamt einen entsprechenden neuen Titel protokollieren lassen (§ 642 c Rn 1); sonst muß Abänderungsklage (§ 323) erhoben werden. Weiteres zur Abgrenzung von Neufestsetzung und Abänderungsklage s Rn 14. 4

II) Zuständigkeit. 1) Sachlich zuständig ist wie im Falle des § 642 a das AG (§ 23 a Nr 2 GVG), nicht das FamG; **funktionell** zuständig ist der Rechtspfleger (§ 20 Nr 11 RpflG). 5

2) Örtliche Zuständigkeit: Ausschließlich zuständig ist in erster Linie das Amtsgericht, das den Betrag bereits gemäß § 642 a festgesetzt hat. Ob diese Festsetzung vor Inkrafttreten der heutigen Zuständigkeitsregelung am 1. 1. 77 oder danach erfolgt ist, ist bedeutungslos (BGH FamRZ 6

78, 499 = MDR 738). Mit dieser Regelung sollen – insbesondere nach Einführung der maschinellen Bearbeitung – die bei dem vorher tätigen Gericht angefallenen Daten ohne Umstände nutzbar gemacht werden können. Aus dieser Zweckbestimmung folgt, daß der ausschließliche Gerichtsstand des Gerichts, das den vorigen Feststellungstitel erstellt hat, auch dann gilt, wenn dieser Titel keine Erstfestsetzung iS des § 642 a, sondern eine Änderungsfestsetzung iS des § 642 b ist (BGH FamRZ 80, 562 = NJW 1281 = MDR 566 und FamRZ 80, 563 = NJW 1284 = MDR 567). Auf diese Weise wird die Regel, daß das Amtsgericht zuständig ist, bei dem das Kind seinen allgemeinen Gerichtsstand hat (Abs 1 S 3, § 642 a IV), zur Ausnahme. Für diesen Gerichtsstand bleiben nur die Fälle übrig, in denen eine Neufestsetzung nicht an eine vorangegangene Betragsfestsetzung durch Gerichtsbeschluß anknüpfen kann, weil der geschuldete Regelunterhalt zuletzt durch Vergleich oder Verpflichtungsurkunde betragsmäßig festgelegt worden war (BGH FamRZ 80, 675 = NJW 2086 = MDR 742). Wenn eine Kette von Unterhaltstiteln durch einen Unterhaltsvergleich oder eine Urkunde iS des § 642 c unterbrochen wird, gilt für die erste Festsetzung nach Schaffung dieses Titels die Zuständigkeitsregel des § 642 a IV (LG Braunschweig DAVorm 80, 304).

7 **3)** Eine **Zuständigkeitskonzentration** bei einzelnen zentralen Amtsgerichten ist wie bei § 642 a möglich (Abs 1 S 3 mit § 642 a V 2 und § 641 l V). Für Bayern s § 642 a Rn 3.

8 **III) Verfahren.** Es deckt sich im wesentl mit dem Verfahren nach § 642 a (Abs 1 S 1, S 3 mit § 642 a II, III, V). Maschinelle Bearbeitung kann eingeführt werden (Abs 1 S 3 mit § 642 a V).

9 **1)** Den **Neufestsetzungsantrag** kann die Partei stellen, die von der Neufestsetzung eine Verbesserung erwartet. Das Kind kann den Antrag auch dann stellen, wenn es trotz Erhöhung des Regelbedarfs infolge höherer Anrechnungsbeträge (wie erhöhtem Kindergeld) im Ergebnis weniger erhält als zuvor (LG Stade Rpfleger 74, 441; LG Bremen DAVorm 77, 317; Odersky Rpfleger 74, 441; 75, 370; 76, 45; aM LG Wuppertal Rpfleger 75, 370; Eisenschmidt Rpfleger 76, 44). Ebensowenig wie bei einer Klage ist hier ein mißlungener **Einigungsversuch** Zulässigkeitsvoraussetzung (LGe Nürnberg, Lüneburg, Koblenz, Göttingen DAVorm 73, 40, 42; 75, 315; 77, 182; Czerner ZBlJugR 73, 168; vd Boom ZBlJugR 73, 505; Odersky FamRZ 73, 528; Rpfleger 74, 211; Künkel DAVorm 84, 951; aM LG Itzehoe DAVorm 73, 577; Rpfleger 77, 144; Kemper ZBlJugR 72, 229; FamRZ 73, 496; s § 641 m Rn 17). Da der Unterhalt erst mit Wirkung für die Zukunft neu festgesetzt werden kann (Abs 1 S 3, § 323 III), darf das Kind keine Zeit durch Verhandlungen mit dem Vater verlieren.

10 Das **Rechtsschutzinteresse** an der Neufestsetzung entfällt auch nicht, wenn der Vater den erhöhten Unterhaltsbetrag bereits freiwillig bezahlt (LG Freiburg DAVorm 74, 467); dann kann der unterbliebene Versuch, von ihm eine entsprechende Verpflichtungsurkunde zu erhalten, aber zur Kostenfolge des § 93 führen (Odersky Rpfleger 74, 210; 76, 45). Für die Form des Antrags gilt das gleiche wie bei der erstmaligen Festsetzung (Abs 1 S 3 mit § 642 a V 2). Wenn sich der Antrag auf Neufestsetzung der Regelbedarfssätze durch VO stützt, kann er schon vor deren Inkrafttreten angebracht werden, damit Neufestsetzung vom Inkrafttreten ab vorgenommen werden kann. Der erwartete neue Unterhaltsbetrag muß vom Antragsteller nicht selbst ausgerechnet werden (§ 642 a Rn 5). Mitvorlage des Titels kann entbehrlich sein, wenn die erforderlichen Daten dem Gericht bereits aus einem früheren Festsetzungsverfahren bekannt sind (LG Berlin DAVorm 74, 727; s a LG Köln DAVorm 77, 45).

11 **2) Fortgang des Verfahrens:** Der Antrag ist dem Gegner zugleich mit einer Verfügung, durch die ihm eine Frist zur Stellungnahme gesetzt wird, förmlich zuzustellen (§ 642 a Rn 6). Bestehen Anhaltspunkte dafür, daß sich seit der vorigen Festsetzung die Höhe des anzurechnenden Kindergeldes geändert hat, daß dessen Empfänger gewechselt hat oder daß weitere auf den Regelbedarf anzurechnende Leistungen (§ 2 RegelunterhV) hinzugekommen sind, so hat der Rechtspfleger den gesetzlichen Vertreter des Kindes und den Vater hierauf hinzuweisen (Odersky Rpfleger 74, 211). Mündliche Verhandlung ist möglich (Abs 1 S 3 mit § 642 a II); vor dem Rechtspfleger kann ein Vergleich geschlossen werden (Abs 1 S 3 mit § 642 a V 2, § 641 r 4). Die **Zwangsvollstreckung** aus dem abzuändernden Festsetzungsbeschluß (oder Vergleich bzw Urkunde) kann entsprechend § 769 **einstweilen eingestellt** werden. Wenn eine Abänderungsklage gegen den Grundtitel schwebt, kann das **Neufestsetzungsverfahren ausgesetzt** werden (Abs 2), damit nicht durch den Erlaß eines Neufestsetzungsbeschlusses vor Beendigung des Klageverfahrens einer Partei Nachteile entstehen. Ergeht im Prozeß ein abänderndes Urteil, so wird auf dessen Grundlage der geschuldete Unterhalt nach § 642 a (Erstfestsetzung, § 642 a Rn 2) anderweit festgesetzt, wobei zugleich die Änderungen im Sinne des Abs 1 S 1 und 2, deretwegen der Neufestsetzungsantrag gestellt war, mit zu berücksichtigen sind (Kemper FamRZ 73, 526).

12 **3)** Die **Entscheidung** ergeht durch Beschluß (Abs 1 S 1), der zu begründen ist. Der Beschluß tritt von dem in ihm bezeichneten Zeitpunkt an die Stelle der vorausgegangenen Festsetzung

und ist nunmehr Vollstreckungstitel nach § 794 I Nr 2a. Sind die die Änderung begründenden Umstände bereits eingetreten, ist namentlich die neue RegelbedarfsVO bereits in Kraft getreten oder die höhere Altersstufe bereits erreicht, so ist nach ständiger Rspr der Unterhalt vom Tag des Antragseingangs beim Gericht an neu festzusetzen (LGe Arnsberg Rpfleger 74, 27; Paderborn DAVorm 77, 177; Hanau DAVorm 77, 297; Konstanz DAVorm 77, 612; Stuttgart DAVorm 82, 387; Hamburg FamRZ 84, 1264 = MDR 85, 61; AG Hamburg DAVorm 77, 397; AG Berlin-Charlottenburg DAVorm 80, 484; ebenso Odersky FamRZ 73, 529, Rpfleger 74, 28; Brüggemann ZBlJugR 77, 47; anders LG Hamburg DAVorm 73, 46, 506, 575 und 80, 402; LG Berlin DAVorm 80, 667; Brühl/Göppinger/Mutschler Rn 1523; Künkel FAmRZ 84, 1064). Die herrschende Meinung verstößt gegen Abs 1 S 3 und § 323 III. Hiernach darf der Unterhalt nur für die Zeit ab Zustellung des Antrags neu festgesetzt werden. Diese Regelung läßt sich auch nicht mit der Erwägung beiseite schieben, daß bei Anträgen nach § 642 b nicht zwischen Anhängigkeit und Rechtshängigkeit zu unterscheiden sei. Im übrigen gleicht § 270 III den Unterschied zwischen beiden Auffassungen weitgehend aus. Auch nach der herrschenden Meinung kann der Unterhalt nicht rückwirkend für die Zeit vor Antragseingang neu festgesetzt werden (LG Gießen DAVorm 73, 505; Kemper FamRZ 72, 491); und zwar selbst dann nicht, wenn der Vater zugesagt hatte, die erhöhten Sätze schon vom Inkrafttreten ab zu zahlen (LG Berlin DAVorm 74, 58). Ebensowenig ist bei späterem Antrag eine rückwirkende Festsetzung auf den Zeitpunkt des vorausgegangenen Übertritts in eine höhere Altersgruppe möglich (LG München I DAVorm 74, 57). Andererseits ist der Zeitpunkt des Antragseingangs bzw der -zustellung auch maßgebend, wenn er mitten in eine Zahlungsperiode fällt (LG Baden-Baden DAVorm 77, 183; Kemper FamRZ 72, 491). Auch der Eingang bei einem unzuständigen Gericht wahrt den Abänderungszeitpunkt, wenn die Sache von dort gemäß § 281 an das zuständige AG verwiesen wird (LG Paderborn DAVorm 77, 177; LG Hannover Rpfleger 77, 453).

IV) Den Parteien stehen die gleichen **Rechtsbehelfe** wie bei der Erstfestsetzung zu (Abs 1 S 3 13
mit § 642 a III). Für die **Zwangsvollstreckung** gilt § 642 a Rn 9. Wird der Unterhalt neu festgesetzt, so geht der frühere Titel in dem neuen auf und wird durch ihn fortgesetzt. Frühere Vollstrekkungsakte behalten ihre rangwahrende Wirkung (Stuttgart Rpfleger 85, 199 = DAVorm 996 = Justiz 294). **Ändern sich die Verhältnisse** abermals, nachdem der Unterhalt neu festgesetzt worden ist, so ist zu unterscheiden: Änderungen des Regelbedarfs oder sonstiger, für die Berechnung des Regelunterhalts maßgeblicher Umstände lassen einen weiteren Neufestsetzungsantrag zu, sonstige wesentliche Änderungen der für die Unterhaltsbemessung maßgeblichen Verhältnisse eine Abänderungsklage gegen den Grundtitel (Rn 14).

V) Abgrenzung von Abänderungsklage und Neufestsetzung: Mit der Abänderungsklage kann 14
nur wiederum Regelunterhalt zuzüglich prozentualem Zuschlag oder abzüglich entsprechendem Abschlag verlangt werden. Da der vorhandene Titel nur den veränderten Verhältnissen angepaßt werden darf (§ 323 Rn 40), darf kein Zahlungstitel geschaffen werden (Wax FamRZ 84, 1040 mwN; Brüggemann ZfJ 84, 176). Im Klagantrag nach § 323 sind vorausgegangene Festsetzungs- oder Neufestsetzungsbeschlüsse nach den §§ 642 a, 642 b nicht zu erwähnen; zu klagen ist auf Änderung des Grundtitels. Entsprechend ist der Urteilstenor zu fassen. Die Abänderungsklage kann nur damit begründet werden, daß sich andere für die Unterhaltsbemessung maßgebliche Umstände als der Regelbedarf und die Anrechnungsbeträge geändert haben. Diese Umstände müssen zu einer Änderung der Zu- oder Abschläge von mindestens 10% führen (Künkel DAVorm 84, 954 f).

VI) Gebühren: 1) des **Gerichts:** Für die Entscheidung nach Abs 1 S 1, 2 wird eine streitwertunabhängige Festge- 15
bühr von 15 DM erhoben (KV Nr 1166). Wie bei § 642 a fällt die Gebühr immer an, gleichviel, ob es sich um eine dem Antrag stattgebende oder den Antrag ablehnende Entscheidung handelt oder ob nach mündl Verhandlung oder ohne (Rn 11) entschieden worden ist. Auch hier keine Gebühr, wenn der Antrag vor der Entscheidung zurückgenommen wird. Wegen der Fälligkeit der Gebühr, der Vorauszahlungspflicht, der Auslagen, des Kostenschuldners gilt das gleiche wie bei § 642 a; s dort Rn 11. Dasselbe gilt für die Protokollierung einer Einigung. Mehrere Neufestsetzungsverfahren unterliegen jeweils der Gebührenpflicht. Ergeht im Verfahren der Neufestsetzung keine Entscheidung, so entsteht wie bei KV Nr 1165 keine Entscheidungsgebühr nach KV Nr 1166. Das ist zB der Fall, wenn sich durch eine Entscheidung oder auch sonstige Erledigung des Abänderungsrechtsstreits nach § 323, der wegen Vorgreiflichkeit zur Aussetzung des Festsetzungsverfahrens führte, auch das Verfahren der Neufestsetzung erledigt hat. – Wegen des Beschwerdeverfahrens und der vorgeschalteten Rechtspflegererinnerung s § 642 a Rn 11. – **2)** des **Anwalts:** 5/10 der vollen Gebühr (§ 43 b I Nr 2 BRAGO). Wegen des Beschwerdeverfahrens (einschließlich der Rechtspflegererinnerung) s Rn 11 zu § 642 a. – **3) Prozeßkostenhilfe:** Die gleichzeitige Bewilligung der PKH für das Verfahren der Neufestsetzung des Regelunterhalts u für das nachfolgende ZwVollstreckungsverfahren hält das LG Stuttgart für unzulässig (Rpfleger 82, 309).

642 c *[Andere Regelunterhaltstitel]*
Die Vorschriften der §§ 642 a, 642 b gelten entsprechend, wenn

1. **in einem Vergleich der in § 794 Abs. 1 Nr. 1 bezeichneten Art der Vater sich verpflichtet hat, dem Kinde den Regelunterhalt zu zahlen;**
2. **in einer Urkunde, die von einem deutschen Gericht oder von einem deutschen Notar innerhalb der Grenzen seiner Amtsbefugnisse in der vorgeschriebenen Form aufgenommen worden ist, der Vater eine Verpflichtung der in Nummer 1 bezeichneten Art übernommen und sich der Festsetzung des Betrages des Regelunterhalts in einem Verfahren nach den §§ 642 a, 642 b unterworfen hat.**

1 **Erweiterung des Anwendungsbereichs der §§ 642 a, 642 b:** Auch in **Prozeßvergleichen** (§ 794 I Nr 1), die der Genehmigung des Vormundschaftsgerichts bedürfen (§ 1615 e II BGB), kann sich der nichteheliche Vater verpflichten, den Regelunterhalt (§ 642 Rn 10), evtl mit Zu- oder Abschlägen (§ 642 d), zu zahlen. Für eheliche Väter gilt dies nicht; s § 642 Rn 9. Den Vergleichen gleichgestellt sind gerichtliche (§ 62 Nr 2 BeurkG, § 3 Nr 1 f RPflG) und notarielle (§ 1 I BeurkG) Urkunden, ferner die von entsprechend ermächtigten Beamten oder Angestellten der **Jugendämter** aufgenommenen **Verpflichtungsurkunden** (§ 50 II JWG) und die konsularischen Urkunden (§ 10 KonsularG). Ebenso wie auf Grund von Regelunterhaltsurteilen (§§ 642, 643, 643 a) kann auf der Grundlage aller dieser Titel der geschuldete Unterhalt betragsmäßig festgesetzt (§ 642 a) oder neu festgesetzt (§ 642 b) werden. Bei Verpflichtungserklärungen wird allerdings weiter vorausgesetzt, daß sich der Vater dem Betragsfestsetzungsverfahren unterworfen hat (Nr 2). Daß der Vater sich der Zwangsvollstreckung unterworfen hat, fordert das Gesetz nicht. Hat der Vater im Kindschaftsprozeß die Vaterschaft zu Protokoll des Gerichts anerkannt und sich einseitig (nicht in einem Vergleich) zur Bezahlung des Regelunterhalts bereit erklärt, so kann der Unterhalt nicht festgesetzt werden (§ 641 c Rn 2). Einigen sich die Parteien gütlich und errichten eine neue Verpflichtungsurkunde, so wird dadurch das gerichtliche Festsetzungs- oder Neufestsetzungsverfahren entbehrlich (Kemper FamRZ 72, 491; 73, 527; Odersky Rpfleger 74, 210).

2 Verpflichtet sich der Vater durch Vergleich oder Verpflichtungsurkunde zur Bezahlung von X% des Regelunterhalts, nämlich gegenwärtig monatlich Y DM, und unterwirft er sich wegen dieses Betrages der Zwangsvollstreckung, so werden **Grundtitel und Festlegung des Betrages** in zulässiger Weise **kombiniert** (Kemper FamRZ 73, 526 f). Damit wird die gerichtl Erstfestsetzung (§ 642 a) erspart. Wenn sich aus dem Vergleich oder der Urkunde der Wille des Vaters ergibt, den jeweiligen (und nicht nur den ursprünglich festgelegten) Regelunterhalt zu bezahlen, kann der Unterhalt auch bei Änderung des Regelbedarfs oder der Anrechnungsbeträge neu festgesetzt werden (§ 642 b; LGe Aschaffenburg, Hechingen, Hanau DAVorm 73, 219, 220; 77, 682; weitergehend LG Wuppertal DAVorm 73, 383).

3 Zuweilen lauten **Vergleiche** und Verpflichtungserklärungen **auf bezifferte Beträge,** die sich mit den geltenden Regelunterhaltssätzen decken. Solche Titel können nicht durch Neufestsetzung (§ 642 b) späteren Änderungen der Regelunterhaltssätze angeglichen werden (LG Mainz DAVorm 77, 613); sie können nur im Vereinfachten Verfahren nach §§ 641 l ff der allgemeinen wirtschaftl Entwicklung angepaßt werden. Subsidiär (§ 323 V) kommt bei einer wesentl Veränderung der Verhältnisse auch die Abänderungsklage nach § 323 in Betracht; sie ist auch gegenüber jugendamtlichen Urkunden zulässig (BGH FamRZ 84, 997 = NJW 85, 64). Statt der Abänderungsklage kann ausnahmsweise auch Klage auf einen Zuschlag nach § 642 d in Betracht kommen, wenn in dem Vergleich oder der Verpflichtungsurkunde nur ein Mindestbetrag festgelegt und dem Kind bezüglich des überschießenden Betrags Zusatzklage offengehalten war (Odersky FamRZ 73, 529; StJ 2; anders LG Arnsberg DAVorm 74, 465; s Anm 4 zu § 642 d).

4 **Zuständigkeit und Verfahren** richten sich auch hier nach den §§ 642 a, 642 b.

642 d *[Regelunterhalt, Zuschlag, Abschlag]*
(1) Die §§ 642 bis 642 c sind auf die Verurteilung oder Verpflichtung des Vaters zur Leistung des Regelunterhalts zuzüglich eines Zuschlags oder abzüglich eines Abschlags oder zur Leistung eines Zuschlags zum Regelunterhalt sinngemäß anzuwenden.

(2) Der Zuschlag oder der Abschlag ist in einem Vomhundertsatz des Regelbedarfs (§ 1615 f Abs. 1 Satz 2, Abs. 2 des Bürgerlichen Gesetzbuchs) zu bezeichnen. Der Unterhaltsbetrag, der sich infolge des Zuschlags oder Abschlags ergibt, ist auf volle Deutsche Mark abzurunden, und zwar bei Beträgen unter fünfzig Pfennig nach unten, sonst nach oben.

Allgemeines. Da die RegelunterhVO einfache Verhältnisse im Auge hat u der sich aus ihr ergebende Unterhalt als Mindestbetrag gedacht ist (§ 1615f I BGB), kann der nach den Lebensverhältnissen beider Eltern angemessene Unterhalt (§ 1615c BGB) zu einem Zuschlag zum Regelunterhalt führen, ausnahmsweise auch zu einem Abschlag (§ 1615h BGB; vgl Müller ZBlJugR 73, 135; Kemper FamRZ 73, 522; Brüggemann DAVorm 73, 459). Der Zu- oder Abschlag ist in Prozenten des Regelbedarfs festzulegen, nicht des Regelunterhalts (Abs 2 S 1). 1

Statt auf Zahlung einer bezifferten Unterhaltsrente kann das nichteheliche Kind auf Zahlung des **Regelunterhalts klagen.** Steht ihm nach § 1615c ein höherer Unterhalt als dieser zu, so kann es – wie § 642d voraussetzt – neben dem Regelunterhalt einen prozentualen **Zuschlag** zum Regelbedarf verlangen (Firsching Rpfleger 70, 43; Damrau FamRZ 70, 288 f). Steht dem Kind nach § 1615h BGB weniger als der Regelunterhalt zu, so hat das Gericht auf diesen abzüglich eines prozentualen Abschlags vom Regelbedarf zu erkennen. Auch in einem Vergleich oder einer Urkunde nach § 642c kann die Unterhaltspflicht des Vaters in der Weise festgelegt werden, daß er den Regelunterhalt zuzügl eines Zuschlags oder abzügl eines Abschlags zu entrichten hat (Abs 1 mit § 642c). 2

Dem Grundtitel entsprechend hat der Rechtspfleger im Betragsfestsetzungsverfahren den Regelunterhalt zuzügl des zugesprochenen Zuschlags zahlenmäßig in einer Summe festzusetzen, bei Regelunterhalt abzügl eines Abschlags den sich ergebenden Restbetrag. Mit § 642d wird erreicht, daß sich eine Änderung des Regelbedarfs auch auf den Zu- oder Abschlag auswirkt und im Neufestsetzungsverfahren (§ 642b) automatisch mitberücksichtigt wird. 3

Nachträgliche Klage auf Zu- oder Abschlag. Besteht ein Regelunterhaltstitel, so kann das Kind nur mit der Abänderungsklage (§ 323) auf einen Zuschlag zum Regelunterhalt klagen (Damrau FamRZ 70, 288f Fußn 47; Müller/Gindullis FamRZ 72, 315; s a BGHZ 34, 110). Ist durch Vergleich der Unterhalt nur teilweise geregelt worden und hat das Kind sich bezüglich seiner Mehrforderung die Zusatzklage offengehalten, so kann es auf zusätzliche Leistung und nicht auf Abänderung klagen (Odersky FamRZ 73, 529). Hat die Zusatzklage Erfolg, so wird bei der Betragsfestsetzung nach § 642a der Unterhalt auf Grund der zusammengefaßten beiden Titel in einer Summe festgesetzt. Eine Abänderungsklage liegt auch vor, wenn der durch einen Titel zum Regelunterhalt verpflichtete Vater nachträglich einen Abschlag verlangt (dazu v d Boom ZBlJugR 73, 3; Brüggemann DAVorm 73, 459). Dringt er damit durch, so ist im Betragsfestsetzungsverfahren die sich aus den zusammengefaßten Titeln ergebende Restsumme festzusetzen (vgl LG Saarbrücken DAVorm 77, 396).Unrichtig ist die Auffassung von Kemper FamRZ 73, 527 und LG Arnsberg DAVorm 74, 365, die für die nachträgl isolierte Zusatz- oder Abschlagsklage § 643a für entsprechend anwendbar halten. 4

Rundung. Sind bei der Berechnung des Regelbedarfs Zu- oder Abschläge vorzunehmen und Leistungen (Kindergeld) anzurechnen, so ist nur das Endergebnis zu runden, nicht aber das Zwischenergebnis (LG Hamburg DAVorm 82, 388; anders LG Berlin DAVorm 82, 479). 5

V) Gebühren des **Gerichts** u des **Anwalts** s Rn 11 zu § 642a. 6

642 e *[Stundung, Sicherheitsleistung]*

Das Gericht kann die Stundung rückständigen Unterhalts von einer Sicherheitsleistung abhängig machen.

Lit: *Berner* Rpfleger 70, 152 f; *Brüggemann* FamRZ 69, 127 f; *Brühl/Göppinger/Mutschler* 1248, 1490 ff, 1500 f, 1505; *Damrau* FamRZ 70, 289; *Firsching* Rpfleger 70, 45 f.

I) Systematische Stellung der Vorschrift: § 642e greift nur eine Einzelfrage bezüglich der Stundung heraus. Unter welchen Voraussetzungen und in welchem Verfahren das Gericht Unterhaltsrückstände des nichtehelichen Vaters (vgl § 1615d BGB) auch ohne Einverständnis des Berechtigten stunden kann, ergibt sich aus § 1615i BGB u §§ 643 I 2, 643a. 1

1) Nach § 1615i I BGB kommen für die Stundung nur **Unterhaltsleistungen** in Betracht, die fällig geworden sind, **bevor** der Mann die **Vaterschaft anerkannt** hatte **oder** gegen ihn eine gerichtl **Entscheidung** (Urteil, einstw Anordnung) erging, die seine Verpflichtung zum Regelunterhalt oder zur Zahlung aussprach. Danach fällig gewordene Unterhaltsleistungen scheiden für eine Stundung aus, weil sich der Mann nach der Vaterschaftsanerkennung oder Verurteilung auf die Erfüllung seiner Unterhaltspflicht einrichten mußte. 2

2) In den gleichen zeitlichen Grenzen können vom Gericht auch Ansprüche Dritter gestundet werden, die dem Kind einstweilen Unterhalt geleistet hatten und dafür vom nichtehelichen 3

Vater Ersatz verlangen (§ 1615i III BGB; Hauptfälle: § 1615b BGB, § 90 BSHG, § 7 UnterhVorschG). Gestundet werden können ferner die Ansprüche der Mutter nach § 1615 l BGB auf Unterhalt für die Zeit vor und nach der Entbindung (§ 1615 l III 4 BGB).

4 Frei.

5 **II) Anbringung des Stundungsverlangens, Verfahren bei Stundung** durch das Gericht: **1) Unterhaltsprozeß und Betragsfestsetzungsverfahren:** Das Gesetz regelt nicht, in welchem Verfahren über die Stundung zu entscheiden ist. Da Stundung und Herabsetzung des Unterhalts zusammenhängen (§ 1615i II 2 BGB), kann Stundung nur im Unterhaltsprozeß oder im Beurkundungsverfahren verlangt werden. **Konsequenzen:**

6 **a)** Klagen des nichtehelichen Kindes auf Zahlung einer Unterhaltsrente, auf Sonderbedarf oder auf Regelunterhalt evtl mit Zu- oder Abschlägen (§§ 642, 642d ZPO, 1601 ff, 1615a, 1613 II, 1615h II BGB; Klagen Dritter (Rn 3). In solchen gewöhnlichen Unterhaltsprozessen muß der verklagte Vater das Stundungsbegehren als Einwendung geltend machen (Damrau aaO S 289; vgl a Brüggemann aaO S 128; Firsching aaO S 44, 45); einer Widerklage bedarf es dazu nicht. Das Gericht entscheidet darüber im Urteil (z Kostenentscheidung s § 93d). Später kann Stundung durch das Gericht nicht mehr verlangt werden, insbesondere nicht im Verfahren zur Festsetzung oder Neufestsetzung des Regelunterhalts gemäß §§ 642a, 642b. Ausnahme s Rn 10.

7 **b)** Erhebt das Kind Vaterschaftsfeststellungsklage und beantragt es zugleich die Verurteilung des Mannes zum Regelunterhalt (§ 643), so kann dieser in diesem Verfahren keine Stundung verlangen (§ 643 I 2); denn im Kindschaftsprozeß wird auf die Unterhaltsansprüche nicht sachlich eingegangen (§ 643 Rn 2). Für die Stundung ist (in engen zeitlichen Grenzen) erst Raum im Nachverfahren nach § 643a, sei es im Urteilsverfahren nach § 643a I, sei es im Beschlußverfahren nach § 643a IV 2 (§ 643a Rn 2). Später ist eine Stundung durch das Gericht nicht mehr möglich, insbesondere nicht im Verfahren auf Festsetzung oder Neufestsetzung des Regelunterhalts nach §§ 643a, 642a, 642b. Ausnahme s Rn 10.

8 **c)** Ist die Zahlungspflicht des Vaters durch Vergleich oder vollstreckbare Urkunde festgelegt, so ist für eine nachträgliche Stundung durch das Gericht kein Raum mehr. Ausnahme s Rn 10.

9 **d)** Im Verfahren der einstweiligen Anordnung (§ 641d) kann das Gericht keine Stundung gewähren.

10 **2)** Sind die eine Stundung rechtfertigenden Umstände erst nach rechtskräftiger Entscheidung des Unterhaltsprozesses oder nach Abschluß eines Vergleichs bzw Schaffung einer vollstreckbaren Urkunde eingetreten, so kann der Stundungseinwand mit der **Vollstreckungsabwehrklage** geltend gemacht werden. Die Abänderungsklage paßt nicht, weil § 323 nur künftig fällige Unterhaltsrenten betrifft (StJSchlosser 1).

11 **3) Stundung** darf nur gewährt werden, wenn sie der **Billigkeit** entspricht (§ 1615i I BGB), zB wenn sich seit der Geburt des Kindes erhebliche Unterhaltsrückstände angesammelt haben, die wegen § 1600a S 2 BGB zunächst nicht geltend gemacht werden konnten und die der nunmehr festgestellte Vater nicht auf einmal zahlen kann. Regelmäßig wird die Stundung mit der Auflage von **Ratenzahlungen unter Verfallklausel** verbunden werden. § 642e stellt klar, daß die Stundung auch von einer **Sicherheitsleistung** abhängig gemacht werden kann, deren Art und Höhe das Gericht nach freiem Ermessen bestimmt (vgl § 108). Eine Möglichkeit, die Stundungsentscheidung nachträglich aufzuheben oder abzuändern, ist in § 642f vorgesehen. Nur dafür gibt es ein isoliertes Verfahren.

12 **III) Erlaß rückständigen Unterhalts** (dazu Brüggemann FamRZ 69, 127f; Firsching Rpfleger 70, 46; Damrau FamRZ 70, 289; Brühl/Göppinger/Mutschler 1490 ff): **1) Rechtsgrundlagen:** Nach § 1615i II BGB können auf Antrag des nichtehelichen Vaters Unterhaltsrückstände uU sogar erlassen werden, wenn dies zur Vermeidung unbilliger Härten erforderlich ist und solche auch nicht dadurch vermieden werden können, daß der Unterhalt für die Vergangenheit niedriger als der Regelunterhalt festgesetzt (§ 1615h I BGB) oder gestundet wird. Ein Erlaß kommt zB in Betracht, wenn der Vater eine größere Familie zu unterhalten hat und seine Leistungsfähigkeit gering ist. Unter den gleichen Voraussetzungen kann das Gericht auch Ersatzansprüche Dritter erlassen, die dem Kind einstweilen Unterhalt gewährt haben (§ 1615i III BGB). Unterhaltsansprüche der Mutter für die Zeit vor und nach der Entbindung (§ 1615 l BGB) können zwar gestundet, aber nicht erlassen werden; § 1615i II ist in § 1615 l III 4 BGB nicht für entsprechend anwendbar erklärt. Erlassen werden können nur Ansprüche, die länger als 1 Jahr vor Anerkennung der Vaterschaft oder Erhebung der Vaterschaftsfeststellungsklage fällig geworden sind (§ 1615i II 1 BGB); durch Erhebung dieser Klage innerhalb eines Jahres seit der Geburt kann also verhindert werden, daß Unterhaltsansprüche des Kindes (oder Ersatzansprüche Dritter) durch das Gericht erlassen werden.

2) Verfahren: Über das Erlaßbegehren des Vaters entscheidet das Gericht stets im Urteilsverfahren, sei es auf Einwendung des Vaters im gewöhnlichen, auf Unterhalts- oder Ersatzleistung gerichteten Prozeß, sei es (im Falle des § 643) im Nachverfahren nach § 643 a. Ein Beschlußverfahren wie im Falle des § 643 a IV 2 bei bloßem Stundungsbegehren ist nicht vorgesehen. Im Verfahren auf ziffernmäßige Festsetzung oder Neufestsetzung des Regelunterhalts (§§ 642 a, 642 b, 643 II) kann kein Erlaß gewährt werden. Es gibt auch kein isoliertes Verfahren, in dem nachträglich Rückstände erlassen werden könnten. 13

642 f

[Änderung von Stundungsentscheidungen]

(1) Hat das Gericht rückständigen Unterhalt gestundet, so kann die Entscheidung auf Antrag aufgehoben oder geändert werden, wenn sich die Verhältnisse nach der Entscheidung wesentlich geändert haben oder der Vater mit einer ihm obliegenden Unterhaltsleistung in Verzug gekommen ist. § 642 a Abs. 2, 3 gilt entsprechend, es sei denn, das Verfahren ist mit einem Verfahren nach § 323 verbunden.

(2) Ist in einem Schuldtitel des § 642 c, des § 642 d in Verbindung mit § 642 c oder des § 794 Abs. 1 Nr. 1 oder 5 die Zahlungsverpflichtung für rückständige Beträge in einer der Stundung entsprechenden Weise beschränkt, so ist Absatz 1 entsprechend anzuwenden.

Lit: *Berner* Rpfleger 70, 152; *Brühl/Göppinger/Mutschler* 1532 ff.

I) Voraussetzungen für die Abänderung der Stundung. Stundung: § 642 e Rn 1–11. Hat das Gericht in seinem Urteil rückständige Unterhaltsansprüche des nichtehelichen Kindes oder Ersatzansprüche eines Dritten, der einstweilen für den Unterhalt aufgekommen war (s § 644 I) oder Unterhaltsansprüche der Mutter nach § 1615 l I BGB gestundet oder hat der Rechtspfleger nach § 643 a IV 2 rückständige Unterhaltsansprüche des Kindes gestundet, so kann diese Entscheidung nach § 642 f I geändert oder aufgehoben werden, wenn sich die Verhältnisse inzwischen geändert haben, insbesondere wenn sich nachträglich die wirtschaftliche Lage des Vaters wesentlich gebessert oder verschlechtert hat, oder wenn der Vater mit den ihm auferlegten Raten oder neu fällig gewordenen Leistungen (ohne Mahnung: § 284 II 1 BGB) in Verzug gekommen ist. Antrag des Anspruchsberechtigten oder des Vaters ist erforderlich. 1

II) Beschlußverfahren. 1) Zuständig ist das AG (der **Rechtspfleger,** § 20 Nr 11 RpflG) des allgemeinen Gerichtsstands des Antraggegners (§§ 12 ff), also nicht notwendig das Gericht, das die Stundung gewährt hatte. Bei diesem Gerichtsstand ist es mangels Verweisung auf § 642 a IV verblieben. Die dortige Neuregelung der Zuständigkeit ist hier nicht maßgeblich (StJSchlosser 3, BLAlbers 3; anders ThP 3 a). Der Rechtspfleger hat den Antragsgegner zu **hören**; mündliche **Verhandlung** ist freigestellt (§ 642 f I 2 mit § 642 a II). 2

2) Entscheidung durch Beschluß (Kostenentscheidung s § 93 d I 2, II), der bei mündl Verhandlung zu verkünden und stets zuzustellen ist (§ 329 I, III). Entscheidungsinhalt: Abweisung, Aufhebung oder Änderung der Stundung. Änderungen zuungunsten des Vaters, zB durch Erhöhung der Tilgungsraten, Einführung einer Verfallklausel, Anordnung von Sicherheitsleistung, Widerruf der Stundung überhaupt. Auch Änderungen zugunsten des Vaters sind mögl zB durch Streckung der Tilgung. Die Entscheidung ist nach Billigkeitsgesichtspunkten (§ 1615 i I BGB) zu treffen: Verzug führt nicht automatisch zur Aufhebung der Stundung. Die Aufhebung oder Änderung steht im Ermessen des Rechtspflegers („kann"). Daß der Vater sich zur Zeit der Entscheidung noch im Verzug befindet, fordert das Gesetz nicht. Die Stundung kann trotz Heilung des Verzuges aufgehoben werden. Regelmäßig wird aber die Heilung des Verzuges Anlaß bieten, von einer Aufhebung der Stundung abzusehen, namentlich bei einmaliger Nachlässigkeit oder unverschuldetem Verzug (§ 279 BGB). 3

3) Rechtsbehelf und Rechtsmittel: Befristete Erinnerung (§ 11 I 2 RpflG), der der Rechtspfleger nicht abhelfen kann (§ 11 II 1 RpflG). Weiteres Verfahren: § 11 II 2–5 RpflG. Beschwerdegericht ist das LG (§ 72 GVG). Gg eine abändernde oder aufhebende Entscheidung des Richters sofortige Beschwerde; keine weitere Beschwerde (§ 642 f I 2 mit § 642 a III). Im Erinnerungs- und Beschwerdeverfahren ist das Ermessen des Rechtspflegers uneingeschränkt zu überprüfen. 4

III) Urteilsverfahren. Ist eine Abänderungsklage nach § 323 anhängig, soll also das Urteil, durch das Stundung gewährt wurde, auch noch in sonstiger Beziehung abgeändert werden, so ist das Verfahren nach § 642 f zweckmäßigerweise mit der Abänderungsklage zu verbinden. Dann ergeht ein einheitliches Urteil. Auch wenn dieses nur wegen der Stundung angefochten wird, findet nicht die sofortige Beschwerde, sondern die Berufung statt. 5

6 **IV) Abs 2.** Das Beschlußverfahren nach § 642f I findet auch statt, wenn in einem Vergleich oder einer vollstreckbaren Urkunde (§§ 642c ZPO, 49 JWG) die Unterhaltsschuld des nichtehelichen Vaters gestundet war und keine Abänderungsklage gegen den Titel anhängig ist. Bei Anhängigkeit einer solchen Klage gilt Rn 5.

7 **V) Gebühren: 1)** des **Gerichts:** Festgebühr von 15 DM (KV Nr 1168). Ergeht keine Entscheidung, so entsteht auch keine Entscheidungsgebühr nach KV Nr 1168. Ebenfalls keine Gebühr, wenn der Antrag vor der Entscheidung zurückgenommen wird. Auf den Anfall der Festgebühr ist es ohne Einfluß, ob es sich um eine dem Antrag stattgebende oder ihn ablehnende Entscheidung handelt oder ob nach mündl Verhandlung oder ohne entschieden worden ist. Wegen der Fälligkeit der Gebühr, der Vorauszahlungspflicht, der Auslagen, des Kostenschuldners, des Beschwerdeverfahrens und der vorgeschalteten Rechtspflegererinnerung s Rn 11 zu § 642a. – **2)** des **Anwalts:** $\frac{5}{10}$ der vollen Gebühr (§ 43b I Nr 4 BRAGO). Diese Gebühr gilt auch eine etwaige Tätigkeit des RA in einer mündl Verhandlung oder in einer Beweisaufnahme usw mit ab; s dazu und wegen des Beschwerdeverfahrens (einschließlich der Rechtspflegererinnerung) Rn 11 zu § 642a sowie Hartmann, KostGes BRAGO § 43b Anm 1 B a, b u 2. – **3) Streitwert** für die Anwaltsgebühr: Das Interesse des Antragstellers an der Aufhebung oder Änderung der Stundungsentscheidung (nach oben begrenzt iS von § 17 I GKG).

8 **VI) Aktenbehandlung.** Eintrag im ZivProzReg des AG unter „H", AktO § 13 Nr 5 Satz 3, Muster 20.

643 *[Nebenantrag auf Unterhalt im Kindschaftsprozeß]*

(1) Wird auf Klage des Kindes das Bestehen der nichtehelichen Vaterschaft festgestellt, so hat das Gericht auf Antrag des Beklagten zugleich zu verurteilen, dem Kinde den Regelunterhalt zu leisten. Herabsetzung des Unterhalts unter den Regelunterhalt sowie Erlaß und Stundung rückständiger Unterhaltsbeträge können in diesem Verfahren nicht begehrt werden.

(2) § 642a gilt entsprechend mit der Maßgabe, daß der Betrag des Regelunterhalts nicht vor Rechtskraft des Urteils, das die Vaterschaft feststellt, festgesetzt wird.

Lit: *Brühl/Göppinger/Mutschler* 1192, 1440 ff; *Damrau* FamRZ 70, 289 f; *Firsching* Rpfleger 70, 14; *Göppinger* FamRZ 70, 167 f; *Kemper* FamRZ 73, 522; *Demharter* FamRZ 85, 977.

1 **I) Überblick:** Zur Zahlung von Unterhalt kann der Vater eines nichtehelichen Kindes erst verurteilt werden, wenn die Vaterschaft anerkannt oder rechtskräftig festgestellt worden ist (§ 1600a BGB). § 640c verbietet die Verbindung von Zahlungs- und Vaterschaftsfeststellungsklage. Dennoch braucht das Kind nicht in jedem Fall zwei Prozesse zu führen, sondern kann nach § 643 im Kindschaftsprozeß beantragen, den Vater zur Leistung des Regelunterhalts zu verurteilen. Diesen kann es dann nach § 642a festsetzen lassen. Zu einem zweiten Prozeß kommt es nur, wenn das Kind höheren Unterhalt als den Regelunterhalt begehrt oder wenn der Vater die Herabsetzung des Unterhalts unter den Regelunterhalt oder den Erlaß rückständigen Unterhalts verlangt (§ 643a I).

1a **II) Regelunterhaltsantrag neben Vaterschaftsfeststellungsklage.** Der Antrag auf Verurteilung zum Regelunterhalt kann schon mit der Klage verbunden, aber auch noch bis zum Schluß der letzten mündlichen Verhandlung nachgebracht werden. Nach dem Wortlaut des Gesetzes kann der Antrag auf Regelunterhalt nur neben der positiven Vaterschaftsfeststellungsklage des Kindes gestellt werden. Wird das Kind vom Mann mit negativer Feststellungsklage überzogen, so kann es, um den Regelunterhaltsanspruch durchzusetzen, Widerklage auf Feststellung der Vaterschaft erheben, für die trotz des gleichartigen Klageziels gerade deswegen ein Rechtsschutzbedürfnis besteht; vgl § 640c Rn 5. Nach StJSchlosser 4 kann der Antrag allerdings auch ohne Widerklage gestellt werden. Bezifferte Unterhaltsansprüche können zusammen mit der Vaterschaftsfeststellungsklage nicht erhoben werden; ebensowenig können Zuschläge zum Unterhalt verlangt werden (Zweibrücken FamRZ 80, 1066). Auch Unterhaltsansprüche nach dem Recht der DDR können dem Anspruch auf Regelunterhalt nicht gleichgestellt werden (Celle FamRZ 75, 509). Ist die Unterhaltsklage bei einem anderen Gericht rechtshängig, so kann der Antrag auf Verurteilung zum Regelunterhalt nicht gestellt werden (Celle NdsRpfl 70, 761 = DAVorm 364; Braunschweig DAVorm 70, 420; Köln DAVorm 75, 347/351; anders StJSchlosser 9).

2 **III) Beschränkter Verfahrensgegenstand. 1) Höhe des Unterhalts:** Damit der Kindschaftsprozeß nicht mit Unterhaltsfragen belastet wird und eine schnellere Entscheidung über die Vaterschaft möglich ist, ist im Verfahren nach § 643 nicht zu prüfen, ob der Vater materiellrechtlich nach § 1615c BGB einen höheren als den Regelunterhalt schulden würde, andererseits auch nicht, ob er nach § 1615h BGB weniger zu leisten hätte. Auf prozentuale Zuschläge zum oder Abschläge vom Regelunterhalt kann, anders als im Falle des § 642 (§ 642d), nicht erkannt werden. Abs 1 S 2 bezeichnet zwar nur eine Herabsetzung unter den Regelunterhalt als unzulässig;

nach dem Gesetzeszweck gilt aber für einen Zuschlag zum Regelunterhalt das gleiche (Göppinger aaO; Damrau aaO 290; Kemper aaO 523). Ebensowenig ist im Kindschaftsprozeß über eine Stundung oder einen Erlaß rückständiger Unterhaltsbeträge zu befinden (Abs 1 S 2). Für diese Fragen steht im Bedarfsfall das Nachverfahren nach § 643 a offen, das im Urteil nach § 643 nicht besonders vorbehalten werden muß (Göppinger FamRZ 70, 168 Fn 13).

2) Sonstige Einwendungen: Zur Klärung anderer Fragen als der Höhe des Unterhalts, der Stundung und des Erlasses rückständigen Unterhalts ist das Nachverfahren (§ 643 a) nicht geschaffen. Über sonstige Einwendungen gegen den Unterhaltsanspruch (Aufnahme des Kindes in den väterlichen Haushalt, § 1615f I 1 BGB – Karlsruhe DAVorm 84, 490 = Justiz 207, KG FamRZ 86, 1039, Erfüllung, Forderungsübergang gemäß §§ 1615 b BGB, 90 II BSHG, 7 UnterhVorschG) ist bereits im Kindschaftsprozeß zu entscheiden, nicht erst im Nachverfahren (BGH FamRZ 81, 32 = NJW 393 = MDR 392 mwN; und FamRZ 82, 50 = NJW 515 = MDR 225; Karlsruhe aaO; anders Stuttgart Justiz 79, 228; Celle NdsRpfl 79, 142 = DAVorm 348 mwN; Frankfurt DAVorm 80, 728). **Konsequenzen** der Auffassung des BGH: 3

a) Hat der beklagte Vater oder ein Dritter, auf den der Unterhaltsanspruch des Kindes übergegangen ist, für die Zeit bis zum Erlaß des Urteils im Kindschaftsprozeß den **Regelunterhalt vollständig bezahlt,** so ist der Antrag auf Verurteilung zum Regelunterhalt für diese Zeit abzuweisen. Die Abweisung hindert das Kind nicht daran, mit der Abänderungsklage nach § 643 a vom Vater die Differenz zwischen dem Regelunterhalt und dem nach den individuellen Verhältnissen angemessenen Unterhalt nachzufordern. 4

b) Hat eine der zuvor genannten Personen einen **Teil des Regelunterhalts bezahlt,** so ist die Klage in Höhe des bezahlten Betrages abzuweisen und der Beklagte im übrigen zur Zahlung des Regelunterhalts zu verurteilen. 5

c) Hamm (DAVorm 81, 769) berücksichtigt die cessio legis des Unterhaltsanspruchs an einen Dritten nur, wenn die Parteien hierfür Tatsachen vortragen; Karlsruhe (DAVorm 82, 214 = 487 mwN) erstreckt die Amtsermittlungspflicht des Gerichtes hierauf. Grundsätzlich ist im Kindschaftsprozeß der Sachverhalt von Amts wegen zu ermitteln (§ 640 I mit § 616 I). Für den Einwand der Zahlung oder des Rechtsübergangs gilt ausnahmsweise der Beibringungsgrundsatz. Es besteht kein Grund dafür, diesen Einwand verschieden zu behandeln, je nachdem, ob er im Antragsverfahren des § 643 oder im normalen Unterhaltsprozeß vorgebracht wird (anders Demharter FamRZ 85, 979). 6

IV) Zuerkannter Regelunterhalt, Vollstreckung. Wird der Regelunterhalt zuerkannt, bevor die im gleichen Urteil enthaltene Feststellung der Vaterschaft des Beklagten rechtskräftig geworden ist, so wird damit an sich der Grundsatz des § 1600 a S 2 BGB durchbrochen. Eine Verurteilung zum Regelunterhalt läßt sich jedoch nicht vollstrecken; nach § 704 II darf das Urteil auch hinsichtlich des Ausspruchs über den Regelunterhalt nicht für vorläufig vollstreckbar erklärt werden. Aus diesem Grunde darf erst nach Rechtskraft des Vaterschaftsfeststellungsurteils das Betragsfestsetzungsverfahren nach § 642 a durchgeführt werden (Abs 2). 7

V) Weiteres zum Verfahren. Auch wenn der Antrag auf Zuerkennung des Regelunterhalts gestellt wird, ist das Verfahren Kindschaftssache (BGH MDR 71, 566; NJW 72, 11; 74, 751; Hamm FamRZ 72, 150; NJW 72, 1094; Celle DAVorm 74, 383). Es gelten die Grundsätze des § 640 I; Ausnahme s Rn 6. Die **Zuständigkeitsvorschrift** des § 641 a gilt auch für den Nebenantrag auf Verurteilung zum Regelunterhalt. Dieser Antrag darf auch in Fällen mit Auslandsberührung, in denen dem Gericht die Zuständigkeit für isolierte Unterhaltsklagen fehlen würde, nicht zurückgewiesen werden (str, s Rn 3 vor § 642). Dies gilt auch dann, wenn das deutsche Gericht nach dem EuGVÜ für einen isolierten Unterhaltsanspruch nicht zuständig ist (StJSchlosser 7; Grunsky JZ 73, 643). Kindschaftssache bleibt der Rechtsstreit auch dann, wenn der beklagte Mann im Prozeß die Vaterschaft gemäß § 641 c anerkennt, so daß nur noch über den Regelunterhalt zu entscheiden ist (BGH NJW 72, 111; 74, 751; Hamm NJW 72, 1094); zum Verfahren in diesem Fall s § 641 c Rn 2. Auch am Rechtszug AG–OLG (§ 119 Nr 1 und 2 GVG) ändert sich nichts. Das OLG hat auch dann zu entscheiden, wenn der Mann sich mit seiner Berufung nur gegen die Verurteilung zum Regelunterhalt wendet (BGH NJW 72, 111; 74, 751; FamRZ 80, 48 = NJW 292). Wird auf die Berufung des Mannes das Vaterschaftsfeststellungsurteil aufgehoben, so entfällt damit auch die Verurteilung zum Regelunterhalt (Damrau FamRZ 70, 290; anders Göppinger FamRZ 70, 168 Fußn 16). Da gegen die Entscheidung über das Bestehen der Vaterschaft die Revision nur stattfindet, wenn das OLG sie zugelassen hat (§ 546 I), findet auch gegen die Verurteilung zum Regelunterhalt keine Wertrevision statt (analog § 621 d I). Wenn sich durch den Tod des Mannes der Kindschaftsprozeß erledigt (§§ 640 I, 619), erledigt sich damit auch der Nebenantrag auf Regelunterhalt. Wenn nunmehr das Vormundschaftsgericht die Vaterschaft feststellt (§ 1600 n II BGB), ist der Unterhaltsanspruch mit selbständiger Unterhaltsklage (§ 642) weiterzuverfolgen (Stutt- 8 gart FamRZ 73, 466). Der Regelunterhalt kann nicht mehr zugesprochen werden, wenn das Kind inzwischen in den Haushalt des Vaters aufgenommen wurde (§ 1615f I 1 Halbs 2 BGB); dann bestimmt der Vater die Art, wie er Unterhalt gewährt (§§ 1615a, 1612 II BGB; KG FamRZ 75, 712).

9 **VI) Gebühren** des **Gerichts** u des **Anwalts** wie im ordentl Prozeß; KV Nrn 1010 ff und §§ 31 ff BRAGO. Streitwert: s § 3 Rn 16 „Unterhalt" u § 12 III GKG.

643 a *[Abänderung des Ausspruchs über den Regelunterhalt]*

(1) Den Parteien ist im Falle des § 643 Abs. 1 Satz 1 vorbehalten, von der Rechtskraft des Urteils an im Wege einer Klage auf Abänderung der Entscheidung über den Regelunterhalt zu verlangen, daß auf höheren Unterhalt, auf Herabsetzung des Unterhalts unter den Regelunterhalt oder auf Erlaß rückständiger Unterhaltsbeträge erkannt wird, oder Stundung rückständiger Unterhaltsbeträge zu beantragen.

(2) Das Urteil darf, wenn die Klage auf höheren Unterhalt oder auf Herabsetzung des Unterhalts unter den Regelunterhalt nicht bis zum Ablauf von drei Monaten nach Rechtskraft des Beschlusses, der den Betrag des Regelunterhalts festsetzt, erhoben wird, nur für die Zeit nach Erhebung der Klage abgeändert werden. Die Klage auf Erlaß und der Antrag auf Stundung rückständiger Unterhaltsbeträge sind nur bis zum Ablauf dieser Frist zulässig. Ist innerhalb der vorgenannten Frist ein Verfahren nach Abs 1 anhängig geworden, so läuft die Frist für andere Verfahren nach Abs 1 nicht vor Beendigung des ersten Verfahrens ab.

(3) Ist die Frist nach Abs 2 noch nicht abgelaufen, so ist das Gericht ausschließlich zuständig, das im ersten Rechtszug über die Klage auf Feststellung des Bestehens der nichtehelichen Vaterschaft erkannt hat.

(4) Sind mehrere Verfahren nach Abs 1 anhängig, so ordnet das Gericht die Verbindung zum Zwecke gleichzeitiger Verhandlung und Entscheidung an. Ist nur ein Antrag auf Stundung gestellt, so wird durch Beschluß entschieden; § 642a Abs. 2, 3 gilt entsprechend.

1 **I) Allgemeines. 1) Sinn der Regelung:** Abs 1 ermöglicht es den Parteien des Vaterschaftsfeststellungs- und Regelunterhaltsprozesses; in einem Nachverfahren die pauschale Verurteilung zum Regelunterhalt dem sachlichen Unterhaltsrecht anzupassen, wenn der nichteheliche Vater zu höherem oder geringerem Unterhalt als dem Regelunterhalt verpflichtet ist (§§ 1615c, 1615h BGB). Zu diesem Zweck ist den Parteien kraft Gesetzes eine Klage auf Änderung der Entscheidung über den Regelunterhalt vorbehalten. Im Urteil nach § 643 braucht der Vorbehalt nicht ausgesprochen zu werden (BGH FamRZ 81, 32 = NJW 393). Da die Verurteilung zum Regelunterhalt im Kindschaftsprozeß nicht auf einer Erforschung der individuellen Verhältnisse der Parteien beruht, ist die Anpassung nach Abs 1 – anders als bei einer Abänderungsklage nach § 323 – nicht davon abhängig, daß sich seit der letzten mündlichen Verhandlung im Kindschaftsprozeß die Verhältnisse wesentlich geändert haben (Damrau FamRZ 70, 291 Fn 73).

2 **2) Gestaltungsmöglichkeiten der Parteien.** Wie bei der isolierten Unterhaltsklage (§ 642) kann auch im Falle des § 643a die an der Anpassung interessierte Partei entsprechend § 642d auf Regelunterhalt zuzüglich eines prozentualen Zuschlags oder abzüglich eines solchen Abschlages klagen. Für das Kind besteht auch die Möglichkeit, statt Regelunterhalt plus prozentualem Zuschlag einen über dem Regelunterhalt liegenden ziffernmäßig bestimmten Unterhaltsbetrag zu verlangen, was allerdings zur Folge hat, daß sich dann eine spätere Anhebung des Regelbedarfs auf den Aufschlag nicht auswirkt. Dagegen ist der zunächst zum Regelunterhalt verurteilte Mann nicht berechtigt, statt auf Vornahme eines prozentualen Abschlags auf einen unter dem Regelunterhalt liegenden ziffernmäßig bestimmten Unterhaltsbetrag zu klagen (so aber Damrau FamRZ 70 290 Fn 67; ThP 2b; Odersky II 2b); denn damit würde der Unterhaltsverpflichtete die dem Unterhaltsberechtigten zustehende (vgl § 642) Wahl zwischen einem bezifferten Unterhaltstitel und einem durch Betragsfestsetzung auszufüllenden Regelunterhaltstitel an sich ziehen. Nach Abs 1 hat der Mann im Nachverfahren die ihm im Kindschaftsprozeß nach § 643 I 2 verschlossene Möglichkeit, auf Stundung (§ 1615i I BGB) oder Erlaß (§ 1615i II BGB) rückständiger Unterhaltsbeträge anzutragen.

3 **3) Verfahren:** Das Nachverfahren ist **keine Kindschaftssache** iSd § 640 II. Für das Verfahren gelten nicht die im § 640 I genannten Bestimmungen, sondern die allgemeinen Vorschriften (Damrau FamRZ 70, 291). Die Klage kann mit einer solchen aus § 644 verbunden werden. Eine Sonderbestimmung für die Zuständigkeit enthält Abs 3. Ist der Regelunterhalt durch Vergleich oder vollstreckbare Urkunde iS des § 642c geregelt, so findet nur die allgemeine Abänderungs-

klage nach § 323 statt, nicht aber die Klage aus § 643 a; denn bei Schaffung dieser Titel konnten die individuellen Verhältnisse der Parteien berücksichtigt und durch Zu- oder Abschläge des Regelunterhalts geregelt werden; s § 642 d.

II) Änderungsklage; Klagefrist. 1) Voraussetzung. Für die Zulässigkeit des Nachverfahrens nach § 643 a ist Rechtskraft (§ 705) der Vaterschaftsfeststellung und der Verurteilung zum Regelunterhalt. Nicht Voraussetzung ist, daß der Regelunterhalt bereits nach den §§ 642 a, 643 II ziffernmäßig festgesetzt wurde (Damrau FamRZ 70 S 290 Fn 69; LG Berlin DAVorm 74, 268). Ein solcher Festsetzungsbeschluß hat nur Bedeutung für die Klagefrist (Rn 5). Die nach Abs 1 möglichen Begehren, auch das auf Erlaß von Rückständen, sind im Wege der Klage (oder Widerklage) geltend zu machen; nur für das Stundungsverlangen genügt ein einfacher Antrag; s Rn 6, 8. 4

2) Die Begehren sind zum Teil an eine **Dreimonatsfrist** gebunden, die mit der Rechtskraft des Festsetzungsbeschlusses (§§ 642 a, 643 II) beginnt (Berechnung: § 222). Für die Frage, ob bei Fristversäumung Wiedereinsetzung in den vorigen Stand gewährt werden kann, gilt Rn 13 zu § 641 q sinngemäß. Gewahrt wird die Klagefrist schon durch Einreichung der Klage, wenn sie „demnächst" zugestellt wird (§ 270, LG Kempten DAVorm 82, 386). Wird kein Betragsfestsetzungsverfahren durchgeführt, so beginnt die Dreimonatsfrist nicht zu laufen. Die Frist gilt für die Klage auf Erlaß und den Antrag auf Stundung von Rückständen (Abs 2 S 2); ferner für die Klage auf höheren Unterhalt als den Regelunterhalt oder auf Herabsetzung unter den Regelunterhalt, wenn dies rückwirkend für die Zeit vor Klagerhebung begehrt wird. Wird die Frist nicht eingehalten, so kann die Verurteilung zum Regelunterhalt nur für die Zeit ab Erhebung der Abänderungsklage geändert werden (Abs 2 S 1). Beachte den Unterschied zu § 323 II: Im Gegensatz zu dieser Bestimmung kann eine nach Ablauf der Dreimonatsfrist erhobene Klage auf künftige Unterhaltsleistung auch damit begründet werden, daß bereits bei der Verurteilung zum Regelunterhalt ein höherer Unterhaltsbedarf bestanden habe. Das Recht, Sonderbedarf zu fordern (§ 1613 II BGB), wird von der Klagefrist nicht berührt (Damrau FamRZ 70, 269 Fn 71). Ist eine Klage fristgemäß erhoben worden, so kann bis zur Beendigung des Verfahrens jede Partei Klaganträge nach Abs 1 einreichen (Abs 2 S 3). Ist solch neues Begehren rechtzeitig geltend gemacht worden, so ist es auch dann zu berücksichtigen, wenn das Ursprungsverfahren später durch Klagrücknahme oder Erledigungserklärung endet. Wird das neue Begehren in einem besonderen Verfahren geltend gemacht, so ist dieses mit dem schon anhängigen Verfahren zu verbinden, damit über alle Begehren, die auf Abänderung des Urteils im Vorprozeß zielen, gemeinsam entschieden werden kann (Abs 4 S 1). 5

III) Stundung kann der Vater nur innerhalb der in Rn 5 genannten Fristen beim Gericht beantragen. Wenn der Antrag mit Klagebegehren der einen oder anderen Partei zusammentrifft, hat das Gericht auch über das Stundungsbegehren durch Urteil zu entscheiden. Ist nur der Stundungsantrag gestellt (oder sind die weiteren Begehren bereits erledigt, so daß eine Verbindung nach Abs 4 S 1 nicht mehr in Betracht kommt), so wird über ihn in einem vereinfachten Verfahren entschieden (Abs 4 S 2; Rn 7). 6

IV) Zuständigkeit; isolierte Stundungsverfahren. 1) Für die Änderungsklage ist **sachlich und örtlich ausschließlich das AG zuständig,** das über die Vaterschaftsfeststellungsklage in 1. Instanz entschieden hatte (auch wenn erst das OLG verurteilt hatte), sofern das oder die Abänderungsbegehren innerhalb der Dreimonatsfrist (Abs 2 S 1) oder der erstreckten Frist (Abs 2 S 3) angebracht wurden (Abs 3). Andernfalls richtet sich die örtliche Zuständigkeit des sachlich zuständigen (§ 23 a Nr 2 GVG) AG nach §§ 12 ff (Firsching Rpfleger 70, 44); Damrau FamRZ 70, 291; Kemper FamRZ 73, 523). Gegen das Urteil des AG findet die Berufung zum LG (§ 72 GVG) statt, nicht zum OLG, weil Nachverfahren keine Kindschaftssachen sind (Rn 3). Es ist ein bestimmter Klagantrag zu stellen, in dem die Zeit, von der an der höhere oder niedrigere Unterhalt zu zahlen ist, und die Höhe des Unterhalts anzugeben sind. Kennt das höheren Unterhalt begehrende Kind die wirtschaftlichen Verhältnisse des Vaters nicht, so kann es Stufenklage auf Auskunft und Zahlung des sich aus der Auskunft ergebenden Unterhalts erheben. Bei späterer wesentlicher Änderung der Verhältnisse ist Abänderungsklage nach § 323 möglich (Damrau aaO S 291). 7

2) Wird das **Stundungsbegehren** mit einem solchen auf Erhöhung oder Herabsetzung des Unterhalts oder Erlaß rückständigen Unterhalts verbunden, so ist im Urteilsverfahren über die Stundung zu entscheiden, und zwar auch dann, wenn sich das sonstige Klagbegehren vorzeitig erledigt hat. Ist nur über einen Stundungsantrag des nichtehelichen Vaters zu entscheiden, so richtet sich das Verfahren gemäß Abs 4 S 2 nach § 642 a II, III. Dazu Berner Rpfleger 70, 152 f. Zuständig ist der Rechtspfleger des nach Rn 7 zuständigen AG (§ 20 Nr 11 RpflG). Er hat den Antragsgegner zu hören, mündliche Verhandlung ist freigestellt (§ 642 a II). Die Entscheidung ergeht durch Beschluß. Zu dessen Inhalt s § 642 e Rn 11; Kostenentscheidung: § 93 d. Nach mündlicher Verhandlung ist der Beschluß zu verkünden; er ist stets von Amts wegen zuzustellen (§ 329 8

I, III). Gegen ihn befristete Erinnerung (§ 11 I 2 RpflG), der der Rechtspfleger nicht abhelfen kann (§ 11 II 1 RpflG). Weiteres Verfahren: § 11 II 2–5 RpflG. Gg eine abändernde Entscheidung des Richters sofortige Beschwerde; keine weitere Beschwerde (§ 642a III). Beschwerdegericht ist das LG (§ 72 GVG).

9 **V) Gebühren: 1)** des **Gerichts:** Für die Entscheidung nach Abs 4 S 2 wird eine Festgebühr von 15 DM erhoben (KV Nr 1167). Es darf sich nur um einen isolierten Antrag auf Stundung handeln und nicht gleichzeitig eine Klage auf höheren Unterhalt, auf Herabsetzung des Unterhalts oder auf Erlaß rückständiger Unterhaltsbeträge anhängig sein (Abs 1 iVm Abs 4 S 1). S im übr Rn 7 zu § 642f. S dort auch wegen des Erinnerungs- und Beschwerdeverfahrens. – **2)** des **Anwalts:** eine 5/10 Gebühr (§ 43b I Nr 3 BRAGO). Diese Gebühr entsteht nur bei einem isolierten Stundungsantrag, aber nicht, wenn das Gericht mit anderen anhängigen Klagen (§ 643 IV 1) nach angeordneter Verbindung auch über den Stundungsantrag im Urteil mit entscheidet. S im übr Rn 11 zu § 642a.

10 **VI) Aktenbehandlung** (bei Stundung rückständiger Unterhaltsbeiträge nach § 643a IV 2). Eintrag im ZivProzReg des AG unter „H", AktO § 13 Nr 5 Satz 3, Muster 20.

644 *[Ansprüche der Mutter und Dritter]*

(1) Macht ein Dritter, der dem Kind Unterhalt gewährt hat, seine Ansprüche gegen den Vater geltend, so sind die §§ 642e, 642f entsprechend anzuwenden.

(2) Eine Klage wegen der Ansprüche nach den §§ 1615k, 1615l des Bürgerlichen Gesetzbuchs kann auch bei dem Gericht erhoben werden, bei dem wegen des Unterhaltsanspruchs des nichtehelichen Kindes gegen seinen Vater eine Klage im ersten Rechtszug anhängig ist. Für das Verfahren über die Stundung des Anspruchs nach § 1615l des Bürgerlichen Gesetzbuchs gelten die §§ 642e, 642f entsprechend.

1 **I) Stundung bei Ersatzansprüchen Dritter (Abs 1).** Gewährung von Unterhalt an das nichteheliche Kind durch Dritte: In Betracht kommen die Unterhaltsansprüche des Kindes, die nach § 1615b BGB auf andere unterhaltspflichtige Verwandte übergegangen sind, zB auf den Ehemann der Mutter oder einen anderen nicht mit der Mutter verheirateten Mann, der als vermeintlicher Vater Unterhalt gezahlt hat, zB auf Grund einstweiliger Anordnung nach § 641d (z Scheinvaterregreß s Stolterfoht FamRZ 71, 341; Beitzke FamRZ 74, 671; Koblenz FamRZ 77, 68). In Frage kommen weiter die nach § 90 BSHG, § 7 UnterhVorschG übergegangenen Unterhaltsansprüche des Kindes, ferner Erstattungsansprüche eines nicht zum Personenkreis des § 1615b BGB gehörenden Dritten aus auftragloser Geschäftsführung oder ungerechtfertigter Bereicherung. Sobald solche Ansprüche gegen den Vater des Kindes geltend gemacht werden können (§ 1600a S 2 BGB), kann das Gericht sie stunden oder erlassen (§ 1615i III BGB; § 642e Rn 2, 3). Dann gelten die §§ 642e (Stundung gegen Sicherheitsleistung) u 642f (nachträgliche Änderung oder Aufhebung der Stundungsentscheidung) entsprechend Abs 1.

2 **II) Ansprüche der nichtehelichen Mutter; Stundung, Gerichsstand (Abs 2). 1)** Hierher gehören die Ansprüche der **Mutter** des nichtehelichen Kindes auf Ersatz der Entbindungskosten und verwandter Aufwendungen (§ 1615k BGB) und auf Unterhalt für die Zeit vor und nach der Entbindung (§ 1615 l BGB), bei Fehl- und Totgeburten erweitert durch § 1615n BGB. Zu ihnen s Brüggemann FamRZ 71, 140; Körting MDR 71, 263; Büdenbender FamRZ 74, 410; Christian ZBlJugR 75, 449. Klageweise können sie wegen § 1600a BGB erst nach Anerkennung oder gerichtlicher Feststellung der Vaterschaft geltend gemacht werden (vorher ist eine einstweilige Verfügung gegen den nach § 1600o als Vater vermuteten Mann möglich; § 1615o II BGB).

3 **2) Stundung:** Unterhaltsrückstände können, wenn sie klageweise geltend gemacht werden, im Urteil ebenfalls gestundet, aber nicht erlassen werden (§ 1615 l III S 4 iVm § 1615i I, III BGB). Nach Abs 2 S 2 gelten dann für die Stundung wiederum die §§ 642e, 642f entsprechend, nach denen die Stundung von einer Sicherheitsleistung abhängig gemacht werden oder nachträglich aufgehoben werden kann.

4 **3) Zuständigkeit:** Für die Klage der Mutter nach §§ 1615k u 1615 l BGB erklärt Abs 2 S 1 neben dem nach den §§ 12 ff zuständigen AG auch das AG zuständig, bei dem eine Unterhaltsklage des nichtehelichen Kindes gegen seinen Vater oder eine Abänderungsklage nach § 643a anhängig ist, damit die beiden Verfahren verbunden werden können (§ 147). Es genügt wohl auch die Klage eines Dritten, auf den die Unterhaltsforderung nach den §§ 1615b BGB, 90 BSHG, 7 UnterhVorschG übergegangen ist. Ein anhängiger Vaterschaftsfeststellungsprozeß, in dem ein Antrag nach § 643 auf Regelunterhalt gestellt ist, wird nach dem Zweck des Abs 2 S 1 nicht in Betracht kommen; denn mit ihm ist eine Verbindung nicht möglich (§ 640c; so auch Göppinger FamRZ 75, 198; Büdenbender, Der vorläufige Rechtsschutz durch einstweilige Verfügung und einstweilige Anordnung im Nichtehelichenrecht [1975] 71 u FamRZ 83, 306; StJSchlosser 2).

Zuständig ist das Gericht, bei dem die Unterhaltsklage anhängig ist. Die Anhängigkeit beginnt mit dem Eingang der Klagschrift beim Gericht; auf deren Zustellung kommt es (anders als bei der Rechtshängigkeit, §§ 253 I, 261 I) nicht an. Die Anhängigkeit endet mit der Verkündung eines (Schluß-)Urteils, dem Abschluß eines Prozeßvergleichs, der beiderseitigen Erledigungserklärung oder dem Wirksamwerden einer Klagrücknahme (§ 269 I u II). 5

III) Aktenbehandlung. Anträge auf Aufhebung oder Änderung einer Stundung nach Abs 1 u 2: Eintrag im ZivProzReg des AG unter „H", AktO § 13 Nr 5 Satz 3, Muster 20. 6

Vierter Abschnitt

VERFAHREN IN ENTMÜNDIGUNGSSACHEN

Vorbemerkungen

Übersicht

I) Materielles Entmündigungsrecht: Voraussetzungen für die Entmündigung s § 6 BGB. Folgen s § 645 Rn 5. 1

Entmündigung **Minderjähriger** s § 646 I 2. Kein Gebrechlichkeitspfleger (§ 1910 BGB). 2

II) Entmündigung oder Pflegschaft: Ein Geisteskranker oder -schwacher darf nur entmündigt werden, wenn er seine Angelegenheiten in ihrer Gesamtheit nicht zu besorgen vermag (§ 6 I Nr 1 BGB). Kann er nur einen bestimmten Kreis seiner Angelegenheiten nicht besorgen (zB infolge fehlender Krankheitseinsicht, Querulantenwahns, psychischer Fehlhaltung gegenüber seiner Familie, Nachbarn usw), so darf er nicht entmündigt werden (OGH MDR 50, 668; LG Düsseldorf MDR 77, 490; LG Freiburg FamRZ 82, 962). Ihm kann jedoch ein Gebrechlichkeitspfleger für die Angelegenheiten bestellt werden, die er nicht zu regeln vermag (§ 1910 II BGB; LG Düsseldorf aaO). Die Pflegschaftsanordnung bedarf seiner Einwilligung; es sei denn, eine Verständigung mit ihm ist nicht möglich (§ 1910 III BGB, näheres s Hendel FamRZ 82, 1058 ff). 3

Nach Auffassung von Hendel, LG Freiburg aaO; MünchKomm/Goerke § 1910 Rn 29 verbietet der Grundsatz des Übermaßverbotes eine Entmündigung, wo eine (Zwangs-)Pflegschaft mit begrenztem Wirkungskreis des Pflegers zum Schutz des geistig Gebrechlichen ausreicht. Dem Einwand von Zweibrücken FamRZ 82, 961; Gernhuber § 70 VI 2; StJSchlosser 1 vor § 645, das mit besonderen Verfahrensgarantien versehene Entmündigungsverfahren dürfe nicht durch das formlosere Verfahren der Pflegschaftsanordnung verdrängt werden, will Hendel aaO mit dem Vorschlag begegnen, jene Verfahrensgarantien in dieses Verfahren zu übernehmen: Erweiterte Verfahrensfähigkeit analog § 664 II, Anstaltsbeobachtung analog § 656. Hiergegen spricht: Die zwangsweise Unterbringung in einer Heilanstalt ist Freiheitsentziehung. Eine solche ist nur zulässig, wo das Gesetz sie gestattet; Analogieverbot (BVerfGE 29, 197 = NJW 70, 2207). 4

III) Grundzüge des Verfahrens: 1) Gliederung des vierten Abschnitts in zwei Gruppen: Entmündigung wegen Geisteskrankheit und Geistesschwäche: §§ 645–679, Entmündigung wegen Verschwendung, Trunksucht, Rauschgiftsucht: §§ 680–687. Beide Gruppen sind in sich gegliedert in die Anordnung (§§ 645–674, 680–684) und die Wiederaufhebung der Entmündigung (§§ 675–679, 685, 686). Anordnung und Wiederaufhebung beginnen mit Beschlußverfahren vor dem AG (§§ 645–663, 675–678, 680–683, 685). Ordnet dieses die Entmündigung an oder lehnt es den Aufhebungsantrag ab, so kann dagegen Klage beim LG erhoben werden (§§ 664–674, 679, 684, 686). 5

6 In den Grundzügen stimmt das Verfahren hinsichtl beider Gruppen überein. **Besonderheiten des Entmündigungsverfahrens wegen Verschwendung, Trunksucht oder Rauschgiftsucht:** Die Vernehmung des zu Entmündigenden unter Zuziehung eines Sachverständigen und die Anhörung von Sachverständigen sind nicht zwingend vorgeschrieben wie in den §§ 654, 655. Keine Unterbringung in einer Heilanstalt. Der Wiederaufhebungsbeschluß des AG ist unanfechtbar (§ 685). Öffentliche Bekanntmachung der Entmündigung und ihrer Wiederaufhebung (§ 687). Die Einheitlichkeit der Grundzüge gestattet es, Verfahren der Entmündigung wegen Geisteskrankheit oder Geistesschwäche mit sonstigen Entmündigungsverfahren zu verbinden (RGZ 108, 307; StJSchlosser § 645 Rn 3).

7 **2) Verfahrensgang:** Für Beschlußverfahren auf Anordnung und Wiederaufhebung der Entmündigung sind die Amtsgerichte sachl zuständig (§§ 645 I, 680 I; §§ 675, 685). Ausschließl örtl Zuständigkeit: §§ 648, 680 III bzw §§ 676, 685. Eingeleitet wird das Verfahren nur auf Antrag hin: Antragsberechtigung und Antragsinhalt: §§ 646, 647, 675, 676 III, 680 III, IV, V ZPO; § 69 V JWG. § 650 I geht davon aus, daß mündl verhandelt wird; wie auch sonst im Beschlußverfahren kann das Gericht von einer Verhandlung absehen (StJSchlosser § 653 Rn 2). Das AG entscheidet über den Antrag durch Beschluß (§§ 645, 680). Gegen die Ablehnung der Entmündigung sofortige Beschwerde zum LG (§ 72 GVG; §§ 663, 680 III). Gegen Entmündigung nur Klage zum LG mit der Begründung, daß sie zu Unrecht erfolgt sei (§§ 664 ff, § 684). Wenn nachträgl Wegfall des Entmündigungsgrunds behauptet wird, kann beim AG Wiederaufhebung beantragt werden (§§ 675 ff, 685). Gegen die Ablehnung der Wiederaufhebung Klage zum LG (§§ 679, 686).

8 **3) Anwendbare Vorschriften:** Die allgemeinen Vorschriften der **ZPO** (§§ 1–252) gelten, soweit Besonderheiten des Entmündigungsverfahrens nicht entgegenstehen (BGHZ 43, 169). Für das Verfahren vor dem AG kommen die §§ 495 ff, 253 ff hinzu, soweit sie für das Beschlußverfahren mit freigestellter mündlicher Verhandlung passen. Für das Beschwerdeverfahren (§§ 663, 680 III) gelten die §§ 567 ff, für die Anfechtungs- und Wiederaufhebungsklage die §§ 253 ff sowie die Vorschriften über das Rechtsmittelverfahren (§§ 511–566 a). Besonderheiten: Das gesamte Verfahren wird vom **Untersuchungsgrundsatz** beherrscht (§§ 653 I, 670 I mit 616 I, §§ 676 III, 680 III, 684 IV, 685 S 2, 686 IV, Ausnahme § 649); die Verhandlungsmaxime ist eingeschränkt. Geständnisse und Anerkenntnisse binden das Gericht nicht, können aber bei der Beweiswürdigung berücksichtigt werden. Die Bestimmungen des **FGG** sind auch nicht ergänzend anwendbar.

9 **4)** Derjenige, dessen Entmündigung beantragt oder beschlossen worden ist, ist im Entmündigungsverfahren **prozeßfähig.** Einzelheiten s § 664 Rn 5 und § 679 Rn 3. Er ist in jedem Stadium des Verfahrens **Partei,** auch im amtsgerichtlichen Beschlußverfahren (StJSchlosser Vorbem 3, 4 vor § 645; anders BGHZ 46, 106; RGZ 81, 193/196 f; München ZZP 55, 302; RSchwab § 171 I 1 b).

10 **5)** §§ 668, 679 III, 686 II 2 sehen vor, daß dem Entmündigten für die Anfechtungs- und Wiederaufhebungsklage ein **Rechtsanwalt beigeordnet** werden kann. Da eine Entmündigung ein besonders schwerwiegender Eingriff in die Persönlichkeitssphäre des Betroffenen ist, ist eine Gesetzesänderung erstrebenswert, nach welcher dem Betroffenen in jedem Stadium des Entmündigungsverfahrens ein Rechtsanwalt beizuordnen ist (van Delden ZRP 79, 34). Dies ist aber nicht bereits heute geltendes Recht. Die §§ 668, 679 III und 686 III 2 enthalten eine bewußt lückenhafte Regelung, die nicht für die Anfechtungsklage des wegen Trunksucht Entmündigten gilt. Aus ihnen läßt sich auch in Verbindung mit den §§ 140 ff StPO und 625 ZPO nicht ein allgemein gültiger Grundsatz ableiten, daß bei allen schwerwiegenden Eingriffen in die Persönlichkeitssphäre ein Rechtsanwalt beizuordnen ist. Zu einer anderen Auslegung führt auch nicht das Recht des Betroffenen auf ein faires Verfahren (Art 2 I GG in Verbindung mit dem Rechtsstaatsprinzip), das es verbietet, ihn nur als Verfahrensobjekt zu behandeln, und das ihm die Befugnis gibt, zur Wahrung seiner Rechte auf Verfahrensgang und -ergebnis Einfluß zu nehmen (BVerfGE 38, 105/111; 39, 238/243; 46, 202/210; AnwBl 83, 456). Dieses Recht wird dadurch gewahrt, daß er einen Verfahrensbevollmächtigten bestellen kann und daß ihm im Fall der Armut Prozeßkostenhilfe gewährt werden kann.

11 **6)** Vor Einleitung des Verfahrens braucht dem Antragsgegner kein **rechtliches Gehör** gewährt zu werden (s § 647 Rn 9). Wird es eingeleitet, so gebietet Art 103 I GG, daß das Gericht dem Antragsteller, dem Antragsgegner und dem Staatsanwalt (§ 652 S 2) Abschriften aller erheblichen Schriftstücke zusendet. Dem rechtl Gehör dient auch § 653 I 2: Dem Antragsgegner und seinem sorgeberechtigten Vertreter ist Gelegenheit zu Beweisanträgen zu geben. Art 103 I GG erfordert weiter, daß alle Beteiligten Gelegenheit zur Anwesenheit in Verhandlungs- und Beweisaufnahmeterminen haben (Einschränkung s § 654 Rn 1).

12 **7)** Im Beschlußverfahren betr die Anordnung und Wiederaufhebung der Entmündigung wegen Geisteskrankheit und Geistesschwäche ist die **Öffentlichkeit** ausgeschlossen (§ 171 II GVG); im zugehörigen Klageverfahren ist sie während der Vernehmung des Entmündigten aus-

zuschließen; im übrigen kann sie auf Antrag ausgeschlossen werden (§ 171 I GVG). Das Entmündigungsverfahren wegen Verschwendung, Trunksucht, Rauschgiftsucht ist in § 171 GVG nicht erwähnt. Mangels eines „erkennenden" Richters (§ 169 I GVG) wird aber auch das Beschlußverfahren vor dem AG (Anordnung und Wiederaufhebung) nichtöffentl durchzuführen sein (str, aM StJSchlosser 7 vor § 645, BLAlbers 2 B vor § 645).

8) Entmündigungsbeschlüsse werden nicht materiell **rechtskräftig** idS, daß über die Entmündigung nicht erneut entschieden werden darf (vgl §§ 675, 685; BGHZ 53, 310/313). Sie wirken **rechtsgestaltend** für und gegen alle (BayObLGZ 1981, 169 = Rpfleger 401). 13

IV) Zwischenstaatl Entmündigungsrecht: 1) Das **Europäische Gerichtsstands- und Vollstreckungsabkommen** (abgedruckt unten Schlußanhang II) ist nach seinem Art 1 II nicht anwendbar. **2) Das Haager Entmündigungsabkommen** (RGBl 1912, 463, abgedruckt bei Palandt hinter Art 8 EGBGB u BLAlbers § 645 Anh) gilt heute noch zwischen Deutschland und Italien (BGBl 55 II 188), nach Soergel/Kegel Art 8 EGBGB Rn 17 auch im Verhältnis zu Polen und Rumänien, anders Staudinger/Beitzke Art 8 EGBGB Rn 7). 14

Frei. **15–16**

Nach dem Abkommen ist zur Entmündigung in erster Linie der Heimatstaat berufen (Art 2), der Aufenthaltsstaat nur ersatzweise (Art 3 ff, 6), wobei ein sowohl vom Aufenthaltsstaat als auch vom Heimatstaat anerkannter Entmündigungsgrund vorliegen muß (Art 7). Die vom Aufenthaltsstaat ausgesprochene Entmündigung eines Deutschen ist im Inland wirksam (Art 9); sie kann außer von den ausländischen Gerichten oder Behörden auch von den deutschen Gerichten – gegebenenfalls im Gerichtsstand des § 648 II – wieder aufgehoben werden (Art 11). Umgekehrt können deutsche Gerichte Angehörige eines anderen Vertragsstaates, die im Inland Wohnsitz oder Aufenthalt haben, entmündigen, wenn der Vertragsstaat selbst nicht tätig werden will (Art 3 ff, 6). Auch dabei muß ein Entmündigungsgrund sowohl nach Heimatrecht als auch nach deutschem Recht gegeben sein (Art 7). 17

2) Sonstiges Kollisionsrecht: a) Deutsche Gerichte (s § 648 a I 1), aber auch für den Aufenthaltsort zuständige ausländische Behörden können **Auslandsdeutsche** entmündigen. Die im Ausland ausgesprochene Entmündigung ist im Inland wirksam, wenn sie nicht offensichtlich gegen wesentliche Grundsätze des deutschen Rechts, namentlich die Grundrechte verstößt (Art 6 EGBGB), wenn der gesetzl Tatbestand, auf den die Entmündigung gestützt war, auch nach deutschem Recht einen Entmündigungsgrund bildet, wenn die Entmündigung – mindestens in letzter Instanz – in einem gesetzl geregelten Verfahren durch ein mit unabhängigen Richtern besetztes Gericht ausgesprochen ist u wenn nicht die rechtl u tatsächl Wirkungen der Entmündigung von denen einer Entmündigung im Inland nicht erhebl zum Nachteil des Entmündigten abweichen (BGHZ 19, 240 gg bisherige hM; dazu Neuhaus JZ 56, 537; Jarck NJW 56, 1348; zweifelnd StJSchlosser 5 f zu § 648). Deutsche Gerichte können die Entmündigung auch bei fortdauerndem Auslandsaufenthalt des Entmündigten wieder aufheben, nach BGHZ 19, 245 mit Wirkung ex tunc (str); sie können auch den ausländischen Entmündigungsausspruch durch einen eigenen ersetzen (BGH aaO). 18

Über die Entmündigung von **Ausländern** im Inland s Art 8 EGBGB. Ob der Heimatstaat die Entmündigung anerkennt, ist unerheblich (BGHZ 19, 240). Näheres zum Entmündigungsverfahren in Auslandsfällen s §§ 648 f, 676. Über die Wiederaufhebung einer Entmündigung, die der Heimatstaat eines Ausländers ausgesprochen hat, s § 676 Rn 3. 19

645 *[Sachliche Zuständigkeit]*

(1) Die Entmündigung wegen Geisteskrankheit oder wegen Geistesschwäche erfolgt durch Beschluß des Amtsgerichts.

(2) Der Beschluß wird nur auf Antrag erlassen.

I) Die §§ 645–679 handeln von der ersten Gruppe der **Entmündigungsgründe** (Rn 5 vor § 645): Geisteskrankheit und -schwäche. Nach § 6 I Nr 1 BGB ist weitere Entmündigungsvoraussetzung, daß der geistig Gebrechliche seine Angelegenheiten nicht besorgen kann. Näheres s Kommentare zu § 6 BGB. Wer nur einen bestimmten Kreis seiner Angelegenheiten nicht besorgen kann, darf nicht entmündigt werden; s Rn 3 vor § 645. Zusammentreffen verschiedener Entmündigungsgründe und Wechsel des Entmündigungsgrunds: § 647 Rn 4. 1

II) Verfahren des Amtsgerichts: Ausschließl **örtl Zuständigkeit:** § 648. Das Verfahren wird nur auf **Antrag** eingeleitet (Abs 2). Antragsrecht: § 646; Form und Inhalt des Antrags: § 647; Folgen der Zurücknahme des Antrags oder des Verlusts des Antragsrechts: § 646 Rn 7, 8. Der Antrags- 2 gegner gilt für das Verfahren als prozeßfähig; s Rn 9 vor § 645. Das amtsgerichtl **Beschlußverfahren** zerfällt in zwei Teile: Zunächst sind die **formellen Voraussetzungen** zu prüfen; auch ein ärztliches Zeugnis kann vorweg angefordert werden (§ 649). Ist das Gericht unzuständig, so kann auf Antrag gemäß § 281 verwiesen werden (BGH FamRZ 56, 281 = NJW 1154; FamRZ 80, 344 = NJW 1694 = MDR 567). Unterscheide hiervon die Überweisung durch das zuständige Gericht nach § 650. Wenn die Voraussetzungen für die Einleitung des Verfahrens durch das angerufene Gericht gegeben sind (zur Entscheidung hierüber s § 647 Rn 8), so folgt, wenn nicht nach § 650 überwiesen wird, der Eintritt in die **Sachprüfung** nach §§ 653 ff; mündl Verhandlung ist freigestellt. Für die Zustellung des ergehenden Beschlusses (Inhalt: § 659 Rn 1) gelten verschiedene Vorschriften, je nachdem ob die Entmündigung angeordnet oder abgelehnt wird (§§ 659, 660, 662). Wirksamwerden des Entmündigungsbeschlusses: § 661. Beschwerderecht bei Ablehnung der Entmündigung: § 663. Anfechtungsklage gegen angeordnete Entmündigung: §§ 664 ff.

3 **III) Mitteilungspflichten** s Teil 2 Abschn 2, VI 1–5 MiZi. Der Richter hat die in Art 3, 4 des Haager Entmündigungsabkommens (s Rn 14 vor § 645) vorgesehenen Mitteilungen an die Regierungen fremder Staaten zu veranlassen (Abschnitt 2, VI 5 MiZi) und die Mitteilung von Umständen an das Vormundschaftsgericht, die die Anordnung einer Fürsorge für die Person oder das Vermögen des zu Entmündigenden erforderlich erscheinen lassen (§§ 657, 680 III ZPO, VI 2 MiZi).

4 **IV) Materiellrechtliche Wirkungen: 1) des Entmündigungsantrags:** Volljährige können unter vorläufige Vormundschaft gestellt werden (§ 1906 BGB) und sind dann beschränkt geschäftsfähig (§ 114, s auch § 115 II BGB). Testierfähigkeit: § 2229 III BGB.

5 **2) der Entmündigung:** Wegen Geisteskrankheit Entmündigte sind geschäfts- (§ 104 Nr 3 BGB) und prozeßunfähig (§ 52, Ausnahme siehe Rn 9 vor § 645). Aus sonstigen Gründen Entmündigte sind beschränkt geschäftsfähig (§ 114 BGB), aber prozeßunfähig (§ 52 Rn 8). Ein volljähriger Entmündigter erhält einen Vormund (§ 1896 BGB). Weitere Entmündigungsfolgen s Staudinger/Coing/Habermann § 6 Rn 49; MünchKomm/Gitter § 6 Rn 38).

6 **V) Gebühren: 1)** des **Gerichts: a)** Für das **amtsgerichtliche Verfahren über Anträge auf Entmündigung** (§§ 645 ff), aber auch über Anträge **auf Wiederaufhebung der Entmündigung** (§§ 675 ff) wird jeweils eine halbe Gebühr erhoben (KV Nrn 1141 bzw 1142), gleichgültig, auf welchen sachlichen Grund die Entmündigung gestützt wird. Diese Gebühr umfaßt das gesamte Verfahren und gilt die Überweisung an ein anderes Amtsgericht (§§ 650, 651), die Bestellung eines Vertreters gemäß §§ 668, 679 III, 686 II 2, die Beweisaufnahme und die Entscheidung ab. Das (Beschluß-)Verfahren über den Antrag auf Anordnung der Entmündigung und deren Wiederaufhebung bilden aber gebührenrechtlich zwei getrennte Instanzen; die Gebühr fällt daher für jedes dieser beiden Verfahren gesondert an. Die Gebühr des KV Nr 1141 oder Nr 1142 kommt immer zum Ansatz, unabhängig davon, ob dem Antrag stattgegeben oder ob der Antrag zurückgewiesen wird. Die Zurücknahme des Antrags, die jederzeit, auch noch im Beschwerdeverfahren bis zum Erlaß der Entscheidung möglich ist, bewirkt keinen Wegfall der Gebühr. Für jedes der Verfahren wird die Gebühr nur einmal erhoben, wenn die Entmündigung aus mehreren sachlichen Gründen gleichzeitig beantragt ist. **Wertberechnung** nach § 12 II GKG unter Berücksichtigung der Umstände des Einzelfalles. Bemessungsfaktoren sind insbes der Umfang u die Bedeutung der Sache, aber auch die Vermögens- und Einkommensverhältnisse des Entmündigten usw. Der Wert darf nicht über 2 Millionen DM und nicht unter 600 DM angenommen werden (§ 12 II 4 GKG). Er wird nur selten den bei Kindschaftssachen (§ 12 II 3 Hs 2 GKG) noch bestehenden Ausgangswert von 4000 DM unterschreiten können (vgl LG Frankenthal Rpfleger 76, 373). S auch § 3 Rn 16 „Entmündigungsverfahren". Bei einem Entmündigungsantrag gegen **mehrere** Personen liegt gebührenrechtlich nur ein Verfahren vor. Der Wert ist für jede Person gemäß § 12 II GKG getrennt zu ermitteln und die Gebühr dann von den zusammengerechneten (§ 5 ZPO) Werten zu berechnen (s Markl, KV 1141/1142 Rdnr 1, 3 und Hartmann, KostGes Anm 2 zu KV Nrn 1141/1142). Die Gebühr entsteht und wird fällig mit dem Eingang des Antrags (§ 61 GKG) bei Gericht. Doch haftet im amtsgerichtlichen Verfahren auf Entmündigung wegen Geisteskrankheit oder Geistesschwäche nicht der Antragsteller für die Verfahrenskosten (§ 49 S 2 GKG), es sei denn, daß ihm eine gerichtl Entscheidung die Kosten ganz oder teilweise gemäß § 658 II auferlegt (§ 60 GKG). Die endgültige Kostenpflicht trifft, wenn die Entmündigung angeordnet wird, den Entmündigten, bei Ablehnung die Staatskasse, § 658 I; s dort Rn 2. – Die Auslagen werden mit der Beendigung des Verfahrens fällig (§ 63 I GKG). Für die eine gerichtliche Handlung verursachenden Auslagen besteht kraft Gesetzes keine Vorschußpflicht, weil die Ermittlungen von Amts wegen anzustellen sind, § 653; jedoch kann hierfür vom Kostenbeamten (§ 22 II iVm I Nr 1 KostVfg) – uU auch vom Gericht – die Erhebung eines Vorschusses angeordnet werden (§ 68 III 1 GKG). Nach § 22 V KostVfg soll idR ein Auslagenvorschuß nur erfordert werden, wenn die wahrscheinlich entstehenden Auslagen mehr als 50 DM betragen oder bei einem darunter liegenden Betrag ein Verlust für die Staatskasse zu befürchten ist. Die im amtsgerichtl Entmündigungsverfahren durch die **Mitwirkung** der **Staatsanwaltschaft** entstandenen Auslagen werden bei dem Gericht angesetzt. Die Geschäftsstelle der Staatsanwaltschaft teilt nach Zustellung des Entmündigungsbeschlusses der Geschäftsstelle des Amtsgerichts mit, ob und in welcher Höhe bei der Staatsanwaltschaft Auslagen entstanden sind (§ 5 VIII KostVfG).

b) Für **Anfechtungsklagen** nach §§ 664 ff, 684 und **Wiederaufhebungsklagen** nach §§ 679, 686 Gebühren wie im ordentlichen Prozeßverfahren. Dies sind im 1. Rechtszug die allgemeine Verfahrensgebühr nach KV Nr 1010, die sich unter den Voraussetzungen des KV Nr 1012 ermäßigt, und die Urteilsgebühr nach KV Nr 1016 iVm § 313a II Nr 3 ZPO, wonach die schriftl Urteilsbegründung nicht entfallen kann. Für die allgemeine Verfahrensgebühr besteht keine Vorauszahlungspflicht (§ 65 II GKG). – Die Urteilsgebühr für ein instanzabschließendes Berufungs- oder Revisionsurteil richtet sich nach KV Nr 1026 bzw 1036. Ein echtes Versäumnisurteil ist auch in jeder Rechtsmittelinstanz gebührenfrei. – Wegen der Gebühren für eine zum Schutze der Person u des Vermögens des Entmündigten zu erlassende **Einstweilige Verfügung** s Rn 20 zu § 922.

c) Für das **Beschwerdeverfahren** (bei Ablehnung der Entmündigung: §§ 663, 680 III ZPO) kommt KV Nr 1181 zur Anwendung. Danach ist eine Gebühr nur dann zu erheben, wenn die Beschwerde verworfen oder zurückgewiesen wird. Dies gilt auch für das Verfahren über die (einfache) Beschwerde (§ 567 ZPO) gg die Ablehnung der Einleitung des Wiederaufhebungsverfahrens aus förmlichen Gründen (s Rn 2 zu § 678) sowie über die (sofortige) Beschwerde des Staatsanwalts gg den die Entmündigung aufhebenden Beschluß (§ 678 II ZPO). Im letzteren Fall scheidet allerdings die Erhebung einer Gerichtsgebühr aus, weil die Staatskasse Kostenbefreiung nach § 2 GKG genießt.

2) des **Anwalts:** Im **Entmündigungs-**(Beschluß-)**Verfahren** vor dem Amtsgericht erhält der RA nach § 44 I BRAGO die volle Gebühr: 1. als Prozeßgebühr, 2. für die Wahrnehmung sämtl gerichtl Termine, 3. für die Mitwirkung bei der mündl Vernehmung von Zeugen oder Sachverständigen; die Vernehmung des zu Entmündigenden allein löst die Gebühr des § 44 I Nr 3 BRAGO noch nicht aus. – Das Verfahren über die Wiederaufhebung der Entmündigung (§ 675 ZPO) gilt als besondere Angelegenheit (§ 44 II BRAGO). Bei den Anfechtungs- und Wiederaufhebungsklagen (s oben 1b) handelt es sich gleichfalls um eine besondere Anlegenheit, so daß Gebühren wie in einem gewöhnlichen Zivilprozeß nach den §§ 31 ff BRAGO entstehen; doch ist besonders § 33 I 2 Nr 3 BRAGO zu beachten (die nichtstreitige Verhandlung durch den Prozeßbevollmächtigten des Klägers löst die volle Verhandlungsgebühr aus). – Gegenüber den amtsgerichtl Beschlußverfahren und gegenüber den landgerichtl Anfechtungs- und Wiederaufhebungsklagen liegt bei einer einstw Verfügung (s oben 1b aE) stets eine besondere Angelegenheit (§ 40 BRAGO) vor (vgl Köln JurBüro 75, 186), so daß der RA neben schon verdienten Gebühren noch weiter die vollen Gebühren des § 31 BRAGO für das Verfahren der einstw Verfügung erhält; jedoch bildet das Verfahren über den Antrag auf Anordnung der einstw Verfügung mit dem Widerspruchs-, Bestätigungs- sowie Abänderungs- oder Aufhebungsverfahren gebührenrechtl eine Angelegenheit (§ 40 II BRAGO). **Gegenstandswert:** s oben unter 1a. Der für die Gerichtsgebühren festgesetzte Wert ist auch für die Anwaltsgebühren maßgebend (§ 9 I BRAGO). Für das **Beschwerdeverfahren** (s oben 1c) gilt § 61 I Nr 1 BRAGO, also 5/10 der in § 31 BRAGO bestimmten Gebühren. Hinsichtl der Gebühren des im Wege der **Prozeßkostenhilfe** im amtsgerichtl Verfahren **beigeordneten Anwalts** s Rn 15 zu § 621 f. Für das landgerichtl Urteilsverfahren der Wiederaufhebung s § 679 Rn 6 und § 686 Rn 4 aE. Der dem Antragsteller oder auch dem zu Entmündigenden beigeordnete PKH-Anwalt erhält aus der Staatskasse seine Vergütung.

646 *[Antragsrecht]*

(1) Der Antrag kann von dem Ehegatten, einem Verwandten oder demjenigen gesetzlichen Vertreter des zu Entmündigenden gestellt werden, dem die Sorge für die Person zusteht. Gegen eine Person, die unter elterliche Sorge oder unter Vormundschaft steht, kann der Antrag von einem Verwandten nicht gestellt werden. Gegen einen Ehegatten kann der Antrag von einem Verwandten nur gestellt werden, wenn der andere Ehegatte zur Stellung des Antrags dauernd außerstande oder sein Aufenthalt dauernd unbekannt ist oder wenn die häusliche Gemeinschaft der Ehegatten aufgehoben ist.

(2) In allen Fällen kann auch der Staatsanwalt bei dem übergeordneten Landgericht den Antrag stellen.

I) Antragsberechtigt sind: **1. Ehegatten,** auch getrenntlebende. **2. Verwandte** (§ 1589 BGB, Art 51 EGBGB), auch nichteheliche, nicht aber Verschwägerte (Karlsruhe OLG 15, 157). Auf den Grad der Verwandtschaft kommt es nicht an. **3.** Für **prozeßunfähige** (§ 52 Rn 7 ff) Ehegatten und Verwandte können die gesetzlichen Vertreter handeln (StJSchlosser 5 mwN, anders Wieczorek A IIb 2, c 2 mwN). 1

1) Kein Antragsrecht der Verwandten: a) wenn der Antragsgegner unter elterl Sorge oder Vormundschaft steht (Abs 1 S 2); dann hat der sorgende Elternteil bzw Vormund den Vorrang; **b)** gegen einen Ehegatten während bestehender Ehe; sonst könnten die Verwandten die Ehe zerstören. Ausnahme § 646 I 3; daß die Voraussetzungen dieser Bestimmung erfüllt sind, muß der Antragsteller beweisen. Zweifel führen zur Zurückweisung des Antrages. Ein auf Antrag eines Verwandten eingeleitetes Entmündigungsverfahren gegen einen verlassenen Ehegatten ist einzustellen, wenn der andere Ehegatte nach Wiederherstellung der ehel Gemeinschaft dies beantragt (KG OLG 5, 447). 2

2) Gesetzl Vertreter: Eltern können den Antrag nur gemeinsam stellen, es sei denn, die elterl Sorge steht dem Antragsteller allein zu. Gesetzl Vertreter ist ferner der Vormund (nicht der nur vorläufige Vormund), der bereits vorhandene Pfleger nur, wenn ihm auch die Sorge für die Person des zu Entmündigenden zusteht (LG Ravensburg, FamRZ 81, 394). Keine Pflegerbestellung nur zum Zweck des Entmündigungsantrags; denn dies ist keine Angelegenheit, die der zu Entmündigende wegen Gebrechlichkeit nicht selbst zu besorgen vermag (§ 1910 BGB). 3

3) Der **Staatsanwalt** ist stets antragsberechtigt. Ergibt ein gerichtl Verfahren Anlaß, jemanden wegen Geisteskrankheit/-schwäche zu entmündigen, so hat der Richter dem StA dies mitzuteilen (MiZi Teil 2 Abschn 1 Nr I 2). 4

4) Die Entmündigung eines Fürsorgezöglings wegen Geisteskrankheit oder Geistesschwäche kann auch die **Fürsorgeerziehungsbehörde** (Landesjugendamt) beantragen (§ 69 V JWG). 5

6 **II)** Der Antragsberechtigte kann einen Antrag rückwirkend genehmigen, den ein **Nichtberechtigter** gestellt hat (§ 184 I BGB; RGZ 154, 132). Während des Verfahrens können andere Antragsberechtigte beitreten. Auch wenn sie als Nebenintervenienten beitreten, werden sie zu **Streitgenossen** (§ 69).

7 **III)** Das **Antragsrecht erlischt** durch Tod des Antragstellers, Eheauflösung, wenn ein Ehegatte die Entmündigung beantragt hatte (Rostock OLG 19, 143), Heirat oder Herstellung der ehelichen Gemeinschaft, wenn Verwandte sie beantragt hatten, Volljährigkeit, wenn Vormund Antragsteller. Es erlischt nicht, wenn die elterliche Sorge vom Antragsteller auf einen anderen übertragen wird; dann kann dieser das Verfahren fortsetzen. Erlischt das Antragsrecht vor Verfahrenseinleitung, so ist der **Antrag zurückzuweisen** (§ 647 Rn 7); erlischt es danach, so wird das **Verfahren eingestellt,** es sei denn, ein Streitgenosse (Rn 6) oder der StA (§ 652 Rn 1) führt es fort. Kostenentscheidung bei Einstellung: § 658 Rn 3.

8 **IV)** Der **Antrag** kann bis zur Sachentscheidung **zurückgenommen** werden (vgl § 115 II, 1908 I BGB), in der Beschwerdeinstanz bis zur Beschwerdeentscheidung. Folge: Verfahren wird eingestellt oder der StA führt es fort (§ 652 Rn 1); Kosten: § 658 Rn 3.

647 *[Form und Inhalt des Antrages]*

Der Antrag kann bei dem Gericht schriftlich eingereicht oder zum Protokoll der Geschäftsstelle angebracht werden. Er soll eine Angabe der ihn begründenden Tatsachen und die Bezeichnung der Beweismittel enthalten.

1 **I) Antragstellung: 1) Antragsform:** Wie in § 496 schriftl oder zu Protokoll der Geschäftsstelle, letzteres bei jedem Amtsgericht (§ 129 a). Auch ein Bevollmächtigter kann den Antrag stellen. Er bedarf analog § 609 besonderer Vollmacht für das Entmündigungsverfahren. Ist er nicht Rechtsanwalt, so hat er seine Vollmacht nachzuweisen (§ 88 II).

2 **2)** Der Antragsteller muß seine **Antragsberechtigung** (§ 646) dartun. Er soll **Tatsachen** und **Beweismittel** angeben, die die Entmündigung rechtfertigen (S 2; vgl § 653 I 1). Werden diese Tatsachen nur unvollständig mitgeteilt (wird zB nur Geisteskrankheit behauptet, nicht aber, daß der Kranke seine Angelegenheiten nicht besorgen kann), so ist der Antragsteller zur Antragsergänzung aufzufordern. Ihn persönlich zu laden und zu hören, empfiehlt sich. Kann er ein Attest über den Gesundheitszustand des Antragsgegners beschaffen, so sollte er es unaufgefordert dem Entmündigungsantrag beifügen; s § 649.

3 **3) Antragsinhalt:** Im Antrag muß der Entmündigungsgrund angegeben werden (Hamm MDR 71, 582), auch mehrere Gründe, die beiden Gruppen von solchen (Rn 5 vor § 645) entnommen werden können, wenn sich die Antragsberechtigung auf beide Gruppen erstreckt (RGZ 108, 307); das kann kumulativ oder hilfsweise geschehen. Über den Antrag auf Entmündigung wegen Geisteskrankheit gegen einen bereits aus anderem Grunde Entmündigten s Rn 4.

4 **4) Bindung des Gerichts an den Antrag und die darin vorgebrachten Entmündigungsgründe:** Ausgesprochen werden darf die Entmündigung nur aus einem Grunde, also nicht gleichzeitig wegen Geisteskrankheit u Trunksucht (Colmar ZZP 43, 401; abw BayObLG HRR 29 Nr 12). Auf eine Entmündigung wegen Geistesschwäche, Verschwendung, Trunk- oder Rauschgiftsucht kann eine solche wegen Geisteskrankheit folgen (wegen ihrer weitergehenden Wirkung; vgl § 104 Nr 3 BGB mit § 114 BGB). Wenn sich der Antrag auf eine der beiden Gruppen von Entmündigungsgründen beschränkt, kann das Gericht nicht von sich aus zu der anderen Gruppe übergehen, also nicht statt beantragter Entmündigung wegen Trunksucht eine solche wegen Geistesschwäche aussprechen. Innerhalb der Gruppe, auf die der Antrag gerichtet ist, ist das Gericht dagegen nicht an ihn gebunden, sofern der von ihm herangezogene Grund in seinen Wirkungen nicht weiter reicht als der im Antrag genannte. So kann statt beantragter Entmündigung wegen Verschwendung eine solche wegen Trunksucht ausgesprochen werden, statt beantragter Entmündigung wegen Geisteskrankheit die weniger weit reichende wegen Geistesschwäche, hier aber nicht umgekehrt (Hamm MDR 71, 582).

5 **II) Wirkungen des Antrages: Vorläufige Vormundschaft** für Volljährige s § 1906 BGB. Wird die Entmündigung später ausgesprochen, so ist der Antragsgegner rückwirkend mit dem Eingang des Entmündigungsantrages bei Gericht **testierunfähig** (§ 2229 III 2 BGB).

6 Frei.

7 **III) Entscheidung über die Einleitung des Verfahrens: 1)** Ist der **Antrag unzulässig** (wegen fehlender Antragsberechtigung oder Vollmacht, Unzuständigkeit des Gerichts und unterlasse-

nen Verweisungsantrags), so ist er zurückzuweisen (Kostenentscheidung: § 91, s § 658 Rn 9). Zurückweisung auch, wenn der Antragsteller trotz Aufforderung keine Anhaltspunkte für einen Entmündigungsgrund beibringt (folgt aus § 649; LG Düsseldorf MDR 77, 490). Der zurückweisende Beschluß ist dem Antragsteller formlos mitzuteilen (§ 329 II). Er unterliegt der einfachen **Beschwerde** (§ 567 I; Kassel SA 49 Nr 136). Wird er vom Beschwerdegericht aufgehoben, so kann der Antragsgegner keine weitere Beschwerde einlegen (kein Rechtsmittel gegen die Verfahrenseinleitung; s Rn 11). Dem Antragsgegner wird der Zurückweisungsbeschluß nicht mitgeteilt, wenn er zu dem Antrag nicht gehört wurde. Wenn der Entmündigungsantrag erst nach Verfahrenseinleitung und Sachprüfung als unzulässig zurückgewiesen wird, unterliegt der Beschluß der sofortigen Beschwerde (§ 663 Rn 2). Der zurückgewiesene Antrag kann erneuert werden, wenn dabei der Mangel vermieden wird.

2) Wie § 649 zeigt, hat das Gericht über die **Einleitung des Verfahrens,** dh über dessen Zulässigkeit, vorweg zu entscheiden, bevor es Ermittlungen anstellt und Beweis erhebt (§ 653). Ein Beschluß über die Einleitung ist nicht erforderlich (Waldner NJW 82, 317; RSchwab § 171 I 2e); diese kann sich auch aus einer Überweisung nach § 650 oder dem Beginn der Sachprüfung ergeben. Von der Einleitung ist der StA zu verständigen (§ 652), im Falle des § 657 auch das Vormundschaftsgericht. 8

Der Grundsatz des **rechtlichen Gehörs** gebietet: Wird ein Entmündigungsverfahren eingeleitet, so ist der Entmündigungsantrag demjenigen mitzuteilen, dessen Entmündigung beantragt wird. Daß dies vor Verfahrenseinleitung zu geschehen hat, ist nicht vorgeschrieben. Art 103 I GG verlangt zwar, daß jede Prozeßpartei mit Angriff und Verteidigung in vollem Umfang gehört wird, schützt sie aber ebensowenig vor der Einleitung eines Entmündigungsverfahrens wie vor einer sonstigen gegen sie gerichteten Klage. Die Einleitung ist vergleichbar mit der Bestimmung eines Verhandlungstermins oder den im § 276 vorgesehenen Anordnungen im schriftlichen Vorverfahren. Durch verfahrensleitende Anordnungen wird das rechtliche Gehör des Antragsgegners nicht verletzt. 9

Da das Entmündigungsverfahren vor dem AG ein Beschlußverfahren mit fakultativer mündlicher Verhandlung ist, ist der Entmündigungsantrag nur **formlos mitzuteilen.** Wird mit ihm zusammen eine Ladung übersandt oder dem Antragsgegner eine Frist zum Beweisantritt gesetzt (§ 653 I 2), so ist alles zusammen **zuzustellen** (§ 329 II 2). 10

Die Einleitung des Entmündigungsverfahrens kann der davon Betroffene nicht **anfechten.** Selbst wenn er vor Einleitung des Verfahrens beantragt hat, den Einleitungsantrag zurückzuweisen, ist seine Beschwerde gegen die Einleitung unstatthaft; denn sein Gegenantrag ist kein das Verfahren betreffendes Gesuch iS des § 567 I. Der Ausschluß der Beschwerde widerspricht nicht den Art I 1, 19 IV, 103 I GG (KG MDR 81, 325 = FamRZ 397; Waldner NJW 82, 317). 11

IV) Akten. Eintrag im ZivProzReg unter „C" § 13 Nr 1 und 2. AktO; Muster 20 AktO. 12

648 *[Ausschließliche örtliche Zuständigkeit]*

(1) Für die Einleitung des Verfahrens ist das Amtsgericht, bei dem der zu Entmündigende seinen allgemeinen Gerichtsstand hat, ausschließlich zuständig.

(2) Gegen einen Deutschen, der im Inland keinen allgemeinen Gerichtsstand hat, kann der Antrag bei dem Amtsgericht gestellt werden, in dessen Bezirk der zu entmündigende den letzten Wohnsitz im Inland hatte; wenn er einen solchen Wohnsitz nicht hatte, gelten die Vorschriften des § 15 Abs. 1 Satz 2 entsprechend.

(3) Gegen eine Person, die nicht Deutscher ist und im Inland keinen allgemeinen Gerichtsstand hat, kann der Antrag bei dem Amtsgericht gestellt werden, in dessen Bezirk sich die Person aufhält.

Übersicht: § 648a regelt die internationale, § 648 die **örtliche Zuständigkeit.** Diese richtet sich in erster Linie nach dem allgemeinen Gerichtsstand (Abs 1), in zweiter nach Abs 2 (für Deutsche) und Abs 3 (für Ausländer). 1

Allgemeiner Gerichtsstand (Abs 1): Wohnsitz, hilfsweise Aufenthaltsort (§§ 12–16). Der Geisteskranke verliert seinen Wohnsitz nicht durch Einweisung in ein Krankenhaus. Dort kann er mangels Geschäftsfähigkeit keinen Wohnsitz begründen (§ 8 I BGB). Hatte er schon vor der Einweisung keinen Wohnsitz, so ist das Gericht zuständig, in dessen Bezirk das Krankenhaus liegt. Bei mehrfachem Wohnsitz ist analog §§ 35, 261 III Nr 1 das zuerst angegangene Gericht zuständig. 1a

2 Da das Verfahren an ein anderes AG überwiesen werden kann (§ 650), regelt § 648 zunächst die Zuständigkeit für die Verfahrenseinleitung (§ 647 Rn 8). Ohne Überweisung bleibt das einleitende Gericht **ausschließlich zuständig.** Wegen § 261 III Nr 2 reicht es aus, wenn das Gericht bei Verfahrenseinleitung zuständig war (BGH FamRZ 84, 37 = MDR 214); für die internationale Zuständigkeit gilt das aber nicht (§ 648 a Rn 4). Andererseits genügt es, wenn die zuständigkeitsbegründenden Umstände bei der Entscheidung vorliegen. Wenn die Zuständigkeit fehlt, kann das Verfahren auf Antrag an das zuständige Gericht verwiesen werden (§ 281 I; BGH LM 1 zu § 648). Nach der Verweisung bleiben die persönliche Vernehmung und die Beweisaufnahme verwertbar, die das verweisende Gericht durchgeführt hat (BGH aaO). Unterscheide Verweisung und Überweisung durch das zuständige Gericht (§ 650).

3 Abs 1 gilt auch für die Entmündigung von **Ausländern** mit allgemeinem Gerichtsstand im Inland, dh mit inländischem Wohnsitz (§ 13) oder ohne jeden Wohnsitz, aber bei Aufenthalt im Inland (§ 16). Bei ausländischem Wohnsitz und Inlandsaufenthalt gilt Abs 3.

4 **Abs 2:** Da deutsche Gerichte für die Entmündigung eines Deutschen stets international zuständig sind, wo sich dieser auch immer aufhalten mag (§ 648 a I 1), stellt Abs 2 als Ersatzgerichtsstand den letzten inländischen Wohnsitz bereit, wenn im Inland kein allgemeiner Gerichtsstand vorhanden ist. Hatte der Deutsche, um dessen Entmündigung es geht, auch früher keinen inländischen Wohnsitz oder läßt sich ein solcher nicht ermitteln, so ist nach § 15 I 2 das AG Bonn zuständig.

5 **Abs 3** ist durch das IPR-Neuregelungsgesetz eingefügt worden und am 1. 9. 86 in Kraft getreten. Er setzt voraus, daß die Person, um deren Entmündigung es geht, nicht die deutsche Staatsangehörigkeit besitzt und im Inland keinen allgemeinen Gerichtsstand hat. Wohnsitzlose Ausländer, die sich im Inland aufhalten, haben hier einen allgemeinen Gerichtsstand (Rn 3). Abs 3 gilt nur bei ausländischem Wohnsitz und Inlandsaufenthalt. Er ist das prozessuale Gegenstück zu Art 8 EGBGB.

648 a *[Internationale Zuständigkeit]*

(1) Für die Entmündigung sind die deutschen Gerichte zuständig, wenn der zu Entmündigende

1. Deutscher ist oder

2. seinen gewöhnlichen Aufenthalt oder, mangels eines solchen, seinen Aufenthalt im Inland hat.

Diese Zuständigkeit ist nicht ausschließlich.

(2) Die Entmündigung im Inland kann unterbleiben, wenn in einem anderen Staat, dessen Gerichte zuständig sind, ein Verfahren eingeleitet ist.

1 § 648 a ist durch das IPR-Neuregelungsgesetz geschaffen worden und am 1. 9. 86 in Kraft getreten. Bis dahin war die internationale Zuständigkeit aus der örtlichen hergeleitet worden. Diese ist ausschließlich (§ 648 I). Durch die Neuregelung wird klargestellt, daß die **internationale Zuständigkeit nicht ausschließlich** ist (Abs 1 S 2), was namentlich bei der Entmündigung von Ausländern mit ausländischem Wohnsitz an sich selbstverständlich ist, sich aber aus § 648 nicht herleiten ließ.

2 Deutsche Gerichte sind auch für die Entmündigung von **im Ausland lebenden** Deutschen zuständig (Abs 1 S 1 Nr 1). Über die örtliche Zuständigkeit s § 648 Rn 4.

3 Nach Art 8 EGBGB kann ein Ausländer, der seinen gewöhnlichen Aufenthalt oder, mangels eines solchen, seinen Aufenthalt im Inland hat, nach deutschem Recht entmündigt werden. Hiermit übereinstimmend richtet sich die internationale Zuständigkeit nach dem **gewöhnlichen bzw schlichten Aufenthalt.** Näheres zum Begriff *gewöhnlicher Aufenthalt* s § 606 Rn 5 f. Der schlichte Aufenthalt im Inland begründet die internationale Zuständigkeit nur, wenn die Person, um deren Entmündigung es geht, überhaupt keinen gewöhnlichen Aufenthalt hat. Zur Entmündigung von Ausländern, die sich vorübergehend im Inland, aber gewöhnlich im Ausland aufhalten, sind deutsche Gerichte nicht berufen.

4 Der Grundsatz, daß die einmal begründete Zuständigkeit durch eine Veränderung der sie begründenden Umstände nicht erlischt (**perpetuatio fori;** § 261 III Nr 2), **gilt nicht** für die internationale Zuständigkeit. Diese entfällt, wenn der Ausländer während des Verfahrens ins Ausland zieht. Das Verfahren ist dann einzustellen (RG JW 12, 914; Karlsruhe Rpfleger 57, 308; StJSchlosser 14 mwN).

Abs 2, wonach die Entmündigung im Inland mit Rücksicht auf ein ausländisches Parallelverfahren unterbleiben kann, stellt nicht darauf ab, ob das inländische oder das ausländische Entmündigungsverfahren eher anhängig war. Welches Verfahren Vorrang hat, ist eine Frage der Zweckmäßigkeit. Wie die §§ 650 I, 654, 656 zeigen, ist es in der Regel angebracht, das Entmündigungsverfahren am Aufenthaltsort der Person durchzuführen, deren Entmündigung beantragt ist. 5

Über die Zuständigkeit deutscher Gerichte für das Wiederaufhebungsverfahren, wenn ein Auslandsdeutscher durch ein ausländisches Gericht entmündigt worden ist, siehe § 676 Rn 2. 6

649 *[Ärztliches Zeugnis]*

Das Gericht kann vor der Einleitung des Verfahrens die Beibringung eines ärztlichen Zeugnisses anordnen.

§ 649 schränkt den Untersuchungsgrundsatz ein, wonach Ermittlungen auch auf einen Antrag hin aufgenommen werden müßten, der nur den Wortlaut des § 6 BGB wiederholt (mein Sohn ist geisteskrank und kann seine Angelegenheiten nicht besorgen). Um Gerichte und Antragsgegner vor offenbar unbegründeten Anträgen zu bewahren, kann die Verfahrenseinleitung (§ 647 Rn 8) von der Beibringung eines ärztlichen (nicht amtsärztlichen) Zeugnisses abhängig gemacht werden. Bei genügenden Anhaltspunkten für einen Entmündigungsgrund kann das Gericht von einer Anordnung nach § 649 absehen. Bei Fristsetzung ist die Anordnung zuzustellen (§ 329 II 2). Sie ist unanfechtbar (§ 567 I). Antwortet der Antragsteller nicht, so kann der Entmündigungsantrag zurückgewiesen werden. Dagegen einfache Beschwerde: § 647 Rn 7. Das Zeugnis kann in der Beschwerdeinstanz nachgereicht werden (§ 570). Legt der Antragsteller ein Attest vor oder bringt er Gründe vor, weshalb er dies nicht kann, so ist zu verfahren, wie bei § 647 Rn 2 und 7 vorgeschlagen. Das Attest ersetzt nicht die Vernehmung eines Sachverständigen nach § 655. 1

650 *[Überweisung an ein anderes Gericht]*

(1) Das Gericht kann nach der Einleitung des Verfahrens, wenn es mit Rücksicht auf die Verhältnisse des zu Entmündigenden erforderlich erscheint, die Verhandlung auf Entscheidung dem Amtsgericht überweisen, in dessen Bezirk der zu Entmündigende sich aufhält.

(2) Die Überweisung ist nicht mehr zulässig, wenn das Gericht den zu Entmündigenden vernommen hat (§ 654 Abs. 1).

(3) Wird die Übernahme abgelehnt, so entscheidet das im Rechtszuge zunächst höhere Gericht.

Voraussetzungen für eine Überweisung: 1. zulässiger Entmündigungsantrag wegen Geisteskrankheit/-schwäche (nicht wegen Trunksucht usw; BGH FamRZ 84, 37 = MDR 214). **2.** Verfahrenseinleitung (§ 647 Rn 8). **3.** Aufenthalt des Antragsgegners im Bezirk eines anderen AG. **4.** Die Verhältnisse des Antragsgegners müssen die Überweisung erfordern. Solange er nicht durch einen ersuchten Richter angehört (§ 654 II) und durch Sachverständige begutachtet (§ 655) worden ist, läßt sich die Erforderlichkeit nicht feststellen (BGHZ 10, 316 mwN). Ergeben Gutachten und Anhörung keine Zweifel über den Geisteszustand des Antragsgegners, so hat das Einleitungsgericht zu entscheiden (BGH aaO; BayObLGZ 1951, 145). Ergeben sie Zweifel, so muß der entscheidende Richter selbst den Antragsgegner hören und sehen. Nur wenn dies unverhältnismäßig schwierig ist (große Entfernung zwischen Einleitungsort und Aufenthalt des Antragsgegners), kann an das Gericht des Aufenthaltsortes verwiesen werden (BGH FamRZ 80, 344 = NJW 1694 = MDR 567; FamRZ 86, 1090). Die Überweisung ist unzulässig, wenn das Einleitungsgericht den Antragsgegner bereits unter Zuziehung eines Sachverständigen vernommen hat (Abs 2). 1

Die **Überweisung** erfolgt durch unanfechtbaren (§ 567 I; Colmar OLG 9, 439) **Beschluß,** formlos mitzuteilen an Antragsteller, Antragsgegner oder dessen gesetzlichen Vertreter (§ 329 II), und an den StA, der dann seine Akte an den nunmehr zuständigen StA abgibt. 2

Abs 3: Die Überweisung bindet das Zweitgericht nicht; es hat selbständig zu prüfen, ob die tatsächl und rechtl Voraussetzungen der Überweisung vorliegen (BGH FamRZ 84, 37 = MDR 214). Durch die Übernahme wird das Zweitgericht zur sachl Entscheidung über den Entmündigungsantrag zuständig, wobei die bisherigen Beweisergebnisse ebenso wie bei der Verweisung nach § 281 (BGH LM 1 zu § 648) verwertbar bleiben. Ablehnung der Übernahme durch (unanfechtba- 3 ren; § 567 I) Beschluß, der zu begründen und den Beteiligten mitzuteilen ist. Das überweisende Gericht kann die Überweisung zurücknehmen. Geschieht dies nicht, so ist die Entscheidung des gemeinsamen übergeordneten Gerichts (§ 36 Rn 4) einzuholen; eines Antrags der Beteiligten bedarf es dazu nicht. Die Entscheidung des Obergerichts ist den Beteiligten formlos mitzuteilen; sie ist bindend und unanfechtbar.

4 **Gebühren 1)** des **Gerichts:** Die Verfahren vor dem überweisenden und dem übernehmenden Amtsgericht bilden eine kostenrechtl Einheit (§ 9 I GKG). Es wird so betrachtet, als wäre das Verfahren nur bei dem übernehmenden Amtsgericht anhängig gewesen. – **2)** des **Anwalts:** Auch für den RA gilt das Verfahren vor dem überweisenden und dem übernehmenden Amtsgericht als ein Gebührenrechtszug (§ 14 I 1 BRAGO); der RA erhält die Gebühren sohin nur einmal (§ 13 II BRAGO). Die etwaige Entscheidung des höheren Gerichts (§ 36) ist gerichtsgebührenfrei; für den RA gehört diese Tätigkeit zum Gebührenrechtszug (§ 37 Nr 3 BRAGO).

651 *[Weitere Überweisung]*

(1) Wenn nach der Übernahme des Verfahrens durch das Gericht, an das die Überweisung erfolgt ist, ein Wechsel im Aufenthaltsort des zu Entmündigenden eintritt, so ist dieses Gericht zu einer weiteren Überweisung befugt.

(2) Die Vorschriften des § 650 gelten entsprechend.

1 Vorausgesetzt wird Übernahme des Verfahrens durch das Zweitgericht und ein erneuter Aufenthaltswechsel. Bei Aufenthaltswechsel vor der Übernahme durch das Zweitgericht oder vor der die erste Überweisung bestätigenden Entscheidung des Obergerichts ist § 651 nicht anwendbar, außer wenn der neuerliche Aufenthaltswechsel erst danach bekannt wird. Weitere Voraussetzungen s § 650 Rn 1, Verfahren § 650 Rn 2, 3.

2 **Gebühren:** s Rn 4 zu § 650.

652 *[Mitwirkung des Staatsanwalts]*

Der Staatsanwalt kann in allen Fällen das Verfahren durch Stellung von Anträgen betreiben und den Terminen beiwohnen. Er ist von der Einleitung des Verfahrens sowie von einer Überweisung (§§ 650, 651) und von allen Terminen in Kenntnis zu setzen.

1 Der **Staatsanwalt** kann die Entmündigung wegen Geisteskrankheit/-schwäche und die Wiederaufhebung der Entmündigung selbst beantragen (§§ 646 II, 675). Ist er nicht Antragsteller, so kann er am Verfahren mitwirken: Akten einsehen, Terminen beiwohnen, Anträge stellen, für und gegen die Entmündigung Stellung nehmen. Entscheidungen sind ihm zuzustellen (§§ 659, 678 I). Gegen die Ablehnung oder die Wiederaufhebung der Entmündigung hat er das Beschwerderecht (§§ 663, 678 II), desgleichen gegen eine angeordnete Anstaltsbeobachtung (§ 656 II), vor der er zu hören ist (§ 656 I 2). Bei Rücknahme des Entmündigungsantrages oder Erlöschen des Antragsrechts des bisherigen Antragstellers (§ 646 Rn 7) hat der Richter vor Einstellung des Verfahrens den StA zu fragen, ob er das Verfahren fortführen will (anders StJSchlosser 1).

2 Zu **benachrichtigen** ist stets der StA bei dem LG, zu dessen Bezirk das AG gehört. Mitteilungen durch Aktenvorlage, wenn StA und AG ihren Sitz am selben Ort haben und keine Verzögerung entsteht (MiZi 2 Teil 2 Abschn VI 1 Abs 2). Im Verfahren vor dem OLG ist der Generalstaatsanwalt, in demjenigen vor dem BGH der Generalbundesanwalt zuständig.

3 Im Entmündigungsverfahren wegen **Verschwendung, Trunk- oder Rauschgiftsucht** wirkt der StA nicht mit (§ 680 IV); kann aber als Vertreter des Staates in den zugehörigen Klageverfahren passiv legitimiert sein (§§ 684 III, 686 III). Sind diese Verfahren mit solchen der Entmündigung wegen Geistesschwäche oder -krankheit verbunden (Rn 6 vor § 645), so kann der StA in den Terminen anwesend sein, Anträge aber nur zur Entmündigung wegen Geisteskrankheit oder -schwäche stellen (RGZ 108, 307/309).

653 *[Ermittlung von Amts wegen]*

(1) Das Gericht hat unter Benutzung der in dem Antrag angegebenen Tatsachen und Beweismittel von Amts wegen die zur Feststellung des Geisteszustandes erforderlichen Ermittlungen zu veranstalten und die erheblich erscheinenden Beweise aufzunehmen. Zuvor ist dem zu Entmündigenden Gelegenheit zur Bezeichnung von Beweismitteln zu geben, desgleichen

demjenigen gesetzlichen Vertreter des zu Entmündigenden, dem die Sorge für die Person zusteht, sofern er nicht die Entmündigung beantragt hat.

(2) Für die Vernehmung und Beeidigung der Zeugen und Sachverständigen sind die Vorschriften im siebenten und achten Titel des ersten Abschnitts des zweiten Buchs anzuwenden. Die Ordnungshaft kann im Falle des § 390 von Amts wegen angeordnet werden.

Verfahren: Nach Verfahrenseinleitung (§ 647 Rn 8) gibt das Gericht dem Antragsgegner und seinem personensorgeberechtigten gesetzlichen Vertreter, wenn dieser nicht ohnehin Antragsteller ist, Gelegenheit zum Beweisantritt (Abs 1 S 2). Dann **ermittelt** es **von Amts wegen** (Abs 1 S 1), ob ein Entmündigungsgrund vorliegt. Dazu müssen alle Beweismittel benutzt werden, die Aufklärung versprechen und erreichbar sind. Einzelheiten s § 640 Rn 41. Mindestens ist der Antragsgegner unter Zuziehung eines Sachverständigen zu vernehmen (Ausnahme § 654 III), und dieser ist über den Geisteszustand des Antragsgegners zu hören (§§ 654 I, 655). Beweisbeschluß nicht erforderlich; auf die Beweisaufnahme finden aber die §§ 373–414 Anwendung (Abs 2). Für Beweisanträge gelten die in § 640 Rn 46 entwickelten Grundsätze. Werden solche Anträge zu Unrecht übergangen, so kann das mit der Anfechtungsklage geltend gemacht werden, mit der die Entmündigung bekämpft wird (§ 664). 1

Beweismittel: Die Anhörung eines Sachverständigen ist vorgeschrieben (§ 655). Antragsteller und gesetzlicher Vertreter des Antragsgegners können entsprechend § 613 als Partei vernommen werden. Vernehmung des Antragsgegners selbst: § 654. Angehörige des Antragstellers haben als solche – unbeschadet eines etwaigen Weigerungsrechts als Verwandte des Antragsgegners – kein Recht zur Zeugnisverweigerung, denn der Antragsteller wird von der Entmündigung nicht betroffen (StJSchlosser 9; anders BLAlbers 2 A). Angehörige des Antragsgegners sind analog § 383 zur Zeugnisverweigerung berechtigt. § 387 ist anwendbar (Zwischenstreit über Zeugnisverweigerung). Anders als nach § 390 II bedarf es bei unberechtigter Zeugnisverweigerung zur Anordnung der Ordnungshaft keines Antrags (Abs 2 S 2). Ein Verzicht auf Beeidigung ist entsprechend §§ 617, 670 unbeachtlich. Die Beweisergebnisse bleiben im Falle einer nachfolgenden Verweisung nach § 281 verwertbar (BGH LM 1 zu § 648); bei nachfolgender Überweisung nach § 650, soweit noch statthaft, gilt das gleiche. Nach der Beweisaufnahme verbleibende Zweifel, ob ein Entmündigungsgrund vorliegt, gehen zu Lasten des Antragstellers; s § 664 Rn 2. § 653 ist auch im Entmündigungsverfahren wegen Verschwendung usw anwendbar (§ 680 III). 2

Ein Recht auf Zuziehung zu den Beweisterminen hat nach § 652 nur der StA. Das Grundrecht auf **rechtliches Gehör** (Art 103 I GG) erfordert es aber, dem Antragsgegner und seinem gesetzl Vertreter Gelegenheit zur Anwesenheit bei der Beweisaufnahme zu geben. Über die Beiordnung eines Anwalts s Rn 10 vor § 645. Analog § 654 III darf das Gericht nur dann davon absehen, den Antragsgegner hinzuzuziehen, wenn dies angesichts seines Gesundheitszustandes angezeigt erscheint. Auch dem Antragsteller muß Gehör gewährt werden, namentl Gelegenheit zur Teilnahme an der Verhandlung (s Rn 11 vor § 645) und Beweisaufnahme. Alle Beteiligten sind berechtigt, Zeugen Fragen vorlegen zu lassen oder selbst zu stellen (§ 397) und Sachverständige abzulehnen (§ 406). 3

654 *[Vernehmung des Antragsgegners]*

(1) Der zu Entmündigende ist persönlich unter Zuziehung eines oder mehrerer Sachverständiger zu vernehmen. Zu diesem Zweck kann die Vorführung des zu Entmündigenden angeordnet werden.

(2) Die Vernehmung kann auch durch einen ersuchten Richter erfolgen.

(3) Die Vernehmung darf nur unterbleiben, wenn sie mit besonderen Schwierigkeiten verbunden oder nicht ohne Nachteil für den Gesundheitszustand des zu Entmündigenden ausführbar ist.

Die **Vernehmung des Antragsgegners** ist keine Parteivernehmung; sie soll dem Richter Gelegenheit geben, sich vom Zustand des Antragsgegners zu überzeugen (RG JW 05, 53). Parteien und StA können nicht auf sie verzichten; Abs 1 enthält zwingendes Recht (RGZ 162, 35). Bloße Anhörung nach § 137 IV genügt nicht (RG aaO u JW 05, 53). Der Richter leitet die Vernehmung. Wie weit er selbst den Antragsgegner fragt oder dem zugezogenen Arzt die Befragung überläßt, steht in seinem Ermessen. Erscheint der Antragsgegner mit einem Prozeßbevollmächtigten oder Beistand (§ 90), so darf dieser nicht zurückgewiesen werden. Zu vernehmen ist aber der Antragsgegner selbst, nicht der Vertreter. Auch die übrigen Beteiligten dürfen bei der Vernehmung zugegen sein (Rn 11 vor § 645 und § 653 Rn 3). Dieses Recht weicht dem Gebot der Amtsermitt- 1 lung und Sachaufklärung, wenn diese durch die Anwesenheit von Beteiligten, namentlich des Antragstellers, erschwert werden (StJSchlosser 8 mwN; KG FamRZ 80, 1156). Das Vernehmungsergebnis bleibt verwertbar, wenn das Verfahren später an ein anderes Gericht verwiesen (§ 281) oder überwiesen (§ 650) wird; s § 653 Rn 2. Über die Wiederholung der Vernehmung durch das Beschwerdegericht s § 663 Rn 3.

2 Über den **Ort der Vernehmung** (vgl § 219), die nach § 404 (§ 404 IV nicht anwendbar) zu treffende Auswahl der zuzuziehenden Sachverständigen (Fachärzte für Psychiatrie, Amtsärzte) u die Art u Weise, in der die Vernehmung vorzunehmen ist, enthält die ZPO keine Vorschriften. Die Justizkommission des Reichstags ging davon aus, daß der Antragsgegner regelmäßig am Ort seines Aufenthalts, nicht am Gerichtssitz zu vernehmen sei; dies sei mit Rücksicht auf den Gesundheitszustand u im Interesse der Erforschung der Wahrheit geboten.

3 Über die Verhandlung ist ein **Protokoll** aufzunehmen (§§ 160 ff). Es enthält die Namen der Erschienenen und die Angabe, daß nichtöffentl verhandelt wurde (§ 160 Nr 4, 5), außerdem eine möglichst wörtl Wiedergabe der dem Antragsgegner vorgelegten Fragen und seiner Antworten. Das Protokoll ist nach § 162 den Beteiligten vorzulesen oder zur Durchsicht vorzulegen, soweit es Zeugen-, Sachverständigen- oder Parteiaussagen enthält. Der Richter darf nicht darauf verzichten, Aussagen von Zeugen, Sachverständigen und Parteien sowie das Ergebnis des Augenscheins in das Protokoll aufzunehmen. § 161 I Nr 1 ist unanwendbar, weil gegen den Entmündigungsbeschluß die Anfechtungsklage stattfindet. Über den Verzicht auf Verlesung der Aussagen und des Augenscheinsergebnisses s § 162 Rn 6.

4 Nach Abs 1 S 2 kann die **Vorführung** des Antragsgegners angeordnet werden, abweichend von den §§ 380 II, 613 III auch ohne vorheriges Ausbleiben und ohne Androhung. Ob sie angeordnet wird, steht im Ermessen des Gerichts. Der Grundsatz des Übermaßverbotes schränkt die Ermessensfreiheit ein. Erscheint der Antragsgegner nicht freiwillig beim Sachverständigen, so kann das Gericht auch anordnen, daß er dort vorgeführt wird. Zur Überwindung von Widerstand kann der Justizwachtmeister oder Gerichtsvollzieher um Unterstützung der Polizei nachsuchen (vgl BayGVBl 53, 189).

5 § 654 sieht nicht vor, daß der Antragsgegner **Beschwerde gegen die Vorführungsanordnung** einlegen kann. Trotzdem ist dieses Rechtsmittel statthaft. Daß eine Partei vorgeführt wird, sieht die ZPO nur in Statussachen (Ehe-, Kindschafts- und Entmündigungssachen) vor. In Ehe- und Kindschaftssachen sind Vorführungsanordnungen beschwerdefähig (§§ 640 I, 613 II, 380 III). Es besteht kein Grund, in Entmündigungssachen die Rechte der vorzuführenden Partei – verglichen mit den übrigen Statussachen – zu schmälern. § 654 ist lückenhaft. Die Lücke ist durch analoge Anwendung der §§ 640 I, 613 II, 380 III zu schließen.

6 Um die **Vernehmung** kann das AG **ersucht** werden, in dessen Bezirk sich der Antragsgegner aufhält (§ 157 GVG). § 375 gilt nicht. Dem Rechtshilferichter kann auch die Auswahl des Sachverständigen übertragen werden (§ 405). Er darf nicht prüfen, ob das Rechtshilfeersuchen zweckmäßig ist; ablehnen darf er nur, wenn er örtlich unzuständig ist (KG OLG 40, 397). Auf Ersuchen hat er auch seinen Eindruck vom Antragsgegner mitzuteilen (RG Warn 36 Nr 47; Hamm JMBlNRW 53, 284).

7 Die **Vernehmung** darf nach Abs 3 nur unter engen Voraussetzungen **unterbleiben.** Weite Entfernung, Verzicht des Antragsgegners auf seine Vernehmung, Weigerung zu erscheinen, Verständigungsschwierigkeiten genügen nicht. Das Gesetz verlangt gesundheitliche Nachteile oder besondere Schwierigkeiten: Tobsuchtsanfälle, Unmöglichkeit des Zutritts ohne Gewaltanwendung (AG Rotenburg NdsRpfl 66, 244). Unterbleibt die Vernehmung, so hat das Gericht die Gründe hierfür in seinem Beschluß mitzuteilen. Die Vernehmung muß ferner unterbleiben, wenn sie für die Entscheidung über den Entmündigungsantrag bedeutungslos ist (LG Düsseldorf MDR 77, 490; BLAlbers 1; anders Celle FamRZ 58, 341 = MDR 247; StJSchlosser 1). Dies ist nur bei Zurückweisung des Antrages denkbar. Andere, vor der Vernehmung durchgeführte Ermittlungen können ergeben, daß der Antragsgegner trotz eventueller Geistesschwäche seine Angelegenheiten zu besorgen vermag (Aufenthalt im Pflegeheim) oder daß der Antragsteller ihn wider besseres Wissen als geisteskrank bezeichnet hat. In solchen Fällen ist eine Vernehmung des Antragsgegners unter Zuziehung eines Sachverständigen sinnlos.

8 **Gebühren** des **Gerichtsvollziehers:** Festgebühr von 30 DM für die zwangsweise Vorführung des zu Entmündigenden zur Vernehmung beim AG (Abs 1) u zur Einlieferung in eine Heilanstalt nach § 656 (§ 26 I GVKostG). Daneben sind Auslagen zu erheben (Beförderungskosten: § 35 I Nr 8 u das Wegegeld: § 37 GVKostG).

655 *(Anhörung von Sachverständigen)* **Die Entmündigung darf nicht ausgesprochen werden, bevor das Gericht einen oder mehrere Sachverständige über den Geisteszustand des zu Entmündigenden gehört hat.**

Ein **Sachverständigengutachten** ist nur entbehrlich, wenn der Entmündigungsantrag nach dem sonstigen Ermittlungsergebnis abgewiesen werden kann (§ 654 Rn 2); sonst ist es zwingend vorgeschrieben. Das ärztliche Zeugnis (§ 649) ersetzt es nicht. Es kann schriftlich (§ 411) oder mündlich erstattet werden. Ein mündliches Gutachten erstattet zweckmäßig der nach § 654 zugezogene Sachverständige nach der Vernehmung des Antragsgegners. Vorherige Untersuchung durch den Sachverständigen ist nicht vorgeschrieben (RG JW 17, 846), aber meist sinnvoll. Wenn sich der Antragsgegner nicht bereits in einer Heilanstalt befindet, äußert sich der Gutachter zweckmäßigerweise auch darüber, ob zur abschließenden Beurteilung Anstaltsunterbringung erforderlich ist und ob von einer solchen Nachteile für die Gesundheit des zu Entmündigenden zu gewärtigen sind (vgl § 656 I). Zur Anhörung eines Sachverständigen im Beschwerdeverfahren s § 663 Rn 3. 1

Der Beschluß, daß ein Sachverständigengutachten eingeholt werden soll, ist wie jeder **Beweisbeschluß unanfechtbar** (KG FamRZ 81, 396 = MDR 325 f). Über die Weigerung des Antragsgegners, beim Sachverständigen zu erscheinen, ist nicht – wie im Falle der §§ 372a II 1, 387 – durch Zwischenurteil zu entscheiden (so aber Waldner NJW 82, 318). Zum Schutz des Antragsgegners genügt es, daß er gegen eine Vorführungsanordnung oder die Unterbringung in eine Heilanstalt zur Beobachtung Beschwerde einlegen kann (§ 656 II, s weiter § 654 Rn 5). 2

Der Grundsatz des **rechtlichen Gehörs** erfordert es, daß Antragsteller und -gegner sich zu dem Gutachten äußern können, bevor es für eine Entscheidung verwertet wird. 3

656 *(Anstaltsbeobachtung)* **(1) Mit Zustimmung des Antragstellers kann das Gericht anordnen, daß der zu Entmündigende auf die Dauer von höchstens sechs Wochen in eine Heilanstalt gebracht werde, wenn dies nach ärztlichem Gutachten zur Feststellung des Geisteszustandes geboten erscheint und ohne Nachteil für den Gesundheitszustand des zu Entmündigenden ausführbar ist. Vor der Entscheidung sind die im § 646 bezeichneten Personen soweit tunlich zu hören.**

(2) Gegen den Beschluß, durch den die Unterbringung angeordnet wird, steht dem zu Entmündigenden, dem Staatsanwalt und binnen der für den zu Entmündigenden laufenden Frist den sonstigen im § 646 bezeichneten Personen die sofortige Beschwerde zu.

I) Die Anordnung der **Anstaltsbeobachtung** kann vor oder nach der Vernehmung des Antragsgegners (§ 654) ergehen, auch gegen dessen Willen. Persönl Freiheit u Schutz der Intimsphäre (BayObLG NJW 72, 1523) stehen dem Zwang nicht entgegen. **Voraussetzungen:** 1

1) Ein **ärztl Gutachten** muß die Anstaltsbeobachtung als notwendig bezeichnen, um den Geisteszustand des Antragsgegners beurteilen zu können. Sind mehrere Sachverständige über die Notwendigkeit uneinig, so kann das Gericht die Unterbringung anordnen. Befindet sich der Antragsgegner bereits in einer Heilanstalt, so kann das Gericht ihn auch in einer anderen Anstalt beobachten lassen. Die Notwendigkeit der Unterbringung darf nicht allein aus dem Grunde bejaht werden, weil der Antragsgegner nicht freiwillig beim Sachverständigen erscheint. Der Grundsatz des Übermaßverbotes gebietet es, den Sachverständigen zu veranlassen, daß er den Antragsgegner aufsucht. Ist eine Untersuchung auf diese Weise nicht mögl, so kann der Antragsgegner analog § 654 I 2 dem Sachverständigen vorgeführt werden (§ 654 Rn 4). 2

2) Die Unterbringung darf nicht mit **gesundheitl Nachteilen** für den Antragsgegner verbunden sein (Sachverständigenfrage). 3

3) Der Antragsteller muß zustimmen, bei mehreren Antragstellern wenigstens einer. 4

4) Vor der Anordnung sind zu **hören:** der StA, tunlichst auch der Ehegatte, die Verwandten, der Personensorgeberechtigte, soweit sie im konkreten Fall antragsberechtigt sind (Abs 1 S 2). Daß der Antragsgegner, sein gesetzl Vertreter oder Bevollmächtigter zu hören sind, gebietet Art 103 I GG. 5

5) Verfahren der Anstaltsunterbringung: Anwaltsbeiordnung sieht die ZPO nicht vor; s Rn 10 vor § 645. Wegen der Schwere des Eingriffs ist aber analog §§ 81 II, 140 I Nr 6 StPO dem Antragsgegner ein Rechtsanwalt beizuordnen (Röhl NJW 60, 1378; StJSchlosser 6). Die Anstalt (auch Privatklinik) kann das Gericht selbst wählen. Sie ist im Beschluß bestimmt zu bezeichnen, ebenso die Höchstdauer der Unterbringung. Gesamthöchstdauer, auch bei wiederholter Anordnung: 6 6

Wochen. Wird der Zweck der Unterbringung eher erreicht, als im Beschluß vorgesehen, so ist der Antragsgegner zu entlassen (Übermaßverbot; Art 2 II GG). Der Unterbringungsbeschluß ist, auch wenn verkündet, dem Antragsteller, dem Staatsanwalt und dem Antragsgegner zuzustellen (§ 329 III). Weigert sich dieser, freiwillig in die Anstalt zu gehen, so hat das Gericht seine Festnahme durch den Gerichtsvollzieher anzuordnen, der entspr §§ 908 ff zu verfahren hat; der Haftbefehl (§ 908) wird durch den Unterbringungsbeschluß ersetzt, der Vollstreckungstitel ist (§ 794 I Nr 3). Für die Kosten der Heilanstalt haftet der Staat.

7 Aus dem Aufenthaltsbestimmungsrecht des Vormunds eines Volljährigen folgt keine Befugnis zur Unterbringung des volljähr Mündels in einer geschlossenen Anstalt ohne richterl Entscheidung (BVerfGE 10, 302 = NJW 60, 811; vgl §§ 1901, 1800, 1631 b BGB).

8 **II) Rechtsbehelfe (Abs 2):** Zurückweisung eines Antrags auf Anstaltsbeobachtung ist unanfechtbar, da nur Anregung (Braunschweig JR 52, 249; aM StJSchlosser 12). Gegen die Anordnung der Unterbringung steht dem Antragsgegner und dem StA die sofortige Beschwerde zu, innerhalb der für den ersteren laufenden Frist auch den in § 646 genannten Personen, soweit sie im konkreten Fall antragsberechtigt sind (Abs 2). Die Beschwerde hat aufschiebende Wirkung (§ 572 I). Keine weitere Beschwerde, wenn das LG die Unterbringungsanordnung aufhebt (Braunschweig aaO). Bestätigt es die Anordnung, so kann mit der weiteren Beschwerde nur ein neuer selbständiger Beschwerdegrund geltend gemacht werden (§ 568 II).

9 **III) Gebühren:** des **Gerichtsvollziehers** bei Anstaltseinlieferung: s § 654 Rn 8.

657 *[Verständigung des Vormundschaftsgerichts]*

Sobald das Gericht die Anordnung einer Fürsorge für die Person oder das Vermögen des zu Entmündigenden für erforderlich hält, ist der Vormundschaftsbehörde zum Zwecke dieser Anordnung Mitteilung zu machen.

1 **Fürsorgemaßnahmen:** Vorläufige Vormundschaft, Gebrechlichkeitspflegschaft (§§ 1906, 1909 BGB). – **Vormundschaftsbehörde** ist das AG, in dessen Bezirk der Antragsgegner zur Zeit Wohnsitz oder in Ermangelung eines inländischen Wohnsitzes seinen Aufenthalt hat, §§ 35, 36 FGG. Der Vormundschaftsrichter hat nicht nachzuprüfen, ob ein Entmündigungsverfahren eingeleitet werden durfte (BayObLG 22, 295; HRR 29 Nr 12).

658 *[Kosten des Verfahrens]*

(1) Die Kosten des Verfahrens sind, wenn die Entmündigung erfolgt, von dem Entmündigten, andernfalls von der Staatskasse zu tragen.

(2) Insoweit einen der im § 646 Abs. 1 bezeichneten Antragsteller bei Stellung des Antrages nach dem Ermessen des Gerichts ein Verschulden trifft, können ihm die Kosten ganz oder teilweise zur Last gelegt werden.

1 **I) Lit:** *Kellert* Rpfleger 52, 159, *Käfer* NJW 56, 660. In dem die Entmündigung anordnenden oder ablehnenden Beschluß ist über die **Kosten** zu **entscheiden.** Unter die zu **erstattenden Kosten** fallen auch die außergerichtl nach Verfahrenseinleitung entstandenen Auslagen des Antragstellers (auch des abgewiesenen) und des Antragsgegners (vgl LG Frankfurt Rpfleger 52, 196; LG Bonn NJW 65, 402), ferner die Kosten der Einlieferung u Verwahrung in einer Anstalt, nicht die Kosten einer während des Entmündigungsverfahrens angeordneten vorläufigen Vormundschaft (LG München II NJW 64, 1139; München MDR 67, 850). Die Kosten eines zugezogenen RA sind immer notwendig iSd § 91 (LG Wuppertal JW 36, 3349; LG Bonn NJW 65, 402).

2 **II) Kostentragungspflicht im Regelfall: 1)** Wenn die Entmündigung angeordnet wird, hat der Entmündigte die Kosten zu tragen, wenn sie nach Sachprüfung (sonst unten Rn 9) abgelehnt wird, die Staatskasse (Abs 1), Ausnahme: Abs. 2. Das Gesetz will verhindern, daß begründete Entmündigungsanträge nur um des Kostenrisikos willen nicht gestellt werden.

3 **2)** Die Staatskasse hat auch („andernfalls") die Kosten zu tragen, vorbehaltlich des Abs 2: **a)** bei Einstellung des Verfahrens infolge Todes des Antragsgegners; **b)** bei Einstellung des Verfahrens wegen Verlusts des Antragsrechts (§ 646 Rn 7) oder Todes des Antragstellers (nach ThP haben hier die Erben die Kosten zu tragen); **c)** bei Antragsrücknahme (= Mißerfolg: Käfer NJW 56, 660; StJSchlosser 5; anders Karlsruhe HRR 35 Nr 1702, Nürnberg BayJMBl 52, 267, ThP: Es gilt § 269 III 2).

Frei. 4–5

3) Bei Zurücknahme einer Beschwerde ist § 515 III anzuwenden; bei Zurückweisung einer solchen § 97 I (Schleswig SchlHA 56, 270). 6

III) Kostentragungspflicht des Antragstellers: 1) Nach Abs 2 kommt es nicht auf den Ausgang des Entmündigungsverfahrens (Entmündigung, Zurückweisung des Antrages, Einstellung des Verfahrens) an. Abs 2 betrifft nur die Antragsteller nach § 646 I, nicht den StA (§ 646 II). Wenn den Antragsteller ein **Verschulden** (Vorsatz, Fahrlässigkeit) bei Antragstellung trifft, können ihm (bei seinem Tod den Erben) die Kosten ganz oder teilweise auferlegt werden; so bei einem leichtfertig oder dolos gestellten Entmündigungsantrag. Wenn dem Antragsteller Prozeßkostenhilfe bewilligt war (vgl LG Frankfurt Rpfleger 52, 195) ist Abs 2 kaum anwendbar; denn (außer bei Täuschung des Gerichts) verträgt sich die Bejahung der Erfolgsaussicht nicht mit der Annahme eines Verschuldens bei Antragstellung. 7

Abs 2 erfordert Verschulden bei Antragstellung. Späteres Verschulden ist bedeutungslos. Die Wendung „nach dem Ermessen des Gerichts ein Verschulden" bedeutet, daß keine besonderen Ermittlungen über die Schuldfrage anzustellen sind, um den Kostenpunkt zu entscheiden. Bei ungeklärter Schuld ist von einer Kostenentscheidung nach Abs 2 abzusehen. Die Wendung bedeutet nicht, daß die Bejahung oder Verneinung der Schuld Ermessensentscheidung ist. 8

2) Unabhängig von einem Verschulden hat der Antragsteller nach § 91 die Kosten eines **unzulässigen Antrags** zu tragen, der nicht zur Einleitung des Entmündigungsverfahrens führt (§ 647 Rn 7). § 658 bezieht sich auf diesen Fall nicht. 9

IV) Da gegen die Anordnung der Entmündigung keine **Beschwerde** gegeben ist, kann auch die Kostenentscheidung des Anordnungsbeschlusses nicht mit Beschwerde angefochten werden. Gegen die Kostenentscheidung des die Entmündigung ablehnenden Beschlusses (Rn 2) findet entspr § 99 I die sofortige Beschwerde nur statt, wenn auch die Entscheidung zur Hauptsache angegriffen wird. Das gilt auch für den Antragsteller dem gemäß Abs 2 Kosten auferlegt wurden (LG Koblenz JW 26, 882; LG Lübeck SchlHA 68, 122). Gegen die isolierte Kostenentscheidung bei Einstellung des Verfahrens sofortige Beschwerde entspr § 91 a (LG Bochum MDR 71, 405). Wird bei Antragszurücknahme die Kostenentscheidung auf § 269 III 2 gestützt, sofortige Beschwerde nach § 269 III 5. – Kostenerstattung §§ 103 ff.

659 *[Beschluß, Zustellung]*

Der über die Entmündigung zu erlassende Beschluß ist dem Antragsteller und dem Staatsanwalt von Amts wegen zuzustellen.

Beschlußinhalt: Entmündigung, Zurückweisung des Entmündigungsantrages, Verfahrenseinstellung (§§ 646 Rn 7, 648 a Rn 4). Tod des Antragsgegners erledigt das Verfahren, keine Einstellung. Analog § 681 kann das Entmündigungsverfahren wegen Geisteskrankheit oder -schwäche ausgesetzt werden, um Besserung abzuwarten (StJSchlosser § 681 Rn 5 mwN). 1

Gleichviel ob die Entmündigung angeordnet oder abgelehnt wird, ist der Beschluß, auch wenn er verkündet wurde, von Amts wegen an den StA (auch wenn er untätig war) und an den Antragsteller **zuzustellen.** Wenn der Antragsteller durch einen Prozeßbevollmächtigten vertreten war, ist gemäß § 176 an diesen zuzustellen (BGHZ 43, 396 mwN). Für den Beschluß des Beschwerdegerichts (§ 663) gilt das gleiche. Die Zustellung an den Antragsgegner bzw seinen gesetzl Vertreter ist je nach dem Inhalt des Beschlusses verschieden geregelt (§§ 660, 662). 2

660 *[Entmündigungsbeschluß. Mitteilung und Zustellung]*

Der die Entmündigung aussprechende Beschluß ist von Amts wegen der Vormundschaftsbehörde mitzuteilen und, wenn der Entmündigte unter elterlicher Sorge oder unter Vormundschaft steht, auch demjenigen gesetzlichen Vertreter zuzustellen, dem die Sorge für die Person des Entmündigten zusteht. Im Falle der Entmündigung wegen Geistesschwäche ist der Beschluß außerdem dem Entmündigten selbst zuzustellen.

I) Gestaltungswirkung des Entmündigungsbeschlusses s Rn 13 vor § 645. Der Beschluß ist dem **Vormundschaftsgericht** formlos zu übersenden (S 1), in dessen Bezirk der Entmündigte seinen Wohnsitz oder beim Fehlen eines inländischen Wohnsitzes seinen Aufenthalt hat (§ 36 I 1 FGG). Wenn der Entmündigte in einer Anstalt untergebracht ist, verständigt das Vormundschaftsgericht den Anstaltsleiter. 1

2 **II)** § 660 regelt nur die **Zustellung des Beschlusses** an den Entmündigten und seinen gesetzlichen Vertreter. Wegen der Zustellung an den StA und den Antragsteller s § 659. Wenn vorhanden, wird der Beschluß dem personensorgeberechtigten Vertreter zugestellt. Stand der Entmündigte nicht unter elterlicher Sorge oder (vorläufiger; § 1906 BGB) Vormundschaft, so hat das nach S 1 verständigte Vormundschaftsgericht zunächst einen Vormund zu bestellen (§§ 1896 ff BGB), dem dann zugestellt wird. Unterscheide weiter:

3 **1)** An den wegen **Geisteskrankheit** Entmündigten selbst wird der Beschluß nicht zugestellt. Seinem Anwalt wird er nur mitgeteilt. Deshalb regelt § 664 III 1 den Beginn der Frist für die Anfechtungsklage des Entmündigten besonders. Wirksamwerden der Entmündigung: § 661 I.

4 **2)** Bei Entmündigung wegen **Geistesschwäche** wird der Beschluß sowohl dem personensorgeberechtigten Vertreter als auch dem Entmündigten selbst zugestellt (S 2; § 171 I nicht anwendbar), wenn er einen Prozeßbevollmächtigten hat, gemäß § 176 an diesen (BGH 43, 396). Ersatzzustellung ist zulässig (BayObLG 14, 173; Celle NdsRpfl 55, 230); zB wenn Zustellungsbeamter keinen Zutritt zu dem in Anstalt untergebrachten Zustellungsempfänger erhält (Celle NdsRpfl 64, 138). Wirksamwerden der Entmündigung wegen Geistesschwäche: § 661 II.

5 **III)** Wegen weiterer Mitteilungen (BZentralregister, Gemeinde, Landkreis) s Teil 2 Abschn 2 VI 3 MiZi. Keine öffentl Bekanntmachung (anders § 687). Anfechtung: § 661 Rn 4.

661 *[Wirksamwerden der Entmündigung]*

(1) Die Entmündigung wegen Geisteskrankheit tritt, wenn der Entmündigte unter elterlicher Sorge oder unter Vormundschaft steht, mit der Zustellung des Beschlusses an denjenigen gesetzlichen Vertreter, dem die Sorge für die Person zusteht, andernfalls mit der Bestellung des Vormundes in Wirksamkeit.

(2) Die Entmündigung wegen Geistesschwäche tritt mit der Zustellung des Beschlusses an den Entmündigten in Wirksamkeit.

1 **Wirksamwerden der Entmündigung wegen Geisteskrankheit** s Abs 1. Sind beide Eltern sorgeberechtigt, so genügt die Zustellung an einen Elternteil, um die Entmündigung wirksam werden zu lassen (§ 171 III). Wenn ein Vormund erst bestellt werden muß (§ 1896 BGB), wird sie mit dessen Bestellung (§ 1789 BGB) wirksam, nicht erst mit der späteren Zustellung an ihn (Abs 1).

2 Wirksamwerden der Entmündigung wegen **Geistesschwäche** (Abs 2): Hat der Entmündigte einen Prozeßbevollmächtigten, so ist diesem der Beschluß zuzustellen (§ 662 Rn 1). Die Zustellung an den personensorgeberechtigten Vertreter läßt die Entmündigung nicht wirksam werden.

3 Rechtswirkungen der Entmündigung: § 645 Rn 5. Durch die Anfechtungsklage (§ 664) wird die Wirksamkeit nicht hinausgeschoben. Mit der Vormundsbestellung endet die vorläufige Vormundschaft (§ 1908 II BGB).

4 **Anfechtung der Entmündigung:** Gegen den Entmündigungsbeschluß nur befristete Anfechtungsklage (§ 664), später Antrag auf Wiederaufhebung (§ 675). Keine Beschwerde; auch keine weitere Beschwerde gegen einen Entmündigungsbeschluß des Beschwerdegerichts (Kiel JW 35, 3491). Der Entmündigte kann auch nicht über die Anordnung der Vormundschaft Beschwerde führen mit der Begründung, daß die Voraussetzungen der Entmündigung nicht vorgelegen hätten; dies darf das Vormundschaftsgericht nicht nachprüfen (BayObLGZ 1981, 165 = Rpfleger 401).

662 *[Ablehnungsbeschluß]*

Der die Entmündigung ablehnende Beschluß ist von Amts wegen auch demjenigen zuzustellen, dessen Entmündigung beantragt war.

1 Zuzustellen ist dem Antragsteller und dem StA (§ 659), dem Prozeßbevollmächtigten des Antragsgegners (§ 176; BGHZ 43, 396 mwN) oder diesem selbst, wenn er keinen Anwalt hat. Keine Zustellung an den gesetzlichen Vertreter, der nicht Antragsteller ist; §§ 662, 683 sind leges speciales zu § 171 (RGZ 135, 187); formlose Mitteilung ist aber angebracht, ferner Mitteilung an das Vormundschaftsgericht, wenn es nach § 657 benachrichtigt worden war. Gegen den ablehnenden Beschluß findet sofortige Beschwerde statt; § 663. Der Beschluß wird mit Ablauf der Beschwerdefrist (§§ 663, 577) oder Zurückweisung bzw Zurücknahme der sofortigen Beschwerde formell **rechtskräftig** (Ende der vorläufigen Vormundschaft: § 1908 I BGB); er wird nicht materiell rechtskräftig (BGHZ 53, 313).

Wiederholung des Entmündigungsantrags nach rechtskräftiger Abweisung aus sachl Gründen nur auf Grund neuer Tatsachen oder Beweismittel. Neu ist auch eine bei Rechtskraft bereits vorhandene, aber unerkannte Geisteskrankheit. Das widerspricht zwar § 322. Da aber ein Beschluß im Entmündigungsverfahren einem solchen im Fürsorgebereich des FGG ähnelt, kann entsprechend § 18 FGG als neu eine Tatsache angesehen werden, die im früheren Verfahren nicht bekannt war (StJSchlosser § 663 Rn 4). 2

663 *[Beschwerde gegen Ablehnung]*

(1) Gegen den Beschluß, durch den die Entmündigung abgelehnt wird, steht dem Antragsteller und dem Staatsanwalt die sofortige Beschwerde zu.

(2) In dem Verfahren vor dem Beschwerdegericht gelten die Vorschriften der §§ 652, 653 entsprechend.

Außer dem StA und dem Antragsteller (Abs 1) ist **beschwerdeberechtigt** auch ein anderer, bisher nicht beteiligter Antragsberechtigter (BLAlbers 1 B); in seiner Beschwerde liegt ein Beitritt zum Verfahren (§ 646 Rn 6). Nach StJSchlosser 1, ThP 1 a können bisher nicht beteiligte Antragsberechtigte nur einen neuen Entmündigungsantrag stellen; dieser könnte sich aber, wenn nicht auf einen anderen Entmündigungsgrund zurückgegriffen wird, nur auf neue Tatsachen und Beweismittel stützen (§ 662 Rn 2). Bei Fürsorgezöglingen ist auch das Landesjugendamt (§ 69 V JWG) beschwerdeberechtigt. 1

Der Antragsteller ist beschwert, wenn statt der beantragten Entmündigung wegen Geisteskrankheit nur eine solche wegen Geistesschwäche erfolgt. War nur Entmündigung wegen Geistesschwäche beantragt, so kann mit der Beschwerde mangels **Beschwer** nicht die weiterreichende Entmündigung wegen Geisteskrankheit verlangt werden. Unter § 663 fällt auch **Abweisung aus formellen Gründen** nach Verfahrenseinleitung, zB bei Wegfall des Antragsrechts (§ 646 Rn 7). Einfache Beschwerde dagg, wenn schon die Einleitung abgelehnt wird, s § 647 Rn 7. Einlegung der Beschwerde in der Regel beim Entmündigungsgericht (§§ 569 I, 577 II); kein Anwaltszwang (§ 569 II). 2

Beschwerdeverfahren: Anwendbar sind: **§ 652** (Mitwirkungsrecht des StA) und **§ 653** (Untersuchungsgrundsatz). Die §§ 654 und 655 sind nicht erwähnt. Wenn das Beschwerdegericht die Entmündigung ausspricht, muß es die in erster Instanz unterbliebene Vernehmung nach **§ 654** nachholen. Eine entscheidungsunerhebliche Vernehmung braucht es nicht nachzuholen, wenn es die Beschwerde aus anderen Gründen zurückweist (str; s § 654 Rn 7). Auch wenn die erste Instanz vernommen hatte, ist nochmalige Vernehmung unter Sachverständigenzuziehung geboten, wenn das LG der Beschwerde stattgeben und den Antragsgegner entmündigen will; denn dazu braucht es einen eigenen Eindruck von dessen Persönlichkeit (vgl Celle MDR 58, 247). Vor einer der Beschwerde stattgebenden Entscheidung muß nach **§ 655** ein Sachverständigengutachten vorliegen. 3

Für die Zustellung des **Beschlusses des Beschwerdegerichts** gelten die §§ 659, 660, 662. Wenn erst das Beschwerdegericht die Entmündigung ausspricht, nur Anfechtungsklage (§ 664), **keine weitere Beschwerde** des Entmündigten (§ 661 Rn 4). Wird die Beschwerde zurückgewiesen, so kann der Beschwerdeführer weitere sofortige Beschwerde einlegen, wenn der Beschluß des LG einen neuen selbständigen Beschwerdegrund enthält (§ 568 II). Bei rechtskräftiger Abweisung des Entmündigungsantrages endet die vorläufige Vormundschaft (§ 1908 I BGB). Kosten bei erfolgloser Beschwerde: § 97; bei erfolgreicher: § 658 I; bei Rücknahme der Beschwerde: § 515 III analog, s § 658 Rn 3. 4

664 *[Anfechtungsklage gegen Entmündigungsbeschluß]*

(1) Der die Entmündigung aussprechende Beschluß kann im Wege der Klage binnen einer Notfrist von einem Monat angefochten werden.

(2) Zur Erhebung der Klage sind der Entmündigte selbst, derjenige gesetzliche Vertreter des Entmündigten, dem die Sorge für die Person zusteht, und die übrigen im § 646 bezeichneten Personen befugt.

(3) Die Frist beginnt im Falle der Entmündigung wegen Geisteskrankheit für den Entmündigten mit dem Zeitpunkt, in dem er von der Entmündigung Kenntnis erlangt, für die übrigen Personen mit dem Zeitpunkt, in dem die Entmündigung in Wirksamkeit tritt. Im Falle der Ent-

mündigung wegen Geistesschwäche beginnt die Frist für den gesetzlichen Vertreter des unter elterlicher Sorge oder unter Vormundschaft stehenden Entmündigten mit dem Zeitpunkt, in dem ihm der Beschluß zugestellt wird, für den Entmündigten selbst und die übrigen Personen mit der Zustellung des Beschlusses an den Entmündigten.

1 **I) Abs 1:** Gegen den Entmündigungsbeschluß des AG oder des Beschwerdegerichts findet nicht die Beschwerde, sondern die rechtsmittelähnliche (BGHZ 53, 313) **Anfechtungsklage** statt. Mit ihr kann nur geltend gemacht werden, daß die prozessualen oder materiellen Voraussetzungen für eine Entmündigung nicht vorgelegen haben. Mit der Klage gegen eine Entmündigung wegen Geisteskrankheit kann auch eine Änderung in der Weise begehrt werden, daß die Entmündigung nur aus dem weniger weitreichenden Grunde der Geistesschwäche ausgesprochen wird. **Zuständig** ist das LG (§ 665), daher **Anwaltszwang** (§ 78 I). Die Prozeßvollmacht für das Beschlußverfahren wirkt entsprechend § 81 für die Anfechtungsklage fort. Trotz Klagerhebung bleibt die **Entmündigung** wirksam (§ 661), erst mit Rechtskraft des stattgebenden Urteils **tritt** sie rückwirkend **außer Kraft** (§ 115 I BGB, § 672; BGH FamRZ 59, 237 = MDR 561 = LM 1 zu § 6 BGB). Der Rückwirkung wegen erledigt sich die Anfechtungsklage nicht, wenn während der Rechtshängigkeit die Entmündigung nach § 675 mit Wirkung für die Zukunft wieder aufgehoben wird (RGZ 135, 182; München FamRZ 73, 323).

2 Mit der **Anfechtungsklage** wird geltend gemacht, daß ein Entmündigungsgrund nie bestanden habe, mit der **Aufhebungsklage** (§ 679), daß er wieder weggefallen sei. Jene Klage ist rechtsmittelähnlich (Rn 1), diese ähnelt der Änderungsklage des § 323. Entsprechend verteilt sich die **Beweislast** für das Vorliegen des Entmündigungsgrundes. Läßt sich dies nicht klären, so hat die Anfechtungsklage Erfolg, die Aufhebungsklage nicht (BGH, München aaO). **Überschneidungen:** War der Entmündigungsbeschluß sachlich nicht gerechtfertigt, ist aber nach seinem Erlaß ein Entmündigungsgrund eingetreten, so ist die Anfechtungsklage abzuweisen (StJSchlosser 2; RG JW 25, 770). War die Entmündigung gerechtfertigt, ist aber der Entmündigungsgrund später weggefallen, so wäre es eine unnütze Förmelei, die Anfechtungsklage abzuweisen und den Entmündigten darauf zu verweisen, daß er beim AG Wiederaufhebung der Entmündigung beantragen könne (so aber RSchwab § 171 I 3g; RGZ 154, 133; Schleswig SchlHA 84, 74 mwN). Er ist vielmehr darauf hinzuweisen, daß er von der Anfechtungs- zur Aufhebungsklage überwechseln kann (trotz § 667; s §§ 610 Rn 6, 611 Rn 4). Dieser Klage ist dann unter Überschlagung des amtsgerichtlichen Vorverfahrens (§§ 676 ff) stattzugeben (anders StJSchlosser 2, der der Anfechtungsklage stattgeben will).

3 Unbehebbare **Verfahrensmängel,** wie mangelnde örtl Zuständigkeit (es sei denn, das zuständige Gericht liegt im selben Landgerichtsbezirk), Fehlen eines wirksamen Entmündigungsantrages (RGZ 154, 129) führen zur Aufhebung des Entmündigungsbeschlusses. Andere Verfahrensmängel, zB fehlende Zustellung des Entmündigungsbeschlusses (Hamm NJW 62, 641; Schleswig SchlHA 65, 18) muß das LG beheben und zur Sache entscheiden. Keine Aufhebung und Zurückverweisung in ein neues Beschlußverfahren.

4 **Klagantrag:** „Die Entmündigung des ..., die das AG ... durch Beschluß vom ... angeordnet hat, wird aufgehoben." Die **Klage** wird dem Beklagten selbst **zugestellt,** nicht seinem Prozeßbevollmächtigten im vorangegangenen Beschlußverfahren (RG JW 97, 52).

5 **II) Abs 2: 1) Klageberechtigt** ist der **Entmündigte** selbst, auch wenn sein Vormund widerspricht. Er ist beschränkt auf das Entmündigungsverfahren prozeßfähig (BVerfG FamRZ 84, 139; § 679 Rn 3; vgl. auch § 607 Rn 2), es sei denn, er ist minderjährig (str; StJSchlosser 4 mwN). Soweit es die Prozeßfähigkeit erfordert, ist er geschäftsfähig (Jena JW 34, 919). Er kann Prozeßvollmacht erteilen (RG JW 29, 852; BayObLG HRR 33 Nr 986; Jena aaO; anders Hamm JW 30, 2994; München ZZP 55, 302). Er kann den Anwaltsvertrag rechtswirksam abschließen (Hamburg NJW 71, 199; Nürnberg NJW 71, 1274 mit Anm Büttner; LG Bielefeld NJW 72, 346; Rosenberg ZZP 59, 226; aM BayObLG HRR 33 Nr 986; Levis ZZP 55, 307); die dazu erforderl Mittel freizugeben, kann der Vormund vom Vormundschaftsgericht angehalten werden (vgl BayObLG SA 59, 212; BayObLGZ 1968, 304). Zur Postulationsunfähigkeit eines entmündigten Rechtsanwalts s Bremen ZZP 68, 304, anders RoSchwab § 171 I 3c. Zur Prozeßkostenhilfe s Anm 2 zu § 668.

6 **2)** Klageberechtigt ist der personensorgeberechtigte **gesetzl Vertreter,** bei Entmündigung eines Minderjährigen auch jeder Elternteil für sich allein (StJSchlosser 5.

7 **3)** Klageberechtigt sind weiter der **Staatsanwalt** und sonstige nach § 646 im konkreten Fall antragsberechtigte Personen, und zwar auch, wenn sie die Entmündigung selbst beantragt hatten. Mehrere Kläger sind notwendige Streitgenossen (§ 62). – **Passivlegitimation:** § 666.

8 **III) Klagefrist (Abs 3):** Seit 1977 Notfrist. Klage vor Fristbeginn ist zulässig. **Fristbeginn:** Für den **wegen Geisteskrankheit Entmündigten** mit Kenntnis von der Entmündigung und dem Ent-

mündigungsgrund Geisteskrankheit (RGZ 68, 402). Volles Verständnis für die Mitteilung ist nicht erforderlich. Die Beweislast für Fristversäumnis durch den Entmündigten infolge früherer Kenntnis trifft den Gegner (RG aaO). Für die sonstigen Klageberechtigten (Rn 6, 7) beginnt die Frist mit Wirksamkeit der Entmündigung (§ 661 I). Fristbeginn bei Entmündigung wegen **Geistesschwäche** s Abs 3 S 2. **Fristberechnung:** § 222. Ob die Frist gewahrt ist, ist von Amts wegen zu beachten. Rechtzeitiger Eingang beim Gericht wahrt Klagfrist, wenn Zustellung demnächst erfolgt (§ 270 III). Beruht Fristversäumnis auf irreführender Rechtsbehelfsbelehrung, so ist Wiedereinsetzung möglich (BGHZ 53, 314 f).

IV) Tod eines Beteiligten: Stirbt der Entmündigte vor Klagezustellung, so bleibt es beim Entmündigungsbeschluß; keine Anfechtungsmöglichkeit; stirbt er während des Anfechtungsprozesses, so erledigt sich der Rechtsstreit in der Hauptsache entspr § 619 (zur Gültigkeit eines Testaments in diesem Fall s § 2230 I BGB); Aufnahme wegen der Kosten möglich. Bei Tod des gesetzl Vertreters: Neubestellung eines solchen u Aufnahme des Rechtsstreits gemäß § 241. Bei Tod des nach § 646 I antragsberechtigten Anfechtungsklägers ist das Verfahren erledigt; nach StJSchlosser 13 kann es von einem anderen Klageberechtigten aufgenommen werden, nach ThP 1d wenigstens dann, wenn er Erbe des Anfechtungsklägers ist; dagegen BLAlbers 4 D. 9

V) Gebühren: 1) des **Gerichts:** Regelgebühren nach KV Nrn 1010 ff; für die allgemeine Verfahrensgebühr und die Urteilsgebühr s § 645 Rn 6. – **2)** des **Anwalts:** Regelgebühren der §§ 31 ff BRAGO wie im ordentlichen Prozeß; für die nichtstreitige Verhandlung entsteht dem RA des Klägers die volle Verhandlungsgebühr (§§ 31 I Nr 2, 33 I Nr 3 BRAGO). – Wegen der Gebühren für den PKH-Anwalt s Rn 6 zu § 645. – **3) Streitwert:** S Rn 6 zu § 645. 10

VI) Akten. Eintrag im Register des Landgerichts für Zivilsachen unter „O", § 38 Nr 1 und 2, Muster 21 AktO.

665 *[Ausschließliche Zuständigkeit]*

Für die Klage ist das Landgericht ausschließlich zuständig, in dessen Bezirk das Amtsgericht, das über die Entmündigung entschieden hat, seinen Sitz hat.

Das LG ist auch zuständig, wenn es als Beschwerdegericht (§ 663) den Entmündigungsbeschluß erlassen hatte. Keine Gerichtsstandsvereinbarung (§ 40 II). 1

666 *[Anfechtungsklage, Beklagter]*

(1) Die Klage ist gegen den Staatsanwalt zu richten.

(2) Wird die Klage von dem Staatsanwalt erhoben, so ist sie gegen denjenigen gesetzlichen Vertreter des Entmündigten zu richten, dem die Sorge für die Person zusteht.

(3) Hat eine der im § 646 Abs. 1 bezeichnten Personen die Entmündigung beantragt, so ist diese Person unter Mitteilung der Klage zum Termin zur mündlichen Verhandlung zu laden. Sie gilt im Falle des Beitritts im Sinne des § 62 als Streitgenosse der Hauptpartei.

I) Passivlegitimation: 1) Die **Anfechtungsklage des Entmündigten** oder der sonstigen Klageberechtigten (§ 664 Rn 6) ist gegen den StA bei dem in § 665 bezeichneten LG zu richten (Abs 1). Für den StA besteht kein Anwaltszwang (BGH 23, 383). 1

2) Die **Anfechtungsklage des StA** ist gegen den personensorgeberechtigten Vertreter zu richten (Abs 2), wenn der Entmündigte unter elterl Sorge steht, gegen beide Elternteile als notwendige Streitgenossen. Fehlt ein gesetzl Vertreter, so ist zunächst vom Vormundschaftsgericht ein Vormund zu bestellen (§ 1896 BGB), damit die Klage zugestellt werden kann. Der Staatsanwalt muß unverzügl die Bestellung beantragen. Tut er dies und wird die Klagfrist (§ 664 I) trotzdem versäumt, so ist Wiedereinsetzung in den vorigen Stand zu gewähren (§ 233). Für den passivlegitimierten gesetzl Vertreter besteht Anwaltszwang (§ 78). 2

II) Beiladung (Abs 3): Da das der Anfechtungsklage stattgebende Urteil für u gg alle wirkt (§ 672 Rn 2), auch gg denjenigen, der die Entmündigung beantragt hatte, ist dieser beizuladen, wenn er nicht selbst Anfechtungskläger (§ 664 II) oder Anfechtungsbeklagter (§ 666 II) ist. Wenn seine Befugnis, die Entmündigung zu beantragen, inzwischen erloschen ist (§ 646 Rn 7), wird er nicht beigeladen (StJSchlosser 2; Hamburg OLG 2, 446; anders Rostock OLG 19, 143). Die Beiladung erfolgt von Amts wegen durch Zustellung der Klage und Ladung zum Verhandlungstermin (§§ 214 ff). Wird sie versäumt, so ist zu vertagen und zum neuen Termin zu laden. Tritt der Beigeladene nicht bei, so geht der Anfechtungsprozeß ohne Rücksicht auf ihn weiter. Er erhält keine Schriftsätze und wird nicht zu weiteren Terminen geladen. Der Beigeladene kann auf beliebiger Seite als notwendiger Streitgenosse beitreten (Abs 3 S 2). Als Nebenintervenienten können auch 3 andere Antragsberechtigte (§ 646) beitreten (§ 66), auch sie gelten als Streitgenossen (§ 69). Die Genossen können gegensätzliche Anträge stellen: Der eine kann dem Anfechtungsantrag zustimmen, der andere Klagabweisung beantragen (RGZ 90, 44). Unterlassene Beiladung ist Verfahrensfehler, auf die Gestaltungswirkung des Urteils aber ohne Einfluß (aM BLAlbers 2; dazu Schlosser Gestaltungsklagen 220; vgl § 640e Rn 4). Entspr anzuwenden ist Abs 3 bei der Aufhebungsklage: § 679 IV.

667 *[Keine Klageverbindung oder Widerklage]*

(1) Mit der die Entmündigung anfechtenden Klage kann eine andere Klage nicht verbunden werden.

(2) Eine Widerklage ist unzulässig.

1 Vgl §§ 610 II, 633, 640c. Mehrere Anfechtungsklagen sind zweckmäßigerweise zu verbinden. Über die Änderung einer Anfechtungsklage in eine Aufhebungsklage s § 664 Rn 2.

668 *[Beiordnung eines Prozeßvertreters]*

Will der Entmündigte die Klage erheben, so ist ihm auf seinen Antrag von dem Vorsitzenden des Prozeßgerichts ein Rechtsanwalt als Vertreter beizuordnen.

1 **I) Überblick:** Die Bestimmung hat den **Zweck,** sicherzustellen, daß der Entmündigte durch einen Rechtsanwalt vertreten wird; denn ohne dessen Unterstützung besteht die Gefahr, daß er seine Rechte nicht hinreichend wahrnehmen kann. Insofern bestehen Parallelen zu § 625. Beide Vorschriften dienen dem Schutz von Parteien, die ihre Lage voraussichtlich nicht richtig einschätzen können. Ebenso wie § 625, aber im Gegensatz zu den §§ 78b, 121 iVm § 114 sieht § 668 davon ab, hinreichende Erfolgsaussicht der Klage als Voraussetzung für die Beiordnung eines Rechtsanwalts zu fordern. Hieraus ergeben sich Unzuträglichkeiten, wenn der Entmündigte für eine aussichtslose Anfechtungsklage Prozeßkostenhilfe begehrt und zulässigerweise außerdem die Beiordnung eines Rechtsanwalts gemäß § 668 beantragt.

2 **II) Prozeßkostenhilfe:** Zum Teil wurde bisher die Meinung vertreten, daß im Falle des § 668 das Armenrecht abweichend von § 114 auch bei Fehlen der Erfolgsaussicht zu bewilligen sei (München BayZ 26, 261; Friedländer JW 31, 1840; Celle NdsRpfl 55, 230; StJSchlosser 3). Dies wurde vor allem damit begründet, daß dem Anwalt eines vermögenslosen Entmündigten nicht zugemutet werden könne, unentgeltlich tätig zu werden. Dieses Ergebnis läßt sich jedoch durch die analoge Anwendung des § 36a BRAGO vermeiden (s unten Rn 7). Es besteht deshalb kein Anlaß, bei Anfechtungsklagen von der Prüfung der Erfolgsaussichten abzusehen (Düsseldorf NJW 67, 451; BLAlbers 1). Für diese Prüfung ist regelmäßig eine richterliche Vernehmung des Entmündigten unter Zuziehung eines Sachverständigen geboten (Düsseldorf aaO).

3 **III)** Die **Beiordnung** erfolgt nur auf **Antrag** des Entmündigten. Antrag schriftlich oder zu Protokoll der Geschäftsstelle, kein Anwaltszwang. Der Entmündigte kann, weil insoweit prozeß- und partiell geschäftsfähig, auch selbst einen Anwalt mit seiner Vertretung beauftragen (§ 664 Rn 5).

4 **Dem Antrag muß der Vorsitzende stattgeben.** Über seine Ausschließung wegen Mitwirkung beim Entmündigungsbeschluß s § 669 Rn 2. Die Erfolgsaussichten der Klage sind nicht zu prüfen. Die Beiordnung kann allerdings abgelehnt werden, wenn die Klagefrist des § 664 versäumt ist (Hamburg MDR 63, 931; Celle NdsRpfl 64, 55). Gegen die Ablehnung der Beiordnung Beschwerde (§ 567); kein Anwaltszwang (Düsseldorf OLGZ 67, 31). Keine Beiordnung für die Rechtsmittelinstanz (RGZ 21, 369); der beigeordnete Anwalt kann Prozeßbevollmächtigten hierfür bestellen.

5 **IV) Stellung des beigeordneten Anwalts: 1)** Dieser ist nicht gesetzlicher Vertreter, er braucht **Prozeßvollmacht** des Entmündigten. Bevollmächtigung s § 664 Rn 5.

6 **2) Fürsorgepflicht:** Der Prozeßbevollmächtigte kann Rechtsmittel einlegen, wenn er beim OLG zugelassen ist; sonst muß er auf die Vertretung des Entmündigten in höherer Instanz sorgen (§ 81). Eine aussichtslose Klage kann er zurücknehmen. Ist der Entmündigte außerstande, die Prozeßkosten zu bestreiten, so muß der Prozeßbevollmächtigte Prozeßkostenhilfe beantragen. Ist der Entmündigte vermögend, so muß der Prozeßbevollmächtigte sich notfalls an das Vormundschaftsgericht wenden, damit dieses den Vormund dazu anhält, die Prozeßkosten zur Verfügung zu stellen (BayObLG SA 59, 212; BayObLGZ 1968, 304).

3) Der beigeordnete Rechtsanwalt hat keinen Anspruch auf eine **Vergütung,** wenn der Entmündigte ihm keine Prozeßvollmacht erteilt. Als Prozeßbevollmächtigter hat er Anspruch auf die Vergütung nach der BRAGO. Bei Zahlungsverzug seiner Partei hat er analog § 36a II BRAGO wie ein im Prozeßkostenhilfeverfahren beigeordneter Anwalt Anspruch auf eine Vergütung aus der Landeskasse. Nur so läßt sich vermeiden, daß er unentgeltlich tätig sein muß, wenn seiner Partei Prozeßkostenhilfe versagt wird oder daß für die Bewilligung der Prozeßkostenhilfe die Prüfung der Erfolgsaussichten der Klage unterbleibt (so StJSchlosser 3). Ist Prozeßkostenhilfe bewilligt, so zahlt die Staatskasse die Vergütung (§§ 121 ff BRAGO). 7

V) Gebühr: 1) des **Gerichts:** Keine. – **2)** des **Anwalts:** Der Antrag gehört zum Rechtszug (§ 37 Nr 3 BRAGO), wenn ein Prozeßbevollm bereits vom Entmündigten zu seiner Vertretung bestellt ist. Der vom Gericht bestellte RA als Vertreter ist **kein PKH-Anwalt.** 8

669 *[Mündliche Verhandlung]*

(1) Bei der mündlichen Verhandlung haben die Parteien die Ergebnisse der Sachuntersuchung des Amtsgerichts, soweit es zur Prüfung der Richtigkeit des angefochtenen Beschlusses erforderlich ist, vollständig vorzutragen.

(2) Im Falle der Unrichtigkeit oder Unvollständigkeit des Vortrags hat der Vorsitzende die Berichtigung oder Vervollständigung, nötigenfalls unter Wiedereröffnung der Verhandlung, zu veranlassen.

Gegenstück: § 526, Bezugnahme statt Vortrag: § 137 III. Die Beweisergebnisse, die das AG protokolliert hat, sind im Rechtsstreit verwertbar (RGZ 81, 195). Das LG kann die Beweisaufnahme wiederholen. Ausnahmsweise ist es zu eigener Beweiserhebung verpflichtet, wenn es die Glaubwürdigkeit eines Zeugen anders beurteilen will als das AG (vgl BGH NJW 64, 2410, VersR 72, 951; Schneider NJW 74, 841 für das Berufungsverfahren). Stets muß es erneut den Entmündigten unter Zuziehung eines Sachverständigen vernehmen (§ 671 I); wegen Sachverständigenvernehmung s § 671 II. – Einschränkung der Öffentlichkeit: § 171 I GVG. 1

Der Amtsrichter, der den Kläger entmündigt hat, ist bei der Anfechtungsklage entsprechend § 41 Nr 6 von der Ausübung des Richteramts ausgeschlossen. Dasselbe gilt für die Richter des LG, die auf eine Beschwerde hin die Entmündigung beschlossen oder die Sache an das AG zurückverwiesen haben. Wie weit eine sonstige Mitwirkung am vorangegangenen Beschlußverfahren zum Ausschluß führt, ergibt sich aus § 41 Rn 12 f. 2

670 *[Verfahrensvorschriften]*

(1) Die Vorschriften der §§ 612, 616 Abs. 1 und des § 617 gelten entsprechend.

(2) Die eidliche Parteivernehmung ist ausgeschlossen.

Zu **§ 612** s die Erläuterungen dort. Gegen den Kläger darf Versäumnisurteil ergehen, nicht aber gegen den Beklagten. Wegen Säumnis in der Rechtsmittelinstanz s § 612 Rn 8 f. Unter den Voraussetzungen des § 331a kann bei Säumnis des Beklagten auch nach Aktenlage entschieden werden. Entsprechend **§ 616 I** sind auch nicht vorgebrachte Tatsachen zu berücksichtigen und von Amts wegen Beweise zu erheben. Wegen der Beweislast für den Entmündigungsgrund s § 663 Rn 2. **§ 617:** Ein Anerkenntnis bindet das Gericht nicht. Die Vorschriften über unterbliebene Erklärungen und gerichtliche Geständnisse sind unanwendbar. Ein Verzicht auf die Beeidigung ist unbeachtlich. 1

Abs 2: Auch der vernommene Entmündigte (§§ 654, 671 I) darf keinen Eid leisten. 2

671 *[Persönliche Vernehmung, Sachverständige]*

(1) Die Vorschriften des §§ 654, 655 gelten in dem Verfahren über die Anfechtungsklage entsprechend.

(2) Von der Vernehmung Sachverständiger darf das Gericht Abstand nehmen, wenn es das vor dem Amtsgericht abgegebene Gutachten für genügend erachtet.

Anwendbare Vorschriften: § 654: In 1. u 2. Instanz des Klageverfahrens ist der Entmündigte erneut unter Zuziehung von Sachverständigen zu vernehmen; zwingendes Recht (RG 162, 35; 1

170, 131). Worterteilung nach § 137 IV genügt nicht. Vernehmung durch einen ersuchten Richter (§ 654 II) ist auch hier mögl Ausschluß der Öffentlichkeit: § 171 I GVG.

2 Anwendbar ist auch **§ 655.** Hiernach dürfte das LG nicht zur Sache entscheiden und die Anfechtungsklage abweisen, ohne Sachverständige über den Geisteszustand des Entmündigten zu hören. **Abs 2** schränkt dies ein. Das LG kann sich mit dem vor dem AG abgegebenen Gutachten begnügen. Abs 2 gilt nicht für die Zuziehung eines Sachverständigen bei der Vernehmung des Entmündigten nach § 654 I.

672 *[Aufhebung der Entmündigung. Einstweilige Verfügungen]*

Wird die Anfechtungsklage für begründet erachtet, so ist der die Entmündigung aussprechende Beschluß aufzuheben. Die Aufhebung tritt erst mit der Rechtskraft des Urteils in Wirksamkeit. Auf Antrag können jedoch zum Schutz der Person oder des Vermögens des Entmündigten einstweilige Verfügungen nach den §§ 936 bis 944 getroffen werden.

1 Über die Anfechtungsklage wird durch **Urteil** entschieden, das nicht vorläufig vollstreckbar ist (S 2). Es wird von Amts wegen zugestellt (§ 317 I); entspr § 618 kein Hinausschieben der Zustellung nach § 317 I 3.

2 Auf eine begründete Klage hin ist der **Entmündigungsbeschluß aufzuheben.** Wegen der ex-tunc-Wirkung des aufhebenden Urteils wird die Klage nicht dadurch unzulässig, daß während des Rechtsstreits die Entmündigung gemäß § 675 wieder aufgehoben wird (München FamRZ 73, 323). Über den Wegfall des Entmündigungsgrundes nach Erlaß des Entmündigungsbeschlusses und wegen der Entstehung eines Entmündigungsgrundes nach zu Unrecht erfolgter Entmündigung s § 664 Rn 2. Die Aufhebung der Entmündigung wird erst mit der Urteilsrechtskraft (§ 705) wirksam (S 2). Das rechtskräftige Urteil wirkt für u gegen alle (RGZ 108, 133); es hat rückwirkende Kraft (BGH MDR 59, 561; BGHZ 53, 313). Konsequenzen s § 115 I BGB.

3 Eine **unzulässige oder unbegründete Anfechtungsklage** ist abzuweisen. Mit der Sachabweisung wird festgestellt, daß die Entmündigung zu Recht angeordnet wurde. Diese **Bestätigung der Entmündigung** wirkt rechtsgestaltend für und gegen alle (Rn 13 vor § 645), auch gegen Personen, die entgegen § 666 III nicht beigeladen wurden (§ 666 Rn 3, str). Spätere Wiederaufhebung nach § 675 wird dadurch nicht ausgeschlossen.

4 Der **Entmündigungsbeschluß** kann im Urteil in der Weise **geändert** werden, daß die Entmündigung wegen Geisteskrankheit durch eine solche wegen Geistesschwäche ersetzt wird (Celle MDR 62, 485), nicht aber (weil unzulässige Verschlechterung) im umgekehrten Sinn (Hamm MDR 71, 582). Ein Entmündigungsgrund nach § 645 I kann nicht durch einen solchen nach § 680 I ersetzt werden.

5 Gegen das Urteil findet die Berufung (§ 511), gegen das Berufungsurteil die Revision statt, wenn das OLG sie zuläßt (§ 546 I). Wegen **Rechtsmittel** der StA s § 634 Rn 2.

6 **Voraussetzungen für den Erlaß einstweiliger Verfügungen (Satz 2): 1.** Antrag. **2.** Zeitliche Grenze: nicht vor Urteilsverkündung (KG OLG 35, 102), nur zwischen Verkündung und Rechtskraft des Urteils. **3.** Nur bei Aufhebung der Entmündigung, nicht bei Abweisung der Anfechtungsklage; dann obliegt Fürsorge dem Vormundschaftsgericht. **4.** Zum Schutz des Entmündigten, zB Zuweisung von Vermögen, Anweisung an Vormund, den Entmündigten in der Wahl seines Aufenthalts nicht zu beschränken, KG OLG 23, 200; Entlassung aus der Heilanstalt.

7 Wegen der **Gebühren** s Rn 6 zu § 645, Rn 20 zu § 922.

673 *[Kostenpflicht]*

(1) Unterliegt der Staatsanwalt, so ist die Staatskasse zur Erstattung der dem obsiegenden Gegner erwachsenen Kosten nach den Vorschriften des fünften Titels des zweiten Abschnitts des ersten Buchs zu verurteilen.

(2) Ist die Klage von dem Staatsanwalt erhoben, so hat die Staatskasse in allen Fällen die Kosten des Rechtsstreits zu tragen.

1 **I) Kosten des Anfechtungsprozesses** sind auch die Kosten des Verfahrens vor dem AG (KG JW 38, 1541; München MDR 67, 850), nicht aber diejenigen des Verfahrens vor dem Vormundschaftsgericht wegen einer vorläufigen Vormundschaft (München aaO). Es gelten die §§ 91 ff außer bei erfolgreicher Anfechtungsklage des StA (Abs 2).

Wenn der **Entmündigte** oder sonstige **private Anfechtungskläger** (§ 664 II) mit seiner Klage gegen den Staatsanwalt (§ 664 I) abgewiesen wird, trägt er die Kosten (§ 91). Unterliegt der StA als Beklagter, so trägt die Staatskasse die Kosten (§ 91). Der StA unterliegt auch, wenn er dem Antrag auf Aufhebung des Entmündigungsbeschlusses zustimmt. Kosten, die durch eine zu Unrecht ausgesprochene Entmündigung entstehen, soll stets die Staatskasse tragen. Führt eine uneingeschränkte Anfechtungsklage nur zur Änderung der Entmündigung wegen Geisteskrankheit in eine solche wegen Geistesschwäche, so sind die Kosten gegeneinander aufzuheben (§ 92 I). 2

Abs 2 beruht auf dem Gedanken, daß die Staatskasse nicht nur beim Unterliegen des StA, sondern auch dann die Kosten trägt, wenn der Beklagte zu Unrecht entmündigt worden war. 3

Streitgenossen und ihnen gleichstehende Nebenintervenienten (§ 666 Rn 3), die auf seiten des Siegers beigetreten sind, können vom unterlegenen Gegner Kostenerstattung verlangen, im Fall des Abs 1 von der Staatskasse. Diese haftet auch für die Kosten des Genossen, der auf seiten des obsiegenden StA beigetreten ist (Wieczorek B; anders BLAlbers). Ist ein Genosse auf seiten des Verlierers beigetreten, so haften dieser und er nach Kopfteilen für die Kostenerstattung (§§ 101 II, 100 I). Ist der Staatsanwalt sein obsiegender Gegner, so kann er nicht Kostenerstattung aus der Staatskasse verlangen (Wieczorek B, anders BLAlbers). Der Grundgedanke des Abs 2, daß der Staat für die Kosten der sachlich ungerechtfertigten Entmündigung haftet, paßt nur für den beklagten gesetzl Vertreter des Entmündigten (§ 666 II), der unvermeidl in die Beklagtenrolle gedrängt wird, nicht aber für den streitgenössischen Nebenintervenienten, der beigetreten ist, um eine sachl ungerechtfertigte Entmündigung aufrechtzuerhalten. 4

II) Wer erfolglos Rechtsmittel einlegt, trägt die **Kosten der Rechtsmittelinstanz.** Wenn der Entmündigte oder sonstige private Anfechtungskläger mit seinem Rechtsmittel die Aufhebung der Entmündigung erreicht, trägt die Staatskasse die Kosten aller Instanzen (Unterliegen des StA, Abs 1). Führt das Rechtsmittel des beklagten StA zur Abweisung der Anfechtungsklage (so daß es bei der Entmündigung bleibt), so treffen diese Kosten den Anfechtungskläger (§ 91). Führt ein erfolgreiches Rechtsmittel des klagenden StA zur Aufhebung der Entmündigung, so trägt die Staatskasse die Kosten aller Instanzen (Abs 2). 5

674

[Mitteilung des Endurteils]

Das Prozeßgericht hat der Vormundschaftsbehörde und dem Amtsgericht von jedem in der Sache erlassenen Endurteil Mitteilung zu machen.

Ohne die Rechtskraft des Urteils abzuwarten, hat die Geschäftsstelle des Prozeß- und des Rechtsmittelgerichts jedes Urteil dem Vormundschaftsgericht und dem Entmündigungsgericht (AG) formlos mitzuteilen. Eine weitere Mitteilung erfolgt nach Rechtskraft des Urteils (Teil 2 Abschnitt 2 VI 4 Abs 2 MiZi). 1

675

[Wiederaufhebung der Entmündigung wegen Geisteskrankheit oder Geistesschwäche]

Die Wiederaufhebung der Entmündigung erfolgt auf Antrag des Entmündigten oder desjenigen gesetzlichen Vertreters des Entmündigten, dem die Sorge für die Person zusteht, oder des Staatsanwalts durch Beschluß des Amtsgerichts.

Über den Unterschied zwischen Anfechtung und **Wiederaufhebung der Entmündigung** s § 664 Rn 2. Der Antrag auf Wiederaufhebung ist auf die Behauptung zu stützen, daß der Grund für die Entmündigung inzwischen weggefallen sei (§ 6 II BGB). Er hat auch dann Erfolg, wenn sich herausstellt, daß niemals ein Entmündigungsgrund vorlag (BGH FamRZ 59, 237 = MDR 561; BGHZ 53, 313). Beweislast für den Wegfall des Grundes: § 664 Rn 2. War wegen Geisteskrankheit entmündigt, so kann dem Aufhebungsantrag dadurch teilweise stattgegeben werden, daß der Entmündigungsbeschluß in die weniger weitgehende (vgl § 104 Nr 3 BGB mit § 114 BGB) Entmündigung wegen Geistesschwäche geändert wird (vgl Celle MDR 62, 485; AG Bremen NJW 70, 1233); eine Änderung in Entmündigung wegen Verschwendung usw ist dagegen ausgeschlossen (§ 647 Rn 4; aM StJSchlosser 1). Wiederaufhebung einer Auslandsentmündigung s Rn 18 vor § 645 und § 676 Rn 1. Wegen der ex-nunc-Wirkung des Wiederaufhebungsbeschlusses s § 678 Rn 1. Unterscheide auch beim Wiederaufhebungsverfahren Beschlußverfahren vor dem AG (§§ 675–678) und Urteilsverfahren vor dem LG (§ 679). 1

2 **Verfahren:** Der Antrag kann schriftl oder zu Protokoll der Geschäftsstelle gestellt werden (§ 676 III mit § 647), auch der eines anderen Amtsgerichts (§ 129 a). Er ist nicht fristgebunden. Kein Anwaltszwang. Antragsberechtigt sind der Entmündigte selbst (§ 679 Rn 3), der StA und der personensorgeberechtigte gesetzl Vertreter, nicht die übrigen in § 646 I genannten Personen. Antragsinhalt: Die ihn begründenden Tatsachen und Beweismittel sollen angegeben werden (§§ 676 III, 647 S 2). Der Entmündigte ist in gleicher Weise wie für die Anfechtungsklage prozeßfähig und partiell geschäftsfähig (Rn 9 vor §§ 645, 664 Rn 5, 679 Rn 3). Er kann nicht Beiordnung eines RA verlangen (Rn 10 vor § 645). Prozeßkostenhilfe ist mögl. Sachl und örtl Zuständigkeit: § 676. Zunächst hat das AG zu entscheiden, ob das Wiederaufhebungsverfahren einzuleiten ist (§ 676 Rn 4, § 678 Rn 2). Zum weiteren Verfahren s § 676 III. Zurücknahme des Antrags und Tod des Entmündigten oder Antragstellers erledigen das Verfahren (§ 646 Rn 6, 7, § 659 Rn 1).

3 **Entscheidung** durch Beschluß (§ 675); Kostenausspruch: § 677. Gegen Ablehnung des Wiederaufhebungsantrags aus sachl Gründen Aufhebungsklage (§ 679); gegen Wiederaufhebungsbeschluß sofortige Beschwerde des StA; § 678 II. Wiederholung eines abgewiesenen Wiederaufhebungsantrags ist auf Grund neuer Tatsachen und Beweismittel möglich.

4 **Gebühren: 1)** des **Gerichts:** ½ Gebühr (KV Nr 1142); im Verhältnis zum Verfahren auf Anordnung der Entmündigung gilt das Verfahren auf Wiederaufhebung als besondere Gebühreninstanz. Für jedes dieser Verfahren werden daher die Gebühren getrennt und selbständig zum Ansatz gebracht; s dazu Rn 6 zu § 645. – **2)** des **Anwalts:** Das Verfahren gilt als besondere Angelegenheit; der RA erhält für die Vertretung in diesem Verfahren die Regelgebühren des § 44 BRAGO (vgl Rn 6 zu § 645) erneut. – **3) Prozeßkostenhilfe** für Anordnung der Entmündigung erstreckt sich nicht ohne weiteres auf das Wiederaufhebungsverfahren; für das letztere muß sie besonders beantragt u bewilligt werden.

676 *[Zuständigkeit für Wiederaufhebung; Verfahren]*

(1) Für die Wiederaufhebung der Entmündigung ist das Amtsgericht ausschließlich zuständig, bei dem der Entmündigte seinen allgemeinen Gerichtsstand hat.

(2) Ist der Entmündigte ein Deutscher und hat er im Inland keinen allgemeinen Gerichtsstand, so kann der Antrag bei dem Amtsgericht gestellt werden, das über die Entmündigung entschieden hat. Das gleiche gilt, wenn ein Ausländer, der im Inland entmündigt worden ist, im Inland keinen allgemeinen Gerichtsstand hat.

(3) Die Vorschriften des § 647, des § 648 Abs 3 und der §§ 648 a bis 655 gelten entsprechend.

1 Für die **Aufhebung einer im Inland angeordneten Entmündigung** ist das AG sachlich und örtlich ausschließlich **zuständig,** bei dem der Entmündigte gegenwärtig seinen allgemeinen Gerichtsstand (§§ 13–16) hat (Abs 1). Überweisung nach den §§ 650, 651 ist möglich; s Rn 3. Keine Gerichtsstandsvereinbarung (§ 40 II).

2 Fälle mit **Auslandsbeteiligung:** Hat der Entmündigte seinen Wohnsitz im Ausland und folglich keinen allgemeinen Gerichtsstand im Inland, so ist das zuvor mit dem Entmündigungsverfahren befaßte AG örtlich zuständig (Abs 2). Auf die Staatsangehörigkeit des Entmündigten kommt es nicht an (Abs 2 S 2). Man könnte zwar aus Abs 3 und § 648 a herauslesen, daß es deutschen Gerichten nicht zusteht, die Entmündigung eines im Ausland lebenden Ausländers aufzuheben. § 648 a regelt die internationale Zuständigkeit jedoch nicht erschöpfend, sondern § 676 II 2 erweitert sie auf alle Fälle, in denen deutsche Gerichte Ausländer entmündigt haben, die jetzt wieder im Ausland leben.

3 Ist ein **Deutscher im Ausland entmündigt** worden, so sind deutsche Gerichte international zuständig für die Aufhebung der Entmündigung. Wenn er ins Inland zurückgekehrt ist, bestimmt § 676 I die sachliche und örtliche Zuständigkeit. Lebt er weiter im Ausland und hat er deshalb im Inland keinen allgemeinen Gerichtsstand, so ergibt sich dieser aus § 648 II (BGHZ 19, 245). Die **im Heimatstaat eines Ausländers ausgesprochene Entmündigung** ist auch im Inland wirksam (Art 7 I EGBGB). Wenn der Ausländer sich gewöhnlich im Inland aufhält, können inländische Gerichte die Entmündigung wieder aufheben (§ 648 a I 1; StJSchlosser § 648 Rn 16; Staudinger/Beitzke Art 8 EGBGB Rn 54; anders BayObLGZ 1951, 138).

4 **Anwendbare Verfahrensvorschriften (Abs 3): § 647:** Form und Inhalt des Antrags. Die Zulässigkeit des Antrags ist vorweg zu prüfen; ggfalls ist die Einleitung des Wiederaufhebungsverfahrens abzulehnen; so auch, wenn der Aufhebungsantrag schlechthin den Entmündigungsbeschluß angreift, ohne sich auf veränderte Umstände zu berufen (§ 678 Rn 2) gegen Ablehnung der Einleitung einfache Beschwerde (§ 678 Rn 2). – **§ 649:** Vom Antragsteller kann ein ärztliches Zeugnis verlangt werden. – **§§ 650, 651:** Aus dringenden Gründen Überweisung bzw Weiterüberweisung an das AG des nunmehrigen Aufenthaltsortes mögl. – **§ 652:** Mitwirkungsrecht des StA.

– **§ 653:** Untersuchungsgrundsatz; Verfahren bei Beweisaufnahme (Beweislast s § 664 Rn 2). – **§ 654:** Vernehmung des Entmündigten unter Zuziehung eines Sachverständigen. – **§ 655:** Wiederaufhebung der Entmündigung erst nach Anhörung eines Sachverständigen. Auch die Ablehnung des Wiederaufhebungsantrags erfordert häufig ein Sachverständigengutachten. – Zulässig ist Zwangsvorführung (§ 654 I 2), nicht aber Unterbringung in einer Heilanstalt (§ 656). Mündl Verhandlung ist freigestellt. Ausschluß der Öffentlichkeit: § 171 II GVG.

677 *[Kosten des Wiederaufhebungsverfahrens]*

Die Kosten des Verfahrens sind von dem Entmündigten, wenn das Verfahren von dem Staatsanwalt ohne Erfolg beantragt ist, von der Staatskasse zu tragen.

Der Entmündigte trägt die Kosten, wenn die Entmündigung aufgehoben oder wenn sein oder seines gesetzlichen Vertreters Aufhebungsantrag zurückgewiesen wird. Nur im Falle des Halbsatzes 2 trägt die Staatskasse die Kosten. Hat der erfolglose StA Streitgenossen, so sind die Kosten nach Kopfteilen auf die Staatskasse und den Entmündigten zu verteilen (§ 100 I). 1

678 *[Entscheidung über Wiederaufhebungsantrag; Rechtsmittel]*

(1) Der über die Wiederaufhebung der Entmündigung zu erlassende Beschluß ist dem Antragsteller und im Falle der Wiederaufhebung dem Entmündigten sowie dem Staatsanwalt von Amts wegen zuzustellen.

(2) Gegen den Beschluß, durch den die Entmündigung aufgehoben wird, steht dem Staatsanwalt die sofortige Beschwerde zu.

(3) Nach Rechtskraft des Beschlusses ist die Wiederaufhebung der Vormundschaftsbehörde mitzuteilen.

I) Über die Gründe für die **Wiederaufhebung der Entmündigung** s § 675 Rn 1. Mit Rechtskraft des Aufhebungsbeschlusses fallen die Wirkungen der Entmündigung künftig, nicht rückwirkend, weg (BGHZ 53, 313). Ausnahme: Ein Testament, das ein Entmündigter nach Stellung eines Wiederaufhebungsantrages errichtet hat, ist gültig, wenn der Antrag Erfolg hat (§ 2230 II BGB). Auch wenn ein Entmündigungsgrund von Anfang an nicht vorlag, wirkt der Beschluß nicht zurück. Wegen der Wirkung der Aufhebung der Auslandsentmündigung eines Deutschen s Rn 18 vor § 645. 1

II) Rechtsmittel: Wenn der Aufhebungsantrag nicht zulässig, zB von einem nicht Antragsberechtigten gestellt ist, ist er zurückzuweisen. Die Einleitung des Wiederaufhebungsverfahrens kann auch abgelehnt werden, wenn kein Wegfall des Entmündigungsgrundes behauptet oder kein ärztliches Zeugnis (§§ 676 III, 649) vorgelegt wird; s § 676 Rn 4. Dagegen **einfache Beschwerde** nach § 567 (KG OLG 27, 121; LG Darmstadt MDR 58, 927). Einfache Beschwerde ist auch gegeben, wenn nach Einleitung des Wiederaufhebungsverfahrens (s § 647 Rn 8) der Antrag als unzulässig zurückgewiesen wird (KG aaO). 2

Gegen den Beschluß, durch den nach Verfahrenseinleitung (§ 647 Rn 8) die Wiederaufhebung aus sachlichen Gründen abgelehnt wird, keine Beschwerde, sondern nur **Aufhebungsklage** (§ 679). Diese (keine weitere Beschwerde) ist auch gegen den Beschluß des Beschwerdegerichts gegeben, der auf die Beschwerde des StA den amtsgerichtl Wiederaufhebungsbeschluß aufhebt und die Wiederaufhebung der Entmündigung ablehnt. Der aus sachl Gründen abgewiesene Antrag kann bei neuer Sachlage wiederholt werden. Statt dessen kann auch die (nicht fristgebundene) Aufhebungsklage nach § 679 erhoben werden. 3

Gegen den die Entmündigung aufhebenden Beschluß steht dem StA die **sofortige Beschwerde** zu (Abs 2). Diese hat aufschiebende Wirkung (§ 572 I). Der Antragsteller des ursprünglichen Entmündigungsverfahrens und der personensorgeberechtigte Vertreter des Entmündigten (§ 675) haben kein Beschwerderecht. 4

Bei Ersetzung der Entmündigung wegen Geisteskrankheit durch eine solche wegen Geistesschwäche kann der StA Beschwerde gegen die **teilweise Aufhebung,** der Antragsteller Anfechtungsklage gegen die teilweise Aufrechterhaltung erheben (Celle MDR 62, 465). 5

III) Der ergehende **Beschluß** ist, gleichviel ob er die Entmündigung aufhebt oder die Aufhebung ablehnt, dem Antragsteller von Amts wegen **zuzustellen.** Der aufhebende Beschluß ist auch dem Entmündigten und dem StA zuzustellen (Abs I), der ablehnende ist ihnen nur mitzu- 6 teilen, auch wenn sie sich nicht am Verfahren beteiligt haben. Wegen Zustellung an den Prozeßbevollmächtigten und den gesetzlichen Vertreter des Entmündigten s § 662 Rn 1. Weitere **Mitteilungen:** Abs 3 und Teil 2 Abschnitt 2 VI 3 Abs 3 Nr 2 MiZi.

679 *[Wiederaufhebungsklage]*

(1) Wird der Antrag auf Wiederaufhebung von dem Amtsgericht abgelehnt, so kann sie im Wege der Klage beantragt werden.

(2) Zur Erhebung der Klage ist derjenige gesetzliche Vertreter des Entmündigten, dem die Sorge für die Person zusteht, und der Staatsanwalt befugt.

(3) Will der gesetzliche Vertreter die Klage nicht erheben, so kann der Vorsitzende des Prozeßgerichts dem Entmündigten einen Rechtsanwalt als Vertreter beiordnen.

(4) Auf das Verfahren sind die Vorschriften der §§ 665 bis 667, 669 bis 674 entsprechend anzuwenden.

1 **Abs 1:** Die nicht befristete **Klage** nach § 679 geht **auf Aufhebung der Entmündigung** mit der Begründung, daß der Entmündigungsgrund weggefallen sei. Mit ihr wird nicht der Ablehnungsbeschluß angefochten; sie bezweckt vielmehr Wiederholung des Aufhebungsverfahrens unter den Garantien des ordentl Prozesses. Daher kann sie auch damit begründet werden, daß der Entmündigungsgrund nach dem amtsgerichtl Ablehnungsbeschluß entfallen sei. Ist sie erhoben, so fehlt das Rechtsschutzbedürfnis für einen neuen Wiederaufhebungsantrag an das AG. Zur Abgrenzung der Aufhebungsklage von der Beschwerde gegen die Zurückweisung des Wiederaufhebungsantrages s § 678 Rn 2, 3.

2 Die Klage kann auch mit dem beschränkten Ziel erhoben werden, die **Entmündigung wegen Geisteskrankheit durch eine solche wegen Geistesschwäche zu ersetzen** (vgl Celle MDR 62, 465 mwN; AG Bremen NJW 70, 1233). Die Klage hat ebenso wie der Aufhebungsantrag (§ 675 Rn 1) Erfolg oder Teilerfolg auch, wenn sich herausstellt, daß niemals ein Entmündigungsgrund bzw von jeher nur der schwächere Entmündigungsgrund gegeben war (BGHZ 53, 313; FamRZ 59, 237).

3 **Abs 2: Klageberechtigt** sind der personensorgeberechtigte gesetzl Vertreter und der StA; weiter der Entmündigte selbst (RSchwab, § 171 II 3b; ThP 2; Waldner NJW 82, 317; anders StJSchlosser 2; BLAlbers 1 B). Aus Art 1 I GG ergibt sich der allgemeine Grundsatz, daß Entmündigte prozeßfähig sind für Verfahren, in denen über Maßnahmen wegen ihres Geisteszustandes entschieden wird (BGHZ 52, 1 mwN; BVerfGE 10, 302/307 u FamRZ 84, 139; BayObLG FamRZ 84, 1151 f mwN; s auch Rn 9 vor § 645). Es ist nicht einzusehen, daß der Entmündigte im Wiederaufhebungsverfahren vor dem AG (§ 675 Rn 2) und für die Anfechtung des Entmündigungsbeschlusses (§ 664 Rn 5) prozeßfähig sein soll, hier dagegen nicht. Entgegen StJSchlosser aaO ist das Gesetz nicht so auszulegen, daß die Prozeßfähigkeit des Entmündigten sich nur auf den Antrag nach Abs 3 beschränkt, ihm einen Anwalt beizuordnen.

4 Die Klage des gesetzl Vertreters ist gegen den StA zu richten und umgekehrt die Klage des Entmündigten gegen den StA (gemäß Abs 4 entspr § 666). Ausschließl **zuständig** ist das LG, das dem die Wiederaufhebung ablehnenden AG übergeordnet ist (entspr § 665, s Abs 4). Für den gesetzl Vertreter besteht Anwaltszwang (§ 78), für den StA nicht (BGHZ 23, 389).

5 **Urteil:** Wenn die Klage begründet ist, wird die Entmündigung (nicht der die Wiederaufhebung ablehnende Beschluß des AG) mit Wirkung für die Zukunft aufgehoben (Ausnahme wie beim Wiederaufhebungsbeschluß des AG, s § 678 Rn 1); ggfalls wird die Entmündigung wegen Geisteskrankheit in eine solche wegen Geistesschwäche abgeändert. Die Wirkungen treten mit Rechtskraft des Urteils ein (Abs 4, § 672 S 2). Klageabweisung aus sachl Gründen enthält die Feststellung, daß der Entmündigungsgrund derzeit vorliegt. Bei **Tod** des Entmündigten während des Rechtsstreits ist die Hauptsache entspr § 619 erledigt.

6 **Abs 3:** Die **Beiordnung eines Anwalts** ist nicht Aufgabe des Kollegiums (Köln MDR 58, 432). Sie steht im pflichtgemäßen Ermessen des Vorsitzenden; also kein Anspruch wie im Fall des § 668 (Celle NdsRpfl 61, 177; Düsseldorf OLGZ 67, 31). Keine Beiordnung bei offenbarer Aussichtslosigkeit (Stuttgart AnwBl 54, 218, Düsseldorf aaO); nicht erforderl ist dagg, daß die Aufhebungsklage hinreichende Aussicht auf Erfolg bietet (Düsseldorf aaO; anders Celle aaO). Der beigeordnete Anwalt kann vom Entmündigten Vorschuß verlangen (Frankfurt OLG 19, 146); der Vormund kann vom Vormundschaftsgericht dazu angehalten werden, die nötigen Mittel bereitzustellen (§ 668 Rn 6). Er erhält dieselben Gebühren wie ein Prozeßbevollmächtigter. Bei Armut des Entmündigten hat er Prozeßkostenhilfe zu beantragen. Er bedarf einer Vollmacht, er ist

nicht gesetzl Vertreter des Entmündigten mit beschränktem Wirkungskreis (RSchwab § 171 II 3b; ThP 2a; Bergerfurth, Anwaltszwang Rn 176; anders StJSchlosser 3; BLAlbers 1 C; Hamburg NJW 71, 200). Beiordnung erfolgt für die 1. Instanz (RGZ 21, 369); der Beigeordnete kann Prozeßbevollmächtigten für die höhere Instanz bestellen (§ 81).

Gegen die **Ablehnung der Beiordnung** findet die Beschwerde statt (§ 567 I; Hamm Rpfleger 59, 320; Düsseldorf OLG 67, 31). Hierfür besteht kein Anwaltszwang (Stuttgart AnwBl 54, 218, Köhl JZ 56, 309; Hamm u Düsseldorf aaO; LG Bielefeld NJW 72, 346). Der Entmündigte kann für die Beschwerde einen Anwalt bevollmächtigen (Kassel OLG 37, 159). 7

Abs 4: Anwendbare Vorschriften: § 665: Ausschließl Zuständigkeit des übergeordneten LG; **§ 666:** Klage gegen StA oder des StA gegen den gesetzl Vertreter mit Beiladung der in § 646 I bezeichneten Personen, die den Entmündigungsantrag gestellt hatten; **§ 667:** Keine Klageverbindung u Widerklage; **§ 669:** Mündl Verhandlung; **§ 670:** Unbeachtlichkeit von Anerkenntnissen und gerichtl Geständnissen; kein Versäumnisurteil gegen Beklagten; Untersuchungsgrundsatz; **§ 671:** persönl Vernehmung des Entmündigten unter Zuziehung eines Sachverständigen; Sachverständigengutachten; **§ 672:** Wirkungen des aufhebenden Urteils; einstweilige Verfügungen; **§ 673:** Kostenpflicht; **§ 674:** Mitteilung des Endurteils an Beschlußgericht und Vormundschaftsgericht. – Ausschluß der Öffentlichkeit: § 171 I GVG. 8

Gebühren: 1) des **Gerichts:** Regelgebühren wie im ordentlichen Prozeß. S dazu auch Rn 6 zu § 645. – **2)** des **Anwalts:** Regelgebühren des § 31 BRAGO wie im ordentlichen Prozeß; für die nichtstreitige Verhandlung erwächst dem RA des Klägers die volle Verhandlungsgebühr (§§ 31 I Nr 2, 33 I 2 Nr 3 BRAGO). – Dem als Vertreter nach Abs 3 beigeordneten RA stehen Gebühren wie einem Prozeßbevollmächtigten zu (Rn 6). 9

680 *[Entmündigung wegen Verschwendung, Trunksucht, Rauschgiftsucht]*

(1) Die Entmündigung wegen Verschwendung, Trunksucht oder Rauschgiftsucht erfolgt durch Beschluß des Amtsgerichts.

(2) Der Beschluß wird nur auf Antrag erlassen.

(3) Auf das Verfahren sind die Vorschriften des § 646 Abs. 1 und der §§ 647, 648, 653, 657, 663 entsprechend anzuwenden.

(4) Eine Mitwirkung der Staatsanwaltschaft findet nicht statt.

(5) Die landesgesetzlichen Vorschriften, nach denen eine Gemeinde oder ein der Gemeinde gleichstehender Verband oder ein Armenverband berechtigt ist, die Entmündigung wegen Verschwendung, Trunksucht oder Rauschgiftsucht zu beantragen, bleiben unberührt.

Die §§ 680 ff handeln von der zweiten Gruppe (s Rn 5 vor § 645) der **Entmündigungsgründe:** Verschwendung, Trunksucht, Rauschgiftsucht. Weitere Voraussetzungen für die Entmündigung s § 6 BGB. Danach kann entmündigt werden, wer durch Verschwendung sich oder seine Familie der Gefahr des Notstandes aussetzt und wer infolge Trunk- oder Rauschgiftsucht seine Angelegenheiten nicht zu besorgen vermag oder sich oder seine Familie der Gefahr des Notstandes aussetzt oder die Sicherheit anderer gefährdet. Näheres s Kommentare zu § 6 BGB. Die Entmündigung aus diesen Gründen führt zu beschränkter Geschäftsfähigkeit (§ 114 BGB). 1

Frei. 2–4

Antragsberechtigt sind Ehegatten, Verwandte und personensorgeberechtigte gesetzliche Vertreter (Abs 3, § 646 I). Näheres s § 646 Rn 1–3. Für minderjährige Kinder kann auch ein Unterhaltspfleger den Antrag stellen (BayObLGZ 22, 296). Erlöschen des Antragsrechts s § 646 Rn 7. Kein Antragsrecht haben der StA und as Landesjugendamt (§ 69 V JWG). Nach Landesrecht (Abs 5) sind antragsberechtigt: In Bayern die kreisfreien Gemeinden, Landkreise und Bezirke als Sozialhilfeträger (Art 1, 5, 28 AG BSHG – GVBl 71, 267); in Bremen die Sozialhilfeträger (§ 1 AG ZPO – GBl 63, 51), in Hamburg der Sozialhilfeträger (§ 3 AG ZPO – Gesetze und Verordnungen der Freien und Hansestadt Hamburg 3100 – 1), in Hessen der Landeswohlfahrtsverband und der Bezirksfürsorgeverband (Art 1 AG ZPO – GVBl 60, 238), in Niedersachsen die Bezirksfürsorgeverbände (GVBl 59, 149), in Rheinland-Pfalz die Sozialhilfeträger (§ 1 AG ZPO – GVBl 74, 371), in anderen ehemals preußischen Gebieten die Stadt- und Landkreise (§ 3 AG ZPO – GS 1899, 388, § 1 AVO zur FürsorgepflichtVO – GS 32, 207). 5

Antrag: Inhalt s § 647 Rn 3. Behauptet der Antragsteller nur, daß der Antragsgegner ein Verschwender bzw trunk- oder rauschgiftsüchtig sei, so ist er zur Ergänzung seines Antrages aufzufordern und zu fragen, ob der Antragsgegner sich oder seine Familie der Gefahr des Notstandes aussetze bzw bei Trunk- oder Rauschgiftsucht die Sicherheit anderer gefährde (§ 6 I Nr 3 BGB). 6

Persönliche Anhörung des Antragstellers ist empfehlenswert. Bindung des Gerichts an den Antrag und die darin vorgebrachten Entmündigungsgründe: § 647 Rn 4.

7 Das **Verfahren** (Abs 3) gleicht dem der Entmündigung wegen Geisteskrankheit oder -schwäche. Abweichungen ergeben sich aus der besonderen Regelung des Antragsrechts (oben Rn 5) und der fehlenden Mitwirkung der Staatsanwaltschaft, die allerdings bei den Klageverfahren passiv legitimiert sein kann (§§ 684 III, 686 III). Weitere Unterschiede s Rn 10. Verbindung des Verfahrens wegen mehrerer Entmündigungsgründe: § 647 Rn 3. Übergang vom Entmündigungsgrund der Verschwendung zu dem der Trunk-/Rauschgiftsucht und umgekehrt ist zulässig. Mündliche Verhandlung ist freigestellt. Öffentlichkeit s Rn 12 vor § 645. Der Tod des Antragsgegners erledigt das Verfahren. Wegen Verfahrenseinstellung bei Wegfall der Antragsberechtigung s § 646 Rn 7, bei Erlöschen der internationalen Zuständigkeit s § 648 a Rn 4. Wegen der Gestaltungswirkung des Entmündigungsbeschlusses s Rn 13 vor § 645.

8 Die Anfechtung des Beschlusses über den Entmündigungsantrag entspricht der Regelung im Entmündigungsverfahren wegen Geisteskrankheit/-schwäche: gegen Ablehnung der Einleitung des Entmündigungsverfahrens einfache Beschwerde (§ 647 Rn 7), gegen Ablehnung der Entmündigung nach Sachprüfung sofortige Beschwerde (Abs 3 mit § 663), gegen den die Entmündigung aussprechenden Beschluß befristete Anfechtungsklage (§ 684).

9 **Anwendbare Vorschriften (Abs 3): § 646 I:** Antragsberechtigte (s oben Rn 5); **§ 647:** Form und Inhalt des Antrags; **§ 648:** zuständiges Gericht; **§ 653:** Untersuchungsgrundsatz; Verfahren bei Beweisaufnahme; **§ 657:** Verständigung des Vormundschaftsgerichts zwecks fürsorgl Maßnahmen (vorläufige Vormundschaft – § 1906 BGB); **§ 663:** Beschwerderecht des Antragstellers (hier nicht des StA) gegen Ablehnung des Entmündigungsantrags. Anwendbar ist auch § 648 a, der die internationale Zuständigkeit regelt.

10 **Nicht anwendbar: § 649:** Der Antragsteller braucht kein ärztliches Zeugnis vorzulegen. **§§ 650, 651:** Das Gericht kann das Verfahren nicht an das Amtsgericht des Aufenthaltsorts überweisen (BGH FamRZ 84, 37 = MDR 214). **§ 652:** Kein Antrags- und Teilnahmerecht des Staatsanwalts. **§§ 654:** Vernehmung des Entmündigten unter Zuziehung eines Sachverständigen nicht vorgeschrieben; persönliche Anhörung gebietet aber meist der Aufklärungsgrundsatz (§ 653). **§ 655:** Sachverständigengutachten nicht vorgeschrieben, bei Sucht aber durch Aufklärungsgrundsatz geboten. **§ 656:** Keine Anstaltsbeobachtung. Den **§ 658** (Kostenpflicht der Staatskasse) ersetzt § 682.

11 **Gebühren:** wie Rn 6 zu § 645; jedoch ist zu beachten, daß der Antragsteller in einem Entmündigungsverfahren wegen Verschwendung, Trunk- oder Rauschgiftsucht von der Haftung für die Kosten (Gebühren und Auslagen) des Verfahrens nicht freigestellt ist, § 49 S 1 GKG. Die Kosten des amtsgerichtlichen Entmündigungsverfahrens hat, wenn die Entmündigung ausgesprochen wird, der Entmündigte, anderenfalls der Antragsteller (s oben Rn 5) zu tragen (§ 682).

681 *[Aussetzung bei Aussicht auf Besserung]*

Ist die Entmündigung wegen Trunksucht oder Rauschgiftsucht beantragt, so kann das Gericht die Beschlußfassung über die Entmündigung aussetzen, wenn Aussicht besteht, daß der zu Entmündigende sich bessern werde.

1 Die Bestimmung ist analog anwendbar bei Entmündigung wegen Verschwendung, Geisteskrankheit und -schwäche (§ 659 Rn 1). Nur das Beschlußverfahren kann ausgesetzt werden, nicht der Anfechtungsprozeß (RG Warn 16 Nr 260). **Aussetzung** ist nur mögl, wenn die Ermittlungen genügenden Anhalt für eine Sucht ergeben haben; ist die Sucht nicht beweisbar, so ist der Entmündigungsantrag zurückzuweisen. Das Verfahren kann auch ohne Antrag ausgesetzt werden. Der Aussetzungsbeschluß ist, wenn nicht verkündet, formlos mitzuteilen (§ 329 II) und unterliegt der einfachen **Beschwerde** (§ 252). Der einen Aussetzungsantrag ablehnende Beschluß ist, ob verkündet oder nicht, zuzustellen (§ 329 III) und kann mit sofortiger Beschwerde angefochten werden (§ 252).

2 Eine bestimmte **Dauer der Aussetzung** braucht nicht angegeben zu werden; auch das Gesetz kennt keine Höchstdauer. Wiederholte Aussetzung, Auflagen sind mögl, zB Entziehungskur, Heilbehandlung. Die **Aufnahme des Verfahrens** kann auf Antrag, aber auch von Amts wegen erfolgen. Trotz Aussetzung kann vorläufige Vormundschaft (§ 1906 BGB) angeordnet u ein Vormund bestellt werden (KG OLG 27, 122). Bei nachhaltiger Besserung kann die Entmündigung nach § 683 abgelehnt werden.

682 *[Kosten des Beschlußverfahrens]*

Die Kosten des amtsgerichtlichen Verfahrens sind, wenn die Entmündigung ausgesprochen wird, von dem Entmündigten, andernfalls von dem Antragsteller zu tragen.

§ 658 gilt nicht; die Staatskasse trägt keine Kosten. Diese hat der Antragsteller auch zu tragen, wenn das Verfahren eingestellt (§§ 646 Rn 7 f, 648 a Rn 4) oder der Entmündigungsantrag nach Aussetzung zurückgewiesen wird. 1

683 *[Entscheidung über Entmündigungsantrag, Zustellung]*

(1) Der über die Entmündigung zu erlassende Beschluß ist dem Antragsteller und dem zu Entmündigenden von Amts wegen zuzustellen.

(2) Der die Entmündigung aussprechende Beschluß tritt mit der Zustellung an den Entmündigten in Wirksamkeit. Der Vormundschaftsbehörde ist der Beschluß von Amts wegen mitzuteilen.

Wenn nicht schon die Verfahrenseinleitung abgelehnt wird (§ 647 Rn 7), ergeht nach Sachprüfung ein **Beschluß.** Inhalt: § 659 Rn 1. In jedem Fall ist der Beschluß an Antragsteller und -gegner **zuzustellen (Abs 1).** Wegen Zustellung an gesetzlichen Vertreter und Prozeßbevollmächtigten des Antragsgegners s § 662 Rn 1. 1

Die Entmündigung wird mit Zustellung des Beschlusses an den Entmündigten **wirksam (Abs 2 S 1).** Wirkungen s § 645 Rn 5. Gegen sie hat der Entmündigte die befristete Anfechtungsklage (§ 684), die keine aufschiebende Wirkung hat. Gegen die Ablehnung der Entmündigung steht dem Antragsteller (nicht dem StA; § 680 IV) die sofortige Beschwerde zu (§§ 680 III, 663). Sobald die Entmündigung wirksam ist, ist der Beschluß dem Vormundschaftsgericht mitzuteilen (Abs 2 S 2); Vormundsbestellung: § 1896 BGB. Weitere Mitteilungen: § 645 Rn 3 und MiZi Teil 2 Abschnitt 2 VI 3 Abs 3 Nr 2. Öffentl Bekanntmachung: § 687. 2

684 *[Anfechtungsklage gegen Entmündigungsbeschluß]*

(1) Der die Entmündigung aussprechende Beschluß kann binnen einer Notfrist von einem Monat von dem Entmündigten im Wege der Klage angefochten werden.

(2) Die Frist beginnt mit der Zustellung des Beschlusses an den Entmündigten.

(3) Die Klage ist gegen denjenigen, der die Entmündigung beantragt hatte, falls er aber verstorben oder seine Aufenthalt unbekannt oder im Ausland ist, gegen den Staatsanwalt zu richten.

(4) Auf das Verfahren sind die Vorschriften der §§ 665, 667, 669, 670, 672 bis 674 entsprechend anzuwenden.

Wie in § 664 bezweckt die **Anfechtungsklage** die rückwirkende Beseitigung der angeordneten Entmündigung. Auch hier können nach Erlaß des Entmündigungsbeschlusses eingetretene Änderungen der Sachlage berücksichtigt werden; s § 664 Rn 2. Aussetzung nach § 681 ist aber nicht mögl (§ 681 Rn 1). In einigen Punkten weicht die Regelung des § 684 von der der §§ 664 ff ab (s Rn 3, 6). 1

Klagefrist: Ihre Einhaltung ist von Amts wegen zu prüfen. Wiedereinsetzung: § 233. Fristbeginn: Abs 2; Fristberechnung § 222. Klage vor Fristbeginn ist zulässig (Colmar OLG 25, 143), auch Klage gegen einen nicht ordnungsgemäß zugestellten, aber fälschlich für wirksam gehaltenen Entmündigungsbeschluß (Colmar aaO; Hamm NJW 62, 641). 2

Klageberechtigt ist nur der Entmündigte selbst (Abs I), nicht der StA (§ 680 IV), nicht der gesetzl Vertreter. Der Entmündigte ist für die Klage prozeßfähig (s Rn 9 vor § 645) u kann selbst einen Anwalt bestellen (Nürnberg NJW 71, 1274); abweichend von §§ 668, 679 III, 686 II hier keine Anwaltsbeiordnung (aber Prozeßkostenhilfe und Beiordnung nach § 115 möglich; s Rn 10 vor § 645). Tod des Entmündigten erledigt die Hauptsache entspr § 619. 3

Die Klage ist gegen denjenigen zu richten, der die Entmündigung beantragt hatte (Abs 3). Dieser bleibt **passiv legitimiert** auch, wenn er inzwischen (etwa infolge Ehescheidung) das Antragsrecht verloren hatte (RG JW 07, 748). Mehrere vormalige Antragsteller sind notwendige Streitgenossen (§ 62). Wenn der frühere Antragsteller verstorben oder sein Aufenthalt unbekannt oder im Ausland ist, ist der StA zu verklagen (Abs 3); Ausnahme von § 680 IV. Wenn der Antragsteller 4 während des Rechtsstreits aus einem dieser Gründe ausfällt, hat der StA die Rolle des Beklagten zu übernehmen. Die antragstellende Behörde (§ 680 V; s Leiß NJW 58, 332) und der StA (BGHZ 23, 383) brauchen sich als Beklagte nicht durch Anwälte vertreten zu lassen.

5 Das **Verfahren** gleicht der Anfechtungsklage des wegen Geisteskrankheit Entmündigten. Es ist grundsätzl öffentl (§§ 169, 171 I GVG). Eine Vernehmung des Entmündigten und ein Sachverständigengutachten sind wie bei § 680, abweichend von den §§ 671, 654, 655, nicht vorgeschrieben, aber kaum entbehrlich.

6 **Anwendbare Vorschriften: § 665;** Ausschließl Zuständigkeit des LG, in dessen Bezirk das zuvor tätige AG liegt; **§ 667:** Keine Widerklage oder Klageverbindung; **§ 669:** mündliche Verhandlung; **§ 670:** kein Versäumnisurteil gegen den Beklagten, Amtsaufklärung, Anerkenntnis und Geständnis binden nicht; **§ 672:** Wirksamkeit eines die Entmündigung aufhebenden Urteils mit Rechtskraft: einstweilige Verfügungen; **§ 673:** Kostenentscheidung; § 673 II nicht anwendbar; **§ 674:** Mitteilung des Urteils an Vormundschaftsgericht.

685 *[Wiederaufhebung der Entmündigung]*

Die Wiederaufhebung der Entmündigung erfolgt auf Antrag des Entmündigten oder desjenigen gesetzlichen Vertreters des Entmündigten, dem die Sorge für die Person zusteht, durch Beschluß des Amtsgerichts. Die Vorschriften der §§ 647, 653, des § 676 Abs. 1, 2, des § 677 und des § 678 Abs. 1, 3 gelten entsprechend.

1 Für die Wiederaufhebung ist das AG ausschließlich **zuständig,** bei dem der Entmündigte seinen allgemeinen Gerichtsstand hat, hilfsweise das Entmündigungsgericht (S 2, § 676 I, II). Eine Überweisung nach § 650 ist nicht zulässig (§ 676 III ist nach S 2 nicht anwendbar).

2 **Antragsberechtigt** sind **1.** der Entmündigte selbst, der hierfür prozeßfähig ist und einen Anwalt bestellen kann (§ 664 Rn 5), **2.** sein personensorgeberechtigter Vertreter, **3.** abweichend von § 675 nicht der StA, nicht die in § 646 I genannten Personen. Der Antrag ist damit zu begründen, daß der Entmündigungsgrund weggefallen sei.

3 Da der StA nicht mitwirkt (§ 680 IV) und der personensorgeberechtigte Vertreter selbst die Aufhebung der Entmündigung beantragen kann, fehlt ein **Antragsgegner.** Der Antragsteller im vorausgegangenen Entmündigungsverfahren kann nicht entspr § 686 III als solcher angesehen werden (aM ThP); denn es ist nicht einmal vorgesehen, daß ihm die Entscheidung bekanntgegeben wird (S 2, § 678 I).

4 Zunächst hat das AG zu entscheiden, ob das Verfahren einzuleiten ist; s §§ 676 Rn 4, 678 Rn 2. Obwohl S 2 die §§ 676 III, 654 nicht für anwendbar erklärt, gebietet die Amtsaufklärungspflicht (S 2, § 653), den Entmündigten persönlich anzuhören. Oft erfordert die Amtsaufklärung auch ein Sachverständigengutachten. Ein ärztliches Zeugnis kann vom Antragsteller nicht verlangt werden; S 2 verweist nicht auf §§ 676 III, 649. Mündl Verhandlung ist freigestellt. Öffentlichkeit s Rn 12 vor § 645. Tod des Entmündigten oder des Antragstellers erledigen das Verfahren.

5 **Entscheidung:** Wenn nicht schon die Verfahrenseinleitung abgelehnt wurde (Rn 4), entscheidet das AG nach Sachprüfung durch Beschluß (S 1). Die Entmündigung ist aufzuheben, wenn der Grund für sie weggefallen ist (§ 6 II BGB), was der Antragsteller beweisen muß (§ 664 Rn 2). Aufhebung auch, wenn ein Entmündigungsgrund nie bestanden hat (§ 675 Rn 1).

6 Der **Aufhebungsbeschluß** ist dem Entmündigten **zuzustellen.** Zustellung an Verfahrensbevollmächtigten s § 662 Rn 1. Falls der gesetzl Vertreter den Antrag gestellt hatte, ist der Beschluß auch ihm zuzustellen (S 2, § 678 I); ferner ist er dem Vormundschaftsgericht mitzuteilen (S 2, § 678 III). Weitere Mitteilungen: § 678 Rn 6. Der die Wiederaufhebung ablehnende Beschluß ist dem Antragsteller zuzustellen (S 2, § 678 I) und dem Entmündigten formlos mitzuteilen, wenn er nicht Antragsteller war, nicht aber öffentlich bekannt zu machen.

7 **Anfechtung:** § 686 und S 2 iVm § 678 Rn 2, 3. Die **Aufhebung** der Entmündigung ist unanfechtbar (S 2 verweist nicht auf § 678 II). Sie wird daher bereits mit Zustellung an den Entmündigten **wirksam.** Keine Rückwirkung (§ 678 Rn 1).

8 **Anwendbar sind nach S 2: § 647:** Form und Inhalt des Antrags; **§ 653:** Amtsermittlung; **§ 676 I, II:** Zuständiges Gericht; **§ 677:** Der Entmündigte trägt stets die Kosten; denn ein Gegner fehlt (Rn 3). § 677 Halbsatz 2 ist unanwendbar (für Anwendung der §§ 91 ff jedoch BLAlbers; **§ 678 I, III:** s Rn 6, 7.

9 **Gebühren:** wie bei § 675 Rn 4.

686 [Wiederaufhebungsklage]

(1) Wird der Antrag (§ 685) von dem Amtsgericht abgelehnt, so kann die Wiederaufhebung im Wege der Klage beantragt werden.

(2) Zur Erhebung der Klage ist derjenige gesetzliche Vertreter des Entmündigten befugt, dem die Sorge für die Person zusteht. Will dieser die Klage nicht erheben, so kann der Vorsitzende des Prozeßgerichts dem Entmündigten einen Rechtsanwalt als Vertreter beiordnen.

(3) Die Klage ist gegen denjenigen, der die Entmündigung beantragt hatte, falls er aber verstorben oder sein Aufenthalt unbekannt oder im Ausland ist, gegen den Staatsanwalt zu richten.

(4) Auf das Verfahren sind die Vorschriften der §§ 665, 667, 669, 670, 672 bis 674 entsprechend anzuwenden.

Die **Wiederaufhebungsklage** ähnelt der des § 679. Abweichungen: Der StA ist nicht klageberechtigt; die Passivlegitimation ist wie bei der Anfechtungsklage nach § 684 geregelt; persönliche Vernehmung des Entmündigten unter Zuziehung eines Sachverständigen und Anhörung eines Sachverständigen sind nicht vorgeschrieben. 1

Verfahren: Mit der **unbefristeten Klage** wird nicht der Beschluß angefochten, durch den das AG die Wiederaufhebung abgelehnt hat, sondern eine neue Entscheidung im ordentlichen Prozeß erstrebt. Sie ist damit zu begründen, daß der Entmündigungsgrund weggefallen sei. Ausschließlich **zuständig** ist das LG, das dem die Wiederaufhebung ablehnenden AG übergeordnet ist (Abs 4, § 665). Die Verhandlung ist **öffentlich** (§ 171 GVG Rn 1). **Anwaltszwang:** § 78 I. **Aussetzung** analog § 681 ist nicht zulässig. Die Klage hat auch Erfolg, wenn sich herausstellt, daß nie ein Entmündigungsgrund bestanden hat (§ 675 Rn 1). Ist der Entmündigte nicht mehr trunksüchtig, stattdessen aber rauschgiftsüchtig geworden, so ist die Entmündigung aufrechtzuerhalten (Celle, FamRZ 79, 80). Gegen ein Urteil, das der Klage stattgibt, kann der Beklagte **Berufung** einlegen. Der Gedanke, daß die Aufhebung der Entmündigung unanfechtbar ist (§ 685 Rn 7), gilt nur für das Beschlußverfahren, nicht für die Klage (Celle aaO; anders Wieczorek B III). 2

Der StA ist nicht klageberechtigt. Weiteres zur **Klageberechtigung** und **Anwaltsbeiordnung** (Abs 2) s § 679 Rn 3, 6, zur **Passivlegitimation** (Abs 3) § 684 Rn 4, zu den anwendbaren Verfahrensvorschriften § 684 Rn 6. 3

Wegen der **Gebühren** s Rn 10 zu § 664 und Rn 6 zu § 645. 4

687 [Öffentliche Bekanntmachung]

Die Entmündigung einer Person wegen Verschwendung oder wegen Trunksucht sowie die Wiederaufhebung einer solchen Entmündigung ist von dem Amtsgericht öffentlich bekanntzumachen.

Auch die Entmündigung wegen Rauschgiftsucht wird analog § 687 **bekanntgemacht,** nicht aber diejenige wegen Geisteskrankheit oder -schwäche. Das AG macht von Amts wegen bekannt, einerlei, ob es selbst oder ob das Beschwerdegericht die Entmündigung angeordnet hatte. Auch wenn Anfechtungsklage erhoben ist, darf die Bekanntmachung nicht unterbleiben. Bekanntzumachen sind ferner die Aufhebung der Entmündigung durch das AG und rechtskräftige (§§ 684 IV, 686 IV, 672 S 2) Urteile, durch die Anfechtungs- und Wiederaufhebungsklagen stattgegeben wird. Die Bekanntmachungen sind vom Richter anzuordnen und von der Geschäftsstelle zu veranlassen. Die Art der Bekanntmachung regelt das Landesrecht. 1

Wirksam ist die Entmündigung auch ohne Bekanntmachung (BayObLG SA 54 Nr 144). Soweit es nach den §§ 114, 109 II BGB auf die Kenntnis von der Entmündigung ankommt, ersetzt die Bekanntmachung diese Kenntnis nicht. 2

Siebentes Buch

MAHNVERFAHREN

Vorbemerkungen

Lit.: *Bublitz,* Das Mahnverfahren nach der Vereinfachungsnovelle, WM 77, 574; *Büchel,* Probleme des neu geregelten Mahnverfahrens, NJW 79, 945; *Crevecoeur,* Das Mahnverfahren nach der Vereinfachungsnovelle, NJW 77, 1320; *Haack,* Gerichtsstandsprobleme bei Streitgenossenschaft im Mahnverfahren, NJW 80, 672; *Herbst,* Neuregelung des gerichtlichen Mahnverfahrens, 1976; *ders,* Die Prüfungsbefugnis des Rechtspflegers im Mahnverfahren, Rpfleger 78, 199; *Holch,* Das gerichtliche Mahnverfahren nach der Vereinfachungsnovelle, 1978; *ders,* Mahnverfahren zwischen Schuldnerschutz und Entlastungsfunktion, ZRP 81, 281; *Hundertmark,* Neues Recht im Mahnverfahren, Betrieb 77, 2127; *Keller,* Die Automation des Mahnverfahrens, NJW 81, 1184; *Kersting/Reuter,* Das Mahnverfahren und der ausschließliche Gerichtsstand, MDR 85, 461; *Lappe/Grünert,* Ist der Vollstreckungsbescheid der Rechtskraft fähig?, Rpfleger 86, 161; *Menne,* das Mahnverfahren, 1979; *Schlemmer,* Aktuelle Grundsatzfragen des neuen Mahnverfahrens, Rpfleger 78, 201; *Seip,* Die Änderung des Mahnverfahrens durch die Vereinfachungsnovelle, DGVZ 77, 36; *Vollkommer,* Erste Zweifelsfragen aus dem neuen Mahnverfahren, Rpfleger, 78, 82; *Zinke,* Streitfragen im Mahnverfahren, NJW 83, 1081.

I) Neuregelung des 7. Buchs

1 Die §§ 688 bis 703d sind durch die Vereinfachungsnovelle vom 3. 12. 76 (BGBl I 3281) mit Wirkung teils vom 10. 12. 76, in der Hauptsache vom 1. 7. 77 umgestaltet und neugefaßt worden. Das 4. PfändungsfreigrenzenÄndG vom 28. 2. 78 (BGBl I 333, in Kraft ab 1. 4. 78) hat den § 699 I ergänzt. Durch VO v 6. 5. 77 (BGBl I 693), in Kraft ab 1. 7. 77, wurden Vordrucke für die nichtmaschinelle, durch VO v 6. 6. 78 (BGBl I 705), in Kraft ab 1. 1. 79 (geändert durch VO vom 18. 3. 83, BGBl I 308), solche für die maschinelle Bearbeitung der Mahnsachen eingeführt. Übergangsvorschrift: Art 10 Nr. 7 der Vereinfachungsnovelle.

II) Allgemeines zum Mahnverfahren

2 **1) Zweck und Voraussetzungen:** Durch das Mahnverfahren soll dem Gläubiger einer Geldforderung alsbald und ohne die Umstände einer mündl Verhandlung ein Vollstreckungstitel verschafft werden, wenn der Schuldner die Forderung nicht ernstlich bestreitet und lediglich zur Erfüllung nicht bereit ist oder nicht zahlen kann. Wenn mit Widerspruch des Schuldners zu rechnen ist, bedeutet das Mahnverfahren einen unnötigen Umweg.

3 Die Forderung muß im Zivilrechtsweg verfolgbar sein (§ 688 Rn 1), muß regelmäßig auf DM lauten und darf nicht oder nicht mehr von einer Gegenleistung abhängig sein (§ 688 I, II). Sie muß auch fällig sein oder jedenfalls innerhalb der Widerspruchsfrist fällig werden, da vom Antragsgegner Befriedigung innerhalb der Widerspruchsfrist verlangt wird, sofern er nicht widerspricht (§ 692 I Nr 3). Das Mahnverfahren findet nur statt, wenn der Mahnbescheid ohne Inanspruchnahme öffentlicher Zustellung im Inland oder in einem der übrigen EWG-Gründerstaaten zugestellt werden kann (§ 688 II, III). Geldforderungen, die sich aus einer Urkunde, einem Wechsel oder einem Scheck ergeben, können in dem besonderen Urkunden-, Wechsel-, Scheckmahnverfahren geltend gemacht werden (§ 703a).

4 **2) Verfahrensgang im allgemeinen. a)** Ausschließlich zuständig sind die Amtsgerichte (§ 689); funktionell zuständig ist (mit Ausschluß des etwa nachfolgenden Streitverfahrens) der Rechtspfleger (§ 20 Nr. 1 RPflG). Die örtl Zuständigkeit ergibt sich aus den §§ 689 II, III, 703d. Der Antragsteller kann, ohne die Berechtigung seines Anspruchs darlegen zu müssen, einen Mahnbescheid (§ 692) erwirken. Wenn der Antragsgegner keinen Widerspruch einlegt, kommt es auf rechtzeitigen Antrag des Antragstellers zu einem Vollstreckungsbescheid, der einem für vorläufig vollstreckbar erklärten Versäumnisurteil gleichsteht (§§ 699, 700). Ob der geltendgemachte Anspruch zu Recht besteht, wird im Mahnverfahren nicht geprüft. Der Antragsgegner hat in zwei Stadien des Verfahrens Gelegenheit, die gerichtl Überprüfung herbeizuführen. Er kann gegen den Mahnbescheid Widerspruch einlegen (§ 694); auf Antrag der einen oder anderen Partei ist die Sache dann ins Streitverfahren abzugeben (§ 696). Ist mangels rechtzeitigen Widerspruchs oder wegen Zurücknahme des eingelegten Widerspruchs bereits Vollstreckungsbescheid

erlassen, so steht dem Antragsgegner der befristete Einspruch zu; auch in diesem Falle wird die Sache, nun von Amts wegen, ins Streitverfahren abgegeben (§ 700 III).

b) Anhängig wird die Sache mit der Zustellung des Mahnbescheids (ie § 693 Rn 4, 696 Rn 5); **Rechtshängigkeit** tritt zurückbezogen auf die Zustellung des Mahnbescheids ein, wenn nach Widerspruch des Antragsgegners die Sache alsbald ins Streitverfahren abgegeben wird (§ 696 III), sonst durch Erlaß des Vollstreckungsbescheids (§ 700 II; ie dort Rn 12); den Umfang der Rechtshängigkeit bestimmt der Widerspruch bzw der Vollstreckungsbescheid (KG MDR 83, 323 = Rpfleger 83, 162). 5

3) Die **Umgestaltung des Mahnverfahrens durch die Vereinfachungsnovelle** hat den Zweck verfolgt, das Verfahren zwecks leichterer und beschleunigter Abwicklung zu rationalisieren (krit zu den Auswirkungen: Holch ZRP 81, 281) und damit gleichzeitig die Grundlagen für die ins Auge gefaßte Bearbeitung mittels elektronischer Datenverarbeitungsanlagen zu schaffen. Zu diesem Zweck wurde die Zuständigkeit geändert, wurden einheitl Vordrucke eingeführt, wurde auf eine nähere Begründung des geltendgemachten Anspruchs und damit auf die bisherige **Schlüssigkeitsprüfung** verzichtet. Der Schuldnerschutz wurde durch Verlängerung der Fristen für Widerspruch und Einspruch sowie durch den obligatorischen Hinweis darauf verbessert, daß die Berechtigung der geltendgemachten Forderung vom Gericht bei Erlaß des Mahnbescheids nicht geprüft wurde; auch ist nunmehr Vorsorge dafür getroffen, daß auf den Mahnbescheid hin vom Antragsgegner erbrachte Leistungen bei Erlaß des Vollstreckungsbescheids nicht unberücksichtigt bleiben. Die bisherigen Bezeichnungen „Gläubiger", „Schuldner", „Zahlungsbefehl", „Vollstreckungsbefehl" wurden durch die Bezeichnungen „Antragsteller" und „Antragsgegner", „Mahnbescheid" und „Vollstreckungsbescheid" ersetzt, auch dies zur Vermeidung des Anscheins, daß das Gericht die geltendgemachte Forderung für in Ordnung befunden habe. Die Beseitigung der Schlüssigkeitsprüfung hat dazu geführt, daß seit der seit 1979 zunehmend verschärften Rspr zur Sittenwidrigkeit von **Ratenkreditverträgen** (grundlegend: BGH 80, 153; Überblick: Steinmetz, Sittenwidrige Ratenkreditverträge in der Rechtspraxis, 1985; vgl auch Jauernig/Vollkommer, BGB, 4. Aufl, § 607 Anm 2e mwN) in einer Vielzahl von Fällen Forderungen aus sittenwidrigen Ratenkrediten im Mahnverfahren geltend gemacht und tituliert worden sind (eingehend Kohte NJW 85, 2217); in diesem Zusammenhang wird neuerdings in Zweifel gezogen, ob nach Beseitigung der Schlüssigkeitsprüfung die Gleichstellung des Vollstreckungsbescheids mit einem Versäumnisurteil (vgl § 700 I) jedenfalls im Hinblick auf die materielle Rechtskraft noch berechtigt ist (verneinend Köln NJW 86, 1350 = WM 86, 803 = ZIP 86, 421 = JZ 86, 642; Lappe/Grünert Rpfleger 86, 163 ff). Die Rspr begegnet der Vollstreckung eines Vollstreckungsbescheids über eine wucherähnliche Darlehensforderung überwiegend mit § 826 BGB (vgl dazu näher Rn 77 vor § 322; § 700 Rn 15 ff) oder mit einer (von den Einschränkungen gem §§ 767 II, 796 II freien) Vollstreckungsgegenklage, soweit die materielle Rechtskraft des Vollstreckungsbescheids überhaupt geleugnet wird (so Köln NJW 86, 1350 = aaO; ie vgl § 700 Rn 15 ff). Seit 1985 werden im BJM Abhilfemöglichkeiten geprüft, wobei auch „eine Korrektur des Mahnverfahrensrechts nicht [mehr] ausgeklammert" wird (vgl Braun, Rechtskraft und Rechtskraftdurchbrechung von Titeln über sittenwidrige Ratenkreditverträge, 1986, S 90 mN). Ein bes **strafrechtlicher Schutz** des Mahnverfahrens ist derzeit nicht beabsichtigt (vgl die Mitt der BReg vom 30. 6. 80, DRiZ 80, 395; vgl auch allg Dästner ZRP 76, 36; BGHSt 24, 257; Stuttgart NJW 79, 2573; eingehend zur (bejahten) Möglichkeit eines *Prozeßbetrugs* im Mahnverfahren Braun aaO S 56 ff, 96 Fn 102). 6

III) Anwendbare Vorschriften

Die allgemeinen Verfahrensvorschriften finden Anwendung, soweit sie sich mit der schriftl und schematischen Ausgestaltung des Mahnverfahrens vertragen. Das gilt insbesondere für Parteifähigkeit und Prozeßfähigkeit (§§ 50 ff), Streitgenossenschaft (§§ 59 ff), Anspruchshäufung (§ 260), Zustellungsverfahren (§§ 166 ff), Unterbrechung des Verfahrens (§§ 239 ff; BGH NJW 74, 494; ie Rn 11–13), Prozeßkostenhilfe (§§ 114 ff), Verfahrensbevollmächtigte (§§ 89 ff, s aber § 703). Es besteht kein Anwaltszwang (vgl auch § 702 Rn 1). Die Gerichtsferien sind auf das Mahnverfahren ohne Einfluß (§ 202 GVG). 7

IV) Besondere Verfahrenslagen

1) Gläubigerwechsel. Da der Vollstreckungsbescheid „auf der Grundlage des Mahnbescheids" ergeht (§ 699 I), kann, wenn der geltendgemachte Anspruch nach Erlaß des Mahnbescheids abgetreten wurde, kein Vollstreckungsbescheid auf den neuen Gläubiger ergehen; dieser muß seinerseits erst Mahnbescheid erwirken (R-Schwab § 165 III 6; ThP Vorbem II 1b; aM – für entspr Anwendung des § 265 – LG Göttingen Rpfleger 54, 277; StJSchlosser § 699 Rn 3). 8

9 **2) Tod einer Partei. a)** Stirbt Antragsteller oder Antragsgegner **vor Erlaß** des beantragten Mahnbescheids und wird das bekannt, so darf Mahnbescheid nicht mehr erlassen werden (vgl Rn 12 vor § 50); geschieht dies doch, so ist der auf eine nicht mehr existente Partei lautende Mahnbescheid unwirksam (AG Köln Rpfleger 69, 250; StJSchlosser § 962 Rn 11).

10 **b)** Stirbt der Antragsteller **vor Zustellung** des bereits erlassenen Mahnbescheids, so ist letzterer mit seinem bisherigen Inhalt unwirksam, kann aber ohne neuen Mahnantrag auf die Erben des Antragstellers umgeschrieben und dann zugestellt werden (StJSchlosser § 692 Rn 11; R-Schwab § 165 III 6; ThP Vorbem II 3a); dessen bedarf es nicht, wenn ein Prozeßbevollmächtigter den Antrag gestellt hatte (§ 86). Bei **Tod des Antragsgegners vor Zustellung** kommt ohne neuen Mahnantrag Berichtigung auf die Erben und Zustellung an sie in Betracht (R-Schwab und ThP aaO; nach StJSchlosser aaO muß neuer Mahnbescheid gegen die Erben beantragt werden).

11 **c)** Stirbt der Antragsteller oder Antragsgegner **nach Zustellung** des Mahnbescheids, aber vor Widerspruch und vor Erlaß eines Vollstreckungsbescheids, so wird, sofern nicht § 264 Platz greift, das Verfahren entspr § 239 unterbrochen (LG Aachen Rpfleger 82, 72); die Widerspruchsfrist kann nicht ablaufen, Vollstreckungsbescheid kann nicht ergehen. Die Erben des Antragstellers oder Antragsgegners können das Verfahren durch von Amts wegen zuzustellenden Schriftsatz aufnehmen. Seitens des Antragstellers bzw seiner Erben geschieht dies unter neuer Fristsetzung gemäß § 692 Nr 3 mit der Aufforderung, ihn bzw die Erben zu befriedigen oder Widerspruch einzulegen (LG Aachen Rpfleger 82, 72); bei ungenütztem Ablauf der Frist wird Vollstreckungsbescheid für oder gegen die Erben erlassen. Der Antragsgegner bzw seine Erben nehmen mit Widerspruch (§ 694) auf. Prüfung der behaupteten Erbfolge kann nur im Streitverfahren erfolgen. S StJSchlosser § 963 Rn 14, ThP Vorbem II 3b; R-Schwab aaO.

12 **d)** Bei Tod einer Partei **nach Widerspruch** finden die §§ 239, 246, 250 Anwendung (ThP Vorbem II 3c; R-Schwab aaO).

13 **e)** Bei Tod einer Partei **nach Erlaß des Vollstreckungsbescheids** wird das Verfahren ebenfalls unterbrochen (ThP und R-Schwab aaO); die Einspruchsfrist kann nicht mehr ablaufen; Aufnahme nach § 239 durch Erben oder Gegner. War die Einspruchsfrist bereits abgelaufen, so greifen die §§ 727, 796 I Platz (Vollstreckungsklausel für oder gegen Rechtsnachfolger).

14 **f)** Der **Tod des Prozeßbevollmächtigten** ist auf das Mahnverfahren ohne Einfluß (§ 244 I bezieht sich auf Anwaltsprozesse).

15 **3) Konkurs. a) Vor Zustellung des Mahnbescheids** ist kein Verfahren anhängig, das durch den Konkurs unterbrochen werden könnte (RG 129, 344). Konkurs des Antragstellers hindert die Zustellung des Mahnbescheids an Antragsgegner nicht; die Wirkung des § 693 II treten zugunsten der Konkursmasse ein; der Konkursverwalter kann das Mahnverfahren weiterführen (§ 6 II KO). Fällt der Antragsgegner in Konkurs, so kann der Mahnbescheid weder an ihn noch an den Konkursverwalter wirksam zugestellt werden (§§ 6, 7, 12, 14 KO); es bleibt nur Anmeldung zur Konkurstabelle (§§ 138 ff KG), gegebenenfalls Feststellungsklage nach § 146 II KO (Rosenberg JW 30, 2316 gegen RG 129, 345; StJSchlosser § 962 Rn 14; ThP Vorbem II 4a; R-Schwab aaO).

16 **b)** Bei Konkurs des Antragstellers oder des Antragsgegners **nach Zustellung des Mahnbescheids,** aber vor Widerspruch oder Vollstreckungsbescheid, wird das Mahnverfahren unterbrochen (§ 240). Für den Antragsteller als Gemeinschuldner kann der Konkursverwalter aufnehmen (§ 10 I KO). Ist der Antragsgegner in Konkurs gefallen, so kann das Mahnverfahren nicht gegen ihn nach § 250 aufgenommen werden; auch hier bleibt nur Anmeldung zur Konkurstabelle (§§ 138 ff KO), bei Bestreiten im Prüfungstermin Feststellungsklage nach § 146 II KO (StJSchlosser § 693 Rn 15; R-Schwab aaO).

17 **c)** Bei Konkurs des Antragstellers oder des Antragsgegners **nach Widerspruch** gegen den Mahnbescheid bis zur Abgabe oder **nach Einspruch** gegen den Vollstreckungsbescheid sind die §§ 240, 249, 250 unmittelbar anzuwenden (BayObLG 85, 315; ThP Vorbem II 4c; StJSchlosser und R-Schwab je aaO).

18 **d)** Die **Eröffnung des Vergleichsverfahrens** ist für das Mahnverfahren ohne Bedeutung.

19 **V) Gebühren: 1)** des **Gerichts:** Für die Entscheidung über den Antrag auf Erlaß eines Mahnbescheids, auch eines Urkunden-, Wechsel- oder Scheckmahnbescheids (§ 703a) wird ½ Gebühr erhoben (KV Nr 1000). Als Pauschgebühr gilt sie das gesamte Mahnverfahren ab und wird auch erhoben, wenn der Mahnantrag durch Beschluß des Rechtspflegers zurückgewiesen wird (§ 691). Die Gebühr bemißt sich nach dem Betrag des geltend gemachten Anspruchs; Nebenforderungen iS des § 4 bleiben unberücksichtigt. Mindestgebühr: 15 DM (§ 11 III 1 GKG). Fällig wird die Gebühr mit dem Erlaß des Mahnbescheids (vgl § 61 Hs 2 GKG). Gebührenschuldner: Antragsteller (§ 49 S 1 GKG); daneben auch nach Erlaß des Vollstreckungsbescheids der Antragsgegner (§ 54 Nr 1 GKG).

Der Mahnbescheid soll erst nach Entrichtung der Gebühr und der Auslagen für die Zustellung (KV Nr 1902) – zZt 5 DM – erlassen werden (§ 65 III GKG). Bei maschineller Erstellung gilt dies erst für den Erlaß des Vollstreckungsbescheids (§ 65 III 2 GKG). Wegen der Ausnahmen s § 65 VII 3 GKG. Die Erhebung des Kostenvorschusses ordnet der

Kostenbeamte selbständig an, jedoch ist der Eingang zunächst dem Rechtspfleger vorzulegen, wenn sich daraus ergibt, daß die Erledigung der Sache ohne Vorauszahlung angestrebt wird (§ 22 II KostVfg). Die Geschäftsstelle hat die Gebühr und die Zustellungsauslagen ohne vorherige Überweisung an die Gerichtskasse unmittelbar von dem Zahlungspflichtigen – von seinem Vertreter (Bevollmächtigten) nur im Falle des § 32 II KostVfg – mit Kostennachricht (Kost 10) anzufordern (§ 31 I KostVfg). Von anderen Maßnahmen ist abzusehen, da sich der Antragsteller jederzeit durch Zurücknahme seines Antrags von der Verpflichtung zur Zahlung befreien kann (§ 32 IV 3 KostVfg). Weglegen der Akten in diesem Falle nach Ablauf von 6 Monaten (§ 7 Abs 3 S 2c AktO).

Genießt der Antragsteller **Kosten-** oder auch nur **Gebührenfreiheit** oder ist ihm die **Prozeßkostenhilfe bewilligt,** so kann dem Antragsgegner ohne weiteres im Mahnbescheid aufgegeben werden, die Kosten im Betrag von . . . DM zu tragen. Nach Hartmann, KostGes KV Nr 1000 Anm 3, und Drischler/Oestreich/Heun/Haupt, GKG 3. Aufl VII KV Nr 1000 Rdnr 6b, kann zwar die Kostenzahlung im Mahnbescheid aufgegeben werden; jedoch erst nach Erlaß des Vollstreckungsbescheids (und nur dann) soll die Einziehung durch Sollstellung zulässig sein. Die kostenbefreiten öffentl Institutionen haben es doch in der Hand, den Antrag auf Erlaß eines Vollstreckungsbescheids zu stellen, wenn der Antragsgegner keinen Widerspruch einlegt. Bei Übergang in das streitige Verfahren ergeht im Regelfall sowieso eine Kostenentscheidung durch das Prozeßgericht, die auch die Mahnverfahrenskosten umfaßt (vgl § 696 V 2 iVm § 281 III 1). Der Umstand, daß der Fiskus persönliche Kostenfreiheit genießt, steht der Aufnahme der Kosten in den Mahnbescheid nicht entgegen, weil anderenfalls diese Kosten vom Antragsgegner nicht eingezogen werden könnten und letzterer ein unverdientes Privileg von Kostenbefreiung erlangen würde, wenn ihm ein Antragsteller gegenübersteht, der nur aus Gründen der Vermeidung unnötigen Verwaltungsaufwands persönliche Kostenfreiheit besitzt.

Wird der **Mahnantrag vor der Entscheidung zurückgenommen,** so fällt keine Gebühr an. Die Gebühr bleibt jedoch bestehen, wenn die Rücknahme erst nach Erlaß des Mahnbescheids bzw nach Zurückweisung des Mahnantrags erfolgt. Unter „Erlaß" des Mahnbescheids oder dessen „Zurückweisung" ist die Hinausgabe einer Ausfertigung des Originalbescheids zu verstehen.

Wird ein **zurückgewiesener Mahnantrag wiederholt,** so liegt gebührenrechtlich ein neues Mahnverfahren vor; daher fällt auch eine neue Gebühr nach KV Nr 1000 an. Ist ein Mahnbescheid nach Ablauf von 6 Monaten nach § 701 wirkungslos geworden, so ist ein danach gestellter Mahnantrag, der denselben Anspruch betrifft, wiederum gebührenpflichtig.

Wird nach Widerspruch gegen den Mahnbescheid die **Durchführung des streitigen Verfahrens** von der Partei beantragt (§ 696 I), so wird zusätzlich für das Streitverfahren eine halbe Verfahrensgebühr nach KV Nr 1005 erhoben, die zusammen mit der Gebühr nach KV Nr 1000 der Höhe nach nicht mehr als die allgemeine Verfahrensgebühr für den „gewöhnlichen" Prozeß (KV Nr 1010) ausmachen darf (Markl KV 1005 Rdnr 5). Die halbe Verfahrensgebühr wird mit dem Eingang des Antrags auf Durchführung des Streitverfahrens fällig (§ 61 GKG) und von dem noch den Gegenstand des Streits bildenden Betrag (ohne Nebenforderungen) berechnet. War der Antrag auf Durchführung des Streitverfahrens bereits im Gesuch um Erlaß des Mahnbescheids gestellt (§ 696 I 2), so tritt die Fälligkeit mit dem Eingang der Widerspruchsfrist bei Gericht ein (München Rpfleger 70, 184). Auch der Antrag auf Abgabe oder Verweisung an das LG, der den Antrag auf Durchführung des Streitverfahrens stillschweigend einschließt, hat das Entstehen der halben Verfahrensgebühr des KV Nr 1005 zur Folge (vgl Schleswig SchlHA 63, 282).

Wird erst **gegen den Vollstreckungsbescheid Einspruch** erhoben, so wird die halbe Verfahrensgebühr des KV Nr 1005 mit dem Einlauf der Einspruchschrift bei Gericht fällig; dies gilt auch für einen verspäteten Widerspruch gegen den Mahnbescheid, weil dieser als Einspruch zu behandeln ist (§ 694 II). Beschränkt sich der gegen den Urkunden-, Wechsel- oder Scheckmahnbescheid eingelegte Widerspruch auf den Antrag, dem Beklagten die Ausführung seiner Rechte vorzubehalten, und wird der Vollstreckungsbescheid unter diesem Vorbehalt erlassen (§ 703 II Nr 4), so kann jede Partei Terminsantrag stellen, der dann die halbe Verfahrensgebühr auslöst.

Das Streitverfahren (gewöhnliches Prozeßverfahren) und das vorausgehende Mahnverfahren sind im kostenrechtlichen Sinne zwei verschiedene Instanzen.

Für die halbe Gebühr nach KV Nr 1005 ist **vorauszahlungspflichtig:** der Antragsteller, soweit er nach Eingang des Widerspruchs gegen den Mahnbescheid durch den Antragsgegner Antrag auf Durchführung des streitigen Verfahrens oder Antrag auf Terminsbestimmung im Nachverfahren im Falle des Urkunden-, Wechsel- und Scheckmahnverfahrens nach Erlaß eines Vollstreckungsbescheids unter Vorbehalt der Rechte des Beklagten stellt (§ 65 I 2 GKG). Auch hier Anforderung der Gebühr nebst Zustellungsauslagen durch die Geschäftsstelle unmittelbar vom Zahlungspflichtigen mit Kostennachricht (Kost 10) ohne vorherige Überweisung an die Gerichtskasse, also keine Sollstellung und Beitreibung. Soweit bei maschineller Erstellung des Mahnbescheids die Gebühr nach KV Nr 1000 und die Zustellungsauslagen noch nicht entrichtet sind (§ 65 III 2 GKG), müssen sie nun nachträglich vor Abgabe des Verfahrens an das im Mahnbescheid als zuständig für das Streitverfahren bezeichnete Gericht vorausbezahlt werden (§ 65 I 2 GKG). Stellt dagegen der Antragsgegner (Beklagte) den Antrag auf Durchführung des streitigen Verfahrens oder auf Terminsbestimmung im Falle der §§ 703a II Nr 4, 600 I oder legt er Einspruch gegen den Vollstreckungsbescheid ein, so wird er zwar als Antragsteller angesehen und deshalb auch Schuldner der Verfahrensgebühr (§ 49 S 1 GKG; KG Rpfleger 77, 336; nun auch Köln Rpfleger 83, 460, mwN); er braucht die Gebühr aber im Gegensatz zum Kläger (Gläubiger) nicht vorauszuleisten (Celle NdsRpfl 85, 278). In diesen Fällen ist die halbe Gebühr des KV Nr 1005 allerdings nach Fälligkeit für den Antragsgegner alsbald beim Prozeßgericht zu Soll zu stellen (vgl § 13 I KostVfg), also der Gerichtskasse (bzw Oberjustizkasse) zur Einziehung zu überweisen.

Durch einen Antrag auf Abgabe oder Verweisung an das LG (§ 696) wird die betreffende Partei zur Antragstellerin nach § 49 S 1 GKG. Doch entstehen für die Verweisungen nach §§ 696 V, 700 III selbst keine besonderen Gebühren, weil sie durch die Gebühr nach KV Nr 1005 abgegolten werden.

Wird der Antrag auf Durchführung des streitigen Verfahrens, die Klage, der Widerspruch oder der Einspruch zurückgenommen a) vor Ablauf des Tages, an dem entweder eine Anordnung nach § 273 unterschriftlich verfügt oder ein Beweisbeschluß unterschrieben ist, und b) vor Beginn des Tages, der für die mündliche Verhandlung vorgesehen war, so fällt rückwirkend die halbe Verfahrensgebühr wieder weg (KV 1006). Eine Erledigungserklärung steht der Rücknahme nicht gleich. Eine nach den genannten Zeitpunkten erklärte Rücknahme ist ohne Bedeutung.

2) des **Anwalts:** a) **des Antragstellers:** eine volle Gebühr (§ 43 I Nr 1 BRAGO). Die Gebühr erwächst mit der Einreichung des Antrags. Für den RA, der für mehrere Auftraggeber den Erlaß des Mahnbescheids beantragt, erhöht sich gem § 6 I 2 BRAGO die volle Gebühr für jeden weiteren Auftraggeber um 3/10 der Ausgangsgebühr (Stuttgart MDR 77,

852 = AnwBl 77, 468). Wird vom Antragsteller (Gläubiger) der Auftrag vor Einreichung des Mahnantrags zurückgenommen, so entsteht nur die halbe Gebühr (§§ 43 III, 32 BRAGO). Die Gebühr für den Mahnantrag wird auf die Prozeßgebühr angerechnet, die der RA im nachfolgenden Rechtsstreit erhält (§ 43 II BRAGO). Für die Tätigkeit im Verfahren über den Antrag auf Erlaß des Vollstreckungsbescheids erhält der RA $\frac{5}{10}$ der vollen Gebühr, wenn innerhalb der Widerspruchsfrist kein Widerspruch erhoben oder der Widerspruch gem § 703a II Nr 4 ZPO beschränkt worden ist (§ 43 I Nr 3 BRAGO). Durch die Gebühr für den Antrag auf Erteilung des Vollstreckungsbescheids wird die gesamte mit dem Antrag zusammenhängende Tätigkeit abgegolten (§ 37 Nr 7 BRAGO); die Gebühr wird aber nicht auf eine spätere Prozeßgebühr angerechnet.

b) **des Antragsgegners**: aa) für die Erhebung des Widerspruchs $\frac{3}{10}$ der vollen Gebühr (§ 43 I Nr 2 BRAGO) aus dem Betrag, wegen dessen der Widerspruch erhoben wird. Diese Gebühr wird auf die Prozeßgebühr, die der RA für den nachfolgenden Rechtsstreit erhält, angerechnet (§ 43 II BRAGO). Die $\frac{3}{10}$ Gebühr erfährt keine Ermäßigung nach § 32 BRAGO. Daß im Urkunden-, Wechsel- und Scheckmahnverfahren der Widerspruch auf den Vorbehalt der Ausführung der Rechte des Antragsgegners (Beklagten) beschränkt wird, ist auf den Anfall der Gebühr ohne Einfluß. bb) bei mehreren Auftraggebern: $\frac{3}{10}$ Erhöhung der ($\frac{3}{10}$) Gebühr je weiteren Auftraggeber, so daß die Erhöhung bei $\frac{3}{10}$ Ausgangsgebühr $\frac{0{,}9}{10}$ beträgt (KG MDR 79, 855); zur Berechnung im einzelnen s Lappe Rpfleger 81, 94 mwN und BGH aaO S 102 ua. Die Obergrenze der Erhöhung bildet das Doppelte der jeweiligen Ausgangsgebühr.

Nachfolgender Rechtsstreit iS des § 43 II BRAGO ist nur der erste, nicht auch ein höherer Rechtszug (KG JW 26, 2588).

688 *[Zulässigkeit des Mahnverfahrens]*

(1) Wegen eines Anspruchs, der die Zahlung einer bestimmten Geldsumme in inländischer Währung zum Gegenstand hat, ist auf Antrag des Antragstellers ein Mahnbescheid zu erlassen.

(2) Das Mahnverfahren findet nicht statt, wenn die Geltendmachung des Anspruchs von einer noch nicht erfolgten Gegenleistung abhängig ist oder wenn die Zustellung des Mahnbescheids durch öffentliche Bekanntmachung erfolgen müßte.

(3) Müßte die Zustellung des Mahnbescheids im Ausland erfolgen, so findet das Mahnverfahren nur statt, wenn es sich um einen Vertragsstaat des Übereinkommens vom 27. September 1968 über die gerichtliche Zuständigkeit und die Vollstreckung gerichtlicher Entscheidungen in Zivil- und Handelssachen (Bundesgesetzbl. 1972 II S. 773) handelt. In diesem Fall kann der Antrag auch die Zahlung einer bestimmten Geldsumme in ausländischer Währung zum Gegenstand haben.

I) Verfahrensvoraussetzungen

1 Für das Mahnverfahren müssen die **allgemeinen Prozeßvoraussetzungen** vorliegen, insbes *Parteifähigkeit, Prozeßfähigkeit, ordnungsgemäße gesetzl Vertretung, Zuständigkeit des angegangenen Gerichts* für das Mahnverfahren. Die ordentl Gerichte müssen für die Entscheidung zuständig sein. Öffentlich-rechtl Abgaben- oder Erstattungsansprüche, die in die Zuständigkeit von Verwaltungsbehörden, von allgemeinen oder besonderen Verwaltungsgerichten fallen, können nicht im Mahnverfahren verfolgt werden, auch nicht Ansprüche, die vor die Arbeitsgerichte gehören, zB nicht die Geltendmachung gepfändeter und überwiesener Lohnansprüche gegen den Arbeitgeber-Drittschuldner. Das *Rechtsschutzbedürfnis* muß vorliegen (BGH NJW 81, 875 [876] = MDR 81, 390 = Rpfleger 81, 143). Das Mahnverfahren ist daher **nicht zulässig** für die Geltendmachung von Ansprüchen, für die ein besonderes Festsetzungsverfahren gegeben ist, wie nach § 155 KostO für Gebührenansprüche der Notare (AG Berlin-Schöneberg JR 48, 113), nach § 19 BRAGO für Gebührenansprüche der RAe, es sei denn, daß außergebührenrechtl Einwendungen erhoben werden (Petermann Rpfleger 57, 397; AG M-Gladbach MDR 62, 414; vgl BGH 21, 199); da jedoch das Nichteingreifen der Festsetzungsmöglichkeit gem § 19 I BRAGO im Mahnantrag nicht darzulegen ist (vgl auch § 689 Rn 5), ist bei Ansprüchen auf Anwaltsgebühren allg vom Vorliegen des Rechtsschutzbedürfnisses und damit von der Zulässigkeit des Mahnverfahrens auszugehen (so BGH NJW 81, 875 = MDR 81, 390 = Rpfleger 81, 143). Überwiegend für zulässig gehalten wird das Mahnverfahren bei den vom Verwalter der Wohnungseigentümergemeinschaft gegen den einzelnen Wohnungseigentümer gerichteten Ansprüchen auf Beitragsleistung zu den Ausgaben der Gemeinschaft (§§ 27, 28 WEG), obgleich für solche Ansprüche nach § 43 I WEG die Gerichte der freiwilligen Gerichtsbarkeit zuständig sind (LG Heilbronn Justiz 74, 227; AG Brühl MDR 80, 143 = Rpfleger 80, 27; Vollkommer Rpfleger 76, 1; BL Anm 1 Ab; StJSchlosser Rn 4; offenlassend Koblenz ZMR 77, 87 und Bamberg JurBüro 76, 1087; dagegen LG Schweinfurt MDR 76, 148 = Rpfleger 76, 20).

II) Für das Mahnverfahren geeigneter Anspruch (Abs 1)

2 **1)** Der Anspruch muß auf **Zahlung einer bestimmten Geldsumme,** regelmäßig in DM, gerichtet sein; ein in ausländischer Währung ausgedrückter Zahlungsanspruch kann Gegenstand des

Mahnverfahrens nur sein, wenn der Mahnbescheid in einem Vertragsstaat des EuGVÜ (v 27. 9. 68, BGBl 72 II 773) zuzustellen ist **(III S 2).** Die Beschränkung in **I Hs 1** auf inländische Währung verstößt nicht gegen den EWG-Vertrag (EuGH RIW/AWD 81, 486). Die Höhe des zu fordernden Betrags ist nicht begrenzt.

2) Da dem Antragsgegner Zahlung innerhalb der Widerspruchsfrist aufgegeben wird, sofern er nicht Widerspruch einlegt, muß die Forderung **fällig** sein oder spätestens innerhalb der Widerspruchsfrist fällig werden. Daher können zB erst künftig fällig werdende Unterhaltsansprüche nicht im Mahnverfahren verfolgt werden. Der Anspruch darf **nicht bedingt** sein und darf nicht oder **nicht mehr von einer Gegenleistung** des Antragstellers **abhängen,** was der Antragsteller im Mahnantrag zu versichern hat (§ 690 I Nr 4); die Abhängigkeit von der Gegenleistung besteht allgemein bei Zug um Zug zu erbringenden Leistungen (§§ 320 ff BGB), nicht aber bei einer Vorleistungspflicht des Antragsgegners (Herbst Rpfleger 78, 199 [200]; die Behauptung, daß die Gegenleistung vergeblich angeboten worden sei, macht das Mahnverfahren nicht zulässig. Gegenleistung in diesem Sinne ist nicht die Ausstellung einer Quittung oder die Aushändigung der Schuldurkunde (§ 368 BGB, Art 39 WG, Art 34 ScheckG). 3

3) Ansprüche aus Urkunden, Wechseln, Schecks können im Mahnverfahren verfolgt werden, nach Wahl des Antragstellers im gewöhnlichen oder im Urkunden-(Wechsel-, Scheck-)Mahnverfahren nach § 703a. 4

4) Im Gegensatz zum bisherigen Recht sind zur Geltendmachung im Mahnverfahren **nicht** mehr **zugelassen** Ansprüche auf Leistung bestimmter Mengen vertretbarer Sachen oder Wertpapiere oder auf Duldung der Zwangsvollstreckung, auch nicht (mehr) auf Duldung der Zwangsvollstreckung in das belastete Grundstück gerichtete Geldforderungen aus Grundpfandrechten (vgl § 1147 BGB; dazu Bublitz WM 77, 575; Weimar MDR 81, 635 [636]; s aber §§ 592 S 2, 794 I Nr 5). Soweit hiernach das Mahnverfahren nicht zulässig ist, muß zur Durchsetzung des Anspruchs Klage erhoben werden. 5

III) Weitere Grenzen der Geltendmachung im Mahnverfahren

1) Das Mahnverfahren ist nicht zulässig **(II),** wenn der Mahnbescheid **öffentlich zugestellt** werden müßte (§§ 203 ff), sei es wegen fehlender Gerichtsunterworfenheit oder unbekannten Aufenthalts des Antragsgegners. Wenn der Antragsteller die Anschrift des Gegners nicht beibringen kann, ist das Mahnverfahren nicht möglich. Gegen im Inland befindliche Mitglieder der Streitkräfte und des zivilen Gefolges nebst Angehörigen ist das Mahnverfahren zulässig (vgl § 703c I Nr. 4; Zustellung nach Art 32 des Zusatzabkommens zum NATO-TrST, BGBl 61 II 1218; hierzu Schwenk NJW 76, 1562). 6

2) Die Zustellung des Mahnbescheids muß im **Inland** (mit Ausschluß der DDR) oder in einem **Vertragsstaat des EuGVÜ** erfolgen können **(III).** Im letzteren Fall (s § 703c I Nr 3) gelten nach § 36 des AusfG zum Übereinkommen (v 29. 7. 72, BGBl I 1328, idF des Art 7 Nr 14 der Vereinfachungsnovelle) für das Verfahren einige Besonderheiten. Wenn sich der Antragsteller auf einen vereinbarten Gerichtsstand (Art 17 EuGVÜ) beruft, muß er dem Antrag die schriftl Unterlagen über die Vereinbarung beifügen (§ 36 II AusfG); bei der Zustellung des Mahnbescheids wird der Antragsgegner aufgefordert, einen im Gerichtsbezirk wohnhaften Zustellungsbevollmächtigten zu benennen (§ 36 III S 2 AusfG; dazu LG Frankfurt NJW 76, 1597); die Widerspruchsfrist beträgt 1 Monat (§ 36 III S 1 AusfG). Vgl hierzu Poser Rpfleger 73, 353; Bauer Büro 73, 789; 76, 145. 7

3) Wenn sich bei der versuchten Amtszustellung des Mahnbescheids **nachträgl** herausstellt, daß die Zustellung im Inland oder in dem EuGVÜ-Vertragsstaat nicht ausgeführt werden kann, weil sich der Antragsgegner im übrigen Ausland aufhält oder sein Verbleib überhaupt unbekannt ist, so ist angesichts der Unzulässigkeit öffentl Zustellung im Mahnverfahren unter Wahrung der Verfahrenseinheit (vgl § 693 II) Abgabe ins Streitverfahren in entspr Anwendung § 696 zulässig (so überzeugend LG Frankfurt Rpfleger 80, 303; LG Hamburg Rpfleger 85, 119 mit zust Anm Bluhm = NJW 85, 1967 [LS] = MDR 85, 418 [LS], str; aA 12. Aufl: Klageerhebung erforderlich). 8

IV) Fehlen notwendiger Voraussetzungen

Wenn sich aus dem Mahnantrag ergibt, daß es an den Voraussetzungen des Mahnverfahrens fehlt, und der Mangel nicht behoben werden kann oder trotz Beanstandung nicht behoben wird, ist der Antrag nach § 691 zurückzuweisen (§ 691 Rn 5). Ein trotz des Mangels erlassener Mahnbescheid ist nicht unwirksam; dem Antragsgegner steht gegen ihn wie sonst nur der Widerspruch (§ 694) zu (keine Erinnerung, § 11 V S 2 RPflG). Beim Unterbleiben von Widerspruch darf aber Vollstreckungsbescheid nicht erlassen werden (§ 699 Rn 12). 9

689 *[Zuständigkeit; maschinelle Bearbeitung]* **(1) Das Mahnverfahren wird von den Amtsgerichten durchgeführt. Eine maschinelle Bearbeitung ist zulässig. Bei dieser Bearbeitung sollen Eingänge spätestens an dem Arbeitstag erledigt sein, der dem Tag des Eingangs folgt.**

(2) Ausschließlich zuständig ist das Amtsgericht, bei dem der Antragsteller seinen allgemeinen Gerichtsstand hat. Hat der Antragsteller im Inland keinen allgemeinen Gerichtsstand, so ist das Amtsgericht Schöneberg in Berlin ausschließlich zuständig. Sätze 1 und 2 gelten auch, soweit in anderen Vorschriften eine andere ausschließliche Zuständigkeit bestimmt ist.

(3) Die Landesregierungen werden ermächtigt, durch Rechtsverordnung Mahnverfahren einem Amtsgericht für den Bezirk eines oder mehrerer Oberlandesgerichte zuzuweisen, wenn dies ihrer schnelleren und rationelleren Erledigung dient. Die Landesregierungen können die Ermächtigung durch Rechtsverordnung auf die Landesjustizverwaltung übertragen. Mehrere Länder können die Zuständigkeit eines Amtsgerichts über die Landesgrenzen hinaus vereinbaren.

I) Zuständigkeit

1 **1) Sachlich** sind für das Mahnverfahren die Amtsgerichte ohne Rücksicht auf den Streitwert ausschließlich zuständig **(I S 1). Funktionell** ist der Rechtspfleger zuständig, auch bei maschineller Bearbeitung; nur das etwa nachfolgende Streitverfahren ist dem Richter vorbehalten (§ 20 Nr. 1 RPflG). Auch die Regelung der **örtlichen** Zuständigkeit ist ausschließlich; auf das Mahnverfahren bezogene Zuständigkeitsvereinbarungen sind nicht mehr möglich (§ 40 II; BGH NJW 85, 322; § 38 III Nr 2b aF und § 6a II Nr 2 AbzG aF sind durch die Vereinfachungsnovelle aufgehoben). Die Zuständigkeitsregelung des § 689 gilt für das Mahnverfahren, nicht für ein anschließendes Streitverfahren. Im **arbeitsgerichtlichen Mahnverfahren** ist das Arbeitsgericht zuständig, das für die im Urteilsverfahren erhobene Klage zuständig sein würde (§ 46a II ArbGG).

2 **2) Weiteres zur örtlichen Zuständigkeit (Abs 2 und 3): a)** Die Regelung des **II** setzt voraus, daß der **Antragsgegner** seinen **allgemeinen Gerichtsstand im Inland** hat. Andernfalls gilt § 703d II (BGH NJW 81, 2647 = Rpfleger 81, 394). Auf den Ort, an dem der Antragsgegner im Inland seinen allgemeinen Gerichtsstand hat, kommt es nicht an; daher berühren auch Aufenthaltswechsel des Antragsgegners im Inland die örtliche Zuständigkeit des Mahngerichts nach § 689 nicht.

3 **b)** Die Neuregelung stellt in erster Linie auf den **allgemeinen Gerichtsstand des Antragstellers** (§§ 12 ff) ab, sofern ein solcher im Inland besteht (II 1), bei natürl Personen demnach regelmäßig auf den Wohnsitz (§ 13), bei juristischen Personen, sonstigen Personenvereinigungen und Vermögensmassen, die als solche verklagt werden können, auf den Sitz (§§ 17–19). Wenn **mehrere Antragsteller** mit verschiedenen allgemeinen Gerichtständen einen gemeinsamen Mahnbescheid erwirken wollen, können sie zwischen den für sie bestehenden allgemeinen Gerichtsständen wählen (BGH NJW 78, 321 = MDR 78, 207 = Rpfleger 78, 12; aus prozeßökonomischen Gründen zust Haack NJW 80, 673; vgl auch § 35 Rn 1). Der Sitz wird bei Kapitalgesellschaften und Genossenschaften durch das Statut bestimmt (§ 5 AktG, § 3 Nr 1 GmbHG, § 6 Nr 1 GenG); Sitz der OHG und KG: § 106 II Nr 2 HGB. Bei juristischen Personen und Handelsgesellschaften mit unselbständigen Zweigniederlassungen ist das AG am Gesellschaftssitz zuständig, nicht das am davon verschiedenen Sitz der Zweigniederlassung (BGH NJW 78, 321 = MDR 78, 207 = Rpfleger 78, 13), wenn nicht durch Statut ein Nebensitz begründet ist (§ 17 III). Das örtl Reisebüro (Niederlassung iS von § 21) begründet daher keine Zuständigkeit für Ansprüche des Reiseveranstalters (Hauptsitz maßgebend: MünchKommLöwe § 651g Rn 21). Bei einer **ausländischen Versicherungsgesellschaft** oder **Bank**, die im Inland eine selbständige Niederlassung unterhält, ist jedoch allgemeiner Gerichtsstand iS von **II 1** der Ort des Sitzes der Niederlassung (BGH NJW 79, 1785 = MDR 79, 647 = Rpfleger 79, 258; AG Frankfurt NJW 80, 2028 = Rpfleger 80, 72; vgl auch § 53 KWG). Wenn der **Antragsteller im Inland keinen allgemeinen Gerichtsstand** hat, ist das AG Berlin-Schöneberg örtl ausschließlich zuständig **(II 2),** allerdings nur, wenn der Antragsgegner einen inländischen Gerichtsstand hat, sonst gilt § 703d II (BGH NJW 81, 2647 = Rpfleger 81, 394; Rn 2). Die Gerichtsstände des II gehen anderen als ausschließlich bezeichneten Gerichtsständen (zB § 29a; § 6a I AbzG) vor **(II 3).**

4 **c)** Nach **III 1** können die Landesregierungen (bei entspr Delegation gem **III 2** die Landesjustizverwaltung) durch RechtsVO für den Bezirk eines oder mehrere Oberlandesgerichte **zentrale Mahngerichte** einrichten, um eine rationellere Erledigung der Mahnsachen zu ermöglichen, insbes auch, um für die Bearbeitung EDV-Anlagen einsetzen zu können. Der Bezirk solcher zentraler Mahngerichte kann auch über Landesgrenzen hinaus erstreckt werden. Ihre Zuständigkeit hat ebenfalls den Vorrang vor anderen als ausschließl bezeichneten Zuständigkeiten. Von der Ermächtigung gem **III 1** haben bisher **Baden-Württemberg** (VO vom 25. 5. 82, GBl 267, geändert

durch VO vom 17. 4. 84, GBl 326) und **Hessen** (VO vom 13. 10. 80, GVBl 397) und von der gem **III 2** ebenfalls **Baden-Württemberg** (VO vom 7. 10. 80, GBl 570) und **Hessen** (VO vom 2. 10. 80, GVBl 350), aber auch **Bayern** (VO vom 9. 3. 1977, GVBl 88) Gebrauch gemacht.

3) Die **Zuständigkeit** des mit dem Mahnantrag angegangenen Gerichts ist **von Amts wegen zu prüfen.** Im allgemeinen kann das nur an Hand der Angaben im Mahnantrag geschehen; Amtsermittlungen obliegen dem Rechtspfleger nicht (BGH NJW 81, 875 [876] = MDR 81, 390 = Rpfleger 81, 143; allg zum Prüfungsumfang im Mahnverfahren § 690 Rn 21). Wenn sich die Unzuständigkeit des angerufenen AG ergibt, soll der Antragsteller, bevor der Antrag nach § 691 zurückgewiesen wird, darauf hingewiesen werden. Mit seinem Einverständnis kann die Bezeichnung des anzurufenden Gerichts im Antrag (§ 690 I Nr 2) entsprechend abgeändert und der Antrag dann an das zuständige AG weitergeleitet werden (vgl RG JW 36, 1776; Petermann Rpfleger 64, 49). Da dann das ursprünglich befaßte AG nicht mehr um Entscheidung über den Mahnantrag angegangen ist, ist förml Verweisung (BGH NJW 64, 247) nicht veranlaßt (offen gelassen KG NJW 83, 2709 [2710]). Von sich aus kann der Rechtspfleger die Sache nicht an das von ihm für zuständig erachtete AG abgeben; der Antragsteller kann in bezug auf den maßgebl Gerichtsstand anderer Meinung sein als der Rechtspfleger (vgl den Fall BGH NJW 78, 321). Gegen einen von einem unzuständigen AG erlassenen Mahnbescheid steht dem Antragsgegner nur der Widerspruch zu (keine Erinnerung, § 11 V 2 RPflG). Der Bescheid ist nicht wirkungslos, kann allerdings nicht die Grundlage für einen Vollstreckungsbescheid bilden (s § 699 Rn 12). 5

II) Maschinelle Bearbeitung

Sie ist nach **I 2** zulässig. Über die Einführung bestimmen die Landesregierungen bzw Landesjustizverwaltungen (§ 703c III); in Baden-Württemberg hat inzwischen die Erprobung des automatisierten Mahnverfahrens auf Grund einer Verordnung des Justizministeriums (VO vom 25. 5. 82, GBl 267) begonnen. Zu den ersten hiermit gemachten Erfahrungen s Mayer NJW 83, 92 und § 703c Rn 9. Der Verfahrensablauf kann durch RechtsVO des BJM mit Zustimmung des Bundesrats geregelt werden (§ 703b II). Für die maschinelle Bearbeitung können besondere Vordrucke eingeführt werden (§ 703c I Nr 1); das ist durch VO vom 6. 6. 78 (BGBl I 705, geändert durch VO vom 18. 3. 83 (BGBl I 308), geschehen, die am 1. 1. 79 in Kraft getreten ist. Wenn der Antragsteller mit einer eigenen EDV-Anlage arbeitet, die auf diejenige des Gerichts abgestimmt ist, kann der Mahnantrag in einer nur maschinell lesbaren Aufzeichnung eingereicht werden (§§ 690 III, 691 III; s § 690 Rn 20). Für die Form der ausgedruckten Beschlüsse, Verfügungen und Ausfertigungen gelten Erleichterungen (§ 703b I). Bei maschineller Bearbeitung sollen die Sachen spätestens am Tag nach dem Eingang erledigt werden (§ 689 I 3); dieses Ziel wird durch das in Baden-Württemberg eingeführte automatisierte Verfahren erreicht (s Mayer NJW 83, 92 [93]). Im Bedarfsfall tritt an die Stelle der Akten ein maschinell erstellter Aktenausdruck (§§ 696 II, 697 V; s das Muster bei Mayer NJW 83, 92 [94]). Besonderheiten beim Vollstreckungsbescheid: § 699 II, III. 6

690 *[Mahnantrag]*

(1) Der Antrag muß auf den Erlaß eines Mahnbescheids gerichtet sein und enthalten:

1. die Bezeichnung der Parteien, ihrer gesetzlichen Vertreter und der Prozeßbevollmächtigten;

2. die Bezeichnung des Gerichts, bei dem der Antrag gestellt wird;

3. die Bezeichnung des Anspruchs unter bestimmter Angabe der verlangten Leistung;

4. die Erklärung, daß der Anspruch nicht von einer Gegenleistung abhängt oder daß die Gegenleistung erbracht ist;

5. die Bezeichnung des Gerichts, das für ein streitiges Verfahren sachlich zuständig ist und bei dem der Antragsgegner seinen allgemeinen Gerichtsstand hat.

(2) Der Antrag bedarf der handschriftlichen Unterzeichnung.

(3) Der Antrag kann in einer nur maschinell lesbaren Aufzeichnung eingerichtet werden, wenn die Aufzeichnung dem Gericht für seine maschinelle Bearbeitung geeignet erscheint.

I) Anforderungen an den Antrag

1) Der Mahnbescheid wird nur **auf Antrag** erlassen (§ 688 I). Benutzung der durch die VordruckVO v 6. 5. 77 (BGBl I 693) und v 6. 6. 78 (BGBl I 705), geändert durch VO vom 18. 3. 83 (BGBl I 308), eingeführten **Vordrucke** ist (außer bei Zustellung des Mahnbescheids im Ausland oder nach den Zusatzabkommen zum NATO-Truppenstatut) zwingend vorgeschrieben (§ 703c II in Verb mit § 691 I). Seine Verwendung erleichtert vollständige Angaben. 1

2 **2) Anbringung:** Der Antragsteller (ggfalls gesetzl Vertreter, Bevollmächtigter) kann den Vordruck selbst ausfüllen und einreichen. Er kann seine Erklärung auch bei der Geschäftsstelle des AG (nach § 129 a bei der Geschäftsstelle eines jeden AG) abgeben; dann ist der Urkundsbeamte bei der Ausfüllung des Vordrucks behilflich (§ 702). *Handschriftl Unterzeichnung* durch den Antragsteller (gesetzl Vertreter, Bevollmächtigten) ist in jedem Falle erforderlich **(II);** Faksimilestempel oder Druck genügen nicht. Das Fehlen der Unterschrift stellt einen Zurückweisungsgrund gem § 691 dar (BGH 86, 313 [323 f] = NJW 83, 1050 [1052] = MDR 83, 657 [658]); jedoch ist der Mangel unschädlich, wenn der Mahnbescheid erlassen wurde und kein Zweifel an der Identität des Antragstellers und seinem Willen, das Mahnverfahren in Gang zu bringen, besteht (BGH 86, 313 [324]; vgl auch § 693 Rn 3). Wer den Antrag als *Bevollmächtigter* stellt, hat seine ordnungsgemäße Bevollmächtigung zu versichern (§ 703); Vollmacht ist nicht vorzulegen. Dem Antragsgegner wird der Antrag nicht mitgeteilt (§ 702 II).

3 **3) Weiteres zur Antragstellung: a)** Mit dem Mahnantrag kann für den Fall des Widerspruchs der **Antrag auf Durchführung des streitigen Verfahrens** verbunden werden (§ 696 I 2) – in der Praxis nahezu ausnahmslos der Fall (vgl auch die Anordnung des Antrags im amtlichen Vordruck im Anschluß an den Mahnantrag Zeile 12) –, nicht aber für den Fall unterbleibenden Widerspruchs der Antrag auf Erlaß des Vollstreckungsbescheids (§ 699 I 2); Grund: § 699 Rn 3.

4 **b)** Wenn der Mahnbescheid in einem **Vertragsstaat des EuGVÜ** zugestellt werden soll und der Antragsteller sich auf einen vereinbarten Gerichtsstand (Art 17 EuGVÜ) beruft, sind dem Mahnantrag die urkundlichen Belege für die Gerichtsstandsvereinbarung beizufügen (§ 36 II AusfG zum EuGVÜ); zugleich ist der Antragsgegner zur Benennung eines im Gerichtsbezirk ansässigen Zustellungsbevollmächtigten (§ 174) aufzufordern (§ 36 III 2 AusfG). Vorausentrichtung von Gerichtsgebühr und Zustellungskosten (außer bei maschineller Bearbeitung): § 65 III GKG.

5 **c) Konkurs oder Tod einer Partei** vor Erlaß des beantragten Mahnbescheids: Rn 9, 15 vor § 688.

II) Notwendiger Inhalt des Antrags

6 **1) Zu Nr 1:** Die Anforderungen an die **Bezeichnung der Beteiligten** gehen weiter als bei der Klageschrift (§ 253 II Nr 1), weil dort etwa erforderliche ergänzende Angaben in der mündl Verhandlung nachgeholt werden können; da die Angaben im Antrag in einen etwaigen Vollstreckungsbescheid übergehen, entsprechen die Anforderungen den an ein Urteilsrubrum (§ 313 I Nr 1) zu stellenden.

7 **a)** Die **Bezeichnung** der Parteien, insbes des **Antragsgegners,** muß so genau sein, daß Zweifel an der Identität nicht möglich sind (Koblenz MDR 80, 149). **Unzureichende Angaben** können die Zustellung des Mahnbescheids unmöglich oder unwirksam machen (vgl Koblenz MDR 80, 149; LG Paderborn NJW 77, 2077) oder zu Verwechslungen führen, so daß durch die Zustellung eine andere als die gemeinte Person in das Verfahren einbezogen wird (vgl BGH MDR 78, 307, andererseits Köln MDR 71, 585 mit Anm E. Schneider, Nürnberg MDR 77, 320; zum ganzen auch Vorbem III vor § 50). Außerdem können sie die Eignung eines späteren Vollstreckungsbescheids als Vollstreckungstitel in Frage stellen. Deshalb hat der Rechtspfleger auf Klarstellung hinzuwirken; eine Zurückweisung des Antrags nach § 691 kommt nur in Betracht, wenn der Beanstandung nicht Rechnung getragen wird (§ 691 Rn 1). Beispiele für mangelhafte Bezeichnungen des Antragsgegners, die zu seiner Identifizierung nicht ausreichen, mit Rspr-Nachw gibt Petermann Rpfleger 57, 395; 73, 153.

8 **b)** Zu fordern ist bei **natürlichen Personen** als Bezeichnung zumindest Name, möglichst mit ausgeschriebenem Vornamen (dazu E. Schneider MDR 71, 587, LG Paderborn aaO), und genaue Postanschrift, die sich der Antragsteller zu beschaffen hat; Angabe eines Postfachs genügt als Zustellanschrift nicht. Wenn Name und Anschrift auf mehrere Personen in gleicher Weise zutreffen (zB Vater und Sohn), sind unterscheidende Zusätze geboten. Angabe von Stand, Beruf, Gewerbe sind nicht mehr vorgeschrieben, erleichtern aber die Identifizierung.

9 **c)** Wenn mehrere als **Streitgenossen** handelnde Personen in einem gemeinsamen Mahnantrag als Antragsteller auftreten oder mehrere Personen als Antragsgegner in Anspruch genommen werden sollen (amtlicher Vordruck zum Mahnantrag Zeile 4: „als Gesamtschuldner"), bedarf es entsprechender Angaben für alle diese Personen. Zur Angabe des Beteiligungsverhältnisses bei mehreren Antragsgegnern, die nicht als Gesamtschuldner herangezogen werden sollen, s LG Berlin MDR 77, 146.

10 **d)** Bei **Kaufleuten** genügt Angabe der **Firma** (§ 17 II HGB); zusätzl Angabe des derzeitigen Inhabers ist ratsam, damit nicht bei Inhaberwechsel die Zwangsvollstreckung auf Schwierigkeiten stößt (Frankfurt Rpfleger 73, 64). Etablissementbezeichnungen (zB Gasthof Schwarzer Adler, Lux-Beleuchtungshaus) sind keine Firmen und genügen nicht zur Bezeichnung des Inhabers.

Offene Handelsgesellschaften und Kommanditgesellschaften können unter ihrer Firma in Anspruch genommen werden (§§ 124 I, 161 II HGB), nicht sonstige Personenzusammenschlüsse unter einer firmenähnlichen Bezeichnung (vgl LG Berlin Rpfleger 73, 104 mit Anm Petermann). Sachfirmen finden sich bei der Aktiengesellschaft (§ 4 AktG), GmbH (§ 4 GmbHG), Erwerbs- und Wirtschaftsgenossenschaft (§ 3 GenG). Zu unklaren Firmenbezeichnungen bei Kapital- und Handelsgesellschaften vgl BAG AP 2 zu § 268 ZPO; Köln Rpfleger 75, 102; LG Berlin Rpfleger 74, 407.

e) Bei **prozeßunfähigen** und **juristischen Personen** sind – schon im Hinblick auf die Zustellung des Mahnbescheids – auch die gesetzlichen Vertreter anzugeben, bei Personenvereinigungen, die als solche verklagt werden können, die vertretungsberechtigten Organe, die im Sinne der ZPO als gesetzliche Vertreter gelten. 11

f) Wird der Antrag durch einen **Bevollmächtigten** gestellt, so ist auch er im Antrag zu benennen; Versicherung der Bevollmächtigung s oben Rn 2. Ein gegnerischer Bevollmächtigter an den der Mahnbescheid zuzustellen wäre, ist im Antrag aber regelmäßig nicht aufzuführen, da der Antragsteller dessen ordnungsgemäße Bevollmächtigung durch den Gegner nicht nach § 703 versichern kann; ein solcher ist daher nur anzugeben, wenn seine Bevollmächtigung gleichzeitig nachgewiesen werden kann (Schalhorn JurBüro 74, 700). 12

2) Zu **Nr 2:** Anzugeben ist das **AG, das den Mahnbescheid erlassen soll.** Das ist insbes nötig, wenn der Mahnantrag gemäß § 129a bei einem anderen als dem zuständigen AG angebracht wird, ist aber auch von Bedeutung bei Zuständigkeitszweifeln. Der Antrag darf nur an das nach § 689 II, III bzw § 703d II für das Mahnverfahren zuständige AG gerichtet werden, nicht an ein davon verschiedenes, das im Streitfall entscheiden soll. Wenn das angerufene AG nicht zuständig ist, kann der Rechtspfleger die Angabe nicht von sich aus durch die nach seiner Meinung zutreffende ersetzen (§ 689 Rn 5). 13

3) Zu **Nr 3 und 4:** Die **Bezeichnung des Anspruchs (Nr 3)** muß seine Individualisierung und Abgrenzung von anderen möglicherweise in Betracht kommenden Ansprüchen ermöglichen, damit bei Ergehen eines Vollstreckungsbescheids feststeht, worüber entschieden wurde. Der Rechtsgrund ist deshalb anzugeben; hierfür ist eine typische Anspruchsbezeichnung erforderlich (Muster enthält das Vorblatt des amtlichen Vordrucks), die Bezeichnung lediglich als „Forderung" ohne nähere Angaben genügt nicht (Herbst Rpfleger 78, 199 [200]). Weiter muß der geforderte **Geldbetrag** (in DM, in ausländischer Währung nur im Falle des § 688 III), bei mehreren Ansprüchen die Gesamtsumme, angegeben werden. Geforderte **Zinsen** brauchen nicht ausgerechnet zu werden; es genügt Angabe des Zinssatzes und der Laufzeit. Als **Nebenansprüche** können im Antrag unter Betragsangabe auch notwendige vorgerichtliche Kosten sowie die bisher angefallenen Gerichts- und Anwaltskosten geltend gemacht werden. Angaben zum **Anspruchsgrund** sind – im Gegensatz zu der bis zum 1. 7. 1977 geltenden Fassung – nicht mehr vorgesehen (aber zulässig: BGH 84, 136 [139 f] = NJW 82, 2002 = MDR 82, 846), so daß eine Schlüssigkeitsprüfung durch den Rechtspfleger nicht mehr stattfindet. Der Antragsteller muß aber versichern **(Nr 4),** daß der Anspruch **nicht** von einer **Gegenleistung abhängt** (Bsp: Vorleistungspflicht des Antragsgegners) oder daß er die ihm obliegende Gegenleistung bereits erbracht hat; hierzu näher § 688 Rn 3. 14

4) Nach **Nr 5** hat der Antragsteller – außer im Falle des § 703d (s dort Rn 3) – anzugeben, bei welchem Gericht der **Antragsgegner** seinen **allgemeinen Gerichtsstand** hat und welches **Gericht** (AG oder LG) **für die Entscheidung im Streitfall** sachlich zuständig ist. Es handelt sich um eine zwingende Vorschrift, die den Geschäftsgang der Gerichte erleichtern und den Antragsgegner schützen soll (BGH NJW 84, 242 = MDR 84, 223 = Rpfleger 84, 26 = LM Nr 4) und deshalb auch dann zu beachten ist, wenn ausschließliche oder konkurrierende Wahlgerichtsstände eingreifen (Rn 19). Weitere Einzelfragen: Rn 16–18. 15

5) Bezeichnung des für das Streitverfahren zuständigen Gerichts in Sonderfällen. a) Ein etwaiger Antrag auf Entscheidung durch die **Kammer für Handelssachen** kann nach dem Vordruck schon im Mahnantrag gestellt werden (vgl Zeile 10), so daß er gemäß § 692 I Nr 1 in den Mahnbescheid übergeht und mit diesem dem Antragsgegner zugestellt wird; er kann aber auch noch in der Anspruchsbegründung (vgl § 697 II), die insoweit der Klageschrift iS des § 96 GVG gleichsteht, nachgeholt werden (Frankfurt OLGZ 80, 220 = NJW 80, 2202 = Rpfleger 80, 351; Schäfer NJW 85, 296 [299]; Schimpf AnwBl 85, 497 f, str; vgl auch § 697 Rn 3; § 96 GVG Rn 3). 16

b) Die Angabe des **Familiengerichts** als des beim AG in zivilprozessualen Familiensachen zur Streitentscheidung zuständigen Gerichts wird nicht gefordert (anders wohl Jauernig FamRZ 78, 230); der zusätzl Angabe wird es aber bedürfen, wenn in güterrechtl Streitigkeiten (§ 621 I Nr 7) der Streitwert die allgemeine sachl Zuständigkeit der Amtsgerichte (§ 23 I Nr 1 GVG) übersteigt, desgleichen im Falle einer Zuständigkeitskonzentration nach § 23c GVG. 17

18 **c)** Bei **mehreren Antragsgegnern mit verschiedenen allgemeinen Gerichtsständen** bedarf es für jeden von ihnen der Angabe des für das Streitverfahren zuständigen Gerichts (vgl BayObLG Rpfleger 80, 436 mN; Vollkommer Rpfleger 77, 143; 78, 184). Das im Mahnantrag nach Nr 5 bezeichnete Gericht wird in den Mahnbescheid übernommen (§ 692 I Nr 1). An dieses Gericht wird bei Widerspruch und Antrag auf Durchführung des streitigen Verfahrens die Sache abgegeben (§ 696 I), desgleichen bei Einspruch gegen den Vollstreckungsbescheid (§ 700 III). Es kann mit dem zum Erlaß des Mahnbescheids zuständigen AG identisch sein, wenn beide Parteien ihren allgemeinen Gerichtsstand in demselben AG-Bezirk haben und das AG zur Streitentscheidung auch sachl zuständig ist (§§ 698, 700 III S 2). Zur getrennten Abgabe an mehrere Gerichte bei Mehrheit von Antragsgegnern s § 696 Rn 3.

19 **d)** Das **Gericht eines besonderen oder vereinbarten Gerichtsstands** darf im Mahnantrag nicht benannt werden (Celle Rpfleger 83, 123; Nürnberg JurBüro 80, 1250 [1251] m Anm Vogel und Mümmler; Schimpf AnwBl 85, 497), auch dann nicht, wenn der besondere Gerichtsstand ein **ausschließlicher** ist (KG MDR 82, 151 [152]); wenn antragsgemäß ins streitige Verfahren einzutreten ist, hat – vom Fall des § 703d abgesehen – allein das AG oder LG des allgemeinen Gerichtsstands des Antragsgegners darüber zu befinden, vor welches Gericht die Sache endgültig gehört (KG Rpfleger 80, 115 mwN; Hamm Rpfleger 80, 439 = AnwBl 80, 359; AG Simmern Rpfleger 78, 104; AG Marl NJW 78, 651; AG Wuppertal Rpfleger 78, 225; Vollkommer Rpfleger 78, 82, str; aA StJSchlosser Rn 8; Lappe NJW 78, 2380; Kersting/Reuter MDR 85, 461: arg § 703 III entspr, s dort Rn 3). Wenn dem Mahnantrag zu entnehmen ist, daß das dort vom Antragsteller als für das Streitverfahren *zuständig benannte* Gericht *nicht* das des *allgemeinen Gerichtsstands* des Antragsgegners ist, hat der Rechtspfleger auf Richtigstellung **hinzuwirken;** ist die unrichtige Angabe erkennbar irrtümlich erfolgt, kommt ausnahmsweise eine *Berichtigung von Amts wegen* in Frage (so BGH NJW 84, 242 f mwN = Rpfleger 84, 26 m zust Anm Quack = MDR 84, 223 = LM Nr 4, str; aA 13. Aufl mwN). Im übrigen ist der Mahnantrag, wenn der Antragsteller einer entsprechenden Zwischenverfügung des Rechtspflegers nicht nachkommt, gem § 691 zurückzuweisen (BGH aaO; zum Umfang der Prüfungspflicht s näher Rn 21). Zur Notwendigkeit der im allgemeinen Gerichtsstand entstandenen Kosten iS von § 91 II 3 vgl § 696 Rn 12.

III) Mahnantrag bei maschineller Bearbeitung (Abs 3)

20 Wenn die Mahnsachen beim zuständigen AG maschinell bearbeitet werden, kann der Antrag auch in einer nur maschinell lesbaren Aufzeichnung (Datenträger, zB Magnetband, Lochkarte oder Mikrofilm) eingereicht werden, die die nach Abs 1 erforderlichen Daten enthält. Ausreichend ist auch eine Datenübermittlung mittels Datenfernübertragungseinrichtungen, denn es ist nicht erforderlich, daß ein Datenträger als körperlicher Gegenstand in die Verfügungsgewalt des Gerichts gelangt. Voraussetzung ist, daß die Art der Aufzeichnung auf die EDV-Anlage des Gerichts abgestimmt ist (vgl § 691 III). Die in Abs 2 geforderte handschriftl Unterzeichnung entfällt dann zwangsläufig (BGH 86, 313 [324] = NJW 83, 1050 [1053] = MDR 83, 657 [658]).

IV) Prüfung des Antrags

21 Der Rechtspfleger hat zu prüfen, ob die **allgemeinen Prozeßvoraussetzungen** (§ 688 Rn 1) vorliegen (BGH NJW 81, 875 [876] = MDR 81, 390 = Rpfleger 81, 143; NJW 84, 242 = MDR 84, 223 = Rpfleger 84, 26 f m Anm Quack = LM Nr 4) und ob die **besonderen Zulässigkeitsvoraussetzungen des Mahnverfahrens** (§ 688 Rn 2–8) gegeben sind. Hierbei handelt es sich nicht nur um ein Prüfungsrecht, sondern um eine **Prüfungspflicht** des Rechtspflegers (BGH NJW 84, 242 = ZIP 83, 1511 [1512] = Rpfleger 84, 26 [27] m Anm Quack). Da Amtsermittlungen nicht anzustellen sind, kann die Prüfung im allgemeinen nur an Hand der im Mahnantrag gemachten (zu machenden) Angaben geschehen. Zu prüfen ist auch, ob diese Angaben vollständig sind und keine offensichtlichen Unrichtigkeiten enthalten (BGH NJW 84, 242 = Rpfleger 84, 26 f). Werden Mängel wahrgenommen, hat der Rechtspfleger geeignete Maßnahmen zu ihrer Behebung zu ergreifen; in Frage kommen Berichtigung von Amts wegen (BGH NJW 84, 242 = Rpfleger 84, 26 [27]; zust Quack Rpfleger 84, 27; krit Vollkommer Rpfleger 78, 82, [85]), telefonische Rückfrage, Zwischenverfügung und Zurückweisung des Antrags (§ 691). Der Rechtspfleger muß nach pflichtgemäßem Ermessen entscheiden, welche Maßnahme er ergreift; hierbei hat er sich an den Zielen auszurichten, die der Gesetzgeber mit der Einführung und der konkreten Ausgestaltung des Mahnverfahrens verfolgt hat (BGH NJW 84, 242 = Rpfleger 84, 26 [27]; ie Quack, Rpfleger 84, 27 f). Werden die Mängel nicht behoben, wird der Antrag gem § 691 zurückgewiesen. Da der Mahnantrag nicht zu begründen ist (BGH 84, 136 [139]; s Rn 14) entfällt die Prüfung, ob der geltend gemachte Anspruch wenigstens nach den Angaben des Antragstellers zu Recht besteht (s aber auch § 691 Rn 1). Wegen zu beobachtender ungerechtfertigter Mehrforderungen von Gläubigern, besonders bei den Nebenansprüchen, setzt sich die Rechtspflegerschaft für Wiedereinführung der Schlüssigkeitsprüfung ein (Erklärung des Bundes Deutscher Rechtspfleger vom

11. 2. 78, vgl DRiZ 78, 116; ZRP 78, 93; s auch HansOLG MDR 82, 502 f), die allerdings der in Aussicht genommenen Rationalisierung des Mahnverfahrens entgegenstehen würde. Dazu Herbst Rpfleger 78, 199; Schlemmer Rpfleger 78, 203.

V) Zurücknahme des Mahnantrags

Sie ist **analog § 269** ohne Zustimmung des Antragsgegners möglich bis zur Rechtskraft des Vollstreckungsbescheids, bei Widerspruch oder Einspruch bis zur Abgabe ins streitige Verfahren (§ 696 I bzw § 700 III). Nach der Abgabe ist der bisherige Antragsteller Kläger, so daß § 269 unmittelbar Anwendung findet. Zurücknahme des vom Antragsteller des Mahnverfahrens gestellten Antrags auf Durchführung des streitigen Verfahrens (§ 696 I S 1) ist der Zurücknahme des Mahnantrags oder der Klage in ihren Wirkungen nicht gleichzusetzen (§ 696 Rn 2; aA StJSchlosser § 696 Rn 6). Wie der Mahnantrag kann auch seine Zurücknahme schriftl oder gegenüber dem Urkundsbeamten der Geschäftsstelle (§ 702) erklärt werden; ein amtl Vordruck ist dafür nicht vorgesehen. Bei Zurücknahme durch einen Bevollmächtigten gilt § 703. Mit der Zurücknahme wird entspr § 269 III S 2 der Mahnbescheid kraftlos (s a § 701 Rn 1), desgleichen ein etwa bereits erlassener (noch nicht rechtskräftiger) Vollstreckungsbescheid. Die Rücknahmeerklärung ist dem Antragsgegner zuzustellen (§ 270 II S 1); dieser kann entspr § 269 III Kostenbeschluß beantragen (E. Schneider JurBüro 66, 645; KG AnwBl 84, 375 f). Die Antragsrücknahme ist grundsätzlich **unwiderruflich;** eine Ausnahme ist jedoch – entspr dem Fall der Klagerücknahme (vgl § 269 Rn 12) – anzuerkennen, wenn der Antragsgegner zustimmt; dann sind seine Interessen hinreichend geschützt und kann ein weiteres Verfahren vermieden werden. Mit dem (wirksamen) Widerruf lebt der Mahnbescheid wieder auf. 22

VI) Aktenbehandlung. AktO § 1 Nr 3, § 12 Nr 1–4. Das Aktzeichen wird durch den Buchstaben „B", eine jahrgangsweise fortlaufende Nr und die Jahreszahl gebildet, nötigenfalls unter Voranstellung der Abt-Nr (zB 16 B 123/79). Diejenigen, die laufend in bedeutendem Umfang Mahnbescheide beantragen, erhalten zu ihrem Aktzeichen neben der Abt-Nr als Unterscheidungsmerkmal eine römische Ziffer oder einen kleinen lateinischen Buchstaben (zB 16 I B 123/79 oder 16a B 344/79). Nach Widerspruchserhebung wird die Sache bei dem AG, das das Mahnverfahren bearbeitet hat, nur dann in ein anderes Register (ZivProzReg – Muster 20 – oder Register für Familiensachen – Muster 22 –) eingetragen, wenn dieses AG im Mahnbescheid als das für das streitige Verfahren zuständige Gericht bezeichnet worden ist. Weglegung von Mahnsachen: AktO § 7 Nr 6. 23

VII) Wegen der **Gebühren** s Rn 19 vor § 688.

691 *[Zurückweisung des Mahnantrags]*

(1) Entspricht der Antrag nicht den Vorschriften der §§ 688, 689, 690, 703c Abs. 2, so wird er zurückgewiesen.

(2) Der Antrag ist auch dann zurückzuweisen, wenn der Mahnbescheid nur wegen eines Teiles des Anspruchs nicht erlassen werden kann; vor der Zurückweisung ist der Antragsteller zu hören.

(3) Die Zurückweisung ist nur anfechtbar, wenn der Antrag in einer nur maschinell lesbaren Aufzeichnung eingereicht und mit der Begründung zurückgewiesen worden ist, daß die Aufzeichnung dem Gericht für seine maschinelle Bearbeitung nicht geeignet erscheine.

I) Voraussetzungen

1) Wenn die Prüfung des Mahnantrags (§ 690 Rn 21) ergibt, daß **allgemeine Prozeßvoraussetzungen fehlen** (vgl § 688 Rn 1), zB der erhobene Anspruch in einen anderen Rechtsweg gehört, oder die **besonderen Zulässigkeitsvoraussetzungen des Mahnverfahrens** (§ 688) **nicht gegeben** sind, oder das angegangene **Gericht nicht zuständig** ist (§ 689), oder der Antrag in **Form** und **Inhalt** den **Anforderungen** der §§ 690, 703c II nicht entspricht, ist er durch zu begründenden Beschluß des Rechtspflegers mit der Kostenpflege des § 91 zurückzuweisen **(I).** Beispiel: Nichtverwendung von Vordruck (LG Darmstadt NJW 86, 1696; vgl auch § 703c Rn 6). Zurückweisung ist aber auch dann zulässig, wenn sich aus den Angaben im Antrag ergibt, daß die behauptete Forderung überhaupt nicht besteht oder gerichtlich nicht durchgesetzt werden kann (ThP 1 a; Bublitz WM 77, 578). Das wird nicht dadurch ausgeschlossen, daß dem Rechtspfleger eine Schlüssigkeitsprüfung nicht mehr auferlegt ist (vgl Köln NJW 86, 1350 = aaO: Rn 6 vor § 688), denn sie ist ihm jedenfalls nicht verboten (Lappe/Grünert Rpfleger 86, 164); **offensichtlich unberechtigten Forderungen** darf er auch nach neuem Recht nicht zur Durchsetzung verhelfen (Hamburg MDR 82, 502 f; LG Krefeld MDR 86, 418; AG Walsrode Rpfleger 83, 359; AG Göttingen Rpfleger 85, 70; einschr AG Breisach NJW-RR 86, 936). Ergibt sich aus den Angaben des Antragstellers, daß der geltend gemachte Anspruch offensichtlich nicht besteht oder nicht klagbar ist – zB Zinseszinsen, § 248 BGB; Verzugszinsen ab Rechnungsstellung (Herbst Rpfleger 78, 199 [200]); 1

überhöhte gesetzliche Zinsen (LG Krefeld MDR 86, 418), zB überhöhte Scheck-(Wechsel-)Zinsen (Art 45 ScheckG, Art 48 WG iVm § 1 des Gesetzes über Scheck- und Wechselzinsen); Mehrwertsteuer auf Verzugszinsen (BGH WM 83, 1006 im Anschluß an EuGH NJW 83, 505; s auch die Änderung des amtlichen Vordrucks gem VO vom 18. 3. 83, BGBl I 308); sittenwidriges Geschäft, § 138 BGB, zB wucherähnlicher Ratenkredit (vgl Lappe/Grünert Rpfleger 86, 164; allg zum Problem vgl Rn 6 vor § 688 und § 700 Rn 15 ff); Naturalobligation, §§ 656, 762, 764 BGB [vgl Müller JuS 81, 256 zu Stuttgart NJW 79, 2573]; überhöhte, insbes unverhältnismäßige **Inkassokosten** (Inkassobürovergütung höher als BRAGO-Anwaltsvergütung oder neben Anwaltsvergütung entgegen § 118 II BRAGO, vgl AG Freyung MDR 86, 680; AG Göttingen Rpfleger 85, 70; AG Walsrode Rpfleger 83, 359 [im Einzelfall verneinend]; Lappe Rpfleger 85, 282 ff; Rentsch/Bersiner BB 86, 1247; ie str, vgl Koblenz BB 86, 1324; einschr AG Breisach NJW-RR 86, 936; Löwisch NJW 86, 1727 f) –, ist der Mahnantrag zurückzuweisen (Büchel NJW 79, 946; Schlemmer Rpfleger 78, 204; ThP Anm 1 a; Menne, Mahnverfahren, § 691 Anm 3, S 46; nicht genügend beachtet vom LG Siegen JurBüro 79, 273 betr Inkassogebühren; zum ganzen auch Herbst Rpfleger 78, 200; Keller NJW 81, 1187). Die im Mahnantrag betragsmäßig zu bezeichnenden **Verfahrenskosten** (vgl § 692 I Nr 3 und dort Rn 3, 8) sind vom Rechtspfleger voll nachzuprüfen (insoweit irreführend der Hinweis nach Zeile 9 des Vordrucks) und ggf in zutr Höhe festzusetzen (AG Bonn Rpfleger 82, 71; Hofmann Rpfleger 82, 325 [327]); eine Zurückweisung wegen Angabe überhöhter Verfahrenskosten scheidet daher aus (Hofmann Rpfleger 79, 447).

2 Der den Mahnantrag zurückweisende **Beschluß** ist dem Antragsteller im Hinblick auf die gegebene Anfechtungsmöglichkeit förml zuzustellen (§ 329 III); dem Antragsgegner ist er nicht mitzuteilen. Obgleich insoweit eine dem II Halbs 2 entspr Bestimmung fehlt, ist bei behebbaren Mängeln dem Antragsteller, zweckmäßig unter Fristsetzung, Gelegenheit zu geben, sie zu beseitigen, zB fehlende Angaben nachzuholen (vgl auch § 690 Rn 21). Die Aufforderung kann in jeder Form ergehen. Der Antrag soll erst zurückgewiesen werden, wenn der Beanstandung nicht Rechnung getragen wird. Verfahren bei fehlender Zuständigkeit: § 689 Rn 5.

3 **2)** Nach **II** ist der Antrag auch (in vollem Umfang) zurückzuweisen, wenn bezüglich eines **Teils des erhobenen Anspruchs** die Voraussetzungen für das Mahnverfahren nicht vorliegen. Die Vorschrift hatte Bedeutung bei der früheren Schlüssigkeitsprüfung; sie konnte ergeben, daß der Anspruch dem Antragsteller nur in geringerer als der geltendgemachten Höhe zustand. Auf eine Mehrheit selbständiger Ansprüche (zB kumulative Geltendmachung eines Kaufpreis- und eines Mietzinsanspruchs) bezieht sich die Vorschrift nicht; solchenfalls kann der Mahnbescheid wegen des unbedenkl Anspruchs erlassen und der Mahnantrag im übrigen zurückgewiesen werden. Das gleiche gilt im Verhältnis zwischen Hauptanspruch und Nebenansprüchen (Zinsen, Kosten). Die durch **Halbs 2** vorgeschriebene Anhörung soll einem Antragsteller, der andernfalls Zurückweisung seines Antrags in vollem Umfang zu gewärtigen hätte, Gelegenheit geben, seinen Antrag auf den zulässigen Anspruchsteil zu beschränken und sich so wenigstens für diesen das Mahnverfahren zu erhalten.

4 **3)** Wenn beim angerufenen AG die Mahnsachen **maschinell bearbeitet** werden, kann der durch einen Datenträger (§ 690 III) verkörperte Antrag nach **III** auch zurückgewiesen werden, wenn er sich für die EDV-Anlage des Gerichts nicht eignet. Die Vorschrift kann auch angewandt werden, wenn die einschlägige Anlage des Antragstellers nicht zuverlässig arbeitet.

II) Anfechtung der Zurückweisung

5 **1)** Gegen die Zurückweisung aus Gründen des **Abs 1** ist Beschwerde nicht gegeben. Die Zurückweisung unterliegt aber der **befristeten Erinnerung** nach § 11 I S 2 RPflG, der der Rechtspfleger nicht abhelfen kann (§ 11 II S 1 RpflG); der Richter entscheidet über sie endgültig. Wegen der Vielzahl der in Betracht kommenden Fälle und der wirtschaftlichen Tragweite ist nach **III** dagegen einfache Beschwerde wegen Zurückweisung eines das Verfahren betreffenden Gesuchs (§ 567) gegeben, wenn der Mahnantrag aus den oben Rn 4 bezeichneten Gründen zurückgewiesen wird. Der Beschwerde ist die (unbefristete) Erinnerung nach § 11 I S 1 RPflG vorgeschaltet, der der Rechtspfleger abhelfen kann (§ 11 II S 1 RPflG); geschieht dies nicht, so entscheidet der Richter, wenn er die Erinnerung für zulässig und begründet hält; andernfalls legt er sie als Beschwerde dem LG vor (§ 11 II S 3–5 RPflG). Der Antragsgegner ist an dem Beschwerdeverfahren nicht beteiligt.

6 **2)** Die Zurückweisung des Mahnantrags hindert nicht seine **Erneuerung,** wenn die bisherigen Mängel vermieden werden. Sie ist auch kein Hindernis für Klageerhebung.

692 *[Mahnbescheid]*
(1) Der Mahnbescheid enthält:

1. **die in § 690 Abs. 1 Nr. 1 bis 5 bezeichneten Erfordernisse des Antrags;**
2. **den Hinweis, daß das Gericht nicht geprüft hat, ob dem Antragsteller der geltend gemachte Anspruch zusteht;**
3. **die Aufforderung, innerhalb von zwei Wochen seit der Zustellung des Mahnbescheids, soweit der geltend gemachte Anspruch als begründet angesehen wird, die behauptete Schuld nebst den geforderten Zinsen und der dem Betrage nach bezeichneten Kosten zu begleichen oder dem Gericht mitzuteilen, ob und in welchem Umfang dem geltend gemachten Anspruch widersprochen wird;**
4. **den Hinweis, daß ein dem Mahnbescheid entsprechender Vollstreckungsbescheid ergehen kann, aus dem der Antragsteller die Zwangsvollstreckung betreiben kann, falls der Antragsgegner nicht bis zum Fristablauf Widerspruch erhoben hat;**
5. **für den Fall, daß Vordrucke eingeführt sind, den Hinweis, daß der Widerspruch mit einem Vordruck der beigefügten Art erhoben werden soll, der auch bei jedem Amtsgericht erhältlich ist und ausgefüllt werden kann;**
6. **für den Fall des Widerspruchs die Ankündigung, an welches Gericht die Sache abgegeben wird, mit dem Hinweis, daß diesem Gericht die Prüfung seiner Zuständigkeit vorbehalten bleibt.**

(2) An Stelle einer handschriftlichen Unterzeichnung genügt ein entsprechender Stempelabdruck.

I) Erlaß des Mahnbescheids

Wenn der Mahnantrag nicht nach § 691 zurückzuweisen ist, wenn er auch nicht wegen Unzuständigkeit an ein anderes Gericht weiterzuleiten ist (§ 689 Rn 5) und dem Erlaß des Mahnbescheids auch nicht zwischenzeitl Tod einer Partei entgegensteht (Rn 9 vor § 688), ist der Bescheid, im Regelfall unter Verwendung des amtl Vordrucks (Anlage 1 zur VordruckVO v 6. 5. 77, BGBl I 693, geändert durch VO vom 18. 3. 83, BGBl I 308), vom Rechtspfleger ohne vorherige Anhörung des Gegners (§ 702 II) zu verfügen. Vorwegentrichtung von Gerichtsgebühr und Zustellkosten: § 65 III GKG. Der Bescheid ist ein im schriftl Verfahren ergehender Beschluß (§ 329); diese Natur hat er auch, wenn er ohne Eingreifen des Rechtspflegers im Wege des Datenträgeraustauschs (§ 690 III) zustandekommt. Der Bescheid ist zu datieren und zu unterzeichnen; Faksimilestempel genügt als Unterschrift **(II)**; bei maschinell erstellten Bescheiden wird die Unterschrift durch das mit ausgedruckte Gerichtssiegel ersetzt (§ 703 b I). Amtszustellung an Antragsgegner und Benachrichtigung des Antragstellers: § 693 I, II. Nachträgl Berichtigung des Bescheids ist im Rahmen des § 319 möglich (§ 699 Rn 12). 1

II) Inhalt des Mahnbescheids

1) In den Mahnbescheid werden die – ggfalls vom Antragsteller ergänzten oder richtiggestellten – **Angaben des Mahnantrags nach § 690 I Nr 1–5** übernommen **(I Nr 1).** Da die Vordrucke für Mahnantrag und gerichtl Verfügungen in einem einheitl Vordrucksatz zusammengefaßt sind, vollzieht sich die Übernahme regelmäßig im Durchschreibeverfahren, beim Datenträgeraustausch durch Übernahme der eingespeisten, in ihrer Gesamtheit den Mahnantrag darstellenden Daten. 2

2) Dazu kommen die nach I Nr 2–6 vorgeschriebenen (in den amtl Vordruck aufgenommenen) Aufforderungen und Hinweise seitens des Gerichts. Von Bedeutung sind im Hinblick auf die weggefallene Schlüssigkeitsprüfung besonders der **Hinweis** und die **Aufforderung** nach **Nr 2 und 3**; nach ihnen soll der Antragsgegner in eigener Verantwortung prüfen, ob und in welchem Umfang der erhobene Anspruch zu Recht besteht; damit soll der Eindruck vermieden werden, daß das Gericht eine solche Prüfung vorgenommen und die Forderung als gerechtfertigt befunden habe. Daß Widerspruch auch veranlaßt ist, wenn die ursprüngl begründete Forderung infolge zwischenzeitl Zahlung nicht mehr besteht, ist nicht ausdrückl gesagt. Der Hinweis gem I Nr 2 gilt nicht für die Verfahrenskosten (Rn 8). Die Zahlungsaufforderung gem Nr 3 ersetzt eine materiellrechtlich erforderliche Nachfristsetzung (BGH NJW-RR 86, 1346 für § 16 Nr 5 III VOB/B). 3

3) Die **Widerspruchsfrist** beträgt nunmehr ohne die früheren Differenzierungen (§ 692 S 2 aF) einheitlich 2 Wochen **(I Nr 3)**; nur bei Zustellung des Mahnbescheids in einem Vertragsstaat des EuGVÜ beträgt sie 1 Monat (§ 36 III S 1 des AusfG zum Übereinkommen). 4

5 **4)** Für den **Widerspruch** ist ein amtl **Vordruck** eingeführt (Anlage 2 zur VordruckVO v 6. 5. 77), der dem Antragsgegner mit dem Mahnbescheid zugeht; seine Benützung ist ihm aber abweichend von § 703c nicht zur Pflicht gemacht („soll", **I Nr 5).**

6 **5)** Die Hinweise in **Nr 4 und 6** unterrichten den Antragsgegner über das weitere Verfahren für den Fall sowohl der Einlegung als auch der Unterlassung des Widerspruchs. In der Ausfertigung des Mahnbescheids wird der Antragsgegner auch darüber unterrichtet, daß Zahlungen nicht an das Gericht, sondern nur an den Antragsteller zu leisten sind und daß nur dieser Ratenzahlung oder Zahlungsaufschub bewilligen kann.

7 **6)** Wenn der Mahnbescheid in einem **Vertragsstaat des EuGVÜ** zugestellt werden soll, muß zu den nach I Nr 2–6 vorgeschriebenen Hinweisen noch die Aufforderung an den Antragsgegner kommen, einen im Gerichtsbezirk ansässigen Zustellungsbevollmächtigten (§ 174) zu benennen (§ 36 III S 2 des AusfG).

8 **III) Kosten des Verfahrens** = Gerichtsgebühr nach KV Nr 1000 einschließlich Auslagen für die Zustellung (KV Nr 1902 iVm § 39 PostO), Kosten des RA (§ 43 BRAGO) oder zugelassenen Rechtsbeistandes (s § 91 Rn 13 unter „Rechtsbeistand") und Kosten der Partei (zB Porti für die Übersendung des ausgefüllten Mahnbescheidsformulars an das Gericht sowie die Auslagen für die Formularbeschaffung), nicht aber vorgerichtliche Kosten (zB Kosten der Ermittlung, Beitreibungskosten, sonstige Fremdkosten, s AG Bonn Rpfleger 82, 71 [72]; ie Hofmann Rpfleger 82, 325). Zum vollen Prüfungsrecht des Rechtspflegers vgl § 691 Rn 1; genießt der Antragsteller Kostenfreiheit (§ 2 GKG), kann Kostenerstattung gem I Nr 3 nicht verlangt werden (vgl Schlemmer Rpfleger 78, 204).

9 **IV) Gebühren:** s Rn 19 vor § 688. Die im Mahnverfahren erforderlichen Ersuchen um Zustellung in einem Vertragsstaat des EuGVÜ (s Rn 7) erläßt der Rechtspfleger (§ 20 Nr 1, § 4 Abs 1 RpflG, § 202 ZPO). – Wegen der Gebühr für die Prüfung des Ersuchens nach Nr 5 Ia des Gebührenverz zur JVerwKostO s Rn zu § 202. Diese Prüfungsgebühr sowie die Kosten für die Übersetzung des Mahnbescheids in die Amtssprache des Vertragsstaates, in dem der Mahnbescheid zugestellt werden soll, sind gerichtl Auslagen.

693 *[Zustellung des Mahnbescheids]*

(1) Der Mahnbescheid wird dem Antragsgegner zugestellt.

(2) Soll durch die Zustellung eine Frist gewahrt oder die Verjährung unterbrochen werden, so tritt die Wirkung, wenn die Zustellung demnächst erfolgt, bereits mit der Einreichung oder Anbringung des Antrags auf Erlaß des Mahnbescheids ein.

(3) Die Geschäftsstelle setzt den Antragsteller von der Zustellung des Mahnbescheids in Kenntnis.

I) Zustellung

1 **1)** Eine Ausfertigung oder beglaubigte Abschrift (§ 170) des Mahnbescheids wird dem **Antragsgegner von Amts wegen** zugestellt (**I** mit §§ 495, 270 I). Unzulässigkeit der öffentl Zustellung: § 688 II, der Zustellung im Ausland (auch in der DDR) mit Ausnahme der Vertragsstaaten des EuGVÜ: § 688 III. Ausführung der Zustellung: §§ 208 ff, an Angehörige der Stationierungsstreitkräfte nach Art 32 des Zusatzabkommens zum Truppenstatut (BGBl 61 II 1183, 1218), in den Vertragsstaaten des EuGVÜ nach der ZRHO. Erst mit der Zustellung wird der Mahnbescheid wirksam (LG Oldenburg Rpfleger 83, 117 [118]). Eine fehlerhafte Zustellung ist von Amts wegen zu wiederholen, wenn nicht feststeht, daß der Antragsgegner den Mahnbescheid erhalten hat (§ 187 S 1). Heilung von Zustellungsmängeln nur im **streitigen** Verfahren nach § 295 (RG 87, 272), nicht im Mahnverfahren (LG Oldenburg Rpfleger 83, 117 [118 mN]).

2 **2)** Der **Antragsteller** (oder sein Prozeßbevollmächtigter, § 176) wird von der erfolgten Zustellung **formlos benachrichtigt (III).** Dabei ist ihm der Zeitpunkt der Zustellung mitzuteilen, damit er die Widerspruchsfrist berechnen und beurteilen kann, wann Antrag auf Erteilung des Vollstreckungsbescheids gestellt werden darf (§ 699 I S 2) und bis wann dieser Antrag längstens gestellt werden muß, damit der Mahnbescheid nicht seine Wirkung verliert (§ 701 S 1). Dem Antragsteller ist auch Mitteilung zu machen, wenn der Mahnbescheid unter der angegebenen Anschrift nicht zugestellt werden kann, damit er für die richtige sorgen kann. Wenn sich herausstellt, daß sich der Antragsgegner im Ausland (außerhalb des Anwendungsbereichs des EuGVÜ) aufhält, oder wenn er endgültig nicht aufzufinden ist, ist angesichts der Unzulässigkeit der öffentl Zustellung das Mahnverfahren ergebnislos beendet, da ein nicht zugestellter Mahnbescheid keine Wirkungen hat (vgl auch § 688 Rn 6).

II) Rechtswirkungen der Zustellung

1) a) Anhängigkeit im Mahnverfahren tritt erst mit wirksamer Zustellung ein (LG Oldenburg Rpfleger 83, 117 [118]; BL-Hartmann Anm 1 B; abw Schilken JR 84, 446: mit Einreichung des Mahnbescheidantrags; s auch vor § 688 Rn 5). Die Zustellung des Mahnbescheids bewirkt Eintritt des **Verzugs** (§ 284 I BGB) und unterbricht die **Verjährung** (§§ 209 II Nr 1, 213 BGB), auch dann, wenn der Mahnbetrag nicht handschriftlich unterzeichnet war (§ 690 II), jedoch nicht gem § 691 zurückgewiesen wurde (BGH 86, 313 [323] = NJW 83, 1050 [1052 f] = MDR 83, 657 [658]). **Dauer der Unterbrechung:** §§ 212a, 213, auch §§ 211, 212 BGB. Zu § 211 II BGB („Weiterbetreiben" nach Stillstand des Mahnverfahrens) s BGH 52, 47, zu § 212a BGB („sich unmittelbar anschließendes Streitverfahren") s BGH 55, 212. Die Verjährungsunterbrechung durch Mahnbescheidszustellung (§ 213 BGB) **endet** (§§ 213, 212a S 2, 211 II BGB) bei Nichtzahlung des weiteren Gebührenvorschusses (vgl Rn 19 vor § 688) mit Zugang der Nachricht über die Widerspruchseinlegung beim Antragsteller (BGH 88, 175). Verjährungsunterbrechung bei Geltendmachung eines **fremden Rechts:** BGH NJW 72, 1380; durch den Zedenten bei stiller Sicherungszession: BGH NJW 78, 698 = MDR 78, 381 = JZ 78, 351; bei vollmachtlosem, vom Gläubiger nachträglich genehmigtem Mahnantrag: BGH NJW 61, 725. 3

b) Ob durch die Zustellung eines Mahnbescheids eine **Frist** gewahrt wird, hängt von der Art der jeweiligen (materiellrechtlichen oder prozessualen) Frist ab (BGH NJW 73, 248). Überblick über Zustellungsrückwirkung bei einzelnen Fristen: Rn 6. Durch vorherige Zustellung eines Mahnbescheids begründete **Anhängigkeit** im Mahnverfahren (vgl Rn 3) macht auch einen Vorbehalt bei Annahme einer vom Auftraggeber als „Schlußzahlung" bezeichneten Zahlung (§ 16 Nr 3 II VOB/B) entbehrlich (BGH 68, 38). Die Übertragbarkeit und Vererblichkeit eines Schmerzensgeldanspruchs (§ 847 BGB) wird nach der (allerdings nicht unangefochtenen) Rspr des BGH durch Zustellung eines Mahnbescheids noch nicht begründet (BGH NJW 77, 1149; aA Pecher MDR 77, 193 f). 4

2) Die Wirkungen der Zustellung des Mahnbescheids werden auf den Zeitpunkt seiner Einreichung bzw Anbringung **zurückbezogen,** wenn der Mahnbescheid „demnächst" zugestellt wird. Zum Begriff der **Einreichung** s § 270 Rn 5; § 694 Rn 5; die ältere Rspr (zB Hamm AnwBl 58, 194) ist durch die Rspr des BVerfG überholt, nach der zur Fristwahrung nicht mehr Entgegennahme durch einen hierzu befugten Beamten erforderl ist; s BVerfG 52, 203 = NJW 80, 580 = MDR 80, 117. **„Demnächst":** innerhalb einer den Umständen nach angemessenen Frist (BGH NJW 72, 1948; NJW 79, 1709 [1710]; 81, 875 [876 mN]); s auch § 270 III (= § 261b III aF), Probst AnwBl 77, 501. Wenn sich die Zustellung verzögert, der Gegner also über die nach den Umständen angemessene Frist hinaus im Ungewissen darüber bleibt, ob der Anspruch noch gerichtl geltend gemacht wird, kommt es darauf an, ob die Verzögerung dem Antragsteller – auch seinem Prozeßbevollmächtigten (BGH NJW 63, 715; 72, 1948; VersR 69, 255) – vorzuwerfen ist oder ob sie auf Umständen beruhte, auf die der Antragsteller keinen Einfluß hatte, insbes auf solchen im Geschäftsbereich des Gerichts, so zB bei nicht veranlaßter Amtsermittlungstätigkeit (dazu zB § 689 Rn 5) des Rechtspflegers (LG Karlsruhe AnwBl 83, 178), Rückfrage des Rechtspflegers beim Antragsteller, wenn Berichtigung von Amts wegen möglich und geboten ist (BGH NJW 84, 242 = MDR 84, 223 = Rpfleger 84, 26 = LM Nr 4 zu § 690) oder Rückfrage des Rechtspflegers wegen offenbarer Unkenntnis von Parteifähigkeit und Rechtsform einer Partenreederei (BGH VersR 83, 776 f). Der Antragsteller muß alles ihm Zumutbare tun, um die Voraussetzungen für die alsbaldige Zustellung zu schaffen (BGH NJW 67, 779; 72, 1948). Verzögerungen, die durch sein – wenn auch nur leicht fahrlässiges – Verhalten verursacht sind, dürfen nur geringfügig sein (BGH 86, 313 [322 f] = NJW 83, 1050 [1052] = MDR 83, 657 [658]; BGH WM 83, 1317 [1318]; BGH VersR 70, 1045; NJW 71, 891; 72, 208; 72, 1948; 74, 57; 81, 875 [876]). **Unschädlich** ist eine geringfügige Verzögerung infolge der Einreichung beim **unzuständigen Gericht** während der Umstellungszeit (nach dem 1. 7. 77), BGH 86, 313 [323]; allg für Einreichung beim unzuständigen Gericht, Hamm NJW 84, 375 [LS]; LG Aachen ZMR 84, 89; Bode MDR 82, 632; aA KG NJW 83, 2709 (2710); Loritz JR 85, 98; offenlassend LG Darmstadt NJW 86, 1696; ebenso ein übersehener Unterschriftsmangel (BGH 86, 313 [323]). Dem Antragsteller ist verzögerte Zustellung insbes vorzuwerfen, wenn er den Antragsgegner nicht ausreichend bezeichnet (vgl Schleswig SchlHA 73, 154) oder eine unrichtige Zustellanschrift angegeben hat (BGH NJW 71, 891; LG Frankfurt Betrieb 76, 2059), wenn er zu Verzögerungen führende Beanstandungen durch den Rechtspfleger veranlaßt (vgl BGH NJW 81, 875 [876] oder ihnen nicht unverzügl Rechnung getragen hat (Köln JMBlNRW 72, 62; bedenkl LG Essen Rpfleger 72, 32 mit Anm Petermann; vgl auch Köln MDR 76, 231). Mit der Einzahlung des Gerichtskostenvorschusses darf im allgemeinen bis zur Anforderung durch das Gericht gewartet werden (BGH NJW 60, 1952; NJW 86, 1348 = WM 86, 273 [zu § 270 III]; s a BGH NJW 67, 779; 72, 1948; Hamburg MDR 76, 320; Hamm NJW 77, 2364; aA Düsseldorf MDR 81, 591 bei bereits vorgenommener eigenständiger Berechnung durch den Prozeßbe- 5 vollmächtigten des Antragstellers), aber nicht geraume Zeit ohne Rückfrage nach dem Grund des Ausbleibens (BGH NJW 78, 215; LG Bonn NJW 77, 54; AG Bergheim ZMR 77, 326). Nach erfolgter Zahlungsaufforderung sind kurzfristige Verzögerungen über einen Zeitraum von 12–14 Tagen zwischen Aufforderung und Zahlungseingang unabhängig vom Verschulden unschädlich (BGH NJW 84, 242; 86, 1348 = WM 86, 273 [zu § 270 III]; WM 85, 36 = JurBüro 85, 393; WM 86, 367); desgleichen schadet ein kurzes Hinausschieben der Einzahlung wegen schwebender Vergleichsverhandlungen aber nicht, da hier der Gegner weiß, daß er in Anspruch genommen werden soll (BGH NJW 60, 1952). Eine durch bargeldlose Zahlung bedingte Verzögerung der Zustellung des Mahnbescheids ist dem Antragsteller nicht zuzurechnen (BGH WM 85, 36 = JurBüro 85, 394). S im übrigen Anm zu § 270 III.

6 **3)** Die Zustellungsrückwirkung gem Abs II kann sich sowohl auf **prozessuale** als auch auf **materiellrechtliche Fristen** erstrecken. Diese Norm ist jedoch einschränkend auszulegen, da sie die zustellende Partei nur vor den von ihr nicht zu vertretenden Nachteilen des Amtsbetriebs (s Rn 5) schützen soll (BGH 75, 307 [310 f]; NJW 82, 172 f mN). Deshalb gilt der Grundsatz, daß die Zustellungsrückwirkung nur dann eintritt, wenn der Anspruchsberechtigte allein durch Inanspruchnahme des Gerichts eine Frist wahren kann (BGH NJW 82, 172 f mN; Raudszus NJW 83, 667 f; offengelassen BGH 75, 307 [311 f]; hier § 270 Rn 12). Die Zustellungsrückwirkung **gilt** für die Zweimonatsfrist nach Art 12 III AusfG zum Nato-Truppenstatut, wo „Klage" verlangt wird (BGH NJW 79, 1709 = MDR 79, 916), für die „gerichtliche Geltendmachung" von Versicherungsansprüchen nach § 12 III VVG (Hamm VersR 71, 237), für die Wahrung der Klagefrist gem § 8 AKB (Hamm VersR 71, 459), für die Wahrung der Vorbehaltsfrist gem § 16 Nr 3 II VOB/B (1973) (BGH 75, 307 = NJW 80, 455; aA Raudszus NJW 83, 667 [669]). Die Zustellungsrückwirkung **gilt nicht** für die Inanspruchnahme des Zeitbürgen gem § 777 BGB (BGH NJW 82, 172; zust Raudszus NJW 83, 668).

7 **4)** Die **Rechtswirkungen der Zustellung entfallen** bei Zurücknahme des Mahnantrags (zu ihr § 690 Rn 22), bei ungenütztem Ablauf der Sechsmonatsfrist für den Antrag auf Vollstreckungsbescheid (§ 701 S 1) und bei endgültiger Ablehnung des beantragten Vollstreckungsbescheids (§ 701 S 2).

8 **5) Rückbeziehung** des späteren Eintritts der **Rechtshängigkeit** auf den Zeitpunkt der Zustellung des Mahnbescheids: §§ 696 III, 700 II.

9 **III)** Wegen der **Vorauszahlungspflicht** bezügl **der Gerichtskosten:** s Rn 19 vor § 688.

694 *[Widerspruch gegen Mahnbescheid]*

(1) Der Antragsgegner kann gegen den Anspruch oder einen Teil des Anspruchs bei dem Gericht, das den Mahnbescheid erlassen hat, schriftlich Widerspruch erheben, solange der Vollstreckungsbescheid nicht verfügt ist.

(2) Ein verspäteter Widerspruch wird als Einspruch behandelt. Dies ist dem Antragsgegner, der den Widerspruch erhoben hat, mitzuteilen.

I) Allgemeines; Beschränkungen des Widerspruchs

1 Der Widerspruch gegen den Mahnbescheid ist eine beim zuständigen Gericht anzubringende Prozeßhandlung, die jedoch auch materiellrechtliche Wirkungen entfalten kann (BGH 88, 174 [176 f] = NJW 83, 2699 [2700]); so erfüllt er die Voraussetzungen, die gem § 651 g II 3 BGB an die schriftliche Zurückweisung der Gewährleistungsansprüche des Reisenden zu stellen sind (BGH 88, 174 [177] = NJW 83, 2699 [2700] = MDR 83, 1015). Gegen den Mahnbescheid ist nur Widerspruch gegeben, keine Rechtspflegererinnerung (§ 11 V S 2 RPflG). Der Widerspruch kann sich gegen die **gesamte** Forderung des Antragstellers richten; er kann auch auf einen **abtrennbaren Teil beschränkt** werden (vgl **Abs I Hs 1;** Rn 11), auch auf Nebenforderungen, zB die behaupteten vorgerichtl Auslagen oder gegen den geforderten Zinssatz. Er kann auch unter Anerkennung des geltend gemachten Anspruchs ledigl auf die Kosten beschränkt werden mit der Begründung, daß zur gerichtl Geltendmachung der Forderung kein Anlaß bestanden habe (§ 93; Frankfurt MDR 84, 149 = ZIP 83, 1398 = WM 83, 1346 [1347]; vgl § 91 a Rn 29). Der Widerspruch gegen einen Urkunden-(Wechsel-, Scheck-)Mahnbescheid kann auf den Antrag beschränkt werden, dem Antragsgegner die Ausführung seiner Rechte im Nachverfahren (§ 600) vorzubehalten (§ 703 a II Nr 4). Widerspruch ist auch angebracht, wenn die geltend gemachte Forderung wegen zwischenzeitl Zahlung nicht mehr besteht (sa § 700 Rn 10).

II) Form und Inhalt des Widerspruchs

1) Abs I sieht für den Widerspruch **Schriftlichkeit** vor. Für den Widerspruch ist ein amtlicher Vordruck eingeführt (Anlage 2 zur VordruckVO v 6. 5. 77, BGBl I 693), den der Antragsgegner selbst ausfüllen und bei Gericht einreichen kann, dessen Benutzung ihm aber abweichend von § 703c nicht zwingend vorgeschrieben ist (Sollvorschrift des § 692 I Nr 5). Der Vordruck ist auch nicht für den Widerspruch gegen einen nach dem Zusatzabkommen zum Nato-Truppenstatut oder im EWG-Ausland zugestellten Mahnbescheid bestimmt (§ 1 I S 2 der VordruckVO). Widerspruch kann daher in allen Fällen auch mit einem vom Antragsgegner selbst formulierten Schriftsatz erhoben werden, Verwendung des Ausdrucks „Widerspruch" ist dabei nicht wesentlich (vgl München Rpfleger 83, 288). Die von der Rspr bei bestimmenden Schriftsätzen verlangte eigenhändige Unterschrift (vgl BGH 92, 77 f und 254 ff; ie § 130 Rn 5) ist nicht erforderl, denn diese wird aus dem dem Mahnverfahren fremden (vgl Rn 7 vor § 688) Anwaltszwang oder doch aus der Anwaltsvertretung hergeleitet (vgl RGZ 151, 82 [86]; BGH 92, 255; 97, 253; BVerfG 15, 288 [292]; näher Vollkommer, Formenstrenge und prozessuale Billigkeit, 1973, S 280 f). Es genügt daher, daß bei der Einreichung eines nicht unterschriebenen Widerspruchsvordrucks kein ernstl Zweifel daran besteht, daß ihn der Antragsgegner ausgefüllt hat (ebenso Oldenburg MDR 79, 588 = NdsRpfl 79, 73; ThP Anm 1a; BL Anm 1 A; aA StJSchlosser Rn 2; 12. Aufl.). Auch Einlegung durch Telegramm oder Fernschreiben ist möglich (BGH NJW 86, 1759 = MDR 86, 846 = Rpfleger 86, 264; vgl allg § 130 Rn 5). 2

2) Der Antragsgegner kann den Widerspruch auch **gegenüber dem Urkundsbeamten des für das Mahnverfahren zuständigen oder eines anderen AG** (§ 129a) **erklären;** letzterenfalls wird die Erklärung erst mit dem Eingang beim zuständigen AG wirksam (§ 129a II). Einzelheiten zur mündl Anbringung bei der Geschäftsstelle: § 702 Rn 2. 3

3) Mit dem Widerspruch kann zugleich der **Antrag auf Durchführung des streitigen Verfahrens** (§ 696 I S 1) verbunden werden. Bei Widerspruchseinlegung durch einen Bevollmächtigten hat dieser seine **ordnungsgemäße Bevollmächtigung zu versichern** (§ 703). **Begründung** des Widerspruchs ist nicht vorgeschrieben, aber nützlich, damit der Antragsteller in der Anspruchsbegründung nach § 697 I schon zu den Einwendungen des Antragsgegners Stellung nehmen kann. Ist nach dem Inhalt eines bei Gericht eingegangenen Schreibens zweifelhaft, ob mit ihm Widerspruch beabsichtigt ist (zB Erklärung der Zahlungsunfähigkeit, Stundungsverlangen), so ist, ggfalls unter entsprechender Belehrung, das Gewollte aufzuklären. Dem Widerspruch soll die nach der Zahl der Antragsteller erforderliche Anzahl von **Abschriften** beigefügt werden (§ 695 S 2); bei Verwendung des amtlichen Vordrucks kann das ihm angefügte Zweitblatt als Abschrift für den Antragsgegner eingereicht werden. Die Zulässigkeit des Widerspruchs hängt nicht davon ab, daß dem § 695 S 2 genügt wird; noch erforderl Abschriften werden ggfalls auf Kosten des Antragsgegners vom Gericht hergestellt (Kostenverzeichnis 1900 Nr 1). 4

4) Erhebung. Der Widerspruch ist erhoben, wenn das ihn enthaltende Schriftstück in den Machtbereich des Gerichts gelangt ist; die Mitwirkung eines Bediensteten des Gerichts ist hierzu nicht erforderlich (BGH NJW 82, 888 [889] = MDR 82, 557 LS); insofern gilt das gleiche wie bei Rechtsmitteln und sonstigen fristgebundenen Schriftsätzen (vgl BAG NJW 86, 1374 mN – Vergleichswiderruf; s allg § 518 Rn 8 ff). 5

III) Widerspruchsfrist

Die Widerspruchsfrist beträgt **zwei Wochen** ab Zustellung, wie sich aus § 692 I Nr 3 ergibt; wenn der Mahnbescheid in einem Vertragsstaat des EWG-Gerichtsstands- und Vollstreckungsübereinkommens zugestellt wurde, beträgt sie 1 Monat (§ 36 III AusfG zum EuGVÜ). Fristberechnung: § 222 mit § 187 BGB. Die Frist, die auch während der Gerichtsferien läuft (§ 202 GVG), ist keine Ausschlußfrist; auch nach Ablauf der 2 Wochen kann Widerspruch noch so lange eingelegt werden, als der Vollstreckungsbescheid noch nicht verfügt, dh vom Rechtspfleger noch nicht in den Geschäftsgang gegeben ist (BGH 85, 361 [364] = NJW 83, 633). Geht der Widerspruch erst danach ein, so wird er als Einspruch gegen den Vollstreckungsbescheid behandelt **(II S 1).** Das gleiche gilt, wenn versehentl oder fälschlicherweise Vollstreckungsbescheid erlassen wurde, obgleich Widerspruch bereits eingelegt war (vgl BGH 85, 361 [364] = NJW 83, 633; KG OLGZ 84, 78 = Rpfleger 83, 489 f und Rn 12). Die Behandlung als Einspruch ist dem Antragsgegner mitzuteilen (II S 2), damit er, wenn ein streitiges Verfahren (§ 700 III) nicht in seiner Absicht lag, den zum Einspruch gewordenen Widerspruch zurücknehmen kann. 6

Die **Zustellung** ist wesentliche Voraussetzung des Widerspruchs; fehlt es an einer Zustellung, findet trotz eines „Widerspruchs" eine Abgabe ins streitige Verfahren nicht statt (LG Oldenburg Rpfleger 83, 117 [118]). 7

Im **arbeitsrechtl Mahnverfahren** beträgt die Widerspruchsfrist **eine Woche** (§ 46a III ArbGG). 8

IV) Mitteilung an Antragsteller

9 Von der Erhebung des Widerspruchs ist der Antragsteller zu verständigen, zweckmäßig unter Übersendung einer Abschrift. Auch der Zeitpunkt des Eingangs ist dabei mitzuteilen (§ 695 S 1), weil der Eintritt der Rechtshängigkeit nur dann auf den Zeitpunkt der Zustellung des Mahnbescheids zurückzubeziehen ist, wenn die von einem entspr Antrag abhängige Abgabe ins Streitverfahren (§ 696 I S 1) der Erhebung des Widerspruchs „alsbald" nachfolgt (§ 696 III). Auch die verspätete Einlegung des Widerspruchs und dessen Umdeutung in einen Einspruch ist dem Antragsteller mitzuteilen, damit er sich auf das Streitverfahren (§ 700 III S 1) einstellen kann.

V) Wirkung des rechtzeitigen Widerspruchs

10 1) Der vor Erteilung des Vollstreckungsbescheids, also rechtzeitig (s BGH NJW 82, 888; zum verspätet eingelegten Widerspruch s § 700 Rn 9) **uneingeschränkt** eingelegte Widerspruch hat zur Folge, daß ein solcher nicht mehr erlassen werden kann. Der Widerspruch eines notwendigen Streitgenossen (§ 62) **hindert Erteilung des Vollstreckungsbescheids** auch gegen die anderen. Das Verfahren kann dann seinen Fortgang nur nehmen, wenn von wenigstens einer der beiden Parteien Antrag auf Durchführung des streitigen Verfahrens (§ 696 I S 1) gestellt wird. Geschieht dies nicht, so kommt das Mahnverfahren zum Stillstand (vgl LG Düsseldorf JurBüro 81, 1100; § 693 Rn 3; § 696 Rn 2); die Akten werden nach 6 Monaten weggelegt (§ 7 Nr 3c AktenO).

11 2) Wenn der Widerspruch **auf einen abtrennbaren Teil** des Anspruchs **beschränkt** wurde (oben Rn 1), kann wegen des Rests Vollstreckungsbescheid ergehen (§ 699 Rn 9). Bei einem gemäß § 703a II Nr 4 beschränkten Widerspruch gegen einen Urkunden-(Wechsel-, Scheck-) Mahnbescheid ist Vollstreckungsbescheid unter entspr Vorbehalt zu erteilen (§ 703a Rn 8). Bei **unklarem Teilwiderspruch** muß der Rechtspfleger dem Antragsgegner Gelegenheit zur Klarstellung geben (§ 139; KG JurBüro 84, 136); bis zur Klarstellung ist der Widerspruch als unbeschränkt eingelegt zu betrachten (BGH 85, 361 [366] = NJW 83, 633 f = MDR 83, 224 = LM Nr 2 Anm Skibbe).

12 **3) Inkorrektes Verfahren.** Ergeht Vollstreckungsbescheid, obwohl Widerspruch eingelegt ist (Bsp: Rechtspfleger behandelt unklaren Teilwiderspruch entgegen Rn 11 nicht als unbeschränkten Widerspruch und erläßt beschränkten Vollstreckungsbescheid), so gilt der **Widerspruch** als **Einspruch** (BGH 85, 361 [364 ff] = NJW 83, 633 f = MDR 83, 224; KG OLGZ 84, 77 = Rpfleger 83, 489 f = JurBüro 84, 135 f). Diese Umdeutung des Widerspruchs ist geboten, um die Wirkungen einer inkorrekten Entscheidung zu vermeiden (vgl allg Rn 28 ff vor § 511).

VI) Zurücknahme des Widerspruchs; Verzicht; Erledigung

13 1) Der Antragsgegner kann den eingelegten Widerspruch in den zeitlichen Grenzen des § 697 IV S 1 wieder zurücknehmen. Die Zurücknahme hat zur Folge, daß der Mahnbescheid wieder die Grundlage eines Vollstreckungsbescheids bilden kann (Hamm AnwBl 84, 503). Wird der Widerspruch zurückgenommen, bevor es zur Abgabe ins streitige Verfahren (§ 696 I) gekommen ist – mit der erst das Mahnverfahren endet (§ 696 Rn 5) –, so gelten keine verfahrensmäßigen Besonderheiten. Die Zurücknahme kann nach der mit § 702 I S 1 übereinstimmenden Vorschrift des § 697 IV S 2 zu **Niederschrift der Geschäftsstelle** des zuständigen AG erklärt werden, gemäß § 129a I auch bei der Geschäftsstelle eines jeden anderen AG; letzterenfalls wird die Erklärung erst mit dem Eingang der Niederschrift beim zuständigen AG wirksam (§ 129a II). Die Zurücknahmeerklärung kann auch **schriftl** beim zuständigen AG eingereicht werden. Eigenhändige Unterschrift ist nicht unbedingt erforderlich (Rn 2), Zurücknahme durch Telegramm oder Fernschreiben ist daher zulässig. Ein amtl Vordruck ist für die Zurücknahme des Widerspruchs nicht eingeführt. Wenn der Widerspruch durch einen Bevollmächtigten zurückgenommen wird, hat dieser seine ordnungsgemäße Bevollmächtigung zu versichern (§ 703). Die Zurücknahme des Widerspruchs ist dem Antragsteller mitzuteilen, damit er Gelegenheit hat, Antrag auf Vollstreckungsbescheid zu stellen. Stellt er rechtzeitig (§ 701 S 1) diesen Antrag, so nimmt das Mahnverfahren bei dem AG, dessen Rechtspfleger den Mahnbescheid erlassen hatte, seinen Fortgang. Wenn sich keine Hindernisse ergeben (s § 699 Rn 12), wird Vollstreckungsbescheid ebenso erteilt, wie wenn Widerspruch nicht eingelegt worden wäre.

14 2) Nach § 697 IV S 1 kann der Antragsgegner den eingelegten Widerspruch trotz eingetretener Rechtshängigkeit auch noch **nach Abgabe ins streitige Verfahren zurücknehmen,** solange er noch nicht zur Hauptsache verhandelt hat und gegen ihn noch kein Versäumnisurteil ergangen ist. Mit der Zurücknahme endet das streitige Verfahren; es kann ebenfalls Vollstreckungsbescheid erteilt werden. Wird Antrag hierauf rechtzeitig gestellt, so lebt das Mahnverfahren von neuem auf; es wird aber nicht bei dem AG fortgesetzt, das den Mahnbescheid erlassen hatte; zuständig für den Erlaß des Vollstreckungsbescheids ist vielmehr der Rechtspfleger des AG oder LG, bei dem das streitige Verfahren anhängig war (§ 699 I S 3). **Einzelheiten:** § 697 Rn 9.

3) Nach Zustellung des Mahnbescheids kann analog § 514 auf Widerspruch **verzichtet** werden (ThP Anm 1 i, BL Anm 1 D, nach StJSchlosser Rn 3 auch schon im vornherein). Auch der Verzicht eröffnet den Weg zum Vollstreckungsbescheid (§ 699 Rn 7). 15

4) Wenn nach Einlegung des Widerspruchs der Antragsteller seinerseits den **Mahnantrag zurücknimmt,** verliert der Mahnbescheid entspr § 269 III seine Wirkung (§ 690 Rn 22), so daß der gegen ihn gerichtete Widerspruch gegenstandslos wird; Kostenfolge: § 690 Rn 22. 16

VII) Gebühren: s Rn 19 vor § 688. 17

695 *[Mitteilung an Antragsteller; Widerspruchsabschriften]*

Das Gericht hat den Antragsteller von dem Widerspruch und dem Zeitpunkt seiner Erhebung in Kenntnis zu setzen. Wird das Mahnverfahren nicht maschinell bearbeitet, so soll der Antragsgegner die erforderliche Zahl von Abschriften mit dem Widerspruch einreichen.

Verständigung des Antragstellers von der Widerspruchseinlegung **(S 1):** § 694 Rn 9. Einreichung von Abschriften des Widerspruchs durch den Antragsgegner **(S 2):** § 694 Rn 4. Soweit dem Widerspruch materiellrechtlich die Bedeutung einer (die Verjährungshemmung beseitigenden) Anspruchszurückweisung zukommt (vgl § 694 Rn 1), endet die Verjährungshemmung (§ 651 g II 3 BGB) mit der Inkenntnissetzung des Antragstellers (BGH 88, 177). 1

696 *[Abgabe ins streitige Verfahren]*

(1) Wird rechtzeitig Widerspruch erhoben und beantragt eine Partei die Durchführung des streitigen Verfahrens, so gibt das Gericht, das den Mahnbescheid erlassen hat, den Rechtsstreit von Amts wegen an das Gericht ab, das in dem Mahnbescheid gemäß § 692 Abs. 1 Nr. 1 bezeichnet worden ist. Der Antrag kann in den Antrag auf Erlaß des Mahnbescheids aufgenommen werden. Die Abgabe ist den Parteien mitzuteilen; sie ist nicht anfechtbar. Mit Eingang der Akten bei dem Gericht, an das er abgegeben wird, gilt der Rechtsstreit als dort anhängig. § 281 Abs. 3 Satz 1 gilt entsprechend.

(2) Ist das Mahnverfahren maschinell bearbeitet worden, so tritt an die Stelle der Akten ein maschinell erstellter Aktenausdruck. Für diesen gelten die Vorschriften über die Beweiskraft öffentlicher Urkunden entsprechend.

(3) Die Streitsache gilt als mit Zustellung des Mahnbescheids rechtshängig geworden, wenn sie alsbald nach der Erhebung des Widerspruchs abgegeben wird.

(4) Der Antrag auf Durchführung des streitigen Verfahrens kann bis zum Beginn der mündlichen Verhandlung des Antragsgegners zur Hauptsache zurückgenommen werden. Die Zurücknahme kann vor der Geschäftsstelle zu Protokoll erklärt werden. Mit der Zurücknahme ist die Streitsache als nicht rechtshängig geworden anzusehen.

(5) Das Gericht, an das der Rechtsstreit abgegeben ist, ist hierdurch in seiner Zuständigkeit nicht gebunden. Verweist es an den Rechtsstreit an ein anderes Gericht, so werden auch die Kosten des Mahnverfahrens als Teil der Kosten behandelt, die bei dem im Verweisungsbeschluß bezeichneten Gericht erwachsen. Erfolgt die Verweisung, weil das Gericht, an das verwiesen wird, ausschließlich zuständig ist, so findet § 281 Abs. 3 Satz 2 auf die im Verfahren vor dem verweisenden Gericht entstandenen Mehrkosten keine Anwendung.

Lit: *Bergerfurth,* Kein Anwaltszwang für Verweisungsantrag nach voraufgegangenem Mahnverfahren, Rpfleger, 79, 364; *Demharter,* Kostenentscheidung bei Verweisung nach vorangegangenem Mahnverf, MDR 81, 540; *Fleckenstein,* Zur Frage der Verfassungsmäßigkeit des § 696 I Satz 1 ZPO, VersR 78, 698; *Haack,* Gerichtsstandsprobleme bei Streitgenossenschaft im Mahnverfahren, NJW 80, 672; *Hundertmark,* Einflußnahme des Antragstellers auf den Gerichtsstand im Mahnverfahren, BB 78, 1095; *Kratzer,* Zur Frage der Geltung des Wahlrechts nach § 35 ZPO im gerichtlichen Mahnverfahren, Betrieb 78, 477; *Lappe,* Gerichtsstand und Kostenerstattung im neuen Mahnverfahren, NJW 78, 2379; *Menne,* Wahlgerichtsstand und Mahnverfahren, NJW 79, 200; *Riedmaier,* Ist § 696 Abs 1 Satz 1 ZPO verfassungswidrig?, VersR 80, 118; *Schäfer,* Zuständigkeitsprobleme nach dem Übergang vom Mahnverfahren in das streitige Verfahren, NJW 85, 296; *Schimpf,* Probleme des Übergangs vom Mahnverfahren zum streitigen Verfahren bei besonderem Gerichtsstand, AnwBl 85, 496; *E. Schneider,* Der Einfluß des Mahnverfahrens auf die Wahl unter mehreren zuständigen Gerichten, JurBüro 77, 1652; *ders,* Kostenerstattung bei Anwaltswechsel nach Mahnverfahren, MDR 79, 411; *Schriever,* Die Bedeutung der Bezeichnung des Gerichts im Mahnantrag, NJW 78, 1038; *Staber,* Zulässigkeit einer Klage bei Anhängigkeit desselben Anspruchs im Mahnverfahren, AnwBl 83, 251; *Waldner,* Der Eintritt der Rechtshängigkeit nach Mahnverfahren, MDR 81, 460; *Weimar,* Gilt der Wahlgerichtsstand des § 35 ZPO auch im gerichtlichen Mahnverfahren?, Betrieb 77, 1450.

I) Antragserfordernis

1 **1)** Der rechtzeitige Widerspruch hat (abgesehen vom Fall des § 703a II Nr 4) zur Folge, daß Vollstreckungsbescheid nicht mehr erteilt werden kann. Der Widerspruch leitet aber noch nicht ohne weiteres ins streitige Verfahren über. Damit die Parteien Zeit haben, außergerichtl miteinander zu verhandeln, bedarf es dazu eines ausdrücklichen **Antrags.** Er steht sowohl dem Antragsteller des Mahnverfahrens offen, der seinen Anspruch weiter verfolgen will, als auch dem Antragsgegner, der eine gerichtl Entscheidung herbeiführen will. Der Antragsteller kann den Streitantrag stellen, sobald er von der Widerspruchseinlegung erfährt (§ 695); er kann ihn aber vorsorgl schon mit dem Mahnantrag verbinden **(I S 2).** Der Antragsgegner kann zusammen mit dem Widerspruch, aber auch gesondert die Durchführung des streitigen Verfahrens beantragen. Der Antrag kann schriftl gestellt oder mündl beim Urkundsbeamten der Geschäftsstelle, auch der eines anderen Amtsgerichts (§ 129a), angebracht werden (§ 702). Wer den Antrag als Bevollmächtigter stellt, hat seine ordnungsgemäße Bevollmächtigung zu versichern (§ 703).

2 **2)** Der **Antrag** auf Durchführung des Streitverfahrens (Streitantrag) kann wieder **zurückgenommen** werden, auch über die Abgabe ins streitige Verfahren **(I S 1)** hinaus bis zum Beginn der mündl Verhandlung des Antragsgegners (Antragstellung, § 137 I) zur Hauptsache **(IV S 1);** erklärt der Antragsteller nach Einlegung des Widerspruchs und vor der mündlichen Verhandlung die Hauptsache für erledigt (§ 91a), so liegt darin die Rücknahme des Antrags auf Durchführung des streitigen Verfahrens (Köln Rpfleger 82, 158), bei teilweiser Erledigterklärung eine entsprechende Beschränkung (Stuttgart MDR 84, 673 = Justiz 84, 344 = JurBüro 84, 1220; vgl auch § 91a Rn 58 „Mahnverfahren"). Die Zurücknahme kann schriftl oder mündl beim Urkundsbeamten der Geschäftsstelle erklärt werden **(IV S 2);** es besteht auch beim LG **kein Anwaltszwang** (LG Frankfurt Rpfleger 79, 429; vgl § 78 III), auch nicht für die **zugleich** erklärte Klagerücknahme (zur isolierten Klagerücknahme sogleich Rn 2 aE) und den Kostenantrag gem § 269 III entspr (LG Essen JZ 80, 237; München AnwBl 84, 371; Bergerfurth Rn 235; s auch § 78 Rn 12). Zurücknahme des vom Antragsteller des Mahnverfahrens gestellten Streitantrags enthält nicht die Zurücknahme des Mahnantrags (ThP Anm 5; aM wohl StJSchlosser Rn 6; uU entspr Auslegung [§ 133 BGB] aber möglich: München AnwBl 84, 371), Zurücknahme des vom Antragsgegner gestellten Streitantrags nicht Zurücknahme des Widerspruchs (ThP aaO); das Mahnverfahren wird vielmehr in die Lage vor Stellung des Streitantrags zurückversetzt, so daß der Mahnbescheid durch den Widerspruch blockiert wird und das Mahnverfahren zum Stillstand kommt (§ 694 Rn 10); eine erneute Aufnahme des Verfahrens durch Erneuerung des Streitantrags ist aber jederzeit möglich (Düsseldorf MDR 81, 766; München AnwBl 84, 371). Wenn Rechtshängigkeit bereits eingetreten war (§ 696 III), gilt sie rückwirkend als nicht eingetreten **(IV S 3).** Ist **Vollstreckungsbescheid** ergangen, ist für die Rücknahme des Streitantrags kein Raum mehr (Koblenz MDR 84, 322). Da bereits ein Titel vorliegt (§ 700 I), kann dieser nur durch *Klagerücknahme* (§ 269 III 1 Hs 2) beseitigt werden. Die Klagerücknahme unterliegt gem § 78 I dem Anwaltszwang, die Erleichterung des (in § 700 III 2 nicht zitierten) **III 2** gilt nicht (so Koblenz MDR 84, 322).

II) Abgabe

3 **1)** Auf den Streitantrag hin hat der Rechtspfleger die Sache von Amts wegen **an das gemäß § 690 I Nr 5 im Mahnantrag bezeichnete AG oder LG** abzugeben. Da bei der Abgabe keine Zuständigkeitsprüfung stattfindet (sie ist dem Empfangsgericht vorbehalten, Rn 7) ist an das bezeichnete Gericht auch dann abzugeben, wenn der allgemeine Gerichtsstand des Antragsgegners dort in Wahrheit nicht oder nicht mehr gegeben ist. Wenn das im Mahnantrag bezeichnete Empfangsgericht mit dem im Mahnverfahren tätig gewordenen AG identisch ist (§ 698), so ist die Sache an die eigene Prozeßabteilung, ggfalls an das Familiengericht abzugeben. Wenn der Mahnbescheid gegen mehrere Antragsgegner gerichtet war, für die im Mahnantrag verschiedene allgemeine Gerichtsstände angegeben sind, wird das Verfahren vorläufig getrennt; die Sache wird dann bezügl eines jeden Antragsgegners an das im Mahnantrag für ihn angegebene Gericht abgegeben (Hamm Rpfleger 83, 177); die Wiederverbindung kann dann im Wege des § 36 Nr 3 herbeigeführt werden (ie Rn 10).

4 **2)** Die **Abgabeverfügung** des Rechtspflegers (§ 20 Nr 1 RPflG) ist **nicht anfechtbar (I S 3 Halbs 2).** Die Bestimmung schließt nicht nur die Beschwerde, sondern auch die Rechtspflegererinnerung nach § 11 I S 2 RPflG aus (so nunmehr auch ThP Anm 2d). Sie ist beiden Teilen form-

los mitzuteilen **(I S 3 Halbs 1;** beiläufig aA und verfehlt München MDR 80, 501, das von einer Zustellung ausgeht). Wenn die Sache maschinell bearbeitet wurde, ist als Aktenersatz ein maschinell erstellter Aktenausdruck abzugeben **(II);** s das Muster bei Mayer NJW 83, 91 [93].

III) Wirkung der Abgabe (Abs 3)

Mit der Abgabe endet das Mahnverfahren. Mit dem Eingang der Akten (des Aktenausdrucks) beim Empfangsgericht wird die Sache dort **anhängig (I S 4).** Zugleich tritt (im Fall der Rn 6 zeitlich zurückbezogen) **Rechtshängigkeit** ein (vgl Amtl Begründung BT-Drucksache 7/2729 S 100, wonach für die Anwendung des III die Abgabe an die Stelle der Terminbestimmung nach altem Recht trete; ebenso Waldner MDR 81, 461, str); nach **aA** soll die Rechtshängigkeit *bereits* im Zeitpunkt der Zustellung der Abgabeverfügung (so München MDR 80, 501) oder *erst* nach dem Akteneingang mit dem nach außen erkennbaren Tätigwerden des Empfangsgerichts (so Köln MDR 85, 680) oder schließlich erst mit der Zustellung der Anspruchsbegründung nach § 697 I eintreten (so Zinke NJW 83, 1081 [1083 f]; StJSchlosser Rn 3; BL Anm 2 B, 3). Da die Rechtshängigkeit der Streitsache nicht vor ihrer „Anhängigkeit" beim Streitgericht eintreten kann, scheidet ein vor dem Akteneingang beim Empfangsgericht liegender Zeitpunkt aus (verfehlt München MDR 80, 501). Andererseits bezeichnet der Zeitpunkt des Akteneingangs iS von **I 4** den Beginn des im Mahnverfahren *bereits eingeleiteten* Rechtsstreits, die Parallele zum Klageverfahren (vgl §§ 253 I, 261 I) ist daher verfehlt. Der Zeitpunkt des Akteneingangs ist zuverlässig feststellbar und kein bloßes Gerichtsinternum; er ist für die vom Empfangsgericht vorzunehmende Zuständigkeitsprüfung zugrundezulegen (Rn 7). 5

Die Rechtshängigkeit wird auf den Zeitpunkt der Zustellung des Mahnbescheids **zurückbezogen,** wenn die Sache „alsbald" nach Widerspruchseinlegung ins Streitverfahren abgegeben wird **(III).** „Alsbald" ist wie „demnächst" in § 693 II zu verstehen; der Antragsteller muß seinerseits – durch beschleunigte Stellung des Streitantrags, falls er nicht schon im Mahnantrag enthalten war, und Einzahlung des weiteren Gerichtskostenvorschusses (§ 65 I S 2 GKG) – alles ihm zumutbare getan haben, damit alsbald abgegeben werden konnte; wenn sich die Abgabe hinauszieht, darf die Verzögerung nicht auf Umständen beruhen, die er zu verantworten hat (vgl § 696 Rn 5). Eine Abgabe 4–6 Monate nach Widerspruch erfolgt idR nicht mehr „alsbald" (LG Köln NJW 78, 650; München MDR 80, 501), erst recht nicht nach mehr als 10 Monaten (BayObLG MDR 83, 322). § 261 Nr 2 (sog *perpetuatio fori*) ist auf die *zurückbezogene* Rechtshängigkeit nicht anwendbar (zutr Schäfer NJW 85, 297, str; aA Niepmann NJW 85, 1453); dem stehen die Besonderheiten des Mahnverfahrens entgegen. Maßgeblicher Zeitpunkt für § 261 III Nr 2 ist vielmehr der des Akteneingangs gem **I 4** (vgl Rn 5, 7). 6

IV) Zuständigkeitsprüfung und Verweisung durch das Empfangsgericht (Abs 5)

1) Das **Empfangsgericht wird durch die Amtsabgabe** nach I S 1 – anders als durch eine Verweisung nach § 281 – **nicht gebunden (V S 1);** es hat unabhängig von der schon im Mahnverfahren angestellten Prüfung das Vorliegen der allgemeinen Prozeßvoraussetzungen und ferner seine sachl und örtl Zuständigkeit von Amts wegen zu prüfen (§ 692 I Nr 6). Maßgeblicher Zeitpunkt für die Zuständigkeitsprüfung ist der der Begründung der Rechtshängigkeit iS der Rn 5, wobei die Rückbeziehung auf den Zeitpunkt der Mahnbescheidszustellung (Rn 6) außer Betracht zu bleiben hat (Schäfer NJW 85, 297, str); § 261 III Nr 2 ist insoweit nicht anwendbar (Schäfer aaO; aA Niepmann NJW 85, 1453). Wenn sich dabei die eigene **Unzuständigkeit,** insbesondere auch die ausschließl Zuständigkeit eines anderen Gerichts (zB nach § 29 a oder § 6 a AbzG) ergibt, ist die Sache auf entsprechenden Antrag des nunmehrigen Klägers an das zuständige Gericht zu verweisen (§ 281; krit zu diesem Verfahren Holch ZRP 81, 281 ff). Unterbleibt trotz Hinweises (§§ 504, 139) ein solcher Antrag, so ist die Klage als unzulässig abzuweisen. Die gleichen Grundsätze gelten für die (fehlende) sachliche Zuständigkeit (Schäfer NJW 85, 298). 7

2) Für den **Verweisungsantrag** im Fall des **V** besteht vor dem LG **kein Anwaltszwang** (ebenso LG Hof Rpfleger 79, 390; Bergerfurth Rn 285 ff und Rpfleger 79, 364; Zinke NJW 83, 1081 [1082 mN]; ThP Anm 6 c; einschränkend LG Darmstadt NJW 81, 2709; aA KG MDR 82, 151 = JR 82, 367 mit insoweit abl Anm Bepler/Ackmann; KG AnwBl 84, 507 [508 mN]; Düsseldorf AnwBl 82, 250 [251 mN]; Frankfurt AnwBl 83, 566; BL Anm 5 B; Deubner JuS 81, 54; Schäfer NJW 85, 297; Schimpf AnwBl 85, 501). Dies folgt daraus, daß die Verweisung gem V – im Gegensatz zum Fall des § 281 – zur Korrektur des zwingend vorgeschalteten Abgabezwangs notwendig wird und sachl (unabhängig von der etwa nach III eingetretenen Rechtshängigkeit) noch zum Verfahrensabschnitt der Überleitung des Mahnverfahrens ins Streitverfahren gehört, nicht aber zum eigentl Streitverfahren. Die Verweisung erfolgt im Einverständnis beider Parteien ohne mündl Verhandlung, wobei die Einverständniserklärungen gleichfalls nicht dem Anwaltszwang unterliegen (Bergerfurth Rn 289; Zinke NJW 83, 1081 [1082]). Fehlt Einverständnis, ist mündliche Verhandlung erforderlich, Einverständnis mit Verweisung als solcher genügt nicht (Schimpf AnwBl 8

85, 499, iü aA). Dies gilt gleichermaßen auch im Fall der Rn 9. Wenn der Mahnbescheid **Ansprüche nach dem WEG** zum Gegenstand hatte (vgl § 688 Rn 1), so ist die Sache gemäß § 46 I WEG zur Erledigung im Verfahren der freiwilligen Gerichtsbarkeit an das nach § 43 I WEG zuständige AG abzugeben (Vollkommer Rpfleger 76, 1).

9 **3) Verweisung auch bei eigener Zuständigkeit des Empfangsgerichts.** Wenn mit dem allgemeinen Gerichtsstand des Beklagten **konkurrierende besondere Gerichtsstände** oder ein vor Eintritt der Rechtshängigkeit wirksam **vereinbarter Gerichtsstand** in Betracht kommen, kann der Kläger, der im Mahnverfahren das Wahlrecht (§ 35) nicht ausüben und nicht die vereinbarte Zuständigkeit in Anspruch nehmen konnte, nun die Verweisung an das weiter zuständige oder vereinbarte Gericht beantragen (ebenso BGH NJW 79, 984 = MDR 79, 556 = Rpfleger 79, 195; BayObLG MDR 79, 145 = Rpfleger 78, 419; BGH NJW 84, 242 [243] = MDR 84, 223 = Rpfleger 84, 26 [27] = LM Nr 4 zu § 690; Düsseldorf AnwBl 82, 250 [251]; Frankfurt NJW 83, 2709; Hamm AnwBl 82, 78; Deubner JuS 81, 52 mwN; Gerhardt, Zivilprozeßrecht – Fälle und Lösungen – 3. Aufl. 1985, S 3; Haack NJW 80, 674 mwN; Häuser NJW 79, 2254 mwN – gegen LG Mainz –; Schäfer NJW 85, 298; Schimpf AnwBl 85, 497 f; E. Schneider JurBüro 77, 1656; Schriever NJW 78, 1038; Vollkommer Rpfleger 77, 143; 78, 184; ThP Anm 6b, überwiegende Ansicht, str). Nach aM soll durch die Inanspruchnahme des Mahnverfahrens das Wahlrecht nach § 35 verbraucht werden, so daß der Kläger auf den allgemeinen Gerichtsstand des Beklagten oder einen besonderen ausschließlichen Gerichtsstand angewiesen bleibt (StJSchlosser Rn 9 ff; BL Anm 5 Cb; Crevecoeur NJW 77, 1322; Kratzer Betrieb 78, 477; Menne NJW 79, 200 und Mahnverfahren, 1979, § 690 Anm 6, S 36; LG Mainz NJW 79, 2254). Der Gesetzeswortlaut erwähnt zwar nur eine Verweisung bei eigener Unzuständigkeit des durch die Amtsabgabe befaßten Gerichts; es fehlen aber einleuchtende Gründe dafür, weshalb ein Gläubiger, der seinen Anspruch in einem konkurrierenden besonderen oder vereinbarten Gerichtsstand verfolgen will, dazu nur den Klageweg beschreiten könnte. Vgl zur Streitfrage auch § 35 Rn 2. Das Wahlrecht muß spätestens mit der Anspruchsbegründung (§ 697 II) ausgeübt werden (Köln MDR 80, 763; Schäfer NJW 85, 299; Grund: wie § 35, str; aA AG Marbach MDR 85, 679: Zustellung der Anspruchsbegründung; Schimpf AnwBl 85, 498: mündliche Verhandlung).

10 **4) Zuständigkeitsbestimmung.** Wenn bei einer **Mehrheit von Antragsgegnern** im Mahnverfahren getrennte Abgabe an mehrere Gerichte erfolgte (Rn 3), so kann – falls nicht schon vor der Abgabe geschehen (vgl BayObLGZ 80, 149 [151] = Rpfleger 80, 436; VersR 82, 371) – nun gemäß § 36 Nr 3 Antrag auf Bestimmung eines für die gemeinsame Verhandlung und Entscheidung zuständigen Gerichts gestellt werden (BGH NJW 78, 1982; Düsseldorf Rpfleger 78, 184 entgegen der noch zum alten Recht ergangenen Entscheidung Rpfleger 77, 142; Vollkommer Rpfleger 77, 143; 78, 184); die bei den Empfangsgerichten eingetretene Rechtshängigkeit steht nicht entgegen (vgl BGH NJW 78, 321); das gleiche gilt, wenn nach Abgabe über das Vermögen eines Beklagten das Konkursverfahren eröffnet wurde und der Konkursverwalter den Rechtsstreit noch nicht aufgenommen hat (BayObLG 85, 315; vgl auch § 36 Rn 7).

11 5) Zum Verfahren des durch die Amtsabgabe befaßten Gerichts im einzelnen s § 697.

V) Kosten

12 Die Kosten des Mahnverfahrens gelten als Teil der beim Empfangsgericht entstehenden Kosten (**I S 5** mit § 281 III S 1). § 281 III S 2 findet insoweit keine Anwendung, da es dem Kläger nicht zum Nachteil gereichen kann, daß er (von den Fällen der §§ 698, 703d abgesehen) für das Mahnverfahren ein anderes Gericht in Anspruch nehmen mußte als das zur Entscheidung des Rechtsstreits zuständige. Sie bleiben deshalb Kosten des Rechtsstreits, über die nach §§ 91 ff zu entscheiden ist, auch dann, wenn das durch die Amtsabgabe befaßte Gericht den Rechtsstreit wegen eigener Unzuständigkeit an ein drittes Gericht verweist **(V S 2).** Auf die Mehrkosten, die bei dem durch die Amtsabgabe eingeschalteten Zweitgericht entstehen, findet § 281 III S 2 jedenfalls dann keine Anwendung, wenn die Verweisung an das dritte Gericht wegen dessen ausschließl Zuständigkeit geboten war **(V S 3).** Wenn die Verweisung auf nunmehriger Ausübung des Wahlrechts durch den Kläger (§ 35) beruht, wird das gleiche zu gelten haben, weil der Kläger durch die gesetzl Regelung gehindert war, vom Wahlrecht früher Gebrauch zu machen und so die Einschaltung des Zweitgerichts zu vermeiden (so auch Koblenz NJW-RR 86, 1255 = MDR 86, 766; aA Schimpf AnwBl 85, 500 f; Schäfer NJW 85, 299). Die durch einen Anwaltswechsel entstandenen Mehrkosten sind daher idR notwendig iS von § 91 II 3, soweit mit einem Widerspruch nicht zu rechnen war (Celle Rpfleger 83, 123; Düsseldorf MDR 85, 504; BB 84, 1323; Frankfurt AnwBl 83, 566; Hamm AnwBl 82, 78; KG MDR 82, 151 = JR 82, 367 m Anm Bepler/Ackmann; MDR 82, 854; Rpfleger 86, 491; Karlsruhe AnwBl 83, 192; Stuttgart AnwBl 83, 567; Zweibrücken Rpfleger 83, 497; str; **aA** zB Düsseldorf MDR 81, 323 Nr 66 und 67; Schimpf AnwBl 85, 501; eingehend E. Schneider MDR 79, 441; Lappe NJW 78, 2379; s auch § 91 Rn 13 „Mahnverfahren"). Der

die Anwendung des § 281 III S 2 ausschließende V S 3 trifft dagegen nicht zu, wenn die Verweisung erforderl war, weil sich die Angabe des allgemeinen Gerichtsstands des Beklagten im Mahnantrag (§ 690 II Nr 5) als nicht oder nicht mehr zutreffend erwiesen hat; dann sind die durch die Notwendigkeit der Verweisung entstehenden Mehrkosten gemäß § 281 III S 2 dem Kläger auch im Falle seines Obsiegens aufzuerlegen (Stuttgart AnwBl 82, 385; ThP 6 d, aa; einschr Demharter MDR 81, 541). Hat das Prozeßgericht *irrtümlich* dem in einem Wahlgerichtsstand voll obsiegenden Kläger die beim Wohnsitzgericht des Beklagten entstandenen Mehrkosten auferlegt, kann dies im Kostenfestsetzungsverfahren nicht mehr korrigiert werden (Koblenz NJW-RR 86, 1255 = MDR 86, 766 = AnwBl 86, 402 = Rpfleger 86, 447).

VI) Gebühren: Keine **Gerichts**gebühr: s Rn 19 vor § 688. Auch für den **RA** keine Gebühr (§ 14 BRAGO); ebenso Hartmann, KostGes BRAGO § 14 Anm 2 A a) unter Hinweis auf §§ 696, 700 ZPO. Das Verfahren vor dem verweisenden Gericht und vor dem übernehmenden Gericht stellt gebührenrechtlich einen Rechtszug dar. – Über die Mehrkosten einer Verweisung nach Abgabe an das zuständige Gericht kann nur im Rahmen des § 281 III 2 entschieden werden; eine Nachholung im Kostenfestsetzungsverfahren (§§ 103 ff) ist nicht zulässig (München Rpfleger 79, 465). 13

697 *[Einleitung des Streitverfahrens]*

(1) Die Geschäftsstelle des Gerichts, an das die Streitsache abgegeben wird, hat dem Antragsteller unverzüglich aufzugeben, seinen Anspruch binnen zwei Wochen in einer der Klageschrift entsprechenden Form zu begründen. § 271 gilt entsprechend.

(2) Bei Eingang der Anspruchsbegründung, spätestens bei Ablauf der in Absatz 1 Satz 1 bezeichneten Frist, bestimmt der Vorsitzende Termin zur mündlichen Verhandlung.

(3) Von der Bestimmung eines Termins kann zunächst abgesehen werden, wenn dem Antragsgegner mit der Zustellung der Anspruchsbegründung eine Frist von mindestens zwei Wochen zur schriftlichen Klageerwiderung gesetzt wird. Der Antragsteller ist hiervon zu unterrichten. § 276 Abs. 3, §§ 277, 282 Abs. 3 Satz 2, § 296 sind anzuwenden.

(4) Der Antragsgegner kann den Widerspruch bis zum Beginn seiner mündlichen Verhandlung zur Hauptsache zurücknehmen, jedoch nicht nach Erlaß eines Versäumnisurteils gegen ihn. Die Zurücknahme kann zu Protokoll der Geschäftsstelle erklärt werden.

(5) Zur Herstellung eines Urteils in abgekürzter Form nach § 313b Abs. 2, § 317 Abs. 4 kann der Mahnbescheid an Stelle der Klageschrift benutzt werden. Ist das Mahnverfahren maschinell bearbeitet worden, so tritt an die Stelle der Klageschrift der maschinell erstellte Aktenausdruck.

Lit: *Bank*, Antrag „aus dem Mahnbescheid"?, JurBüro 80, 802; *Eibner*, Der Antrag aus dem Mahnbescheid, NJW 80, 2296; *Hirtz*, Zum Ausschluß des Parteivorbringens bei nicht rechtzeitiger Vorlage eines Schriftsatzes, NJW 81, 2234; *Mickel*, Die „Klageschrift" nach Mahnbescheid, MDR 80, 278; *Schmidt*, Nochmals: Zum Ausschluß des Parteivorbringens bei nicht rechtzeitiger Vorlage eines Schriftsatzes, NJW 82, 811; *Schuster*, Die Antragsfassung im Streitverfahren nach Mahnbescheid, MDR 79, 724; *Ulbrich*, Eine Novellierung des § 697 III ZPO – ein Bedürfnis der Praxis?, ZRP 83, 220.

I) Anspruchsbegründung (Abs 1)

1) Da der Mahnbescheid abgesehen von schablonenhafter Angabe des Anspruchsgrunds keine Begründung enthält, eignet er sich nicht als alleinige Grundlage des streitigen Verfahrens (s aber **V**). Nach erfolgter Abgabe gemäß § 696 I S 1 hat der Kläger (bisherige Antragsteller) daher seinen Anspruch zu begründen **(I S 1)**. Gegenüber dem AG als nunmehr befaßten Gericht kann das **schriftl oder zu Protokoll der Geschäftsstelle** (§ 496) geschehen, auch zu Protokoll eines anderen AG (§ 129a; Fristwahrung in diesem Fall: § 129a II). Ist an ein LG abgegeben, so behält eine von der Partei oder von einem bei diesem LG nicht zugelassenen Anwalt *vorher* gegebene Anspruchsbegründung ihre Wirksamkeit (BGH 84, 136 [139 mN] = NJW 82, 2002 = MDR 82, 846 = LM Nr 5 Anm Skibbe). Hat die Partei *nach* der Abgabe an das LG einen Begründungsschriftsatz eingereicht, so ist eine Bezugnahme hierauf durch den Anwalt uneingeschränkt zulässig (BGH aaO); die sonst bestehenden Schranken der Bezugnahme auf Parteischriftsätze (vgl § 253 Rn 12) gelten in diesem Verfahrensabschnitt nicht (aA Zinke NJW 83, 1081 [1087]). Da das Verfahren vor dem LG dem Anwaltszwang (§ 78 I) unterliegt, hat das Gericht trotz des Vorliegens einer „verfrühten" Anspruchsbegründung dem Kläger bzw dessen anwaltlichem Vertreter eine Frist gem § 697 I zu setzen (Schmidt NJW 82, 811 f); somit hat die von der Partei abgegebene Anspruchsbegründung nur eine vorläufige Bedeutung (Düsseldorf MDR 83, 942 [943]). 1

2 Die Anspruchsbegründung soll den Mahnbescheid zu einer vollwertigen Klage ergänzen, stellt aber nicht selbst die Klage dar (Bank JurBüro 80, 801 gegen Schuster MDR 79, 724, str; zum Meinungsstand Eibner NJW 80, 2296), sonst könnte nicht bei ihrem Ausbleiben nach **II** Termin zu bestimmen sein (Zinke NJW 83, 1081 [1085]). Nach Form und Inhalt muß sie aber den **Anforderungen an eine Klageschrift** (§§ 253, 130, 131) genügen **(I S 1).** Erforderl ist vor allem Darstellung des Sachverhalts, auf den die Klageforderung gestützt wird; zu bereits bekannten Einwendungen des Gegners ist Stellung zu nehmen; die Beweismittel sind anzugeben; im Besitz des Klägers befindl Urkunden sind regelmäßig in Ur- oder Abschrift beizufügen (§ 131; bei vorausgegangenem Urkunden-, Wechsel- oder Scheckmahnbescheid s § 703a II Nr 2). Hinsichtlich des **Klageantrags** (§ 253 II Nr 2) ist dagegen eine Bezugnahme auf den Mahnbescheid zulässig (Eibner NJW 80, 1296 mwN, str). Wenn die Sache beim LG anhängig ist, gehört zur Anspruchsbegründung auch eine Äußerung, ob gegen Übertragung der Sache auf den Einzelrichter Bedenken bestehen (§ 253 III). Zum Teil wird allerdings aus der Bezugnahme des – erst vom Rechtsausschuß des BT eingefügten – **I S 2** auf § 271 – unter gedankl Umkehrung der dieser Bestimmung zugrundeliegenden Parteirollen – gefolgert, daß der Vorsitzende eine solche Äußerung des Klägers im Wege besonderer Fristbestimmung (§ 271 III) herbeizuführen habe (StJSchlosser Rn 2; Holch Nr 121, Bischof NJW 77, 1900; Büchel NJW 79, 949); durch die Bezugnahme des I S 2 auf § 271 soll aber offenbar geregelt werden, wie mit der bei Gericht eingegangenen Anspruchsbegründung des Klägers gegenüber dem Beklagten zu verfahren ist, nicht dagegen, wie dem Kläger obliegende Erklärungen herbeizuführen sind (wie hier auch Crevecoeur NJW 77, 1323; Zinke NJW 83, 1081 [1084]). Nach ThP Anm 2c stellt I 2 überhaupt eine „Fehlleistung des Gesetzgebers" dar.

3 Soll das Streitverfahren in einem **besonderen Gerichtsstand** durchgeführt werden (§ 35), ist entsprechender Verweisungsantrag zu stellen (Köln MDR 80, 763; vgl auch § 696 Rn 9). In der Anspruchsbegründung kann auch noch der Antrag auf Verhandlung vor der **Kammer für Handelssachen** (§ 96 GVG) gestellt werden (ebenso Frankfurt OLGZ 80, 220 = NJW 80, 2202 = Rpfleger 80, 351; Schimpf AnwBl 85, 497 f; weitergehend Schäfer NJW 85, 299: bis Fristablauf gem I; vgl auch § 690 Rn 16); Klageänderung und Klageerweiterung sind möglich (RG 90, 178).

4 **2)** Unverzüglich nach Akteneingang beim Empfangsgericht hat der **Urkundsbeamte** den nunmehrigen Kläger unter Hinweis auf die einzelnen Erfordernisse (oben 1; einschränkend BL Anm 2 Bc) **zur Einreichung der Anspruchsbegründung innerhalb einer Frist von 2 Wochen aufzufordern (I S 1).** Im Hinblick auf die einzuhaltende Frist ist die Aufforderung förmlich zuzustellen (§ 329 II 2; Düsseldorf JurBüro 84, 136 [137] und allg § 329 Rn 47), an einen bisherigen Bevollmächtigten nur, wenn er RA ist oder seine Vollmacht bereits vorliegt (§ 88 II; § 703 gilt nicht mehr). Die dem Kläger gem I S 1 zu setzende Frist ist im Gegensatz zu der Frist gem III (s dazu Rn 8) keine Frist gem § 296 I (BGH NJW 82, 1533 [1534]; Hamm MDR 83, 413 mN; Köln NJW 81, 2265; BL Anm 2 B b; Schmidt NJW 82, 811 [812]). Allerdings ist eine Verletzung der Frist gem I S 1 gem § 296 II zu ahnden (BL Anm 2 B a; ThP Anm 2 f; aA BGH NJW 82, 1533 [1534]; Köln FamRZ 86, 928). Auch beim LG bedarf es in diesem Stadium des Verfahrens noch nicht der Befassung des Vorsitzenden (aM BL Anm 2 B a), da zur ordnungsgemäßen Anspruchsbegründung gegenüber dem LG auch die Äußerung zur Einzelrichterfrage gehört (Rn 2).

5 **3)** Besonderheiten gelten im **arbeitsgerichtlichen Verfahren** (vgl dazu § 46a IV ArbGG).

II) Weiteres Verfahren (Abs 2 und 3)

6 **1)** Nach Eingang der Anspruchsbegründung ist sie **dem Beklagten unverzüglich zuzustellen** (I S 2 mit § 271 I). Anspruchsbegründung iSv Abs II und III ist bei einem LG nur der von einem dort zugelassenen RA eingereichte Schriftsatz, nicht aber eine „verfrühte" Anspruchsbegründung (dazu Rn 1) der Partei selbst (Düsseldorf MDR 83, 942 f). Da **I S 2** den § 271 in vollem Umfang für anwendbar erklärt, also auch dessen Abs 2, ist der Beklagte, falls die Sache beim LG anhängig ist, gleichzeitig nach § 271 II zur Anwaltsbestellung aufzufordern, obgleich aus seinem Widerspruch gegen den Mahnbescheid schon auf gegebenen Verteidigungswillen zu schließen ist (aM BL Anm 3 B). Vor der Zustellung ist jedoch Vorlage an den Richter bzw Vorsitzenden angezeigt, damit sich dieser zwischen Anberaumung eines frühen ersten Termins und schriftl Vorverfahren entscheiden kann **(II, III;** § 272 II). Denn wenn er letzteres wählt, muß dem Beklagten eine angemessene (vgl ie Rn 8) Frist (von wenigstens 2 Wochen) zur Klageerwiderung gesetzt werden und diese Fristbestimmung ist zusammen mit der Anspruchsbegründung zuzustellen **(III S 1).** Beim LG kommt außerdem hinzu, daß der Vorsitzende dem Beklagten eine Frist von gleichfalls mindestens 2 Wochen zur Äußerung zu setzen hat, ob Einwände gegen die Übertragung der Sache auf den Einzelrichter bestehen (I S 2 mit § 271 III). Auch diese Fristsetzung ist dem Beklagten zusammen mit der Anspruchsbegründung zuzustellen. Die Zustellung der letzteren ist daher von der Geschäftsstelle erst nach Befassung des Richters (Vorsitzenden) mit der Sache zu veranlassen (dafür auch ThP Anm 2e).

2) Das Verfahren nimmt auch dann seinen Fortgang, wenn die eingeforderte **Anspruchsbegründung nicht fristgemäß** eingeht oder mangels der vorgeschriebenen Form nicht zu beachten ist. Der Richter (Vorsitzende) hat dann alsbald nach Fristablauf Termin zur mündl Verhandlung zu bestimmen **(II;** vgl auch § 216 Rn 14). Es kann dann zur Zurückweisung verspäteten Vorbringens (§§ 296 II, 282; str, s Rn 4) und zur Abweisung der Klage wegen Unschlüssigkeit kommen (aM StJSchlosser Rn 2: Abweisung als unzulässig; offen gelassen in BGH 84, 136 [139] = NJW 82, 2002) *Fehlt* es aber an *gehöriger Fristsetzung* (Rn 4), kann die Klagebegründung noch nach einem Termin nachgebracht werden (Düsseldorf JurBüro 84, 136 [137 f]). Geht die Anspruchsbegründung zwar rechtzeitig und formgerecht ein, ist sie aber inhaltl mangelhaft, so hat der Richter (Vorsitzende) wie sonst seine Wahl zwischen frühem ersten Termin und schriftl Vorverfahren zu treffen; ein schriftl Verfahren wird dann allerdings meist nicht am Platz sein. 7

3) Weiteres zum **schriftl Vorverfahren:** Eine Frist zur Erklärung über die Verteidigungsbereitschaft (§ 276 I S 1, II) wird dem Beklagten nicht gesetzt, da diese Bereitschaft bereits aus dem Widerspruch gegen den Mahnbescheid zu folgern ist; daher kann im schriftl Vorverfahren auch kein **Versäumnisurteil** gegen den Beklagten nach § 331 III (Büchel NJW 79, 949; ThP Anm 4 f; BL Anm 3 B mN; aA – beiläufig – Celle OLGZ 80, 11 [12]) oder gegen den Kläger ergehen (vgl § 331 Rn 13; aA Celle OLGZ 80, 11; krit *de lege ferenda* Ulbrich ZRP 83, 220); desgleichen nicht ein Anerkenntnisurteil nach § 307 II (KG MDR 80, 942; Konsequenz für § 93: § 307 Rn 3). Die dem Beklagten gesetzte **Klageerwiderungsfrist** ist stets nach den Umständen des Einzelfalls zu bemessen und darf nicht schematisch auf die gesetzl Mindestfrist des **III S 1** von zwei Wochen festgesetzt werden (Köln OLGZ 79, 476 = NJW 80, 2421; Zweibrücken MDR 79, 235); Folge bei Verstoß: Keine Anwendbarkeit von § 296 I (vgl Köln aaO). Zusammen mit der Fristsetzung nach III S 1 ist der Beklagte aber über die Art der Anbringung der Klageerwiderung (beim AG: § 496) und ihren notwendigen Inhalt zu belehren **(III S 3** mit § 277 I, II), auch darüber, daß die Zulässigkeit der Klage betreffende Rügen innerhalb der Klageerwiderungsfrist anzubringen sind **(III S 3** mit § 282 III S 2, § 296 III), ferner über die Folgen verspäteter Anbringung von Angriffs- und Verteidigungsmitteln **(III S 3** mit § 296). Leer läuft die Bezugnahme des III S 3, soweit sie sich auf § 277 III bezieht, da sich die Frist zur Klageerwiderung bereits aus III S 1 ergibt. Der Kläger ist von der an den Beklagten gerichteten Fristsetzung formlos zu unterrichten **(III S 2).** Ihm kann eine Frist von mindestens 2 Wochen zur Beantwortung der Klageerwiderung eingeräumt werden **(III S 3** mit §§ 276 III, 277 IV), die inhaltlich dem § 277 I zu entsprechen hat **(III S 3** mit § 277 IV). 8

III) Zurücknahme des Widerspruchs (Abs 4)

1) Form der Zurücknahme: der Antragsgegner kann den eingelegten Widerspruch wieder zurücknehmen, bevor es zur Abgabe ins streitige Verfahren kommt (dazu § 694 Rn 13), nach **IV S 1** aber auch trotz eingetretener Rechtshängigkeit nach der Abgabe, solange er noch nicht gemäß § 137 I zur Hauptsache verhandelt hat; die Zurücknahme ist jedoch ausgeschlossen (vgl IV S 1 Hs 2), wenn gegen ihn bereits ein *Versäumnisurteil* ergangen ist, damit nicht der bereits vorliegende Vollstreckungstitel auf diese Weise aus der Welt geschafft und der Antragsteller genötigt wird, statt dessen Vollstreckungsbescheid zu erwirken; ferner ist die Rücknahme ausgeschlossen, wenn nach Abgabe an das Streitgericht die *Klage* gem § 261 II Hs 2 *erweitert* worden ist; Grund: Vermeidung von sonst eintretender (vgl Rn 10) Verfahrensaufspaltung (vgl LG Hannover JurBüro 84, 297). Die Zurücknahme, für die kein Vordruck eingeführt ist, kann auch nach der Abgabe ins Streitverfahren **schriftl oder zu Protokoll der Geschäftsstelle** des mit der Sache befaßten Gerichts erklärt werden **(IV S 2),** auch bei der Geschäftsstelle eines jeden AG (§ 129 a); letzterenfalls wird sie erst mit dem Eingang beim Prozeßgericht wirksam (§ 129 a II). Diese Formerleichterungen gelten auch, wenn die Sache zufolge der Abgabe nach § 696 oder einer Verweisung durch das Empfangsgericht nach § 281 bei einem LG anhängig ist; auch dann unterliegt die Zurücknahme nicht dem Anwaltszwang (StJSchlosser Rn 4, ThP Anm 5 a, BL Anm 5 B; Crevecoeur NJW 77, 1323), selbst nicht im Termin zur mündl Verhandlung vor dem LG, auch wenn sie dort mündlich erklärt wird (so nunmehr auch ThP Anm 5 a). Ein Bevollmächtigter, der nach der Abgabe ins streitige Verfahren die Zurücknahme erklärt (vorher gilt 703), hat gemäß § 88 II seine Vollmacht nachzuweisen, wenn er nicht RA ist (ThP Anm 5 a), da die Zurücknahme dann nicht im Mahnverfahren erfolgt (zweifelnd die Amtl Begründung BT-Drucksache 7/2729 S 102). Bei der Zurücknahme des Einspruchs gegen einen Vollstreckungsbescheid, den der Rechtspfleger des Prozeßgerichts gemäß § 699 I S 3 erlassen hat, liegt es anders (s § 700 Rn 5). 9

2) Wirkungen der Zurücknahme: Die Zurücknahme hat zur Folge, daß das **streitige Verfahren endet** und die **Rechtshängigkeit entfällt.** Der Mahnbescheid kann wieder die Grundlage eines Vollstreckungsbescheids bilden (München Rpfleger 85, 167 = AnwBl 85, 206; Hamm MDR 85, 66). Die Zurücknahme ist deshalb dem Antragsteller mitzuteilen. Wenn dieser rechtzeitig 10

(§ 701 S 1) Antrag auf Erlaß des Vollstreckungsbescheids stellt, lebt das Mahnverfahren wieder auf. Zur Vermeidung von Verzögerungen wird es jedoch, wenn Abgabe an ein anderes Gericht erfolgt war, nicht bei dem AG fortgesetzt, das den Mahnbescheid erlassen hatte; die Akten gehen nicht dorthin zurück. Den Vollstreckungsbescheid erläßt vielmehr der Rechtspfleger des mit dem streitigen Verfahren befaßten AG oder LG (§ 699 I S 3; § 699 Rn 11).

IV) Abgekürztes Urteil (Abs 5)

11 Nach vorausgegangenem Mahnverfahren kann ein abgekürztes Urteil nach § 313b (Versäumnis-, Anerkenntnis-, Verzichtsurteil) statt wie sonst auf die Klage auf den Mahnbescheid, bei maschineller Bearbeitung auf den Aktenausdruck gesetzt werden **(V)**. Ausfertigungen des abgekürzten Urteils werden in gleicher Weise hergestellt (§ 317 IV).

12 **V) Gebühren:** Die Fristsetzungen zur Anspruchsbegründung, zur Anwaltsbestellung, zur Klageerwiderung usw sind gerichtsgebührenfrei; sie sind zumindest durch die Gebühr nach KV Nr 1005 mit abgegolten. – **Keine Urteilsgebühr** für das auf den Mahnbescheid gesetzte abgekürzte Anerkenntnis-, Verzichts- oder Versäumnisurteil.

698 *[Abgabe ins Streitverfahren beim gleichen Gericht]*

Die Vorschriften über die Abgabe des Verfahrens gelten sinngemäß, wenn Mahnverfahren und streitiges Verfahren bei demselben Gericht durchgeführt werden.

1 Wenn Antragsteller und Antragsgegner ihren allgemeinen Gerichtsstand in demselben AG-Bezirk haben und für die streitige Entscheidung die Amtsgerichte sachl zuständig sind, ist im Mahnantrag gemäß § 690 I Nr 5 das gleiche AG zu bezeichnen, an das der Mahnantrag gerichtet wird. Nach Widerspruch und Antrag auf Durchführung des streitigen Verfahrens vollzieht sich dann die Abgabe nach den Regeln des § 696 innerhalb des Gerichts; der Rechtspfleger hat die Sache an die Prozeßabteilung seines AG abzugeben, ggfalls an das dortige Familiengericht, wo nach § 697 weiter verfahren wird. Auch im Falle des § 703d kann eine Abgabe innerhalb desselben AG in Betracht kommen, weil sich dort die örtl Zuständigkeit für das Mahnverfahren von vornherein nach der für das streitige Verfahren richtet.

699 *[Vollstreckungsbescheid]*

(1) Auf der Grundlage des Mahnbescheids erläßt das Gericht auf Antrag einen Vollstreckungsbescheid, wenn der Antragsgegner nicht rechtzeitig Widerspruch erhoben hat. Der Antrag kann nicht vor Ablauf der Widerspruchsfrist gestellt werden; er hat die Erklärung zu enthalten, ob und welche Zahlungen auf den Mahnbescheid geleistet worden sind; § 690 Abs. 3 gilt entsprechend. Ist der Rechtsstreit bereits an ein anderes Gericht abgegeben, so erläßt dieses den Vollstreckungsbescheid.

(2) Soweit das Mahnverfahren nicht maschinell bearbeitet wird, kann der Vollstreckungsbescheid auf den Mahnbescheid gesetzt werden.

(3) In den Vollstreckungsbescheid sind die bisher entstandenen Kosten des Verfahrens aufzunehmen. Der Antragsteller braucht die Kosten nur zu berechnen, wenn das Mahnverfahren nicht maschinell bearbeitet wird; im übrigen genügen die zur maschinellen Berechnung erforderlichen Angaben.

(4) Der Vollstreckungsbescheid wird dem Antragsgegner von Amts wegen zugestellt. Dies gilt nicht, wenn der Antragsteller die Übergabe an sich zur Zustellung im Parteibetrieb beantragt oder wenn der Antragsteller die Auslagen für die Zustellung von Amts wegen nicht gezahlt hat. In diesen Fällen wird der Vollstreckungsbescheid dem Antragsteller zur Zustellung übergeben; die Geschäftsstelle des Gerichts vermittelt diese Zustellung nicht. Bewilligt das mit dem Mahnverfahren befaßte Gericht die öffentliche Zustellung, so wird der Vollstreckungsbescheid an die Gerichtstafel des Gerichts angeheftet, das in dem Mahnbescheid gemäß § 692 Abs. 1 Nr. 1 bezeichnet worden ist.

I) Antragserfordernis

1 **1) Allgemeines.** Wegen des dem Mahnbescheid zugrundeliegenden Anspruchs kann erst vollstreckt werden, wenn für ihn in Gestalt des Vollstreckungsbescheids ein Vollstreckungstitel vorliegt (§ 794 I Nr 4). Der Vollstreckungsbescheid wird nur auf Antrag erlassen **(I S 1)**. Für diesen besteht **Vordruckzwang** nach § 703c II; zu verwenden ist der im Vordrucksatz für den Mahn- und Vollstreckungsbescheid (Anlage 1 zur VordruckVO v 6. 5. 77) enthaltene Vordruck, den der

Antragsteller selbst ausfüllen und einreichen kann. Er kann den Antrag aber auch bei der Geschäftsstelle (auch bei der eines jeden AG, § 129 a) mündl anbringen; dann füllt der Urkundsbeamte den Vordruck aus oder ist bei der Ausfüllung behilflich (§ 702 I). Eigenhändige Unterzeichnung ist – im Gegensatz zum Mahnantrag, vgl § 690 II, insoweit nicht für entspr anwendbar erklärt: I S 2 Hs 3 – nicht ausdrückl vorgeschrieben; jedoch gehört die Unterschrift zur Vordruckausfüllung (§ 703 c II Hs 2). Der Antrag kann auch von einem Bevollmächtigten gestellt werden, der seine Bevollmächtigung zu versichern hat (§ 703). Bei maschineller Bearbeitung der Mahnsachen kann der Antrag in einer nur maschinell lesbaren Aufzeichnung eingereicht werden, wenn sie sich für die EDV-Anlage des Gerichts eignet (I S 2, 3. Halbs mit § 690 III); dann entfällt das Unterzeichnungserfordernis. Dem Antragsgegner wird der Antrag nicht mitgeteilt (§ 702 II).

Der Antrag kann, etwa wegen zwischenzeitl Zahlung, wieder **zurückgenommen** werden, solange der Vollstreckungsbescheid noch nicht verfügt ist. Zum Unterschied von einer Zurücknahme des Mahnantrags, die bis zur Rechtskraft des Vollstreckungsbescheids möglich ist (§ 690 Rn 22), wird dadurch der Mahnbescheid nicht kraftlos; diese Folge tritt erst mit Ablauf der Sechsmonatsfrist des § 701 ein. 2

2) Zeitl Voraussetzungen. a) Wartefrist. Der Antrag kann, anders als der Antrag auf Durchführung des streitigen Verfahrens (§ 696 I), nicht schon mit dem Mahnantrag verbunden werden. Er kann grundsätzlich erst **nach Ablauf der** mit der Zustellung des Mahnbescheids beginnenden **zweiwöchentlichen Widerspruchsfrist** (§ 692 I Nr 3) gestellt werden. **Gestellt** ist der Antrag im Zeitpunkt seines Eingangs bei Gericht (insoweit zutr LG Frankfurt NJW 78, 767; LG Braunschweig Rpfleger 78, 263; LG Stade NJW 81, 2366). Da der Antragsteller von der erfolgten Zustellung des Mahnbescheids benachrichtigt wird (§ 693 III), kann er den Fristablauf selbst berechnen. Verfrüht ist der Antrag jedenfalls dann, wenn er vor Fristablauf bei Gericht eingeht (LG Frankfurt NJW 78, 767; LG Stade NJW 81, 2366); ein solcher Antrag ist zurückzuweisen (Rn 18) und muß neu gestellt werden. Dies kann formlos unter Bezugnahme auf den bereits gestellten Antrag und Hinzufügung einer Erklärung über etwaige Zahlungen des Antragsgegners geschehen (AG Duisburg Rpfleger 82, 230). 3

b) Erklärung des Antragstellers über vom Antragsgegner geleistete Zahlungen (**I 2, Hs 2;** s auch Rn 8). Diese Erklärung kann nur nach – vollem – Ablauf der Widerspruchsfrist wahrheitsgemäß (§ 138 I) abgegeben werden. Ergibt sich aus dem Antrag, daß die Erklärung noch vor Ablauf der Widerspruchsfrist abgegeben (dh abgesandt) worden ist, kann auch ein nicht verfrüht gestellter Antrag (Rn 3) zurückgewiesen werden (§ 701 Rn 3; iErg zuzustimmen daher LG Bielefeld BB 79, 19 mit zust Anm von Menne; LG Darmstadt NJW 78, 2204; BL Anm 2 D b; Menne, Mahnverfahren, § 699 Anm 2, S 96; noch weitergehend: LG Frankenthal Rpfleger 79, 72 und LG Stade NJW 81, 2366: Datum der Unterzeichnung maßgebend). Damit Zahlungen, die der Antragsgegner kurz vor Fristablauf durch Banküberweisung leistet, im Antrag auf Vollstreckungsbescheid noch berücksichtigt werden können (Rn 8), ist es ohnedies angezeigt, den Antrag nicht sofort nach Ablauf der Widerspruchsfrist zu stellen (AG Warendorf DGVZ 74, 90; AG Elmshorn DGVZ 77, 94; AG St Goar DGVZ 77, 45; aM ansch Braun DGVZ 79, 114 mwN). Im Vollstreckungsbescheid nicht berücksichtigte Spätzahlungen sind vom Antragsgegner mit dem Einspruch – nicht erst in der Zwangsvollstreckung: LG Kiel JurBüro 79, 1386 – geltend zu machen (§ 700 Rn 10). 4

c) Fehlender Widerspruch. Auch ein erst nach Ablauf der Widerspruchsfrist gestellter Antrag kann scheitern und zurückzuweisen sein, wenn der Antragsgegner zwar verspätet, aber noch vor Verfügung des Vollstreckungsbescheids Widerspruch einlegt; auch dann kann ein Vollstreckungsbescheid nicht mehr erlassen werden (München MDR 83, 675 [676]; § 694 Rn 6). 5

d) Sechsmonatsfrist. Eine weitere zeitl Grenze für den Antrag setzt § 701 S 1; denn wenn der Antrag auf Vollstreckungsbescheid nicht innerhalb der Sechsmonatsfrist gestellt wird, verliert der Mahnbescheid seine Kraft und kann nicht mehr Grundlage eines Vollstreckungsbescheids sein. 6

e) Ein **vorzeitiger Antrag** ist ausnahmsweise zulässig, wenn der Antragsgegner den eingelegten Widerspruch noch vor Ablauf der Widerspruchsfrist zurücknimmt. Nach aM muß auch in diesem Fall der Ablauf der Widerspruchsfrist abgewartet werden; da aber die Sechsmonatsfrist des § 701 von der Zurücknahme des Widerspruchs an weiterläuft (§ 701 Rn 4), muß sie auch ausgenützt werden können. Antrag auf Vollstreckungsbescheid kann ferner sofort gestellt werden, wenn der Antragsgegner auf Widerspruch verzichtet (§ 694 Rn 15). 7

3) Inhalt des Antrags. a) Der Antragsteller hat anzugeben, **ob** und in welcher Höhe auf den geltendgemachten Anspruch **Zahlungen geleistet** wurden **(I S 2 Halbs 2).** Das gilt auch für Zahlungen, die noch vor Zustellung des Mahnbescheids geleistet wurden und in ihm nicht mehr berücksichtigt sind. Um die gezahlten Beträge hat der Antragsteller den Antrag zu ermäßigen. 8

Die Angabe über etwaige Zahlungen gehört zu den zwingenden Erfordernissen des Antrags auf Erlaß des Vollstreckungsbescheids (LG Stade NJW 81, 2366; LG Frankfurt Rpfleger 82, 295 m zust Anm Vollkommer; Folge bei Fehlen der Angaben: Anm 4, 18). Zur Strafbarkeit des Verschweigens von Zahlungen vgl BGHSt 24, 257 und Dästner ZRP 76, 36; allg Rn 6 aE vor § 688.

9 **b)** Eine **Beschränkung des Antrags** ist auch erforderlich, wenn der Antragsgegner gegen einen abtrennbaren Teil des Anspruchs Widerspruch erhoben hat. Vollstreckungsbescheid kann dann nur wegen des nicht angegriffenen Restbetrags erwirkt werden; wegen des streitig gebliebenen Teils kann lediglich Antrag auf Durchführung des streitigen Verfahrens (§ 696 I S 1) gestellt werden. In diesem Fall richtet sich die sachliche Zuständigkeit nach dem Wert des streitig gebliebenen Teils (Koblenz Rpfleger 82, 292). Der Gesamtanspruch kann solchenfalls auf zwei verschiedenen Wegen ins streitige Verfahren gelangen, einmal zufolge des Widerspruchs, im übrigen auf Einspruch gegen den Vollstreckungsbescheid hin (zu einem verwandten Fall vgl Vollkommer Rpfleger 75, 172). Der Antrag kann auch aus freien Stücken beschränkt werden, etwa in der Weise, daß der ursprünglich verlangte Zinssatz ermäßigt wird oder dem Antragsgegner außergerichtlich eingeräumte Zahlungsfristen in den Vollstreckungsbescheid aufzunehmen sind. Hinsichtlich des nicht mehr geltend gemachten Betrags tritt keine Erledigung der Hauptsache ein (KG MDR 83, 323 = Rpfleger 83, 162; aA Hofmann Rpfleger 82, 325 [326]). Ein **Mehr** gegenüber dem Mahnbescheid kann, von den Kosten abgesehen, im Vollstreckungsbescheid nicht beansprucht werden.

10 **c)** Bei herkömmlicher Bearbeitung der Mahnsachen hat der Antragsteller die bisher entstandenen **Verfahrenskosten,** die nach **III S 1** in den Vollstreckungsbescheid aufzunehmen sind, betragsmäßig zu berechnen; anders bei maschineller Bearbeitung **(III S 2).** Die seit dem Mahnbescheid angefallenen weiteren Kosten, etwa der für die Zustellung des Vollstreckungsbescheids entrichtete Betrag, angefallene Anwaltsgebühren oder durch den zurückgenommenen Widerspruch beim Prozeßgericht entstandene Kosten, können im Antrag auf den Vollstreckungsbescheid zusätzlich beansprucht werden (Frankfurt Rpfleger 81, 239; ThP Anm 4 d); ist dies unterblieben, können die Kosten nachträglich gem §§ 103 ff festgesetzt werden (Koblenz Rpfleger 85, 369). Später anfallende Kosten, wie etwa für die Zustellung des Vollstreckungsbescheids im Parteibetrieb, können nach § 788 I bei der Zwangsvollstreckung mit beigetrieben werden. Kosten, die schon vor oder bei Anbringung des Mahnantrags angefallen waren, in diesem aber nicht aufgeführt wurden, können im Antrag auf Vollstreckungsbescheid nicht nachträglich geltend gemacht werden. Für die gesamten Kosten des Mahnverfahrens kann ab Erlaß des Vollstrekkungsbescheids entspr § 104 I S 2 Verzinsung in Höhe von 4% verlangt werden (AG Remscheid NJW 58, 348; LG Detmold NJW 59, 774; Tschischgale NJW 58, 1478). Neben der Kostenfestsetzung gem Abs III ist ein besonderes Kostenfestsetzungsverfahren gem § 104 unzulässig (Frankfurt Rpfleger 81, 239, str; aA Hofmann Rpfleger 79, 446); deshalb kann nach Begleichung der Hauptforderung durch den Schuldner Vollstreckungsbescheid nur über die Kosten des Verfahrens ergehen (KG MDR 83, 323 = Rpfleger 83, 162).

II) Zuständigkeit

11 Zuständig zum Erlaß des Vollstreckungsbescheids ist das **AG, das den Mahnbescheid erlassen hat.** Wenn das Verfahren infolge nachträglich wieder zurückgenommenen Widerspruchs und Antrags auf Durchführung des streitigen Verfahrens bereits an ein anderes Gericht abgegeben (§ 696 I) oder von diesem gemäß § 281 an ein drittes Gericht verwiesen wurde, ist das zuletzt befaßte Prozeßgericht, ggfalls auch ein LG, für die Erteilung zuständig **(I S 3;** Hartmann NJW 78, 611; Hornung Rpfleger 78, 430). Das war schon vor der Einfügung des I S 3 durch das Ges v 28. 2. 78 anzunehmen (Hartmann Rpfleger 77, 7; Bublitz WM 77, 579; Crevecoeur NJW 77, 1323). Funktionell zuständig ist der Rechtspfleger (§ 20 Nr 1 RPflG; vgl Schäfer NJW 85, 299).

III) Entscheidung

12 **1)** Der Rechtspfleger hat seinerseits zu prüfen, ob das Mahnverfahren zulässig ist, zB der erhobene Anspruch im Mahnverfahren geltend gemacht werden konnte; die im Erlaß des Mahnbescheids liegende stillschweigende Bejahung der Zulässigkeitsvoraussetzungen bindet für den Vollstreckungsbescheid nicht (aM LG M-Gladbach Rpfleger 59, 357 mit ablehnender Anm Petermann). War der Mahnbescheid zu Unrecht ergangen, so darf Vollstreckungsbescheid nicht erlassen werden (BGH 73, 87 [90] mit Anm von Vollkommer ZZP 94, 91; 85, 361 [365] = NJW 83, 633). Der **Mahnbescheid muß sich** auch sonst **als Grundlage für den Vollstreckungsbescheid eignen.** Daran fehlt es, wenn der Mahnbescheid nicht ordnungsgemäß zugestellt wurde und der Fehler nicht nach § 187 S 2 geheilt ist (vgl AG Köln Rpfleger 69, 357), oder wenn er bereits nach § 701 kraftlos geworden ist. Regelmäßig darf der Vollstreckungsbescheid auch nicht für oder gegen andere Parteien ergehen als die im Mahnbescheid genannten (ThP Vorbem II 1 vor § 688); zu den Sonderfällen der Rechtsnachfolge unter Lebenden, des Todes oder Konkurses einer Partei s

Rn 8 ff vor § 688. Eine ungenaue oder unrichtige Parteibezeichnung im Mahnbescheid darf im Vollstreckungsbescheid aber gemäß § 319 berichtigt werden, wenn die Identität zweifelsfrei feststeht; eine neue Partei anstelle der bisherigen darf im Wege der Berichtigung nicht eingeführt werden (vgl Bull Rpfleger 57, 401; 59, 82; Petermann Rpfleger 57, 395; 73, 153; Jauernig ZZP 86, 459; AG Köln Rpfleger 67, 220; LAG Frankfurt MDR 74, 77; BAG AP 2 zu § 268 ZPO; Düsseldorf MDR 77, 144). Ist gegen **Gesamtschuldner** Vollstreckungsbescheid ergangen und sind die Ausfertigungen miteinander **verbunden** worden, steht es dem Gläubiger nicht frei, den verbundenen Titel zu trennen (AG Wilhelmshaven DGVZ 79, 189, str; aA AG Arnsberg dort S 188; AG Montabaur DGVZ 86, 91; LG Marburg DGVZ 86, 77 mwN); besteht eine solche Verbindung nicht, ist für die Vollstreckung gegen einen Gesamtschuldner die Vorlage sämtlicher Titel nicht erforderlich (LG Stuttgart Rpfleger 83, 161 f). Zu prüfen ist weiter, ob die Widerspruchsfrist abgelaufen ist, ob etwa ein verspäteter Widerspruch vorliegt, inwieweit ein Teilwiderspruch Raum für den Vollstreckungsbescheid läßt, ob der Antrag auf Vollstreckungsbescheid in der vorgeschriebenen Form (§ 703c II) und fristgemäß (§ 701) angebracht ist und ob er die erforderl Angaben enthält (vgl Rn 8–10). Bei behebbaren Mängeln ist der Antragsteller, ggfalls unter Fristsetzung, zur Beseitigung aufzufordern; wenn der Mangel nicht behoben wird oder nicht behoben werden kann, ist der Antrag zurückzuweisen (Rn 18).

2) Wenn der Antrag als zulässig befunden wird, ist der **Vollstreckungsbescheid unter Verwendung des vorgeschriebenen Vordrucks** zu erlassen und vom Rechtspfleger zu unterzeichnen. Fehlt die Unterschrift oder läßt sie keine individuellen Züge erkennen, liegt keine ordnungsgemäße Ausfertigung des Vollstreckungsbescheids vor (München NJW 82, 2783); dieser Mangel kann nicht nachträglich beseitigt werden (München MDR 83, 675 = Rpfleger 83, 288). Nach II kann der Vollstreckungsbescheid auf den Mahnbescheid gesetzt werden. Bei maschineller Bearbeitung wird er selbständig ausgedruckt; dann entfällt die Unterschrift; das Gerichtssiegel, das bereits eingedruckt sein kann, genügt (§ 703b I). Zum Inhalt bei Gleichlauf mit dem Antrag s oben Rn 10. Mit dem Erlaß des Vollstreckungsbescheids (nicht erst mit der Zustellung) gilt die Sache mit Rückwirkung auf den Zeitpunkt der Zustellung des Mahnbescheids als rechtshängig geworden (§ 700 II). 13

3) Gegen den Vollstreckungsbescheid steht dem Antragsgegner wie gegen ein Versäumnisurteil der **Einspruch** zu (§ 700; Ausnahme: § 703a II Nr 4, weil dort die Sache auch ohne Einspruch ins streitige Verfahren übergeht); keine Rechtspflegererinnerung (§ 11 V S 2 RPflG). Nur Einspruch ist auch gegeben, wenn der Vollstreckungsbescheid zu Unrecht erging, zB weil der Antragsteller die rechtzeitige Zahlung des Antragsgegners entgegen I 2 Hs 2 nicht mitgeteilt hat (Rn 4) oder ein verspäteter Widerspruch des Antragsgegners übersehen wurde (Rn 12). Ein solcher Widerspruch wie auch ein Widerspruch, der erst nach Hinausgabe des Vollstreckungsbescheids in den Geschäftsgang bei Gericht eingeht, wird als Einspruch behandelt (§ 694 II; § 694 Rn 6). Wird der Vollstreckungsbescheid formell rechtskräftig, so erwächst er auch in materielle Rechtskraft, durch die jedoch die Geltendmachung gewisser schwerster materiellrechtlicher Mängel (§§ 138, 826 BGB) nicht ausgeschlossen wird (ie sehr str, vgl § 700 Rn 15 ff). Besonderheiten hinsichtl der zeitl Grenzen: § 796 II. 14

IV) Zustellung des Vollstreckungsbescheids

1) Regelmäßig wird der Vollstreckungsbescheid **dem Antragsgegner** durch die Geschäftsstelle des Gerichts, dessen Rechtspfleger den Vollstreckungsbescheid erlassen hat, **von Amts wegen** zugestellt **(IV S 1).** Zuständig für die Zustellung bleibt das Gericht, das den Vollstreckungsbescheid erlassen hat, auch wenn der Antragsgegner zwischenzeitlich seinen Wohnsitz verlegt hat (BAG NJW 83, 472; arg: § 261 III Nr 2 iVm § 700 II). Bei Amtszustellung erhält der **Antragsteller** eine mit Zustellungsbescheinigung versehene **Ausfertigung** des Vollstreckungsbescheids übersandt, die ihn zur ZwV ermächtigt. Vollstreckungsklausel ist nur ausnahmsweise nötig (§ 796 I; § 35 AusfG zum EuGVÜ; auch nach einigen zweiseitigen Vollstreckungsabkommen, wenn die Vollstreckung im Ausland erfolgen soll). Die Amtszustellung unterbleibt, wenn der Antragsteller die dafür anfallenden Auslagen (KV 1902) nicht vorausentrichtet hat **(IV S 2).** Die Amtszustellung unterbleibt nach der gleichen Bestimmung auch, wenn der Antragsteller die Zustellung selbst **im Parteibetrieb** (durch Beauftragung eines Gerichtsvollziehers) veranlassen will (dazu BAG NJW 83, 472; Seip AnwBl 77, 235), etwa um zugleich mit der Zustellung die ZwV betreiben zu können (§ 750 I). In beiden Fällen wird dem Antragsteller **Ausfertigung des Vollstreckungsbescheids** ausgehändigt. Wegen des für den Vollstreckungsbescheid eingeführten Vordruckzwangs (§ 703c Rn 6) muß es sich um den amtlichen Vordruck mit der auf der Rückseite aufgedruckten Rechtsbehelfsbelehrung handeln; die Zustellung (nur) einer beglaubigten Kopie der Vorderseite des Vollstreckungsbescheids setzt die Einspruchsfrist nicht in Lauf (LG Darmstadt NJW 86, 1945). Die Geschäftsstelle des Gerichts, das den Vollstreckungsbescheid erteilt hat, vermittelt die 15

Beauftragung eines GV nicht mehr **(IV S 3 Halbs 2);** Vermittlung durch die Geschäftsstelle des AG, in dessen Bezirk die Zustellung erfolgen soll, bleibt aber möglich (§ 166 II S 1). Die Parteizustellung steht in ihren Wirkungen der Amtszustellung völlig gleich, durch sie wird insbes die Einspruchsfrist (§§ 700 I, 339) in Lauf gesetzt (ebenso Koblenz NJW 81, 408 = MDR 81, 235 = Rpfleger 81, 68; Bischof NJW 80, 2235; ThP Anm 5b bb). Zur formblattmäßigen (vgl § 703c II) Behandlung der Parteizustellung vgl AG Marl DGVZ 79, 46 = JMBl NRW 79, 16. Der Antragsteller, der auf Amtszustellung verzichtet, behält damit auch die Möglichkeit, von der Zustellung des Vollstreckungsbescheids vorerst oder ganz abzusehen, etwa weil er mit gütlicher Bereinigung rechnet. Dann kommt das Verfahren zum Stillstand (München OLGZ 76, 189). Zur Bedeutung des Stillstands für die Verjährung München aaO, auch LG Wuppertal NJW 72, 636.

16 **2)** Anders als beim Mahnbescheid (§ 688 II) ist **öffentl Zustellung** des Vollstreckungsbescheids möglich, insbes wenn der Antragsgegner inzwischen unbekannten Aufenthalts geworden ist (§ 203). Um die Bewilligung (§ 204 I) ist bei dem mit dem Mahnverfahren befaßten Gericht **(IV 4)** nachzusuchen, das ist idR das Gericht, das den Vollstreckungsbescheid erlassen hat; zuständig ist dafür wegen der Bereichsübertragung gem §§ 4 I, 20 Nr 1 RpflG der Rechtspfleger, nicht der Richter (ebenso ThP Anm 5 c; Bassenge/Herbst, FGG/RpflG, 3. Aufl., § 4 RpflG Anm 2c, S 405; Guntau MDR 81, 272; aA München MDR 79, 408 = Rpfleger 79, 346 mit abl Anm von Eickmann; BL § 204 Anm 1 A; 12. Aufl). Die öffentl Bekanntmachung erfolgt durch Anheftung an der Gerichtstafel des Gerichts, das im Mahnbescheid gemäß § 692 I Nr 1 (§ 690 I Nr 5) als für das Streitverfahren zuständig bezeichnet war (LG Aachen JurBüro 84, 460 mit irrt Fassung des LS), also nicht notwendig des Gerichts, das den Vollstreckungsbescheid erlassen und die öffentl Zustellung bewilligt hatte **(IV S 4).**

17 Der Vollstreckungsbescheid kann auch **im Ausland zugestellt** werden, anders als der Mahnbescheid (§ 688 III) auch außerhalb der Vertragsstaaten des EWG-Gerichtsstands- und Vollstreckungsübereinkommens. Festsetzung der Einspruchsfrist in beiden Fällen: § 339 II.

V) Zurückweisung des Antrags auf Vollstreckungsbescheid

18 **1)** Wenn die Prüfung nach Rn 12 ergibt, daß Vollstreckungsbescheid nicht erlassen werden kann, hat der auch hierfür zuständige Rechtspfleger (§ 20 Nr 1 RPflG) den Antrag zurückzuweisen. Der **Beschluß** ist dem Antragsteller **formlos mitzuteilen** (nach ThP Anm 3b und StJSchlosser Rn 7 förmlich zuzustellen); Mitteilung an den Antragsgegner ist nicht geboten, da er auch vom Antrag gemäß § 702 II keine Kenntnis erhielt (StJSchlosser Rn 7; nach ThP Anm 3b ist er formlos zu verständigen). Abs 2 aF, der gegen die Zurückweisung sofortige Beschwerde vorsah, ist durch die Vereinfachungsnovelle beseitigt worden. Demgemäß steht dem Antragsteller **gegen die Zurückweisung** die **unbefristete Erinnerung** nach § 11 I S 1 RPflG zu, der der Rechtspfleger abhelfen kann (§ 11 II S 1 RPflG). Andernfalls entscheidet über die Erinnerung der Richter, wenn er sie für zulässig und begründet hält; er weist dann den Rechtspfleger an, den Vollstreckungsbescheid zu erlassen (§ 11 IV RPflG mit § 575). Sonst legt er die Erinnerung als einfache Beschwerde (§ 567 I) unter Verständigung der Parteien dem Beschwerdegericht vor (§ 11 II S 4, 5 RPflG). Bei endgültiger Zurückweisung des Antrags auf Vollstreckungsbescheid verliert der Mahnbescheid seine Kraft (§ 701; dazu § 701 Rn 3).

19 **2)** Bei teilweiser Zurückweisung des Antrags durch **Absetzung geltendgemachter Kosten** ist dem Antragsteller Ausfertigung des die Absetzung enthaltenden Vollstreckungsbescheids förml zuzustellen. Dem Antragsteller steht dagegen die **befristete Erinnerung** nach § 104 III mit § 21 RPflG zu (ThP Anm 3c; eingehend Frankfurt Rpfleger 81, 239); weiteres Verfahren: § 21 II RPflG.

20 **VI) Gebühren: 1)** des **Gerichts:** Die Erteilung oder auch die Ablehnung des Erlasses des Vollstreckungsbescheids wird mit der halben Gebühr des KV Nr 1000, die für die Entscheidung über den Antrag auf Erlaß des Mahnbescheids erhoben wird, mit abgegolten. – Das gegen den Beschluß des Rechtspflegers, durch den der Antrag auf Erlaß des Vollstreckungsbescheids zurückgewiesen wird (s oben Rn 18), gegebene Erinnerungsverfahren (§ 11 I 1 RpflG) ist gerichtsgebührenfrei (§ 11 VI 1 RpflG). Die Gebührenfreiheit umfaßt auch die richterliche Entscheidung, die über die Erinnerung ergeht. Entscheidet der Richter nicht selbst, sondern legt er den Rechtsbehelf als einfache Beschwerde (Durchgriffserinnerung) dem LG als Beschwerdegericht vor (§ 11 II 4, 5 RpflG), so ist das Beschwerdeverfahren nur dann gebührenpflichtig, wenn die Beschwerde als unzulässig verworfen oder zurückgewiesen wird (KV Nr 1181). Eine Beschwerdegebühr wird nicht erhoben, wenn die Beschwerde vor der Entscheidung zurückgenommen wird (§ 11 VI 2 RpflG). – **2)** des **Anwalts:** Für den RA des Antragstellers entsteht eine 5/10 Gebühr, selbst dann, wenn der Antrag auf Erlaß des Vollstreckungsbescheids bereits im Mahnantrag gestellt ist; aM im Hinblick auf § 699 I 2 Hartmann KostGes BRAGO § 43 Anm 2 D a. Beantragt der RA nach abgelaufener Widerspruchsfrist den Erlaß des Vollstreckungsbescheids, ohne von einem fristgericht eingelegten Widerspruch Kenntnis zu haben, so kann ihm die Gebühr nach Schumann Rpfleger 66, 363; Riedel/Sußbauer BRAGO § 43 Rdnr 6 nicht erwachsen, jedoch billigt sie ihm Hartmann aaO Anm 2 D b aa aE zu (vgl Hamm JurBüro 75, 1085). – Für seine Tätigkeit im Erinnerungsverfahren gegen den Zurückweisungsbeschluß (s oben Rn 18) erwächst keine Gebühr, wenn der Rechtspfleger abhilft oder bei Nichtabhilfe der Richter über die Erinnerung entscheidet. Dagegen erhält der RA im Falle der Durchgriffserinnerung die 5/10 Beschwerdegebühr nach § 61 I Nr 1 BRAGO, und zwar neben der Gebühr des § 43 BRAGO. Nur bei einem auf das Erinnerungsverfahren beschränkten Auftrag entsteht die 3/10 Gebühr nach § 55 BRAGO. – **3)** des **Gerichtsvollziehers:** Für Zustellung des Voll-

streckungsbescheids im Parteibetrieb (oben Rn 15) s Rn 10 vor § 166 (§ 16 GVKostG). – **4) Prozeßkostenhilfe:** Für die Auslandszustellung des Vollstreckungsbescheids (s oben Rn 17) ist PKH besonders zu beantragen u zu bewilligen (Drischler/Oestreich/Heun/Haupt, GKG Teil VII Vorbem zu § 49 Rdnr 27; vgl § 788 I 2). – **EuGVÜ:** Für die Erteilung der Vollstreckungsklausel des § 725 auf der Ausfertigung eines deutschen Vollstreckungsbescheids, der in einem Vertragsstaat zur Vollstreckung gebracht werden soll, werden wie auch sonst keine Gerichtskosten erhoben.

700 *[Einspruch gegen Vollstreckungsbescheid]*

(1) Der Vollstreckungsbescheid steht einem für vorläufig vollstreckbar erklärten Versäumnisurteil gleich.

(2) Die Streitsache gilt als mit der Zustellung des Mahnbescheids rechtshängig geworden.

(3) Wird Einspruch eingelegt, so gibt das Gericht, das den Vollstreckungsbescheid erlassen hat, den Rechtsstreit von Amts wegen an das Gericht ab, das in dem Mahnbescheid gemäß § 692 Abs. 1 Nr 1 bezeichnet worden ist. § 696 Abs. 1 Satz 3 bis 5, Abs. 2, § 697 Abs. 1 bis 4, § 698 gelten entsprechend; § 340 Abs. 3 ist nicht anzuwenden. Der Einspruch darf nach § 345 nur verworfen werden, soweit die Voraussetzungen des § 331 Abs. 1, 2 erster Halbsatz für ein Versäumnisurteil vorliegen; soweit die Voraussetzungen nicht vorliegen, wird der Vollstreckungsbescheid aufgehoben.

I) Wirkungen des Vollstreckungsbescheids

Der Vollstreckungsbescheid steht einem für vorläufig vollstreckbar erklärten Versäumnisurteil gegen den Beklagten (§§ 331, 708 Nr 2) gleich **(I)**; nur der im Urkunden- (Wechsel-, Scheck-,) Mahnverfahren auf entsprechend beschränkten Widerspruch des Antragsgegners (§ 703a II Nr 4) ergehende Vollstreckungsbescheid entspricht einem Vorbehaltsurteil (§ 599). Der Vollstreckungsbescheid ist ab Zustellung (auch Parteizustellung) nach § 750 ohne weiteres vollstreckbar, ohne daß seine Rechtskraft abgewartet werden müßte; bei Einspruch kann die ZwV aber einstweilen eingestellt werden (§§ 719 I, 707) und zwar bei Vorliegen der Voraussetzungen gem § 719 I 2 Hs 2 ohne Sicherheitsleistung, ohne daß der Schuldner zugleich die Erfordernisse des § 707 I 2 erfüllen muß (eingehend Müssig ZZP 98, 324 mwN, str). Der Vollstreckungsbescheid bedarf nur ausnahmsweise einer Vollstreckungsklausel (§ 796; § 35 AusfG zum EuGVÜ). Mit dem Erlaß, nicht erst mit der Zustellung, die in der Hand des Antragstellers liegen kann, tritt Rechtshängigkeit ein (Folge: § 261 III Nr 2); sie wird auf den Zeitpunkt der Zustellung des Mahnbescheids zurückbezogen **(II)**. Zuständigkeit zur Erteilung des Vollstreckungsbescheids: § 699 Rn 11; Zustellung des Vollstreckungsbescheids: § 699 Rn 15. Legt der Antragsgegner gegen den Vollstreckungsbescheid nicht fristgemäß Einspruch (Rn 2–7) ein, wird er formell rechtskräftig. Der Vollstreckungsbescheid unterliegt der Vollstreckungsgegenklage, wobei für die Präklusion der Zustellungszeitpunkt maßgebend ist (§§ 794 I Nr 4, 795, 767 II, 796 II; str, vgl Rn 16). Ausschließlich zuständig für die Wiederaufnahmeklage ist das Gericht, das für das Streitverfahren zuständig gewesen wäre (§ 584 II). Die gesetzliche Regelung geht damit offenbar von der materiellen Rechtskraft des Vollstreckungsbescheids aus. Dies ist bisher unproblematisch bejaht worden (vgl RG 46, 336; zuletzt etwa LG Krefeld MDR 86, 418), wird aber seit der Abschaffung der Schlüssigkeitsprüfung und der massenweisen Titulierung nicht bestehender Forderungen aus sittenwidrigen Ratenkrediten im Mahnverfahren (dazu bereits Rn 6 vor § 688) zunehmend in Zweifel gezogen. Die Problematik der materiellen Rechtskraft des Vollstreckungsbescheids und ihrer Durchbrechung wird gesondert in Rn 15 ff dargestellt. 1

II) Einspruch

1) Allgemeines; Einlegung. a) Dem Antragsgegner steht (außer im Falle des § 703a II Nr 4) gegen den Vollstreckungsbescheid der Einspruch zu; auch wenn der Vollstreckungsbescheid nicht hätte erlassen werden dürfen, zB die Zustellung des Mahnbescheids mangelhaft war, ist nur Einspruch gegeben (BGH NJW 84, 57 = WM 83, 1040 [1041]). Keine Rechtspflegererinnerung (§ 11 V S 2 RPflG). Einspruch gegen den Vollstreckungsbescheid ist auch zulässig, wenn gegen den vorausgegangenen Mahnbescheid Widerspruch erhoben und dann wieder zurückgenommen worden war. 2

b) Frist: Der Einspruch ist innerhalb einer Notfrist von **zwei Wochen** ab (wirksamer; Bsp: München NJW 82, 2783) Zustellung (auch der im Parteibetreib: § 699 Rn 15) einzulegen (§ 339 I); wenn Zustellung im Ausland oder durch öffentl Bekanntmachung erfolgen muß, wird die Einspruchsfrist nach § 339 II bestimmt. Die Frist läuft auch während der Gerichtsferien (§ 223 II). Wiedereinsetzung ist möglich. Der Einspruch kann schon vor Zustellung des Vollstreckungsbescheids eingelegt werden. Im **arbeitsgerichtlichen Mahnverfahren** beträgt die Frist **eine Woche** (§§ 46a III, 59 ArbGG in Verb mit § 700 I; vgl LAG Hamm Betrieb 78, 896 mwN). 3

4 **c) Form:** Einspruchsschrift nach **§ 340 I, II;** die erforderl Anzahl von Abschriften soll beigefügt werden (§ 340 a S 2). Ein Vordurck ist für den Einspruch nicht eingeführt.

5 Für die Form des Einspruchs gelten keine strengeren Anforderungen als für die des Widerspruchs (dazu § 694 Rn 2), wie sich schon daraus ergibt, daß ein verspäteter Widerspruch als Einspruch zu behandeln ist (§ 694 II und unten Rn 9). Bei schriftl Einlegung des Einspruchs ist daher eigenhändige Unterzeichnung nicht unerläßlich (vgl BAG NJW 86, 3224 [3225] für nicht unterzeichnete Kündigungsschutzklage; **aA** 12. Aufl und hM, vgl LG Hamburg NJW 86, 1997 mwN; LG Freiburg Rpfleger 84, 323), insbes ist die Einlegung durch Telegramm oder Fernschreiben ohne weiteres zulässig (vgl BGH NJW 86, 1759 = MDR 86, 846 = Rpfleger 86, 264 = BB 86, 1119 = ZIP 86, 671). Die Erleichterungen des § 702 finden Anwendung. Der Einspruch kann daher auch zur Niederschrift der Geschäftsstelle erklärt werden (§ 702 I 1), auch der Geschäftsstelle eines jeden anderen AG (§ 129 a); letzterenfalls wird die Einspruchsfrist erst mit Eingang beim zuständigen AG gewahrt (§ 129 a II). Ist aber diese Erklärungsform zugelassen, so bestehen auch gegen die fernmündl Einlegung des Einspruchs keine Bedenken, sofern der Urkundsbeamte zur Aufnahme einer entspr Niederschrift bereit ist (zutr LG Aschaffenburg NJW 69, 280; ebenso BGH Rpfleger 80, 99 für Einspruch gem § 67 S 1 OWiG und BayOLG NJW 80, 1592 – Vorlagebeschluß – für strafprozessuale Rechtsmittel, str; **aA** BGHSt 30, 64 = NJW 81, 1627; Schleswig ZIP 84, 1017, 1229; Crevecoeur NJW 77, 1321; 12. Aufl); unerhebl ist, daß eine Unterzeichnung der Niederschrift durch den Antragsgegner ausscheidet, denn die Einhaltung der Protokollform ist nicht wesentl (vgl § 702 I S 3).

6 **d)** Der Einspruch kann stets **anwaltsfrei** erklärt werden; das gilt auch für den Einspruch, der sich gegen einen gemäß § 699 I 3 vom Rechtspfleger des LG erlassenen Vollstreckungsbescheid richtet. Denn mit der Zurücknahme des Widerspruchs, der zur Abgabe an das LG geführt hatte, war das streitige Verfahren beendet und das Mahnverfahren wieder aufgelebt (§ 697 Rn 10); der Erlaß des Vollstreckungsbescheids und der Einspruch dagegen gehören zum Mahnverfahren, das zum zweiten Mal erst endet, wenn die Sache auf den Einspruch hin vom Rechtspfleger (§ 20 Nr 1 RPflG) abermals ins streitige Verfahren abgegeben wird (vgl StJSchlosser § 703c Rn 1). Daher bedarf es auch für den Einspruch gegen einen vom LG-Rechtspfleger erlassenen Vollstreckungsbescheid keiner anwaltl Vertretung (ebenso Hornung Rpfleger 78, 431 mwN; Bergerfurth Rn 295 mwN; ThP Anm 2 a, str, aM Crevecoeur NJW 77, 1324, wenn auch unter Hinweis auf die Unstimmigkeit, die sich dann aus der für die Einspruchszurücknahme in § 700 III S 2 mit § 697 IV S 2 getroffenen Regelung ergibt; auch BL Anm 3 D; dagegen unterscheiden StJSchlosser Rn 4 und Holch Nr 113 für die Form des Einspruchs nicht dananch, welche Stelle den Vollstreckungsbescheid erlassen hatte). Wegen der Zugehörigkeit zum Mahnverfahren kann sich auch ein Bevollmächtigter, der gegen einen gemäß § 699 I S 3 vom Rechtspfleger des Prozeßgerichts (AG oder LG) erlassenen Vollstreckungsbescheid Einspruch einlegt, mit der Versicherung seiner Vollmacht (§ 703) begnügen und braucht seine Vollmacht auch dann nicht nachzuweisen, wenn er nicht RA ist (vgl StJSchlosser Rn 1; BL Anm 1, ThP Anm je zu § 703 ohne Unterscheidung hinsichtlich der Verfahrenslagen).

7 **e) Inhalt;** Notwendige Angaben: **§ 340 II.** Abweichend von § 340 III ist **Begründung** nicht vorgeschrieben **(III S 2 Halbs 2);** bei fehlender Anspruchsbegründung könnte sie ohnedies oft nicht erschöpfend sein. Der Einspruch kann auf einen Teil des durch den Vollstreckungsbescheid zugesprochenen Anspruchs **beschränkt** werden, auch auf Nebenforderungen, desgleichen auf die Kosten (Zweibrücken OLGZ 71, 383; nach ThP § 699 Anm 4 g ist gegen den Ansatz von Kosten befristete Erinnerung nach § 104 III gegeben). Bei unklaren Eingaben des Antragsgegners ist die Bedeutung aufzuklären.

8 **f)** Eine **Rechtsbehelfsbelehrung** ist für den Einspruch im zivilprozessualen Mahnverfahren (anders im arbeitsgerichtl: § 59 ArbGG in Verb mit § 700) gesetzl nicht vorgeschrieben, jedoch im amtl Formular des Vollstreckungsbescheids (vgl § 703 c mit Anm) vorgesehen; zur Rechtsbehelfsbelehrung auch bei der Parteizustellung: AG Marl DGVZ 79, 46 = JMBlNRW 79, 16.

9 **2) Verhältnis zu anderen Rechtsbehelfen. a)** Ein **Widerspruch** des Antragsgegners, der **erst nach Erlaß des Vollstreckungsbescheids** eingeht, ist **als Einspruch zu behandeln,** wenn sich der davon verständigte Antragsgegner nicht anderweit erklärt (§ 694 II). Wird trotz (rechtzeitigen, aber zB unklaren) Widerspruchs Vollstreckungsbescheid erlassen, wird der schon vor dem Vollstreckungsbescheid erklärte Widerspruch als Einspruch behandelt (BGH 85, 361 [364]; § 694 Rn 12).

10 **b) Vollstreckungsgegenklage und Rechtsbehelfe des materiellen Rechts sowie der Zwangsvollstreckung.** Nach Rechtskraft des Vollstreckungsbescheids (dazu Rn 15) können den Mahnanspruch selbst betreffende Einwendungen nur noch geltend gemacht werden, wenn sie nach Zustellung des Vollstreckungsbescheids entstanden sind (§§ 796 II, 767; aA ansch StJSchlosser

Rn 10, der auf den Zeitpunkt des Erlasses des Mahnbescheids abstellt, jedoch § 796 II nicht berücksichtigt), ferner ausnahmsweise, soweit eine Durchbrechung der Rechtskraft aus materiellrechtlichen Gründen (§§ 138, 826 BGB) in Frage kommt (dazu Rn 15 ff). Hinsichtl aller anderen Einwendungen ist **Einspruch** geboten, insbes in den häufigen Fällen, in denen kurz vor Ergehen des Vollstreckungsbescheids, etwa durch Banküberweisung bezahlt wurde und der Eingang beim Antragsteller (die Gutschrift) im Antrag auf Vollstreckungsbescheid daher nicht mehr berücksichtigt werden konnte (vgl AG Warendorf DGVZ 74, 90; AG Syke DGVZ 79, 61; Braun DGVZ 79, 131; JuS 86, 369; § 699 Rn 4). Die Praxis läßt zwar für die vorläufige Einstellung der Zwangsvollstreckung gem § 775 Nr 4, 5 den urkundl Zahlungsnachweis genügen, indem dem Zeitpunkt des „Urteilserlasses" der des Erlasses des Mahnbescheids gleichgestellt wird (vgl E. Schneider JurBüro 78, 172), jedoch hilft dieser Weg bei der Vollstreckung der zusätzl entstandenen Kosten des Vollstreckungsbescheids nicht weiter; ob auch insoweit dem Vollstreckungsbescheid vorausgehende Zahlungen für die Einstellung der Zwangsvollstreckung berücksichtigt werden können, ist zweifelhaft und sehr str (bejahend E. Schneider DGVZ 77, 129; 78, 85; AG Dortmund DGVZ 81, 45, verneinend dagegen Brehm JZ 78, 262; Braun DGVZ 79, 129).

3) Zurücknahme, Verzicht. Der Einspruch kann zurückgenommen werden (§ 346), entsprechend der für die Zurücknahme des Widerspruchs getroffenen Regelung ohne Zustimmung des Antragstellers bis zum Beginn der mündl Verhandlung des Antragsgegners (Beklagten) zur Hauptsache (**III S 2 Halbs 1** mit § 697 IV S 1); die Zurücknahme kann schriftl oder zur Niederschrift der Geschäftsstelle erklärt werden (III S 2 Halbs 1 mit § 697 IV S 2) und bedarf daher auch gegenüber dem LG keines Anwalts (LG Bonn NJW-RR 86, 223; vgl § 697 Rn 9). Desgleichen kann auf den Einspruch analog § 514 verzichtet werden (§ 346). Kosten- und Verlustigkeitsbeschluß: §§ 346, 515 III. 11

III) Weiteres Verfahren

1) Überleitung ins Streitverfahren. Der Einspruch leitet ohne weiteres ins streitige Verfahren über; eines ausdrücklich darauf gerichteten Antrags, wie beim Widerspruch (§ 696 I S 1), bedarf es nicht. Der Rechtspfleger, der den Vollstreckungsbescheid erlassen hat, gibt die Akten (bei maschineller Bearbeitung den Aktenausdruck, III S 2 Halbs 1 mit § 696 II) von Amts wegen an das im Mahnbescheid gemäß §§ 692 I Nr 1, 690 I Nr 5 bezeichnete Gericht ab, im Fall des § 698 und des § 703d gegebenenfalls an die für das Streitverfahren zuständige Abteilung des eigenen Gerichts. Wenn auf (später zurückgenommenen) Widerspruch hin die Sache bereits an das Gericht abgegeben worden war, dessen Rechtspfleger den Vollstreckungsbescheid erlassen hat, so gelangt die Sache auf den Einspruch hin wieder an die zuvor tätig gewordene Spruchabteilung. Die Zulässigkeit des Einspruchs ist bei der Abgabe nicht zu prüfen; sie obliegt dem Empfangsgericht. Die Abgabe ist den Parteien mitzuteilen; sie ist nicht anfechtbar (III S 2 Halbs 1 mit § 696 I S 3). Mit dem Eingang beim Empfangsgericht ist die Sache dort anhängig (III S 2 Halbs 1 mit § 696 I S 4). Das Empfangsgericht hat die Einspruchsschrift dem bisherigen Antragsteller von Amts wegen zuzustellen (§ 340a S 1) und die Zulässigkeit des Einspruchs zu prüfen (§ 341); bei Unzulässigkeit kann er ohne mündl Verhandlung durch Beschluß verworfen werden (§ 341; Anfechtung: § 341 II S 2). Wird die Zulässigkeit bejaht, so hat die Geschäftsstelle den nunmehrigen Kläger wie nach Widerspruch gegen den Mahnbescheid zur Begründung seines Anspruchs innerhalb von 2 Wochen aufzufordern, sofern Anspruchsbegründung nicht bereits vorliegt (III S 2 Halbs 1 mit § 697 I) Nach Eingang der Anspruchsbegründung oder Fristablauf wie beim Verfahren nach Widerspruch Terminsanberaumung oder schriftl Vorverfahren (s § 697 Rn 6–8). Wegen Verweisung s Rn 14. 12

2) Säumnis des Beklagten. Wenn der Einspruchsführer (nunmehrige Beklagte) in der mündl Verhandlung über den Einspruch und die Hauptsache ausbleibt, kommt zweites Versäumnisurteil nach § 345 in Betracht. Neben dem Vorliegen der allgemeinen Prozeßvoraussetzungen und der besonderen des Mahnverfahrens sowie der verfahrensrechtl Zulässigkeit und Ordnungsmäßigkeit des Vollstreckungsbescheids (BGH 73, 92) und der Zulässigkeit des Einspruchs setzt das Versäumnisurteil voraus, daß das tatsächl mündl Vorbringen des Klägers den Anspruch und damit die Aufrechterhaltung des Vollstreckungsbescheids rechtfertigt (**III S 3** mit § 331 I, II Halbs 1); die bisher unterbliebene Schlüssigkeitsprüfung ist also nun nachzuholen. Wenn es an den genannten Voraussetzungen fehlt, ist der Vollstreckungsbescheid aufzuheben (**III S 3** Halbs 2). Daß außerdem die Klage abzuweisen sei, ist nicht ausdrücklich angeordnet; die im Entwurf der Vereinfachungsnovelle vorgesehene Verweisung auf § 331 II S 2 Halbs 2 ist in der endgültigen Gesetzesfassung durch eine dem § 343 S 2 angepaßte Formulierung ersetzt worden. Eine sachl Änderung war damit aber nicht beabsichtigt (BT-Drucksache 7/5250 S 15), zumal auch im Falle des § 343 S 2 neben der Aufhebung des Säumnistitels über die Klage anderweitig zu entscheiden ist. Die Deutung der Bestimmung durch ThP Anm 5 (zu ihr Crevecoeur NJW 77, 1324 13

Fn 45) liefe wohl auf die – gleichfalls denkbare – Beendigung des Verfahrens durch nachgeholte Zurückweisung des Antrags auf Vollstreckungsbescheid mit der Folge des Kraftloswerdens des Mahnbescheids (§ 701 S 2) hinaus. Für Anspruch der Klageabweisung auch Crevecoeur aaO, BL Anm 4 Bb. Wenn die Zulässigkeitsvoraussetzungen gegeben sind, der Erlaß des Vollstreckungsbescheids zulässig war (BGH 73, 92) und die Begründung des klägerischen Anspruchs schlüssig ist, ist der Einspruch durch echtes Versäumnisurteil zu verwerfen (§ 345); dagegen kein Einspruch mehr, Berufung nur im Falle des § 513 II. In weiter Auslegung des Begriffs „Fall der Versäumung" kann die Berufung gegen ein den Einspruch verwerfendes Versäumnisurteil auch auf die verfahrensrechtl Unzulässigkeit des Vollstreckungsbescheids gestützt werden (BGH 73, 87 mit zust Anm von Vollkommer ZZP 94, 91 mwN; BGH 85, 361 [365 f] = NJW 83, 633; durch BGH NJW 86, 2113 nicht überholt, vgl dort S 2114). Ist der Einspruch zu Unrecht durch ein als „zweites Versäumnisurteil" bezeichnetes Versäumnisurteil verworfen worden, ist nach dem Grundsatz der Meistbegünstigung (vgl Rn 29 vor § 511) auch das Rechtsmittel der Berufung gegeben (LG Wuppertal NJW 85, 2653).

14 **3) Verweisung.** § 696 V ist in den Verweisungsbestimmungen des § 700 nicht genannt. Gleichwohl kann nicht angenommen werden, daß das im Mahnbescheid als für das streitige Verfahren zuständig benannte Gericht durch die Abgabe ein für allemal zuständig würde. Insbesondere kann der Antragsgegner ausschließl besondere oder vereinbarte Gerichtsstände nicht dadurch ausschalten, daß er es bis zum Vollstreckungsbescheid kommen läßt und sich erst dann gegen den klägerischen Anspruch zur Wehr setzt. Das Empfangsgericht kann daher (nach Bejahung der Zulässigkeit des Einspruchs, die durch Zwischenurteil nach § 303 ausgesprochen werden kann), die Sache ebenso wie nach Widerspruch gemäß § 281 auf Antrag des Klägers an ein drittes Gericht verweisen, wenn bei ihm der allgemeine Gerichtsstand des Beklagten nicht (nicht mehr) gegeben ist, wenn ein ausschließl besonderer Gerichtsstand vorliegt oder der Kläger in zulässiger Weise das Wahlrecht nach § 35 ausübt (ebenso Schäfer NJW 85, 297 f; Schimpf AnwBl 85, 498; für Zulässigkeit der Verweisung jedenfalls in den beiden erstgenannten Fällen auch StJSchlosser Rn 5 und 8; Zinke NJW 83, 1081 [1085]; ie § 696 Rn 9). Im Zeitraum zwischen Erlaß des Vollstreckungsbescheids und Einlegung des Einspruchs ist die Verweisung nach allgemeinen Grundsätzen (§ 261 III Nr 2) ausgeschlossen (BAG NJW 83, 472; abw Schäfer NJW 85, 298 – erst ab Akteneingang beim Empfangsgericht –, der aber verkennt, daß – anders als im Fall von § 696 I 4 [dort Rn 7] – hier Rechtshängigkeit bereits früher [oben Rn 1] eintritt).

IV) Materielle Rechtskraft des Vollstreckungsbescheids und Rechtskraftdurchbrechung

15 **1) Meinungsstand. a) Volle (uneingeschränkte) Rechtskraftwirkung des Vollstreckungsbescheids.** Die ZPO geht davon aus, daß Vollstreckungsbescheide nicht nur *formeller* (vgl § 700 I in Verb mit §§ 338, 341), sondern auch *materieller* Rechtskraft fähig sind (vgl §§ 584 II; 794 I Nr 4, 795, 767 I, 796 II). Die (noch) **hM** stellt die materielle Rechtskraft des Vollstreckungsbescheids in objektiver (und subjektiver) Hinsicht der **Urteilsrechtskraft** (§ 322 I) *völlig gleich* (vgl Köln NJW-RR 86, 1237; Grunsky JZ 86, 626 ff; ders ZIP 86, 1361 [1364 f]; Münzberg NJW 86, 361), läßt also eine Rechtskraftdurchbrechung beim Vollstreckungsbescheid nur unter den gleichen Voraussetzungen wie bei Urteilen zu (vgl dazu Rn 72–77 vor § 322). Seit Abschaffung der Schlüssigkeitsprüfung im Mahnverfahren (dazu Rn 6 vor § 688) stößt die uneingeschränkte Rechtskraft des Vollstreckungsbescheids unter dem Eindruck massenhaft titulierter Ansprüche aus sittenwidrigen Ratenkreditverträgen (vgl die Angaben von Lappe/Grünert Rpfleger 86, 161 [163 f]) zunehmend auf Ablehnung (zum Problem: Braun, Rechtskraft und Rechtskraftdurchbrechung von Titeln über sittenwidrige Ratenkreditverträge, 1986; ders, Zur Rechtskraft des Vollstreckungsbescheids, WM 86, 781; Kohte, Rechtsschutz gegen die Vollstreckung des wucherähnlichen Rechtsgeschäfts nach § 826 BGB, NJW 85, 2217). **b) Vollstreckungsbescheid ohne materielle Rechtskraft.** Mit der Beseitigung der Amtsprüfung im Mahnverfahren (Rn 6 vor § 688) ist nach Auffassung einer **Minderheit** in Rspr und Schrifttum auch die *„Entscheidungs"*-Qualität des Vollstreckungsbescheids entfallen; in dem zu einem Vollstreckungseinleitungsverfahren umgestalteten Mahnverfahren entspreche der Vollstreckungsbescheid nicht mehr einem *Urteil,* sondern einer *vollstreckbaren Urkunde* iS des § 794 I Nr 5; ihm komme daher **nur** noch **Vollstreckbarkeitswirkung** zu (so Lappe/Grünert Rpfleger 86, 161 ff; Köln [12. ZS] NJW 86, 1350 = WM 86, 803 = JZ 86, 642 = ZIP 86, 420; abl Köln [7. ZS] NJW-RR 86, 1237; Grunsky JZ 86, 626 und ZIP 86, 1364; teilw zust Braun WM 86, 782 f; im Erg zust Bender EWiR § 767 ZPO 1/86, 311). **c) Eingeschränkte Rechtskraftwirkung des Vollstreckungsbescheids.** Der fehlenden Amts-(Schlüssigkeits-)prüfung im Mahnverfahren ist durch eine entspr **Einschränkung** der materiellen Rechtskraft des Vollstreckungsbescheids Rechnung zu tragen; soweit im Mahnverfahren eine Anspruchsprüfung überhaupt nicht stattgefunden hat, kann diese durch die Rechtskraft des Vollstreckungsbescheids nicht ausgeschlossen sein (so Stuttgart NJW 85, 2272 = EWiR § 826 BGB 7/85, 289 [Gott-

wald]; Kohte NJW 85, 2227 ff, 2230; Braun aaO S 69 ff, 71 ff, 91 ff, 117; ders WM 86, 782 f; Bender EWiR § 767 ZPO 1/86, 311; abl Münzberg NJW 86, 361; Grunsky ZIP 85, 1365; Gaul, Rechtskraftdurchbrechung [aaO LitVerz vor § 322], S 46 ff).

2) Geltendmachung von fehlender bzw. eingeschränkter Rechtskraft. a) Soweit der Vollstreckungsbescheid einer vollstreckbaren Urkunde gleichgestellt wird (Rn 15[b]), ist richtiger Rechtsbehelf zur Geltendmachung materieller Einwendungen die *Vollstreckungsgegenklage* (§§ 767 I, 795); die Präklusionsnorm des § 796 II soll nicht gelten (so Köln NJW 86, 1351; Lappe/Grünert Rpfleger 86, 165), nur ergänzend ist Raum für die Klage aus § 826 BGB (Köln NJW 86, 1350 [1354]). **b)** Für die Geltendmachung der eingeschränkten Rechtskraft (Rn 15[c]) werden zT neuartige selbständige Rechtsbehelfe befürwortet, so die „Nachholung der Amtsprüfung im Vollstreckungsverfahren" (so Stuttgart NJW 85, 2272; Bender zu Köln EWiR § 767 ZPO 1/86, 311 und Frankfurt EWiR § 767 ZPO 2/86, 413) oder eine von den Restitutionsgründen des § 580 freie Wiederaufnahme (so Braun aaO S 100 ff; WM 86, 784); nach aA ist richtiger Rechtsbehelf die Klage aus § 826 BGB (so Kohte NJW 85, 2217 [2227 ff]). 16

3) Stellungnahme. Die unterschiedlichen Verfahrensgarantien im Klage- und Mahnverfahren können nicht ohne Auswirkungen auf die „Intensität" der materiellen Rechtskraft des Vollstreckungsbescheids bleiben. Auch im Mahnverfahren dürfen offensichtlich unberechtigte Forderungen nicht tituliert werden (§ 691 Rn 1). Die geringen Anforderungen an die Anspruchs*bezeichnung* (§ 690 Rn 14) reichen nicht aus, daß diese Fälle – ähnlich zuverlässig wie beim Säumnisverfahren – „herausgefiltert" werden (vgl das Erfordernis der Anspruchs*begründung* beim Übergang ins Streitverfahren, §§ 697 I, 700 III 2). Das bloße – uU auf Rechtsunkenntnis beruhende – Schweigen des Antragsgegners (Nichtgeltendmachen der Behelfe des Mahnverfahrens) genügt als Legitimation der materiellen Rechtskraft nicht, wenn *überhaupt keine* gerichtliche Prüfung stattgefunden hat und der geltend gemachte Anspruch nicht einmal dem „Anschein des Rechts" entspricht (zutr daher insoweit Köln NJW 86, 1351 f; Braun aaO 71 ff, bes 77; WM 86, 783; einschr Gaul, Rechtskraftdurchbrechung [LitVerz vor § 322], S 47). Die Gleichstellung des Vollstreckungsbescheids mit einer vollstreckbaren Urkunde bedeutet freilich der Sache nach eine Unwirksamkeitserklärung der Vorschriften über die Rechtskraft des Vollstreckungsbescheids (Rn 15[a]), die aber dem BVerfG vorbehalten ist (Art 100 GG). Methodisch legitim ist die Annahme eingeschränkter Rechtskraft (Rn 15[c]), die den verringerten prozessualen Richtigkeitsgarantien im Mahnverfahren Rechnung trägt (vorbildlich die Rspr zu § 410 StPO, etwa BVerfG 3, 253 f; BGHSt 18, 144 f; 28, 70 f; leicht einschr BVerfG 65, 384 ff). Die Rechtskraft des Vollstreckungsbescheids steht daher dem Einwand nicht entgegen, daß der Titel im Mahnverfahren nicht hätte ergehen dürfen (ebenso Köln NJW 86, 1350; Stuttgart NJW 85, 2272; Braun aaO S 96 ff; aA Grunsky JZ 86, 626; ZIP 86, 1365; Münzberg NJW 86, 361; Gaul aaO S 48). Dieser Einwand kann ohne weiteres mit einer (Unterlassungs-, Bereicherungs- oder Schadensersatz-) Klage geltend gemacht werden; überflüssig und abzulehnen ist die Entwicklung besonderer „Rechtsbehelfe" (Rn 16[b]; im Rahmen „eingeschränkter" Rechtskraft ist insbes für eine Wiederaufnahme kein Raum, inkonsequent daher Braun aaO). Im Ergebnis führt die hier vertretene Auffassung bei Titulierung von (Zins-)Forderungen aus sittenwidrigen Ratenkrediten *durch Vollstreckungsbescheide* (vgl dazu allg Rn 77 vor § 322) zur Anerkennung einer neuen Fallgruppe, bei der das dritte Merkmal der „besonderen Umstände" (Rn 74[cc] vor § 322) nicht gilt. 17

V) Gebühren: 1) des **Gerichts:** Gebührenanfall bei Einspruchseinlegung s Rn 19 vor § 688. Die ½ Gebühr des KV Nr 1005 wird nicht ausgelöst durch einen Einspruch, der gegen den in Unkenntnis der Konkurseröffnung über das Vermögen des Schuldners erlassenen (unwirksamen) Vollstreckungsbescheid eingelegt wird (vgl dazu RGZ 88, 206/208; RGZ 64, 361/363 ua). S Drischler/Oestreich/Heun/Haupt, GKG VII KV Nr 1005 Fußnote 2. Keine Gebühr für den Kosten- und Verlustigkeitsbeschluß (oben Rn 11 aE); s dazu auch Rn 35 zu § 515. Im Säumnisfalle des einspruchseinlegenden Beklagten (Rn 13): Erläßt das Gericht ein unechtes Versäumnisurteil, so liegt kostenrechtlich ein gebührenpflichtiges Endurteil vor; setzt dagegen das Gericht seine Erkenntnis als echtes Versäumnisurteil ab, so ist dieses gebührenfrei. Für ein Zwischenurteil, das über die Zulässigkeit des Einspruchs befindet (§ 303), wird keine Urteilsgebühr mehr erhoben; von den Zwischenurteilen ist nur noch das sog Grundurteil nach § 304 gebührenpflichtig (vgl KV Nr 1013; auch Rn 12 zu § 303). – **2)** des **Anwalts:** s Rn 19 vor § 688. Wegen der in § 43 BRAGO getroffenen Spezialregelung scheidet eine analoge Anwendung des § 38 BRAGO aus; s dazu Hamm JurBüro 63, 467; ebenso Riedel/Sußbauer, BRAGO § 38 Rdnr 5 aE; aM Hartmann § 38 BRAGO Anm 1 und Gerold/Schmidt § 38 BRAGO Rn 20. 18

701 *[Wegfall der Wirkungen des Mahnbescheids]*

Ist Widerspruch nicht erhoben und beantragt der Antragsteller den Erlaß des Vollstreckungsbescheids nicht binnen einer sechsmonatigen Frist, die mit der Zustellung des Mahnbescheids beginnt, so fällt die Wirkung des Mahnbescheids weg. Dasselbe gilt, wenn der Vollstreckungsbescheid rechtzeitig beantragt ist, der Antrag aber zurückgewiesen wird.

I) Voraussetzungen des Wirkungsloswerdens

1 **1)** Der Mahnbescheid hat von vornherein keine Wirkungen, wenn er **nicht zugestellt** werden kann. Entspr § 269 wird er nachträgl wirkungslos, wenn der Mahnantrag in zulässiger Weise **zurückgenommen** wird (§ 690 Rn 22); wird allerdings die Rücknahme mit Zustimmung des Schuldners wirksam widerrufen, lebt der Mahnbescheid wieder auf (§ 690 Rn 22). Nichtzustellung eines erwirkten Vollstreckungsbescheids berührt die Wirkungen des Mahnbescheids nicht (s § 699 Rn 15 aE), auch nicht Zurücknahme des Antrags auf Durchführung des streitigen Verfahrens (§ 696 Rn 2).

2 **2)** Nach § 701 verliert der Mahnbescheid seine Kraft in zwei weiteren Fällen: **a)** Wenn nach Erlaß des Mahnbescheids Widersprch nicht eingelegt oder der eingelegte wieder zurückgenommen wird, kann der Antragsteller Antrag auf Erteilung des Vollstreckungsbescheids stellen (§ 699 I). Stellt er diesen Antrag innerhalb der Sechsmonatsfrist des § 701, so kann sie nicht ablaufen; unschädlich ist, wenn der Vollstreckungsbescheid erst nachher erteilt wird (vgl LG Frankfurt Rpfleger 70, 100). Wird der **Antrag** dagegen **nicht innerhalb der Frist** gestellt oder ein gestellter wieder zurückgenommen, ohne innerhalb der Frist erneuert zu werden, so wird der Mahnbescheid nach **S 1 kraftlos.**

3 **b)** Die gleiche Folge tritt nach **S 2** auch ein, wenn der **Antrag** zwar fristgemäß gestellt wurde, aber **zurückgewiesen** wird. Da statt der sofortigen Beschwerde nach § 699 II aF gegen die Zurückweisung nun unbefristete Erinnerung und Beschwerde gegeben sind (§ 699 Rn 18), kann für die Anwendung des S 2 nicht mehr auf die *formelle Rechtskraft* des Zurückweisungsbeschlusses abgestellt werden (ie Vollkommer Rpfleger 82, 296). Die *beschlußmäßige Zurückweisung* des Antrags durch den Rechtspfleger läßt aber die Wirkung des Mahnbescheids keineswegs schon entfallen, denn der zurückgewiesene Antrag kann möglicherweise fehlerfrei wiederholt oder der Zurückweisungsbeschluß im Rechtsbehelfsverfahren noch aufgehoben werden. **S 2** ist daher auf erstinstanzliche Zurückweisungsbeschlüsse nicht anwendbar (so Vollkommer Rpfleger 82, 296; aA 13. Aufl). Daraus ergibt sich: Auch **nach Antragszurückweisung** ist innerhalb der Frist des S 1 eine Antragserneuerung stets zulässig; ein bis zum Fristablauf noch nicht eingeleitetes Rechtsbehelfsverfahren wird mit Fristablauf unzulässig. Bsp: LG Frankfurt Rpfleger 82, 295 mit iErg zust Anm Vollkommer.

4 **3) Fristberechnung:** Die **Sechsmonatsfrist beginnt mit der Zustellung des Mahnbescheids,** nicht erst mit der Benachrichtigung des Antragstellers nach § 693 III. Sie kann, weil Ausschlußfrist, weder verkürzt noch verlängert werden. Keine Wiedereinsetzung. Die Gerichtsferien sind auf ihren Lauf ohne Einfluß (§ 202 GVG). Berechnung: § 222 mit §§ 187 ff BGB. Wirkungen des Antrags auf Vollstreckungsbescheid: Rn 2; nach Zurücknahme dieses Antrags läuft die Frist so weiter, als wäre der Antrag nicht gestellt worden. Wird gegen den Mahnbescheid Widerspruch eingelegt, so wird der weitere Ablauf der Frist gehemmt; wenn der Widerspruch wieder zurückgenommen wird, läuft der Rest der Frist weiter ab; der zurückgenommene Widerspruch kann in diesem Zusammenhang nicht als nie erhoben gelten mit der Folge, daß er den Fristenlauf überhaupt nicht berührt hätte.

II) Bedeutung des Wegfalls der Wirkungen

5 In den genannten Fällen kann der Mahnbescheid nicht mehr Grundlage eines Vollstreckungsbescheids sein. Der bisherige Antragsteller muß **neuen Mahnbescheid** erwirken **oder Klage** stellen, wenn er noch zu einem Vollstreckungstitel kommen will. Zugleich entfallen gewisse materiellrechtliche Wirkungen, die der Zustellung des Mahnbescheids beigelegt sind, wie die Unterbrechung der Verjährung (§ 213 BGB).

702 *[Erklärungsform; Gehör für Gegner]*

(1) Im Mahnverfahren können die Anträge und Erklärungen vor dem Urkundsbeamten der Geschäftsstelle abgegeben werden. Soweit Vordrucke eingeführt sind, werden diese ausgefüllt; der Urkundsbeamte vermerkt unter Angabe des Gerichts und des Datums, daß er den Antrag oder die Erklärung aufgenommen hat. Auch soweit Vordrucke nicht eingeführt sind, ist für den Antrag auf Erlaß eines Mahnbescheids oder eines Vollstreckungsbescheids bei dem für das Mahnverfahren zuständigen Gericht die Aufnahme eines Protokolls nicht erforderlich.

(2) Der Antrag auf Erlaß eines Mahnbescheids oder eines Vollstreckungsbescheids wird dem Antragsgegner nicht mitgeteilt.

I) Form der Anträge und Erklärungen (Abs 1)

1 **1)** Für die im Mahnverfahren anfallenden Anträge und Erklärungen besteht **kein Anwalts-**

zwang (§ 79; s auch § 696 Rn 8; § 700 Rn 6); die Partei (oder ihr Bevollmächtigter, der seine Vollmacht zu versichern hat, § 703) kann sie selbst **schriftlich** beim zuständigen AG einreichen; soweit nach § 703c **Vordrucke** vorgeschrieben sind (so insbes für den Mahnantrag und den Antrag auf Vollstreckungsbescheid, sofern die Bescheide nicht im Ausland oder im Bereich des Nato-Truppenstatus zuzustellen sind), müssen sie verwendet werden; andernfalls können die Anträge uU als unzulässig zurückgewiesen werden (§§ 703c II, 691; ie § 703c Rn 5 ff). Für den Widerspruch ist der Vordruckzwang gemildert, da sich der Antragsgegner des Vordrucks nur bedienen „soll" (§ 692 I Nr 5). Soweit Vordrucke nicht vorgeschrieben sind, ist neben der Einreichung eines Schriftsatzes auch Erklärung durch Telegramm oder Fernschreiben zulässig (zB für den Widerspruch und den Einspruch, s § 694 Rn 2; § 700 Rn 5); eine fernmündl abgegebene und vom Urkundsbeamten aufgenommene Erklärung wahrt die Niederschriftsform des I 1 (LG Aschaffenburg NJW 69, 280, str; vgl § 700 Rn 5; vgl auch Rn 3). Nach Einführung der maschinellen Bearbeitung können Mahnantrag und Antrag auf Vollstreckungsbescheid uU auch in einer nur maschinell lesbaren Aufzeichnung eingereicht werden (§§ 690 III, 699 I S 2 letzter Hs).

2) Nach **I S 1** können Anträge und Erklärungen auch beim **Urkundsbeamten der Geschäftsstelle** mündl angebracht werden. Möglich ist das sowohl bei der Geschäftsstelle des für das Mahnverfahren zuständigen AG (§§ 689, 703d) als auch der jedes anderen AG (§ 129a I); letzterenfalls wird die Erklärung aber erst mit dem Eingang bei zuständigen AG wirksam (§ 129a II). Soweit **Vordrucke** eingeführt sind, muß sich auch der Urkundsbeamte ihrer bedienen **(I S 2).** Das gilt auch für den Widerspruch; daß die Benutzung dem Antragsgegner selbst nicht zwingend vorgeschrieben ist, entbindet den Urkundsbeamten nicht von der Verwendung (so wohl auch Crevecoeur NJW 77, 1321). Er hat die Vordrucke auszufüllen oder bei der Ausfüllung behilflich zu sein, hat die Partei (einen Bevollmächtigten unter Versicherung seiner Vollmacht, § 703) unterzeichnen zu lassen (für den Mahnantrag vgl § 690 II, für den Widerspruch § 694 I) und die durch S 2 Halbs 2 vorgeschriebenen Vermerke anzubringen **(I S 2).** Mit diesen Vermerken ersetzt das ausgefüllte und unterzeichnete Formblatt das herkömml Protokoll des Urkundsbeamten (zu dessen in der ZPO nicht ausdrücklich geregelter Form vgl § 3 V der BayGeschAnwZ, BayBSVJu II, 3; vgl auch BayObLG FamRZ 65, 104). Da S 2 im Gegensatz zu S 3 keine ausdrückl Unterscheidung trifft, wird auch der Urkundsbeamte eines nach § 129a in Anspruch genommenen anderen AG ebenso zu verfahren haben. 2

Soweit für den Antrag auf Mahn- oder Vollstreckungsbescheid amtliche **Vordrucke (noch) nicht eingeführt** sind (bei Zustellung im Ausland oder an Angehörige und Gefolge der Stationierungsstreitkräfte), genügt bei dem für das Mahnverfahren zuständigen AG gleichfalls ein Vermerk auf dem Schriftstück **(I S 3),** während der Urkundsbeamte eines anderen AG dann ein Protokoll aufzunehmen hat. Sonstige Erklärungen des Antragstellers oder Antragsgegners, für die kein Vordruck eingeführt ist, sind hier wie dort zu Protokoll zu nehmen. 3

3) Nach Beendigung des Mahnverfahrens durch Abgabe ins streitige Verfahren gelten für die Anträge und Erklärungen der Parteien wieder die allgemeinen Vorschriften (beim AG § 496, beim LG Anwaltszwang nach §§ 78 I, 88). Die gleiche Formerleichterung wie nach § 702 besteht jedoch nach §§ 697 IV S 2, 700 III S 2 auch nach der Abgabe ins streitige Verfahren für die Zurücknahme von Widerspruch und Einspruch, so daß für die Zurücknahme Vertretung durch einen Anwalt auch dann nicht erforderlich ist, wenn das streitige Verfahren bei einem LG anhängig ist. 4

II) Kein vorheriges Gehör für Antragsgegner (Abs 2)

Die Anträge auf Mahnbescheid und Vollstreckungsbescheid werden dem Antragsgegner nicht mitgeteilt **(II).** Auch von einer Zurückweisung erfährt er nichts, da sie seine Rechte nicht berührt (§ 691 Rn 1, § 699 Rn 18). Wird den Anträgen stattgegeben, so erhält er Kenntnis erst durch die Zustellung der Bescheide an ihn (§§ 693 I, 699 IV). Der Mahnbescheid enthält keine rechtsbeeinträchtigende Entscheidung, sondern stellt eine Aufforderung zur Leistung oder zur Einlegung des Widerspruchs dar, um sich so Gehör zu beschaffen (Waldner, Aktuelle Probleme des rechtlichen Gehörs im Zivilprozeß, Diss Erlangen 1983, S 194). Das rechtliche Gehör des Antragsgegners wird in zulässiger Weise dadurch gewahrt, daß er gegen die Bescheide Widerspruch bzw. Einspruch einlegen kann (vgl BVerfG NJW 59, 428). War der Mahnbescheid dem Antragsgegner bereits zugestellt, so ist ihm eine Zurücknahme des Mahnantrags bekanntzumachen (§ 690 Rn 22). Beim Vollstreckungsbescheid kommt eine nachträgl Zurücknahme des auf seine Erteilung gerichteten Antrags nicht in Betracht (§ 699 Rn 2). 5

703 *[Vollmacht]*

Im Mahnverfahren bedarf es des Nachweises einer Vollmacht nicht. Wer als Bevollmächtigter einen Antrag einreicht oder einen Rechtsbehelf einlegt, hat seine ordnunsgemäße Bevollmächtigung zu versichern.

I) Versicherung der Vollmacht

1 **1)** Im Innenverhältnis muß wirksame Bevollmächtigung vorliegen oder mit rückwirkender Kraft nachgeholt werden (vgl BGH 33, 321); andernfalls Unwirksamkeit der von dem angebl Bevollmächtigten vorgenommenen Prozeßhandlung, die der angebl Vertretene jederzeit geltend machen kann. Im Mahnverfahren muß bestehende Vollmacht aber nicht nachgewiesen werden, auch nicht auf Verlangen des Gegners, auch nicht (abweichend von § 88 II), wenn der Vertreter nicht RA ist. Der als Bevollmächtigter Auftretende hat aber seine ordnungsgemäße Bevollmächtigung zu versichern **(S 2),** wenn er für die Partei Anträge stellt oder Rechtsbehelfe einlegt. Das Gleiche gilt auch für die Zurücknahme von Anträgen und Rechtsbehelfen durch einen erst zu diesem Zweck auftretenden Bevollmächtigten.

2 **2)** Sobald die Sache – auf Widerspruch oder Einspruch – ins **Streitverfahren** abgegeben ist (§ 696 I S 1, § 700 III S 1), gelten wieder die **allgemeinen Vorschriften** über den Vollmachtnachweis (§ 88). Es kann aber auch nach Abgabe ins streitige Verfahren nochmals zum Mahnverfahren kommen, wenn ein eingelegter Widerspruch, der zur Abgabe geführt hat, wieder zurückgenommen und dann Vollstreckungsbescheid beantragt wird. In dem erneuten Mahnverfahren ist § 703 wieder anwendbar (vgl § 700 Rn 4).

II) Bevollmächtigter des Gegners

3 Für den Fall, daß im Mahnantrag (§ 690 I Nr 1) ein Bevollmächtigter des Gegners benannt wird, gilt § 703 S 2 nicht. Der Antragsteller kann nicht versichern, daß der von ihm als Vertreter des Gegners benannte von diesem ordnungsgemäß bevollmächtigt worden sei; es muß dann dessen **Vollmacht nachgewiesen** werden (Schalhorn JurBüro 74, 700).

703 a *[Urkunden-, Wechsel-, Scheckmahnverfahren]*

(1) Ist der Antrag des Antragstellers auf den Erlaß eines Urkunden-, Wechsel- oder Scheckmahnbescheids gerichtet, so wird der Mahnbescheid als Urkunden-, Wechsel- oder Scheckmahnbescheid bezeichnet.

(2) Für das Urkunden-, Wechsel- und Scheckmahnverfahren gelten folgende besondere Vorschriften:

1. **die Bezeichnung als Urkunden-, Wechsel- oder Scheckmahnbescheid hat die Wirkung, daß die Streitsache, wenn rechtzeitig Widerspruch erhoben wird, im Urkunden-, Wechsel- oder Scheckprozeß anhängig wird;**
2. **die Urkunden sollen in dem Antrag auf Erlaß des Mahnbescheids und in dem Mahnbescheid bezeichnet werden; ist die Sache an das Streitgericht abzugeben, so müssen die Urkunden in Urschrift oder in Abschrift der Anspruchsbegründung beigefügt werden;**
3. **im Mahnverfahren ist nicht zu prüfen, ob die gewählte Prozeßart statthaft ist;**
4. **beschränkt sich der Widerspruch auf den Antrag, dem Beklagten die Ausführung seiner Rechte vorzubehalten, so ist der Vollstreckungsbescheid unter diesem Vorbehalt zu erlassen. Auf das weitere Verfahren ist die Vorschrift des § 600 entsprechend anzuwenden.**

Lit zur aF: *Petermann,* Die Besonderheiten des Urkundenmahnverfahrens, Rpfleger 69, 276.

I) Allgemeines

1 **1)** Für das Urkunden-, Wechsel- und Scheckmahnverfahren gelten grundsätzlich die **allgemeinen Vorschriften über das Mahnverfahren,** teilweise **modifiziert durch § 703 a.** Daß auch Ansprüche aus Schecks in dem besonderen Mahnverfahren verfolgt werden können, was bisher aus § 605 a herzuleiten war, bestätigt I nun ausdrücklich.

2 **2)** Da Ansprüche aus Urkunden (Wechseln, Schecks) auch im gewöhnl Mahnverfahren verfolgt werden können, muß aus dem **Mahnantrag** (§ 690; Vordruck: § 703 c) **deutlich hervorgehen, daß** ein **Urkunden- (Wechsel-, Scheck-)Mahnbescheid** erlassen werden soll **(I;** s den Hinweis auf der Rückseite des amtlichen Vordrucks). Verwechslungen dieser Begriffe sind unschädlich, wenn die zur Anspruchsbegründung angeführten Urkunden (Rn 4) das Richtige ergeben. Fehlt es an einer deutlichen Äußerung, so ergeht gewöhnlicher Mahnbescheid, der bei Widerspruch zum normalen Streitverfahren führt.

3) Der Wechsel-(Scheck-)Mahnbescheid muß zur **Zahlung gegen Aushändigung des quittierten Wechsels oder Schecks** auffordern (vgl Art 39 I, 50 WG, Art 34 I, 47 I ScheckG, § 274 BGB; Baumbach/Hefermehl 2 B zu Art 39 WG); nach Petermann aaO, StJMünzberg § 726 Rn 18 ist das nicht nötig, weil nur ein besonders ausgestaltetes Recht auf Quittung und kein selbständiger Gegenanspruch vorliege. 3

4) Die zum **Beweis des Anspruchs** dienenden Urkunden sind nach der Neuregelung dem Mahnantrag nicht mehr (ur- oder abschriftlich) beizufügen und werden auch nicht mehr mit dem Mahnbescheid abschriftlich zugestellt. Nachdem die Schlüssigkeitsprüfung einschließlich der Prüfung der Statthaftigkeit des besonderen Verfahrens durch das Mahngericht entfallen ist, besteht für sie dort keine Verwendung mehr, am wenigsten bei maschineller Bearbeitung (wegen nachträglicher Vorlage an das Streitgericht s Rn 7). Die Urkunden sind aber im Mahnantrag im einzelnen anzuführen **(II Nr 2).** Obwohl nach dem Gesetz nur Sollvorschrift, ist anderenfalls der Antrag auf Erlaß eines Urkunden-(Wechsel-, Scheck-)Mahnbescheids gemäß § 691 – gegebenenfalls nach erfolgloser Beanstandung – zurückzuweisen, sofern der Antragsteller nicht zum gewöhnl Mahnverfahren übergeht (StJSchlosser Rn 2; ThP Anm 2 b; aA BL Anm 1 B). 4

II) Einzelheiten zum Verfahren

1) Das Gericht (Rechtspfleger) hat die **allgemeine Zulässigkeitsvoraussetzungen des Mahnverfahrens** (§ 688 Rn 1) zu prüfen, dagegen nicht **(II Nr 3),** ob der Urkunden-(Wechsel-, Scheck-)Prozeß nach §§ 592, 602, 605 a statthaft ist. Es genügt, daß der Antrag auf Erlaß eines Urkunden-(Wechsel-, Scheck-)Mahnbescheids gerichtet ist und der Nr 2 genügt; dann ist ein solcher Bescheid zu erlassen **(I).** 5

2) Die Widerspruchsfrist ist jetzt (auch beim Wechsel- und Scheckmahnverfahren) die allgemeine (§ 692 I Nr 3 bzw – bei Zustellung in einem der Vertragsstaaten des EuGVÜ – § 36 III des AusfG hierzu vom 29. 7. 72, BGBl I 1328). 6

3) Legt der Antragsgegner **Widerspruch ohne die Beschränkungen der Nr 4** ein und wird von einer Partei Antrag auf Durchführung des streitigen Verfahrens gestellt, so ist die Sache nach § 696 I an das vom Antragsteller bezeichnete, im Mahnbescheid aufgeführte (§ 692 I Nr 1) Streitgericht (AG oder LG) abzugeben; dort wird das Verfahren ohne weiteres als Urkunden-(Wechsel-, Scheck-)Prozeß mit den Beweismittelbeschränkungen der §§ 592, 595 II, III, 598 anhängig **(II Nr 1).** Rechtshängigkeit: § 696 III. Weiteres zum Verfahren: § 697. Für die Ladungsfrist gelten keine Besonderheiten mehr (II Nr 5 aF ist weggefallen). Im Streitverfahren ist nunmehr die Statthaftigkeit der besonderen Verfahrensart zu prüfen. Der Antragsteller hat daher mit seiner Anspruchsbegründung (§ 697 I) zur Unterrichtung des Gegners (vgl § 593 II) die Urkunden in Urschrift oder (besser) in Abschrift (auch unbeglaubigter) vorzulegen **(II Nr 2).** Wird nur die Urschrift vorgelegt, so sind die notwendigen Abschriften auf Kosten des Antragstellers vom Gericht zu fertigen (§§ 56, 64 GKG; Kostenverzeichnis Nr 1900). Nichtvorlage kann, wenn nicht vom Urkunden-(Wechsel-, Scheck-)Prozeß Abstand genommen wird (§ 596), zum Ausschluß der Beweismittel mit der Folge des § 597 II führen. 7

4) Wenn der Antragsgegner seine Verteidigung auf das Nachverfahren konzentrieren will, in dem er keiner Beweismittelbeschränkung unterliegt (§ 600 I), so kann er als Besonderheit des Urkunden-(Wechsel-, Scheck-)Mahnverfahrens seinen **Widerspruch gemäß Nr 4 beschränken.** Dann erläßt das Mahngericht, wiederum ohne vorherige Urkundeneinreichung und ohne Prüfung der Statthaftigkeit der Prozeßart, auf Antrag Vollstreckungsbescheid mit entsprechendem Vorbehalt **(II Nr 4),** der anders als nach § 700 I nicht einem Versäumnisurteil, sondern einem Vorbehaltsurteil (§ 599) gleichsteht. Gegen diesen Vollstreckungsbescheid, der den (inhaltl beschränkten) Widerspruch nicht negativ bescheidet, findet kein Einspruch statt (Schriever MDR 79, 24; Einspruch nur, wenn Aufnahme des Vorbehalts versehentl unterblieben ist und auch nicht nach §§ 321, 599 II nachgeholt wird; dann wie bei II Nr 1 Überleitung in den Urkunden-, Wechsel-, Scheckprozeß). Das Mahngericht gibt die Sache vielmehr entsprechend § 700 III von Amts wegen an das im Mahnbescheid bezeichnete Streitgericht ab (StJSchlosser Rn 5), bei dem die Sache von selbst als Nachverfahren (§ 600) anhängig wird **(II Nr 4 S 2).** Terminsbestimmung wie § 600 Rn 3. 8

5) Wird gegen den Urkunden-(Wechsel-, Scheck-)Mahnbescheid **kein Widerspruch** eingelegt, so ergeht auf entspr nunmehrigen Antrag (wiederum ohne Urkundenvorlage und ohne Prüfung der Statthaftigkeit der besonderen Prozeßart) Vollstreckungsbescheid nach § 700. Wenn er nicht auf den Mahnbescheid gesetzt (§ 699 II), sondern (bei maschineller Bearbeitung) selbständig ausgedruckt wird, ist er zweckmäßig als Urkunden-(Wechsel-, Scheck-)Vollstreckungsbescheid zu bezeichnen. Gegen diesen Vollstreckungsbescheid ist Einspruch gegeben; dann gibt das Mahngericht die Sache von Amts wegen an das im Mahnbescheid bezeichnete Streitgericht ab (§ 700 9

III). Das Verfahren folgt dann ebenso, wie wenn gegen den Urkunden-(Wechsel-, Scheck-) Mahnbescheid unbeschränkter Widerspruch eingelegt worden wäre (Rn 7), den Regeln des Urkunden-(Wechsel-, Scheck-)Prozesses.

703 b *[Vorschriften für maschinelle Bearbeitung]*

(1) Bei maschineller Bearbeitung werden Beschlüsse, Verfügungen und Ausfertigungen mit dem Gerichtssiegel versehen; einer Unterschrift bedarf es nicht.

(2) Der Bundesminister der Justiz wird ermächtigt, durch Rechtsverordnung mit Zustimmung des Bundesrates den Verfahrensablauf zu regeln, soweit dies für eine einheitliche maschinelle Bearbeitung der Mahnverfahren erforderlich ist (Verfahrensablaufplan).

1 **I) Maschinelle Bearbeitung** der Mahnsachen ist zulässig (§ 689 I S 2); für ihre Einführung gilt § 703c III. Beschlüsse, Verfügungen und Ausfertigungen bedürfen dann keiner Unterschrift; sie wird durch das Gerichtssiegel ersetzt, das auch bereits eingedruckt sein kann **(I).** Für den Mahnbescheid genügt übrigens auch bei nicht maschineller Bearbeitung ein Stempelabdruck statt der Unterschrift (§ 692 II).

2 **Weiter einschlägige Vorschriften:** §§ 690 III, 691 III (Mahnantrag in maschinell lesbarer Aufzeichnung); §§ 696 II, 697 V S 2 (maschinell erstellter Aktenausdruck); § 699 III S 2 (maschinelle Kostenberechnung); § 703c I Nr 1 nebst VO v 6. 6. 78, BGBl I 705 (Vordrucke für maschinelle Bearbeitung).

3 **II)** Die **Ermächtigung** in **II** ist am 10 12. 76 in Kraft getreten (Art 12 II Nr 2 VereinfNovelle). Die vorgesehene RechtsVO ist **noch nicht ergangen. Verfahrensablaufplan:** Er soll die maschinelle Bearbeitung entsprechend dem logischen Ablauf der zu vollziehenden Vorgänge beschreiben. Der Gedanke, auch den technischen Ablauf des Verfahrens durch einen Programmablaufplan festzulegen, ist fallengelassen worden; die Einzelheiten der technischen Realisierung bleiben den Ländern überlassen (zum Entwicklungsstand Keller NJW 81, 1184; Mayer NJW 83, 92).

703 c *[Vordruckzwang. Einführung maschineller Bearbeitung]*

(1) Der Bundesminister der Justiz wird ermächtigt, durch Rechtsverordnung mit Zustimmung des Bundesrates zur Vereinfachung des Mahnverfahrens Vordrucke einzuführen. Für

1. Mahnverfahren bei Gerichten, die die Verfahren maschinell bearbeiten,

2. Mahnverfahren bei Gerichten, die die Verfahren nicht maschinell bearbeiten,

3. Mahnverfahren, in denen der Mahnbescheid im Ausland zuzustellen ist,

4. Mahnverfahren, in denen der Mahnbescheid nach Artikel 32 des Zusatzabkommens zum NATO-Truppenstatut vom 3. August 1959 (Bundesgesetzbl. 1961 II S. 1183, 1218) zuzustellen ist.

können unterschiedliche Vordrucke eingeführt werden.

(2) Soweit nach Absatz 1 Vordrucke für Anträge und Erklärungen der Parteien eingeführt sind, müssen sich die Parteien ihrer bedienen.

(3) Die Landesregierungen bestimmen durch Rechtsverordnung den Zeitpunkt, in dem bei einem Amtsgericht die maschinelle Bearbeitung der Mahnverfahren eingeführt wird; sie können die Ermächtigung durch Rechtsverordnung auf die Landesjustizverwaltungen übertragen.

Lit: *Keller,* Die Automation des Mahnverfahrens, NJW 81, 1184; *Mayer,* Die Automation des gerichtlichen Mahnverfahrens, NJW 83, 92; *Schuster,* Der Vollstreckungsbescheid bei maschineller Bearbeitung des Mahnverfahrens, DGVZ 83, 115.

1 **I)** Die **Ermächtigungen** in **I** und **III** sind am 10. 12. 76 in Kraft getreten (Art 12 II Nr 3 der VereinfNovelle). Durch VO v 6. 5. 77 (BGBl I 693, in Kraft 1. 7. 77) hat der BJM zunächst **Vordrucke** für die **nichtmaschinelle Bearbeitung** der Mahnsachen eingeführt und zwar für die Anträge auf Mahnbescheid und Vollstreckungsbescheid (Anlage 1 der VO). Die Vordrucke sind als Durchschreibesatz ausgestaltet, so daß mit der Ausfüllung des Antrags zugleich die Bescheide, ihre Ausfertigungen und die vorzunehmenden Mitteilungen beschriftet werden. In der Anlage 2 ist weiter ein Vordruck für den Widerspruch eingeführt.

Durch VO v 6. 6. 78 (BGBl I 705), die am 1. 1. 79 in Kraft getreten ist, wurden weiter Vordrucke für die künftige **(III) maschinelle Bearbeitung** der Mahnsachen eingeführt (geändert durch VO vom 18. 3. 83, BGBl I 303). Der Satz enthält ua einen Vordruck für den Antrag auf Erlaß des Mahnbescheids (Anlage 1), für den Widerspruch (Anlage 3), für den Antrag auf Erlaß des Vollstreckungsbescheids (Anlage 4) sowie für die gegebenenfalls veranlaßten Anträge auf Neuzustellung des Mahnbescheids bzw Vollstreckungsbescheids (Anlagen 6 und 7). Die Vordrucke nach beiden VOen sind nicht für Fälle bestimmt, in denen der Mahnbescheid im Ausland oder gemäß Art 32 des Zusatzabkommens zum Nato-Truppenstatut zuzustellen ist (§ 1 I S 2 der VO v 6. 5. 77, § 1 II der VO v 6. 6. 78). Die Vordrucke sollen bei allen AG vorrätig gehalten werden. 2

Für den Einspruch gegen den Vollstreckungsbescheid und die **Rechtsbehelfe** sind bundeseinheitliche Vordrucke nicht in Aussicht genommen. Die Landesjustizverwaltungen können weitere Formulare bereitstellen, an deren Nichtbenutzung jedoch keine nachteiligen Folgen des II geknüpft sind (wegen **II** vgl Rn 5). 3

Im **arbeitsgerichtl Mahnverfahren** sind aufgrund der Ermächtigung in § 46 a VII ArbGG durch VO vom 15. 12. 1977 (BGBl I, S 2625) Vordrucke eingeführt worden. 4

II) Verwendungszwang (Abs 2). Die Parteien „müssen" sich für ihre Anträge und Erklärungen der nach **I** eingeführten Vordrucke bedienen. Die Mahngerichte haben daher in geeigneter Weise (auch durch Beanstandung) darauf hinzuwirken, daß die Beteiligten die entsprechenden Vordrucke verwenden. Auch der Urkundsbeamte der Geschäftsstelle hat sich bei der Aufnahme von Anträgen und Erklärungen gleichfalls der nach **I** eingeführten Vordrucke zu bedienen (§ 702 I 2; § 702 Rn 2), desgleichen der Rechtspfleger bei den im Mahnverfahren ergehenden Entscheidungen (zum Vollstreckungsbescheid vgl Rn 6). Hinsichtl der Rechtsfolgen bei **Verstoß gegen den Verwendungszwang** ist zu unterscheiden: 5

a) Ein nicht mittels Vordrucks gestellter **Mahnantrag** ist als unzulässig zurückzuweisen (§ 691 I) mit der Folge, daß es nicht zur Verjährungsunterbrechung (vgl § 693 II) kommt (vgl Schlee AnwBl 86, 148; § 693 Rn 5). Ist, wie zT in Baden-Württemberg (Rn 10) maschinelle Bearbeitung des Mahnverfahrens eingeführt und wird ein Mahnantrag in nicht maschinenlesbarer Form eingereicht, wird durch diesen die Verjährungsfrist nicht gewahrt (LG Darmstadt NJW 86, 1695). Besteht der eingeführte Vordruck aus einem Durchschreibesatz, darf aber der formgerechte Mahnantrag nicht schon deshalb zurückgewiesen werden, weil der eingereichte Formularsatz nicht vollständig ist (so aber AG Marl DGVZ 79, 46 = JMBlNRW 79, 16 bei fehlendem Vollstrekkungsbescheid-Blatt; abzulehnen), denn eine nachträgl Ergänzung (auch mittels eines neu erstellten Formulars) ist nicht ausgeschlossen (zutr LG Düsseldorf Rpfleger 79, 348; vgl auch Rn 7). Sollen im Mahnverfahren mehrere Personen als **Gesamtschuldner** in Anspruch genommen werden, bedarf es für jeden Antragsgegner der Ausfüllung eines gesonderten Vordrucksatzes (Einzelheiten: Engels AnwBl 77, 236). Sind die gegen Gesamtschuldner erlassenen Vollstrekkungsbescheide verbunden, darf sie der Gläubiger von sich aus nicht trennen (AG Wilhelmshaven DGVZ 79, 189, str; vgl dazu § 699 Rn 12). Der Vordruckzwang für den *Mahnantrag* in Form der Verwendung eines Durchschreibesatzes wirkt sich als Vordruckzwang auch für den **Vollstreckungsbescheid** aus (vgl Rn 5); die Zustellung (nur) einer beglaubigten Kopie der Vorderseite des Vollstreckungsbescheids (ohne die auf der Rückseite abgedruckte Rechtsbehelfsbelehrung) setzt die Einspruchsfrist nicht in Lauf (LG Darmstadt NJW 86, 1945). 6

b) Die Zurückweisung eines formularfrei gestellten **Antrags auf Erlaß des Vollstreckungsbescheids** (§ 699 I) ist zwar nicht ausdrücklich vorgeschrieben (§§ 690 I, II, 691 I ist in § 699 nicht für entspr anwendbar erklärt, vgl § 699 I 2 Hs 3), gleichwohl wendet die Praxis die Grundsätze der Rn 6 auch beim Vollstreckungsbescheidsantrag an (vgl LG Düsseldorf Rpfleger 79, 348). Keinesfalls stellt es aber einen Verstoß gegen den Formularzwang dar, wenn für den Antrag auf Erlaß des Vollstreckungsbescheids nicht das vom Amtsgericht zurückgesandte (vorbereitete) Formular, sondern ein neu erstelltes Formblatt verwendet wird (LG Düsseldorf Rpfleger 79, 348); mag auch der „Vordruck" als Durchschreibesatz ausgestaltet sein, so heißt das doch nicht, daß der Ersatz eines Blattes des Formularsatzes durch ein gleichartiges anderes ausgeschlossen wäre (zutr LG Düsseldorf Rpfleger 79, 348). Zuzustellen ist aber eine Ausfertigung des amtlichen Vordrucks (Rn 6). 7

c) Für den **Widerspruch** des Antragsgegners nach § 694 ist die Benutzung des (eingeführten; vgl Rn 2) Vordrucks nicht zwingend, sondern nur durch Sollvorschrift vorgeschrieben (§ 692 I Nr 5); der ausländische Antragsgegner braucht den Vordruck ohnedies nicht zu verwenden (§ 1 I S 2 der VO vom 6. 5. 77, § 1 II der VO vom 6. 6. 78). 8

d) Der **Einspruch** und die **Rechtsbehelfe** sind formularfrei (vgl Rn 3). 9

10 **III) Zu Abs 3.** Nach jahrelangen Vorarbeiten (s ie Keller NJW 81, 1184) wurde am 1. 10. 82 in Baden-Württemberg (durch VO vom 25. 5. 82, GBl 267) zunächst für die Amtsgerichtsbezirke Stuttgart und Stuttgart-Bad Cannstatt die maschinelle Bearbeitung des Mahnverfahrens eingeführt; inzwischen ist (durch VO vom 17. 4. 84, GBl 326) mit Wirkung vom 1. 1. 85 die maschinelle Bearbeitung der Mahnverfahren bei den Amtsgerichten im Bezirk des OLG Stuttgart eingeführt worden (§ 1 der VO vom 17. 4. 84); zentrales Mahngericht für diesen OLG-Bezirk ist das AG Stuttgart (§ 2 der VO vom 25. 5. 82). Die ersten Erfahrungen haben gezeigt (s ie Mayer NJW 83, 92), daß dieses Verfahren insbesondere von Großgläubigern sehr rasch angenommen worden ist. Besondere Probleme ergeben sich aber aus der schnellen technischen Weiterentwicklung im EDV-Bereich, die letztendlich dazu führen kann, daß das jetzt eingeführte Verfahren den an es gestellten Anforderungen, nämlich das Mahnverfahren schneller, einfacher und kostensparender zu gestalten, schon bald nicht mehr genügen kann. Die Landesregierungen können die ihnen durch **III** erteilte Ermächtigung auf die Landesjustizverwaltungen weiterübertragen; das ist teilweise geschehen (so in Bayern durch VO v 9. 3. 77, GVBl 88; in Baden-Württemberg durch VO v 7. 10. 80, GBl 570; in Hessen durch VO v 2. 10. 80, GVBl 350).

703 d *[Zuständigkeit bei ausländischem Gerichtsstand des Antragsgegners]*

(1) Hat der Antragsgegner keinen allgemeinen Gerichtsstand im Inland, so gelten die nachfolgenden besonderen Vorschriften.

(2) Zuständig für das Mahnverfahren ist das Amtsgericht, das für das streitige Verfahren zuständig sein würde, wenn die Amtsgerichte im ersten Rechtszug sachlich beschränkt zuständig wären. § 689 Abs. 3 gilt entsprechend.

(3) § 690 Abs. 1 Nr. 5 gilt mit der Maßgabe, daß das für das streitige Verfahren örtlich und sachlich zuständige Gericht zu bezeichnen ist.

I) Allgemeines. Internationale Zuständigkeit

1 **1)** § 703 d regelt die Zuständigkeit für das Mahnverfahren abweichend von § 689 II für den Fall, daß der Antragsgegner im Inland keinen allgemeinen Gerichtsstand hat, aber im Inland wenigstens ein besonderer Gerichtsstand nach §§ 20 ff, 32 oder ein wirksam vereinbarter Gerichtsstand (§ 38) besteht. Wenn demzufolge die deutschen Gerichte für ein streitiges Verfahren international zuständig sind, sind sie es auch für das Mahnverfahren. Wo der Antragsteller seinen allgemeinen Gerichtsstand hat, ist ohne Belang (BGH NJW 81, 2647 = Rpfleger 81, 394 = ZIP 81, 1025). Voraussetzung für die Zulässigkeit des Mahnverfahrens ist auch hier, daß der Mahnbescheid ohne Inanspruchnahme öffentl Zustellung im Inland (etwa bei einem vorübergehenden inländischen Aufenthalt des Antragsgegners oder an einen Bevollmächtigten, dessen Vollmacht vorliegt) oder in einem Vertragsstaat des EWG-Gerichtsstands- und Vollstreckungsübereinkommens (BGBl 72 II 773) zugestellt werden kann (§ 688 II, III).

2 **2) Wenn der Antragsgegner seinen allgemeinen Gerichtsstand** im Ausland **außerhalb der EWG-Gründerstaaten** hat, so bestimmen sich die für das Mahnverfahren in Betracht kommenden besonderen Gerichtsstände nach der ZPO. Wenn er seinen **Wohnsitz oder Sitz in einem Vertragsstaat** des genannten Übereinkommens hat, gehen dagegen dessen Bestimmungen vor (vgl Schlosser NJW 75, 2132; Geimer NJW 75, 442; WM 76, 834; nicht unterscheidend: BGH NJW 81, 2647). Nach Art 2 I EuGVÜ kann der Antragsgegner außerhalb seines Wohnsitzstaats nur in einem durch das Übereinkommen zugelassenen Gerichtsstand in Anspruch genommen werden. Damit entfallen mehrere der in der ZPO vorgesehenen besonderen Gerichtsstände, insbes der des Vermögens (§ 23; s a Art 3 II EuGVÜ), aber auch weitere, wie zB der des Aufenthaltsorts (§ 20), des Meß- und Marktorts (§ 30), der Vermögensverwaltung (§ 31). Auch soweit das Übereinkommen eine ausschließl internationale Zuständigkeit festlegt (Art 16), scheiden sonst gegebene inländische Gerichtsstände aus, wenn die Anknüpfungsmerkmale des Art 16 nicht auf das Inland zutreffen; insbes ist insoweit auch die Vereinbarung eines inländischen Gerichtsstands wirkungslos. Andererseits erweitert das Übereinkommen auch die internationale Zuständigkeit durch Bestimmung von Gerichtsständen, die die ZPO nicht vorsieht (zB Art 6 Nr. 1 EuGVÜ). Zur Zuständigkeitsordnung des EuGVÜ s auch Schlosser und Geimer aaO.

3 **3) III** ist nicht in den Fällen **entsprechend anwendbar,** in denen der inländische allgemeine Gerichtsstand des Antragsgegners im konkreten Fall durch eine eingreifende ausschließliche Zuständigkeit verdrängt wird (so aber Kersting/Reuter MDR 85, 461); Grund: Die Abgabe an das Wohnsitzgericht (§§ 696 I 1, 690 I 1, 690 I Nr 5) ist auch bei ausschließlicher Zuständigkeit gewollt (vgl § 690 Rn 19).

II) Verfahren

Der Mahnantrag ist im Falle des § 703d nicht an das in § 689 II S 1 oder 2 bezeichnete AG zu richten, sondern an das AG, bei dem der besondere Gerichtsstand gegeben ist **(II S 1)**. Unter mehreren besonderen Gerichtsständen hat der Antragsteller die Wahl (§ 35). Wenn von der Möglichkeit der Zuständigkeitskonzentration Gebrauch gemacht ist, ist das zentrale AG anzurufen, zu dessen Bezirk das AG des besonderen Gerichtsstands gehört (**II S 2** mit § 689 III). In Ermangelung eines allgemeinen Gerichtsstands des Antragsgegners im Inland ist im Mahnantrag abweichend von § 690 I Nr 5 das für das Streitverfahren zuständige Gericht zu bezeichnen, also entweder das AG des besonderen Gerichtsstands oder das ihm übergeordnete LG. Außerdem ist im Mahnantrag anzugeben, worauf die Zuständigkeit des angerufenen AG gegründet wird; wenn es sich um eine Gerichtsstandsvereinbarung nach Art 17 EuGVÜ handelt, ist diese urkundl zu belegen (§ 36 II AusfG zum EuGVÜ). Wenn Widerspruch erhoben (zur Widerspruchsfrist s a § 36 III des genannten AusfG) und Durchführung des streitigen Verfahrens beantragt wird, ist die Sache gemäß § 696 I an das im Antrag als zuständig bezeichnete Gericht (AG oder LG) abzugeben, ggfalls gemäß § 698 an die Prozeßabteilung (oder auch das Familiengericht) des schon als Mahngericht tätig gewordenen AG. Das gleiche gilt gemäß § 700 III im Falle des Einspruchs gegen den Vollstreckungsbefehl. 4

III) Wegen des **Gebühren**anfalls s Rn 19 vor § 688. 5

Achtes Buch

ZWANGSVOLLSTRECKUNG

Lit: *Arens,* Die Prozeßvoraussetzungen in der ZwV, Festschrift Schiedermair (1976) 1; *Bähr,* Die Heilung fehlerhafter ZwV-Akte, KTS 1969, 1; *Bohn,* Die Zulässigkeit des vereinbarten Vollstreckungsausschlusses, ZZP 69 (1956) 20; *Brammsen,* Die Prüfung der Prozeßfähigkeit des Vollstreckungsschuldners durch die Vollstreckungsorgane, JurBüro 1981, 14; *Bürck,* Erinnerung oder Klage bei Nichtbeachtung von Vollstreckungsvereinbarungen durch die Vollstreckungsorgane? ZZP 85 (1972) 391; *Emmerich,* Zulässigkeit und Wirkungsweise der Vollstreckungsverträge, ZZP 82 (1969) 413; *Furtner,* ZwV aus nach § 323 ZPO abgeänderten Schuldtiteln, NJW 1961, 1053; *Furtner,* Heilung von fehlerhaften Vollstreckungshandlungen, MDR 1964, 460; *Gaul,* Zur Struktur der ZwV, Rpfleger 1971, 1, 41 und 81; *Gerhardt,* Bundesverfassungsgericht, Grundgesetz und Zivilprozeß, speziell: ZwV, ZZP 95 (1982) 467; *Hoffmann,* Die Prüfung der Partei- und Prozeßfähigkeit im Vollstreckungsverfahren, KTS 1973, 151; *Kirberger,* Zur Zulässigkeit der Überprüfung der Prozeßfähigkeit des Schuldners durch die Vollstreckungsorgane, FamRZ 1974, 637; *Naendrup,* Gläubigerkonkurrenz bei fehlerhaften ZwV-Akten, ZZP 85 (1972) 311; *Scherf,* Vollstreckungsverträge, 1971; *Stöber,* Fehlerhafte ZwV-Akte, Heilung ex nunc oder ex tunc, Rpfleger 1962, 9; *Stürner,* Prinzipien der Einzel-ZwV, ZZP 99 (1986) 291; *Vollkommer,* Verfassungsmäßigkeit des Vollstreckungszugriffs, Rpfleger 1982, 1; *Wieser,* Der Grundsatz der Verhältnismäßigkeit in der ZwV, ZZP 98 (1985) 50.

1 **I) Zwangsvollstreckung** (ZwV) ist Verfahrensrecht zur Durchsetzung eines materiellen Anspruchs mit staatlichem Zwang. Verfahrensziel ist die Befriedigung einer Geldforderung, die Herausgabe einer Sache, die Erwirkung einer Handlung oder Unterlassung. Dem Gläubiger ist Selbsthilfe zur Durchsetzung seines Anspruchs versagt; Träger der Vollstreckungsgewalt ist allein der Staat (Gaul Rpfleger 71, 1 [2]; Besonderheit für Vorpfändung § 845). Als Inhaber des Zwangsmonopols (BVerfGE 61, 126 [136] = NJW 83, 559) handelt der Staat durch seine Organe gegenüber Verfahrensbeteiligten hoheitlich. Bei der ZwV wegen Geldforderungen wird durch staatliche Gewalt in das durch Art 14 Abs 1 S 1 GG geschützte Eigentum des Schuldners eingegriffen (BVerfGE 49, 252 [256] = NJW 79, 538). Das GG gibt hierfür in Art 14 I S 2 die verfassungsrechtliche Ermächtigung. Als Staatstätigkeit ist ZwV öffentlich-rechtlicher Natur.

II) Zu unterscheiden sind

2 – der **Vollstreckungsanspruch** des Gläubigers, daß der Staat durch seine Organe die beantragte Vollstreckungsmaßnahme unter den gesetzlichen Voraussetzungen vornimmt (vgl StJM Rdn 16 vor § 704; Hamm MDR 68, 333; zum Justizgewährungsanspruch s bereits Einl Rn 49);

3 – der zu **vollstreckende Anspruch** des Gläubigers gegen den Schuldner; er hat das Recht zum Inhalt, vom Schuldner ein Tun, Unterlassen oder Dulden zu verlangen. Ob er besteht, wird für die und während der ZwV nicht geprüft; von ihm ist daher auch der Vollstreckungsanspruch nicht anhängig. Das Fehlen des vollstreckbaren Anspruchs macht die ZwV nicht rechtswidrig oder unzulässig. Grundlage der ZwV ist der Vollstreckungstitel; er hat seinem Wesen nach den Anspruch nicht zu beweisen oder glaubhaft zu machen. Die ZwV ist vielmehr von ihrem materiellrechtlichen Untergrund losgelöst (München Rpfleger 74, 29). Sie ist daher unabhängig vom rechtlichen Bestand des Anspruchs auch bei nur vorläufiger Vollstreckbarkeit des Urteils rechtmäßig (BGH 85, 110 [113] = NJW 83, 232). Nichtbestehen, insbesondere Untergang des Anspruchs ist mit Angriff gegen den Titel geltend zu machen (§ 767), der diesem die Vollstreckbarkeit entziehen muß.

4 **III) 1) Geregelt** ist die **ZwV bürgerlich-rechtlicher Ansprüche** im 8. Buch der ZPO. Die gerichtliche ZwV ist damit Teil der ordentlichen Zivilgerichtsbarkeit (Rechtspflege). Die Vollstreckungsorgane üben mit Vollstreckungshandeln öffentliche Gewalt im Sinne der Rechtsweggarantie des Art 19 Abs 4 S 1 GG aus (BVerfGE 49, 252 [256] = aaO; Böhmer BVerfGE 49, 241 = NJW 79, 535). Entscheidungen im Erinnerungs- und Beschwerdeverfahren sind Rechtsprechung im materiellen Sinn, die dem Richter vorbehalten sind (GG Art 92; zur Abgrenzung Gaul Rpfleger 71, 1 [43 ff]).

5 **2)** Die **allgemeinen Vorschriften der ZPO** (§§ 1–252) und die Bestimmungen über gerichtliche Verfahren (§§ 253–591) gelten neben den Verfahrensvorschriften des 8. Buchs über ZwV, soweit

diese keine Regelungen treffen oder Wesen und Zweck der ZwV nicht entgegenstehen. Anwendung finden insbesondere die Vorschriften über Parteien (§§ 50–58), Prozeßbevollmächtigte und Beistände (§§ 78–90), Prozeßkostenhilfe (§§ 114 ff), richterliche Aufklärungs- und Hinweispflicht (§§ 139, 278 III) und das Verfahren bei Zustellungen (§§ 166–213 a).

3) Arbeitsgerichtliche Urteile (Vollstreckungsbescheide und Beschlüsse) werden nach den Vorschriften des 8. Buchs der ZPO vollstreckt (§ 46 a I, § 62 II, § 85 ArbGG mit Besonderheiten). Diese gelten sinngemäß auch für die Vollstreckung von Entscheidungen der **Finanzgerichte** gegen den Bund, ein Land, einen Gemeindeverband, eine Gemeinde, eine Körperschaft, Anstalt oder Stiftung des öffentlichen Rechts (§ 151 FGO). In Verfahren der **freiwilligen Gerichtsbarkeit** ist für rechtskräftige Entscheidungen, gerichtliche Vergleiche und einstweilige Anordnungen ZwV nach den Vorschriften der ZPO vielfach vorgesehen (zB § 13 a II, § 53 a IV, § 53 g III, §§ 83, 98, 99, 158 FGG, § 35 III, § 52 IV, § 85 III, § 104 VI usw AktG, § 45 III WEG ua; Übersicht bei Keidel/Kuntze/Winkler Rdn 6 zu § 33 FGG), desgleichen für Vollstreckung eines Kostenfestsetzungsbeschlusses in Strafsachen (§ 464 b S 3 StPO). Aus Vollstreckungstiteln der **Sozialgerichte** findet zugunsten einer Privatperson die ZwV nach den Vorschriften des 8. Buchs der ZPO statt (§ 198 I, §§ 199 ff SGG mit Einzelheiten). Diese gelten ebenso für die ZwV zugunsten einer Privatperson aus Titeln der **Verwaltungsgerichte** (§ 167 I, §§ 168 ff VwGO mit Besonderheiten); zur Zuständigkeit des Verwaltungsgerichts als Vollstreckungsgericht § 167 I S 2 VwGO (dazu Rn 1 zu § 899). 6

4) Im **Verwaltungszwangsverfahren** vollstreckt werden Verwaltungsakte, mit denen eine Geldleistung (eine öffentlich-rechtliche Geldforderung), eine sonstige Handlung, eine Duldung oder Unterlassung gefordert wird. Verwaltungszwangsverfahren ist Vollstreckung im Verwaltungsweg durch Vollstreckungsbehörden. Geregelt ist Verwaltungsvollstreckung für die Verwaltungsakte der Finanzbehörden in der Abgabenordnung (AO 1977, §§ 249–346), im übrigen in den Verwaltungsvollstreckungsgesetzen des Bundes (vom 27. 4. 1953 mit Änderungen) und der Länder (zB Baden-Württemberg vom 12. 3. 1974, GBl 93; Bayern vom 11. 11. 1970, BayRS 2010-2-I; Bremen vom 15. 12. 1981, GBl 283; Niedersachsen vom 2. 6. 1982, GVBl 139; Nordrhein-Westfalen vom 13. 5. 1980, GV.NW 510; Saarland vom 27. 3. 1974, ABl 430, teilw mit Änderungen) sowie in Sondergesetzen (zB Justizbeitreibungsordnung). Das Verfahren beruht auf folgenden **Grundsätzen:** Die Verwaltungsvollstreckung in bewegliche Sachen führt die Vollstreckungsbehörde durch Vollziehungsbeamte aus; sie erläßt bei Vollstreckung in Geldforderungen und andere Vermögensrechte die Pfändungs- und Einziehungsverfügung selbst. Die für Vollstreckung in das unbewegliche Vermögen erforderlichen Anträge stellt die Verwaltungsbehörde; daß die Voraussetzungen für die Vollstreckung der geltend gemachten Geldleistung vorliegen, unterliegt nicht der Beurteilung des Vollstreckungsgerichts oder Grundbuchamts. Ein Verwaltungsakt, der auf Vornahme einer Handlung oder auf Duldung oder Unterlassung gerichtet ist, wird mit Zwangsmitteln (Zwangsgeld, Ersatzvornahme, unmittelbarer Zwang) durchgesetzt. Nach den Vorschriften der AO bzw der Verwaltungsvollstreckungsgesetze richtet sich auch die Vollstreckung zugunsten der öffentlichen Hand von gerichtlichen Entscheidungen der Finanzgerichte (§ 150 FGO), Sozialgerichte (§ 200 SGG) und Verwaltungsgerichte (§ 169 VwGO). In Angelegenheiten der **freiwilligen Gerichtsbarkeit** werden vollzugsfähige Verfügungen mit Zwangsgeld nach Maßgabe des § 33 FGG durchgesetzt. 7

5) Für die Vollstreckung zugunsten der **Behörden der Sozialversicherung** (der gesetzlichen Kranken-, Unfall- und Rentenversicherung einschließlich der Altershilfe für Landwirte) und durch Verwaltungsbehörden der Kriegsopferversorgung gelten gleichfalls die Verwaltungsvollstreckungsgesetze des Bundes und der Länder (§ 66 SGB X, Verwaltungsverfahren). Aus einem Verwaltungsakt einer solchen Behörde kann aber auch die ZwV in entsprechender Anwendung der ZPO stattfinden (§ 66 IV SGB X mit Einzelheiten). 8

IV) Organe der ZwV sind 9

- der Gerichtsvollzieher (§ 753 I)
- das Vollstreckungsgericht (§ 764)
- das Prozeßgericht des 1. Rechtszuges (§§ 887, 888, 890)
- das Grundbuchamt (§ 867 I) sowie die Schiffsregisterbehörde (§ 870 a).

V) Parteien der ZwV sind

- Der **Gläubiger,** das ist derjenige, der durch Antrag das ZwV-Verfahren in Gang bringt. Er muß sich aus Vollstreckungstitel oder -klausel namentlich ergeben (§ 750 I). 10
- Der Vollstreckungs**schuldner,** das ist derjenige, gegen den die ZwV stattfindet. Für den Beginn der ZwV muß er in Vollstreckungstitel oder -klausel als Verpflichteter des durchzusetzenden Anspruchs namentlich bezeichnet sein (§ 750 I). 11

12 – **Dritte,** das sind Personen, die sich mit einem Antrag am Verfahren beteiligen oder deren Rechte von einem Vollstreckungsverfahren betroffen oder berührt sind.

VI) Voraussetzungen der ZwV

13 1) Die ZwV ist **unabhängig vom Erkenntnisverfahren.** ZwV hat nicht notwendig einen Rechtsstreit zur Voraussetzung; sie kann auch aus nichtrichterlichen Vollstreckungstiteln erfolgen (zB § 794). Auch führt nicht jedes Erkenntnisverfahren zur ZwV.

14 2) Durch einen **Vollstreckungstitel** muß der vollstreckbare Anspruch des Gläubigers (Rn 3) urkundlich ausgewiesen sein (§§ 704, 794). Das Vollstreckungsorgan hat den vollstreckbaren Anspruch nicht festzustellen (Grundsatz der Trennung von Erkenntnis- und Vollstreckungsverfahren), mithin auch Einwendungen des Schuldners gegen den zu vollstreckenden Anspruch nicht zu prüfen (§ 767; auch Rn 3). Grundlage der Tätigkeit des Vollstreckungsorgans ist der Vollstreckungstitel. Er muß (hiervon einzelne Ausnahmen) vollstreckbar ausgefertigt (§ 724) und zugestellt (§ 750) sein. Im Einzelfall können weitere besondere Voraussetzungen zu beachten sein (zB § 751 I, II, §§ 756, 765, 798). Es dürfen keine Vollstreckungshindernisse bestehen wie Einstellung (zB §§ 765 a, 775, 776), Konkurseröffnung über das Schuldnervermögen (§ 14 KO), Vergleichsverfahren (§ 47 VerglO).

15 3) Die **Prozeßvoraussetzungen** (Rn 9 ff vor § 253 mit Einzelheiten) müssen als Verfahrensvoraussetzung gegeben sein; vom Vollstreckungsorgan sind sie von Amts wegen zu prüfen, insbesondere:

16 **a) Persönliche Prozeßvoraussetzungen:** Parteifähigkeit, Prozeßfähigkeit, gesetzliche Vertretung und Prozeßführungsbefugnis. Die Prozeßfähigkeit auch des Schuldners muß in der ZwV immer gegeben sein (Arens Festschrift Schiedermair 1976, 1; Hoffmann KTS 73, 149; StJM Rdn 79 vor § 704; Oldenburg Rpfleger 69, 135), weil er in dem rechtsstaatlichen Vollstreckungsverfahren Gelegenheit haben muß, seine Rechte zu wahren (Rn 28) und sich über Einlegung zulässiger Rechtsbehelfe schlüssig werden muß. Pfändung als rangwahrender Zugriff (nicht aber Pfandverwertung) ist jedoch auch gegen den prozeßunfähigen (nicht vertretenen) Schuldner immer zulässig (für ihn keine Besserstellung; StJM Rdn 80 vor § 704). Nach früherer Ansicht mußte Prozeßfähigkeit des Schuldners nur vorhanden sein, wenn die Erzwingung von Handlungen in Frage steht (§§ 807, 883, 887 ff), die Vollstreckung sich gegen seine Person richtet, eine Handlung ihm gegenüber vorzunehmen ist (§§ 829, 857), sein Gehör vorgeschrieben ist (§ 891) oder der Schuldner Einwendungen erheben will; dazu Rn 12 § 52. Rechtskraftfähige Titel weisen Partei- und Prozeßfähigkeit sowie auch Vertretung zur Zeit der Entscheidung für das Vollstrekkungsorgan bindend aus (Arens, Hoffmann aaO; für minderj Schuldner aber auch Kirberger FamRZ 74, 637); spätere Änderungen sind von ihm in eigener Verantwortung zu prüfen. Für die Feststellung der Prozeßfähigkeit gilt Freibeweis (Rn 8 zu § 56; Frankfurt, Oldenburg aaO). Davon auszugehen ist, daß jeder Erwachsene, sofern nicht besondere Umstände rechtliche Bedenken erwecken, geschäfts- und prozeßfähig ist (Frankfurt aaO). Zweifel an der Prozeßfähigkeit genügen daher allein nicht (Oldenburg aaO). Die Beweislast für eine behauptete (nicht erkennbare) Prozeßunfähigkeit trifft somit den Schuldner (Frankfurt aaO). Verliert der Schuldner die Prozeßfähigkeit nach Pfändung, dann tritt keine Verfahrensunterbrechung ein; für die erforderliche Bestellung eines Pflegers (Vormunds) ist jedoch dem Vormundschaftsgericht Mitteilung zu machen (§ 50 FGG); bei Gefahr im Verzug ist ein Vertreter nach § 57 zu bestellen.

17 **b) Sachliche Prozeßvoraussetzungen** allgemein: Antrag, Gerichtsbarkeit, Rechtsweg und Zuständigkeit des Vollstreckungsorgans. Auch das Rechtsschutzbedürfnis muß gegeben sein (BVerfGE 61, 126 [135] = NJW 83, 559; Frankfurt MDR 73, 323); es fehlt, wenn der Gläubiger kein schutzwürdiges Interesse an der beantragten Vollstreckungsmaßregel hat.

18 4) Zugriff auf das **Schuldnervermögen** als Gegenstand der ZwV wegen Geldforderungen. Der Gläubiger darf grundsätzlich nur in das Vermögen seines Schuldners vollstrecken (BGH 95, 10 [15] = NJW 85, 1959 [1960]). Dieser haftet mit seinem ganzen Vermögen; vor Kahlpfändung ist er jedoch geschützt (Rn 30). Vollstreckungsorgane nehmen aber nur eine „formelle" Prüfung vor. Dem Zugriff des Gerichtsvollziehers unterliegen körperliche Sachen, die sich im Gewahrsam des Schuldners befinden (§ 808 I), das Vollstreckungsgericht pfändet angebliche Forderungen und Rechte des Schuldners (§ 829 I); Eintragung einer Sicherungshypothek erfolgt, wenn der Schuldner eingetragener Grundstücks- oder Schiffseigentümer ist (§ 39 GBO, § 46 SchRO). Der Vollstreckungstitel kann die Haftung des Schuldners auf bestimmte Vermögensmassen beschränken (so für Partei kraft Amtes, bei Erbenhaftung, § 780, mit Vorbehalt nach dem BinnSchG, LG Berlin Rpfleger 76, 438) oder erweitern (Fälle des AnfG). Rechtswidrig handelt der Gläubiger, wenn er die Vollstreckung in schuldnerfremdes Vermögen betreibt (BGH aaO).

VII) Verfahrensgrundsätze der ZwV

1) Antragsgrundsatz und **Parteiherrschaft:** ZwV dient Gläubigerinteressen. Sie erfolgt daher nur auf Antrag. Der Gläubiger bestimmt damit Beginn, Art und Ausmaß des Vollstreckungszugriffs. Er hat die Herrschaft über seinen vollstreckbaren Anspruch (kann ihn stunden, darauf verzichten usw), bleibt somit auch „Herr" seines Verfahrens. Das ZwV-Verfahren endet daher, wenn der Gläubiger dies verlangt. 19

2) Amtsbetrieb: Die auf Antrag eingeleitete ZwV wird von Amts wegen fortgeführt (KG Rpfleger 68, 328), bis der geltend gemachte Anspruch durchgesetzt ist oder der Gläubiger das Verfahren zum Stillstand bringt oder mit Antragsrücknahme beendet. Antrag ist jedoch vielfach zur Einleitung gesonderter Verfahrensabschnitte erforderlich, so nach §§ 825, 844, 850e Nr 2, 2a, 4, § 850g). Einzustellen oder zu beschränken ist die ZwV nur in gesetzlich bestimmten Fällen (insbesondere §§ 765a, 775, 776). Einwendungen des Schuldners oder Dritter halten den Fortgang des Verfahrens nicht auf, solange nicht mit einem zulässigen Rechtsbehelf eine Entscheidung über die (einstweilige oder endgültige) Einstellung herbeigeführt ist. 20

3) Einzelvollstreckung: ZwV dient den Interessen des antragstellenden einzelnen Gläubigers. Gegenstand des Vollstreckungszugriffs sind einzelne Vermögenswerte des Schuldners. Jede Vollstreckungsart erfordert daher gesonderten Antrag des Gläubigers. Vollstreckungsorgane werden in den voneinander unabhängigen Antragsverfahren selbständig nebeneinander tätig (anschaulich Gaul Rpfleger 71, 1 [86]). 21

4) Formalisierung: Vollstreckungsvoraussetzungen, Zugriffstatbestände und Vollstreckungsverfahren sind formalisiert (Gaul Rpfleger 71, 90). Das soll ein zügiges und energisches Vollstreckungsverfahren gewährleisten. Damit wird im Spannungsfeld zwischen den Interessen des Gläubigers, des Schuldners und der sonst etwa Beteiligten Rechtssicherheit gewährleistet und gleichermaßen Wahrung der unterschiedlichsten Belange der Verfahrensbeteiligten unter Berücksichtigung der sozialen Auswirkungen gesichert (BGH 70, 206 [210] = NJW 78, 950). 22

5) Mündliche Verhandlung erfordert das auf Vollstreckungshandeln angelegte Verfahren nicht; vor Entscheidungen ist sie freigestellt (nicht nötig; § 764 III, § 891 S 1). 23

6) Parteivereinbarungen, Vollstreckungsverträge: ZwV ist als formalisiertes Verfahrensrecht (Rn 22) öffentlich-rechtlicher Natur (Rn 1) zwingendes Recht. Die Voraussetzungen und Grenzen des staatlichen Vollstreckungshandelns sind daher den Abmachungen der Parteien entzogen (RG 128, 81 [85]; Köln Rpfleger 69, 437; Hamm MDR 68, 333). Parteivereinbarungen sind im ZwV-Verfahren deshalb nur in beschränktem Umfang zulässig. 24

a) Vollstreckungsbeschränkende Vereinbarungen (zeitliche und sachliche) sind zulässig (Emmerich ZZP 82 [1969] 413; Hamm MDR 77, 675; München Rpfleger 79, 466; LG Bonn JR 72, 157 mit Anm Hellwig). Die Parteien können daher vereinbaren, daß von einem Vollstreckungstitel überhaupt nicht oder erst bei Eintritt eines bestimmten Ereignisses (Abschluß des Nachverfahrens) oder nur in bestimmter Weise Gebrauch gemacht werden darf (BGH MDR 68, 307 = NJW 68, 700) oder daß nur in bestimmter Weise (zB nicht durch Rechtspfändung) oder nicht in bestimmte Vermögensgegenstände des Schuldners (nur in Geschäftsvermögen oder Nachlaß, nicht in das persönliche Vermögen) vollstreckt werden darf. Vielfach kommen solche Vereinbarungen als Ratenzahlungsvergleiche vor (Frankfurt OLGZ 81, 112 = JurBüro 81, 461; Karlsruhe MDR 74, 234 = NJW 74, 2242; LG Arnsberg NJW 72, 1430 mit Anm Schmidt). Wegen ihres prozessualen, die Art und Weise der ZwV betreffenden Charakters sind vollstreckungsbeschränkende Vereinbarungen jedenfalls auch im ZwV-Verfahren zu berücksichtigen; sie können daher mit Erinnerung (§ 766) und Beschwerde (§ 793) geltend gemacht werden (Frankfurt, Hamm, Karlsruhe je aaO; Bürck ZZP 85 [1972] 391). 25

b) Unzulässig sind **vollstreckungserweiternde Abreden;** die Vollstreckungsbefugnis des Gläubigers kann nicht über die gesetzlichen Möglichkeiten hinaus erweitert werden (Baur/Stürner Rdn 130; Brox/Walker Rdn 203). Der Schuldner kann sich daher nicht damit einverstanden erklären, daß ohne Titel oder Klausel, auf andere Art oder in anderer Weise (zB Hamm MDR 68, 333) vollstreckt wird. Er kann nicht auf Schuldnerschutzbestimmungen (zB §§ 765a, 811, 850 ff) verzichten (RG 72, 181; KG NJW 60, 682; Köln Rpfleger 69, 439; Stuttgart NJW 71, 50). Davon zu unterscheiden ist der Fall, daß sich der Schuldner nicht auf Schutzbestimmungen mit Erinnerung beruft. 26

c) Über den durch den vollstreckbaren Titel **festgestellten Anspruch** (Rn 3) können die Parteien auch während der ZwV **verfügen.** Rechtsweg für Einwendungen dann § 767. 27

7) Rechtliches Gehör (Art 103 I GG) ist auch in der ZwV zu gewähren. ZwV-Verfahren erfordern jedoch in der Regel sofortigen Zugriff, der eine vorherige Anhörung des Schuldners ausschließt. In diesen Fällen ist Verweisung des Betroffenen auf nachträgliche Anhörung (Wahrung 28 der Rechte mit Rechtsbehelf, insbesondere nach § 766) mit dem GG vereinbar (BVerfGE 57, 346 [358 f] = NJW 81, 2111). Anhörung ist freigestellt in §§ 730, 733, ausdrücklich vorgeschrieben für Entscheidungen nach §§ 887–890 (§ 891), untersagt bei Forderungspfändung (§ 834), notwendig jedoch bei Pfändung bedingt pfändbarer Bezüge (§ 850 b III).

29 **8) Rechtsstaatliche Verfahrensgestaltung:** Anwendung des Verfahrensrechts und Verfahrensgestaltung stehen unter den Garantiefunktionen des GG (BVerfGE 42, 64 = MDR 76, 820 = NJW 76, 1391; BVerfGE 46, 325 = MDR 78, 380 = NJW 78, 368; BVerfGE 49, 220 = MDR 79, 286 = NJW 79, 534; BVerfGE 51, 150 = KTS 79, 275; BVerfGE 52, 131 = NJW 79, 1925; BVerfGE 52, 214 = MDR 80, 116 = NJW 79, 2607). Verfassungsrechtliche Gewährleistung der Grundrechte und die aus dem Rechtsstaatsprinzip herzuleitenden Verfassungsprinzipien verpflichten Vollstreckungsorgane, mit der Verfassung nicht in Einklang stehende Eingriffe in grundgesetzlich geschützte Bereiche zu unterlassen. Vollstreckungsorgane haben die Verpflichtung, die Grundrechte durchzusetzen (s grundsätzlich BVerfGE 49, 252 [257] = NJW 79, 538) und die erforderlichen Vorkehrungen zu treffen, damit Verfassungsverletzungen durch ZwV-Maßnahmen ausgeschlossen bleiben (BVerfGE 52, 214 [220]). Vollstreckungsverfahrensrecht muß daher im Blick auf die Grundrechte ausgelegt und angewendet werden (BVerfGE 49, 252 [257]; zu den Auswirkungen der Grundrechte im einzelnen Vollkommer Rpfleger 82, 1; im übrigen bei den einzelnen Bestimmungen, zB §§ 758, 901). Das gebietet rechtsstaatliche Verfahrensgestaltung, aber auch Beachtung des verfassungsrechtlichen **Grundsatzes der Verhältnismäßigkeit** (BVerfGE 52, 214 [219]). Das materielle Recht des Gläubigers muß deshalb im Vollstreckungsverfahren eine reale Verwirklichungschance haben (Quack Rpfleger 78, 197). Wahrung der Gläubigerbelange gebietet insbesondere zügigen und wirksamen Vollstreckungszugriff. Dem Schuldner muß effektiver (wirksamer) Rechtsschutz gewährt werden (BVerfGE 46, 325 [334]; 49, 220 [225]; 49, 252 [257]). Das schließt den Anspruch auf faire Verfahrensdurchführung ein (BVerfG aaO). Der Eingriff in das grundgesetzlich geschützte Eigentum darf nicht über das notwendige Maß hinausgehen. Begrenzt ist der Zugriff auf das Eigentum des Schuldners insbesondere durch den Grundsatz der Verhältnismäßigkeit und das Übermaßverbot. Immer muß der Eingriff in das grundgesetzlich geschützte Eigentum erforderlich und angemessen sein, um das Verfahrensziel zu erreichen. Zweck und Mittel müssen in einem vernünftigen Verhältnis zueinander stehen (Böhmer zu BVerfGE 49, 228 = NJW 79, 535).

30 **9)** Wahrung der **Schuldnerbelange.** Schutz der sozialen Existenz des Schuldners sichern die von Amts wegen zu beachtenden Pfändungsverbote (Schutz vor Kahlpfändung; dazu Vollkommer Rpfleger 82, 1 [2]). Verschleuderung gepfändeter Vermögenswerte beugt die Regelung vor, daß Verwertung vom Erreichen eines bestimmten Mindestgebots abhängig ist (§ 817 a; BVerfGE 46, 325 [332]). Mit Antrag auf Schuldnerschutz im Einzelfall kann der Schuldner Härten der ZwV abwenden und die Möglichkeit finden, die Zwangsverwertung seines Eigentums zu verhindern.

31 **10) Trennung** von Erkenntnis- und Vollstreckungsverfahren (s bereits Rn 14).

32 **11)** Der Grundsatz von **Treu und Glauben** (dazu Einl Rn 56 und Rn 13 vor § 128) beherrscht auch das Vollstreckungsverfahrensrecht.

33 **12)** Begrenzung der **Vollstreckungsdauer** durch Beginn und Ende der ZwV. Insbesondere können daher Rechtsbehelfe des ZwV-Verfahrens (Erinnerung, § 766, Beschwerde, § 793, Widerspruchsklage, § 771) nur nach Beginn und vor dem Ende der ZwV geltend gemacht werden. ZwV durch den Gerichtsvollzieher (Mobiliarpfändung, Wegnahme und Räumung) beginnt mit der ersten gegen den Schuldner gerichteten Vollstreckungshandlung. Die ZwV durch das Vollstreckungsgericht beginnt mit Erlaß (Unterzeichnung) des in dem Verfahren zu treffenden gerichtlichen Beschlusses oder der vorgehenden verfahrensleitenden Verfügung, nicht erst mit Zustellung des Pfändungsbeschlusses, auch nicht mit dem Zeitpunkt der „Hinausgabe" (durch Einlegung in das Postabholfach oder an den Justizwachtmeister zur Beförderung durch die Post; dazu Zeller/Stöber Rdn 3 zu § 1 ZVG). Vollstreckungsbeginn im Offenbarungsverfahren ist sonach Bestimmung des Termins. Im Falle des § 890 ist die Androhung Beginn der ZwV, wenn sie durch besonderen Beschluß ergeht (RG 42, 419); für Grundbucheintragungen ist ZwV-Beginn die Unterzeichnung der Eintragungsverfügung. Die ZwV endet im ganzen mit der völligen Befriedigung des Gläubigers (auch für Kosten, § 788), bei Einzelvollstreckungsmaßnahmen mit deren vollständigem Abschluß, zB durch Aufhebung einer vom Gerichtsvollzieher eingeleiteten Vollstreckungsmaßnahme nach Freigabe der gepfändeten Sache.

VIII) Fehlerhafte ZwV-Maßnahmen

34 **1)** Eine ZwV-Handlung kann fehlerhaft sein, weil Vollstreckung nicht in dem vorgesehenen Verfahren (Rn 4, 6–8) erfolgt ist oder nicht das zuständige ZwV-Organ gehandelt hat (Rn 9), weil Voraussetzungen der ZwV (Rn 14–18) zu Unrecht angenommen worden sind oder ein Pfän-

dungsverbot oder eine Pfändungsbeschränkung unbeachtet geblieben ist, schließlich auch, weil bei Durchführung der ZwV gegen eine Verfahrensvorschrift oder gegen einen allgemeinen Verfahrensgrundsatz (Rn 19 ff) verstoßen worden ist. Eine demnach fehlerhafte ZwV ist nur ausnahmsweise, nämlich bei **schwerer und offenkundiger Fehlerhaftigkeit, ohne Wirkung** (nichtig). Als nichtig wirkungslos sind insbesondere ZwV-Handlungen durch Behörden oder Beamte, die mit ZwV oder einzelnen ZwV-Verfahren überhaupt nicht befaßt sind (Beispiel: Forderungspfändung durch Gerichtsvollzieher; Ausnahme: § 845 I S 2; Sachpfändung durch Vollstreckungsgericht, Pfändung durch eine ausländische Behörde) sowie eine ZwV-Handlung bei Verstoß gegen eine wesentliche Formvorschrift für deren Ausführung (zB fehlende Inbesitznahme oder Anlegung von Siegeln bei Pfändung, § 808 I, II; Fehlen des Drittschuldnerverbots bei Pfändung einer Forderung, § 829 I). Für unwirksam wird auch eine Pfändung gehalten, der von vorneherein kein wirksamer Titel zugrunde liegt (vgl BGH 70, 317); ein solcher Mangel kann richtig aber nur Anfechtbarkeit begründen. Die von einem zuständigen Vollstreckungsorgan in den Grenzen seiner Amtsbefugnisse vorgenommene Vollstreckungshandlung ist als staatlicher Hoheitsakt (Rn 1) grundsätzlich auch dann wirksam, wenn sie bei richtiger Sachbehandlung hätte unterbleiben müssen (Beispiele: Klausel oder Zustellung des Vollstreckungstitels fehlen als Voraussetzungen der ZwV; der gepfändete Gegenstand wäre unpfändbar). Die Fehlerhaftigkeit führt dann lediglich dazu, daß die ZwV-Maßnahme auf entsprechenden **Rechtsbehelf** (ggfs auch von Amts wegen) wieder **aufzuheben** ist (BGH 30, 173 [175] = NJW 59, 1873; BGH 66, 79 [81] = NJW 76, 851; BGH LM 1 zu § 830 = MDR 79, 922 = NJW 79, 2045; BGH Betrieb 80, 1937 = WM 80, 870). Solange die Fehlerhaftigkeit nicht durch die dafür zuständige Stelle festgestellt ist, muß die im Namen des Staates getroffene ZwV-Handlung beachtet werden (BGH 66, 79 [81] = aaO; BGH Betrieb 80, 1937 = aaO). Insbesondere ist die von einem Vollstreckungsorgan getroffene Pfändungsmaßnahme wirksam, auch wenn sachliche oder förmliche Voraussetzungen nicht vorgelegen haben, bis die Maßnahme durch abändernde Entscheidung beseitigt wird und damit rückwirkend wegfällt (BGH Betrieb 80, 1937 = aaO).

2) Wenn mit **Behebung des Mangels** die Fehlerhaftigkeit einer ZwV-Maßnahme beseitigt ist, **35**
kann sie (auch wenn mit Rechtsbehelf Anfechtung bereits erfolgt ist) nicht mehr aufgehoben werden (Heilung ex tunc; RG 125, 286 [288]; Hamm OLGZ 74, 314 = MDR 74, 676 = NJW 74, 1516; Stöber Rpfleger 62, 9 und FdgPfdg Rdn 749). Der Schuldner und ein Dritter, auch wenn er erst nach Heilung des Mangels selbst ein Vollstreckungspfandrecht erworben hat, kann daher die fehlerhaft gewesene ZwV-Maßnahme nicht mehr anfechten. Der Gläubiger eines durch spätere Pfändung erlangten Pfandrechts (§ 804 I, III) kann durch anschließende Behebung des der vorgehenden Pfändung anhaftenden Mangels in seinen Rechten jedoch nicht beeinträchtigt werden (aA, Heilung ex tunc auch gegenüber Dritten, die nachgepfändet haben, Celle Rpfleger 54, 313; Frankfurt MDR 56, 111; Hamburg MDR 61, 329). Ein vor Behebung des Mangels wirksam gewordenes ZwV-Pfandrecht berechtigt den nachpfändenden Gläubiger daher auch weiterhin zur Anfechtung der fehlerhaft gewesenen ZwV-Maßnahme. Damit kann jedoch nicht Aufhebung der jetzt mangelfreien Pfändung, sondern nur Beseitigung des fehlerhaft gewesenen besserrangigen Pfandrechts erstrebt werden. Die Entscheidung über den Rechtsbehelf führt daher nur noch zu einem Rangtausch des weiterhin Anfechtungsberechtigten mit dem erstpfändenden Gläubiger (Stöber Rpfleger 1962, 9 und FdgPfdg Rdn 749).

3) Wenn eine der Voraussetzungen der ZwV in unredlicher Weise herbeigeführt (zB die Bewil- **36**
ligung der öffentlichen Zustellung des Titels an den Schuldner erschlichen) worden ist, haftet der ZwV kein vollstreckungsrechtlicher Mangel an (BGH 57, 108 = MDR 72, 44 = NJW 71, 2226). Der Ausnutzung einer durch **rechtsmißbräuchliches Verhalten** mit ZwV erlangten Rechtsposition (auch besseren Rangstelle) kann dann aber der Einwand der unzulässigen Rechtsausübung (§§ 242, 826) entgegenstehen (BGH 57, 108 = aaO). Für unzulässige Rechtsausübung mit Ausnutzung einer durch ZwV erlangten Rechtsposition, wenn die Rechtsverfolgung mit den Regeln von Treu und Glauben nicht zu vereinbaren ist, gelten im übrigen gleiche Grundsätze wie für sittenwidrige Ausnutzung eines sachlich unrichtigen Urteils (BGH 53, 42 = MDR 70, 222 = NJW 70, 565; BGH MDR 71, 567 = NJW 71, 1751); s hierwegen Rn 72 ff vor § 322.

IX) Internationales und interlokales Vollstreckungsrecht

1) Die Maßnahmen der staatlichen Vollstreckungsorgane auf dem Gebiet der ZwV sind Aus- **37**
fluß der Staatsgewalt. ZwV auf deutschem Hoheitsgebiet findet daher nur nach deutschen Gesetzen statt. Die **Befreiung** von der deutschen Gerichtsbarkeit (§§ 18–20 GVG) hat auch für die ZwV Bedeutung, s näher Vorbem und Anm zu §§ 18–20 GVG. **ZwV mit Titeln ausländischer Gerichte** kann nur erfolgen, wenn sie für zulässig erklärt ist, sei es allgemein auf Grund von Staatsverträgen, sei es im Einzelfall auf Grund eines Vollstreckungsurteils (§§ 722, 723).

38 2) **Die Zulässigkeit der Vollstreckung von Urteilen der Gerichte der DDR** ist nach den Grundsätzen des innerdeutschen (interlokalen) Zivilprozeßrechts zu beurteilen, s Rn 286 zu § 328 und Rn 8 zu § 722; StJM Rdn 1 zu § 704. Urteile, die in der DDR auf Grund der am 1. 1. 1976 in Kraft getretenen ZPO DDR vom 19. 6. 1975 vollstreckbar geworden sind, werden als ausländische Urteile iS der §§ 722 f angesehen (anders Geimer Rn 8 zu § 722), während vor 1976 vollstreckbar gewordene Urteile nach hM als inländische Urteile gelten (StJM aaO). Bei Titeln, die auf die Währung der DDR lauten, ist die **Umrechnung** von den Vollstreckungsorganen vorzunehmen, gegen deren Berechnung der Rechtsbehelf aus § 766 zur Verfügung steht (BGH 36, 11 = Rpfleger 62, 93 [abl dazu Berner Rpfleger 62, 86]; StJM Rdnr 167 vor § 704). Dies gilt sowohl für vor wie für nach dem 1. 1. 1976 vollstreckbar gewordene Titel; im Vollstreckungsurteil (§ 723) findet die Umrechnung in deutsche Währung nicht statt (StJM Rdn 23 zu § 722). Für den Geldverkehr bei Unterhaltszahlungen, Schadensersatzzahlungen auf Grund von Haftpflichtbestimmungen und bei bestimmten Geldinstitutsguthaben ist ein Umrechnungskurs 1:1 vorgesehen (Transferabkommen vom 24. 4. 74, BGBl II 621 [624]; StJM Rdn 166 vor § 704; vgl auch LG Berlin Rpfleger 76, 144; LG Mannheim Rpfleger 76, 370; Neumann Rpfleger 76, 137 [370]). In den Fällen, die nicht unter das Abkommen fallen, ist der Wechselstubenkurs zugrunde zu legen (StJM aaO; aA Biede DGVZ 79, 153: Umrechnung durch Vollstreckungsorgane unzulässig, Vollstreckung eines auf Mark der DDR lautenden Titels in der Bundesrepublik und in Westberlin unzulässig).

39 3) In **Westberlin** können Urteile der Gerichte der DDR, die nach dem 31. 12. 1975 vollstreckbar wurden (werden), nur nach Erwirken eines Vollstreckungsurteils vollstreckt werden (s Rn 38). Für ältere Titel fordert das Gesetz über die Vollstreckung von Entscheidungen auswärtiger Gerichte vom 31. 5. 50 idF vom 26. 2. 53 (VOBl Berlin S 151) eine Vollstreckbarerklärung; die Wirksamkeit dieses Gesetzes ist allerdings zweifelhaft (Rn 9 zu § 722). Nach Biede DGVZ 79, 153 lehnt das LG Berlin solche Vollstreckbarkeitserklärungen ab.

40 4) Besondere Vorschriften gelten für Vertriebene und Flüchtlinge in §§ 82 ff BVFG.

41 5) Wegen der Vollstreckung im Ausland s näher § 791.

42 **X) Prozeßkostenhilfe:** s § 119 Rn 11.

Erster Abschnitt

ALLGEMEINE VORSCHRIFTEN

704 *[Zwangsvollstreckung und Titel]*

(1) Die Zwangsvollstreckung findet statt aus Endurteilen, die rechtskräftig oder für vorläufig vollstreckbar erklärt sind.

(2) Urteile in Ehe- und Kindschaftssachen dürfen nicht für vorläufig vollstreckbar erklärt werden. Dies gilt auch für den Ausspruch nach § 643 Abs. 1 Satz 1.

Lit: *Gelhaar,* Die Vollstreckung aus einem Betragsurteil vor Rechtskraft des Grundurteils, VersR 1964, 206; *Schüler,* Die Problematik hinsichtlich der Vollstreckungsfähigkeit von Schuldtiteln, die fehlerhaft oder ungenau sind, DGVZ 1982, 65.

1 **I) Vollstreckungstitel** für Zulässigkeit der ZwV (Rn 14 vor § 704) ist das **Endurteil** (§ 300; auch als Teilurteil, § 301, oder Vorbehaltsurteil, §§ 302, 599), wenn es formell **rechtskräftig,** dh mit einem ordentlichen Rechtsmittel nicht mehr anfechtbar (§ 705) ist. Ein noch nicht rechtskräftiges Urteil ist als Titel Grundlage der ZwV, wenn es durch das Gericht für **vorläufig vollstreckbar** erklärt ist. Die vorläufige Vollstreckbarkeit muß in der Urteilsformel (§§ 708, 709) oder durch Beschluß des Berufungs- oder Revisionsgerichts (§§ 534, 560) ausgesprochen sein. Ein Endurteil, das einem selbständig anfechtbaren Zwischenurteil über prozeßhindernde Einreden (§ 280) oder über den Grund des Anspruchs (§ 304) nachfolgt oder das im Nachverfahren nach einem Vorbehaltsurteil (§§ 302, 599) ergangen ist, kann vollstreckt werden, wenn es und das Zwischen- oder Vorbehaltsurteil formell rechtskräftig geworden (KG OLG 18, 387), oder für vorläufig vollstreckbar erklärt ist (KG aaO; Hamburg OLG 43, 140, auch RG 107, 330; StJM Rdn 3 zu § 704). Das gilt auch, wenn das End- oder Nachurteil ein Versäumnisurteil ist (Falkmann/Hubernagel Anm 4 zu § 704 gegen RG 14, 343). Urteile der Arbeitsgerichte sind gesetzlich nach Maßgabe des § 62 I (§ 64 VII) ArbGG vorläufig vollstreckbar.

II) 1) Der Urteils**inhalt** muß seiner Natur nach einer Vollstreckung fähig sein, sonach als **Leistungstitel** einen mit ZwV durchsetzbaren Anspruch des Gläubigers ausweisen (Rn 7 vor § 300). Inhalt und Umfang des Rechts auf Vollstreckung müssen bestimmt oder bestimmbar bezeichnet sein (zu den Parteien Rn 4 ff zu § 750). Keine ZwV (abgesehen vom Kostenausspruch als Grundlage der Festsetzung, § 103 I) findet statt aus einem Urteil, das ein Rechtsverhältnis feststellt (§ 265) und aus einem Gestaltungsurteil (zB Auflösung einer Gesellschaft). 2

2) Der zu vollstreckende Anspruch des Gläubigers (Rn 3 vor § 704) muß sich aus der Urteils**formel** (§ 313 I Nr 4) ergeben; der übrige Urteilsinhalt kann ergänzend heranzuziehen sein (Rn 8 zu § 313; StJM Rdn 27 vor § 704; enger ThP Anm IV 1c vor § 704: Anspruch muß allein aus der Formel erkennbar sein). 3

3) Den vollstreckbaren Anspruch (Art und Umfang der Handlung) muß das Urteil als Vollstreckungstitel inhaltlich bestimmt ausweisen. Das ist der Fall, wenn der Titel aus sich heraus verständlich ist (Dresden JW 38, 1468) und auch für jeden Dritten erkennen läßt, was der Gläubiger vom Schuldner verlangen kann (Hamm OLGZ 74, 59 = MDR 74, 238 = NJW 74, 652). Ein Zahlungsanspruch ist bestimmt, wenn er betragsmäßig festgelegt ist oder sich ohne weiteres errechnen läßt (BGH 88, 62 [65] = MDR 83, 922 = NJW 83, 2262 mit Nachw; Oldenburg NdsRpfl 85, 253 = Rpfleger 85, 448). Bestimmt sein müssen auch Nebenleistungen (BGH DNotZ 80, 307 [310]) und die Gegenleistung beim Zug-um-Zug-Urteil (BGH 45, 287 = MDR 66, 836 = NJW 66, 1755). Nicht bestimmt ist die Verpflichtung zur Leistung von Unterhalt in Höhe von einem Drittel des (jeweiligen) Nettogehalts des Schuldners (LG Berlin DGVZ 74, 11 = Rpfleger 74, 29), eines Unterhalts, dessen Höhe sich allgemein nach Kriterien richtet, die auch im Einkommen und Familienstand des Schuldners liegen (AG/LG Düsseldorf DGVZ 81, 92), eines zahlenmäßig bezeichneten Unterhalts „abzüglich des jeweiligen hälftigen staatlichen Kindergelds“ (Frankfurt FamRZ 81, 70), oder eines von dem Inhalt eines anderen Schriftstücks (BAFöG-Bescheid) abhängigen Unterhalts (Karlsruhe OLGZ 84, 341). Die Verurteilung, zusammen mit dem Kläger die Auseinandersetzung der zwischen den Parteien bestehenden BGB-Gesellschaft durchzuführen, ist als Vollstreckungsgrundlage nicht bestimmt, weil sie nur die allgemeine Verpflichtung des § 730 I BGB darstellt, nicht aber eine konkrete Leistungspflicht (s §§ 732–735 BGB) festlegt (Hamm JurBüro 83, 1726 = MDR 83, 849). Zur Bestimmtheit vollstreckbarer Urkunden s auch Rn 26 zu § 794. 4

4) Durch **Auslegung** muß der wahre Sinn der Urteilsformel festgestellt werden, wenn ihre Fassung zu Zweifeln Anlaß gibt (RG 147, 27 [29]; BGH NJW 67, 821 [822]). Feststellung des Inhalts eines nicht klaren Vollstreckungstitels durch Auslegung hat durch das Vollstreckungsorgan zu erfolgen. Für Auslegung der Urteilsformel ist Heranziehung der Urteilsgründe statthaft und geboten (Hamm OLG 26, 161 [162]; Köln OLGZ 84, 238 = NJW 85, 274). Auf andere tatsächliche oder rechtliche Umstände als gesetzliche Vorschriften darf jedoch nicht zurückgegriffen werden (Hamm OLGZ 74, 59 = aaO). Bezugnahme auf eine nicht zum Urteilsbestandteil erhobene Urkunde verleiht daher dem Titel keinen vollstreckungsfähigen Inhalt (Hamburg MDR 59, 767; Saarbrücken OLGZ 67, 34), selbst wenn die zu vollstreckende Handlung unter Beiziehung eines in den Gerichtsakten befindlichen Gutachtens zu ermitteln wäre, auf das Bezug genommen ist (Hamm aaO). Nicht aus dem Titel zu klärende Unbestimmtheiten sind nicht im Vollstreckungsverfahren aufzukären, sondern gehören in ein Erkenntnisverfahren (BGH NJW 62, 109 [110]; Hamm OLGZ 74, 59 [61] = aaO). Wenn eine Urteilsformel so unbestimmt oder widerspruchsvoll ist, daß auch durch Auslegung keine mit ZwV durchsetzbare bestimmte Verpflichtung des Schuldners festgestellt werden kann, ist der Titel mangels eines vollstreckbaren Inhalts für die ZwV ungeeignet (Hamm MDR 83, 849 = aaO; LG Münster JMBlNW 58, 245). Auf Bestimmtheitszweifel, die der Schuldner durch eigene Handlung nach Titelschaffung selbst hervorgerufen hat, kann er sich nach Treu und Glauben nicht berufen (Köln JurBüro 79, 1210). 5

5) Ein Urteil auf **Zahlung von Bruttolohn** ist vollstreckungsfähig (BAG 15, 220 = MDR 64, 625 = NJW 64, 1338 und 1823 mit krit Anm Putzo; BAG NJW 85, 646; BGH BB 66, 820 = Betrieb 66, 1196; LG Gießen NJW 61, 416 mit zust Anm Haberkorn). Beigetrieben wird aus ihm der volle Bruttolohn; bereits abgeführte Steuerbeträge (auch Sozialabgaben) sind mit den Rechtsbehelfen der ZwV geltend zu machen (Einstellung nach § 775 Nr 4 bei Vorlage der Quittung, BGH aaO; LG Freiburg Rpfleger 82, 347). Ebenso ist die Verurteilung zur Zahlung eines Bruttobetrags abzüglich eines erhaltenen Nettobetrags (wegen der Differenz) vollstreckbar (LG Lüneburg DGVZ 78, 115; AG Berlin-Neukölln DGVZ 78, 29). Zur ZwV aus Bruttolohntiteln auch Schumacher BB 57, 440; Ide Betrieb 68, 803; Bockelmann DGVZ 70, 6; Müller Betrieb 78, 935. 6

6) Schuldtitel über **Lohnbruchteile** (ein Drittel des Lohnes des Schuldners) und über sonst zahlenmäßig unbestimmte Ansprüche (Gehalt einer bestimmten Beamtengruppe) sind als unbestimmt nicht vollstreckbar (BGH 22, 54 = DNotZ 57, 200 = NJW 57, 23; Braunschweig FamRZ 79, 928; LG Berlin Rpfleger 74, 29). 7

8 **7)** Privatrechtliche **Änderungen,** die Zweifel am Inhalt (an der Identität der Parteien) aufkommen lassen, oder handschriftlich eingefügte Zusätze (zB „bezahlt", eine Büroverfügung) können geeignet sein, die Beweiskraft (§ 419) und damit die Vollstreckbarkeit des Titels zu beseitigen (LG Bremen DGVZ 82, 8; AG Burg DGVZ 72, 75). Ein Hinweis auf geänderte Vertretungsverhältnisse, der die Lesbarkeit des Originaltextes nicht berührt, schmälert die Vollstreckbarkeit des Titels nicht (LG Berlin DGVZ 73, 139).

9 **8) Zwei** für denselben Anspruch erwirkte Vollstreckungstitel bewirken keine Verdoppelung des Anspruchs; vollstreckt werden darf nur einmal (BAG 20, 72 = MDR 68, 180 = NJW 68, 74).

10 **9) Weitere Vollstreckungstitel** s § 794 und Anm dazu. Landesrecht: § 801.

11 **III)** Für **mehrere Gläubiger** oder **Schuldner** muß sich ihr Beteiligungs- oder Haftungsverhältnis aus dem Vollstreckungstitel ergeben. In Betracht kommen bei teilbarer Leistung Teilgläubiger/Teilschuldnerschaft nach § 420 BGB, Gesamtgläubigerschaft (Gesamtberechtigung nach § 428 BGB), Haftung als Gesamtschuldner (§ 421 BGB) und Gesamthandsverhältnis (Erbengemeinschaft, BGB-Gesellschaft, Gütergemeinschaft usw). Auch das nicht ausdrücklich bezeichnete Rechtsverhältnis des Gläubigers oder Schuldners kann durch Auslegung festgestellt werden (Rn 5); bei unteilbarer Leistung gilt im Zweifel § 431 BGB. Für samtverbindliche Haftung kann auch § 11 II GmbHG über solidarische Haftung der vor Eintragung einer GmbH handelnden Personen herangezogen werden (LG Berlin Rpfleger 79, 145). Streitgenossen (mit demselben Anwalt) sind im Zweifel Gesamtgläubiger (§ 428 BGB) eines Kostenerstattungsanspruchs (BGH Rpfleger 85, 321); desgleichen steht die Kostenforderung einer Rechtsanwaltsgemeinschaft im Zweifel jedem der namentlich bezeichneten Rechtsanwälte als Gesamtgläubiger zu (Saarbrücken Rpfleger 78, 227; anders für Bürogemeinschaft auch mit Steuerberater und Wirtschaftsprüfer LG Bonn Rpfleger 84, 28). Auslegungsregeln sind auch § 420 BGB (bei teilbarer Leistung Teilschuld; unzutreffende Gegenansicht LG Hamburg Rpfleger 66, 338 mit abl Anm Berner) und § 427 BGB (bei vertraglich begründeter teilbarer Leistung Gesamtschuldner; KG DGVZ 71, 71; LG Berlin MDR 77, 146); gegen sie lassen sich aus (späterem) Verhalten des Gläubigers im Vollstreckungsverfahren Bedenken nicht erheben (Gläubiger hat Schuldner samtverbindlich in Anspruch genommen; unrichtig daher LG Berlin aaO; oder gegen jeden Schuldner voll, somit doppelt zu vollstrecken versucht; nicht richtig daher Hamburg Rpfleger 62, 382 mt abl Anm Berner). Wenn das Haftungsverhältnis auch durch Auslegung nicht zu ermitteln ist (wohl selten), ist die ZwV aus dem Titel unzulässig.

12 **IV)** Urteile in **Ehesachen** (§ 606) und in **Kindschaftssachen** (§ 640 II) sowie die Verurteilung zur **Leistung des Regelunterhalts** im Kindschaftsprozeß (§ 643 I S 1) dürfen nicht für vorläufig vollstreckbar erklärt werden (Abs 2). Der Ausschluß der vorläufigen Vollstreckbarkeit gilt auch für klageabweisende Urteile in diesen Angelegenheiten und für den Kostenausspruch, auch bei unzulässiger Statusklage (Bremen ZZP 69 [1956] 215). Folgesachen: Rn 11 zu § 629 d. Das Urteil auf Herausgabe eines Kindes durch einen Dritten (durch Elternteil = Verfahren nach FGG, s BGH MDR 83, 820 = NJW 83, 2775) wird für vorläufig vollstreckbar erklärt (Zweibrücken OLGZ 75, 451 = MDR 75, 851).

705 *[Formelle Rechtskraft]*

Die Rechtskraft der Urteile tritt vor Ablauf der für die Einlegung des zulässigen Rechtsmittels oder des zulässigen Einspruchs bestimmten Frist nicht ein. Der Eintritt der Rechtskraft wird durch rechtzeitige Einlegung des Rechtsmittels oder des Einspruchs gehemmt.

Lit: *Münzberg*, Rechtskrafteintritt bei oberlandesgerichtlichen Urteilen, NJW 1978, 2058; *Schmidt*, Innenbindungswirkung, formelle und materielle Rechtskraft, Rpfleger 1974, 177; *E. Schneider*, Der Eintritt der Rechtskraft oberlandesgerichtlicher Urteile, DRiZ 1977, 114; *Tiedemann*, Die Rechtskraft von Vorbehaltsurteilen, ZZP 93 (1980) 23.

1 **I) Formell rechtskräftig** (auch äußere Rechtskraft) sind Urteile (Beschlüsse), die mit einem ordentlichen (befristeten, vgl § 19 I EGZPO) Rechtsmittel (Rechtsbehelf) nicht mehr angefochten werden können (§ 704 I). Wegen der materiellen Rechtskraft vor § 322. Formell rechtskräftig werden Entscheidungen, die einem befristeten Rechtsmittel oder Einspruch (§ 338) unterliegen, nämlich Urteile, Vollstreckungsbescheide (§ 700 I), Beschlüsse, die mit der sofortigen (§ 577) oder befristeten (§ 621 e) Beschwerde anfechtbar sind und Entscheidungen der letzten Rechtsmittelinstanz, die ein Verfahren mit befristetem Rechtsmittel abschließen (Schmidt Rpfleger 74, 177). Ein Nachverfahren ist kein Rechtsmittel; auch das durch etwaige Aufhebung im Nachverfahren auflösend bedingte Endurteil im Urkunden- oder Wechselprozeß (§ 599 III, § 602) ist daher der

äußeren Rechtskraft fähig (BGH 69, 270 = MDR 78, 220 = NJW 78, 43; anders Tiedemann ZZP 93 [1980] 23). Desgleichen hindert die Möglichkeit der Wiederaufnahme des Verfahrens (§ 578) oder der Wiedereinsetzung (§ 233) den Eintritt der Rechtskraft nicht.

II) Wirkungen der formellen Rechtskraft: 1) Endgültige Vollstreckbarkeit (§ 704 I). Weil die 2
ZwV nicht mehr mit vorläufiger Vollstreckbarkeit erfolgt, ist eine Sicherheit zurückzugeben (§ 715) und Zugriff auf eine zur Abwendung der ZwV geleistete Sicherheit möglich (BGH 69, 270 = aaO).

2) Unanfechtbarkeit mit Abschluß des Rechtsstreits (Verfahrens) und damit Unabänderlich- 3
keit durch die höhere Instanz. Die Entscheidungen, die in ihrem Bestand gegenüber dem erlassenden Gericht durch §§ 318, 577 III gesichert wird (Unwiderruflichkeit), werden durch § 705 auch gegen die Einleitung oder Erneuerung eines Rechtsmittelverfahrens abgesichert. Entscheidungen, auf die §§ 318, 577 III nicht anwendbar sind (Beschlüsse, die der Anfechtung durch einfache Beschwerde unterliegen), können zwar durch Erschöpfung des Beschwerdewegs, durch Verzicht auf Beschwerde oder Verwirkung des Beschwerderechts unanfechtbar werden, formelle Rechtskraft tritt aber nicht ein (Schmidt Rpfleger 74, 177 [180]; BLH Anm 1 A; aA R-Schwab § 151 II 3 β; s auch StJM Rdn 1 und Fn 1). Sie sind, wie sich aus § 571 ergibt, nicht unabänderlich.

III) Der Zeitpunkt des **Fristablaufs** richtet sich nach der Zustellung der Entscheidung (§§ 317, 4
329 III, §§ 516, 552), für jeden Beteiligten gesondert. Die Zustellung erfolgt von Amts wegen (§ 270); wegen der Zustellung an eine prozeßunfähige Partei s Rn 2 zu § 171.

IV) Eintritt der Rechtskraft bei Entscheidungen

1) Rechtskräftig werden Entscheidungen

a) des Amtsgerichts: Versäumnisurteile mit Ablauf der Einspruchsfrist (2 Wochen, § 339 I); 5
zweites Versäumnisurteil (§ 345) und Versäumnisurteil im Falle des § 238 II 2 mit Ablauf der Berufungsfrist (§§ 513, 516); Beschlüsse nach § 341 II und sonstige Entscheidungen, zB §§ 91 a, 99 II, die der sofortigen (§ 577) oder der befristeten (§ 621 e) Beschwerde unterliegen, mit Ablauf der Beschwerdefrist von 2 Wochen bei der sofortigen (§ 577 II), von einem Monat bei der befristeten (§ 621 e III, § 516) Beschwerde; alle Endurteile (auch Urteile, bei denen unverrückbar feststeht, daß die Berufungssumme (§ 511 a) nicht erreicht wird (hM KG VersR 72, 352; StJM Rdn 3 zu § 705; ThP Anm 3 d zu § 705; aA Leppin MDR 75, 899) mit Ablauf der Rechtsmittelfrist.

b) des Landgerichts: in **erster** Instanz erlassene Versäumnisurteile, zweite Versäumnisurteile, 6
Endurteile, Entscheidungen nach § 341 II und sonstige Entscheidungen, die der sofortigen Beschwerde unterliegen, wie Entscheidungen des Amtsgerichts; in **zweiter** Instanz erlassene Versäumnisurteile mit Ablauf der Einspruchsfrist; Endurteile mit der Verkündung (§ 545 I), Beschwerdeentscheidungen, die nach § 577 der weiteren Beschwerde unterliegen, mit Ablauf der Beschwerdefrist; Entscheidungen in Kostensachen (§ 568 III) mit der Verkündung (Mitteilung, Zustellung, § 329).

c) der Oberlandesgerichte: Endurteile in vermögensrechtlichen wie in nichtvermögensrechtli- 7
chen Streitigkeiten und in den Familiensachen des § 621 d mit Ablauf der Revisionsfrist (§ 552; Celle FamRZ 77, 132 = NJW 77, 204; Hamm MDR 80, 408 = NJW 80, 713 mwN; KG NJW 83, 2266; StJM Rdn 3 zu § 705; Münzberg NJW 77, 2058; Prütting NJW 80, 361 mwN). Bis zum Ablauf der Revisionsfrist ist der Eintritt der Rechtskraft auch dann hinausgeschoben, wenn die Zulässigkeit der Revision an im konkreten Fall fehlende besondere Voraussetzungen (Zulassung oder Erreichung einer Rechtsmittelsumme, §§ 546, 621 d) geknüpft ist (GemS BGH 88, 353 = MDR 84, 373 = NJW 84, 1027; BGH 4, 294 = NJW 52, 425), Rechtskaft tritt auch in solchen Fällen nicht bereits mit Verkündung (Zustellung nach § 310) ein (anders für nichtvermögensrechtliche Streitigkeiten Bremen FamRZ 78, 819; Frankfurt FamRZ 77, 715; 78, 819; Hamm NJW 78, 382; Karlsruhe FamRZ 77, 715; 78, 124; 81, 581; KG FamRZ 78, 420; NJW 78, 1812; Saarbrücken NJW 76, 1325 L; Schleswig FamRZ 78, 610; außerdem für vermögensrechtliche Streitigkeiten Köln NJW 78, 1442 = OLGZ 78, 118; Schneider DRiZ 77, 114). Bei Verwerfung der an sich statthaften (ohne Rücksicht auf besondere Zulässigkeitsvoraussetzungen gegebenen) und rechtzeitig eingelegten Revision tritt die Rechtskraft des Urteils erst mit der Rechtskraft der Verwerfungsentscheidung ein, nicht bereits mit dem Ablauf der Rechtsmittelfrist oder etwa folgendem Eintritt des Zulässigkeitsmangels (GemS BGH 88, 353 = aaO). Besonderheiten gelten für Endurteile in Kostensachen (§ 99 II, § 567 III), in Arrest- und einstweil Verfügungsverfahren (§ 545 II) sowie über die vorzeitige Besitzeinweisung in Enteignungsverfahren oder im Umlegungsverfahren (§ 545 II): diese werden mit Verkündung rechtskräftig. Versäumnisurteile werden mit Ablauf der Einspruchsfrist rechtskräftig, zweite Versäumnisurteile mit Ablauf der Revisionsfrist (BGH MDR 79, 127), Beschlüsse nach §§ 542, 341 II, 567 III mit Ablauf der Beschwerdefrist, Beschlüsse in Verfahren der sofortigen Beschwerde mit Verkündung (Mitteilung, Zustellung, § 329).

8 d) mit der Verkündung (§ 310) werden außerdem rechtskräftig Urteile des **BGH** und des **BayObLG** (nicht aber erste Versäumnisurteile dieser Gerichte).

9 **2)** Unabhängig vom Ablauf der Rechtsmittelfrist tritt die Rechtskraft ein bei beiderseitig nach Erlaß des Urteils erklärtem **Verzicht** auf Rechtsmittel (§§ 514, 566) gegenüber dem Gericht (ist unwiderruflich, BGH FamRZ 85, 801), und zwar mit der letzten Erklärung (s näher Anm zu § 514). Einseitiger Rechtsmittelverzicht bewirkt Rechtskraft auch dann nicht, wenn Gegenpartei nicht beschwert ist (Karlsruhe NJW 71, 664; ThP Anm 3b zu § 705; aA R-Schwab § 151 II 1c). Wenn durch den Verzicht vor Ablauf der Rechtsmittelfrist die Rechtskraft eingetreten ist, bleibt es für den Zeitpunkt der Rechtskraft gleichgültig, wann das entgegen dem Verzicht eingelegte Rechtsmittel verworfen wird, in den übrigen Fällen hemmt jedoch das dem Verzicht zuwider, aber rechtzeitig eingelegte Rechtsmittel die Rechtskraft der angefochtenen Entscheidung bis zur Rechtskraft der das Rechtsmittel verwerfenden Entscheidung (StJM Rdn 9 zu § 705).

Beim Einspruch genügt (einseitiger) Verzicht der säumig gewesenen Partei.

10 **3)** Durch die **Zurücknahme eines Rechtsmittels** wird die Rechtskraft nur herbeigeführt, wenn sie **nach** Ablauf der Rechtsmittelfrist erfolgt, sonst ist bis zu ihrem Ablauf die erneute Einlegung möglich. Die Rechtskraft tritt bei Zurücknahme nach Ablauf der Rechtsmittelfrist im Zeitpunkt der Rücknahme ein, nicht schon mit dem Ablauf der Rechtsmittelfrist (KG JZ 52, 424 mit abl Anm Bötticher; Oldenburg MDR 54, 367; StJM Rdn 10 zu § 705; aA R-Schwab § 151 II 1b). Der Beschluß nach § 515 III ist für den Eintritt der Rechtskraft und seinen Zeitpunkt ohne Bedeutung.

11 **V) Teilrechtskraft:** Eine teilweise Anfechtung hemmt zunächst die Rechtskraft des ganzen Urteils (BGH 7, 143 = NJW 52, 1295; BGH 54, 283 = NJW 73, 11; München NJW 66, 1082; anders Grunsky NJW 66, 1393); zur vorläufigen Vollstreckbarkeit §§ 534, 560. Teilweise rechtskräftig wird das nur für einen Teilbetrag angefochtene Urteil, wenn im übrigen (eindeutig) auf Rechtsmittel verzichtet ist. Dazu ist das Rechtsmittel auszulegen (RG JW 27, 845). Vorbehalt der Erweiterung der Rechtsmittelanträge (BGH 7, 143) oder auch Ankündigung nur beschränkter Rechtsmittelanträge (BGH NJW 58, 343; BGH LM 2 zu § 318) schließt Annahme eines teilweisen Rechtsmittelverzichts jedoch aus. Zum Scheidungsausspruch und zu Folgesachen Rn 22 zu § 629a und Rn 3f zu § 629d.

12 **VI)** Eine Sonderregelung für einheitliche **Urteile über Scheidungsantrag und Folgesachen,** die vor dem 22. 6. 1980 verkündet wurden (Änderung der §§ 516, 552), enthält wie folgt **Artikel 5 Nr 4 des Gesetzes über Prozeßkostenhilfe** vom 13. 6. 1980, BGBl I 677 (687):

„4. Ist ein Urteil nach § 629 Abs. 1 und 2 der Zivilprozeßordnung bei Inkrafttreten dieses Gesetzes zu Unrecht mit einem Rechtskraftvermerk versehen, so ist es in dem bescheinigten Umfang als an dem angegebenen Tag rechtskräftig geworden anzusehen. Dies gilt nicht, wenn

a) auf Grund eines anhängigen Rechtsmittelverfahrens gegen das Urteil der Rechtskraftvermerk zu beseitigen ist oder

b) gegen die Entscheidung über einen Antrag nach § 706 Abs. 1 der Zivilprozeßordnung eine Erinnerung oder Beschwerde anhängig ist."

706 *[Notfrist- und Rechtskraftzeugnis]*

(1) Zeugnisse über die Rechtskraft der Urteile sind auf Grund der Prozeßakten von der Geschäftsstelle des Gerichts des ersten Rechtszuges und, solange der Rechtsstreit in einem höheren Rechtszuge anhängig ist, von der Geschäftsstelle des Gerichts dieses Rechtszuges zu erteilen.

(2) Insoweit die Erteilung des Zeugnisses davon abhängt, daß gegen das Urteil ein Rechtsmittel nicht eingelegt ist, genügt ein Zeugnis der Geschäftsstelle des für das Rechtsmittel zuständigen Gerichts, daß bis zum Ablauf der Notfrist eine Rechtsmittelschrift nicht eingereicht sei. Eines Zeugnisses der Geschäftsstelle des Revisionsgerichts, daß eine Revisionsschrift nach § 566a nicht eingereicht sei, bedarf es nicht.

Lit: *Lappe,* Die beschränkte Rechtskraft, Rpfleger 1956, 4.

I) Rechtskraftzeugnis (Abs 1)

1 **1)** § 706 gilt für Urteile, Vollstreckungsbescheide und Beschlüsse, die der formellen Rechtskraft fähig sind (Rn 1 zu § 705; RG 25, 392), nicht dagegen für Vergleiche. Die Rechtskraft des Urteils ist gesondert auch auf dem Kostenfestsetzungsbeschluß zu bescheinigen, der auf Grund des nur vorläufig vollstreckbar gewesenen Urteils erlassen wurde (Frankfurt MDR 56, 361).

2) a) Zweck: Das Rechtskraftzeugnis dient zum Nachweis der (formellen) Rechtskraft (zB zur ZwV, § 704 I, in Fällen der §§ 586, 715; in Fällen des materiellen Rechts). Beweiswirkung: § 418. Das Zeugnis hat nur rein formelle Bedeutung; es entfaltet keine Bindung der Parteien im Sinne einer rechtskräftigen Feststellung, ob und wann das Urteil rechtskräftig geworden ist (BGH 31, 388 [391] = FamRZ 60, 158 = NJW 60, 671; BGH FamRZ 71, 635). Zur Durchführung der ZwV ist das Zeugnis nicht erforderlich; diese erfolgt mit vollstreckbarer Ausfertigung (§ 724 I). 2

b) Antrag: Erteilt wird das Rechtskraftzeugnis nur auf Antrag (BGH 31, 388). Antragsberechtigt sind die Prozeßparteien, auch die Streithelfer (BGH 31, 388). Ein unbeteiligter Dritter hat kein Antragsrecht, auch wenn er das Urteil in Händen hat (die Erteilung des Zeugnisses gehört zum Prozeßverfahren; anders StJM Rdn 11; BLH Anm 2 B, je § 706). Der Antrag kann formlos (auch mündlich) gestellt werden. Anwaltszwang besteht nicht (§ 78 III). 3

c) Zuständig für die Erteilung ist der Urkundsbeamte des Gerichts 1. Instanz, wenn sich die Akten bei ihm befinden. Durch den Urkundsbeamten des Gerichts der höheren Instanz wird das Zeugnis erteilt, solange der Rechtsstreit dort anhängig ist. Gericht des ersten Rechtszugs ist im Fall des 1. EheRG Art 12 Nr 7d (zunächst keine Rechtswirksamkeit wegen noch rechtzeitig anhängig gemachter Folgesachen) das LG (Hamm Rpfleger 80, 395; Stuttgart Rpfleger 79, 145; anders Schleswig FamRZ 78, 610). Für Erteilung eines Teilrechtskraftzeugnisses nur über den Scheidungsausspruch ist der Urkundsbeamte des Rechtsmittelgerichts auch dann zuständig, wenn sich bei ihm die Akten nach Einlegung eines Rechtsmittels wegen einer Folgesache befinden (KG FamRZ 79, 530 und 727; München FamRZ 79, 444 und 942). Die Zuständigkeit der Geschäftsstelle des Rechtsmittelgerichts beginnt erst mit Einreichung einer Rechtsmittelschrift; Einreichung nur eines Prozeßkostenhilfegesuchs macht den Rechtsstreit im höheren Rechtszug noch nicht „anhängig" (BGH Rpfleger 56, 97 mit zust Anm Lappe = ZZP 69 [195] 198). Anhängig ist dabei vom Standpunkt der Geschäftsstelle zu verstehen, die mit der Bearbeitung der Sache im Rechtsmittelzug bis zur Rücksendung der Akten auch dann noch befaßt bleibt, wenn das Rechtsmittelgericht seine rechtsprechende Tätigkeit bereits abgeschlossen hat oder das Rechtsmittel zurückgenommen ist (BGH aaO). 4

d) Der Urkundsbeamte **prüft** die formelle Rechtskraft der Entscheidung. Ein Rechtsschutzinteresse ist nicht zu prüfen, ebenso nicht, zu welchem Zweck der Antragsteller das Zeugnis benötigt (RG 30, 336; BGH 31, 388; München FamRZ 85, 502). Grundlage der Prüfung sind die Prozeßakten; Nachweise, die sich aus ihnen nicht ergeben (Zustellungsnachweis, Notfristzeugnis; Celle NdsRpfl 79, 49) hat der Antragsteller beizubringen. Wenn ein Rechtsmittel (Einspruch) nicht statthaft ist, ist das Zeugnis ohne weiteres zu erteilen. Ist ein Rechtsmittel (Einspruch) statthaft, so ist vor Erteilung des Zeugnisses der Eintritt der formellen Rechtskraft (Anm zu § 705) festzustellen. Ein in der Notfrist eingereichtes statthaftes Rechtsmittel (Einspruch) ist nicht daraufhin zu überprüfen, ob es zulässig ist (zu den Begriffen Rn 4 vor § 511); Rechtsmittel (Einspruch) nach Ablauf der Notfrist hindert die Erteilung des Zeugnisses nicht. Bei Rechtskraft eines Vorbehaltsurteils ist das Zeugnis zu erteilen, auch wenn das Nachverfahren noch anhängig ist (Rn 1 zu § 705); letzteres kann im Zeugnis vermerkt werden. 5

e) Form: Das Rechtskraftzeugnis wird dem Antragsteller ausgehändigt; es wird auf der vom Antragsteller vorgelegten Entscheidungsausfertigung angebracht und ist vom Urkundsbeamten zu unterzeichnen. Wortlaut: 6

„Vorstehendes Urteil ist rechtskräftig.
. . ., den . . . . . . Urkundsbeamter der Geschäftsstelle."

Bei Urteilen in Ehe- und Kindschaftssachen ist der Tag des Eintritts der Rechtskraft zu vermerken. Das Zeugnis kann auch als selbständige Bescheinigung (ohne Verbindung mit der Urteilsausfertigung) ausgestellt werden. In den Akten wird die Erteilung des Zeugnisses vermerkt. Zu unterscheiden von diesem Aktenvermerk und von dem Rechtskraftzeugnis ist der Rechtskraft**vermerk zu den Akten** nach § 7 Nr 1 AktO. Demnach hat der zuständige Beamte, sobald die Rechtskraft einer Entscheidung bei den Akten nachgewiesen ist, die Entscheidung am Kopf mit dem Vermerk „Rechtskräftig" zu versehen; Unterschrift, Amtsbezeichnung und Datum der Niederschrift des Vermerks sind beizufügen. In Ehe- und Kindschaftssachen ist auch der Tag anzugeben, an dem die Rechtskraft eingetreten ist („Rechtskräftig seit . . .").

3) Bei **Teilrechtskraft** (Rn 11 zu § 705) ist ein entsprechend beschränktes Rechtskraftzeugnis zu erteilen (Karlsruhe Justiz 71, 59; Lappe Rpfleger 56, 4), nicht aber, solange eine Anschlußrevision möglich ist (Karlsruhe MDR 83, 676). (Teil-)Rechtskraftzeugnis nur für den Scheidungsausspruch des Verbundurteils ist zu erteilen, wenn er mit beiderseitigem Rechtsmittelverzicht (Rn 22 zu § 629a), durch Verstreichen der in § 629a III vorgesehenen Fristen oder auf andere Weise (Rn 4 zu § 629d) rechtskräftig geworden ist (Frankfurt FamRZ 85, 821; Kalrsruhe NJW 79, 1211; KG FamRZ 79, 530 und 727; München FamRZ 79, 444 und 85, 502). 7

II) Notfristzeugnis (Abs 2)

8 **1) a) Zweck:** Es dient (regelmäßig für Erteilung des Rechtskraftzeugnisses) als Nachweis dafür, daß gegen das Urteil (einen Beschluß) bis zum Ablauf der Notfrist eine Rechtsmittelschrift (ein Einspruch) nicht eingelegt ist. Das Rechtskraftzeugnis ersetzt es nicht. Ist nach der Art des Urteils (Beschlusses) ein Rechtsmittel (Einspruch) ausgeschlossen, so kann ein Notfristzeugnis nicht verlangt werden (RG 108, 349), ebenso, wenn die Geschäftsstelle zugleich das Rechtskraftzeugnis zu erteilen hat oder wenn sie den fruchtlosen Ablauf der Notfrist sicher übersehen kann, zB weil nach Ablauf der Notfrist mehrere Wochen verstrichen sind, ohne daß das Rechtsmittelgericht die Akten eingefordert hat (vgl Lappe Rpfleger 58, 104). Da die Geschäftsstelle des Revisionsgerichts von der Einlegung der Sprungrevision der Geschäftsstelle des Landgerichts innerhalb 24 Stunden Nachricht zu geben hat (§ 566 a VII), bedarf es in diesem Fall keines Notfristzeugnisses (Abs 2 S 2). Weil der Beweis der Unrichtigkeit zulässig ist (§ 418 II), muß es der Geschäftsstelle auch erlaubt sein, ein unzulässig erteiltes (oder gewordenes) Zeugnis zurückzurufen (zB durch Rückforderung; Verständigung der für Erteilung des Rechtskraftzeugnisses zuständigen Geschäftsstelle).

9 **b) Antrag:** Wie Rn 3 (kein Anwaltszwang, § 78 III).

10 **c) Zuständig** ist der Urkundsbeamte der Geschäftsstelle des für das Rechtsmittel (den Einspruch) zuständigen Gerichts.

11 **d)** Der Urkundsbeamte **prüft,** daß bis zum Ablauf der Notfrist (im Zweifelsfall bis zur Ausstellung des Zeugnisses) keine Rechtsmittelschrift (kein Einspruch) eingereicht ist. Das erfordert auch Prüfung, daß den verschiedenen Abteilungen der Geschäftsstelle (zB Zivilkammer und Kammer für Handelssachen) keine Rechtsmittelschrift vorliegt (KG OLG 22, 357). Erleichterung des Geschäftsgangs und Sicherheit hierfür ermöglicht § 39 Nr 1 AktO mit Bildung einer besonderen Abteilung der Geschäftsstelle. Den nicht aktenkundigen Beginn der Notfrist hat der Antragsteller zu belegen. Wirksamkeit der Zustellung und damit Ablauf der Rechtsmittelfrist sowie Statthaftigkeit eines Rechtsmittels (Einspruchs) sind vom Urkundsbeamten nicht zu prüfen, weil er der Entscheidung des Urkundsbeamten der unteren Instanz bei Erteilung des Rechtskraftzeugnisses nicht vorgreifen kann. Nicht zu prüfen ist außerdem, ob Wiedereinsetzung (§ 233) beantragt ist; wenn Wiedereinsetzung erteilt ist, kann das Zeugnis aber nicht erteilt werden. Desgleichen ist die Verlängerung der Beschwerdefrist nach § 577 II S 3 (wenn Erfordernisse der Nichtigkeits- oder Restitutionsklage vorliegen) nicht zu prüfen, das Zeugnis bei Einlegung eines Rechtsmittels in dieser Frist aber nicht mehr zu erteilen.

12 **e) Form:** Das Zeugnis wird als Bescheinigung des Urkundsbeamten erteilt; es kann auf die Entscheidung gesetzt werden (nicht zweckmäßig). Der Inhalt des Zeugnisses muß nicht rundweg den gesetzlichen Wortlaut wiedergeben. Den angenommenen Tag des Ablaufs der Notfrist hat es zu bezeichnen; im Zweifelsfall ist zu bescheinigen, „daß bis zum Tag der Ausstellung des Zeugnisses keine Rechtsmittelschrift (kein Einspruch) (gegen die zu bezeichnende Entscheidung) eingereicht ist". Ein nach Ablauf der Notfrist eingereichtes Rechtsmittel (Einspruch) ist unter Angabe des Tages des Eingangs zu vermerken. Das Zeugnis ist vom Urkundsbeamten unter Tagesangabe zu unterzeichnen. Es ist dem Antragsteller portofrei zu übersenden (RG 131, 151).

13 **2)** Bei **teilweiser Anfechtung** des Urteils ist die Erteilung eines Teil-Notfristzeugnisses (über den nicht angefochtenen Teil) unzulässig (Lappe Rpfleger 56, 4).

14 **III) Rechtsbehelfe:** Gegen **Versagung** des Rechtskraft- oder Notfristzeugnisses: Anrufung des Prozeßgerichts nach § 576 (kein Anwaltszwang, RG 66, 202); gegen dessen ablehnende Entscheidung einfache Beschwerde (§ 567; RG 42, 421; Bamberg FamRZ 83, 519). Gegen die **Erteilung** des Zeugnisses: Anrufung des Prozeßgerichts durch den Gegner (§ 576); die Bestätigung durch das Gericht ist unanfechtbar (RG 98, 389), und zwar auch in Ehesachen (Bamberg FamRZ 83, 519; aA Stuttgart Justiz 79, 384). Hebt das Gericht das Zeugnis auf: einfache Beschwerde des Antragstellers, weil Versagung (Celle FamRZ 78, 920). Nach späterer Erteilung des Zeugnisses ist eine Beschwerde gegen die Verweigerung für erledigt zu erklären (Hamburg FamRZ 79, 532).

15 **IV) Gebühren: 1)** des **Gerichts:** Keine (§ 1 Abs 1 GKG). – **2)** des **Anwalts:** Die Anträge des zum Prozeßbevollmächtigten bestellten RA sind durch die verdiente Prozeßgebühr abgegolten. Für den die Zwangsvollstreckung betreibenden RA gehört die Tätigkeit zur Zwangsvollstreckung (§ 58 Abs 2 Nr 1 BRAGO). Ein weder zum Prozeßbevollmächtigten bestellter noch mit der Zwangsvollstreckung beauftragter RA, dessen Tätigkeit sich auf die Erwirkung des Notfrist- u Rechtskraftzeugnisses beschränkt, erhält 3/10 der vollen Gebühr des § 57 BRAGO. – Zum Beschwerdeverfahren s § 576 Rn 14.

707 *[Einstellung bei Wiedereinsetzung und Wiederaufnahme]*
(1) Wird die Wiedereinsetzung in den vorigen Stand oder eine Wiederaufnahme des Verfahrens beantragt oder wird der Rechtsstreit nach der Verkündung eines Vorbehaltsurteils fortgesetzt, so kann das Gericht auf Antrag anordnen, daß die Zwangsvollstreckung gegen oder ohne Sicherheitsleistung einstweilen eingestellt werde oder nur gegen Sicherheitsleistung stattfinde und daß die Vollstreckungsmaßregeln gegen Sicherheitsleistung aufzuheben seien. Die Einstellung der Zwangsvollstreckung ohne Sicherheitsleistung ist nur zulässig, wenn glaubhaft gemacht wird, daß der Schuldner zur Sicherheitsleistung nicht in der Lage ist und die Vollstreckung einen nicht zu ersetzenden Nachteil bringen würde.

(2) Die Entscheidung kann ohne mündliche Verhandlung ergehen. Eine Anfechtung des Beschlusses findet nicht statt.

I) Grundgedanke. Dem Schuldner stehen keine materiellen Abwehrrechte gegen den Gläubiger zu, wenn dieser aus einem vorläufig vollstreckbaren Urteil vorgeht. Er kann sich dagegen insbesondere nicht mit einer einstweiligen Verfügung wehren (RGZ 25, 406; BGH LM § 719 ZPO Nr 14). Die Interessenabgrenzung ist deshalb durch § 707 (und § 719) im prozessualen Bereich geregelt worden. 1

II) Anwendungsbereich. Außer den in I 1 genannten Fällen (§§ 233, 578, 302, 600) noch durch Bezugnahme in §§ 700 (Vollstreckungsbescheid); 719 (Rechtsmittel, Einspruch); 769 (Vollstrekkungsgegenklage); 924 III, 936 (Arrest u einstweilige Verfügung, auch bei Antrag auf Aufhebung nach §§ 927, 936, LG Braunschweig MDR 56, 567; ausnahmsweise auch bei Vollstreckung eines Unterlassungsgebots, Koblenz WRP 85, 657 gg; Nürnberg WPR 83, 177); 1042 c (Schiedsspruch); 1044 a (Schiedsvergleich). Zur Einstellung der Vollstreckung aus einer **einstweiligen Anordnung** s § 719 Rn 1 aE. 2

1) Entsprechend anzuwenden auf Prozeßvergleich einschließlich des Streits über seine Wirksamkeit (BGHZ 28, 175) und Zwischenvergleich (Hamm FamRZ 85, 306); in Baulandsachen gegen Besitzeinweisung (Celle NJW 74, 2290; Zweibrücken OLGZ 73, 255); bei Ergänzungsanträgen nach § 321 (LG Hannover MDR 80, 408); bei leugnender Feststellungsklage nach einstweiliger Unterhaltsanordnung (str, s Frankfurt NJW 84, 1630 m Nachw). 3

2) Unanwendbar bei rechtskraftdurchbrechender Klage aus § 826 BGB (München NJW 76, 1748; aber einstweilige Verfügung möglich: RGZ 61, 359); bei Abänderungsklagen gem § 323 (aber § 769 anwendbar: BGH LM § 323 Nr 1); bei Anfechtungsklagen nach Anerkennung der Vaterschaft (Saarbrücken DAVorm 85, 155); bei Vollstreckung aus dem Kostenfestsetzungsbeschluß eines Verfügungsverfahrens trotz anhängiger Hauptsache, wenn gegen die einstweilige Verfügung kein Widerspruch eingelegt worden ist (Karlsruhe Justiz 73, 321). 4

3) Konkurrenzen. Neben § 707 ist § 765 a anwendbar. Für eine einstweilige Verfügung ist das Rechtsschutzbedürfnis nur gegeben, wenn § 707 unanwendbar ist oder Einstellung abgelehnt wird, zB bei Klage auf Feststellung des Inhalts einer Vollstreckungsurkunde (KG NJW 58, 873). **Zeitlich** ist § 707 nur anwendbar bis zur Beendigung der Zwangsvollstreckung. 5

III) Ausschließlich zuständig das Gericht der Hauptsache, also bei Urteil des Einzelrichters dieser (Schleswig SchlHA 75, 63), ggf auch das Rechtsmittelgericht (Hamm FamRZ 85, 306, 307). Die Zuständigkeit besteht auch in der Zwischeninstanz fort, reicht also über die Urteilsverkündung hinaus bis zur Einlegung eines Rechtsmittels (Hamm FamRZ 85, 306, 307). Bei Revision im Urkundenprozeß gegen Vorbehaltsurteil bleibt Einstellungszuständigkeit des LG im Nachverfahren unberührt (Nürnberg NJW 82, 392). 6

IV) Die **Ermessensentscheidung** („kann" in Abs 1) muß die Parteiinteressen abwägen (Schneider MDR 73, 356); formularmäßige Einstellung ist gesetzwidrig. Immer ist zu beachten: 7

1) Bei unzulässigem Hauptantrag ist auch der Einstellungsantrag unzulässig (BGHZ 8, 49). 8

2) Sachliche Erfolgsaussicht darf nicht fehlen (Köln MDR 75, 850; Düsseldorf OLGZ 66, 436 [440]), weshalb immer Begründung abzuwarten ist (Schneider MDR 73, 358). **Beweisantizipation** zulässig (§ 719 Rn 5). 9

3) Bei Abwägung der wirtschaftlichen Auswirkungen (KG FamRZ 78, 413) haben die Gläubigerinteressen im Zweifel Vorrang (Köln MDR 75, 850; OLGZ 79, 113 [114]). Wo ohnehin nur gegen Sicherheitsleistung vollstreckt werden darf, ist das Risiko der vorläufigen Zahlung entsprechend dem Gesetzeszweck der §§ 708, 712 dem Schuldner auferlegt worden, der es auch in höherer Instanz tragen und damit auch für die Avalprovision der Sicherheitsleistung, um die es letztlich fast immer geht, aufkommen muß (Köln MDR 75, 850; Braunschweig NJW 74, 2138). Wenn noch Klärung geboten erscheint, kommt auch Einstellung bis zur besseren Prüfung in Betracht; dann auch vorübergehend ohne Anhörung des Gegners (Schneider MDR 73, 357; Celle 10

MDR 70, 243). Entsprechend ist das Gericht in der Auswahl zulässiger Anordnungen frei; es muß sich jedoch im Rahmen des Antrags halten (Braunschweig NJW 74, 2138). Spätere bessere Einsicht rechtfertigt Abänderung, wenn sie beantragt wird; Beschwerde kann in Antrag umgedeutet werden (KG MDR 79, 679). Jeder neue Antrag gibt dem Gericht Entscheidungsfreiheit, so daß Veränderung der Sachlage nicht zu fordern ist. Nachträgliche Gehörsgewährung ist allerdings immer Sachverhaltsänderung, wenn Schuldner sich äußert (Celle MDR 70, 243).

11 **V) Sicherheitsleistung** (§§ 108 ff; ausgeschlossen im Arbeitsgerichtsverfahren, § 62 I 3 ArbGG, s LAG Frankfurt LAGE ArbGG § 12 Nr 12) ist regelmäßig Voraussetzung der drei möglichen Maßnahmen nach § 707 I 1.

12 **1) Einstweilige Einstellung. a)** Gegen **Sicherheitsleistung** des Schuldners, wozu regelmäßig kein Anlaß besteht, wenn Gläubiger ohnehin nur gegen Sicherheitsleistung vollstrecken darf (Köln MDR 75, 850; OLGZ 79, 113 [114]; Schleswig SchlHA 76, 184; enger Frankfurt NJW 76, 2137). Mit vom Gläubiger bereits gepfändeten Vermögensgegenständen kann Schuldner Sicherheit nicht erbringen; dies kann aber für die Höhenbemessung berücksichtigt werden (Celle NJW 59, 2268; Schleswig SchlHA 69, 121).

13 **b) Ohne Sicherheitsleistung** nur unter den engen Voraussetzungen des Abs 1 S 2. Schuldner muß glaubhaft machen (§ 294), daß er die Sicherheit nicht aufbringen kann **und** ihm ein nicht zu ersetzender Vollstreckungsnachteil droht. Unersetzbar ist nur, was nicht mehr rückgängig gemacht oder ausgeglichen werden kann. LAG Düsseldorf (LAGE ArbGG § 62 Nr 13) läßt es genügen, daß wegen Vermögenslosigkeit des Arbeitnehmers mit einer Rückzahlung der beigetriebenen Forderung nicht zu rechnen ist. Die ordentliche Gerichtsbarkeit ist strenger. Danach genügen bloße finanzielle Nachteile nicht, solange sie nicht mit irreparablen Folgeschäden verbunden sind, wie zB Verlust der Existenzgrundlage, nicht aber drohender Konkurs einer reinen BeteiligungsAG (Frankfurt MDR 82, 239) oder einer liquidierten GmbH (Frankfurt JurBüro 85, 782). Einschlägige Fälle sind äußerst selten; Gläubigerschutz verlangt strenge und sorgfältige Prüfung. Der unersetzliche Nachteil muß gerade durch die Vollstreckung ausgelöst werden (Celle OLGZ 69, 458). Möglicher Zwang zur Abgabe der Offenbarungsversicherung genügt nicht (BGH LM § 109 ZPO Nr 1), auch nicht Unmöglichkeit der Rückgängigmachung eines durchgesetzten Beschäftigungsanspruchs (LAG Berlin DB 80, 2448; s dazu Berkowsky BB 81, 1038) oder daß der Schuldner arbeitsloser Ausländer ist (LAG Bremen MDR 83, 171), erst recht nicht materiellrechtliche Bedenken gegen den Titel (Celle MDR 53, 57; anders wegen Ausnahmeregelung bei § 719 I 2, s Düsseldorf MDR 80, 676). Regelmäßige Vollstreckungsfolgen müssen grundsätzlich hingenommen werden (Köln OLGZ 79, 113).

14 **2) Vollstreckung gegen Sicherheitsleistung** kommt in Betracht, wenn Gläubiger sie nicht schon kraft Urteils erbringen muß oder die angeordnete Sicherheitsleistung zu gering ist (RGZ 27, 364). Zur Art der Sicherheit – insbes Bankbürgschaft – s § 108 Rn 7.

15 **3) Aufhebung von Vollstreckungsmaßregeln** nur gegen Sicherheitsleistung zulässig. Dem Gläubiger muß voller Ersatz für den Wegfall bereits erlangter Rechte gewährleistet werden. Keine Aufhebung vorgesehen in Art 38 II EGÜbk (BGH WPM 83, 420).

16 **4) Teilweise Einstellung** ist dem Gericht erlaubt und dann hinsichtlich der Sicherheitsleistung nach den Grundsätzen für volle Einstellung zu behandeln. Ausschlaggebend ist die Sicherung des Einstellungsteils des Streitgegenstandes. Entsprechende Entscheidung dann angebracht, wenn nur teilweise Erfolgsaussicht besteht (Schneider MDR 73, 358 zu 4).

17 **5)** Eine **vollzogene Pfändung** kann in Ausnahmefällen den Gläubiger bereits so gesichert haben, daß Sicherheitsanordnung zur Übersicherung führen würde. Dann liegt kein Fall des § 707 I 2 vor, so daß ohne dessen Voraussetzungen Einstellung ohne Sicherheitsleistung erlaubt ist. Dieser Ausnahmefall wird jedoch nur dann angenommen werden können, wenn sich die bereits erlangte hinreichende Sicherheit des Gläubigers aus dessen Vorbringen oder eindeutig aus Pfändungsprotokollen ergibt. Sorgfältigste Prüfung und Feststellung unerläßlich!

18 **VI) Verfahren.** Mündliche Verhandlung steht frei (II 1), wird jedoch nie angeordnet. Gegner ist grundsätzlich zu hören (BVerfGE 34, 346; Schneider MDR 73, 357). Ist dies wegen Eilbedürftigkeit untunlich, muß Gehör nachgeholt und gfls die vorläufige Einstellung abgeändert werden (Celle MDR 70, 243; 86, 63; Hamm FamRZ 85, 306, 307; Schneider MDR 73, 357).

19 **1) Entscheidung** durch Beschluß, der zu begründen ist, wenn ohne Sicherheitsleistung eingestellt wird. Keine Kostenentscheidung (Frankfurt AnwBl 78, 425). Verlautbarung nach §§ 329 II, 707 II 2 durch formlose Mitteilung; bei Ablehnung ohne Anhörung des Gläubigers nur an Schuldner.

20 **2) Einstellungswirkung** besteht in der Beseitigung der Vollstreckbarkeit einschließlich der Kostenfestsetzung aus einem Urteil und ist von den Vollstreckungsorganen sowie vom Dritt-

schuldner zu beachten, der nicht mehr leisten darf. Vollstreckbare Ausfertigung darf jedoch weiterhin erteilt werden, wobei Einstellung zweckmäßigerweise in der Klausel zu erwähnen ist. Vollzug nach §§ 775 Nr 1, 2, 776. Spätere Entscheidung zur Hauptsache macht den Einstellungsbeschluß hinfällig, und zwar endgültig, so daß Aufhebung der Hauptsacheentscheidung ihn nicht wieder aufleben läßt.

3) Die **Sicherheitsleistung** haftet für Hauptsache, Zinsen, Kosten und für Schäden infolge 21
Vollstreckungsverzögerung, wenn es beim Obsiegen der Hauptsache bleibt. Gestellung der Sicherheit nicht mit denjenigen Vermögensgegenständen möglich, die Gläubiger bereits gepfändet hat (Rn 12).

4) **Beschwerde** ist ausgeschlossen (II 2), aber immer wegen der Abänderungsbefugnis (Rn 18) 22
als entsprechender Änderungsantrag zu deuten (Celle MDR 86, 63). Darüber hinaus gewährt die Rspr die sofortige Beschwerde „bei greifbarer Gesetzeswidrigkeit" (s § 567 Rn 41), wenn nämlich eine Entscheidung dieser Art, dieses Inhalts oder durch dieses Gericht gesetzlich gar nicht vorgesehen ist, die Voraussetzungen für eine Ermessensausübung also fehlten oder umgekehrt mögliches Ermessen irrig nicht ausgeübt worden ist (die Rspr arbeitet mit unterschiedlichen Formulierungen, s zB Nürnberg WRP 83, 177; Koblenz OLGZ 81, 243; ausf m Nachw Schneider MDR 80, 529; ablehnend Spangenberg DAVorm 86, 289). Angriffe auf die Ermessensausübung sind immer unzulässig. Verfahrensfehler sind nicht gleich Verkennung des Geltungsbereichs des § 707, zB nicht fehlende Begründung (Zweibrücken OLGZ 74, 247, 250; Frankfurt OLGZ 69, 375); Gehörsverletzungen nur dann, wenn dadurch die tatsächliche Ermessensgrundlage verfälscht wird (Schleswig SchlHA 84, 164, s auch Hamm MDR 72, 362; weitergehend Köln AnwBl 85, 381); LG Saarbrücken DAVorm 86, 87 gibt die sofortige Beschwerde, wenn auf eine Abänderungsklage nach § 323 eingestellt wird, ohne dem unterhaltsberechtigten Kind Gehör zu gewähren. Diese Grundsätze gelten auch für eine nach § 568 II eröffnete weitere Beschwerde. Verwerfung, wenn lediglich Ermessensausübung des Einstellungsgerichts gerügt wird; Zurückweisung, wenn „greifbare Gesetzwidrigkeit" dargelegt, aber nicht bejaht wird (s Schneider MDR 85, 547). Gegenvorstellung (§ 567 Rn 19 ff) beim Einstellungsgericht kann Änderungsbeschluß veranlassen (nach Düsseldorf FamRZ 78, 125 nur bei Tatsachenänderung).

VII) Gebühren: 1) des **Gerichts:** Keine. – **2)** des **Anwalts:** Findet im Einstellungsverfahren keine mündl Verhandlung 23
statt, so gehört dieses Verfahren zum Rechtszug (§ 37 Nr 3 BRAGO). Findet eine mündl Verhandlung statt, dann erhält der RA in diesem Verfahren nach § 49 I 1 BRAGO 3/10 der in § 31 BRAGO bestimmten Gebühren neben den im Hauptverfahren verdienten Gebühren. Auch der Anfall der 3/10 Erörterungsgebühr nach § 31 I Nr 4 BRAGO ist möglich; diese ist aber uU auf die Verhandlungsgebühr anzurechnen (§ 31 II BRAGO). Wird der Antrag beim Vollstreckungsgericht u anschließend beim Prozeßgericht gestellt, so erhält der RA nur einmal die Prozeßgebühr zu 3/10 (§ 49 I 2 BRAGO). Für die Rechtsmittelinstanz vgl Düsseldorf AnwBl 72, 392. Keine Ermäßigung der 3/10 Verhandlungsgebühr im Falle vorzeitiger Erledigung des Auftrags oder bei nichtstreitiger Verhandlung (§ 49 I 3 BRAGO). – **3) Streitwert:** § 3 Rn 16 „Einstw Einstellung der Zwangsvollstreckung".

708 *[Vorläufige Vollstreckbarkeit ohne Sicherheitsleistung]*

Für vorläufig vollstreckbar ohne Sicherheitsleistung sind zu erklären:

1. **Urteile die auf Grund eines Anerkenntnisses oder eines Verzichts ergehen;**
2. **Versäumnisurteile und Urteile nach Lage der Akten gegen die säumige Partei gemäß § 331a;**
3. **Urteile, durch die gemäß § 341 der Einspruch als unzulässig verworfen wird;**
4. **Urteile, die im Urkunden-, Wechsel- oder Scheckprozeß erlassen werden;**
5. **Urteile, die ein Vorbehaltsurteil, das im Urkunden-, Wechsel- oder Scheckprozeß erlassen wurde, für vorbehaltlos erklären;**
6. **Urteile, durch die Arreste oder einstweilige Verfügungen abgelehnt oder aufgehoben werden;**
7. **Urteile in Streitigkeiten zwischen dem Vermieter und dem Mieter oder Untermieter von Wohnräumen oder anderen Räumen oder zwischen dem Mieter und dem Untermieter solcher Räume wegen Überlassung, Benutzung oder Räumung, wegen Fortsetzung des Mietverhältnisses über Wohnraum auf Grund der §§ 556a, 556b des Bürgerlichen Gesetzbuchs sowie wegen Zurückhaltung der von dem Mieter oder dem Untermieter in die Mieträume eingebrachten Sachen;**
8. **Urteile, die die Verpflichtung aussprechen, Unterhalt, Renten wegen Entziehung einer Unterhaltsforderung oder Renten wegen einer Verletzung des Körpers oder der Gesundheit zu entrichten, soweit sich die Verpflichtung auf die Zeit nach der Klageerhebung und auf das ihr vorausgehende letzte Vierteljahr bezieht;**

9. **Urteile nach §§ 861, 862 des Bürgerlichen Gesetzbuchs auf Wiedereinräumung des Besitzes oder auf Beseitigung oder Unterlassung einer Besitzstörung;**
10. **Urteile der Oberlandesgerichte in vermögensrechtlichen Streitigkeiten;**
11. **andere Urteile in vermögensrechtlichen Streitigkeiten, wenn der Gegenstand der Verurteilung in der Hauptsache eintausendfünfhundert Deutsche Mark nicht übersteigt oder wenn nur die Entscheidung über die Kosten vollstreckbar ist und eine Vollstreckung im Wert von nicht mehr als zweitausend Deutsche Mark ermöglicht.**

1 **I) 1)** Die vorläufige Vollstreckbarkeit ist von Amts wegen für alle Endurteile mit vollstreckungsfähigem Inhalt auszusprechen, die nicht bereits mit der Verlautbarung (Verkündung, Zustellung) rechtskräftig und damit endgültig vollstreckbar werden. Sonderregelung für Ehe- und Kindschaftssachen in § 704 II. Urteile der **Arbeitsgerichte** sind mit Verkündung kraft Gesetzes ohne Sicherheitsleistung sofort vollstreckbar (§ 62 I 1 ArbGG), auch hinsichtlich der im Kündigungsschutzprozeß gem § 9 KSchG zuerkannten Abfindung (str, s OLG Köln EzA KSchG § 9 nF Nr 18; LAG Berlin LAGE KSchG § 9 Nr 1 m abl Anm Schneider). In § 708 sind nur die Urteile aufgeführt, in denen die vorläufige Vollstreckbarkeit nicht von einer Sicherheitsleistung abhängig zu machen ist (mit Sicherheitsleistung: § 709). Bei Urteilen nach § 708 Nr 4–11 muß zugunsten des Schuldners Abwendungsbefugnis ausgesprochen werden (§ 711), es sei denn, daß kein Rechtsmittel gegeben ist (§ 713). Bei Konkurrenzen innerhalb des Kataloges des § 708 Nr 1–11 hat im Hinblick auf § 711 die dem Kläger günstigere Regelung in Nr 1–3 Vorrang.

2 **2)** Der Ausspruch über die vorläufige Vollstreckbarkeit erfaßt auch die Kostenentscheidung, bei Feststellungs- oder Gestaltungsurteilen und solchen auf Abgabe einer Willenserklärung nur diese (§ 534 Rn 5). Wird ein Rechtsmittel oder ein Einspruch durch Urteil verworfen oder zurückgewiesen, so erstreckt sich dessen Vollstreckbarkeitsentscheidung ohne weiteres auf die Vorentscheidung, auch wenn diese keinen solchen Ausspruch enthält. Das gilt auch für eine **gemischte Kostenentscheidung,** die auf teilweiser Hauptsacheerledigung (§ 91 a), Klage- oder Rechtsmittelrücknahme (§§ 269 III, 515 III) oder auf Teilanerkenntnis (§ 307) beruht, obwohl eine isolierte Teilkostenentscheidung nach § 794 Nr 3 ohne Sicherheitsleistung vollstreckbar wäre; der Schuldnerschutz wird dann durch § 711 gewährleistet.

3 **II) Nr 1:** Anerkenntnis (§ 307) und Verzicht (§ 306), auch bei Teilurteil.

4 **Nr 2:** Nur echte Versäumnisurteile (§§ 330, 331 II Hs 1), wozu auch das zweite VU gehört (§ 345). Wird VU aufrechterhalten (§ 343), gilt § 709. Bei Zurückweisung einer Berufung durch echtes VU (§ 542) entfällt wegen des vorrangigen § 708 Nr 10 auch die vorinstanzlich angeordnete Sicherheitsleistung (LG Hildesheim MDR 62, 829). **Aktenlageentscheidung** nur gegen säumige Partei (§ 331 a), also nicht alle Fälle des § 251 a.

5 **Nr 3:** Im Beschlußverfahren (§ 341 III 1) Vollstreckbarkeit nach § 794 I Nr 3.

6 **Nr 4:** §§ 592, 602, 605 a, auch bei Klageabweisung.

7 **Nr 5:** Bestätigende Urteile im Nachverfahren § 600; bei Aufhebung kommt Nr 11 in Betracht.

8 **Nr 6:** §§ 922, 925, 927, 936, auch bei Abänderung, selbst wenn nur in der Sicherheitsleistung. Entsprechende Anwendung auf Hauptsacheerledigung durch Urteil (LG Ulm ZZP 68 [1955], 465). Bei bestätigenden Urteilen bleibt es bei der Vollstreckbarkeit der Vorentscheidung, da diese nur wiederholt wird; deshalb kein neuer Ausspruch (Dresden JW 30, 3333). Bei OLG-Urteilen tritt nach § 545 II 1 sofort Rechtskraft ein, so daß Vorläufigkeit entfällt. Die Abwendungsbefugnis nach § 711 entfällt mit Eintritt der formellen Rechtskraft des Vorbehaltsurteils (BGHZ 69, 270 = LM ZPO § 599 Nr 5 m Anm Merz).

9 **Nr 7:** s § 23 Nr 2 a GVG.

10 **Nr 8:** Hierher rechnen auch Änderungsurteile nach § 323 (ganz hM; Scheffler, FamRZ 86, 532, will § 708 Nr 11 anwenden) u Urteile auf Zahlung einer Abfindung gem §§ 9, 10 KSchG (LAG Bremen MDR 83, 1054 gg LAG Hamburg NJW 83, 1344). Keine Differenzierung nach gesetzlichen oder vertraglichen Unterhaltsansprüchen oder Renten; diese Unterscheidung ist aber für Zuständigkeit (§ 23 a Nr 2 GVG) und Gebührenstreitwert (§ 17 I 2 GKG) zu beachten. Andere wiederkehrende Leistungen, zB Gehalts- oder Leibrentenansprüche fallen nicht darunter, wohl aber Auskunftsansprüche einer Unterhalts-Stufenklage (AG Hamburg FamRZ 77, 815). Für nicht privilegierte Rückstände sind die §§ 708 Nr 11, 709 maßgebend, für OLG-Urteile gilt § 708 Nr 10; wird auf Säumnis entschieden, gilt insgesamt nur § 708 Nr 2.

11 **Nr 9:** Anwendbar auch bei teilweisem (§ 865 BGB) und mittelbarem (§ 869 BGB) Besitz.

12 **Nr 10:** Zu Arrest- und Verfügungsurteilen siehe bei Nr 6. Nichtvermögensrechtliche Streitigkeiten werden überhaupt nicht für vorläufig vollstreckbar erklärt, wenn sie Ehe- und Kind-

schaftssachen betreffen (§ 704 II), sonst gem § 709 gg Sicherheitsleistung (München MDR 80, 408). Aufhebende und zurückverweisende Urteile gem §§ 538, 539 haben in der Hauptsache keinen vollstreckungsfähigen Inhalt und können deshalb allenfalls wegen einer beigefügten Kostenentscheidung für vorläufig vollstreckbar erklärt werden (str, s § 543 Rn 24). Auch Widerrufsurteile in nichtvermögensrechtlichen Angelegenheiten sind vorläufig vollstreckbar; str jedoch, ob nach § 888 oder § 894 (s BGHZ 68, 336; Frankfurt NJW 82, 113; Ritter ZZP 8] [1971], 173 m Nachw). Der Vollstreckbarkeitsausspruch im OLG-Urteil erfaßt ohne weiteres das vorinstanzliche Urteil und ändert dieses uU hinsichtlich der Sicherheitsleistung automatisch ab (München OLGZ 1985, 458). Verwerfungsbeschlüsse nach § 519b richten sich nur nach § 794 I Nr 3 (LG Stuttgart NJW 73, 1050).

Nr 11: Bei **Verurteilung** ist nur deren Gegenstand ohne Zinsen und Kosten (§ 4 I) maßgebend. 13
Bei objektiver Klagenhäufung ist zusammenzurechnen (§ 5), wobei aber solche Ansprüche außer Betracht bleiben, bei denen bereits nach Nr 1–10 Sicherheitsleistung entfällt. Bei **subjektiver Klagenhäufung** ist der Verurteilungsbetrag maßgebend, zu dem Streitgenossen als Gesamtschuldner verurteilt werden; bei Einzelverurteilung ist auf den einzelnen Beklagten abzustellen. Obsiegen klagende Streitgenossen, ist die Gesamtbelastung des Beklagten maßgebend: bis 1 500 DM keine Sicherheitsleistung, bei Überschreiten Sicherheitsleistung für jeden Streitgenossen in Höhe des ihm zuerkannten Betrages (Blomeyer NJW 67, 2346). Bei **Klageabweisung** berechnet sich die Grenze von 2 000 DM nur nach dem vollstreckbaren Kostenerstattungsanspruch; Gebühren und Auslagen müssen vorab ermittelt werden. Für Streitgenossen ist je eigene Sicherheitsvollstreckung anzuordnen, wenn ihre addierten Erstattungsansprüche oberhalb 2 000 DM liegen. Bei teilweisem Obsiegen (Fälle des § 92) gilt für den Kläger die Grenze von 1 500 DM, für den Beklagten wegen der Kosten die von 2 000 DM. **Nichtvermögensrechtliche Streitigkeiten** mit Ausnahme derjenigen des § 704 II richten sich bei Verurteilung nach § 709, bei Klageabweisung wegen der Kosten nach § 708 Nr 11 analog.

709 *[Vorläufige Vollstreckbarkeit gegen Sicherheitsleistung]*

Andere Urteile sind gegen eine der Höhe nach zu bestimmende Sicherheit für vorläufig vollstreckbar zu erklären. Handelt es sich um ein Urteil, das ein Versäumnisurteil aufrechterhält, so ist auszusprechen, daß die Vollstreckung aus dem Versäumnisurteil nur gegen Leistung der Sicherheit fortgesetzt werden darf.

I) Auffangtatbestand für „andere Urteile" als die des § 708, bei denen gem § 711 Abwendungssicherheit des Schuldners anzuordnen ist. Gilt auch für den Fiskus (BGH MDR 63, 290). Obsiegen beide Parteien teilweise, ist vorläufige Vollstreckbarkeit ohne oder gegen Sicherheit je selbständig nach §§ 708, 709 zu beantworten. Anträge auf abweichende Anordnung nach §§ 710–712 möglich (aber §§ 713, 714 beachten!). Vollstreckungsklausel: § 726; Vollstreckung: § 751 II; Rückgabe der Sicherheit: § 109. 1

II) Festsetzung der Sicherheit im Urteilstenor; gfs Ergänzung nach §§ 716, 321. Bindung des Gerichts nach § 318, also Berichtigung nur in den Grenzen des § 319 zulässig (Frankfurt MDR 69, 1016). 2

III) Höhe der Sicherheit ist so zu bemessen, daß Schuldner vor Schaden aus ungerechtfertigter Vollstreckung (§ 717 II) geschützt wird. Die Sicherheit darf auf keinen Fall zu niedrig bemessen werden, da ihre Höhe innerhalb der Instanz wegen § 318 unabänderlich ist (§ 109 Rn 16). Unter dieser Voraussetzung ist zu unterscheiden: 3

1) Vermögensrechtliche Streitigkeiten. Kläger obsiegt: Hauptforderung plus rückständige und zukünftige Zinsen plus Anwaltskosten des Klägers plus Gerichtskosten (§§ 49, 54 Nr 1, 58 II 1 GKG) plus möglicher Vollstreckungsschaden gem § 717 II. Endbetrag ist aufgerundet zu beziffern. Beklagter obsiegt: Nur dessen Anwaltskosten. Teilweises Obsiegen und Unterliegen: Ebenso, jedoch beschränkt auf die vollstreckungsfähigen Positionen. Gleichliegend bei unterschiedlichem Ausgang für Streitgenossen. 4

2) Nichtvermögensrechtliche Streitigkeiten (vorbehaltlich § 704 II s Schleswig SchlHA 82, 43): Kosten und möglicher Vollstreckungsschaden (München MDR 80, 409); Höhe des Streitwerts ist also nicht gleich Höhe der Sicherheit! 5

3) Sonderfälle: Bei **wiederkehrenden Leistungen** Sicherheit „in Höhe des jeweils beizutreibenden Betrages" zulässig (Schneider, Kostenentscheidung im Zivilurteil, 2. Aufl 77, S 333; zust St/J/Münzberg, 20. Aufl 78, § 709 Anm 4 – beide m Nachw). Dann jedoch Sicherheitszuschlag angebracht. Formulierung: „Das Urteil ist vorläufig vollstreckbar in Höhe des jeweils beizutrei- 6 benden Betrages zuzüglich eines weiteren Sicherungsbetrages von 10% des beizutreibenden Betrages." Bei Verurteilung zur **Auskunft** ist die Höhe nach dem voraussichtlichen Nachteil zu schätzen, der dem Kläger durch verzögerliche Auskunft entstehen kann (Schleswig SchlHA 74, 169). Gegenleistung bei **Verurteilung Zug um Zug** bleibt unberücksichtigt. Zu **gemischten Kostenentscheidungen** s § 708 Rn 2.

7 **IV) Art der Sicherheit:** Beschluß nach § 108, der jedoch (wie beim Gebührenstreitwert) in aller Regel mit dem Urteil verbunden wird, ohne dadurch Urteilsbestandteil und unabänderlich zu werden. Zugelassene Bankbürgschaft muß selbstschuldnerisch sein (§ 239 II BGB). „Deutsche Großbank" ist hinreichend bestimmt (§ 108 Rn 8). Volksbanken rechnen nicht dazu und müssen besonders erwähnt werden (Düsseldorf ZIP 82, 366).

8 **V) Versäumnisurteile** (§ 708 Nr 2) werden aufrechterhalten (§ 343 S 1) unter erneuter Beurteilung der Sicherheitsleistung. Fällt das neue Urteil unter § 708, entfällt die Sicherheit weiterhin; sonst gilt § 709 S 2, so daß die Vollstreckungs**fortsetzung** von einer Sicherheit abhängig zu machen ist. Für die Vollstreckung aus dem bestätigten Versäumnisurteil einschließlich seiner Kosten und die Vollstreckung wegen der nach Erlaß des Versäumnisurteils entstandenen Kosten wird die Höhe der Sicherheitsleistung einheitlich bestimmt (aA Mertins DRiZ 83, 228 m Nachw zur gegenteiligen Praxis S 229 Fn 2); zur Fassung des Tenors s Schneider, Kostenentscheidung im Zivilurteil, 2. Aufl, § 36 IV.

710 *[Ausnahmen von der Sicherheitsleistung des Gläubigers]*

Kann der Gläubiger die Sicherheit nach § 709 nicht oder nur unter erheblichen Schwierigkeiten leisten, so ist das Urteil auf Antrag auch ohne Sicherheitsleistung für vorläufig vollstreckbar zu erklären, wenn die Aussetzung der Vollstreckung dem Gläubiger einen schwer zu ersetzenden oder schwer abzusehenden Nachteil bringen würde oder aus einem sonstigen Grunde für den Gläubiger unbillig wäre, insbesondere weil er die Leistung für seine Lebenshaltung oder seine Erwerbstätigkeit dringend benötigt.

1 **I) Regelungszweck** ist das Bestreben, einen Gläubiger, der obsiegt hat, nicht wegen seiner ungünstigen wirtschaftlichen Verhältnisse gegenüber einem vermögenden Gläubiger zu benachteiligen. Ausgleichsregelung zugunsten des Schuldners findet sich in §§ 711, 712.

2 **II) Voraussetzungen** sind objektiv ein **Leistungshindernis** und subjektiv **Unbilligkeit.** Das Hindernis liegt vor bei Unvermögen des Gläubigers oder bei Leistungsfähigkeit nur unter erheblichen Schwierigkeiten. Hinzu kommen muß Unbilligkeit einer Vollstreckungsaussetzung. Dafür bringt § 710 beispielhaft vier Anwendungsfälle: schwer zu ersetzender Nachteil; schwer abzusehender Nachteil; Benötigung der Sicherheit für die Lebenshaltung; Benötigung für die Erwerbstätigkeit. Soweit diese Anwendungsfälle nicht gegeben sind, kann Unbilligkeit immer noch „aus einem sonstigen Grunde" zu bejahen sein. Er muß aber ein sachliches Gewicht haben. Daher kaum bei Inanspruchnahme eines Bankkredits oder einer Bürgschaft, Absage eines gebuchten Urlaubs uä. Der Nachteil wird regelmäßig vermögensrechtlicher Art sein, was jedoch nicht zwingend ist. **Gesamtbeurteilung** ist erforderlich. Ist etwa ein Handwerker auf die Beitreibung des geschuldeten Geldbetrages angewiesen, um die Existenz seines Betriebes nicht zu gefährden, dann muß auch die Möglichkeit eigener Rettungs- oder Sanierungsmaßnahmen ausgeschlossen sein. Auf die Situation des Schuldners kommt es nicht an.

3 **III) Verfahren.** Antrag vor Schlußverhandlung (§ 714 I); Nachholung im zweiten Rechtszug ausgeschlossen (Schleswig SchlHA 79, 144). Glaubhaftmachung der tatsächlichen Angaben nötig (§§ 714 II, 294). Entscheidung im Urteilstenor. Wegen der Bindung nach § 318 nachträgliche Änderung, zB Aufteilung auf einzelne Ansprüche, unzulässig, sofern nicht § 319 anwendbar ist (Frankfurt OLGZ 70, 172 m Nachw).

711 *[Abwendungsbefugnis des Schuldners]*

In den Fällen des § 708 Nr. 4 bis 11 hat das Gericht auszusprechen, daß der Schuldner die Vollstreckung durch Sicherheitsleistung oder Hinterlegung abwenden darf, wenn nicht der Gläubiger vor der Vollstreckung Sicherheit leistet. Für den Gläubiger gilt § 710 entsprechend.

1 **I) Abwendungsbefugnis** gleicht das Fehlen der Gläubigersicherheit gem § 709 aus. Sie muß (auch bei gemischten Kostenentscheidungen: § 708 Rn 2) von Amts wegen aufgenommen werden, falls nicht ein Rechtsmittel ausgeschlossen erscheint (§ 714). Unerheblich, ob Gläubiger vor

dem Amtsgericht selbst aufgetreten ist, Anwaltskosten also nicht entstanden sind; das kann sich nur auf die Höhe der Sicherheitsleistung auswirken. Ob Sicherheitsleistung oder Hinterlegung oder beides wahlweise zugelassen wird, entscheidet das Gericht unter Berücksichtigung von Parteianregungen nach Ermessen. Tenorierungsvorschlag:

„Das Urteil ist vorläufig vollstreckbar. Der Beklagte darf die Vollstreckung durch Sicherheitsleistung in Höhe von x,- DM abwenden, sofern nicht der Kläger Sicherheit in derselben Höhe leistet. (Gfs: Die Sicherheit darf von Kläger/Beklagtem/beiden Parteien durch selbstschuldnerische Bürgschaft ... erbracht werden.)"

Der Gläubiger darf sofort unbedingt vorläufig vollstrecken, muß dies aber dem Schuldner kurzfristig ankündigen, damit dieser durch Abwendungssicherheit Vollstreckungskosten vermeiden kann (Koblenz DGVZ 85, 139, 141). Leistet der Gläubiger die Sicherheit, was im Berufungsverfahren auch durch „Stehenlassen" der erstinstanzlich geleisteten Gläubiger-Sicherheit geschehen kann (Berger JuS 82, 199), dann kann der Schuldner seine Sicherheit nach § 109 zurückfordern. Bei Wechselvorbehaltsurteilen endet die Abwendungsbefugnis mit Eintritt formeller Rechtskraft (BGHZ 69, 270 = LM ZPO § 599 Nr 5 m Anm Merz). Zur Rückgabe der Sicherheit des Schuldners, wenn auch der Gläubiger geleistet hat, s § 109 Rn 3.

II) Höhe der Sicherheit ist so zu bemessen, daß der Schaden abgedeckt ist, der durch den 2
Vollstreckungsaufschub eintreten kann und nicht auf den Verzögerungsschaden beschränkt ist (Berger JuS 82, 198). Da regelmäßig die Erfüllung auf dem Spiel steht, sind die Grundsätze des § 709 maßgebend (s dort Rn 3). Bemessung grundsätzlich für beide Parteien gleich, da Gläubiger nur die Sicherheit des Schuldners gegensichern muß. Unterschiedliche Bemessung kommt in Betracht, wenn beim Gläubiger nur ein Verzögerungsschaden (RGZ 141, 195) abzudecken ist, weil der Hauptanspruch bereits gesichert ist, zB durch Vormerkung.

III) Konkurrenz mit § 710 ist möglich (§ 711 S 2). Dann Gläubigerantrag nötig (§ 714 I). Bei 3
Konkurrenz zwischen § 708 Nr 1–3 und Nr 4–11 geht die dem Gläubiger günstigere Regelung vor, also zB keine Abwendungsbefugnis bei Anerkenntnis-Vorbehaltsurteil im Scheckprozeß (aA LG Aachen NJW-RR 86, 359). Sind die Voraussetzungen des § 710 glaubhaft gemacht, lautet die Urteilsformel nur: „Das Urteil ist vorläufig vollstreckbar."

IV) Anfechtung unterbliebener Vollstreckbarkeitsentscheidung: § 716 Rn 3. 4

712 *[Abwendungsbefugnis ohne Rücksicht auf eine Sicherheitsleistung des Gläubigers]*

(1) Würde die Vollstreckung dem Schuldner einen nicht zu ersetzenden Nachteil bringen, so hat ihm das Gericht auf Antrag zu gestatten, die Vollstreckung durch Sicherheitsleistung oder Hinterlegung ohne Rücksicht auf eine Sicherheitsleistung des Gläubigers abzuwenden. Ist der Schuldner dazu nicht in der Lage, so ist das Urteil nicht für vorläufig vollstreckbar zu erklären oder die Vollstreckung auf die in § 720a Abs. 1, 2 bezeichneten Maßregeln zu beschränken.

(2) Dem Antrag des Schuldners ist nicht zu entsprechen, wenn ein überwiegendes Interesse des Gläubigers entgegensteht. In den Fällen des § 708 kann das Gericht anordnen, daß das Urteil nur gegen Sicherheitsleistung vorläufig vollstreckbar ist.

I) Der **besondere Schuldnerschutz** setzt den Eintritt eines für den Schuldner unersetzlichen 1
Nachteils (s dazu auch § 719 Rn 6) bei Durchführung der Vollstreckung voraus (§ 712 I 1). Die Fälle, in denen entsprechende Feststellungen getroffen werden können, sind selten. Es genügt zB nicht Auslandsaufenthalt des Gläubigers oder bloß wahrscheinlicher Nachteil; vielmehr muß das Gericht von dessen Eintritt überzeugt sein. So kann es etwa liegen, wenn der Schuldner ein einmaliges Kunst- oder Sammlerobjekt verlöre oder er seinen Betrieb einstellen müßte oder er in seiner gewerblichen Tätigkeit existenzgefährdend zurückgeworfen würde, zB bei Offenbarung des Kundenkreises (vgl Bierbach GRUR 81, 436).

II) Wird der nicht zu ersetzende Nachteil bejaht, muß das Gericht von Amts wegen in eine 2
Interessenprüfung eintreten, da überwiegendes Vollstreckungsinteresse des Gläubigers vorrangig ist (§ 712 II 1). Hierbei sind unter § 710 fallende Umstände zu berücksichtigen. Erheblich ist auch der bisherige Verlauf des Verfahrens. Bei OLG-Urteilen haben die Gläubigerinteressen nach der Wertung der §§ 708 Nr 10, 717 III größeres Gewicht. Wird das erstinstanzliche Urteil in der Berufungsinstanz bestätigt, dann spricht eine große Wahrscheinlichkeit dafür, daß sachlich richtig entschieden worden ist, mit der Folge, daß der Anwendungsbereich des § 712 I 1 noch enger zu ziehen ist (Düsseldorf GRUR 79, 189). Hatte der Gläubiger dem Schuldner zu dessen Schonung eine Übergangslösung angeboten, so spricht es bei der Abwägung gegen den Schuldner, wenn er abgelehnt hat (Düsseldorf GRUR 79, 189).

III) Fällt die Abwägung (Rn 2) zugunsten des Schuldners aus, kann das Gericht, falls nicht § 713 entgegensteht, folgende Maßnahmen treffen:

3 **1) Urteil fällt unter § 709: a)** Gestattung, daß der Schuldner die Vollstreckung durch Sicherheit oder Hinterlegung trotz Sicherheitsleistung des Gläubigers abwenden darf (§ 712 I 1) **b)** Beschränkung des Vollstreckungsrechts des Gläubigers auf die Maßnahmen des § 720 a I, II, wenn der Schuldner zur Sicherheit oder Hinterlegung außerstande ist. **c)** Letzte und einschneidendste Schutzmaßnahme ist der Ausschluß vorläufiger Vollstreckung (§ 712 I 2).

4 **2) Urteil fällt unter § 708: a)** Alle Maßnahmen möglich wie Rn 3. **b)** Zusätzlich Anwendung des § 709 (§ 712 I 2). Das gilt wegen des umfassenden Schutzzwecks des § 712 für alle Fälle des § 708, nicht nur für die in § 711 erwähnten, wie Engels (AnwBl 78, 163 Fn 2) meint.

5 **IV) Verfahren. 1) Antrag** des Schuldners innerhalb der Frist des § 714 I (Anwaltszwang) und Glaubhaftmachung (§§ 714 II, 294). Der Antragsteller hat seine Vermögensverhältnisse offenzulegen (BGH WPM 85, 1435). Bei übergangenem Antrag: §§ 716, 321. Nachholung eines erstinstanzlich versäumten Antrages in zweiter Instanz (§ 714 Rn 1).

6 **2) Abwägung** nach § 712 II 1 gem den Grundsätzen in Rn 2. Beweislast für § 712 I trägt der Schuldner, für § 712 II 1 der Gläubiger; bei Zweifeln am Überwiegen des Gläubigerinteresses muß deshalb dem Schutzantrag des Schuldners stattgegeben werden. Beschleunigte Entscheidung in der Hauptsache hat Vorrang, so daß keine verzögerlichen selbständigen Feststellungen über die Voraussetzung der Vollstreckungsabwendung zu treffen sind.

7 **3) Entscheidung.** Bei Unschlüssigkeit oder fehlender Glaubhaftmachung oder Überwiegen des Gläubigerinteresses ist der Schutzantrag des Schuldners im Tenor nicht zu erwähnen, sondern nur in den Entscheidungsgründen abzulehnen. Wird dem Schutzantrag stattgegeben oder trotz Überwiegens des Gläubigerinteresses Sicherheitsleistung des Gläubigers gem § 712 II 2 angeordnet, ist die Entscheidung im Urteilstenor zu treffen. Hat der Schuldner die Sicherheit zu leisten, ist der Vollstreckbarkeitsausspruch durch den Zusatz zu ergänzen, der Beklagte dürfe die Vollstreckung durch Sicherheit oder/und Hinterlegung in Höhe von x,– DM abwenden. Die in § 711 I 2 Hs 2 vorgesehene Abwendungsbefugnis des Gläubigers wird dann nicht in den Tenor aufgenommen. Braucht der Schuldner keine Sicherheit zu leisten, ist im Tenor hinzuzufügen, daß die Zwangsvollstreckung nach Maßgabe des § 720 a beschränkt ist oder der Gläubiger entgegen § 708 Sicherheit leisten muß; anderenfalls ist der Ausspruch über die vorläufige Vollstreckbarkeit ganz wegzulassen.

8 **V) Rechtsfolgen.** Erbringt der Schuldner die Abwendungssicherheit, dann darf der Gläubiger nicht vollstrecken (§§ 775 Nr 3, 776 gelten). Vollstreckungsbeschränkung gem § 720 a erlaubt vorläufige Vollstreckbarkeit in dessen Rahmen. Wird dem Gläubiger entgegen § 708 Sicherheitsleistung auferlegt, ist diese für ihn Vollstreckungsvoraussetzung. Ist vorläufige Vollstreckbarkeit nicht zugelassen, muß der Gläubiger mit der Vollstreckung bis zur Rechtskraft zuwarten. Deren Eintritt erledigt auch alle anderen Beschränkungen, desgleichen eine Entscheidung nach § 717. Alle Beschränkungen gelten auch für den Kostenerstattungsanspruch.

713 *[Absehen von Anordnungen zugunsten des Schuldners]*

Die in den §§ 711, 712 zugunsten des Schuldners zugelassenen Anordnungen sollen nicht ergehen, wenn die Voraussetzungen, unter denen ein Rechtsmittel gegen das Urteil stattfindet, unzweifelhaft nicht vorliegen.

1 **I)** Ob § 713 eingreift, ist **von Amts wegen** zu prüfen. Unanwendbar bei Urteilen, die mit Verkündung rechtskräftig werden wie Berufungsurteile der Landgerichte, OLG-Urteile in Arrest- und Verfügungsverfahren. **Ermessen** des Gerichts ist eingeschränkt; „soll" bedeutet Pflicht zur Anwendung des § 713, wenn ein Rechtsmittel unzweifelhaft ausgeschlossen ist; bei Zweifeln sind die Anordnungen der §§ 711, 712 zu treffen (Schneider DRiZ 77, 116).

2 **II) Maßstäbe der Beurteilung** sind die §§ 511 a, 546, 547. Bei einfachen Forderungsklagen ist die Rechtsmittelbeschwer eindeutig; bei eventueller Klagenhäufung, Widerklage oder Aufrechnung ist bei Streitfragen vom höchstmöglichen Wert auszugehen. Wo nach § 3 zu schätzen oder eine nichtvermögensrechtliche Streitigkeit zu bewerten ist, muß beachtet werden, daß die maßgebliche Entscheidung dem Rechtsmittelgericht obliegt; kann dies auch nur möglicherweise zu einer höheren Bewertung kommen, ist von dieser auszugehen. Stets ist zu bedenken, daß der Rechtsmittelwert vom Gebührenwert abweichen kann, zB §§ 8, 9 ZPO gegenüber §§ 16, 17 GKG.

III) Zweifelhaft ist, ob mit „Rechtsmittel" auch die **unselbständige Anschließung** (§§ 521, 556) gemeint ist. Anschlußberufung und Anschlußrevision sind nach hM keine Rechtsmittel (§ 521 Rn 4, 20). § 713 bezweckt jedoch die Abwendung vollstreckungsrechtlicher Nachteile in der sog Zwischeninstanz. Solange aber eine Partei ein Rechtsmittel einlegen und die andere sich für diesen Fall anschließen kann, läßt sich eine Vollstreckungsgefährdung nicht im voraus ausschließen. Deshalb ist auch die unselbständige Anschließung als Rechtsmittel iSd § 713 anzusehen und dürfen die Schutzanordnungen nach §§ 711, 712 nicht unterbleiben (so schon für das alte Recht Stettin JW 31, 1830; Celle HRR 33, Nr 882). 3

714 *[Anträge nach §§ 710, 711 S 2, § 712]*

(1) Anträge nach den §§ 710, 711 Satz 2, § 712 sind vor Schluß der mündlichen Verhandlung zu stellen, auf die das Urteil ergeht.

(2) Die tatsächlichen Voraussetzungen sind glaubhaft zu machen.

I) Nach dem klaren Wortlaut der Vorschrift muß der Antrag **in der Instanz** gestellt werden; 1
das kann der erste oder der zweite Rechtszug sein. Wird er im Berufungsverfahren gestellt, dann kann das Berufungsurteil abweichend vom angefochtenen Urteil erkennen. Bei **teilweiser Anfechtung** ist auf Antrag wegen der unangefochtenen Verurteilung bedingungslos für vorläufig vollstreckbar zu erklären (§ 534). Ist ein Vollstreckungsschutzantrag übergangen worden, so ist das Urteil auf Antrag zu ergänzen (§§ 716, 321). Zweitinstanzlich kann auf Antrag des Schuldners nach § 719 eingestellt werden (Schleswig SchlHA 78, 174); dem Gläubiger bleibt nur die einstweilige Verfügung als letztes Mittel (Schleswig SchlHA 79, 144; 85, 156). Weitergehende Änderungs- oder Abhilfemöglichkeiten bestehen nicht (Saarbrücken JurBüro 85, 1579; aA Düsseldorf NJW 69, 1910). Umstritten ist, ob es bei dieser Rechtslage verbleiben muß, wenn die Stellung eines in § 714 I genannten Antrages in der Instanz versäumt worden ist oder ob dann der Antrag im zweiten Rechtszug nachgeholt werden kann. Bejaht wird das zB von Hamm MDR 57, 171; Düsseldorf NJW 69, 1910; Karlsruhe OLGZ 75, 485; Frankfurt FamRZ 83, 1260; NJW-RR 86, 486; Schleswig SchlHA 85, 156; St/J/Münzberg § 714 Rn 3; B/H/Albers § 714 Anm 2; Th/P § 714 Anm 3a. Verneint wird es zB von Hamm MDR 67, 221; Frankfurt MDR 71, 850; 82, 415; 85, 62; Schleswig SchlHA 83, 194 – aufgegeben durch SchlHA 85, 156 –; Wieczorek § 714 Anm B IIIa. Karlsruhe (Justiz 86, 21) verneint die Antragsbefugnis jedenfalls dann, wenn Einstellung nach §§ 719, 707 erreicht werden kann. Zutreffend ist die grundsätzlich ablehnende Auffassung, da sonst entgegen § 714 die erstinstanzliche Entscheidung über **Sachanträge** (Schneider MDR 83, 905; Frankfurt OLGZ 70, 173) in diejenige Instanz verlagert würde, die dafür nicht zuständig ist, wie sich aus §§ 714, 718 eindeutig ergibt; das Berufungsgericht hat sich nur mit **erlassenen und angefochtenen** vorinstanzlichen Entscheidungen zu befassen. Die Gegenmeinung müßte sich auch über das Ergänzungsverbot der §§ 716, 321 nach Fristversäumung hinwegsetzen (zutr Saarbrücken JurBüro 85, 1579). Sie führt weiter in die zusätzliche Kontroverse, ob § 718 direkt oder analog anzuwenden wäre und ob es dazu einer Anschlußberufung bedürfte (so OLG Schleswig SchlHA 85, 156) oder nicht (so Hamburg MDR 70, 244). Bei Notwendigkeit einer Anschlußberufung, die wohl kaum verneint werden könnte, würde sich die weitere Frage stellen, ob der erstmals in zweiter Instanz gestellte Schutzantrag in eine Anschlußberufung umzudeuten ist (so Düsseldorf FamRZ 85, 307; offengelassen von Karlsruhe OLGZ 75, 485). Schließlich muß sich diese Auffassung über den Grundsatz hinwegsetzen, daß die unselbständige Anschlußberufung nicht teilurteilsfähig ist (§ 521 Rn 31; s Karlsruhe OLGZ 75, 485). Diese prozessualen Schwierigkeiten verdeutlichen, daß es verfehlt ist, die klare Regelung des § 714 I aufzugeben und Schutzanträge trotz des eindeutigen Wortlautes auch noch *nach* Schluß der mündlichen Verhandlung, auf die das Urteil ergeht, zuzulassen.

II) Zwang zur Glaubhaftmachung gilt für das Vorbringen beider Parteien, also auch das entkräftende des Gegners. Übergehung des Antrags: §§ 716, 321. Bei Teilanfechtung Vollstreckbarkeitserklärung nach § 534 I 1 möglich. 2

715 *[Rückgabe der Sicherheit]*

(1) Das Gericht, das eine Sicherheitsleistung des Gläubigers angeordnet oder zugelassen hat, ordnet auf Antrag die Rückgabe der Sicherheit an, wenn ein Zeugnis über die Rechtskraft des für vorläufig vollstreckbar erklärten Urteils vorgelegt wird. Ist die Sicherheit durch eine Bürgschaft bewirkt worden, so ordnet das Gericht das Erlöschen der Bürgschaft an.

(2) § 109 Abs. 3 gilt entsprechend.

1 **I) Anwendungsbereich.** § 715 gilt nur, wenn der Gläubiger nach §§ 709, 711, 712 II 2 Sicherheit geleistet hat. Der (umständlichere) Weg des § 109 bleibt offen. **Unmittelbare Anwendung** auch nach Rechtskraft eines Vorbehaltsurteils, §§ 302, 599 (RGZ 47, 364). **Entsprechende Anwendung** in anderen Fällen auflösend bedingter Endurteile (§§ 280, 304), wenn die Rechtskraft des Zwischen- oder Grundurteils und die des Schlußurteils nachgewiesen wird. Nach Haakshorst/Comes (NJW 77, 2344) auch bei Einstellung nach §§ 719 I, 707 durch das Berufungsgericht; abzulehnen, weil es mangels Rechtskraft an der Analogiebasis fehlt (BGHZ 11, 304). **Unanwendbar** bei Prozeßbeendigung durch Vergleich oder Klagerücknahme.

2 **II) Obsiegt der Schuldner,** kann er seine hinterlegte Sicherheitsleistung nach § 109 zurückfordern. Aus der Gläubigersicherheit kann er sich nur durch Klage oder im Verfahren nach § 717 II 2 einen Erstattungstitel verschaffen. Obsiegt der **Gläubiger,** kann er von der Hinterlegungsstelle unter Vorlage des rechtskräftigen Titels (Urteil und Kostenfestsetzungsbeschluß) Auszahlung verlangen (§§ 378, 379 BGB; § 13 II Nr 2 HinterlO). War zur Abwendung der vorläufigen Vollstreckung eine Bürgschaft geleistet worden, kann der Gläubiger nach Rechtskraft den Bürgen in Anspruch nehmen (BGHZ 69, 270; s auch Berger JuS 82, 195).

3 **III) Zuständig** ist der Rechtspfleger (§ 20 Nr 3 RPflG) des Gerichts, das über die Sicherheitsleistung entschieden hat; nach Zurückweisung der Berufung wieder die erste Instanz.

4 **1) Antrag** nötig, aber kein Anwaltszwang (Verweis auf § 109 III 1). Rechtskraftzeugnis (§ 706) kann sich aus den Akten ergeben; anderenfalls ist es vorzulegen. Bei Gesamtschuldnern Rechtskraft gegenüber allen nötig (München SA 70, 97).

5 **2) Entscheidung** ohne mdl Verhandlung (§§ 715 II, 109 III 2). Jedoch muß der Gegner vorher gehört werden (Art 103 I GG). Gericht **muß** entscheiden und darf nicht auf den Weg des § 109 verweisen. **Beschluß** hat Rückgabe der Sicherheit (§ 715 I 1) oder Erlöschen der Bürgschaft (§ 715 I 2) anzuordnen, wenn der Antrag nicht abgelehnt wird. Formlose Mitteilung, da keine Frist in Lauf gesetzt wird (§ 329 II), bei Ablehnung nur an Antragsteller.

6 **3) Rechtsbehelfe.** Gegen Rechtspflegerentscheidung Erinnerung nach § 11 I RPflG. Entscheidung des Richters bei Nichtabhilfe durch Rechtspfleger: Gegen die Anordnung der Rückgabe durch den Richter keine Beschwerde (Frankfurt Rpfleger 74, 322). Gegen Ablehnung des Rückgabeantrages einfache Beschwerde nach § 567 II (mittelbare Prozeßkosten, vgl § 568 Rn 40).

7 **IV) Gebühren: 1)** des **Gerichts:** Keine (§ 1 Abs 1 GKG). Wegen Erinnerungsverfahren und Beschwerde s Rn 12 zu § 109 – **2)** des **Anwalts:** Die Verfahren gehören zum Rechtszug (§ 37 Nr 3 BRAGO). Beschränkt sich die Tätigkeit des RA allein auf die Rückgabe einer Sicherheit, so erhält er die Gebühren aus § 56 BRAGO. Wegen der Anwaltsgebühren im Falle der sog Durchgriffserinnerung s Rn 12 zu § 109. Für die Erhebung der Sicherheit u ihre Rückzahlung: Hebegebühr nach § 22 BRAGO; s § 109 Rn 12. – **3) Streitwert:** § 109 Rn 12.

716 *[Ergänzung des Urteils]*

Ist über die vorläufige Vollstreckbarkeit nicht entschieden, so sind wegen Ergänzung des Urteils die Vorschriften des § 321 anzuwenden.

1 **I)** Ob von Amts wegen oder auf (rechtzeitig gestellten: § 714 I) Antrag zu entscheiden gewesen wäre, ist unerheblich. Es genügt auch, daß die Höhe der Sicherheit oder der Hinterlegung nicht beziffert worden ist; bei fehlerhafter Bezifferung liegt jedoch eine Entscheidung vor.

2 **II)** Sind **erstinstanzliche** Entscheidungen nach §§ 708, 709, 711 S 1 übergangen worden, dürfen im Ergänzungsverfahren die Schutzanträge der §§ 710, 711 S 2, 712 I wiederholt oder nachgeholt werden. Solange Ergänzung möglich ist, kein Rechtsschutzbedürfnis für eine Berufung nur wegen der vorläufigen Vollstreckbarkeit. Ist vorherige Tatbestandsberichtigung nötig, beginnt die Frist des § 321 II erst mit Zustellung des Berichtigungsbeschlusses zu laufen (BGH MDR 82, 663 = NJW 82, 1821). Nach Ablauf der Frist kann Änderung des im Vollstreckbarkeitsausspruch lückenhaften Urteils mit der Berufung erreicht werden, weil das Urteil durch die Unvollständigkeit auch bezüglich der Rechtsverwirklichung des Anspruchs sachlich unrichtig ist. Vorinstanzlich versäumte Schutzanträge können in zweiter Instanz nicht nachgeholt werden (§ 714 Rn 1).

3 **III)** Hat das **Berufungsgericht** die Vollstreckbarkeitsentscheidung übergangen, steht wegen § 718 II nur der Weg des § 716 offen (BGH NJW 84, 1240 = MDR 84, 649; MDR 78, 127).

4 **IV) Gebühren: 1)** des **Gerichts:** s Rn 12 zu § 321. – **2)** des **Anwalts:** Die Tätigkeit gehört zum Rechtszug (§ 37 Nr 6 BRAGO). Betreibt der RA ausschließlich das Urteilsergänzungsverfahren: Volle Gebühren (§§ 31 ff BRAGO) nach dem Wert des übergangenen Anspruchs, Rn 12 zu § 321. **3) Streitwert** s § 3 Rn 16 unter „Sicherheitsleistung".

717 *[Kraftlosigkeit der Vollstreckbarerklärung und Schadensersatzpflicht des Klägers]*

(1) Die vorläufige Vollstreckbarkeit tritt mit der Verkündung eines Urteils, das die Entscheidung in der Hauptsache oder die Vollstreckbarkeitserklärung aufhebt oder abändert, insoweit außer Kraft, als die Aufhebung oder Abänderung ergeht.

(2) Wird ein für vorläufig vollstreckbar erklärtes Urteil aufgehoben oder abgeändert, so ist der Kläger zum Ersatz des Schadens verpflichtet, der dem Beklagten durch die Vollstreckung des Urteils oder durch eine zur Abwendung der Vollstreckung gemachte Leistung entstanden ist. Der Beklagte kann den Anspruch auf Schadensersatz in dem anhängigen Rechtsstreit geltend machen; wird der Anspruch geltend gemacht, so ist er als zur Zeit der Zahlung oder Leistung rechtshängig geworden anzusehen.

(3) Die Vorschriften des Absatz 2 sind auf die im § 708 Nr. 10 bezeichneten Urteile der Oberlandesgerichte, mit Ausnahme der Versäumnisurteile, nicht anzuwenden. Soweit ein solches Urteil aufgehoben oder abgeändert wird, ist der Kläger auf Antrag des Beklagten zur Erstattung des von diesem auf Grund des Urteils Gezahlten oder Geleisteten zu verurteilen. Die Erstattungspflicht des Klägers bestimmt sich nach den Vorschriften über die Herausgabe einer ungerechtfertigten Bereicherung. Wird der Antrag gestellt, so ist der Anspruch auf Erstattung als zur Zeit der Zahlung oder Leistung rechtshängig geworden anzusehen; die mit der Rechtshängigkeit nach den Vorschriften des bürgerlichen Rechts verbundenen Wirkungen treten mit der Zahlung oder Leistung auch dann ein, wenn der Antrag nicht gestellt wird.

I) Außerkrafttreten (Abs 1). **1)** Die vorläufige Vollstreckbarkeit entfällt mit der Verlautbarung 1 des neuen Urteils (Verkündung, § 311 II, oder Zustellung, § 310 II, III). Soweit das erste Urteil aufrechterhalten bleibt, gilt seine Vollstreckbarkeitsentscheidung fort. Die aufhebende oder abändernde Entscheidung löst die Wirkungen des § 717 I auch dann aus, wenn sie selbst nicht für vollstreckbar erklärt ist oder deswegen einstweilen eingestellt wird; daher sind die §§ 775 Nr 1, 776 immer anwendbar. Der Aufhebungsgrund ist unerheblich (Düsseldorf NJW 74, 1714; Köln JMBlNRW 64, 184; LG Berlin NJW 56, 1762 m Anm Lent). Aufhebung des aufhebenden Urteils in der Revisionsinstanz mit Zurückverweisung stellt den alten Zustand nicht wieder her, weil dadurch die erstinstanzliche Entscheidung nicht bestätigt wird, sondern weiterhin offenbleibt. Wird ein bestätigendes Berufungsurteil aufgehoben und zurückverwiesen, verbleibt es bei der vorläufigen Vollstreckbarkeit des erstinstanzlichen Urteils (BGH MDR 59, 122). Wird das erstinstanzliche Urteil vom Berufungsgericht aufgehoben und entscheidet der Erstrichter nach Zurückverweisung wiederum wie zuvor, sind Ansprüche aus § 717 II, III wegen zwischenzeitlicher Vollstreckung ausgeschlossen (Nürnberg OLGZ 73, 45).

2) Aufhebung des der Kostenfestsetzung zugrunde liegenden Titels macht auch das Kosten- 2 festsetzungsverfahren gegenstandslos. Deshalb kann ein Schadensersatzanspruch, der durch die Vollstreckung des Urteils oder eine Abwendungsleistung des Schuldners entstanden ist, nicht im Kostenfestsetzungsverfahren verfolgt werden (LG Lübeck Rpfleger 82, 439).

II) Der Schadensersatzanspruch (Abs 2). **1)** Die verschuldensunabhängige Haftung nach § 717 3 II 1 bürdet dem Gläubiger die ganze Gefahr der ungerechtfertigten Vollstreckung auf (BGHZ 54, 76; MDR 80, 826). Diese Gefährdungs- (BGHZ 85, 110 = MDR 83, 221) oder Garantiehaftung (kritisch Roth NJW 82, 926) läßt den Gläubiger in bedenklicher Weise für Fehler des Gerichts einstehen; denn auf die Richtigkeit des aufhebenden oder abändernden Urteils kommt es nicht an (LG Bochum VersR 80, 659). Da § 717 II 1 einen materiellrechtlichen Anspruch schafft, der mit Aufhebung oder Abänderung des für vorläufig vollstreckbar erklärten Urteils entsteht (BGH NJW 57, 1926), sind die §§ 249 ff BGB anwendbar; für die Verjährung gilt § 852 BGB (BGHZ 9, 212). Teilweise Abänderung begründet einen entsprechenden Ersatzanspruch (Hamm Rpfleger 77, 216); Abänderung nur im Kostentenor beschränkt den Ersatzanspruch auf den Schaden infolge gerade der Kostenbeitreibung (Landsberg ZMR 82, 70). Unerläßlich ist ein eigener wirklich eingetretener, nicht bloß fiktiv berechneter Schaden (BGH VersR 84, 943 = MDR 85, 128: Haftpflichtversicherer hatte gezahlt).

2) Anwendungsbereich. a) § 717 II bezieht sich unmittelbar nur auf Urteile. Darüber hinaus 4 ist die Vorschrift in einer Reihe weiterer Fälle kraft gesetzlicher Regelung oder Analogie entsprechend anwendbar, insbesondere: **Arrest, einstweilige Verfügung** (§ 945); **Aufrechnung,** wenn unter Vorbehalt ergangenes Urteil aufgehoben wird (§ 302 IV); **Gesetzesnichtigkeit,** wenn vom BVerfG festgestellt und dadurch einer anfechtbaren Entscheidung die Grundlage entzogen wird (BGHZ 54, 76); **Kostenfestsetzungsbeschluß** (und die sonstigen Entscheidungen nach § 794 I Nr 2–3), wenn daraus vollstreckt, der Beschluß aber aufgehoben wird (str, Frankfurt NJW 78, 2203 gg Köln Rpfleger 76, 20, je m Nachw); **Schiedsspruch,** schiedsrichterlicher Vergleich, bei

Aufhebung im Widerspruchsverfahren (§§ 1042c II, 1044a III); **Urkunden-,** Wechsel- oder Scheckprozeß, wenn Vorbehaltsurteil aufgehoben wird (§ 600 II).

5 **b) Unanwendbar** ist § 717 II auf: **Berichtigung** des Urteils nach § 319; **Erledigung der Hauptsache** des vollstreckbaren Urteils (BGH MDR 72, 765; BVerwG NJW 81, 699; aA Landsberg ZMR 82, 69, das Analogie befürwortet); **Kindesherausgabe** (Schleswig SchlHA 78, 216); **Klagerücknahme** (§ 269 III); **Prozeßvergleich** (Karlsruhe OLGZ 79, 370; Schneider JurBüro 79, 1278); **Verwaltungsakte,** etwa ein ungerechtfertigt vollzogener **Steuerbescheid** (BGHZ 39, 77); Vollziehung eines später aufgehobenen Heranziehungsbescheides zur Bardepotpflicht (BGH MDR 82, 733 = ZIP 82, 673); **Wiederaufnahmeverfahren,** da unvorhersehbar (RGZ 91, 202), **Wiedereinsetzung** in den vorigen Stand; **vollstreckbare Urkunden** nach § 794 I Nr 5 (Düsseldorf NJW 72, 2311; Karlsruhe Justiz 75, 100); **Vollstreckungsklagen** wegen ihrer Selbständigkeit (§§ 767, 771), auch wenn ihretwegen einstweilen eingestellt wird (für § 771 III s BGH 95, 10 = MDR 85, 841 = JR 85, 508 m Anm Gerhardt = NJW 85, 1959 m abl Stellungnahme Häsemeyer NJW 86, 1028). Umstritten ist die analoge Anwendung des § 717 II bei der Vollstreckung einer ungerechtfertigten einstweiligen Anordnung aus §§ 127a, 620; mit Rücksicht auf die nur summarische Vorprüfung ist sie zu verneinen (zB BGH FamRZ 84, 767 = MDR 85, 32; Nürnberg JurBüro 84, 1097; Kohler ZZP 99, 1986, 36; aA für § 127a AG Viersen FamRZ 84, 300; zum materiellen Bereicherungsanspruch in diesem Fall s Kohler ZZP 99, 1986, 34 ff). Kein Anspruch nach § 717 II, wenn ein materiellrechtlich richtiges rechtskräftiges Urteil zu einer Zeit vollstreckt wird, zu der bereits eine die Vollstreckung hindernde Einwendung entstanden war (Kohler ZZP 99, 1986, 35).

6 **3) Vollstreckungsschaden.** Die Ersatzpflicht des Gläubigers erstreckt sich: **a)** Auf die Wiederherstellung des früheren Zustandes durch Rückgabe alles dessen, was der Schuldner gezahlt oder geleistet hat, sei es auch durch Unterlassen (BGH WPM 1962, 817), zB Rückgabe weggenommener Sachen, gfs nach Wiederbeschaffung, Pfändungsaufhebung, Eintragungslöschung. Leistungen zur Abwendung der Zwangsvollstreckung sind dabei alle Zahlungen, die der Schuldner nach vorläufig vollstreckbarer Entscheidung geleistet hat (LG Bochum VersR 80, 659).

7 **b)** Auf den „durch die Vollstreckung des Urteils" entstandenen Schaden, auch wenn er erst später bezifferbar wird (BGHZ 69, 379): Aufwendungen zur Beschaffung einer Sicherheit (RGZ 30, 419), auch wenn der Gläubiger die ihm auferlegte Sicherheit noch nicht geleistet hat (BGH LM § 823 [AG] BGB Nr 10; RG JW 38, 2368; aA Grunsky NJW 75, 936); entgangener Gewinn, wenn Versteigerung einer Sache die günstigere Veräußerung verhindert hat oder Schuldner wegen Inhaftierung (§ 913) seine Berufstätigkeit nicht ausüben konnte (Hamburg OLGE 16, 287); Ordnungsgeld nach § 890, wenn die Androhung schon im Urteil enthalten ist (BGH NJW 76, 2162) und Schuldner von der Vollstreckungsabsicht ausgehen muß, etwa weil der Gläubiger sich eine vollstreckbare Ausfertigung erteilen oder eine solche zustellen läßt oder eine Anfrage nicht beantwortet (LG München NJW 61, 1631); Prozeßkosten; vermögensrechtliche Folgen psychogener Erkrankungen durch den Vollstreckungsschock (RGZ 143, 120); Vollstreckungskosten; Zinsverlust, Zwangsgeld nach § 888. Freiwillige Zahlungen sind dann schadenskausal, wenn mit ihnen eine drohende Vollstreckung abgewendet werden sollte, zB wenn Gläubiger Vollstreckungsklausel erwirkt und zustellt, sofern er nicht gleichzeitig erklärt, daß er von der Vollstreckung noch absehe (RG JW 38, 2368).

8 **c)** Die Ersatzpflicht beschränkt sich auf den **entstandenen** Schaden. Deshalb sind Ansprüche ausgeschlossen, die lediglich auf Grund einer fiktiven Schadensberechnung ermittelt (BGH Warneyer 84 Nr 223) oder auf Schadensliquidation im Drittinteresse gestützt werden (Hamm ZIP 83, 119), desgleichen Kreditschäden des Schuldners infolge Bekanntwerdens der gegen ihn betriebenen Zwangsvollstreckung (BGHZ 85, 110 = MDR 83, 221 = JR 83, 246 m Anm Gerhardt).

9 **d) Schadenszeitraum.** Haftung nach § 717 II ohne Entreicherungseinrede nach §§ 812, 818 BGB für die Zeit bis Erlaß des Berufungsurteils (ab dann Verkürzung des Ersatzanspruchs gem § 717 III). Abzustellen ist darauf, in welchen Zeitabschnitt die Schadensursache fällt (Fricke WRP 79, 100); unerheblich also, wenn der Schaden selbst erst nach dem Berufungsurteil eintritt (BGHZ 69, 373). Beharrt Gläubiger bei alsbald begonnener Vollstreckung auf dem geschaffenen Zustand oder findet eine fortgesetzte Vollstreckung statt, dann haftet er ab Berufungsurteil nur nach Bereicherungsrecht (§ 717 III; BGH aaO).

10 **4) Mitwirkendes Verschulden** des Schuldners oder seine Prozeßbevollmächtigten (§§ 254 II 2; 85 II) ist zu berücksichtigen (KG JW 30, 168; Hamm MDR 76, 234). Beispiele: Ausbleiben im Termin; nachlässige Prozeßführung, zB Zurückhalten mit Verteidigungsmitteln; unterbliebener Hinweis auf Gefahr besonders hohen Schadens. Unerheblich dagegen, ob das Urteil aus formellen oder materiellen Gründen aufgehoben oder abgeändert worden ist (Rn 1).

5) Materiellrechtliche Einwendungen darf der Schuldner geltend machen, insbesondere Aufrechnung im anhängigen Prozeß nach Zwischenantrag oder Widerklage (BGH MDR 80, 826 = ZZP 94 [1981], 444 m krit Anm Pecher) oder in einem selbständigen Prozeß. Der wegen Unzulässigkeit abgewiesene Kläger darf sich nur in einem selbständigen Prozeß mit Aufrechnung verteidigen. Keine Geltendmachung eines Zurückbehaltungsrechts nach § 273 BGB, dessen Voraussetzungen erst durch die Vollstreckung geschaffen worden sind (RGZ 123, 396: für Wegnahme nach § 883). Der Anspruch des Beklagten aus § 717 II kann sich auch ohne Einsatz von Gegenrechten erledigen, etwa durch Aufhebung des aufhebenden Urteils oder Prozeßvergleich (RGZ 145, 332). 11

6) Anspruchsgegner ist ungeachtet der Parteirolle der ersatzpflichtige Vollstreckungsgläubiger (RGZ 49, 412; BGH NJW 62, 806), bei Abtretung nach Rechtshängigkeit der Rechtsnachfolger, obwohl der ursprüngliche Kläger wegen § 265 Partei bleibt (BGH MDR 67, 916 = NJW 67, 1966 = ZZP 81 [1968], 290 m Anm Grunsky). Nach Nieder (NJW 75, 1004) ist der Rechtsnachfolger auch Partei des Inzidentantrages auf Schadensersatz; diese Stellung erlangt er indessen nur, wenn er durch selbständige Klage in Anspruch genommen wird (s auch St/J/Münzberg § 717 Rn 20). Der Rechtsnachfolger des Beklagten kann Ersatzansprüche nur in einem besonderen Prozeß verfolgen. Einem Dritten, der für den Schuldner geleistet hat, steht überhaupt kein Ersatzanspruch zu (BGH VersR 84, 943 = NJW 85, 128); auch wenn in sein Vermögen vollstreckt worden ist (RGZ 77, 48). 12

7) Geltendmachung während noch anhängiger Hauptsache, also auch in höherer Instanz oder im Nachverfahren, durch **Inzidentantrag oder Widerklage** bis zum Schluß der mdl Verhandlung (§ 717 II 2). Führung eines gesonderten Rechtsstreits steht frei. **Erhebung besonderer Klage** mit allen Wahlgerichtsständen, auch § 32, da unerlaubte Handlung (RGZ 74, 249). Läuft Hauptprozeß noch, Aussetzung nach § 148 zu erwägen (nach Düsseldorf NJW 74, 1714 ausgeschlossen). **Streitwert:** § 3 Rn 16 „Rückerstattungsanspruch". 13

8) Rechtsfolgen. Der Inzidentantrag macht den Schadensersatzanspruch rechtshängig unter Rückbeziehung auf die Zeit der Zahlung oder Leistung (§ 717 II 2). Ab dann Beginn der Verzinsungspflicht (§ 291 BGB). Verjährungsbeginn gem § 852 BGB ab Erlaß des aufhebenden Urteils ohne Rücksicht auf dessen Rechtskraft (Karlsruhe OLGZ 79, 370). Wird besondere Klage erhoben (Rn 13), keine Rückwirkung nach § 717 II 2. 14

9) Verfahren. Bei Geltendmachung des Ersatzanspruchs im Rechtsstreit ist das angegangene Gericht ohne Rücksicht auf die Höhe des Streitwerts zuständig, also Verweisung nach § 506 ausgeschlossen. Bei selbständiger Klage Zuständigkeitsprüfung nach allgemeinen Grundsätzen. Entschieden wird durch selbständig anfechtbares Endurteil; § 301 I ist anwendbar (RGZ 85, 214 [221]). Bei Übergehen des Antrags Ergänzung nach § 321. Schadensschätzung: § 287. Entscheidung bewirkt Rechtskraft analog § 322 I. 15

III) OLG-Urteile (Abs III 1; § 708 Nr 10). Das Vertrauen auf ihre Richtigkeit wird auch auf LAG-Urteile (LAG Hamm NJW 76, 1110) privilegiert (BGHZ 69, 378), wobei Aufhebung aus materiellen und prozessualen Gründen gleichbehandelt wird (BGH MDR 59, 122). Bei Versäumnisurteilen gilt § 717 II, weil keine abschließende Prüfung stattfindet. Voraussetzung, daß das obergerichtliche Urteil vollstreckt wurde oder der Schuldner zur Abwendung seiner Vollstreckung geleistet hat. Zur Abgrenzung bei früher begonnener, fortwirkender Vollstreckung s Rn 9. 16

1) Erstattungsanspruch geht nur auf Bereicherung (§ 717 III 3), also auf Rückgabe des Empfangenen einschließlich gezogener Nutzungen und der Surrogate für Zerstörung oder Beschädigung; § 818 III BGB ist unanwendbar (BAG JW 62, 98). Kein Ersatz für Verluste kraft Gesetzes, zB Zwangshypothek nach § 868 (BGH MDR 71, 378). Rückgriff auf sonstige Anspruchsgrundlagen, insbes §§ 823, 826 BGB, nicht möglich. Verschulden nicht erforderlich. Zinsen nach §§ 291, 246 BGB; mehr als 4% nur bei Verzug (LAG Hamm NJW 76, 1119). Einwendungen und Einreden, auch Aufrechnung (Rn 10, 11), können wie bei § 717 II geltend gemacht werden. 17

2) Geltendmachung auch hier durch Zwischenantrag, Widerklage oder selbständige Klage (Rn 12, 13). Rechtshängigkeitsfiktion wie Rn 14, so daß § 818 IV BGB Haftung ab Zahlung oder Leistung begründet (Ordemann NJW 62, 478). 18

718 *[Vorabentscheidung des Berufungsgerichts über vorläufige Vollstreckbarkeit]*

(1) In der Berufungsinstanz ist über die vorläufige Vollstreckbarkeit auf Antrag vorab zu verhandeln und zu entscheiden.

(2) Eine Anfechtung der in der Berufungsinstanz über die vorläufige Vollstreckbarkeit erlassenen Entscheidung findet nicht statt.

1 **I) Anwendungsbereich.** § 718 I soll die Korrektur einer vorinstanzlich fehlerhaften Entscheidung vor zweitinstanzlicher Sachentscheidung ermöglichen (Frankfurt OLGZ 82, 169). Die Vorschrift gilt deshalb nur, soweit das Urteil angefochten wird (sonst § 534 I). Beschränkt sich der Berufungsantrag auf die vorinstanzliche Vollstreckbarkeitsentscheidung, scheidet eine Vorabentscheidung aus, weil es dann daneben keine andere Hauptsache mit einem anderen Streitgegenstand gibt (Frankfurt NJW 82, 1890). Im Verfahren nach § 718 kann nicht lediglich die **Art** der Sicherheitsleistung überprüft werden (Schneider MDR 83, 906 m Nachw gg Frankfurt MDR 81, 677); dafür ist das Berufungsgericht nur zuständig, wenn es auch über die Höhe (Herauf- oder Herabsetzung) entscheidet. Für die isolierte Entscheidung über die Art der Sicherheitsleistung bleibt die Vorinstanz zuständig (RG Gruchot 40, 1189; Hamburg OLGE 21, 104; Königsberg JW 30, 3865; Celle NdsRpfl 52, 4; aA Frankfurt MDR 81, 677; LG Memmingen NJW 74, 321, gg diese Schneider MDR 73, 906). Die Vollstreckung muß noch nicht begonnen haben; sie darf aber nicht beendet sein (Hamm MDR 49, 369; Köln MDR 80, 764: kein Rechtsschutzbedürfnis).

2 **II) Voraussetzungen.** Antrag auf Vorabentscheidung kann von jeder Partei gestellt werden, er setzt keine eigene Berufung oder Anschlußberufung voraus (Hamburg MDR 70, 244; Karlsruhe OLGZ 75, 486). Vorab ist Zulässigkeit der Berufung zu prüfen (§ 519b). Unzulässig, einen erstinstanzlich versäumten Antrag zweitinstanzlich nachzuholen (§ 714 Rn 1), nach Frankfurt (OLGZ 86, 254) jedenfalls dann nicht, wenn ein Einstellungsantrag nach §§ 719, 707 erfolgversprechend ist, weil es dann am Rechtsschutzbedürfnis fehle. Die Voraussetzungen für eine Vorabentscheidung auf Vollstreckbarerklärung ohne Sicherheitsleistung sind nicht mehr gegeben, wenn der Beklagte die Urteilssumme zur Abwendung der Vollstreckung geleistet hat, nachdem der Kläger die ihm erstinstanzlich auferlegte Sicherheitsleistung erbracht hatte (Hamburg VersR 84, 895).

3 **III) Verfahren.** Entscheidung nur auf Grund mündlicher Verhandlung durch unanfechtbares (§ 718 II) Teilurteil (RGZ 104, 303). Dabei ist lediglich zu prüfen, ob die §§ 708 ff richtig angewendet worden sind. Eine Beurteilung der Hauptsache hat zu unterbleiben; wohl ist die Vorabentscheidung durch die spätere Hauptsacheentscheidung auflösend bedingt. Bei der Vorabentscheidung sind auch (erstinstanzlich bereits beschiedene, s § 714 Rn 1) Anträge nach §§ 710, 711 S 2, 712 zu erledigen. Bei Aufhebung des Teilurteils durch das spätere Schlußurteil ist § 717 II unanwendbar.

4 **IV) Streitwert** s § 3 Rn 16 unter „Sicherheitsleistung". **Gebühren: 1)** des **Gerichts:** Keine (§ 1 Abs 1 GKG); das Verfahren ist ein Teil des Hauptverfahrens. Die Entscheidung ist kein gebührenpflichtiges Endurteil und wird daher durch die im Berufungsrechtszug entstandene allgemeine Verfahrensgebühr als Pauschgebühr abgegolten. – **2)** des **Anwalts:** Die Verhandlung über die Vorabentscheidung gehört zum Rechtszug (§ 37 Nr 3 BRAGO) und ist darum nicht besonders gebührenpflichtig (vgl Hamm MDR 75, 501 = Rpfleger 75, 70). – Angefallene Auslagen sind Kosten des Rechtsstreits (ThP Anm 1b zu § 718).

719 *[Einstellung der Zwangsvollstreckung bei Rechtsmittel und Einspruch]*

(1) Wird gegen ein für vorläufig vollstreckbar erklärtes Urteil der Einspruch oder die Berufung eingelegt, so gelten die Vorschriften des § 707 entsprechend. Die Zwangsvollstreckung aus einem Versäumnisurteil darf nur gegen Sicherheitsleistung eingestellt werden, es sei denn, daß das Versäumnisurteil nicht in gesetzlicher Weise ergangen ist oder die säumige Partei glaubhaft macht, daß ihre Säumnis unverschuldet war.

(2) Wird Revision gegen ein für vorläufig vollstreckbar erklärtes Urteil eingelegt, so ordnet das Revisionsgericht auf Antrag an, daß die Zwangsvollstreckung einstweilen eingestellt wird, wenn die Vollstreckung dem Schuldner einen nicht zu ersetzenden Nachteil bringen würde und nicht ein überwiegendes Interesse des Gläubigers entgegensteht. Die Parteien haben die tatsächlichen Voraussetzungen glaubhaft zu machen.

(3) Die Entscheidung kann ohne mündliche Verhandlung ergehen.

1 **I) Anwendungsbereich des Abs 1.** Außer Einspruch auf Berufung auch anwendbar auf Vollstreckungsbescheide gem § 700 (Düsseldorf MDR 80, 675) und in den Fällen der §§ 534, 560. Antragsberechtigt ist auch der Rechtsmittelbeklagte, soweit er vorinstanzlich unterlegen ist und sich dem Rechtsmittel anschließt. **Unanwendbar:** bei Abänderungsurteilen nach § 323, für die § 769 gilt; in Beschlußsachen wegen des vorrangigen § 572; bei Entscheidungen mit nicht vollstreckungsfähigem Inhalt, wobei unerheblich ist, ob sie für vorläufig vollstreckbar erklärt wor-

den sind; wegen Stellung des Antrages auf Eröffnung des Vergleichsverfahrens (LAG Düsseldorf ZIP 83, 94). Für **Arrest** und **einstweilige Verfügung** ist zu unterscheiden: Bei Aufhebung durch Urteil hindert einstweilige Einstellung die Aufhebung bereits erfolgter Vollstreckungsmaßnahmen (§§ 775 Nr 1, 776) und ermöglicht Kostenvollstreckung (Düsseldorf MDR 62, 660; Frankfurt OLGZ 76, 373). Bei Urteilen, die eine einstweilige Verfügung bestätigen oder erlassen, ist Einstellung zulässig (§§ 924 III 2, 936), jedoch nur ganz ausnahmsweise veranlaßt (Frankfurt MDR 83, 585 = ZIP 83, 628; Stuttgart WRP 83, 242), etwa wenn bereits feststeht, daß das Urteil aufzuheben ist (Koblenz WPR 81, 545 m Nachw) oder fehlende Dringlichkeit glaubhaft gemacht ist (Köln GRUR 82, 504; s dazu Klette GRUR 82, 471). In Unterhaltssachen führt die einstweilige Einstellung analog §§ 719, 707 nach Berufung gegen ein herabsetzendes Abänderungsurteil dazu, daß weiterhin aus dem ursprünglichen Titel vollstreckt werden darf (Karlsruhe FamRZ 80, 909). Nach Erhebung einer Feststellungsklage auf fehlende Unterhaltspflicht darf Vollstreckung aus einem Anordnungstitel (§ 620 I Nr 6) eingestellt werden (Schleswig FamRZ 86, 184 unter Aufgabe von SchlHA 83, 140; Frankfurt FamRZ 84, 717; umstr, aA zB Hamm NJW 83, 460; s näher Gießler FamRZ 82, 129). Prozeßkostenhilfe s Rn 3.

II) Zu den Einstellungsvoraussetzungen s § 707 Rn 7 ff. **1)** Bei **Einspruch** gegen ein Versäumnisurteil oder einen Vollstreckungsbescheid (§§ 338 ff, 530 II, 700) ist Einstellung grundsätzlich nur gegen Sicherheitsleistung zulässig, da auch § 707 I 2 glaubhaft gemacht werden muß (Frankfurt MDR 82, 588; KG MDR 85, 330). Ausnahmen nur bei ungesetzlich ergangenem Versäumnisurteil oder schuldloser Säumnis, wobei die Voraussetzungen des § 707 I 2 nicht zusätzlich gegeben sein müssen (Hamm MDR 78, 412; Düsseldorf MDR 80, 675; LG Düsseldorf MDR 81, 941; Müssig ZZP 98, 1985, 324; aA Hamburg NJW 79, 1464; KG MDR 84, 61). Wird auch Wiedereinsetzung gegen Versäumung der Einspruchsfrist (§ 339 I) beantragt, ist § 707 I 2 anwendbar (Hamm MDR 80, 1029 = NJW 81, 132). 2

2) Bei Einstellungsanträgen **nach Berufungseinlegung** ist zunächst die Begründung abzuwarten (Köln EWiR § 719 ZPO 2/86, 1043); sodann sind vorweg Zulässigkeit und Erfolgsaussichten des Rechtsmittels zu prüfen (Köln MDR 75, 850; Frankfurt 76, 2137; Schneider MDR 73, 356). **Beweisantizipation** im Rahmen der Ermessensentscheidung zulässig; wenn angebotene Beweise bei der gegebenen Sach- und Rechtslage und der Beweislastverteilung aussichtslos erscheinen, keine Einstellung. Bei der gebotenen Abwägung der Interessen (dazu Schneider MDR 73, 356) haben diejenigen des Gläubigers kraft gesetzlicher Wertung Vorrang (Köln MDR 75, 850), so daß insbesondere bei vorinstanzlich angeordneter Sicherheitsleistung des Gläubigers dem Einstellungsantrag nur stattgegeben werden darf, wenn der Schuldner darüber hinausgehende schutzwürdige Einstellungsinteressen darlegt und glaubhaft macht (Köln MDR 75, 850 m Nachw; Frankfurt NJW 76, 2137 [mit nur scheinbar abw LS]; MDR 84, 764 m Anm Schriftleitung). Routinemäßige Einstellung nach Formular ist gesetzwidrig. Ist nach § 718 entschieden, kommt sicherheitslose Einstellung nach § 707 I 2 nur noch wegen neuer Umstände in Betracht. Ein die Unterhaltsleistung vorläufig vollstreckbar ermäßigendes Abänderungsurteil (§ 323) nimmt dem abgeänderten Titel die Vollstreckbarkeit, so daß kein Rechtsschutzbedürfnis für eine einstweilige Einstellung besteht (Zweibrücken FamRZ 86, 376). Versäumte Stellung eines Schutzantrages im ersten Rechtszug kann zweitinstanzlich nicht nachgeholt werden (§ 714 Rn 1; zur Revisionsinstanz s Rn 7). **Antrag auf PKH** für die Durchführung der Berufung steht der Berufungseinlegung nicht gleich, so daß ein Einstellungsantrag (vor PKH-Bewilligung u ggf Wiedereinsetzung) unbegründet ist. Wenn ein PKH-Antrag für die Berufung beim OLG vom erstinstanzlichen RA gestellt wird und dieser Einstellung beantragt, muß (nachHinweis, § 139) wegen fehlender Postulationsfähigkeit (§ 78 I 1) verworfen werden. 3

III) Für das **Revisionsverfahren** enthält Abs 2 eine selbständige Regelung, die derjenigen des § 712 nachgebildet ist (s dazu von Stackelberg MDR 86, 109). Revisionsgerichte sind der BGH und das BayObLG, das auch in BGH-Sachen einstweilen einstellen kann, solange es sich noch nicht für unzuständig erklärt hat (BGH NJW 67, 1967). Die Sonderregelung des § 719 II schließt eine Einstellungsbefugnis der Vorinstanz nicht aus; daher darf LG im Nachverfahren trotz Revision gegen Vorbehaltsurteil im Urkundenprozeß noch vorläufige Einstellung aus dem Vorbehaltsurteil beschließen (Nürnberg NJW 82, 392). 4

1) Auch hier **Zulässigkeits- und Erfolgsprüfung** vorzunehmen (BGHZ 8, 47; BAG NJW 71, 910; LAG Berlin BB 80, 1749). Keine Einstellung, wenn dadurch das Urteil seine materielle Wirkung völlig verlieren würde, zB bei befristeten Unterlassungsansprüchen (BGH MDR 65, 656; 79, 996; BAG NJW 72, 1775). Daß der Schuldner zur Abwendung der ihm angedrohten Zwangsvollstreckung unter dem Vorbehalt der Rückforderung gezahlt hat, nimmt seinem Einstellungsantrag nicht das Rechtsschutzbedürfnis (München MDR 85, 1034). 5

6 **2) Unersetzlicher Nachteil** (s dazu auch § 712 Rn 1) für den Schuldner (nicht für einen anderen: BGH WPM 83, 1020) tritt dann ein, wenn die Vollstreckung endgültige Verhältnisse schafft, die auch bei erfolgreicher Revision bestehenbleiben (BGHZ 21, 377). Der Fall kann auch eintreten, wenn der Schuldner eines Unterlassungsurteils bestimmte Handlungen nicht vornehmen darf (BGH NJW 61, 76). Regelmäßig gegebene Vollstreckungsnachteile reichen nicht aus, etwa der Zwang zur eidesstattlichen Versicherung oder Versteigerung gepfändeter Sachen unter Wert (Köln OLGZ 79, 113), der infolge der Vollstreckung drohende Konkurs einer schon in Liquidation befindlichen GmbH (BGH WPM 86, 1394 = ZIP 86, 1260 = EWiR § 719 ZPO 1/86, 1041 m Anm Grunsky; Frankfurt MDR 85, 507), die Abtretung einer Briefgrundschuld (BGH WPM 84, 321) oder der Zwang, einen Geldbetrag auf ein Sperrkonto einzuzahlen (BGH NJW 52, 425; LM § 719 ZPO Nr 7). Auch Einstellung der Zwangsvollstreckung auf Rechnungslegung kommt grundsätzlich nicht in Betracht, weil die Vorwegnahme des Prozeßergebnisses der Vorstufe zur Anspruchsverwirklichung kein unersetzlicher Nachteil ist (BGH WRP 79, 715). Will der Schuldner in solchen Fällen gleichwohl Einstellung erreichen, muß er darlegen,warum ihm ausnahmsweise ein unersetzlicher Nachteil droht (BGH LM § 719 ZPO Nr 5; § 109 ZPO Nr 1 m Anm Johannsen), und dazu muß er auch seine Vermögensverhältnisse offenlegen (BGH WPM 85, 1435 = WuB VI E §§ 712, 719 Abs ZPO 1.86 m Anm Rimmelspacher). Der Gläubiger kann dann seinerseits überwiegendes Eigeninteresse darlegen und dadurch Einstellung verhindern.

7 **3) Vorinstanzliches Versäumen von Anträgen** auf Abwehrmaßnahmen beim Berufungsgericht (anders beim Erstgericht, Rn 2 aE) geht zu Lasten des Schuldners, wenn der unersetzliche Nachteil bereits erkennbar und nachweisbar war (std Rspr des BGH, zB WPM 84, 321). Das gilt auch für einen unterbliebenen oder noch nachholbaren Ergänzungsantrag nach §§ 716, 321 (BGH WPM 81, 1236); Versäumung der Antragsfrist für Urteilsergänzung geht zu Lasten des Schuldners (BGH MDR 84, 649 = NJW 84, 1240). Bei dringendem Geheimhaltungsinteresse (BGH MDR 80, 553 = GRUR 80, 755 m Anm Kicker) muß ggf beim Berufungsgericht hilfsweise beantragt werden zu gestatten, Erklärungen nur gegenüber einer zur Verschwiegenheit verpflichteten Person abzugeben (BGH WRP 79, 715 = Warneyer 79 Nr 195).

8 **4) Zulässige Maßnahme** ist nur einstweilige Einstellung der Zwangsvollstreckung. Da das Revisionsgericht nicht nach § 719 I verfahren darf, kommt bei ihm nur Einstellung ohne Sicherheitsleistung in Betracht; diese allerdings auch dann, wenn das Berufungsurteil dem Schuldner Abwendungsbefugnis durch Sicherheitsleistung eingeräumt hat und er die Sicherheit erbringen könnte, weil dadurch der unersetzliche Nachteil nicht ausgeräumt würde (BGH MDR 51, 482). Die Einstellung darf auf Teile des Urteils, bestimmte Vollstreckungsmaßnahmen (BAG NJW 58, 1905) oder auf die Zwangsvollstreckung in bestimmte Vermögenswerte (BGHZ 18, 219 u 398) beschränkt werden. Versagung der Einstellung schließt einstweilige Verfügung nicht aus (BGH NJW 57, 1193); jedoch keine einstweilige Verfügung an Stelle einstweiliger Einstellung (§ 707 Rn 1).

9 **IV) Verfahren. 1)** Glaubhaftmachung nach § 719 I 2 einschließlich § 707 I 2 (Rn 2). Für das Revisionsverfahren gilt § 719 II 2.

10 **2) Entscheidung** durch Beschluß, sobald Einspruch oder Rechtsmittel eingelegt ist. Keine zeitliche Begrenzung des Einstellungsantrages; zulässig also bis zur Urteilsverkündung und sogar noch in der Zwischeninstanz (Hamm FamRZ 85, 306): Mit Urteilsverkündung wird der Beschluß ohne weiteres wirkungslos. Ab LG besteht Anwaltszwang. Gegner muß gehört werden (Art 103 I GG). Kostenentscheidung wegen §§ 1 I GKG, 37 Nr 3 BRAGO nur, wenn mdl Verhandlung angeordnet war (dann anwaltliche Zusatzgebühren nach § 49 I BRAGO). Der Beschluß ist abänderbar (§ 707 Rn 18), zB auf Gegenvorstellung (BGH MDR 63, 295), als die zunächst jede Beschwerde zu behandeln ist (Celle MDR 86, 63). Beschwerde ausgeschlossen, sofern nicht die gesetzliche Grundlage für die Entscheidung fehlte (s § 707 Rn 22; § 567 Rn 41). Unangreifbar insbesondere Ermessensausübung; Beschwerde auch nicht gegeben, um eine Einstellung ohne Sicherheitsleistung rückgängig zu machen (KG MDR 79, 679; Schneider MDR 80, 530). Bei zulässiger Beschwerde ist aufzuheben und zur erneuten Entscheidung zurückzuverweisen (München OLGZ 1985, 474).

11 **3)** Keine entsprechende Anwendung des § 715 auf Rückgabe der Sicherheitsleistung nach Einstellung gem § 719 (s § 715 Rn 1).

12 **V) Gebühren: 1)** des **Gerichts:** keine (§ 1 Abs 1 GKG). – **2)** des **Anwalts:** wie Rn 23 zu § 707. – Wegen des **Streitwerts:** § 3 Rn 16 „Einstw Einstellung der Zwangsvollstreckung".

720 *[Hinterlegung bei Vollstreckungsabwendung]*

Darf der Schuldner nach § 711 Satz 1, § 712 Abs. 1 Satz 1 die Vollstreckung durch Sicherheitsleistung oder Hinterlegung abwenden, so ist gepfändetes Geld oder der Erlös gepfändeter Gegenstände zu hinterlegen.

I) Fallgestaltungen: 1) Leistet allein der **Schuldner** Sicherheit oder hinterlegt er, dann ist die Zwangsvollstreckung unzulässig und nach § 775 Nr 3 einzustellen; bereits getroffene Vollstrekkungsmaßregeln sind aufzuheben (§ 776). 1

2) Leistet auch der **Gläubiger** im Fall des § 711 S 1, ist § 720 unanwendbar, weil der Schuldner dann die Vollstreckung nicht abwenden darf. Es besteht folglich keine Pflicht zur Hinterlegung des Geldes oder des Erlöses. 2

3) Leistet der **Schuldner nicht** die ihm nachgelassene Abwendungssicherheit nach § 712, dann ist § 720 anwendbar, weil es nicht darauf ankommt, ob der Schuldner Sicherheit leistet, sondern nur darauf, ob er sie leisten „darf" (BayObLG MDR 76, 852). Die Zwangsvollstreckung ist zulässig; jedoch ist gepfändetes Geld oder der Erlös gepfändeter Sachen zu hinterlegen, so daß eine Befriedigung des Gläubigers nicht eintritt. Ebenso liegt es, wenn im Fall des § 711 S 1 keine Partei Sicherheit leistet. Hier hat der Gläubiger jedoch die Möglichkeit, die Rechtslage zu seinen Gunsten zu verändern; leistet er nämlich seine Sicherheit, ist gepfändetes Geld oder Pfändungserlös an ihn abzuführen (BGHZ 12, 92). 3

II) Zahlung des Schuldners. 1) Zahlt er vor der Pfändung **an den GV,** ohne Hinterlegung zu verlangen, dann ist das Geld dem Gläubiger abzuliefern; denn der Schuldner fügt sich dem Urteilsspruch und will den Gläubiger befriedigen. 4

2) Zahlt der Schuldner freiwillig unmittelbar **an den Gläubiger,** kommt keine Vollstreckung und damit auch keine Sicherheitsleistung oder Hinterlegung zur Abwendung in Betracht; § 720 ist tatbestandlich unanwendbar. Ebenso, wenn die Zwangsvollstreckung nach §§ 707, 719 gegen Sicherheitsleistung einstweilen eingestellt wird; dann muß sie geleistet werden, damit die Einstellungswirkungen eintreten (BGH NJW 68, 398; LG Berlin MDR 70, 787). 5

720 a *[Zwangsvollstreckung ohne Sicherheitsleistung]*

(1) Aus einem nur gegen Sicherheit vorläufig vollstreckbaren Urteil, durch das der Schuldner zur Leistung von Geld verurteilt worden ist, darf der Gläubiger ohne Sicherheitsleistung die Zwangsvollstreckung insoweit betreiben, als

a) bewegliches Vermögen gepfändet wird,

b) im Wege der Zwangsvollstreckung in das unbewegliche Vermögen eine Sicherungshypothek oder Schiffshypothek eingetragen wird.

Der Gläubiger kann sich aus dem belasteten Gegenstand nur nach Leistung der Sicherheit befriedigen.

(2) Für die Zwangsvollstreckung in das bewegliche Vermögen gilt § 930 Abs. 2, 3 entsprechend.

(3) Der Schuldner ist befugt, die Zwangsvollstreckung nach Absatz 1 durch Leistung einer Sicherheit in Höhe des Hauptanspruchs abzuwenden, wegen dessen der Gläubiger vollstrecken kann, wenn nicht der Gläubiger vorher die ihm obliegende Sicherheit geleistet hat.

Lit: *Fahlbusch,* Die Zustellung bei der Sicherungsvollstreckung, Rpfleger 1979, 94; *Fahlbusch,* Sicherungsvollstreckung und eidesstattliche Versicherung, Rpfleger 1979, 248; *Gilleßen* und *Jakobs,* Auswirkungen der Vereinfachungsnovelle auf die praktische Tätigkeit des Gerichtsvollziehers, DGVZ 1977, 110; *Münzberg* und *Seip,* Zustellung der Vollstreckungsklausel als Voraussetzung der Sicherungsvollstreckung? Rpfleger 1983, 56; *Treysse,* Nochmals: Sicherungsvollstrekkung und eidesstattliche Versicherung, Rpfleger 1981, 340.

I) Zweck: Verbesserter Rechtsschutz der im ersten Rechtszug siegreichen Partei; ihr wird schnelle Sicherung des Anspruchs ermöglicht. Schon vor der erforderlichen eigenen Sicherheitsleistung kann der Gläubiger einer Geldforderung aus einem nur bedingt vollstreckbaren Urteil Maßnahmen zur Sicherung seines Anspruchs ergreifen (BT-Drucks 7/2729, S 44, 109). 1

II) Voraussetzung: 1) Urteil, das auf eine Geldforderung (Währung gleich) lautet, und nur **gegen Sicherheit** des Gläubigers vorläufig **vollstreckbar** ist (Fälle nach §§ 709, 712 II S 2), oder dessen Vollstreckung auf Schutzantrag des Schuldners (Fall des § 712 I S 2) nach der Urteilsformel auf die Maßregeln des § 720 a I, II beschränkt ist. Abwendungsbefugnis des Schuldners nach 2

§ 711 S 1, § 712 I S 1 rechnet nicht zur Sicherungsvollstreckung; der Gläubiger kann in diesem Fall, wenn Sicherheit nicht geleistet oder Hinterlegung nicht erfolgt ist, die ZwV mit der Folge betreiben, daß nach § 720 hinterlegt wird (BGH 12, 92 = NJW 54, 558). Aus einem Kostenfestsetzungs- oder Regelunterhaltsbeschluß findet Sicherungsvollstreckung nach § 720 a statt, wenn er auf einem nur gegen Sicherheitsleistung vorläufig vollstreckbaren Urteil beruht (§ 795 S 2).

3 **2)** Die sonst nach § 751 II erforderliche **Sicherheitsleistung** des Gläubigers **entfällt** für den Beginn der Sicherungsvollstreckung. Die anderen allgemeinen Voraussetzungen der ZwV müssen immer auch für die Sicherungsvollstreckung erfüllt sein, so vollstreckbare Ausfertigung (§ 724 I), Parteibezeichnung, Titelzustellung und Zustellung etwaiger Urkunden (§ 750 I, II), Kalendertagablauf (§ 751 I), Erfordernisse der Zug-um-Zug-Leistung (§§ 756, 765) usw.

4 **3)** Als besonderes Erfordernis verlangt § 750 III **Zustellung** des Urteils und der Vollstreckungsklausel **mindestens zwei Wochen** vor Beginn der Sicherungsvollstreckung. Diese **Wartefrist** soll den Schuldner schützen; er soll erst nach deren Ablauf mit Sicherungsmaßnahmen des Gläubigers rechnen müssen und in der Zwischenzeit Gelegenheit finden, den Sicherungszugriff des Gläubigers nach Abs 3 abzuwenden. Streitig ist, ob die Vollstreckungsklausel nur in den besonderen Fällen des § 750 II (so LG Frankfurt Rpfleger 82, 296 [Zustellung von Amts wegen genügt dann]; LG Münster JurBüro 86, 939 und Anm Mümmler; LG Verden MDR 85, 330; LG Wuppertal JurBüro 84, 939; StJM Rdn 5 zu § 750; Münzberg Rpfleger 83, 58) oder ob auch die einfache Vollstreckungsklausel (§ 725; so Fahlbusch Rpfleger 79, 94; Seip Rpfleger 83, 56; LG Darmstadt NJW 86, 2260; LG Düsseldorf JurBüro 86, 1254 u 1255; LG München I DGVZ 84, 73; AG Ansbach DGVZ 83, 77) nach § 750 III zwei Wochen vorher zugestellt sein muß. Nach Wortlaut und Zweck des § 750 III (Wartefrist für Schuldner, der nach Ablauf mit Sicherungsmaßnahmen des Gläubigers erkennbar zu rechnen hat) ist auch Zustellung der einfachen Ausfertigung (Klausel) zu fordern. Zustellung und gleiche Wartefrist erfordert infolge der entsprechenden Anwendung des § 750 III (§ 795 S 1) auch die Sicherungsvollstreckung aus einem Kostenfestsetzungs- oder Regelunterhaltsbeschluß.

III) Sicherungsvollstreckung kann betrieben werden im Wege der ZwV in das

5 – bewegliche Vermögen mit **Pfändung** körperlicher Sachen (§ 808; auch im Drittgewahrsam, § 809) oder von Forderungen und anderen Vermögensrechten (§§ 829 ff). Pfändungswirkungen: § 720 a II mit § 930 II, III;

6 – unbewegliche Vermögen mit Eintragung einer **Sicherungshypothek** (§§ 866 I, 867) („normale" Sicherungshypothek, nicht Höchstbetragshypothek; auf § 932 ist nicht Bezug genommen) oder einer Schiffshypothek (§ 870 a I). Zwangsversteigerung oder -verwaltung darf aus der Sicherungshypothek nicht betrieben werden, solange Verwertungsberechtigung (Rn 8) nicht eingetreten ist. Erlischt die Sicherungshypothek in dem auf Antrag eines anderen betriebenen Zwangsversteigerungsverfahrens (§ 91 I ZVG), dann muß auf sie fallender Erlös vor Eintritt der Befriedigungsberechtigung des Gläubigers (Rn 8) hinterlegt werden.

7 Zulässig sind ohne Sicherheitsleistung auch **Vorpfändung** (§ 845; dort Rn 2, auch zur Wartefrist) und bei aussichtsloser oder fruchtloser Pfändung (§ 807) Antrag auf **Offenbarungsversicherung** (§§ 899 ff; Düsseldorf NJW 80, 2717; Hamm JurBüro 82, 1412 = MDR 82, 416; Stuttgart OLGZ 80, 60 = MDR 80, 409 = NJW 80, 1698; LG Darmstadt Rpfleger 81, 362; LG Düsseldorf Rpfleger 80, 482; LG Frankenthal JurBüro 82, 1412 = Rpfleger 82, 190; LG Wuppertal NJW 79, 275; Treysse Rpfleger 81, 340; aA Koblenz MDR 79, 766 = NJW 79, 2521; LG Berlin MDR 81, 941; LG Essen JurBüro 85, 936 mit abl Anm Mümmler; Fahlbusch Rpfleger 79, 248).

7a Die bei Sicherungsvollstreckung entstehenden **Kosten der ZwV** (§ 788) können gleichfalls nur nach Maßgabe des § 720 a mit vollstreckt werden, solange nicht der Gläubiger Sicherheit geleistet hat (KG JurBüro 84, 1572).

8 **IV) Verwertung** und **Gläubigerbefriedigung** sind möglich, wenn der Vollstreckungstitel mit Rechtskraft endgültig (oder sonst vorläufig ohne Sicherheitsleistung) vollstreckbar geworden ist, oder wenn der Gläubiger die ihm nach dem vollstreckbaren Titel obliegende Sicherheit voll geleistet hat (Abs 1 S 2). Nachweis dieser Sicherheitsleistung für Fortsetzung der ZwV zur Befriedigung des Gläubigers: § 751 II.

9 **V) 1) Abwendungsbefugnis des Schuldners:** Sicherungsvollstreckung kann der Schuldner immer durch Leistung einer Sicherheit in Höhe des für den Gläubiger vollstreckbaren Hauptanspruchs (aus Vereinfachungsgründen ohne Zinsen und Kosten) abwenden (Abs 3). Ein Ausspruch des Gerichts im Urteil ist nicht nötig und erfolgt nicht. Hauptsumme ist beim Kostenfestsetzungsbeschluß (auch wenn er auf das Urteil gesetzt ist) der festgesetzte Kostenbetrag (ohne Zinsen), beim Regelunterhaltsbeschluß sind es die (fälligen) Unterhaltsbeträge. Art der Sicherheitsleistung: § 108. Hat der Schuldner Sicherheit geleistet, kann der Gläubiger Sicherungsvoll-

streckung nicht betreiben (bei Verstoß Aufhebung auf Erinnerung, § 766). Ist Sicherungsvollstreckung bei Leistung der Sicherheit durch den Schuldner bereits erfolgt, ist nach § 775 Nr 3, § 776 einzustellen und aufzuheben. Einstellung einer Sicherungsvollstreckung ohne Sicherheitsleistung des Schuldners ist auch dann nicht zulässig, wenn dieser ein Bundesland ist (Frankfurt MDR 86, 63 = NJW-RR 86, 359).

2) Sicherheitsleistung des Gläubigers: Abwendungsbefugnis des Schuldners nach Abs 3 beseitigt nur die Möglichkeit der Sicherungsvollstreckung (ZwV nach Abs 1), nicht jedoch die vorläufige Vollstreckbarkeit des Titels. Der Gläubiger kann daher mit der ihm nach der Urteilsformel obliegenden Sicherheitsleistung jederzeit die Voraussetzungen der Vollstreckbarkeit des Schuldtitels herstellen (§ 704 I; anders im Falle des § 712 I S 2). Nachweis: § 751 II. Damit entfällt für eine bereits geleistete Sicherheit des Schuldners die Veranlassung; sie ist nach § 109 zurückzugeben (StJM Rdn 14, ThP Anm 4b, je zu § 720a; aA [Erinnerung gem § 766 gegen die ZwV des Gläubigers, die nun Überpfändung ist] Gilleßen und Jakobs DGVZ 77, 110 [113]). 10

721 *[Räumungsfrist]*

(1) Wird auf Räumung von Wohnraum erkannt, so kann das Gericht auf Antrag oder von Amts wegen dem Schuldner eine den Umständen nach angemessene Räumungsfrist gewähren. Der Antrag ist vor dem Schluß der mündlichen Verhandlung zu stellen, auf die das Urteil ergeht. Ist der Antrag bei der Entscheidung übergangen, so gilt § 321; bis zur Entscheidung kann das Gericht auf Antrag die Zwangsvollstreckung wegen des Räumungsanspruchs einstweilen einstellen.

(2) Ist auf künftige Räumung erkannt und über eine Räumungsfrist noch nicht entschieden, so kann dem Schuldner eine den Umständen nach angemessene Räumungsfrist gewährt werden, wenn er spätestens zwei Wochen vor dem Tage, an dem nach dem Urteil zu räumen ist, einen Antrag stellt. §§ 233 bis 238 gelten sinngemäß.

(3) Die Räumungsfrist kann auf Antrag verlängert oder verkürzt werden. Der Antrag auf Verlängerung ist spätestens zwei Wochen vor Ablauf der Räumungsfrist zu stellen. §§ 233 bis 238 gelten sinngemäß.

(4) Über Anträge nach den Absätzen 2 oder 3 entscheidet das Gericht erster Instanz, solange die Sache in der Berufungsinstanz anhängig ist, das Berufungsgericht. Die Entscheidung kann ohne mündliche Verhandlung ergehen. Vor der Entscheidung ist der Gegner zu hören. Das Gericht ist befugt, die im § 732 Abs. 2 bezeichneten Anordnungen zu erlassen.

(5) Die Räumungsfrist darf insgesamt nicht mehr als ein Jahr betragen. Die Jahresfrist rechnet vom Tage der Rechtskraft des Urteils oder, wenn nach einem Urteil auf künftige Räumung an einem späteren Tage zu räumen ist, von diesem Tage an.

(6) Die sofortige Beschwerde findet statt

1. gegen Urteile, durch die auf Räumung von Wohnraum erkannt ist, wenn sich das Rechtsmittel lediglich gegen die Versagung, Gewährung oder Bemessung einer Räumungsfrist richtet;

2. gegen Beschlüsse über Anträge nach den Absätzen 2 oder 3.

Hat das Berufungsgericht entschieden, so ist die Beschwerde unzulässig. Eine weitere Beschwerde findet nicht statt.

(7) Die Absätze 1 bis 6 gelten nicht in den Fällen des § 564c Abs. 2 des Bürgerlichen Gesetzbuchs.

Lit: *Buche*, Die Rechtsprechung zur Räumungsfrist nach § 721 ZPO und zum Räumungsschutz nach § 765a ZPO, MDR 1972, 189; *Burkhardt*, Nochmals: Die Räumungsfrist bei der Zwangsvollstreckung aus Zuschlags- und Konkurseröffnungsbeschlüssen, NJW 1968, 687; *Hoffmann*, Neue Rechtsfragen beim Räumungsprozeß in den weißen Kreisen, MDR 1965, 170; *Müller*, Das Benutzungsverhältnis zwischen Vermieter und Mieter nach Gewährung einer Räumungsfrist gemäß § 721 ZPO, MDR 1971, 253; *Schmidt-Futterer*, Die Neuregelung des Räumungsschutzes nach dem 2. Mietrechtsänderungsgesetz, NJW 1965, 19; *Schmidt-Futterer*, Die rechtliche Behandlung des Mischmietverhältnisses im Räumungsverfahren, NJW 1966, 583; *Schmidt-Futterer*, Die Pflicht des Mieters zur Beschaffung von Ersatzraum, NJW 1971, 1829.

I) 1) a) Bei Verurteilung zur **Räumung** von **Wohnraum,** der dem Schuldner, seinen Familienangehörigen und sonstigen Hausgenossen dient, kann das Gericht von Amts wegen (auch bei Säumnis des Beklagten, LG Mannheim MDR 66, 242; ThP Anm 1a zu § 721; aA Hoffmann MDR 1

65, 170) oder auf Antrag eine den Umständen nach angemessene Räumungsfrist gewähren. § 721 greift als Schutzvorschrift zugunsten des Räumungsschuldners von Wohnraum nur ein bei Räumungsklagen (Räumungsurteilen) (auch wenn es sich nicht um eine Mietstreitigkeit handelt, StJM Rdn 18 zu § 721), nicht gegenüber einer einstweiligen Anordnung über die Benutzung der Ehewohnung (§ 620 Nr 7; Hamburg FamRZ 83, 1151) und nicht gegenüber anderen Vollstrekkungstiteln auf Räumung von Wohnraum wie Beschlüssen nach § 93 ZVG und § 117 KO. Räumungsschutz zugunsten des Ehebrechers, der in die Ehewohnung eingezogen ist, kommt bei Beseitigung der Ehestörung nicht in Betracht (Celle FamRZ 80, 242 = NJW 80, 711). Der Vollstreckungsschutz bei einem Räumungsvergleich hat in § 794a eine gesonderte Regelung gefunden (München OLGZ 69, 43; LG Hamburg MDR 71, 671; Burkhardt NJW 68, 687; aA LG Mannheim MDR 67, 1018; Schmidt–Futterer NJW 68, 143). Räumungsfrist im **Ehewohnungs**zuteilungsverfahren ist nach § 15 HausrVO vom Familiengericht zu gewähren (Stuttgart FamRZ 80, 467; München FamRZ 78, 196 = NJW 78, 548; Karlsruhe Justiz 79, 438).

2 b) **Wohnraum** sind alle Räume, die tatsächlich Wohnzwecken dienen. Hierher gehören Gebäudeteile, möblierte Zimmer (je mit Nebenräumen), Schiffe, Wohnwagen, Boote, Wohnlauben, nicht dagegen rein gewerblich genutzte Räume, auch nicht Räume, die für Fremdenbeherbergung dienen (gewerbliche Zimmervermietung). Bei Mischmietverhältnissen (Wohn- u Gewerberäume) kommt es darauf an, welche der beiden Nutzungsarten überwiegt (BGH MDR 77, 745 = NJW 77, 1394; MDR 79, 394; s auch Hamburg MDR 72, 955). Auf den Rechtsgrund des Innehabens des Wohnraums kommt es nicht an; § 721 ist daher bei Nießbrauch, Dienstbarkeit, Besitz, Miete, Pacht und sonst schuldrechtlicher Nutzungsbefugnis anwendbar, auch bei Wohnbaracke des Räumungsschuldners auf gepachtetem Grundstück (LG Mannheim MDR 71, 223; AG Wuppertal MDR 71, 667), und bei als Wohnraum untervermietetem Geschäftsraum (AG Stuttgart WuM 74, 180).

3 c) Für Vollstreckung eines Räumungsurteils nach Beendigung eines **Zeitmietverhältnisses** über Wohnraum, das für nicht mehr als 5 Jahre bestanden hat, ist unter den weiteren Voraussetzungen des § 564c II BGB (familiärer Eigenbedarf oder erhebliche bauliche Maßnahmen; rechtzeitig erklärte Verwendungsabsicht mit nochmaliger Anzeige) Gewährung eines Räumungsschutzes nach § 721 ausdrücklich ausgeschlossen (Abs 7). § 765a bleibt dennoch anwendbar.

4 2) **Zuständig ist das Prozeßgericht,** nicht das Vollstreckungsgericht (dieses aber für Vollstrekkungsschutz nach § 765a). Der Antrag ist vor dem Schluß der mündlichen Verhandlung zu stellen, auf die das Urteil ergeht. Die Entscheidung über die Räumungsfrist ist im Urteil zu treffen. Der Ausspruch über Gewährung einer Räumungsfrist ist in den Urteilsausspruch aufzunehmen, auch die Versagung einer Räumungsfrist, und zwar gleichgültig, ob die Frage der Räumungsfrist von Amts wegen oder auf Antrag geprüft wird. Bei Versagung einer Räumungsfrist genügt es aber auch, daß diese Frage in den Entscheidungsgründen erörtert wird; übergangen mit der Folge, daß § 321 eingreift, ist ein Antrag auf Räumungsfrist nur, wenn weder der Urteilsspruch noch die Entscheidungsgründe sich mit dem Antrag befassen (aA Hoffmann MDR 65, 170 [175], der Verfahren nach § 321 immer dann zulassen will, wenn sich das Urteil mit der Frage der Räumungsfrist nicht befaßt und zwar auch dann, wenn kein Antrag gestellt war). Bis zur Entscheidung im Verfahren nach § 321 kann die ZwV wegen des Räumungsanspruchs auf Antrag einstweilen eingestellt werden (Köln MDR 80, 764). Das Ergänzungsurteil muß sich in der Formel über die Räumungsfrist aussprechen. Wird der Beklagte zur Räumung von Wohnung verurteilt, ohne daß er beantragt hat, eine Räumungsfrist zu gewähren, so kann er diesen Antrag zwar noch in der Berufungsinstanz stellen, jedoch nicht die Einstellung der ZwV bis zur Entscheidung über den Antrag verlangen (Köln aaO).

5 3) **Die Bewilligung einer Räumungsfrist** und die Bestimmung ihrer Dauer stehen im Ermessen des Gerichts; es hat dabei die Interessen der beiden Parteien gegeneinander abzuwägen (s Rechtsprechungsübersicht bei Buche MDR 72, 189 [191]; zur Pflicht des Mieters zur Beschaffung von Ersatzraum Schmidt–Futterer NJW 71, 1829; s auch BayObLG MDR 75, 492). Eine Mindestfrist ist nicht bestimmt, eine zu kurze Räumungsfrist (zB unter 1 Monat) verfehlt jedoch ihren Zweck. In der Regel wird bei der Erstbewilligung die Höchstdauer nicht auszuschöpfen sein (LG Wuppertal NJW 66, 260). Das Gericht kann die Räumungsfrist auf einen **Teil der zu räumenden Wohnung beschränken** oder auch für verschiedene Teile der Wohnung unterschiedliche Räumungsfristen bewilligen (LG Lübeck SchlHA 67, 151). Die Räumungsfrist darf nach der den Vollstreckungsgläubiger schützenden Sondervorschrift des Abs 5 (Hamm NJW 82, 341 [342]) nicht mehr als ein Jahr betragen, gerechnet von der Rechtskraft des Urteils. Damit ist aber die Frage des Laufs einer nach Zeiträumen (Wochen, Monaten) bestimmten Frist, insbesondere das Ende einer solchen Frist, gesetzlich nicht geregelt. Der Mieter bedarf schon wegen der Möglichkeit eines Verlängerungsantrags innerhalb zweier Wochen vor Fristablauf Klarheit über das Frist-

ende. Es empfiehlt sich daher eine datumsmäßige Festlegung der Räumungsfrist; unterbleibt dies, so läuft die Frist vom Wirksamwerden der Entscheidung (Verkündung oder Zustellung) an (LG Mannheim MDR 70, 594; StJM Rdn 14 zu § 721).

4) a) Bei einem Urteil auf **künftige Räumung** (§ 259) kann, wenn über eine Räumungsfrist noch nicht (auch nicht ablehnend) entschieden ist, dem Schuldner auf Antrag, der spätestens zwei Wochen vor dem Tag zu stellen ist, an dem nach dem Urteil zu räumen ist, eine den Umständen angemessene Räumungsfrist bewilligt werden (Abs 2). Bei unverschuldeter Versäumung der Antragsfrist ist auf Antrag Wiedereinsetzung zu gewähren (Abs 2 mit §§ 233–238). 6

b) Auch kann eine **bewilligte Räumungsfrist** (nur gerichtlich bewilligte, nicht vom Gläubiger außergerichtlich zugebilligte, LG Wuppertal NJW 67, 832; aA LG Essen NJW 68, 162; s auch Buche MDR 72, 189) auf Antrag **verlängert** oder **verkürzt** werden; die Voraussetzungen für eine gerichtliche Räumungsfrist müssen jedoch auch dann vorliegen, wenn man die Verlängerung einer vom Gläubiger bewilligten Räumungsfrist für zulässig hält (StJM Rdn 24 Fn 69 zu § 721); der Antrag auf Verlängerung ist spätestens 2 Wochen vor Ablauf der Räumungsfrist zu stellen (Abs 3); der letzte Tag der gewährten Frist ist in die zwei Wochen miteinzurechnen (ThP Anm 2 zu § 721). Bei Versäumung der Antragsfrist sind die Vorschriften über die Wiedereinsetzung entsprechend anzuwenden (Abs 2 S 2, Abs 3 S 2). Ist die Frist versäumt oder sind die Möglichkeiten des § 721 erschöpft, kommt uU **Vollstreckungsschutz nach § 765 a** in Betracht (s Rn 13 zu § 765 a, dort auch zur Abgrenzung). Zur Frage der Verwirkung weiteren Räumungsschutzes s LG Münster MDR 67, 405. 7

c) Über Anträge auf Bewilligung einer Räumungsfrist bei Vollstreckungstitel auf künftige Räumung und auf Verlängerung oder Abkürzung einer bewilligten Räumungsfrist entscheidet das Prozeßgericht 1. Instanz in einem Beschlußverfahren. Die Entscheidung kann ohne mündliche Verhandlung ergehen; der Gegner ist vorher zu hören. Ist die Hauptsache in der Berufungsinstanz anhängig, so entscheidet das Berufungsgericht. Das zuständige Gericht kann eine Anordnung nach § 732 II erlassen. 8

II) Rechtsbehelfe: Gegen ein **Urteil** auf Räumung (auch Versäumnisurteil) sind die an sich zulässigen Rechtsbehelfe (**Berufung,** Einspruch) zu ergreifen, wenn das Urteil in der Hauptsache **einschließlich** der Entscheidung über die Räumungsfrist angefochten wird. Richtet sich jedoch das Rechtsmittel **ausschließlich** gegen die Versagung, Gewährung oder Bemessung einer Räumungsfrist, so ist gegen das **Urteil** (auch Versäumnisurteil, LG Mannheim MDR 66, 242, nicht jedoch 2. Versäumnisurteil, § 345, LG Dortmund MDR 65, 579) insoweit **sofortige** Beschwerde gegeben (Abs 6 S 1 Nr 1). Zur Frage, wie das Nebeneinander von Berufung und sofortiger Beschwerde verfahrensrechtlich zu behandeln ist s LG Landshut NJW 67, 1374 mit Anm Schmidt-Futterer. Auch gegen einen **Beschluß** nach Abs 2 (Entscheidung **außerhalb des Urteils** über Bewilligung einer Räumungsfrist bei **künftiger Räumung**) und Abs 3 (Verlängerung oder Verkürzung einer Räumungsfrist) ist das Rechtsmittel die **sofortige Beschwerde** (Abs 6 S 1 Nr 2). Sofortige Beschwerde ist jedoch unzulässig, wenn das Berufungsgericht entschieden hat (Abs 6 S 2). Auch findet eine weitere Beschwerde nicht statt (Abs 6 S 3). Das Gesetz hat damit hier die Frage, ob der Rechtszug in einer Nebenentscheidung weitergehen kann als die Entscheidung in der Hauptsache, die auch für eine Reihe anderer Fälle aufgeworfen wird (vgl Anm zu § 568), ausdrücklich dahin entschieden, daß im Falle des § 721 eine weitere Beschwerde nicht zulässig ist. 9

III) Wirkung: Die Bewilligung einer Räumungsfrist läßt die Beendigung des Mietverhältnisses unberührt. Der Gläubiger ist allerdings in der Durchsetzung seines Räumungstitels im Wege der ZwV gehindert. Der Gläubiger kann für die Dauer der Vorenthaltung als Entschädigung den vereinbarten Mietzins oder einen vergleichbaren ortsüblichen Mietzins verlangen (§ 557 I BGB). Diese Zahlungspflicht endet mit dem Auszug des Mieters (nicht erst mit dem späteren Ablauf der bewilligten Räumungsfrist, Staudinger/Sonnenschein Rz 28 zu § 557; StJM Rdn 3 zu § 721 je mit Hinweis auf möglichen anderen Anspruch). Der Mieter von Wohnraum ist für die Zeit von der Beendigung des Mietverhältnisses bis zum Ablauf der Räumungsfrist zum Ersatz eines weiteren Schadens nicht verpflichtet (§ 557 III BGB); Ansprüche aus § 987 BGB (Herausgabe von Nutzungen) können neben § 557 BGB geltend gemacht werden (hM; Staudinger/Sonnenschein Rz 66 zu § 557 mwN). Zum Rechtsverhältnis zwischen Mieter und Vermieter nach Gewährung einer Räumungsfrist nach § 721 im einzelnen s Müller MDR 71, 253. Ob in der Entgegennahme von Nutzungsentschädigungen nach Erlaß eines Räumungstitels der Abschluß eines neuen Mietvertrags gesehen werden kann, der den Mieter zu einer Vollstreckungsabwehrklage (§ 767) berechtigt, richtet sich nach allgemeinen Grundsätzen des Zivilrechts. Kurzfristiges Zuwarten des Gläubigers mit der Räumungsvollstreckung genügt allgemein nicht; auch aus dem Ablauf der Frist des Abs 5 läßt sich nichts entnehmen. Es sind jeweils die Umstände des Einzelfalls 10 umfassend zu würdigen. Längeres Zuwarten mit der ZwV kann (braucht aber nicht) Ausdruck des Willens sein, das Mietverhältnis fortzusetzen; dann ist bei Willensübereinstimmung mit dem Schuldner Begründung eines neuen Mietverhältnisses anzunehmen (Hamm MDR 82, 147 = NJW 82, 341 = OLGZ 82, 113). Der Schuldner kann auf die ihm durch Bewilligung einer Räumungsfrist eingeräumten Rechte verzichten. Die Erwägungen, aus denen ein Verzicht auf Vollstreckungsschutzmaßnahmen als unzulässig angesehen wird, greifen hier nicht durch, da es sich nicht um eigentliche Schutzmaßnahmen handelt, die als sozialpolitische Schutzmaßnahmen angesehen werden müssen (vgl Rn 10 zu § 811).

11 **IV) Kostenentscheidung:** Ergeht die Entscheidung über die Bewilligung einer Räumungsfrist im **Urteilsverfahren** (Abs 1), so ist für eine **gesonderte** Kostenentscheidung kein Raum. Über die Kosten ist jedoch nach Maßgabe des § 93b zu entscheiden. Bei den im **Beschlußverfahren** ergehenden Entscheidungen nach Abs 2 und 3 sind §§ 91 ff anzuwenden (LG Wuppertal JMBlNW 65, 95; LG Konstanz MDR 67, 307; LG Essen Rpfleger 71, 407: § 93; StJM Rdn 34 zu § 721; Hausser NJW 65, 804; Schmidt-Futterer MDR 65, 701 [704]; Buche MDR 72, 189 [195]); auch im Beschwerdeverfahren in allen Fällen, nicht nur bei erfolgloser Beschwerde, Buche aaO; aA LG Lübeck SchlHA 65, 66). Die Kosten im Beschlußverfahren sind weder Kosten des vorangegangenen Rechtsstreits noch Kosten der ZwV (§ 788; aA LG München I WuM 82, 81). Für das Beschwerdeverfahren richtet sich der Kostenausspruch nach § 97.

12 **V) Gebühren: 1)** des **Gerichts:** Keine (§ 1 Abs 1 GKG); dies auch bei den Verfahren nach Abs 2 und 3 (ThP Anm 6b zu § 721). Im Beschwerdeverfahren (Rn 9) Gebühr nur, soweit die Beschwerde verworfen oder zurückgewiesen wird (KV Nr 1181). – **2)** des **Anwalts:** Im Verfahren auf Bewilligung, Verlängerung oder Verkürzung der Räumungsfrist erhält der RA 5/10 der in § 31 BRAGO bestimmten Gebühren, wenn das Verfahren mit dem Verfahren über die Hauptsache nicht verbunden ist (§ 50 BRAGO). 5/10 Anwaltsgebühr im Beschwerdeverfahren (§ 61 I Nr 1 BRAGO). – **3) Streitwert:** s § 3 Rn 16 unter „Mietstreitigkeiten" aE – Räumungsfrist.

722 *[Vollstreckung aus ausländischem Urteil]*

(1) Aus dem Urteil eines ausländischen Gerichts findet die Zwangsvollstreckung nur statt, wenn ihre Zulässigkeit durch ein Vollstreckungsurteil ausgesprochen ist.

(2) Für die Klage auf Erlaß des Urteils ist das Amtsgericht oder Landgericht, bei dem der Schuldner seinen allgemeinen Gerichtsstand hat, und sonst das Amtsgericht oder Landgericht zuständig, bei dem nach § 23 gegen den Schuldner Klage erhoben werden kann.

1 **I) Überblick:** §§ 722, 723 betreffen ausschließl die Vollstreckbarkeit (Vollstreckungswirkung) ausl Urteile im Inland. Hinsichtl der sonstigen prozessualen Wirkungen, die ein ausl Urteil im Inland entfaltet (Rechtskraftwirkung, Gestaltungswirkung etc), ist § 328 maßgebend.

II) Nichtanerkennung der erststaatl Vollstreckbarkeit (Geimer/Schütze I 1412)

2 **1) Die einem ausl Urteil** nach dem Recht des Urteilsstaates **zukommende Vollstreckbarkeit wird nicht anerkannt, also nicht auf das Inland erstreckt.** Die Vollstreckbarkeit nach dem Recht des Erststaates beinhaltet die Anweisung an die Vollstreckungsorgane des Erststaates, den festgestellten Anspruch auf Antrag notfalls mit Zwang durchzusetzen. Eine Anweisung an Vollstreckungsorgane eines anderen Staates scheidet aus völkerrechtl Gründen (Respektierung der Souveränität fremder Staaten) aus. Eine Erstreckung dieser Anweisung auf das Inland lehnt das dt Recht ab. Es soll auch der Anschein vermieden werden, als würden dt Vollstreckungsorgane den Befehlen auswärtiger Gerichte gehorchen. Davon abgesehen würde eine Anerkennung der ausl Vollstreckbarkeit auf erhebl praktische Schwierigkeiten stoßen. Durch die Anerkennung würde nämlich die ausl Vollstreckbarkeit auf das Inland erstreckt mit der Folge, daß der Umfang der Vollstreckung einschließl der Frage, wann diese einzustellen ist etc, nach dem Vollstreckungsrecht des Urteilsstaates zu beurteilen wäre. Von einem dt Vollstreckungsorgan, insbes GV, kann aber die Kenntnis ausl Vollstreckungsrechts nicht verlangt werden, Geimer/Schütze I 1413.

3 **2) Die Vollstreckbarkeit im Inland muß einem ausl Urteil** aus den vorgenannten Gründen **originär verliehen werden,** BGH FamRZ 86, 45 = EWiR 86, 207 (Geimer). Das dt Vollstreckungsurteil ist deshalb kein Feststellungsurteil, das die Erstreckung der ausl Vollstreckbarkeit auf das Inland feststellt, sondern **ein (prozessuales) Gestaltungsurteil.** Die durch das dt Vollstreckungsurteil dem ausl Titel verliehene Vollstreckbarkeit beurteilt sich ausschließl nach dt Recht. Die Unterscheidung zwischen Wirkungserstreckung (= Anerkennung) und Wirkungsverleihung wird vor allem dann aktuell, wenn die ausl Entscheidung (die im Inland für vollstreckbar erklärt wurde) im Urteilsstaat ihre Vollstreckbarkeit verliert, zB wegen Aufhebung im ausl Wiederaufnahmeprozeß. Würde es sich bei der Vollstreckbarerklärung nur um eine Wirkungserstreckung handeln, so wäre das ausl Urteil auch im Inland nicht mehr vollstreckbar; denn es würde an

einer ausl Urteilswirkung fehlen, die Gegenstand der Erstreckung sein könnte. Die Rechtskraft des dt Vollstreckungsurteils stünde nicht entgegen, weil diese nur zum Zeitpunkt der letzten mündl Tatsachenverhandlung (§ 767 II) feststellte, daß die Vollstreckbarkeit nach dem Recht des Urteilsstaates auf das Inland erstreckt worden ist. Ein solches Ergebnis wäre für die Rechtssicherheit schwer erträglich. Die durch das dt Vollstreckungsurteil dem ausl Titel verliehene Vollstreckbarkeit bleibt auch nach Beseitigung der Vollstreckbarkeit im Erststaat bestehen (hM). Sie kann aber nach § 767 durch Vollstreckungsgegenklage gegen dt Vollstreckungsurteile beseitigt werden, vgl § 1044 IV 1. Damit ist gewährleistet, daß die Voraussetzungen des Wegfalls der Vollstreckbarkeit im Streitverfahren und nicht im Zwangsvollstreckungsverfahren geprüft werden. Die ausl Titeln verliehene Vollstreckbarkeit deckt sich inhaltl mit der inländischen Titeln zukommenden Vollstreckbarkeit, § 328 Rn 18; Geimer/Schütze I 1149. So ist zB ein US-amerikan Titel nach §§ 803 ff zu vollstrecken, nicht nach US-Vollstreckungs- (contempt of court-)Regeln, IZPR Rn 84.

3) Voraussetzung für die Verleihung der deutschen Vollstreckbarkeit an ein ausl Urteil ist, 4
daß dieses nach dem Recht des Urteilsstaates vollstreckbar ist. Die **Eröffnung des Konkurses im Erststaat** hindert die Vollstreckbarerklärung im Inland nicht, da die Wirkungen des ausl Konkurses im Inland insoweit – auch nach der grundsätzl Kehrtwendung der Rspr durch BGH NJW 85, 2897 = RIW 720 = ZIP 85, 944 (Hanisch 1233): Der ausl Konkurs erfaßt auch inländisches Vermögen des Gemeinschuldners; der ausl Konkursverwalter darf dieses daher zur Konkursmasse ziehen – nicht zu beachten sind. Die Singularexekution im Inland wird durch den erststaatl Konkurs nicht gehindert, LG Frankfurt NJW 80, 1235; AG München IPRax 83, 128. Davon zu unterscheiden ist die Frage, ob der Gläubiger den Vollstreckungserlös behalten darf oder ob er ihn an den ausl Konkursverwalter abführen muß; Schlosser RIW 83, 478; BGHZ 88, 147 = NJW 83, 2147 = IPRspr 205 = IPRax 84, 264 (Pielorz 241).

4) Feststellungsurteile können nicht für vollstreckbar erklärt werden, ebenso nicht **Gestal-** 5
tungsurteile (abgesehen von der Verurteilung zur Kostenzahlung; insoweit handelt es sich um ein Leistungsurteil), Geimer/Schütze I 972, 1615; § 328 Rn 73.

5) Streitgegenstand ist nicht der dem ausl Titel zugrundeliegende materiellrechtl Anspruch, 6
sondern der Anspruch des Gläubigers auf Verleihung der Vollstreckbarkeit im Inland. Dieser Anspruch ist begründet, sofern die Vollstreckbarerklärungsvoraussetzungen gegeben sind. Nach § 722 ZPO tritt daher die Rechtshängigkeit des materiellrechtl (ursprüngl) Anspruchs nicht ein.

6) Justizgewährungsanspruch: Liegen die Vollstreckbarerklärungsvoraussetzungen vor bzw 7
ist kein Versagungsgrund gegeben, so hat der Gläubiger Anspruch auf Vollstreckbarerklärung. Staatsangehörigkeit spielt keine Rolle. Wirtschaftl Interessen des Inlandes (Abfluß inländischer Vermögenswerte in das Ausland bzw an einen Ausländer) bleiben außer Betracht, vorbehaltl der devisenrechtl Bestimmungen, Rn 38.

III) Vollstreckbarerklärungsfähige Urteile und sonstige Titel (Geimer/Schütze I 1163, 1617)

1) Der **Anwendungsbereich** des § 722 knüpft an § 328 (Rn 67) an. Doch deckt sich der Kreis der 8
ausl Urteile, die für eine Vollstreckbarerklärung in Betracht kommen, nicht mit dem der nach § 328 anerkennungsfähigen Urteile, § 328 Rn 209. Urteile, die nach dem Recht des Erststaates nicht vollstreckbar sind, scheiden aus, Rn 5. Insoweit ist der Anwendungsbereich kleiner. – Auch ein (hinsichtl der res iudicata) anerkennungsfähiges Leistungsurteil, das bereits vom Schuldner befolgt wurde, kann nicht mehr für vollstreckbar erklärt werden, Geimer/Schütze I 1142, 1145, 1697. Andererseits erfaßt § 722 auch Vollstreckungstitel, die einer Anerkennung per definitionem (§ 328 Rn 18) nicht fähig sind, weil sie nach dem Recht des Erststaates keine anerkennungsfähigen Wirkungen (res iudicata, Gestaltungswirkung etc, § 328 Rn 26, 30) entfalten. Beispiel: Vorbehaltsurteil und Prozeßvergleich sind zwar vollstreckbar, entfalten aber keine materielle Rechtskraft. In den Anwendungsbereich des § 722 fallen ua: **Kostenfestsetzungsbeschlüsse** anerkannter Urteile (RG 109, 387, Geimer IPRax 86, 215; vgl Rn 5), die den **Vollstreckungsbescheiden** entsprechenden ausl Staatsakte (OLG 17, 323), aber auch analog § 722 vollstreckbare **Prozeßvergleiche** (Riezler, IZPR, 530) und **vollstreckbare Urkunden** ausl Notare (Geimer DNotZ 75, 464); aA die hM, weil § 722 in § 795 nicht erwähnt, LG Hamburg IPRspr 82/180. **Nicht dagegen Schiedssprüche** (RG 30, 369), auch nicht die den Schiedsspruch in sich inkorporierende oder für vollstreckbar erklärende Entscheidung des staatl Gerichts, aA BGH RIW 84, 557 (Dielmann und Schütze 734) = NJW 84, 2765; Schütze DIZPR 219, ferner nicht **Arreste und einstweilige Verfügungen/Anordnungen;** OLG 17, 347; OLG 18, 392; Stuttgart IPRspr 82/175; nicht präzis Düsseldorf FamRZ 83, 421; etwas anderes gilt, wenn sie nach dem Recht des Erststaates geeignet sind, die Streitsache endgültig zu erledigen, Geimer RIW 75, 86. Weitergehend VertragsR, insbes Art 25 GVÜ, Geimer/Schütze I 984, 1073, 1440.

9 2) Soll aufgrund des ausl Urteils **keine Zwangsvollstreckung im engeren Sinn,** sondern eine andere, keinen Zwang gegen den Schuldner enthaltende Handlung, zB eine Eintragung in das Grundbuch, vorgenommen werden, so ist Vollstreckungsurteil unnötig, RG 88, 249; Wolff Rz 21; aA StJM Rz 4.

10 **3) Urteile der DDR-Gerichte** sind Urteile dt Gerichte, BGH RIW 82, 592 = IPRax 83, 33. Ein Vollstreckbarerklärungsverfahren findet daher nicht statt. Das Nichtvorliegen der Vollstreckbarerklärungsvoraussetzungen (§ 328 Rn 286), kann gemäß § 766 geltend gemacht werden, LG Hamburg IPRspr 82/180 (für vollstreckbare Urkunde). Für Anwendung der §§ 722, 723 aber StJM § 722 Rz 1; offen gelassen von BGH RIW 82, 592 = IPRax 83, 35 = FamRZ 82, 785; wie hier aber Beitzke IPRax 83, 17. Bei vermögensrechtl Urteilen läßt BGHZ 36, 17 eine (negative) Feststellungsklage nicht zu, sondern verweist auf § 766. In diesem Verfahren wird die Vollstreckbarkeit in der BRepD (= Vorliegen der Vollstreckbarerklärungsvoraussetzungen) nur incidenter geprüft. Einwendungen, die erst nach Entstehen des DDR-Titels entstanden sind (Rn 51), sind durch Vollstreckungsgegenklage (§ 767) geltend zu machen. Hierfür ist BRepD konkurrierend interlokal zuständig. Örtl zuständiges Gericht: analog § 722 II, BGH IPRax 83, 35 (Beitzke 17). Anders Bamberg FamRZ 81, 1103 = IPRspr 81/186: negative Feststellungsklage sei zulässig. – Zur ZV aus DDR-Unterhaltstiteln Adler/Alich ROW 80, 142.

11 **4) Ausl Exequaturentscheidungen** fallen nicht unter § 722. L'exequatur sur l'exequatur ne va, Geimer 26 Fn 7; § 328 Rn 66. Wurde zB ein schwedisches Urteil in Dänemark für vollstreckbar erklärt, so kann dem dänischen Urteil nicht das dt Exequatur erteilt werden, Geimer/Schütze I 1624. Die von Schütze ZZP 77 (1984), 287 begründete (abzulehnende) Theorie von der Doppelexequierung ist neuerdings wieder in den Mittelpunkt der Diskussion gerückt, weil der BGH (§ 1044 Rn 7 a) für ausl Urteile, die einen Schiedsspruch für vollstreckbar erklären, die Klage nach §§ 722, 723 zulassen will (Rn 8); denn es kann keinen Unterschied machen, ob die ausl Exequaturentscheidung sich auf einen Schiedsspruch oder auf ein Urteil eines staatl Gerichts bezieht, Schütze RIW 84, 734.

12 **5) Die Kostenentscheidung** richtet sich als Nebenentscheidung nach der für die Hauptentscheidung geltenden Rechtsgrundlage, sofern nicht Art 18 des Haager Übereinkommens über den Zivilprozeß 1954 eingreift, so für eine Kostenentscheidung gegen den Kläger, der die Klage zurückgenommen hatte, Frankfurt IPRax 84, 32 (Panckstadt 17) = IPRspr 83/172; vgl auch Geimer IPRax 86, 215.

13 **6) Insolvenzrechtl Entscheidungen:** Schlosser RIW 83, 480.

14 7) Vollstreckbarerklärung von **Entscheidungen der Organe der EG,** insbes der Kommission und des EuGH, Art 192 II EWGV, Art 92 II EGKSV, Art 174 EAGV. Bestr ist, ob die Vereinbarkeit der europäischen Titel mit dem GG geprüft werden darf, LG Bonn NJW 86, 665 (Rupp 640).

15 **IV) Vollstreckbarerklärungsvoraussetzungen:** s § 723; Geimer NJW 75, 1086; Geimer/Schütze I 1141, 1624. Zum maßgebl Zeitpunkt Geimer/Schütze I 1607 und § 328 Rn 39, 51, 124.

16 **V) Vollstreckbarerklärungsverfahren:** Streitgegenstand ist der öffentlichrechtl Anspruch auf Verleihung der Vollstreckbarkeit (Rn 7), nicht das Rechtsverhältnis, das Gegenstand des ausl Erkenntnisverfahrens war und über das das ausl Urteil entschieden hat. Über das letztere darf das dt Gericht nicht mehr entscheiden, § 723 I. Wegen der Leistungsklage auf Grund des ausl Urteils Rn 57.

17 **VI) Die verschiedenen Verfahrensarten:** Die ZPO stellt für die Vollstreckbarerklärung ausl Urteile kein besonderes Verfahren zur Verfügung. Diese erfolgt daher im normalen Klageverfahren. Dieses ist erfahrungsgemäß kostspielig und zeitraubend. Es hat sich in der Praxis nicht bewährt. Ein rascher Zugriff des Gläubigers, von dem oft überhaupt der Erfolg der Vollstreckung abhängt, ist nicht mögl. Insbes ist es dem dt Zweitgericht (vor Beendigung der Instanz) nicht gestattet, durch eine vorläufige Anordnung die Vollstreckung aus dem ausl Urteil einstweilen zuzulassen, auch nicht gegen Sicherheitsleistung. Vorläufige Sicherungen lassen sich nur unter den engen Voraussetzungen der §§ 916 ff erreichen. Die Ausführungsbestimmungen zu den Staatsverträgen sehen ein vereinfachtes Beschlußverfahren vor, Geimer NJW 65, 1413 ff. Man unterscheidet vier verschiedene Verfahrensarten, nämlich

18 **1) das Urteilsverfahren der ZPO:** Es findet immer dann Anwendung, wenn keine Sonderregelung eingreift. Hat justizstatistisch nur untergeordnete Bedeutung, Martiny I Rz 72.

19 2) das **fakultative Beschlußverfahren.** §§ 1042 a I, 1042 b, 1042 d werden entspr angewendet. Das Exequaturgericht kann ohne mündl Verhandlung durch Beschluß entscheiden. Es kann auch mündl Verhandlung anordnen. Dann ist wie im Falle 1) ein Urteil zu erlassen. Insbes die AusführungsG zu Abk mit Belgien, Griechenland, Großbritannien, Italien, Österreich und der Schweiz lassen dieses Verfahren zu (vorbehaltl Rn 21 ff). Bei inkorrekter Entscheidung des

Gerichts (dieses wählt unrichtige Entscheidungsform, es erläßt also statt Beschluß Urteil oder umgekehrt) kann die beschwerte Partei nach dem Grundsatz der Meistbegünstigung wählen. Sie darf auch das für die inkorrekte Entscheidungsart statthafte Rechtsmittel einlegen. Rn 28 ff vor § 511; Geimer/Schütze I 1 § 146 XVI 3; München IPRspr 1980/170. – Ist das FamG zuständig (Rn 31), dann Beschwerde gegen AG zum OLG, BGH FamRZ 85, 1018.

3) das **obligatorische Beschlußverfahren:** Das Urteilsverfahren wird ganz ausgeschaltet. Das Beschlußverfahren ist obligatorisch vorgeschrieben. Dadurch soll eine Beschleunigung der Exequaturerteilung herbeigeführt werden, so § 21 G über gerichtl Verfahren in Binnenschiffahrtssachen und AusführungsG zum dt-niederl Anerkennungs- und Vollstreckungsvertrag und das AusfG zum dt-österr Konkurs- und Vergleichsvertrag vom 8. 3. 1985 (BGBl I 535) (§ 19). Die Vollstreckbarerklärung erfolgt in Form der Klauselerteilung. **20**

4) Ähnlich ist das **Verfahren nach Art 31 ff GVÜ** (§ 328 Rn 5). Geimer JZ 1977, 214; Geimer/Schütze I 1191 ff. Der Antrag, den Schuldtitel mit der Vollstreckungsklausel zu versehen, kann bei dem LG schriftl eingereicht oder mündl zu Protokoll der Geschäftsstelle gestellt werden, § 3 I AusfG. Daher kein Anwaltszwang. Es entscheidet der Vorsitzende einer (Zivil-) Kammer des LG, Art 32 I GVÜ iVm § 5 I AusfG, auch wenn es sich um Familiensache (§ 23b GVG, vgl Rn 31) handelt; denn GVÜ hat Vorrang, Düsseldorf IPRax 84, 217 (Henrich). Wurden in dem ausl Urteil mehrere (als Gesamtschuldner) verurteilt, so steht es dem Gläubiger frei, gegen einen, mehrere oder alle Schuldner den Antrag auf Vollstreckungsklausel zu stellen. Zulässig auch subjektive Antragshäufung. Zuständigkeit analog Art 6 Nr 1 GVÜ, nicht § 36 Nr 3 ZPO, Geimer NJW 1975, 1087. **21**

Läßt der Vorsitzende die ZwV aus dem ausl Titel zu, ordnet er also die **Erteilung der Vollstreckungsklausel** an, so kann der Antragsgegner (Schuldner) dagegen Beschwerde zum OLG einlegen, Art 36, 37 I GVÜ § 11 I AusfG. Die Frist beginnt mit Zustellung des mit der dt Klausel versehenen ausl Titels (§§ 8, 9 AusfG), Frankfurt IPRspr 82/177. **22**

Lehnt der Vorsitzende die Erteilung der Vollstreckungsklausel ab, so kann dagegen der Antragsteller Beschwerde zum OLG einlegen, Art 40 I GVÜ, § 16 AusfG. Mündl Verhandlung im Ermessen des OLG, BGH IPRax 85, 101 (Grunsky 82). Zur Prüfungsbefugnis des OLG: München NJW 75, 504 (Geimer 1086) = MDR 75, 146 = IPRspr 74/177. Zur Bindung nach § 565 II BGH IPRax 86, 157. **23**

Wurde eine **Teilvollstreckungsklausel** erteilt (Art 42, 50, 51 GVÜ, § 8 II AusfG), so können sowohl der Antragsteller als auch der Antragsgegner (im Rahmen ihrer Beschwer) Beschwerde einlegen. Gegen die OLG-Entscheidung ist Rechtsbeschwerde zum BGH statthaft, Art 37 II, 41 GVÜ iVm § 17 AusfG. § 554b anwendbar, Prütting IPRax 85, 139. **24**

Die Vollstreckungsklausel ist nach Art 31 durch Beschluß zu erteilen bzw abzulehnen. Ist das irrig durch Urteil geschehen, so ist die Entscheidung mit der Berufung anfechtbar oder nach Wahl des Antragstellers auch mit dem „richtigen" Rechtsmittel (Beschwerde), Hamm MDR 78, 324 = IPRspr 77/168; Rn 19. **25**

Zur **Rechtskraft der gerichtl Entscheidungen im Klauselerteilungsverfahren** Geimer/Schütze I 1, 1983, § 146 VII und XVII. Unklar OLG Stuttgart Justiz 80, 276 = IPRspr 80/163; § 328 Rn 209. **26**

Ist gegen die erststaatl Entscheidung ein **ordentl Rechtsbehelf im Erststaat** eingelegt oder die Frist hierfür noch nicht verstrichen, so kann das OLG auf Antrag des Schuldners seine Entscheidung aussetzen oder die ZwV von der Leistung einer Sicherheit abhängig machen, Art 38, BGH RIW 83, 290 und 535; NJW 83, 1979; Düsseldorf RIW 85, 492; Prütting IPRax 85, 137; Geimer/Schütze I 1216. Die Kassationsbeschwerde des franz und ital Rechts ist ein ordentl Rechtsbehelf iS des Art 38, EuGH RIW 78, 186; Koblenz RIW 77, 102; Geimer/Schütze I 1128; 1158. **27**

Zum Vollstreckbarerklärungsverfahren bezüglich ausl **vollstreckbarer Urkunden** Geimer DNotZ 75, 480. **28**

Das Beschwerdegericht muß Schuldner nach Art 40 II 1 GVÜ auch dann hören, wenn der Antrag des Gläubigers ledigl wegen nicht rechtzeitig vorgelegter Urkunden zurückgewiesen worden ist, EuGH Rs 178/83 RIW 84, 814 = IPRax 85, 274 (Stürner 254). Besser der Vorschlag Stürners, Aufhebung (ohne Anhörung des Schuldners) und Rückverweisung, damit einseitiges Verfahren „von vorne" beginnen kann. **29**

5) Klauselerteilungsverfahren nach Art 13 ff des **deutsch-israelischen Vertrages** (BGBl 1980 II 924) iVm §§ 3 ff des AusfG (BGBl 1980 I 1301) ist Art 31 ff GVÜ nachgebildet, ebenso das Klauselerteilungsverfahren nach Art 12 ff des **deutsch-norwegischen Vertrages** (BGBl 1981 II 341) iVm §§ 3 ff des AusfG (BGBl 1981 I 514). **30**

VII) Zuständigkeit (im Urteilsverfahren)

31 1) Die **sachl Zuständigkeit** richtet sich nach dem Wert des Gegenstandes, für den das Vollstreckungsurteil beantragt wird; § 23 Nr 2 GVG findet keine Anwendung. Ausschließl zuständig ist somit in allen Sachen bis zu einem Streitwert von 5 000 DM das Amtsgericht, darüber die Zivilkammer des Landgerichts, nicht die Kammer für Handelssachen. In Betracht kommt aber auch der Familienrichter oder Richter der freiwilligen Gerichtsbarkeit, BGHZ 88, 113 = FamRZ 83, 1008 = NJW 2775 = IPRax 84, 323 (Siehr 309) = IPRspr 83/198; BGH FamRZ 86, 45 (auch für Unterhaltsvergleich) = RIW 554 = NJW 1440 = IPRax 294 (Dopffel 277) = EWiR 86, 207 (Geimer); Hamm IPRax 86, 234 (Böhmer 216); kritisch Wolff RIW 86, 728. Im Anwendungsbereich der Verträge hat die vertragl Regelung Vorrang; so ist für Vollstreckbarerklärung eines in den Anwendungsbereich des GVÜ fallenden Unterhaltstitels der Vorsitzende der Zivilkammer (Art 32) zuständig, nicht der Familienrichter (§ 23b GVG), Düsseldorf IPRax 84, 217 = IPRspr 83/180. – Die Qualifikation als **Familiensache** hat Auswirkung auf den Instanzenzug. Beispiel: Vollstreckbarerklärung eines ausl Unterhaltstitels nach dem Haager Übereinkommen über die Anerkennung und Vollstreckung von Entscheidungen auf dem Gebiet der Unterhaltspflicht gegenüber Kindern vom 15. 4. 1958 (BGBl 1961 I 1005; vgl jetzt BGBl 1986 II 825) ist Familiensache (§ 23b Nr 5 GVG); gegen die Entscheidung des Amtsgerichts (§ 1 I AusfG) ist sofortige Beschwerde zum OLG (§ 119 Nr 2 GVG) gegeben. Dagegen ist weitere Beschwerde zum BGH nicht statthaft, da § 621 I Nr 4 in § 621e II nicht erwähnt ist, BGH FamRZ 85, 1018.

32 2) Ausschließl **örtl zuständig** ist das Gericht, bei dem der Schuldner seinen allgemeinen Gerichtsstand (§§ 13–19) hat, in Ermangelung eines solchen das Gericht des Ortes, wo sich Vermögen des Beklagten (bei Forderungen der Drittschuldner) befindet, § 23. Für Seeleute auf See gilt § 16, BGH IPRax 83, 80.

33 3) **Parteivereinbarungen** sind unzulässig; letzteres ist jedoch für die sachl Zuständigkeit bestritten, Geimer/Schütze I 1735.

34 4) Für die Vollstreckbarerklärung ausl **arbeitsgerichtl Urteile** sind nicht die Arbeitsgerichte, sondern die ordentl Zivilgerichte zuständig, vgl BGHZ 42, 194 ff; Riezler IZPR 564; StJM § 722 III 1 und V bei N 47; Geimer/Schütze I 1736, II 191; aA wohl BGHZ 67, 255.

VIII) Klageantrag

35 1) **Urteilsformel:** „Das Urteil des Gerichts ... vom ... Aktenzeichen Nr ..., durch das der Beklagte verurteilt wurde, an den Kläger ... zu bezahlen und die Kosten zu tragen, wird für vollstreckbar erklärt."

36 2) Eine **Umrechnung eines auf ausl Valuta lautenden Titels in DM** findet nicht statt. § 244 BGB gibt dem Schuldner nur die Befugnis, in deutscher Währung zu bezahlen, aber nicht dem Gläubiger das Recht, Zahlung in DM zu verlangen, BGH NJW 80, 2017 = RIW 80, 586 = IPRspr 80/131, vgl Geimer/Schütze I 1171; BGH IPRax 85, 101 (Nagel 83) zum Zeitpunkt der Umrechnung; weitere Entscheidung in diesem Fall BGH IPRax 86, 157 (Mezger 142). – Zu DDR-Titeln, die auf Ost-Mark lauten, LG Berlin ROW 82, 185 = IPRspr 81/196. Vgl Rn 10. – Auch ein auf Zahlung ausl Valuta lautender Titel ist nach §§ 804 ff zu vollstrecken, da Geldforderung, Maier/Reimer NJW 85, 2053. – Nürnberg DAVorm 79, 450 = IPRspr 78/99 hält passim eine auf res iudicata des ausl Urteils (§ 328) gestützte, auf DM lautende Leistungsklage (Rn 57) für mögl.

37 Soweit eine **Devisengenehmigung** erforderl ist, muß nach § 32 AußenwirtschaftsG iVm der AußenwirtschaftsVO in Vollstreckbarerklärung der Vorbehalt aufgenommen werden, daß die Leistung oder ZwV erst erfolgen darf, wenn die Genehmigung erteilt ist.

38 Erfolgt eine **Verurteilung unter Vorbehalt,** obwohl die Leistung durch eine Einzelgenehmigung oder eine allgemeine Genehmigung gedeckt bzw eine Devisengenehmigung für die Leistung gar nicht erforderl ist, so ist der Kläger dadurch beschwert und könnte Rechtsmittel gegen die Entscheidung einlegen. Ein unrichtiger Vorbehalt kann auch durch eine Bestätigung der Bundesbank (Landeszentralbank) entkräftet werden, daß die Leistung einer Devisengenehmigung oder einer Einzeldevisengenehmigung nicht bedarf. Eine Verurteilung unter Vorbehalt ist nicht ein Vorbehaltsurteil iS der ZPO, sondern die unbedingte Verurteilung zu einer durch Erteilung der devisenrechtl Leistungsgenehmigung aufschiebend bedingten Leistung. Die Vollstrekkung eines Urteils gegen einen Devisenausländer bedarf keiner devisenrechtl Genehmigung, wenn sie im Ausland oder auf dem zulässigen Zahlungsweg erfolgt. Die Vollstreckbarerklärung darf auch vor der Erteilung der Genehmigung ausgesprochen werden, StJM § 722 III 5; Geimer/Schütze II 218.

39 Enthält das ausl Urteil nur einen Ausspruch darüber, daß **gesetzl Zinsen** zu zahlen sind, so hat der dt Richter das ausl Urteil insoweit zu ergänzen, LG Hamburg IPRspr 77/154; 78/156, RIW 79, 419 = IPRspr 78/168; LG Landau RIW 84, 995 = IPRspr 83/182; aA München IPRspr 80/170; LG

Düsseldorf IPRax 85, 160 (kritisch Nagel 144) = IPRspr 83/181 A. Nachweise Geimer/Schütze I § 152 II 1.

Ist zur Zahlung der nicht näher bezifferten **Mehrwertsteuer** verurteilt, dann hat auch insoweit der dt Zweitrichter eine Ergänzung vorzunehmen. 40

Ist der ausl **Unterhaltstitel nicht ziffernmäßig bestimmt,** sind vielmehr zum Regelunterhalt Sonderbeiträge hinzuzurechnen, so hat das dt Gericht diese auf Antrag des Gläubigers festzusetzen. AA Düsseldorf FamRZ 82, 630 = IPRspr 81/183, das eine neue Leistungsklage verlangt. Das deutsche Exequaturgericht hat auch eine **Unterhaltserhöhung kraft Gesetzes bzw kraft Indexierung** zu beachten, Hamburg FamRZ 83, 1157 = IPRspr 83/178; AG Waiblingen IPRspr 82/179; hierzu Dopffel DAVorm 84, 217 und BGH FamRZ 86, 45 (Rn 3, 56); hierzu Geimer EWiR 86, 207: Wird der ausl Titel dem für dt Titel geltenden Bestimmtheitserfordernis (§ 704 Rn 2) nicht gerecht, ergeben sich jedoch die Kriterien, nach denen sich die Leistungspflicht bestimmt, aus den ausl Vorschriften oder ähnl, im Inland gleichermaßen zugängl und sicher feststellbaren Umständen, so ist es geboten, den ausl Titel im Vollstreckbarerklärungsverfahren zu konkretisieren. Eine klarstellende Entscheidung (eines dt oder ausl Gerichts) vor Durchführung des Exequaturverfahrens ist also nicht erforderl, Rn 56. Zur Vertretung des Kindes durch die Mutter im Vollstreckbarerklärungsverfahren gegen den Vater AG Lahnstein FamRZ 86, 289; BGH IPRax 86, 382 (Böhmer 362). 41

IX) Durchführung des Verfahrens

1) Grundvoraussetzung ist das Vorliegen der **Gerichtsbarkeit der BRepD.** Gegen Beklagte, die von der dt Gerichtsbarkeit befreit sind (§§ 18 ff GVG), darf kein Vollstreckungsurteil ergehen. 42

2) Das Gericht muß prüfen, ob die Klage für und gegen diejenigen begründet ist, die als Parteien bezeichnet sind. Tritt nach Erlaß des ausl Urteils **Rechtsnachfolge** ein, so hat das dt Gericht darüber zu entscheiden, RG 13, 348. Tritt nach Erlaß des Vollstreckungsurteils Rechtsnachfolge ein, so kommen die Bestimmungen der §§ 727, 730 zur Anwendung. Auch wenn der **Gläubiger nicht Partei des ausl Prozesses** war, kann er Rechte aus dem erststaatl Titel geltend machen, wenn ihm nach dem Recht des Erststaates solche zustehen. So kann nach § 80 II des finnischen EheG im Scheidungsurteil der Unterhalt des Kindes geregelt werden. Dann kann das Kind die Vollstreckbarerklärung betreiben, Hamburg FamRZ 83, 1157 = DAVorm 84, 324 = IPRspr 83/178. 43

3) Das Verfahren richtet sich nach den allgemeinen **Regeln des ordentl Prozesses.** Anerkenntnis ist ausgeschlossen, da es Vollstreckbarerklärungsvoraussetzungen bzw Versagungsgründe gibt, die von Amts wegen zu prüfen sind, und keine Dispositionsfreiheit der Parteien gegeben ist, (Versagungsgründe im unmittelbar staatl Interesse). Jedoch ist ein Anerkenntnis bezogen auf Anerkennungsvoraussetzungen (= Nichtbestehen von Versagungsgründen), bzw Vollstreckbarerklärungsvoraussetzungen (= Nichtvorliegen von Versagungsgründen) mögl, auf deren Geltendmachung die betroffene Partei verzichten kann. – Auch ein Vergleich über den Exequaturantrag ist nicht mögl. Die Parteien können sich jedoch über den dem ausl Urteil zugrunde liegenden Anspruch vergleichen. So kann sich der Beklagte in einem Vergleich zur Zahlung verpflichten. Vollstreckungstitel ist dann der gerichtl Vergleich (§ 794 I Nr 1). Die allenfalls nach § 328 auf das Inland erstreckte Rechtskraft des ausl Urteils steht einem Vergleich nicht entgegen, da sich eine Partei in Abweichung von gerichtl Urteilen zu einer Leistung im Rahmen der allgemeinen Vertragsfreiheit verpflichten kann, § 328 Rn 180, 278. 44

4) Ein Klageverzicht nach § 306 ist zulässig. Der Kläger verzichtet dadurch auf seinen öffentlichrechtl Anspruch auf Verleihung der Vollstreckbarkeit für den Bereich des Inlands (Rn 8), nicht jedoch auf die sonstigen Urteilswirkungen, soweit solche nach § 328 anzuerkennen sind (Rechtskraft etc). Zu prüfen ist jedoch stets, ob in dem Klageverzicht auch ein Verzicht auf den dem ausl Urteil zugrundeliegenden Anspruch liegt. Dies ist eine Frage der Auslegung. Im Zweifel beschränkt sich der Verzicht des Klägers im Exequaturverfahren nur auf den Streitgegenstand, also auf das Begehren nach Verleihung der Vollstreckbarkeit. Sind die Anerkennungsvoraussetzungen gegeben, so bleibt die Verpflichtung des Beklagten aufgrund der Rechtskraftwirkung des ausl Urteils auch für den Bereich des Inlands bindend festgestellt, eine zwangsweise Durchsetzung im Wege der Vollstreckung ist aber ausgeschlossen. Es liegt dann eine sog Naturalobligation stärkerer Wirkung vor. 45

5) Vollstreckbarerklärung im **Versäumnisverfahren** nach allgemeinen Grundsätzen mögl. Jedoch kommt die Geständnisfiktion des § 331 I insoweit nicht zum Zuge, als die Vollstreckbarerklärungsvoraussetzungen bzw -versagungsgründe nicht zur Disposition der Parteien (§ 328 Rn 181) stehen, Geimer/Schütze I 1747, II 203. 46

47 **6)** Der **Urkunden- und Wechselprozeß** ist nicht statthaft, weil Streitgegenstand nicht Leistung einer bestimmten Geldsumme oder Menge anderer vertretbarer Sachen ist.

48 **7)** Der Kläger kann neben Klage nach §§ 722, 723 **hilfsweise für den Fall des Nichtvorliegens der Vollstreckbarerklärungsvoraussetzungen** (§ 723 II) den dem ausl Urteil zugrundeliegenden Anspruch erneut einklagen, vgl Rn 57; Geimer JZ 77, 214; BGH NJW 79, 2477 = RIW 80, 61.

49 **8)** Der Beklagte kann **Widerklage** erheben (bestr), allerdings nicht mit dem Antrag, festzustellen, daß die Vollstreckbarerklärung des ausl Urteils unzulässig ist. Denn dies ist bereits Gegenstand des Exequaturprozesses. Der Beklagte kann aber beantragen festzustellen, daß das ausl Urteil im Inland keinerlei Wirkungen habe. Die Frage, ob die sonstigen Urteilswirkungen (nach § 328) im Inland anzuerkennen sind, ist nämlich nicht Gegenstand der Exequaturklage. Sie kann daher zum Streitgegenstand neben der Exequaturklage gemacht werden (vgl RG 109, 38) ohne Rücksicht darauf, daß die Rechtskraft (Feststellungswirkung) des im Verfahren nach § 722 ergehenden Urteils auch das Vorliegen bzw Nichtvorliegen von Anerkennungsvoraussetzungen/Versagungsgründen feststellt, soweit diese sich inhaltl mit den Vollstreckbarerklärungsvoraussetzungen decken, § 328 Rn 182, 278; ähnlich Wolff Rz 126.

50 **9)** Der Kläger kann auch seinen Exequaturantrag mit dem Antrag auf Feststellung verbinden, daß das **ausl Urteil nach § 328 Rechtskraft oder Gestaltungswirkung etc im Inland entfalte,** Rn 57; § 328 Rn 209. AA StJSchL § 328 I 3c 8; StJM § 722 I 2 Fn 19.

51 **X)** Im Verfahren nach § 722 können **Einwendungen** gegen den im ausl Urteil/Titel festgestellten Anspruch nur soweit erhoben werden, als diese nach § 767 II zulässig wären. Berücksichtigt werden können also nur Einwendungen, die nach Erlaß des ausl Urteils entstanden sind, RG 114, 171; 165, 379; BGH NJW 80, 2025 = IPRspr 80/168; BGH NJW 82, 1947 = RIW 82, 592 = IPRax 83, 35 (Beitzke 16) = FamRZ 82, 785. Für GVÜ s § 14 AusfG. Hierzu BGH RIW 83, 615 = NJW 83, 2773; Koblenz NJW 76, 488 = IPRspr 75/171; Frankfurt Rpfleger 78, 454 = RIW 80, 63 = IPRspr 78/164; BGH IPRax 85, 154 (Prütting 140) = IPRspr 83/175. Im Fall der **Aufrechnung** darf die zur Aufrechnung gestellte Forderung erst nach dem genannten Zeitpunkt entstanden sein. Ebenso Bremen IPRspr 77/152. Soweit der Schuldner mit solchen Einwendungen durchdringt, ist nicht das ausl Urteil aufzuheben, sondern die Vollstreckbarkeit zu versagen; daher uU Vollstreckbarerklärung nur hinsichtl eines Teilbetrages. Der Kläger kann aber auch von sich aus von vornherein nur die Vollstreckbarerklärung hinsichtl eines Teiles beantragen **(Teilexequatur).**

52 Wurde die ausl Entscheidung, deren Vollstreckbarerklärung beantragt ist, im Erststaat aufgehoben oder abgeändert, so ist dies auch noch in der Revisions- bzw Rechtsbeschwerdeinstanz zu beachten, BGH NJW 80, 2022 = MDR 80, 1017 = IPRspr 80/166. Im Vollstreckbarerklärungsverfahren kann auch der Einwand der **Herabsetzung der Urteilsschuld** (IZPR Rn 118) und der Einwand der **Urteilsverjährung** (§ 328 Rn 63) erhoben werden, AG Waiblingen IPRspr 82/179, nicht jedoch der Einwand der Anspruchsverjährung (dieser wäre im Erstverfahren vorzubringen gewesen und ist deshalb nach § 767 II präkludiert).

53 Für **vollstreckbare Urkunden** ausl Notare gilt die Zeitgrenze des § 767 II nicht, Geimer DNotZ 75, 482 und Wolfsteiner, Die vollstreckbare Urkunde, 1978, 205 Rz 82.27. Ebenso für eine in den Niederlanden **vollstreckbare Honorarliquidation** eines dortigen Anwalts, LG München AWD 1972, 630 (Hahn) = IPRspr 72/160.

54 Die **Ausschöpfung der Rechtsmittel, Rechtsbehelfe und sonstigen prozessualen Möglichkeiten im Erststaat** ist nicht Voraussetzung für die Zulässigkeit des Einwandes gegen den dem Titel zugrundeliegenden Anspruch. Der Schuldner braucht also im Erststaat nicht die Vollstreckungsgegenklage zu erheben. AA (im Verhältnis zur DDR) ohne überzeugende Begründung Düsseldorf FamRZ 79, 313.

55 **XI)** Das Vollstreckungsurteil/Vollstreckbarerklärung unterliegt wie jedes andere dt Urteil den ordentl **Rechtsmitteln.** Obwohl kein Leistungs-, sondern Gestaltungsurteil, ist es nach §§ 708 ff für vorläufig vollstreckbar zu erklären.

56 **XII) Grundlage für die Zwangsvollstreckung im Inland** ist ausschließl das dt Vollstreckungsurteil, nicht das ausl Urteil, BGH FamRZ 86, 45 = EWiR 86, 207 (Geimer) = NJW 86, 1440 = IPRax 86, 294 (Dopffel 277). Dieses ist allenfalls zur Ermittlung des Umfangs der angeordneten Vollstreckbarkeit im Wege der Auslegung heranzuziehen, wenn im dt Vollstreckungsurteil der Inhalt des ausl Urteils nicht ausreichend wiedergegeben ist, Rn 35. Zur ZwV ist daher ausschließl dem dt Vollstreckungsurteil die Vollstreckungsklausel zu erteilen. – **Bestimmtheitserfordernis** (§ 704 Rn 2) gilt nur für dt Vollstreckungsurteil, nicht ausl Titel, BGH aaO; Geimer/EWiR 86, 207; Wolff RIW 86, 728.

XIII) Leistungsklage aus ausl Urteil. Nach hM (Martiny I Rz 1614) soll der im ausl Prozeß siegreiche Kläger trotz Zulässigkeit der Vollstreckbarerklärung nach §§ 722, 723 die Möglichkeit haben, aus dem ausl Urteil auf Leistung zu klagen, wobei das dt Gericht an die Rechtskraft des ausl Urteils – sofern die Anerkennungsvoraussetzungen gegeben sind – gebunden ist und deshalb ohne eigene Sachprüfung die Verurteilung auszusprechen hat, BGH NJW 79, 2477; Nürnberg IPRax 84, 162 = IPRspr 83/179; Hamm DAVorm 83, 971 = IPRspr 92; aA Schütze Betrieb 67, 498; differenzierend, ob Rechtsschutzbedürfnis vorliegt oder nicht, Riezler 521 und Geimer 37 Fn 70; noch enger Nagel IZPR Rz 719. Vgl auch LG Essen DAVorm 78, 693 = IPRspr 77/88. Jedenfalls dort, wo die Ausführungsbestimmungen zu den Staatsverträgen ein beschleunigtes und vereinfachtes Exequaturverfahren zur Verfügung stellen, wird das Rechtsschutzbedürfnis für die Leistungsklage idR fehlen. Rechtsschutzbedürfnis zu bejahen, wenn mit Vollstreckbarerklärung auch Erhöhung im Wege der Abänderung (Rn 62) verlangt wird, im Ergebnis ähnlich Martiny I Rz 1615; für GVÜ hält der EuGH NJW 77, 495 (Geimer 2023 und EuR 77, 364) eine erneute Leistungsklage für unzulässig, Geimer/Schütze I 1138, 1181. 57

Mit der Klage aus § 722 (auf Vollstreckbarerklärung) kann nicht nur **Abänderungsantrag** (§ 323 bzw maßgebl lex causae) verbunden werden, sondern auch die Eventual-Leistungsklage aus dem ursprüngl Rechtsverhältnis (= Streitgegenstand des Erstprozesses), Schütze DB 77, 2130; Geimer JZ 77, 147; Martiny I Rz 1625, Rn 48. – **Verhältnis zur Feststellungsklage bezügl Anerkennungsfähigkeit anderer Urteilswirkungen:** Wegen der Klage aus § 722 ist die Klage auf Feststellung der Anerkennung der Rechtskraft bzw Gestaltungswirkung (= Erstreckung auf das Inland) zulässig, Rn 49, 50. Dies ist bei Feststellungs- und Gestaltungsurteilen klar, weil die Vollstreckbarerklärung der Kosten nach § 722 wohl nicht die Anerkennungsfähigkeit der „Hauptsache" feststellt (Problematik ähnlich bei Teilklagen), sondern auch bei Leistungstiteln. Denn die Vollstreckbarerklärungsvoraussetzungen (§ 723 II 2) decken sich nicht immer mit den Anerkennungsvoraussetzungen, § 328 Rn 209; Geimer/Schütze I 1108, 1141, 1625. AA Martiny I Rz 1627.

XIV) Keine executio non conveniens. Wann, wo und wie der Gläubiger vollstrecken will, ist seine Sache. Jede Bevormundung durch das Gericht ist unzulässig. Die Vollstreckbarerklärung darf also nicht mit der Begründung abgelehnt werden, der Gläubiger könne in einem anderen Staat leichter, ergiebiger oder sonstwie vorteilhafter vollstrecken. Vgl IZPR Rn 132. Auch darf das dt Zweitgericht nicht den Nachweis verlangen, daß der Schuldner (vollstreckungsfähiges) Vermögen im Inland habe. Geimer/Schütze I 1, 1983, § 150 XIII; abzulehnen Stuttgart Justiz 80, 276 = IPRspr 80/163. 58

XV) Vollstreckungsgegenklage (§ 767). **1) Gegen ausl Titel** unzulässig, da §§ 722, 723 als Spezialregelung eingreifen. In diesem Verfahren sind Einwendungen, die nach Abschluß des ausl Verfahrens entstanden sind (§ 767 II), zu berücksichtigen, Rn 51. Vor Verleihung der Vollstreckbarkeit, also vor Einleitung des Vollstreckbarerklärungsverfahrens, besteht kein Rechtsschutzbedürfnis für Klage nach § 767: Der Titel ist im Inland nicht vollstreckbar. Der Beklagte kann jedoch **negative Feststellungsklage** erheben mit dem Antrag festzustellen, daß die Voraussetzungen für die Vollstreckbarerklärung nicht gegeben sind. Dem Schuldner ist nicht zuzumuten zu warten, bis der Gläubiger nach §§ 722, 723 vorgeht. Er hat ein berechtigtes Interesse an der Klärung der Rechtslage, vgl § 328 Rn 208. – Eine Klage auf Unterlassung der Vollstreckbarerklärung bzw der Klage nach § 722 / des Antrags nach Art 31 ff GVÜ ist aber unzulässig. 59

2) Gegen die Vollstreckbarerklärung durch das dt Gericht. Gegen das dt Vollstreckbarerklärungsurteil (im Anwendungsbereich der Verträge: Vollstreckbarerklärungs-/Klauselerteilungsbeschluß) kann nach Abschluß des Vollstreckbarerklärungsverfahrens Vollstreckungsgegenklage (§ 767) erhoben werden, allerdings sind Einwendungen präkludiert, die im Vollstreckbarerklärungsverfahren (Klauselerteilungsverfahren) hätten vorgebracht werden können. Der Schuldner muß sich also nach Abschluß des dt Vollstreckbarerklärungsverfahrens wegen danach entstandener Einwendungen nicht an die Gerichte des Erststaates wenden. Dies folgt daraus, daß das Vollstreckbarerklärungsurteil bzw der Vollstreckbarerklärungs-/Klauselerteilungsbeschluß ein dt Vollstreckungstitel ist, für den § 767 gilt. Nichts anderes gilt für die Ausführungsgesetze zu den Verträgen. § 29 AusfGGVÜ und die Parallelvorschriften in den anderen Ausführungsgesetzen stehen der hier vertretenen Auffassung nicht entgegen. Sie enthalten keine abschließende Regelung der Einwendungsmöglichkeiten nach Abschluß des dt Vollstreckbarerklärungsverfahrens. 60

XVI) Rechtshängigkeit. Da Streitgegenstand der Klage nach § 722 ausschließl die Verleihung der Vollstreckbarkeit für das ausl Urteil ist, wird der dem ausl Urteil zugrundeliegende Anspruch nicht rechtshängig, Rn 6. Trotzdem wird nach § 209 I BGB die Verjährung unterbrochen. 61

62 **XVII) Abänderungsklage** auf Erhöhung des im ausl Titel festgesetzten Betrages kann mit Klage aus § 722 verbunden werden (Rn 57), Nürnberg IPRax 84, 162 = IPRspr 83/179.

63 **XVIII) Ermächtigung zur Ersatzvornahme** (§ 887) und Anordnung von Zwangsgeld und -haft (§ 888) zur Vollstreckung ausl Titels erfolgt durch das dt Exequaturgericht (§ 722 II). Dieses ist „Prozeßgericht"; denn nur die dt Vollstreckbarerklärung ist alleinige Grundlage für die ZwV im Inland, Rn 56.

64 **XIX) Freie Ausfuhr des Vollstreckungserlöses** ist mit der Vollstreckbarerklärung nie garantiert. Dies ist vielmehr eine Frage des dt Devisenrechts, Geimer/Schütze I 1640.

65 **XX) Versagung der Vollstreckbarerklärung:** Soweit Anerkennungsvoraussetzungen sich inhaltl mit den Vollstreckbarerklärungsvoraussetzungen bzw -versagungsgründen decken, stellt rechtskräftige Verweigerung der Vollstreckbarerklärung durch Nichtvorliegen der Versagungsgründe fest, Geimer/Schütze I 1108, II 21; § 328 Rn 209; Martiny I Rz 426. Zur Rückforderung des aufgrund des ausl Titels bereits Geleisteten § 328 Rn 276; Geimer/Schütze I 1138, 1154.

66 **XXI)** Vollstreckung aus Urteilen, Anordnungen und Beschlüssen aus dem **Bereich der Freiwilligen Gerichtsbarkeit** (vgl § 16a FGG) gem § 33 FGG ohne vorherige Vollstreckbarerklärung nach § 722: BGHZ 88, 113 = IPRax 84, 323 = IPRspr 83/198; Düsseldorf FamRZ 82, 534 = IPRspr 81/208; BayObLGZ 81, 246 = NJW 82, 1228 = IPRax 82, 106 (Hüßtege) = IPRspr 81/100, BayObLGZ 85, 145 = NJW-RR 86, 3 = FamRZ 85, 737 (Knöpel 1211); BayObLGZ 84, 184, 192. Art 7 MSA (§ 640 Rn 17) regelt nur die Anerkennung, nicht jedoch die Vollstreckung. Maßgebend ist der jeweils im Verhältnis zum Erststaat geltende Anerkennungs- und Vollstreckungsvertrag bzw § 33 FGG; hierzu Siehr MüKo Art 19 EGBGB Anh II Rz 145, 212, 278 ff; Mitzkus, 335, 347; BayObLGZ 81, 256. – Die meisten Staatsverträge erfassen nur echte Parteistreitigkeiten, klammern aber den klassischen Bereich der FG aus, Geimer/Schütze I 1437. AA Siehr MüKo Art 19 Anh II Rz 279 für dt-schweizer Abk (Art 3). – Vollstreckung einer **ausl Kindesherausgabeanordnung** (an anderen Elternteil) erfolgt im Verfahren nach §§ 621 I Nr 3, 621a, 621e nach den für FG geltenden Grundsätzen, Düsseldorf FamRZ 83, 421 und BGHZ 88, 113 = IPRax 84, 323 (Siehr 309) = IPRspr 83/198. Das Haager Übereinkommen vom 25. 10. 1980 über die zivilrechtl Aspekte internationaler Kindesentführungen (noch nicht in Kraft) verpflichtet zur sofortigen Rückgabe widerrechtl in einen Vertragsstaat verbrachter oder dort zurückgehaltener Kinder; hierzu Mitzkus 405 ff; Hüßtege, Der Uniform Child Custody Act – Rechtsvergleichende Betrachtungen zu internationalen Kindesentführungen, 1982, 197 ff.

67 **XXII) Gebühren** des **Gerichts** und des Anwalts: 1) Für das **Klageverfahren nach den §§ 722, 723** entstehen sowohl für das Gericht als auch für den RA die Gebühren des gewöhnlichen Prozeßverfahrens, KV Nrn 1010 ff, § 31 BRAGO. Auf dieses kontradiktorische Urteilsverfahren beziehen sich die Bestimmungen KV Nrn 1080 bis 1085 (Gerichtsgebühren) und § 47 Abs 1 bzw Abs 2 BRAGO (Anwaltsgebühren) nicht. Die letztgenannten Gebührenvorschriften sind idR nur anzuwenden, wenn es um die **Vollstreckbarerklärung ausländischer Schuldtitel** (oder um die Erteilung der Vollstreckungsklausel) oder um die Aufhebung oder Abänderung einer erteilten Vollstreckbarerklärung (Vollstreckungsklausel) auf Grund von bi- oder multilateralen „Vollstreckungs"vereinbarungen mit anderen Staaten iVm inländischen AusfGesetzen oder AusfVerordnungen hierzu **im vereinfachten Beschlußverfahren** (vgl Rn 19) geht. — Kostenfrei sind zB Kostenentscheidungen auf Grund Art 18 HaagZUPrÜbk (1954) sowie auf Grund Art 19 EuNiederlAbk (1955) für vollstreckbar zu erklären (IV 2 vor KV Nr 1080).

2) Für das erstinstanzl Verfahren nach § 3 Abs 2 AusfG v 8. 3. 1960 zum **deutsch-östereichischen Vertrag** v 6. 6. 1959 sind die Gerichtsgebühren in KV Nrn 1090 bis 1095 besonders geregelt. Wird in diesem Verfahren nicht durch Urteil, sondern durch Beschluß entschieden, so ermäßigt sich die allgemeine Verfahrensgebühr KV Nr 1090 auf ¹/₄ (KV Nr 1091). für das vorausgegangene Verfahren auf Vollstreckbarerklärung, das lediglich zur Sicherung der Zwangsvollstreckung in Betracht kommt (§ 3 Abs 1 AusfG), werden die Gebühren nach KV Nrn 1080 ff erhoben, wobei allerdings die allgemeinen Verfahrensgebühr nach KV Nr 1080 entfällt, wenn der Antrag vor Anhörung des Gegners oder vor Beginn des zur mündl Verhandlung (vgl §§ 1042a, 1044a Abs 3) vorgesehenen Tages zurückgenommen wird (KV Nr 1081). In bezug auf die **Anwaltsgebühren** gilt das Verfahren nach § 3 Abs 2 AusfG als besondere Angelegenheit, so daß der RA dieselben Gebühren erhält wie im vorausgegangenen Verfahren nach § 3 Abs 1 AusfG (§ 47 Abs 3 S 1 BRAGO); die vom RA als Prozeßbevollmächtigtem des vorausgegengenen Verfahrens erhaltene Prozeßgebühr muß sich dieser allerdings zu ²/₃ auf die im nachfolgenden Verfahren verdiente weitere Prozeßgebühr anrechnen lassen (§ 47 Abs 3 S 2 BRAGO). Soweit dem RA im Nachverfahren etwa eine weitere Verhandlungs- bzw Erörterungs- oder Beweisgebühr angefallen ist, bleibt ihm diese ungekürzt erhalten (Hartmann, KostGes BRAGO § 47 Anm 4 vorletzter Abs). Abs 3 des § 47 BRAGO scheidet aus, wenn die Vollstreckbarerklärung einer bereits rechtskräftigen Entscheidung eines österreichischen Gerichts ohne Beschränkung in Betracht kommt (KG AnwBl 74, 186).

3) In den Verfahren auf Zulassung der Zwangsvollstreckung (mit der Anordnung, daß der Vollstreckungstitel mit der Vollstreckungsklausel zu versehen ist) und auf Feststellung der Anerkennung einer (ausländischen) Entscheidung usw nach dem AusfG v 29. 7. 1972 zum **GVÜ v 27. 9. 1968** (vgl Rn 21) richten sich die **Gerichtsgebühren** (streitwertunabhängige Festgebühren) nach KV Nrn 1096 bis 1098 sowie die **Anwaltsgebühren** nach § 47 Abs 1 und 2 BRAGO. S auch Gebührenanmerkg zu § 328.

4) Fälligkeit der Gerichtsgebühren: § 61 GKG. Keine Vorauszahlungspflicht. Kostenschuldner: §§ 49 S 1, 54, 58 Abs 2 GKG.

5) Streitwert: Ist nach deutschem Recht zu ermitteln und festzustellen, §§ 12 ff GKG; s § 3 Rn 16 unter „Ausländische Währung" und „Vollstreckbarerklärung eines ausländischen Schuldtitels". Wird die inländische Vollstreckbarerklärung nur für einen Teil des Schuldtitels in Anspruch genommen, so bildet nur dieser Teil den Streitwert.

XXIII) Aktenbehandlung: Beim Amtsgericht Eintrag ins Prozeßregister Muster 20 unter „C", nicht Vollstreckungsregister „M", da das Verfahren nicht zur ZwV gehört, und nicht „H", da rechtsgestaltende Entscheidung, § 13 Nr 2 AktO; beim Landgericht ins Prozeßregister Muster 21 unter „O", § 38 Nr 2 AktO. 68

723 *[Vollstreckungsurteil]*

(1) Das Vollstreckungsurteil ist ohne Prüfung der Gesetzmäßigkeit der Entscheidung zu erlassen.

(2) Das Vollstreckungsurteil ist erst zu erlassen, wenn das Urteil des ausländischen Gerichts nach dem für dieses Gericht geltenden Recht die Rechtskraft erlangt hat. Es ist nicht zu erlassen, wenn die Anerkennung des Urteils nach § 328 ausgeschlossen ist.

I) Abs 1. Eine **sachl Nachprüfung des ausl Urteils (révision au fond)** ist anläßl der Vollstreckbarerklärung ebenso wenig zulässig wie bei der Anerkennung, vgl hierzu § 328 Rn 151. Das dt Zweitgericht hat die Richtigkeit des ausl Urteils weder in tatsächl noch in rechtl Hinsicht nachzuprüfen. Es ist nicht befugt zu prüfen, ob ausl Prozeßvoraussetzungen (zB örtl und sachl Zuständigkeit) oder sonstige Verfahrensvorschriften des ausl Rechts beachtet wurden. Es hat nur die Voraussetzungen des § 328 zu untersuchen (näher § 328 Rn 91) und hat in dem Verfahren nach § 723 über Einwendungen aus §§ 767, 768, die nach dem Erlaß des ausl Urteils entstanden sind, sowie über die Aufrechnung mit einer *nach* (nicht auch vor) Erlaß des ausl Urteils entstandenen Gegenforderung zu entscheiden, RG 114, 173; OLG 43, 142. Gleiches gilt von der im Wege der Wiederaufnahme erfolgten Beseitigung des ausl Urteils. Eine nach Erlaß des ausl Urteils entstandene Rechtsnachfolge unterliegt der Prüfung des dt Gerichts, § 722 Rn 43, 51. 1

II) Nach Abs 2 ist Voraussetzung des Erlasses eines Vollstreckungsurteils die vom Antragsteller bis zum Schluß der mündl Verhandlung nachzuweisende **formelle Rechtskraft** des ausl Urteils **nach ausl Recht.** Bloße vorläufige Vollstreckbarkeit genügt nicht. Der Nachweis der formellen Rechtskraft und der Vollstreckbarkeit ist mit allen Beweismitteln zulässig. Die Verträge schreiben vor, welche Unterlagen der betreibende Gläubiger dem Antrag auf Vollstreckbarerklärung beizufügen hat. Diese Vorschriften sollen nur den Nachweis erleichtern, schließen also andere Beweismittel nicht aus, Geimer/Schütze II 142; wohl auch München Rpfleger 82, 302 = IPRax 202 = IPRspr 174. 2

Hervorzuheben ist, daß die neueren Vollstreckungsabkommen (mit Belgien, Österreich, Großbritannien, Griechenland, den Niederlanden, Israel, Norwegen) eine Pflicht zur Vollstreckbarerklärung auch vorläufig vollstreckbarer Titel vorsehen; ebenso Art 31 ff GVÜ (s hierzu unten Schlußanhang II). 3

III) Die **Kostenentscheidung** eines Urteils in Ehesachen, für dessen Anerkennung die Durchführung eines Feststellungsverfahrens vor der zuständigen Landesjustizverwaltung gemäß Art 7 FamRÄndG notwendig ist, kann erst dann für vollstreckbar erklärt werden, wenn die Landesjustizverwaltung festgestellt hat, daß die Anerkennungsvoraussetzungen gegeben sind. Das ist zwar im Gesetz nirgends ausdrückl angeordnet, folgt aber zwingend aus dem Entscheidungsmonopol der Landesjustizverwaltung, vgl Geimer NJW 67, 1402 N 32. 4

724 *[Vollstreckbare Ausfertigung]*

(1) Die Zwangsvollstreckung wird auf Grund einer mit der Vollstreckungsklausel versehenen Ausfertigung des Urteils (vollstreckbare Ausfertigung) durchgeführt.

(2) Die vollstreckbare Ausfertigung wird von dem Urkundsbeamten der Geschäftsstelle des Gerichts des ersten Rechtszuges und, wenn der Rechtsstreit bei einem höheren Gericht anhängig ist, von dem Urkundsbeamten der Geschäftsstelle dieses Gerichts erteilt.

Lit: *Kion,* Wer wird Vollstreckungsgläubiger im Fall des § 265 ZPO? JZ 1965, 56; *Palm,* Erinnerung und Beschwerde bei Erteilung und Verweigerung einer Vollstreckungsklausel, Rpfleger 1967, 365.

I) Zweck: Die Urschrift des Endurteils, das als Vollstreckungstitel Grundlage der ZwV ist (Rn 14 vor § 704), bleibt in der Verwahrung des Gerichts. Ersetzt wird die Urschrift im Rechtsverkehr durch die Ausfertigung (vgl § 47 BeurkG für notarielle Urkunden). Durchgeführt wird die ZwV auf Grund einer mit der Vollstreckungsklausel (§ 725) versehenen Ausfertigung des Urteils 1

(„Vollstreckbare Ausfertigung", § 724 I). Vollstreckungsklausel ist die Bescheinigung des zuständigen Organs (dem die Urschrift zugänglich ist) über Bestand und Vollstreckbarkeit des Endurteils (sonstigen Titels). Sie hat Zeugnis- und Schutzfunktion. Für die Organe der ZwV ist die vollstreckbare Ausfertigung formelle Vollstreckungsvoraussetzung. Die Prüfung der mit Erteilung der Vollstreckungsklausel zu bescheinigenden Vollstreckungsvoraussetzungen (Rn 3 ff) ist damit als selbständiger Prozeßvorgang vor die Vollstreckung gestellt (StJM Rdn 56 vor § 704). Schutzfunktion erfüllt die Klausel mit Verhinderung mehrfacher Vollstreckung des gleichen Anspruchs (vgl § 733) und bei Verurteilung zur Abgabe einer Willenserklärung gegen eine Leistung (§ 894 I S 2 mit § 726 II). Erteilung der Vollstreckungsklausel gehört noch nicht zum Vollstreckungsverfahren, sondern geht diesem voraus als ein die ZwV in formeller Hinsicht vorbereitender Akt (BGH MDR 76, 838).

2 **II) Erforderlich** ist die Vollstreckungsklausel für rechtskräftige und vorläufig vollstreckbare Endurteile (§ 704 I; zum Vollstreckungsurteil Rn 58 zu § 722) und für die Vollstreckungstitel des § 794 (mit Ausnahmen, § 795), sowie für alle Entscheidungen und andere Vollstreckungstitel, die nach den Vorschriften der ZPO vollstreckt werden (für § 45 III WEG: Stuttgart Rpfleger 73, 311), soweit nicht Besonderheiten vorgesehen sind. Für einen auf das Urteil gesetzten Kostenfestsetzungsbeschluß wird keine besondere Vollstreckungsklausel erteilt (§ 795 a); Vollstreckungsbescheide (§ 796 I), Arrestbefehle (§ 929 I) und einstweilige Verfügungen (§ 936) benötigen eine Vollstreckungsklausel nur zur ZwV für oder gegen andere Personen. Zu Besonderheiten für das Urteil auf Abgabe einer Willenserklärung s Rn 5 zu § 894 und Rn 1 zu § 895.

3 **III) 1) a)** Das **Recht auf Erteilung** der vollstreckbaren Ausfertigung steht grundsätzlich der Partei zu, die das zu vollstreckende Urteil erstritten hat (BGH JR 84, 287 mit Anm Gerhardt = MDR 84, 385 = NJW 84, 806; BGH 92, 347) oder für die der sonstige Titel als Gläubiger erstellt ist (deren Rechtsnachfolger nach §§ 727, 728). Auch wenn der ursprüngliche Gläubiger nach Abtretung Prozeßpartei geblieben ist und das Urteil auf Zahlung an den Zessionar erwirkt hat (desgleichen in anderen Fällen gesetzlicher Prozeßstandschaft, Rn 21 ff vor § 50) ist der neue Gläubiger nicht unmittelbar Klauselberechtigter nach § 724 (BGH aaO; KG Rpfleger 71, 103 und HRR 30 Nr 1163; Düsseldorf JurBüro 67, 256 mit Anm Schneider; anders Kion JZ 65, 56 und NJW 84, 1601; zur Rechtsnachfolgeklausel Rn 13 zu § 727). Wenn der Urteilsgläubiger einen fremden Anspruch im eigenen Namen auf Grund Ermächtigung durch den wirklichen Gläubiger gerichtlich geltend gemacht hat (sog gewillkürte Prozeßstandschaft, dazu Rn 42 ff vor § 50), kann er als Titelgläubiger auch den zuerkannten fremden Anspruch im eigenen Namen vollstrecken; er hat demgemäß auch Anspruch auf Erteilung der Vollstreckungsklausel (BGH MDR 84, 385 = aaO; BGH MDR 83, 308; KG Rpfleger 71, 103; auch LG Essen Rpfleger 72, 320); zur Klauselumstellung an den Ermächtigenden Rn 13 zu § 727). Zur Frage, ob der an einem Prozeßvergleich nicht beteiligte Dritte für einen Anspruch Vollstreckungsgläubiger ist, Rn 6 zu § 794; zur vollstreckbaren Urkunde Rn 25 ff zu § 794.

4 **b)** Die vollstreckbare Ausfertigung kann nur zur ZwV **gegen** den als Prozeßbeteiligten im Urteil (sonstigen Titel) bezeichneten **Schuldner** (oder seinen Rechtsnachfolger, §§ 727–729) erteilt werden. Gegen einen Dritten, der als Schuldner dem vor einem Gericht mit Anwaltszwang geschlossenen Prozeßvergleich beigetreten ist, kann die Vollstreckungsklausel auch erteilt werden, wenn er anwaltlich nicht vertreten war (BGH 86, 160 = MDR 83, 573 = NJW 83, 1433 mit Nachw, auch zu früherer Gegenansicht).

2) Erteilung der vollstreckbaren Ausfertigung **erfordert**

5 **a) Wirksamen Bestand** des Vollstreckungstitels. Das Urteil (ein Beschluß) muß durch (ordnungsgemäße, BGH VersR 84, 1192) Verkündung oder Zustellung (Mitteilung) wirksam geworden sein, ein anderer Vollstreckungstitel (insbesondere die Urkunde nach § 794 I Nr 5) muß wirksam (auch formell ordnungsgemäß) errichtet sein. Eine vollstreckbare Ausfertigung kann nicht erteilt werden, wenn das Urteil im Berufungs- oder Revisionsverfahren oder ein Vorbehaltsurteil (§ 302 IV, § 600) aufgehoben ist, ein noch nicht rechtskräftiges Urteil mit Klagerücknahme wirkungslos (§ 269 III) oder durch einen späteren Vergleich hinfällig geworden ist. Einstellung der ZwV, Abwendungsbefugnis des Schuldners nach §§ 711, 712 I 1, oder erforderliche Sicherheitsleistung des Gläubigers hindern Klauselerteilung nicht (vielmehr nur Beginn und Fortsetzung der ZwV, §§ 751, 775), desgleichen nicht Eröffnung des Konkurses über das Vermögen des Schuldners oder Eröffnung des Vergleichsverfahrens (ausgeschlossen ist nur Durchführung der ZwV, § 14 KO, § 47 VerglO) und ebenso nicht sachliche Einwendungen, die mit Klage (§ 767) geltend zu machen sind (auch wenn sie aktenkundig sind).

6 **b) Vollstreckbarkeit** des Titels; sie muß gegeben sein. Das Urteil muß rechtskräftig oder für vorläufig vollstreckbar erklärt sein (§ 704 I). Nach Aufhebung der Vollstreckbarerklärung (§ 717 I) verbietet sich Klauselerteilung.

c) Vollstreckungsfähiger Inhalt des Urteils (Titels). Es muß als Leistungsurteil einen nach seiner Formel durchsetzbaren Anspruch inhaltlich bestimmt ausweisen (Rn 2 zu § 704). Klageabweisende Urteile, Feststellungsurteile (§ 256) oder ein Urteil nach § 771 sind nur dann vollstreckbar auszufertigen, wenn auf sie der Kostenfestsetzungsbeschluß gesetzt ist (§§ 105, 795a). Ein Prozeßvergleich enthält mit der bloßen Feststellung, daß vergleichsweise ein Teilbetrag der Forderung anerkannt wurde, keine Zahlungsverpflichtung, mithin keinen vollstreckbaren Inhalt (Karlsruhe Justiz 70, 344; kann aber Auslegungsfrage sein). 7

IV) Verfahren. 1) Antrag: Erteilt wird die vollstreckbare Ausfertigung nur auf Antrag. Der Antrag kann formlos (auch mündlich) gestellt werden. Anwaltszwang besteht nicht (§ 78 III). Eine Vollmacht ist nach allgemeinen Grundsätzen nachzuweisen (§ 88 II). 8

2) Zuständig für Erteilung der vollstreckbaren Ausfertigung ist (Abs 2) der Urkundsbeamte der Geschäftsstelle des Gerichts 1. Instanz, solange der Rechtsstreit bei einem höheren Gericht anhängig ist, dessen Urkundsbeamter (wie Rn 4 zu § 706). Ist der Rechtsstreit gleichzeitig in zwei Instanzen anhängig, so ist für die Erteilung der vollstreckbaren Ausfertigung der Urkundsbeamte der höheren Instanz zuständig (RG 18, 424); das gleiche gilt für den Fall, daß das Berufungsgericht die Berufung teilweise zurückgewiesen hat und insoweit die Vollstreckungsklausel erteilt werden soll (RG JW 10, 241). Der Rechtspfleger ist für die Erteilung der vollstreckbaren Ausfertigung in Sonderfällen (§ 726 I, §§ 727–729, 733, 738, 742, 744, 745 II, § 749 und nach anderen Gesetzen) sowie bei Erteilung von weiteren vollstreckbaren Ausfertigungen zuständig (§ 20 Nr 12, 13 RpflG). In Familiensachen ist der Urkundsbeamte des Familiengerichts zuständig (Rn 20 zu § 621). 9

3) Prüfung: Der Urkundsbeamte prüft Antrag (Rn 8) und Voraussetzungen für Erteilung der Ausfertigung (Rn 3–7), nicht aber, ob der Vollstreckung Einwendungen entgegenstehen, durch die sie ausgeschlossen ist (BGH MDR 76, 838; Frankfurt OLGZ 68, 170). Vorherige Zustellung des Vollstreckungstitels ist nicht erforderlich (kann aber für dessen Wirksamkeit nötig sein, § 310 III). Der Schuldner wird nicht gehört (s § 730). 10

4) Form: Anm zu § 725. 11

V) Teilklausel, Mehrheit von Gläubigern oder Schuldnern: Die Vollstreckungsklausel kann auch wegen eines **Teils** des Urteilsausspruchs erteilt werden; ebenso kann, wenn das Urteil mehrere Entscheidungen enthält, die Vollstreckbarkeit der Ausfertigung auf einzelne beschränkt werden. Die Beschränkung ist in der Klausel ausdrücklich hervorzuheben. Sind **mehrere Schuldner** nach bestimmten Teilen, zB Kopfteilen, verurteilt, so sind so viele Ausfertigungen zu erteilen, wie Schuldner vorhanden sind; jede Ausfertigung ist nur mit der Klausel gegen je einen der Schuldner zu versehen. Sind mehrere Beklagte als Gesamtschuldner verurteilt, so wird nur eine vollstreckbare Ausfertigung erteilt (weitere nur nach § 733). Sind mehrere Personen als Gesamtschuldner in voneinander getrennten Entscheidungen verurteilt, so soll der vollstreckbaren Ausfertigung der späteren Entscheidung beizufügen sein, daß sie gegen den Beklagten erteilt wird, der für die Urteilssumme als Gesamtschuldner mit dem durch ... Urteil des Amtsgerichts ... vom ... verurteilten ... haftet (zB StJM Rdn 5 Fußn 7 zu § 725; hier in 13. Aufl). Das bewirkt jedoch nichts. Der vollstreckbare Anspruch hat sich zudem aus dem Urteil selbst zu ergeben; er ist in der Klausel nicht zu wiederholen (Rn 1 zu § 725) und nicht zu berichtigen. Hat von **mehreren Gläubigern** jeder einen Anspruch auf einen bestimmten Teil der Leistung, so ist jedem eine vollstreckbare Ausfertigung für seinen Teil zu erteilen. Steht ihnen der Anspruch gemeinschaftlich zu (Gesamthandsgläubiger), so ist ihnen nur eine vollstreckbare Ausfertigung zu erteilen. 12

VI) Rechtsbehelfe: Bei Erteilung der Klausel durch den Urkundsbeamten oder Rechtspfleger für Schuldner Einwendungen nach § 732, auch Klage nach § 768. Bei Ablehnung durch den Urkundsbeamten Antrag auf Entscheidung des Prozeßgerichts (§ 576 I) mit Abänderungsrecht des Urkundsbeamten (Palm Rpfleger 67, 365), gegen Entscheidung des Gerichts dann einfache Beschwerde (§ 576 II), bei zwischenzeitlichem Übergang der Zuständigkeit für Klauselerteilung auf das höhere Gericht (§ 724 II) auch Gegenvorstellung bei diesem (BGH JR 84, 287 mit Anm Gerhardt = MDR 84, 385 = NJW 84, 806). Bei Ablehnung durch Rechtspfleger (unbefristete Durchgriffs-)Erinnerung (§ 11 I RpflG; KG FamRZ 85, 627) mit Abhilferecht/-pflicht des Rechtspflegers. Nach Erteilung der Vollstreckungsklausel auf Anweisung des Erinnerungs- oder Beschwerdegerichts oder durch dieses für Schuldner Einwendungen (§ 732 I), die er jedoch nicht mehr auf bereits geprüftes Vorbringen stützen kann (Palm aaO); für ihn auch, wenn der Rechtsweg noch nicht erschöpft ist, Beschwerde gegen diese Anordnung. Bei Ablehnung für Gläubiger außerdem Klage nach § 731. Zu Familiensachen Rn 20 zu § 621. 13

14 **VII) Vollstreckungsverfahren:** Die vollstreckbare Ausfertigung ist notwendige urkundliche Voraussetzung der ZwV (§ 724 I). Das Vollstreckungsorgan (auch das als solches zuständige Prozeßgericht, Düsseldorf OLGZ 76, 376) hat daher zu prüfen, ob sie vorhanden und ordnungsgemäß (von dem zuständigen Beamten und formgerecht) erteilt ist (Hamm Rpfleger 73, 440 [441] und FamRZ 82, 199 [200]). Ob die Vollstreckungsklausel erteilt werden durfte (deren Rechtmäßigkeit), hat das Vollstreckungsorgan nicht zu prüfen (Frankfurt JurBüro 76, 1122 und 77, 1462 [1463]; Hamm FamRZ 81, 199). Das ist im Vollstreckungsverfahren auch vom Erinnerungs- und Beschwerdegericht nicht zu prüfen (Hamm aaO). Der Nachprüfung entzogen sind damit die mit der Vollstreckungsklausel bescheinigten sachlichen Erfordernisse der Vollstreckung (Rn 1 und 3–6), nicht aber, ob die Urkunde Vollstreckungstitel ist (durch irrige Erteilung der Vollstrekkungsklausel wird ein „nicht vollstreckbarer Titel“ nicht zu einem vollstreckbaren; BGH 15, 190 = NJW 55, 182) und nicht ein fehlender vollstreckbarer Inhalt des Titels (ihn kann die Klausel nicht ersetzen). Die Klausel bestimmt damit auch, für und gegen welche Personen die Vollstrekkung stattfinden darf; Prüfung der Identität ist Sache des Vollstreckungsorgans (§ 750 I). Auf Mängel des Titels und Bedenken gegen die Klausel hat das Vollstreckungsorgan aufmerksam zu machen (allgemeine Amtspflicht; so auch StJM Rdn 2 zu § 724). Eine ZwV ohne Vollstreckungsklausel ist nur anfechtbar (Rn 34 vor § 704; StJM Rdn 12 zu § 725), nicht aber unheilbar nichtig (wie noch RG 98, 81 annimmt). Verlust der vollstreckbaren Ausfertigung nach Pfändung hindert nur den Fortgang der ZwV, das Pfandrecht bleibt bestehen. Aushändigung an Schuldner nach Leistung: § 757 I.

15 **VIII) Andere Gesetze:** Vollstreckungsklausel zur ZwV gegen einen Genossen § 109 II GenG, für Auszug aus Konkurstabelle und Zwangsvergleich §§ 164 II, 194 KO, bei Vergleichsverfahren § 85 VerglO, für Verwaltungsakt eines Leistungsträgers nach Sozialgesetzbuch (X) § 66 III; aus Zuschlag §§ 93, 132 II ZVG. Zu EWG-Übereinkommen s Rn 19 ff zu § 722.

16 **IX) Gebühren: 1)** des **Gerichts:** Keine. – **2)** des **Anwalts:** Der Antrag auf Erteilung der Vollstreckungsklausel wird für den Prozeßbevollmächtigten durch die Zwangsvollstreckungsgebühr abgegolten (§ 37 Nr 7; § 58 II Nr 1 BRAGO). Soweit jedoch der ledigl mit der Vollstreckung beauftragte RA die Vollstreckungsklausel erwirkt u der Schuldner mit seinen dagegen erhobenen Einwendungen den Wegfall der Klausel erzielt (§ 732), fallen dem Gläubigeranwalt je 3/10 Gebühr nach § 58 II Nr 1 und III Nr 1 BRAGO an, während der Schuldneranwalt die Gebühr nur einmal verdient (Hartmann, KostG BRAGO § 58 Anm 4 B a).

725 *[Vollstreckungsklausel]*

Die Vollstreckungsklausel:

„Vorstehende Ausfertigung wird dem usw (Bezeichnung der Partei) zum Zwecke der Zwangsvollstreckung erteilt“

ist der Ausfertigung des Urteils am Schluß beizufügen, von dem Urkundsbeamten der Geschäftsstelle zu unterschreiben und mit dem Gerichtssiegel zu versehen.

1 **I)** Der in § 725 festgelegte **Wortlaut** der Vollstreckungsklausel bezeichnet das Mindestmaß der Anforderungen. Fassung der Klausel mit diesem Wortlaut ist üblich, aber nicht zwingend. Der Urkundsbeamte darf nach Lage des Falles abweichen und insbesondere Änderungen kenntlich machen (klarstellende Zusätze). Notwendig ist, daß die Klausel inhaltlich dem § 725 entspricht, somit als Zeugnis für die ZwV erkenntlich ist und den Gläubiger bezeichnet (KG JW 38, 56), der die ZwV betreiben kann. Die Bezeichnung „Kläger“, „Antragsteller“ genügt bei ausreichender Nennung im Urteil (§ 313 I 1; im sonstigen Vollstreckungstitel), bei vollstreckbaren Urkunden desgleichen „Gläubiger“, wenn keine Verwechslungsgefahr besteht (sonst weitere Angabe erforderlich; zB Kläger zu 2; Gläubiger Müller). Was sich aus dem Urteil ergibt, wird nicht nochmals bezeichnet, sein Inhalt mithin auch nicht wiederholt. Im Normalfall entfällt daher Bezeichnung des Schuldners und des vollstreckbaren Anspruchs. Über den Urteilsinhalt hinaus darf die Klausel eine Vollstreckbarkeit nicht bescheinigen, auch nicht für Zinsen und Kosten. Angaben über die Geldempfangsvollmacht eines Vertreters gehören nicht in die Klausel. Einschränkungen sind zulässig (so bei Teilklausel, auf Antrag, bei Beschränkung auf den dinglichen Anspruch; zur Fassung in diesem Fall Haegele/Schöner/Stöber, Grundbuchrecht, Rdn 2061). Entfällt eine Einschränkung, so ist eine neue Klausel zu erteilen (auch in der Form, daß die bisherige Klausel erweitert wird). Als Urteilsinhalt werden Abhängigkeit der Vollstreckung von einer Sicherheitsleistung (§§ 709, 712 II S 2), Abwendungsbefugnis des Schuldners (§§ 711, 712) und Beschränkung auf Sicherungsvollstreckung (§ 712 I S 2) in der Klausel nicht erwähnt. Aktenkundige nachträgliche Anordnung einer Sicherheitsleistung (§§ 707, 719 usw), nicht aber nachträgliche Gewährung einer Räumungsfrist (§ 721) sind in der Klausel zu vermerken (so auch StJM Rdn 3 zu § 725).

II) 1) Die Klausel kann auf eine vollständige oder abgekürzte (§ 317 II S 2) **Ausfertigung** (Rn 4 zu § 170) des Urteils **gesetzt** werden. Sie ist der Ausfertigung am Schluß beizufügen, darf aber auch auf den Rand oder auf ein mit der Ausfertigung (fest) zu verbindendes Blatt gesetzt werden (statt „vorstehende" wird dann gesagt, „nebenstehende" oder „angeheftete"). Verwendet werden kann eine bereits früher erteilte oder eine erst anzufertigende Urteilsausfertigung. Wenn die Ausfertigung erst angefertigt wird, kann der Ausfertigungsvermerk (Rn 5 zu § 170) selbständig abgefaßt und unterzeichnet, aber auch der Vollstreckungsklausel zur gemeinsamen Unterzeichnung vorangestellt werden („I. Ausfertigungsvermerk ... II. Klausel ..."). Es kann aber auch der Ausfertigungsvermerk mit dem Klauselwortlaut zusammengefaßt werden. Beispiel: 2

„Vorstehende mit der Urschrift übereinstimmende Ausfertigung wird dem ... (Bezeichnung der Partei) zum Zwecke der Zwangsvollstreckung erteilt.

Ort, Datum Der Urkundsbeamte der Geschäftsstelle
(Gerichtssiegel und eigenhändige Unterschrift) ... Amtsinspektor"

Zusammenlegung des Ausfertigungsvermerks mit dem Klauselwortlaut kann auch in der Weise erfolgen, daß der (unbeglaubigten) Urteilsabschrift lediglich eine ordnungsgemäße Vollstrekkungsklausel beigefügt wird (nicht zu empfehlen). Beispiel: „Vorstehende Ausfertigung wird der Klage-Partei zum Zwecke der Zwangsvollstreckung erteilt". Das Schriftstück erlangt dadurch zugleich die Eigenschaft einer Ausfertigung (BGH MDR 63, 576 = NJW 63, 1307).

2) Die vollstreckbare Ausfertigung wird üblicherweise durch einen Kopfvermerk als solche **bezeichnet** (überschrieben); notwendig ist das nicht. Zweckmäßig und üblich, nicht aber notwendig ist Angabe des Tages der Erteilung. Die Klausel muß vom Urkundsbeamten oder Rechtspfleger (eigenhändig) unterschrieben und mit dem Gerichtssiegel (Stempel genügt) versehen sein (individueller Schriftzug erforderlich; AG Bremen DGVZ 81, 61); sie muß erkennen lassen, ob sie vom Urkundsbeamten oder Rechtspfleger (§ 12 RpflG) erteilt ist. Grundlage der ZwV kann nur das (unterzeichnete und mit Siegel versehene) Original der Vollstreckungsklausel sein, nicht aber eine Ausfertigung dieser Vollstreckungsklausel (LG Frankenthal Rpfleger 85, 244). 3

III) Vollstreckungsklausel ist zu dem von **mehreren Urteilen** zu erteilen, das als Leistungsurteil Vollstreckungstitel ist. Ist durch Urteil der höheren Instanz die verurteilende Entscheidung der unteren Instanz schlechthin bestätigt worden, so ist letztere mit der Vollstreckungsklausel zu versehen (KG JW 22, 627; Celle JurBüro 85, 1731). War das Ersturteil gegen Sicherheitsleistung vollstreckbar und wurde das Rechtsmittel durch ein ohne Sicherheitsleistung vollstreckbares Urteil zurückgewiesen, so ist dies in der Vollstreckungsklausel zu dem auszufertigenden ersten Urteil zu vermerken. Wenn von dem ersten Urteil eine vollstreckbare Ausfertigung bereits erteilt wurde, genügt zum Nachweis der nun unbedingten Vollstreckbarkeit (einfache) Ausfertigung des zweiten Urteils (Celle aaO; StJM Rdn 6 zu § 725); vollstreckbar ausgefertigt wird das bestätigende Urteil nicht. Ist das Urteil in der höheren Instanz abgeändert worden, so ist dieses Vollstreckungstitel (Hamm Rpfleger 73, 440); der Urkundsbeamte des Gerichts der unteren Instanz hat die vollstreckbare Ausfertigung des Urteils der höheren Instanz auf Grund der in den Akten befindlichen Abschrift desselben (§§ 544, 566) zu erteilen (RG 11, 411). Von dem streitigen Urteil ist die vollstreckbare Ausfertigung zu erteilen, wenn es ein auf Zahlung lautendes Versäumnisurteil auf Einspruch nur teilweise aufrechterhält (bestätigt), insoweit die Vollstreckung von einer Sicherheitsleistung abhängig macht und das Veräumnisurteil im übrigen aufhebt (Karlsruhe DGVZ 65, 87). Ist das Urteil der höheren Instanz so abgefaßt, daß erst aus dem Zusammenhalt der Urteilsformeln des in der unteren und des in der oberen Instanz ergangenen Urteils der Inhalt der vollstreckbaren Entscheidung sich ergibt, so sind bei der vollstreckbaren Ausfertigung die beiden Entscheidungen miteinander zu verbinden (München NJW 56, 996). Dies kann in der Weise geschehen, daß die Urteilsformel des Urteils der unteren Instanz an das Urteil der höheren Instanz mit dem Bemerken angereiht wird: „Die in dem vorstehenden Urteil in Bezug genommene Urteilsformel der unteren Instanz hat folgenden Wortlaut: ..." In der Vollstreckungsklausel ist ausdrücklich anzuführen, daß „die vorstehende Ausfertigung des Urteils der höheren Instanz zum Zwecke der ZwV erteilt wird". Ist die vorläufige Vollstreckbarkeit in einer besonderen Entscheidung ausgesprochen (§§ 716, 718), so genügt es, in der Vollstrekkungsklausel diese Entscheidung zu vermerken. Hat der Kläger von dem ersten Versäumnisurteil eine vollstreckbare Ausfertigung erhalten, so ist von dem zweiten für vorläufig vollstreckbar erklärten Urteil keine vollstreckbare Ausfertigung zu erteilen, weil das Urteil einer Vollstrekkung nicht fähig ist. Bei einem Vollstreckungsurteil (§ 722) ist nur dieses auszufertigen; das gleiche gilt bei der Vollstreckbarerklärung von Schiedssprüchen (§§ 1042 ff). 4

IV) Berichtigung der Klausel nach § 319 ist möglich. 5

726 *[Vollstreckbare Ausfertigung bei bedingten und Zug-um-Zug-Leistungen]*
(1) Von Urteilen, deren Vollstreckung nach ihrem Inhalt von dem durch den Gläubiger zu beweisenden Eintritt einer anderen Tatsache als einer dem Gläubiger obliegenden Sicherheitsleistung abhängt, darf eine vollstreckbare Ausfertigung nur erteilt werden, wenn der Beweis durch öffentliche oder öffentlich beglaubigte Urkunden geführt wird.

(2) Hängt die Vollstreckung von einer Zug um Zug zu bewirkenden Leistung des Gläubigers an den Schuldner ab, so ist der Beweis, daß der Schuldner befriedigt oder im Verzug der Annahme ist, nur dann erforderlich, wenn die dem Schuldner obliegende Leistung in der Abgabe einer Willenserklärung besteht.

Lit: *Blomeyer,* Vollstreckbarkeit und Vollstreckung des für den Scheidungsfall geschlossenen Unterhaltsvergleichs, Rpfleger 1972, 385 und 1973, 80; *Blunck,* Die Bezeichnung der Gegenleistung bei der Verurteilung zur Leistung Zug um Zug, NJW 1967, 1598; *Gabius,* Die Vollstreckung von Urteilen auf Leistung nach Empfang der Gegenleistung, NJW 1971, 866; *Hornung,* Vollstrekkungsvoraussetzungen bei scheidungsabhängigen Unterhaltsvergleichen, Rpfleger 1973, 77.

1 **I) Zweck:** Eintritt einer vom Gläubiger für Zulässigkeit der ZwV zu beweisenden Tatsache hat das Vollstreckungsorgan vor Beginn des Vollstreckungsverfahrens nicht zu prüfen. Dies ist dem für das Klauselverfahren zuständigen Organ aufgetragen (Rn 1 zu § 724). Dem Vollstreckungsorgan wird mit Erteilung der Klausel die Vollstreckungsvoraussetzung bindend bescheinigt (Rn 14 zu § 724). Nur vorherige prozessuale Sicherheitsleistung des Gläubigers prüft das Vollstrekkungsorgan selbst (§ 751 II); wenn eine Sicherheitsleistung Vollstreckungsvoraussetzung ist (anders bei Verurteilung gegen eine nach materiellem Recht zu leistende Sicherheit, zB § 273 III BGB; RG JW 36, 250), wird daher die Vollstreckungsklausel ohne weiteres (nach § 724 durch den Urkundsbeamten) erteilt. Zur Zug-um-Zug-Leistung Rn 8.

II) 1) Vollstreckungsklausel kann erst nach Führung des Nachweises erteilt werden, wenn die **Vollstreckung des Urteils** (sonstigen Titels) **nach seinem Inhalt abhängig** ist

2 **a)** entweder vom **Eintritt einer aufschiebenden Bedingung** (eines zukünftigen ungewissen Ereignisses) oder Tatsache, nicht jedoch von einer Sicherheitsleistung des Gläubigers. **Beispiele:** Kündigung (und Ablauf der Kündigungsfrist), Vorleistung des Gläubigers (zB Zahlung erst nach Mängelbeseitigung und Abnahme, Oldenburg NdsRpfl 85, 253 = Rpfleger 85, 448; anders bei Verurteilung zur Leistung nach Empfang der Gegenleistung, § 322 II BGB, Rn 8 a), durch Titel nicht ausgewiesener Verzug des Schuldners, Rechtskraft einer anderen Entscheidung (Beendigung eines anderen Prozesses, RG 81, 299), Zinszahlung bei Verzug (zum Nachweisverzicht Rn 17), nach BayObLG DNotZ 76, 366 auch Geltendmachung von Zinsen nach Erlöschen der Hauptschuld (abl StJM Rdn 6 Fußn 19 zu § 726), Wegfall einer Stundung, Genehmigung durch Pfleger zu Vergleich eines durch Vertreter ohne Vertretungsmacht vertretenen Minderjährigen (Nürnberg MDR 60, 318 = Rpfleger 60, 129 mit Anm Bull), behördliche (BGH 28, 153 = NJW 58, 1969), auch vormundschaftsgerichtliche Genehmigung (und deren Mitteilung nach § 1829 BGB; Bull Rpfleger 60, 130), Räumungsvergleich mit Ersatzraumklausel (Hamm Rpfleger 65, 328; nicht dem Gericht, BGH LM 3 zu § 317; BayObLG 50, 909; Karlsruhe MDR 55, 67, wohl aber einer Behörde, BGH NJW 55, 665; s auch Habscheid MDR 54, 392, kann als Schiedsgutachter die Feststellung übertragen werden, daß der Ersatzraum angemessen ist), Räumungsvergleich zur Vollstreckung bei Zahlungsverzug, Höhe des Anspruchs einer berechenbar festgestellten Schuld wird erst durch eine zukünftige Tatsache bestimmt („Schadensersatz von ... DM pro m² am 31. 12. 1982 nicht verkaufter Wohnfläche, KG DNotZ 83, 681 = OLGZ 83, 213). Aufschiebende Bedingung ist auch Voraussetzung für Vollstreckung eines Prozeßvergleichs, der zur Zahlung ab (oder nach oder für den Fall) rechtskräftiger Scheidung verpflichtet (München Rpfleger 84, 106; LG Hamburg Rpfleger 65, 276 mit zust Anm Stöber; dort war „... Scheidung aus Alleinverschulden des Schuldners" Vollstreckungsvoraussetzung; StJM Rdn 3 zu § 726; anders Blomeyer Rpfleger 73, 385 und 73, 80; Hornung Rpfleger 73, 77; Braunschweig FamRZ 72, 385; AG Berlin-Wedding DGVZ 74, 24; die praktische Bedeutung ist jedoch gering, weil die nach § 726 I vom Rechtspfleger zu erteilende Klausel Offenkundigkeit als Grundlage hat).

3 **b)** oder vom **Ablauf** einer nicht nach dem Kalendertag bestimmten **Frist,** zB ein Monat nach Rechtskraft, nach Kündigung (Bedingung und Befristung); für feststehende Frist § 751 I.

4 **2)** Der **Gläubiger muß** den Eintritt der Tatsache nach dem Inhalt des Titels (oder nach den Beweislastregeln, Rn 15 ff vor § 284) zu **beweisen** haben.

5 **3)** Ob eine Bedingung (Befristung) vorliegt und vom Gläubiger zu beweisen ist, ist erforderlichenfalls durch Auslegung des Titels zu bestimmen. Ist für einen Titel eine Vollstreckungsklausel nicht nötig (Rn 2 zu § 724), dann wird sie auch im Falle des § 726 nicht benötigt.

III) Den erforderlichen Beweis (Rn 2, 3) hat der Gläubiger durch **öffentliche** (§§ 415, 416) oder **öffentlich beglaubigte** (§ 129 BGB) **Urkunden** zu führen. Er muß die Urkunden vorlegen; Bezugnahme genügt nur, wenn die Urkunde dem Gericht (in einer anderen Sache) bereits eingereicht ist. Vorlage einer beglaubigten Abschrift genügt; jedoch kann Vorlage des Originals verlangt werden (§ 435). Glaubhaftmachung (§ 294) ist nur bei Vereinbarung dieser erleichterten Beweisführung (in Vergleich, vollstreckbarer Urkunde) ausreichend (Rn 17). Offenkundige (§ 291) und bei Anhörung zugestandene (§§ 288, 730; Frankfurt Rpfleger 75, 326) Tatsachen bedürfen auch im Klauselverfahren keines Urkundenbeweises (Nichtbestreiten ist jedoch kein Zugeständnis). Für **Kündigung** oder Angebot (sonstige Willenserklärung) muß nicht die Erklärung (und ihre Wirksamkeit), sondern nur der Zugang der (nach dem Titel nötigen) Erklärung in urkundlicher Form nachgewiesen sein (Zustellungsurkunde, Protokoll des Gerichtsvollziehers; nicht ausreichend ist Einschreibenachweis oder Postrückschein); Klauselerteilung bei Kündigung ist erst nach Fristablauf zulässig (Frankfurt Rpfleger 73, 323). Kann der Urkundenbeweis nicht geführt werden, so muß der Gläubiger auf Erteilung der Klausel klagen (§ 731). 6

IV) Zuständig für Erteilung der Vollstreckungsklausel ist im Falle des § 726 der Rechtspfleger (§ 20 Nr 12 RpflG). Anhörung des Schuldners: § 730. Die Vollstreckungsklausel (Form § 725) wird erteilt, wenn die allgemeinen Voraussetzungen (Rn 3 ff § 724) erfüllt sind und die zu beweisende Tatsache urkundlich nachgewiesen ist. Die für den Beweis herangezogenen (nicht weitere vom Gläubiger zusätzlich vorgelegte) Urkunden sind in der Klausel zu bezeichnen (Grund: Zustellungserfordernis nach § 750 II), desgleichen Offenkundigkeit oder Zugeständnis. **Rechtsbehelfe:** Rn 13 zu § 724. Die vom Urkundsbeamten (nach § 724) statt durch den Rechtspfleger nach § 726 erteilte Vollstreckungsklausel ist wirksam, jedoch anfechtbar (unrichtige sachliche Bearbeitung, daher keine Zuständigkeitsüberschreibung; StJM Rdn 22 zu § 726; AG Wildeshausen DGVZ 75, 47; anders, wenn der Urkundsbeamte funktionell unzuständig nach § 726 verfahren ist, insoweit aA LG Kassel JurBüro 86, 1255). Pfändung bei mangelhafter Klausel ist fehlerhaft, aber nicht unwirksam. 7

V) 1) Bei einer **Zug um Zug** zu bewirkenden Leistung des Gläubigers an den Schuldner hat der Gerichtsvollzieher die Gegenleistung anzubieten, sonst er oder das andere Vollstreckungsorgan Erfüllung der Gegenleistung oder Schuldnerverzug zu prüfen (§§ 756, 765). Daher gelten hier für die Erteilung der Vollstreckungsklausel keine Besonderheiten (§ 724 mit Zuständigkeit des Urkundsbeamten). Wenn jedoch die Leistung des Schuldners nach dem Urteil in der **Abgabe einer Willenserklärung** besteht, soll sie nicht trotz ausstehender Gegenleistung des Gläubigers bereits mit Rechtskraft des Titels als abgegeben gelten (§ 894 I S 2; Schutz des Schuldners). Vielmehr gilt dann die Willenserklärung erst mit Erteilung einer vollstreckbaren Ausfertigung des rechtskräftigen Urteils als abgegeben. Für diesen Fall ist deshalb in § 726 II die Erteilung einer vollstreckbaren Ausfertigung gleichfalls von dem Beweis abhängig gemacht, daß der Schuldner befriedigt oder in Verzug der Annahme ist (gilt nicht für den Prozeßvergleich; Frankfurt Rpfleger 80, 291 [292]). Zuständigkeit (des Rechtspflegers, StJM Rdn 15 zu § 726) und Verfahren: Rn 6, 7. Bestimmt das Urteil den Umfang der Gegenleistung nicht eindeutig (zB Geldbetrag nach Hauptanspruch, Zins usw), so ist es wegen dieses Mangels nicht vollstreckbar (BGH 45, 287 = MDR 66, 836 = NJW 66, 1755; Blunck NJW 67, 1598; s auch Rn 3 zu § 756); eine vollstreckbare Ausfertigung ist dann nicht zu erteilen. Zur Löschungsbewilligung Zug um Zug gegen Zahlung einer noch von einem Sachverständigen festzustellenden Gegenleistung BGH Rpfleger 72, 397. 8

2) Verurteilung zur **Leistung nach Empfang der Gegenleistung** erfolgt bei Annahmeverzug des Schuldners (§ 322 II BGB), ist für Klauselerteilung und ZwV (Rn 3 zu § 756) daher der Zug-um-Zug-Verurteilung gleichzubehandeln. Die Vollstreckungsklausel wird daher vom Urkundsbeamten nach § 724, nicht nach § 726 I (würde nochmaligen Nachweis des bereits im Urteil festgestellten Annahmeverzugs, mithin Fortbestand des Verzugs, erfordern) erteilt (Karlsruhe MDR 75, 938; BGB-RGRK/Ballhaus Rdn 7 zu § 332; Staudinger/Otto Rn 22 zu § 322; StJM Rdn 17 zu § 726; Gabius NJW 71, 866, je mit Stellungnahme zu anderen Ansichten). 8a

VI) Keine Anwendung findet § 726 in folgenden Fällen:

1) Leistung des Schuldners besteht in der Abgabe einer Willenserklärung, ist jedoch **nicht** von einer Zug um Zug zu bewirkenden Gegenleistung des Gläubigers abhängig. 9

2) Auflösende Bedingung (zB Zahlung einer Rente auf Lebenszeit, RG 28, 145; Vollstreckung kann durch Leistung eines anderen Gegenstandes oder durch Stellung eines Ersatzmieters abgewendet werden; LG Köln MDR 59, 394). Der Gläubiger ist in solchen Fällen bis zum Eintritt der Bedingung berechtigt (§ 158 I BGB). Die Beweislast trifft daher den Schuldner. Gleiches gilt für Freistellung von der Zahlungsverpflichtung, solange ein Dritter (eine abgetretene) Forderung leistet (Bamberg JurBüro 75, 515). 10

11 **3) Ersatzverurteilung** (zB § 283 BGB; § 259); bei ihr ist der Schuldner nacheinander zu mehreren Leistungen verurteilt, zB zur Herausgabe und für den Fall, daß Leistung nicht erfolgt, zur Zahlung einer Geldsumme.

12 4) Verurteilung zur Vornahme einer **Handlung** und für den Fall, daß die Handlung nicht binnen einer bestimmten **Frist** vorgenommen ist, zur Zahlung einer Entschädigung (§ 510b); auch bei entsprechend gestaltetem Vergleich (Hamburg MDR 72, 1040; Birmanns DGVZ 81, 147).

13 5) Leistung gegen **Quittung** (§ 368 BGB). Nur um Ausgestaltung des Rechts auf Quittung, nicht aber um Befriedigung eines selbständigen Gegenanspruchs handelt es sich auch bei (überflüssiger) Zug-um-Zug-Verurteilung gegen Herausgabe eines Wechsels (Frankfurt Rpfleger 79, 144 und OLGZ 81, 261 = DGVZ 81, 84; LG Düsseldorf DGVZ 72, 59; anders Nürnberg BB 65, 1293) oder **Schecks** (Rn 4 zu § 756). Entsprechendes gilt für Übergabe eines Hypotheken- oder Grundschuldbriefs und Aushändigung von Löschungsurkunden (§ 1144 BGB) sowie für Leistung gegen Abtretungsurkunde (§ 410 BGB).

14 6) Vereinbarung einer **Verfallklausel** (kassatorische Klausel). Sie kommt in Vergleichen (auch vollstreckbaren Urkunden) mit der Abrede vor, daß der Schuldner die gesamte (restige) Verbindlichkeit sofort zu leisten hat, wenn er mit einem Teilbetrag (einer Rate usw) in Rückstand kommt (auch: „... länger als ... im Rückstand bleibt"). Bei solcher Vereinbarung kann der Schuldner mit pünktlicher Zahlung die Vollstreckung abwenden, ohne daß der fällige Anspruch des Gläubigers geschmälert wäre. Nach der Parteivereinbarung trifft den Schuldner der Beweis für rechtzeitige Leistung (wie sonst für Erfüllung), nicht aber den Gläubiger der Beweis für einen Verzug (BGH DNotZ 65, 544). Daher liegt kein Fall des § 726 I vor (BGH aaO; RG 134, 156). Einwendungen des Schuldners gegen den Eintritt des Verfalls sind solche nach § 767 (nicht § 768; BGH aaO); er kann auch rechtzeitige Zahlung nach § 775 Nr 4, 5 geltend machen. Bei **Rücktrittsklausel** (Wirkung nicht bereits mit Zahlungsverzug, sondern erst mit Fälligstellung durch Gläubiger nach Zahlungsrückstand), desgleichen bei Stundung der Forderung selbst unter auflösender Bedingung (§ 158 II BGB; zB Verzug mit anderer noch geschuldeter Leistung) handelt es sich jedoch um Fälle des § 726 I.

15 7) Bestätigter **Vergleich** infolge der Besonderheit des § 85 III VerglO.

16 8) **Wahlschuld** (§ 264 BGB; KG OLG 18, 394), weil der Schuldner die Leistungen alternativ gleichwertig schuldet.

17 9) **Befreiung** des Gläubigers **von der Nachweispflicht** durch den Schuldner, vielfach mit Erklärung in notariellen Urkunden, daß „... dem Gläubiger auf seinen einseitigen Antrag eine vollstreckbare Ausfertigung auch ohne den Nachweis derjenigen Tatsachen erteilt werden soll, von deren Eintritt die Fälligkeit der Forderung oder die Entstehung bedingter Leistungen abhängt" oder „... ohne Nachweis des Entstehens und der Fälligkeit der Schuld erteilt werden soll" (Brambring DNotZ 77, 572; Keidel/Kuntze/Winkler Rdn 25 zu § 52 BeurkG; Celle DNotZ 69, 104; Düsseldorf DNotZ 77, 413; LG Bonn Rpfleger 68, 125; KG JW 34, 1731). Gläubigernachweis kann ebenso für Erteilung der Vollstreckungsklausel zu einem bei Zahlungsverzug vollstreckbaren Räumungsvergleich erlassen sein (LG Mannheim Rpfleger 82, 72). Erleichterte Beweisführung kann (statt voller Befreiung von der Nachweispflicht) ebenso in der Urkunde (im Vergleich, Stuttgart NJW-RR 86, 549) vorgesehen sein (Glaubhaftmachung Rn 6, Nachweis nur durch Privaturkunde).

727 *[Rechtsnachfolge]*

(1) Eine vollstreckbare Ausfertigung kann für den Rechtsnachfolger des in dem Urteil bezeichneten Gläubigers sowie gegen denjenigen Rechtsnachfolger des in dem Urteil bezeichneten Schuldners und denjenigen Besitzer der in Streit befangenen Sache, gegen die das Urteil nach § 325 wirksam ist, erteilt werden, sofern die Rechtsnachfolge oder das Besitzverhältnis bei dem Gericht offenkundig ist oder durch öffentliche oder öffentlich beglaubigte Urkunden nachgewiesen wird.

(2) Ist die Rechtsnachfolge oder das Besitzverhältnis bei dem Gericht offenkundig, so ist dies in der Vollstreckungsklausel zu erwähnen.

Lit: *Baur*, Rechtsnachfolge in Verfahren und Maßnahmen des einstweiligen Rechtsschutzes, Festschrift für Schiedermair (1976) 19; *Greilich*, Titelumschreibung nach § 727 ZPO für den einlösenden Wechselaussteller? MDR 1982, 15; *Heintzmann*, Vollstreckungsklausel für den Rechtsnachfolger bei Prozeßstandschaft? ZZP 92 [1979] 61; *Helwich*, Rechtsnachfolgeklausel bei übergeleiteten Ansprüchen, Rpfleger 1983, 226; *Kion*, Zum Recht des Rechtsnachfolgers auf Erteilung der Vollstreckungsklausel, NJW 1984, 1601; *Loritz*, Die Umschreibung der Vollstreckungsklausel, ZZP 95 [1982] 310; *K. Schmidt*, Titelumschreibung im wechselrechtlichen Remboursregreß? ZZP 86 (1973) 188.

I) Zweck: Beginn der ZwV erfordert auch bei Urteilswirkung für oder gegen einen Dritten (Rn 1 zu § 325) namentliche Bezeichnung des Gläubigers oder Schuldners (§ 750 I). Nachträglich kann diese nur in der Vollstreckungsklausel erfolgen. Vollstreckbarkeit des Urteils für oder gegen eine andere Person ist damit von dem für das Klauselverfahren zuständigen Organ zu prüfen und mit Erteilung der Vollstreckungsklausel vor Beginn der ZwV für das Vollstreckungsorgan bindend zu bescheinigen (Rn 1 zu § 726). Entsprechendes gilt für andere Vollstreckungstitel (§ 795). Besonderheiten oder entsprechend anwendbare Fälle regeln § 728 (Nacherbe und Testamentsvollstrecker), § 729 (Vermögens- und Firmenübernehmer), § 738 (Nießbrauch), §§ 742, 744, 745 II (Gütergemeinschaft) und § 749 (Testamentsvollstreckung). 1

II) Voraussetzungen: 1) Rechtsnachfolge auf Gläubiger- oder Schuldnerseite ist jeder Wechsel der im Urteil (sonstigen Vollstreckungstitel) als Gläubiger oder Schuldner des zu vollstrekkenden Anspruchs (Rn 3 vor § 704) bezeichneten Person (Rn 10, 11 vor § 704). Auf die Art der Rechtsnachfolge kommt es nicht an. Gläubigerrecht oder Schuldnerverpflichtung können auf andere Personen übergegangen sein im Wege der Gesamtrechtsnachfolge (unter Lebenden oder von Todes wegen; Rn 14 f zu § 325) oder Sonderrechtsnachfolge. Die Rechtsnachfolge kann als abgeleiteter Rechtserwerb durch Rechtsgeschäft, Hoheitsakt oder kraft Gesetzes eingetreten sein; sie kann ursprünglicher Rechtserwerb (insbesondere im Wege der ZwV) sein. Es kann sich um vollen Rechtsübergang oder um Erwerb eines minderen Rechts handeln (zB Einziehungsrecht nach Pfändung und Überweisung). 2

2) Rechtsnachfolge auf **Gläubigerseite** liegt vor, wenn eine andere Person im eigenen Namen und eigenem Interesse die Ansprüche des im Urteil (sonstigen Titel) bezeichneten Gläubigers geltend machen kann (RG 53, 10; 82, 38). **Rechtsnachfolger des Gläubigers** ist: 3

a) sein **Erbe** (§ 1922 BGB). Ihm kann die Klausel schon vor Annahme der Erbschaft erteilt werden (§ 1942 BGB; Nachweis aber nicht denkbar). Bis zur Auseinandersetzung kann Miterben die Klausel (wegen §§ 2032, 2039 BGB) nur gemeinsam erteilt werden; einzelnen Miterben wird sie nur mit der Maßgabe erteilt, daß die Leistung nur an alle bewirkt werden kann (§ 2039 BGB). Nach Auseinandersetzung ist die Klausel dem (früheren) Miterben als Gläubiger zu erteilen, dem die ganze Forderung zugewiesen ist oder der das Vermögensstück erlangt hat. Ausgeschlossen ist Erteilung der Vollstreckungsklausel für den Erben, wenn der Anspruch für ihn nicht fortbestehen kann (§ 1615 I BGB für Erlöschen des Unterhaltsanspruchs mit dem Tod des Berechtigten; möglich Klauselerteilung daher nur noch für Rückstände). 4

b) jeder **sonstige Gesamtrechtsnachfolger,** so in Fällen der Verschmelzung von Kapitalgesellschaften usw (§§ 339 ff AktG, §§ 19 ff KapErhG), Vermögensübertragung (§§ 359 ff AktG) und Umwandlung durch Vermögensübertragung nach dem UmwG (dort §§ 1, 5 S 1; anders bei Umwandlung nach §§ 362 ff AktG, Gesellschaft besteht hier weiter, zB § 365 S 1, § 372 S 1 AktG). 5

c) der **neue Gläubiger nach Abtretung** (auch Teilabtretung) des Anspruchs (§ 398 BGB; KG OLG 31, 85). 6

d) der **Neugläubiger nach Forderungsübergang kraft Gesetzes** (§ 412 BGB), zB in Fällen der § 268 III S 1 BGB (Ablösung), § 426 II S 1 BGB (befriedigender Gesamtschuldner), § 774 S 1 BGB (Bürge; Hamburg OLG 18, 44), § 1143 I BGB (zahlender Eigentümer), § 1225 BGB (zahlender Verpfänder), § 1249 BGB (Ablösung vor Pfandveräußerung), § 1607 II S 2, § 1615 b BGB (Übergang des Unterhaltsanspruchs), § 411 II, § 441 II HGB (Befriedigung im Speditions- und Frachtgeschäft), § 141 m AFG (Übergang des Anspruchs auf Arbeitsentgelt auf Bundesanstalt für Arbeit nach Stellung des Antrags auf Konkursausfallgeld, dazu LAG Frankfurt Rpfleger 85, 200). Auch dem mitverurteilten Gesamtschuldner kann als Rechtsnachfolger Klausel nur erteilt werden, wenn für den gesetzlichen Forderungsübergang auch die Höhe des Ausgleichsanspruchs (§ 426 II BGB) offenkundig oder urkundlich nachgewiesen ist (KG NJW 55, 913; BayObLG 70, 125 [126] = NJW 70, 1800; LG Bonn MDR 65, 493). Gleiches gilt vom **Wechsel**gesamtschuldner. Wer als Indossant den Wechsel eingelöst hat, ist für den Rückgriffsanspruch aus dem Wechsel gegen die Vormänner (Art 49 WechselG) nicht Rechtsnachfolger iS des § 727, desgleichen nicht der zahlende Aussteller eines Wechsels für seinen Anspruch an den Akzeptanten nach § 28 II WechselG (Hamburg MDR 68, 248 und 1014; KG OLG 25, 152; 31, 86; Marienwerder OLG 11, 420; Greilich MDR 82, 15; aA LG Münster MDR 80, 1030; Liesecke WM 73, 1157). Forderungsübergang auf ein Bundesland (§ 8 I Ges) erfolgt mit Übergang eines Anspruchs in Höhe von Unterhaltsleistungen nach § 7 des **Unterhaltsvorschußgesetzes** (vom 23. 7. 1979, BGBl I 1184, mit Änderungen) mit Bewirkung der Leistung (Karlsruhe FamRZ 81, 72; Überleitungsanzeige somit nicht erforder- 7 lich). Ein solcher Rechtsnachfolgefall ist jedoch nicht gegeben, wenn aus einem Titel nur der Elternteil berechtigt ist (zB § 620 S 1 Nr 4), nicht aber das Kind, das Unterhaltsleistung erhalten hat (Düsseldorf FamRZ 85, 628; Hamburg FamRZ 82, 425 und 426; Köln FamRZ 83, 646). Zum Nachweis in diesem Fall Rn 21.

8 **e)** der Gläubuger nach **Pfändung und Überweisung** an Zahlungs Statt (bewirkt Forderungsübergang, § 835 II) oder zur Einziehung (RG 34, 386; 57, 326; 82, 35 [38]; Hamburg MDR 67, 849; KG OLGZ 83, 205 = ZZP 96 [1983] 368 mit Anm Münzberg; Stöber FdgPfdg Rdn 669), ebenso derjenige, dem ein Recht (oder eine Sache) verpfändet ist, nach Pfandreife (§ 1282 BGB).

9 **f)** für einen Anspruch des Eigentümers auf **Räumung** und Herausgabe der Mietsache der Erwerber des Grundstücks (LG Berlin Rpfleger 69, 395).

10 **g)** der **Träger der Sozialhilfe,** wenn er durch schriftliche Anzeige den Übergang des (Unterhalts) Anspruchs nach § 90 (auch § 91) BSHG (idF vom 24. 5. 1983, BGBl I 613) bewirkt hat. Die Überleitungsanzeige ist Verwaltungsakt (BVerwG 57, 74 [75]; BGH FamRZ 83, 896 mit Nachw), der nach dem VwZG zugestellt werden kann (BGH aaO). Überleitung künftiger Unterhaltsansprüche (§ 90 II BSHG) steht dabei unter der aufschiebenden Bedingung, daß Unterstützungsleistungen der Sozialbehörde tatsächlich erbracht werden (BGH 20, 127 [131] = NJW 56, 790; BGH NJW 82, 232). Daher ist Erteilung der Rechtsnachfolgeklausel für die Zukunft nicht möglich (Bamberg FamRZ 83, 204 = JurBüro 83, 141; Bremen FamRZ 80, 725; Düsseldorf FamRZ 80, 378; Köln Rpfleger 79, 28; Stuttgart JurBüro 81, 940 = MDR 81, 696; Helwich Rpfleger 83, 226 [228]). Zum Nachweis in diesem Fall Rn 22. Weil die Überleitung den Unterhaltsanspruch dem Grunde nach auch für die Zukunft erfaßt (§ 90 II BSHG) und die Höhe der Überleitung durch die Sozialhilfeleistungen begrenzt ist, ist bei Änderung der Höhe der Sozialhilfeleistungen eine stets erneute Überleitungsanzeige nicht erforderlich (Hamm FamRZ 81, 915). Für den bereits vor Rechtshängigkeit auf den Sozialhilfeträger übergegangenen Unterhaltsanspruch (anders für den davor übergeleiteten Unterhalt für eine spätere Zeit, § 90 II BSHG) ist Erteilung der Vollstreckungsklausel nach § 727 ausgeschlossen (Hamm FamRZ 81, 915).

11 **h)** nach einem **Zwangsvergleich** der Gemeinschuldner, damit er aus dem vom Konkursverwalter erwirkten Schuldtitel vollstrecken kann (KG OLG 25, 219). Ebenso ist der im Vergleich zur Befriedigung der Gläubiger bestellte Treuhänder Rechtsnachfolger, wenn es sich um die Vollstreckung eines gegen den Schuldner lautenden Titels handelt.

12 **i)** der **Zwangsverwalter** (für einen von der Zwangsverwaltung erfaßten Anspruch; BGH MDR 86, 750) und nach Beendigung der Zwangsverwaltung der Eigentümer des Grundstücks (Schuldner im Zwangsverwaltungsverfahren; Düsseldorf OLGZ 77, 250).

13 **3)** Das in **gesetzlicher Prozeßstandschaft** von der Partei nach Abtretung des eingeklagten Anspruchs zur Zahlung an den neuen Gläubiger erwirkte Urteil (§ 265 II) begründet für diesen keinen Anspruch auf Klauselerteilung unmittelbar nach § 724 (Rn 3 zu § 724). Als Rechtsnachfolger hat der neue Gläubiger ein Recht auf Erteilung der Vollstreckungsklausel jedoch nach § 727 (§ 731) jedenfalls dann, wenn der Prozeßstandschafter nicht seinerseits eine vollstreckbare Ausfertigung beantragt, der Schuldner der Gefahr der Doppelvollstreckung somit nicht ausgesetzt ist (BGH JR 84, 287 mit Anm Gerhardt = MDR 84, 385 = NJW 84, 806; RG 167, 321 [328]). Das gilt auch in anderen Fällen gesetzlicher Prozeßstandschaft sowie dann, wenn der neue Gläubiger sich am Rechtsstreit als Streithelfer beteiligt hat (BGH aaO). Entsprechendes gilt für das in **gewillkürter Prozeßstandschaft** erstrittene Urteil über einen fremden Anspruch (Rn 3 zu § 724). Umschreibung der Vollstreckungsklausel auf den Ermächtigenden in entsprechender Anwendung des § 727 ist für zulässig zu erachten, wenn der Prozeßstandschafter die Vollstreckung ablehnt oder verzögert oder wenn sie aus einem sonstigen Grund von ihm nicht durchgeführt werden könnte (Rn 40, 56 vor § 50 mit Nachw; BGH MDR 83, 308; aA KG Rpfleger 71, 103). Ermächtigung eines Dritten durch den Urteilsgläubiger, den titulierten Anspruch im eigenen Namen zu vollstrecken (Vollstreckungsermächtigung ohne Übertragung des Anspruchs; sog **isolierte Vollstreckungsstandschaft**) ist keine Rechtsnachfolge (BGH 92, 347 = JR 85, 287 mit Anm Olzen = JZ 85, 341 mit Anm Brehm = NJW 85, 809); Klauselerteilung für den Ermächtigten kommt somit nicht in Betracht (BGH 92, 347 = aaO).

4) Rechtsnachfolger des Schuldners ist:

14 **a)** sein **Erbe** nach Annahme der Erbschaft oder Ablauf der Ausschlagungsfrist (§§ 1944, 1958 BGB; der Antragsteller muß einen dieser Umstände nachweisen), mehrere Erben als Gesamtschuldner (§§ 1967, 2058 BGB). Die Vollstreckungsklausel kann gegen alle Miterben gemeinsam zur Vollstreckung in den Nachlaß (§ 747) und sonst gemeinschaftliches Vermögen oder gegen jeden einzelnen Miterben zur Vollstreckung in sein gesamtes Vermögen und damit insbesondere auch in den Nachlaßanteil (§ 2033 BGB) erteilt werden (BayObLG 70, 125 [130]; Geltendma-

chung der Haftungsbeschränkung: §§ 781, 785). Etwaige Gegenrechte (§§ 2059, 2060 BGB) muß jeder Miterbe durch Vollstreckungsgegenklage (§ 767) geltend machen.

b) jeder **sonstige Gesamtrechtsnachfolger** (vgl Rn 5). 15

c) der Neuschuldner bei **befreiender Schuldübernahme** (Rn 24 zu § 325 mit Einzelheiten), 16
nicht jedoch bei Schuldmitübernahme (Rn 26 zu § 325) und gesetzlichem Schuldbeitritt (BGH Rpfleger 72, 260).

d) der **Besitzer** der in Streit befangenen Sache, gegen den das Urteil nach § 325 wirksam ist. 17
Dazu Rn 18–22 zu § 325. Demnach (oder doch in entsprechender Anwendung von § 727 mit § 325) kann der gegen den Ehemann als Alleinmieter erstrittene Räumungstitel nach seinem Auszug aus der Wohnung auch auf die (geschiedene) Ehefrau umgeschrieben werden (LG Münster JurBüro 73, 1106 = MDR 73, 934; LG Mannheim NJW 62, 815).

5) Parteien kraft Amtes (Konkurs-, Nachlaß-, Zwangsverwalter, auch Kanzleiabwickler nach 18
§ 55 BRAO; LG Hamburg MDR 70, 429; LG Bremen KTS 77, 124 für Konkursverwalter) sind, wenn **für** oder **gegen sie** vollstreckt werden soll, iS des § 727 als Rechtsnachfolger anzusehen, soweit der Anspruch das ihrer Verwaltung unterliegende Vermögen betrifft. Der Konkursverwalter ist daher nicht Rechtsnachfolger hinsichtlich einer vom Gemeinschuldner vorzunehmenden unvertretbaren Handlung (Auskunftsanspruch; Düsseldorf OLGZ 80, 484; insoweit aA KG JW 31, 2153). Soll nach Konkursbeendigung aus einem von dem **Konkursverwalter** erlangten Titel für den früheren Gemeinschuldner vollstreckt werden, so ist die Klausel umzustellen (Kiel OLG 16, 322; KG OLG 25, 219; LG Lübeck DGVZ 80, 140). Eine Klauselumstellung gegen den früheren Gemeinschuldner ist nötig, wenn aus einem gegen den Konkursverwalter zugunsten eines Aussonderungsberechtigten, eines Absonderungsberechtigten oder eines Massengläubigers ergangenen Urteils gegen den früheren Gemeinschuldner vollstreckt werden soll. Betrifft der gegen den Konkursverwalter begründete Titel eine Konkursforderung, so gelten die §§ 164 II, 194, 206 II KO. Wechselt nur die Person des Verwalters, liegt keine Rechtsnachfolge vor, der neue Verwalter kann sich des auf seinen Vorgänger lautenden Titels bedienen (Baur/Stürner Rdn 251; s auch StJM Rdn 27 zu § 727). Wertlos (mangels Rechtsschutzinteresse sonach unzulässig) ist die Umschreibung für den Gläubiger, wenn er vor der Konkurseröffnung kein Absonderungs- oder Aussonderungsrecht erlangt hat, also seine Rechte nach § 138 KO nur durch Anmeldung seiner Konkursforderung geltend machen muß. Wertlos ist auch die Umschreibung nach Konkursbeendigung, da dann die ZwV nur auf Grund Tabellenauszuges erfolgen kann. Der **Zwangsverwalter** ist nur Nachfolger in Miet- und Pachtverträge (§ 152 ZVG); in andere Rechte und Verbindlichkeiten tritt er nicht ein. Umschreibungen, die keinen erkennenbaren Zweck verfolgen, sind abzulehnen. **Testamentsvollstrecker:** §§ 748, 749. Der **Nachlaßpfleger** ist gesetzlicher Vertreter, nicht Rechtsnachfolger (BGHZ 49, 1 = NJW 68, 353); s Rn 10 zu § 747. Beim Wechsel des Verwalters einer Wohnungseigentümergemeinschaft ist § 727 unanwendbar, gleichgültig, ob der frühere Verwalter in Prozeßstandschaft in eigenem Namen oder als Vertreter der Wohnungseigentümer in deren Namen geklagt hat (LG Hannover NJW 70, 436 mit Anm Diester).

6) Die Rechtsnachfolge (auch Besitzerlangung) muß **nach Rechtshängigkeit** (§ 261 I, II, 19
§ 696 III, § 700 II) eingetreten sein (Grund: Verweisung in § 727 auf § 325). Umschreibung des Vollstreckungsbescheids kann daher nicht erfolgen, wenn bereits im Mahnbescheid ein falscher Schuldner bezeichnet ist (LG Gießen JurBüro 82, 1093) oder der Schuldner schon vor Erlaß des Mahnbescheids verstorben ist (LG Oldenburg JurBüro 79, 1718). Bei den ohne Erkenntnisverfahren erwirkten Titeln (s Rn 13 vor § 704; zB § 794 Nr 5) ist der Zeitpunkt ihrer Errichtung (Beurkundung) maßgebend.

7 a) Die Rechtsnachfolge oder das Besitzverhältnis muß durch öffentliche oder öffentlich 20
beglaubigte Urkunden **nachgewiesen** oder bei dem Gericht **offenkundig** sein; Zugeständnis der Rechtsnachfolge durch den Schuldner genügt (Rn 6 zu § 726). Vorlage einer beglaubigten Urkundenabschrift genügt (für Erbschein: LG Mannheim Rpfleger 73, 64); jedoch kann Vorlage des Originals verlangt werden (§ 435). Nachweis mit Verfügung von Todes wegen in öffentlicher Urkunde und Niederschrift über die Eröffnung (vgl § 35 GBO) ist möglich (freie Beweiswürdigung), ein gerichtlich eröffnetes Privattestament ist jedoch keine öffentliche Urkunde. Hat der Bevollmächtigte des Gläubigers dessen Forderung abgetreten, muß durch öffentliche oder öffentlich beglaubigte Urkunde auch nachgewiesen werden, daß die Vollmacht im Zeitpunkt der Abtretung noch bestand. Beschaffung der Urkunden durch den Gläubiger ermöglicht § 792. Kann der Nachweis nicht geführt werden: Klage nach § 731.

b) Nachweis der **Rechtsnachfolge eines Landes,** auf das ein Anspruch mit **Unterhaltsleistung** 21
übergegangen ist (§ 7 Unterhaltsvorschußgesetz; Rn 7) oder Offenkundigkeit dieser Rechtsnachfolge erbringt ein Bewilligungsbescheid allein nicht; es ist auch Ausführung der bewilligten Zah-

lung zu belegen (Karlsruhe FamRZ 81, 387 unter Aufgabe von FamRZ 81, 72). Vom Leistungsträger gefertigte oder beglaubigte Belege oder ein Rechenausdruck allein sind keine geeigneten Nachweisurkunden (Stuttgart DAVorm 82, 792). Zeugnisurkunde der Behörde (§ 418) muß jedoch genügen (Stuttgart Rpfleger 86, 438; auch Rn 22). Schriftliche Bestätigung des Unterhaltsberechtigten (seines Vertreters) über Zeit und Höhe der nach dem Unterhaltsvorschußgesetz empfangenen Beträge kann Offenkundigkeit begründen (Karlsruhe Justiz 82, 161; dagegen KG FamRZ 85, 627; Hamburg DAVorm 83, 739; Stuttgart aaO). Rechtswahrungsanzeige (§ 7 II Ges) ist weder nachzuweisen noch zu überprüfen (anders Helwich Rpfleger 83, 226).

22 c) Bei Überleitung des Anspruchs auf den **Träger der Sozialhilfe** (Rn 10) kann Nachweis der Rechtsnachfolge durch die amtliche Mitteilung der Überleitung (§ 90 BSHG; Entwurf genügt nicht; Düsseldorf FamRZ 72, 402; Stuttgart MDR 81, 696), die Posturkunde über die Zustellung dieser Überleitungsanzeige (bei Zustellung mit eingeschriebenem Brief, § 4 VwZG, Nachweis der Aufgabe bei der Post, nicht auch des Zugangs; Stuttgart aaO; anders KG Rpfleger 74, 119) und (soweit nicht bereits in der Überleitungsanzeige für die Vergangenheit beziffert) eine Aufstellung des Sozialamts über die Höhe der den Übergang des Anspruchs bestimmenden Aufwendungen (ist öffentliche Urkunde, § 418) geführt werden (Hamm FamRZ 81, 915; Stuttgart aaO; Bamberg JurBüro 83, 141 = aaO; LG Düsseldorf FamRZ 84, 923). Die Rechtswahrungsanzeige nach § 91 II BSHG ist weder nachzuweisen noch zu überprüfen; sie ist Voraussetzung der Inanspruchnahme des Schuldners, nicht aber Bestandteil des Verwaltungsakts und damit nicht Wirksamkeitsvoraussetzung der Überleitung (nicht zutr Helwich Rpfleger 83, 226; s auch KG FamRZ 76, 545 = OLGZ 76, 133).

23 **III) Verfahren: 1) Antrag** wie Rn 8 zu § 724. **Anhörung** des Schuldners: § 730.

24 2) **Zuständigkeit** wie Rn 9 zu § 724. Die Erteilung der vollstreckbaren Ausfertigung im Fall des § 727 ist dem Rechtspfleger übertragen (§ 12 Nr 12 RpflG; wegen anderer Titel s § 797 III).

25 **3) a)** Die Vollstreckungsklausel (Form § 725) für oder gegen den Rechtsnachfolger oder Besitzer der streitbefangenen Sache **wird erteilt,** wenn die allgemeinen Voraussetzungen (Rn 3 ff zu § 724) erfüllt sind und die Rechtsnachfolge oder das Besitzverhältnis urkundlich nachgewiesen (Urkundenzustellung ist nicht erforderlich; LG Nürnberg-Fürth JurBüro 82, 138) oder offenkundig ist (Rn 20). Sie muß erteilt werden (trotz „kann" kein Ermessen), wenn die Voraussetzungen des § 727 erfüllt sind. Zulässig ist Erteilung der Klausel für und gegen den Rechtsnachfolger schon vor der Rechtskraft des Urteils, also auch bei vorläufiger Vollstreckbarkeit (KG OLG 29, 171).

26 **b)** Ob gutgläubiger Erwerb vorliegt, ist bei der Erteilung der Klausel nicht zu prüfen; der Schuldner muß seine Rechte nach §§ 732, 768 wahrnehmen. Hat er die Sache gutgläubig im Sinne des § 325 II erworben, so kann er sein Eigentum durch Klage geltend machen, auch wenn er die Rechtsbehelfe nach §§ 732, 768 nicht wahrgenommen hat (BGH 4, 283). Der Gläubiger muß sodann beweisen, daß bösgläubiger Besitz (zB Scheinkauf) vorliegt. Bei der Reallast, Hypothek, Grund- und Rentenschuld gibt es keinen guten Glauben hinsichtlich der Rechtshängigkeit bei Veräußerung des Grundstücks. Gegenüber einem Ersteher in der Zwangsversteigerung gilt dies nur, wenn die Rechtshängigkeit angemeldet worden ist (§ 325 III), auch bei deren Kenntnis (RG 122, 156).

27 **c)** Wenn eine bereits erteilte vollstreckbare **Ausfertigung zurückgegeben** wird, kann sie wieder verwendet werden (Rn 3 zu § 733). Erfolgt Rückgabe nicht, dann wird die vollstreckbare Ausfertigung für oder gegen den Rechtsnachfolger als weitere vollstreckbare Ausfertigung nur unter den Voraussetzungen des § 733 erteilt (Rn 2, 3 zu § 733). Die für den Nachweis herangezogenen (nicht weitere vom Gläubiger zusätzlich vorgelegte) Urkunden sind in der Klausel zu bezeichnen (Grund: Zustellungserfordernis nach § 750 II); Offenkundigkeit der Rechtsnachfolge oder des Besitzverhältnisses ist in der Klausel zu vermerken (Abs 2).

28 **d) Wortlaut** einer Vollstreckungsklausel:

„Vorstehende Ausfertigung wird dem ... zum Zwecke der ZwV erteilt. Der Kläger hat laut öffentlich beglaubigter Urkunde des Notars ... in ... vom ... UrkRNr ... den Urteilsanspruch dem ... abgetreten.

Ort, Datum (Gerichtssiegel) ... Rechtspfleger

29 **4) Rechtsbehelfe:** Rn 13 zu § 724 (auch Rn 7 zu § 726). Nehmen mehrere eine Forderung für sich in Anspruch, für die einem von ihnen eine vollstreckbare Ausfertigung erteilt ist, so können die anderen die Beseitigung dieser Klausel von dem Inhaber verlangen (RG Recht 40 Nr 1307). Pfändung bei **mangelhafter Klausel** ist fehlerhaft, aber nicht unwirksam. Ist Klauselerteilung nach § 727 möglich, so ist neue Leistungsklage (für oder gegen den Rechtsnachfolger) unzulässig (RG 88, 267; BGH NJW 57, 1111; anders bei Vergleich und vollstreckbarer Urkunde, BGH aaO, auch Rn 18 vor § 253). Einstweilige Verfügung kann trotz möglicher Klauselumstellung zulässig sein, wenn dieser Weg erheblich einfacher, schneller und billiger ist (LG Hamburg MDR 67, 54).

5) Dem **ursprünglichen** Gläubiger ist, solange nicht das Recht auf Vollstreckung durch Erteilung der Vollstreckungsklausel auf den neuen Gläubiger übergegangen ist, die Vollstreckungsklausel auch dann zu erteilen, wenn die Rechtsnachfolge offenkundig ist. Der Schuldner hat gegen den ursprünglichen Gläubiger die Klage nach § 767, gegen die Erteilung der Klausel an den neuen Gläubiger die Klage nach § 768. Bei der Erteilung der Klausel an den bisherigen Gläubiger sind dem neuen Gläubiger, der diesem das Recht auf die Klausel abspricht, und bei Erteilung der Klausel an den neuen Gläubiger sind dem bisherigen Gläubiger, der ihm die Berechtigung abstreitet, in entsprechender Anwendung der §§ 732, 768 die Rechtsbehelfe der Erinnerung (§ 732) und der Rechtsgestaltungsklage (§ 768) zu gewähren. Siehe näher StJM Rdn 44 ff zu § 727. 30

IV) 1) a Änderung nur des **Namens** der im Urteil (sonstigen Vollstreckungstitel) als Gläubiger oder Schuldner des zu vollstreckenden Anspruchs (Rn 3 vor § 704) genannten Person, die unverändert Gläubiger oder Schuldner ist, zB infolge Verheiratung, Ehescheidung, Annahme an Kindes Statt, Namensänderung, ist kein Rechtsnachfolgefall nach § 727. Der (nachgewiesene) neue Name ist bei Erteilung der Vollstreckungsklausel kenntlich zu machen; wenn Vollstrekkungsklausel bereits erteilt ist, ist ihr der neue Name als klarstellender Zusatz beizuschreiben (vgl Rn 1 zu § 725; AG Krefeld MDR 77, 762, auch Petermann Rpfleger 73, 156). 31

b) Ebenso ist **Änderung der Firma** (§§ 31, 107 HGB ua) Namensänderung (Rn 10 zu § 750), desgleichen Erlöschen der Firma des Einzelkaufmanns (§ 31 II HGB), der Gläubiger oder Schuldner bleibt und für die ZwV nur noch mit seinem bürgerlichen Namen zu bezeichnen ist (Rn 10 zu § 750). Auch die geänderte Firma oder der bürgerliche Name nach Erlöschen der Firma ist als Änderung (mit klarstellendem Zusatz) kenntlich zu machen (Rn 1 zu § 725). 32

c) Solcher Fassung (oder Ergänzung) der Klausel fehlt das Rechtsschutzinteresse nicht deshalb, weil Feststellung der Identität des unter einem früher anderen Namen (Firma) bezeichneten Gläubigers oder Schuldners auch durch das Vollstreckungsorgan erfolgen kann (Rn 4 zu § 750). Kenntlichmachung der Namens- oder Firmenänderung gehört zur Fassung der Vollstrekkungsklausel (Rn 1 zu § 725); es handelt sich weder um einen Fall des § 727 noch um dessen entsprechende Anwendung, so daß Nachweis nicht in der Form des § 727 vorliegen muß, deren Vermerk oder Hinweis auf Offenkundigkeit in der Klausel nicht zu erfolgen hat und Zustellung nach § 750 II nicht erforderlich ist. Für den klarstellenden Klauselvermerk bleibt daher auch der Urkundsbeamte in all den Fällen zuständig, die nicht aus anderen Gründen nach § 20 Nr 12, 13 RpflG dem Rechtspfleger übertragen sind. 33

d) Wenn die **Firma nicht erloschen** ist, kann der gegen einen Kaufmann unter seiner Firma erwirkte Titel (§ 17 II HGB) auch in solcher Weise nicht auf den bürgerlichen Namen „umgeschrieben" werden; ebenso kann Berichtigung des von oder gegen einen Kaufmann unter seinem bürgerlichen Namen erwirkten Titels auf seine Firma nicht erfolgen. Die Klausel hat den unverändert gebliebenen Urteilsinhalt weder zu wiederholen (Rn 1 zu § 725) noch zu berichtigen. 34

e) Umwandlung nach §§ 362 ff AktG, bei der die **Gesellschaft in anderer Rechtsform** mit geänderter Firma weiterbesteht (zB § 365 S 1, § 372 S 1 AktG), bewirkt keinen Gläubiger- oder Schuldnerwechsel, ist somit wie Firmenänderung durch Klauselvermerk oder -zusatz kenntlich zu machen (anders bei Umwandlung durch Vermögensübertragung, Rn 5). Ebenso ist Änderung der Haftform einer **Personenhandelsgesellschaft** (OHG wird durch Aufnahme eines Kommanditisten KG oder KG wird mit Ausscheiden aller Kommanditisten OHG) kein Rechtsnachfolgefall nach § 727. Zur Firmenänderung anläßlich solcher Umwandlung s bereits Rn 32. Eine **Vor-GmbH** (andere Gründervereinigung, Rn 39 vor § 50) geht mit Eintragung der GmbH (anderen jur Person) in das Handelsregister in dieser auf (BGH 80, 129 = NJW 81, 1373); wenn die Registereintragung nicht mehr betrieben (aufgegeben) wird, ist die fortbestehende Personenvereinigung nicht mehr Durchgangsstufe zur jur Person; sie hat sich in eine OHG oder BGB-Gesellschaft umgewandelt. In der damit erlangten Rechtsform besteht die Vorgesellschaft somit fort; auch diese Veränderung ist daher nicht Rechtsnachfolge nach § 727, sondern durch Klauselvermerk kenntlich zu machen. 35

2) Auflösung einer Personenhandelsgesellschaft (OHG, KG), **Kapitalgesellschaft** (AG, GmbH) oder Genossenschaft (eG) hat Liquidation zur Folge, berührt somit die Identität der Gesellschaft (Genossenschaft) nicht. Ein Fall der Rechtsnachfolge ist daher nicht gegeben. Nach Beendigung der Liquidation einer Kapitalgesellschaft oder Genossenschaft haften frühere Gesellschafter bzw Genossen den Gläubigern nicht persönlich (vgl § 13 II GmbHG, § 1 I S 2 AktG, § 2 GenG). Bei Personenhandelsgesellschaften (OHG, KG) haften zwar die Gesellschafter als solche weiter; sie sind aber nicht Rechtsnachfolger der erloschenen Gesellschaft, Umschreibung des Titels gegen sie ist daher unzulässig; eine entsprechende Anwendung des § 727 verbietet § 129 IV HGB. Es ist somit Klage gegen die Gesellschafter nötig (RG 124, 146; BayObLG NJW 52, 28; Düsseldorf Rpfle- 36 ger 76, 327; Frankfurt Betrieb 82, 590 = JurBüro 82, 458; Hamm NJW 79, 51; AG Essen Rpfleger 76, 24; LG Kiel SchlHA 75, 164).

37 3) Bezeichnung des **gesetzlichen Vertreters** im Vollstreckungstitel ist nicht Vollstreckungsvoraussetzung (Rn 13, 14 zu § 750). Änderung oder Wegfall des im Vollstreckungstitel genannten gesetzlichen Vertreters ist daher nicht durch klarstellenden Klauselvermerk nachzutragen (bei unrichtiger Bezeichnung nur Berichtigung nach § 319 möglich).

728 *[Nacherbe. Testamentsvollstreckung]*

(1) Ist gegenüber dem Vorerben ein nach § 326 dem Nacherben gegenüber wirksames Urteil ergangen, so sind auf die Erteilung einer vollstreckbaren Ausfertigung für und gegen den Nacherben die Vorschriften des § 727 entsprechend anzuwenden.

(2) Das gleiche gilt, wenn gegenüber einem Testamentsvollstrecker ein nach § 327 dem Erben gegenüber wirksames Urteil ergangen ist, für die Erteilung einer vollstreckbaren Ausfertigung für und gegen den Erben. Eine vollstreckbare Ausfertigung kann gegen den Erben erteilt werden, auch wenn die Verwaltung des Testamentsvollstreckers noch besteht.

1 **I) Zweck:** Prüfung der Urteilswirkung für und gegen den Nacherben sowie für und gegen den Erben bei Prozeßführung des Testamentsvollstreckers (§§ 326, 327, je mit Anm) ist dem für das Klauselverfahren zuständigen Organ aufgetragen und mit Erteilung der Vollstreckungsklausel vor Beginn der ZwV für das Vollstreckungsorgan bindend zu bescheinigen (Rn 1 zu § 726).

2 **II) Voraussetzungen 1) Nacherbfolge** muß eingetreten sein (§ 2100 BGB), das gegenüber dem Vorerben ergangene Urteil muß für oder gegen den Nacherben wirken (§ 326 mit Anm; im Falle des § 326 I somit keine Klausel gegen den Nacherben), dies muß offenkundig oder durch öffentliche oder öffentlich beglaubigte Urkunden nachgewiesen sein (§ 728 I mit § 727 I). Erforderlich ist ein dem Nacherben auf den Nacherbfall erteilter Erbschein; Erbschein des Vorerben und dessen Sterbeurkunde bezeugen das Nacherbenrecht nicht (BGH 84, 196 = DNotZ 83, 315 = NJW 82, 2499). Nachzuweisen sind auch die einzelnen Voraussetzungen des § 326 (Rechtskraft vor Eintritt der Nacherbfolge, Nachlaßverbindlichkeit als Prozeßgegenstand, Gegenstand unterliegt Nacherbfolge, Verfügungsbefugnis des Vorerben), wenn sie nicht offenkundig sind (Grundlage hierfür Urteilsinhalt und Prozeßakt; Urteil muß nach §§ 2112 ff, 2136 iVm Testament geprüft werden; Nachweis aber zB für entgeltliche Verfügung des befreiten Vorerben nötig nach § 2113 II mit § 2136; insoweit abw hM nicht zutr). Bei mehrfacher Nacherbfolge (Nacherben sind nacheinander eingesetzt) steht der zunächst berufene Nacherbe dem folgenden Nacherben wieder als Vorerbe gegenüber (Palandt/Edenhofer Einf 3c vor § 2100); auch hier gelten daher §§ 326, 728.

3 2) Das vom **Testamentsvollstrecker** (§ 327 mit Anm) erwirkte Urteil kann für den Erben erst nach Beendigung der Prozeßführungsbefugnis des Testamentsvollstreckers (§ 2212 BGB) mit Beendigung der Testamentsvollstreckung oder auf sonstige Weise erteilt werden. Anders für Urteilsausfertigung gegen den Erben (Abs 2 S 2), der seine beschränkte Erbenhaftung dann nach § 767 mit § 780 II geltend machen kann. Beendigung der Verfügungsbefugnis des Testamentsvollstreckers und die Voraussetzungen der Urteilswirkung nach § 327, somit auch Erbenstellung (Erbfolge) für das von dem oder gegen den Testamentsvollstrecker gerichtlich geltend gemachte Recht (den Anspruch) müssen offenkundig oder durch öffentliche oder öffentlich beglaubigte Urkunden nachgewiesen sein (wie Rn 2).

4 **III) Verfahren** und Einzelheiten: Wie im Falle des § 727. Zuständigkeit des Rechtspflegers § 20 Nr 12 RpflG. Rechtsbehelfe: Rn 13 zu § 724.

729 *[Vermögensübernahme und Fortführung eines Handelsgeschäfts]*

(1) Hat jemand das Vermögen eines anderen durch Vertrag mit diesem nach der rechtskräftigen Feststellung einer Schuld des anderen übernommen, so sind auf die Erteilung einer vollstreckbaren Ausfertigung des Urteils gegen den Übernehmer die Vorschriften des § 727 entsprechend anzuwenden.

(2) Das gleiche gilt für die Erteilung einer vollstreckbaren Ausfertigung gegen denjenigen, der ein unter Lebenden erworbenes Handelsgeschäft unter der bisherigen Firma fortführt, in Ansehung der Verbindlichkeiten, für die er nach § 25 Abs. 1 Satz 1, Abs. 2 des Handelsgesetzbuchs haftet, sofern sie vor dem Erwerb des Geschäfts gegen den früheren Inhaber rechtskräftig festgestellt worden sind.

I) Zweck: Prüfung der Vollstreckungsmöglichkeit nach Vermögensübernahme und Fortführung eines Handelsgeschäfts ist dem für das Klauselverfahren zuständigen Organ übertragen. Es hat die Vollstreckbarkeit des Schuldtitels auch gegen die bei solchem Rechtsgrund haftende Person mit Erteilung der Vollstreckungsklausel vor Beginn der ZwV für das Vollstreckungsorgan bindend zu bescheinigen (Rn 1 zu § 726). 1

II) Vermögensübernahme: 1) a) Bei Übernahme des Vermögens eines anderen durch Vertrag (§ 419 BGB) muß der Übernehmer die Rechtskraft des Urteils gegen sich gelten lassen (Rn 34 zu § 325). Die für Urteilsvollstreckung gegen den Übernehmer, der unbeschadet der Fortdauer der Haftung des bisherigen Schuldners haftet (§ 419 I BGB), erforderliche Vollstreckungsvoraussetzung (§ 750 I) wird mit Klauselerteilung nach Abs 1 ermöglicht. 2

b) Vermögensübernahme **erfordert** Rechtsübergang durch Übereignung und/oder Abtretung (BGH 54, 101 = MDR 70, 756 = NJW 70, 1413). Ausschluß unpfändbarer Gegenstände oder einzelner Vermögensstücke von unbedeutendem Wert schadet nicht (RG 123, 54; 139, 203; BGH 66, 217 = MDR 76, 825 = NJW 76, 1398). Vertrag ist rechtsgeschäftliche Vermögensübertragung, die entgeltlich oder unentgeltlich erfolgt sein kann (BGH 66, 217). Haftungsbegründung, damit auch Vollstreckungsmöglichkeit nach Abs 1, mit Abschluß des schuldrechtlichen Vertrags (streitig). Haftung nach materiellem Recht erfordert Kenntnis des Übernehmers, daß Vermögensmasse oder -verhältnisse die Voraussetzung erfüllen (BGH 55, 105 = NJW 71, 505; BGH 66, 217); Abs 1 setzt das nicht voraus. 3

2) Vermögensübernahme **nach Rechtskraft** muß offenkundig oder durch öffentliche oder öffentlich beglaubigte Urkunde **nachgewiesen** sein (§ 729 I mit § 727 I). Für Vollstreckungstitel, die nicht in Rechtskraft erwachsen, ist der Zeitpunkt ihrer Entstehung maßgebend. Kenntnis des Übernehmers als Haftungsvoraussetzung des § 419 BGB ist nach § 729 I nicht zu prüfen (Rn 3); fehlt sie und damit Haftung nach § 419, muß Einwendung mit Klage gegen die Vollstreckungsklausel (§§ 767, 768) erhoben werden. Dennoch ist Anwendung des § 729 I außerhalb § 731 praktisch nur schwer vorstellbar. 4

3) Haftungsbeschränkung des Übernehmers auf das übernommene Vermögen (§ 419 II) bleibt bei Klauselerteilung unbeachtet. Der Übernehmer hat sie nach §§ 786, 781, 785 mit § 767 geltend zu machen. 5

4) Vollstreckbare Ausfertigung kann gegen den Vermögensübernehmer erstmals erteilt werden, desgleichen auch noch gegen den weiter haftenden Schuldner (Gesamtschuldnervermerk wie nachf). Die Klausel kann auch der gegen den ursprünglichen Schuldner bereits erteilten vollstreckbaren Ausfertigung beigesetzt werden. Es kann auch vollstreckbare Ausfertigung neu erteilt werden (dann Fall des § 733). Der gegen den Vermögensübernehmer erstmals oder neu erteilten vollstreckbaren Ausfertigung ist beizufügen: „Der Vermögensübernehmer ... und der ursprüngliche Schuldner ... haften als Gesamtschuldner" (Rostock OLG 31, 88). Rechtsbehelfe im Klauselverfahren: Rn 13 zu § 724. 6

5) Wenn Nachweis nach § 729 I nicht möglich ist, muß Klage nach § 731 erhoben werden. Bei Vermögensübernahme vor rechtskräftiger Verurteilung des Schuldners ist nur neue Leistungsklage gegen den Vermögensübernehmer (§ 419 BGB) möglich. 7

III) Geschäftsfortführung: 1) a) Bei Fortführung eines **unter Lebenden erworbenen Handelsgeschäfts** unter bisheriger Firma (§ 25 I S 1 HGB; gilt nur für Vollkaufmann, nicht für Minderkaufmann, § 4 I HGB) muß der Unternehmer die Rechtskraft des Urteils gegen sich gelten lassen (Ausnahme bei abweichender Vereinbarung nach § 25 II HGB). Urteilsvollstreckung gegen den Übernehmer (die unbeschadet der Fortdauer der Haftung des bisherigen Schuldners zulässig ist) ist daher möglich; Vollstreckungsvoraussetzung wird mit Klauselerteilung nach Abs 2 ermöglicht. 8

b) Erwerb des Handelsgeschäfts unter Lebenden und Fortführung unter bisheriger Firma nach Rechtskraft sowie Geschäftsverbindlichkeit müssen durch öffentliche oder öffentlich beglaubigte Urkunde **nachgewiesen** oder offenkundig sein (§ 729 II mit § 727 I). Nachweis ist nach Eintragung des Inhaberwechsels (§ 31 HGB) durch beglaubigte Handelsregisterblattabschrift möglich (§ 9 HGB; bei Bezugnahme auf das Registerblatt des gleichen Gerichts Offenkundigkeit). Nachweis aus Handelsregister erstreckt sich auch auf das Nichtvorliegen einer abweichenden Vereinbarung (§ 25 II HGB); daß kein Haftungsausschluß durch Mitteilung erfolgt ist (§ 25 II HGB), ist nicht gesondert nachzuweisen. Einwendungen aus § 25 II HGB sind mit Klage gegen die Vollstreckungsklausel geltend zu machen (§§ 767, 768). Ein eingetragener Haftungsausschluß hindert Klauselerteilung; bei Verstoß sind die Rechtsbehelfe des Klauselverfahrens gegeben. Daß die rechtskräftig festgestellte Forderung Geschäftsverbindlichkeit ist, muß offenkundig (Grundlage hierfür Urteilsinhalt und Prozeßakt) oder mit Urkunde nachgewiesen wer- 9 den. Von Offenkundigkeit ist auszugehen, wenn der bisherige Inhaber unter seiner Firma verklagt war; Nachweis ist bei Verurteilung unter dem bürgerlichen Namen erforderlich. Für den Kaufmann als Inhaber eines Grundhandelsgewerbes (§ 1 HGB) ist Registereintragung für Geltung des § 25 HGB und damit auch für Anwendung des § 729 II nicht erforderlich. Weil Nachweis kaum anders erbracht werden kann, wird ohne Handelsregistereintragung nur § 731 Bedeutung erlangen.

10 2) **Vollstreckbare Ausfertigung** wird gegen den Erwerber des Handelsgeschäfts (unter seiner Firma oder nach Antrag unter seinem bürgerlichen Namen; § 17 II HGB) erteilt. Haftung des Erwerbers besteht mit seinem ganzen Vermögen; eine Beschränkung wird daher in der vollstreckbaren Ausfertigung nicht vermerkt. Im übrigen wie Rn 6; für nicht rechtskraftfähige Titel wie Rn 4.

11 3) Wenn der Nachweis nach § 729 II nicht möglich ist, muß Klage nach § 731 erfolgen. Verklagt werden muß der neue Geschäftsinhaber (Leistungsklage), wenn die Übernahme des Geschäfts vor Rechtskraft des gegen den früheren Inhaber erlassenen Urteils erfolgt ist oder ein Fall des § 25 III HGB vorliegt (keine Firmenfortführung, aber Haftung mit besonderem Verpflichtungsgrund).

12 IV) Verfahren im übrigen und Einzelheiten: Wie im Fall des § 727. Zuständigkeit des Rechtspflegers: § 20 Nr 12 RpflG.

13 V) Auf den **Erbschaftskauf** wird § 729 I sinngemäß angewendet (Haftung nach § 2382 BGB; Jonas JW 35, 2540). Für den Sachwalter zur Vergleichserfüllung gilt § 729 I nicht (§ 85 V VerglO), desgleichen nicht bei Verzicht auf den Anteil an der fortgesetzten Gütergemeinschaft (LG München MDR 52, 44). Für die bei Eintritt in das Handelsgeschäft eines Einzelkaufmanns als persönlich haftender Gesellschafter oder Kommanditist begründete **Haftung der Gesellschaft** für alle Verbindlichkeiten des früheren Geschäftsinhabers (§ 28 HGB) wird § 729 II entsprechend angewendet (StJM Rdn 8 zu § 729 mit Einzelheiten; offen gelassen von BGH Rpfleger 74, 260; nicht anwendbar aber § 727, BGH aaO; bei § 729 II ist Zeitpunkt der Rechtskraft bedeutsam). Die Bestimmung ist auch bei **Erbenhaftung** (§ 27 I HGB) entsprechend anwendbar.

730 *[Anhörung des Schuldners]*

In den Fällen des § 726 Abs. 1 und der §§ 727 bis 729 kann der Schuldner vor der Erteilung der vollstreckbaren Ausfertigung gehört werden.

1 Anhörung des Schuldners bei Klauselerteilung durch den Rechtspfleger (nicht für Erteilung der einfachen Klausel nach § 724) kann nach dessen Ermessen schriftlich, persönlich oder durch die Geschäftsstelle erfolgen; notwendig ist Anhörung nicht. Sie empfiehlt sich, wenn Vorbringen des Schuldners für Klauselerteilung Bedeutung erlangen kann, insbesondere wenn noch weitere Aufklärung möglich erscheint, und besondere Dringlichkeit nicht gegeben ist (wie bei Gläubigerinteresse an raschem Vollstreckungszugriff). Ohne Anhörung ist Rechtsgehör (Art 103 I GG) nicht versagt, weil der Schuldner Einwendungen noch rechtzeitig vortragen kann (§ 732).

731 *[Klage auf Erteilung der Vollstreckungsklausel]*

Kann der nach dem § 726 Abs. 1 und den §§ 727 bis 729 erforderliche Nachweis durch öffentliche oder öffentlich beglaubigte Urkunden nicht geführt werden, so hat der Gläubiger bei dem Prozeßgericht des ersten Rechtszuges aus dem Urteil auf Erteilung der Vollstreckungsklausel Klage zu erheben.

1 I) **Zweck:** Klauselklage ist Rechtsbehelf für den Fall, daß ein für Erteilung der Vollstreckungsklausel durch den Rechtspfleger notwendiger urkundlicher Nachweis in der erforderlichen Form nicht beigebracht werden kann. Die mit fortbestehender Rechtskraftwirkung mögliche Vollstreckung des Titels auch gegen den Rechtsnachfolger oder einen Dritten beschränkt den Streitgegenstand auf die Zulässigkeit der Klauselerteilung. Zu beweisen ist nur noch die fehlende Voraussetzung der Vollstreckungsklausel, möglich ist Nachweis durch jedes Beweismittel und Einwendungen des Beklagten sind begrenzt.

2 II) **Klage** auf Erteilung der Vollstreckungsklausel **setzt voraus,** daß ein nach § 726 I oder §§ 727–729 erforderlicher Nachweis durch öffentliche oder öffentlich beglaubigte Urkunden nicht geführt werden kann. Das ist der Fall, wenn der Kläger die Urkunden nicht besitzt und nicht mit zumutbarem (geringerem) Aufwand (sonach nur sehr schwer, KG JW 32, 191) beschaffen kann

(Beweislast dafür hat Kläger), ebenso, wenn Antrag auf Klauselerteilung wegen Unzulänglichkeit vorhandener Urkunden abgewiesen wurde. Ob dann gegen die Entscheidung des Rechtspflegers noch mit Erinnerung und Beschwerde vorzugehen ist, bestimmt sich nach dem Einzelfall (Erfolgsaussichten, Art der Beweisschwierigkeit; so zutr StJM Rdn 4 zu § 731; enger BLH Anm 2; ThP Anm 4c je zu § 731: Erinnerung gegen Rechtspfleger, nicht aber Beschwerde nötig); die Anforderungen dürfen jedoch nicht überspannt werden. Besitzt der Kläger Urkunden nicht, so muß er nicht erst mit Antrag an den Rechtspfleger versuchen, Klausel mit Geständnis des Schuldners zu erlangen (StJM Rdn 3; aA ThP Anm 4c zu § 731; dagegen sprechen aber Gesetzeswortlaut und -zweck). Die Klage ist subsidiärer Rechtsbehelf (StJM Rdn 1 zu § 731) für den Fall, daß der einfachere Weg keine Erfolgsaussichten bietet. Hat der Kläger die Urkunde, will er nur keinen Gebrauch davon machen, oder kann er sie sich leicht beschaffen, so fehlt für die Klage das Rechtsschutzbedürfnis (RG 124, 151).

III) Zuständig ist das Prozeßgericht erster Instanz des früheren Verfahrens (RG 45, 343) ausschließlich (§ 802), einerlei, von welcher Instanz das zu vollstreckende Urteil erlassen worden ist (§§ 731, 795, 802). Die Zuständigkeit des Prozeßgerichts erster Instanz ist auch dann gewahrt, wenn die Klage auf Erteilung der Vollstreckungsklausel im Wege der Klageänderung in einem in der Berufungsinstanz anhängigen Rechtsstreit geltend gemacht wird, der in erster Instanz vor dem Prozeßgericht anhängig war (RG 157, 160). Zuständigkeit bei Vollstreckungsbescheid: § 796 III; bei vollstreckbarer Urkunde: § 797 V. Handelt es sich um eine vollstreckbare Urkunde, die ein Grundpfandrecht betrifft und in der sich der Schuldner der ZwV mit dinglicher Wirkung gegen den jeweiligen Grundstückseigentümer unterworfen hat, so ist für diese Klage das Gericht des dinglichen Gerichtsstandes zuständig (§ 800 III); für Schiff und Schiffsbauwerk § 800a II. Bei Nachschußberechnung: §§ 109 III, 114 III GenG; bei Konkurstabellen: §§ 164 III, 194 KO; bei Schiedssprüchen: §§ 1042, 1046 I (RG 85, 396); bei Erbauseinandersetzung: § 98 FGG. 3

IV) Die Klage ist **prozessuale Feststellungsklage,** die Voraussetzungen des § 256 müssen vorliegen; das Prozeßgericht erteilt die Klausel nicht, sondern stellt nur fest, daß die Erteilung der Klausel zulässig ist (Rosenberg § 176 2d; aA StJM Rdn 8: prozessuale Gestaltungsklage). Streitgegenstand ist Erteilung der Klausel, nicht nochmalige Verurteilung zur Leistung des materiellen Anspruchs. Zu klagen ist im **ordentlichen Verfahren,** nicht Urkunden- und Wechselprozeß; zulässig jedoch Geltendmachung durch Widerklage gegenüber der Klage aus § 768 (RG Gruch 33, 1202). Zustellung der Klage an den Prozeßbevollmächtigten des Vorprozesses (§§ 178, 81). Im Verfahren kann sich der Kläger aller zulässigen Beweismittel bedienen; Anerkenntnis und Geständnis ersetzen den Beweis. Von Gesamtgläubigern kann jeder einzelne klagen, bei Gesamthandverhältnis (§§ 432, 2039 BGB) jeder einzelne auf Klauselerteilung an alle (RG 28, 399). Der Beklagte kann im Verfahren Einwendungen gegen den durch das Urteil festgestellten Anspruch, soweit dies nach § 767 II zulässig ist (RG 34, 347), Gründe, welche die Wiederaufnahme rechtfertigen, und seine Haftungsbeschränkung (§§ 780, 786, 785) geltend machen; im Verfahren nach § 731 kann auch eine Räumungsfrist gewährt werden (LG Wuppertal NJW 67, 2267, abl Burkhardt NJW 68, 306). Kostenentscheidung nach §§ 91 ff (kein Fall des § 788). 4

V) Ist das Anordnungsurteil rechtskräftig oder für vorläufig vollstreckbar erklärt (nach §§ 708 ff wenn das Ersturteil rechtskräftig oder vorläufig vollstreckbar ist), dann wird das **Ersturteil vollstreckbar ausgefertigt.** Zustellung des Klauselurteils ist nicht nötig; zu ihm wird auch keine Vollstreckungsklausel erteilt. Als Grundlage der auf das Ersturteil zu setzenden Vollstrekkungsklausel ist es jedoch in dieser zu vermerken (Klarstellung für Vollstreckungsorgan, daß kein Zustellungsfall nach § 750 II vorliegt). Zuständig ist der Urkundsbeamte (Fall des § 724; ThP Anm 7 zu § 731), nicht der Rechtspfleger (so aber StJM Rdn 16 zu § 731). Erinnerung gegen die Klausel und Klage nach § 768 sind für den Schuldner durch das Urteil ausgeschlossen, desgleichen nach rechtskräftiger Abweisung der Klauselklage Erteilung der Vollstreckungsklausel für den Kläger aus Gründen, die bis zum Schluß der mündlichen Verhandlung im Klageverfahren vorgebracht werden konnten. 5

VI) Klageantrag und **Urteilsformel:** „Dem Kläger ist Vollstreckungsklausel zu dem Urteil des ... vom ... in Sachen ... zur ZwV gegen den Beklagten zu erteilen.“ 6

VII) Gebühren: 1) des **Gerichts:** Regelgebühren wie für gewöhnliche Klagen. – **2)** des **Anwalts:** Regelgebühren des § 31 BRAGO; vgl § 37 Nr 7; § 58 II Nr 1 BRAGO. – **3) Streitwert:** Wert des zu vollstreckenden Anspruchs, Köln Rpfleger 69, 247. 7

732 *[Einwendungen gegen Zulässigkeit der Vollstreckungsklausel]* **(1) Über Einwendungen des Schuldners, welche die Zulässigkeit der Vollstreckungsklausel betreffen, entscheidet das Gericht, von dessen Geschäftsstelle die Vollstreckungsklausel erteilt ist. Die Entscheidung kann ohne mündliche Verhandlung ergehen.**

(2) Das Gericht kann vor der Entscheidung eine einstweilige Anordnung erlassen; es kann insbesondere anordnen, daß die Zwangsvollstreckung gegen oder ohne Sicherheitsleistung einstweilen einzustellen oder nur gegen Sicherheitsleistung fortzusetzen sei.

Lit: *Baltzer,* Durchgriffserinnerung oder einfache Erinnerung gegen die Klauselerteilung nach §§ 726 ff ZPO? DRiZ 1977, 229; *Palm* wie bei § 724; *Schneider,* Durchgriffserinnerung gegen die Erteilung der Vollstreckungsklausel, JurBüro 1978, 1118.

1 **I) Zweck:** Prüfung der mit Vollstreckungsklausel zu bescheinigenden Vollstreckungsvoraussetzungen ist als selbständiger Prozeßvorgang vor die Vollstreckung gestellt. Einwendungen gegen Erteilung oder Verweigerung der Vollstreckungsklausel können daher nicht mit den Rechtsbehelfen des späteren ZwV-Verfahrens vorgebracht werden. Die Rechtsbehelfe zur gerichtlichen Kontrolle der mit Vollstreckungsklausel bescheinigten Vollstreckbarkeit des Titels sind deshalb selbständig geregelt, für den Schuldner in § 732 (und § 768). Ziel der mit § 732 zu verfolgenden Einwendungen ist die Beseitigung (oder nur Einschränkung) der Vollstreckungsklausel.

2 **II) 1) Rechtsbehelfe des Gläubigers** bei Ablehnung des Gesuchs um Erteilung einer vollstreckbaren Ausfertigung: Antrag auf Entscheidung des Prozeßgerichts (§ 576 I) bzw Rechtspflegererinnerung (§ 11 I RpflG; Rn 13 zu § 724) und Klauselklage (§ 731).

3 **2) Rechtsbehelfe des Schuldners** gegen die Zulässigkeit der Vollstreckungsklausel: Einwendungen (§ 732) und Klage wegen Unzulässigkeit der Vollstreckungsklausel (§ 768). Zur Abgrenzung Rn 12. Im Vollstreckungsverfahren kann der Schuldner Einwendungen gegen die Zulässigkeit der Vollstreckungsklausel nicht vorbringen (Hamm FamRZ 81, 199 mit Nachw; im übrigen Rn 14 zu § 724).

4 **3)** Wenn der **Rechtspfleger** die Klausel erteilt hat (§ 20 Nr 12, 13 RpflG) sind Einwendungen des Schuldners gleichfalls nach § 732 zu erheben. Das Gericht hat auch dann zu entscheiden, wenn die Einwendungen nicht begründet sind; es kann die Einwendungen nicht als Durchgriffserinnerung dem Rechtsmittelgericht vorlegen. § 732 beruht auf der Erwägung, daß über die Rechtmäßigkeit der Klausel auf Einwendung des Schuldners das Gericht selbst nach Anhörung der Beteiligten entscheiden soll; Beschwerde an das nächsthöhere Gericht ist nicht statthaft. Als besonderer Rechtsbehelf des Klauselverfahrens verdrängt damit § 732 (ebenso wie § 766) die Erinnerung nach § 11 RpflG. Das ist jetzt allgemeine Ansicht, zB Celle JurBüro 82, 1264; Düsseldorf JMBlNW 73, 232; Karlsruhe JurBüro 83, 776 und Rpfleger 83, 118; Schleswig SchlHA 74, 43; Stuttgart Justiz 84, 203 = MDR 84, 591 L; LG Mannheim Justiz 77, 458; LG Frankenthal MDR 83, 237; StJM Rdn 9, ThP Anm 1 b je zu § 732; Herbst Anm 2 e zu § 11 RpflG; Baltzer DRiZ 1977, 228; E. Schneider JurBüro 78, 1118; aM Karlsruhe Rpfleger 77, 453; LAG Hamm MDR 71, 612.

5 **III) 1)** Nach § 732 sind **formelle Einwendungen** gegen die Zulässigkeit der Vollstreckungsklausel geltend zu machen. Es kann gerügt werden, daß die Klausel unzulässig erteilt sei

6 **a)** zu einem **nicht bestehenden** (nach BGH 15, 190 = NJW 55, 182 nicht vollstreckbaren) **Titel** (Rn 5 zu § 724), zB weil das Urteil nicht wirksam geworden (auch wegen Fehlens der deutschen Gerichtsbarkeit wirkungslos, LG Gießen NJW 56, 555) oder eine Urkunde nicht wirksam errichtet ist oder weil es sich nicht um einen Prozeßvergleich handelt (BGH aaO), weil das Urteil im Berufungs- oder Revisionsverfahren, auf Einspruch oder im Nachverfahren aufgehoben worden ist, weil ein noch nicht rechtskräftiges Urteil mit Klagerücknahme wirkungslos oder durch einen späteren Vergleich hinfällig geworden ist (KG JW 30, 2066) oder die ZwV für unzulässig erklärt ist (§ 767 I);

7 **b)** zu einem **nicht vollstreckbaren Titel** (Rn 6 zu § 724), weil das Endurteil weder rechtskräftig noch für vorläufig vollstreckbar erklärt ist oder weil die Vollstreckbarkeit wieder außer Kraft getreten ist (§ 717 I), oder auch, weil der Titel nicht in dem Umfang vollstreckbar ist, in dem die Klausel erteilt wurde (weil die nach dem Urteil von Sicherheitsleistung des Gläubigers abhängige Vollstreckbarkeit des Kostenfestsetzungsbeschlusses nicht vermerkt ist; München NJW 1956, 996);

8 **c)** zu einem **inhaltlich unbestimmten Titel** (Rn 4 zu § 704) oder zu einem Titel **ohne vollstreckungsfähigen Inhalt** (Rn 7 zu § 724);

9 **d)** einem **Gläubiger,** der **nicht** als Prozeßbeteiligter ein Recht auf Vollstreckung und damit auf Erteilung einer vollstreckbaren Ausfertigung hat (Rn 3 zu § 724);

e) gegen eine Person, die **nicht** der nach dem vollstreckbaren Titel zur Leistung (Unterlassung) verpflichtete **Schuldner** ist (Düsseldorf OLGZ 84, 93); 10

f) unter **Verletzung von Verfahrensvorschriften** (Rn 8–11 zu § 724), so ohne Antrag, durch nicht zuständigen Beamten, in unrichtiger Form (auch wenn Mangel der Vertretungsmacht des in der Klausel genannten gesetzlichen Vertreters gerügt wird, Oldenburg MDR 55, 488). 11

2) Macht der Schuldner geltend, die **besonderen Voraussetzungen** für Erteilung der vollstreckbaren Ausfertigung in den Sonderfällen der §§ 726 I, 727–729, 738, 742, 744, 745 II, 749 seien nicht durch öffentliche oder öffentlich beglaubigte Urkunden nachgewiesen (auch wenn Offenkundigkeit oder Zugeständnis beanstandet wird), so können damit gerügt sein die Voraussetzungen der Vollstreckbarkeit des Titels (§ 726; erforderliche Tatsache sei nicht eingetreten), das Recht des Gläubigers zur Vollstreckung (Urkunde belegt keinen Forderungsübergang mit Abtretung) oder die Vollstreckbarkeit gegen den Schuldner (Schuldner ist nicht Erbe, nicht Vermögensübernehmer), aber auch Verletzung von Verfahrensvorschriften (Beispiel: Form der Urkunde entspricht nicht; Urkundsbeamter hat unzuständig Klausel erteilt). Einwendungen gegen die für Vollstreckbarkeit des Titels in solchen Fällen als eingetreten angenommene Tatsache können auf unzulänglichem Nachweis (Form der Urkunde) oder unrichtiger rechtlicher Würdigung des Nachweises (keine Abtretung, keine Vermögensübernahme) ebenso gestützt werden wie auf Gründe des materiellen Rechts, die im Klauselverfahren nicht mit Urkunden unter Beweis gestellt sind. Dem Schuldner ist daher in diesen Sonderfällen auch Klage gegen die Vollstreckungsklausel ermöglicht. Damit sind für den Schuldner Schwierigkeiten für Abgrenzung der Rechtsbehelfe ausgeräumt. Unterschiede bestehen dennoch, und zwar wie folgt: Mit Einwendungen nach § 732 kann jeder Mangel einer Klauselvoraussetzung (alle formellen Beanstandungen) geltend gemacht werden, mit Klage nach § 768 kann nur für die Sonderfälle bestritten werden, daß der als bewiesen angenommene Eintritt der besonderen Voraussetzung für die Erteilung der Klausel gegeben ist. Einwendungen nach § 732 ermöglichen nur formell Überprüfung des Klauselverfahrens daraufhin, ob die vorgelegten Nachweise den Anforderungen entsprechen (Form) und den erforderlichen Beweis bringen. Im Klageverfahren besteht keine Beweismittelbeschränkung; vorgebracht werden können daher auch Einwendungen, die nicht durch die im Klauselverfahren eingereichten Urkunden ausgewiesen sind (Beispiel: urkundlich nachgewiesene Abtretung ist nichtig). Ein Rechtsschutzbedürfnis für Einwendungen (§ 732) oder Klage (§ 768) kann daher nicht verneint werden, weil auch der andere Rechtsbehelf offensteht (nach StJM Rdn 6 zu § 731 Wahlrecht). 12

IV) Zulässig sind Einwendungen nach § 732 nur gegen die erteilte vollstreckbare Ausfertigung; vor Erteilung der Vollstreckungsklausel ist der Rechtsbehelf nicht gegeben. Nach vollständiger Beendigung der ZwV mit Befriedigung des Gläubigers sind Einwendungen gegen die Vollstreckungsklausel nicht mehr zulässig; Durchführung nur einzelner ZwV-Maßnahmen ist nicht hinderlich (Eintragung einer Sicherungshypothek; LG Hildesheim NJW 62, 1256). (Materielle) Einwendungen gegen den durch das Urteil festgestellten vollstreckbaren Anspruch selbst (zB Erfüllung, Erlaß, Stundung, Beendigung gesetzlicher Prozeßstandschaft, Köln FamRZ 85, 626) sind mit Klage nach § 767 geltend zu machen. Rechtshängigkeit dieser Klage schließt gleichzeitige Verfolgung formeller Mängel mit Einwendungen nach § 732 nicht aus (BGH 92, 348 [349]; LG Hildesheim aaO). Rechtskraft- oder Präklusionswirkung (§ 767 II) eines Urteils nach § 731 steht Einwendungen aus § 732 entgegen. 13

V) Verfahren: 1) Einwendungen nach § 732 unterliegen nicht dem Anwaltszwang (§ 78 III). Ausschließlich (§ 802) zuständig ist das Gericht, von dessen Geschäftsstelle die Vollstreckungsklausel erteilt ist (§ 732 I, auch § 795; für zu vollstreckende Urkunden § 797 III, für Vergleiche der Gütestellen § 797 a IV S 3). Wenn Einwendungen der Titel in einer Familiensache zugrunde liegt, ist auch das Klauselvefahren Familiensache (Düsseldorf FamRZ 76, 427). Der Einzelrichter entscheidet nur, wo er in der Hauptsache entschieden hat (Rn 3 zu § 348; überholt Oldenburg NJW 63, 257), der Vorsitzende der Kammer für Handelssachen nur im Fall des § 349 III. Der Urkundsbeamte und ebenso der Rechtspfleger kann abhelfen (Palm Rpfleger 67, 365 [366]; dann für Gegenpartei Rechtsbehelfe des Klauselverfahrens, Rn 13 zu § 724). Die gerichtliche Entscheidung kann ohne mündliche Verhandlung ergehen (Abs 1 S 2); rechtliches Gehör ist dem Gläubiger zu gewähren (Art 103 I GG). 14

2) Die Entscheidung ergeht durch **Beschluß.** Sie kann „die ZwV aus der am ... für den Gläubiger erteilten Vollstreckungsklausel für unzulässig erklären" (nicht auch die ganze Ausfertigung einziehen) oder teilweise für unzulässig erklären (StJM Rdn 10; aA Kiel OLG 29, 184, LG Essen NJW 72, 2050 mit Anm Pohlmann NJW 73, 199) oder die Einwendungen des Schuldners zurückweisen. Maßgebend ist der Zeitpunkt der Entscheidung, nicht, ob die Klausel bei Erteilung zulässig war. Gründe, die nach Erteilung der Klausel entstanden sind (Wegfall der Vollstreckbarkeit), 15 sind ebenso zu berücksichtigen wie die Einwendungen unbegründet werden, wenn ein gerügter Mangel während des Verfahrens entfällt. Kosten: Bei Zurückweisung § 97 I, bei Erfolg § 91 I S 1. Es erfolgt formlose Mitteilung an Antragsteller (und gehörten Antragsgegner), § 329 II. Entscheidungswirkung nach § 775 Nr 1, § 776. Gibt der Schuldner erst im Rahmen der von ihm gem § 732 erhobenen Einwendungen die Tatsachen zu, die nach § 726 I usw durch öffentliche oder öffentlich beglaubigte Urkunden nachzuweisen gewesen wären, so bedarf es nicht der Aufhebung der Vollstreckungsklausel, vielmehr ist über die Rechtmäßigkeit der Klausel nach dem nunmehr vorliegenden Vorbringen zu entscheiden.

16 3) **Rechtsbehelfe:** Bei Zurückweisung einfache Beschwerde des Schuldners (München OLG 33, 90; Dresden JW 33, 1669); bei Erfolg des Schuldners einfache Beschwerde des Gläubigers (KG OLG 31, 88; München OLG 37, 160; Stettin HRR 33 Nr 1268; StJM Rdn 11 zu § 732). Beschwerde und weitere Beschwerde nicht bei Entscheidung des OLG (§ 567 III) und nicht über den Rechtszug in der Hauptsache hinaus; sonst ist weitere Beschwerde nach § 568 II zulässig (Frankfurt Rpfleger 81, 314). Der Erwerber einer Sache, gegen den ein Urteil auf Herausgabe nach Umschreibung der Vollstreckungsklausel vollstreckt wird, kann, sofern er die Sache gutgläubig im Sinne des § 325 II erworben hat, sein Eigentum durch neue Klage geltend machen, auch wenn er die Rechtsbehelfe nach §§ 732, 768 nicht wahrgenommen hat (BGH 4, 283).

17 **VI) Einstweilige Anordnung:** Einwendungen nach § 732 haben keine aufschiebende Wirkung. Das Gericht (infolge des Abänderungsrechts auch Urkundsbeamter und Rechtspfleger) kann aber auf Antrag oder von Amts wegen eine einstweilige Anordnung erlassen (Abs 2); die Aufhebung schon erfolgter Vollstreckungsmaßnahmen ist nicht zulässig (Hamburg MDR 58, 44). Die einstweilige Anordnung wird mit der Entscheidung gegenstandslos. Beschwerde gegen die einstweilige Anordnung wird nicht für zulässig erachtet (StJM Rdn 14 zu § 732; Hamm MDR 79, 852; die Anordnung des Urkundsbeamten ist mit Erinnerung an das Gericht (§ 576 I), die des Rechtspflegers mit befristeter Rechtspflegererinnerung (§ 11 I RpflG) anfechtbar.

18 **VII) Gebühren: 1)** des **Gerichts:** Keine. – **2)** des **Anwalts:** Die Gebühr des § 57 (= 3/10 der Gebühr des § 31 BRAGO) erhält nicht nur der RA des Schuldners, der die Einwendungen nach § 732 erhebt, sondern auch der RA des Gläubigers für seine Tätigkeit in diesem Verfahren, und zwar neben den vorher oder später durch die Zwangsvollstreckung verdienten Gebühren. – **3) Gegenstandswert:** s Rn 7 zu § 731.

733 *[Weitere vollstreckbare Ausfertigung]*

(1) Vor der Erteilung einer weiteren vollstreckbaren Ausfertigung kann der Schuldner gehört werden, sofern nicht die zuerst erteilte Ausfertigung zurückgegeben wird.

(2) Die Geschäftsstelle hat von der Erteilung der weiteren Ausfertigung den Gegner in Kenntnis zu setzen.

(3) Die weitere Ausfertigung ist als solche ausdrücklich zu bezeichnen.

1 **I) Zweck:** Schutz des Schuldners gegen mehrfache ZwV aus demselben Titel (Düsseldorf DNotZ 77, 571) bei gleichzeitiger Wahrung berechtigter Belange des Gläubigers.

2 **II) 1)** Erteilt wird eine **weitere** vollstreckbare **Ausfertigung,** wenn die Vollstreckungsklausel (§ 725) einer neuen (zusätzlichen) Ausfertigung des Urteils (sonstigen Titels) wegen des gleichen vollstreckbaren Anspruchs beigefügt wird (KG OLGZ 73, 112). Das ist nicht der Fall, wenn nur eine Teilklausel erteilt war und später wegen des weiteren Anspruchs eine (erste) vollstreckbare Ausfertigung verlangt wird, ebenso nicht, wenn Klauseln nacheinander für Teilansprüche mehrerer Gläubiger oder gegen mehrere gesondert oder nach Teilen haftende Schuldner erteilt werden (Rn 12 zu § 724), auch nicht, wenn die bisherige Klausel berichtigt wird (KG OLGZ 73, 112; München Rpfleger 72, 264), ebenso nicht, wenn über einen abgetretenen (kraft Gesetzes übergegangenen) Teilanspruch Rechtsnachfolgeklausel (§ 727) erteilt und auf der bisherigen Ausfertigung vermerkt wird, daß sie sich nicht mehr auf den abgetretenen (übergegangenen) Teil erstreckt (KG aaO und OLGZ 73, 133 = FamRZ 76, 545). § 733 ist auch bei weiterer Ausfertigung eines Vollstreckungsbescheids anwendbar (LG Berlin Rpfleger 71, 73).

3 **2)** Besonderheiten für Erteilung einer weiteren vollstreckbaren Ausfertigung regelt § 733 nur für den Fall, daß **nicht** die zuerst erteilte Ausfertigung **zurückgegeben** wird (nicht richtig BLH Anm 2 zu § 733). Erfolgt Rückgabe (und besteht Interesse an einer neuen vollstreckbaren Ausfertigung, zB weil die Ausfertigung beschädigt oder unleserlich ist), dann wird eine Ausfertigung wieder nach § 724 erteilt. Zuständig hierfür ist der Urkundsbeamte (nicht zutr StJM Rdn 2 zu § 733). Gleiches gilt (aber Zuständigkeit des Rechtspflegers) bei Rechtsnachfolge (§ 727) und in anderen Sonderfällen, wenn die Nachfolgeklausel auf die bisherige vollstreckbare Ausfertigung

gesetzt (diese „umgeschrieben") wird. Nur wenn die dem Gläubiger bereits erteilte vollstreckbare Ausfertigung nicht zurückgegeben wird, wird seinem Rechtsnachfolger (§ 727) bzw in anderen Sonderfällen eine weitere vollstreckbare Ausfertigung erteilt (LG Koblenz DNotZ 70, 409).

III) 1) Der Gläubiger muß ein **Recht** auf Erteilung der vollstreckbaren Ausfertigung (Rn 3 zu § 724) und **zusätzlich ein Interesse** an einer nochmaligen vollstreckbaren Ausfertigung haben. Das ist der Fall: 4

a) bei Verlust der ersten Ausfertigung (nicht aber bei Beschädigung usw; s Rn 2). Verschulden ist nicht schädlich; gleich ist daher, ob der Titel bei Übersendung durch das Gericht, beim Gläubiger oder seinem Prozeßbevollmächtigten oder bei einer Vollstreckung verloren gegangen ist. Er kann auch dem Schuldner durch den Gläubiger (Stuttgart Rpfleger 76, 144; Königsberg OLG 40, 32) oder Gerichtsvollzieher (Hamm Rpfleger 79, 431), auch infolge falscher Berechnung der Gläubigerforderung (aber Rn 12) ausgehändigt worden sein (dann jedoch Beschränkung der neuen Klausel auf Restforderung; aA Frankfurt Rpfleger 78, 104: bei falscher Abrechnung für restige Vollstreckungskosten keine neue Ausfertigung, bedenklich). Dem Verlust ist der Fall gleichgestellt, daß sich nicht klären läßt, ob der Gläubiger die in den Akten vermerkte Ausfertigung erhalten hat (LG Köln JurBüro 69, 1218; Schleswig SchlHA 81, 81 L). 5

b) wenn gleichzeitig an mehreren Orten in verschiedene Vermögenswerte des Schuldners zu vollstrecken ist (Karlsruhe Rpfleger 77, 453; Pfändung durch Gerichtsvollzieher und Zwangsversteigerung; Vollstreckung in Wohnung und Geschäftsräumen), nicht aber, wenn der Titel dem Vollstreckungsgericht für ein Offenbarungsverfahren eingereicht ist (Karlsruhe aaO). 6

c) wenn ein Gesamtgläubiger ein Interesse an der gesonderten Ausfertigung zur selbständigen Vollstreckung gegen den Schuldner hat. 7

d) wenn der Titel gegen Gesamtschuldner ausgefertigt ist und der Gläubiger ein Interesse an selbständiger Vollstreckung gegen die einzelnen Schuldner an verschiedenen Orten oder durch mehrere Vollstreckungsorgane hat. 8

e) nach Rechtsnachfolge (auch Teilrechtsnachfolge) auf der Gläubigerseite, wenn der Titel dem Rechtsnachfolger nicht zur Verfügung steht (Stuttgart JurBüro 80, 1098 = Rpfleger 80, 304). Bei Rechtsnachfolge (auch bei teilweiser) auf Schuldnerseite besteht ein Interesse nur im Falle oben b; sonst kann die Nachfolgeklausel auf die schon erteilte Ausfertigung gesetzt werden (Rn 3). 9

2) Berechtigte **Interessen des Schuldners** dürfen nicht verletzt (gefährdet) werden. Eine weitere vollstreckbare Ausfertigung ist daher nur ausnahmsweise zu erteilen (KG JW 38, 969). Maßgebend sind die Umstände des Einzelfalls. Dem Schuldner dürfen keine Nachteile entstehen (Karlsruhe aaO). Keine Zweitausfertigung ist zu erteilen, wenn der Prozeßbevollmächtigte des Gläubigers an der erteilten Ausfertigung ein Zurückbehaltungsrecht geltend macht (Saarbrükken AnwBl 81, 161; LG Hannover JurBüro 81, 1582 = Rpfleger 81, 444). Ein Herausgabetitel ist für Beitreibung von Zinsen der zur Abwendung der Vollstreckung vereinbarungsgemäß geleisteten Forderung nicht erneut auszufertigen (LG Essen DGVZ 1977, 125). § 733 ist der Parteidisposition entzogen; auch weitere vollstreckbare Ausfertigung einer notariellen Urkunde kann daher nicht mit Einvernehmen des Schuldners, sondern nur unter den besonderen Voraussetzungen (§ 733 mit § 797 III) erteilt werden (Brambring DNotZ 77, 573). 10

IV) Verfahren 1) Antrag kann formlos gestellt werden (kein Anwaltszwang, § 78 III). **Zuständig** ist der Rechtspfleger (§ 20 Nr 12 RpflG); für notarielle Urkunden § 797 III. Klauselerteilung durch den Urkundsbeamten ist unwirksam (LG Berlin Rpfleger 71, 74). **Anhörung** des Schuldners (schriftlich oder mündlich) hat zu erfolgen (trotz Kann-Bestimmung geboten jedenfalls in allen nicht eindeutigen Fällen), wenn sie nicht untunlich ist (zB bei besonderer Dringlichkeit). 11

2) Der Rechtspfleger **prüft** Antrag und Voraussetzungen für Erteilung einer ersten (Rn 10 zu § 724) und die besonderen Voraussetzungen der weiteren vollstreckbaren Ausfertigung (§ 733). Dabei sind auch Einwendungen des Schuldners gegen die Gründe, die für Erteilung der weiteren Klausel geltend gemacht sind, zu berücksichtigen, nicht aber Einwendungen gegen den vollstreckbaren Anspruch (hierfür § 767). Letztere können jedoch ergeben, daß (insbesondere nach Aushändigung des Titels) kein Rechtsschutzinteresse des Gläubigers an einer weiteren vollstreckbaren Ausfertigung besteht. Die Beweislast trifft den Gläubiger; ausreichend ist Glaubhaftmachung (§ 294; Hamm Rpfleger 79, 431), wenn nicht der Einzelfall weitere Nachweise gebietet (s KG JW 38, 969; Beispiel Stuttgart Rpfleger 76, 144: nach Aushändigung des Titels ist nachzuweisen, daß ein vollstreckbarer Anspruch noch besteht, auch LG Hechingen DGVZ 84, 116 = Rpfleger 84, 151 und LG Nürnberg-Fürth JurBüro 82, 137). Der Rechtsnachfolger hat die seinem Vorgänger erteilte Ausfertigung zwar nicht beizuschaffen (Stuttgart JurBüro 80, 1098 = Rpfleger 80, 304; aA KG JW 33, 1779 und FamRZ 85, 627); er hat aber doch glaubhaft zu machen, daß 12 sie nicht in seinen Besitz gelangt ist (nach KG OLGZ 73, 112 auch, daß sie ihm nicht zur Verfügung gestellt werden kann) und daher nicht vorgelegt werden kann (München Rpfleger 72, 264).

13 **3)** Die weitere vollstreckbare Ausfertigung ist ausdrücklich als solche (als „weitere" oder „zweite" usw) zu **bezeichnen** (Abs 3). Üblich und zweckmäßig ist Bezeichnung in der Überschrift (müßte allein ausreichen) und im Wortlaut der Klausel „Vorstehende zweite Ausfertigung wird dem ... erteilt" (genügt allein). Vermerk auf dem Urteil § 734; Nachricht an den Schuldner Abs 2.

14 **V) Rechtsbehelfe: 1)** Für Gläubiger bei Ablehnung § 11 RpflG (Rn 13 zu § 724); für Schuldner Einwendungen nach § 732 (nicht als Durchgriffserinnerung; Rn 4 zu § 732) und Klage nach § 768. Keine Klauselklage nach § 731 für Gläubiger (Marienwerder OLG 10, 395), soweit die weitere Ausfertigung aus Gründen des § 733 versagt worden ist (anders, wenn die in § 731 genannten Nachweise nicht geführt sind).

15 **2)** Leistungsklage kann nicht erneut erhoben werden, wenn eine zweite vollstreckbare Ausfertigung nach § 733 erteilt werden kann. Wird eine 2. Ausfertigung nicht erteilt, auch weil sie nach Vernichtung oder Verlust der Akten nicht mehr hergestellt werden kann, so hat der Gläubiger neu zu klagen. Herausgabeanspruch hat der Gläubiger im Klageweg geltend zu machen, wenn der Schuldner die vollstreckbare Ausfertigung in Händen hat (s Stuttgart aaO).

16 **VI) Gebühren: 1)** des **Gerichts:** Die Erteilung einer weiteren vollstreckbaren Ausfertigung ist durch die allgemeine Verfahrensgebühr (KV Nr 1010) abgegolten; aber Antragsschreibauslagen nach KV Nr 1900 Ziff 1a; s dazu auch § 64 II GKG. – **2)** des **Anwalts:** Es können sowohl der Prozeßbevollmächtigte des Hauptprozesses als auch der mit der Zwangsvollstreckung beauftragte RA die Gebühren des § 57 BRAGO neben ihren sonstigen Gebühren beanspruchen.

734 *[Vermerk über Ausfertigungserteilung]*

Vor der Aushändigung einer vollstreckbaren Ausfertigung ist auf der Urschrift des Urteils zu vermerken, für welche Partei und zu welcher Zeit die Ausfertigung erteilt ist.

1 **Zweck:** Sicherung, daß Vollstreckungsklausel nicht unzulässig mehrfach erteilt wird. **Vermerk** ist auf allen Titeln anzubringen (§ 795). Verantwortlich ist der Urkundsbeamte oder Rechtspfleger, der die Klausel erteilt; angebracht werden kann der Vermerk auch durch andere Bedienstete. Von Urteilen der Rechtsmittelinstanz ist nur eine beglaubigte Abschrift zu den Akten erster Instanz zu bringen (§ 544 II, § 566). Darauf ist der Vermerk daher auch zu setzen, wenn die Klausel in der höheren Instanz erteilt wird (Rn 9 zu § 724). Dies kann sogleich urschriftlich geschehen (zweckmäßig) oder in der Weise, daß der Vermerk auf die zu den Sammelakten genommene Entscheidungsurschrift gesetzt und in die beglaubigte Abschrift übernommen wird.

735 *[Zwangsvollstreckung gegen Verein]*

Zur Zwangsvollstreckung in das Vermögen eines nicht rechtsfähigen Vereins genügt ein gegen den Verein ergangenes Urteil.

1 **I) Vermögen** eines nicht rechtsfähigen **Vereins** (§§ 54, 21 BGB) gehört den Mitgliedern zur gesamten Hand als dem Vereinszweck gewidmetes Sondervermögen (BGH 50, 325 = NJW 68, 1830). Für die ZwV in dieses Vermögen (auch nach Auflösung bis zur Vollbeendigung der Liquidation) genügt ein **gegen den** passiv parteifähigen nicht rechtsfähigen **Verein** (§ 50 II) **ergangenes Urteil** (anderer Titel, §§ 735, 795). Vertreten wird der nichtrechtfähige Verein in der ZwV durch den Vorstand (die Liquidatoren); mehrere Vorstandsmitglieder vertreten gemeinschaftlich oder nach anderer Regelung in der Satzung. Die ZwV kann in Forderungen (zB Mitgliedsbeiträge, RG 76, 278), in körperliche Sachen im Gewahrsam (§ 808) der Vereinsorgane und auch in Grundstücksrechte, die im Grundbuch auf den Namen aller Mitglieder eingetragen sind (Jung NJW 86, 157), erfolgen. Gegen Vereinsorgane kann auch ein gegen den nichtrechtsfähigen Verein lautender Titel auf Herausgabe, Handlung oder Unterlassung (§§ 883 ff) vollstreckt werden. Andere Vereinsmitglieder sind Dritte, deren Gewahrsam nach § 809 geschützt ist (s auch § 100 Nr 1 GVGA). Sie können einer Pfändung nach § 809 widersprechen und bei Pfändung Erinnerung nach § 766 erheben; unzulässig ist Widerspruchsklage (§ 771) eines Mitglieds auf Grund Miteigentums am Vereinsvermögen. ZwV in das Privatvermögen der Mitglieder (auch Organe) ermöglicht der Vollstreckungstitel gegen den nicht rechtsfähigen Verein nicht (RG 143, 216). Keine Rechtsnachfolge, sondern Personenidentität liegt vor, wenn der verurteilte nicht rechtsfähige Verein Rechtsfähigkeit (§§ 21, 22 BGB) erlangt: der Titel ist daher ohne Klauselumstellung auch gegen den rechtsfähigen Verein vollstreckbar. Entsprechendes gilt, wenn sich ein Verein

mit Verzicht auf die Rechtsfähigkeit als solcher in einem nicht rechtsfähigen Verein fortsetzt (Stöber Vereinsrecht Rdn 291). Wenn Vermögen eines aufgelösten Vereins an Mitglieder verteilt ist, kann der Vereinstitel nur bei Wirkung gegen sie als Besitz-, ggfs Rechtsnachfolger nach allgemeinen Grundsätzen (§§ 727, 729) vollstreckt werden.

II) Ein eigener **Titel gegen alle Vereinsmitglieder** ist zur ZwV in Vereinsvermögen nicht erforderlich. Der Gläubiger kann aber auch alle Mitglieder des nicht rechtsfähigen Vereins als solche verklagen (Rn 36 zu § 50) und mit dem so erlangten Titel in das Vereinsvermögen vollstrecken (dies dann nach § 736; s auch § 100 Nr 2 GVGA), ebenso dann auch in Privatvermögen der Mitglieder, wenn sich nicht die Beschränkung der Haftung auf das Vereinsvermögen (zumindest durch Auslegung an Hand der Gründe) aus dem Titel ergibt. Für Vollstreckung in Vereinsvermögen mit einem gegen alle Mitglieder erwirkten Titel ist auch Gewahrsam der Mitglieder (§ 809) nicht geschützt. 2

III) Sind Mitglieder **persönlich verurteilt** (§ 52 S 2 BGB), dann kann nur in ihr Privatvermögen vollstreckt werden. 3

736 *[Zwangsvollstreckung in Gesellschaftsvermögen]*

Zur Zwangsvollstreckung in das Gesellschaftsvermögen einer nach § 705 des Bürgerlichen Gesetzbuchs eingegangenen Gesellschaft ist ein gegen alle Gesellschafter ergangenes Urteil erforderlich.

Lit: *Brehm*, Die Haftung des Vermögens einer Gesellschaft bürgerlichen Rechts für private Schulden der Gesellschafter, KTS 1983, 21; *Brüggemann*, Die Vollstreckung gegen Personenmehrheiten des BGB und HGB, DGVZ 1961, 33; *Kornblum*, Die Rechtsstellung der BGB-Gesellschaft und ihrer Gesellschafter im Zivilprozeß – Erkenntnisverfahren und ZwV, BB 1970, 1445; *Mümmler*, ZwV in das Gesellschaftsvermögen und in Gesellschaftsanteile der Gesellschaft des bürgerlichen Rechts und der offenen Handelsgesellschaft, JurBüro 1982, 1607; *Oehlerking*, Die Auswirkungen des Konkurses der Gesellschafter einer BGB-Gesellschaft auf die Stellung der Gesellschaftsgläubiger, KTS 1980, 14; *Noack*, Die Gesellschaft bürgerlichen Rechts in der ZwV (Einzelfragen) MDR 1974, 811.

I) 1) BGB-Gesellschaftern (§§ 705 ff BGB) gehört Gesellschaftsvermögen (§ 718 BGB) gemeinschaftlich zur gesamten Hand (§ 719 BGB). Erforderlich zur ZwV in dieses dinglich gebundene Sondervermögen ist ein gegen **alle Gesellschafter** lautendes Urteil (oder anderer Titel, §§ 736, 795). Es kann zur Beitreibung gemeinschaftlicher Schulden (vgl § 733 I BGB) erwirkt sein; aber auch andere Verbindlichkeiten („Privatschulden"), für die Gesellschafter gesamtschuldnerisch haften, können mit einem Titel nach § 736 in das Gesellschaftsvermögen vollstreckt werden (Brehm KTS 83, 21; Noack MDR 74, 811; Oehlerking KTS 80, 14; aA Kornblum BB 70, 1445). Verurteilung aller Gesellschafter (als Gesamtschuldner) kann auch gesondert erfolgt sein (RG 68, 223). Ebenso können inhaltsgleiche Titel verschiedener Art als gegen alle Gesellschafter gerichtete Titel in das Gesellschaftsvermögen vollstreckt werden (gleichlautender Inhalt von Urteil gegen Gesellschafter A, Vergleich gegen B und vollstreckbarer Urkunde gegen C; Brüggemann DGVZ 61, 33). Vollstreckt werden kann der gegen alle Gesellschafter lautende Titel in Gesellschaftsvermögen, das sich in Händen des (eines) geschäftsführenden Gesellschafters befindet und ebenso in Gesellschaftsvermögen in Gewahrsam (§ 808) eines Gesellschafters, der nicht Geschäftsführer ist. Der Gläubiger kann aber auch gegen jeden einzelnen Gesellschafter persönlich vollstrecken, sofern nicht der Titel eine Haftungsbeschränkung auf das Gesellschaftsvermögen enthält (zum Vorbehalt Noack und Kornblum aaO). ZwV auf Herausgabe, Handlung oder Unterlassung (§§ 883 ff) gegen Gesellschafter als zusammen (samtverbindlich) Haftende erfordert gleichfalls Titel nach § 736 gegen alle. 1

2) Das Urteil (der Schuldtitel) muß gegen alle Gesellschafter lauten, die der Gesellschaft **zur Zeit** (bei Beginn) **der ZwV angehören** (§ 750 I; s § 101 GVGA). Tritt vor der ZwV ein **neuer Gesellschafter** in die Gesellschaft ein, so haftet er für vorher begründete Verbindlichkeiten zwar nur bei besonderer Vereinbarung mit dem Gläubiger (BGH 74, 240 = MDR 79, 823 = NJW 79, 1821). Mit dem Gesellschafts-(Gesamthand-)Vermögen haftet er jedoch auch für die vor seinem Beitritt begründeten Gläubigeransprüche (BGH aaO und NJW 81, 1095). Er ist insoweit Rechtsnachfolger eines ausscheidenden Gesellschafters, wenn dieser seinen Anteil übertragen hat (Sonderrechtsnachfolger) oder als dessen Gesamtrechtsnachfolger (zB Erbe) oder aller Gesellschafter hinsichtlich der auf ihn übergegangenen Beteiligungen, wenn er als weiteres Mitglied aufgenommen wurde. Der gegen alle Gesellschafter erwirkte Titel (nicht auch Einzeltitel gegen die 2 samtverbindlich Haftenden) wird gegen den Eintretenden nach § 727 umgeschrieben (hA; aA StJM Rdn 2 zu § 736). Klauselerteilung erfolgt mit Ausdehnung auf den Eingetretenen; Ausschluß der persönlichen Haftung ist zu bezeichnen.

3 **3)** Zur **Vollstreckung eines Gesellschafters** in Gesellschaftsvermögen genügt ein Titel gegen die übrigen Gesellschafter (Palandt/Thomas Anm 5c zu § 709 BGB; StJM Rdn 1 zu § 736). Sind nur **einzelne Gesellschafter** verurteilt, so kann nur in ihr Privatvermögen vollstreckt werden. Dazu gehört auch der pfändbare (§ 859 I) Anteil am Gesellschaftsvermögen. Der gegen eine Gesellschaft ohne Bezeichnung der Gesellschafter (oder unter Bezeichnung mit einer „Firma") ergangene Titel ist unwirksam; ZwV in Gesellschaftsvermögen gestattet er nicht (LG Berlin Rpfleger 73, 104 mit zust Anm Petermann; LG Mainz DGVZ 73, 157). Gleiches gilt für Titel gegen die (sonst) nicht namentlich, sondern nur unter einer Sammelbezeichnung genannte „Gesellschaft, vertreten durch den Geschäftsführer ..." (aA BLH Anm 1 A zu § 736). Konkurs eines Gesellschafters hindert die Vollstreckung des Titels nach § 736 in Gesellschaftsvermögen nicht, jedoch (§ 14 KO) Konkurs aller Gesellschafter (BGH 23, 307 = NJW 57, 750). Bei der Innengesellschaft ist (im Außenverhältnis) nur ein Partner Vermögensinhaber; Vollstreckung erfordert daher Titel nur gegen ihn.

4 **II)** Zur ZwV in das Gesellschaftsvermögen einer **OHG** ist ein gegen die Gesellschaft gerichteter vollstreckbarer Schuldtitel erforderlich (§ 124 II HGB). Ein Titel gegen alle Gesellschafter genügt nicht (KG OLG 14, 166). Dies gilt auch bei der **Kommanditgesellschaft** (§ 161 II HGB). Umwandlung der OHG in eine KG oder umgekehrt ist nur Änderung der Haftform, nicht des Schuldners, so daß die Vollstreckbarkeit des Titels davon nicht berührt wird. Gegen die Gesellschafter der OHG oder KG kann aus einem gegen die Gesellschaft gerichteten Titel nicht vollstreckt werden (§ 129 IV HGB). Umschreibung des Titels nach Auflösung der OHG oder KG ist unzulässig (Düsseldorf Rpfleger 76, 327). Wegen der Haftung der Gesellschafter aus Rechtsschein s BGH 61, 69 = NJW 73, 1691. Die Reederei ist als solche parteifähig; es gilt das für die OHG Ausgeführte (Hamburg OLG 23, 93; StJM Rdn 9 zu § 736).

737 *[Zwangsvollstreckung in Nießbrauch bei einem Vermögen]*

(1) Bei dem Nießbrauch an einem Vermögen ist wegen der vor der Bestellung des Nießbrauchs entstandenen Verbindlichkeiten des Bestellers die Zwangsvollstreckung in die dem Nießbrauch unterliegenden Gegenstände ohne Rücksicht auf den Nießbrauch zulässig, wenn der Besteller zu der Leistung und der Nießbraucher zur Duldung der Zwangsvollstreckung verurteilt ist.

(2) Das gleiche gilt bei dem Nießbrauch an einer Erbschaft für die Nachlaßverbindlichkeiten.

1 **I) Zweck:** Wahrung der Rechte des Nießbrauchers bei Geltendmachung des unmittelbaren Zugriffsrechts von Gläubigern.

2 **II) 1)** Nießbrauchsbestellung **an einem Vermögen** (§ 1085 BGB) schmälert das Recht der (persönlichen) Gläubiger des Bestellers, für ihre vor der Bestellung entstandenen Forderungen Befriedigung aus den dem Nießbrauch unterliegenden Gegenständen zu verlangen (§ 1086 BGB) nicht (unmittelbares Zugriffsrecht). Gleiches gilt bei Bestellung eines Nießbrauchs an einer Erbschaft (§ 1089 BGB) für Nachlaßgläubiger. ZwV in die dem Nießbrauch unterliegenden Gegenstände wegen eines Geld- oder Herausgabeanspruchs erfordert Verurteilung des Bestellers zur **Leistung** und des **Nießbrauchers zur Duldung** der ZwV in alle dem Nießbrauch unterliegenden Gegenstände (§ 737; Unterwerfung des Nießbrauchers: § 794 II). Einverständnis des Nießbrauchers (nach § 809) oder Leistungsurteil gegen ihn (er ist nicht Vermögenseigentümer) ersetzt den Duldungstitel nicht; Duldungstitel gegen den Nießbraucher allein genügt gleichfalls nicht (ersetzt Leistungstitel gegen Besteller nicht). Gleichgültig ist, ob Nießbrauchsbestellung unentgeltlich oder entgeltlich erfolgt ist. § 737 gilt ebenso, wenn Nießbrauch an dem Bruchteil eines Vermögens bestellt ist. Einzelnießbrauch an einer beweglichen Sache (§ 1030 BGB) oder an einem Recht (§ 1068 BGB) schließt ZwV durch Gläubiger des Bestellers wegen einer persönlichen Forderung aus (Besonderheiten Rn 3). Zwangsversteigerung eines Grundstücks (anderen unbeweglichen Vermögens, § 864) kann ohne Duldungstitel gegen den Nießbraucher angeordnet werden, weil sie das Nutzungsrecht des Nießbrauchers nicht schmälert (Zeller/Stöber Rdn 29 zu § 15 ZVG; anders: Duldungstitel für persönliche Gläubiger ist nötig Bunger BWNotZ 63, 100) und Rechte eines besserrangigen Nießbrauchs mit dem Deckungsgrundsatz (Bestehenbleiben in der Zwangsversteigerung, §§ 44, 52 ZVG) gewahrt sind. Liegt auch ein Duldungstitel gegen den Nieß-

braucher vor (§ 737), dann wird der Gläubiger vor dem Berechtigten des Nießbrauchs befriedigt, der nicht bestehen bleibt, sondern mit dem Zuschlag erlischt. Bei Zwangsversteigerung auf Antrag eines im Rang gleich oder vor dem Nießbrauch am Grundstück lastenden Rechts sind Interessen des dinglichen Nießbrauchers (§ 1030 BGB) nicht zu wahren; sein Recht erlischt mit dem Zuschlag und erhält aus einem (dafür ausreichenden) Erlös Wertersatz (§ 92). Zwangsverwaltung ist nur beschränkt möglich (Zeller/Stöber Rdn 9 zu § 146 ZVG).

2) Bei dem Nießbrauch **an einem Vermögen** ist für **ZwV in bewegliches Vermögen** (bewegliche Sachen und Forderungen) und für Herausgabeansprüche (sowie für Zwangsverwaltung) zu **unterscheiden:**

a) Bestellung des Nießbrauchs **nach** Entstehen der Forderung und aa) **vor Rechtshängigkeit:** § 737; bb) **nach Rechtshängigkeit:** § 737, jedoch bei Veräußerung einer in Streit befangenen Sache Urteilswirkung nach § 325 mit Klauselerteilung nach § 727. 3

b) Bestellung des Nießbrauchs **nach** Entstehen der Forderung und **nach Rechtskraft:** Klauselerteilung nach § 738. 4

c) Bestellung des Nießbrauchs **vor** Entstehen der Forderung gegen Besteller: Die Gläubiger können in das dem Nießbrauch unterliegende Vermögen nicht vollstrecken (evtl AnfG). 5

d) Erzeugnisse (insbesondere Früchte, § 99 BGB) und sonstige Bestandteile werden mit Trennung Eigentum des Nießbrauchers (§ 954, auch § 1039 BGB). **Verbrauchbare Sachen** (§ 92 BGB) sind Eigentum des Nießbrauchers (§ 1067 BGB). Bei Vollstreckung der Gläubiger des Bestellers für Nießbraucher daher § 771. An die Stelle verbrauchbarer Sachen ist jedoch der Anspruch des Bestellers auf sofortigen Ersatz des Wertes getreten (§ 1086 S 2 BGB). Zur Pfändung des Ersatzanspruchs des Bestellers bedarf der Gläubiger keinen Titel gegen den Nießbraucher; er ist nur Drittschuldner. 6

e) Vollstreckung der für die Dauer des Nießbrauchs **geschuldeten Zinsen** und anderen wiederkehrenden Leistungen einer vor Bestellung des Nießbrauchs entstandenen Forderung gegen den Nießbraucher (Haftung nach § 1088 BGB) in sein Privatvermögen erfordert Zahlungstitel gegen diesen (Klauselumstellung nach § 727 möglich). 7

f) Enstehen der **Forderung** erst **nach** Bestellung des **Nießbrauchs** schließt Individualvollstrekkung gegen den Nießbraucher aus. 8

3) Entstanden ist eine Verbindlichkeit, wenn der Tatbestand der Entstehung gegeben ist; Eintritt einer Bedingung oder Befristung ist nicht erforderlich. Bei wiederkehrenden Leistungen ist daher Entstehung des Rechtsverhältnisses maßgebend, nicht Fälligkeit. ZwV ohne erforderlichen Duldungstitel kann der Nießbraucher (nicht Besteller; aber auch ein Drittschuldner) mit Erinnerung nach § 766 anfechten. 9

738 *[Zwangsvollstreckung bei Nießbrauch nach rechtskräftiger Feststellung der Schuld]*

(1) Ist die Bestellung des Nießbrauchs an einem Vermögen nach der rechtskräftigen Feststellung einer Schuld des Bestellers erfolgt, so sind auf die Erteilung einer in Ansehung der dem Nießbrauch unterliegenden Gegenstände vollstreckbaren Ausfertigung des Urteils gegen den Nießbraucher die Vorschriften der §§ 727, 730 bis 732 entsprechend anzuwenden.

(2) Das gleiche gilt bei dem Nießbrauch an einer Erbschaft für die Erteilung einer vollstreckbaren Ausfertigung des gegen den Erblasser ergangenen Urteils.

I) Prüfung und **Bescheinigung der Duldungspflicht** des Nießbrauchers erfolgen **im Klauselverfahren,** wenn der Nießbrauch an einem Vermögen oder an einer Erbschaft erst nach Rechtskraft (§ 705) des Leistungsurteils (gegen Erblasser) bestellt (§§ 1085, 1089 BGB) worden ist. Verpflichtung zur Bestellung (§ 311 BGB) ist nicht ausreichend. Bestellung des Nießbrauchs an einer in Streit befangenen Sache (§ 265) begründet Urteilswirkung nach § 325; Klauselumstellung gegen Nießbraucher dann nach § 727. Bedeutung des § 738 daher insbes für Geldforderungen. 1

II) Vollstreckbare Ausfertigung wird gegen den Nießbraucher nur in Ansehung der dem Nießbrauch unterliegenden Gegenstände erteilt. Die Beschränkung ist in der Klausel anzugeben; nicht anzuführen sind die dem Nießbrauch unterliegenden einzelnen Gegenstände; Prüfung der Zugehörigkeit zum Vermögen hat durch das Vollstreckungsorgan zu erfolgen. § 325 II findet keine Anwendung; Gutgläubigkeit des Nießbrauchers hindert Haftung nach § 1086 BGB und Klauselerteilung nicht. 2

III) Klausel**verfahren:** Rn 23 zu § 727. Zuständig ist der Rechtspfleger (§ 20 Nr 12 RpflG). Nachzuweisen (Form: § 727) sind Bestellung des Nießbrauchs und ihr Zeitpunkt sowie Rechtskraft 3 (nicht aber Zugehörigkeit einzelner Gegenstände zum Vermögen). **Wortlaut** „Vorstehende Ausfertigung wird dem Gläubiger ... gegen ... zur Duldung der Zwangsvollstreckung in die seinem Nießbrauch unterliegenden, zum Vermögen (Nachlaß) des ... gehörenden Gegenstände erteilt."

739 *[Zwangsvollstreckung gegen Ehegatten]*

Wird zugunsten der Gläubiger eines Ehemannes oder der Gläubiger einer Ehefrau gemäß § 1362 des Bürgerlichen Gesetzbuchs vermutet, daß der Schuldner Eigentümer beweglicher Sachen ist, so gilt, unbeschadet der Rechte Dritter, für die Durchführung der Zwangsvollstreckung nur der Schuldner als Gewahrsamsinhaber und Besitzer.

Lit: *Baur*, Zwangsvollstreckungs- und konkursrechtliche Fragen zum GlBerG, FamRZ 1958, 252; *Berner*, Neuregelung der ZwV gegen Ehegatten im Zeichen der Gleichberechtigung, Rpfleger 1958, 201; *Boennecke*, Zur Problematik des § 739 ZPO und des § 1362 BGB idF des GlBerG, NJW 1959, 1260; *Brox*, Zur Frage der Verfassungswidrigkeit der §§ 1362 BGB, 739 ZPO, FamRZ 1981, 1125; *Christmann*, Die Gütertrennung bei der ZwV gegen Ehegatten, DGVZ 1986, 106; *Hanke*, Die ZwV gegen Eheleute als Gesamtschuldner, DGVZ 1962, 136; *Müller*, ZwV gegen Ehegatten, 1970; *Noack*, Aktuelle Fragen der Pfändungsvollstreckung gegen Ehegatten, JurBüro 1978, 1425; *Reinicke*, ZwV gegen Ehegatten, Betrieb 1965, 961; *Weber*, Die ZwV in Mobilien nach dem GlBerG, Rpfleger 1959, 179; *Weimar*, Die ZwV gegen Ehegatten, JurBüro 1982, 183; *Weimar*, Ist die entsprechende Anwendung des § 739 ZPO auf eheähnliche Gemeinschaften begründet? JR 1982, 323.

1 **I) Zweck:** Sicherstellung des Vollstreckungszugriffs mit Vermutung des dafür erforderlichen Gewahrsams (§ 808) oder Besitzes (§ 883), der nach den tatsächlichen Verhältnissen bei Eheleuten nicht leicht und eindeutig zu klären wäre. § 739 enthält die für Durchführung der ZwV erforderliche Ergänzung der Eigentumsvermutung des § 1362 BGB. Denn trotz vermutetem Eigentum würde Besitz oder Mitbesitz des nicht schuldenden Ehegatten der Pfändung (§ 809) oder Wegnahme (§ 886) entgegenstehen. Es besteht kein Zusammenhang mit der sonst in §§ 735–749 geregelten Frage, gegen wen zur ZwV im einzelnen ein Vollstreckungstitel erforderlich ist. Einordnung ist an Stelle des früheren § 739 erfolgt, der Bestimmung über den zur ZwV in eingebrachtes Gut der Frau nötigen Titel traf.

2 **II) Anwendungsbereich: 1)** Gilt bei jedem Güterstand (auch bei Gütertrennung, Bamberg DGVZ 78, 19; Düsseldorf DGVZ 81, 114 = ZIP 81, 538; LG Verden DGVZ 81, 79 = FamRZ 81, 778 L), bei Gütergemeinschaft jedoch nur, wenn feststeht, daß der Gegenstand nicht Gesamtgut (§ 1416 BGB, dann §§ 740–745) ist. Gültige Ehe und Güterstand müssen im Zeitpunkt der Pfändung oder Wegnahme bestehen. Gewahrsam (Besitz) eines Dritten (auch eines Kindes) berührt § 739 nicht (dann §§ 809, 886 oder Pfändung des Herausgabeanspruchs); keine Bedeutung erlangt die Vorschrift bei ZwV in Forderungen und andere Vermögensrechte sowie in das unbewegliche Vermögen (LG Coburg FamRZ 62, 387).

3 **2) Eigentumsvermutung** des § 1362 BGB muß bestehen für bewegliche Sachen, auch Geld; gleichgestellt sind Inhaber- und Orderpapiere, die mit Blankoindossament versehen sind. Die Sachen müssen sich im Besitz eines Ehegatten oder beider Ehegatten befinden. Das schafft Vermutung zugunsten der Gläubiger des Mannes oder der Gläubiger der Frau, daß sie dem Schuldner gehören (§ 1362 I S 1 BGB). Diese Eigentumsvermutung und damit Gewahrsam (Besitz) des Schuldners **gelten nicht**

4 **a)** nach § 1362 I S 2 BGB, wenn die Ehegatten im Zeitpunkt der Pfändung (Wegnahme) nicht nur vorübergehend (LG Münster DGVZ 82, 12) **getrennt leben** für die Sachen im Besitz des Ehegatten, der nicht Schuldner ist. Abgestellt ist lediglich auf das äußere Merkmal der räumlichen und zeitlichen Trennung (Köln FamRZ 65, 510). Tatsächliches Getrenntleben (möglich auch innerhalb der ehelichen Wohnung; Köln JR 65, 462) genügt damit; ein Recht zum Getrenntleben (§ 1353 II BGB) oder Regelung durch einstweilige Anordnung (§ 620 Nr 2) ist nicht erforderlich.

5 **b)** nach § 1362 II BGB für ausschließlich zum **persönlichen Gebrauch** eines Ehegatten (nicht auch zum Gebrauch/Mitgebrauch des anderen) **bestimmte Sachen.** Darauf, wer die Sachen erworben hat, kommt es nicht an. Für sie wird Eigentum und Gewahrsam (nur) dieses Ehegatten vermutet. Sie können für seine Gläubiger auch bei (tatsächlichem) Besitz des anderen oder beider Ehegatten gepfändet (weggenommen) werden. Zugunsten der Gläubiger des Ehegatten, für den Eigentum und Gewahrsam (Besitz) nicht vermutet wird, können solche Sachen nicht gepfändet (weggenommen) werden (aA StJM Rdn 21 zu § 731: bei tatsächlichem Gewahrsam möglich, für Eigentümer dann § 771). **Beispiel:** Kleider, Schmuck, persönliche Arbeitsgeräte, nicht

aber Küchen- und Haushaltsgeräte wie Waschmaschine usw. Wertvolle Schmucksachen, die als Kapitalanlage für die Familie beschafft sind, sind auch dann nicht für den persönlichen Gebrauch bestimmt, wenn sie von der Frau nach ihrem Belieben getragen werden (BGH FamRZ 59, 13 = NJW 59, 142). Eintragung eines Ehegatten im Kfz-Brief beweist Bestimmung für seinen alleinigen Gebrauch nicht (LG Essen NJW 62, 2307).

c) für Sachen, die zu dem von einem Ehegatten erkennbar allein betriebenen **Erwerbsgeschäft** gehören und sich deutlich getrennt vom häuslichen Gewahrsam im alleinigen Besitz dieses Ehegatten befinden (Geschäftseinrichtung, Maschinen und Werkzeuge, Warenlager, Kasse, nicht aber geschäftliche Gegenstände im häuslichen Bereich). Dies ist mit unterschiedlicher Begründung (zB unmittelbare Anwendung des § 1362 II BGB usw; StJM Rdn 18 zu § 739; auch denkbar: Vermutung des § 1362 BGB und § 739 durch Verhältnisse sicher widerlegt) allgemeine Ansicht (LG Aurich DGVZ 66, 171; LG Essen DGVZ 63, 103; LG Itzehoe DGVZ 72, 91; LG Mosbach MDR 72, 518). 6

III) Folge: 1) Bei Eigentumsvermutung nach § 1362 BGB **gilt** der **Schuldner** als **Gewahrsamsinhaber** oder **Besitzer.** Diese Vermutung besteht für die ZwV unwiderlegbar (Bamberg und Düsseldorf aaO). ZwV mit Titel gegen den Schuldner ermöglicht daher Pfändung (§ 808 I) und Herausgabevollstreckung (§ 883). Tatsächlicher Gewahrsam oder Besitz ist vom Gerichtsvollzieher nicht zu prüfen; Mitgewahrsam oder Mitbesitz des anderen Ehegatten bleiben unbeachtet. Gewahrsam des Schuldners für Sachen im tatsächlichen Besitz beider Ehegatten kann auch nicht durch Vorlage eines Gütertrennungsvertrags widerlegt werden (Bamberg und Düsseldorf aaO; LG Verden DGV 81, 79 = FamRZ 81, 778). Der Gerichtsvollzieher **prüft** nur Besitz eines oder beider Ehegatten (§ 1362 I BGB), ob diese nicht getrennt leben (Rn 4; Getrenntleben hat ggfs Schuldner zu beweisen; AG Gießen DGVZ 86, 140) und daß es sich nicht um Sachen handelt, die ausschließlich zum persönlichen Gebrauch des anderen Ehegatten bestimmt sind. ZwV gegen den Ehegatten mit Gewahrsam nach § 739 ist in Gegenstände, die sich in der Ehewohnung befinden, auch nach Konkurseröffnung über das Vermögen des anderen Ehegatten möglich (anders bei Alleinbesitz des Konkursverwalters, § 117 KO, LG Frankenthal MDR 85, 64). 7

2) Wenn die Ehegatten **getrennt leben,** gilt der Schuldner nur für die Sachen als Gewahrsamsinhaber (Besitzer), die sich in seiner tatsächlichen Gewalt befinden. Sachen im Gewahrsam (Besitz) des getrennt lebenden Schuldners können somit gepfändet oder weggenommen werden; Widerspruch des anderen Ehegatten nach § 771, s Rn 10. Gewahrsam (Besitz) des getrennt lebenden anderen Ehegatten ermöglicht auch bei Eigentum des Schuldners Pfändung (Wegnahme) nur unter den Voraussetzungen der §§ 809, 883. Sonst ist (wie bei Besitz Dritter) Pfändung des Herausgabeanspruchs nötig. 8

IV) Rechtsbehelfe: 1) Für Gläubiger, wenn Gerichtsvollzieher trotz Schuldnergewahrsam (-besitz) nach § 739 ZwV ablehnt: § 766 (§ 793). Schuldner, anderer Ehegatte (und seine Gläubiger) können Erinnerung nicht auf die Begründung stützen, nach § 739 geltender Gewahrsam (Besitz) bestehe tatsächlich nicht (Rn 7), auch nicht bei Widerlegung der Vermutung des § 1362 BGB (Brox FamRZ 81, 1125 mit Nachw zum Streitstand). Jedoch Einwendungen des anderen Ehegatten nach § 766 (§ 793) (nicht auch des Schuldners), wenn ZwV entgegen § 739 bei seinem Gewahrsam (Besitz) erfolgt ist (zB in persönliche Sachen oder bei Getrenntleben). 9

2) Eigentum kann als vollstreckungshindernd durch den anderen Ehegatten (wie durch Dritte) mit Widerspruchsklage (§ 771) geltend gemacht werden. Für den anderen Ehegatten schließt dies § 739 nicht aus. § 739 gewährleistet nur die von Gewahrsam (Besitz) abhängige Durchführung der ZwV. Vermögen des nicht schuldenden Ehegatten wird damit nicht der Haftung für Verbindlichkeiten des schuldenden Ehegatten unterstellt. Der nicht schuldende Ehegatte kann sich daher gegen einen verfahrensrechtlich möglichen, materiell aber nicht zulässigen Vollstreckungszugriff auf sein Vermögen wie jeder Dritte mit Widerspruchsklage (§ 771) verteidigen. Für den Erfolg ist die Eigentumsvermutung des § 1362 BGB zu entkräften. Die Behauptung, Gegenstände seien während Zugewinngemeinschaft gemeinschaftlich angeschafft, reicht nicht aus (LG Limburg DGVZ 81, 11). Beweisen muß der nicht schuldende Ehegatte für Widerlegung der Vermutung des § 1362 BGB lediglich seinen Eigentumserwerb, dagegen nicht den Fortbestand seines Eigentums (BGH FamRZ 76, 81 = MDR 76, 309 = NJW 76, 238). 10

3) Alleiniger Besitz des nicht schuldenden Ehegatten, der außerhalb der ehelichen Lebensgemeinschaft erlangt ist (zB an einer gemieteten oder geliehenen Sache, bei Verwahrung für Dritte, bei Pfandbesitz) kann, wenn der andere Ehegatte nicht durch eheliche Gemeinschaft Mitbesitz erlangt hat, als die Veräußerung hinderndes Recht gleichfalls mit Widerspruchsklage geltend gemacht werden. 11

12 **V) 1)** Pfändung derselben beweglichen Sache sowohl durch Gläubiger **des Mannes** wie durch Gläubiger **der Frau** (die jeweils gesondert Titel erwirkt haben) ist nach § 739 möglich. Vermutung des Gewahrsams, die nach § 739 für Gläubiger des Mannes und der Frau gilt, kann mit Erinnerung durch den jeweils anderen Ehegatten nicht ausgeräumt werden (Rn 9). Zulässig ist aber Widerlegung der Eigentumsvermutung des § 1362 BGB durch einen Ehegatten (Rn 10) oder durch einen der Gläubiger nach § 805 oder im Verfahren nach §§ 872 ff. Sonst bestimmt sich der Rang nach dem Grundsatz der Priorität (§ 804 III).

13 **2)** Für **Wohngemeinschaften** (AG Tübingen DGVZ 73, 141), zusammenlebende Verwandte und ähnliche häusliche Gemeinschaften (Weimar JR 82, 323) gilt die Gewahrsamsvermutung des § 739 nicht. § 739 ist auch bei **nichtehelicher Lebensgemeinschaft** nicht (entsprechend) anzuwenden. Vereinfachung (Erleichterung) des Gläubigerzugriffs in gleicher Weise wie bei formwirksam geschlossener Ehe mit ihren vielfältigen – bei der nichtehelichen Lebensgemeinschaft fehlenden – Rechten und Pflichten verbietet die eigenverantwortliche Entscheidung der Partner, keine Ehe miteinander eingehen zu wollen. Prüfung und Beurteilung der Lebensbeziehungen und Wertung der Eheähnlichkeit des Zusammenlebens, damit auch Abgrenzung zu sonst in häuslicher Gemeinschaft zusammenlebenden Personen, ist dem Gerichtsvollzieher als Vollstreckungsorgan in dem formalisierten Zugriffsverfahren zudem verwehrt (zutr Brox/Walker Rdn 241). Gewahrsam als leicht überschaubares Merkmal ist auch bei Personen, die in Wohngemeinschaft leben, zu prüfender Zugriffstatbestand (Rn 3 zu § 808). Weitergehende Erleichterung des Zugriffs auf Schuldnervermögen mit vollstreckungsrechtlicher Gleichsetzung des Partners einer nichtehelichen Lebensgemeinschaft mit dem Ehegatten des Schuldners (Verweisung auf Klage nach § 771 zur Geltendmachung entgegenstehenden Eigentums mit Beweislast, Rn 10 zu § 739) gebieten (und ermöglichen) weder Zweck noch Entstehungsgeschichte des § 739 (Brox/Walker aaO). Zutr daher gegen Gewahrsamsvermutung nach § 739 bei nichtehelicher Lebensgemeinschaft: StJM Rdn 11, ThP Anm 2c, je zu § 739; Baur/Stürner Rdn 288; Brox FamRZ 81, 1125 [1126]; Kabisch DGVZ 66, 26 und DGVZ 63, 17; LG Frankfurt DGVZ 85, 115 = FamRZ 85, 1280 L = NJW 86, 729; AG Gütersloh DGVZ 79, 94; AG Tübingen aaO; aA Weimar aaO und für § 1362 BGB Palandt/Diederichsen Anm 1.

740 *[Zwangsvollstreckung in das Gesamtgut]*

(1) Leben die Ehegatten in Gütergemeinschaft und verwaltet einer von ihnen das Gesamtgut allein, so ist zur Zwangsvollstreckung in das Gesamtgut ein Urteil gegen diesen Ehegatten erforderlich und genügend.

(2) Verwalten die Ehegatten das Gesamtgut gemeinschaftlich, so ist die Zwangsvollstreckung in das Gesamtgut nur zulässig, wenn beide Ehegatten zur Leistung verurteilt sind.

Lit: *Noack*, Vollstreckung gegen Ehegatten, insbesondere bei bestehender Gütergemeinschaft, JurBüro 1980, 647; *Tiedtke*, Gesamthand- und Gesamtschuldklage im Güterstand der Gütergemeinschaft, FamRZ 1975, 538.

1 **I) Zweck:** Regelung der Auswirkungen der Gesamtgutsverwaltung. Bei Verwaltung nur durch Mann oder Frau führt der verwaltende Ehegatte Gesamtgut-Rechtsstreitigkeiten im eigenen Namen (§ 1422 S 1 BGB); gemeinschaftlich verwaltende Ehegatten können Gesamtgut-Rechtsstreitigkeiten nur gemeinschaftlich führen (§ 1450 I S 1 BGB). Übereinstimmend damit ist zur ZwV in das Gesamtgut Vollstreckungstitel gegen den alleinverwaltenden (Abs 1) oder die gemeinschaftlich verwaltenden (Abs 2) Ehegatten erforderlich. ZwV in Sonder- und Vorbehaltsgut (§§ 1417, 1418 BGB): § 739; Besonderheit bei Erwerbsgeschäft § 741.

2 **II) Anwendungsbereich, Voraussetzungen: 1)** § 740 gilt für Geldvollstreckung in bewegliches und unbewegliches Vermögen (ersetzt jedoch Voreintragung beider Ehegatten nicht, § 39 GBO, § 17 I ZVG), nicht aber für die Wegnahmevollstreckung (§ 883). Letztere erfolgt gegen den tatsächlichen Gewahrsamsinhaber (gegen allein verwaltenden Ehegatten sonach, wenn er eine zum Gesamtgut gehörende Sache in Besitz hat, § 1422 S 1 BGB), so daß Titel immer gegen ihn lauten muß. Für Eintragung einer Vormerkung (KG OLG 11, 283; München OLG 25, 18) oder eines Widerspruchs (§§ 885, 899 BGB) genügt einstw Verfügung gleichfalls gegen den verwaltenden Ehegatten. Der Titel zur Abgabe einer Willenserklärung ersetzt die nach materiellem Recht erforderliche Einwilligung des anderen Ehegatten nicht (zB §§ 1423, 1424, 1425 BGB).

3 **2) Gesamtgut** der Gütergemeinschaft: Gemeinschaftliches Vermögen beider Ehegatten (§ 1416 BGB); ausgenommen Sondergut (§ 1417 BGB) und Vorbehaltsgut (§ 1418 BGB). Gütergemeinschaft besteht seit 1. 7. 1958, wenn sie durch Ehevertrag vereinbart ist (§ 1415 BGB) oder die Ehe-

leute vor diesem Zeitpunkt in allgemeiner Gütergemeinschaft gelebt haben (Art 8 I Nr 6 GlBerG).

3) Verwaltung des Gesamtguts seit 1. 7. 1958 einzeln durch Mann oder Frau oder durch beide Ehegatten nach Bestimmung des Ehevertrags (§ 1421 S 1 BGB), wenn Bestimmung fehlt durch Ehegatten gemeinschaftlich (§ 1421 S 2 BGB). War allgemeine Gütergemeinschaft vor dem 1. 4. 1953 vereinbart, wird das Gesamtgut weiterhin vom Mann verwaltet; wenn Gütergemeinschaft zwischen 1. 4. 1953 und 30. 6. 1958 vereinbart wurde, ist ehevertragliche Vereinbarung der Eheleute über Gesamtgutsverwaltung maßgebend (Art 6 I Nr 8 GlBerG). 4

4) Der **Gerichtsvollzieher** hat bei ZwV gegen Eheleute vom gesetzlichen Güterstand auszugehen (daher § 739), bis ihm Gütergemeinschaft (anderer Güterstand) nachgewiesen ist (§ 96 GVGA verlangt Nachweis durch öffentliche Urkunde; zu weitgehend). Wenn Gütergemeinschaft nachgewiesen ist, wird vermutet, daß Gegenstände der Ehegatten zum Gesamtgut gehören (§ 97 Nr 1 GVGA; LG München II FamRZ 83, 172 L = DGVZ 82, 188; auch Rn 2 zu § 739), auch wenn die Gütergemeinschaft im Güterrechtsregister nicht eingetragen ist (LG München II aaO). Für ZwV geht Gerichtsvollzieher von der Verwaltung durch beide Ehegatten (bei Gütergemeinschaft aus Zeit vor 1. 4. 1953 von Verwaltung des Mannes) aus, bis andere Verwaltung oder Fall des § 741 nachgewiesen ist. Eigene Ermittlungen stellt das Vollstreckungsorgan nicht an (LG Frankenthal Rpfleger 75, 371). 5

5) Gütergemeinschaft und Gesamtgutsverwaltung durch Titelschuldner müssen im **Zeitpunkt der Pfändung** bestehen; spätere Änderungen der güterrechtlichen Verhältnisse berühren die Wirksamkeit der ZwV nicht (Koblenz Rpfleger 56, 164; bei Änderung in der Verwaltung des Gesamtguts ist der andere Ehegatte als Schuldner für das weitere Verfahren zuzuziehen). 6

III) 1) Alleinverwaltung: Gesamtgutsverbindlichkeiten nach § 1437 I BGB (dabei immer Gläubiger des verwaltenden Ehegatten). Für ZwV in das Gesamtgut ist Leistungsurteil (jeder sonstige Leistungstitel, § 795) gegen den allein verwaltenden Ehegatten erforderlich und genügend (Abs 1), ohne daß die Haftung des Gesamtguts bezeichnet sein muß. Ein Titel gegen den anderen Ehegatten genügt nicht (Ausnahme § 741), auch nicht während der Zeit der Notverwaltung (§ 1429; StJM Rdn 7 zu § 740; Koblenz aaO; aA BLH Anm 2 zu § 740) oder für Kosten (§ 1438 II BGB; StJM Rdn 5 zu § 740), desgleichen nicht ein Titel auf Duldung der ZwV in das Gesamtgut (aA StJM Rdn 5 zu § 740; Duldungstitel für dinglichen Anspruch, § 1147 BGB, ist jedoch Titel iS von Abs 1). Der nicht verwaltende Ehegatte hat weder im Titel noch in der Klausel bezeichnet zu sein. Für ihn besteht bei ZwV in das Gesamtgut mit dafür nach § 740 I erforderlichem Titel kein Recht, Gewahrsam oder Mitgewahrsam (§ 809) geltend zu machen (Koblenz aaO; KG OLG 25, 197; Hamburg OLG 5, 131), auch nicht bei Getrenntleben oder bei Taschenpfändung (Noack JurBüro 80, 647 [651]). Die Voraussetzungen für ZwV in das Gesamtgut allein auf Grund eines Titels gegen einen Ehegatten muß der Gläubiger nachweisen (s Rn 5; Behauptung oder unterlassene Eintragung in das Güterrechtsregister genügen nicht; LG Frankenthal aaO). 7

2) Schuldner ist bei ZwV mit Titel gegen den allein verwaltenden Ehegatten nur dieser (StJM Rdn 4 zu § 740; Noack aaO). Durch Vollstreckung in das Gesamtgut (auch in seinem Gewahrsam) wird der nicht verwaltende Ehegatte nicht Vollstreckungsschuldner. 8

3) Gemeinschaftliche Verwaltung: Gesamtgutverbindlichkeiten nach § 1459 I BGB. Für ZwV in das Gesamtgut ist Leistungstitel (auch alle sonstigen Vollstreckungsvoraussetzungen wie Klausel, Zustellung usw) gegen beide Ehegatten nötig (Abs 2), der auch in getrennten Verfahren erwirkt sein kann (BGH FamRZ 75, 405). Leistungstitel gegen einen und Duldungstitel gegen den anderen Ehegatten genügen nicht (LG Deggendorf FamRZ 64, 49; aA Tiedtke FamRZ 75, 538; StJM Rdn 6 zu § 740), ein Titel gegen nur einen Ehegatten genügt nicht (Frankfurt FamRZ 83, 172), auch nicht im Notverwaltungsfall (§ 1454 BGB) und bei einzeln möglichen Verwaltungshandlungen (§ 1455 Nr 7–9 BGB; aA BLH Anm 2 B zu § 740). 9

4) Titel allein gegen den **nicht verwaltenden** Ehegatten erlaubt nur Vollstreckung in dessen Vorbehalts- und Sondergut. Die Vermutung für das Gesamtgut (Rn 5) ist bei Besitz oder Mitbesitz des verwaltenden Ehegatten vom Gläubiger zu widerlegen (dann § 739). 10

IV) Rechtsbehelfe: Für Gläubiger, wenn Gerichtsvollzieher Vollstreckung mit Titel gegen einen Ehegatten trotz Alleinverwaltung ablehnt, § 766 (§ 793); für jeden Ehegatten bei Vollstrekkung ohne den erforderlichen Titel § 766 (§ 793), für Ehegatten, gegen den Titel fehlt, auch Klage (§ 771), die jedoch nicht begründet ist, wenn das Gesamtgut haftet (§ 1437 I, § 1459 I BGB). 11

V) Für das Gesamtgut der **Errungenschafts- und Fahrnisgemeinschaften,** die am 1. 7. 1958 bestanden haben, gilt § 740 aF weiter. Insoweit sind auch die bisherigen Vorschriften des BGB über diese Güterstände noch anwendbar. Die Schuldenhaftung des Gesamtguts bei der Errungenschaftsgemeinschaft ergibt sich aus §§ 1530 ff BGB aF (keine Haftung des Gesamtguts für 12 vor Eintritt der Errungenschaftsgemeinschaft entstandene Verbindlichkeiten der Frau), bei der Fahrnisgemeinschaft aus §§ 1549, 1557 in Verbindung mit § 1459 und § 1465 BGB aF. S auch 10. Aufl Vorb vor § 739 und 740.

741 *[Erwerbsgeschäft]*

Betreibt ein Ehegatte, der in Gütergemeinschaft lebt und das Gesamtgut nicht oder nicht allein verwaltet, selbständig ein Erwerbsgeschäft, so ist zur Zwangsvollstreckung in das Gesamtgut ein gegen ihn ergangenes Urteil genügend, es sei denn, daß zur Zeit des Eintritts der Rechtshängigkeit der Einspruch des anderen Ehegatten gegen den Betrieb des Erwerbsgeschäfts oder der Widerruf seiner Einwilligung zu dem Betrieb im Güterrechtsregister eingetragen war.

1 **I) Zweck:** ZwV im Hinblick auf die Haftung des Gesamtguts bei Erwerbsgeschäft. Haftung des Gesamtguts bewirken Rechtsgeschäfte und Rechtsstreitigkeiten des Ehegatten, der nicht oder nicht allein verwaltet, wenn sie aus dem selbständigen Betrieb eines Erwerbsgeschäfts folgen, vorausgesetzt, daß der allein- oder mitverwaltende andere Ehegatte eingewilligt hat (Einzelheiten: §§ 1431, 1440, 1456, 1462 BGB). Einwilligung des (mit)verwaltenden Ehegatten ist bereits gegeben, wenn er den Betrieb des Erwerbsgeschäfts kennt und keinen Einspruch einlegt; dieser ist Dritten gegenüber nur wirksam, wenn er bekannt oder im Güterrechtsregister eingetragen ist (§ 1412 BGB). Vollstreckungsmöglichkeit in das Gesamtgut ist zur Wahrung der Interessen des Geschäftsverkehrs mit Leistungstitel gegen den das Geschäft betreibenden Ehegatten in allen Fällen ermöglicht; kann im Einzelfall materiell-rechtlich dennoch Befriedigung aus dem Gesamtgut nicht verlangt werden, muß der andere Ehegatte Einwendungen im Klageweg verfolgen (§ 774; keine materielle Prüfung durch Vollstreckungsorgan).

2 **II) Anwendungsbereich: 1)** Wie Rn 2 zu § 740.

3 **2) Voraussetzungen: a)** Gütergemeinschaft und Gesamtgut (wie Rn 3 zu § 740) sowie Erwerbsgeschäft (nachf) im Zeitpunkt der Pfändung (Rn 6 zu § 740).

4 **b) Erwerbsgeschäft** ist jede auf selbständigen Erwerb gerichtete regelmäßige wirtschaftliche Betätigung (Berufstätigkeit); sie kann eine gewerbliche, handelsgewerbliche, künstlerische oder wissenschaftliche sein, aber auch eine freiberufliche Tätigkeit als Rechtsanwalt oder Arzt (BGH 83, 76 = MDR 82, 489 = NJW 82, 1810; RG 144, 2; Karlsruhe OLGZ 76, 333; MünchKomm/Kanzleiter Rdn 3 zu § 1431 BGB), ebenso der Betrieb der Landwirtschaft (BayObLG FamRZ 83, 1128). Nicht darunter fällt die Tätigkeit als Arbeitnehmer (Düsseldorf OLG 22, 161).

5 **c) Selbständig** betreibt der nicht oder nicht allein verwaltende Ehegatte das Erwerbsgeschäft, wenn er es im eigenen Namen führt (wenn auch nicht als alleiniger Inhaber) (Breslau JW 27, 131) oder für sich durch andere führen läßt. Es genügt, daß er persönlich haftender Gesellschafter einer OHG oder KG ist (RG 87, 100 [102]; RG JW 15, 1008; Düsseldorf aaO; Breslau JW 27, 131). Selbständig durch einen Ehegatten betrieben wird das Erwerbsgeschäft auch dann, wenn es von beiden in Gütergemeinschaft lebenden und das Gesamtgut gemeinschaftlich verwaltenden Ehegatten geführt wird (BayObLG FamRZ 83, 1128). Wer die Arbeit leistet oder die Verwaltung des Geschäfts führt, ist belanglos (RG aaO). Die Stellung als Kommanditist, eine Beteiligung nur als stiller Gesellschafter oder GmbH-Gesellschafter genügt nicht (bloße Kapitalanlage). Abhängige Berufstätigkeit (Dienstvertrag) für andere gehört nicht hierher. Verbindlichkeiten aus einem Erwerbsgeschäft des allein verwaltenden Ehegatten sind ohne weiteres Gesamtgutsverbindlichkeiten (§ 1437 I BGB); Vollstreckung daher mit Titel gegen ihn nach § 740.

6 **d)** Im **Güterrechtsregister** (§ 1412 BGB) darf bei Eintritt der Rechtshängigkeit (§ 261 I, II; bei anderen Titeln zur Zeit der Errichtung) **kein Einspruch** des (mit)verwaltenden Ehegatten gegen den Betrieb des Erwerbsgeschäfts und nicht der Widerruf seiner Einwilligung zu dem Betrieb eingetragen gewesen sein.

7 **III) Folge:** ZwV in das Gesamtgut ist auch mit Leistungsurteil (jedem sonstigen Leistungstitel, § 795) gegen den nicht oder nicht allein verwaltenden Ehegatten, der das Erwerbsgeschäft führt, zulässig (auch alle sonstigen Vollstreckungsvoraussetzungen wie Klausel, Zustellung usw gegenüber diesem erforderlich). Es bedarf keines Titels gegen den verwaltenden oder mitverwaltenden Ehegatten (§ 740; keine Zustellung an ihn usw). Für diesen besteht bei ZwV in das Gesamtgut mit dafür nach § 741 genügendem Titel kein Recht, Gewahrsam oder Mitgewahrsam (§ 809) geltend zu machen (Bettermann ZZP 62 [1941] 228; Beitzke ZZP 68 [1955] 257; StJM Rdn 10 zu § 741). Die ZwV ist zulässig wegen sämtlicher Schulden des Ehegatten, der das Erwerbsgeschäft führt, gleichgültig, ob es Geschäfts- oder Privatschulden sind (BayObLG

FamRZ 83, 1128). Es soll nicht in jedem Fall nachgewiesen und durch das Vollstreckungsorgan geprüft werden müssen, daß es sich um Geschäftsschulden handelt (materiell nicht bestehende Haftung muß vielmehr nach § 774 geltend gemacht werden, BayObLG aaO). Der Gläubiger muß jedoch die Voraussetzungen für ZwV mit Titel nach § 741 nachweisen (s bereits Rn 7 zu § 740). Das Vollstreckungsorgan hat zu prüfen, ob Gütergemeinschaft nachgewiesen ist, ob der Titelschuldner selbständig ein Erwerbsgeschäft betreibt und ob keine hindernde Güterrechtsregistereintragung besteht (letztere soll nach allgemeiner Ansicht nicht zu prüfen, Eintragung soll vom anderen Ehegatten nach § 766 oder § 774 geltend zu machen sein; so auch 13. Aufl; aber gegen Wortlaut und Zweck des Gesetzes; Nachweispflicht des Gläubigers und Prüfungspflicht des Gerichtsvollziehers sind durchaus zumutbar und anderen Nachweis- bzw Prüfungspflichten vergleichbar). § 741 erleichtert die Vollstreckung für den Gläubiger, schließt damit aber nicht aus, daß er Titel gegen den verwaltenden oder beide Ehegatten erwirkt und nach § 740 vollstreckt.

IV) Rechtsbehelfe: a) Für **Gläubiger** wie Rn 11 zu § 740. **b)** Für jeden **Ehegatten** § 766 (§ 793) zur Geltendmachung, daß die Voraussetzungen des § 741 nicht erfüllt sind (wenn es zB am selbständigen Betrieb eines Erwerbsgeschäfts fehlt). Für allein- oder mitverwaltenden Ehegatten, der das Erwerbsgeschäft nicht betreibt zur Geltendmachung des Vorbringens, daß das Gesamtgut materiell nicht haftet (zB weil ihm Betrieb des Erwerbsgeschäfts nicht bekannt war, weil Gläubiger vom Widerruf der Einwilligung Kenntnis hatte, weil es sich nicht um eine Geschäftsschuld handelt) § 774. 8

742 *[Vollstreckungstitel]*

Ist die Gütergemeinschaft erst eingetreten, nachdem ein von einem Ehegatten oder gegen einen Ehegatten geführter Rechtsstreit rechtshängig geworden ist, und verwaltet dieser Ehegatte das Gesamtgut nicht oder nicht allein, so sind auf die Erteilung einer in Ansehung des Gesamtgutes vollstreckbaren Ausfertigung des Urteils für oder gegen den anderen Ehegatten die Vorschriften der §§ 727, 730 bis 732 entsprechend anzuwenden.

I) Zweck: Prüfung und Bescheinigung der Vollstreckbarkeit nach Eintritt der Gütergemeinschaft für und gegen Gesamtgutsverwalter (und damit Gesamtgut) im Klauselverfahren (wie bei Rechtsnachfolge). 1

II) Voraussetzungen: Gütergemeinschaft mit Vereinbarung durch Ehevertrag (§ 1408 I, § 1415 BGB) und Eintritt einer etwaigen Bedingung (zB Eheschließung) muß nach Rechtshängigkeit (§ 261 I, II, auch § 696 III, § 700 II) des Rechtsstreits (sonst nach Errichtung des Titels) eingetreten sein, der von dem oder gegen den das Gesamtgut nicht oder nicht allein verwaltenden Ehegatten (Rn 4 zu § 740) geführt wurde. Dieser Ehegatte konnte seinen Rechtsstreit im eigenen Namen fortsetzen (§§ 1433, 1455 Nr 7 BGB). Für Urteilsvollstreckung (§ 750 I) dann auch durch den (oder beide) das Gesamtgut verwaltenden Ehegatten oder in das Gesamtgut (§ 740) ermöglicht § 742 die erforderliche Klauselerteilung. Einer Klage des oder gegen den anderen Ehegatten fehlt das Rechtsschutzbedürfnis. § 742 trifft auch dann zu, wenn die Rechtshängigkeit bei Eintritt der Gütergemeinschaft bereits beendet war und ein rechtskräftiger Titel für oder gegen den Ehegatten vorliegt. Ein Urteil gegen den Ehegatten, der das Gesamtgut allein verwaltet, ermöglicht Vollstreckung nach § 740 I; Klauselerteilung nach § 742 ist hier ausgeschlossen. 2

III) Verfahren: 1) Antrag kann formlos gestellt werden (kein Anwaltszwang, § 78 III). Zuständig ist der Rechtspfleger (§ 20 Nr 12 RpflG). Anhörung des Schuldners (bei Ehegatten: Gesamtgutsverwalter) wie Rn 1 zu § 730. 3

2) Gütergemeinschaft und Gesamtgutsverwaltung sind urkundlich **zu belegen** (§ 727; Vertragsausfertigung nach § 792; evtl Heiratsurkunde, Güterrechtsregisterauszug); Eintritt der Rechtshängigkeit ist aktenkundig. 4

3) Der Rechtspfleger **prüft** Antrag und Voraussetzungen für Erteilung der ersten (Rn 10 zu § 724) sowie ggfs die besonderen Voraussetzungen der weiteren vollstreckbaren Ausfertigung (§ 733), außerdem nach § 742 Eintritt der Gütergemeinschaft nach Rechtshängigkeit sowie, ob der Titel für oder gegen den nicht oder nicht allein verwaltenden Ehegatten lautet. 5

4) a) Zur ZwV als **Gläubiger** (für das Gesamtgut, § 1422 BGB) wird dem **allein verwaltenden** (anderen) Ehegatten die vollstreckbare Ausfertigung auf seinen Namen (unbeschränkt) erteilt. Sie wird ebenso **beiden** Ehegatten gemeinschaftlich erteilt, wenn sie das Gesamtgut zusammen verwalten (§ 1450 I). Diese Vollstreckungsklausel kann erstmals erteilt, aber auch der dem Ehegatten als Prozeßpartei schon erteilten vollstreckbaren Ausfertigung beigefügt werden (Umschreibung oder Ergänzung dieser vollstreckbaren Ausfertigung). Dann erfolgt Erteilung 6 nach § 727 (mit § 742), nicht auch nach § 733 (Rn 2, 3 zu § 733). Wenn dem Ehegatten als Prozeßpartei bereits eine vollstreckbare Ausfertigung erteilt wurde und diese nicht zurückgegeben, sondern (von dem verwaltenden Ehegatten) eine vollstreckbare Ausfertigung neu verlangt wird, ist diese (als weitere) jedoch nur unter den Voraussetzungen des § 733 zu erteilen.

7 **b) Gegen** den allein **verwaltenden Ehegatten,** der nicht Prozeßpartei war, kann eine vollstreckbare Ausfertigung nur in Ansehung des Gesamtguts erteilt werden, nicht auch als Rechtsnachfolger der Prozeßpartei (StJM Rdn 1 zu § 742). In diese Vollstreckungsklausel ist daher die Beschränkung aufzunehmen, daß sie nur **„zur ZwV in das Gesamtgut"** erteilt wird. Diese Beschränkung hat bei gemeinschaftlicher Verwaltung des Gesamtguts auch die einheitliche Klausel hinsichtlich des Ehegatten, der nicht Prozeßpartei war, zu enthalten; in diesem Fall ermöglicht die gegen den anderen Ehegatten (Prozeßpartei) unbeschränkt erteilte vollstreckbare Ausfertigung auch Vollstreckung in dessen Vorbehaltsgut. Wenn vollstreckbare Ausfertigung gegen den Ehegatten als Prozeßpartei bereits erteilt worden ist, ist Erteilung der Vollstreckungsklausel gegen den anderen Ehegatten in Ansehung des Gesamtguts zugleich ein Fall des § 733, wenn die weitere Klausel nicht auf die bereits erteilte vollstreckbare Ausfertigung gesetzt werden kann (dann dem Fall der Vollstreckungsklausel gegen Gesamtschuldner gleich). Erteilung der zusätzlichen Vollstreckungsklausel ist daher nur bei Interesse an nochmaliger Ausfertigung möglich (vgl Rn 5 ff zu § 733; so auch StJM Rdn 9 zu § 742).

8 **c) Wortlaut einer Vollstreckungsklausel:** „Vorstehende Ausfertigung wird dem ... (Gläubiger) zum Zwecke der ZwV gegen ... (Ehegatte als Prozeßpartei) und in Ansehung des Gesamtgutes der Gütergemeinschaft auch gegen ... (allein- oder mitverwaltenden Ehegatten) erteilt. Nach der Bescheinigung des Amtsgerichts ... vom ... haben die Ehegatten Gütergemeinschaft am ..., also nach der am ... eingetretenen Rechtshängigkeit, vereinbart."

9 **IV) Rechtsbehelfe:** Für Gläubiger bei Ablehnung § 11 RpflG (Rn 13 zu § 724); für Schuldner (verwaltenden und anderen Ehegatten) Einwendungen nach § 732, für verwaltenden Ehegatten außerdem § 768 (zB wenn Rechtsstreit Vorbehaltsgut betraf, § 1418 III, § 1440 BGB).

743 *[Beendigte Gütergemeinschaft]*

Nach der Beendigung der Gütergemeinschaft ist vor der Auseinandersetzung die Zwangsvollstreckung in das Gesamtgut nur zulässig, wenn beide Ehegatten zu der Leistung oder der eine Ehegatte zu der Leistung und der andere zur Duldung der Zwangsvollstreckung verurteilt sind.

1 **I) Zweck:** Auswirkung der Gesamtgutsverwaltung nach Beendigung der Gütergemeinschaft. Bis zur Auseinandersetzung verwalten die Ehegatten (für einen Verstorbenen dessen Erben) das Gesamtgut gemeinschaftlich (§ 1472 I BGB; auch wenn bisher ein Ehegatte allein verwaltet hat). Leistungstitel (ggf iVm Duldungstitel) ist gegen beide Ehegatten erforderlich.

2 **II) Voraussetzungen: 1)** Gesamtgut (Rn 3 zu § 740) der beendeten Gütergemeinschaft, das bis zur Auseinandersetzung fortbesteht (§ 1471 II BGB). Die Gütergemeinschaft endet durch Tod (sofern nicht Fortsetzung mit Abkömmlingen erfolgt, § 1483 BGB) und jede andere Auflösung der Ehe (Scheidung, Aufhebung, Nichtigkeit mit Besonderheit nach § 26 II EheG), durch Ehevertrag (§ 1408 BGB) und durch Aufhebungsurteil (§§ 1449, 1470 BGB).

3 **2)** Für ZwV in das Gesamtgut (solange Gegenstände noch zum Gesamtgut gehören) ist Leistungsurteil (sonstiger Titel, § 795) **gegen beide Ehegatten** (für einen Verstorbenen gegen dessen Erben) oder gegen einen Ehegatten (gleichgültig gegen wen) und Duldungstitel gegen den anderen (nur mit dem Gesamtgut haftenden, RG 89, 363; 108, 286; 118, 113) Ehegatten erforderlich. Die Titel können gegen die beiden Ehegatten in getrennten Verfahren erwirkt worden sein (RG 59, 234; 89, 360 [367]). Duldungstitel gegen beide Ehegatten genügen nicht. Für Gläubiger mit Leistungstitel nur gegen einen Ehegatten ist Anteilspfändung nach § 860 II möglich.

4 **III) ZwV in Gesamtgut** ist zulässig, bis Auseinandersetzung mit Verwertung (§ 1475 III) und vollständiger Verteilung (§ 1477) beendet ist. Dann ist ZwV nur nach allgemeinen Vorschriften mit Titel gegen den Ehegatten möglich, in dessen Vermögen vollstreckt werden soll. Das gilt auch für ZwV gegen den Ehegatten, der wegen vorzeitiger Gesamtgutsteilung nach § 1480 BGB persönlich haftet; Geltendmachung dieser Haftungsbeschränkung ist nur bei Vorbehalt im Urteil möglich (§ 786 mit §§ 780 I, 781, 785). Beendigung der Gütergemeinschaft nach Pfändung berührt die Wirksamkeit der ZwV nicht (teilw anders StJM Rdn 1 zu § 743: Fortsetzung gegen beide Ehegatten erfordert Titel nach § 743, den Gläubiger in angemessener Frist beibringen muß; dies ermöglicht § 744).

IV) Rechtsbehelfe: Für beide Ehegatten bei Vollstreckung in Gesamtgut ohne erforderlichen Titel: § 766 (§ 793). Für Ehegatten, gegen den kein Titel vorliegt, auch § 771; streitig, ob die Klage erfolglos bleiben muß, wenn Gesamtgut haftet, Vollstreckung sonach geduldet werden muß (zu bejahen wie Rn 11 zu § 740). Die Rechtsbehelfe stehen auch dem nur zur Duldung der ZwV in das Gesamtgut verurteilten Ehegatten zu, wenn in Gegenstände seines übrigen Vermögens (ehemaliges Vorbehalts- oder Sondergut oder Neuerwerb nach Beendigung der Gütergemeinschaft) vollstreckt wird (RG 89, 360 [366]). 5

744 *[Umschreibung des Vollstreckungstitels]*

Ist die Beendigung der Gütergemeinschaft nach der Beendigung eines Rechtsstreits des Ehegatten eingetreten, der das Gesamtgut allein verwaltet, so sind auf die Erteilung einer in Ansehung des Gesamtguts vollstreckbaren Ausfertigung des Urteils gegen den anderen Ehegatten die Vorschriften der §§ 727, 730 bis 732 entsprechend anzuwenden.

I) Zweck: Bescheinigung einer auch nach Beendigung der Gütergemeinschaft in Ansehung des Gesamtguts bestehenden Vollstreckbarkeit des Titels im Klauselverfahren. Bei alleinigem Verwaltungsrecht eines Ehegatten erfolgt ZwV in das Gesamtgut mit einem Titel gegen diesen allein prozeßführungsbefugten (§ 1422 BGB) Ehegatten (§ 740 I). Nach Beendigung der Gütergemeinschaft ist die ZwV in das Gesamtgut (wegen der jetzt gemeinschaftlichen Verwaltung, § 1472 I BGB) jedoch nur mit einem Titel gegen beide Ehegatten zulässig (§ 743). Für die durch Beendigung der Gütergemeinschaft nicht beeinträchtigte Vollstreckbarkeit des Urteils (anderen Titels, § 795) in das nun durch beide Ehegatten verwaltete Gesamtgut ermöglicht § 744 die erforderliche Klauselerteilung auch gegen den anderen Ehegatten. 1

II) Voraussetzungen: 1) Gesamtgut der beendeten Gütergemeinschaft (Rn 2, 3 zu § 743). 2

2) Beendigung der Gütergemeinschaft (Rn 2 zu § 743) nach (rechtskräftiger, § 705) Beendigung des Rechtsstreits (für sonstige Titel, § 795, nach Errichtung). 3

3) (Rechtskräftiger) Leistungstitel (s Rn 2 zu § 740) gegen Ehegatten, der das Gesamtgut allein verwaltet hat (s Rn 4 zu § 740). Verwaltung des Gesamtguts durch beide Ehegatten hätte Leistungstitel bereits gegen beide erfordert (§ 740 II), so daß eine „Nachfolge"klausel nicht in Betracht kommt. 4

III) Folge: Erteilung einer in Ansehung des Gesamtguts vollstreckbaren Ausfertigung (auch) gegen den anderen Ehegatten wie bei Rechtsnachfolge. 5

IV) Verfahren: Wie Rn 3–5 zu § 742. Zuständig ist der Rechtspfleger (§ 20 Nr 12 RpflG). Nachzuweisen und zu prüfen sind auch Beendigung der Gütergemeinschaft und alleiniges Verwaltungsrecht des Titelschuldners sowie Rechtskraft. Erteilt wird die vollstreckbare Ausfertigung gegen den anderen Ehegatten nur „in Ansehung des Gesamtguts" (vgl Rn 7 zu § 742), auch soweit die Vollstreckungsklausel zugleich neben der gegen den Ehegatten erteilt wird, der Prozeßpartei war (bei gesonderter Erteilung uU § 733). ZwV wegen des Anspruchs aus persönlicher Haftung eines Ehegatten beschränkt auf zugeteilte Gegenstände (§ 1480 BGB) erfordert Leistungstitel nach allgemeinen Vorschriften; § 744 ermöglicht Klauselerteilung (gegen den anderen Ehegatten) hierfür nicht (Beschränkung auf Vollstreckung ins Gesamtgut; aA: Klausel unbeschränkt; Einwendungen nach § 786; StJM Rdn 3 zu § 744 und allgem Ansicht, jedoch nicht zutreffend, weil es sich um eine neu begründete persönliche Haftung handelt). 6

V) Rechtsbehelfe: Für Gläubiger wie Rn 9 zu § 742. Für Ehegatten Einwendungen nach § 732, außerdem § 768; bei Vollstreckung in sein sonstiges Vermögen § 771. 7

VI) 1) Bei **Beendigung** der Gütergemeinschaft **vor** oder während des Rechtsstreits (vor Rechtskraft) ist § 744 nicht anwendbar. Für Vollstreckung ins Gesamtgut ist dann Titel nach § 743 erforderlich. Für einen Gesamtgutsgegenstand, der in Streit befangene Sache iS der §§ 265, 325 ist, Erteilung der Vollstreckungsklausel gegen den anderen Ehegatten jedoch nach § 727 (StJM Rdn 4 zu § 744). 8

2) Ein vom verwaltenden Ehegatten über einen **Gesamtgutsanspruch** erwirkter Titel ist nach Beendigung der Gütergemeinschaft bis zur Auseinandersetzung für beide Ehegatten (bzw den überlebenden und den Erben des verstorbenen Ehegatten) gemeinsam als Gesamtgläubiger vollstreckbar auszufertigen. Berechtigung beider in Ansehung des Gesamtguts gilt dabei als Fall des § 727; der Zeitpunkt der Rechtskraft (vor oder nach Beendigung der Gütergemeinschaft) ist hier bedeutungslos. Nach der Auseinandersetzung wird die vollstreckbare Ausfertigung (wieder nach § 727) dem Ehegatten erteilt, dem die Forderung bei der Auseinandersetzung zugeteilt ist 9

(Colmar OLG 13, 186); neue Klausel ist dann nicht nötig, wenn der Titel bereits unbeschränkt auf den Namen dieses Ehegatten lautet.

745 *[Zwangsvollstreckung bei fortgesetzter Gütergemeinschaft]*
(1) Im Falle der fortgesetzten Gütergemeinschaft ist zur Zwangsvollstreckung in das Gesamtgut ein gegen den überlebenden Ehegatten ergangenes Urteil erforderlich und genügend.

(2) Nach der Beendigung der fortgesetzten Gütergemeinschaft gelten die Vorschriften der §§ 743, 744 mit der Maßgabe, daß an die Stelle des Ehegatten, der das Gesamtgut allein verwaltet, der überlebende Ehegatte, an die Stelle des anderen Ehegatten die anteilsberechtigten Abkömmlinge treten.

1 **I) Zweck:** Regelung der Auswirkungen der Gesamtgutsverwaltung bei fortgesetzter Gütergemeinschaft (Abs 1) und nach deren Beendigung (Abs 2) sowie Bescheinigung einer auch nach Beendigung dieses Güterstands in Ansehung des Gesamtguts bestehenden Vollstreckbarkeit des Titels im Klauselverfahren (Abs 2).

2 **II) Anwendungsbereich, Voraussetzungen, Folgen: 1)** Geldvollstreckung wie Rn 2 zu § 740.

3 **2)** Gesamtgut der **fortgesetzten Gütergemeinschaft** (Abs 1). Güterstand besteht nach dem Tod eines Ehegatten zwischen dem überlebenden Ehegatten und den gemeinschaftlichen Abkömmlingen bei Ehevertrag auf Gütergemeinschaft und Todesfall seit 1. 7. 1958, wenn dies im Ehevertrag besonders vereinbart ist (§ 1483 BGB), bei älterem Ehevertrag kraft Gesetzes (wenn nicht durch Ehevertrag oder letztwillige Verfügung ausgeschlossen), in allen Fällen aber nur, wenn der überlebende Ehegatte die Fortsetzung der Gütergemeinschaft nicht (innerhalb bestimmter Frist) abgelehnt hat (§ 1484 BGB). Gesamtgut der fortgesetzten Gütergemeinschaft ist das eheliche Gesamtgut und Neuerwerb des überlebenden Ehegatten (genau § 1485 I BGB).

4 **3) Verwaltung** des Gesamtguts durch den überlebenden Ehegatten allein (§ 1487 I mit § 1422 BGB). Die rechtliche Stellung der anteilsberechtigten Abkömmlinge entspricht der des nicht verwaltenden Ehegatten bei Gütergemeinschaft (§ 1487 I BGB).

5 **4)** Für **ZwV** in Gesamtgut daher Leistungsurteil (jeder sonstige Leistungstitel, § 795) gegen den überlebenden Ehegatten allein erforderlich. Hierwegen Anm zu § 740 entspr.

6 **5) Beendigung** der fortgesetzten Gütergemeinschaft mit Aufhebung durch den überlebenden Ehegatten (§ 1492 I BGB) oder durch Vertrag (§ 1492 II BGB), mit Wiederverheiratung des Ehegatten (§ 1493 I BGB), mit dessen Tod (§ 1494) oder mit Rechtskraft eines Aufhebungsurteils (§ 1496 BGB), außerdem mit Tod sämtlicher Abkömmlinge ohne Hinterlassung von Abkömmlingen (§ 1490 BGB) und Verzicht sämtlicher Abkömmlinge auf ihren Anteil (§ 1491 BGB). Nach Beendigung besteht (soweit nicht Anwachsung an überlebenden Ehegatten in Fällen der §§ 1490, 1491 BGB erfolgt) Gesamtgut bis zur Auseinandersetzung fort (§ 1497 II BGB); jedoch wird es jetzt vom Ehegatten (ggfs seinen Erben) und den Abkömmlingen gemeinschaftlich verwaltet (§ 1497 II mit § 1472 I BGB). ZwV in Gesamtgut daher nur noch, wenn Ehegatte und anteilsberechtigte Abkömmlinge zur Leistung oder Ehegatte zur Leistung und Abkömmlinge zur Duldung der ZwV verurteilt sind (§ 745 II mit § 743). Das zu § 743 Gesagte gilt entsprechend.

7 **6) Beendigung** der fortgesetzten Gütergemeinschaft **nach** (rechtskräftiger) Beendigung des **Rechtsstreits** gegen den überlebenden Ehegatten ermöglicht Erteilung einer in Ansehung des Gesamtguts vollstreckbaren Ausfertigung auch gegen die anteilsberechtigten Abkömmlinge nach Maßgabe des § 744. Das zu § 744 Gesagte gilt entsprechend.

8 **III) 1)** Nachrücken von Abkömmlingen bei Tod eines anteilsberechtigten Abkömmlings (§ 1490 BGB) ist Rechtsnachfolge; daher § 727. Im übrigen treten für Anwendung des § 745 nachgerückte Abkömmlinge an die Stelle des weggefallenen anteilsberechtigten Abkömmlings.

9 **2)** Verbindlichkeiten der anteilsberechtigten Abkömmlinge gehören nicht zu den Gesamtgutsverbindlichkeiten (§ 1488 BGB). Anteilspfändung nach § 860 II.

746 (weggefallen)

747 *[Zwangsvollstreckung in Nachlaß]*
Zur Zwangsvollstreckung in einen Nachlaß ist, wenn mehrere Erben vorhanden sind, bis zur Teilung ein gegen alle Erben ergangenes Urteil erforderlich.

I) Zweck: Folge des erbengemeinschaftlichen Gesamthandseigentums (§§ 2032 ff BGB). 1

II) Anwendungsbereich: Gilt für Geldvollstreckung in das bewegliche und unbewegliche Vermögen, außerdem für Eintragung einer Vormerkung oder eines Widerspruchs, nicht aber für Wegnahmevollstreckung (Rn 2 zu § 740). 2

III) Voraussetzungen: 1) Mehrere Erben, deren gemeinschaftl Vermögen der Nachlaß ist (§ 2032 I BGB). Ein Alleinerbe ist alleiniger Vermögensinhaber; ZwV in Nachlaßgegenstände daher mit Titel gegen ihn wie sonst für ZwV in sein (eigenes) Vermögen. Besonderheiten Rn 9. 3

2) Ungeteilter Nachlaß. Er besteht als Schuldnervermögen der Erbengemeinschaft bis zur vollständigen Verteilung für alle noch nicht verteilte (veräußerte oder in Einzelvermögen der Miterben übergeführte) Gegenstände. Nach Teilung erfolgt ZwV nur noch in das (eigene) Vermögen des einzelnen (bisherigen) Miterben mit Titel gegen ihn. 4

3) Urteil (sonstiger Vollstreckungstitel, § 795) **gegen alle Erben.** Auch alle sonstigen Vollstreckungsvoraussetzungen (wie Klausel, Zustellung usw) müssen gegen alle Erben erfüllt sein. Titel und alle Vorstreckungsvoraussetzungen müssen im Zeitpunkt der Pfändung (des Vollstreckungsbeginns) gegeben sein. Einheitliches Urteil braucht nicht vorzuliegen; genügend sind auch getrennte Urteile, auch Titel verschiedener Art (Urteil, Vollstreckungsbescheid, Vergleich, vollstreckbare Urkunde; BGH 53, 110 = MDR 70, 313 = NJW 70, 473; aber samtverbindliche Haftung muß ausgewiesen sein, Rn 7). Leistungstitel nur gegen einen Teil der Erben und Duldungstitel gegen die übrigen genügen nicht. 5

4) Ist ein **Miterbe Gläubiger,** so ist ein gegen die übrigen Miterben ergangener Titel genügend (RG Gruch 57, 158). 6

IV) Zulässig ist ZwV mit Titel nach Rn 5, 6 in den Nachlaß für Gläubiger von Nachlaßforderungen (§ 2058 BGB), aber auch für andere Gläubiger, denen die Erben aus demselben Rechtsgrund als Gesamtschuldner haften (zB unerlaubte Handlung, Geschäftsschulden; BGH aaO). Daß ohne Rücksicht auf die Art der zugrunde liegenden Forderung und gesamtschuldnerischen Haftung gegen die Miterben ein Titel vorliegt, genügt nicht (BGH aaO). 7

V) Rechtsbehelfe, wenn Titel gegen alle Erben fehlt: für jeden (auch verurteilten) Miterben § 766 (§ 793); für Miterben, gegen den ohne Titel vollstreckt wird, auch § 771. 8

VI) 1) Titel gegen den Erblasser kann gegen die Erben nach § 727 vollstreckbar ausgefertigt werden. Fortsetzung einer bei Tod des Erblassers begonnenen ZwV § 779. ZwV vor Erbschaftsannahme § 778. Vorbehalt der Erbenhaftung §§ 780 ff. ZwV bei Nacherbschaft § 773, bei Nachlaßverwaltung § 784. Keine ZwV bei Nachlaßkonkurs, KO §§ 14, 221. 9

2) Der Nachlaßpfleger ist gesetzlicher Vertreter des unbekannten Erben (Rn 3 zu § 51). Für ZwV wird er als Partei für den unbekannten Erben im Titel namentlich bezeichnet (§ 750 I; s auch § 779 II). 10

3) Mit Titel gegen nur einen der Erben (insbesondere wegen einer persönlichen Schuld dieses Erben) ist Pfändung seines Nachlaßanteils möglich (§ 859 II). 11

748 *[Testamentsvollstrecker]*
(1) Unterliegt ein Nachlaß der Verwaltung eines Testamentsvollstreckers, so ist zur Zwangsvollstreckung in den Nachlaß ein gegen den Testamentsvollstrecker ergangenes Urteil erforderlich und genügend.

(2) Steht dem Testamentsvollstrecker nur die Verwaltung einzelner Nachlaßgegenstände zu, so ist die Zwangsvollstreckung in diese Gegenstände nur zulässig, wenn der Erbe zu der Leistung, der Testamentsvollstrecker zur Duldung der Zwangsvollstreckung verurteilt ist.

(3) Zur Zwangsvollstreckung wegen eines Pflichtteilsanspruchs ist im Falle des Absatzes 1 wie im Falle des Absatzes 2 ein sowohl gegen den Erben als gegen den Testamentsvollstrecker ergangenes Urteil erforderlich.

I) Zweck: Regelung der Auswirkungen der Testamentsvollstreckung (§§ 2197 ff BGB). Der Testamentsvollstrecker (TV) hat die letztwilligen Verfügungen des Erblassers zur Ausführung zu bringen (§ 2203 BGB), den Nachlaß zu verwalten, in Besitz zu nehmen und über einzelne 1

Nachlaßgegenstände zu verfügen (§ 2205 BGB). Sein Wirkungskreis kann durch den Erblasser beschränkt worden sein (§ 2208 BGB); seiner Verwaltung können nur einzelne Nachlaßgegenstände unterliegen. Ihm kann auch nur die Verwaltung des Nachlasses übertragen sein (§ 2209 BGB). Der Erbe kann über einen der Verwaltung des TV unterliegenden Nachlaßgegenstand nicht verfügen (§ 2211 BGB). Prozeßführungsrecht des TV für Aktivprozesse § 2212 BGB; für Passivprozesse ist wesentlich, ob der TV den ganzen Nachlaß, nur einzelne Nachlaßgegenstände oder nichts zu verwalten hat (s auch Anm zu § 327).

2 **II) Anwendungsbereich:** § 748 gilt ab Tod des Erblassers (Folge von § 2211 BGB), nicht erst ab Annahme des Amtes (§ 2202 I BGB).

3 **III)** Zur ZwV in den der **Verwaltung des TV unterliegenden Nachlaß** ist ein gegen den TV ergangenes Urteil (anderer Titel, § 795) erforderlich und genügend (Abs 1; hierfür somit Titel gegen den/die Erben entbehrlich). Ein Nachlaßanspruch kann bei Verwaltung des ganzen Nachlasses sowohl gegen den Erben wie gegen den TV (gegen diesen auch schon vor Annahme der Erbschaft, § 2213 II mit § 1958) geltend gemacht werden (§ 2213 I S 1 BGB). Klage ist möglich gegen beide auf Leistung oder gegen den Erben auf Leistung (ermöglicht Vollstreckung in sein Vermögen) und gegen den TV auf Duldung (§ 2213 III BGB). Daher genügt auch Duldungstitel gegen den TV für ZwV in den seiner Verwaltung unterliegenden Nachlaß, wenn ein Leistungstitel gegen den Erben vorliegt (§ 2213 III BGB). Gewahrsam des Erben hindert Vollstreckung des Titels, der sich nur gegen den TV richtet, nicht (Rosenberg § 179 III 3d; Baur/Stürner Rdn 306; hM; aA StJM Rdn 3 zu § 748). Ist der TV Nachlaßgläubiger (zB als Vermächtnisnehmer), genügt zur ZwV in den Nachlaß Titel gegen den Erben (RG 82, 151).

4 **IV)** Wenn dem TV nur die Verwaltung **einzelner Nachlaßgegenstände** zusteht (Teilverwaltung, vgl § 2208 I S 2 BGB), ist zur ZwV in diese Gegenstände Leistungstitel gegen den (die) Erben und Duldungstitel gegen den TV notwendig (Abs 2); Bezeichnung der einzelnen Nachlaßgegenstände im Duldungstitel ist zweckmäßig, aber nicht zwingend. Grundlage für Geltendmachung von Leistungs- und Duldungsanspruch zusammen: § 2213 III BGB. Für ZwV in Gegenstände, die nicht der Verwaltung des TV unterliegen, ist Titel gegen den Erben (bei mehreren gegen alle, § 747) erforderlich.

5 **V)** Ein **Pflichtteilsanspruch** kann, auch wenn dem TV die Verwaltung des Nachlasses zusteht, nur gegen den Erben geltend gemacht werden (§ 2213 I S 3 BGB). Wenn aber dem TV die Verwaltung entweder des ganzen (Abs 1) oder eines Teils (Abs 2) des Nachlasses zusteht, ist auch hier Titel gegen ihn auf Duldung erforderlich; dies gilt auch, wenn der Erbe den Pflichtteilsanspruch anerkannt hat (Celle MDR 67, 46).

6 **VI) 1)** Leistungs- und Duldungstitel gegen Erben und TV müssen nicht in einem Rechtsstreit erwirkt sein; getrennte Urteile und auch Titel verschiedener Art sind ausreichend (Ersetzung des Duldungstitels durch Unterwerfung unter sofortige ZwV in notarieller Urkunde: § 794 II).

7 **2) Mehrere TV** führen das Amt gemeinschaftlich. Ein gegen den TV erforderlicher Titel muß daher gegen alle vorliegen (getrennte Urteile oder Titel verschiedener Art auch hier möglich). Bei Teilverwaltung (gesonderter Aufgabenkreis für jeden TV) ist Leistungstitel gegen den Erben und Duldungstitel gegen den jeweiligen TV (nach Abs 2) erforderlich.

8 **3)** Wenn dem TV die Verwaltung des Nachlasses überhaupt nicht zusteht, ist die Geltendmachung eines Nachlaßanspruchs nur gegen den Erben zulässig (§ 2213 I S 2 BGB). Für ZwV in den Nachlaß ist dann dieser Titel ausreichend.

9 **4) Eigengläubiger des Erben** können sich nicht an die der Verwaltung eines TV unterliegenden Nachlaßgegenstände halten (§ 2214 BGB).

10 **VII) Rechtsbehelfe:** Für TV, wenn Titel gegen ihn fehlt, § 766 (§ 793), auch § 771; für Erben nur § 766 (§ 793), wenn Titel gegen den TV fehlt, auch § 771, wenn erforderlicher Titel gegen Erben selbst fehlt.

749 *[Umschreibung der Klausel bei Testamentsvollstreckung]*

Auf die Erteilung einer vollstreckbaren Ausfertigung eines für oder gegen den Erblasser ergangenen Urteils für oder gegen den Testamentsvollstrecker sind die Vorschriften der §§ 727, 730 bis 732 entsprechend anzuwenden. Auf Grund einer solchen Ausfertigung ist die Zwangsvollstreckung nur in die der Verwaltung des Testamentsvollstreckers unterliegenden Nachlaßgegenstände zulässig.

I) Zweck: Prüfung und Bescheinigung der Vollstreckbarkeit des vor Erbfall ergangenen Urteils für und gegen den TV in Klauselverfahren (wie bei Rechtsnachfolge). 1

II) Voraussetzungen: 1) Urteil (anderer Titel, § 795) für oder gegen den Erblasser. Rechtskraft ist nicht notwendig. 2

2) Testamentsvollstrecker (= TV) mit Wirkungskreis (Rn 1 zu § 748), der Geltendmachung des für den Erblasser festgestellten Leistungsanspruchs ermöglicht oder für ZwV nach § 748 I, II Titel gegen TV erfordert. Keine Klauselerteilung daher, wenn dem TV die Verwaltung des Nachlasses überhaupt nicht zusteht. 3

3) Annahme des Amtes (§ 2202 I BGB), nicht aber Annahme der Erbschaft (§ 2213 II BGB). 4

III) Verfahren: 1) Antrag wie Rn 3 zu § 742. Zuständig: Rechtspfleger (§ 20 Nr 12 RpflG). 5

2) Ernennung des TV (damit zugleich Tod des Erblassers) und Annahme seines Amtes sowie Umfang seiner Befugnisse sind urkundlich zu belegen (§ 727); Nachweis durch TV-Zeugnis (§ 2368 BGB; s § 792). 6

3) Prüfung: Rn 5 zu § 742 entsprechend. 7

4) Wortlaut der Klausel gegen den TV: „Vorstehende Ausfertigung wird dem ... (Bezeichnung der Partei) zum Zwecke der ZwV gegen ... (Bezeichnung des TV) als TV für den Nachlaß des ... (Bezeichnung des Erblassers) nach § 749 ZPO erteilt. Die Ernennung des ... zum TV ist durch TV-Zeugnis des Amtsgerichts (Nachlaßgerichts) ... vom ... Az ... nachgewiesen“. 8

IV) Rechtsbehelfe: Für Gläubiger/TV bei Antragszurückweisung wie Rn 9 zu § 742. Für Schuldner/TV: Einwendungen nach § 732, außerdem § 768. Die Dreimonatseinrede des § 2014 steht auch dem TV zu (§ 782). 9

V) 1) ZwV gegen den TV ist nur in die seiner Verwaltung unterliegenden Nachlaßgegenstände nach Maßgabe des § 748 I, II, zulässig. Das muß neben der (ausreichenden) Bezeichnung des TV in der Klausel nicht ausdrücklich herausgestellt werden. Für ZwV in Nachlaß, der ganz der Verwaltung des TV unterliegt, genügt die gegen ihn erteilte vollstreckbare Ausfertigung (§ 748 I). Wenn dem TV nur die Verwaltung einzelner Nachlaßgegenstände zusteht (ist in Klausel gegen ihn nach der im TV-Zeugnis bezeichneten Beschränkung zu vermerken), ist der nach § 748 II erforderliche Leistungstitel gegen den Erben nach § 727 zu beschaffen. 10

2) Wenn dem Erblasser oder Erben bereits eine vollstreckbare Ausfertigung erteilt worden ist, kann für den TV Urteilsausfertigung nach § 749 nur als weitere Ausfertigung unter den Voraussetzungen des § 733 erteilt werden. Vom Erben kann der TV Herausgabe der bereits erteilten vollstreckbaren Ausfertigung verlangen (§ 2205 BGB). Besitzt der TV den Titel, ohne die Verwaltung zu haben, so muß er ihn dem Erben herausgeben (§§ 2218, 667 BGB). Bei Streit zwischen Erben und TV wegen des Titels treffen nicht §§ 732, 768 zu; hier Klage aus dem besseren Recht auf Besitz des Titels nach bürgerlichem Recht. 11

750 *[Zwangsvollstreckung erst nach Zustellung]*

(1) Die Zwangsvollstreckung darf nur beginnen, wenn die Personen, für und gegen die sie stattfinden soll, in dem Urteil oder in der ihm beigefügten Vollstreckungsklausel namentlich bezeichnet sind und das Urteil bereits zugestellt ist oder gleichzeitig zugestellt wird. Eine Zustellung durch den Gläubiger genügt; in diesem Fall braucht die Ausfertigung des Urteils Tatbestand und Entscheidungsgründe nicht zu enthalten.

(2) Handelt es sich um die Vollstreckung eines Urteils, dessen vollstreckbare Ausfertigung nach § 726 Abs. 1 erteilt worden ist, oder soll ein Urteil, das nach den §§ 727 bis 729, 738, 742, 744, dem § 745 Abs. 2 und dem § 749 für oder gegen eine der dort bezeichneten Personen wirksam ist, für oder gegen eine dieser Personen vollstreckt werden, so muß außer dem zu vollstreckenden Urteil auch die ihm beigefügte Vollstreckungsklausel und, sofern die Vollstreckungsklausel auf Grund öffentlicher oder öffentlich beglaubigter Urkunden erteilt ist, auch eine Abschrift dieser Urkunden vor Beginn der Zwangsvollstreckung zugestellt sein oder gleichzeitig mit ihrem Beginn zugestellt werden.

(3) Eine Zwangsvollstreckung nach § 720a darf nur beginnen, wenn das Urteil und die Vollstreckungsklausel mindestens zwei Wochen vorher zugestellt sind.

Lit: *Aden*, Die Identitätsprüfung durch den Gerichtsvollzieher bei der Namensänderung des Schuldners, MDR 1979, 103; *Berner*, Ist der vorherige Verzicht auf die Zustellung des Schuldtitels nicht mehr zulässig? Rpfleger 1966, 134; *Kabisch*, Die Wirksamkeit eines Verzichts auf die

Zustellung eines Schuldtitels nach § 750 Abs 1 ZPO und zur Frage einer Zustellung des Titels nach § 212b ZPO, DGVZ 1963, 195; *Kirchner,* Zur Frage der Wirksamkeit des Verzichts auf Zustellung des vollstreckbaren Titels (§ 750 Abs 1 ZPO), DGVZ 1962, 5; *Lindacher,* Die Scheinhandelsgesellschaft im Prozeß und in der ZwV, ZZP 96 (1983) 486; *Mager,* ZwV für und gegen Einzelfirmen und Gesellschaften, DGVZ 1967, 97 und 129; *Noack,* Vollstreckung für und gegen den Kaufmann, JR 1966, 18; *Petermann,* Wann ist die Partei im vollstreckbaren Titel „namentlich" richtig bezeichnet? Rpfleger 1973, 153; *Petermann,* Zweifel an der Identität des Schuldners, DGVZ 1976, 84; *Schalhorn,* An wen muß ein Urteil zweiter Instanz zugestellt sein, wenn aus diesem die ZwV gegen den Verurteilten vorgenommen werden soll? JurBüro 1971, 596; *E. Schneider,* Die Firma des Einzelkaufmannes im Vollstreckungsrubrum, JurBüro 1979, 489; *Schüler,* ZwV gegen eine Firma, DGVZ 1981, 65; *Schumacher,* Die vorherige Zustellung des Vollstreckungstitels, DRiZ 1962, 326; *Stephan,* Zweck und Umfang des Zustellungsnachweises gem § 750 Abs 2 ZPO bei der ZwV aus bedingten oder kündigungsbedürftigen Vollstreckungstiteln, Rpfleger 1968, 106.

1 **I) Zweck:** Weitere urkundliche Voraussetzungen für den Beginn der ZwV, entgegen dem zu engen Wortlaut aber auch für die Fortsetzung der Vollstreckung (BGH DNotZ 63, 673 [674]). **Abs 1** stellt sicher, daß Identifizierung von Gläubiger und Schuldner als Parteien der ZwV (Rn 10, 11 vor § 704) durch das Vollstreckungsorgan mit dem Grundlage der ZwV bildenden Vollstreckungstitel (Rn 14 vor § 704) zuverlässig möglich ist. **Abs 2** und **3** ermöglichen dem Schuldner mit Aushändigung der Vollstreckungsunterlagen, die Rechtmäßigkeit der ZwV einwandfrei nachzuprüfen. Mit der Wartefrist des **Abs 3** findet der Schuldner Gelegenheit, Sicherungszugriff auf sein Vermögen durch eigene Sicherheitsleistung abzuwenden (§ 720a III).

2 **II) Beginn der ZwV:** Rn 33 vor § 704. Daß Vollstreckungstitel als urkundlicher Nachweis des Vollstreckungsanspruchs des Gläubigers und alle weiteren Voraussetzungen für den Beginn der ZwV (auch wirksame Zustellung) vorliegen, hat jedes Vollstreckungsorgan selbständig zu prüfen (Frankfurt Rpfleger 73, 323). Wenn Vollstreckungsvoraussetzungen fehlen wie auch dann, wenn begründeter Zweifel an der Identität von Gläubiger oder Schuldner besteht, ist die Vollstreckung abzulehnen (Petermann DGVZ 76, 84).

3 **III) 1) Namentliche Bezeichnung** von Gläubiger und Schuldner im Urteil (sonstigen Titel, § 795) oder in der Vollstreckungsklausel (Abs 1 S 1) gebietet der Grundsatz der Trennung von Erkenntnis- und Vollstreckungsverfahren (Rn 14 vor § 704). Gewährleistet wird damit, daß staatlicher Zwang nur zur Durchsetzung eines urkundlich bereits ausgewiesenen Anspruchs erfolgt. Sichergestellt wird mit namentlicher Bezeichnung die Prüfung des Vollstreckungsorgans, daß Gläubiger und Schuldner als Parteien des ZwV-Verfahrens mit den Personen identisch sind, für und gegen die der durch das Leistungsurteil (den sonstigen Titel) vollstreckbar festgestellte Anspruch durchzusetzen ist. Daher muß im Einzelfall erforderliche (und zulässige) Auslegung der Namensbezeichnung Klarheit und Sicherheit gewährleisten. Unklarheiten gehen zu Lasten des Gläubigers. Formalistische Engherzigkeit wäre jedoch fehl am Platze (LG Berlin DAVorm 77, 685; KG Rpfleger 82, 191). Ein nach § 319 berichtigter Titel ist nur in der Fassung des Berichtigungsbeschlusses maßgebend (Rn 25 zu § 319), auch wenn die Berichtigung nicht auf dem Titel selbst vorgenommen, sondern in einem besonderen Beschluß ausgesprochen worden ist (Rn 23 zu § 319); für diesen ist dann aber Zustellungsnachweis zu führen (§ 750 I; aA: Berichtigung muß amtlich mit dem Titel verbunden worden sein, LG Hannover JurBüro 70, 886). Zum fehlerhaften Berichtigungsbeschluß Rn 28 zu § 319. Sind in der Klausel andere Personen als Gläubiger oder Schuldner genannt als im Titel, so ist sie maßgebend (Folge von §§ 727 ff). Für oder gegen andere als in Titel oder Klausel bezeichnete Personen darf die ZwV nicht erfolgen, auch wenn zweifelsfrei feststeht, daß sie Gläubiger oder Schuldner sind.

4 **2) a) Gläubiger** und **Schuldner** müssen so genau bezeichnet sein, daß sie sicher festgestellt werden können. Namentlich richtig sind sie bezeichnet, wenn derjenige, für oder gegen den vollstreckt werden soll, die im Titel genannte Person ist (RG JW 14, 943). Bei natürlichen Personen genügt durchweg Bezeichnung mit Familien- und Vornamen (möglichst auch) Stand oder Gewerbe und Wohnort (§ 130 Nr 1, auch § 313 I Nr 1, § 690 I Nr 1), dabei Straße und Hausnummer; bei juristischen Personen und Handelsgesellschaften ist in der Regel Bezeichnung mit Name oder Firma und Sitz (s Rn 12) geboten. Im Einzelfall können weitere die Person deutlich kennzeichnende Merkmale erforderlich sein, so bei Gleichnamigkeit von Vater und Sohn (LG Münster Rpfleger 62, 176 mit Anm Bull; LG Mainz DGVZ 73, 170; hier sen und jun; besser Geburtsdatum, aber auch Beruf kann genügen). Mehrere Gläubiger (oder Schuldner) müssen einzeln (mit ihrem Beteiligungsverhältnis Rn 11 zu § 704) aufgeführt sein; Bezeichnung unter einem Sammelbegriff (Erbengemeinschaft X) und mit einem gemeinsamen Vertreter (LG Berlin DGVZ 78, 59) oder „Rechtsanwalt X und Partner" (LG Bonn Rpfleger 84, 28) ist unzureichend.

b) Eine **unrichtige Schreibweise** des Namens oder sonstiger kennzeichnender Merkmale schadet nicht, wenn Feststellung der Identität dadurch nicht beeinträchtigt wird (AG Hannover DGVZ 76, 64; AG Köln MDR 68, 157; AG Mönchengladbach DGVZ 63, 43). Das gilt auch, wenn die Schreibweise bei Automatisierung geringfügig abgewandelt wurde (LG Hannover JurBüro 80, 774). Beispiele (kann je nach Einzelfall anders sein): Köhl statt Kohl (Petermann Rpfleger 73, 153; AG Köln DGVZ 67, 77 = Rpfleger 67, 220), Meier statt Mayer, Schmidt statt Schmid, Roeb statt Roes, B... in statt B...ys. Desgleichen schadet nicht, wenn der sonst richtigen Bezeichnung der Schuldnerin (versehentlich) die Anrede „Herr“ (für richtig Frau) vorangestellt ist (LG Bielefeld JurBüro 83, 1411). 5

c) Ebenso ist es unschädlich, wenn der **Vorname** nicht ausgeschrieben ist (Hildegard/Hilde), oder wenn statt des im Geburtenbuch eingetragenen Vornamens nur eine abgekürzte Rufform verwendet ist (Wilhelm/Willy, Friedrich/Fritz), desgleichen, wenn der Vorname nur mit Anfangsbuchstaben angegeben ist (nicht zutr LG Hamburg Rpfleger 57, 257 mit Anm Bull), fehlt (RG JW 14, 934; Hamm JurBüro 62, 533 = MDR 62, 994; Köln MDR 68, 762) oder durch den Buchstaben N („non notus“) ersetzt ist, sofern die Personengleichheit mit sonstigen Angaben (sicher) geklärt werden kann (Petermann aaO). Eine als solche bezeichnete Ehefrau kann daher neben dem Familiennamen auch mit dem Vornamen des Mannes benannt sein (AG Mönchengladbach MDR 62, 414). Bei unrichtiger Angabe des Vornamens ist Vollstreckung nur unzulässig, wenn Feststellung des Schuldners nicht möglich ist (LG Hamburg DGVZ 81, 157). 6

d) Ein **Künstlername** (angenommener Name) hat Individualisierungskraft, wenn er sich durchgesetzt hat (dazu Staudinger/Coing Rdn 19 ff zu § 12 BGB); dann kommt ihm auch Kennzeichnungskraft nach § 750 I zu. Für andere Decknamen (Pseudonym, aber auch nur angenommener Vorname) gilt entsprechendes (so für die im Rechtsstreit als Jutta statt unbeliebt Amalie aufgetretene Schuldnerin, Petermann aaO). 7

e) Unrichtige Angabe des **Standes** oder **Gewerbes,** auch des Personenstandes (Eheleute für nicht verheiratete Personen, so für Mutter und Sohn, AG Mönchengladbach DGVZ 64, 124 = JurBüro 64, 696) schadet ebenso nicht. 8

f) Änderung des Namens (durch Eheschließung, nach Scheidung, mit Kindesannahme, Namenserteilung, auch amtliche Änderung) schadet nicht, wenn die Feststellung der Identität des Gläubigers (LG Landau DAVorm 81, 896) oder Schuldners (LG Verden JurBüro 86, 778) mit dem im Titel bezeichneten Namensträger durch das Vollstreckungsorgan sicher gewährleistet bleibt. Das gilt auch, wenn Namensänderung bei Erlaß des Titels bereits erfolgt war. Zur Bezeichnung in der Vollstreckungsklausel Rn 31 zu § 727. 9

g) Unter der **Firma eines Einzelkaufmanns** (§ 17 II HGB) ist der Inhaber zur Zeit der Rechtshängigkeit als Gläubiger (LG Berlin DGVZ 67, 171) oder Schuldner bezeichnet (RG 54, 15; 66, 416; 86, 65; BayObLG 56, 218 = MDR 56, 687 = NJW 56, 1800; KG JurBüro 82, 784 = Rpfleger 82, 191; München NJW 71, 1615 und KTS 71, 289). Damit kann auch in das Privatvermögen des so bezeichneten Kaufmanns vollstreckt werden (LG Ravensburg NJW 57, 1325; LG Stuttgart MDR 68, 504; LG Ellwangen DGVZ 71, 119). Hierfür muß auch bei einer abgeleiteten Firma (§ 22 HGB) der bürgerliche Name des Kaufmanns nicht noch zusätzlich genannt sein (BayObLG, Petermann aaO). Feststellung des mit seiner Firma bezeichneten Einzelkaufmanns hat durch das Vollstreckungsorgan in eigener Verantwortung zu erfolgen (BayObLG). Diese Identitätsprüfung muß ohne große Schwierigkeiten möglich sein; Ermittlungspflichten für den Gläubiger obliegen dem Vollstreckungsorgan nicht (München KTS 71, 289). Offenkundige äußere Umstände sind immer zu berücksichtigen. Daher hat das Vollstreckungsorgan auch das Handelsregister einzusehen, wenn es (für Gerichtsvollzieher am Ort, für Vollstreckungsgericht als Abteilung des gleichen Gerichts) ohne Erschwernisse zugänglich ist. Sonst hat der Gläubiger Nachweis darüber zu erbringen, wer mit seiner Firma als Partei bezeichnet ist, insbesondere durch Vorlage einer (nicht alten) beglaubigten Handelsregisterabschrift (Registerzeugnis oder -bescheinigung, § 9 HGB; BayObLG aaO). Läßt sich die Personenidentität nicht einwandfrei feststellen und belegen (zB bei nicht im Handelsregister eingetragener Firma, wenn sich hinreichende Anhaltspunkte auch sonst nicht zeigen), dann ist der Titel zur Vollstreckung gegen den in Anspruch genommenen Schuldner ungeeignet (München aaO). Unrichtige Schreibweise des Firmennamens ist unschädlich, wenn sie die Kennzeichnungskraft nicht schmälert (wie Rn 5; ist Frage des Einzelfalls); bei der mit dem Geschäft von einer OHG übernommenen abgeleiteten Firma kann auch ein Hinweis auf die frühere Vertretung unschädlich sein (LG Berlin Rpfleger 78, 106). Die Änderung der Firma (vgl § 31 HGB) ist Namensänderung, schadet somit nicht, wenn Feststellung der Identität gewährleistet bleibt (bei Handelsregistereintragung immer; nicht richtig AG Kiel DGVZ 81, 173; LG Ellwangen DGVZ 65, 136). Bei Wechsel des Inhabers der Firma liegt Rechtsnachfolge vor, wenn auch die Forderung auf den Erwerber übergegangen ist (vgl § 25 HGB), die- 10 ser auch für die Geschäftsverbindlichkeiten haftet (vgl § 25 HGB) oder Rechtsnachfolge in bezug auf die Streitsache gegeben ist (§ 325). Ist das Geschäft (mit Firma) ohne die Streitsache auf den neuen Inhaber übergegangen, der bisherige Inhaber mithin unverändert Gläubiger oder Schuldner, aber nicht mehr mit seiner Firma, sondern nur noch mit seinem bürgerlichen Namen zu bezeichnen, so handelt es sich wieder nur um Namensänderung; der unter der früheren Firma erwirkte Titel ist daher weiterhin in das Privatvermögen des vormaligen Inhabers vollstreckbar (AG Hannover JurBüro 74, 1307). Mit Erlöschen der Firma endet die Möglichkeit, in das Privatvermögen des so bezeichneten vormaligen Kaufmanns zu vollstrecken, nicht (Schneider JurBüro 79, 489; Aden MDR 79, 103, 104; s auch Köln BB 77, 510 = JMBlNW 77, 138 für Prozeßführung unter Firma erst nach deren Erlöschen).

11 **h)** Aus dem unter einer **nicht eingetragenen Firma** gegen einen Minderkaufmann oder sonstigen Gewerbetreibenden ergangenen Titel kann gegen den als „Inhaber" so Bezeichneten vollstreckt werden, wenn Identifizierung des Schuldners zweifelsfrei möglich ist (KG JurBüro 82, 784 = Rpfleger 82, 191), so wenn das Wort „Firma" nur dem Vor- und Familiennamen vorangestellt ist (Petermann aaO; anders aber bei Inhaberwechsel, KG aaO), die „Firma" mithin nur einen Zusatz zur Kennzeichnung des Schuldners mit seiner beruflichen Tätigkeit darstellt (Fa S. Inhaberin Johanna W; LG Nürnberg-Fürth Rpfleger 58, 319), dann auch, wenn der Vorname nur mit einem Anfangsbuchstaben geschrieben ist (LG Berlin DGVZ 64, 9), außerdem wenn auch der richtige Name im Titel angeführt ist (Firma Eckbankfabrik Kl ... in ... für Tischlermeister K ... in ...) und nicht aus anderen Gründen Zweifel an der Identität bestehen (Hamm JurBüro 62, 533 = MDR 62, 994; ebenso zu Fa Hildegard K ..., Papiergroßhandlung, für Buchhändlerin Hildegard K: OLG Hamm Rpfleger 59, 280) und auch, wenn durch Auskunft über die Gewerbeanzeige die Inhaberschaft aufgeklärt werden kann (BayObLG aaO). Bei zweifelsfreier Identität ist der gegen den Schuldner unter seiner nicht eingetragenen „Firma" lautende Titel auch vollstreckbar, wenn das Geschäft nicht mehr betrieben wird (LG Stuttgart MDR 68, 504). Wenn als Schuldner eine Firma angegeben und ein Inhaber namentlich (aber unzutreffend) genannt ist, ist Schuldner im Zweifel diese bezeichnete Person, nicht der andere – wirkliche – Inhaber der Firma (LG Koblenz Rpfleger 72, 458; AG München DGVZ 83, 172). Bezeichnung einer BGB-Gesellschaft unzulässig unter einer Firma entspricht nicht der gesamtschuldnerischen Verurteilung der Inhaber (vgl § 736), sondern nennt unwirksam eine nicht existierende Rechtspersönlichkeit (Fa Karl Meier und Fritz Schulte, Kfz-Reparaturbetrieb); der Titel ist daher zur ZwV ungeeignet (LG Berlin Rpfleger 73, 104 mit Anm Petermann; aA Lindacher ZZP 96 [1983] 486 [497]).

12 **i) Handelsgesellschaften** können nur unter ihrer Firma im Rechtsverkehr auftreten. Sie müssen daher unter ihrer Firma und mit ihrem Sitz (AG Darmstadt DGVZ 78, 46 für GmbH; auch LG Hamburg MDR 58, 925 = Rpfleger 58, 276 für Verein) bezeichnet sein. Für ungenaue Bezeichnungen (insbesondere Schreibversehen, auch Fehlen des Sitzes) gilt das Rn 5–8 Gesagte entsprechend. Unschädlich können demnach bleiben die zusätzliche Angabe einer „Privatanschrift" (Köln Rpfleger 75, 102) sowie ein (nicht bestehender) Firmenzusatz und ein Zusatz über den persönlich haftenden Gesellschafter (LG Berlin Rpfleger 74, 407). Angabe des vertretenden Gesellschafters einer Personenhandelsgesellschaft ist nicht erforderlich.

13 **k)** Den gesetzlichen Vertreter einer **Körperschaft** des öffentlichen Rechts (AG Melsungen DGVZ 74, 91) oder einer **juristischen Person** (GmbH-Geschäftsführer; Frankfurt Rpfleger 76, 27; LG Essen JurBüro 72, 76) muß der Vollstreckungstitel nicht bezeichnen (so auch Petermann aaO; aA für Verein LG Hamburg aaO, nicht zutr). Unschädlich ist dessen nichtssagende Bezeichnung mit „... vertreten durch den Vorstand" (LG Hamburg aaO und Rpfleger 59, 355). Auch Bezeichnung einer Person als Vertreter (Geschäftsführer der GmbH) bindet das Vollstreckungsorgan nicht; es muß den Vertreter selbständig prüfen (Frankfurt aaO).

14 **l)** Auch der **gesetzliche Vertreter** eines **Minderjährigen** braucht im Titel nicht bezeichnet sein. Wirksamkeit der Zustellung (auch von Amts wegen) an den gesetzlichen Vertreter ist jedoch vom Vollstreckungsorgan zu prüfen (AG Wolfratshausen DGVZ 75, 47). Zulässig ist die Vollstrekkung gegen einen Minderjährigen auch, wenn sich die Minderjährigkeit des Schuldners aus dem Titel ergibt und kein gesetzlicher Vertreter im Titel bezeichnet ist (aA AG Cochem DGVZ 74, 122; Schüler DGVZ 74, 97). Wenn im Vollstreckungstitel ein Elternteil mit dem Zusatz „als gesetzl Vertreter des Minderjährigen" bezeichnet ist, soll nicht der Minderjährige Schuldner sein, sondern der genannte Elternteil (LG Essen JurBüro 75, 1245 = Rpfleger 75, 372; dagegen StJM Rdn 27 zu § 750; kann nach Einzelfall unterschiedlich zu beurteilen sein).

15 **IV) 1)** Bereits **zugestellt** sein oder bei Beginn der ZwV zugestellt werden müssen Urteil (Abs 1 S 1) und sonstige Vollstreckungstitel (§ 795). Die letztere Möglichkeit besteht nur, wenn der Gerichtsvollzieher Vollstreckungsorgan ist; sonst muß die Zustellung nachgewiesen werden. Vorherige Zustellung ist auch erforderlich bei Vollstreckung von selbständigen Kostenfestset-

zungsbeschlüssen, Regelunterhaltsbeschlüssen und vollstreckbaren Urkunden (Wartefrist des § 798), bei Anpassungsbeschlüssen nach § 641 p und Kostenfestsetzungsbeschlüssen dazu (wegen § 798 a) und vor Sicherungsvollstreckung (§ 750 III). Einmalige Zustellung genügt auch für mehrfache Vollstreckung desselben Titels.

2) Zustellung von Amts wegen (§ 270 I) der Urteile (§ 317 I), auch an Stelle der Verkündung (§ 310 III), und Beschlüsse (§ 329) ist Zustellung auch iS des § 750 I (München OLGZ 82, 101; LG Krefeld JurBüro 71, 273; LG Aachen NJW 65, 2064). Für Beginn der ZwV genügt aber auch eine Zustellung des Gläubigers im Parteibetrieb (§ 750 I S 1). Das gilt für alle Titel, auch für einen Kostenfestsetzungsbeschluß (LG Frankfurt AnwBl 81, 198). Bei Zustellung im Parteibetrieb braucht die Urteilsausfertigung Tatbestand und Entscheidungsgründe nicht enthalten (§ 750 I S 2); für Zustellung kann auch eine andere Ausfertigung desselben Titels verwendet worden sein als die zur ZwV vorgelegte (LG Göttingen JurBüro 79, 1388). Die Zustellung im Parteibetrieb muß fehlerfrei nach §§ 166 ff erfolgt sein, somit insbesondere an den Prozeßbevollmächtigten (§§ 176, 178; aber keine Zustellung des Gläubigers an sich selbst als Vertreter des Schuldners, KG Rpfleger 78, 105). Zustellung für das ZwV-Verfahren kann uU auch unter einer Adresse erfolgt sein, die der Schuldner im Erkenntnisverfahren gegen sich hat gelten lassen, solange keine andere Anschrift feststeht (Köln OLGZ 75, 365 = KTS 75, 238). Zustellung (des jeweils gegen ihn lautenden Titels) muß an Leistungs- und/oder Duldungsschuldner erfolgt sein, wenn ein Titel gegen mehrere Schuldner erforderlich ist (zB §§ 736, 740 II) an alle Schuldner, bei Verurteilung von Gesamtschuldnern an den, gegen den vollstreckt werden soll. Jedoch genügt Zustellung des Titels durch den Schuldner an den Gläubiger; nochmalige Zustellung an den Schuldner ist dann nicht notwendig (Frankfurt DGVZ 81, 86 = MDR 81, 591 = OLGZ 82, 251). 16

3) Die Zustellung von Amts wegen wird durch den auf dem Titel angebrachten **Zustellungsvermerk** nachgewiesen; die Zustellungsurkunde braucht dem Vollstreckungsorgan nicht vorgelegt werden (Hamm DGVZ 68, 81 = JurBüro 67, 338). Die Zustellungsbescheinigung (§ 213 a) kann selbständig erteilt (unüblich) oder auf den Titel gesetzt sein; auch dann muß sie eindeutig ergeben, von wem sie stammt; sie hat daher vom Urkundsbeamten handschriftlich vollzogen und mit der Dienstbezeichnung versehen zu sein; Bezeichnung des Tages der Ausstellung (Datum) und Dienststempel werden nicht für erforderlich gehalten (LG Berlin DGVZ 78, 42 = MDR 78, 411). Die Zustellung im Parteibetrieb wird durch Urkunde nachgewiesen (§ 190 I, § 195 II). Sie kann auch durch andere Beweismittel dargetan und nach freier Überzeugung festgestellt werden (BGH 65, 296 = MDR 76, 310 = NJW 76, 478; Frankfurt Rpfleger 78, 134), so durch beglaubigte Fotokopie der Zustellungsurkunde oder durch das Pfändungsprotokoll (LG Göttingen JurBüro 79, 1388). 17

4) Zugestellt sein (oder werden) muß **nur** das **Urteil** (der sonstige **Titel**) ohne Vollstreckungsklausel (gilt auch für das arbeitsgerichtliche Urteil; Frankfurt JurBüro 77, 1781). Anlagen, die Bestandteil des Titels sind, müssen mit zugestellt sein (Saarbrücken OLGZ 67, 35). 18

V) 1) Auch die dem Urteil (sonstigen Titel) beigefügte **Vollstreckungsklausel** (außerdem uU Urkunden, Rn 20) muß in den Sonderfällen des Abs 2 zugestellt sein oder gleichzeitig zugestellt werden (Ausnahmen §§ 799, 800 II, 800 a). Bei Zustellung der Vollstreckungsklausel muß feststehen, zu welchem Titel sie erteilt ist, so daß sie nicht einzeln (isoliert), sondern nur mit der Ausfertigung des Titels, der sie beigefügt ist (§§ 724, 725) zugestellt werden kann (nach allgemeiner Ansicht Zustellung auch einzeln, wenn Zusammenhang mit dem Titel eindeutig feststeht; kaum denkbar). 19

2) Wenn die Vollstreckungsklausel in den Sonderfällen des Abs 2 auf Grund öffentlicher oder öffentlich beglaubigter Urkunden erteilt ist, muß auch eine **Abschrift dieser Urkunden** zugestellt sein (oder gleichzeitig zugestellt werden, Abs 2). Die Unterlagen der erst im Klauselverfahren festgestellten besonderen Vollstreckbarkeit des Titels werden damit dem Schuldner zuverlässig bekanntgemacht. Auch diese Zustellung hat an einen Prozeßbevollmächtigten zu erfolgen (§§ 176, 178). Zugestellt sein müssen die in der Klausel bezeichneten Urkunden. Wenn solche in der Klausel nicht bezeichnet sind, diese aber nach ihrem Inhalt nach §§ 726, 727 oder einer anderen Bestimmung nach Abs 2 erteilt ist, müssen die Urkunden zugestellt sein, die die Voraussetzungen der Klauselerteilung belegen (Stephan Rpfleger 68, 214). Wenn jedoch die Klausel nicht nach einer der Sonderbestimmungen des Abs 2, sondern (zu Unrecht) als einfache vollstreckbare Ausfertigung (§§ 724, 725) erteilt wurde, ist Urkundenzustellung nach Abs 2 nicht nachzuweisen (dann § 732; so zutr StJM Rdn 39 zu § 750; aA: Abs 2 schaffe eine eigene, vom Klauselverfahren zu trennende Prüfungszuständigkeit, Frankfurt Rpfleger 73, 323; LG Bonn Rpfleger 68, 125). Für einen erst nach Kündigung vollstreckbaren Titel (§ 726 I) ist der Nachweis nicht erbracht, wenn die urkundlich belegte Kündigung erst für einen in der Zukunft liegenden Zeitpunkt ausgesprochen ist und dieser Zeitpunkt noch nicht erreicht ist (Frankfurt aaO). Die Zustellung entfällt, 20

wenn in der Klausel vermerkt ist, daß die Voraussetzungen der Klauselerteilung offenkundig waren. Wenn die vollstreckbare Ausfertigung nur nach § 724, nicht aber unter besonderen Voraussetzungen zu erteilen war, zB trotz Vollstreckbarkeit erst nach Kündigung nicht nach § 726 I, weil von der Nachweispflicht befreit war (Rn 17 zu § 726), trifft § 750 II überhaupt nicht zu; es trifft dann nicht den Gläubiger der Beweis für die Fälligkeit, vielmehr sind Einwendungen des Schuldners gegen den Eintritt der Fälligkeit solche nach § 767 (wie Rn 14 zu § 726; vgl LG Bonn Rpfleger 68, 125). Auch in den Fällen des § 750 II ist gesonderte Zustellung der Urkunden nicht erforderlich, wenn ihr Inhalt vollständig in die (zugestellte) Klausel aufgenommen ist (Frankfurt Rpfleger 77, 416; Stephan Rpfleger 68, 106; Stöber Rpfleger 66, 22). Zustellung muß jedoch auch dann erfolgen, wenn die Klausel nur ganz allgemein auf die Urkunde Bezug nimmt, deren Inhalt aber nicht (wörtlich oder sinngemäß bis ins einzelne) wiedergibt (Frankfurt aaO), oder wenn sie nur den wesentlichen Urkundeninhalt darstellt (LG Berlin DGVZ 64, 107 = JR 64, 346; LG Berlin Rpfleger 66, 21; Stöber Rpfleger 66, 22; aA Gottwald JR 64, 347). Zuzustellende Urkunde ist auch das Klauselurteil nach § 731; es genügt jedoch dessen Zustellung vor Klauselerteilung (auch von Amts wegen; streitig), die dem Vollstreckungsorgan nachzuweisen ist.

21 **VI)** (Vorheriger) **Verzicht** des Schuldners auf Bezeichnung in Titel oder Klausel ist nicht zulässig (Rn 26 vor § 704). Verzicht auf Beanstandungen ist entspr § 295 zulässig, desgleichen bei oder nach Vornahme der Vollstreckungshandlung Verzicht auf Zustellung (Abs 1 und 2) sowie auf Einhaltung der Wartefrist (StJM Rdn 8 zu § 705). Streitig ist, ob schon vor ZwV auf Zustellung (nach Abs 1 und 2) verzichtet werden kann. Das ist zulässig, weil mit Zustellung allein Schuldnerinteressen gewahrt werden (Berner Rpfleger 66, 134 mwN; LG Ellwangen DGVZ 66, 170 = Rpfleger 66, 145; AG Montabaur DGVZ 75, 93; Emmerich ZZP 82 [1968] 425; für Abs 2 auch Stephan Rpfleger 68, 106; aA RG 83, 332 [336]; KG Gutachten 23. 5. 1961, mitget von Kirchner DGVZ 62, 4; LG Flensburg DGVZ 60, 173 = Rpfleger 60, 303). Der nicht im Vollstreckungstitel selbst enthaltene Verzicht muß jedoch dem Vollstreckungsorgan zur Prüfung (zu weitgehend Stephan Rpfleger 68, 107: im Falle des Abs 2 dem Schuldner auch zugestellt) urkundlich (Original oder öffentliche bzw öffentlich beglaubigte Urkunde) nachgewiesen werden. Regelmäßig wird der Schuldner in der Urkunde erklären, daß er eine beglaubigte Abschrift erhalten hat und „auf förmliche Zustellung verzichtet". Dann ist die Urkunde nach § 212b zugestellt (LG Bad Kreuznach DAVorm 82, 901 = DGVZ 82, 189).

22 **VII) Sicherungsvollstreckung** (Abs 3): S Rn 4 zu § 720a.

23 **VIII) Rechtsbehelfe, Verstöße:** Rechtsbehelf für Schuldner (und Dritte), wenn eine Voraussetzung des § 750 fehlt: § 766 (§ 793). Fehlende Zustellung macht die ZwV nur anfechtbar (BGH 76, 79 = MDR 76, 648 = NJW 76, 851). Im übrigen zu Verstößen Rn 34–36 vor § 704.

751 *[Zwangsvollstreckungsbeginn]*

(1) Ist die Geltendmachung des Anspruchs von dem Eintritt eines Kalendertages abhängig, so darf die Zwangsvollstreckung nur beginnen, wenn der Kalendertag abgelaufen ist.

(2) Hängt die Vollstreckung von einer dem Gläubiger obliegenden Sicherheitsleistung ab, so darf mit der Zwangsvollstreckung nur begonnen oder sie nur fortgesetzt werden, wenn die Sicherheitsleistung durch eine öffentliche oder öffentlich beglaubigte Urkunde nachgewiesen und eine Abschrift dieser Urkunde bereits zugestellt ist oder gleichzeitig zugestellt wird.

Lit: *Birmanns,* Die Vollstreckung von Verbundurteilen nach §§ 510b ZPO, 62 ArbGG, DGVZ 1981, 147; *Jakobs,* Vorläufige Vollstreckbarkeit gegen Sicherheitsleistung unter besonderer Berücksichtigung der Prozeßbürgschaft, DGVZ 1973, 107 und 129; *Noack,* Die Prozeßbürgschaft als Sicherheitsleistung und besondere Voraussetzung für die ZwV, MDR 1972, 287; *E. Schneider,* Sicherheitsleistung durch Bankbürgschaft, JurBüro 1969, 487.

1 **I) Zweck:** Voraussetzungen der ZwV, die das Vollstreckungsorgan vor Beginn des Vollstrekkungsverfahrens (von Amts wegen) zu prüfen hat. Im Klauselverfahren erfolgt in diesen Fällen keine Prüfung (vgl Rn 1 zu § 726); vollstreckbare Ausfertigung wird vielmehr sogleich erteilt.

2 **II) Eintritt eines Kalendertages** für Geltendmachung des zu vollstreckenden Anspruchs (Rn 3 vor § 704) ist Vollstreckungsvoraussetzung bei Verurteilung auf künftige Leistung oder Räumung (§§ 257, 259), insbesondere für wiederkehrende Leistungen (§ 258; zB ab 1. 10. 1986 vierteljährlich vorauszahlbarer Unterhalt von wöchentlich 50 DM), auch für Zahlung einer Entschädigung nach Fristablauf (§ 510b; Rn 12 zu § 726), desgleichen bei künftigen Ansprüchen aus sonstigen Titeln (§ 795). Vorratspfändung für die Zukunft ist damit ausgeschlossen; Ausnahme § 850d III (zur Dauerpfändung Rn 26 zu § 850d). Abhängigkeit von einem Kalendertag besteht, wenn der Tag

ohne weiteres nach dem Kalender zu bestimmen ist, so bei Angabe des Datums oder eines bestimmten Tages (Neujahr, Ostern, am Letzten des Monats ...), außerdem wenn Beginn einer bestimmten Frist nach einem Datum oder Tag bezeichnet ist. Ungewiß ist dagegen der Fälligkeitstag (Fall des § 726), wenn die Leistung zwei Wochen nach Zustellung, seit Rechtskraft, nach Verzug des Schuldners (anders bei § 510b; s oben) zu erfolgen hat. Zulässig ist die Vollstreckung, wenn der Kalendertag abgelaufen ist (nicht schon am Fälligkeitstag), auch wenn der Tag ein Sonntag, Feiertag oder Sonnabend ist (keine Anwendung des § 193 BGB; aA StJM Rdn 2; BLH Anm 1 B, je zu § 751, aber keine entspr Anwendung, weil Schuldner mit unzulässiger Vollstrekkung am Fälligkeitstag ausreichend geschützt ist). § 761 trifft zu, wenn der Tag nach dem Fälligkeitstag ein Sonntag usw ist. Prozessuale Vollstreckungserfordernisse (zB Ablauf einer Wartefrist, § 750 III, §§ 798, 798a, Ablauf einer durch Urteil oder Beschluß bewilligten Räumungsfrist, § 721, einer Einstellungsfrist nach § 765a) sind vom Vollstreckungsorgan von Amts wegen zu beachten; nach dem Inhalt des Titels ist der zu vollstreckende Anspruch selbst von ihrem Eintritt nicht abhängig; sie gehören daher weder zu den Tatsachen des § 726 noch zu den kalendermäßigen Erfordernissen des § 750 I.

III) 1) Von einer **Sicherheitsleistung** des Gläubigers ist die Vollstreckung des Urteils abhängig in den Fällen der §§ 709, 712 II, auch § 711 (Besonderheiten der Sicherungsvollstreckung Rn 3 ff zu § 720a). Art und Höhe der Sicherheitsleistung bestimmen sich nach der Anordnung im Urteil (Rn 2 zu § 108). Soweit es keine Bestimmung trifft und die Parteien nichts anderes vereinbart haben, bestimmt sich die Art der Sicherheitsleistung nach § 108 (Wertpapiere: § 234 BGB; im einzelnen Rn 5 zu § 108). Sicherheitsleistung in der durch das Urteil bestimmten Art hat das Vollstreckungsorgan zu prüfen. Parteivereinbarungen außerhalb des Urteils müssen nach Abs 2 nachgewiesen sein (Zugeständnis des Schuldners genügt, § 295). 3

2) Nachzuweisen ist die Sicherheitsleistung durch öffentliche oder öffentlich beglaubigte Urkunde (Abs 2). Nachweis einer Hinterlegung ist möglich durch Zweitstück des Annahmeantrags mit Annahmeverfügung der Hinterlegungsstelle (§ 6 HinterlO) und Quittung der Hinterlegungskasse, nicht aber durch Postschein über die Einzahlung (so auch § 83 Nr 4 GVGA). Zur Sicherheitsleistung durch Hinterlegung einer Bürgschaftsurkunde Hamburg MDR 82, 588. 4

3) Abschrift der Urkunde, mit der Sicherheitsleistung nachgewiesen wird, muß bereits **zugestellt** sein oder (bei ZwV durch den Gerichtsvollzieher) gleichzeitig zugestellt werden. Zustellung auch hier an den Prozeßbevollmächtigten (§§ 176, 178). Im übrigen s Rn 15 ff zu § 750. 5

4) Bestimmung der Sicherheitsleistung (§ 108) durch **Bürgschaft** ist heute die Regel. Einzelheiten: Rn 7–11 zu § 108. Beginn der ZwV darf nur erfolgen, wenn Zustandekommen des Bürgschaftsvertrags (hierwegen Rn 11 zu § 108) nachgewiesen ist. Nur die Form des Nachweises, nicht aber der Bürgschaftserklärung und des Zustandekommens des Bürgschaftsvertrags regelt Abs 2 (zu dessen Unzulänglichkeit bei Bürgschaft s Hamm OLGZ 75, 305 = MDR 75, 763; StJM Rdn 12 zu § 751). Wenn der Gerichtsvollzieher erst bei Beginn der ZwV die Bürgschaftserklärung übergibt oder zustellt (zulässig, LG Hannover Rpfleger 82, 348) erübrigt sich weiterer Nachweis und auch dessen Zustellung. Ist die Bürgschaft vor Beginn der ZwV schon zustandegekommen, so darf die ZwV erst beginnen, wenn die Übergabe oder Zustellung der Bürgschaftserklärung durch öffentliche oder öffentlich beglaubigte Urkunde nachgewiesen ist (erfordert praktisch Nachweis mit Zustellungsurkunde). Diese Nachweisurkunde muß nicht wieder gesondert zugestellt werden (allgemeine Absicht, zB Frankfurt OLGZ 66, 304 = NJW 66, 521; Hamm aaO; StJM Rdn 12 zu § 751). Zur Frage, ob auch Zustellung mit schriftlichem Empfangsbekenntnis des Anwalts genügt Rn 11 zu § 108. 6

5) Nachweis der **Sicherheitsleistung entfällt,** wenn die Rechtskraft des Urteils bescheinigt ist (§ 706 I), wenn gem §§ 534, 560, 718 die Vollstreckbarkeit ohne Sicherheitsleistung angeordnet ist oder wenn Zurückweisung oder Verwerfung der Berufung gegen das Urteil 1. Instanz vorläufig vollstreckbar belegt ist (vgl § 83 Nr 5 GVG) sowie für Sicherungsvollstreckung (§ 720a). 7

IV) Rechtsbehelfe, Verstöße: Rechtsbehelf für Gläubiger bei Weigerung des Vollstreckungsorgans und für Schuldner sowie Dritte, wenn eine Voraussetzung des § 750 fehlt: § 766 (§ 793). Verstöße machen die ZwV nicht nichtig, sondern nur anfechtbar (Rn 34 vor § 704). Verzicht des Schuldners ist möglich (wie Rn 21 zu § 750). 8

V) Gebühren des **Anwalts:** Die Zustellung der Bürgschaftsurkunde löst Vollstreckungsgebühr aus (LG Landshut, AnwBl 80, 267). 9

752 (weggefallen)

753 [*Gerichtsvollzieher*]

(1) Die Zwangsvollstreckung wird, soweit sie nicht den Gerichten zugewiesen ist, durch Gerichtsvollzieher durchgeführt, die sie im Auftrag des Gläubigers zu bewirken haben.

(2) Der Gläubiger kann wegen Erteilung des Auftrags zur Zwangsvollstreckung die Mitwirkung der Geschäftsstelle in Anspruch nehmen. Der von der Geschäftsstelle beauftragte Gerichtsvollzieher gilt als von dem Gläubiger beauftragt.

Lit: *Braun,* Die Vollstreckung von Minimalforderungen – ein Verstoß gegen Treu und Glauben? DGVZ 1979, 129; *Brehm,* Ändern sich gesetzliche Entscheidungszuständigkeiten durch Treu und Glauben? JZ 1978, 262; *Dütz,* Freiheit und Bindung des Gerichtsvollziehers (= GV), DGVZ 1975, 49, 65 und 81; *Dütz,* Vollstreckungsaufsicht und verwaltungsmäßige Kostenkontrolle gegenüber GV, DGVZ 1981, 97; *Fahland,* Die freiwillige Leistung in der ZwV und ähnliche Fälle – Bindeglieder zwischen materiellem und Vollstreckungsrecht, ZZP 92 [1979] 432; *Gaul,* Der GV – ein organisationsrechtliches Stiefkind des Gesetzgebers, ZZP 87 [1974] 241; *Niederée,* Zur Stellung des GV, DGVZ 1981, 17; *Pawlowski,* Die Wirtschaftlichkeit der ZwV, ZZP 90 [1977] 345; *Polzius,* Der GV in der modernen Industriegesellschaft, DGVZ 1971, 145; *Polzius,* Die Stellung des GV als Beamter und als Vollstreckungsorgan gegenüber den Parteien, dem Vollstreckungsgericht und der Dienstaufsicht, DGVZ 1973, 161; *Schiffhauer,* Die Geltendmachung von Bagatellforderungen in der Zwangsversteigerung, ZIP 1981, 832; *E. Schneider,* Einstellung wegen ungerechtfertigter Kostenvollstreckung aus dem Vollstreckungsbescheid, DGVZ 1977, 129; *E. Schneider,* Zur Beachtung von Treu und Glauben durch den GV, DGVZ 1978, 85; *E. Schneider,* Vollstreckungsmißbrauch bei Minimalforderungen, DGVZ 1978, 166; *E. Schneider,* Prüfungspflicht des GV bei Vollstreckung von Restforderungen, DGVZ 1982, 149; *H. Schneider,* Formstrenge und Wertung in der Vollstreckungstätigkeit des GV, DGVZ 1986, 130; *Schüler,* Die eigenverantwortliche Stellung des GV als selbständiges Vollstreckungsorgan und seine Pflichten zur Unparteilichkeit, DGVZ 1970, 145; *Seip,* Wie soll der Vollstreckungsauftrag aussehen, DGVZ 1971, 102; *Wieser,* Der Grundsatz der Verhältnismäßigkeit in der ZwV, ZZP 98 (1985) 50; *Zeiss,* Aktuelle vollstreckungsrechtliche Fragen aus der Sicht des GV, DGVZ 1974, 178; *Zeiss,* Aktuelle vollstreckungsrechtliche Fragen aus der Sicht des GV, JZ 1974, 564.

1 I) Der **Gerichtsvollzieher** (= GV) ist Beamter im Sinne des Beamtenrechts (§ 1 GVO). Seine Dienst- und Geschäftsverhältnisse bestimmen sich nach bundes- und landesrechtlichen Vorschriften (bundeseinheitliche Geschäftsanweisung für Gerichtsvollzieher = GVGA; bundeseinheitliche Gerichtsvollzieherordnung = GVO mit landesrechtlichen Ergänzungsvorschriften; s Anm zu § 154 GVG). Seinen Geschäftsbetrieb regelt der GV nach eigenem pflichtgemäßen Ermessen (§ 45 GVO); er hält an seinem Amtssitz ein Geschäftszimmer auf eigene Kosten (§ 46 GVO). Aufgaben des GV Rn 4 zu § 154 GVG. Für Amtspflichtverletzung trifft den Staat die Haftung (Art 34 GG, § 839 BGB).

2 II) 1) Die **ZwV,** soweit sie nicht den Gerichten übertragen ist, führt der **GV im Auftrag des Gläubigers** durch (Abs 1); gemeint ist damit ein Antrag (BVerwG NJW 83, 896 [897 reSp]). Zum Aufgabenbereich des GV gehören ZwV-Handlungen (s § 57 Nr 2 GVGA) bei ZwV wegen Geldforderungen in bewegliche körperliche Sachen einschl der Wertpapiere und der noch nicht vom Boden getrennten Früchte (§§ 803–827), bei Pfändung von Forderungen aus Wechseln usw durch Wegnahme des Papiers (§ 831), zur Erwirkung der Herausgabe, Überlassung und Räumung (§§ 883–885), zur Beseitigung eines Widerstands des Schuldners nach § 892 und bei ZwV durch Haft (§§ 899–914) sowie bei Vollziehung von Arrestbefehlen und einstw Verfügungen (§§ 916–945). Bei ZwV in Forderungen wirkt der GV nur in beschränktem Umfang mit (§§ 172–178 GVGA).

3 2) **Örtlich zuständig** ist der GV für den Bezirk des Amtsgerichts (Dienstbehörde, § 20 Nr 1 GVGA, § 17 GVO). Die Verteilung der Geschäfte unter mehreren GV erfolgt nach GV-Bezirken (§ 16 GVGA). Jedoch ist eine Amtshandlung nicht deshalb unwirksam, weil sie ein anderer als der nach der Geschäftsverteilung zuständige GV oder ein GV außerhalb seines Bezirks vorgenommen hat (§ 16 Nr 7, § 20 Nr 2 GVGA; letztere aber als mangelhaft anfechtbar). Ausschließung des GV von der Amtsausübung § 155 GVG; jedoch keine Ablehnung wegen Befangenheit (AG Köln DGVZ 66, 26). Verstoß gegen die sachliche Zuständigkeit (zB Forderungspfändung durch GV; Besonderheit § 845 I S 2) bewirkt Nichtigkeit.

3) Der GV **handelt** bei der ihm zugewiesenen ZwV **selbständig** (§ 58 Nr 1 GVGA), somit „in eigener Verantwortung" (BGH MDR 85, 562 [563]). Aufträge hat der GV schnell und nachdrücklich durchzuführen (§ 64 GVGA); er darf die Erledigung der Aufträge insbesondere nicht verzögern (§ 6 GVGA). Wenn der Gläubiger (sein Vertreter) Zuziehung zur ZwV verlangt, hat ihn der GV unter Angabe der Zeit der Vollstreckung (AG Bln-Charlottenburg DGVZ 86, 141) rechtzeitig zu benachrichtigen (§ 62 Nr 5 GVGA). Der GV handelt hoheitlich (Rn 1 vor § 704); er wird insbesondere nicht als Vertreter des Gläubigers tätig (RG 156, 395 [398]; auch BVerwG NJW 83, 896). In seinem Amt als ZwV-Organ und damit ausschließlich hoheitlich wird der GV auch tätig bei Entgegennahme der freiwilligen Leistung (§ 754), beim Angebot der Gegenleistung nach § 756, bei Gewährung von Stundung im Gläubigerauftrag und wenn er sonstige Erklärungen für den Gläubiger abgibt oder entgegennimmt (zB Vereinbarung eines Vergleichs) (so zutr Fahland ZZP 92 [1979] 432 gegen früher hM von Doppelfunktion des GV als Organ staatlicher Zwangsgewalt und als Vertreter des Gläubigers bei Abschluß eines privatrechtlichen Rechtsgeschäfts). Die Vorschriften der GVGA hat der GV zu beachten; sie soll ihm jedoch nur das Verständnis der gesetzlichen Vorschriften erleichtern und erhebt keinen Anspruch auf Vollständigkeit. Bindung des GV abweichend vom Gesetz begründet die GVGA nicht. Weisungen des Gläubigers, die Beginn, Art und Ausmaß der ZwV betreffen, sind für den GV bindend (Parteiherrschaft, Rn 19 vor § 704), wenn sie mit Gesetzen (zB §§ 803, 811) oder der GVGA nicht in Widerspruch stehen (§ 58 Nr 2 GVGA; RG 161, 115); Auswahl der zu pfändenden Gegenstände trifft daher der GV (LG Berlin DGVZ 76, 185 = MDR 77, 146); Gläubiger kann aber bestimmte Gegenstände von der Pfändung ausnehmen (AG Offenbach DGVZ 77, 44), nicht jedoch den Zeitpunkt der Vollstreckungshandlung bestimmen (für Zeitpunkt von Kassenpfändungen AG Gelsenkirchen DGVZ 72, 120). Der Gläubiger kann den GV daher auch vor Vollstreckungsbeginn anweisen, den (schon erteilten) Auftrag einstweilen ruhen zu lassen und weitere Weisung abzuwarten (AG Straubing Rpfleger 79, 72), desgleichen, den Versteigerungstermin bei Teilzahlungen jeweils zu verlegen (KG DGVZ 78, 112). 4

III) 1) „Auftrag" des Gläubigers ist dessen Antrag (Rn 19 vor § 704) an den GV, eine Amtshandlung vorzunehmen. Er kann schriftlich (dazu Rn 3 zu § 829; ungenügend ist Faksimilestempel nach LG München DGVZ 83, 57 und AG Aachen DGVZ 84, 61) oder mündlich (vgl § 754), mithin auch telefonisch unmittelbar beim GV (§ 62 GVGA) oder durch Vermittlung der Geschäftsstelle (Abs 2), bei einem Amtsgericht mit mehreren GV auch über die Verteilungsstelle (§ 33 GVO) gestellt werden. 5

2) Im Auftrag sind Gläubiger und Schuldner mit ihren Anschriften, die verlangte Tätigkeit des GV, bei ZwV wegen Geldforderungen der beizutreibende Betrag, zu bezeichnen. Die **Anschrift** des Schuldners ist so anzugeben, daß dessen Wohnung auffindbar ist (AG Darmstadt DGVZ 81, 62). Ermittlungspflichten für den Gläubiger obliegen dem GV nicht. Offenkundigen Anhaltspunkten und mühelos feststellbaren Äußerlichkeiten hat der GV jedoch Rechnung zu tragen (daher Pflicht zu Erkundungen in einem Mehrfamilienhaus, insbesondere bei Vermieter oder Hauswirt, nach der Wohnung des Schuldners, AG Hannover DGVZ 77, 26; AG Leverkusen DGVZ 82, 175). Feststellung (Ermittlung) der Anschrift des verzogenen Schuldners ist nicht Aufgabe des GV (LG Osnabrück DGVZ 71, 175). Die **Forderung** hat nach Kosten, Zinsen und Hauptsache bezeichnet zu sein, Teilzahlungen sind vom Gläubiger zu verrechnen (§ 367 BGB), nicht vom GV (LG Berlin DGVZ 74, 11 = Rpfleger 74, 30; LG Braunschweig DGVZ 74, 29 = NdsRpfl 73, 261; Stöber Rpfleger 67, 114 ber 156 und FdgPfdg Rdn 466 mit Nachw, auch für Gegenmeinung). Dem Auftrag ist daher ggfs eine übersichtliche Zinsberechnung beizufügen (LG Kassel DGVZ 70, 89 und 63, 189). Eine maschinell gefertigte Forderungsaufstellung muß lesbar sein (dann Überprüfung durch GV; AG Frankfurt DGVZ 71, 25 mit abl Anm Schriftl); der GV hat sie nicht erst mittels Schlüsselzahlen umzusetzen oder sonst zu entziffern (LG Tübingen und AG Reutlingen DGVZ 68, 150; AG Hamburg-Wandsbeck DGVZ 69, 173; LG Tübingen DGVZ 71, 156; AG Gelsenkirchen DGVZ 76, 138; AG Burg aF DGVZ 79, 76). 6

3) Auftrag kann auch nur wegen eines **Teils** der vollstreckbaren Forderung erteilt werden (darin liegt kein Rechtsmißbrauch). Eine Berechnung seiner Forderung unter Darstellung aller Ratenzahlungen des Schuldners braucht der Gläubiger nicht einzureichen (SchlHOLG DGVZ 76, 135 mit abl Anm Zeiss = Rpfleger 76, 224; LG Düsseldorf MDR 86, 505 L; aA AG Aachen DGVZ 84, 61 = JurBüro 84, 297). Auch wenn der Teilbetrag als **Restforderung** geltend gemacht wird, hat der GV nicht zu prüfen, ob Teilzahlungen des Schuldners vollständig und richtig verrechnet sind; eine Gesamtabrechnung kann vom Gläubiger daher nicht verlangt werden (LG Oldenburg DGVZ 80, 88 = Rpfleger 80, 236; LG Kaiserslautern DGVZ 82, 157; Stöber FdgPfdg Rdn 464 mit zahlr Nachw; sehr umstritten; aA zB E. Schneider DGVZ 82, 149: Prüfung von Restforderungen, in die Vollstreckungskosten eingegangen sind, auch Köln DGVZ 83, 9). Das gebie- 7 ten die Grundsätze des Vollstreckungsrechts, nach denen für den GV Grundlage der ZwV der Titel ist (Rn 3, 14 vor § 704), der Gläubiger mit seinem Antrag den Umfang der ZwV bestimmt (Rn 19 vor § 704), das Vollstreckungsorgan den Anspruch nicht festzustellen und zu prüfen hat (Rn 14 vor § 704), vielmehr Nichtbestehen, insbesondere Untergang des Anspruchs mit Angriff gegen den Titel geltend zu machen sind (Rn 3 vor § 704). Für das Vollstreckungsrecht des Gläubigers kann auch hier nichts anderes gelten wie im Falle von § 775 Nr 4, 5, in dem Fortsetzung der ZwV auf Antrag des Gläubigers zu erfolgen hat, obwohl Zahlungsbelege vorliegen (Rn 12 zu § 775; nicht richtig daher LG Nürnberg-Fürth JurBüro 82, 139). Nur wenn der Gläubiger zur Begründung seiner Restforderung eine Aufstellung einreicht, muß diese nachprüfbar sein und den Anspruch richtig ausweisen (LG Hamburg DGVZ 75, 91); dafür sind auch die in der Forderungsaufstellung verlangten Vollstreckungskosten zu überprüfen (LG Essen JurBüro 76, 1383; Stöber aaO).

8 4) Auch der Gläubiger einer **Kleinforderung** (Minimal- oder Bagatellforderung) kann ihre Beitreibung mit ZwV verlangen. Seinem Vollstreckungsanspruch (Rn 2 vor § 704) fehlt grundsätzlich das Rechtsschutzbedürfnis nicht. Es gibt keinen allgemeinen Grundsatz, daß ZwV wegen einer nur geringen Forderung nicht betrieben werden dürfe (dazu eingehend Zeller/Stöber Rdn 61 zu § 1 ZVG). Eine Kleinforderung kann auch ein Schuldner in bedrängten Verhältnissen aufbringen (Düsseldorf NJW 80, 1171). Wenn der Gläubiger für eine Minimalforderung einen Vollstreckungstitel erwirken konnte, hat er auch das Recht, die damit voll ausgewiesene Forderung durchzusetzen; sonst würde das rechtmäßige Erkenntnisverfahren ins Leere gehen (Schiffhauer ZIP 81, 832; LG Berlin DGVZ 79, 168; AG Karlsruhe DGVZ 86, 92 = NJW-RR 86, 1256). Ein Rechtsschutzinteresse kann weder mit der Höhe der Vollstreckungskosten noch mit dem Verfassungsgrundsatz der Verhältnismäßigkeit verneint werden (Jauernig ZwVR § 1 X). Auch die Vollstreckung einer geringen Restforderung (insbesondere von Zinsen) ist grundsätzlich zulässig (LG Konstanz NJW 80, 297). Rechtsmißbräuchlich ist die ZwV nicht schon deshalb, weil Kosten entstehen, die die Restforderung mehrfach übersteigen (LG Wuppertal NJW 80, 297; LG Lübeck DGVZ 79, 73 für 0,56 DM Zinsen unter Aufgabe von DGVZ 74, 77; AG Braunschweig DGVZ 81, 186 für 0,83 DM Rest; AG Flensburg MDR 75, 765 für 3,21 DM Zinsen; auch AG Tostedt DGVZ 78, 171; AG Würzburg JurBüro 79, 1081; anders AG Dortmund DGVZ 79, 121 für 1,23 DM Zinsen; AG Jever DGVZ 72, 121 für 4,90 DM Zinsen; AG Gelsenkirchen-Buer DGVZ 71, 43 für 3 DM Rest; AG Kamen DGVZ 83, 190 für 2,16 DM Rest; s auch LG Stade DGVZ 78, 171 mit abl Anm E. Schneider). Nur dann kann das Rechtsschutzinteresse für Vollstreckung einer geringen (unbedeutenden) Restforderung (insbes Nebenforderung) verneint werden, wenn im Einzelfall aus besonderen Gründen berechtigte Schutzinteressen des Schuldners eindeutig überwiegen. Beispiel: Bis zur Gutschrift des bereits überwiesenen Forderungsbetrags noch aufgelaufene geringfügige Zinsen und Kosten (Düsseldorf NJW 80, 1171). Wenn der Schuldner die Zahlung hartnäckig verweigert (böswillig nicht zahlt), kann dem Gläubiger ein Rechtsschutzinteresse nicht abgesprochen werden (AG Staufen DGVZ 78, 189; AG Dinslaken DGVZ 82, 159 = JurBüro 82, 783).

9 5) Ob **sittenwidrige Vollstreckung,** insbesondere bei Erschleichen des Vollstreckungstitels (dazu Einzelheiten Rn 72 ff vor § 322; Rn 28 ff zu § 578) und bei Kostenvollstreckung, wenn Vollstreckungsbescheid noch nach Zahlung erwirkt wurde, GV (ebenso VG) zur Ablehnung eines Gläubigerantrags berechtigt, ist streitig. ZwV in solchen Fällen wird nun überwiegend als unzulässige Rechtsausübung (prozessuale Arglist; Verstoß gegen Treu und Glauben) für unzulässig gehalten (E. Schneider DGVZ 77, 129 und DGVZ 78, 85; LG Koblenz DGVZ 82, 45; AG Dortmund DGVZ 81, 44; AG Freiburg DGVZ 82, 31). Prüfung des durch den Titel ausgewiesenen Vollstreckungsanspruchs des Gläubigers sollte jedoch nicht im ZwV-Verfahren erfolgen können, sondern dem Erkenntnisverfahren vorbehalten bleiben (Brehm JZ 78, 262).

10 6) Der **Vollstreckungstitel** muß dem GV übergeben, andere für den Beginn der ZwV nötige Urkunden müssen ihm ausgehändigt werden (zum Nachweis von ZwV-Kosten Rn 15 zu § 788). Ob die Voraussetzungen für die Zulässigkeit der ZwV vorliegen sowie die Zulässigkeit der einzelnen Vollstreckungshandlungen prüft der GV selbständig (§ 58 Nr 1 GVGA) in eigener Verantwortung (RG 140, 429). Prüfung des urkundlich nachgewiesenen vollstreckbaren Anspruchs (Rn 14 vor § 704), mithin auch die Rechtmäßigkeit des Titels und der Vollstreckungsklausel (dazu Rn 1 zu § 724) kann durch den GV nicht erfolgen (zB AG Würzburg JurBüro 79, 1081; AG Siegen DGVZ 71, 122). Der GV hat daher auch Verjährung nicht zu beachten (für Zinsen LG Hamburg DGVZ 73, 141; LG Koblenz DGVZ 85, 62; AG Lichtenfels DGVZ 81, 28; hierfür § 767). Durch den Titel ausgewiesene Unterhaltsrückstände muß der Gläubiger nicht erst noch nachweisen (AG Mönchengladbach DGVZ 74, 29). Zum Nachweis der Vollmacht des Vertreters des Gläubigers genügt die Bezeichnung als Prozeßbevollmächtigter im Schuldtitel (§ 62 Nr 2 GVGA). Sonst ist ein Mangel der Vollmacht von Amts wegen zu berücksichtigen, bei Vertretung durch einen Rechtsanwalt jedoch nur bei Rüge durch den Gegner (§ 88 II; auch § 62 Nr 2 GVGA).

7) Zurücknahme des Auftrags ist bis zur Beendigung der ZwV jederzeit zulässig; sie beendet das ZwV-Verfahren (Rn 19 vor § 704). ZwV-Maßnahmen muß der GV aufheben (§ 111 Nr 1 GVGA). Der Gläubiger kann infolge seiner Herrschaft über den vollstreckbaren Anspruch (Rn 19 vor § 704) den GV auch anweisen, die ZwV einzustellen oder zu beschränken; er kann auch einen gepfändeten Gegenstand freigeben (§ 111 Nr 1 GVGA). Wenn der Gläubiger dem Schuldner die geschuldete Leistung stundet (auch mit Ratenzahlungen; vgl auch Rn 3, 6 zu § 754) bleiben bereits durchgeführte ZwV-Maßnahmen bestehen (§ 111 Nr 2 GVGA). Behandlung und Überwachung eines ruhenden Vollstreckungsauftrags durch den GV §§ 40, 41 GVO. Nur vorübergehende Rückforderung und Rückgabe des Schuldtitels steht der Antragszurücknahme nicht gleich. Weil jedoch der Titel als Ausweis für Ausführung der ZwV-Handlungen vorliegen muß (§ 755; auch § 62 Nr 3 GVGA), kann die ZwV erst nach Wiedervorlage des Schuldtitels fortgesetzt werden (für ruhende Vollstreckungsaufträge sieht § 40 GVO noch besonderen Antrag des Gläubigers vor). 11

8) Abgelehnt wird vom GV die Übernahme eines Auftrags, wenn die von ihm zu prüfenden Voraussetzungen für Zulässigkeit der ZwV (Rn 10) nicht vorliegen oder wenn der Antrag sonst mit bestehenden Vorschriften (zB §§ 811, 828) unvereinbar ist (§ 5 Nr 3 GVGA). Stehen dem Antrag Hindernisse nur teilweise entgegen (zB mangelhafte Zinsberechnung, nicht nachgewiesene Vollstreckungskosten), so ist er insoweit abzulehnen; der weitergehende Antrag ist auszuführen. Von der Ablehnung ist der Auftraggeber unter Bekanntgabe der Gründe zu verständigen (§ 5 Nr 3 S 2 GVGA). 12

IV) Rechtsbehelfe: Für Gläubiger bei Weigerung des GV, einen Auftrag zu übernehmen oder nach Antrag durchzuführen: § 766 II (dann § 793); für Gläubiger und Schuldner gegen Art und Weise der ZwV und das Verfahren des GV: § 766 (dann § 793). Für die **Dienstaufsicht** (zu ihr Gaul ZZP 87 [1974] 241) ist unmittelbarer Vorgesetzter des GV der aufsichtführende Richter des Amtsgerichts (§ 2 Nr 2 GVO). Maßnahmen der Dienstaufsicht können jedoch nur für die Geschäftsführung gefordert und getroffen werden (vgl § 101 GVO; zB Verzögerung, Nichtbearbeitung eines Antrags), nicht aber für die Tätigkeit des GV bei der ZwV, bei der er selbständig zu handeln hat. Bei Einziehung der Kosten unterliegt der GV uneingeschränkt der Dienstaufsicht. Zu dieser näher BVerwG NJW 83, 898, auch NJW 83, 899. 13

754 *[Vollstreckungsantrag]*

In dem schriftlichen oder mündlichen Auftrag zur Zwangsvollstreckung in Verbindung mit der Übergabe der vollstreckbaren Ausfertigung liegt die Beauftragung des Gerichtsvollziehers, die Zahlungen oder sonstigen Leistungen in Empfang zu nehmen, über das Empfangene wirksam zu quittieren und dem Schuldner, wenn dieser seiner Verbindlichkeit genügt hat, die vollstreckbare Ausfertigung auszuliefern.

I) Zweck: Mit den Rechten und Pflichten des GV gegenüber seinem Auftraggeber (sonst § 755), die er außerhalb der eigentlichen ZwV (§§ 803 ff) wahrzunehmen hat, legt § 754 Selbstverständliches fest. Die Vorschrift geht noch auf die ältere Anschauung zurück, daß der GV als Vertreter (damit Beauftragter) des Gläubigers handle (s Fahland ZZP 92 [1979] 432 [434]). 1

II) Voraussetzungen: Auftrag zur ZwV (Rn 5 zu § 753) und Übergabe der vollstreckbaren Ausfertigung (§§ 724 ff). Soweit Titel keiner besonderen Vollstreckungsklausel bedürfen (Rn 2 zu § 724) genügt Übergabe der Ausfertigung des Titels. Nur vorübergehende Rückgabe des Titels berührt die Befugnisse des GV aus § 754 nicht. Sie kommen mit Rücknahme (Erledigung) des Auftrags in Wegfall. 2

III) Folge: Auftrag schließt ohne weitere Erklärung des Gläubigers (§ 62 Nr 3 GVGA; ein entgegenstehender Wille wäre unbeachtlich; Frankfurt NJW 63, 773 [774]) auch die Beauftragung des GV ein, als Organ staatlicher Zwangsgewalt 3

a) die **Zahlungen** und sonstigen Leistungen **in Empfang zu nehmen** (vgl Anm zu § 755), die der Schuldner zur Abwendung der ZwV oder freiwillig erbringt, entgegen § 266 BGB auch Teilleistungen. Leistungen, die unter einer Bedingung oder unter Vorbehalt angeboten werden, weist der GV zurück (§ 106 Nr 1 GVGA), wenn nicht der Gläubiger einverstanden ist (Rn 6). Leistungen Dritter hat der GV mit Zustimmung des Schuldners anzunehmen (§ 267 BGB); bei Widerspruch des Schuldners ist wegen des Ablehnungsrechts (§ 267 II BGB) jedoch das Einverständnis des Gläubigers einzuholen.

b) über das Empfangene wirksam zu **quittieren** (§ 757 I). 4

5 **c)** die **vollstreckbare Ausfertigung** dem Schuldner, der seine Verbindlichkeit voll erfüllt hat, **auszuhändigen** (§ 757 I).

6 **IV)** Über die Befugnisse nach § 754 hinaus ist der GV gesetzlich zur Abgabe und Entgegennahme privatrechtlicher Erklärungen und Vornahme von Handlungen für den Gläubiger nicht befugt. Er darf daher ohne besondere Erlaubnis des Gläubigers keinen Vergleich abschließen (RG JW 89, 204), keine Stundung gewähren (zur Teilleistung vor Pfändung § 106 Nr 5 GVGA; zu Zahlungsaufschub danach § 141 Nr 2 GVGA), Ersatzleistungen (§ 346 I BGB), die im Schuldtitel nicht vorgesehen sind, nicht annehmen (zB durch Wechsel, Zession, Scheck; dazu nachf), gepfändete Gegenstände nicht freigeben (RG 18, 392), und Willenserklärungen (Rücktritt, Wandelung, Minderung, Aufrechnung) nicht entgegennehmen und nicht abgeben. Annahme von Bar- und Verrechnungs**schecks** ist bei gleichzeitiger Durchführung der ZwV-Maßnahme erlaubt; ist Einlösung durch Scheckkarte gesichert, wird auch die ZwV einstweilen eingestellt (§ 106 Nr 2 GVGA). Mit ausdrücklicher Ermächtigung des Gläubigers ist der GV auch zur Entgegennahme anderer Ersatzleistungen, zu nachträglichen Vereinbarungen mit dem Schuldner und zur Abgabe sonstiger Erklärungen berechtigt. Der GV nimmt auch dann Amtspflichten wahr, handelt somit hoheitlich (näher Fahland aaO; auch LG Kiel Rpfleger 70, 71 [72]; anders zB LG Hildesheim NJW 59, 537; enger auch Frankfurt aaO: Bevollmächtigter). Zur Übernahme solcher weitergehender Geschäfte des Gläubigers ist der GV berechtigt, aber nicht verpflichtet (LG Hildesheim aaO). Erklärungen an den dazu nicht ermächtigten GV werden dem Gläubiger gegenüber erst mit Zugang als übermittelte Erklärungen des Schuldners wirksam.

755 *[Gerichtsvollzieher, Schuldner und Dritter]*

Dem Schuldner und Dritten gegenüber wird der Gerichtsvollzieher zur Vornahme der Zwangsvollstreckung und der im § 754 bezeichneten Handlungen durch den Besitz der vollstreckbaren Ausfertigung ermächtigt. Der Mangel oder die Beschränkung des Auftrags kann diesen Personen gegenüber von dem Gläubiger nicht geltend gemacht werden.

Lit: *Guntau*, Die rechtliche Wirkung der an den GV geleisteten freiwilligen Zahlung zur Abwendung der ZwV aus für vorläufig vollstreckbar erklärten Zahlungstiteln, DGVZ 84, 17; *Schmidt-von Rhein*, Die Hinterlegung der vom Schuldner entgegengenommenen Sicherheitsleistung durch den GV, DGVZ 1981, 145.

1 **I) Zweck:** Legitimation des GV dem Schuldner und Dritten gegenüber.

2 **II) Voraussetzung:** GV muß vollstreckbare Ausfertigung besitzen (nicht bei sich tragen); daß Schuldner (Dritter) davon Kenntnis hat, ist nicht erforderlich, desgleichen nicht, daß dem GV Auftrag zur ZwV (Rn 5 zu § 753) erteilt ist und in welchem Umfang (anders bei § 754). Soweit Titel keiner besonderen Vollstreckungsklausel bedürfen, genügt Ausfertigung des Titels (wie Rn 2 zu § 754). Auch nach Zurücknahme (Erledigung) des Auftrags bleibt der GV nach § 755 ermächtigt, solange er im Besitz des Titels ist, selbst wenn der Schuldner (Dritte) Kenntnis hat; daher ist Leistung des Schuldners mit befreiender Wirkung auch jetzt noch möglich. Zur persönlichen Legitimation dient der dem GV ausgestellte Dienstausweis (§ 8 GVO).

3 **III) Folge: 1)** GV ist dem Schuldner und Dritten gegenüber zur ZwV und zu den in § 754 bezeichneten Handlungen ermächtigt. Als unerläßlicher Ausweis zur ZwV ist die vollstreckbare Ausfertigung dem Schuldner (Dritten) auf Verlangen vorzuzeigen (§ 62 Nr 3 GVGA). Der Gläubiger muß Handlungen des GV auch bei Antragsmangel (auch bei Beauftragung durch einen nicht bevollmächtigten Vertreter) oder Antragsbeschränkung gegen sich gelten lassen (Satz 2), selbst wenn der Schuldner (Dritte) davon Kenntnis hatte oder haben konnte (anders § 169 BGB). Schuldner und Dritte können Antragsmangel nach § 766 (§ 793) geltend machen, müssen dies aber nicht.

4 **2) Zahlungen** (Leistungen) an den legitimierten GV (auch bei freiwilliger Leistung) haben Erfüllungswirkung (§ 362 BGB). Das Geleistete wird Eigentum des Gläubigers (Einzelheiten Fahland ZZP 92 [1979] 432, auch Guntau DGVZ 84, 17). Leistung an den GV ist auch Übergabe an eine beim Zahlungsverkehr beschäftigte Büro- und Schreibhilfe (§ 49 Nr 2, § 74 Nr 1 GVO).

5 **3)** Eine dem **Schuldner** zur Abwendung der ZwV nachgelassene **Sicherheit** darf der GV (wie für den Gläubiger Zahlungen zur Erfüllung) in Empfang nehmen und für den Schuldner hinterlegen (Schmidt-von Rhein DGVZ 81, 145; Guntau DGVZ 84, 17 [24]). Der GV wird auch für verpflichtet gehalten, den zur Abwendung der ZwV angebotenen Betrag anzunehmen und zu hinterlegen (Schmidt-von Rhein aaO). Mit Übergabe des Geldes an den GV entsteht bis zur Hinterlegung ein öffentlich-rechtliches Verwahrungsverhältnis, bei dem die Gefahr für den Verlust des

Geldes den Schuldner trifft. Als erfüllt gelten die vollstreckbaren Ansprüche des Gläubigers in Höhe einer dem GV übergebenen Sicherheitsleistung, wenn der Schuldner zugunsten des Gläubigers auf Rückgabe des zur Abwendung der ZwV beim GV „hinterlegten" Geldbetrags (nachdem die Voraussetzung für Sicherheitsleistung weggefallen ist) verzichtet (BGH JurBüro 84, 386 = Rpfleger 1984, 74).

756 *[Gerichtsvollzieher. Zug-um-Zug-Leistung]*

Hängt die Vollstreckung von einer Zug um Zug zu bewirkenden Leistung des Gläubigers an den Schuldner ab, so darf der Gerichtsvollzieher die Zwangsvollstreckung nicht beginnen, bevor er dem Schuldner die diesem gebührende Leistung in einer den Verzug der Annahme begründenden Weise angeboten hat, sofern nicht der Beweis, daß der Schuldner befriedigt oder im Verzug der Annahme ist, durch öffentliche oder öffentlich beglaubigte Urkunden geführt wird und eine Abschrift dieser Urkunden bereits zugestellt ist oder gleichzeitig zugestellt wird.

Lit: *Bank*, Realisierung eines Kostenerstattungsanspruchs aus einem Rechtsstreit, in welchem der Schuldner zu einer Zug um Zug zu bewirkenden Leistung verurteilt worden ist, JurBüro 1980, 1137; *Bank*, Vollstreckung eines Urteils auf Zahlung Zug um Zug gegen Herausgabe einer eingebauten Tür, JurBüro 1982, 806; *Doms*, Eine Möglichkeit zur Vereinfachung der ZwV bei Zug-um-Zug-Leistung, NJW 1984, 1340; *Gilleßen/Jakobs*, Das wörtliche Angebot bei der Zug-um-Zug-Vollstreckung in der Praxis des GV, DGVZ 1981, 49; *Noack*, Aktuelle Fragen aus dem Sachgebiet Mobiliarvollstreckung, DGVZ 1972, 149; *Schibel*, Zug um Zug-Urteil in der ZwV, NJW 1984, 1945; *Schilken*, Wechselbeziehungen zwischen Vollstreckungsrecht und materiellem Recht bei Zug-um-Zug-Leistungen, AcP 181, 355; *E. Schneider*, Beanstandung der Gegenleistung bei der ZwV Zug um Zug, JurBüro 1965, 178; *E. Schneider*, Der Beweis des Annahmeverzuges in §§ 756, 765 ZPO durch Urteil des Prozeßgerichts, JurBüro 1966, 914; *E. Schneider*, Das „Angebot" bei der ZwV Zug um Zug, JurBüro 1966, 817; *E. Schneider*, Prüfung der Gegenleistung durch den GV, DGVZ 1978, 65; *E. Schneider*, Vollstreckung von Zahlungstiteln Zug um Zug gegen Ausführung handwerklicher Leistungen, DGVZ 82, 37; *Stojek*, Beweisaufnahme durch den GV, MDR 1977, 456.

I) Zweck: Sicherstellung der dem Schuldner zustehenden Gegenleistung mit Nachweis der Erfüllung oder des Annahmeverzugs unter gleichzeitiger Wahrung der Interessen des Gläubigers, die Gegenleistung bis zur Leistung des Schuldners zu behalten. Weil der Gläubiger seine Gegenleistung auch unmittelbar vor Beginn der Vollstreckung anbieten lassen kann, hat der GV die ZwV-Voraussetzung selbst (von Amts wegen) zu prüfen. Im Klauselverfahren erfolgt keine Prüfung (vgl Rn 1 zu § 726); Vollstreckungsklausel wird vielmehr sogleich erteilt. 1

II) Anwendungsbereich: Nur ZwV durch den GV (Rn 2 zu § 753); nicht bei ZwV durch das Vollstreckungsgericht (hier § 765) und nicht bei Verurteilung zur Abgabe einer Willenserklärung (§ 726 II; dazu Rn 8 zu § 726). 2

III) Voraussetzungen: 1) a) Verurteilung (sonstiger Titel, § 795) zur **Leistung Zug um Zug** gegen eine vom Gläubiger zu bewirkende Leistung. Die Verpflichtung zur Zug-um-Zug-Leistung muß sich aus dem Titel selbst ergeben; ein Prozeßvergleich zu beiderseitigen Leistungen ohne Bestimmung, daß Leistung und Gegenleistung Zug um Zug zu bewirken sind, ist daher für jede Partei selbständig vollstreckbar (AG Bielefeld MDR 77, 500), ebenso ein Prozeßvergleich, der nur einen der beiden Ansprüche als Zug-um-Zug-Leistung ausweist, für den Gläubiger des „anderen" Anspruchs (LG Tübingen/Stuttgart DGVZ 86, 60). Verurteilung zur Leistung nach Empfang der Gegenleistung ist gleichfalls nur nach § 756 vollstreckbar (Karlsruhe MDR 75, 938). Im Urteil muß die Gegenleistung (zumindest bei Auslegung) bestimmt (eindeutig) bezeichnet sein; sonst ist der Titel nicht vollstreckbar (Rn 8 zu § 726; Frankfurt JurBüro 79, 1389 = Rpfleger 79, 432 [Damenmantel]; LG Hannover DGVZ 78, 61 [4 Reifen mit Felgen]; LG Frankenthal MDR 82, 61 [dem Beklagten gehörender Kühler]); LG Düsseldorf DGVZ 86, 139 [Klischees für Bucheinbanddeckel]; bei einem Kraftfahrzeug genügt (regelmäßig) Typenbezeichnung, Motor- oder Fahrgestellnummer brauchen nicht angegeben werden (AG Groß-Gerau MDR 81, 504; ist aber Frage des Einzelfalls). 3

b) Zahlung gegen **Aushändigung eines Wechsels** (Art 39, 50, 77 WG), Schecks (Art 34, 47 ScheckG), des Hypotheken-/Grundschuldbriefes oder sonstiger Urkunden (löschungsfähige Quittung, § 1144 BGB; Anweisung, Orderpapier) ist kein Zug-um-Zug-Anspruch. Auch wenn das Urteil (unkorrekt) auf Zahlung „Zug um Zug" gegen Herausgabe des Wechsels usw lautet, han- 4 delt es sich nur um die besondere Ausgestaltung des Rechts auf Quittung. § 756 gilt daher für diesen Fall nicht. Weil jedoch der Schuldner nur gegen Aushändigung des Wechsels (der Urkunde) zu leisten hat, muß dem GV für den Beginn der ZwV mit dem Titel auch die Urkunde vorliegen (s auch § 62 Nr 3 GVGA) (Hamm DGVZ 79, 122 = JurBüro 79, 913; Frankfurt OLGZ 81, 261 = DGVZ 81, 84 = JurBüro 81, 938 und Rpfleger 79, 144; LG Düsseldorf DGVZ 79, 59; LG Aachen DGVZ 83, 75; anders nur Nürnberg BB 65, 1293). Für Vollstreckung eines selbständigen Kostenfestsetzungsbeschlusses aus einem solchen Verfahren gilt auch das nicht, weil er allein Titel ist (Frankfurt OLGZ 81, 261). Nur wenn das Urteil (auf Gegenklage) auch Verurteilung des Gläubigers enthält, Zug um Zug gegen Zahlung den Wechsel (Scheck, Urkunde) herauszugeben, darf nur unter den Voraussetzungen des § 756 vollstreckt werden (Frankfurt aaO).

5 **2) a) Angebot** der dem Schuldner gebührenden Leistung durch den GV in einer den **Verzug der Annahme** begründenden Weise. In Verzug kommt der Schuldner, wenn er die ihm (oder seinem Vertreter, nicht aber einer Ersatzperson nach Zustellungsrecht) angebotene Leistung nicht annimmt (§ 293 BGB; Einzelheiten §§ 294 ff BGB, auch § 84 GVGA). Wird der Schuldner (sein Vertreter) nicht angetroffen, so kann die Gegenleistung nicht wirksam angeboten werden (AG München DGVZ 80, 190; StJM Rdn 5 zu § 756; anders bei wörtlichem Angebot, Rn 7). In Verzug kommt der Schuldner auch, wenn er bereit ist, die angebotene Gegenleistung anzunehmen ohne die ihm obliegende Leistung voll zu erbringen (§ 298 BGB). Daher darf der GV dem Schuldner die angebotene Leistung nur gegen Bewirkung der von diesem zu erfüllenden Leistung übergeben, nicht aber schon dann, wenn er genügend Pfandstücke vorfindet (BGH 73, 317 [320] = NJW 79, 1203). Leistet der Schuldner nicht, dann ist infolge seines Ausnahmeverzugs die ZwV ohne Bewirkung der angebotenen Gegenleistung zu betreiben (vgl § 274 II, § 322 III BGB; LG Hildesheim NJW 59, 537). Zur Leistung des Schuldners für Abwendung des Annahmeverzugs gehören auch Kosten für das Angebot der Gegenleistung (Hamburg JurBüro 70, 1096 = MDR 71, 145 = NJW 71, 387; s aber Rn 4 zu § 788) und ZwV-Kosten des Gläubigers. Der Schuldner gerät daher auch in Annahmeverzug, wenn er zur Hauptleistung bereit ist, Zahlung der ZwV-Kosten aber ablehnt (LG Hildesheim aaO; Bank JurBüro 80, 1137). Kosten für Abtransport einer vom Schuldner herauszugebenden Sache (Hamburg aaO) und Kosten des Rechtsstreits gehören nicht zu der dem Schuldner Zug um Zug obliegenden Leistung (LG Hildesheim aaO). Bei Abgabe des Angebots handelt der GV als Vollstreckungsorgan, sonach hoheitlich. Annahme des Angebots durch den Schuldner bewirkt Leistung des Gläubigers; das Rechtsgeschäft kommt durch Einschaltung des hoheitlich handelnden GV zustande (näher Faland ZZP 92 [1979] 432 [459]).

6 **b)** Die nach dem Titel zu bewirkende Leistung muß dem Schuldner durch den GV **tatsächlich angeboten** werden (§ 294 BGB; LG Düsseldorf DGVZ 80, 187), dh ohne Mängel (RG 111, 89), vollständig (§ 266 BGB), am rechten Ort (§ 269 BGB) und zur rechten Zeit (§ 271 BGB; RG 17, 367). Tatsächlich angeboten ist, wenn der GV den Schuldner mit der Gegenleistung in der Hand zur Leistung auffordert oder wenn der Gläubiger die ihm obliegende Leistung in Gegenwart des GV anbietet (LG Berlin DGVZ 78, 25 = Rpfleger 78, 63), wenn der Schuldner also nur zuzugreifen braucht (RG 109, 328). Angebot und Erklärung des Schuldners dazu sind in das **Protokoll** des GV aufzunehmen (§§ 762, 763; auch § 84 Nr 2 Abs 3 GVGA). Aufrechnung kann für eine anzubietende Geldleistung nicht erfolgen (LG Hildesheim aaO). Mit einem als Gegenleistung zu erbringenden Pkw muß (ohne ausdrücklichen Urteilsausspruch) auch der dazu gehörige Kfz-Brief angeboten werden (AG Mannheim DGVZ 71, 79). Ein vorprozessuales Angebot des Gläubigers oder ein Angebot des Gläubigers selbst außerhalb der ZwV genügt ohne urkundlichen Nachweis (Rn 10) nicht (LG Dortmund DGVZ 77, 10), desgleichen nicht Verweis auf den Besitz eines Dritten unter Abtretung des Herausgabeanspruchs (AG Cochem DGVZ 73, 171). Mangelhaftigkeit der angebotenen Sache ist unschädlich (LG Bremen DGVZ 77, 157), wenn nicht der Titel selbst eine Beschreibung der Gegenleistung (zB als Gattungssache) enthält oder mangelfreie Leistung bestimmt (AG Darmstadt DGVZ 79, 126).

7 **c)** Ein **wörtliches Angebot,** für das dem GV besonderer Auftrag erteilt sein muß (Gilleßen/Jakobs DGVZ 81, 49 [53]; AG Lampertheim DGVZ 80, 188) genügt nur (§ 295 BGB; s auch § 84 Nr 1 GVGA), wenn der Schuldner bereits erklärt hat, daß er die Gegenleistung nicht annehmen wolle oder wenn zur Bewirkung der Gegenleistung eine Handlung des Schuldners erforderlich ist, insbesondere wenn er die geschuldete Sache abzuholen hat (LG Bonn DGVZ 81, 188; LG Freiburg DGVZ 79, 182). Die Ablehnung muß sich aus dem Titel ergeben (oder urkundlich nachgewiesen sein; Nachricht an Gläubiger genügt nicht, wohl aber Erklärung zu Protokoll des GV); unbeachtlich für den GV ist die materielle Rechtslage, die im Urteil keinen Niederschlag gefunden hat (Kaufvertrag usw; LG Berlin aaO). Daß es sich um eine Holschuld handelt, muß sich gleichfalls aus dem Titel ergeben (LG Berlin aaO; LG Aachen DGVZ 77, 88; LG Gießen DGVZ 86, 76; LG Oldenburg DGVZ 82, 124); das kann auch aus Tatbestand oder Entscheidungsgründen hervorgehen (Gilleßen/Jakobs aaO); nach aA soll es auch der GV aus § 269 BGB oder anderen

materiellen Vorschriften (wie bei Rückabwicklung eines Kaufvertrags) ableiten können (zB LG Freiburg DGVZ 79, 182; AG Lampertheim DGVZ 80, 188; AG Hamburg DGVZ 80, 189; AG Euskirchen/LG Bonn DGVZ 81, 188; s auch LG Bonn DGVZ 83, 185); das ist zu weitgehend, denn GV kann für Urteilsergänzung weder Umstände noch Natur des Schuldverhältnisses würdigen noch Wohnsitz bei Entstehung des Schuldverhältnisses ermitteln (kein Fall der Urteilsauslegung).

d) Die angebotene Gegenleistung muß **richtig** und **vollständig** (ggfs auch frei von Mängeln) sein, eine Gattungssache daher von mittlerer Art und Güte (§ 243 BGB, § 360 HGB), eine handwerkliche Leistung (vom Annahmeverzug abgesehen) tatsächlich erbracht sein (LG Arnsberg DGVZ 83, 151; Schneider DGVZ 82, 37); ein herauszugebendes Kfz darf nicht nach Urteilserlaß durch einen Unfall erheblich beschädigt worden sein (LG Bonn DGVZ 83, 187; LG Hannover DGVZ 84, 152). Der **GV hat** dies **zu prüfen** (Frankfurt aaO; LG Frankenthal MDR 82, 61; aber keine Prüfung beim wörtlichen Angebot von Vorhandensein und Ordnungsmäßigkeit der Leistung; Gilleßen/Jakobs aaO mwN). Die Prüfung, ob für Zahlung gegen Beseitigung von Mängeln ordnungsgemäß nachgebessert ist, ist mithin ins ZwV-Verfahren verlagert (BGH 61, 42 [46] = MDR 73, 842 = NJW 73, 1792). Fehlt dem GV eigene Sachkunde, muß er erforderliche Feststellungen durch einen Sachverständigen treffen lassen (so für Änderungs- und Ergänzungsarbeiten LG Hannover DGVZ 81, 88; für Nachbesserungsarbeiten Stuttgart JurBüro 82, 616 = MDR 82, 416; LG Heidelberg DGVZ 77, 91; AG Pirmasens MDR 75, 62; aA Stojek MDR 77, 456). 8

e) Vorübergehende Verhinderung an der Annahme der angebotenen Leistung darf Annahmeverzug nicht ausschließen (§ 299 BGB). Verhinderung besteht nicht, wenn dem Schuldner der Termin des tatsächlichen Angebots durch den GV angemessene Zeit vorher angekündigt wurde, er aber nicht anwesend ist (§ 299 BGB; LG Hamburg DGVZ 84, 115). Daher wird für sichere Feststellung des Annahmverzugs Ankündigung des Angebots angemessene Zeit vorher empfohlen (Gilleßen/Jakobs DGVZ 81, 49 [53]). 9

3) a) Beweis durch **öffentliche** oder **öffentlich beglaubigte Urkunden** (zB GV-Protokoll über früheres Angebot, auch durch einen anderen GV [Beweiskraft: § 418; dazu Köln DGVZ 86, 117 = MDR 86, 765 = NJW-RR 86, 863], notariell beglaubigte Quittung), daß der Schuldner befriedigt oder in Verzug der Annahme ist, ermöglicht Beginn der ZwV ohne vorheriges Angebot der Gegenleistung durch den GV. Der Nachweis des Annahmeverzugs oder der Befriedigung des Schuldners kann auch mit Hilfe eines anderen Urteils geführt werden (KG OLGZ 74, 306 = MDR 75, 149). Ausreichend ist Nachweis, daß der Annahmeverzug schon vor Urteilserlaß eingetreten ist (LG Bonn DGVZ 63, 89 = NJW 63, 721). Deshalb kann der Annahmeverzug sich auch aus dem Leistungsurteil selbst (dessen Gründe) ergeben (KG OLGZ 72, 480 = NJW 72, 2052; LG Hagen DGVZ 73, 75; LG Berlin DGVZ 72, 44; AG Elsfleth DGVZ 69, 137; Feststellungsantrag hierfür empfiehlt Doms NJW 84, 1340, auch Schibel NJW 84, 1945). Allein dadurch, daß der Schuldner ausweislich des Urteilstatbestandes dem Zug-um-Zug-Antrag des Gläubigers mit dem Klageabweisungsantrag entgegengetreten ist, ist der Annahmeverzug jedoch nicht bewiesen (KG aaO und OLGZ 74, 306 [311] = aaO; Frankfurt JurBüro 79, 1389 = Rpfleger 79, 432; LG Berlin DGVZ 78, 64 = Rpfleger 78, 25; LG Düsseldorf DGVZ 80, 187; aA nur LG Bonn aaO). Nachweis durch Urkunde ist nicht mehr zu führen, wenn nach dem Zugeständnis des Schuldners die Gegenleistung unstreitig bereits erbracht ist (AG Fürstenfeldbruck DGVZ 81, 90; LG Hannover DGVZ 85, 171; Noack DGVZ 72, 149; § 288 entspr). Hinterlegung (§ 378 BGB) beweist Befriedigung des Schuldners nicht, weil er als Berechtigter der Gegenleistung durch den Titel bestimmt, sonach nicht unbekannt iS von § 372 S 2 BGB ist (KG DGVZ 64, 151). Wenn der Schuldner den Besitz der Sache – ohne durch Leistung des Gläubigers befriedigt zu sein – auf sonstige Weise erlangt hat, kann nicht vollstreckt werden; der Gläubiger muß in diesem Fall auf Zulässigkeit der uneingeschränkten Vollstreckung klagen (Celle DGVZ 58, 185 und 59, 41). 10

b) Zustellung einer Abschrift der Urkunden (Rn 10) an den Schuldner (seinen Vertreter, §§ 176, 178) muß spätestens bei Beginn der ZwV erfolgt sein. 11

IV) Verstoß gegen § 756 macht die ZwV anfechtbar (Rn 34 vor § 704). 12

V) Rechtsbehelf: Für Gläubiger und Schuldner Erinnerung (§ 766; dann § 793). Erinnerung (nicht Feststellungsklage) auch wenn zu klären ist, ob eine Gegenleistung (Nachbesserung) ordnungsgemäß erfolgt ist (AG Pirmasens MDR 75, 62). Ob eine Gegenleistung ordnungsgemäß angeboten ist, entscheidet auf Erinnerung das Vollstreckungsgericht selbständig (Rn 27 zu § 766; anders LG Hannover DGVZ 84, 152: Prüfung des GV ist zu respektieren und kann nur korrigiert werden, wenn er die Grenzen seines Ermessens überschritten hat). Dringt der Gläubiger bei Weigerung des GV mit Erinnerung (und Beschwerde, § 766, 793) nicht durch, bleibt ihm nur der Weg neuer Klage (BGH NJW 62, 2004). Wird dem Gläubiger die Erfüllung seiner Leistung (zB die Herausgabe von Sachen) ohne sein Verschulden unmöglich und behält er den Anspruch auf Leistung, so kann er neue Klage stellen, daß die ZwV gegen den Schuldner ohne Gegenleistung 13 für zulässig erklärt wird (RG 96, 184). Soweit sich der Schuldner gegen den Anspruch als solchen wendet, zB er sei von der Hauptleistung befreit, weil die Gegenleistung unmöglich geworden ist, ist Vollstreckungsabwehrklage zulässig (§ 767); desgleichen dann, wenn der Schuldner Unzulässigkeit der ZwV wegen eines Mangels der Gegenleistung geltend macht, die nach dem Urteilsinhalt im Vollstreckungsverfahren nicht geprüft werden kann (LG Hamburg DGVZ 84, 10).

757 *[Quittung durch Gerichtsvollzieher]*

(1) Der Gerichtsvollzieher hat nach Empfang der Leistungen dem Schuldner die vollstreckbare Ausfertigung nebst einer Quittung auszuliefern, bei teilweiser Leistung diese auf der vollstreckbaren Ausfertigung zu vermerken und dem Schuldner Quittung zu erteilen.

(2) Das Recht des Schuldners, nachträglich eine Quittung des Gläubigers selbst zu fordern, wird durch diese Vorschriften nicht berührt.

Lit: *Eickmann,* Die Quittung des GV im Grundbuchverfahren, DGVZ 1978, 145; *Lücke,* Zur Klage auf Herausgabe des Vollstreckungstitels, JZ 1956, 475; *Münzberg,* Der Anspruch des Schuldners auf Herausgabe der vollstreckbaren Urteilsausfertigung nach Leistung, KTS 1984, 193; *Saum,* Zur Aushändigung der vollstreckbaren Ausfertigung des Titels an den Schuldner, JZ 1981, 695.

1 **I) Zweck:** Schutz des Schuldners vor nochmaliger Vollstreckung.

2 **II)** Der GV hat die ihm angebotene Leistung oder Teilleistung anzunehmen und den Empfang zu bescheinigen (§ 106 Nr 1 GVGA). Eine **Quittung** (Urschrift; AG Herzberg DGVZ 66, 140) hat er im eigenen Namen dem Einzahler über alle Barzahlungen und gepfändeten Beträge unaufgefordert zu erteilen (§ 74 Nr 1 GVO). Die Annahme von Schecks ist ebenfalls zu quittieren (aaO). Die vom GV zu quittierende Leistung muß an ihn selbst geschehen sein; sie kann freiwillig (Empfangsberechtigung § 754) oder zwangsweise (§ 815 III), auch durch Empfang des Erlöses aus Pfandverwertung (§ 819) erfolgt sein. Wenn in Anwesenheit des Gläubigers freiwillig geleistet wird, ist klarzustellen (anders StJM Rdn 2 zu § 757), ob der GV die Leistung annimmt und sogleich weiterleitet (dann hat der GV zu quittieren, die Zahlung zu buchen und Auszahlung gegen Quitting zu leisten) oder ob unmittelbar an den Gläubiger geleistet wird (dann kein Fall des § 757 I; die ZwV ist vielmehr nach Erklärung des Gläubigers oder nach § 775 Nr 4, 5 einzustellen). Empfangsbescheinigung für Leistung einer herauszugebenden Sache (§§ 883f) an den GV ist gleichfalls zu erteilen.

3 **III) 1) a) Voll bewirkt** ist der Anspruch, wenn der nach der vollstreckbaren Ausfertigung (soweit eine Vollstreckungsklausel nicht erforderlich ist, Rn 2 zu § 724: der nach dem Titel) dem Gläubiger zustehende vollstreckbare Anspruch (Rn 3 vor § 704) an Hauptsache und allen Nebenforderungen (Zinsen), auch Kosten früherer ZwV und der nunmehrigen ZwV-Maßnahme (§ 788), durch Leistung an den GV (nicht auch teilweise an den Gläubiger selbst) vollständig gedeckt ist (Leistung unter Vorbehalt, Ersatzleistungen und Schecks s Rn 3, 6 zu § 755). Das kann auch durch Zahlung eines Restes erfolgt sein, der nach einer auf dem Titel schon vermerkten Teilleistung verblieben ist. Außer Betracht bleiben Beträge, die dem Gläubiger nach dem Titel noch gebühren, über die vollstreckbare Ausfertigung aber nicht erteilt ist. Wenn der Schuldtitel im Klauselverfahren (§ 732) oder Klauselklageverfahren (§ 768) und wenn eine vorläufig vollstreckbare Entscheidung im Rechtsstreit eingeschränkt worden ist, ist der verbleibende Anspruch des Gläubigers „vollständiger" Betrag nach § 757 I.

4 **b)** Der **GV übergibt dem Schuldner** bei vollständiger Leistung neben einer Quittung auch die vollstreckbare Ausfertigung (Abs 1); auf dieser wird nicht mehr zusätzlich quittiert. Der Gläubiger kann mit Widerspruch die Verpflichtung des GV, die vollstreckbare Ausfertigung auszuhändigen, nicht aufheben (AG Limburg DGVZ 84, 93). Bei Zahlung mit Scheck darf die Ausfertigung nur ausgehändigt werden, wenn der Scheckbetrag dem Postgirodienstkonto des GV gutgeschrieben oder an ihn gezahlt worden ist (sonst wenn der Auftraggeber zustimmt, § 106 Nr 3 GVGA).

5 **2)** Hat der Schuldner unmittelbar **an den Gläubiger** (dessen Vertreter oder Prozeßbevollmächtigten) vollständig **geleistet** (auch wenn dies in Anwesenheit des GV geschehen ist), so darf der GV nur mit dessen Zustimmung die vollstreckbare Ausfertigung dem Gläubiger ausliefern (§ 106 Nr 3 GVGA). Vom Gläubiger kann der Schuldner nach Erfüllung (auch bei sonstigem Erlöschen des Anspruchs) Herausgabe des Titels entsprechend § 371 BGB verlangen (Düsseldorf MDR 53, 557; Köln FamRZ 84, 1089 [1090]), auch eines vorläufig vollstreckbaren Urteils nach Leistung unter Vorbehalt der Abänderung (Münzberg KTS 84, 318), wenn Erfüllung streitig ist jedoch nur bei gleichzeitiger Klage nach § 767 (s Lüke JZ 56, 475; MünchKomm/Heinrichs Rdn 8 zu § 371

BGB), auch wenn nur eine Vergleichsquote mit Erlaß des Restes geleistet ist (§ 757 I entspr nach Nürnberg OLGZ 65, 285 = NJW 65, 1867).

3) Mit **Leistung eines Dritten** an den GV erlischt im Regelfall (§ 267 BGB) die Verbindlichkeit des Schuldners; dem Einzahler ist Quittung zu erteilen. Der Titel ist dem Schuldner auszuhändigen, es sei denn, der Dritte (er muß hierwegen befragt werden) widerspricht . Anlaß hierzu besteht für den Dritten, wenn der Titel nicht verbraucht, sondern die Forderung auf ihn übergegangen ist (§ 268 III, §§ 774, 412, 402 BGB). Dem Dritten darf die vollstreckbare Ausfertigung nur mit Zustimmung des Gläubigers ausgehändigt werden. Der GV kann das Innenverhältnis zwischen Schuldner und dem Dritten oder zwischen diesem und dem Gläubiger nicht prüfen, mithin einen Anspruch des leistenden Dritten auf Aushändigung des Titels nicht selbst erfüllen. Wenn die Einwilligung des Gläubigers nicht zu erreichen ist, wird der Titel zu den GV-Akten genommen (aA StJM Rnd 3 zu § 727: Rückgabe der quittierten Ausfertigung an den Gläubiger). 6

4) Zahlt ein **Gesamtschuldner** voll, so erhält er den Titel ausgehändigt. Hat jeder von mehreren Gesamtschuldnern einen Teil des Anspruchs getilgt, so nimmt der GV den Schuldtitel zu seinen Akten, wenn sich die Schuldner nicht über den Verbleib geeinigt haben (§ 106 Nr 4 GVGA). Ist gegen jeden von **mehreren Schuldnern** eine besondere Ausfertigung erteilt, dann wird jedem Schuldner die gegen ihn lautende Ausfertigung nach voller Leistung des damit vollstreckbaren Betrags ausgehändigt, im übrigen wie bei Teil- bzw Nichtleistung verfahren. Wenn ein Schuldner zur Leistung, ein weiterer zur Duldung verurteilt ist, wird die Ausfertigung dem Leistenden ausgehändigt (StJM Rdn 5 zu § 757). Bei Gesamthandschuld (zB Erbengemeinschaft, § 2059 II BGB) ist der Titel allen auszuhändigen; wenn sie keine Einigung erzielen, wird er zu den GV-Akten genommen. 7

IV) Bei nur **teilweiser Leistung** wird diese auf der vollstreckbaren Ausfertigung (dem ohne Klausel vollstreckbaren Titel, Rn 3) vermerkt und dem Schuldner (sonstigen Einzahler) Quittung erteilt. Die vollstreckbare Ausfertigung wird hier dem Schuldner nicht ausgehändigt, auch wenn der Restanspruch noch nicht fällig ist (§ 751 II; zB künftiger Unterhalt). Auch auf einem Unterhaltstitel sind Teilleistungen zu vermerken (LG Berlin DGVZ 69, 132), und zwar unter Angabe des Zeitraums, für den nach dem Vollstreckungsauftrag der Anspruch geltend gemacht war. Auch eine Teilleistung für ZwV-Kosten ist auf dem Titel zu vermerken (so auch LG Lüneburg DGVZ 81, 116; aA LG Stuttgart ZZP 71 [1958] 284: diesbezüglich gesonderte Quittung); eine Teilleistung für Prozeßkosten wird nur auf dem Kostenfestsetzungsbeschluß vermerkt, nicht auf dem Hauptsachetitel. Zu vermerken ist immer nur die Tatsache der Teilleistung; rechtliche Würdigung erfolgt nicht. Verrechnung der Teilleistung auf Kosten, Zinsen und Hauptforderung hat der GV nicht vorzunehmen (LG Hannover DGVZ 79, 72; LG Lüneburg DGVZ 81, 116). Wenn jedoch nach dem Vollstreckungsauftrag nur ein Teil (zB nur Zinsen) des größeren vollstreckbaren Anspruchs geltend gemacht war, muß sich aus der Quittung ergeben, auf welche Teilschuld sich das Empfangsbekenntnis bezieht. Rückgabe des Titels an den Gläubiger kann nach Teilleistung nicht mit der Begründung verweigert werden, der Anspruch sei nach § 5 AbzG durch Zahlung des Erlöses aus Versteigerung der unter Eigentumsvorbehalt verkauften Sache erloschen (LG Bonn MDR 62, 660; keine Prüfung der materiellen Rechtslage). Ist Auftrag auch wegen des Restes erteilt, so führt der GV nach Teilleistung diese ZwV durch (§ 106 Nr 5 GVGA). 8

V) 1) Die Quittung des GV ist **öffentliche Urkunde** nach § 418 (KG OLG 10, 391; unentschieden für freiwillige Leistung). Bedeutung daher: § 775 Nr 4. Sie ist löschungsfähige Urkunde nach § 29 GBO, wenn sie den als Beweismittel im Grundbuchverfahren erforderlichen Inhalt hat. Einzelheiten: Eickmann DGVZ 78, 145. 9

2) Eine **Berichtigung** des auf dem Titel angebrachten Vermerks erfolgt nicht, wenn der Gläubiger später den Erlös an den Eigentümer einer versteigerten Sache herausgeben muß (AG Frankfurt DGVZ 74, 15; in der Begründung nicht zutreffend; richtig: weil Rückabwicklung nicht im Vollstreckungsverfahren durch den GV erfolgt). 10

3) Der Anspruch des Schuldners auf Erteilung einer **Quittung durch den Gläubiger** selbst (§ 368 BGB) wird durch Abs 1 nicht berührt. Dieses Recht auf Quittung begründet jedoch kein Zurückbehaltungsrecht gegen den vollstreckbaren Anspruch. 11

VI) Rechtsbehelf bei Verstoß gegen § 757: Erinnerung (§ 766), dann § 793. Dafür gehört Erteilung der Quittung noch zur ZwV (AG Herzberg DGVZ 66, 140; aA AG Frankfurt DGVZ 74, 15: keine Erinnerung nach Aushändigung des Titels). Nach Aushändigung der vollstreckbaren Ausfertigung kann diese Maßnahme des GV jedoch nicht mehr mit Erinnerung gerügt und nicht rückgängig gemacht werden. Erteilung einer weiteren vollstreckbaren Ausfertigung: Rn 5 zu § 733. Der Anspruch gegen den Gläubiger auf Quittung (Abs 2; § 368 BGB) ist mit Klage zu verfolgen, desgleichen ein Anspruch auf Herausgabe des Titels. 12

758 *[Durchsuchung, Gewaltanwendung]*
(1) Der Gerichtsvollzieher ist befugt, die Wohnung und die Behältnisse des Schuldners zu durchsuchen, soweit der Zweck der Vollstreckung dies erfordert.

(2) Er ist befugt, die verschlossenen Haustüren, Zimmertüren und Behältnisse öffnen zu lassen.

(3) Er ist, wenn er Widerstand findet, zur Anwendung von Gewalt befugt und kann zu diesem Zwecke die Unterstützung der polizeilichen Vollzugsorgane nachsuchen.

Lit: *Behr,* Praxisprobleme und Rechtsprechungstendenzen zu § 758 ZPO, Art 13 Abs 2 GG, DGVZ 1980, 49; *Bischof,* Die vollstreckungsrichterliche Durchsuchungsanordnung (§ 758 ZPO) in der gerichtlichen Praxis, ZIP 1983, 522; *Bittmann,* Nochmals: Arrestvollziehung und richterliche Durchsuchungsanordnung, NJW 1982, 2421; *Bittmann,* Wohnungsdurchsuchung bei Vorliegen mehrerer Vollstreckungsaufträge, DGVZ 1985, 163; *Brendel,* Nochmals: Die Rechtsprechung seit der BVerfGE 51, 97, DGVZ 1982, 179; *Christmann,* Die Anwesenheit des Gläubigers bei der Mobiliarpfändung in der Wohnung des Schuldners, DGVZ 1984, 83; *Cirullies,* Amtszustellung der Beschlüsse nach §§ 758, 761 ZPO und ihre Auswirkungen in der Praxis, DGVZ 1984, 177; *Cirullies,* Rechtsbehelf, Zustellung und rechtliches Gehör im Verfahren nach §§ 758, 761 ZPO, JurBüro 1984, 1297; *Cirullies,* Enthält die richterliche Anweisung an den GV zur Mobiliarpfändung beim Schuldner zugleich eine Durchsuchungsanordnung nach § 758 ZPO? JurBüro 1986, 661; *Ewers,* Ist in einem richterlichen Herausgabetitel bereits eine Durchsuchungsanordnung im Sinne des Art 13 Abs 2 GG enthalten? DGVZ 1982, 52; *Frank,* Vollstreckungsdurchsuchung und Grundgesetz, JurBüro 1983, 801; *Ganschezian-Finck,* Richterliche Durchsuchungsanordnung bei ZwVen, MDR 1980, 805; *Guntau,* Verfassungsrechtliche Probleme der Vollstreckung gegen Schuldner in Wohngemeinschaften, DGVZ 1982, 17; *Hemmerich,* Die Rechtsprechung seit der BVerfGE 51, 97, DGVZ 1982, 83; *Herdegen,* Arrestvollziehung und richterliche Durchsuchungsanordnung, NJW 1982, 368; *Hupe,* Vereinbarkeit des § 758 ZPO mit Art 13 GG, JurBüro 1979, 1437; *Kleemann,* Schwierigkeiten der Vollstreckungspraxis nach dem Beschluß des Bundesverfassungsgerichts vom 3. 4. 1979, DGVZ 1980, 3; *Kühne,* Wohnungsschutz bei der sog gleichzeitigen Pfändung und der Räumungsvollstreckung nach der Entscheidung des Bundesverfassungsgerichts vom 3. 4. 1979, DGVZ 1979, 145; *Langheid,* Durchsuchung gemäß § 758 ZPO nur aufgrund richterlichen Durchsuchungsbefehls, MDR 1980, 21; *Pawlowski,* Zur Vollstreckung in Wohngemeinschaften, NJW 1981, 670; *Rößler,* ZwV und Unverletzlichkeit der Wohnung, NJW 1979, 2137; *Rößler,* ZwV im Steuerrecht und Unverletzlichkeit der Wohnung, Weitere Rechtsentwicklung, NJW 1981, 25; *Rößler,* ZwV und Unverletzlichkeit der Wohnung, NJW 1983, 661; *E. Schneider,* Die vollstreckungsrichterliche Durchsuchungsanordnung, NJW 1980, 2377; *Schubert,* Nochmals: Durchsuchung gemäß § 758 ZPO nur aufgrund richterlichen Durchsuchungsbefehls, MDR 1980, 365; *Seip,* Die Durchsuchung der Wohnung des Schuldners nach der Entscheidung des BVerfG vom 3. 4. 1979, DGVZ 1979, 97; *Seip,* Vollstreckungsdurchsuchung und Grundgesetz, keine Aussicht auf Änderung? DGVZ 1980, 60 und 82; *Weimar,* Unverletzlichkeit der Wohnung und Vollstreckungsdurchsuchung, DGVZ 1980, 136.

1 **I) Zweck:** Regelung der Zwangsbefugnisse des GV zur Durchsetzung des Gläubigeranspruchs mit den dafür vorgesehenen staatlichen Zwangsmaßnahmen (Rn 1 vor § 704).

2 **II) 1) Durchsuchung** wird gekennzeichnet als das ziel- und zweckgerichtete Suchen staatlicher Organe nach Personen oder Sachen oder zur Ermittlung eines Sachverhalts, um etwas aufzuspüren, was der Inhaber der Wohnung von sich aus nicht offenlegen oder herausgeben will (BVerfGE 51, 97 = MDR 79, 906 = NJW 79, 1539; BVerwGE 47, 31 [37] = NJW 75, 130; BVerwGE 28, 285 [287] = NJW 68, 563; Hamburg MDR 84, 963 = NJW 84, 2898).

3 **2) a) Durchsuchung der Wohnung des Schuldners** bei der ZwV zum Zwecke der Pfändung beweglicher Sachen erfordert nach Art 13 II GG, außer bei Gefahr im Verzuge, eine – besondere – **richterliche Anordnung** (BVerfGE 51, 97 = aaO; BVerfGE 57, 346 = NJW 81, 2111; zutr kritisch gegen diese unpraktikable Übertreibung der Rechtsstaatidee ThP Anm 1b zu § 758; Schneider NJW 80, 2377; Bischof ZIP 83, 522; Köln DGVZ 80, 108 = OLGZ 80, 352 = NJW 80, 1531). Das richterliche Leistungsurteil schließt die Anordnung der Wohnungsdurchsuchung nicht bereits ein (BVerfGE 51, 97; wegen eines Sonderfalls bei Anweisung des Gerichtsvollziehers im Erinnerungsverfahren nach § 766 s BVerfGE 16, 239; dazu jetzt aber Rn 21); sie kann auch nicht durch Erklärung des Schuldners in der vollstreckbaren Urkunde ersetzt werden, daß er sich der Durchsuchung unterwirft (sie duldet, s Bundesnotarkammer DNotZ 81, 348). Die nachträgliche Billigung der Maßnahmen des GV durch die richterliche Entscheidung über eine Erinnerung des Schuldners (§ 766) hat nicht die Wirkung der nach § 13 II GG erforderlichen richterlichen Anordnung (BVerfGE 51, 97).

b) Der Begriff **Wohnung** in Art 13 II GG, der § 758 dahin ergänzt, daß ihre Durchsuchung der Anordnung durch den Richter bedarf (BVerfGE 51, 97 und 57, 346), ist weit auszulegen; er umfaßt auch Arbeits-, Betriebs- und Geschäftsräume (BVerfGE 32, 54 = NJW 71, 2299; Hamburg MDR 84, 963 = aaO; LG Düsseldorf DGVZ 81, 115 = MDR 81, 679; LG Wuppertal DGVZ 80, 11; AG Mönchengladbach-Rheydt DGVZ 81, 14; AG Rheine DGVZ 83, 28; Hemmerich DGVZ 82, 83), Büroräume und Werkstätten sowie Nebenräume und Zugänge (LG Wuppertal DGVZ 80, 11; Schneider NJW 80, 2377 zu III 2; aA Langheid MDR 80, 22). Zur Wohnung gehören auch Hof, Garten, Garage, Hausboden und Keller, Abstellkammer, Stall, Scheune und Schuppen. Wohnung kann auch ein Wohnwagen oder ein Wohnschiff sein, nicht aber ein Marktstand, der nur wenige Stunden täglich auf verschiedenen Wochenmärkten benutzt wird (AG Hamburg DGVZ 81, 63). 4

c) Für eine **Wohnung mehrerer Personen** ist jeder Bewohner oder Rauminhaber Träger des Grundrechts des Art 13 GG, bei einer Familie somit jedes Familienmitglied. Das Grundrecht der Wohnungsfreiheit jeder Person findet jedoch in den gleichwertigen Rechten der Mitbewohner seine Grenzen. Daher kann die Wohnungsdurchsuchung richterlich angeordnet werden (bei Dringlichkeit durch das Vollstreckungsorgan erfolgen), wenn die Voraussetzungen für Erteilung der Durchsuchungsanordnung (für Durchsuchung infolge Dringlichkeit) gegen einen der Wohnungsinhaber vorliegen. Ein Mitbewohner kann sich nicht der Durchsuchung gegenüber einem anderen Mitbewohner unter Berufung auf Art 13 GG widersetzen. Richterliche Durchsuchungsanordnung ist mithin zulässig, wenn der Schuldner in Untermiete (AG Stuttgart DGVZ 81, 173 = NJW 82, 389), sonst zusammen mit einem Dritten (Stuttgart Justiz 81, 79 = Rpfleger 81, 152; LG Hamburg DGVZ 84, 111 und DGVZ 85, 116 = NJW 85, 72; LG Hannover DGVZ 83, 23; LG München I DGVZ 84, 117 [Aufgabe von DGVZ 82, 125 = JurBüro 82, 1095]; AG Bln-Charlottenburg DGVZ 82, 189; OVG Lüneburg NJW 84, 1369; aA LG Lübeck DGVZ 81, 25), in nichtehelicher Lebensgemeinschaft (LG Koblenz DGVZ 82, 90) oder sonst in Wohngemeinschaft lebt (Schneider NJW 80, 2377 zu III 3 und Bischof ZIP 83, 522 zu III 4, beide zutr gegen AG München DGVZ 79, 156; aA auch AG Essen DGVZ 81, 158; LG München I DGVZ 81, 117 = JurBüro 81, 1103 mit abl Anm Mümmler; wie hier AG München DGVZ 80, 63 und 81, 126), somit auch dann, wenn der Schuldner nur eine Schlafstelle bei Familienangehörigen oder einem Dritten hat (Stuttgart aaO). Eingriff in die Rechtstellung anderer ermöglicht die richterliche Durchsuchungsanordnung nicht; Durchsuchungsanordnung kann auch nicht gegen den Dritten ergehen. Gewahrsam Dritter (§ 809) bleibt daher auch bei Durchsuchung der vom Schuldner benützten oder mitbenützten Räume unberührt. 5

d) Für **Taschenpfändung** ist eine richterliche Durchsuchungsanordnung nur erforderlich, wenn der GV auf der Suche nach dem Schuldner gewaltsam in die Wohnung eindringen müßte (Köln DGVZ 80, 108 = OLGZ 80, 352 = NJW 80, 1531); sonst steht sie nicht unter dem Vorbehalt richterlicher Erlaubnis (Schneider NJW 80, 2377 zu II 2). Taschenpfändung in Räumen Dritter (auch in Geschäftsräumen) erfordert unter den Voraussetzungen des Art 13 II GG richterliche Durchsuchungsanordnung (anders Brendel DGVZ 82, 181; Hamburg MDR 84, 963 = NJW 84, 2898 für Betriebs- und Geschäftsräume, Schank- und Aufenthaltsraum einer in einem Vergnügungsviertel gelegenen Pension). 6

e) Grundrechtsschutz nach Art 13 II GG besteht auch für **juristische Personen** und (rechtsfähige oder nicht rechtsfähige) **Personenvereinigungen** (BVerfGE 32, 54 = NJW 71, 2299; BVerfGE 42, 212 [219] = NJW 76, 1735). Deren Geschäftslokale, Betriebsräume, Klubräume und Vereinshäuser können daher ebenso nur mit richterlicher Anordnung durchsucht werden (LG Düsseldorf DGVZ 81, 115 = MDR 81, 679; LG Aachen JurBüro 82, 618; LG Lübeck DGVZ 81, 25; LG München I NJW 83, 2390; Bischof ZIP 83, 522 zu III 3). Öffentlich allgemein zugängliche Räume können davon nicht ausgenommen sein, so Verkaufsläden und Gaststätten, Ausstellungsräume, auch Warenhäuser (Bischof ZIP 83, 522 zu III 1; zur Gestattung jedoch Rn 8). 7

f) Eine Durchsuchung (Begriff Rn 2) findet **nicht** statt, **wenn der Schuldner** als Inhaber der Wohnung **die Räume** dem GV **zugänglich macht.** Die Einwilligung muß ausdrücklich erklärt werden; sie ist rechtlich nur beachtlich, wenn sie von dem Schuldner in dem Bewußtsein abgegeben worden ist, rechtserheblich zu handeln (Schubert MDR 80, 365; aA Seip DGVZ 80, 60; Langheid MDR 80, 21). Der GV, dem der Schuldner Zutritt zu seiner Wohnung gestattet, hat sich daher bei der Eröffnung seines Vollstreckungsauftrags und der Absicht, die Wohnung zu durchsuchen, durch ein kurzes Gespräch mit dem Schuldner zu vergewissern, daß dieser in Kenntnis seines Rechts, eine richterliche Anordnung zu verlangen, in die Durchsuchung einwilligt. Nur auf diese Weise wird sichergestellt, daß nicht nur der gerichtserfahrene, sondern auch der gerichts- und rechtsunkundige Schuldner, der einer besonderen Fürsorge bedarf, des von der Verfassung gewährleisteten Schutzes der Wohnung teilhaftig wird (Schubert aaO; gegen aus- 8 drückliche Belehrung des Schuldners und zur Problematik s Schneider NJW 80, 2377 zu IV 3; Bischof ZIP 83, 522 zu III 6; Brendel DGVZ 82, 179 mwN). Macht der Schuldner Vorbehalte oder Einschränkungen, so ist die Einwilligung als verweigert anzusehen. Dies gilt auch, wenn der Schuldner zunächst einwilligt, im Verlauf der Durchsuchung jedoch seine Zustimmung zurücknimmt oder Vorbehalte macht. Der GV wird dann die Durchsuchung abbrechen, es sei denn, daß Gefahr im Verzug zu bejahen ist (s auch Schneider NJW 80, 2377 zu IV 3). Darin, daß Geschäftsräume (Gaststätten, Warenhäuser und dgl) der Öffentlichkeit zugänglich gemacht sind, liegt eine Erlaubnis des Inhabers zur Durchsuchung für Pfändung nicht (LG Wuppertal DGVZ 80, 11; Schneider NJW 80, 2377 zu III 2 gegen Hupe JurBüro 79, 1439). Bei Abwesenheit des Schuldners kann die Einwilligung auch von Dritten erteilt werden, die zu dem Personenkreis gehören, der auch sonst im Zivilprozeß (zB §§ 182 ff, 759) stellvertretend für den Schuldner tätig werden kann; in Betracht kommen insbesondere Familienangehörige und bevollmächtigte Personen (Schneider NJW 80, 2377 zu IV 3; Weimar DGVZ 1980, 136; aA Kleemann DGVZ 80, 3). Den Zutritt zu Geschäftsräumen hat der Geschäftsinhaber als Träger des Grundrechts zu billigen, den Zutritt zu Räumen von Personenvereinigungen müssen deren Vertreter oder Organe bewilligen; Beschäftigte können bei Abwesenheit des Geschäftsinhabers usw das Einverständnis erklären, wenn sie stellvertretend tätig werden können (zB Prokurist, Hausmeister usw). Die Einwilligung des Schuldners für Durchsuchung der Wohnung zur Pfändung wirkt auch für das weitere ZwV-Verfahren; der GV kann die Wohnung daher auch zum Abholen der Pfandtsücke betreten. Die Einwilligung ist jedoch widerruflich; wenn der Schuldner dem Betreten der Wohnung später widerspricht, muß daher der GV für weitere Vollstreckungshandlungen, auch für das Abholen der Pfandstücke, durch richterliche Durchsuchungsanordnung neu legitimiert sein (Schneider NJW 80, 2377 zu III 4, Bischof ZIP 83, 522 zu II 6, beide zutr gegen LG Wiesbaden DGVZ 80, 28).

9 **g) Gefahr im Verzug,** die Durchsuchung durch das Vollstreckungsorgan gestattet (Art 13 II GG) liegt nicht schon allgemein deshalb vor, weil ein durch das Auftauchen des GV gewarnter Schuldner pfändbare Sachen aus der Wohnung beiseite schaffen könnte, sondern nur dann, wenn die mit vorheriger Einholung der richterlichen Anordnung verbundene Verzögerung den Erfolg der Durchsuchung gefährden würde (BVerfGE 51, 97). Diese Ausnahmesituation kann zB gegeben sein bei der Vollstreckung einer im Beschlußverfahren erlassenen einstweiligen Verfügung, weil sie das Vorliegen eines dringenden Falles voraussetzt (AG Mönchengladbach-Rheydt DGVZ 80, 94; Schneider NJW 80, 2377 zu II 1; Bischof ZIP 83, 522 zu II 1; anders für einstw Verfügung nach mündlicher Verhandlung LG Düsseldorf DGVZ 85, 60; für Arrest Karlsruhe DGVZ 83, 139; LG Detmold DGVZ 83, 189). Auch konkrete Anhaltspunkte für eine beabsichtigte Vollstrekkungsvereitelung oder (im Arrestverfahren glaubhaft gemachte) bevorstehende Ausreise des Schuldners ins Ausland auf Dauer (LG Kaiserslautern DGVZ 86, 62) können eine Gefahr im Verzug ergeben. Eine gewisse Verzögerung der Vollstreckungsmaßnahme ist in Kauf zu nehmen; sie begründet als solche noch nicht Gefahr im Verzug (aA LG Berlin DGVZ 80, 186; Schneider NJW 80, 2377 zu II 1). Die Entscheidung, ob Gefahr im Verzug besteht, trifft der GV. Bejaht er Gefahr im Verzug, so bedarf es – vorbehaltlich einer Nachprüfung dieses Erfordernisses durch das Vollstreckungsgericht nach § 766 bei Erinnerung des Schuldners – nicht mehr einer nachträglichen richterlichen Anordnung, die seine Auffassung bestätigt (Schneider NJW 80, 2377 zu II 1; aA Kleemann DGVZ 80, 3 Fußn 10 unter Berufung auf BVerfGE 10, 302 [322] = NJW 60, 811; BVerfGE 22, 311 [317] = NJW 68, 243, die zu Art 104 II GG ergangen sind und nicht entsprechend angewendet werden können; so zutr Schneider aaO).

10 **h)** Wohnungsdurchsuchung erfordert richterliche Durchsuchungsanordnung auch bei **ZwV sonstiger Ansprüche,** insbesondere sonach, wenn die Wohnung bei ZwV zur **Herausgabe beweglicher Sachen** oder Personen durchsucht werden soll (so auch § 107 Nr 8 GVGA; Hupe JurBüro 79, 1438; Hemmerich DGVZ 82, 83; Ewers DGVZ 82, 52; LG Düsseldorf DGVZ 85, 60; LG Kaiserslautern DGVZ 81, 87; LG Kiel DGVZ 85, 185; anders AG Darmstadt DGVZ 79, 187; LG Kassel DGVZ 81, 24; LG Berlin DGVZ 80, 86; Schneider NJW 80, 2377 zu II 3; Langheid MDR 80, 22; Bischof ZIP 83, 522 zu II 5 auch für Vergleich; AG Leverkusen DGVZ 84, 95 für Anordnung des Familiengerichts, Kinder einem Elternteil wegzunehmen). Für **Räumung** einer Wohnung (auch einer unbeweglichen Sache, eines eingetragenen Schiffs oder Schiffsbauwerks, § 885) auf Grund richterlichen Titels muß eine Durchsuchungsanordnung nicht noch gesondert erwirkt werden (so auch § 107 Nr 8 GVGA). Der Erlaß des Räumungstitels schließt bereits die richterliche Anordnung ein, die Räume gegen den Willen des Schuldners zu betreten und ihn zur Besitzaufgabe zu zwingen (Düsseldorf DGVZ 80, 22 = NJW 80, 458; LG Düsseldorf DGVZ 85, 60; Schneider NJW 80, 2377 zu II 4 mwN; Bischof ZIP 83, 522 zu II 4; aA nur Kühne DGVZ 79, 147). Räumungsvollstreckung eines Prozeßvergleichs (Schneider aaO; aA Bischof aaO mit Nachw), des Zuschlagbeschlusses des Rechtspflegers (Zeller/Stöber Rdn 2 zu § 93 ZVG) oder eines Konkurseröffnungsbeschlusses (Schneider aaO) setzt jedoch richterliche Durchsuchungsanordnung voraus (anders

LG Berlin DGVZ 81, 184 = JurBüro 82, 619: für zwangsweise Räumung nie erforderlich). Aufsuchen einer auf Grund richterlichen **Haftbefehls** zu verhaftenden Person (§§ 908, 909) ist Wohnungsdurchsuchung (Rn 2), deren richterliche Anordnung jedoch bereits im Haftbefehl liegt; er gebietet alle zur Verhaftung notwendigen Maßnahmen (LG Berlin DGVZ 79, 170 und NJW 80, 457; LG Düsseldorf DGVZ 80, 10; LG Stuttgart DGVZ 80, 111; Schneider NJW 80, 2377 zu II 5 mwN; Schubert NJW 80, 459; Bischof ZIP 83, 522 zu II 3; aA LG Saarbrücken NJW 79, 2571 und 80, 457 mit Anm Schubert; Kleemann DGVZ 80, 6), nicht aber Durchsuchung der Wohnung eines Dritten (Schneider aaO; nach Brendel DGVZ 82, 179 soll Verhaftung in Räumen Dritter ohne Durchsuchungsbeschluß möglich sein, weil diesen gegenüber ZwV-Voraussetzungen nicht gegeben sind; das ist jedoch für Durchsuchung der Wohnung eines Dritten nicht Voraussetzung nach Art 13 GG, der zudem nicht nur die Wohnung eines Schuldners gegen Durchsuchungen schützt).

i) **Anläßlich einer Räumungsvollstreckung,** die ohne richterliche Durchsuchungsanordnung 11
zulässig durchgeführt wird, kann zugleich Durchsuchung nach § 758 zur Sachpfändung wegen einer Geldforderung erfolgen. Das gilt jedenfalls für gleichzeitige Vollstreckung der Verfahrens- und ZwV-Kosten des Räumungsverfahrens (Düsseldorf DGVZ 80, 22 = NJW 80, 458; Schneider NJW 80, 2377 zu III 5; Bischof ZIP 83, 55 zu II 4), aber auch für Vollstreckung von Geldansprüchen, die aus der Raumnutzung erwachsen sind und im Räumungsprozeß geltend gemacht wurden (rückständige Miete, Schadensersatz für Beschädigung der Mietsache; s Schneider aaO). Durchsuchungsanordnung soll jedoch erforderlich sein, wenn der Leistungstitel in einem anderen Verfahren erwirkt wurde und anläßlich der Wohnungsräumung vollstreckt wird (Schneider aaO). Vollstreckung eines Haftbefehls schließt die Erlaubnis zur Durchsuchung der Wohnung für eine Geldvollstreckung nicht ein (Schneider aaO).

k) Wenn eine richterliche Durchsuchungsanordnung vorliegt, können auch **weitere Vollstrek-** 12
kungsaufträge (des gleichen Gläubigers oder anderer Gläubiger) gleichzeitig vollstreckt werden (s § 107 Nr 8 GVGA; LG Augsburg NJW 86, 2769; AG Ibbenbüren DGVZ 81, 188; AG/LG München DGVZ 85, 45; LG Hamburg DGVZ 82, 45; LG Münster DGVZ 81, 188; Bittmann DGVZ 85, 163). **Anschlußpfändung** erfordert eine richterliche Durchsuchungsanordnung, wenn sie in der Form des § 808 durchgeführt wird (nicht aber bei Vorgehen nach § 826; Schneider NJW 80, 2377 zu III 5e; Bischof ZIP 83, 522 zu II; AG/LG München aaO).

l) Abs 2 konkretisiert die Wohnungsdurchsuchung dahin, daß auch innerhalb der Wohnung 13
befindliche **verschlossene Behältnisse** geöffent werden dürfen (Köln DGVZ 80, 108 = NJW 80, 1531). Hierfür ist eine besondere (eigene) richterliche Erlaubnis nicht mehr erforderlich. Behältnisse sind alle Sachen, die dem Schuldner zur Aufbewahrung dienen können; es gehören hierher Zimmer, Schränke, Taschen und Truhen, Kassetten, auch Kleidungsstücke.

III) Voraussetzungen für Erteilung der richterlichen **Durchsuchungsanordnung** ergeben sich 14
aus Art 13 II GG nicht; dort ist nur bestimmt, daß ein Richter eingeschaltet werden muß. Auch Art 13 III GG liefert keine Anhaltspunkte (BVerfGE 57, 346). Prüfungsumfang und -maßstäbe ergeben sich aus den gesetzlichen Bestimmungen, welche die Voraussetzungen für die Durchsuchung festlegen (BVerfGE 57, 346). Es sind die sich aus der Verfassung und dem einfachen Recht ergebenden Voraussetzungen der Durchsuchung, nicht mehr aber der Inhalt des bereits vollstreckbaren Schuldtitels (Art 13 II GG schafft „keine neue Instanz"; BVerfG 51, 97 und 57, 346) in richterlicher Unabhängigkeit zu prüfen (BVerfGE 57, 346). Die Prüfung hat sich daher auf die Vollstreckungsvoraussetzungen und darauf zu erstrecken, daß kein mit der Verfassung nicht in Einklang stehender Eingriff in den mit Art 13 II GG geschützten Bereich des Schuldners erfolgt (BVerfGE 51, 97 und 57, 346; s auch Rn 29 vor § 704). Verfassungsrechtliche Gewährleistung der Grundrechte erfordert insbesondere Prüfung der Verhältnismäßigkeit der Vollstreckungsmaßnahme (Rn 29 vor § 704; kann Durchführung bei Krankheit des Schuldners oder eines Familienangehörigen, für Bagatellforderungen usw ausschließen; BVerfGE 51, 97 und 57, 346; dazu auch Schneider NJW 80, 2377 zu IV 4). Erkrankung eines Angehörigen ist aber kein Hinderungsgrund, wenn er für die Dauer der Vollstreckungshandlung die Wohnung verlassen kann (LG Hannover DGVZ 85, 171 = NJW-RR 86, 288). Dem Verhältnismäßigkeitsgrundsatz entspricht die Durchsuchung auch dann nicht, wenn sie überflüssig ist, weil ohnehin keine verwertbaren Gegenstände vorhanden sind (Schneider NJW 80, 2377 zu IV 4); dafür müssen jedoch Anhaltspunkte vorhanden sein (gerichtsbekannte Unpfändbarkeit kann genügen), die im Einzelfall den Erfahrungssatz aufheben, daß bei heutigem Lebensstandard regelmäßig in Wohnungen verwertbare Pfandstücke zu finden sind (BVerfGE 47, 346). Unzulässig ist Anordnung der Wohnungsdurchsuchung, wenn der Gläubiger kurzfristig Wiederholung erfolgloser ZwV erzwingen will, ohne daß konkrete Erfolgsaussichten gegeben sind (LG Berlin DGVZ 83, 10). Unter Anwendung des Grundsatzes der Verhältnismäßigkeit kann aber der Gläubiger nicht allgemein auf andere Vollstrekkungsmöglichkeiten (Forderungspfändung oder Offenbarungsversicherung) verwiesen werden

(können im Ergebnis einschneidendere Folgen für den Schuldner haben; Düsseldorf NJW 80, 1171; LG Koblenz MDR 83, 238), somit auch nicht auf eine mögliche Immobiliarvollstreckung (KG NJW 82, 2326). Daß die Voraussetzungen der ZwV vorliegen, muß zur Überzeugung des Richters feststehen (BVerfGE 57, 346). Die Einschaltung des Richters darf nicht bloße Formsache sein (BVerfGE 57, 346). Sie muß aber auch dem formalisierten Vollstreckungsverfahren Rechnung tragen und darf einen notwendigen Vollstreckungszugriff weder behindern noch unvertretbar verzögern.

15 **IV) 1)** Ein **Verfahren** zur Erteilung der richterlichen Durchsuchungsanordnung ist gesetzlich nicht selbständig geregelt. Es kann in Analogie zu dem Verfahren nach § 761 gestaltet werden (BVerfGE 51, 97). Die Verfahrensvorschriften des 8. Buchs der ZPO sind entsprechend anzuwenden (BVerfGE 51, 97; BGH MDR 85, 123 = NJW-RR 86, 286). Regeln darüber, welche Beweismittel der Richter für seine Überzeugungsbildung heranzuziehen hat, ergeben sich weder aus Art 13 II GG noch aus dem Rechtsstaatsprinzip (BVerfGE 57, 346). Das bestimmt sich nach einfachrechtlichen Verfahrensvorschriften (BVerfGE aaO). Das Verfahren ist daher vom Beibringungsgrundsatz beherrscht; es besteht Darlegungs- und Beweislast des Gläubigers (Rn 5 zu § 766).

16 **2) Zuständig** (ausschließlich, § 802) ist (sachlich) der Richter beim Amtsgericht (nicht das Vollstreckungsgericht des § 764, auch nicht das Familiengericht als Prozeßgericht, Hamburg FamRZ 79, 1046), (örtlich) in dessen Bezirk die Vollstreckungshandlung vorgenommen werden soll (§ 761 analog; dazu Rn 4 zu § 761).

17 **3) a)** Die Anordnung ergeht nur auf **Antrag des Gläubigers.** Der GV kann sie namens des Gläubigers auch selbst einholen (Schneider NJW 80, 2377 zu IV 1; Kleemann DGVZ 80, 4; Hupe JurBüro 79, 1440; in Eilfällen hat er sie zu beantragen nach § 107 Nr 3 GVGA); das erfordert keinen gesonderten Auftrag (s auch Rn 5 zu § 761); aA: GV kann Antrag nicht stellen und auch vom Gläubiger dazu nicht ermächtigt werden: LG Hannover DGVZ 83, 154 = JurBüro 84, 139; AG München DGVZ 81, 189; AG Langenfeld DGVZ 81, 14; Bischof ZIP 83, 522 zu IV 2; außerdem: verpflichtet, Antrag für den Gläubiger zu stellen, ist der GV nicht: LG Berlin DGVZ 80, 23; LG Koblenz DGVZ 81, 24; AG Hannover DGVZ 81, 159; AG Lübeck DGVZ 80, 62; AG Rheine DGVZ 83, 28). Der Gläubiger kann den Antrag auch schon vorsorglich zusammen mit dem Vollstreckungsauftrag für den Fall stellen, daß ein Vollstreckungsversuch scheitert; der GV hat diesen Antrag dann mit den Vollstreckungsunterlagen dem Amtsgericht zuzuleiten. Im Erkenntnisverfahren kann der Antrag nicht bereits gestellt werden (Schubert MDR 80, 365 [367]; aA Langheid MDR 80, 21 [23]). Abgesehen von der fehlenden Zuständigkeit des Prozeßgerichts setzt die Anordnung ein Rechtsschutzbedürfnis voraus, das von der konkreten Lage im jeweiligen ZwV-Verfahren abhängt; auch ist für die Anwendung des Verhältnismäßigkeitsgrundsatzes auf die besonderen Umstände der einzelnen ZwV-Maßnahme abzustellen.

18 **b)** Dem Antrag müssen die für den Beginn der ZwV erforderlichen **Urkunden beigefügt** werden, sonach Vollstreckungstitel mit Vollstreckungsklausel, ggf auch Nachweis der Sicherheitsleistung usw, nach LG Aschaffenburg DGVZ 85, 114 zur Überprüfung der Verhältnismäßigkeit auch das Protokoll über den vergeblichen Vollstreckungsversuch (kann aber nicht allgemein verlangt werden, jedoch im Einzelfall geboten sein und gefordert werden). Der Vollstreckungstitel muß zugestellt sein (LG Düsseldorf DGVZ 83, 13 = MDR 83, 238; LG Hannover DGVZ 81, 39; LG Lübeck JurBüro 80, 126; LG München DGVZ 83, 43; Schneider NJW 80, 2377 zu IV 2; aA LG Marburg DGVZ 82, 30).

19 **c) Rechtliches Gehör** zu dem Antrag auf Erteilung der Durchsuchungserlaubnis ist dem Schuldner dem Grundsatz nach gem Art 103 I GrundG zwar zu gewähren (LG Hannover DGVZ 86, 62 = JurBüro 86, 1417). Die Sicherung gefährdeter Gläubigerinteressen kann jedoch vorherige Anhörung des Schuldners ausschließen. Wenn der Vollstreckungserfolg gefährdet ist, wird der Erlaß der Anordnung ohne vorherige Anhörung des Schuldners den Besonderheiten dieser Durchsuchungsart auch unter dem Gesichtspunkt des Art 103 I GrundG gerecht (BVerfGE 57, 346; auch bereits BVerfGE 51, 97). Ob die Gefährdung besteht, hat das zuständige Gericht unter Abwägung aller Umstände des Einzelfalls zu prüfen (und in den Beschlußgründen erkennbar zu machen; LG Koblenz DGVZ 82, 91); allgemeine Erfahrungssätze können berücksichtigt werden (BVerfGE 57, 346); erwogen werden kann auch, daß eine solche Gefährdung in der Praxis nahezu regelmäßig vorliegt.

20 **d)** Für die Erteilung der Erlaubnis muß, wie für jede Vollstreckungsmaßregel (s Rn 17 vor § 704) ein **Rechtsschutzbedürfnis** gegeben und dargetan sein. Es fehlt, wenn der Schuldner mit der Durchsuchung der Wohnung einverstanden ist (LG Hannover DGVZ 79, 184; LG Köln DGVZ 79, 181; Schneider NJW 80, 2377 zu IV 3). Ein vorsorglicher Durchsuchungsbeschluß sogleich für den Vollstreckungsbeginn ist unzulässig (LG Düsseldorf DGVZ 83, 13; für „Eventualbeschluß"

aber Bischof ZIP 83, 522 zu III 5). Dem Schuldner muß Gelegenheit gegeben worden sein, die Durchsuchung der Wohnung zu gestatten (LG Düsseldorf JurBüro 81, 1418). Durchsuchungsanordnung kann daher grundsätzlich nur erlassen werden, wenn dem GV die Durchsuchung der Wohnung bereits verweigert wurde (LG Berlin DGVZ 79, 166; LG Düsseldorf JurBüro 83, 142) oder konkrete Anhaltspunkte dafür vorliegen, daß der Schuldner die Einwilligung zur Durchsuchung verweigern wird (LG Darmstadt und LG München II JurBüro 80, 775; nach KG MDR 82, 945 = NJW 82, 2326 kann schon Einzelfallbetrachtung gebieten, von Vollstreckungsversuch abzusehen). Diese Voraussetzung ist als erfüllt anzusehen, wenn der GV bei versuchter Vollstreckung in der Wohnung des Schuldners niemand angetroffen hat (LG Berlin DGVZ 79, 166 und 80, 86), soweit nicht die Wohnung zu Zeiten aufgesucht wurde, zu denen sich Berufstätige im allgemeinen nicht zu Hause befinden (LG Düsseldorf JurBüro 81, 1418). Wenn der GV niemand angetroffen hat, kann daher uU ein weiterer Vollstreckungsversuch zu einem Zeitpunkt erforderlich sein, zu dem mit der Anwesenheit des Schuldners gerechnet werden kann (LG Frankfurt DGVZ 80, 23; für 2 Vollstreckungsversuche möglichst zu verschiedenen Tageszeiten Brendel DGVZ 81, 179; noch weitergehend Mümmler JurBüro 80, 777; vgl auch AG und LG Kiel DGVZ 81, 40: Abwesenheit des Schuldners ist nur dann als Verweigerung des Zutritts anzusehen, wenn Vollstreckungsversuch dem Schuldner vorher terminlich mitgeteilt wurde; aber auch LG Frankfurt MDR 80, 323: kommt auf Einzelfall an und kann nicht generell von einem Vollstreckungsversuch in den frühen Morgen- oder späten Abendstunden abhängig gemacht werden). Von einem erfolglosen Vollstreckungsversuch zur Nachtzeit oder an Sonn- und Feiertagen kann die Anordnung nicht abhängig gemacht werden (LGe München und Zweibrücken DGVZ 79, 185; LG Berlin DGVZ 79, 166; LG Frankfurt DGVZ 80, 23; anders LG Dortmund DGVZ 85, 170, zu weitgehend). Ein erfolgloser Vollstreckungsversuch ist jedoch nicht in allen Fällen zu verlangen; so kann zB davon abgesehen werden, wenn er, wie uU bei ZwV auf Leistung Zug um Zug (§ 756) unverhältnismäßig hohe Kosten verursachen wird. Der Nachweis des Rechtsschutzbedürfnisses kann in diesem Fall auch auf andere Weise erbracht werden (Schneider NJW 80, 2377 zu IV 3; s auch LG Mannheim MDR 79, 943). Rechtsschutzinteresse kann auch bei Vollstreckung einer Bagatellforderung zu bejahen sein (s bereits Rn 14, insbesondere aber Rn 8 zu § 753 und Rn 6 zu § 761; anders LG Hannover DGVZ 86, 93 = NJW-RR 86, 1256 für Restforderung von 8,50 DM, und JurBüro 86, 1418 für Forderung von 8,90 DM und 33,50 DM ZwV-Kosten; bedenklich), jedenfalls dann, wenn sie auch der in bedrängten Verhältnissen lebende Schuldner aufbringen kann (Düsseldorf NJW 80, 1171) oder wenn andere, weniger einschneidende Zugriffsmöglichkeiten nicht zur Verfügung stehen (Düsseldorf aaO; LG Berlin DGVZ 79, 168; LG Konstanz NJW 80, 297). Davon, daß der Gläubiger zuvor eine ihm mögliche Immobiliarvollstreckung versucht, kann die Erteilung der Durchsuchungsanordnung nicht abhängig gemacht werden (KG NJW 82, 2326 = OLGZ 83, 69).

e) Die Erlaubnis (Beschluß) hat die Durchsuchung der Wohnung anzuordnen (Art 13 II GG). 21
Die Wohnung ist dabei nach ihrer örtlichen Lage zu bezeichnen. Weil die Anordnung nur für ein konkretes Vollstreckungsverfahren gilt, müssen die entsprechenden Angaben der Entscheidungsformel entnommen werden können. Der Beschluß ist (jedenfalls kurz) zu begründen (KG DGVZ 83, 72 [73]; LG Hagen JurBüro 85, 783). Näherer Bezeichnung des Zwecks der Durchsuchung und der bei Durchsuchung zulässigen Maßnahmen, wie sie BVerfGE 42, 212 = NJW 72, 1735 für einen auf § 102 StPO gestützten Durchsuchungsbefehl fordert, bedarf es nicht. Als Durchsuchungsanordnung im ZwV-Verfahren der ZPO zur Vollstreckung eines Schuldtitels ergeben sich der Umfang des durch die Durchsuchung ermöglichten Eingriffs (§ 808) und die zulässigen Maßnahmen bei der Durchsuchung (§ 758) unmittelbar aus dem Gesetz. Die Erlaubnis kann zeitlich beschränkt werden. Sie wirkt in dieser Zeit für die gesamte ZwV. Sie schließt die Erlaubnis zur Nacht- und/oder Sonntagspfändung nach § 761 nicht ein, ebenso wie diese nicht zugleich die Anordnung für die Wohnungsdurchsuchung enthält (Rn 7 zu § 761). Die Anweisung des GV im Erinnerungsverfahren (§ 766), eine ZwV durchzuführen, enthält nicht zugleich auch die Erlaubnis zur Durchsuchung der Wohnung (KG DGVZ 83, 72 = JurBüro 83, 1424 unter Hinweis auf die Abweichung zu BVerfGE 16, 239; aA Cirullies JurBüro 84, 661).

f) Der Beschluß wird dem **Gläubiger** formlos **mitgeteilt** (§ 329 II), dem Schuldner wird er nur 22
mitgeteilt, wenn er gehört wurde, sonst nicht (er war dann am Verfahren nicht als Partei beteiligt). Der Zurückweisungsbeschluß ist dem Gläubiger mitzuteilen. (Zustellung hat jeweils zu erfolgen, wenn sofortige Beschwerde als zulässiges Rechtsmittel angesehen wird; s Rn 25).

g) Die Erlaubnis ist **dem Schuldner** bei der ZwV unaufgefordert **vorzuzeigen** und auf Begeh- 23
ren abschriftlich mitzuteilen (§ 761 II analog; s auch § 909; so auch Schneider NJW 80, 2377 zu IV 2). Zuzustellen ist sie nicht; § 750 findet keine Anwendung (AG Hamburg Rpfleger 80, 395; aA LG Zweibrücken DGVZ 80, 27).

24 **h)** Die Durchsuchungsanordnung **gilt für den Vollstreckungsauftrag,** für den sie erteilt ist. Mit seiner Erledigung, nicht aber durch Vollstreckungsversuche, ist sie verbraucht (Schneider NJW 80, 2377 zu V 1 mit Nachw). Nachpfändung (wenn sich der Wert der Pfandstücke als unzureichend erweist) erlaubt sie nicht (Schneider aaO). Die Durchsuchungsanordnung für Pfändung gilt für spätere Abholung gepfändeter Sachen, die im Schuldnergewahrsam gelassen wurden (§ 107 Nr 8 GVGA; Schneider NJW 80, 2377 zu III 4). Widersetzt sich der Schuldner der Abholung, so darf der Gerichtsvollzieher ohne neuen Durchsuchungsbeschluß Gewalt anwenden (Schneider aaO; Bischof ZIP 83, 522 zu II 6; anders bei Widerruf der Einwilligung, s Rn 8). Die Versteigerung gepfändeter Sachen in der Wohnung des Schuldners gegen dessen Willen ist durch die Durchsuchungsanordnung nicht gedeckt (Hamm DGVZ 84, 150 = NJW 85, 75). Hat der Schuldner nach Erlaß der richterlichen Durchsuchungsanordnung seine **Wohnung gewechselt,** so ist eine neue Anordnung erforderlich; die Durchsuchungsanordnung erlaubt nur Durchsuchung der in ihr bezeichneten Wohnung (LG Köln DGVZ 85, 91; Brendel DGVZ 82, 179).

25 **V) Rechtsbehelfe, Verstoß:** Gegen Versagung/Erteilung der Durchsuchungserlaubnis für Gläubiger und Schuldner: (einfache) Beschwerde, § 567 (wie Rn 9 zu § 761), nach aA jedoch sofortige Beschwerde (Hamm MDR 84, 411 = NJW 84, 1792 = OLGZ 84, 180; Koblenz JurBüro 85, 1892 = MDR 86, 64 = Rpfleger 85, 496; LG Hagen DGVZ 85, 75; LG Koblenz DGVZ 82, 91; Schneider NJW 80, 2377 zu V 2; nicht eindeutig KG NJW 82, 2326) oder auch Erinnerung nach § 766 (KG JurBüro 86, 618 = MDR 86, 417; LG Arnsberg NJW 84, 499 [aufgehoben durch OLG Hamm aaO]; LG Düsseldorf MDR 85, 62; LG Karlsruhe NJW-RR 86, 550; LG Oldenburg Rpfleger 84, 471). Die Anordnung erlaubt die Vollstreckungshandlung (s § 761), geht ihr also voraus; das Gericht, das die Durchsuchungserlaubnis erteilt, ist nicht Vollstreckungsorgan (s Rn 16); die Durchsuchungsanordnung kann der Anfechtung daher nicht als Entscheidung im ZwV-Verfahren unterliegen (§ 793; Einschränkung des Schuldners durch Beschwerdefrist von 2 Wochen ist zudem durch nichts gerechtfertigt) und ebenso nicht mit Einwendung gegen die Art und Weise der ZwV (§ 766). Beschwerde ist auch zulässig, wenn der Durchsuchungsbeschluß bereits ausgeführt ist (LG Koblenz aaO), solange nur die ZwV nicht beendet ist. ZwV ohne Erlaubnis ist nicht rechtmäßig; die Pfändung ist aber wirksam, jedoch anfechtbar (vgl Rn 9 zu § 761). Wenn die Durchsuchungsanordnung bis zur Entscheidung über die Beschwerde noch erwirkt wird, kann die Pfändung nicht aufzuheben (und sofort wieder neu vorzunehmen), sondern Folge nur sein, daß sich bei Konkurrenz mit anderen Gläubigern der Rang (§ 804 III) nach dem Zeitpunkt zu richten hat, an dem mit Durchsuchungserlaubnis vollstreckt werden konnte (s Rn 35 von § 704). Der Ansicht, daß die durch zwangsweise Wohnungsöffnung ausgebrachte Pfändung aufzuheben ist, wenn eine Durchsuchungsanordnung nicht vorlag und das Pfändungsprotokoll nicht erkennen läßt, daß der GV die Wohnungsöffnung vorgenommen hat, weil Gefahr im Verzug war (AG München DGVZ 80, 190), kann so allgemein nicht gefolgt werden.

26 **VI) 1)** Erlaubte Durchsuchung schließt die Befugnis des Gerichtsvollziehers ein, **verschlossene Haustüren, Zimmertüren und Behältnisse** (Begriff Rn 13) **öffnen zu lassen** (Abs 2). Dem Schuldner soll dies schriftlich angekündigt werden (§ 107 Nr 7 GVGA). Ein Sachverständiger (sachkundiger Handwerker) ist erforderlichenfalls beizuziehen. In jedem Fall muß die Öffnung sachgemäß so erfolgen, daß der Schaden so gering wie nur möglich bleibt, wie es nach Lage der Dinge möglich ist (BGH LM 2 zu § 808 = NJW 57, 544 L = ZZP 70 [1957] 251). Abzusehen ist von gewaltsamer Öffnung von Türen und Behältnissen, wenn dadurch Schaden entstehen wird und der Vollstreckungsauftrag anders in gehöriger Weise erfüllt werden kann, aber auch, wenn sich die Maßnahme nach dem Grundsatz der Verhältnismäßigkeit verbietet, so dann, wenn der Schuldner bei dem ersten Vollstreckungsversuch während der Tageszeit in seiner Wohnung nicht angetroffen wird (vgl Düsseldorf DGVZ 79, 40).

27 **2) Gewalt** darf der GV anwenden, wenn der Schuldner sich erlaubter Durchsuchung oder Öffnung von Türen und Behältnissen widersetzt (Abs 2). Die Gewalt kann sich gegen den Widerstand des Schuldners und ihn unterstützender anderer Personen richten, nicht aber gegen widersprechende Gewahrsamsinhaber (§§ 809, 886). Widerstand: Rn 2 zu § 759. Ob der GV Widerstand selbst überwindet (Zeugen: § 759) oder sofort um polizeiliche Unterstützung nachsucht (Abs 3), steht in seinem Ermessen.

28 **3)** Der **Gläubiger** (sein mit Vollmacht versehener Vertreter) kann bei ZwV-Handlungen anwesend sein. Das folgt aus seinem Weisungsrecht für Durchführung des Zwangsverfahrens. Verfahren des GV, wenn der Gläubiger Zuziehung verlangt: § 62 Nr 5 GVGA (dazu KG DGVZ 83, 72). In den Gang der Vollstreckungshandlung darf der Gläubiger (sein Vertreter) nicht eingreifen. Vor Übergriffen des Schuldners hat der GV den Gläubiger (seinen Vertreter) und ebenso zugezogene Hilfspersonen, ggfs mit den Zwangsmitteln des Abs 3, zu schützen. Zutritt des Gläubigers (seines Vertreters) zur Wohnung des Schuldners gegen dessen Willen kann der GV (ohne beson-

dere Erlaubnis in der richterlichen Durchsuchungsanordnung) nicht erzwingen. Die Durchsuchungsanordnung kann dem Gläubiger (seinem Vertreter) Zugang zur Wohnung des Schuldners gegen dessen Erlaubnis nur ermöglichen, wenn besondere Umstände dessen Anwesenheit erfordern, insbes wenn sie zur Unterstützung des GV bei der Vollstreckungshandlung erforderlich ist (zB zur Identifizierung einer wegzunehmenden Sache; Christmann DGVZ 84, 83; LG Berlin DGVZ 83, 10; AG Düren DGVZ 86, 45 = NJW-RR 86, 677).

4) Kosten, die durch Anwesenheit des Gläubigers (bei Notwendigkeit) oder für Maßnahmen nach Abs 2 und 3 entstehen, hat der Schuldner als ZwV-Kosten nach § 788 zu tragen. **29**

5) Für **Schaden,** der an zu öffnenden Türen oder Behältnissen trotz sorgsamem und sachkundigem Vorgehen entsteht, hat der Schuldner keinen Ersatzanspruch gegen den GV; sonst: § 839 BGB. Beeinträchtigte Dritte (Hauseigentümer) können Anspruch nach §§ 904, 1004 BGB oder Aufopferung haben (StJM Rdn 7 Fußn 29 zu § 758). **30**

VII) Bei Vollstreckung im Verwaltungsweg **nach der Abgabenordnung** führt die Vollstreckungsbehörde die Vollstreckung in bewegliche Sachen durch Vollziehungsbeamte aus. Deren Zwangsbefugnisse regelt § 287 AO, die Zuständigkeit für Durchsuchungsanordnung bestimmt **§ 287 Abs 4 Abgabenordnung** (Fassung BGBl 1980 I 1545 [1555]) wie folgt: **31**

(4) Für die richterliche Anordnung einer Durchsuchung ist das Amtsgericht zuständig, in dessen Bezirk die Durchsuchung vorgenommen werden soll.

Anzuwenden ist für Erteilung dieser Durchsuchungsanordnung das Verfahrensrecht der ZPO (nicht das der FGO; KG MDR 82, 945 = NJW 82, 2326 = OLGZ 83, 69). Es müssen die Voraussetzungen der Abgabenordnung für Verwaltungsvollstreckung ausreichend dargetan sein (LG Aachen JurBüro 84, 467). Gegen Entscheidung des Amtsgerichs nach § 287 IV AO ist der Rechtszug der ZPO eröffnet (KG aaO). Rechtsbehelf daher wie Rn 25.

Das AG, in dessen Bezirk die Durchsuchung erfolgen soll, ist auch zuständig für Anordnung der Wohnungsdurchsuchung zur Vollstreckung eines Bußgeldbescheids, den eine bundesunmittelbare Körperschaft wegen einer Ordnungswidrigkeit nach §§ 741, 773 I Nr 3 RVO erlassen hat (BGH MDR 86, 123 = NJW-RR 86, 286), und sonst bei Vollstreckung behördlicher Bußgeldentscheidungen (VG Schleswig KKZ 85, 57; VGH Mannheim NJW 86, 1190). Zuständigkeit des Strafgerichts des ersten Rechtszug, wenn die Strafvollstreckungsbehörde wegen einer gerichtlichen Bußgeldentscheidung die ZwV betreibt: LG Berlin Rpfleger 85, 320. **31a**

VIII) Gebühren: 1) des **Gerichts:** Keine (§ 1 Abs 1). – **2)** des **Anwalts:** Für den Gläubigeranwalt fällt eine besond Vollstreckungsgebühr nach §§ 57, 58 BRAGO an (AG Mehldorf Rpfleger 80, 32 = DGVZ 80, 45 = JurBüro 80, 388 m Anm Mümmler). – **3)** des **Gerichtsvollziehers:** Das Ersuchen an die Polizei um Unterstützung gilt als Nebengeschäft, das durch die für die Amtshandlung (§§ 16 ff GVKostG) angesetzte Gebühr abgegolten wird, GVKostGr Nr 1 III 2a (BayJMBl 1976, 55; für die übr Bundesländer: s Piller/Hermann, JustVerwVorschr Nr 9 b). **32**

Auslagen: Während Polizeibeamte keine Entschädigung erhalten (s Schröder/Kay, Das Kostenwesen der Gerichtsvollzieher, 7. Aufl, GVKostG § 35 Anm 7), sind die zum Öffnen verschlossener Haus-, Zimmertüren und Behältnisse herangezogenen Handwerker (GVGA § 107) nach den ortsüblichen Sätzen zu entschädigen (Schröder/Kay, aaO, Anm 8). Desgleichen ist den zur körperlichen Durchsuchung des Schuldners zugezogenen Personen auf Antrag eine angemessene Vergütung zu gewähren, wobei die Sätze des ZuSEG zwar nicht unmittelbar anwendbar sind, aber einen Anhalt bieten können. An die zugezogenen Personen gezahlte Entschädigungen sind als Auslagen einzuziehen (GVKostG § 35 I Nr 6, GVKostGr Nr 40 I und IV). Der Grund und die Höhe der angesetzten Auslagen sind aus den Akten des GV ersichtlich (GVKostGr Nr 40 V).

Die durch die Anwesenheit des Gläubigers, von Zeugen oder Polizeibeamten (als Zeugen!) entstandenen Kosten sind, wenn sie iS des § 91 notwendig waren, erstattungsfähig. Dies gilt auch für die Kosten eines zum Öffnen zugezogenen Schlossers (AG Berlin-Wedding, DGVZ 76, 91).

759 *[Bei Widerstand Zuziehung von Zeugen]*

Wird bei einer Vollstreckungshandlung Widerstand geleistet oder ist bei einer in der Wohnung des Schuldners vorzunehmenden Vollstreckungshandlung weder der Schuldner noch eine zu seiner Familie gehörige oder in dieser Familie dienende erwachsene Person anwesend, so hat der Gerichtsvollzieher zwei erwachsene Personen oder einen Gemeinde- oder Polizeibeamten als Zeugen zuzuziehen.

Lit: *Alisch,* Die strafrechtliche Bedeutung des § 759 ZPO, DGVZ 1984, 108.

I) Zweck: Beweissicherung und Schutz des GV vor Verdächtigungen sowie des Schuldners mit Sicherstellung eines gesetzmäßigen Verfahrens des GV. **1**

II) Voraussetzung: Widerstand bei einer Vollstreckungshandlung (§ 758 III) jeder Art und gleich an welchem Ort oder Vornahme einer Vollstreckungshandlung in der Wohnung des **2**

Schuldners (Rn 4 zu § 758), wenn niemand angetroffen wird. Widerstand ist jedes Verhalten, das geeignet ist, die Annahme zu begründen, die ZwV werde sich nicht ohne Gewaltanwendung durchführen lassen (§ 108 Nr 3 GVGA); Drohungen des Schuldners können genügen. In der Familie dienende Personen s § 181 I. Erwachsen (bezieht sich auch auf Familienangehörige) erfordert kein bestimmtes Alter (nicht Volljährigkeit, AG Limburg DGVZ 75, 174: 14jähriger Sohn), sondern Befähigung, nach der körperlichen und geistigen Entwicklung die Vorgänge ihrer Bedeutung nach zu erkennen, zu beobachten und wiederzugeben (RG 14, 338; 47, 375). Der GV muß sich Gewißheit darüber verschaffen, ob eine angetroffene Person zur Familie gehört oder in den Diensten des Schuldners steht (LG Konstanz DGVZ 84, 119). Wird unerwartet Widerstand geleistet oder ist niemand anwesend, muß der GV die Amtshandlung unterbrechen und Zeugen herbeiholen. Rechtmäßig sind jedoch Maßnahmen des GV, die darauf abzielen, einen Beamten oder zwei Zeugen zur weiteren Durchführung der Vollstreckung herbeizuholen, wenn der Schuldner dies geflissentlich zu verhindern sucht (zB durch Flucht bei Verhaftung; BGHSt 5, 93 = NJW 54, 200).

3 **III) 1)** Als **Zeugen** zuzuziehen sind zwei erwachsene Personen oder ein Gemeinde- oder Polizeibeamter (auch Angestellter; Beamtenverhältnis nicht erforderlich). Es sollen unbeteiligte einwandfreie Personen ausgewählt werden (§ 108 Nr 2 GVGA); Zeuge kann ein zugezogener Handwerksmeister sein. Zeuge könnte auch der Gläubiger sein; dessen Zuziehung sollte ebenso wie die naher Familienangehöriger des Schuldners oder eines weiteren GV (eines Auszubildenden) aber vermieden werden. Protokoll mit Unterzeichnung durch Zeugen: § 762.

4 **2)** § 759 ist **zwingendes** Recht (BGH aaO). Verstoß macht die Vollstreckungshandlung rechtswidrig (BGH aaO; RGSt 24, 389; RG DR 42, 1756), aber nicht unwirksam; Erinnerung (§ 766) kann nicht zur Aufhebung führen (keine Beschwer des Schuldners; StJM Rdn 2 zu § 759).

5 **3)** Zeugen (nicht Polizei/Gemeindebeamte) erhalten auf Verlangen eine angemessene **Entschädigung** (soll ZSEG-Sätze nicht übersteigen; § 108 Nr 3 GVGA), die vom GV als Auslage erhoben wird (§ 35 I Nr 5 GVKostG). Einwendungen des Zeugen gegen Berechnung: § 766.

760 *[Akteneinsicht]*

Jeder Person, die bei dem Vollstreckungsverfahren beteiligt ist, muß auf Begehren Einsicht der Akten des Gerichtsvollziehers gestattet und Abschrift einzelner Aktenstücke erteilt werden.

Lit: *Adrian,* Ist der GV bei „nicht verlangter" Protokollabschrift zur Mitteilung des Vollstreckungsergebnisses gesetzlich verpflichtet? DGVZ 1970, 131; *Burkhardt,* Zur Frage der Erteilung einer vom Gläubiger „nicht verlangten" Abschrift des Pfändungsprotokolls, DGVZ 1970, 129; *Elias,* Zur Frage der abschriftlichen Übersendung von Protokollen der ZwV an den nicht anwesend gewesenen Gläubiger von Amts wegen, DGVZ 1975, 33; *Ewers,* Erhält der bei der ZwV nicht anwesend gewesene Gläubiger von Amts wegen eine Protokollabschrift, DGVZ 1974, 104; *Fäustle,* Wer bekommt ein Protokoll des GV? DGVZ 1970, 177; *Mümmler,* Nochmals: Ansatz von Schreibgebühren für die Erteilung einer Protokollabschrift an den bei der ZwV nicht anwesenden Gläubiger, DGVZ 1974, 165; *Seip,* Erhält der Antrag auf Durchführung der Vollstreckung auch ohne besondere Erklärung den Antrag auf Erteilung einer Abschrift des Pfändungsprotokolls? DGVZ 1974, 170.

1 **I) Einsicht** ist auf Antrag zu gewähren in die Sonderakten des GV, die für jeden in Dienstregister II einzutragenden Auftrag geführt werden (§§ 57, 65 GVO), auch in Belege über Kosten für mehrere Sachen und gemeinsame Belegblätter bei Sammelakten (§ 58 Nr 4 GVO), nicht jedoch in Quittungsblöcke (dafür Quittungsdurchschrift bei den Akten, § 74 Nr 2 GVO), auch nicht in Register (da nur für den Innendienst bestimmt; anders hM, zB StJM Rdn 1 zu § 760). Recht auf Einsicht haben nur die Beteiligten, das sind Gläubiger, Schuldner (auch deren Rechtsnachfolger) und Dritte, die in ihren Rechten vom Verfahren betroffen sind, so der Duldungspflichtige (§§ 737, 739, 748 II), der Ehegatte im Falle der §§ 739 ff, der Drittberechtigte (§§ 771, 805, 809, 886). Die Einsichtnahme muß in Anwesenheit des GV erfolgen (§ 60 Nr 1 GVO). Sie kann durch einen Bevollmächtigten ausgeübt werden und schließt das Recht ein, Aufzeichnungen zu fertigen. Aktenversendung zur Einsicht kann nicht verlangt werden (AG Bln-Charlottenburg DGVZ 78, 159). Gegen Ablehnung der Einsicht: § 766 (§ 793). Akteneinsicht durch dritte Personen bei rechtlichem Interesse: § 299 II.

2 **II) Abschriften** einzelner Aktenstücke sind bei Recht auf Einsicht auf Verlangen zu fertigen. Eingeschlossen ist das Recht, Beglaubigung der Abschrift durch den GV zu verlangen.

III) Die Verpflichtung des GV zur **Mitteilung an Beteiligte** über die Erledigung eines Auftrags wird durch die Möglichkeit der Akteneinsicht und Erteilung von Abschriften nicht berührt. Mitteilung erhält der Gläubiger bei Ablehnung seines Auftrags (§ 5 Nr 3 GVGO; Rn 12 zu § 753), sodann mit Unpfändbarkeitsbescheinigung, wenn Anhalt dafür besteht, daß die ZwV fruchtlos verlaufen werde, sonst als Nachricht über das Vollstreckungsergebnis. Letztere ist selbstverständliche Amtspflicht des für den Staat als Inhaber des Zwangsmonopols (Rn 1 vor § 704) hoheitlich handelnden Vollstreckungsorgans (vgl zB Hamm DGVZ 77, 40; LG Köln MDR 74, 1024; aM StJM Rdn 2 zu § 760, nicht zu vertreten). Die Erledigungsmitteilung kann sich auf eine kurze Pfändungsmitteilung (unter Bezeichnung des Vollstreckungsergebnisses, insbesondere des gepfändeten Gegenstandes) oder Nachricht darüber, daß der Pfändungsversuch fruchtlos geblieben ist (LG Hannover DGVZ 81, 39; aA Hamm aaO; LG Dortmund DGVZ 75, 74) beschränken. Sie darf dem Gläubiger nicht lediglich anheimgeben, sich von der Auftragserledigung durch Akteneinsicht (Protokollabschrift) selbst Kenntnis zu verschaffen (LG Hannover aaO; anders Hamm aaO; AG Kerpen DGVZ 78, 119). Das ist weder Erledigungsnachricht noch Bescheid des Vollstreckungsorgans; rechtsstaatliche Verfahrensgrundsätze gebieten sachliche Nachricht. Akteneinsicht ist nicht für ordnungsgemäße Erledigungsnachricht zugelassen und ersetzt diese nicht, sondern dient der vollständigen Offenlegung aller in einem Verfahren entstandenen Schriftstücke. Anspruch auf Erteilung einer Bescheinigung über die Fruchtlosigkeit einer Pfändung schließt die Benachrichtigungspflicht des GV nicht ein (nur insoweit richtig Hamm aaO). 3

IV) Die Amtspflicht zur Mitteilung über das Ergebnis der Auftragserledigung beinhaltet nicht die Verpflichtung, Nachricht mit **Abschrift des Protokolls** zu geben (nicht zutreffend Elias DGVZ 75, 33). Protokollabschrift wird nach § 760 nur auf (ausdrücklichen, § 110 Nr 6 GVGA) Antrag erteilt (Mümmler DGVZ 74, 165; LG Köln aaO). Wenn sich aus dem Protokoll ergibt, daß die Vollstreckung ohne Durchsuchungsanordnung nicht durchgeführt werden konnte, kann Antrag des Gläubigers auf Abschrift zu unterstellen sein (§ 107 Nr 3 GVGA; AG München DGVZ 81, 141; ist auch dann aber Frage des Einzelfalls). Sonst liegt im Vollstreckungsauftrag des Gläubigers kein Antrag auf Protokollabschrift (BVerwG JurBüro 83, 851 = NJW 83, 896; Elias DGVZ 75, 33 mit zahlr Nachw; aA AG Itzehoe DGVZ 78, 15). Es besteht weder eine gegenteilige Übung (jetzt ausdrücklich § 110 Nr 6 GVGA), noch eine Notwendigkeit, den durchweg rechtskundigen und erfahrenen Antragstellern stillschweigenden Antrag zu unterstellen. Für unaufgeforderte Zusendung einer Protokollabschrift schuldet der Gläubiger daher keine Schreibauslagen (Hamm Rpfleger 71, 111). 4

V) Den **Schuldner** (sonst Betroffenen) hat der GV zu **benachrichtigen** (§ 763 II; auch § 110 Nr 5 GVGA), wenn Aufforderungen und sonstige Mitteilungen, die zur Vollstreckungshandlung gehören, nicht durchgeführt werden konnten. Diese Mitteilung hat durch Übersendung einer Abschrift des Protokolls zu erfolgen. Die Benachrichtigung ist Amtspflicht des GV (auch § 1 III GVGA); Mitteilung mit Protokollabschrift fällt daher nicht unter § 760. Benachrichtigung als nach gesetzlicher Vorschrift (§ 763 II) aufgetragene Amtspflicht löst Schreibauslagen aus (§ 36 I Nr 1 GVKostO); nach Vollstreckung kann Vorauszahlung jedoch nicht mehr verlangt werden. 5

VI) Für **Abschriften:** Schreibauslagen nach Maßgabe des § 36 I GVKostG. Verlangt der anwesende Schuldner eine Abschrift, so haftet für die zu erhebenden Schreibauslagen der Gläubiger als Auftraggeber (§ 3 I GVKostG). Vgl Rn 32 zu § 758; Schröder-Kay, Das Kostenwesen der Gerichtsvollzieher, Anm 4 zu § 3 GVKostG u § 60 Nr 1 S 2 GVO. 6

761 *[Vollstreckung zur Nachtzeit usw]*

(1) Zur Nachtzeit (§ 188 Abs. 1) sowie an Sonntagen und allgemeinen Feiertagen darf eine Vollstreckungshandlung nur mit Erlaubnis des Amtsrichters erfolgen, in dessen Bezirk die Handlung vorgenommen werden soll.

(2) Die Verfügung, durch welche die Erlaubnis erteilt wird, ist bei der Zwangsvollstreckung vorzuzeigen.

Lit: *Bauer*, Zustellung und ZwV zur Nachtzeit, an Sonn- und allgemeinen Feiertagen, DGVZ 1959, 52 und JurBüro 1961, 171; *Cirullies* wie bei § 758; *Noack*, ZwVen an Sonntagen, allgemeinen Feiertagen und zur Nachtzeit, MDR 1973, 549; *Noack*, Fehlen einer richterlichen Erlaubnis nach § 761 ZPO und einer richterlichen Anordnung nach Art 13 GG und die Wirkung auf die Rechtmäßigkeit der Amtsausübung des GV und auf einen vollzogenen Pfändungsakt, DGVZ 1980, 33; *Schumacher*, ZwV am Sonnabend-Nachmittag, DGVZ 1956, 131; *Schumacher*, Zur Frage der Nacht-, Sonntags- und Feiertagsexekution, DGVZ 1958, 120; *Schumacher*, Wohnungsdurchsuchung und Wohnungszustellung, WM 1963, 147.

1 **I) Zweck:** Schutz des Schuldners vor ZwV zur Unzeit bei Sicherstellung des möglichen Vollstreckungserfolgs auch gegen Schuldner, die zur üblichen Zeit nicht anzutreffen sind.

2 **II) Anwendungsbereich:** Gilt für ZwV-Handlungen in allen Vollstreckungsverfahren des GV (Rn 2 zu § 753), auch soweit sie nur mit Durchsuchung oder Öffnung der Türen (§ 758) oder mit dem Angebot einer Zug-um-Zug-Leistung (§ 756) beginnen und auch, wenn sie nach früherem Beginn in der geschützten Zeit fortgesetzt werden (AG Bochum-Langendreer DGVZ 67, 188; vgl § 65 Nr 6 GVGA). Für Zustellungen: § 188 (dies auch bei persönlicher Zustellung einer Vorpfändung oder eines Pfändungsbeschlusses).

3 **III) 1) Nachtzeit:** § 188 I (§ 8 Nr 2 GVGA); Sonntage und allgemeine Feiertage: Rn 1 zu § 188.

4 **2) Zuständig** (ausschließlich, § 802) für Erteilung der Vollstreckungserlaubnis ist (sachlich) der Richter beim Amtsgericht (nicht das Vollstreckungsgericht des § 764) (örtlich), in dessen Bezirk die Vollstreckungshandlung vorgenommen werden soll. Der Rechtspfleger (§ 20 Nr 17 RpflG) ist nicht zuständig (KG DGVZ 75, 57; Düsseldorf DGVZ 78, 73 = NJW 78, 2205; LG Hamburg MDR 77, 1026; LG Verden DGVZ 78, 187; hM; aA AG Rinteln Rpfleger 74, 203; AG Pinneberg DGVZ 76, 60; Henze Rpfleger 71, 10 und 74, 283). Eine vom Rechtspfleger erteilte Erlaubnis ist unwirksam (§ 8 IV S 1 RpflG).

5 **3)** Die Erlaubnis ist vom Gläubiger **zu beantragen.** Der GV kann sie auch selbst einholen (§ 65 Nr 3 GVGA; Noack MDR 73, 549); das erfordert keinen gesonderten Auftrag (aA: GV ist nicht zuständig und kann vom Gläubiger auch nicht beauftragt werden, AG Düsseldorf DGVZ 81, 90; auch er kann aber Erlaubnis für Erweiterung seines Vollstreckungshandelns erwirken, was bei Dringlichkeit geboten sein kann). Die Notwendigkeit der Vollstreckung zur unüblichen Zeit ist darzulegen (ggfs glaubhaft zu machen). Rechtsschutzbedürfnis erfordert Erfolgsaussicht der Vollstreckungshandlung (LG Berlin NJW 57, 798; LG Köln MDR 71, 588; LG Frankfurt DGVZ 80, 23 [26]). Voraussetzungen der ZwV, die erst bei ihrem Beginn vorzuliegen haben, müssen vorweg noch nicht erfüllt sein, aber doch rechtzeitig herbeigeführt werden können. Für Erteilung der Erlaubnis hat daher ein vollstreckbarer Titel vorzuliegen; es muß aber die einfache Klausel noch nicht erteilt und Zustellung nicht erfolgt sein (LG Marburg DGVZ 82, 30); sonstige besondere ZwV-Voraussetzungen (zB § 751 II, § 756) brauchen nicht nachgewiesen sein. Der Schuldner wird zu dem Antrag nicht gehört, sofern Dringlichkeit oder Sicherung des Vollstreckungserfolgs seiner Zuziehung schon vor Vollstreckungsbeginn entgegenstehen (LG Marburg aaO; LG Zweibrücken MDR 80, 62; auch keine Anhörung im Beschwerdeverfahren); Art 103 I GG wird damit nicht verletzt (LG Zweibrücken aaO; auch Stuttgart OLGZ 70, 182 = NJW 70, 1329).

6 **4)** Erteilung der **Erlaubnis erfordert,** daß nach dem Ermessen des Amtsrichters eine ZwV-Maßnahme zur Nachtzeit oder an einem Sonn/Feiertag den durch Vollstreckung zur gewöhnlichen Zeit nicht gewährleisteten Erfolg der ZwV sichert oder doch jedenfalls eine größere Erfolgsaussicht bietet (LG Berlin Rpfleger 81, 444). **Beispiel:** Kassenpfändung bei Veranstaltungen, Abwesenheit des Schuldners tagsüber, Vollstreckungsvereitelung, Pfändung in Gaststätte, Zugriff auf Einnahmen des Schuldners ohne geregelte Tätigkeit (LG Berlin NJW 57, 798). Nicht erforderlich ist, daß Gefahr im Verzuge ist (Colmar OLG 22, 360; LG Berlin DGVZ 71, 61) oder der Schuldner sich absichtlich der Vollstreckung zur gewöhnlichen Tageszeit entzieht (LG Frankfurt aaO). Es ist der Grundsatz der Verhältnismäßigkeit zu beachten (Frankfurt DGVZ 80, 23; LG Trier DGVZ 1981, 13; auch Stuttgart aaO; kann bei ganz unbedeutender Forderung Erlaubnis ausschließen, LG Berlin DGVZ 71, 61, oder doch strenge Würdigung erfordern). Daher dürfen auch die Anforderungen an die Darlegungspflicht des Gläubigers nicht überspannt werden (LG Berlin DGVZ 67, 90). Zu beurteilen sind die Besonderheiten des Einzelfalls. Bei einem berufstätigen Schuldner müßte genügen, daß er bei je einem Vollstreckungsversuch innerhalb und außerhalb der normalen Berufszeit nicht angetroffen wurde (LG Trier aaO; zu eng LG Berlin Rpfleger 81, 444: daß der Schuldner zu unterschiedlichen Zeiten in der Wohnung nicht angetroffen wurde, rechtfertigt allein die Erlaubnis nicht; anders LG Berlin DGVZ 71, 61: im Regelfall genügen fehlgeschlagene wiederholte ZwV-Versuche zur Tageszeit). Im Einzelfall kann ein vorheriger Vollstreckungsversuch überhaupt nicht erforderlich sein (zu weitgehend LG Frankfurt aaO: überhaupt keine besondere Erforderlichkeitsprüfung). Von zwangsweiser Wohnungsöffnung zur Tageszeit darf die Erlaubnis nicht abhängig gemacht werden (Noack MDR 73, 549 [550]).

7 **5)** Die Erlaubnis (**Verfügung,** s Abs 2) muß die gestattete ZwV-Maßnahme (Pfändung allgemein oder nur Vollstreckung in besondere Vermögensmasse, zB in Tageskasse, in Gaststättenräumen) und die Zeit der erlaubten Vollstreckung (nur zur Nachtzeit, nur an Sonn/Feiertagen oder beides) bezeichnen. Sie darf nur so weit gehen, wie es die Interessen des Gläubigers erfordern und es dem Schuldner nach seinem bisherigen Verhalten zugemutet werden kann (Stuttgart aaO). Das erfordert Interessenabwägung, stets aber auch zeitliche Befristung der Erlaubnis

(Stuttgart aaO), zB „innerhalb 4 Wochen ab ...“ (kann im Einzelfall großzügig zu handhaben sein, zB bei Vollstreckung in Gastwirtschaft mit Aussicht auf Tilgung der Forderung in absehbarer Zeit, LG Berlin DGVZ 58, 28 = Rpfleger 57, 313; LG Mönchengladbach MDR 72, 245), die auch durch Beschränkung auf zahlenmäßig bestimmte ZwV-Handlungen möglich ist. Die Erlaubnis hat Wirkung nur für eine Vollstreckungshandlung (AG Varel DGVZ 62, 189; LG Mönchengladbach aaO; Noack MDR 73, 549 [550]), wird aber durch einen Vollstreckungsversuch nicht verbraucht (LG Aachen DGVZ 62, 188), wohl aber, wenn bei der durchgeführten Vollstrekkung pfändbare Habe nicht vorgefunden wurde (Noack aaO). Die Erlaubnis kann auch für mehrmalige Vollstreckung erteilt werden (Stuttgart, LG Mönchengladbach je aaO; LG Hagen DGVZ 67, 41 = JurBüro 67, 673); die Verfügung muß dann die Wiederholung zulassen (zB an 4 aufeinanderfolgenden Sonntagen ab ...). Die Erlaubnis enthält ohne besonderen Ausspruch nicht zugleich die Genehmigung zur Wohnungsdurchsuchung (§ 758; LG Stuttgart DGVZ 81, 11; aA Bischof ZIP 83, 522 zu II 2); diese schließt umgekehrt auch die Erlaubnis nach § 761 nicht ein. Miterledigung weiterer Vollstreckungsaufträge: wie Rn 12 zu § 758.

6) Beispiel für **Verfügung:** In Sachen ... wird auf Antrag des Gläubigers – GV – die Pfändung bei dem Schuldner ... am Sonntag, dem ... sowie an den darauffolgenden Sonntagen ... erlaubt, § 761 I ZPO. Gründe: ... Die Verfügung wird nur dem Gläubiger (GV) ausgehändigt; dem Schuldner wird sie nicht (nach § 329) zugestellt (Noack MDR 73, 549). Bei der ZwV ist die Verfügung unaufgefordert vorzuzeigen (Abs 2). Ein Verstoß gegen Abs 2 berührt die Wirksamkeit der ZwV nicht (nur Ordnungsvorschrift, Stuttgart aaO). 8

IV) Rechtsbehelfe, Verstoß: Gegen Versagung/Erteilung der Erlaubnis für Gläubiger/Schuldner: (einfache) Beschwerde, § 567 (so auch LG Darmstadt DGVZ 77, 7; Wieczorek Anm B I zu § 761), nach aA jedoch sofortige Beschwerde nach § 793 (zB Hamm DMR 84, 411 = NJW 84, 1972 = OLGZ 84, 180; Koblenz JurBüro 85, 1892 = MDR 86, 64 = Rpfleger 85, 496; Köln Rpfleger 76, 24; LG Berlin MDR 81, 941; StJM Rdn 3 zu § 761) oder auch Erinnerung nach § 766 (Stuttgart aaO; LG Düsseldorf MDR 85, 61; LG Karlsruhe NJW-RR 86, 550; Noack MDR 73, 549); dazu bereits Rn 25 zu § 758. Bei unzulässiger Erteilung durch den Rechtspfleger: § 11 I S 1 RpflG. ZwV ohne Erlaubnis ist nicht rechtmäßig; Pfändung und Vollstreckungshandlungen sind aber wirksam (LG Augsburg NJW 86, 2769), jedoch anfechtbar (§§ 766, 793; aM StJM Rdn 3 zu § 761) mit der Folge, daß sich der Rang (§ 804 III) nach dem Zeitpunkt zu richten hat, an dem ohne Erlaubnis vollstreckt werden konnte. 9

V) Gebühren: 1) des **Gerichts:** Keine. – **2)** des **Anwalts:** Die Tätigkeit rechnet zur Zwangsvollstreckung, dh wird durch die (3/10) Gebühr aus § 57 BRAGO abgegolten. – **3)** des **Gerichtsvollziehers:** Wird der GV tätig, so werden die doppelten Gebühren erhoben (§ 34 GVKostG). Auch wenn nur ein Teil der Amtshandlung in die Nachtzeit oder auf einen Sonn- oder Feiertag fällt, wird die Grundgebühr stets verdoppelt. Der Zeitzuschlag wird nur für die Stunden verdoppelt, die ganz oder teilweise in die Nachtzeit oder auf einen Sonn- oder Feiertag fallen (GVKostGr Nr 39). Eine Verdoppelung scheidet aus, soweit nur ein Nebengeschäft (s dazu GVKostGr Nr 1 III S 2a bis f) durchgeführt wird (Hartmann, KostGes GVKostG § 34 Anm 2 C Abs 2). – Vgl auch Rn 6 zu § 188. 10

762 *[Protokoll bei Vollstreckung]*

(1) Der Gerichtsvollzieher hat über jede Vollstreckungshandlung ein Protokoll aufzunehmen.

(2) Das Protokoll muß enthalten:

1. **Ort und Zeit der Aufnahme;**
2. **den Gegenstand der Vollstreckungshandlung unter kurzer Erwähnung der wesentlichen Vorgänge;**
3. **die Namen der Personen, mit denen verhandelt ist;**
4. **die Unterschrift dieser Personen und den Vermerk, daß die Unterzeichnung nach Vorlesung oder Vorlegung zur Durchsicht und nach Genehmigung erfolgt sei;**
5. **die Unterschrift des Gerichtsvollziehers.**

(3) Hat einem der unter Nr. 4 bezeichneten Erfordernisse nicht genügt werden können, so ist der Grund anzugeben.

Lit: *Midderhoff*, Zum Umfang des Pfändungsprotokolls bei fruchtloser Pfändung, DGVZ 1983, 4; *Noack*, Die Urkundstätigkeit des GV, JVBl 1967, 270; *Schüler*, Zum Umfang des Protokolls über eine erfolglose Pfändung, DGVZ 1983, 81.

1 **I) Zweck:** Beweissicherung.

2 **II)** Ein **Protokoll** hat der GV **über jede Vollstreckungshandlung** aufzunehmen (Abs 1), das ist jede Handlung, die er zum Zwecke der ZwV vornimmt (näher § 110 Nr 1 GVGA), nicht die Annahme freiwilliger Zahlung und die ihr vorausgehende Zahlungsaufforderung (Frankfurt NJW 63, 773; Noack JVBl 67, 270), auch nicht die Feststellung, daß der Schuldner unter der angegebenen Anschrift nicht ermittelt werden kann (AG München DGVZ 83, 171). Aufzunehmen ist das Protokoll im unmittelbaren Anschluß an die Vollstreckungshandlung und an Ort und Stelle; Gründe für Abweichung hiervon sind im Protokoll anzugeben (§ 110 Nr 3 GVGA). Als Urkunde ist das Protokoll vollständig, deutlich und klar abzufassen. (§ 10 Nr 1 b GVGA). Zur Ausfüllung bestimmte Zwischenräume in einem Vordruck sind, soweit Eintragungen nicht erfolgen, durch Füllstriche zu weiteren Eintragungen ungeeignet zu machen (§ 10 Nr 1 b GVGA). Radierungen sind untersagt; nachträgliche Berichtigung ist möglich, sie muß den Grund erkennen lassen und mit Datum und Unterschrift versehen werden (§ 10 Nr 1 g GVGA). Bei gleichzeitiger Pfändung für mehrere Gläubiger ist nur ein (gemeinsames) Protokoll aufzunehmen (AG Hannover DGVZ 75, 158; AG München DGVZ 85, 125; AG Itzehoe DGVZ 85, 124); desgleichen bei gleichzeitigem erfolglosem Vollstreckungsversuch (aA AG Frankfurt DGVZ 85, 92; nicht sachgerecht, weil der GV eine Vollstreckungshandlung ausgeübt hat).

3 **III) Inhalt:** Abs 2, 3 und § 763 I. **Zu Nr 2:** Zum Inhalt des Protokolls s insbesondere die Bestimmungen der **GVGA,** so für Vollstreckungshandlungen § 110, Pfändung § 135, Anschlußpfändung § 167 Nr 2, Pfändung von Früchten auf dem Boden § 152 Nr 4, ZwV in Forderungen aus Wechseln usw § 175 Nr 3, Wegnahme beweglicher Sachen § 179 Nr 6, Herausgabe eines Grundstücks usw § 180 Nr 6, ZwV in Anspruch auf Herausgabe beweglicher Sachen § 176 Nr 3, Verhaftung § 187 Nr 2, § 188 Nr 2, Beseitigung des Widerstands des Schuldners gegen Handlungen § 185 Nr 3. Zum Versteigerungsprotokoll § 146 GVGA. Als **wesentliche Vorgänge** sind auch anzuführen: Das Angebot einer Gegenleistung (§ 756) und Erklärungen des Schuldners dazu (§ 84 Nr 2 GVGA), die vom Angetroffenen gegen eine Durchsuchung geltend gemachten Gründe und die vorgezeigte Durchsuchungsanordnung (§ 107 Nr 2, 5, auch § 118 Nr 5 GVGA), die Erklärung eines Dritten, daß er zur Herausgabe bereit sei oder der Pfändung zustimmt (§ 137 GVGA), das Ergebnis der Schätzung des Verkaufswertes (§ 132 Nr 8 GVGA), die Erklärung eines der Pfändung widersprechenden Dritten (§ 136 Nr 3 GVGA), die Einstellung, Beschränkung sowie ggfs Aufhebung der ZwV und die Belehrung des Schuldners über den Antrag auf Verwertungsmoratorium (§ 112 Nr 4, 5 GVGA) sowie die zur Unterbringung der Pfandstücke getroffenen Maßnahmen (§ 139 Nr 2 GVGA). Wenn eine Pfändung überhaupt nicht oder nicht in Höhe der beizutreibenden Forderung erfolgen kann, sind die vorgefundenen, aber nicht gepfändeten Sachen ihrer Art, Beschaffenheit und – soweit § 803 II oder § 812 in Frage kommt – auch ihrem Wert nach wenigstens im allgemeinen so zu bezeichnen, daß daraus ein Anhalt für die Beurteilung gegeben wird, ob ihre Pfändung mit Recht unterlassen worden ist, (§ 135 Nr 6 S 1 GVGA; LG Darmstadt JurBüro 85, 1893; LG Frankenthal DGVZ 85, 88; LG Verden JurBüro 85, 938; auch LG Heilbronn MDR 85, 773: jedenfalls wenn Gläubiger es verlangt; kritisch Schüler DGVZ 83, 81; aA AG/LG Darmstadt DGVZ 83, 169 und 84, 7; LG Münster DGVZ 84, 45). Hierbei sind die an sich pfändbaren Sachen einzeln aufzuführen; sonst genügt die Bezeichnung der Gegenstände nach Art und Zahl (§ 135 Nr 6 S 2 GVGA; dazu aber LG Köln DGVZ 83, 44: bei Warenbestand ist kein detailliertes Verzeichnis zu erstellen). Bei Vorräten, von denen eine bestimmte Menge pfandfrei bleibt (§ 811 Nr 2–5) ist festzustellen, daß ein größerer als der im Gesetz bezeichnete Vorrat nicht vorhanden ist (§ 135 Nr 6 S 3 GVGA). Wenn besondere Umstände nicht vorliegen, die eine Nachprüfung gesetzlicher Unpfändbarkeitsvoraussetzungen wahrscheinlich erscheinen lassen und der Gläubiger nicht von vornherein eine vollständige Ausfüllung des Pfändungsprotokolls verlangt hat, genügt auch die allgemeine Bemerkung, daß der Schuldner keine Sachen oder nur Sachen besitzt, die der Pfändung nicht unterworfen sind oder von deren Verwertung kein Überschuß über die Kosten der ZwV zu erwarten ist (§ 135 Nr 6 Abs 2). Wenn vollständige Ausfüllung des Protokolls verlangt oder geboten ist, müssen aufgefundene, aber nicht gepfändete Gegenstände wenigstens in allgemeinen Umrissen bezeichnet werden (Oldenburg JurBüro 80, 944 mit zust Anm Mümmler, kritisch Midderhoff DGVZ 83, 4; LG Essen DGVZ 81, 22; LG Frankfurt DGVZ 81, 140; LGe Bielefeld und Düsseldorf JurBüro 82, 781 = DGVZ 82, 116), selbst wenn der Schuldner inzwischen ein Vermögensverzeichnis vorgelegt hat (Frankfurt DGVZ 82, 116 mit abl Anm Schriftl = MDR 82, 503 = OLGZ 82, 236). Bei einem Geschäft, das nach der aufgewendeten Zeit vergütet wird, ist die Zeitdauer unter Beachtung der für die Berechnung der Kosten maßgebenden Grundsätze nach den einzelnen Zeitabschnitten genau anzugeben (§ 10 Nr 1 c GVGA).

4 **Zu Nr 3:** Schuldner, Gläubiger, Zeugen, Sachverständige, Polizeibeamte, nicht Gehilfen.

Zu Nr 4: Unterschrift auch der nach § 759 zugezogenen Zeugen (§ 108 Nr 2 GVGA). Der Vermerk kann lauten „Vorgelesen, genehmigt und unterschrieben", abgekürzt „V g u u". Wird die Unterschrift verweigert, ist der Grund im Protokoll anzugeben (Abs 3). 5

Zu Nr 5: Faksimilestempel darf nicht verwendet werden (§ 10 Nr 1 a GVGA). 6

IV) Beweiskraft: Das Protokoll ist öffentliche Urkunde (Frankfurt Rpfleger 77, 144), daher §§ 415, 418. Ein Verstoß berührt weder die Wirksamkeit der Pfändung noch das Pfandrecht (anders nur bei Anschlußpfändung). Nichtbeachtung wesentlicher Formvorschriften (zB Abs 2 Nr 1, 4 [mit 3], 5) schmälert oder zerstört die Beweiskraft. 7

V) Rechtsbehelf bei Verstoß des GV: § 766 (dann § 793). 8

VI) Gebühren des **Gerichtsvollziehers:** Für die Protokollaufnahme keine; die Tätigkeit ist als Nebengeschäft durch die für die Amtshandlung vorgesehene Gebühr mit abgegolten (§ 1 GVKostG). Jedoch ist die Zeit für die Aufnahme des Protokolls bei der Berechnung des Zeitaufwandes für die Amtshandlung mit einzurechnen, wenn die Höhe der Gebühr von der Dauer der Amtshandlung abhängt (§ 14 GVKostG, Nr 14 GVKostGr); die Überschreitung der für das Geschäft bestimmten Grundzeit muß im Protokoll genau angegeben sein (§ 10 Nr 1 c GVGA), anderenfalls tritt keine Erhöhung der Grundgebühr ein. Die Protokollaufnahme selbst löst keine Schreibauslagen aus; denn alle Urschriften der Akte, so zB Pfändungsprotokolle usw, mit Ausnahme der Fälle des § 36 I Nr 3 bis 5 GVKostG, sind schreibauslagenfrei (Schröder-Kay, Das Kostenwesen der GV, 7. Aufl, Anm 3 zu § 36 GVKostG). 9

763 *[Aufforderungen und Mitteilungen des Gerichtsvollziehers und Protokoll]*

(1) Die Aufforderungen und sonstigen Mitteilungen, die zu den Vollstreckungshandlungen gehören, sind von dem Gerichtsvollzieher mündlich zu erlassen und vollständig in das Protokoll aufzunehmen.

(2) Kann dies mündlich nicht ausgeführt werden, so hat der Gerichtsvollzieher eine Abschrift des Protokolls unter entsprechender Anwendung der §§ 181 bis 186 zuzustellen oder durch die Post zu übersenden. Es muß im Protokoll vermerkt werden, daß diese Vorschrift befolgt ist. Eine öffentliche Zustellung findet nicht statt.

I) Zweck: Schutz des Schuldners (sonst Beteiligter) mit Gewährung rechtlichen Gehörs und Benachrichtigung bei Abwesenheit, zugleich Beweissicherung. 1

II) Mündlich zu erlassen und zu protokollieren sind nur **Aufforderungen,** die zu Vollstreckungshandlungen gehören (nicht sonstige, Rn 2 zu § 762). Solche Aufforderungen kennt die ZPO nicht, wohl aber die **GVGA,** zB die Aufforderung, eine zur Bewirkung der Gegenleistung erforderliche Handlung vorzunehmen (§ 84 Nr 1), die Aufforderung zu leisten (§ 105 Nr 2), auch bei Abwesenheit des Schuldners (AG München DGVZ 81, 141; nicht aber vor freiwilliger Leistung, Rn 2 zu § 762), die Aufforderung, bewegliche Habe vorzuzeigen und Zimmer sowie Behältnisse zu öffnen (§ 131 Nr 1). Mitteilungen: § 808 III, § 811 b II, III, § 826 III. 2

III) Aufforderungen und Mitteilungen, die mündlich nicht ausgeführt werden konnten, sind durch **Übersendung** einer Abschrift des Protokolls vorzunehmen (Abs 2; auch § 110 Nr 5 GVGA; dazu Rn 5 zu § 760). Übersendung erfolgt an Schuldner, nicht an Prozeß-, General- oder Zustellungsbevollmächtigten, durch gewöhnlichen Brief, wenn nach dem Ermessen des GV so ein sicherer Zugang nicht wahrscheinlich ist, mit Zustellung bei entsprechender Anwendung von §§ 181–186. Öffentliche Zustellung findet nicht statt (Abs 2 S 3), Mitteilung unterbleibt daher auch, wenn der Aufenthalt des zu Benachrichtigenden unbekannt ist. Das ist nicht schon der Fall, wenn eine Nachricht mit dem Vermerk „Empfänger unbekannt verzogen" zurückkommt; dann muß vielmehr weitere Nachforschung, die der Gläubiger im üblichen Umfang nach dem Aufenthaltsort des Schuldners anstellt, erfolglos bleiben (LG Essen MDR 73, 414). Auf die Mitteilung an Beteiligte über die Erledigung des Antrags bezieht sich Abs 2 nicht (Rn 3, 4 zu § 760). 3

IV) Verstoß: Ordnungsvorschrift; Verletzung berührt daher Wirksamkeit der ZwV nicht. 4

764 *[Vollstreckungsgericht]*

(1) Die den Gerichten zugewiesene Anordnung von Vollstreckungshandlungen und Mitwirkung bei solchen gehört zur Zuständigkeit der Amtsgerichte als Vollstreckungsgerichte.

(2) Als Vollstreckungsgericht ist, sofern nicht das Gesetz ein anderes Amtsgericht bezeichnet, das Amtsgericht anzusehen, in dessen Bezirk das Vollstreckungsverfahren stattfinden soll oder stattgefunden hat.

(3) Die Entscheidungen des Vollstreckungsgerichts können ohne mündliche Verhandlung ergehen.

1 **I) 1) Vollstreckungsgericht** ist das Amtsgericht (Abs 1), auch bei Vollstreckung des Titels eines Familiengerichts (BGH MDR 79, 564 = NJW 79, 1048; Düsseldorf FamRZ 77, 725 und 78, 524 = NJW 78, 1012; Celle FamRZ 79, 57; SchlHOLG SchlHA 78, 173 und 79, 130), eines Arbeits- oder Sozialgerichts und von Wiedergutmachungsgerichten (-kammern, Stöber FdgPfdg Rdn 444 mit Nachw). Diese Zuständigkeit geht durch den Devolutiveffekt auf das Rechtsmittelgericht über. Bei Arrestvollziehung wird das Arrestgericht als Vollstreckungsgericht tätig (§ 930 I, § 931 III). Als Vollstreckungsorgan (nicht Vollstreckungsgericht) werden außerdem tätig das Prozeßgericht (§§ 887, 888, 890; hierzu Hamm NJW-RR 86, 420) und das Grundbuchamt (§ 867). Das Verwaltungsgericht des ersten Rechtszugs ist Vollstreckungsgericht für die Vollstreckung verwaltungsgerichtlicher Entscheidungen (§ 167 I S 2, auch § 170 VwGO).

2 **2)** Die Geschäfte des Vollstreckungsgerichts sind dem **Rechtspfleger** (bis auf wenige Ausnahmen) übertragen (§ 20 Nr 17 RpflG; Richtervorbehalt für Haftanordnung § 4 II S 2 RpflG).

3 **3)** Bewilligung der **Prozeßkostenhilfe** nur für das ZwV-Verfahren gehört zur Zuständigkeit des Vollstreckungsgerichts (BGH MDR 79, 564 = NJW 79, 1048).

4 **II) 1) Örtlich zuständig** ist (sofern nicht eine besondere Regelung getroffen ist), das Amtsgericht, in dessen Bezirk das Vollstreckungsverfahren, das sind die einzelnen Vollstreckungshandlungen, stattfinden soll oder stattgefunden hat (Abs 2). Die Zuständigkeit ist damit während der ganzen ZwV nicht immer die gleiche. Neue Vollstreckungsmaßnahmen begründen als weitere (selbständige) Vollstreckungsverfahren eine neue Zuständigkeit. Das Gericht, in dessen Bezirk eine Vollstreckungsmaßnahme stattgefunden hat oder abgelehnt wurde, bleibt nur für die ihr zuzurechnenden unselbständigen Verfahrensteile zuständig (wenn es sonach bei seiner Mitwirkung um Überprüfung, Fortdauer oder Auswirkung der Maßnahme geht, s StJM Rdn 4 zu § 764). Nach dem Bezirk des bisherigen Vollstreckungsgerichts bestimmt sich die Zuständigkeit daher für Rechtsbehelfe (Kiel OLG 16, 324) und den Erlaß des Haftbefehls bei eidesstattl Versicherung. Für die Anordnung einer anderen Verwertung (§ 825) ist das Gericht zuständig, in dessen Bezirk sich die Sache befindet (RG 139, 351). Wechselt der Schuldner seinen Wohnsitz unter Mitnahme der gepfändeten Sache, so ist das Amtsgericht des neuen Vollstreckungsbezirks zuständig (KG OLG 25, 155). Einstellung der ZwV erfolgt durch das Amtsgericht, in dessen Bezirk die ZwV durchgeführt wird. Sind jedoch am Wohnsitz des Schuldners befindliche Sachen auswärts zu versteigern, so entscheidet das Wohnsitzgericht (RG 139, 351).

5 **2)** Ein **anderes Amtsgericht** ist bezeichnet in § 828 II (ZwV in Forderungen), § 848 (Pfändung von Ansprüchen, die eine unbewegliche Sache betreffen), §§ 853–855 (Pfändung von Ansprüchen für mehrere Gläubiger), § 858 II (Schiffspart), § 872 (Verteilungsverfahren) und §§ 899, 902 (eidesstattliche Versicherung).

6 **3)** Ein zuständiges Vollstreckungsgericht kann bei Vollstreckung gegen mehrere Schuldner, für die verschiedene Vollstreckungsgerichte örtlich zuständig sind (§ 828 II) nach § 36 Nr 3 (entsprechend) **bestimmt werden** (RG DR 40, 741; BayObLG 59, 270 = MDR 60, 57). Zuständigkeitsbestimmung bei Kompetenzkonflikt hat nach § 36 Nr 5, 6 zu erfolgen (s Frankfurt Rpfleger 78, 260, auch BGH NJW 82, 2070).

7 **III)** Sachliche und örtliche Zuständigkeit sind **ausschließliche** (§ 802). Verstöße gegen die sachliche Zuständigkeit bewirken Nichtigkeit; die Entscheidung eines örtlich nicht zuständigen Gerichts ist wirksam, aber anfechtbar (Rn 34 vor § 704). Ein vom Rechtspfleger vorgenommenes Geschäft des Richters ist nichtig (§ 8 IV RpflG); Vornahme eines dem Rechtspfleger übertragenen Geschäfts durch den Richter berührt die Wirksamkeit nicht (§ 8 I RpflG).

8 **IV) Verfahren:** Fakultative mündliche Verhandlung (Abs 3). Rechtliches Gehör: Rn 28 vor § 704. Die Entscheidung ergeht durch Beschluß, der zuzustellen ist (§ 329 III; zu verkünden nur nach mündlicher Verhandlung). Eigenständig geregelt sind die Bekanntmachung der Vollstrekkungsmaßnahmen (zB § 829 II), das Verteilungsverfahren (§§ 872 ff) und das Verfahren zur Abgabe der eidesstattlichen Versicherung (§§ 899 ff).

765 *[Zug-um-Zug-Leistung und Vollstreckungsgericht]*

Hängt die Vollstreckung von einer Zug um Zug zu bewirkenden Leistung des Gläubigers an den Schuldner ab, so darf das Vollstreckungsgericht eine Vollstreckungsmaßregel nur anordnen, wenn der Beweis, daß der Schuldner befriedigt oder im Verzug der Annahme ist, durch öffentliche oder öffentlich beglaubigte Urkunden geführt wird und eine Abschrift dieser

Urkunden bereits zugestellt ist. Der Zustellung bedarf es nicht, wenn bereits der Gerichtsvollzieher die Zwangsvollstreckung nach § 756 begonnen hatte und der Beweis durch das Protokoll des Gerichtsvollziehers geführt wird.

I) Zweck: Rn 1 zu § 756; Besonderheit des Verfahrens erfordert jedoch Zurückstellung der Gläubigerinteressen. 1

II) Anwendungsbereich: Für alle ZwV-Maßregeln des Vollstreckungsgerichts, insbes bei ZwV in Forderungen und Vermögensrechte (§§ 828 ff) und Offenbarungsverfahren (§§ 899 ff), nicht für ZwV durch den GV und nicht bei Verurteilung zur Abgabe einer Willenserklärung (s Rn 2 zu § 756). Entsprechend anzuwenden ist § 765, wenn die Vollstreckungsmaßnahme vom Prozeßgericht (LG Frankenthal Rpfleger 76, 109) oder Grundbuchamt (BayObLG 75, 399 [404] = JurBüro 76, 392; Hamm Rpfleger 83, 393 mit Anm Münzberg Rpfleger 84, 276) zu treffen ist (Rn 1 zu § 764). 2

III) Voraussetzungen: Wie Rn 3 zu § 756. Die Gegenleistung kann dem Schuldner jedoch nicht zunächst durch das Vollstreckungsgericht angeboten werden. Vielmehr ist die Vollstreckung nur zulässig, wenn der Beweis geführt wird, daß der Schuldner bereits befriedigt oder im Verzug der Annahme ist. Das Vollstreckungsgericht hat diesen Beweis selbständig zu prüfen; an Maßnahmen des GV (auch soweit sie im Erinnerungs- oder Beschwerdeverfahren bestätigt worden sind) ist es nicht gebunden (LG Oldenburg DGVZ 82, 122). Vom GV festgestellte Tatsachen werden jedoch nur in rechtlicher, nicht auch in tatsächlicher Hinsicht überprüft (LG Oldenburg aaO). Ein Protokoll des GV erbringt den Beweis als öffentliche Urkunde nur, wenn er bei der Aufnahme in dem ihm zugewiesenen Geschäftsbereich gehandelt hat (Hamm Rpfleger 72, 148), dh bei der ihm obliegenden ZwV nach § 756, nicht aber isoliert nur zur Feststellung der Befriedigung oder des Annahmeverzugs des Schuldners. Für den Nachweis der Zustellung genügt bei Zustellung von Anwalt zu Anwalt das schriftliche Empfangsbekenntnis (§ 198; LG Oppeln DR 40, 257). Zustellung ist bei Beweis durch Protokoll des GV über ZwV nach § 756 nicht erforderlich; bei gerichtlicher Vollstreckung (sowie im Erinnerungs- und Beschwerdeverfahren) genügt daher Vorlage des GV-Protokolls (Köln DGVZ 86, 117 = MDR 86, 765 = NJW-RR 86, 863). 3

IV) Verstoß und **Rechtsbehelf:** Wie Rn 12, 13 zu § 756. 4

765 a

[Allgemeine Härteklausel]

(1) Auf Antrag des Schuldners kann das Vollstreckungsgericht eine Maßnahme der Zwangsvollstreckung ganz oder teilweise aufheben, untersagen oder einstweilen einstellen, wenn die Maßnahme unter voller Würdigung des Schutzbedürfnisses des Gläubigers wegen ganz besonderer Umstände eine Härte bedeutet, die mit den guten Sitten nicht vereinbar ist.

(2) Eine Maßnahme zur Erwirkung der Herausgabe von Sachen kann der Gerichtsvollzieher bis zur Entscheidung des Vollstreckungsgerichts, jedoch nicht länger als eine Woche, aufschieben, wenn ihm die Voraussetzungen des Absatzes 1 glaubhaft gemacht werden und dem Schuldner die rechtzeitige Anrufung des Vollstreckungsgerichts nicht möglich war.

(3) Das Vollstreckungsgericht hebt seinen Beschluß auf Antrag auf oder ändert ihn, wenn dies mit Rücksicht auf eine Änderung der Sachlage geboten ist.

(4) Die Aufhebung von Vollstreckungsmaßregeln erfolgt in den Fällen der Absätze 1 und 3 erst nach Rechtskraft des Beschlusses.

Lit: *Bloedhorn,* Die neuere Rechtsprechung zu §§ 765 a, 811 und 813 a ZPO, DGVZ 1976, 104; *Böhle-Stamschräder,* Neuregelung des Vollstreckungsrechts, NJW 1953, 1449; *Buche,* Die Rechtsprechung zur Räumungsfrist nach § 721 ZPO und zum Räumungsvollstreckungsschutz nach § 765 a ZPO, MDR 1972, 189; *Fuchs-Wissemann,* Zur eigenartigen Entstehungsgeschichte des § 765 a ZPO, DRiZ 1978, 110; *Grund,* § 765 a ZPO in der Mobiliarzwangsvollstreckung, NJW 1956, 126; *Jessen,* Nochmals: § 765 a ZPO in der Mobiliarzwangsvollstreckung, NJW 1956, 1059; *Lippross,* Grundlagen und System des Vollstreckungsschutzes, 1983; *Noack,* Räumungsvollstrekkung und Räumungsschutz mit Nebenwirkungen, ZMR 1978, 65; *Scholz,* Zwangsräumung und Vollstreckungsschutz, ZMR 1986, 227.

I) Zweck: Schuldnerschutz zur Milderung untragbarer, dem allgemeinen Rechtsgefühl widersprechender Härten, die das formstrenge Vollstreckungsrecht im Einzelfall mit sich bringt. 1

II) 1) Anwendungsbereich: § 765 a gilt als **allgemeine Schutzvorschrift** des Vollstreckungsrechts für ZwV jeder Art, somit bei ZwV wegen Geldforderungen in das bewegliche Vermögen für ZwV in körperliche Sachen (§§ 808–827) sowie in Forderungen und andere Vermögensrechte 2

(§§ 826–863), bei ZwV wegen Geldforderungen in das unbewegliche Vermögen (§§ 864–871 und ZVG; mit Besonderheit bei Zwangsverwaltung, s Zeller/Stöber Rdn 71 zu § 1 ZVG), bei ZwV zur Erwirkung der Herausgabe von Sachen (auch bei Räumungsvollstreckung aus einem Zuschlagsbeschluß, München OLGZ 69, 43) und zur Erwirkung von Handlungen oder Unterlassungen (§§ 883–898; für § 887: LG Frankenthal Rpfleger 84, 28; für § 890: LG Frankenthal Rpfleger 82, 479 zutr gegen LG Berlin NJW 59, 53 mit abl Anm Merdsche) und im Verfahren der eidesstattlichen Versicherung (§§ 899–915; Frankfurt MDR 81, 412 = OLGZ 81, 250; KG NJW 65, 2408 = OLGZ 65, 288; Oldenburg JR 56, 304). Anwendbar ist § 765a auch bei Zwangsversteigerung zur Aufhebung einer Gemeinschaft, weil sie mit Verwirklichung des schuldrechtlichen Auseinandersetzungsanspruchs in Form rechtlichen Zwangs nicht (wie angenommen wird) einem freihändigen Verkauf gleich ist, sondern in einem als Teil des ZwV-Rechts geregelten Verfahren (§ 869) unter Anwendung der allgemeinen Bestimmungen des Vollstreckungsrechts durchgeführt wird (Stöber Rpfleger 60, 237; Teufel Rpfleger 76, 84; Braunschweig NJW 61, 129; Hamburg MDR 54, 369; Nürnberg NJW 54, 722; Schleswig SchlHA 64, 263; Bremen Rpfleger 79, 92; anders hM, Nachw bei Zeller/Stöber Rdn 68 zu § 1 ZVG). Entsprechend anwendbar ist § 765a im Konkurs-Eröffnungsverfahren (BGH LM 5 zu § 765a = MDR 78, 39). Auf Tätigkeit des GV außerhalb der ZwV (Pfandverkauf usw; s Rn 5 zu § 766) findet § 765a keine Anwendung.

3 **2)** Auf § 765a kann sich **jeder Schuldner** berufen, gegen den sich eine ZwV richtet, auch der Konkursverwalter (Hamm JMBlNW 76, 79 = Rpfleger 76, 146; s auch Rn 19), ein Ausländer oder Staatenloser, jede Personenhandelsgesellschaft (OHG, KG) und jede juristische Person (insbes GmbH und AG).

4 **III) Voraussetzungen des Schutzes: 1)** Schutz ermöglicht § 765a nur gegen Vollstreckungs**maßnahmen,** nicht gegen die ZwV allgemein.

5 **2)** Wegen **ganz besonderer Umstände** muß die ZwV-Maßnahme eine **Härte** bedeuten, die **mit den guten Sitten nicht zu vereinbaren** ist (Abs 1). § 765a ist damit als Ausnahmevorschrift (trotz des scheinbaren Ermessensspielraums) eng auszulegen (BGH 44, 138 [143] = MDR 65, 899 = NJW 65, 2107; Frankfurt OLGZ 81, 250 = aaO). Mit Härten, die jede ZwV mit sich bringt, muß sich der Schuldner abfinden. Daher begründet es keine Härte iS des § 765a, daß die ZwV-Maßnahme einen erheblichen Eingriff in den Lebenskreis des Schuldners bewirkt (Frankfurt OLGZ 81, 250). Für Anwendung des § 765a genügen weder allgemeine wirtschaftliche Erwägungen (Jonas/Pohle Anm 1, 4a zu § 765a) noch soziale Gesichtspunkte. Anzuwenden ist § 765a nur in besonders gelagerten Fällen, nämlich nur dann, wenn im Einzelfall das Vorgehen des Gläubigers zu einem ganz untragbaren Ergebnis führen würde (BGH aaO), wenn die Vollstreckung moralisch zu beanstanden wäre (StJM Rdn 2, Jonas/Pohle Anm 1, je zu § 765a). Bei Prüfung dessen, was als eine mit den guten Sitten nicht zu vereinbarende Härte anzusehen ist, sind auch die Wertentscheidungen des GrundG und die dem Schuldner in der ZwV gewährleisteteten Grundrechte zu berücksichtigen (BVerfGE 52, 214 [219] = MDR 80, 116 = NJW 79, 2607).

6 **3)** Sittenwidrige Härte für den Schuldner muß die ZwV unter voller Würdigung des **Schutzbedürfnisses des Gläubigers** nach den besonderen Umständen des Einzelfalls bewirken. Diese Gegenüberstellung des Schutzbedürfnisses des Gläubigers, dem voll Rechnung getragen werden muß, und der Schuldnerbelange erfordert Interessenabwägung. Schuldnerschutz kann daher nur bei krassem Mißverhältnis der für und gegen die Vollstreckung sprechenden Interessen gewährt werden. Die für die Beurteilung des Falles wesentlichen Umstände müssen eindeutig sein und so stark zugunsten des Schuldners sprechen, daß für Zweifel kein Raum bleibt (Jonas/Pohle Anm 4d zu § 765a). Nicht erforderlich ist, daß den Gläubiger ein Vorwurf trifft.

7 **4) Schutzwürdigkeit** und -bedürftigkeit des Schuldners ist zwar nicht Voraussetzung der Maßnahme nach § 765a. Eine ZwV-Maßnahme gegen einen schutzunwürdigen Schuldner wird aber regelmäßig nicht als sittenwidrig anzusehen sein. In besonderen Ausnahmefällen (zB Taschenpfändung am Kranken- oder Sterbebett; Vorführung oder Räumungsvollstreckung trotz existenzbedrohender Gefahr für Schuldner) kann es aber unbeachtlich bleiben müssen, daß der Schuldner durch eigenes Verschulden zahlungsunfähig (räumungspflichtig) geworden ist oder hartnäckig die Leistung verweigert. Darauf, daß durch eine Schutzmaßnahme die ZwV vermieden wird (Voraussetzung nach § 30a ZVG) kommt es für § 765a nicht an.

8 **5)** Auf Belange **Dritter** kann sich der Schuldner nicht berufen: sie können bei Interessenabwägung auch nicht zugunsten des Gläubigers Berücksichtigung finden (München BayJMBl 55, 76; Schleswig SchlHA 56, 115; LG Kiel SchlHA 55, 278; LG Wiesbaden MDR 55, 620; StJM Rdn 9 zu § 765a). In den Auswirkungen der ZwV auf Angehörige des Schuldners (so bei Gefahr für Leben und Gesundheit bei Räumung) und sonst auf Dritte (Räumung eines Altenpflegeheims während der Nachtzeit; AG Groß-Gerau Rpfleger 83, 407) kann jedoch auch für den Schuldner selbst eine den Schutz gebietende Härte liegen.

6) Die sittenwidrige Härte kann sich aus der **Art** der gewählten Vollstreckungsmaßnahme oder dem **Zeitpunkt** der Vollstreckung ergeben (Frankfurt OLGZ 81, 250 = aaO). Allein deshalb, weil die ZwV dem Gläubiger voraussichtlich keine Befriedigung seiner Forderung bringen wird, kann Schuldnerschutz zwar nicht gewährt werden; solche Begründung würde vielmehr regelmäßig eine unzulässige Vorwegnahme des Vollstreckungsergebnisses darstellen (Köln MDR 72, 877; LG Hannover MDR 84, 764; LG Lüneburg MDR 76, 1027). Sittenwidrig kann jedoch die ZwV betrieben werden, wenn der Gläubiger ohne Erfolgsaussicht mutwillig (böswillig) gegen den Schuldner vorgeht. Das ist der Fall, wenn der Gläubiger eine ZwV-Maßnahme, die ihm keinen Nutzen bringt, nur zu dem Zweck betreibt, dem Schuldner Kosten zu verursachen (Zwangsverwaltung wegen einer an schlechter Rangstelle stehenden geringen Restforderung, die mit Mietpfändung sicher beigetrieben werden könnte; Offenbarungsversicherung wegen einer geringen Forderung gegen einen bekannt vermögenslosen Schuldner). Beispiele auch: Pfändung eines Nießbrauchs, den der Schuldner verliert, ohne daß der Gläubiger befriedigt wird, weil das Nießbrauchsrecht in der Weise bestellt ist, daß es bei Pfändung erlischt (Frankfurt JurBüro 80, 1899 = OLGZ 80, 482); Fortsetzung der ZwV mit Versteigerung der Pfandstücke, obwohl die Vorgläubiger Stundung gewährt haben und der Nachgläubiger mit keinem Überschuß aus dem Erlös rechnen kann (LG Berlin DGVZ 71, 88). Deshalb, weil der Gläubiger von mehreren Vollstreckungsmöglichkeiten diejenige gewählt hat, die ihm am wirksamsten Erfolg verspricht, begründet die ZwV-Maßnahme keine sittenwidrige Härte (Zeller/Stöber Rdn 64.13 zu § 1 ZVG). Mit erheblicher Gefährdung des Lebens und/oder der Gesundheit des Schuldners (auch seiner Angehörigen, Jonas/Pohle Anm 4b zu § 765a) bringt eine ZwV-Maßnahme sittenwidrige Härte, die sofortiger Durchsetzung (eines Räumungstitels) entgegensteht (BVerfG 52, 214 = aaO). Pfändung des Anteils an einer Baugenossenschaft kann eine sittenwidrige Härte begründen, wenn dem Schuldner Verlust seiner langjährig bewohnten günstigen Mietwohnung droht und er (ohne Sozialhilfe) zur Anmietung einer anderen Wohnung nicht in der Lage sein wird (Hamm WuM 83, 267 = ZMR 84, 154). Für den zur eidesstattlichen Versicherung verpflichteten Schuldner kann auch eine schwerwiegende psychische Störung eine sittenwidrige Härte bedeuten (LG Lübeck DGVZ 80, 26). Die Kassenpfändung bei einem Gewerbetreibenden kann sittenwidrige Härte sein, wenn dadurch dem Schuldner der notwendige Lebensbedarf entzogen wird (LG Berlin DGVZ 79, 43). Auch die Pfändung eines Hundes kann uU (bei hohem Alter der Schuldnerin) eine Härte darstellen, die mit den guten Sitten nicht vereinbar ist (LG Heilbronn DGVZ 80, 111). 9

7) Rechtsgrund, Betrag und Alter des beizutreibenden **Anspruchs** können für Beurteilung der Härte und Sittenwidrigkeit Bedeutung erlangen. Zugunsten des Gläubigers kann sprechen, daß eine Unterhaltsforderung oder ein Anspruch aus einer vorsätzlich begangenen unerlaubten Handlung beigetrieben wird; für den Schuldner kann zu berücksichtigen sein, daß er eine nicht alte Forderung zu leisten hat, die in angemessener Zeit erfüllt werden kann, oder eine geringe Restforderung, die der Gläubiger erst abgerechnet hat. 10

8) Räumungsvollstreckungsschutz kann nach § 765a zu gewähren sein, wenn der Schuldner die Räume ohnehin schon wenige Tage nach dem Räumungstermin freigeben kann und wird (LG Köln WuM 69, 103 = ZMR 70, 122 L), wenn er trotz angespannter Lage auf dem Wohnungsmarkt (unter Einschaltung eines Maklers) eine Ersatzwohnung gefunden hat, diese aber erst nach mehreren Monaten beziehen kann (AG Köln WuM 70, 155 = ZMR 70, 372 L; LG Stuttgart Rpfleger 85, 71 mit krit Anm Rupp/Fleischmann), wenn er bereits eine Ersatzwohnung zugesagt erhalten hat und bis zu deren Bezugsfertigkeit in ein Obdachlosenheim ziehen müßte (für 80jährigen Schuldner mit Ehefrau: AG Lübeck WuM 70, 67 = ZMR 70, 372 L und LG Lübeck WuM 70, 13 = ZMR 70, 122 L), desgleichen, wenn Fertigstellung der in Aussicht genommenen Neubauwohnung in 3 Monaten zu erwarten ist (LG Braunschweig WuM 73, 82 = ZMR 73, 332 L), und auch, wenn eine Eigentumswohnung (erst) in etwa 8 Monaten bezugsfertig wird (AG Bergheim BlGBW 73, 60), oder auch nur bis zum Bezug eines zu errichtenden Altenheims (AG Sonthofen WuM 69, 173 = ZMR 70, 372 L; bedenklich). In solchen Fällen kann es als unbillige, sittenwidrige Härte auch bereits anzusehen sein, daß der Schuldner in kurzer Zeit mehrmals umziehen müßte (LG Lübeck WuM 70, 13 = ZMR 70, 122 L; LG Münster ZMR 78, 220 L; LG Braunschweig aaO); doppelte Umzugskosten rechtfertigen Schutz aber nur in Sonderfällen (Rupp/Fleischmann aaO). Das Schutzbedürfnis eines Mieters, der mit seinen drei Kindern (Alter 5–10 Jahre) in einem Obdachlosenheim untergebracht werden oder sein Vorhaben, ein Eigenheim zu errichten, in Frage stellen müßte, kann auch dann überwiegen, wenn der Vermieter trotz dringenden Eigenbedarfs für eine gewisse Zeit noch etwas beengte Wohnraumverhältnisse hinnehmen muß (LG Aachen WuM 73, 174). Außergewöhnliche Umstände, die (bei einem 81 Jahre alten Mieter) Räumungsschutz rechtfertigen können, stellen ärztlich attestierte Gesundheitsschäden dar (LG Aachen WuM 71, 31 mit abl Anm Weimar = ZMR 71, 157; s bereits Rn 9; zu Räumungsunfähigkeit und Suizidgefahr sowie zu den Anforderungen an ärztliche Atteste s Scholz ZMR 86, 227). 11

Bei unmittelbar bevorstehender Entbindung (Frankfurt JurBüro 80, 1898 = Rpfleger 81, 24), bei Gefahr einer Fehlgeburt, wie überhaupt sechs Wochen vor und acht Wochen nach dem Entbindungstermin der Mieterin (AG Schwetzingen DWW 78, 264) ist Räumungsschutz zu gewähren, selbst dann, wenn die nach § 721 V bestmögliche Räumungsfrist bereits ausgeschöpft ist (Frankfurt aaO). Daß eine Ersatzwohnung fehlt, gibt für sich allein keinen Grund für eine Maßnahme nach § 765a (Oldenburg NJW 61, 2119; LG Göttingen MDR 67, 847). Dem Gläubiger (Privatperson) ist auch nicht zuzumuten, für unbestimmte Zeit auf Mieteinnahmen zugunsten eines bedürftigen Räumungsschuldners zu verzichten (AG Hameln DWW 72, 83 = ZMR 72, 285 L). Gegenüber einem alleinstehenden Mieter kann sittenwidrige Härte erfordern, daß bis zur Beziehbarkeit der Ersatzwohnung nur noch eine kurze Frist (von einigen Wochen) bevorsteht (LG Mannheim DWW 73, 97). Wenn Anmietung einer Ersatzwohnung verzögert wurde und dann auch der Einzug nicht hinreichend betrieben wird, kann Räumungsschutz nicht verlangt werden (LG Hannover Rpfleger 86, 439). Selbst für eine Familie mit 4 Kindern kann Räumungsschutz uU nicht zu gewähren sein, so wenn sie in einer vom Bauaufsichtsamt für unbewohnbar erklärten Wohnung wohnt (LG Köln WuM 72, 66 = ZMR 73, 89 L). Daß im Einzelfall Wiedereinweisung durch die Gemeinde zur Vermeidung von Obdachlosigkeit möglich sein kann, rechtfertigt allein Ablehnung von Schutz nach § 765a nicht; § 765a schützt gegen sittenwidrige Härte der Räumung, die Zwangsmaßnahme ist, daher kann nicht Bedeutung erlangen, wie später Obdachlosigkeit als polizeiwidriger Zustand behoben werden kann (enger aber Rupp/Fleischmann Rpfleger 85, 71).

12 **9)** Anwendung des § 765a in der **Zwangsversteigerung:** Zeller/Stöber Rdn 64 zu § 1 ZVG.

13 **10)** Gegenüber **anderen Schutzvorschriften** der ZPO (zB §§ 721, 794a, 813a, 850f I, § 900 IV) und sonstiger Gesetze (§ 26 HeimkG mit allgemeiner Härteklausel zum Schutz von Heimkehrern; §§ 30a–d ZVG) hat § 765a dem Grundsatz nach zwar nicht nur subsidiäre Bedeutung (LG Osnabrück Rpfleger 55, 19); § 765a ist mithin nicht Auffangtatbestand für die Fälle, in denen andere Schutzmöglichkeiten erschöpft sind (LG Osnabrück aaO; anders Rupp/Fleischmann Rpfleger 85, 71: Rückgriff auf § 765a ist ausgeschlossen, soweit der Anwendungsbereich von §§ 721, 794a reicht). Der Schuldner kann einen Antrag nach § 765a daher auch auf Gründe stützen, die bereits im Verfahren nach § 721 (§ 794a) hätten vorgebracht werden können (die vor Ablauf der Antragsfrist des § 721 entstanden sind; auch bei verschuldeter Fristversäumnis) (anders Rupp/Fleischmann aaO; § 765a gewährt jedoch unabhängig von Verschulden Schutz gegen sittenwidrige Härte der ZwV, Rn 5–7). Weil § 765a als Ausnahmevorschrift eng auszulegen ist, kann ein Schutzbedürfnis aber nicht gegeben sein, wenn der Schuldner bereits nach anderen Bestimmungen ausreichend geschützt ist oder werden kann, so durch Gewährung einer Räumungsfrist nach §§ 721, 794a (LG Mannheim DWW 73, 97), nach Versäumung der Antragsfrist auch, wenn Wiedereinsetzung möglich (aussichtsreich) ist. Die strengen Voraussetzungen des § 765a können daher nur erfüllt sein, wenn erforderlicher Schutz nicht nach allgemeinen Vorschriften gewährt werden kann wie dann, wenn der Schuldner Ratenzahlungen zunächst nicht leisten kann oder Verwertungsaufschub über die Jahresfrist des § 813a IV hinaus benötigt. Räumungsschutz kann daher nach § 765a nur zugebilligt werden, wenn die Voraussetzungen für den Antrag nach § 721 so spät eingetreten sind, daß der Schuldner die Antragsfrist nicht mehr einhalten kann, wenn die nach § 721 V höchstmögliche Räumungsfrist von einem Jahr schon voll ausgeschöpft ist (Frankfurt aaO; LG Kempten MDR 69, 1015; LG Mannheim aaO; LG Lübeck WuM 70, 13 = ZMR 70, 122 L) oder überschritten werden soll (Rupp/Fleischmann Rpfleger 85, 71), wenn dem Gläubiger die Rechtsfolge des § 557 III BGB (Ausschluß des Schadensersatzes) nicht zugemutet werden kann oder wenn es sich um andere Räume als Wohnraum handelt. Entsprechendes muß für Räumungsaufschub nach Zuteilung einer Ehewohnung gelten (aA München NJW 78, 548: Zuständigkeit des Familiengerichts nach §§ 1, 2, 11, 17 HausrVO schließt § 765a ganz aus). Gegenüber dem HeimkG ist für Anwendung des § 765a kein Raum, soweit § 26 HeimkG eine weitergehende allgemeine Härteklausel für einen bestimmten Personenkreis (Heimkehrer) darstellt. Wenn ein Schutzbedürfnis des Gläubigers bejaht wird und deshalb Einstellung nach § 26 HeimkG nicht erfolgt, kann die ZwV nicht sittenwidrig sein.

14 **11)** Mit **sachlichen Einwendungen** (auch Einreden) gegen Bestand und Höhe des durch den Vollstreckungstitel festgestellten Anspruchs kann eine sittenwidrige Härte iS von § 765a nicht begründet werden. Materielle Einwendungen gegen die zu vollstreckende Forderung (auch Verwirkung, LG Frankenthal Rpfleger 84, 68) sind nicht im Vollstreckungsverfahren (Rn 14 vor § 704) nachzuprüfen, sondern mit Klage gegen den Titel (insbes § 767) geltend zu machen. Das gilt auch für das Vorbringen, die ZwV selbst sei als sittenwidrig unzulässig, weil der Titel erschlichen (sonst unkorrekt erlangt) sei (Koblenz NJW 57, 1197; Hamburg MDR 70, 426; KG FamRZ 66, 157; LG Kaiserslautern Rpfleger 65, 239; aA LG Düsseldorf MDR 59, 309 für den Fall, daß der Titel erschlichen ist; LG Kiel SchlHA 70, 141 für Verfahrensmängel, wenn Gläubiger sie verur-

sacht und dadurch Vorteile erzielt hat; vgl auch AG Braunschweig DGVZ 75, 12 für Vollstreckung wegen der Kosten des Mahnverfahrens nachdem sich herausgestellt hat, daß Schuldner schon 6 Wochen vor dem Antrag auf Mahnbescheid Zahlung geleistet hat). Auch die Vollstreckung eines nur vorläufig vollstreckbaren Titels bringt daher keine sittenwidrige Härte mit sich, auch dann nicht, wenn das Berufungsgericht einer beantragten einstweiligen Einstellung nicht stattgegeben hat; entsprechendes gilt für die Vollstreckung einer Kostenschuld (durch die Gerichtskasse), wenn über Einwendungen noch nicht entschieden ist (Frankfurt MDR 81, 412 = OLGZ 81, 250).

IV) Zulässige Maßregeln: Das Vollstreckungsgericht kann die ZwV-Maßnahmen ganz oder teilweise: **1) aufheben.** Bezieht sich auf bereits erfolgte ZwV-Maßnahmen; Aufhebung (gegen und ohne Sicherheitsleistung möglich) nur im äußersten Fall, wenn Härte im Fortbestand der Vollstreckungsmaßnahme liegt und einstweilige Einstellung nicht genügt (unzulässig zB bei Pfändung einer beweglichen Sache, wenn Härte in der Verwertung, nicht jedoch in der Begründung des Pfändungspfandrechts liegt; zulässig uU bei Forderungspfändung, wenn einstweilige Einstellung ungenügend, da Schuldner zur Vermeidung einer unsittlichen Härte auf Eingang der gepfändeten Forderung angewiesen ist). Gegenüber Aufhebung ohne Sicherheitsleistung ist äußerste Zurückhaltung zu üben, da Gläubiger Sicherung und Rang gegenüber anderen Gläubigern verliert. 15

2) untersagen. Bezieht sich auf künftige ZwV-Maßnahmen und wird in der Regel nur dann anzuordnen sein, wenn für den Fall, daß ZwV bereits eingeleitet, Maßnahmen aufzuheben wären. Untersagung von ZwV-Maßnahmen werden regelmäßig nur Umstände rechtfertigen, die nach Urteilserlaß eingetreten sind (Jonas/Pohle Anm 5b zu § 765 a) oder die im Erkenntnisverfahren nicht geprüft werden konnten (Krankheit des Räumungsschuldners). Einleitung neuer ZwV ist dann unzulässig. Gewährung von Vollstreckungsschutz darf aber nicht dazu führen, daß aus dem Titel praktisch nicht mehr vollstreckt werden kann; Untersagung der ZwV (nicht nur einer einzelnen ZwV-Maßnahme bei Geldvollstreckung) ist daher nur auf Zeit zulässig (LG Frankenthal Rpfleger 84, 68 für Räumungsschutz). 16

3) einstweilen einstellen. Einstweilige Einstellung wird die im Regelfall gebotene Maßnahme sein. Bei der einstweiligen Einstellung bleiben die erfolgten Vollstreckungsmaßnahmen bestehen, das Verfahren nimmt jedoch keinen Fortgang, es ruht. Ausdrückliche Befristung der Einstellung ist zulässig (üblich und geboten), jedoch nicht zwingend (aA Koblenz NJW 57, 1197). 17

Die Möglichkeit, eine ZwV-Maßnahme ganz oder teilweise aufzuheben, zu untersagen oder einstweilen einzustellen, schließt auch die Befugnis des Vollstreckungsgerichts in sich, die **Anordnung mit** bestimmten **Auflagen,** insbesondere Zahlungsauflagen für den Schuldner, zu verbinden. Da jedoch bei der Verwertung gepfändeter Sachen in § 813 a für die Anordnung von Zahlungsfristen eine besondere Regelung getroffen ist, werden solche Auflagen im allgemeinen nur bei ZwV-Maßnahmen in Betracht kommen, die nicht die ZwV wegen Geldforderungen in bewegliche Sachen betreffen, insbesondere also bei Herausgabeansprüchen. 18

V) Verfahren; 1) Nur auf **Antrag** des Schuldners werden die Schutzvoraussetzungen des § 765 a geprüft. Dem Schuldner ist damit die Entscheidung anheimgegeben, ob er von der Schutzvorschrift Gebrauch machen will; sieht er davon ab, so nimmt er das damit verbundene Risiko in Kauf. Das Antragserfordernis ist mit dem GG vereinbar (BVerfGE 61, 126 = NJW 83, 559). Bei Verwertung eines in die Konkursmasse fallenden Gegenstands ist nur der Konkursverwalter antragsberechtigt (s BVerfGE 51, 405 = NJW 79, 2510), nicht daneben auch der Schuldner (nicht richtig Celle ZIP 81, 1005). Der Antrag unterliegt nicht dem Anwaltszwang (§ 78 III); er kann zu Protokoll der Geschäftsstelle oder schriftlich gestellt werden. Antrag ist jedes aus Erklärungen des Schuldners für das Gericht erkennbare Begehren um Schutz (Frankfurt Rpfleger 79, 391; KG NJW 65, 2408 = OLGZ 65, 288). Es genügt, wenn der Schuldner sich mit einer Eingabe an das Gericht wendet, weil er das unsittliche Vorgehen des Gläubigers für unzulässig hält. Auch in einer Erinnerung (§ 766; auch § 11 RpflG) kann daher ein Schutzantrag mit enthalten sein. Im Offenbarungsverfahren ist der Antrag mit Widerspruch (§ 900 V) zu stellen (Hamm MDR 65, 494 = NJW 65, 1339; NJW 68, 2247; LG München I Rpfleger 74, 371); er ist aber auch noch nach dem Termin vor Erlaß des Haftbefehls und später zur Abwendung der Haftvollstreckung zulässig. Der Antrag ist an keine Frist gebunden; er ist zulässig, wenn eine bestimmte ZwV-Maßnahme droht (bevorsteht), nicht mehr aber nach Beendigung der ZwV-Maßnahme (nach Räumung noch für Maßnahmen hinsichtlich beweglicher Sachen nach § 885 II–IV; KG Rpfleger 86, 439). Bei ZwV zur Vornahme einer vertretbaren Handlung (§ 887) besteht ein schutzwürdiges Bedürfnis erst dann, wenn eine Entscheidung des Prozeßgerichts über die Ersatzvornahme getroffen ist (LG Frankenthal Rpfleger 84, 28; verlangt auch Rechtskraft). Eine Vollmacht ist nach allgemeinen Grundsätzen nachzuweisen. 19

20 **2) Zuständig** ist ausschließlich (§ 802) das Vollstreckungsgericht (Rn 1 zu § 764), auch für Schutz gegen ZwV-Maßnahmen des Prozeßgerichts (§§ 887, 888, 890; LG Frankenthal Rpfleger 84, 28), oder des Grundbuchamts; bei Arrestvollziehung ist das Arrestgericht Vollstreckungsgericht (Rn 1 zu § 764). Die örtliche Zuständigkeit bestimmt sich nach § 764 II und den besonderen Bestimmungen (insbes § 828 II, § 899). Es entscheidet der Rechtspfleger (§ 20 Nr 17 RpflG; Einschränkung für Arrestgericht nach § 20 Nr 16 RpflG).

21 **3)** Fakultative **mündliche Verhandlung** nach § 764 III. **Rechtliches Gehör:** Rn 28 vor § 704. Es gelten die allgemeinen Grundsätze der ZPO-Verfahren (Rn 27 zu § 766).

22 **4) a)** Die **Entscheidung** ergeht durch **Beschluß,** der zuzustellen ist (§ 329 III). Kosten: § 788; daher kein Kostenausspruch, wenn die Kosten dem Schuldner als ZwV-Kosten zur Last fallen. Kostenentscheidung hat aber bei Überbürdung auf den Gläubiger nach § 788 III zu ergehen. **b) Wirksamwerden** des Beschlusses, der eine Vollstreckungsmaßregel des Vollstreckungsgerichts selbst (rechtsgestaltend) **aufhebt,** tritt nicht bereits mit Bekanntmachung, sondern **erst mit** (formeller) **Rechtskraft** ein (Abs 3). Damit werden Nachteile für den Gläubiger (insbesondere Rangverlust) vermieden, die bei sofortiger Wirksamkeit bis zur Neuvornahme der ZwV-Maßnahme nach Aufhebung (Änderung) des Aufhebungsbeschlusses im Erinnerungs/Beschwerdeverfahren eintreten könnten. Zweckmäßig ist ausdrücklicher Ausspruch im Beschluß „Die Aufhebung der ZwV-Maßnahme wird erst mit Rechtskraft des Beschlusses wirksam". Aufschub der Entscheidungswirkung ist davon nicht abhängig; er besteht auch, wenn der Beschluß die Wirkung des Abs 3 nicht ausspricht. Daher besteht für den Drittschuldner kein Schutz, wenn er nach Aufhebung des Pfändungsbeschlusses und vor seiner Wiederherstellung durch das Beschwerdegericht an den Schuldner zahlt (Schuler NJW 61, 719 gegen Stuttgart NJW 61, 34 mit zust Anm Riedel). ZwV-Maßnahmen des GV hat dieser nach § 775 Nr 2, § 776 aufzuheben, jedoch erst nach Rechtskraft des die Aufhebung anordnenden Beschlusses.

23 **5) Rechtsbehelf: a)** Sofortige Beschwerde nach § 793 (sofortige Rechtspflegererinnerung nach § 11 I S 2 RpflG, nicht aber unmittelbar sofortige Beschwerde an das Landgericht; Stuttgart JurBüro 77, 105 = OLGZ 77, 115). Der Rechtspfleger kann nicht abhelfen (§ 11 II S 1 RpflG). Sofortige weitere Beschwerde bei neuem selbständigem Beschwerdegrund (§ 568 II).

24 **b)** Wenn Schutz**antrag** nach § 765 a **erst** in dem Verfahren über eine **Beschwerde** gegen eine andere Entscheidung des Vollstreckungsgerichts (insbes nach Entscheidung über eine Erinnerung nach § 766) gestellt wird, kann das Beschwerdegericht nicht über ihn entscheiden. Das Beschwerdegericht muß den Antrag an das Vollstreckungsgericht verweisen. Mit dem Antrag nimmt der Schuldner Rechtsschutz in einem gerichtlichen Verfahren in Anspruch, dessen Gegenstand nicht der des bereits anhängigen Beschwerdeverfahrens ist. Der Antrag kann daher auch nicht als neues Vorbringen (§ 570; so aber StJM Rdn 27 zu § 765 a mit Nachw) in das Beschwerdeverfahren eingeführt werden. Gegenteiliges ergibt sich für Vollstreckungsverfahren nach der ZPO auch nicht aus der Besonderheit bei Zwangsversteigerung, daß im Beschwerdeverfahren nach Entscheidung über einen auf §§ 30 a–d gestützten Einstellungsantrag das Einstellungsverlangen neu auch auf § 765 a gestützt werden kann (Einzelheiten und Streitstand bei Zeller/Stöber Rdn 70 zu § 1 ZVG). Mit dem Einstellungsbegehren ändert sich im ZVG-Beschwerdeverfahren der vom Schuldner verlangte Entscheidungsinhalt nicht; in sonstigen Vollstreckungsverfahren aber haben Beschwerdeverfahren und das neue Einstellungsbegehren grundlegend unterschiedliche Verfahrensziele, so daß das (ausschließlich, § 802) zuständige Gericht 1. Instanz nicht entfallen kann.

25 **6) Zurückgenommen** werden kann der Antrag bis zur Entscheidung. **Verzicht** auf Vollstreckungsschutz nach § 765 a ist vor Wirksamkeit der einzelnen ZwV-Maßnahmen nicht zulässig (Hamm NJW 60, 104). Ob späterer Verzicht möglich ist, ist nicht geklärt; da § 765 a nicht nur der Wahrung der Einzelinteressen des Schuldners dient, sondern als Schutzbestimmung des Vollstreckungsrechts auch öffentlichen Interessen Rechnung trägt, dürfte Verzicht nicht als zulässig anzusehen sein. Absehen von Antragstellung nach Wirksamkeit der ZwV-Maßnahme ist kein Verzicht auf Schutz, so daß Antrag noch während der ZwV jederzeit gestellt werden kann.

26 **7) Wiederholt** werden kann der abgelehnte Antrag, wenn das Schutzbegehren nach veränderter Sachlage auf neue Gründe gestützt werden kann.

27 **VI) 1)** Ein Schutzantrag des Schuldners hat keine aufschiebende Wirkung. Das **Vollstreckungsgericht** (Rechtspfleger) kann jedoch vor Entscheidung über den Antrag in entsprechender Anwendung von § 766 I S 2, § 732 II eine **einstweilige Anordnung** dahin erlassen, daß die ZwV gegen oder ohne Sicherheitsleistung einstweilen einzustellen oder nur gegen Sicherheitsleistung fortzusetzen ist (Celle MDR 54, 426 und 68, 333; Schleswig SchlHA 57, 159); kritisch hierzu Seibel MDR 64, 979). Hierfür ist glaubhaftes Vorbringen des Schuldners zu verlangen, das Beurteilung

der Erfolgsaussicht des Antrags ermöglicht. Aufhebung der ZwV-Maßnahme im Wege der einstweiligen Anordnung ist nicht zulässig. Rechtsbehelf bei Erlaß der einstweiligen Anordnung durch den Rechtspfleger: § 11 I S 2 RpflG (keine Abhilfe; § 11 II S 1 RpflG); bei Einstellung durch den Richter (gegen dessen Entscheidung über die Erinnerung) wird Beschwerde nicht für zulässig erachtet (s Rn 17 zu § 732).

2) Der **Gerichtsvollzieher** kann eine ZwV-Maßnahme zur Erwirkung der Herausgabe von Sachen (§§ 883–886), somit auch die Vollstreckung eines Räumungsurteils (LG Mannheim MDR 62, 907; AG Köln MDR 67, 500; abl Anm Prahl MDR 68, 248) – nicht aber eine Geldvollstreckung – bis zur Entscheidung des Vollstreckungsgerichts, jedoch nicht länger als eine Woche aufschieben (Abs 2). Er darf die ZwV nicht zum Schutz des Schuldners endgültig einstellen (AG Hameln DWW 72, 83 = ZMR 72, 285 L), auch nicht bei Räumungsvollstreckung gegen einen betagten (79jährigen) Schuldner, der durch Zwangsräumung gesundheitlich gefährdet ist (AG Köln DGVZ 67, 157 = MDR 68, 248). Aufschub durch den GV erfordert, daß ihm die tatsächlichen Verhältnisse, die Schutz nach Abs 1 rechtfertigen können, glaubhaft zur Kenntnis gelangt sind, und dem Schuldner die rechtzeitige Anrufung des Vollstreckungsgerichts nicht möglich war. Näher: § 113 GVGA. Hat der Schuldner beim Vollstreckungsgericht Antrag gestellt, entscheidet dieses aber nicht und erläßt es auch keine einstweilige Anordnung, dann kann nicht der GV mit Aufschub nach Abs 2 Schutz gewähren. Auf die Vollziehung einer Anordnung zur Herausgabe einer Person (§ 33 II FGG) ist Abs 2 entsprechend anzuwenden. Rechtsbehelf gegen das Verfahren des Gerichtsvollziehers: § 766. 28

VII) Aufhebung oder **Änderung** des Beschlusses durch das Vollstreckungsgericht ist (nur) **bei Änderung der Sachlage** zulässig (Abs 3). Die Entscheidung ergeht auf Antrag des Gläubigers oder Schuldners, nicht von Amts wegen. Änderung der Sachlage ist nur gegeben, wenn sich die der abzuändernden Entscheidung zugrunde liegenden Tatsachen geändert haben, nicht aber bei anderer Beurteilung der unveränderten Tatsachen. Wenn die Änderung auch nicht nach Erlaß der Entscheidung eingetreten zu sein braucht, so muß doch der Schuldner außerstande gewesen sein, diese Tatsachen früher geltend zu machen. Die entsprechende Anwendung des Grundsatzes des § 767 II ist nicht gerechtfertigt, weil der Charakter des § 765 a als allgemeine Härteklausel eine weitgehende Freistellung des Vollstreckungsgerichts erfordert. Aufhebung oder Änderung kann vor Rechtskraft der Entscheidung erfolgen (Ausnahme von § 577 III), somit auch während eines Beschwerdeverfahrens (wird dann in der Hauptsache im Umfang der Änderung gegenstandslos). Aufgehoben oder geändert werden kann aber auch ein (formell) rechtskräftiger Beschluß. Mit der Möglichkeit zur Aufhebung (Änderung) entfällt die Bindung des Vollstreckungsgerichts an Entscheidungen des übergeordneten Land/Oberlandesgerichts in Beschwerdeverfahren. Zuständig für die Aufhebung (Änderung) ist der Rechtspfleger (§ 20 Nr 17 RpflG; es wird nicht die frühere Entscheidung auf ihre Richtigkeit überprüft, sondern auf Antrag über die geänderte Sachlage neu entschieden). Verfahren: Rn 19 ff, Rechtsbehelf Rn 23, 24; einstweilige Anordnung auch hier entspr § 766 I S 2, § 732 II zulässig (Rn 27); Wirkung der Aufhebung einer Vollstreckungsmaßregel auch bei Änderung nur nach Rechtskraft (Abs 4). 29

VIII) Mit den Schutzvoraussetzungen des § 765 a können sich **überschneiden:**

1) das fehlende **Rechtsschutzbedürfnis** (Rn 17 vor § 704), das als Vollstreckungsvoraussetzung von Amts wegen zu prüfen ist. 30

2) Vorkehrungen gegen Verfassungsverletzungen durch ZwV-Maßnahmen mit rechtsstaatlicher Verfahrensgestaltung (Rn 29 vor § 704), insbesondere auch mit Beachtung des verfassungsrechtlichen Grundsatzes der Verhältnismäßigkeit. Diese Vorkehrungen haben die ZwV-Organe von Amts wegen zu treffen. 31

IX) Gebühren: 1) des **Gerichts:** Für jedes Verfahren nach § 765a wird eine Festgebühr zu 15 DM erhoben (KV Nr 1150), gleichviel, wie das Verfahren ausgeht. Hs 2 von KV Nr 1149 ist nicht anwendbar, so daß für einen nach Zurückweisung oder Zurücknahme erneut gestellten Vollstreckungsschutzantrag die Gebühr des KV Nr 1150 wiederum zu erheben ist. Dies gilt auch für den Antrag auf Abänderung oder Aufhebung einer im Verfahren nach § 765a getroffenen Entscheidung. Auch bei einem gegen Vollstreckungsmaßnahmen mehrerer Gläubiger geltend gemachten Vollstreckungsschutzantrag liegen gebührenrechtl mehrere Verfahren vor; ohne Bedeutung ist dabei, daß die verschiedenen Entscheidungen etwa in einem Beschluß ergehen. – Keine Gebühr nach KV Nr 1150, wenn der GV Vollstreckungsaufschub nach Abs 2 gewährt. – Gebühren für Beschwerdeverfahren: KV Nr 1181. 32

2) des **Anwalts:** (3/10) Vollstreckungsgebühr des § 57 BRAGO neben den bereits im Zwangsvollstreckungsverfahren verdienten Vollstreckungsgebühren. Jedes neue Verfahren, insbesondere jedes Verfahren über Anträge auf Änderung der getroffenen Anordnungen, gilt als besondere Angelegenheit (§ 58 Abs 3 Nr 3 Hs 2 BRAGO).

(3) Gegenstandswert für die RA-Gebühren: Das nach § 3 zu schätzende Interesse an der beantragten Schutzmaßnahme (ThP § 765a Anm 8 aE); aM Wert des Vollstreckungsgegenstandes, soweit nicht das Verfahren nur einen ausscheidbaren Gegenstandsteil der Hauptsache oder eine Nebenforderung betrifft (Swolana, BRAGO § 58 Anm 4c aE); s auch § 3 Rn 16 unter „Vollstreckungsschutz".

766 *[Erinnerungen gegen Art und Weise der Zwangsvollstreckung]*
(1) Über Anträge, Einwendungen und Erinnerungen, welche die Art und Weise der Zwangsvollstreckung oder das vom Gerichtsvollzieher bei ihr zu beobachtende Verfahren betreffen, entscheidet das Vollstreckungsgericht. Es ist befugt, die im § 732 Abs. 2 bezeichneten Anordnungen zu erlassen.

(2) Dem Vollstreckungsgericht steht auch die Entscheidung zu, wenn ein Gerichtsvollzieher sich weigert, einen Vollstreckungsauftrag zu übernehmen oder eine Vollstreckungshandlung dem Auftrag gemäß auszuführen, oder wenn wegen der von dem Gerichtsvollzieher in Ansatz gebrachten Kosten Erinnerungen erhoben werden.

Lit: *J. Blomeyer,* Die Erinnerungsbefugnis Dritter in der Mobiliarzwangsvollstreckung, 1966; *J. Blomeyer,* Der Anwendungsbereich der Vollstreckungserinnerung, Rpfleger 1969, 279; *Brox* und *Walker,* Die Vollstreckungserinnerung, JA 1986, 57; *Gaul,* Das Rechtsbehelfssystem der ZwV, Möglichkeiten und Grenzen einer Vereinfachung, ZZP 85 [1972] 251; *Geißler,* Zum Beschwerderecht des Gerichtsvollziehers in der ZwV, DGVZ 1985, 129; *Kümmerlein,* Zum Verhältnis von § 11 RpflG zu § 766 ZPO, Rpfleger 1971, 11; *Kunz,* Erinnerung und Beschwerde, 1980; *Neumüller,* Vollstreckungserinnerung, Vollstreckungsbeschwerde und Rechtspflegererinnerung, 1981; *Peters,* Materielle Rechtskraft der Entscheidungen im Vollstreckungsverfahren, ZZP 90 [1977] 145; *Säcker,* Zum Streitgegenstand der Vollstreckungserinnerung, NJW 1966, 2345; *Stöber,* Vollstreckungserinnerung (§ 766 ZPO) oder Rechtspflegererinnerung (§ 11 RpflG) in Fällen der Forderungspfändung, Rpfleger 1974, 52.

1 **I) Zweck:** Rechtsschutz mit gerichtlicher Kontrolle (Art 19 Abs 4 GG) des ZwV-Verfahrens, insbes der ZwV-Maßnahmen der hoheitlich handelnden Vollstreckungsorgane. Über Zulässigkeit und Rechtmäßigkeit der ZwV und der Vollstreckungstätigkeit der ZwV-Organe hat das Vollstreckungsgericht nach Anhörung der Beteiligten zu entscheiden. Rechtsmittel dann § 793.

2 **II) Anwendungsbereich, Abgrenzung: 1)** Erinnerung ist Rechtsbehelf bei ZwV durch den **Gerichtsvollzieher** (= GV) nach dem 8. Buch der ZPO (Rn 4 vor § 704) und gegen **ZwV-Maßnahmen des Vollstreckungsgerichts** (Richters oder Rechtspflegers) sowie bei Vorpfändung (§ 845), auch wenn ein Vollstreckungstitel eines Arbeitsgerichts usw (Rn 6 vor § 704) vollstreckt wird. Gegen Entscheidungen, die das Vollstreckungsgericht im ZwV-Verfahren trifft, findet sofortige Beschwerde statt (§ 793). Abgrenzung: ZwV-Maßnahmen des Vollstreckungsgerichts sind Vollstreckungsakte (Maßnahmen und Handlungen) zur Durchsetzung des Anspruchs des Gläubigers (Rn 1, 2 vor § 704). Sie beruhen auf dem Antrag und Vorbringen des Gläubigers und werden ohne Anhörung des Schuldners vorgenommen. Mit Erinnerung hat der Schuldner (sonstige Erinnerungsführer) sonach erstmals die Möglichkeit, sich rechtliches Gehör zu verschaffen (OVG Münster NJW 80, 1709). **Entscheidungen** werden als Richterspruch nach Anhörung der Parteien (Beteiligten) getroffen, mithin nach tatsächlicher und rechtlicher Würdigung des beiderseitigen Vorbringens. Hierfür ist unerheblich, ob die Anhörung notwendig oder freigestellt war oder unzulässig erfolgt ist (Hamm MDR 75, 938; KG JurBüro 78, 1415 = OLGZ 78, 491). Eine Entscheidung liegt auch vor, wenn das Vollstreckungsgericht (Richter oder Rechtspfleger) eine ZwV-Maßnahme ablehnt; hier erfolgt im einseitigen Antragsverfahren bei Entscheidung Würdigung nur des Gläubigervorbringens. Demnach können bei ZwV durch das Vollstreckungsgericht für Schuldner (nach Anhörung sofortige Beschwerde), Drittschuldner sowie einen Dritten (ohne Anhörung Erinnerung) verschiedene Rechtsbehelfe gegeben sein; eine Einheitlichkeit des Rechtsbehelfsverfahrens gibt es nicht (dazu Stöber FdgPfd Rdn 730a).

3 **2)** Vollstreckungsmaßnahmen des **Rechtspflegers** sind (nur) mit Erinnerung nach § 766 anfechtbar. Das Vollstreckungsgericht hat daher auch dann zu entscheiden, wenn die Einwendungen nicht begründet sind; es kann die Einwendungen nicht als Durchgriffserinnerung dem Rechtsmittelgericht vorlegen. § 766 beruht auf der Erwägung, daß über die Rechtmäßigkeit der ZwV-Maßnahmen das Vollstreckungsgericht nach Anhörung der Beteiligten zu entscheiden hat, mithin Beschwerde an das nächsthöhere Gericht nicht statthaft ist. Damit verdrängt § 766 als besonderer Rechtsbehelf des ZwV-Verfahrens (ebenso wie die Klauselerinnerung nach § 732) die (Durchgriffs-)Erinnerung des § 11 RpflG (jetzt allgemeine Ansicht, s insbes Hamm Rpfleger 73, 222 und MDR 74, 239; KG NJW 73, 289 L = Rpfleger 73, 32; Koblenz Rpfleger 73, 65 und 72, 220; Köln Rpfleger 72, 65; Stöber Rpfleger 74, 52; aA Kümmerlein Rpfleger 71, 11; LG Trier JurBüro 72, 334 mit krit Anm Mümmler). Lehnt der Rechtspfleger dagegen einen Antrag des Gläubigers ab, eine ZwV-Maßnahme zu erlassen (Koblenz Rpfleger 73, 65), oder gewährt er dem Schuldner (zB § 850b) oder dem Drittschuldner rechtliches Gehör, so trifft er eine Entscheidung (Rn 2); dann findet nach § 11 RpflG (§ 793) befristete Durchgriffserinnerung statt.

3) Das **Grundbuchamt** wird bei Eintragung einer Sicherungshypothek im Grundbuchverfahren tätig; Rechtsbehelf daher § 71 GBO (nicht § 766; Rn 20 zu § 867); Entsprechendes gilt für die Schiffsregisterbehörde (§ 870 a). Für die Entscheidungen des **Prozeßgerichts** 1. Instanz nach §§ 887, 888, 890 ist Anhörung des Schuldners vorgeschrieben (§ 891); es findet daher sofortige Beschwerde statt (Rn 14 zu § 887). 4

4) Erinnerung nach § 766 findet nicht statt, wenn der GV **außerhalb der ZwV** zuständig und tätig ist wie bei öffentlicher Versteigerung (zB bei Pfandverkauf, § 1235 I BGB; LG Mannheim MDR 73, 318; Karlsruhe MDR 76, 54; auch in den Fällen der §§ 383 III, 559, 1233 BGB usw), bei freihändigem Verkauf und bei Zustellung (§ 166 I). Rechtsbehelf: § 23 I EGGVG (Karlsruhe aaO). 5

5) Rechtsbehelfe für Einwendungen gegen Erteilung oder Verweigerung der **Vollstreckungsklausel** sind selbständig geregelt; Erinnerung nach § 766 findet nicht statt (Rn 1 zu § 732). 6

6) **Materielle Einwendungen** des Schuldners oder Dritter sind im Erkenntnisverfahren geltend zu machen, nicht mit den Rechtsbehelfen des ZwV-Verfahrens. Materiell-rechtliche Einwendungen des Schuldners gegen den durch das Urteil (den sonstigen Vollstreckungstitel) ausgewiesenen Anspruch sind nicht vom Vollstreckungsorgan (Rn 14 vor § 704) und daher auch nicht im Erinnerungsverfahren zu prüfen. Rechtsweg hierfür § 767. Ebenso können materiellrechtliche Einwendungen Dritter, daß ihnen am Gegenstand der ZwV ein die Veräußerung hinderndes Recht zustehe, nicht nach § 766 geltend gemacht werden; Rechtsweg hierfür § 771. 7

7) **Dienstaufsichtsbeschwerde:** Rn 13 zu § 753. 8

III) Zulässigkeit: 1) Erinnerung können erheben als Parteien des ZwV-Verfahrens der Gläubiger und der Schuldner, bei Forderungspfändung als Beteiligter auch der Drittschuldner (BGH 69, 144 = MDR 78, 135 = NJW 77, 1881), außerdem ein Dritter, der durch eine ZwV-Maßnahme in seinem Recht beeinträchtigt wird (Düsseldorf DGVZ 78, 73 und NJW 80, 458; LG Köln Rpfleger 70, 71; LG Münster DGVZ 78, 12; AG Warendorf DGVZ 78, 12); Beispiele: nachpfändender Gläubiger, Gewahrsamsinhaber. Ein Dritter, der durch die ZwV (Pfändung) nur wirtschaftlich betroffen ist (München OLG 19, 1; LG Koblenz MDR 82, 503 für Wohnsitzgemeinde als Sozialhilfeträger) und der Besitzdiener (zB Angestellte) des Schuldners können Erinnerung nicht erheben). 9

2) Unter § 766 I fallen alle Anträge, Einwendungen und Erinnerungen (Einwendungen im folgenden mit „Erinnerung" zusammengefaßt), die die **Art und Weise der ZwV** oder das vom GV oder Vollstreckungsgericht (Richter oder Rechtspfleger) bei ZwV zu beachtende **Verfahren** betreffen. Sie richten sich immer gegen das Verfahren des Vollstreckungsorgans (BGHZ 57, 108 = MDR 72, 44 = NJW 71, 2226) und können dessen Unzulässigkeit oder Mangelhaftigkeit geltend machen. Verfahrens**mängel** können betreffen: ZwV-Voraussetzungen (Titel, Klausel, s aber Rn 6, Zustellung, Fristablauf, Sicherheitsleistung usw), ZwV-Hindernisse (Konkurseröffnung, § 14 KO, Einstellungs-/Aufhebungsgründe nach §§ 775, 776) oder Verfahrensdurchführung, außerdem nach ausdrücklicher Bestimmung in Abs 2 die Antragsablehnung durch den GV, auch bei Weigerung, einen Auftrag nach der Weisung des Gläubigers auszuführen, und bei Verzögerung zulässiger Vollstreckungsanträge (aA AG Karlsruhe DGVZ 84, 29: früherer Termin für Räumung kann dem GV nicht aufgegeben werden), und den Kostenansatz des GV. Nicht unter § 766 fallen Rangstreitigkeiten zwischen mehreren Pfändungsgläubigern (Rn 1 zu § 872). 10

3) Verstöße gegen die Bestimmungen der **Geschäftsanweisung** für GV (GVGA) und gegen sonstige Dienstanweisungen (GVO usw) können für sich nicht mit Erinnerung beanstandet werden. Diese Dienstanweisungen der Justizverwaltung begründen zwar Amtspflichten für den GV (RG 145, 204 [215]), auf deren Einhaltung die Dienstaufsicht zu achten hat (Karlsruhe MDR 76, 54), sie enthalten jedoch keine selbständigen Verfahrensvorschriften, sondern sollen dem GV nur das Verständnis der gesetzlichen Vorschriften erleichtern (§ 1 II GVGA). Verstöße gegen Bestimmungen solcher Dienstanweisungen rechtfertigen daher Einwendungen nur, wenn damit zugleich die erläuterten Verfahrensvorschriften der ZPO (oder sonstige gesetzliche Regelungen des Vollstreckungsrechts) verletzt sind. Die (örtliche) Zuständigkeit des GV (Rn 3 zu § 753) kann durch das Vollstreckungsgericht nicht geändert werden; Übertragung der Durchführung der Vollstreckung auf einen anderen (erfahrenen) GV kann mit Erinnerung daher nicht verlangt werden (AG Bayreuth DGVZ 84, 74). 11

4) Rechtsschutzbedürfnis erfordert **Rechtsbeeinträchtigung** des Erinnerungsführers. Gläubiger und Schuldner können mit Erinnerung daher nur Verfahrensverstöße beanstanden, durch die sie selbst beschwert sind, nicht aber Rechte Dritter wahrnehmen. Der Schuldner kann daher nicht Verletzung des Gewahrsams (§ 809), des Eigentums (§ 771) oder eines Vorzugsrechts (§ 805) eines Dritten mit Erinnerung beanstanden; ebenso können Dritte nur Verletzung einer ihrem Schutz dienenden Verfahrensbestimmung mit Erinnerung rügen. 12

13 **5)** Zulässig ist Erinnerung als Rechtsbehelf im ZwV-Verfahren bei Geldvollstreckung erst **nach Beginn** der zu beanstandenden ZwV-Maßnahme und nur **bis zu deren Beendigung** (Rn 33 vor § 704). Besonderheit bei Überweisung an Zahlungs Statt s Rn 13 zu § 835. Bei Individualvollstreckung und bei ZwV gegen Personen (so bei Räumung, Verhaftung zur Offenbarungsversicherung) besteht ein Rechtsschutzbedürfnis für die Erinnerung bereits, wenn die ZwV droht, nicht mehr aber nach deren Beendigung. Mit Erinnerung kann nach Beendigung der ZwV daher nicht verlangt werden, eine Räumung rückgängig zu machen (LG Braunschweig DGVZ 75, 154) festzustellen, ob richtig verfahren wurde (AG Köln DGVZ 78, 30) oder daß eine ZwV-Maßnahme rechtswidrig war (Frankfurt OLGZ 83, 337). Einwendungen können nicht mehr erhoben werden bei Geldpfändung mit Eigentumserwerb durch den Gläubiger, bei Sachwegnahme oder Räumung (§§ 883, 885) mit Besitzeinweisung des Gläubigers, bei Rechtspfändung mit Leistung des Drittschuldners an den Gläubiger, bei Anspruchspfändung nach §§ 847, 848, wenn der Gläubiger aus der Sachverwertung seine Leistung erhalten hat. Nur wenn besondere Umstände auch nach Abschluß einer ZwV-Maßnahme noch ein Rechtsschutzbedürfnis begründen, können Einwendungen mit Erinnerung weiter verfolgt werden (Bamberg JurBüro 83, 298), so bei Hinterlegung des Erlöses (Kiel JW 34, 177, nicht aber, wenn infolge Hinterlegung das Verteilungsverfahren einzutreten hat, § 872; LG Koblen DGVZ 83, 676) oder bei der Unpfändbarkeitsbescheinigung des GV, die als Grundlage für weitere Verfahren dient (LG Düsseldorf DGVZ 85, 152 = JurBüro 85, 1733; LG Hamburg MDR 64, 1042); allerdings können nach Einleitung des Offenbarungsverfahrens nach § 899 Einwendungen gegen die Unpfändbarkeitsbescheinigung nur mehr in diesem Verfahren geltend gemacht werden (KG NJW 56, 1115 mit abl Anm Keller). Auch wegen der vom GV in Ansatz gebrachten Kosten ist Erinnerung noch nach Beendigung der ZwV gegeben (Abs 2). Wenn nach Beendigung der ZwV Erinnerung nicht zur Verfügung steht, kann Feststellung der Rechtswidrigkeit einer Maßnahme des GV bei der ZwV auch nicht im Verfahren nach §§ 23 ff EGGVG erwirkt werden (KG JurBüro 82, 142 = MDR 82, 155).

14 **IV) Einzelfälle 1)** Erinnerung des **Gläubigers:** GV weigert sich, den ZwV-Auftrag zu übernehmen oder weisungsgemäß durchzuführen; die Erledigung des Auftrags wird verzögert; die Einstellung oder Beschränkung der ZwV ist zu Unrecht erfolgt; GV hat den Wert des gepfändeten Gegenstandes zu hoch geschätzt; GV gibt gepfändete Kostbarkeiten in Verwahrung eines Dritten, ohne diesen ausdrücklich zum Verwahrer zu bestellen oder die Zustimmung des Gläubigers und Schuldners einzuholen (BGH NJW 53, 902); GV verweigert die Herausgabe des Erlöses oder von Sachen, die er durch die ZwV erlangt hat (Noack DGVZ 75, 97). Dagegen kann im Erinnerungsverfahren nicht entschieden werden, ob die Quittung des Gläubigers wegen Willensmangel unwirksam ist, wenn sich der GV weigert, aufgrund einer ihm vorliegenden formell wirksamen Quittung die Verhaftung des Schuldners im Offenbarungsverfahren durchzuführen (LG Mannheim MDR 67, 222); der Schuldner kann die Aufhebung des Haftbefehls gegen den Willen des Gläubigers nur im Wege der Vollstreckungsabwehrklage erwirken.

15 **2)** Erinnerungen des **Schuldners:** Das Vollstreckungsorgan ist unzuständig; es fehlt ein **Vollstreckungstitel;** der Titel ist fehlerhaft oder nichtig (Rostock OLG 31, 95); Schuldner ist nicht die richtige Partei (Celle OLG 29, 190); die vom Gläubiger auf Grund des Titels geforderte Leistung kommt nicht ihm zu (Rostock OLG 39, 73); es fehlt eine ordnungsmäßige Vollstreckungsklausel (RG 56, 70); der Titel und die Vollstreckungsunterlagen sind nicht zugestellt (§§ 750 ff); die angeordnete Sicherheit ist nicht richtig geleistet (RG 56, 71); es fehlt Besitzergreifung von den Pfandgegenständen; Siegelung und Kenntlichmachung ist fehlerhaft; es fehlt die Durchsuchungsordnung oder die Erlaubnis zur Vollstreckung während der Nachtzeit usw; die **Gegenleistung** ist unvollständig (OLG Rostock 31, 91); nicht aber bei Verurteilung zur Leistung Zug um Zug gegen Vorlage einer Abrechnung inhaltliche Mängel der Abrechnung (Köln MDR 68, 504); der im Titel für die Verpflichtung des Schuldners festgesetzte Endtermin ist nicht beachtet (Hamburg OLG 37, 158); es ist gegen §§ 737, 739 ff durch Pfändung **nicht haftender Vermögensmassen** des Schuldners verstoßen; die **Einstellung der ZwV** ist trotz Vorliegens der Voraussetzungen des § 775 **nicht erfolgt** (zuerst um Einstellung angehen, bei Ablehnung Erinnerung); der Gläubiger ist durch ein Pfand- oder Zurückbehaltungsrecht an beweglichen Sachen gesichert (§ 777); die Pfändung ist **verfrüht** (§ 810; RG 34, 380); es liegt **Überpfändung** vor (§ 803); es wurde trotz **gesetzlichen Verbots** gepfändet (weil unentbehrlich oder Zubehör; §§ 811, 812, 859 ff, 777; die Legitimation des Schuldners bei Geltendmachung der Unpfändbarkeit nach § 811 ist nicht an das Eigentum an dem Vollstreckungsgegenstand geknüpft; LG Darmstadt MDR 58, 43); Schuldnerschutz des AbzG bei der Pfandverwertung nach **§ 825** (greift nicht durch bei Pfandverwertung durch öffentliche Versteigerung, LG Bielefeld NJW 70, 337; Karlsruhe MDR 75, 54); Pfändung erfolgte **trotz Konkurseröffnung** (RG 29, 78), Eröffnung des Vergleichsverfahrens, §§ 47 f VerglO (LG Düsseldorf MDR 54, 688); die ZwV ist in das Privatvermögen einer Partei kraft Amtes (Testamentsvollstrecker) erfolgt. Die Unzulässigkeit der ZwV aus einem **vor der Vertreibung erwirkten**

Titel (Urteil oder Vergleich) kann nach § 766 (§ 86 BVFG), daneben aber auch nach § 767 (BGH 26, 110) geltend gemacht werden. Nach § 766 kann der Schuldner auch einen **vertraglich** vereinbarten zeitweiligen **Vollstreckungsausschluß** mit dem Ziel geltend machen, daß die vom Vollstreckungsgläubiger entgegen der Vertragsvereinbarung betriebene ZwV für unzulässig erklärt wird (Rn 25 vor § 704).

3) Erinnerung des **Drittschuldners:** Einwand, die gepfändete Forderung sei nach §§ 850 ff unpfändbar (KG MDR 63, 853; LG Hagen Rpfleger 62, 215); der Pfändungsbeschluß sei unwirksam mangels ausreichender Bezeichnung der Forderung (BGH MDR 78, 135); das Vollstreckungsgericht sei unzuständig; der gepfändete Lohn könne an den Pfändungsgläubiger erst bezahlt werden, soweit er nach Abzug der dem Schuldner gezahlten Vorschüsse noch pfändbar sei (RArbG JW 36, 2107: Einwand sachlich nicht berechtigt). Drittschuldner kann auch der Sozialversicherungsträger sein (KG Rpfleger 76, 144; Hamm Rpfleger 77, 109). Beschwerderecht des Drittschuldners auch dann, wenn er den Pfändungs- und Überweisungsbeschluß nicht mit Erinnerung angegriffen hat, das AG aber eine sachlich beschwerende Entscheidung auf Erinnerung des Schuldners erlassen hat (Hamburg MDR 54, 685). 16

4) Erinnerung des **Gemeinschuldners** und des **Konkursverwalters:** Der **Gemeinschuldner** kann Erinnerung nach § 766 erheben, wenn der Konkursverwalter auf Grund vollstreckbarer Ausfertigung des Konkurseröffnungsbeschlusses zu Unrecht Gegenstände zur Masse gezogen hat (RG 131, 113); gegen schlechthin unwirksame Vollstreckungsmaßnahmen kann der Gemeinschuldner trotz des Verwaltungsrechts des Konkursverwalters Einwendungen erheben (RG 29, 76). Der **Konkursverwalter** hat gegen eine vor der Konkurseröffnung bewirkte ungesetzliche Pfändung (zB Verletzung der §§ 750 oder 798) das Recht der Einwendungen (RG 125, 287). Macht der Konkursverwalter geltend, daß eine in der Sperrfrist vorgenommene Pfändung von beweglichen Sachen des Vergleichsschuldners infolge Eröffnung des Anschlußkonkurses unwirksam geworden sei, so steht ihm gegen den Pfändungsgläubiger nur der Rechtsbehelf der Erinnerung, nicht der Vollstreckungsgegenklage zu (BGH MDR 60, 222). 17

5) Erinnerung eines Dritten: Die Sachen waren bei der Pfändung in seinem **Gewahrsam,** er hat der Pfändung widersprochen (§ 809); **Haus- und Familienangehörige** machen die Unpfändbarkeit von Hausgeräten geltend (§ 811 Nr 1, 2, 3, 12; Kiel OLG 4, 152); der **Ehegatte,** wenn die Voraussetzungen des § 739 fehlen; **dingliche Gläubiger** (zB Hypothekengläubiger) wenden sich gegen die nach §§ 810, 865 II unzulässige Pfändung von Zubehör oder stehenden Früchten; ein nachfolgender Gläubiger ist durch die Pfändung in seinem Rang betroffen (RG 121, 349). Der Dritteigentümer kann die Herausgabe von gem § 885 III auf die Pfandkammer geschafftem Räumungsgut bei Verweigerung des GV nur im Wege der Erinnerung nach § 766, nicht im Wege der Klage nach § 771 erreichen (AG Hannover NdsRpfl 72, 243). Unzulässig ist Erinnerung eines Dritten, dem das gepfändete Recht angeblich zusteht (Celle Rpfleger 65, 59). 18

V) Abs 2 trifft zu, wenn der GV den Auftrag überhaupt ablehnt, sei es auch wegen Nichtzahlung des angeforderten Vorschusses (§ 5 GVKostG), oder verzögert, wenn der GV vom Gläubiger begehrte Kosten der ZwV als nicht notwendig iS des § 91 behandelt (§ 788), wenn der Schuldner die Erstattungspflicht von ZwV-Kosten bestreitet oder wenn die Höhe der vom GV berechneten Kosten und Auslagen bestritten wird. Wurden die zuviel berechneten Kosten vom Schuldner eingezogen und an den Gläubiger abgeführt, so kann der Rückgewähranspruch nach § 717 II geltend gemacht werden. Bei Prozeßkostenhilfe kann der Begünstigte nur dann gebührenfreie Amtshandlung des GV verlangen, wenn er die Bewilligung der Prozeßkostenhilfe bei Erteilung des Auftrags geltend macht (AG Leipzig DGVZ 40, 52; LG Dresden DGVZ 40, 52); die Gebührenfreiheit ist nicht von dem Vermerk im Auftrag abhängig; sie steht der begünstigten Partei mit Bewilligung der Prozeßkostenhilfe zu (Jonas JW 34, 3186). Hat der GV infolge Fehlens des Vermerks „Prozeßkostenhilfesache" seine Gebühren eingezogen, so muß er sie nach erbrachtem Nachweis der Prozeßkostenbewilligung mit Ausnahme der Nachnahmekosten, die der Schuldner schuldhaft verursacht hat, zurückerstatten. 19

VI) Mit Erinnerung nach § 766 **können zusammentreffen** (nicht aber verbunden werden): **die Feststellungsklage,** wenn die ZwV schlechthin unwirksam ist, zB die Auslegung des Schuldtitels durch den Gläubiger und GV vom Vollstreckungsgegner beanstandet wird, der Titel nichtig oder die Identität der Parteien festzustellen ist (s RG 34, 377; 40, 367); bei Streit zwischen dem Konkursverwalter und dem Gemeinschuldner über die Zugehörigkeit eines Gegenstandes zur Konkursmasse (BGH NJW 62, 1392); **die Leistungsklage,** wenn der Titel verschieden ausgelegt werden kann, also unklar ist oder nach mangelhafter Pfändung die Pfandsache in den Besitz eines anderen gelangt ist und von diesem nun Herausgabe verlangt wird (RG 56, 71 f); die **Klage aus § 771** oder **§ 805,** wenn sowohl ihre Voraussetzungen als auch ein Verfahrensverstoß iS des § 766 vorliegen (RG 34, 422; 108, 262; Bamberg JR 55, 25). **Beispiele:** Es wurden Vermögensstücke des 20

Schuldners gepfändet, mit denen er nicht haftet; es wurde in Sachen im Gewahrsam eines nicht zur Herausgabe bereiten Dritten, der gleichzeitig Eigentümer der Pfandsachen ist, vollstreckt (§ 809); es wurde entgegen § 865 und unter Verletzung der Rechte der Hypothekengläubiger Zubehör gepfändet. Eine Entscheidung aus § 766 schließt die Klage aus § 771 nicht aus; denn § 766 betrifft nur das Verfahren, § 771 das sachliche Recht. Ist aber in dem Verfahren nach § 766 rechtskräftig entschieden, kann über die gleiche Frage (zB ob die gepfändete Sache als Zubehör anzusehen ist) keine Klage aus § 771 mehr erhoben werden (KG JW 30, 3862). Sind nur die Voraussetzungen des § 771 gegeben, kommt § 766 nicht in Frage.

21 **VII) Verfahren: 1)** Erinnerung kann schriftlich oder zu Protokoll der Geschäftsstelle eingelegt werden. Sie ist an keine Frist gebunden (Begrenzung jedoch durch Beendigung der ZwV, Rn 13). Anwaltszwang besteht nicht (§ 78 III). Falsche Bezeichnung des Rechtsbehelfs ist unschädlich. Eine Vollmacht ist nach allgemeinen Grundsätzen nachzuweisen (§ 88 II).

22 **2)** Als Verfahrens**antrag** muß die Erinnerung die verlangte Nachprüfung der Vollstreckungsmaßnahme bezeichnen, somit erkennbar machen, was gerügt wird. Ein ausdrücklicher (förmlicher) Antrag und eine Begründung sind darüber hinaus nicht zwingend. Die Erinnerung kann auf neue Tatsachen und Beweise gestützt werden (§ 570 entspr).

23 **3) a)** Der **GV** kann in den Fällen des **Abs 2 abhelfen,** sonach vor Entscheidung des Vollstreckungsgerichts einen abgelehnten Vollstreckungsauftrag übernehmen und ausführen oder die Vollstreckungshandlung dem Auftrag gemäß erledigen und seine Kostenberechnung berichtigen. Abhilfe durch Aufhebung einer beanstandeten ZwV-Maßnahme ist nicht gestattet; das folgt aus §§ 775, 776, die regeln, unter welchen Voraussetzungen eine ZwV-Maßnahme durch den GV aufgehoben werden kann, den Fall der (begründeten) Erinnerung jedoch nicht erfassen. Der GV kann aber auch nach Erinnerung auf Antrag (Verlangen) des Gläubigers die ZwV-Maßnahme aufheben.

24 **b)** Der **Rechtspfleger** kann der Erinnerung nach § 766 **abhelfen** (nicht aber der Durchgriffserinnerung gegen eine Entscheidung, § 11 II S 1 RpflG). Er kann daher eine Vollstreckungsmaßnahme, insbes einen von ihm erlassenen Pfändungs-(Überweisungs-)Beschluß aufheben (Aufschub bis Rechtskraft s Rn 30), wenn die Erinnerung begründet ist (Celle NdsRpfl 63, 154; Düsseldorf Rpfleger 60, 19; Frankfurt Rpfleger 79, 111; Hamm Rpfleger 57, 413 und 63, 19; Koblenz Rpfleger 72, 220, 73, 65 und 78, 226); zur Abhilfe ist er bei begründeter Erinnerung verpflichtet (kein Ermessen; Köln Rpfleger 75, 140). Vor Aufhebung einer ZwV-Maßnahme bei begründeter Erinnerung muß jedoch dem Gläubiger rechtliches Gehör gewährt werden (Frankfurt aaO). Ist eine Erinnerung nur teilweise begründet, so hat der Rechtspfleger insoweit abzuhelfen, im übrigen der Richter zu entscheiden (keine Zurückweisung durch den Rechtspfleger, Berner Rpfleger 60, 249; aA [Entscheidung nur durch Richter] LG Lüneburg NdsRpfl 81, 122). Rechtsbehelf, wenn der Rechtspfleger abgeholfen hat, je nach Art der Maßnahme Erinnerung nach § 766 oder (bei Entscheidung, s Rn 3) Durchgriffserinnerung nach § 11 RpflG.

25 **4)** Die Erinnerung kann bis zur Entscheidung **zurückgenommen** werden. Eine zurückgenommene Erinnerung kann bis zur Beendigung der ZwV wiederholt (erneut erhoben) werden. Verzicht auf den Rechtsbehelf ist zulässig, vor Erlaß des Vollstreckungsakts jedoch nur, wenn der Schuldner über das Recht verfügen kann (nicht in den Fällen der §§ 811, 850 ff). Verzicht begründet für den Gegner eine Einrede.

26 **5) Zuständig** für die Entscheidung über die Erinnerung ist das **Vollstreckungsgericht.** Es entscheidet der **Richter** (§ 20 Nr 17 a RpflG). Zuständiges Vollstreckungsgericht ist das Amtsgericht, in dessen Bezirk das ZwV-Verfahren stattgefunden hat (auch bei Wohnsitzwechsel des Schuldners) oder stattfinden soll (§ 764 II), auch bei Pfändung von Forderungen aus indossablen Papieren und auf Herausgabe von Sachen (nicht das in § 828 II bezeichnete Gericht). Bei ZwV in Forderungen und andere Vermögensrechte ist als Vollstreckungsgericht das Amtsgericht des allgemeinen Gerichtsstandes des Schuldners zuständig (§ 828 II mit Einzelheiten), und zwar bei Beginn der ZwV; spätere Wohnsitzänderung berührt die Zuständigkeit nicht; insofern bilden Vollstreckungsverfahren und das Verfahren über die Einwendung ein Verfahren mit gleicher Zuständigkeit. Bei Arrestpfändung entscheidet über die Erinnerung das Arrestgericht (§ 930 I; Stuttgart Rpfleger 75, 407; Frankfurt JurBüro 80, 1737 = Rpfleger 80, 485).

27 **6)** Für das Erinnerungs**verfahren** gelten die **allgemeinen Grundsätze** des ZPO-Verfahrens. Es ist vom Beibringungsgrundsatz beherrscht (Rn 1 vor § 284) mit Darlegungs- und Beweislast (Rn 19 vor § 284) der Parteien des ZwV-Verfahrens. Glaubhaftmachung genügt nur, wo das Gesetz sie vorsieht (Rn 1 zu § 294), zB §§ 769, 807, 815, 903) sowie für Berücksichtigung von ZwV-Kosten (Rn 15 zu § 788). Ermessenshandlungen des Vollstreckungsorgans sind durch eigene Ermessensausübung des Vollstreckungsgerichts zu überprüfen (vgl Rn 6 zu § 570). Fakultative

mündliche Verhandlung: § 764 II; rechtliches Gehör: Rn 28 vor § 704. Der GV ist nicht Verfahrensbeteiligter (Rn 38); rechtliches Gehör wird ihm daher so wenig gewährt wie Anhörung des Rechtspflegers zu erfolgen hat, dessen ZwV-Maßnahme angefochten ist. Dienstliche Äußerung kann aber zur Sachverhaltsaufklärung eingeholt werden (Verwendung erst nach Mitteilung an die Beteiligten); Abgabe einer vom Vollstreckungsgericht angeforderten Stellungnahme ist Amtspflicht des GV. Für die Entscheidung sind die Verhältnisse bei ihrem Erlaß maßgebend (wegen § 570), nicht zur Zeit der Pfändung oder Beanstandung mit Erinnerung.

7) Entschieden wird mit **Beschluß.** Er ist zu begründen. Die Erinnerung ist zurückzuweisen, 28
wenn sie unzulässig oder unbegründet ist. Auf zulässige und begründete Erinnerung ist

a) die **ZwV** (ganz oder teilweise) **für unzulässig zu erklären** (§ 775 Nr 1 entspr). Aufhebung der 29
Maßregel hat durch den GV nach § 776 (mit § 775 Nr 1) zu erfolgen. Pfandrecht und Verstrickung (§ 804) erlöschen erst damit. Überflüssig ist daher gesonderte Anweisung an den GV in der Entscheidung, eine bestimmte ZwV-Maßnahme aufzuheben.

b) die vom Vollstreckungsgericht (Rechtspfleger oder Richter) selbst erlassene **ZwV-Maß-** 30
nahme aufzuheben. Die Aufhebung erfolgt hier durch das zuständige Vollstreckungsorgan (auch nach Beschwerde, Devolutiveffekt; Rn 1 zu § 764). Sie wird daher sofort mit Bekanntmachung der Entscheidung wirksam (BGH 66, 394 = MDR 76, 1014 = NJW 76, 1453; Celle Rpfleger 61, 56 und 62, 282; Hamm Rpfleger 57, 384, 59, 283 und 76, 298; Koblenz Rpfleger 86, 229). Damit sind die Wirkungen der ZwV-Maßnahme erloschen; ihr Rang ist unwiderruflich verloren. Sicherung des Gläubigers ist mit der Anordnung möglich, daß die Wirksamkeit der Entscheidung (wie im Falle von § 765a IV) bis zu ihrer Rechtskraft hinausgeschoben wird.

c) der Gerichtsvollzieher **anzuweisen,** einen Vollstreckungs**auftrag durchzuführen,** die ZwV in 31
bestimmter Weise vorzunehmen oder Kosten in bestimmter Höhe nicht anzusetzen.

d) eine vom Vollstreckungsgericht selbst als Vollstreckungsorgan verlangte **ZwV-Maßnahme** 32
anzuordnen; der Erlaß kann auch dem Rechtspfleger übertragen werden (§ 575 entspr).

8) Die auf Grund mündlicher Verhandlung (Ausnahme) ergehende Entscheidung wird ver- 33
kündet (§ 329 I; bei Pfändung aber § 829 II, III); sonst ist der **Beschluß zuzustellen** (§ 329 II), und zwar nur dem Antragsteller, wenn der Schuldner (ein sonstiger Beteiligter) zum (einseitigen) Erinnerungsverfahren gegen die Ablehnung eines ZwV-Antrags nicht zugezogen wurde, sonst dem Gläubiger, Schuldner und etwaigen weiteren Verfahrensbeteiligten.

VIII) Kosten: Über sie ist zu entscheiden (§ 308 II entspr). Kosten einer ohne Erfolg eingeleg- 34
ten Erinnerung sind dem Erinnerungsführer aufzuerlegen (§ 97 I entspr). Kostenpflicht bei erfolgreicher Erinnerung: §§ 91 ff (aA ThP Anm 9; § 788 I S 1 entspr). Bei Zurücknahme Kostenentscheidung nach § 269 III, bei Erledigung nach § 91a, je durch den Richter (LG Frankenthal Rpfleger 84, 361 mit Anm Meyer-Stolte). Am (einseitigen) Verfahren über eine Erinnerung nach § 766 **Abs 2** ist der Schuldner nicht als Partei beteiligt; Kosten können ihm in diesem Fall nicht auferlegt werden (LG Düsseldorf JurBüro 84, 1734).

IX) Einstweilige Anordnung: Das Vollstreckungsgericht (auch der Rechtspfleger infolge sei- 35
nes Abänderungsrechts, Rn 24) kann (auch im Fall des § 825, LG Dresden JW 30, 1527) auf Antrag oder von Amts wegen vor der Entscheidung über die Erinnerung durch einstweilige Anordnung die ZwV gegen oder ohne Sicherheitsleistung einstellen oder anordnen, daß sie nur gegen Sicherheitsleistung fortgesetzt werden darf (Abs 1 S 2). Über die Zulässigkeit der ZwV wird erst durch den das Erinnerungsverfahren abschließenden Beschluß entschieden. Die Aufhebung schon erfolgter ZwV-Maßnahmen durch einstweilige Anordnung ist daher nicht zulässig. Die einstweilige Anordnung wird mit der Entscheidung über die Erinnerung gegenstandslos. Beschwerde gegen die einstweilige Anordnung wird nicht für zulässig erachtet (Rn 17 zu § 732). Aufhebung der Anordnung ist möglich.

X) Rechtsbehelf: 1) Sofortige Beschwerde § 793 (bei Kosten aber § 567 II). Der Beschluß kann 36
vom Vollstreckungsgericht nicht mehr geändert werden (§ 577 III). Beschwerdefrist: 2 Wochen (§ 577 II), sie läuft ab Zustellung (§ 329). Sofortige Beschwerde mit dem Ziel der Wiederherstellung des auf Erinnerung aufgehobenen Vollstreckungsaktes ist zulässig (Celle OLG 35, 125; Karlsruhe JW 35, 3319; KG JW 25, 1889). Ist durch die Aufhebung des Vollstreckungsaktes seine Wirkung beseitigt, muß er neu erlassen werden.

Gegen die Entscheidung des Beschwerdegerichts ist nach §§ 568, 577 weitere Beschwerde 37
zulässig. Ein neuer selbständiger Beschwerdegrund liegt auch vor, wenn das Landgericht anstelle des Amtsgerichts über eine Erinnerung nach § 766 entscheidet (Hamm Rpfleger 74, 75). Bei ZwV-Maßnahmen des GV, die sich ausschließlich auf den Kostenansatz in der ZwV beziehen, ist weitere Beschwerde gegen Beschwerdeentscheid des LG nicht zulässig (§ 568 III).

38 2) Der **GV** ist Organ der ZwV, nicht Beteiligter. Daher ist er nicht befugt, gegen Maßnahmen des Vollstreckungsgerichts Erinnerung zu erheben und Entscheidungen des Vollstreckungsgerichts mit (sofortiger) Beschwerde anzufechten. Maßnahmen und Entscheidungen des Vollstreckungsgerichts sind für den GV gleichermaßen verbindlich wie Entscheidungen des im Instanzenzug übergeordneten Gerichts für das Erstgericht. Gegen Erinnerungsbefugnis des GV daher: Königsberg OLG 1, 197; KG OLG 4, 364; Braunschweig OLG 25, 155 (157); Hamburg OLG 22, 360; gegen Beschwerderecht Düsseldorf DGVZ 80, 139 = NJW 80, 1111 (unter Aufgabe von DGVZ 78, 73 = NJW 78, 2205); Stuttgart DGVZ 79, 58; LG Düsseldorf NJW 79, 1990; anders noch LG Osnabrück DGVZ 80, 124. Auch gegen Entscheidungen über Kosten (Abs 2) kann der GV kein Rechtsmittel einlegen (aA LG Nürnberg-Fürth DGVZ 81, 120; Geißler DGVZ 85, 129). GV-Kosten werden für die Landeskasse erhoben (§ 1 GVKostG; Nr 1 I Grundsätze dazu). Der GV steht in keinem Auftragsverhältnis zur Partei. Anspruch auf Entschädigung hat er nur gegen den Dienstherrn (BVerwG NJW 83, 896). Der GV ist daher weder Partei des Kostenerinnerungsverfahrens noch als Dritter in einem eigenen Gebührenrecht beeinträchtigt. Ältere Rspr kann keine Anwendung mehr finden.

39 XI) Entscheidungen nach § 766 sind mit Ablauf der Beschwerdefrist (2 Wochen, 577 II, § 793) formell **rechtskräftig** (§ 705); Wirkung: Rn 3 zu § 705. Materielle Rechtskraftwirkung für/gegen Erinnerungsführer und den als Partei gehörten Gegner (deren Rechtsnachfolger usw, §§ 325 ff) entfalten Beschlüsse nach § 766, soweit sie eine der materiellen Rechtskraft fähige sachliche Entscheidung enthalten (RG 167, 328 [333]; zuletzt Stuttgart Justiz 83, 301; LG Wiesbaden NJW 86, 939; ie streitig; dazu Rn 9 vor § 322 und Rn 42 zu § 329; StJM Rdn 50 zu § 766; Brox/Walker Rdn 1248; Baur/Stürner Rdn 713). Neue Tatsachen (Gründe) ermöglichen eine nochmalige Entscheidung (Braunschweig NdsRpfl 55, 54; Rosenberg § 183 II 4; StJM aaO; Wieczorek Anm G zu § 766), auch wenn sie schon früher vorgelegen, im (ersten) Erinnerungsverfahren aber unverschuldet oder schuldhaft nicht geltend gemacht waren (s auch Baur/Stürner aaO: kein weiteres Verfahren, wenn nur neue Beweise angeboten werden). Keine Rechtskraftwirkung besteht gegenüber Dritten, die am Erinnerungsverfahren nicht beteiligt waren (StJM Rdn 50 zu § 766; Brox/Walker Rnd 1249; anders BLH Anm 3 E zu § 766).

40 **XII) Gebühren: 1) des Gerichts:** Keine; Auslagen sind jedoch anzusetzen. Wegen der Gebührenpflicht etwaiger Beschwerdeverfahren s KV Nr 1181 und Rn 72 zu § 567. – **2)** des **Anwalts:** Die Tätigkeit des RA des Gläubigers ist durch die Gebühr für den Vollstreckungsauftrag mit abgegolten; s Hartmann, KostGes BRAGO § 57 Anm 2 C unter „Erinnerung" und Swolana, BRAGO Anm 3 zu § 58. Für den RA des Schuldners entsteht die 3/10 Gebühr des § 57 BRAGO besonders. Dies gilt auch für einen RA, der Erinnerungen nach § 766 für einen Dritten einlegt (LG Berlin Rpfleger 73, 443 = JurBüro 74, 61; hier also keine Gebühr nach § 118 BRAGO). – Für etwaige Beschwerdeverfahren ist § 61 I Nr 1 BRAGO anzuwenden.

41 **XIII) Aktenbehandlung:** § 14 Nr 5 AktO, Vollstreckungsregister: Muster 15, Buchstabe M.

767 *[Vollstreckungsabwehrklage]*

(1) Einwendungen, die den durch das Urteil festgestellten Anspruch selbst betreffen, sind von dem Schuldner im Wege der Klage bei dem Prozeßgericht des ersten Rechtszuges geltend zu machen.

(2) Sie sind nur insoweit zulässig, als die Gründe, auf denen sie beruhen, erst nach dem Schluß der mündlichen Verhandlung, in der Einwendungen nach den Vorschriften dieses Gesetzes spätestens hätten geltend gemacht werden müssen, entstanden sind und durch Einspruch nicht mehr geltend gemacht werden können.

(3) Der Schuldner muß in der von ihm zu erhebenden Klage alle Einwendungen geltend machen, die er zur Zeit der Erhebung der Klage geltend zu machen imstande war.

Lit: *Geißler*, Die Vollstreckungsklagen im Rechtsbehelfssystem der Zwangsvollstreckung, NJW 1985, 1865; *Kainz*, Funktion und Dogmatik der Einordnung der Vollstreckungsabwehrklage in das System der Zivilprozeßordnung, 1984 (s dazu *Münch* ZZP 98 [1985], 470).

1 I) Einwendungen des Schuldners gegen **festgestellte materielle** Leistungsklagen (nicht auch Feststellungsklagen: München HRR 36 Nr 1371) sind mit der sog Vollstreckungsabwehr- (oder Vollstreckungsgegen-)klage des § 767 geltend zu machen, gleichgültig, ob diese Einwendungen rechtsvernichtend oder (wie bei Stundung) nur rechtshemmend wirken. Im einzelnen s unten Rn 5. Die Klage nach § 767 ist nach ganz hM eine prozessuale Gestaltungsklage (zB BGH WPM 78, 439; Frankfurt MDR 85, 330 = VersR 85, 997; aA Kainz, Funktion und Dogmatik der Einordnung der Vollstreckungsabwehrklage, 1984: Feststellungsklage). Streitgegenstand ist allein die

gänzliche oder teilweise, endgültige oder zeitweilige Vernichtung der Vollstreckbarkeit (Düsseldorf FamRZ 80, 156; Frankfurt VersR 85, 997 = WPM 85, 651 = ZIP 85, 316 mwNachw; aA Kainz aaO: Streitgegenstand ein öffentlich-rechtlicher Abwehranspruch gegen den Staat).

Will der Schuldner das Urteil oder dessen Vollstreckung in anderer Richtung angreifen, so muß er die entsprechenden Rechtsbehelfe geltend machen: 2

- **Abänderungsklage** nach § 323. Mit der Begründung einer Abänderungsklage, die nur für die Zukunft wirkt, kann keine Vollstreckungsabwehrklage gestützt werden, die den Titel rückwirkend unvollstreckbar macht (Düsseldorf MDR 72, 76), es sei denn, daß es nicht nur um eine veränderte Leistungsfähigkeit, sondern um die Verpflichtung als solche geht (Zweibrücken JurBüro 79, 914), etwa bei Verjährung, Verwirkung, Arglist (LG Köln NJW 67, 1377). Zu Abgrenzungsschwierigkeiten vgl Hahne FamRZ 83, 1191; Scheld Rpfleger 80, 321; Meister FamRZ 80, 864 sowie § 313 Rn 15. Wenn aus Unterhaltstiteln wegen Getrenntlebens noch nach Rechtskraft der Scheidung vollstreckt wird, muß der unterhaltsberechtigte Ehegatte neu klagen, während sich der Schuldner nach § 767 wehren muß (BGHZ 78, 130; NJW 81, 978; Düsseldorf FamRZ 80, 793; Oldenburg FamRZ 80, 1002; Hamm FamRZ 80, 1060). Jedoch darf die Abänderungsklage hilfsweise mit der Vollstreckungsklage verbunden werden, wenn die Zulässigkeitsvoraussetzungen des § 260 gegeben sind (BGH FamRZ 79, 474 m Anm Baumgärtel S 791).
- **Bereicherungsklage** nach unrechtmäßiger Vollstreckung (BGHZ 83, 280).
- **Drittwiderspruchsklage** (§ 771), um die Vollstreckung in einen konkreten Gegenstand abzuwehren.
- **Erinnerung** gem § 766, um formelle Mängel einzelner Vollstreckungsmaßnahmen zu rügen oder um die Beachtung der Einstellungsvoraussetzungen des § 775 Nr 4, 5 durchzusetzen (Geißler NJW 85, 1869), vorausgesetzt daß der Gläubiger nicht bestreitet (Hamm Rpfleger 73, 324; Köln EWiR § 775 ZPO 1/85, 813).
- **Feststellungsklage** auf Nichtbestehen des Anspruchs (RGZ 134, 162; BGH NJW 73, 803), soweit nicht § 767 II oder die Rechtskraft der Entscheidung entgegensteht. Möglich auch neben der Klage aus § 767 hilfsweise Feststellung einer zeitlich oder betragsmäßig begrenzten Unzulässigkeit, auch wenn damit die Vollstreckbarkeit der Urkunde nicht beseitigt werden kann (BGH WPM 85, 703). Auch der Gläubiger kann ein Rechtsschutzinteresse an der Feststellung haben, daß die Vollstreckung des Titels noch zulässig ist (BGH MDR 66, 841).
- Klage auf **Herausgabe des Vollstreckungstitels** nach § 826 BGB (s Rn 72 ff vor § 322; ablehnend Münzberg NJW 86, 361). Ist der Gläubiger unstreitig befriedigt, dann kann analog § 371 BGB auf Herausgabe des Schuldtitels geklagt werden, anderenfalls ist nur der Weg des § 767 offen, wobei jedoch beide Anträge verbunden werden dürfen (Blomeyer, Vollstreckungsverfahren § 16 V, § 33 VIII 4; St/J/Münzberg § 724 Rn 6 m Nachw; s auch BGHZ 26, 391). Solange der Gläubiger den Titel nicht herausgibt, bleibt aber die Klage aus § 767 zulässig, ausgenommen bei Titeln auf wiederkehrende Leistungen, da der Gläubiger dann den Titel wegen zukünftig möglicher Vollstreckung behält (BGH NJW 85, 2826).
- **Klage gegen** die **Vollstreckungsklausel** (§ 768).
- **Klauselerinnerung** (§ 732), um die Unzulässigkeit der bereits erteilten Vollstreckungsklausel geltend zu machen.
- **Leistungsklage** bei Notwendigkeit eines neuen Titels, zB weil der alte Titel unklar ist (KG OLGE 9, 117).
- **Schadensersatz** aus schuldhaft fehlerhafter Vollstreckung (BGHZ 74, 9) oder wegen Urteilsmißbrauchs (§ 826 BGB; Rn 72 ff vor § 322).
- **Vollstreckungsschutzantrag** (§ 765 a), um die Unzulässigkeit einer einzelnen Vollstreckungsmaßnahme geltend zu machen (Koblenz OLGZ 1985, 455).
- **Wiederaufnahmeklage** nach §§ 578 ff (RGZ 35, 395).

II) Eine Klage, die auf die **Vereinbarung der Parteien** gestützt ist, aus den ergehenden Urteilen solle bis zum rechtskräftigen Abschluß des Verfahrens nicht vollstreckt werden, ist keine eigentl Vollstreckungsabwehrklage iS des § 767, daher keine Anwendung des § 767 II auf solche Einwendungen (BGH MDR 68, 307 = NJW 68, 700; s dazu Gaul JuS 71, 347), soweit bei solchen Vereinbarungen § 767 überhaupt anwendbar ist. 3

III) Die **Wahl** zwischen Berufung (nicht Revision, § 561) u Vollstreckungsabwehrklage steht dem Schuldner offen, wenn eine Einwendung nach Schluß der mündl Verhandlung der 1. Instanz, aber vor Eintritt der Rechtskraft entstanden ist (Frankfurt JurBüro 83, 143; VGH Bad-Württ VBlBW 85, 185). Nach Einlegung der Berufung fehlt das Rechtsschutzbedürfnis für Klage 4 nach § 767 (BAG EzA ZPO § 767 Nr 1), es sei denn, das Rechtsmittel ist als unzulässig verworfen (BAG NJW 80, 141), während Berufung nicht unzulässig ist, wenn bereits Vollstreckungsabwehrklage erhoben, da mit Berufung auch bereits vor Schluß der mündlichen Verhandlung entstandene Einwendungen geltend gemacht werden können und die Berufung zur Aufhebung des Urteils, die Vollstreckungsabwehrklage aber nur zur Unzulässigkeitserklärung der Zwangsvollstreckung führen kann (Geißler NJW 85, 1869).

5 **IV)** Die Vollstreckungsabwehrklage **beseitigt** lediglich die **Vollstreckbarkeit des Titels,** führt also nicht zur rechtskraftfähigen Bejahung oder Verneinung des titulierten materiellrechtlichen Anspruchs; diese Wirkung kann nur durch Feststellungsklage erreicht werden (BGH MDR 85, 138 = Warneyer 1984 Nr 205 m Nachw). Dementsprechend ist die Klage nur anwendbar auf Titel (Leistungs- und Haftungstitel), die einen vollstreckbaren Inhalt haben; sie ist somit unzulässig gegen Feststellungs- und Gestaltungsurteile, zB Ehescheidungsurteil (RGZ 100, 101). Vollstreckungstitel sind vollstreckbare Urteile und die unter § 794 fallenden Urkunden. Gegenüber **einstweiligen Anordnungen** nach § 620, deren Vollstreckbarkeit nicht durch ungünstige Prozeßbeendigung erlischt, kann eingewandt werden, die materiellrechtlichen Anordnungsvoraussetzungen hätten nie bestanden (BGHZ 94, 302).

6 **1) Anwendbar** ist § 767 auf:

- **AGBG** § 19.
- **Auszug aus dem Umlegungsverzeichnis** (LG Darmstadt NVwZ 82, 525).
- **Beschäftigungsurteile** (ArbG Münster BB 81, 243).
- **BVerfGG** § 79 II 3.
- **Dispache:** § 767 trifft nur zu für Einwendungen, die im Termin durch Widerspruch nicht geltend gemacht werden konnten, §§ 149, 158 III FGG.
- **Einstweilige Anordnung** (§§ 620 ff), wenn der Schuldner Erfüllung geltend macht (Saarbrükken FamRZ 80, 385; Nürnberg MDR 79, 149; Schleswig SchlHA 79, 41; Flieger MDR 80, 803; Heinze MDR 80, 895). Zulässigkeit wird verneint und negative Feststellungsklage bejaht, soweit lediglich Rechtskraft des Scheidungsurteils vorgebracht wird (hM, s § 620 f Rn 14; aA München MDR 80, 148; Köln FamRZ 83, 940).
- **Einstweilige Verfügungen,** die auf **eine Geldleistung** lauten (§ 936), auch auf Unterlassungsverfügungen nach wesentlicher Änderung der rechtlichen oder tatsächlichen Voraussetzungen (so Völp GRUR 84, 486).
- **Erbauseinandersetzung:** § 93 FGG; §§ 797 IV, V ZPO; § 767 II gilt hier nicht.
- **Fristbestimmung** nach §§ 255, 510 b: s § 255 Rn 1; § 510 b Rn 1, 10.
- **Hausratsverteilungsverfahren:** LG Mönchen-Gladbach NJW 49, 229 m Anm Ferge.
- **Konkurstabelle:** Die Vollstreckungsabwehrklage ist nur zulässig, wenn die Einwendungen nach Feststellung der Forderung (§ 145 II KO) entstanden sind (BGH WPM 84, 1547). Zuständigkeit des Gerichts: §§ 164 III, 194, 206 KO.
- **Kostenfestsetzungsbeschlüsse,** § 794 I Nr 2: Die Einreden des Vergleichs, der Aufrechnung, Stundung und Verjährung sind gem §§ 767, 794, 795 geltend zu machen (BGHZ 3, 381; RGZ 124, 2; Stuttgart OLGE 39, 73; KG JW 29, 1398). Jedoch keine Vollstreckungsabwehr mit Aufrechnung des materiellen Anspruchs nach Klagerücknahme (BGH WPM 86, 1425; München MDR 84, 401 = OLGZ 84, 188).
- **Nachschuß- und Umlagefestsetzungen** im Konkurs der **Versicherungsgesellschaften:** § 52 VAG.
- **Prozeßvergleiche,** § 794 I Nr 1: Soweit bei Unwirksamkeit des Vergleichs der Vorprozeß fortzusetzen ist, fehlt für eine Klage nach § 767 das Rechtsschutzbedürfnis (BGH NJW 71, 467 = MDR 71, 390; Düsseldorf NJW 66, 2367; Zweibrücken OLGZ 70, 185; aA Kühne NJW 67, 1115 u ZZP 85 [1972], 98). Wird jedoch von einer Partei nach Abschluß eines Prozeßvergleichs außer der Nichtigkeit des Vergleichs hilfsweise auch geltend gemacht, die durch den Vergleich begründete Forderung sei weggefallen, dann für alle Einwendungen Klage nach § 767 (BGH NJW 67, 2014). Denn Aufhebung des Vergleichs mit Wirkung für die Zukunft steht der rückwirkenden Vernichtung nicht gleich (Schellhammer Zivilprozeß Rn 685).
- **Schiedssprüche:** §§ 1040, 1042. Klage nach § 767 nur auf Grund von Tatsachen, die im Erkenntnisverfahren nicht vorgebracht werden konnten (RGZ 148, 272; BGHZ 34, 281; Geißler NJW 85, 1868).
- **Sicherungsgrundschuld:** Vollstreckungsgegenklage, soweit die Grundschuld nur teilweise valutiert ist, aber in voller Höhe der Grundschuldsumme vollstreckt wird (Köln ZIP 80, 112).

● **Sozialabfindungsplan:** bei Eintragung als bevorrechtigt in die Konkurstabelle vor der Entscheidung BVerfG NJW 84, 475 (Eisenburger ZIP 84, 655).

● **Vergleichsordnung:** Die Einwendungen müssen nach dem Vergleichstermin entstanden sein, §§ 85 I, 86 VglO.

● **Vollstreckbare Urkunden:** § 794 I Nr 5 (s Geißler NJW 85, 1866 u Rn zu § 794). Nach Heilung eines ursprünglich nichtigen Kaufvertrages wegen Verstoßes gegen § 313 S 2 BGB keine Vollstreckungsgegenklage mehr (BGH WPM 85, 545 = Warneyer 1985 Nr 37).

● **Vollstreckungsbescheide:** § 794 I Nr 4, § 796 II (zur Präklusion nach § 767 II s Rn 20).

● **Vollstreckungsurteile:** § 723.

● **Zinsforderung:** Vollstreckungsgegenklage statt Erinnerung, wenn die Vollstreckungsmaßnahmen unklar lassen, ob und inwieweit wegen der nicht titulierten Zinsforderung vollstreckt wird (Düsseldorf OLGZ 80, 339).

● **Zuschußberechnung:** Gegen sie findet binnen eines Monats Anfechtungsklage statt, § 111 GenG; sie kann nur auf Gründe gestützt werden, die im Termin vor dem Konkursgericht vorgebracht wurden (§ 107 GenG); wegen später entstandener Einwendungen Klage nach § 767 (§ 111 GenG). Zuständigkeit: § 109 II GenG.

● **Zwangsversteigerungsverfahren:** Zuschlagsbeschlüsse, §§ 93, 132 ZVG (Schleswig ZIP 82, 160). Teilungsplan: §§ 115, 156 ZVG (BGH NJW 80, 2586). Für den Zuschlagsbeschluß und die Vollstreckung aus einer Ersatzübertragung gilt § 767 II nicht.

2) **Nicht anwendbar** ist § 767: 7

● Bei **Arresten:** Nur Widerspruch, § 924, oder Verfahren nach § 927.

● Bei **einstw Verfügungen** (Breslau OLGE 42, 52), es sei denn, sie sind auf Befriedigung (Unterhaltszahlung) gerichtet (München OLGE 40, 402; Braunschweig OLGE 43, 153; Dresden JW 34, 1184; KG DR 39, 1766). Änderung für die Zukunft ist nach § 927 zu verfolgen. Analog § 767 II ist die Vollstreckungsabwehrklage ausgeschlossen, wenn der Schuldner noch Widerspruch einlegen kann (Karlsruhe OLGE 13, 189).

● Im **Justiz-Beitreibungsverfahren.**

● Im **Kostenfestsetzungsverfahren,** wenn die erfolgreiche Vollstreckungsabwehrklage zwar die Vollstreckbarkeit des titulierten Anspruchs, nicht jedoch die Eignung des Titels als Zwangsvollstreckungsgrundlage beseitigt hat (LG Berlin MDR 83, 136).

● Auf **notarielle Urkunden,** in denen sich Eigentümer und persönlicher Schuldner der sofortigen Zwangsvollstreckung wegen einer Grundschuld unterworfen haben und lediglich die Vollstreckung in einem Rechtsstreit zwischen Eigentümer und Gläubiger für unzulässig erklärt worden ist (LG Frankenthal MDR 83, 586).

V) Zulässigkeit. Die **Klage** (im ordentl Prozeßverfahren; in Baulandsachen ist die Kammer für Baulandsachen zuständig, BGH NJW 75, 829) ist **zulässig** bei Vorliegen der allgemeinen Prozeßvoraussetzungen; ob eine Einwendung schlüssig behauptet ist, rechnet zur Begründetheit (Rn 10; Geißler NJW 85, 1867). Das **Rechtsschutzbedürfnis** ist gegeben, sobald eine Zwangsvollstreckung ernstlich droht, also auch schon vor Erteilung (RGZ 134, 162) oder Umschreibung (Celle NdsRpfl 63, 37) der Vollstreckungsklausel bis zur endgültigen Befriedigung des Gläubigers (RGZ 84, 292). Es fehlt, wenn eine Zwangsvollstreckung unzweifelhaft nicht mehr droht (BGH NJW 84, 2826 = MDR 84, 830 = Warneyer 1984 Nr 41). **Nach** Beendigung der Zwangsvollstreckung nur Klage aus materiellem Recht (RGZ 100, 100; Frankfurt NJW 61, 1479 [verlängerte Vollstreckungsabwehrklage]; Düsseldorf NJW-RR 86, 424; aA Brehm ZIP 83, 1420: § 767 auch nach Beendigung der Zwangsvollstreckung). Vorläufiger Verzicht auf Vollstreckung oder auf ein erlangtes Pfändungspfandrecht macht Klagestellung nicht unzulässig (Breslau JW 30, 3345). Die Vollstreckungsabwehrklage bleibt zulässig, bis der Titel dem Schuldner ausgehändigt oder ihm vom Gläubiger ein Anerkenntnis der Befriedigung ausgestellt worden ist (Breslau JW 30, 3345; BGH NJW 85, 2481); bloßer Verzicht des Gläubigers auf seine Rechte aus dem Vollstreckungstitel ohne dessen Herausgabe an den Schuldner beseitigt das Rechtsschutzbedürfnis nicht (BGH NJW 84, 2826 = MDR 84, 830). Dagegen fehlt das Rechtsschutzbedürfnis für eine Vollstreckungsabwehrklage des Konkursverwalters gegen einen Konkursgläubiger, der vor Konkurseröffnung einen Vollstreckungstitel erwirkt hat, wenn sie nur damit begründet wird, daß dem Gläubiger infolge des Auszuges aus der Konkurstabelle ein stärkerer Schuldtitel zur Verfügung stehe (BGH NJW 60, 435). Wird die Zwangsvollstreckung nach Erhebung der Abwehrklage beendet, dann muß der Kläger, seinen Antrag ändernd, beantragen, den Beklagten zur Erstattung des Empfangenen u gfls zum Schadensersatz zu verurteilen (BAG NJW 80, 141). Ein besonderes „Feststellungsinteresse“ ist für die Zulässigkeit nicht nötig, weil keine Feststellungsklage im Sinne des § 256 vorliegt, son- 8 dern eine prozessuale Gestaltungsklage. Jedoch ist der Antrag auf hilfsweise Feststellung einer zeitlich oder betragsmäßig begrenzten Unzulässigkeit der Zwangsvollstreckung zulässig (BGH WPM 85, 703). Gewillkürte **Vollstreckungsstandschaft** wird im Gegensatz zur gewillkürten Prozeßstandschaft im Erkenntnisverfahren vom BGH nicht zugelassen (BGHZ 92, 347 = NJW 85, 809 = MDR 85, 309 = JR 85, 287 m Anm Olzen). Zum fehlenden Rechtsschutzbedürfnis für die Klage aus § 767 gegen **einstweilige Anordnungen** auf Ehegattenunterhalt s Rn 4.

9 **VI) Zuständigkeit. Örtlich und sachlich ausschließlich zuständig** (§ 802) ist das **Gericht des Vorprozesses erster Instanz,** auch das Familiengericht (Hamburg FamRZ 84, 804) oder ein Sondergericht (zB Arbeitsgericht, wenn der Arbeitgeber sich in notarieller Urkunde der sofortigen Zwangsvollstreckung wegen eines Anspruches aus dem Arbeitsverhältnis unterworfen hat, Frankfurt MDR 85, 330 = OLGZ 85, 97), und zwar ohne Rücksicht auf den Streitwert. Prozeßgericht ist das Gericht des Verfahrens, in dem der Vollstreckungstitel geschaffen worden ist (BGH NJW 80, 188), auch wenn die Vollstreckungsabwehrsache eine Familiensache ist (BGH Rpfleger 80, 182) oder wenn das titelschaffende Gericht unter Verstoß gegen Zuständigkeitsvorschriften entschieden hatte (St/J/Münzberg § 767 Rn 46). Richtet sich die Zuständigkeit nicht nach dem Streitgegenstand, sondern nach dem zugrunde liegenden materiellen Anspruch (für Familiensachen BGH Rpfleger 80, 15), so gilt dies auch für die Berufungsinstanz. Zuständig ist daher für die Berufung in einer Vollstreckungsabwehrklage bei einer Familiensache der Familiensenat des OLG (Hamm NJW 78, 281). Welche Abteilung oder Kammer zu entscheiden hat, ist Sache der Geschäftsverteilung (RGZ 45, 343; 47, 384). Bei ausländischen Urteilen oder Schiedssprüchen ist das inländische Gericht zuständig, welches das Vollstreckungsurteil oder den Vollstreckungsbeschluß erlassen hat, §§ 722, 1042 a (RGZ 13, 347; 165, 374). Zur interlokalen Zuständigkeit s BGH FamRZ 82, 785 u Beitzke IPRax 83, 16. Bei vollstreckbaren gerichtl und notariellen Urkunden ist örtlich das Gericht zuständig, bei dem der Schuldner seinen allgemeinen Gerichtsstand, in Ermangelung eines solchen den Gerichtsstand des Vermögens, § 23, hat (§ 797 V). Handelt es sich um eine Urkunde, aus der die Zwangsvollstreckung wegen des dingl oder persönl Anspruchs gegen den jeweiligen Grundstückseigentümer betrieben wird, so ist das Gericht zuständig, in dessen Bezirk das Grundstück belegen ist, § 800 III (Braunschweig OLGE 22, 371). Für die sachliche Zuständigkeit ist der Wert des zu vollstreckenden Anspruchs maßgebend. § 23 GVG ist entsprechend anwendbar (KG JW 36, 2820, s auch LG Stuttgart MDR 53, 49). Bei **Prozeßvergleichen** ist das Gericht zuständig, bei dem der durch den Vergleich erledigte Rechtsstreit in erster Instanz anhängig war; bei einem Vergleich nach § 118 ist das Gericht zuständig, bei dem um Prozeßkostenhilfe nachgesucht war.

10 **VII) Begründetheit.** Die **Klage** ist **begründet,** wenn bei gegebener Sachbefugnis des Klägers eine Einwendung durchgreift, die den durch das Urteil festgestellten Anspruch selbst betrifft, wobei Abs 2 u 3 zu beachten sind. Erweist sich die Klage als unbegründet, dann bleibt sie gleichwohl zulässig, weil dazu die schlüssige Behauptung einer Einwendung ausreicht (Geißler NJW 85, 1867). **Beweislastumkehr** bei Verzicht auf den Nachweis des Entstehens der Forderung als Vollstreckungsvoraussetzung (BGH NJW 81, 2756; dagegen Wolfsteiner NJW 82, 2851).

11 **1) Sachbefugt ist** der Vollstreckungsschuldner, dh jeder, gegen den sich als Schuldner die Zwangsvollstreckung richtet, also auch der Rechtsnachfolger (§ 727) u Duldungsschuldner, nicht der Dritte, der ein Widerspruchsrecht nach § 771 hat, auch nicht der Drittschuldner (BGH NJW 64, 687) u der Vollstreckungsstandschafter (BGHZ 92, 347 = MDR 85, 309 = NJW 85, 809 = JR 85, 287 m Anm Olzen), wohl der gesetzliche Prozeßstandschafter (§ 1629 III BGB; Köln FamRZ 85, 626). Bei Verurteilung Zug um Zug bewirkt das Abhängigmachen der Vollstreckung von der Gegenleistung keinen Vollstreckungstitel gegen den Gläubiger, daher keine Vollstreckungsabwehrklage des Gläubigers (RGZ 100, 198). **Passivlegitimiert** ist derjenige, dem die Klausel erteilt worden ist, oder wer die Zwangsvollstreckung im eigenen Namen betreibt, also auch der Rechtsnachfolger, auch wenn die Klausel noch nicht auf ihn umgestellt ist, wenn er sich als Gläubiger ausgibt u mit Zwangsvollstreckung droht (Naumburg OLGE 20, 374). Gesamthandgläubiger sind alle zu verklagen, bei Gesamtgläubigern u Teilgläubigern (§§ 402, 428 BGB) nur der einzelne Vollstreckungsgläubiger. Ist an einen Dritten zu leisten, so ist Beklagter der aus dem Schuldtitel ersichtl Gläubiger. Die für den Vorprozeß erteilte Prozeßvollmacht erstreckt sich auch auf den Prozeß aus § 767.

12 **2) Gründe, auf denen die Einwendung beruhen kann:**

- **Anfechtung:** Sowohl Irrtums- wie Täuschungs- und Drohungsanfechtung (§§ 119, 123 BGB) sind präkludiert, soweit das Gestaltungsrecht vor Schluß der mündlichen Verhandlung begründet war. Wirkt die Täuschung oder die Drohung jedoch fort und hindert den Berechtigten an der Geltendmachung des Gestaltungsrechts, dann ist erst deren Beendigung maßgebend (Ernst NJW 86, 404).

● **Auflösende Bedingung** (RGZ 123, 70).

● **Aufrechnung** (§ 388 BGB). Bei ihr ist der Grund zur Einwendung – wie bei allen Gestaltungsrechten (Ernst NJW 86, 401) – nicht erst entstanden, wenn die Aufrechnung erklärt worden ist, sondern schon, sobald sich die Forderungen aufrechenbar gegenüberstanden (einhellige Rspr; zum abw Schrifttum s Brox/Walker, Zwangsvollstreckungsrecht, 1986, Rn 1343–1346 m Nachw). Auf die Aufrechnung kann daher die Klage nur gestützt werden, wenn etwa die aufzurechnende Forderung erst nachträglich von dem Schuldner erworben oder erst nachträglich fällig wurde. Auf ein Verschulden kommt es hierbei nicht an (Naumburg JW 36, 1363). Aufrechnung gegenüber einem inzident oder widerklagend verfolgten Schadensersatzanspruch wegen ungerechtfertigter Vollstreckung möglich, wenn das vorläufig vollstreckbare und vollstreckte Urteil durch Sachentscheidung aufgehoben worden ist (BGH NJW 80, 2527). Keine Begründung der Vollstrekkungsgegenklage mit einer im Vorprozeß wegen § 530 II nicht zugelassenen Aufrechnung (Düsseldorf MDR 83, 586 m Nachw, auch zur Gegenmeinung). Versagt wird die Aufrechnungsbefugnis gegenüber dem Kostenerstattungstitel mit dem materiellen Anspruch aus der zurückgenommenen Klage (München MDR 84, 501 = OLGZ 84, 188; ebenso für ein Zurückbehaltungsrecht Köln JMBlNRW 83, 274). Zur **Rechtskraftwirkung** nach § 322 II bei Aufrechnung im Vollstrekkungsprozeß s BGHZ 48, 358 ff; 89, 349 = JR 84, 330 m Anm Haase). Zur Aufrechnung im **Kostenfestsetzungsverfahren** s §§ 103, 104 Rn 21 unter „Aufrechnung".

● **Erbausschlagung.**

● **Entscheidung,** neue, die den im älteren Urteil unter denselben Parteien festgestellten Anspruch verneint (RGZ 52, 217), Feststellung der Nichtehelichkeit eines Kindes nach Rechtskraft eines Unterhaltsurteils (AG Lahnstein FamRZ 84, 1236).

● **Erfüllung** des Anspruchs, wenn also der Schuldner behauptet, daß er oder, soweit er nicht in Person zu leisten hat (§§ 267 ff, 1142, 1224, 1249 BGB), ein Dritter die zugesprochene Leistung an den Gläubiger bewirkt oder daß dieser eine andere Leistung an Erfüllungs Statt angenommen hat oder eine zu erwirkende vertretbare Handlung (§ 887) vorgenommen worden sei (Bamberg Rpfleger 83, 79). Der Einwand der Erfüllung ist immer durch Vollstreckungsabwehrklage geltend zu machen (Hamm DGVZ 80, 153). Bei Gesamtschuldnerschaft kann jeder Gesamtschuldner den Erfüllungseinwand nach § 767 geltend machen (Frankfurt ZIP 82, 880 = OLGZ 82, 357). Zur Titelherausgabe nach Erfüllung s Rn 8.

● **Erlaß** (§ 397 BGB).

● **Gesetzesänderung** (BGH FamRZ 77, 461), auch auf Grund bindender Rspr des BVerfG (Nürnberg JurBüro 85, 1894; LG München WRP 84, 577), jedoch nicht, weil eine Verfassungsbeschwerde wegen verfassungswidriger Anwendung eines Gesetzes Erfolg hatte (Köln WPM 85, 1539) oder wegen der Änderung fachgerichtlicher Rspr (Naumburg JW 34, 3015).

● **Gestaltungsrechte:** s unter „Anfechtung" und „Aufrechnung" sowie Ernst NJW 86, 401.

● **Gläubigerwechsel** (AG München DGVZ 84, 76; AG Limburg DGVZ 84, 121; AG/LG Karlsruhe DGVZ 84, 155).

● **Hinterlegung** aus einem in der Person des Gläubigers liegenden Grund, wenn der Schuldner auf die Rücknahme verzichtet hat oder doch den Gläubiger auf das Hinterlegte verweist, §§ 378, 379 BGB (LG Karlsruhe DGVZ 84, 155).

● **Klagerücknahme** nach Erlaß eines für vorläufig vollstreckbar erklärten Urteils.

● **Konkurseröffnung.** Hat der Konkursverwalter eine Forderung als Masseschuld anerkannt oder ist er im Rechtsstreit zur Zahlung verurteilt worden, dann kann er der Vollstreckung in die Konkursmasse mit dem Einwand begegnen, die Masse sei zur vollständigen Befriedigung aller Masseschulden unzureichend (LG Oldenburg DGVZ 79, 74); BAG ZIP 86, 1338; AP KO § 60 Nr 1). Lediglich *drohende* Masseunzulänglichkeit ist keine zulässige Einwendung, kann aber entsprechend § 148 Verfahrensaussetzung veranlassen (BAG ZIP 86, 1338; AP KO § 60 Nr 1). S auch Rn 15.

● **Miterben.** Sie können ihr Recht einwenden, bis zur Teilung des Nachlasses die Berichtigung der Nachlaßverbindlichkeiten aus ihrem Privatvermögen zu verweigern (§ 2059 S 1 BGB), sowie nach §§ 785, 786 die gem §§ 419, 1480, 1504, 2014 f, 2187 BGB eintretende beschränkte Haftung (Düsseldorf Rpfleger 77, 416).

● **Nacherbfolge,** Eintritt.

● **Notbedarf,** §§ 519, 529 II BGB.

● **Optionsrecht,** wenn es ausgeübt worden ist (BGHZ 94, 29 = NJW 85, 2481 = JR 85, 468 m Anm Haase).

● **Pfändungs- und Überweisungsbeschluß** wegen Gläubigerwechsels (AG München DGVZ 84, 76 m Nachw; s auch unter „Gläubigerwechsel").

● **Rechtsmißbrauch,** zB Schikane, § 226 BGB (OLG Rostock OLGE 31, 96). Mißbräuchlich auch die Zwangsvollstreckung gegen eine Gesellschaftergruppe einer aufgelösten OHG aus einer titulierten Forderung gegen diese OHG nach Kauf durch einen Dritten mit Mitteln der anderen Gesellschaftsgruppe (Köln WPM 80, 1077). Rechtsmißbräuchlich handelt auch ein Schuldner, der den ihm aufgegebenen Prozeßkostenvorschuß nicht zahlt und sich dann auf ein später ergangenes, dem Vorschußberechtigten ungünstiges Sachurteil beruft. Vorausgesetzt ist aber immer, daß der Rechtsmißbrauch den Bestand der Forderung betrifft und nicht etwa nur einzelne Vollstreckungsmaßnahmen, gegen die nach § 765a vorzugehen ist (Koblenz OLGZ 1985, 455). Zum Rechtsschutz gegen die Vollstreckung aus **sittenwidrigen Kreditgeschäften** s Kohte NJW 85, 2217 u Münzberg NJW 86, 361.

● **Rücktritt** vom Vertrag nach Erlaß des Urteils (RGZ 104, 17).

● **Schuldnereigenschaft,** wenn außer der fehlenden Bezeichnung als Vollstreckungsschuldner (dann § 766) auch das materielle Fehlen der Schuldnereigenschaft behauptet wird (Düsseldorf OLGZ 84, 93).

● **Stundung** (Karlsruhe OLGE 13, 188; Königsberg OLGE 18, 408).

● **Unmöglichkeit** der Erfüllung, wenn sie die Leistungspflicht berührt, § 275 BGB (RGZ 107, 235).

● **Unzulässige Rechtsausübung** (BGHZ 42, 1; s unter „Rechtsmißbrauch").

● **Veräußerung** des Handelsgewerbes gem § 25 HGB.

● **Vereinbarungen** der Parteien vor Urteilserlaß, wie das Urteil zwischen ihnen wirken soll (RG DJZ 00, 301). Vollstreckungsbeschränkende Vereinbarungen, die nach dem Vorprozeß getroffen worden sind, können ebenfalls nach § 767 geltend gemacht werden (BGHZ 16, 182; BGH NJW 82, 2072; Frankfurt OLGZ 81, 112).

● **Vergleich,** auch Prozeßvergleich (Karlsruhe MDR 77, 937) und Zwangsvergleich sowie die Begrenzung der persönlichen Haftung der Gesellschafter durch Vergleich gem § 109 Nr 3 VglO. Ebenso im Unterhaltsrecht, wenn nach Vereinbarung einer niedrigeren Zahlung der Unterhaltsgläubiger voll aus dem ursprünglichen Titel vollstreckt (Schleswig SchlHA 80, 161).

● **Verjährung** des rechtskräftigen Anspruchs, § 218 BGB; jedoch nicht, wenn während der Verjährungsfrist ein Verbotsurteil befolgt worden ist (BGH MDR 72, 761), und keine Verjährungseinrede des aus § 128 HGB rechtskräftig verurteilten Gesellschafters mit der Begründung, die Forderung des Gläubigers gegen die Gesellschaft sei nachträglich verjährt (BGH NJW 81, 2579 = ZIP 81, 861).

● **Verwirkung** eines Räumungsanspruches (AG Remscheid DGVZ 81, 126).

● **Verzicht** auf die Urteilsvollstreckung oder auf den Anspruch.

● **Wahlrecht,** Verlust des sich aus dem Titel ergebenden –s (BAG NJW 64, 687).

● **Wegfall der Aktivlegitimation** des Gläubigers infolge Abtretung, Pfändung oder Überweisung des Anspruchs (s RGZ 25, 427 u die Nachw unter „Gläubigerwechsel"), auch Beendigung gesetzlicher Prozeßstandschaft (§ 1629 III; Köln FamRZ 85, 626). Abtretungseinwand auch dann erheblich, wenn der Titelgläubiger einverständlich weitervollstrecken will, weil es keine Vollstreckungsstandschaft gibt (BGHZ 92, 347 = MDR 85, 309 = NJW 85, 809 = JR 85, 287 m Anm Olzen).

● **Wegfall der Passivlegitimation** des Schuldners durch befreiende Schuldübernahme. Zur Zulässigkeit der Vollstreckungsabwehrklage bei bestrittener Schuldnereigenschaft s Rn 12 unter „Schuldnereigenschaft".

● **Zurückbehaltungsrecht** (RGZ 158, 149), auch bei Geltendmachung weiterer Zurückbehaltungsgründe, wenn die Zwangsvollstreckung von einer Zug um Zug zu bewirkenden Leistung des Gläubigers abhängig ist und der Gläubiger wegen Bewirkens der Gegenleistung auf Duldung der Vollstreckung schlechthin klagt (BGH MDR 62, 976). Keine Berufung auf ein Zurückbehaltungsrecht gegen Vollstreckung aus einem Kostenfestsetzungsbeschluß, weil der Vollstreckungsgläubiger die Auskunft noch nicht erteilt habe, zu der er in der Hauptsache verurteilt worden sei (Köln JMBlNRW 83, 274).

13 **3) Keine erheblichen Gründe sind:**

● **Änderung der Rechtsprechung** (Naumburg JW 34, 3015) oder das Bestreben, die Änderung einer materiellrechtlichen Anspruchsnorm zu erreichen (Frankfurt FamRZ 79, 139).

● **Anerkenntnis:** Einwand, das die Urteilsgrundlage bildende Anerkenntnis beruhe auf Täuschung oder Irrtum (Stuttgart HRR 28 Nr 1522).

● **Bürge:** Wenn der rechtskräftig verurteilte Hauptschuldner Befriedigung des Gläubigers behauptet, weil der Bürge auf Grund vorläufig vollstreckbar erklärten Urteils zur Abwendung der Zwangsvollstreckung an den Gläubiger bezahlt habe (RGZ 98, 329).

● **Dissens:** Da es nur um einen im Prozeß nicht erkannten oder rechtlich verkannten, also nicht nachträglich veränderten Sachverhalt geht, ist die Berufung darauf unbeachtlich.

● **Einwendung gegen die Zulässigkeit der Vollstreckungsklausel: § 732** (vgl BGHZ 22, 54 = NJW 57, 23), **gegen die Art u Weise der Durchführung der Zwangsvollstreckung: § 766.** Zur Beanstandung der Gegenleistung als mangelhaft s LG Hamburg DGVZ 84, 10 u Rn 12 unter „Erfüllung".

● **Erbenhaftung,** bei **fehlendem Vorbehalt der Beschränkung** (RGZ 59, 304).

● **Geschäftsunfähigkeit.** Die Rechtsungültigkeit des Verfahrens (Mangel der Geschäftsfähigkeit der Partei) kann nur durch zulässige Rechtsmittel oder durch Nichtigkeitsklage geltend gemacht werden (RGZ 35, 398).

● **Inhalt des Urteils,** bei Streit darüber muß notfalls neu geklagt werden (RGZ 82, 161; 122, 363).

● **Nichtigkeit** eines Grundstückskaufvertrages, der nach § 313 S 2 BGB geheilt ist (BGH WPM 85, 545).

● **Prozeßführungsbefugnis** gem § 1629 III 1 BGB sei während der Zwangsvollstreckung erloschen; deshalb unbeachtlich, weil der Einwand nicht den Titel, sondern einen Mangel des Vollstreckungsverfahrens betrifft, der nach § 766 geltend zu machen ist (Frankfurt FamRZ 83, 1268).

● **Wandlung der Verkehrs- oder Rechtsauffassung,** es sei denn, es handelt sich um eine grundlegende Wandlung der gesamten Rechtsauffassung (vgl BGH NJW 53, 745; KG JW 37, 1405; Breslau JW 38, 315; LG Berlin MDR 59, 582).

● **Zwangsvergleich.** Wird behauptet, daß ein Zwangsvergleich mit dem Inhalt, in dem er die Bestätigung des Gerichts gefunden hat, tatsächlich nicht zustande gekommen sei, so trifft § 767 nicht zu (RGZ 122, 361).

4) Abs 2. Die Klage ist nur begründet (RGZ 77, 352), wenn die Gründe, auf denen die Einwendungen beruhen, **nach dem Schluß der letzten mündl Tatsachenverhandlung** entstanden sind und durch Einspruch nicht mehr geltend gemacht werden können. Nach Versäumnisurteil (§§ 338, zum Vollstreckungsbescheid s 796 II) kann die Klage aus § 767 nur auf nach Ablauf der Einspruchsfrist entstandene Einwendungen gestützt werden; frühere müssen in der Begründung (§ 340 III) vorgebracht werden (BGH NJW 82, 1812; str, vgl Brox/Walker, Zwangsvollstrekkungsrecht, 1986, Rn 1322 m Nachw). Belanglos ist, wann die Partei von dem Grund Kenntnis erlangt hat (BGH NJW 73, 1328), auf Verschulden kommt es also nicht an (BGHZ 61, 26; aA Brox/Walker, Zwangsvollstreckungsrecht, 1986, Rn 1357 m Nachw). Wird die Rechtswirkung erst durch eine hinzukommende Willenserklärung ausgelöst (**Gestaltungsrechte**), so ist maßgebend der Zeitpunkt, zu dem die Willenserklärung abgegeben werden kann (ganz h Rspr, wohl schon gewohnheitsrechtlich verfestigt; krit dazu St/J/Münzberg § 767 Rn 30–39). Solche Gestaltungsrechte sind Aufrechnung, Anfechtung, gesetzl Rücktritt, Wandlung und Minderung (s Rn 66 vor § 322), nicht hingegen ein Optionsrecht, für das der Zeitpunkt der Ausübung maßgebend ist (Rn 12 bei „Option"). Daß das Entstehen der Einwendung mit der Befugnis zur Ausübung des Gestaltungsrechts gleichgesetzt wird (zB BGHZ 24, 97; 34, 279; 94, 29), macht den rechtskräftigen Titel weitgehend unangreifbar, schafft aber die größtmögliche Rechtssicherheit (zu anderen Datierungen des Entstehens s Geißler NJW 85, 1867 m Nachw). Gehört die Kenntnis zum Tatbestand, wie zB bei der Abtretung in §§ 407, 408, dann kommt es auf den Zeitpunkt der Kenntnis an (RGZ 84, 286). Ist ein **Vorbehaltsurteil** über eine zur Aufrechnung gestellte Forderung (§ 302) oder im Urkunden- und Wechselprozeß (§ 600) ergangen, dann müssen die Gründe nach der letzten mündl Verhandlung im Nachverfahren entstanden sein, soweit in dem Verfahren noch Einwendungen zulässig waren (KG OLGE 37, 165; Hamburg OLGE 42, 34. Ist über den Grund des Anspruchs entschieden, so müssen die bis zum Erlaß des Urteils über die Höhe entstandenen Einwendungen in diesem Verfahren vorgebracht werden; insoweit ist die Vollstreckungsabwehrklage ausgeschlossen). **Veräußert** der Beauftragte Sachen des Auftraggebers weisungsgemäß im eigenen Namen und wird der Anspruch des Auftraggebers auf Abführung des vereinnahmten Erlöses in einem Rechtsstreit zwischen beiden in eine gegenseitige Abrechnung mit Überschuß zugunsten des Auftraggebers eingebracht, dann kann dieser sich später nicht mehr darauf berufen, er habe nach Urteilserlaß erfahren, daß es sich um gestohlene Sachen gehandelt habe und er deswegen dem Käufer den Kaufpreis habe zurückzahlen müssen (Köln JMBlNRW 80, 64). 14

a) Einwendungen gegen die Zwangsvollstreckung aus der **Konkurstabelle** dürfen erst **nach** dem Prüfungstermin entstanden sein. Bei uneingeschränkter Verurteilung des Konkursverwalters wegen einer Masseforderung kann die Unzulänglichkeit der Masse mit Vollstreckungsabwehrklage geltend gemacht werden (Rn 12 unter „Konkurseröffnung"); Abs 2 steht nur dann entgegen, wenn der Stand der Masse bereits vor Schluß der letzten mündlichen Verhandlung im 15

Erkenntnisverfahren soweit erklärt war, daß sich die Quote nach § 60 I KO errechnen ließ (BAG NJW 80, 141). Hat der Konkursverwalter den Einwand der Masseunzulänglichkeit unsubstantiiert vorgebracht, dann ist ihm die nachträgliche Substantiierung abgeschnitten, soweit sie auf Tatsachen gestützt wird, die vor Schluß der mdl Verhandlung bestanden haben (BAG ZIP 86, 1338). Dementsprechend können auch im Prozeßverfahren verspätet vorgebrachte oder als unzulässig verworfene Einwendungen nicht mehr durch Klage aus § 767 geltend gemacht werden. Bei Entscheidung im schriftl Verfahren nach § 128 II ist der Zeitpunkt maßgebend, bis zu dem nach dem Beschluß des Gerichts Schriftsätze eingereicht (§ 128 II 2) oder nachgereicht (§ 283) werden können. Bei der Entscheidung nach Lage der Akten (§ 251 a) kommt es auf den Termin an, dessen Versäumung die Entscheidung veranlaßt hat.

16 **b)** Die Klage aus § 767 kann auch erhoben werden, wenn der Klageberechtigte die Berufungsfrist hat verstreichen lassen (Rn 4). Wird die **Berufung** als unzulässig verworfen oder ergeht infolge Zurücknahme des Rechtsmittels Beschluß nach § 515 III, so ist der für die Geltendmachung von Einwendungen maßgebende Zeitpunkt die mündl Verhandlung, auf die das angefochtene Urteil erlassen wurde (RG JW 07, 310).

17 **c)** Die Zulässigkeit von Einwendungen, die der Schuldner gegenüber dem durch **Schiedsspruch** festgestellten Anspruch selbst mit der Vollstreckungsabwehrklage geltend macht, bestimmt sich auch bei **ausländischen Schiedssprüchen** nach § 767 II. Jedoch kann der Schuldner, der mit einer Gegenforderung vor dem Schiedsgericht nicht aufgerechnet hat, im Verfahren der Vollstreckungsabwehrklage dann noch aufrechnen, wenn das Schiedsgericht entweder für die Entscheidung über die Aufrechnung nicht zuständig war oder wenn feststeht, daß es darüber trotz bestehender Zuständigkeit nicht entschieden hätte (BGH NJW 65, 1138).

18 **d)** Ist gegen ein **Versäumnisurteil** in dem Zeitpunkt, in dem sich die Notwendigkeit zur Klageerhebung nach § 767 ergibt (zB drohende Zwangsvollstreckung trotz Zahlung nach Urteilserlaß), noch Einspruch zulässig, dann kann nur er eingelegt werden. Eine Klage aus § 767 ist nur zulässig, wenn im Zeitpunkt der Notwendigkeit der Klageerhebung ein Einspruch nicht mehr möglich ist (s Schumann NJW 82, 1862 m Nachw; Geißler NJW 85, 1868). Beim **Vollstreckungsbescheid** liegt es ebenso. Die Zustellung entspricht dem Verhandlungsschluß (§ 796 II).

19 **e)** Bei der **Rückerstattungsanordnung** nach §§ 9, 11 WiStG kommt es auf den Zeitpunkt der Zustellung des Bußgeldbescheides an (BGH MDR 82, 488 = WPM 82, 195).

20 **5)** Die Präklusion nach Abs 2 greift nicht ein bei Titeln ohne Rechtskraftwirkung: **Prozeßvergleich,** da er keine mündliche Verhandlung voraussetzt (RGZ 37, 420; BGH MDR 53, 155; BAG BB 80, 728). **Vollstreckbare Urkunden** (§§ 794 I Nr 5, 797 IV). Bei Ansprüchen aus **Kostenfestsetzungsbeschlüssen** (vgl Köln JW 30, 1512; Hamburg MDR 53, 558) kann der Kostenschuldner auch dann noch gegen den Erstattungsanspruch nach Erlaß der Kostenentscheidung aufrechnen, wenn er vor der Schlußverhandlung hätte erklären können (BGHZ 3, 381). Auf den Festsetzungsbeschluß nach § 19 BRAGO wendet der BGH (MDR 76, 914 m Nachw) Abs 2 an (gegen Celle NdsRpfl 52, 28; Nürnberg MDR 57, 367; Pohlmann NJW 57, 107). **Vollstreckungsbescheide** (§ 699) sind nach allg M der formellen und materiellen Rechtskraft fähig, so daß die Sperre des § 767 II gilt (s § 700 Rn 15 f). Bei **wiederholter Vollstreckungsgegenklage** ist der Schuldner mit Einwendungen ausgeschlossen, die vor der letzten Tatsachenverhandlung des früheren Vollstreckungsgegenklageverfahrens entstanden waren, auch wenn er sie unverschuldet nicht geltend gemacht hatte (BGHZ 61, 25 = NJW 73, 1328; dagegen Münzberg ZZP 87 [1974], 447).

21 **6)** Ist die Klage begründet, so ergeht der **Ausspruch** dahin, daß die Zwangsvollstreckung ganz oder teilweise unzulässig oder nur unter Bedingungen zulässig ist (RG JW 04, 59; RGZ 100, 98). Mit der Klage kann der Anspruch auf Herausgabe des Schuldtitels verbunden werden, nicht aber die Klage auf Schadensersatz oder aus ungerechtfertigter Bereicherung (Hamburg OLGE 33, 97). Mit der Vollstreckungsabwehrklage kann nicht beantragt werden, die Zwangsvollstrekkung aus einem Titel nur insoweit für unzulässig zu erklären, als es sich um bestimmte Vollstreckungsmaßnahmen handelt; wohl kann die Klage gegen einen Teil eines Titels gerichtet werden (BGH MDR 61, 32; Köln Rpfleger 76, 138).

22 **VIII) Abs 3.** Der Schuldner muß **alle Einwendungen,** die er zur Zeit der Erhebung der Klage geltend zu machen imstande ist, mit **einer einzigen Klage** geltend machen (BGH MDR 67, 586); nicht notwendig in der Klageschrift, sondern genügend im laufenden Verfahren (Geißler NJW 85, 1868 m Nachw). Auf Verschulden kommt es nicht an (BGHZ 61, 25; Geißler NJW 85, 1868). Werden andere Einwendungen vorgebracht, die sich als Klageänderung darstellen, so gelten §§ 263, 267 und für die Berufungsinstanz § 529 (aA Geißler NJW 85, 1869). Auswechseln oder Nachschieben von Einwendungen ist nur zulässig, wenn der Beklagte einwilligt oder das Gericht die Klageänderung für sachdienlich erachtet (BGHZ 45, 231 = NJW 66, 1362 mit Anm Jerusa-

lem; BGH NJW 67, 107 mit Anm Schlechtriem; Anm Bötticher JZ 66, 614; Anm Schwab ZZP 79 [1966], 463; Celle MDR 63, 932 mit Anm Bötticher). Nicht vorgebrachte Gründe dürfen nicht von Amts wegen berücksichtigt werden (RGZ 109, 69). Die Klage aus § 767 läßt sich auf Grund von Einwendungen, die **nach** Schluß der mündl Verhandlung der vorausgegangenen Klage entstanden sind oder durch Einspruch nicht mehr geltend gemacht werden konnten, beliebig wiederholen (vgl BGH LM Nr 32 zu § 767).

IX) Die Erhebung der Vollstreckungsabwehrklage hemmt weder die begonnene Vollstreckung noch beseitigt sie die Vollstreckbarkeit des Titels. Das Prozeßgericht, in dringenden Fällen auch das Vollstreckungsgericht, kann aber auf Antrag vorläufige Anordnungen zum Schutze des Schuldners erlassen, § 769. Da die Unzulässigerklärung nicht den Titel, sondern lediglich dessen Vollstreckbarkeit beseitigt (Rn 5), bleibt er bestehen mit der Folge, daß er noch Grundlage für die Festsetzung von Vollstreckungskosten sein kann (LG Berlin DGVZ 83, 185). 23

X) Gebühren des **Gerichts** und des **Anwalts:** wie bei gewöhnlichen Klagen im ordentlichen Prozeß, § 11 GKG, KV Nr 1010, 1014 ff; §§ 31 ff BRAGO. – **Streitwert:** § 3 Rn 16 „Vollstreckungsabwehrklage". 24

768 *[Klage wegen Unzulässigkeit der Vollstreckungsklausel]*

Die Vorschriften des § 767 Abs. 1, 3 gelten entsprechend, wenn in den Fällen des § 726 Abs. 1, der §§ 727 bis 729, 738, 742, 744, des § 745 Abs. 2 und des § 749 der Schuldner den bei der Erteilung der Vollstreckungsklausel als bewiesen angenommenen Eintritt der Voraussetzung für die Erteilung der Vollstreckungsklausel bestreitet, unbeschadet der Befugnis des Schuldners, in diesen Fällen Einwendungen gegen die Zulässigkeit der Vollstreckungsklausel nach § 732 zu erheben.

I) Einwendungen **förmlicher Art** (Fehlen eines vollstreckbaren Titels oder des Nachweises der Rechtsnachfolge) gegen die Vollstreckungsklausel sind im Beschlußverfahren nach § 732 durchzusetzen (RGZ 50, 365). Dagegen sind **sachl Einwendungen** gegen die Erteilung der Vollstreckungsklausel (zB Nichteintritt der Verfallklausel wegen fristgerechter Zahlung oder Nichtigkeit der Abtretung, die der Erteilung der Klausel zugrunde lag) nach § 732 oder durch Klage nach § 768 geltend zu machen. **Analoge Anwendung** der §§ 768, 732, wenn der Altgläubiger die Wirksamkeit der Rechtsnachfolge auf einen neuen Gläubiger bestreitet, dem die Klausel erteilt worden ist (Schlosser, ZPR II, 1984, Rn 148). Mögl ist es, zuerst Einwendungen nach § 732 u nach ihrer Zurückweisung Klage zu erheben (RGZ 50, 372). Bei Klage u Einwendung nebeneinander empfiehlt es sich, die Entscheidung über die Klage gem § 148 auszusetzen, die Einstellung der Zwangsvollstreckung aber entweder auf Grund des § 732 II oder des § 769 anzuordnen. Hatte der Gläubiger auf Erteilung der Vollstreckungsklausel **geklagt,** weil er den Nachweis der Rechtsnachfolge usw durch Urkunden nicht erbringen konnte (§ 731), so kann der Schuldner nicht mehr Klage nach § 768 erheben. Andererseits **schließt** ein nach § 768 erwirktes **rechtskräftiges Urteil** die **Einwendung nach § 732** aus. Keine unzulässige Klageänderung liegt vor bei Übergang von der Klage aus § 768 zur Klage aus § 767 (RGZ 65, 126), wohl aber im umgekehrten Fall. Ein Rechtsschutzbedürfnis für die Klage aus § 768 ist schon gegeben, wenn der Gläubiger einen mit der Vollstreckungsklausel versehenen Titel besitzt; es ist nicht erforderlich, daß der Gläubiger mit der Vollstreckung droht (RGZ 159, 387). Wird ein Urteil auf Herausgabe einer Sache nach Umschreibung der Vollstreckungsklausel gem § 727 gegen den Erwerber der Sache vollstreckt, so kann dieser, sofern er die Sache gutgläubig iS des § 325 II erworben hat, sein Eigentum durch neue Klage geltend machen, auch wenn er den Rechtsbehelf nach §§ 732, 768 nicht wahrgenommen hat (BGHZ 4, 283). 1

II) Klageantrag: „Die Zwangsvollstreckung auf Grund der zu dem Urteil vom ... erteilten Vollstreckungsklausel wird für unzulässig erklärt." Das Nichtvorliegen der angenommenen Voraussetzungen hat der Gläubiger (Bekl) zu beweisen. Die Beweislast richtet sich nicht nach der Parteirolle, sondern bleibt dieselbe wie im Verfahren bei der Erteilung der Klausel (Lenzing MDR 76, 268). Der Kläger muß nur behaupten, nicht beweisen, daß die als erwiesen angenommenen Tatsachen nicht vorliegen. Urteilsvollzug nach § 775 Nr 1. Eines besonderen Ausspruchs, daß auch die Zwangsvollstreckung unzulässig ist, bedarf es nicht, da sich dies, wenn keine Klausel vorhanden ist, von selbst versteht. Eine Beseitigung der Klausel auf der Ausfertigung ist nicht möglich, da die Rückgabe nicht erzwungen werden kann. Lagen die Voraussetzungen für die Vollstreckungsklausel, zB Rechtsnachfolge, zwar noch nicht zur Zeit der Erteilung vor, sind sie aber am Schluß der mündl Verhandlung (der ersten oder der zweiten Instanz) eingetreten, so ist die Klage auf Unzulässigkeit der Klausel nicht mehr begründet. Dagegen sind Zwangsvollstreckungsakte, die vor Eintritt der Voraussetzungen vorgenommen sind, fehlerhaft. Hierauf 2 kann sich nicht bloß der Schuldner berufen u Beseitigung der Pfandzeichen verlangen, sondern auch ein Dritter (RGZ 41, 376).

3 **III) Zuständig** für die Klage ist das Prozeßgericht erster Instanz, § 767 I; zum Vollstreckungsbescheid vgl § 796 III.

4 **IV) Gebühren** des **Gerichts** und des **Anwalts:** s Rn 24 zu § 767. – **Streitwert:** Grundsätzl Wertansatz unterhalb des Betrages der titulierten Forderung, nur ausnahmsweise deren voller Wert, wenn Einwendungen gg Klauselerteilung zugleich die materielle Anspruchsberechtigung des Titelgläubigers gegenüber dem Kläger ausräumen (KostRspr ZPO § 3 Nr 478 [Köln]). S § 3 Rn 16 „Unzulässigkeit der Vollstreckungsklausel".

769 *[Vorläufige Anordnungen zur Hemmung der Zwangsvollstreckung]*

(1) Das Prozeßgericht kann auf Antrag anordnen, daß bis zum Erlaß des Urteils über die in den §§ 767, 768 bezeichneten Einwendungen die Zwangsvollstreckung gegen oder ohne Sicherheitsleistung eingestellt oder nur gegen Sicherheitsleistung fortgesetzt werde und daß Vollstreckungsmaßregeln gegen Sicherheitsleistung aufzuheben seien. Die tatsächlichen Behauptungen, die den Antrag begründen, sind glaubhaft zu machen.

(2) In dringenden Fällen kann das Vollstreckungsgericht eine solche Anordnung erlassen, unter Bestimmung einer Frist, innerhalb der die Entscheidung des Prozeßgerichts beizubringen sei. Nach fruchtlosem Ablauf der Frist wird die Zwangsvollstreckung fortgesetzt.

(3) Die Entscheidung über diese Anträge kann ohne mündliche Verhandlung ergehen.

1 **I) Abs 1.** In den Fällen der §§ 767, 768, 771, 785, 786, 805 kann das Prozeßgericht eine **vorläufige Anordnung** wegen der Zwangsvollstreckung treffen, auch bei der Abänderungsklage nach § 323 (BGH LM § 323 ZPO Nr 1) oder nach § 641q (Frankfurt FamRZ 82, 736), nicht jedoch wenn Vollstreckung ausgeschlossen ist, zB bei der Feststellungsklage (KG NJW 58, 873; Köln NJW 73, 195). Auf die die Rechtskraft durchbrechende Deliktsklage gem § 826 BGB (s § 578 Rn 28) entsprechend anwendbar (Düsseldorf MDR 53, 557; Karlsruhe FamRZ 82, 400; 86, 1141; aA München NJW 76, 1748). Zur einstweiligen Einstellung bei Unterhaltsvollstreckung während noch bestehender Ehe und nach rechtskräftiger Scheidung s § 620 f Rn 2, 15 sowie Gießler FamRZ 82, 129; 83, 518 m Nachw. Keine analoge Anwendung bei Anfechtung einer Anerkennungs- und Verpflichtungsurkunde zur Vaterschaft (§ 1600 m BGB), weil die Vaterschaft bis zur Rechtskraft eines gegenteiligen Urteils vermutet wird (Saarbrücken DAVorm 85, 155). Umgekehrt rechtfertigt die Einleitung eines **PKH-Verfahrens** keine einstweilige Einstellung, wenn die Vollstreckungsabwehrklage noch nicht rechtshängig ist (§ 114 Rn 14).

2 **1)** Die Anordnungen nach § 769 sind zu unterscheiden von den einstw Verfügungen, die nur nach Beendigung der Zwangsvollstreckung zulässig sind, aber auch bei Versagen der Einstellung für Klagen aus § 826 BGB gewährt werden (München NJW 76, 1748; Karlsruhe OLGZ 76, 335). Wurde irrtümlich eine einstw Verfügung erlassen, kann sie nur durch Widerspruch beseitigt werden. Ist die Einstellung der Zwangsvollstreckung nach §§ 767, 769 zulässig, fehlt für eine einstw Einstellung durch einstw Verfügung das Rechtsschutzbedürfnis (München MDR 56, 237).

3 **2) Prozeßgericht** ist das Gericht, bei dem die Hauptsache anhängig ist, bei Berufung das Berufungsgericht (RGZ 33, 389), auch der Einzelrichter, § 348. Vor Rechtshängigkeit ist zuständig das (durch Einreichung der Klageschrift oder eines Antrags auf Bewilligung von Prozeßkostenhilfe) mit der Sache befaßte, nicht notwendig das für die Klage zuständige Gericht. **Notzuständigkeit** des zunächst angerufenen Gerichts bei Zweifeln, ob es sich um eine Familiensache handelt (Zweibrücken MDR 79, 324); Notzuständigkeit des Rechtsmittelgerichts nur, wenn auch bei ihm ein besonderes Eilbedürfnis dargelegt und glaubhaft gemacht wird (Hamburg FamRZ 84, 804). Ist bereits Klage auf Feststellung der Nichtigkeit eines beurkundeten Vertrages rechtshängig, dann kann das Prozeßgericht als Hauptsachegericht eine einstweilige Verfügung auf Einstellung der Zwangsvollstreckung erlassen, so daß die Erhebung einer Vollstreckungsgegenklage mit entsprechendem Einstellungsantrag nach § 769 nicht geboten ist (Düsseldorf OLGZ 1985, 493).

4 **3)** Das Prozeßgericht kann die einstw Anordnung schon vor Rechtshängigkeit erlassen, wenn die Klageschrift (nicht lediglich ein PKH-Antrag, § 114 Rn 14) eingereicht worden ist.

5 **4)** Vor dem Kollegialgericht besteht Anwaltszwang. **Glaubhaftmachung** der tatsächlichen Unterlagen nach § 294, die nicht durch Sicherheitsleistung ersetzbar ist. An Darlegungen und Glaubhaftmachung der Einwendungen sind strenge Anforderungen zu stellen, da sonst die Vollstreckungsfähigkeit eines Titels entwertet wird.

II) Die Entscheidung ergeht durch **Beschluß;** mündl Verhandlung ist freigestellt (Abs 3); dem Gegner ist rechtl Gehör zu gewähren, Art 103 I GG, falls der Antrag nicht sofort abgewiesen wird. Die Anordnung nach § 769 ist in das pflichtgemäße Ermessen des Gerichts gestellt. **Voraussetzungen** wie § 707 Rn 7–10. Insbesondere sind vor Einstellung die Aussichten des Rechtsbehelfs zu prüfen u bei der Beschlußfassung über den Einstellungsantrag zu berücksichtigen. Aussicht auf Erfolg ist Einstellungsvoraussetzung (Stuttgart DAVorm 85, 716); Beweisantizipation zulässig (§ 719 Rn 5). Eine formularmäßige Entscheidung, bei der die Einstellung häufig mehr oder minder unbesehen bewilligt wird, ist unzulässig (Schleswig SchlHA 77, 204; Hamburg NJW 78, 1272). 6

1) Das Gericht kann gegen oder ohne Sicherheitsleistung (Frankfurt MDR 69, 317) einstellen, die Fortsetzung der Zwangsvollstreckung von Sicherheitsleistung abhängig machen u die Aufhebung der Zwangsvollstreckung gegen Sicherheit anordnen; es kann auch die Veräußerung des Gegenstandes u Hinterlegung des Erlöses anordnen. Auch die Anordnung der Sequestration ist zuzulassen, etwa wenn die Abwehrklage gegen ein Urteil auf Herausgabe eines wertvollen Gemäldes gerichtet ist und dem Abwehrkläger droht, daß sein Gegner bei Herausgabe das unersetzliche Gemälde veräußert; anderenfalls käme nur ein Veräußerungsverbot durch einstweilige Verfügung in Betracht (§ 938 Rn 12, 13). Bei der Klage aus § 771 darf es ohne Sicherheitsleistung aufheben, § 771 III 2. Einstellung ohne Sicherheitsleistung setzt nicht, wie bei § 707 I 2, Glaubhaftmachung voraus, daß der Schuldner zur Sicherheitsleistung nicht in der Lage ist und daß die Vollstreckung einen nicht zu ersetzenden Nachteil bringen würde. Die Sicherheit muß dem Gläubiger vollen Ersatz für die ihm aus der Anordnung entstehenden Nachteile gewähren (RGZ 97, 127), was immer der Fall sein wird, wenn aus dem Urteil bereits gepfändet ist u der Schätzwert die Forderung des Gläubigers in Haupt- u Nebensache erreicht. 7

2) Der Gläubiger erwirbt mit der Hinterlegung ein gesetzl Pfandrecht an der Forderung auf Rückerstattung, die der Hinterleger gegen die Hinterlegungsstelle hat. Wird die Zwangsvollstreckung aufgehoben, muß die Sicherheit so hoch sein wie die Gesamtforderung des Gläubigers einschl der Kosten des Verfahrens u der bisherigen Vollstreckung (RGZ 86, 39). 8

3) Die Anordnung nach § 769 wirkt bis zur Verkündung (nicht bis zur Rechtskraft) des Urteils über die Vollstreckungsabwehrklage usw. Einer besonderen Aufhebung der Anordnung nach Urteilsverkündung bedarf es nicht (Dresden OLGE 26, 385); sie ist aber zu empfehlen, da mit Einstellungsbeschlüssen, zumal, wenn sie nicht genau gefaßt sind, nach Erlaß der Hauptentscheidung Mißbrauch getrieben werden kann. 9

4) Das Gericht darf den gem § 769 gefaßten, wenn auch rechtskräftigen Beschluß **ändern,** aber immer nur die Zwangsvollstreckung einstellen oder aufheben u die Einstellung rückgängig machen, nicht anordnen, daß die Vollstreckung fortgesetzt werden muß und in welcher Weise sie zu betreiben ist (Hamburg OLGE 33, 98; MDR 56, 749). Die Abänderung kann durch Veränderung der Umstände, zB auf Grund einer Beweisaufnahme oder der Einlegung einer Beschwerde, veranlaßt sein, ist aber grundsätzlich immer zulässig (Hamm OLGZ 84, 454; Schneider MDR 85, 549 u MDR 80, 530 zu c, 531 zu IV 1). Einstellungsbeschlüsse aus § 769 sind beiden Parteien von Amts wegen zuzustellen, § 329 III (KG DR 39, 1766). 10

5) Entscheidung über die Kosten (auch des Vollstreckungsgerichts) ist nicht nötig; sie gelten als Kosten des Rechtsstreits (RGZ 50, 356; Frankfurt Rpfleger 75, 437). In der Beschwerdeinstanz ist jedoch über die Kosten zu entscheiden (aA LG Frankfurt Rpfleger 85, 208). 11

III) In **dringenden Fällen** kann das Vollstreckungsgericht eine einstw Anordnung nach Abs 2 erlassen, unter Bestimmung einer Frist, innerhalb der die Entscheidung des Prozeßgerichts beizubringen ist (Abs 2 S 1). Um einen dringenden Fall handelt es sich meist nicht, wenn der Betroffene noch beim Prozeßgericht Klage erheben kann. Das Vollstreckungsgericht wird deshalb nur in Ausnahmefällen zu entscheiden haben. Erst wenn die Zwangsvollstreckung begonnen hat, kann ein dringender Fall vorliegen. Will der Schuldner nur Zeit gewinnen oder seine Kostenpflicht (§§ 771, 93) abwenden, muß das Vollstreckungsgericht das Gesuch ablehnen. In dem schriftl oder zu Protokoll des Urkundsbeamten zu stellenden Antrag sind die tatsächl Unterlagen und die Dringlichkeit glaubhaft zu machen. Einreichung (Zustellung) der Klage ist nicht Voraussetzung. Die Anordnung nach Abs 2 ist zu befristen und entfällt dann von selbst. Verlängerung der Frist ist möglich, § 224 II. Die Versäumung der Frist schließt später Einstellung durch das Prozeßgericht nicht aus. Durch die Anordnung des Prozeßgerichts erledigt sich ohne weiteres diejenige des Vollstreckungsgerichts. Zuständig ist der Rpfleger, § 20 Nr 17 RPflG. Zur **Notzuständigkeit** des möglicherweise unzuständigen Gerichts s Rn 3. 12

IV) Sofortige Beschwerde analog § 707 II 2 nur gegeben, wenn vorinstanzlich die Voraussetzungen einer Ermessensentscheidung verkannt oder eine sonst greifbar gesetzwidrige Entschei- 13 dung getroffen worden ist (so die wohl hM; sehr umstr, s § 707 Rn 22; § 567 Rn 41; aus neuerer Rspr zu § 769 vgl Stuttgart DAVorm 85, 760; Hamburg FamRZ 84, 922; Bamberg FamRZ 84, 1119); neue Tatsachen sind dabei nicht zu berücksichtigen, da deren Außerachtlassung vorinstanzlich nicht verfahrenswidrig gewesen sein kann (Hamburg FamRZ 84, 922). Stets ausgeschlossen ist eine mittelbar vorgreifliche sachliche Beurteilung der Hauptsache. Die Rechtsmittelbeschränkung ist unbedenklich, da das vorinstanzliche Gericht immer zur freien Abänderung befugt ist (hM; Düsseldorf JurBüro 86, 622, 623; Schneider MDR 80, 530; Spangenberg DAVorm 86, 290). Teilweise nimmt die Praxis wegen des fehlenden Hinweises in § 769 auf Unanfechtbarkeit auch unbeschränkte Anfechtbarkeit an (s die Nachw bei Schneider MDR 80, 531), gerät aber in Widerspruch zu § 570, soweit sie dann bei der Ermessensüberprüfung die Erfolgsprognose ausschließt (s Karlsruhe MDR 86, 1033 m abl Anm Schneider MDR 87, 64). – Bei Abs 2 wird der Rechtsbehelf nach Fristablauf oder Instanzbeendigung gegenstandslos (München OLGE 22, 367; Saarbrücken NJW 71, 386). Hat der Rechtspfleger entschieden (§ 20 Nr 17 RPflG), keine Durchgriffserinnerung, sondern amtsrichterliche Entscheidung in eigener Zuständigkeit gem § 11 II 3 RPflG (LG Frankenthal Rpfleger 81, 314). Einstellungsentscheidung des Vollstreckungsgerichts ist unanfechtbar (Hamm MDR 77, 322; Brox/Walker, Zwangsvollstreckungsrecht, 1986, Rn 1364).

14 **V) Gebühren: 1)** des **Gerichts:** Keine, auch nicht, wenn das Vollstreckungsgericht die Frist zur Beibringung der Entscheidung des Prozeßgerichts verlängert. – **2)** des **Anwalts:** Das Einstellungsverfahren usw gehört zum Rechtszug der Hauptsache, wenn nicht eine abgesonderte mündliche Verhandlung stattfindet (§ 37 Nr 3 BRAGO). Findet aber eine abgesonderte mündliche Verhandlung statt, dann erhält der RA 3/10 der in § 31 BRAGO bestimmten Gebühren. Wird der Antrag sowohl beim Vollstreckungs- als auch beim Prozeßgericht gestellt, so fällt die Prozeßgebühr nur einmal an. Keine Gebührenermäßigung nach § 32 und § 33 I, II, § 49 I BRAGO. – **Gegenstandswert:** § 3 Rn 16 „Einstweilige Einstellung der Zwangsvollstreckung"

770 *[Entscheidung des Prozeßgerichts über vorläufige Anordnungen]*

Das Prozeßgericht kann in dem Urteil, durch das über die Einwendungen entschieden wird, die in dem vorstehenden Paragraphen bezeichneten Anordnungen erlassen oder die bereits erlassenen Anordnungen aufheben, abändern oder bestätigen. Für die Anfechtung einer solchen Entscheidung gelten die Vorschriften des § 718 entsprechend.

1 Das Prozeßgericht kann in den Fällen der §§ 767, 768, 785, 786 u 805 auf Antrag oder von Amts wegen in seinem (wenn auch vorläufig vollstreckbaren) Urteil Anordnungen der in § 769 bezeichneten Art treffen, die mit Urteilsrechtskraft ohne weiteres außer Kraft treten. Die Vorschrift trifft auch bei den nach § 794 I Nr 3 sofort vollstreckbaren Beschlüssen zu. Die Anordnung ist sofort vollstreckbar, §§ 775, 776. Anfechtung nur mit der Hauptsacheentscheidung. Berufung: § 718; Revision ist unzulässig: § 718 II. Das Berufungsgericht kann aber auch selbständig nach § 769 verfahren.

2 **Gebühren: 1)** des **Gerichts:** Für im Urteil angeordnete vorläufige Maßnahmen nach § 769 keine Gebühr; auch keine Gebühr für die Vorabentscheidung in der Berufungsinstanz (S 2), s dazu Rn 4 zu § 718. – **2)** des **Anwalts:** Rn 14 zu § 769 und für die Berufungsinstanz Rn 4 zu § 718.

771 *[Widerspruchsklage Dritter]*

(1) Behauptet ein Dritter, daß ihm an dem Gegenstand der Zwangsvollstreckung ein die Veräußerung hinderndes Recht zustehe, so ist der Widerspruch gegen die Zwangsvollstreckung im Wege der Klage bei dem Gericht geltend zu machen, in dessen Bezirk die Zwangsvollstreckung erfolgt.

(2) Wird die Klage gegen den Gläubiger und den Schuldner gerichtet, so sind diese als Streitgenossen anzusehen.

(3) Auf die Einstellung der Zwangsvollstreckung und die Aufhebung der bereits getroffenen Vollstreckungsmaßregeln sind die Vorschriften der §§ 769, 770 entsprechend anzuwenden. Die Aufhebung einer Vollstreckungsmaßregel ist auch ohne Sicherheitsleistung zulässig.

Übersicht

Lit: *Brox/Walker,* Die Drittwiderspruchsklage, JA 86, 133 = § 44 in Brox/Walker, Zwangsvollstreckungsrecht 1986.

1 **I) Grundgedanke.** Mögliche Widerspruchsklage schließt materiellrechtliche Klage, etwa aus § 985 BGB, aus, weil sonst die Vollstreckung unterlaufen würde (RGZ 108, 260; Geißler NJW 85, 1871). Der Gläubiger darf nur gegen den Schuldner vollstrecken, nicht gegen Dritte. Diesen steht jedoch kein Selbsthilferecht gegen ungerechtfertigte Vollstreckungsmaßnahmen zu. § 771 gewährt deshalb den erforderlichen staatlichen Rechtsschutz durch Eröffnung der sog **Drittwiderspruchsklage** (s zu ihr Münzberg/Brehm, FS Baur, 1981, S 517 ff). Die Vorschrift ist auch anwendbar, wenn aus materiellen Gründen eine unberechtigte Teilungsversteigerung (§§ 180 ff ZVG) verhindert werden soll (Schleswig Rpfleger 79, 471; Karlsruhe OLGZ 1983, 333; allg M), auch wenn die Widerspruchsklage auf fehlende Einwilligung gem § 1365 BGB gestützt wird (Celle Rpfleger 81, 69; Koblenz Rpfleger 79, 202), handelt es sich nicht um eine Familiensache (str, s Stuttgart FamRZ 82, 401 m Nachw).

2 Liegt ein **Verfahrensverstoß** vor, so sind Widerspruchsklage und Erinnerung nach § 766 nebeneinander zulässig (Beispiel: Pfändung einer Sache des Dritten in dessen Gewahrsam, s Bamberg JR 55, 25), es sei denn im Erinnerungsverfahren ist über die Unpfändbarkeit bereits rechtskräftig entschieden (KG JW 30, 3862). Die formelle Gültigkeit des Vollstreckungsaktes ist nicht Voraussetzung der Widerspruchsklage (Hamburg MDR 59, 933). Sie ist daher gegen eine Forderungspfändung auch dann zulässig, wenn die Pfändung unwirksam ist, weil die Forderung dem Schuldner schon nicht mehr zustand (BGH WPM 81, 648).

3 **II)** Vollstreckt werden darf nur in das **Vermögen des Schuldners.** Ob ein Gegenstand zum Vermögen des Schuldners gehört, ist jedoch von den Vollstreckungsorganen nicht abschließend zu prüfen. Die Zwangsvollstreckung ist vielmehr bei der Vollstreckung wegen Geldforderungen in körperliche Sachen und in das unbewegliche Vermögen schon dann zulässig, wenn äußere Umstände für die Zugehörigkeit zum Vermögen des Schuldners sprechen (Gewahrsam, Grundbucheintrag), bei der Vollstreckung in Forderungen und andere Vermögensrechte, wenn die Zugehörigkeit zum Vermögen des Schuldners schlüssig vorgetragen wird. Der Dritte, der behauptet, an dem Gegenstand der Zwangsvollstreckung stehe ihm ein die Veräußerung hinderndes Recht zu, hat dieses Recht im Wege der Widerspruchsklage geltend zu machen. Die Vollstreckungsorgane, insbesondere der GV, dürfen sich von der Vollstreckung nicht dadurch abhalten lassen, daß der Schuldner die im Gewahrsam des Schuldners befindlichen Sachen als einem Dritten gehörig oder als Gegenstand eines einem Dritten zustehenden Pfand- oder Vorzugsrechtes oder eines anderen die Veräußerung hindernden Rechts bezeichnet, oder daß ein Dritter das Eigentum oder ein solches Recht in Anspruch nimmt. Werden Sachen, bezüglich derer Ansprüche Dritter geltend gemacht werden, gepfändet, so hat der GV den bei der Zwangsvollstreckung erhobenen Widerspruch im Protokoll festzustellen und den Gläubiger sofort zu benachrichtigen. Wird an gepfändetem Geld von einem Dritten ein die Veräußerung hinderndes Recht behauptet, macht dieser zB geltend, das Geld sei für ihn vereinnahmt, so hat der GV, wenn ihm das Recht glaubhaft gemacht wird, das Geld zu hinterlegen. Wird ihm nicht binnen einer Frist von 2 Wochen eine Entscheidung des nach § 771 I zuständigen Gerichts beigebracht, so hat er die Herausgabe des Geldes von der Hinterlegungsstelle an den Gläubiger zu veranlassen, § 815 II.

4 **III)** Die Klage ist **prozessuale Gestaltungsklage** (BGH MDR 72, 684). Die Zwangsvollstrekkung ist nicht von Anfang an unzulässig, sondern wird es erst durch den Urteilsausspruch, der

sie für unzulässig erklärt. Im Regelfall hat der **Dritte** nach Beginn der Zwangsvollstreckung nur den Weg des § 771. Eine Klage auf Freigabe, Einwilligung in die Auszahlung des Hinterlegten, Herausgabe der gepfändeten Sachen oder Unterlassung der Störung, die sich auf ein unter § 771 fallendes Recht stützt, ist, wenn vor dem Gericht des § 771 geklagt wird, in eine Widerspruchsklage umzudeuten. Wird sie bei einem anderen Gericht erhoben, dann ist sie wegen des ausschließlichen Gerichtsstands des § 771 unzulässig (RGZ 67, 310; 108, 260). Für eine Feststellungsklage des Dritten fehlt das rechtliche Interesse. Wohl aber kann der **Pfändungsgläubiger,** bevor Widerspruchsklage erhoben ist, eine solche aber droht, durch negative Feststellungsklage beantragen, festzustellen, daß der von dem Dritten geltend gemachte Widerspruch unbegründet sei (RG 73, 278). Die Drittwiderspruchsklage ist auch dann zulässig, wenn vor ihrer Erhebung der vom Gläubiger gepfändete angebliche Anspruch des Schuldners gegen den Drittschuldner auf Herausgabe beweglicher Sachen untergeht, weil der Drittschuldner sie mit Zustimmung des Gläubigers einem zweiten Vollstreckungsgläubiger zur Verwahrung auch für den – ersten – Gläubiger überläßt, weil dies die vom Gläubiger betriebene Zwangsvollstreckung nicht beendet (BGH MDR 79, 309 = JR 79, 283 m Anm Olzen = LM § 771 ZPO Nr 13 m Anm Wolf).

5 **1) Zeitlich zulässig** ist die Klage von Beginn der Zwangsvollstreckung an. Bei Vollstreckung auf Herausgabe von Sachen oder auf Räumung genügt es, daß die Vollstreckung droht (KG JW 30, 169 m Anm Jonas). Vor Beginn der Zwangsvollstreckung ist nur Abwehrklage des Dritten (§ 1004 BGB) und Vollzug nach § 890 oder negative Feststellungsklage des Gläubigers denkbar (RGZ 25, 188). Nach Beendigung der Zwangsvollstreckung Bereicherungsklage gem § 812 BGB (RGZ 156, 399) wegen §§ 1242, 1244, 1247 BGB.

6 **a)** Die **Zwangsvollstreckung beginnt** bei Sachen durch Pfändung, bei Pfändung von Forderungen und anderen Vermögensrechten mit Erlaß (nicht erst mit Zustellung) des Pfändungsbeschlusses oder der Vorpfändung nach § 845, bei unbewegl Sachen durch Anordnung der Eintragung einer Sicherheitshypothek gem § 867 oder der Zwangsverwaltung gem §§ 15, 16, 146 ZVG.

7 **b)** Die **Zwangsvollstreckung endet** mit Befriedigung des Gläubigers (RGZ 80, 189); bei Eintragung einer Zwangshypothek mit Befriedigung aus dem Grundstück (RGZ 81, 65). Beendigung der Zwangsvollstreckung ist nicht schon gegeben bei Aufhebung der Pfändung gegen Sicherheitsleistung, Hinterlegung durch den Drittschuldner unter Verzicht auf das Recht der Rücknahme, mit der Überlassung der Pfandsache mit Zustimmung des Gläubigers an einen weiteren Vollstreckungsgläubiger zur Verwahrung auch für den ersten Gläubiger (BGH 72, 334 = MDR 79, 309 = LM § 771 Nr 13 m Anm Wolf = JR 79, 285 m Anm Olzen), mit Einleitung des Verteilungsverfahrens, Verkauf der Pfandstücke und Erlöshinterlegung. Bei Hinterlegung ist Erweiterung der Klage auf Herausgabe des hinterlegten Betrags möglich, wenn die Widerspruchsklage vor der Versteigerung bereits erhoben war (RGZ 69, 93).

8 **2) Örtlich** (ausschließlich: § 802) **zuständig** ist das Gericht, in dessen Bezirk die Zwangsvollstreckung begonnen hat (RGZ 35, 407), bei Vorpfändung das künftige Pfändungsgericht, bei Sachpfändung das Gericht des Pfändungsortes, auch noch nach Wegschaffung der Sachen in einen anderen Gerichtsbezirk (RGZ 35, 404), bei Anschlußpfändung das Gericht der Hauptpfändung (Kiel OLGE 29, 194), bei Rechtspfändung (zB Pfändung einer Forderung, Hypothek) das Gericht, das den Pfändungsbeschluß erlassen hat (RGZ 65, 367; 67, 311), bei arrestweiser Forderungspfändung das Arrestgericht, § 930 (RGZ 65, 378), nach Einleitung des Verteilungsverfahrens das Verteilungsgericht. **Sachlich zuständig** ist je nach der Höhe des Streitwerts das AG oder LG, das Familiengericht, wenn der Titel eine Familiensache betrifft (str; s Frankfurt FamRZ 85, 403 gg Hamburg FamRZ 84, 804; vgl näher Geißler NJW 85, 1870 mwNachw).

9 **IV) Dritter** iS des § 771 und damit sachlich zur Klage legitimiert ist jeder, der nicht Vollstreckungsschuldner ist, gegen den also nicht vollstreckt wird und aus dem Titel nicht vollstreckt werden darf.

10 **1) Dritter** ist zB:

● Der **andere Ehegatte,** der nach § 1480 BGB mithaftet, gegen den aber kein Titel vorliegt (RGZ 68, 424), oder der gem § 1477 II BGB übernahmeberechtigt ist (Frankfurt FamRZ 85, 504), soweit Mitgewahrsam nicht lediglich auf dem ehelichen Zusammenleben beruht, s § 739.

● Der **Erbe** vor Annahme der Erbschaft, § 778, u wenn er nur mit dem Nachlaß haftet. Beschränkt sich die Haftung des Erben für Nachlaßverbindlichkeiten auf den Nachlaß, so steht ihm gegen die Vollstreckung in sein eigenes Vermögen die Klage aus § 785 zu.

● Der **Gesellschafter einer OHG,** wenn nur Urteil gegen die Gesellschaft vorliegt.

● Der **Konkursverwalter,** der eine vom Gläubiger erwirkte Pfändung anficht (RGZ 18, 393; JW 10, 14), ferner wenn in sein eigenes Vermögen statt in Konkursvermögen vollstreckt wird.

● Der **Miteigentümer** eines Grundstücks bei Pfändung des Anteils eines anderen Miteigentümers an einer Mietzinsforderung, §§ 432, 1011 BGB oder Pfändung der Sache statt des Miteigentumsanteils des Schuldners (Geißler NJW 85, 1870).

● Der nicht verurteilte **Miterbe,** §§ 778, 785 (KG OLGE 17, 190) u der einer Teilungsversteigerung wegen Teilungsverbots widersprechende Miterbe (Hamburg NJW 61, 610).

● Der **Nacherbe.**

● Der **Nießbraucher** eines Grundstücks wegen Pfändung der angebl ihm zustehenden Mietzinsen durch Gläubiger des Grundstückseigentümers (RGZ 93, 123).

● Der **Schuldner** selbst, wenn er zugleich Vertreter einer besonderen Vermögensmasse ist, die dem Gläubiger nicht haftet (RG JW 07, 522).

● Der **Testamentsvollstrecker** bei Vollstreckung in sein Vermögen statt in den Nachlaß.

● Bei **Treuhänderschaft** der Treugeber oder Treunehmer.

● Der **Vergleichsverwalter,** dem eine Sache zur Erfüllung eines Vergleichs treuhänderisch übertragen wurde (Celle MDR 52, 755).

2) **Dritter** ist zB **nicht:** 11

● Der **Drittschuldner** bei der Forderungspfändung.

● Der **Inhaber einer Einzelfirma** (Geißler NJW 85, 1870).

● Der **Konkursverwalter,** wenn die Pfändung vor Konkurseröffnung erfolgte (RGZ 42, 343).

● Der **Schuldner,** wenn er die gepfändete Sache für den Dritten besitzt (zB als Mieter, Verwahrer, zwecks Ausführung eines Auftrags) oder wenn er die gepfändete Sache an einen Dritten verkauft hat (hier ist nur der Käufer nach § 771 klageberechtigt).

V) Gegenstand der Zwangsvollstreckung kann sein: eine Sache, auch wenn sie der Dritte nicht besitzt (besitzt er sie: §§ 771 oder 766) oder ein Recht. Beispiel: Es ist der Anspruch des A gegen B auf Herausgabe einer bewegl Sache gepfändet, C behauptet, die Sache sei sein Eigentum (RGZ 48, 295); bei Pfändung einer Forderung des A gegen B behauptet C, die Forderung sei ihm abgetreten. Der Gegenstand, bezüglich dessen die Zwangsvollstreckung für unzulässig erklärt werden soll, ist als streitbefangen iS des § 265 anzusehen (Hamburg MDR 69, 673). 12

VI) Die Klage richtet sich gegen den, der die Zwangsvollstreckung im eigenen Namen, wenn auch für fremde Rechnung **betreibt,** also bei § 265 ZPO, §§ 432, 1077 I, 2039 BGB gegen den Kläger, bei Gesamtgläubigern, § 428 BGB, gegen den Vollstreckenden, bei Gesamthandgläubigern gegen alle zusammen, im Fall des § 124 gegen den RA. Klage gegen den Rechtsnachfolger setzt Umstellung der Klausel auf ihn voraus (Hamburg OLGE 33, 98). Bestreitet der Schuldner das Recht des Dritten, so kann dieser mit der Klage aus § 771 die Klage gegen den Schuldner auf Feststellung oder auf Herausgabe verbinden. Gläubiger und Schuldner sind dann einfache Streitgenossen, § 771 II. 13

VII) Die **Klage** ist **begründet,** wenn dem Dritten (Rn 10) ein die Veräußerung hinderndes Recht zusteht und das Recht nicht durch Einwendungen des Beklagten ausgeschlossen wird. **Klagegrund** kann jedes Recht sein, auf Grund dessen der Dritte den Gegenstand der Zwangsvollstreckung für sich in Anspruch nehmen kann (RGZ 116, 366). **Einzelheiten:** 14

● **Abtretung** vor Pfändung der Forderung (RGZ 6, 278); nicht auch des Abtretungsversprechens (RGZ 64, 313); auch Inkassozession (RGZ 53, 419); bei Abtretung künftiger Forderungen müssen diese schon im Augenblick der Abtretung so genügend bestimmbar sein, daß es nur noch ihrer Entstehung bedarf, um die Übertragung von da an ohne weiteres wirksam werden zu lassen. Die Abtretung „der zukünftigen Außenstände des Schuldners" ist weder bestimmbar noch bestimmt (RGZ 92, 238).

● **Aneignungsgestattung** (§ 956 BGB), die mit unmittelbarem Besitz des Erwerbers verbunden ist, wenn die Erzeugnisse oder Bestandteile (§§ 810, 865) gepfändet werden.

● **Anfechtungsrecht** bezüglich einer Pfändung gem § 37 KO (KG NJW 58, 914) oder § 7 AnfG (RGZ 30, 372; 67, 310).

● **Besitz** an bewegl Sachen (RG JW 21, 1246 m Anm Rosenberg; hM, aA Brox/Walker, Zwangsvollstreckungsrecht, 1986, Rn 1420). Der Dritte hat hier neben der Klage aus § 771 die Erinnerung nach § 766. Besitz an Grundstücken hindert Veräußerung nicht, § 891 BGB (RGZ 127, 8, aA RGZ 116, 364). Widerspruchsberechtigt ist auch der **mittelbare Besitzer,** insbes auch, wer durch Konnossement, Ladeschein oder Lagerschein über die Sache verfügen kann, §§ 424, 430, 457 HGB.

● **Eigentum** (RGZ 49, 170) einschließlich **Miteigentum** (RGZ 144, 236; München HRR 31, 142), Bruchteils- (LG Darmstadt MDR 58, 928) u Gesamteigentum (RGZ 13, 180; 131, 381). Behauptet eine Ehefrau, in der Wohnung gepfändete Sachen seien ihr Eigentum, so muß sie die zugunsten des pfändenden Gläubigers sprechende Vermutung des § 1362 I BGB widerlegen, es sei denn, es handelt sich um ausschließlich zu ihrem persönl Gebrauch bestimmte Sachen, zB Kleider, Schmucksachen, § 1362 II BGB.

● **Eigentumsvorbehalt:** Er kann formlos, muß aber bei Vertragsabschluß, spätestens bei Übergabe der Sachen an den Erwerber vereinbart werden. Nach Übertragung des Eigentums ist Vereinbarung des Eigentumsvorbehalts nicht mehr möglich; der Verkäufer kann sich dann nur den Gegenstand zurückübereignen lassen u Rückkauf oder Sicherungsübereignung mit dem Käufer vereinbaren. Einräumung des Mitbesitzes ist noch nicht Eigentumsvorbehalt (RGZ 53, 219). Hat sich der Verkäufer das Eigentum vorbehalten, darf ihn der Pfändungsgläubiger befriedigen (für den Käufer bezahlen) u dadurch den Eigentumsvorbehalt zum Erlöschen bringen. Lehnt der Verkäufer die Annahme der Befriedigung wegen Widerspruchs des Schuldners (§ 267 II BGB) ab, begründet dies den Einwand der Arglist (Celle NJW 60, 2196). Zum Widerspruch berechtigt ist nur der Verkäufer, nicht der Käufer. Ist eine Sache unter aufschiebender Bedingung (Eigentumsvorbehalt) übereignet, so kann der Anwärter die Anwartschaft an einen Dritten veräußern. Die Veräußerung hat zur Folge, daß der Dritte das Eigentum bei Eintritt der Bedingung unmittelbar, ohne Durchgang durch das Vermögen seines Rechtsvorgängers, erwirbt, auch wenn der Inhaber des Vollrechts der Übertragung nicht zugestimmt hat (abw RGZ 140, 223); § 185 BGB ist auf diese Fälle nicht anwendbar. Ist die Sache in der Zwischenzeit durch einen Gläubiger des ersten Anwartschaftsberechtigten gepfändet worden, so wird die Pfändung bei Eintritt der Bedingung nicht wirksam; dem Eigentumserwerber steht die Widerspruchsklage nach § 771 zu (BGHZ 20, 88 = NJW 56, 665; Hamburg MDR 59, 398; s auch LG Köln NJW 54, 1773 mit zust Anm Bauknecht; LG Bückeburg NJW 55, 1156 m zust Anm Bauknecht). Der Vorbehaltskäufer kann auf Grund seiner Eigentumsanwartschaft widersprechen (§ 771), wenn ein Gläubiger des Verkäufers in die Kaufsache vollstreckt (BGH MDR 71, 212).

● **Einmann-GmbH.** Die Widerspruchsklage einer Einmann-GmbH bei Vollstreckung in das GmbH-Vermögen aus einem Titel gegen den Alleingesellschafter mit der Begründung, der gepfändete Gegenstand sei wirtschaftlich dem Vermögen des Alleingesellschafters zuzuordnen, ist rechtslogisch begründet. Wegen der außerordentlich großen Mißbrauchgefahr (Hin- und Herschieben der Vermögenszuordnung) wird die Widerspruchsklage jedoch versagt (Karlsruhe DR 43, 811; Hamm NJW 77, 1159 m abl Anm Wilhelm S 1887; Geißler NJW 85, 1870).

● **Erbbaurecht:** Es erfaßt die Sache mit dingl Wirkung, so daß bei Mitberechtigung § 771 gilt.

● **Forderung:** Berechtigt wie das Eigentum zur Widerspruchsklage, auch wenn bei Pfändung der „angeblichen" Forderung des Schuldners keine Beschlagnahme eintritt; der Rechtsschein wirksamer Pfändung reicht als Gefährdung aus (BGH WPM 81, 649; NJW 77, 384, 385). Forderung des Spediteurs gegen den Frachtführer zugunsten des Versenders: RGZ 92, 11. S ferner bei „Kommissionsverhältnis".

● **Gesamtgut:** § 774.

● **Grunddienstbarkeit,** die sich auf wesentl Bestandteile erstreckt u auf Anlagen ausgedehnt werden kann, §§ 1021, 1022 BGB.

● **Herausgabeanspruch** des früheren Besitzers, § 1007 BGB; denn verlorene, gestohlene u abhanden gekommene Sachen kann auch der gutgläubige Rechtsnachfolger nicht erwerben, §§ 932, 935 BGB. Ferner der schuldrechtl Herausgabeanspruch; hierunter fallen alle Ansprüche auf Rückgabe von Gegenständen, die der Dritte dem Schuldner auf Grund Miete, Pacht, Verpfändung, Leihe usw überlassen hat. Bloße Verschaffungsansprüche genügen nicht, weil bei ihnen der Gegenstand noch zum Schuldnervermögen gehört (siehe aber unter „Kommissionsverhältnis").

● **Hypothek** bezügl Zubehör u Früchte einschl Miete (§§ 810, 865; RGZ 18, 365; 55, 208, s auch Hoche NJW 52, 961); sonst verhindert die Hypothek eine Veräußerung nicht, §§ 1121, 1124 BGB; das gleiche gilt von der Reallast.

● **Kommissionsverhältnis:** Forderungen aus einem von dem Kommissionär abgeschlossenen Geschäft gelten im Verhältnis zwischen dem Kommittenten und dem Kommissionär oder dessen Gläubigern nicht als Forderung des Kommittenten, § 392 II HGB. Der Pfändung dieser Forderung durch Gläubiger des Kommissionärs kann der Kommittent widersprechen. § 392 II HGB bezieht sich aber nicht auf die dem Kommissionär gelieferte Ware.

● **Leasinggut:** Der Leasingnehmer kann als Eigentümer widersprechen (s Brox/Walker, Zwangsvollstreckungsrecht, 1986, Rn 1423, 1424).

● **Mitbesitz** des Ehegatten, soweit er nicht lediglich auf dem ehel Zusammenleben beruht (Köln NJW 54, 1895; Hamm NJW 56, 1681; KG NJW 57, 1768).

• **Nacherbfolge:** § 773.

• **Nießbrauch** und sonstige dingl Rechte gewähren nur dann ein Widerspruchsrecht, wenn die Vollstreckung das dingl Recht beeinträchtigt. Beispiel: Dem A ist an einer bewegl Sache oder an einem Grundstück ein Nießbrauch eingeräumt. Wird die Sache gepfändet oder das Grundstück zur Zwangsverwaltung beschlagnahmt, so kann der Nießbraucher A Widerspruchsklage erheben. Die Klage wäre nicht zulässig, wenn der Gläubiger die Zwangsversteigerung des Grundstücks oder die Eintragung einer Sicherungshypothek herbeigeführt hätte; denn diese Vollstrekkung beeinträchtigt das Recht des Nießbrauchers nicht. Keine Widerspruchsklage für den Nießbraucher, wenn der Nießbrauch dem Gläubigerrecht nachgeht (RGZ 81, 150).

• **Obligatorische Rechte** begründen kein Widerspruchsrecht, wenn sie auf Verschaffung des Eigentums gerichtet sind. Wer also zB nur den Anspruch auf Übertragung des Eigentums an der gepfändeten Sache hat, kann die Klage aus § 771 nicht erheben (BGH NJW 54, 1325, s auch BGHZ 20, 89: Klage aus § 771 bei rechtsgeschäftl Übertragung der Anwartschaft aus Eigentumsvorbehalt nach Eintritt der Bedingung). Ihm steht nur der Anspruch auf Leistung (Eigentumsübertragung) zu; er hat kein Recht **an** dem (auf Grund Kaufs) zu leistenden Gegenstand. Nicht unter § 771 fällt der sog **Verschaffungsanspruch** auf Sachen des Schuldners, zB bei Kauf, Tausch, Werklieferung (RGZ 63, 308; RG JW 05, 725), da dieser obligatorische Anspruch kein solcher an der Sache, sondern nur auf Verschaffung der Sache ist. Nur einen Verschaffungsanspruch begründen auch Rücktritt (§§ 325, 326 BGB), Wandlung (§§ 462, 465 BGB), Wiederkaufsrecht (Hamburg MDR 63, 509) u Widerruf (§ 530 BGB).

• **Pfandrecht,** wenn Gläubiger den Besitz hat, sonst § 805, s auch § 809 (RGZ 87, 321). Zum Schutz von Pfandrechten an Eigentumsanwartschaften bei Sachpfändung durch Dritte vgl Frank NJW 74, 2211. **Inhaberschaft** einer **Forderung** oder eines **anderen Vermögensrechts:** Pfändet jemand die angeblich seinem Schuldner gegen einen Dritten zustehende Forderung und behauptet ein anderer, die Forderung stehe ihm zu, so kann er als wahrer Gläubiger gegen den Pfändenden Widerspruchsklage erheben (RGZ 49, 347); gleichgültig ist, ob er von Anfang an Inhaber der Forderung war oder ob er sie durch eine **vor** der Pfändung liegende Abtretung erworben hat (RGZ 73, 278) oder ob die Forderung sonst durch Sondernachfolge auf ihn übergegangen ist.

• **Sicherungsübereignung** (eigennützige Treuhand) mit Besitzkonstitut, durch das der Schuldner (Sicherungsgeber) den unmittelbaren Besitz am Sicherungsgut kraft eines Miet-, Leih- oder Verwahrungsvertrags behält (s dazu auch Geißler NJW 85, 1870): Der **Sicherungsnehmer** ist widerspruchsberechtigt bei Zwangsvollstreckung durch Gläubiger des Sicherungsgebers (RGZ 124, 73; BGHZ 7, 111; 12, 241; 80, 296 = NJW 81, 1835 = MDR 81, 840; KG JW 28, 971 und 2371; München JW 28, 244; Frankfurt JW 27, 1766; 28, 2158; Hamburg JW 28, 972; aA Königsberg JW 28, 242; LG Bielefeld MDR 50, 750 mit abl Anm Bötticher MDR 50, 705). Der **Sicherungsgeber** ist widerspruchsberechtigt gegen die Zwangsvollstreckung eines Gläubigers des Sicherungsnehmers in das Sicherungsgut bis zu dem Zeitpunkt, von dem an der Sicherungsnehmer die Sache verwerten darf (BGHZ 72, 141 = LM § 771 ZPO Nr 13a m Anm Brunotte = JR 79, 160 m Anm Olzen mwN). Bei der Sicherungsübereignung eines Warenlagers ist die Vereinbarung zulässig, daß der Schuldner die übereigneten Gegenstände im ordnungsgemäßen Geschäftsgang veräußern darf. Er hat dann den Erlös aus der verkauften Ware mit dem Gläubiger abzurechnen u ganz oder teilweise an ihn abzuführen. Zulässig ist auch die Vereinbarung, daß neu angeschaffte Ersatzware mit der Einbringung in die für den Gläubiger reservierten Räume – Regale – Eigentum des Gläubigers werden soll (RGZ 118, 364). Eine Sicherungsübereignung verstößt gegen die guten Sitten, wenn durch sie der Schuldner seine ganze Habe übereignet, sein Geschäft aber unter dem Schein der Selbständigkeit fortführt u Dritte, die mit ihm Geschäfte abschließen, täuscht. Einwand der Vermögensübernahme (§ 419 BGB) gg Sicherungsnehmer möglich (BGHZ 80, 296 = MDR 81, 840); da Sicherungsnehmer ein Recht auf Vorwegbefriedigung hat, Einwand nur sinnvoll, soweit der Wert des übertragenen Vermögens die gesicherte Forderung übersteigt (s dazu Serick, Eigentumsvorbehalt u Sicherungsübereignung, Bd III 1970, S 189). Der Gläubiger kann sein besseres Recht, notfalls mit Hilfe der Arglisteinrede, entgegensetzen, zB älteres Vermieterpfandrecht vor Sicherungseigentum (Geißler NJW 85, 1871).

• **Treuhänder** (uneigennützige Treuhand): Widerspruchsberechtigt ist derjenige, zu dessen Vermögen der Vollstreckungsgegenstand wirtschaftlich gehört, also der Treugeber, da der Treuhänder das übertragene Recht zwar im eigenen Namen ausübt, aber nicht zu seinem Vorteil gebrauchen soll, zB bei Treuhandsverwaltung zu bestimmten Zwecken (RGZ 84, 217; 94, 307; vgl auch BGH NJW 59, 1223 u NJW 71, 559 = MDR 389; Thomas NJW 68, 1705). Bei der Treuhand zur Sanierung (Vergleichsverfahren) dürfen die beteiligten Gläubiger nicht ohne Rücksicht auf Besitz beliebig in das Treugut vollstrecken (LG Hannover MDR 52, 239), sondern sind an den

Vergleich gebunden, nach dem keine Zwangsvollstreckung erfolgen, sondern der Treuhänder die Masse verwalten und die Gläubiger befriedigen soll (Köln JW 32, 760 m Anm Emmerich). Die Widerspruchsklage des Treuhänders stützt sich hier auf den Vergleichsinhalt (LG Hannover MDR 52, 239). Die am Vergleich nicht beteiligten Gläubiger können in das Treugut vollstrecken; nicht jedoch Neugläubiger. Zur eigennützigen Treuhand s unter „Sicherungsübereignung".

• **Veräußerungsverbot** nach §§ 135, 136 BGB: § 772 (s Brox/Walker, Zwangsvollstreckungsrecht, 1986, Rn 1426).

• **Vorzugsrecht** nach § 49 KO gibt Klagebefugnisse aus § 771 nur, wo es zum Besitz berechtigt (kaufmännisches Zurückbehaltungsrecht), sonst nur Klage aus § 805.

15 **VIII) Einwendungen des Beklagten gegen die Widerspruchsklage:**

• **Anfechtung** des Erwerbs des Dritten nach §§ 2 ff AnfG, 29 ff KO.

• **Arglisteinrede,** zB des Inhabers eines Lagerpfandrechts (Hamburg MDR 59, 580), des Vollstreckungsgläubigers (Bekl) gegen die Widerspruchsklage des als Gesamtschuldner mithaftenden Ehegatten des Klägers (AG Hannover MDR 67, 408) oder des Inhabers eines Vermieterpfandrechts gegenüber dem Sicherungseigentümer (Geißler NJW 85, 1871). Jedoch darf nicht verkannt werden, daß die Berücksichtigung der materiellen Rechtslage das vollstreckungsrechtliche Grunderfordernis eines Titels aufgibt (zur Entwicklung der Rspr s Schneider JurBüro 66, 549). Deshalb ist die Einschränkung zu machen, daß das eingewandte dingliche oder obligatorische Recht den tatsächlichen Voraussetzungen nach unstreitig ist und bei Erhebung einer Widerklage titulierungsfähig wäre (s St/J/Münzberg § 771 Rn 49; zur Falltypik des *dolo facit qui petit quod redditurus est* s Staudinger/Weber, BGB 11. Aufl 1961, § 242 Anm D 521). Siehe zur „Arglisteinrede" auch Brox/Walker, Zwangsvollstreckungsrecht, 1436–1438, 1442.

• **Bestreiten:** Dadurch wird das Recht des Klägers in Zweifel gestellt, etwa weil es sich um ein Scheingeschäft (§ 117 BGB) oder um eine sittenwidrige Rechtsübertragung (§ 138 I BGB) handele, was der Beklagte jedoch beweisen muß.

• **Nichtigkeit** der Sicherungsübereignung wegen Verstoßes gegen die guten Sitten, § 138 I BGB; Knebelungsverträge (RGZ 103, 34; 131, 213). Siehe auch „Arglisteinrede".

• **Unerlaubte Handlung** des Dritten. Er hat sich zB alle pfändbaren Gegenstände des Schuldners kurz vor der Pfändung übereignen lassen, obwohl er wußte, daß der Schuldner eine ganze Reihe von Verbindlichkeiten hatte; oder der Dritte ist stiller Teilhaber des Schuldners geworden, der zur Sicherung seinen ganzen Betrieb dem Dritten übereignet hat und nur noch nach außen hin als Unternehmer erscheint; oder der Gläubiger ist durch Verschweigung der vom Schuldner einem Dritten gegebenen Sicherheiten zur Gewährung oder Belassung von Krediten an den kreditunwürdigen Schuldner bestimmt worden (Kreditbetrug: RGZ 136, 293; RG JW 32, 2522 [2525]).

• **Vermögensübernahme** iS des § 419 BGB durch Sicherungs- oder Treuhandübereignung (BGHZ 80, 396 = MDR 81, 840 = NJW 81, 1835 = JR 82, 15 m Anm Linke).

• **Vollstreckungsvereitelung:** Der Gläubiger weist nach, daß der Schuldner infolge drohender Zwangsvollstreckung den Pfandgegenstand an den Dritten veräußert hat, um die Befriedigung seiner anderen Gläubiger zu vereiteln, § 135 I BGB; der Dritte hat sich weit mehr Gegenstände übereignen lassen, als er zu seiner Sicherung nötig hat (RG JW 21, 1247 m Anm Rosenberg).

16 **IX) Klageantrag:** Die Zwangsvollstreckung (die Pfändung nachfolgender Gegenstände ...) wird für unzulässig erklärt (RGZ 81, 191), also nicht: Der Beklagte hat freizugeben oder in die Aufhebung der Zwangsvollstreckung einzuwilligen (dann aber Auslegung: Rn 4). Zustellung der Klage an Gläubiger oder Prozeßbevollmächtigten erster Instanz. In der Begründung ist das die Veräußerung hindernde Recht genau zu bezeichnen; es genügt nicht zu behaupten, der Kläger sei Eigentümer der gepfändeten Sache; nötig ist vielmehr Angabe, aus welchem Rechtsgrund er Eigentümer ist.

17 **X) Beweis.** Wer Widerspruchsklage erhebt, muß die **Kosten des Verfahrens** tragen, **wenn** er sein die Veräußerung hinderndes **Recht** dem Pfändungsgläubiger (Bekl) gegenüber nicht schon **vor Klageerhebung genügend „glaubhaft gemacht"** und zur Freigabe aufgefordert hat, falls Bekl sofort anerkennt, § 93. Dem Bekl muß zugebilligt werden, daß er die Rechtslage an Hand des Vorbringens des klagenden Dritten, wann und auf welche Weise dieser an der gepfändeten Sache ein deren Veräußerung hinderndes Recht erlangt habe, zunächst genau prüft, ehe er sich entscheidet, ob er die gepfändete Sache freigebe. Bei Freigabe erst nach Durchführung einer Beweisaufnahme und in Würdigung deren Ergebnisses, kann noch ein sofortiges Anerkenntnis iS des § 93 gegeben sein. Genügt dem Gläubiger die Glaubhaftmachung nicht, dann muß er dem Dritten mitteilen, inwiefern er weitere Glaubhaftmachung wünscht (Breslau JW 30, 2071), und gleichzeitig uU einen anstehenden Versteigerungstermin verlegen lassen. Auf keinen Fall darf

er die Glaubhaftmachung durch den Dritten dadurch vereiteln, daß er auf dessen Schreiben nicht anwortet oder zwar weitere Glaubhaftmachung verlangt, einen kurz anstehenden Versteigerungstermin aber nicht verlegen läßt; denn dadurch zwingt er den Dritten zur Klage. Dem Gläubiger übersandte privatschriftliche eidesstattl Versicherung genügt allein nicht zur Glaubhaftmachung (KG JW 25, 2340). **Der Sicherungseigentümer** muß den Eigentumserwerb und den Bestand der Forderung darlegen und nachweisen (LG Köln MDR 81, 592). Zum Eigentumsnachweis der **Schuldner-Ehefrau** wegen Schenkung genügt nicht die Aussage des Schuldners zu einem Schenkungsvermerk auf der Kaufrechnung (München MDR 81, 403).

XI) Urteilsfolgen. Das der Klage stattgebende **Urteil** läßt die für unzulässig erklärte Vollstrekkungsmaßnahme nicht ohne weiteres außer Kraft treten. Das zuständige Vollstreckungsorgan muß vielmehr auf Grund vorzulegender vollstreckbarer Ausfertigung des Urteils die Zwangsvollstreckung einstellen oder aufheben, §§ 775 Nr 1, 776. Das Prozeßgericht kann im Urteil vorläufige Anordnungen gem § 769 I treffen (§ 770). Auf Grund des Urteils entsteht keine Verpflichtung zur Wiederherstellung des Zustandes vor der Zwangsvollstreckung, insbesondere auch nicht zur Zurückschaffung der Pfandsache zum Schuldner. 18

XII) Einstweilige Einstellung der Zwangsvollstreckung. Die Erhebung der Widerspruchsklage hemmt die Zwangsvollstreckung nicht. Die einstw Einstellung der Zwangsvollstreckung ist vielmehr vom Gericht auf Antrag des Dritten besonders anzuordnen. § 769 ist entsprechend anzuwenden (s dort). Keine analoge Anwendung des § 717 II, wenn sich eine einstweilige Einstellung später als ungerechtfertigt erweist (§ 717 Rn 5 aE). 19

1) Zuständig für die einstw Anordnung ist im **Regelfall** das **Prozeßgericht;** es kann die Anordnung erst erlassen, wenn es mit der Sache befaßt ist. In **dringenden** Fällen kann das **Vollstrekkungsgericht** die einstw Anordnung erlassen. Dringlichkeit ist grundsätzl nur gegeben, wenn Klageeinreichung und Anrufung des Prozeßgerichts nicht mehr möglich sind. Das Vollstrekkungsgericht hat eine Frist zu bestimmen, innerhalb deren die Entscheidung des Prozeßgerichts beizubringen ist. Über die **Kosten** entscheidet das Vollstreckungsgericht nicht, sie sind Kosten des Rechtsstreits (RGZ 50, 357). 20

2) Die tatsächlichen Behauptungen, die den Antrag begründen, sind glaubhaft zu machen. Voraussetzung der Einstellung ist die Erfolgsaussicht der Klage. Unzulässig ist es, die Einstellung der Zwangsvollstreckung durch einstw Verfügung anzuordnen, und zwar auch dann, wenn es sich um die Vollstreckung aus einer Urkunde nach § 794 I Nr 5 handelt (KG JW 30, 654). 21

3) Rechtsbehelfe wie bei § 769 (s dort Rn 13). 22

XIII) Materiellrechtliche Ansprüche. Versäumt der Dritte aus eigenem Verschulden oder weil er vom Schuldner nicht benachrichtigt worden ist, die Klage aus § 771, so steht ihm ein Bereicherungsanspruch (§ 812 I 1 BGB) gegen den pfändenden Gläubiger auch noch nach beendigter Zwangsvollstreckung zu (RGZ 156, 399; BGH Rpfleger 75, 292), der sich um die dem Vollstrekkungsgläubiger entstandenen Zwangsvollstreckungskosten vermindert (BGH aaO). Der Dritte kann auch gem § 823 BGB Schadensersatz verlangen, wenn der pfändende Gläubiger schuldhafterweise den Verkauf der gepfändeten fremden Sachen nicht verhindert hat und dem Dritten kein mitwirkendes Verschulden (§ 254 BGB) zur Last fällt (RGZ 108, 262; 156, 400; KG JW 27, 1323; BGHZ 32, 240; vgl auch LG Berlin NJW 72, 1675, abl Anm Berg NJW 72, 1996). Erklärt der Pfandgläubiger nach Erhebung der Widerspruchsklage die Pfandfreigabe, so kann der Dritte (Kläger) nur Schadensersatz nach §§ 823 ff BGB (unerlaubte Handlung) geltend machen (RGZ 108, 260). Nach rechtskräftiger Abweisung der Widerspruchsklage kann der Kläger (Dritte) nicht neuerdings Klage auf Herausgabe der Bereicherung erheben (RGZ 70, 70). 23

XIV) Gebühren: des **Gerichts** und des **Anwalts: 1)** Der Widerspruchsprozeß gehört nicht zum Zwangsvollstrekkungsverfahren, sondern begründet Anspruch auf die Gebühren wie im ordentlichen Prozeßverfahren; s dazu Rn 24 zu § 767. – **2)** Für die Einstellung der Zwangsvollstreckung nach Abs 3 s Rn 14 zu § 769. – **3) Streitwert:** s Rn 16 zu § 3 „Widerspruchsklage nach § 771". 24

772 *[Widerspruchsklage bei Veräußerungsverbot]*

Solange ein Veräußerungsverbot der in den §§ 135, 136 des Bürgerlichen Gesetzbuchs bezeichneten Art besteht, soll der Gegenstand, auf den es sich bezieht, wegen eines persönlichen Anspruchs oder auf Grund eines infolge des Verbots unwirksamen Rechtes nicht im Wege der Zwangsvollstreckung veräußert oder überwiesen werden. Auf Grund des Veräußerungsverbots kann nach Maßgabe des § 771 Widerspruch erhoben werden.

1 **I)** § 135 BGB: **Gesetzliches** Veräußerungsverbot, zB § 1128 BGB in Verbindung mit §§ 97 ff VVG; § 284 StPO; § 136 BGB: **Behördliches** Veräußerungsverbot, zB § 106 KO (AG Bonn DGVZ 79, 76); § 58 VglO; § 938 II ZPO. Nicht hierher gehören Widerspruch und Vormerkung (Hamburg MDR 63, 509) sowie die mit der Pfändung oder sonstigen Beschlagnahme im Wege der Zwangsvollstreckung und der Konkurs- und Vergleichsordnung erlassenen Verfügungs- und Veräußerungsverbote, weil hier der Zugriff weiterer Gläubiger besonders geregelt ist. Ein **rangbesseres Recht** fällt nicht unter § 772 (RG Warneyer 1910, 484; Wieczorek § 771 Anm B IIIa).

2 **II)** Liegt ein relatives, dh ein zum Schutz bestimmter Personen bestimmtes Veräußerungsverbot vor, so soll (nicht: darf) die Veräußerung des gepfändeten Gegenstandes bzw die Überweisung der Forderung oder des sonstigen Vermögensrechts nicht erfolgen, weil der Erwerber an dem Gegenstand nur ein unsicheres Recht erlangen und daher ein angemessenes, die Interessen des Schuldners wahrendes Gebot nicht zu erzielen sein würde. Die Pfändung und Eintragung einer Sicherungshypothek, sowie die Anordnung der Zwangsversteigerung und Zwangsverwaltung kann ohne weiteres erfolgen. Wird trotz der Vorschrift der §§ 135, 136 BGB ein gepfändeter Gegenstand veräußert oder eine Forderung überwiesen, so ist dies dem **Geschützten** gegenüber unwirksam; der **Ersteher** ist auch durch §§ 135 II, 932 BGB nicht geschützt, da diese Vorschriften nur für den **rechtsgeschäftlichen Erwerb,** nicht dagegen auch für den **Erwerb** im **Wege der Zwangsvollstreckung** gelten (RGZ 90, 335).

3 **III) Rechtsbehelf: Widerspruchsklage** für den durch Verbot geschützten Dritten. Sie hat aber nur das Ziel, die Veräußerung im Wege der Zwangsvollstreckung bzw die Überweisung für unzulässig zu erklären, eine Aufhebung der Pfändung kann nicht verlangt werden. Endet das Veräußerungsverbot nach Rechtskraft des der Klage stattgebenden Urteils, durch das die Unzulässigkeit der Verwertung ohne Beschränkung ausgesprochen ist, dann kann der Gläubiger die Aufhebung der Vollstreckungswirkung des Urteils im Wege des § 767 erwirken. Der Dritte und der Schuldner (aA Hamburg MDR 66, 516: für § 28 ZVG) können die Verletzung der Ordnungsvorschrift des § 772 über das Verfahren durch Erinnerung nach § 766 geltend machen. Lehnt das Vollstreckungsorgan die Verwertung unter Berufung auf § 772 ab, so kann der Gläubiger nach § 766 vorgehen.

773 *[Widerspruchsklage des Nacherben]*

Ein Gegenstand, der zu einer Vorerbschaft gehört, soll nicht im Wege der Zwangsvollstreckung veräußert oder überwiesen werden, wenn die Veräußerung oder die Überweisung im Falle des Eintritts der Nacherbfolge nach § 2115 des Bürgerlichen Gesetzbuchs dem Nacherben gegenüber unwirksam ist. Der Nacherbe kann nach Maßgabe des § 771 Widerspruch erheben.

1 **I) Vorerbschaft:** §§ 2100 ff BGB. § 773 enthält eine Ordnungsvorschrift („soll"); Nichtbefolgung ist nach RGZ 80, 35 Amtspflichtverletzung. **Verboten** ist nur Veräußerung (des Gegenstandes) und Überweisung (der Forderung), wenn sie das Recht des Nacherben vereiteln oder beeinträchtigen würden, § 2115 BGB. Zulässig sind dagegen Pfändung, Eintragung einer Sicherungshypothek und Anordnung der Zwangsversteigerung und Zwangsverwaltung. Die Beschränkung des § 773 gilt auch für die bei der Auseinandersetzung auf den gepfändeten Anteil entfallenden Nachlaßgegenstände. Steht fest, daß der Nacherbe (Drittschuldner) der vom Gläubiger beabsichtigten Zwangsvollstreckungsmaßnahme widersprechen wird, so ist der Antrag eines Gläubigers des Vorerben auf Anordnung der Teilungsversteigerung abzuweisen (Celle MDR 68, 249). Unbeschränkt zulässig ist die Zwangsvollstreckung wegen Nachlaßverbindlichkeiten und solcher dinglicher Ansprüche, die vor oder nach dem Erbfall von dem Vorerben in ordnungsgemäßer Verwaltung des Nachlasses (s § 2120 BGB) oder mit Einwilligung des Nacherben eingegangen wurden (RGZ 90, 95) sowie die Pfändung von Nutzungen der Erbschaft durch die persönlichen Gläubiger des Vorerben (RGZ 80, 7) und die Zwangsvollstreckung aus einer vom befreiten Vorerben entgeltlich bestellten Sicherungshypothek (RGZ 133, 264).

2 **II) Rechtsbehelfe:** Des Nacherben: Widerspruchsklage und Erinnerung § 766; des Gläubigers: Erinnerung § 766; des Schuldners: Erinnerung § 766. Die Ausführungen zu § 772 gelten entsprechend. Der Widerspruch des Nacherben richtet sich gegen die Verwertung (RGZ 80, 33).

774 *[Widerspruchsklage des Ehegatten]*
Findet nach § 741 die Zwangsvollstreckung in das Gesamtgut statt, so kann ein Ehegatte nach Maßgabe des § 771 Widerspruch erheben, wenn das gegen den anderen Ehegatten ergangene Urteil in Ansehung des Gesamtgutes ihm gegenüber unwirksam ist.

I) Betreibt der das Gesamtgut nicht oder nicht allein verwaltende Ehegatte selbständig ein Erwerbsgeschäft, so ist nach § 741 grundsätzlich wegen aller Verbindlichkeiten dieses Ehegatten die Zwangsvollstreckung in das Gesamtgut zulässig. Der das Gesamtgut verwaltende (mitverwaltende) Ehegatte kann jedoch gegen eine solche Vollstreckung Widerspruch erheben, wenn der Titel ihm gegenüber unwirksam ist. Dies ist der Fall, wenn es sich nicht um eine Geschäftsschuld handelt, wenn er von dem Betrieb des Geschäftes keine Kenntnis hatte oder wenn dem Gläubiger der Mangel der Einwilligung bekannt war oder wenn bei Rechtshängigwerden der Klage der Einspruch oder Widerspruch gegen das Erwerbsgeschäft im Güterrechtsregister eingetragen war; im letzten Fall kann er auch Erinnerung nach § 766 einlegen, die allerdings an § 739 scheitern kann. Der begründete Einwand des Gläubigers, der klagende Ehegatte habe trotz allgemeinen Widerspruchs dem einzelnen Geschäft zugestimmt, führt zur Abweisung der Klage. Der Widerspruch macht nicht die Unwirksamkeit des Urteils gegenüber dem Gesamtgut, sondern die fehlende Haftung des Gesamtguts geltend. Eine Widerspruchsklage, mit der ein Ehegatte gem § 774 die Unzulässigkeit der Zwangsvollstreckung in das eheliche Gesamtgut geltend macht, ist jedenfalls dann keine Familiensache, wenn der Vollstreckungstitel, der Grundlage der Zwangsvollstreckung ist, keine Familiensache betrifft (BGH MDR 79, 386). 1

II) Gebühren wie § 771 Rn 24. – **Streitwert:** § 3 Rn 16 „Widerspruchsklage nach § 773". 2

775 *[Einstellung oder Beschränkung der Zwangsvollstreckung]*
Die Zwangsvollstreckung ist einzustellen oder zu beschränken:

1. **wenn die Ausfertigung einer vollstreckbaren Entscheidung vorgelegt wird, aus der sich ergibt, daß das zu vollstreckende Urteil oder seine vorläufige Vollstreckbarkeit aufgehoben oder daß die Zwangsvollstreckung für unzulässig erklärt oder ihre Einstellung angeordnet ist;**
2. **wenn die Ausfertigung einer gerichtlichen Entscheidung vorgelegt wird, aus der sich ergibt, daß die einstweilige Einstellung der Vollstreckung oder einer Vollstreckungsmaßregel angeordnet ist oder daß die Vollstreckung nur gegen Sicherheitsleistung fortgesetzt werden darf;**
3. **wenn eine öffentliche Urkunde vorgelegt wird, aus der sich ergibt, daß die zur Abwendung der Vollstreckung erforderliche Sicherheitsleistung oder Hinterlegung erfolgt ist;**
4. **wenn eine öffentliche Urkunde oder eine von dem Gläubiger ausgestellte Privaturkunde vorgelegt wird, aus der sich ergibt, daß der Gläubiger nach Erlaß des zu vollstreckenden Urteils befriedigt ist oder Stundung bewilligt hat;**
5. **wenn ein Postschein vorgelegt wird, aus dem sich ergibt, daß nach Erlaß des Urteils die zur Befriedigung des Gläubigers erforderliche Summe zur Auszahlung an den letzteren bei der Post eingezahlt ist.**

Lit: *P. Kirberger*, Vollstreckungsverfahren nach Einstellung der ZwV durch das Prozeßgericht, Rpfleger 1976, 8; *Noack*, Die vorläufige Einstellung und die Fortsetzung der ZwV gem § 775 Ziff 4 u 5 ZPO, DGVZ 1976, 149; *E. Schneider*, Zahlungsnachweis „nach Erlaß des Urteils" (§ 775 Nr 4, 5 ZPO) im Mahnverfahren, JurBüro 1978, 172.

I) Zweck: Hinderungsgründe, die den Fortgang der nach Gläubigerantrag von Amts wegen zu betreibenden ZwV (Rn 20 vor § 704) aufhalten. 1

II) Anwendungsbereich: § 775 gilt als allgemeine Vorschrift des Vollstreckungsrechts für ZwV jeder Art (Rn 2 zu § 765 a). Für Zwangshypothek jedoch Besonderheit in § 868. 2

III) Einstellungsfälle: Die Aufzählung in § 775 ist erschöpfend; für Anwendung auf andere Fälle ist kein Raum. Übergang des vollstreckbaren Anspruchs auf einen Dritten ist mit Klage nach § 767 geltend zu machen, begründet jedoch keinen Einstellungsfall nach § 775 (Düsseldorf Rpfleger 77, 416; LG Karlsruhe DGVZ 84, 155; LG Limburg DGVZ 84, 121; zur Zahlung nach Übergang als Einstellungsgrund nach Nr 4 oder Nr 5 s Rn 7). Ebenso ist Pfändung des vollstreckbaren Anspruchs als Einwendung gegen den Urteilsanspruch mit Klage nach § 767 geltend zu machen; § 775 findet auch in diesem Fall keine Anwendung (AG München DGVZ 84, 76; Stöber FdgPfdg Rdn 670; anders Scheld DGVZ 84, 49). Die Unzulässigkeit der ZwV nach § 14 KO (des- 3 gleichen nach § 47 VerglO) fällt nicht unter § 775; Konkurseröffnung (ebenso Eröffnung des Vergleichsverfahrens) ist als Vollstreckungshindernis von Amts wegen zu beachten. Die bei Eröffnung eines Vergleichsverfahrens zugunsten eines Vergleichsgläubigers oder eines sonst betroffenen Gläubigers anhängige ZwV ist kraft Gesetzes einstweilen eingestellt (§ 48 I VerglO); Berücksichtigung hat daher nicht nur bei Vorlage des Eröffnungsbeschlusses zu erfolgen, sondern stets, wenn die Eröffnung des Vergleichsverfahrens amtlich bekannt ist. Antrag auf Eröffnung des Vergleichsverfahrens hindert eine ZwV nur, wenn sie vom Vergleichsgericht einstweilen eingestellt ist (§ 13 VerglO). Näher zur ZwV während eines Vergleichsverfahrens § 89 GVGA.

4 **Nr 1:** Nötig ist Vorlage einer Ausfertigung einer vollstreckbaren Entscheidung (Urteil, Beschluß). Beglaubigte Abschrift einer Ausfertigung genügt nicht; die Urschrift in den (vorliegenden oder leicht greifbaren) Gerichtsakten (durchweg nicht für GV) ersetzt jedoch die Ausfertigung. Rechtskraft, Vollstreckungsklausel oder Zustellung sind nicht nötig (RG 84, 203). Auf Grund eines gerichtlichen Vergleichs, der das mit Berufung oder Einspruch angefochtene Urteil (auch einen anderen Schuldtitel) beseitigt, darf das Vollstreckungsorgan nicht einstellen; die Unzulässigkeit der Vollstreckungsklausel ist nach § 732, die der ZwV nach § 767 (einstw Anordnung, §§ 732 II, 769) geltend zu machen (KG JW 30, 2066; LG Tübingen JurBüro 86, 624). **Aufhebung** des rechtskräftigen Urteils infolge Wiederaufnahmeklage (§§ 578 ff), des vorläufig vollstreckbaren Urteils auf Einspruch oder Rechtsmittel oder im Nachverfahren (§§ 302, 306), auch des Arrestbefehls und der einstw Verfügung (§§ 923, 925–928, 936; BGH NJW 76, 1453). Hat die Berufung des Arrestgläubigers gegen das Urteil, durch das im Widerspruchsverfahren der Arrest aufgehoben wurde, Erfolg, so lebt die aufgehobene Vollstreckungsmaßnahme nicht wieder auf, sondern kann nur neu vollzogen werden (BGH aaO). Hat der Arrestgläubiger vor Arrestaufhebung ein vollstreckbares Urteil im Hauptsacheprozeß erwirkt und sofort zustellen lassen, so verwandelt sich das Arrestpfandrecht in ein Vollstreckungspfandrecht; sein Rang bestimmt sich jedoch nach dem Tag der Zustellung des Hauptsachetitels (RG 121, 352). Ermäßigung künftig fällig werdender Leistungen durch ein vorläufig vollstreckbares Abänderungsurteil (§ 323) nimmt dem früheren Titel im Umfang der Ermäßigung die Vollstreckbarkeit, gibt somit Grundlage für Einstellung nach Nr 1 (Zweibrücken FamRZ 86, 376). **Aufhebung der vorläufigen Vollstreckbarkeit** durch das Berufungsgericht (§ 718); wirksam mit Urteilsverkündung (§ 717 I). Der Aufhebung steht nicht gleich die nachträgliche Abhängigmachung von Sicherheitsleistung. **Unzulässigerklärung und endgültige Einstellung der ZwV** infolge Einwendung gegen die Vollstreckungsklausel (§§ 732, 768), die Art und Weise der ZwV (§ 766), gegen den im Urteil festgestellten Anspruch (§ 767), Widerspruchsklage des Dritten (§ 771–774). Wenn das Urteil, das die ZwV für unzulässig erklärt, nur gegen Sicherheitsleistung für vorläufig vollstreckbar erklärt ist, muß auch nachgewiesen werden, daß die Sicherheit geleistet ist (LG Bonn MDR 83, 850 L). Dem Fall, daß die ZwV für unzulässig erklärt oder ihre Einstellung angeordnet ist, ist auch die Aufhebung einer ZwV-Maßnahme nach § 765a zuzurechnen. Bei Klagerücknahme genügt Beweis durch Protokoll nicht, doch hat das Prozeßgericht bei Vollstreckungsmaßnahmen, für die es zuständig ist, Klagezurücknahme zu berücksichtigen, gleiches gilt für Verzicht, solange Verzichtsurteil nicht ergangen (StJM Rdn 8 zu § 775). § 775 Nr 1 ist auch auf alle Vollstreckungstitel des § 794 entsprechend anzuwenden. **Aufhebung** der Vollstreckung: § 776.

5 **Nr 2: Einstweilige Einstellung** der ZwV zB gem §§ 572, 707, 719, 732, 765a, 766, 769, 770, Aussetzung der Vollziehung § 620e. Ist Einstellung unter einer Bedingung (Sicherheitsleistung, Klagezustellung, Prozeßgebührbezahlung) angeordnet, muß deren Eintritt nachgewiesen sein (Vorlage der Bestätigung der Hinterlegungsstelle usw). Im übrigen genügt stets Nachweis durch Vorlage einer Ausfertigung des Einstellungsbeschlusses. Der Beschluß über die einstweilige Einstellung der ZwV wirkt bereits von dem Zeitpunkt an, in welchem er existent geworden ist, dh mit dem ersten Hinausgehen der Entscheidung, ohne Rücksicht darauf, ob er dem Gläubiger bekannt gemacht worden ist (BGH 25, 60 = NJW 57, 1480; LG Berlin Rpfleger 76, 26; Kirberger Rpfleger 76, 8). ZwV-Einstellung bewirkt Ruhen des Verfahrens; die Pfändung bleibt bestehen, nur die Versteigerung findet nicht statt. Ist eine Forderung gepfändet, darf der Drittschuldner nur an den Gläubiger und Schuldner gemeinsam leisten oder für beide hinterlegen (KG OLG 35, 122; LG Berlin Rpfleger 73, 73). Ruhen des Verfahrens bzw Aufhebung der Vollstreckung: § 776.

6 **Nr 3:** Hierher gehören die Fälle der §§ 711, 712 I, § 720a III. Einstellung gegen Sicherheit (§ 719) führt nur zur Einstellung nach Nr 2 (LG Berlin Rpfleger 71, 322). Gefordert ist öffentliche, nicht öffentlich beglaubigte Urkunde (öffentliche Urkunden sind namentlich Erklärungen der Hinterlegungsstelle). Postschein genügt nicht. Ist Sicherheitsleistung durch Bürgschaft zugelassen, so genügt Nachweis, daß schriftliche Bürgschaftserklärung dem Gläubiger gem § 198 zugestellt ist (München OLGZ 65, 292) oder daß das Original dem GV übergeben wurde (LG Hagen DGVZ 76, 29). Aufhebung der Vollstreckung: § 776.

Nr 4: Betrifft den Fall, daß der Schuldner den Gläubiger nach Urteilsverkündung, bei schriftlichem Verfahren nach Zustellung der Urteilsformel wegen Hauptsache, Nebenforderung und Kosten voll befriedigt oder der Gläubiger dem Schuldner Stundung bewilligt hat. Die Echtheit der Privaturkunde des Gläubigers hat das Vollstreckungsorgan zu prüfen. Bei Bedenken muß es erst beim Gläubiger anfragen und ev die ZwV zunächst aussetzen. Vorlage einer unbeglaubigten Ablichtung des Zahlungsbelegs genügt für Einstellung nicht (AG Berlin-Wedding DGVZ 76, 93). Befriedigung kann erfolgen durch Zahlung, Erlaß, Aufrechnung (falls sie nur vom Schuldner erklärt und nicht vom Gläubiger in der Urkunde ausdrücklich anerkannt, Klage nach § 767; LG Dresden JW 34, 1258), Einzahlung auf Sperrkonto (Koblenz MDR 56, 164), auch durch Pfändung und Überweisung des Anspruchs des Gläubigers an den Schuldner für diesen (RG 33, 290; Hamburg OLG 10, 377; Kassel OLG 20, 345; LG Düsseldorf MDR 56, 175). Bei teilweiser Befriedigung des Gläubigers ist die ZwV entsprechend zu beschränken (Hamm JMBlNRW 62, 95). Zahlung an einen Dritten, auf den die Vollstreckungsforderung des Gläubigers nach gesetzlicher Vorschrift übergegangen ist (Beispiele Rn 7, 10 zu § 727) bewirkt Tilgung der Schuld; die Urkunde über diese Zahlung (zB Quittung des Dritten) ist daher bei nachgewiesenem Forderungsübergang nach Nr 4 (auch Nr 5) gleichfalls Einstellungsgrundlage (LG Braunschweig DGVZ 82, 42). Nr 4 betrifft nur Befriedigung und Stundung, nicht andere sachlich-rechtliche Einwendungen gegen den titulierten Anspruch wie zB Rücktritt nach § 5 AbzG, selbst wenn sich der Rücktritt aus öffentl Urkunde ergibt (LG Münster MDR 64, 603; aA LG Köln MDR 63, 688; vgl auch LG Bonn MDR 62, 660). Ruhen des Verfahrens: § 776. 7

Nr 5: Dem **Postschein** stehen gleich: die Quittung im Posteinlieferungsbuch oder auf dem Abschnitt der Postanweisung, Zahlkarte im Postgiroverkehr, der Lastschriftzettel des Postgiroamtes, sowie die Einzahlungsquittung oder Überweisungsbescheinigung einer Bank oder Sparkasse (StJM Rdn 21 zu § 775), nicht auch Einlieferung eines Wertbriefes oder sonstigen Wertsendung und nicht die Ablichtung eines Belegs, auch nicht ein unbestätigter Banküberweisungsdurchschlag oder der Kontoauszug über die Abbuchung eines Betrages. Die Vorlegung eines Postscheins bedeutet nur die Glaubhaftmachung der Leistung an den Gläubiger; sie hat daher auch nicht die Aufhebung, sondern nur die Einstellung oder Beschränkung (Hamm aaO) der ZwV zur Folge (§ 776); das Vollstreckungsverfahren an sich dauert fort. Zur Aushändigung des Schuldtitels an den Schuldner berechtigt die Vorlegung des Posteinlieferungsscheins und die Zahlung der Kosten der ZwV an den GV jedenfalls nicht. Dazu ist die Ermächtigung des Gläubigers abzuwarten. Reicht der Geldbetrag nur zur Deckung der Forderung des Gläubigers aus, nicht aber zur Deckung der Gebühren und Auslagen des GV, so ist die Vollstreckung wegen des Restes fortzusetzen, aber insoweit einzuschränken (RG 49, 398), ebenso, wenn nur ein Teil der Hauptsache bezahlt ist. 8

IV) Verfahren: 1) Die **Vorlage der Urkunden** (§ 775 Nrn 1–5) ist Sache der Parteien oder eines beteiligten Dritten (RG 121, 351; 128, 83). Das Gericht hat keine Mitteilungspflicht (Mitteilung von Einstellungsbeschlüssen ist aber üblich und zweckmäßig). Für das Vollstreckungsgericht besteht keine Ermittlungspflicht, daher auch keine Verpflichtung zur Beiziehung von Prozeßakten (Kirberger Rpfleger 76, 8, [9]). Einzustellen ist jedoch nicht nur, wenn die hierfür erforderlichen Entscheidungen (Urkunden) vom Schuldner vorgelegt werden, sondern auch dann, wenn GV oder Vollstreckungsgericht auf andere Weise von der Anordnung der einstweiligen Einstellung durch das Prozeßgericht oder einem sonstigen Einstellungsgrund Kenntnis erlangen. Auch die auf solche Weise bekannt gewordene Unzulässigkeit der Vollstreckung ist von Amts wegen nach § 775 zu berücksichtigen (Kirberger aaO; s auch RG 128, 84; anders noch RG LZ 18, 1276). Bei Vorlage eines Einstellungsbeschlusses (oder sonstigen Nachweises) durch den Gläubiger an den GV mit dem Ersuchen, die ZwV einzustellen oder zu beschränken, unterbleibt der Verfahrensfortgang jedoch auf Weisung des Gläubigers (Rn 11 zu § 753); für eine Einstellung nach § 775 ist dann kein Raum mehr. 9

2) Einstellung der vom **Vollstreckungsgericht** getroffenen ZwV-Maßnahmen hat durch **Beschluß** zu erfolgen (RG 70, 402); er hat den Einstellungsgrund zu bezeichnen; den Beteiligten ist er mitzuteilen (§ 329 II), dem Drittschuldner ist er nach wirksamer Pfändung zuzustellen. Durch Einstellungsbeschluß hat das Vollstreckungsgericht als Vollstreckungsorgan auch eine ihm als Einstellungsgrundlage vorgelegte vollstreckbare Entscheidung gesondert zu vollziehen. Mit Einstellung durch das Vollstreckungsgericht selbst (zB nach §§ 765 a, 766 I S 2, § 769 II) verbindet sich bereits der Vollziehungsbeschluß, so daß er nicht noch gesondert zu ergehen hat. Ein Offenbarungsverfahren ist durch Terminsaufhebung einzustellen; nach Erlaß des Haftbefehls hat Einstellungsbeschluß gesondert zu ergehen. Der GV hat die Einstellung, die bei einer Vollstreckungshandlung erfolgt, in das Protokoll aufzunehmen, sonst zu den Vollstreckungsakten zu vermerken und den Gläubiger unverzüglich zu benachrichtigen (§ 112 Nr 4 GVGA). 10

11 3) Wenn **nur Einstellung** zu erfolgen hat, bleibt die **Pfändung bestehen.** Büromäßig behandelt der GV das eingestellte Verfahren als ruhenden Vollstreckungsauftrag (§ 112 Nr 6 GVGA, §§ 40, 41 GVO). Aufhebung der Vollstreckungsmaßregel nur nach § 776 oder auf Gläubigerantrag.

12 4) **Fortzusetzen** ist die ZwV durch das Vollstreckungsgericht oder den GV **a)** von Amts wegen, wenn die ZwV nach § 769 II nur befristet eingestellt war (s auch § 815 II S 2); **b)** sonst nur **auf Antrag** des Gläubigers, der den Wegfall des Einstellungsgrundes zu belegen hat. Nachweise: In den Fällen der Nrn 1 und 2 durch Vorlage einer die Einstellung aufhebenden oder die Fortsetzung anordnenden Entscheidung, in den Fällen der Nr 3 durch Nachweis der Rechtskraft oder einer die Fortsetzung ermöglichenden Sicherheitsleistung des Gläubigers. Bei Nrn 4 und 5 ist Grundlage nur die vorläufige Berücksichtigung materiellrechtlicher Einwendungen im Vollstrekkungsverfahren. Fortzusetzen ist das Verfahren daher stets auf Antrag des Gläubigers, der ausdrücklich (oder konkludent) die Befriedigung oder Stundung bestreitet. Die materielle Rechtslage (Befriedigung oder Stundung; damit auch nicht die Verrechnung nachgewiesener Zahlungen auf Hauptsache, Zinsen und Kosten oder auch auf eine andere als die durch den Titel ausgewiesene Forderung) ist dann nicht im Vollstreckungsverfahren zu klären (auch nicht im Rechtsbehelfsverfahren über die Einstellung oder Fortsetzung); der Schuldner muß Einwendungen gegen den vollstreckbaren Anspruch vielmehr mit Vollstreckungsgegenklage geltend machen (§ 767) und Einstellung nach § 769 erwirken. Wenn der Gläubiger bereits der Einstellung widerspricht und auf Durchführung (oder Fortsetzung) der ZwV besteht, hat das Vollstreckungsorgan trotz Vorlage der urkundlichen Nachweise überhaupt nicht nach Nr 4 oder 5 einzustellen (Hamm MDR 73, 857 = OLGZ 73, 488 und DGVZ 80, 153; Frankfurt MDR 80, 63 L; LG Berlin MDR 76, 149; LG Karlsruhe DGVZ 83, 188; LG Trier DGVZ 78, 28; AG Limburg DGVZ 81, 93).

13 5) Nach Einstellung der ZwV durch das Prozeßgericht verbietet sich jede Vollstreckungstätigkeit; eine ZwV darf daher auch **nicht mehr** (neu) **beginnen** (BGH 25, 60 = NJW 57, 1480; Bremen NJW 61, 1824) oder sonst fortgesetzt werden, ein Pfändungsbeschluß deshalb nicht mehr zugestellt werden (Stuttgart JurBüro 75, 1378 = Rpfleger 75, 407; LG Hannover MDR 54, 368). Eine ZwV, die GV oder Vollstreckungsgericht nach Einstellung der ZwV durch das Prozeßgericht (in Kenntnis oder Unkenntnis dieser Entscheidung) gleichwohl noch vornehmen, ist als fehlerhafter Vollstreckungsakt zwar wirksam, aber anfechtbar und aufzuheben (kein Fall des § 776 S 2 Halbs 2, der nur die vor Wirksamwerden des Einstellungsbeschlusses vorgenommene ZwV betrifft; Bremen NJW 61, 1284; Marienwerder HRR 36 Nr 1341; LG Berlin MDR 75, 672).

14 V) **Rechtsbehelfe** für Gläubiger und Schuldner gegen Maßnahmen des GV § 766, desgleichen bei Einstellung der ZwV oder Ablehnung der Einstellung durch das Vollstreckungsgericht. Wenn das Vollstreckungsgericht über das Vorliegen der Voraussetzungen des § 775 entschieden hat (Abgrenzung s Rn 2 zu § 766) findet sofortige Beschwerde statt (§ 793), somit bei Entscheidung des Rechtspflegers Durchgriffserinnerung nach § 11 RpflG.

776 *[Aufhebung von Vollstreckungsmaßregeln]*

In den Fällen des § 775 Nr. 1, 3 sind zugleich die bereits getroffenen Vollstreckungsmaßregeln aufzuheben. In den Fällen der Nummern 4, 5 bleiben diese Maßregeln einstweilen bestehen; dasselbe gilt in den Fällen der Nummer 2, sofern nicht durch die Entscheidung auch die Aufhebung der bisherigen Vollstreckungshandlungen angeordnet ist.

1 **I)** Mit der Einstellung oder Beschränkung der ZwV nach § 775 wird das ZwV-Verfahren zunächst im augenblicklichen Stand „eingefroren", es kommt zu einem Ruhen des Verfahrens. Weitere Vollstreckungsmaßnahmen sind unzulässig. Über den **Fortbestand** der bereits getroffenen **Vollstreckungsmaßnahmen** bestimmt § 776 Näheres. Sie sind in den Fällen § 775 Nr 1 und 3 zugleich, dh in möglichst nahem zeitlichen Zusammenhang mit der Einstellung und ohne die Rechtskraft des Einstellungsbeschlusses abzuwarten, **aufzuheben.** In den Fällen Nr 4 und 5 bleiben sie bestehen, ebenso in den Fällen Nr 2, sofern nicht durch die Entscheidung auch die Aufhebung der bisherigen Vollstreckungsmaßnahmen angeordnet ist. S näher die Anm zu § 775.

2 **II) 1) Aufhebung** einer Vollstreckungsmaßregel des Vollstreckungsgerichts erfolgt durch Beschluß; Zustellung wie Rn 10 zu § 775. Wenn der Gläubiger selbst auf die Rechte aus dem Pfändungs- und Überweisungsbeschluß verzichtet (§ 843), ist bereits damit die ZwV-Maßnahme erloschen; Einstellung und Aufhebung (§§ 775, 776) kann dann nicht mehr erfolgen. Der GV hebt die Pfändung auf, indem er die Pfandstücke dem Empfangsberechtigten zur Verfügung stellt und, wenn sie aus dem Gewahrsam des Schuldners oder eines Dritten entfernt waren, herausgibt. Bei der Bekanntmachung der Freigabe wird der Schuldner ausdrücklich zur Entfernung der Pfandzeichen ermächtigt. Näher dazu: § 171 GVGA.

2) Rechtsbehelfe: Wie Rn 14 zu § 775. 3

3) Mit der **Aufhebung** (Ausnahme § 765a IV) entfällt die ZwV-Maßnahme, wenn nicht mit der 4
Aufhebung eine Anordnung nach § 572 II verbunden war. Sie lebt bei Wegfall des Aufhebungsbeschlusses nicht wieder auf, sondern kann nur neu vollzogen werden, weshalb zwischenzeitlich gem § 804 III ein Rangverlust eintreten kann; die Aufhebung hängt nicht von der formellen Rechtskraft der aufhebenden Entscheidung ab (BGH 66, 394 = MDR 76, 1014 = NJW 76, 1453). Hebt das Beschwerdegericht die Aufhebung auf, so lebt die ZwV-Maßnahme nicht wieder auf, sie muß neu vorgenommen werden und wirkt nur ex nunc (Berner Rpfleger 61, 56). Die Aufhebung einer ZwV-Maßnahme steht einer neuen Pfändung nicht entgegen (Müller DGVZ 76, 1).

4) Bleiben die ZwV-Maßnahmen **bestehen** (Nr 4 und 5; Nr 2 grundsätzl), so ist der Gläubiger 5
durch das Pfändungspfandrecht zunächst weiter gesichert ohne jedoch eine Verwertungsmöglichkeit zu haben. Der Schuldner kann die Aufhebung erwirken durch Vorlage einer Entscheidung nach § 775 Nr 1, durch die im Fall der Nr 2 die Entscheidung über die einstweilige Einstellung ersetzt wird, oder durch die in den Fällen Nr 4 und 5 nach erfolgreicher Klage des Schuldners (§ 767) wegen der materiellrechtlichen Einwendungen die ZwV aus dem ursprünglichen Titel für unzulässig erklärt wird.

777 *[Beschränkungen der Zwangsvollstreckung, wenn Pfandrecht usw vorliegt]*

Hat der Gläubiger eine bewegliche Sache des Schuldners im Besitz, in Ansehung deren ihm ein Pfandrecht oder ein Zurückbehaltungsrecht für seine Forderung zusteht, so kann der Schuldner der Zwangsvollstreckung in sein übriges Vermögen nach § 766 widersprechen, soweit die Forderung durch den Wert der Sache gedeckt ist. Steht dem Gläubiger ein solches Recht in Ansehung der Sache auch für eine andere Forderung zu, so ist der Widerspruch nur zulässig, wenn auch diese Forderung durch den Wert der Sache gedeckt ist.

I) Zweck: Ausschluß der ZwV in Schuldnersvermögen, die zur Befriedigung des bereits nach 1
materiellem Recht gesicherten Gläubigers nicht erforderlich ist; daher Verweisung des Gläubigers auf Vorausverwertung der vorhandenen Sicherheit. Vergleichbar mit dem Schutzzweck des § 803 I S 2 (Verbot der Überpfändung).

II) Anwendungsbereich: ZwV wegen Geldforderungen (§§ 803–882a) in das bewegliche Vermö- 2
gen (körperliche Sachen sowie Forderungen und andere Vermögensrechte) und in das unbewegliche Vermögen sowie Offenbarungsverfahren (§ 807 mit §§ 899 ff).

III) Voraussetzungen: 1) a) Pfandrecht an einer beweglichen (körperlichen, § 90 BGB) Sache 3
des Schuldners (Miteigentum genügt, nicht aber Eigentum eines Dritten), auch (stehen gleich) an Inhaberpapieren (§§ 793 ff, s auch § 1293 BGB) oder Inhaberzeichen (§ 807 BGB), nicht aber an Legitimationspapieren (§ 808 BGB), Rekta- und Orderpapieren (wie Wechsel, Scheck), auch nicht an Forderungen sowie an unbeweglichem Vermögen (damit auch nicht an Schiffen und Schiffsbauwerken, s § 870a, sowie Luftfahrzeugen), auch nicht an Bestandteilen oder Zubehör unbeweglicher Sachen (sie haften den Grundstücksbelastungen, § 1120 BGB). Das Pfandrecht kann rechtsgeschäftlich als Vertragspfandrecht (§§ 1204 ff BGB; Nutzungspfand genügt, § 1213 BGB), als gesetzliches Pfandrecht (zB §§ 559, 590, 704 BGB, §§ 397 ff, 410, 421, 440 HGB) oder als Surrogationspfand (zB § 1287 BGB) entstanden sein und auch erst nach der ZwV-Maßnahme, der widersprochen wird. Das Vollstreckungspfandrecht fällt nicht unter § 777 (hier § 803), daher auch nicht das Arrestpfandrecht (aA StJM Rdn 3 zu § 777).

b) Oder: **Zurückbehaltungsrecht,** zB §§ 273, 972, 1000 BGB, §§ 369 ff, 615, 627 HGB. 4

2) a) Besitz des Gläubigers (Alleinbesitz), der Verwertung ohne gerichtliches Verfahren 5
ermöglicht. Das Pfandrecht des Vermieters, Verpächters oder Gastwirts hat Wirkungen nach § 777 daher erst ab Inbesitznahme. Mitbesitz und mittelbarer Besitz genügen nur, wenn der Gläubiger Verwertung ohne Herausgabeklage gegen den Schuldner oder einen Dritten betreiben kann oder selbst seinen Alleinbesitz aufgegeben hat (mit Verwahrung durch Dritte usw, § 868 BGB). Daß sich der Gläubiger von Anfang an mit mittelbarem Besitz begnügt hat (§ 1205 II BGB), rechtfertigt Widerspruch nicht, weil er auf solche Weise ein der Pfändung vorgehendes leichtes Verwertungsrecht nie erlangt hat (aA StJM Rnd 3 zu § 777).

b) Sicherungsübereignung ist dem Pfandrecht gleichgesetzt, wenn die Besitzvoraussetzungen 6
gegeben sind. Entsprechend anwendbar ist § 777 bei Pfandrecht an einer Forderung gegen den Staat, insbesondere an die Hinterlegungsstelle (§ 233 BGB) und auf eine Mietkaution (AG/LG München DGVZ 84, 77). Bürgschaft genügt nicht.

7 **3)** Der **Wert** des Sicherungsrechts **muß** die Vollstreckungs**forderung** des Gläubigers nach Hauptsache, Zinsen und Kosten (voll) **decken.** Die gesicherte Forderung muß die Vollstreckungsforderung sein; wenn die Sicherheit auch für andere Forderungen besteht, muß sie über diese hinaus auch noch die Vollstreckungsforderung decken. Deckt der Wert der Sache die Forderung nur teilweise, vollstreckt der Gläubiger aber seine volle Forderung, so ist Widerspruch nach § 777 hinsichtlich des gedeckten Forderungsteils zulässig („... soweit ... gedeckt ist").

8 **IV) Widerspruch und Verfahren:** Schuldner kann der ZwV in sein übriges Vermögen widersprechen. Der Gläubiger kann durch Verzicht auf das Pfand- und Zurückbehaltungsrecht den Widerspruch unzulässig (gegenstandslos) machen. GV und Vollstreckungsgericht dürfen sich durch den Widerspruch von der Pfändung nicht abhalten lassen. Der Widerspruch ist mit Erinnerung (§ 766) geltend zu machen (im Offenbarungsverfahren daher nicht mit Widerspruch oder Haftbeschwerde, LG Hannover Rpfleger 86, 187). Die ZwV in das übrige Vermögen des Schuldners muß daher begonnen haben; sie darf noch nicht beendet sein. Verfahren und Rechtsbehelf nach Widerspruch wie bei § 766. Die Beweispflicht, auch für die Deckung, trifft den widersprechenden Schuldner; mehrere Forderungen, auf die sich der Gläubiger beruft, hat er zu beweisen.

778 *[Zwangsvollstreckung vor Annahme der Erbschaft]*

(1) Solange der Erbe die Erbschaft nicht angenommen hat, ist eine Zwangsvollstreckung wegen eines Anspruchs, der sich gegen den Nachlaß richtet, nur in den Nachlaß zulässig.

(2) Wegen eigener Verbindlichkeiten des Erben ist eine Zwangsvollstreckung in den Nachlaß vor der Annahme der Erbschaft nicht zulässig.

1 **I) Zweck:** Regelung der verfahrensrechtlichen Auswirkungen, die sich mit der nur vorläufigen Rechtsstellung des Erben bis zur Annahme der Erbschaft ergeben.

2 **II) Anwendungsbereich:** § 778 gilt bei allen ZwV-Arten, auch für Arrestvollziehung (§ 928).

3 **III) Voraussetzung:** Erbe darf die ihm angefallene Erbschaft (§§ 1922, 1941 BGB) noch nicht (ausdrücklich oder stillschweigend) angenommen haben (§ 1943 BGB).

4 **IV) ZwV wegen eines Nachlaßanspruchs** (Abs 1): Eine Nachlaßverbindlichkeit (§ 1967 II BGB) kann **vor Annahme der Erbschaft** nicht gegen den Erben gerichtlich geltend gemacht (§ 1958 BGB) und daher auch nur in den Nachlaß (nicht aber in das eigene Vermögen des Erben) vollstreckt werden. Der Nachlaßanteil eines Miterben ist Eigenvermögen, dessen Pfändung (§ 859 II) nach Abs 1 ausgeschlossen ist. Zu unterscheiden ist bei Vollstreckung des von einem Nachlaßgläubiger bereits **gegen den Erblasser** erwirkten Vollstreckungstitels nach Erbfall:

5 **1)** Hatte die ZwV bei Tod des Schuldners gegen ihn **bereits begonnen,** so wird sie in den Nachlaß fortgesetzt (§ 779). Vor Annahme der Erbschaft ist sie nicht auch in das eigene Vermögen des Erben zulässig (Abs 1).

6 **2)** Hatte die ZwV bei Tod des Schuldners gegen ihn **noch nicht begonnen,** dann ist sie vor Annahme der Erbschaft nur in den Nachlaß zulässig (Abs 1). Es ist ein Nachlaßpfleger zu bestellen (§ 1961, auch § 1960 III BGB; der Gläubiger ist antragsberechtigt), gegen den als Rechtsnachfolger des Erblassers vollstreckbare Ausfertigung zu erwirken ist (§ 727) und die ZwV-Voraussetzungen (§ 750) vorliegen müssen.

7 **3) Nach Annahme der Erbschaft** ist Fortsetzung der ZwV in den Nachlaß zulässig (Rn 5), aber auch weitere (neue) ZwV gegen den Erben in den Nachlaß und in sein eigenes Vermögen. Die Nachlaßschulden werden jetzt dem Erben gegenüber genau so behandelt wie seine privaten Schulden. Für ZwV gegen den Erben in den Nachlaß (wegen bereits begonnener ZwV s Anm zu § 779) oder in sein eigenes Vermögen müssen gegen ihn als Rechtsnachfolger des Erblassers vollstreckbare Ausfertigung erwirkt sein und die ZwV-Voraussetzungen (§ 750) vorliegen. Für ZwV notwendige Grundbucheintragungen erfordern Voreintragung des Erben (§ 39 GBO), die auch der Gläubiger beantragen kann (§ 14 GBO). Erbscheinserteilung (§ 792 ZPO) oder Erbscheinsausfertigung (§ 85 FGG) kann der Gläubiger verlangen. Erbteilspfändung als Vollstreckung in Eigenvermögen: § 859 II. Haftungsbeschränkung bei Vollstreckung gegen den Erben: §§ 780–786.

8 **4)** Wenn der vollstreckbare Anspruch nicht nur Nachlaßverbindlichkeit, sondern **auch Eigenschuld** des (samtverbindlich) mithaftenden „Erben" ist, kann gegen ihn als Mitschuldner vollstreckt werden; Abs 1 bezieht sich nicht auf die Vollstreckung der Eigenschuld. Haftet für eine Eigenschuld des „Erben" ein Nachlaßgegenstand dinglich, dann gilt für Geltendmachung des dinglichen Anspruchs Abs 1, dh er kann vor Annahme der Erbschaft nur gegen einen Nachlaßpfleger (Testamentsvollstrecker usw) verfolgt werden (Rn 6).

V) ZwV wegen einer **eigenen Verbindlichkeit des Erben** (Abs 2): Sie ist vor Annahme der Erbschaft in den Nachlaß nicht zulässig. Spätere Beschränkung bei Testamentsvollstreckung: § 2214 BGB; hierzu § 748. 9

VI) Mehrheit von Erben: Annahme der Erbschaft durch einen (oder einzelne) von mehreren Erben (§ 1922 I, §§ 2032 ff) ermöglicht ZwV in dessen eigenes Vermögen; für die übrigen Miterben besteht die Beschränkung des Abs 1 weiter. Zur ZwV in den ungeteilten Nachlaß ist ein Nachlaßpfleger nur den Erben zu bestellen, die die Erbschaft noch nicht angenommen haben. Die gegen alle Erben zu erwirkende Vollstreckungsklausel (§ 747 mit § 750) hat gegen den Nachlaßpfleger und gegen die Erben, die die Erbschaft bereits angenommen haben, zu lauten. ZwV wegen eigener Verbindlichkeiten (Abs 2) nur eines Teils der Erben in den Nachlaß scheitert an dem gegen alle erforderlichen Titel (§ 747). 10

VII) Rechtsbehelfe: Für Erben, der Verstoß gegen Abs 1 rügt, Erinnerung (§ 766), aber auch Vollstreckungsgegenklage (§ 771), bei unzulässiger Klauselerteilung außerdem §§ 732, 768. Erinnerung auch für beeinträchtigte Dritte (Rn 9 zu § 766; zB Nachlaßgläubiger nach Pfändung). Ebenso für Erben, Nachlaßpfleger oder -verwalter und Testamentsvollstrecker bei Verstoß gegen Abs 2. Für Gläubiger, wenn ZwV in das eigene Vermögen (Abs 1) oder in den Nachlaß (Abs 2) abgelehnt wird, Erinnerung nach § 766, bei Entscheidung des Vollstreckungsgerichts sofortige Beschwerde (§ 793; sofortige Rechtspflegererinnerung nach § 11 RpflG). 11

779 *[Fortsetzung der Zwangsvollstreckung nach dem Tod des Schuldners]*

(1) Eine Zwangsvollstreckung, die zur Zeit des Todes des Schuldners gegen ihn bereits begonnen hatte, wird in seinen Nachlaß fortgesetzt.

(2) Ist bei einer Vollstreckungshandlung die Zuziehung des Schuldners nötig, so hat, wenn die Erbschaft noch nicht angenommen oder wenn der Erbe unbekannt oder es ungewiß ist, ob er die Erbschaft angenommen hat, das Vollstreckungsgericht auf Antrag des Gläubigers dem Erben einen einstweiligen besonderen Vertreter zu bestellen. Die Bestellung hat zu unterbleiben, wenn ein Nachlaßpfleger bestellt ist oder wenn die Verwaltung des Nachlasses einem Testamentsvollstrecker zusteht.

Lit: *Hagena*, Berichtigung des Grundbuchs durch Eintragung eines Verstorbenen, Rpfleger 1975, 389; *Mümmler*, Nochmals: Fortsetzung der ZwV nach § 779 Abs 1 ZPO, JurBüro 1976, 1445; *Noack*, Vollstreckung gegen Erben, JR 1969, 8; *Obermaier*, Die Rechtsnachfolge in das ZwV-Verfahren beim Tode einer Partei, DGVZ 1973, 145; *Schmidt*, Vergütung des gemäß § 779 ZPO bestellten Erbenvertreters, JurBüro 1962, 261; *Schüler*, Wann kann eine ZwV gegen einen Schuldner nach dessen Tod in den Nachlaß ohne Titelumschreibung betrieben werden, JurBüro 1976, 1003.

I) Zweck: Tod des Schuldners unterbricht begonnene ZwV nicht und kann sie auch nicht erschweren. 1

II) Anwendungsbereich: ZwV jeder Art in den Nachlaß (auch ImmobiliarZwV), nicht aber ZwV zur Erwirkung von Handlungen oder Unterlassungen (§§ 887, 888, 890), die gegen den Erben selbst zu erfolgen hat (Obermaier DGVZ 1973, 145 [147] mit Abgrenzung im Falle des § 887; Hamm MDR 86, 156 [zu § 890]). Begonnene ZwV eines Kostenvorauszahlungsbeschlusses (§ 887 II) ist jedoch Forderungsvollstreckung. 2

III) Voraussetzung: Beginn der ZwV (Rn 33 vor § 704) vor Tod des Schuldners; sonst § 778 I. 3

IV) 1) Fortsetzung der begonnenen ZwV ist in den gesamten Nachlaß zulässig. Zugelassen ist mit Abs 1 die Fortsetzung der ZwV im ganzen, die mit der ersten Vollstreckungsmaßnahme des GV oder Vollstreckungsgerichts begonnen hat, nicht nur die Fortsetzung einer einzelnen ZwV-Maßnahme. Es dürfen daher nicht nur begonnene einzelne Vollstreckungsmaßregeln zu Ende geführt, insbes gepfändete Sachen vom GV versteigert oder ein bereits erlassener Pfändungsbeschluß dem Drittschuldner zugestellt werden, sondern auch neue ZwV-Maßnahmen eingeleitet werden (LG Dortmund NJW 73, 374; LG München I MDR 79, 853 L; LG Verden MDR 69, 932; hM; aA Schüler JurBüro 76, 1003; LG Osnabrück JurBüro 57, 86; AG Schöneberg DGVZ 63, 92). 4

2) Fortsetzung der ZwV kann erfolgen ohne Klauselumstellung (§ 727) und erneute Zustellung (§ 750) vor und nach Annahme der Erbschaft. Für Eintragung einer Zwangshypothek muß Voreintragung (§ 39 GBO) des Schuldners (Erblassers) genügen, die auch nach seinem Tod auf Antrag des Gläubigers (§ 14 GBO) noch erfolgen kann (Haegele/Schöner/Stöber 2183; Hagena Rpfleger 75, 389 gegen KG Rpfleger 75, 133). Nur die ZwV des Titels darf aber fortgesetzt wer- 5

den, die begonnen hatte; Vollstreckung eines **anderen** Titels (auch eines Kostenfestsetzungsbeschlusses) ist neuer Beginn einer ZwV, mithin durch § 779 nicht erleichtert. ZwV-Kosten werden zugleich mit dem Anspruch beigetrieben (§ 788 I), können somit, auch soweit sie erst nach dem Tode des Schuldners und durch zulässig neu eingeleitete ZwV-Verfahren entstanden sind, nach Abs 1 beigetrieben werden. Für die Vollstreckung der durch Vornahme einer Handlung entstandenen Auslagen bestimmt nicht bereits das Verfahren nach § 887 den Beginn der ZwV, sondern erst der Beginn der Geldvollstreckung für die ZwV-Kosten (§ 788).

6 **V) 1)** Ein **besonderer Vertreter** ist dem Erben (nicht dem Nachlaß) auf Antrag des Gläubigers zu bestellen, wenn bei einer Vollstreckungshandlung Zuziehung des Schuldners nötig ist, aber vor Annahme der Erbschaft oder weil der Erbe unbekannt ist, nicht erfolgen kann (Abs 2), nicht aber, wenn ein Nachlaßpfleger (zu dessen Bestellung LG Oldenburg Rpfleger 82, 105), Nachlaßverwalter oder Testamentsvollstrecker vorhanden ist, gegen den sich die ZwV richtet; Fortbestand der Vollmacht (§ 86) erübrigt Vertreterbestellung nicht. Nötig ist Zuziehung des Schuldners, wenn er bei ZwV mitwirken muß, auch wenn nur eine Zustellung oder Benachrichtigung an ihn zu richten ist, sonach insbesondere in folgenden Fällen: § 808 III (Bekanntmachung der Pfändung durch GV), § 826 III (Bekanntmachung der Anschlußpfändung), § 829 II S 2 (Zustellung des Pfändungsbeschlusses), § 835 III S 1 (Zustellung des Überweisungsbeschlusses), § 844 III (Anhörung vor anderer Verwertung), §§ 872 ff (Verteilungsverfahren), § 885 II (Übergabe beweglicher Sachen bei Herausgabevollstreckung). Unbekannter Aufenthalt des bekannten Erben ist kein Fall des Abs 2; es hat Bestellung eines Abwesenheitspflegers (§ 1911 BGB) oder Zuziehung mit öffentlicher Zustellung (§§ 203 ff) zu erfolgen. Der Gläubiger kann wahlweise Pflegerbestellung nach Abs 2 oder Bestellung eines Nachlaßpflegers (§ 1961 BGB) beantragen.

7 **2)** Die **Bestellung** erfolgt durch **Beschluß,** der dem Gläubiger und dem Vertreter mitzuteilen ist (§ 329 II); der ablehnende Beschluß ist dem Gläubiger zuzustellen (§ 329 III). Zuständig ist der Rechtspfleger (§ 20 Nr 17 RpflG).

8 **3)** Der Bestellte ist besonderer **Vertreter kraft Bestellung;** er hat die Stellung eines gesetzlichen Vertreters. Übernahmepflicht besteht nicht. Vertretungsmacht besteht für alle in der ZwV erforderlichen Handlungen, insbesondere für den Empfang aller Zustellungen und Benachrichtigungen, aber auch für Anträge und Erklärungen, auch zur Abwendung unzulässiger Vollstrekkungsmaßnahmen, somit auch für Rechtsbehelfe (§§ 732, 766, 793; § 11 RpflG). Offenbarungsversicherung hat der Bestellte nicht zu leisten (Zuziehung erfolgt nur für den Schuldner, nicht als Schuldner). Die Befugnis des Bestellten erlischt, wenn der Erbe als Schuldner (auch ein Nachlaßpfleger, Nachlaßverwalter oder Testamentsvollstrecker) zugezogen werden kann (nicht erst, wenn er in das Verfahren eintritt), außerdem mit zulässigem Widerruf der Bestellung.

9 **4) Fortgesetzt** werden darf die ZwV, die Zuziehung des Schuldners erfordert, erst, wenn der Vertreter bestellt ist (vgl § 92 Nr 1 GVGA).

10 **5)** Für die **Kosten** des Bestellten haftet die Staatskasse nicht. Sie sind vom Gläubiger zu tragen, der sie nach § 788 erstattet verlangen kann.

11 **VI) Rechtsbehelf** für Gläubiger, wenn Vertreterbestellung abgelehnt wird: § 793 (§ 11 RpflG). Vertreterbestellung ist nicht anfechtbar (der Vertreter kann ablehnen).

12 **VII) Gebühren: 1)** des **Gerichts:** Für die Vertreterbestellung keine. – **2)** des **Anwalts:** Die Bestellung von Vertretern gehört zum Rechtszug bzw zum Zwangsvollstreckungsverfahren, § 37 Nr 3, § 57 BRAGO.

780 *[Vorbehalt der beschränkten Haftung]*

(1) Der als Erbe des Schuldners verurteilte Beklagte kann die Beschränkung seiner Haftung nur geltend machen, wenn sie ihm im Urteil vorbehalten ist.

(2) Der Vorbehalt ist nicht erforderlich, wenn der Fiskus als gesetzlicher Erbe verurteilt wird oder wenn das Urteil über eine Nachlaßverbindlichkeit gegen einen Nachlaßverwalter oder einen anderen Nachlaßpfleger oder gegen einen Testamentsvollstrecker, dem die Verwaltung des Nachlasses zusteht, erlassen wird.

1 **I) Zweck:** Regelung des Verfahrens zur Beschränkung der Erbenhaftung.

2 **II) Erbenhaftung: 1)** Der Erbe haftet als Gesamtrechtsnachfolger für die Nachlaßverbindlichkeiten dem Grundsatz nach unbeschränkt (§ 1967 I BGB). Ein nach Annahme der Erbschaft (§ 1958 BGB) gegen den Erben erwirkter Vollstreckungstitel kann daher auch in sein eigenes Vermögen vollstreckt werden. Die unbeschränkte Haftung des Erben ist jedoch nur eine vorläufige; er kann die Haftung auf den Nachlaß beschränken. Im Rechtsstreit ist die Beschränkung

der Haftung auf den Nachlaß geltend zu machen. Bei der ZwV wird sie daher nur berücksichtigt, wenn sich der als Erbe des Schuldners Verurteilte darauf beruft (§ 781). Hierfür muß die Haftungsbeschränkung im Urteil vorbehalten sein (Abs 1 mit Ausnahmen in Abs 2).

2) Die vorbehaltene **Beschränkung der Haftung** des Erben „auf den Nachlaß" kann erfolgen mit Nachlaßverwaltung oder Nachlaßkonkurs (§ 1975 BGB) sowie Vergleichsverfahren über den Nachlaß (§ 113 I Nr 4 VerglO), Gläubigerausschluß im Aufgebotsverfahren (§ 1973 BGB), 5jähriger Gläubigersäumnis (§ 1974 BGB), Erschöpfungs- (§ 1989 BGB) und Dürftigkeitseinrede (§§ 1990–1992 BGB) sowie mit dem Verweigerungsrecht des Miterben (§ 2059 BGB). 3

3) Die **Möglichkeit** der Haftungsbeschränkung **verliert der Erbe** gegenüber allen Nachlaßgläubigern durch Versäumung der Inventarfrist (§ 1994 I S 2 BGB) oder Inventaruntreue (§ 2005 BGB), gegenüber einzelnen Nachlaßgläubigern durch Verweigerung der Inventarerrichtung (§ 2006 BGB) und Verzicht auf die Beschränkung. 4

III) 1) Anwendungsbereich: § 780 gilt für Erben und Miterben (§ 2059 BGB), für den Nacherben nach Maßgabe des § 2144 BGB (dem als Erbe die Erbschaft anfällt, § 2139 BGB, so daß für ihn unerheblich ist, ob der Vorerbe beschränkt oder unbeschränkt haftend verurteilt war) und für den Erbschaftskäufer nach § 2383 BGB, nicht aber für Haftung nach Teilung des Nachlasses (§ 2060 BGB), weil Verurteilung auf den Haftungsteil in der Urteilsformel zum Ausdruck kommt. Der Vorerbe hat nach Eintritt der Nacherbfolge zur Geltendmachung seiner Haftungsbeschränkung aus § 2145 I BGB die Klage nach § 767, auch wenn sie ihm nicht vorbehalten ist, aus § 2145 II BGB aber nur den Weg des § 780. 5

2) Haftungsvorbehalt ist bei allen gegen den Erben (als ursprünglich Beklagter oder nach Eintritt in den Prozeß, §§ 239, 246) erwirkten vollstreckungsfähigen Urteilen erforderlich, bei Leistungsklage bereits im Grundurteil (§ 304; Köln VersR 68, 380), bei ausländischen Urteilen im Vollstreckungsurteil (§ 722; auch wenn das ausländische Recht den Vorbehalt nicht kennt), bei schiedsgerichtlichen Verfahren schon im Schiedsspruch, nicht jedoch in einem Feststellungsurteil, bei Verurteilung zur Abgabe einer Willenserklärung dann, wenn die Wirkung der §§ 894, 895 ausgeschlossen sein soll (Vollstreckung dann nach § 888; RG BayZ 1920, 303; RG 49, 417; KG OLG 11, 117). Zum Klauselverfahren s Rn 4 zu § 731 und unten Rn 9. Haftungsvorbehalt muß außerdem enthalten sein in urteilsgleichen sonstigen Titeln (§ 795), also Vollstreckungsbescheiden (§§ 699, 700 I; RG JW 1898, 356; Köln NJW 52, 1145; daher wegen eines fehlenden Vorbehalts Widerspruch oder Einspruch gegen Mahn/Vollstreckungsbescheid erforderlich; dann bei sofortigem Anerkenntnis unter Vorbehalt kein Kostenrisiko; Köln aaO und nachf Rn 7) sowie in Vergleichen und vollstreckbaren Urkunden (StJM Rdn 8 zu § 780; Wolfsteiner, Die vollstr Urkunde, Rdn 53.2, streitig). 6

3) Der Haftungsvorbehalt muß auch für **Prozeßkosten** im Urteil (als Grundtitel) ausgesprochen sein. Der Vorbehalt kann jedoch nur für Kosten erfolgen, die Nachlaßverbindlichkeiten sind (§ 1967 II BGB), also in der Person des Erblassers entstanden sind. Kosten eigener Prozeßführung hat der Erbe als Prozeßpartei selbst zu tragen (Köln aaO; bei Vorbehalt daher Kostentrennung notwendig). Kostenentscheidung bei sofortiger Anerkenntnis mit Vorbehalt: § 93 (vgl Rn 3 zu § 305). Der Vorbehalt beschränkter Erbenhaftung für die Urteilsforderung erstreckt sich nicht auch auf die Prozeßkosten (Stuttgart JurBüro 76, 675). In den Kostenfestsetzungsbeschluß kann der Vorbehalt der beschränkten Erbenhaftung nur aufgenommen werden, wenn ihn das Urteil für die Kostenentscheidung enthält (Rn 21 „Haftungsbeschränkung" zu §§ 103, 104), somit auch nicht, wenn die Kostenfestsetzung gegen den Erben des verurteilten und danach verstorbenen Schuldners betrieben wird (Hamm Rpfleger 82, 354). 7

4) Nicht erforderlich ist der Vorbehalt in den Fällen des Abs 2. Grund: Schuldner haftet in jedem Fall nur mit dem Nachlaß. Entbehrlich ist der Vorbehalt außerdem bei einem Individualanspruch, der unstreitig einen Nachlaßgegenstand betrifft (Herausgabe oder Übereignung), und bei einem nur auf einen Nachlaßgegenstand bezogenen Duldungsanspruch (dinglicher Anspruch nach § 1147 BGB). 8

5) Ohne Vorbehalt kann der Erbe die Haftungsbeschränkung bei Vollstreckung eines **noch gegen den Erblasser erwirkten Vollstreckungstitels** geltend machen (keine Berücksichtigung des Vorbehalts bei Klauselumstellung nach § 727; Köln JW 32, 1405; s auch Rn 10); Besonderheit jedoch bei Klauselklage s Rn 4 zu § 731. 9

IV) Verfahren: 1) Der Vorbehalt der nur beschränkten Erbenhaftung wird **nur auf Einrede** des Erben (ohne besonderen Antrag; RG 69, 291; BGH NJW 83, 2378 [2379]) in das Urteil aufgenommen. Die Einrede ist bis zum **Schluß der letzten mündlichen Tatsachenverhandlung** vorzubringen. Die in erster Instanz nicht geltend gemachte Haftungsbeschränkung kann der Erbe in der Berufungsinstanz nachholen; Berufung lediglich zur Nachholung der Einrede wird jedoch 10 nicht für zulässig erachtet. Das Revisionsgericht kann den Vorbehalt auch ohne Revisionsrüge nachholen, wenn der Tatrichter über den geltend gemachten Vorbehalt der Erbenhaftung nicht entschieden hat (BGH NJW 83, 2378). Erst im Revisionsrechtszug kann der als Erbe des Schuldners Verurteilte die Beschränkung seiner Haftung nicht geltend machen (BGH MDR 62, 568 = NJW 62, 1250). Eine Ausnahme gilt, wenn in der Tatsacheninstanz für die Einrede noch kein Anlaß vorlag (Aufhebung der Nachlaßverwaltung erst in der Revisionsinstanz, RG DR 44, 292 [294]; BGH aaO) oder sie noch nicht möglich war (Erbfall erst in der Revisionsinstanz, BGH aaO und BGH 17, 69 [73] = NJW 55, 788). Wenn jedoch der Erbe in der Revisionsinstanz nicht die rechtliche Nachprüfung des angefochtenen Urteils verlangt, sondern lediglich Antrag auf Vorbehalt der beschränkten Erbenhaftung stellt, ist die Revision unzulässig (BGH 54, 204 = MDR 70, 832 = NJW 70, 1742). Wenn die Einrede in der Revisionsinstanz verwehrt ist, kann die nur beschränkte Erbenhaftung auch ohne Urteilsvorbehalt mit Vollstreckungsgegenklage geltend gemacht werden (BGH 54, 204 = aaO; s bereits Rn 9). Antrag und Verfahren, wenn Aussetzung nach Verkündung des Endurteils wegen Todes des Beklagten erfolgt ist und von der anderen Partei gegen den Erben vor Einlegung eines Rechtsmittels vor dem Gericht der Instanz weiter betrieben wird: Düsseldorf NJW 70, 1689.

11 **2)** Den Vorbehalt kann das Gericht ohne **Prüfung** aussprechen, ob dem Erben noch die Haftungsbeschränkung möglich ist. Auch wenn der Erbe behauptet, daß die Haftungsbeschränkung bereits feststehe oder wenn der Kläger vorträgt, daß sie allgemein oder ihm gegenüber verloren sei, ist das Gericht nicht verpflichtet, über das Bestehen der Haftungsbeschränkung zu entscheiden; es kann sich auf den Vorbehalt im allgemeinen beschränken. Das Gericht darf aber auch insoweit, als es die sachliche Entscheidung über die Haftungsbeschränkung vorbehalten kann, über die Haftungsbeschränkung sachlich entscheiden; steht in diesem Fall fest, daß dem Zugriff des Klägers offenstehende Vermögensstücke in der Nachlaßmasse nicht oder nicht mehr vorhanden sind, so kann das Gericht die Klage abweisen (RG 137, 54; BGH NJW 54, 635). Entscheidet das Gericht sachlich über das Bestehen oder Nichtbestehen der Haftungsbeschränkung, dann ist die Frage auch für spätere Prozesse – abgesehen von nachträglich eintretenden Umständen – rechtskräftig entschieden; ob eine solche sachliche Entscheidung vorliegt, ist unter Umständen durch Auslegung des Urteils zu ermitteln (BGH aaO). Zur Frage des Teilunterliegens beim Vorbehalt der beschränkten Erbenhaftung vgl Hamburg MDR 60, 150.

12 **3)** Der **Ausspruch** erfolgt im **Urteilstenor.** Fassung: „Dem Beklagten wird als Erbe die Beschränkung seiner Haftung auf den Nachlaß des ... (Erblassers) vorbehalten." Vorbehalt in den Gründen soll genügen (bedenklich, weil auch aus abgekürztem Urteil vollstreckt werden kann). Verurteilung „als Erbe" schließt einen Vorbehalt nicht ein (RG JW 11, 948). Nicht genügend somit „A hat als Erbe des ... an den Kläger ... zu zahlen"; denn damit ist auch die unbeschränkte Haftung vereinbar. Wenn der Vorbehalt abgelehnt wird, erfolgt Darstellung nur in den Gründen.

13 **V) Rechtsbehelf:** Bei unterlassenem Vorbehalt nur Rechtsmittel gegen das Urteil. Bei Übergehen der Einrede durch das Gericht Urteilsergänzung nach § 321.

14 **VI) Wirkung:** Vollstreckt der Gläubiger in nicht zum Nachlaß gehörende Stücke, so kann der beschränkt haftende Erbe nach §§ 781, 785, 767 Einwendungen gegen die ZwV geltend machen. Ist das gegen den Erben erlassene Urteil rechtskräftig geworden, ohne daß die Haftungsbeschränkung geltend gemacht oder berücksichtigt wurde, dann kann der fehlende Ausspruch nicht mehr nachgeholt werden (BVerwG NJW 56, 805).

15 **VII) Gerichtsgebühren:** Das Urteil ist gebührenpflichtiges Endurteil (s § 300 Rn 7).

781 *[Beachtung der Beschränkung der Haftung]*

Bei der Zwangsvollstreckung gegen den Erben des Schuldners bleibt die Beschränkung der Haftung unberücksichtigt, bis auf Grund derselben gegen die Zwangsvollstreckung von dem Erben Einwendungen erhoben werden.

1 Die ZwV gegen den Erben ist in den Nachlaß und auch in sein eigenes Vermögen zulässig (RG 69, 292; § 93 Nr 3 GVGA). Die Haftungsbeschränkung bleibt (trotz Urteilsvorbehalt) unberücksichtigt, wenn nicht der Gläubiger seinen Antrag einschränkt. Der Erbe hat daher auch die Offenbarungsversicherung für sein ganzes Vermögen (unter Einschluß des Nachlasses) abzugeben (Gläubiger kann aber Antrag auf Versicherung des Nachlasses beschränken). **Berücksichtigt wird die Beschränkung** der Haftung des Erben auf den Nachlaß erst, wenn sich der Erbe darauf beruft (vgl Rn 2 zu § 780). Dafür muß dem als Erbe des Schuldners Verurteilten die Haf-

tungsbeschränkung vorbehalten sein (§ 780 mit Anm); bei Vollstreckung eines noch gegen den Erblasser erwirkten Titels kann die Haftungsbeschränkung ohne Vorbehalt geltend gemacht werden (Rn 9 und 10 zu § 780). Verfahren: § 785; Einstellung der ZwV nach § 769. **Klageantrag:** „Die ZwV aus dem Urteil des ... gerichts ... v ... (Az ...) in das nicht zum Nachlaß gehörende Vermögen, namentlich in die bei dem Kläger gepfändeten folgenden Gegenstände ... wird für unzulässig erklärt." Zu diesem Klageantrag mit Bezeichnung der Gegenstände, in die vollstreckt worden ist, BGH FamRZ 72, 449. Der Erbe hat als Kläger nachzuweisen, daß es sich um eine Nachlaßschuld handelt, in Gegenstände, die nicht zum Nachlaß gehören, vollstreckt ist und seine Haftung nach dem Rn 3 zu § 780 Gesagten (allgemein oder dem Gläubiger gegenüber) beschränkt ist (also Nachlaßkonkurs eröffnet, der Gläubiger im Aufgebotsverfahren ausgeschlossen ist usw). Der Nachweis ist nicht mehr zu führen, wenn die Haftungsbeschränkung im Urteil bereits sachlich festgestellt ist, die haftenden Gegenstände zB schon benannt sind (RG 59, 303; 69, 292; s auch Rn 11 zu § 780). Nach erfolgreicher Klage ist die Offenbarungsversicherung auf den Nachlaß zu beschränken (Rostock OLG 36, 228; Dresden OLG 37, 170 hält Klage nicht für nötig, sondern Widerspruch für möglich, § 900 V; abzulehnen wegen § 785; s auch Rostock OLG 40, 407).

782 *[Aufschiebende Einreden des Erben]*

Der Erbe kann auf Grund der ihm nach den §§ 2014, 2015 des Bürgerlichen Gesetzbuchs zustehenden Einreden nur verlangen, daß die Zwangsvollstreckung für die Dauer der dort bestimmten Fristen auf solche Maßregeln beschränkt wird, die zur Vollziehung eines Arrestes zulässig sind. Wird vor dem Ablauf der Frist die Eröffnung des Nachlaßkonkurses beantragt, so ist auf Antrag die Beschränkung der Zwangsvollstreckung auch nach dem Ablauf der Frist aufrechtzuerhalten, bis über die Eröffnung des Konkursverfahrens rechtskräftig entschieden ist.

I) Geltendmachung der Einreden nach §§ 2014, 2015 BGB, nämlich der Befugnis des 1
beschränkt haftenden Erben, die Berichtigung einer Nachlaßverbindlichkeit **bis zum Ablauf von drei Monaten** nach Annahme der Erbschaft, jedoch nicht über die Errichtung des Inventars hinaus bzw bis zur Beendigung des innerhalb eines Jahres beantragten Aufgebots der Nachlaßgläubiger (§§ 2014, 2015 BGB), **zu verweigern, hindert nicht** die **Verurteilung des Erben** unter **Vorbehalt seiner beschränkten Haftung** (§ 305), sie hindert auch an sich nicht die ZwV in den Nachlaß und in das eigene Vermögen. Gegen eine **innerhalb** der Fristen drohende oder begonnene ZwV in den Nachlaß oder in das eigene Vermögen kann der Erbe Klage erheben (§ 785), allerdings nur dahin, daß die ZwV auf solche Maßregeln beschränkt werde, die zur Vollziehung eines Arrestes zulässig sind (s §§ 930–933). Dieselben Rechte haben auch ohne Vorbehalt im Urteil der Testemantsvollstrecker (§ 2213 BGB), Nachlaßverwalter (§ 1984 BGB) und Nachlaßpfleger (§ 2017 BGB), ebenso der Erbe gegen die ZwV aus einem gegen solche Personen oder gegen den Erblasser ergangenen Urteil, das gem § 727 gegen ihn vollstreckbar ausgefertigt worden ist. Der **Klageantrag lautet:** „Die Versteigerung oder sonstige Verwertung der auf Grund Endurteils des ... Gerichts vom ... bei dem Kläger gepfändeten Gegenstände, nämlich ... (im Falle des § 883: „Die Hinausgabe ... an den Beklagten") wird bis zum ... einschließlich für unzulässig erklärt." – „Das auf Grund ... Urteil des ... vom ... bei dem Kläger gepfändete Geld ist zu hinterlegen (s § 930 II)". – „Aus dem Urteil des ... vom ... ist bis zum ... nur die Pfändung (Eintragung einer Zwangshypothek, Wegnahme), nicht auch die Verwertung (Hinausgabe an Beklagten) zulässig." Bei dinglichen Ansprüchen ist § 782 unanwendbar. – Nach Ablauf der aus dem Urteil ersichtlichen Frist ist die ZwV fortzusetzen, wenn nicht inzwischen andere Hinderungsgründe (zB Eröffnung des Nachlaßkonkurses) eingetreten sind. Hat der Erbe inzwischen seine beschränkte Haftung durchgeführt, so kann er der ZwV in das eigene Vermögen nach §§ 781, 785 widersprechen, auch wenn die Fristen der §§ 2014, 2015 BGB abgelaufen sind.

II) Trifft **Satz 2** zu, so muß der Erbe nach § 785 auf Verlängerung der in Rn 1 behandelten 2
Beschränkung klagen mit dem Antrag: „Das Urteil vom ... bleibt bis zur rechtskräftigen Entscheidung über den Antrag auf Eröffnung des Konkurses über den Nachlaß des ... aufrechterhalten." Nach Eröffnung des Konkursverfahrens § 784.

783 *[Beschränkung der ZwV in den Nachlaß wegen persönlicher Schulden des Erben]*

In Ansehung der Nachlaßgegenstände kann der Erbe die Beschränkung der Zwangsvollstreckung nach § 782 auch gegenüber den Gläubigern verlangen, die nicht Nachlaßgläubiger sind, es sei denn, daß er für die Nachlaßverbindlichkeiten unbeschränkt haftet.

1 Dem Erben wird durch § 783 entsprechend den Vorschriften der §§ 2014, 2015 BGB Zeit zur ungestörten Errichtung des Inventars und zu der Überlegung, ob er von seinem Recht auf beschränkte Haftung Gebrauch machen will, verschafft und zur vollständigen Erreichung dieses Zwecks auch gegenüber seinen persönlichen Gläubigern die Befugnis zur Beschränkung der ZwV auf Arrestmaßregeln in Ansehung der Nachlaßgegenstände gewährt (Mot 161). Geltendmachung des Rechts durch Klage nach § 785; **Antrag:** „Die Verwertung der ... gepfändeten Gegenstände ist unzulässig", s § 782. Der Erbe hat zu beweisen, daß es sich bei dem Pfandgegenstand um ein Nachlaßstück handelt und daß die Dreimonatsfrist noch nicht abgelaufen ist. Der Gläubiger muß nachweisen, daß der Erbe allen Nachlaßgläubigern gegenüber unbeschränkt haftet (zu dieser unbeschränkten Haftung Rn 4 zu § 780).

784 *[Zwangsvollstreckung gegen Erben bei Nachlaßverwaltung oder -konkurs]*

(1) Ist eine Nachlaßverwaltung angeordnet oder der Nachlaßkonkurs eröffnet, so kann der Erbe verlangen, daß Maßregeln der Zwangsvollstreckung, die zugunsten eines Nachlaßgläubigers in sein nicht zum Nachlaß gehörendes Vermögen erfolgt sind, aufgehoben werden, es sei denn, daß er für die Nachlaßverbindlichkeiten unbeschränkt haftet.

(2) Im Falle der Nachlaßverwaltung steht dem Nachlaßverwalter das gleiche Recht gegenüber Maßregeln der Zwangsvollstreckung zu, die zugunsten eines anderen Gläubigers als eines Nachlaßgläubigers in den Nachlaß erfolgt sind.

1 Nach Annahme der Erbschaft kann **bis zur Anordnung** der Nachlaßverwaltung **oder Eröffnung** des Nachlaßkonkurses wegen eigener Schulden des Erben und Nachlaßverbindlichkeiten in den Nachlaß vollstreckt werden. Der beschränkt haftende Erbe kann aber der ZwV wegen Nachlaßverbindlichkeiten in sein Privatvermögen (§ 781) und derjenigen wegen eigener Verbindlichkeiten in den Nachlaß widersprechen (§ 783).

2 **Nach Anordnung der Nachlaßverwaltung** haftet der Erbe für Nachlaßverbindlichkeiten nur noch mit dem Nachlaß; die Nachlaßgläubiger können insoweit ohne weiteres in den Nachlaß vollstrecken. Der Erbe kann der Vollstreckung in sein Privatvermögen wegen einer Nachlaßverbindlichkeit nach Anordnung der Nachlaßverwaltung gem § 785 widersprechen, vorausgesetzt, daß er nicht unbeschränkt haftet. Für Privatgläubiger des Erben ist die ZwV in den Nachlaß verboten. Der Nachlaßverwalter kann die Fortsetzung einer wegen Privatschulden des Erben begonnenen ZwV nach § 785 verhindern und gegen die nach Anordnung der Nachlaßverwaltung eingeleitete ZwV Erinnerung nach § 766 erheben.

3 **Nach Eröffnung des Nachlaßkonkurses** ist jede Vollstreckung zugunsten von eigenen Gläubigern des Erben und zugunsten von Nachlaßgläubigern in den Nachlaß verboten (§ 14 KO). Der Konkursverwalter kann Erinnerung (§ 766) erheben. Vor Konkurseröffnung erfolgte ZwV-Handlungen sind den Nachlaßgläubigern gegenüber unwirksam (§ 224 I KO). Der Konkursverwalter kann ohne Rücksicht auf die ZwV die Verwertung der Massegegenstände durchführen und die Fortsetzung der ZwV durch Erinnerung (§ 766) hintanhalten. Der beschränkt haftende Erbe kann nach Eröffnung des Nachlaßkonkurses gegen eine bereits laufende ZwV wegen Nachlaßverbindlichkeiten in sein Privatvermögen durch Klage nach § 785 widersprechen. Entsprechendes gilt in den Fällen §§ 1973 ff, 1990 BGB. **Klageantrag:** „Die ZwV in die von dem GV auf Grund Urteils ... vom ... gepfändeten Gegenstände ... ist unzulässig." Der Erbe muß nachweisen, daß der Pfändungsgläubiger Nachlaßgläubiger ist und der gepfändete Gegenstand nicht zum Nachlaß gehört. Der Beklagte hat demgegenüber zu beweisen, daß ihm der Erbe unbeschränkt haftet. Ist die ZwV von Privatgläubigern des Erben in den Nachlaß unzulässig, können diese nur den Anspruch des Erben auf Ausschüttung eines nach Erledigung der Nachlaßverwaltung oder des Nachlaßkonkurses verbleibenden Überschusses gegenüber dem Nachlaß- oder Konkursverwalter pfänden.

785 *[Vollstreckungsabwehrklage des Erben]*
Die auf Grund der §§ 781 bis 784 erhobenen Einwendungen werden nach den Vorschriften der §§ 767, 769, 770 erledigt.

I) Solange der Erbe nicht klagt, haben die Vollstreckungsorgane den Vorbehalt der beschränkten Haftung nicht zu beachten (§ 781). **Die beim** Prozeßgericht 1. Instanz (§ 767 I) **zu erhebende Klage bezweckt** in den Fällen der §§ 781, 784 die Unzulässigkeitserklärung der ZwV in den betreffenden Gegenstand, in den Fällen des § 784 außerdem die Aufhebung der Vollstrekkungsmaßregeln, in den Fällen §§ 782, 783 die Beschränkung der ZwV auf die Pfändung und Maßregeln, die zur Vollziehung eines Arrestes zulässig sind. Die nachträgliche Geltendmachung des verlorengegangenen Beschränkungsvorbehalts (RG 59, 304) oder Rückforderung einer Zahlung (RG 8, 270) ist unzulässig. Ersatzpflicht des Erben wegen Unterlassung der Gegenklage: § 1978 BGB. **Abs 2 des § 767** (Ausschluß früherer Einreden) ist nicht anwendbar, wohl aber Abs 3. **§ 769:** Anordnung der einstweiligen Einstellung der ZwV. Vollzug des Urteils: §§ 775, 776. In der Praxis bildet den Schwerpunkt des Streites bei Nachlaßverwaltung und Nachlaßkonkurs die Zugehörigkeit eines Pfandstückes zum Nachlaß oder zum Privatvermögen des Erben, beim Erschöpfungseinwand kommt die Richtigkeit des Inventars, insbes auch der Passiven in Betracht. Aufklärungsbehelf über den Umfang des Nachlasses: Inventarfrist (§ 1994 BGB), Inventar (§ 2001), eidesstattliche Versicherung (§ 2006), Auskunftspflicht (§§ 2010, 2012, 2028). Ob der Erbe die Wohltat der Haftungsbeschränkbarkeit verloren hat, ergibt sich für die Fälle §§ 1994 und 2005 BGB aus den Nachlaßakten (§ 78 FGG). Wird die Klage aus § 785 abgewiesen, so entfällt die Wirksamkeit des formell fortbestehenden Vorbehalts für die Zukunft. Dringt der Erbe mit der Klage durch, so wird der Gläubiger (als Beklagter) bezüglich der Klage aus § 785 und der ZwV kostenpflichtig. 1

II) Gebühren s § 767 Rn 23 und § 769 Rn 14. 2

786 *[Vollstreckungsabwehrklage bei fortgesetzter Gütergemeinschaft usw]*
Die Vorschriften des § 780 Abs. 1 und der §§ 781 bis 785 sind auf die nach § 1489 des Bürgerlichen Gesetzbuchs eintretende beschränkte Haftung, die Vorschriften des § 780 Abs. 1 und der §§ 781, 785 sind auf die nach den §§ 419, 1480, 1504, 2187 des Bürgerlichen Gesetzbuchs eintretende beschränkte Haftung entsprechend anzuwenden.

I) Bei der beschränkten Haftung des überlebenden Ehegatten bei fortgesetzter Gütergemeinschaft für solche Gesamtverbindlichkeiten, für die er vorher nicht haftete (§ 1489 BGB), finden §§ 780 I, 781 entsprechende Anwendung, da die Verhältnisse hier ähnlich wie bei der Erbschaft liegen. Bei der Haftung des Übernehmers eines Vermögens für die Schulden bis zum Bestand des Vermögens (§ 419 BGB), bei der beschränkten Haftung eines Ehegatten nach Beendigung der Gütergemeinschaft für die vor der Teilung nicht berichtigten Gesamtgutsverbindlichkeiten (§ 1480 BGB), bei der beschränkten Haftung der anteilsberechtigten Abkömmlinge bei fortgesetzter Gütergemeinschaft für die vor der Teilung nicht berichtigten Gesamtgutsverbindlichkeiten (§ 1504 BGB) und bei der Haftung des mit einer Auflage beschwerten Vermächtnisnehmers für diese Auflage, soweit das Vermächtnis hierzu ausreicht (§ 2187 BGB), finden §§ 781 und 785 entsprechende Anwendung. Die Vorschriften §§ 782–784 sind in den letzteren vier Fällen nicht für anwendbar erklärt; hier erfolgt also alsbald Vollstreckungspfändung (nicht bloßer Arrest) und bewirkt der Erschöpfungseinwand deren Aufhebung. Im Falle des § 419 muß der Übernehmer die Zahlungspflicht als solche mit Vorbehalt sofort anerkennen (§ 93), aber gegen das Urteil alsbald Gegenklage mit Erschöpfungseinrede erheben und die ZwV einstellen lassen. Wegen der Gegenleistung kann er sich nur an den Übergeber halten. Die Grundsätze des § 786 sind entsprechend anzuwenden auf die Haftung des früheren Gemeinschuldners für während des Konkurses entstandenen Masseverbindlichkeiten (§§ 57–60 KO) mit den an ihn gelangten Massebestandteilen (StJM Anm III zu § 786, weitergehend Rosenberg § 180 III 2: auch auf andere Fälle beschränkbarer Haftung entsprechend anwendbar). 1

II) Gebühren s § 767 Rn 23 und § 769 Rn 14. 2

786a *[Auswirkung seerechtlicher Haftungsbeschränkung auf die ZwV]*

(1) Die Vorschriften des § 780 Abs. 1 und des § 781 sind auf die nach § 486 Abs. 1, 3, §§ 487 bis 487d des Handelsgesetzbuchs eintretende beschränkte Haftung entsprechend anzuwenden.

(2) Ist das Urteil nach § 305a unter Vorbehalt ergangen, so gelten für die Zwangsvollstreckung die folgenden Vorschriften:

1. Wird im Geltungsbereich dieses Gesetzes die Eröffnung eines Seerechtlichen Verteilungsverfahrens beantragt, an dem der Gläubiger mit dem Anspruch teilnimmt, so entscheidet das Gericht nach § 5 Abs. 3 der Seerechtlichen Verteilungsordnung über die Einstellung der Zwangsvollstreckung; nach Eröffnung des Verteilungsverfahrens sind die Vorschriften des § 8 Abs. 4 und 5 der Seerechtlichen Verteilungsordnung anzuwenden.

2. Ist nach Artikel 11 des Haftungsbeschränkungsübereinkommens (§ 486 Abs. 1 des Handelsgesetzbuchs) von dem Schuldner oder für ihn ein Fonds in einem anderen Vertragsstaat des Übereinkommens errichtet worden, so sind, sofern der Gläubiger den Anspruch gegen den Fonds geltend gemacht hat, die Vorschriften des § 34 der Seerechtlichen Verteilungsordnung anzuwenden. Hat der Gläubiger den Anspruch nicht gegen den Fonds geltend gemacht oder sind die Voraussetzungen des § 34 Abs. 2 der Seerechtlichen Verteilungsordnung nicht gegeben, so werden Einwendungen, die auf Grund des Rechts auf Beschränkung der Haftung nach § 486 Abs. 1, 3, §§ 487 bis 487d des Handelsgesetzbuchs erhoben werden, nach den Vorschriften der §§ 767, 769, 770 erledigt; das gleiche gilt, wenn der Fonds in dem anderen Vertragsstaat erst bei Geltendmachung des Rechts auf Beschränkung der Haftung errichtet wird.

(3) Ist das Urteil eines Gerichts, das seinen Sitz außerhalb des Geltungsbereichs dieses Gesetzes hat, unter dem Vorbehalt ergangen, daß der Beklagte das Recht auf Beschränkung der Haftung nach dem Haftungsbeschränkungsübereinkommen geltend machen kann, wenn ein Fonds nach Artikel 11 des Übereinkommens errichtet worden ist oder bei Geltendmachung des Rechts auf Beschränkung der Haftung errichtet wird, so gelten für die Zwangsvollstreckung wegen des durch das Urteil festgestellten Anspruchs die Vorschriften des Absatzes 2 entsprechend.

Einfügung dieser Vorschrift und Inkrafttreten siehe Rn 1 zu § 305a.

787 *[Vertreterbestellung für ein aufgegebenes Grundstück und Schiff]*

(1) Soll durch die Zwangsvollstreckung ein Recht an einem Grundstück, das von dem bisherigen Eigentümer nach § 928 des Bürgerlichen Gesetzbuchs aufgegeben und von dem Aneignungsberechtigten noch nicht erworben worden ist, geltend gemacht werden, so hat das Vollstreckungsgericht auf Antrag einen Vertreter zu bestellen, dem bis zur Eintragung eines neuen Eigentümers die Wahrnehmung der sich aus dem Eigentum ergebenden Rechte und Verpflichtungen im Zwangsvollstreckungsverfahren obliegt.

(2) Absatz 1 gilt entsprechend, wenn durch die Zwangsvollstreckung ein Recht an einem eingetragenen Schiff oder Schiffsbauwerk geltend gemacht werden soll, das von dem bisherigen Eigentümer nach § 7 des Gesetzes über Rechte an eingetragenen Schiffen und Schiffsbauwerken vom 15. November 1940 (RGBl. I S. 1499) aufgegeben und von dem Aneignungsberechtigten noch nicht erworben worden ist.

1 Ist bereits für den Rechtsstreit ein Vertreter nach § 58 bestellt, so genügt dieser auch für die ZwV. Ein besonderer Vertreter nach § 787 ist nur zu bestellen, wenn ein Vollstreckungstitel gegen den seitherigen Eigentümer zur ZwV in das Grundstück (auf die dingl Klage hin) oder vollstreckbare Urkunde gegen den jeweiligen Eigentümer (§ 800) vorliegt, und dieser das Eigentum während des Prozesses (§ 265) oder nach dessen Beendigung aufgegeben hat. Die Vollstrekkungsklausel ist dann gegen ihn zu erteilen (§§ 727, 750 II). Nun kann die ZwVersteigerung oder ZwVerwaltung gegen ihn betrieben werden (RG 80, 312). § 17 ZVG, wonach die ZwVersteigerung nur angeordnet werden wird, wenn der Schuldner als Eigentümer des Grundstücks eingetragen oder dessen Erbe ist, findet in diesem Fall keine Anwendung (Mot 162). Zuständig ist der Rechtspfleger (§ 20 Nr 17 RpflG). Rechtsbehelf: Befristete Durchgriffserinnerung.

2 **Gebühren** s § 779 Rn 12.

788 *[Kosten der Zwangsvollstreckung]*
(1) Die Kosten der Zwangsvollstreckung fallen, soweit sie notwendig waren (§ 91), dem Schuldner zur Last; sie sind zugleich mit dem zur Zwangsvollstreckung stehenden Anspruch beizutreiben. Als Kosten der Zwangsvollstreckung gelten auch die Kosten der Ausfertigung und der Zustellung des Urteils.

(2) Die Kosten der Zwangsvollstreckung sind dem Schuldner zu erstatten, wenn das Urteil, aus dem die Zwangsvollstreckung erfolgt ist, aufgehoben wird.

(3) Die Kosten eines Verfahrens nach den §§ 765a, 811a, 811b, 813a, 850k, 851a und 851b kann das Gericht ganz oder teilweise dem Gläubiger auferlegen, wenn dies aus besonderen, in dem Verhalten des Gläubigers liegenden Gründen der Billigkeit entspricht.

Lit: *Alisch*, Gesamtschuldnerische Haftung für Vollstreckungskosten? DGVZ 1984, 36; *Bauer*, Notwendige und nicht notwendige Kosten der ZwV, JurBüro 1966, 989; *Biede*, Die Beitreibung der Vollstreckungskosten, DGVZ 1975, 19; *Christmann*, Sinn und Zweck des § 788 ZPO (Prüfung statt Festsetzung), DGVZ 1985, 147; *Fäustle*, Vollstreckungskosten gemäß § 788 ZPO, MDR 1970, 115; *Haug*, Die Beitreibung der mittelbaren Kosten der ZwV, NJW 1963, 1909; *Lappe*, Ist die Kosten-Vollstreckung gemäß § 788 I ZPO mit dem Grundgesetz vereinbar? MDR 1979, 795; *Lappe*, Die Kostenerstattung bei der Forderungspfändung, Rpfleger 1983, 248; *Mümmler*, Nochmals: Erstattungsfähigkeit von Vollstreckungskosten und ihre Beitreibung durch den Gerichtsvollzieher, DGVZ 1971, 177; *Mümmler*, Gesamtschuldnerhaftung für Vollstreckungskosten, JurBüro 1980, 1626; *Mümmler*, Zur Frage der Erstattungsfähigkeit von ZwV-Kosten unter dem Gesichtspunkt der Rechtzeitigkeit der schuldnerischen Leistung, JurBüro 1982, 1314; *Mümmler*, Entstehung und Erstattbarkeit von Anwaltsgebühren im ZwV-Verfahren, JurBüro 1986, 1121; *Noack*, Die Erstattungsfähigkeit von Vollstreckungskosten und ihre Beitreibung durch den Gerichtsvollzieher, DGVZ 1971, 129; *Noack*, Die Kosten der ZwV und ihrer Vorbereitung, ihre Beitreibung ohne besonderen Titel und andere Einzelfragen aus § 788 ZPO, DGVZ 1975, 145; *Noack*, Wer trägt das Risiko für die entstehenden Vollstreckungskosten? DGVZ 1976, 65; *Noack*, Aktuelle Fragen zur Erstattungsfähigkeit der Kosten der ZwV nach § 788 ZPO und zu ihrer Beitreibung, DGVZ 1983, 17; *Schimpf*, Haftung mehrerer Titelschuldner für Vollstreckungskosten, DGVZ 1985, 177 und MDR 1985, 102.

I) Zweck: Regelung der Kostenpflicht in der ZwV und eines vereinfachten Verfahrens (ohne nochmaligen oder mit nur geringem Kostenanfall) zur Durchsetzung des Erstattungsanspruchs des Gläubigers. 1

II) Anwendungsbereich: Gilt als allgemeine Vorschrift des ZwV-Rechts für alle ZwV-Arten, auch für Arrestvollziehung (§ 928; Dresden OLG 25, 227). 2

III) 1) Kosten der ZwV sind die Aufwendungen der Parteien (Gläubiger und Schuldner) aus Anlaß der ZwV. Sie können für Vorbereitung oder Durchführung der ZwV anfallen. Vorbereitungskosten entstehen nach urkundlicher Feststellung des vollstreckbaren Anspruchs durch den Vollstreckungstitel (Rn 14 vor § 704) mit Einleitung, aber noch vor Beginn (Rn 33 vor § 704) der ZwV. Wie im Rechtsstreit (Rn 1 vor § 91) entstehen in der ZwV **Gerichtskosten** und **außergerichtliche Kosten,** außerdem Kosten für Tätigkeit des **GV,** die nach dem Gesetz über Kosten der GV (GVKostG) erhoben werden. § 788 regelt die **Kostenpflicht zwischen** den **Parteien** der ZwV. **Dritte,** gegen die Maßnahmen der ZwV wirken (Gewahrsamsinhaber, Drittschuldner, Dritteigentümer), sind nicht Parteien der ZwV (Rn 12 vor § 704); ihre Kosten betrifft § 788 nicht. Beteiligt sich ein Dritter mit einem Antrag an einem durch die ZwV veranlaßten Verfahren, so sind seine Aufwendungen Kosten dieses Verfahrens (insbesondere der Erinnerung oder Beschwerde, einer Drittwiderspruchsklage). Wer der **Staatskasse** (auch dem GV) gegenüber Kostenschuldner ist, bestimmen die Kostengesetze (Rn 2 vor § 91). 3

2) a) Als **Vorbereitungskosten** sind Kosten der ZwV die der **Ausfertigung** und Zustellung des Urteils (sonstigen Vollstreckungstitels, § 795) nach Abs 1 S 2, somit auch Kosten für Erteilung der vollstreckbaren Ausfertigung (LG Frankenthal JurBüro 79, 1325), für Ermittlung der Schuldnerwohnung, für Urkundenbeschaffung (§ 792), Grundbucheintragung des Schuldners (§ 14 GBO), Parteikosten für Beauftragung eines Rechtsanwalts usw. Abzugrenzen sind die ZwV-Kosten zu den Kosten der Prozeßführung, für die §§ 91 ff Kostenpflicht und Erstattungsverfahren regeln; Kosten für das Verfahren über den Antrag, das Urteil für vorläufig vollstreckbar zu erklären (§§ 534, 716; Düsseldorf MDR 55, 560 = Rpfleger 55, 165; Hamm MDR 72, 1043), und für das Räumungsfristverfahren (§§ 721, 794a) fallen im Rechtsstreit an, nicht in der ZwV (Rn 11 zu § 721). Kosten einer vom Gläubiger zu bewirkenden **Gegenleistung** (§§ 756, 765) sind durch seine materielle Leistungspflicht verursacht, nicht durch Vorbereitung der ZwV, gehören sonach nicht zu 4 den ZwV-Kosten (Frankfurt JurBüro 79, 1721 = Rpfleger 80, 28; anders noch Hamburg MDR 71, 145 = NJW 71, 387). ZwV-Kosten sind jedoch die Mehraufwendungen, die bei Erfüllung der Gegenleistung ohne ZwV nicht entstanden wären (GV-Kosten, auch Sachverständigenkosten für Prüfung der Gegenleistung, uU Kosten für Angebot durch den GV, wenn wörtliches Angebot für Vollstreckungsbeginn nicht ausreichend war; Hamburg aaO).

5 **b)** Kosten für Beschaffung und Festlegung einer zur Vollstreckung des Titels erforderlichen **Sicherheit** (Bürgschaftskosten, Avalprovision usw) sind als Vorbereitungskosten solche der ZwV (Celle NJW 65, 2261; Düsseldorf JurBüro 84, 598; Frankfurt MDR 78, 233 = JurBüro 77, 1667; Hamburg JurBüro 84, 1733 mit Anm Mümmler = MDR 84, 673; Hamm Rpfleger 76, 220; KG JurBüro 85, 1270; Köln JurBüro 79, 760; München JurBüro 83, 938; Schleswig JurBüro 81, 1026; offen gelassen von BGH MDR 74, 573 = NJW 74, 693; aA RG 145, 296 [300]; Düsseldorf JurBüro 81, 609 = Rpfleger 81, 121 [für Kosten der Kreditbeschaffung, mwN]; StJM Rdn 9 zu § 788). Erstattungsfähig sind sie jedoch nur, soweit sie notwendig waren; das kann ausgeschlossen sein für Kosten der Kreditbeschaffung (im Gegensatz zu Kosten einer Bankbürgschaft; Düsseldorf aaO mwN), für Zinsverluste infolge Hinterlegung eigenen Kapitals (Düsseldorf aaO; Hamm JurBüro 82, 1419 = MDR 82, 416) und für Anwaltskosten zur Beschaffung der Prozeßbürgschaft (Frankfurt MDR 82, 412; Schleswig JurBüro 81, 1026 = SchlHA 81, 134; Stuttgart JurBüro 82, 560 = Justiz 82, 88) sowie Hinterlegung (Schleswig JurBüro 84, 941; aA Karlsruhe JurBüro 84, 1515). Kosten des **Schuldners** für Sicherheitsleistung zur Abwendung der ZwV sind für Rechtsverteidigung gegen ZwV, sonach aus Anlaß der ZwV entstanden; sie gehören damit gleichfalls zwar zu den ZwV-Kosten (Celle Rpfleger 83, 498; Frankfurt JurBüro 86, 109; Schleswig JurBüro 78, 122, 81, 444 mit Anm Mümmler, 84, 140 und 85, 940; aA Köln JurBüro 79, 906); gilt nicht für freiwillige, nicht nach § 712 gestattete Sicherheitsleistung (Koblenz JurBüro 85, 943; aA Schleswig JurBüro 85, 940). Im Kostenfestsetzungsverfahren können sie (nach Aufhebung des Urteils) aber nicht geltend gemacht werden, weil § 788 keine Festsetzungsgrundlage (s Rn 21) für solche dem Schuldner zu erstattende Kosten bildet. Diese Kosten gehören als dem Schuldner selbst erwachsene ZwV-Kosten (Rn 24) auch nicht zu den nach Abs 2 zu erstattenden Kosten (insoweit aber aA Celle aaO); Anspruch auf Erstattung solcher Aufwendungen kann nur nach § 717 II, III oder mit selbständiger Klage geltend gemacht werden (Hamburg JurBüro 85, 778 mit zust Anm Mümmler; KG JurBüro 78, 746 = NJW 78, 1440; Hamm JurBüro 78, 596 = MDR 78, 234; Bamberg JurBüro 78, 1247, je mwN, auch für Gegenansicht; aA Frankfurt JurBüro 86, 109; Koblenz JurBüro 80, 461 mit abl Anm Mümmler; Nürnberg JurBüro 85, 776 = ZIP 85, 124; Schleswig JurBüro 84, 140).

6 **c)** Kosten für (anwaltliche) **Zahlungsaufforderung** nach Erwirkung des Vollstreckungstitels mit Vollstreckungsandrohung (Mahnschreiben; nicht aber für erste Nachricht an den Rechtsanwalt des Schuldners; Stuttgart JurBüro 84, 143) sind als Vorbereitungskosten solche der ZwV. Erstattungsfähig sind sie jedoch nur bei Notwendigkeit (Rn 9). Diese erfordert zwar nicht vorherige Zustellung des Titels (wegen § 750 I; Saarbrücken JurBüro 82, 242; aA Bremen JurBüro 84, 298; Düsseldorf JurBüro 81, 1028), kann aber nur bejaht werden, wenn Kosten eines im Zeitpunkt der Mahnung an ihrer Stelle erteilten Vollstreckungsauftrags notwendig entstanden wären. Notwendigkeit der Mahnkosten ist zu verneinen, wenn ein ZwV-Auftrag Vollstreckungsbeginn noch nicht ermöglicht hätte, weil Voraussetzungen der ZwV, die nicht zugleich bei Beginn vorgenommen werden können, noch nicht erfüllt waren (Köln JurBüro 82, 1525), zB die vollstreckbare Ausfertigung noch nicht erteilt war (LG Tübingen AnwBl 82, 81 = JurBüro 82, 244; LAG Frankfurt JurBüro 86, 1205; LAG Hamm MDR 84, 1053), die Wartefrist der § 750 III, § 798 noch nicht abgelaufen war (Hamburg JurBüro 83, 92; Stuttgart JurBüro 82, 560 = aaO; Köln JurBüro 82, 1525), aber auch Sicherheit des Gläubigers nicht geleistet (nachgewiesen) war Koblenz DGVZ 85, 139 = MDR 85, 943 = NJW 85, 1657) oder noch rechtzeitige Leistung des Schuldners (Rn 9) entgegensteht.

7 **d)** Kosten eines im Vollstreckungsverfahren geschlossenen **Vergleichs** (auch zur Vermeidung weiterer ZwV) gehören dem Grundsatz nach zu den ZwV-Kosten (KG JurBüro 81, 1359 = Rpfleger 81, 410; LG Darmstadt Rpfleger 85, 325 mwN; aA Frankfurt MDR 73, 860; auch Köln JurBüro 79, 1642; LG Aachen DGVZ 85, 114 = JurBüro 85, 1734; LG Siegen JurBüro 83, 1569 mit zust Anm Mümmler). Die Parteien können vergleichsweise jedoch die prozessuale Kostenfolge des § 788 I wirksam ausschließen. Nach dem auch für den ZwV-Vergleich geltenden § 98 S 1 ist eine solche Abrede im Zweifel anzunehmen (KG aaO). Daher sind die durch den Vergleich bedingten Mehrkosten des Gläubigers bei Notwendigkeit nur nach Abs 1 beitreibbar (und nur dann festsetzbar), wenn der Schuldner sie ausdrücklich übernommen hat. Fehlt eine solche Abrede, so sind die Vergleichskosten entspr § 98 S 1 als gegeneinander aufgehoben anzusehen (KG aaO).

8 **3) a) Notwendige ZwV-Kosten fallen dem Schuldner zur Last** (Abs 1 S 1). Diese Regelung beruht auf der Entscheidung des Gesetzgebers, daß die obsiegende Partei die notwendigen

Kosten der durch das Urteil (den sonstigen Vollstreckungstitel) eröffneten Maßnahmen zur Verfolgung und Durchsetzung ihres Anspruchs von dem Schuldner (als Unterlegenem) zurückfordern kann (BGH aaO). Die Kostenpflicht des § 788 I ist unabhängig von der für die Kosten des Rechtsstreits. Der Kostenausspruch des Schuldtitels bestimmt nur die Erstattung der Prozeßkosten; für ZwV-Kosten hat er keine Bedeutung. ZwV-Kosten können auch zu einem Zeitpunkt entstehen, beigetrieben und festgesetzt werden, zu dem es noch an einer Kostenentscheidung in der Hauptsache fehlt (Koblenz Rpfleger 75, 324).

b) Kostenpflichtig ist der Schuldner (nur) für **notwendige Kosten** der ZwV (Abs 1 mit § 91). Die Notwendigkeit bestimmt sich für Art und Umfang der Vollstreckungsmaßnahmen nach den Erfordernissen zweckentsprechender Rechtsverfolgung. Auch in der ZwV hat der Gläubiger (wie jede Partei) seine Maßnahmen zur Wahrung seiner Rechte so einzurichten, daß die Kosten möglichst niedrig gehalten werden (Naumburg JW 37, 2825; KG Rpfleger 72, 459; Frankfurt JurBüro 81, 397 = Rpfleger 81, 161). Gesetzliche Gebühren und Auslagen des **Rechtsanwalts** des Gläubigers, der notwendige ZwV-Maßnahmen betreibt (dies für „obsiegende Partei") sind nach Maßgabe des § 91 II erstattungsfähig (Bamberg JurBüro 79, 1520). In eigener Sache sind dem Rechtsanwalt als Gläubiger sonach Gebühren und Auslagen zu erstatten, die ein bevollmächtigter Anwalt verlangen könnte (§ 91 II S 4). Ob eine ZwV-Maßnahme **notwendig** war, Kosten somit erstattungsfähig sind, bestimmt sich nach dem Standpunkt des Gläubigers zu dem **Zeitpunkt,** in dem die Kosten durch die Vollstreckungsmaßnahme verursacht sind (Düsseldorf Rpfleger 75, 265). Wesentlich ist, ob der Gläubiger die Maßnahme zu dieser Zeit objektiv für erforderlich (notwendig) halten konnte, auch wenn sie erfolglos geblieben ist (Hamburg NJW 63, 1015; Karlsruhe Justiz 80, 199 u 86, 410; LG Nürnberg-Fürth AnwBl 82, 122) oder nach Leistung des Schuldners der Antrag zurückgenommen wurde (München Rpfleger 69, 402). Notwendigkeit besteht **nicht** für Kosten unzulässiger (München Rpfleger 68, 40; KG Rpfleger 68, 229; LG Berlin JurBüro 85, 1580 [Räumung nach Tod des Schuldners]), schikanöser, überflüssiger oder offenbar aussichtsloser ZwV-Maßnahmen und nicht für ungerechtfertigte (vermeidbare) Mehrkosten einer notwendigen ZwV. **Nicht** notwendig sind zB Kosten eines nicht ausgeführten Vollstreckungsantrags, weil der Gläubiger die (bekannte oder feststellbare) Anschrift des Schuldners nicht richtig angegeben hat (AG Itzehoe DGVZ 80, 28), oder weil er den Drittschuldner unzureichend bezeichnet hat (Bamberg JurBüro 78, 243), Mehrkosten für verschiedene Mobiliar- oder Forderungspfändungen, wenn für Forderungen aus mehreren Schuldtiteln ein Vollstreckungsantrag möglich war (AG Oldenburg DGVZ 81, 30), Kosten eines neuerlichen Pfändungsantrags nach bereits fruchtloser ZwV, wenn kein konkreter Anhalt dafür bestand, daß der Schuldner pfändbares Vermögen erworben haben könnte, ebenso Kosten des mit dem Auftrag zur Verhaftung im Offenbarungsverfahren verbundenen Pfändungsauftrags (LG Köln JurBüro 85, 551; LG Paderborn DGVZ 84, 13 = JurBüro 84, 464 mit Anm Mümmler; AG Büdingen DGVZ 85, 78; AG Lichtenfels DGVZ 80, 159; AG Hannover DGVZ 82, 173; AG Koblenz DGVZ 84, 62; AG Obernburg/LG Aschaffenburg MDR 83, 939; aA bei Zeitablauf AG Ludwigsburg DGVZ 82, 14; AG Peine DGVZ 82, 95; noch weitergehend AG Lüdinghausen JurBüro 82, 1040). Die Notwendigkeit von ZwV-Maßnahmen bei **nicht rechtzeitiger Leistung** ist dem Grundsatz nach zu bejahen; die Umstände und Besonderheiten des Einzelfalls können jedoch eine andere Beurteilung erfordern; Einleitung der ZwV sogleich nach Vorliegen aller Vollstreckungsvoraussetzungen (ohne Gewährung angemessener Zahlungsfrist) kann daher uU verfrüht sein (Hamburg JurBüro 85, 784 = MDR 85, 593: wenn Zahlung durch Haftpflichtversicherung erfolgen wird; LG Hannover JurBüro 85, 786: Vollstreckung eines arbeitsgerichtlichen Vergleichs gegen früheren Arbeitgeber). Eine dem Schuldner eingeräumte Zahlungsfrist ist verkehrsüblich dahin zu verstehen, daß in dieser Zeit Leistung zu erfolgen hat, eine Geldschuld als Bringschuld (§ 270 I BGB) sonach beim Gläubiger eingegangen sein muß (kann im Einzelfall auch als Frist für Erteilung des Überweisungsauftrags zu verstehen sein; LG Tübingen/Stuttgart JurBüro 86, 392). Gleiches gilt für die Wartefrist (§ 750 III, § 798). Kosten einer nach Fristablauf eingeleiteten ZwV sind daher notwendige ZwV-Kosten (LG Itzehoe MDR 74, 1024; LG Nürnberg-Fürth JurBüro 80, 463 mit abl Anm Mümmler; aA Celle MDR 69, 1007 und für Zahlungsfrist AG Biedenkopf DGVZ 81, 29; ArbG Mannheim AnwBl 81, 39 = JurBüro 80, 1683; AG Neustadt/Rbge DGVZ 79, 92; für Wartefrist AG Ehingen DGVZ 81, 90; LG Bonn DGVZ 81, 855 und DGVZ 81, 155 = JurBüro 81, 1899; AG Bln-Tempelhof JurBüro 82, 1421; AG Köln DGVZ 83, 191; LG Tübingen Justiz 82, 158. Vom Schuldner kann erwartet werden, daß er von einer in der Frist veranlaßten, aber noch nicht ausgeführten Zahlung dem Gläubiger Kenntnis gibt. Hat dieser damit oder infolge sonstiger Anhaltspunkte hinreichende Gewißheit von der veranlaßten Erfüllung, so ist der Zahlungs/Wartefrist die übliche Laufzeit der Überweisung (des Zahlungswegs) hinzuzurechnen. Auch bei Zahlungseingang nach Fristablauf sind dann Kosten der sogleich eingeleiteten ZwV nicht notwendig. 9

10 **c) Gesamtschuldnern** der Vollstreckungsforderung fallen nur Kosten gemeinsamer ZwV-Maßnahmen (Pfändung einer gemeinsamen Forderung oder Sache) samtverbindlich zur Last (keine Haftung nach Kopfteilen; § 100 I findet keine Anwendung; aA für den Fall, daß Gläubiger nicht notwendig gemeinsam vorgehen mußte, München MDR 74, 408 = NJW 74, 957). Für Einzelvollstreckung haftet nur der Schuldner, gegen den die ZwV-Maßnahme betrieben wurde; andere Gesamtschuldner haben solche Einzelkosten nicht zu tragen (§ 100 IV findet keine Anwendung; München aaO; Köln MDR 77, 850; LG Aurich FamRZ 73, 203; LG Berlin Rpfleger 77, 220 und DGVZ 83, 183 = JurBüro 83, 294 = MDR 83, 140; LG Kassel JurBüro 85, 1271 = Rpfleger 85, 153; LG Osnabrück MDR 72, 700; aA LG Hamburg MDR 69, 583; LG Hannover NdsRpfl 69, 208; AG Walsrode DGVZ 85, 156; Alisch DGVZ 84, 36; Schimpf MDR 85, 102 und DGVZ 85, 177). Das folgt aus dem Grundsatz der Einzelvollstreckung (Rn 21 vor § 704) und der Trennung der Kostenpflicht für Prozeß und ZwV (Rn 8). Kosten einer einheitlichen Vollstreckungshandlung gegen mehrere Schuldner (Räumungsvollstreckung) fallen diesen gesamtschuldnerisch zur Last (LG Mannheim NJW 71, 1320 = Rpfleger 71, 261).

11 **d)** Der Gläubiger hat die Kosten **nicht notwendiger** ZwV-Maßnahmen zu tragen, die er veranlaßt hat (arg 1 S 1); dazu gehören auch dem Schuldner durch solche ZwV-Maßnahmen entstandene Aufwendungen (Rn 3). Den Gläubiger treffen somit die Kosten der ZwV, die überhaupt nicht notwendig war (zB infolge rechtzeitiger Leistung) und Kosten nicht notwendiger einzelner (zB überflüssiger) ZwV-Maßnahmen. Erstattungsanspruch des Schuldners Rn 21.

12 **4)** Durch **ZwV ausgelöste Kosten anderer Verfahren** sind von den ZwV-Kosten zu unterscheiden; § 788 regelt ihre Erstattungspflicht nicht. Hierher gehören die Kosten besonderer Prozesse, Zwischenstreite, Anträge, Einwendungen, Beschwerden, die durch die beabsichtigte oder begonnene ZwV verursacht sind (§§ 732, 738, 742, 744, 749, 766–774, 777, 785 ff, 797, 805, 810 II, 825, 885 IV, 930 III). Über die Verpflichtung zur Tragung dieser Kosten hat das Gericht im Urteil oder Beschluß des betr Verfahrens nach §§ 91 ff zu entscheiden. Die **einstweiligen Anordnungen** nach §§ 707, 719, 769, 732 II, 766 I S 2 usw enthalten einen Ausspruch über die Kostenpflicht nicht; die Kosten der Anordnung sind Teil der Kosten des nachfolgenden Verfahrens. Wenn jedoch das Streitgericht von der vorausgegangenen einstw Anordnung des Vollstreckungsgerichts (§ 769 II) keine Kenntnis hatte oder mit der Sache überhaupt nicht mehr befaßt worden ist, so hat das Vollstreckungsgericht selbst auf Antrag nachträglich über die Verpflichtung zur Tragung der Kosten der eintw Anordnung gem § 91 zu entscheiden. Hierbei hat es zu berücksichtigen, daß das Anordnungsverfahren an sich nur ein Durchgangsabschnitt zu dem beim Weiterbetrieb der Sache nachfolgenden Rechtsstreit darstellt, in dem über die Rechtmäßigkeit der ZwV endgültig entschieden werden soll. Infolgedessen hat es dem in letzterem unterlegenen Teil auf Antrag die Kosten des Anordnungsverfahrens aufzuerlegen. Hat aber der Antragsteller die Erhebung des Widerspruchs oder der Vollstreckungsgegenklage unterlassen, so ist zu unterscheiden: **Gibt der Pfandgläubiger,** ohne vorher aufgefordert worden zu sein, auf Grund der einstw Anordnung den Pfandgegenstand sofort **frei,** so fallen die Kosten des Anordnungsverfahrens nach § 93 dem Antragsteller zur Last; erklärt dagegen jener erst nach vorgängigen unbegründetem Zögern die Freigabe, so hat er als unterliegender Teil nach § 91 die Kosten der einstw Anordnung zu tragen. Versäumt der Antragsteller innerhalb der Frist des § 769 II Klage zu erheben und wird infolgedessen die ZwV fortgesetzt, so treffen ihn die Kosten. **Nimmt der Antragsteller** (Schuldner, Gläubiger, Dritte) **den** an das Vollstreckungs- oder Prozeßgericht gestellten **Antrag** (Einwendung usw) **zurück,** bevor dem Gegner in der Sache Kosten erwachsen oder nachdem sie ihm erstattet sind, so kann letzterer mangels rechtlichen Interesses eine Kostenentscheidung nicht beantragen. Hat der Gegner aber ein derartiges Interesse, sind ihm zB Kosten für Zeitversäumnis, Beiziehung eines Anwalts, entstanden und noch nicht ersetzt, so hat das Gericht auf seinen Antrag in Anwendung des § 269 III S 2, 3 dem anderen Teil, der die Einwendung usw zurückgenommen hat, auf Grund der Zurücknahme die Kosten aufzuerlegen, und zwar auch dann, wenn es sich um ein durch Beschluß zu erledigendes Verfahren handelt, ohne Unterschied, ob er die Zurücknahme wegen Aussichtslosigkeit des Antrags oder wegen Befriedigung oder wegen sonstiger Erledigung der Sache erklärt hat (BayZ 24, 238).

13 **IV) Einzelfälle der Kosten der ZwV** unter Berücksichtigung der Erstattungsfähigkeit (**erstf** = erstattungsfähig): **Ablösungssumme:** Bei Ablösung der Gläubigerforderung durch einen Dritten (auch mittelbaren und unmittelbaren Besitzer) zur Rettung (Vollstreckungsabwendung und Erhaltung, RG 146, 323) seines gefährdeten dinglichen Rechts geht, soweit der Dritte den Gläubiger befriedigt, die Forderung kraft Gesetzes auf ihn über. Geltendmachung dieser Ablösungssumme durch Titelumschreibung (§ 727) oder Klage nach § 731. **Anwaltskosten** erstf: Gebühr für Vorpfändung und Vollstreckungsauftrag nach § 57 BRAGO sowie Auslagen. Nur $3/10$ Gebühr nach § 57 BRAGO für gesonderte Anträge auf Pfändung mehrerer Forderungen des Schuldners gegen

verschiedene Drittschuldner und selbständige Beschlüsse (LG Nürnberg-Fürth Rpfleger 72, 108). Nicht erstf: Bei außergerichtl Ratenvergleich Vergleichs- und Hebegebühr des RA (Köln JurBüro 79, 1642; LG Berlin Rpfleger 76, 438; LG Essen DGVZ 75, 155; LG Lübeck DGVZ 74, 40; LG Mainz Rpfleger 80, 305; LG Wuppertal DGVZ 73, 75; AG Dinslaken DGVZ 80, 41; aA LG Oldenburg DGVZ 74, 42; LG Kassel JurBüro 80, 1029 mit Anm Mümmler). **Anwartschaft:** Aufwendungen des Gläubigers zur Ablösung des Eigentumsvorbehalts bei Abzahlungskäufen erstf (LG Bonn Rpfleger 56, 44 mit zust Anm Berner; aA Jonas JW 36, 632). **Anwesenheit des Gläubigers** bei der ZwV, Zeitversäumnis und Fahrtkosten erstf, soweit notwendig. **Auskunft** (uU auch wenn die Anfrage erfolglos geblieben ist) über Anschrift des Schuldners, Arbeitgeber und Kreditwürdigkeit erstf (LG Köln JurBüro 83, 1571). **Detektivkosten** zur Vorbereitung der Vollstreckung (zB bei Urteil auf Herausgabe eines Kindes; zur Ermittlung der Anschrift des polizeilich nicht gemeldeten Schuldners): erforderliche erstf (vgl KG JW 38, 2844; LG Aachen DGVZ 85, 114 = JurBüro 85, 1734; LG Berlin JurBüro 85, 628; LG Münster MDR 64, 683; AG Neuss DGVZ 76, 190). Kosten für die Beschaffung einer **devisenrechtlichen Genehmigung** nicht erstf (StJM Rdn 8 zu § 788; vgl auch Frankfurt NJW 53, 671). **Eidesstattl Vers:** Kosten des Verfahrens, der Vorführung, Verhaftung und Haftvollstreckung sind erstf (Königsberg JW 31, 1123). **Erbschein** für ZwV: erstf. **Eintragung** in das Grundbuch usw: erstf, Kosten der Eintragung nach §§ 894, 895 BGB sind nicht Kosten der ZwV (Celle NJW 68, 2246). **Erhaltung** der Pfandsachen durch sachgemäße Unterbringung oder Versicherung: erstf (Kiel OLG 29, 100). **Ersatzstückbeschaffung** bei Austauschpfändung: erstf (§ 811 a II S 4). **Futterkosten** für gepfändetes Vieh erstf (KG OLG 29, 198). Der Schuldner hat gegen den Gläubiger keinen Anspruch auf Ersatz der Kosten, die er zur Fütterung von Tieren nach deren Pfändung aufgewendet hat (Kiel OLG 29, 199). **Gebühren und Auslagen** des GV, auch soweit sie durch Zuziehung von Zeugen und Sachverständigen oder durch Unterbringung und Unterhaltung von gepfändeten Tieren entstanden sind, ferner der durch die Vollstrekkung eines Arrestes oder einer einstw Verfügung entstandenen, erstf (LG Oppeln JW 16, 1554; LG Breslau JW 20, 1046). Kosten eines zur Beförderung des verhafteten Schuldners zugezogenen Mietfahrzeugs, wenn Verhaftungsversuch erfolglos, erstf (AG Bln-Neukölln DGVZ 79, 190; aA SchlHVG DGVZ 79, 14 mit abl Anm Schriftl). Ist dem Gläubiger Prozeßkostenhilfe bewilligt und der Schuldner vermögenslos, so hat der GV für die Versandkosten von Gegenständen, die dem Schuldner wegzunehmen sind, vorschußweise aufzukommen (§ 115 I Nr 3 ZPO, § 5 GVKostG). **Gegenleistung:** s Rn 4. **Gesamtschuldner:** Handelt es sich um einen Haftpflichtversicherer und den Versicherten, so kann nur die Aufforderung an den Haftpflichtversicherer als notwendige Maßnahme angesehen werden (Hamburg JurBüro 79, 1721). **Gläubiger:** siehe Anwesenheit und Vorbereitung von Handlungen. **Grundbuchauszug** zur Vorbereitung der Liegenschaftsvollstrekkung: erstf, auch wenn die Vollstreckung wegen späterer Befriedigung durch den Schuldner unterbleibt (Karlsruhe JW 30, 729). **Gutachten** für die Ermittlung des Wertes und Prüfung der Reife der Früchte auf dem Halm sowie über den Betrag der vom Schuldner nach § 887 II vorauszuzahlenden Kosten: erstf (KG OLG 25, 171). Gutachten für Ermittlung der voraussichtlichen Kosten zur Beseitigung der verschiedenen Handwerksbereichen zuzuordnenden Baumängel erstf (Frankfurt JurBüro 83, 127 = MDR 83, 140). **Handlung:** Hat der Schuldner eine Handlung an einer Sache des Gläubigers vorzunehmen, so sind Kosten des Gläubigers dafür, daß er die Sache auf Wunsch des Schuldners in dessen Herrschaftsbereich bringt, erstf (Frankfurt JurBüro 81, 1583 = Rpfleger 81, 495). **Hebegebühr** des Rechtsanwalts (§ 22 BRAGO) als Gläubigervertreter nur bei Notwendigkeit im Einzelfall erstf (LG Koblenz DGVZ 84, 42 mit Anm Schriftl, die weitere Nachw gibt); zB nicht erstf, wenn der Gläubiger den Schuldner zur Zahlung an den RA veranlaßt hat (Braunschweig OLG 23, 279); erstf, wenn der Schuldner an den Anwalt freiwillig bezahlt (LG Frankenthal JurBüro 79, 1387 mit Anm Mümmler; aA StJM Rdn 10 zu § 788) oder die Verpflichtung zur Zahlung an den RA im Vergleich übernommen hat. **Herausgabe** einer Sache: Arbeitskosten für Abbau eines Gerüstes (Ausbau einer Sache usw) gehören nicht zu den Kosten einer Herausgabe-ZwV (Hamburg JurBüro 81, 779), wohl aber Mehrkosten für Wegnahme an einem unüblichen Lagerort (aA für Kosten, die durch Heraustragen von Geräten aus einem Hinterhof sowie Kellerraum entstehen). **Inkassobüro:** nicht erstf, wenn Gläubiger anwaltschaftlich vertreten wird (LG Berlin Rpfleger 75, 373; s auch Heider DGVZ 77, 82; Lappe Rpfleger 85, 282; Schmidt Rpfleger 70, 82). **Lagerung des Pfandgegenstandes,** Kosten hierfür erstf; dies gilt auch für die bei Vollstreckung eines Räumungsurteils einem Lagerhalter für Aufbewahrung der Möbel des Mieters zu zahlenden Beträge, wenn der Mieter zur Unterbringung der Möbel nicht bereit oder nicht imstande war und der GV deshalb die Unterbringung veranlassen mußte (Karlsruhe Rpfleger 74, 408); des mit der Zwangsräumung beauftragten, aber nicht in Anspruch genommenen Spediteurs, erstf (LG Berlin DGVZ 77, 118); nicht erstf: Transport- und Lagerkosten, wenn der Schuldner auf Grund einer einstw Verfügung an den vom Gläubiger beauftragten GV bewegliche Sachen zum Zwecke ihrer Sicherstellung herausgegeben hat (LG

Berlin DGVZ 76, 156; aA LG Stuttgart DGVZ 81, 26). **Löschung** einer Zwangs- oder Arrestsicherungshypothek: Kosten dafür sind keine ZwV-Kosten (Frankfurt JurBüro 81, 786), auch nicht die Kosten der Löschungsbewilligung (KG JurBüro 78, 764 = Rpfleger 78, 150; Stuttgart JurBüro 81, 285 = Rpfleger 81, 158; s auch Sicherungshypothek). **Mietaufwendungen** für Bereitstellung einer Ersatzwohnung: nicht erstf (LG Münster JMBl NRW 55, 7). **Notfristzeugnis:** erstf. **Pfändungsankündigung** siehe Vorpfändung. **Privatgutachten:** Kosten können erstf sein (Zweibrücken JurBüro 86, 467 [s auch Gutachten]); **Protokollabschriften** aus dem VollstrAkt (§ 760) erstf. **Rechtskraftzeugnis:** erstf (Posen OLG 25, 64). **Kosten** eines nach Forderungspfändung gegen den Drittschuldner geführten, nicht von vornherein aussichtslosen **Rechtsstreits:** erstf (LAG Bremen NJW 61, 2334; LG Berlin JurBüro 85, 1898), und zwar auch der Kosten, die der Gläubiger wegen § 12a I ArbGG vom Drittschuldner nicht erstattet bekommt (LG München MDR 66, 338; LG Bielefeld MDR 70, 1021; LG Bochum Rpfleger 84, 286; LG Krefeld MDR 72, 788; LG Mainz NJW 73, 1134; Köln Rpfleger 74, 164; vgl auch AG Herborn MDR 66, 849; KG Rpfleger 77, 178; aA LG Hamburg MDR 62, 829; LAG Bad-Württ Rpfleger 86, 28; LAG Frankfurt AnwBl 79, 28). **Rückgabe der Sicherheit:** Die Kosten der Rückgabe einer vom Gläubiger für vorläufige Vollstreckbarkeit des Urteils bestellten Sicherheit sind erstf, mag die Mitwirkung des Gerichts bei Rückgabe in Anspruch genommen werden oder nicht (RG Gruchot 38, 501). **Sequestration** nach §§ 848, 938 II: erstf (Hamburg JW 37, 563; Karlsruhe Rpfleger 81, 157; aA Königsberg JW 29, 3323), auch Transportkosten (KG MDR 82, 237). Nicht erstf sind die Kosten einer nach Herausgabe auf einstw Verfügung stattfindenden Verwertung (HRR 30, 1066) und die beim Sequester angefallenen Wirtschaftsführungskosten (München Rpfleger 73, 30). **Sicherheitsleistung** s Rn 5. **Sicherungshypothek:** Eintragungskosten erstf, die ZwV aus dem Leistungstitel ist jedoch mit der Eintragung der ZwHypothek beendet; die Kosten der ZwV aus der ZwHypothek sind nicht mehr Kosten des Leistungstitels, sondern des für die ZwV aus der Hypothek erforderlichen Duldungstitels (Düsseldorf Rpfleger 75, 355); s auch Löschung. **Steuerberaterkosten** für Geltendmachung der gepfändeten Ansprüche auf Steuererstattung (Lohnsteuerjahresausgleich) sind bei Notwendigkeit (§ 91 I) erstf (Hansens JurBüro 85, 1; anders LG Berlin DGVZ 85, 43: keine ZwV-Kosten; nicht richtig); sie ist im Regelfall nicht gegeben, so insbes dann, wenn der Gläubiger ohne weiteres in der Lage gewesen wäre, den formularmäßigen Erstattungsantrag selbst zu stellen (AG Melsungen DGVZ 83, 140; Erstf dagegen bejaht von LG Essen JurBüro 85, 412; LG Kassel DGVZ 83, 140 und, bis zur Höhe der Kosten eines Rechtsanwalts, LG Heilbronn JurBüro 83, 1570 mit zust Anm Mümmler). **Stundung:** Kosten einer infolge Stundung aufgehobenen oder hinausgeschobenen ZwV erstf; das gleiche gilt von dem durch ein Stundungsgesuch des Schuldners veranlaßten Schriftverkehr des Prozeßbevollmächtigten des Gläubigers mit dem Schuldner und GV (aA StJM Rdn 13 zu § 788). **Transportkosten** für Abholung von Pfandstücken erstf (AG Itzehoe DGVZ 85, 124); andere nur dann erstf, wenn der Schuldner zur Herausgabe und Versendung an den Gläubiger verurteilt ist und wenn entsprechend der Verurteilung vollstreckt wird (Schleswig SchlHA 53, 154; LG Berlin DGVZ 76, 156); Kosten des eigenmächtigen Transports des nach Zug-um-Zug-Verurteilung zurückzugebenden Gegenstandes nicht erstf (LG Aurich JurBüro 84, 943). **Veröffentlichung** eines Urteils, wenn Befugnis hierzu zuerkannt, erstf; wenn Urteil keine Veröffentlichungsbefugnis enthält, nicht erstf (Stuttgart JurBüro 83, 175 = Rpfleger 83, 940). **Vorbereitung** von Handlungen des Gläubigers auf Grund von Ermächtigungen gem §§ 928, 936: erstf. **Vorpfändung:** erstf (bei Einhaltung der Dreiwochenfrist des § 845; s München NJW 73, 2070). **Zurücknahme** von Vollstreckungsgesuchen: Kosten nur erstf, wenn auf Ersuchen des Schuldners Zurücknahme erfolgte. **Zustellung des Urteils** siehe Ausfertigung. **Zeugengebühren** im Falle des § 759: erstf. **ZwVKosten:** erstf sind die Kosten einer früheren fruchtlosen ZwV aus demselben Titel, die Mehrkosten mehrfacher Beitreibungen, wenn der Gläubiger nicht in der Lage ist, alle entstandenen und festzusetzenden Kosten gemeinsam beizutreiben (LG Berlin JW 18, 109; RG JW 99, 41). Erstf sind auch die Kosten einer an sich notwendigen Vorbereitung der ZwV (KG OLG 25, 171), wenn die Vollstreckungsmaßregel, deren Vorbereitung die Kosten verursacht hat, auch in Gang gebracht, im Falle des § 887 also mindestens der Antrag gestellt ist. Nicht erstf sind Aufwendungen, die nur mittelbar der Vollstreckung dienen, wie zB Aufwendungen, um die gepfändeten Gegenstände von Rechten Dritter zu befreien (KGBl 1910, 116; Koblenz Rpfleger 77, 66; vgl auch München OLG 18, 398). Erstf sind die Kosten der Wahrnehmung des **Versteigerungstermins** durch den Gläubiger (Naumburg JW 34, 2493). Das bei Durchführung der Vollstreckung durch Stundungsgewährung entstandene Schreibwerk ist durch die Vollstreckungsgebühr abgegolten, auch wenn es außergewöhnlich war. Kosten der Ersatzvornahme § 887: erstf (Nürnberg BayJMBl 55, 190). **Kosten aus § 888** erstf; ist der Schuldner seiner Verpflichtung erst nachgekommen, nachdem der Gläubiger einen Antrag gem § 888 gestellt hatte, so sind die Kosten für diesen Antrag gleichfalls als ZwV-Kosten zu behandeln. Der Antrag des Gläubigers, die Kosten dem Schuldner aufzuerlegen, ist als Kostenfestsetzungsantrag anzusehen (München

BayJMBl 52, 93; LG Göttingen NdsRpfl 50, 22 mwN). Für die Erstattung der dem Gläubiger im **Verfahren nach § 890** anfallenden Kosten gilt § 788, ebenso für Kosten des Beschlusses nach § 890 II nach einem Prozeßvergleich, da die ZwV bereits mit dem Androhungsbeschluß beginnt (Bremen NJW 71, 58). Die **Kostenregelung des Vergleichs** ist nur dann anzuwenden, wenn ein entsprechender Wille der Parteien in dem Vergleich zum Ausdruck gekommen ist (Hamm MDR 66, 1010; KG MDR 79, 408; Frankfurt Rpfleger 79, 429; Schröder MDR 70, 553; aA LG München II MDR 68, 931: in jedem Fall Kostenregelung des Vergleichs anwendbar; s auch Köln MDR 71, 673, Kosten der ZwV aus einem in 2. Instanz geschlossenen Vergleich und LG Berlin Rpfleger 73, 184). Enthält der Vergleich, mit dem die Parteien das Urteil aufheben eine Vereinbarung über die „Kosten des Rechtsstreits", so werden die Kosten der bereits betriebenen ZwV nicht umfaßt (KG MDR 79, 408). Kosten der Ersatzvornahme durch einen Dritten nach Maßgabe des Vergleichs sind keine Kosten der ZwV (Hamburg MDR 73, 768).

V) 1) Beigetrieben werden die dem Schuldner zur Last fallenden notwendigen Kosten der ZwV zugleich mit dem zur ZwV stehenden Anspruch (Abs 1 S 1). Damit ist festgelegt, daß Vollstreckungstitel für Beitreibung auch der ZwV-Kosten der Hauptsachetitel ist; ein selbständiger (gesonderter) Vollstreckungstitel (vgl § 794 I Nr 2) ist nicht zu beschaffen. Gleichzeitige Beitreibung erfolgt nicht nur wegen der Kosten der beantragten einzelnen Vollstreckungsmaßnahme, sondern auch wegen aller durch frühere ZwV-Maßnahmen bereits angefallener ZwV-Kosten, auch wegen der Vorbereitungskosten. Auf Zinsen erstreckt sich das Beitreibungsrecht nicht (§ 104 I S 2 gilt nur für Festsetzung). Daß auch der Hauptsacheanspruch selbst noch vollstreckt wird, ist nicht notwendig, desgleichen nicht, daß der Hauptsachetitel auf Geldzahlung lautet. Wenn alle Ansprüche aus dem Schuldtitel schon getilgt sind, können daher auf Grund des Hauptsachetitels rückständig gebliebene ZwV-Kosten (zusammen mit den Kosten ihrer Vollstreckung) auch allein eingezogen werden (§ 109 I GVGA). Für die als Annex der Hauptsachevollstreckung ausgestaltete (kostensparende) Mitvollstreckung der ZwV-Kosten genügt, wie bei ZwV selbst (§ 766), nachträglicher Rechtsschutz den Anforderungen des Art 19 IV GG; für verfassungsrechtliche Bedenken, die Lappe MDR 79, 795 (auch Rpfleger 83, 248) erhebt, findet sich daher kein Anhalt (so auch LG Göttingen JurBüro 84, 141 mit zust Anm Mümmler = Rpfleger 83, 498 mit zust Anm Giebel; Christmann DGVZ 85, 147). Aufhebung des Hauptsachetitels (durch Berufungs-/Revisionsgericht, Vergleich vor Rechtskraft, KG JurBüro 79, 767 = MDR 79, 408, usw) beendet die Möglichkeit der Kostenvollstreckung nach § 788. Teilaufhebung des Hauptsachetitels, auch soweit der noch nicht rechtskräftige Titel durch einen Vergleich gegenstandslos wird, bewirkt, daß schon entstandene ZwV-Kosten nur noch in einer Höhe erstattet verlangt und beigetrieben werden können, in der sie bei Vollstreckung nur wegen der noch bestehenden Forderung entstanden wären (Hamburg JurBüro 79, 1380 = MDR 79, 944 und JurBüro 81, 1397 = MDR 81, 763; Köln JurBüro 79, 763; Frankfurt AnwBl 78, 465 = JurBüro 79, 604; München JurBüro 83, 938 = MDR 83, 676), wenn nicht der Vergleich eine abweichende Regelung trifft. Eine Vereinbarung in dem Vergleich über die „Kosten des Rechtsstreits" umfaßt ZwV-Kosten nicht (KG aaO). Einziehung von Vorschüssen zur Durchführung der Vollstreckung ermöglicht § 788 nicht (AG München DGVZ 80, 142). 14

2) a) Die Zulässigkeit der gleichzeitigen Vollstreckung von **ZwV-Kosten** mit dem Hauptsachetitel ist von dem jeweiligen Vollstreckungsorgan zu **prüfen** (Christmann DGVZ 85, 147). Es hat zu prüfen (Abs 1 S 1), ob die mit Vollstreckungsantrag verlangten Kosten dem Grunde nach Kosten der ZwV des mit dem Hauptsachetitel ausgewiesenen Anspruchs sind, ob sie in der verlangten Höhe entstanden sind und ob sie notwendig waren (§ 91). Anerkenntnis des Schuldners schmälert diese Prüfungspflicht nicht, weil nur die berechtigte und nicht darüber hinaus eine zugestandene Forderung des Gläubigers beigetrieben werden darf. Für Berücksichtigung eines Ansatzes gelten die gleichen Anforderungen wie für Festsetzung der Kosten. Es genügt daher, daß der **Ansatz glaubhaft gemacht** ist (§ 104 II). Glaubhaftmachung muß sich auf Entstehen, Höhe und Notwendigkeit der ZwV-Kosten erstrecken. Für einem Rechtsanwalt (für die beantragte und für frühere ZwV-Maßnahmen) erwachsene Auslagen an Post-, Telegraphen- und Fernsprechgebühren genügt dessen Versicherung, daß diese Auslagen entstanden sind (§ 104 II S 2). Im übrigen werden die Anforderungen vielfach überspannt; oft aber werden auch ZwV-Kosten nur pauschal und nicht nachprüfbar geltend gemacht. Glaubhaftmachung und Notwendigkeit der Prüfung erfordern eine übersichtliche Darstellung der einzelnen Kostenbeträge unter Mitteilung der sie auslösenden ZwV-Handlungen und Maßnahmen. Das Vollstreckungsorgan kann daher vom Gläubiger eine nachprüfbare Aufstellung der Kosten verlangen. Zur Frage, ob Kosten dargestellt und glaubhaft gemacht werden müssen, somit eine Gesamtabrechnung verlangt werden kann, wenn nur noch ein Rest- oder Teilhauptsachebetrag vollstreckt wird, s Rn 7 zu § 753. Glaubhaftmachung erfordert aber nicht immer Vorlage aller Belege oder sonst förmliche Beweisführung (§ 294). Auch sonstige geeignete Beweismittel genügen (Rn 5 zu § 294); RAKo- 15 sten für Vollstreckungsauftrag können durch Vorlage des Pfändungsprotokolls (ebenso der an den RAnw gerichteten Unpfändbarkeitsbescheinigung) glaubhaft gemacht werden (LGe Essen u Hagen Rpfleger 84, 202). Was aus sich heraus glaubhaft ist und sich von selbst versteht, braucht nicht durch Vorlage von Belegen usw noch förmlich glaubhaft gemacht werden. Bezugnahme auf dem Gericht sofort verfügbare Akten (nicht der Fall für GV-Akten) genügt (Rn 5 zu § 294). Hinweis darauf, daß Kosten bereits bei früheren ZwV-Verfahren von anderen Vollstreckungsorganen als notwendig anerkannt wurden, ersetzt Glaubhaftmachung nicht (AG Karlsruhe-Durlach/LG Karlsruhe DGVZ 79, 173; Herzig JurBüro 66, 619).

16 **b)** Der **GV** hat den Gläubiger von der Absetzung verlangter, aber nicht als erstattungsfähig festgestellter ZwV-Kosten zu **verständigen** (auch § 130 Nr 1 GVGA). Das Vollstreckungsgericht hat den Vollstreckungsantrag hinsichtlich nicht erstattungsfähiger ZwV-Kosten als unbegründet zurückzuweisen.

17 **3) Rechtsbehelfe** des Gläubigers und Schuldners bestimmen sich nach der ZwV-Handlung, mit der ZwV-Kosten beigetrieben werden oder vollstreckt werden sollen. Rechtsbehelf des Gläubigers somit, wenn der GV die gleichzeitige Beitreibung von ZwV-Kosten ablehnt: § 766 (dann § 793), wenn das Vollstreckungsgericht den Antrag wegen verlangter ZwV-Kosten zurückweist: § 793 (bei Rechtspflegerentscheidung § 11 I RpflG), jedoch in allen Fällen keine weitere Beschwerde (§ 568 III); für Schuldner, wenn er Erstattungsfähigkeit oder Höhe von ZwV-Kosten beanstandet, Erinnerung (§ 766), dann § 793, jedoch nicht weitere Beschwerde. Der Schuldner hat auch die Möglichkeit, im Rahmen des Verfahrens nach § 767 die zur Vollstreckung gebrachten (nicht festgesetzten) Kosten im ordentlichen Verfahren nachprüfen zu lassen (Düsseldorf Rpfleger 75, 355). Nach Beendigung der ZwV kann der Schuldner nur noch auf Rückzahlung zuviel geleisteter Kosten (ungerechtfertigte Bereicherung) klagen. Die Vollstreckungskosten sind mit ihrer Entstehung fällig und daher auch aufrechenbar, ohne daß es ihrer Festsetzung bedürfte (Pohle MDR 59, 314).

18 **VI) 1) Festsetzung von ZwV-Kosten** ist trotz der Möglichkeit gleichzeitiger Beitreibung zulässig (BGH 90, 207 [210] = NJW 84, 1968; unstreitig). Sie kann auch ohne Nachweis eines besonderen Interesses erfolgen. Vorteilhaft ist Kostenfestsetzung, wenn die Notwendigkeit der Kosten zweifelhaft werden kann, das ZwV-Organ die Beitreibung ablehnt, ferner bei Fruchtlosigkeit der Vollstreckung (Dresden OLG 25, 227), wenn später der Nachweis der Kosten erschwert ist, zum Beweis bei Behörden, Versicherungen usw, zur Unterbrechung der Verjährung und bei Abgabe der Kostenbelege zu den Akten oder an andere Personen. Wenn Kosten festgesetzt sind, findet die ZwV aus dem Kostenfestsetzungsbeschluß statt (§ 794 I Nr 2). Daß dieser nicht verwendet, sondern nach § 788 I mit beigetrieben wird, ist dadurch nicht ausgeschlossen; die Zulässigkeit der Festsetzung hebt für den Gläubiger die Beitreibungsmöglichkeit des § 788 I nicht auf.

19 **2)** Ein besonderes **Verfahren für die Festsetzung** der Kosten der ZwV sieht das Gesetz nicht vor. Es sind die §§ 103–107 über das Verfahren zur Festsetzung der Prozeßkosten entsprechend anzuwenden, mithin auch § 104 I S 2 über Festsetzung von Zinsen (Lappe Rpfleger 82, 38 zutr gegen AG Groß-Gerau MDR 82, 153 = Rpfleger 82, 38; wie dieses auch LG Bielefeld Rpfleger 86, 152). **Zuständig** ist nach (nicht überzeugend begründeter) Ansicht des BGH (JurBüro 82, 849 = MDR 82, 728 = NJW 82, 2070; auch BGH 90, 207 = aaO und BGH JurBüro 86, 1185 = MDR 86, 732 = NJW 86, 2438) der Rechtspfleger (§ 21 I RpflG) des **Prozeßgerichts** des ersten Rechtszugs, nicht der des Vollstreckungsgerichts (anders Stöber Rpfleger 66, 296 und früher viele OLGe; Nachweise bei Zeller/Stöber Rdn 36 zu § 1 ZVG; jetzt wie BGH: BAG 42, 62 = MDR 83, 611; Düsseldorf JurBüro 86, 1043; Koblenz JurBüro 83, 297 = Rpfleger 83, 85; Bremen JurBüro 81, 397 und 83, 451 (s außerdem KG JurBüro 85, 1562 = Rpfleger 85, 208 und AnwBl 84, 383: „jedenfalls auch Prozeßgericht"); aA (Vollstreckungsgericht ist zuständig; gegen BGH) Hamm JurBüro 83, 1412 = MDR 83, 674 und JurBüro 85, 302 = MDR 84, 589; München JurBüro 83, 940 = MDR 83, 586 und JurBüro 86, 1568 = MDR 86, 856; LG Frankenthal Rpfleger 85, 506 (s auch Rn 21 „Zuständigkeit" zu §§ 103, 104). Der Rechtspfleger des Prozeßgerichts ist für Festsetzung der Kosten der diesem als Vollstreckungsorgan nach §§ 887 ff zugewiesenen Vollstreckungsmaßnahmen zuständig (Hamm NJW-RR 86, 420). Für Festsetzung von Kosten der ZwV aus Schuldtiteln, die nicht in einem gerichtlichen Erkenntnisverfahren erwirkt wurden, ist an der Zuständigkeit des Vollstreckungsgerichts festzuhalten (KG JurBüro 86, 1570 = MDR 86, 856; LG Berlin DGVZ 86, 27 = JurBüro 86, 929; LG München II Rpfleger 84, 476: bei ZwV aus notarieller Urkunde; aA: LG Köln KTS 85, 124: Konkursgericht zuständig bei ZwV aus Konkurstabelleneintragung). Einwendungen des Schuldners, über die Beweis erhoben werden müßte (zB ZwV sei rechtsmißbräuchlich gewesen, Kostenforderung sei durch Aufrechnung erloschen) sind nicht im Festsetzungsverfahren zu prüfen, sondern mit Gegenklage (§ 767) geltend zu machen (Stuttgart JurBüro 82, 1420 = Rpfleger 82, 298; Frankfurt MDR 83, 587 = Rpfleger 83, 330 L).

VII) 1) Die Kostenpflicht bestimmt sich auch bei **Zurückweisung** oder **Zurücknahme eines Antrags** nach § 788 I, also nicht nach dem Unterliegen (§ 91 I, § 92 I; auch nicht nach § 269 III S 2 entspr), sondern danach, ob durch den Antrag Kosten der ZwV notwendig entstanden sind. Weil § 788 I unmittelbare Erstattungsgrundlage ist, wenn die ZwV-Kosten trotz Antragszurückweisung oder -zurücknahme notwendig waren (Rn 9) und daher vom Schuldner zu tragen sind, ist das auch durch Kostenausspruch nicht noch gesondert festzustellen; klarstellende Begründung im Zurückweisungsbeschluß ist aber geboten. 20

2) Vom Gläubiger zu tragende **ZwV-Kosten des Schuldners,** die durch nicht notwendige ZwV-Maßnahmen verursacht sind (Rn 11), können nicht nach § 788 I beigetrieben werden (Hamm JurBüro 73, 553). Sie müssen im Festsetzungsverfahren geltend gemacht werden, für das ein Kostenausspruch als Festsetzungsgrundlage erforderlich ist (Hamm aaO). Weist das Vollstreckungsgericht einen ZwV-Antrag zurück und war der Schuldner bereits an dem Antragsverfahren beteiligt, so muß daher, soweit die Kosten den Gläubiger treffen, ebenso eine Kostenentscheidung ergehen (KG Rpfleger 81, 318; Koblenz JurBüro 82, 1897) wie dann, wenn sich die ZwV-Hauptsache vor der Entscheidung erledigt (Koblenz aaO). Ist die notwendige Kostenentscheidung unterblieben, so kann der Beschluß vom Schuldner allein im Kostenpunkt angefochten werden; § 99 I steht nicht entgegen (KG aaO). Kostenentscheidung im Verfahren nach §§ 887, 888, 890 s Rn 9 zu § 887. 21

VIII) 1) Zu **erstatten** sind **dem Schuldner** die Kosten der ZwV, **wenn das Urteil** (der sonstige Vollstreckungstitel, § 795, auch der Kostenfestsetzungsbeschluß mit Wegfall des Grundtitels) bei Entscheidung über einen Einspruch, ein Rechtsmittel, im Nach- oder Wiederaufnahmeverfahren, **aufgehoben wird** (Abs 2). Die Bestimmung schafft eine dem § 717 II gleiche Rechtslage. Sie gilt auch bei Aufhebung des Urteils durch Vergleich (s Rn 14, dort auch zur möglichen anderen Kostenregelung im Vergleich) oder wenn es mit Klagerücknahme wirkungslos wird (§ 269 III; KG Rpfleger 78, 150), nicht aber, wenn nur die vorläufige Vollstreckbarkeit aufgehoben wird oder wenn die Vollstreckbarkeit infolge Vollstreckungsabwehrklage entfällt oder mit Drittwiderspruchsklage eingeschränkt wird (StJM Rdn 31 zu § 788). Bei teilweiser Aufhebung des Urteils (Titels) sind die Mehrkosten zu erstatten, die bei Vollstreckung nur des verbliebenen Anspruchs nicht entstanden wären (Düsseldorf JurBüro 77, 1144; Hamburg JurBüro 81, 1397). 22

2) Erstattungs**pflichtig ist der Gläubiger** (nicht der GV, dem Kosten bezahlt sind), im Falle des § 126 der Rechtsanwalt, der Kosten beigetrieben hat. 23

3) Als **Kosten** zu erstatten sind die beigetriebenen oder zur Abwendung der Vollstreckung freiwillig gezahlten ZwV-Kosten des Gläubigers (Koblenz JurBüro 85, 943), nicht aber Kosten, die dem Schuldner durch Kostenentscheidung (Rn 12) auferlegt sind und nicht dem Schuldner selbst durch Beteiligung am Verfahren erwachsene ZwV-Kosten (KG Rpfleger 78, 150); zu diesen Rn 25. 24

4) Die zurückzuerstattenden Kosten können nach Abs 1 beim Gläubiger **beigetrieben** werden (KG JW 33, 2018 und DR 40, 1896; streitig; aA StJM Rdn 36, auch ThP Anm 6c zu § 788). Erstattungsgrund und Höhe müssen hierfür durch einwandfreie Unterlagen nachgewiesen werden (Belege, GV-Protokolle). Vollstreckbarer Titel ist das aufhebende Urteil (der Beschluß). Festsetzung (Titelgrundlage: aufhebendes Urteil bzw Beschluß) ist trotz der möglichen gleichzeitigen Beitreibung zulässig (Düsseldorf aaO). Wenn Rückzahlungsbeträge streitig sind oder über materiellrechtliche Einwendungen gegen den Rückzahlungsanspruch entschieden werden muß, ist der Erstattungsanspruch mit Klage (auch entspr § 717 II S 2) geltend zu machen (StJM Rdn 36 zu § 788: Klage steht zur Wahl; nach AG Krefeld MDR 80, 942 immer zulässig). Macht der Schuldner über Abs 2 hinaus eigene Kosten oder einen Schadensersatzanspruch geltend, so hat er den Anspruch nur durch neue Klage oder nach § 717 II zu verfolgen (RG 49, 411; KG Rpfleger 78, 150). Rückfestsetzung von Kosten s Rn 21 zu §§ 103, 104. 25

IX) 1) Durch **Entscheidung** des Gerichts im Verfahren über einen Antrag auf **Vollstreckungsschutz** (§ 765a), Austauschpfändung (§§ 811a, b), Verwertungsaufschub (§ 813a), Aufhebung einer Guthabenpfändung (§ 850k) sowie Pfändungsschutz für Landwirte oder Miet/Pachtzinsen (§§ 851a, b) können **Kosten dem Gläubiger auferlegt** werden (Abs 3); die Kostenpflicht des Schuldners (Abs 1) wird damit für dieses Verfahren aufgehoben. Der Kostenbeschluß begründet einen Erstattungsanspruch des Schuldners gegen den Gläubiger. Grundsätzlich fallen die Kosten dieser Verfahren als ZwV-Kosten dem Schuldner auch dann zur Last, wenn eine von ihm beantragte Maßnahme ergeht oder sich erübrigt, weil der Gläubiger seinen ZwV-Antrag zurückgenommen hat oder das Verfahren sich (auch einvernehmlich) erledigt hat. Notwendige Kosten des Verfahrens kann der Gläubiger daher nach Abs 1 erstattet verlangen; für nicht notwendige Kosten schließt bereits Abs 1 diese Erstattungspflicht aus. Eine Kostenentscheidung darüber, daß der Schuldner die Verfahrenskosten als ZwV-Kosten zu tragen hat, ergeht nicht 26 (aA StJM Rdn 41 zu § 788: stets zu empfehlen; Klarstellung in der Begründung genügt jedoch). Dem Gläubiger kann das Gericht aber die Kosten eines Verfahrens ganz oder teilweise auferlegen, wenn dies aus **besonderen Gründen der Billigkeit** entspricht (Abs 3). Die besonderen Gründe für den Kostenbeschluß gegen den Gläubiger müssen **in seinem Verhalten** liegen; die Tätigkeit des von ihm beauftragten GV wird dem Gläubiger zugerechnet. Ein Verschulden des Gläubigers ist nicht verlangt. Das bisherige Verhalten des Schuldners, insbesondere sein ernsthaftes Bestreben, die Schuld nach Kräften zu erfüllen, kann zu berücksichtigen sein (StJM Rdn 39 zu § 788). Daß der Gläubiger mit seinem Antrag gegen die vom Schuldner verlangte Maßnahme erfolglos geblieben ist, genügt allein nicht (Jonas/Pohle, ZwVNotrecht, Anm 2 zu § 788); auch seine besseren wirtschaftlichen Verhältnisse können nicht gegen ihn verwertet werden (Jonas/Pohle aaO). Dem Gläubiger werden aber dann Kosten aufzuerlegen sein, wenn er trotz eines eindeutigen offenkundigen Interesses des Schuldners uneinsichtig auf ZwV-Maßnahmen beharrt, die objektiv nicht gerechtfertigt sind. Kostenausspruch zu Lasten des Gläubigers hat zu ergehen, wenn die Voraussetzungen des Abs 3 vorliegen; mit „kann" ist nur der Ausnahmecharakter der Bestimmung gekennzeichnet, nicht aber dem Gericht völlig freies Ermessen eingeräumt (StJM Rdn 40 zu § 788). Der Erstattungsanspruch des Schuldners muß im Kostenfestsetzungsverfahren geltend gemacht werden, Festsetzungsgrundlage ist der Kostenausspruch.

27 2) Im **Beschwerdeverfahren** gilt bei erfolgloser Beschwerde § 97 (Oldenburg NdsRpfl 55, 75; Celle NdsRpfl 55, 217; München NJW 59, 393; Hamm NJW 57, 28; Nürnberg NJW 65, 1282; Bauknecht MDR 54, 391; aA LG Freiburg NJW 54, 1690; LG Essen Rpfleger 55, 164; Schleswig SchlHA 55, 254 und MDR 57, 422; Karlsruhe NJW 54, 1206). Hat die Beschwerde Erfolg und entscheidet das Beschwerdegericht in der Sache selbst, so ist nach allgemeinen Grundsätzen die Kostenentscheidung zu treffen, die zu treffen gewesen wäre, wenn die ersetzte Entscheidung bereits in erster Instanz ergangen wäre, dh § 788 III ist anzuwenden (vgl Göttingen MDR 56, 360). Zur Kostenentscheidung im Vollstreckungsschutzverfahren s auch Grund NJW 58, 1119.

789 *[Einschreiten von Behörden zwecks Zwangsvollstreckung]*

Wird zum Zwecke der Vollstreckung das Einschreiten einer Behörde erforderlich, so hat das Gericht die Behörde um ihr Einschreiten zu ersuchen.

1 **I) Einschreiten einer Behörde:** § 758 III, § 791. **Ersuchen** durch das Vollstreckungs- oder Prozeßgericht nur, soweit es vollstreckt (§§ 887, 791). Im Falle des § 791 hat sich der Gläubiger unmittelbar an das Prozeßgericht 1. Instanz zu wenden. Im Fall des § 758 III hat der GV den Antrag zu stellen. § 789 ist nicht anwendbar, soweit der Gläubiger selbst unmittelbar Antrag bei der Behörde zu stellen hat, wie namentlich bei Eintragung in das Grundbuch. Gegen Ablehnung oder unrichtige Erledigung des Ersuchens durch die ersuchte Behörde Dienstaufsichtsbeschwerde. Lehnt das Gericht ab, das Ersuchen zu stellen, einfache Beschwerde (§ 567), falls der Rpfleger zuständig ist, unbefristete Erinnerung (§ 11 RpflG), bei Zuständigkeit des GV Erinnerung (§ 766).

2 **II) Gebühren: 1)** des **Gerichts:** Keine. – **2)** des **Anwalts** werden für den Prozeßbevollmächtigten des Hauptprozesses durch die Prozeßgebühr, für den Bevollmächtigten des Vollstreckungsverfahrens durch die Vollstreckungsgebühr abgegolten. – Wegen des durch den GV gestellten Ersuchens s Rn 32 zu § 758.

790 **(weggefallen)**

791 *[Zwangsvollstreckung im Ausland]*

(1) Soll die Zwangsvollstreckung in einem ausländischen Staate erfolgen, dessen Behörden im Wege der Rechtshilfe die Urteile deutscher Gerichte vollstrecken, so hat auf Antrag des Gläubigers das Prozeßgericht des ersten Rechtszuges die zuständige Behörde des Auslandes um die Zwangsvollstreckung zu ersuchen.

(2) Kann die Vollstreckung durch einen Bundeskonsul erfolgen, so ist das Ersuchen an diesen zu richten.

I) § 791 I trifft zu, wenn die ausl Behörden ohne ausl Vollstreckungsurteil dt Urteile im Weg der Rechtshilfe vollstrecken u der Gläubiger die ausl Behörde nicht unmittelbar angehen kann. Ersuchende Behörde ist das Prozeßgericht 1. Instanz; **Rechtsbehelf** gegen Ablehnung des Antrags durch das Prozeßgericht: einfache Beschwerde, § 567. 1

II) § 791 I u II **sind heute praktisch gegenstandslos,** da kein Staat ausl Urteile ohne eine Nachprüfung vollstreckt. Überall ist eine Vollstreckbarerklärung (Exequaturerteilung) vorgeschrieben. Für das dt Recht vgl §§ 722, 723 und Art 31 ff des EWG-Übereinkommens. Vgl auch Geimer/Schütze I 2 § 191 II und § 41 I ZRHO. 2

III) Zur Frage des gegenseitigen **Rechtshilfeverkehrs,** dh zur Anerkennung und Vollstrekkung ausl Entscheidungen s § 328 und § 722. 3

IV) Nachweise über die ausl Rechtsgrundsätze hinsichtl der Anerkennung und Vollstreckung dt Urteile bei Schütze, Vollstreckung ausl Urteile in Afrika, 1966; ders, Anerkennung und Vollstreckung dt Urteile im Ausland, 1973; ders, Die Geltendmachung dt Urteile im Ausland – Verbürgung der Gegenseitigkeit, 1977; Langendorf, Prozeßführung im Ausland und Mängelrüge im ausl Recht, 1956 ff; Geimer/Schütze, Internationale Urteilsanerkennung, I 2, 1984, § 246; Bauer, Die Zwangsvollstreckung aus inländischen Schuldtiteln im Ausland, 1974. 4

V) Gebühren: 1) des **Gerichts:** Die Ersuchen an die ausl Behörde (§ 5 Nr 3 ZRHO) sind gebührenfrei. Auslagen sind jedoch vom Kostenschuldner zu erheben. Dazu gehören insbesondere die Gebühr für die Prüfung des Ersuchens nach dem Ausland durch die Prüfungsstellen nach Nr 5 Ia des GebVerz JVerwKostO und die Auslagen für die erforderliche Übersetzung. Ausl Stellen und dt Auslandsvertretungen zustehende Beträge sind auch dann als Auslagen des gerichtl Verfahrens zu erheben, wenn aus Gründen der Gegenseitigkeit, der Verwaltungsvereinfachung und dgl keine Zahlungen zu leisten sind (KV Nr 1912). Vgl i übr §§ 41 ff ZRHO. – **2)** des **Anwalts:** Die Tätigkeit ist durch die 3/10 Vollstrekkungsgebühr aus § 57 BRAGO abgegolten. 5

792 *[Urkunden zur Zwangsvollstreckung an Gläubiger]*

Bedarf der Gläubiger zum Zwecke der Zwangsvollstreckung eines Erbscheins oder einer anderen Urkunde, die dem Schuldner auf Antrag von einer Behörde, einem Beamten oder einem Notar zu erteilen ist, so kann er die Erteilung an Stelle des Schuldners verlangen.

I) Zum Zweck der ZwV jeder Art: zB zur Erwirkung der Vollstreckungsklausel (§ 727), in den Fällen der §§ 866, 867 iVm GBO §§ 14, 39 (Zwangshypothek), des § 17 ZVG (Schuldner ist nicht als Eigentümer eingetragen); § 830 I S 3, § 837 I S 2 (Pfändung einer Hypothek des im Grundbuch nicht als Berechtigter eingetragenen Schuldners). Erfordernis für die Anwendung des § 792 ist, daß der Gläubiger im Besitz eines zur ZwV geeigneten Schuldtitels ist. Vollstreckbare Ausfertigung braucht er nicht vorzulegen. § 792 ist entsprechend anzuwenden auf die Teilungsversteigerung; ein Miteigentümer kann Erbschein zugunsten eines anderen Miterben zum Zwecke der Durchführung der Teilungsversteigerung verlangen (Hamm MDR 60, 1018; LG Essen Rpfleger 86, 387). § 792 trifft nur zu, wenn der Gläubiger nicht auf andere leichtere Weise, ohne Titel, die Urkunde erhält, so nach § 9 II HGB, § 34 FGG, § 1563 BGB (Hamm OLG 29, 202). **Andere Urkunden:** zB Zeugnis über Fortsetzung der Gütergemeinschaft (§ 1507 BGB), über Ernennung eines Testamentsvollstreckers (§ 2368 BGB), eine notarielle Erwerbsurkunde, Registerauszug, Grundschuldbrief (LG Koblenz NJW 55, 506). **Erteilung:** auch Ersterteilung. Der Gläubiger hat dann unter Vorlage seines Vollstreckungstitels und Nachweis seines rechtlichen Interesses an Stelle des Erben die nach § 2356 BGB erforderliche eidesstattliche Versicherung abzugeben (Mot 163). Das **Verfahren** richtet sich nach dem FGG, auch für Beschwerde bei Ablehnung der Anträge. Gegen Erteilung des Erbscheins gibt es keinen Rechtsbehelf. Kein Beschwerderecht des Gläubigers gegen die Ablehnung oder Einziehung des Erbscheins. **Gebühr für Erbschein:** § 107 KostO; für eidesstattliche Versicherung § 49 KostO. Die nach § 792 entstehenden Kosten hat der Schuldner gem § 788 zu erstatten. Ist der Erbschein auf Antrag des Erben bereits erteilt, so ist dem Gläubiger, der einen Anspruch gegen den Erben geltend machen will, auf Antrag gemäß § 85 FGG eine Ausfertigung des Erbscheins zu erteilen. 1

II) Gebühren: 1) des **Gerichts:** für Erbschein u eidesstattl Versicherung s Rn 1. – **2)** des **Anwalts:** Die Erwirkung des Erbscheins ist nach § 118 BRAGO zu vergüten (Hartmann, KostG BRAGO § 58 Anm 5 B g zu Ziff 6, Stuttgart NJW 70, 1692 = Rpfleger 70, 295). 2

793 *[Sofortige Beschwerde im Zwangsvollstreckungsverfahren]*
Gegen Entscheidungen, die im Zwangsvollstreckungsverfahren ohne mündliche Verhandlung ergehen können, findet sofortige Beschwerde statt.

1 **I) Zweck:** S Rn 1 zu § 766. Geregelt ist in § 793 nur die Statthaftigkeit der sofortigen Beschwerde; im übrigen gelten §§ 567–577.

2 **II) Anwendungsbereich, Abgrenzung: 1)** Sofortige Beschwerde ist **Rechtsmittel gegen Entscheidungen** des Vollstreckungsgerichts, die im ZwV-Verfahren ohne mündliche Verhandlung ergehen können (§ 764 III; auch wenn sie stattgefunden hat), nicht aber gegen prozeßleitende Verfügungen (Anordnung einer mündlichen Verhandlung oder Beweisaufnahme). Abgrenzung zu ZwV-Maßnahmen Rn 2 zu § 766. Einwendungen gegen Erteilung oder Verweigerung der Vollstreckungsklausel (Rn 6 zu § 766) sowie gegen Rechtskraft- und Notfristzeugnisse (§ 706) sind nicht mit den Rechtsbehelfen des ZwV-Verfahrens geltend zu machen, können daher auch nicht mit Beschwerde nach § 793 weiter verfolgt werden. Sofortige Beschwerde findet insbesondere statt gegen die Zurückweisung eines ZwV-Antrags durch das Vollstreckungsgericht (Rn 2 zu § 766) und gegen Entscheidungen nach § 765 a (Vollstreckungsschutz), § 766 (Erinnerung), §§ 825, 844 (besondere Verwertung), § 900 IV (Vertagung des Offenbarungstermins), § 901 (Anordnung der Haft), außerdem gegen Vollstreckungsentscheidungen des Prozeßgerichts (Rn 4 zu § 766). Wegen weiterer Einzelheiten s die Hinweise auf Rechtsbehelfe bei den einzelnen Bestimmungen. Grundbuchamt und Schiffsregisterbehörde: Rn 4 zu § 766.

3 **2)** Gegen Entscheidungen des **Rechtspflegers** (Abgrenzung zu ZwV-Maßnahmen Rn 2 zu § 766) findet Erinnerung statt, die in der für die sofortige Beschwerde geltenden Frist einzulegen ist (§ 11 I RpflG). Der Rechtspfleger kann nicht abhelfen (§ 11 II RpflG).

4 **III) 1) Beschwerderecht** haben als Parteien des ZwV-Verfahrens der Gläubiger und der Schuldner, bei Forderungspfändung als Beteiligter außerdem der Drittschuldner, ferner ein Dritter, der durch die Entscheidung in seinem Recht beeinträchtigt ist (vgl Rn 2 und 9 zu § 766). Rechtsschutzbedürfnis erfordert Rechtsbeeinträchtigung (Beschwer; Rn 12 zu § 766). Gegen eine Entscheidung über Kosten, Gebühren und Auslagen ist sofortige Beschwerde nur bei Beschwerdewert über 100 DM zulässig (§ 567 II). Mit Beendigung der ZwV wird die Beschwerde in der Regel gegenstandslos (unzulässig; s Rn 13 zu § 766), außer es bleibt trotz der Beendigung ein rechtliches Interesse bestehen, wie zB bei Beschwerde gegen den Kostenansatz des GV. Nach wirksam gewordener Aufhebung einer ZwV-Maßnahme ist Beschwerde (und sofortige weitere Beschwerde) mit dem Ziel zulässig, die Maßnahme erneut anzuordnen, obwohl sie rückwirkend nicht wieder hergestellt werden kann (Nürnberg MDR 60, 931 L = Rpfleger 61, 52; Karlsruhe Rpfleger 72, 220).

5 **2)** Der **Gerichtsvollzieher** ist nicht berechtigt, sich gegen eine Entscheidung des Vollstreckungsgerichts zu beschweren (Rn 38 zu § 766).

6 **3) Einzulegen** ist die sofortige Beschwerde binnen einer **Notfrist von zwei Wochen,** die für jeden Beschwerdeberechtigten gesondert mit der Zustellung beginnt (§ 577 II S 1). Die Beschwerde ist beim Vollstreckungsgericht einzulegen (§ 569 I); die zulässige Einlegung beim Beschwerdegericht genügt zur Wahrung der Notfrist (§ 577 II S 2 mit § 569 I). Ob auch Einlegung der sofortigen Rechtspflegererinnerung sogleich beim Beschwerdegericht die Frist wahrt, ist streitig (Rn 14 zu § 577).

7 **4)** Die Beschwerde (Rechtspflegererinnerung) hat keine aufschiebende Wirkung; jedoch kann der **Vollzug** der angefochtenen Entscheidung **ausgesetzt** werden (§ 572 II, III). Zum Beschwerdeverfahren im übrigen §§ 567–577. Das Verschlechterungsverbot (§ 536) gilt auch im ZwV-Beschwerdeverfahren (Hamm JurBüro 84, 1904). Die Beschwerde kann auf neue Tatsachen und Beweise gestützt werden (§ 570). Beibringungsgrundsatz mit Darlegungs- und Beweislast wie Rn 27 zu § 766. Anordnungen einer Vollstreckungsmaßregel durch das Beschwerdegericht Rn 1 zu § 828. Die Aufhebung eines Pfändungsbeschlusses durch das Beschwerdegericht wird mit Bekanntgabe der Entscheidung wirksam; die Wirksamkeit der aufhebenden Entscheidung kann jedoch bis zu ihrer Rechtskraft hinausgeschoben werden; dazu Rn 30 zu § 766. Wenn eine Beschwerde gegen einen Pfändungsbeschluß nur teilweise unbegründet ist, darf daher auch nicht insgesamt aufgehoben und zurückverwiesen werden, wenn nicht die Wirksamkeit bis zur Rechtskraft ausgesetzt wird, weil der Gläubiger sein Pfandrecht endgültig verlieren würde (Köln ZIP 80, 578).

8 **IV) Sofortige weitere Beschwerde** findet gegen die Entscheidung des Beschwerdegerichts bei neuem, selbständigem Beschwerdegrund statt (§ 568 II), jedoch nicht bei Entscheidung über Kosten (§ 568 III). Entscheidungen bei ZwV aus einem Kostentitel fallen jedoch nicht unter die Beschränkung des § 568 III (Stuttgart JurBüro 83, 302).

V) Gebühren: 1) des **Gerichts:** 1 Gebühr, soweit die Beschwerde verworfen oder zurückgewiesen wird, KV Nr 1181. – **2)** des **Anwalts:** 5/10 der in § 31 BRAGO bestimmten Gebühren, § 61 I Nr 1 BRAGO. Die 5/10 Beschwerdegebühr erhält der RA auch dann, wenn sich der Auftrag vor Einlegung der Beschwerde erledigt (§ 61 III BRAGO). 9

794 *[Vollstreckungstitel außer Urteil]*

(1) Die Zwangsvollstreckung findet ferner statt:

1. aus Vergleichen, die zwischen den Parteien oder zwischen einer Partei und einem Dritten zur Beilegung des Rechtsstreits seinem ganzen Umfang nach oder in betreff eines Teiles des Streitgegenstandes vor einem deutschen Gericht oder vor einer durch die Landesjustizverwaltung eingerichteten oder anerkannten Gütestelle abgeschlossen sind, sowie aus Vergleichen, die gemäß § 118 Abs. 1 Satz 3 zu richterlichem Protokoll genommen sind;

2. aus Kostenfestsetzungsbeschlüssen;

2a. aus Beschlüssen, die den Betrag des vom Vater eines nichtehelichen Kindes zu zahlenden Regelunterhalts, auch eines Zu- oder Abschlags hierzu, festsetzen;

2b. aus Beschlüssen, die über einen Antrag auf Abänderung eines Unterhaltstitels im Vereinfachten Verfahren entscheiden;

3. aus Entscheidungen, gegen die das Rechtsmittel der Beschwerde stattfindet, dies gilt nicht für Entscheidungen nach § 620 Satz 1 Nr. 1, 3 und § 620 b in Verbindung mit § 620 Satz 1 Nr. 1, 3;

3a. aus einstweiligen Anordnungen nach den §§ 127 a, 620 Satz 1 Nr. 4 bis 9 und § 621 f;

4. aus Vollstreckungsbescheiden;

4a. aus den für vollstreckbar erklärten Schiedssprüchen und schiedsrichterlichen Vergleichen, sofern die Entscheidung über die Vollstreckbarkeit rechtskräftig oder für vorläufig vollstreckbar erklärt ist;

5. aus Urkunden, die von einem deutschen Gericht oder von einem deutschen Notar innerhalb der Grenzen seiner Amtsbefugnisse in der vorgeschriebenen Form aufgenommen sind, sofern die Urkunde über einen Anspruch errichtet ist, der die Zahlung einer bestimmten Geldsumme oder die Leistung einer bestimmten Menge anderer vertretbarer Sachen oder Wertpapiere zum Gegenstand hat, und der Schuldner sich in der Urkunde der sofortigen Zwangsvollstreckung unterworfen hat. Als ein Anspruch, der die Zahlung einer Geldsumme zum Gegenstand hat, gilt auch der Anspruch aus einer Hypothek, einer Grundschuld, einer Rentenschuld oder einer Schiffshypothek.

(2) Soweit nach den Vorschriften der §§ 737, 743, des § 745 Abs. 2 und des § 748 Abs. 2 die Verurteilung eines Beteiligten zur Duldung der Zwangsvollstreckung erforderlich ist, wird sie dadurch ersetzt, daß der Beteiligte in einer nach Absatz 1 Nr. 5 aufgenommenen Urkunde die sofortige Zwangsvollstreckung in die seinem Rechte unterworfenen Gegenstände bewilligt.

I) Zweck: Bestimmung weiterer Vollstreckungstitel, die neben den Endurteilen (§ 704) Grundlage der ZwV nach den Vorschriften der ZPO sein können (Rn 14 vor § 704). Weitere bundesrechtliche Vollstreckungstitel, auf die die ZPO anzuwenden ist, s Rn 35. 1

II) Nr 1: Vollstreckungstitel sind **Vergleiche,** die zwischen den Parteien oder zwischen einer Partei und einem Dritten zur Beilegung des Rechtsstreits in seinem ganzen Umfang oder zu einem Teil des Streitgegenstands vor einem deutschen Gericht oder vor einer landesrechtlich eingerichteten oder anerkannten Gütestelle (Rn 1 zu § 797 a) abgeschlossen sind, sowie Vergleiche, die gem § 118 zu richterlichem Protokoll genommen sind (nach § 118 I S 3 auch bei Beurkundung durch den Rechtspfleger, § 20 Nr 4 a RpflG). Der Vergleich muß wie jeder Titel (Rn 4 zu § 704) inhaltlich bestimmt sein (Hamm OLGZ 74, 59 = NJW 74, 852 = MDR 74, 238). 2

1) Der **Prozeßvergleich** ist seiner **Rechtsnatur** nach sowohl Rechtsgeschäft des bürgerlichen Rechts wie Prozeßhandlung, **Doppelnatur** (hM: BGH 16, 388 = NJW 55, 705; BGH 28, 171 = NJW 58, 1970; BGH 41, 310 = NJW 64, 1524; BGH 46, 278 = NJW 67, 440; BGH NJW 72, 159; BGH 61, 394 [398] = NJW 74, 107; BGH 79, 71 = NJW 81, 823; BGH FamRZ 85, 166 = NJW 85, 1962; BAG 4, 84 = NJW 57, 1157; vgl auch Tempel Festschrift Schiedermaier 517). Prozeßhandlung und Rechtsgeschäft stehen jedoch nicht getrennt nebeneinander; vielmehr bildet der Prozeßvergleich eine Einheit, die gegenseitige Abhängigkeit der prozessualen Wirkungen und der materiellen Regelungen bewirkt (BGH 79, 71 = aaO). Als **privatrechtliches Geschäft** ist der Vergleich nach § 779 BGB zu beurteilen, sein Inhalt besteht in der Beilegung des Rechtsstreits durch gegenseitiges Nachgeben. Der Vergleich kann sich auch auf einen Teil des Streitgegenstandes 3

beziehen; er braucht sich nicht auf den unmittelbaren Streitgegenstand beschränken (BGH 14, 386 = NJW 54, 1886; BGH 35, 309 = NJW 61, 1817; München NJW 69, 2149; weitergehend StJM Rdn 11 zu § 794: Vergleich kann nicht nur zusätzlich, sondern ausschließlich Angelegenheiten regeln, die außerhalb des Prozesses streitig sind oder Dritte betreffen). Das gegenseitige Nachgeben muß sich im Rahmen der den Parteien (oder Dritten) zustehenden Verfügungsmacht halten (StJM Rdn 13 zu § 794), es braucht nicht auf dem Gebiet des materiellen Rechts liegen; es genügt ein prozessuales Nachgeben; es kann auch darin liegen, daß eine Partei eine ihr zustehende prozessuale Möglichkeit aufgibt oder nicht ausnutzt, namentlich das Recht auf Urteil (R-Schwab § 132 I 6). Ein nur einseitiges Nachgeben genügt nicht (München JurBüro 85, 622 = Rpfleger 85, 164). Als **Prozeßhandlung** (s Rn 17 vor § 128) muß der Vergleich vor einem deutschen Gericht zwischen den Parteien oder zwischen den Parteien und einem Dritten in mündlicher Verhandlung zur Beilegung des Rechtsstreits abgeschlossen sein. Eine Vereinbarung, durch die lediglich der Streit um bestimmte Anspruchselemente beseitigt werden soll („Zwischenvergleich"), ist kein Vergleich iS der Nr 1, weil dadurch der Rechtsstreit nicht beigelegt wird (KG NJW 74, 912), im Gegensatz zum Teilvergleich, bei dem der Rechtsstreit bei mehreren der teilbaren Streitgegenstände hinsichtlich einzelner Streitgegenstände beendet wird.

4 **2) Weitere Voraussetzungen: a)** Es muß ein Verfahren bei einem Gericht **anhängig** sein, in dem für mündliche Verhandlung Raum ist; im Regelfall handelt es sich um das Anhängigwerden eines Anspruchs (StJM Rdn 16 zu § 794); im ordentlichen Prozeß ist auf die Rechtshängigkeit (§§ 261, 253) abzustellen. Soweit beim Verbund von Scheidungs- und Folgesachen (§ 623, § 630) die Parteien über den Gegenstand des Rechtsstreits verfügen können, zB Unterhaltsregelung, nicht Scheidung, ist ein Vergleich als Teilvergleich möglich (vgl Rn 4 zu § 98 und Rn 5–8 zu § 617 und Rn 15 ff zu § 630). Ist der Teilvergleich durch die Ehescheidung bedingt, so sollte ausdrücklich erklärt werden, daß er „für den Fall der Ehescheidung abgeschlossen ist" (ThP Anm 5c zu § 630). Vergleich ist auch in sonstigen Verfahren wie im Verfahren nach § 620, im Arrest-, EinstwVerfügungs-, Prozeßkostenhilfe-, ZwV-, ZwVersteigerungs- (auch Teilungsversteigerungs-), Beweissicherungsverfahren möglich, auch wenn Rechtshängigkeit nach § 261, wie im Beweissicherungsverfahren, nicht eintritt. Im Mahnverfahren ist ein Vergleich erst nach Überleitung in das Streitverfahren möglich. Nach rechtskräftigem Abschluß des Verfahrens ist ein Prozeßvergleich, das ist eine Vereinbarung zur Beendigung des Rechtsstreits, nicht mehr möglich; im Verfahren nach § 620 kann daher nach Rechtskraft des Scheidungsurteils ein Vergleich nicht mehr geschlossen werden (BGH 15, 190 [193] = NJW 55, 182). Zwischen den Instanzen (nach Urteilsverkündung und vor Rechtsmitteleinlegung) ist ein Vergleich möglich; er nimmt dem Urteil die Wirkung (R-Schwab § 132 I 3).

5 **b)** Vergleich vor einem **deutschen Gericht,** das ist vor dem mit dem Rechtsstreit (in erster Instanz, in der Rechtsmittel- auch Beschwerdeinstanz) befaßten Prozeßgericht, Einzelrichter (§ 348), der beauftragte oder ersuchte Richter (§ 355), auch Rechtspfleger (in allen ihm übertragenen Verfahren [§ 4 I RpflG]). Gericht ist nicht nur das Prozeßgericht und das Vollstreckungsgericht (RG 165, 161 [163]), sondern auch ein Strafgericht (StJM Rdn 19 zu § 794; Meyer JurBüro 84, 1121), oder ein Arbeitsgericht, ein Gericht der freiwilligen Gerichtsbarkeit (hM Stuttgart OLGZ 84, 131; R-Schwab § 132 I 1; Keidel/Kuntze/Winkler Vorb 22 vor §§ 8–18 FGG; Bassenge Rpfleger 72, 237), insbesondere ein landwirtschaftliches Gericht (BGH 14, 381 = NJW 54, 1886).

6 **c)** Der Prozeßvergleich wird von den **Parteien** des beizulegenden Verfahrens abgeschlossen oder zwischen einer Partei (auch beiden Parteien) und einem **Dritten.** Der Streitgenosse (§ 61) handelt nur für seinen Prozeß, es sei denn, er hat Vertretungs- und Verfügungsmacht auch für die anderen Streitgenossen. Bei notwendiger Streitgenossenschaft ist der von einem Genossen abgeschlossene Vergleich auch für diesen Genossen wirkungslos, wenn er nicht nach materiellem Recht als Vergleich auch für die Prozesse der anderen Genossen wirkt (R-Schwab § 132 I 4). **Vollstreckungstitel** ist der Vergleich nur für und gegen die (am Vergleichsabschluß beteiligten) Parteien des Rechtsstreits, für und gegen einen Dritten nur, wenn er mit einer Partei (oder den Parteien) den Vergleich zur Beilegung des Rechtsstreits abgeschlossen hat und nach dem Vergleichsinhalt der zu vollstreckende Anspruch ihm als Gläubiger oder gegen ihn als Schuldner begründet ist. Verpflichtung des Beklagten zur Zahlung und Anführung des Dritten nur im Vergleichsrubrum mit dem Zusatz „... dem Vergleich auf Seiten des Schuldners beigetreten", verpflichtet den Dritten nicht als Titelschuldner (Köln Rpfleger 85, 305 = ZIP 85, 896). Das Recht auf Erteilung der Vollstreckungsklausel steht nur den am Vergleichsabschluß beteiligten Parteien oder dem beteiligten (beigetretenen) Dritten (deren Rechtsnachfolger, §§ 727 ff) zu. Auch für einen nicht bei Vergleichsabschluß mitwirkenden Dritten können die Parteien des Vergleichs einen Leistungsanspruch materiellrechtlich begründen (Vertrag zugunsten des Dritten, § 328 BGB). Der begünstigte Dritte rückt damit jedoch nicht in die Parteistellung ein, erlangt somit nicht das (prozessuale) Recht, vollstreckbare Ausfertigung zu verlangen und den Vergleich

zu vollstrecken (für Unterhaltsvergleich seit 1. 7. 77 wegen § 1629 III nachf). Vollstreckbar ist der Vergleich auch hinsichtlich der Leistung an den Dritten nur auf Antrag einer Partei (oder eines am Vergleichsschluß entsprechend beteiligten Dritten) (Celle MDR 66, 767 = NJW 66, 1367 = OLGZ 67, 45; KG NJW 73, 2032; München MDR 57, 490 = NJW 57, 1367; Stuttgart Rpfleger 79, 145; Zweibrücken FamRZ 79, 174; R-Schwab § 132 I 4; dazu auch BGH FamRZ 80, 342; anders StJM Rdn 36 zu § 794 mwN; auch Rdn 8 zu § 724: für Dritten vollstreckbar, wenn ihm ersichtlich eigene Rechte verschafft sind). Jedoch wirkt (jetzt) ein zwischen den Eltern im Scheidungsverfahren über Unterhaltsansprüche eines Kindes geschlossener Vergleich auch für (und gegen) das Kind (§ 1629 III S 2 BGB); nach Rechtskraft des Scheidungsausspruchs (bis dahin § 1629 III S 1 BGB) kann die ZwV daher nur durch das Kind als Gläubiger betrieben werden (Hamburg FamRZ 85, 624 mwN; Frankfurt FamRZ 83, 1268; AG Berlin-Charlottenburg FamRZ 84, 506; anders KG FamRZ 84, 505; Hamburg FamRZ 84, 927; LG Düsseldorf JurBüro 85, 1735 mwN).

d) Die Vergleichspartner müssen in der mündlichen Verhandlung anwesend oder vertreten sein. Die **Parteien** müssen sich im Anwaltsprozeß (§ 78; auch im Verfahren vor dem Familiengericht, Zweibrücken JurBüro 83, 1866 und 85, 1736 = FamRZ 85, 1071 [s jetzt § 78 II]) für den Abschluß des Prozeßvergleichs durch ihre Anwälte vertreten lassen (Hamm NJW 75, 1709 mwN), und zwar auch im Verfahren vor dem Einzelrichter (Rn 11 zu § 78), nicht aber im Verfahren vor dem beauftragten oder ersuchten Richter (§ 78 III; Düsseldorf NJW 75, 2298 mit zust Anm Jauernig; s aber auch Rn 34 zu § 78). Der lediglich dem Prozeßvergleich beitretende **Dritte** braucht auch im Anwaltsprozeß nicht durch einen beim Prozeßgericht zugelassenen Rechtsanwalt vertreten sein (BGH 86, 161 = MDR 83, 573 = NJW 83, 1433). 7

e) Materiell-rechtlich kommt der Vergleich als Vertrag durch übereinstimmende Willenserklärungen (§§ 145 ff BGB) der rechts- und geschäftsfähigen Parteien zustande, die über den Vergleichsgegenstand verfügen können. Verfügungsmacht setzt einerseits voraus, daß der Gegenstand des Prozeßvergleichs der Verfügung der Parteien unterliegt (vgl § 1025; R-Schwab § 132 I 5), andererseits die Verfügungsbefugnis den Parteien zusteht, zB im Falle der Veräußerung nach Eintritt der Rechtshängigkeit. § 54 ist beim Prozeßvergleich wegen der Doppelnatur nicht anwendbar, so daß Genehmigung des Vormundschaftsgerichts nach § 1822 Nr 12 BGB erforderlich ist. Unwirksam sind aus materiell-rechtlichen Gründen Vergleiche, wenn zwingende Rechtssätze entgegenstehen oder wenn sie gegen § 138 verstoßen. 8

f) Der Prozeßvergleich bedarf der für das Verfahren des Gerichts vorgeschriebenen **Form;** er ist in mündlicher Verhandlung (zum Güteversuch § 279) vor dem Gericht zu erklären und in der vorgeschriebenen Form zu protokollieren (§ 159). Das Protokoll muß den Anforderungen der §§ 160 ff (Rn 5 zu § 160) entsprechen, der Vergleich ist ins Protokoll oder in eine Schrift aufzunehmen, die dem Protokoll als Anlage beigefügt und in ihm als solche bezeichnet ist. Das Protokoll muß insoweit den Parteien vorgelesen oder ihnen zur Durchsicht vorgelegt und von ihnen genehmigt werden (nicht unterschrieben); dies ist im Protokoll zu vermerken. Es genügt auch das Verlesen einer von beiden Parteien überreichten Vergleichsurkunde durch eine Partei oder das Vorlesen oder Abspielen einer vorläufigen Aufzeichnung (§§ 160a, 162 I 2). Das Protokoll ist vom Richter und dem Protokollführer zu unterzeichnen. Ein fehlerhaftes Protokoll kann berichtigt werden, auch wenn in ihm ein Vergleich niedergelegt ist (Koblenz Rpfleger 69, 137; Hamm MDR 83, 410 = OLGZ 83, 89; Vollkommer Rpfleger 76, 258; aA Stuttgart Rpfleger 76, 278 bei fehlender Unterschrift des Richters). Nur ein ordnungsgemäß beurkundeter Vergleich ist als Prozeßvergleich wirksam (hM KG Rpfleger 73, 325 mwN; Frankfurt NJW 73, 1131 und FamRZ 80, 907; R-Schwab § 132 I 3; s auch Vollkommer Rpfleger 73, 269, der sich mit beachtlichen Gründen dagegen wendet, Formvorschriften zum Selbstzweck zu erheben). Wirksamkeitsvoraussetzung ist auch die Einhaltung des § 162 I (Vorlesung des Protokolls usw; BGH 16, 388 [390] = NJW 55, 705; BGH NJW 84, 1465 [1466]; BAG 8, 228 [232]; KG FamRZ 81, 193 [194] und 84, 284 [285]). Das Fehlen von Formerfordernissen ist nicht nach § 295 heilbar, Verzicht der Parteien daher ohne Bedeutung (LG Braunschweig MDR 75, 322). Eine Partei, die sich mit dem Hinweis auf die Nichtbeachtung bloßer Formvorschriften von einem Vergleich lossagen will, verstößt gegen Treu und Glauben, wenn der Vergleich von beiden Seiten lange Zeit hindurch als wirksam angesehen wurde und nach ihm verfahren wurde (BAG NJW 70, 349 mit krit Anm Reinicke NJW 70, 306; Frankfurt FamRZ 84, 302). 9

g) Der Vergleich kann unter einer aufschiebenden oder auflösenden **Bedingung** (§ 158 BGB) oder unter einer **Zeitbestimmung** (§ 163 BGB) abgeschlossen werden; auch können sich die Parteien den **Rücktritt** vom Vergleich vorbehalten (§§ 346 ff BGB) (BGH 46, 278 = NJW 67, 440). Der in den Prozeßvergleich zugunsten einer Partei oder beider Parteien aufgenommene Vorbehalt, den Vergleich bis zum Ablauf einer bestimmten Frist **zu widerrufen,** stellt im Regelfall eine aufschiebende Bedingung für die Wirksamkeit des Vergleichs dar (BGH 46, 277 [279] = MDR 67, 10

203 = NJW 67, 440; BGH 88, 364 = MDR 84, 226 = NJW 84, 312). Aus dem unter Widerrufsvorbehalt abgeschlossenen Vergleich entstehen, wenn sich ein anderer Wille der Parteien nicht unmittelbar aus dem Vergleichswortlaut ergibt, bindende Rechtswirkungen daher erst, wenn bei ungenutztem Ablauf der Widerrufsfrist feststeht, daß der Vergleich Bestand hat; dann erst kann aus dem Vergleich auch vollstreckt werden (BGH 88, 364 = aaO). Der Widerrufsvorbehalt des gemeinsamen Prozeßbevollmächtigten von Miterben ist in der Regel dahin auszulegen, daß jeder vertretene Miterbe berechtigt ist, den Vergleich innerhalb der gesetzten Frist zu widerrufen und daß der Vergleich nur wirksam zustande kommt, wenn keiner der Miterben von dem Widerrufsrecht Gebrauch macht (BGH 61, 394 = NJW 74, 107). Der Widerrufsvorbehalt ist Gegenstand des sachlich-rechtlichen Vergleichsinhalts (RG 161, 253 [255]; BGH 46, 277 = aaO). Den Empfänger der Widerrufserklärung (des Widerrufsschriftsatzes) können die Parteien frei bestimmen (BGH MDR 80, 471 = NJW 80, 1753 [1754]). Wenn nichts anderes vereinbart ist, ist der Widerruf dem Gegner, nicht dem Gericht gegenüber auszusprechen (RG 161, 253; BGH Betrieb 55, 214; LG Aachen MDR 62, 403); eine abweichende tatsächliche Übung ist jedoch zu beachten. Ausübung des Rechts, den Vergleich wieder zu beseitigen, erfordert dann empfangsbedürftige Willenserklärung sachlichrechtlicher Art, die in dem Zeitpunkt wirksam wird, in dem sie dem Vergleichsgegner zugeht (§ 130 BGB; RG 161, 253 [255]). Ausübung eines selbständigen prozessualen Gestaltungsrechts ist der Vergleichswiderruf, der (wie üblich) vereinbarungsgemäß dem Prozeßgericht gegenüber erklärt werden soll (s näher Rn 17 vor § 128; dazu auch StJM Rdn 64 zu § 794 mit Fußn 251, 252: Widerruf als solcher ist stets Prozeßhandlung und materielles Rechtsgeschäft; Formvereinbarung kann nicht über Rechtsnatur des Widerrufs entscheiden; R-Schwab § 132 III 2i: Widerruf ist einseitige bürgerlichrechtliche Erklärung, je mwN; BGH NJW 80, 1752 = MDR 80, 283: nicht nur Willenserklärung, sondern zugleich Prozeßhandlung; zum Widerruf auch Schnorrenberg AnwBl 82, 404). Die Erklärung des Widerrufs ist formfrei, auch fernmündlicher Widerruf ist zulässig, falls nichts anderes vereinbart ist (BAG 9, 172 = NJW 60, 1365). Über die Frist können die Parteien beliebig verfügen (KG JW 30, 2081), sie können daher auch vor Ablauf der Frist auf den Widerruf, auch stillschweigend, verzichten (LAG Bremen MDR 65, 331). Für die Berechnung der Frist gilt § 193 BGB (BGH MDR 79, 49), Wiedereinsetzung gegen die Versäumung der Frist ist unzulässig (BGH LM 2 zu § 130 BGB; BGH 61, 394 = NJW 74, 107 mwN; zur Aufnahme einer Wiedereinsetzungsklausel in den Prozeßvergleich s Bull AnwBl 74, 387). Ist vereinbart, daß der Widerruf durch einen Schriftsatz zu erfolgen habe, der bis ... beim Gericht eingegangen sein müsse, so genügt Zugang iS des § 130 I S 1 BGB; „Einreichen", wie bei bestimmenden Schriftsätzen, ist in diesem Fall nicht erforderlich (BGH NJW 80, 1752 = aaO). Zum Zugang eines eingeschrieben versandten Vergleichswiderrufs BGH NJW 86, 1373. Ist in einem vor dem auswärtigen Senat eines OLG abgeschlossenen Vergleich Widerruf innerhalb bestimmter Frist durch einen bei diesem Senat eingehenden Schriftsatz vorbehalten, so ist zur Wirksamkeit des Widerrufs Eingang beim auswärtigen Senat innerhalb dieser Frist erforderlich, Eingang beim Stammgericht genügt nicht (BGH NJW 80, 1752 = aaO mit Anm Grundmann JR 80, 331). Wird der Widerruf fristgerecht dem Gegner gegenüber statt wie vereinbart dem Gericht gegenüber abgegeben, so muß der Gegner den Widerruf als fristgerecht erklärt gelten lassen, wenn bei ihm kein anderer Vertrauenstatbestand begründet wird als der, der bei ordnungsgemäßer Erklärung gegenüber dem Gericht gegeben gewesen wäre (BAG NJW 69, 110). Der Widerruf ist unwiderruflich (BGH LM 3 zu § 794 I Nr 1). In dem Einverständnis des Gegners mit der Zurückziehung des Widerrufs eines bedingt geschlossenen Prozeßvergleichs kann ein Neuabschluß des Vergleichs erblickt werden. Aber nur wenn der Neuabschluß gem § 160 III Nr 1 durch Aufnahme in das Protokoll festgestellt worden ist, kann der Vergleich als Vollstreckungstitel dienen (München BayJMBl 53, 220). Zum Widerruf und seinen Risiken s Bergerfurth NJW 69, 1797. Abänderung eines gerichtlichen Vergleichs nach § 323 (vgl auch § 323 V), s näher Anm zu § 323 und R-Schwab § 132 V. Wegen der Klage auf Abänderung der auf Grund des Vergleichs dem Dritten geschuldeten Leistung s LG Saarbrücken NJW 69, 435 mit abl Anm Heil NJW 69, 1909.

11 **h)** Ob ein Vergleich nach Nr 1 vorliegt, ist bei der Erteilung der Vollstreckungsklausel zu prüfen; besonders zu beachten ist, daß der Vergleich als Prozeßhandlung ordnungsgemäß ist.

12 **3) Wirkung des gerichtlichen Vergleichs: a) Materiell-rechtlich** begründet der Vergleich Verpflichtungen nach Maßgabe seines Inhalts (BGB-RGRK/Steffen Rdn 35 zu § 779); vielfach enthält er zugleich das Verfügungsgeschäft (Abtretung, Auflassung, Verzicht usw). Der gerichtliche Vergleich (nicht aber der vor einer Gütestelle geschlossene Vergleich) ersetzt die notarielle Beurkundung (§ 127a BGB); auch dem Erfordernis gleichzeitiger Anwesenheit der Vertragspartner genügt der Prozeßvergleich. Dies ist für die Auflassung ausdrücklich bestimmt (§ 925 I S 3 BGB; s auch BGH 14, 381 = NJW 54, 1886; BGH 35, 309 = NJW 61, 1817); allerdings kann eine Auflassungserklärung, weil bedingungsfeindlich, nicht in einem bedingten Vergleich wirksam erklärt

werden (BayObLG 72, 257 = MDR 72, 949 = NJW 72, 2131) (somit nicht in einem Widerrufsvergleich, Rn 10). Dagegen ist der Vorschrift, daß eine Erklärung nur persönlich abgegeben werden kann, zB Erbverzicht, durch die persönliche Anwesenheit der Partei im Termin genügt (BayObLG MDR 65, 666; Rn 4 zu § 137). Nicht ersetzt werden kann eine Erklärung vor einer Behörde, wenn die Behörde ausdrücklich als ausschließlich zuständig erklärt ist, zB der Standesbeamte bei der Eheschließung (§§ 11, 13 EheG).

b) Als Prozeßhandlung **beendet** der gerichtliche Vergleich den **Rechtsstreit** und die Rechtshängigkeit. Ein den Vergleichsgegenstand betreffendes vorhergehendes nicht rechtskräftiges Urteil wird wirkungslos, soweit es durch den Vergleich nicht ausdrücklich aufrechterhalten wird. Diese Wirkung kommt allerdings nur einem materiell wirksamen Vergleich zu; ein nichtiger Prozeßvergleich, sei es daß die Nichtigkeit von Anfang an bestanden hat oder rückwirkend eingetreten ist, beendet die Rechtshängigkeit nicht (BGH 41, 311 = NJW 64, 1524 = LM 14 zu § 794 I Nr 1 mit Anm Johannsen; BGH 79, 71 = NJW 81, 823; aA BGH NJW 59, 532); das gilt auch, wenn der Vergleich über den Streitfall hinaus zuvor nicht rechtshängige Ansprüche regelt (BGH 79, 71 = aaO). Ein in einem Privatklageverfahren geschlossener Vergleich, in dem der Angeklagte die Kosten des Verfahrens übernimmt, ist nur dann Prozeßvergleich iS des § 794 I Nr 1, wenn er die Zurücknahme der Privatklage enthält, da dem Vergleich nur in diesem Fall prozeßbeendende Wirkung zukommt (Lüneburg NJW 63, 312). Wird ein durch einen Vergleich wirkungslos gewordenes Urteil vollstreckt, so ist dagegen gem §§ 732, 768 vorzugehen. 13

Der Prozeßvergleich ist **Vollstreckungstitel** (§ 794 I Nr 1; s bereits Rn 6), soweit er einen vollstreckungsfähigen Inhalt hat. Die ZwV erfolgt nach § 795. Bei ZwV nach § 890 ist Androhungsbeschluß erforderlich; im Vergleich kann Androhung nicht erfolgen (Rn 12 zu § 890); möglich ist die Festsetzung einer Vertragsstrafe (vgl Hamm MDR 67, 42, s aber auch Hamburg MDR 65, 584: kein zur ZwV geeigneter Titel, und LG Berlin Rpfleger 78, 32). Eine Willenserklärung kann im Vergleich abgegeben werden; verpflichtet sich der Schuldner im Vergleich zur Abgabe einer Willenserklärung, so ist nach § 888 zu vollstrecken oder der Anspruch mit Leistungsklage durchzusetzen (Rn 3 zu § 894). Einer Klage aus einem Prozeßvergleich, in dem der eine Teil sich zur Rücknahme eines Strafantrags verpflichtet hat, fehlt das Rechtsschutzbedürfnis (Meyer NJW 74, 1325; aA BGH NJW 74, 900). Ein im Verfahren bei einstweiliger Verfügung geschlossener Vergleich, wonach die Kostenverteilung der künftigen Entscheidung in der Hauptsache folgen soll, stellt erst nach Rechtskraft der Hauptsacheentscheidung einen als Festsetzungsgrundlage geeigneten Titel dar (KG MDR 79, 1029). 14

4) Nichtigkeit, Anfechtbarkeit, Rücktritt, Aufhebung, Wegfall der Geschäftsgrundlage: Die sachlich- und prozeßrechtliche Wirkung des Prozeßvergleichs tritt nur ein, wenn der Vergleich materiell-rechtlich wirksam und als Prozeßhandlung ordnungsgemäß ist. Auch wenn keine prozeßrechtlichen Mängel vorliegen, kann er aus materiell-rechtlichen Gründen nichtig (zB §§ 134, 138, 306, 779 BGB) oder anfechtbar (zB § 123 BGB) sein (vgl auch Rn 1 zu § 279). Die von vornherein bestehende Nichtigkeit oder die rückwirkende Vernichtung des **materiellen** Vergleichs führt nicht nur dazu, daß der Vergleich keine privatrechtlichen Wirkungen entfaltet, sondern auch dazu, daß die Prozeßhandlung als „Begleitform" des materiell-rechtlichen Vergleichs ihre Wirksamkeit verliert (BGH FamRZ 85, 166 = NJW 85, 1962), ihm somit jede verfahrensrechtliche Wirkung von Anfang an fehlt. Der wegen eines formellen (prozeßrechtlichen) Mangels **unwirksame Prozeßvergleich** führt dagegen nicht ohne weiteres zur Ungültigkeit der materiell-rechtlichen Vereinbarung. Sie kann gleichwohl als außergerichtlicher materiell-rechtlicher Vergleich Bestand haben, wenn dies dem mutmaßlichen Parteiwillen entspricht (BGH FamRZ 85, 166 = MDR 85, 392 = NJW 85, 1962; BAG 9, 172 [174] = NJW 60, 1364; LAG Frankfurt NJW 70, 2229; auch KG FamRZ 84, 284; ist durch Auslegung zu ermitteln, § 140 BGB), auch wenn der Formfehler einen Dritten betrifft (BAG NJW 73, 918). Ein prozessual unwirksamer (nichtiger) Vergleich führt **nicht** zur Beendigung des Rechtsstreits, so daß dieser bei Geltendmachung der Nichtigkeit fortzuführen ist (BGH 28, 171 [176] = NJW 58, 1970; BGH 41, 310 = NJW 64, 1524; BGH 51, 141 = NJW 69, 925; BGH NJW 83, 2034 mwN; R-Schwab § 132 IV 1b). Ein Streit über die Wirksamkeit des Vergleichs ist auch dann im selben Verfahren auszutragen, wenn der Vergleich in der Revisionsinstanz geschlossen wurde (BAG NJW 60, 2211). Das bisherige Verfahren ist auf Antrag, auch bei Einspruch (Köln MDR 68, 332), durch Terminsanberaumung fortzusetzen. Bei Fortführung des durch den Vergleich beendeten Rechtsstreits geht der Streit zunächst nur um die Frage, ob der Rechtsstreit durch den Vergleich erledigt wurde (vgl BGH 16, 171). Wird die Erledigung verneint, so kann hierüber Zwischenurteil ergehen; wird der Vergleich als wirksam angesehen, so ergeht Endurteil dahin, daß der Rechtsstreit durch den Vergleich erledigt ist. Die weiteren Kosten treffen den, der die Unwirksamkeit des Vergleichs geltend gemacht hat. Ist die prozeßerledigende Wirkung eines Prozeßvergleichs durch rechtskräftiges Urteil ausgesprochen worden, so kann in einem neuen Rechtsstreit grundsätzlich nicht mehr die materiellrechtliche 15

Unwirksamkeit des Vergleichs geltend gemacht werden (BGH 79, 71 = aaO; dagegen Pecher ZZP 97 [1984] 139). Die für den Fall der Nichtigkeit des Vergleichs wegen materiell-rechtlicher Mängel entwickelten Grundsätze, die der Prozeßökonomie gegenüber theoretischen Erwägungen den Vorrang geben, sind auch auf Fälle nachträglicher Unwirksamkeit des materiellen Geschäfts, nämlich durch Rücktritt, vertragliche Aufhebung und Wegfall der Geschäftsgrundlage zu erstrecken (R-Schwab § 132 IV; BAG 3, 43; Hamburg NJW 75, 225 für Rücktritt nach § 326 BGB; aA BGH 16, 388 [393] = NJW 55, 705 für § 326 BGB; BGH 41, 310 = aaO für vertragliche Aufhebung; BGH NJW 66, 1658 für Wegfall der Geschäftsgrundlage, auch BGH MDR 86, 749 = NJW 86, 1348 für Fehlen der Geschäftsgrundlage). Einer Vollstreckungsabwehrklage fehlt das Rechtsschutzbedürfnis (BGH NJW 71, 467; Zweibrücken OLGZ 70, 185). Einer neuen Klage steht die Einrede der Rechtshängigkeit aus dem bei Unwirksamkeit des Vergleichs noch rechtshängigen Prozeß entgegen. Trotz wirksamen Prozeßvergleichs besteht für eine hierauf gestützte Leistungsklage ein Rechtsschutzbedürfnis, sofern der Gläubiger mit Einwendungen gegen die Forderung oder einer Vollstreckungsabwehrklage rechnen muß (Hamm NJW 76, 246). Zum Rechtsschutzbedürfnis für einen Antrag auf Feststellung der Unwirksamkeit eines Prozeßvergleichs s BGH MDR 74, 567; zur Rechtshängigkeit bei späterer einvernehmlicher Aufhebung eines Prozeßvergleichs s BAG NJW 74, 2151. Wird ein Eilverfahren durch Prozeßvergleich beendet, der nicht nur den Gegenstand des Eilverfahrens, sondern darüber hinausgehend die Hauptsache oder sonstige Parteibeziehungen regelt, so kann ein Streit um die Gültigkeit des Prozeßvergleichs nicht durch Fortsetzung des ursprünglichen Eilverfahrens ausgetragen werden; vielmehr muß die Vergleichsnichtigkeit im ordentlichen Erkenntnisverfahren auf Grund einer entsprechenden Klage überprüft werden (Hamm MDR 80, 1019). Einer Klage auf **Unwirksamkeit** des Vergleichs fehlt das Rechtsschutzbedürfnis, nicht jedoch der Klage auf Feststellung der **Wirksamkeit** (Frankfurt MDR 75, 584; R-Schwab § 132 IV 1b). Die Unwirksamkeit kann allerdings insoweit durch besondere Klage festgestellt werden, als in dem Vergleich auch andere nicht rechtshängige Gegenstände als der ursprüngliche Prozeßgegenstand mitgeregelt sind und die Unwirksamkeit nur bezüglich dieser Gegenstände geltend gemacht wird (BGH NJW 83, 2034 [2035]; R-Schwab § 132 IV 1b). Bei einem Gesamtvergleich, einem Vergleich, in dem mehrere anhängige Verfahren verglichen wurden, kann jedes der beendeten Verfahren fortgesetzt werden mit der Behauptung, der Gesamtvergleich sei unwirksam. Dieses Verfahren ist vorgreiflich für die anderen Verfahren, die gegebenenfalls auszusetzen sind; die Entscheidung bindet die Gerichte, bei denen die anderen Verfahren anhängig sind (R-Schwab aaO). Sind in dem Vergleich auch Ansprüche geregelt, die ausschließlich Gegenstand eines anderen Rechtsstreits zwischen den Parteien waren, so kann die Unwirksamkeit der insoweit getroffenen Regelung in dem anderen Verfahren geltend gemacht werden (BGH MDR 83, 838). Macht eine Partei nach Abschluß des Vergleichs außer der Nichtigkeit des Vergleichs hilfsweise auch geltend, die durch den Vergleich begründete Forderung sei nachträglich weggefallen, so ist für alle Einwendungen die Vollstreckungsabwehrklage gegeben (BGH MDR 68, 43). Das Revisionsgericht kann die tatrichterliche Auslegung eines Prozeßvergleichs, soweit es sich darum handelt, welche sachlichrechtlichen Ansprüche und Streitpunkte durch den Vergleich erledigt worden sind, nur in beschränktem Umfang nachprüfen (BGH MDR 68, 576). **Einstweilige Einstellung** der ZwV: § 707.

16 Bei **Vollstreckungsgegenklage** aus § 767 gegenüber einem Vergleich können auch Einwendungen geltend gemacht werden, die sich auf zeitlich vor dem Vergleich liegende Tatsachen stützen (BGH Rpfleger 77, 99; Rn 20 zu § 767), ebenso der nachträgliche Wegfall der Verpflichtung aus dem Vergleich (BGH NJW 67, 2014). Der Streit um die Auslegung eines Prozeßvergleichs kann im Wege der Vollstreckungsabwehrklage ausgetragen werden; die Fortsetzung des Verfahrens, das durch den Vergleich beendet worden ist, kommt nicht in Frage (BGH Rpfleger 77, 99). Wird die Klage oder ein Rechtsmittel auf Grund eines außergerichtlichen Vergleichs zurückgenommen, so endet der Rechtsstreit durch Klage- oder Rechtsmittelzurücknahme (§ 271 III, § 515 II, § 566), und nicht durch Prozeßvergleich; sollen die sich hieraus ergebenden Folgen beseitigt werden, so ist immer neuer Prozeß notwendig.

17 **5)** Ein **außergerichtlicher Vergleich** übt keinen unmittelbaren Einfluß auf den anhängigen Rechtsstreit aus; er macht insbesondere nicht wie der Prozeßvergleich ein noch nicht rechtskräftiges Urteil hinfällig (BGH MDR 64, 313; für das arbeitsgerichtliche Verfahren vgl BAG NJW 63, 1469). Erklären die Parteien, daß sie sich außergerichtlich verglichen haben und übergeben sie nur ihr Abkommen, so liegt ein „gerichtlicher" Vergleich, aus dem ZwV erfolgen kann, nicht vor; anders wenn die Parteien nach dem Protokoll erklärt haben, daß sie den „hiermit übergebenen" Vergleich schließen und diese Erklärung und die übergebene Anlage gem § 162 verlesen wurde (Rn 9). Auf Grund außergerichtl Vergleichs kann im Wege zuzulassender Klageänderung Verurteilung entsprechend dem Vergleich beantragt werden. Verpflichtung zur Klagerücknahme in außergerichtlichem Vergleich: Rn 22 vor § 128 und Rn 3 zu § 269.

III) 1) Nr 2 Kostenfestsetzungsbeschlüsse: Die ZwV aus einem Kostenfestsetzungsbeschluß (§ 104 I) erfolgt selbständig ohne Vorlage des Urteils (LG Essen JW 26, 76). Der Kostenfestsetzungsbeschluß ergänzt das Urteil für die Höhe der Kosten. Ist es nur gegen Sicherheitsleistung vorläufig vollstreckbar, so ist es auch der Beschluß (dazu Rn 21 „Sicherheitsleistung" zu §§ 103, 104). Vollstreckbare Ausfertigung aber kann sofort erteilt werden (§ 726 I). Ob die Sicherheit geleistet ist, hat das Vollstreckungsorgan zu prüfen (§ 751 II). Aufhebung des Urteils oder seiner vorläufigen Vollstreckbarkeit (§ 717) trifft auch den Beschluß, ebenso die einstw Einstellung der ZwV aus dem Urteil (§§ 769 ff, auch § 775 Nr 1, 2). Der Kostenfestsetzungsbeschluß muß, wenn er nicht auf das Urteil gesetzt ist, nach § 798 dem Schuldner 1 Woche vor dem Beginn der ZwV zugestellt sein (besondere Wartefrist im Fall des § 798a). Die Bescheinigung über diese Zustellung wird von der Geschäftsstelle auf die dem Gläubiger zugehende vollstreckbare Ausfertigung gesetzt. Ist der Kostenfestsetzungsbeschluß gem § 105 auf das Urteil gesetzt, so erfolgt die ZwV aus ihm auf Grund einer vollstreckbaren Ausfertigung des Urteils; besondere Vollstreckungsklausel für den Kostenfestsetzungsbeschluß ist in diesem Fall nicht erforderlich (§ 795a). Umschreibung des im Namen der armen Partei erwirkten Kostenfestsetzungsbeschlusses auf den Namen des beigeordneten PKH-RA (GV): Rn 19 zu § 126. 18

2) Nr 2a Regelunterhaltsbeschlüsse: Die auf Regelunterhalt (§§ 1615f u 1615g BGB; RegelunterhaltVO) lautenden Titel des § 642a (s Anm zu 642a) haben keinen vollstreckungsfähigen Inhalt, da eine Betragsangabe fehlt. Vollstreckungstitel ist erst der Festsetzungsbeschluß (§ 642a I, §§ 642b–d), wie Nr 2a ausdrücklich klarstellt. Der Festsetzungsbeschluß ist bereits mit seinem Wirksamwerden vollstreckbar, der formellen Rechtskraft bedarf es nicht (Anm zu § 641e). Beginnen darf die ZwV allerdings erst 1 Woche nach Zustellung (§ 798). 19

3) Nr 2b Beschlüsse im Vereinfachten Verfahren zur **Abänderung von Unterhaltstiteln,** s näher Anm zu §§ 641 ff. Wartefrist § 798a. 20

IV) 1) Nr 3: Hierher gehören Entscheidungen aus § 99 II, §§ 102, 125, 127, 136 III, die infolge Zurücknahme der Klage ergehende Kostenentscheidung sowie die Beschlüsse aus §§ 887, 888, 890; ferner nach **hM** die mit ihrem Wirksamwerden rechtskräftigen Beschlüsse (§ 567 I, II; § 568 III), Arreste, einstweilige Verfügungen (§§ 928, 936; wegen Vollstreckungsklausel § 929 I) und Zuschlagsbeschlüsse nach §§ 82, 93, 96 ff ZVG (RG 71, 413). Die Einlegung der Beschwerde hindert die Vollstreckung (nicht aber die Erteilung einer vollstreckbaren Ausfertigung) nur in den Fällen, in denen der Beschwerde (wie zB in den Fällen § 181 GVG und §§ 380, 390, 409, 613, 656, 678) ausdrücklich aufschiebende Wirkung beigelegt oder die Aussetzung der Vollziehung angeordnet ist (§ 572). Bezüglich der Aufhebung der gegen Zeugen und Sachverständige ausgesprochenen Verurteilung sind die Vorschriften der §§ 381, 402 zu beachten. 21

2) Nr 3a: Einstweilige Anordnungen nach den §§ 127a, 620 S 1 Nr 4 bis 9 und § 621 f. Siehe die Anm zu diesen Bestimmungen. Eine einstweilige Anordnung nach § 620 S 1 Nr 1–3 (insbes Herausgabe eines Kindes) und entsprechend ändernde Entscheidungen nach § 620b sind nach § 33 FGG zu vollstrecken. 22

V) 1) Nr 4: Vollstreckungsbescheide stehen einem für vorläufig vollstreckbar erklärten Versäumnisurteil gleich (§ 700). Die Vollstreckbarkeit endigt nicht schon mit Einlegung des Einspruchs, sondern erst mit Aufhebung des Vollstreckungsbescheids durch Endurteil des Prozeßgerichts; die ZwV kann aber nach §§ 719, 707 einstweilen eingestellt werden. Der Vollstreckungsbescheid bedarf der Vollstreckungsklausel nur in dem Fall, daß die ZwV für einen anderen als den darin bezeichneten Gläubiger oder gegen einen anderen als den dort bezeichneten Schuldner erfolgen soll (§ 796 I). Die Vollstreckungsklausel wird hier auf den Vollstreckungsbescheid gesetzt. Ist der Vollstreckungsbescheid zu Verlust gegangen, so kann eine weitere vollstreckbare Ausfertigung erteilt werden. 23

2) Nr 4a: Aus **Schiedssprüchen, schiedsrichterlichen Vergleichen** findet die Vollstreckung nur statt, wenn sie durch rechtskräftige oder für vorläufig vollstreckbar erklärte Entscheidung des zuständigen staatlichen Gerichts für vollstreckbar erklärt sind (§ 1042 I, § 1042c, § 1044a). Vollstreckungstitel ist hier der **Beschluß** des staatlichen Gerichts. 24

VI) Nr 5: Lit: *Wolfsteiner*, Die vollstreckbare Urkunde, München (1978); *Wolfsteiner*, Beweislastumkehr durch ZwV-Unterwerfung, NJW 1982, 2851.

1) Unter Nr 5 fallen **Urkunden,** die von einem deutschen Gericht oder einem deutschen **Notar** innerhalb der Grenzen ihrer Befugnisse in der vorgeschriebenen Form aufgenommen worden sind (§ 20 BNotO, §§ 1, 62 BeurkG). Bis 31. 12. 69 waren §§ 167 ff FGG und die sie ergänzenden Landesgesetze maßgebend. Zuständig zur Beurkundung sind außerdem die Jugendämter für die in § 49 JWG bezeichneten Geschäfte sowie Konsularbeamte (§ 10 II KonsularG 1974; s auch VGH München NJW 83, 1992). Die Erteilung der Vollstreckungsklausel regelt § 797. 25

26 **2) Gegenstand** der Urkunde kann ein Anspruch sein, der sich zur Geltendmachung im Urkundenprozeß eignet (§ 592). Er muß die Zahlung einer **bestimmten** Geldsumme oder die Leistung einer bestimmten Menge anderer vertretbarer Sachen oder Wertpapiere zum Inhalt haben. Die Verpflichtung zur Räumung eines Grundstücks oder einer Wohnung kann nicht in einer notariellen Urkunde vollstreckbar übernommen werden (LG Koblenz DGVZ 82, 120). Der Anspruch muß bestimmt, nicht nur bestimmbar sein (KG ZIP 83, 370). Bestimmt ist der zu vollstreckende Anspruch dann, wenn der Betrag entweder ziffernmäßig festgelegt ist oder sich ohne weiteres aus den Angaben der Urkunde berechnen läßt (BGH 22, 54 [56] = DNotZ 57, 200 = NJW 57, 23; BGH DNotZ 71, 233; BGH 88, 62 = DNotZ 83, 679 = MDR 83, 922 = NJW 83, 2262). Dies gilt auch für Zinsen und sonstige Nebenleistungen (Stuttgart DNotZ 73, 358 = OLGZ 72, 284 = Rpfleger 73, 222). Auch eine künftige oder bedingte Forderung ist unter diesen Voraussetzungen unterwerfungsfähig (BGH 88, 62 = aaO; RG 132, 6; LG Köln MittRhNotK 85, 10 für bedingte Zinsen); die Höhe des bedingten oder künftigen Anspruchs muß allerdings in der Urkunde festgestellt sein (BGH aaO; Klauselerteilung nach §§ 726, 795) oder sich ohne weiteres aus deren Angaben berechnen lassen (Verzugszins nach Bundesbankdiskontsatz, Düsseldorf Rpfleger 77, 67); nicht vollstreckbar ist daher die Unterwerfung auch „wegen etwaiger Verzugszinsen" ohne Bezeichnung der Höhe und/oder des Zinsbeginns (Düsseldorf OLGZ 80, 339). Für die Unterwerfungserklärung ist auch Zusammenfassung eines unbedingten (festen) Zinssatzes mit einem bedingten Zinssatz (Strafzinsen von 1% jährlich für den Fall des Verzugs) zu einem Höchstzinssatz (bis zu ... vH) zulässig (BGH 88, 62 = aaO). Nicht bestimmt ist Festlegung des Zinsbeginns ab Auszahlung des Darlehens, bestimmt ist der Zinsbeginn ab Grundbucheintragung (Haegele/Schöner/Stöber, Rdn 2042 mit Nachw). Zur Bestimmtheit des Anspruchs gehört auch die Bestimmtheit der Gläubigerbezeichnung (KG Rpfleger 75, 371 mit zust Anm Wolfsteiner MittBayNot 76, 35; mit abl Anm Zauner NJW 76, 1824). Nach Erfüllung der Hauptschuld darf Vollstreckungsklausel wegen der Zinsen nur erteilt werden (§ 726), wenn der Gläubiger Grund und Höhe der Zinsforderung nachweist (BayObLG DNotZ 76, 366). Dem Erfordernis der Bestimmtheit ist genügt, wenn der Schuldner ohne Rücksicht auf die zur Zeit der Errichtung der Urkunde noch nicht feststehende Höhe seiner Verbindlichkeit eine bestimmte Summe aufnehmen läßt (Düsseldorf NJW 71, 437). Auch kann den Vollstreckungsorganen zur Feststellung des ziffernmäßigen Betrags der Vollstreckungsschuld ein gewisses Rechenwerk unter Heranziehung von allgemein zugänglichen in der Urkunde in Bezug genommenen Daten zugemutet werden (Düsseldorf aaO; AG Darmstadt DGVZ 80, 173). So bietet der vom Statistischen Bundesamt jeweils ermittelte und bekanntgegebene Index der Lebenshaltungskosten verschiedener Einkommensgruppen eine sichere Grundlage für das Vollstreckungsorgan, durch Ablesen aus einer Tabelle den Betrag der Schuld festzustellen (Düsseldorf NJW 71, 437; Geitner/Pulte Rpfleger 80, 93); eine umfassende Erkundungspflicht und umfangreiches Rechenwerk kann dem Vollstreckungsorgan jedoch nicht zugemutet werden (BGH 22, 54 = DNotZ 57, 200 = NJW 57, 23; Höchstpension der Rente eines bayer Notars nicht bestimmt). Eine Forderung in ausländischer Währung ist bestimmt. Eine vollstreckbare Urkunde, in der sich der Schuldner der sofortigen ZwV wegen einer Kaufpreisforderung unterworfen hat, deckt nicht ohne weiteres die ZwV eines anstelle der ursprünglichen Kaufpreisforderung tretenden Schadensersatzanspruchs aus § 326 I BGB (BGH MDR 80, 389 = NJW 80, 1050).

27 Als Anspruch, der die Zahlung einer Geldsumme zum Gegenstand hat, gilt auch der Anspruch aus einer **Hypothek,** Grundschuld, Rentenschuld oder Schiffshypothek (s hierwegen im übrigen Anm zu § 800). Der Grundstückseigentümer, der eine **Eigentümergrundschuld** bestellt, kann sich wegen des Grundschuldkapitals (samt Zinsen) **auch persönlich** der sofortigen Zwangsvollstreckung unterwerfen. Darin liegt idR ein an den Zessionar der Grundschuld gerichtetes Angebot zur Begründung eines abstrakten Schuldversprechens (BGH DNotZ 58, 579 mit Anm Hieber und BGH DNotZ 76, 364 = MDR 76, 571 = NJW 76, 567; Frankfurt OLGZ 81, 49; anders noch KG Rpfleger 75, 341). Die Annahme dieses Angebots muß in der Urkunde nicht enthalten sein (s Rn 29); sie ergibt sich schlüssig aus dem Verhalten des Gläubigers, wenn er die Erteilung der Vollstreckungsklausel beantragt, ist sonach idR nicht nachzuweisen (BGH DNotZ 76, 364; Hieber DNotZ 58, 382 [383]; Frankfurt aaO). Zur Unterwerfung wegen eines Teilbetrags des Anspruchs aus einer Hypothek (Grundschuld usw) s Haegele/Schöner/Stöber Rdn 2044 (auch Rn 2 zu § 800); zur ZwV-Unterwerfung bei Zustandekommen eines Vertrags durch Angebot und Annahme s Haegele/Schöner/Stöber Rdn 2038.

28 **3)** Der Schuldner muß sich in der Urkunde **der sofortigen ZwV unterwerfen.**

29 **a)** Nur die einseitige Erklärung des Schuldners und seine Unterwerfung unter die ZwV sind zu beurkunden. Die **Unterwerfungserklärung** ist keine privatrechtliche, sondern eine ausschließlich auf das Zustandekommen des Vollstreckungstitels gerichtete **einseitige prozessuale Willenserklärung,** die lediglich prozeßrechtlichen Grundsätzen untersteht (RG 146, 308 [312]; BGH

DNotZ 81, 738 und 85, 474; BayObLG 70, 254 [258] = DNotZ 71, 48 = NJW 71, 514; Frankfurt Rpfleger 72, 140 mit zust Anm Winkler; Werner DNotZ 69, 713; Wolfsteiner § 8.3; aA Wieczorek Anm H V zu § 794: Prozeßhandlung und einseitig abstr Rechtsgeschäft; Rosenberg § 173 I 8c: Rechtsgeschäft). Die Erklärung kann auch durch einen Vertreter abgegeben werden; gegen den Vertretenen darf eine vollstreckbare Ausfertigung nur erteilt werden, wenn die Bevollmächtigung durch öffentliche oder öffentlich beglaubigte Urkunde nachgewiesen ist (LG Essen Rpfleger 73, 324). Die von einem Vertreter ohne Vertretungsmacht erklärte Unterwerfung ist nach Genehmigung durch den Vertretenen rechtswirksam (RG 146, 308; München HRR 36 Nr 704; LG Berlin MittRhNotK 73, 359; anders KG DNotZ 35, 194). Der Vertretene muß in beglaubigter Form die Erklärung des Vertreters bestätigen; vorher kann eine vollstreckbare Ausfertigung nicht erteilt werden (BayObLG 64, 75 = DNotZ 64, 573; OLG Zweibrücken MittRhNotK 70, 137; auch Rn 4 zu § 797). Die Unterwerfungserklärung ist nicht empfangsbedürftig durch den Gläubiger; sie entfaltet jedoch nur Rechtswirkung, wenn sie mit dem Willen des Erklärenden in den Rechtsverkehr gelangt (vgl auch Wolfsteiner § 9.2). Beurkundung der Annahme der Erklärung oder der vormundschaftsgerichtlichen Genehmigung ist nicht erforderlich. Ist der Schuldner nicht prozeßfähig, muß der gesetzliche Vertreter in der Urkunde zustimmen (RG 84, 318).

b) In der Urkunde kann vereinbart werden, daß von ihr nur unter **bestimmten Voraussetzungen** Gebrauch gemacht werden darf; eine solche Abrede engt weder den Gegenstand der Urkunde ein, noch nimmt sie ihr die Eigenschaft als Vollstreckungstitel, sondern schränkt lediglich die Benutzung der Urkunde ein (BGH 16, 180 = NJW 55, 546). 30

c) Vollstreckbare Ausfertigung (zu ihr Rn 2 zu § 797) ist erst zulässig nach Entstehen des Anspruchs und Eintritt der Fälligkeit, die durch öffentliche Urkunde nachzuweisen sind (§ 726 mit Anm), es sei denn, Schuldner hat auf Nachweis verzichtet (Rn 17 zu § 726). Empfohlen wird Klarstellung in der Urkunde, daß vollstreckbare Ausfertigung auch ohne Nachweis der Entstehung und Fälligkeit zulässig ist (Stoll DNotZ 69, 109). Bei kassatorischer Klausel kann die vollstreckbare Ausfertigung sofort erteilt werden (s Rn 14 zu § 726). Wenn die Urkunde keine Angaben über die Fälligkeit enthält, eine Fälligkeitsvoraussetzung sich sonach nicht aus dem Inhalt der Urkunde selbst ergibt, sondern aus dem materiellen Recht (zB § 1193 BGB bei Grundschuld), ist bei Erteilung der vollstreckbaren Urkundenausfertigung die Fälligkeit nicht zu prüfen (dann kein Fall des § 726 I; KG DNotZ 83, 699 = OLGZ 83, 205 = ZZP 96 [1983] 368 mit zust Anm Münzberg). Nachweis der Kündigung: Rn 6 zu § 726. Enthält eine notarielle Urkunde eine Erklärung der in § 794 I Nr 5 und eine Erklärung der in § 794 II bezeichneten Art, so genügt die einfache Vollstreckungsklausel des § 725, um den Gläubiger zu der ZwV aus den beiden in der Urkunde verbundenen Schuldtiteln zu ermächtigen (BayObLG OLG 1, 257). 31

d) Wird eine in der Urkunde enthaltene Abrede der Parteien **nachträglich geändert,** so genügt es, über die Änderung eine neue Urkunde zu errichten, in der auf die frühere Urkunde Bezug genommen wird (KG OLG 39, 76). Verpflichtet sich der Schuldner nachträglich zu Leistungen, die in der früheren Urkunde nicht festgesetzt waren, so muß die neue Urkunde insoweit auch die Unterwerfung unter die sofortige ZwV enthalten. Zur Abänderung einer vollstreckbaren Urkunde durch Urteil s näher Anm zu § 323. 32

VII) 1) In den in Abs 2 bezeichneten Fällen ist neben dem Leistungstitel ein **Duldungstitel** erforderlich. Der Duldungsschuldner kann die Verurteilung zur Duldung der ZwV dadurch ersetzen, daß er in einer Urkunde gem Abs 1 Nr 5 die sofortige ZwV in die diesem Recht unterworfenen Gegenstände bewilligt; das Erfordernis, daß Gegenstand der Urkunde nur ein zur Geltendmachung im Urkundenprozeß geeigneter Anspruch sein kann, besteht hier nicht. 33

2) Die einzelnen **Fälle des Abs 2: § 737:** ZwV bei Nießbrauch an Vermögen oder Erbschaft. **§ 743:** ZwV in das Gesamtgut nach Beendigung der Gütergemeinschaft, Leistungstitel gegen den einen und Duldungstitel gegen den anderen Ehegatten; **§ 745 II:** ZwV nach Beendigung der fortgesetzten Gütergemeinschaft, Leistungstitel gegen den überlebenden Ehegatten, Duldungstitel gegen die Abkömmlinge; **§ 748 II:** ZwV gegen den Testamentsvollstrecker, der nur einzelne Nachlaßgegenstände verwaltet. Leistungstitel gegen die Erben. 34

VIII) Andere Schuldtitel nach Bundesrecht, aus denen ZwV nach Maßgabe der ZPO stattfindet, sind ua: Entscheidungen, Schiedssprüche und Schiedsvergleiche im **arbeitsgerichtlichen** Verfahren §§ 62, 64 III, 109 ArbGG. **Aktiengesetz:** Gerichtliche Festsetzung der Vergütung der Gründungsprüfer einer AktG nach § 35 II S 5. Rechtskräftig bestätigte **Auseinandersetzung** zwischen Miterben oder Ehegatten bezüglich des Gesamtguts, §§ 98, 99 FGG; rechtskräftig bestätigte **Dispache,** § 158 II FGG. Rechtskräftige Entscheidungen, Vergleiche und einstw Anordnungen nach **§ 16 HausratsVO;** vollstreckbare Zahlungsaufforderungen wegen rückständiger Kammerbeiträge (§ 84 BRAO) und rechtskräftige Urteile der Ehrengerichte für **Rechtsanwälte,** in denen auf Geldbuße erkannt ist (BRAO § 204); entspr gilt bei **Patentanwälten.** Die im Falle des 35

Konkurses der **Genossenschaft** von dem Konkursgericht für vollstreckbar erklärte Vorschuß-, Zuschuß- u Nachschußberechnung, §§ 109 ff GenG. Entscheidungen und Vergleiche der Fideikommißsenate § 19 Ges 26. 6. 1935 (RGBl I 785). Für vollstreckbar erklärte Entscheidungen nach **HZPrAbk,** deutsch-schweiz, deutsch-ital Abk und anderen Staatsverträgen. **Konkurstabelle** §§ 164, 194, 206 KO. Aus ihr findet nach Aufhebung oder rechtskräftiger Einstellung des Konkursverfahrens ZwV gegen den Gemeinschuldner statt, wenn die Forderung festgestellt und nicht vom Gemeinschuldner im Prüfungstermin ausdrücklich bestritten ist (§ 164 KO), ebenso aus dem rechtskräftig bestätigten **Zwangsvergleich** gegen den Gemeinschuldner und diejenigen, die in dem Vergleich ohne Vorbehalt der Einrede der Vorausklage Verpflichtung übernommen haben (§ 194 KO). Für diese ZwV sind die Vorschriften §§ 724–793 entsprechend anwendbar erklärt; Verhältnis zum früheren Titel s Schneider DGVZ 85, 99. Beschlüsse und Vergleiche der **Landwirtschaftsgerichte** § 31 LwVG. **Notarkostenrechnung,** § 155 KostO. Zustellung dieser vollstreckbaren Kostenberechnung im Parteibetrieb. Rückzahlungsanordnung § 157 KostO. Entscheidungen des **Seemannsamts** § 131 SeemO. Entscheidungen der **Sozialgerichte** §§ 198 ff SGG. Kostenfestsetzungsbeschlüsse im Verfahren bei **Todeserklärung,** § 38 VerschG. **Strafgerichtsentscheidungen** über Vermögensstrafen und Bußen, § 463 StPO, u stattgebende Entscheidungen nach § 406 StPO, Entscheidungen nach §§ 15, 16 VHG, Vergleiche und angenommene Einigungsvorschläge der Schiedsstelle nach §§ 14, 14 a des Ges über die Wahrnehmung von **Urheberrechten** und verwandten Schutzrechten (BGBl 1985 I 1140) und Kostenfestsetzungsbeschlüsse der Aufsichtsbehörde (§ 15 III UrhSchiedsV, BGBl 1985 I 2543). Vergleiche vorm Einigungsamt in **Wettbewerbssachen,** § 27 a UWG. Bestätigte **Vergleiche im Vergleichsverfahren** mit Auszug aus dem berichtigten Gläubigerverzeichnis, § 85 VerglO. Vor den **Jugendämtern** aufgenommene **Verpflichtungserklärungen** zum Unterhalt nichtehelicher Kinder (§ 49 JWG). **Zuschlagsbeschlüsse** im ZwV-Verfahren §§ 93, 132 ZVG.

794 a *[Zwangsvollstreckung aus Räumungsvergleich]*

(1) Hat sich der Schuldner in einem Vergleich, aus dem die Zwangsvollstreckung stattfindet, zur Räumung von Wohnraum verpflichtet, so kann ihm das Amtsgericht, in dessen Bezirk der Wohnraum belegen ist, auf Antrag eine den Umständen nach angemessene Räumungsfrist bewilligen. Der Antrag ist spätestens zwei Wochen vor dem Tage, an dem nach dem Vergleich zu räumen ist, zu stellen; §§ 233 bis 238 gelten sinngemäß. Die Entscheidung kann ohne mündliche Verhandlung ergehen. Vor der Entscheidung ist der Gläubiger zu hören. Das Gericht ist befugt, die im § 732 Abs. 2 bezeichneten Anordnungen zu erlassen.

(2) Die Räumungsfrist kann auf Antrag verlängert oder verkürzt werden. Absatz 1 Sätze 2 bis 5 gilt entsprechend.

(3) Die Räumungsfrist darf insgesamt nicht mehr als ein Jahr, gerechnet vom Tage des Abschlusses des Vergleichs, betragen. Ist nach dem Vergleich an einem späteren Tage zu räumen, so rechnet die Frist von diesem Tage an.

(4) Gegen die Entscheidung des Amtsgerichts findet die sofortige Beschwerde statt. Eine weitere Beschwerde ist unzulässig.

(5) Die Absätze 1 bis 4 gelten nicht in den Fällen des § 564c Abs. 2 des Bürgerlichen Gesetzbuchs.

1 **I)** Für den **gerichtlichen Räumungsvergleich** trifft § 794 a die § 721 entsprechende Regelung. Auf außergerichtliche Räumungsvergleiche ist § 794 a nicht, auch nicht entsprechend anzuwenden (LG Wuppertal NJW 67, 832; aA LG Essen NJW 68, 162; LG Ulm MDR 80, 944).

2 **II) 1)** Die Bewilligung einer Räumungsfrist ist unabhängig davon, ob die Parteien im Vergleich (LG Wuppertal WuM 81, 113) oder danach außergerichtlich eine Räumungsfrist vereinbart haben; da es sich jedoch bei dem Vergleich um eine vereinbarte Regelung handelt, bei der im allgemeinen die besonderen Interessen des Schuldners an einer Hinausschiebung der Räumung berücksichtigt werden können, wird eine Räumungsfrist idR nur dann zu bewilligen sein, wenn bisher nicht bekannte Gründe für eine Räumungsfrist oder weitere Räumungsfrist sprechen. War dem räumungspflichtigen Mieter bei Vergleichsabschluß eine Ersatzwohnung fest zugesagt und wurde diese Zusage danach ohne Verschulden des Mieters widerrufen, so ist dem Mieter durch Gewährung ausreichender Räumungsfrist die Möglichkeit zu geben, eine anderweitige Unterkunft zu suchen (LG Mannheim ZMR 66, 280). Die nach § 794 a bewilligte Räumungsfrist kann auf Antrag verlängert oder verkürzt werden (Abs 2); die im Vergleich bewilligte Räumungsfrist ist nur verlängerbar (LG Köln WuM 67, 65; LG Mannheim DWW 81, 175; aA LG Bie-

lefeld MDR 66, 333, LG Hamburg MDR 81, 236). Die Räumungsfrist darf insgesamt nicht mehr als ein Jahr betragen, gerechnet vom Tage des Abschlusses des Vergleichs, falls nicht nach dem Vergleich später zu räumen ist.

2) Bewilligung der Räumungsfrist setzt einen **Antrag** des Schuldners voraus. Zuständig ist das Amtsgericht, in dessen Bezirk die Wohnung belegen ist. Der Antrag ist spätestens innerhalb zwei Wochen vor dem in dem Vergleich bestimmten Räumungstermin zu stellen. Ist im Vergleich ein bestimmter Termin nicht vorgesehen oder liegt der bestimmte Termin innerhalb zwei Wochen nach Vergleichsabschluß, so beginnt die Wochenfrist mit dem Abschluß des Vergleichs (zweifelnd StJM III 2; aA Th/P Anm 3b: Anwendung des § 794a entfällt). Die Vorschriften über die Wiedereinsetzung, §§ 233–238, gelten sinngemäß. 3

3) Das **Amtsgericht** entscheidet als Prozeßgericht, nicht als Vollstreckungsgericht; zuständig ist daher der Richter, nicht der Rechtspfleger (LG Hildesheim MDR 68, 55; LG Essen Rpfleger 71, 323 mit Anm Meyer-Stolte). Das AG ist auch zuständig, wenn der Räumungsvergleich vor dem Arbeitsgericht abgeschlossen ist (LAG Tübingen NJW 70, 2046). Vor der Entscheidung ist der Gläubiger zu hören. Die Entscheidung kann ohne mündliche Verhandlung ergehen. Das AG entscheidet durch Beschluß; einstweilige Anordnung kann nach § 732 II erlassen werden. 4

4) Gegen den Beschluß des AG ist **sofortige Beschwerde** (§ 577) statthaft, weitere Beschwerde ist ausdrücklich ausgeschlossen (Abs 4). 5

5) Wegen der **Kosten** des Verfahrens s Rn 11 zu § 721. Die dort dargelegten Grundsätze gelten entsprechend (LG Essen Rpfleger 71, 407). 6

III) Wegen der Wirkung s näher Rn 10 zu § 721. 7

795 *[Zwangsvollstreckung aus Titeln des § 794]*

Auf die Zwangsvollstreckung aus den in § 794 erwähnten Schuldtiteln sind die Vorschriften der §§ 724 bis 793 entsprechend anzuwenden, soweit nicht in den §§ 795a bis 800 abweichende Vorschriften enthalten sind. Auf die Zwangsvollstreckung aus den in § 794 Abs. 1 Nr. 2, 2a erwähnten Schuldtiteln ist § 720a entsprechend anzuwenden, wenn die Schuldtitel auf Urteilen beruhen, die nur gegen Sicherheitsleistung vorläufig vollstreckbar sind.

§ 720a: Entsprechend anzuwenden bei Vollstreckungstiteln nach § 794 I Nr 2 und 2a, wenn sie auf Urteilen beruhen, die nur gegen Sicherheitsleistung vorläufig vollstreckbar sind (Satz 2). 1
§ 724: Zur ZwV ist vollstreckbare Ausfertigung des Schuldtitels erforderlich (s Rn 2 zu § 724); zuständig ist bei Vergleichen der Urkundsbeamte erster Instanz, auch wenn der Vergleich vor dem beauftragten oder ersuchten Richter oder in höherer Instanz geschlossen wurde, es sei denn, die Akten befinden sich noch bei der höheren Instanz. Zuständigkeit bei vollstreckbaren Urkunden: § 797; Besonderheit bei Kostenfestsetzungsbeschlüssen: § 795a. Bei Vollstreckungsbescheiden ist Vollstreckungsklausel nur nach Maßgabe des § 796 I erforderlich. **§ 725:** Der Gläubiger, dem die Vollstreckungsklausel erteilt wird, muß aus der Klausel ersichtlich sein (KG JW 32, 2174). **§ 726 I** s näher Rn 31 zu § 794. **§ 727:** Bei Vergleichen vor einer anerkannten Gütestelle oder nach § 118, sowie bei Urkunden nach § 794 I Nr 5 ist für die Umschreibung auf den Rechtsnachfolger die Zeit der Beurkundung maßgebend; keine Umschreibung, wenn die Rechtsnachfolge vor Beurkundung eingetreten war. **§ 750:** Titel nach Nr 1 und 5 des § 794 I **sind** vom Gläubiger, die übrigen Vollstreckungstitel, die an sich von Amts wegen zuzustellen sind, **können** vom Gläubiger zugestellt werden (§ 750 I S 2 1. Halbsatz). Die öffentliche Zustellung (§ 204) von Vergleichen bewilligt das Prozeßgericht, diejenige von vollstreckbaren Urkunden das in § 797 III bezeichnete AG (KG OLG 37, 112). **Ausnahme** von § 750 I: § 798; von § 750 II: §§ 799, 800. **§§ 767, 768:** Zuständig für die Klage aus §§ 767, 768 ist das Prozeßgericht 1. Instanz, im Verfahren nach § 118 das Gericht, bei dem um Prozeßkostenhilfe nachgesucht war. **§ 767 II** ist bei vollstreckbaren Urkunden (§ 797 IV) gerichtlichen Vergleichen (BGH NJW 77, 584; Hamm NJW 77, 247) und Kostenfestsetzungsbeschlüssen (anders bei Festsetzungsbeschluß nach BRAGO), s § 767 Rn 20, nicht anwendbar. Wegen der Anwendung von § 767 II bei Vollstreckungsbescheiden s § 796 II. Von den §§ 724 ff **abweichende Zuständigkeitsvorschriften:** §§ 796 III, 797 I, III, V, 797a, 800. Auch **§ 707** ist entsprechend anwendbar, wenn ein durch Prozeßvergleich beendeter Rechtsstreit wegen Nichtigkeit des Vergleichs aufgenommen wird (Düsseldorf MDR 74, 52; StJM Rdn 28 zu § 707 und Rdn 38 zu § 794).

795 a *[Zwangsvollstreckung aus Kostenfestsetzungsbeschlüssen auf Urteil]*

Die Zwangsvollstreckung aus einem Kostenfestsetzungsbeschlusse, der nach § 105 auf das Urteil gesetzt ist, erfolgt auf Grund einer vollstreckbaren Ausfertigung des Urteils; einer besonderen Vollstreckungsklausel für den Festsetzungsbeschluß bedarf es nicht.

1 § 795a gilt für alle Vollstreckungstitel, bei denen vereinfachte Kostenfestsetzung nach § 105 zulässig ist; s Anm zu § 105. Da der Schuldtitel und der Kostenfestsetzungsbeschluß zusammen ausgefertigt und zugestellt werden, entfällt die Wartefrist (§ 798) für die Vollstreckung des Kostenfestsetzungsbeschlusses.

796 *[ZwV aus Vollstreckungsbescheiden, Einwendungen, Klagen auf Klauselerteilung]*

(1) Vollstreckungsbescheide bedürfen der Vollstreckungsklausel nur, wenn die Zwangsvollstreckung für einen anderen als den in dem Bescheid bezeichneten Gläubiger oder gegen einen anderen als den in dem Bescheid bezeichneten Schuldner erfolgen soll.

(2) Einwendungen, die den Anspruch selbst betreffen, sind nur insoweit zulässig, als die Gründe, auf denen sie beruhen, nach Zustellung des Vollstreckungsbescheids entstanden sind und durch Einspruch nicht mehr geltend gemacht werden können.

(3) Für Klagen auf Erteilung der Vollstreckungsklausel sowie für Klagen, durch welche die den Anspruch selbst betreffenden Einwendungen geltend gemacht werden oder der bei der Erteilung der Vollstreckungsklausel als bewiesen angenommene Eintritt der Voraussetzung für die Erteilung der Vollstreckungsklausel bestritten wird, ist das Gericht zuständig, das für eine Entscheidung im Streitverfahren zuständig gewesen wäre.

1 **I)** Vollstreckungsbescheide bedürfen der Vollstreckungsklausel nur in den Fällen der §§ 727, 728, 729, 738, 742, 745, 749; s auch § 35 AG EuGÜbK.

2 **II)** Für den Ausschluß von Einwendungen gegen den Anspruch **(Präklusion)** tritt beim Vollstreckungsbescheid an die Stelle des Zeitpunkts der (fehlenden) mündlichen Verhandlung der Zeitpunkt der Zustellung des Bescheids, im übrigen stimmt Abs 2 mit § 767 II überein. Auch solche Einwendungen, die nach der Zustellung des Vollstreckungsbescheids entstanden sind, aber im Zeitpunkt der Notwendigkeit der Klagestellung nicht mehr durch Einspruch geltend gemacht werden können, sind zulässig (s näher Rn 14 zu § 767).

3 **III) Zuständig** für Klagen nach §§ 731, 767, 768 ist das Gericht, das für eine Entscheidung im Streitverfahren zuständig gewesen wäre (Abs 3). Der Gerichtsstand ist ausschließlich (§ 802).

4 **IV) Gebühren: 1)** des **Gerichts: a)** Erteilung der Vollstreckungsklausel (Abs 1): Keine, da durch Verfahrensgebühr abgegolten; keine auch für Klauselerteilung auf deutschem Vollstreckungsbescheid, auf Grund dessen ein Gläubiger die Zwangsvollstreckung in einem anderen Vertragsstaat des EuGVÜ betreiben will. **b)** Klage auf Erteilung der Vollstreckungsklausel (Abs 3): Regelgebühren wie bei gewöhnlichen Klagen (KV Nr 1010 und 1016 ff) – **2)** des **Anwalts: a)** nach Abs 1 und 2: 3/10 Gebühr aus § 57 BRAGO, gleichviel, ob RA der Vertreter des Gläubigers oder des Schuldners ist; vgl dazu auch § 58 III Nr 1 BRAGO; **b)** nach Abs 3: Regelgebühren der §§ 31 ff BRAGO.

797 *[Verfahren bei vollstreckbaren gerichtlichen und notariellen Urkunden]*

(1) Die vollstreckbare Ausfertigung gerichtlicher Urkunden wird von dem Urkundsbeamten der Geschäftsstelle des Gerichts erteilt, das die Urkunde verwahrt.

(2) Die vollstreckbare Ausfertigung notarieller Urkunden wird von dem Notar erteilt, der die Urkunde verwahrt. Befindet sich die Urkunde in der Verwahrung einer Behörde, so hat diese die vollstreckbare Ausfertigung zu erteilen.

(3) Die Entscheidung über Einwendungen, welche die Zulässigkeit der Vollstreckungsklausel betreffen, sowie die Entscheidung über Erteilung einer weiteren vollstreckbaren Ausfertigung wird bei gerichtlichen Urkunden von dem im ersten Absatz bezeichneten Gericht, bei notariellen Urkunden von dem Amtsgericht getroffen, in dessen Bezirk der im zweiten Absatz bezeichnete Notar oder die daselbst bezeichnete Behörde den Amtssitz hat.

(4) Auf die Geltendmachung von Einwendungen, die den Anspruch selbst betreffen, ist die beschränkende Vorschrift des § 767 Abs. 2 nicht anzuwenden.

(5) Für Klagen auf Erteilung der Vollstreckungsklausel, sowie für Klagen, durch welche die den Anspruch selbst betreffenden Einwendungen geltend gemacht werden oder der bei der Erteilung der Vollstreckungsklausel als bewiesen angenommene Eintritt der Voraussetzung für

die Erteilung der Vollstreckungsklausel bestritten wird, ist das Gericht, bei dem der Schuldner im Inland seinen allgemeinen Gerichtsstand hat, und sonst das Gericht zuständig, bei dem nach § 23 gegen den Schuldner Klage erhoben werden kann.

Lit: *Will,* Die Umschreibung von Vollstreckungsklauseln bei notariellen Urkunden, BWNotZ 1978, 156.

I) § 797 trifft nur zu bei **Urkunden des § 794 I Nr 5,** nicht auch bei den vor Gericht abgeschlossenen Vergleichen des § 794 I Nr 1 (aA RG 35, 398; 37, 420; München NJW 61, 2265). Die Erteilung der Vollstreckungsklausel ist ein Akt der streitigen Gerichtsbarkeit (RG 129, 168); sie bestimmt sich bei vollstreckbaren Urkunden ausschließlich nach ZPO (§ 52 BeurkG). § 797 trifft abgesehen von Abs 4 nur eine Regelung der Zuständigkeit bei gerichtlichen und notariellen Urkunden nach § 794 I Nr 5, im übrigen gelten gem § 795 die §§ 724 ff. 1

II) 1) Anspruch auf Erteilung einer **vollstreckbaren Ausfertigung** hat der Gläubiger, über dessen mit ZwV durchsetzbaren Anspruch (Rn 1 vor § 704) die Urkunde errichtet ist, wenn sie nach dem Willen desjenigen, der die Unterwerfungserklärung abgegeben und damit den Vollstrekkungstitel in Urkundenform geschaffen hat (Rn 29 zu § 794) als Herr über den Urkundeninhalt zur Verwendung im Rechtsverkehr in die Hände dieses Gläubigers gelangen kann. Vollstreckbare Ausfertigung wird dem Gläubiger daher auf Antrag nach ZPO-Vorschriften (§ 52 BeurkG) (nur) erteilt, wenn er nach § 51 BeurkG eine Ausfertigung verlangen kann (oder sie bereits in Händen hält). Das ist der Fall (§ 51 II BeurkG), wenn der Schuldner, der die beurkundete Unterwerfungserklärung im eigenen Namen abgegeben hat oder in dessen Namen sie abgegeben worden ist (auch sein Rechtsnachfolger) in der Niederschrift oder durch besondere Erklärung gegenüber dem Notar (der zuständigen Stelle) Erteilung der Ausfertigung an den Gläubiger bestimmt hat. Hat der Gläubiger demnach nicht nach § 51 BeurkG Anspruch auf Erteilung einer einfachen Ausfertigung, so darf ihm auch eine vollstreckbare Ausfertigung nicht erteilt werden (Celle DNotZ 74, 484; Frankfurt DNotZ 70, 162; Schleswig MDR 83, 761; LG Frankfurt DNotZ 85, 479 mit Anm Wolfsteiner; Wolfsteiner, Die vollstr Urkunde, § 34; Ertl Rpfleger 80, 41 [47]; Haegele/Schöner/Stöber Rdn 2057; streitig, aA Röll DNotZ 70, 147; Winkler NJW 71, 652; Keidel/Kuntze/Winkler Rdn 27 zu § 52 BeurkG; StJM Rdn 2 zu § 797; LG München II MittBayNot 79, 192). Seinen Anspruch auf Erteilung einer vollstreckbaren Ausfertigung verliert der Gläubiger, wenn der sich der ZwV unterwerfende Schuldner die an den Notar gerichtete Ermächtigung, dem Gläubiger eine (vollstreckbare) Ausfertigung zu erteilen, widerruft, bevor dem Gläubiger eine (einfache) Ausfertigung erteilt worden ist (LG Lüneburg NJW 74, 506; Haegele/Schöner/Stöber aaO). Daß der durch die Urkunde Begünstigte Verfahrensbeteiligter sein müßte (so für Urteil Rn 3 zu § 724; für Vergleich Rn 6 zu § 794), ist nach dem Wesen des Beurkundungsrechts und dem Zustandekommen des Vollstreckungstitels durch einseitige Unterwerfungserklärung nicht Erfordernis des Vollstreckungsrechts des Gläubigers. 2

2) Die vollstreckbare Ausfertigung **gerichtlicher Urkunden,** die sich in gerichtlicher Verwahrung befinden, wird im Fall des § 724 vom Urkundsbeamten, in den Fällen des § 20 Nr 12 RpflG (§ 726 I, §§ 727 bis 729, 733, 738, 742, 744, 745 II, § 749) vom Rechtspfleger erteilt. Abs 1 trifft auch zu, wenn die Urkunde auf Ersuchen im Weg der Rechtshilfe von einem anderen Gericht aufgenommen und in Urschrift an das ersuchende Gericht übersandt wurde (Begr 47; RG 106, 346). 3

3) Die vollstreckbare Ausfertigung notarieller Urkunden wird von dem Notar erteilt, der die Urkunde (Urschrift) verwahrt (§ 25 BNotO). Verwahrt bei Abwesenheit oder Verhinderung des Notars ein anderer Notar oder das Amtsgericht die Akten (§ 45 BNotO), so ist der andere Notar oder das AG zuständig. Eine solche Zuständigkeit kann sich auch nach § 51 BNotO ergeben, wenn das Amt des Notars erloschen ist oder der Amtssitz des Notars in einen anderen AG-Bezirk verlegt wurde. Hat der Grundstückseigentümer für eine auf dem Grundstück lastende Hypothek die persönliche Schuld übernommen und sich zu notarieller Urkunde der ZwV unterworfen, so ist zur **Erteilung der Vollstreckungsklausel** gegen den persönlichen Schuldner sowohl der Notar zuständig, der das ursprüngliche dingliche und persönliche Schuldbekenntnis mit Unterwerfungsklausel aufgenommen hat, als auch der Notar, der die Schuldübernahme und die Unterwerfungserklärung des neuen Schuldners beurkundet hat (München DNotZ 36, 33 = HRR 34 Nr 704). Wird der Notar als Rechtsanwalt des Gläubigers in der ZwV tätig, so ist er von der Erteilung der Vollstreckungsklausel zu der von ihm aufgenommenen Urkunde ausgeschlossen (RG 145, 202). Trifft § 726 zu, so darf der Notar nur solche Tatsachen berücksichtigen, von deren Eintritt der Schuldner seine Leistungspflicht abhängig gemacht hat, und zwar nur insoweit, als diese Tatsachen in der Urkunde bezeichnet sind; bei Änderungen **außerhalb** der Urkunde muß der Schuldner seine Einwendungen im Wege der Vollstreckungsabwehrklage geltend machen. So darf der Notar zur Begründung seiner Weigerung keinesfalls die Verfügung des Grundbuch- 4 amts, daß die Urkunde unvollziehbar sei, heranziehen, dies auch dann nicht, wenn diese Verfügung auf die Urkunde gesetzt worden ist. Denn sie ist damit nicht Inhalt der Urkunde iS des § 726 geworden. Die Prüfungspflicht des Notars bei Erteilung vollstreckbarer Ausfertigungen erstreckt sich nur auf das Vorliegen der formellen Voraussetzungen (KG DNotZ 51, 274; LG Kleve DNotZ 78, 680 mit Anm Wolfsteiner). Ist die Unterwerfung unter die sofortige ZwV durch einen Vertreter erklärt, so ist die Erteilung der vollstreckbaren Ausfertigung vom Nachweis der Vertretungsmacht durch öffentliche oder öffentlich beglaubigte Urkunden abhängig (Rn 29 zu § 794); aA: es kann nichts anderes gelten als im Falle der Vertretung im Rechtsstreit (§ 88), bestreitet der Schuldner die Vollmacht, so steht ihm neben §§ 767, 769 der Weg des § 732 offen, Köln MDR 69, 150 = OLGZ 69, 68; dazu auch Rdn 14 zu § 797.

5 Auch eine **weitere vollstreckbare Ausfertigung** einer notariellen Urkunde (§ 733) wird vom Notar erteilt. Sie ist beim Notar zu beantragen, der von Amts wegen die Entscheidung des Amtsgerichts (Rechtspflegers) einholt. Der Rechtspfleger weist bei begründetem Antrag den Notar an, die weitere Ausfertigung zu erteilen (Düsseldorf DNotZ 77, 571; Wolfsteiner § 47.9).

6 **III) Rechtsbehelfe: 1)** Für **Gläubiger:** Gegen die Ablehnung der Erteilung einer vollstreckbaren Ausfertigung findet Beschwerde nach § 54 BeurkG statt, auch soweit Ausfertigung einer gerichtlichen oder behördlichen Urkunde beantragt war (§ 1 II BeurkG; Jansen Anm 1 zu § 54 BeurkG). Daher ist bei Ablehnung durch den Urkundsbeamten zunächst das Gericht anzurufen (entspr § 576 I), bei Ablehnung durch den Rechtspfleger die Beschwerde als (einfache) Erinnerung nach § 11 I RpflG zu erheben; bei Ablehnung durch den Notar findet sogleich Beschwerde nach § 54 I BeurkG statt. Abhilferecht/-pflicht des für die Klauselerteilung zuständigen Organs ist in allen Fällen gegeben. Zuständig ist das Gericht, dessen Urkundsbeamter oder Rechtspfleger die Klauselerteilung abgelehnt hat (Abs 1), für die Entscheidung über die Beschwerde dann das Landgericht, in dessen Bezirk die Stelle, gegen die sich die Beschwerde richtet, ihren Sitz hat (§ 54 II S 2 BeurkG). Für das Verfahren über die Einwendung oder Erinnerung und für das Beschwerdeverfahren gelten die Vorschriften des FGG (§ 54 II S 1 BeurkG). Weitere Beschwerde findet daher nach § 27 FGG statt (KG NJW 62, 2162 und OLGZ 73, 112; Frankfurt DNotZ 82, 320 = OLGZ 82, 201). Bei Erfolg des Rechtsbehelfs ist die funktionell zuständige Stelle (Urkundsbeamter, Rechtspfleger oder Notar) anzuweisen, die Klausel zu erteilen. In Fällen des § 731 ist für Gläubiger auch Klage bei dem nach Abs 5 zuständigen Gericht gegeben.

7 **2)** Für **Schuldner** Einwendungen gegen die Erteilung der Vollstreckungsklausel nach § 732 (§§ 795, 797 III). Dies gilt auch für Einwendungen gegen die Klausel, wenn Unwirksamkeit oder Nichtigkeit der Unterwerfung aus (sonstigen) prozessualen Gründen geltend gemacht wird (BGH 22, 54 = DNotZ 57, 200 = NJW 57, 23); bei materiell-rechtlichen Nichtigkeitsgründen, wenn sie nicht zugleich prozessual wirken, ist Klage nach § 767 gegeben. Zuständiges Gericht für Einwendungen nach § 732: Abs 3. Es wird im Verfahren nach der ZPO (nicht der freiwilligen Gerichtsbarkeit) entschieden (KG NJW 62, 2162; Frankfurt DNotZ 81, 320 = aaO). Die Entscheidung ist damit Angelegenheit der ordentlichen streitigen Gerichtsbarkeit in bürgerlichen Rechtsstreitigkeiten (Frankfurt aaO); deshalb findet als weitere Beschwerde einfache Beschwerde nach § 567 I statt (KG, Frankfurt je aaO), die nur bei neuem selbständigem Beschwerdegrund zulässig ist (§ 568 II; Frankfurt aaO). Für Schuldner ist außerdem Klage gegen die Klausel nach § 768 gegeben; Zuständig: Abs 5.

8 **IV) Zuständigkeit:** Die (ausschließliche, § 802) Gerichtsstandsregelung des Abs 5 (Regelung nur der örtlichen Zuständigkeit) gilt für Klagen auf Erteilung der Vollstreckungsklausel (§ 731), gegen Erteilung der Vollstreckungsklausel (§ 768) und gegen den Anspruch selbst (§ 767), nicht für Abänderungsklagen nach § 323 IV. Beklagter ist der Schuldner oder Gläubiger, nicht der Notar oder die verwahrende Behörde (RG 36, 347; 45, 391). Für Klagen nach § 731 gegen mehrere Schuldner ist das gemeinschaftliche Gericht nach § 36 Nr 3 zu bestimmen. Für die Klage mehrerer Schuldner (als Streitgenossen) nach §§ 767, 768 gilt § 35 entsprechend (Rn 1 zu § 35). Im Fall des § 800 ist das Gericht zuständig, in dessen Bezirk das Grundstück belegen ist (§ 800 III). Die sachliche Zuständigkeit richtet sich nach §§ 23, 23a, 23b, 71 GVG. Das Arbeitsgericht ist zuständig, wenn ein arbeitsrechtlicher Anspruch Gegenstand des Streits ist (Frankfurt OLGZ 85, 97 = ZIP 85, 316 für Vollstreckungsabwehrklage). Das in Abs 3 (nicht das in Abs 5) bezeichnete Gericht (der Richter, nicht der Rechtspfleger) ist für die Anordnung öffentlicher Zustellung (§ 204) und für Zustellungsersuchen im Ausland (§ 202) zuständig (StJM Rdn 28 zu § 797).

9 **V)** Die **Präklusionswirkung** des § 767 II greift nicht ein (Abs 4). Mit der Vollstreckungsabwehrklage können daher auch vor der Errichtung der Urkunde liegende Einwendungen erhoben werden.

VI) Gebühren: 1) des **Gerichts:** Für die Erteilung der Vollstreckungsklausel keine Gebühr; bei Klagen nach Abs 5: Regelgebühren wie bei gewöhnlichen Klagen. – **2)** des **Anwalts:** Für die Erwirkung der Vollstreckungsklausel nach Abs 2: Keine Gebühr, § 58 Abs 2 Nr 1 BRAGO; die Einwendungen gegen die Erteilung der Vollstreckungsklausel nach Abs 3 gelten nach § 58 Abs 3 Nr 1 BRAGO als besondere Angelegenheit, daher ⁵⁄₁₀ Gebühr aus § 57 BRAGO. Für die Vertretung im Prozeß aus Klagen nach Abs 5: Regelgebühren nach §§ 31 ff BRAGO. 10

797 a *[Zwangsvollstreckung aus Vergleichen der Gütestellen]*

(1) Bei Vergleichen, die vor Gütestellen der im § 794 Abs. 1 Nr. 1 bezeichneten Art geschlossen sind, wird die Vollstreckungsklausel von dem Urkundsbeamten der Geschäftsstelle desjenigen Amtsgerichts erteilt, in dessen Bezirk die Gütestelle ihren Sitz hat.

(2) Über Einwendungen, welche die Zulässigkeit der Vollstreckungsklausel betreffen, entscheidet das im Absatz 1 bezeichnete Gericht.

(3) § 797 Abs. 5 gilt entsprechend.

(4) Die Landesjustizverwaltung kann Vorsteher von Gütestellen ermächtigen, die Vollstreckungsklausel für Vergleiche zu erteilen, die vor der Gütestelle geschlossen sind. Die Ermächtigung erstreckt sich nicht auf die Fälle des § 726 Abs. 1, der §§ 727 bis 729 und des § 733. Über Einwendungen, welche die Zulässigkeit der Vollstreckungsklausel betreffen, entscheidet das im Absatz 1 bezeichnete Gericht.

I) Vergleiche der **Gütestellen** nach § 794 I Nr 1 sind Vollstreckungstitel (notarielle Beurkundung ersetzen sie nicht, Rn 12 zu § 794). Gütestellen bestehen (s Verzeichnis JMBlNW 85, 59, ergänzt JMBlNW 86, 155) in 1

- Bayern: Schlichtungsstelle in Zivilsachen bei dem AG München;
- Bremen: Bauschlichtungsstelle Bremen;
- Hamburg: Öffentliche Rechtsauskunfts- und Vergleichsstelle der Hansestadt Hamburg;
- Hessen: Bau-Schlichtungsstelle bei der Handwerkskammer Rhein-Main; Schlichtungsstelle Lahn-Dill mit Abteilungen bei den AGen Limburg a.d. Lahn, Wetzlar und Dillenburg;
- Nordrhein-Westfalen: Bau-Schlichtungsstelle bei der Handwerkskammer Dortmund; Bau-Schlichtungsstelle bei der Handwerkskammer Düsseldorf und Gemeinsame Mietschlichtungsstelle in Düsseldorf;
- Saarland: Mietschlichtungsstelle Saarbrücken;
- Schleswig-Holstein: Öffentliche Rechtsauskunfts- und Vergleichsstelle der Hansestadt Lübeck.

II) Bei Vergleichen der Gütestelle ist (wenn eine landesrechtl Regelung nach Abs 4 nicht getroffen ist) für die Erteilung der Vollstreckungsklausel der Urkundsbeamte des AG, in dessen Bezirk die Gütestelle ihren Sitz hat, zuständig. Der Rechtspfleger ist in den Fällen § 20 Nr 12, 13 RpflG zuständig. Bei Ablehnung durch den Urkundsbeamten § 576, durch den Rechtspfleger unbefristete Durchgriffserinnerung (§ 11 RpflG). 2

III) Wird die Vollstreckungsklausel erteilt, so kann der Schuldner seine Einwendungen nach §§ 732, 768 geltend machen, s näher Anm zu §§ 732 und 768. 3

IV) Die Zuständigkeit für die Klagen aus §§ 731, 767, 768 regelt Abs 3 durch Verweisung auf § 797 V. Auch für die Vergleiche nach § 797 a gilt, wie für Vergleiche allgemein, die zeitliche Beschränkung des § 767 II nicht (BGH NJW 53, 345). 4

V) Bei Ermächtigung durch die Landesjustizverwaltung (so in Bayern) ist der Vorsteher der Gütestelle zur Erteilung der Vollstreckungsklausel zuständig (Abs 4 Satz 1 mit Einschränkung nach Satz 2). Rechtsbehelf bei Ablehnung: Anrufung des AG, in dessen Bezirk die Gütestelle ihren Sitz hat (Abs 4 Satz 3 mit Abs 1); zuständig zur Entscheidung ist der Richter; bei Erteilung der Klausel §§ 732, 768. 5

VI) Das AG, in dessen Bezirk die Gütestelle ihren Sitz hat, ist auch für die **Aufgaben des Prozeßgerichts** zuständig (entsprechende Anwendung von § 797 a Abs 1 und 2; s auch Rn 8 zu § 797), so für Ersuchschreiben zur Auslandszustellung (§ 202), Bewilligung der öffentlichen Zustellung (§ 204) und ZwV zur Erwirkung von Handlungen und Unterlassungen (§§ 887, 888, 890). 6

VII) Gebühren: 1) des **Gerichts:** Die Erteilung der Vollstreckungsklausel ist gebührenfrei; wegen der Einwendungen s Rn 18 zu § 732. S im übr § 797 Rn 10. – **2)** des **Anwalts:** Für die Tätigkeit im Verfahren vor der Gütestelle eine ¹⁰⁄₁₀ Gebühr (Pauschgebühr), § 65 I Nr 1 BRAGO. Diese ¹⁰⁄₁₀ Gebühr wird auf die Prozeßgebühr nicht angerechnet, die 7 der RA in einem an das Güteverfahren anschließenden Rechtsstreit verdient, § 65 I 2 BRAGO. Für die Mitwirkung bei einer Einigung der Parteien in einem Verfahren vor der Gütestelle erhält der RA eine zusätzliche (10/10) Gebühr; § 23 BRAGO ist nicht anzuwenden (§ 65 II BRAGO). – Wegen der Gerichts- u Anwaltsgebühren im Verfahren der Rechtspflegererinnerung s § 934 Rn 5. – **3) Gegenstandswert:** s § 8 BRAGO.

798 *[Wartefrist bei ZwV aus selbständigen Kostenfestsetzungsbeschlüssen]*

Aus einem Kostenfestsetzungsbeschlusse, der nicht auf das Urteil gesetzt ist, aus Beschlüssen nach § 794 Abs. 1 Nr. 2a sowie aus den nach § 794 Abs. 1 Nr. 5 aufgenommenen Urkunden darf die Zwangsvollstreckung nur beginnen, wenn der Schuldtitel mindestens eine Woche vorher zugestellt ist.

1 **I)** Der auf das Urteil gesetzte Kostenfestsetzungsbeschluß (§ 105) wird mit dem Urteil ausgefertigt, zugestellt und ohne Wartefrist vollstreckt (§ 795 a). Eine **Wartefrist** von 1 Woche **ist einzuhalten** bei ZwV aus **Kostenfestsetzungsbeschlüssen nach §§ 104, 106,** Regelunterhaltsbeschlüssen (§ 794 I Nr 2 a), und vollstreckbaren Urkunden nach § 794 I Nr 5 und § 794 II, § 800 I, vollstreckbarer Kostenentscheidung des § 8 AusfG HZPrAbk und bei Zwangsbeitreibung auf Grund einer Kostenberechnung des Notars (§ 155 KostO). Eine Wartefrist von zwei Wochen besteht für die ZwV nach § 720 a (§ 750 III). Einzuhalten ist die Wartezeit auch nach Neuzustellung des Titels wegen Rechtsnachfolge (§§ 727, 750 I). Wartefrist bei Pfändungsbenachrichtigung: Rn 2 zu § 845.

2 **II) Wartefrist ist gesetzliche Frist;** keine Verlängerung oder Abkürzung, auch keine Wiedereinsetzung. Der Tag der Zustellung rechnet nicht; Beginn der ZwV daher am 8. Tag nach Zustellung (des Schuldtitels, im Fall des § 750 II auch der Vollstreckungsklausel und Urkunde), wenn er ein Sonntag, Sonnabend oder allgemeiner Feiertag ist, am nächsten Werktag, § 187 I BGB, § 222 ZPO (RG 83, 338). Ein ohne Einhaltung der Schutzfrist vorgenommener Vollstreckungsakt ist wirksam, wenn auch fehlerhaft (BGH 30, 175 = NJW 59, 1873; Hamm NJW 74, 1516 = OLGZ 74, 314 mit weit Nachw, s auch Rn 34, 35 vor § 704; aA RG 125, 288: ZwV unwirksam, erlangt aber durch Ablauf der Frist Wirksamkeit, unbeschadet der Weitergeltung von Rechten, die Dritte vor Behebung des Mangels am Gegenstand der Pfändung erworben haben). Verzicht auf Wartefrist ist unwirksam (AG Montabaur DGVZ 75, 92 = JurBüro 75, 1533 L). **Rechtsbehelf** des Schuldners: § 766.

798 a *[Wartefrist bei Beschlüssen nach § 641 p]*

Aus einem Beschluß nach § 641 p darf die Zwangsvollstreckung nur beginnen, wenn der Beschluß mindestens einen Monat vorher zugestellt ist. Aus einem Kostenfestsetzungsbeschluß, der auf Grund eines Beschlusses nach § 641 p ergangen ist, darf die Zwangsvollstreckung nicht vor Ablauf der in Satz 1 bezeichneten Frist beginnen; § 798 bleibt unberührt.

1 Im Vereinfachten Verfahren zur Abänderung von Unterhaltstiteln ist gegen den Beschluß, der dem Antrag stattgibt (§ 641 p), wegen bestimmter Einwendungen sofortige Beschwerde (§ 641 p III), und nach § 641 q I innerhalb einer Klagefrist von einem Monat Abänderungsklage zulässig. Für den Beginn der ZwV ist der Ablauf der Klagefrist abzuwarten (Satz 1). Mit der Abänderungsklage kann zugleich die einstweilige Einstellung der ZwV beantragt werden, die nach § 769 zulässig ist (s Rn 1 zu § 769). Aus dem Kostenfestsetzungsbeschluß, der auf Grund eines Beschlusses nach § 641 p ergangen ist, kann ebenfalls vor Ablauf der Monatsfrist von S 1, somit seit Zustellung des Anpassungsbeschlusses, nicht vollstreckt werden. Die Wochenfrist des § 798 muß unabhängig von dieser Wartefrist des § 798 a gewahrt sein, wenn der Kostenfestsetzungsbeschluß nachträglich selbständig ergangen ist und zugestellt wurde. Für Vergleiche nach § 641 r S 4 gilt die Wartefrist des § 798 a nicht.

799 *[Zwangsvollstreckung aus vollstreckbaren Urkunden für Rechtsnachfolger]*

Hat sich der Eigentümer eines mit einer Hypothek, einer Grundschuld oder einer Rentenschuld belasteten Grundstücks in einer nach § 794 Abs. 1 Nr. 5 aufgenommenen Urkunde der sofortigen Zwangsvollstreckung unterworfen und ist dem Rechtsnachfolger des Gläubigers eine vollstreckbare Ausfertigung erteilt, so ist die Zustellung der die Rechtsnachfolge nachweisenden öffentlichen oder öffentlich beglaubigten Urkunde nicht erforderlich, wenn der Rechtsnachfolger als Gläubiger im Grundbuch eingetragen ist.

§ 799 enthält für vollstreckbare Urkunden (§ 794 I Nr 5) über Grundpfandrechte eine Abweichung von § 750 II, weil der Eigentümer von der Eintragung des Rechtsnachfolgers des Gläubigers durch das Grundbuchamt Nachricht erhält (§ 55 GBO). Nichtverständigung durch das GBA schadet dem Gläubiger nicht. Daß die Eintragung erfolgt ist, ist dem Vollstreckungsorgan nachzuweisen, wenn es nicht in der Klausel bescheinigt ist. Die Zustellung der Vollstreckungsklausel ist nicht erlassen. Ist der Rechtsnachfolger im Grundbuch nicht eingetragen (zB bei Abtretung eines Briefrechts, § 1154 I BGB), so findet § 750 II unbeschränkt Anwendung. § 799 trifft nicht zu bei Vollstreckung gegen den persönlichen Schuldner. 1

800 *[Vollstreckbare Urkunde gegen den jeweiligen Grundstückseigentümer]*

(1) Der Eigentümer kann sich in einer nach § 794 Abs. 1 Nr. 5 aufgenommenen Urkunde in Ansehung einer Hypothek, einer Grundschuld oder einer Rentenschuld der sofortigen Zwangsvollstreckung in der Weise unterwerfen, daß die Zwangsvollstreckung aus der Urkunde gegen den jeweiligen Eigentümer des Grundstücks zulässig sein soll. Die Unterwerfung bedarf in diesem Falle der Eintragung in das Grundbuch.

(2) Bei der Zwangsvollstreckung gegen einen späteren Eigentümer, der im Grundbuch eingetragen ist, bedarf es nicht der Zustellung der den Erwerb des Eigentums nachweisenden öffentlichen oder öffentlich beglaubigten Urkunde.

(3) Ist die sofortige Zwangsvollstreckung gegen den jeweiligen Eigentümer zulässig, so ist für die im § 797 Abs. 5 bezeichneten Klagen das Gericht zuständig, in dessen Bezirk das Grundstück belegen ist.

Lit: *Dieckmann*, Eintragung der Unterwerfung des jeweiligen Grundstückseigentümers unter die ZwV im Grundbuch, Rpfleger 1963, 267; *Haegele*, Zur vollstreckbaren notariellen oder gerichtlichen Urkunde und ihrem Vollzug, Rpfleger 1961, 137 (284); *Hill*, Vollmacht zur ZwV-Unterwerfung, DNotZ 1960, 306; *Lent*, Zur Vollstreckung aus notariellen Urkunden, DNotZ 1952, 411; *Muth*, Eintragung von Teilunterwerfungen in das Grundbuch, JurBüro 1984, 9; *Muth*, Teilunterwerfung und deren Eintragung ins Grundbuch, JurBüro 1984, 175; *Rendle* und *Schönsiegel*, Hat die Zuschreibung erweiternde Auswirkung auf die dingliche ZwV-Unterwerfung und die dingliche ZwV-Unterwerfungsklausel, BWNotZ 1973, 30; *Stöber*, Die Beschränkung des § 1197 BGB bei Verpfändung und Pfändung einer Eigentümergrundschuld, Rpfleger 1958, 339; *Werner*, Die Rechtsnatur der notariellen Unterwerfungsklausel, DNotZ 1969, 713; *Winkler*, ZwV-Unterwerfung bei Vertragsangebot und -annahme, DNotZ 1971, 354; *Wolfsteiner*, Schuldübernahme und Unterwerfung, DNotZ 1968, 392; *Wolfsteiner*, Die vollstreckbare Urkunde, 1978.

I) Zweck: Erleichterung der Durchsetzung des Rechts des Gläubigers einer Hypothek, Grundschuld oder Rentenschuld auf Befriedigung aus dem Grundstück gegen den jeweiligen Eigentümer. Die ZwV gegen jeden im Grundbuch eingetragenen späteren Eigentümer ist ohne (den sonst nach § 750 II erforderlichen) Nachweis der Erwerbsurkunde zulässig. 1

II) 1) Wegen des dinglichen Anspruchs des Gläubigers einer **Hypothek, Grundschuld** oder **Rentenschuld** „auf Zahlung aus dem Grundstück" (§§ 1113, 1191, 1199 je mit § 1147 BGB) kann sich der Eigentümer in einer vollstreckbaren Urkunde nach § 794 I Nr 5 der sofortigen ZwV in der Weise unterwerfen, daß die ZwV aus der Urkunde **gegen den jeweiligen Eigentümer** des Grundstücks zulässig sein soll (Abs 1 S 1). Unterwerfung nur wegen eines bestimmten Teilbetrags des Grundpfandrechts (und deren Eintragung) erfordert keine Teilung des Rechts (BayObLG 85, 141 = DNotZ 85, 476; Haegele/Schöner/Stöber Rdn 2044; anders Hamm DNotZ 84, 489 = OLGZ 84, 48; Köln JurBüro 84, 1422 = MittRhNotK 85, 105). Ohne Teilung des Grundpfandrechts kann aber die Unterwerfungserklärung (und deren Eintragung) nicht auf einen „rangmäßig" abgespaltenen (zB letztrangigen) Teilbetrag beschränkt werden (kein unterschiedlicher Rang für „ein" Grundpfandrecht; dies zutr Hamm und Köln je aaO; s Haegele/Schöner/Stöber aaO; anders Muth JurBüro 84, 9 und 175). Unterwerfung „bis zu" einem Höchstzinssatz ist zulässig (BGH 88, 62 = DNotZ 83, 679 = NJW 83, 2262; Rn 26 zu § 794). Möglich ist dingliche Unterwerfungsklausel auch bei einer Eigentümergrundschuld (§ 1196 BGB; BGH 64, 316 = MDR 75, 830 = NJW 75, 1356; KG HRR 28 Nr 2313); der Eigentümer kann jedoch nicht selbst die ZwV betreiben (§ 1197 II BGB); ihm kann daher auch keine vollstreckbare Ausfertigung erteilt werden. 2

2) a) Die **Unterwerfungserklärung** muß die dingliche Duldungspflicht eindeutig (und ausdrücklich) bezeichnen; das geschieht am besten mit dem Wortlaut von Abs 1. Ausreichend, jedoch nicht empfehlenswert, wäre auch „Wegen der Hypothek ist die sofortige ZwV gegen den 3 jeweiligen Eigentümer des Grundstücks zulässig" (Dresden OLG 6, 476), oder „Die jeweiligen Eigentümer unterliegen der sofortigen ZwV" (KG OLG 7, 354). Dadurch, daß der Eigentümer sich gleichzeitig auch persönlich wegen der eingetragenen Schuldverpflichtung der sofortigen ZwV aus der Urkunde unterwirft, wird die Wirksamkeit einer dinglichen Unterwerfungsklausel nicht berührt (Düsseldorf Rpfleger 77, 67).

4 **b)** Die **Unterwerfungserklärung** ist auf das Zustandekommen des Vollstreckungstitels gerichtete einseitige Willenserklärung (Rn 29 zu § 794). Sie ist daher auch dann wirksam (und eintragbar), wenn der sich Unterwerfende bei Errichtung der Urkunde noch nicht Grundstückseigentümer war, sondern das Grundstück erst nachträglich erworben hat (Saarbrücken DNotZ 77, 624 = NJW 77, 1202, damit aufgehoben LG Saarbrücken NJW 77, 548 mit Anm Zawar). Die ZwV-Unterwerfung eines Nichtberechtigten im eigenen Namen kann als prozessuale Erklärung nicht mit Zustimmung des Berechtigten (§ 185 II BGB) wirksam werden. Dingliche Unterwerfungserklärung bei Bestellung eines Grundpfandrechts durch den Käufer eines Grundstücks kann daher vor Eigentumsübergang nicht mit Zustimmung des Eigentümers (Veräußerers) Wirksamkeit erlangen und eingetragen werden (BayObLG 70, 254 [258] = NJW 71, 514; Frankfurt Rpfleger 72, 140 mit Anm Winkler; Werner DNotZ 69, 713; aA Wolfsteiner NJW 71, 1141; Wolfsteiner, Die vollstr Urkunde, § 12.20); s auch Köln DNotZ 80, 628, das Einwilligung (§ 185 I BGB), nicht aber Genehmigung (§ 185 II BGB) für Grundschuldbestellung mit Unterwerfungserklärung für möglich hält. Hat ein Nichtberechtigter die Unterwerfungserklärung im eigenen Namen abgegeben, so muß der Berechtigte sie (ggfs in gesetzlicher Frist) wiederholen (Winkler Rpfleger 72, 141). Von dem Fall der Erklärung der Unterwerfung durch einen Nichtberechtigten ist die Unterwerfung durch einen vollmachtlosen Vertreter zu unterscheiden; sie ist ebenso wie die Unterwerfung durch einen durch Vollmacht ausgewiesenen Vertreter zulässig (wegen vollstreckbarer Ausfertigung s Rn 29 zu § 794).

5 **c)** ZwV-Unterwerfung erst **nach Eintragung des Grundpfandrechts** und Eintragung der Unterwerfungsklausel kann ohne Zustimmung der im Rang gleich- und nachstehenden dinglichen Berechtigten erfolgen, weil die Klausel den Umfang der Belastung nicht ändert (KG OLG 45, 99 = HRR 26 Nr 862). **Nachträgliche Unterwerfungserklärung** für ein auf Grund (nur) öffentlich beglaubigter Eintragungsbewilligung bereits eingetragenes Grundpfandrecht setzt nicht voraus, daß auch noch die Bestellung des eingetragenen Grundpfandrechts beurkundet wird (BGH 73, 156 = DNotZ 79, 342 = MDR 79, 567 = NJW 79, 928; Frankfurt Rpfleger 78, 294; LG Stade Rpfleger 77, 261; anders früher KG DNotZ 32, 39; München DNotZ 41, 36).

6 **d)** Beim **gesetzlichen Güterstand** bedarf die dingliche Unterwerfungserklärung (anders für Bestellung des Grundpfandrechts) auch dann nicht der Zustimmung des anderen Ehegatten, wenn das Grundstück das gesamte Vermögen des sich der ZwV unterwerfenden Ehegatten bildet (Staudinger/Felgentraeger Rdn 55 zu § 1365). Bei Gütergesamtschaft erfordert Unterwerfungserklärung des das Gesamtgut (allein) verwaltenden Ehegatten nicht Genehmigung des anderen Ehegatten, da die Unterwerfung keine Verfügung über das Grundstück ist (§ 1424 BGB). Wenn beide Ehegatten Gesamtgutsverwalter sind, ist jedoch Vollstreckungstitel gegen beide erforderlich (§ 740 II; s auch § 741).

7 **III) Eintragung: 1)** Für dingliche Wirkung der Unterwerfung ist **Eintragung in das Grundbuch** erforderlich (§ 800 I S 2). Bezugnahme auf die Eintragungsbewilligung (§ 874 BGB) genügt nicht. Zu Antrag und Bewilligung für Eintragung s BayObLG 74, 30 = DNotZ 73, 376; Haegele/Schöner/Stöber Rdn 2049. Der Eintragungsvermerk kann lauten (s Haegele/Schöner/Stöber Rdn 2050) „Sofort vollstreckbar gegen den jeweiligen Grundstückseigentümer" oder „Der jeweilige Eigentümer ist der sofortigen ZwV unterworfen", aber auch kurz „Sofort vollstreckbar nach § 800 ZPO"; als ausreichend angesehen wird auch „Vollstreckbar nach § 800 ZPO" (Köln Rpfleger 74, 150; LG Nürnberg–Fürth Rpfleger 66, 338; Bedenken hat Dieckmann Rpfleger 63, 267; abl Wolfsteiner, Die vollstr Urkunde § 65.15). Unzureichend wäre „Die sofortige ZwV ist zulässig".

8 **2) Zinserhöhung** und jede sonstige Erweiterung der dinglichen Leistungspflicht (zB Einführung einer Entschädigung) erfordert erneute dingliche Unterwerfung und Eintragung der weiteren Unterwerfungsklausel (KGJ 52, 190; KG OLG 39, 75 [77]), nicht aber nachträgliche Beschränkung der Eigentümerverpflichtung (KG DNotZ 54, 199; BGB DNotZ 65, 544). Zu erweiternden Auswirkungen bei Zuschreibung eines Grundstücks oder Grundstücksteils auf die dingliche ZwV-Unterwerfung s Rendle u Schönsiegel BWNotZ 73, 30. Soll nachträglich für ein mit der Unterwerfungsklausel nach § 800 eingetragenes Grundpfandrecht ein anderes Grundstück **mitbelastet** und die Unterwerfungsklausel hierauf erstreckt werden, so muß sich der Eigentümer der sofortigen ZwV in dieses Grundstück besonders unterwerfen. Bezugnahme auf die frühere Bestellungsurkunde oder die Grundbucheintragung genügt nicht (Wolfsteiner, Die vollstr Urkunde Rdn 16.11 und 16.12). Der (in die Veränderungsspalte) einzutragende Mithaftvermerk

bezieht sich in einem solchen Fall auch auf die in der Haupteintragung der Belastung enthaltene Unterwerfungsklausel (BGH 26, 344 = DNotZ 58, 252 = NJW 58, 630; Köln MittRhNotK 82, 177; LG Essen DNotZ 57, 670). Soll das nachträglich mitbelastete Grundstück nicht der bei der Haupteintragung bereits eingetragenen Unterwerfungsklausel unterliegen, so muß das im Mithaftvermerk dargestellt werden (BGH, Köln, LG Essen je aaO). Bei Umwandlung einer Hypothek in eine Grundschuld gilt die in Ansehung der Hypothek erklärte ZwV-Unterwerfung mit Wirkung gegenüber dem jeweiligen Grundstückseigentümer auch für die Grundschuld, ohne daß es einer neuen Unterwerfungserklärung bedarf (LG Düsseldorf DNotZ 62, 97).

IV) Die **ZwV** aus der Urkunde **gegen jeden späteren** (neuen) **Eigentümer** kann erfolgen, wenn gegen ihn als Rechtsnachfolger eine vollstreckbare Ausfertigung erteilt und ihm die Urkunde (als Vollstreckungstitel) sowie die ihr beigefügte Vollstreckungsklausel zugestellt ist (§§ 727, 750 I, II, § 798; LG Frankfurt ZIP 83, 1516). Nicht erforderlich ist Zustellung der den Erwerb des Eigentums nachweisenden öffentlichen oder öffentlich beglaubigten Urkunde (Abs 2). Nach Eintragung der Unterwerfungserklärung ohne Errichtung einer neuen Urkunde erfolgte Vereinbarungen (zB über Fälligkeit der Hypothek) sind bei Klauselerteilung nicht zu beachten. 9

V) Gegen den Eigentümer, der sich wegen des dinglichen Anspruchs des Gläubigers einer Hypothek, Grundschuld oder Rentenschuld auf Zahlung aus dem Grundstück in notarieller Urkunde der sofortigen ZwV unterworfen hat (§ 794 I Nr 5), wirkt die dingliche Unterwerfung auch **ohne Eintragung** in das Grundbuch (BGH NJW 81, 2756 = ZIP 81, 1074). ZwV gegen seinen Rechtsnachfolger ist auch dann zulässig, jedoch nicht unter den erleichterten Voraussetzungen des § 800. 10

VI) 1) Bei einer **Höchstbetragshypothek** (§ 1190 BGB; Forderung erst festzustellen, daher Geldsumme nicht bestimmt) kann die ZwV-Unterwerfung nicht eingetragen werden. Eintragungsfähig ist hier jedoch die Klausel für einen Teilbetrag, der innerhalb des Höchstbetrags bereits bestimmt ist (RG 132, 6 [8]; BGH DNotZ 83, 679 = NJW 83, 2262; KG DNotZ 26, 260; BayObLG 54, 196 = DNotZ 55, 313 = NJW 54, 1808; Oldenburg DNotZ 57, 669; Frankfurt Rpfleger 77, 220). 11

2) Bei der **Reallast** (damit auch beim **Erbbauzins;** Haegele/Schöner/Stöber Rdn 1807 mwN) kann Unterwerfung zur ZwV gegen den jeweiligen Eigentümer nicht erfolgen und nicht eingetragen werden (BayObLG 59, 83 = DNotZ 59, 402 = NJW 59, 1876; Hieber DNotZ 59, 390; Ripfel DNotZ 69, 84 [91]; aA MünchKomm-Joost Rdn 37 zu § 1105). Der Schuldner persönlich und als Eigentümer (wegen des dinglichen Anspruchs) kann sich wegen der Einzelleistungen aus einer Reallast (ebenso bei Erbbauzins) jedoch nach § 794 I Nr 5 der ZwV unterwerfen. Wirkung: Wie Rn 10. 12

VII) Für die in § 797 V bezeichneten **Klagen** ist das Gericht zuständig, in dessen Bezirk das Grundstück belegen ist; Abs 3 gilt auch bei Vollstreckungsabwehrklagen (§ 767) und für den persönlichen Anspruch (KG OLG 22, 371). Der Gerichtsstand ist ausschließlich (§ 802). 13

800 a *[Vollstreckbare Urkunde bei Schiffshypothek]*

(1) Die Vorschriften der §§ 799, 800 gelten für eingetragene Schiffe und Schiffsbauwerke, die mit einer Schiffshypothek belastet sind, entsprechend.

(2) Ist die sofortige Zwangsvollstreckung gegen den jeweiligen Eigentümer zulässig, so ist für die im § 797 Abs. 5 bezeichneten Klagen das Gericht zuständig, in dessen Bezirk das Register für das Schiff oder das Schiffsbauwerk geführt wird.

801 *[Landesrechtliche Schuldtitel]*

Die Landesgesetzgebung ist nicht gehindert, auf Grund anderer als der in den §§ 704, 794 bezeichneten Schuldtitel die gerichtliche Zwangsvollstreckung zuzulassen und insoweit von diesem Gesetz abweichende Vorschriften über die Zwangsvollstreckung zu treffen.

Lit: *Drischler,* Zur ZwV aus vor einem Schiedsmann abgeschlossenen Vergleichen, Rpfleger 1984, 308.

Landesrechtliche Vollstreckungstitel sind im ganzen Bundesgebiet vollstreckbar, VO v 15. 4. 37, RGBl I 466. Unter § 801 fällt ein von dem zuständigen Beamten eines Jugendamts nach § 49 II JWG und dem entsprechenden Landesgesetz aufgenommene Verpflichtungsurkunde (Frankfurt 1

JW 28, 125). Deren Zustellung kann auch durch Aushändigung einer beglaubigten Urkundenabschrift vollzogen sein (§ 50 I JWG). Der Leistungsbescheid einer bay Gemeinde (Art 26 BayVwZVG) ist ein auch im übrigen Bundesgebiet vollstreckbarer landesrechtlicher Schuldtitel (LG Berlin Rpfleger 71, 156).

802 *[Ausschließliche Gerichtsstände]*
Die in diesem Buche angeordneten Gerichtsstände sind ausschließliche.

1 § 802 bezieht sich sowohl auf den sachlichen wie auf den örtlichen Gerichtsstand. Eine Ausnahme gilt für die sachliche Zuständigkeit in den Fällen, in denen sie sich nach dem Streitwert richtet, zB § 722 II, § 771 I, § 796 III, § 805 II, § 879 I, insoweit ist für die sachliche Zuständigkeit auch Prorogation zulässig. Ein ausschließlicher Gerichtsstand ist auch dann bestimmt, wenn das Prozeßgericht 1. Instanz für zuständig erklärt ist.

2 Ausschließlich bedeutet, daß der allgemeine, besondere und vereinbarte Gerichtsstand ausgeschlossen ist (s Anm zu § 24). Bei Verstoß gegen § 802 ist der gerichtliche Akt anfechtbar, nicht unwirksam (s näher Rn 34 vor § 704).

3 Das 1. EheRGesetz hat an der funktionellen Zuständigkeit in ZwV-Sachen zwischen dem Vollstreckungsgericht und dem Prozeßgericht nichts geändert; die Familiengerichte sind daher nicht zuständig für diejenigen Verrichtungen, die im achten Buch der ZPO den Vollstreckungsgerichten zugewiesen sind (BGH MDR 79, 565).

4 „Dieses Buch" = Achtes Buch. § 802 gilt somit auch für das Arrest- und einstw Verfügungsverfahren.

Zweiter Abschnitt

ZWANGSVOLLSTRECKUNG WEGEN GELDFORDERUNGEN

Erster Titel

ZWANGSVOLLSTRECKUNG IN DAS BEWEGLICHE VERMÖGEN

I. Allgemeine Vorschriften

Vorbemerkungen

1 Die ZwV wegen Geldforderungen wird nach der Art der Vermögensgegenstände, die der Befriedigung des Gläubigers dienstbar gemacht werden sollen, unterschieden in die ZwV

a) in das **bewegliche** Vermögen (Erster Titel),
b) in das **unbewegliche** Vermögen (Zweiter Titel).

Auf beide Arten finden die Vorschriften des ersten Abschnitts (§§ 704–802) Anwendung.

2 Bei ZwV aus einem auf ausländische Währung lautenden Titel sind §§ 803 ff nur anzuwenden, wenn Schuldtitel auf Leistung eines nur in ausländischer Währung berechneten, in deutsche Währung umrechenbaren Geldbetrages (Wertschuld, Fremdwährungsschuld) gerichtet ist; sonst hat die Vollstreckung nach §§ 883, 884 zu erfolgen (LG Frankfurt NJW 56, 65; K. Schmidt ZZP 98 [1985] 46). Zur Absicherung des Pfändungsgläubigers vor den Folgen eines Konkurs- oder Vergleichsverfahrens s Noack MDR 75, 454. Mit der Eröffnung des Anschlußkonkursverfahrens werden auch solche innerhalb der Sperrfrist des § 104 VerglO getroffenen ZwV-Maßnahmen endgültig unwirksam, die infolge eines nach § 106 KO erlassenen allgemeinen Veräußerungsverbots schon vorher relativ unwirksam waren (BGH MDR 80, 394 = NJW 80, 345).

803 *[Pfändung]*
(1) Die Zwangsvollstreckung in das bewegliche Vermögen erfolgt durch Pfändung. Sie darf nicht weiter ausgedehnt werden, als es zur Befriedigung des Gläubigers und zur Deckung der Kosten der Zwangsvollstreckung erforderlich ist.

(2) Die Pfändung hat zu unterbleiben, wenn sich von der Verwertung der zu pfändenden Gegenstände ein Überschuß über die Kosten der Zwangsvollstreckung nicht erwarten läßt.

Lit: *Brehm*, Das Pfändungsverbot des § 803 Abs 2 ZPO bei der Anschlußpfändung, DGVZ 85, 65; *Wieser*, Die zwecklose Sachpfändung, DGVZ 85, 37.

I) 1) Bewegliches Vermögen (Gegensatz: §§ 864, 865). Hierunter fallen 1

a) Bewegliche Sachen (auch das Pachtinventar, PachtkreditG v 5. 8. 1951, BGBl I 494) sowie nicht eingetragene Schiffe (§ 929 a I BGB, anders eingetragene Schiffe und Schiffsbauwerke, die im Schiffsbauregister eingetragen sind oder eingetragen werden können, § 870 a), die noch nicht vom Boden getrennten Früchte, obwohl sie nach §§ 93, 94 BGB wesentliche Bestandteile des Grundstücks sind und materiellrechtlich nicht Gegenstand besonderer Rechte sein können. Eine Pfändung dieser Früchte ist aber nur zulässig, solange noch nicht ihre Beschlagnahme im Wege der ZwV in das unbewegliche Vermögen erfolgt ist (s § 810). Zubehör von Grundstücken und eingetragenen Schiffen unterliegt, sofern es nicht durch Veräußerung und Entfernung oder Aufhebung der Zubehöreigenschaft vor der Beschlagnahme nach §§ 1121, 1122 BGB von der Haftung frei geworden ist, der Immobiliarvollstreckung (§ 865 II). Gegenstand der ZwV in Sachen sind auch Wertpapiere (§ 821), Wechsel und andere indossable Wertpapiere (§ 831).

b) Geldforderungen (§§ 829 ff);

c) Ansprüche auf Herausgabe oder **Leistung körperlicher** (beweglicher und unbeweglicher) Sachen (§§ 846–849);

d) andere Vermögensrechte (s § 857).

2) Durch die **Pfändung** wird die Sache (Forderung oder das Recht) der Verfügungsmacht des Schuldners entzogen und für die Befriedigung des Gläubigers festgelegt (Verstrickung; s Rn 3 zu § 804). Pfändungspfandrecht: § 804. **Bewirkt** wird die **Pfändung** körperlicher Sachen dadurch, daß der Gerichtsvollzieher sie in Besitz nimmt (§ 808 I; bei Anschlußpfändung § 826). Durch Pfändungsbeschluß des Vollstreckungsgerichts werden gepfändet Geldforderungen (§§ 829 ff), Ansprüche auf Herausgabe oder Leistung körperlicher Sachen (§§ 846–849) und andere Vermögensrechte (§§ 857–863). 2

3) Voraussetzungen der Pfändung: S Rn 13 ff vor § 704 über die ZwV-Voraussetzungen. 3

II) Pfändung: 1) Der GV hat vor der Pfändung eine **Berechnung der Forderung** des Gläubigers aufzustellen bzw die vom Gläubiger eingereichte Berechnung zu prüfen (dazu § 130 GVGA). Zinsen, die bis zur Zahlung laufen, werden bis zu dem Tag berechnet, an dem voraussichtlich das gepfändete Geld oder der aus der Verwertung erzielte Erlös in die Hand des GV gelangt (§ 819; § 130 Nr 1 b GVGA). Prozeßkosten können nur auf Grund Kostenfestsetzungsbeschlusses beigetrieben werden (§ 794 I Nr 2). Kosten der ZwV (§ 788) sind mit der Hauptforderung beizutreiben. Vor Beginn der ZwV hat der GV den Schuldner, wenn er ihn nicht antrifft einen seiner Angehörigen, zur **freiwilligen Leistung** aufzufordern (§ 105 Nr 2 GVGA). Insoweit die Leistung **nicht bewirkt** wird, hat der GV zu **pfänden.** Soweit es ohne Schädigung der Interessen des Gläubigers geschehen kann, sind zunächst die Sachen zu pfänden, die der Schuldner am leichtesten entbehren kann (§ 131 GVGA). Der GV hat auf Wünsche des Schuldners, soweit dies ohne überflüssige Kosten und Umständlichkeiten und ohne Gefährdung der ZwV geschehen kann, geeignete Rücksicht zu nehmen. Er muß pfänden, auch wenn der Schuldner die zu pfändenden Sachen als einem Dritten zu Eigentum gehörig oder als Gegenstand eines einem Dritten zustehenden Pfand- oder Vorzugsrechts oder eines anderen die Veräußerung hindernden Rechts bezeichnet oder ein anwesender Dritter (zB die Ehefrau) ihr Eigentumsrecht geltend macht. Die Pfändung von derartigen Sachen darf nur unterbleiben, wenn genügend andere pfändbare Gegenstände vorhanden sind (s § 136 GVGA). 4

2) a) Das **Verbot der Überpfändung** (Abs 1 S 2) dient der Schonung des Schuldners; es gilt für jede Pfändungsart, also sowohl bei der Pfändung von Sachen wie bei derjenigen von Forderungen und anderen Rechten. Weil das Vollstreckungsgericht bei Pfändung einer Forderung (eines anderen Vermögensrechts) den Pfandwert nicht schätzen kann und ihm auch später weitgehend die Möglichkeit fehlt, sich über den wirklichen Wert der Forderung (des Rechts) Gewißheit zu verschaffen und weil auch der Gläubiger kaum Gelegenheit hat, sich über Höhe und Sicherheit (Einbringlichkeit) einer Forderung Kenntnis zu verschaffen, wird Vollpfändung einer Forderung, die höher ist als die Vollstreckungsforderung des Gläubigers, für zulässig erachtet, desglei- 5 chen Pfändung mehrerer Forderungen, die zusammen größer als der Vollstreckungsanspruch des Gläubigers sind, und Forderungspfändung neben anderen ZwV-Maßnahmen. Das Verbot der Überpfändung wird bei Vollstreckung in Forderungen und Rechte nur in Ausnahmefällen oder nach eingehender Prüfung im Erinnerungsverfahren praktische Bedeutung erlangen können. Wegen Einzelheiten s Stöber, FdgPfdg Rdn 755–760 mit Nachw. Das Verbot stellt ein Schutzgesetz zugunsten des Schuldners iS des § 823 II BGB dar (RG 143, 123; BGH BB 56, 254). Bei der Beurteilung der Frage, ob eine Überpfändung vorliegt, kommt es nicht auf die dem Vollstreckungstitel zugrunde liegende materielle Forderung, sondern auf die durch ihn ausgewiesene Forderung an (BGH JR 56, 185). Kündigt der Schuldner mit beachtlichen Gründen die Geltendmachung der Unpfändbarkeit und einer Drittwiderspruchsklage an, so verstößt der Gläubiger nicht gegen das Verbot der Überpfändung, wenn er noch vor Freigabeerklärung andere, sofort verwertbare Vermögensgegenstände des Schuldners pfänden läßt (LG Traunstein MDR 53, 112; Celle MDR 54, 79). Der GV darf nicht mehr pfänden, als nach seiner Überzeugung zur Deckung der Forderung des Gläubigers nötig ist. Abzustellen ist auf den voraussichtlichen Versteigerungserlös; eine Überpfändung liegt daher nicht ohne weiteres schon dann vor, wenn der Schätzwert gepfändeter Gegenstände den Gläubigeranspruch (samt Vollstreckungskosten) übersteigt (OVG Bremen NJW 86, 2131). Für den durch Überpfändung dem Schuldner entstandenen Schaden haftet der Staat (RG 143, 123).

6 **b)** Der Schuldner muß den **Einwand der Überpfändung,** die bis zur gegenteiligen Entscheidung des Gerichts voll wirksam ist, **durch Erinnerung nach § 766** geltend machen. Der GV selbst darf gepfändete Sachen nicht mehr aus dem Pfandverband entlassen, das Vollstreckungsgericht einen Pfändungsbeschluß nicht wieder von sich aus aufheben. Wurden Sachen gepfändet, die nach Angabe des Schuldners Eigentum eines Dritten sind usw, kann der Gläubiger sich ihm bietende andere Vollstreckungsmöglichkeiten (zB die Pfändung von Geldforderungen des Schuldners) erschöpfen.

7 **3)** Haften mehrere Personen als **Gesamtschuldner,** so kann der Gläubiger gleichzeitig gegen alle vollstrecken; wird er von einem der Schuldner befriedigt, können die anderen Klage nach § 767 stellen. Die Durchführung der ZwV gegen einen von mehreren Gesamtschuldnern darf nicht von der Vorlage aller gegen die Schuldner erteilten Vollstreckungstitel abhängig gemacht werden (LG Bremen DGVZ 82, 76; LG Stuttgart Justiz 83, 76 = Rpfleger 83, 161; AG Arnsberg DGVZ 79, 188; AG Groß-Gerau MDR 81, 151; aA AG Günzburg DGVZ 83, 168; AG Mönchengladbach-Rheydt DGVZ 82, 79; AG Wilhelmshaven DGVZ 79, 189; AG Wolfratshausen DGVZ 81, 159). Zur Pfändung gegen gesamtschuldnerisch haftende Ehegatten bei einem Schuldtitel s Hamm Rpfleger 62, 22.

8 **4) Nachpfändung:** Ergibt sich nach der Pfändung, daß der bei der Pfändung schätzungsweise angenommene Versteigerungserlös voraussichtlich nicht erreicht und so der Gläubiger nicht voll befriedigt werden wird, so hat der GV, ohne neue Weisung des Gläubigers abzuwarten, anderweitig zu pfänden. Er handelt fahrlässig, wenn er diese Pflicht erkennt und trotzdem die unverzügliche Nachpfändung unterläßt (HRR 26 Nr 1355). Die Nachpfändung kann auch dadurch verwirklicht werden, daß der GV die weiteren Sachen zusammen mit den bereits früher gepfändeten Sachen wegschafft (Karlsruhe MDR 79, 237).

9 **III) 1) Zwecklose Pfändung: Abs 2** dient dem Schutz des Schuldners vor Verlust eines Vermögensgegenstands, der keine Gläubigerbefriedigung (Verringerung der Verbindlichkeit des Schuldners) bewirkt (Brehm DGVZ 85, 65), soll aber auch Belastung des Gläubigers mit unnötigen Kosten unterbinden. Das Verbot gilt für die Erstpfändung; eine Anschlußpfändung (§ 826) hat (nach Abs 2) zu unterbleiben, wenn sie schon als Erstpfändung nicht erfolgen könnte (zB deshalb, weil der Wert des Pfandgegenstandes sich gemindert hat oder bei Erstpfändung zu hoch geschätzt wurde). Anschlußpfändung kann aber nach Abs 2 nicht nur deshalb unterbleiben, weil vorrangige Pfändungen einen Erlös für anschließende Pfandgläubiger zunächst nicht mehr erwarten lassen (die Anschlußpfändung kann sich mit Wegfall der früheren Maßnahme in eine Erstpfändung umwandeln; LG Marburg Rpfleger 84, 406; Brehm aaO; StJM Rdn 29 zu § 803). Wenn jedoch kein vernünftiger Zweifel bestehen kann, daß der Verwertungserlös voll dem früher pfändenden Gläubiger bleiben wird (Wieser DGVZ 85, 37) oder wenn sich Anschlußpfändungen derart häufen, daß der letzte Gläubiger zweifellos leer ausgehen wird (Lorenz MDR 52, 663), hat auch weitere Pfändung nach Abs 2 zu unterbleiben. Bei gleichzeitiger Vollstreckung für mehrere Gläubiger kann nur Pfändung nach Abs 2 insgesamt unterbleiben (aA LG Berlin DGVZ 83, 41 = MDR 83, 501; Lappe NJW 84, 1217: wegen Aufteilung der Auslagen nach Kopfteilen kann Pfändung nur für einzelne Gläubiger nach Abs 2 unzulässig sein; Gleichstellung mit nachpfändendem Gläubiger schließt das aber aus). Der GV hat die Verwertbarkeit der vorhandenen pfändbaren Sachen zu prüfen und ggfs auch die glaubhaft erscheinende Berechtigung der

Ansprüche Dritter an dem Gegenstand zu berücksichtigen (aA Wieser aaO: Ansprüche Dritter sind nicht zu berücksichtigen); wegen Berücksichtigung des Pfandrechts des Vermieters s § 560 II BGB. Sichert der Gläubiger für einen zu pfändenden Gegenstand selbst ein Gebot oder Erwerb mit Übereignung (§ 825) gegen ein Entgelt zu, das die zu erwartenden Kosten der ZwV übersteigt, kann die Pfändung aus den Gründen des Abs 2 nicht abgelehnt werden (AG Neustadt/Rbge DGVZ 79, 94; AG Walsrode DGVZ 85, 157). Sonst ist unter den Voraussetzungen des Abs 2 die Pfändung eines Gegenstandes auch dann unzulässig, wenn der Gläubiger die Verwertung des Gegenstandes nach § 825 begehrt (LG Essen DGVZ 72, 186). Die Vornahme von Taschenpfändungen, deren Erfolglosigkeit vorauszusehen ist, kann der GV ablehnen (AG Frankfurt DGVZ 75, 95); dies gilt auch dann, wenn das voraussehbare Ergebnis überwiegend darin besteht, den Schuldner öffentlich bloßzustellen (AG Passau DGVZ 74, 190).

2) Eine trotz Abs 2 erfolgte Pfändung ist wirksam. **Rechtsbehelf** des Schuldners: § 766. 10

804 *[Pfändungspfandrecht]*

(1) Durch die Pfändung erwirbt der Gläubiger ein Pfandrecht an dem gepfändeten Gegenstande.

(2) Das Pfandrecht gewährt dem Gläubiger im Verhältnis zu anderen Gläubigern dieselben Rechte wie ein durch Vertrag erworbenes Faustpfandrecht; es geht Pfand- und Vorzugsrechten vor, die für den Fall eines Konkurses den Faustpfandrechten nicht gleichgestellt sind.

(3) Das durch eine frühere Pfändung begründete Pfandrecht geht demjenigen vor, das durch eine spätere Pfändung begründet wird.

Lit: *Batsch*, Zum Tatbestand der „Vollstreckungsbefangenheit" eines Gegenstandes, ZZP 87 [1974] 1; *A. Blomeyer*, Zur Lehre vom Pfändungspfandrecht, in Festgabe für von Lübtow, 1970, S. 803; *Gaul*, Zur Struktur der ZwV, Rpfleger 1971, 1 (Abschn I 1c, S 4); *Geib*, Die Pfandverstrikkung, 1969; *Henckel*, Prozeßrecht und materielles Recht, 1970; *Kuchinke*, Pfändungspfandrecht und Verwertungsrecht bei der Mobiliarzwangsvollstreckung, JZ 1958, 198; *von Lübtow*, Die Struktur der Pfandrechte und Reallasten, in Festschrift für Lehmann, 1956, S 328; *Lüke*, Der Inhalt des Pfändungspfandrechts, JZ 1955, 484; *Lüke*, Die Rechtsnatur des Pfändungspfandrechts, JZ 1957, 239; *Marotzke*, Öffentlichrechtliche Verwertungsmacht und Grundgesetz, NJW 1978, 133; *Martin*, Pfändungspfandrecht und Widerspruchsklage im Verteilungsverfahren, 1963; *Noack*, Die staatliche Verstrickung und das Pfändungspfandrecht, JurBüro 1978, 19; *Säcker*, Der Streit um die Rechtsnatur des Pfändungspfandrechts, JZ 1971, 156; *Schlosser*, Vollstreckungsrechtliches Prioritätsprinzip und verfassungsrechtlicher Gleichheitssatz, ZZP 97 (1984) 121; *K. Schmidt*, Zur Anwendung des § 185 BGB in der Mobiliarvollstreckung, ZZP 87 (1974) 316; *Werner*, Die Bedeutung der Pfändungspfandrechtstheorien, JR 1971, 278.

I) Die **Pfändung** bewirkt Beschlagnahme (Verstrickung) und begründet für den Gläubiger ein Pfändungspfandrecht (Abs 1). **Beschlagnahme** (Verstrickung) ist die durch hoheitlichen Zugriff (Rn 1 vor § 704) bewirkte Sicherstellung der Sache für die Gläubigerbefriedigung. Sie unterstellt den Gegenstand für das Vollstreckungsverfahren staatlicher Verfügungsmacht zur Befriedigung des Gläubigers nach Maßgabe der gesetzlichen Vorschriften des Vollstreckungsrechts. Die Beschlagnahmewirkungen sollen den Erfolg des Verfahrens sichern. Rechtsänderungen durch Rechtshandlungen des Schuldners schließt die Beschlagnahme daher als Veräußerungsverbot nach §§ 135, 136 BGB aus. Strafrechtlicher Schutz gepfändeter beweglicher Sachen: § 136 StGB. 1

II) 1) Der Gläubiger erwirbt durch die Pfändung ein **Pfandrecht** an dem gepfändeten Gegenstande (Abs 1). Dieses Pfändungspfandrecht begründet den prozessualen Anspruch auf Erlöszuteilung (-auszahlung) nach bestimmter Rangordnung. Es hat damit vornehmlich rangsichernde Funktion (StJM Rdn 1, 3 zu § 804). Der Gläubiger hat infolge seines durch Pfändung begründeten Pfandrechts bei Konkurrenz mit anderen pfändenden Gläubigern und mit Gläubigern eines Vertragspfandrechts oder gesetzlichen Pfandrechts (Vorzugsrechts) Anspruch auf Befriedigung aus dem gepfändeten Gegenstand nach dem Zeitpunkt der Entstehung seines Pfandrechts (Abs 2, 3). Im Konkurs gewährt das Pfändungspfandrecht ein Recht auf abgesonderte Befriedigung (§ 49 I Nr 2 KO). Rechtsnatur und Wesen des Pfändungspfandrechts wurden vielfach erörtert. Infolge seiner prozessualen Bedeutung ist es (wie ZwV als Staatstätigkeit, Rn 1 vor § 704) öffentlich-rechtlicher Natur. Es entsteht durch hoheitliches Handeln eines ZwV-Organs und sichert Erlöszuteilung bei Pfandverwertung, die in Ausübung staatlicher Zwangsgewalt nach Maßgabe der Verfahrensvorschriften des ZwV-Rechts erfolgt. Damit ist das Pfändungspfandrecht wesensverschieden vom bürgerlich-rechtlichen Pfandrecht (§§ 1204 ff BGB): Inhalt und 2

Wirkungen bestimmen sich nach dem ZwV-Recht. Das schließt nicht aus, daß bei unzulänglicher Regelung des ZwV-Verfahrensrechts Vorschriften des BGB über das Pfandrecht auch auf das Pfändungspfandrecht (entsprechende) Anwendung finden (BGH LM 4 zu ZPO § 859 = NJW 68, 2059 = Rpfleger 68, 318 mit Nachw). Sie erlangen für das Pfandrecht an beweglichen Sachen wegen der umfassenden Regelung des Vollstreckungsverfahrensrechts wenig Bedeutung; für das Pfandrecht an Forderungen und vor allem an Rechten können sie nicht ausgeklammert bleiben. Vorschriften des BGB über das (rechtsgeschäftlich erlangte) Pfandrecht können auf das Pfändungspfandrecht aber stets nur (ergänzend) Anwendung finden, soweit das Vollstreckungsverfahrensrecht keine eigene Regelung trifft und die besondere Natur des Pfändungspfandrechts nicht entgegensteht (RG 156, 395 [397 f]; BGH aaO mit Nachw). Zum Wesen des Pfändungspfandrechts haben sich drei **Theorien** (mit Varianten) herausgebildet: Die öffentlich-rechtliche Theorie (Entstehung, Bedeutung und Untergang richten sich allein nach öffentlichem Recht), die gemischte privatrechtlich/öffentlich-rechtliche Theorie (Grundlage ist öffentlich-rechtliche Verstrickung, Verwertung erfolgt hoheitlich, im übrigen richtet sich Entstehung ebenso wie Bedeutung nach materiellem Recht, Untergang erfolgt mit Beendigung der Verstrikkung oder aus Gründen des materiellen Rechts) und die privatrechtliche Theorie (dritte Art des privatrechtlichen Pfandrechts; wird nicht mehr vertreten). Die (praktischen) Auswirkungen des Streits um Pfandrechtstheorien sind gering (zutr Brox/Walker Rdn 386; auch StJM Rdn 5 zu § 804). Ihre (nochmalige) Erörterung gehört nicht in diese Kommentierung. S wegen der Theorien daher zB Baumann/Brehm § 18 I 2b; Baur/Stürner § 25; Brox/Walker Rdn 374–393; Jauernig § 16; StJM Rdn 1 ff zu § 804; s außerdem die vor Rn 1 (Literatur) Genannten sowie Bötticher ZZP 85 (1972) 1 [12 ff].

3 **2)** Beschlagnahme und Pfändungspfandrecht **entstehen mit wirksamer Pfändung** (mag sie auch als fehlerhaft anfechtbar sein). Damit sind Beschlagnahme und Pfändungspfandrecht zugleich untrennbar miteinander verbunden (ThP Anm 5b zu § 803); das Pfandrecht teilt das Schicksal der Pfändung, weil es nur für Zwecke der ZwV entsteht. Unwirksamkeit der Pfändung begründet daher auch kein Pfändungspfandrecht (StJM Rdn 41 zu § 804); gutgläubiger Erwerb ist ausgeschlossen, weil es durch Staatsakt, nicht rechtsgeschäftlich erworben wird. Über wirksame Pfändung hinaus gibt es für das Pfändungspfandrecht keinen weiteren Entstehungstatbestand (StJM Rdn 7 zu § 804). Es hat nicht zur Voraussetzung, daß die zu sichernde Forderung (der vollstreckbare Anspruch) besteht oder fortbesteht (ist somit nicht akzessorisch), entsteht daher auch neben einem bereits bestehenden anderen Pfandrecht, wenn der Gläubiger die schon mit seinem Pfandrecht belastete Sache auch noch pfänden läßt (Frankfurt MDR 75, 228 = Rpfleger 74, 430 für Vermieterpfandrecht und zu Verwertungsfragen) und entsteht auch an körperlichen Sachen, die dem Schuldner nicht gehören (ohne Rücksicht auf Gut- und Bösgläubigkeit), aber auch an Sachen des Gläubigers wie mit Pfändung unter Eigentumsvorbehalt stehender (BGH 15, 171 = NJW 55, 64; BGH 39, 97 = NJW 63, 763; RG 79, 241) oder sicherungsübereigneter Sachen (daher auch kein Erlöschen bei Zusammentreffen mit dem Eigentum in einer Person; § 1256 BGB findet keine Anwendung).

4 **3)** Im **Verhältnis zu anderen Gläubigern** (nicht gegenüber dem Schuldner und Dritten) gewährt das Pfändungspfandrecht dieselben Rechte wie ein durch Vertrag erworbenes Faustpfandrecht (Abs 2 Halbs 1). Pfand- und Vorzugsrechte, denen es (gesetzlich) immer vorgehen würde, weil sie für den Fall eines Konkurses den Faustpfandrechten nicht gleichgestellt sind, sind nicht erkennbar; Abs 2 Halbs 2 dürfte damit gegenstandslos geworden sein. Die absonderungsberechtigten öffentlichen Abgaben des § 49 I Nr 1 KO gehen dem Pfändungspfandrecht vor (§ 49 II KO); im übrigen ist für das **Rangverhältnis** zwischen Pfändungspfandrecht und vertraglichem Pfandrecht (damit auch für das Rangverhältnis zu anderen Absonderungsberechtigten, § 49 I KO) allein die **zeitliche Priorität** der Entstehung maßgebend (BGH 52, 99 = NJW 69, 1347; BGH 93, 71 [76]). Vorrang vor dem früheren Pfändungspfandrecht haben nach § 1208 BGB später gutgläubig erworbene Vertragspfandrechte. Gutgläubiger Erwerb des Vorrangs eines Pfändungspfandrechts bleibt ausgeschlossen (Erwerb durch Staatsakt, nicht rechtsgeschäftlich).

5 **4)** Für **mehrere Pfändungspfandrechte** gilt das **Prioritäts-** (auch Präventions-)**Prinzip.** Eine frühere Pfändung geht der späteren Pfändung vor (Abs 3); gleichzeitige Pfändungen haben gleichen Rang. Auf die Reihenfolge, in der die Vollstreckungsaufträge an den Gerichtsvollzieher (auch das Vollstreckungsgericht) gelangt sind, kommt es nicht an (vgl § 168 Nr 1 GVGA). Bei Vorrang wird der Gläubiger des früheren Rechts vor dem nachrangigen Gläubiger voll befriedigt. Bei Gleichrang wird der Erlös im Verhältnis der einzelnen Forderungen verteilt. Hat der Gläubiger den besseren Rang rechtsmißbräuchlich erlangt, so steht der Ausnutzung der erworbenen Rechtsposition der Einwand der unzulässigen Rechtsausübung (§ 242 BGB) entgegen (BGH 57, 108 = MDR 72, 44 = NJW 71, 2226). Nach dem Präventionsprinzip ist auch die Pfändung von Sachen, die zur Zeit der Pfändung einer Bank übereignet waren, wirksam gegenüber

einem dritten Gläubiger, der sich nach der Pfändung die Ansprüche des Schuldners gegen die Bank hat abtreten lassen, die ihm für den Fall der Rückzahlung des Kredits bezüglich der sicherungsübereigneten Gegenstände zustehen (Braunschweig MDR 72, 57 mit abl Anm Tiedtke NJW 72, 1404). Nur für Beschlagnahme auf Grund dinglichen Titels (s § 810 II) bestimmt das Recht den „Rang". Haben mehrere Hypothekengläubiger auf Grund dinglichen Schuldtitels Gegenstände, die für die Hypothek haften, nacheinander pfänden lassen, so ist mithin das Rangverhältnis (§§ 879 ff BGB) unter ihren Grundpfandrechten auch für die Pfändung maßgebend; es geht also die Pfändung zugunsten der im Rang vorgehenden Hypothek auch vor, wenn sie später als die Pfändung zugunsten des Gläubigers der im Rang nachstehenden Hypothek erfolgt ist. Gleiches gilt, wenn von einem Nießbraucher des Grundstücks und einem Hypothekengläubiger Mietzinsen des Grundstücks gepfändet werden (RG 103, 140).

5) a) Gegenüber dem Schuldner hat der Gläubiger des Pfändungspfandrechts das (bei Arrestvollziehung, Sicherungsvollstreckung und Vorpfändung nur bedingte) Recht auf Befriedigung aus dem Pfandobjekt (Ablieferung des Erlöses) nach Maßgabe der Verfahrensvorschriften des Vollstreckungsrechts. Als nur prozessuales Befriedigungsrecht bildet es keine Rechtsgrundlage dafür, daß der Gläubiger den Erlös endgültig behalten darf. Vielmehr muß der Gläubiger den Erlös ggfs nach § 812 BGB wieder herausgeben, soweit nicht schon § 717 II anwendbar ist (StJM Rdn 22–27 zu § 804). **6**

b) Das Pfändungspfandrecht **erstreckt sich** auf den gepfändeten **Gegenstand** und die von ihm nach der Pfändung **getrennten Erzeugnisse** (entspr Anwendung von § 1212 BGB), ferner auf die **Ersatzgegenstände** (Erlös aus der Versteigerung oder dem freihändigen Verkauf), die **hinterlegte Sicherheit** oder das **Rückforderungsrecht,** bei Hinterlegung gepfändeter Forderungen sowohl bezüglich der Hauptforderung als auch der Hinterlegungszinsen. Sind mehrere Sachen für dieselbe Forderung gepfändet, so haftet jede für die ganze Forderung (§ 1222 BGB entspr). Ist der Gläubiger aus einer Sache befriedigt, kann Überpfändung (§ 803 I S 2) gerügt, aber auch mit Vollstreckungsgegenklage Aufhebung der Pfändung der übrigen Sachen verlangt werden. **7**

c) Für sein Befriedigungsrecht haftet dem Gläubiger der Pfandgegenstand in **Höhe der Forderung,** für die vollstreckt ist, einschließlich der laufenden Zinsen bis zum Zeitpunkt der Befriedigung (vgl § 1210 I S 1 BGB) und der Kosten der ZwV (keine Akzessorietät; aber Höhe des Erlösrechts durch Vollstreckungszugriff begrenzt). Verwendungen kann der Gläubiger nur als ZwV-Kosten nach § 788 erstattet verlangen (§ 1216 BGB gilt nicht). **8**

d) Der Pfandgläubiger ist nicht zur Verwahrung verpflichtet (§ 1215 BGB ist unanwendbar). Sicherungsverwertung nach § 1219 BGB ist ausgeschlossen (dafür § 816 I bzw § 930 II). Die Gefahr des Verlustes des Pfandgegenstands geht nicht auf den Gläubiger über. Unterschlägt der GV die gepfändete Sache, so trifft der Verlust den Schuldner; der Gläubiger haftet ihm nicht für den Schaden (RG JW 13, 101). Der Schuldner wiederum kann sich an den Staat halten (§ 839 BGB). **9**

e) Gegen Beeinträchtigung ist der Pfandgläubiger nach § 1227 BGB geschützt; er hat nach dieser entsprechend anwendbaren Vorschrift die Ansprüche eines beeinträchtigten Eigentümers. Herausgabe der Sache kann er jedoch nur an den GV verlangen. Als sonstiges Recht mit absoluter Wirkung begründet widerrechtliche Verletzung des Pfändungspfandrechts Anspruch nach § 823 I BGB. **10**

f) Gleich- oder nachstehende Gläubiger schützt ihr **Ablösungsrecht** gegen den Pfändungsgläubiger (§ 268 BGB). Diesem steht das Ablösungsrecht nach § 1249 BGB nicht zu; dafür § 805. **11**

6) Forderungsauswechslung schließt der Zusammenhang von Beschlagnahme und Pfändungspfandrecht aus. Umwandlung in ein Vertragspfandrecht ist nicht möglich. Mit **Rechtsnachfolge** in die Vollstreckungsforderung geht auch das Pfändungspfandrecht auf den neuen Gläubiger über (§ 401 BGB); das gilt für Gesamtrechtsnachfolge (insbesondere Erbfolge) ebenso wie für Einzelrechtsnachfolge, die mit Verfügung (Übertragung, § 398 BGB) oder gesetzlich (§ 412 BGB) eintritt (aA BLH 3 B zu § 804: geht nicht mit der Forderung über, außer bei Erbfolge, und ist ohne Forderung übertragbar). Zur Geltendmachung ist aber Umschreibung des Vollstreckungstitels auf den neuen Gläubiger gem § 727 erforderlich. **12**

III) Das Pfändungspfandrecht **erlischt,** wenn die Verstrickung endet (deren Schicksal es teilt), also mit Verwertung oder Aufhebung der Pfändung durch ein Vollstreckungsorgan (s § 776; aA Oldenburg NdsRpfl 54, 223: durch die gerichtliche Entscheidung, die die ZwV für unzulässig erklärt, ohne besondere Aufhebung; auch Düsseldorf JMBlNW 66, 140: durch Verzicht des Gläubigers, der dem Schuldner oder dem GV als Vollstreckungsorgan gegenüber zu erklären ist; s auch § 843). Verzicht allein auf das Pfandrecht ohne Aufhebung der Pfändung (Verstrickung) ist wegen des Zusammenhangs von Beschlagnahme und Pfandrecht ausgeschlossen. Verstrickung **13**

und Pfandrecht erlöschen, wenn ein im Hinblick auf die Pfändung gutgläubiger Dritter das Eigentum an der Pfandsache erwirbt (§ 936 BGB).

805 *[Klage auf vorzugsweise Befriedigung]*

(1) Der Pfändung einer Sache kann ein Dritter, der sich nicht im Besitz der Sache befindet, auf Grund eines Pfand- oder Vorzugsrechts nicht widersprechen; er kann jedoch seinen Anspruch auf vorzugsweise Befriedigung aus dem Erlös im Wege der Klage geltend machen, ohne Rücksicht darauf, ob seine Forderung fällig ist oder nicht.

(2) Die Klage ist bei dem Vollstreckungsgericht und, wenn der Streitgegenstand zur Zuständigkeit der Amtsgerichte nicht gehört, bei dem Landgericht zu erheben, in dessen Bezirk das Vollstreckungsgericht seinen Sitz hat.

(3) Wird die Klage gegen den Gläubiger und den Schuldner gerichtet, so sind diese als Streitgenossen anzusehen.

(4) Wird der Anspruch glaubhaft gemacht, so hat das Gericht die Hinterlegung des Erlöses anzuordnen. Die Vorschriften der §§ 769, 770 sind hierbei entsprechend anzuwenden.

1 **I) Zweck:** Berücksichtigung des Rechts eines Dritten, der Gläubiger eines besitzlosen Pfand- oder Vorzugsrechts ist, auf den Erlös aus Verwertung einer gepfändeten Sache. Seinen rangbesseren Anspruch auf den Erlös kann der Dritte, der sich nicht im Besitz der Sache befindet, nur mit Klage nach § 805 geltend machen. Die Klage nach § 771 auf Grund eines die Veräußerung hindernden Rechts zielt dagegen auf Erhaltung des Gegenstands.

2 **II) Anwendungsbereich:** Nur bei Pfändung körperlicher Sachen (§ 808 I; Begriff § 90 BGB), nicht bei Rechten.

3 **III) Voraussetzungen: 1)** Pfand- oder Vorzugsrecht eines Dritten. Anspruch auf vorzugsweise Befriedigung geben als Verwertungsrechte des bürgerlichen Rechts **a) Pfandrechte,** und zwar: Vertragspfand (§§ 1205 ff BGB), gesetzliches Pfandrecht (§ 1257 BGB), insbesondere des Vermieters, Verpächters, Gastwirts, auch das Pfandrecht des Düngemittellieferanten nach dem Gesetz vom 29. 1. 1949, außerdem Grundpfand- und Registerpfandrecht sowie Reallast, soweit die ihnen haftenden Gegenstände der ZwV in das bewegliche Vermögen unterliegen (§ 865 II), ferner das Pfandrecht am Inventar des Pächters eines landwirtschaftlichen Grundstücks nach dem Pachtkreditgesetz (dort §§ 11, 12).

4 **b) Zurückbehaltungsrechte** mit Verwertungsbefugnis nach § 49 Nr 3 und 4 KO.

5 **2) Kein Besitz** des Pfand- oder Vorzugsberechtigten an der gepfändeten Sache. Auf Grund eines besitzlosen (sonst § 809) Pfand- und Vorzugsrechts kann der Dritte der Pfändung nicht widersprechen. Er kann nur den Anspruch auf vorzugsweise Befriedigung aus dem Erlös im Wege der Klage geltend machen (Abs 1), auch wenn sein Anspruch noch nicht fällig ist. Vermieter, Verpächter und Gastwirt können wegen ihres gesetzlichen Pfandrechts nach § 805 klagen, wenn sie die Sache noch nicht in Besitz genommen haben (§§ 561, 581, 704 BGB). Aber auch der zur Widerspruchsklage berechtigte Dritte und der besitzende Pfandgläubiger, dessen Recht mit Verlust des Gewahrsams durch Pfändung nicht erloschen ist (StJM Rdn 16 zu § 805), kann sich an Stelle der Widerspruchsklage (§ 771) mit der (dieser gegenüber minderen) Klage auf vorzugsweise Befriedigung aus dem Erlös nach § 805 begnügen. Besitzverlust des Pfandgläubigers darf nicht das Erlöschen des Pfandrechts bewirkt haben (zB § 1253 I BGB). Ein Vermieterpfandrecht erlischt nicht dadurch, daß die gepfändete Sache im Wege der ZwV vom Mietgrundstück entfernt wird (BGH JZ 86, 686 mit Anm Baumgärtel = MDR 86, 752 = NJW 86, 2426; Frankfurt MDR 75, 228 = Rpfleger 74, 430).

6 **3) Anspruch auf vorzugsweise Befriedigung** aus dem Erlös vor dem Vollstreckungsgläubiger. Er besteht, wenn das Pfand- oder Vorzugsrecht Rang vor dem Pfändungsgläubiger oder soweit es gleichen Rang mit ihm hat (vgl Rn 2 zu § 804). Gutgläubiger Erwerb des Pfandrechts nach der Pfändung bewirkt mit Vorrang (§ 1208 BGB) Anspruch auf vorzugsweise Befriedigung.

7 **IV) 1)** Die **Klage** ist prozessuale Gestaltungsklage; sie ist ab Pfändung zulässig, solange die ZwV noch nicht beendet ist (BGH aaO), damit auch noch nach Hinterlegung des Versteigerungserlöses bei einem Treuhänder (BGH aaO), nicht mehr aber nach Erlösauszahlung an den Gläubiger. Sie schließt andere auf das behauptete Recht gestützte Klagen gegen den Gläubiger aus (BGH aaO). Nach Beendigung der ZwV ist nur noch die Klage des besser berechtigten Pfandgläubigers gegen den Vollstreckungsgläubiger aus ungerechtfertigter Bereicherung oder unerlaubter Handlung zum ordentlichen Gericht zulässig (RG 119, 269; BGH aaO). Hat der Gläubiger

das Pfand- oder Vorzugsrecht vorsätzlich oder fahrlässig verletzt, dann hat der Dritte gegen ihn Anspruch auf Schadensersatz (§ 823 BGB); vgl auch Böhm, Ungerechtfertigte ZwV und materiellrechtliche Ausgleichsansprüche, 1971. Für den Vermieter, Verpächter und Gastwirt erlangt die Monatsfrist des § 561 (mit §§ 581, 704) BGB keine Bedeutung, weil nicht Zurückschaffung der Sache verlangt wird. Kein Rechtsschutzinteresse besteht, wenn der Vollstreckungsgläubiger (oder Schuldner) der Auszahlung des Erlöses an den Vorzugsberechtigten zugestimmt hat. Zu erheben ist die Klage gegen jeden (von mehreren) Pfändungsgläubigern, der das Vorzugsrecht nicht anerkennt. Gleichzeitige Klage gegen Pfändungsgläubiger und Schuldner ist nur geboten, wenn der Schuldner das Vorzugsrecht des Dritten bestreitet. In diesem Fall sind Gläubiger und Schuldner als Streitgenossen anzusehen (Abs 3; §§ 59 ff). Beweispflichtig ist der Kläger für das behauptete Pfand- oder Vorzugsrecht und dessen Rang, damit auch für den Anspruch, für den er vorzugsweise Befriedigung begehrt. Beweisen muß er (regelmäßig) nur das Entstehen der Forderung, nicht aber, daß sie nicht erloschen ist (BGH aaO mit Anm Baumgärtel).

2) Ausschließlich **zuständig** (§ 802) ist sachlich je nach dem Wert des Streitgegenstandes (§ 23 GVG) das AG oder LG, örtlich das Gericht, in dessen Bezirk (Abs 2 mit § 764 II) die ZwV stattgefunden hat. 8

3) Klageantrag (Urteilsausspruch) geht dahin, daß der Kläger wegen des ihm zustehenden Betrags aus dem Versteigerungserlös (Reinerlös nach Abzug der Vollstreckungskosten) des (zu bezeichnenden) gepfändeten Gegenstandes bis zum Betrag seiner Forderung ... (Kosten, Zinsen und Nebenforderungen, Hauptsache) vor dem beklagten Gläubiger zu befriedigen ist. 9

4) Vollziehung: Durch GV nach Vorlage des Titels entspr § 775 oder durch Hinterlegungsstelle (§ 13 Nr 2 HinterlO). Wenn der Anspruch des Klägers noch nicht fällig ist, erfolgt Hinterlegung (anders StJM Rdn 23 zu § 805: bei unbekanntem Fälligkeitstermin Auszahlung unter Abzug von Zwischenzinsen für unverzinsliche Forderung). Das Ablösungsrecht nach § 268 BGB steht dem Pfand- oder Verzugsberechtigten neben der Klage aus § 805 zu. 10

5) Einstweilige Anordnung: Das Prozeßgericht kann auf Antrag durch einstweilige Anordnung (§ 769) die Hinterlegung des Erlöses anordnen; wird der Anspruch glaubhaft gemacht (§ 294), so ist die Hinterlegung von Amts wegen anzuordnen. In dringenden Fällen kann das Vollstreckungsgericht nach § 769 II eine einstweilige Anordnung unter Bestimmung einer Frist erlassen, innerhalb der die Entscheidung des Prozeßgerichts beizubringen ist; hierfür ist der Rechtspfleger zuständig (§ 20 Nr 17 RpflG). 11

V) Gebühr: 1) des **Gerichts: a)** Regelgebühren (KV Nr 1010, 1013 ff). **b) Keine** Gebühr für Prozeßvergleich, wenn der Wert des Vergleichsgegenstandes den Wert des Streitgegenstandes nicht übersteigt, anderenfalls ¼ Vergleichsgebühr vom Differenzbetrag (KV Nr 1170). **c)** Ebenfalls **keine** Gebühr für Verfahren der einstw AO (Abs 4). – **2)** des **Anwalts:** §§ 31 ff BRAGO. Das Verfahren der einstw AO auf Erlöshinterlegung (vgl Köln JurBüro 77, 1397) gehört zum Rechtszug (§ 37 Nr 3 BRAGO). Findet eine (abgesonderte) mündl Verhandlung statt, so erhält der RA 3/10 der in § 31 bestimmten Gebühren (§ 49 BRAGO). – **3) Streitwert:** s § 3 Rn 16 „Vorzugsweise Befriedigung". 12

806 *[Keine Gewähr bei Pfandverkauf]*

Wird ein Gegenstand auf Grund der Pfändung veräußert, so steht dem Erwerber wegen eines Mangels im Recht oder wegen eines Mangels der veräußerten Sache ein Anspruch auf Gewährleistung nicht zu.

§ 806 soll (entsprechend § 56 S 3 ZVG) etwaigen Zweifeln vorbeugen, die sich aus den Vorschriften des BGB über den Kaufvertrag ergeben könnten (Begr). Praktische Bedeutung hat die Vorschrift bei der Veräußerung im Wege öffentlicher Versteigerung kaum, da für diese Fälle schon § 935 II, § 461 BGB und § 367 HGB die erforderliche Bestimmung zum Schutze des Erwerbers treffen. Beim Verkauf aus freier Hand oder bei sonstiger Verwertung nach §§ 820 ff, 825, 844, 857 dagegen kann der Erwerber, wenn die Sachen dem Eigentümer gestohlen, verloren oder sonst abhanden gekommen waren, zur Herausgabe verpflichtet sein. Er hat dann nach § 806 keinen Anspruch auf Gewährleistung, aber ev einen Bereicherungsanspruch gegen den Schuldner (KomBer). Ebenso verhält es sich bei Mängeln der Sache (München DGVZ 80, 122). Nicht unter § 806 fällt der Selbsthilfeverkauf durch den GV (§ 373 HGB; RG JW 02, 545). 1

807 *[Eidesstattliche Versicherung]*

(1) Hat die Pfändung zu einer vollständigen Befriedigung des Gläubigers nicht geführt oder macht dieser glaubhaft, daß er durch Pfändung seine Befriedigung nicht vollständig erlangen könne, so ist der Schuldner auf Antrag verpflichtet, ein Verzeichnis seines Vermögens vorzulegen und für seine Forderungen den Grund und die Beweismittel zu bezeichnen. Aus dem Vermögensverzeichnis müssen auch ersichtlich sein

1. die im letzten Jahre vor dem ersten zur Abgabe der eidesstattlichen Versicherung anberaumten Termin vorgenommenen entgeltlichen Veräußerungen des Schuldners an seinen Ehegatten, vor oder während der Ehe, an seine oder seines Ehegatten Verwandte in auf- oder absteigender Linie, an seine oder seines Ehegatten voll- oder halbbürtigen Geschwister oder an den Ehegatten einer dieser Personen;

2. die im letzten Jahre vor dem ersten zur Abgabe der eidesstattlichen Versicherung anberaumten Termin von dem Schuldner vorgenommenen unentgeltlichen Verfügungen, sofern sie nicht gebräuchliche Gelegenheitsgeschenke zum Gegenstand hatten;

3. die in den letzten zwei Jahren vor dem ersten zur Abgabe der eidesstattlichen Versicherung anberaumten Termin von dem Schuldner vorgenommenen unentgeltlichen Verfügungen zugunsten seines Ehegatten.

Sachen, die nach § 811 Nr. 1, 2 der Pfändung offensichtlich nicht unterworfen sind, brauchen in dem Vermögensverzeichnis nicht angegeben zu werden, es sei denn, daß eine Austauschpfändung in Betracht kommt.

(2) Der Schuldner hat zu Protokoll an Eides Statt zu versichern, daß er die von ihm verlangten Angaben nach bestem Wissen und Gewissen richtig und vollständig gemacht habe. Die Vorschriften der §§ 478 bis 480, 483 gelten entsprechend.

Lit: *Schmidt,* Eidesstattliche Versicherungen an Stelle von Offenbarungseiden, Rpfleger 1971, 134; *E. Schneider,* Die Fruchtlosigkeitsbescheinigung als Beweismittel, MDR 1976, 533; *E. Schneider,* Offenbarungsversicherung bei Niederlegung der gesetzlichen Vertretung, MDR 1983, 724.

1 **I) Zweck:** Pflicht des Schuldners zur Vermögensoffenbarung, die Interessen des Gläubigers dient. Ihm sollen Unterlagen für weitere ZwV-Maßnahmen zugänglich gemacht werden. Er soll vor allem die Kenntnis derjenigen Vermögensstücke erlangen, die möglicherweise seinem Zugriff im Wege der ZwV unterliegen (BVerfGE 61, 126 = NJW 83, 559; BGHSt 15, 128 = MDR 61, 71 = NJW 60, 2200 [2201]; Düsseldorf ZIP 84, 1499 [1500]).

2 **II) Anwendungsbereich:** ZwV wegen Geldforderungen (§§ 803–882 a) mit Offenbarungsverfahren nach §§ 899–915. Geregelt ist außerdem die Offenbarungspflicht bei Herausgabevollstreckung in § 883 II, bei Konkurs in § 125 KO, im Vergleichsverfahren in § 69 II VerglO. Das BGB bestimmt Offenbarungspflichten zB in §§ 259, 260, 2006, 2028, 2057; Verfahren in diesen Fällen §§ 79, 163 FGG und, wenn der Schuldner verurteilt ist, § 889.

3 **III) Voraussetzungen** der Offenbarungspflicht: **1)** Die Voraussetzungen der **ZwV wegen einer Geldforderung** müssen erfüllt sein (Rn 14–17 vor § 704; §§ 704, 725, 750 usw). Hierfür kann Vollstreckungstitel auch ein Urteil auf Hinterlegung einer Geldforderung oder auf Duldung der ZwV wegen einer Geldforderung, ein Arrestbefehl (§ 928) oder eine auf Geldzahlung lautende einstweilige Verfügung (§ 940) sein. Offenbarungspflicht besteht auch, wenn Sicherungsvollstreckung zulässig ist (Rn 7 zu § 720 a). Das Rechtsschutzbedürfnis (Rn 17 vor § 704) fehlt, wenn der Gläubiger bereits das gesamte Vermögen des Schuldners zuverlässig kennt (Dresden OLG 37, 185; auch LG Frankenthal Rpfleger 81, 363; bei behaupteter Offenlegung der Vermögensverhältnisse nicht der Fall, LG Verden Rpfleger 86, 186), sicher weiß, daß der Schuldner kein Vermögen hat (LG Itzehoe Rpfleger 85, 15) oder wenn der Gläubiger auf einfacherem Weg Befriedigung erlangen könnte (LG Mannheim MDR 74, 148).

4 **2) Antrag** des Gläubigers (§ 900 I). Der Gläubiger kann seinen Antrag auch auf einen Teil der Angaben beschränken, deren Offenlegung er nach § 807 verlangen kann, zB auf den Verbleib eines bestimmten Gegenstandes (BGHSt 15, 128 = aaO), auf Verzeichnung nur des geschäftlichen Vermögens, nur des Nachlasses, auf Angabe nur des Arbeitgebers. Andere als die nach § 807 zu offenbarenden Angaben kann der Gläubiger nicht verlangen.

5 **3) a) Schuldner** als Antragsgegner. Die Offenbarungspflicht begründet § 807 für die nach dem Leistungstitel verpflichtete natürliche oder juristische Person oder Handelsgesellschaft (§ 124 HGB) als Schuldner (Rn 3 ff zu § 750). Bezeichnet der Schuldtitel einen Einzelkaufmann unter seiner Firma, dann ist der Inhaber zur Zeit der Rechtshängigkeit als Schuldner offenbarungspflichtig (Rn 10 zu § 750); er hat sein Gesamtvermögen (sein Privatvermögen und das dem Handelsgeschäft dienende Vermögen) zu offenbaren.

b) Die **Offenbarungspflicht** hat zu erfüllen: Der **prozeßfähige Schuldner.** Der arbeitsmündige **Minderjährige** (§ 113 BGB) ist jedoch nur offenbarungspflichtig, wenn die Vollstreckungsforderung aus dem mit Ermächtigung des gesetzlichen Vertreters eingegangenen Dienst- oder Arbeitsverhältnis herrührt und dann nur beschränkt auf sein zur erlaubten Tätigkeit gehörendes Sondervermögen (zB Angabe des Arbeitgebers; LG Münster DGVZ 74, 41 = FamRZ 74, 467 L). Der zum Betrieb eines Erwerbsgeschäfts ermächtigte Minderjährige (§ 112 BGB) ist nur für das Betriebsvermögen offenbarungspflichtig (Breslau OLG 35, 140; KG MDR 68, 930 = NJW 68, 2245 = OLGZ 68, 428). Der in Ehesachen nach § 607 I prozeßfähige, in der Geschäftsfähigkeit beschränkte Ehegatte ist wegen des Vergütungsanspruchs seines Prozeßbevollmächtigten in der Ehesache nicht offenbarungspflichtig (Hamm FamRZ 60, 156). Wenn der Schuldner nicht prozeßfähig ist, hat für ihn sein **gesetzlicher Vertreter** im Zeitpunkt des Termins (Schleswig Rpfleger 79, 73 mwN; LG Köln Rpfleger 70, 406, StJM Rdn 44 zu § 807; aA KG JW 32, 3196: Zustellung der Ladung; im übrigen Rn 8) zu offenbaren (LG Koblenz DGVZ 72, 117 = FamRZ 72, 471 L), nicht jedoch derjenige von mehreren gesetzlichen Vertretern (dazu Rn 10), dem die Vermögensverwaltung nicht obliegt (Braunschweig OLG 20, 371; vgl auch Schmidt MDR 60, 980; Lipschitz DRiZ 63, 151). Ein Nachlaßpfleger ist als gesetzlicher Vertreter des unbekannten Erben (für den seiner Verwaltung unterliegenden Nachlaß) offenbarungspflichtig (LG Düsseldorf JurBüro 84, 1425); ein Gebrechlichkeitspfleger hat die Offenbarungspflicht für den Schuldner nur zu erfüllen, wenn ihm die Verwaltung des Schuldnervermögens obliegt (KG MDR 68, 930 = aaO; LG Bonn MDR 64, 418), nicht aber, wenn er sonst nur für bestimmte Angelegenheiten bestellt ist (Braunschweig OLG 20, 373). Wenn ein Leistungs- und Duldungstitel vorliegt, sind der Leistungs- und der Duldungsschuldner offenbarungspflichtig, bei **Gesamtschuldnern** ist jeder der Schuldner, bei Gütergemeinschaft jeder Ehegatte im Falle des § 740 II offenbarungspflichtig, wenn jedem gegenüber die Voraussetzungen des § 807 vorliegen. Sonst ist bei Gütergemeinschaft nur der verurteilte Ehegatte offenbarungspflichtig (§ 740 I, § 741). Bei der Zugewinngemeinschaft begründet § 739 für den anderen Ehegatten keine Verpflichtung zur Vermögensoffenbarung. Während eines Zwangsverwaltungsverfahrens muß der Schuldner die Vermögensversicherung über das bewegliche Vermögen (und nicht beschlagnahmten Grundbesitz) abgeben (LG Düsseldorf MDR 58, 171), bei Konkurs über das konkursfreie Vermögen, wenn wegen erst nach Konkurseröffnung fällig gewordener Unterhaltsforderungen vollstreckt wird (LG Düsseldorf MDR 58, 172). 6

c) Für eine **OHG** oder **KG** (auch GmbH & Co KG) sind die vertretungsberechtigten Gesellschafter (§ 125 mit § 161 II HGB) oder Liquidatoren (§§ 146, 149 mit § 161 II; Nürnberg JW 31, 2151) für das Vermögen der Gesellschaft offenbarungspflichtig, gegen die die ZwV betrieben wird (§ 124 II HGB; Hamburg OLG 29, 261; KG NJW 68, 930 = OLGZ 68, 428). Für den **Verein** (auch für den nicht rechtsfähigen, § 735) hat der Vorstand (§ 26 BGB) die Offenbarungspflicht zu erfüllen; nach Auflösung trifft die Pflicht die Liquidatoren (§ 48 BGB); nach aA müssen für den nicht rechtsfähigen Verein nach Auflösung die einzelnen Mitglieder das fortbestehende Vereinsvermögen (§ 730 II BGB) offenbaren (Rostock OLG 25, 175). 7

d) Für eine **GmbH** trifft den (die) Geschäftsführer im Zeitpunkt des Termins (Hamm JurBüro 85, 467 = OLGZ 85, 227 und MDR 84, 854; Schleswig Rpfleger 79, 73; Köln MDR 83, 676; Düsseldorf MDR 61, 328; E. Schneider MDR 83, 724 [725]), nicht am Tage der Zustellung der Ladung (so noch Frankfurt JurBüro 76, 387 = Rpfleger 76, 27; KG JW 32, 3196), im Falle der Liquidation die Abwickler (KG JW 30, 2066) die Verpflichtung zur Offenbarung des Gesellschaftsvermögens, auch wenn er im Handelsregister nicht eingetragen ist (Düsseldorf und Frankfurt aaO; Frankfurt JW 26, 2114). Der nach Erlaß des Haftbefehls abberufene (ausgeschiedene) Geschäftsführer bleibt zur Abgabe der Offenbarungsversicherung verpflichtet (daher keine Aufhebung des Haftbefehls, Stuttgart MDR 84, 238 = OLGZ 84, 177). Bei Geschäftsführerwechsel zwischen Antragstellung und Termin ist der neue Geschäftsführer offenbarungspflichtig (Schleswig und Düsseldorf aaO; Frankfurt JW 26, 2114). Ein ausgeschiedener Geschäftsführer kann bei einer Treu und Glauben widersprechenden Beeinträchtigung der Gläubigerinteressen offenbarungspflichtig bleiben, so wenn er sein Amt nur niedergelegt hat (oder als Einmanngesellschafter seine Abberufung beschlossen hat), um sich der Verpflichtung zu entziehen (Schleswig aaO; KG JW 29, 2164; Düsseldorf aaO; Hamm OLGZ 85, 227 = aaO; Frankfurt JW 26, 2114 und 27, 726; Nürnberg JW 30, 3783; E. Schneider aaO). Dafür kann (nicht muß) sprechen, daß ein neuer Geschäftsführer nicht bestellt ist (vgl LG Hannover DGVZ 81, 60; AG Burgdorf DGVZ 80, 45; aA Köln MDR 83, 676; Schneider aaO, die fallbezogene tatsächliche Feststellungen verlangen); das ist nicht der Fall, wenn der neue Geschäftsführer zur Abgabe der Offenbarungsversicherung für die Gesellschaft in der Lage ist (Schleswig aaO). Für eine wegen Vermögenslosigkeit nach dem LöschG 1934 gelöschte GmbH, ebenso für eine nach Beendigung der Liquidation auf Anmeldung der Abwickler gelöschte GmbH sind die lezten Geschäftsführer oder Liquidatoren verpflichtet, die Offenbarungsversicherung abzugeben (Frankfurt JurBüro 76, 1260 = Rpfleger 76, 329, auch 8

MDR 83, 135 = OLGZ 83, 75; LG München I Rpfleger 74, 371; LG Frankenthal DGVZ 81, 9; LG Freiburg Rpfleger 80, 117; Kirberger Rpfleger 75, 341 [343 f]; aA, nur ein neu zu bestellender Liquidator ist verpflichtet, LG Berlin JurBüro 75, 673 = Rpfleger 75, 374). Wegen der Vermutung der Vermögenslosigkeit, die die Löschung durch das Registergericht begründet, genügt es jedoch nicht, daß der Gläubiger behauptet, die Gesellschaft müsse noch Vermögenswerte besitzen. Die Vermutung der Vermögenslosigkeit muß vielmehr durch substantiierten Vortrag der Tatsachen entkräftet werden, aus denen das Vorhandensein von Gesellschaftsvermögen sich ergeben soll (Frankfurt JurBüro 76, 1260 = aaO; LG München I und LG Frankenthal je aaO; Kirberger aaO; aA LG Freiburg Rpfleger 80, 117). Eine für das Offenbarungsverfahren noch fehlende Zustellung des Vollstreckungstitels (§ 750 I) und sonstige Zustellungen können an die GmbH jedoch nicht mehr vorgenommen werden; hierfür ist der frühere Geschäftsführer (Liquidator) nicht mehr Vertreter; vielmehr ist entspr § 273 IV AktG ein Geschäftsführer neu zu bestellen (Frankfurt MDR 83, 135 = aaO).

9 Für eine **AG,** eine **KG aA,** eine **eG** und einen **VVaG** sind die Mitglieder des Vorstands (bzw der persönlich haftenden Gesellschafter) oder die Liquidatoren offenbarungspflichtig.

10 **e) Gesetzliche Vertreter** Minderjähriger oder sonst nicht prozeßfähiger Personen, vertretende Gesellschafter einer OHG oder KG, Mitglieder des Vorstands (Liquidatoren) eines Vereins, einer AG, KG aA, eG oder eines VVaG und die Geschäftsführer (Liquidatoren) einer GmbH **offenbaren im Namen des Schuldners** (der Gesellschaft usw) **dessen Vermögen.** Wenn die Vertretung durch **mehrere** gesetzliche **Vertreter,** Vorstandsmitglieder, Geschäftsführer oder Liquidatoren zu erfolgen hat (Gesamtvertretung), ist die Offenbarungsversicherung von so vielen Vorstandsmitgliedern abzugeben, wie zur Vertretung erforderlich sind. Die eidesstattliche Versicherung für den Vertretenen (die Gesellschaft usw) mit der Folge, daß Eintragung in das Schuldnerverzeichnis zu erfolgen hat, ist daher erst abgegeben, wenn alle zur Gesamtvertretung erforderlichen Vertreter die Versicherung abgegeben haben (Schweyer Rpfleger 70, 406; Dresden SeuffArch 67, 375; aA Köln Rpfleger 70, 406; Versicherung durch ein Vorstandsmitglied eines Vereins befreit die anderen Vorstandsmitglieder von ihrer Offenbarungspflicht). Nach aA soll, wenn mehrere Vertreter vorhanden sind, aber Einzelvertretungsbefugnis besteht oder zwar Gesamtvertretung besteht, aber nicht alle Mitglieder des Vorstands (Geschäftsführer usw) handeln müssen (zB Vertretung durch je zwei gemeinsam), das Gericht entsprechend § 455 I S 2 mit § 449 bestimmen können, welcher Vertreter die Versicherung abzugeben hat (StJM Rdn 44, auch ThP Anm 4a, je zu § 807). Wirksame Prozeßhandlung erfordert jedoch Vornahme durch Vertreter in der für die Gesamtvertretung erforderlichen Zahl, so daß bis zur Versicherung durch Vertreter in erforderlicher Zahl die Offenbarungspflicht für alle besteht.

11 **f)** Eine **Partei kraft Amtes** (Konkursverwalter, Zwangsverwalter, Testamentsvollstrecker, § 748) ist als Schuldner für das seiner Verwaltung unterliegende Vermögen offenbarungspflichtig. Die Offenbarungspflicht hat der Verwalter zu erfüllen, der das haftende Vermögen im Zeitpunkt des Termins verwaltet. Legt er sein Amt nieder, dann besteht die Offenbarungspflicht nur bei Treu und Glauben widersprechender Beeinträchtigung der Gläubigerinteressen fort (Rn 8).

12 **g) Der Erbe** und der sonst nach § 786 beschränkt Haftende muß sein eigenes Vermögen und den Nachlaß offenbaren, solange die beschränkte Haftung nicht rechtskräftig feststeht. Steht sie fest und wird der Erbe allgemein zur Abgabe der eidesstattlichen Versicherung geladen, kann er durch Klage beantragen zu erkennen: die ZwV durch Ladung des Klägers zur Abgabe der eidesstattlichen Versicherung wird für unzulässig erklärt, insoweit sie für das nicht ererbte Vermögen des Schuldners in Frage kommt (§§ 781, 785, 767, Hamburg OLG 11, 99; anders Marienwerder OLG 19, 4).

13 **4)** Die Pfändung darf zu einer **vollständigen Befriedigung** des Gläubigers **nicht geführt haben** (ist nachzuweisen) oder durch Pfändung darf der Gläubiger Befriedigung nicht vollständig erlangen können (ist glaubhaft zu machen) (Abs 1 S 1).

14 **a) aa)** Die ganz oder teilweise **erfolglos** gebliebene **Pfändung** körperlicher Sachen muß auch in der Wohnung versucht worden sein; Vollstreckungsversuch nur im Geschäftslokal (oder auch nur in der Wohnung, nicht aber im Geschäftslokal) genügt nicht (Köln MDR 76, 53 = Rpfleger 75, 441; LG Berlin DGVZ 73, 190; LG Wuppertal MDR 64, 1012). Bei weiterem Wohnsitz muß die Pfändung auch dort versucht worden sein (aA Frankfurt Rpfleger 77, 415: nur Hauptwohnsitz). Pfändung auch in der Wohnung oder im Nebenwohnsitz ist aber nur dann vorausgesetzt, wenn der Gläubiger diese kennt oder deren genaue Lage auf zumutbare Weise ermitteln kann (Köln MDR 76, 53 = aaO; LG Essen MDR 76, 53). Befriedigung des Gläubigers durch Pfändung ist nicht schon dann erfolglos betrieben worden, wenn der Schuldner die Durchsuchung seiner Wohnung oder Geschäftsräume verweigert hat (Rn 3 ff zu § 758; Stuttgart Justiz 81, 79 = Rpfleger 81, 152; LG Hannover DGVZ 85, 76; LG Itzehoe DGVZ 84, 190; LG München DGVZ 85, 77;

anders LG Aachen Rpfleger 81, 444, dem aber Glaubhaftmachung im Einzelfall genügte; LG Detmold NJW 86, 2261). Der Gläubiger muß vielmehr nach Erwirkung der richterlichen Durchsuchungsanordnung die Pfändung beweglicher Sachen im Gewahrsam des Schuldners versucht haben, und zwar auch bei einem Schuldner, der lediglich eine Schlafstelle bei Familienangehörigen oder einem sonstigen Dritten hat (Stuttgart aaO).

bb) Daß der Schuldner Vermögen besitzt, für das die Vorschriften über die ZwV in das **unbewegliche Vermögen** gelten (§ 864), hindert die Durchführung des Offenbarungsverfahrens nicht. Ebensowenig ist nachzuweisen, daß die ZwV in Forderungen oder andere Vermögensrechte (§§ 828–863) erfolglos war, da dem Gläubiger die Vollstreckungsmöglichkeiten in solche Rechte idR nicht bekannt sind. Kennt jedoch der Gläubiger eine Forderung des Schuldners, dann muß auch dargetan sein, daß deren Pfändung Befriedigung nicht ermöglicht. Hat der Gläubiger eine angebliche Forderung des Schuldners pfänden lassen, muß er nachweisen, daß sie nicht oder erst in absehbarer Zeit einbringlich ist (Jena OLG 14, 169; KG JW 27, 2063; s auch Bierbach MDR 56, 78). Dafür kann Erklärung des Drittschuldners genügen, uU auch Glaubhaftmachung, daß von diesem weder Zahlung noch Auskunft zu erlangen ist (so, wenn Drittschuldner Auskunft nach § 840 I nicht erteilt, LG Itzehoe SchlHA 85, 107). Ist dem Gläubiger der Arbeitgeber des Schuldners bekannt, muß er nachweisen, daß die Pfändung des Arbeitseinkommens keine oder keine alsbaldige Befriedigung verschaffen wird oder glaubhaft machen, daß eine Pfändung (zB wegen hoher Vorpfändung oder Abtretung) keinen Erfolg verspricht (KG MDR 68, 56; LG Berlin MDR 75, 497). 15

cc) Daß Pfändung zu einer vollständigen Befriedigung des Gläubigers nicht geführt hat, ist nachzuweisen (GV-Protokollabschrift). Der Nachweis kann auch durch Rückschlüsse aus einer Mitteilung des GV oder durch Bezugnahme auf die Sonderakten des GV erbracht werden (LG Essen DGVZ 79, 9). Der Nachweis ist bei der **Antragstellung** zu führen. Er muß daher mit dem Antrag in einem zeitlichen und tatsächlichen Zusammenhang stehen, der ergibt, daß die Offenbarungsversicherung wegen dieser erfolglosen Pfändung verlangt wird (Schneider MDR 76, 533 mwN). Ein fester Zeitraum läßt sich hier nicht bestimmen, es kommt auf die Umstände des Einzelfalls an (Frankfurt DGVZ 75, 120 = MDR 74, 762 L = OLGZ 74, 486; LG Hamburg MDR 83, 140). Erforderlichenfalls hat der Gläubiger darzulegen, worauf eine unverhältnismäßig lange Zwischenzeit zwischen Pfändungsversuch und Antragstellung zurückzuführen ist. Mit Vorlage des Nachweises **bei** der Antragstellung ist der Nachweis grundsätzlich auch **für die Dauer des Verfahrens** geführt, es sei denn, der Gläubiger hat durch eigene Untätigkeit oder nutzlose Prozeßhandlung das Verfahren verzögert (Frankfurt Rpfleger 77, 144; Schneider aaO; vgl auch Dempewolf BB 77, 1630). 16

dd) Ergibt das Pfändungsprotokoll, daß nur die gepfändeten Sachen pfändbar waren, und hat der Gläubiger diese freigegeben, nachdem der Dritte ein die Veräußerung hinderndes Recht (§ 771) oder ein Vorrecht (§ 805) geltend oder glaubhaft gemacht hat, ist die Unpfändbarkeit des Schuldners dargetan (LG Köln Rpfleger 71, 229). Bei einem Interventionsprozeß gilt das gleiche nur, wenn die ZwV eingestellt ist (Düsseldorf OLGZ 69, 490). Aussetzung der Pfandverwertung nach § 813a hindert den Gläubiger nicht, gegen den Schuldner das Offenbarungsverfahren zu betreiben (LG Essen MDR 61, 1023). Der GV kann die Erteilung der Unpfändbarkeitsbescheinigung vorläufig zurückstellen, bis der Gläubiger die Verwertung der gepfändeten Sache nach § 825 versucht hat (LG Oldenburg NJW 69, 2243). Der Gläubiger ist nicht genötigt, seine unter Eigentumsvorbehalt stehende Sache bei Vollstreckung wegen der Kaufpreisrestforderung zu pfänden; besitzt der Schuldner keine sonstigen pfändbaren Sachen, so hat der GV Unpfändbarkeitsbescheinigung zu erteilen (LG Saarbrücken MDR 66, 768). 17

b) Offenbarungspflicht besteht auch, wenn kein Unpfändbarkeitsnachweis erbracht ist, der Gläubiger jedoch **glaubhaft macht,** daß er durch Pfändung **volle Befriedigung nicht erlangen kann.** Glaubhaftmachung (§ 294) kann insbesondere durch eine Bescheinigung des GV erfolgen, daß die ZwV fruchtlos verlaufen werde, auch deshalb, weil in letzter Zeit beim Schuldner im Auftrag anderer Gläubiger durchgeführte Pfändungen erfolglos waren (sogen **Unpfändbarkeitsbescheinigung,** § 63 GVGA). Auch diese Bescheinigung muß mit dem Auftrag in einem zeitlichen Zusammenhang stehen. Zur Glaubhaftmachung geeignet kann auch eine ältere Unpfändbarkeitsbescheinigung sein, wenn das Gericht gegen den vollen Nachweis der Unpfändbarkeit wegen des Zeitablaufs Bedenken hat (LG Hagen MDR 75, 497). Hinweis auf ungelöschte Haftbefehle kann, muß aber nicht zur Glaubhaftmachung genügen (LG Frankenthal JurBüro 85, 466 = Rpfleger 84, 472; LG Hanau JurBüro 84, 783 mit Anm Mümmler; aA LG Berlin DGVZ 84, 188 = Rpfleger 84, 361; LG Bielefeld JurBüro 84, 782; LG Hannover JurBüro 83, 1415: ungenügend); Vorlage einer allgemeinen Statistik ersetzt Glaubhaftmachung nicht (LG Hannover aaO). Einwendungen gegen die Unpfändbarkeitsbescheinigung sind vor Einleitung des Offenbarungsverfah- 18 rens durch Erinnerung (§ 766, LG Hamburg MDR 64, 1012), nach Einleitung des Offenbarungsverfahrens durch Widerspruch nach § 900 V (KG NJW 56, 1115 mit abl Anm Keller) geltend zu machen.

19 **IV) 1)** Der Schuldner ist verpflichtet, ein **Verzeichnis seines Vermögens** vorzulegen und für seine Forderungen den Grund und die Beweismittel zu bezeichnen (Abs 1 S 1). Die Erklärung des Schuldners, nichts oder nur unpfändbare Sachen zu besitzen, kann die Vorlegung eines ordnungsgemäßen Vermögensverzeichnisses nicht ersetzen. Zu verzeichnen ist nur der „gegenwärtige" Stand des Vermögens. Früheres Vermögen muß nur angegeben werden, wenn darüber in der in Abs 1 S 2 Nr 1–3 näher bezeichneten Weise verfügt worden ist. Im übrigen brauchen Angaben über den Verbleib früherer Vermögensgegenstände nicht gemacht werden (BGH NJW 68, 1388). In dem Vermögensverzeichnis sind nach dem Verfahrensziel (Rn 1) die einzelnen (Rn 21 vor § 704) **beweglichen Vermögenswerte,** nämlich körperliche Sachen (§ 808) sowie Forderungen und andere Vermögensrechte (§ 828) und **Grundstücke** sowie alle anderen Werte des unbeweglichen Vermögens (§§ 864–871), auch Luftfahrzeuge und Rechte daran (Ges über Rechte an Luftfahrzeugen) vollständig so zu bezeichnen, daß dem Gläubiger der Zugriff auf vorhandene pfändbare Vermögensgegenstände ermöglicht wird. Die Angaben des Schuldners im Vermögensverzeichnis müssen daher so vollständig sein, daß der Gläubiger sofort Maßnahmen zu seiner Befriedigung ergreifen kann (LG Köln MDR 76, 150). Die Ausfüllung des Formblatts zur Vermögensaufstellung mit Strichen reicht jedenfalls bei Fragen aus, die im Falle der Verneinung nur mit „nein", „keine" oder „nicht vorhanden" beantwortet werden können (LG Essen Rpfleger 72, 324). Wenn der Schuldner nach dem Vollstreckungstitel nur beschränkt mit einer Vermögensmasse haftet (Rn 18 vor § 704), sind nur die zu ihr gehörenden Vermögensstücke in das Vermögensverzeichnis aufzunehmen.

20 **2) a)** Für **körperliche Sachen** (§ 808), insbesondere für Geld, Kostbarkeiten und Wertpapiere, die einen Börsen- oder Marktpreis haben (§ 821) sowie für Postsparbücher (auch für einen unter Eigentumsvorbehalt erworbenen Gegenstand) (BGHSt 15, 128 = MDR 61, 71 = NJW 60, 2200) ist auch der räumliche Verbleib (der nähere Aufbewahrungsort in der Wohnung usw) zu bezeichnen (BGH 7, 287 [293, 294] = NJW 73, 261), soweit er sich nicht von selbst versteht (wie zB für Möbel, Teppiche usw in der Wohnung, das Kraftfahrzeug im Besitz des Schuldners). Die allgemeine Angabe des Schuldners, er besitze Geld oder ein Postsparbuch genügt nicht (Frankfurt JurBüro 76, 384 = Rpfleger 75, 442). Die Angabe eines Geschäftsmanns, es befänden sich „diverse Büromöbel in der Wohnung" bezeichnet einzelne Vermögenswerte (Rn 19) nicht, ist sonach unzureichend (LG Oldenburg Rpfleger 83, 163). Anzugeben sind auch gepfändete, sicherungsübereignete (unter Bezeichnung des Grunds der Übereignung, LG Krefeld Rpfleger 79, 146), versetzte und solche Gegenstände, die teilweise bezahlt sind; bei Abzahlungssachen ist der Rückstand zu nennen, bei Kauf unter Eigentumsvorbehalt das Anwartschaftsrecht (BGH LM 17 zu § 154 StGB). Auch der **Pfändung nicht unterliegende Sachen,** die einen selbständigen Vermögenswert haben, sind zu bezeichnen. Nicht angegeben werden brauchen nur offenbar wertlose Gegenstände und der Pfändung schlechthin Entzogenes wie zB nur gemietete, geliehene oder in Verwahrung genommene Sachen. Besitz auf Grund Leasing-Vertrages (gehört nicht zum pfändbaren Schuldnervermögen) ist nicht anzugeben (streitig); die (künftige) Erwerbsmöglichkeit des Leasingnehmers, von der der Schuldner nicht Gebrauch machen muß, ist nicht Anwartschaftsrecht oder sonst pfändbares Vermögensrecht; sie muß daher nicht angegeben werden (LG Berlin MDR 76, 409).

21 **b) Nicht anzugeben** sind Sachen, die nach **§ 811 Nr 1** (als dem persönlichen Gebrauch oder dem Haushalt dienend wie Kleidungsstücke, Wäsche, Betten, Haus- und Küchengeräte, ferner Gartenhäuser, Wohnlauben usw) und **Nr 2** (Nahrungs-, Feuerungs- und Beleuchtungsmittel für vier Wochen oder zur Beschaffung erforderlicher Geldbetrag) der **Pfändung offensichtlich nicht unterworfen** sind. Von solchen Angaben ist das Vermögensverzeichnis entlastet, weil sie für den Gläubiger offensichtlich nutzlos sind, nachdem er aus ihnen ohnehin keine Befriedigung erlangen kann. Die seiner Erleichterung dienende Bestimmung stellt den Schuldner vor eine mitunter nur schwer zu bewältigende Aufgabe; uU können ihm auch strafrechtliche Schwierigkeiten erwachsen (Müller NJW 79, 905; auch Hornung Rpfleger 79, 284; Arnold MDR 79, 358). Offensichtlich unpfändbar dürften nur Sachen sein, bei denen keine Zweifel bestehen, daß sie nicht pfändbar sind. Die Offenbarungspflicht erstreckt sich daher auf Sachen immer auch dann, wenn die Unpfändbarkeit nicht mit Sicherheit anzunehmen ist. Auch persönliche Gebrauchs- oder Haushaltsgegenstände und Gartenhäuser, Wohnlauben usw (Nr 1 des § 811) sind jedoch zu bezeichnen, wenn eine **Austauschpfändung** (§ 811 a) in Betracht kommen kann. Ob das der Fall ist, bestimmt sich nach objektiven Gesichtspunkten, nicht nach dem Ermessen des Schuldners, dessen Beurteilungsvermögen sich die Frage idR entzieht. Angaben über Sachen, die der Aus-

tauschpfändung unterliegen können, sind für den Gläubiger nicht überflüssig, so daß sie im Zweifelsfall in das Vermögensverzeichnis aufzunehmen sind. Dem rechtsunkundigen Schuldner ist zu empfehlen, erst nach Belehrung durch den Rechtspfleger die Entscheidung über die Aufnahme einer Sache in das Vermögensverzeichnis zu treffen.

3) a) Zur Bezeichnung einer **Forderung** (eines sonstigen Vermögensrechts) sind Name und Anschrift des Drittschuldners, Grund des Anspruchs und die Beweismittel zu nennen, nicht aber Angaben über Zahlungsunwilligkeit und -fähigkeit des Drittschuldners zu machen (Hamburg MDR 81, 61). **Unterhaltsansprüche** an Dritte sind anzugeben, bei familienrechtlichem Unterhalt (§§ 1360, 1360a BGB) ist jedoch nur das Bestehen des Anspruchs zu nennen (LG Mannheim Rpfleger 80, 237). Anzugeben sind auch **unsichere Forderungen** und solche, deren Bestand aus tatsächlichen oder rechtlichen Gründen zweifelhaft ist (BGH NJW 53, 390). Die zur Geltendmachung einer (gepfändeten) Forderung nötige Auskunft (§ 836 III) kann im Offenbarungsverfahren nicht verlangt werden. Zu dem Anspruch auf Lohnsteuerjahresausgleich kann (auch nach Pfändung) Nachweis oder Angabe darüber daher nicht verlangt werden, daß der Schuldner während bestimmter Zeit nicht lohnsteuerpflichtig (beschäftigt usw) war; der Gläubiger muß vielmehr, wenn er auf solche Angaben angewiesen ist, den Klageweg beschreiten und die ZwV nach § 888 durchführen (LG Essen MDR 75, 673; LG/AG Hamburg Rpfleger 82, 387; aA LG Köln MDR 76, 150; LG Koblenz MDR 85, 63; LG Krefeld MDR 85, 63). 22

b) Arbeitseinkommen (§ 850) ist unter Bezeichnung des Arbeitgebers (mit Anschrift, auch bei ausländischem Drittschuldner, LG Stade Rpfleger 84, 324) anzugeben. Ein Arbeitsverhältnis ist unabhängig davon zu bezeichnen, ob noch rückständige Lohnforderungen bestehen und die Möglichkeit besteht, das Arbeitsverhältnis zu lösen und Verpflichtungen aus dem Arbeitsvertrag nicht zu erfüllen; auf Zweifel an dem (Fort)Bestehen des Arbeitsverhältnisses ist jedoch hinzuweisen (Hamm BB 68, 128 = AP Nr 1 zu § 807). Der Anspruch auf Arbeitslohn aus einem den Arbeitgeber bindenden Arbeitsvertrag ist zu nennen, wenn der Vertrag erst zu einem künftigen Zeitpunkt zu laufen beginnt und daher noch keine fälligen Ansprüche daraus hergeleitet werden können (BGH NJW 58, 427 L). Ein früher beendetes Arbeitsverhältnis ist anzugeben, wenn der Schuldner daraus noch Ansprüche hat (sonst nicht; BGH NJW 68, 1388; LG Koblenz MDR 74, 148). Der Schuldner verletzt seine Offenbarungspflicht auch, wenn er über solche Arbeitsverhältnisse, etwa über den Zeitpunkt der Beendigung, unrichtige Angaben macht (BGH NJW 68, 1388). Erklärt ein arbeitsloser Schuldner wahrheitswidrig, daß er als Arbeiter bei einem bestimmten Arbeitgeber beschäftigt ist, so verletzt er seine Offenbarungspflicht (Hamm NJW 61, 421; vgl auch Stuttgart NJW 61, 2319 und Prinzing NJW 62, 567). Ein **Gelegenheitsarbeiter** (auch Aushilfsbedienung, LG München I JurBüro 82, 937 = Rpfleger 82, 231) hat die (regelmäßigen) Arbeitgeber (Auftraggeber) mit Anschrift und die durchschnittliche Höhe der Entlohnung anzugeben. Es genügt nicht, daß der Schuldner nur anführt, als Gelegenheitsarbeiter (Aushilfsarbeiter) ständig wechselnde Auftraggeber zu haben oder solche Arbeiten für Bekannte ständig wechselnd auszuführen (LG Berlin JurBüro 78, 1722 = Rpfleger 79, 113; LG Düsseldorf JurBüro 86, 940; LG Essen Rpfleger 72, 324; LG Frankfurt Rpfleger 85, 73; LG Frankenthal JurBüro 85, 624; LG Koblenz MDR 74, 148; LG Mönchengladbach MDR 82, 504; LG München I aaO), desgleichen nicht Angabe des Schuldners, er sei Gelegenheitsarbeiter, stehe in keinem festen Arbeitsverhältnis und habe derzeit keinen Job (LG Berlin aaO). Wenn Arbeitseinkommen abgetreten ist, ist auch die Anschrift (nicht nur der Name) des Gläubigers, dem das Einkommen abgetreten ist, und seine Forderung zu bezeichnen; der Vollstreckungsgläubiger muß in der Lage sein, die Angaben über die Abtretung nachzuprüfen (KG DGVZ 81, 75). Ein nicht verheirateter Schuldner, der sich als „Hausmann" bezeichnet, muß den Namen der Person angeben, für die er tätig ist (LG München I MDR 84, 764). 23

c) Ein **Provisionsvertreter** hat die Geschäftsverbindungen anzugeben, die ihm die Möglichkeit bieten, Provisionsforderungen zu erwerben (Auftraggeber, für die er in der Vergangenheit häufiger tätig war, LG Arnsberg JurBüro 85, 472), auch wenn ihm gegenwärtig keine Forderungen zustehen. Daß der Schuldner anführt, er kaufe und verkaufe als Vertreter auf eigene Rechnung Ware und habe keine Forderungen, genügt demnach nicht (Hamm NJW 56, 1729). Daß ein Handelsvertreter nur sagt, er habe „derzeit keine Forderungen gegen Dritte", genügt nicht. Der Schuldner muß vielmehr angeben, für welche Unternehmer er tätig ist, ob diese ein Provisionskonto für ihn unterhalten, ob der jeweilige Vertrag gekündigt ist und ob ein Ausgleichsanspruch besteht. Kunden brauchen dagegen nicht genannt zu werden (Hamm BB 79, 1579 = MDR 79, 149 = JurBüro 79, 1723). Ein **Rechtsanwalt** (Arzt usw) ist verpflichtet, Namen und Anschriften der Mandanten und die Höhe der Honorarforderungen zu offenbaren (Frankfurt JurBüro 77, 727; LG Frankfurt AnwBl 85, 258; LG Wiesbaden JurBüro 77. 728 = Rpfleger 77, 179), ebenso Kommanditanteile, die er treuhänderisch für einen Mandanten erworben hat (KG JR 85, 161). 24

25 **d) Renten** und pfändbare Ansprüche auf andere **soziale Geldleistungen** (zB Arbeitslosengeld, Koblenz MDR 77, 323; nicht mithin Sozialhilfeleistungen) sind nach Art und Höhe sowie unter Angabe der Zahlstelle (des Leistungsträgers als Drittschuldner) genau darzulegen (LG Oldenburg JurBüro 83, 1414 = Rpfleger 83, 163); die Angabe „ca 1000 DM monatliche Rente von der ... kasse" ermöglicht Vollstreckungszugriff, reicht sonach aus (aA LG Oldenburg aaO).

26 **e) Hypothek,** Grundschuld oder Rentenschuld, auch eine Eigentümergrundschuld, sind unter Bezeichnung des belasteten Grundstücks anzugeben. Bei Briefrechten ist außerdem der Aufbewahrungsort des Briefes zu benennen; desgleichen ist der Verwahrungsort von Pfand- und Versicherungsscheinen zu bezeichnen. Ist eine Eigentümergrundschuld (ein sonstiges Grundstücksrecht) abgetreten, so ist, wenn ein **Rückgewähranspruch** besteht, der allgemeine Hinweis unzureichend; es sind der Gläubiger des Rechts als Schuldner des Rückgewähranspruchs und die Höhe seiner (noch gesicherten) Ansprüche anzugeben (s LG Berlin Rpfleger 78, 229).

27 **f)** Als **sonstige Forderungen** sind insbesondere Ansprüche aus Sparguthaben, Kontokorrentverhältnissen und sonstige Ansprüche an Banken (Sparkassen usw), Postgiroguthaben, Versicherungsansprüche (bei Lebensversicherung auch die Bezugsberechtigung eines Dritten sowie, ob diese Bezugsberechtigung widerruflich ist oder nicht, LG Duisburg NJW 55, 717) anzugeben. Als sonstige **Vermögensrechte** (vgl §§ 857, 859) anzugeben sind insbesondere Gesellschaftsanteile und -rechte (an Personengesellschaften, GmbH), Geschäftsanteile an Genossenschaften, ein Miterbenanteil (auch der Stand einer Erbauseinandersetzung, BGHSt 10, 278 = NJW 57, 1200), sowie das Anwartschaftsrecht als Nacherbe (entsteht erst mit dem Tod des Erblassers und besteht bis zum Eintritt der Nacherbfolge), ein Nießbrauch, Patent- und Urheberrechte.

28 **g)** Als **unbewegliches Vermögen** sind alle der Immobiliar-ZwV unterliegenden Gegenstände anzugeben, der Bruchteilsanteil eines Miteigentümers unter Bezeichnung als solcher (§ 864). Darstellung in Übereinstimmung mit dem Grundbuch (§ 28 GBO) oder unter Nennung der Grundbuchstelle braucht nicht erfolgen, wenn die Angaben sonst zur sicheren Identifizierung ausreichen. Miteigentümer und Belastungen zugunsten Dritter (sind nicht Schuldnervermögen) brauchen nicht angegeben zu werden (wohl aber Eigentümerrechte).

29 **h)** Die Offenbarungspflicht erstreckt sich **nicht** auf **sonstige Angaben,** die dem Schuldner, zB über Erwerbsmöglichkeit, gestellt werden (BGH St 8, 399; 19, 126). Bloße Erwerbsmöglichkeiten (für den Inhaber einer Verkaufsstelle, eines Fachgeschäfts usw; s BGH NJW 56, 599), damit auch das Betreiben eines Handelsgeschäfts (BGH Rpfleger 80, 339) brauchen daher nicht in das Verzeichnis aufgenommen werden, desgleichen nicht die Kundenliste eines Geschäftsmanns (RGSt 71, 300). Zur Angabe eines Handelsgeschäfts ist der Schuldner vielmehr nur verpflichtet, wenn sich aus dem Betrieb des Geschäfts gegenwärtige dem Zugriff des Gläubigers offenstehende Werte ergeben (BGH Rpfleger 80, 339 mwN). § 807 dient nicht dazu, dem Gläubiger eine allgemeine Kontrolle über die Erwerbsmöglichkeit des Schuldners zu verschaffen, um dadurch späteren Vermögenserwerb aufzuspüren (BGH NJW 68, 2251).

30 **i)** Die Offenbarungspflicht des Schuldners umfaßt auch bestimmte nach dem AnfG **anfechtbare Rechtsgeschäfte.** Die Anfechtbarkeit der in Abs 1 S 2 Nr 1–3 bezeichneten Geschäfte ergibt sich aus § 3 I Nr 2, 3 u 4 AnfG. Diese Bestimmungen sind daher auch für die Auslegung des § 807 heranzuziehen. Die geringen Textabweichungen dürften dabei ohne Bedeutung sein. **Zu offenbaren** sind alle Geschäfte im Sinn der Nr 1–3, die **vor der Abgabe** der eidesstattlichen Versicherung bis einschließlich des letzten Jahres oder der letzten zwei Jahre vor dem **ersten zur Abgabe der eidesstattlichen Versicherung anberaumten Termin vorgenommen** wurden. Diese Auslegung allein entspricht dem Sinn und Zweck des Gesetzes. Nach dem Wortlaut ist dies allerdings nicht zweifelsfrei (vgl Richthofen NJW 53, 1858). Der jetzige Wortlaut ist auf die Ausschußberatungen zurückzuführen. Der Entwurf hatte vorgesehen, daß die im letzten Jahr oder in den letzten zwei Jahren abgeschlossenen Rechtsgeschäfte aufgenommen werden sollten. Der Änderung lag der Gedanke zugrunde, der Gläubiger dürfe nicht dadurch schlechter gestellt werden, daß dem Schuldner für die Abgabe der eidesstattlichen Versicherung ein Aufschub gewährt wird. Dabei wurde jedoch übersehen, daß der Jahres- und Zweijahreszeitraum des AnfG auf den Zeitpunkt der Anfechtung bezogen ist und daß daher eine Erstreckung des Zeitraumes nach § 807 über die Zeiträume des AnfG hinaus für den Gläubiger praktisch wertlos ist, wenn nicht die Anfechtbarkeit nach dem AnfG in gleicher Weise erweitert wird. Dieser Erfolg ließe sich unter entsprechender Anwendung des § 3 AnfG dadurch erreichen, daß die Zeit zwischen dem 1. Termin und der Abgabe der Versicherung in die Fristen des § 3 AnfG nicht eingerechnet wird. Die jetzige Fassung des Gesetzes ist auch in ihrem Wortlaut mißverständlich; bei strenger Wortauslegung wären nur die vor dem ersten Termin vorgenommenen Rechtsgeschäfte, nicht aber die Rechtsgeschäfte zwischen 1. Termin und Abgabe der eidesstattlichen Versicherung anzugeben.

V) 1) Der Schuldner (zu dem Verpflichteten näher Rn 5 ff) persönlich (Abs 2 S 2 mit § 478) hat zu Protokoll **an Eides Statt zu versichern,** daß er die von ihm verlangten Angaben nach bestem Wissen und Gewissen richtig und vollständig gemacht hat (Abs 2 S 1). Über die Bedeutung der eidesstattlichen Versicherung ist der Schuldner vorher in angemessener Weise zu belehren (Abs 2 S 2 mit § 480). Solange das Vermögensverzeichnis nicht vorgelegt und nicht vollständig ausgefüllt ist, darf die eidesstattliche Versicherung nicht abgenommen werden. Die Weigerung, ein Vermögensverzeichnis vorzulegen, gilt als Verweigerung der Versicherung. 31

2) Der Schuldner, der einer Religionsgemeinschaft angehört, deren Glaubenssätze die Abgabe einer eidesstattlichen Versicherung verbieten, ist von der Verpflichtung, sein Vermögen zu offenbaren und die Richtigkeit und Vollständigkeit eidesstattlich zu versichern, nicht entbunden. Es ist ihm allenfalls zu gestatten, die Richtigkeit und Vollständigkeit in einer Form zu versichern, die jeden Bezug auf eine dem Schuldner nach seiner religiösen Überzeugung verbotene Erklärung vermeidet (vgl LG Berlin Rpfleger 74, 123). Stumme (auch Taube) versichern in entsprechender Anwendung von § 483 (Abs 2 S 2). 32

3) Die eidesstattliche Versicherung erfaßt auch die Angaben des Schuldners über seine **persönlichen Verhältnisse,** soweit sie die Bestimmung des Trägers pfändbarer Vermögensstücke oder deren Rechtsform berühren und dazu geeignet sind, dem Gläubiger den Zugriff zu erschweren oder unmöglich zu machen (BGHSt 11, 223 = NJW 58, 677; NJW 68, 2251; s auch BGHSt 8, 399 = NJW 56, 599 und BayObLGSt 56, 247 = NJW 57, 427). Die eidesstattliche Versicherung erstreckt sich auch darauf, daß das Vermögensverzeichnis **richtig** ist, dh keine Gegenstände erhält, die in Wahrheit nicht zum Vermögen des Schuldners gehören (BGHSt 7, 375 = NJW 55, 1237). Andererseits hat der Schuldner nur die Richtigkeit und Vollständigkeit der in § 807 I verlangten Angaben zu versichern. 33

4) Die Abgabe der Offenbarungsversicherung kann der Schuldner **nicht** dadurch **umgehen,** daß er vor einem Notar seine Vermögensverhältnisse offenbart und die Vollständigkeit und Richtigkeit an Eides Statt versichert (LG Düsseldorf Rpfleger 81, 151; LG Frankenthal Rpfleger 85, 33). Von der Verpflichtung, Auskunft zu erteilen und ggfs die eidesstattliche Versicherung abzugeben, wird der Schuldner auch dann nicht frei, wenn er sich damit einer strafbaren Handlung bezichtigen müßte (BGHSt 19, 126 = NJW 64, 60 und NJW 53, 390; BGHZ 41, 318 = NJW 64, 1460; LG Koblenz MDR 76, 587; vgl auch Belzer NJW 61, 446). Durch **Vereinbarung mit dem Gläubiger** (Rn 25 vor § 704) kann die Offenbarungspflicht des Schuldners ganz oder auf Zeit ausgeschlossen oder nur auf bestimmte Vermögenswerte (eine Vermögensmasse, zB nur auf Geschäftsvermögen) beschränkt sein (StJM Rdn 3 zu § 807). Das Verfahren zur Abnahme einer eidesstattlichen Versicherung gegen einen **Gewerbetreibenden** und dessen zeitweilige Eintragung in das Schuldnerverzeichnis stellen grundsätzlich noch keinen Eingriff in den eingerichteten und ausgeübten Gewerbebetrieb dar (BGH 74, 9 = LM 54 zu § 823 (Ai) BGB L mit Anm Dunz = MDR 79, 659 = NJW 79, 1351). 34

VI) Gebühren: s § 900 Rn 32 insbes unter „Gegenstandswert". 35

II. Zwangsvollstreckung in körperliche Sachen

808 *[Bewirkung der Pfändung]*

(1) Die Pfändung der im Gewahrsam des Schuldners befindlichen körperlichen Sachen wird dadurch bewirkt, daß der Gerichtsvollzieher sie in Besitz nimmt.

(2) Andere Sachen als Geld, Kostbarkeiten und Wertpapiere sind im Gewahrsam des Schuldners zu belassen, sofern nicht hierdurch die Befriedigung des Gläubigers gefährdet wird. Werden die Sachen im Gewahrsam des Schuldners belassen, so ist die Wirksamkeit der Pfändung dadurch bedingt, daß durch Anlegung von Siegeln oder auf sonstige Weise die Pfändung ersichtlich gemacht ist.

(3) Der Gerichtsvollzieher hat den Schuldner von der erfolgten Pfändung in Kenntnis zu setzen.

I) Zweck und **Anwendungsbereich:** Bestimmung, wie die Pfändung (§ 803 I) in körperliche Sachen bei Schuldnergewahrsam zu vollziehen ist. 1

II) 1) Körperliche Sachen, deren Pfändung nach § 808 erfolgt, s Rn 1 zu § 803. 2

2) Gewahrsam des Schuldners ist für die ZwV in sein Vermögen (Rn 18 vor § 704) **formalisierter Zugriffstatbestand** (dazu Gaul Rpfleger 71, 91). Die Prüfung des GV beschränkt sich auf dieses leicht überschaubare Merkmal, das den Schluß auf die Rechtszugehörigkeit des so festge- 3 stellten Vollstreckungsobjekts zum Schuldnervermögen zuläßt (Gaul aaO; BGH 95, 10 [15] = NJW 85, 1959 [1960]). Ob eine Sache im Gewahrsam des Schuldners tatsächlich zu dessen Vermögen gehört, prüft der GV in dem auf Rechtsdurchsetzung zugeschnittenen formalisierten Vollstreckungsverfahren nicht (Gaul aaO; auch BGH NJW 57, 1877). Für ZwV durch den GV gilt als Vermögen des Schuldners alles, was sich in dessen Gewahrsam befindet (BGH LM 2 zu § 808 ZPO = ZZP 70 [1957] 251; auch § 119 Nr 1 GVGA). Die Pfändung von Gegenständen im Schuldnergewahrsam hat der GV ohne Rücksicht auf den Widerspruch Dritter (BGH aaO; für Dritte Widerspruchsklage nach § 771) und auch dann durchzuführen, wenn der Schuldner behauptet, daß er die tatsächliche Gewalt über die Sache nur für den Besitzer ausübe oder daß er sein Besitzrecht von einem anderen ableite (§ 119 Nr 1 GVGA). Zu unterbleiben hat die Pfändung jedoch, wenn ein Gegenstand **offensichtlich zum Vermögen eines Dritten** gehört (§ 119 Nr 2 GVGA), wenn sonach für den GV nach Lage der Dinge vernünftigerweise überhaupt kein Zweifel daran bestehen kann, daß Rechte Dritter Personen der Inanspruchnahme bestimmter Gegenstände entgegenstehen (BGH aaO). Beispiele (s § 119 Nr 2 GVGA): einem Handwerker zur Reparatur, einem Frachtführer zum Transport, einem Pfandleiher zum Pfand übergebene Sachen, Klagewechsel in den Akten eines Rechtsanwalts. Entsprechendes gilt für wertvolleres Leergut, das nach Übung im Handelsverkehr dem Käufer nur leihweise überlassen wird, wenn es im Einzelfall durch Rechnungen, Lieferscheine, Vermerke oder Zeichen auf dem Leergut selbst als Eigentum eines Dritten bezeichnet ist (§ 119 Nr 3 GVGA). Beispiele (nach § 119 Nr 3 GVGA): Eisen-, Stahl-, Blei- und Korbflaschen, Kupfer- und Aluminiumkannen sowie Metallfässer bei Lieferung von Erzeugnissen der chemischen Industrie, Fässer, Glas- und Korbflaschen sowie Flaschenkästen bei Lieferung von Flüssigkeiten, wertvollere Kisten und Säcke bei Lieferungen sonstiger Art. Auch in solchen Fällen pfändet jedoch der GV, wenn der Gläubiger dies ausdrücklich verlangt (§ 119 Nr 2, 3 GVGA mit Einzelheiten). Zur Pfändung von Einrichtungen für den Telegrafen- oder Fernsprechverkehr § 119 Nr 4 GVGA. Aufsuchen und Auswahl der Pfandstücke allgemein § 131 GVGA.

4 **3)** Ausnahmsweise ist Gewahrsam allein für Pfändung nicht genügend, wenn der **Schuldner** nur **mit** dem seiner Verwaltung unterliegenden **fremden Vermögen** (nicht mit eigenem) **haftet,** zB als Testamentsvollstrecker, Konkursverwalter, Zwangsverwalter. Dann hat der GV auch zu prüfen, ob die Sache zu dem Vermögen gehört, in das zu vollstrecken ist (s § 118 Nr 4 GVGA).

5 **4) a)** In **Gewahrsam des Schuldners** befinden sich alle Sachen, die in äußerlich erkennbarer Weise seinem Machtbereich (seiner Herrschaft) unterliegen, durch den sie nach der Verkehrsauffassung als sein Vermögen ausgewiesen sind (ähnlich StJM Rdn 8 zu § 808). Es sind dies alle Gegenstände, die sich in der tatsächlichen Gewalt des Schuldners befinden (insoweit Übereinstimmung mit Besitz des § 854 BGB), wie Sachen in der Wohnung des Schuldners (Ausnahme für Sachen, die ein Familienmitglied unter alleinigem Verschluß ständig verwahrt, zB in einem Schreibtisch oder Schrank; StJM Rdn 8 zu § 808; Pohle, MDR 54, 706) oder in den von ihm benutzten abgeschlossenen Räumen (Werkstätten, Büro, Lagerräumen, Keller, Scheunen usw) oder in Taschen und Behältnissen, über die er tatsächlich verfügt oder die sonst seinem Machtbereich unterliegen. Auch an Sachen, die sich auf einem Grundstück (LG Oldenburg DGVZ 83, 58) oder in Räumen eines Dritten befinden, kann der Schuldner Gewahrsam haben; das ist zB der Fall, wenn der Untermieter einen Teil seiner Sachen, die er in dem ihm vermieteten Zimmer nicht unterbringen kann, in anderen Räumen des Untervermieters verwahrt (vgl § 118 Nr 1 GVGA) oder umgekehrt, wenn der Untervermieter Sachen (zB in einem Schrank) in dem untervermieteten Raum verwahrt. In solchen Fällen ist der GV auch berechtigt, die Räume des Dritten zur Durchführung der Vollstreckung zu betreten (vgl § 118 Nr 1 GVGA; wegen der richterlichen Durchsuchungsanordnung jedoch Rn 3 ff zu § 758).

6 **b)** Der **Mieter** hat Gewahrsam an seinen in die Wohnung (den Raum) eingebrachten Sachen. Auch die in der Wohnung verbliebenen, dem Mieter zum Gebrauch überlassenen Sachen des Vermieters stehen im Alleingewahrsam des Mieters. Mitgewahrsam besteht an Sachen in einem vom Vermieter und Mieter gemeinsam benutzten Raum, so bei Vermietung einer Schlafstelle, aber auch eines Hotelzimmers. Kein Mitgewahrsam folgt aber daraus, daß sich der Vermieter eines möblierten Zimmers ein Betretungsrecht zur Pflege seiner Sachen und zu Dienstleistungen vorbehalten hat (anders StJM Rdn 8 zu § 808; Kabisch DGVZ 63, 19); die Sachen befinden sich in der alleinigen Herrschaft des Mieters, die Interessen des Vermieters bleiben damit gewahrt, daß Pfändung der offensichtlich ihm gehörenden Sachen zu unterbleiben hat (Rn 3).

7 **c)** Einigung über Besitzerwerb (§ 854 II BGB) und Erbenbesitz (§ 857 BGB; insoweit aA StJM Rdn 7 zu § 808) begründen für sich allein keinen Gewahrsam; mittelbarer Besitz (§ 868 BGB) stellt keinen Gewahrsam dar. Nur vorübergehende Verhinderung in der Ausübung der Gewalt beendet Gewahrsam nicht (wie § 856 II BGB).

d) Für Sachen, die er einem **Besitzdiener** (§ 855 BGB) überlassen hat, bleibt der Schuldner alleiniger Gewahrsamsinhaber. Der Besitzdiener übt die tatsächliche Gewalt für den Schuldner in dessen **Haushalt, Erwerbsgeschäft** oder in einem **ähnlichen Abhängigkeitsverhältnis** aus, so daß der Gewahrsam dem Besitzherrn zuzurechnen ist. Beispiele (nach § 118 Nr 3 GVGA): Hausangestellte, Gewerbegehilfe, Kellner, Kraftdroschkenfahrer. Der GV darf solche Sachen auch gegen den Willen des Besitzdieners pfänden; er kann den Widerspruch des Besitzdieners mit Gewalt brechen (§ 758 III; § 118 Nr 3 GVGA). Die Pfändung des vom Kellner für den Wirt eingenommenen und verwahrten Geldes (nicht aber des anteiligen Bedienungsgeldes des Kellners) ist daher für Gläubiger des Wirts zulässig (LG Dortmund JW 35, 2759; AG Stuttgart DGVZ 82, 191). Gleiches gilt, wenn das in der Wirtschaft vereinnahmte Geld die Ehefrau des Wirtes in ihrer Geldtasche verwahrt oder wenn der Wirt beim Kommen des GV den Kassenbestand rasch einem Bediensteten zur „Verwahrung" übergibt, da nur eine Scheinübertragung vorliegt. Räumliche Entfernung allein hebt das Besitzdienstverhältnis nicht auf. Der vom Geschäftsinhaber auf Reise geschickte Angestellte bleibt daher auch am entfernten Ort Besitzdiener bezüglich der ihm mitgegebenen Waren, zB des Musterkoffers (RG DGVZ 25, 39). Der Bote, Kutscher, Kraftfahrer des Schuldners kann der Pfändung der ihm vom Schuldner anvertrauten Sachen auf der Straße somit nicht widersprechen. Wenn sich jedoch nicht mehr ergibt (nach außen nicht erkennbar ist), daß die tatsächliche Gewalt in einem Abhängigkeitsverhältnis ausgeübt wird, ist nur der „Besitzdiener" Gewahrsamsinhaber, so etwa der (selbständige) Reisende, Einkäufer, Filialleiter. An eigenen Sachen haben Hausangestellte, Gewerbegehilfen usw nur selbst Gewahrsam, auch wenn sie sich in den Räumen des Geschäftsherrn befinden. 8

e) Der **Haushaltungsvorstand** (beide Ehegatten mit den aus § 739 folgenden Besonderheiten) ist alleiniger Gewahrsamsinhaber auch für Sachen in den zum Haushalt gehörenden Räumlichkeiten, die von Familienangehörigen (auch erwachsenen; so für gemeinsam benutzten Kleiderschrank KG DGVZ 64, 7) und Gästen benutzt oder mitbenutzt werden. Das gilt aber nicht für Sachen unter alleinigem Verschluß des Familienangehörigen (Rn 5) und ebenso nicht für die eindeutig erkennbar eigenen Sachen des Familienangehörigen (so auch StJM Rdn 9 zu § 808; KG aaO). Bei entgeltlicher Überlassung eines Raums an einen Familienangehörigen zur ausschließlichen Benutzung gilt das Rn 6 für Sachen in Mieträumen Gesagte. 9

f) Für die ZwV gegen **Minderjährige** und **Geschäftsunfähige** sind Sachen, die der **gesetzliche Vertreter** des Schuldners für diesen in Gewahrsam hat, wie solche im Gewahrsam des Schuldners zu behandeln (§ 118 Nr 1 GVGA). Der GV hat daher zwar nicht die Eigentumsverhältnisse zu prüfen, aber doch zu klären, ob der gesetzliche Vertreter Sachgewahrsam für den Schuldner hat. Fehlt ein Wille des gesetzlichen Vertreters, Gewahrsam für den Schuldner auszuüben, hat er vielmehr eindeutig persönlichen Gewahrsam, so ist er bei ZwV wie ein Dritter zu behandeln (LG Berlin DGVZ 72, 114). Gegenstände im Gewahrsam des gesetzlichen Vertreters, die nach Lage der Dinge nicht zum Vermögen des minderjährigen Schuldners gehören, dürfen nicht gepfändet werden (Rn 3). 10

g) In **Gewerberäumen** (Geschäftsbetrieben) hat der Inhaber (als Besitzdiener sein Geschäftsführer oder Beauftragter, der für ihn die tatsächliche Gewalt ausübt) alleinigen Gewahrsam (Noack JurBüro 78, 974). Wenn eine Person Gewahrsam hat, die zugleich Angestellter des Schuldners und eines Dritten ist, kommt es darauf an, für wen der Angestellte im Zeitpunkt der Pfändung den Gewahrsam ausübt (Hamm DGVZ 63, 40 = JMBlNW 62, 293). 11

h) Gewahrsam einer **juristischen Person** oder **Personengesellschaft** wird durch ihr vertretendes Organ (Vorstand, Geschäftsführer der GmbH, Liquidator) oder den geschäftsführenden Gesellschafter ausgeübt. Organ oder Geschäftsführer haben keinen eigenen Gewahrsam an Sachen, die sie in dieser Eigenschaft in Händen halten; ihr Gewahrsam wird der juristischen Person (für Besitz BGH 57, 166 = NJW 72, 43; für Einmann-GmbH auch BGH NJW 57, 1877) oder Personengesellschaft zugerechnet. Gewahrsam über Gesellschaftsvermögen kann der Geschäftsführer einer GmbH daher auch in seinen Privaträumen (Wohnung) ausüben (LG Mannheim DGVZ 83, 118). Der GV muß sich daher Gewißheit darüber verschaffen, ob Gewahrsam für die juristische Person oder Personengesellschaft ausgeübt wird. Unklarheit bei Abgrenzung, ob der Vertreter persönlichen Gewahrsam hat, muß zu Lasten der juristischen Person oder Personengesellschaft gehen, vor allem dann, wenn die Verhältnisse dazu dienen sollen, dem Gläubiger Vermögenswerte zu entziehen (LG Kassel DGVZ 78, 114). Eine GmbH (nicht aber ihr Geschäftsführer) ist auch Gewahrsamsinhaberin der Büroeinrichtung, die in den bisherigen Geschäftsräumen nur noch zur Erledigung von Abwicklungsarbeiten benutzt werden (LG Kassel DGVZ 78, 114; s auch AG Köln DGVZ 68, 95 dazu, daß Gewahrsam der Liquidatoren einer GmbH i.L. dieser zuzurechnen ist). Auch der Gewahrsam eines Kommanditisten an einem Gegenstand des Gesellschaftsvermögens kann der Gesellschaft zuzurechnen sein (so für Kfz, 12 dessen Halterin nach dem Kfz-Brief die KG ist: KG MDR 77, 500 = NJW 77, 1160). Zu persönlichem Gewahrsam des Organs und zu Vermögen, das nicht der juristischen Person oder Personengesellschaft gehört, s das in Rn 10 Gesagte.

13 **i)** Wer mittels Lagerscheins, Ladescheins oder Konnossement über eine Sache verfügen kann, ohne die Sache in unmittelbarer Gewalt zu haben, hat keinen Gewahrsam.

14 **k)** Zum Gewahrsam von Eheleuten s Rn 7 ff zu § 739; Mitgewahrsam s Rn 4 zu § 809.

15 **III) 1) Die Pfändung wird dadurch bewirkt, daß der GV die zu pfändenden Sachen tatsächlich in Besitz nimmt.** Dies bedeutet, daß der GV die tatsächliche Gewalt über die Sachen erlangen (§ 854 BGB) und die Verfügungsgewalt des Schuldners ausschließen muß (RG 118, 277; OVG Münster NJW 58, 1460; Pfändung des Geldinhalts eines Spielautomaten; zu den sich bei der ZwV in Automaten ergebenden Fragen näher Schmidt MDR 72, 374). Bloße Erklärung der Inbesitznahme, mündliches Wegschaffungsverbot bis zur Herbeiholung von Transportmitteln genügen nicht, wohl aber Einsperren der Sachen in einen anderen Personen nicht zugänglichen Raum und Versiegeln (RG 118, 278). Im einzelnen zur Vollziehung der Pfändung § 132 GVGA. Wenn der GV an Stelle vertretbarer Sachen, die er bei späterem Wegschaffen nicht mehr vollständig vorfindet, bisher noch nicht gepfändete gleichartige Sachen mitnimmt, hat deren Wegschaffung die rechtliche Wirkung der Pfändung, weil der GV damit die weggeschafften Sachen beschlagnahmen wollte und diese Pfändung mit Inbesitznahme und Wegschaffung auch nach Abs 1 bewirkt hat (Karlsruhe MDR 79, 237).

16 **2) Geld, Kostbarkeiten** und **Wertpapiere** hat der GV sogleich an sich zu nehmen. Gepfändetes Geld ist dem Gläubiger abzuliefern (§ 815 I), außer wenn dem Schuldner gestattet ist, durch Sicherheitsleistung oder Hinterlegung die Vollstreckung abzuwenden, oder wenn der Fall des § 815 II gegeben ist. In diesen Fällen ist das Geld zu hinterlegen. Gepfändete Wertpapiere, Gold- und Silbersachen, Juwelen und ähnliche Kostbarkeiten, desgleichen Geld bis zur Auszahlung oder Hinterlegung hat der GV grundsätzlich (Ausnahmen: BGH LM 1 zu § 808 = NJW 53, 902) in seine eigene Verwahrung zu nehmen. Unterbringung und Kosten: §§ 138, 140 GVGA. **Kostbarkeiten** sind Gegenstände, deren Wert im Verhältnis zu ihrem Umfang besonders hoch ist (BGH aaO) wie Gegenstände aus Gold, Silber oder Platin, Edelsteine, echte Perlen, Münzen, Kunstwerke, Kunstaltertümer, Briefmarkensammlungen und dgl (Orientteppiche: Rn 4 zu § 813). Pfandkammerverwahrung statt Eigenverwahrung unter sicherem Verschluß oder (kostengünstigerer) Verwahrung bei einer Bank/Sparkasse (§ 138 Nr 2 GVGA) ist Amtspflichtverletzung (LG Koblenz DGVZ 86, 28). Wenn die Wegschaffung besonderen Schwierigkeiten begegnet oder eine erhebliche Gefahr für die Sache bedeutet, zB bei wertvollen Kunstsammlungen, wird der GV die Einwilligung des Gläubigers zur Belassung im Gewahrsam des Schuldners einholen.

17 **3) Andere Sachen** als Geld, Kostbarkeiten und Wertpapiere sind **im Gewahrsam des Schuldners zu belassen,** sofern nicht hierdurch die Befriedigung des Gläubigers gefährdet wird (Abs 2 S 1). Ob eine solche Gefährdung vorliegt, hat der GV selbständig zu beurteilen. An Weisungen des Gläubigers ist er insoweit nicht gebunden. Kommt der GV zu dem Ergebnis, daß eine solche Gefährdung vorliegt, zB weil Beiseiteschaffung durch den Schuldner oder Dritte zu besorgen ist, weil der Schuldner für die Erhaltung der Gegenstände nicht sorgen kann oder will oder weil dieselben zB wegen Feuchtigkeit der Unterbringungsräume der Gefahr des Verderbens ausgesetzt sind, so ist er, wenn nicht der Gläubiger in die Belassung einwilligt, zur **Wegschaffung verpflichtet** (vgl BGH MDR 59, 282). Wird eine Gefährdung später erkennbar, so hat der GV die Pfandstücke, selbst wenn die ZwV inzwischen eingestellt worden ist, nachträglich an sich zu nehmen. Der GV hat für die sichere Unterbringung und Verwahrung der von ihm weggeschafften Sachen zu sorgen und die zu ihrer Erhaltung erforderlichen Vorkehrungen zu treffen. Bei Verlust oder Beschädigung fortgeschaffter Sachen hat der wegen Amtspflichtsverletzung des GV in Anspruch genommene Staat mindestens nachzuweisen, daß der Verlust oder die Beschädigung ohne Verschulden des GV eingetreten sein kann (RG HRR 33 Nr 1751). Der GV handelt, wenn er gepfändete Sachen bei einem Dritten einlagert, diesem gegenüber nicht hoheitlich. Der **Lagervertrag** ist ein rein privatrechtliches Geschäft (BGH 89, 92 = DGVZ 84, 38 = MDR 84, 383 = NJW 84, 1759; RG 145, 204 [209]). Diesen Lagervertrag schließt der GV jedoch nicht persönlich im eigenen Namen (so aber RG aaO; LG Hanau DGVZ 75, 168; LG Hannover DGVZ 77, 60; LG Kassel DGVZ 78, 158 u 192; Baur/Stürner Rdn 459; Brox/Walker Rdn 334; Schilken DGVZ 86, 145 [150]), sondern bei Vertreterhandeln (§ 164 I BGB) als bevollmächtigter Vertreter des Justizfiskus. Verpflichtet wird aus dem Verwahrungsvertrag daher nur der Justizfiskus. Der GV kann jedenfalls dann den Lagervertrag als bevollmächtigter Vertreter des Justizfiskus schließen, wenn er eine Arrestpfändung für einen Gläubiger durchführt, der nach § 8 GVKostG von der Zahlung der Kosten befreit ist, und die gepfändeten Sachen mit erheblichem Kostenaufwand bei einem Dritten einlagert (BGH aaO). Der Justizfiskus kann den GV verantwortlich machen, wenn er nicht vorher die Einbringlichkeit der Lagerkosten als Vollstreckungskosten geprüft hat. Auch Arrest und einstweilige Verfügungen, mögen sie als noch so dringlich bezeichnet sein, entheben den GV nicht der Pflicht, die Kostenfrage vorher zu klären und eventuell Vorschuß einzufordern. Hat der GV die gepfändete Sache dem **Gläubiger übergeben** und hat alsdann dieser auf die Erinnerung des Schuldners die gepfändete Sache zwar freigegeben, weigert er sich aber, die Sache dem Schuldner herauszugeben (Eigentumsvorbehalt), so kann das Vollstreckungsgericht den **GV nicht** anweisen, die Sache dem Schuldner herauszugeben und sie vorher dem **Gläubiger wegzunehmen.** Der GV ist zu Zwangsmaßnahmen nur gegenüber dem Schuldner und solchen Dritten berechtigt, die der Vollstreckung gegen den Schuldner Widerstand leisten, **nicht** aber **gegenüber dem Gläubiger** (KG DR 40, 1162). Nimmt der GV die Sache mit sich, so erwirbt er den unmittelbaren Besitz an der Pfandsache und vermittelt dem Gläubiger mittelbaren Besitz ersten, dieser dem Schuldner mittelbaren Besitz zweiten Grades. Beläßt der GV die Sache im Gewahrsam des Schuldners, so erlangt dieser den ihm nach § 808 I entzogenen Besitz wieder und wird Besitzmittler des GV und des Gläubigers (RG 94, 341; 105, 415; 118, 227; aA Rosenberg § 191 III 2, der Fortdauer des unmittelbaren Besitzes des GV annimmt).

IV) 1) Werden die Sachen im Gewahrsam des Schuldners belassen, so ist die Wirksamkeit **18**
der Pfändung dadurch bedingt, daß die Pfändung durch **Anlegung von Siegeln** oder auf sonstige Weise ersichtlich gemacht ist (Abs 2 S 2). Die Pfändung muß auch ersichtlich gemacht werden, wenn die Fortschaffung der Sachen nur aufgeschoben wird. Dabei genügt es nicht, nur überhaupt ersichtlich zu machen, daß gepfändet wurde, sondern es muß auch erkennbar sein, welche einzelnen Sachen gepfändet sind. Bei Ersichtlichmachung der Pfändung hat der GV peinlichste **Sorgfalt** anzuwenden; lieber ein Siegel, eine Anzeige mehr als zu wenig; denn **Verstoß gegen Abs 2 S 2** macht die Pfändung unheilbar unwirksam, also **nichtig** (RG 81, 191). Die Nichtigkeit wird auch durch spätere Besitzergreifung und Verwertung nicht geheilt. Es ist kein Pfandrecht entstanden. Der GV setzt durch einen Verstoß den Staat und damit sich der Gefahr der Haftung aus. Die Pflicht, die Pfändung körperlicher Sachen, die im Gewahrsam des Schuldners belassen werden, durch Anlegung von Siegeln oder in sonstiger Weise ersichtlich zu machen, obliegt dem GV als Amtspflicht nicht nur dem Vollstreckungsgläubiger, sondern auch dem Schuldner gegenüber (BGH MDR 59, 734 = NJW 59, 1775).

2) Bei Sachen, bei denen nach ihrer Beschaffenheit die **Anlegung von Siegeln** möglich und **19**
geeignet ist, die Pfändung ersichtlich zu machen, ist diese Maßnahme anzuwenden (RG 126, 347). Der GV hat sich dabei seines Dienstsiegels zu bedienen. Wenn möglich, ist jedes einzelne Pfandstück an einer in die Augen fallenden Stelle mit einer Siegelmarke, einem Siegelabdruck oder einem sonst geeigneten Pfandzeichen zu versehen. Letzteres ist so anzubringen, daß die Sache dadurch nicht beschädigt wird. Die Schonung der Interessen des Schuldners muß bei Anbringung von Siegeln zurücktreten, wenn die Rechtswirksamkeit der Pfändung gefährdet wird. Die Pfandzeichen dürfen also zB nicht auf der der Wand zugekehrten Seite von Möbeln, Bildern, nicht auf der unteren Seite einer Tischplatte, eines Teppichs usw, auch nicht so angebracht werden, daß es für den Dritten erst einer besonderen Nachschau oder besonderer Aufmerksamkeit bedarf, um die Tatsache der Pfändung zu erkennen. Ein gewisses Maß von Auffälligkeit ist bei der Pfändung immerhin geboten. Es ist zwar nicht nötig, daß das Pfandzeichen jedem Beschauer sofort ins Auge fällt (AG Göttingen DGVZ 72, 32); es genügt, wenn es bei Anwendung der im Verkehr üblichen Sorgfalt von Dritten bemerkt werden kann (Königsberg DGVZ 38, 135). Bei frei laufenden Tieren ist Pfandzeichen (zB Blechmarke) am Horn, Halsband erforderlich, bei Schafen und dgl ist auch Farbanstrich möglich. Ist bei der **Pfändung einer Mehrzahl von Sachen** wegen der Menge der einzelnen Pfandstücke die Anbringung eines Pfandzeichens an jedem Stück untunlich, so genügt ein gemeinschaftliches Pfandzeichen (RG 126, 347) dann (aber auch nur dann), wenn es so angelegt wird, daß darüber, welche Sachen gepfändet sind, kein Zweifel bestehen kann. Sind solche Zweifel möglich, so ist jede Sache mit einem besonderen Pfandzeichen zu versehen oder die Pfändung durch Anbringung einer Pfandanzeige vorzunehmen. Für die **Pfändung von Stoffwaren** genügt, daß diese mit einer Schnur zusammengebunden werden und an der Stelle, wo die Schnur zusammengeknüpft wird, ein Pfandzeichen angebracht wird, für die **Pfändung von Eisenwaren,** daß diese in eine Kiste verpackt werden und der Verschluß der Kiste mit einem Pfandzeichen versiegelt wird. Nimmt der GV mit der jederzeit widerruflichen (Recht 37 Nr 3791) Zustimmung des Schuldners die **Versiegelung von Räumen** vor, so hat er darauf zu achten, daß die Pfandzeichen an allen Türen angebracht werden. Die Schlüssel versiegelter Behältnisse oder Räume hat der GV an sich zu nehmen. Die Pfändung von Fischen in Teichen ist wirksam, wenn der GV an den die Teiche verschließenden Vorrichtungen sowie an benachbarten Bäumen Pfandzeichen anbringt, aus denen sich ergibt, daß alle Fische in den Teichen gepfändet und in Besitz genommen sind. Nicht nötig ist, die Gattung der Fische und ihre vermutliche Zahl anzugeben (Soergel 30 S 275).

20 **3) Läßt sich** wegen der Beschaffenheit der Pfandstücke ein **Pfandzeichen nicht anlegen** oder reicht ein solches nicht aus, um die Pfändung ersichtlich zu machen, so ist an dem Ort, an dem sich die Pfandstücke befinden (zB auf dem Lagerboden, dem Viehstall, dem Speicher), ein auf die Pfändung hinweisendes Schriftstück **(Pfandanzeige)** in der Art anzubringen, daß jedermann davon Kenntnis nehmen kann. Es genügt also zB bei der Pfändung von Waren, die in einem Regal aufbewahrt sind, nicht, wenn die Pfandanzeige an der Innenseite des Regals angebracht wird. Die Pfandanzeige hat die Pfandstücke genau zu bezeichnen; sie ist mit der Unterschrift des GV und dem Dienstsiegel zu versehen. Wird **ein Teil des Vorrats gepfändet** (s § 811 Nr 2–4), so ist er von dem nicht gepfändeten Teil äußerlich zu trennen. Unwirksam ist die Pfändung von „etwa 200 Ztr Getreide" durch Anbringung einer Anzeige am Getreideschuppen ohne körperl Ausscheidung dieses Teils des gesamten Vorrats (RG JW 36, 200); ebensowenig genügt eine Pfandanzeige, die den gepfändeten Teil eines Weinlagers nur ungefähr bezeichnet (RG JW 16, 1023) oder nach der gewisse im Schlafzimmer befindliche Sachen gepfändet sind (RG JW 15, 523). **Erforderlichenfalls** ist für gepfändete Sachen ein **Hüter** (auch eine bei dem Gläubiger oder dem Schuldner im Dienst stehende Person) zu bestellen. Die Vergütung des Hüters ist nach den ortsüblichen Preisen, soweit tunlich im voraus, festzusetzen.

21 **4)** Ob der **Schuldner** die in seinem Gewahrsam belassenen gepfändeten **Gegenstände weiter benutzen** darf, ist nach Lage des Einzelfalles zu entscheiden. Ausgeschlossen ist die weitere Benutzung jedenfalls, wenn sie ohne Beseitigung der Pfandzeichen nicht erfolgen kann, sowie bei gepfändeten Gegenständen, die ihrer Beschaffenheit oder ihrer natürlichen Zweckbestimmung nach bei dem Gebrauch einer starken Abnützung unterliegen. Würde sich eine solche Abnützung ergeben, so wäre die Befriedigung des Gläubigers durch die Belassung beim Schuldner gefährdet. Der GV darf daher solche Gegenstände dem Schuldner nicht belassen oder er muß sie, wenn die Gefährdung nachträglich eintritt, aus dem Gewahrsam des Schuldners entfernen. Bei **Kraftfahrzeugen** jeder Art wird eine solche Gefährdung regelmäßig angenommen werden müssen (Hamburg MDR 67, 763; Düsseldorf MDR 68, 424; s auch LG Kiel MDR 70, 597 mit abl Anm Burkhardt). Zur Pfändung eines Kraftfahrzeugs sowie der Bedeutung von Kfz-Schein und -Brief s näher §§ 157–162 GVGA; zur Haftung des Staates bei ZwV in Kraftfahrzeuge s Schetting MDR 67, 800. Es wird aber genügen, wenn der GV einen für die Benutzung wesentlichen Bestandteil des gefährdeten Gegenstandes in seinen Gewahrsam nimmt, sofern dadurch die Gefährdung der Befriedigung des Gläubigers beseitigt erscheint. Werden **gepfändete Tiere** im Gewahrsam des Schuldners belassen, so kann der GV mit dem Schuldner vereinbaren, daß dieser befugt sein soll, als Entgelt für die Fütterung und Pflege des Tieres dessen gewöhnliche Nutzungen (zB die Milch einer gepfändeten Kuh), in Anspruch zu nehmen. Der Schuldner ist anzuweisen, eine Erkrankung des Tieres, insbes eine etwa erforderlich werdende Notschlachtung, dem GV sofort anzuzeigen.

22 **5)** Dem **Schuldner** oder in seiner Abwesenheit einem etwa anwesenden Angehörigen **ist zu eröffnen,** daß die gepfändeten Sachen sich nunmehr im Besitz des GV befinden und der Schuldner sie nur für diesen in Gewahrsam nahm, ferner, daß der Schuldner sowie jeder andere sich jeder Verfügung über die Pfandstücke sowie der Beschädigung oder Ablösung der angelegten Siegel oder der angebrachten Anzeigen bei Meidung der gesetzlichen Strafen enthalten muß. Nichtbefolgung des Abs 3 macht die Pfändung nicht unwirksam. Kommen die Sachen aus dem Gewahrsam des Schuldners und bleibt das Abhandenkommen unaufgeklärt, dann braucht der in Anspruch genommene Staat bzw der GV nicht den Entlastungsbeweis zu führen (RG 137, 155; 138, 42).

23 **6)** Sind die zur Ersichtlichmachung der Pfändung getroffenen Vorkehrungen später beseitigt oder die angebrachten Siegelmarken usw abgefallen (die Wirksamkeit der Pfändung wird dadurch nicht berührt), so hat der GV, sobald er davon Kenntnis erhält, für die Erneuerung der Ersichtlichmachung zu sorgen. Auch hat er zu prüfen, ob durch weitere Belassung der Pfandstücke im Gewahrsam des Schuldners die Befriedigung des Gläubigers gefährdet wird; ist dies der Fall, so hat er die Pfandstücke aus dem Gewahrsam des Schuldners zu entfernen (BGH LM 12 § 839 [Fi] BGB = MDR 59, 282).

24 **7)** Besondere Vorschriften über das **Pfändungsprotokoll** gibt § 135 GVA.

25 **V) 1)** Wenn **mehrere Aufträge** auf Pfändung vorliegen, die gleichzeitig zu behandeln sind (§ 168 Nr 1 GVGA), ist die **Pfändung für alle beteiligten Gläubiger zugleich** zu bewirken. Hierüber wird nur ein Pfändungsprotokoll aufgenommen, das die Erklärung enthalten muß, daß die Pfändung gleichzeitig für alle vollstreckenden Gläubiger bewirkt ist (s § 168 Nr 3 GVGA).

26 **2)** Gleichzeitige **Pfändung derselben Sache** bei ZwV gegen **verschiedene Schuldner** (ermöglicht § 739 mit Titel gegen Eheleute; s Rn 12 zu § 739; sogen **Doppelpfändung**) erfolgt als selbständige Pfändung für jeden Gläubiger (keine Anschlußpfändung, Rn 2 zu § 826). Über diese Pfän-

dung sind daher selbständige Protokolle aufzunehmen (Verstoß macht gleichzeitige Pfändung jedoch nicht nichtig). Daß zweifache Siegelung nach Abs 2 S 2 erfolgt, wird nicht gefordert und ist nach dem Zweck der Vorschrift auch nicht zu verlangen (StJM Rdn 32 zu § 808). Wenn Pfändung bei ZwV gegen einen der Schuldner bereits früher erfolgt ist, muß die weitere Pfändung in dem neuen Verfahren gegen den anderen Schuldner in derselben Form wie eine Erstpfändung erfolgen (s § 167 Nr 1 GVGA). Aktenvermerk des GV s § 167 Nr 1 GVGA.

3) Als **Anschlußpfändung** erfolgt eine spätere Pfändung bei ZwV gegen denselben Schuldner; 27
dazu § 826 mit Anm.

4) Mit **Hilfspfändung** nimmt der GV Papiere vorläufig in Besitz, die nur eine Forderung 28
beweisen, aber nicht Träger des Rechts sind, zB Sparkassenbücher, Pfandscheine, Versicherungsscheine und Depotscheine, ferner Hypotheken- und solche Grundschuld- und Rentenschuldbriefe, die nicht auf den Inhaber lauten. Solche Sachen sind nicht Wertpapiere, die wie bewegliche körperliche Sachen zu pfänden wären. Die Hilfspfändung dient nur der Vorbereitung und Sicherung der Forderungs-ZwV. Wenn der Gläubiger nicht alsbald, spätestens binnen zwei Wochen, den Pfändungsbeschluß über die Forderung vorlegt, die dem Papier zugrunde liegt, gibt der GV die nur hilfsweise gepfändeten Papiere dem Schuldner zurück. Grundlage: § 156 GVGA (nur Verwaltungsvorschrift, der die Praxis folgt).

VI) Rechtsbehelfe: Für Gläubiger und Schuldner: **Erinnerung** (§ 766). Wird die Pfändung vom 29
Vollstreckungsgericht für unzulässig erklärt, so erlischt mit der Freigabe des Pfandstücks durch den GV das Pfandrecht, und zwar auch dann, wenn das Beschwerdegericht die Pfändung als zulässig ansieht und deshalb den Beschluß des Vollstreckungsgerichts aufhebt; das Erlöschen des Pfandrechts kann nur dadurch verhindert werden, daß das Vollstreckungsgericht die Vollziehung seiner Entscheidung bis zur Rechtskraft aussetzt (§ 572; KG MDR 1966, 515).

VII) Gebühren des **Gerichtsvollziehers:** ¼ Gebühr nach dem Betrag der beizutreibenden Forderung (§ 17 I 30
GVKostG; Nr 2 Abs 2 und Nr 21 GVKostGr); nimmt die Pfändung mehr als 1 Stunde in Anspruch, so erhöht sich die Gebühr um jede angefangene weitere Stunde um die Hälfte, höchstens jedoch um 15 DM für die Stunde (§ 17 III GVKostG; Nr 24 GVKostGr), vorausgesetzt, daß die längere Zeitdauer im Protokoll angegeben ist (§ 14 GVKostGr; Hartmann, KostGes GVKostG § 17 Anm 4 B).

809 *[Pfändung bei Dritten oder beim Gläubiger]*

Die vorstehenden Vorschriften sind auf die Pfändung von Sachen, die sich im Gewahrsam des Gläubigers oder eines zur Herausgabe bereiten Dritten befinden, entsprechend anzuwenden.

Lit: *Furtner*, Fortsetzung der Vollstreckung durch Abholung von Gegenständen, an denen ein Dritter nach der Pfändung Gewahrsam erlangt hat, DGVZ 1965, 49; *Göhler*, Die Herausgabebereitschaft des Gewahrsamsinhabers im Falle der mehrfachen Pfändung nach §§ 809, 826 ZPO, MDR 1965, 339; *Noack*, ZwV und Verhaftung in Räumen Dritter, MDR 1967, 894; *Noack*, Vollstreckung gegen vom Titel nicht betroffene Dritte, JurBüro 1976, 1147; *Pawlowski*, Zum sog Verfolgungsrecht des Gerichtsvollziehers, AcP 175 [1975] 189; *Pawlowski*, Drittgewahrsam und Verstrickung, DGVZ 1976, 33; *Schilken*, Zur Pfändung von Sachen im Gewahrsam Dritter, DGVZ 1986, 145; *Sonnenberger*, Kann der Gewahrsamsinhaber seine Herausgabebereitschaft gemäß § 809 ZPO beschränken? MDR 1962, 22; *Wasner*, Die gewaltsame Wegnahme gepfändeter Sachen, die vom Schuldner zu Dritten geschafft sind, ZZP 79 [1976] 113.

I) Zweck und **Anwendungsbereich:** Bestimmung, wann und wie die Pfändung (§ 803 I) körper- 1
licher Sachen bei Gewahrsam des Gläubigers oder eines Dritten erfolgen kann.

II) Voraussetzungen: 1 a) Gewahrsam (Rn 3 zu § 808) des Gläubigers oder eines Dritten. 2
Dritte sind alle Personen, die nach dem Titel (auch der Klausel) nicht Gläubiger oder Schuldner sind und die nicht für den Gläubiger oder Schuldner als deren gesetzlicher Vertreter, Organ oder vertretender Gesellschafter (Rn 10 und 12 zu § 808) Gewahrsam haben. Für die einem Besitzdiener überlassenen Sachen bleibt der Schuldner alleiniger Gewahrsamsinhaber (Rn 8 zu § 808), so daß auch sein Besitzdiener nicht Dritter ist. Der Erbe, gegen den nach § 779 die ZwV fortgesetzt wird, ist Schuldner, nicht Dritter.

b) Maßgebend ist das **Gewahrsamsverhältnis bei Pfändung;** spätere Änderungen (so wenn ein 3
Dritter nach Pfändung den Besitz an Wohn- oder Geschäftsräumen erlangt, in denen sich die Pfandsache befindet, wenn der Schuldner die gepfändete Sache einem Dritten zur Reparatur, Aufbewahrung oder zum Gebrauch übergibt, wenn der Dritte sie eigenmächtig an sich genommen hat) bleiben für die Wirksamkeit der Pfändung ohne Bedeutung. Wenn der Dritte erst nach

der Pfändung Gewahrsam erlangt hat, kann jedoch mit gutgläubigem Eigentumserwerb das Pfändungspfandrecht erloschen sein (§ 936 BGB). Ist das nicht der Fall, dann ist der Dritte zur Herausgabe an den GV verpflichtet. Dieser kann aber kein Zwangsmittel zur Durchsetzung des Herausgabeanspruchs anwenden (kein „Verfolgungsrecht"; StJM Rdn 6 zu § 809; Pawlowski DGVZ 76, 33; AG Dortmund DGVZ 74, 24; aA LG Saarbrücken DGVZ 75, 170; LG Stuttgart MDR 69, 675; LG Köln MDR 65, 213; LG Berlin DGVZ 59, 89; Furtner DGVZ 65, 49; Wasner ZZP 79 [1976] 113). Die ZwV kann mit Pfandverwertung daher nur fortgesetzt werden, wenn der Dritte nach § 809 zustimmt oder der Gläubiger den Widerstand des Dritten mit Klage aus seinem Pfandrecht überwunden hat (Pawlowski DGVZ 76, 33; dort auch zu Möglichkeiten auf Grund strafrechtlichen Schutzes der ZwV).

4 **c) Mitgewahrsam:** Haben Schuldner **und ein Dritter** gemeinschaftlichen Gewahrsam (vgl für Besitz § 866 BGB), so würde die Pfändung den Mitgewahrsam des Dritten beeinträchtigen. Sie ist daher, wenn Mitgewahrsam des Dritten äußerlich erkennbar gegeben ist (LG Berlin MDR 75, 939), nur nach § 809 zulässig, wenn der Dritte einwilligt (allgemeine Ansicht; zB LG Berlin aaO; StJM Rdn 17 zu § 808). Das gilt auch für den Inhalt eines Schrankfachs unter Mitverschluß des Vermieters (LG Berlin DR A 40, 1640). Wenn zwei (mehrere) Personen eine Wohnung gemeinsam bewohnen, liegt, soweit es sich nicht erkennbar um persönliche Gegenstände im Alleingewahrsam handelt (s Rn 5, 9 zu § 808) in der Regel (zu Besonderheiten Rn aaO zu § 808 und nachf) Mitgewahrsam an den in der Wohnung befindlichen Gegenständen vor (LG Berlin MDR 75, 939). Dieser hindert jedoch lediglich Pfändung und Wegnahme gegen den Willen des Dritten, nicht aber (mit richterlicher Erlaubnis; Rn 5 zu § 758) Durchsuchung der vom Schuldner mitbenutzten Räume und Feststellung pfändbarer Gegenstände des Schuldners (LG Wiesbaden DGVZ 81, 60). Bei nichtehelicher Lebensgemeinschaft und bei anderen Wohngemeinschaften gilt die Gewahrsamsvermutung des § 739 nicht (Rn 13 zu § 739), so daß Mitgewahrsam Dritter nach § 809 zu beachten ist. Nach den besonderen Umständen wird Mitgewahrsam vielfach aber nur für die gemeinsam benutzten Einrichtungsgegenstände anzunehmen sein, nicht auch für Gegenstände, die bei getrennter Raumnutzung in der gemeinsamen Wohnung in einzeln genutzten Räumen stehen. Ebenso wird vielfach Alleingewahrsam für Sachen unter Alleinverschluß und Pfändungsmöglichkeit für eindeutig erkennbare eigene Sachen der Mitglieder der Wohngemeinschaft (Rn 9 zu § 808) gegeben sein. Wenn der Mitgewahrsam eines Dritten erst nach der Pfändung begründet wurde, gilt das in Rn 3 Gesagte. Nach Pawlowski DGVZ 76, 33 (39) kann dann der GV die Vollstreckung fortsetzen, wenn der Gläubiger den Mitbesitz seines Schuldners nach § 857 sich hat pfänden und überweisen lassen.

5 **d) Scheingewahrsam** eines Dritten, insbesondere Verwandten, Freundes, Bekannten, Bediensteten, der vom GV (im Erinnerungsverfahren vom Gericht) festgestellt ist, kann vor Vollstreckungszugriff nicht schützen (vgl bereits Rn 8 zu § 808). Deshalb kann § 809 keine Anwendung finden, wenn der Dritte im Einvernehmen (auf Veranlassung) des Schuldners Sachen in Gewahrsam genommen hat, um sie der ZwV zu entziehen (so auch BLH Anm 1 A zu § 809; LG Berlin DGVZ 69, 71; LG Stuttgart DGVZ 69, 168; aA StJM Rdn 4 zu § 809 mit Nachw; ThP Anm 3a zu § 809; Baur/Stürner Rdn 449; Pawlowski DGVZ 76, 33, 35). Nichtbeachtung des Drittgewahrsams wird auch dann als möglich erachtet, wenn der Dritte zugibt, daß er keine Recht an der Sache hat und sie nur vorübergehend für den Schuldner aufbewahrt (StJM aaO); dem ist nicht zu folgen, weil damit unlauteres Handeln des Dritten noch nicht gegeben ist (gegen Pfändbarkeit zB Baur/Stürner aaO). Wenn der Dritte in Anwesenheit des GV Sachen des Schuldners aus dessen Gewahrsam fortschaffen will, um sie der ZwV zu entziehen, kann der GV den Dritten unter Anwendung von Zwang hindern, die ZwV zu vereiteln (Pawlowski DGVZ 76, 33 [36]).

6 **2) Herausgabebereitschaft** des Dritten als Zustimmung zur Durchführung der ZwV (nicht auch des Gläubigers, der mit der ZwV jedoch einverstanden sein muß; Schilken DGVZ 86, 145). Ob der Gewahrsamsinhaber zur Herausgabe bereit ist, hat der GV durch Befragen festzustellen. Die Bereitschaft des Dritten muß sich auf die Herausgabe zur Verwertung, nicht nur zur Pfändung erstrecken (RG HRR 27 Nr 535). Sie kann formlos, ausdrücklich oder stillschweigend und als Genehmigung auch nach der Pfändung erklärt werden (Nürnberg OLG 31, 112); sie muß unbedingt sein. Die an einen Vorbehalt (eine Bedingung) geknüpfte Herausgabebereitschaft gilt als verweigerte Herausgabe, sofern nicht die gestellten Bedingungen von allen Beteiligten angenommen werden (abw Schilken aaO: Bedingung zulässig, daß eigene Rechte vorweg befriedigt werden). Die Herausgabebereitschaft kann zugunsten einzelner Gläubiger beschränkt werden (Göhler MDR 65, 339; Schilken aaO; aA Sonnenberger MDR 62, 22; ThP u BLH je Anm 2 zu § 809). Widerruf ist bis zur Pfändung möglich (aA: unwiderruflich; Schilken aaO). Die Erklärung des Dritten, daß er zur Herausgabe bereit sei, ist im Protokoll des GV zu vermerken (§ 137 GVGA). Widerspruchslose Unterzeichnung des Pfändungsprotokolls, das diese Erklärung nicht enthält, kann nicht ohne weiteres als stillschweigende Zustimmung angesehen werden (KG

DGVZ 64, 7). Anspruch auf Zustimmung zur Duldung der ZwV durch den Dritten besteht nur bei selbständigem Verpflichtungsgrund; für den GV kommt ihm nur Bedeutung zu, wenn er durch einen Duldungstitel nachgewiesen ist. Lehnt die Person, bei der Sachen des Schuldners gepfändet werden sollen, die Herausgabe ab oder bestreitet sie, solche Sachen in Gewahrsam zu haben, so ist diese Erklärung im Protokoll festzuhalten und von der Pfändung abzusehen, auch wenn dem GV ein Herausgabeanspruch des Schuldners offensichtlich erscheint (LG Oldenburg DGVZ 83, 58). Dem Gläubiger bleibt die Pfändung des Anspruchs, der dem Schuldner auf Herausgabe oder Leistung der Sache zusteht (§§ 846, 847). Verweigert der Dritte auch nach Pfändung die Herausgabe, so muß der Gläubiger gegen ihn auf Herausgabe klagen (dazu Rn 4 u 5 zu § 847).

III) 1) Pfändung körperlicher Sachen (Rn 1 zu § 803) im Gewahrsam des Gläubigers oder eines zur Herausgabe bereiten Dritten erfolgt nach § 808 ebenso wie die Pfändung von Sachen im Gewahrsam des Schuldners. Dafür, daß der GV auch noch zu prüfen habe, ob der Gegenstand zum Schuldnervermögen und nicht etwa einem anderen (sogen Vierten) gehört (so aber StJM Rdn 4 zu § 809), gibt das Gesetz keinen Anhalt; ebenso wie bei Pfändung von Sachen im Gewahrsam des Schuldners beschränkt sich die Prüfung auf den leicht überschaubaren Zugriffsbestand; das ist bei Drittgewahrsam die Herausgabebereitschaft des Dritten iVm der durch den Pfändungsantrag geltend gemachten Rechtszugehörigkeit. Wenn der Gegenstand offensichtlich zum Vermögen eines anderen gehört, hat die Pfändung nach allgemeinen Grundsätzen zu unterbleiben (Rn 3 zu § 808). Verlangt der Gewahrsamsinhaber die Fortschaffung des Pfandstücks, so ist dem Verlangen zu entsprechen (s § 137 GVGA). Wenn die Sachen im Gewahrsam des Dritten belassen werden (§ 808 II), wird er vom GV nicht zum Verwahrer bestellt (für Verwahrungsvertrag aber Schilken DGVZ 86, 145 [150]; nur für weggeschaffte Sachen hat der GV jedoch Maßnahmen zur Unterbringung zu treffen). 7

2) Mit Pfändung bei dem herausgabebereiten Dritten verliert dieser ein **Widerspruchsrecht,** das er als berechtigter Besitzer der Sache nach § 771 geltend machen könnte (BGH JZ 78, 119 = MDR 78, 401), nicht aber sein materielles, die Veräußerung hinderndes Recht, wenn er (irrtümlich) eigene Sachen an den GV herausgegeben hat (BGH aaO; auch zum Rechtsbehelf und zum möglichen Verzicht auf das die Veräußerung der Pfandsache hindernde Recht). Die Klage nach § 805 bleibt dem herausgabebereiten Dritten. 8

IV) Verstoß gegen § 809 berührt die Wirksamkeit der sonst ordnungsgemäßen Pfändung nicht, sondern begründet lediglich Anfechtbarkeit. **Rechtsbehelf** für den Dritten (nicht auch für den Schuldner) § 766 (dann § 793); dies auch für einen etwa beeinträchtigten anderen Dritten. Für Gläubiger Erinnerung (§ 766; dann § 793), wenn der GV trotz Herausgabebereitschaft des Dritten die Pfändung ablehnt. 9

810 *[Früchte auf dem Halm]*

(1) Früchte, die von dem Boden noch nicht getrennt sind, können gepfändet werden, solange nicht ihre Beschlagnahme im Wege der Zwangsvollstreckung in das unbewegliche Vermögen erfolgt ist. Die Pfändung darf nicht früher als einen Monat vor der gewöhnlichen Zeit der Reife erfolgen.

(2) Ein Gläubiger, der ein Recht auf Befriedigung aus dem Grundstück hat, kann der Pfändung nach Maßgabe des § 771 widersprechen, sofern nicht die Pfändung für einen im Falle der Zwangsvollstreckung in das Grundstück vorgehenden Anspruch erfolgt ist.

Lit: *Hoche*, Zum Widerspruchsrecht des Hypothekengläubigers gegen die Pfändung von Grundstückserzeugnissen, NJW 1952, 961; *Münzel*, ZwV in ungetrennte Früchte, 1939; *Noack*, Die Pfändung von Früchten an Grundstücken, Rpfleger 1969, 113.

I) Zweck: ZwV in Teile des unbeweglichen Vermögens (§ 94 BGB) mit Rücksicht auf die bevorstehende Trennung in der für bewegliche Sachen geregelten Form durch den GV. 1

II) Voraussetzungen: 1) Früchte vor Reife und (vgl § 824) Aberntung sind in regelmäßigen Zeitabschnitten anfallende Bodenerzeugnisse wie Obst, Getreide, Gemüse, Kartoffeln, Hackfrüchte, Tabak usw (Noack Rpfleger 69, 113), nicht aber Rechtsfrüchte und sonstige Bodenerzeugnisse wie Steine, Kies, Lehm, Ton, Torf, Sand, Mineralien, Holz auf dem Stamm (sie unterliegen nur der Immobiliarvollstreckung). 2

2) Pfändbarkeit nach Trennung darf **nicht ausgeschlossen** sein. Pfändung der Früchte „auf dem Halm" ist daher unzulässig, wenn sie mit Trennung Zubehör werden (§ 865 II; §§ 97, 98 Nr 2 BGB) oder nach § 811 Nr 2–4 unpfändbar sind. 3

4 3) Die **Zeit der gewöhnlichen Reife** darf nicht ferner als **einen Monat** sein (Abs 1 S 2). Abzustellen ist auf die Zeit der gewöhnlichen Reife nach der Art der Frucht und den örtlichen Verhältnisse (RG 42, 382), nicht auf die Reifezeit im Jahr der ZwV. Fristberechnung § 222. Wenn im Einzelfall Aberntung von einer Reifezeit unabhängig ist (Pflanzen des Handelsgärtners), ist auch die ZwV zeitlich nicht gebunden.

5 **4) Gewahrsam des Schuldners** (§ 808) oder eines zur Herausgabe bereiten Dritten (§ 809) mit Besitz des Grundstücks, weil die Früchte für die ZwV als bewegliches Vermögen desjenigen behandelt werden, dem sie mit Trennung zufallen. Ist das Grundstück verpachtet oder besteht daran ein Nießbrauch, so ist Pfändung mit Titel gegen den besitzenden Pächter oder Nießbraucher (Eigentumserwerb mit Trennung, §§ 954, 956 BGB) ohne weiteres, bei einer ZwV gegen den Grundstückseigentümer, den Verpächter oder Besteller des Nießbrauchers aber nur mit Zustimmung des Pächters oder Nießbrauchers zulässig (§ 809).

6 **III) 1)** Die **Pfändung** der Früchte erfolgt in gleicher Weise wie die Pfändung beweglicher Sachen, somit nach § 808 (§ 809; Verwertung nach § 824). Die Pfändung ist in geeigneter Weise durch Aufstellen von Pfandtafeln oder Pfandzeichen mit einer vom GV unterschriebenen und mit dem Dienstsiegel versehenen Pfandanzeige oder durch andere zweckentsprechende Maßnahmen, tunlichst unter Verwendung des Dienstsiegels, für jedermann erkennbar zu machen (s § 153 Nr 2 GVGA). Bei Pfändung von Obst an einer Landstraße hat der GV zwischen den in Frage kommenden Km-Steinen Pfandtafeln aufzustellen mit entsprechender Aufschrift. Außerdem empfiehlt sich die Bestellung eines Hüters (DGVZ 38, 351). Zur Frage der von einem GV bei der Pfändung von Trauben auf dem Stock und deren nachfolgenden Vermostung zu beachtenden Amtspflichten s RG DR 39, 1921. Ist die Bestellung eines Aufsehers erforderlich, so ist vorzugsweise der Feldhüter der Gemeinde zu wählen. Zur Beiziehung eines landwirtschaftlichen Sachverständigen s § 153 Nr 3 GVGA. Die Pfändung bleibt, wenn keine Beschlagnahme des Grundstücks erfolgt, nach Trennung der Früchte fortbestehen; im Falle des Ausdreschens von Getreide setzt sich das Pfandrecht an den ausgedroschenen Körnern (und dem erlangten Stroh) fort (RG 74, 248).

7 **2) Getrennte Früchte** werden als bewegliche Sachen gepfändet, desgleichen nur vorübergehend eingefügte Pflanzen, die nicht zu den Grundstücksbestandteilen gehören (§ 95 BGB).

8 **IV) 1)** Die Beschlagnahme des Grundstücks durch Zwangsversteigerung oder Zwangsverwaltung (§§ 20, 146 I ZVG) umfaßt die mit dem Boden noch verbundenen Früchte (§ 20 II, § 21 I, § 148 ZVG). Pfändung **nach Beschlagnahme** ist daher bei ZwV gegen den Eigentümer oder Nießbraucher unzulässig (Abs 1 S 1 Hs 2). Von der Beschlagnahme wird jedoch das Recht des **Pächters** auf den Fruchtgenuß nicht berührt (§ 21 III ZVG, § 956 BGB). Wenn ein Pächter Gewahrsam hat, dürfen bei ZwV gegen ihn daher Früchte auch noch nach Beschlagnahme gepfändet werden, selbst wenn erst nach Beschlagnahme verpachtet wurde (Zeller/Stöber Rdn 2.2 zu § 21 ZVG).

9 **2)** Wenn Beschlagnahme erst **nach Pfändung** erfolgt, bleibt das Pfandrecht unberührt. Der Gläubiger hat jedoch seinen Anspruch nach § 37 Nr 4 ZVG anzumelden (RG 143, 241).

10 **3)** Das gesetzliche **Pfandrecht des Verpächters** geht dem Pfändungspfandrecht eines Gläubigers des Pächters vor (§ 585 BGB). Vorzugsweise Befriedigung des Verpächters ist nach § 805 geltend zu machen.

11 **4)** Ein gesetzliches Pfandrecht kann nach dem **Gesetz zur Sicherung der Düngemittel- und Saatgutversorgung** vom 19. 1. 1949 (WiGBl 8) bestehen. Es geht allen an den Früchten bestehenden dinglichen Rechten im Rang vor (§ 2 IV Ges) und ist nach § 805 geltend zu machen.

12 **V) Verstoß** mit verfrühter Pfändung macht diese nicht unwirksam. **Rechtsbehelf** des Schuldners oder eines Betroffenen: § 766 (dann § 793). Beginn der Monatsfrist vor Reife vor Entscheidung über die Erinnerung macht diese unzulässig (Königsberg HRR 31 Nr 143). Früchtepfändung nach Beschlagnahme können Beschlagnahmegläubiger, Schuldner und Zwangsverwalter mit Erinnerung anfechten (§ 766; dann § 793). Für den Gläubiger ist auch Klage nach § 771 und nach Verwertung Bereicherungsklage zulässig. Werden Früchte, die einem Pächter zustehen, wegen einer Schuld des Verpächters gepfändet, so kann der Pächter Einwendungen nach § 766 (dann § 793) und Klage nach § 771 erheben.

13 **VI)** Jeder Gläubiger, der ein **Recht auf Befriedigung aus dem Grundstück** hat (§ 10 ZVG, also sowohl der Hypotheken- usw Gläubiger als derjenige, der wegen einer persönlichen Schuld des Grundeigentümers die Beschlagnahme des Grundstücks erwirkt hat), kann der Pfändung nicht getrennter Früchte **gem § 771 widersprechen** (Abs 2). Der Realgläubiger kann sich aber auch als der Pfändung vorgehender Gläubiger mit vorzugsweiser Befriedigung (§ 805) begnügen. Ist das Grundstück verpachtet und beim Pächter wegen einer Schuld desselben gepfändet worden, so kann der Realgläubiger dieser Pfändung nach § 771 nicht widersprechen (§ 21 III ZVG). Der im

Rang nach § 10 ZVG nachstehende Realgläubiger kann der Pfändung des vorgehenden Realgläubigers (nicht des persönlichen Gläubigers) nicht widersprechen (Abs 2 Hs 2). Es kann also der erststellige Hypothekgläubiger gegen jede Pfändung stehender Früchte Widerspruch erheben, der zweitstellige Hypothekgläubiger hat (auch nach Aberntung der Früchte, Königsberg JW 32, 3195) nur ein Widerspruchsrecht, wenn ein ihm nachstehender Realgläubiger oder ein persönlicher Gläubiger des Grundeigentümers gepfändet hat.

811 *[Unpfändbare Sachen]*

Folgende Sachen sind der Pfändung nicht unterworfen:

1. **die dem persönlichen Gebrauch oder dem Haushalt dienenden Sachen, insbesondere Kleidungsstücke, Wäsche, Betten, Haus- und Küchengerät, soweit der Schuldner ihrer zu einer seiner Berufstätigkeit und seiner Verschuldung angemessenen, bescheidenen Lebens- und Haushaltsführung bedarf; ferner Gartenhäuser, Wohnlauben und ähnliche Wohnzwecken dienende Einrichtungen, die der Zwangsvollstreckung in das bewegliche Vermögen unterliegen und deren der Schuldner oder seine Familie zur ständigen Unterkunft bedarf;**
2. **die für den Schuldner, seine Familie und seine Hausangehörigen, die ihm im Haushalt helfen, auf vier Wochen erforderlichen Nahrungs-, Feuerungs- und Beleuchtungsmittel oder, soweit für diesen Zeitraum solche Vorräte nicht vorhanden und ihre Beschaffung auf anderem Wege nicht gesichert ist, der zur Beschaffung erforderliche Geldbetrag;**
3. **Kleintiere in beschränkter Zahl sowie eine Milchkuh oder nach Wahl des Schuldners statt einer solchen insgesamt zwei Schweine, Ziegen oder Schafe, wenn diese Tiere für die Ernährung des Schuldners, seiner Familie oder Hausangehörigen, die ihm im Haushalt, in der Landwirtschaft oder im Gewerbe helfen, erforderlich sind; ferner die zur Fütterung und zur Streu auf vier Wochen erforderlichen Vorräte oder, soweit solche Vorräte nicht vorhanden sind und ihre Beschaffung für diesen Zeitraum auf anderem Wege nicht gesichert ist, der zu ihrer Beschaffung erforderliche Geldbetrag;**
4. **bei Personen, die Landwirtschaft betreiben, das zum Wirtschaftsbetrieb erforderliche Gerät und Vieh nebst dem nötigen Dünger sowie die landwirtschaftlichen Erzeugnisse, soweit sie zur Sicherung des Unterhalts des Schuldners, seiner Familie und seiner Arbeitnehmer oder zur Fortführung der Wirtschaft bis zur nächsten Ernte gleicher oder ähnlicher Erzeugnisse erforderlich sind;**

4a. **bei Arbeitnehmern in landwirtschaftlichen Betrieben die ihnen als Vergütung gelieferten Naturalien, soweit der Schuldner ihrer zu seinem und seiner Familie Unterhalt bedarf;**

5. **bei Personen, die aus ihrer körperlichen oder geistigen Arbeit oder sonstigen persönlichen Leistungen ihren Erwerb ziehen, die zur Fortsetzung dieser Erwerbstätigkeit erforderlichen Gegenstände;**
6. **bei den Witwen und minderjährigen Erben der unter Nummer 5 bezeichneten Personen, wenn sie die Erwerbstätigkeit für ihre Rechnung durch einen Stellvertreter fortführen, die zur Fortführung dieser Erwerbstätigkeit erforderlichen Gegenstände;**
7. **Dienstkleidungsstücke sowie Dienstausrüstungsgegenstände, soweit sie zum Gebrauch des Schuldners bestimmt sind, sowie bei Beamten, Geistlichen, Rechtsanwälten, Notaren, Ärzten und Hebammen die zur Ausübung des Berufs erforderlichen Gegenstände einschließlich angemessener Kleidung;**
8. **bei Personen, die wiederkehrende Einkünfte der in den §§ 850 bis 850b bezeichneten Art beziehen, ein Geldbetrag, der dem der Pfändung nicht unterworfenen Teil der Einkünfte für die Zeit von der Pfändung bis zu dem nächsten Zahlungstermin entspricht;**
9. **die zum Betrieb einer Apotheke unentbehrlichen Geräte, Gefäße und Waren;**
10. **die Bücher, die zum Gebrauch des Schuldners und seiner Familie in der Kirche oder Schule oder einer sonstigen Unterrichtsanstalt oder bei der häuslichen Andacht bestimmt sind;**
11. **die in Gebrauch genommenen Haushaltungs- und Geschäftsbücher, die Familienpapiere sowie die Trauringe, Orden und Ehrenzeichen;**
12. **künstliche Gliedmaßen, Brillen und andere wegen körperlicher Gebrechen notwendige Hilfsmittel, soweit diese Gegenstände zum Gebrauch des Schuldners und seiner Familie bestimmt sind;**
13. **die zur unmittelbaren Verwendung für die Bestattung bestimmten Gegenstände;**

14. nicht zur Veräußerung bestimmte und im häuslichen Bereich gehaltene Hunde und andere Tiere, wenn ihr Wert 500 Deutsche Mark nicht übersteigt.

Lit: *App,* Pfändbarkeit von Arbeitsmitteln einer GmbH, DGVZ 1985, 97; *Bloedhorn,* Die neuere Rechtsprechung zu §§ 765a, 811 und 813a ZPO, DGVZ 1976, 104; *Bohn,* § 811 Abs 1 ZPO in der Praxis, DGVZ 1973, 167; *Christmann,* Die Pfändbarkeit des Grabsteins, DGVZ 1986, 56; *Gilleßen* und *Jakobs,* Pfändungsschutz nach § 811 Nr 8 ZPO, DGVZ 1978, 129; *Mümmler,* § 811 ZPO im Falle des Eigentumsvorbehalts und der Sicherungsübereignung, JurBüro 1974, 1481; *Noack,* Warenbestände, Rohstoffe und Halbfertigfabrikate in der Pfändungsvollstreckung, Betrieb 1977, 195; *Noack,* Die Landwirtschaft, die landwirtschaftlichen Betriebsmittel und der Landwirt in der ZwV, JurBüro 1979, 649; *Pardey,* Zur Pfändbarkeit eines Fernsehgerätes, DGVZ 1978, 102; *Paschold,* Die Kassenpfändung bei Gewerbetreibenden, DGVZ 1974, 22; *Schmidt-von Rhein,* Zur privilegierten Sachpfändung des Kaufpreisgläubigers im Falle des Eigentumsvorbehaltes, DGVZ 1986, 81; *Schneider* und *Becher,* Probleme der „unpfändbaren Sachen" in der Judikatur (§ 811 ZPO), DGVZ 1980, 177; *Seip,* Eigentumsvorbehalt und Unpfändbarkeit, DGVZ 1975, 113; *Weimar,* Der Vollstreckungsschutz des Arztes, DGVZ 1978, 184.

1 **I) Zweck:** Schuldnerschutz vor Kahlpfändung. Konkretisiert sind mit diesem Schutz Art 1 GG („Würde des Menschen") und Art 2 GG („Freie Entfaltung der Persönlichkeit"); verwirklicht ist damit der Schutzgedanke des Sozialstaatsprinzips (Art 20, 28 GG). Wie Sozialhilfe (vgl § 1 BSHG) dient § 811 der Aufgabe, dem Schuldner die Führung eines Lebens zu ermöglichen, das der Würde des Menschen entspricht. Der Schutz soll ihn befähigen, unabhängig von Sozialhilfe zu leben (vgl § 1 II BSHG). Es sollen insbesondere nicht Organe des Staates dem Schuldner bei ZwV zugunsten des Gläubigers wegnehmen dürfen, was der Staat mit Leistung von Sozialhilfe zur sozialen Sicherung wieder geben müßte.

2 **II) Anwendungsbereich:** § 811 gilt nur für die ZwV wegen Geldforderungen in körperliche Sachen, auch bei Anschlußpfändung, Arrestvollziehung und Vollstreckung einer auf Geldzahlung lautenden einstw Verfügung, nicht aber bei Vollstreckung eines Herausgabeanspruchs (§ 883).

3 **III) Allgemeine Grundsätze: 1)** § 811 dient **öffentlichem Interesse.** Er sichert dem Schuldner ein Mindestmaß von Lebensraum für sich und die zu seinem Hausstand gehörenden Personen sowie für die Ausübung seines Berufs und schafft damit einen gerechten Ausgleich zwischen dem Zugriffsinteresse des Gläubigers sowie dem Schutzinteresse des Schuldners. In ihrer Ausgestaltung ist die Bestimmung noch vielfach von Vorstellungen getragen, denen die weitgehend überholten sozialen Strukturen des 19. Jahrhunderts zugrunde liegen. Ausgelegt und angewendet werden muß § 811 als Schutzbestimmung des Verfahrensrechts jedoch mit Blick auf die Grundrechte (vgl in anderem Zusammenhang BVerfGE 49, 252 = NJW 79, 538). Für die Bewertung der Schutzfunktion der Pfändungsverbote bieten die Regelungen des BSHG Anhalt (so zutr Schneider und Becher DGVZ 80, 177 [179]). Insbesondere sind bei Anwendung der Schutzbestimmungen die Person des Schuldners, die Art seines Bedarfs sowie die örtlichen und zeitlichen Verhältnisse mit zu berücksichtigen (Schneider und Becher aaO), ebenso aber auch die besonderen Verhältnisse in der Familie des Schuldners (vgl § 7 BSHG) und die Notwendigkeit, dem Schuldner die Sicherung einer Lebensgrundlage durch eigene Tätigkeit zu gewährleisten (vgl § 30 BSHG). Die damit notwendig auf Besonderheiten des Einzelfalls auszurichtende Auslegung verbietet starre Anwendung der Schutzbestimmungen als Ausnahmevorschriften ebenso wie unbesehene Übernahme (insbesondere) älterer Rechtsprechung (zumal in ihr keine einheitliche Linie ersichtlich wird). Interessen des Gläubigers können so wenig Vorzug erlangen (so aber noch Jonas/Pohle ZwVNotrecht Anm 3b zu § 811) wie Schuldnerbelange keine Ausweitung des Schutzes mit erweiternder Auslegung ermöglichen.

4 **2)** Die Pfändungsverbote gelten für **alle Schuldner,** damit auch für juristische Personen und für den Erben hinsichtlich eines Nachlaßgegenstandes (LG Berlin JW 38, 1917). Einschränkungen ergeben sich, soweit auf bestimmte Personengruppen (zB Nr 4: Landwirte; Nr 7: Beamte usw) oder auf den persönlichen Lebensbedarf einer natürlichen Person abgestellt ist.

5 **3)** Art und Höhe der **beizutreibenden Forderung** erlangen für den Pfändungsschutz ebenso keine Bedeutung wie Verfassungsgrundsätze (Verhältnismäßigkeit und Übermaßverbot). Diese Grundsätze schaffen eigene Schranken für den Zugriff auf das verfassungsrechtlich geschützte Eigentum (Art 14 GG; vgl Rn 29 vor § 704). Eine Besonderheit für die Art der Forderung gilt nach Nr 8.

6 **4)** Zumeist bestimmt die **Art einer Sache** ihre Unpfändbarkeit, nicht ihr Wert (für Hausrat s auch § 812). Bei hohem Wert kann Unpfändbarkeit mit der Möglichkeit der Austauschpfändung eingeschränkt sein (§§ 811 a, b).

5) Eigentum des Schuldners an Sachen ist nicht Voraussetzung der Unpfändbarkeit. § 811 schützt nicht das Eigentum des Schuldners, sondern setzt der Pfändbarkeit im öffentlichen Interesse Grenzen (s Rn 1 und 3). Daher gilt § 811 für alle Sachen als Zugriffsobjekt, gleich ob sie im Gewahrsam des Schuldners, des Gläubigers oder eines zustimmenden Dritten stehen (§§ 808, 809 BGB). Die Pfändungsverbote des § 811 greifen daher auch ein, wenn Sachen dem Gläubiger selbst gehören (RG 79, 245), insbesondere wenn gepfändet werden sollen vom Gläubiger **unter Eigentumsvorbehalt gelieferte Sachen** wegen des Kaufpreisrestes (LG Berlin DGVZ 73, 71; LG Bochum DGVZ 82, 43; LG Köln DGVZ 79, 60; LG Kiel/OLG Schleswig DGVZ 78, 9; LG Saarbrükken DGVZ 76, 90; AG Trier DGVZ 84, 94; aA: pfändbar, Rechte des Schuldners aus AbzG bleiben unberücksichtigt: LG Berlin MDR 74, 1025; LG Freiburg DGVZ 73, 74; LG Rottweil DGVZ 75, 59; LG Verden DGVZ 71, 63; AG Wuppertal DGVZ 83, 173) oder eine dem Gläubiger **sicherungsübereignete Sache** wegen des Anspruchs, zu dessen Sicherung sie übereignet ist (Celle MDR 73, 58; Hamm DGVZ 84, 138 = MDR 84, 855 = OLGZ 84, 368; Köln Rpfleger 69, 439; KG NJW 60, 692; LG Berlin DGVZ 79, 8; LG Detmold DGVZ 79, 59; LG Oldenburg MDR 79, 1032; aA München MDR 71, 580; LG/AG Limburg DGVZ 75, 121; LG Stuttgart DGVZ 80, 91); kein Schutz nach § 811 besteht jedoch, wenn eine solche Sache infolge des Herausgabeanspruchs des Gläubigers weggenommen wird (s Rn 2). Ob Berücksichtigung der Pfändungsschutzbestimmungen bei Geldvollstreckung des Gläubigers, der die Herausgabe des gepfändeten Gegenstandes auf Grund eines Herausgabetitels (oder auch nur seines Herausgabeanspruchs nach späterer Erwirkung eines Titels) betreiben könnte, gegen Treu und Glauben verstößt, kann nicht im Vollstreckungsverfahren durch das Vollstreckungsorgan entschieden werden; dieses Verfahren ist weder dazu bestimmt noch geeignet, Ansprüche oder Einwendungen, die im materiellen Recht ihre Grundlage haben, zu prüfen und über sie zu entscheiden. Zwar ist auch im Vollstreckungsverfahren nicht jede Berufung auf Arglist (oder Verwirkung der Erinnerungsbefugnis aus den Gründen des § 811) ausgeschlossen. Doch kann nach dem Grundsatz der Einzelvollstreckung (Rn 21 vor § 704) Schutz des Schuldners mit Unpfändbarkeit einer Sache bei Geldvollstreckung nicht schon deshalb als arglistig angesehen werden, weil der Gläubiger auch einen Herausgabeanspruch geltend machen könnte (s zB Celle DGVZ 72, 152 = Rpfleger 72, 324; Hamm aaO mwN; LG Freiburg DGVZ 74, 85; LG Kiel DGVZ 74, 85; LG Mannheim Justiz 77, 99; LG München I DGVZ 72, 61; LG Siegen DGVZ 72, 139). Berufung auf Arglist ist daher, wie allgemein, nur mit Erfolg möglich, wenn dafür ganz besondere Umstände vorgebracht werden, die zu einer vorsätzlichen Schädigung des Gläubigers führen würden. 7

6) Unpfändbar nach § 811 können auch Gegenstände sein, die der Schuldner im Wege einer **Vermögensübernahme** erworben hat, und zwar auch bei ZwV eines Gläubigers, der Ansprüche nach § 419 BGB geltend macht (Hamm MDR 54, 490). Dagegen kann sich der Schuldner gegenüber der ZwV aus einem gegen ihn nach dem **AnfG** erwirkten Titel nicht auf die Unpfändbarkeit des anfechtbar erworbenen Gegenstandes berufen (Hamm MDR 63, 310). 8

7) Unpfändbarkeit nach § 811 hat der **GV** nach den Verhältnissen bei Ausführung des Vollstreckungsauftrags zu prüfen und von Amts wegen zu beachten. Er pfändet, wenn die Unpfändbarkeit zweifelhaft ist und andere Pfandstücke nicht in ausreichendem Maße vorhanden sind (s § 120 Nr 1 GVGA). Eine vor der Pfändung zwischen den Parteien getroffene Vereinbarung über die Pfändbarkeit unpfändbarer Sachen hat der GV nicht zu berücksichtigen (s auch Rn 10). Zulässige Pfändung einer Sache wird mit Veränderung der tatsächlichen Verhältnisse erst danach nicht unzulässig; dafür, daß Unpfändbarkeit nach § 811 nicht gegeben ist, kommt es allein auf den **Zeitpunkt** der Pfändung (Gläubiger hat Pfandrecht fehlerfrei erworben), nicht den der späteren Entscheidung über die Erinnerung (Beschwerde) an (KG NJW 52, 751; LG Berlin Rpfleger 77, 262; LG Bochum DGVZ 80, 37; aA StJM Rdn 17 zu § 811). Wenn eine gepfändete, bei ZwV aber unpfändbare Sache danach pfändbar wird, ist bei Entscheidung über die Erinnerung (Beschwerde) der Fortfall der Voraussetzungen des § 811 mit Veränderung der tatsächlichen Verhältnisse zu berücksichtigen (zB im Fall der Nr 5 die Einstellung des Gewerbes des Schuldners). Hat der GV die Pfändung abgelehnt, sind für die Entscheidung über die Pfändbarkeit die Verhältnisse zur Zeit der Entscheidung über die Erinnerung (Beschwerde) maßgebend. Liegen **mehrere Pfändungen** (Anschlußpfändungen) in denselben Gegenstand vor, so ist das Vorliegen der Voraussetzungen des § 811 für jede einzelne Vollstreckung getrennt zu beurteilen (Düsseldorf JMBlNW 54, 103). Erkennt der GV erst nach der Pfändung einen Verstoß gegen § 811, so darf er die Pfändung nicht aufheben; der Gegenstand bleibt dann wirksam gepfändet bis zur Freigabe durch den Gläubiger oder auf Anweisung des Gerichts (RG 18, 391). Nach Verwertung kann der Schuldner den dem Gläubiger ausgehändigten Erlös nicht mehr als Bereicherung herausverlangen (Marienwerder OLG 10, 378), wohl aber Haftung des Gläubigers nach §§ 823 II, 826 BGB geltend machen (dagegen Aufrechnung nach § 393 BGB). Anspruch gegen den Erwerber besteht nur bei Vorliegen einer unerlaubten Handlung. 9

10 **8) Verzicht** des Schuldners auf den Schutz des § 811 ist weder vor noch bei noch nach der Pfändung möglich (RG 72, 183; 128, 85; BayObLG MDR 50, 558 = NJW 50, 697; Bremen MDR 52, 237; Frankfurt NJW 53, 1835; Köln Rpfleger 69, 439; Nürnberg OLG 23, 216; LG Oldenburg DGVZ 80, 39), weil § 811 nicht nur seinem privatrechtlichen Schutz, sondern überwiegend öffentlichen Interessen dient (Rn 1, 2); aA Celle OLG 17, 196; Hamburg OLG 4, 368; Karlsruhe OLG 14, 174; KG JR 52, 281 mit weit Nachw (für Verzicht bei der Pfändung); LG Bonn MDR 63, 303; LG Bremen MDR 51, 752; AG Essen DGVZ 78, 175.

11 **IV) Die einzelnen Pfändungsbeschränkungen: Nr 1** erklärt die dem persönlichen Gebrauch und dem Haushalt dienenden Sachen sowie die Wohnzwecken dienenden Einrichtungen für unpfändbar, stellt somit auf die **Zweckbestimmung** ab, verlangt aber nicht Unentbehrlichkeit.

12 **a)** Als **Sachen des persönlichen Gebrauchs** oder für den **Haushalt** (zu diesen auch § 812) sind unpfändbar bezeichnet insbesondere (somit nur beispielhaft) Kleidungsstücke, Wäsche, Betten, Haus- und Küchengeräte; dazu gehören auch entsprechende Ersatzstücke und Stücke zum Wechseln (Kleidung für Werktag und Sonntag; für Sommer und Winter). Der Hausstand muß bereits bestehen und fortdauern (auch nach Zwangsräumung bei vorübergehender Obdachlosigkeit der Fall; LG München DGVZ 83, 93). Nach ihm bestimmt sich der Bedarf des Haushalts, zu dem alle Familienmitglieder gehören, die in häuslicher Gemeinschaft mit dem Schuldner leben und von ihm wirtschaftlich abhängig sind, auch Pflegekinder, Hausangestellte, Lehrlinge, Handlungsgehilfen, wenn sie in die Wohnung aufgenommen sind. Unterhaltspflicht braucht nicht zu bestehen. Sachen, die dem Bedürfnis des Haushalts nicht mehr dienen, sind pfändbar; kein Pfändungsschutz nach Nr 1 besteht daher, wenn Haushaltsgegenstände, zB ein Schreibtisch oder ein Bücherschrank, im Wege der nicht gewerbsmäßigen Untervermietung an Dritte überlassen sind (AG Berlin DGVZ 39, 11).

13 **b)** Geschützt sind nur Sachen, die der Schuldner zu einer seiner Berufstätigkeit und seiner Verschuldung angemessenen, **bescheidenen Lebens- und Haushaltsführung bedarf.** Der Schuldner muß sich auf eine solche Lebenshaltung einstellen, gleichgültig, welch soziale Stellung er einnimmt; er darf jedoch nicht auf den Stand äußerster Dürftigkeit und völliger Ärmlichkeit herabgedrückt werden (RG 72, 183; AG München DGVZ 81, 94). Grad und Art der Verschuldung finden keine Berücksichtigung (StJM Rdn 26 zu § 811).

14 **c)** Was unpfändbar ist, läßt sich nur nach den **Besonderheiten des Einzelfalls** bestimmen. Bedeutung können Person des Schuldners (und der Angehörigen seines Hausstandes), persönliche, berufliche, örtliche und zeitliche Verhältnisse (vgl bereits Rn 3), damit auch die zunehmende Ausstattung der Haushalte mit technischen Geräten, erlangen, ebenso Zahl und Alter der Haushaltsangehörigen, Behinderung, körperliche und persönliche Belastungen. Auch wenn der Schuldner mehrere Wohnungen unterhält, kann Unpfändbarkeit der dem Haushalt dienenden Sachen nur nach den Umständen des Einzelfalls beurteilt werden (zB Unterhaltung der Zweitwohnung für Berufsausübung; wie hier BLH Anm 3 B zu § 811; anders AG Korbach DGVZ 84, 154: für Sachen in weniger benutzter Wohnung kein Pfändungsschutz; nicht richtig).

15 **d)** Als dem **persönlichen Gebrauch** dienend kann auch eine Armband- (München DGVZ 83, 140 = JurBüro 83, 1418 = OLGZ 83, 325) oder Taschenuhr unpfändbar sein, desgleichen ein Fahrrad und ein Heizkissen (aA Köln MDR 69, 151). Zu den dem **Haushalt** dienenden Sachen gehören auch die zur Aufbewahrung, Herstellung oder Erhaltung von Kleidungsstücken, Wäsche usw dienenden Gegenstände (StJM Rdn 28 zu § 811) wie Stoffe (Stuttgart OLG 42, 37), Bügeleisen und Nähmaschine (KG DGVZ 53, 116). Unpfändbar sein können als Gegenstände der **Wohnungseinrichtung** Tisch, Stühle, Schrank, Liege, Wanduhr, Öfen und Heizgeräte (uU auch ein Teppich, KG DGVZ 67, 105), als **Haus- und Küchengeräte** Gas- oder Elektroherd, andere Heizgeräte, Warmwasserbereiter (AG Bochum-Langendreer DGVZ 67, 188), Kaffeemaschine, elektrische Kaffeemühle (aA Köln MDR 69, 151) und Staubsauger, aber auch ein Kühlschrank (AG München DGVZ 74, 95; aA AG Wolfsburg MDR 71, 76: auch bei Vorhandensein kleiner Kinder pfändbar, nicht zu billigen), eine Gefrier- oder Tiefkühltruhe (aA LG Kiel DGVZ 78, 115: auch bei einem gehbehinderten Schuldner pfändbar, wenn noch ein Kühlschrank vorhanden ist; LG Itzehoe DGVZ 84, 30: pfändbar bei 2-Personen-Haushalt; AG Paderborn DGVZ 79, 27), eine Waschmaschine (Waschautomat; aA AG Syke DGVZ 73, 173: grundsätzlich pfändbar) und eine Wäscheschleuder. Gegenstände, die in vertretbarem Umfang Beziehungen zur Umwelt und eine Teilnahme am kulturellen Leben (s § 12 I S 2 BSHG) und die Möglichkeit der Information über das Zeitgeschehen ermöglichen, dienen persönlichen Bedürfnissen des täglichen Lebens, können somit als für den persönlichen Gebrauch bestimmt unpfändbar sein. Daher ist ein **Rundfunkgerät** unpfändbar. Auch ein Fernsehgerät dient heute bescheidener Lebens- und Haushaltsführung (anders bei längerer Haft; Köln DGVZ 82, 62); es ist somit ebenfalls unpfändbar (aA noch LG München JurBüro 80, 1901, außerdem: KG NJW 65, 1387; LG Aurich NJW 62, 1779; LG

Berlin DGVZ 70, 91; LG Hamburg MDR 68, 57; AG Hannover NJW 70, 764), und zwar ein Schwarzweißgerät ebenso wie ein Farbfernsehgerät (AG München DGVZ 81, 94 mit Nachw), ohne Rücksicht auf seinen Wert (vgl Rn 6; evtl Austauschpfändung) und auch, soweit daneben noch ein Rundfunkgerät vorhanden ist (Stuttgart DGVZ 86, 152 = MDR 86, 767; LG Lahn-Gießen NJW 79, 769 L; LG Nürnberg-Fürth DGVZ 77, 171 = NJW 78, 113; AG München aaO; LG Bochum DGVZ 83, 12 = JurBüro 83, 301: Radiogerät dann pfändbar; LG Duisburg MDR 86, 682: Stereokompaktanlage dann pfändbar; aA Pardey DGVZ 78, 102; LG Berlin DGVZ 73, 1561; LG Limburg DGVZ 73, 119; für Unpfändbarkeit, wenn kein Rundfunkgerät vorhanden ist: Frankfurt NJW 70, 152 und 570 L mit Anm Blumenthal; LG Bayreuth DGVZ 72, 167; LG Berlin MDR 73, 506; LG Essen MDR 69, 581 = Rpfleger 69, 215 und NJW 70, 153; LG Kiel SchlHA 73, 222; LG Lübeck DGVZ 85, 153).

e) Als **Wohnzwecken** dienende Einrichtungen sind, wenn sie der ZwV in bewegliches Vermögen unterliegen (zur Abgrenzung s §§ 864, 865 II), unpfändbar Gartenhäuser, Wohnlauben und ähnliche Einrichtungen (Behelfsheime, Wohnwagen, Wohnboote), soweit sie der Schuldner oder seine Familie zur ständigen Unterkunft bedarf (mithin nicht Wochenendhäuser). Auf Größe des Bauwerks und dessen Wert, damit auch einfachere oder aufwendige Ausstattung kommt es nicht an (Zweibrücken Rpfleger 76, 328; nicht richtig LG Braunschweig DGVZ 75, 25: es müsse sich um bescheidene Wohngelegenheiten handeln). Austauschpfändung ist möglich. 16

Nr 2: Unpfändbar sind **Nahrungs-, Feuerungs-** und **Beleuchtungsmittel,** die für den Schuldner, seine Familie und seine Hausangehörigen, die ihm im Haushalt helfen, auf die Dauer von vier Wochen erforderlich sind. Zur Familie zählen die mit dem Schuldner in häuslicher Gemeinschaft lebenden Angehörigen, auch Pflegekinder, ohne Rücksicht darauf, ob sie unterhaltsberechtigt sind. Haushaltsangehörige sind nur die zu häuslichen Diensten angestellten, in der Hausgemeinschaft lebenden Personen, nicht auch Gewerbe- und Handlungsgehilfen, Hauslehrer. Lebende Tiere sind als Nahrungsmittel unpfändbar (sonst Nr 3), wenn sie zum alsbaldigen Verzehr bestimmt sind (Schlachthuhn, Fisch). Wenn die nötige Menge nicht vorhanden ist, ist dem Schuldner der für die Beschaffung erforderliche Geldbetrag nur für 4 Wochen und auch dies nur insoweit zu belassen, als die Beschaffung nicht auf andere Weise gesichert ist, zB durch unmittelbar bevorstehende Gehalts- oder Lohnzahlung. Der Zeitraum rechnet ab Pfändung. Hat der Schuldner nach einer Woche eine Lohnzahlung zu erwarten, so ist nur ein für die Beschaffung der Vorräte für eine Woche erforderlicher Geldbetrag unpfändbar. Die Bedürfnisse für den Gewerbebetrieb des Schuldners bleiben außer Betracht, ebenso der nötige Geldbetrag für Miete, Kleidung und andere nicht in Nr 2 erwähnte Lebensnotwendigkeiten. 17

Nr 3: Unpfändbar sind **Kleintiere** (dh hier Hühner, Kaninchen, Gänse, Enten) in beschränkter Zahl sowie eine **Milchkuh** oder nach Wahl des Schuldners statt einer solchen insgesamt zwei Schweine, Ziegen oder Schafe. Unterläßt der Schuldner die Wahl, so trifft sie der GV. Der Pfändungsschutz besteht nur, soweit diese Tiere für die Ernährung des Schuldners, seiner Familien- oder Hausangehörigen, die ihm im Haushalt, in der Landwirtschaft oder im Gewerbe helfen, **erforderlich** sind. Der Kreis der zu berücksichtigenden Personen schließt hier auch die Gewerbegehilfen ein. Nicht genügt, daß die Tiere zur Ernährung des Schuldners bestimmt sind, andererseits müssen sie aber auch hierfür nicht unentbehrlich sein (s Düsseldorf MDR 50, 295). Gleichgültig ist, ob die Tiere durch ihre Frucht oder als Schlachttiere für die Ernährung des Schuldners usw erforderlich sind. Hat der Schuldner neben eigenem Vieh sog Stallvieh (Leihvieh), so ist das eigene Vieh pfändbar, wenn die Ernährung des Schuldners usw durch das Stallvieh gesichert ist. Unpfändbar sind auch die zur Fütterung und zur Streu auf vier Wochen erforderlichen Vorräte. Soweit solche Vorräte nicht vorhanden sind und ihre Beschaffung für einen Zeitraum von vier Wochen auf anderem Wege, zB durch neue Ernte, nicht gesichert ist, ist der zur Beschaffung erforderliche Geldbetrag unpfändbar. 18

Nr 4: Regelt Pfändungsschutz für **Landwirte. a)** Landwirtschaft betreiben Personen bei **erwerbsmäßiger Nutzung** eigenen oder fremden **Bodens** zur Gewinnung von Nutzpflanzen (auch -bäumen) und von Nutztieren und deren Erzeugnissen (Staub/Brüggemann Rdn 4 zu § 3 HGB). Dazu rechnen Ackerbau, Wiesen- und Weidebau, Obstbau, Weinbau, Gemüsebau, Tabakbau, auch eine Baumschule (mit überwiegender Urerzeugung, also Aufzucht von Bäumen und Stauden, BGH 24, 169 = NJW 57, 1191) sowie Vieh- und Pferdezucht (bei Fütterung selbstgewonnener Erzeugnisse, nicht rein gewerbsmäßige Pferdezucht, LG Oldenburg DGVZ 80, 170), außerdem Imkerei und Forstwirtschaft (LG Oldenburg aaO). Geschützt sind auch Personen, die als Pächter (Nießbraucher) oder nur in Nebentätigkeit die Landwirtschaft ausüben (vgl Karlsruhe OLG 4, 152). Rein gewerbsmäßige Betriebe, zB eine Fuchsfarm, Pelztierfarm, Hundezucht, Molkerei, auch eine (gewerbsmäßige) Viehzucht, die nicht mit der landwirtschaftlichen Ausnutzung des Grund und Bodens verbunden ist (zB Viehmastanstalt, Hühnerfarm, LG Leipzig JW 30, 289) 19 sind nicht als Landwirtschaftsbetriebe geschützt, auch nicht die Intensivhaltung von Legehennen zur Eierproduktion (LG Hildesheim NdsRpfl 71, 257), die Geflügelzucht aber dann, wenn eine für die Ernährung wesentliche eigene Weidefläche vorhanden ist (s KG JW 33, 716). Ein Fuhrunternehmer, der 3 Morgen Land gepachtet hat und darauf Gemüse und Obst baut, ist regelmäßig kein Landwirt. Ihm steht weder der Schutz nach Nr 3 noch Nr 5 zur Seite (Soergel Rsp 36 S 276). Einem Siedler steht ebenso wie jedem Landwirt ein über § 811 hinausgehender Schutz seiner Erzeugnisse nicht zu (KG JW 38, 1337). Geschützt sind:

20 **b) Geräte:** Das sind alle beweglichen Sachen, die der Pflege des unentbehrlichen landwirtschaftlichen Viehbestandes, überhaupt unmittelbar der Ausübung des Landwirtschaftsbetriebes dienen. In kleinen Wirtschaften wird meist das sämtliche Gerät und Feldinventar unentbehrlich sein. Landwirtschaftliche Maschinen sind pfändbar, wenn nach der Lage des Wirtschaftsbetriebes genügend andere Kräfte zum Ersatz der ausfallenden Maschinenkraft bereitstehen und die Wirtschaft ohne die betreffenden Maschinen ordnungsgemäß weiter betrieben werden kann. An den Nachweis der Gebrauchsnotwendigkeiten sind strenge Anforderungen zu stellen (vgl DGVZ 39, 266; danach genießen Lastkraftwagen und Zugmaschinen in der Regel den Schutz der Nr 4). Zur Pfändung einer Hochdruckheupresse s LG Oldenburg DGVZ 80, 39: unpfändbar.

21 **c) Vieh, soweit** es zum Wirtschaftsbetrieb **erforderlich** ist. Dazu gehören Arbeitsvieh, die für den Betrieb benötigten Zuchttiere und das Milchvieh, das zum Unterhalt der der Wirtschaft dienenden Menschenkraft unentbehrlich ist, das Federvieh, aber auch Mastvieh (RG 142, 379), bei einem Schäfereibetrieb die Schafherde (AG Kirchheim/Teck DGVZ 83, 62). Erforderlich ist Mastvieh zum Wirtschaftsbetrieb, wenn nach dem Wirtschaftsplan des Landwirts, insbes nach den bereitstehenden Futtervorräten, die Weitermast erforderlich (RG aaO), somit objektiv nötig ist, um die Wirtschaft als Ganzes zu erhalten (LG Rottweil MDR 85, 1034). Pfändbar dagegen ist das zum Verkauf bestimmte Mastvieh. In kleineren Betrieben, in denen bis 2 Pferde, 1 oder 2 Ochsen oder Kühe gehalten werden, wird selten etwas pfändbar sein.

22 **d) Landwirtschaftliche Erzeugnisse,** soweit sie zur Sicherung des Unterhalts des Schuldners, seiner Familie und seiner Arbeitnehmer **oder** zur Fortführung der Wirtschaft bis zur nächsten Ernte gleicher oder ähnlicher Erzeugnisse **erforderlich** sind. Unter die zweite Alternative fallen nicht solche Erzeugnisse, die nur mittelbar durch ihren Verkaufserlös der Wirtschaftsführung dienen (Celle MDR 62, 139; LG Kleve DGVZ 80, 38), auch wenn Verkauf erst nach Weiterverarbeitung erfolgen wird (AG Worms DGVZ 84, 126).

23 **Nr 4a.** Unpfändbar sind bei **Arbeitnehmern in landwirtschaftlichen Betrieben** die ihnen als Vergütung für Arbeit gelieferten Naturalien (Deputat), soweit der Schuldner ihrer zu seinem und seiner Familie Unterhalt bedarf. Die Naturalien müssen nicht notwendig landwirtschaftliche Erzeugnisse sein. Gleichgültig ist auch, ob sie im Betrieb des Arbeitgebers gewonnen wurden. Der Pfändungsschutz für das von den Naturalien ernährte Vieh bemißt sich nach Nr 3.

24 **Nr 5** schützt den **Erwerb durch persönliche Arbeit.** Der Schuldner soll damit befähigt werden, seine Arbeitskraft weiterhin zur Beschaffung des Lebensunterhalts für sich und seine unterhaltsberechtigten Angehörigen einzusetzen (vgl § 18 I BSHG). Weil der Schutzbereich damit letztlich der Sicherung des Unterhalts der Familie dient, erstreckt er sich auch auf den Ehegatten des Schuldners (s § 1360 BGB). Die Erwerbstätigkeit des einen Ehegatten soll danach auch dem anderen zugute kommen. Auch die Fortsetzung der Tätigkeit des nichtschuldenden Ehegatten darf deshalb durch ZwV nicht unmöglich gemacht oder wesentlich erschwert werden. Gegenstände des Schuldners, die für seinen Ehegatten zur Fortsetzung seiner Erwerbstätigkeit notwendig sind, können daher ebenfalls nicht gepfändet werden (Hamm DGVZ 84, 138 = MDR 84, 855 = OLGZ 84, 368; LG Nürnberg-Fürth DGVZ 63, 101 = FamRZ 63, 650; LG Siegen DGVZ 85, 135 = NJW-RR 86, 224; StJM Rdn 55 zu § 811; aA Stuttgart DGVZ 63, 152 = FamRZ 63, 297; LG Göttingen NdsRpfl 54, 9).

24a **a)** Geschützt sind **Personen in abhängiger Arbeit,** somit alle im fremden kaufmännischen, gewerblichen, land- oder forstwirtschaftlichen Betrieb oder in einem Fabrikbetrieb gegen Entgelt beschäftigte Personen (Gesellen, Gehilfen, Werkmeister, Techniker, Buchhalter, Kassierer, auch Auszubildende, usw) und **Personen in selbständiger Stellung,** zB Kaufleute (auch Minderkaufleute, zB Obst- und Milchhändler, KG JW 30, 653; Schank- und Gastwirte), sonstige Gewerbetreibende, insbesondere Handwerker (nicht erforderlich ist Eintrag des Schuldners in der Handwerksrolle; LG Bielefeld MDR 54, 426 mit abl Anm Freybe), andere selbständig Tätige (Ärzte, Steuerberater, Rechtsanwälte, Journalisten), auch Künstler (Schauspieler, Artisten, Musiker, Photografen) und Schriftsteller. Eine nur vorübergehende Nichtausübung der Tätigkeit hat nicht Zulässigkeit der Pfändung zur Folge (Köln JMBlNW 56, 64; LG Tübingen DGVZ 76, 28; AG Mönchengladbach DGVZ 74, 29); dagegen kein Schutz, wenn der Schuldner auf lange Zeit durch Freiheitsstrafe an der Ausübung seines Gewerbes gehindert ist (Hamburg JW 39, 250 L).

b) Beschäftigung von **Mitarbeitern** und **Einsatz von Maschinen,** insbesondere bei Rationalisierung und Automation der Betriebsstätte, schließt Unpfändbarkeit der für Erwerbstätigkeit des Schuldners erforderlichen Gegenstände nicht aus. **Kapitalnutzung** mit Einsatz von Sachwerten und Organisation von Arbeits- oder Dienstleistungen, die andere erbringen, sind jedoch nicht nach Nr 5 geschützt. Die Abgrenzung muß sich nach dem wirtschaftlichen Charakter der Schuldnertätigkeit bestimmen. Es muß die persönliche Tätigkeit des Schuldners im Gegensatz sowohl zur Leistung anderer (Gehilfen) wie auch zur Ausnutzung sachlicher Betriebsmittel (Maschinen) die überwiegende Bedeutung für den Erwerb des Schuldners haben (Hamm Rpfleger 56, 46; LG Berlin DGVZ 76, 971; LG Bochum DGVZ 82, 43; LG Hamburg DGVZ 84, 26; LG Hildesheim DGVZ 76, 27), zumindest aber wesentlich ins Gewicht fallen. Für den Inhaber eines kleineren Bauunternehmens kann daher Schutz nach Nr 5 bestehen (AG Schönau DGVZ 74, 61), desgleichen für eine Geschäftsfrau, die ihr aus einem Ladengeschäft, einem Markthandel und einer Vertretertätigkeit bestehendes Erwerbsgeschäft überwiegend persönlich betreut (KG Rpfleger 58, 225) sowie für den Inhaber einer Kfz-Werkstatt mit 6 Mitarbeitern (LG Bochum DGVZ 82, 43). Ein Schausteller, der mit einem Karussell, Schießwagen und Auto-Scooter (im Anschaffungswert von mehr als 300000 DM) arbeitet, gehört hingegen nicht zu dem geschützten Personenkreis (AG Hannover DGVZ 75, 75), auch nicht ein Frachtführer mit 3½ Mitarbeitern (Hamburg DGVZ 84, 57). Bei kapitalistischer Arbeitsweise besteht Schutz nach Nr 5 auch dann nicht, wenn der Schuldner seinen fabrikmäßig arbeitenden Betrieb auf einen Handwerksbetrieb umstellen will (LG Duisburg JR 51, 665). 25

c) Geschützt sind Arbeit und Leistungen nur, wenn der Schuldner daraus **seinen Erwerb zieht.** Um hauptberufliche Tätigkeit braucht es sich nicht zu handeln; geschützt ist auch die Tätigkeit, die Erwerb mit Nebenverdienst begründet (Hamm Rpfleger 56, 46; anders LG Regensburg DGVZ 78, 45: Nebentätigkeit als Musiker), nicht aber die Freizeittätigkeit ohne Erwerbsabsicht (Instrument des Musikliebhabers). Geschützt ist außerdem die auf künftigen Erwerb gerichtete persönliche Tätigkeit, so die Berufsausbildung (auch der Studierenden; s StJM Rdn 48 zu § 811) und die Gründung sowie Einrichtung eines Betriebs, der noch keine Einnahmen bringt (LG Hannover NJW 53, 1717; StJM Rdn 48 zu § 811); mit alsbaldiger Aufnahme der neuen Erwerbstätigkeit muß jedoch sicher zu rechnen sein; bloße Möglichkeit künftiger Berufsausübung allein genügt nicht (s auch StJM aaO). **Juristische Personen** und **Handelsgesellschaften** (OHG, KG) gehören als solche nicht zu dem geschützten Personenkreis; Schutz nach Nr 5 besteht gleichwohl, wenn deren Inhaber in solcher Rechtsform aus persönlicher Arbeit Erwerb ziehen, so wenn der Geschäftsführer einer GmbH alleiniger Gesellschafter ist und seinen Unterhalt überwiegend aus persönlicher Arbeit für die GmbH zieht (StJM Rdn 43 zu § 811) oder wenn alle Gesellschafter einer OHG (auch KG oder BGB-Gesellschaft) ihren Erwerb aus körperlicher Arbeit im Gewerbebetrieb der OHG ziehen (Oldenburg NJW 64, 505). 26

d) Unpfändbar sind die zur **Fortsetzung** der geschützten **Erwerbstätigkeit erforderlichen Gegenstände,** mithin was der Schuldner zur Fortführung seiner bisherigen Erwerbstätigkeit notwendig braucht (Unentbehrlichkeit ist nicht verlangt). Das können sein Arbeitskleidung, Hilfsmittel für den Weg zur Arbeitsstätte (nicht aber bei zumutbarer Benutzung öffentlicher Verkehrsmittel, LG Stuttgart DGVZ 86, 78) oder den Besuch von Kunden (Fahrrad, Kfz, Lieferwagen, auch das Fahrzeug des Arbeitnehmers für die täglichen Fahrten von der Wohnung zum Arbeitsplatz und zurück, Hamm aaO), Werkzeuge, Maschinen und Geräte, die zur Unterstützung, Ergänzung oder Verbesserung der menschlichen Arbeitsleistung gebräuchlich sind, gleich, ob sie vom Schuldner selbst oder von seinen Gehilfen benutzt werden, wie insbesondere Werkzeuge eines Handwerksbetriebs (s LG Verden DGVZ 73, 92, Beispiele: Bohrmaschine eines Schlossers, Holzbearbeitungsmaschine eines Schreiners), aber auch die zur Verarbeitung bestimmten Rohstoffe (Materialvorräte). Pfändbar sind dagegen ebenso wie die Waren eines Kaufmanns (LG Düsseldorf DGVZ 85, 74) die zur Veräußerung bestimmten Warenbestände (Fertig- oder Rohfabrikate) eines Gewerbetreibenden (aA LG Tübingen DGVZ 76, 28: Pfändungsschutz, soweit der Schuldner auf den Erlös für seinen Lebensunterhalt angewiesen ist). Wechselgeld eines Gewerbetreibenden ist zur Fortsetzung der Erwerbstätigkeit notwendig, somit zu belassen (daher keine Kahlpfändung bei Kassenpfändung, LG Heidelberg DGVZ 71, 138; für Freibetrag nach Nr 2 hingegen LG Berlin DGVZ 57, 94 und Paschold DGVZ 74, 22; für volle Pfändung des Kassenbestands AG Limburg DGVZ 73, 173). Was **erforderlich** ist, bestimmt sich nach den Bedürfnissen des arbeitenden Schuldners im Einzelfall sowie nach wirtschaftlichen und betrieblichen Erwägungen (näher StJM Rdn 50 zu § 811), insbesondere nach Art und Umfang der Tätigkeit oder des Betriebs, Lage der Betriebsstätte. Erforderlich sind alle zur Fortsetzung der Erwerbstätigkeit benötigten Sachen, mögen sie zur Zeit der Pfändung vom Schuldner oder seinen Leuten schon benutzt sein oder nicht. Beispiel: Ein Arbeiter erwirbt für Fahrten zu und von seiner Arbeitsstelle unter Verkauf seines Fahrrads ein Motorrad. Das Motorrad wird ge- 27 pfändet, bevor es in Benutzung genommen wird. Es ist unpfändbar. Dazu gehören Geräte und Materialvorräte, die branchenüblich sind und Konkurrenzfähigkeit gewährleisten (LG Hamburg DGVZ 84, 26; AG Berlin-Charlottenburg DGVZ 78, 92). Einem Berufsmusiker können auch mehrere Musikinstrumente zur Berufsausübung zu belassen sein (AG Mönchengladbach DGVZ 74, 29). Der Gegenstand muß zur Fortsetzung „dieser" Erwerbstätigkeit erforderlich sein; das soll Fortsetzung in bisheriger Weise ermöglichen, der Schuldner kann daher weder auf betriebliche Neuorganisation (Modernisierung) noch auf alleinige Fortführung seiner Arbeit mit persönlicher Leistung ohne Gehilfen und moderne technische Hilfsmittel verwiesen werden, auch nicht auf veraltete Arbeitsweise, die anderwärts noch üblich ist (LG Bochum DGVZ 82, 43).

28 **e) Entscheidungen. aa) Unpfändbar sind:** Die Ladeneinrichtung eines Bäckers (KG OLG 39, 77); die Ladeneinrichtung und Schnellwaage eines Kleingewerbetreibenden (Darmstadt JW 34, 1740); Gartenzaun (LG Münster JMBlNRW 53, 127), unpfändbar auch nach Nr 5 die Waren, die ein Hausierer mit sich führt, um sie der Kundschaft zu zeigen (Stuttgart JW 32, 2637); die Zirkuspferde eines herumziehenden Zirkusbesitzers, die er selbst vorzuführen pflegt (Kiel OLG 3, 154); die zu einer Schiffschaukel gehörende Drehorgel (Dresden OLG 19, 6); die Einrichtungsgegenstände eines Pensionats oder eines Zimmervermieters, wenn die Zimmervermieterin dem Mieter gegenüber zur Leistung persönlicher Dienste verpflichtet ist (KG JW 37, 3050; MDR 52, 627), anders, wenn sich der Schuldner auf die Führung eines größeren Pensionsbetriebs beschränkt (LG Bielefeld NJW 58, 1192); der für die Bedienung einer Schnellpresse vorhandene Motor (KG OLG 5, 453); eine zum Antrieb einer Dreschmaschine und einer Kreissäge benutzte Lokomobile (Kassel OLG 15, 9); der Kraftwagen, mit dem der Besitzer Mietfuhren ausführt (LG Bonn MDR 60, 770); die Bandsäge, Hobelmaschine u Abrichtmaschine einer auf Maschinenbetrieb eingerichteten Tischlerei (Marienwerder JW 30, 3108); der Lastkraftwagen eines auf dem Lande wohnenden Schweinehändlers (LG Kiel JW 30, 2996); das Klavier u die Noten eines Musiklehrers (Hamburg OLG 33, 106); der Handwagen von Malern, Schreinern (Breslau OLG 20, 352); Bohrmaschinen eines Schlossers (Darmstadt OLG 15, 165); der Hochdruckreiniger in einer Kfz-Werkstätte (LG Bochum DGVZ 82, 43); das Klavier in einem Kabarett (KG JW 26, 615 mit Anm Just und JW 26, 842 L mit Anm Pick); das zum Transport der aufgekauften Lumpen und Abfälle notwendige Pferd eines Altmaterialhändlers (BayZ 26, 159); Bücherbestände einer Leihbücherei (DGVZ 38, 90; aA LG Düsseldorf MDR 64, 63); der Sahnespender bei einer Ausflugsgaststätte (LG Hildesheim MDR 62, 996); die Schreibmaschine und der Vervielfältigungsapparat eines Kaufmannes, Handwerkers, Vertreters, Schriftstellers, wenn der Betrieb mit Schreibarbeit verbunden ist (Düsseldorf JMBlNRW 53, 105; zulässig ist aber die Pfändung eines Schreibmaschinentisches, KG DGVZ 38, 74); das Diktiergerät eines Rechtsanwalts (LG Mannheim MDR 66, 516), nicht dagegen nach AG/LG Berlin DGVZ 85, 142 das Fotokopiergerät eines Rechtsanwalts (nicht überzeugend; es ist als unpfändbar anzusehen); Tonbandgerät (LG Göttingen NdsRpfl 59, 36); Telefonanrufbeantworter (LG Düsseldorf DGVZ 86, 44; LG Mannheim BB 74, 1458; AG Iserlohn DGVZ 75, 63); der Fleischwolf und Fleischkutter eines Schlächters (RG Warn 1921 Nr 28; Braunschweig MDR 53, 741); eine Nähmaschine für eine Schneiderin und Zwischenmeisterin (LG Berlin DGVZ 39, 121); der an einem Tabakwarengeschäft angebrachte Zigarren- und Zigarettenautomat (LG Wiesbaden JW 36, 3592); die Baugerüste eines Bauunternehmers (Kiel OLG 20, 351; AG Schönau DGVZ 74, 61); die Kamera eines Photographen (München OLG 20, 352; AG Köln JMBlNRW 68, 19); die Falzmaschine eines Druckers (LG Hamburg DGVZ 84, 26); 2 Flügel bei einem Musiklehrer mit fortgeschrittenen Schülern (KG DGVZ 39, 277); ein angemessener Pferdebestand (neun Pferde) und ein Vorführwagen bei einer Reitschule (LG Dresden DGVZ 39, 277); das Fahrrad eines Berufstätigen (Braunschweig NJW 52, 751 unpfändbar nach Nr 1, auch wenn Nr 5 nicht zutrifft); oder Kraftfahrzeuge eines Vertreters, Reisenden oder eines Handwerkers, der Kunden besuchen muß (Dresden OLG 7, 308; Hamm Rpfleger 56, 46; KG Rpfleger 58, 225; Celle MDR 69, 226; LG Braunschweig MDR 70, 338; s a Frankfurt DRspr IV [420] 64c, das den Kraftwagen eines Bezirksvertreters einer Versicherungsgesellschaft, den dieser zu seiner Berufsausübung benötigte, für pfändbar hielt; Düsseldorf Rpfleger 57, 353 = MDR 57, 428: Pfändbarkeit bejaht bei PKW eines Großhändlers); ein Motorrad mit Beiwagen und ein solches ohne Beiwagen für einen Fahrschullehrer (AG Berlin DGVZ 39, 139). Die Unpfändbarkeit eines Kraftfahrzeuges kann sich aus Nr 4, 5 u 12 ergeben. Sie kann bestehen bei Kraftdroschken und Mietwagen, auch wenn der Schuldner Hilfspersonen beschäftigt, bei Last- und Lieferkraftwagen im Fuhrbetrieb (Neustadt NJW 51, 80; aA LG Darmstadt NJW 55, 347); bei Geschäftsreisenden, Gewerbetreibenden, bei Krafträdern (Oldenburg MDR 62, 486); od Kraftwagen der Arbeiter (LG Traunstein MDR 63, 319) und Angestellten, nicht aber bei Autoomnibussen (Recht 37 Nr 2149); ein mit elektrischer Kraft betriebenes Karussell; das vom Wirt selbst gespielte Klavier in einer Gastwirtschaft; Fernsehgerät in einer kleinen Gastwirtschaft (LG Lübeck SchlHA 58, 174). Der Pfändungsschutz aus Nr 5 erstreckt sich auch auf verkaufsbereite

Waren, sofern sie nicht nur Warenvorräte, sondern Materialvorrat darstellen. So sind unpfändbar Futterstoffe, die nach Verarbeitung zur Weiterveräußerung bestimmt sind, der Holzvorrat des Stellmachers und der Brettervorrat des Tischlers, unter Umständen auch das Stofflager des Schneiders (Stuttgart OLG 42, 37). Unpfändbar sind auch geringe Biervorräte in einer kleinen Schankwirtschaft sowie für sich selbst hergestelltes Knochenschrott- und Knochenmehl in einem kleinen Knochenmühlenbetrieb (Recht 37 Nr 4629). Verkaufskiosk: NJW 52, 752. Röntgenanlage eines Zahnarztes nur bedingt (Hamm JMBlNRW 53, 40, wenn keine Gelegenheit für ihn, Aufnahmen am selben Ort ohne besondere Umstände machen zu lassen). Geflügelfarmen: Muß das für die Geflügelhaltung benötigte Futter seinem Wert nach ganz oder überwiegend von außerhalb des Betriebs bezogen werden, so gilt das Unternehmen – ähnlich wie ein Abmelkstall (DGVZ 37, 233), eine städtische Schweinemästerei, eine Lohnbrutanstalt – nicht als landwirtschaftl Betrieb. Es ist dann zu unterscheiden, ob der betreffende Nichtlandwirt (zB ein kleiner Beamter, ein Gewerbetreibender, ein Privatmann) sich das Geflügel für den Hausbedarf oder zu Erwerbszwecken hält. Im ersteren Fall gilt Nr 3. Geschieht die Geflügelhaltung zu Erwerbszwekken, so gilt der Betrieb als gewerbsmäßiger; dann trifft § 811 Nr 5 zu. Es kommt dann darauf an, daß die Erwerbsbeziehung auf den persönlichen Leistungen des Schuldners beruht. Arbeiten mit fremdem Kapital schadet nichts; die Hauptsache ist die persönliche Arbeit, München DGVZ 33, 37 bejahte dies bei einer mit 200 Hühnern besetzten Farm. Erst recht gilt dies für Kleinbetriebe mit 50 Hühnern. Ferner ist zur Anwendung der Nr 5 nötig, daß die gepfändeten Gegenstände zur Fortsetzung der persönlichen Erwerbstätigkeit, so wie sie ausgeübt worden ist, erforderlich sind. Eine Pfändung, die dem Schuldner zwar die Möglichkeit läßt, mit ein paar Hühnern weiterzuarbeiten, die aber eine Lahmlegung des bisherigen Betriebs durch Aufhebung der Rentabilität zur Folge hat, überschreitet die nach § 811 Nr 5 zulässige Grenze. Es wird deshalb nötigenfalls unter Einholung von Gutachten zu prüfen sein, wo diese Grenze verläuft. Demgegenüber hat das OLG München den ganzen Hühnerbestand von 200 Stück als unentbehrlich bezeichnet, das LG Halle einem Gesamtbestand von 800 Hühnern die Erforderlichkeit zugebilligt und das OLG Dresden bei einem Gesamtbestand von 300 Hühnern die Entbehrlichkeit einzelner Tiere verneint (DGVZ 39, 200; s ferner LG Göttingen NdsRpfl 57, 74, LG Hildesheim NdsRpfl 71, 257).

bb) Pfändbar sind: Der Geldschrank eines Baumeisters, mindestens ein Teil der Stoffvorräte, die sich ein Schneider hält, um sie Kunden zum Kauf anzubieten und dann zu Anzügen zu verarbeiten (KG JW 31, 2142); der Lieferwagen im Schlächterbetrieb, wenn die Anfuhr des Fleisches ohne ihn keine hohen Kosten verursacht (Recht 37 Nr 339); ein Kraftwagen, dessen sich ein Geschäftsreisender zur Ausübung seiner Tätigkeit bedient hatte, der aber wegen eines Fehlers für den Reisenden unbrauchbar geworden ist; die Pfändung ist zulässig, selbst wenn der Reisende aus dem Erlös des Wagens einen neuen Kraftwagen für seine Tätigkeit anschaffen will (KG JW 37, 1669). Pfändbar ist ferner eine zum Vermieten bestimmte Dreschmaschine, ein in einem von Ehegatten betriebenen Lohndreschunternehmen verwendeter Mähdrescher (Düsseldorf JMBlNRW 68, 18), oder ein Kinoapparat (Karlsruhe JW 30, 3190), sowie das Klavier in einer Gastwirtschaft, sofern es nicht der Gastwirt selbst zur Unterhaltung der Gäste spielt (Stuttgart JW 32, 2097); Papierpresse und Federwaage eines Altpapierhändlers, wenn die persönliche Tätigkeit des Schuldners im Gegensatz zur Leistung des Gehilfen sowie zur Ausnutzung sachlicher Betriebsmittel nicht überwiegt (AG Schweinfurt JurBüro 77, 1287 mit Anm Mümmler); Zuchtstuten eines Pferdezüchters (LG Oldenburg DGVZ 80, 170); Schreibtisch eines Handelsvertreters (AG Iserlohn DGVZ 75, 63; bedenklich); Hebebühne eines Kfz-Handwerkers (LG Berlin DGVZ 70, 39); Wählautomat eines Immobilienmaklers (LG Düsseldorf DGVZ 86, 44). 29

Nr 6: Die ZwV muß sich gegen die **Witwe** oder minderjährigen **Erben** der in Nr 5 genannten Personen richten. Betreibt die Witwe oder ein Erbe die Erwerbstätigkeit des Verstorbenen persönlich weiter, so fallen sie uU unter Nr 5. 30

Nr 7: Unpfändbar sind Dienstbekleidungsstücke (jedoch nicht in unbeschränkter Zahl) jeder zum Tragen von Dienstbekleidung berechtigten und verpflichteten Person, zB Polizei- und Zollbeamte, Gefängnisaufseher. Freiwillig getragene Dienstbekleidung (zB von Privatkraftwagenführern) sind pfändbar. **Beamte:** zB die unmittelbaren und mittelbaren Beamten der Länder, der öffentlichen Körperschaften u der öffentl-rechtlichen Religionsgemeinschaften. Als Beamter ist auch ein gegen feste Vergütung angestellter Postagent anzusehen, der Räume für den Dienstbetrieb zur Verfügung gestellt hat (Breslau JW 34, 1254). **Lehrer** an öffentlichen Lehranstalten: nicht Haus- und Privatlehrer, jedoch Lehrer an einer staatlich anerkannten nichtstaatlichen Unterrichtsanstalt. **Ärzte:** in Deutschland approbiert, auch Zahn- und Tierärzte. Unpfändbar ist nach Nr 7 auch der Kraftwagen eines Land- oder vielbeschäftigten Stadtarztes. Zum Vollstrekkungsschutz des Arztes s auch Weimar DGVZ 78, 184. Naturheilkundige fallen unter Nr 5. 31

32 **Nr 8** sichert die Existenz der Empfänger von **Gehalt, Lohn** oder anderer wiederkehrender Arbeitsvergütung, gleichgültig ob sie in einem öffentlichen oder privaten Dienstverhältnis stehen, und der Empfänger von Renten und Versorgungsbezügen; unter Nr 8 fallen alle wiederkehrenden Einkünfte iS der §§ 850 bis 850b. Der GV muß dem Schuldner, nachdem ihm das Gehalt, der Lohn usw ausgezahlt worden ist, in jedem Fall einen Betrag belassen, der dem unpfändbaren Bezugsanspruch gleichkommt, einerlei aus welcher Zahlung der vorgefundene Geldbetrag stammt. Läßt also der Gläubiger beim Schuldner an dessen Gehaltsauszahlungstag pfänden, so muß ihm genau soviel belassen werden, wie wenn vorher Gehaltspfändung erfolgt wäre. Bei Überweisung wiederkehrender Einkünfte der in §§ 850 bis 850b bezeichneten Art auf das Konto bei einem Geldinstitut gilt eine entsprechende Regelung (§ 850k). Bargeld der Empfänger von Sozialgeldleistungen: § 55 IV SGB (Rn 48 zu § 850i).

33 **Nr 9:** An eine Landapotheke gelieferte, der Gläubigerin sicherungsübereignete Arzneimittel sind nicht pfändbar (Köln NJW 61, 975).

34 **Nr 10:** Die **Bücher** sind, auch wenn entbehrlich, unpfändbar. **Kirche** ist jede staatlich anerkannte oder geduldete Religionsgemeinschaft. Unpfändbarkeit einer Bibel (Schmuckausgabe): AG Bremen DGVZ 84, 157 (auch keine Austauschpfändung). **Schule:** staatlich oder nichtstaatliche Lehranstalt, auch Fachschule, Fortbildungsschule, Hochschulen jeder Art, Konservatorium.

35 **Nr 11: Haushaltungs- und Geschäftsbücher.** Hierher gehören auch Beibücher, Kontobücher, Quittungen, Belege und der mit Kunden geführte Briefwechsel, auch die Kundenkartei, die einen allgemeinen Wert hat (Frankfurt MDR 79, 316 = OLGZ 79, 338, gegen KG OLG 17, 194). **Familienpapiere:** Urkunden, auch des Standesamts, über die persönlichen Verhältnisse des Schuldners und seiner Familie. Familienbilder sind pfändbar (aA ThP Anm 7d zu § 811: unpfändbar wie Familienpapiere, es sei denn, sie stellen einen selbständigen Vermögenswert dar). **Trauring:** auch wenn er gerade nicht getragen wird oder die Ehe des Schuldners nicht mehr besteht. Der Verlobungsring ist pfändbar (aA StJM Rdn 68 zu § 811: unpfändbar, soweit er als Zeichen eines bestehenden Verlöbnisses getragen wird). **Orden und Ehrenzeichen,** in- und ausländische, auch soweit sie nach dem Tode des Besitzers der Familie verblieben sind. Unpfändbar sind nur die Originale, nicht Verkleinerungen und Nachbildungen.

36 **Nr 12: Künstliche Gliedmaßen usw.** Hierher gehören auch Fahrstühle, Krücken, Perücken, Gebisse, Blindenhunde, ein behindertengerechter Büro-Drehstuhl (LG Kiel SchlHA 84, 75), unter Umständen auch der Personenkraftwagen des Gebrechlichen (Jena JW 35, 1105; Köln DGVZ 86, 13 = NJW-RR 86, 488 = OLGZ 86, 83; LG Hannover DGVZ 85, 121; AG/LG Lübeck DGVZ 79, 25; AG Germersheim DGVZ 80, 127), ein Kriegsversehrten-Kraftwagen (LG Köln MDR 64, 604; AG Bielefeld DGVZ 72, 126; vgl auch Schmidt-Futterer DAR 61, 219). Hat der Schuldner ein neues Hilfsmittel erworben und im Gebrauch, so ist das alte nicht mehr zum Gebrauch des Schuldners bestimmt, wenn er es verkauft oder einen Verkaufsauftrag erteilt hat (Hamm JMBlNRW 61, 235).

37 **Nr 13: Bestattungsgegenstände.** Vorausgesetzt ist ein Todesfall in der Familie des Schuldners; nicht geschützt sind Beerdigungsanstalten, Sargfabriken usw. Ein Grabdenkmal fällt nicht unter Nr 13; es ist aber in der Regel aus Pietätsgründen nicht pfändbar (KG JW 35, 2072; LG Wiesbaden DGVZ 84, 119; AG Miesbach MDR 83, 499; anders [pfändbar] Christmann DGVZ 86, 56); Ausnahme: Pfändung wegen des Werklohnanspruchs des Herstellers (AG Miesbach aaO; AG Wiesbaden DGVZ 85, 79); Zustimmung der Friedhofsverwaltung ist wegen ihres Gewahrsams (§ 809) erforderlich (LG Wiesbaden aaO).

38 **Nr 14:** Unpfändbar sind jetzt neben **Hunden** auch alle anderen **Haustiere** (jedes im häuslichen Bereich tatsächlich gehaltene Tier; hierzu Hornung Rpfleger 84, 125 [127]), wenn sie nicht zur Veräußerung bestimmt sind und deren Wert 500 DM nicht übersteigt. Von einem Wert unter 500 DM kann bei einem Hund ohne Stammbaum auszugehen sein (AG Neuwied DGVZ 17, 78). Die ab 1. 4. 1984 geänderte Fassung der Nr 14 soll den gestiegenen Kaufpreisen der Tiere und den geänderten Haltergewohnheiten Rechnung tragen (BT-Drucks 10/718, S 14). Für Wachhunde kommt auch Nr 4–7, für Blindenhunde Nr 12 in Betracht.

39 **V)** Ein **Verstoß** gegen § 811 macht die Pfändung nicht unwirksam, sondern nur anfechtbar.

40 **VI) Rechtsbehelfe: a)** des **Schuldners,** auch wenn er nicht Eigentümer der gepfändeten Gegenstände ist, sie aber benützt (Kiel OLG 3, 154; München OLG 31, 106): Erinnerung nach § 766; sie ist bis zur Beendigung der Vollstreckung, also auch noch zulässig, solange der Erlös hinterlegt ist (Kiel JW 34, 177). Er muß die Unpfändbarkeit des Gegenstandes beweisen.

41 **b)** des **Gläubigers** wegen Ablehnung seines Pfändungsantrsgs: § 766 II;

42 **c) Dritter:** im Falle der Nr 1, 2, 3, 4, 4a, 5 (hierwegen Rn 24; OLG Hamm OLGZ 84, 368 = aaO), 12 und 13, wenn ihre Rechte (zB Familienangehöriger, KG Rpfleger 57, 415) verletzt sind: § 766.

d) Die **Rechtskraft** einer vor etwa 4 Jahren gem §§ 766, 811 Nr 1 zwischen den Parteien ergangenen Entscheidung steht einer **neuerlichen Prüfung** der Pfändbarkeit auf Grund **veränderter Sachlage** nicht entgegen. Eine solche Änderung liegt auch dann vor, wenn in den abgelaufenen 4 Jahren infolge gehobenen allg Lebensstandards die Beurteilung sich geändert hat, was zu einer angemessenen, bescheidenen Lebens- und Haushaltsführung erforderlich ist (LG Braunschweig NdsRpfl 55, 54). 43

VII) Weitere Pfändungsbeschränkungen: 1) Von der Pfändung ausgeschlossen sind Gegenstände, deren Veräußerung durch den GV ausgeschlossen, zB Leichen, Aschenurnen, oder ausdrücklich durch Gesetz verboten ist, zB gesundheitsschädliche Lebensmittel, Lose verbotener Lotterien. 44

2) Der Pfändung sind durch besonderes Gesetz ua entzogen **a)** Postsendungen (§ 23 PostG v 28. 7. 69, BGBl I 1006); **b)** Einrichtungen, Betriebsmittel usw der Deutschen Bundesbahn (§ 39 BundesbahnG v 13. 12. 51, BGBl I 955), die Fahrbetriebsmittel der Eisenbahnen (Ges v 3. 5. 36, RGBl 131); **c)** Hochseekabel und das mithaftende Zubehör (§ 31 KabelpfG v 31. 3. 25, RGBl 37); **d)** bei der Anschlußpfändung der dem Schuldner überlassene Geldbetrag (§ 811 a III); **e)** unter Urheberschutz stehende Originale von Werken, wenn nicht der Urheber oder seine Erben einwilligen, sowie bestimmte Vorrichtungen zur Vervielfältigung von geschützten Werken der bildenden Künste und Photographie (§§ 113 ff UrhG); **f)** Barmittel, die aus Miet- und Pachtzinsforderungen herrühren, die der Schuldner zur laufenden Unterhaltung des Grundstücks braucht (§ 851 b I S 2). 45

811 a

[Austauschpfändung]

(1) Die Pfändung einer nach § 811 Nr. 1, 5 und 6 unpfändbaren Sache kann zugelassen werden, wenn der Gläubiger dem Schuldner vor der Wegnahme der Sache ein Ersatzstück, das dem geschützten Verwendungszweck genügt, oder den zur Beschaffung eines solchen Ersatzstückes erforderlichen Geldbetrag überläßt; ist dem Gläubiger die rechtzeitige Ersatzbeschaffung nicht möglich oder nicht zuzumuten, so kann die Pfändung mit der Maßgabe zugelassen werden, daß dem Schuldner der zur Ersatzbeschaffung erforderliche Geldbetrag aus dem Vollstreckungserlös überlassen wird (Austauschpfändung).

(2) Über die Zulässigkeit der Austauschpfändung entscheidet das Vollstreckungsgericht auf Antrag des Gläubigers durch Beschluß. Das Gericht soll die Austauschpfändung nur zulassen, wenn sie nach Lage der Verhältnisse angemessen ist, insbesondere wenn zu erwarten ist, daß der Vollstreckungserlös den Wert des Ersatzstückes erheblich übersteigen werde. Das Gericht setzt den Wert eines vom Gläubiger angebotenen Ersatzstückes oder den zur Ersatzbeschaffung erforderlichen Betrag fest. Bei der Austauschpfändung nach Absatz 1 Halbsatz 1 ist der festgesetzte Betrag dem Gläubiger aus dem Vollstreckungserlös zu erstatten; er gehört zu den Kosten der Zwangsvollstreckung.

(3) Der dem Schuldner überlassene Geldbetrag ist unpfändbar.

(4) Bei der Austauschpfändung nach Absatz 1 Halbsatz 2 ist die Wegnahme der gepfändeten Sache erst nach Rechtskraft des Zulassungsbeschlusses zulässig.

Lit: *Böhle-Stamschräder,* Neuregelung des Vollstreckungsrechts, NJW 1953, 1449; *Hartmann,* Kritische Bemerkungen zur gesetzlichen Regelung der Austauschpfändung, NJW 1953, 1856; *E. Schneider,* Luxuswagen als Gebrechlichkeitshilfe, MDR 1986, 726; *Ziege,* Die Zulassung der Austauschpfändung: Voraussetzungen und Verfahren, NJW 1955, 48.

I) Zweck: Möglichkeit des Zugriffs auf den (Mehr-)Wert einer unpfändbaren Sache, wenn der Schutzzweck (Verwendungszweck) des § 811 durch Bereitstellung eines geringerwertigen Ersatzstücks erfüllt werden kann (sog Austauschpfändung). 1

II) Voraussetzungen: 1) Zulassung durch das Vollstreckungsgericht (Abs 1 Halbs 1) vor Pfändung (zur vorläufigen Austauschpfändung § 811 b). Zugelassen werden kann die Austauschpfändung **nur für die nach § 811 Nr 1, 5 und 6 unpfändbaren Sachen.** Eine entsprechende Anwendung auf andere Fälle des § 811 ist wegen der enumerativen Aufzählung der Ausnahmen vom Pfändungsverbot ausgeschlossen (für Schmuckausgabe einer Bibel, § 811 Nr 10: AG Bremen DGVZ 84, 157). Ergibt sich die Unpfändbarkeit nicht nur aus den Nr 1, 5 oder 6, sondern auch aus einer anderen Bestimmung des § 811, dann geht die Unpfändbarkeit vor (anders Köln DGVZ 86, 13 = NJW-RR 86, 488 = OLGZ 86, 83: Austauschpfändung für Pkw nach § 811 Nr 12 zulässig; dazu auch Schneider MDR 86, 726). 2

3 **2)** Zulassung erfordert **Ersatzleistung,** die dem geschützten Verwendungszweck genügt. Sie kann erfolgen dadurch, daß der Gläubiger dem Schuldner ein (gebrauchtes oder neu beschafftes) **Ersatzstück überläßt** oder den zur Beschaffung eines Ersatzstücks erforderlichen **Geldbetrag zur Verfügung stellt, ausnahmsweise** auch dadurch, daß der zur Ersatzbeschaffung erforderliche Geldbetrag dem Schuldner (erst) aus dem Versteigerungserlös überlassen wird (Abs 1). Ein Ersatzstück genügt dem geschützten Verwendungszweck, wenn er in bescheidener, der Verschuldung angemessener Weise erreicht werden kann. Das Ersatzstück braucht nicht notwendig derselben Art (Kleinempfänger statt Großsuper; LG Kassel MDR 51, 53) zu sein (daher zulässig Bett mit Matratze statt Schlafcouch, Celle NdsRpfl 51, 101; uU Fahrrad oder Motorrad für Personenwagen). Eine Einschränkung, die zu einer unwirtschaftlichen, unzeitgemäßen Lebenshaltung oder Arbeitsweise nötigt (zB Petroleumlampe statt elektrischem Beleuchtungskörper) kann dem Schuldner jedoch nicht zugemutet werden. Auch muß die Ersatzsache nach Güte und Haltbarkeit der Pfandsache entsprechen (StJM Rdn 3 zu § 811 a). Die Überlassung muß durch Eigentumsübertragung erfolgen (Rn 11); nur leihweise Überlassung eines Ersatzstücks wird dem geschützten Verwendungszweck nicht genügen. Ersatzleistung durch Überlassung eines Geldbetrags aus dem Versteigerungserlös kann nur angeordnet werden, wenn dem Gläubiger die rechtzeitige Beschaffung eines Ersatzstücks nicht möglich ist (Abs 1 Halbs 2). Dies wird dann der Fall sein, wenn der Gläubiger nach seinen eigenen Verhältnissen nicht in der Lage ist, die für die Beschaffung eines Ersatzstücks notwendigen Mittel aufzubringen, oder wenn ihm die Ersatzbeschaffung sonst nach Sachlage nicht zumutbar ist.

4 **3)** Die Austauschpfändung muß nach Lage der Verhältnisse **angemessen** sein; insbesondere muß zu erwarten sein, daß der voraussichtliche Versteigerungserlös (nicht der Schätz- oder Marktwert des Gegenstands) den Wert des Ersatzstücks wesentlich übersteigt (Abs 2 S 2), der Unterschiedsbetrag somit dem Gläubiger eine nennenswerte Befriedigung sichert. Daß der Unterschiedsbetrag die (uU hohe) Vollstreckungsforderung des Gläubigers nennenswert deckt, ist dagegen nicht erforderlich. Nicht angemessen ist die Austauschpfändung, wenn der Schuldner noch pfändbare Sachen besitzt, deren Verwertung voraussichtlich Befriedigung des Gläubigers ermöglicht.

5 **4)** Zu beurteilen sind die Voraussetzungen für Zulässigkeit der Austauschpfändung nach dem **Zeitpunkt** der sonst unzulässigen Pfändung (Düsseldorf JMBlNW 60, 218; zu diesem Rn 9 zu § 811).

6 **III) Zulassung: 1) Zuständig** (ausschließlich, § 802) ist das Vollstreckungsgericht (§ 764; dort auch zur örtlichen Zuständigkeit); es entscheidet der Rechtspfleger (§ 20 Nr 17 RpflG).

7 **2)** Die Entscheidung des Vollstreckungsgerichts ergeht auf **Antrag** des Gläubigers (Abs 2 S 1), der keinem Anwaltszwang unterliegt (§ 78 II). Der Antrag hat die Ersatzleistung (Rn 3), somit auch eine als Ersatzstück angebotene Sache, bestimmt zu bezeichnen; er kann (muß aber nicht) den zur Ersatzbeschaffung erforderlichen Betrag ziffernmäßig begrenzen. Die für den Beginn der ZwV erforderlichen Urkunden müssen beigefügt werden, sonach (zugestellter) Vollstreckungstitel mit -klausel, ggfs auch Nachweis der Sicherheitsleistung usw.

8 **3)** Die **Entscheidung** kann ohne mündliche Verhandlung ergehen (§ 764 III). Dem Schuldner ist jedoch **rechtliches Gehör** zu gewähren (Art 103 I GG); ohne vorherige Anhörung des Schuldners kann entschieden werden, wenn der Vollstreckungserfolg gefährdet wäre (vgl Rn 19 zu § 758). Das Verfahren folgt den allgemeinen Grundsätzen des ZPO-Verfahrens. Es ist vom Beibringungsgrundsatz beherrscht mit Darlegungs- und Beweislast des Gläubigers (s Rn 27 zu § 766); den Schuldner trifft die Beweislast für außergewöhnliche Umstände, die eine Unangemessenheit begründen könnten (StJM Rdn 11 zu § 811 a). Glaubhaftmachung genügt nicht. Eignung und Wert des vom Gläubiger angebotenen Ersatzstücks hat das Vollstreckungsgericht zu prüfen. Einvernehmen der Parteien ersetzt die Voraussetzungen der Austauschpfändung (als Ausnahme zu dem von Amts wegen zu beachtenden Pfändungsverbot) nicht. Freie Beweiswürdigung (§ 286) gestattet Verwertung der Lebenserfahrung; über Wertfragen entscheidet das Gericht unter Würdigung aller Umstände nach freier Überzeugung (§ 287 entsprechend); kostspieliger Sachverständigenbeweis sollte unterbleiben. Es besteht Bindung an den Antrag (§ 308 I), so daß keine andere als die verlangte Ersatzleistung bestimmt und der bezifferte Ersatzbetrag nicht überschritten werden kann. Ist beantragte Austauschpfändung nach Lage der Verhältnisse nicht angemessen, muß der Antrag zurückgewiesen werden.

9 **4)** Das Vollstreckungsgericht entscheidet durch **Beschluß** (Abs 2 S 1). Läßt es die Pfändung zu, ist die zu pfändende Sache zu bezeichnen, die Art der Ersatzleistung zu bestimmen (somit auch das zu überlassende Ersatzstück genau zu bezeichnen) und der Wert des Ersatzstücks oder der zur Ersatzbeschaffung erforderliche Geldbetrag festzusetzen; der Beschluß ist zu begründen. Die Bestimmung des Ersatzstücks nur der Gattung nach wird dann als zulässig angesehen, wenn

ein fabrikneues Stück aus einer näher zu bezeichnenden Fertigungsserie überlassen werden soll. Zulässig ist es auch, Überlassung eines Ersatzstücks oder (wahlweise) des zur Beschaffung erforderlichen Geldbetrags zuzulassen. Der zur Beschaffung erforderliche Geldbetrag ist nach den zeitlichen und örtlichen Erwerbspreisen zu bestimmen; Erwerbskosten (Transportkosten) und besondere Erwerbsmöglichkeiten (Rabattkauf) sind zu berücksichtigen. Der Beschluß wird dem Gläubiger und Schuldner zugestellt. Bei Ablehnung erfolgt Zustellung an den Gläubiger und Mitteilung an den Schuldner; wenn der Schuldner nicht gehört wurde, unterbleibt Zustellung (Mitteilung) an ihn. Kosten: § 788 III (Rn 26 zu § 788).

IV) Vollstreckung: 1) Mit Erlaß (nicht erst mit Rechtskraft) des zulassenden Beschlusses **wird die** (bis dahin unpfändbare) **Sache** beim Schuldner **pfändbar.** Bei Austauschpfändung mit Überlassung des für Ersatzbeschaffung erforderlichen Geldbetrags aus dem Versteigerungserlös muß die gepfändete Sache vor Rechtskraft des Beschlusses dem Schuldner jedoch auch dann belassen werden, wenn sonst Wegnahme erforderlich wäre (Abs 4 mit Abs 1 Halbs 2). 10

2) Ein **Ersatzstück** muß dem Schuldner spätestens bei Wegnahme der Pfandsache **überlassen werden.** Prüfung, ob die Ersatzleistung dem Beschluß entspricht, erfolgt durch den GV. Der Schuldner erwirbt das Eigentum an dem Ersatzstück auf Grund rechtsgeschäftlicher Übereignung nach §§ 929 ff BGB. Der Gläubiger ist verpflichtet, Eigentum und unmittelbaren Besitz zu verschaffen. Jedoch darf die Eigentums- und Besitzverschaffung nicht von dem Verhalten des Schuldners abhängig sein. In entsprechender Anwendung des Grundgedankens des § 765 ist der Gläubiger auch durch ordnungsgemäßes Angebot seiner Verschaffungspflicht nachgekommen; die Voraussetzungen der Pfändung sind damit gegeben (StJM Rdn 26 zu § 811 a mit Nachw). Dem Schuldner werden wegen eines Mangels des Ersatzstückes (Rechts- und Sachmängel) auf der Grundlage eines gesetzlichen Schuldverhältnisses Ansprüche nach Maßgabe des Kaufrechts zuzubilligen sein (vgl Dresden JW 34, 3307; Ritter JW 37, 1673). Rücktritt und Wandlung werden jedoch nicht in Betracht kommen (vgl Böhle-Stamschräder NJW 53, 1450). 11

3) Bei Zulassung der Austauschpfändung mit der Maßgabe, daß dem Schuldner der zur Ersatzbeschaffung erforderliche **Geldbetrag aus dem Versteigerungserlös** überlassen wird, muß der Schuldner die Wegnahme der Sache zur Durchführung der Verwertung zulassen, ohne daß ihm das Ersatzstück oder der zur Beschaffung eines solchen Ersatzstücks erforderliche Geldbetrag sogleich zur Verfügung steht. Zum Schutz des Schuldners bestimmt daher Abs 4, daß in diesem Fall die Wegnahme erst nach Rechtskraft des Zulassungsbeschlusses zulässig ist. Den aus dem Versteigerungserlös zur Ersatzbeschaffung zu überlassenden Geldbetrag hat der GV zu entnehmen und dem Schuldner zu übergeben. 12

4) Wenn der Gläubiger das Ersatzstück gestellt oder den Ersatzbetrag geleistet hat, gehört der vom Gericht festgestellte Wert oder Betrag (soweit geleistet) zu den **Kosten der ZwV.** Er ist dem Gläubiger aus dem Versteigerungserlös vorweg zu erstatten (Abs 2 S 3). 13

5) Die **Ersatzleistung ist unpfändbar,** und zwar bei Leistung eines Ersatzstückes oder Beschaffung aus dem Ersatzbetrag nach § 811 Nr 1, 5 oder 6, als Geldbetrag nach Abs 3. 14

V) Rechtsbehelfe: 1) Gegen den Beschluß des Gerichts sofortige Beschwerde (§ 793), dann weitere sofortige Beschwerde nach Maßgabe von § 768 II, bzw befristete Rechtspflegererinnerung (§ 11 I S 2 RpflG). Gegen das Vollstreckungsverfahren des Gerichtsvollziehers: § 766. 15

VI) Kosten des Verfahrens nach § 811 a: § 788 III; § 123 GVGA. 16

VII) Gebühren: 1) des **Gerichts:** Keine. – **2)** des **Anwalts:** Das Verfahren gilt als besondere Angelegenheit der Zwangsvollstreckung (§ 58 III Nr 4 BRAGO); daher sowohl für den RA des Gläubigers als auch für den RA des Schuldners 3/10 der Regelgebühren des § 31 BRAGO. Stellt der RA des Schuldners mehrere Austauschanträge, so handelt es sich um dieselbe Angelegenheit (Riedel/Sußbauer BRAGO § 58 Rdnr 25); die Vorschriften des § 32 u des § 33 I und II BRAGO gelten nicht (§ 57). – **3)** des **Gerichtsvollziehers:** Austauschpfändung (§ 123 GVGA) ist Pfändung bewegl Sachen, für die die volle Pfändungsgebühr des § 17 I GVKostG anfällt; der Austausch des gepfändeten Gegenstandes gg das unpfändbare Ersatzstück ist für den GV gebührenfreies Nebengeschäft u durch die Pfändungsgebühr abgegolten (GVKostGr Nr 1 Abs 3 sowie Schröder/Kay, Das Kostenwesen der GV, 7. Aufl, Anm 7 zu § 17 GVKostG). – **4) Gegenstandswert:** Der zu schätzende Überschuß des Versteigerungserlöses (Swolana, BRAGO, § 58 Anm 4d Abs 2). 17

811 b

[Vorläufige Austauschpfändung]

(1) Ohne vorgängige Entscheidung des Gerichts ist eine vorläufige Austauschpfändung zulässig, wenn eine Zulassung durch das Gericht zu erwarten ist. Der Gerichtsvollzieher soll die Austauschpfändung nur vornehmen, wenn zu erwarten ist, daß der Vollstreckungserlös den Wert des Ersatzstückes erheblich übersteigen wird.

(2) Die Pfändung ist aufzuheben, wenn der Gläubiger nicht binnen einer Frist von zwei Wochen nach Benachrichtigung von der Pfändung einen Antrag nach § 811 a Abs. 2 bei dem Vollstreckungsgericht gestellt hat oder wenn ein solcher Antrag rechtskräftig zurückgewiesen ist.

(3) Bei der Benachrichtigung ist dem Gläubiger unter Hinweis auf die Antragsfrist und die Folgen ihrer Versäumung mitzuteilen, daß die Pfändung als Austauschpfändung erfolgt ist.

(4) Die Übergabe des Ersatzstückes oder des zu seiner Beschaffung erforderlichen Geldbetrages an den Schuldner und die Fortsetzung der Zwangsvollstreckung erfolgen erst nach Erlaß des Beschlusses gemäß § 811 a Abs. 2 auf Anweisung des Gläubigers. § 811 a Abs. 4 gilt entsprechend.

1 **I)** Ohne die nach § 811 a vorgängige Entscheidung des Vollstreckungsgerichts ist eine **vorläufige Austauschpfändung** zulässig, wenn eine Zulassung durch das Gericht zu erwarten ist (Beispiel München DGVZ 83, 140 = JurBüro 83, 1418 = OLGZ 83, 325: goldene Armbanduhr). Die vorläufige Austauschpfändung obliegt dem GV als dem für die ZwV wegen Geldforderungen in beweglichen Sachen zuständigen Vollstreckungsorgan. In Abs 1 S 2 ist noch einmal ausdrücklich hervorgehoben, daß die vorläufige Austauschpfändung nur vorzunehmen ist, wenn zu erwarten ist, daß der Vollstreckungserlös den Wert des Ersatzstücks erheblich übersteigt. Bei der vorläufigen Austauschpfändung darf die Pfändung nach § 808 nur in der Weise bewirkt werden, daß die Sache im Gewahrsam des Schuldners belassen wird. Gegen das Verfahren des GV ist Erinnerung nach § 766 zulässig.

2 **II)** Der GV hat die **Pfändung aufzuheben,** wenn der Gläubiger nicht binnen 2 Wochen nach Benachrichtigung einen Antrag nach § 811 a II gestellt hat oder wenn ein solcher Antrag rechtskräftig zurückgewiesen ist (Abs 2). Die Benachrichtigung ist formlos vorzunehmen. Der Zeitpunkt des Zugangs der Benachrichtigung bestimmt sich nach § 261 b II. Der Nachweis der rechtzeitigen Antragstellung beim Vollstreckungsgericht obliegt dem Gläubiger, der Nachweis der rechtskräftigen Zurückweisung des Antrags dem Schuldner. Wegen Versäumung der Zweiwochenfrist ist Wiedereinsetzung nach § 233 nicht zulässig (keine Notfrist).

3 **III)** Die **Übergabe** eines dem GV zur Verfügung gestellten Ersatzstückes oder des zu einer Beschaffung erforderlichen Geldbetrages darf erst nach Zulassung der Austauschpfändung durch das Vollstreckungsgericht und auf Anweisung des Gläubigers erfolgen. Auch darf die ZwV nur auf besondere Anweisung des Gläubigers fortgesetzt werden. Ist die Pfändung mit der Maßgabe zugelassen, daß dem Schuldner der zur Ersatzbeschaffung erforderliche Geldbetrag aus dem Vollstreckungserlös überlassen wird, so darf die ZwV erst nach Rechtskraft des Zulassungsbeschlusses fortgesetzt werden. Die Fortsetzung bedarf aber auch hier einer besonderen Anweisung des Gläubigers.

4 **IV) Kosten des Verfahrens** nach § 811 b: § 788 III. Verfahren des GV s § 124 GVGA.

811 c *[Vorwegpfändung]*

(1) Ist zu erwarten, daß eine Sache demnächst pfändbar wird, so kann sie gepfändet werden, ist aber im Gewahrsam des Schuldners zu belassen. Die Vollstreckung darf erst fortgesetzt werden, wenn die Sache pfändbar geworden ist.

(2) Die Pfändung ist aufzuheben, wenn die Sache nicht binnen eines Jahres pfändbar geworden ist.

1 Eine unpfändbare Sache kann bereits gepfändet werden, wenn zu erwarten ist, daß sie demnächst pfändbar wird. Demnächst pfändbar iS dieser Vorschrift wird eine Sache dann, wenn der Schutz des § 811 alsbald entfällt; § 811 c betrifft nicht eine schuldnerfremde Sache, an der dem Schuldner nur aufschiebend bedingtes Eigentum zusteht (AG Gronau MDR 67, 223). Die Pfändung (§ 808) darf aber nur in der Form bewirkt werden, daß die Sache im Gewahrsam des Schuldners belassen wird. Die Vollstreckung darf erst fortgesetzt werden, wenn die Sache pfändbar geworden ist. Erst zu diesem Zeitpunkt wird daher die Wegschaffung der Sache aus dem Gewahrsam des Schuldners und Verwertung der Sache zulässig.

2 Die Pfändung ist durch den GV ohne Antrag des Schuldners aufzuheben, wenn die Sache nicht binnen eines Jahres pfändbar geworden ist (s auch § 122 GVGA).

3 **Rechtsbehelf:** § 766 (dann § 793).

812 *[Hausratpfändung]* **Gegenstände, die zum gewöhnlichen Hausrat gehören und im Haushalt des Schuldners gebraucht werden, sollen nicht gepfändet werden, wenn ohne weiteres ersichtlich ist, daß durch ihre Verwertung nur ein Erlös erzielt werden würde, der zu dem Wert außer allem Verhältnis steht.**

Zweck: Gegenstände des gewöhnlichen Gebrauchs, die für die Errichtung des **Hausstandes** (nicht Gewerbes) nicht unerheblichen Wert und damit für die fernere Ermöglichung der Existenz des Schuldners eine große Bedeutung haben, meist aber alt und abgenutzt sind und daher nur einen geringen Veräußerungswert darstellen, sollen der Pfändung entzogen werden (Mot 167). Ein Fernsehgerät ist, wenn es nicht schon unter § 811 Nr 1 fällt, zum gewöhnlichen Hausrat zu rechnen (LG Essen DGVZ 73, 24). Trotz des Wortes „sollen" Mußvorschrift für den GV. Die Pfändung hat zu unterbleiben, wenn bei Verwertung nur ein Erlös erzielt werden würde, der zu dem Wert, den die Sachen für den Schuldner haben, außer allem Verhältnis steht. **Rechtsbehelf** bei Verstoß gegen § 812: Erinnerung nach § 766, auch für Gläubiger, mit der Behauptung, es sei zu Unrecht gepfändet worden. Die unter § 812 fallenden Gegenstände unterliegen (anders als die nach § 811 unpfändbaren Sachen) dem gesetzlichen Pfandrecht des Vermieters. 1

813 *[Schätzung der gepfändeten Sachen]* **(1) Die gepfändeten Sachen sollen bei der Pfändung auf ihren gewöhnlichen Verkaufswert geschätzt werden. Die Schätzung des Wertes von Kostbarkeiten soll einem Sachverständigen übertragen werden. In anderen Fällen kann das Vollstreckungsgericht auf Antrag des Gläubigers oder des Schuldners die Schätzung durch einen Sachverständigen anordnen.**

(2) Ist die Schätzung des Wertes bei der Pfändung nicht möglich, so soll sie unverzüglich nachgeholt und ihr Ergebnis nachträglich in der Niederschrift über die Pfändung vermerkt werden.

(3) Zur Pfändung von Früchten, die von dem Boden noch nicht getrennt sind, und zur Pfändung von Gegenständen der in § 811 Nr. 4 bezeichneten Art bei Personen, die Landwirtschaft betreiben, soll ein landwirtschaftlicher Sachverständiger zugezogen werden, sofern anzunehmen ist, daß der Wert der zu pfändenden Gegenstände den Betrag von 1000 Deutsche Mark übersteigt.

(4) Die Landesjustizverwaltung kann bestimmen, daß auch in anderen Fällen ein Sachverständiger zugezogen werden soll.

Lit: *Mümmler*, Die Beteiligung von Sachverständigen bei der Mobiliarzwangsvollstreckung, DGVZ 1973, 81.

I) Zweck und **Anwendungsbereich:** Versteigerung gepfändeter Sachen (§§ 808, 809, 814), auch von Wertpapieren ohne Börsen- und Marktpreis (§ 821) darf nur gegen ein Mindestgebot erfolgen (§ 817 a); die dafür notwendige Bewertung erfolgt durch Schätzung. Bedeutung erlangt der Wert außerdem bei anderweitiger Verwertung (§ 825) und für das Verbot der Überpfändung (§ 803 I S 2). 1

II) Zu schätzen ist die gepfändete Sache auf ihren **gewöhnlichen Verkaufswert** (Verkehrswert). Das ist der Preis, der bei freihändiger Veräußerung normalerweise zu erzielen ist. Rechnung zu tragen ist der Beschaffenheit (auch dem Zustand) der Sache sowie den allgemeinen wirtschaftlichen und den besonderen örtlichen Verhältnissen; ungewöhnliche und persönliche Verhältnisse (Ausverkaufs-, Sonder-, Rabatt- oder Liebhaberpreise) bleiben unberücksichtigt. Bei Gold- und Silbersachen wird sowohl der Gold- bzw Silberwert (wegen § 817 a III) als auch der gewöhnliche Verkaufswert geschätzt (s § 132 Nr 8 GVGA). 2

III) 1) Die Schätzung hat in der Regel der **GV** selbst bei der Pfändung vorzunehmen. Er ist nicht befugt, von sich aus einen Sachverständigen zuzuziehen, wo das nicht vorgesehen ist (LG Aachen JurBüro 86, 1256; LG München II Rpfleger 78, 456; aA Pawlowski ZZP 90 [1977] 367; insbes auch Mümmler DGVZ 73, 81: immer, wenn nach pflichtgemäßem Ermessen Zuziehung notwendig oder zweckdienlich, weil die Schätzung die vom GV zu erwartende allgemeine Sachkunde übersteigt). Das Ergebnis der Schätzung ist in das Pfändungsprotokoll aufzunehmen (§ 762 II Nr 2 mit GVGA § 132 Nr 8). Ist die Schätzung bei Pfändung nicht sogleich möglich, so ist sie unverzüglich nachzuholen und das Ergebnis im Pfändungsprotokoll zu vermerken (Abs 2 und GVGA aaO) sowie den Parteien mitzuteilen (GVGA aaO). 3

4 **2)** Einem **Sachverständigen** soll (= hat) der GV die Schätzung bei der Pfändung von **Kostbarkeiten** (Begriff Rn 16 zu § 808) zu übertragen. Den Sachverständigen wählt der GV aus. Das Ergebnis der Schätzung durch einen Sachverständigen ist den Parteien rechtzeitig mitzuteilen (§ 132 Nr 8 GVGA). Orientteppiche können (abgesehen von besonderen Wertstücken) als Gebrauchsstücke nicht zu den Kostbarkeiten gerechnet werden (aA StJM Rdn 6 zu § 813; auch KG NJW-RR 86, 201: durch Sachverständigen zu schätzen, wenn GV nicht über ausreichende Sachkunde verfügt).

5 **3)** Schätzung durch einen Sachverständigen kann das **Vollstreckungsgericht** auch in anderen Fällen **auf Antrag** des Gläubigers oder des Schuldners anordnen; der GV und Dritte haben kein Antragsrecht (LG Berlin DGVZ 78, 112). Zuständig ist der Rechtspfleger (§ 20 Nr 17 RpflG). Das Gericht entscheidet nach pflichtgemäßem Ermessen; es wählt auch den Sachverständigen aus. Der Sachverständige hat die Schätzung dem GV schriftlich oder zu Protokoll abzugeben; den Parteien ist das Ergebnis der Schätzung rechtzeitig mitzuteilen (vgl § 132 Nr 8 GVGA). Die Bewertung durch den Sachverständigen ersetzt eine bei der Pfändung durch den GV (oder die durch den von ihm zugezogenen Sachverständigen; vgl Rn 4) vorgenommene Schätzung, die für das weitere Verfahren keine Bedeutung mehr hat.

6 **4)** Zuziehung eines **landwirtschaftlichen Sachverständigen** ist nach Abs 3 bei einem voraussichtlichen Wert der zu pfändenden Sache über 1 000 DM bestimmt. Auswahl und Zuziehung erfolgt durch den GV. Auch bei einem Wert unter 1 000 DM soll ein Sachverständiger zugezogen werden, wenn der Schuldner es verlangt und dadurch die ZwV weder verzögert wird noch unverhältnismäßige Kosten entstehen (§ 150 Nr 1 GVGA).

7 **5) Bestimmung der Landesjustizverwaltung** über Zuziehung eines Sachverständigen auch in anderen Fällen (Abs 4) treffen § 150 Nr 2, § 152 Nr 3 GVGA für Pfändung bei Personen, welche Landwirtschaft betreiben. Danach hat der Sachverständige (ohne Bindung für den GV) zu begutachten, ob die zu pfändenden Sachen zu den im § 811 Nr 4 bezeichneten oder zu den hypothekarisch haftenden (§ 1120 BGB) gehören, bei Pfändung von Früchten auf dem Halm (§ 810) außerdem die Zeit der gewöhnlichen Reife und ob die Früchte zur Fortführung der Wirtschaft erforderlich sind.

8 **6) Erneute Schätzung** (Nachschätzung) durch den GV oder einen Sachverständigen (bei Schätzung durch einen Sachverständigen auf Anordnung des Gerichts nach Abs 1 S 3 nur durch einen Sachverständigen auf neuerliche Anordnung des Vollstreckungsgerichts) kann bei wesentlicher Veränderung der Verhältnisse (nach Eintritt neuer Tatsachen) erfolgen (zB Änderung der allgemeinen wirtschaftlichen Verhältnisse, des Preisgefüges, aber auch der örtlichen Marktlage); Anlaß zur Prüfung kann insbesondere bestehen, wenn zwischen Pfändung und Verwertung längere Zeit liegt. Neuschätzung ohne Anlaß verbietet sich als willkürliche Änderung der Schätzung ebenso wie Nachschätzung nach vergeblichem Verwertungsversuch lediglich zu dem Zweck, die Sache mit Rücksicht auf Gebote eines Erwerbsinteressenten verwertbar zu machen. Schreibfehler und andere offenbare Unrichtigkeiten einer Schätzung können jederzeit berichtigt werden (§ 319 entsprechend); die Berichtigung ist den Parteien rechtzeitig mitzuteilen.

9 **IV)** § 813 enthält nur eine **Sollvorschrift,** ist aber vom GV von Amts wegen zu beachten. Verstoß berührt die Wirksamkeit der Pfändung und der Verwertung nicht.

10 **V) Rechtsbehelf:** Für Gläubiger und Schuldner gegen Zuziehung (auch Auswahl) bzw Nichtzuziehung eines Sachverständigen, für sachliche Einwendungen gegen das Sachverständigengutachten und für das Verfahren bei Schätzung im übrigen § 766 (dann § 793), für Einwendungen gegen Schätzungsfehler des GV nur Antrag nach Abs 1 S 3 (nicht Erinnerung, LG Aachen JurBüro 86, 1256), gegen Entscheidung des Gerichts über den Antrag auf Anordnung der Schätzung durch einen Sachverständigen (Abs 1 S 3) befristete Rechtspflegererinnerung (§ 11 RpflG mit § 793 ZPO).

813a *[Verwertungsmoratorium]*

(1) Das Vollstreckungsgericht kann auf Antrag des Schuldners die Verwertung gepfändeter Sachen unter Anordnung von Zahlungsfristen zeitweilig aussetzen, wenn dies nach der Persönlichkeit und den wirtschaftlichen Verhältnissen des Schuldners sowie nach der Art der Schuld angemessen erscheint und nicht überwiegende Belange des Gläubigers entgegenstehen.

(2) Wird der Antrag nach Absatz 1 nicht binnen einer Frist von zwei Wochen nach der Pfändung gestellt, so ist er ohne sachliche Prüfung zurückzuweisen, wenn das Vollstreckungsgericht

der Überzeugung ist, daß der Schuldner den Antrag in der Absicht der Verschleppung oder aus grober Nachlässigkeit nicht früher gestellt hat.

(3) Anordnungen nach Absatz 1 können mehrmals ergehen und, soweit es nach Lage der Verhältnisse, insbesondere wegen nicht ordnungsmäßiger Erfüllung der Zahlungsauflagen, geboten ist, auf Antrag aufgehoben oder abgeändert werden.

(4) Die Verwertung darf durch Anordnungen nach Absatz 1 und Absatz 3 nicht länger als insgesamt ein Jahr nach der Pfändung hinausgeschoben werden.

(5) Vor den in Absatz 1 und in Absatz 3 bezeichneten Entscheidungen ist, soweit dies ohne erhebliche Verzögerung möglich ist, der Gegner zu hören. Die für die Entscheidung wesentlichen tatsächlichen Verhältnisse sind glaubhaft zu machen. Das Gericht soll in geeigneten Fällen auf eine gütliche Abwicklung der Verbindlichkeiten hinwirken und kann hierzu eine mündliche Verhandlung anordnen. Die Entscheidungen nach den Absätzen 1, 2 und 3 sind unanfechtbar.

(6) In Wechselsachen findet eine Aussetzung der Verwertung gepfändeter Sachen nicht statt.

Lit: *Friese,* Schutz des Gläubigers gegen Vollstreckungsschutz, NJW 1955, 447; *Herzig,* Zum verspäteten Antrag des Schuldners auf Verwertungsaufschub, JurBüro 1967, 634; *Herzig,* Verwertungsmoratorium, weitere Vollstreckungsmaßnahmen und Leistung des Offenbarungseids, JurBüro 1968, 366; *E. Schneider,* Schutzbeschlüsse nach § 813 a ZPO, JurBüro 1965, 183; *E. Schneider,* Zur Glaubhaftmachung bei Vollstreckungsschutzanträgen nach § 813 a ZPO, JurBüro 1970, 366; *Seither,* Kann von der Zahlungsfrist des § 813 a ZPO bei Einverständnis des Gläubigers abgewichen werden? Rpfleger 1968, 381; *Seither,* Verwertungsaufschub (§ 813 a ZPO) in vereinfachter Form und im Verwaltungszwangsverfahren, Rpfleger 1969, 232.

I) Zweck: Schuldnerschutz mit Verwertungsaufschub, der es ermöglichen soll, durch freiwil- 1
lige Leistung die Zwangsverwertung der gepfändeten Sache abzuwenden. § 813 a begründet weder ein Hindernis für die Pfändung noch bietet er eine Grundlage für deren Aufhebung.

II) Anwendungsbereich: Gilt nur bei ZwV wegen Geldforderungen in bewegliche Sachen 2
(§§ 808 ff), nicht jedoch, wenn Geld gepfändet ist oder Sicherungsvollstreckung (Arrestvollziehung) stattgefunden hat (§§ 720 a, 930), weil hier eine Verwertung nicht erfolgt, die unter Anordnung von Zahlungsfristen abgewendet werden müßte. Nicht anwendbar ist § 813 a im Offenbarungsverfahren, bei ZwV in Forderungen und andere Vermögensrechte (Ausnahme § 847 II) und bei ZwV zur Erwirkung der Herausgabe von Sachen und zur Erwirkung von Handlungen oder Unterlassungen. Der Schutz des § 813 a kommt allen Schuldnern zugute, auch in Deutschland wohnenden Ausländern und juristischen Personen (AG, GmbH usw). In Wechselsachen findet § 813 a keine Anwendung (Abs 6); für Schecksachen (§ 605 a) gilt das nicht entsprechend (aA StJM Rdn 7 zu § 813 a). Wechselsache ist jeder Rechtsstreit, dem ein Anspruch aus einem Wechsel zugrunde liegt, gleichgültig, ob der Anspruch im Wechselprozeß (Wechselmahnverfahren) oder im gewöhnlichen Verfahren geltend gemacht ist (LG Traunstein MDR 62, 745).

III) Voraussetzungen: 1) Pfändung einer beweglichen körperlichen Sache (§§ 808, 809). Daß 3
die Pfändung bevorsteht (droht), genügt nicht.

2) Schutzwürdigkeit des Schuldners: a) Der Schuldner muß seiner **Persönlichkeit** nach 4
schutzwürdig sein. Ein unredlicher oder unzuverlässiger Schuldner verdient keine Nachsicht. Die Unzulässigkeit kann sich außer aus der Art der Schuld auch aus dem Verhalten des Schuldners gegenüber dem Gläubiger vor oder während des Rechtsstreits oder der ZwV ergeben.

b) Seinen **wirtschaftlichen Verhältnissen** nach muß der Schuldner außerstande sein, den 5
Gläubiger sofort zu befriedigen; es muß ihm aber Zahlung der Schuld in angemessener Frist möglich sein. In hoffnungslosen Fällen ist Aussetzung keineswegs am Platz.

c) Auch nach der **Art der Schuld** muß der Verwertungsaufschub angemessen sein. Deshalb 6
kann er sich verbieten für Forderungen wegen laufender Unterhaltsleistung und wegen laufenden Arbeitslohns, die ihrer Natur nach sofort zu erfüllen sind; ebenso bei Heizungskosten (AG Köln MDR 56, 486). Bei anderen Forderungen, wie Versicherungsbeiträgen, wirkt sich der Aufschub zum Nachteil des Schuldners selbst aus. Dagegen ist der Entstehungsgrund der unerlaubten Handlung nicht notwendig ein Anlaß, allgemein einen Aufschub der Verwertung zu versagen. Es kommt hier ganz auf die Umstände des einzelnen Falles an.

3) Überwiegende Belange des Gläubigers dürfen **nicht entgegenstehen.** Sie stehen entgegen, 7
wenn die dem Gläubiger durch den Aufschub entstehenden Nachteile im Verhältnis größer sind als der Nutzen des Schuldners. Dies ist zB der Fall, wenn der Lebensunterhalt oder die wirtschaftliche Existenz des Gläubigers gefährdet wird, insbesondere, wenn er selbst als Schuldner

seinem eigenen Gläubiger gegenüber in Schwierigkeiten kommt. Die Interessen des Gläubigers sind vor allem zu beachten bei der Bemessung der Dauer der Aussetzung. Sind dem Mieterpfandrecht unterliegende Gegenstände für einen anderen Gläubiger gepfändet, so ist es zweckmäßig, die Aussetzung der Verwertung nur unter der Bedingung zu bewilligen, daß die Miete pünktlich bezahlt und die Mietzinsquittungen dem Gläubiger vom Schuldner jeweils sofort vorgelegt werden; denn zahlt der Mieter seine Miete nicht, wird das Pfändungspfandrecht praktisch wertlos. Ebenso kann einem Aufschub der Verwertung entgegenstehen, daß die gepfändete Sache leicht verderblich ist oder daß ungewöhnlich hohe Lagerkosten entstehen.

8 **IV) Verfahren: 1) Zuständig** (ausschließlich, § 802) ist das Vollstreckungsgericht (§ 764; dort auch zur örtlichen Zuständigkeit); es entscheidet der Rechtspfleger (§ 20 Nr 17 RpflG).

9 **2)** Die Entscheidung ergeht auf **Antrag** des Schuldners (Abs 1), der keinem Anwaltszwang unterliegt (§ 78 III). Der Antrag kann allgemein auf Verwertungsaufschub gehen und Bestimmung der Raten dem Ermessen des Gerichts überlassen; er kann auch die beanspruchten Zahlungsfristen und Ratenbeträge konkret bezeichnen. Der Antrag ist zwar nicht befristet; wird jedoch Antrag nicht binnen einer Frist von 2 Wochen nach der Pfändung gestellt, so ist er ohne sachliche Prüfung zurückzuweisen, wenn das Vollstreckungsgericht der Überzeugung ist, daß der Schuldner den Antrag in der Absicht der Verschleppung oder aus grober Nachlässigkeit nicht früher gestellt hat (Abs 2). Verschleppungsabsicht ist die Absicht, das Verfahren hinauszuziehen. Grob fahrlässig handelt der Schuldner, wenn er die in der Prozeßführung erforderliche Sorgfalt und insbesondere die auf den Gegner zu nehmende Rücksicht (RG HRR 32 Nr 999) außer acht läßt.

10 **3)** Die Entscheidung kann ohne mündliche Verhandlung ergehen (§ 764 III). Dem Gläubiger ist rechtliches Gehör zu gewähren (Art 103 I GG), soweit dies ohne erhebliche Verzögerung möglich ist (Abs 5 S 1). Vereinfachung des Verfahrens ist bei offensichtlich begründetem Ratenzahlungsantrag, der eine Äußerung des Gläubigers nicht erwarten läßt, in der Weise möglich, daß unter Vorbehalt der Stellungnahme des Gläubigers in einer Frist ab Zustellung sofort auf den Schuldnerantrag endgültig entschieden wird (Einzelheiten Seither Rpfleger 69, 232). In geeigneten Fällen soll das Gericht auf gütliche Abwicklung der Verbindlichkeit hinwirken; hierzu kann es mündliche Verhandlung anordnen (Abs 5 S 3), das gilt aber auch für das schriftliche Verfahren. Das Verfahren folgt den allgemeinen Grundsätzen des ZPO-Verfahrens; jedoch sind die für die Entscheidung wesentlichen tatsächlichen Verhältnisse nur glaubhaft zu machen (Abs 5 S 2 mit § 294), sonach nicht zu beweisen. Darzulegen und glaubhaft zu machen hat der Schuldner alle Voraussetzungen des Verwertungsaufschubs (Rn 3–6), der Gläubiger entgegenstehende überwiegende Belange oder daß der Schuldner nicht schutzwürdig ist. Darzulegen und glaubhaft zu machen sind die wesentlichen tatsächlichen Verhältnisse, die Prüfung ermöglichen, ob Verwertungsaufschub zulässig ist und angemessen erscheint bzw Gläubigerbelange entgegenstehen. Das erfordert substantiiertes Vorbringen; nur allgemein gehaltene Behauptungen und Formulierungen entsprechen den Anforderungen nicht (Friese NJW 55, 448; E. Schneider JurBüro 70, 366). Die an das Vorbringen zu stellenden Anforderungen müssen sich jedoch auch an dem verlangten Rechtsschutz orientieren und zu ihm in einem rechten Verhältnis stehen; sie dürfen daher bei nur geringer Vollstreckungsforderung oder nur kurzem Verwertungsaufschub, wenn sonach baldige Befriedigung des Gläubigers zu erwarten ist, nicht überspannt werden (das rechtfertigt auch die dargestellte Verfahrensvereinfachung), und können in Fällen umfassender Beschränkung des Vollstreckungsrechts des Gläubigers durchaus mit strengerem Maßstab zu messen sein.

11 **4)** Das Vollstreckungsgericht entscheidet durch **Beschluß.** Der stattgebende Beschluß hat die Verwertung der zu bezeichnenden gepfändeten Sache auszusetzen und Zahlungsfristen unter Bestimmung der Ratenzahlungsbeträge festzusetzen. Bestimmung nur eines Endtermins für die vollständige Tilgung der Forderung ist nicht zulässig (aA StJM Rdn 16 zu § 813 a). Weitere Auflagen (zB pünktliche Mietzahlung) sind neben den Zahlungsfristen zulässig. Über den Antrag, der Zahlungsfristen und Ratenbeträge bezeichnet, darf der Beschluß nicht hinausgehen (§ 308 I); werden kürzere Zahlungsfristen und/oder höhere Raten bestimmt, dann ist der weitergehende Antrag zurückzuweisen. Hinausgeschoben werden darf die Verwertung **nicht länger als ein Jahr** (Abs 4). Die Frist beginnt mit der Pfändung. Sie darf nicht als Regelfrist angesehen werden; ein Jahr ist vielmehr die längste Dauer des Aufschubs; die Verwertung wird daher nur in Ausnahmefällen so weit hinauszuschieben sein. Die Frist gilt auch, wenn der Gläubiger bereits freiwillig eine Aussetzung gewährt hatte (Celle NJW 54, 723). Bei Einverständnis des Gläubigers, dessen Interessen mit der zeitlichen Begrenzung gewahrt werden, ist das Gericht an die Jahresfrist nicht gebunden (Seither Rpfleger 68, 382). Der Beschluß, der den Schuldnerantrag zurückweist, ist zu begründen. Der stattgebende Beschluß ist zu begründen, wenn Einwendungen gegen den

Antrag nicht entsprochen wurde; er bedarf dann keiner Begründung, wenn auf Rechtsmittel und Begründung verzichtet ist, die Entscheidung übereinstimmenden Anträgen oder Auffassungen der Parteien entspricht oder wenn man nach dem notwendigen Beschlußinhalt die Erwägungen für Gewährung des Verwertungsmoratoriums auf der Hand liegen.

5) Kosten: § 788 III (s Rn 26 zu § 788). 12

6) Zustellung des Beschlusses erfolgt nach § 329 II S 2 an die beschwerte Partei; sonst ist der Beschluß nur mitzuteilen (§ 329 II S 1), der auf Grund mündlicher Verhandlung ergehende Beschluß ist zu verkünden (§ 329 I). 13

7) Die Aussetzung der Verwertung kommt einer einstweiligen Einstellung gleich; die Pfändung und damit das Pfändungspfandrecht bleiben bestehen. Das Verbot der Überpfändung (§ 803 I S 2) gilt gegenüber der Pfändung auch bei Aussetzung der Verwertung nach § 813 a. Soweit sie zur Befriedigung des Gläubigers und zur Deckung der Kosten des ZwV ausreicht, ist daher jede weitere ZwV in das bewegliche Vermögen unzulässig. Unter der gleichen Voraussetzung entfällt daher auch die Verpflichtung des Schuldners zur Abgabe der eidesstattlichen Versicherung nach § 807 (LG Düsseldorf MDR 58, 345; aA KG JW 35, 2565; LG Essen MDR 61, 1023; Herzig JurBüro 68, 366). Die Aussetzung der Verwertung tritt mit Ablauf der Zeit außer Kraft, für die sie ausgesprochen ist. Sie wird bei Säumnis des Schuldners wirkungslos, wenn sie mit der Maßgabe ausgesprochen wurde, daß sie außer Kraft tritt, wenn der Schuldner Zahlungsfristen nicht einhält (LG Frankfurt NJW 54, 724). 14

8) § 765 a und § 813 a schließen einander nicht aus. 15

V) Mehrmalige Anordnung des Verwertungsaufschubs unter Anordnung von Zahlungsfristen kann auf Antrag ergehen (Abs 3). Für den wiederholten Antrag beginnt die Frist des Abs 2 mit dem Zeitpunkt, in dem der Schuldner Kenntnis von der Fortsetzung des Vollstreckungsverfahrens (Durchführung der Verwertung) erhält (LG Itzehoe SchlHA 58, 141). Die Verwertung darf auch in diesem Fall insgesamt nicht länger als ein Jahr nach der Pfändung hinausgeschoben werden (Abs 4). Auf Antrag des Gläubigers oder des Schuldners kann die Anordnung (auch die wiederholte nach Abs 3) auch **aufgehoben oder abgeändert** werden, soweit es nach der Lage der Verhältnisse, insbesondere wegen nicht ordnungsgemäßer Erfüllung von Zahlungsauflagen, geboten ist. Das erfordert, daß eine Veränderung gegenüber den bei der Beschlußfassung zugrunde gelegten Verhältnissen eingetreten sein muß. Die Wiederholung eines abgelehnten Antrags ist nach allgemeinen Grundsätzen nur auf Grund neuer Tatsachen zulässig. Verfahren auf wiederholten Antrag wie Rn 8 ff. 16

VI) Rechtsbehelfe: Eine Einstellung (Antragsablehnung; Aufhebung oder Änderung nach Abs 3) durch den Richter ist nicht anfechtbar (Abs 5 S 4; für Ausnahmefälle gelten die zu § 707 entwickelten Grundsätze entsprechend); gegen die Entscheidung des Rechtspflegers findet daher befristete Erinnerung statt (§ 11 I RpflG), der der Rechtspfleger nicht abhelfen darf und über die der Richter entscheidet (§ 11 II RpflG). 17

VII) Einstweilige Anordnung nach § 732 II (entsprechend) kann vor Entscheidung über den Antrag getroffen werden; zuständig ist der Rechtspfleger. Die Einstellung der ZwV durch einstweilige Anordnung kann auch mit (vorläufigen) Zahlungsauflagen verbunden werden. Die einstweilige Einstellung ist unanfechtbar (Schleswig SchlHA 1958, 1412); bei Rechtspflegerentscheidung findet befristete Erinnerung statt, über die der Richter entscheidet (§ 11 I, II RpflG). 18

VIII) Der **GV** darf ohne Anweisung des Vollstreckungsgerichts die Verwertung eines Pfandstücks nur mit Zustimmung des Gläubigers aussetzen. Er kann unter bestimmten Voraussetzungen von einer stillschweigenden Zustimmung des Gläubigers ausgehen. Einzelheiten regelt § 141 Nr 2 GVGA. 19

IX) Gebühren: 1) des **Gerichts:** Festgebühr von 15 DM (KV Nr 1151), gleichviel, wie das Verfahren ausgeht. Auch einstw Anordnungen nach § 766 I 2 (Rn 18) sind durch die Gebühr mit abgegolten. Keine Gebühr nach KV Nr 1151 für einen etwa vom GV gewährten Vollstreckungsaufschub (vgl Rn 19). – Fälligkeit mit Antragseingang bei Gericht (§ 61 GKG), keine Vorauszahlungspflicht. – Das gegen die Entscheidung des Rechtspflegers (§ 20 Nr 17 RpflG) zulässige Erinnerungsverfahren ist gebührenfrei (§ 11 VI I RpflG); das folgende Beschwerdeverfahren ist nur gebührenpflichtig, soweit die Beschwerde verworfen oder zurückgewiesen wird (KV Nr 1181); wird die Beschwerde vor einer gerichtl Verfügung zurückgenommen, wird keine Beschwerdegebühr erhoben (§ 11 VI 2 RpflG). 20

2) des **Anwalts:** 3/10 der Regelgebühren des § 31 BRAGO besonders. Auch jedes neue Verfahren, insbesondere jedes Verfahren über Anträge auf Änderung getroffener Anordnungen, zB auf Abänderung auferlegter Ratenzahlungen oder von gewährtem Zahlungsaufschub (unter bestimmten Auflagen) usw, gilt als besondere Angelegenheit (§ 58 III Nr 3 BRAGO). Auf bereits verdiente Zwangsvollstreckungsgebühren sind die 3/10 der Regelgebühren des § 31 iVm § 57 I BRAGO nicht anzurechnen. – Wenn der Richter über die Rechtspflegererinnerung selbst entscheidet, gehört die anwaltl Tätigkeit zum Rechtszug der Zwangsvollstreckung (§ 37 Nr 5 BRAGO). Wird die Rechtspflegererinnerung durch Vorlage an das Rechtsmittelgericht zur Beschwerde (§ 11 II 4 u 5 RpflG), so liegt nur ein Gebührenrechtszug vor, so daß der RA nur die Gebühren nach § 61 I Nr 1 BRAGO erhält.

3) Gegenstandswert: Im Regelfall der Unterschied zwischen dem usuellen Verkaufswert (s § 813 I 1) und dem geschätzten Versteigerungserlös (AG Hannover NdsRpfl 70, 177).

814 *[Versteigerung durch Gerichtsvollzieher]*

Die gepfändeten Sachen sind von dem Gerichtsvollzieher öffentlich zu versteigern.

1 **I) Zweck:** Pfandverwertung durch öffentliche Versteigerung soll mit Konkurrenz der am Erwerb Interessierten einen möglichst hohen Erlös gewährleisten.

2 **II) 1)** Die Pfandverwertung führt der **GV** ohne weiteren Auftrag des Gläubigers durch (Besonderheit bei vorläufiger Austauschpfändung, § 811b IV). Verwertung erfolgt in der Regel durch **öffentliche Versteigerung** (§ 814), ausnahmsweise durch freihändigen Verkauf (§§ 817a, 821) oder auf andere Weise nach Anordnung des Vollstreckungsgerichts (§ 825); Pfandverwertung von Geld: § 815. Öffentlich ist die Versteigerung, wenn zu ihr (während ihrer Dauer) die Öffentlichkeit (somit jedermann) freien Zutritt hat. Unzulängliche Größe des Versteigerungsraums rechtfertigt Einschränkung der Öffentlichkeit nicht (aA hM); Sicherheitsbestimmungen des öffentlichen Rechts können jedoch der Öffentlichkeit Grenzen setzen.

3 **2) Zuständig** für Versteigerung ist der GV, der gepfändet hat. Besonderheit bei mehrfacher Pfändung § 827, bei mehrfacher Pfändung durch GV und einen Vollziehungsbeamten in der Verwaltungsvollstreckung § 308 AO, bei Wohnungswechsel des Schuldners Rn 3 zu § 816. Der GV handelt bei der Versteigerung (ebenso wie bei anderer Pfandverwertung) hoheitlich; er wird insbesondere nicht als Vertreter (Beauftragter) des Gläubigers oder Schuldners tätig (Rn 4 zu § 753). An (gesetzlich zulässige; s Rn 4 zu § 753) Weisungen des Gläubigers ist der GV auch bei Verwertung jedoch gebunden; sie ist daher auf Anweisung des Gläubigers auszusetzen. Verfahren der Versteigerung: §§ 816–819. Die Versteigerung ist nicht Pfandverkauf nach § 1233 ff BGB. Rechtsbehelf bei Verstoß: § 766 (dann § 793).

4 **3)** Die Verwertung durch Versteigerung **setzt wirksame** (gültige) **Pfändung** und außerdem **voraus,** daß die Fortsetzung der ZwV zulässig ist. Die Verwertung erfolgt daher auch dann, wenn der Schuldner verstorben oder wenn das Konkursverfahren über sein Vermögen eröffnet ist (vgl § 141 Nr 2 GVGA); ihr steht aber Eröffnung des Vergleichsverfahrens entgegen, wenn der Gläubiger an ihm als Vergleichsgläubiger beteiligt ist oder wenn sein Anspruch nach § 29 Nr 3, 4 VerglO nicht geltend gemacht werden kann (§ 48 VerglO). Die Verwertung unterbleibt, solange sie nach Sicherungsvollstreckung (§ 720a) oder Arrestpfändung (§ 930) nicht zulässig ist, außerdem in den Fällen der §§ 772, 773, 775 Nr 2, 4, 5; sie ist aufgeschoben bei einstweiliger Einstellung der ZwV (§§ 707, 719, 769; auch bei entsprechender Anordnung nach § 765a) und bei entsprechenden einstweiligen Anordnungen sowie im Fall des § 813a.

5 **III) Gebühren** des **Gerichtsvollziehers:** s § 21 GVKostG (für die öffentl Versteigerung wird das 2½fache der vollen Gebühr nach dem Betrag des Erlöses erhoben). Dazu kommen als Auslagen des GV die Kosten für die öffentl Bekanntmachung (§ 35 I Nr 4 GVKostG).

815 *[Gepfändetes Geld]*

(1) Gepfändetes Geld ist dem Gläubiger abzuliefern.

(2) Wird dem Gerichtsvollzieher glaubhaft gemacht, daß an gepfändetem Geld ein die Veräußerung hinderndes Recht eines Dritten bestehe, so ist das Geld zu hinterlegen. Die Zwangsvollstreckung ist fortzusetzen, wenn nicht binnen einer Frist von zwei Wochen seit dem Tage der Pfändung eine Entscheidung des nach § 771 Abs. 1 zuständigen Gerichts über die Einstellung der Zwangsvollstreckung beigebracht wird.

(3) Die Wegnahme des Geldes durch den Gerichtsvollzieher gilt als Zahlung von seiten des Schuldners, sofern nicht nach Absatz 2 oder nach § 720 die Hinterlegung zu erfolgen hat.

1 **I) 1)** Pfandverwertung von Geld erfolgt durch **Ablieferung an den Gläubiger** (Abs 1); die Kosten des GV werden vorweg entnommen (§ 6 GVKostG). **Geld** iS des § 815 sind die inländischen geltenden (verkehrsüblichen) Zahlungsmittel (Banknoten und Scheidemünzen der Deutschen Bundesbank). (Noch gültige) Briefmarken, Stempelmarken, Versicherungs- und Kostenmarken kann der GV selbständig in Geld umwechseln und nach Abs 1 behandeln. Ausländisches Geld (auch DM-Ost; streitig) und ausländische Wertzeichen fallen nicht unter § 815; denn die Zahlungswirkung der Wegnahme setzt Zahlungsmittel voraus, die der GV dem Gläubiger überlassen kann (Abs 3); die Verwertung ist aber hier nach § 821 durchzuführen (StJM Rdn 3 zu § 815). **Ablieferung** ist Übereignung durch Hoheitsakt („... auf der Pfändung beruhende staatli-

che Verfügung über das Geld"; StJM Rdn 15 zu § 815). Sie bewirkt Eigentumsübergang. Erfolgen kann sie durch Übergabe der Zahlungsmittel oder im bargeldlosen Zahlungsverkehr (§ 73 GVO). Empfangnahme durch einen Bevollmächtigten (auch Rechtsanwalt) erfordert Nachweis (§ 172 I BGB) der Geldempfangsvollmacht (LG Braunschweig DGVZ 77, 22); Prozeßvollmacht genügt nicht (Ausnahme für Prozeßkosten, § 81).

2) Als **Zahlung** von seiten **des Schuldners** (für ihn Befreiung, § 362 I BGB) gilt bereits die Wegnahme des Geldes durch den GV (Abs 3; regelt nur das Verhältnis Gläubiger/Schuldner). Die Schuld ist damit getilgt, auch wenn der Betrag noch auf dem Dienstkonto des GV verbucht ist (BGH JZ 84, 151). Zinsen enden daher; der Titel ist verbraucht, er wird nach § 757 ausgehändigt bzw abquittiert. **Ausnahmen:** Wenn das Geld nach Abs 2 oder nach § 720 (bei Abwendungsbefugnis), aber auch aus sonstigem Grund, zB bei Sicherungsvollstreckung (§ 720 a) oder Arrestvollziehung (§ 930 II) oder nach § 827 zu hinterlegen ist. Von der Wegnahme an, die als Zahlung gilt, trägt der Gläubiger die Gefahr für den Verlust des Geldes, auch bei Unterschlagung durch den GV (dem Gläubiger haftet der Staat; diesem wieder der GV). **Eigentum** an dem Geld erlangt der Gläubiger erst mit der Ablieferung; bis dahin bestehen staatliche Verstrickung und das Pfändungspfandrecht des Gläubigers nach § 804 (zur Surrogation bei Abwicklung über Dienstkonto des GV s StJM Rdn 14 zu § 815). Daher entfällt die Zahlungsfiktion des Abs 3, wenn die Pfändung vor Ablieferung aufgehoben wird (oder auch eingestellt; hier für die Dauer der Einstellung). Eigentum erwirbt der Gläubiger mit Ablieferung auch, wenn das Geld dem Schuldner nicht gehört. Wenn der Anspruch des Gläubigers nur auf Hinterlegung (nicht auf Zahlung) des Geldes geht, ist er mit der Hinterlegung befriedigt (StJM Rdn 22 zu § 815). 2

3) Beendet ist die ZwV erst mit Ablieferung des Geldes an den Gläubiger. Bis dahin ist daher noch Einstellung der ZwV und Anschlußpfändung möglich, da das Geld Eigentum dessen bleibt, dem es bei Pfändung gehört hat (RG 14, 80; 51, 91); desgleichen ist noch Anfechtung nach § 30 Nr 2 KO oder auf Grund des AnfG möglich (RG aaO und 17, 26). 3

II) 1) Wenn dem GV ein die **Veräußerung hinderndes Recht eines Dritten** (dazu Rn 14 zu § 771) am gepfändeten Geld glaubhaft gemacht ist (§ 294), hat er zu **hinterlegen** (Abs 2). Die Bestimmung verschafft dem Dritten eine Interventionsmöglichkeit, die sonst wegen des zügigen Ablaufs der Vollstreckung nach Geldpfändung nicht gegeben wäre. Der Dritte, der sein Recht durch Klage nach § 771 verfolgen muß, kann die Ablieferung des Geldes an den Gläubiger vor Klagezustellung (und einstweiliger Einstellung der ZwV durch das Prozeßgericht) somit dadurch verhindern, daß er dem GV sein Recht glaubhaft macht. Hinterlegung hat aber auch zu erfolgen, wenn das Recht des Dritten durch den Schuldner oder einen Vertreter glaubhaft gemacht ist; für diesen kann sich die Glaubhaftmachung auch auf die Bevollmächtigung erstrecken. Eidesstattliche Versicherung zur Glaubhaftmachung kann auch zu Protokoll des GV erklärt werden. Die Glaubhaftmachung muß bis zur Ablieferung des Geldes erfolgt sein; zum Widerruf eines Überweisungsauftrags im bargeldlosen Zahlungsverkehr ist der GV jedoch nicht verpflichtet. Der GV hat die Glaubhaftmachung frei zu würdigen. Erachtet er das Recht des Dritten nicht für glaubhaft gemacht, so hat er das Geld an den Gläubiger abzuliefern. Ist das Recht des Dritten glaubhaft gemacht, muß der GV den gepfändeten Betrag ohne Abzug von Kosten bei der Hinterlegungsstelle (nach §§ 5 ff HinterlO) unter Vorbehalt des Rechts der Rücknahme nach Ablauf von zwei Wochen zur Fortsetzung der ZwV (Abs 2) oder auf gerichtliche Entscheidung (über Erinnerung oder Beschwerde) hinterlegen. Weil die Hinterlegung nicht als Zahlung gilt, besteht das Pfändungspfandrecht des Gläubigers am Rückforderungsanspruch des GV gegen die Hinterlegungsstelle fort (vgl § 7 HinterlO mit § 233 BGB). Erfolgt Einstellung der ZwV durch das Prozeßgericht (oder Vorlage des Einstellungsbeschlusses an den GV) erst nach Ablauf der Zweiwochenfrist, aber vor Ablieferung des Geldes an den Gläubiger, dann hat Hinterlegung auf Grund des Einstellungsbeschlusses zu erfolgen (Rn 3). 4

2) a) Fortzusetzen ist die ZwV ohne Antrag, wenn dem GV (nicht der Hinterlegungsstelle, die aber zur Verständigung des GV verpflichtet ist) nicht innerhalb von zwei Wochen seit dem Tag der Pfändung (Berechnung nach § 222) eine Entscheidung des nach § 771 I zuständigen Gerichts über die Einstellung des ZwV beigebracht ist (keine Ermittlungspflicht des GV); eine Entscheidung des Vollstreckungsgerichts nach § 769 II reicht nicht aus. Fortzusetzen hat der GV; er hat das Geld zurückzuholen und (nach Abs 1; jetzt Kostenentnahme nach § 6 GVKostG möglich) dem Gläubiger abzuliefern. Herauszugeben ist dem GV das Geld durch die Hinterlegungsstelle auch, wenn er sich das Rücknahmerecht (Rn 4) nicht vorbehalten hat, sofern er dienstlich versichert, daß ihm eine Entscheidung über die Einstellung der ZwV nicht vorliegt (Erklärung wird als genügender Nachweis angesehen; Bülow/Mecke Rdn 42 Anh zu § 13 HinterlO). Der GV kann auch Herausgabe an den Gläubiger bewilligen und es diesem überlassen, die Herausgabe an sich zu beantragen (Bülow/Mecke aaO). 5

6 **b)** Wird eine **Entscheidung** des Prozeßgerichts **beigebracht,** so bleibt das Geld hinterlegt. Herausgabe erfolgt dann nur noch durch die Hinterlegungsstelle sogleich an den Berechtigten, dessen Empfängerrecht nachgewiesen sein muß, nach §§ 12 ff HinterlO; Mitwirkung des GV findet nicht mehr statt.

7 **3) Entsprechend anwendbar** ist Abs 2, wenn das Recht eines Dritten auf vorzugsweise Befriedigung (§ 805) glaubhaft gemacht ist (s § 136 Nr 4 GVGA), wenn Einwendungen des unter Vorbehalt verurteilten Erben glaubhaft gemacht sind (§§ 780, 781) und in entsprechenden Fällen beschränkter Haftung (§ 786; Noack MDR 74, 814). Nicht anwendbar ist Abs 2 bei Wegnahmevollstreckung (§ 883) und Auszahlung des Versteigerungserlöses (StJM Rdn 5 zu § 815).

8 **III) Rechtsbehelfe:** Für Schuldner und Dritten, wenn GV Ablieferung vornehmen (nicht hinterlegen) wird: § 766 (dann § 793), aber nur bis zur Beendigung der ZwV mit Ablieferung. Für Gläubiger gegen Hinterlegung nach Abs 2: § 766 (dann § 793).

9 **IV)** Bei **freiwilliger Zahlung** (als solche gilt nicht die Zahlung nach Vorlage des vorläufig vollstreckbaren Titels, RG 63, 331) durch den Schuldner ist Zahlung erst mit Ablieferung des Geldes an den Gläubiger erfolgt; Abs 3 gilt weder unmittelbar noch entsprechend (StJM Rdn 23 zu § 815 mit Nachw, auch für Gegenmeinung). Die Gefahr für den Verlust des Geldes trifft also hier den Schuldner.

816 *[Zeit und Ort der Versteigerung]*

(1) Die Versteigerung der gepfändeten Sachen darf nicht vor Ablauf einer Woche seit dem Tage der Pfändung geschehen, sofern nicht der Gläubiger und der Schuldner über eine frühere Versteigerung sich einigen oder diese erforderlich ist, um die Gefahr einer beträchtlichen Wertverringerung der zu versteigernden Sache abzuwenden oder um unverhältnismäßige Kosten einer längeren Aufbewahrung zu vermeiden.

(2) Die Versteigerung erfolgt in der Gemeinde, in der die Pfändung geschehen ist, oder an einem anderen Ort im Bezirk des Vollstreckungsgerichts, sofern nicht der Gläubiger und der Schuldner über einen dritten Ort sich einigen.

(3) Zeit und Ort der Versteigerung sind unter allgemeiner Bezeichnung der zu versteigernden Sachen öffentlich bekanntzumachen.

(4) Bei der Versteigerung gelten die Vorschriften des § 1239 Abs. 1 Satz 1, Abs. 2 des Bürgerlichen Gesetzbuchs entsprechend.

1 **I) Zweck:** Wahrung der Belange des Gläubigers, Schuldners und etwaiger Drittberechtigter bei Pfandverwertung mit öffentlicher Versteigerung.

2 **II) 1)** Den **Termin** zur öffentlichen Versteigerung der Pfandsache (§ 814) bestimmt der GV in der Regel sogleich bei der Pfändung; nur wenn die Parteien einverstanden sind (Gläubigerantrag genügt) oder sofortige Terminsbestimmung nicht tunlich oder nicht zweckmäßig erscheint, wird die Anberaumung des Termins zurückgestellt. Einzelheiten: § 142 Nr 1 GVGA. In die Nachtzeit sowie auf einen Sonn- oder allgemeinen Feiertag darf der Termin nur nach Maßgabe des § 761 gelegt werden. Durchgeführt werden darf die Versteigerung **nicht vor Ablauf einer Woche** seit Pfändung (Abs 1; Berechnung nach § 222); bei Anschlußpfändung rechnet die Frist für jeden Gläubiger gesondert; versteigert werden darf bei Anschlußpfändung daher nur zur Deckung der Gläubiger, für welche die Frist bereits abgelaufen ist (KG OLG 2, 77). Die Frist soll dem Schuldner Gelegenheit zur Zahlung, den Beteiligten zur Beschaffung von Bietern, Dritten zur Geltendmachung ihrer Rechte geben. Von der Einhaltung der Frist ist abzusehen, wenn sich Schuldner und Gläubiger einigen oder wenn eine längere Aufbewahrung wegen der Verderblichkeit der Sache oder wegen unverhältnismäßiger Kosten untunlich wäre (Abs 1). Später als einen Monat nach der Pfändung soll die Versteigerung in der Regel nicht erfolgen (§ 142 Nr 3 GVGA; nur Verwaltungsvorschrift).

3 **2)** Der **Versteigerungsort** hat in der Gemeinde zu liegen, in der die Pfändung erfolgt ist (Abs 2; nicht am Ort der Aufbewahrung). In der Wohnung des Schuldners kann ohne dessen Zustimmung nicht versteigert werden (Rn 24 zu § 758). Auch an einem anderen Ort im Bezirk des Vollstreckungsgerichts (§ 764) darf die Versteigerung nach pflichtgemäßem Ermessen des GV erfolgen. Wenn Gläubiger und Schuldner sich über einen anderen Ort geeinigt haben, hat die Versteigerung dort zu erfolgen. Liegt Versteigerung an einem demnach nicht in Frage kommenden Ort sonst im Interesse der Beteiligten, so ist Anordnung des Vollstreckungsgerichts nach § 825 zu erwirken; auf die Antragsmöglichkeit soll der GV dann hinweisen (§ 142 Nr 2 GVGA). Zur

Abgabe, wenn der Versteigerungsort nicht im GV-Bezirk liegt, §§ 29, 30 GVO. Wenn der Schuldner bei Ortswechsel (Wohnungswechsel) die in seinem Gewahrsam belassenen Pfandstücke mitgenommen hat, kann Versteigerung durch den nunmehr zuständigen GV erfolgen, an den der Vollstreckungsauftrag abgegeben wird (zur Abgabe § 32 GVO); Anordnung nach § 825 erfordert das nicht (so auch StJM Rdn 2 zu § 816).

3) Die Versteigerung (Zeit und Ort unter allgemeiner Bezeichnung der zu versteigernden Sache) muß **öffentlich bekannt gemacht** werden (Abs 3 mit näheren Anordnungen in § 143 GVGA). Die Bekanntmachung soll Personen, die als Interessenten in Betracht kommen, möglichst umfassend auf die Versteigerung hinweisen und durch Heranziehung zahlreicher Bieter ein möglichst günstiges Versteigerungsergebnis sichern (§ 143 Nr 3 GVGA). Die Bekanntmachung muß daher, und zwar vor jedem Versteigerungstermin, rechtzeitig erfolgen (nach § 143 Nr 1 GVGA spätestens am Tag vor dem Termin; das kann aber unzureichend sein). Über Art der Bekanntmachung (Ausruf, Aushang, Veröffentlichung in der Zeitung) entscheidet der GV nach pflichtgemäßem Ermessen unter Berücksichtigung des Einzelfalles (auch der örtlichen Verhältnisse) und der Weisungen der Justizverwaltung. Richtlinien gibt die GVGA in § 143 Nr 3. Gesonderte Nachricht an Gläubiger und Schuldner schreibt die ZPO nicht vor (München OLG 40, 408); nach Anordnung der GVGA (§ 142 Nr 4) sind sie vor dem Versteigerungstermin besonders zu benachrichtigen (bei Verletzung Haftung, RG JW 31, 2427), wenn ihnen der Termin nicht bereits anderweit bekanntgegeben ist (zB mündlich, LG Essen MDR 73, 414, durch Übersendung einer Abschrift des Protokolls, § 142 Nr 4 GVGA). Diese Mitteilung an den Schuldner kann unterbleiben, wenn sein Aufenthalt nicht zu ermitteln ist (LG Essen aaO). Nach § 143 Nr 6 GVGA sind, wenn der Versteigerungstermin aufgehoben wird, Aushänge und Anschläge zu entfernen und, ebenso wie von jeder Terminsverlegung, die Beteiligten zu benachrichtigen; öffentlich bekanntzugeben ist die Terminsaufhebung, soweit dies noch tunlich ist (GVGA aaO). 4

4) Mitbieten kann bei der Versteigerung der Pfandgläubiger und der Schuldner (Abs 4 mit § 1239 I S 1 BGB). Das Gebot (jedes, nicht nur das Meistgebot) des Eigentümers (Schuldners oder eines Dritten) darf (für Schuldner Pflicht nach § 145 Nr 2b GVGA) zurückgewiesen werden, wenn nicht der Betrag sogleich erlegt wird (Abs 4 mit § 1239 II S 1 BGB). Das gleiche gilt von dem Gebot des Schuldners, wenn das Pfand für eine fremde Schuld haftet (Abs 4 mit § 1239 II S 2). 5

5) Der (versteigernde) **GV** und die von ihm zugezogenen Gehilfen (Ausrufer, Schätzungssachverständige, Lager- und Transportarbeiter, auch Protokollführer) dürfen weder für sich persönlich noch durch einen anderen (Stellvertreter) noch als Vertreter eines anderen mitbieten (§ 456 BGB). Damit wird Unparteilichkeit bei Abwicklung des Verfahrens gewahrt. Zweiterwerb vom Ersteher ist vom Verbot nicht erfaßt, kann aber als Gesetzesumgehung unter § 456 fallen (Staudinger/Honsell Rdn 3 zu § 456). Der GV darf nach § 142 Nr 4 S 2 GVGA (Verwaltungsbestimmung) auch seinen Angehörigen und den bei ihm Beschäftigten das Mitbieten nicht gestatten. 6

III) Verstoß gegen § 816 I–III macht die Versteigerung nicht unwirksam, begründet aber **Anfechtungsrecht** (§ 766; dann § 793; möglich nur bis zur Beendigung der ZwV) und kann Haftung des GV, auch gegenüber Dritten, auslösen. Verstoß gegen § 456 BGB hindert den Eigentumserwerb; Heilung mit Genehmigung aller Beteiligten (Gläubiger, Schuldner und Eigentümer) ist möglich (§ 458 BGB). 7

817 *[Zuschlag]*

(1) Dem Zuschlag an den Meistbietenden soll ein dreimaliger Aufruf vorausgehen; die Vorschriften des § 156 des Bürgerlichen Gesetzbuchs sind anzuwenden.

(2) Die Ablieferung einer zugeschlagenen Sache darf nur gegen bare Zahlung geschehen.

(3) Hat der Meistbietende nicht zu der in den Versteigerungsbedingungen bestimmten Zeit oder in Ermangelung einer solchen Bestimmung nicht vor dem Schluß des Versteigerungstermins die Ablieferung gegen Zahlung des Kaufgeldes verlangt, so wird die Sache anderweit versteigert. Der Meistbietende wird zu einem weiteren Gebot nicht zugelassen; er haftet für den Ausfall, auf den Mehrerlös hat er keinen Anspruch.

(4) Wird der Zuschlag dem Gläubiger erteilt, so ist dieser von der Verpflichtung zur baren Zahlung so weit befreit, als der Erlös nach Abzug der Kosten der Zwangsvollstreckung zu seiner Befriedigung zu verwenden ist, sofern nicht dem Schuldner nachgelassen ist, durch Sicherheitsleistung oder durch Hinterlegung die Vollstreckung abzuwenden. Soweit der Gläubiger von der Verpflichtung zur baren Zahlung befreit ist, gilt der Betrag als von dem Schuldner an den Gläubiger gezahlt.

Lit: *Böhm,* Ungerechtfertigte ZwV und materiell-rechtliche Ausgleichsansprüche, 1971; *von Gerkan,* Der Erwerb einer schuldnerfremden beweglichen Pfandsache durch den Vollstreckungsgläubiger als Ersteher, MDR 1962, 784; *Huber,* Die Versteigerung gepfändeter Sachen, 1970; *Kabisch,* Besichtigung der Pfandsache (durch Gläubiger und Schuldner) DGVZ 1966, 81; *Lindacher,* Fehlende oder irreguläre Pfändung und Wirksamkeit des vollstreckungsrechtlichen Erwerbs, JZ 1970, 360; *Lüke,* Die Versteigerung der gepfändeten Sache durch den Gerichtsvollzieher, ZZP 68 [1955] 341; *Noack,* Aktuelle Probleme aus dem Versteigerungsgeschäft, JurBüro 1973, 261; außerdem die bei § 804 Genannten.

1 **I) Zweck:** Regelung des Verfahrens bei Versteigerung und von Versteigerungsbedingungen.

2 **II) 1)** Bei **Pfandverwertung** mit öffentlicher Versteigerung handelt der GV als Organ der ZwV **hoheitlich** (Rn 1 vor § 704 und Rn 4 zu § 753). Zuschlag und anschließende Eigentumsübertragung sind daher Vorgänge öffentlich-rechtlicher Natur (RG 153, 261; 156, 395 [397]; BGH 55, 20 [25] = NJW 71, 799 [800]; StJM Rdn 4 zu § 817 mit Nachw).

3 **2)** Bereitstellung der Pfandstücke für Kauflustige sieht die **GVGA** (als Verwaltungsvorschrift) in § 144 vor; über den Versteigerungstermin trifft sie in § 145 eingehende Bestimmungen. Danach sind bei Eröffnung des Termins zunächst die Versteigerungsbedingungen (Rn 4) bekanntzugeben. Alsdann fordert der GV zum Bieten auf. Die Gegenstände werden einzeln ausgeboten. Sachen, die sich dazu eignen, können auch zusammen ausgeboten werden. Bei Bestimmung der Reihenfolge, in der die Gegenstände zum Ausgebot kommen, hat der GV die Wünsche des Schuldners tunlichst zu berücksichtigen. Zur Bekanntgabe des gewöhnlichen Verkaufswertes und des Mindestgebots s § 817 a I S 2.

4 **3)** Die Versteigerung hat zu den **gesetzlichen Bestimmungen** zu erfolgen, die sich aus dem Vollstreckungsrecht der ZPO (mit Einzelheiten insbesondere in §§ 806, 816 IV, §§ 817, 817 a) ergeben. Eine davon **abweichende** Versteigerungsbedingung ist nur zulässig, wenn Gläubiger und Schuldner sie vereinbart haben oder wenn das Vollstreckungsgericht sie angeordnet hat (§ 825); eine von Abs 3 abweichende Zahlungszeit kann auch bestimmt werden, wenn der Gläubiger erklärt, daß er für den Eingang des Geldes die Gefahr übernimmt. Grundlegende, zwingende Verfahrensbestimmungen (zB über Charakter der Zwangsverwertung, Rn 2, Bindung des Gebots, Zuschlag an Meistbietenden und Zuschlagswirkung) dürfen nicht geändert werden.

5 **4) Gebote** der Interessenten sind als Anträge auf Erteilung des Zuschlags (Abs 1 mit Verweisung auf § 156 BGB) Prozeßhandlungen (Begriff Rn 17 vor § 128). Daher gelten die allgemeinen Grundsätze über prozessuale Erklärungen (Stellvertretung mit Vollmachtsnachweis, Auslegung). Abgegeben werden kann ein Gebot nur im Versteigerungstermin, nicht schriftlich vorher (LG Itzehoe DGVZ 78, 122). Die Erklärung kann (zB wegen Irrtums) angefochten werden (aA StJM Rdn 8 zu § 817). Gebunden ist der Bieter mit Wirksamkeit seines Gebots, die eintritt, wenn es vom GV vernommen ist, nach Maßgabe des § 145 BGB. Das Gebot erlischt mit Abgabe eines wirksamen Übergebots oder wenn die Versteigerung ohne Erteilung des Zuschlags geschlossen wird (Abs 1 mit § 156 S 2; letzterem steht Versteigerung zu anderen Bedingungen gleich, Staudinger/Dilcher Rdn 2 zu § 156) sowie mit Zurückweisung durch den GV (§ 146 BGB entsprechend), nicht aber dadurch, daß der Bieter sich nach Abgabe des Gebots entfernt. Sofort zurückgewiesen werden muß ein unwirksames Gebot (zB eines Geschäftsunfähigen; ein nicht ernstlich gemeintes Gebot, § 118 BGB) sowie jedes unzulässige Gebot (zB weil es als Untergebot unter dem Nennbetrag eines schon wirksam abgegebenen Gebots liegt; Gebot des Meistbietenden bei neuer Versteigerung nach Abs 3 S 2), nicht aber das Gebot unter der Hälfte des Wertes (es ist zuzulassen, hat jedoch Zuschlagsversagung nach § 817 a I zur Folge). Nicht zuzulassen, somit zurückzuweisen sind auch Gebote, die gegen Grundsätze der öffentlichen Versteigerung verstoßen, so ein Gebot, das Ausschaltung der Konkurrenz der Bieter bewirkt (vgl § 145 Nr 4 GVGA; dort auch zu Verkäuferringen und ähnlichen Zusammenschlüssen), das Gebot eines Zahlungsunfähigen, eines Angehörigen des GV oder einer bei ihm beschäftigten Person (§ 141 Nr 4 GVGA).

6 **5)** Dem **Meistbietenden** ist die zu versteigernde Sache **zuzuschlagen** (Abs 1 mit § 156 S 1 BGB). Jedoch begründet das Meistgebot kein Recht und damit keinen (mit Rechtsbehelf des Bieters durchsetzbaren) Anspruch auf Erteilung des Zuschlags (anders § 81 I ZVG). Grundlose Versagung des Zuschlags kann als Pflichtverletzung (Verfahrensverstoß) jedoch Amtshaftung begründen. Dem Zuschlag soll ein **dreimaliger Aufruf** vorausgehen (Abs 1; als Sollvorschrift bei Verletzung ohne Folgen für Zuschlagswirkung), der die Versteigerung jedoch nicht beendet und daher auch anschließende weitere Gebote nicht hindert. Insbesondere darf daher die Versteigerung nicht überstürzt geschlossen und der Zuschlag nicht zugunsten eines Bieters übereilt werden (vgl § 145 Nr 4 GVGA). Zu versagen ist der Zuschlag, wenn sich ein Grund ergibt, der der Fortsetzung der ZwV entgegensteht, wie bei Einschränkung des Gläubigerantrags mit Bewilli-

gung von Ratenzahlung oder dem Gesuch, die Pfandverwertung zu verschieben (den Termin aufzuheben) oder mit dem Verlangen, den Zuschlag nicht zu erteilen, infolge Einstellung der ZwV oder sonstiger Einstellungsgründe nach § 775 oder infolge vollständiger Zahlung der Vollstreckungsforderung mit Kosten an den GV.

6) Der **Zuschlag** ist Hoheitsakt, der durch das Meistgebot ausgelöst wird (s StJM Rdn 20 zu § 817). Er wird mit Abgabe (Verkündung) wirksam; Kenntnisnahme durch den Bieter ist nicht erforderlich. Als Hoheitsmaßnahme des Zwangsverfahrens bewirkt der Zuschlag nicht Zustandekommen eines privatrechtlichen Vertrags (Vertragsabschluß folgt damit auch nicht aus der Verweisung auf § 156 BGB in Abs 1; für Zustandekommen eines öffentlich-rechtlichen Vertrags ThP Anm 2 zu § 817; München DGVZ 80, 122 [123]). Eigentumsübergang bewirkt der Zuschlag nicht (anders § 90 I ZVG; Grund der Abweichung: Übereignung erfordert gleichzeitige Zahlung). Als öffentlich-rechtlicher Vorgang begründet der Zuschlag die Amtspflicht des GV zur Ablieferung der zugeschlagenen Sache an den Meistbietenden zu den Versteigerungsbedingungen (Abs 2); diese Amtspflicht des GV ist mit Rechtsbehelf (§ 766) durchsetzbar; Verletzung begründet Schadensersatzhaftung. Einen klagbaren Erfüllungsanspruch begründet der Zuschlag weder für den Staat (Rn 11) noch für Gläubiger, Schuldner und Bieter (StJM Rdn 16, 20 zu § 817). 7

III) 1) Übereignung der versteigerten Sache hat **durch den GV** zu erfolgen. Veräußerung (Zuschlag an Meistbietenden) und Übereignung sind damit bei Pfandverwertung durch den GV selbständige Verfahrensakte. Die Übereignung erfolgt **mit Ablieferung der zugeschlagenen Sache** an den Meistbietenden (Abs 2). Sie darf nur gegen bare Zahlung geschehen (Abs 2; Abweichung s Rn 4), die bis Schluß des Versteigerungstermins (Abs 3 S 1) oder zu der in den Versteigerungsbedingungen sonst bestimmten Zeit (Rn 4) zu erfolgen hat. Ablieferung ist (wie Besitzübergabe im Falle des § 929 BGB) körperliche Übergabe. Erklärung des GV, er gestatte dem Ersteher, die Sache alsbald in Besitz zu nehmen und wegzuschaffen, genügt nicht (RG 153, 257). Die Zuweisung des mittelbaren Besitzes durch Abtretung des Herausgabeanspruchs entsprechend § 931 BGB genügt nur dann, wenn sich der zugeschlagene Gegenstand nicht am Versteigerungsort befindet (München BayJMBl 1956, 60). Ist der Gegenstand trotz Verbindung mit einem Grundstück bewegliche Sache geblieben, so erwirbt der Ersteher durch den Zuschlag des GV und dessen Aufforderung, den Gegenstand alsbald wegzuschaffen, noch nicht das Eigentum; dazu ist vielmehr Ausbau und körperliche Übergabe erforderlich. Eigentumsübertragung mit Ablieferung der Sache durch den GV bewirkt lastenfreien Eigentumserwerb durch Hoheitsakt, und zwar ohne Rücksicht darauf, ob der Schuldner Eigentümer oder der Ersteher gutgläubig war (RG 156, 395; BGH 55, 20 = NJW 71, 799 [800]). Rechte Dritter an der verwerteten Sache (auch eine Eigentumsanwartschaft, BGH aaO) erlöschen damit; sie setzen sich am Erlös fort (Surrogation); die Verstrickung der Sache endet. 8

2) Als **Voraussetzungen** des Eigentumsübergangs werden angesehen: wirksame Pfändung (muß noch im Zeitpunkt der Übergabe bestehen), öffentliche Versteigerung, bei der keine wesentliche Vorschrift verletzt sein darf, sowie Einhaltung der bekanntgegebenen Mindestgrenze (StJM Rdn 23 zu § 817 mit Nachw, auch für abweichende Meinungen; zur Barzahlung als Erfordernis KG DGVZ 56, 55). Verletzung anderer Bestimmungen (fehlende Titelforderung, Einstellung der ZwV, fehlerhafter Zuschlag, sonstige Verfahrensverstöße) soll die Wirksamkeit der Eigentumsübertragung nicht berühren. Als hoheitliche Maßnahme der ZwV könnte die Übereignung mit Ablieferung (Abs 2) jedoch nur nichtig sein, wenn Ursache ein schwerwiegender Fehler bei Vornahme dieser Maßnahme selbst wäre. Fehlerhafte Erfordernisse der Vornahme (Zulässigkeit) dieses Zwangsaktes (wirksame Pfändung, wirksame öffentliche Versteigerung und Einhaltung des Mindestgebots) können Unwirksamkeit des durch hoheitliches Handeln des GV bewirkten Eigentumsübergangs daher nicht bewirken. § 1243 f BGB sind auch nicht entsprechend anzuwenden (RG 156, 395). Hat der Meistbietende Besitz erlangt, Eigentumsübergang aber dennoch nicht stattgefunden, so muß neu nach § 809 oder § 846 f gepfändet werden; Wegnahme ohne Titel gegen den Dritten ist nicht möglich (StJM Rdn 26 zu § 817). 9

3) Auch **Einstellung der ZwV** (Beachtung aller Einstellungsgründe des § 775) erst nach Zuschlag hindert Ablieferung der zugeschlagenen Sache nach Abs 2 und damit Eigentumsübertragung an den Meistbietenden. Ebenso kann der Gläubiger bis zum Zeitpunkt des Eigentumsübergangs den Verfahrensfortgang noch mit Bewilligung der Einstellung oder Antragsrücknahme aufhalten. In den Fällen des § 776 hat daher auch nach Zuschlag noch Aufhebung der Pfändung zu erfolgen. Nicht richtig wäre es, solche Vollstreckungshindernisse nur bis zum Zuschlag zuzulassen, weil er ein Recht auf Übereignung nur nach Maßgabe der Verfahrensregeln des ZwV-Rechts begründet, bei Vorliegen eines Einstellungsgrunds Fortgang der ZwV jedoch unterbleibt, und der Zuschlag Eigentum des Meistbietenden an der versteigerten Sache noch nicht begründet hat. 10

11 **IV) Anderweit versteigert** wird die Sache (ohne neuen Antrag), wenn der Meistbietende die **Ablieferung** der Sache gegen Zahlung des Kaufgeldes **nicht verlangt** (Abs 3 mit Regelung des Zeitpunkts). Die Versteigerung kann sofort in dem noch andauernden Versteigerungstermin oder in einem (dann wieder nach § 816 III bekanntzumachenden) neuen Versteigerungstermin erfolgen. Nach Erteilung des Zuschlags wird somit Erfüllung des Gebots gegen den Meistbietenden nicht durchgesetzt. Folge der Nichterfüllung des Gebots ist jedoch, daß der Meistbietende, dem der Zuschlag erteilt wurde, für den bei nochmaliger Versteigerung entstehenden Ausfall haftet (Abs 3 S 2), der auch durch weitere Kosten verursacht sein kann. Der Anspruch wird aber nicht durch den GV geltend gemacht; vielmehr muß der Berechtigte (Gläubiger; bei Übererlös Eigentümer) klagen. Auf einen Mehrerlös bei Wiederversteigerung hat der Meistbietende keinen Anspruch; er wird als Erlös aus Pfandverwertung dem Berechtigten (Gläubiger; bei Übererlös Schuldner) abgeführt. Auch wird der Meistbietende zu einem Gebot der nochmaligen Versteigerung nicht zugelassen (Abs 3 S 2).

12 **V) 1)** Ist der **Zuschlag dem Gläubiger** selbst erteilt, so ist dieser nach Abs 4 von der Verpflichtung zur **baren Zahlung** so weit **befreit,** als der Erlös nach Abzug der Kosten der ZwV zu seiner Befriedigung zu verwenden ist. Zu zahlen hat er daher nur den auf Kosten der ZwV treffenden Erlös (nur Kosten, die nach § 6 GVKostG vorweg zu entnehmen sind; nicht nach § 788 beigetriebene eigene ZwV-Kosten des Gläubigers) und den Erlösteil, der sich nach seiner Befriedigung als Überschuß ergibt, bei Austauschpfändung auch, was dem Schuldner zur Ersatzbeschaffung nach § 811 a I aus dem Erlös zu überlassen ist. Der Betrag, von dessen barer Zahlung der Gläubiger als Ersteher befreit ist, gilt als von dem Gläubiger dem Schuldner bezahlt (Abs 4 S 2). Diese Verrechnungswirkung dient der Verfahrensvereinfachung. Sie befreit von der Erlöszahlung auch, wenn ein dem Schuldner nicht gehörender Gegenstand versteigert wurde. Dritteigentum wäre nach § 771 geltend zu machen gewesen; nach Eintritt der Verrechnungswirkung ist der Gläubiger durch Befreiung von der Zahlungspflicht auf Kosten des Dritteigentümers bereichert (Hamburg MDR 53, 103; von Gerkan MDR 62, 785 und NJW 63, 1140; StJM Rdn 15 zu § 817); der Bereicherungsanspruch ist mit Klage geltend zu machen.

13 **2)** Auch der **Gläubiger muß** als Ersteher das ganze Meistgebot bar **zahlen,** wenn dem Schuldner nachgelassen ist, durch **Sicherheitsleistung** oder Hinterlegung die Vollstreckung **abzuwenden** (Abs 4 S 1 mit §§ 711, 712 I, § 720). Ebenso hat der Gläubiger Zahlung zu leisten, soweit der Erlös infolge Pfändung vorgehender oder gleichrangiger Gläubiger (§ 804 III; auch §§ 826, 827) deren Forderungen deckt, weil er insoweit dem Ersteher als Gläubiger nicht zur Befriedigung gebührt.

14 **VI) Rechtsbehelf:** Für Gläubiger, Schuldner und beeinträchtigte Dritte (nur gegen Verfahren) gegen Versteigerungsverfahren, Zuschlag und Eigentumsübertragung: § 766 (dann § 793), jedoch nur bis Eigentumsübergang (gegen Ablieferung nach Abs 2, daher praktisch bedeutungslos), dann bis zur Beendigung der ZwV nur noch gegen Erlösverteilung.

15 **VII)** Bei **Abzahlungsgeschäften** gilt die Verwertung der Abzahlungssache durch den Gläubiger, und zwar gleichgültig, ob Verwertung nach §§ 814–824 durch den GV unter Ersteigerung der Sache durch den Gläubiger oder durch einen Dritten oder nach § 825 durchgeführt wird, nach § 5 AbzG als Rücktritt (BGH 55, 59 = NJW 71, 191). Pfändung der Kaufsache löst die Rücktrittswirkung des § 5 AbzG noch nicht aus; die Rücktrittsfiktion begründet auch kein Verfahrenshindernis für die Verwertung. Die Herbeiführung der Rücktrittsfolge des § 5 AbzG kann für sich nicht als Umgehung des Schutzgedankens des AbzG angesehen werden. Nicht zu verkennen ist allerdings, daß die gleichfalls dem Schutz des Schuldners dienende Bestimmung des § 3 AbzG der Erfüllung der gegenseitigen Verpflichtungen Zug um Zug für die Zurücknahme der Abzahlungssache durch den Gläubiger praktisch wirkungslos wird. Es erscheint daher geboten, ungeachtet der Tatsache, daß der Rücktritt erst durch den mit der Verwertung verbundenen endgültigen Besitzverlust ausgelöst wird, Abhilfe durch Zubilligung der Einrede nach § 3 AbzG schon gegenüber der Verwertung selbst zu schaffen. Es handelt sich dann um eine Einwendung gegen die ZwV iS des § 767 (München MDR 69, 60; auch Noack MDR 69, 180). Auf diesem Weg ist der auf der Regelung des materiellen Rechts beruhende Schutzgedanke in dem ordentlichen Prozeßverfahren zu verwirklichen, das hierfür vorgesehen ist.

817 a *[Mindestgebot]*

(1) Der Zuschlag darf nur auf ein Gebot erteilt werden, das mindestens die Hälfte des gewöhnlichen Verkaufswertes der Sache erreicht (Mindestgebot). Der gewöhnliche Verkaufswert und das Mindestgebot sollen bei dem Ausbieten bekanntgegeben werden.

(2) Wird der Zuschlag nicht erteilt, weil ein das Mindestgebot erreichendes Gebot nicht abgegeben ist, so bleibt das Pfandrecht des Gläubigers bestehen. Er kann jederzeit die Anberaumung eines neuen Versteigerungstermins oder die Anordnung anderweitiger Verwertung der gepfändeten Sache nach § 825 beantragen. Wird die anderweitige Verwertung angeordnet, so gilt Absatz 1 entsprechend.

(3) Gold- und Silbersachen dürfen auch nicht unter ihrem Gold- oder Silberwert zugeschlagen werden. Wird ein den Zuschlag gestattendes Gebot nicht abgegeben, so kann der Gerichtsvollzieher den Verkauf aus freier Hand zu dem Preis bewirken, der den Gold- oder Silberwert erreicht, jedoch nicht unter der Hälfte des gewöhnlichen Verkaufswertes.

Lit: *Ammermann*, Umfang der Amtshaftung bei Verstoß gegen § 817 a ZPO, MDR 1975, 458; *Noack*, Das Versteigerungsgeschäft und die Bedeutung des Mindestgebots für die Verwertung, DGVZ 1967, 34; *Noack*, Aktuelle Probleme aus dem Versteigerungsgeschäft, JurBüro 1973, 261.

I) Zweck: Zum Schutz des verfassungsrechtlich gewährleisteten Eigentums (Art 14 I GG) wird mit dem Erfordernis, daß Erteilung des Zuschlags vom Erreichen eines bestimmten Mindestgebots abhängig ist, Verschleuderung von Vermögenswerten bei ZwV verhindert (vgl BVerfGE 46, 325 [332] = NJW 1978, 368). 1

II) 1) Erteilt werden darf der Zuschlag nur auf ein Gebot, das mindestens die **Hälfte des gewöhnlichen Verkaufswertes** der Sache erreicht (Mindestgebot; Abs 1 S 1). Einem Meistgebot unter diesem Mindestgebot ist der Zuschlag zu versagen; der Versagungsgrund ist von Amts wegen zu beachten. Gewöhnlicher Verkaufswert Rn 2 zu § 813; Feststellung erfolgt nach § 813; Nachschätzung bei wesentlicher Änderung der Verhältnisse Rn 8 zu § 813. Auf Einhaltung der Schutzvorschrift des Abs 1 S 1 können die Beteiligten verzichten (hM; einschr München NJW 59, 1832: Vorausverzicht des Schuldners unzulässig). Der Zuschlag ist daher auch auf ein Gebot unter dem gesetzlichen Mindestgebot zu erteilen, wenn alle beteiligten Gläubiger und der Schuldner einverstanden sind (so auch § 145 Nr 2 c aE GVGA). Wahrung des Verhältnismäßigkeitsgrundsatzes kann Erteilung des Zuschlags auf ein Gebot unter der Hälfte des Verkaufswerts auch rechtfertigen, wenn die sofortige Versteigerung erforderlich ist, um die Gefahr einer beträchtlichen Wertverringerung der zu versteigernden Sache abzuwenden oder um unverhältnismäßige Kosten für eine längere Aufbewahrung zu vermeiden (GVGA aaO und § 145 Nr 2 f; auch StJM Rdn 3 zu § 817 a unter Beschränkung auf den Eilfall des § 816 I aE). 2

2) Der gewöhnliche Verkaufswert und das Mindestgebot sollen **bei dem Ausbieten bekanntgegeben** werden (Abs 1 S 2; Verstoß bei höherem Gebot unschädlich, bei Gebot unter dem Mindestgebot ist Zuschlag dennoch zu versagen). Wenn sich erst im Versteigerungstermin eine andere Schätzung des gewöhnlichen Verkaufswerts als erforderlich erweist (Rn 8 zu § 813) und sich dadurch ein niedrigeres Mindestgebot ergibt, ist den Beteiligten rechtliches Gehör zu gewähren. Das gebietet rechtsstaatliche Verfahrensgestaltung; wenn eine der Parteien im Termin nicht anwesend und nicht vertreten ist, muß daher neuer Termin anberaumt und den Beteiligten zunächst das Ergebnis der abweichenden Schätzung mitgeteilt werden (so zutreffend auch § 145 Nr 2 f GVGA). Das Ergebnis einer höheren Schätzung ist lediglich nach Abs 1 S 2 bekanntzugeben. 3

III) Wird der **Zuschlag nicht erteilt,** weil ein das Mindestgebot erreichendes Gebot nicht abgegeben ist, so bleibt das Pfandrecht des Gläubigers bestehen (Abs 2 S 1). Auf seinen Antrag ist neuer Versteigerungstermin zu bestimmen (Abs 2 S 2). Auch in diesem Termin darf der Zuschlag nur unter der Voraussetzung des Abs 1 S 1 erteilt werden. Der Gläubiger kann auch die Anordnung anderweitiger Verwertung der gepfändeten Sache nach § 825 beantragen, bei der ebenfalls Abs 1 S 1 zu beachten ist (Abs 2 S 3). Bleibt auch der neue Termin oder der Versuch anderweitiger Verwertung ohne Erfolg (oder ist er nicht tunlich) und ist auch weiterhin kein Erfolg zu erwarten, so kann der GV die Pfändung (in entspr Anwendung von § 803 II) aufheben; dem Gläubiger ist vorher Gelegenheit zur Äußerung in angemessener Frist zu geben (§ 145 Nr 2 c GVGA). Widerspricht der Gläubiger, so entscheidet über seine Einwendungen gegen das vom GV in Aussicht genommene Verfahren das Vollstreckungsgericht nach § 766. 4

IV) Gold und Silbersachen (Schätzung durch Sachverständigen, § 813 I S 2) dürfen nicht unter dem Mindestgebot des Abs 1, wenn ihr Edelmetallwert höher ist aber auch nicht unter ihrem (vollen) Gold- oder Silberwert zugeschlagen werden (Abs 3 S 1). Wird ein entsprechendes Gebot 5 nicht abgegeben, so darf der GV (ohne Anordnung nach § 825) Gold- und Silbersachen auch freihändig verkaufen (Abs 3 S 2; dort auch zum Mindestpreis, der aber nicht ausschließt, daß der GV alle Möglichkeiten zur Erzielung eines höheren Erlöses bei freihändiger Veräußerung ausschöpft).

6 **V) Verstoß** mit Veräußerung unter dem halben Verkaufswert berührt den Eigentumserwerb des Erstehers nicht (Rn 9 zu § 817 gegen hM). **Rechtsbehelf** bei Verstoß gegen § 817 a: Erinnerung nach § 766 (dann § 793), zulässig jedoch nur bis zur Beendigung der ZwV; s jedoch zur Schätzung Rn 10 zu § 813 und zum Verwertungsvorgang Rn 14 zu § 817.

7 **VI)** Unterlassungsanspruch gegen den GV wegen Förderung fremden Wettbewerbs, wenn er den gewöhnlichen Verkaufswert gepfändeter Sachen (Orientteppiche) nicht ordnungsgemäß feststellt und entgegen § 817 a nicht den gewöhnlichen Verkaufswert sowie das Mindestgebot bekanntgibt, sofern er auf diese Weise dazu beiträgt, daß Preismanipulationen von Pfändungsgläubigern und/oder -schuldner nicht entdeckt und die Sachen somit zu überhöhten Preisen versteigert werden: KG NJW-RR 86, 201.

818 *[Einstellung der Versteigerung]*

Die Versteigerung wird eingestellt, sobald der Erlös zur Befriedigung des Gläubigers und zur Deckung der Kosten der Zwangsvollstreckung hinreicht.

1 § 818 setzt voraus, daß bei einer Mehrheit von zu versteigernden Sachen durch die Versteigerung eines Teils der Sachen der Anspruch des Gläubigers und die Kosten, auch die der ZwV, gedeckt sind. Der GV hat bei der Versteigerung außer dem Anspruch des Gläubigers in Haupt- und Nebensache, wegen dessen gepfändet wurde, und der Kosten der ZwV (§ 788) die Beträge, wegen deren Anschlußpfändung erfolgte (s §§ 826, 827), zu berücksichtigen, vorausgesetzt, daß auch hier die Frist des § 816 abgelaufen ist oder Gläubiger und Schuldner einwilligen. Das Recht Dritter auf vorzugsweise Befriedigung darf er nur berücksichtigen, wenn alle Beteiligten einwilligen oder ein rechtskräftiges Urteil gegen den nicht zustimmenden Gläubiger oder Schuldner vorgelegt wird. Die Einwilligung ist aktenkundig zu machen. Die Pfandstücke, deren Versteigerung nicht erforderlich ist, sind an Schuldner zurückzugeben; ebenso erhält dieser den Erlösüberschuß, wenn er nicht für andere Forderungen gegenüber dem GV gepfändet ist. Gegen Verstoß: § 766.

819 *[Wirkung der Empfangnahme des Erlöses]*

Die Empfangnahme des Erlöses durch den Gerichtsvollzieher gilt als Zahlung von seiten des Schuldners, sofern nicht dem Schuldner nachgelassen ist, durch Sicherheitsleistung oder durch Hinterlegung die Vollstreckung abzuwenden.

1 **I) 1)** Die **Empfangnahme** des vom Meistbietenden (oder Erwerber bei freihändiger Veräußerung, § 825) zu zahlenden Erlöses durch den GV **gilt als Zahlung** von seiten des Schuldners. Die Zahlungswirkung entspricht der des § 815 III, betrifft somit nur das Verhältnis Gläubiger/Schuldner. Von der Empfangnahme an trägt daher der Gläubiger die Gefahr für den Verlust des Geldes; Eigentum erlangt er jedoch erst mit Ablieferung. Einzelheiten: Rn 2 zu § 815. **Ausnahme:** Wenn dem Schuldner nachgelassen ist, durch Sicherheitsleistung oder durch Hinterlegung die Vollstreckung abzuwenden. Dann trägt auch die Gefahr des Verlustes trotz Hinterlegung der Schuldner.

2 **2) Beendet ist die ZwV** erst mit Ablieferung des Erlöses an den Gläubiger. Bis dahin ist daher noch Einstellung der ZwV (§ 775 mit Aufhebung nach § 776) und Anschlußpfändung sowie Anfechtung möglich (Rn 3 zu § 815), desgleichen Klage aus § 771 oder § 805 (mit Einstellungsantrag); ebenso kann noch Erinnerung nach § 766 erhoben (dann auch Beschwerde nach § 793 eingelegt) werden mit Antrag auf Einstellung der ZwV.

3 **II) 1)** Der **bare Versteigerungserlös** tritt für die mit Ablieferung dem Meistbietenden lastenfrei übereignete Sache (Rn 8 zu § 817) an die Stelle der veräußerten Sache (**Surrogationsgrundsatz;** zu diesem Rn 8 zu § 817; StJM Rdn 1 zu § 819; Zeller/Stöber Rdn 2.5 zu § 91 ZVG). Ist (abweichend von § 817 II) das Kaufgeld gestundet, ist die Forderung gegen den Ersteher (Erwerber) Erlös, der an die Stelle der veräußerten Sache getreten ist. Am Erlös setzen sich die an der veräußerten Sache erloschenen Rechte fort. Er steht im Eigentum des Schuldners; Beschlagnahme (Verstrickung) und Gläubigerpfandrecht (Rn 1, 2 zu § 804) setzen sich an ihm fort, desgleichen

erloschene Rechte Dritter, und zwar als Rechte auf Befriedigung aus dem Versteigerungserlös (Überlassung des Erlöses). Verteilung des Erlöses erfolgt durch den GV im ZwV-Verfahren; in diesem können nur der beizutreibende Anspruch des Gläubigers und das als Anspruch auf den Übererlös fortbestehende Eigentum des Schuldners Berücksichtigung finden. Ansprüche Dritter auf den Erlös sind als die Veräußerung (Verwertung mit Erlösabwicklung) hindernde Rechte mit Klage (§ 771; bei Anspruch auf vorzugsweise Befriedigung nach § 805) geltend zu machen. Hinterlegung bei mehrfacher Pfändung: § 827 II. Zahlung auf eine dem Ersteher gestundete Forderung hat der GV bei Fälligkeit zur Abwicklung als Erlös entgegenzunehmen (StJM Rdn 12 zu § 819 mit Einzelheiten).

2) Wie der GV mit dem Erlös zu verfahren hat, bestimmt das Gesetz nicht ausdrücklich. Aus 4
dem Wesen der Geldvollstreckung und dem Zusammenhang der einschlägigen Bestimmungen ergibt sich jedoch, daß der GV seine Kosten (Gebühren und Auslagen) vorweg entnehmen kann (§ 6 GVKostG; Besonderheiten bei Prozeßkostenhilfe in § 7) und den übrigen Erlös dem Gläubiger, nach dessen Befriedigung als Erlösüberschuß dem Schuldner, abzuführen hat, soweit nicht nach dem Vollstreckungstitel (oder weil Sicherheitsleistung angeordnet ist) Hinterlegung erfolgen muß oder ein vorzugsberechtigter Dritter einen Titel nach § 805 vorgelegt hat. Die Pflicht zur Erlösauszahlung ist öffentlich-rechtlicher Natur. Erlösauszahlung ist als Zwangsverfügung Übereignung durch Hoheitsakt, die Eigentumsübergang bewirkt (Rn 1 zu § 815). Der GV muß den Erlös dem Berechtigten unverzüglich übermitteln. Zum Geldempfang durch einen Bevollmächtigten und zum bargeldlosen Zahlungsverkehr s Rn 1 zu § 815. Auszahlung des Erlöses durch den GV und Verfahren bei Auszahlung regeln als Verwaltungsvorschriften §§ 169, 170 GVGA. Für die Verrechnung des Erlöses auf die Forderung des Gläubigers gilt § 367 BGB (Kosten, dann Zinsen und zuletzt Hauptleistung). **Rechtsbehelf** gegen Auszahlungsverfahren des GV (auch bei unrichtiger Berechnung der Forderung des Gläubigers): § 766 (dann § 793).

3) a) Bei **ZwV durch einen Dritten** (als Gläubiger) gegen den „Gläubiger“ (im neuen Verfah- 5
ren Schuldner), der den Erlös aus der ZwV gegen seinen Schuldner zur Deckung seiner Vollstreckungsforderung zu erhalten hat, kann der Dritte einen „Anspruch auf Auszahlung des Erlöses gegen den GV“ nicht pfänden (Stöber FdgPfdg Rdn 126 mit Nachw); desgleichen kann das Pfändungspfandrecht nicht selbständig gepfändet werden (Stöber aaO Rdn 125). Zu pfänden ist die Vollstreckungsforderung des „Gläubigers“ gegen seinen Schuldner (als Drittschuldner); ihre Pfändung erfaßt als Nebenrecht mit dem Pfandrecht auch den Anspruch auf Auszahlung des Versteigerungserlöses (Stöber aaO). Der GV hat eine ihm nachgewiesene Pfändung bei Erlösabwicklung zu beachten.

b) Solange der dem Schuldner der ZwV als Eigentümer (Rn 3) gehörende Übererlös sich noch 6
im Besitz des GV befindet, kann er wegen einer weiteren Forderung (des gleichen oder eines anderen Gläubigers) gegen denselben Schuldner im Wege der **Anschlußpfändung** nach § 826 gepfändet werden (LG Berlin DGVZ 83, 93). Ob daneben ein pfändbarer Anspruch des Schuldners auf den ihm gebührenden Überschuß des Versteigerungserlöses besteht (drittschuldnerloses Recht, zu pfänden nach § 857 II; GV ist nicht Drittschuldner), ist nicht geklärt, dürfte aber zu bejahen sein (so Stöber aaO Rdn 129).

820 (weggefallen)

821 *[Wertpapiere]*

Gepfändete Wertpapiere sind, wenn sie einen Börsen- oder Marktpreis haben, von dem Gerichtsvollzieher aus freier Hand zum Tageskurs zu verkaufen und, wenn sie einen solchen Preis nicht haben, nach den allgemeinen Bestimmungen zu versteigern.

Lit: *Bauer,* Die ZwV in Aktien und andere Rechte des Aktiengesetzes, JurBüro 1976, 869; *Berner,* Die Pfändung von Investmentzertifikaten und ihre Verwertung, Rpfleger 1960, 33; *Prost,* Die Pfändung und zwangsweise Verwertung von Schecks im Inlandverkehr, NJW 1958, 1618; *Weimar,* Die ZwV in Wertpapiere und sonstige Urkunden, JurBüro 1982, 357.

I) Zweck: Regelung der Pfandverwertung von Wertpapieren, deren erzielbarer Erlös mit 1
einem durch ihren Börsen- oder Marktpreis ausgedrückten Wert sicher gewährleistet ist.

2 **II) 1) Wertpapiere** werden bei der ZwV wegen Geldforderungen wie bewegliche körperliche Sachen behandelt. Gepfändet werden sie nach § 808 (auch § 809) dadurch, daß der GV sie in Besitz nimmt. Wertpapiere sind

3 **a)** die **Inhaberpapiere,** bei denen das im Papier verkörperte Recht nicht einer namentlich bezeichneten Person, sondern schlechthin dem Inhaber des Papiers zusteht, zB Aktien, Pfandbriefe, Inhaberschuldverschreibungen, Investmentzertifikate auf den Inhaber (Berner Rpfleger 60, 33; LG Berlin Rpfleger 70, 361), Grundschuld- und Rentenschuldbriefe auf den Inhaber (§§ 1195, 1199 BGB), Schecks (auch Verrechnungsschecks, LG Göttingen NJW 83, 635), die auf den Inhaber lauten oder neben dem Namen des Zahlungsempfängers die Worte „oder Überbringer" enthalten, auch Lotterielose und Theaterkarten. Der Bestand des Rechts ist bei einem Inhaberpapier mit dem Besitz des Papiers verbunden. Die Urkunde ist Träger des Rechts. Ebenso wie daher Übertragung durch Übereignung des Papiers nach sachenrechtlichen Grundsätzen erfolgt, findet auch der Zugriff im Wege der ZwV durch Pfändung des Papiers als bewegliche körperliche Sache statt (§§ 808, 809).

4 **b)** die **Namenspapiere,** dh solche Wertpapiere, bei denen das im Papier verkörperte Recht einer namentlich bezeichneten Person zusteht, die es durch Indossament (zB § 68 I AktG) oder auch durch Abtretung und Übergabe des Papiers übertragen kann. Dem entsprechend findet auch ZwV durch Zugriff auf das Papier statt, somit durch Pfändung des Papiers als bewegliche körperliche Sache (§§ 808, 809). Namenspapiere sind zB Zwischenscheine, Namensaktien (§ 8, 10 AktG), Investmentzertifikate auf den Namen (Berner und LG Berlin aaO), auf den Namen umgeschriebene Schuldverschreibungen, der auf eine bestimmte Person zahlbar gestellte Scheck, der mit dem Vermerk versehen ist „nicht an Order".

5 **2)** Inländische **Banknoten** sind als bares Geld zu behandeln (§§ 808, 815 I); ausländische Banknoten werden als Inhaberpapiere nach § 808 (809) gepfändet; ihre Verwertung bestimmt sich nach § 821.

6 **3) Nicht** zu den Wertpapieren des § 821 gehören: **a) Legitimationspapiere,** ds Urkunden zur Ausweiserleichterung dergestalt, daß sich der Schuldner der Forderung durch Leistung an den Inhaber befreien kann, wie zB Sparkassenbücher, Pfandscheine, Lebensversicherungspolicen, Depotscheine; zu ihnen s § 156 GVGA. **b) Wechsel** und andere Papiere (nicht Wertpapiere), die durch Indossament übertragen werden können; zu ihnen s § 831.

7 **III) 1)** Für **Verwertung** gepfändeter Wertpapiere (Rn 2–4) erlangt Bedeutung, ob sie einen Börsen- oder Marktpreis haben. Börsenpreis ist der amtliche Kurs des an der Börse zugelassenen Papiers; Marktpreis ist der an dem maßgeblichen Handelsplatz festgestellte Preis. Darüber, ob das gepfändete Wertpapier einen Börsen- oder Marktpreis hat, hat sich der GV zuverlässig zu unterrichten. Die erforderlichen Aufschlüsse kann er aus dem in den Zeitungen veröffentlichten Kurszetteln entnehmen oder bei einer mit dem Verkehr mit solchen Papieren vertrauten Behörde oder Privatperson (Bank) erholen.

8 **2)** Wertpapiere **mit** Börsen- oder Marktpreis sind vom GV aus freier Hand zum Tageskurs gegen Barzahlung (§ 817 II) zu verkaufen. Die Papiere sind unverzüglich zu veräußern.

9 **3)** Wertpapiere, die **keinen** Börsen- oder Marktpreis haben, sind vom GV öffentlich zu versteigern (§ 814), und zwar nach den allgemeinen Bestimmungen über die Versteigerung gepfändeter Sachen (§§ 817, 817 a). Sie müssen somit auch auf ihren gewöhnlichen Verkaufswert geschätzt werden (§ 813 a). Mit ihrer Schätzung (zB von Kuxen; DGVZ 38, 335) kann das Vollstreckungsgericht auf Antrag des Gläubigers oder des Schuldners einen Sachverständigen beauftragen (§ 813 a I S 3). Bei der Versteigerung muß mindestens die Hälfte des gewöhnlichen Verkaufswertes erreicht werden (Mindestgebot; § 817 a).

10 **IV)** Die **Übereignung** (Übertragung) freihändig veräußerter (Rn 8) oder versteigerter (Rn 9) Wertpapiere hat durch den GV zu erfolgen. Die Übereignung (Übertragung) bei freihändiger Veräußerung oder nach Zwangsversteigerung ist Maßnahme der ZwV; bei ihr handelt der GV daher hoheitlich (Rn 2 zu § 817). Übereignung von Inhaberpapieren erfolgt nach sachenrechtlichen Grundsätzen (Rn 2), somit durch Einigung und Übergabe des Papiers an den Erwerber (oder Übergabesurrogat; §§ 929 ff BGB). Das durch das Papier verbriefte Recht wird damit auf den Erwerber übertragen. Übertragung des durch ein Namenspapier verkörperten Rechts erfordert Indossament oder Abtretung; sie regelt § 822.

11 **V)** Verwertung eines vom GV gepfändeten **Schecks** (auch Verrechnungsschecks) kann in der Weise erfolgen, daß der GV den Scheck der bezogenen Bank vorlegt und den durch Einlösung erlangten Betrag dem Gläubiger aushändigt (LG Göttingen NJW 83, 635).

VI) Gebühren des **Gerichtsvollziehers:** s § 21 GVKostG; s auch § 814 Rn 5. Die Gebühren können aus dem Erlös vorweg entnommen werden (§ 6 GVKostG), nicht aber Auslagen, die mit einer Amtshandlung nach § 21 GVKostG zusammenhängen (LG Essen DGVZ 72, 114). 12

822 *[Namenspapiere]*

Lautet ein Wertpapier auf Namen, so kann der Gerichtsvollzieher durch das Vollstreckungsgericht ermächtigt werden, die Umschreibung auf den Namen des Käufers zu erwirken und die hierzu erforderlichen Erklärungen an Stelle des Schuldners abzugeben.

I) Namenspapiere (die nicht Forderungspapiere sind, s Rn 4 mit 6 zu § 821) müssen bei Verwertung aus freier Hand oder durch öffentliche Versteigerung dem Erwerber durch Indossament oder auch durch Abtretung und Übergabe des Papiers übertragen werden (Rn 10 zu § 821). Die Abtretungserklärung oder das Indossament stellt der GV anstelle des Schuldners aus, nachdem ihn das Vollstreckungsgericht dazu ermächtigt hat (§ 822; außerdem § 155 Nr 3 S 1 GVGA). Die Mitwirkung des Vollstreckungsgerichts soll Überprüfung der Rechtmäßigkeit der Maßnahme sichern. Wenn Verwertung nach § 822 rechtlich möglich ist, sind die Voraussetzungen der ZwV jedoch nicht mehr zu prüfen, weil die Verwertung mit Versteigerung oder freihändiger Veräußerung bereits durchgeführt ist („kann" gibt daher auch kein Ermessen). Zuständig für Erteilung der Ermächtigung ist der Rechtspfleger (§ 20 Nr 17 RpflG). Antrag hat der Gläubiger beim Vollstreckungsgericht (oder durch Vermittlung des GV) zu stellen (nach hM der GV selbst; zulässig wäre auch Antrag des Erwerbers). Dem Antrag sind der Schuldtitel und das Pfändungsprotokoll beizufügen. Indossament oder die Abtretungserklärung wird dem Wertpapier am Schluß beigesetzt oder auf einen mit ihm zu verbindenden Bogen geschrieben. Für das Indossament kann folgende Formel gewählt werden: „An Herrn ... (Namen, Stand und Wohnort des Käufers)"; es folgt Unterschrift des GV mit dem Beifügen: „Für Herrn ... (Name und Wohnort des Schuldners) auf Grund Ermächtigung des Vollstreckungsgerichts A vom ...". Für die Abtretungserklärung ist folgende Formel möglich: „Der Anspruch aus dem Wertpapier wird Herrn ... (Name, Stand u Wohnort des Käufers) abgetreten. A, den ... (Datum). NN, GV bei dem AG A, für Herrn ... (Name, Stand u Wohnort des Schuldners) auf Grund Ermächtigung des Vollstreckungsgerichts vom ...". – Die Umschreibung im Aktienbuch erfolgt durch die AktGes auf Antrag des GV. Bei der Schuldverschreibung kommt außer der Umschreibung nach Wahl die Rückverwandlung in eine Inhaberschuldverschreibung in Frage, die der GV bei der Ausstellungsstelle beantragt (§ 823). 1

II) Gerichtsgebühren für die **Erteilung der Ermächtigung:** Keine. – **Umschreib**tätigkeit des **GV** gebührenfreies Nebengeschäft (GVKostGr Nr 1 Abs 3d); Auslagen: § 35 Abs 1 Nr 7 GVKostG. 2

823 *[Außer Kurs gesetzte Inhaberpapiere]*

Ist ein Inhaberpapier durch Einschreibung auf den Namen oder in anderer Weise außer Kurs gesetzt, so kann der Gerichtsvollzieher durch das Vollstreckungsgericht ermächtigt werden, die Wiederinkurssetzung zu erwirken und die hierzu erforderlichen Erklärungen an Stelle des Schuldners abzugeben.

§ 823 findet nur noch Anwendung auf die Rückverwandlung der genannten Papiere in Inhaberpapiere (§ 806 BGB; s Art 176 EGBGB, Art 26 EGHGB). Die Entscheidung nach § 823 ist dem Rechtspfleger übertragen (§ 20 Nr 17 RpflG). 1

Gerichtsgebühren für die **Ermächtigung zur Wiederinkurssetzung:** Keine. – Wiederinkurssetzung durch GV gebührenfreies Nebengeschäft (GVKostGr Nr 1 Abs 3d); Auslagen: § 35 Abs 1 Nr 7 GVKostG. 2

824 *[Versteigerung von Früchten auf dem Halm]*

Die Versteigerung gepfändeter, von dem Boden noch nicht getrennter Früchte ist erst nach der Reife zulässig. Sie kann vor oder nach der Trennung der Früchte erfolgen; im letzteren Falle hat der Gerichtsvollzieher die Aberntung bewirken zu lassen.

I) Zweck: Regelung der Pfandverwertung der vom Boden noch nicht getrennten Früchte, die noch als Teil des unbeweglichen Vermögens bereits in der für bewegliche Sachen geregelten Form durch den GV gepfändet wurden (§ 810). 1

2 **II) 1) Früchte** werden mit Rücksicht auf die bevorstehende Trennung als bewegliche Sachen gepfändet und daher auch als solche durch öffentliche Versteigerung (§ 814) verwertet (Ausnahme von § 93 BGB). Zulässig ist die Versteigerung vom Boden noch nicht getrennter Früchte erst **nach der Reife** (Satz 1). Früher kann Versteigerung mit Zustimmung des Gläubigers und Schuldners oder Anordnung des Vollstreckungsgerichts (§ 825) erfolgen. Trennung der Früchte erfolgt vor der tatsächlichen Reife nicht. Nach der Reife kann Versteigerung **vor oder nach der Trennung** (Aberntung) durchgeführt werden. Der Zeitpunkt richtet sich danach, auf welchem Weg voraussichtlich ein höherer Erlös erzielbar ist. Die Bestimmung trifft der GV (ggfs nach Anhörung eines Sachverständigen; s § 153 Nr 1 GVGA mit Einzelheiten). Der GV muß dafür Sorge tragen, daß er von dem bevorstehenden Eintritt der Reife rechtzeitig Kenntnis erlangt, damit der Versteigerungstermin angesetzt und bekanntgemacht werden kann und nicht durch Überreife der Früchte Verlust entsteht. Versteigerung **vor Aberntung** erfolgt zweckmäßig an Ort und Stelle. In den Versteigerungsbedingungen ist stets zu bestimmen, innerhalb welcher Zeit der Käufer die Früchte von dem Grund und Boden wegzuschaffen, sonach auch abzuernten hat (§ 153 Nr 3 GVGA). Bei Versteigerung vor Trennung wird der Ersteher mit der Übergabe Eigentümer (Rn 8 zu § 817), nicht erst mit der Trennung (Durchbrechung von § 93 BGB); Übergabe kann auch durch Besitzverschaffung mit Gestattung der Aberntung erfolgen (StJM Rdn 2 zu § 824; Noack Rpfleger 69, 177). Eine nachfolgende Beschlagnahme ist daher ohne Bedeutung. Weil das jedoch streitig ist, darf der Erlös erst ausgezahlt werden, wenn die Früchte weggeschafft sind oder die für ihre Fortschaffung bestimmte Frist verstrichen ist (§ 153 Nr 3 GVGA).

3 **2)** Sollte die Versteigerung der Früchte erst **nach der Trennung** erfolgen, so hat der GV die Früchte durch eine zuverlässige Person abernten zu lassen (Satz 2; dazu § 153 Nr 2 GVGA). Die Vergütung (§ 35 GVKostG) wird zweckmäßigerweise im voraus vereinbart. Der GV hat die Aberntung tunlichst zu beaufsichtigen und für sichere Unterbringung und Verwahrung der Ernte bis zur Versteigerung zu sorgen (§ 153 Nr 2 GVGA). Zur Deckung der Kosten für Aberntung und Verwahrung hat der GV vom Gläubiger einen Vorschuß zu fordern; bei Nichtleistung wird in der Regel Versteigerung vor Früchtetrennung erfolgen. Auch bei Versteigerung nach Trennung ist in den Bedingungen zu bestimmen, innerhalb welcher Zeit der Käufer die Früchte von dem Grund und Boden wegzuschaffen hat (dazu § 153 Nr 3 GVGA). Der Ersteher wird mit Ablieferung der zugeschlagenen getrennten Früchte Eigentümer (Rn 8 zu § 817).

4 **III) Beschlagnahme durch Zwangsversteigerung** vor Trennung (zum Einfluß der Versteigerung auch Rn 2) umfaßt Früchte als land- und forstwirtschaftliche Erzeugnisse (§ 21 I ZVG). Die bereits erfolgte Verstrickung und das Pfändungspfandrecht berührt die nachfolgende Beschlagnahme jedoch nicht. Daher bleibt der GV dafür verantwortlich, daß rechtzeitig abgeerntet wird. Er kann jedoch nicht mehr verwerten; der Gläubiger muß sein Pfändungspfandrecht im Zwangsversteigerungsverfahren (rechtzeitig, § 37 Nr 4 ZVG) anmelden (Noack Rpfleger 69, 113, 117; Zeller/Stöber Rdn 2 zu § 21 ZVG; enger § 153 Nr 4 GVGA: Die Zwangsvollstreckung ist einzustellen, wenn die Beschlagnahme erfolgt). Wenn Trennung schon stattgefunden hat, ist die Vollstreckung trotz der Beschlagnahme fortzusetzen (§ 153 Nr 4 GVGA); das kann aber nicht gelten, wenn die Früchte als Zubehör des Grundstücks beschlagnahmt sind. Besonderheit bei ZwV gegen einen Pächter infolge § 21 III ZVG. Wenn die **Zwangsverwaltung** angeordnet wird, umfaßt die Beschlagnahme auch die vom Boden getrennten Früchte (§ 148 I ZVG), wenn sie nicht bereits mit der Trennung in das Eigentum eines anderen gelangt (§ 1120 BGB) oder infolge Veräußerung und/oder Entfernung haftungsfrei geworden sind (§§ 1121, 1122 BGB mit § 20 II sowie § 146 I ZVG). Der GV stellt daher die ZwV ein und unterläßt Aberntung sowie Versteigerung (dazu § 153 Nr 4 GVGA).

825 *[Besondere Verwertung]*

Auf Antrag des Gläubigers oder des Schuldners kann das Vollstreckungsgericht anordnen, daß die Verwertung einer gepfändeten Sache in anderer Weise oder an einem anderen Ort, als in den vorstehenden Paragraphen bestimmt ist, stattzufinden habe oder daß die Versteigerung durch eine andere Person als den Gerichtsvollzieher vorzunehmen sei.

Lit: *Hadamus,* Die Zuweisung gemäß § 825 in Abzahlungsfällen, Rpfleger 1980, 420; *Herminghausen,* Überweisung zu Eigentum gemäß § 825 ZPO und Abzahlungsgesetz, NJW 1954, 667; *Landgrebe,* Die Übereignung der Pfandsache nach § 825 ZPO, DGVZ 1964, 83; *Lüke,* Die Verwertung der gepfändeten Sache durch eine andere Person als den Gerichtsvollzieher (§ 825 ZPO), NJW 1954, 254; *Lüke,* Die ZwV des Verkäufers in die auf Abzahlung verkaufte Sache, JZ 1959, 114; *Mümmler,* Die ZwV des Abzahlungsverkäufers wegen der Kaufpreisforderung in die unter

Eigentumsvorbehalt gelieferte Abzahlungssache, JurBüro 1977, 1657; *Noack*, Die besondere Verwertung nach § 825 ZPO und ihre Bedeutung für den Gerichtsvollzieher, DGVZ 1962, 150; *Noack*, Das Abzahlungsgeschäft in der ZwV, JR 1967, 46; *Noack*, Aktuelle Fragen der anderweitigen Verwertung gemäß § 825 ZPO, JR 1968, 49; *Noack*, Die Übereignung gem § 825 ZPO der auf Abzahlung verkauften Sache an den Verkäufer, MDR 1969, 180; *Nöldecke*, Zur Zwangsüberweisung einer Abzahlungssache an den Abzahlungsverkäufer gemäß § 825 ZPO, NJW 1964, 2243; *E. Schneider*, Zur Pfandverwertung der Abzahlungssache gemäß § 825 ZPO, JurBüro 1964, 868; *Selb*, ZwV des Abzahlungsverkäufers in die verkaufte Sache und Wiederansichnahme im Sinne des § 5 des Abzahlungsgesetzes, JZ 1959, 8585; *Wangemann*, Zur Bedeutung des § 5 AbzG für den Zuweisungsantrag gemäß § 825 ZPO, NJW 1956, 732.

I) Zweck: Abweichende Verwertung soll im Einzelfall ermöglicht werden, wenn sie vorteilhafter ist, insbesondere einen höheren Erlös erwarten läßt. 1

II) Anordnung einer **anderen Art der Verwertung** ist gegenüber der öffentlichen Versteigerung (§ 814) die **Ausnahme.** Sie ist daher nicht wahlweise neben der Versteigerung zulässig, sondern nur, wenn sie vorteilhafter erscheint. Das kann der Fall sein, wenn die Versteigerung einen dem Wert der Sache entsprechenden Erlös nicht erwarten läßt, wenn sie aus sonstigen Gründen nicht zweckmäßig ist oder wenn sie überhaupt nicht mit Erfolg durchführbar erscheint (s LG Freiburg DGVZ 82, 186). Vorheriger Versteigerungsversuch ist nicht Erfordernis anderweitiger Verwertung, aber geboten, wenn Bietinteressenten vorhanden sind (LG Berlin Rpfleger 73, 34). Die Anordnung setzt (wie Versteigerung, Rn 4 zu § 814) wirksame Pfändung und außerdem voraus, daß Fortsetzung der ZwV zulässig ist. Das Vollstreckungsgericht entscheidet nach seinem Ermessen (LG Nürnberg-Fürth Rpfleger 78, 332); „kann" im Gesetzeswortlaut sagt, daß dem Gericht ein Ermessensspielraum zusteht. Zu würdigen ist nicht nur das Interesse des Gläubigers an voller Deckung seiner Forderung und alsbaldiger Befriedigung, sondern auch das schutzwürdige Interesse des Schuldners, der den Pfandgegenstand nicht verschleudert sehen möchte (Stuttgart DGVZ 64, 182 = Rpfleger 64, 179). Wenn die Parteien selbst Versteigerungsbedingungen zulässig abweichend bestimmen (Rn 4 zu § 817), hat Anordnung nach § 825 nicht zu erfolgen. Für andere Verwertung als durch öffentliche Versteigerung (zB durch freihändigen Verkauf; Ausnahme § 821) ist gerichtliche Anordnung aber auch bei Einvernehmen der Parteien erforderlich, solange die Verstrickung der gepfändeten Sache besteht. Das Einvernehmen der Parteien über einen freihändigen Verkauf ist als übereinstimmender Antrag auf dessen Anordnung nach § 825 zu werten. Frei befinden können die Parteien über die Verwertung entstrickter Sachen. 2

III) Als **andere Art der Verwertung** kann angeordnet werden: **1)** daß die öffentliche Versteigerung durch den GV (§ 814) zu **Versteigerungsbedingungen abweichend** von den gesetzlichen Vorschriften (§§ 816–817 a) erfolgt, insbesondere abweichend von § 816 II an einem anderen Ort, von § 816 I vor Ablauf der Wochenfrist (Anordnung erfolgt nach § 761 für Versteigerung zur Nachtzeit sowie an einem Sonn- oder Feiertag), abweichend von § 817 I nur an bestimmte Personen (zB nur an Kaufleute, fachkundige Handwerker), von § 817 II in der Weise, daß Zahlung des Versteigerungserlöses gestundet wird (dann kann auch Übergang des Eigentums, wie nach § 455 BGB, vorbehalten werden), von § 817 a I nur bei Erzielung eines höheren Mindestgebots. Nicht geändert werden können die zwingenden Verfahrensgrundsätze der öffentlichen Versteigerung (s Zeller/Stöber Rdn 3 zu § 59 ZVG), zB über Zuschlag an den Meistbietenden (auch bei Beschränkung des Personenkreises der Bieter), Bindung an das Gebot mit Haftung für den Ausfall bei Wiederversteigerung, hoheitlichen Verfügungsakt der Veräußerung nach öffentlicher Versteigerung durch den GV. Zu den nicht änderbaren Bestimmungen gehört § 817 a über Beachtung des Mindestgebots, so daß anderweitige Verwertung (freihändige Veräußerung durch den GV oder eine andere Person, Erwerb durch eine bestimmte Person, Zuweisung an Gläubiger) nicht zu einem Erlös angeordnet werden kann, der die Hälfte des gewöhnlichen Verkaufswerts nicht erreicht; Wertänderungen seit Pfändung ist mit Nachschätzung (Rn 8 zu § 813) Rechnung zu tragen, nicht mit Bestimmung eines geringeren Veräußerungsbetrags nach § 825. 3

2) daß die Verwertung abweichend von § 814 durch **freihändige Veräußerung** der Sache durch den GV zu erfolgen hat (Rn 15); 4

3) daß Versteigerung oder auch freihändige Veräußerung der Sache **durch eine andere Amts- oder eine Privatperson** (zB Kunsthändler, gewerbl Versteigerer, Notar) zu erfolgen hat; 5

4) daß abweichend von § 814 das Vollstreckungsgericht selbst den **Erwerb durch eine bestimmte Person** (auch den Gläubiger) **anordnet** (Rn 16, 17). Zuweisung an den Gläubiger setzt voraus (vgl bereits Rn 2), daß mit Versteigerung oder freihändigem Verkauf kein Erlös erzielt werden kann, der den vom Gläubiger gebotenen Anrechnungspreis übersteigt (LG Koblenz MDR 81, 236; LG Bochum DGVZ 77, 89). 6

7 **IV) Verfahren: 1) Zuständig** (ausschließlich, § 802) ist das Vollstreckungsgericht (§ 764), (örtlich) in dessen Bezirk die öffentliche Versteigerung als gesetzliche Verwertung zu erfolgen hat bzw müßte (Rn 3 zu § 816). Es entscheidet der Rechtspfleger (§ 20 Nr 17 RpflG). Beruft sich der Schuldner auf Unpfändbarkeit der Sache (§ 811), dann entscheidet darüber (da Erinnerung nach § 766) der Richter (aA Lüke JuS 70, 630: Einwand ist vom Rechtspfleger im Verfahren nach § 825 zu beachten; jedoch ist mit Unpfändbarkeit eine über die Ablehnung des Antrags hinausgehende gerichtliche Entscheidung über die Unzulässigkeit der Pfändung verlangt).

8 2) Die Anordnung ergeht nur auf **Antrag** des Gläubigers (jeder von mehreren ist antragsberechtigt) oder Schuldners (dessen Konkursverwalter), nicht aber eines am Erwerb interessierten Dritten. Der Antrag unterliegt nicht dem Anwaltszwang (§ 78 III); er kann zu Protokoll der Geschäftsstelle oder schriftlich gestellt werden. Der Antrag muß die verlangte Anordnung bezeichnen (Bindung nach § 308 I; Änderungen kann das Gericht nach § 139 anregen). Für Zuweisung der Pfandsache an den Gläubiger muß der Antrag daher den Erwerbspreis nennen (Bindung nach § 308 I; daher Zurückweisung, wenn der Preis zu gering ist und der Antrag nicht geändert wird; LG Koblenz MDR 81, 236). Dem Antrag müssen die für die ZwV (deren Fortsetzung mit Verwertung) erforderlichen Urkunden beigefügt werden. Zulässig ist der Antrag bis zum Zuschlag; zurückgenommen werden kann er bis zur Entscheidung.

9 **3) Einstweilige Anordnung** ist entsprechend § 766 I S 2 (mit § 732 II) möglich; zuständig ist der Rechtspfleger. Einstellung der ZwV kann auch mit der Maßgabe angeordnet werden, daß der Erwerbsinteressent noch vor dem Versteigerungstermin den Erlöspreis bar bei dem GV hinterlegt; damit kann verhindert werden, daß mit Antrag nach § 825 lediglich die drohende Versteigerung verschleppt wird. Erfolgt die Hinterlegung nicht, muß die Versteigerung durchgeführt werden (AG Schöneberg DGVZ 40, 68).

10 4) Fakultative **mündliche Verhandlung** nach § 764 III. **Rechtliches Gehör:** Rn 28 vor § 704. Antrag auf Verwertung eines Haushaltsgegenstands (insbesondere als Abzahlungssache) oder einer sonst unpfändbaren Sache gebietet gerichtliche Aufklärung des Schuldners nach § 139 mit der Anfrage, ob er die Unpfändbarkeit geltend machen will (Frankfurt Rpfleger 80, 303). Es gelten die allgemeinen Grundsätze des ZPO-Verfahrens (Rn 27 zu § 766). Geeignet zur Feststellung der Voraussetzung einer abweichenden Verwertung ist jedes **Beweismittel,** auch die dienstliche Äußerung des GV (LG Koblenz MDR 81, 236).

11 5) Die Entscheidung ergeht durch **Beschluß.** Er hat die abweichende Art der Verwertung zu bezeichnen. Die Anordnung muß bestimmt sein; ein Wahlrecht unter mehreren Möglichkeiten anderweitiger Verwertung (zB freihändiger Verkauf oder öffentliche Versteigerung zu anderen Bedingungen) darf dem GV nach seinem Ermessen nicht eingeräumt werden (LG Nürnberg-Fürth Rpfleger 78, 333). Der Beschluß ist dem Gläubiger und Schuldner von Amts wegen zuzustellen (§ 329 III); Parteizustellung setzt die Rechtsmittelfrist nicht in Lauf (LG Berlin Rpfleger 75, 103). Bei Antragsablehnung ist der Beschluß nur dem Antragsteller zuzustellen; an Antragsgegner erfolgt nur formlose Mitteilung. Kosten: § 788 I; bei Antragszurückweisung ist Kostenentscheidung erforderlich, wenn der Gegner am Verfahren beteiligt war.

12 **6) Rechtsbehelf:** Sofortige Beschwerde (§ 793) bzw befristete Rechtspflegererinnerung (§ 11 I S 2 RpflG), nicht Erinnerung nach § 766; die Anordnung ist Entscheidung im ZwV-Verfahren, nicht ZwV-Maßnahme (KG NJW 66, 1885; LG Hamburg MDR 59, 45; LG Braunschweig MDR 68, 249; LG Nürnberg-Fürth Rpfleger 78, 332). Mit dem Rechtsbehelf kann auch die Schätzung des Wertes angegriffen werden (LG Essen MDR 57, 301). Mit Durchführung der Verwertung (Rn 14 ff) wird der Rechtsbehelf unzulässig bzw gegenstandslos, weil die ZwV beendet ist.

13 7) Für GV und Parteien ist die Entscheidung des Vollstreckungsgerichts **bindend;** nach Anordnung einer anderen Art der Verwertung kann daher Verwertung im Wege öffentlicher Versteigerung oder Versteigerung wieder zu den gesetzlichen Bedingungen nicht erfolgen (LG Nürnberg-Fürth Rpfleger 78, 332). Jedoch kann die Anordnung vom Vollstreckungsgericht auf Antrag (auch noch nach Rechtskraft) **geändert** (auch aufgehoben) werden, wenn eine neue Sachlage eingetreten ist (LG Nürnberg-Fürth aaO; StJM Rdn 7 zu § 825).

14 **V) 1)** Die **Verwertung** hat entsprechend dem gerichtlichen Beschluß **durch den GV** oder die sonst bestimmte Person zu erfolgen. Eine Zuständigkeit des Vollstreckungsgerichts auch für Durchführung der anderweitigen Verwertung begründet § 825 nicht. Nach Anordnung anderweitiger Verwertung kann der GV nicht von sich aus wieder zur gesetzlichen Verwertungsart übergehen (Rn 13). Rechtskraft des Beschlusses ist für Durchführung der angeordneten Verwertung nicht erforderlich; jedoch kann der Vollzug des Beschlusses vom Ablauf einer (kürzeren) Frist abhängig gemacht werden, damit der Schuldner Rechtsmittel einlegen und eine einstweilige Anordnung des Rechtsmittelgerichts erwirken kann.

2) Wenn **freihändige Veräußerung** durch den **GV** angeordnet ist (auch für Durchführung oder Fortsetzung eines Ausverkaufs), werden Käufer und Preis (Mindestgebot nach § 817 a I ist zu beachten; s Rn 3; Bestimmung eines höheren Mindestgebots durch das Vollstreckungsgericht ist zulässig) durch Übereinkunft bestimmt (StJM Rdn 9 zu § 825). Der GV handelt, ebenso wie bei Verwertung durch öffentliche Versteigerung, als Organ der ZwV hoheitlich. Daher ist das Einvernehmen mit dem Käufer wie der Zuschlag (Rn 7 zu § 817), den es ersetzt, Hoheitsmaßnahme des Zwangsverfahrens, nicht aber Zustandekommen eines privatrechtlichen Vertrags (ebenso StJM Rdn 10 zu § 825; Gewährleistungsausschluß nach § 806). Übereignung hat durch den GV wie die Ablieferung der zugeschlagenen Sache zu erfolgen (Rn 8 zu § 817); Übergabeersatz in Form der §§ 930, 931 ist ausgeschlossen (München MDR 71, 1018 L). Die Gleichstellung der Übereinkunft bei freihändiger Veräußerung mit dem Zuschlag bei Versteigerung gebietet auch Berücksichtigung einer nachfolgenden Einstellung bis zum Eigentumsübergang (Rn 10 zu § 817). Einstellung oder Aufhebung des Beschlusses des Vollstreckungsgerichts nach Übereignung berührt diese nicht mehr. Der Erlös aus freihändiger Veräußerung ist (auch iS von § 805) Verwertungserlös (§ 819) und als solcher durch den GV abzuwickeln (Rn 4 zu § 819). Verfahren bei freihändigem Verkauf s auch § 148 GVGA; Protokoll (§ 762) s § 149 GVGA. 15

3) a) Wenn vom Vollstreckungsgericht selbst **Erwerb durch eine bestimmte Person angeordnet** ist, hat diese Anordnung die Wirkung des Zuschlags, den sie ersetzt. Die Anordnung kann daher nur ergehen, wenn das Angebot (Einverständnis) des Erwerbers gegeben ist. Übereignung der so verwerteten Sache hat durch den GV mit Ablieferung an den Erwerber (wie nach Erteilung des Zuschlags an den Meistbietenden) zu erfolgen; hierfür hat der GV auch Versendung nach auswärts zu besorgen (LG Berlin DGVZ 66, 174). Der Beschluß des Vollstreckungsgerichts selbst bewirkt keinen Eigentumsübergang (so auch StJM Rdn 10 zu § 825). Ablieferung an den Erwerber darf durch den GV (wenn keine andere Anordnung getroffen ist) nur gegen Barzahlung erfolgen; sie bewirkt lastenfreien Eigentumsübergang durch Hoheitsakt (zu allem s auch Rn 8 zu § 817). Der Erlös ist Verwertungserlös (Rn 15 aE). 16

b) Auch bei **Zuweisung** der Pfandsache **an den Gläubiger** hat der Beschluß des Vollstreckungsgerichts nur die Wirkung des Zuschlags, den er ersetzt. Den Erwerbspreis hat der Beschluß auch in diesem Fall unter Beachtung des Mindestpreises nach § 817 a I zu bestimmen und zu bezeichnen. Eigentumserwerb bewirkt der Beschluß nicht. Daher hat noch Übereignung durch den GV mit Ablieferung der Sache an den Gläubiger zu erfolgen (wie Rn 16). Das Eigentum geht auf den Gläubiger mit der Aushändigung (Ablieferung) des Pfandstücks über (Celle MDR 61, 858 = NJW 61, 1730). Von der Erlöszahlung ist der Gläubiger nach § 817 IV befreit. Kosten der ZwV und Erlösüberschuß hat er bei Ablieferung der Sache (§ 817 II; sonst abweichende Anordnung erforderlich) bar zu zahlen. Hat Hinterlegung des Erlöses nach § 817 IV zu erfolgen, darf Zuweisung der Pfandsache an den Gläubiger nur gegen bare Zahlung des vollen Erlöses bei Ablieferung erfolgen (aA StJM Rdn 16 zu § 825: Anordnung ist ausgeschlossen). 17

c) Zuweisung der Pfandsache an den Gläubiger ist auch zulässig, wenn es sich um eine **Abzahlungssache** handelt. Die Verwertung löst die Rücktrittswirkung des § 5 AbzG aus (Prüfung und Feststellung dieser Rechtsfolge im Beschluß erfolgt nicht), die jedoch kein Verfahrenshindernis für die Verwertung begründet (Rn 15 zu § 817). Die Einwendung nach § 3 AbzG schon gegenüber der Verwertung ist nach § 767 zu verfolgen (Rn 15 zu § 817). Im ZwV-Verfahren sind Gegenansprüche des Schuldners nach §§ 1, 3 AbzG nicht zu berücksichtigen; daher ist auch nicht (lediglich summarisch) zu prüfen, ob dem Schuldner gegen den Gläubiger als Verkäufer ein Geldanspruch zusteht (Mümmler JurBüro 77, 1657 [1662 ff]; StJM Rdn 17 zu § 825, beide mit Nachw, auch für vielfach vertretene Gegenmeinung). Rechtsmißbrauch kann der Schuldner nach § 765 a begegnen (Frankfurt NJW 54, 1083). Verwertung mit Zuweisung der Abzahlungssache an den Gläubiger erfordert Bestimmung des Erwerbspreises; dieser muß ebenso feststehen wie das Meistgebot bei öffentlicher Versteigerung, die zur Rücktrittswirkung nach § 5 AbzG führt (nicht richtig daher Hadamus Rpfleger 80, 420, der auch nicht berücksichtigt, daß die materiellen Voraussetzungen des § 5 AbzG nicht im formalisierten Verwertungsverfahren geprüft werden können). Ausführung mit Ablieferung der Sache an den Gläubiger und Erlösverteilung erfolgt wie im Fall Rn 17. Rücktrittswirkung mit Zuweisung der Pfandsache hat auch zur Folge, daß der Abzahlungsverkäufer aus dem Zahlungstitel nicht mehr vollstrecken darf; Ansprüche aus § 2 AbzG muß er mit neuer Klage geltend machen, auf Anforderung des Schuldners ist er zur Herausgabe des Zahlungstitels verpflichtet (LG Stuttgart MDR 67, 54). Zum Bereicherungsanspruch des Eigentümers gegen den Vollstreckungsgläubiger bei Eigentumsvorbehalt mit Verarbeitungsklausel im Falle des § 825 s Neustadt NJW 64, 1802. 18

4) Eine **andere Person** wird bei der ihr übertragenen Versteigerung oder freihändigen Veräußerung nicht für den GV hoheitlich, sondern auf Grund des ihr erteilten Auftrags privatrechtlich 19 tätig (StJM Rdn 13 zu § 825; auch BGH JZ 64, 772 = MDR 66, 999). Bei Versteigerung kommt der Vertrag daher mit Zuschlag zustande (§ 156 BGB), sonst als Kaufvertrag (§ 433 BGB), je mit anschließender Eigentumsübertragung nach §§ 929 ff BGB. Die Gewährleistung bestimmt sich nach § 806 nur dann, wenn der Dritte bei der Verwertung auf den Anordnungsbeschluß nach § 825 hingewiesen hat. Der Verwertungserlös ist nach Anordnung des Vollstreckungsgerichts durch die mit der Versteigerung beauftragte Person zu verteilen; wenn keine Anordnung getroffen ist, ist er an den GV abzuliefern, der ihn als Verwertungserlös zu verteilen hat (Rn 4 zu § 819).

20 **5) Rechtsbehelf** für Gläubiger und Schuldner gegen das Verfahren des GV oder der beauftragten Person bei Durchführung der angeordneten Verwertung: § 766 (dann § 793).

21 **VI) Gebühren: 1)** des **Gerichts:** keine. – **2)** des **Anwalts:** Das Verfahren gilt als besondere Angelegenheit der Zwangsvollstreckung (§ 58 III Nr 4a BRAGO); daher 3/10 der Regelgebühren des § 31 BRAGO, und zwar sowohl für den RA des Gläubigers (für diesen neben anderen bereits verdienten Zwangsvollstreckungsgebühren) als auch für den RA des Schuldners (§ 57 I BRAGO). – **3)** des **Gerichtsvollziehers:** s § 21 V GVKostG (Geschäftswert für die Mitwirkungsgebühr des GV nach § 21 V GVKostG ist der Bruttobetrag des Erlöses oder Preises). Die Höchstgebühr beträgt 50 DM (zu allem Hartmann, KostGes GVKostG § 21 Anm 6 Ba).

826 *[Anschlußpfändung]*

(1) Zur Pfändung bereits gepfändeter Sachen genügt die in das Protokoll aufzunehmende Erklärung des Gerichtsvollziehers, daß er die Sachen für seinen Auftraggeber pfände.

(2) Ist die erste Pfändung durch einen anderen Gerichtsvollzieher bewirkt, so ist diesem eine Abschrift des Protokolls zuzustellen.

(3) Der Schuldner ist von den weiteren Pfändungen in Kenntnis zu setzen.

Lit: *Gerlach*, Die Anschlußpfändung nach § 826 ZPO gegenüber einem anderen Schuldner, ZZP 89 [1976] 294; *Mümmler*, Probleme der Anschlußpfändung, DGVZ 1963, 181; *Mümmler*, Zweifelsfragen bei der Durchführung einer Anschlußpfändung, DGVZ 1973, 20.

1 **I) Zweck:** Verfahrensvereinfachung für Anschlußpfändung, weil die bereits erfolgte und fortbestehende Verstrickung Wiederholung der Beschlagnahmeformalitäten erübrigt.

2 **II) 1)** ZwV mit Pfändung einer beweglichen Sache (auch von Geld, vgl § 815 I) kann auch erfolgen, wenn die Sache schon gepfändet ist. Vorgenommen werden kann diese sogen **Anschlußpfändung** für einen anderen Gläubiger, aber auch für denselben Gläubiger wegen einer anderen vollstreckbaren Forderung. Zulässig ist Anschlußpfändung (in der erleichterten Form des § 826) nur bei ZwV gegen den gleichen Schuldner und Haftung mit gleichem Vermögen; diese Vermögensidentität besteht nicht bei ZwV gegen den Schuldner persönlich und (in der anderen Sache) als Konkursverwalter. Wenn sich die ZwV gegen einen anderen Schuldner (zB die Ehefrau) als den der Erstpfändung (zB den Ehemann) richtet, kann die Pfändung einer bereits gepfändeten Sache nur in Form einer Erstpfändung erfolgen (sogen Doppelpfändung; § 167 Nr 1 GVGA; s Rn 12 zu § 739 und Rn 26 zu § 808; aA, Anschlußpfändung auch hier möglich, Gerlach ZZP 89 [1976] 294); eine Anschlußpfändung in Form des § 826 wäre in einem solchen Fall unwirksam (LG Berlin DGVZ 62, 140). Zulässig ist Anschlußpfändung, solange die mit der Erstpfändung bewirkte Verstrickung besteht, nach Ablieferung einer verwerteten Sache (§ 817 II) somit in den an deren Stelle getretenen Erlös (LG Berlin DGVZ 83, 93; s Rn 3 zu 815). Zum Verbot der zwecklosen Pfändung Rn 9 zu § 803.

3 **2) Erfolgen** kann Anschlußpfändung sowohl in **Form** der Erstpfändung (nach § 808) wie auch (s § 826 I: „genügt") in der erleichterten Form des § 826. Danach genügt zur Bewirkung der Anschlußpfändung die in das neue Protokoll (§ 762) aufzunehmende Erklärung des GV, daß er die schon gepfändete Sache für seinen Auftraggeber neu pfände (Abs 1); zu Einzelfragen § 167 GVGA. Wenn der GV die Sache selbst in Besitz hat, findet neue Besitzergreifung nicht statt, so daß Anschlußpfändung nur in der Form des § 826 erfolgen kann. Zu ihrer Wirksamkeit setzt die Anschlußpfändung Bestehen der staatlichen Verstrickung mit formwirksamer (§ 808), für Sachen im Schuldnergewahrsam somit ordnungsgemäß (§ 808 II S 2) kenntlich gemachter Erstpfändung voraus, die im Zeitpunkt der neuen Pfändung noch ersichtlich sein muß (StJM Rdn 8 zu § 826). Dies hat der GV durch Einsicht in das über die erste Pfändung aufgenommene Protokoll und Feststellung zu prüfen, ob die Pfandstücke im Gewahrsam des Schuldners (oder eines Dritten) noch vorhanden sind und ob die Pfändung noch ersichtlich ist (§ 167 Nr 3 GVGA). Die Erklärung, „daß er die Sachen für seinen (neuen) Auftraggeber pfände" (Abs 1), braucht vom GV aber nicht vor Dritten, auch nicht vor dem anderen GV, der die Erstpfändung vorgenommen

hat, abgegeben und protokolliert werden. Daher berührt auch die Verletzung der dem GV mit § 167 Nr 3 GVGA (Verwaltungsvorschrift) aufgetragene Prüfungspflicht die Wirksamkeit der Anschlußpfändung nicht; sie ist auch wirksam, wenn sie nicht „angesichts der Pfandsache", somit vor verschlossener Tür erfolgt ist, ihre Voraussetzungen aber gegeben sind (Bremen DGVZ 71, 4; LG Braunschweig DGVZ 62, 139; AG Fürth DGVZ 77, 14). Anfechtbarkeit der Erstpfändung schließt Anschlußpfändung nicht aus und berührt auch ihre Wirksamkeit nicht, wenn nach Anfechtung noch Aufhebung der Erstpfändung erfolgt. War mit Erstpfändung eine Sache im Gewahrsam eines Dritten gepfändet worden, so bedarf die Anschlußpfändung der Zustimmung des Dritten (§ 809; Düsseldorf OLGZ 73, 50; Gerlach aaO; Schilken DGVZ 86, 145 [149]), unabhängig davon, ob er die Zustimmung für die Erstpfändung schon erklärt hat oder nicht. Möglich ist Anschlußpfändung durch Protokollerklärung auch, wenn die frühere Pfändung durch einen anderen GV vorgenommen wurde. Mitteilung hat (immer) an den Schuldner (Abs 3) und (zutreffendenfalls) an den anderen GV, der die Erstpfändung durchgeführt hat (Abs 2) zu erfolgen; die Mitteilungen sind für die Wirksamkeit der Anschlußpfändung aber nicht wesentlich (RG 13, 345).

III) 1) Die Anschlußpfändung nach § 826 ist nur erleichterte Form der Beschlagnahme; sie begründet für den neuen Gläubiger ein **selbständiges Pfändungspfandrecht** (§ 804 I); zu dessen Rang § 804 III. Sie gibt Anspruch auf Befriedigung bei der Verwertung der Sache aus dem Teil des Erlöses, der nach Deckung des vorgehenden Rechts übrig bleibt. Die Pfändung ist zugleich eine eventuelle Erstpfändung für den Fall, daß die vorgehende Pfändung trotz formeller Ordnungsmäßigkeit (§ 808) unwirksam ist oder die vorgehende Forderung wegfällt. Heilung der unwirksamen Erstpfändung zugunsten ihres Gläubigers kann die Anschlußpfändung nicht bewirken. Holt der GV bei Anschlußpfändung zugleich eine unwirksame Erstpfändung nach, so haben Erst- und Anschlußpfändung gleichen Rang. Hat die Erstpfändung eine Verstrickung nicht begründet oder wird die frühere Pfändung aufgehoben, rückt die Anschlußpfändung an ihre Stelle. 4

2) Jeder Anschlußpfandgläubiger kann die ZwV **selbständig** weiter betreiben, auch wenn der andere Pfandgläubiger Stundung bewilligt hat oder sein Verfahren einstweilen eingestellt ist. Für die Verwertung des Pfandes gelten die §§ 816 ff und § 827. Ist das Recht des Erstgläubigers übersehen und an den im Rang nachfolgenden Gläubiger ausbezahlt worden, dann hat ersterer den Bereicherungsanspruch nach § 812 gegen den Nachranggläubiger, ev auch Schadensersatzanspruch gegen den Staat wegen Amtspflichtverletzung des GV. 5

IV) Daß die erste Pfändung im Wege der **Verwaltungsvollstreckung** erfolgt ist, schließt Anschlußpfändung in der Form des § 826 nicht aus (StJM Rdn 3, Wieczorek, Anm B IIc, je zu § 826). Weil das jedoch nicht unstreitig ist (Gegenansicht zB BLH Anm 2 A zu § 826; s aber zB § 307 II S 2 AO), sieht § 167 Nr 10 GVGA (als Verwaltungsvorschrift) vor, daß der GV bei einer folgenden Vollstreckung nach der ZPO die Form der Erstpfändung zu wählen hat. Für die Verwaltungsvollstreckung nach der **Abgabenordnung** (und den darauf verweisenden Vollstreckungsgesetzen) bestimmt 6

§ 307 AO: Anschlußpfändung

(1) Zur Pfändung bereits gepfändeter Sachen genügt die in die Niederschrift aufzunehmende Erklärung des Vollziehungsbeamten, daß er die Sache für die zu bezeichnende Forderung pfändet. Dem Vollstreckungsschuldner ist die weitere Pfändung mitzuteilen.

(2) Ist die erste Pfändung für eine andere Vollstreckungsbehörde oder durch einen Gerichtsvollzieher erfolgt, so ist dieser Vollstreckungsbehörde oder dem Gerichtsvollzieher eine Abschrift der Niederschrift zu übersenden. Die gleiche Pflicht hat ein Gerichtsvollzieher, der eine Sache pfändet, die bereits im Auftrag einer Vollstreckungsbehörde gepfändet ist.

§ 308 AO: Verwertung bei mehrfacher Pfändung

(1) Wird dieselbe Sache mehrfach durch Vollziehungsbeamte oder durch Vollziehungsbeamte und Gerichtsvollzieher gepfändet, so begründet ausschließlich die erste Pfändung die Zuständigkeit zur Versteigerung.

(2) Betreibt ein Gläubiger die Versteigerung, so wird für alle beteiligten Gläubiger versteigert.

(3) Der Erlös wird nach der Reihenfolge der Pfändung oder nach abweichender Vereinbarung der beteiligten Gläubiger verteilt.

(4) Reicht der Erlös zur Deckung der Forderungen nicht aus und verlangt ein Gläubiger, für den die zweite oder eine spätere Pfändung erfolgt ist, ohne Zustimmung der übrigen beteiligten Gläubiger eine andere Verteilung als nach der Reihenfolge der Pfändungen, so ist die Sachlage unter Hinterlegung des Erlöses dem Amtsgericht, in dessen Bezirk gepfändet ist, anzuzeigen. Der Anzeige sind die Schriftstücke, die sich auf das Verfahren beziehen, beizufügen. Für das Verteilungsverfahren gelten die §§ 873 bis 882 der Zivilprozeßordnung.

(5) Wird für verschiedene Gläubiger gleichzeitig gepfändet, so finden die Vorschriften der Absätze 2 bis 4 mit der Maßgabe Anwendung, daß der Erlös nach dem Verhältnis der Forderungen verteilt wird.

7 V) **Gebühren** des **Gerichtsvollziehers:** wie für Erstpfändung: volle Gebühr nach dem Betrag der beizutreibenden Forderung (§ 17 GVKostG, Nr 25 GVKostGr). Hilfspfändung (§ 156 GVGA) s Nr 26 GVKostGr.

827 *[Einheitlichkeit des Zwangsvollstreckungsverfahrens]*

(1) Auf den Gerichtsvollzieher, von dem die erste Pfändung bewirkt ist, geht der Auftrag des zweiten Gläubigers kraft Gesetzes über, sofern nicht das Vollstreckungsgericht auf Antrag eines beteiligten Gläubigers oder des Schuldners anordnet, daß die Verrichtungen jenes Gerichtsvollziehers von einem anderen zu übernehmen seien. Die Versteigerung erfolgt für alle beteiligten Gläubiger.

(2) Ist der Erlös zur Deckung der Forderungen nicht ausreichend und verlangt der Gläubiger, für den die zweite oder eine spätere Pfändung erfolgt ist, ohne Zustimmung der übrigen beteiligten Gläubiger eine andere Verteilung als nach der Reihenfolge der Pfändungen, so hat der Gerichtsvollzieher die Sachlage unter Hinterlegung des Erlöses dem Vollstreckungsgericht anzuzeigen. Dieser Anzeige sind die auf das Verfahren sich beziehenden Schriftstücke beizufügen.

(3) In gleicher Weise ist zu verfahren, wenn die Pfändung für mehrere Gläubiger gleichzeitig bewirkt ist.

Lit: *Burkhardt*, Die Erledigung konkurrierender ZwVen, JurBüro 1967, 609; *Hantke*, Rangverhältnis und Erlösverteilung bei der gleichzeitigen Pfändung durch den Gerichtsvollzieher für mehrere Gläubiger, DGVZ 1978, 105; *Klein*, *Mümmler* und *Mühl*, Die Erlösverteilung nach gleichzeitiger Pfändung, DGVZ 1972, 54, 100 und 166.

1 **I) Zweck:** Regelung der Zuständigkeit für das weitere ZwV-Verfahren und der einheitlichen Verwertung, wenn verschiedene GV dieselbe Sache gepfändet haben, sowie der Besonderheiten bei Verteilung des Erlöses, der die Forderungen aller Gläubiger nicht deckt.

2 **II) 1) Zuständig** für das weitere ZwV-Verfahren nach Pfändung derselben Sache (auch in Form des § 826) durch verschiedene GV ist der GV, der die erste Pfändung bewirkt hat (Abs 1 S 1, dessen Bedeutung nur noch gering ist). Auf ihn gehen die Aufträge der weiteren Gläubiger über; mit der Zuständigkeit der anderen GV entfallen für sie die Antragswirkungen (zB § 754). Der Auftragsübergang erfolgt kraft Gesetzes, wenn der erste GV von den weiteren Pfändungen Kenntnis erlangt. Die bisher mit der Pfändung befaßten anderen GV haben den Schuldtitel mit den sonstigen für die Vollstreckung erforderlichen Urkunden an den zuständigen GV abzugeben (§ 167 Nr 6 GVGA). Die Verwertung in dem einheitlichen weiteren Verfahren erfolgt von Amts wegen für alle Gläubiger gemeinsam (Abs 1 S 2), wenn für einzelne ein Hindernis besteht (zB mit einstw Einstellung) für die übrigen. Erfordert die Verwertung Einverständnis der Gläubiger (zB nach § 816 II, zur Abänderung von Versteigerungsbedingungen), so müssen alle zustimmen, für die Verwertung erfolgt. Die Selbständigkeit der Vollstreckungsverfahren der Gläubiger berührt der Auftragsübergang nicht. Wenn ein Gläubiger Stundung bewilligt hat oder sein Verfahren eingestellt worden ist, wird das Verfahren daher für die selbständig vollstreckenden weiteren Gläubiger fortgesetzt. Soweit die Pfändungen sich teilweise auf andere Sachen erstrecken, tritt Auftragsübergang nicht ein. Wenn der GV anschließend pfändet, an den nach Ortswechsel des Schuldners unter Mitnahme der Pfandsache der Vollstreckungsauftrag abgegeben worden ist (Rn 3 zu § 816), liegt kein Fall des § 827 I vor.

3 2) Das **Vollstreckungsgericht kann** auf Antrag aus besonderen Gründen **anordnen,** daß das weitere Verfahren von einem anderen der beteiligten oder von einem bisher mit keinem Verfahren befaßten GV zu übernehmen ist (Abs 1 S 2). Antragsberechtigt ist jeder Gläubiger und der Schuldner. Die (örtliche) Zuständigkeit (§ 764 II) bestimmt sich nach den Verhältnissen zur Zeit der ersten Pfändung; es entscheidet der Rechtspfleger (§ 20 Nr 17 RpflG). Verfahrensgrundsätze: wie im Fall des § 825.

4 **3)** Zuständigkeit bei Pfändung derselben Sache durch **Vollziehungsbeamte** und GV s § 308 I AO (abgedr Rn 6 zu § 826).

5 **III) 1)** Den **Versteigerungserlös** (auch gepfändetes Geld, § 815 I) hat der GV nach Abzug der Verwertungskosten **an die Gläubiger abzuführen** (Rn 4 zu § 819). Reicht der Erlös zur Deckung der Forderungen aller Gläubiger nicht aus, dann sind zunächst die Gebühren des § 21 GVKostG für Versteigerung (andere Verwertung) vorweg zu entnehmen (§ 6 S 1 GVKostG; so auch LG

München DGVZ 74, 58; nach aA alle Kosten der Verwertung; Besonderheit bei Prozeßkostenhilfe nach § 7 GVKostG). Der Resterlös ist sodann nach der Reihenfolge der Pfändungen (§ 804 III; abweichend von § 366 BGB auch bei mehreren Pfändungen für denselben Gläubiger), bei mehreren gleichzeitigen Pfändungen nach dem Verhältnis der Forderungen, auf die Gläubiger zu verteilen (s auch § 169 Nr 3 mit § 167 Nr 7 und § 168 Nr 5 GVGA). Die dem Erlös nicht entnommenen sonstigen Kosten der ZwV werden bei Ablieferung des Geldes an den Gläubiger einbehalten (§ 6 S 2 GVKostG). Bei unzulänglicher Masse hat Anrechnung nach § 367 I BGB zuerst auf die Kosten, dann auf die Zinsen, zuletzt auf die Hauptsache zu erfolgen.

2) Zu **hinterlegen** hat der GV den Erlös, wenn er zur Deckung der Forderungen aller Gläubiger nicht ausreicht und einer der nachrangigen (auch ein gleichrangiger) Gläubiger (auch wenn sein Verfahren eingestellt ist) ohne Zustimmung der übrigen beteiligten Gläubiger (Schuldnerzustimmung ist nicht erforderlich; für ihn § 766) eine andere Verteilung als nach der Reihenfolge der Pfändungen verlangt (Abs 2). Hinterlegung hat im Verfahren nach der HinterlO zu erfolgen; danach bedarf die Annahme des Geldes durch die Hinterlegungskasse einer Annahmeverfügung der Hinterlegungsstelle, die auf Antrag des GV ergeht (§§ 1, 6 HinterlO). Die Hinterlegung hat der GV dem Vollstreckungsgericht anzuzeigen (Abs 2); Zuständigkeit: § 764 II; sie bestimmt sich nach dem GV, auf den die Anträge gesetzlich übergegangen sind (Abs 1). Der Anzeige hat der GV seine Akten mit den Vollstreckungstiteln und den sonstigen ZwV-Unterlagen sowie der Annahmeverfügung beizufügen. Hinterlegungsfolge mit Anzeige: Verteilungsverfahren nach §§ 872 ff. Auch wenn die Gläubiger sich nach der Hinterlegung über die Verteilung einigen, ist Auszahlung direkt an sie nicht zulässig; Auszahlung des Hinterlegungsgeldes muß vielmehr an den GV erfolgen, der bei der Hinterlegungsstelle die Herausgabe zu beantragen hat. Sollte der GV den Auszahlungsantrag nicht stellen, so können ihn die Gläubiger mit Erinnerung (§ 766) dazu anhalten lassen (KG [Präs] DR 39, 1690). 6

3) Zusammentreffen mit einer **Verwaltungsvollstreckung:** § 308 AO (abgedr Rn 6 zu § 826). 7

IV) Gleichzeitige Pfändung, wenn mehrere Pfändungsanträge vorliegen: Rn 25 zu § 808. 8

V) Gebühren: 1) des **Gerichts:** Für die Anordnung nach Abs 1 keine Gebühr. – **2)** des **Anwalts:** Der Antrag des RA des Gläubigers auf Bestimmung eines GV nach Abs 1 wird durch die Vollstreckungsgebühr abgegolten. Stellt der RA des Schuldners den Antrag, so erhält er eine (3/10) Gebühr aus § 57 BRAGO. – **3)** des **Gerichtsvollziehers:** Bei gleichzeitiger Pfändung für mehrere Gläubiger gg denselben Schuldner (Rn 5) – einheitl Protokoll! – ist nur eine Pfändungsgebühr nach dem Gesamtbetrag der beizutreibenden Forderungen unter Verteilung nach dem Verhältnis der Gebühren zu erheben (§ 15 GVKostG, Nr 15 I a GVKostGr). 9

III. Zwangsvollstreckung in Forderungen und andere Vermögensrechte

828 *[Gerichtsstand]*

(1) Die gerichtlichen Handlungen, welche die Zwangsvollstreckung in Forderungen und andere Vermögensrechte zum Gegenstand haben, erfolgen durch das Vollstreckungsgericht.

(2) Als Vollstreckungsgericht ist das Amtsgericht, bei dem der Schuldner im Inland seinen allgemeinen Gerichtsstand hat, und sonst das Amtsgericht zuständig, bei dem nach § 23 gegen den Schuldner Klage erhoben werden kann.

Lit: *Stöber,* Forderungspfändung, 7. Aufl (1984); *Schack,* Internationale Zwangsvollstreckung in Geldforderungen, Rpfleger 1980, 175.

I) 1) Zuständig für die (alle) gerichtlichen Handlungen, welche die ZwV in Forderungen und andere Vermögensrechte zum Gegenstand haben, ist (ausschließlich, § 802) das AG als **Vollstreckungsgericht,** auch wenn eine einstweilige Verfügung vollzogen oder der Titel eines Familiengerichts (BGH MDR 79, 564 = NJW 79, 1048) oder Arbeitsgerichts vollstreckt wird. Die Vollziehung eines Arrestes durch Pfändung erfolgt durch das **Arrestgericht** als Vollstreckungsgericht (§ 930 I S 3). Als Beschwerdegericht ist das LG oder OLG in Beschwerdeverfahren für die Entscheidungen des Vollstreckunsgerichts, somit auch für den Erlaß eines Pfändungsbeschlusses zuständig. Die Aufgaben des Vollstreckungsgerichts sind dem **Rechtspfleger** übertragen (§ 20 Nr 17 RpflG; Besonderheit bei Arrestvollziehung § 20 Nr 16 RpflG). Zuständigkeit des Verwaltungsgerichts (§ 167 I S 2 VwGO) Rn 1 zu § 899. 1

2 **2) Örtlich** zuständig ist das AG, bei dem der Schuldner im Inland seinen allgemeinen Gerichtsstand hat, sonst das AG, bei dem nach § 23 gegen den Schuldner Klage erhoben werden kann (Abs 2). Dies gilt auch bei Forderungspfändung gegen eine **Partei kraft Amtes,** zB den Testamentsvollstrecker, Konkurs- und Nachlaßverwalter. Entsprechendes gilt für den Nachlaßpfleger, obwohl er gesetzlicher Vertreter, nicht Partei kraft Amtes ist (hM; StJM Rdn 4 zu § 828; aA LG Berlin JR 54, 464). Sind **mehrere** Schuldner vorhanden, die ihren allgemeinen Gerichtsstand bei verschiedenen AG haben, so sind getrennte Anträge an die einzelnen zuständigen AG zu stellen. Steht die zu pfändende Forderung mehreren Schuldnern gemeinschaftlich (nach Bruchteilen oder zur gesamten Hand) zu, und wohnen sie in verschiedenen AG-Bezirken, so ist das zuständige Gericht in Anwendung des § 36 Nr 3 auf Antrag von dem gemeinschaftlichen höheren Gericht zu bestimmen (RG DR 40, 741; BayObLG 59, 270 = MDR 60, 57; BayObLG Rpfleger 83, 288). Durch die Verlegung des Wohnsitzes des Schuldners in einen anderen Gerichtsbezirk wird die einmal begründete Zuständigkeit des Vollstreckungsgerichts nicht berührt (München JurBüro 85, 945 = Rpfleger 85, 154 für § 850f I). Bei Soldaten ist § 9 BGB zu beachten (LG Münster Rpfleger 63, 303). Bei dem besonderen Gerichtsstand des Vermögens (§ 23, hier Satz 2) hat der Gläubiger die Wahl unter mehreren nach dieser Bestimmung zuständigen Gerichten. Ausnahme § 858 II. Bestimmung des zuständigen Gerichts nach § 36 Nr 6: RG 139, 351; BGH FamRZ 83, 578 = NJW 83, 1859; BayObLG 85, 397 = MDR 86, 326 = NJW-RR 86, 421. Das nach Abs 1 und 2 zuständige Gericht ist auch zuständig für die Erinnerungen nach § 766. Verweisung (§ 281) und Bindung eines Verweisungsbeschlusses: BayObLG 85, 397 = aaO.

3 **II) Verstoß** gegen die Zuständigkeit: Der Pfändungsbeschluß einer Behörde (auch eines Beamten), die keine Zuständigkeiten für Forderungspfändung hat (zB eines Gerichtsvollziehers) ist nichtig (zur Verwaltungsvollstreckung s aber Rn 7 vor § 704). Die Pfändung durch ein sachlich oder örtlich nicht zuständiges Gericht ist wirksam aber fehlerhaft, somit anfechtbar; im Rechtsbehelfsverfahren muß zwingend Aufhebung erfolgen (nach München aaO ist Prüfung auf Erinnerung beschränkt und in Beschwerdeinstanz ausgeschlossen, § 512a entspr; überzeugt nicht, es ist nicht über die Zuständigkeit für ein Verfahren, sondern über die Fehlerhaftigkeit einer ZwV-Maßnahme zu entscheiden). Für Verstoß bei Pfändung durch ein sachlich unzuständiges Gericht ist das streitig; für Verstoß gegen die örtliche Zuständigkeit ist das einhellige Ansicht. Einzelheiten und Nachweise Stöber FdgPfdg Rdn 456, 457.

4 **III) Aktenbehandlung.** Eintrag im VollstrReg Abt II unter Buchstabe „M", AktO § 14 Nr 1 Satz 3 u Nr 5, Muster 15.

829 *[Pfändung einer Geldforderung]*

(1) Soll eine Geldforderung gepfändet werden, so hat das Gericht dem Drittschuldner zu verbieten, an den Schuldner zu zahlen. Zugleich hat das Gericht an den Schuldner das Gebot zu erlassen, sich jeder Verfügung über die Forderung, insbesondere ihrer Einziehung, zu enthalten.

(2) Der Gläubiger hat den Beschluß dem Drittschuldner zustellen zu lassen. Der Gerichtsvollzieher hat den Beschluß mit einer Abschrift der Zustellungsurkunde dem Schuldner sofort zuzustellen, sofern nicht eine öffentliche Zustellung erforderlich wird. Ist die Zustellung an den Drittschuldner auf unmittelbares Ersuchen der Geschäftsstelle durch die Post erfolgt, so hat die Geschäftsstelle für die Zustellung an den Schuldner in gleicher Weise Sorge zu tragen. An Stelle einer an den Schuldner im Ausland zu bewirkenden Zustellung erfolgt die Zustellung durch Aufgabe zur Post.

(3) Mit der Zustellung des Beschlusses an den Drittschuldner ist die Pfändung als bewirkt anzusehen.

Lit: *Stöber,* Forderungspfändung, 7. Aufl 1984; *Bauer,* Unwesentliche Unrichtigkeiten in der Bezeichnung des Drittschuldners und des Schuldners, JurBüro 1966, 907; *Dempewolf,* Zum Erfordernis der eigenhändigen Unterschrift bei Anträgen im ZwVVerfahren, MDR 1977, 801; *Denck,* Einwendungsverlust bei pfändungswidriger Zahlung des Drittschuldners an den Schuldner? NJW 1979, 2375; *von Gerkan,* Zur Pfändbarkeit von Geldforderungen, die dem Vollstrekkungsschuldner gegen den Vollstreckungsgläubiger zustehen, Rpfleger 1963, 369; *Münzberg,* Zur Pfändung titulierter Ansprüche, DGVZ 1985, 145; *Noack,* Zustellung und Ersatzzustellung eines Pfändungs- und Überweisungsbeschlusses an Drittschuldner und Schuldner, DGVZ 1981, 33; *Pohle,* Kann der Drittschuldner der Klage aus einem Pfändungsbeschluß die Pfändungsverbote der §§ 850 ff ZPO entgegenhalten? JZ 1962, 344; *Reinicke,* Die zweckentfremdete Aufrechnung, NJW 1972, 793; *Rimmelspacher* und *Spellenberg,* Pfändung einer Geldforderung und Aufrechnung, JZ 1973, 271; *Schopp,* Zahlungsvermerke auf Überweisungsbeschlüssen über Geldforderungen, Rpfleger 1966, 326; *Sühr,* Die Bearbeitung von Pfändungsbeschluß und Drittschuldnererklärung, 2. Aufl 1985; *Vollkommer,* Zur Form des Offenbarungsantrags gemäß § 900 ZPO, Rpfleger 1975, 419; *Werner* und *Reinicke,* Zweckentfremdete Aufrechnung? NJW 1972, 1697; *Zunft,* Teilweise Verpfändung und Pfändung von Forderungen, NJW 1955, 441.

I) Zweck und **Anwendungsbereich:** Bestimmung, wie bei ZwV einer Geldforderung des Gläubigers (2. Abschnitt des 8. Buchs) die Pfändung (§ 803 I) einer Geldforderung des Schuldners gegen einen Dritten (Drittschuldner, gegen den der Schuldner Anspruch auf Zahlung hat) zu vollziehen ist. Mit dieser Pfändung erlangt der Gläubiger ein Pfandrecht an der Geldforderung seines Schuldners gegen den Drittschuldner (§ 804 I). Verwertung erfolgt mit Überweisung (§ 835) oder anderweit (§ 844). Besonderheiten gelten für Pfändung der durch Hypothek gesicherten Forderung (§§ 830, 830 a), der Forderung aus einem Wechsel oder anderen indossablen Papier (§ 831), auch der Postspareinlage (§ 23 IV PostG); zu den Wertpapieren s § 821. 1

II) Als **Geldforderung** zu pfänden ist jeder auf Geldzahlung gerichtete Anspruch, gleich aus welchem (rechtsgeschäftlichen oder gesetzlichen) Rechtsgrund (damit auch die Forderung öffentlich-rechtlicher Art) und ohne Rücksicht darauf, ob die Geldsumme in inländischer oder ausländischer Währung zu leisten ist (RG 109, 62; 168, 245). Pfändbar ist eine Geldforderung bereits vor ihrer Fälligkeit, wenn sie von einer Gegenleistung abhängig ist oder ein Zurückbehaltungsrecht besteht und ebenso, wenn sie unter einer aufschiebenden oder auflösenden Bedingung (§ 158 BGB; BGH 53, 32 = NJW 70, 241 [242]) oder unter Zeitbestimmung (§ 163 BGB) geschuldet ist. Eine zukünftige Geldforderung kann gepfändet werden, sobald eine rechtliche Grundlage vorhanden ist, die ihre Bestimmung der Art und der Person des Drittschuldners nach ermöglicht (RG 74, 82; 82, 227; 134, 227; 135, 140 [141]; BGH NJW 55, 544; BGH 20, 127 [131] = NJW 56, 790; BGH MDR 79, 1016 = NJW 79, 2038), auch wenn ihre Höhe noch ungewiß oder unbestimmt ist, ob überhaupt eine Forderung entstehen wird (näher Stöber FdgPfdg Rdn 27). Ebenso kann eine Geldforderung des Schuldners gegen den vollstreckenden Gläubiger selbst gepfändet werden (RG 20, 371; 33, 290; 57, 363; JW 38, 2399; Stuttgart Justiz 83, 302 = Rpfleger 83, 409; LG Düsseldorf MDR 64, 332; von Gerkan Rpfleger 63, 369; Rimmelspacher JZ 73, 271). **Pfändungsbeschränkungen** und **-verbote** sind jedoch in zahlreichen gesetzlichen Vorschriften bestimmt (zB §§ 850 ff, 851, 852 I; außerdem SGB § 54 usw). 2

III) 1) Pfändung einer Geldforderung erfolgt **durch Beschluß** des Vollstreckungsgerichts (Zuständigkeit § 828), der auf **Antrag** des Gläubigers (Rn 19 vor § 704) ergeht. Der Antrag unterliegt keinem Anwaltszwang (§ 78 III). Handschriftliche Unterzeichnung des schriftlichen Antrags ist geboten; weil jedoch keine Form vorgeschrieben ist, ist bei fehlender Unterschrift frei zu würdigen, ob der Antrag ernstlich gewollt ist (s Vollkommer Rpfleger 75, 490; Stöber FdgPfdg Rdn 469 mwN; aA Dempewolf MDR 77, 801: Antrag erfordert keine Unterschrift; auch LG Berlin MDR 76, 148: eigenhändige Unterschrift erforderlich). Zu bezeichnen sind in dem Antrag Gläubiger, Schuldner und die verlangte ZwV-Handlung, somit die beizutreibende Vollstreckungsforderung des Gläubigers und die zu pfändende Forderung des Schuldners an seinen zu nennenden Drittschuldner. Die Angaben müssen so deutlich sein, daß bestimmte Fassung des Pfändungsbeschlusses (Rn 7 ff) möglich ist. Die Vollstreckungsforderung des Gläubigers an seinen Schuldner (auch eine Restforderung) hat daher nach Kosten, Zinsen und Hauptsache bezeichnet zu sein. Die Angabe der ursprünglichen Gesamtforderung und der geleisteten Teilzahlungen genügt nicht; der Gläubiger muß vielmehr Teilzahlungen selbst nach § 367 BGB verrechnen (Rn 6 zu § 753). Gestellt werden kann der Antrag auch nur wegen eines Teils der vollstreckbaren Forderung (Rn 7 zu § 753) und wegen einer Kleinforderung (Rn 7 zu § 753). Der Vollstreckungstitel und die sonst für den Beginn der ZwV erforderlichen Urkunden sind dem Vollstreckungsgericht vorzulegen (Nachweis von ZwV-Kosten Rn 15 zu § 788). 3

2) Das **Vollstreckungsgericht prüft** die Voraussetzungen des ZwV (Rn 13–17 vor § 704), den Antrag auch daraufhin, ob er alle für den Inhalt des Pfändungsbeschlusses notwendigen Angaben enthält. Es prüft aber nicht den Tatsachenvortrag des Gläubigers (s Gaul Rpfleger 71, 91); der Gläubiger muß nicht belegen (beweisen oder glaubhaft machen), daß die zu pfändende Forderung besteht. In dem formalisierten Zugriffsverfahren werden die Angaben des Gläubigers als richtig unterstellt; geprüft wird vom Vollstreckungsgericht nur, ob das Vorbringen des Gläubigers die Forderung als Gegenstand der ZwV im Schuldnervermögen pfändbar ausweist. Dafür genügt, daß dem Schuldner die Forderung aus irgend einem vertretbaren Rechtsgrund zustehen kann. Ist das der Fall, dann pfändet das Vollstreckungsgericht **die „angebliche" Forderung,** die der Schuldner gegen den Drittschuldner haben soll. Der Pfändungsbeschluß erlangt daher nur dann Wirkungen, wenn die so gepfändete Forderung des Schuldners an den Drittschuldner besteht, ggfs als künftige oder aufschiebend bedingte Forderung. Ob das der Fall ist, wird nicht 4 im Pfändungsverfahren geprüft, sondern als Streit über den materiellen Anspruch (die Einziehungsbefugnis oder auch nur das Pfandrecht des Pfändungsgläubigers) im Prozeßverfahren. Ist das nicht der Fall, dann geht die Pfändung ins Leere. Steht die Forderung nicht dem Schuldner, sondern einem anderen als Gläubiger zu, dann wird dessen Anspruch gegen seinen Schuldner (den Drittschuldner) durch die Pfändung nicht berührt (BGH NJW 86, 2430; KG MDR 73, 233 = OLGZ 73, 49). Die Pfändung wird auch nicht dadurch wirksam, daß der Schuldner die Forderung später erwirbt; es bedarf vielmehr einer neuen Pfändung (RG 64, 196; Kiel OLG 40, 412). Das gilt auch, wenn eine Forderung, die bereits vor der Pfändung vom Schuldner abgetreten war, nach der Pfändung von ihrem (neuen) Gläubiger an den Schuldner zurück abgetreten wird (BGH 56, 339 = MDR 71, 910 = NJW 71, 1938; abl Tiedtke NJW 72, 746; aA München NJW 54, 1124 mit abl Anm Merz NJW 55, 347; vgl auch Börker NJW 70, 1104).

5 3) **Zurückzuweisen** ist der Antrag des Gläubigers, wenn eine ZwV-Voraussetzung (Rn 13–17 vor § 704) nicht gegeben ist oder wenn das Vorbringen des Gläubigers nicht schlüssig ist, wenn somit nach dem Tatsachenvortrag des Gläubigers die zu pfändende Forderung dem Schuldner aus tatsächlichen oder rechtlichen Gründen nicht zustehen kann oder nicht pfändbar ist (KG FamRZ 80, 614 = Rpfleger 80, 197; Hamburg MDR 52, 368; Frankfurt MDR 78, 763 = OLGZ 78, 363; OLG Hamm MDR 79, 149; LG Kempten Rpfleger 68, 291 mit krit Anm Mes). Vor Zurückweisung ist der **Gläubiger auf ein Hindernis hinzuweisen,** ihm ist Gelegenheit zur Äußerung zu geben (§ 139, insbes auch § 278 III). Ermittlungen von Amts wegen durchzuführen steht dem Vollstreckungsgericht nicht zu.

6 4) Über den Pfändungsantrag entscheidet das Vollstreckungsgericht durch **Beschluß;** zuständig ist der Rechtspfleger (§ 20 Nr 17 RpflG). Mündliche Verhandlung (nur mit dem Gläubiger) wäre möglich (§ 764 III), ist aber praktisch nicht denkbar. Vorherige Anhörung des Schuldners erfolgt nicht (§ 834; Ausnahme § 850 b III). Der notwendige Inhalt des Pfändungsbeschlusses stellt zugleich die Entscheidungsbegründung dar; eine gesonderte Begründung ist daher nur erforderlich, wenn über eine streitige Rechtsfrage zu entscheiden, nach Billigkeit zu pfänden oder eine sonstige Besonderheit des Einzelfalls zu würdigen war. Ob mehrere Forderungen des Schuldners gegen denselben oder verschiedene Drittschuldner (auch bei gesonderten Anträgen) gleichzeitig durch einen Beschluß gepfändet werden, liegt im Ermessen des Gerichts; Mehrkosten durch getrennte Pfändung sind nicht erstattungsfähig, wenn keine sachliche Notwendigkeit für getrennte Anträge bestand (KG Rpfleger 76, 327; LG Aschaffenburg Rpfleger 74, 204). Erstreckt sich die Pfändung auf mehrere Forderungen oder Ansprüche, dann hat die Unwirksamkeit der Pfändung eines Vollstreckungsgegenstands nicht die Unwirksamkeit der weiteren Pfändung zur Folge (BGH MDR 72, 414 = NJW 72, 259; KG Rpfleger 76, 327).

7 **IV) 1)** Der **Pfändungsbeschluß** hat zu bezeichnen: die Parteien (Gläubiger und Schuldner sowie deren Vertreter), die Forderung des Gläubigers, die vollstreckt wird, nach Hauptsache, Zinsen und anderen Nebenleistungen, Prozeßkosten und bisherigen ZwV-Kosten sowie Kosten des Pfändungsbeschlusses selbst (Mitbeitreibung ermöglicht § 788 I; LG Göttingen JurBüro 84, 141 mit zust Anm Mümmler = Rpfleger 83, 498 mit Anm Giebel gegen Lappe Rpfleger 83, 248; s auch Rn 14 zu § 788) und die Anordnung der Pfändung unter Angabe der zu pfändenden Forderung des Schuldners an den Drittschuldner, somit auch diesen namentlich. Er hat dem Drittschuldner zu verbieten, an den Schuldner zu zahlen (Abs 1 S 1) und dem Schuldner zu gebieten, sich jeder Verfügung über die Forderung, insbesondere ihrer Einziehung, zu enthalten (Abs 1 S 2). Das **Drittschuldnerverbot** ist für die Pfändung wesentlich; fehlt es, so ist die Pfändung unwirksam (RG Gruchot 57, 1087 = Warn Rspr 1913 Nr 390); unwesentlich ist das Gebot an den Schuldner, sich Verfügungen zu enthalten (RG 112, 351; KG JW 36, 3335; anders nach § 857 II). Genaue Bezeichnung der Vollstreckungsforderung des Gläubigers ist zur Bestimmung des Umfangs der Pfändung erforderlich (Stöber Rpfleger 67, 113, ber 156). Hierfür ist auch die Angabe des Schuldtitels üblich (gefordert von StJM Rdn 40 zu § 829), aber nicht zwingend. ZwV wegen der Zinsen des Gläubigers ist nicht durch § 751 I begrenzt; sie kann wegen der bis zur Befriedigung des Gläubigers weiterlaufenden Zinsen angeordnet werden (Stöber FdgPfdg Rdn 495). Die **Drittschuldnervertretung** des Bundes und der Länder ist durch Gesetz bzw Rechtsverordnungen geregelt, zB Verwaltungsanordnung über die Vertretung des Bundes als Drittschuldner im Bereich des Bundesministers der Verteidigung v 20. 11. 1981, BAnz Nr 9/1982 = VMBl 1982, 7, Verwaltungsordnung der Deutschen Bundesbahn v 13. 5. 1982, VkBl S 218, VO über die Vertretung der Deutschen Bundespost v 1. 8. 1953 (BGBl I 715 mit Änderungen), VO über die gerichtliche Vertretung des Freistaates Bayern v 8. 2. 1977, BayRS 600-1-F (im übrigen Stöber FdgPfdg Anhang). Soweit Bestimmungen fehlen, ist die Vertretung des Fiskus allgemeinen Grundsätzen zu entnehmen (BGH 8, 197 = NJW 53, 380). Aufnahme eines Vermerks über die Geldempfangsvollmacht des Gläubigervertreters ist unzulässig (s Rn 5 zu § 835).

2) a) Anordnung und Umfang der Pfändung muß der Pfändungsbeschluß als hoheitlicher Gerichtsakt **klar und bestimmt** darstellen. Er muß daher insbesondere die **zu pfändende Forderung** des Schuldners an den Drittschuldner so **bestimmt bezeichnen,** daß feststeht, welche Forderung Gegenstand der ZwV ist; die bezeichnete Pfandforderung muß von anderen unterschieden werden können, Feststellung ihrer Identität muß gesichert sein (BGH 13, 42 = NJW 54, 369; BGH LM ZPO § 829 Nr 5 = MDR 61, 408; BGH LM ZPO § 857 Nr 8 = JurBüro 65, 617; BGH MDR 75, 567 = NJW 75, 980; BGH JurBüro 78, 1003 = MDR 78, 839; BGH MDR 80, 303 = NJW 80, 584; BGH MDR 83, 486 = NJW 83, 886; BGH 93, 82 [83] = NJW 85, 1031; BAG BB 62, 615; RG stRspr). Der Rechtsgrund der gepfändeten Forderung muß deshalb in der Regel wenigstens in allgemeinen Umrissen angegeben sein (BGH MDR 83, 486 = aaO mwN). Diese Klarheit muß der Beschluß nicht nur für Gläubiger, Schuldner und Drittschuldner als unmittelbar Beteiligte, sondern auch für andere Personen in sich tragen (RG 140, 342; 160, 40; BGH 13, 42 = aaO; BGH MDR 61, 408 = aaO und ständig, zuletzt BGH 93, 82 = aaO). Wenn der Pfändungsbeschluß nicht in dieser Weise bestimmt ist, ist die Pfändung unwirksam; ein Pfändungspfandrecht begründet der Beschluß dann nicht (RG 139, 99; 140, 342). 8

b) Übermäßige Anforderungen werden allerdings für die Bezeichnung der Forderung, die gepfändet werden soll, nicht gestellt, weil der Gläubiger in der Regel die Verhältnisse des Schuldners nur oberflächlich kennt (BGH LM ZPO § 857 Nr 8 und MDR 83, 486 = je aaO). Deshalb sind Ungenauigkeiten bei der Bezeichnung der Forderung unschädlich, wenn sie nicht Anlaß zu Zweifeln geben, welche Forderung des Schuldners gegen den Drittschuldner bei der Pfändung gemeint ist (BGH MDR 80, 303 und MDR 83, 486 = je aaO). **Auslegung** ist daher möglich. Für die Auslegung kommt es jedoch nur auf den objektiven Sinn des Wortlauts des Pfändungsbeschlusses an (BGH MDR 75, 567 = aaO; BAG AP ZPO § 850 Nr 1 und Nr 4 = NJW 62, 1933; BGH 93, 82 = aaO). Über den Wortsinn hinaus darf in freier Weise nicht ausgelegt werden (RG 95, 237). Zu Einzelheiten Stöber FdgPfdg Rdn 509–521. Ungenügend ist Bezeichnung der Forderung „... aus jedem Rechtsgrund“ (BGH LM ZPO § 857 Nr 8 = aaO), oder „... aus Verträgen oder sonstigen Rechtsgründen“ (RG 157, 324); ein nur allgemein gehaltener Zusatz („... und aus jedem sonstigen Rechtsgrund“, „... usw“) hat keine Kennzeichnungskraft (Aufnahme in den Pfändungsbeschluß hat daher zu unterbleiben); formblattmäßige Darstellung einer Vielzahl von Bezeichnungen für Pfändung aller denkbaren Forderungen ist nicht hinreichend bestimmt (LG Düsseldorf JurBüro 81, 1260 mit Anm Mümmler), auch bei einem Aneinanderreihen der verschiedenartigsten Schuldgründe kann keine hinreichende Bezeichnung der Forderung mehr vorliegen („... aus Darlehen, Vorschüssen und ungerechtfertigter Bereicherung“, Kassel OLG 14, 179). Unterschiedliche Bezeichnung der vollstreckbaren Forderung des Gläubigers in Zahlen und Buchstaben wird als Pfändung wegen des niedrigeren Betrages auszulegen sein (aA OLG Frankfurt MDR 77, 676: Nichtigkeit; bedenklich). Der **Drittschuldner** muß so bezeichnet sein, daß er zweifelsfrei feststeht. Hierfür wird es bei nicht namentlicher Bezeichnung als genügend angesehen, wenn aus dem Beschluß deutlich erkennbar ist, an wen sich das Zahlungsverbot richtet (RG 42, 330). Wenn der Gläubiger die Anschrift des Drittschuldners nicht genau oder unrichtig angegeben hat, wird das Vollstreckungsgericht die richtige Bezeichnung in den Pfändungsbeschluß aufnehmen. Wirkungslos ist das Zahlungsverbot, wenn die Drittschuldnerbezeichnung fehlt. Zustellung an den tatsächlichen, aber nicht bezeichneten Drittschuldner heilt nicht (RG 30, 325 [331]). Fehlerhafte Schreibweise des Namens ist unschädlich; sonst ungenaue Bezeichnung kann unschädlich sein, wenn Feststellung der Identität gewährleistet ist. Bei falscher Bezeichnung (zB Ehefrau, Bruder, Vater) kann der Beschluß jedoch keine Wirksamkeit gegen den richtigen Drittschuldner erlangen. 9

3) Pfändung auch einer **künftigen Forderung** muß im Pfändungsbeschluß ausgesprochen werden. Andernfalls erstreckt sich die Pfändung nur auf Forderungen, die dem Schuldner bei Wirksamwerden des Beschlusses zustehen. Besonderheit: § 832. 10

4) Pfändung nur eines Forderungs**teils** muß als **Teilpfändung** ausdrücklich angeordnet werden (BGH MDR 75, 399 = NJW 75, 738). Bei Teilpfändung bleibt der Forderungsrest pfandfrei. **Vorrang** eines gepfändeten Teilbetrags der Forderung vor dem ungepfändeten Rest (oder umgekehrt) muß (auf Antrag) im Pfändungsbeschluß ausdrücklich angeordnet werden; sonst haben die Forderungsteile Gleichrang. Ob Teilpfändung in der Pfändung „in Höhe des Anspruchs“, „wegen und in Höhe“, „bis zur Höhe“ zu erblicken ist, ist streitig, kann jedoch nicht angenommen werden (Stöber FdgPfdg Rdn 761–763 mit Nachw, auch für andere hM, zB BGH aaO). Weil die Pfändung bei solcher Fassung des Beschlusses nicht klar ist, sollte sie unterbleiben und nur „wegen der Forderung des Gläubigers“ erfolgen (Einschränkung bringt Überweisung). Wenn mehrere Forderungen des Schuldners für einen Gläubiger bis zur Höhe der zu vollstreckenden Schuld gepfändet sind, erfaßt die Pfändung (wenn man darin Teilpfändung erblickt) jede der gepfändeten Forderungen bis zur Höhe der Schuld (BGH aaO). 11

12 **5) Überpfändung** verbietet sich auch bei Zugriff auf eine Forderung (§ 803 I S 2). Weil sich aber der Wert der Forderung mit ihrer Einbringlichkeit, die aus rechtlichen und tatsächlichen Gründen ungewiß sein kann, nur schwer sicher feststellen läßt, wird durchweg Vollpfändung auch einer Forderung, deren Nennbetrag höher als die Vollstreckungsforderung des Gläubigers ist, ebenso für zulässig erachtet wie Pfändung mehrerer Forderungen mit höherem Nennbetrag oder Forderungspfändung neben anderen ZwV-Maßnahmen. Führt das im Einzelfall zu einer nachweisbaren Überpfändung, muß Prüfung auf Erinnerung (mit Darlegungs- und Beweislast des Schuldners) erfolgen. Einzelheiten Stöber FdgPfdg Rdn 755–760; Zunft NJW 55, 441.

13 **6) Berichtigung** des Pfändungsbeschlusses ist nach § 319 zur Richtigstellung von Schreibfehlern, Rechenfehlern und ähnlichen offenbaren Unrichtigkeiten möglich. Auch die Bezeichnung von Gläubiger, Schuldner und Drittschuldner sowie der zu pfändenden Forderung darf berichtigt werden. Unzulässig ist „Berichtigung", die tatsächlich Abänderung des Vollstreckungszugriffs bewirkt, so Parteiwechsel mit anderer Bezeichnung von Gläubiger oder Schuldner, Zugriff auf eine andere Forderung im Schuldnervermögen mit anderer Bezeichnung des Drittschuldners oder der zu pfändenden Forderung (auch wenn unzulängliche Bezeichnung Nichtigkeit der Pfändung bewirkt hat). Gewährleistet eine Änderung die Identität der Parteien und der zu pfändenden Forderung (auch des Drittschuldners) nicht sicher, dann liegt keine offenbare Unrichtigkeit vor, die nach § 319 richtiggestellt werden könnte (dazu Stöber FdgPfdg Rdn 523).

14 **V) 1) Wirksam** wird die Pfändung mit der **Zustellung** des Beschlusses **an den Drittschuldner** (§ 829 III), auch wenn der Gläubiger selbst Drittschuldner ist (er muß sich den Beschluß selbst zustellen lassen, RG Gruchot 57, 1090). Pfändungswirkungen (Rn 16 ff) und Pfändungsrang (§ 804 III) bestimmen sich nach diesem Zeitpunkt. Die Zustellung erfolgt auf Betreiben des Gläubigers (§ 829 II S 1) durch den Gerichtsvollzieher (§§ 166 ff). Vermittlung durch die Geschäftsstelle erfolgt jedoch, wenn nicht der Gläubiger erklärt, daß er selbst einen Gerichtsvollzieher beauftragen wolle (§ 168). Daher könnte die Geschäftsstelle die Post auch unmittelbar um Bewirkung der Zustellung ersuchen (§ 169; unüblich). Zustellung von Amts wegen durch die Geschäftsstelle (§§ 208 ff) wäre wirkungslos (auch keine Heilung nach § 187). Ersatzzustellung an den Schuldner für den Drittschuldner wird als unzulässig angesehen (BAG AP ZPO § 829 Nr 7 mit zust Anm Walchshöfer = MDR 81, 346 = NJW 81, 1399; bedenklich s Noack DGVZ 81, 33). Öffentliche Zustellung an den Drittschuldner ist ausgeschlossen; weil er nicht Partei ist, finden §§ 203 ff keine Anwendung (RG 22, 490; allgem Ansicht). Die Zustellung an den Schuldner ersetzt die fehlende Zustellung an den Drittschuldner nicht (RG Gruchot 34, 1172); bei drittschuldnerlosen Rechten gilt § 857 II.

15 **2) Zustellung** des Beschlusses **an den Schuldner** (an seinen Prozeßbevollmächtigten, § 176; zum Rechtszug § 178) zusammen mit einer Abschrift der Zustellungsurkunde (über Zustellung an den Drittschuldner) hat der Gerichtsvollzieher (ohne weiteren Antrag des Gläubigers) sogleich nach Zustellung an den Drittschuldner zu bewirken; sie unterbleibt, wenn öffentliche Zustellung erforderlich wäre (Abs 2 S 2). Für diese Zustellung an den Schuldner hat die Geschäftsstelle Sorge zu tragen, wenn Drittschuldnerzustellung auf ihr unmittelbares Ersuchen (§ 169) erfolgt ist (Abs 2 S 3). Durch Aufgabe zur Post (§ 175) erfolgt die Zustellung an den Schuldner für eine Auslandszustellung (Abs 2 S 4). Mit der Zustellung wird der Schuldner von der wirksamen Pfändung in Kenntnis gesetzt, damit er mit Einwendungen gegen die ZwV seine Rechte wahrnehmen kann; für Wirksamkeit der Pfändung ist die Zustellung an den Schuldner unwesentlich (RG JW 1900, 426; Ausnahme § 857 II). Die Zustellung an den Schuldner darf der Gerichtsvollzieher, auch auf Wunsch des Gläubigers, nicht aufschieben oder dem Gläubiger selbst überlassen (KG OLGZ 67, 41 = DGVZ 66, 152). Auf ausdrückliches Verlangen des Gläubigers ist dem Schuldner schon vor Zustellung an den Drittschuldner zuzustellen (§ 157 Nr 1 GVGA). Wirksam wird die Pfändung jedoch nicht mit dieser Zustellung, sondern nach Abs 3.

16 **VI) 1)** Die Pfändung einer Forderung bewirkt **Beschlagnahme (Verstrickung)** und begründet für den Gläubiger ein **Pfändungspfandrecht.** Beschlagnahme (Verstrickung) als die durch hoheitlichen Eingriff bewirkte Sicherstellung der Forderung für die Gläubigerbefriedigung entzieht die Forderung der Verfügungsbefugnis des Schuldners (Rn 1 zu § 804). Grund für Trennung von Pfändung und Pfandverwertung mit Überweisung (§ 835): Vollstreckungszugriff mit Pfändung ist auch in Fällen möglich, in denen sich Verwertung noch verbietet, so (jetzt) bei Sicherungsvollstreckung (§ 720 a) und Arrestvollziehung (§ 930), oder nicht durch Überweisung (§ 835), sondern auf andere Weise als sachdienlich erweist. Sonst werden Pfändung und Überweisung (auf Antrag) durchweg in einem Beschluß ausgesprochen.

17 **2)** Der **Gläubiger** erlangt mit Pfändung die Rechtsstellung, die ein Rechtspfandgläubiger nach BGB vor Pfandreife hat. Er kann daher Sicherung der gepfändeten Forderung betreiben, aus ihr (ohne Überweisung, § 835) Befriedigung aber nicht suchen, sie insbesondere nicht allein einzie-

hen. Das Einziehungsverbot schließt auch die Kündigung einer noch nicht fälligen Forderung durch den Gläubiger aus (RG 153, 224). Somit kann der Gläubiger nur verlangen, daß eine fällige Forderung an ihn und den Schuldner gemeinsam geleistet oder für beide hinterlegt wird (RG 104, 13; 108, 320; JW 12, 753). Er kann gegen Dritte negative Feststellungsklage erheben (RG 73, 277) und gegen den Drittschuldner auf Feststellung (s RG 83, 116) oder Leistung an Gläubiger und Schuldner gemeinsam (Hinterlegung für beide) klagen. Streitverkündung: § 841. Einzelheiten Stöber FdgPfdg Rdn 554–558.

3) Dem **Schuldner** (Gläubiger der gepfändeten Forderung) sind durch Pfändung Verfügungen 18
zum Nachteil des Gläubigers verboten (§ 829 I S 2); relative Wirkung des Verfügungsverbots nach §§ 135, 136 BGB (dazu BGH Rpfleger 68, 318; RG JW 35, 3541 und RG 158, 42). Verboten ist insbesondere die Einziehung, Stundung, Erlaß, Aufrechnung (LG Dortmund MDR 57, 750), Übertragung, vertragsmäßige Aufhebung oder Minderung, auch wenn die Verfügung nicht auf Beeinträchtigung des Gläubigers ausgeht oder wenn eine Verfügung im technischen Sinn des Gesetzes nicht vorliegt wie zB bei Rücknahme einer Kündigung. Eine dem Schuldner verbotene Verfügung ist dem Pfändungsgläubiger gegenüber unwirksam (§§ 135, 136 BGB); mit seiner Genehmigung erlangt sie auch ihm gegenüber Wirksamkeit. Sicherungsmaßnahmen, die auch dem Gläubiger erlaubt sind, darf der Schuldner wahrnehmen; seine Klage unterbricht die Verjährung (BGH MDR 86, 203 = NJW 86, 423). Solange die Forderung noch nicht zur Einziehung überwiesen ist, kann der Schuldner vom Gläubiger Mitwirkung zur Kündigung und zur Einziehung für beide verlangen und gegen den Drittschuldner auf Hinterlegung klagen (RG 49, 201). Wird ein rechtshängiger Anspruch gepfändet, so muß der Schuldner zur Vermeidung der Abweisung seiner Klage seinen auf Zahlung lautenden Klageantrag ändern (LG Berlin MDR 86, 327) und Feststellung des Anspruchs oder Verurteilung zur Hinterlegung verlangen. Zu Einzelheiten Stöber FdgPfdg Rn 559–564. Auf das Rechtsverhältnis, aus dem die Forderung herrührt, erstreckt sich die Pfändung nicht; der Schuldner kann daher sein Dienstverhältnis oder die Miete kündigen oder die Erbschaft ausschlagen.

4) Dem **Drittschuldner** ist Zahlung (Erfüllung) an den Schuldner (auch Leistung im Ausland, 19
RG 140, 342) verboten. Er muß einer Leistungsklage des Schuldners mit dem Einwand der Pfändung entgegentreten (BGH 86, 337 = NJW 83, 886; Stöber FdgPfdg Rdn 667) und der Beitreibung der gepfändeten Forderung durch den Schuldner, der bereits einen Vollstreckungstitel in Händen hat, mit Klage nach § 767 (Antrag nach § 769) entgegentreten; die dem Schuldner erteilte Vollstreckungsklausel kann er aber auch bereits mit Einwendung nach § 732 beseitigen lassen (Münzberg DGVZ 85, 145). Leisten kann der Drittschuldner (vor Überweisung, s § 835) nur noch an Gläubiger und Schuldner gemeinsam (s § 1281 BGB); wenn beide eine fällige Forderung nicht gemeinsam einziehen, kann Hinterlegung erfolgen (§ 372 BGB; Befreiung bei Verzicht auf Rücknahme, § 378 BGB). Zahlt der Drittschuldner dennoch an den Schuldner, so hat die Leistung keine Wirksamkeit gegenüber dem Gläubiger; er kann (nach Überweisung; sonst wie Rn 17) nochmalige Zahlung verlangen (RG 77, 254). Jedoch muß der Gläubiger eine in (nachgewiesener; Beweis auch mit Parteivernehmung, LG Hannover JurBüro 84, 1259) Unkenntnis des Drittschuldners vom Wirksamwerden der Pfändung mit Ersatzzustellung erfolgte Leistung gegen sich gelten lassen (Stöber FdgPfdg Rdn 556, 567 mit Einzelheiten). Sonst verändert die Pfändung die Rechtsstellung des Drittschuldners nicht; sie wird weder verschlechtert noch verbessert. Verzug des Drittschuldners wird daher durch Pfändung nicht hinfällig, Einwendungen und Einreden, die bei Pfändung begründet waren, können auch dem Vollstreckungsgläubiger entgegengehalten werden. Durch verbotswidrige Zahlung an den Schuldner verliert der Drittschuldner solche Einwendungen und Einreden gegenüber dem Gläubiger nicht (BGH 58, 25 = MDR 72, 319 = NJW 72, 428). Im einzelnen Stöber FdgPfdg Rdn 565–577 b. Auskunftspflicht § 840.

5) Die Pfändung erstreckt sich auf **Nebenansprüche** sowie **Neben-** und **Vorzugsrechte.** Zinsen 20
der Forderung (auch rückständige; aA Düsseldorf Rpfleger 84, 473) sind daher auch ohne ausdrücklichen Ausspruch mitgepfändet (RG HRR 31 Nr 144; ausdrückliche Mitpfändung empfiehlt sich dennoch, Stöber FdgPfdg Rdn 696). Als unselbständige Nebenrechte (§ 401 BGB) erfaßt die Pfändung gesetzlich, rechtsgeschäftlich und durch ZwV erlangte Pfandrechte (Hamburg OLG 12, 141; zum Faustpfand § 838), den Anspruch gegen einen Bürgen, die Rechte aus einer Vormerkung (RG 83, 438; 142, 33; KG JFG 8, 321), den Anspruch auf Auskunft sowie Rechnungslegung (LG Frankfurt MDR 86, 594 = Rpfleger 86, 186) und eine für die Forderung später bestellte Hypothek (Hamm DNotZ 82, 257 = OLGZ 81, 19 = NJW 81, 354 L). Erstreckung der Pfändung auf ein Forderungspfandrecht des Schuldners kann im Pfändungsbeschluß unter Bezeichnung des Drittschuldners des Sicherungsrechts ausgesprochen werden (Stuttgart Justiz 83, 302 = Rpfleger 83, 409; LG Frankfurt Rpfleger 76, 26). Selbständige (abstrakte) Sicherungsrechte müssen selbständig gepfändet werden, zB die eine Forderung sichernde Grundschuld, Sicherungseigentum, vorbehaltenes Eigentum, zur Sicherheit abgetretene Forderung).

21 **VII)** Eine **schon gepfändete Forderung** kann **erneut gepfändet** werden, solange sie noch zum Schuldnervermögen gehört, mithin nicht eingezogen (Behauptung des Gläubigers genügt; Prüfung erfolgt nicht, Rn 4) oder an Zahlungs Statt überwiesen ist (§ 835). Die Pfändung erfolgt wie die Erstpfändung mit Pfändungsbeschluß, der mit Zustellung an den Drittschuldner wirksam wird; Rang: § 804 III. Eine erleichterte Anschlußpfändung (entspr § 826) ist für Forderungen nicht vorgesehen.

VIII) Verstöße und Mängel: 1) Der Pfändungsbeschluß ist

22 **a) ohne Wirkung aa)** wenn Zustellung an den Drittschuldner nicht (nicht wirksam) erfolgt ist (§ 829 III; Rn 14); **bb)** wenn die Pfändung ins Leere geht, weil die gepfändete Forderung nicht besteht (Rn 4);

23 **b) unwirksam aa)** in den Fällen, in denen ein Vollstreckungsakt nichtig ist (Rn 34 vor § 704), zB bei Fehlen der funktionellen Zuständigkeit wie bei Erlaß des Pfändungsbeschlusses durch den Gerichtsvollzieher, **bb)** wenn der Pfändungsgegenstand (auch der Drittschuldner) nicht bestimmt genug bezeichnet ist (Rn 8, 9); **cc)** wenn das Drittschuldnerverbot fehlt (Rn 7);

24 **c) anfechtbar** bei Verfahrensverstößen, die nicht Unwirksamkeit (Rn 23) zur Folge haben, so zB bei fehlender Zustellung des Vollstreckungstitels (BGH 66, 79 = MDR 76, 648 = NJW 76, 851). Verstoß gegen Pfändungsverbot oder -beschränkung (Pfändung trotz Unpfändbarkeit) ist Verfahrensverstoß, der nicht Nichtigkeit bewirkt, sondern nur Anfechtung ermöglicht.

25 **2) a)** Daß der Pfändungsbeschluß **ohne Wirkung** ist (Rn 22), wird im Rechtsstreit geprüft. Ein Rechtsbehelf gegen den Pfändungsbeschluß (Rn 28) kann darauf nicht gestützt werden.

26 **b)** Die **Unwirksamkeit** des Pfändungsbeschlusses (Rn 23) kann vom Schuldner und Drittschuldner im Klageweg oder als Einwendung geltend gemacht werden, ohne daß die Berufung auf die Unwirksamkeit von der vorherigen Aufhebung des Beschlusses im (hierwegen zulässigen) Erinnerungsverfahren abhängig wäre. Dies gilt uneingeschränkt bei Leistungsklage des Gläubigers gegen den Drittschuldner. Die negative Feststellungsklage des Schuldners oder Drittschuldners auf Feststellung der Unwirksamkeit des Pfändungsbeschlusses setzt weiter voraus, daß ein Rechtsschutzbedürfnis gegeben ist. Es ist idR zu verneinen, weil mit dem Erinnerungsverfahren (§ 766) ein einfacherer und billigerer Rechtsweg zur Aufhebung des Beschlusses zur Verfügung steht. Dagegen ist ein Rechtsschutzbedürfnis für die Klage auf Feststellung des Nichtbestehens der gepfändeten Forderung zu bejahen, weil darüber im Erinnerungsverfahren (§ 766) nicht entschieden werden kann (s Rn 25).

27 **c) Anfechtung bei Verfahrensverstößen** s Rn 28 ff. Der anfechtbare Pfändungsbeschluß ist bis zu seiner Aufhebung wirksam. Das Prozeßgericht hat daher ungeachtet etwaiger Mängel des Beschlusses so lange von dessen Geltung auszugehen, wie er nicht in dem dafür vorgesehenen Erinnerungsverfahren (§ 766) aufgehoben ist (BGH 66, 79 = aaO). Der Drittschuldner kann jedoch auch im Rechtsstreit die Unpfändbarkeit der Forderung einwenden, wenn sie ihren Grund im materiellen Schuldverhältnis hat (in der eigenen materiellen Rechtsstellung des Drittschuldners; RG 66, 233; 93, 74 [78]; 146, 295; Celle NJW 62, 1731; LG Koblenz MDR 76, 232; Stöber FdgPfdg Rdn 752; aA Pohle JZ 62, 344: immer nur Erinnerung). Auf ein prozessuales Pfändungsverbot (zB §§ 850 b, 850 d, 850 f II, III, 852) kann sich auch der Drittschuldner im Rechtsstreit nicht selbständig berufen.

28 **IX) Rechtsbehelfe: 1)** Für **Gläubiger** bei (auch nur teilweiser) **Ablehnung** seines Antrags: Sofortige Beschwerde (§ 793) bzw befristete Rechtspflegererinnerung (§ 11 I S 2, II RpflG; Koblenz Rpfleger 73, 65 u NJW-RR 86, 679), ebenso, wenn der Rechtspfleger den Pfändungsbeschluß nach Erinnerung des Schuldners, der er abhilft (ganz oder teilweise) aufhebt (Koblenz Rpfleger 73, 65). Auch wenn der Pfändungsbeschluß zu Unrecht aufgehoben worden ist, muß aber der Gläubiger für Wiederherstellung der Vollstreckungsmaßnahme ein schutzwürdiges Interesse haben; es fehlt, wenn der Drittschuldner bereits Zahlungen in ausreichender Höhe an den Gläubiger geleistet hat (Köln Rpfleger 84, 29).

29 **2) Gegen den Pfändungsbeschluß** für den nicht angehörten (§ 834) **Schuldner:** Erinnerung nach § 766 (Hamm Rpfleger 73, 222), dann sofortige Beschwerde nach § 793. Es entscheidet der Richter (§ 20 Nr 17 a RpflG); er wäre bei eigenem Vollstreckungshandeln nach § 766 zur nochmaligen Überprüfung seiner Vollstreckungstätigkeit zuständig; daher hat er auch Einwendungen gegen die ZwV-Maßnahme des Rechtspflegers selbst nachzuprüfen. Vorlage an das Beschwerdegericht als Durchgriffserinnerung (§ 11 II RpflG) verbietet sich damit (jetzt allgem Meinung; Hamm aaO; KG Rpfleger 73, 32; Koblenz Rpfleger 72, 220; Köln Rpfleger 72, 65). Der Erinnerung (§ 766) kann der Rechtspfleger **abhelfen.** Er hat sie daher zu prüfen und (ggfs teilweise) abzuhelfen, wenn sie begründet ist. Vor Aufhebung des Pfändungsbeschlusses (möglichst unter Wirkungsaufschub bis Rechtskraft, Rn 30 zu § 766) auf begründete Erinnerung muß jedoch der

Gläubiger gehört werden (Frankfurt Rpfleger 79, 111). Der Rechtspfleger kann vor Abhilfe auch eine einstweilige Anordnung nach § 766 I S 2, § 732 II treffen.

3) Für den vor Erlaß des Pfändungsbeschlusses nicht angehörten **Drittschuldner** (BGH 69, 144 = MDR 78, 135 = NJW 77, 1881; KG Rpfleger 76, 144; Frankfurt JurBüro 81, 458) und für **Dritte** gegen den Pfändungsbeschluß: Erinnerung nach § 766 (wie Rn 29). 30

4) Nach Anhörung des Schuldners ist Erlaß des Pfändungsbeschlusses Entscheidung. Rechtsbehelf des Schuldners dann deshalb § 793 bzw befristete Rechtspflegererinnerung (§ 11 I S 2, II RpflG), nicht Erinnerung nach § 766. Entsprechendes gilt für den Drittschuldner (auch für einen Dritten), wenn er vor Erlaß des Pfändungsbeschlusses gehört wurde. Wenn nur der Schuldner gehört wurde, hat nur er sofortige Beschwerde bzw befristete Rechtspflegererinnerung, der nicht gehörte Drittschuldner und Dritte dagegen Erinnerung (§ 766); dazu näher Stöber FdgPfdg Rdn 730 a; aA Bamberg JurBüro 78, 605 = NJW 78, 1389; LG Bochum Rpfleger 84, 278. 31

5) Behauptet ein Dritter, daß ihm die gepfändete Forderung oder ein Vorzugsrecht hieran zusteht, so kann er gegen den Pfändungsgläubiger aus § 771 bzw § 805 klagen. 32

X) Einzelfälle 33

● **Arbeitnehmersparzulage** (§ 12 des 4. VermBG): Der Anspruch auf ihre Zahlung ist pfändbar; gepfändet werden kann auch der Anspruch auf künftig fällig werdende Arbeitnehmersparzulage. Drittschuldner ist der Arbeitgeber, der die Zulage auszahlt. Die (formularmäßige) Pfändung des Arbeitseinkommens erfaßt jedoch den Anspruch auf die Sparzulage nicht; er muß gesondert gepfändet werden (BAG AP 3. VermBG § 12 Nr 1 = NJW 77, 75; Stöber Rpfleger 73, 185 und FdgPfdg Rdn 920; LG Siegen MDR 73, 505). Der Erstattungsanspruch des Arbeitgebers an das Finanzamt (§ 12 IV des 4. VermBG) ist als Steuervergütung pfändbar.

● **Ausländer:** Pfändungsbeschluß hat auch zu ergehen, wenn der Drittschuldner im Ausland wohnt (Frankfurt MDR 76, 321; Schmidt MDR 56, 204; aA LG Berlin JW 38, 1841), exterritorialer Ausländer ist oder als ausländischer Staat der deutschen Gerichtsbarkeit nicht unterliegt (§§ 18 ff GVG; LG Bonn MDR 66, 935; Schack Rpfleger 80, 176). Zustellung an exterritorialen Ausländer und ausländischen Staat auf diplomatischem Weg oder wenn auf Exterritorialität verzichtet ist. Sonst wird die Pfändung mit Zustellung an den im Inland anwesenden Drittschuldner wirksam (RG 22, 404; Karlsruhe JW 32, 687; LG Dresden JW 33, 1350; aA RG 140, 340; KG JW 36, 2760). Für Zustellung auf fremdem Hoheitsgebiet muß der ausländische Staat bei ZwV durch Ausführung des Zustellungsersuchens (§ 199) mitwirken (RG 140, 340); ausländische Behörden lehnen ein Tätigwerden jedoch vielfach ab (zB Schweiz MDR 61, 511; dazu auch Unterreitmayer Rpfleger 72, 123 li Sp). Aus dem Schrifttum: *Bleckmann*, ZwV gegen einen fremden Staat, NJW 1978, 1092; *Gramlich*, Staatliche Immunität und Zugriff auf iranische Konten in der Bundesrepublik, NJW 1981, 2618; *Kaufmann*, Pfändung und Überweisung eines Anspruchs gegen einen ausländischen Drittschuldner, JW 1929, 416; *Ost*, Die Zustellung von dinglichen Arresten und einstweiligen Verfügungen im Ausland im Wege der Rechtshilfe, Justiz 1975, 134; *Schack*, Internationale ZwV in Geldforderungen, Rpfleger 1980, 175; *Schmidt*, Pfändung ausländischer Forderungen und die Zustellung von Pfändungsbeschlüssen, wenn der Drittschuldner im Ausland wohnt, MDR 1956, 204; *Stöber* FdgPfdg Rdn 38–44. S auch NATO-Truppenstatut.

● **Automatenaufsteller:** Pfändbare Geldforderung ist sein Anspruch gegen den Gewerbetreibenden (Wirt usw), der den Automaten entleert, auf die anteiligen Einspielergebnisse, desgleichen der Zahlungsanspruch des Gewerbetreibenden (Wirts usw) an den Aufsteller, der den Automaten selbst entleert, auf die Gegenleistung für Aufstellung und Betrieb des Automaten. Dazu AG Bonn MDR 63, 603; OVG Münster NJW 58, 1460; Noack, Pfändung des Inhalts eines aufgestellten Automaten in einem Geschäftslokal, KKZ 1975, 223; Schmidt, Automatenaufstellvertrag und ZwV, MDR 1972, 374; Stöber FdgPfdg Rdn 1509–1511.

● **Baugeldforderungen** (Ges v 1. 6. 1909, RGBl 449, mit Änderungen) können als zweckgebunden nur von Baugläubigern gepfändet werden (so bereits KG OLG 13, 211 und 16, 378; München OLG 33, 117; Nürnberg OLG 23, 217; nun LG Aachen Rpfleger 62, 449). Einzelheiten Stöber FdgPfdg Rdn 79–84. Dazu Bauer, Die ZwV in Baugelder, JurBüro 1963, 65.

● **Bausparkasse:** Die Forderung eines Bausparers auf Auszahlung der Bausparsumme nach Zuteilung, Auszahlung der voll angesparten Bausparsumme oder Rückzahlung des Guthabens nach Kündigung ist pfändbar, die Bausparsumme (nicht das Eigenkapital als Sparguthaben) als zweckgebunden jedoch nur eingeschränkt (Stuttgart BB 56, 1012; LG Bremen NJW 53, 1397; siehe Baugeldforderungen). Auf die Rechte zur Kündigung des Bausparvertrags und Vertragsänderung als Nebenrechte erstreckt sich die Pfändung; ausdrückliche Mitpfändung wird dennoch vielfach zugelassen. Wegen prämienschädlicher Rückzahlung siehe bei Sparguthaben. Einzelheiten: Stöber FdgPfdg Rdn 86–91.

● **Bergmannsprämie:** Der Anspruch auf sie ist nicht übertragbar (§ 5 Ges v 12. 5. 1969, BGBl I 434) und daher unpfändbar (§ 851 I; AG Essen Rpfleger 56, 314). Der Erstattungsanspruch des Arbeitgebers an das Finanzamt (§ 3 I S 3 Ges) ist als Steuererstattungsanspruch pfändbar.

● **Berlinförderungsgesetz** (v 23. 2. 1982, BGBl I 225, mit Änderungen): Die Arbeitnehmerzulage ist nicht übertragbar (§ 28 X BerlinFG), somit nicht pfändbar (§ 851 I). Der Erstattungsanspruch des Arbeitgebers an das Finanzamt (§ 28 V BerlinFG) ist als Steuervergütung pfändbar.

● Die **Binnenschiffer-Abwrackprämie** (§ 32a BSchVG, BGBl 1969 I 65, mit Änderungen) ist pfändbar (Hornung Rpfleger 70, 121).

● **Bundesentschädigungsgesetz** (v 29. 6. 1956, BGBl I 562 idF v 14. 9. 1965, BGBl I 1315). Es regelt die Pfändung der Entschädigungsansprüche selbständig; § 54 SGB findet keine Anwendung (Rn 7 zu § 850i). Insbesondere **§ 14 BEG** wie folgt:

Der Anspruch auf Entschädigung kann abgetreten, verpfändet oder gepfändet werden. Die Abtretung, Verpfändung oder Pfändung ist nur mit Genehmigung der Entschädigungsbehörde zulässig.

Außerdem für Hinterbliebenenrente **§ 28 BEG** wie folgt:

(1) Der Anspruch auf die laufende Rente ist weder übertragbar noch vererblich; dies gilt auch für den Anspruch der Witwe oder des Witwers auf Abfindung im Falle der Wiederverheiratung.

Besonderheiten und Einzelfragen Stöber FdgPfdg Rdn 98–107. Dazu auch BGH LM BEG 1956 § 14 Nr 5 = NJW/RzW 66, 357 mit Anm Brunn; BGH LM BEG 1956 § 39 Nr 4 = MDR 63, 572 = NJW/RzW 63, 36; BGH LM BEG 1956 § 39 Nr 3 = MDR 62, 468 = NJW/RzW 62, 370; LG Berlin NJW/RzW 59, 545 und Rpfleger 78, 150.

● **Bundesseuchengesetz** (idF v 18. 12. 1979, BGBl I 2262): Die Pfändung der Ansprüche für Impfschäden (§ 51 Ges) richtet sich nach §§ 54, 55 SGB-AT (§ 60 II Ges; Rn 11 zu § 850i). Entschädigung für Verdienstausfall wegen Beschränkungsmaßnahmen für die ersten 6 Wochen (§ 49 II S 2 Ges) ist wie Arbeitseinkommen zu pfänden (§ 60 I S 1 Ges); für die Entschädigung von der 7. Woche an (§ 49 II S 3 Ges) gilt §§ 54, 55 SGB-AT (§ 60 I S 2 Ges). Die Entschädigung für vernichtete oder beschädigte Gegenstände (§ 57 Ges) ist unpfändbar; jedoch gilt § 850b II, III entsprechend (§ 60 I S 3 Ges).

● **Darlehen:** Die Forderung auf Rückzahlung eines vom Schuldner gewährten Darlehens (§ 607 I BGB) ist pfändbar, desgleichen das Schuldscheindarlehen (Schuldschein ist Beweisurkunde). Als Darlehensanspruch ist die Forderung auf Auszahlung des Kreditbetrags aus einem mit dem Schuldner bereits abgeschlossenen Darlehensvertrag pfändbar. Das Recht auf Abschluß eines Darlehensvertrags (auch auf weitere Einräumung eines Kredits) kann als höchstpersönlich nicht gepfändet werden. Dazu RG 51, 119; BFH JurBüro 78, 1003 = MDR 78, 839; BGH 93, 315 = JZ 85, 487 mit krit Anm Grunsky = NJW 85, 1218; LG Düsseldorf JurBüro 82, 1428; Stöber FdgPfdg Rdn 111–120 sowie unter „Kontokorrent". Schrifttum: *Erman*, Zur Pfändbarkeit der Ansprüche eines Kontokorrentkunden gegen seine Bank aus deren Kreditzusage, Gedächtnisschrift R. Schmidt, 1966, 261; *Grunsky*, Zur Durchsetzung einer Geldforderung durch Kreditaufnahme des Schuldners in der ZwV, ZZP 95 [1982] 264; *Koch*, Pfändbarkeit des Kreditanspruchs, JW 33, 2757; *Lwowski und Weber*, Pfändung von Ansprüchen auf Kreditgewährung, ZIP 80, 609; *Schmidt*, Darlehen, Darlehensversprechen und Darlehenskrediteröffnung im Konkurs, JZ 76, 756; *Weimar*, Zur Pfändbarkeit des Anspruchs auf Auszahlung eines Darlehens, JurBüro 76, 565.

● **Erbausgleich:** Der Anspruch des nichtehelichen Kindes an seinen Vater (§ 1934d BGB) ist nach Vereinbarung oder rechtskräftiger Entscheidung (auch nach Rechtshängigkeit entspr § 852) übertragbar und pfändbar (Damrau FamRZ 69, 589); davor kann der Anspruch auch nicht als künftige Forderung gepfändet werden (Stöber FdgPfdg Rdn 122 mwN).

● **Erbersatzanspruch** des nichtehelichen Kindes usw (§ 1934a BGB). Er ist übertragbar (§ 1934b II mit § 2317 II BGB), mithin auch pfändbar; § 852 ist nicht anwendbar.

● **Forderungspfändung:** Das durch sie erlangte Pfandrecht kann selbständig nicht gepfändet werden. Zu pfänden ist die Forderung des Schuldners an den Drittschuldner; Erstreckung auf das durch Forderungspfändung erlangte Pfandrecht kann zum Ausdruck gebracht werden (Stuttgart Rpfleger 83, 409; LG Frankfurt Rpfleger 76, 26; s Rn 20).

● **Gefangenengelder:** Geregelt ist die Pfändung wie folgt in **§ 51 Abs 4 und 5 StVollzG:**

(4) Der Anspruch auf Auszahlung des Überbrückungsgeldes ist unpfändbar. Erreicht es nicht die in Absatz 1 bestimmte Höhe, so ist in Höhe des Unterschiedsbetrages auch der Anspruch auf Auszahlung des Eigengeldes unpfändbar. Bargeld des entlassenen Gefangenen, an den wegen der nach Satz 1 oder Satz 2 unpfändbaren Ansprüche Geld ausgezahlt worden ist, ist für die Dauer von vier Wochen seit der Entlassung insoweit der Pfändung nicht unterworfen, als es dem Teil der Ansprüche für die Zeit von der Pfändung bis zum Ablauf der vier Wochen entspricht.

(5) Absatz 4 gilt nicht bei einer Pfändung wegen der in § 850d Abs 1 Satz 1 der Zivilprozeßordnung bezeichneten Unterhaltsansprüche. Dem entlassenen Gefangenen ist jedoch so viel zu belassen, als er für seinen notwendigen Unterhalt und zur Erfüllung seiner sonstigen gesetzlichen Unterhaltspflichten für die Zeit von der Pfändung bis zum Ablauf von vier Wochen seit der Entlassung bedarf.

Sonst ist die Forderung auf Rückzahlung von Eigengeld pfändbar, desgleichen der Anspruch eines Gefangenen auf Arbeitsentgelt (Pfändungsbeschränkungen der §§ 850 ff gelten nicht; LG Berlin Rpfleger 81, 455; aA Celle KKZ 81, 202 und KKZ 81, 203; Frankfurt JurBüro 85, 469 [für Zusammenrechnung nach § 850e Nr 3 mit Naturalleistungen für Lebensunterhalt]; s aber auch BVerfG NJW 82, 1583). Hausgeld eines Gefangenen ist pfändbar; aA (Hausgeld als Arbeitsentgelt nur nach § 850 ff pfändbar) Hamm NStZ 84, 432; Karlsruhe NStZ 85, 430 mit Anm Volckart; KG JR 85, 218; Stuttgart NStZ 86, 47). Zur Entlassungsbeihilfe bestimmt **§ 75 III StVollzG:**

(3) Der Anspruch auf Beihilfe zu den Reisekosten und die ausgezahlte Reisebeihilfe sind unpfändbar. Für den Anspruch auf Überbrückungsbeihilfe und für Bargeld nach Auszahlung einer Überbrückungsbeihilfe an den Gefangenen gilt § 51 Abs 4 Satz 1 und 3, Abs 5 entsprechend.

Dazu näher Stöber FdgPfdg Rdn 132–144.

● **Genossenschaft:** Die Forderung an ihre Genossen auf Einzahlung der Geschäftsanteile und der Anspruch auf anteilige Fehlbeträge ist unpfändbar (RG 135, 55). Besonderheit bei Liquidation nach § 88a GenG. Ein daneben zu leistendes Beitrittsgeld (Aufnahmegebühr) ist pfändbar (RG 135, 55). Zulässig ist Pfändung der an den Genossen zu zahlenden **Dividende.** Hat jedoch das Genossenschaftsstatut bestimmt, daß eine zur Verteilung gelangende Dividende nicht auszuzahlen, sondern dem Geschäftsguthaben zuzuschreiben ist, so bleibt die ZwV in die Dividende wirkungslos, weil auch der Gläubiger die Auszahlung in diesem Falle nicht verlangen kann. Der Gläubiger muß daher unter Umständen das Geschäftsguthaben und die Dividende gleichzeitig pfänden. Überhaupt empfiehlt es sich, wenn Genossen einer Genossenschaft (zB der Konsumvereine) am Gewinn beteiligt sind, die ZwV auch auf die Dividende auszudehnen, weil die ZwV in das Geschäftsguthaben die Dividende nicht ohne weiteres einschließt. Pfändung des Geschäftsguthabens Rn 14 zu § 859.

● **Gesellschaft mbH:** Ihre Forderung gegen Gesellschafter auf Zahlung der Stammeinlage ist zur Erhaltung der Kapitaleinlage zweckbestimmt (§ 19 II S 1 GmbHG). Gepfändet werden kann sie daher von dem Gläubiger der Gesellschaft, wenn dieser mit der Gegenleistung des Gläubigers ein vollwertiges Entgelt zugeflossen ist (RG 133, 83; 149, 293; BGH MDR 63, 111 = NJW 63, 102; Frankfurt GmbHR 77, 249) oder wenn aus besonderen Gründen Erhaltung der Kapitalgrundlage entfallen ist (BGH MDR 63, 111 = aaO; BGH MDR 76, 912; BGH MDR 80, 826 = NJW 80, 2253). Näher dazu Stöber FdgPfdg Rdn 343–349.

● **Häftlingshilfegesetz** (v 29. 9. 1969, BGBl I 1973 mit Änderungen): Beschädigten- und Hinterbliebenenversorgung (§§ 4, 5 Ges) wird in entsprechender Anwendung des Bundesversorgungsgesetzes (BVG) gewährt; die Ansprüche sind daher nur nach §§ 54, 55 SGB-AT pfändbar (Rn 11 zu § 850i). Für die Eingliederungshilfe (§§ 9a ff Ges) gilt § 6 Kriegsgefangenenentschädigungsgesetz sinngemäß; Unpfändbarkeit besteht daher in der Person des unmittelbar Geschädigten.

● **Haftpflichtversicherung:** Ein Schuldbefreiungsanspruch (siehe dort) ist nicht pfändbar; Pfändung ist jedoch für Verletzten möglich, auch in der Pflichtversicherung des Kfz-Halters (Hamburg VersR 72, 631; Prölss NJW 67, 786 gegen AG München). Nach Umwandlung in einen Zahlungsanspruch mit Befriedigung des Haftpflichtgläubigers durch den Versicherten (Schuldner) unterliegt die Geldforderung der Pfändung. Dazu Stöber FdgPfdg Rdn 145–150a.

● **Haushaltsmittel:** Eine Forderung eines Landes gegen den Bund „aus Haushaltsmitteln“ kann nicht gepfändet werden (LG Mainz Rpfleger 74, 166).

● **Kontokorrent:** Guthaben (§ 355 HGB) sind als Geldforderung pfändbar. Hauptfall: Bankkontokorrent auf Grund Girovertrag mit Kontokorrentabrede, der Geschäftsbesorgungsvertrag mit Dienstvertragscharakter iS des § 675 BGB ist (BGH 84, 371 [374] mwN; BGH 93, 315 [322] = JZ 85, 487 mit teilw krit Anm Grunsky = NJW 85, 1218; BGH NJW 85, 2699 = ZIP 85, 1315). Zum umfangreichen Schrifttum *Stöber* FdgPfdg Rnd 154; zuletzt *Baßlsperger*, Das Girokonto in der ZwV, Rpfleger 85, 177; *Bauer*, Die Zulässigkeit von Globalpfändungen durch die Finanzverwaltung, DStR 82, 280; *Berger*, Pfändung von Girokontoguthaben, ZIP 80, 946 und 81, 583; *Ehlenz*, Pfändung eines Giroguthabens bei Führung mehrerer Girokonten, JurBüro 82, 1767; *Gleisberg*, Pfändung von Kontokorrentguthaben, Betrieb 80, 865; *Gröger*, Die zweifache Doppelpfändung des Kontokorrentes, BB 84, 25; *Häuser*, Die Reichweite der ZwV bei debitorischen Girokonten, ZIP 83, 891; *Kiphuth*, Die Sparkasse als Drittschuldner, Sparkasse 81, 64; *Luther*, Die Pfändbarkeit von Kredit- und Darlehensansprüchen, BB 85, 1886; *Peckert*, Pfändbarkeit des Überziehungs- und Dispositionskredits, ZIP 86, 1232; *Ploch*, Pfändbarkeit der Kreditlinie, Betrieb 86, 1961; *Sühr*, Die Pfändung von Auskunfts- und Rechnungslegungsansprüchen gegenüber Kreditinstituten als Drittschuldner, WM 85, 741; *Terpitz,* Zur Pfändung von Ansprüchen aus Bankkonten, WM 79, 570; *Wagner,* Zur Pfändung nichtzweckgebundener Kontokorrentforderungen, JZ 85, 718; *Werner* und *Machunsky,* Zur Pfändung von Ansprüchen aus Girokonten – insbesondere beim debitorisch geführten Kontokorrent, BB 82, 1581. **Zu pfänden** ist die Forderung auf Auszahlung des Überschusses bei Rechnungsabschluß aus der Geschäftsverbindung, deren beiderseitige Ansprüche und Leistungen in laufender Rechnung (als Kontokorrent) ausgeglichen werden (s § 355 HGB). Die Angabe der Giro-Kontonummer ist für Wirksamkeit der Pfändung eines Bankkontokorrents bei sonst genügend bestimmter Bezeichnung der Kontokorrentforderung nicht erforderlich (BGH NJW 82, 2193 [2195 re Sp]; LG Oldenburg JurBüro 82, 620 = Rpfleger 82, 112). Eine dem Kontokorrent unterstellte Einzelforderung ist nicht pfändbar (BGH 80, 172 = MDR 81, 730 = NJW 81, 1161). Die Pfändung erstreckt sich nach § 357 HGB auf den sogen **Zustellungssaldo** und nicht (unter Ausschluß neuer Schuldposten) auf den nächsten periodisch fällig werdenden Abschlußsaldo (BGH 80, 172 = aaO). Dem Gläubiger gegenüber wirksame Schuldposten (§ 357 HGB) aus Einlösung von Schecks bestehen auch, wenn bereits vor Pfändung durch Aushändigung der eurocheque-Karte und der eurocheque-Formulare an den Scheckaussteller (Schuldner) die rechtliche Grundlage für die Verpflichtung der Bank, ordnungsgemäß ausgestellte und fristgerecht eingereichte eurocheques einzulösen, angelegt wurde; die Garantiehaftung nach Scheckbegebung ist dann nicht durch ein „neues Geschäft" iS von § 357 S 1 HGB ausgelöst (BGH 93, 71 = MDR 85, 404 = NJW 85, 863). Pfändung auch **künftiger** Kontokorrentforderungen ist möglich; erforderlich ist ausdrückliche Anordnung in dem Pfändungsbeschluß (Rn 4). Die Pfändung der künftigen Guthaben erstreckt sich nicht nur auf den nächsten Aktivsaldo, sondern auf alle weiteren künftigen Aktivsalden bis zur vollen Befriedigung des Gläubigers (BGH 80, 172 = aaO; jetzt hM; früher aA RG 140, 219 [222]; Oldenburg MDR 52, 549 [abweichend aber bereits WM 79, 591]; München JurBüro 76, 968 = WM 74, 957). Beim Bankkontokorrent (auch bei sonstigem Kontokorrent mit stetem Auszahlungsanspruch) ist als Geldforderung außerdem pfändbar der Anspruch auf **fortlaufende Auszahlung** des sich zwischen den Rechnungsabschlüssen ergebenden Guthabens mit dem Recht, über dieses Guthaben durch Überweisungsaufträge zu verfügen (BGH 84, 325 = MDR 82, 928 = NJW 82, 2192; BFH 84, 906 = ZIP 84, 692). Die Pfändung dieser Ansprüche aus dem Girovertrag muß ausdrücklich beantragt und ausgesprochen werden (BGH 84, 371 [378] = MDR 82, 903 = NJW 82, 2193. Pfändung des Anspruchs auf laufende Auszahlung zwischen den Rechnungsabschlüssen gutgeschriebener Beträge erfaßt die sogen Tagesguthaben, nicht aber eingehende Beträge als Einzelforderungen. Gutgeschriebene Beträge (Habenposten) sind als Rechnungsposten kontokorrentgebunden, somit mit einem bestehenden Debet zu verrechnen, nicht aber als Auszahlungsanspruch pfändbar (BGH 93, 315 = aaO). Der Anspruch auf Durchführung von Überweisungen ist eine neben dem Zahlungsanspruch des Kontoinhabers bestehende (Dienstleistungs-)Verpflichtung aus dem Girovertrag; sie kann ohne Deckung (Kontokorrentguthaben oder Kredit) nicht Pfandgegenstand sein (BGH 93, 315 = aaO). Als pfändbar wird schließlich der Anspruch des Schuldners als Kontoinhaber auf Gutschrift aller laufend eingehenden Beträge angesehen. Dessen Pfändung hat zur Folge, daß eingehende Beträge dem Konto auch tatsächlich gutgeschrieben werden müssen, der Kontoinhaber also nicht vor Gutschrift über diese anderweit verfügen kann; Auszahlungsanspruch begründet diese (Hilfs-)Pfändung nicht (BGH 93, 315 = aaO). Dazu weiter Stöber FdgPfdg Rdn 154–166 a. Ein Kontoguthaben aus Darlehensvertrag kann gepfändet werden, wenn Anspruch auf Kreditgewährung aus einem bereits abgeschlossenen Darlehensvertrag besteht (s „Darlehen"). Die Bank (der sonstige Kontokorrentpartner) muß verpflichtet sein, dem Schuldner Kredit zur Verfügung zu stellen. Bloße Duldung der Überziehung des Kontos gibt dem Schuldner der Bank gegenüber keinen Anspruch auf Auszahlung eines Kredits, schafft somit keine pfändbare Forderung (BGH 93, 315 = aaO). Ein Anspruch auf „Zurverfügungstellung eines Kredits" (sogen „Kreditlinie") besteht pfändbar nicht (Darlehensvertrag kann für Schuldner nicht durch Gläubiger geschlossen werden; LG Dortmund NJW 86, 997 = Rpfleger 85, 497 mit Anm Alisch; LG Hannover JurBüro 86, 303; LG Landau JurBüro 85, 1742; LG Lübeck NJW 86, 1115; offen gelassen BGH 93, 315 = aaO; aA Köln ZIP 83, 810; LG Düsseldorf JurBüro 85, 470; enger: LG Hamburg JurBüro 86, 778 = MDR 86, 327 = NJW 86, 998: pfändbar, Verwertung mit Auszahlung an Gläubiger jedoch erst nach Ausübung des Abrufrechts durch den Schuldner, dazu Anm Baßlsperger Rpfleger 86, 266). Einschränkung der Überweisungswirkung § 835 III S 2. Schutzvorschriften: § 850 k; SGB § 55 (Rn 48 ff zu § 850 i).

● **Kostenerstattungsanspruch:** Er kann von Rechtshängigkeit des gerichtlichen Verfahrens an gepfändet werden (RG 140, 222), der Anspruch auf Erstattung von ZwV-Kosten von Erteilung des einzelnen Vollstreckungsauftrags an.

● **Kriegsfolgengesetz** (v 5. 11. 1957, BGBl I 1747, mit Änderungen). Der Anspruch auf Härtebeihilfe ist unpfändbar (§ 74 Ges mit § 851 I).

● **Kriegsgefangenenentschädigungsgesetz** (v 2. 9. 1971, BGBl I 1545, mit Änderungen): Entschädigungsanspruch unterliegt in der Person des unmittelbar Geschädigten nicht der ZwV (§ 6 Ges).

● **Lastenausgleich:** Hauptentschädigung § 244 LAG, Kriegsschadenrente § 262 LAG, Hausratsentschädigung § 294 LAG. Dazu Berner Rpfleger 1954, 21; Stöber FdgPfdg 183–190.

● **Lebensversicherung:** Ansprüche sind als Forderungen auf Geldzahlung pfändbar. Pfändungsbeschränkungen können bestehen nach § 850 III, § 850 b I Nr 4 und für Lebensversicherungen von Handwerkern (§ 22 der 1. DVO HWG). Gestaltungsrechte (Kündigung § 165 VVG, Umwandlung in eine prämienfreie Versicherung § 174 VVG, Bestimmung, Änderung oder Widerruf einer Bezugsberechtigung § 166 VVG) sind Nebenrechte, auf die sich die Pfändung erstreckt; ihre selbständige Pfändung ist unzulässig. Wenn ein Dritter Bezugsberechtigter ist, erwirbt er mit Eintritt des Versicherungsfalls das Recht auf die Leistung (§ 166 II VVG). Durch Widerruf des Schuldners (als Versicherungsnehmer) bis zum Eintritt des Versicherungsfalls fällt diese Bezugsberechtigung weg. Der Gläubiger muß daher vor Eintritt des Versicherungsfalls das Bezugsrecht des Dritten ausdrücklich widerrufen. Unwiderrufliche Bezugsberechtigung schließt Pfändung für Gläubiger des Versicherungsnehmers nicht aus; Bedeutung erlangt sie aber nur, wenn das Bezugsrecht vor Eintritt des Versicherungsfalls noch entfällt. Herausgabe des Versicherungsscheins samt Prämienquittung: § 836 III. Eintritt eines Bezugsberechtigten in den Versicherungsvertrag nach Pfändung: § 177 I S 1 VVG. Beim Lebensversicherungsvertrag über verbundene Leben hat jeder Ehegatte Anspruch auf die Versicherungsleistungen im Zweifel (§ 420 BGB) zu gleichen Teilen; der Anspruch jeden Partners ist daher gesondert pfändbar. **Lit:** *Berner,* Die Pfändung, Abtretung und Verpfändung von Lebensversicherungsansprüchen, Rpfleger 1957, 193; *Bohn,* Die ZwV in Rechte des Versicherungsnehmers aus dem Versicherungsvertrag und der Konkurs des Versicherungsnehmers, Festschrift Schiedermair, 1976, 33; *Haegele,* Abtretung, Verpfändung und Pfändung einer Lebensversicherung, BWNotZ 1974, 141; *Heilmann,* Die ZwV in den Anspruch auf die Lebensversicherungssumme, NJW 1955, 135; *Mohr,* Vorpfändung von Lebensversicherungsansprüchen, VersR 1955, 376; *Stöber* FdgPfdg Rdn 191–213.

● **Lohnfortzahlungsgesetz** v 27. 7. 1969 (BGBl I 946, mit Änderungen): Das bei Arbeitsunfähigkeit weiter zu zahlende Arbeitsentgelt ist Arbeitseinkommen (Rn 6 zu § 850). Der Erstattungsanspruch des Arbeitgebers nach § 10 Ges ist als Geldforderung pfändbar.

● **Mietzins:** Der Anspruch auf Zahlung ist als Geldforderung pfändbar. Pfändung künftig fällig werdender Beträge ist ausdrücklich anzuordnen (kein Fall des § 832; Mitpfändung kann aber mit Auslegung des Pfändungsbeschlusses anzunehmen sein, Stöber FdgPfdg Rnd 223). Wahrung der Zweckbestimmung nur nach § 851 b ZPO. Möglich ist Pfändung, solange nicht Beschlagnahme durch Anordnung der Zwangsverwaltung erfolgt ist (§ 865 II mit ZVG § 148 I); Zwangsversteigerungsbeschlagnahme steht nicht entgegen (§ 21 II ZVG). Pfändung vor Beschlagnahme hat Wirkung nur bis dahin (§ 1124 BGB) sowie für die über ein Jahr fälligen Beträge (§ 1123 II BGB). Einzelheiten Stöber FdgPfdg Rdn 219–238. Beschlagnahme ist auch Mietzinspfändung auf Grund dinglichen Titels (RG 101, 5; 103, 137; dazu Lauer MDR 84, 977). Bevorzugte Pfändung wegen einer öffentlichen Last: Ges v 9. 3. 1934, RGBl I 181.

● **NATO-Truppenstatut:** Auf Zahlungsansprüche aus Lieferungen oder sonstigen Leistungen an eine Truppe oder ein ziviles Gefolge kann bei Zahlung durch Vermittlung einer deutschen Behörde (Amt für Verteidigungslasten) mit Ersuchen nach Art 35 II a des Zusatzabkommens zum NATO-Truppenstatut (Zustellung von Amts wegen, Art 5 II AusfG), sonst nach Maßgabe von Art 35 II b des Zusatzabkommens zugegriffen werden. Die Bezüge der Mitglieder der Truppe und des zivilen Gefolges sind Arbeitseinkommen iS des § 850. Sie können aber nur gepfändet werden, wenn das Recht des Entsendestaates die Zwangsvollstreckung in solche Bezüge zuläßt (Art 34 III Zusatzabkommen). Das ist zumeist nicht der Fall (für die USA s Auerbach NJW 69, 729, Schwenk NJW 76, 1565; für Großbritannien LG Dortmund NJW 62, 1519). Nun läßt die US-Gesetzgebung Pfändung der Bezüge der in der BRD stationierten Mitglieder der Truppe und des zivilen Gefolges wegen Unterhaltsforderungen von Ehefrau und Kindern zu (AnwBl 77, 499; DAVorm 78, 80 u 262). Der Pfändungsbeschluß muß als das Verfahren einleitendes Schriftstück über die vom Entsendestaat bezeichneten Verbindungsstellen (zu ihnen AnwBl und DAVorm aaO) zugestellt werden (Art 32 I Zusatzabkommen). Einzelheiten s Schwenk aaO. Unter § 850 fallen auch die Bezüge der **bei den Streitkräften Beschäftigten,** für deren Arbeitsverhältnis grundsätzlich deutsches Recht gilt (Art 56 Zusatzabkommen). Das Pfändungsverfahren ist besonders geregelt. Wenn die Bezüge (auch eine aus Lieferungen oder Leistungen entstandene Forderung) von einer deutschen Behörde (Amt für Verteidigungslasten) ausgezahlt werden, ist diese unter Zustellung von Amts wegen zu ersuchen, den pfändbaren Teil nicht an den Schuldner, sondern an den Drittschuldner abzuführen (Art 35 II a Zusatzabkommen, Art 5 II AusfG). Wenn eine Dienststelle der Streitkräfte Zahlstelle ist, so ist diese darum zu ersuchen, den von ihr anerkannten Betrag zugunsten des Gläubigers zu hinterlegen oder, wenn das Recht des Entsendestaates ein solches Verfahren nicht zuläßt, sonstige geeignete Maßnahmen zur Befriedigung des Gläubigers zu treffen; zugleich ist an den Schuldner das Gebot zu erlassen, sich jeder Verfügung über die Forderung zu enthalten (Art 35 IIb Zusatzabkommen, § 5 I AusfG). Einzelheiten s Schmitz BB 66, 1351, Schwenk NJW 76, 1564. Erklärung nach § 840 ZPO kann nicht gefordert werden. Die bezeichneten Bestimmungen lauten:

Zusatzabkommen zum NATO-Truppenstatut (BGBl 1961 II 1219)

Art 34. (1) Die Militärbehörden gewähren bei der Durchsetzung vollstreckbarer Titel in nichtstrafrechtlichen Verfahren deutscher Gerichte und Behörden alle in ihrer Macht liegende Unterstützung.

(2) ... (3) Bezüge, die einem Mitglied einer Truppe oder eines zivilen Gefolges von seiner Regierung zustehen, unterliegen nur insoweit der Pfändung, dem Zahlungsverbot oder einer anderen Form der Zwangsvollstreckung auf Anordnung eines deutschen Gerichts oder einer deutschen Behörde, als das auf dem Gebiet des Entsendestaates anwendbare Recht die Zwangsvollstreckung gestattet.

Art. 35. Soll aus einem vollstreckbaren Titel deutscher Gerichte und Behörden gegen einen Schuldner vollstreckt werden, dem aus der Beschäftigung bei einer Truppe oder einem zivilen Gefolge gemäß Artikel 56 oder aus unmittelbaren Lieferungen oder sonstigen Leistungen an eine Truppe oder ein ziviles Gefolge ein Zahlungsanspruch zusteht, so gilt folgendes:

(a) Erfolgt die Zahlung durch Vermittlung einer deutschen Behörde und wird diese von einem Vollstreckungsorgan ersucht, nicht an den Schuldner, sondern an den Pfändungsgläubiger zu zahlen, so ist die deutsche Behörde berechtigt, diesem Ersuchen im Rahmen der Vorschriften des deutschen Rechts zu entsprechen.

(b) (i) Erfolgt die Zahlung nicht durch Vermittlung einer deutschen Behörde, so hinterlegen die Behörden der Truppe oder des zivilen Gefolges auf Ersuchen eines Vollstreckungsorgans von der Summe, die sie anerkennen, dem Vollstreckungsschuldner zu schulden, den in dem Ersuchen genannten Betrag bei der zuständigen Stelle, soweit das Recht des betroffenen Entsendestaates dies zuläßt. Die Hinterlegung befreit die Truppe oder das zivile Gefolge in Höhe des hinterlegten Betrages von ihrer Schuld gegenüber dem Schuldner.

(ii) Soweit das Recht des betroffenen Entsendestaates das unter Ziffer (i) vorgeschriebene Verfahren nicht zuläßt, treffen die Behörden der Truppe und des zivilen Gefolges alle geeigneten Maßnahmen, um das Vollstreckungsorgan bei der Durchsetzung des in Frage stehenden Vollstreckungstitels zu unterstützen.

Art 36. (1)–(4) ... (5) Den deutschen Behörden obliegt es, im Einvernehmen mit den Behörden einer Truppe oder eines zivilen Gefolges ... (b) das Entlohnungsverfahren zu regeln.

(8) Streitigkeiten aus dem Arbeitsverhältnis und aus dem Sozialversicherungsverhältnis unterliegen der deutschen Gerichtsbarkeit, Klagen gegen den Arbeitgeber sind gegen die Bundesrepublik zu richten. Klagen für den Arbeitgeber werden von der Bundesrepublik erhoben.

Gesetz zum NATO-Truppenstatut und zu den Zusatzvereinbarungen (BGBl 1961 II 1183)

Art 5. (1) Bei der Zwangsvollstreckung aus einem privatrechtlichen Vollstreckungstitel kann das Ersuchen in den Fällen des Artikels 35 des Zusatzabkommens nur von dem Vollstreckungsgericht ausgehen; Vollstreckungsgericht ist das Amtsgericht, bei dem der Schuldner seinen allgemeinen Gerichtsstand hat, und sonst das Amtsgericht, in dessen Bezirk die zu ersuchende Stelle sich befindet. Zugleich mit dem Ersuchen hat das Gericht an den Schuldner das Gebot zu erlassen, sich jeder Verfügung über die Forderung, insbesondere ihrer Einziehung, zu enthalten.

(2) In den Fällen des Artikels 35 Buchstabe a des Zusatzabkommens ist das Ersuchen der deutschen Behörde von Amts wegen zuzustellen. Mit der Zustellung ist die Forderung gepfändet und dem Pfändungsgläubiger überwiesen. Die Vorschriften der Zivilprozeßordnung über die Zwangsvollstreckung in Geldforderungen gelten im übrigen entsprechend. § 845 der Zivilprozeßordnung ist nicht anzuwenden.

(3) Bei der Zwangsvollstreckung wegen öffentlich-rechtlicher Geldforderungen geht das Ersuchen in den Fällen des Artikels 35 des Zusatzabkommens von der zuständigen Vollstreckungsbehörde aus. Auf das weitere Verfahren finden in den Fällen des Artikels 35 Buchstabe (a) des Zusatzabkommens die Vorschriften des in Betracht kommenden Verwaltungszwangsverfahrens über die Pfändung von Forderungen entsprechende Anwendung.

• **Notar:** Eigentum an Geldern, die dem Notar zur Verwahrung auf Anderkonto überwiesen oder bar übergeben werden, gehen auf ihn als Erwerber über (BGH 76, 9 [13]). Als Geldforderung pfändbar ist daher der Anspruch des Hinterlegers (Einzahlers) an den Notar auf Rückzahlung dieses Geldes. Weil eine vertraglich vorgesehene (treuhänderische) „Hinterlegung" eines Kaufgeldes beim Notar in der Regel noch nicht zum Erlöschen des Kaufpreisanspruches führt (BGH DNotZ 83, 569 mit Anm Zimmermann = NJW 83, 1605), ist für Gläubiger des Verkäufers aber auch die Kaufpreisforderung an den Käufer weiterhin pfändbar (Rupp/Zimmermann NJW 83, 2368). Daneben besteht jedoch auch ein (künftiger) Auszahlungsanspruch des Verkäufers, der als Geldforderung pfändbar ist (dazu Stöber FdgPfdg Rdn 1780, 1781).

• **Opfer von Gewalttaten** (Gesetz über ihre Entschädigung; OEG v 7. 1. 1985, BGBl I 1): Versorgung für gesundheitliche Folgen und Hinterbliebenenversorgung werden in entsprechender Anwendung der Vorschriften des Bundesversorgungsgesetzes (BVG) gewährt; die Ansprüche sind daher nur nach §§ 54, 55 SGB-AT pfändbar (Rn 11 zu § 850i).

• **Pflichtteil:** § 852 I.

• **Postgiroguthaben:** Der Auszahlungsanspruch des Postgiroteilnehmers ist als Geldforderung pfändbar (§ 23 III S 2 PostG). Auf die Guthaben aus künftigen Gutschriften (dazu Hamburg BB 58, 963 = Betrieb 56, 447; LG Hamburg MDR 65, 391; LG Paderborn MDR 52, 171) muß die Pfändung ausdrücklich erstreckt werden (Rn 10; aA OVG Münster BB 68, 875). Drittschuldner ist die Deutsche Bundespost, vertreten durch das Postgiroamt, bei dem das Konto geführt wird (§ 2 I Nr 3 VertretungsVO 1953, BGBl I 715, mit Änderungen). Die Postgironummer braucht zur Bezeichnung der Forderung nicht zwingend angegeben zu werden (Stöber FdgPfdg Rdn 280). Nicht pfändbar ist das Recht, Löschung des Postgirokontos zu verlangen (§ 23 III S 3 PostG).

• **Postsendungen:** Postsendungen und Ansprüche des Absenders einer Postsendung gegenüber der Deutschen Bundespost können nicht gepfändet werden (§ 23 I, II PostG, BGBl 1969 I 1006). Unzulässig ist daher auch die Pfändung des Anspruchs auf Zahlung von Geld aus dem Postanweisungs-, Zahlkarten- oder Nachnahmeverkehr. Daher kann auch der Empfänger einer Postauftrags- oder Nachnahmesendung nach Einlösung des Auftrags oder der Nachnahme nicht den Anspruch des Absenders auf Auszahlung des eingezogenen Betrags pfänden. Gepfändet werden können lediglich die Ansprüche auf Schadenersatz aus der Inanspruchnahme der Dienste der Bundespost und die Ansprüche auf Gebührenerstattung (§ 23 V PostG).

• **Rechtsanwalt:** Der Anspruch auf Auszahlung (für den Schuldner) eingezogener oder beigetriebener Geldbeträge ist pfändbar; Pfändungsbeschränkungen bestehen nicht (uU § 811 Nr 8). Als Geldforderung pfändbar ist die aus der Staatskasse zu zahlende Vergütung des im Wege der PKH beigeordneten Rechtsanwalts (§ 121 BRAGO) und des in Strafsachen gerichtlich bestellten Verteidigers (§§ 97 ff BRAGO), auch die Vergütung für Beratungshilfe (§ 131 BRAGO). Vor Beiordnung (Beratungshilfe) besteht kein pfändbarer künftiger Anspruch.

• **Rechtsschutzversicherung:** Anspruch geht auf Schuldbefreiung; er ist daher nicht pfändbar. Nur der Gläubiger, von dessen Forderung der Versicherte freigestellt werden soll (Rechtsanwalt wegen Gebührenforderung, Gerichtskasse wegen Verfahrenskosten) kann pfänden (siehe Schuldbefreiung). In einen Zahlungsanspruch geht der Freistellungsanspruch über, wenn der Schuldner (Versicherungsnehmer) die Kosten, von denen er Freistellung verlangen kann, selbst bezahlt; dieser Zahlungsanspruch ist pfändbar (Hamm JurBüro 84, 789 = ZIP 84, 228). Angabe der Versicherungsnummer des Rechtsschutzversicherungsvertrags ist bei sonst genügend bestimmter Bezeichnung eines zu pfändenden Anspruchs nicht erforderlich (Hamm aaO). Dazu Bergmann, Rechtsbeziehungen zwischen Rechtsanwalt, Mandanten und Rechtsschutzversicherung, VersR 1981, 512; Kurzka, Der Zugriff Dritter auf den Rechtsschutzversicherungsanspruch, VersR 1980, 12.

• **Reparationsschädengesetz** (v 12. 2. 1969, BGBl I 105, mit Änderungen) s § 42 RepG.

• **Rückerstattungsansprüche** gegen das ehemalige Deutsche Reich und gleichgestellte Rechtsträger sind nach § 8 BRüG (v 19. 7. 1957, BGBl I 734) pfändbar.

• **Schadensersatzforderungen:** Pfändbar sind Ersatzforderungen für Sachschaden und für Beerdigungskosten (für diese streitig). Schadensersatz für Verdienstausfall ist wie Arbeitseinkommen geschützt (§§ 850 ff). Renten wegen Verletzung des Körpers oder der Gesundheit und Unterhaltsrenten sind nach § 850 b I Nr 1, II nur beschränkt pfändbar. Entsprechendes gilt für Ersatzansprüche aus Gefährdungshaftung nach RHaftpflG, LuftVG, StVG, AtomG usw.

• **Schadensversicherung:** Der Anspruch auf Ersatz des Vermögensschadens in der Feuer-, Hagel-, Tier- und Transportversicherung ist als Geldforderung pfändbar. Einschränkung bei Versicherung einer unpfändbaren Sache (§ 811) nach § 15 VVG und in der Gebäudeversicherung (dazu Stöber FdgPfdg Rdn 310–317).

• **Schmerzensgeld** ist nur bei vertraglicher Anerkennung oder nach Rechtshängigkeit pfändbar (§ 847 I S 2 BGB mit ZPO § 851 I); siehe daher zu § 852.

• **Schuldbefreiung:** Der Anspruch auf Befreiung von einer Schuld kann nur für den Gläubiger gepfändet werden, dessen Forderung durch Drittschuldnerleistung getilgt werden soll; er ist im übrigen nicht pfändbar. Für diesen Gläubiger ist nach Überweisung der gepfändete Anspruch Zahlungsanspruch gegen den Drittschuldner (RG 158, 11; BGH 7, 244 = MDR 52, 743 = NJW 52, 1333; KG MDR 80, 676 = NJW 80, 1341 = OLGZ 80, 332; Stöber FdgPfdg Rdn 92).

• **Sparguthaben:** Die Forderung auf Auszahlung der Spareinlage ist als Geldforderung pfändbar. Angabe der Sparbuchnummer ist bei sonst genügend bestimmter Bezeichnung der Forderung nicht erforderlich (siehe Kontokorrent). Das Sparkassenbuch ist als Legitimationspapier nicht Gegenstand der ZwV; Herausgabepflicht des Schuldners besteht nach § 836 III; Hilfspfändung (vorläufige Besitzergreifung durch den Gerichtsvollzieher) sieht § 156 GVGA vor. Pfändbar ist auch die Forderung aus einem nach dem Spar-Prämiengesetz begünstigten Sparvertrag (kein

Schutz nach 4. VermBG; LG Essen JurBüro 73, 256 = Rpfleger 73, 148 und JurBüro 73, 257 = MDR 73, 323). Darüber kann der Gläubiger vor Ablauf der Sperrfrist nur verfügen, wenn vorzeitige Abhebung nach Vereinbarung des Kontoinhabers mit der Sparkasse (Bank) zugelassen ist (Beyer BB 52, 586; Brych Betrieb 74, 2054; Rewolle Betrieb 66, 151; LG Essen MDR 73, 323; aA Butenschön BB 57, 906; Muth Betrieb 79, 1118 und 85, 1381; Quardt JurBüro 59, 39). Schutz des Schuldners vor prämienschädlicher Verfügung: § 765 a.

● **Sparkassenbrief:** Der Anspruch aus einem als Namensschuldverschreibung ausgestellten Sparkassenbrief ist als Schuldscheindarlehen pfändbar (s bei Darlehen).

● **Steuererstattung:** Geregelt ist die Pfändbarkeit wie folgt in **§ 46 AO**

(1) Ansprüche auf Erstattung von Steuern, Haftungsbeträgen, steuerlichen Nebenleistungen und auf Steuervergütungen können abgetreten, verpfändet und gepfändet werden.

(2)–(5) ...

(6) Ein Pfändungs- und Überweisungsbeschluß oder eine Pfändungs- und Einziehungsverfügung dürfen nicht erlassen werden, bevor der Anspruch entstanden ist. Ein entgegen diesem Verbot erwirkter Pfändungs- und Überweisungsbeschluß oder erwirkte Pfändungs- und Einziehungsverfügung sind nichtig. Die Vorschriften der Absätze 2 bis 5 sind auf die Verpfändung sinngemäß anzuwenden.

(7) Bei Pfändung eines Erstattungs- oder Vergütungsanspruchs gilt die Finanzbehörde, die über den Anspruch entschieden oder zu entscheiden hat, als Drittschuldner im Sinne der §§ 829, 845 der Zivilprozeßordnung.

Verfassungsrechtliche Bedenken gegen § 46 VI AO sind nicht begründet (Frankfurt MDR 76, 763 = NJW 78, 2397 = OLGZ 78, 363; Hamm MDR 79, 149; Schleswig JurBüro 78, 120 = Rpfleger 78, 387). Pfändbar entstanden ist der Erstattungsanspruch, wenn der Tatbestand verwirklicht ist, an den das Gesetz die Leistungspflicht knüpft (§ 38 AO). Abgabe der Steuererklärung und Festsetzung mit Steuerbescheid sind hierfür nicht erforderlich; Einzelregelung jetzt vielfach in Steuergesetzen. Die Einkommensteuer als Kalenderjahres-Steuer (§ 25 I EStG), mithin auch der Erstattungsanspruch aus Überzahlung, entsteht mit Ablauf des Kalenderjahres (§ 36 I EStG). Als Lohnsteuer wird Einkommensteuer bei Einkünften aus nichtselbständiger Arbeit erhoben (§ 38 I EStG). Zuviel einbehaltene Lohnsteuer wird für ein Ausgleichsjahr (abgelaufenes Kalenderjahr) im Lohnsteuer-Jahresausgleich erstattet (§ 42 I EStG). Der Anspruch an das Finanzamt auf **Lohnsteuer-Jahresausgleich** kann daher nach Ablauf des Ausgleichsjahres (Kalenderjahres) gepfändet werden, nicht aber als Erstattungsanspruch während des laufenden Ausgleichsjahres und für kommende Kalenderjahre (§ 46 VI AO). Bei Wegfall der unbeschränkten Einkommensteuerpflicht (§ 1 EStG; zB bei Gastarbeitern) im Ausgleichsjahr kann der Lohnsteuer-Jahresausgleich sofort durchgeführt, mithin auch sogleich gepfändet werden; für Erlaß des Pfändungsbeschlusses schon im Ausgleichsjahr hat der Gläubiger den vorzeitigen Wegfall der Steuerpflicht schlüssig vorzutragen. Vorpfändung (§ 845) ist gleichfalls nur in diesen Grenzen möglich. Steuerart und Erstattungsgrund sind im Pfändungsbeschluß zu bezeichnen (Stöber Rpfleger 73, 116 [117]; Alisch und Voigt Rpfleger 80, 10 [11]; aA Stuttgart MDR 79, 324). Drittschuldner: § 46 VII AO. Überweisung des gepfändeten Lohnsteuererstattungsanspruchs ermächtigt den Gläubiger, das Recht des Schuldners im eigenen Namen geltend zu machen; er kann daher beim Finanzamt (jedenfalls zur Fristwahrung) selbst Antrag auf Durchführung des Jahresausgleichs stellen (BFH BB 73, 1198 = Betrieb 73, 1925). Der **Arbeitgeber** ist Drittschuldner, wenn er den Lohnsteuer-Jahresausgleich durchführt (§ 42 b EStG). Die Pfändung des von ihm zu leistenden Erstattungsanspruchs unterliegt nicht der zeitlichen Beschränkung des § 46 VI AO (Stöber FdgPfdg Rdn 380 mit Nachw). Zur Herausgabe der **Lohnsteuerkarte** (mit Lohnsteuerbescheinigung) ist der Schuldner nach § 836 III verpflichtet (dazu Düsseldorf MDR 73, 414; LG Berlin MDR 74, 498 und JurBüro 85, 468; LG Essen JurBüro 72, 635 = Rpfleger 73, 146; LG Hannover Rpfleger 74, 442; LG Krefeld MDR 72, 789; LG München I Rpfleger 73, 439; LG Nürnberg-Fürth MDR 74, 498; Stöber Rpfleger 73, 116 [122]). Der Anspruch des Schuldners an seinen Arbeitgeber auf Herausgabe der Lohnsteuerkarte (mit Lohnsteuerbescheinigung) kann hilfsweise gepfändet werden (LG Essen aaO; LG Hamburg Rpfleger 73, 147; Stöber Rpfleger 73, 116 [123]; Sauer Betrieb 68, 1065; Brunk Betrieb 72, 1056), jedoch nur zusammen mit (auch nach) dem Erstattungsanspruch (nicht für sich allein; LG Kaiserslautern Rpfleger 84, 473) und nicht, wenn der Erstattungsanspruch vom Arbeitgeber nach Durchführung des Jahresausgleichs zu leisten ist (Darmstadt Rpfleger 84, 473).

● **Strafverfolgungsentschädigung:** Der Anspruch ist bis zur rechtskräftigen Entscheidung über den Antrag (dem steht gleich betragsmäßige Zuerkennung im Justizverwaltungsverfahren) nicht übertragbar (§ 13 II StrEG v 8. 3. 1971, BGBl I 157 mit Änderungen) und daher nicht pfändbar (§ 851 I), auch nicht als künftige Forderung. Danach ist der Anspruch pfändbar (Hamm MDR 75, 938 = NJW 75, 2075).

• **Treuhandforderungen** werden nur dem Treuhänder geschuldet; dem Treugeber steht daran kein Recht zu. Pfändung bei Vollstreckung gegen den Treuhänder ist daher zulässig; der Treugeber kann jedoch mit Widerspruchsklage den Zugriff auf das wirtschaftlich ihm gehörende Vermögen abwehren. Auf Grund eines Titels gegen den Treugeber können die auf Treuhänder als Fiduziar zu vollem Recht übertragenen Forderungen nicht gepfändet werden. Gläubiger des Treugebers können jedoch dessen schuldrechtlichen Anspruch auf den Treuhänder auf Rückübertragung der Forderung pfänden (BGH 11, 37 = NJW 54, 190).

• **Untermietzins** ist pfändbar (keine Zweckbindung; Frankfurt NJW 53, 1597 und [mit Einschränkung] NJW 56, 41; Hamm NJW 57, 68; LG Berlin NJW 55, 309 [mit Besonderheit]). Schutz ist möglich nach § 765a. Dazu **Lit:** *Becker*, Sind Untermietzinsforderungen pfändbar, NJW 1954, 1595; *John*, Über die Pfändbarkeit von Untermietforderungen, MDR 1954, 725; *Noack*, Zur Pfändung von Miet- und Pachtzinsen sowie von Untermieten, ZMR 1973, 290.

• **Vermögenswirksame Leistungen:** S Rn 13 zu § 850. Zur Anlage s „Sparguthaben".

• **Versteigerungserlös:** Ein Anspruch auf den Versteigerungserlös des Schuldners, der gegen einen Dritten vollstreckt hat, ist ebenso wie das Pfändungspfandrecht selbständig nicht pfändbar (AG Essen Rpfleger 79, 67; AG Hannover Rpfleger 68, 362); zu pfänden ist die Forderung des Schuldners gegen den Drittschuldner. Auch nach freiwilliger Zahlung des Schuldners besteht kein pfändbarer Auszahlungsanspruch gegen den Gerichtsvollzieher (LG Kiel Rpfleger 70, 71). Der Anspruch des Schuldners auf den Überschuß des Versteigerungserlöses in der Mobiliarzwangsvollstreckung ist vom Zuschlag an pfändbar; Pfändung nach § 857 II; der Gerichtsvollzieher ist nicht Drittschuldner (Stöber Rpfleger 62, 399).

• **Zwangsverwaltung:** Forderungspfändungen in die Zwangsverwaltungsmasse sind nicht zulässig (RG 135, 197). Nach wirksamer Pfändung einer Hypothek, Grundschuld oder der Vollstrekkungsforderung eines dinglich nicht gesicherten Gläubigers kann vom Pfandgläubiger der Anspruch auf Zahlung aus den Grundstückserträgnissen geltend gemacht werden (§§ 155 ff ZVG; vor Überweisung Hinterlegung). Für Zahlung durch den Zwangsverwalter hat das Vollstrekkungsgericht seine Zahlungsanweisung zu ergänzen (§ 157 ZVG). Der Anspruch des Grundstückseigentümers gegen den Zwangsverwalter auf Aushändigung des Kassenbestands nach Verfahrensaufhebung ist Forderungsrecht; Pfändung nach § 829; Drittschuldner ist der Zwangsverwalter. **Lit:** *Stöber*, Pfändung eines Anspruchs auf die vom Zwangsverwalter zu verteilenden Nutzungen eines Grundstücks, Rpfleger 1962, 397.

XI) Gebühren: 1) des **Gerichts:** Für das Verfahren über Anträge auf Pfändung (§ 829) und Überweisung (§ 835) wird eine Festgebühr von 15 DM erhoben (KV Nr 1149). Die Gebühr fällt immer an, gleichgültig, wie sich das Verfahren erledigt; so ist die Zurücknahme oder auch die Zurückweisung des Antrags ohne Einfluß. Fälligkeit mit dem Eingang des Antrags bei Gericht (§ 61 GKG). Nach § 65 V GKG soll über den Antrag erst nach Zahlung der Festgebühr und der Auslagen für die Zustellung entscheiden werden. – Kostenschuldner: die Antragsteller (§ 49 S 1 GKG), daneben der Vollstreckungsschuldner (§ 54 Nr 4 GKG), beide als Gesamtschuldner (§ 58 I GKG). – **2)** des **Anwalts:** 3/10 Vollstrekkungsgebühr aus § 57 BRAGO; doch wird durch diese Gebühr für den Antrag auf Forderungspfändung (§ 829) auch der Antrag auf Überweisung zur Einziehung oder an Zahlungs Statt (§ 835) – selbst bei getrennter Antragstellung – mit abgegolten (§ 58 I BRAGO). Für mehrere Forderungspfändungen wegen derselben Forderung kann nur eine Gebühr beansprucht werden, wenn ein einheitlicher Pfändungsantrag möglich war, so schon LG Lübeck JurBüro 53, 494; Hartmann, KostGes BRAGO § 57 Anm 2 C unter „Pfändung" (zumindest sind mehrere Gebühren nicht erstattbar, KG Rpfleger 74, 410; LG Nürnberg-Fürth Rpfleger 72, 109). – **3) Gegenstandswert** (für Anwaltsgebühren): Betrag der noch zu vollstreckenden Geldforderung einschließlich der Nebenforderungen (anders als nach § 22 I GKG, der hier nicht einschlägig ist), also mit Zinsen (bis zum Vollstreckungstage) und Kosten, ev mit Früchten und Nutzungen, oder, wenn ein bestimmter Gegenstand gepfändet werden soll, der einen geringeren Wert als die zu vollstreckende Forderung hat, der geringere Wert (§ 57 II 1 u 2 BRAGO). Wird künftiges Arbeitseinkommen gepfändet (§ 850d III), so sind die noch nicht fälligen Ansprüche nach § 17 I, II GKG zu bewerten (§ 57 II 3 BRAGO). 34

XII) Aktenbehandlung: s Rn 4 zu § 828. 35

830 *[Hypothekenforderung]*

(1) Zur Pfändung einer Forderung, für die eine Hypothek besteht, ist außer dem Pfändungsbeschluß die Übergabe des Hypothekenbriefes an den Gläubiger erforderlich. Wird die Übergabe im Wege der Zwangsvollstreckung erwirkt, so gilt sie als erfolgt, wenn der Gerichtsvollzieher den Brief zum Zwecke der Ablieferung an den Gläubiger wegnimmt. Ist die Erteilung des Hypothekenbriefes ausgeschlossen, so ist die Eintragung der Pfändung in das Grundbuch erforderlich; die Eintragung erfolgt auf Grund des Pfändungsbeschlusses.

(2) Wird der Pfändungsbeschluß vor der Übergabe des Hypothekenbriefes oder der Eintragung der Pfändung dem Drittschuldner zugestellt, so gilt die Pfändung diesem gegenüber mit der Zustellung als bewirkt.

(3) Diese Vorschriften sind nicht anzuwenden, soweit es sich um die Pfändung der Ansprüche auf die im § 1159 des Bürgerlichen Gesetzbuchs bezeichneten Leistungen handelt. Das gleiche gilt bei einer Sicherungshypothek im Falle des § 1187 des Bürgerlichen Gesetzbuchs von der Pfändung der Hauptforderung.

Lit: *Stöber*, Forderungspfändung, 7. Aufl 1984 (Rdn 1795–1871); *Bohn*, Die Pfändung von Hypotheken, Grundschulden, Eigentümerhypotheken und Eigentümergrundschulden, 6. Aufl 1964; *Haegele*, Die Pfändung einer Buchhypothek, JurBüro 1954, 255; *Haegele*, Die Pfändung einer Briefhypothek, JurBüro 1955, 81; *Stöber*, Pfändung hypothekarischer Rechte und Ansprüche, RpflJB 1962, 203; *Tempel*, ZwV in Grundpfandrechte, JuS 1967, 75, 117, 167, 215 und 268.

1 **I) Zweck** und **Anwendungsbereich:** Bestimmung, wie bei ZwV einer Geldforderung des Gläubigers (2. Abschnitt des 8. Buchs) die Pfändung der durch eine Hypothek gesicherten Geldforderung des Schuldners gegen einen Dritten zu vollziehen ist, unter Berücksichtigung der Besonderheiten, die sich mit der auf dem Grundbuchsystem beruhenden Rechtsnatur des Sicherungsrechts ergeben. Verwertung erfolgt mit Überweisung (§ 837) oder auf sonstige Weise. Entsprechende Anwendung findet § 830 auf die ZwV in eine Grundschuld usw nach § 857 VI. Besonderheiten gelten für die Forderung aus einer Inhaberschuldverschreibung mit Hypothek (§ 1187 BGB; Pfändung/Verwertung nach §§ 808, 821) und die Forderung aus einem Wechsel oder anderen indossablen Papier mit Hypothek (dazu § 831).

2 **II) 1) Forderung und Hypothek** als akzessorisches Sicherungsrecht sind auch bei ZwV **untrennbar** (vgl § 1113 I, § 1153 BGB). Zugriff auf die Forderung im Wege der ZwV erfaßt daher auch die Hypothek. Die Pfändung der Hypothekenforderung hat daher mit Übergabe (Wegnahme) des Briefes oder Grundbucheintragung zugleich dem sachenrechtlichen Publizitätserfordernis Rechnung zu tragen und damit den Besonderheiten zu entsprechen, die bereits für Abtretung (§§ 873, 1154 BGB) sowie Verpfändung einer Hypothekenforderung (§ 1274 BGB) gelten. Erforderlich für Pfändung einer Hypothekenforderung sind demnach (Abs 1 mit Ausnahme in Abs 3)

– Pfändungsbeschluß nach § 829 (Rn 3), und
– beim **Brief**recht: Übergabe des Hypothekenbriefes (Rn 4 ff),
– beim **Buch**recht: Eintragung der Pfändung in das Grundbuch (Rn 9 ff).

Briefübergabe oder Grundbucheintragung ist Wirksamkeitsvoraussetzung der Pfändung; Nichtbeachtung schließt Entstehung eines Pfändungspfandrechts aus (RG 76, 233), auch wenn nicht bekannt war, daß die Forderung durch Hypothek gesichert ist oder wenn der Schuldner nach Erwerb der Hypothek (Abtretung mit Briefübergabe, Erbfolge) nicht als Hypothekengläubiger in das Grundbuch eingetragen wurde oder wenn der Brief verloren gegangen oder vernichtet ist. Zustellung des Pfändungsbeschlusses an den Drittschuldner (§ 829 III) erfordert die Pfändung einer Hypothekenforderung dagegen nicht; sie ist dennoch zulässig (Bedeutung nach Abs 2) und zu empfehlen wegen der nach Abs 3 vereinfacht zu pfändenden Ansprüche und wegen des nur nach § 829 wirksam werdenden Zugriffs auf die Forderung, wenn die Hypothek doch noch nicht Gläubigerrecht ist (Rn 14) oder nichtig wäre.

3 **2)** Der **Pfändungsbeschluß** muß den Erfordernissen des § 829 entsprechen (RG Gruchot 72, 224). Antrag und Prüfung des Vollstreckungsgerichts: wie Rn 3, 4 zu § 829. Wenn sicher feststeht, daß die im Antrag behauptete Hypothek nicht besteht (Kenntnis des Vollstreckungsgerichts aus Grundbucheintragung; der Grundbuchinhalt ist jedoch nicht zu ermitteln, Rn 5 aE zu § 829), fehlt das Rechtsschutzinteresse für Erstreckung der Pfändung auf die Hypothek. Zu pfänden ist dann nur die Forderung unter Zurückweisung des weitergehenden Antrags (vorherige Anhörung des Gläubigers nach §§ 139, 278 III). Forderung samt Hypothek sowie als Drittschuldner Forderungsschuldner und Grundstückseigentümer (dinglicher Drittschuldner; ohne gesonderte Angabe ist von Personengleichheit auszugehen; bei Auslegung wird großzügig verfahren) sind in dem Pfändungsbeschluß zu bezeichnen (Stöber FdgPfdg Rdn 1804, 1805 mit Einzelheiten), desgleichen der Anfangszeitpunkt der Hypothekenzinsen, wenn sich die Pfändung auf Zinsen aus der Zeit vor ihrem Wirksamwerden erstrecken soll (Oldenburg Rpfleger 70, 100; Stöber FdgPfdg Rdn 1807). Die Wirksamkeit der Pfändung der noch bestehenden Hypothekenforderung wird nicht beeinträchtigt (Auslegung, Rn 9 zu § 829), wenn die bezeichnete Forderung und damit Hypothek dem Schuldner nicht (oder nicht mehr) in voller Höhe zusteht, vielmehr das Grundpfandrecht teilweise Eigentümergrundschuld (§§ 1163, 1168, 1170, 1177 usw BGB) oder auf einen Dritten übergegangen ist oder gelöscht wurde. Bezeichnung nur der Forderung, nicht auch der Hypothek, macht zwar den Gegenstand der ZwV hinreichend erkennbar (Rn 8, 9 zu § 829), ist aber für Briefwegnahme (vgl § 174 Nr 3 GVGA) und Grundbucheintragung (§ 28 GBO) unzureichend. Ergänzung des Beschlusses durch Bezeichnung auch der Hypothek ändert daher den Pfän-

dungsgegenstand nicht, ist somit als Berichtigung zulässig. Auch Angabe des belasteten Grundstücks ist zwar zweckmäßig, kann aber nicht notwendig gefordert werden, weil ein fehlender Hinweis auf den belasteten Grundbesitz die klare und bestimmte Darstellung der Forderung mit Hypothek als Gegenstand der Pfändung nicht schmälert. Gegenteiliges ergibt sich nicht aus BGH MDR 75, 567 = NJW 75, 980, weil dort zur Kennzeichnung des Individualanspruchs auf Leistung der Grundschuld, nicht aber der Forderung und ihres Sicherungsrechts Stellung genommen ist.

III) 1) Die Pfändung der durch **Briefhypothek** gesicherten Forderung wird nach Erlaß (Aushändigung) des Pfändungsbeschlusses mit **Übergabe des Hypothekenbriefes** an den Gläubiger (seinen Besitzmittler, insbesondere Prozeßbevollmächtigten) durch den Schuldner oder einen Dritten (Abs 1 S 1) oder Briefwegnahme durch den Gerichtsvollzieher im Wege der ZwV (Abs 1 S 2) wirksam (Düsseldorf OLGZ 69, 208), bei Briefbesitz des Gläubigers bereits mit Aushändigung des Pfändungsbeschlusses (RG Warn 1921 Nr 97). Grundbucheintragung könnte die Briefübergabe nicht ersetzen. Einräumung einfachen Mitbesitzes (§ 866 BGB), bei dem auch der Schuldner unmittelbarer Besitzer bleibt, genügt nicht. Qualifizierter Mitbesitz durch Einräumung des Mitverschlusses wird als ausreichend erachtet (Frankfurt NJW 55, 1483), desgleichen Hinterlegung des Briefes und deren Annahme durch den Gläubiger (RG 135, 274). Mit Briefrückgabe erlischt das Pfandrecht (RG 95, 265); unfreiwilliger Verlust des Briefes berührt das fortbestehende Pfandrecht nicht. 4

2) Briefwegnahme beim Schuldner im Wege der ZwV erfolgt durch den Gerichtsvollzieher nach § 883. Die Wegnahmevollstreckung erfolgt mit Ausfertigung des Pfändungsbeschlusses (Zustellung nach § 750 I, nicht aber Vollstreckungsklausel ist erforderlich), wenn zugleich der Schuldtitel dem GV vorliegt (§ 174 Nr 2 GVGA; Tempel JuS 67, 119; Stöber FdgPfdg Rdn 1813). Die Verpflichtung des Schuldners zur Herausgabe des Briefes braucht der Pfändungsbeschluß nicht gesondert auszusprechen; erforderlich ist genaue Bezeichnung der Hypothek, die es ermöglicht, den Brief aufzusuchen und wegzunehmen (§ 174 Nr 3 GVGA). Für das mit Briefwegnahme entstandene Pfandrecht ist belanglos, wann die Übergabe durch den GV an den Gläubiger erfolgt. Findet der GV den Hypothekenbrief beim Schuldner nicht, so kann der Gläubiger die Abgabe der Offenbarungsversicherung nach § 883 II verlangen; Vollstreckungstitel auch hierfür ist der Pfändungsbeschluß zusammen mit dem Schuldtitel. Desgleichen kann der Gläubiger Antrag auf Kraftloserklärung und anschließende Neubildung des Briefes stellen; hierfür ist Hilfspfändung nicht erforderlich (Stöber FdgPfdg Rdn 1830 mit Einzelheiten). 5

3) Befindet sich der **Brief im Besitz eines Dritten,** der sein eigenes Recht am Brief nicht aufgeben kann, dann kann die Pfändung auch mit Ersetzung der Briefübergabe in entspr Anwendung von § 1274 I, 1205 II, 1206 BGB wirksam gemacht werden (Stöber FdgPfdg Rdn 1817–1820; Frankfurt NJW 55, 1483; RG Warn 1921 Nr 97; KG OLG 15, 12 und 29, 217; aA StJM Rdn 10 zu § 830). Wenn der zur Herausgabe verpflichtete Dritte nicht zur Herausgabe des Briefes (oder zu Übergabeersatz) bereit ist, kann Briefherausgabe von ihm nur nach Pfändung des Herausgabeanspruchs des Schuldners verlangt werden. Diese Pfändung ist Hilfspfändung im Dienste der Geldvollstreckung (nach aA Pfändung nach § 886); sie erfolgt daher auf Grund des zur Geldvollstreckung erwirkten Schuldtitels (streitig; s Stöber FdgPfdg Rdn 1822 mit Einzelheiten; demgegenüber aber auch BGH MDR 79, 922 = NJW 79, 2045) und kann auch bereits im Hypothekenpfändungsbeschluß angeordnet werden. Drittschuldner dieser Hilfspfändung ist der Dritte, der den Brief besitzt. Sie berechtigt den Gläubiger nach Überweisung, den Herausgabeanspruch mit Klage geltend zu machen; der Gerichtsvollzieher kann den Brief beim Dritten nicht bereits auf Grund dieser Hilfspfändung wegnehmen. Die Hilfspfändung ersetzt auch die notwendige Briefübergabe nicht, bewirkt mithin nicht Wirksamwerden der Hypothekenpfändung (BGH aaO; dieser auch zur Verstrickung des Herausgabeanspruchs und Unwirksamkeit nachfolgender Abtretung der Hypothek). 6

4) Auch **Teilpfändung** (Rn 11 zu § 829; dort zum Rang) einer Briefhypothek wird mit Briefübergabe oder Übergabeersatz (Rn 4, 6) wirksam, aber auch mit Herstellung und Aushändigung eines Teilbriefs (Oldenburg Rpfleger 70, 100). Nicht ersetzt werden kann die Briefübergabe dadurch, daß der Schuldner den ungeteilten Brief zugleich als Eigenbesitzer für sich selbst und als Fremdbesitzer für den (pfändenden) Gläubiger besitzt (BGH 85, 263 = MDR 83, 218 = NJW 83, 568 für Abtretung). Auf Antrag ist Anordnung der Herausgabe des Briefes an das Grundbuchamt oder einen Notar zur Bildung eines Teilbriefs unter Pfändung und Überweisung des Rechts des Schuldners auf Bildung eines Teilbriefs in den Pfändungsbeschluß aufzunehmen. Als Teil der Hypothekenforderung kann in dieser Weise auch nur das Recht auf die künftigen Zinsen gepfändet werden (RG 74, 80). 7

8 **5) Grundbucheintragung** der wirksamen Pfändung einer Briefhypothek ist als Grundbuchberichtigung zur Sicherung des Verfügungsverbots gegen Beeinträchtigung mit gutgläubigem Erwerb Dritter zulässig (§ 135 II mit § 892 BGB). Sie erfolgt auf Antrag des Gläubigers (§ 13 GBO), wenn durch Vorlage des Pfändungsbeschlusses und Hypothekenbriefs die Grundbuchunrichtigkeit nachgewiesen ist und erfordert Voreintragung des Schuldners oder Nachweis seines Gläubigerrechts in der Form des § 1155 BGB (§ 39 I GBO). Dazu Stöber FdgPfdg Rdn 1831, 1832; Haegele/Schöner/Stöber GBRecht Rdn 2473–2483.

9 **IV) 1)** Die Pfändung der durch **Buchhypothek** gesicherten Forderung wird nach Erlaß (Aushändigung) des Pfändungsbeschlusses mit **Eintragung der Pfändung in das Grundbuch** wirksam (Abs 1 S 3). In dieser Weise ist auch **Teil**pfändung möglich (Rn 11 zu § 829, auch zum Rang). Die Eintragung erfolgt auf Antrag des Gläubigers (§ 13 GBO; er bedarf nicht der Form des § 29) auf Grund des Pfändungsbeschlusses (Abs 1 S 3), der nicht zugestellt sein muß. Vorlage des Vollstreckungstitels ist nicht nötig. Voreintragung des Schuldners ist nach § 39 GBO (Besonderheiten; § 40 GBO) erforderlich (Antragsrecht des Gläubigers nach § 14 GBO). Das Vollstreckungsgericht kann das Grundbuchamt um Eintragung nicht ersuchen. Zu Antrag, Eintragungsverfügung und Einzelheiten: Haegele/Schöner/Stöber GBRecht Rdn 2452–2472. Pfändung einer **Gesamthypothek** ohne Brief (§ 1132 BGB) wird erst mit Eintragung bei allen belasteten Grundstücken wirksam (RG 63, 75; 84, 80; 145, 351). Unzulässig ist Pfändung einer Gesamthypothek nur hinsichtlich eines Grundstücks (KGJ 44, 187). Fehlt die Eintragung auch nur auf einem Grundstück, so ist die Pfändung überhaupt unwirksam und wird auch durch spätere Löschung der Gesamthypothek auf den mitbelasteten Grundstücken nicht wirksam.

10 **2)** Als Buchhypothek zu pfänden ist auch die **Sicherungshypothek** (§§ 1184, 1185 I BGB), desgleichen die Zwangs- und Arrest-Sicherungshypothek (§ 866 I, § 932), nicht aber die Sicherungshypothek für verbriefte Forderungen (Abs 3 S 2 mit § 1187 BGB; dazu Rn 1), außerdem die Höchstbetragshypothek (§ 1190 mit § 1185 BGB; Ausnahme aber nach § 837 III).

11 **V)** Wenn der **Pfändungsbeschluß dem Drittschuldner** vor Übergabe des Hypothekenbriefs oder Eintragung der Pfändung einer Buchhypothek (im Parteibetrieb, § 829 III) **zugestellt** wird, **gilt diesem gegenüber** die Pfändung mit dieser Zustellung als **bewirkt** (Abs 2). Diese Zustellungswirkung besteht nur, wenn die Pfändung wirksam nachgefolgt ist; die Zustellung allein bewirkt nicht Wirksamkeit der Pfändung; sie begründet (sichert) auch keinen Pfändungsrang. Nur dem Drittschuldner gegenüber wird die später wirksam gewordene Pfändung als Zahlungsverbot auf den Zeitpunkt der Zustellung zurückdatiert. Rechtliche Wirkung gegenüber dem Schuldner (als Gläubiger der Hypothek) und Dritten hat die Zustellung nicht; der Schuldner kann deshalb auch noch nach Zustellung (bis zur Wirksamkeit der Pfändung nach Abs 1) über die Hypothekenforderung frei verfügen; wenn nach wirksamer Verfügung (Abtretung, Aufhebung) der Gläubiger ein Pfandrecht nicht mehr erlangen kann, ist auch die mit Zustellung für den Fall wirksam nachfolgender Pfändung bereits eingetretene pfandrechtliche Bindung des Drittschuldners beendet (RG 76, 233; OG Danzig DJ 1938, 1078; Düsseldorf NJW 61, 1266; Stöber Rpfleger 58, 258; Stöber FordPfdg Rdn 1865; für Rangwahrung anders RG 97, 233).

12 **VI) Erneut gepfändet** werden kann auch eine bereits gepfändete Forderung, für die eine Hypothek besteht. Die Pfändung erfolgt wie die Erstpfändung (Rn 21 zu § 829), sonach mit Pfändungsbeschluß und Übergabe des Hypothekenbriefes oder Grundbucheintragung (Abs 1). Rang: § 804 III. Weil mit Briefrückgabe das Pfandrecht eines früheren Gläubigers erlöschen würde (Rn 4), kann die spätere Pfändung nur mit Ersetzung der Briefübergabe (Rn 6) Wirksamkeit erlangen. Hierzu Stöber FordPfdg Rdn 1857–1865.

13 **VII) Vorpfändung** (§ 845) ist möglich (RG 71, 183); sie wird mit Zustellung an den Drittschuldner bewirkt; Briefübergabe oder Grundbucheintragung erfordert sie nicht (aA Löscher JurBüro 62, 252; Tempel JuS 67, 169). Die Wirkung des § 845 III erfordert, daß die nach § 830 wirksame Pfändung in der 3-Wochenfrist nachfolgt; Beschlußzustellung an Drittschuldner (Abs 2), Wegnahmeauftrag an Gerichtsvollzieher und Eintragungsantrag beim Grundbuchamt wahren die Frist nicht (Hamburg OLG 14, 211; Stöber Rpfleger 58, 260 und FordPfdg Rdn 1866).

14 **VIII) Als** (gewöhnliche) **Geldforderung** nach § 829 (Wirksamkeit mit Zustellung des Beschlusses an Drittschuldner) **zu pfänden** sind nach Abs 3 (mit § 1159 BGB) die Forderung auf **Rückstände** von (vertraglichen oder gesetzlichen) **Zinsen,** auf andere **Nebenleistungen** (s § 1115 BGB) und **Kosten** der Kündigung sowie der Rechtsverfolgung zur Befriedigung aus dem Grundstück (§ 1118 BGB, § 10 II ZVG). Rückständig sind Zinsen und Nebenleistungen, die bei Wirksamwerden der Pfändung (nach § 829 III) fällig sind. Die Pfändung dieser Ansprüche bestimmt sich nach § 829 nicht nur, wenn sie selbständig gepfändet werden (Teilpfändung), sondern auch, wenn zugleich die Pfändung der Hauptsacheforderung und künftig fällig werdender Zinsen sowie

Nebenleistungen erfolgt. Tilgungsbeträge (Annuitätenteile) sind Kapitalbeträge, somit auch nach Fälligkeit nach § 830 zu pfänden. Auf die durch Hypotheken**vormerkung** (§ 883 BGB) gesicherte Forderung findet § 830 keine Anwendung; Pfändung hat nach § 829 zu erfolgen. Gleiches gilt für die mit Zuschlag in der Zwangsversteigerung **erloschene Hypothek,** deren Pfändung als Anspruch auf Befriedigung aus dem Versteigerungserlös nach § 829 zu erfolgen hat (Rn 30 zu § 857; Stöber FdgPfdg Rdn 1871). Wenn Eintragung einer Hypothek bewilligt, aber noch nicht erfolgt ist, ist nur die Forderung nach § 829 zu pfänden (KG JFG 4, 413; RG WarnRspr 35 Nr 58). Gleiches gilt, wenn Eintragung der Hypothek im Grundbuch erfolgt ist, sie aber noch nicht dem eingetragenen Gläubiger zusteht, sondern noch Eigentümergrundschuld ist (eine Briefhypothek nach § 1163 II wegen noch ausstehender Briefübergabe; Hamm DNotZ 82, 257 = OLGZ 81, 19 = NJW 81, 354 L); weil Übergabe des Briefes durch Vereinbarung nach § 1117 II ersetzt sein kann, empfiehlt sich aber, Pfändung auch in der Form des § 830 zu betreiben. Ist die Geldforderung wirksam nach § 829 gepfändet und entsteht die Hypothek dann nachträglich (auch dadurch, daß der Eigentümer den Brief an den Pfändungsgläubiger herausgibt), so erstreckt sich auf sie von selbst das bereits an der Geldforderung begründete Pfandrecht (RG 63, 14; 126, 383; Hamm aaO). Damit besteht Grundbuchunrichtigkeit; Grundbucheintragung der Pfändung kann daher als Grundbuchberichtigung erfolgen.

IX) Gebühren: 1) des **Gerichts:** Für die Eintragung der Pfändung in das Grundbuch: Die Hälfte der vollen Gebühr nach § 64 I KostO. – **2)** des **Anwalts:** Bei der Pfändung einer Forderung, für die eine Hypothek besteht, gehört auch die Wegnahme des Briefes oder der Antrag auf Eintragung der Pfändung in das Grundbuch zur gleichen Angelegenheit (§ 58 I BRAGO); dieser Antrag ist daher durch die 3/10 Vollstreckungsgebühr aus § 57 BRAGO mit abgegolten. – **3)** des **Gerichtsvollziehers:** Für die Wegnahme des Hypothekenbriefes einschließlich der Übergabe wird eine Wegnahmegebühr von 15 DM erhoben, u zwar auch dann, wenn der Schuldner den Hypothekenbrief freiwillig dem zur Vornahme der Amtshandlung erschienenen GV übergibt (§ 22 I GVKostG). Dauert die Amtshandlung länger als eine Stunde, wobei bei der Berechnung des Zeitaufwands auch die Zeit für die Aufnahme des Protokolls, für die etwaige Zuziehung von Zeugen, Handwerkern oder für die etwaige Herbeiholung polizeil Unterstützung mit einzurechnen ist (Nr 14 und Nr 30 II GVKostGr), so erhöht sich die Grundgebühr von 15 DM für jede angefangene weitere Stunde um 15 DM (§ 22 II GVKostG), vorausgesetzt, daß die längere Zeitdauer im Protokoll angegeben ist (§ 14 GVKostG). Die Gebühr für einen erfolglosen Wegnahmeversuch beträgt die Hälfte (§ 22 III GVKostG; § 30 III GVKostGr). 15

830 a *[Schiffshypothek]*

(1) Zur Pfändung einer Forderung, für die eine Schiffshypothek besteht, ist die Eintragung der Pfändung in das Schiffsregister oder in das Schiffsbauregister erforderlich; die Eintragung erfolgt auf Grund des Pfändungsbeschlusses.

(2) Wird der Pfändungsbeschluß vor der Eintragung der Pfändung dem Drittschuldner zugestellt, so gilt die Pfändung diesem gegenüber mit der Zustellung als bewirkt.

(3) Diese Vorschriften sind nicht anzuwenden, soweit es sich um die Pfändung der Ansprüche auf die im § 53 des Gesetzes über Rechte an eingetragenen Schiffen und Schiffsbauwerken vom 15. November 1940 (Reichsgesetzbl. I S. 1499) bezeichneten Leistungen handelt. Das gleiche gilt, wenn bei einer Schiffshypothek für eine Forderung aus einer Schuldverschreibung auf den Inhaber, aus einem Wechsel oder aus einem anderen durch Indossament übertragbaren Papier die Hauptforderung gepfändet wird.

I) § 830 a enthält für die **Schiffshypothek** die dem § 830 entsprechende Regelung. Die Schiffshypothek ist als Sicherungshypothek stets Buchhypothek (§ 8 SchiffsG v 15. 11. 1940, RGBl I 1499). Zur Pfändung ist daher Pfändungsbeschluß und Eintragung der Pfändung in das Schiffsregister (Schiffsbauregister) erforderlich. Der Eintragungsantrag des Gläubigers kann schriftlich gestellt werden. Zustellung des Pfändungsbeschlusses an den Drittschuldner ist für die Wirksamkeit der Pfändung nicht notwendig. Abs 3 S 1 regelt entspr § 830 III, daß die Pfändung der Forderung auf Rückstände von Zinsen oder andere Nebenleistungen, auf Kostenerstattung, außerdem der Forderung auf entrichtete Prämien und sonstige dem Versicherer auf Grund des Versicherungsvertrags geleistete Zahlungen (§ 53 I mit § 38 II SchiffsG) nach § 829 erfolgt. 1

II) Für Pfändung der durch **Registerpfandrecht** an einem in der Luftfahrzeugrolle eingetragenen **Luftfahrzeug** gesicherten Forderung gilt § 830 a entspr (§ 99 I Ges über Rechte an Luftfahrzeugen v 26. 2. 1959, BGBl I 57). 2

III) Gebühren: 1) des **Gerichts:** Für die Eintragung der Pfändung in das Schiffsregister oder in das Schiffsbauregister 1/4 der vollen Gebühr (§§ 84, 85 KostO). – **2)** des **Anwalts:** Der Antrag auf Eintragung der Pfändung gehört zur Vollstreckungsinstanz (§§ 57, 58 I BRAGO). – Die Eintragung der Pfändung einer Buchhypothek ist Vollstreckungsmaßnahme (vgl Hartmann, KostGes BRAGO § 57 Anm 2 C unter „Grundbuch" b). S auch § 830 Rn 15. 3

831 *[Forderungen aus Wechseln usw.]* **Die Pfändung von Forderungen aus Wechseln und anderen Papieren, die durch Indossament übertragen werden können, wird dadurch bewirkt, daß der Gerichtsvollzieher diese Papiere in Besitz nimmt.**

Lit: *Bauer,* Die ZwV in Postsparguthaben, DGVZ 1952, 5; *Feudner,* Die ZwV in Blankowechsel, NJW 1963, 1239; *Geißler,* Die vollstreckungsrechtliche Behandlung der Order-Papiere des § 831 ZPO, DGVZ 1986, 110; *Loges,* Die Pfändung eines Postsparguthabens, JurBüro 1950, 24; *Schmalz,* Die ZwV in Blankowechsel, NJW 1964, 141; *Weimar,* Rechtsfragen zum Blankowechsel, MDR 1965, 20; *Weimar,* Die ZwV in Wertpapiere und sonstige Urkunden, JurBüro 1982, 357.

1 **I) Zweck** und **Anwendungsbereich:** Bestimmung, wie bei ZwV einer Geldforderung des Gläubigers (2. Abschnitt des 8. Buchs) die Pfändung der Forderungen aus Wechseln und anderen durch Indossament zu übertragenden Papieren zu vollziehen ist.

2 **II) 1) Forderungen aus einem Wechsel** werden durch Indossament (schriftlichen Übertragungsvermerk, der auf den Wechsel gesetzt wird) und Übereignung des Papiers übertragen. Dem Verpflichteten muß der Wechselgläubiger den Wechsel zur Zahlung vorlegen. Dementsprechend sind auch die Forderungen aus einem Wechsel durch Zugriff auf das Papier zu pfänden. Diese Pfändung wird dadurch bewirkt, daß der GV den Wechsel, dessen legitimierter Inhaber der Schuldner ist, bei Gewahrsam des Schuldners (auch des Gäubigers oder eines zur Herausgabe bereiten Dritten, § 809) in Besitz, also wegnimmt. Ein Pfändungsbeschluß (§ 829) ist daneben nicht zulässig; er wäre wirkungslos (RG 61, 331). Der GV wird Wechselforderungen durch Wegnahme des Wechsels nur pfänden, wenn ihn der Gläubiger ausdrücklich dazu angewiesen hat oder wenn andere Pfandstücke nicht vorhanden sind oder zur Befriedigung des Gläubigers nicht ausreichen (so § 175 Nr 2 GVGA). Pfändungsprotokoll s § 175 Nr 3 GVGA. Die Verwahrungspflicht des GV bis zur Pfandverwertung und dessen Verpflichtung für rechtzeitige Vorlegung eines fällig gewordenen Wechsels, evtl auch für Protesterhebung zu sorgen, regelt § 175 Nr 4, 5 GVGA näher. Anschlußpfändung erfolgt nach § 826.

3 **2) Pfandverwertung** der nach § 831 gepfändeten Wechselforderungen hat nach §§ 835 ff zu erfolgen. § 831 regelt die Form einer Forderungspfändung. Damit unterscheidet sich „Wechsel"pfändung von der ZwV in Wertpapiere; diese werden bei der ZwV wie bewegliche körperliche Sachen behandelt und daher nicht nur durch den GV gepfändet (s § 808 II), sondern auch verwertet (§ 821). Gepfändete Wechselforderungen werden dem Gläubiger nach seiner Wahl zur Einziehung oder an Zahlungs Statt zum Nennwert überwiesen (§ 835 I). Den Überweisungsbeschluß erläßt auf Antrag des Gläubigers (nicht des GV) das Vollstreckungsgericht. Zuständig ist nach § 828 das Vollstreckungsgericht des Schuldnerwohnsitzes (nicht das des Dienstsitzes des GV). Es entscheidet der Rechtspfleger (§ 20 Nr 17 RpflG). Wirksame Pfändung und die für Fortsetzung der ZwV erforderlichen Urkunden (Vollstreckungstitel, Zustellungnachweis usw) hat das Vollstreckungsgericht zu prüfen. Bei anderer Verwertung nach § 844 genügt zur Übertragung der Rechte aus dem Wechsel die Übergabe der Urkunde (RG 61, 332). Als Verwertung durch freihändigen Verkauf kann Diskontierung angeordnet werden (Hamburg OLG 29, 221).

4 **3)** Wenn sich der **Wechsel im Besitz eines** nicht (nach § 809) zur Herausgabe bereiten **Dritten** befindet, ist der Herausgabeanspruch nach §§ 846, 847 zu pfänden (KG JW 26, 2111). Mit der Herausgabe des Wechsels an den GV (zur Geltendmachung des Anspruchs s Rn 4 zu § 847) verwandelt sich das Pfandrecht am Herausgabeanspruch in ein Pfandrecht an der Wechselforderung; Verwertung dann wie bei einer nach § 831 gepfändeten Wechselforderung (Rn 3).

5 **4)** Ein **Blankowechsel** wird dadurch gepfändet, daß der GV die Blanketturkunde in Besitz nimmt (§ 831). Damit wird gleichzeitig das Ausfüllungsrecht gepfändet (§§ 857, 831). Ein Pfändungsbeschluß kann daneben nicht erwirkt werden; dazu näher Schmalz NJW 64, 141; aA Feudner NJW 63, 1239; auch Wieczorek Anm B I zu § 831. Mit dem Überweisungsbeschluß nach § 835 erlangt der Gläubiger das Recht, das Ausfüllungsrecht des Schuldners auszuüben. Durch die Ausfüllung entsteht ein Vollwechsel, den der Gläubiger einziehen kann (Schmalz aaO; Geißler DGVZ 86, 110 [112]).

6 **III)** Forderungen aus **anderen Papieren, die durch Indossament übertragen** werden können (nicht aber Wertpapiere, die durch Indossament übertragen werden, also Namenspapiere; Rn 4 zu § 821), werden gleichfalls nach § 831 dadurch gepfändet, daß der GV das Papier in Besitz nimmt. Solche Papiere können über die Leistung von Geld, Wertpapiere oder andere vertretbare Sachen (Warenforderungen) ausgestellt sein. Es sind dies die handelsrechtlichen Papiere des § 363 HGB, wenn sie an Order lauten, nämlich die kaufmännische Anweisung, der kaufmännische Verpflichtungsschein, Konnossemente der Verfrachter (BGH Betrieb 80, 1937 = MDR 80, 1016), Ladescheine der Frachtführer, Lagerscheine der staatlich zur Ausstellung ermächtigten

Anstalten sowie Transportversicherungspolicen (nicht mehr Bodmereibriefe; Art 1 Nr 2 SeerechtsändG v 21. 6. 1972, BGBl I 966), außerdem der von einem Dritten auf den Schuldner zahlbar gestellte Scheck (vgl Art 14 I ScheckG) ohne den üblichen Zusatz „oder Überbringer" (Prost NJW 58, 1618; andere Schecks s Rn 3 zu § 821). Die Pfändung des durch ein solches Papier verbrieften Herausgabeanspruchs durch Pfändungsbeschluß wäre fehlerhaft; eine Mitwirkung des Gerichts findet nur bei der Verwertung, die nach §§ 835 ff zu erfolgen hat, statt (BGH aaO). Bewirkt der (fehlerhafte) Pfändungsbeschluß, daß der Gerichtsvollzieher mit Herausgabe nach § 847 I Besitz erlangt, dann tritt aber Pfandverstrickung ein (BGH aaO für Orderkonnossement). Bei Überweisung nach Prüfung durch den GV (§ 831) eines verbrieften Anspruchs, der eine bewegliche körperliche Sache betrifft (§ 835), ist anzuordnen, daß Herausgabe an einen Gerichtsvollzieher zu erfolgen hat (§ 847 I); dieser verwertet dann nach § 847 II.

IV) Die Pfändung einer **Postspareinlage** und deren Verwertung erfolgen in gleicher Weise wie Pfändung und Verwertung einer Wechselforderung. Das bestimmt das **Postgesetz** vom 28. 7. 1969 (BGBl I 1006) wie folgt in **§ 23 IV:** 7

(4) Der Anspruch des Postsparers auf Auszahlung des Guthabens kann abgetreten und gepfändet werden. Die Verpfändung des Guthabens ist ausgeschlossen. Die Abtretung ... Für die Pfändung des Guthabens oder eines Teils des Guthabens gelten die Vorschriften über die Pfändung von Forderungen aus Wechseln und anderen Papieren, die durch Indossament übertragen werden, entsprechend.

Die Ausweiskarte bleibt bei der Pfändung im Besitz des Schuldners (§ 175 Nr 3 Abs 2 GVGA). Zur Pfändung und Überweisung Stöber FdgPfdg Rdn 2093–2097.

V) Rechtsbehelf: Erinnerungen gem § 766 bei Verstoß gegen § 831 gehen an das im § 764 bezeichnete Gericht (RG 35, 374), Erinnerungen gegen den Überweisungsbeschluß des Gerichts an das nach § 828 zuständige Gericht. 8

VI) Gebühren des **Gerichtsvollziehers:** Es wird die volle Gebühr nach dem Betrag der beizutreibenden Forderung erhoben (§ 17 I GVKostG). Der beizutreibenden Hauptforderung sind hinzuzurechnen: Zinsen bis zum Tage der Pfändung (dieser Tag nicht mit eingerechnet), festgesetzte Prozeßkosten, notwendige Kosten der ZwV (§§ 788, 91 ZPO), zB Auslagen für eine vollstreckbare Ausfertigung, für Zustellung des Schuldtitels, die RA-Gebühr nach § 57 BRAGO nebst etwaigen Schreibauslagen, Postgebührenpauschale und Umsatzsteuer sowie die Kosten früherer Vollstrekkungsmaßnahmen (§ 130 GVGA und Schröder/Kay, Das Kostenwesen der GV, 7. Aufl, Anm 4 zu § 17 GVKostG). Bei der Wertberechnung rechnen die durch die Amtshandlung selbst entstehenden GV-Kosten nicht mit (Nr 2 II GVKostGr). 9

832 *[Gehaltsforderungen; ähnliche fortlaufende Bezüge]*

Das Pfandrecht, das durch die Pfändung einer Gehaltsforderung oder einer ähnlichen in fortlaufenden Bezügen bestehenden Forderung erworben wird, erstreckt sich auch auf die nach der Pfändung fällig werdenden Beträge.

Lit: *Leiminger,* Lohnpfändung bei Unterbrechung des Arbeitsverhältnisses, BB 1958, 122; *Riedel,* Vom Fortwirken der Forderungspfändungen bei suspendierten Arbeitsverhältnissen, MDR 1958, 897; *E. Schneider,* Erstreckung des Pfandrechts nach § 832 ZPO bei Unterbrechung des Arbeitsverhältnisses, JurBüro 1965, 354.

I) Zweck: Es sollen durch einen einzigen Pfändungsbeschluß auch alle künftig fällig werdenden Bezüge erfaßt und die Vielheit von Pfändungen der einzelnen, jeweils nach einem bestimmten Zeitraum „neu entstehenden" Forderungen aus fortlaufenden Bezügen vermieden werden (BAG AP ZPO § 832 Nr 1 = NJW 57, 439). 1

II) Gehalt und **ähnliche fortlaufende Bezüge** sind als Vergütung des bei Pfändung bestehenden Dienst- oder Arbeitsverhältnisses Gegenstand der ZwV. Sie werden in Zeitabschnitten entrichtet. Mit Pfändung erfolgt Zugriff nicht nur auf die bei ihrem Wirksamwerden bereits fällig geschuldeten Leistungen, sondern auf das Bezugsrecht im ganzen. Daß die Pfändung auch ohne Ausspruch im Pfändungsbeschluß (Rn 10 zu § 829) die nach ihrem Wirksamwerden (§ 829 III) fällig werdenden Beträge erfaßt, stellt § 832 klar. Gehaltsforderungen oder ähnliche in fortlaufenden Bezügen bestehende Forderungen sind insbesondere die nach § 850 als Arbeitseinkommen wiederkehrend zahlbaren Vergütungen, damit auch die nach § 850b bedingt pfändbaren Bezüge, auch Ansprüche aus unabhängigen Dienstverträgen (Provisionsforderung eines Agenten, RG 138, 252), wenn sie fortlaufend für Dienste aus einheitlichem Schuldgrund von gewisser Dauer geleistet werden (Vergütungsanspruch des Kassenarztes, Nürnberg JW 26, 2471). Belanglos ist, ob die einzelnen Bezüge dem Betrag nach gleich oder verschieden hoch sind und ob sie in regelmäßigen Zeitabständen fällig werden (Hamburg OLG 31, 118 [119]), ebenso, ob bei Wirksamwerden der Pfändung das Einkommen die Pfändungsgrenze übersteigt (schließt Rechtsschutzbe- 2 dürfnis für Pfändung der zukünftigen höheren Bezüge nicht aus; Celle NdsRpfl 58, 108). Möglich ist, daß der Gläubiger seinen Antrag auf Pfändung der Bezüge nur für einen bestimmten Zeitraum beschränkt (LAG Bremen Rpfleger 57, 302). Mit dem Erfordernis der Gehaltsähnlichkeit ist ausdehnende Auslegung auf andere in Zeitabschnitten zu leistende Entgelte aus Dauerschuldverhältnissen (auch nur aus einheitlicher Rechtsbeziehung) ausgeschlossen. Nicht unter § 832 fallen daher Reallastleistungen (außerhalb § 850 b; aA StJM Rdn 4 zu § 832), Miet- und Pachtzinsforderungen (KG OLG 20, 356; Stöber FdgPfdg Rdn 223 mit Einzelheiten; aA StJM aaO; KG JW 35, 1043) und Zinsen sowie Nebenansprüche (dazu Rn 20 zu § 829).

3 **III)** Erfaßt werden von der Pfändung nur die **weiter fällig werdenden Beträge** der Gehaltsforderung oder in fortlaufenden Bezügen bestehenden Forderung, die Gegenstand der ZwV ist (Rn 8 zu § 829). Die Bezüge müssen sonach dem bei Pfändung bestehenden Dienst- oder Arbeitsverhältnis (der in Aussicht genommenen Anstellung, soweit bereits deren Bezüge gepfändet sind; Baur Betrieb 68, 251) entspringen. Auf Bezüge aus **anderen Dienst-** oder Arbeitsverhältnissen, insbesondere nach Arbeitsplatzwechsel, erstreckt sich die Pfändung nicht (s auch § 833). Identität des Dienst- oder Arbeitsverhältnisses wird nach wirtschaftlichen Gesichtspunkten, nach der im Arbeitsleben üblichen Verkehrsauffassung, nicht aber nach formal-rechtlichen Merkmalen, somit auch nicht danach beurteilt, daß es sich um ein- und denselben Arbeitsvertrag handelt (BAG AP ZPO § 832 Nr 2; Düsseldorf Betrieb 85, 1336; LG Essen MDR 63, 226; LG Lübeck NJW 54, 1125; Stöber FdgPfdg Rdn 969 mit Einzelheiten). Daher wird ein einheitliches Arbeitsverhältnis auch angenommen bei Fortsetzung mit erneutem Vertrag des nur auf Zeit eingegangenen Arbeitsverhältnisses (Breslau JW 30, 1087), bei nur vorübergehender Entlassung (LG Lübeck aaO; LAG Düsseldorf BB 69, 137; zB eines Saisonarbeiters, wegen Arbeitsmangels, BAG aaO), bei Rückkehr nach Abordnung zu einer Arbeitsgemeinschaft (LAG Baden-Württemberg BB 67, 80 = Betrieb 67, 166) oder nach Ableistung eines Wehrdienstes oder Verbüßung einer Freiheitsstrafe (LG Essen aaO), oder nach kurzzeitigem Ausscheiden mit dem Ziel, die Pfändung zu lösen (Düsseldorf Betrieb 85, 1336; ArbG Bremen BB 55, 802). Zum Betriebsübergang s § 613 a BGB. Verneint wird Einheitlichkeit des Arbeitsverhältnisses insbesondere, wenn nach endgültiger Entlassung später Wiedereinstellung erfolgt, die nicht bereits in Aussicht genommen war (LAG Düsseldorf BB 55, 802), bei fristloser Entlassung aus wichtigem Grund (LAG Hamm BB 53, 736), aber auch bei Versetzung von einer Arbeitsgemeinschaft (des Baugewerbes) zu einem Partner der Arbeitsgemeinschaft (LAG Baden-Württemberg aaO).

833 *[Diensteinkommen]*

(1) Durch die Pfändung eines Diensteinkommens wird auch das Einkommen betroffen, das der Schuldner infolge der Versetzung in ein anderes Amt, der Übertragung eines neuen Amtes oder einer Gehaltserhöhung zu beziehen hat.

(2) Diese Vorschrift ist auf den Fall der Änderung des Dienstherrn nicht anzuwenden.

1 **I)** Künftig fällig werdende Bezüge aus einem Dienstverhältnis, auf die sich die Pfändung erstreckt (§ 832), sind (nach Abs 1) auch die Dienstbezüge der Beamten und Angestellten im öffentlichen Dienst, aber auch der Angestellten bei privaten Arbeitgebern, **nach Versetzung** in ein anderes Amt bei demselben Dienstherrn (auch bei Übernahme des Angestellten in das Beamtenverhältnis) und nach Gehaltserhöhung sowie die Ruhestandsbezüge, die der bisherige Arbeitgeber leistet (RG Gruchot 51, 1078).

2 **II)** Mit **Änderung des Dienstherrn** wechselt der Drittschuldner; auf Einkommen, das der neue Drittschuldner leistet, an den sich das Zahlungsverbot nicht richtet, erstreckt sich die Pfändung daher nicht (Abs 2). Änderung des Dienstherrn liegt vor bei Übertritt vom Landes- oder Kommunaldienst in den Bundesdienst oder vom Bundes- usw Dienst in den Privatdienst und umgekehrt. Betriebsübernahme (s § 613 a BGB) und Änderung nur der Rechtsform des Dienstberechtigten (unter Aufrechterhaltung der Identität; RAG JW 38, 978) bleiben ohne Auswirkung.

3 **III)** Bei Wechsel der **Zahlungszuständigkeit** für die Bezüge eines unter **Art 131 GG** fallenden Anspruchsberechtigten bleibt ein Pfändungsbeschluß auch gegenüber dem Land des neuen Wohnsitzes maßgebend (§ 59 II Ges v 13. 10. 1965, BGBl I 1686).

834 [Gehör des Schuldners]

Vor der Pfändung ist der Schuldner über das Pfändungsgesuch nicht zu hören.

Lit: *E. Schneider,* Weitere Beschwerde wegen Verletzung des § 834 ZPO (OLG Celle MDR 1972, 958), MDR 1972, 912.

I) Zweck: Schutzvorschrift zugunsten des Gläubigers zur Sicherung des Vollstreckungserfolgs; der Schuldner soll keine Gelegenheit zur Vereitelung der ZwV mit vorheriger Verfügung über die Forderung finden. 1

II) Anhörung des Schuldners erfolgt **vor Pfändung** weder schriftlich noch mündlich, auch **nicht,** wenn die Überweisung mit dem Pfändungsantrag verbunden ist. Verweisung des Schuldners auf Wahrung seiner Rechte mit Rechtsbehelf nach Pfändung ist mit Art 103 I GG vereinbar (Rn 28 vor § 704). Der Schuldner ist auch nicht vor Pfändung von Sozialleistungen (Rn 28 zu § 850i) und auch nicht im (einseitigen) Rechtsmittelverfahren nach abgelehntem Pfändungsantrag zu hören (KG NJW 80, 1341), ebenso nicht zu einem Antrag auf Gewährung von Prozeßkostenhilfe für die Pfändung und nicht für Bestimmung des zuständigen Gerichts (§ 836; BGH FamRZ 83, 578 [579]). Ausnahme: § 850b III. Verstoß ist ohne Folge für das Verfahren, kann aber Haftung begründen. Wenn der Gläubiger Anhörung des Schuldners beantragt, ist dem zu entsprechen (Celle MDR 72, 958; LG Mannheim JurBüro 84, 299; E. Schneider MDR 72, 912). Zu Anträgen, über die nach wirksamer Pfändung zu entscheiden ist, ist auch dem Schuldner rechtliches Gehör zu gewähren (Rn 28 vor § 704), mithin zum Antrag auf gesonderte Überweisung nach wirksamer Pfändung, zur Erinnerung des Drittschuldners oder eines Dritten, nicht aber zu einem Antrag des Gläubigers, der auf Vornahme weiterer Pfändung zielt, die wieder erst mit Zustellung an den Drittschuldner wirksam wird. 2

835 [Überweisung]

(1) Die gepfändete Geldforderung ist dem Gläubiger nach seiner Wahl zur Einziehung oder an Zahlungs Statt zum Nennwert zu überweisen.

(2) Im letzteren Falle geht die Forderung auf den Gläubiger mit der Wirkung über, daß er, soweit die Forderung besteht, wegen seiner Forderung an den Schuldner als befriedigt anzusehen ist.

(3) Die Vorschriften des § 829 Abs. 2, 3 sind auf die Überweisung entsprechend anzuwenden. Wird ein bei einem Geldinstitut gepfändetes Guthaben eines Schuldners, der eine natürliche Person ist, dem Gläubiger überwiesen, so darf erst zwei Wochen nach der Zustellung des Überweisungsbeschlusses an den Drittschuldner aus dem Guthaben an den Gläubiger geleistet oder der Betrag hinterlegt werden.

Lit: *Münzberg,* Anhörung vor Überweisung an Zahlungs Statt, Rpfleger 1982, 329; *Pentz,* Typische Fehler im Gesuch um Erlaß eines Zahlungsbefehls, Rpfleger 1958, 347; Schopp, Zahlungsvermerke auf Überweisungsbeschlüssen über Gläubigerforderungen, Rpfleger 1966, 326.

I) Zweck: Regelung der dem Pfandobjekt entsprechenden Pfandverwertung zur Gläubigerbefriedigung nach Beschlagnahme der Forderung mit Pfändung (Rn 16 zu § 829). Besonderheiten: §§ 837, 837a. 1

II) 1) Pfandverwertung einer Geldforderung erfolgt mit **Überweisung** zur Einziehung, Überweisung an Zahlungs Statt (Abs 1) oder auf sonstige Weise (§ 844). Pfandverwertung mit Überweisung findet statt bei Pfändung einer Geldforderung durch das Vollstreckungsgericht (§ 829) und durch den Gerichtsvollzieher (Rn 3 zu § 831). Die Überweisung wird durch Beschluß des Vollstreckungsgerichts (Zuständigkeit § 828) angeordnet, der auf Antrag des Gläubigers ergeht (Abs 1). Der Antrag unterliegt keinem Anwaltszwang (§ 78 III). Er kann mit dem Pfändungsantrag (an das Vollstreckungsgericht) verbunden oder gesondert gestellt werden. Zu bezeichnen sind die verlangte Art der Überweisung (zur Einziehung oder an Zahlungs Statt), in dem gesondert gestellten Antrag außerdem auch Gläubiger und Schuldner, die zu überweisende gepfändete Forderung und eine zwischenzeitliche Ermäßigung der vollstreckbaren Forderung. Wenn nur „Überweisung" beantragt ist, wird von Überweisung zur Einziehung als praktische Regel ausgegangen (Antragsauslegung). Der Vollstreckungstitel und die sonst für den Beginn (die Fortsetzung) der ZwV erforderlichen Urkunden sind dem Vollstreckungsgericht vorzulegen. 2

2) Die Überweisung kann vom Vollstreckungsgericht (Rechtspfleger, § 20 Nr 17 RpflG), wenn Pfandverwertung sogleich möglich ist, bereits mit der Pfändung in **einem Beschluß** ausgespro- 3 chen werden. Bei getrennter (dann nur nachträglicher) Überweisung prüft das Vollstreckungsgericht, ob die Voraussetzungen der ZwV (Rn 14–17 vor § 704) für Gläubigerbefriedigung zur Zeit der Überweisung gegeben sind (zwischenzeitliche Einstellung der ZwV oder Titelaufhebung hinter Überweisung), den Antrag auch daraufhin, ob er Verwertung einer wirksam gepfändeten Forderung verlangt. Wirksamkeit der Pfändung durch den Gerichtsvollzieher (§ 831) muß daher nachgewiesen werden; daß auch Wirksamkeit eines Pfändungsbeschlusses (§ 829 III) geprüft wird, wird nicht verlangt (bedenklich). Immer prüft das Vollstreckungsgericht, ob Pfandverwertung mit Überweisung erfolgen kann (nicht bei Sicherungsvollstreckung, § 720 a, und Arrestvollziehung, § 930). Erfolgt die Überweisung erst nach wirksamer Pfändung, so ist der Schuldner zu hören (Art 103 I GG; Rn 2 zu § 834). Ist nach dem Schuldtitel nicht an den Gläubiger, sondern an einen anderen Zahlungsempfänger zu leisten oder die beizutreibende Forderung zu hinterlegen, dann ist dem Drittschuldner bei Überweisung zur Einziehung diese Leistung aufzugeben; Überweisung an Zahlungs Statt verbietet sich dann.

4 **3)** Der **gesonderte Überweisungsbeschluß** hat die Parteien, die vollstreckbare Forderung des Gläubigers (je Rn 7 zu § 829) und die Anordnung der Überweisung (zur Einziehung oder an Zahlungs Statt) als Maßnahme der ZwV unter Bezeichnung der gepfändeten Forderung mit ihrem Drittschuldner zu enthalten. Die Überweisung darf nur wegen der Forderung des Gläubigers, die mit Pfändung vollstreckt wurde, nicht wegen anderer Gläubigeransprüche angeordnet werden. Wegen weiterer ZwV-Kosten, auch wegen der gesonderten Kosten des Überweisungsbeschlusses darf Überweisung sonach nur erfolgen, wenn auch für sie (zumindest pauschal) Beschlagnahme (Verstrickung) erfolgt ist. Überweisung nur eines Teils der gepfändeten Forderung bringt das Pfändungspfandrecht am weiteren Forderungsteil nicht zum Erlöschen.

5 **4) Unzulässig** ist die Aufnahme eines **Vermerks über die Geldempfangsvollmacht** des Prozeßbevollmächtigten des Gläubigers in den Überweisungsbeschluß (LG Essen Rpfleger 59, 166 mit zust Anm Petermann; Pentz Rpfleger 58, 147; Berner Rpfleger 64, 366; aA Schopp Rpfleger 66, 327; LG Berlin DGVZ 68, 187 = Rpfleger 68, 291; LG Nürnberg-Fürth JurBüro 64, 614 = Rpfleger 64, 380), desgleichen die Aufforderung, „das Geld postgebührenfrei zu überweisen" (Stöber FdgPfdg Rdn 494). Dem Anliegen des Gläubigers, im Pfändungsbeschluß eine Zahlstelle (auch ein Postgiro- oder Bankkonto) zu bezeichnen, kann nur in der Weise entsprochen werden, daß es als Mitteilung des Gläubigers dem Drittschuldner zugeleitet wird; dann muß sicher erkennbar sein, daß diese Mitteilung nicht zum amtlichen Teil des Pfändungsbeschlusses gehört (Stöber aaO). Der Drittschuldner hat dann die Geldempfangsvollmacht des bezeichneten Empfängers eigenverantwortlich zu prüfen; ebenso hat der Gläubiger das spätere Erlöschen der Geldempfangsvollmacht dem Drittschuldner unmittelbar anzuzeigen.

6 **5) Wirksam** wird die Überweisung mit der Zustellung des Beschlusses an den Drittschuldner (Abs 3 S 1 mit § 829 III), jedoch nicht vor der Pfändung (weil Überweisung kein Zahlungsverbot bewirkt), die gesondert beschlossene Überweisung sonach frühestens mit der Pfändung. Die Zustellung des gesonderten Überweisungsbeschlusses erfolgt auf Betreiben des Gläubigers (Abs 3 S 1 mit § 829 II S 1) durch den Gerichtsvollzieher (§§ 166 ff) unter Vermittlung der Geschäftsstelle; desgleichen ist anschließende Zustellung an den Schuldner zu bewirken; Einzelheiten Rn 14, 15 zu § 829.

7 **III) 1)** Bei **Überweisung zur Einziehung** bleibt die gepfändete Forderung Vermögensbestandteil des Schuldners (BGH 24, 239 = NJW 57, 1438; BGH MDR 78, 743 = NJW 78, 1914; RG JW 35, 3541). Den Gläubiger ermächtigt die Überweisung zur Einziehung, die Forderung des Schuldners geltend zu machen (§ 836 mit Einzelheiten). Die Vollstreckungsforderung des Gläubigers ist daher mit Überweisung zur Einziehung noch nicht befriedigt, die ZwV somit nicht beendet. Daher ist Anschlußpfändung noch möglich. Eine zunächst nur zur Einziehung überwiesene Forderung kann dem Gläubiger später auch noch an Zahlungs Statt überwiesen werden.

8 **2)** Mit Wirksamkeit (Abs 3 S 1 mit § 829 III) der **Überweisung an Zahlungs Statt** (als Ausnahme nur selten) geht die Forderung auf den Gläubiger über (Abs 2; Gläubigerwechsel); sie scheidet aus dem Vermögen des Schuldners aus (RG 18, 398). Soweit die gepfändete und überwiesene Forderung des Schuldners an den Drittschuldner besteht, ist der Gläubiger wegen seiner Vollstreckungsforderung damit durch ZwV befriedigt (Abs 2). Die Vollstreckungsforderung ist in Höhe des überwiesenen Betrags (soweit die überwiesene Forderung besteht) erloschen, einerlei, ob der Betrag beitreibbar ist oder nicht. Der Schuldner haftet für Uneinbringlichkeit nicht. Überweisung an Zahlungs Statt wird wegen des damit für den Gläubiger verbundenen Risikos nur selten und nur dann beantragt, wenn die Einbringlichkeit der Forderung außer Zweifel steht. Besteht die überwiesene Forderung nicht (auch soweit sie Einwendungen des Drittschuldners ausgesetzt ist, §§ 404 ff BGB), sind auch die Überweisungswirkungen nicht eingetreten. Der Gläubiger kann seine dann nicht erloschene Vollstreckungsforderung weiter voll-

strecken. Streit darüber, ob die Forderung des Gläubigers mit Überweisung erloschen ist, ist mit Gegenklage (§ 771; für Gläubiger auch mit Feststellungsklage) auszutragen.

3) Überweisung **an Zahlungs Statt ist ausgeschlossen** nach Pfändung einer nach § 399 BGB nicht übertragbaren Forderung (§ 851 II), einer von einer Gegenleistung abhängigen Forderung (StJM Rdn 37 zu § 835), eines anderen Anspruchs ohne Nennwert und im Falle des § 849; nur Überweisung zur Einziehung mit der Maßgabe, daß der Schuldbetrag zu hinterlegen ist, darf nach § 839 erfolgen. 9

IV) Überweisung des bei einem **Geldinstitut gepfändeten Guthabens** einer natürlichen Person als Schuldner (vgl § 850k) erlaubt Leistung an den Gläubiger oder Hinterlegung aus dem Guthaben erst 2 Wochen nach der Zustellung des Überweisungsbeschlusses (nicht des Pfändungsbeschlusses; Abs 3 S 2). Damit soll der Schuldner Gelegenheit finden, Schutzantrag nach § 850k zu stellen und eine einstweilige Anordnung oder vorläufige Aufhebung des Vollstreckungsgerichts zu erwirken. Der zeitliche Aufschub besteht kraft Gesetzes; Hinweis darauf im Überweisungsbeschluß muß nicht erfolgen (Stöber FdgPfdg Rdn 588). Das Geldinstitut ist zu früherer Leistung weder verpflichtet noch berechtigt. Es hat auch nicht zu prüfen, ob die Voraussetzungen des § 850k im Einzelfall gegeben sind. Der Aufschub gilt für alle Guthaben natürlicher Personen bei einem Geldinstitut. Frühere Leistung an einen dann zur Einziehung nicht berechtigten Gläubiger hat gegenüber dem Schuldner, dem noch Schutz nach § 850k gewährt wird, keine Wirkung. 10

V) Haben **mehrere Gläubiger** dieselbe Forderung gepfändet (Rn 21 zu § 829), so ist Überweisung zur Einzahlung an jeden zulässig. Der Rang der Pfändungen (§ 804 III) ändert sich damit nicht; die Überweisungen schaffen keinen eigenen Rang. Der Leistungsklage des Nachrangigen muß der Drittschuldner mit der Einrede der vorrangigen Pfändung begegnen. Leistet der Drittschuldner irrtümlich an einen nachrangigen Gläubiger und muß er deshalb nochmals an den vorrangigen Gläubiger zahlen, so kann er den an den nachrangigen Gläubiger gezahlten Betrag von diesem aus ungerechtfertigter Bereicherung zurückverlangen und muß sich insoweit nicht an den Vollstreckungsschuldner halten (BGH 82, 28 = MDR 82, 221 = NJW 82, 173). Überweisung an Zahlungs Statt an den vorrangigen Gläubiger hat Gläubigerwechsel zur Folge, schließt somit wegen des Forderungsbetrags des Erstgläubigers weitere Pfändung (Rn 21 zu § 829) und auch Überweisung an andere Gläubiger aus. Überweisung an Zahlungs Statt an einen nachrangigen Gläubiger wirkt nur vorbehaltlich der Rechte des besserrangigen Gläubigers, verbietet somit auch spätere Überweisung an diesen nicht. 11

VI) Verstöße und **Mängel:** wie Rn 22 ff zu § 829. Die Wirksamkeit der Pfändung wird durch Unwirksamkeit nur der Überweisung nicht berührt (Breslau HRR 39 Nr 1343). 12

VII) Rechtsbehelfe: wie Rn 28 ff zu 829. Daß der Überweisungsbeschluß zu Unrecht erlassen wurde, kann auch der Drittschuldner mit Erinnerung geltend machen. Einwendungen gegen den Anspruch selbst (§ 767) stehen nur dem Schuldner zu. Überweisung an Zahlungs Statt kann mit Erinnerung (nach Anhörung mit sofortiger Beschwerde) angefochten werden, bis der Drittschuldner die Forderung an den Gläubiger bezahlt hat (Stöber FdgPfdg Rdn 598); Erinnerung des Schuldners bis zur Zahlung ist jedenfalls nach wirksamer Überweisung an Zahlungs Statt noch zulässig, wenn er vor dem Überweisungsbeschluß nicht gehört wurde (Düsseldorf ZIP 82, 366; aA LG Düsseldorf JurBüro 82, 305 = Rpfleger 82, 112 sowie Münzberg Rpfleger 82, 329). 13

VIII) Gebühren: 1) des **Gerichts:** Für Pfändung (§ 829) und Überweisung (§ 835) nur einmaliger Ansatz der Gebühr zu 15 DM nach KV Nr 1149. Auch dann handelt es sich nur um ein Verfahren, wenn Pfändung und Überweisung von mehreren Forderungen des Schuldners gegen den gleichen oder auch gegen mehrere Drittschuldner beantragt sind (zB LG Zweibrücken Rpfleger 77, 76 mwN; AG Passau KostRspr KV Nr 1109 [jetzt 1149] Nr 17; Hartmann, KostGes KV Nr 1149 Anm 2; aA LG Verden NdsRpfl 70, 209; Lappe GKG Komm Anm zu KV Nr 1109 [= jetzt 1149]; mehrere Verfahrensgebühren bei einheitl Vollstreckungsantrag u Schuldnermehrheit: LG Braunschweig JurBüro 80, 107; dasselbe bei Pfändung unterschiedl Forderungen mehrerer Schuldner gg ihren Drittschuldner: KostRspr KV Nr 1149 unter Nr 41). – S auch Rn 33 zu § 829. Bezügl des gegen die Entscheidung des Rechtspflegers gegebenen Erinnerungs- bzw des nachfolgenden Beschwerdeverfahrens: s Rn 20 zu § 813a. – **2)** des **Anwalts:** Bei der Pfändung von Forderungen gehören zu derselben Tätigkeit des RA iS des § 58 I BRAGO sämtliche Tätigkeiten, die zur Durchführung der Pfändung derselben Forderung des Schuldners wegen der gleichen Forderung des Gläubigers vorgenommen werden; als eine Angelegenheit gilt daher der Antrag auf Pfändung der Forderung (§ 829), der Antrag auf Überweisung zur Einziehung oder an Zahlungs Statt (§ 835) – u zwar auch bei getrennter Antragstellung – sowie der Vollstreckungsauftrag gegen den Schuldner auf Herausgabe (Wegnahme: § 883) der über die Forderung vorhandenen Urkunden nach § 836 III, die Aufforderung an den Drittschuldner zur Erklärung nach § 840 und die Pfändungsankündigung nach § 845 (s Gerold/Schmidt, Anm 11 zu § 58 BRAGO; KG Rpfleger 74, 409 = AnwBl 74, 187 u LG Nürnberg-Fürth Rpfleger 72, 108). Nur eine Auftragsgebühr für den Gläubigeranwalt auch bei Wiederholung des Vollstreckungsauftrags wegen Wohnungswechsels des Schuldners (Koblenz Rpfleger 77, 263 = JurBüro 77, 1100; AG Biedenkopf JurBüro 78, 73 zust Anm Mümmler; AG Bad Segeberg DGVZ 79, 30 u LG Itzehoe DGVZ 80, 13 = JurBüro 80, 387; auch Köln DGVZ 83, 9 u LG Aachen DGVZ 85, 114). – In der Zwangsvollstreckung gg Gesamtschuldner liegen für den Gläubigeranwalt so viele Angelegenheiten vor, wie Schuldner betroffen sind (hM, für viele: LG Berlin AnwBl 79, 277 = JurBüro 79, 1025 sowie Schneider in Anm zu KostRspr BRAGO § 58 Nr 36). 14

836 *[Wirkung der Überweisung]*
(1) Die Überweisung ersetzt die förmlichen Erklärungen des Schuldners, von denen nach den Vorschriften des bürgerlichen Rechts die Berechtigung zur Einziehung der Forderung abhängig ist.

(2) Der Überweisungsbeschluß gilt, auch wenn er mit Unrecht erlassen ist, zugunsten des Drittschuldners dem Schuldner gegenüber, so lange als rechtsbeständig, bis er aufgehoben wird und die Aufhebung zur Kenntnis des Drittschuldners gelangt.

(3) Der Schuldner ist verpflichtet, dem Gläubiger die zur Geltendmachung der Forderung nötige Auskunft zu erteilen und ihm die über die Forderung vorhandenen Urkunden herauszugeben. Die Herausgabe kann von dem Gläubiger im Wege der Zwangsvollstreckung erwirkt werden.

Lit: *Denck,* Drittschuldnerschutz nach § 836 II ZPO, JuS 1979, 408; *Joost,* Risikoträchtige Zahlungen des Drittschuldners bei Forderungspfändung, WM 1981, 82; *Lieb,* Bereicherungsrechtliche Fragen bei Forderungspfändung, ZIP 1982, 1153.

1 **I) Zweck:** Regelung und Klarstellung der Überweisungswirkungen.

2 **II) Überweisung an Zahlungs Statt** hat Gläubigerwechsel (mit Übergang der Gläubigerstellung) durch Hoheitsakt bewirkt (§ 835 II). Der Vollstreckungsgläubiger ist damit als neuer Forderungsgläubiger an die Stelle des Vollstreckungsschuldners (als bisheriger Forderungsgläubiger) getreten (vgl § 398 S 2 BGB). Die Berechtigung des Vollstreckungsgläubigers zur Einziehung (Geltendmachung) der gepfändeten und ihm an Zahlungs Statt überwiesenen Forderung folgt damit bereits unmittelbar aus seiner Gläubigerstellung.

3 **III) 1) Überweisung zur Einziehung** überträgt dem Gläubiger durch Hoheitsakt die **Einziehungsermächtigung** für die Forderung, die im Schuldnervermögen bleibt (Abs 1). Als Maßnahme der Pfandverwertung begrenzt die Überweisung nach Pfändung einer größeren Forderung (zur Vollpfändung Rn 12 zu § 829) die Einziehungsermächtigung des Gläubigers auf den Betrag seines Vollstreckungsanspruchs, für den sein Pfändungspfandrecht besteht, auch wenn der Überweisungsbeschluß keine einschränkende Anordnung ausspricht. Einziehung eines Mehrbetrags ist dem Gläubiger auch unter Vorbehalt der Erstattung an den Schuldner nicht erlaubt. Der Drittschuldner kann einen Mehrbetrag nicht schuldbefreiend an Gläubiger leisten.

4 **2)** Den **Gläubiger** ermächtigt die Überweisung zur Einziehung zu allen im Recht des Schuldners begründeten, der Befriedigung dienenden Maßnahmen (BGH MDR 78, 743 = NJW 78, 1914; BGH NJW 82, 173 [174]). Er darf deshalb im eigenen Namen die Forderung kündigen, einziehen, mit ihr aufrechnen (s auch RG 58, 108) und vor allem auf Leistung an sich klagen (BGH aaO); er kann mit Erfüllungswirkung annehmen (RG 169, 54 [56]), mit dem Drittschuldner wegen der Forderung einen Vergleich schließen, wenn dadurch der Schuldner in Höhe des Anspruchs des Gläubigers befriedigt wird, ferner, wenn der Schuldner den Drittschuldner vor der Pfändung auf Zahlung verklagt hatte, dem Streit als Nebenintervenient beitreten, und wenn das Urteil zugunsten des Schuldners erlassen wurde, die Vollstreckungsklausel auf sich umschreiben lassen (§ 727). Der Pfändungsgläubiger kann ferner die ihm zur Einziehung überwiesene Forderung im Konkurs des Drittschuldners anmelden und zusammen mit dem Schuldner das Stimmrecht ausüben. Betrifft der Überweisungsbeschluß eine Forderung des Schuldners gegen eine OHG oder KG, so gibt die Überweisung dem Gläubiger auch die Klagebefugnis gegen die persönlich haftenden Gesellschafter (RAG JW 38, 978). **Nicht befugt** ist der Gläubiger ohne Zustimmung des Schuldners zur Gewährung einer Stundung, zur Bewilligung von Teilzahlungen, Gewährung eines Nachlasses und zur Einziehung eines seinen Anspruch in Haupt- und Nebensache übersteigenden Betrages. Zum Faustpfand § 838. Die durch Einziehung der Forderung dem Gläubiger erwachsenden **Kosten** sind Kosten der ZwV; für sie haftet dem Gläubiger daher nach § 788 der Schuldner. Der Pfandgläubiger kann die Kosten bei Zahlung durch den Drittschuldner mit verrechnen. Im Verhältnis zum Drittschuldner sind die Kosten des Einziehungsrechtsstreits Prozeßkosten, über die nach §§ 91 ff entschieden wird; Kostenfestsetzung gegen den Drittschuldner auf der Grundlage dieser Kostenentscheidung erfolgt nach §§ 103 ff; für Festsetzung als ZwV-Kosten gegen den Schuldner bietet § 788 Grundlage.

5 **3)** Der **Schuldner,** der bei Überweisung zur Einziehung Forderungsgläubiger bleibt, kann über die Pfandforderung weiterhin nicht mehr zum Nachteil des Gläubigers verfügen (s Rn 18 zu § 829). Er darf, solange die Pfändung besteht, die Forderung vor allem nicht einziehen, auch nicht auf Zahlung an sich „unbeschadet der Rechte des Pfändungsgläubigers“ oder auf Hinterlegung für sich und den Gläubiger klagen (RG 77, 144). Zulässig dagegen ist seine Klage gegen den Drittschuldner auf Feststellung des Bestehens der Schuld (RG 83, 118), oder auf Zahlung an den

Pfändungsgläubiger (RG 83, 119); der Schuldner kann auch gegen den Drittschuldner wegen der gepfändeten Forderung einen Arrest erwirken (RG 27, 282).

4) a) Der **Drittschuldner** kann die zur Einziehung überwiesene Forderung nur noch an den Gläubiger schuldbefreiend erfüllen (Rn 3). Einwendungen und Einreden gegen die gepfändete Forderung, die gegen den Schuldner (als den Gläubiger der Forderung) bisher begründet waren, kann der Drittschuldner auch dem einziehungsberechtigten Gläubiger entgegenhalten (§§ 404 ff; RG 89, 215). Er kann gegenüber dem Pfändungsgläubiger auch nach Maßgabe des § 392 BGB aufrechnen (RG 58, 108), jedoch nicht mit einer Forderung, die der Schuldner gegen den Gläubiger hat (AG Langen MDR 81, 237). Wenn der Drittschuldner die Einrede des nicht erfüllten Vertrags geltend macht, hat der Gläubiger die Gegenleistung zu beschaffen, gegen deren Bewirkung der Drittschuldner Zug um Zug zu leisten hat (RG 6, 379). Ist eine Forderung gepfändet und dem Gläubiger zur Einzahlung überwiesen worden und macht der Drittschuldner seinerseits gegen den Schuldner einen Anspruch geltend, so kann der Schuldner dem Drittschuldner gegenüber die Leistung mit der Wirkung verweigern, daß er verurteil wird, nur Zug um Zug mit der Maßgabe zu leisten, daß der Drittschuldner die bisher dem Schuldner gebührende Leistung an den Pfändungsgläubiger bewirkt (Braunschweig JR 55, 342). Einstellung der ZwV verbietet Leistung durch den Drittschuldner an den Gläubiger (Rn 7). 6

b) Der Überweisungsbeschluß kann **ohne Wirkung** oder **unwirksam** sein (Rn 22, 23 zu § 829). Mit Hinterlegung wegen Gläubigerungewißheit (§ 372 BGB) kann der Drittschuldner in zweifelhaften Fällen Zahlungsrisiko vermeiden. Drittschuldnerschutz bei Leistung an den trotz wirkungsloser oder unwirksamer Überweisung einziehenden Gläubiger besteht nicht. Der Überweisungsbeschluß kann aber auch nur **fehlerhaft** sein (Rn 24 zu § 829). Dann wird der Drittschuldner in seinem Vertrauen auf die Wirksamkeit des hoheitlichen Zwangsaktes nach Abs 2 geschützt (s § 409 BGB als entsprechende Schutzbestimmung). Leistung (andere Erfüllung) des Drittschuldners an den Gläubiger, dessen Einziehungsbefugnis sich auf einen zu Unrecht erlassenen Überweisungsbeschluß gründet, hat dann unter den Voraussetzungen des Abs 2 dem Schuldner gegenüber Wirksamkeit. Der Schutz des Abs 2 besteht auch gegenüber einem anderen Pfändungsgläubiger des Schuldners und für den Pfändungsrang (BGH 66, 394 = MDR 76, 1014 = NJW 76, 1453). Kenntnis von einer einstweiligen Einstellung der ZwV steht bereits der Kenntnis von der Aufhebung des Überweisungsbeschlusses gleich, schließt somit Schutz nach Abs 2 aus. Ein Irrtum des Drittschuldners, der Überweisungsbeschluß sei aufgehoben, ist durch Abs 2 nicht geschützt (Schuler NJW 61, 719; aA Stuttgart NJW 61, 34 mit zust Anm Riedel). Einen Schutz auch auf Vertrauen auf das Bestehen der gepfändeten „angeblichen" Forderung begründet Abs 2 nicht; gegenüber einem tatsächlichen Forderungsgläubiger begründet Leistung an den Vollstreckungsgläubiger daher keine Schuldbefreiung. Auch kann der Gläubiger aus Abs 2 Rechte gegen den Drittschuldner nicht herleiten. 7

IV) Abs 3 entspricht dem § 402 BGB. Der **Schuldner** ist verpflichtet: **1)** dem Gläubiger die zur Geltendmachung der Forderung nötige **Auskunft** zu erteilen. Die Auskunftspflicht besteht auch hinsichtlich solcher Tatsachen, die erst nach der Pfändung eingetreten sind (zB Zahlung nach der Pfändung, aber vor Zustellung des Pfändungsbeschlusses an den Drittschuldner). Bei Weigerung Klage auf Auskunftserteilung (StJM Rdn 12 zu § 836); Vollstreckung nach § 888. 8

2) dem Gläubiger die über die Forderung vorhandenen Urkunden auszuhändigen. **Urkunden über die Forderung** sind unter anderem: Schuldschein, Pfandschein, Sparkassenbuch, Versicherungsschein, Mietvertrag, Briefe, auch Lohnsteuerkarte (Düsseldorf MDR 73, 414; LG Essen Rpfleger 73, 146; Stöber Rpfleger 73, 116 [122]; aA LG Braunschweig MDR 80, 585), idR aber nicht Leistungsbescheide des Arbeitsamts (LG Hannover JurBüro 86, 302 = Rpfleger 86, 143). Ist die Forderung nur zum Teil überwiesen, so muß der Schuldner die Urkunde, die zum Beweis der Forderung dient, über die ganze Forderung herausgeben vorbehaltlich der Rückgabe nach Einziehung des überwiesenen Teils (RG 21, 368). Die **Wegnahme** durch den GV (§ 883 I) erfolgt auf Grund des Vollstreckungstitels und des Überweisungsbeschlusses (LG Limburg DGVZ 75, 11; AG Dortmund DGVZ 80, 29), wenn in ihm die Urkunden genau bezeichnet sind oder auf Grund eines Ergänzungsbeschlusses, in welchen auch die Pflicht zur Zurückgabe nach gemachtem Gebrauch aufzunehmen ist, der keiner Vollstreckungsklausel bedarf, dem Schuldner aber gem § 750 zugestellt sein muß (StJM Rdn 15 zu § 836; aA RG 21, 364; RG JW 04, 93; AG Bad Schwartau DGVZ 81, 63 mit abl Anm Schriftleitung; s auch Kuhnt ZZP 43 [1913] 348, 355). Sind die Urkunden nicht auffindbar, muß der Gläubiger den Schuldner zur Abgabe der eidesstattlichen Versicherung laden (§ 883 II). Anträge aus § 888 oder § 890 können nicht zum Erfolg führen (DGVZ 39, 81 f). Befindet sich die Urkunde im Besitz eines **nicht zur Herausgabe bereiten Dritten,** so kann der Gläubiger auf Grund des Überweisungs- bzw Ergänzungsbeschlusses den dem Schuldner zustehenden Anspruch auf Herausgabe gegen den Dritten durch Klage geltend machen (RG 21, 9

364), ohne daß er sich noch den Anspruch des Schuldners auf Herausgabe der Urkunde überweisen zu lassen braucht (JW 04, 92). Hat jemand den Erstattungsanspruch des PKHAnwalts an die Staatskasse gepfändet und bedarf er zur Durchführung der Festsetzung der Erklärung des PKHAnwalts über den Empfang etwa anrechnungsfähiger Vorschüsse, so muß er sie gemäß § 836 III durch besondere Klage erzwingen. Auch die Versicherung über die Höhe der Auslagen oder statt ihrer die Vorlage der Handakten muß der Pfändungsgläubiger sich nötigenfalls gemäß § 836 III verschaffen. § 840 bietet jedoch dem Gläubiger eine näher liegende Möglichkeit und geht dem § 836 III deshalb vor (AG Bonn Rpfleger 63, 125; aA StJM Rdn 18 zu § 836).

10 V) **Gebühren** des **Anwalts:** s Rn 14 zu § 835.

837 *[Überweisung von Hypothekenforderungen]*

(1) Zur Überweisung einer gepfändeten Forderung, für die eine Hypothek besteht, genügt die Aushändigung des Überweisungsbeschlusses an den Gläubiger. Ist die Erteilung des Hypothekenbriefes ausgeschlossen, so ist zur Überweisung an Zahlungs Statt die Eintragung der Überweisung in das Grundbuch erforderlich; die Eintragung erfolgt auf Grund des Überweisungsbeschlusses.

(2) Diese Vorschriften sind nicht anzuwenden, soweit es sich um die Überweisung der Ansprüche auf die im § 1159 des Bürgerlichen Gesetzbuchs bezeichneten Leistungen handelt. Das gleiche gilt bei einer Sicherungshypothek im Falle des § 1187 des Bürgerlichen Gesetzbuchs von der Überweisung der Hauptforderung.

(3) Bei einer Sicherungshypothek der im § 1190 des Bürgerlichen Gesetzbuchs bezeichneten Art kann die Hauptforderung nach den allgemeinen Vorschriften gepfändet und überwiesen werden, wenn der Gläubiger die Überweisung der Forderung ohne die Hypothek an Zahlungs Statt beantragt.

1 **I) Zweck:** Regelung der Pfandverwertung einer durch Hypothek gesicherten Geldforderung unter Berücksichtigung der Besonderheiten, die sich mit der auf dem Grundbuchsystem beruhenden Rechtsnatur des Sicherungsrechts ergeben.

2 **II) 1)** Pfandverwertung einer Geldforderung erfolgt mit Überweisung zur Einziehung oder an Zahlungs Statt (§ 835) auch, wenn die gepfändete Forderung durch Hypothek (§ 830) gesichert ist. Wirksam wird die Überweisung jedoch nicht mit Zustellung des Beschlusses an den Drittschuldner (§ 835 III), sondern

3 **a)** bei der **Briefhypothek** immer mit (formloser) Aushändigung des Überweisungsbeschlusses an den Gläubiger (Abs 1 S 1), jedoch nicht vor der Pfändung, sonach frühestens zugleich mit dieser (KGJ 28 A 136);

4 **b)** bei der **Buchhypothek** die Überweisung zur **Einziehung** mit Aushändigung des Überweisungsbeschlusses an den Gläubiger (Abs 1 S 1), jedoch nicht vor der Pfändung;

5 **c)** bei der **Buchhypothek** die Überweisung an **Zahlungs Statt** mit Eintragung in das Grundbuch (Abs 1 S 2). Die Eintragung erfolgt auf (formlosen) Antrag des Gläubigers auf Grund des Überweisungsbeschlusses (Abs 1 S 2), der nicht zugestellt sein muß und keiner Vollstreckungsklausel bedarf. Eintragung der Überweisung ist nicht vor Wirksamwerden der Pfändung mit Eintragung (§ 830) zulässig.

6 Die Überweisung einer Brief- oder Buchhypothek zur Einziehung kann (neben der Pfändung) nicht in das Grundbuch eingetragen werden, weil die Forderung nicht auf den Pfandgläubiger übergeht (KGJ 33 A 276). Bei Überweisung einer Briefhypothek an Zahlungs Statt ersetzt der Überweisungsbeschluß die Abtretungserklärung (§ 836 I; § 1155 BGB); nach Wirksamwerden kann die Überweisung an Zahlungs Statt daher auf Antrag als Grundbuchberichtigung eingetragen werden (KGJ 33 A 274). Eintragungsgrundlage ist der Überweisungsbeschluß, der keiner Vollstreckungsklausel bedarf; Briefvorlage und Nachweis, daß die Pfändung wirksam geworden ist, sind erforderlich.

7 **2) Löschungsfähige Quittung** kann der Gläubiger dem Drittschuldner nach Befriedigung durch diesen aushändigen, auch wenn die Hypothek nur zur Einziehung überwiesen wurde (KG OLG 3, 392; 8, 209; LG Düsseldorf MittRhNotK 82, 23). Löschungsbewilligung (ohne Zahlungsquittung) kann der Gläubiger, dem die Hypothek nur zur Einziehung überwiesen ist, nicht erteilen (KG OLG 8, 209; 15, 377; LG Düsseldorf aaO).

8 **III)** Anspruch auf die **im § 1159 BGB bezeichneten Leistungen** (Rückstände von Zinsen usw) werden nicht nach § 830, sondern als Geldforderungen nach § 829 gepfändet (Rn 14 zu § 830).

Ebenso bestimmt sich ihre Überweisung nicht nach § 837 in der für Hypothekenforderungen vorgeschriebenen Form, sondern nach § 835 in der für gewöhnliche Geldforderungen geltenden Weise (Abs 2 S 1). Desgleichen erfolgt Verwertung der Forderung aus einer Inhaberschuldverschreibung mit Hypothek (§ 1187 BGB) und aus einem Wechsel oder anderen indossablen Papier wie deren Pfändung (Rn 1 zu § 830) auf dem allgemein für solche Rechte bestimmten Weg, dh nach § 821 bzw § 835.

IV) Eine Forderung, für die eine **Höchstbetragshypothek** (§ 1190 BGB) bestellt ist, kann wie jede andere Forderung mit Buchhypothek gepfändet und überwiesen werden. Entsprechend der Regelung des § 1190 BGB, nach der in diesem Fall die Forderung auch ohne die Hypothek übertragen werden kann und die Trennung von Hypothek und Forderung schon eintritt, wenn die Forderung nach den allgemeinen Grundsätzen übertragen wird, gestattet Abs 3 dem Gläubiger, die Hauptforderung ohne die Hypothek nach den allgemeinen Grundsätzen zu pfänden, unter der Voraussetzung, daß er die Verwertung in der Form der Überweisung an Zahlungs Statt beabsichtigt. Der Pfändungsantrag muß einen dahingehenden Antrag enthalten. Der Beschluß muß die Beschränkung der Pfändung auf die Forderung zum Ausdruck bringen; Pfändung und Überweisung werden mit Zustellung an den Drittschuldner wirksam. 9

V) Auf die Verwertung einer **gepfändeten Reallast, Grundschuld** oder **Rentenschuld,** findet § 837 entsprechende Anwendung (§ 857 VI). 10

837 a *[Überweisung bei Schiffshypothek]*

(1) Zur Überweisung einer gepfändeten Forderung, für die eine Schiffshypothek besteht, genügt, wenn die Forderung zur Einziehung überwiesen wird, die Aushändigung des Überweisungsbeschlusses an den Gläubiger. Zur Überweisung an Zahlungs Statt ist die Eintragung der Überweisung in das Schiffsregister oder in das Schiffsbauregister erforderlich; die Eintragung erfolgt auf Grund des Überweisungsbeschlusses.

(2) Diese Vorschriften sind nicht anzuwenden, soweit es sich um die Überweisung der Ansprüche auf die in § 53 des Gesetzes über Rechte an eingetragenen Schiffen und Schiffsbauwerken vom 15. November 1940 (Reichsgesetzbl. I S. 1499) bezeichneten Leistungen handelt. Das gleiche gilt, wenn bei einer Schiffshypothek für eine Forderung aus einer Schuldverschreibung auf den Inhaber, aus einem Wechsel oder aus einem anderen durch Indossament übertragbaren Papier die Hauptforderung überwiesen wird.

(3) Bei einer Schiffshypothek für einen Höchstbetrag (§ 75 des im Absatz 2 genannten Gesetzes) gilt § 837 Abs. 3 entsprechend.

§ 837 a enthält für die Schiffshypothek, die nur als Buchhypothek besteht, eine dem § 837 entsprechende Regelung, soweit sie für die Buchhypothek getroffen ist. Für das Registerpfandrecht an Luftfahrzeugen gilt § 837 a entsprechend (vgl Rn 2 zu § 830 a). 1

838 *[Beschränkung des Rechts des Überweisungsgläubigers]*

Wird eine durch ein Pfandrecht an einer beweglichen Sache gesicherte Forderung überwiesen, so kann der Schuldner die Herausgabe des Pfandes an den Gläubiger verweigern, bis ihm Sicherheit für die Haftung geleistet wird, die für ihn aus einer Verletzung der dem Gläubiger dem Verpfänder gegenüber obliegenden Verpflichtungen entstehen kann.

I) Zweck: Sicherung des Schuldners für seine fortbestehende Haftung auf Grund eines für die gepfändete Forderung bestehenden Pfandrechts. 1

II) Ein die gepfändete Forderung sicherndes **Pfandrecht an einer beweglichen Sache** wird als Nebenrecht von der Pfändung erfaßt (Rn 20 zu § 829). Der Gläubiger kann vom Schuldner daher die Herausgabe des Pfandes verlangen (§ 1251 I BGB); das Begehren ist im Klageweg, nicht nach § 836 III, geltend zu machen. Der Schuldner haftet nach Herausgabe jedoch (als bisherigen Pfandgläubiger) wie ein selbstschuldnerischer Bürge nach Maßgabe des § 1251 II S 2 BGB für den Schaden, der dem Verpfänder durch Verletzung der Pflichten entsteht, in die der Gläubiger (an Stelle des Schuldners) eingetreten ist. § 838 gibt dem Schuldner das Recht, die Herausgabe des Pfandes an den Gläubiger zu verweigern, bis ihm Sicherheit für die fortbestehende Haftung geleistet ist. Urteil geht auf Herausgabe Zug um Zug gegen Sicherheitsleistung; Vollstreckung erfolgt nach §§ 726, 756 (Stöber FdgPfdg Rdn 704; streitig; nach aA, zB StJM Rdn 2 zu § 838, führt fehlende Sicherheitsleistung zur Klageabweisung). Sicherheit ist nach § 232 BGB zu leisten; §§ 108, 109 finden keine Anwendung. 2

839 *[Überweisung bei Hinterlegung]* **Darf der Schuldner nach § 711 Satz 1, § 712 Abs. 1 Satz 1 die Vollstreckung durch Sicherheitsleistung oder Hinterlegung abwenden, so findet die Überweisung gepfändeter Geldforderungen nur zur Einziehung und nur mit der Wirkung statt, daß der Drittschuldner den Schuldbetrag zu hinterlegen hat.**

1 Auch bei Verwertung einer gepfändeten Geldforderung ist der **Abwendungsbefugnis des Schuldners** nach § 711 S 1, § 712 I S 1 mit Hinterlegung Rechnung zu tragen. Damit entspricht § 839 dem § 720 sowie § 815 III, § 819. Die Verpflichtung des Drittschuldners zur Hinterlegung ist in dem Überweisungsbeschluß auszusprechen (sonst § 836 II). Mit Hinterlegung wird der Drittschuldner befreit; der Gläubiger erwirbt an dem hinterlegten Betrag ein Pfandrecht (§ 233 BGB). Auszahlung des Hinterlegungsgelds erfolgt auf Antrag, wenn die Berechtigung nachgewiesen ist (§ 13 I HinterlO). Auf andere Fälle der Einstellung der ZwV ist § 839 nicht entsprechend anzuwenden (BGH 49, 117 = NJW 68, 398; LG Hamburg MDR 52, 45).

2 **Gebühren:** Ein etwa isoliert erlassener Überweisungsbeschluß nach § 839 löst keine besondere Gebühr aus; er ist mit dem nach KV Nr 1149 gebührenpflichtigen Pfändungsbeschluß als eine einheitliche Entscheidung anzusehen.

840 *[Auskunftserteilungspflicht des Drittschuldners]* **(1) Auf Verlangen des Gläubigers hat der Drittschuldner binnen zwei Wochen, von der Zustellung des Pfändungsbeschlusses an gerechnet, dem Gläubiger zu erklären:**

1. **ob und inwieweit er die Forderung als begründet anerkenne und Zahlung zu leisten bereit sei;**
2. **ob und welche Ansprüche andere Personen an die Forderung machen;**
3. **ob und wegen welcher Ansprüche die Forderung bereits für andere Gläubiger gepfändet sei.**

(2) Die Aufforderung zur Abgabe dieser Erklärungen muß in die Zustellungsurkunde aufgenommen werden. Der Drittschuldner haftet dem Gläubiger für den aus der Nichterfüllung seiner Verpflichtung entstehenden Schaden.

(3) Die Erklärungen des Drittschuldners können bei Zustellung des Pfändungsbeschlusses oder innerhalb der im ersten Absatz bestimmten Frist an den Gerichtsvollzieher erfolgen. Im ersteren Fall sind sie in die Zustellungsurkunde aufzunehmen und von dem Drittschuldner zu unterschreiben.

Lit: *Benöhr,* Einredeverzicht des Drittschuldners, NJW 1976, 174; *Cebulka,* Erstattung von Anwaltskosten des Drittschuldners, AnwBl 1979, 409; *Eckert,* Die Kostenerstattung bei der Drittschuldnererklärung nach § 840 I ZPO, MDR 1986, 799; *Feiber,* Zur Auskunftsklage gegen den Drittschuldner bei Sicherungspfändung, Betrieb 1978, 477; *Flieger,* Die Behauptungslast bei Abgabe der Erklärung des Drittschuldners nach § 840 Abs 1 ZPO, MDR 1978, 797; *Heers,* Klage auf Auskunft gemäß § 840 Abs 1 ZPO im Verfahren vor dem Arbeitsgericht, Betrieb 1971, 1525; *Láng,* Die Erklärung des Drittschuldners nach 840 Abs 1 (Ziff 1) ZPO, Diss Freiburg 1982; *Linke,* Die Erklärungspflicht des Drittschuldners und die Folgen ihrer Verletzung, ZZP 87 [1974] 284; *Malitz,* Die Erklärungspflicht des Drittschuldners gegenüber der Vollstreckungsbehörde nach § 316 AO, BB 1986, 572; *Marburger,* Das Anerkenntnis des Drittschuldners nach § 840 Abs 1 Ziff 1 ZPO, JR 1972, 7; *Mümmler,* Betrachtungen zur Drittschuldnererklärung, JurBüro 1986, 333; *Olschewski,* Drittschuldnererklärung durch Rechtsanwalt – Gebührenanspruch und Kostenersatz, MDR 1974, 714; *Petersen,* Erstattung von Rechtsanwaltskosten bei Abgabe der Drittschuldnererklärung nach § 840 ZPO, BB 1986, 188; *Schmidt,* Der schweigsame Drittschuldner, JR 1951, 558.

1 **I) Zweck:** Wahrung der Gläubigerbelange mit Verpflichtung des Drittschuldners zur Auskunft über Bestand und Wert der gepfändeten Forderung an den Gläubiger, der die Verhältnisse meist nicht näher kennt, sich für sein weiteres Vorgehen aber darauf einstellen muß.

2 **II) Voraussetzung der Auskunftspflicht: 1) Zustellung** des (wirksamen) Pfändungsbeschlusses, nicht auch des Überweisungsbeschlusses (RG 27, 346; BGH 68, 289 = MDR 77, 746 = NJW 77, 1199). Auskunftspflicht besteht daher auch bei Sicherungsvollstreckung (§ 720 a), Arrestpfändung (§ 930), nach Überweisung an Zahlungs Statt und nach Einstellung der ZwV unter Aufrechterhaltung der Pfändung, nicht aber nach Vorpfändung (BGH 68, 289 [291] = aaO; BGH WM 72, 525) und nicht bei Pfändung von Forderungen aus Wechseln und anderen Papieren durch den Gerichtsvollzieher (§ 831). Bei Pfändung der durch Hypothek gesicherten Forderung

(§§ 830, 830 a) ist Aufforderung bei der Zustellung schon zulässig, bevor die zur Entstehung des Pfandrechts erforderliche Briefübergabe bzw Grundbucheintragung erfolgt ist.

2) Verlangen des Gläubigers mit **Aufforderung** zur Abgabe der Erklärung bei Zustellung des Pfändungsbeschlusses (Abs 1 mit 2). Die Aufforderung muß in die Zustellungsurkunde aufgenommen werden (Abs 2; wesentliches Erfordernis, RG 60, 330). Erforderlich ist daher Zustellung durch den GV; Aufforderung im Pfändungsbeschluß genügt nicht (anders § 316 AO). Der GV hat dem Drittschuldner grundsätzlich persönlich zuzustellen (LG Tübingen MDR 74, 677); wird er nicht angetroffen, ist jedoch auch Ersatzzustellung zulässig. Zum Verfahren des GV, wenn mehreren Drittschuldnern in verschiedenen AG-Bezirken zugestellt werden soll, s § 173 Nr 2 GVGA. Bei Zustellung durch die Post ist § 840 nicht anwendbar, da der Postzusteller die Erklärung des Drittschuldners nicht entgegennehmen kann (LG Tübingen aaO; aA LG Schweinfurt BayJMBl 56, 41 = DGVZ 56, 71). Öffentliche Zustellung ist nicht möglich. Nachträglich (nach Zustellung des Pfändungsbeschlusses) kann die Aufforderung gesondert zugestellt werden. Sie muß dann auf den Pfändungsbeschluß Bezug nehmen, der aber nicht nochmals zugestellt werden muß (RG 60, 330). Durch nachträgliche Aufforderung entstehende Kosten sind nur bei besonderem Anlaß erstattungsfähig (§ 788). 3

3) Verpflichtet zur Abgabe der Erklärung nach § 840 ist (unter den Voraussetzungen von Rn 2 und 3) bei Pfändung einer Gesamtschuld oder von Bruchteilen jeder einzelne Drittschuldner, bei akzessorischen Rechten sowohl der dingliche als auch der persönliche Drittschuldner, bei Gesamtgutverbindlichkeiten der zur Prozeßführung befugte Ehegatte, bei juristischen Personen die gesetzlichen Vertreter, bei bürgerlich-rechtlicher Gesellschaft, OHG und KG jeder vertretende einzelne Gesellschafter (nicht der Kommanditist). Die Auskunftspflicht geht dem Bankgeheimnis vor (Stöber FdgPfdg Rdn 627); die Erklärungspflicht der Bundespost über Postgiro- und Postsparguthaben sieht § 6 PostG vor. 4

III) Zu **erklären hat** sich **der Drittschuldner** darüber

1) ob und inwieweit er die Forderung als begründet anerkennt und Zahlung zu leisten bereit sei. Die Frage der Leistungsbereitschaft umfaßt Bestand, Art und Höhe der Forderung, soweit sie beschlagnahmt ist. Die Erklärung, daß die Forderung nicht anerkannt werde, braucht nicht näher begründet zu werden (München NJW 75, 174; wenngleich das klarstellend zweckmäßig sein kann); zur Vorlage von Belegen ist der Drittschuldner, der die Forderung nicht anerkennt, nicht verpflichtet (BGH 86, 23 = MDR 83, 398 = NJW 83, 687). Die Erklärung hat auch dem Gläubiger nicht einzeln die für sein weiteres Vorgehen wesentlichen Tatsachen zu bezeichnen. Sie muß daher Aufschluß zu Einzelfragen wie Einreden, Fälligkeit, Bedingung, Gestaltungsrechte (Rücktritt, Anfechtung, Minderung, Aufrechnung) nicht enthalten (StJM Rdn 9 zu § 840). Irreführende Angaben verletzen die Auskunftspflicht ebenso wie die unterlassene Erklärung (RG 149, 255). Die Erklärung, daß der Drittschuldner die Forderung **als begründet anerkenne,** stellt nur eine Auskunft tatsächlicher Art dar (BGH 69, 328 = MDR 78, 222 = NJW 78, 44; Marburger JR 72, 7; Benöhr NJW 76, 174), kein deklaratorisches (so aber München NJW 75, 174; Braunschweig NJW 77, 1888 L) oder bestätigendes Schuldanerkenntnis. Im Rechtsstreit des Gläubigers gegen den Drittschuldner hat die Erklärung jedoch gewisse Beweiskraft; mit Vorlage des schriftlichen Anerkenntnisses genügt der Gläubiger seiner Darlegungs- und Beweispflicht. Der Drittschuldner hat die Möglichkeit des Gegenbeweises; die Beweislast ist daher praktisch umgekehrt. Da die Erklärung nicht bindend ist, sondern bei Unrichtigkeit zu Schadensersatz verpflichtet (Abs 2), entfallen Anfechtung und Kondiktion. 5

2) ob und welche Ansprüche andere Personen an die Forderung machen, auch wenn die Ansprüche zweifelhaft (ungewiß) sind. Als Rechtsgrund für „Ansprüche" kommen in Betracht: Abtretung, Übergang kraft Gesetzes, Verpfändung. Die anderen Berechtigten sind mit Namen, Anschrift sowie Grund und Betrag der Ansprüche zu bezeichnen (LAG Hannover NJW 74, 768). Auch eine Verfügung (Abtretung usw) erst zwischen Pfändung und Auskunft muß angegeben werden (Stöber FdgPfdg Rdn 644). 6

3) ob und wegen welcher Ansprüche die Forderung bereits für andere Gläubiger gepfändet sei. Zu bezeichnen sind Gläubiger und Art sowie Höhe seiner Ansprüche, auch der Pfändungsbeschluß nach Gericht (Behörde) und Tag. Noch wirksame Vorpfändungen sind anzugeben; nachrangige Pfändungen brauchen nicht bezeichnet zu werden. 7

Der Gläubiger kann sein Auskunftsverlangen auch auf einzelne Fragen des § 840 **beschränken,** nicht aber auf weitere Einzelfragen ausdehnen. Zur Wiederholung oder Ergänzung seiner Angaben ist der Drittschuldner, der die Fragen des § 840 beantwortet (und verneint) hat, nicht verpflichtet, desgleichen nicht zur Vorlage von Belegen (BGH 86, 23 = aaO). 8

9 **IV) 1)** Zu erteilen ist die Auskunft **binnen zwei Wochen** von der Zustellung des Pfändungsbeschlusses mit der Aufforderung an den Drittschuldner an, auch wenn sie im Ersatzwege erfolgt ist. Fristberechnung: § 222. Der Tag der Zustellung rechnet nicht mit. Die Frist ist Überlegungsfrist; zur Fristwahrung genügt daher rechtzeitige Absendung (Stöber FdgPfdg Rdn 637; streitig; für Zugang in der Frist wohl auch BGH 79, 275 = MDR 81, 493 = NJW 81, 990; Fristwahrung ist vom Drittschuldner zu beweisen). Ist der letzte Tag der Frist ein Sonnabend, Sonn- oder Feiertag, so kann der Drittschuldner die Erklärung noch am nächsten Werktag abgeben; zwischenzeitliche Einstellung der ZwV berührt Erklärungspflicht des Drittschuldners und Frist nicht. Fristverlängerung ist nur durch den Gläubiger möglich, nicht durch den Gerichtsvollzieher oder das Vollstreckungsgericht. Folge der Fristversäumnis: Haftung nach Abs 2. Ergänzung der Erklärung ist jederzeit möglich (RG 149, 256).

10 **2)** Die **Erklärung kann bei Zustellung** des Pfändungsbeschlusses oder innerhalb der Zweiwochenfrist **an den GV** erfolgen (Abs 3). Zum Inhalt der nach Abs 3 S 2 aufzunehmenden Zustellungsurkunde s § 173 Nr 2 GVGA. Auch innerhalb der Frist kann die Erklärung noch an den GV erfolgen (Abs 3 S 1), der sie durch Protokoll festzustellen und unverzüglich dem Gläubiger zu übermitteln hat (s § 173 Nr 2 Abs 2 GVGA). Die Erklärung kann schriftlich auch unmittelbar an den Gläubiger, nicht aber an das Vollstreckungsgericht gerichtet werden; nach Ablauf der Erklärungsfrist kann der GV die Entgegennahme der Erklärung ablehnen.

11 **3) Kosten** der Auskunft hat der Gläubiger dem Drittschuldner nicht zu erstatten (BAG BB 86, 188 mit Anm Petersen = MDR 85, 523 = NJW 85, 1181 mwN; LG München I MDR 63, 757 = NJW 63, 1509; AG Bad Bramstedt MDR 81, 854; AG München AnwBl 81, 40; aA: bei schwieriger Sach- und Rechtslage sind auch Rechtsanwaltskosten zu erstatten: Eckert MDR 86, 799; Gutzmann BB 76, 700; Olschewski MDR 74, 714; AG Düsseldorf JurBüro 85, 723; kritisch Cebulka AnwBl 79, 409; auch LG Essen JurBüro 85, 627: keine Erstattung in einfachen Fällen). Die Arbeitsgerichte sind für Geltendmachung des Anspruchs eines Lohnpfändungsgläubigers gegen den Drittschuldner auf Kostenerstattung nicht zuständig (BAG aaO).

12 **V) 1)** Bei **Nichterfüllung der Auskunftspflicht** haftet der Drittschuldner dem Gläubiger für den entstehenden Schaden (Abs 2 S 2; gesetzliches Schuldverhältnis). Die Haftung besteht auch bei nur unvollständiger, falscher oder nicht rechtzeitig erteilter Auskunft (RG 149, 255), bei letzterer für den Schaden bis zur Auskunftserteilung. Die Haftung setzt Verschulden voraus (BGH 79, 275 = MDR 81, 493 = NJW 81, 990). Den Drittschuldner trifft ein Verschulden auch, wenn er die Frage, wem die gepfändete Forderung zusteht, nicht mit der gebotenen Sorgfalt geprüft hat (BGH MDR 83, 308). Daß ihn kein Verschulden trifft, hat der Drittschuldner zu beweisen (BGH aaO). Eigenes Verschulden muß sich der Gläubiger nach Maßgabe des § 254 BGB anrechnen lassen (BGH MDR 83, 308).

13 **2)** Die Schadenshaftung beschränkt sich auf den **Schaden** des Gläubigers, der durch dessen Entschluß verursacht ist, die gepfändete Forderung gegen den Drittschuldner geltend zu machen oder davon abzusehen (BGH ZIP 86, 1422). Der Schaden besteht zunächst in den Kosten des vom Gläubiger gegen den Drittschuldner unnütz geführten Einziehungsrechtsstreits oder vorgerichtlicher Rechtsverfolgung. Setzt der Gläubiger den Rechtsstreit in der Hauptsache fort, wenn nachträglich Auskunft erteilt (oder richtiggestellt) worden ist, dann sind die bisherigen Prozeßkosten nicht unnütz aufgewendet, mithin nicht als Schaden entstanden. Schaden kann auch dadurch entstehen, daß der Gläubiger infolge der nicht erteilten oder unrichtigen Auskunft andere Vollstreckungsmöglichkeiten gegen den Schuldner versäumt (BGH 69, 328 = aaO; BGH JurBüro 82, 66 = ZIP 82, 1482). Wenn der Gläubiger sich auf die Pfändung beschränkt, die von Anfang an unsicher ist, und andere aussichtsreiche Vollstreckungsversuche unterläßt, kann eine nicht oder unrichtig erteilte Auskunft jedoch nicht als schadensverursachend angesehen werden (BGH ZIP 82, 1482 = aaO). Als Schadensersatz kann der Gläubiger nicht verlangen so gestellt zu werden, wie wenn die Forderung des Schuldners gegen den Drittschuldner bestünde. Der Gläubiger kann daher nicht Ersatz des Schadens verlangen, der ihm dadurch erwächst, daß er keine Zahlung erlangt, weil die gepfändete Forderung nicht besteht oder mit Einreden bzw Einwendungen behaftet ist (BGH 69, 328 = aaO). Auf einen Schaden, der durch Unterlassen einer Pfändung aus weiteren Titeln des Gläubigers entstanden ist, bezieht sich die Haftung nicht (BGH ZIP 86, 1422). Auch Vermögensschaden, den der Gläubiger nicht bei ZwV, sondern im Vertrauen auf die Drittschuldnererklärung bei anderen wirtschaftlichen Dispositionen erleidet (zB mit weiterer Kreditgewährung), ist nicht zu ersetzen (LG Detmold ZIP 80, 1080). Kosten des Hauptsacheverfahrens sind nach Arrestpfändung nicht Teil des nach Abs 2 zu ersetzenden Schadens (BGH 68, 289 = aaO). Weitergehender Umfang der Haftung des Drittschuldners kann sich aus § 826 BGB ergeben, wenn die Verletzung der Erklärungspflicht (Erteilung einer falschen Auskunft) zugleich den Tatbestand dieser Vorschrift erfüllt (BGH ZIP 86, 1422).

3) Im **Rechtsstreit** kann der Gläubiger, der infolge nicht rechtzeitiger Auskunftserteilung Zahlungsklage gegen den Drittschuldner erhoben hat, zur Klage auf Feststellung der Haftung des Drittschuldners für den aus der Nichterfüllung der Auskunftsverpflichtung entstandenen Schaden übergehen, wenn sich herausgestellt hat, daß der gepfändete Anspruch nicht besteht (BGH 79, 275 = aaO), und zwar auch vor dem Arbeitsgericht (BAG 10, 39 = MDR 61, 91 = NJW 61, 92; LAG Kiel NJW 66, 800; aA LAG Frankfurt NJW 56, 1334). Auf Geltendmachung seines Schadensersatzanspruchs in einem neuen Prozeß ist der Gläubiger nicht verwiesen; desgleichen ist weder § 91a entsprechend anzuwenden noch kann Kostenersatz in entsprechender Anwendung des § 93 erfolgen (BGH MDR 79, 1000 = WM 79, 1128; BGH 79, 275 = aaO). Der Gläubiger kann auch nicht darauf verwiesen werden, mit seiner Schadensersatzforderung gegen den Kostenerstattungsanspruch des Drittschuldners aus dem erledigten Rechtsstreit über die Zahlungsklage aufzurechnen (BGH 79, 275 = aaO). Wenn der Gläubiger nicht im Wege der Klageänderung seinen Schaden durch Klageantrag auf Feststellung der Verpflichtung zum Schadensersatz (BGH 79, 275 = aaO) oder durch einen bezifferten Antrag (BGH MDR 79, 1000 = aaO) geltend macht, ist die Klage daher abzuweisen; Kosten sind dem Kläger aufzuerlegen (BGH MDR 79, 1000 und 79, 275 = je aaO). Im Arbeitsgerichtsprozeß ist auch der Erstattungsanspruch aus dem Schuldgrund des § 840 II S 2 durch § 12a S 1 ArbGG beschränkt; der Erstattungsanspruch gegen den Drittschuldner umfaßt daher nicht die Kosten für Zeitversäumnis und Zuziehung eines Prozeßbevollmächtigten (BAG 10, 39 = aaO; BAG 21, 1 = MDR 68, 793 = NJW 68, 1740; BAG MDR 73, 617 L = NJW 73, 1061; Stöber FdgPfdg Rdn 962 mwN; aA LG Tübingen NJW 82, 1890). Deshalb wird empfohlen, den Schaden in seinem selbständigen Hauptsacheprozeß vor dem ordentlichen Gericht geltend zu machen (s auch Schaub NJW 68, 480). 14

VI) 1) Einen **einklagbaren Anspruch** gegen den schweigenden Drittschuldner auf die Auskünfte des § 840 I hat der Gläubiger **nicht** (BGH 91, 126 = MDR 84, 752 = NJW 84, 1901; LG Nürnberg-Fürth ZZP 96 [1983] 118 mit Anm Waldner, je mwN zu der früher heftig umstritten gewesenen Frage). § 840 begründet Auskunftspflicht mit der Folge, daß sich die Haftung des Drittschuldners in seiner Schadensersatzpflicht erschöpft; ihm ist damit auferlegt, vermeidbaren Schaden durch Klarstellung (Offenlegung) der Verhältnisse abzuwenden; einen im Wege der Klage durchsetzbaren Auskunftsanspruch begründet § 840 darüber hinaus nicht (BGH aaO). Der (materielle) Anspruch auf Auskunft sowie Rechnungslegung, auf den sich eine Pfändung als Nebenanspruch erstreckt (Rn 20 zu § 829), kann unabhängig von der Auskunftspflicht des § 840 geltend gemacht und mit Klage verfolgt werden. Das gilt insbesondere auch für den Anspruch auf Lohn- und Provisionsabrechnung (§ 87c HGB). 15

2) Eine **Auskunft,** die der Drittschuldner **ohne rechtliche Verpflichtung** erteilt, muß richtig sein. Eine falsche oder unvollständige freiwillige Auskunft begründet Haftung, und zwar auch dann, wenn die Auskunft nachträglich unrichtig wird, der Drittschuldner jedoch den Gläubiger nicht benachrichtigt. 16

VII) Gebühren: 1) des **Anwalts des Gläubigers:** Für die Aufforderung an den Drittschuldner zur Erklärung nach § 840 erhält der RA des Gläubigers neben der bereits verdienten (3/10) Vollstreckungsgebühr für den Antrag auf Forderungspfändung keine weitere Gebühr (§ 58 I BRAGO). Die weitere gegen den Drittschuldner gerichtete Tätigkeit des RA des Gläubigers (Mahnung, Klageerhebung) wird nicht durch die Vollstreckungsgebühr abgegolten; er erhält für diese Tätigkeit die gleichen Gebühren wie bei jedem anderen Auftrag zur Mahnung oder Klageerhebung. – **2) Für die Erklärung (im Auftrag des Drittschuldners) nach § 840** erhält der RA die (3/10) Gebühr aus § 57 BRAGO. – **3)** des **Gerichtsvollziehers:** Für die persönliche Zustellung mit Aufforderung nach § 840: 5 DM (§ 16 III GVKostG). Die Gebühr ermäßigt sich auf 3 DM, wenn die versuchte persönliche Zustellung, nachdem sich der GV an Ort und Stelle begeben hatte, infolge von Umständen erfolglos geblieben ist, die weder in der Person des GV lagen noch von seiner Entscheidung abhängig waren (§ 36 IV GVKostG). Für die Aufnahme der vom Drittschuldner abgegebenen Erklärungen werden Schreibauslagen erhoben (§ 36 I Nr 4 GVKostG); wegen der Höhe s § 36 II GVKostG; vgl dazu Nr 42 GVKostGr. Wegen des Ortswegegeldes s § 37 III, wegen des Auswärtswegegeldes s § 37 IV GVKostG; dazu die GVKostGr Nrn 43–46. 17

841 *[Pflicht zur Streitverkündung]*

Der Gläubiger, der die Forderung einklagt, ist verpflichtet, dem Schuldner gerichtlich den Streit zu verkünden, sofern nicht eine Zustellung im Ausland oder eine öffentliche Zustellung erforderlich wird.

Zuziehung des Schuldners bei der gegen den Drittschuldner anzustrengenden Leistungs- oder Feststellungsklage mit Streitverkündung dient Schuldnerinteressen. Sie hat auch nach Überweisung an Zahlungs Statt und im arbeitsgerichtlichen Verfahren zu erfolgen. Form und Wirkungen der Streitverkündung: §§ 68, 73, 74 III. 1

2 **Unterlassung** der Streitverkündung macht unter Umständen den Gläubiger dem Schuldner (nicht auch dem Drittschuldner) schadensersatzpflichtig (RG 83, 121).

842 *[Verzögerte Beitreibung]*

Der Gläubiger, der die Beitreibung einer ihm zur Einziehung überwiesenen Forderung verzögert, haftet dem Schuldner für den daraus entstehenden Schaden.

1 Interessen des Schuldners verpflichten den Gläubiger, seine mit Überweisung erlangte Einziehungsbefugnis (Rn 4 zu § 836) alsbald außergerichtlich und gerichtlich geltend zu machen. Schuldhafte Verzögerung der Beitreibung (Einziehung) begründet Haftung des Gläubigers für den dem Schuldner daraus entstehenden Schaden (§ 249 BGB; zB wenn ein Drittschuldner zahlungsunfähig wird, infolge Ablaufs tariflicher Verfallfrist). Mitverschulden des Schuldners ist nach § 254 BGB zu werten. § 842 trifft nicht zu bei Überweisung an Zahlungs Statt, da sie den Gläubiger befriedigt und der Schuldner befreit wird.

843 *[Verzicht des Pfandgläubigers]*

Der Gläubiger kann auf die durch Pfändung und Überweisung zur Einziehung erworbenen Rechte unbeschadet seines Anspruchs verzichten. Die Verzichtleistung erfolgt durch eine dem Schuldner zuzustellende Erklärung. Die Erklärung ist auch dem Drittschuldner zuzustellen.

1 **I) Zweck:** Aufhebung der Pfändungswirkungen durch Gläubiger ohne Mitwirkung des Vollstreckungsgerichts.

2 **II) Verzichtserklärung** des Gläubigers ist Prozeßhandlung. Muster: Stöber FdgPfdg Rdn 676. Der Verzicht muß dem Schuldner erklärt werden. Ihm ist die schriftliche Erklärung des Gläubigers (seines Prozeßbevollmächtigten) im Parteibetrieb zuzustellen (§§ 166 ff). Auch einfache Erklärung (ohne Zustellung) an den Schuldner bewirkt aber Verzicht, weil § 843 nur den formellen Weg zur Abwendung von Beweisschwierigkeiten aufzeigt (BGH MDR 83, 486 = NJW 83, 886; RG 139, 172 [175] und JW 35, 3541). Der Verzicht auf die durch Pfändung erworbenen Rechte schließt die Einziehungsbefugnis ein; Verzicht nur auf die durch Überweisung zur Einziehung erlangten Rechte wird für zulässig erachtet, dürfte aber praktische Bedeutung kaum erlangen, weil Überweisung zur Einziehung andere Verwertung nicht hindert. Übernahme der Verpflichtung, unter bestimmten Voraussetzungen Rechte aus der Pfändung/Überweisung aufzugeben, hat keine Verzichtswirkung. Auch unter aufschiebender (nicht aber auflösender) Bedingung kann aber Verzicht erklärt sein. Rangrücktritt hinter einen nachfolgenden Gläubiger ist kein Verzicht (RG JW 13, 885), desgleichen nicht, wenn der Gläubiger das Pfandrecht nicht voll ausschöpft (zB durch Abschluß eines Ratenzahlungsvergleichs mit dem Drittschuldner). Überweisung an Zahlungs Statt hat Forderungsübergang mit Gläubigerbefriedigung bewirkt, schließt somit Verzicht aus.

3 **III) Verzichtswirkung,** die bereits mit Zustellung der Erklärung an Schuldner eintritt (RG 139, 172); Zustellung an den Gläubiger dafür nicht wesentlich; sie entfaltet allein auch keine Wirkung (BGH NJW 83, 886 [887]): Beschlagnahme (Verstrickung) der Forderung und Pfandrecht des Gläubigers (Rn 16 zu § 829) sowie dessen mit Überweisung erlangte Einziehungsermächtigung (Rn 3 zu § 836) erlöschen ohne Aufhebung des Pfändungs- und Überweisungsbeschlusses. Der Schuldner ist wieder Berechtigter einer ungepfändeten Forderung. Der Drittschuldner erhält davon durch Zustellung nach S 2 Mitteilung; er ist durch § 836 II geschützt, bis er vom Wirksamwerden des Verzichts Kenntnis erlangt. Auf Antrag des Schuldners, Drittschuldners oder Gläubigers ist der Pfändungs/Überweisungsbeschluß aufzuheben, wenn dem Vollstreckungsgericht Wirksamwerden des Verzichts nachgewiesen ist (streitig; s Stöber FdgPfdg Rdn 682 mit Nachw). Den vollstreckbaren Anspruch des Gläubigers und seinen durch den Vollstreckungstitel ausgewiesenen Vollstreckungsanspruch berührt der Verzicht nicht (S 1). Der Gläubiger kann weiter vollstrecken; er kann auch dieselbe Forderung wieder pfänden.

4 **IV) Gebühren: a) des Anwalts:** Für die Erklärung eines Verzichts keine, wenn der RA bereits die Vollstreckungsgebühr aus § 57 BRAGO verdient hat (§ 58 I BRAGO). – **b)** des **Gerichtsvollziehers:** Für die Zustellung der Verzichtserklärung an Schuldner u Drittschuldner je Zustellungsgebühr nach § 16 GVKostG (§ 15 Nr 1, 3 GVGA, Nr 18 I GVKostGr).

844 *[Andere Art der Verwertung]* **(1) Ist die gepfändete Forderung bedingt oder betagt oder ist ihre Einziehung wegen der Abhängigkeit von einer Gegenleistung oder aus anderen Gründen mit Schwierigkeiten verbunden, so kann das Gericht auf Antrag an Stelle der Überweisung eine andere Art der Verwertung anordnen.**

(2) Vor dem Beschluß, durch welchen dem Antrag stattgegeben wird, ist der Gegner zu hören, sofern nicht eine Zustellung im Ausland oder eine öffentliche Zustellung erforderlich wird.

I) Zweck: Wie Rn 1 zu § 825. **Anordnung** einer **anderen Art der Verwertung** ist gegenüber der Überweisung (§ 835) die Ausnahme; sie ist nur zulässig, wenn sie vorteilhafter erscheint (Rn 2 zu § 825), weil die gepfändete Forderung bedingt oder betagt oder ihre Einziehung wegen der Abhängigkeit von einer Gegenleistung oder aus anderen Gründen (zB Zahlungsunfähigkeit des Drittschuldners) mit Schwierigkeiten verbunden ist (Abs 1). Schutzwürdige Interessen des Schuldners sind zu würdigen (Rn 2 zu § 825). 1

II) Als **andere Art der Verwertung** kann angeordnet werden: die **Versteigerung** der gepfändeten Forderung (im Fall des § 857 des Rechts); Verwertung durch **freihändige Veräußerung** der Forderung (des Rechts); Überweisung an Zahlungs Statt zu einem **unter dem Nennwert** liegenden Betrag (Schätzwert usw); **Ausübung** eines gepfändeten **Rechts** durch einen anderen, insbesondere Verwaltung oder Verpachtung (s auch § 857 IV). Erweiterung der Pfändungswirkungen (Rn 16 zu § 829) ermöglicht § 844 nicht; Rechte des Pfändungsgläubigers können daher nicht ausgedehnt werden. Unzulässig ist daher Anordnung der Versteigerung einer nur teilweise gepfändeten Forderung zum vollen Betrag (KG OLG 5, 330), Ermächtigung des Gläubigers, mit dem Drittschuldner neue Zahlungsbestimmungen zu vereinbaren (Stöber FdgPfdg Rdn 1479; aA StJM Rdn 14 zu § 844), Stundung zu gewähren oder ihm mit Vergleich entgegenzukommen. 2

III) Verfahren: 1) Zuständig (ausschließlich, § 802) ist das Vollstreckungsgericht nach dem Gerichtsstand des Schuldners bei Antragstellung (§ 828; RG 61, 332), bei Wohnsitzänderung nach Pfändung sonach das neue Wohnsitzgericht. Es entscheidet der Rechtspfleger (§ 20 Nr 17 RpflG); Besonderheit, wenn Schuldner Unpfändbarkeit geltend macht, s Rn 7 zu § 825. 3

2) Die Anordnung ergeht auf **Antrag** des Gläubigers oder Schuldners, nicht aber des Drittschuldners. Der Antrag des Gläubigers kann mit dem Pfändungsantrag verbunden werden; die (gesonderte) Entscheidung über ihn muß jedoch bis zum Wirksamwerden der Pfändung und dann möglicher Anhörung des Schuldners ausgesetzt werden. Antragsberechtigt ist auch ein nachrangig pfändender Gläubiger (RG 87, 324; 164, 169); der erstpfändende Gläubiger, dem die Art der Verwertung nachteilig ist, kann Erinnerung (§ 766) erheben (RG 97, 34 [41]). Der Antrag kann auch nach Überweisung zur Einziehung noch gestellt werden, nicht mehr jedoch nach Überweisung an Zahlungs Statt. Zum Antrag s Rn 8 zu § 825. 4

3) Einstweilige Einstellung. Wie Rn 9 zu § 825 (jedoch hier kaum von Bedeutung); **Verfahren** über den Antrag mit rechtlichem Gehör und Entscheidung durch Beschluß: wie Rn 10, 11 zu § 825. Als Gegner zu hören ist auch ein Gläubiger mit besserem Pfandrecht. Auch Anhörung des Drittschuldners kann nach Lage des Falles zweckdienlich sein. Zustellung des andere Verwertung anordnenden Beschlusses hat auch an den Drittschuldner zu erfolgen. **Rechtsbehelf:** wie Rn 12 zu § 825. Zum Beschwerderecht einer GmbH, wenn die Verwertung eines der Geschäftsanteile angeordnet ist, s Frankfurt Rpfleger 76, 372. 5

IV) Verwertung der gepfändeten Forderung (des Rechts) hat entsprechend dem gerichtlichen Beschluß durch den GV oder die sonst bestimmte Person zu erfolgen (Rn 14 zu § 825). Gesetzliche Verwertung mit Einziehung infolge Überweisung (§ 835) kann nach Anordnung anderer Verwertung nicht mehr betrieben werden (s Rn 14 zu § 825). Wenn freihändige **Veräußerung** (auch an einen bestimmten Interessenten) **durch den GV** angeordnet ist, werden Käufer und Preis durch Übereinkunft bestimmt; der GV handelt als Organ der ZwV hoheitlich (Rn 15 zu § 825). Der Rechtsübergang erfordert jedoch Verfügungsgeschäft nach materiellem Recht; den dafür notwendigen Vertrag schließt der GV mit dem Erwerber (RGZ 164, 172). Zu erforderlicher Beurkundung (für Verkauf oder Verfügungsvertrag, zB § 2033 I BGB) kann der GV ermächtigt werden. Eine sonstige Person wird bei der ihr zugewiesenen Veräußerung privatrechtlich tätig (Rn 19 zu § 825). Ermächtigung zur Abgabe der für Beurkundung erforderlichen Erklärungen kann auch ihr erteilt werden. Der Erlös aus freihändiger Veräußerung ist Verwertungserlös (§ 819). **Versteigerung durch den GV** erfolgt nach Anordnung des Vollstreckungsgerichts nach §§ 816 ff (dies auch, wenn der Beschluß die Versteigerungsart nicht ausdrücklich bestimmt) oder nach § 156 BGB; eine andere Person (privater Versteigerer, auch Notar) wird bei der ihr übertragenen Versteigerung auf Grund des erteilten Auftrags privatrechtlich tätig (Rn 19 zu § 825), so daß Versteigerung immer nach § 156 BGB erfolgt (BGH JZ 64, 772 = MDR 66, 999). Der Gläubi- 6 ger kann mitbieten (KG HRR 33 Nr 964). Besondere Anordnungen des Vollstreckungsgerichts muß der GV (§ 172 Nr 2 GVGA) oder andere Versteigerer beachten. Bei Versteigerung durch den GV nach § 816 erfolgt Rechtsübergang nicht schon durch Zuschlag, sondern erst durch nachfolgende Erklärung (§ 817 II entspr), so daß er von der Zahlung des Kaufpreises abhängig gemacht werden kann. Die Formvorschriften des BGB gelten nicht; die Übertragung des Rechts durch den GV ersetzt auch eine für den Rechtsübergang (sonst) vorgeschriebene Form, zB bei Veräußerung eines Nachlaßanteils (§ 2033 I BGB), einer Hypothekenforderung (§ 1154 BGB) oder eines Wechsels (Indossament daher nicht erforderlich). Aushändigung des Versteigerungserlöses: § 819. Keine Anwendung findet bei freihändiger Verwertung oder bei Versteigerung **§ 817 a über das Mindestgebot** (LG Berlin DGVZ 62, 173; LG Krefeld Rpfleger 79, 147; aA LG Münster DGVZ 69, 172; LG Essen NJW 57, 108; Petermann Rpfleger 73, 387). Das Vollstreckungsgericht kann und soll jedoch einen Mindestverkaufspreis festlegen (ist notwendig, wenn der Wert der Forderung zweifelhaft oder streitig ist; LG Berlin aaO), dessen Höhe es selbst bestimmen oder durch einen Sachverständigen (auch durch den GV) feststellen lassen kann (LG Krefeld aaO). Auch ohne Mindestgebot darf jedoch der GV (Versteigerer) den Zuschlag nur gegen ein angemessenes Gebot erteilen (LG Berlin aaO).

7 **V) Gebühren: 1)** des **Gerichts:** Keine. – **2)** des **Anwalts:** Für den Antrag auf andere Art der Verwertung keine neben der bereits verdienten Vollstreckungsgebühr aus § 57 BRAGO. – **3)** des **Gerichtsvollziehers:** § 21 GVKostG.

845 *[Vorpfändung]*

(1) Schon vor der Pfändung kann der Gläubiger auf Grund eines vollstreckbaren Schuldtitels durch den Gerichtsvollzieher dem Drittschuldner und dem Schuldner die Benachrichtigung, daß die Pfändung bevorstehe, zustellen lassen mit der Aufforderung an den Drittschuldner, nicht an den Schuldner zu zahlen, und mit der Aufforderung an den Schuldner, sich jeder Verfügung über die Forderung, insbesondere ihrer Einziehung, zu enthalten. Der Gerichtsvollzieher hat die Benachrichtigung mit den Aufforderungen selbst anzufertigen, wenn er von dem Gläubiger hierzu ausdrücklich beauftragt worden ist. Der vorherigen Erteilung einer vollstreckbaren Ausfertigung und der Zustellung des Schuldtitels bedarf es nicht.

(2) Die Benachrichtigung an den Drittschuldner hat die Wirkung eines Arrestes (§ 930), sofern die Pfändung der Forderung innerhalb drei Wochen bewirkt wird. Die Frist beginnt mit dem Tage, an dem die Benachrichtigung zugestellt ist.

Lit: *Arnold*, Die Vollstreckungsnovelle vom 1. Februar 1979, MDR 1979, 358; *Braun*, Wartefrist gem. § 798 ZPO und Vorpfändung, DGVZ 1976, 145; *Buciek*, Die Vorpfändung von Steuererstattungsansprüchen, Betrieb 1985, 1428; *Gilleßen* und *Jakobs*, Die Übertragung der Vorpfändung auf den Gerichtsvollzieher, DGVZ 1979, 103; *Hantke*, Die gleichzeitige Vorpfändung für mehrere Gläubiger, KKZ 1985, 52; *Hornung*, Die Zwangsvollstreckungsnovelle 1979, Rpfleger 1979, 284; *Müller*, Das Gesetz zur Änderung zwangsvollstreckungsrechtlicher Vorschriften, NJW 1979, 905; *Mümmler*, Betrachtungen zur Vorpfändung (§ 845 ZPO), JurBüro 1975, 1413; *Münzberg*, Die Vorpfändung des Gerichtsvollziehers, DGVZ 1979, 161; *Noack*, Die Vorpfändung als Vollstreckungsmittel und ihre Bedeutung für die Praxis, DGVZ 1974, 161; *E. Schneider*, Die Wiederholung der Vorpfändung, JurBüro 1969, 1027; *E. Schneider*, „Privat-Zustellung" des Gläubigers über § 187 ZPO? DGVZ 1983, 33; *Schütz*, Vorpfändung und endgültige Pfändung, NJW 1965, 1009; *Weimar*, Pfändungsankündigung und Vorpfändung, MDR 1968, 297.

1 **I) Zweck** und **Anwendungsbereich:** Zulassung privater ZwV-Maßnahme mit befristeter Wirkung zum Schutz des Gläubigers vor den Folgen einer Verzögerung des Vollstreckungsakts des Vollstreckungsgerichts bei ZwV in Forderungen und andere Vermögensrechte. Vorpfändung findet demgemäß nur in den Fällen statt, in denen die nachfolgende ZwV mit Pfändungsbeschluß des Vollstreckungsgerichts erfolgt, somit bei ZwV durch das Vollstreckungsgericht in eine Geldforderung (§ 829), auch wenn für sie eine Hypothek besteht (§§ 830, 830 a; dazu Rn 13 zu § 830) und für den Anspruch auf Geldzahlung des Arbeitseinkommens (§§ 850 ff), in andere Vermögensrechte (§ 857) und in Ansprüche auf Herausgabe oder Leistung körperlicher Sachen (§§ 846 ff), **nicht** aber bei Pfändung von Wertpapieren (§ 808 II, § 831) und der Forderung aus einem Wechsel sowie anderem indossablen Papier (§ 831) und einer Postspareinlage (§ 23 IV PostG), die durch den Gerichtsvollzieher erfolgt.

2 **II) Voraussetzungen,** die bei Zustellung (nicht Anfertigung) der Vorpfändung erfüllt sein müssen: Vorliegen eines vollstreckbaren Schuldtitels wegen einer Geldforderung (Abs 1 S 1), für Kosten somit Festsetzungsbeschluß (nicht nur Kostenausspruch im Urteil), außerdem Bedin-

gungseintritt (§ 726), Kalendertagablauf (§ 751 I mit Ausnahme in § 850d III), Angebot der Gegenleistung bei einer Verurteilung Zug-um-Zug (§ 765; jedoch kein Zustellungsnachweis für Urkunden), Ablauf der Wartefrist des § 798 als Erfordernis der Vollstreckbarkeit des Schuldtitels (aA BGH NJW 82, 1002 = ZIP 82, 292; Düsseldorf NJW 75, 2210; LG Frankfurt/Oder JW 36, 405; Münzberg DGVZ 79, 165). **Nicht** erforderlich sind Erteilung der vollstreckbaren Ausfertigung und Zustellung des Vollstreckungstitels (Abs 1 S 3) sowie der in § 750 II bezeichneten Urkunden, desgleichen nicht Ausfertigung nach § 727 für bzw gegen den Rechtsnachfolger (hier müssen auch die Beweisurkunden für bzw gegen den Rechtsnachfolger nicht vorliegen und nicht zugestellt sein; RG 71, 179 [182]), Sicherheitsleistung (s § 720a; KG JurBüro 81, 620 = MDR 81, 412; LG Hannover JurBüro 81, 1417) sowie Zustellung des nur gegen Sicherheitsleistung vorläufig vollstreckbaren Titels mit Vollstreckungsklausel und Ablauf der Frist des § 750 III (KG MDR 81, 412 = aaO; LG Frankfurt JurBüro 83, 623 = Rpfleger 83, 32; AG München DGVZ 86, 47; Münzberg DGVZ 79, 164; aA Gilleßen/Jakobs DGVZ 79, 103 [106]). Bei einer künftigen Forderung muß bereits eine Rechtsbeziehung zwischen Schuldner und Drittschuldner bestehen, die Pfändung ermöglicht (s Rn 2 zu § 829). Daher ist Vorpfändung eines Steuererstattungsanspruchs nicht zulässig, bevor der Anspruch entstanden ist (§ 46 VI S 1 AO). Auftrag an den GV kann bereits vor diesem Zeitpunkt erteilt werden. Eine entgegen dem Pfändungsverbot dem Drittschuldner vor Entstehen des Anspruchs zugestellte Vorpfändung ist jedoch nichtig (§ 46 VI S 2 AO; dazu Buciek Betrieb 85, 1428).

III) Durchführung: 1) Bewirkt wird die Vorpfändung durch **Zustellung** einer vom Gläubiger 3
(seinem Vertreter, RG 64, 217) gefertigten schriftlichen **Benachrichtigung an Drittschuldner** und Schuldner, daß die Pfändung bevorstehe. Die Benachrichtigung muß den für wirksamen Pfändungszugriff mit Pfändungsbeschluß erforderlichen Inhalt haben (Rn 7 ff zu § 829), insbesondere somit die Forderung, deren Pfändung angekündigt wird (RG 64, 216), so bestimmt oder bestimmbar bezeichnen, daß über die Identität der späteren Pfändung mit der Vorpfändung kein Zweifel aufkommen kann (Düsseldorf MDR 74, 409). Auslegung kann wie beim Pfändungsbeschluß (Rn 9 zu § 829) erfolgen, nicht aber über den Wortsinn hinaus (s Düsseldorf aaO), Pfändungsgrenzen (§§ 850c, d) sind zu beachten (wird mitunter nicht berücksichtigt). Die Benachrichtigung muß die Aufforderung an den Drittschuldner enthalten, nicht mehr an den Schuldner zu zahlen, und die Aufforderung an den Schuldner, sich jeder Verfügung über die Forderung, insbesondere ihrer Einziehung, zu enthalten (Abs 1 S 1). Zugestellt wird im Parteibetrieb durch den GV (§§ 166 ff); öffentliche Zustellung an den Drittschuldner ist ausgeschlossen (zulässig ist sie im Falle des § 857 II an den Schuldner; AG Flensburg JurBüro 81, 464). Wirksam wird die Vorpfändung mit der Zustellung an den Drittschuldner (Abs 2 S 1; s § 829 III; fehlt ein Drittschuldner, gilt § 587 II). Ersatzzustellung kann wie bei Pfändung selbst erfolgen. Benachrichtigung des Drittschuldners ohne Mitwirkung des GV (durch Boten, mit Eilbrief, durch Einwurf in den Briefkasten) ist unwirksam (Koblenz DGVZ 84, 57; LG Marburg DGVZ 83, 119 = JurBüro 83, 1573; LG Koblenz MDR 83, 587; Schneider DGVZ 83, 33; aA AG Kassel JurBüro 85, 1738: Heilung nach § 187). Nicht wesentlich für die Wirksamkeit ist die Zustellung an den Schuldner (s Rn 15 zu § 829; anders in Fällen des § 857 II), die aber Amtspflicht des GV ist, deren Verletzung Schadensersatzpflicht begründen kann.

2) Der **GV** (hier keine Zuständigkeit nach Bezirken; Stöber FdgPfdg Rdn 801) hat die Benach- 4
richtigung mit der Aufforderung selbst anzufertigen, wenn er von dem Gläubiger hierzu ausdrücklich beauftragt worden ist (Abs 1 S 2). Ausnahme: § 857 VI. Auftrag kann schriftlich oder mündlich erteilt werden; die Beauftragung muß jedoch ausdrücklich erfolgen. Wird der Auftrag des Gläubigers gleichzeitig oder nachträglich mit einem Vollstreckungsauftrag nach § 753 I verbunden, so kann sich der Gläubiger auf die pauschale Anweisung beschränken, die dem Schuldner zustehenden und dem GV bei Durchführung des Vollstreckungsauftrags bekannt werdenden pfändbaren Forderungen vorläufig zu beschlagnahmen. In diesem Fall hat der GV festgestellte pfändbare Forderungen in die Benachrichtigung aufzunehmen. Der Auftrag endet mit der ZwV-Maßnahme. Für später (nach Rückgabe des Schuldtitels) noch bekannt werdende Forderungen besteht der Auftrag zur Anfertigung der Vorpfändung nicht fort (Stöber FdgPfdg Rdn 801). Der Gläubiger kann den GV aber auch beauftragen, unabhängig von einer Vollstrekkung die Benachrichtigung mit den Aufforderungen zu fertigen. In diesem Fall muß der Gläubiger die zur Bezeichnung der zu pfändenden Forderung nötigen Angaben (auch den Namen des Drittschuldners) mitteilen. Selbständige Forderungsermittlung (ohne ZwV-Auftrag) kann dem GV nicht aufgegeben werden (Stöber FdgPfdg Rdn 801b). Bei Anfertigung der Benachrichtigung handelt der GV selbständig als staatliches ZwV-Organ (Arnold MDR 79, 358 [360]; Hornung Rpfleger 79, 284; Gilleßen/Jakobs DGVZ 79, 103 [104]; aA Münzberg DGVZ 79, 161: als Vertreter des Gläubigers). Er hat daher in diesem Fall die Voraussetzungen der Vorpfändung zu prüfen, somit auch, ob der Gläubiger einen vollstreckbaren Schuldtitel erwirkt hat (s § 178 Nr 3 GVGA),

und die Vorpfändung abzulehnen, wenn bzw soweit ein Pfändungsverbot oder eine Pfändungsbeschränkung ZwV verbietet. Prüfung der vom Gläubiger selbst gefertigten Benachrichtigung hat nicht zu erfolgen; in diesem Fall beschränkt sich die Mitwirkung des GV auf die Zustellung.

5 **IV) Wirkungen: 1)** Die Benachrichtigung hat, wenn die Pfändung der Forderung **innerhalb drei Wochen** bewirkt wird, die **Wirkung** eines Arrestes (§ 930), dh **der Arrestvollziehung mit Forderungspfändung** (Abs 2 S 1), also die Wirkung der Beschlagnahme im Wege der ZwV (BGH 87, 166 [168]). Das gilt auch für eine Sicherungspfändung nach § 720 a (BGH 93, 71 = MDR 85, 404 = NJW 85, 863). Die Frist beginnt mit Zustellung der Benachrichtigung an den Drittschuldner (Zustellungstag rechnet nicht mit); Berechnung nach § 222. Die nachfolgende Pfändung muß in der Dreiwochenfrist mit Zustellung an den Drittschuldner (§ 829 III; zu § 830 s dort Rn 13) Wirksamkeit erlangen, bei zwischenzeitlicher Sicherung der Forderung durch Hypothek nach § 830; nicht erforderlich ist, daß sie ausdrücklich auf die Vorpfändung verweist. Die Wirksamkeit der rechtzeitig nachfolgenden Pfändung wird damit auf den Zeitpunkt der Vorpfändung zurückdatiert. Pfändungswirkungen (Beschlagnahme und Pfändungspfandrecht, Rn 16 zu § 829), damit auch Pfändungsrang (§ 804 III; RG 97, 223) bestimmen sich dann nach dem Zeitpunkt der Vorpfändung. Alle Verfügungen über die gepfändete Forderung nach Wirksamwerden der Vorpfändung sind damit dem Gläubiger gegenüber unwirksam. Die hM wertet diese Wirkungen der privaten Vollstreckungshandlung des Gläubigers als auflösend bedingtes Pfandrecht (StJM Rdn 14 zu § 845 mit Nachw). Rechtzeitig nachfolgende rechtswirksame Pfändung ist jedoch gesetzliche Voraussetzung der Pfändungswirkungen, somit dafür, daß bereits mit Zustellung der Vorpfändung das Pfandrecht begründet ist. Das entspricht nicht dem Wesen der auflösenden Bedingung; sie kann daher auch der gesetzlich angeordneten Rückwirkung der Pfändungswirkungen nach Vorpfändung nicht zugrunde gelegt werden. **Wirkungslos** bleibt die Vorpfändung, wenn nicht innerhalb der Frist die Pfändung der Forderung bewirkt ist. Gleichgültig ist, ob der Gläubiger die Frist versäumt hat oder ob Pfändung nicht mehr möglich war, zB wegen Einstellung der ZwV, Beschlagnahme durch Zwangsverwaltung. Ohne Wirkung ist die Pfändungsbenachrichtigung auch wegen des Betrags der Gläubigerforderung, der nur in der Vorpfändung bezeichnet ist, für den die wegen einer geringeren Forderung innerhalb der Frist wirksam gewordene Pfändung sonach nicht erfolgt ist. Keine Bedeutung hat die Pfändungsankündigung, soweit Pfändung wegen einer weiteren Forderung erfolgt. In diesem Fall hat die Vorpfändung die Pfändungswirkungen der Arrestpfändung, soweit die Gläubigerforderung von Vorpfändung und Pfändung sich deckt, während die Pfändung wegen des Mehrbetrags mit ihrer Zustellung nach § 829 III (oder nach § 830) neu wirksam wird. Wenn die rechtzeitig bewirkte Pfändung wieder aufgehoben wird, entfallen damit auch die Pfändungswirkungen, die nach Abs 2 S 1 für sie die Vorpfändung bewirkt hat. Für die Anfechtung der Pfändung im Konkurs (§§ 29 ff KO) ist der Zeitpunkt der Vorpfändung maßgebend (RG 83, 332). Wird nach Zustellung der Benachrichtigung über das Vermögen des Schuldners der Konkurs oder das Vergleichsverfahren eröffnet oder die ZwV aus dem der Vorpfändung zugrunde liegenden Schuldtitel eingestellt, so ist die Pfändung nicht mehr zulässig (RG 42, 365; Darmstadt JW 33, 1539). Erfolgt die Pfändung erst nach Beginn der Sperrfrist des § 28 VerglO, dann verliert auch die vorher erfolgte Vorpfändung mit Bestätigung des Vergleichs ihre Wirkung (RG 151, 268). Betraf die Vorpfändung eine Mietzinsforderung und wurde inzwischen das Grundstück veräußert oder versteigert, so wirkt die durch nach der Veräußerung bzw Versteigerung erfolgte gerichtliche Pfändung wirksam gewordene Vorpfändung, soweit der laufende und folgende Kalendermonat in Frage kommt, auch gegen den Grundstückserwerber.

6 **2) Wiederholung** einer Vorpfändung ist zulässig, erlangt Wirksamkeit jedoch nur neu nach Abs 2; Rückbeziehung auf den Zeitpunkt der früheren Vorpfändung ist ausgeschlossen. **Auskunftspflicht** des Drittschuldners wird durch die Vorpfändung nicht begründet (Rn 2 zu § 840); wenn Auskunft gleichwohl erteilt wird, muß sie aber richtig sein (Rn 16 zu § 840). **Verzicht** auf die Vorpfändung ist nach § 843 möglich. Die **Kosten** der Vorpfändung sind, soweit sie notwendig waren, als ZwV-Kosten erstattungsfähig (§ 788). Voraussetzung der Erstattungsfähigkeit ist nicht, daß der Drittschuldner den Gläubiger auf Grund der Pfändungsankündigung befriedigt oder daß dieser die Pfändung folgen läßt (KG DR 39, 1190; vgl auch Anm zu § 91). Als nicht notwendig können in den Fällen der §§ 720 a, 798 uU auch die dem Schuldner durch eine Vorpfändung vor Zustellung des Titels erwachsenen Kostennachteile angesehen werden, wenn der Schuldner die Wartefrist rechtzeitig genutzt hat (Münzberg DGVZ 79, 166).

7 **3) Unwirksam** ist die Vorpfändung, wenn eine ihrer Voraussetzungen (Rn 2) fehlt, sowie in den Fällen, in denen ein Pfändungsbeschluß nichtig wäre, außerdem dann, wenn der Pfändungsgegenstand nicht bestimmt genug bezeichnet ist oder das Drittschuldnerverbot fehlt, außerdem bei Verstoß gegen ein Pfändungsverbot oder eine Pfändungsbeschränkung (Rn 24 zu § 829).

Nichtigkeit auch bei Verfahrensverstoß und Fehlen eines Erfordernisses der Vorpfändung ist gegeben, weil ihr als private Maßnahme der ZwV der staatlichen Vollstreckungsakten bis zur Aufhebung zukommende Bestandsschutz fehlt. Private Vollstreckungsmaßnahme bleibt die Vorpfändung auch, wenn sie vom beauftragten GV angefertigt ist; Mängel der Benachrichtigung und Aufforderung machen daher auch die von ihm gefertigte Vorpfändung unwirksam (StJM Rdn 2 zu § 845; Münzberg DGVZ 79, 161 [164]; aA Hornung Rpfleger 79, 284).

V) **Rechtsbehelfe:** Für Gläubiger gegen GV, der Anfertigung oder Zustellung einer Benachrichtigung verweigert, Erinnerung (§ 766; dann § 793). Für Schuldner, Drittschuldner und Dritte gegen Vorpfändung Erinnerung nach § 766 (dann § 793) (Hamm Rpfleger 57, 354 mit Anm Berner und JurBüro 71, 175 = Rpfleger 71, 113; s Rn 29, 30 zu § 829), wenn ein Verfahrensverstoß (auch ein Mangel der Voraussetzung der Vorpfändung) beanstandet werden soll. Zuständigkeit: § 828. Das Rechtsschutzinteresse für die Erinnerung entfällt, wenn die Benachrichtigung mit Ablauf der 3-Wochenfrist ihre Bedeutung verloren hat, weil Pfändung nicht erfolgt ist (KG JW 33, 1270). Ist die Pfändung rechtzeitig und ordnungsgemäß bewirkt worden, bleibt Erinnerung nur noch gegen den Pfändungsbeschluß zulässig. Eine Ausnahme gilt für den Fall, daß ein berechtigtes Interesse an der Aufhebung oder Abänderung der rangwahrenden Vorpfändung allein besteht, zB wenn nur die Vorpfändung Mängel aufweist, die der Pfändungsbeschluß nicht hat. Dies gilt auch dann, wenn die Forderungspfändung der Erinnerung gegen die Vorpfändung nachfolgt (Hamm JurBüro 71, 175 = aaO). Eine auf Erinnerung aufgehobene Vorpfändung wird auch bei erfolgreicher Beschwerde des Gläubigers nicht wieder wirksam; für eine weitere Beschwerde des Schuldners fehlt ein Rechtsschutzbedürfnis (Hamm Rpfleger 57, 354). Zu Rechtsbehelfen im übrigen Rn 28 ff zu § 829. 8

VI) **Gebühren: 1)** des **Gerichts:** Für die Vorpfändung: keine (da diese ohne Mitwirkung des Gerichts geschieht); für die Entscheidung über die Vollstreckungserinnerung gemäß § 766 (s Rn 8): ebenfalls keine. – **2)** des **Anwalts:** 3/10 Gebühr nach § 57 BRAGO; die Vorpfändung gilt bereits als Akt der Zwangsvollstreckung. Wird im Anschluß daran der Pfändungs- und Überweisungsbeschluß beantragt, so können für diese Tätigkeiten zusammen nur einmal 3/10 der Vollstreckungsgebühr berechnet werden (§ 58 I BRAGO). Hat der RA wegen eines einheitlichen Auftrags und wegen einer Forderung mehrere Vorpfändungen vorgenommen, so entsteht nur eine Gebühr; denn es ist idR auf die Einheitlichkeit des Auftrags für die Frage, ob dieselbe Vollstreckungsangelegenheit vorliegt, abzustellen. Das AG Darmstadt (AnwBl 76, 301) nimmt zwei Vollstreckungsangelegenheiten für Vorpfändungen bei zwei Drittschuldnern an. – **3)** des **Gerichtsvollziehers:** Für die Durchführung des Auftrags nach Abs 1 S 2 wird eine Gebühr von 7,50 DM erhoben, § 16a GVKostG; für die anzufertigenden Abschriften der Benachrichtigung sind Schreibauslagen zu entrichten, § 36 I Nr 1a GVKostG. Für die Zustellung der Pfändungsbenachrichtigung an Drittschuldner und Schuldner gem Abs 1 S 1 (s Rn 3) wird eine Zustellungsgebühr nach § 16 GVKostG und außerdem für die Benachrichtigung u Aufforderung als solche gem § 845 I 2 ein Festgebühr zu 7,50 DM nach § 16a GVKostG erhoben, u zwar unabhängig von der Zahl der Benachrichtigungen u Aufforderungen nur einmal. Daneben auch etwa entstandene Auslagen (§ 36 I Nr 1a, II GVKostG). 9

846 *[ZwV auf Herausgabe oder Leistung körperlicher Sachen]*

Die Zwangsvollstreckung in Ansprüche, welche die Herausgabe oder Leistung körperlicher Sachen zum Gegenstand haben, erfolgt nach den §§ 829 bis 845 unter Berücksichtigung der nachstehenden Vorschriften.

I) Die **ZwV** wegen einer Geldforderung des Gläubigers in einen (schuldrechtlichen oder dinglichen) **Anspruch** des Schuldners auf **Herausgabe** (= Verschaffung des unmittelbaren Besitzes) oder **Leistung** (= Übertragung des Eigentums) einer körperlichen (beweglichen oder unbeweglichen) Sache (auch eines Wertpapiers, § 808) findet mit Pfändung und Pfandverwertung nach den §§ 829–845 und den Besonderheiten von §§ 847–849 statt. Besonderheiten regeln diese Bestimmungen im Hinblick darauf, daß Erfüllung des gepfändeten Anspruchs keine Gläubigerbefriedigung bewirken kann und daher zur weiteren ZwV in die Sache führen muß. Zu pfänden nach § 846 ist auch, wenn ein Dritter Sachen des Schuldners in Gewahrsam hat und deren Herausgabe an den Gerichtsvollzieher verweigert (RG 25, 187). Zulässig ist die Pfändung des Anspruchs auch, wenn er noch von einer Gegenleistung abhängig ist. Ist der Gerichtsvollzieher im Besitz der Sache, muß der Gläubiger sich diese für seine Forderung nach § 808 (oder § 826) pfänden lassen. Der Anspruch auf Vorlegung einer Sache oder ein sonstiges Tun oder Unterlassung (zB Mitwirkung bei Öffnung eines Schließfachs) fällt nicht unter § 846 (Rn 2 zu § 857). 1

II) **Gebühren: 1)** des **Gerichts:** Festgebühr von 15 DM (KV Nr 1149). S im übr Rn 34 zu § 829 und Rn 14 zu § 835. – **2)** des **Anwalts:** 3/10 Gebühr nach § 57 BRAGO. Wegen des Gegenstandswertes s Rn 34 zu § 829. 2

847 *[Anspruch auf Herausgabe von beweglichen Sachen]* **(1) Bei der Pfändung eines Anspruchs, der eine bewegliche körperliche Sache betrifft, ist anzuordnen, daß die Sache an einen vom Gläubiger zu beauftragenden Gerichtsvollzieher herauszugeben sei.**

(2) Auf die Verwertung der Sache sind die Vorschriften über die Verwertung gepfändeter Sachen anzuwenden.

Lit: *Noack*, Aktuelle Fragen zur Pfändung von Ansprüchen auf Herausgabe beweglicher Sachen gegen Dritte (§§ 847, 886 ZPO), DGVZ 1978, 97.

1 **I) Zweck** und **Anwendungsbereich:** Regelung der Besonderheiten (Rn 1 zu § 846) bei Pfändung eines Anspruchs des Schuldners gegen einen Dritten auf Herausgabe oder Leistung einer beweglichen körperlichen Sache (auch von Wertpapieren), s § 808). Pfändbar ist bei ZwV wegen einer Geldforderung des Gläubigers der Anspruch auf Herausgabe oder Leistung nur, wenn die geschuldete bewegliche körperliche Sache Gegenstand der weiteren ZwV sein kann. Ausgeschlossen ist die Anspruchspfändung deshalb, wenn die Sache unpfändbar ist (§ 811; KG OLG 37, 202; Celle JW 35, 1718; Düsseldorf DR 41, 639), wenn sie nur der ZwV in das unbewegliche Vermögen unterliegt (Zubehör, § 865; KG OLG 37, 202) oder wenn sie als Beweisurkunde keinen Vermögenswert für die ZwV verkörpert, wie zB Schuldschein, Sparkassenbuch, Hypothekenbrief (RG 74, 79; Dresden OLG 16, 308), Kfz-Brief (LG Berlin DGVZ 62, 186). Der durch ein indossables kaufmännisches Papier ausgewiesene Anspruch auf Leistung von Sachen kann nur durch den GV nach § 831 gepfändet werden (Rn 6 zu § 831).

2 **II) 1)** Die **Pfändung** des Anspruchs **erfolgt durch Beschluß** des Vollstreckungsgerichts (§ 829); zuständig ist der Rechtspfleger (§ 20 Nr 17 RpflG). Inhalt des Pfändungsbeschlusses: wie Rn 7 zu § 829. Bestimmte Bezeichnung des zu pfändenden Anspruchs (Rn 8 zu § 829) erfordert auch Bezeichnung der zu leistenden Sache (LG Köln ZIP 80, 114; LG Lübeck SchlHA 56, 204; abw LG Berlin MDR 77, 59). Drittschuldner ist, wer als Schuldner den zu pfändenden Anspruch zu erfüllen hat. Das (für die Pfändung wesentliche, Rn 7 zu § 829) Zahlungsverbot an ihn ist dahin zu fassen, daß verboten wird, „die Sache an den Schuldner herauszugeben oder zu leisten" (Stöber FdgPfdg Rdn 2016). In dem Beschluß ist (auch ohne besonderen Antrag und auch, wenn Überweisung des Anspruchs nicht erfolgen kann) auszusprechen, daß die Sache an einen vom Gläubiger zu beauftragenden (im Beschluß zweckmäßig nicht namentlich zu bezeichnenden) Gerichtsvollzieher herauszugeben ist (Abs 1). Die Herausgabeanordnung kann (da neben dem Drittschuldnerverbot nicht wesentliches Pfändungserfordernis) später gesondert (RG JW 14, 416; Köln JW 21, 535) und auch nach Konkurseröffnung (München OLG 19, 11) ausgesprochen werden. Steht der Herausgabeanspruch dem Schuldner und anderen Personen nach Bruchteilen zu, so ist der GV zusammen mit den anderen Berechtigten zur Empfangnahme der Sache zu ermächtigen (StJM Rdn 6 zu § 847).

3 **2) Wirksam** wird die Pfändung mit der Zustellung des Beschlusses an den Drittschuldner (§ 829 III mit § 846), die durch den GV im Parteibetrieb erfolgt (Rn 14 zu § 829). Vorpfändung (§ 845) kann erfolgen.

4 **III) Pfändungswirkungen: 1)** Die Pfändung bewirkt **Beschlagnahme** des Anspruchs und begründet an ihm für den Gläubiger ein **Pfändungspfandrecht.** Nach Wirksamwerden der Pfändung darf der Drittschuldner die Sache nur noch an den GV herausgeben; Hinterlegung oder Leistung an den Gläubiger und Schuldner gemeinschaftlich ist (ohne Gläubigerzustimmung) nicht mehr zulässig (StJM Rdn 8 zu § 847). Verweigert der Drittschuldner die Herausgabe der Sache, so darf sie ihm der GV nicht wegnehmen. Der Gläubiger oder Schuldner (nicht aber der GV) muß vielmehr auf Grund des Pfändungsbeschlusses und der Anordnung auf Herausgabe an den GV klagen. Überweisung des Anspruchs zur Einziehung erfordert die Klagebefugnis des Gläubigers nicht (München BayJMBl 53, 10; Hoche NJW 55, 153). § 841 ist zu beachten. Das Urteil ist nach § 883 zu vollstrecken. Der gepfändete Anspruch kann zur Einziehung, nicht aber an Zahlungs Statt überwiesen (§ 835 mit §§ 846, 849) oder anderweit verwertet werden (§ 844). Überweisung hat Bedeutung insbesondere für Pfandverwertung nach Herausgabe (Rn 7).

5 **2) Mit der Herausgabe** der Sache an einen vom Gläubiger beauftragten GV verwandelt sich das durch die Anspruchspfändung begründete Pfandrecht ohne weiteres in ein Pfandrecht an der geleisteten Sache (BGH 72, 334 = MDR 79, 309; RG 13, 343 [344]; RG 25, 182 [187]; RG JW 93, 1235). Sachpfändung nach § 808 erfolgt förmlich nicht mehr. Geht der Anspruch auf Eigentumsübertragung, so geht mit Herausgabe durch den Drittschuldner an den GV das Eigentum auf den Schuldner über; Entstehung des Pfandrechts an der Sache ist aber unabhängig davon, ob der Schuldner das Eigentum zu diesem Zeitpunkt oder später oder überhaupt nicht erwirbt. Weil

Inbesitznahme durch den GV für den Pfandrechtserwerb an der Sache konstitutive Wirkung hat, findet dieser nicht statt, wenn der Drittschuldner eines von mehreren Gläubigern gepfändeten Herausgabeanspruchs die Sache ohne jede Mitwirkung des GV hinterlegt oder treuhänderisch in Verwahrung nimmt oder gibt (BGH 72, 334 = aaO).

3) Pfänden **mehrere Gläubiger** nacheinander den Herausgabeanspruch, so bestimmt sich die Rangordnung (§ 804 III) nach dem Zeitpunkt der Anspruchspfändung (§ 829 III). Herauszugeben ist an den GV, der nach dem zuerst zugestellten Beschluß zuständig ist; im übrigen § 854. Ein Pfandrecht, das mit Pfändung der Sache (§ 809) vor der Herausgabe an den GV entstanden ist, geht dem Pfandrecht vor, das infolge Pfändung des Herausgabeanspruchs mit Herausgabe an den GV entstanden ist (RG 13, 344). Nach Herausgabe kann nur noch Sachpfändung (Anschlußpfändung) nach § 826 erfolgen (s auch § 176 Nr 7 GVGA zur Pfändung bei Übergabe). Das mit der Herausgabe an der Sache entstandene Pfandrecht geht dem Pfandrecht vor, das erst nach (auch bei) Herausgabe mit Pfändung der Sache entsteht. 6

4) Die **Verwertung** der dem GV herausgegebenen Sache erfolgt durch diesen nach §§ 814 ff. Sie darf nur durchgeführt werden, wenn der gepfändet gewesene Anspruch zur Einziehung überwiesen war oder dem GV nachgewiesen ist, daß die Pfandverwertung nach dem Schuldtitel zulässig ist (nicht möglich im Falle von §§ 720 a, 930; nach Einstellung). Über Zulässigkeit der Verwertung entscheidet nur noch der GV; Rechtsbehelf: § 766 (dann § 793). Überweisung zur Einziehung kann nach Herausgabe der Sache nicht mehr erfolgen, somit auch keine Wirksamkeit mehr erlangen. 7

IV) Rechtsbehelfe: Wie Rn 28–32 zu § 829. Behauptet ein Dritter, ein besseres Recht an der Sache oder ein solches auf vorzugsweise Befriedigung zu haben, kann er bereits gegen die Anspruchspfändung Klage nach § 771 bzw § 805 erheben (Dresden OLG 15, 162). Mit Herausgabe ist die ZwV noch nicht beendet. Dritte können ihre Rechte an der Sache nach Herausgabe nach § 771 oder nach § 805 geltend machen, auch der Drittschuldner, wenn er ein älteres Recht hat. 8

V) Gebühren: 1) des **Gerichts und** des **Anwalts:** s Rn 2 zu § 846. – **2)** des **Gerichtsvollziehers** für die Übernahme beweglicher Sachen zum Zwecke der Verwertung: Die Hälfte der vollen Gebühr nach dem Betrag der (im Zeitpunkt der Übernahme noch) beizutreibenden Forderung, also nicht der geschätzte Wert (Mümmler, GVZ 69, 17, 20; §§ 18 I, 13 GVKostG; vgl Rn 4 zu § 854). Verzieht der Schuldner unter Mitnahme der Pfandstücke in einen anderen AG-Bezirk und übernimmt ein anderer GV den Vollstreckungsauftrag, so wird die gleiche Gebühr – aber nur einmal – durch den übernehmenden GV (Schröder/Kay, Kostenwesen der GV, § 18 GVKostG Anm 8) erhoben (§ 18 II GVKostG). 9

847 a

[Anspruch auf Herausgabe von Schiffen]

(1) Bei der Pfändung eines Anspruchs, der ein eingetragenes Schiff betrifft, ist anzuordnen, daß das Schiff an einen vom Vollstreckungsgericht zu bestellenden Treuhänder herauszugeben ist.

(2) Ist der Anspruch auf Übertragung des Eigentums gerichtet, so vertritt der Treuhänder den Schuldner bei der Übertragung des Eigentums. Mit dem Übergang des Eigentums auf den Schuldner erlangt der Gläubiger eine Schiffshypothek für seine Forderung. Der Treuhänder hat die Eintragung der Schiffshypothek in das Schiffsregister zu bewilligen.

(3) Die Zwangsvollstreckung in das Schiff wird nach den für die Zwangsvollstreckung in unbewegliche Sachen geltenden Vorschriften bewirkt.

(4) Die vorstehenden Vorschriften gelten entsprechend, wenn der Anspruch ein Schiffsbauwerk betrifft, das im Schiffsbauregister eingetragen ist oder in dieses Register eingetragen werden kann.

Für Pfändung des Anspruchs auf ein **eingetragenes Schiff** sowie ein eingetragenes oder eintragbares Schiffsbauwerk trifft § 847 a eine dem § 848 entsprechende Regelung. Es ist lediglich der Sequester als Treuhänder bezeichnet und Erwerb einer Schiffshypothek (§ 8 SchiRG) bestimmt. Für die Pfändung des Anspruchs auf ein in der Luftfahrzeugrolle eingetragenes **Luftfahrzeug** gilt § 847 a entsprechend mit der Maßgabe, daß Erwerb eines Registerpfandrechts an dem Luftfahrzeug erfolgt (§ 99 I Ges über Rechte an Luftfahrzeugen, wie Rn 2 zu § 830 a). 1

848 *[Anspruch auf Herausgabe von unbeweglichen Sachen]*

(1) Bei Pfändung eines Anspruchs, der eine unbewegliche Sache betrifft, ist anzuordnen, daß die Sache an einen auf Antrag des Gläubigers vom Amtsgericht der belegenen Sache zu bestellenden Sequester herauszugeben sei.

(2) Ist der Anspruch auf Übertragung des Eigentums gerichtet, so hat die Auflassung an den Sequester als Vertreter des Schuldners zu erfolgen. Mit dem Übergang des Eigentums auf den Schuldner erlangt der Gläubiger eine Sicherungshypothek für seine Forderung. Der Sequester hat die Eintragung der Sicherungshypothek zu bewilligen.

3) Die Zwangsvollstreckung in die herausgegebene Sache wird nach den für die Zwangsvollstreckung in unbewegliche Sachen geltenden Vorschriften bewirkt.

Lit: *Hieber,* Die „dingliche Anwartschaft" bei der Grundstücksübereignung, DNotZ 1959, 350; *Hoche,* Verpfändung und Pfändung des Anspruchs des Grundstückskäufers, NJW 1955, 161; *Hoche,* Die Pfändung des Anwartschaftsrechts aus der Auflassung, NJW 1955, 931; *Mümmler,* Zur Pfändung des Rückauflassungsanspruchs, JurBüro 1978, 1762; *Münzberg,* Abschied von der Pfändung der Auflassungsanwartschaft? Festschr für Schiedermair, 1976, S 439; *Stöber,* Verpfändung des Eigentumsübertragungsanspruchs und Grundbucheintragung, DNotZ 1985, 587.

1 **I) Zweck** und **Anwendungsbereich:** Regelung der Besonderheiten (Rn 1 zu § 846) bei Pfändung eines Anspruchs des Schuldners gegen einen Dritten auf Herausgabe oder Leistung einer unbeweglichen Sache (Grundstück, Grundstücksanteil eines Miteigentümers, somit auch Wohnungseigentum, Zubehör; § 865, grundstücksgleiches Recht, insbesondere Erbbaurecht).

2 **II) 1)** Die **Pfändung** des Anspruchs **erfolgt durch Beschluß** des Vollstreckungsgerichts, der mit Zustellung an den Drittschuldner im Parteibetrieb wirksam wird (wie Rn 2, 3 zu § 847). Bezeichnung des zu pfändenden Anspruchs erfordert auch Bezeichnung des Grundstücks, wegen § 28 GBO möglichst übereinstimmend mit dem Grundbuch. In dem Beschluß ist (auch ohne besonderen Antrag und auch, wenn Überweisung des Anspruchs nicht erfolgen kann) anzuordnen, daß die Sache an einen auf Antrag des Gläubigers vom AG der belegenen Sache zu bestellenden Sequester herauszugeben ist (Abs 1). Die Herausgabeanordnung hat auch zu erfolgen, wenn nur der Eigentumsübertragungsanspruch gepfändet wird (Dresden OLG 33, 112). Die (für Wirksamkeit der Pfändung nicht wesentliche) Anordnung kann nachgeholt werden (Rn 2 zu § 847).

3 **2) Bestellung des Sequesters** kann schon im Pfändungsbeschluß angeordnet werden, wenn das Vollstreckungsgericht (§ 828 II) zugleich AG der belegenen Sache ist. Andernfalls oder wenn der Gläubiger Antrag auf Sequesterbestellung noch nicht gestellt hat, ist Bestellung des Sequesters vom Gläubiger beim AG der belegen Sache (AG, in dessen Bezirk das Grundstück liegt) zu erwirken. Nachzuweisen ist Erlaß, nicht Zustellung des Pfändungsbeschlusses. Zuständig ist der Rechtspfleger (§ 20 Nr 17 RpflG). Bei Auswahl des Sequesters (Einzelperson, juristische Person, OHG oder KG, insbesondere Treuhandgesellschaft) ist das Gericht an den Vorschlag des Gläubigers nicht gebunden. Der Bestellungsbeschluß ist wie der Pfändungsbeschluß im Parteibetrieb zuzustellen (§ 829 II). Eine Verpflichtung zur Annahme des Amtes als Sequester besteht nicht. Für seine Tätigkeit setzt das Gericht der belegenen Sache (Rechtspfleger; nicht das Vollstreckungsgericht) eine Vergütung in entspr Anwendung von § 153 ZVG (auch unter Berücksichtigung seiner Verantwortlichkeit) fest (s LG München I Rpfleger 69, 212; Celle Rpfleger 69, 216; außerdem Stöber FdgPfdg Rdn 2039, 2040).

4 **III) Pfändungswirkungen: 1)** Die Pfändung (nicht erst die Sequesterbestellung) bewirkt **Beschlagnahme** des Anspruchs und begründet an ihm für den Gläubiger ein **Pfändungspfandrecht** (Rn 4 zu § 847 mit Einzelheiten). Der Sequester kann den Herausgabeanspruch nicht gerichtlich geltend machen.

5 **2)** Wenn der **Sequester** mit **Herausgabe Besitz** an der dem Schuldner gehörenden unbeweglichen Sache **erlangt** hat, findet in sie die ZwV statt (Abs 3 mit §§ 866 ff). Dafür wahrt die Anspruchspfändung keinen Rang. Zur Grundstücksverwaltung (Einziehung der Mieten) ist der Sequester nicht befugt. Die praktische Bedeutung ist daher gering, weil Schuldnerbesitz für Zwangsversteigerung oder Eintragung einer Zwangshypothek nicht erforderlich ist; Bedeutung besteht daher nur für die Zwangsverwaltung bei Fremdbesitz und in den Fällen der §§ 810, 865 II (s Stöber FdgPfdg Rdn 2041).

6 **3) a)** Nach Pfändung des Anspruchs auf **Übertragung des Eigentums** hat **Auflassung an den Sequester** als Vertreter des Schuldners zu erfolgen (Abs 2 S 1). Erklärt werden muß die Auflassung bei gleichzeitiger Anwesenheit des Drittschuldners und des Sequesters (als Schuldnervertreter) vor dem Notar (§ 925 BGB; kann auch in gerichtlichem Vergleich erklärt werden). In das

Grundbuch wird als Eigentümer sodann der Schuldner (nicht der Sequester) eingetragen. Die Eintragung erfolgt auf Antrag des Sequesters, Gläubigers oder Veräußerers (§ 13 GBO).

b) Mit dem Übergang des Eigentums auf den Schuldner durch Grundbucheintragung nach Auflassung (§ 873 BGB) **erlangt der Gläubiger eine Sicherungshypothek** für seine Forderung (Abs 2 S 2) unter Einschluß der ZwV-Kosten (StJM Rdn 7 zu § 848). Die Sicherungshypothek entsteht kraft Gesetzes und auch für Forderungen unter 500 DM (§ 866 III findet keine Anwendung). Die Hypothek ist bei Arrestvollziehung Arrestsicherungshypothek (§ 930), bei Pfändung des Anspruchs auf Auflassung mehrerer Grundstücke Gesamthypothek (München JFG 22, 165; Düsseldorf Rpfleger 81, 199 [200 reSp]). In das Grundbuch ist die Sicherungshypothek auf Bewilligung des Sequesters einzutragen (Abs 2 S 3 mit § 19 GBO); Eintragungsantrag (§ 13 GBO) kann der Sequester oder der Gläubiger stellen. Die Eintragung ist Grundbuchberichtigung. Unterbleibt die Eintragung der gesetzlich entstandenen Sicherungshypothek, dann droht ihrem Gläubiger (wegen § 892 BGB) Gefahr mit gutgläubigem Erwerb des Grundstücks oder eines Rechts daran durch Dritte. Ist unrichtigerweise der Sequester als Eigentümer unter Kennzeichnung dieser Eigenschaft in das Grundbuch eingetragen, so ist das auf die Wirksamkeit der von ihm bewilligten Sicherungshypothek ohne Einfluß. Der nach Abs 2 bestellte Sequester ist zur Stellung des Antrags auf Eintragung des Eigentums des Schuldners auch dann befugt, wenn der Veräußerer das Grundstück nicht an den Sequester als Vertreter des Schuldners, sondern schon vor der Pfändung an den Schuldner aufgelassen hat, von letzterem aber ein Antrag noch nicht gestellt ist (KG JFG 3, 297). Die Auflassung kann auch unter Mitwirkung des Schuldners erklärt und der Eintragungsantrag vom Schuldner gestellt werden, wenn der Sequester zugestimmt hat (Bremen MDR 54, 559 = NJW 54, 1689). 7

c) Die Sicherungshypothek des Pfändungsgläubigers erhält **Rang** nach den Rechten, die vom Erwerber nach dem Rechtsverhältnis (schuldrechtlichen Vertrag), das den Eigentumsübertragungsanspruch begründet hat, zu bestellen und wegen § 16 II GBO gleichzeitig mit dem Eigentumsübergang zu vollziehen sind (KG JFG 4, 339 [346]; BayObLG 72, 536 = DNotZ 72, 46; LG Frankenthal Rpflger 85, 231); den (vorher) vom Schuldner bewilligten Grundpfandrechten geht sie im Rang vor (BGH 49, 197 = DNotZ 68, 483). Durch Eintragung der Sicherungshypothek im Rang vor einem nach dem Erwerbsvertrag zu bestellenden Recht (wie der Kaufgeldhypothek) wird das Grundbuch unrichtig (LG Frankenthal aaO). 8

d) Wenn der **Drittschuldner sich weigert,** die Auflassung zu erklären, kann der Gläubiger auf Abgabe der Auflassungserklärung (an den Sequester zur Eintragung des Schuldners als Eigentümer) **klagen** (s Rn 4 zu § 847). Alsdann finden §§ 894, 895 Anwendung. Die mit der Bescheinigung der Rechtskraft (und evtl mit der Vollstreckungsklausel) versehene Ausfertigung des Urteils ersetzt die Auflassungserklärung des Drittschuldners; der Sequester gibt unter Vorlage des Urteils, des Pfändungsbeschlusses sowie des Beschlusses über seine Bestellung die zur Auflassung erforderliche Erklärung an den Schuldner als Erwerber ab und bewilligt die Eintragung der Sicherungshypothek. 9

e) Auf den Anspruch auf **Einräumung einer Auflassungsvormerkung** (§ 883 BGB) erstreckt sich die Pfändung des Anspruchs auf Leistung des Grundstücks (= Übertragung des Eigentums); er ist Nebenanspruch (Rn 20 zu § 829), der vom Gläubiger, auch wenn Überweisung nicht erfolgt ist, geltend gemacht werden kann (Stöber FdgPfdg Rdn 2048). Eine zur Sicherung des Anspruchs bereits eingetragene **Auflassungsvormerkung** wird als (unselbständiges) Nebenrecht von der Pfändung erfaßt (Rn 20 zu § 829). Die Auflassungsvormerkung sichert Schuldner (als Vormerkungsberechtigten) und pfändenden Gläubiger zusammen gegen Vereitelung oder Beeinträchtigung des Auflassungsanspruchs, sperrt aber das Grundbuch nicht (näher dazu Stöber DNotZ 85, 587; tlw anders noch BayObLG 85, 332 = DNotZ 86, 345 mit Anm Reithmann = MDR 86, 147). Die (wirksame) Pfändung des Eigentumsübertragungsanspruchs (nicht aber die Überweisung) kann auf Antrag (§ 13 GBO) bei der Auflassungsvormerkung im Wege der Grundbuchberichtigung eingetragen werden (Stöber FdgPfdg Rdn 2048; Haegele/Schöner/Stöber GBRecht, Rdn 1598; dort auch Rdn 1571 für Verpfändung mit Nachw). Löschung der Vormerkung samt Pfandvermerk erfordert auch Bewilligung des Gläubigers (BayObLG DNotZ 83, 758 = JurBüro 83, 1377; Stöber DNotZ 85, 587). Der Sicherungshypothek des Gläubigers gebührt **Rang** vor allen nach der Auflassungsvormerkung (auch wenn bei ihr die Pfändung nicht eingetragen war) eingetragenen (nicht nach dem Erwerbsvertrag zu bestellenden) Rechten am Grundstück. Der Vorrang besteht jedoch nicht kraft Gesetzes; er darf daher ohne Nachweise der Zustimmung der Inhaber dieser Rechte nicht im Grundbuch vermerkt werden. Anspruch auf Zustimmung zum Rangrücktritt der nach der Vormerkung eingetragenen Rechte begründet für den Pfändungsgläubiger den Vormerkungsschutz (§ 883 II, § 888 BGB; KG JFG 8, 318). Hat der Sequester die Eintragung der Sicherungshypothek für den Pfändungsgläubiger bewilligt und 10 beantragt, so darf ein späterer Erwerber, an den der Schuldner das Grundstück aufgelassen hat, als Eigentümer erst eingetragen werden, nachdem nicht nur der Antrag auf Eintragung des Schuldners als Eigentümer, sondern auch der Antrag auf Eintragung der Sicherungshypothek erledigt ist, mag auch die Eintragung des Eigentumsrechts des späteren Erwerbers früher beantragt sein als die Eintragung des Pfändungsschuldners und die der Sicherungshypothek (KG JFG 7, 335).

11 f) Bei **mehrfacher Pfändung** des Eigentumsübertragungsanspruchs (damit auch der Anwartschaft aus Auflassung) haben die Sicherungshypotheken Rang in der Reihenfolge der Pfändungen (§ 804 III; ihres Wirksamwerdens), gleichgültig, welcher Gläubiger die Bestellung des Sequesters beantragt hat (Braunschweig HRR 35 Nr 1711; Stöber FdgPfdg Rdn 2053).

12 **IV) 1) Nach Auflassung** kann als pfändbares Vermögensrecht ein **Anwartschaftsrecht** des Auflassungsempfängers bestehen. Es besteht, wenn die Auflassung erklärt und der Umschreibungsantrag vom Erwerber gestellt ist (BGH 49, 197 = DNotZ 68, 483; BGH DNotZ 76, 96 = Rpfleger 75, 432; auch BGH 45, 186 = DNotZ 66, 673), nach der Rechtsprechung des BGH mit Auflassung auch, wenn für den Erwerber eine Auflassungsvormerkung eingetragen ist (BGH 83, 295 = DNotZ 82, 619 mit Anm Ludwig = MDR 82, 742 = NJW 82, 1639; Hamm DNotZ 75, 488 = NJW 75, 897; s auch Düsseldorf DNotZ 81, 130). Die Pfändung dieses Anwartschaftsrechts wird mit Zustellung des Pfändungsbeschlusses an den Auflassungsempfänger wirksam; der Zustellung an den Veräußerer bedarf es nicht (BGH 49, 197 = aaO). Pfändung des Anwartschaftsrechts beschränkt die Verfügungsbefugnis des Schuldners; er kann über sein Anwartschaftsrecht nicht mehr allein (ohne Mitwirkung des Gläubigers) verfügen; er kann es nicht mehr übertragen (Erwerber könnte seine Grundbucheintragung beantragen und würde Grundstückseigentum unmittelbar vom Veräußerer erlangen) und nicht mehr aufheben. Der Gläubiger kann sich dem Antrag des Schuldners auf Grundbucheintragung anschließen; dieser kann dann Eintragung der Auflassung durch Rücknahme seines Eintragungsantrags nicht mehr verhindern. Anspruch auf Erwerb des Grundstückseigentums begründet das Pfandrecht am Anwartschaftsrecht nicht. Es berechtigt auch nicht zur Geltendmachung des schuldrechtlichen Eigentumsübertragungsanspruchs. Zu diesen Pfandwirkungen Haegele/Schöner/Stöber GBRecht Rdn 1590. Bei einer für den Schuldner eingetragenen Auflassungsvormerkung kann die Pfändung des Anwartschaftsrechts eingetragen werden (Hoche NJW 55, 932; Haegele/Schöner/Stöber GBRecht Rdn 1594, 1600 mwN; streitig). Mit Zurückweisung des Eintragungsantrags des (durch Vormerkung nicht gesicherten) Auflassungsempfängers entfällt die Wirkung der Anwartschaftspfändung (BGH 45, 186 = aaO). Ein Sequester wirkt bei dieser Pfändung nicht mit. Für den Pfändungsgläubiger entsteht mit Übergang des Eigentums auf den Schuldner eine Sicherungshypothek kraft Gesetzes entsprechend § 848 II S 2 mit § 857 I; deren Eintragung ist Grundbuchberichtigung. Ihre Eintragung kann auch beantragt werden, wenn der Antrag des Schuldners auf Eintragung des Eigentums noch nicht gestellt (oder zurückgewiesen) ist. Zur Behandlung dieses Antrags durch das Grundbuchamt LG Düsseldorf Rpfleger 85, 305 und Münzberg in Anm dazu. Rang hat diese Sicherungshypothek nach den Belastungen des Grundstücks, die nach dem Erwerbsvertrag zu bestellen (LG Frankenthal Rpfleger 85, 231) und mit der Auflassung beantragt sind; den vor Pfändung schon vom Schuldner bewilligten (sonstigen) Belastungen geht diese Sicherungshypothek jedoch im Rang vor (BGH 49, 197 = aaO; Bremen MDR 54, 559 = aaO). Zur Anwartschaftspfändung s auch Stöber FdgPfdg Rdn 2055–2065.

13 **2)** Ob nach Auflassung auch die **ungesicherte Auflassungsposition** (wenn vom Erwerber Umschreibungsantrag noch nicht gestellt und der Erwerbsanspruch nicht durch Vormerkung gesichert ist) bereits ein pfändbares Vermögensrecht begründet (sogen „schwächere" Anwartschaft) ist streitig (bejaht von Degenhart Rpfleger 68, 374; s außerdem Münzberg in Festschr Schiedermair, 76, S 443; aA wohl BGH Rpfleger 75, 432; dazu auch Stöber FdgPfdg Rdn 2066–2071). Desgleichen ist nicht geklärt, ob **neben** dem (pfändbaren) Anwartschaftsrecht aus Auflassung (Rn 12) auch der **schuldrechtliche Anspruch** auf Eigentumsübertragung noch pfändbar **fortbesteht** (offen gelassen vom BGH 49, 197 = aaO; bejaht von Vollkommer Rpfleger 69, 142; auch Rpfleger 72, 18; LG Essen NJW 55, 401 mit zust Anm Horber; Stöber FdgPfdg Rdn 2074; verneint von Hoche NJW 55, 933). Bejaht man dies, dann besteht wahlweise die Möglichkeit, die Anwartschaft oder den fortbestehenden Eigentumsübertragungsanspruch zu pfänden (Vollkommer Rpfleger 69, 413; LG Essen aaO; Stöber FdgPfdg Rdn 2075; KG JFG 4, 339).

14 **V) Rechtsbehelfe:** wie Rn 28–32 zu § 829.

15 **VI) Gebühren: 1)** des **Gerichts:** Festgebühr von 15 DM (KV Nr 1149); für die Ernennung des Sequesters keine besondere Gebühr. Die etwaige Klage des Gläubigers auf Herausgabe bzw auf Abgabe der Auflassungserklärung (Rn 9) gegen den Drittschuldner leitet einen besonderen Rechtsstreit ein, für den die allgemeine Verfahrensgebühr (KV Nr 1010) u Urteilsgebühr (KV Nrn 1016 ff) zu erheben sind. – **2)** des **Anwalts:** Der Antrag des RA des Gläubigers auf

Bestellung eines Sequesters wird durch die bereits verdiente (³⁄₁₀) Vollstreckungsgebühr aus § 57 BRAGO abgegolten. – Für den Gläubigeranwalt ist das gegen den Drittschuldner eingeleitete Prozeßverfahren eine besondere Angelegenheit, für die die Regelgebühren der §§ 31 ff BRAGO gelten.

849 *[Keine Überweisung der Ansprüche des § 846 an Zahlungs Statt]*

Eine Überweisung der im § 846 bezeichneten Ansprüche an Zahlungs Statt ist unzulässig.

Die Ansprüche haben keinen Nennwert. Eine Überweisung zur Einziehung ist zulässig. Das gilt auch für das Anwartschaftsrecht des Auflassungsempfängers. 1

850 *[Arbeitseinkommen und gleichgestellte Bezüge]*

(1) Arbeitseinkommen, das in Geld zahlbar ist, kann nur nach Maßgabe der §§ 850a bis 850i gepfändet werden.

(2) Arbeitseinkommen im Sinne dieser Vorschrift sind die Dienst- und Versorgungsbezüge der Beamten, Arbeits- und Dienstlöhne, Ruhegelder und ähnliche nach dem einstweiligen oder dauernden Ausscheiden aus dem Dienst- oder Arbeitsverhältnis gewährte fortlaufende Einkünfte, ferner Hinterbliebenenbezüge sowie sonstige Vergütungen für Dienstleistungen aller Art, die die Erwerbstätigkeit des Schuldners vollständig oder zu einem wesentlichen Teil in Anspruch nehmen.

(3) Arbeitseinkommen sind auch die folgenden Bezüge, soweit sie in Geld zahlbar sind:

a) Bezüge, die ein Arbeitnehmer zum Ausgleich für Wettbewerbsbeschränkungen für die Zeit nach Beendigung seines Dienstverhältnisses beanspruchen kann;

b) Renten, die auf Grund von Versicherungsverträgen gewährt werden, wenn diese Verträge zur Versorgung des Versicherungsnehmers oder seiner unterhaltsberechtigten Angehörigen eingegangen sind.

(4) Die Pfändung des in Geld zahlbaren Arbeitseinkommens erfaßt alle Vergütungen, die dem Schuldner aus der Arbeits- oder Dienstleistung zustehen, ohne Rücksicht auf ihre Benennung oder Berechnungsart.

Lit: *Denck*, Einwendungen des Arbeitgebers gegen die titulierte Forderung bei Lohnpfändung, ZZP 92 [1979] 71; *Denck*, Die nicht ausgeschöpfte Lohnabtretung, Betrieb 1980, 1396; *Henze*, Fragen der Lohnpfändung, Rpfleger 1980, 456; *Reetz*, Die Rechtsstellung des Arbeitgebers als Drittschuldner in der ZwV, 1985; *Stöber*, Forderungspfändung, Rdn 871 ff; *Timm*, Der Gesellschafter-Geschäftsführer im Pfändungs- und Insolvenzrecht, ZIP 1981, 10.

I) Zweck: Schuldnerschutz vor Kahlpfändung (wie Rn 1 zu § 811). Einsatz der Arbeitskraft zur Beschaffung des Lebensunterhalts hat Vorrang vor Anspruch auf soziale Leistung (§§ 1, 2 I, § 18 BSHG). Daher wird auch dem Schuldner, in dessen Arbeitseinkommen vollstreckt wird, ein Teil pfandfrei belassen, der ihm und seiner Familie die Führung eines menschenwürdigen Lebens ermöglicht (BT-Drucks 8/693, S 45). Zur Geschichte des Einkommensschutzes seit dem Lohnbeschlagnahmegesetz 1869 s Arnold BB 78, 1314 [1315]. 1

II) Arbeitseinkommen: 1) Alle **Vergütungen in Geld,** die dem Schuldner aus **Arbeits- oder Dienstleistung** zustehen, sind Arbeitseinkommen, das dem Pfändungsschutz der §§ 850 a–i unterliegt. Die Geldbezüge können für bereits geleistete Arbeit schon verdient, aber noch nicht bezahlt oder noch nicht fällig sein, oder als Vergütung zu erwarten sein, die der Schuldner durch künftige Arbeitsleistung erst verdienen muß (vgl § 832). Gleichgültig ist, ob sie aus einem Dienstverhältnis des öffentlichen oder des privaten Rechts hervorgehen, ebenso, ob die Dienstleistung in körperlicher oder geistiger Arbeit, in Diensten „niederer" oder „höherer" Art (vgl § 622 BGB) besteht. Auch auf eine bestimmte Dauer des Dienstverhältnisses kommt es nicht an. Der Begriff des Arbeitseinkommens deckt sich im allgemeinen mit dem, was im Einkommensteuerrecht zu den Einkünften aus nichtselbständiger Arbeit (§ 19 I EStG) gehört. Der Anspruch auf eine **nicht in Geld zahlbare Vergütung** (Sachleistung) ist nach §§ 846, 847 zu pfänden; Unpfändbarkeit: § 811 (s Rn 1 zu § 847). Demgemäß ist der Anspruch landwirtschaftlicher Arbeitnehmer auf eine in Naturalien geschuldete Vergütung nach § 811 Nr 4a unpfändbar. Zur Anrechnung von Naturaleinkommen bei Pfändung von Geldleistungen s § 850e Nr 3. Bereits **ausbezahlte** Geldbezüge sind nach Maßgabe von § 811 Nr 8 unpfändbar; für ein **auf Konto** überwiesenes Einkommen 2 kann Schutz nach § 850k beantragt werden. Für hinterlegtes Arbeitseinkommen besteht der Pfändungsschutz der §§ 850ff fort (LG Düsseldorf MDR 77, 586; LSozG Mainz BB 78, 663), auch nach Hinterlegung durch den Gerichtsvollzieher, der die Forderung des Schuldners bei seinem Arbeitgeber beigetrieben hat (KG JW 33, 231 mit Anm Nipperdey, LG Berlin DGVZ 76, 154). Einer Hinterlegung ist die Einzahlung auf Sperrkonto gleichzuachten, über das der Schuldner nicht verfügen kann (vgl LG Verden MDR 53, 495). Mit Zahlung an den (empfangsberechtigten) Prozeßbevollmächtigten des Schuldners erlischt die Forderung an den Arbeitgeber infolge Erfüllung; der Pfändungsschutz für Arbeitseinkommen endet damit (LG Düsseldorf Rpfleger 77, 183; Stöber FdgPfdg Rdn 17; aA LG Koblenz MDR 55, 618), Pfändungsbeschränkung kann dann aber nach § 811 Nr 8 bestehen (LG Berlin DGVZ 76, 154 = FamRZ 79, 347 L).

3 **2)** Einnahmen aus einer Beschäftigung der Personen, deren Einkünfte Arbeitseinkommen im Sinne von §§ 850 ff sind, stellt Abs 2 an (nicht erschöpfenden) Beispielen dar. Dazu gehören:

4 **a)** Die **Dienst- und Versorgungsbezüge der Beamten** (ebenso der Richter, § 1 I Nr 2 BBesG, § 1 II BeamtVG) des Bundes, der Länder, Gemeinden und Gemeindeverbände sowie sonstigen Körperschaften, Anstalten und Stiftungen des öffentlichen Rechts (§§ 2 ff, 121 Beamtenrechtsrahmengesetz – BRRG idF v 27. 2. 1985, BGBl I 462), auch der Beamten auf Widerruf (Bezüge der Anwärter und Referendare, die einen Vorbereitungsdienst ableisten; Bamberg JurBüro 73, 239 = FamRZ 76, 110 L; Braunschweig MDR 56, 44 = NJW 55, 1599), außerdem die Bezüge der Beamten öffentlich-rechtlicher Religionsgesellschaften. Dienst- und Versorgungsbezüge sind als vermögensrechtliche Ansprüche alle wiederkehrenden oder einmaligen Bezüge, die Beamte nach den Besoldungs- und Versorgungsgesetzen erhalten, insbesondere Grundgehalt, Zuschüsse dazu, Ortszuschlag, Zulagen und Vergütungen, Auslandsdienstbezüge (BGH MDR 80, 385), Sonderzuwendungen und Urlaubsgeld, nicht aber Kindergeld, das als Sozialleistung nach dem BKGG mit den Dienstbezügen ausbezahlt wird (Anm zu § 850 i), weiter Ruhegehalt oder Unterhaltsbeitrag, Hinterbliebenenversorgung, Übergangsgeld usw. Zu unpfändbaren Ansprüchen (Sterbegeld, Kosten eines Heilverfahrens und der Pflege, Unfallausgleich, einmalige Unfallentschädigung) s § 51 BeamtVG. Wie Beamtenbezüge sind auch zu behandeln die Ansprüche der Mitglieder der Bundesregierung und der Parlamentarischen Staatssekretäre sowie die Versorgung ihrer Hinterbliebenen (Amtsbezüge, Übergangsgeld und Ruhegehalt; BMinsterG v 27. 7. 1971, BGBl I 1166; ParlStG v 24. 7. 1974, BGBl I 1538) und die Dienstbezüge der Mitglieder der Landesregierungen (samt der Hinterbliebenenbezüge), außerdem die Entschädigung der Mitglieder des Bundestages (Abgeordnetengesetz v 18. 2. 1977, BGBl I 297; Pfändungsbeschränkung: § 35 S 2, 3); zur Pfändbarkeit von Abfindungszahlungen nach dem Ausscheiden aus dem Parlament vgl AG Bremerhaven MDR 80, 504; zur Entschädigung eines Landtagsabgeordneten in NW: Düsseldorf MDR 85, 242 = OLGZ 85, 102.

5 Wie Beamtenbezüge sind auch die Dienstbezüge der **Berufssoldaten** und **Soldaten auf Zeit** der Bundeswehr zu behandeln, die nach beamtenrechtlichen Grundsätzen besoldet werden (s § 30 SoldatenG v 19. 8. 1975, BGBl I 2273, mehrfach geändert, und § 1 I Nr 3 BBesG). Auch für ihre Versorgung (SoldatenversorgungsG v 21. 4. 1983, BGBl I 457) gelten zum Teil die beamtenrechtlichen Vorschriften; zum Teil ist dagegen (bei Wehrdienstbeschädigung, § 80 Ges) das BVG entsprechend anwendbar (Pfändungsbeschränkung dann nach § 54 SGB-AT). Zu unpfändbaren Versorgungsansprüchen (Übergangsbeihilfe, Sterbegeld, Unfallentschädigung, einmalige Entschädigung usw, s § 48 II SVG und (Ausgleich für Wehrdienstbeschädigung) § 85 V SVG. **Wehrsold** und Dienstgeld der **Soldaten,** die auf Grund der Wehrpflicht **Wehrdienst leisten,** sind pfändungsrechtlich Arbeitseinkommen (jetzt einhellige Ansicht, zB Neustadt MDR 62, 996; Noppeney Rpfleger 62, 162 [199]; Stöber FdgPfdg Rdn 905 mit Nachw; zur Hinzurechnung der Naturalbezüge s Rn 26, 27 zu § 850 e). Das gleiche gilt für den Grenzschutzsold der Dienstleistenden des **Bundesgrenzschutzes** (§ 59 BGSG v 18. 8. 1972, BGBl I 1834) und die Bezüge der Dienstpflichtigen im **Zivildienst** (§ 35 ZivildienstG v 31. 7. 1986, BGBl I 1205).

6 **b) Arbeits- und Dienstlöhne** der Arbeiter und Angestellten im öffentlichen Dienst, in Handel und Industrie, in einem kaufm Arbeitsverhältnis, in Land- und Forstwirtschaft, im Haushalt, in einem Ausbildungsverhältnis (s Rdn 13 zu § 850 a) oder in einem sonstigen privatrechtlichen Arbeitsverhältnis (zB der Lizenzfußballspieler, BAG NJW 80, 470; Stöber FdgPfdg Rdn 889, auch der Entwicklungshelfer, EhfG v 18. 6. 1969, BGBl I 549), außerdem **Ruhegelder** und ähnliche nach dem einstweiligen oder dauernden Ausscheiden aus dem Dienst- oder Arbeitsverhältnis gewährte fortlaufende Einkünfte dieser Dienstpflichtigen. Als vermögensrechtliche Ansprüche sind Arbeits- und Dienstlöhne alle wiederkehrenden oder einmaligen Bezüge, die als Gegenleistung für Dienste gewährt werden, auch das Arbeitsentgelt, das bei Arbeitsunfähigkeit infolge unverschuldeter Krankheit fortgezahlt wird (§§ 616 f BGB, § 63 HGB, § 133c GewO, Lohnfortzahlungsgesetz v 27. 7. 1969 BGBl I 946) und das während des Beschäftigungsverbots nach § 3 Mut-

terschutzG v 18. 4. 1968, BGBl I 315 gem § 11 Ges weitergezahlte Arbeitsentgelt (Rewolle Betrieb 62, 396). Ob die Tätigkeit gegen ein Beschäftigungsverbot verstößt (zB Beschäftigung ausländischer Arbeiter ohne Arbeitsgenehmigung nach § 19 AFG; Neben/Schwarzarbeit eines Bauhandwerkers), ist für den Pfändungsschutz nicht wesentlich (LAG Düsseldorf Betrieb 69, 931). Auch braucht das Arbeits- oder Dienstverhältnis die Erwerbstätigkeit des Schuldners nicht notwendig voll in Anspruch zu nehmen (zB Halbtagsbeschäftigung). Wenn mehrere nebeneinanderlaufende Arbeitsverhältnisse bestehen, wird dem Schuldner daher für jedes Arbeitseinkommen Pfändungsschutz gewährt (aber Zusammenrechnung nach § 850e Nr 2 möglich; vgl Hamm JMBlNW 55, 270). Ein ständiges Arbeitsverhältnis kann auch vorliegen, wenn ein Arbeiter nicht alle Tage der Woche beschäftigt ist, aber bei Bedarf zur Verfügung des Arbeitgebers zu stehen hat (RAG JW 33, 2930). Arbeitseinkommen ist auch das **Bedienungsgeld des Kellners,** das dieser für den Wirt vereinnahmt und erst nach Abrechnung mit diesem endgültig einbehalten darf (RAG JW 31, 1293; RAG JW 38, 3316; BAG MDR 65, 944 = NJW 66, 469; ArbG Göttingen BB 57, 893; LG Hildesheim BB 63, 1177 = Rpfleger 63, 247; LAG Landau BB 63, 1177; Rewolle Betrieb 62, 936), nicht aber Trinkgeld, das nicht der Betriebsinhaber zu beanspruchen hat, vielmehr dem Bedienungspersonal vom Gast persönlich zugewendet wird (RAG 11, 357; 17, 194 = JW 37, 58). Entsprechendes gilt für den Reisenden mit Inkassovollmacht, für den Auslieferungsfahrer (BAG Betrieb 78, 942), den angestellten Taxifahrer (LAG Düsseldorf Betrieb 72, 1540) und Tankstellenverwalter, die ihr Gehalt vereinbarungsgemäß aus vereinnahmten Geldern einbehalten dürfen. Der Arbeitgeber muß in diesen Fällen nach Lohnpfändung dafür sorgen, daß er die vom Vollstreckungsschuldner einbehaltenen Beträge erhält, um sie an den Gläubiger abführen zu können (BAG MDR 65, 944 = aaO; LG Dortmund MDR 57, 750; LG Hildesheim Rpfleger 63, 247; LAG Düsseldorf aaO; aM LG Bochum MDR 57, 1158). Soweit der Schuldner freilich vor Zustellung des Pfändungsbeschlusses mit seinen Ansprüchen gegen den Drittschuldner bereits befriedigt ist, entfällt diese Abführungspflicht. Die Spesenvergütung des Reisenden ist Arbeitseinkommen, soweit sie nicht zur Deckung seines besonderen Reiseaufwands usw bestimmt ist, sondern die ihm zustehende Gegenleistung für seine Arbeit darstellt (s Rn 3 zu § 850a Nr 2). Nicht als Arbeitseinkommen gelten solche Teilbeträge einer dem Arbeitnehmer gezahlten Vergütung, die dieser nicht in seinem Interesse verwenden darf, zB zur Entlohnung von Hilfskräften zu verwenden hat (RAG HRR 31 Nr 604; JW 36, 1245 mit Anm Jonas).

Ruhegelder usw sind alle einzelvertraglich (auch mit betrieblicher Übung, Betriebsvereinbarung) während des Arbeitsverhältnisses vereinbarten wiederkehrenden Bezüge, die der bisherige Arbeitgeber, eine selbständige Pensionskasse oder andere selbständige Versorgungseinrichtung (wie die Zusatzversorgungsanstalt des Bundes und der Länder, auch die Träger der Insolvenzversicherung, Ges v 19. 12. 1974, BGBl I 3610) dem Dienstpflichtigen aus Anlaß seiner Tätigkeit für das Unternehmen für die Zeit nach dem Ausscheiden des Dienstpflichtigen aus dem Arbeitsleben zugesagt und zu leisten hat. 7

c) Hinterbliebenenbezüge, die nach dem Tod eines Beamten (Rn 4) oder Dienstpflichtigen bzw Arbeitnehmers (Rn 6) seine Angehörigen, insbesondere die Witwe (auch eine frühere Ehefrau), Kinder, uU auch Verwandte aufsteigender Linie nach den Versorgungsgesetzen (Rn 4) oder nach der arbeitsvertraglichen Versorgungsvereinbarung (Rn 7) als wiederkehrende (auch einmalige) Leistungen erhalten. 8

d) Sonstige Vergütungen für Dienstleistungen aller Art, die die Erwerbstätigkeit des Schuldners vollständig oder zu einem wesentlichen Teil in Anspruch nehmen. Abgestellt ist damit nicht darauf, ob die Entgelte auf Grund eines freien oder eines abhängigen Dienstvertrags gewährt werden. Wesentlich ist vielmehr, daß es sich um wiederkehrend zahlbare Vergütungen für (selbständige oder unselbständige) Dienste handelt, die die Existenzgrundlage des Dienstpflichtigen bilden, weil sie seine Erwerbstätigkeit ganz oder zu einem wesentlichen Teil in Anspruch nehmen (BAG AP ZPO § 850 Nr 3 = NJW 62, 1221; BGH MDR 78, 387 = NJW 78, 756; BGH 96, 324 [327] = JZ 85, 498 mit Anm Brehm = MDR 86, 404). Es kommt dabei nicht auf die objektive Erwerbsfähigkeit des Schuldners, sondern auf die tatsächlich ausgeübte Tätigkeit an (Düsseldorf MDR 53, 559; KG JW 37, 2232), so daß für die Vergütung für eine nur einzige sonstige Dienstleistung Pfändungsschutz auch besteht, wenn der Schuldner zeitlich weitere Arbeit verrichten könnte. Dazu gehören insbesondere die Ansprüche der Handelsvertreter auf Fixum und Provision (BAG aaO), die Bezüge eines Versicherungsvertreters (KG Rpfleger 62, 219; LG Berlin Rpfleger 62, 217), die Dienstbezüge des Vorstandsmitglieds einer Aktiengesellschaft (BGH aaO) und des Geschäftsführers einer Gesellschaft mbH (Timm ZIP 81, 10, auch das Geschäftsführergehalt eines Gesellschafters, Düsseldorf MDR 70, 934, nicht aber seine Erfolgsbeteiligung, LG Berlin Rpfleger 59, 132) sowie Ruhestandsbezüge (BGH aaO) dieser Personen und damit ebenso Hinterbliebenenbezüge ihrer Angehörigen. Die Vergütung eines Kassenarztes (-zahnarztes) gehört dazu, wenn die kassenärztliche Tätigkeit ihn zum wesentlichen Teil in Anspruch nimmt 9

(BGH 96, 324 = aaO; Nürnberg JW 26, 2471; Hamburg JW 36, 2940; KG JW 38, 1918; Hamm Rpfleger 58, 280), nicht aber der Vergütungsanspruch eines beigeordneten Rechtsanwalts gegen die Staatskasse. Forderungen auf fortlaufend gezahlten Werklohn aus Werkvertrag können bei persönlicher Arbeit in einem ständigen Auftragsverhältnis als sonstige Vergütungen pfändungsrechtlich geschützt sein (BAG AP ZPO § 850 Nr 8 = Rpfleger 75, 220).

10 **3) Arbeitseinkommen** sind **nach Abs III** auch **a) Wettbewerbsrenten** (Buchst **a**), die einem Arbeitnehmer auf Grund Vereinbarung mit dem Arbeitgeber als Entschädigung für übernommene Beschränkungen seiner Berufstätigkeit nach Beendigung des bisherigen Dienstverhältnisses gewährt werden (für Handlungsgehilfen §§ 74 ff HGB; für technische Angestellte die Karenzentschädigung nach §§ 133 f GewO iVm §§ 74 f HGB); gleiches gilt für den Ausgleichsanspruch eines Handelsvertreters (§§ 87, 89 b, 90 a HGB). Zusammenrechnung solcher Renten mit anderweitigem Arbeitseinkommen s § 850 e Nr 2. Wird dem Arbeitnehmer eine Abfindung für übernommene Wettbewerbsbeschränkungen kapitalisiert ausbezahlt, so kommt § 850 i in Betracht.

11 **b)** Buchst **b** bezieht sich auf **Versorgungsrenten** (zugunsten des ausgeschiedenen Arbeitnehmers oder seiner unterhaltsberechtigten Angehörigen, nicht solche zugunsten dritter Personen), **die auf Versicherungsverträgen beruhen** und bestimmungsgemäß Ruhegeld- oder Hinterbliebenenbezüge ersetzen oder ergänzen sollen. Insbesondere kommen Renten aus Versicherungen in Betracht, die der Arbeitgeber zur Versorgung des Arbeitnehmrs oder seiner unterhaltsberechtigten Angehörigen (sei es durch laufende Prämien oder durch Kapitalzahlung) eingegangen ist (vgl § 1 II des Ges über betriebl Altersversorgung v 19. 12. 1974, BGBl I 3610). Weitergehenden Schutz genießen Renten aus Versicherungen, die aus Vorsorge für den Fall einer Verletzung des Körpers oder der Gesundheit eingegangen wurden; sie sind nach § 850 b Nr 1 nur bedingt pfändbar (BGH 70, 206 = NJW 78, 950). Wenn der in den Ruhestand getretene, eine Versicherungsrente beziehende Arbeitnehmer ein neues Arbeitsverhältnis eingeht, ist die Rente mit dem neuen Arbeitseinkommen zusammenrechenbar (§ 850 e Nr 2). Rechte aus einer Kapitalversicherung, die zur Versorgung des Arbeitnehmers oder seiner Hinterbliebenen eingegangen wurde, sind dagegen voll pfändbar (Einzelheiten s Berner Rpfleger 57, 197). Über die Pfändung von Versicherungsrenten, die durch Kapitalzahlung erkauft wurden, um das Kapital dem Gläubigerzugriff zu entziehen, vgl Freiburg VersR 54, 553, dazu Goll VersR 54, 577. Wegen der Pfändung von Lebensversicherungsansprüchen s auch Rn 10 zu § 850 b. Wegen der Renten des Arbeitnehmers und seiner Hinterbliebenen aus der Sozialversicherung und der Versorgungsrenten nach dem BVersG, die früher von einem Teil der Rspr als mittelbares Arbeitseinkommen behandelt wurden, s Rn 5, 10 zu § 850 i.

12 **4) a) Benennung und Berechnungsart** des in Geld zahlbaren Arbeitseinkommens ist gleichgültig (Abs 4); Arbeitseinkommen sind alle Vergütungen, die dem Schuldner als Gegenleistung für Arbeits- oder Dienstleistung zustehen ohne Rücksicht darauf, nach welcher Rechtsgrundlage (Tarifvertrag, Einzelarbeitsvertrag, gesetzliche Lohnregelung) Art und Höhe der Vergütung geregelt sind. Unter die §§ 850 ff fallen also (zu vermögensrechtlichen Ansprüchen der Beamten und Soldaten s bereits Rn 4, 5) das Gehalt der Angestellten und Zeitlohn der Arbeiter (Wochen- und Stundenlohn), Stücklohn und Akkordlohn, Überstundenvergütung (Mehrarbeits- und Überstundenzuschlag), alle sonstigen Lohnzuschläge und -zulagen (auch Teuerungszulage, Düsseldorf OLG 37, 182), auch Leistungsprämien, Erfolgsbeteiligung (LG Berlin Rpfleger 59, 132) und Sozialzulagen, außerdem Fixum und Provision, Inkassoprämie (BAG Betrieb 78, 942), eine während der Einarbeitung gezahlte Garantiesumme (LG Berlin Rpfleger 62, 217), Diäten, Honorare, Gagen und Auftrittsgelder, Gewinnanteile und Verkaufsprämien, Lehrlingsvergütung, Mietzuschüsse, Teuerungsprämien und Gratifikationen (wegen Sonderregelung für verschiedene dieser Bezüge s § 850 a).

13 **Vermögenswirksame Leistungen** nach dem 4. VermögensbildungsG v 6. 2. 1984 (BGBl I 201 mit Änderung) sind Bestandteil des Lohnes oder Gehalts (§ 12 VI Ges); der Anspruch auf sie gegen den Arbeitgeber ist aber nach § 12 VI Ges nicht übertragbar und daher auch nicht pfändbar. Das gilt auch für die nach § 4 Ges für den Zweck der Vermögensbildung festgelegten Teile des Arbeitseinkommens; bei der Berechnung des pfändbaren Arbeitseinkommens bleiben sie außer Betracht. Die aus solchen Geldern gebildeten Sparguthaben sind aber pfändbar (Rn 33 zu § 829, dort auch zur Pfändung der Sparzulagen).

14 Arbeitseinkommen sind die während des **Urlaubs** weitergezahlten Beträge (s aber Rn 3 zu § 850 a Nr 2). Zum Konkursausfallgeld, §§ 149 ff AFG, s Rn 47 § 850 i.

15 Zum Arbeitseinkommen zählen auch Bezüge, die der Arbeitgeber als **Ersatz für entgangene** oder vorenthaltene **Arbeitsvergütung** zu bezahlen hat, wie der Lohnersatz bei vorzeitiger Entlassung (§ 628 BGB), die Abfindung aus einem Sozialplan (AG Krefeld MDR 80, 853) oder die Ver-

gütung bei Annahmeverzug (§ 615 BGB). Andere Ersatzansprüche sind wie Arbeitseinkommen pfändungsrechtlich geschützt, so Schadensersatzforderungen für Verdienstausfall (Krebs VersR 62, 390; im Regelfall greift hier § 850b Nr 1 oder Nr 2 Platz, nicht aber Kapitalabfindung, RG JW 36, 2403) sowie Streik- und Aussperrungsvergütung (Stöber FdgPfdg Rdn 883). Zu nennen sind weiter Übergangsgelder, die beim Ausscheiden aus einem Dienstverhältnis gezahlt werden und den Übergang in andere Lebensverhältnisse erleichtern sollen, zB beim Ausscheiden aus dem Wehrdienst (s Rn 1 zu § 850i). Hierher gehört auch der Auslgeichsanspruch des ausgeschiedenen Handelsvertreters nach § 89b HGB (bei Zahlung in einer Summe kommt Schutz nach § 850i in Betracht); die Abfindung nach §§ 9 f KündigungsschutzG (v 25. 8. 1969, BGBl I 1317; BAG Rpfleger 60, 247) genießt Pfändungsschutz nach § 850i.

b) Kein Arbeitseinkommen sind ua die Bergmannsprämien (Rn 33 zu § 829), die Winter- und Schlechtwettergelder der Bauarbeiter (§§ 80 ff AFG), auch nicht das Kindergeld nach dem BKGG. Arbeitsentgelt der Strafgefangenen siehe Rn 33 zu § 829. Auf die bei Lohnsteuerjahresausgleich zu erstattende Lohnsteuer besteht ein öffentlich-rechtlicher Erstattungsanspruch, für den die Pfändungsbeschränkungen des §§ 850 ff nicht gelten (§ 46 AO vgl Rn 33 zu § 829). 16

III) 1) Die **Pfändung** des Arbeitseinkommens erfolgt durch **Beschluß** des Vollstreckungsgerichts (§ 829; örtliche Zuständigkeit § 828). Zuständig ist der Rechtspfleger (§ 20 Nr 17 RpflG). Inhalt des Pfändungsbeschlusses: wie Rn 7 zu § 829. Mit „Arbeitseinkommen" bezeichnet der Pfändungsbeschluß alle (wiederkehrend oder einmalig) zu zahlenden Vergütungen als gepfändet, die dem Schuldner aus Arbeits- oder Dienstleistung ohne Rücksicht auf ihre Benennung oder Berechnungsart zustehen (BAG AP ZPO § 850 Nr 1 = BB 61, 1053; BAG MDR 80, 346 = NJW 80, 800). Die nach § 850c und d der Pfändung nicht unterworfenen Einkommensteile muß der Pfändungsbeschluß bezeichnen. Ergeben sich aus nur allgemein gefaßten Angaben des Pfändungsbeschlusses im Einzelfall Unklarheiten (zB darüber, ob eine bestimmte Vergütung als Arbeitseinkommen mit gepfändet ist oder ein Angehöriger bei Berechnung unpfändbarer Einkommensteile zu berücksichtigen ist), dann hat das Vollstreckungsgericht eine klarstellende Entscheidung zu treffen. Der Antrag auf Klarstellung ist Erinnerung gegen den Pfändungsbeschluß; es finden daher die Verfahrensgrundsätze des Erinnerungsverfahrens Anwendung (Rn 27 zu § 766). 17

2) Die **Pfändung erfaßt** als Arbeitseinkommen alle noch nicht gezahlten (rückständigen), alle gegenwärtigen (in der laufenden Abrechnungsperiode verdienten) und alle nach der Pfändung fällig werdenden (§ 832) Bezüge, die von dem Arbeitgeber, an den sich als Drittschuldner das Zahlungsverbot richtet, dem Schuldner aus dem mit ihm bestehenden Dienstverhältnis geschuldet werden (Rn 4 zu § 829). Sie erstreckt sich ohne weiteres auf mehrere Arbeitsvergütungen, die vom selben Drittschuldner geleistet werden. Ins Leere geht die Pfändung, wenn Rechtsbeziehungen zwischen Schuldner und Drittschuldner nicht bestehen, die Grundlage für Anspruch auf Arbeitseinkommen für künftig zu erbringende Arbeitsleistung sein könnten, auch wenn der Schuldner später (nach Zustellung des Pfändungsbeschlusses, § 829 III) ein Arbeitsverhältnis bei diesem Arbeitgeber begründet (Rn 4 zu § 829). Arbeitseinkommen aus einem **künftigen Arbeitsverhältnis** (zur erforderlichen Bezeichnung im Pfändungsbeschluß Rn 10 zu § 829) kann gepfändet werden, wenn bereits eine rechtliche Grundlage für seine Bestimmung vorhanden ist, somit nach Abschluß des Arbeitsvertrags vor Arbeitsaufnahme, oder wenn Anstellung in Aussicht genommen ist (Stöber FdgPfdg Rdn 949, 950). Auf Bezüge, die ein **anderer Drittschuldner** als der zu leisten hat, an den sich das Zahlungsverbot richtet, erstreckt sich eine Einkommenspfändung nicht, somit nicht auf das neue Arbeitseinkommen nach Arbeitsplatzwechsel (Rn 3 zu § 832; Rn 1, 2 zu § 833; macht neue Pfändung nötig) oder auf Ruhegelder, die nicht der Arbeitgeber als Drittschuldner leistet, sondern eine selbständige Pensions- oder Versorgungseinrichtung. 18

3) Pfändungswirkungen: Rn 16 ff zu § 829. Kündigung (Auflösung) des Arbeits- oder Dienstverhältnisses schließt die Pfändung nicht aus, weil sie sich auf das Rechtsverhältnis nicht erstreckt (Rn 18 zu § 829). Der Arbeitgeber kann das Arbeitsverhältnis wegen einer Lohnpfändung, auch wenn sie schuldhaft veranlaßt wurde, nicht kündigen (LAG Hamm BB 78, 1363 = Betrieb 77, 2237; LAG Berlin BB 79, 972 = Betrieb 79, 605). Auch das Vorliegen mehrerer Lohnpfändungen (oder -abtretungen) rechtfertigt für sich allein noch keine ordentliche Kündigung (BAG BB 82, 556 = NJW 82, 1062; LAG Düsseldorf BB 56, 434; LAG Rheinland-Pfalz BB 79, 375; Schäcker BB 64, 391). Wesentliche Störungen im Arbeitsablauf (etwa in der Lohnbuchhaltung oder in der Rechtsabteilung) oder in der betrieblichen Organisation infolge zahlreicher Lohnpfändungen (oder -abtretungen) können im Einzelfall (erfordert umfassende Abwägung der Interessen beider Arbeitsvertragsparteien) eine ordentliche Kündigung jedoch sozial rechtfertigen (§ 1 II KSchG; BAG aaO; Stöber FdgPfdg Rdn 934). 19

20 4) **Pfandverwertung:** § 835. Wirkungen der Überweisung zur Einziehung: Rn 3–6 zu § 836 (andere Verwertung praktisch kaum denkbar). Zuständigkeit der Gerichte für **Arbeitssachen** für Einziehungsrechtstreitigkeiten besteht in den Fällen der §§ 2, 3 ArbGG. Auf Erstattung der **Kosten** für die Zuziehung eines Prozeßbevollmächtigten (Beistands) und auf Entschädigung wegen Zeitversäumnis besteht gegen den Drittschuldner im Urteilsverfahren des ersten Rechtszugs vor dem Arbeitsgericht kein Anspruch (§ 12a ArbGG; Einzelheiten Stöber FdgPfdg Rdn 961). Die durch Einziehung erwachsenen Kosten des Arbeitsgerichtsverfahrens sind jedoch Kosten der ZwV, für die (bei Notwendigkeit) dem Gläubiger nach § 788 der Schuldner haftet (Köln Rpfleger 74, 164; LG Bielefeld MDR 70, 1021; LG Krefeld MDR 72, 788; LG Mainz NJW 73, 1143; LG München DGVZ 66, 88 = MDR 68, 338; LG Ulm AnwBl 75, 239; enger KG DGVZ 77, 178 = Rpfleger 77, 178; aa LAG Frankfurt AnwBl 79, 28). Für deren Festsetzung als ZwV-Kosten bietet § 788 Grundlage (Rn 4 zu § 836).

21 5) **Vorpfändung** ist möglich (Rn 1 zu § 845).

22 **IV) Rechtsbehelf:** Rn 28–32 zu § 829.

23 V) Wegen der **Gebühren** des **Gerichts und** des **Anwalts:** s bei der Forderungspfändung u Überweisung in Rn 34 zu § 829 sowie Rn 14 zu § 835. **Gegenstandswert** s § 829 Rn 34.

850 a *[Unpfändbare Bezüge]*

Unpfändbar sind

1. zur Hälfte die für die Leistung von Mehrarbeitsstunden gezahlten Teile des Arbeitseinkommens;

2. die für die Dauer eines Urlaubs über das Arbeitseinkommen hinaus gewährten Bezüge, Zuwendungen aus Anlaß eines besonderen Betriebsereignisses und Treugelder, soweit sie den Rahmen des Üblichen nicht übersteigen;

3. Aufwandsentschädigungen, Auslösungsgelder und sonstige soziale Zulagen für auswärtige Beschäftigungen, das Entgelt für selbstgestelltes Arbeitsmaterial, Gefahrenzulagen sowie Schmutz- und Erschwerniszulagen, soweit diese Bezüge den Rahmen des Üblichen nicht übersteigen;

4. Weihnachtsvergütungen bis zum Betrage der Hälfte des monatlichen Arbeitseinkommens, höchstens aber bis zum Betrage von 470 Deutsche Mark;

5. Heirats- und Geburtsbeihilfen, sofern die Vollstreckung wegen anderer als der aus Anlaß der Heirat oder der Geburt entstandenen Ansprüche betrieben wird;

6. Erziehungsgelder, Studienbeihilfen und ähnliche Bezüge;

7. Sterbe- und Gnadenbezüge aus Arbeits- oder Dienstverhältnissen;

8. Blindenzulagen.

1 **I) Allgemeines:** Die zweckgebundenen Einkommen oder Einkommensteile, die § 850a aufzählt, sind der Pfändung entzogen. Sie können selbständig nicht gepfändet werden; bei Berechnung gepfändeten Arbeitseinkommens bleiben sie als unpfändbar außer Betracht (§ 850e Nr 1). Bei Vollstreckung eines Unterhaltsanspruchs sind die in Nrn 1, 2 und 4 genannten Bezüge nur teilweise unpfändbar (§ 850d I); die übrigen Bezüge des § 850a sind auch der Pfändung durch Unterhaltsgläubiger entzogen. Die Aufzählung in § 850a ist nicht erschöpfend; in Sondergesetzen sind noch andere Bezüge für unpfändbar erklärt (vgl Rn 33 zu § 829). Jedoch darf § 850a nicht ausdehnend ausgelegt werden.

II) Einzelfälle

2 1) **Nr 1: Mehrarbeitsstunden** sind Arbeitsstunden, die ein Arbeitnehmer über den sich aus Tarifvertrag, Betriebs- oder Dienstordnung ergebenden gewöhnlichen Arbeitsplan hinaus leistet, sei es im Anschluß an die gewöhnliche Arbeitszeit, sei es in gewöhnlich freier Zeit, zB an Sonn- u Feiertagen oder zur Nachtzeit (Überstunden). Ist Sonntags- oder Nachtarbeit als normale Arbeitszeit vorgesehen, so fällt der hierfür gezahlte Arbeitsverdienst (dann mit den Zuschlägen für die Sonntags- oder Nachtarbeit) nicht unter Nr 1. Unpfändbar sind nicht nur die für die Leistung von Mehrarbeitsstunden gezahlten Zuschläge, sondern zur Hälfte die auf die Zeit der Mehrarbeit treffenden Teile des gesamten Arbeitseinkommens. Der halbe Betrag hat dem Schuldner ohne Abzüge zu verbleiben; Steuern und Soziallasten sind dem übrigen Einkommen des Schuldners zu entnehmen, nicht etwa anteilig auf die nach Nr 1 pfändungsfrei gestellten Einkommensteile zu verrechnen. Wenn für Mehrarbeit (zB eines Angestellten) keine besondere

Vergütung bezahlt wird, besteht kein weitergehender Pfändungsschutz; ein der Mehrarbeit entsprechender Anteil der Gesamtvergütung ist dann nicht pfandfrei. Nr 1 ist auch anzuwenden, wenn Mehreinnahmen nach Arbeitsschluß durch Tätigkeit für einen dritten Beschäftigungsgeber erzielt werden, die Überschreitung der üblichen Arbeitszeit also auf Beschäftigung bei mehreren Arbeitgebern beruht (Hamm BB 56, 209 = JMBlNRW 55, 270; Pohle AP ZPO § 850 a Nr 3).

2) Nr 2: a) Urlaubsgeld ist eine Sonderzuwendung mit Gratifikationscharakter, die der 3
Arbeitnehmer über sein sonstiges Einkommen hinaus vom Arbeitgeber als Zuschuß zur Ermöglichung der Erholung erhält. Um unpfändbar zu sein, darf er den Rahmen des Üblichen nicht übersteigen (Henze Rpfleger 80, 456: Höchstgrenze [früher] 390 DM wie beim Weihnachtsgeld; bedenklich, s Stöber FdgPfdg, Rdn 986). Nach Peters (Betrieb 66, 1133) ist die Pfändung ausnahmsweise zugunsten von Forderungen möglich, die gerade durch besondere Urlaubsaufwendungen entstanden sind (zB eines Reisebüros). Vom Urlaubsgeld zu unterscheiden (vgl BAG Betrieb 67, 283) ist die **Urlaubsvergütung** (Urlaubsentgelt, s § 11 BUrlaubsG v 8. 1. 63, BGBl I 2), nämlich der während des Urlaubs weitergezahlte gewöhnliche oder gekürzte Arbeitslohn und das dem Beamten während des Urlaubs weitergezahlte Gehalt; solche Bezüge sind Arbeitseinkommen bzw Diensteinkommen iS des § 850 (vgl BGH 59, 109 = MDR 72, 940 = NJW 72, 1703; BGH 59, 154 = MDR 72, 940 = NJW 72, 1705) und nicht unpfändbar (Faecks NJW 72, 1448; Rauscher MDR 63, 12; Hohn BB 65, 771; aM LAG Kiel BB 64, 596; Köst BB 56, 566; Feller JZ 65, 566 und vielfach das arbeitsrechtl Schrifttum); sie können nicht nur von Unterhaltsgläubigern gepfändet werden (so LAG Bremen BB 56, 339), sondern auch von nicht bevorrechtigten Gläubigern (ArbG Bremen BB 56, 562; Pohle AP 1 zu § 850 a ZPO; Dahns Betrieb 55, 604; Berner Rpfleger 56, 283 [284]; Faecks aaO). BAG JZ 56, 609 hat allerdings auch den Anspruch auf die während des Urlaubs gleichbleibend fortlaufenden Bezüge als höchstpersönlich und zweckgebunden erklärt (einheitlicher Anspruch auf bezahlte Freizeit), so daß es ihn wohl für unpfändbar hält. BAG AP ZPO zu § 850 Nr 5 mit zust Anm Pohle = NJW 66, 222 scheint daran festzuhalten und schützt nur, wenn der Pfändungsbeschluß auch diese Bezüge mit umfaßte, den Arbeitgeber, der sich an ihn hielt, nach § 836 II. Gegen diese Auffassung bestehen Bedenken, da die Urlaubsvergütung ebenfalls Arbeitseinkommen ist (so auch BAG NJW 66, 222), nach der Fassung der Nr 2 dem Arbeitnehmer nicht ebenso wie das Urlaubsgeld frei verbleiben soll und auch ihre Zweckbestimmung nicht die Unpfändbarkeit erfordert. Gegenteiliger Meinung auch Berner Rpfleger 60, 5; Weber BB 61, 608; Schweer BB 61, 680; Rauscher MDR 63, 11; Gaul BB 63, 1496; Stehl Betrieb 64, 334; Hohn BB 65, 751; vgl auch BB 66, 1272; Peters Betrieb 66, 1133. Die **Abgeltung für nicht genommenen Urlaub** (die dem Arbeitnehmer nach Beendigung des Arbeitsverhältnisses ermöglichen soll, sich Freizeit zu nehmen, ohne seine Bedürfnisse einschränken zu müssen), ist gleichfalls Arbeitseinkommen (str); nicht gerechtfertigt, daß Schuldner während der genommenen, auf diese Weise bezahlten Freizeit gegenüber seinen Gläubigern besser steht als bei bestehendem Beschäftigungsverhältnis. Im Lohnsteuerrecht wird Urlaubsabgeltung gleichfalls als Arbeitseinkommen angesehen; ebenso jetzt in der Sozialversicherung (BSozG BB 58, 85; vgl auch Weber BB 57, 1074). Vom BAG wird der Urlaubsabgeltungsanspruch, dessen Unabdingbarkeit betont wird (BAG NJW 67, 2376), jedoch für unpfändbar erklärt (JZ 56, 609; BB 59, 340), wenn auch die Aufrechnung des Arbeitgebers mit Schadensersatzforderungen aus vorsätzlicher unerlaubter Handlung zugelassen wird (BB 64, 1340); für Unpfändbarkeit auch LAG Kiel BB 64, 596; Schweer aaO; Stöber FdgPfdg Rdn 988. Hohn aaO läßt gegen die Berufung auf die Unpfändbarkeit ausnahmsweise den Einwand unzulässiger Rechtsausübung zu. Faecks NJW 72, 1448 stellt die Urlaubsvergütung der Mehrarbeitsvergütung nach Nr 1 gleich, so daß sie zur Hälfte pfändbar wäre. Für Pfändbarkeit Rauscher u Stehl aaO. Über die Zwangsvollstreckung in Urlaubsgeld bei bestehender tariflicher Urlaubsmarkenregelung s Sieg RdA 57, 411; Quardt BB 58, 1212.

b) Zuwendungen aus Anlaß eines besonderen Betriebsereignisses. Hierunter fallen 4
Geschenke aus Anlaß zB des 25jährigen Bestehens des Betriebes oder aus Anlaß eines außergewöhnlich günstigen Betriebserfolges. Regelmäßig ausgeschüttete Erfolgsbeteiligungen (Tantiemen) gehören nicht hierher (LG Berlin Rpfleger 59, 132), auch nicht Barzuwendungen zum Maifeiertag (vgl BFH Betrieb 73, 40).

c) Treugelder sind Zuwendungen aus Anlaß langjähriger Zugehörigkeit zu einem bestimmten 5
Betrieb, zB bei einem Arbeitsjubiläum. Spargutхaben, die aus Treugeldern bestehen, sind aber pfändbar (LG Essen Rpfleger 73, 148).

d) Die in Nr 2 genannten Beträge dürfen den **Rahmen des Üblichen nicht übersteigen,** dh sie 6
sind unpfändbar, wenn zB gleichartige Betriebe auch eine Zuwendung in derselben Höhe zahlen. Ist die erhöhte Zuwendung gewählt, um zugunsten des Schuldners einen Lohnanteil dem Zugriff seiner Gläubiger zu entziehen, überschreitet die Zuwendung das Übliche, ist sie über-

haupt nicht üblich oder als Entgelt für zusätzlich geleistete Dienste anzusehen, so ist sie (insoweit) als Teil des der Pfändung unterliegenden Arbeitseinkommens nach § 850 anzusehen und wird von der Pfändung desselben mit erfaßt.

7 **3) Nr 3: a) Aufwandsentschädigungen.** Darunter fallen Reisekostenvergütung und Reisespesen, Tage- und Übernachtungsgeld, Trennungsentschädigung, Umzugskostenvergütung, Entschädigung für die Haltung eines Kraftwagens, Repräsentationskosten, Mankogelder der Kassenbeamten. Bei Provisionsreisenden kommen beispielsweise in Betracht (s auch Sebode JW 38, 3073; Hamm BB 56, 668) Beträge zur Deckung der Auslagen für Eisenbahn, Straßenbahn, Ersatz für den mit Kundenbesuchen zur Einholung von Aufträgen verbundenen Mehrverzehr, bei Benützung eines Kraftwagens Vergütung für Treibstoff, Schmiermittel, Reparaturen, Abnützung des Wagens (KG JW 36, 519) oder km-Gelder (LAG Düsseldorf Betrieb 70, 256). Zu den Auswärtszulagen und zur Fahrkostenerstattung im einzelnen s Hohn BB 68, 548, 1431. Gleichgültig ist, ob die Spesen im voraus gezahlt oder nachträglich ersetzt werden (Jonas JW 36, 890, 1245). Als unpfändbar nach Nr 3 können Aufwandsentschädigungen (Zulagen usw) nur dann gelten, wenn sie als solche getrennt vom Verdienst (Fixum, Provision) berechnet (auch durch Pauschbeträge abgegolten), mithin der Höhe nach selbständig ausgewiesen sind (Frankfurt JW 36, 347; LAG Mannheim BB 58, 1057; Hamm BB 72, 855; Stöber FdgPfdg Rdn 992). Teile des Gesamtarbeitseinkommens, die besonderen berufsbedingten Bedürfnissen des Schuldners dienen sollen, sind nach § 850f I pfandfrei zu stellen (anders früher überwiegende Ansicht, zB KG JW 36, 519; RAG JW 36, 1245; Hamm BB 56, 668; LAG Hamburg BB 71, 132; Jonas aaO; Hohn BB 68, 548). Die von einer kassenärztlichen (kassenzahnärztlichen) Vereinigung zu zahlende Gesamtvergütung für Versorgung der Versicherten ist einer Aufspaltung in Entgelt und Aufwandsentschädigung nicht zugänglich; § 850 a Nr 3 erfaßt solche Ansprüche nicht, analoge Anwendung ist ausgeschlossen; es greift § 850f I ein (BGH 96, 324 = JZ 85, 498 mit Anm Brehm = MDR 86, 404 = NJW 86, 2362; anders KG HRR 37 Nr 1613, JW 38, 1918; hier bis 13. Aufl). Die Aufwandsentschädigungen müssen sich im Rahmen des Üblichen halten; üblich sind die durch Tarifvertrag (auch Dienst- oder Betriebsordnung), im öffentlichen Dienst die durch gesetzliche Regelung, sonst die in anderen Unternehmen eingeführten Sätze; soweit die Lohnsteuerrichtlinien solche Vergütungen als steuerfrei anerkennen, können sie auch iS der Nr 3 als üblich angesehen werden (BAG AP 4 zu § 850 a = BB 71, 1197; BGH 96, 324 [329] = aaO). Dagegen geht es nicht an, zB einem Reisenden zum Schutz gegen Gläubigerzugriffe ein niedriges festes Einkommen und übermäßig hohe Reisespesen zu gewähren; bei den Aufwandsentschädigungen darf es sich nicht um verdeckten Lohn handeln (s LG Essen MDR 70, 516). Wegen Errechnung des nach Abzug der Aufwendungen verbleibenden reinen Arbeitseinkommen und des pfändbaren Teils s Hamm BB 56, 668. Über die Berücksichtigung der beim Verbrauch von Spesengeldern eingesparten Lebenshaltungskosten s Braunschweig Rpfleger 52, 90. Wohnungsgeld, Kinderzuschläge (wegen des Kindergelds nach dem BKGG aber § 54 SGB), Leistungs- und Schwerarbeiterzulagen sind dem allgemeinen Arbeitseinkommen hinzuzurechnen und gehören nicht hierher. Unter Nr 3 fallen auch Aufwandsentschädigungen für eine selbständige ehrenamtliche Tätigkeit, zB als Schöffe oder sonstiger nichtrichterlicher Beisitzer, ehrenamtlicher Bürgermeister, Mitglied einer kommunalen Vertretungskörperschaft (anders Kohls NVwZ 84, 294: wegen treuhandartiger Zweckgebundenheit außerhalb der Zweckbestimmung unpfändbar); Mitglied anderer Ausschüsse mit öffentlrechtl Aufgaben (Quardt Büro 58, 417). Auch bei sonstigen Amtsträgern und Angestellten in herausgehobener Stellung, die Repräsentationspflichten haben oder zu ähnlichen Aufwendungen genötigt sind, kommen unter die Nr 3 fallenden Aufwandsentschädigungen in Betracht.

8 **b) Auslösungsgelder und sonstige soziale Zulagen für auswärtige Beschäftigung. Auslösungsgelder** (vgl RAG DR 39, 953; BAG Betrieb 75, 311; LAG Düsseldorf Betrieb 56, 24; Hohn BB 68, 1305; zur lohnsteuerrechtlichen Behandlung s Meiercord BB 70, 1249; Mannhardt BB 76, 1073), Tage- und Übernachtungsgelder sind Entschädigungen an Arbeitnehmer, die nicht unter denselben Bedingungen wie ihre Arbeitskameraden ihrer Arbeit nachgehen können, weil sie an einem vom Betriebssitz verschiedenen Ort beschäftigt werden. Die Entschädigung umfaßt die Vergütung für den Mehraufwand durch Benützung zB von Transportmitteln, sowie die mit solchen Fahrten verbundenen Unannehmlichkeiten, eine Entschädigung für weite Anmarschwege zur Arbeitsstätte, Ausgleichsgelder für die Trennung von der Familie (Mehrausgaben für Beköstigung usw). Wird die Auslösung in der Weise gezahlt, daß der Arbeitnehmer eine höhere Arbeitsvergütung erhält wie Arbeitnehmer am Betriebssitz, so hat das Vollstreckungsgericht nach § 850f I a darüber zu entscheiden, welcher Teilbetrag als Auslösung anzusehen ist.

9 c) Wird für **selbstgestelltes Arbeitsgerät** (Werkzeug, Kraftfahrzeug usw) keine besondere Vergütung sondern ein höherer Stundenlohn bezahlt, so gilt das vorstehend Aufgeführte entspr.

d) Gefahrenzulagen, Schmutz- und Erschwerniszulagen: In Betracht kommen Zulagen für besonderen Aufwand des Schuldners, der durch Gefährdung seiner Person verursacht ist (zB Milchzulagen der Bleiarbeiter), oder Zulagen als Entschädigung für besonderes Risiko bei gefährlichen Arbeiten (zB Entschärfen von Sprengmunition, Umgang mit Giften). **Schmutz- und Erschwerniszulagen** sind unpfändbar. Bei Arbeitern pflegen sie durch Tarif oder Betriebsvereinbarung festgesetzt oder betriebsüblich bezahlt zu werden; regelmäßig werden sie in der Lohnabrechnung gesondert ausgewiesen. In Betracht kommen Zuschläge für Arbeiten, die der Einwirkung von Hitze, Wasser, Staub, Säuren besonders ausgesetzt sind, für Schacht- und Tunnelarbeiten, für Arbeiten unter Druckluft und unter Wasser; Zuschläge für Nacht- oder Sonn- und Feiertagsarbeit gehören nicht hierher (BJM v 13. 8. 52, BB 52, 859). Sind bei Angestellten besondere Arbeitserschwernisse lediglich durch höhere tarifliche Einstufung berücksichtigt, ohne daß ziffernmäßig bezeichnete gesonderte Zulagen ausgeworfen sind, die als unpfändbar auszusondern wären, so greift die Nr 3 nicht Platz; Abhilfe gegebenenfalls über § 850f. Die Gefahren-, Schmutz- und Erschwerniszulagen sind nur soweit unpfändbar, als sie den Rahmen des Üblichen nicht übersteigen. Wegen der Leistungs- und Sozialzulagen s Rn 7. 10

4) Nr 4: Weihnachtsvergütungen (dazu Hohn BB 66, 1272; Schäcker BB 63, 517) genießen wegen ihrer Zweckbestimmung aus sozialen Gründen einen besonderen Pfändungsschutz. Der halbe Bruttobetrag des monatlichen Einkommens, höchstens 470 DM, muß dem Schuldner ganz verbleiben; die auf die Weihnachtsvergütung treffenden Steuern und Soziallasten sind dem übrigen Einkommen zu entnehmen. Ein etwa überschießender Betrag ist nach § 850e Nr 2 dem übrigen Arbeitseinkommen des Schuldners hinzuzurechnen und untersteht auf diese Weise dem allgemeinen Pfändungsschutz des § 850c (Beteiligung des Schuldners am Mehrbetrag). Ein pfändbarer Anspruch auf Weihnachtsvergütung für das nächste Weihnachten kann auch erworben sein, wenn der Arbeitgeber sie nur als freiwillige Leistung zugesagt hatte und diese Zusage stillschweigend angenommen wurde (BAG Rpfleger 62, 168; NJW 62, 220; 64, 1690). Durch Vereinbarung zwischen Arbeitgeber und Arbeitnehmer können solche Ansprüche nicht der Pfändung entzogen werden (BAG Rpfleger 62, 168). 11

5) Nr 5: Heirats- und Geburtsbeihilfen, die der Arbeitgeber gewährt, sind unpfändbar, wenn die Forderung des Gläubigers in keinem Zusammenhang zu der Heirat oder Geburt steht, zB Zahlungsanspruch für Lieferung von Nahrungsmitteln aus einer Zeit vor Verheiratung des Schuldners. Hat der Schuldner aber aus Anlaß seiner Heirat oder der Geburt eines Kindes Aufwendungen gemacht (zB für die Hochzeitsfeier oder Kindstaufe Waren bezogen), deretwegen nun der Gläubiger gegen ihn mit ZwV vorgeht, oder lassen der Arzt oder die Hebamme wegen Hilfeleistung bei der Geburt des Kindes pfänden, dann ist die dem Schuldner von seinem Arbeitgeber aus dem besonderen Anlaß (Heirat usw) gewährte Zuwendung dem Arbeitseinkommen des Monats, in dem die Zuwendung gewährt wurde, nach § 850e Nr 2 hinzuzurechnen. Beihilfe, die Angehörigen des öffentlichen Dienstes (uU auch auf Grund von Tarifverträgen, BAG AP 2 zu Art 47 BayBesoldG) von ihren Dienstherrn gewährt wird, muß wegen ihrer Höchstpersönlichkeit und Zweckgebundenheit, auch wenn nicht die Geburt oder Heirat den Anlaß ihrer Bewilligung bildet, ebenso behandelt werden wie Beihilfe nach Nr 5; sie kann also nur von einem Gläubiger gepfändet werden, dessen Ansprüche aus Anlaß der Krankheit oder des sonstigen Beihilfefalls entstanden sind (Faber ZBR 57, 41). Wegen der auf Freiwilligkeit beruhenden Unterstützungen und Notstandsbeihilfen, soweit sie nicht auf den in Nr 5 aufgeführten Anlässen beruhen, s § 850b Nr 3. 12

6) Nr 6: Erziehungsgelder, Studienbeihilfen und ähnliche Bezüge, gleichgültig, ob sie von der öffentlichen Hand, von Stiftungen oder Privaten gewährt werden und welcher Person sie zufließen (anders Frankfurt NJW 53, 1800: nur solche Beihilfen, die für den Arbeitnehmer selbst bestimmt sind). Die einem Auszubildenden (nach Vereinbarung im Ausbildungsvertrag, § 10 BBiG) zu zahlende Vergütung ist pfändbares arbeitsrechtliches Entgelt, nicht aber unpfändbares Erziehungsgeld (Stöber FdgPfdg Rdn 1002; Wieczorek Anm B VIb zu § 850a; aA StJM Rdn 32 zu § 850a; Hoffmann BB 59, 852). Vom Arbeitgeber gezahlte Kinderzuschläge zum Gehalt oder Lohn fallen nicht unter die Bestimmung; als soziale Zulagen gehören sie zum Arbeitseinkommen und sind bei der Berechnung des pfändbaren Teils desselben mit anzusetzen (Frankfurt aaO). Nach Bamberg Rpfleger 74, 30 sollen nur Beihilfen unter die Bestimmung fallen, die unmittelbar der Erziehung und Ausbildung, nicht zugleich auch anderen Zwecken dienen. Es werden hierher aber auch die Studienbeihilfen und Stipendien zu rechnen sein, die nicht uneingennützig von privaten Unternehmungen und öffentlichen Stellen (zB Bundesbahn, Bundespost, Bundeswehr) zur Gewinnung qualifizierter Nachwuchskräfte vergeben werden mit der Verpflichtung, nach Studienabschluß in den Dienst der vergebenden Stelle zu treten (Beispiele: BAG JZ 64, 183; AP 31 zu § 2 ArbGG 1953 – Zuständigkeitsprüfung –; BGH MDR 72, 589; LG München NJW 68, 2016; BVerwG NJW 68, 2023; DÖV 74, 597; OVG Münster FamRZ 75, 296); diese 13

Beihilfen werden auch steuerlich nicht zum Einkommen gerechnet (BFH NJW 74, 254; Betrieb 73, 1782, 2494). Die Mehrzahl der in Betracht kommenden Beihilfen der öffentlichen Hand ist nun durch Sozialgesetze geregelt, die durch Art II § 1 SGB-AT (BGBl 75 I 3015) zu besonderen Teilen des SGB erklärt sind, so daß auf sie die Pfändungsschutzbestimmungen der Art I §§ 54, 55 SGB-AT Anwendung finden (zu ihnen s Rn 6 ff zu § 850 i). Das BayAusbildungsFöG (BayRS 2230-2-2) verweist für den Pfändungsschutz auf die §§ 54, 55 SGB-AT. Unmittelbar unter Nr 7 fallen die Stipendien nach dem BayBegabtenFöG (GVBl 83, 1109). Die Ausbildungsbeihilfen nach §§ 31 ff BSHG (BGBl 76 I 289; dazu BVerwG NJW 75, 2035) sind nach § 4 des Ges unpfändbar. Die Ausbildungsbeihilfen nach § 302 LAG (dazu BVerwG FamRZ 75, 655) sollen nach dem Inhalt der Bestimmung ausschließlich den begünstigten Personen zukommen und sind schon wegen dieser Zweckbestimmung unpfändbar. Die Nr 6 ist in § 850 d nicht genannt; die unter diese Bestimmung fallenden Bezüge sind daher auch für Unterhaltsgläubiger nicht pfändbar.

14 **7) Nr 7: Sterbe- und Gnadenbezüge:** Die Fassung der Bestimmung im Zusammenhalt mit § 850 b I Nr 4 stellt klar, daß hierher nur Bezüge aus Arbeits- und Dienstverhältnissen gehören, die der Arbeitgeber (Dienstherr) gewährt. Bezüge aus Sterbekassen und Kleinlebensversicherungen fallen nun unter § 850 b I Nr 4. Nach Beamtenrecht ist das Sterbegeld der Beamten und Richter unpfändbar (§ 51 III BeamtVG, BGBl 76 I 2485), auch das der Soldaten (§ 48 II SoldatenVersG, BGBl 83 I 457), während der Sterbemonatsbezug wie sonstige Dienstbezüge gepfändet werden kann. Für vergleichbare Bezüge privater Arbeitnehmer (zB Sterbegelder und Unterstützungen, die nach längerer Betriebszugehörigkeit gewährt werden), ist in Nr 7 eine vergleichbare Regelung getroffen. Die Gelder können auch von bevorrechtigten Unterhaltsgläubigern nicht gepfändet werden (Nr 7 in § 850 d I nicht aufgeführt).

15 **8) Nr 8: Blindenzulagen:** Für die Blindenzulagen nach § 35 BVersG gilt nun der Pfändungsschutz nach Art I §§ 54, 55 SGB-AT. Die Blindenbeihilfen nach § 67 BSHG sind nach § 4 des Ges unpfändbar. Unter Nr 8 fallen die zusätzlichen Blindenhilfen nach Landesrecht (zB NRW: LandesblindenG v 16. 6. 70, GVBl 435; dazu BVerfGE 37, 154), soweit die Landesgesetze nicht auf das BVersG (und damit auf das SGB) Bezug nehmen oder selbst Unpfändbarkeit bestimmen (so Art 5 III BayZivilblindenpflegegeldG, BayRS 2170-6). Auch Unterhaltsgläubiger können die unter Nr 8 fallenden Bezüge nicht pfänden (Nr 8 in § 850 d nicht aufgeführt).

850 b

[Bedingt pfändbare Bezüge]

(1) Unpfändbar sind ferner

1 Renten, die wegen einer Verletzung des Körpers oder der Gesundheit zu entrichten sind;

2 Unterhaltsrenten, die auf gesetzlicher Vorschrift beruhen, sowie die wegen Entziehung einer solchen Forderung zu entrichtenden Renten;

3. fortlaufende Einkünfte, die ein Schuldner aus Stiftungen oder sonst auf Grund der Fürsorge und Freigebigkeit eines Dritten oder auf Grund eines Altenteils oder Auszugsvertrags bezieht;

4. Bezüge aus Witwen-, Waisen-, Hilfs- und Krankenkassen, die ausschließlich oder zu einem wesentlichen Teil zu Unterstützungszwecken gewährt werden, ferner Ansprüche aus Lebensversicherungen, die nur auf den Todesfall des Versicherungsnehmers abgeschlossen sind, wenn die Versicherungssumme 3 600 Deutsche Mark nicht übersteigt.

(2) Diese Bezüge können nach den für Arbeitseinkommen geltenden Vorschriften gepfändet werden, wenn die Vollstreckung in das sonstige bewegliche Vermögen des Schuldners zu einer vollständigen Befriedigung des Gläubigers nicht geführt hat oder voraussichtlich nicht führen wird und wenn nach den Umständen des Falles, insbesondere nach der Art des beizutreibenden Anspruchs und der Höhe der Bezüge, die Pfändung der Billigkeit entspricht.

(3) Das Vollstreckungsgericht soll vor seiner Entscheidung die Beteiligten hören.

Lit: *Bauer,* Umfang und Begrenzung der ZwV in verkehrsunfallbedingte Schadensersatzforderungen, JurBüro 1962, 655; *Berner,* Sind die Versicherungssummen mehrerer Kleinlebensversicherungen bei der Ermittlung der Pfändungsfreigrenze von 1 500 DM wirklich zusammenzurechnen? Rpfleger 1964, 68; *Bohn,* Die ZwV in Rechte des Versicherungsnehmers aus dem Versicherungsvertrag und der Konkurs des Versicherungsnehmers, Festschr Schiedermair, 1976, S 33; *Grunau,* Pfändbarkeit des Taschengeldanspruchs der Ehefrau, JurBüro 1962, 113; *Kellner,* Der in § 850 b Abs 1 Ziff 4 ZPO normierte Pfändungsschutz von Lebensversicherungen, VersR 1979, 177; *Krebs,* Zur Pfändbarkeit von Schadensersatzforderungen, VersR 1962, 389; *Quardt,* Taschengeldanspruch der Ehefrau in der ZwV, JurBüro 1961, 116; *Rupp* und *Fleischmann,* Zum

Pfändungsschutz für Schadensersatzansprüche wegen Unterhaltsverpflichtungen, Rpfleger 1983, 377.

I) Zweck: Regelung von Besonderheiten für ZwV in Renten und rentenähnliche Bezüge, die wie Arbeitseinkommen dem Lebensunterhalt des Schuldners dienen. Der Pfändungsschutz nach Abs 1 hat die Existenz des Schuldners zu sichern. Die unter besonderen Voraussetzungen mögliche Pfändbarkeit der Renten dient demgegenüber berechtigten Interessen des Gläubigers (BGH 53, 41 = MDR 70, 128 = NJW 70, 282; BGH 70, 206 = MDR 78, 835 = NJW 78, 950). 1

II) Die einzelnen nur bedingt pfändbaren Bezüge

1) Renten infolge Verletzung des Körpers oder der Gesundheit (Abs 1 Nr 1) sind wiederkehrende Geldleistungen, die bei Invalidität gezahlt werden. Dazu gehören insbesondere Haftpflichtrenten, die auf Grund gesetzlicher Vorschrift gewährt werden; nähere vertragliche Regelung schadet aber nicht (BGH 31, 210 [218] = MDR 60, 292 = NJW 60, 572). Unter Nr 1 fallen die Geldrenten nach § 843 BGB wegen Aufhebung oder Minderung der Erwerbsfähigkeit, ferner Geldrenten nach § 8 HaftpflichtG, § 13 StVG, § 38 LuftVG, § 30 AtomG, auch nach § 618 III BGB oder § 62 HGB wegen Verletzung der Fürsorgepflicht des Arbeitgebers (RG 87, 85). Ebenso sind Unfall- und Invaliditätsrenten unpfändbar, die auf vertraglicher Grundlage gewährt werden (BGH 70, 206 = aaO; enger früher RG 164, 68; BGH 31, 210 = aaO). Geschützt sind auch rückständige und daher in einer Summe zu zahlende Rentenbeträge (RG JW 36, 2403; vgl auch BGH 31, 210 [218] = aaO). Keine Anwendung findet Nr 1 jedoch auf Kapitalabfindungen, die anstelle von Schadensersatzrenten vereinbart werden; sie sind unbeschränkt pfändbar. Keine Anwendung findet Nr 1 auf Ansprüche auf Erstattung von Auslagen, die dem Verletzten durch die nur zeitweise Steigerung seiner Bedürfnisse infolge der Verletzung entstanden sind (RG 87, 86); auch nicht auf die im Strafverfahren zuerkannte Geldbuße, die als einmalige Zahlung anstelle einer nach bürgerlichem Recht geschuldeten Geldrente verlangt wurde; sie ist nach Zuerkennung unbeschränkt pfändbar. Unter Nr 1 fallen auch nicht Rentenansprüche, die aus Freigebigkeit oder durch letztwillige Verfügung eingeräumt wurden, ohne daß eine entsprechende gesetzliche Verpflichtung bestand (s aber Nr 3). Sozialversicherungsrenten und Renten nach dem BVersG und hierauf Bezug nehmenden Gesetzen gehören nicht hierher (dazu Rn 6 ff zu § 850 i). 2

2) a) Unterhaltsrenten auf Grund gesetzlicher Vorschrift. Dem Rentenbegriff des BGB, der auf gleichbleibend hohe periodische Zahlungen abstellt, brauchen sie trotz des Wortlauts des Gesetzes nicht genügen (Hamm Rpfleger 65, 239; Frankfurt Rpfleger 75, 263). Geschützt sind auch Rückstände (BGH 31, 210 [218] = aaO). In Betracht kommen die gesetzlichen Unterhaltsansprüche des Ehegatten, des früheren Ehegatten, der ehelichen und nichtehelichen Kinder und der übrigen Verwandten, auch der Unterhaltsanspruch der nichtehelichen Mutter nach §§ 1615 l, 1615 n BGB. Ob der Unterhaltsanspruch auf Vertrag, Vergleich, Urteil gestützt wird, ist gleichgültig, wenn es sich nur um Unterhalt handelt, der auf gesetzlicher Vorschrift beruht (BGH aaO). Soweit sich der Unterhaltsanspruch auf Freistellung von einer Zahlungspflicht gegenüber Dritten bezieht, die wegen ausgebliebener Unterhaltsleistung noch offensteht, kann er zur Erfüllung dieser Verpflichtung gepfändet werden (LG Flensburg SchlHA 63, 145; vgl BGH 12, 141). Die Schutzbedürftigkeit entfällt bei Übergang des Unterhaltsanspruchs kraft Gesetzes auf einen nur in zweiter Linie Unterhaltspflichtigen, der anstelle des primär Unterhaltspflichtigen Unterhalt geleistet hat (Kropholler FamRZ 65, 416; s auch BGH MDR 82, 225 = NJW 82, 515); so auch bei Übergang nach § 1542 RVO (BGH 35, 317 [327] = NJW 61, 1966). Eine zur Erfüllung der Unterhaltspflicht an den Unterhaltsberechtigten abgetretene Forderung ist unbeschränkt pfändbar (Celle OLG 37, 180; Stuttgart OLGZ 85, 338 [341] = Rpfleger 85, 407; s dagegen Dresden HRR 37 Nr 1262). Der Pfändungsschutz geht nicht verloren durch Zahlung an den Prozeßbevollmächtigten des Vollstreckungsschuldners (LG Koblenz MDR 55, 618; aA LG Düsseldorf Rpfleger 77, 183; Stöber FdgPfdg Rdn 17), desgleichen nicht durch Hinterlegung (LG Düsseldorf aaO; LSozG Mainz BB 78, 663), auch nicht bei Hinterlegung durch den Gerichtsvollzieher, der die Unterhaltsforderung beigetrieben hat (KG JW 33, 231; LG Berlin DGVZ 76, 154), wohl aber durch Zahlung an den Schuldner selbst oder Überweisung auf dessen Konto. Da aber die Vorschriften über die Pfändung von Arbeitseinkommen entsprechend anwendbar sind (Abs 2), besteht für das ausgezahlte Bargeld anteiliger Pfändungsschutz nach § 811 Nr 8, für das Kontoguthaben nach § 850 k. 3

b) Der Taschengeldanspruch der Ehefrau oder auch des (selbst nicht verdienenden, von der Ehefrau unterhaltenen) Mannes (dazu Meier-Scherling FamRZ 59, 392; Karlsruhe FamRZ 84, 1249) während bestehender Lebensgemeinschaft ist Teil des Unterhaltsanspruchs nach §§ 1360, 1360 a BGB. Daher ist er auch nach Abs 1 Nr 2 nicht pfändbar; doch kann auch seine Pfändung nach Abs 2 zugelassen werden, wenn sie der Billigkeit entspricht (Celle MDR 62, 830 = NJW 62, 1731, FamRZ 73, 376 L = MDR 73, 322 und FamRZ 86, 196; Frankfurt FamRZ 76, 154 = OLGZ 75, 448; Hamm NJW 79, 1369 L = OLGZ 79, 240; Karlsruhe OLGZ 75, 58 und FamRZ 84, 1249; 4

Koblenz NJW 61, 2166; Stuttgart FamRZ 83, 940 = MDR 83, 762 = OLGZ 83, 347; Zweibrücken FamRZ 80, 445; Ackmann FamRZ 83, 520; Stöber FdgPfdg Rdn 1015 mwN sowie mit Hinw auf landgerichtliche Entscheidungen für Gegenansicht; aA LG Frankenthal Rpfleger 85, 120: bei intakter Ehe nicht pfändbar). Bei geringem Einkommen des Ehegatten wird Pfändung des dann nicht hohen Taschengeldanspruchs kaum einmal der Billigkeit entsprechen (nach OLG Hamm FamRZ 86, 357 kein dem Gläubigerzugriff unterfallender Taschengeldanspruch, wenn das Einkommen allenfalls ausreicht, den notwendigen Familienunterhalt zu bestreiten). Wird die Pfändung nach Abs 2 zugelassen (kein Verstoß gegen Art 6 I GG, BVerfG FamRZ 86, 773), so ist sie nach den für Arbeitseinkommen geltenden Vorschriften durchzuführen. Zu beachten sind somit die Pfändungsgrenzen des § 850 c; für deren Feststellung ist der in Natur zu leistende Unterhalt mit Taschengeldanspruch nach Maßgabe des § 850 e Nr 3 zusammenzurechnen. Über die Höhe des Taschengeldanspruchs ist nicht im Pfändungsverfahren (gepfändet wird nur der angebliche Anspruch), sondern erforderlichenfalls durch das Prozeßgericht im Einziehungserkenntnisverfahren zu entscheiden. Die Unpfändbarkeit (Unbilligkeit nach Abs 2) kann auch der Ehegatte als Drittschuldner mit Erinnerung (§ 766) geltend machen; im Rechtsstreit kann der Drittschuldner sich auf Unpfändbarkeit nicht berufen (Celle FamRZ 86, 196; Hamm FamRZ 85, 407), jedoch alle Einwendungen gegen die Höhe des Taschengeldanspruchs geltend machen.

5 **c)** Der gleichfalls aus dem Unterhaltsanspruch fließende (BGH 56, 92 = NJW 71, 1262) Anspruch eines Ehegatten auf **Prozeßkostenvorschuß** fällt als einmalige Zahlung nicht unter Abs 1 Nr 2; er kann jedoch wegen seiner Zweckbindung nur für den Kostenanspruch des Prozeßbevollmächtigten und des Gerichts gepfändet werden (BGH MDR 85, 631 = NJW 85, 2263; LG Berlin FamRZ 71, 173). Zum Anspruch an den Unterhaltsverpflichteten auf Befreiung von einem Vergütungsanspruch für ärztliche Behandlung s KG MDR 80, 676 = NJW 80, 1341 = OLGZ 80, 332. Die Pfändung der Unterhaltsrenten nach den Sozialgesetzen bemißt sich nach Art I §§ 54, 55 SGB-AT (dazu Rn 6 ff zu § 850 i). Unterhaltsleistungen, die Angehörigen eines zum Wehrdienst einberufenen Wehrpflichtigen nach § 9 des UnterhaltssicherungsG (BGBl 75 I 661) zufließen, sind keine Unterhaltsrenten iS der Nr 2; da den Angehörigen kein Rechtsanspruch auf diese Leistungen zusteht, sind sie überhaupt unpfändbar. Das gleiche gilt für Unterhaltsleistungen, die ein Träger von Sozialleistungen gem Art I §§ 48, 49 SGB-AT unmittelbar an unterhaltsberechtigte Angehörige abführt.

6 **d) Schadensersatzrenten** wegen Entziehung des Unterhaltsanspruchs durch Tötung des Unterhaltspflichtigen sind insbesondere Renten nach § 5 II, § 8 I HaftpflichtG, § 13 II StVG, § 38 II LuftVG, § 28 II AtomG (s Krebs VersR 62, 389). Ebenso ist ein Schadensersatzanspruch unpfändbar, der als Rente wegen Entzugs eines Unterhaltsanspruchs an seine Stelle getreten ist (Rupp/Fleischmann Rpfleger 83, 377 [379]). Der Pfändungsschutz entfällt (s Rn 2), wenn Kapitalabfindung vereinbart wird. Nur beschränkt pfändbar sind auch Schadensersatzansprüche Dritter wegen entgangener Dienstleistungen nach § 845 BGB (Krebs VersR 62, 392; Stöber FdgPfdg Rdn 1010, streitig; aA Neustadt VersR 58, 744).

7 **3) a) Fortlaufende Einkünfte aus Stiftungen** oder sonst auf Grund der **Fürsorge** und (nicht oder; Breslau OLG 19, 19) **Freigebigkeit eines Dritten** (Abs 1 Nr 3). Es muß sich um fortlaufende – wenn auch rückständige – **Einkünfte** in Geld (oder Naturalien) auf Grund Vertrags oder letztwilliger Verfügung (als Vermächtnis, vgl RG 106, 205) handeln, die auf fürsorglicher Absicht **und** Freigebigkeit eines Dritten beruhen. Diese Voraussetzung wurde verneint hinsichtlich der von Angehörigen zugunsten eines in Haft befindlichen Vollstreckungsschuldners unter bestimmter Zweckangabe (Ermöglichung der Selbstverpflegung, Deckung von Heilungskosten) eingezahlten, von der Anstalt verwahrten Beträge (LG Düsseldorf Rpfleger 60, 304; LG Berlin Rpfleger 66, 311; s aber Berner Rpfleger 61, 205; 66, 312). Ruhegeldbezüge gehören nicht hierher (es fehlt an der Unentgeltlichkeit); sie sind nach § 850 II pfändbar. Notstandsbeihilfen des Staates usw für seine Bediensteten (vgl Unterstützungsgrundsätze mit landesrechtlichen Ergänzungen) fallen unter die Bestimmung, soweit nicht schon § 850 a Nr 5 eingreift, dagegen nicht die Regelbeihilfen nach den Beihilfevorschriften, weil auf sie ein Rechtsanspruch besteht, also keine Freiwilligkeit vorliegt (s hierzu § 850 a Nr 5). Für den Schuldner unentgeltliche Kapitalzuwendungen sind pfändbar, außer wenn praktisch nur die Zinsen des Kapitals zugewendet sind (RG 12, 383). Zuwendungen aus Unterstützungskassen: Nr 4.

8 **b)** Fortlaufende Einkünfte aus **Altenteils- und Auszugsvertrag** (Abs 1 Nr 3; auch Leibgeding, Leibzucht; s Art 96 EGBGB) sind im Regelfall die Vorteile, die der Übernehmer eines landwirtschaftlichen oder auch städtischen (BGH 53, 41 = MDR 70, 128 = NJW 70, 282; Düsseldorf JMBlNRW 61, 237; LG Lübeck SchlHA 56, 116) Grundbesitzes aus Anlaß des Generationenwechsels dem Übergeber des Grundbesitzes (auch dessen Ehegatten und weichenden Erben) als Versorgung auf Lebenszeit eingeräumt hat. Eine Grundstücksübergabe ist jedoch nicht begrifflich

Voraussetzung des Leibgedings-(Altenteils-)vertrags; notwendig ist nur eine örtliche Bindung des (der) Berechtigten an ein Grundstück, auf dem die Naturalleistungen, insbesondere das Wohnrecht, gewährt werden (RG 162, 56; BayObLG Rpfleger 75, 314). Die Leistungen können dinglich gesichert oder nur obligatorisch geschuldet sein (BGH 53, 41 = aaO); sie können in Nutzungsrechten (zB Wohnrecht), in Naturalien (Bewertung: Rn 27 zu § 850 e) und daneben auch in Geld bestehen; in der Regel sind sie auf die Leistungsfähigkeit des Grundbesitzes abgestellt, aus dessen Erträgnissen der Altenteil bestritten werden soll, nicht auf den Veräußerungswert des Grundbesitzes; da der Versorgungszweck im Vordergrund steht, kommt es auf wirtschaftliche Ausgewogenheit von Leistung und Gegenleistung nicht an (BayObLG aaO). Nähere persönliche Beziehungen, wenn auch nicht notwendig verwandtschaftliche, sind regelmäßig Voraussetzung für die Annahme von Altenteilsansprüchen (Hamm OLGZ 70, 49). Geschützt sind auch Rentenrückstände aus dem Altenteil (BGH 53, 41 = aaO). Veräußerungsrenten auf Grund gewöhnlicher Kaufverträge fallen nicht unter Nr 3 (München MDR 53, 434; KG MDR 60, 234; LG Göttingen Rpfleger 60, 341; Hamm aaO; abweichend wohl Düsseldorf aaO).

4) a) Einmalige oder fortlaufende Bezüge aus **Witwen-, Waisen-, Hilfs- und Krankenkassen** (Abs 1 Nr 4). Gleichgültig ist, ob es sich bei diesen Kassen um öffentlich-rechtliche Einrichtungen (Leistungsträger nach den Sozialgesetzen gehören aber nicht hierher) oder privatrechtliche Rechtsträger (insbes Versicherungsvereine aG) handelt. Voraussetzung ist, daß die Leistungen ausschließlich oder zu einem wesentlichen Teil zu **Unterstützungszwecken** gewährt werden; Geldmittel, die für bestimmte Notfälle bereitgestellt sind, sollen vor dem Zugriff dritter Gläubiger geschützt werden. Unter Nr 4 fallen ua Ansprüche auf Krankengeld, (einmaligen) Ersatz von Krankheitskosten (KG OLGZ 85, 86 = Rpfleger 85, 73; nicht aber die nach dem Tod des Berechtigten noch ausstehenden Versicherungsleistungen, KG aaO), Sterbegeld aus privaten Krankenversicherungen (LG Lübeck JW 37, 2611; s auch LG Oldenburg JurBüro 83, 778 = Rpfleger 83, 33), Zahlungen durch private Hilfsvereine, die sich die Unterstützung ihrer Mitglieder oder deren Hinterbliebenen zur Aufgabe gemacht haben. Auf Ansprüche aus privaten Unfallversicherungen bezieht sich die Bestimmung nicht (RG 52, 59). 9

b) Ansprüche aus **Lebensversicherungsverträgen,** wenn die Versicherung **nur** für den Todesfall des Versicherungsnehmers abgeschlossen ist, also nicht, wenn die Versicherungssumme auch bei Erreichen eines bestimmten Lebensalters fällig wird (BGH 35, 261 = MDR 61, 748 = NJW 61, 1720) oder die Versicherung auf den Tod eines Dritten abgeschlossen ist, und wenn die Versicherungssumme 3 600 DM nicht übersteigt (Erhöhung von 1 500 DM auf 3 000 DM durch Art 1 Nr 5 des ÄndG v 28. 2. 78; Erhöhung auf 3 600 DM durch Art 1 Nr 3 des ÄndG v 8. 3. 84). Solche Versicherungsleistungen sollen beim Tode des Versicherungsnehmers zur Deckung der Sterbefallkosten zur Verfügung stehen. Die frühere Streitfrage (vgl NJW 53, 108) ist damit im Sinne nur ausnahmsweiser Pfändbarkeit bestimmter Kleinlebensversicherungen gelöst. Einzelheiten: Berner Rpfleger 57, 197; 64, 68. Beträgt die Versicherungssumme mehr als 3 600 DM, so ist der Anspruch in voller Höhe, nicht nur hinsichtlich des überschießenden Betrags, unbeschränkt pfändbar, weil es sich dann nicht mehr um die typische Sterbefallversicherung handelt (Berner Rpfleger 64, 68; aA Bamberg JurBüro 85, 1739). Bestehen mehrere Kleinlebensversicherungen, so sind sie nur dann unpfändbar, wenn sie zusammen den Betrag von 3 600 DM nicht übersteigen (Hamm MDR 62, 661; LG Essen VersR 62, 245; Stöber FdgPfdg Rdn 1021; Haegele Rpfleger 69, 157; aA Berner Rpfleger 63, 197 und 64, 68; AG Fürth VersR 82, 59). Über Abs 1 Nr 4 hinaus bestand für Lebensversicherungen, die von **Handwerkern** zur Befreiung von der Versicherungspflicht (Ges über die Altersversorgung für das deutsche Handwerk v 21. 12. 38, RGBl I 1900) abgeschlossen wurden, für ein Kapital bis zu 10 000 DM absoluter Pfändungsschutz (§ 22 der 1. DVO v 13. 7. 39, RGBl I 1255). Er gilt auch nach der Neuregelung durch das HandwerkerversicherungsG v 8. 9. 60 (BGBl I 737) für vor dem 1. 1. 62 abgeschlossene Handwerkerlebensversicherungen weiter (BGH 35, 261 = MDR 61, 748 = NJW 61, 1720; BGH 44, 192 = MDR 66, 43 = NJW 66, 155; Berner Rpfleger 64, 217). Bei mehreren Lebensversicherungen wird der Freibetrag von 10 000 DM nur einmal gewährt (LG Berlin Rpfleger 78, 223). Sonst erstreckt sich der Pfändungsschutz auf Ansprüche aus privaten Versicherungsverträgen auch dann nicht, wenn sie zur Befreiung von der Rentenversicherungspflicht abgeschlossen sind (VG Arnsberg NJW 69, 2298). Zur Pfändung von Lebensversicherungsansprüchen allgemein s Berner Rpfleger 57, 193. 10

III) Voll **unpfändbar** sind die in Abs 1 aufgeführten Bezüge für alle Gläubiger, somit auch für Unterhaltsgläubiger (RG 106, 205; BGH MDR 62, 977). Nur unter besonderen Voraussetzungen (ausnahmsweise) kann die Pfändung nach Abs 2 zugelassen werden (Rn 12). Die Pfändbarkeit begründet dann erst der (konstitutiv wirkende, BGH 53, 41 = MDR 70, 128 = NJW 70, 282) Pfändungsbeschluß des Vollstreckungsgerichts. Daher ist Vorpfändung (§ 845) ausgeschlossen (Vorpfändung ist mithin unwirksam; Wieczorek Anm A I a zu § 850 b; Stöber FdgPfdg Rdn 1034; aA 11

StJM Rdn 33 zu § 850b: nur anfechtbar). Ebenso ist die Abtretung der nach Abs 1 unpfändbaren Bezüge (§ 400 BGB) und die Aufrechnung mit ihnen (§ 394 BGB) ausgeschlossen (RG DR 43, 942; BGH 53, 41 = aaO; auch BGH NJW 78, 950 [951]; Düsseldorf FamRZ 81, 970). Zulassung der Pfändbarkeit nach Abs 2 kann nur bei ZwV (Erlaß des Pfändungsbeschlusses) und nur mit Wirkung für sie erfolgen. Selbständig können die Ansprüche durch das Vollstreckungsgericht nicht für abtretbar, aufrechenbar oder pfändbar erklärt werden (LG Berlin JurBüro 75, 1510 = Rpfleger 75, 374; LG Hamburg JurBüro 85, 310 = MDR 84, 1035; aA Denck MDR 79, 450 [452]). Zur Abtretung an Dritte, die ohne Rechtspflicht Unterhalt vorschußweise gewährt oder sonst eine gleichwertige Gegenleistung erbracht haben, s BGH 4, 153; 7, 30; 12, 360; LG München II NJW 76, 1796.

12 **IV) 1) Gepfändet** werden können die in Abs 1 bezeichneten Bezüge ausnahmsweise (Abs 2), wenn **a)** die **ZwV** in das sonstige bewegliche (nicht auch unbewegliche) Vermögen (körperliche Sachen, §§ 808 ff, sowie Forderungen und andere Vermögensrechte, §§ 829 ff) des Schuldners zu einer vollständigen **Befriedigung** des Gläubigers **nicht geführt** hat oder voraussichtlich nicht führen wird; **und b)** wenn die Pfändung nach den Umständen des Falles, insbesondere der Art des beizutreibenden Anspruchs und der Höhe der Bezüge, **der Billigkeit entspricht.** Damit ist berechtigten Interessen des Gläubigers Rechnung getragen (Rn 1); ihn treffende Härten sollen damit insbesondere in den Fällen gemildert werden, in denen es sich einerseits um größere Bezüge des Schuldners, andererseits um eine besondere Notlage des Gläubigers handelt (BGH 53, 41 = aaO). Über die Zulassung der Pfändung entscheidet das Vollstreckungsgericht mit Erlaß des Pfändungsbeschlusses (nicht selbständig, Rn 11).

13 2) Die **Voraussetzungen** für Zulassung der Pfändung, somit die Erfolgs- oder Aussichtslosigkeit der Vollstreckung in das sonstige bewegliche Vermögen und die für die Billigkeit sprechenden Umstände des Falles, hat der Gläubiger **durch** substantiierten **Tatsachenvortrag darzustellen** (Stöber FdgPfdg Rdn 1027) und erforderlichenfalls zu beweisen (Rn 15). Nur allgemeine Formulierungen, insbesondere eine inhaltlose Wiederholung des Gesetzeswortlauts, sind unzureichend; es sind Tatsachen darzustellen (anders LG Verden Rpfleger 86, 100: Schweigen von Schuldner und Drittschuldner bei Anhörung begründet Annahme, daß Pfändung billig ist; nicht zutr).

14 3) **Rechtliches Gehör** soll vor der Entscheidung dem Schuldner und auch dem Drittschuldner gewährt werden (Abs 3; Ausnahme von § 834). Die Anhörung kann schriftlich oder mündlich erfolgen.

15 4) **Entscheidungsgrundlage** ist das schlüssige tatsächliche Vorbringen des Gläubigers, wenn und soweit es nicht bestritten ist (insbesondere, soweit Schuldner und Drittschuldner sich dazu nicht geäußert haben). Vom Schuldner oder Drittschuldner bestrittenes Vorbringen muß der Gläubiger beweisen (Wieczorek Anm IV zu § 850b; Stöber FdgPfdg Rdn 1027). Glaubhaftmachung (§ 294) genügt nicht (ist nicht vorgesehen). Zu entscheiden ist nach freier Überzeugung (§ 286). Erfolglosigkeit der ZwV in das bewegliche Vermögen kann durch Bescheinigung des Gerichtsvollziehers bewiesen werden; von sonstigen, nicht im Wege der Mobiliarpfändung zu erfassenden Vermögenswerten des Schuldners hat der Gläubiger zumeist keine Kenntnis, so daß seine Versicherung genügen muß, daß ihm solche Werte nicht bekannt sind. Offenbarungsversicherung (§ 807) nach erfolglosem Vollstreckungsversuch ist nicht Pfändungsvoraussetzung, muß sohin nicht abgegeben sein. Was zur Billigkeit der Pfändung zu belegen ist, richtet sich nach den Umständen des Einzelfalles (s dazu auch unten); überspannte Anforderungen sind insoweit an den Gläubiger nicht zu stellen. Neben Art des beizutreibenden Anspruchs (ergibt sich bereits aus ZwV-Unterlagen) und der Höhe der zu pfändenden Bezüge können Bedeutung erlangen die Zweckbestimmung des zu pfändenden Anspruchs und die wirtschaftlichen Verhältnisse des Gläubigers; von Bedeutung kann insbesondere sein, in welchem Maße er auf die Beitreibung seiner Forderung angewiesen ist (vgl BGH 53, 41 = aaO). Auch deren Höhe kann eine Rolle spielen (vgl LG Mainz VersR 72, 142). Bevorzugt zu behandeln sind möglicherweise Unterhaltsansprüche oder Ansprüche aus unerlaubter Handlung, auch Forderungen aus Bevorschussung oder Kreditierung lebensnotwendigen Bedarfs des Schuldners. So wird Pfändung regelmäßig gerechtfertigt sein, wenn die Schuld durch den Bezug von Lebensmitteln oder notwendigen Kleidungsstücken entstanden ist; anders wird der Fall zu beurteilen sein, daß einem bedürftigen Schuldner wertvolle Gegenstände auf Abzahlung verkauft werden, die er nicht nötig hatte; hier mußte der Gläubiger damit rechnen, daß er nicht ohne weiteres zu seinem Geld kommen werde. Vor allem sind die gesamten Einkommensverhältnisse des Schuldners zu berücksichtigen; er darf durch die Pfändung nicht iS des BSHG hilfsbedürftig werden; zu berücksichtigen sind auch besondere Verhältnisse iS des § 850f I, die der begehrten Vollstreckung entgegenstehen. Ein Vorgehen nach Abs 2 kann andererseits gegenüber dem böswilligen Schuldner veranlaßt sein, der

durch ständigen Arbeitsplatzwechsel die Pfändung seines Arbeitslohns verhindert (vgl LG Mannheim MDR 65, 144). Zum Billigkeitsgesichtspunkt bei Pfändung einer unter Nr 4 fallenden Kleinlebensversicherung vgl LG Koblenz VersR 69, 790; LG Mainz VersR 72, 142; bei Pfändung wegen Gebührenforderung eines RA Köln JurBüro 75, 1381, wegen Kostenforderung des Unterhaltspflichtigen LG Berlin JurBüro 75, 1510 = Rpfleger 75, 374.

5) Entschieden wird über den Antrag auf Pfändung der Bezüge nach Abs 1 durch (Zurückweisung als unbegründet oder) **Erlaß des Pfändungsbeschlusses** (§ 829 I). Dieser ist zu begründen (LG Düsseldorf JurBüro 83, 1575 = Rpfleger 83, 255). Die **Pfändung** hat nach den **für Arbeitseinkommen geltenden Vorschriften** zu erfolgen (Abs 2). Dem Schuldner müssen daher von der Rente bzw seinen rentenähnlichen wiederkehrenden Leistungen pfandfrei Beträge nach Maßgabe des § 850c (bei Vollstreckung eines Unterhaltsanspruchs nach § 850d) belassen werden; Sonderbedarf ist nach § 850f festzusetzen; Zusammenrechnung hat ggfs nach § 850e zu erfolgen. Der Pfändungsbeschluß hat diese nicht pfändbaren Teile der Bezüge zu bestimmen und zu bezeichnen. Unbeschränkte Pfändung der Renten bzw rentenähnlichen Bezüge ist nicht zulässig. Den Beschluß hat der Gläubiger dem Drittschuldner zustellen zu lassen (§ 829 II S 1; aA LG Düsseldorf aaO: Zustellung von Amts wegen an Schuldner; nicht richtig). Wirksam wird die Pfändung mit der Zustellung an den Drittschuldner (§ 829 III). Pfändung eines dinglich gesicherten Altenteils hat nach Maßgabe des § 857 VI (Reallast) zu erfolgen (Stöber FdgPfdg Rdn 1032). 16

V) Rechtsbehelf für Schuldner (nach Anhörung) und Drittschuldner (nach Anhörung): Sofortige Beschwerde (§ 793) bzw befristete Erinnerung (§ 11 I S 2 RpflG), weil nach Anhörung mit Pfändung über den Gläubigerantrag entschieden wird (Frankfurt FamRZ 76, 154 = Rpfleger 75, 263; dazu Rn 31 zu § 829). Mit diesem Rechtsbehelf ist auch geltend zu machen, die Pfändungsvoraussetzungen des Abs 2 seien unzutreffend bejaht worden. Für Gläubiger bei Zurückweisung seines Antrags: Wie Rn 28 zu § 829. 17

850 c *[Pfändungsschutz für Arbeitseinkommen im allgemeinen]*

(1) Arbeitseinkommen ist unpfändbar, wenn es, je nach dem Zeitraum, für den es gezahlt wird, nicht mehr als

754 Deutsche Markt monatlich,
174 Deutsche Mark wöchentlich oder
34,80 Deutsche Mark täglich

beträgt.

Gewährt der Schuldner auf Grund einer gesetzlichen Verpflichtung seinem Ehegatten, einem früheren Ehegatten oder einem Verwandten oder nach §§ 1615l, 1615n des Bürgerlichen Gesetzbuchs der Mutter eines nichtehelichen Kindes Unterhalt, so erhöht sich der Betrag, bis zu dessen Höhe Arbeitseinkommen unpfändbar ist, auf bis zu

2 028 Deutsche Mark monatlich,
468 Deutsche Mark wöchentlich oder
93,60 Deutsche Mark täglich,

und zwar um

338 Deutsche Mark monatlich,
78 Deutsche Mark wöchentlich oder
15,60 Deutsche Mark täglich

für die erste Person, der Unterhalt gewährt wird, und um je

234 Deutsche Mark monatlich,
54 Deutsche Mark wöchentlich oder
10,80 Deutsche Mark täglich

für die zweite bis fünfte Person.

(2) Übersteigt das Arbeitseinkommen den Betrag, bis zu dessen Höhe es je nach der Zahl der Personen, denen der Schuldner Unterhalt gewährt, nach Absatz 1 unpfändbar ist, so ist es hinsichtlich des überschießenden Betrages zu einem Teil unpfändbar, und zwar in Höhe von drei Zehnteln, wenn der Schuldner keiner der in Absatz 1 genannten Personen Unterhalt gewährt, zwei weiteren Zehnteln für die erste Person, der Unterhalt gewährt wird, und je einem weiteren

Zehntel für die zweite bis fünfte Person. Der Teil des Arbeitseinkommens, der 3 302 Deutsche Mark monatlich (762 Deutsche Mark wöchentlich, 152,40 Deutsche Mark täglich) übersteigt, bleibt bei der Berechnung des unpfändbaren Betrages unberücksichtigt.

(3) Bei der Berechnung des nach Absatz 2 pfändbaren Teils des Arbeitseinkommens ist das Arbeitseinkommen, gegebenenfalls nach Abzug des nach Absatz 2 Satz 2 pfändbaren Betrages, wie aus der Tabelle ersichtlich, die diesem Gesetz als Anlage 2 beigefügt ist, nach unten abzurunden, und zwar bei Auszahlung für Monate auf einen durch 20 Deutsche Mark, bei Auszahlung für Wochen auf einen durch 5 Deutsche Mark oder bei Auszahlung für Tage auf einen durch 1 Deutsche Mark teilbaren Betrag. Im Pfändungsbeschluß genügt die Bezugnahme auf die Tabelle.[1])

(4) Hat eine Person, welcher der Schuldner auf Grund gesetzlicher Verpflichtung Unterhalt gewährt, eigene Einkünfte, so kann das Vollstreckungsgericht auf Antrag des Gläubigers nach billigem Ermessen bestimmen, daß diese Person bei der Berechnung des unpfändbaren Teils des Arbeitseinkommens ganz oder teilweise unberücksichtigt bleibt; soll die Person nur teilweise berücksichtigt werden, so ist Absatz 3 Satz 2 nicht anzuwenden.

Lit: *Arnold,* Der neue Pfändungsschutz für Arbeitseinkommen und für Gehaltskonten, BB 1978, 1314; *Grunau,* Der Gläubiger und Drittschuldner im heutigen Lohnpfändungsrecht, JurBüro 1961, 267; *Henze,* Unterhaltsberechtigte mit eigenen Einkünften, Rpfleger 1981, 52; *Hartmann,* Der Schuldnerschutz im Vierten Pfändungsfreigrenzengesetz, NJW 1978, 609; *Hornung,* Viertes Gesetz zur Änderung der Pfändungsfreigrenzen, Rpfleger 1978, 353; *Mümmler,* Berücksichtigung von Freibeträgen für Unterhaltsberechtigte im Rahmen einer Lohnpfändung, JurBüro 1981, 177; *Quardt,* Wem obliegt in der Lohnpfändung die Feststellung der Unterhaltsverpflichtungen des Schuldners? BB 1967, 251; *Rewolle,* Muß der Drittschuldner in der Lohnpfändung die Unterhaltsverpflichtungen des Schuldners feststellen? BB 1968, 1387; *Rixecker,* Der Irrtum des Drittschuldners über den Umfang der Lohnpfändung, JurBüro 1982, 1761.

1 **I) Zweck:** Festlegung der bei Pfändung wegen einer gewöhnlichen Vollstreckungsforderung im Einzelfall nach der Zweckbestimmung des Arbeitseinkommens (Rn 1 zu § 850) unter Berücksichtigung der Unterhaltsverpflichtungen des Schuldners unpfändbaren Einkommensteile. Deren pauschale Festlegung ist durch Erfordernisse eines funktionsfähigen Vollstreckungsverfahrens bedingt (BT-Drucks 8/693, S 45). Individuelle Bedürfnisse lassen die gesetzlichen Pfändungsfreigrenzen daher (anders als Leistungen der Sozialhilfe) außer Betracht; ihnen ist im Einzelfall nach § 850 f Rechnung zu tragen.

2 **II) 1) Anwendungsbereich:** Die zugriffsfreien Einkommensteile bestimmt § 850 c für die Pfändung wegen gewöhnlicher Geldforderungen. Das sind alle Vollstreckungsansprüche, die nicht als gesetzliche Unterhaltsforderungen (§ 850 d) oder als Ansprüche aus vorsätzlich begangener unerlaubter Handlung (§ 850 f II) bevorrechtigt sind. Die Härteklausel des § 850 f I und III ermöglicht Abweichung von den Freibeträgen des § 850 c sowohl zugunsten des Schuldners wie des Gläubigers.

3 2) Für **Arbeitseinkommen,** das in Geld **fortlaufend zahlbar** ist, bestimmt § 850 c die pfändungsfreien Teile. Bei Zusammentreffen solcher Bezüge mit unter § 850 i fallenden Vergütungen sind beide Einkommensarten pfändungsrechtlich gesondert zu behandeln (LG Kiel SchlHA 58, 85). Berücksichtigung von Naturalbezügen s § 850 e Nr 3. Zusammenrechnung mehrerer fortlaufender Arbeitseinkommen in Geld: § 850 e Nr 2. Zusammenrechnung mit laufenden Sozialleistungen: § 850 e Nr 2 a. Auszugehen ist vom **Nettoeinkommen,** das nach Ausscheidung der nach § 850 a unpfändbaren Beträge gem § 850 e festzustellen ist. Für die Berechnung der Pfändungsfreigrenze maßgebend ist der jeweilige **Auszahlungszeitraum.** Auch bei Arbeitseinkommen von wechselnder Höhe ist das in dem betreffenden Lohnabschnitt anfallende Einkommen zugrunde zu legen (RAG ARS 41, 421; vgl Dresden JW 36, 3489; Köln NJW 57, 879). Abweichend halten Jonas JW 36, 3489, LG Essen und Stähle NJW 56, 1930 uU ein Abgehen vom Lohnzahlungsabschnitt für zulässig, sei es unter Zugrundelegung eines längeren Zeitraums (Zusammenfassung der mehreren Lohnzahlungsabschnitte mit verschiedener Einkommenshöhe zum Zweck des Ausgleichs unter ihnen) oder umgekehrt eines kürzeren (zum umgekehrten Zweck der Aus-

[1]) Die **Tabelle** (Pfändungsfreigrenzen ab 1. 4. 1984) ist im Anhang zu § 850 c abgedruckt.

schaltung der Ausgleichsfunktion des längeren Zeitraums bei Arbeitsbummlern); dem kann nicht beigetreten werden. Bei täglicher Lohnzahlung bestimmt sich der pfandfreie Betrag auch dann nach den dafür einschlägigen Sätzen, wenn nicht an allen Arbeitstagen der Woche gearbeitet wird; es ist dann nicht etwa ein fiktiver Wochenlohn zu errechnen und nach ihm der pfandfreie Betrag zu bestimmen (Köln NJW 57, 879). Die **Nachzahlung** rückständiger Lohnbeträge ist dem Lohnzahlungszeitraum hinzuzuschlagen, zu dem sie gehört. War damals noch nicht gepfändet, so wird der Anspruch auf die Nachzahlung vom nunmehrigen Pfändungsbeschluß zusammen mit dem laufenden Arbeitseinkommen erfaßt.

3) Pfändungsschutz regelt § 850c für Arbeitseinkommen mit **Freibeträgen** je nach dem Auszahlungszeitraum durch 4

Festlegung eines unpfändbaren **Grundbetrags,** der nach den Unterhaltspflichten des Schuldners gestaffelt und nach oben begrenzt ist (Abs 1 S 1),

Bestimmung eines unpfändbaren Teils des über den Grundfreibetrag **hinausgehenden Teils** des Arbeitseinkommens (**Mehreinkommen,** Abs 2), der gleichfalls nach oben begrenzt ist. Mit pfandfreier Überlassung angemessener Teile des Mehrverdienstes wird dem Interesse des arbeitswilligen Schuldners an der Erhöhung seines Einkommens Rechnung getragen.

Der höhere Freibetrag für die **erste Person,** der Unterhalt gewährt wird, beruht auf der Erwägung, daß es sich im allgemeinen um den Ehegatten des Schuldners handeln wird, so daß dessen Unterhaltsbedarf und besondere Mehraufwendungen für Führung eines eigenen Haushalts gedeckt sein sollen. Demgegenüber ist bei Bemessung der geringeren Freibeträge für weitere unterhaltsberechtigte Angehörige berücksichtigt, daß es sich regelmäßig um Kinder handeln wird, für die auch Kindergeld gewährt wird (BT-Drucks 8/693, S 48; 10/229, S 41). Die verhältnismäßig höheren Freibeträge bei täglichem Einkommen berücksichtigen, daß mit täglicher Entlohnung regelmäßig auch beschäftigungsfreie Tage überbrückt werden müssen. Begrenzung der Freibeträge auf Unterhaltspflichten für 5 Personen dient vornehmlich Interessen der Kreditfähigkeit des Schuldners; weitergehenden Schuldnerbelangen im Einzelfall trägt § 850f Ib Rechnung.

4) Berücksichtigung von Unterhaltspflichten des Schuldners: a) Erhöhte Freibeträge stehen dem Schuldner zu, der gesetzliche Unterhaltspflichten zu erfüllen hat und sie auch erfüllt („Gewährt der Schuldner ... Unterhalt"; vgl BAG AP 2 zu § 850c = FamRZ 66, 233 = NJW 66, 903; Jonas JW 36, 472; LG Göttingen NdsRpfl 57, 135; LAG Mainz BB 66, 741; LSozG NW Rpfleger 84, 278 mit Anm Schultz; Pohle AP 1 z § 850c). Nur gesetzliche, nicht auch vertragliche Unterhaltspflichten sind zu berücksichtigen; vertragliche Ausgestaltung einer gesetzlichen Unterhaltspflicht schadet aber nicht. Unterhaltsrenten, die der Schuldner etwa als Schadensersatz bezahlen muß, gehören nicht hierher. Als nach dem Gesetz Unterhaltsberechtigte kommen in Betracht der Ehegatte, ein früherer Ehegatte, die Verwandten in gerader Linie (§ 1601 BGB), zu denen auch die nichtehelichen Kinder gehören (Streichung des § 1589 II BGB durch Art 3 Nr 1 NEG); nicht Schwiegereltern, Geschwister, Stiefkinder (Hamm Rpfleger 54, 361) oder Pflegekinder. Der (dauernd) getrennt lebende Ehegatte wird berücksichtigt, wenn ihm der Schuldner Unterhalt schuldet (§ 1361 BGB) und leistet. Zu einer Erhöhung des pfandfreien Betrags führen auch Unterhaltspflichten gegenüber der nichtehelichen Mutter nach §§ 1615l, 1615n BGB (Unterhalt für die Zeit vor und nach der Entbindung), nicht Zahlungspflichten nach §§ 1615k, 1615m BGB (Schwangerschafts-, Entbindungs- und Sterbefallkosten); die letzteren können allenfalls vom Vollstreckunsgericht nach der Härteklausel des § 850f I berücksichtigt werden. Unterhaltsleistung durch den Schuldner an Angehörige erfolgt auch, wenn deren Unterhalt nach Pfändung (und Überweisung) vom Arbeitseinkommen des Schuldners (insbesondere nach § 850d) einbehalten wird (LSozG NW aaO mit Anm Schultz). Zu berücksichtigen ist Erfüllung einer Unterhaltspflicht mit ZwV bei Feststellung der für einen anderen Vollstreckungsgläubiger gepfändeten Beträge auch dann, wenn der Unterhaltsgläubiger erst nach diesem Vollstreckungsgläubiger gepfändet hat (LSozG NW aaO). Erhöhung des pfandfreien Grundbetrags und im Hinblick auf unterhaltsberechtigte Angehörige gewährte Zusatzzehntel entfallen aber, wenn sich der Schuldner der Unterhaltspflicht entzieht (LG Berlin DAVorm 76, 661). Sie entfallen auch, wenn er deswegen keinen Unterhalt leistet, weil seine Angehörigen solche Leistungen nicht benötigen; so, wenn der Schuldner in abhängiger Stellung im Geschäft seiner Frau tätig ist und nur eine für seinen eigenen Lebensbedarf verwendete (wenn auch nicht unangemessen niedrige und daher nicht zur Anwendung des § 850h II führende) Vergütung erhält, während Frau und Kinder vom Geschäftsertrag ihr Auskommen haben (vgl LAG Frankfurt AP 1 zu § 850c ZPO; NJW 65, 2075). Nicht maßgebend ist, ob die vom Schuldner erbrachten Unterhaltsleistungen den Pausch- 5 betrag erreichen, um den sich nach Abs 1 und 2 wegen der Unterhaltspflichten der Freibetrag erhöht (BAG AP 3 zu § 850c ZPO = FamRZ 75, 488 mit Anm Fenn = MDR 75, 695).

6 **b)** Der **Ehegatte** des Schuldners **mit eigenem Einkommen** wird für Bemessung des Freibetrags nach § 850c als Person berücksichtigt, der vom Schuldner Unterhalt gewährt wird, wenn der Schuldner unterhaltspflichtig ist und Unterhalt tatsächlich leistet. Darauf, daß der Schuldner den vollen pfändungsfreien Betrag aufwenden muß, kommt es nicht an. Gleiches gilt für **Kinder** des Schuldners (oder andere Angehörige) mit eigenem Einkommen, wenn der Schuldner noch unterhaltspflichtig ist und Unterhalt leistet. Der mitverdienende Ehegatte ist daher grundsätzlich als unterhaltsberechtigte Person zu berücksichtigen, wenn der Schuldner zum Familienunterhalt (§ 1360 S 1 BGB) beiträgt; er erfüllt mit diesem Beitrag zum Familienunterhalt die gesetzliche Unterhaltspflicht gegenüber dem Ehegatten (BAG FamRZ 83, 899 = MDR 83, 788 = ZIP 83, 1247 mit Anm Fenn). Zu berücksichtigen ist der Ehegatte, der zum Familienunterhalt beiträgt, daher, wenn seine Einkünfte aus eigener Erwerbstätigkeit unter den Einkünften des Schuldners liegen (BAG AP 2 zu § 850c ZPO mit krit Anm Gernhuber = FamRZ 66, 233 = NJW 66, 903; BAG AP 3 zu § 850c ZPO mit krit Anm Beitzke = FamRZ 75, 488 mit Anm Fenn = MDR 75, 695), ebenso aber auch dann, wenn sein Einkommen höher ist als das Arbeitseinkommen des Schuldners (BAG MDR 83, 788 = aaO). Ein Ausgleich ist nur durch Bestimmung des Vollstreckungsgerichts nach Abs 4 möglich. Diese leicht zu handhabende Abgrenzung wird insbesondere auch den Grundsätzen der Rechtsklarheit und Praktikabilität gerecht. Sämtliche Beteiligte, insbesondere Drittschuldner und Gläubiger, müssen leicht feststellen können, welcher Teil des Arbeitseinkommens des Schuldners pfändbar ist. Dazu gehört insbesondere auch, daß sich leicht ermitteln läßt, ob bestimmte unterhaltsberechtigte Personen nach dem Pfändungsbeschluß zu berücksichtigen sind (BAG MDR 83, 788 = aaO). Für Prüfung oft komplizierter Einzelfragen des materiellen Unterhaltsrechts ist in dem formalisierten Vollstreckungsverfahren (Rn 22 vor § 704) kein Raum; die Klärung solcher Fragen kann auch nicht dem Drittschuldner aufgelastet werden, dem praktisch die Berechnung der gepfändeten Einkommensteile obliegt. Der Rechtsprechung des BAG ist daher uneingeschränkt zu folgen (ablehend nur Fenn ZIP 83, 1250 Anm; dieser auch bereits FamRZ 75, 488 und AcP 167, 184).

7 **c)** Wenn Arbeitseinkommen **beider** (einzeln oder samtverbindlich) haftenden **Ehegatten** gepfändet wird, bleibt der infolge seiner Unterhaltspflicht gegenüber dem anderen Ehegatten erhöhte Freibetrag jedem Schuldner nach Maßgabe des Rn 6 Gesagten selbständig (Grundsatz der Einzelvollstreckung; Abhilfe nur nach Abs 4). Ebenso wird, wenn Eltern **gemeinschaftlichen Kindern** unterhaltspflichtig sind und Unterhalt leisten, bei ZwV gegen beide Elternteile jedem der Schuldner der um den Kinderfreibetrag erhöhte pfändungsfreie Einkommensteil voll belassen (BAG AP 3 zu § 850c ZPO = aaO; LG Oldenburg Rpfleger 80, 352); die jeweilige Unterhaltsleistung des anderen Elternteils ist aber Einkommen, das eine Anordnung nach Abs 4 rechtfertigen kann.

8 **5)** Die (differenzierte) Berechnung des unpfändbaren Einkommens, die Abs 1 und 2 vorsehen, brauchen die Beteiligten nicht selbst vorzunehmen; ob und in welcher Höhe betragsmäßig Einkommen von der Pfändung ergriffen wird, weist die **Tabelle** aus, die nach Abs 3 S 1 der ZPO als **Anlage 2** angefügt ist; sie berücksichtigt zugleich die in Abs 3 S 1 angeordnete Abrundung des Arbeitseinkommens. Nur bei Nettoeinkommen über 3 302 DM monatlich (762 DM wöchentlich; 152,40 DM täglich) muß der pfändbare Betrag, wenn er nicht vom Vollstreckungsgericht bezeichnet ist (Abs 2 S 2) näher festgestellt werden; das Gesetz geht davon aus, daß bei so hohem Einkommen Gehaltspfändungen die Ausnahme bilden. Zunächst ist aus der Tabelle abzulesen, welcher Betrag bei einem Einkommen von 3 302 DM monatlich (762 DM wöchentlich; 152,40 DM täglich) unter Berücksichtigung der etwa gegebenen Unterhaltspflichten schon von der Pfändung erfaßt wird. Diesem Betrag ist das Nettoeinkommen hinzuzuschlagen, das 3 302 DM monatlich (762 DM wöchentlich; 152,40 DM täglich) übersteigt. Ein dem Schuldner zu belassender Anteil an diesem überschießenden Betrag ist vom Gesetz nicht mehr vorgesehen; er kann nur noch nach § 850f I zugebilligt werden.

9 **III) 1)** Der **Pfändungsbeschluß** muß die nach der Höhe des Arbeitseinkommens des Schuldners, den Auszahlungszeiträumen und den Unterhaltspflichten des Schuldners festzustellenden pfändbaren Einkommensteile nicht betragsmäßig bezeichnen; er braucht die pfändbaren Beträge auch nicht durch Angabe der zu berücksichtigenden unterhaltsberechtigten Angehörigen des Schuldners umgrenzen. Es genügt Bezugnahme auf die Tabelle (Abs 3 mit Anlage 2 zur ZPO), somit Pfändung mit sogen **Blankettbeschluß** (Stöber FdgPfdg Rdn 1054). Die betragsmäßige Feststellung des gepfändeten Arbeitseinkommens und damit auch die Ermittlung und Berücksichtigung der Angehörigen, denen der Schuldner Unterhalt schuldet und leistet, hat

dann der Drittschuldner vorzunehmen. Er kennt das Einkommen des Schuldners; zur Feststellung der unterhaltsberechtigten Angehörigen kann er auf die Angaben in der Lohnsteuerkarte und auf Personalunterlagen zurückgreifen, (erforderlichenfalls) aber auch Schuldner und Gläubiger Gelegenheit zur Äußerung geben. Die Lohnsteuerkarte enthält (ab 1986) zwei Eintragungen: die Zahl der Kinderfreibeträge und die Zahl der Kinder. Diese Angaben tragen jedoch nur der familienbezogenen Zielsetzung des Steuerrechts Rechnung. Es können auch Kinder eingetragen sein, denen Unterhalt gesetzlich nicht zu leisten ist (die damit nach § 850c nicht zu berücksichtigen sind), so ein Kind unter 16 Jahren mit eigenen Einkünften, durch das Finanzamt außerdem ein Pflegekind. Andererseits werden Kinder mit gesetzlichem Unterhaltsanspruch (Erfordernis nach § 850c aber weiter, daß Leistung tatsächlich erfolgt) in der Lohnsteuerkarte nicht geführt, wenn sie nicht im Inland leben (insbes Kinder ausländischer Arbeitnehmer, die in ihrem Heimatland leben). Ein Kind geschiedener oder dauernd getrennt lebender Ehegatten sowie ein nichteheliches Kind ist bei Bescheinigung der Kinderzahl nur auf der Lohnsteuerkarte eines Elternteils berücksichtigt, zählt dennoch aber auch bei dem anderen Elternteil nach § 850c mit. Anhalt kann in einem solchen Fall die „Zahl der Kinderfreibeträge" geben. Weil der Kinderfreibetrag aus verfassungsrechtlichen Gründen jedem Elternteil zur Hälfte gebührt, aber auch übertragen werden kann, ist jeder (halbe) Kinderfreibetrag von 1 242 DM mit dem Zähler 0,5 ausgewiesen, der für ein Kind einem Elternteil allein zustehende (übertragene) Kinderfreibetrag von 2 484 DM demnach mit dem Zähler 1; die Zahl 1 kann daher Kinderfreibeträge von zwei Kindern, aber auch nur ein Kind mit dem gesamten Freibetrag von 2 484 DM ausweisen (usw). Einzelheiten: § 39 EStG. Seit Bescheinigung der Kinderzahl (meist Verhältnisse zu Jahresbeginn) können zudem Änderungen eingetreten sein. Daher kann sich der Drittschuldner nicht mehr schon in der Regel nach den Angaben in der Lohnsteuerkarte richten (so bisher ArbG Ludwigshafen BB 65, 333; LAG Mainz BB 66, 741; Rewolle Betrieb 68, 1387; Stöber Rpfleger 74, 77; BAG FamRZ 75, 490; Bedenken schon bisher Quardt BB 67, 251), sondern sich an sie nur dann halten, wenn im Einzelfall keine Zweifel bestehen können, daß die tatsächlichen gesetzlichen Unterhaltspflichten zuverlässig ausgewiesen sind; erforderliche Feststellungen hat er andernfalls zu treffen. Zum Schutz des Drittschuldners Rixecker JurBüro 82, 1761. Ermittlungen darüber, ob der Schuldner seine Unterhaltspflichten tatsächlich erfüllt, können dem Drittschuldner nicht zugemutet werden (so auch LAG Mainz BB 66, 741; Rewolle aaO). Das gilt vor allem, wenn die Unterhaltsberechtigten in seinem Haushalt leben oder für ihre Ansprüche Vollstreckungstitel in Händen haben. Er wird die Nichterfüllung nur berücksichtigen können, wenn er von ihr zuverlässige Kenntnis hat. Im allgemeinen kann er es dem Gläubiger überlassen, im Erinnerungsverfahren oder unter den Voraussetzungen des Abs 4 nach dieser Bestimmung auf eine Abänderung des Pfändungsbeschlusses hinzuwirken (vgl BAG FamRZ 75, 489). Bei auftretenden Zweifeln hat aber auch der Drittschuldner das Recht auf Anrufung des Vollstreckungsgerichts, damit es die Sachlage klärt (Sebode DR 42, 1603; LAG Hamm BB 52, 859 mit Anm Brecht; LG Düsseldorf BB 55, 1140; LG Essen NJW 69, 668; vgl BGH 69, 148). Der Zeitraum, für den Einkommen gezahlt wird, bestimmt sich nach den die Leistungspflicht des Drittschuldners begründenden arbeitsvertraglichen Beziehungen, somit danach, ob (und in welchem Umfang) die gepfändete angebliche Einkommensforderung geschuldet wird; daher kann klarstellende Entscheidung des Vollstreckungsgerichts darüber, ob die pfändbaren Beträge nach der Tabelle für monatliche, wöchentliche oder tägliche Lohnzahlung zu berechnen sind, nicht verlangt werden (LG Bochum Rpfleger 85, 370). Wenn während laufender Pfändung Unterhaltsberechtigte neu hinzutreten (zB durch Heirat, Geburt eines weiteren Kindes), hat der Schuldner das dem Arbeitgeber nachzuweisen, damit dieser den pfandfreien und den abzuführenden Betrag neu errechnen kann. Das gleiche gilt auch, wenn eine nichteheliche Mutter Ansprüche nach §§ 1615 l, 1615 n BGB erhebt. Der Drittschuldner kann dann ohne Einschaltung des Vollstreckungsgerichts den abzuführenden Betrag neu errechnen. Solange er von solchen Veränderungen keine Kenntnis hat, darf er den bisherigen Lohnabzug fortsetzen (vgl Stöber Rpfleger 74, 78); bei zweifelhafter Sachlage kann er wie oben verfahren. Auch Schuldner oder Gläubiger können eine Änderung des Pfändungsbeschlusses nach § 850g herbeiführen und damit eine sichere Grundlage für den weiteren Vollzug der Pfändung schaffen.

2) Zu empfehlen ist (vgl Grunau JurBüro 61, 267; 62, 241), daß sich der Arbeitgeber bei Eingang des Pfändungsbeschlusses vom Schuldner schriftlich bestätigen läßt, welchen Personen er Unterhalt zu gewähren hat und gewährt, und dann dem Gläubiger (auch unabhängig von § 840) und dem Schuldner eine Berechnung etwa folgender Art übermittelt: **10**

Berechnung:
des gepfändeten Arbeitseinkommens des ...

Monatliches Bruttoeinkommen	.... DM; davon ab
Lohnsteuer	.... DM
Kirchensteuer	.... DM
Sozialversicherungsbeiträge	.... DM
Vermögenswirksam angelegter Einkommensteil	.... DM
Nach § 850 a unpfändbare Bezüge	.... DM
Verbleibt pfändbares Nettoeinkommen	.... DM

Der Schuldner ist ledig – gewährt insgesamt ... Personen kraft Gesetzes Unterhalt, nämlich – seiner Ehefrau – seiner Mutter – ... ehelichen minderjährigen Kindern – ... nichtehelichen Kindern. Den nach der Tabelle pfändbaren Betrag von ... DM erhält der Pfändungsgläubiger auf Kosten des Schuldners übersandt.

11 **IV) 1)** Auf Gläubiger**antrag** kann das Vollstreckungsgericht nach billigem Ermessen **bestimmen,** daß ein nach Abs 1, 2 bei Berechnung des unpfändbaren Einkommensteils gesetzlich zu berücksichtigender Angehöriger, der **eigene Einkünfte** hat, ganz oder teilweise **unberücksichtigt bleibt** (Abs 4). Diese flexible Regelung soll es ermöglichen, den Umständen des Einzelfalls Rechnung zu tragen (Begründung BT-Drucks 8/693, S 49, abgedr bei Stöber FdgPfdg Rdn 1059).

12 **2) Eigene Einkünfte** nach Abs 4 können sein: Einkommen aus eigener (selbständiger oder abhängiger) Erwerbstätigkeit, Einkünfte aus früherer Erwerbstätigkeit (Rente) und Vermögenseinkünfte (Mieteinnahmen, Zinsen, Leibrente usw). Regelmäßige Zuwendungen Dritter gehören ebenso dazu wie alle sonstigen Bezüge, die zur Bestreitung des Unterhalts verwendet werden können (Arnold BB 78, 138 Fußn 46), somit auch soziale Geldleistungen, Unterhaltsleistungen, aber auch Naturalbezüge (unentgeltliches Wohnen; freie Kost; Hornung Rpfleger 78, 353 [356]); Abs 4 ist daher auch anwendbar bei Einkommenspfändung gegen die nichteheliche Mutter, wenn der Vater des Kindes oder ihr Ehemann zum Unterhalt des Kindes beitragen (zur bisherigen Rechtslage LAG Hamm MDR 65, 165). Zur Berücksichtigung von Unterhaltsleistungen als „eigene Einkünfte“ s auch Stöber FdgPfdg Rdn 1060 und LG Paderborn JurBüro 84, 787.

13 **3) Antrag** nach Abs 4 kann der Gläubiger bereits **mit dem Pfändungsgesuch** stellen. Dann hat er die Voraussetzungen des Abs 4 durch substantiierten Tatsachenvortrag schlüssig darzustellen (Bezeichnung des Angehörigen sowie Art und Höhe der Einkünfte; allgemeine Formulierungen sind unzureichend; Stöber FdgPfdg Rdn 1064). Beweis oder Glaubhaftmachung der Angaben sind nicht verlangt (Hornung Rpfleger 78, 353 [357]; auch Behr JurBüro 78, 305 [309]; enger Arnold BB 78, 1314 [1319]). Entschieden wird über den Antrag sogleich bei Erlaß des Pfändungsbeschlusses; Anhörung des Schuldners erfolgt nicht (§ 834). Rechtfertigt der Antrag eine Anordnung nach Abs 4, so wird sie in den Pfändungsbeschluß aufgenommen und mit diesem ausgefertigt (keine gesonderte Zustellung); andernfalls wird der Antrag zurückgewiesen.

14 **4)** Über den **nach** Wirksamwerden (§ 829 III) der **Pfändung gestellten Antrag** entscheidet das Vollstreckungsgericht. Zuständig ist der Rechtspfleger (§ 20 Nr 17 RpflG), weil die in das besondere Abänderungsverfahren verwiesene Entscheidung keine Erinnerung nach § 766 darstellt. Der Schuldner (nicht auch der Drittschuldner und nicht der Angehörige mit eigenen Einkünften, Henze Rpfleger 81, 52) ist vor Entscheidung zu hören (§ 834 greift nicht Platz; so auch Hartmann NJW 78, 610). Für den Gläubigervortrag gelten die allgemeinen Grundsätze des ZPO-Verfahrens (Rn 27 zu § 766). Der Gläubiger ist somit für die Einkünfte des Unterhaltsberechtigten und ihre Höhe darlegungspflichtig; von Amts wegen ist der Sachverhalt nicht zu ermitteln. Das schlüssige Gläubigervorbringen ist nur dann Entscheidungsgrundlage, wenn es nicht bestritten ist. Bestrittenes Vorbringen muß der Gläubiger beweisen (Glaubhaftmachung genügt nicht); Entscheidung erfolgt nach freier Überzeugung (§ 268; Stöber FdgPfdg Rdn 1065).

15 **5)** Die Bestimmung nach Abs 4 ist nach **billigem Ermessen** zu treffen. Abzuwägen ist auch die wirtschaftliche Lage des Gläubigers gegen die des Schuldners sowie der von ihm unterhaltenen Angehörigen (BAG Betrieb 84, 2466). Bindung an starre Regelungen besteht nicht. Von maßgeblicher Bedeutung werden die eigenen Einkünfte des Unterhaltsberechtigten sein; auch dessen Lebensbedarf, der aus den Einkünften zu bestreiten ist, ist jedoch in die Erwägung einzubeziehen (für teilw Berücksichtigung von Ratenzahlungen zur Erhaltung eines Teilschuldenerlasses LG Hannover JurBüro 84, 788). An die Prüfung sollen allerdings keine überspannten Anforderungen gestellt werden, um das Vollstreckungsverfahren praktikabel zu gestalten (Begründung aaO). Wenn die Voraussetzungen des Abs 4 nicht gegeben sind (auch wenn die verlangte Bestimmung nach billigem Ermessen nicht zu treffen ist), wird der Antrag als unbegründet zurückgewiesen. Sind die Einkünfte des Unterhaltsberechtigten unbedeutend, ist der Antrag zurückzuweisen.

6) Die Bestimmung nach Abs 4 wird durch **Beschluß** getroffen; er hat in seiner Entscheidungsformel die Anordnung bestimmt zu bezeichnen und ist zu begründen. Er muß ersehen lassen, ob ihm Rückwirkung auf den Zeitpunkt des Pfändungsbeschlusses zukommen soll (vgl BAG NJW 61, 1180; 62, 510; LAG Niedersachsen DAVorm 77, 518; Berner Rpfleger 64, 329). Den Drittschuldner berührt eine solche allerdings nicht, soweit er auf Grund des vorausgegangenen Pfändungsbeschlusses gezahlt hat (§ 850 g S 3 entspr). Der Beschluß ist allen Beteiligten, auch dem Drittschuldner (nicht aber dem Angehörigen mit eigenem Einkommen; Henze Rpfleger 81, 52), von Amts wegen zuzustellen (§ 329 III; für Zustellung an den Drittschuldner auf Betreiben der Partei wohl die zum ähnlichen Fall des § 850 g vertretene aA; dazu auch München MDR 72, 698). Gegen den Beschluß steht den Beteiligten die befristete Rechtspflegererinnerung (§ 11 I S 2 RpflG) zu; der Angehörige mit eigenem Einkommen ist nicht Verfahrensbeteiligter, kann somit Rechtsmittel nicht einlegen (Henze aaO). Wenn der Gläubiger geltend macht, daß der Unterhaltsberechtigte erst nach Erlaß des Pfändungsbeschlusses eigene Einnahmen erlangt habe, ist der Änderungsantrag nach § 850 g zu beurteilen (s dort Rn 1). **16**

7) Hat der Unterhaltsberechtigte nach der Bestimmung des Vollstreckungsgerichts **ganz unberücksichtigt** zu bleiben, dann vermindert sich bei Berechnung des pfändbaren Arbeitseinkommens die Zahl der unterhaltsberechtigten Personen um eine. Das damit pfändbar gewordene weitere Arbeitseinkommen ist vom Pfändungsbeschluß mit seinem ursprünglichen Rang erfaßt; eine Neuanordnung der Pfändung erfolgt nicht (Stöber FdgPfdg Rdn 1071). Wenn der Unterhaltsberechtigte nach der Bestimmung des Vollstreckungsgerichts **teilweise** zu berücksichtigen ist, soll Bezugnahme auf die Tabelle nach Abs 3 mit Anlage 2 zur ZPO nicht erfolgen, das Vollstreckungsgericht somit den unpfändbaren Teil des Arbeitseinkommens des Schuldners selbst bestimmen (Abs 4 letzter Halbs). Augeschlossen bleibt damit die Bezugnahme auf die Tabelle nur für den weggefallenen Berechtigten, nicht aber für die nach Einkommenshöhe, Auszahlungszeitraum und übrige Unterhaltsberechtigte pfändbaren Beträge (Stöber FdgPfdg Rdn 1068; Hornung Rpfleger 78, 353 [358]). **17**

8) Der Beschluß über die volle oder teilweise Nichtberücksichtigung eines Angehörigen mit eigenem Einkommen **wirkt nur für den Pfändungsgläubiger,** auf dessen Antrag (in dessen ZwV-Verfahren) die Bestimmung getroffen worden ist (Grundsatz der Einzelvollstreckung; Rn 21 vor § 704). Nur für die Berechnung der einem nachrangigen Gläubiger gebührenden gepfändeten Einkommensteile hat der Beschluß daher Wirkung, wenn ihn allein dieser Gläubiger erwirkt, der Pfändungsgläubiger mit besserem Rang Bestimmung nach Abs 4 aber nicht herbeigeführt hat (BAG 46, 148 = Betrieb 84, 2466 = FamRZ 85, 65 L; LAG Hamm Betrieb 82, 1676; Stöber FdgPfdg Rdn 1071; Hornung Rpfleger 78, 353 [359]). Die Anordnung begründet jedoch keinen selbständigen Pfändungsrang auf den weiter pfändbaren Betrag. Wenn später auch der zuerst pfändende Gläubiger in seinem Vollstreckungsverfahren eine (gleiche) Anordnung nach Abs 4 erwirkt, gebühren ihm (vom Zeitpunkt der Zustellung des Änderungsbeschlusses an den Drittschuldner an) daher die weiteren pfändbaren Beträge mit dem Rang seines durch die frühere Pfändung begründeten vorrangigen Pfandrechts (§ 804 III; BAG aaO). Eine weitere Abtretungsmöglichkeit, auf die sich ein vorrangiger Abtretungsgläubiger berufen könnte, begründet der Beschluß nicht (BAG und LAG Hamm je aaO). **18**

9) Änderung der nach Abs 4 getroffenen Bestimmung kann nach § 850 g erfolgen. **19**

V) Weitere Einzelheiten: Auch wenn der Vollstreckungstitel eine Pfändung des gesamten dem Gläubigerzugriff offenstehenden Einkommensteils ermöglichen würde, steht es dem Gläubiger frei, die Pfändung auf geringere Beträge zu beschränken, als sie gemäß § 850 c pfändbar wären, etwa weil er dem Schuldner die Abtragung in weniger drückenden Teilbeträgen ermöglichen will. Möglich sind auch Vereinbarungen dahin, daß der Drittschuldner die von der Pfändung erfaßten Beträge nicht ganz an den Gläubiger abzuführen brauche. Dazu Rewolle BB 67, 338, BAG NJW 75, 1575, Reische NJW 75, 2311 (Rangverhältnis zwischen stundendem und nachpfändendem Gläubiger). Lohnabtretungen ändern an der Berechnung des pfändbaren Betrags nichts; ob solche vorliegen, ist bei Erlaß des Pfändungsbeschlusses nicht zu prüfen. Darüber, inwieweit sie der Drittschuldner bei der Errechnung des an den Gläubiger abzuführenden Betrags zu berücksichtigen hat, s Rn 2 zu § 850 e. Kollektive Lohnabtretungsverbote in Tarifverträgen sind auf die Pfändbarkeit des Arbeitseinkommens ohne Einfluß (LAG Frankfurt Betrieb 72, 243). **20**

Anhang nach § 850c

Lohnpfändungstabellen

Lohnpfändungstabelle bei **monatlicher** Lohnzahlung

Nettolohn **monatlich**	Pfändbarer Betrag bei Unterhaltspflicht*) für 0	1	2	3	4	5 und mehr Personen
	in DM					
– 759,99	–	–	–	–	–	–
760,00– 779,99	4,20	–	–	–	–	–
780,00– 799,99	18,20	–	–	–	–	–
800,00– 819,99	32,20	–	–	–	–	–
820,00– 839,99	46,20	–	–	–	–	–
840,00– 859,99	60,20	–	–	–	–	–
860,00– 879,99	74,20	–	–	–	–	–
880,00– 899,99	88,20	–	–	–	–	–
900,00– 919,99	102,20	–	–	–	–	–
920,00– 939,99	116,20	–	–	–	–	–
940,00– 959,99	130,20	–	–	–	–	–
960,00– 979,99	144,20	–	–	–	–	–
980,00– 999,99	158,20	–	–	–	–	–
1 000,00–1 019,99	172,20	–	–	–	–	–
1 020,00–1 039,99	186,20	–	–	–	–	–
1 040,00–1 059,99	200,20	–	–	–	–	–
1 060,00–1 079,99	214,20	–	–	–	–	–
1 080,00–1 099,99	228,20	–	–	–	–	–
1 100,00–1 119,99	242,20	4,00	–	–	–	–
1 120,00–1 139,99	256,20	14,00	–	–	–	–
1 140,00–1 159,99	270,20	24,00	–	–	–	–
1 160,00–1 179,99	284,20	34,00	–	–	–	–
1 180,00–1 199,99	298,20	44,00	–	–	–	–
1 200,00–1 219,99	312,20	54,00	–	–	–	–
1 220,00–1 239,99	326,20	64,00	–	–	–	–
1 240,00–1 259,99	340,20	74,00	–	–	–	–
1 260,00–1 279,99	354,20	84,00	–	–	–	–
1 280,00–1 299,99	368,20	94,00	–	–	–	–
1 300,00–1 319,99	382,20	104,00	–	–	–	–
1 320,00–1 339,99	396,20	114,00	–	–	–	–
1 340,00–1 359,99	410,20	124,00	5,60	–	–	–
1 360,00–1 379,99	424,20	134,00	13,60	–	–	–
1 380,00–1 399,99	438,20	144,00	21,60	–	–	–
1 400,00–1 419,99	452,20	154,00	29,60	–	–	–
1 420,00–1 439,99	466,20	164,00	37,60	–	–	–
1 440,00–1 459,99	480,20	174,00	45,60	–	–	–
1 460,00–1 479,99	494,20	184,00	53,60	–	–	–
1 480,00–1 499,99	508,20	194,00	61,60	–	–	–
1 500,00–1 519,99	522,20	204,00	69,60	–	–	–
1 520,00–1 539,99	536,20	214,00	77,60	–	–	–
1 540,00–1 559,99	550,20	224,00	85,60	–	–	–
1 560,00–1 579,99	564,20	234,00	93,60	–	–	–
1 580,00–1 599,99	578,20	244,00	101,60	6,00	–	–
1 600,00–1 619,99	592,20	254,00	109,60	12,00	–	–
1 620,00–1 639,99	606,20	264,00	117,60	18,00	–	–
1 640,00–1 659,99	620,20	274,00	125,60	24,00	–	–
1 660,00–1 679,99	634,20	284,00	133,60	30,00	–	–
1 680,00–1 699,99	648,20	294,00	141,60	36,00	–	–
1 700,00–1 719,99	662,20	304,00	149,60	42,00	–	–
1 720,00–1 739,99	676,20	314,00	157,60	48,00	–	–

*) Zu berücksichtigen sind Unterhaltsleistungen des Schuldners gegenüber seinem Ehegatten, einem früheren Ehegatten, einem Verwandten oder der Mutter eines nichtehelichen Kindes nach §§ 1615 l, 1615 n des Bürgerlichen Gesetzbuchs.

Nettolohn **monatlich**	Pfändbarer Betrag bei Unterhaltspflicht*) für					
	0	1	2	3	4	5 und mehr Personen
	in DM					
1 740,00–1 759,99	690,20	324,00	165,60	54,00	–	–
1 760,00–1 779,99	704,20	334,00	173,60	60,00	–	–
1 780,00–1 799,99	718,20	344,00	181,60	66,00	–	–
1 800,00–1 819,99	732,20	354,00	189,60	72,00	1,20	–
1 820,00–1 839,99	746,20	364,00	197,60	78,00	5,20	–
1 840,00–1 859,99	760,20	374,00	205,60	84,00	9,20	–
1 860,00–1 879,99	774,20	384,00	213,60	90,00	13,20	–
1 880,00–1 899,99	788,20	394,00	221,60	96,00	17,20	–
1 900,00–1 919,99	802,20	404,00	229,60	102,00	21,20	–
1 920,00–1 939,99	816,20	414,00	237,60	108,00	25,20	–
1 940,00–1 959,99	830,20	424,00	245,60	114,00	29,20	–
1 960,00–1 979,99	844,20	434,00	253,60	120,00	33,20	–
1 980,00–1 999,99	858,20	444,00	261,60	126,00	37,20	–
2 000,00–2 019,99	872,20	454,00	269,60	132,00	41,20	–
2 020,00–2 039,99	886,20	464,00	277,60	138,00	45,20	–
2 040,00–2 059,99	900,20	474,00	285,60	144,00	49,20	1,20
2 060,00–2 079,99	914,20	484,00	293,60	150,00	53,20	3,20
2 080,00–2 099,99	928,20	494,00	301,60	156,00	57,20	5,20
2 100,00–2 119,99	942,20	504,00	309,60	162,00	61,20	7,20
2 120,00–2 139,99	956,20	514,00	317,60	168,00	65,20	9,20
2 140,00–2 159,99	970,20	524,00	325,60	174,00	69,20	11,20
2 160,00–2 179,99	984,20	534,00	333,60	180,00	72,20	13,20
2 180,00–2 199,99	998,20	544,00	341,60	186,00	77,20	15,20
2 200,00–2 219,99	1 012,20	554,00	349,60	192,00	81,20	17,20
2 220,00–2 239,99	1 026,20	564,00	357,60	198,00	85,20	19,20
2 240,00–2 259,99	1 040,20	574,00	365,60	204,00	89,20	21,20
2 260,00–2 279,99	1 054,10	584,00	373,60	210,00	93,20	23,20
2 280,00–2 299,99	1 068,20	594,00	381,60	216,00	97,20	25,20
2 300,00–2 319,99	1 082,20	604,00	389,60	222,00	101,20	27,20
2 320,00–2 339,99	1 096,20	614,00	397,60	228,00	105,20	29,20
2 340,00–2 359,99	1 110,20	624,00	405,60	234,00	109,20	31,20
2 360,00–2 379,99	1 124,20	634,00	413,60	240,00	113,20	33,20
2 380,00–2 399,99	1 138,20	644,00	421,60	246,00	117,20	35,20
2 400,00–2 419,99	1 152,20	654,00	429,60	252,00	121,20	37,20
2 420,00–2 439,99	1 166,20	664,00	437,60	258,00	125,20	39,20
2 440,00–2 459,99	1 180,20	674,00	445,60	264,00	129,20	41,20
2 460,00–2 479,99	1 194,20	684,00	453,60	270,00	133,20	43,20
2 480,00–2 499,99	1 208,20	694,00	461,60	276,00	137,20	45,20
2 500,00–2 519,99	1 222,20	704,00	469,60	282,20	141,20	47,20
2 520,00–2 539,99	1 236,20	714,00	477,60	288,00	145,20	49,20
2 540,00–2 559,99	1 250,20	724,00	485,60	294,00	149,20	51,20
2 560,00–2 579,99	1 264,20	734,00	493,60	300,00	153,20	53,20
2 580,00–2 599,99	1 278,20	744,00	501,60	306,00	157,20	55,20
2 600,00–2 619,99	1 292,20	754,00	509,60	312,00	161,20	57,20
2 620,00–2 639,99	1 306,20	764,00	517,60	318,00	165,20	59,20
2 640,00–2 659,99	1 320,20	774,00	525,60	324,00	169,20	61,20
2 660,00–2 679,99	1 334,20	784,00	533,60	330,00	173,20	63,20
2 680,00–2 699,99	1 348,20	794,00	541,60	336,00	177,20	65,20
2 700,00–2 719,99	1 362,20	804,00	549,60	342,00	181,20	67,20
2 720,00–2 739,99	1 376,20	814,00	557,60	348,00	185,20	69,20
2 740,00–2 759,99	1 390,20	824,00	565,60	354,00	189,20	71,20
2 760,00–2 779,99	1 404,20	834,00	573,60	360,00	193,20	73,20
2 780,00–2 799,99	1 418,20	844,00	581,60	366,00	197,20	75,20
2 800,00–2 819,99	1 432,20	854,00	589,60	372,00	201,20	77,20
2 820,00–2 839,99	1 446,20	864,00	597,60	378,00	205,20	79,20

*) Zu berücksichtigen sind Unterhaltsleistungen des Schuldners gegenüber seinem Ehegatten, einem früheren Ehegatten, einem Verwandten oder der Mutter eines nichtehelichen Kindes nach §§ 1615 l, 1615 n des Bürgerlichen Gesetzbuchs.

Nettolohn **monatlich**	Pfändbarer Betrag bei Unterhaltspflicht*) für					
	0	1	2	3	4	5 und mehr Personen
	in DM					
2 840,00–2 859,99	1 460,20	874,00	605,60	384,00	209,20	81,20
2 860,00–2 879,99	1 474,20	884,00	613,60	390,00	213,20	83,20
2 880,00–2 899,99	1 488,20	894,00	621,60	396,00	217,20	85,20
2 900,00–2 919,99	1 502,20	904,00	629,60	402,00	221,20	87,20
2 920,00–2 939,99	1 516,20	914,00	637,60	408,00	225,20	89,20
2 940,00–2 959,99	1 530,20	924,00	645,60	414,00	229,20	91,20
2 960,00–2 979,99	1 544,20	934,00	653,60	420,00	233,20	93,20
2 980,00–2 999,99	1 558,20	944,00	661,60	426,00	237,20	95,20
3 000,00–3 019,99	1 572,20	954,00	669,60	432,00	241,20	97,20
3 020,00–3 039,99	1 586,20	964,00	677,60	438,00	245,20	99,20
3 040,00–3 059,99	1 600,20	974,00	685,60	444,00	249,20	101,20
3 060,00–3 079,99	1 614,20	984,00	693,60	450,00	253,20	103,20
3 080,00–3 099,99	1 628,20	994,00	701,60	456,00	257,20	105,20
3 100,00–3 119,99	1 642,20	1 004,00	709,60	462,00	261,20	107,20
3 120,00–3 139,99	1 656,20	1 014,00	717,60	468,00	265,20	109,20
3 140,00–3 159,99	1 670,20	1 024,00	725,60	474,00	269,20	111,20
3 160,00–3 179,99	1 684,20	1 034,00	733,60	480,00	273,20	113,20
3 180,00–3 199,99	1 698,20	1 044,00	741,60	486,00	277,20	115,20
3 200,00–3 219,99	1 712,20	1 054,00	749,60	492,00	281,20	117,20
3 220,00–3 239,99	1 726,20	1 064,00	757,60	498,00	285,20	119,20
3 240,00–3 259,99	1 740,20	1 074,00	765,60	504,00	289,20	121,20
3 260,00–3 279,99	1 754,20	1 084,00	773,60	510,00	293,20	123,20
3 280,00–3 299,99	1 768,20	1 094,00	781,60	516,00	297,20	125,20
3 300,00–3 302,00	1 782,20	1 104,00	789,60	522,00	301,20	127,20

Der Mehrbetrag über 3 302,00 DM ist voll pfändbar.

Lohnpfändungstabelle bei **wöchentlicher** Lohnzahlung

Nettolohn **wöchentlich**	Pfändbarer Betrag bei Unterhaltspflicht*) für					
	0	1	2	3	4	5 und mehr Personen
	in DM					
–174,99	–	–	–	–	–	–
175,00–179,99	0,70	–	–	–	–	–
180,00–184,99	4,20	–	–	–	–	–
185,00–189,99	7,70	–	–	–	–	–
190,00–194,99	11,20	–	–	–	–	–
195,00–199,99	14,70	–	–	–	–	–
200,00–204,99	18,20	–	–	–	–	–
205,00–209,99	21,70	–	–	–	–	–
210,00–214,99	25,20	–	–	–	–	–
215,00–219,99	28,70	–	–	–	–	–
220,00–224,99	32,20	–	–	–	–	–
225,00–229,99	35,70	–	–	–	–	–
230,00–234,99	39,20	–	–	–	–	–
235,00–239,99	42,70	–	–	–	–	–
240,00–244,99	46,20	–	–	–	–	–
245,00–249,99	49,70	–	–	–	–	–
250,00–254,99	53,20	–	–	–	–	–
255,00–259,99	56,70	1,50	–	–	–	–
260,00–264,99	60,20	4,00	–	–	–	–
265,00–269,99	63,70	6,50	–	–	–	–

*) Zu berücksichtigen sind Unterhaltsleistungen des Schuldners gegenüber seinem Ehegatten, einem früheren Ehegatten, einem Verwandten oder der Mutter eines nichtehelichen Kindes nach §§ 1615 l, 1615 n des Bürgerlichen Gesetzbuchs.

Nettolohn **wöchentlich**	Pfändbarer Betrag bei Unterhaltspflicht*) für					
	0	1	2	3	4	5 und mehr Personen
	in DM					
270,00–274,99	67,20	9,00	–	–	–	–
275,00–279,99	70,70	11,50	–	–	–	–
280,00–284,99	74,20	14,00	–	–	–	–
285,00–289,99	77,70	16,50	–	–	–	–
290,00–294,99	81,20	19,00	–	–	–	–
295,00–299,99	84,70	21,50	–	–	–	–
300,00–304,99	88,20	24,00	–	–	–	–
305,00–309,99	91,70	26,50	–	–	–	–
310,00–314,99	95,20	29,00	1,60	–	–	–
315,00–319,99	98,70	31,50	3,60	–	–	–
320,00–324,99	102,20	34,00	5,60	–	–	–
325,00–329,99	105,70	36,50	7,60	–	–	–
330,00–334,99	109,20	39,00	9,60	–	–	–
335,00–339,99	112,70	41,50	11,60	–	–	–
340,00–344,99	116,20	44,00	13,60	–	–	–
345,00–349,99	119,70	46,50	15,60	–	–	–
350,00–354,99	123,20	49,00	17,60	–	–	–
355,00–359,99	126,70	51,50	19,60	–	–	–
360,00–364,99	130,20	54,00	21,60	–	–	–
365,00–369,99	133,70	56,50	23,60	1,50	–	–
370,00–374,99	137,20	59,00	25,60	3,00	–	–
375,00–379,99	140,70	61,50	27,60	4,50	–	–
380,00–384,99	144,20	64,00	29,60	6,00	–	–
385,00–389,99	147,70	66,50	31,60	7,50	–	–
390,00–394,99	151,20	69,00	33,60	9,00	–	–
395,00–399,99	154,70	71,50	35,60	10,50	–	–
400,00–404,99	158,20	74,00	37,60	12,00	–	–
405,00–409,99	161,70	76,50	39,60	13,50	–	–
410,00–414,99	165,20	79,00	41,60	15,00	–	–
415,00–419,99	168,70	81,50	43,60	16,50	0,20	–
420,00–424,99	172,20	84,00	45,60	18,00	1,20	–
425,00–429,99	175,70	86,50	47,60	19,50	2,20	–
430,00–434,99	179,20	89,00	49,60	21,00	3,20	–
435,00–439,99	182,70	91,50	51,60	22,50	4,20	–
440,00–444,99	186,20	94,00	53,60	24,00	5,20	–
445,00–449,99	189,70	96,50	55,60	25,50	6,20	–
450,00–454,99	193,20	99,00	57,60	27,00	7,20	–
455,00–459,99	196,70	101,50	59,60	28,50	8,20	–
460,00–464,99	200,20	104,00	61,60	30,00	9,20	–
465,00–469,99	203,70	106,50	63,60	31,50	10,20	–
470,00–474,99	207,20	109,00	65,60	33,00	11,20	0,20
475,00–479,99	210,70	111,50	67,60	34,50	12,20	0,70
480,00–484,99	214,20	114,00	69,60	36,00	13,20	1,20
485,00–489,99	217,70	116,50	71,60	37,50	14,20	1,70
490,00–494,99	221,20	119,00	73,60	39,00	15,20	2,20
495,00–499,99	224,70	121,50	75,60	40,50	16,20	2,70
500,00–504,99	228,20	124,00	77,60	42,00	17,20	3,20
505,00–509,99	231,70	126,50	79,60	43,50	18,20	3,70
510,00–514,99	235,20	129,00	81,60	45,00	19,20	4,20
515,00–519,99	238,70	131,50	83,60	46,50	20,20	4,70
520,00–524,99	242,20	134,00	85,60	48,00	21,20	5,20
525,00–529,99	245,70	136,50	87,60	49,50	22,20	5,70
530,00–534,99	249,20	139,00	89,60	51,00	23,20	6,20
535,00–539,99	252,70	141,50	91,60	52,50	24,20	6,70
540,00–544,99	256,20	144,00	93,60	54,00	25,20	7,20

*) Zu berücksichtigen sind Unterhaltsleistungen des Schuldners gegenüber seinem Ehegatten, einem früheren Ehegatten, einem Verwandten oder der Mutter eines nichtehelichen Kindes nach §§ 1615 l, 1615 n des Bürgerlichen Gesetzbuchs.

Nettolohn **wöchentlich**	Pfändbarer Betrag bei Unterhaltspflicht*) für					
	0	1	2	3	4	5 und mehr Personen
	in DM					
545,00–549,99	259,70	146,50	95,60	55,50	26,20	7,70
550,00–554,99	263,20	149,00	97,60	57,00	27,20	8,20
555,00–559,99	266,70	151,50	99,60	58,50	28,20	8,70
560,00–564,99	270,20	154,00	101,60	60,00	29,20	9,20
565,00–569,99	273,70	156,50	103,60	61,50	30,20	9,70
570,00–574,99	277,20	159,00	105,60	63,00	31,20	10,20
575,00–579,99	280,70	161,50	107,60	64,50	32,20	10,70
580,00–584,99	284,20	164,00	109,60	66,00	33,20	11,20
585,00–589,99	287,70	166,50	111,60	67,50	34,20	11,70
590,00–594,99	291,20	169,00	113,60	69,00	35,20	12,20
595,00–599,99	294,70	171,50	115,60	70,50	36,20	12,70
600,00–604,99	298,20	174,00	117,60	72,00	37,20	13,20
605,00–609,99	301,70	176,50	119,60	73,50	38,20	13,70
610,00–614,99	305,20	179,00	121,60	75,00	39,20	14,20
615,00–619,99	308,70	181,50	123,60	76,50	40,20	14,70
620,00–424,99	312,20	184,00	125,60	78,00	41,20	15,20
625,00–629,99	315,70	186,50	127,60	79,50	42,20	15,70
630,00–634,99	319,20	189,00	129,60	81,00	43,20	16,20
635,00–639,99	322,70	191,50	131,60	82,50	44,20	16,70
640,00–644,99	326,20	194,00	133,60	84,00	45,20	17,20
645,00–649,99	239,70	196,50	135,60	85,50	46,20	17,70
650,00–654,99	333,20	199,00	137,60	87,00	47,20	18,20
655,00–659,99	336,70	201,50	139,60	88,50	48,20	18,70
660,00–664,99	340,20	204,00	141,60	90,00	49,20	19,20
665,00–669,99	343,70	206,50	143,60	91,50	50,20	19,70
670,00–674,99	347,20	209,00	145,60	93,00	51,20	20,20
675,00–679,99	350,70	211,50	147,60	94,50	52,20	20,70
680,00–684,99	354,20	214,00	149,60	96,00	53,20	21,20
685,00–689,99	357,70	216,50	151,60	97,50	54,20	21,70
690,00–694,99	361,20	219,00	153,60	99,00	55,20	22,20
695,00–699,99	364,70	221,50	155,60	100,50	56,20	22,70
700,00–704,99	368,20	224,00	157,60	102,00	57,20	23,20
705,00–709,99	371,70	226,50	159,60	103,50	58,20	23,70
710,00–714,99	375,20	229,00	161,60	105,00	59,20	24,20
715,00–719,99	378,70	231,50	163,60	106,50	60,20	24,70
720,00–724,99	382,20	234,00	165,60	108,00	61,20	25,20
725,00–729,99	385,70	236,50	167,60	109,50	62,20	25,70
730,00–734,99	389,20	239,00	169,60	111,00	63,20	26,20
735,00–739,99	392,70	241,50	171,60	112,50	64,20	26,70
740,00–744,99	396,20	244,00	173,60	114,00	65,20	27,20
745,00–749,99	399,70	246,50	175,60	115,50	66,20	27,70
750,00–754,99	403,20	249,00	177,60	117,00	67,20	28,20
755,00–759,99	406,70	251,50	179,60	118,50	68,20	28,70
760,00–762,00	410,20	254,00	181,60	120,00	69,20	29,20

Der Mehrbetrag über 762,00 DM ist voll pfändbar.

*) Zu berücksichtigen sind Unterhaltsleistungen des Schuldners gegenüber seinem Ehegatten, einem früheren Ehegatten, einem Verwandten oder der Mutter eines nichtehelichen Kindes nach §§ 1615 l, 1615 n des Bürgerlichen Gesetzbuchs.

Lohnpfändungstabelle bei **täglicher** Lohnzahlung

Nettolohn **täglich**	Pfändbarer Betrag bei Unterhaltspflicht*) für 0	1	2	3	4	5 und mehr Personen
	in DM					
– 34,99	–	–	–	–	–	–
35,00 – 35,99	0,14	–	–	–	–	–
36,00 – 36,99	0,84	–	–	–	–	–
37,00 – 37,99	1,54	–	–	–	–	–
38,00 – 38,99	2,24	–	–	–	–	–
39,00 – 39,99	2,94	–	–	–	–	–
40,00 – 40,99	3,64	–	–	–	–	–
41,00 – 41,99	4,34	–	–	–	–	–
42,00 – 42,99	5,04	–	–	–	–	–
43,00 – 43,99	5,74	–	–	–	–	–
44,00 – 44,99	6,44	–	–	–	–	–
45,00 – 45,99	7,14	–	–	–	–	–
46,00 – 46,99	7,84	–	–	–	–	–
47,00 – 47,99	8,54	–	–	–	–	–
48,00 – 48,99	9,24	–	–	–	–	–
49,00 – 49,99	9,94	–	–	–	–	–
50,00 – 50,99	10,64	–	–	–	–	–
51,00 – 51,99	11,34	0,30	–	–	–	–
52,00 – 52,99	12,04	0,80	–	–	–	–
53,00 – 53,99	12,74	1,30	–	–	–	–
54,00 – 54,99	13,44	1,80	–	–	–	–
55,00 – 55,99	14,14	2,30	–	–	–	–
56,00 – 56,99	14,84	2,80	–	–	–	–
57,00 – 57,99	15,54	3,30	–	–	–	–
58,00 – 58,99	16,24	3,80	–	–	–	–
59,00 – 59,99	16,94	4,30	–	–	–	–
60,00 – 60,99	17,64	4,80	–	–	–	–
61,00 – 61,99	18,34	5,30	–	–	–	–
62,00 – 62,99	19,04	5,80	0,32	–	–	–
63,00 – 63,99	19,74	6,30	0,72	–	–	–
64,00 – 64,99	20,44	6,80	1,12	–	–	–
65,00 – 65,99	21,14	7,30	1,52	–	–	–
66,00 – 66,99	21,84	7,80	1,92	–	–	–
67,00 – 67,99	22,54	8,30	2,32	–	–	–
68,00 – 68,99	23,24	8,80	2,72	–	–	–
69,00 – 69,99	23,94	9,30	3,12	–	–	–
70,00 – 70,99	24,64	9,80	3,52	–	–	–
71,00 – 71,99	25,34	10,30	3,92	–	–	–
72,00 – 72,99	26,04	10,80	4,32	–	–	–
73,00 – 73,99	26,74	11,30	4,72	0,30	–	
74,00 – 74,99	27,44	11,80	5,12	0,60	–	
75,00 – 75,99	28,14	12,30	5,52	0,90	–	–
76,00 – 76,99	28,84	12,80	5,92	1,20	–	–
77,00 – 77,99	29,54	13,30	6,32	1,50	–	–
78,00 – 78,99	30,24	13,80	6,72	1,80	–	–
79,00 – 79,99	30,94	14,30	7,12	2,10	–	–
80,00 – 80,99	31,64	14,80	7,52	2,40	–	–
81,00 – 81,99	32,34	15,30	7,92	2,70	–	–
82,00 – 82,99	33,04	15,80	8,32	3,00	–	–
83,00 – 83,99	33,74	16,30	8,72	3,30	0,04	–
84,00 – 84,99	34,44	16,80	9,12	3,60	0,24	–
85,00 – 85,99	35,14	17,30	9,52	3,90	0,44	–
86,00 – 86,99	35,84	17,80	9,92	4,20	0,64	–
87,00 – 87,99	36,54	18,30	10,32	4,50	0,84	–
88,00 – 88,99	37,24	18,80	10,72	4,80	1,04	–

*) Zu berücksichtigen sind Unterhaltsleistungen des Schuldners gegenüber seinem Ehegatten, einem früheren Ehegatten, einem Verwandten oder der Mutter eines nichtehelichen Kindes nach §§ 1615 l, 1615 n des Bürgerlichen Gesetzbuchs.

Nettolohn **täglich**	Pfändbarer Betrag bei Unterhaltspflicht*) für					
	0	1	2	3	4	5 und mehr Personen
	in DM					
89,00– 89,99	37,94	19,30	11,12	5,10	1,24	–
90,00– 90,99	38,64	19,80	11,52	5,40	1,44	–
91,00– 91,99	39,34	20,30	11,92	5,70	1,64	–
92,00– 92,99	40,04	20,80	12,32	6,00	1,84	–
93,00– 93,99	40,74	21,30	12,72	6,30	2,04	–
94,00– 94,99	41,44	21,80	13,12	6,60	2,24	0,04
95,00– 95,99	42,14	22,30	13,52	6,90	2,44	0,14
96,00– 96,99	42,84	22,80	13,92	7,20	2,64	0,24
97,00– 97,99	43,54	23,30	14,32	7,50	2,84	0,34
98,00– 98,99	44,24	23,80	14,72	7,80	3,04	0,44
99,00– 99,99	44,94	24,30	15,12	8,10	3,24	0,54
100,00–100,99	45,64	24,80	15,52	8,40	3,44	0,64
101,00–101,99	46,34	25,30	15,92	8,70	3,64	0,74
102,00–102,99	47,04	25,80	16,32	9,00	3,84	0,84
103,00–103,99	47,74	26,30	16,72	9,30	4,04	0,94
104,00–104,99	48,44	26,80	17,12	9,60	4,24	1,04
105,00–105,99	49,14	27,30	17,52	9,90	4,44	1,14
106,00–106,99	49,84	27,80	17,92	10,20	4,64	1,24
107,00–107,99	50,54	28,30	18,32	10,50	4,84	1,34
108,00–108,99	51,24	28,80	18,72	10,80	5,04	1,44
109,00–109,99	51,94	29,30	19,12	11,10	5,24	1,54
110,00–110,99	52,64	29,80	19,52	11,40	5,44	1,64
111,00–111,99	53,34	30,30	19,92	11,70	5,64	1,74
112,00–112,99	54,04	30,80	20,32	12,00	5,84	1,84
113,00–113,99	54,74	31,30	20,72	12,30	6,04	1,94
114,00–114,99	55,44	31,80	21,12	12,60	6,24	2,04
115,00–115,99	56,14	32,30	21,52	12,90	6,44	2,14
116,00–116,99	56,84	32,80	21,92	13,20	6,64	2,24
117,00–117,99	57,54	33,30	22,32	13,50	6,84	2,34
118,00–118,99	58,24	33,80	22,72	13,80	7,04	2,44
119,00–119,99	58,94	34,30	23,12	14,10	7,24	2,54
120,00–120,99	59,64	34,80	23,52	14,40	7,44	2,64
121,00–121,99	60,34	35,30	23,92	14,70	7,64	2,74
122,00–122,99	61,04	35,80	24,32	15,00	7,84	2,84
123,00–123,99	61,74	36,30	24,72	15,30	8,04	2,94
124,00–124,99	62,44	36,80	25,12	15,60	8,24	3,04
125,00–125,99	63,14	37,30	25,52	15,90	8,44	3,14
126,00–126,99	63,84	37,80	25,92	16,20	8,64	3,24
127,00–127,99	64,54	38,30	26,32	16,50	8,84	3,34
128,00–128,99	65,24	38,80	26,72	16,80	9,04	3,44
129,00–129,99	65,94	39,30	27,12	17,10	9,24	3,54
130,00–130,99	66,64	39,80	27,52	17,40	9,44	3,64
131,00–131,99	67,34	40,30	27,92	17,70	9,64	3,74
132,00–132,99	68,04	40,80	28,32	18,00	9,84	3,84
133,00–133,99	68,74	41,30	38,72	18,30	10,04	3,94
134,00–134,99	69,44	41,80	29,12	18,60	10,24	4,04
135,00–135,99	70,14	42,30	29,52	18,90	10,44	4,14
136,00–136,99	70,84	42,80	29,92	19,20	10,64	4,24
137,00–137,99	71,54	43,30	30,32	19,50	10,84	4,34
138,00–138,99	72,24	43,80	30,72	19,80	11,04	4,44
139,00–139,99	72,94	44,30	31,12	20,10	11,24	4,54
140,00–140,99	73,64	44,80	31,52	20,40	11,44	4,64
141,00–141,99	74,34	45,30	31,92	20,70	11,64	4,74
142,00–142,99	75,04	45,80	32,32	21,00	11,84	4,84
143,00–143,99	75,74	46,30	32,72	21,30	12,04	4,94

*) Zu berücksichtigen sind Unterhaltsleistungen des Schuldners gegenüber seinem Ehegatten, einem früheren Ehegatten, einem Verwandten oder der Mutter eines nichtehelichen Kindes nach §§ 1615l, 1615n des Bürgerlichen Gesetzbuchs.

Nettolohn **täglich**	Pfändbarer Betrag bei Unterhaltspflicht*) für					
	0	1	2	3	4	5 und mehr Personen
	in DM					
144,00–144,99	76,44	46,80	33,12	21,60	12,24	5,04
145,00–145,99	77,14	47,30	33,52	21,90	12,44	5,14
146,00–146,99	77,84	47,80	33,92	22,20	12,64	5,24
147,00–147,99	78,54	48,30	34,32	22,50	12,84	5,34
148,00–148,99	79,24	48,80	34,72	22,80	13,04	5,44
149,00–149,99	79,94	49,30	35,12	23,10	13,24	5,54
150,00–150,99	80,64	49,80	35,52	23,40	13,44	5,64
151,00–151,99	81,34	50,30	35,92	23,70	13,64	5,74
152,00–152,40	82,04	50,80	36,32	24,00	13,84	5,84

Der Mehrbetrag über 152,40 DM ist voll pfändbar.

*) Zu berücksichtigen sind Unterhaltsleistungen des Schuldners gegenüber seinem Ehegatten, einem früheren Ehegatten, einem Verwandten oder der Mutter eines nichtehelichen Kindes nach §§ 1615l, 1615n des Bürgerlichen Gesetzbuchs.

850 d

[Pfändung wegen Unterhaltsansprüchen]

(1) Wegen der Unterhaltsansprüche, die kraft Gesetzes einem Verwandten, dem Ehegatten, einem früheren Ehegatten oder nach §§ 1615l, 1615n des Bürgerlichen Gesetzbuchs der Mutter eines nichtehelichen Kindes zustehen, sind das Arbeitseinkommen und die in § 850a Nr. 1, 2 und 4 genannten Bezüge ohne die in § 850c bezeichneten Beschränkungen pfändbar. Dem Schuldner ist jedoch so viel zu belassen, als er für seinen notwendigen Unterhalt und zur Erfüllung seiner laufenden gesetzlichen Unterhaltspflichten gegenüber den dem Gläubiger vorgehenden Berechtigten oder zur gleichmäßigen Befriedigung der dem Gläubiger gleichstehenden Berechtigten bedarf; von den in § 850a Nr. 1, 2 und 4 genannten Bezügen hat ihm mindestens die Hälfte des nach § 850a unpfändbaren Betrages zu verbleiben. Der dem Schuldner hiernach verbleibende Teil seines Arbeitseinkommens darf den Betrag nicht übersteigen, der ihm nach den Vorschriften des § 850c gegenüber nicht bevorrechtigten Gläubigern zu verbleiben hätte. Für die Pfändung wegen der Rückstände, die länger als ein Jahr vor dem Antrag auf Erlaß des Pfändungsbeschlusses fällig geworden sind, gelten die Vorschriften dieses Absatzes insoweit nicht, als nach Lage der Verhältnisse nicht anzunehmen ist, daß der Schuldner sich seiner Zahlungspflicht absichtlich entzogen hat.

(2) Mehrere nach Absatz 1 Berechtigte sind mit ihren Ansprüchen in folgender Reihenfolge zu berücksichtigen, wobei mehrere gleich nahe Berechtigte untereinander gleichen Rang haben:

a) die minderjährigen unverheirateten Kinder, der Ehegatte, ein früherer Ehegatte und die Mutter eines nichtehelichen Kindes mit ihrem Anspruch nach §§ 1615l, 1615n des Bürgerlichen Gesetzbuchs; für das Rangverhältnis des Ehegatten zu einem früheren Ehegatten gilt jedoch § 1582 des Bürgerlichen Gesetzbuchs entsprechend; das Vollstreckungsgericht kann das Rangverhältnis der Berechtigten zueinander auf Antrag des Schuldners oder eines Berechtigten nach billigem Ermessen in anderer Weise festsetzen; das Vollstreckungsgericht hat vor seiner Entscheidung die Beteiligten zu hören;

b) die übrigen Abkömmlinge, wobei die Kinder den anderen vorgehen;

c) die Verwandten aufsteigender Linie, wobei die näheren Grade den entfernteren vorgehen.

(3) Bei der Vollstreckung wegen der in Absatz 1 bezeichneten Ansprüche sowie wegen der aus Anlaß einer Verletzung des Körpers oder der Gesundheit zu zahlenden Renten kann zugleich mit der Pfändung wegen fälliger Ansprüche auch künftig fällig werdendes Arbeitseinkommen wegen der dann jeweils fällig werdenden Ansprüche gepfändet und überwiesen werden.

Lit: *Baer,* Die Rechtsgrundlage der Vorratspfändung, NJW 1962, 574; *Behr,* Probleme der Unterhaltsvollstreckung in Arbeitseinkommen, Rpfleger 1981, 382; *Berner,* Dauerpfändungen und Vorzugs(Vorrats-)pfändungen, Rpfleger 1962, 237; *Frisinger,* Privilegierte Forderungen in der ZwV und bei der Aufrechnung, 1967; *Grund,* Der notwendige Unterhalt nach § 850d Abs 1 ZPO, JR 1958, 256; *Henze,* Fragen der Lohnpfändung, Rpfleger 1980, 456; *Hetzel,* Ist bei der Bemessung der Pfändungsfreigrenzen des § 850d Abs 2 S 2 ZPO das Arbeitseinkommen der Ehefrau des

Schuldners zu berücksichtigen? MDR 1959, 353; *Kandler*, Das Verhältnis des Prioritätsgrundsatzes zum § 850 d ZPO, NJW 1958, 2048; *Quardt*, Die Vorratspfändung, JurBüro 1961, 520; *Rupp* und *Fleischmann*, Zum Pfändungsschutz für Schadensersatzansprüche wegen Unterhaltsverpflichtungen, Rpfleger 1983, 377.

1 **I) Zweck:** Regelung der Pfändbarkeit von Arbeitseinkommen wegen einer Unterhaltsforderung mit weitergehender Zugriffsmöglichkeit des Gläubigers, der wegen seiner Bedürftigkeit vom Schuldner in besonderem Maße abhängig ist.

II) Bevorrechtigte Unterhaltsansprüche

2 **1) Bevorrechtigt** sind die laufenden und in gewissen Grenzen (Rn 5) auch die rückständigen **Unterhaltsansprüche,** die bestimmten Angehörigen kraft Gesetzes zustehen. Dazu gehören die Unterhaltsansprüche der Verwandten in gerader Linie (§§ 1601 ff BGB) einschließlich der nichtehelichen Kinder (§ 1615 a BGB; bei diesen im Falle des § 1615 o BGB auch die vorgeburtlichen Ansprüche gegen den vermuteten Erzeuger, auch im Falle des § 641 d schon vor Feststellung der Vaterschaft); auch die Adoptivkinder zählen dazu (§§ 1754, 1770 BGB). Weiter gehören hierher die Unterhaltsansprüche des Ehegatten (§§ 1360 f BGB); auch der Anspruch auf Haushaltsgeld (LG Essen FamRZ 64, 366 = MDR 64, 416) und auf Taschengeld, und des getrenntlebenden Ehegatten (§ 1361 BGB), schließlich des früheren Ehegatten (§§ 1569 ff BGB, §§ 26, 37 EheG, ev Art 12 Nr 9 des 1. EheRG mit §§ 58 ff EheG; darunter auch der Anspruch auf Billigkeitsunterhalt nach § 60 EheG, LG Göttingen MDR 48, 480, BGH LM 1 zu § 60 EheG). Seit dem 1. 4. 72 (Inkrafttreten des 3. PfändungsfreigrenzenG) sind auch die Ansprüche der nichtehelichen Mutter auf Unterhalt für die Zeit vor und nach der Entbindung einbezogen (§§ 1615 l, 1615 n BGB), nicht die Schwangerschafts-, Entbindungs- und Sterbefallkosten (§§ 1615 k, 1615 m BGB). Vertragliche Regelung der gesetzlichen Unterhaltsansprüche, zB durch Vergleich, ändert an der Bevorrechtigung nichts (BGH 31, 210 [218] = MDR 60, 292 = NJW 60, 572; NJW 78, 1924; 79, 550). Schließen die Parteien für den Unterhaltsanspruch nach der Scheidung die Abänderungsklage aus, so ist regelmäßig daraus zu schließen, daß sie nicht den gesetzlichen Unterhaltsanspruch regeln wollten, sondern eine vertragliche Regelung entsprechend der Leibrente getroffen haben; in diesem Fall ist der pfändungsfreie Betrag dem § 850 c zu entnehmen (Frankfurt JurBüro 80, 778 = Rpfleger 80, 198). Nur der laufende Unterhalt (einschließlich gewisser Rückstände) genießt das Vorrecht, nicht ein Anspruch auf Kapitalabfindung (zB nach §§ 1585 II, 1615 e BGB). Das gleiche Vorrecht wie für gesetzliche Unterhaltsansprüche gilt auch für **Schadensersatzansprüche,** die wegen Entzugs der Unterhaltsansprüche (nach § 826 BGB) an ihre Stelle treten (Karlsruhe HRR 35 Nr 1713; KG NJW 55, 1112; Rupp/Fleischmann Rpfleger 83, 377); andere Ersatzansprüche (insbesondere § 844 II BGB) können nur nach § 850 f II, III vollstreckt werden (Rupp/Fleischmann aaO).

3 **2) Keine Vorzugsstellung** genießen vertraglich begründete Unterhaltsansprüche, wenn es sich nicht um die vertragliche Regelung gesetzlicher Unterhaltsansprüche handelt, zB der einem Stiefkind zugesagte Unterhalt oder die gegenüber dem Verkäufer eines Hauses übernommene Leibrente, auch nicht Altenteilsansprüche, desgleichen nicht Ansprüche auf Aussteuer, nach überwiegender Meinung auch nicht Kostenerstattungsansprüche aus der gerichtlichen Verfolgung von Unterhaltsansprüchen (OG Böhmen-Mähren DR 43, 44; LG Essen MDR 60, 680; LG Berlin MDR 63, 320; 66, 932; LG Offenburg JR 64, 347; LG München I Rpfleger 65, 278; Berner Rpfleger 67, 223; aA Weimar NJW 59, 2102; Täger JR 64, 348; Hamm Rpfleger 77, 109), wohl aber die Beitreibungskosten (LG Berlin aaO; Hamm aaO; aA LG Offenburg aaO). Der (durch einstw Verfügung erstrittene) Anspruch auf Prozeßkostenvorschuß wird als nicht bevorrechtigt angesehen, weil er trotz § 1360 a BGB vollstreckungsrechtlich kein echter Unterhaltsanspruch sei (LG Saarbrücken DRspr IV/420 d; LG Essen Rpfleger 60, 250 mit zust Anm Berner und MDR 65, 662; LG Aachen FamRZ 63, 48; LG Bremen Rpfleger 70, 214; aA Pastor FamRZ 58, 301; Stöber FdgPfdg Rdn 1084). Soweit der Vorschuß aber gerade die Durchsetzung eines gesetzlichen Unterhaltsanspruchs ermöglichen soll, wird ihm das Vorrecht zuzubilligen sein (AG Köln MDR 59, 848; Weimar NJW 59, 2102; aA auch insoweit LG Essen MDR 65, 662).

4 **3) Übergang von Unterhaltsforderungen:** Die Bevorrechtigung nach § 850 d bleibt auch bestehen, wenn der Anspruch auf einen eingesprungenen anderen Unterhaltsschuldner übergeht (§§ 1607 II, 1608, 1615 b, 1584 S 3 BGB; Stöber FdgPfdg Rdn 1081). Ein Übergang nach § 1607 II BGB findet auch statt (BGH 50, 266 = NJW 68, 1780), wenn ein Ehegatte bei ausbleibenden Unterhaltsleistungen des anderen für ein gemeinschaftliches Kind mit eigenen Unterhaltsleistungen, die ihn primär nicht treffen würden, vorläufig und in der Absicht, dafür Ersatz zu verlangen, in die Lücke tritt (vgl Celle NJW 74, 504). Der übergegangene Anspruch darf aber nicht zum Nachteil des eigentlichen Unterhaltsberechtigten geltend gemacht werden (§§ 1607 II S 3, 1608 S 2, 1615 b I S 2, 1584 S 2 BGB); dazu LG Köln Rpfleger 66, 260; Koblenz FamRZ 77, 68. Auch

die Überleitung auf einen Sozialhilfeträger (§ 90 BSHG) läßt das Vorrecht nicht entfallen (BAG AP 9 zu § 850 d ZPO = MDR 71, 696 = NJW 71, 2094; Celle FamRZ 68, 329 = NJW 68, 456; Hamm Rpfleger 77, 109; LG Aachen JurBüro 83, 1732 = Rpfleger 83, 360; LG Berlin MDR 62, 745; LG Braunschweig NJW 66, 457; LG Waldshut FamRZ 66, 45; Kropholler FamRZ 65, 416; Otto NJW 65, 1283; Berner Rpfleger 66, 281; aA wegen Wegfalls des Schutzzwecks LG Traunstein MDR 63, 319; LG Hanau NJW 65, 767; Horn MDR 67, 170; Frisinger NJW 72, 75; der Schuldner soll aber nicht die Pfandfreiheit eines größeren Einkommensteils dadurch erreichen können, daß er seine unterhaltsbedürftigen Angehörigen der öffentlichen Fürsorge überläßt). Für den Kostenerstattungsanspruch des Sozialhilfeträgers nach § 92 II BSHG gilt das Vorrecht nicht (OVG Lüneburg NJW 67, 2221; aA Hamm Rfpleger 77, 109). Gleiches gilt bei Überleitung des Unterhaltsanspruchs nach § 37 BAföG. Aufgelaufene Unterhaltsforderungen verlieren den privilegierten Charakter, wenn sie auf einen Erben übergehen (Hamburg JW 37, 51; LG Würzburg MDR 61, 1024; Breslau OLG 17, 340).

4) Rückstände: Das Vorrecht gilt auch für rückständige Unterhaltsansprüche, die nicht länger 5
als 1 Jahr vor dem Antrag auf Erlaß des Pfändungsbeschlusses (der Zeitpunkt des Erlasses oder der Zustellung des Pfändungsbeschlusses ist nicht maßgebend) fällig geworden sind. Dagegen sind überjährige Rückstände (die länger als 1 Jahr vor dem Eingang des Pfändungsantrags bei Gericht fällig geworden sind) nicht ohne weiteres bevorrechtigt. Insoweit ist der Gläubiger grundsätzlich den gewöhnlichen Gläubigern gleichgestellt, so daß die Pfändungsgrenzen des § 850 c gelten (Abs 1 S 4). Der Gläubiger kann aber auch für solche Rückstände (auch für die vor Erlaß des Urteils fällig gewordenen, KG MDR 86, 767 = Rpfleger 86, 394) Behandlung als Vorrechtsforderung beantragen, wenn er vorbringt, daß sich der Schuldner der Erfüllung seiner Unterhaltspflicht absichtlich entzogen habe (dazu KG aaO; LG Braunschweig JurBüro 86, 1422); den Nachweis hierfür braucht er nicht zu führen. Das Vollstreckungsgericht hat dem Antrag zu entsprechen, wenn nicht die Verhältnisse gegen Böswilligkeit des Schuldners sprechen. Gegenüber einem antragsgemäß erlassenen Pfändungsbeschluß kann der Schuldner, der bestreitet, sich der Zahlung der Rückstände absichtlich entzogen zu haben, im Wege der (unbefristeten) Vollstreckungserinnerung nach § 766 darauf hinwirken, daß den über 1 Jahr rückständigen Beträgen das Vorrecht nach § 850 d versagt wird, daß sie also wie eine gewöhnliche Forderung (§ 850 c) behandelt werden. Für sein Bestreiten trifft den Schuldner die Beweislast, wenn die Richtigkeit für das Gericht nicht schon aus den Umständen (zB lange Arbeitslosigkeit) ersichtlich ist (Merten DR 40, 1976; Oldenburg MDR 58, 172; Hamm JMBlNRW 63, 261; KG aaO).

III) Umfang der Pfändung

1) Wegen der bevorrechtigten Unterhaltsforderungen ist das Einkommen des Schuldners 6
über die Freigrenzen des § 850 c hinaus pfändbar (strenge Pfändung, Henze Rpfleger 80, 456). Außer den **Bezügen nach § 850** werden von der Pfändung auch die **Bezüge nach § 850 a Nr 1, 2, 4** erfaßt, soweit sie sonst unpfändbar wären (Abs 1 S 1); ein Teil von ihnen muß dem Schuldner aber zusätzlich zum notwendigen Unterhalt belassen werden (Abs 1 S 2 Hs 2). Die Bezüge nach § 850 a Nr 3, 5–8 können auch von Unterhaltsgläubigern nicht gepfändet werden; auf den notwendigen Unterhalt iS des Abs 1 S 2 Hs 1 können sie nicht angerechnet werden. Die Unpfändbarkeit nach § 850 a Nr 3 soll zwar sicherstellen, daß der Schuldner mit den zweckgebundenen Zuwendungen seine Mehraufwendungen decken kann, sie hat aber nicht zur Folge, daß sich diese Mittel bei der Pfändung wegen bevorrechtigter Unterhaltsansprüche (§ 850 d) überhaupt nicht zugunsten der Gläubiger auswirken könnten; vielmehr sind sie, wie alle anderen Einnahmequellen des Schuldners bei der Sicherstellung des (verringerten) pfändungsfreien Betrags des Schuldners (§ 850 d I S 2) mitzuberücksichtigen (BGH MDR 80, 385). Die Pfändung der Bezüge nach § 850 b ist auch Unterhaltsgläubigern nur unter den Voraussetzungen des § 850 b II möglich; wenn die Pfändung zugelassen wird, muß auch von ihnen dem Schuldner ein den notwendigen Unterhalt deckender Teil verbleiben (Rn 16 zu § 850 b). Bei der Pfändung eines gleichzeitigen Arbeitseinkommens bestimmt über ihre Anrechnung auf den notwendigen Unterhalt die an § 850 b II ausgerichtete konstitutive Pfändungsentscheidung des Vollstreckungsgerichts. Bei der Pfändung einmaliger Vergütungen für Dienstleistungen (§ 850 i I) ergibt sich eine gleichartige Regelung aus § 850 i I S 1.

2) Zu belassen ist dem Schuldner, wenn wegen bevorrechtigter Unterhaltsforderungen ge- 7
pfändet wird:

a) der für seinen eigenen **notwendigen Unterhalt** benötigte Betrag (Sockelbetrag; Richtgröße das Doppelte des „Eckregelsatzes" nach § 22 BSHG, Henze Rpfleger 80, 457). „Notwendiger" Unterhalt liegt zwischen dem „angemessenen" (§ 1360 a I, § 1610 I BGB), der sich nach der Lebensstellung des Bedürftigen bestimmt, und dem „notdürftigen" Unterhalt (§ 1611 I BGB aF, § 65 I EheG aF), der völlige Anspruchslosigkeit voraussetzt. Was zum notwendigen Unterhalt gehört, kann den §§ 22 ff BSHG entnommen werden. Außer dem unmittelbaren Lebensbedarf an Wohnung, Kleidung, Nahrung und kleineren Bedürfnissen des täglichen Lebens ist auch ein bescheidenes Taschengeld zuzugestehen (Naumburg JW 35, 3242). Schulden für Anschaffungen sind wegen ihres schlechteren Rangs grundsätzlich nicht zu berücksichtigen; jedoch enthalten auch die Sozialhilfesätze einen Betrag für kleinere Anschaffungen, so daß der nach diesen Sätzen ausgerichtete notwendige Unterhalt eine Abtragung einschlägiger Schulden wenigstens in kleinen Raten zuläßt (weitergehend LG Duisburg JMBlNRW 56, 200; LG Lüneburg FamRZ 69, 51). UU sind dem Schuldner auch die Mittel zur ratenweisen Zahlung einer Geldstrafe zusätzlich zuzubilligen, damit er nicht durch Verbüßung der Ersatzfreiheitsstrafe seinen Arbeitsplatz verliert und vollends leistungsunfähig wird (LG Frankfurt NJW 60, 2249). Eine frühere gehobene Lebensstellung ist nicht zu berücksichtigen (KG JW 36, 3080). Entsprechend dem § 850a Nr 3 sind dem Schuldner die Mittel für berufsnotwendige Auslagen zu belassen, zB für die Praxisaufwendungen eines Kassenzahnarztes (Hamm Rpfleger 58, 279) oder für höhere Fahrtkosten zur Arbeitsstelle (Celle NdsRpfl 67, 59).

8 **b)** was er zur Erfüllung seiner laufenden gesetzlichen **Unterhaltspflichten** (nicht auch zur Tilgung von Unterhaltsrückständen) gegenüber den dem Vollstreckungsgläubiger vorgehenden oder zur gleichmäßigen Befriedigung der dem Gläubiger gleichrangigen Berechtigten braucht (Abs 1 S 2 Hs 1). Ein Stiefkind oder Pflegekind gehört nicht zu diesen Berechtigten; wenn der Schuldner aber für ein solches Kindergeld erhält, ist es nicht auf den notwendigen Unterhalt für sich und seine unterhaltsberechtigten Angehörigen anzurechnen (vgl LG Lübeck Rpfleger 75, 76). Soweit die Unterhaltsberechtigten an sich „angemessenen" Unterhalt zu beanspruchen hätten, schrumpft auch ihr zu berücksichtigender Anspruch auf den „notwendigen" Unterhalt zusammen (Berner Rpfeger 58, 308). Für den Regelunterhalt nichtehelicher Kinder kann sich aus der Rangordnung nach Abs 2a das gleiche ergeben. Voraussetzung für die Berücksichtigung der Unterhaltsberechtigten ist wie in § 850c, daß der Schuldner tatsächlich Unterhalt gewährt (LG Berlin DAVorm 76, 661). Daher ist auch hier von Bedeutung, ob sich die potentiell Unterhaltsberechtigten ganz oder teilweise aus eigenem Einkommen unterhalten können.

9 **c)** außerdem von den in **§ 850a Nr 1, 2 u 4** genannten Bezügen mindestens (das Vollstreckungsgericht kann auch mehr belassen) die Hälfte des nach § 850a unpfändbaren Betrags, also mindestens ¼ des Einkommens aus Mehrarbeitsstunden, mindestens die Hälfte von Urlaubs-, Treuegeldern, Zuwendungen anläßlich eines besonderen Betriebsereignisses, mindestens die Hälfte desjenigen Betrages der Weihnachtsvergütung, der in § 850a Nr 4 als unpfändbar bezeichnet ist.

10 **3)** Welche Beträge dem Schuldner bei der Unterhaltspfändung als **notwendiger Lebensunterhalt** für sich und seine Angehörigen zu belassen sind, sagt das Gesetz nicht, weil die Lebensverhältnisse nicht überall dieselben sind. Die Obergrenze bilden die Freigrenzen nach § 850c (Abs 1 S 3), wenn nicht wegen besonderer Verhältnisse nach § 850f I ein höherer Freibetrag zu bewilligen ist. Andererseits müssen dem Schuldner und seiner Familie mindestens die Mittel zu einem menschenwürdigen Dasein verbleiben. Dem Schuldner ist daher jedenfalls so viel zu belassen, wie einem Hilfebedürftigen nach den §§ 22 ff BSHG iV mit der RegelsatzVO als Sozialhilfe gewährt würde, die ebenfalls nach der Zahl der Hilfsbedürftigen und den örtlich verschiedenen Lebenshaltungskosten abgestuft ist. Da die Sozialhilfesätze aber auf nicht arbeitende Personen abgestellt sind, müssen sie mit Rücksicht auf die erhöhten Bedürfnisse Berufstätiger und zur Erhaltung der Arbeitskraft des Schuldners angemessen erhöht werden. Vgl hierzu Celle NdsRpfl 67, 59; Hamm Rpfleger 74, 31 und DAVorm 85, 417 = JurBüro 84, 1900 (mit Stellungnahme zu Einzelfragen); LG Hamburg Rpfleger 66, 147; LG Lübeck FamRZ 71, 51; LG Saarbrücken DAVorm 76, 660; AG Griesbach Rpfleger 64, 381; Berner Rpfleger 58, 303; 60, 250; 64, 382; 66, 148; Henze Rpfleger 80, 457. Üblicherweise werden durch das Vollstreckungsgericht (im Zusammenwirken mit Sozialamt, Jugendamt usw) Richtsätze aufgestellt, die in den angegebenen Grenzen durchschnittlichen Verhältnissen Rechnung tragen, aber Abweichungen im Einzelfall zulassen, zB wegen besonders hoher Ausgaben in Krankheitsfällen oder bei getrennter Haushaltführung, nach der anderen Seite etwa bei mietfreier Wohnung.

11 **4)** Auf den „notwendigen" Betrag sind **Naturaleinkünfte** anzurechnen, aus denen der Schuldner seinen Lebensunterhalt ganz oder teilweise bestreiten kann, auch sonstige **Nebeneinnahmen,** sei es aus Nebenbeschäftigung (vgl Hamm JMBlNRW 55, 270), sei es aus Vermögen (zB zufließende Zinsen), auch regelmäßig fließende Trinkgelder (LG Bremen Rpfleger 57, 84). Streitig ist, ob **Einkommen des anderen Ehegatten** angerechnet werden kann. Verneinend insbesondere KG DR 40, 85; Hamburg DR 44, 916; Celle MDR 53, 304; LG Lüneburg MDR 55, 428; LG Bremen Rpfleger 59, 384; LG Hildesheim FamRZ 65, 278; ferner Middel DR 41, 1393; Haegele Rpfleger 48, 454; andererseits Lange DJ 42, 256; LG Dresden DRM 41 RsprNr 261; Dresden DRPfl 43,

237; LG Bielefeld FamRZ 55, 222 = Rpfleger 55, 136; Frankfurt MDR 57, 750 mit Anm Hill; AG Bonn MDR 61, 948; LAG Frankfurt NJW 65, 2075; LG Göttingen FamRZ 65, 597; Celle FamRZ 66, 203 = MDR 66, 596 = OLGZ 66, 440 unter Aufgabe von MDR 53, 304; LG Hamburg Rpfleger 66, 147; Hetzel MDR 59, 353, Berner Rpfleger 66, 148; vgl auch Gernhuber AP 2 zu § 850c ZPO. Die Frage ist aber nicht unter dem Gesichtspunkt der Anrechnung zu sehen. Da die leistungsfähige Ehefrau zum Unterhalt der Familie beizutragen hat, ist ihr Einkommen insoweit zu berücksichtigen, als der Schuldner dadurch von Unterhaltspflichten gegenüber der Frau und den Kindern entlastet wird, so daß sich der ihm als notwendiger Unterhalt zu belassende Betrag wie bei § 850c IV verringert. Was die Ehefrau darüber hinaus durch ihren Verdienst zur besseren Lebenshaltung der Familie beisteuert, gebührt den Unterhaltsgläubigern des Mannes nicht; derjenige Betrag, der einem alleinstehenden Schuldner als notwendiger Unterhalt zu belassen wäre, wird dem Ehemann als Schuldner daher anrechnungsfrei verbleiben müssen, so daß dieser Betrag und der Verdienst der Frau auf alle Fälle der Familie verbleiben. Auf den Gesichtspunkt der Entlastung des Schuldners stellt auch die vorangeführte neuere Rspr ab (ebenso Hetzel aaO). Der Ehefrau etwa gewährte Sozialhilfe kann nicht als solche Entlastung gewertet werden, damit nicht der Sozialhilfefall im Widerspruch zu § 2 BSHG zum Vorteil des Vollstreckungsgläubigers verewigt wird (LG Lübeck SchlHA 70, 117). Freibeträge für Ehefrau und Kinder können einem Vollstreckungsschuldner nicht bewilligt werden, der in abhängiger Stellung im Geschäft seiner Ehefrau arbeitet und an Vergütung (Natural- und Barleistungen) nur soviel erhält, daß davon sein eigener Lebensbedarf gedeckt wird, während die Familie ihr Auskommen von dem Geschäftsertrag hat (LAG Frankfurt AP 1 zu § 850c mit Anm Pohle; NJW 65, 2075). Bei Kindern, die schon selbst verdienen, kann gleichfalls § 850c IV entsprechend angewendet werden. Anzurechnen ist auch das **Kindergeld** nach dem BKGG. Nach Aufhebung des § 12 II BKGG (durch Art II § 12 Nr 1 SGB-AT) kann es dabei nicht mehr darauf ankommen, ob gerade ein Kind pfändet, für das dem Vollstreckungsschuldner Kindergeld zufließt, oder ein anderer Unterhaltsberechtigter. Da das Kindergeld nicht dem betreffenden Kind zusteht, sondern allgemein die Unterhaltslast von Familien mit Kindern erleichtern soll (BSozG NJW 74, 2152; BGH NJW 78, 872; Bauer NJW 78, 872) und seine Verwendung dem Anspruchsberechtigten freigestellt ist, ist es auf den dem Vollstreckungsschuldner und seiner Familie zustehenden Freibetrag voll anzurechnen (LG Oldenburg DAVorm 78, 70). Wegen des Kindergeldes für Stief- und Pflegekinder s aber Rn 8. Zu berücksichtigen ist auch das gleichen Zwecken dienende **Wohngeld.** Ebenso können **Sozialversicherungs- und Versorgungsrenten,** die ebenfalls zur Pfändung durch Unterhaltsberechtigte freigegeben sind (Art I § 54 III Nr 1 SGB-AT), dem gepfändeten Arbeitseinkommen zwecks Anrechnung hinzugeschlagen werden. Von der Anrechnung von Sozialleistungen kann aber abzusehen sein, wenn sie nicht für die allgemeine Lebenshaltung des Schuldners und seiner Familie bestimmt sind, sondern einen besonderen Zweck erfüllen sollen, wie zB eine Pflegezulage (Celle NdsRpfl 52, 208; LG Bielefeld Rpfleger 55, 136) oder Blindenzulage, damit die Sozialleistung dem Schuldner zusätzlich zu dem aus dem gepfändeten Arbeitseinkommen zu belassenden Freibetrag für den notwendigen Unterhalt verbleibt. Insoweit haben die Billigkeitsgesichtspunkte des § 850e Nr 2a auch hier Bedeutung. Für die nicht an einen besonderen Zweck gebundenen Sozialleistungen wurde die Anrechenbarkeit auf den notwendigen Unterhalt schon bisher zumeist bejaht (Hamm JMBlNRW 52, 7; LG Heidelberg BB 53, 947; LG Essen Rpfleger 56, 314; LG Bielefeld Rpfleger 59, 15; LG Berlin JR 60, 23; Pohle AP 53, 66; Berner Rpfleger 55, 138; 59, 16; 60, 175; aA LAG Hamm BB 52, 576).

5) Zum Verfahren: a) Gepfändet wird für einen Unterhaltsgläubiger in dem erweiterten Umfang des § 850 d nur auf **Antrag.** Wenn bevorzugte Pfändung nach § 850 d verlangt wird, muß sich der Charakter der Vollstreckungsforderung als gesetzliche Unterhaltsforderung grundsätzlich aus dem Vollstreckungstitel ergeben (Hoffmann NJW 73, 1111). Wenn der Vollstreckungstitel (zB Versäumnisurteil) das nicht ersehen läßt, kann der Nachweis ausnahmsweise durch andere urkundliche Unterlagen geführt und die Bevorrechtigung vom Vollstreckungsgericht entschieden werden (vgl Rn 5 zu § 850f; Frankfurt JurBüro 80, 778 = Rpfleger 80, 198). In seinem Antrag muß der Gläubiger die Anzahl der vorhandenen Unterhaltsberechtigten angeben, die einem selbst Unterhaltsberechtigten regelmäßig bekannt sind; andernfalls kann, da dem Vollstreckungsgericht diesbezügliche Ermittlungen nicht obliegen, nur Pfändungsbeschluß nach § 850c ergehen (aA Wimmer JW 38, 15). Wenn der Gläubiger geltend macht, daß vorhandene Unterhaltsberechtigte nicht zu berücksichtigen seien (vgl Rn 11), müssen die Gründe im einzelnen schlüssig dargelegt werden. Glaubhaftmachung ist nicht erforderlich. Der Gläubiger kann seinen Antrag auf einen geringeren als den an sich pfändbaren Betrag beschränken (vgl Rn 20 zu § 850c). Der Schuldner ist zum Antrag nicht zu hören (§ 834). 12

b) Das Vollstreckungsgericht (Rechtspfleger, § 20 Nr 17 RpflG) setzt im Pfändungsbeschluß den **pfandfreien Einkommensteil** betragsmäßig oder sonst bestimmbar (zB halbes Nettoeinkom- 13 men über 1 000 DM monatlich) **fest** (kein Blankettbeschluß). Diese (konstitutive) Festsetzung ist im Drittschuldnerprozeß auch für das Prozeßgericht bindend; der Drittschuldner kann sich nur mit Erinnerung (s BGH 69, 148; Rpfleger 78, 249), nicht aber im Rechtsstreit darauf berufen, daß der pfandfreie Betrag unrichtig festgesetzt ist (BAG AP 4 zu § 850 d ZPO mit Anm Pohle = MDR 61, 799 mit Anm Bötticher = NJW 61, 1180; BAG AP 8 zu § 850 d ZPO mit Anm Bötticher = MDR 62, 339 = NJW 62, 510; NJW 77, 75; LAG Niedersachsen DAVorm 77, 578; Pohle AP 4 und 8 zu § 850 d; Berner Rpfleger 61, 289; 62, 170; 64, 329). Für das Prozeßgericht bindend ist bei einer Neufestsetzung auch der vom Vollstreckungsgericht für das Wirksamwerden festgesetzte Zeitpunkt (BAG aaO). Die Bemessung des Eigenbedarfs des Schuldners durch das Prozeßgericht im vorausgegangenen Unterhaltsrechtsstreit ist für die Bemessung des Freibetrags durch das Vollstreckungsgericht nicht bindend (LG Essen MDR 58, 433; LG Kassel Rpfleger 74, 76 mit Anm Stöber; einschränkend Bremen OLGZ 72, 485). Der (formell) rechtskräftige Beschluß des Vollstreckungsgerichts schneidet seinerseits neue Feststellungen im Verfahren nach § 850 f nicht ab (Hamm Rpfleger 77, 224).

14 **c) Rechtsbehelfe:** Gegen den Pfändungsbeschluß steht dem Schuldner und dem Drittschuldner sowie einem zurückgesetzten Unterhaltsberechtigten, ausnahmsweise auch dem Gläubiger (Koblenz Rpfleger 78, 286), die Vollstreckungserinnerung (§ 766) zu. Gegen ganze oder teilweise Ablehnung seines Pfändungsantrags hat der Gläubiger die befristete Rechtspflegererinnerung (§ 11 I S 2 RpflG). Das gilt auch, wenn der Rechtspfleger einer Vollstreckungserinnerung durch Aufhebung des Pfändungsbeschlusses oder Festsetzung eines höheren Freibetrags abgeholfen hat (Koblenz Rpfleger 73, 65; 78, 226; Stöber Rpfleger 74, 52; aA LG Lübeck Rpfleger 74, 76; LG Koblenz BB 77, 1070).

IV) Rangordnung mehrerer Unterhaltsberechtigter (Abs 2)

15 **1)** Einzelheiten: Kandler NJW 58, 2048. Abs 2 ist von Bedeutung, wenn die mehreren Unterhaltsgläubiger pfänden, ebenso aber, wenn nur einer von ihnen mit Pfändung vorgeht, weil sich nach Abs 2 bestimmt, ob dem Schuldner für seine anderen Unterhaltsberechtigten gleichfalls der „notwendige" Betrag als Zuschlag zu dem für den Schuldner selbst freizulassenden Betrag zu verbleiben hat oder ob sich diese zur gleichmäßigen Befriedigung mit dem pfändenden Gläubiger eine Kürzung gefallen lassen müssen oder ob sie überhaupt hinter den pfändenden Gläubiger zurückzutreten haben (vgl Frisinger NJW 70, 715). Der Vorrang wirkt sich zunächst nur im Verhältnis der laufenden Unterhaltsansprüche der mehreren Gläubiger aus (Sprey DR 41, 2272); der in der Rangordnung vorgehende Gläubiger kann also nicht verlangen, daß er auch mit seinen nach Abs 1 S 4 bevorrechtigten Rückständen vor den laufenden Ansprüchen des schlechterrangigen Gläubigers befriedigt wird (aA Kandler aaO). Bleibt aber nach Befriedigung aller laufenden Ansprüche noch etwas zur Abtragung von Rückständen übrig, so kommt die Rangordnung erneut zum Zug; der besserrangige Gläubiger kann also verlangen, daß seine am Vorrecht teilhabenden Rückstände (Rn 5) vor denjenigen des schlechterrangigen befriedigt werden (Sprey aaO). Dagegen besteht kein Rangverhältnis zwischen den überjährigen Ansprüchen mehrerer Gläubiger, deren Befriedigung sich der Schuldner nicht absichtlich entzogen hat; denn insoweit ist § 850 d überhaupt nicht anwendbar (Abs 1 S 4), also auch nicht Abs 2, sondern § 850 c (Holthöfer DRiZ 57, 267); es entscheidet die Priorität. Gleichmäßige Befriedigung bedeutet nicht stets gleichhohe Beträge (LG Essen MDR 55, 113; LG Darmstadt MDR 58, 245; LG Bremen Rpfleger 61, 186; LG Berlin MDR 61, 512; LG Mannheim NJW 70, 56; Berner Rpfleger 58, 308). Eine Aufteilung nach der unterschiedlichen Höhe der Bedürfnisse (zB Kleinkind einerseits, Erwachsene andererseits) statt nach Kopfteilen wird aber regelmäßig nur im Erinnerungsverfahren möglich sein, da bei Erlaß des Pfändungsbeschlusses Näheres regelmäßig nicht bekannt ist.

16 **1. Gruppe:** Eheliche minderjährige unverheiratete Kinder, gleichviel, welcher Ehe sie entstammen, auch solche aus nichtiger Ehe (§ 1591 I S 1 BGB), auch Adoptivkinder, auch die bis zum Inkrafttreten des NEG (1. 7. 70) in die 2. Rangklasse eingereihten nichtehelichen Kinder; mit etwa rückständigen Unterhaltsbeträgen aus der Zeit vor dem 1. 7. 70 verbleiben sie gemäß Art 12 § 22 NEG allerdings in der 2. Rangklasse. Geschiedene oder verwitwete minderjährige Kinder zählen zu den unverheirateten. Stiefkinder kommen nicht in Betracht (Hamm Rpfleger 54, 633; Berner Rpfleger 54, 635; 61, 290). Zur 1. Rangklasse gehören weiter der Ehegatte und ein früherer Ehegatte. Ihr Verhältnis zueinander innerhalb der 1. Gruppe hat das 1. EheRG modifiziert; durch Art 6 Nr 34 wurde das vollstreckungsrechtliche Rangverhältnis durch Verweisung auf § 1582 BGB nF dem materiell-rechtlichen angeglichen und damit die Stellung des früheren Ehegatten in bestimmten Lagen verbessert. Dazu Engelhardt JZ 76, 579; Dieckmann FamRZ 77, 163; Diederichsen NJW 77, 361; LG Frankenthal Rpfleger 84, 106. Die Verweisung bedeutet im Ergebnis, daß bei leistungsschwachem Unterhaltsverpflichteten (§ 1581 BGB) der frühere Ehe-

gatte unter den (komplizierten) Voraussetzungen des § 1582 BGB dem jetzigen vorgeht; sonst bleibt es beim Gleichrang. Vom Gleichrang wird im Regelfall, wenn nicht der Titel des pfändenden Teils erschöpfenden Aufschluß gibt, das Vollstreckungsgericht im Pfändungsbeschluß ausgehen müssen, so daß die endgültige Festlegung des Rangverhältnisses dem Erinnerungsverfahren oder dem Abänderungsverfahren nach Abs 2a Hs 3 vorbehalten bleibt. Daran, daß früherer wie jetziger Ehegatte ihrerseits den minderjährigen unverheirateten Kindern aus der früheren wie aus der jetzigen Ehe im Rang gleichstehen, hat sich nichts geändert. Wenn die frühere Ehe noch nach dem bis zum 30. 6. 77 geltenden materiellen Recht aufgelöst wurde, ist § 850d Abs 2a in der bisherigen Fassung anzuwenden (Art 12 Nr 9 des 1. EheRG), nach der früherer und jetziger Ehegatte einander im Rang schlechthin gleichstehen. Seit dem 3. ÄndG ist schließlich auch die Mutter eines nichtehelichen Kindes mit ihren Unterhaltsansprüchen nach §§ 1615l, 1615n BGB in der 1. Rangklasse bevorrechtigt. Das sich aus dem Gesetz ergebende Rangverhältnis (im Regelfall Gleichstellung) der zur 1. Gruppe gehörenden Personen kann das Vollstreckungsgericht nach billigem Ermessen anderweitig regeln. Auf diese Weise kann auch dafür gesorgt werden, daß das nichteheliche Kind, das einen Vollstreckungstitel über den Regelunterhalt (ggf mit Zu- oder Abschlägen) hat und damit unterhaltsrechtlich besser stehen kann als eheliche Kinder, bei der Vollstreckung in das Einkommen des Schuldners nicht mehr pfändet als für die ehelichen Kinder verbleibt, deren Unterhaltsansprüche sich schon nach materiellem Recht nach der Leistungsfähigkeit des Verpflichteten richten (vgl Köln FamRZ 76, 119). Das Rangverhältnis kann auch für Anspruchsteile abweichend geregelt werden. Abweichende Feststellung des Rangverhältnisses durch das Vollstreckungsgericht nach billigem Ermessen darf aber nicht ein Unterhaltsurteil des Familiengerichts unterlaufen; zu weitgehend aber LG Frankenthal Rpfleger 84, 106: weil es dem Prozeßgericht vorbehalten sei, titulierte Unterhaltsansprüche auf Abänderungsklage abzuändern, kann Rangänderung durch das Vollstreckungsgericht nur bewirken, daß Unzuträglichkeiten bei Vollstreckung von Unterhaltsrückständen vermieden werden. Die vom gesetzlichen Rangverhältnis abweichende Einstufung durch das Vollstreckungsgericht setzt einen Antrag des Schuldners oder eines Berechtigten voraus; vor der Entscheidung sind die Beteiligten zu hören (Abs 2 Buchst a Hs 3 und 4). Zuständig ist der Rechtspfleger (§ 20 Nr 17 RpflG); gegen seine Entscheidung befristete Durchgriffserinnerung nach § 11 I S 2 RpflG.

2. Gruppe: Die übrigen Abkömmlinge, also volljährige und verheiratete Kinder, Enkel usw, wobei die Kinder (Abkömmlinge des 1. Grades) den Abkömmlingen entfernterer Grade vorgehen. Auf die Berufung zu gesetzlichen Erben ist im Gegensatz zu früher nicht mehr abgestellt. Die Kinder haben unter sich gleichen Rang, desgleichen unter sich auch die Abkömmlinge desselben entfernteren Grades. Volljährige Kinder sind auch dann in Gruppe 2 zu berücksichtigen, somit den minderjährigen unverheirateten Kindern in Gruppe 1 nicht gleichgestellt, wenn sie infolge einer körperlichen oder geistigen Behinderung nicht erwerbstätig sein können; andere Berücksichtigung kann jedoch uU auf Antrag nach § 765a erfolgen. 17

3. Gruppe: Die Verwandten aufsteigender Linie (§§ 1601, 1606 BGB), wobei die näheren Grade den entfernteren vorgehen. Die Eltern kommen also vor den Großeltern. 18

Alle 3 Rangklassen gehen mit ihren laufenden Unterhaltsansprüchen (nicht mit Rückständen) den Gläubigern aus vorsätzlich unerlaubter Handlung vor, falls diese auf Grund entsprechender Bewilligung des Vollstreckungsgerichts (§ 850f II) in den Teilbereich des Einkommens eindringen dürfen, der sonst gemäß § 850d den bevorrechtigten Unterhaltsgläubigern vorbehalten ist. Zusammentreffen von bevorrechtigten mit gewöhnlichen Gläubigern s § 850e Nr 4. 19

2) Verwirklichung des Rangverhältnisses: a) Pfändung durch einen Unterhaltsgläubiger: Wenn er einen besseren Rang hat als die beim Schuldner durch Freibeträge zu berücksichtigenden Unterhaltsberechtigten (zB getrennt lebende Ehefrau einerseits, volljährige Kinder andererseits), so wirkt sich der Vorrang dahin aus, daß dem Schuldner ungekürzt zunächst nur der notwendige Unterhalt für seine Person verbleibt; für seine Unterhaltspflichten gegenüber den anderen Unterhaltsberechtigten kann ihm nur soviel belassen werden, als bei Befriedigung des pfändenden Gläubigers übrig bleibt. Für Unterhaltspflichten gegenüber Berechtigten, die den gleichen Rang wie der pfändende Gläubiger haben, ist dem Schuldner soviel zu belassen, daß eine gleichmäßige Befriedigung (wenn auch nicht notwendig stets mit gleichhohen Beträgen; vgl Rn 15) möglich ist. Pfändet ein schlechterrangiger Unterhaltsgläubiger (zB ein volljähriges Kind, während zum Haushalt des Schuldners Ehefrau und minderjährige Kinder gehören), so muß dem Schuldner außer seinem eigenen notwendigen Lebensbedarf auch der Betrag belassen werden, der zur Befriedigung der auf den laufenden Unterhalt gerichteten Ansprüche der vorgehenden Berechtigten erforderlich ist. 20

b) Pfänden nacheinander mehrere Unterhaltsgläubiger, so gilt zunächst ohne Rücksicht auf ihren Rang der Grundsatz der Priorität (§ 804 III). Die Rangordnung nach Abs 2 hat aber zur 21

Folge, daß das Vollstreckungsgericht auf Verlangen des auf diese Weise benachteiligten Gläubigers (§ 850 g S 2) oder des Schuldners durch Änderung des 1. Pfändungsbeschlusses den der Rangordnung entsprechenden Rechtszustand herzustellen hat. Der Grundsatz der Priorität (§ 804 III) wird also durchbrochen (vgl LG Bamberg MDR 86, 245; LG Mannheim NJW 70, 56; Henze Rpfleger 80, 458). Dagegen tritt nach Frisinger NJW 70, 715 (zu LG Mannheim aaO) der Prioritätsgrundsatz nur in dem Einkommensbereich zurück, der den bevorrechtigten Unterhaltsgläubigern vorbehalten ist, während es in dem allen Gläubigern offenstehenden Einkommensbereich beim Vorrang der früheren Pfändung verbleiben soll. Hat der nachpfändende Gläubiger mit dem erstpfändenden gleichen Rang (zB Pfändungen durch Ehefrau und minderjähriges Kind), so ist für gleichmäßige Befriedigung beider mit ihren laufenden Ansprüchen (und ggf auch mit ihren Rückständen) zu sorgen. Gebührt dem nachpfändenden Gläubiger der bessere Rang (zB erste Pfändung durch volljähriges Kind, zweite durch Ehefrau), so ist der Erstpfändende hinter den später Pfändenden zurückzusetzen (Henze Rpfleger 80, 458: gleichhoher Pfandbetrag für gleichrangige Gläubiger). Solange die Änderung durch das Vollstreckungsgericht nicht durchgeführt ist, kann der Drittschuldner nach dem Inhalt der ihm zugestellten Pfändungsbeschlüsse mit befreiender Wirkung leisten (§ 850 g S 3).

V) Vorratspfändung (Abs 3); **Dauerpfändung**

22 **1) Abs 3** behandelt die **Vorratspfändung** (Vorzugspfändung). Dazu Berner Rpfleger 62, 237; 64, 299; Baer NJW 62, 574; Baur Betrieb 68, 251. Da auf Forderungen schon vor ihrer Fälligkeit im Wege der Pfändung zugegriffen werden kann, besteht kein Hindernis, die Pfändung von Arbeitseinkommen auch auf erst künftig fällig werdende Lohnbeträge aus dem bestehenden Arbeitsverhältnis zu erstrecken, das den Drittschuldner der künftig entstehenden Lohnansprüche bereits bezeichnet (vgl Baur aaO); daß diese Lohnbeträge erst verdient werden müssen, steht nicht entgegen (Anm zu § 832). Dagegen muß nach § 751 die Fälligkeit der zu vollstreckenden Forderung bereits eingetreten sein, bevor ihretwegen Pfändungsbeschluß ergeht. Letzeres Erfordernis wird durch Abs 3 durchbrochen, jedoch nur unter 3 Voraussetzungen:

23 **a)** Bei der Vollstreckungsforderung muß es sich um einen **gesetzlichen Unterhaltsanspruch** im Sinn des Abs 1 S 1 oder um einen **Rentenanspruch** aus Anlaß der Verletzung des Körpers oder der Gesundheit (s § 850 b I Nr 1) handeln. Daß der Anspruch mit Vorrang nach § 850 d vollstreckt wird, ist nicht verlangt; Vorratspfändung kann daher auch erfolgen, wenn dem Schuldner bei Vollstreckung des Unterhalts- oder Rentenanspruchs auf Gläubigerantrag Einkommensbeträge in erweitertem Umfang nach § 850 c pfandfrei verbleiben. Rückstände über ein Jahr gehören zu den Ansprüchen des Abs 1, die Vorratspfändung ermöglichen, jedoch nur, wenn sich der Schuldner seiner Zahlungspflicht absichtlich entzogen hat.

24 **b)** Die Vollstreckungsforderung muß bei Erlaß des Pfändungsbeschlusses (KG MDR 60, 931; LG Berlin MDR 86, 596) wenigstens zu einem Teilbetrag **fällig** geworden sein (der Grundsatz des § 751 wird also nicht vollständig aufgegeben); es werden zB die fortlaufenden Gehaltsbezüge des Schuldners am 10. 7. wegen eines seit dem 1. 7. fälligen Unterhaltsbetrags und wegen der am 1. 8., 1. 9. usw fälligen Unterhaltsbeträge gepfändet. Keine Vorratspfändung kann wegen eines fortlaufenden Unterhalts- oder Schadenersatzrentenanspruchs erfolgen, dessen bisher fällig gewordene Raten sämtliche bezahlt sind, so daß ausschließlich wegen künftiger gepfändet würde, auch wenn Gläubiger für die Zukunft Zahlungssäumigkeit des Schuldners befürchtet (Frankfurt NJW 54, 1774; KG u LG Berlin aaO; LG Essen NJW 66, 1222; LG Münster FamRZ 71, 667 = Rpfleger 71, 324). Andererseits genügt nicht das Vorhandensein von Rückständen, deretwegen schon früher eine Pfändung ausgebracht wurde; soll wegen erst künftig fällig werdender Unterhaltsansprüche eine Vorratspfändung vorgenommen werden, so muß durch dieselbe Vollstreckungsmaßnahme zugleich auch wegen bereits fälliger Unterhaltsforderungen gepfändet werden (LG Münster aaO). Zahlung der bereits fälligen Beträge nach Erlaß (nicht Zustellung) der Vorratspfändung rechtfertigt aber noch nicht Aufhebung des Beschlusses (Hamm JMBlNRW 56, 234; KG MDR 60, 931; Düsseldorf MDR 77, 147). Die Aufrechterhaltung der Vorratspfändung nach Wegfertigung des Rückstands kann aber mißbräuchlich sein, wenn es zum Rückstand nur infolge eines Irrtums gekommen ist und Gewähr dafür besteht, daß der Schuldner die künftig fällig werdenden Beträge freiwillig pünktlich bezahlt (Düsseldorf aaO).

25 **c)** Zugriffsgegenstand muß das **Arbeitseinkommen des Schuldners** sein. Fortlaufende Sozialleistungen in Geld stehen gleich, da sie nach Art I § 54 III SGB-AT wie Arbeitseinkommen zu pfänden sind. Die Zulässigkeit von Vorratspfändungen hinsichtlich solcher Leistungen hat ein Teil der Rspr schon vor Inkrafttreten des SGB in entsprechender Anwendung des § 850 d III angenommen (so für Versorgungsrenten LG Berlin Rpfleger 68, 125, für Angestelltenversicherungsrenten Celle MDR 62, 414, für Krankengeld LG Berlin Rpfleger 65, 307). Dagegen scheidet Anwendung des Abs 3 aus, wenn wegen einer Forderung nach a) und b) andere fortlaufende

Einkünfte des Schuldners (zB aus Vermietung oder Leibrenten) gepfändet werden sollen (Hamm MDR 63, 226; SchlHOLG Rpfleger 65, 161; LG Essen Rpfleger 67, 419). Insoweit kommt aber die nachfolgend erörterte Dauerpfändung in Betracht (abl LG Berlin Rpfleger 78, 331).

2) **Pfändung mit aufschiebend bedingter Dauerwirkung** (dazu Baer NJW 62, 574; Berner Rpfleger 62, 237; 63, 20; 64, 299; 65, 182, 308): Bei ihr kommt es nicht auf den Rechtsgrund des schuldnerischen Anspruchs auf wiederkehrende Leistungen an, so daß auch Miet- und Pachtzinsforderungen usw des Schuldners gepfändet werden können (LG Mannheim NJW 49, 869; LG Bremen Rpfleger 50, 275; LG Würzburg NJW 56, 1160; LG Hamburg Rpfleger 62, 281; LG Essen NJW 66, 1822; Rpfleger 67, 419; München Rpfleger 72, 321; einschränkend LG Stuttgart ZZP 71, 287; aA [Bedenken aus § 751 I] Hamm JurBüro 63, 52 = MDR 63, 226; SchlHOLG Rpfleger 65, 181; dazu insbes Berner aaO; vgl auch Celle NdsRpfl 52, 153). Dauerpfändung in Forderungen auf künftige einmalige, aber teilbare (wohl: in Raten zahlbare) Leistungen läßt LG Saarbrücken Rpfleger 73, 373 zu (so auch Berner Rpfleger 62, 239; zweifelnd Stöber FdgPfdg Rdn 692), Dauerpfändung eines Nachlaßanteils halten LG Düsseldorf Rpfleger 85, 119 und Karlsruhe FamRZ 86, 378 für zulässig (bedenklich; gegen Dauerpfändung von Bankkonten LG Berlin ZIP 82, 1130). Auch bei dieser Art der Pfändung muß bei Erlaß des Pfändungsbeschlusses wenigstens ein Teilanspruch des Vollstreckungsgläubigers bereits fällig sein; daß die weiteren Teilansprüche, zu deren Gunsten die Dauerpfändung ausgebracht wird, noch nicht fällig sind, schadet nicht, wenn die Beschlagnahme ihretwegen nach ausdrücklicher Anordnung des Vollstreckungsgerichts erst am Tage nach der jeweiligen Fälligkeit (§ 751 I) wirksam werden soll, also für zwischenzeitliche Verfügungen des Schuldners oder Pfändungen dritter Gläubiger Raum läßt. Im Gegensatz zur Vorratspfändung verschafft diese Art der Dauerpfändung dem Vollstreckungsgläubiger keinen einheitlichen (vorgezogenen) Pfändungsrang auch hinsichtlich der erst künftig fällig werdenden Unterhalts- oder Schadensrentenansprüche (München Rpfleger 72, 321). 26

3) Eine zulässige Vorratspfändung nach Abs 3 ergreift hingegen das **fortlaufende Arbeitseinkommen** oder Renteneinkommen des Schuldners **auch wegen der erst künftig fällig werdenden Teilbeträge der Vollstreckungsforderung** (der künftigen Unterhaltsraten oder Rentenbeträge) sofort und sperrt es auch insoweit schon jetzt zugunsten des vollstreckenden Gläubigers, so daß andere Gläubiger, die das gleiche Arbeitseinkommen in der Zeit zwischen dem Pfändungsbeschluß und dem Fälligwerden der künftigen Unterhalts-(Renten-)Beträge pfänden, im Rang nachgehen (Merten DR 40, 1977; Berner Rpfleger 62, 238). Zahlung kann der Unterhalts-(Renten-)Gläubiger wegen der ihm künftig gebührenden Teilbeträge aber jeweils erst verlangen, sobald sie fällig geworden sind; zwar nicht die Pfändung, wohl aber die Überweisung tritt insoweit erst dann in Wirksamkeit. Die hinsichtlich der ganzen fortlaufenden Vollstreckungsforderung im voraus einheitlich ausgesprochene Überweisung erlangt also stückweise – jeweils mit dem Fälligwerden einer neuen dem Gläubiger gebührenden Rate – Wirksamkeit. 27

VI) Gerichtl u anwaltl Gebühren s Forderungspfändung u Überweisung Rn 34 zu § 829 sowie Rn 14 zu § 835. 28

850 e *[Berechnung des pfändbaren Arbeitseinkommens]*

Für die Berechnung des pfändbaren Arbeitseinkommens gilt folgendes:

1. Nicht mitzurechnen sind die nach § 850 a der Pfändung entzogenen Bezüge, ferner Beträge, die unmittelbar auf Grund steuerrechtlicher oder sozialrechtlicher Vorschriften zur Erfüllung gesetzlicher Verpflichtungen des Schuldners abzuführen sind. Diesen Beträgen stehen gleich die auf den Auszahlungszeitraum entfallenden Beträge, die der Schuldner

a) nach den Vorschriften der Sozialversicherungsgesetze zur Weiterversicherung entrichtet oder

b) an eine Ersatzkasse oder an ein Unternehmen der privaten Krankenversicherung leistet, soweit sie den Rahmen des Üblichen nicht übersteigen.

2. Mehrere Arbeitseinkommen sind auf Antrag vom Vollstreckungsgericht bei der Pfändung zusammenzurechnen. Der unpfändbare Grundbetrag ist in erster Linie dem Arbeitseinkommen zu entnehmen, das die wesentliche Grundlage der Lebenshaltung des Schuldners bildet.

2a. Mit Arbeitseinkommen sind auf Antrag auch Ansprüche auf laufende Geldleistungen nach dem Sozialgesetzbuch zusammenzurechnen, soweit nach den Umständen des Falles, insbesondere nach den Einkommens- und Vermögensverhältnissen des Leistungsberechtigten, der Art des beizutreibenden Anspruches sowie der Höhe und der Zweckbestimmung der Geldleistung, die Zusammenrechnung der Billigkeit entspricht.

3. **Erhält der Schuldner neben seinem in Geld zahlbaren Einkommen auch Naturalleistungen, so sind Geld- und Naturalleistungen zusammenzurechnen. In diesem Falle ist der in Geld zahlbare Betrag insoweit pfändbar, als der nach § 850c unpfändbare Teil des Gesamteinkommens durch den Wert der dem Schuldner verbleibenden Naturalleistungen gedeckt ist.**
4. **Trifft eine Pfändung, eine Abtretung oder eine sonstige Verfügung wegen eines der in § 850d bezeichneten Ansprüche mit einer Pfändung wegen eines sonstigen Anspruchs zusammen, so sind auf die Unterhaltsansprüche zunächst die gemäß § 850d der Pfändung in erweitertem Umfang unterliegenden Teile des Arbeitseinkommens zu verrechnen. Die Verrechnung nimmt auf Antrag eines Beteiligten das Vollstreckungsgericht vor. Der Drittschuldner kann, solange ihm eine Entscheidung des Vollstreckungsgerichts nicht zugestellt ist, nach dem Inhalt der ihm bekannten Pfändungsbeschlüsse, Abtretungen und sonstigen Verfügungen mit befreiender Wirkung leisten.**

I) Nettoeinkommen als Berechnungsgrundlage (Nr 1)

1 **1)** Nr 1 bestimmt, wie das **Nettoeinkommen** zu errechnen ist, von dem die Pfändungsschutzbestimmungen (auch im Falle des § 850d) ausgehen. Diese Berechnung muß der Drittschuldner (Arbeitgeber) selbst anstellen, wenn im Pfändungsbeschluß nur auf die Tabelle Bezug genommen ist oder nur die für die Errechnung maßgebenden gesetzlichen Regeln mitgeteilt sind. **Vom Bruttoeinkommen abzuziehen** sind bei Pfändungen zugunsten gewöhnlicher Gläubiger (§ 850c) zunächst die nach § 850a der Pfändung entzogenen Bezüge, zB die halbe Mehrarbeitsvergütung (§ 850a Nr 1) und die Weihnachtsvergütung ganz oder teilweise (§ 850a Nr 4). Bei Pfändung durch einen bevorrechtigten Unterhaltsgläubiger (§ 850d) werden die Bezüge des § 850a Nr 1, 2, 4 zwar von der Pfändung mit erfaßt; dafür greift aber § 850d I S 2, 2. Hs Platz. Weiter sind abzuziehen: der gesamte auf dem gepfändeten Arbeitseinkommen lastende **Steuerbetrag** (Lohnsteuer, Kirchensteuer), auch soweit er auf den dem Schuldner verbleibenden Einkommensteil entfallen würde; also keine Zerlegung der Steuerabzüge (Henze Rpfleger 80, 456). Nicht abzuziehen sind Steuern, die nicht vom Arbeitgeber einbehalten werden, weil sie der Arbeitnehmer wegen seines Wohnsitzes im Ausland unmittelbar entrichten muß (dafür aber Freibetragserhöhung nach § 850f I; BAG Betrieb 86, 1399 = NJW 86, 2208) und Zahlungen auf die jährliche Einkommensteuer (BAG aaO und BAG 32, 159 [169] = Betrieb 80, 835 [837]). Weiter abzuziehen sind die den Arbeitnehmer treffenden Anteile der **Soziallasten** (Beiträge zur gesetzlichen Krankenversicherung, Rentenversicherung der Arbeiter oder Angestellten, Arbeitslosenversicherung ohne den Arbeitgeberanteil). Der Abzug weiterer Beträge mit ähnlicher Zweckbestimmung wie der Beiträge zu Berufsorganisationen und dergleichen ist nicht zugelassen. Die sachlich Sozialversicherungsbeiträgen entsprechenden Ersatzkassenbeiträge und Beiträge zu privaten Krankenversicherungsunternehmen sind abzugsfähig, soweit sie den Rahmen des Üblichen nicht übersteigen (Nr 1b); ein Anhalt dafür kann bei gleichen Verhältnissen aus den Krankenversicherungsbeitragssätzen der Sozialversicherung gewonnen werden. Dazu auch LG Berlin Rpfleger 62, 217 und LG Hannover JurBüro 83, 1423. In Nr 1a sind auch für abzugsfähig erklärt die Beiträge, die der Schuldner nach den Sozialversicherungsgesetzen zur Weiterversicherung entrichtet (Krankenversicherung: § 313 RVO, § 20 RKnappschG; Rentenversicherung: § 1233 RVO, § 10 AVG, § 33 RKnappschG); Selbstversicherung und freiwillige Höherversicherung fallen nicht darunter. Abzuziehen ist ferner der Teil des Arbeitslohns, der nach § 4 des 4. VermögensbildungsG idF v 6. 2. 1984 (BGBl I 201) als **vermögenswirksame Leistung** des Arbeitnehmers festgelegt ist. Bei Zweifel darüber, welcher Betrag abzugsfähig ist, kann das Vollstreckungsgericht angerufen werden; zuständig zur Klarstellung der Tragweite des Pfändungsbeschlusses ist der Rechtspfleger (§ 20 Nr 17 RpflG; vgl Berner Rpfleger 62, 218 gegen LG Berlin aaO); der Antrag ist keine Vollstreckungserinnerung nach § 766. **Nicht abzuziehen** sind vom Arbeitgeber vor der Pfändung gewährte, bei der Lohnzahlung abzurechnende **Vorschüsse** sowie **Abtretungen;** sie bleiben bei der Errechnung des Nettoeinkommens im Sinne der Nr 1 außer Betracht, führen also nicht zu einer Verringerung desselben; es muß vom vollen Betrag des für den Auszahlungszeitraum geschuldeten Arbeitseinkommens ausgegangen werden. Wie Vorschüsse sind bei der Errechnung des pfändbaren Betrags auch **Abschlagszahlungen** zu behandeln, die bei längeren Auszahlungszeiträumen planmäßig gewährt werden (LAG Düsseldorf Betrieb 56, 259). Nach aA ist bei Vorschußgewährung für die Errechnung des pfändbaren Betrags als Nettoeinkommen iS der Nr 1 nur der am Zahltag noch geschuldete – also um den Einbehaltungsbetrag verminderte – Nettolohn anzusehen (Bischoff BB 52, 434).

2 **2)** Eine andere Frage als die der Errechnung des Nettoeinkommens und der darauf fußenden Errechnung des normalerweise pfändbaren Betrags ist es, ob letzterer im Falle von **Vorschüssen,** Vorauszahlungen und **Abtretungen** dem Pfändungsgläubiger voll zur Verfügung steht oder

durch Einbehaltungs- bzw Abtretungsbeträge bereits (ganz oder teilweise) ausgeschöpft ist. Vorschüsse und Abschlagszahlungen tilgen in entsprechender Höhe die Lohnschuld, so daß insoweit keine Forderung des Vollstreckungsschuldners (Arbeitnehmers) mehr besteht, die von der Pfändung erfaßt werden könnte. Da die rechnungsmäßige Wiedereinbehaltung bei der Abschlußzahlung aber keine Aufrechnung darstellt und § 394 BGB auf sie nicht anzuwenden ist (RG 133, 252; BGH ZZP 70, 472), geht die Einbehaltung durch den Arbeitgeber bei der Lohnzahlung nach hM zu Lasten des pfandfreien Betrags, so daß der Arbeitnehmer weniger als diesen, uU nichts erhält, während der Pfändungsgläubiger nur dann beeinträchtigt wird, wenn der Einbehaltungsbetrag den pfandfreien Betrag übersteigt, daher mit einer Spitze auch noch auf den pfändbaren Einkommensteil anzurechnen und letzterer also nicht mehr voll greifbar ist (RAG JW 36, 2107 mit Anm Jonas; DJ 39, 309; BAG NJW 56, 926; Volkmar ARS 39, 43; Gumpert BB 55, 834; kritisch gegenüber der hM Denck BB 79, 480). Ist der „Vorschuß" aber tatsächlich ein Darlehen (zur Abgrenzung vgl LG Heidelberg BB 52, 520; LAG Düsseldorf BB 55, 834 mit Anm Gumpert u Anm Larenz in AP 1 zu § 614 BGB-Gehaltsvorschuß; LAG Bremen BB 61, 448), so daß der Arbeitgeber mit seinem Rückzahlungsanspruch aufrechnen muß, so kann die Einbehaltung wegen § 394 BGB nur zu Lasten des für gewöhnliche Gläubiger pfändbaren Teils des Arbeitseinkommens erfolgen, so daß dem Schuldner der pfandfreie Betrag erhalten bleibt (BAG NJW 56, 926; Volkmar und Larenz aaO). Behandlung als Darlehen stellt also den Arbeitnehmer besser. Ob beim pfändbaren Einkommensteil der Arbeitgeber oder der Pfändungsgläubiger zuerst zum Zug kommt, richtet sich nach § 392 BGB. Zulässige Aufrechnungsvereinbarungen wirken als Verfügungsgeschäft unter den Voraussetzungen des § 392 BGB auch gegenüber einer späteren Pfändung (BAG BB 67, 35 mit Anm Trinkner); so bei ratenweiser Einbehaltung einer Kaution durch den Arbeitgeber (LG Hamburg NJW 52, 388), bei Einbehaltung der Miete durch den Arbeitgeber, der zugleich Vermieter des Arbeitnehmers ist (BAG JR 60, 296 mit Anm Vollkommer in AP 1 zu § 392 BGB). Über das Verhältnis zwischen Abtretung und Pfändung s RG 146, 290; RAG DR 39, 2177; 40, 595; Hamm JMBlNRW 53, 41; Berner Rpfleger 53, 185; ferner Sprey DJ 40, 1289; 41, 449; AkZ 42, 215; Merten DJ 41, 423; Salzmann DJ 41, 740; Püschel DR 41, 2268; AkZ 41, 314. Grundsätzlich muß dem Schuldner der Einkommensteil verbleiben, der weder einem Zugriff des Abtretungsempfängers noch des Pfändungsgläubigers offenstünde, während der Mehrbetrag zur Verfügung der beiden Genannten steht; über ihr Verhältnis zueinander entscheidet der Prioritätsgrundsatz, sofern nicht einer von ihnen auf einen Einkommensteil zugreifen kann, der dem anderen verschlossen ist (vgl Nr 5). Zur Beweislast für die Abtretung vor der Pfändung im Rechtsstreit Gläubiger/Drittschuldner s BGH NJW 56, 912; über treuhänderische Lohnabtretung zum Zweck der Gläubigerbefriedigung s LAG Düsseldorf BB 56, 306; BAG MDR 80, 522; über stille Abtretung zur Kreditsicherung und nachfolgende Pfändung BGH 66, 150 = NJW 76, 1090, über vertragswidrige, später „genehmigte" Abtretung und zwischenzeitliche Pfändung BGH NJW 78, 813. Ob eine gegen Grundgedanken des Lohnpfändungsrechts verstoßende Abtretung ausnahmsweise auf denjenigen Einkommensteil zu verrechnen ist, der auch einem Pfändungszugriff dieses Gläubigers nicht offenstünde, damit der an sich pfändbare Einkommensteil einem zeitlich nach der Abtretung pfändenden Gläubiger zur Verfügung steht, ist bestritten (vgl Sprey AkZ 42, 215).

II) Zusammenrechnung mehrerer Geldeinkommen (Nr 2)

Lit: *Grunsky,* Probleme des Pfändungsschutzes bei mehreren Arbeitseinkommen des Schuldners, ZIP 1983, 908; *Mertes,* Zusammenrechnung bei Pfändung mehrerer Arbeitseinkommen, Rpfleger 1984, 453.

1) Jedes in Geld zahlbare Arbeitseinkommen aus dem mit einem Arbeitgeber oder Dienst- 3
herrn (Drittschuldner) begründeten selbständigen Arbeits- oder Dienstverhältnis (das sind alle Bezüge, die nach § 850 Arbeitseinkommen sind, auch zB Versorgungsbezüge, eine Betriebsrente usw) ist als einzelner Vermögenswert des Schuldners Vollstreckungsgegenstand (Rn 21 vor § 704). Daher bleiben auch für die Feststellung der nach § 850c unpfändbaren sowie pfändbaren Einkommensteile die Arbeitseinkommen aus **mehreren** Arbeits- oder Dienstverhältnissen bei **verschiedenen Arbeitgebern** oder Dienstherren selbständig. Wahrung der Schuldnerbelange erfordert bei ZwV in Arbeitseinkommen jedoch nur Unpfändbarkeit des Gesamteinkommens in Höhe der einmalig gesetzlich pfandfreien Beträge. Daß der Schuldner, der mehrere Arbeitseinkommen von verschiedenen Drittschuldnern bezieht, für die Berechnung der nach § 850c unpfändbaren Einkommensteile einem Schuldner mit nur einem Arbeitseinkommen gleichgestellt wird, kann mit Zusammenrechnung der Arbeitseinkommen erreicht werden; diese ermöglicht § 850e Nr 2. Die Arbeitgeber (Drittschuldner) können sich über eine Zusammenrechnung nicht selbst verständigen, mithin nicht von sich aus mehrere Arbeitseinkommen in Höhe eines einmaligen Freibetrags nach § 850c als unpfändbar behandeln, selbst wenn die Pfändung der

Einkommen in einem (dann nur äußerlich zusammengefaßten) Beschluß angeordnet worden ist. Zu erfolgen hat die Zusammenrechnung insbesondere zur Berechnung der bei Vollstreckung durch einen gewöhnlichen Gläubiger nach § 850c pfändbaren Einkommensteile. Bei der Pfändung durch Unterhaltsgläubiger (§ 850d) und andere bevorrechtigte Gläubiger (§ 850f II) sind weitere Einkünfte des Schuldners bei der Bemessung des ihm als notwendiger Unterhalt für sich und seine Familie zu belassenden Betrags schon ohne weiteres zu berücksichtigen; hierzu bedarf es einer förmlichen Zusammenrechnung nicht (aA Mertes Rpfleger 84, 453: Zusammenrechnung auch hier zulässig; sie liegt bereits in der Berücksichtigung des weiteren Einkommens). Auch dann kann Zusammenrechnung jedoch Bedeutung erlangen zur Feststellung des Betrags, der dem Schuldner höchstens pfandfrei verbleiben darf, weil er durch den nach § 850c zu bemessenden unpfändbaren Betrag begrenzt ist (§ 850d I S 3). Für die Zusammenrechnung nach Nr 2 kommen nur mehrere Einkommen des Schuldners selbst in Betracht; eine Zusammenrechnung seiner Einkünfte mit denen seines Ehegatten oder mit regelmäßigen sonstigen Einkünften (Zinsen, Mieteinnahmen; Grunsky ZIP 83, 908) findet nicht statt. Eigenes Einkommen des Ehegatten kann nur dazu führen, daß er nicht als Unterhaltsberechtigter zu berücksichtigen ist (§ 850c IV).

4 2) Die **Zusammenrechnung** der mehreren Arbeitseinkommen ist auf Antrag des Gläubigers (nicht auch des Schuldners) durch das Vollstreckungsgericht anzuordnen. Zuständig ist der Rechtspfleger (§ 20 Nr 17 RpfG). Der **Antrag** kann bereits mit dem Pfändungsgesuch (dann keine Anhörung des Schuldners vor Wirksamwerden der Pfändung, § 834) oder nach Wirksamwerden der Pfändung selbständig (dann rechtliches Gehör für Schuldner, Art 103 I GG; aA LG Frankenthal Rpfleger 82, 231) gestellt werden. Die Voraussetzungen der Zusammenrechnung sind nachzuweisen (Vorhandensein mehrerer Arbeitseinkommen, ggfs Wirksamwerden der Pfändung eines der Einkommen, ungefähre Höhe und auch Beständigkeit zur Feststellung, welches die wesentliche Grundlage der Lebenshaltung des Schuldners bildet). Das Vollstreckungsgericht hat danach nicht von Amts wegen zu forschen.

5 3) a) **Angeordnet** wird die Zusammenrechnung sogleich bei Entscheidung über das Pfändungsgesuch durch Aufnahme der Bestimmung in den Pfändungsbeschluß oder nach dessen Wirksamwerden durch besonderen Beschluß. Der **Beschluß** hat die Zusammenrechnung anzuordnen (Nr 2 S 1) und das Arbeitseinkommen zu bezeichnen, dem der unpfändbare Grundbetrag (Nr 2 S 2) sowie die weiteren nicht pfändbaren Einkommensteile zu entnehmen sind. Betragsmäßige Berechnung des unpfändbaren Teils des Gesamteinkommens erfolgt durch den Beschluß nicht. Die Zusammenrechnung wird vielmehr mit Blankettbeschluß abstrakt angeordnet; die Berechnung der danach pfändbaren und nicht pfändbaren Einkommensteile hat der Drittschuldner nach Feststellung der Höhe des Gesamteinkommens unter Zugrundlegung des jeweiligen Auszahlungszeitraums und der Unterhaltspflichten des Schuldners vorzunehmen (aA Grunsky ZIP 83, 908 [914]: das hinzuzurechnende Einkommen muß mit einem festen Betrag angegeben werden; bei schwankendem Einkommen Abänderung des Zusammenrechnungsbeschlusses; nicht praktikabel). Wenn sich bei abstrakter Anordnung der Zusammenrechnung im Einzelfall Zweifel über die betragsmäßige Berechnung des gepfändeten Einkommens ergeben, kann klarstellende Entscheidung des Vollstreckungsgerichts verlangt werden. Beschlußbeispiel: Stöber FdgPfdg Rdn 1137.

6 b) Dem Arbeitseinkommen, das die **wesentliche Grundlage der Lebenshaltung** des Schuldners bildet, ist in erster Linie der unpfändbare Grundbetrag (§ 850c I) zu entnehmen. Dafür kommt es nicht allein auf die Höhe der Bezüge an; in Betracht zu ziehen ist auch, welches der Einkommen das sicherere (LG Berlin DR 41, 2410) und beständigere ist. Das Nähere hat das Vollstreckungsgericht im Zusammenrechnungsbeschluß zu bestimmen. Deckt das Haupteinkommen den Grundbetrag nicht, dann ist der Rest dem anderen Einkommen zu entnehmen („. . . in erster Linie"). Für den unpfändbaren Mehrbetrag (§ 850c II) kann das Vollstreckungsgericht nach billigem Ermessen bestimmen, daß er dem Haupteinkommen, das wesentliche Lebensgrundlage bildet, oder dem anderen Einkommen zu entnehmen ist. Regelmäßig wird anzuordnen sein, daß auch der weitergehende, mithin der gesamte Freibetrag dem Haupteinkommen zu entnehmen ist (Stöber FdgPfdg Rdn 1146). Anordnung, daß die unpfändbaren Beträge dem ungepfändeten anderen Einkommen zu entnehmen sind, kann der Gläubiger, der nur eines von mehreren Arbeitseinkommen gepfändet hat, nach seiner Wahl nicht verlangen (Stöber FdgPfdg Rdn 1147).

7 4) Nach Anordnung der Zusammenrechnung im **Pfändungsbeschluß** wird nur dieser dem Gläubiger ausgehändigt; er hat ihn zustellen zu lassen (§ 829 II S 1; näher Rn 14 zu § 829); gesonderte Zustellung des Zusammenrechnungsbeschlusses erfolgt nicht. Der nach Pfändung **selbständig** erlassene **Zusammenrechnungsbeschluß** ist von Amts wegen (§ 329 II) dem Gläubiger,

Schuldner und Drittschuldner (nicht notwendig auch dem anderen Arbeitgeber, wenn nur eines der Einkommen gepfändet ist) **zuzustellen.** Der Drittschuldner kann bis zu dieser Zustellung (oder sonstigen Kenntnis) an den Schuldner nach Maßgabe des ihm zugestellten Pfändungsbeschlusses ohne Rücksicht auf das weitere Arbeitseinkommen befreiend leisten.

5) a) Die Zusammenrechnung hat zur **Folge,** daß sich das nach § 850c unpfändbare Arbeitseinkommen nach dem Gesamteinkommen (Nettoeinkommen nach § 850e Nr 1) bestimmt. **8** Bereits an den Schuldner ausbezahltes Einkommen erfaßt die Zusammenrechnung nicht (Grunsky ZIP 83, 908 [913]). Pfändung eines der Arbeitseinkommen bewirkt die Zusammenrechnung selbständig nicht (§ 829 III); sie hat daher auch nicht zur Folge, daß nach Pfändung nur eines der mehreren Arbeitseinkommen auch das ungepfändete weitere Einkommen in die Verstrickung einbezogen wird. Die Zusammenrechnung dehnt die ZwV auch nicht auf nach § 850a unpfändbare Bezüge aus; wenn eines der Arbeitseinkommen Mehrarbeitsvergütung ist, bleibt es daher auch weiterhin zur Hälfte nach Maßgabe des § 850a Nr 1 unpfändbar.

b) Sind **beide Arbeitseinkommen** für den Gläubiger wirksam **gepfändet,** dann hat jeder Drittschuldner das Gesamteinkommen festzustellen und den pfandfreien Betrag bzw den gepfändeten Einkommensteil zu berechnen. **9** Dafür sind der unpfändbare Grundbetrag und die weiteren unpfändbaren Einkommensteile dem vom Gericht bei der Zusammenrechnung bezeichneten Einkommen zu entnehmen. Jeder Drittschuldner bleibt zur Berechnung der gepfändeten Teile des von ihm zu zahlenden Arbeitseinkommens auch dann verpflichtet, wenn die Einkommen (oder nur eines von ihnen) in jedem Berechnungszeitraum unterschiedlich hoch sind.

c) Wenn **nur eines** der in die Zusammenrechnung einzubeziehenden Arbeitseinkommen gepfändet ist, berührt die Anordnung der Zusammenrechnung die Verpflichtung des anderen Arbeitgebers nicht, das nicht gepfändete Einkommen bei Fälligkeit an den Schuldner zu leisten. **10** Die Zusammenrechnung dehnt die Pfändung nicht auf dieses pfandfreie Arbeitseinkommen aus (s bereits Rn 8). Der Arbeitgeber, gegen den als Drittschuldner Zahlungsverbot ergangen ist (§ 829 I), hat das Gesamteinkommen festzustellen und den danach gepfändeten Betrag unter Berücksichtigung des Auszahlungszeitraums und der Unterhaltspflichten des Schuldners nach § 850c zu berechnen. Wenn das gepfändete Einkommen nicht dasjenige ist, dem nach dem Zusammenrechnungsbeschluß der nach § 850c nicht pfändbare Betrag zu entnehmen ist, bleibt der Schuldner mit dem Betrag, der ihm aus der Summe der Einkommen pfandfrei zu belassen ist, ganz (ggf auch nur teilweise) auf das weitere (nicht gepfändete) Einkommen verwiesen. Wenn (und soweit) jedoch dem gepfändeten Arbeitseinkommen nach dem Zusammenrechnungsbeschluß der nach § 850c unpfändbare Einkommensteil zu entnehmen ist, hat der Drittschuldner diesen nach dem Gesamteinkommen festzustellen und dem Schuldner auszuzahlen. Wenn der Gläubiger demnach bei Zusammenrechnung nicht auf seine Rechnung kommt, muß er auch das andere Einkommen pfänden und erneute Zusammenrechnung veranlassen (vgl Quardt BB 57, 619).

6) Bei Einkommenspfändung für **mehrere Gläubiger** wirkt der Zusammenrechnungsbeschluß nur für den Gläubiger, auf dessen Antrag (in dessen ZwV-Verfahren) die Bestimmung getroffen worden ist (Grundsatz der Einzelvollstreckung; wie Rn 18 zu § 850c; LArbG Düsseldorf Betrieb 86, 649 = Rpfleger 86, 100). **11** Für Gläubiger, die keinen Zusammenrechnungsbeschluß erwirkt haben, bleibt es beim Lohnabzug mit ihrem Pfändungsrang (§ 804 III) aus dem gepfändeten Einzeleinkommen (Stöber FdgPfdg Rdn 1140; teilw abw Grunsky ZIP 83, 908).

7) Rechtsbehelfe: Bei Zusammenrechnung sogleich im Pfändungsbeschluß: Erinnerung (§ 766; dann § 793), wie Rn 29 zu § 829. **12** Bei gesonderter Anordnung der Zusammenrechnung nach wirksamer Pfändung und Anhörung des Schuldners: Befristete Rechtspflegererinnerung (§ 11 I RpflG mit § 793); Erinnerung nach § 766 findet statt, wenn der Schuldner nicht gehört wurde (LG Frankenthal Rpfleger 82, 231). Für Gläubiger bei Zurückweisung seines Antrags (auch bei Teilzurückweisung): Befristete Rechtspflegererinnerung (§ 11 I RpflG mit § 793).

8) Wenn der Gläubiger gleichzeitig **mehrere Einkommen** des Schuldners pfändet, die dieser **von demselben Drittschuldner** bezieht, so sind sie als einheitliches Einkommen anzusehen; der **13** Drittschuldner hat sie zu addieren und den pfändbaren Betrag aus der Summe zu berechnen. Einer ausdrücklichen Zusammenrechnungsanordnung bedarf es dazu nicht. Gleiches gilt, wenn der Gläubiger die mehreren von dem gleichen Drittschuldner geschuldeten Einkommen **nacheinander pfändet** (praktisch kaum denkbar).

9) Wenn zu wiederkehrendem Einkommen **einmalige Vergütungen** iS des § 850i I hinzutreten, findet eine Zusammenrechnung nicht statt (str, aA StJM Rdn 51 zu § 850e); dann ist der pfändbare Betrag nach § 850c aus dem fortlaufenden Einkommen zu berechnen, während die weitere **14** Vergütung im Bedarfsfall nach § 850i geschützt werden kann. **Zusammenrechnung** ist auch **nicht möglich** mit fortlaufenden Einnahmen anderer Art, die keinen Pfändungsschutz genießen, zB mit Einnahmen aus Vermögenserträgnissen wie Mieteinnahmen, Zinsen usw; dem Schuldner kann daher der Freibetrag aus dem gepfändeten Arbeitseinkommen nicht mit der Begründung versagt werden, daß er seinen Unterhalt aus den weiteren Einnahmen bestreiten könne (anders im Falle des § 850d, s dort Rn 11). Zusammenrechnung mit nach § 850b bedingt pfändbaren fortlaufenden Bezügen ist möglich, wenn ihre Pfändung zugelassen wird, da sie dann wie Arbeitseinkommen zu pfänden sind. Zusammenrechnung mit Sozialleistungen: Nr 2a, mit Naturaleinkommen: Nr 3.

III) Zusammenrechnung von Arbeitseinkommen und Sozialleistungen (Nr 2a)

15 **1)** Für die Feststellung der nach § 850c unpfändbaren sowie pfändbaren Einkommensbeträge bleiben auch Arbeitseinkommen und laufende Geldleistungen nach dem SGB (zu ihnen Rn 7–16 zu § 850i) **selbständig** (s Rn 3). Daß der Schuldner mit solchen Bezügen, die er von verschiedenen Drittschuldnern bezieht, für die Berechnung des nach § 850c unpfändbaren Einkommens einem Schuldner mit nur einem aus laufenden Geldbeträgen bestehenden **Gesamteinkommen** gleichgestellt wird, kann mit Zusammenrechnung erreicht werden (s Rn 3); diese ermöglicht Nr 2a. Die Vorschrift ergänzt § 54 SGB-AT (Rn 6 zu § 850i) mit der Klarstellung, in welchem Umfang bei der Ermittlung der Pfändungsfreigrenzen der Anspruch auf die nur bedingt pfändbaren Sozialleistungen mit Arbeitseinkommen zusammengerechnet werden kann (Begründung BT-Drucks 7/868, S 37). Die Bestimmung bezieht sich nur auf fortlaufende Geldleistungen nach dem SGB, nicht auf Leistungen ähnlicher Art auf Grund von Einzelgesetzen, die nicht zum Bestandteil des SGB erklärt sind (dazu Rn 7 zu § 850i). Ausgeschlossen ist die Zusammenrechnung mit (unpfändbarer, § 4 BSHG) Sozialhilfe, weil sonst das ohnehin unzulängliche Einkommen des Schuldners wieder durch erhöhte Sozialhilfeleistungen ergänzt werden müßte (LG Berlin MDR 78, 323 = Rpfleger 78, 67; LG Hannover JurBüro 79, 292).

16 **2)** Zu **unterscheiden** ist **a)** Zusammenrechnung einer **nicht** gepfändeten laufenden Geldleistung nach dem SGB **mit gepfändetem** (oder zu pfändendem; zur Aufnahme der Bestimmung in den Pfändungsbeschluß Rn 5) **Arbeitseinkommen** (dazu Rn 20). Diese kann bewirken, daß die laufende Sozialgeldleistung auf den unpfändbaren Teil des Gesamteinkommens zu verrechnen ist, somit entsprechend höhere Teile des Arbeitseinkommens von der Pfändung erfaßt werden.

17 **b)** Zusammenrechnung einer **gepfändeten** (zu pfändenden) laufenden Geldleistung nach dem SGB mit **nicht gepfändeten Arbeitseinkommen** (dazu Rn 21). Sie könnte bewirken, daß Arbeitseinkommen auf den unpfändbaren Teil des Gesamteinkommens zu verrechnen ist, somit die laufende Sozialgeldleistung entweder überhaupt erst pfändbar wird oder in weiterem Umfang der Pfändung unterliegt.

18 **c)** Zusammenrechnung **gepfändeten** (zu pfändenden) **Arbeitseinkommens** mit gepfändeten (zu pfändenden) laufenden Geldleistungen nach dem SGB (dazu Rn 21). Diese würde (je nach Berücksichtigung des unpfändbaren Gesamteinkommens) bewirken, daß entsprechend höhere Teile des Arbeitseinkommens oder/und der Sozialgeldleistung der Pfändung unterliegen.

19 **3)** Für **Zulässigkeit** einer der sonach möglichen Zusammenrechnungen mit unterschiedlicher Auswirkung kann nicht in erster Linie ausschlaggebend sein, welche laufende Einkünfte (Sozialgeldleistung oder Arbeitseinkommen) der Gläubiger bereits gepfändet hat oder zugleich pfänden möchte, und auch nicht, welchem der Einkommen der nach § 850c unpfändbare Grundbetrag und der unpfändbare Mehrbetrag zu entnehmen sein soll. Aus welchem der Einkommen der unpfändbare Betrag zu decken ist, ist erst als Folge der Zusammenrechnung zu bestimmen (§ 850e Nr 2 entspr anwendbar; s StJM Rdn 59–62 zu § 850e), nicht jedoch als Zusammenrechnungsvoraussetzung zu würdigen. **Voraussetzung** ist vielmehr allein, daß die Zusammenrechnung nach den Umständen des Falles der **Billigkeit** entspricht, insbesondere (dazu Rn 21, 22 zu § 850i) nach den Einkommens- und Vermögensverhältnissen des Schuldners (Leistungsberechtigten), der Art des beizutreibenden Anspruchs, sowie der Höhe und der Zweckbestimmung der (Sozial)Geldleistung. Hierfür erlangt aber auch Bedeutung, daß

– Zusammenrechnung nur Pfändung eines der Einkommen (nicht beider bzw aller zusammenzurechnender Einkünfte) erfordert, somit zur Feststellung der mit Rücksicht auf das hohe Gesamteinkommen gepfändeten Einkünfte auch zulässig ist, wenn das andere Einkommen nicht gepfändet ist und diesem die nach § 850c unpfändbaren Beträge zu entnehmen sind (Rn 10);

– der Gläubiger Anordnung, daß die unpfändbaren Beträge einem ungepfändeten anderen Einkommen zu entnehmen sind, nicht nach seiner Wahl verlangen und damit nicht erzwingen kann, daß das von mehreren Einkommen, das er pfänden möchte oder bereits gepfändet hat, nach § 850c (auch § 54 III Nr 2 SGB-AT) pfändbar oder in erweitertem Umfang der Pfändung unterworfen wird.

4) Daraus ergibt sich: **a) Zulässig** ist Zusammenrechnung bereits **gepfändeten** oder gleichzeitig zu pfändenden **Arbeitseinkommens** mit **nicht gepfändeten** laufenden **Sozialgeldleistungen** (Fall Rn 16) unter den in Nr 2a genannten besonderen Voraussetzungen (zu diesen Rn 21, 22 zu § 850i). Im Zusammenrechnungsbeschluß ist anzuordnen, welchem Einkommen der nach den Gesamtbezügen zu bestimmende unpfändbare Grund- und Mehrbetrag zu entnehmen ist (Rn 6). Bestimmung wird dahin zu treffen sein, daß der pfandfreie Betrag (voll oder doch überwiegend) aus den nicht gepfändeten laufenden Sozialgeldleistungen zu decken ist (für Kindergeld: LGe Frankenthal und Lübeck Rpfleger 85, 408). Das ist Folge der Entscheidung, daß die Zusammenrechnung der Billigkeit entspricht; zudem wird die laufende Sozialgeldleistung das sicherere und beständigere Einkommen darstellen (Nr 2 entspr). Wenn Bestimmung getroffen werden soll, daß die unpfändbaren Beträge dem Arbeitseinkommen zu entnehmen sind, besteht für eine Zusammenrechnung kein Rechtsschutzbedürfnis. 20

b) Zusammenrechnung einer (zugleich **erst) zu pfändenden** laufenden **Geldleistung nach dem SGB** mit nicht gepfändetem Arbeitseinkommen (Fall Rn 17) erfordert vorweg, daß die Anspruchspfändung nach § 54 III Nr 2 SGB-AT der Billigkeit entspricht. Hierfür werden andere Pfändungsmöglichkeiten (mögliche Pfändung des Arbeitseinkommens mit Zusammenrechnung nach Rn 20) dahin gewürdigt, daß Pfändung der laufenden Geldleistung nach dem SGB nicht billig ist (Rn 21 zu § 850i). Dem Antrag auf Pfändung der laufenden Geldleistung nach dem SGB kann daher nicht entsprochen werden (Rn 29 zu § 850i), wenn nicht andere (alle, Rn 21 zu § 850i) Umstände des Falles ergeben, daß die Pfändung der laufenden Sozialgeldleistung dennoch billig ist. Damit, daß zusammenrechenbares pfandfreies Arbeitseinkommen vorhanden ist und daher die Sozialgeldleistung überhaupt erst oder in erweitertem Umfang der Gläubigerbefriedigung zugeführt werden könnte, kann die Billigkeit der Pfändung nach § 54 III Nr 2 SGB-AT nicht begründet werden. Zusammenrechnung gepfändeter (zugleich zu pfändender) laufender Geldleistungen nach dem SGB mit nicht gepfändetem Arbeitseinkommen wird daher nur in Sonderfällen Bedeutung erlangen. Beispiel: Nach Pfändung der Altersrente, die (nach Würdigung aller Umstände des Einzelfalls) gem § 54 III Nr 2 SGB-AT zugelassen wurde, nimmt der Schuldner vorübergehend eine Beschäftigung auf. 21

c) Für Zusammenrechnung **gepfändeten** (zu pfändenden) **Arbeitseinkommens** mit bereits **gepfändeten** (oder erst zu pfändenden) **laufenden Geldleistungen** nach dem SGB (Fall Rn 18) gilt das in Rn 20, 21 Gesagte entsprechend. Zusammenrechnung nur mit dem Ziel unter entsprechender Freistellung von Arbeitseinkommen laufende Sozialgeldleistungen überhaupt erst oder doch in erweitertem Umfang der Pfändung zu unterstellen, kann nach dem in Rn 21 Gesagten nicht der Billigkeit entsprechen. 22

5) Zusammenrechnung laufender Geldleistungen nach dem SGB mit Arbeitseinkommen hat bei Pfändung von **Kindergeld** wegen gewöhnlicher („anderer"; Rn 21 zu § 850i) Vollstreckungsforderungen Bedeutung erlangt (s bereits Rn 33 zu § 850i). In den dazu bekanntgewordenen Entscheidungen wird durchweg unter Abwägung der bedeutsamen Umstände des Einzelfalls gewürdigt, ob Pfändung des Kindergeldes der Billigkeit entspricht. Als wesentlich wird hierfür auch die Art des beizutreibenden Anspruchs angesehen und daher geprüft, ob zwischen der Vollstreckungsforderung des Gläubigers und der Zweckbestimmung des Kindergeldes ein Zusammenhang besteht. Zu Einzelheiten s insbesondere Düsseldorf FamRZ 84, 502 = MDR 84, 152; Hamm JurBüro 81, 288 = MDR 81, 151 = ZIP 80, 1029 mwN und JurBüro 85, 312 = MDR 84, 856; Karlsruhe JurBüro 81, 1261 = MDR 81, 1026 = OLGZ 82, 88; Köln JurBüro 79, 1903 = OLGZ 79, 485; Oldenburg JurBüro 80, 1743 = NdsRpfl 80, 262; Stuttgart JurBüro 81, 286 = Justiz 81, 17 = MDR 81, 237; LG Freiburg Rpfleger 81, 452; LG Hildesheim Rpfleger 81, 450; LG Kassel JurBüro 85, 314; LG Limburg JurBüro 85, 948; LG Münster Rpfleger 84, 69; LG Trier Rpfleger 81, 450; VGH Mannheim NJW 84, 253; VerwG München Rpfleger 85, 369. Diese Beurteilung erscheint bedenklich, weil bei möglicher Pfändung des Arbeitseinkommens die Pfändung des Kindergeldes (laufende Sozialgeldleistung) nicht, jedenfalls aber nicht rundweg der Billigkeit entsprechen kann (Rn 21) und weil für Zusammenrechnung mit Arbeitseinkommen Pfändung auch des Kindergeldes nicht zu erfolgen hat, wenn ihm doch wieder der unpfändbare Betrag zu entnehmen ist (das haben Hamm und LG Hildesheim bestimmt; aA: unpfändbarer Grundbetrag ist dem Arbeitseinkommen zu entnehmen: Stuttgart aaO). Nicht der Billigkeit entsprechen kann sodann Zusammenrechnung (§ 850e Nr 2a) mit dem Ziel, nicht die Pfändung auf weiteres Arbeitseinkommen auszudehnen, sondern diesem den Freibetrag zu entnehmen, somit die Pfändung des Kindergeldes überhaupt erst zu ermöglichen, das für sich allein die Freigrenze des § 850c nicht erreicht. Dazu kommt, daß die Pfändungsfreibeträge des § 850c für die zweite und weitere Personen, welchen der Schuldner Unterhalt gewährt, gerade deshalb niedriger angesetzt wurden, weil es sich regelmäßig um Kinder handeln wird, der Schuldner daher auch Anspruch auf Kindergeld hat (BT-Drucks 8/693, S 48 reSp und BT-Drucks 10/229, S 41 liSp). Wenn sonach 23 aber schon der niedrigere weitere Freibetrag des § 850c berücksichtigt, daß dem Schuldner für den Lebensbedarf auch Kindergeld zur Verfügung steht, kann der so geregelte Einkommenschutz nicht mit Pfändung (§ 54 III Nr 2 SGB-AT) oder Anrechnung (§ 850e Nr 2a) des Kindergeldes wieder ausgehöhlt werden. Daher entspricht allgemein weder die Pfändung des Kindergeldes noch seine Zusammenrechnung mit Arbeitseinkommen der Billigkeit.

24 **6) Antrag** auf Zusammenrechnung, **Verfahren** und **Anordnung:** Wie Rn 4–7. Mit den Voraussetzungen der Zusammenrechnung hat der Gläubiger auch Tatsachen für das Erfordernis der Billigkeit darzutun (substantiiert darzulegen; dazu Stöber FdgPfdg Rdn 1159). Betragsmäßige Angabe der von dem Zusammenrechnungsbeschluß erfaßten laufenden Geldleistungen nach dem SGB wird verlangt (LAG Düsseldorf Betrieb 86, 649 = Rpfleger 86, 100). **Folge** der Zusammenrechnung: Rn 8–11 entsprechend. **Rechtsbehelfe:** Rn 12.

25 **7)** Für **Zusammenrechnung laufender Geldleistungen** nach dem SGB, die von **verschiedenen Leistungsträgern** erbracht werden (zB Hinterbliebenenrente aus der gesetzlichen Unfallversicherung mit Altersrente aus der gesetzlichen Rentenversicherung), trifft das Gesetz keine ausdrückliche Bestimmung. Aus § 54 III SGB-AT, daß laufende Geldleistungen „wie Arbeitseinkommen" zu pfänden sind, ergibt sich jedoch, daß § 850e Nr 2a entsprechend anzuwenden ist. Da die Zusammenrechnung zu einer weiteren Verkürzung des dem Schuldner verbleibenden Betrags führt, wird die nach Nr 2a erforderliche (erneute) Billigkeitsprüfung nicht dadurch erübrigt, daß schon die Pfändung der Sozialgeldleistungen davon abhängt, daß sie der Billigkeit entspricht.

IV) Zusammenrechnung von Geld- und Sachleistungen (Nr 3)

26 **1)** Arbeitsvergütung des Schuldners in Geld und **Naturalleistungen** (Beispiele: freie Kost, Wohnung, Deputate, Arbeitskleidung), die von demselben Arbeitgeber geleistet werden, ist (einheitliches) Arbeitseinkommen aus einem Arbeits- oder Dienstverhältnis. Der Anspruch auf Naturalbezüge ist dann zwar für sich (regelmäßig) unpfändbar (§ 399 BGB mit § 851; s auch § 811 Nr 4a). Jedoch hat der Drittschuldner bei Pfändung des Arbeitseinkommens in Geld die Nettobezüge (§ 850e Nr 1) mit dem Wert der **Naturalleistungen zusammenzurechnen** (Nr 3 S 1) und den nach § 850c pfändbaren Betrag aus dem sich (als Summe) ergebenden Gesamteinkommen zu berechnen. Der unpfändbare Teil des Gesamteinkommens ist dabei zunächst mit den dem Schuldner verbleibenden Naturalleistungen zu verrechnen (Nr 3 S 2). Hierfür bedarf es einer Zusammenrechnungsanordnung des Vollstreckungsgerichts nicht (wie Rn 13). Für die Zusammenrechnung und die Bestimmung des pfandfreien Einkommensteils hat der Drittschuldner die Naturalbezüge selbst zu bewerten. Mit klarstellender Entscheidung kann erforderlichenfalls Bewertung der Sachleistungen durch das Vollstreckungsgericht verlangt werden (Hamm MDR 63, 227). Bei Pfändung durch Unterhaltsgläubiger ist der Wert der Naturalbezüge (ohne förmliche Zusammenrechnung) sogleich auf den dem Schuldner zu belassenden Freibetrag anzurechnen.

27 **2)** Einen Maßstab für **Bewertung der Naturalbezüge** gibt das Gesetz nicht. Sie sind mit ihrem tatsächlichen Geldwert am Verbraucherort (ortsüblicher Mittelwert) anzusetzen (Saarbrücken NJW 58, 227; LG Verden NdsRpfl 54, 225), nicht mit dem geringeren Einkaufspreis eines im großen beziehenden Arbeitgebers (Berner Rpfleger 68, 54), Sachleistungen an Altenteiler mit dem Erzeugerpreis (SchlHA 53, 77). In dieser Weise sind auch Naturalbezüge mit ihrem Geldvorteil anzusetzen, die infolge des Arbeitsverhältnisses gegen eine besondere geringe Vergütung (zu einem Vorzugspreis) gewährt werden (Saarbrücken NJW 58, 227). Zur einheitlichen Bewertung der Sachbezüge innerhalb der Bundeswehr ist ihr Geldwert durch Erlaß des BM für Verteidigung v 10. 9. 1968 (VMBl 1968, 399; zuletzt geändert durch Erlaß v 27. 12. 1985, VMBl 1986, 30) festgelegt (deren Angemessenheit war früher umstritten, kann jetzt jedoch für den Regelfall nicht in Zweifel gezogen werden; s Stöber FdgPfdg Rdn 1171). Im übrigen werden die auf Grund der Ermächtigung in § 17 I Nr 2 SGB IV (BGBl 76 I 3845) und § 173a AFG für die Sozialversicherung festgesetzten Werte (SachbezugsVO 1985 v 20. 12. 85, BGBl I 2556), die in der Hauptsache auch für das Einkommen- und Lohnsteuerrecht gelten (§ 8 II EStG; dazu auch § 3 II LohnsteuerDVO und Nr 18 der Lohnsteuerrichtlinien) brauchbare Anhaltspunkte geben (s Fenn ZZP 93 [1980] 229); Bindung bewirken sie nicht.

28 **3)** Arbeitseinkommen in Geld und/oder Naturalleistungen, die von **verschiedenen Arbeitgebern** (Drittschuldnern) geschuldet werden, bleiben selbständige Vermögenswerte des Schuldners (s bereits Rn 3). Die Arbeitgeber können sich daher über eine Zusammenrechnung bei Pfändung des in Geld zahlbaren Arbeitseinkommens nicht verständigen (Rn 3). Die von mehreren Drittschuldnern zu leistenden Bezüge in Geld und Naturalien können nur nach § 850e Nr 2 durch Bestimmung des Vollstreckungsgerichts zusammengerechnet werden. Als Besonderheit ergibt sich aus § 850e Nr 3 S 2 hierfür, daß der unpfändbare Einkommensteil zunächst durch den Wert der dem Schuldner verbleibenden Naturalleistungen zu decken ist.

V) Zusammentreffen von Unterhalts- und anderen Ansprüchen (Nr 4)

Lit: *Malte de Grahl*, Die Verrechnung nach § 850e Nr 4 ZPO bei der Kollision mehrerer Pfändungen und Abtretungen, DAVorm 85, 635.

1) Wenn das Arbeitseinkommen des Schuldners **sowohl von bevorrechtigten** (§§ 850d, 850f II) **wie von nichtbevorrechtigen** (§ 850c) **Gläubigern gepfändet** wird, ist es rechnerisch in 3 Teile zu zerlegen: 29

a) in den Teil, der dem Schuldner nach § 850d (§ 850f II) auch gegenüber den bevorrechtigten Gläubigern als notwendiger Unterhalt für sich selbst und seine Angehörigen **in jedem Falle** verbleiben muß;

b) in den Teil, der **nur** dem Zugriff der **bevorrechtigten** Gläubiger **offensteht** (das ist der Mehrbetrag über a) hinaus, jedoch abzüglich des Betrags c);

c) in den Teil, der nach § 850c **jedem Gläubiger** offensteht.

Pfändet **zunächst ein nicht bevorrechtigter Gläubiger,** so wird von dieser Pfändung der Bereich c) erfaßt. Pfändet dann ein bevorrechtigter Gläubiger, so kann er auf den bisher nicht in Anspruch genommenen, aber ihm offenstehenden Teil b) zugreifen; im Bereich c) geht er wegen des Prioritätsgrundsatzes (§ 804 III) dem ersten Gläubiger nach. Bei Berechnung des für den gewöhnlichen Gläubiger im Bereich c) unpfändbaren Betrags wird auch der vollstreckende Unterhaltsgläubiger berücksichtigt (Erfüllung des Anspruchs durch ZwV, Rn 5 zu § 850c), so daß Bereich b) auf Kosten des Bereichs c) erweitert ist. 30

Hat **zuerst ein bevorrechtigter Gläubiger** gepfändet und dabei nur den Einkommensteil c) in Anspruch genommen (Pfändung im Umfang des § 850c, nicht aber bevorrechtigt nach § 850d), so wäre dieser für später pfändende gewöhnliche Gläubiger – die in den Bereich b) nicht eindringen können – versperrt, während dem Schuldner über den Einkommensteil a) hinaus auch noch der Teil b) verbliebe, obgleich er auch einem bevorrechtigten Pfändungsgläubiger gegenübersteht. Für diesen Fall trifft **Nr 4** Vorsorge. Auf Antrag hat das Vollstreckungsgericht anzuordnen, daß der Anspruch des bevorrechtigten Gläubigers zunächst aus dem Einkommen b) – und nur, wenn dieser nicht ausreicht, auch aus dem Einkommensteil c) – zu befriedigen ist; der bevorrechtigte Gläubiger wird also zunächst auf den ihm allein offenstehenden Einkommensteil verwiesen, damit, wenn sein Anspruch die zusammengenommenen Teile b) und c) nicht erschöpft, auch noch für den Zugriff gewöhnlicher Gläubiger Raum bleibt. Wird nicht einmal der Teil b) erschöpft, so kann der gewöhnliche Gläubiger deswegen doch nicht mehr erhalten als den Einkommensteil c); die Anordnung nach Nr 4 bewirkt nicht, daß er auf mehr zugreifen könnte als auf den für ihn nach § 850c pfändbaren Betrag. Auch die Gläubiger aus vorsätzlicher unerlaubter Handlung (§ 850f II), die dem Unterhaltsberechtigten im Rang nachgehen, können diesen auf die beschriebene Weise in den Einkommensbereich b) abdrängen. 31

Wenn an einen gewöhnlichen Gläubiger (in den Grenzen des § 400 BGB mit § 850c bzw des Art I § 53 SGB) wirksam **abgetreten** worden ist, kann der nachher pfändende Unterhaltsgläubiger einen etwa noch verfügbaren Rest des Einkommensteils c) und außerdem den Teil b) für sich beanspruchen (über die Berechnung in dem Fall, daß der Schuldner noch weitere Unterhaltsverpflichtungen hat, vgl Hamm und Berner Rpfleger 53, 185). War dagegen an einen bevorrechtigten Gläubiger abgetreten und folgt dann eine Pfändung eines gewöhnlichen Gläubigers, so kann der erstere wiederum nach Nr 4 durch Anordnung des Vollstreckungsgerichts darauf verwiesen werden, den Abtretungsbetrag zunächst dem Einkommensteil b) zu entnehmen, so daß dem Schuldner nur der nach § 850d unpfändbare Betrag verbleibt = Einkommensteil a) und der Einkommensteil c) oder ein etwaiger Rest desselben für den Zugriff des gewöhnlichen Gläubigers offensteht. Durch die Verrechnungsanordnung des Vollstreckungsgerichts wird hier also der Abtretungsvertrag ergänzt oder geändert. Verrechnung nach Abs 4 kann jedoch nicht erfolgen, wenn eine Abtretung an einen gewöhnlichen Gläubiger mit einer (zeitlich früheren) Pfändung (Abtretung, anderen Verfügung) wegen eines Anspruchs nach § 850d zusammentrifft (erforderlich ist Pfändung wegen eines sonstigen Anspruchs; LG Gießen Rpfleger 85, 370; StJM Rdn 86 zu § 850e; Stöber FdgPfdg Rdn 1278; aA Denck MDR 79, 450). 32

2) Zum Verfahren: Die Verrechnung wird nur auf Antrag eines Beteiligten vorgenommen (S 2). Der Antrag ist keine Vollstreckungserinnerung (§ 766); es soll nicht nachgeprüft werden, ob der Pfändungsbeschluß zu Recht ergangen ist. Zuständig ist der Rechtspfleger (§ 20 Nr 17 RpflG). Zu dem Antrag sind die Beteiligten zu hören; § 834 ist nicht anwendbar. Der ergehende Beschluß ist den mehreren Gläubigern, dem Schuldner und dem Drittschuldner von Amts wegen zuzustellen (§ 329 III). Bis zur Zustellung an ihn darf der Drittschuldner nach Maßgabe des vorausgegangenen Pfändungsbeschlusses bzw der sonstigen Verfügung über die Forderung (Abtretung, Verpfändung) mit befreiender Wirkung leisten (S 3) Vgl Merten DR 40, 1970; Püschel 33

DR 41, 978, 2268 ff. Gegen den Beschluß steht dem durch ihn beschwerten Beteiligten die befristete Rechtspflegererinnerung (§ 11 I S 2 RpflG) zu.

850 f *[Pfändungsschutz in Ausnahmefällen]*

(1) Das Vollstreckungsgericht kann dem Schuldner auf Antrag von dem nach den Bestimmungen der §§ 850c, 850d und 850i pfändbaren Teil seines Arbeitseinkommens einen Teil belassen, wenn

a) besondere Bedürfnisse des Schuldners aus persönlichen oder beruflichen Gründen oder

b) der besondere Umfang der gesetzlichen Unterhaltspflichten des Schuldners, insbesondere die Zahl der Unterhaltsberechtigten,

dies erfordern und überwiegende Belange des Gläubigers nicht entgegenstehen.

(2) Wird die Zwangsvollstreckung wegen einer Forderung aus einer vorsätzlich begangenen unerlaubten Handlung betrieben, so kann das Vollstreckungsgericht auf Antrag des Gläubigers den pfändbaren Teil des Arbeitseinkommens ohne Rücksicht auf die in § 850c vorgesehenen Beschränkungen bestimmen; dem Schuldner ist jedoch so viel zu belassen, wie er für seinen notwendigen Unterhalt und zur Erfüllung seiner laufenden gesetzlichen Unterhaltspflichten bedarf.

(3) Wird die Zwangsvollstreckung wegen anderer als der in Absatz 2 und in § 850d bezeichneten Forderungen betrieben, so kann das Vollstreckungsgericht in den Fällen, in denen sich das Arbeitseinkommen des Schuldners auf mehr als monatlich 2 340 Deutsche Mark (wöchentlich 540 Deutsche Mark, täglich 108 Deutsche Mark) beläuft, über die Beträge hinaus, die nach § 850c pfändbar wären, auf Antrag des Gläubigers die Pfändbarkeit unter Berücksichtigung der Belange des Gläubigers und des Schuldners nach freiem Ermessen festsetzen. Dem Schuldner ist jedoch mindestens so viel zu belassen, wie sich bei einem Arbeitseinkommen von monatlich 2 340 Deutsche Mark (wöchentlich 540 Deutsche Mark, täglich 108 Deutsche Mark) aus § 850c ergeben würde.

Lit: *Bauer*, Ungenützte Rechte des Gläubigers in der Lohnpfändung, JurBüro 1966, 187; *Berner*, Die Novelle zum Pfändungsschutz für Arbeitseinkommen, Rpfleger 1959, 77; *Bull*, Verfahren und Urteil bei Klage aus vorsätzlicher unerlaubter Handlung, SchlHA 1962, 230; *Frisinger*, Privilegierte Forderungen in der ZwV und bei der Aufrechnung, 1967; *Grunsky*, Unerlaubte Handlung und Lohnpfändung, NJW 1959, 1515; *Hiendl*, Unerlaubte Handlung und Lohnpfändung, NJW 1962, 901; *Hoffmann*, Die materiellrechtliche Qualifikation des titulierten Anspruchs bei der privilegierten Vollstreckung nach § 850d und § 850f Abs 2 ZPO, NJW 1973, 1111.

1 **I) Zweck:** Zulassung einer besonderen Verhältnissen angepaßten individuellen Einzelregelung in Fällen, in denen die pauschale Festlegung der unpfändbaren Einkommensteile (Rn 1 zu § 850c) nicht zu befriedigenden Ergebnissen führt.

II) Härteklausel zugunsten des Schuldners (Abs 1)

2 Die Härteklausel des Abs 1 ermöglicht auf Grund vom Schuldner (oder sonstigen Antragsberechtigen) vorgetragener (nicht notwendig neuer) Tatsachen in gewissen Grenzen eine individuelle Anpassung des nach den allgemeinen Vorschriften (§§ 850c, 850d, 850i) ergangenen Pfändungsbeschlusses an besonders ungünstige Verhältnisse des Schuldners; die Rechtskraft des Pfändungsbeschlusses steht der Gewährung von Schutz nach Abs 1 somit nicht entgegen (Hamm JurBüro 77, 861 = Rpfleger 77, 224). Die Anwendung des Abs 1 setzt einen substantiierten Antrag des Schuldners oder solcher Personen voraus, denen die erstrebte Vergünstigung zugute käme; der Drittschuldner ist nicht antragsberechtigt (LG Essen MDR 69, 225 = NJW 69, 668; LG Wuppertal MDR 52, 237). Der Antrag ist keine Vollstreckungserinnerung (§ 766; zur Abgrenzung zwischen beiden Rechtsbehelfen s Frankfurt Rpfleger 78, 265); Geltendmachung völliger Unpfändbarkeit ist jedoch Erinnerung, nicht Antrag nach Abs 1 (Frankfurt aaO). Da die normalen Belange des Schuldners schon in den §§ 850c, 850d berücksichtigt sind, wird Abs 1 nur in Sonderfällen anzuwenden sein; es können nur Bedürfnisse des Schuldners berücksichtigt werden, denen nicht schon bei Bemessung der Freibeträge des § 850c bzw § 850d Rechnung getragen ist (Hamm aaO; LG Berlin JurBüro 77, 861 = Rpfleger 77, 224; auch wenn neben niedrigem Arbeitseinkommen bereits Sozialhilfe geleistet wird, LG Hannover JurBüro 85, 629 = Rpfleger 85, 154). Jedoch handelt es sich um keine Ausnahmeregelung; die Bestimmung ist anzuwenden, wenn ihre Voraussetzungen vorliegen; dazu gehört auch, daß nicht überwiegende Belange des Gläubigers entgegenstehen. Die Bestimmung gilt auch gegenüber Pfändungen

durch bevorrechtigte Unterhaltsgläubiger (vgl hierzu LG Essen MDR 55, 428; einschränkend Hamm Rpfleger 54, 634); sie darf freilich nicht zur Begünstigung von Unterhaltsberechtigten führen, die dem pfändenden Gläubiger im Rang nachgehen.

Zu belassen sein kann auf Antrag nach § 850f I ein weiterer Einkommensteil

a) bei **besonderen Bedürfnissen des Schuldners,** zB bei besonders hoher Miete (wenn bzw soweit Anspruch auf Wohngeld nicht besteht; LG Frankenthal DAVorm 68, 207), bei erheblichen Mehraufwendungen infolge Krankheit (bei Zuckererkrankung uU nicht gegeben; LG Krefeld MDR 72, 152), bei Notwendigkeit besonders kräftiger Ernährung zur Wiederherstellung der Gesundheit, notwendiger Beschaffung von Bekleidungs- und Gebrauchsgegenständen durch einen seiner Habe Entblößten, auch bei besonderen Mehraufwendungen für Ausbildungs- (vgl für Referendare Braunschweig NJW 55, 1599) und berufliche Zwecke, soweit die Mehraufwendungen nicht schon durch zusätzliche oder erhöhte Bezüge nach § 850a Nr 3 abgegolten sind (dazu § 850a Rn 7), zB bei erhöhten Aufwendungen für Arbeitskleidung, für besonders weite Anfahrten zur Arbeitsstätte, für Telefon (LG Berlin Rpfleger 62, 217), Bereitstellung eines Arbeitsraums (dazu LG Berlin u KG Rpfleger 62, 217 [219]). Alte Schulden können regelmäßig nicht berücksichtigt werden (Oldenburg MDR 59, 134), außer wenn die Schulden zur Befriedigung von Bedürfnissen eingegangen wurden, die noch in der Gegenwart fortbestehen (Hamm JurBüro 77, 411 = Rpfleger 77, 110; Frankfurt Rpfleger 78, 265); es sollen nicht Gläubiger, die nicht gepfändet haben, auf Kosten des Vollstreckungsgläubigers bevorzugt werden. Ausgaben für eine Tageszeitung, Fernseh- und (private) Telefongebühren zählen nicht zu „besonderen" Bedürfnissen, desgleichen nicht Beiträge zur freien Höherversicherung zur Erzielung einer größeren Rentenanwartschaft (LG Fulda JurBüro 84, 466). 3

b) wenn die gesetzlichen (nicht auch vertragliche) **Unterhaltspflichten des Schuldners besonders hoch** sind (vgl LG Osnabrück FamRZ 58, 176); so auch bei Vorhandensein von mehr als 5 Unterhaltsberechtigten. Daß bis zu 5 Unterhaltsberechtigte zu unterhalten sind, ist in der Tabelle schon berücksichtigt. Abs 1 kann insbes anzuwenden sein, wenn sich Kinder in der Ausbildung befinden und an einem auswärtigen Schulort untergebracht werden müssen, oder bei gehäuften Krankheitsfällen in der Familie. Stets ist mit besonderer Sorgfalt zu prüfen (KG DR 41, 1162), wessen Belange überwiegen. Würde sich die Abtragung der Vollstreckungsforderung ungemessene Zeit hinausziehen (vgl den Fall KG VersR 62, 174, wo bei Anwendung des Abs 1 nicht einmal mehr die Zinsen der Vollstreckungsforderung gedeckt gewesen wären), oder kommt der Gläubiger bei Anwendung des Abs 1 selbst in Notlage, so ist ein gerechter Ausgleich zu schaffen. Ein Teil des nach allgemeinen Regeln pfändbaren Betrags muß dem Gläubiger auch bei Anwendung des § 850f I immer verbleiben (Düsseldorf JMBlNRW 52, 60; LG Essen MDR 55, 428; Ausnahme im Fall des § 765a möglich). Zur Anwendung des Abs 1, wenn schon das Prozeßgericht die besonderen Verhältnisse des Schuldners berücksichtigt hatte, s Bremen OLGZ 72, 485. Rein tatsächliche, auf keinem Rechtsgrund beruhende Unterhaltsleistungen (zB Unterhalt, der einer Lebensgefährtin geleistet wird) ermöglichen Erhöhung des pfandfreien Betrags nicht (LG Schweinfurt FamRZ 84, 45 = NJW 84, 374; aber § 765a denkbar). Die Zulässigkeit von Abtretung, Verpfändung, Aufrechnung wird durch Abs 1 nicht beschränkt, weil die Forderung gegen den Drittschuldner insoweit nicht von vornherein unpfändbar war. 4

III) Privilegierung von Ansprüchen aus unerlaubter Handlung (Abs 2)

1) Ansprüche aus vorsätzlicher **unerlaubter Handlung** werden durch Abs 2 in ähnlicher Weise bevorzugt wie gesetzliche Unterhaltsforderungen nach § 850d; zum Unterschied von dort ist aber ein Zugriff in die Bezüge nach § 850a Nr 1, 2, 4 nicht möglich; außerdem steht ihnen der über § 850c hinaus pfändbare Einkommensbereich nicht schon kraft Gesetzes offen, sondern nur bei entsprechender Entscheidung des Vollstreckungsgerichts. Diese Bevorrechtigung beruht auf der Erwägung, daß der Schuldner für vorsätzliches unerlaubtes Handeln bis zur Grenze seiner Leistungsfähigkeit einstehen soll (Stöber FdgPfdg Rdn 1190). Ausdrücklicher Antrag des Gläubigers ist erforderlich; der Drittschuldner ist hier nicht antragsberechtigt (LG Essen NJW 69, 668). Ob sich die unerlaubte Handlung gegen die Person oder das Vermögen des Gläubigers richtete, gilt gleich. Eine noch so grob fahrlässige unerlaubte Handlung genügt nicht. Zinsen (und Verzugsfolgen) und Kostenerstattungsansprüche aus dem Schadensersatzprozeß wegen der unerlaubten Handlung sind nicht bevorzugt (LG München I Rpfleger 65, 278; aA KG Rpfleger 72, 66), ebenso nicht Kosten für Inanspruchnahme eines Rechtsanwalts in einem Strafverfahren gegen den Schädiger (LG Hannover Rpfleger 82, 232); ZwV-Kosten sind wie die Hauptsacheforderung bevorrechtigt (KG aaO). Für einen Rechtsnachfolger des Gläubigers (Erbe, Zessionar) besteht das Pfändungsvorrecht in gleicher Weise wie für den Geschädigten selbst (Stöber FdgPfdg Rdn 1192). 5

6 **2)** Aus dem **Titel** wird sich meist ergeben, ob der Verurteilung eine vorsätzliche unerlaubte Handlung zugrunde lag; wenn dort eine solche angenommen wurde, ist das für das Vollstreckungsgericht maßgebend (Düsseldorf MDR 73, 593 L = NJW 73, 1139). Für den Gläubiger ist es zweckmäßig, auf die (nicht unzulässige, wenn auch ungebräuchliche) Erwähnung des Schuldgrunds im Urteilstenor hinzuwirken (LG Dortmund NJW 62, 1828; Bull SchlHA 62, 290; Hoffmann NJW 73, 1111); es genügt aber auch, wenn die Urteilsgründe das Erforderliche ersehen lassen (hM). Bei Veräumnisurteilen kann auf das als zugestanden anzusehende Vorbringen des Klägers zurückgegriffen werden (LG Darmstadt Rpfleger 85, 155; LG München I NJW 65, 768), bei Vollstreckungsbescheiden auf die aus dem Mahnbescheid übernommene Angabe des Schuldgrunds (Düsseldorf aaO; LG Wuppertal MDR 76, 54; aA AG Freyung MDR 86, 595). Wenn der Vollstreckungstitel nichts ergibt, hat das Vollstreckungsgericht nach dem Vorbringen (Nachweis erforderlich, zB durch Strafurteil, LG Stuttgart, JurBüro 85, 311 = MDR 85, 150) des Gläubigers selbständig zu prüfen, ob die Forderung auf einer vorsätzlich begangenen unerlaubten Handlung beruht (Hamm OLGZ 73, 379 = NJW 73, 1332; LG Darmstadt aaO; LG Krefeld MDR 70, 768 und MDR 83, 325; auch BGH 36, 11 = MDR 62, 37). Nach nicht zutr aA soll dann das Pfändungsprivileg nicht Platz greifen können (Berner Rpfleger 65, 278 unter Bezugnahme auf die Gesetzgebungsverhandlungen; auch Stehle BB 59, 237; Knopp FamRZ 59, 278; Danzer MDR 60, 552; Bull aaO; Hoffmann aaO). Eine streitige Verhandlung mit Beweisaufnahme zur Feststellung, ob eine vorsätzliche unerlaubte Handlung vorlag (wenn etwa im Prozeß die Schuldform nicht geklärt wurde oder das Urteil auf einen anderen Klagegrund gestützt ist), vor dem Vollstreckungsgericht kann jedoch nicht in Betracht kommen (Hiendl NJW 62, 901; Hoffmann aaO; so wohl auch Schneider MDR 70, 769; aA Celle MDR 72, 958 und Hamm NJW 73, 1332 = aaO, wonach bei Versagen des Titels und der sonst in Betracht kommenden urkundlichen Unterlagen das Vollstreckungsgericht uneingeschränkt zur Prüfung des Deliktcharakters der Vollstreckungsforderung befugt und verpflichtet sei). Solchenfalls wird der Vollstreckungsgläubiger aber die Möglichkeit haben, durch Feststellungsklage die Tragweite des Titels klären zu lassen (Grunau NJW 59, 1515; LG München I aaO; aA LG Krefeld MDR 83, 325, auch wohl BGH 36, 11 [17] = NJW 62, 109; vgl dazu auch Lüderitz JZ 62, 678). Für völlige Ersetzung des bisherigen Vollstreckungstitels durch neue Leistungsklage (die Hiendl aaO befürwortet) wird es am Rechtsschutzbedürfnis fehlen (BGH aaO). Hoffmann aaO läßt offen, ob die neue Klage als Feststellungs- oder als Leistungsklage zu erheben ist. Schneider Anm MDR 72, 768 hält Klage auf Feststellung des besonders prozessualen Rechtsverhältnisses nach § 850f II für möglich, die auch helfen könnte, wenn dem Gläubiger bei der Einwirkung seines Titels das Vorliegen einer vorsätzlichen unerlaubten Handlung noch nicht bekannt war.

7 **3)** Erweiterte ZwV nach Abs 2 „kann" erfolgen; die Entscheidung liegt somit im pflichtgemäßen Ermessen des Vollstreckungsgerichts (StJM Rdn 14 zu § 850f; Stöber FdgPfdg Rdn 1195; aA Berner Rpfleger 59, 79; Danzer MDR 60, 552; LG Essen Rpfleger 71, 325). Bei der Entscheidung über den Antrag sind die Interessen von Gläubiger und Schuldner abzuwägen (Stöber aaO). Ebenso („... kann") hat das Vollstreckungsgericht bei Bemessung des dem Schuldner zu belassenden Freibetrags einen Ermessensspielraum (so auch LG Essen aaO), so daß die größere oder geringere Verwerflichkeit der unerlaubten Handlung, ein durch sie vom Schuldner erzielter Vorteil, die Dringlichkeit der Wiedergutmachung berücksichtigt werden können (vgl Hamm NJW 73, 1333). Der notwendige Unterhalt für sich und die gesetzlich Unterhaltsberechtigten (§ 850d) muß dem Schuldner aber mindestens verbleiben (Hs 2). Es kann auch angemessen sein, hier für unterhaltsberechtigte Familienangehörige mehr zu belassen als im Fall des § 850d, jedoch nicht über die Freigrenze des § 850c hinaus (LG Berlin Rpfleger 74, 167). Zur Bemessung des Freibetrags s auch Stuttgart MDR 85, 150 = aaO; LG Düsseldorf MDR 85, 150; LG Hannover JurBüro 86, 781; LG Kleve MDR 70, 853. UU kann zusätzlich zum notwendigen Unterhalt eine dem Schuldner auferlegte Geldstrafe berücksichtigt werden, damit er nicht durch Vollstreckung der Ersatzfreiheitsstrafe die Verdienstmöglichkeit verliert (LG Frankfurt NJW 60, 2249). Dem Schuldner zufließendes Kindergeld ist bei der Bemessung des Freibetrags für ihn und seine Familie zu berücksichtigen (Düsseldorf MDR 76, 410; früher streitig, vgl einerseits Düsseldorf MDR 72, 152 = OLG 72, 310; LG Krefeld MDR 76, 410; andererseits LG Mannheim Rpfleger 71, 114). Im Pfändungsbeschluß ist (wie im Fall des § 850d) der pfandfreie Betrag (nicht der pfändbare Einkommensteil) zu bestimmen (LG Stuttgart MDR 85, 150 = aaO). Zur Formulierung des Beschlusses auch Karlsruhe MDR 71, 401. Aus Hs 2 folgt auch, daß bei Konkurrenz von Vollstreckungen wegen gesetzlicher Unterhaltsforderung und Forderung aus vorsätzlicher unerlaubter Handlung die letztere nachgeht, der Unterhaltsgläubiger sich also nicht etwa mit dem Gläubiger nach Abs 2 in den Einkommensbereich zwischen den Freigrenzen des § 850d u des § 850c teilen muß.

IV) Erweiterte Pfändungsmöglichkeit in höhere Einkommen (Abs 3)

Abs 3 bezieht sich auf die Pfändung wegen Forderungen, die weder nach Abs 2 noch nach § 850 d privilegiert sind, wenn in ein Arbeitseinkommen vollstreckt wird, das (ggf unter Anwendung der Zusammenrechnungsvorschriften des § 850 e) netto 2 340 DM monatlich, 540 DM wöchentlich, 108 DM täglich übersteigt. Hier darf das Vollstreckungsgericht nach seinem Ermessen den sich aus § 850 c II ergebenden Freibetrag kürzen, wenn dies bei Abwägung der Belange des Schuldners und des Gläubigers angemessen ist, was freilich zunächst nur nach dem Vorbringen des Gläubigers beurteilt werden kann, sofern dem Gericht die Verhältnisse nicht etwa schon aus früheren Verfahren bekannt sind. Dem Schuldner muß aber mindestens der Betrag belassen werden, der bei einem Einkommen von monatlich 2 340 DM, wöchentlich 540 DM, täglich 108 DM nach der Tabelle pfandfrei bliebe (S 2). Zum Verfahren s Rn 10. 8

V) Verfahren

1) Im Falle des **Abs 1** ist der Gläubiger zum Antrag des Schuldners zu hören. Zuständig zur Entscheidung ist der Rechtspfleger, da der Vorbehalt des § 20 Nr 17 Hs 2 Buchst a RpflG nicht eingreift (vgl zu § 19 Nr 14 a RpflG 1957 Danzer MDR 60, 552; Berner Rpfleger 62, 218); der Antrag ist keine auf Überprüfung des bisherigen Pfändungsbeschlusses gerichtete Erinnerung nach § 766, sondern bezweckt auf Grund neu geltend gemachter Tatsachen seine Ersetzung durch eine Neuregelung (Rn 2); zur örtlichen Zuständigkeit nach Wohnsitzwechsel des Schuldners Rn 2 zu § 828. Die Entscheidung ist, wenn sie nicht auf Grund mündlicher Verhandlung verkündet wird, den Parteien und dem Drittschuldner von Amts wegen zuzustellen (§ 329 III); gegenüber dem Drittschuldner tritt Wirksamkeit aber auch mit Parteizustellung ein (vgl Jonas JW 35, 762). Gegen den Beschluß hat im Falle der Zurückweisung seines Antrags der Schuldner, bei Stattgabe der Gläubiger die befristete Durchgriffserinnerung nach § 11 I S 2 RpflG. Ihr kann der Rechtspfleger nicht abhelfen; der Richter entscheidet über sie, wenn er sie für zulässig und begründet hält; andernfalls wird sie als Beschwerde dem LG vorgelegt (§ 11 II RpflG). Gegen die abhelfende Entscheidung des Richters sofortige Beschwerde (§§ 793, 577). Wenn eine den Schuldner begünstigende Anordnung nach Abs 1 wieder aufgehoben wird, lebt die Pfändung des gesamten pfändbaren Teils der Arbeitsvergütung mit ihrem ursprünglichen Rang wieder auf; die Überweisung des bisher dem Schuldner belassenen Betrags ist aber bei der Aufhebung der Vergünstigung neu anzuordnen. 9

2) Im Falle der **Abs 2** und **3** ist der Schuldner zum Antrag des Gläubigers, der schon mit dem Pfändungsgesuch verbunden, aber auch später gestellt werden kann, gem § 834 nicht zu hören (Düsseldorf MDR 73, 593 L = NJW 73, 1133; Koblenz MDR 75, 939; aM Hamm OLGZ 73, 379 = NJW 73, 1332), es sei denn, daß der Gläubiger selbst – vielleicht in der Hoffnung, der Schuldner werde das Vorliegen der nach dem Titel nicht unzweifelhaften vorsätzlichen unerlaubten Handlung einräumen – die Anhörung beantragt (Celle MDR 72, 958; LG Mannheim JurBüro 84, 299; dazu Schneider MDR 72, 912). Im Regelfall kann der Schuldner seine Belange erst im Erinnerungsverfahren geltend machen. Zuständig ist der Rechtspfleger (§ 20 Nr 17 RpflG; vgl zum RpflG 1957 KG Rpfleger 60, 126 wohl auch für die Fälle des Abs 2 und 3; Berner Rpfleger 59, 79 [80]; 62, 299; aA AG Essen Rpfleger 62, 348). Der Gläubiger hat, wenn seinem Antrag nicht oder nicht voll entsprochen wurde, die befristete Durchgriffserinnerung nach § 11 I S 2 RpfG; aA LG Koblenz MDR 79, 944: § 766, der durch die erweiterte Pfändung beschwerte Schuldner die Erinnerung nach § 766, die an den Richter geht (so auch Düsseldorf NJW 73, 113; Koblenz MDR 75, 939; aA Hamm NJW 73, 1332 = aaO: gleichfalls Durchgriffserinnerung). Gegen Entscheidungen des Richters sofortige Beschwerde (§§ 793, 577). 10

VI) Gebühren: 1) des **Gerichts:** Keine für das Verfahren der Änderung eines unpfändbaren Teils des Arbeitseinkommens. – **2)** des **Anwalts:** a) stellt der RA des Schuldners den Antrag nach Abs 1, so erhält er die 3/10 Vollstreckungsgebühr aus § 57 BRAGO; b) die Anträge des Gläubigers nach Abs 2 und 3 gehören zu der gleichen Angelegenheit (§ 58 I BRAGO) und werden daher durch die 3/10 Gebühr nach §§ 57 I, 31, 58 I BRAGO mit abgegolten; AG Hanau Rpfleger 67, 426. – Wegen des Verfahrens der Rechtspfleger-Durchgriffserinnerung s § 934 Rn 5. 11

850 g

[Änderung der Unpfändbarkeitsvoraussetzungen]

Ändern sich die Voraussetzungen für die Bemessung des unpfändbaren Teils des Arbeitseinkommens, so hat das Vollstreckungsgericht auf Antrag des Schuldners oder des Gläubigers den Pfändungsbeschluß entsprechend zu ändern. Antragsberechtigt ist auch ein Dritter, dem der Schuldner kraft Gesetzes Unterhalt zu gewähren hat. Der Drittschuldner kann nach dem Inhalt des früheren Pfändungsbeschlusses mit befreiender Wirkung leisten, bis ihm der Änderungsbeschluß zugestellt wird.

I) Änderung der Verhältnisse; Auswirkungen

1 Als **Änderung der Verhältnisse** seit Erlaß des Pfändungsbeschlusses kommen zB in Betracht: Geburt oder Tod eines Unterhaltsberechtigten, Wegfall der Unterhaltsbedürftigkeit infolge Erlangung eigenen Einkommens, Wiederverheiratung des Schuldners, Pfändung durch einen Unterhaltsberechtigten mit besserem Rang nach Pfändung eines anderen Unterhaltsberechtigten, auch Minderung oder Erhöhung des Arbeitseinkommens. Antragsberechtigt sind der Schuldner, der Gläubiger oder ein Dritter, dem der Schuldner kraft Gesetzes unterhaltspflichtig ist und der durch die Änderung begünstigt wird (zB zweite Frau nach Wiederverheiratung des Schuldners), nicht aber der Drittschuldner. Der Antrag ist keine Vollstreckungserinnerung nach § 766, da die Richtigkeit des ursprünglichen Pfändungsbeschlusses nicht angegriffen wird. Zum Teil wird § 850g allerdings auch angewandt, wenn tatsächliche Voraussetzungen für den Umfang der Pfändung (zB Zahl der Unterhaltsberechtigten) schon im Pfändungsbeschluß unrichtig angenommen wurden (Schleswig JurBüro 59, 134 = SchlHA 58, 338; Pohle AP 8 zu § 850d ZPO); dann handelt es sich aber um eine Erinnerung nach § 766 (LG Düsseldorf JurBüro 82, 938 = Rpfleger 82, 300) über die der Richter zu befinden hat. Grundsätzlich hat das Vollstreckungsgericht abzuändern, insbesondere dann, wenn es den Freibetrag selbst ziffernmäßig festgesetzt hatte. Handelt es sich aber um eine Pfändung wegen gewöhnlicher Forderung, bei der der Drittschuldner nach der Fassung des Pfändungsbeschlusses den pfandfreien Teil des Arbeitseinkommens (nach der Tabelle oder gemäß § 850c I, II) selbst zu errechnen hat, so kann letzterer bei Änderung der Voraussetzungen für die Bemessung des unpfändbaren Teils des Arbeitseinkommens seine erste Berechnung selbst ändern (wenn zB der Schuldner nach der Pfändung geheiratet hat oder Vater eines weiteren Kindes geworden ist); in Zweifelsfällen ist aber auch dann Herbeiführung eines gerichtlichen Änderungsbeschlusses möglich, insbesondere wenn Drittschuldner nicht in der Lage ist, auf Grund der im Pfändungsbeschluß gegebenen Erläuterungen die Neuberechnung des pfandfreien Betrags durchzuführen (vgl Berner Rpfleger 64, 331). Auch die echte Abänderung nach § 850g kann rückwirkend auf das die Verhältnisse ändernde Ereignis (zB die Geburt eines weiteren Kindes) angeordnet werden, darf aber in bereits abgewickelte Vollstreckungsmaßnahmen nicht mehr eingreifen (BAG MDR 61, 799; BAG AP 8 zu § 850d ZPO = MDR 62, 339 = NJW 62, 510; Bötticher AP 1 zu § 850d ZPO; Berner Rpfleger 61, 290; 62, 170; 64, 329; aM LG Frankenthal Rpfleger 64, 436). Ob eine solche Rückwirkung beabsichtigt ist, muß der Änderungsbeschluß erkennen lassen. Das vom Gläubiger mit Klage gegen den Drittschuldner angegangene Prozeßgericht ist an die konstitutive Festsetzung des pfandfreien Betrags durch das Vollstreckungsgericht gebunden (BAG MDR 61, 799; MDR 62, 339 = aaO; Bötticher aaO u MDR 61, 800; Pohle JZ 62, 344; Berner aaO). Auch Rechtsänderungen können eine Veränderung der Verhältnisse bedeuten (Neufestsetzung der Pfändungsfreigrenzen durch Gesetz); zu diesem Fall s die Überleitungsvorschrift des Art 3 des 5. PfändungsfreigrenzenÄndG v 8. 3. 84, BGBl I 364; der dort vorgesehene Beschluß entspricht sachlich einem Änderungsbeschluß nach § 850g.

II) Verfahren

2 **1)** Örtlich zuständig ist das Wohnsitzgericht des Schuldners bei Antragstellung (§ 828 II; Stöber FdgPfdg Rdn 1203), also nicht ohne weiteres das AG, das den Pfändungsbeschluß erlassen hat (so noch bis 13. Aufl, aber auch München JurBüro 85, 945 = Rpfleger 85, 154). Funktionell zuständig ist bei echten Abänderungsanträgen (auf Grund veränderter Umstände) der Rechtspfleger (§ 20 Nr 17 RpflG). Das gilt auch dann, wenn der Pfändungsbeschluß durch den Erinnerungs- oder Beschwerderichter erlassen war (Holthöfer JW 36, 2443; LG Essen MDR 55, 113). Wird allerdings geltend gemacht, der Pfändungsbeschluß sei schon zur Zeit seines Erlasses unrichtig gewesen, so handelt es sich um eine Vollstreckungserinnerung, die der Richter zu verbescheiden hat (§ 766 ZPO, § 20 Nr 17 S 2 Buchst a RpflG; LG Hannover JurBüro 86, 622; Bötticher AP 8 z § 850d; Abhilferecht des Rechtspflegers ist aber gegeben); gegen Entscheidung des Richters sofortige Beschwerde (§ 793). Der Antragsgegner ist vor der Entscheidung zu hören; davon kann nur in dringenden, zweifelsfreien Fällen (zB nachgewiesene Geburt eines Kindes) abgesehen werden. Zustellung des Änderungsbeschlusses an Gläubiger, Schuldner, Drittschuldner von Amts wegen (§ 329 III), auch an den Unterhaltsberechtigten, der nach S 2 Antrag gestellt hatte; wenn einem Antrag voll entsprochen ist, erfolgt an Antragsteller nur Mitteilung (§ 329 II). Wirksamkeit gegenüber dem Drittschuldner tritt mit dieser Zustellung ein (kein Fall des § 829 III; Stöber FdgPfdg Rdn 1205); erfolgt aber auch mit Parteizustellung an ihn (vgl Jonas JW 35, 762; LG Frankenthal Rpfleger 64, 346). Nach aM ist an Drittschuldner stets Parteizustellung nötig. Bis zur Zustellung an ihn kann Drittschuldner auf Grund des ursprünglichen Pfändungs- und Überweisungsbeschlusses mit befreiender Wirkung leisten (S 3); vgl BAG NJW 62, 510.

3 **2) Anfechtung:** Erfolgt Abänderung zum Nachteil des Schuldners, so hat er (sofern er gehört wurde) gegen den Beschluß des Rechtspflegers die befristete Durchgriffserinnerung nach § 11 I

S 2 RpflG, der der Rechtspfleger nicht abhelfen kann (§ 11 II S 1 RpflG). Der Richter entscheidet über sie, wenn er sie für zulässig und begründet hält; andernfalls wird sie als sofortige Beschwerde dem LG vorgelegt (§ 11 II S 4, 5 RpflG). Gegen eine abändernde Entscheidung des Amtsrichters sofortige Beschwerde (§ 793). Dasselbe gilt für den (gehörten) Gläubiger, zu dessen Nachteil abgeändert wird (nach LG Hagen JurBüro 85, 945 auch, wenn Gläubiger nicht gehört wurde; dann aber nur Maßnahme der ZwV). Gegen Zurückweisung des Abänderungsantrags durch Rechtspfleger ist der gleiche Rechtsbehelf gegeben, so auch gegen Zurückweisung eines Antrags des Unterhaltsberechtigten gemäß S 2. Dem ohne Gehör Beschwerten steht die unbefristete Erinnerung nach § 766 zu. Gegen Entscheidung des Richters über die Erinnerung sofortige Beschwerde (§§ 793, 577).

III) Gebühren des **Gerichts und** des **Anwalts:** wie Rn 11 zu § 850f. 4

850 h

[Verschleiertes Arbeitseinkommen]

(1) Hat sich der Empfänger der vom Schuldner geleisteten Arbeiten oder Dienste verpflichtet, Leistungen an einen Dritten zu bewirken, die nach Lage der Verhältnisse ganz oder teilweise eine Vergütung für die Leistung des Schuldners darstellen, so kann der Anspruch des Drittberechtigten insoweit auf Grund des Schuldtitels gegen den Schuldner gepfändet werden, wie wenn der Anspruch dem Schuldner zustände. Die Pfändung des Vergütungsanspruchs des Schuldners umfaßt ohne weiteres den Anspruch des Drittberechtigten. Der Pfändungsbeschluß ist dem Drittberechtigten ebenso wie dem Schuldner zuzustellen.

(2) Leistet der Schuldner einem Dritten in einem ständigen Verhältnis Arbeiten oder Dienste, die nach Art und Umfang üblicherweise vergütet werden, unentgeltlich oder gegen eine unverhältnismäßig geringe Vergütung, so gilt im Verhältnis des Gläubigers zu dem Empfänger der Arbeits- und Dienstleistungen eine angemessene Vergütung als geschuldet. Bei der Prüfung, ob diese Voraussetzungen vorliegen, sowie bei der Bemessung der Vergütung ist auf alle Umstände des Einzelfalles, insbesondere die Art der Arbeits- und Dienstleistung, die verwandtschaftlichen oder sonstigen Beziehungen zwischen dem Dienstberechtigten und dem Dienstverpflichteten und die wirtschaftliche Leistungsfähigkeit des Dienstberechtigten Rücksicht zu nehmen.

Lit: *Bobrowski*, Mitarbeitspflicht des Ehemannes und Arbeitseinkommen, Rpfleger 1959, 12; *Brommann*, Die Konkurrenz mehrerer Lohnpfändungsgläubiger im Rahmen der Pfändung fiktiven Einkommens gem § 850h Abs 2 ZPO, SchlHA 1986, 49 und 65; *Fenn*, Die juristische Qualifikation der Mitarbeit bei Angehörigen und ihre Bedeutung für die Vergütung, FamRZ 1968, 291; *Fenn*, Die Bedeutung verwandtschaftlicher Beziehungen für die Pfändung des „Arbeitseinkommens" nach § 850h II ZPO, AcP 167 [1967] 148; *Geißler*, Fragen zur ZwV bei verschleiertem Arbeitseinkommen, JurBüro 1986, 1295; *Grunsky*, Gedanken zum Anwendungsbereich von § 850h Abs 2 ZPO, Festschr Baur (1981), 403.

I) Lohnzahlung an Dritten (Abs 1)

§ 850h behandelt zwei Fälle der sogenannten Lohn- oder Gehaltsschiebung, **Abs 1** den nach der früheren Pfändungsfreigrenze sogen **1 500-M-Vertrag.** Er liegt vor, wenn der Schuldner, der einem anderen irgendwelche Arbeiten oder Dienste leistet (festes Arbeits- oder Dienstverhältnis ist nicht Voraussetzung), für die Vergütung gewährt werden soll (nicht notwendig eine periodisch wiederkehrende), mit dem Dienstberechtigten vereinbart, daß er selbst nichts oder nur einen Teilbetrag, etwa nur den der Pfändung nicht unterworfenen Betrag ausbezahlt erhalten solle, während die Vergütung oder der Mehrbetrag an einen (meist: ihm nahestehenden) Dritten (zB seine Ehefrau) auszuzahlen sei. In der Regel will Schuldner so einen der Pfändung unterworfenen Betrag seinen Gläubigern entziehen; doch ist solche Benachteiligungsabsicht nicht Voraussetzung für die Anwendbarkeit des Abs 1 (BGH AP 12 zu § 850h ZPO = WM 68, 1254); es kann zB Unterhaltszahlung bei Getrenntleben bezweckt sein. Der Gläubiger kann auf Grund seines gegen den Schuldner gerichteten Vollstreckungstitels in einem Verfahren gegen diesen den Anspruch des Drittberechtigten (im Beispielsfall der Ehefrau) auf Auszahlung des der Pfändung unterworfenen Betrages pfänden und sich überweisen lassen. Ein Titel gegen den Drittberechtigten ist dazu nicht erforderlich. Auch der Titel gegen den Schuldner braucht dem Drittberechtigten vor Pfändung nicht zugestellt zu sein, da er nicht Vollstreckungsschuldner nach § 750 ist. Das Vollstreckungsgericht (Rechtspfleger, § 20 Nr 17 RpflG) erläßt nach den Angaben des Gläubigers und ohne Anhörung des Schuldners (§ 834) und des Drittberechtigten und ohne Nachprüfung der Voraussetzungen des § 850h I Pfändungsbeschluß; durch ihn wird – unter Beachtung der Pfändungsgrenzen des § 850c bzw § 850d und § 850a – das Arbeitseinkommen des 1

Schuldners und außerdem der Anspruch des Drittberechtigten gegen den Arbeitgeber (Drittschuldner) auf Auszahlung des der Pfändung unterliegenden Teils des Arbeitseinkommens gepfändet und überwiesen. Der Beschluß erfaßt ohne weiteres den Zahlungsanspruch des Drittberechtigten mit (S 2), wie wenn er unverändert dem Schuldner zustünde. Der Gläubiger erhält Ausfertigung des Beschlusses zur Zustellung an den Drittschuldner (§ 829 II); nach Zustellung an diesen ist der Beschluß auch dem Schuldner und dem Drittberechtigten zuzustellen (S 3). Die Pfändung ist bereits mit der Zustellung an den Drittschuldner bewirkt (§ 829 III); Zustellung an Schuldner und Drittberechtigten ist nicht Voraussetzung der Wirksamkeit. Wenn der Drittschuldner (Arbeitgeber) nicht an den Pfändungsgläubiger zahlt, muß dieser Zahlungsklage (zum Arbeitsgericht, § 2 ArbGG) erheben. Erst das Arbeitsgericht prüft, ob die Voraussetzungen des § 850h I vorliegen. Gegen den Pfändungsbeschluß steht dem Schuldner und dem Drittschuldner die Vollstreckungserinnerung (§ 766) zu; der Drittberechtigte hat kein Erinnerungsrecht; er kann ggf Drittwiderspruchsklage nach § 771 erheben. **Antrag:** „Die durch Beschluß des Amtsgerichts ... erfolgte Pfändung des Arbeitseinkommens des ... wird in Höhe des auf Grund Vereinbarung des Schuldners mit seinem Arbeitgeber von dem letzteren an ... (Drittberechtigter) zu leistenden Betrags von monatlich 500 DM für unzulässig erklärt." Bei gewöhnlicher Abtretung des Arbeitseinkommens (zB an einen Gläubiger), die sich ohne Mitwirkung des Arbeitgebers vollzieht, trifft § 850h I nicht zu; uU Anfechtung nach dem AnfG.

II) Verschleiertes Arbeitsverhältnis (Abs 2)

2 **1) Abs 2** ermöglicht die Pfändung bei Vorliegen eines **verschleierten Arbeits-** oder **Dienstverhältnisses.** Die Bestimmung soll nicht nur Lohnschiebungen verhüten, sondern darüber hinaus Befriedigung ermöglichen, wenn der Schuldner für seine Dienstleistungen zwar keinen Vergütungsanspruch gegen den Empfänger der Dienste hat, wenn aber die Umstände eine Nichtbefriedigung des Gläubigers als grob unbillig und andererseits die Zahlung eines Entgelts für die Arbeitsleistung als gerechtfertigt erscheinen lassen (RAG JW 36, 1246; BAG NJW 78, 343). Entsprechendes gilt, wenn nur eine im Verhältnis zur üblichen unangemessen niedrige Vergütung (vgl RAG ARS 36, 64; BAG MDR 65, 944) vereinbart ist. Für die Entscheidung, ob für die Dienste eine (höhere) Vergütung üblich ist, ist stets zu prüfen, ob es sich um Dienste handelt, für die nach allgemein herrschender Auffassung mit Rücksicht auf ihre Art und ihren Umfang die Zahlung einer Vergütung gerechtfertigt erscheint, weil solche Dienste allgemein nur gegen Vergütung geleistet werden (RAG JW 36, 1246; RAG 16, 17). Von Bedeutung ist in diesem Zusammenhang auch, ob durch die Tätigkeit des Schuldners eine andere Arbeitskraft erspart wird (RAG DR 41, 1806; LAG Baden SJZ 50, 594). Abs 2 hat besonders zwei Fälle des täglichen Lebens im Auge: **Der Ehemann arbeitet im Betrieb seiner Frau,** der Sohn in demjenigen seines Vaters und erhält nur Wohnung, Verpflegung, Kleidung und ein kleines Taschengeld.

3 **a)** Arbeitet der vermögenslose, verschuldete **Mann im Geschäft der Ehefrau,** so wird meist ein verschleiertes Arbeitsverhältnis vorliegen. Gläubigerbenachteiligungsabsicht ist für die Anwendbarkeit der Bestimmung nicht erforderlich (RAG JW 36, 1247; BGH AP 12 zu § 850h ZPO = aaO); im Verhältnis zum Vollstreckungsgläubiger kann eine Vergütung auch dann nach § 850h als geschuldet angesehen werden, wenn wegen der zwischen dem Schuldner und dem Dritten bestehenden Familienbande eine unentgeltliche Tätigkeit des Schuldners moralisch gerechtfertigt wäre (RAG ARS 36, 63; LAG Mainz AP 6 zu § 850h ZPO = BB 60, 171; LAG Berlin BB 63, 348; LAG Frankfurt MDR 65, 1026 mit Anm Wenzel; Wenzel MDR 66, 973; Fenn AcP 167, 148). Denn für die Anwendung der Bestimmung kommt es nicht entscheidend darauf an, ob bei Mitarbeit auf familiärer Grundlage im Innenverhältnis zwischen Dienstleistendem und Dienstleistungsempfänger eine Vergütung geschuldet wird; maßgebend ist, ob bei Absehen von den familiären Beziehungen aus der Sicht eines Dritten eine üblicherweise zu vergütende Tätigkeit vorliegt; die familiären Beziehungen sind dann nur für die Höhe des Entgelts von Bedeutung (BAG NJW 78, 343). Gleichartige Verhältnisse können übrigens auch bei einem ehelosen Zusammenleben zwischen Dienstleistendem und Dienstleistungsempfänger gegeben sein (Hamm GoltdArch 75, 180). Auch wenn der Mann nach Scheidung und Zugewinnausgleich weiter unterbezahlt im Betrieb der früheren Ehefrau mitarbeitet, ist die Anwendung des Abs 2 gerechtfertigt, da der Ehefrau nach wie vor die wirtschaftlichen Vorteile aus dieser Tätigkeit zufließen; darauf, ob der Mann aus diesen Vorteilen auch seinerseits Nutzen zieht, oder ob er andere Beweggründe hat, auf eine angemessene Entlohnung zu verzichten, kann es nicht ankommen (aA ArbG Heilbronn BB 68, 1159). Es ist auch umgekehrt möglich, daß eine verschuldete Ehefrau über das durch die eheliche Lebensgemeinschaft gebotene Maß (§ 1353 BGB) im Betrieb des Mannes mitarbeitet und dabei eine volle Arbeitskraft ersetzt, so daß, wenn ihr nicht ohnehin Gewinnbeteiligungsansprüche (vgl BGH 8, 249 = NJW 53, 418; 31, 197 = NJW 60, 428; 47, 157 = NJW 67, 1275; FamRZ 62, 357; 73, 22; 73, 181; 75, 35; Henrich FamRZ 75, 533; Maiberg Betrieb 75, 385; Johannsen WM 78,

502) zustehen, mindestens im Verhältnis zu den Gläubigern eine angemessene Vergütung als geschuldet zu gelten hat. Bei der Feststellung, welche Vergütung angemessen wäre, ist im allgemeinen vom Tariflohn (BAG MDR 65, 944; Wenzel MDR 65, 1027; 66, 973) oder der üblichen Vergütung für solche Dienstleistungen auszugehen, dem Schuldner zufließende Naturalleistungen sind aber gem § 850e Nr 3 zu berücksichtigen. Die wirtschaftliche Leistungsfähigkeit des Dienstberechtigten (der Ehefrau) kann ebenso zu berücksichtigen sein (RAG JW 36, 687; BAG AP 10 zu § 850h ZPO = MDR 65, 944); wenn die Ehefrau wegen ihrer schlechten Vermögenslage zur Zahlung des Tariflohns oder der ortsüblichen Vergütung völlig außerstande oder nicht ohne Gefährdung ihrer wirtschaftlichen Existenz und derjenigen ihrer Familie imstande wäre, so wäre es unbillig, ihr solche Leistungen aufzuerlegen (RAG JW 36, 686; einschränkend LAG Mannheim BB 52, 718). Ebenso ist nach RAG JW 36, 2666 bei Festsetzung der Vergütung neben dem Wert der Arbeitsleistungen des Schuldners die Leistungsfähigkeit des Betriebs zu berücksichtigen, wobei nicht nur die Betriebsunkosten, sondern die sonstigen Umstände des Falles in Betracht zu ziehen sind. Nicht entscheidend ist, was der Schuldner in einem anderen Betrieb verdienen könnte (RAG JW 38, 257). Wenn der Ehemann den landwirtschaftlichen Besitz seiner Ehefrau mit Zustimmung der Frau im eigenen Namen und für eigene Rechnung verwaltet, trifft § 850h II nicht zu, weil er dann nicht einem Dritten Dienste leistet, sondern in die eigene Tasche arbeitet (RAG JW 36, 686); hier kommt Pfändung der erwirtschafteten Erträgnisse in Betracht. Leitet ein Landwirt einen größeren Gutsbesitz seiner Ehefrau dagegen in deren Namen und für deren Rechnung, so ist zu prüfen, ob nicht ein Arbeitsverhältnis anzunehmen ist, das unter einen einschlägigen Tarifvertrag für Gutsbeamte fällt, der einen unabdingbaren Lohnanspruch gewähren würde. Über Leitung des Geschäfts der Ehefrau durch den Ehemann s LAG Bremen Betrieb 52, 656; LAG Hannover BB 52, 575; LAG Mainz BB 60, 171 = aaO; BGH WM 68, 1254 = aaO; BAG NJW 78, 343. Zur Frage der Annahme von verschleierten Arbeitseinkommen bei gesellschaftsrechtlichen Verhältnissen zwischen Ehegatten vgl Düsseldorf OLGZ 79, 223. Als Empfängerin der geleisteten Dienste kann die Ehefrau auch in Betracht kommen, wenn der Mann ohne angemessene Vergütung in einem Geschäft mitarbeitet, das die Ehefrau zusammen mit anderen Verwandten als OHG-Gesellschafterin betreibt (BAG NJW 74, 380). Zur Anwendung des Abs 2, wenn der Gemeinschuldner nach Abschluß des Konkursverfahrens das Geschäft durch seine Ehefrau weiterbetreiben läßt und im Geschäft mitarbeitet: LAG Breslau ARS 39, 10; LG Mannheim MDR 54, 178. Wenn eine Ehefrau ihrem Ehemann (dem Schuldner) freie Station gewährt, ohne ihn in ihrem gutgehenden Gewerbebetrieb in angemessener und zumutbarer Weise zu beschäftigen, obgleich der Mann gerade diesen Beruf erlernt hat, ist § 850h II mangels einer Dienstleistung des Schuldners nicht anwendbar; es reicht nicht aus, daß der Schuldner Dienste leisten könnte und daß er im Interesse des gegen ihn bestehenden Unterhaltsanspruchs auch verpflichtet wäre, seine Arbeitskraft einzusetzen, wenn er tatsächlich keine Arbeit leistet (LAG Düsseldorf Betrieb 55, 346; BAG FamRZ 73, 626 mit Anm Fenn; BAG AP 16 zu § 850h ZPO = FamRZ 77, 707 = NJW 78, 343). In DJ 40, 407 wurde in einem solchen Falle eine Schadensersatzpflicht der Ehefrau nach § 826 BGB angenommen, weil sie wissentlich zum Nachteil der Gläubiger deren Schuldner ein arbeits- u verantwortungsloses Leben ermöglicht. Vgl auch BGH NJW 54, 600; VersR 64, 642; Prelinger JR 61, 454. BAG NJW 78, 343 läßt allerdings offen, ob nicht § 826 BGB zur Anwendung kommen kann, wenn das Geschäft vorher dem Mann gehörte und in beiderseitiger Gläubigerbenachteiligungsabsicht auf die Frau übertragen wurde.

b) Der zweite eingangs angezogene Fall ist derjenige der **Dienstleistung des Sohnes im Betrieb seines Vaters oder seiner Mutter** (vgl KG JR 58, 260; BGH VersR 64, 642) ohne besondere oder nur gegen eine geringe Vergütung. Häufig will sich der Sohn auf diese Weise mit Unterstützung des Vaters einer Unterhaltspflicht entziehen. Verschleierung eines Arbeitsverhältnisses zum Zweck der Gläubigerbenachteiligung ist aber auch hier nicht Voraussetzung; die Bestimmung kann auch eingreifen, wenn die Tätigkeit des Sohnes nur auf familienrechtlicher Grundlage beruht (§ 1619 BGB; RAG DR 41, 1806; BGH AP 12 zu § 850h ZPO = aaO; Wenzel MDR 65, 1027; vgl auch Weimar FamRZ 55, 158; BGH NJW 58, 706; FamRZ 60, 101; 65, 430; NJW 72, 429, 1716). Letzterenfalls ist auch die Art der Vollstreckungsforderung (zB Unterhaltsforderung) von Bedeutung (RAG JW 36, 1246; s jedoch Fenn AcP 167, 178 f). Auch hier kann zugunsten des Vollstreckungsgläubigers zunächst davon ausgegangen werden, daß der Sohn Anspruch auf Tariflohn oder ortsübliche Vergütung hat; es kommt auch in diesem Fall nicht entscheidend darauf an, ob im Innenverhältnis zwischen Sohn und Elternteil eine Vergütung geschuldet ist. Dem Verzicht des Sohnes auf eine über das Taschengeld hinausgehende Vergütung wird zwar häufig die Erwartung zugrunde liegen, durch spätere Übernahme des elterlichen Geschäfts oder Anwesens für die gegenwärtige Areitsleistung entgolten zu werden; mit der Aussicht auf ein solches in der Zukunft liegendes Entgelt für die Arbeitsleistung ist den Gläubigern aber nicht gedient (Fenn aaO 165 ff). Damit der strenge Grundsatz des § 850h nicht im Einzelfall zu Unbilligkeiten 4 führt, ist aber auch auf die sonstigen Verpflichtungen, die der Drittschuldner (Vater) aus seinem Betrieb zu decken hat, und auf die eigene Unterhaltspflicht des Schuldners gegenüber bedürftigen Eltern Rücksicht zu nehmen (LAG ARS 30, 114; RAG DR 41, 1806). Über die Pfändung bei Landwirtssöhnen, die auf dem elterlichen Hof arbeiten, siehe insbesondere LAG ARS 29, 7; RAG JW 36, 1246; RAG 16, 17; RAG DR 41, 1806.

5 **2)** Wenn nach dem Vorbringen des Gläubigers die Voraussetzungen des Abs 2 vorliegen, hat das **Vollstreckungsgericht** (Rechtspfleger) ohne sachliche Nachprüfung der Verhältnisse (also ohne Prüfung, ob wirklich ein Anspruch besteht) **die dem Schuldner angeblich zustehende Vergütung** (unter Berücksichtigung der gesetzlichen Pfändungsbeschränkungen, RAG DR 39, 1599) **zu pfänden** und zur Einziehung zu überweisen. Der Höhe nach ist die fingierte Vergütung dabei vom Vollstreckungsgericht nicht festzusetzen, außerhalb von Blankettpfändungen aber der pfandfreie Betrag (Schleswig JurBüro 56, 431 = SchlHA 56, 294; LG Berlin MDR 61, 510; LG Frankenthal MDR 84, 856 = Rpfleger 84, 425; Berner Rpfleger 62, 170; vgl Pohle JZ 62, 346). Zu dessen Bemessung mit Rücksicht auf den Familienstand vgl LAG Frankfurt AP 1 zu § 850c. Wenn der Beschluß keinen anderen Ausspruch erhält und das Gegenteil auch nicht erkennbar gewollt ist, wirkt er nur für die Zeit ab Zustellung (RAG DJ 39, 310; BAG AP 4 zu § 850d ZPO = MDR 61, 799 = NJW 61, 1180; NJW 62, 510). Von der Pfändung der fingierten Lohnforderung wird auch eine etwa wirklich geschuldete Vergütung mit erfaßt (RAG ARS 41, 421).

6 **Zahlt der Drittschuldner auf Grund des Beschlusses nicht,** so muß der Gläubiger beim Prozeßgericht Klage auf Zahlung erheben (dieses Erfordernis umgeht LG Mannheim MDR 54, 178). Als Prozeßgericht ist, obwohl § 850h II nur einen Zahlungsanspruch des Schuldners gegen den Drittschuldner, nicht ein Arbeitsverhältnis fingiert, in der Regel das Arbeitsgericht zuständig (LG Braunschweig MDR 55, 490; Meyer MDR 55, 657; Fenn AcP 167, 186), nach BGH 68, 127 = MDR 77, 573 = NJW 77, 853 bei familienrechtlicher Mitarbeit jedenfalls dann, wenn der Schuldner nach seiner sozialen Stellung und seiner wirtschaftlichen Abhängigkeit vom Drittschuldner einer arbeitnehmerähnlichen Person gleichzusetzen ist. Bei Mitarbeit in leitender Stellung kommt Zuständigkeit des Zivilgerichts in Betracht. Beweislast des Gläubigers: LAG Düsseldorf BB 52, 576; Wenzel MDR 66, 973. Das Arbeitsgericht ist an eine konstitutive Festsetzung des pfandfreien Betrags durch das Vollstreckungsgericht (die nur auf Erinnerung hin abgeändert werden kann) gebunden (BAG AP 4 zu § 850d ZPO = aaO; Berner Rpfleger 62, 171; Fenn aaO 186); es entscheidet darüber, ob die Voraussetzungen des § 850h vorliegen, welche Vergütung als angemessen anzusehen ist (bei Tarifbindung kommt Tariflohn in Betracht, LAG Düsseldorf BB 55, 1140; BAG MDR 65, 944) und welcher Betrag nach Maßgabe des sich aus der Tabelle ergebenden oder das vom Vollstreckungsgericht festgesetzten Freibetrags an den Gläubiger abgeführt werden muß. In diesem Rechtsstreit kann sich der Drittschuldner auf die gesetzlichen Pfändungsbeschränkungen berufen, wenn das Vollstreckungsgericht den pfandfreien Betrag nicht festgesetzt hat (weitergehend RAG DR 39, 1599).

7 Dem Gläubiger gegenüber kann der Drittschuldner nicht mit eigenen Forderungen gegen den Schuldner **aufrechnen;** solche Gegenforderungen sind aber bei Festsetzung der Höhe der als geschuldet fingierten Vergütung zu berücksichtigen (RAG JW 39, 584; LAG Mainz AP 6 zu § 850h ZPO = BB 60, 171; LAG Bremen BB 63, 768). Mit eigenen Forderungen gegen den Gläubiger kann der Dienstberechtigte dagegen aufrechnen. Auf Zahlung von (fingierten) Lohnbeträgen, die auf die Zeit nach Schluß der mündlichen Verhandlung treffen, kann der Gläubiger nur unter den Voraussetzungen des § 259 klagen (RAG 18, 152; LAG Hannover AP 51, 99), da § 258 nur für Forderungen gilt, die nicht von einer erst zu erbringenden Leistung abhängen.

8 § 850h II hat **nur Wirkungen zugunsten des vollstreckenden Gläubigers,** der den Anspruch gerichtlich durchsetzt (ohne Rücksicht auf vorrangige Gläubiger; ArbG Lübeck JurBüro 84, 174 = MDR 84, 174; aA Brommann SchlHA 86, 49 u 65); der Schuldner erwirbt aus dieser Regelung keine eigenen Ansprüche gegen den Dienstleistungsempfänger (Vater, Ehefrau usw), s LAG Bremen Betrieb 53, 867; BGH VersR 64, 642. Abs 2 wirkt sich auch nicht bei Lohnabtretungen zugunsten des Abtretungsgläubigers aus (LAG Schleswig Betrieb 71, 2414).

850 i *[Sonderfälle des Pfändungsschutzes]*

(1) Ist eine nicht wiederkehrend zahlbare Vergütung für persönlich geleistete Arbeiten oder Dienste gepfändet, so hat das Gericht dem Schuldner auf Antrag so viel zu belassen, als er während eines angemessenen Zeitraums für seinen notwendigen Unterhalt und den seines Ehegatten, eines früheren Ehegatten, seiner unterhaltsberechtigten Verwandten oder der Mutter eines nichtehelichen Kindes nach §§ 1615l, 1615n des Bürgerlichen Gesetzbuchs bedarf.

Bei der Entscheidung sind die wirtschaftlichen Verhältnisse des Schuldners, insbesondere seine sonstigen Verdienstmöglichkeiten, frei zu würdigen. Dem Schuldner ist nicht mehr zu belassen, als ihm nach freier Schätzung des Gerichts verbleiben würde, wenn sein Arbeitseinkommen aus laufendem Arbeits- oder Dienstlohn bestände. Der Antrag des Schuldners ist insoweit abzulehnen, als überwiegende Belange des Gläubigers entgegenstehen.

(2) Die Vorschriften des Absatzes 1 gelten entsprechend für Vergütungen, die für die Gewährung von Wohngelegenheit oder eine sonstige Sachbenutzung geschuldet werden, wenn die Vergütung zu einem nicht unwesentlichen Teil als Entgelt für neben der Sachbenutzung gewährte Dienstleistungen anzusehen ist.

(3) Die Vorschriften des § 27 des Heimarbeitsgesetzes vom 14. März 1951 (Bundesgesetzbl. I S. 191) bleiben unberührt.

(4) Die Bestimmungen der Versicherungs-, Versorgungs- und sonstigen gesetzlichen Vorschriften über die Pfändung von Ansprüchen bestimmter Art bleiben unberührt.

I) Pfändungsschutz für einmalige Arbeitsvergütungen (Abs 1)

1) Anwendungsfälle: § 850 i faßt verschiedene Fälle des Pfändungsschutzes zusammen. Abs 1 schützt Einkommen aus geleisteter Arbeit, das aus einmaligen oder nur von Fall zu Fall gezahlten Vergütungen besteht. Stets muß es sich um persönlich geleistete Dienste handeln; von einem Unternehmer durch abhängige Arbeitskräfte erbrachte Werkleistungen gehören nicht hierher. Voraussetzung ist weiter, daß die ausgeübte Tätigkeit die Arbeitskraft des Schuldners zu einem wesentlichen Teil in Anspruch nimmt; Vergütungen nur für gelegentliche Dienstleistungen werden durch Abs 1 nicht geschützt. Nicht wesentlich ist die Rechtsgrundlage der Dienstleistung (Dienstvertrag, Werkvertrag, Geschäftsbesorgung usw). In Betracht kommen insbesondere die freien Berufe. So genießen den Schutz des Abs 1 ua Werklohnansprüche der (in eigener Person tätig gewordenen) Handwerker, Honoraransprüche der Ärzte und Zahnärzte (wegen der Kassenarzthonorare s aber auch Rn 9 zu § 850 und Rn 7 zu § 850 a); ferner die Ansprüche der Krankengymnasten, Therapeuten, Hebammen, der Rechtsanwälte (auch bezüglich der Ansprüche gegen die Staatskasse in Prozeßkostenhilfesachen) und Notare, der Schriftsteller, freien Journalisten, der Mitarbeiter des Rundfunks (vgl BAG Betrieb 78, 1035), der Architekten, der selbständigen Handelsvertreter, die keine wiederkehrende Vergütung erhalten (KG JW 35, 1892; s auch Rn 9 zu § 850), der Makler, Konkurs- und Zwangsverwalter, Testamentsvollstrecker (Übertragbarkeit, damit auch Pfändbarkeit seines Vergütungsanspruchs KG MDR 74, 318 = NJW 74, 752), Gläubigerausschußmitglieder. Als weitere Gruppe kommen in Betracht Personen, die ein festes Arbeitseinkommen beziehen, außerdem aber einmalige oder nur von Fall zu Fall wiederkehrende Vergütungen erhalten, wie angestellte Krankenhausärzte, die daneben eine Privatpraxis betreiben, die schon erwähnten Ärzte, die neben den regelmäßig abgerechneten Vergütungen seitens der Kassenärztlichen Vereinigung auch Honorare von Privatpatienten erhalten. In solchen Fällen sind die fortlaufenden Bezüge und die unter Abs 1 fallenden Vergütungen pfändungsrechtlich gesondert zu behandeln (LK Kiel SchlHA 58, 85); wenn der dem Schuldner für sich und seine Familie zustehende Freibetrag schon aus dem fortlaufenden Einkommen entnommen werden kann, ist – außer in Fällen des § 850 f – für einen Pfändungsschutz hinsichtlich der einmaligen Vergütung regelmäßig kein Raum mehr. Schließlich kommen auch an Arbeitnehmer einmalig gezahlte Beträge in Betracht, die sie bei Ausscheiden aus dem Arbeitsverhältnis als Abfindung erhalten, wie der arbeitsrechtliche Abfindungsanspruch nach §§ 112, 113 BetrVG (Düsseldorf MDR 80, 63 = NJW 79, 2520) und die Abfindungen nach §§ 9 f KSchG, die Arbeitseinkommen im weiteren Sinne sind (vgl BAG AP 1 zu § 850 ZPO mit Anm Förster = Rpfleger 60, 247 mit Anm Berner; BAG AP 10 zu § 850 ZPO = MDR 80, 346 = NJW 80, 800 L); sie genießen Pfändungsschutz nach Abs 1 (LG Düsseldorf Rpfleger 77, 284; Güntner BB 61, 1053; aA Berner aaO; Rewolle Betrieb 62, 936; Schmidt Betrieb 65, 1629; BAG aaO läßt dahingestellt; bei Abfindung, die auch Arbeitsentgelt für zurückliegende Zeit abgilt, kann auch Unterhaltsbedarf vor Antragstellung Berücksichtigung finden, Stuttgart MDR 84, 947 = OLGZ 85, 69). Gleiches hat bei Beamten für einmalige Abfindungen nach dem BeamtenVersG zu gelten, wie nach § 21 (Witwenabfindung), § 48 (Ausgleich bei vorgezogener Altersgrenze); die einmalige Dienstunfallentschädigung (§ 43) ist dagegen absolut unpfändbar (§ 51 III). Hierher gehört auch das Entlassungsgeld nach § 9 WehrsoldG (Hamm JurBüro 85, 631 = OLGZ 84, 457; LG Koblenz MDR 69, 769; aA [unpfändbar] Riecker JurBüro 85, 1772). Einkünfte aus Lizenzverträgen über ein während des Arbeitsverhältnisses geschaffenes, dem bisherigen Arbeitgeber zur Verwertung überlassenes Gebrauchsmuster sind nicht Arbeitseinkommen (BGH NJW 85, 1031), fallen somit auch nicht unter § 850 i I (Karlsruhe BB 58, 629 = Betrieb 58, 625; LG Essen MDR 58, 433; anders LG Berlin WRP 60, 291). 1

2 **2) Verfahren und Entscheidung:** Der Pfändungsbeschluß wird zunächst wie beantragt, also ohne Pfändungsschutz, erlassen. Schutz nach Abs 1 wird nur auf Antrag gewährt; antragsberechtigt sind außer dem Schuldner auch seine unterhaltsberechtigten Angehörigen, nicht der Drittschuldner. Der Antrag ist keine Vollstreckungserinnerung (§ 766); er bezweckt nicht eine Überprüfung des ergangenen Pfändungsbeschlusses, sondern die Berücksichtigung neu geltendgemachter Tatsachen. Zuständig ist der Rechtspfleger (§ 20 Nr 17 RpflG). Der Gläubiger ist zu hören. Die wirtschaftlichen Verhältnisse des Schuldners, insbesondere andere Einkommensmöglichkeiten, sind frei zu würdigen (Abs 1 S 2); der Gläubiger kann dem Antrag daher durch den Nachweis entgegentreten, daß der Schuldner anderweit ausreichenden Verdienst hat (KG JW 35, 1892). Mehrere einmalige Vergütungen sind zusammenzurechnen (Breslau HRR 38 Nr 1252). Dem Schuldner ist ein Betrag pfandfrei zu belassen, der während eines angemessenen Zeitraums für seinen und der übrigen Unterhaltsberechtigten notwendigen Unterhalt ausreicht (Abs 1 S 1, vgl Düsseldorf Rpfleger 79, 469; Hamm OLGZ 84, 457 = aaO). Im Wege einer notwendig mit Unsicherheiten behafteten Prognose ist also abzuschätzen, wann und in welcher Höhe dem Schuldner weitere Einnahmen zufließen werden, mit denen er nach Ablauf des ins Auge gefaßten („angemessenen") Zeitraums seinen weiteren Lebensbedarf bestreiten kann. Dem Schuldner ist nicht mehr zu belassen, als ihm bei einem fortlaufenden Einkommen während des genannten Zeitraums pfandfrei verbliebe (Abs 1 S 3); Fällen des § 850f I kann aber auch hier Rechnung getragen werden. Auslagen des Schuldners können im Rahmen des § 850a Nr 3 berücksichtigt werden (vgl Hamm Rpfleger 58, 279). Wenn überwiegende Belange des Gläubigers entgegenstehen, er insbesondere wegen seiner eigenen wirtschaftlichen Verhältnisse auf Befriedigung dringend angewiesen ist, ist der Schutzantrag (ganz oder teilweise) abzulehnen (Abs 1 S 4); auch der sonst Arbeitnehmern zustehende Freibetrag wird also nicht bedingungslos gewährt. Der Beschluß ist allen Beteiligten von Amts wegen zuzustellen (§ 329 III); je nach Beschwer steht dem Gläubiger oder Schuldner die befristete Rechtspflegererinnerung (§ 11 I S 2 RpflG) zu.

II) Pfändungsschutz für gemischte Ansprüche (Abs 2)

3 Typischer Fall der unter Abs 2 fallenden gemischten Ansprüche ist die Überlassung möblierter Zimmer gegen Entgelt in Verbindung mit nicht ganz unerheblichen persönlichen Dienstleistungen, wie Instandhaltungs- und Reinigungsarbeiten, Bereitstellung von Mahlzeiten durch den Vermieter (vgl Braunschweig NdsRpfl 58, 238). Forderungen aus gewöhnlicher Untervermietung fallen nicht unter Abs 2 (zu ihrer Pfändung s Becker NJW 54, 1295; John MDR 54, 725; Frankfurt MDR 56, 41; Hamm JMBlNRW 56, 91 und NJW 58, 68). Als Gewährung sonstiger Sachleistung kommt zB in Betracht Überlassung einer landwirtschaftlichen Arbeitsmaschine unter gleichzeitiger Bedienung durch den Eigentümer, Überlassung einer Garage unter gleichzeitiger Übernahme der Fahrzeugpflege. Auch hier muß der Vollstreckungsschuldner persönlich tätig werden; wenn seine Dienste nur einen ganz unerheblichen Teil der Leistung ausmachen, ist Abs 2 nicht anwendbar. Pfändungsschutz genießt die ganze Vergütung ohne Ausscheidung eines auf die Dienstleistung treffenden Teils. Andere Einkünfte des Vollstreckungsschuldners können zur Versagung des Pfändungsschutzes führen. Abs 1 ist für das Verfahren insofern entsprechend anwendbar, als der Pfändungsbeschluß ohne Einschränkungen zu ergehen hat und die Gewährung eines Freibetrags von einem Antrag des Schuldners (bzw seiner unterhaltsberechtigten Angehörigen) abhängt.

III) Pfändungsschutz für Heimarbeit (Abs 3)

§ 27 HeimarbeitsG (v 14. 3. 51, BGBl I 191) lautet:

Für das Entgelt, das den in Heimarbeit Beschäftigten oder den Gleichgestellten gewährt wird, gelten die Vorschriften über den Pfändungsschutz für Vergütungen, die auf Grund eines Arbeits- oder Dienstverhältnisses geschuldet werden, entsprechend.

4 Durch die Bestimmung werden Personen geschützt, die ihre Arbeitsleistung zwar mangels Bindung an Arbeitszeit und Arbeitsort in persönlicher Unabhängigkeit erbringen, die aber für einen bestimmten Auftraggeber arbeiten und von ihm ebenso wirtschaftlich abhängig sind wie gewöhnliche Arbeitnehmer. In Betracht kommen Heimarbeiter, Hausgewerbetreibende, Zwischenmeister und die ihnen durch Verwaltungsanordnung gleichgestellten Personen (§ 1 Ges idF v 29. 10. 74, BGBl I 2879). Büroberufliche Heimarbeit ist jetzt mit eingeschlossen. Begriffsbestimmungen: Wlotzke Betrieb 74, 2252; BVerfG Betrieb 76, 727; § 12 SGB-IV v 23. 12. 76, BGBl I 3845. Bei Vorliegen dauernder Beschäftigungsverhältnisse sind die §§ 850c oder 850d, ev § 850f I, entspr anzuwenden. Wenn die in Heimarbeit Tätigen ihre Vergütung bei Ablieferung ihrer Erzeugnisse und damit zu unregelmäßigen Zeitpunkten erhalten, ist sie auf die den §§ 850c, 850d zugrundeliegenden Zeiträume umzurechnen und dementsprechend der Freibetrag zu bestimmen. Bei gleichzeitiger Tätigkeit für mehrere Auftraggeber kann Zusammenrechnung nach

§ 850 e Nr 2 erfolgen. Soweit die Vergütung Auslagen und selbstgestelltes Arbeitsmaterial mit umfaßt, ist sie gemäß § 850 a Nr 3 unpfändbar. Bei einmaligen Aufträgen ist § 850 i I entspr anzuwenden; der Pfändungsbeschluß ergeht dann ohne Einschränkungen; dem Vollstreckungsschuldner bleibt überlassen, wie nach I Pfändungsschutz zu erwirken.

IV) Versicherungs- und Versorgungsgesetze (Abs 4)

Mit der Bestimmung, daß **Vorschriften außerhalb der ZPO** über die Pfändung von Ansprü- 5
chen bestimmter Art unberührt bleiben (Abs 4), waren Zweifel über die Fortgeltung der älteren (vor dem Lohnpfändungsrecht ergangenen) Regelungen und über die Wirksamkeit danach getroffener besonderer Vorschriften ausgeräumt. Die Bestimmung ist mit Regelung der Pfändung von Sozialleistungen in §§ 54, 55 SGB (Rn 6 ff) weitgehend gegenstandslos geworden. Bedeutung hat sie nur für vereinzelte Sonderregelungen (zB § 51 IV, V StVollzG), auch in Beamten- und Soldatenversorgungsgesetzen (s Rn 4, 5 zu § 850, auch Rn 33 zu § 829) und für die Pfändungsbestimmungen der im SGB nicht geregelten auslaufenden Sozialleistungsbereiche (Rn 7).

V) Pfändung von Sozialleistungen

1) Sie ist seit 1. 1. 1976 im **Sozialgesetzbuch** (SGB) AT (BGBl 1975 I 3015) geregelt: 6

§ 54 Pfändung

(1) Ansprüche auf Dienst- und Sachleistungen können nicht gepfändet werden.

(2) Ansprüche auf einmalige Geldleistungen können nur gepfändet werden, soweit nach den Umständen des Falles, insbesondere nach den Einkommens- und Vermögensverhältnissen des Leistungsberechtigten, der Art des beizutreibenden Anspruchs sowie der Höhe und der Zweckbestimmung der Geldleistung, die Pfändung der Billigkeit entspricht.

(3) Ansprüche auf laufende Geldleistungen können wie Arbeitseinkommen gepfändet werden

1. wegen gesetzlicher Unterhaltsansprüche,

2. wegen anderer Ansprüche nur, soweit die in Absatz 2 genannten Voraussetzungen vorliegen und der Leistungsberechtigte dadurch nicht hilfebedürftig im Sinne der Vorschriften des Bundessozialhilfegesetzes über die Hilfe zum Lebensunterhalt wird.

Lit: *Stöber* FdgPfdg Rdn 1301 ff; *Bracht,* Unpfändbarkeit der Grundrente bei der sozialen Entschädigung, NJW 1980, 1505; *Hornung,* Der Allgemeine Teil des Sozialgesetzbuchs unter besonderer Berücksichtigung der für die ZwV bedeutsamen Vorschriften, RpflJB 1977, 337; *Hornung,* Wandel der Rechtsprechung zur Pfändung von Sozialleistungsansprüchen, Rpfleger 1977, 286; *Hornung,* Nochmals: Zur Pfändung von Sozialansprüchen, Rpfleger 1978, 237; *Hornung,* Säumnisfolgen für die Billigkeitsprüfung bei Pfändung von Sozialgeldansprüchen, Rpfleger 1979, 84; *Hornung,* Billigkeitspfändung von Sozialgeldleistungen, Rpfleger 1981, 423 und 1982, 45; *Hornung,* Anmerkungen Rpfleger 1977, 32 und 222 sowie 1978, 65; *Maier,* Zur Pfändung von Sozialleistungsansprüchen, DAngVers 1979, 111; *v. Maydell,* Der Allgemeine Teil des Sozialgesetzbuchs, NJW 1976, 161; *Mayer,* Neuerungen im Lohnpfändungsrecht, BB 1977, 655; *Mümmler,* Anhörung des Schuldners bei Pfändung von Sozialgeldansprüchen, JurBüro 1979, 813; *Mümmler,* Angaben des Gläubigers bei Pfändung von Sozialansprüchen, JurBüro 1979, 1282; *Mümmler,* Pfändung laufender Arbeitslosengeldbezüge, JurBüro 1980, 1149; *Mümmler,* Pfändung von Sozialgeldleistungen für nichtprivilegierte Geldforderungen, JurBüro 1982, 961; *Mümmler,* Pfändung von Arbeitslosengeld, JurBüro 1983, 499; *Münzberg,* Kodifikationsmängel – heute wie gestern. Zu § 54 SGB, „Tradition und Fortschritt im Recht" (= Festschrift 500 Jahre Tübingen), 1977 S 223; *Schmeling,* Das Sozialgesetzbuch (SGB) – Allgemeiner Teil, BB 1976, 187; *Schreiber,* Die Pfändung von Sozialleistungsansprüchen, NJW 1977, 279; *Schreiber,* Zur Pfändbarkeit sozialer Dienst- und Sachleistungsansprüche, Rpfleger 1977, 295; *Stöber,* Zur Pfändung von Sozialleistungsansprüchen, Rpfleger 1977, 117; *Stöber,* Anmerkung Rpfleger 1977, 182; *Wolber,* Die Fürsorgepflicht des Leistungsträgers bei Pfändung von Sozialleistungsansprüchen, NJW 1980, 24. – Zum Kindergeld siehe vor Rn 33.

2) § 54 SGB-AT regelt die Pfändung für **Ansprüche aus allen Sozialleistungsbereichen.** Ver- 7
einzelte Abweichungen ergeben sich auf Grund des Vorbehalts in § 37 SGB-AT aus Einzelgesetzen (zB § 4 BSHG und für Konkursausfallgeld). Einige auslaufende und weitgehend abgewickelte Sozialleistungsbereiche hat das SGB-AT nicht mehr berührt wie Lastenausgleich, Bundesentschädigungsgesetz, Allgem Kriegsfolgengesetz und Kriegsgefangenen-Entschädigungsgesetz (s die Stichworte Rn 33 zu § 829). Nach § 54 (auch § 55) SGB-AT bestimmt sich die Pfändung auch wegen der vor dem 1. 1. 1976 entstandenen Vollstreckungsforderungen (LG Augsburg Rpfleger 77, 332) und auch dann, wenn gegen den Rechtsnachfolger nach Tod des Sozialleistungsberechtigten vollstreckt wird (Stöber FdgPfdg Rdn 1359; zT aA Burdenski/von Maydell/Schellhorn SGB 2. Aufl Rdn 8, aber auch Rdn 19, zu § 54). Mit Abtretung einer Sozialgeldleistung (eines Teilanspruchs, § 53 SGB-AT) wird sie zur Forderung des neuen Gläubigers (§ 398 BGB); als solche

unterliegt sie bei Vollstreckung gegen den Zessionar nicht mehr dem Pfändungsschutz des § 54 SGB-AT (Stuttgart MDR 85, 944 = OLGZ 85, 338 = Rpfleger 85, 407; auch Rn 3 zu § 850 b); Schutzmöglichkeit besteht dann nur nach § 765 a (nicht § 850 b I Nr 2 bei Abtretung zur Erfüllung einer gesetzlichen Unterhaltspflicht, weil die Forderung nicht zur Unterhaltsrente wird; anders für den über die Grenze des § 850 c hinaus bis zur Grenze des § 850 d abgetretenen Anspruch, Stuttgart aaO). Im einzelnen regeln die Bestimmungen des § 54 SGB-AT die Anspruchspfändung für folgende Sozialleistungsbereiche:

8 **a) Bildungsförderung** (§ 3 I SGB-AT). Leistungsarten regelt das Bundesausbildungsförderungsgesetz (BAföG mit § 18 I SGB-AT). Leistungsträger sind die Ämter und die Landesämter für Ausbildungsförderung (§ 18 II SGB-AT).

9 **b) Arbeitsförderung** (§ 3 II SGB-AT). Leistungsarten regelt das Arbeitsförderungsgesetz (AFG mit §§ 19, 19 a SGB-AT mit Besonderheiten für Schwerbehindertenrecht in § 20 SGB-AT und SchbG). Für ZwV erlangen insbesondere Arbeitslosengeld und Arbeitslosenhilfe Bedeutung (§ 19 a regelt Vorruhestandsleistungen). Leistungsträger sind die Arbeitsämter, für vereinzelte Sonderleistungen auch sonstige Dienststellen der Bundesanstalt für Arbeit (§ 19 II SGB). Drittschuldner ist der Direktor des Arbeitsamts (§ 148 AFG, BGBl 1984 I 1557); dazu Gagel NJW 84, 714. Besonderheiten gelten für Kurzarbeiter-, Winter-, Schlechtwetter- und Konkursausfallgeld (Rn 46, 47).

10 **c) Sozialversicherung** (§ 4 SGB-AT). Leistungen erfolgen im Rahmen der gesetzlichen Kranken-, Unfall- und Rentenversicherung sowie Altershilfe für Landwirte (§§ 21–23 SGB-AT). Regelungen treffen die Einzelgesetze dieser Leistungsbereiche. Für die ZwV erlangen Bedeutung insbesondere in der gesetzlichen Krankenversicherung das Krankengeld, in der gesetzlichen Unfallversicherung die Verletzten- und Hinterbliebenenrente (auch die Rentenabfindung), in der gesetzlichen Rentenversicherung die Renten wegen Berufsunfähigkeit und Alters sowie die Hinterbliebenenrente. Leistungsträger sind die Orts-, Betriebs- und Innungskrankenkassen, die See-Krankenkasse, die landwirtschaftlichen Krankenkassen, die Bundesknappschaft und die Ersatzkassen (§ 21 II SGB-AT); die gewerblichen Berufsgenossenschaften, Gemeindeunfallversicherungsverbände, Feuerwehrunfallversicherungskassen, die landwirtschaftliche Berufsgenossenschaft, die See-Berufsgenossenschaft und weitere Ausführungsbehörden des Bundes und derLänder (§ 22 II SGB-AT); die Landesversicherungsanstalten, die Seekasse und die Bundesbahn-Versicherungsanstalt, die Bundesversicherungsanstalt für Angestellte sowie die Bundesknappschaft und die landwirtschaftlichen Alterskassen (§ 23 II SGB-AT).

11 **d) Soziale Entschädigung für Gesundheitsschäden** (§ 5 SGB-AT). Leistungsarten regeln (§ 24 I SGB-AT) das Bundesversorgungsgesetz (BVG) und andere Gesetze, die eine entsprechende Anwendung des BVG vorsehen, so § 80 Soldatenversorgungsgesetz, § 59 I Bundesgrenzschutzgesetz (mit § 80 SVG), § 47 Zivildienstgesetz, § 51 Bundes-Seuchengesetz, §§ 4, 5 Häftlingshilfegesetz, außerdem das Gesetz über die Entschädigung für Opfer von Gewalttaten (OEG). Leistungsträger sind die Versorgungsämter, für Einzelleistungen auch die Landesversorgungsämter und andere Dienststellen (§ 24 SGB-AT).

12 **e) Minderung des Familienaufwands** (§ 6 SGB-AT). Leistungen regelt mit dem Kindergeld das Bundeskindergeldgesetz (BKGG mit § 25 I SGB-AT). Leistungsträger sind die Arbeitsämter (§ 25 II SGB-AT); dazu aber Rn 42.

13 **f) Zuschuß für angemessenes Wohnen** (§ 7 SGB-AT). Leistungen regelt mit dem Wohngeld das Wohngeldgesetz (II. WoGG mit § 26 I SGB-AT). Leistungsträger sind durch Landesrecht bestimmte Behörden (§ 26 II SGB-AT).

14 **g) Jugendhilfe** (§ 8 SGB-AT). Einzelregelungen trifft das Jugendwohlfahrtsgesetz (JWG mit § 27 SGB-AT); pfändbare Leistungen fallen nicht an.

15 **h) Sozialhilfe** (§ 9 SGB-AT). Leistungen verschiedenster Art (§ 28 SGB-AT) regelt das Bundessozialhilfegesetz (BSHG). Nach § 4 BSHG kann der Anspruch auf Sozialhilfe nicht gepfändet werden.

16 **i) Rehabilitation** (§ 10 SGB-AT) mit Leistungen verschiedenster Art (§ 29 SGB-AT), die nicht selbständig geregelt sind, sondern in nahezu allen Sozialleistungsbereichen von den dort zuständigen Leistungsträgern gewährt werden.

16a **k)** Die Pfändbarkeit der Leistungen an **landw Unternehmer** zur Entlastung von Beiträgen zur Sozialversicherung bestimmt sich gleichfalls nach § 54 SGB-AT (entspr Anwendung nach § 54 III, Ges 21. 7. 1986, BGBl I 1070).

17 **3) Ansprüche auf Dienstleistungen** (zB Krankenpflege, Haushaltshilfe, Betriebshilfe für Landwirte) und auf **Sachleistungen** (zB Versorgung mit Medikamenten, orthopädischen Hilfsmitteln, Krankenhausaufnahme) können nicht gepfändet werden (§ 54 I SGB-AT). Sie sind auf

die persönlichen Bedürfnisse des Leistungsberechtigten zugeschnitten, können nach ihrer Zweckbestimmung sonach Dritten nicht erbracht werden. Wenn statt der Sachleistung die zur Eigenbeschaffung durch den Schuldner erforderlichen Geldbeträge zugesagt werden, ist die Pfändbarkeit des Anspruchs nach § 54 II SGB-AT und damit unter Billigkeitsgesichtspunkten zu beurteilen. Wegen der engen Bindung an einen bestimmten Zweck wird die Pfändung dann meist als unbillig und damit unzulässig anzusehen sein (Schreiber Rpfleger 77, 295); eine Ausnahme kann etwa zugunsten von Personen oder Stellen in Betracht kommen, die eine Anschaffung bevorschußt und damit zur Zweckerreichung beigetragen haben.

4) Ansprüche auf **einmalige Geldleistungen** können nur gepfändet werden, wenn dies nach näherer Maßgabe von § 54 II SGB-AT der Billigkeit entspricht. Eine einmalige Geldleistung wird gewährt, wenn die Sozialleistung nach dem Leistungsgesetz nicht in wiederkehrenden Zeitabschnitten zu erbringen ist, dann auch, wenn sie in Teilbeträgen (ratenweise) ausgezahlt wird. Beispiele: Rentenabfindung, Kapitalabfindung, Sterbegeld, Beitragserstattung (zu dieser KG Rpfleger 86, 230; Karlsruhe Rpfleger 84, 155; LG Lübeck Rpfleger 84, 474). Rückständige wiederkehrende Leistungen, die in einer Summe ausbezahlt werden (zB Rentennachzahlung) gehören nicht zu den einmaligen Geldleistungen, ebenso nicht der Anspruch auf Rückzahlung zuviel entrichteter Beiträge nach § 26 SGB-IV (anders zu § 119 RVO; KG Rpfleger 76, 144; Koblenz NJW 62, 1778), da er nicht auf Sozialleistung gerichtet ist (BSozG NJW 66, 1045). Unterhaltsgläubiger sind bei Pfändung einmaliger Geldleistungen nicht bevorrechtigt; ihrer Vollstreckungsforderung kann aber unter dem Gesichtspunkt der Billigkeit Bedeutung zukommen. 18

5) a) **Laufende Geldleistungen** werden gewährt, wenn die Leistungen regelmäßig wiederkehrend für bestimmte Zeitabschnitte gezahlt werden (Begründung BT-Drucks 7/868, S 31). Beispiele: Arbeitslosengeld und Arbeitslosenhilfe, Krankengeld, Verletzten- und Hinterbliebenenrente, Rente wegen Berufsunfähigkeit, Erwerbsunfähigkeit und Alters, Kindergeld, Wohngeld. Nachzahlungen bleiben laufende Geldleistungen (Rn 18). 19

b) Wegen gesetzlicher Unterhaltsansprüche (Begriff Rn 2, 3 zu § 850 d) können Ansprüche auf laufende Geldleistungen „wie Arbeitseinkommen" (Rn 23) gepfändet werden (§ 54 III Nr 1 SGB-AT). Die Pfändung hat zu erfolgen, wenn die Voraussetzungen vorliegen; eine Billigkeitsprüfung findet nicht statt (Stöber FdgPfdg Rdn 1347). Auch für die länger als ein Jahr rückständigen gesetzlichen Unterhaltsansprüche hat Pfändung nach § 54 III Nr 1 SGB-AT ohne Billigkeitsprüfung zu erfolgen (absichtlicher Zahlungsverzug ist nicht zusätzliches Vollstreckungserfordernis; Stöber FdgPfdg Rdn 1349; auch LG Berlin Rpfleger 71, 264; aA KG MDR 66, 683), ebenso dann, wenn nach Überleitung der Träger der Sozialhilfe die Unterhaltsansprüche vollstreckt (Hamm Rpfleger 77, 109; dazu näher Rn 4 zu § 850 d). 20

c) Wegen anderer Vollstreckungsforderungen (die nicht gesetzliche Unterhaltsansprüche sind, somit auch wegen des Anspruchs aus vorsätzlich begangener unerlaubter Handlung, § 850 f I) können laufende Geldleistungen nach § 54 III Nr 2 (mit Abs 2) SGB-AT gepfändet werden, 21

– soweit nach den **Umständen des Falles,** insbesondere nach den Einkommens- und Vermögensverhältnissen des Leistungsberechtigten (Schuldners), der Art des beizutreibenden Anspruchs, sowie der Höhe und der Zweckbestimmung der Geldleistung die Pfändung der **Billigkeit entspricht,**

– **und** der Leistungsberechtigte (Schuldner) dadurch **nicht hilfebedürftig** im Sinne der Vorschriften des BSHG über die Hilfe zum Lebensunterhalt wird (dazu Rn 27).

Diese Regelung lehnt sich an § 850 b an (Begründung BT-Drucks 7/868, S 32); jedoch ist nicht Voraussetzung, daß zuvor ergebnislose ZwV in das bewegliche Schuldnervermögen versucht worden ist oder aussichtslos erscheint (LG Köln NJW 77, 1640; Schreiber NJW 77, 279 [280]). Als selbständige Regelung läßt § 54 SGB-AT zudem unter den genannten Voraussetzungen (im Gegensatz zu § 850 b I) die Pfändung grundsätzlich zu; es besteht somit keine Unpfändbarkeit, die nur auf Grund einer konstitutiv wirkenden Entscheidung des Vollstreckungsgerichts durchbrochen wäre (BGH 92, 339 = MDR 85, 225 = NJW 85, 976 = Rpfleger 85, 155 mit zust Anm Hornung). Mit dem Gebot der Abwägung der Gläubiger- und Schuldnerinteressen (Pfändung nur, wenn sie der Billigkeit entspricht), finden diese in sozial- und rechtspolitisch vertretbarer Weise Berücksichtigung (Begründung BT-Drucks 7/868, S 32). Die maßgeblichen wesentlichen Gesichtspunkte führt der Gesetzeswortlaut auf; diese sind jedoch nur beispielhaft, nicht abschließend, so daß auch alle anderen bedeutsamen Umstände des Einzelfalls zu würdigen sind wie Umstände, die zum Entstehen der Forderung geführt haben, uU auch andere Pfändungsmöglichkeiten (dazu Stöber FdgPfdg Rdn 1352), nicht aber Einwendungen gegen die Vollstreckungsforderung des Gläubigers (LG Berlin Rpfleger 77, 31; LG Wiesbaden JurBüro 81, 626 = Rpfleger 81, 491).

22 **d) Einzelheiten zur Billigkeitsprüfung:** Die **Einkommens- und Vermögensverhältnisse** des Schuldners (vgl LG Berlin Rpfleger 77, 31) ermöglichen Beurteilung, in welchem Maße der Schuldner auf die Sozialleistung angewiesen ist. Bei der Abwägung der beiderseitigen Belange können aber auch bedrängte Verhältnisse des Gläubigers ins Gewicht fallen (vgl – zu § 850 b – BGH 53, 41 = NJW 70, 282). Von Bedeutung ist weiter die **Art des beizutreibenden Anspruchs.** So kann es bei der Pfändung einmaliger Leistungen (§ 54 II SGB-AT) angemessen sein, dringliche Unterhaltsforderungen eher unter Hintanstellung der Belange des Schuldners zum Zug kommen zu lassen als andere Ansprüche. Besondere Berücksichtigung können zB auch, entsprechend dem § 850 f II, Gläubigeransprüche aus vorsätzlicher unerlaubter Handlung verdienen, desgleichen die (auch in § 53 II Nr 1 SGB-AT privilegierten) Ersatz- oder Darlehensansprüche von Gläubigern, die die Mittel für notwendige Aufwendungen des Schuldners vorgestreckt haben (vgl LG Köln NJW 77, 1640). Ähnlich sind Mietforderungen zu beurteilen (LG Berlin Rpfleger 77, 31). Die Art der Vollstreckungsforderung kann andererseits Anlaß dazu sein, das Schutzbedürfnis des Schuldners voranzustellen, zB gegenüber der Kaufpreisforderung aus dem Schuldner aufgedrängter Anschaffung oder Darlehensforderung aus überzogener Kreditgewährung (vgl LG Kassel NJW 77, 302; LG Köln NJW 77, 1640; Frankfurt MDR 78, 323; KG MDR 81, 505). Es kann dann angebracht sein, die Tilgung der Forderung vorübergehend auszusetzen oder in der Weise zu strecken, daß dem Schuldner höhere als die sich aus der Tabelle ergebenden Freibeträge belassen werden, sofern nicht die Pfändung der Sozialleistung überhaupt abgelehnt wird. Besondere Bedeutung kommt bei der Abwägung der beiderseitigen Belange der **Zweckbestimmung** der zu pfändenden Leistung zu (BGH 92, 339 [345] = aaO; Celle NJW 77, 1641; Stöber Rpfleger 77, 121; Hornung Rpfleger 77, 291 [295]; 78, 239 f). Bei wiederkehrenden Leistungen, die nicht fehlendes Einkommen ersetzen oder vorhandenes Einkommen ergänzen sollen, sondern dazu bestimmt sind, besonderen Bedürfnissen des Schuldners abzuhelfen, spricht die Zweckbestimmung gegen eine Pfändbarkeit. Denn durch sie würde die Befriedigung als schutzwürdig anerkannter Bedürfnisse beeinträchtigt oder vereitelt (BGH 92, 339 [345] = aaO). So wird es bei Leistungen, die der persönlichen Förderung des Schuldners dienen sollen (zB Ausbildungsbeihilfen, Beihilfen zur Arbeitsaufnahme) oder die dem Schuldner in einem Notfall beispringen sollen, zumeist angemessen sein, den Gläubigerzugriff auszuschließen. Auch in anderen Fällen können infolge der Zweckbestimmung der Sozialleistung an die für Pfändung sprechenden Billigkeitsgesichtspunkte besonders hohe Anforderungen zu stellen sein; nur ausnahmsweise wird daher die Pfändung der zur Deckung schädigungsbedingter Mehraufwendungen bestimmten Grundrente nach § 31 BVG der Billigkeit entsprechen (Celle MDR 78, 149 = NJW 77, 1641; Hamm JurBüro 83, 1733 = Rpfleger 83, 409; LG Bochum JurBüro 83, 945; LG Hannover JurBüro 80, 145; nicht zutr Bracht NJW 80, 1505 und LG Köln NJW 77, 1640; zu weitgehend LG Hannover JurBüro 83, 786 = Rpfleger 83, 32). Anders liegt es bei wiederkehrenden Leistungen, die wie Arbeitseinkommen den laufenden Lebensbedarf des Schuldners und seiner Familie decken sollen (zB Sozialversicherungsrenten, Krankengeld, Arbeitslosengeld und Arbeitslosenhilfe). Deren Verwendung steht zur freien Disposition des Schuldners. Er kann über den pfändbaren Teil solcher Bezüge durch Abtretung oder Verpfändung frei verfügen (§ 53 III SGB-AT). Weil ihm diese Bezüge zur beliebigen Verwendung überlassen sind, hält sich auch die Tilgung eingegangener Verbindlichkeiten im Rahmen der Zweckbestimmung; sie müssen daher grundsätzlich auch für den Zugriff von Gläubigern zur Verfügung stehen (siehe Rn 26). Solche Sozialgeldleistungen unterliegen nach ihrer Zweckbestimmung daher grundsätzlich der Pfändung, soweit nicht in Ausnahmefällen eine Unbilligkeit vorliegt (BGH 92, 339 [345] = aaO).

23 **6)** Gepfändet werden können laufende Geldleistungen wegen gesetzlicher Unterhaltsansprüche und wegen anderer Ansprüche nur **„... wie Arbeitseinkommen"** (§ 54 III SGB). Daher bleiben laufende Geldleistungen stets unpfändbar in Höhe der nach § 850 c (bei Vollstreckung gewöhnlicher Geldforderungen) sowie der nach § 850 d (wenn wegen eines Unterhaltsanspruchs vollstreckt wird) nicht pfändbaren Beträge; in Sonderfällen bestimmen sich die unpfändbaren Beträge nach § 850 f. Rückständigem Unterhalt über ein Jahr kommt das Vorrecht des § 850 d nur unter den Voraussetzungen des § 850 d Abs 1 S 4 zu; sonst kann für solche Ansprüche nur unter Wahrung der Pfändungsgrenzen des § 850 c vollstreckt werden. Auf die nach der Pfändung fällig werdenden laufenden Geldleistungen erstreckt sich das Pfandrecht nach Maßgabe des § 832 (für Arbeitslosengeld und -hilfe BSozG JurBüro 82, 1176 und NJW 83, 958 L; aA SozialG Münster JurBüro 79, 289 mit krit Anm Mümmler). Vorratspfändung ist bei Vollstreckung wegen gesetzlicher Unterhaltsansprüche sowie wegen der aus Anlaß einer Verletzung des Körpers oder der Gesundheit zu zahlenden Renten auch wegen künftig erst fällig werdender Gläubigeransprüche nach Maßgabe des § 850 d III zulässig (Celle MDR 62, 414; LG Berlin Rpfleger 70, 441; zur Vorratspfändung von Krankengeld s aber auch die enge Ansicht des BSozG MDR 63, 256 = NJW 63, 556; dazu Berner Rpfleger 64, 299). Unpfändbare Leistungsteile können sich aus der entspre-

chenden Anwendung von § 850 a (mit § 850 e Nr 1) ergeben, insbesondere für Leistungen, die als Aufwandsentschädigungen gewährt werden (dazu näher Stöber FdgPfdg Rdn 1357). Besonderheiten für Zusammenrechnung laufender Geldleistungen mit Arbeitseinkommen: § 850 e Nr 2 a.

7) Pfändungsverfahren: a) Verfahrensbestimmungen enthält das SGB-AT nicht. Das Verfahren bestimmt sich vielmehr nach den **Vorschriften der ZPO** über die ZwV in Geldforderungen (§§ 828 ff; Stöber FdgPfdg Rdn 1360). Die Ansprüche auf einmalige und auf laufende Geldleistungen sind somit als Geldforderungen nach § 829 zu pfänden; bewirkt ist die Pfändung mit Zustellung des Beschlusses an den Drittschuldner (§ 829 III), das ist der Rn 8–16 bezeichnete jeweilige Leistungsträger (zu Kindergeld auch Rn 42). 24

b) Das Vollstreckunsgericht **prüft** (dazu Rn 4 zu § 829) die Voraussetzungen der ZwV und den Antrag des Gläubigers, nicht jedoch den Tatsachenvortrag des Gläubigers auf seine Richtigkeit. Der Gläubiger muß daher nicht belegen (beweisen oder glaubhaft machen), daß die zu pfändende Forderung besteht; gepfändet wird die „angebliche" Forderung, die der Schuldner gegen den Drittschuldner haben soll. 25

c) Nach dem Tatsachenvortrag des Gläubigers **muß** die (einmalige oder laufende) Sozialgeldleistung aber **pfändbar sein** (Rn 5 zu § 829). Daher hat der Antrag des Gläubigers bei Vollstrekkung eines gesetzlichen Unterhaltsanspruchs (§ 54 III Nr 1 SGB-AT) die notwendigen Angaben zu enthalten, die für Feststellung des nach dem Unterhaltsbedarf des Schuldners zu bestimmenden Freibetrags erforderlich sind (Rn 12 zu § 850 d). Bei Pfändung einer einmaligen oder laufenden Geldleistung wegen einer anderen (gewöhnlichen) Vollstreckungsforderung muß sich **aus dem tatsächlichen Vorbringen** des Gläubigers (schlüssig) **ergeben, daß die Pfändung** nach Maßgabe von § 54 II, III SGB der **Billigkeit entspricht.** Glaubhaftmachung oder Beweis sind nicht verlangt; nur allgemeine Angaben (Wiederholung des Gesetzeswortlauts) genügen als Tatsachenvortrag nicht. Was sich aus den Antragsunterlagen (insbesondere aus dem Vollstreckungstitel) oder dem sonst notwendigen Antragsinhalt bereits ergibt oder von selbst versteht, braucht jedoch nicht noch ausdrücklich vorgetragen werden (Stöber FdgPfdg Rdn 1390). Einkommensverhältnisse des Leistungsberechtigten und Art des beizutreibenden Anspruchs sowie Zweckbestimmung der zu pfändenden Geldleistung, regelmäßig auch deren Höhe, brauchen daher als Grundlage der Billigkeitsentscheidung des Vollstreckungsgerichts für Zulassung der Pfändung (dazu Rn 21, 22) zumeist nicht mehr ausdrücklich dargestellt werden. Die Vermögensverhältnisse des Schuldners sind nur darzulegen, wenn sie (vornehmlich für Pfändung einer einmaligen Geldleistung) neben den Einkommensverhältnissen besondere Bedeutung erlangen. Die Pfändung der Ansprüche auf Geldleistungen, die übertragen werden können (Regelung in § 53 SGB-AT), entspricht dem Grundsatz nach der Billigkeit (s bereits Rn 22). Die Zweckbestimmung übertragbarer Ansprüche auf laufende Geldleistungen, die der Sicherung des Lebensunterhalts zu dienen bestimmt sind (nach § 53 III SGB-AT übertragbar, soweit sie den für Arbeitseinkommen geltenden unpfändbaren Betrag übersteigen) ergibt daher, daß auch ihre Pfändung der Billigkeit entspricht und ohne weitere Nachprüfung zuzulassen ist (Celle MDR 78, 149 = NJW 77, 1641; LG Berlin MDR 77, 1027 = Rpfleger 78, 65; LG Bochum JurBüro 86, 301 mit Anm Mümmler; LG Dortmund ZIP 81, 783; LG Essen JurBüro 85, 1428 mit zust Anm Mümmler; LG Kleve MDR 78, 584; LG Köln NJW 77, 1640; LG München I Rpfleger 77, 183; Stöber Rpfleger 77, 117 [120] und FdgPfdg Rdn 1353; Hornung Rpfleger 78, 66). Auch sonst können die Anforderungen an die Darlegungspflicht des Gläubigers, der die Verhältnisse des Schuldners meist nicht näher kennt, nicht überspannt werden (so Stuttgart MDR 81, 237 = aaO; LG Köln NJW 77, 1640). Allgemeingültige Grundsätze gibt es für das Gläubigervorbringen angesichts der Verschiedenartigkeit der maßgeblichen Gesichtspunkte nicht (Stöber FdgPfdg Rdn 1391). Wenn Angaben über Einkommens- und Vermögensverhältnisse des Schuldners nicht gemacht sind, ist bei der Billigkeitsprüfung davon auszugehen, daß zur Bestreitung der notwendigen Lebensbedürfnisse des Schuldners anderes Einkommen und Vermögenserträgnisse nicht zur Verfügung stehen (Stöber FdgPfdg Rdn 1391). Zu entscheiden ist unter Berücksichtigung des Vorbringens des Gläubigers und Würdigung aller Umstände nach freier Überzeugung. Nicht oder nicht substantiiert vorgetragene Tatsachen sind dabei zu Lasten des Gläubigers zu würdigen. Die Rechtsprechung hat die Anforderungen an das Vorbringen des Gläubigers dazu, daß die Pfändung der Billigkeit entspricht, bislang zum Teil in recht unterschiedlicher Weise und auch nicht immer in einer mit Gesetzeswortlaut und -zweck sowie dem Wesen des Pfändungsverfahrens zu vereinbarenden Weise eng gefaßt. Dazu im einzelnen: Düsseldorf JurBüro 77, 1149 = OLGZ 78, 124 = MDR 77, 850 = NJW 77, 1642; Frankfurt JurBüro 78, 286 = JR 78, 245 mit Anm Schreiber = MDR 78, 323 = OLGZ 78, 380; Hamm JurBüro 77, 865 = JR 77, 375 mit krit Anm Schreiber = MDR 77, 587 = NJW 77, 1643 L; JurBüro 83, 1736, FamRZ 85, 195 L = JurBüro 84, 1904 und FamRZ 85, 195 L = JurBüro 84, 1907; Stuttgart JurBüro 81, 286 = Justiz 81, 17 = MDR 81, 237; LG Bielefeld JurBüro 85, 626 mit abl Anm Mümmler; LG Hamburg Rpfleger 85, 34. Strenge Anforderungen, die an die 26

Darlegungspflicht des Gläubigers demnach gestellt wurden, sollten wiederum mit der vom Gläubiger verlangten Anhörung des Schuldners gemildert werden können; dabei wurde infolge der sich aus der Stellung des Schuldners im Verfahren ergebenden Mitwirkungspflichten angenommen, daß dann, wenn der angehörte Schuldner sich nicht äußert oder dem Antrag nicht entgegentritt, die Pfändung auch dann als billig zu erachten und davon auszugehen ist, daß der Schuldner nicht sozialhilfebedürftig wird, soweit der Gläubiger nach seinem eigenen Informationsstand gar nicht in der Lage ist, Vollstreckungsvoraussetzungen substantiiert darzutun, insbesondere deshalb, weil diese die Sphäre des Schuldners betreffen (dazu grundlegend Hamm JMBlNW 78, 263 = MDR 79, 150 = Rpfleger 79, 113; außerdem Hamm JurBüro 81, 288 = JMBlNW 80, 283 = ZIP 80, 1029). Dem ist nicht zu folgen (dazu grundsätzlich auch Hornung Rpfleger 79, 84 [88 ff]; außerdem Stöber FdgPfdg Rdn 1389 mit zahlr Nachw).

27 **d)** Daß der Schuldner mit Pfändung laufender Geldleistungen **nicht hilfebedürftig** iS des BSHG über die Hilfe zum Lebensunterhalt wird (§ 11–26 BSHG), ist gesetzliche, somit von Amts wegen zu prüfende Pfändungsvoraussetzung. Tatsachen dafür braucht der Gläubiger in seinem Pfändungsantrag nicht darzustellen (Stöber FdgPfdg Rdn 1393 und Rpfleger 77, 182; Hornung Rpfleger 77, 286 [290] und Rpfleger 79, 84 [90]; Stuttgart MDR 81, 237 = aaO; LG München I Rpfleger 77, 183; aA Hamm MDR 77, 587 und MDR 79, 150 = je aaO). Für den Pfändungszugriff wird diese Pfändungsgrenze bereits mit den nach § 850 c (auch § 850 d) unpfändbaren Freibeträgen gewährleistet. Die Pfändungsgrenze des § 850 c ist auf die in der Regel höheren Bedürfnisse eines im Arbeitsleben stehenden Schuldners abgestellt und jedenfalls seit dem 4. (jetzt 5.) Pfändungsfreigrenzen-ÄndG so festgesetzt, daß dem Schuldner und seiner Familie die Mittel zu einem menschenwürdigen Dasein verbleiben (BT-Drucks 8/1414, S 40; BT-Drucks 10/229, S 40). Die (zusätzliche) Pfändungsschranke kann daher bei Bezügen mit Lohnersatzfunktion nur ausnahmsweise Bedeutung erlangen (BGH 92, 339 [346] = aaO), wenn das nach den Besonderheiten des Einzelfalls zu bestimmende Maß der Sozialhilfe (§ 3 I BSHG) aus besonderen Gründen die für das Vollstreckungsverfahren pauschal festgelegten Freibeträge (Rn 1 zu § 850 c) überschreitet. Das kann dazu führen, daß die Pfändung dann auch über die Pfändungsgrenzen des § 850 c hinaus unzulässig ist (KG MDR 82, 417 = OLGZ 82, 443 [444] = ZIP 82, 227; entspricht § 850 f I). Damit kann diese zusätzliche Pfändungsgrenze jedoch erst Bedeutung erlangen, wenn zu berücksichtigender individueller Sonderbedarf bekannt oder geltend gemacht wird, durchweg sonach erst im Erinnerungs- oder Beschwerdeverfahren.

28 **e)** Zum Pfändungsgesuch ist der **Schuldner** vor der Pfändung **nicht zu hören** (§ 834); so für Pfändung wegen eines gesetzlichen Unterhaltsanspruchs: LG Berlin Rpfleger 77, 30; bei Pfändung für andere Vollstreckungsgläubiger: Hamm MDR 77, 587 = aaO; Celle NJW 77, 1641 = aaO; Düsseldorf OLGZ 78, 124 = aaO; Stuttgart MDR 81, 237 = aaO; LG Braunschweig Rpfleger 81, 489; Stöber FdgPfdg Rdn 1395 mit zahlr Nachw, auch zu abweichender Ansicht. Schuldneranhörung wie im Falle des § 850 b III ist nicht vorgesehen; analoge Anwendung dieser Bestimmung verbietet sich nach der Gesetzesbegründung (Stöber FdgPfdg Rdn 1395) ebenso wie nach dem Gesetzeszweck (Verfügung des Schuldners vor Pfändung ermöglicht § 53 SGB; anders im Fall des § 850 b II). Wenn der Gläubiger die Anhörung des Schuldners beantragt, ist dem Antrag stattzugeben (s bereits Rn 2 zu § 834; Hamm MDR 77, 587 = aaO; Celle NJW 77, 1641 = aaO; Düsseldorf OLGZ 78, 124 = aaO; Frankfurt Rpfleger 80, 196; nach dem in Rn 26, 27 Gesagten jedoch kaum noch von Bedeutung).

29 **f) Zurückzuweisen** ist der Antrag des Gläubigers, wenn eine ZwV-Voraussetzung nicht gegeben ist (Rn 5 zu § 829) oder wenn das Vorbringen des Gläubigers nicht schlüssig ist (Rn 5 zu § 829), insbesondere wenn das Gläubigervorbringen nicht hinreichend ergibt, daß die Pfändung der Billigkeit entspricht (§ 54 II, III Nr 2 SGB-AT).

30 **g)** Zum **Inhalt des Pfändungsbeschlusses** Rn 6, 7 ff zu § 829. Die zu pfändende (einmalige oder laufende) Geldleistung des Schuldners an den Drittschuldner ist im Pfändungsbeschluß nach allgemeinen Grundsätzen (Rn 8, 9 zu § 829) bestimmt zu bezeichnen. Dem entsprechen Angabe des Sozialleistungs**bereichs** (folgt durchweg schon aus der Drittschuldnerbezeichnung), und der Leistungs**art** (zB Arbeitslosengeld, Krankengeld, Hinterbliebenenrente, Erwerbsunfähigkeitsrente, Kindergeld); Angabe des Geschäftszeichens des Leistungsträgers kann nicht gefordert werden (LG Saarbrücken JurBüro 84, 786). Unzureichend sind: „... alle Ansprüche auf Sozialleistung nach dem SGB" (Hornung Rpfleger 77, 222 [223]); „... fortlaufende Geldleistungen nach dem SGB" (Stöber FdgPfdg Rdn 1398); „... derzeitige und künftige Forderungen aller Leistungsansprüche aus Sozialversicherung" (Köln JurBüro 79, 1570 = OLGZ 79, 484); „... sämtliche laufende Geldleistungen nach dem AFG gemäß § 54 SGB wie Arbeitseinkommen nach § 850 c ZPO" (BSozG ZIP 82, 1124); „... angebliche Ansprüche auf Geldleistungen gem §§ 19 und 25 SGB, soweit sie gem § 54 SGB pfändbar sind" (KG JurBüro 82, 462 = MDR 82, 417 = OLGZ 82, 443;

Zweibrücken JurBüro 80, 1901); „Zuschüsse und Darlehen nach §§ 33–55 AFG" (LG Berlin Rpfleger 84, 426); „... alle Bezüge an Arbeitseinkommen bzw Leistungen des Arbeitsamts" (LG Krefeld DAVorm 77, 610); „... Zahlung aller Leistungen des Arbeitsamts ohne Rücksicht auf ihre Benennung oder Berechnungsart" mit Angabe der Stammnummer (Düsseldorf Rpfleger 78, 265; nicht unbedenklich, da mit Stammnummer konkretisiert); oder nur „... Arbeitseinkommen" (keine Umdeutung in Pfändung von Arbeitslosengeld oder -hilfe; LG Berlin Rpfleger 77, 223).

h) Die **unpfändbaren Teile** laufender Geldleistungen sind bei Vollstreckung eines gesetzlichen Unterhaltsanspruchs nach Maßgabe des § 850d I (dort Rn 13) im Pfändungsbeschluß zu bezeichnen. Wenn wegen anderer Ansprüche gepfändet wird, kann der Pfändungsbeschluß als Blankettbeschluß (Rn 9 zu § 850c) erlassen werden (Stöber FdgPfdg Rdn 1402). Den nach der Tabelle (Bezugnahme nach § 850c III S 2; KG JurBüro 78, 1415 = OLGZ 78, 491 = Rpfleger 78, 334) unpfändbaren Betrag hat dann der Drittschuldner festzustellen; er hat hierfür auch die zu berücksichtigenden unterhaltsberechtigten Angehörigen des Schuldners festzustellen (Stöber FdgPfdg Rdn 1402 mit Hinweis auf vereinzelte Gegenansicht; wie hier insbesondere auch KG OLGZ 78, 491 = aaO). Klarstellende Entscheidung des Vollstreckungsgerichts kann jedoch im Einzelfall verlangt werden (Rn 9 zu § 850c). Unterhaltsberechtigte Angehörige mit eigenem Einkommen bleiben nach Bestimmung des Vollstreckungsgerichts (§ 850c IV; Einzelheiten in Anm dazu) unberücksichtigt. 31

i) Zu begründen ist der Pfändungsbeschluß mit Darstellung der Erwägungen, die ergeben haben, daß die Pfändung der Billigkeit entspricht (LG Berlin Rpfleger 77, 222; LG Düsseldorf JurBüro 83, 1575 = Rpfleger 83, 255; LG Wiesbaden JurBüro 81, 626 = Rpfleger 81, 491; Hornung Rpfleger 77, 32 [35] und 78, 66; zur Begründung bei Billigkeitsentscheidung allgemein Zeller/Stöber ZVG Rdn 12 zu § 1). Die Begründung kann kurz (in einfachen, zweifelsfreien Fällen auch stichwortartig) abgefaßt werden. Die formularmäßige Aussage, die Pfändung erfolge gem § 54 SGB iVm § 850c ZPO und entspreche nach dem Vortrag des Gläubigers der Billigkeit, läßt ein Abwägen der Gläubiger- und Schuldnerinteressen jedoch vermissen, gibt mithin keine ausreichende Begründung für die Prüfung der Billigkeit (KG OLGZ 82, 443 [446] = aaO). 32

8) Kindergeld. Lit: *Bauer,* Die Zulässigkeit von Kindergeldpfändungen, NJW 1978, 871; *Hornung,* Säumnisfolgen für die Billigkeitsprüfung bei Pfändung von Sozialgeldansprüchen (Abschn VI: Zur Pfändung des Kindergeldes), Rpfleger 1979, 84 (91); *Hornung,* Keine Pfändung des Kindergeldes (Zählkindvorteils) wegen des Unterhaltsanspruchs eines Zählkindes, Rpfleger 1983, 216; *Mellinghoff,* Probleme der Kindergeldpfändung wegen gesetzlicher Unterhaltsansprüche von Zählkindern, Rpfleger 1984, 50; *Müller* und *Wolff,* Pfändbarkeit von Kindergeldansprüchen, NJW 1979, 299; *Mümmler,* Pfändung von Kindergeld für nichtprivilegierte Forderungen, JurBüro 1986, 161; *Roberz,* Zu den Voraussetzungen von Kindergeldpfändungen, NJW 1978, 2086; *Schmitz-Peiffer,* Zur Pfändbarkeit des Anspruchs auf Kindergeld, BB 1986, 458.

a) Auch Kindergeld kann wegen „anderer" Vollstreckungsforderungen (Rn 21) nur nach Maßgabe des § 54 III Nr 2 (mit Abs 2) SGB-AT gepfändet werden. Weil es (von extremen Sonderfällen abgesehen) die Pfändungsfreigrenzen des § 850c nicht überschreitet, könnte seine Pfändung jedoch nur bei gleichzeitiger Zusammenrechnung mit Arbeitseinkommen oder anderen Sozialleistungen Bedeutung erlangen; s daher Rn 15–25 zu § 850e. 33

b) Wegen gesetzlicher Unterhaltsansprüche unterliegt Kindergeld als laufende Geldleistung der Pfändung nach § 54 III Nr 1 SGB-AT ohne Billigkeitsprüfung (Rn 20; dazu allgemein Düsseldorf Rpfleger 79, 223; Hamm DAVorm 80, 110 = JurBüro 80, 466 = MDR 80, 323; Köln OLGZ 84, 357 = Rpfleger 84, 242 [mit Klarstellung, daß dem BSozG DAVorm 82, 801 nicht entgegensteht]; Stuttgart FamRZ 84, 88). Schwierigkeiten ergeben sich jedoch, weil auch wegen gesetzlicher Unterhaltsansprüche Kindergeld **nur „wie Arbeitseinkommen"** gepfändet werden kann (Rn 23), dem Schuldner somit der nach § 850d I S 2 zu bestimmende Freibetrag für seinen notwendigen Unterhalt und zur Erfüllung gleichmäßiger laufender gesetzlicher Unterhaltspflichten zu belassen ist. Wenn dieser Freibetrag voll mit dem Kindergeld zu decken ist, ist es praktisch unpfändbar. Auf diesen Freibetrag sind jedoch andere Einnahmen anzurechnen, die dem Schuldner zur Bestreitung seines Unterhalts und zur Erfüllung seiner gesetzlichen Unterhaltspflichten zur Verfügung stehen (Rn 11 zu § 850d). Daraus ergibt sich für das Pfändungs**verfahren:** 34

aa) Wenn (oder auch nur soweit) der **Unterhaltsfreibetrag** des § 850d I S 2 **durch andere Einnahmen** des Schuldners **gedeckt** ist (ist vom Gläubiger im einzelnen schlüssig darzulegen, s Rn 12 zu § 850d), kann Kindergeld wegen eines gesetzlichen Unterhaltsanspruchs ohne Festlegung eines aus ihm nach § 850d I pfandfrei zu stellenden Betrags, somit voll gepfändet werden (Stöber FdgPfdg Rdn 1387a; LG Freiburg DAVorm 83, 235 = Rpfleger 83, 164; LG Kaiserslautern Rpfleger 81, 446); Begründung des Pfändungsbeschlusses ist dann erforderlich. 35

36 **bb)** Wenn der Gläubiger andere Einkünfte des Schuldners, die zur Anrechnung auf den Freibetrag des § 850 d I S 2 zur Verfügung stehen, schlüssig nicht (oder auch nicht hinreichend) vortragen kann, wird wegen der Zweckbestimmung des Kindergeldes Vereinfachung des Pfändungsverfahrens für zulässig erachtet. Weil Kindergeld zur Minderung der durch Unterhalt entstehenden wirtschaftlichen Belastungen geleistet wird (§ 6 SGB-AT), wird für den Pfändungszugriff angenommen, daß es als zweckgerichtete Einnahme **zusätzlich** zur Verfügung steht. Daher werden für Bemessung der Pfändungsfreigrenze des § 850 d I S 2 der eigene notwendige Unterhalt des Schuldners und Unterhaltspflichten gegenüber Familienangehörigen, für die Kindergeld nicht bestimmt ist (insbesondere für Ehefrau) außer Betracht gelassen (Bremen DAVorm 82, 377; Hamm JurBüro 80, 466 = MDR 80, 323 = Rpfleger 80, 73; KG JurBüro 80, 781 = MDR 80, 586 = Rpfleger 80, 159; Köln Rpfleger 80, 74; aA Stuttgart DAVorm 83, 49 = JurBüro 83, 1419 und FamRZ 84, 88) und der Freibetrag zur Erfüllung laufender gesetzlicher Unterhaltspflichten gegenüber sonst gleichstehenden Berechtigten ohne Einzelfallprüfung nur mit dem auf die anderen Kinder treffenden Kindergeldanteil bestimmt.

37 Bei Vollstreckung des Unterhaltsanspruchs eines **Zahlkindes** (eines Kindes, für das dem Schuldner Kindergeld gezahlt wird) wird in dieser vereinfachten Weise (auf Gläubigerantrag) Pfändung des Anspruchs auf Zahlung des Kindergeldes in Höhe des Kindergeldanteils zugelassen, der als Kopfteil des Gesamtkindergeldes auf den Gläubiger entfällt.

38 Ebenso wird bei Vollstreckung des Unterhaltsanspruchs eines **Zählkindes** verfahren, mithin eines Kindes, für das der Schuldner selbst zwar kein Kindergeld erhält, das aber für die Höhe des Kindergeldes berücksichtigt wird, das der Schuldner für seine weiteren Kinder (sog Zahlkinder) erhält (der Schuldner erhält daher für sein erstes Zahlkind sogleich das höhere Zweitkindergeld usw). Ein unterhaltsberechtigtes Zählkind kann daher ohne Rücksicht auf die Höhe sonstigen Einkommens des Schuldners einen seinem Kopfteil als Kind entspr Anteil des Kindergeldes des Schuldners pfänden (KG MDR 80, 586 = aaO; LG Freiburg DAVorm 83, 235 = Rpfleger 83, 164 und DAVorm 83, 408; LG Dusiburg Rpfleger 83, 165; aA Hornung Rpfleger 83, 216).

39 **cc)** Bei vereinfachter Pfändung (nach dem Rn 36–38 Gesagten) braucht der **Pfändungsbeschluß** den gepfändeten anteiligen Kindergeldbetrag nicht ziffernmäßig zu nennen. Der Pfändungsbeschluß ist vielmehr auch als sogen Blankettbeschluß bestimmt, wenn er nur die Berechnungsmerkmale bezeichnet, somit die betragsmäßige Feststellung des gepfändeten Kindergeldes dem Drittschuldner überläßt. Üblich (s Stöber FdgPfdg Rdn 1386): „Gepfändet wird in Höhe des (nach § 12 BKGG) auf den Gläubiger entfallenden Betrags der angebliche Anspruch des Schuldners ... auf fortlaufende Auszahlung des Kindergeldes."

40 **dd)** Wegen des gesetzlichen Unterhaltsanspruchs eines **Zählkindes** kann nach aA ohne Einzelfallprüfung nur der sogen Kindergeldvorteil gepfändet werden. So München DAVorm 79, 374 = FamRZ 80, 188 L = Rpfleger 79, 223; LG Karlsruhe DAVorm 78, 226; LG Köln DAVorm 79, 438; LG Marburg DAVorm 78, 759 und 760; LG Stuttgart DAVorm 79, 603; LG Wuppertal DAVorm 79, 295; LG Zweibrücken DAVorm 78, 762 und 79, 767. Noch differenzierter wird angenommen, daß die Höhe des für ein „Zählkind" pfändbaren Kindergeldes vom Grundsatz der Gleichbehandlung von Zähl- und Zahlkindern bestimmt ist. Vereinfacht soll deshalb nur der Teil des Gesamtkindergeldes gepfändet werden können, der sich bei einer gleichmäßigen Verteilung auf alle Kinder ergibt, wenn auch noch das „eigene" Kindergeld des Zählkindes angerechnet wird. So München JurBüro 80, 307 = MDR 80, 236 = NJW 80, 894; Köln DAVorm 79, 717 = Rpfleger 80, 74 und OLGZ 84, 357 = Rpfleger 84, 242; LG Darmstadt DAVorm 78, 661; LG Lüneburg MDR 79, 589; LG Passau DAVorm 78, 764; Mellinghoff Rpfleger 84, 50. Zu beiden Ansichten mit Beispielen s Stöber FdgPfdg Rdn 1387 h. S jetzt aber insbes auch Hamm FamRZ 84, 416 L = JurBüro 84, 1098 = Rpfleger 84, 152.

41 **ee)** Wenn mit Erinnerung **Einwendungen** gegen die vereinfachte Kindergeldpfändung erhoben werden, trifft den Gläubiger die Darlegungs- und **Beweislast** (Rn 27 zu § 766) dafür, daß der Schuldner über weiteres Einkommen verfügt, das den nach § 850 d I S 2 zu bemessenden notwendigen eigenen Unterhalt deckt und Befriedigung gleichgestellter Unterhaltsansprüche ermöglicht.

42 **c) Drittschuldner** ist das (örtlich zuständige) Arbeitsamt (§ 25 II SGB-AT). Demgegenüber nimmt Karlsruhe (JurBüro 82, 1899 = MDR 82, 943 = Rpfleger 82, 387; ebenso LG Mosbach Rpfleger 82, 297) an, Drittschuldner sei die Bundesanstalt für Arbeit; Zustellung könne wirksam daher sowohl an diese als auch an den Direktor des zuständigen Arbeitsamtes erfolgen. Weil jedoch auf die Verwaltungszuständigkeit abzustellen und Kindergeld beim Arbeitsamt als Leistungsträger zu beantragen ist (§ 16 I S 1 SGB-AT), dem auch die Entscheidung über den Antrag zugewiesen ist, bestehen gegen eine Drittschuldnerzuständigkeit der Bundesanstalt für Arbeit als zentrale (rechtsfähige) Körperschaft grundlegende Bedenken.

9) Vorpfändung: a) Wegen gesetzlicher Unterhaltsansprüche werden Ansprüche auf laufende Geldleistungen wie Arbeitseinkommen gepfändet (§ 54 III Nr 1 SGB). Das ermöglicht auch Vorpfändung (§ 845). 43

b) Ansprüche auf einmalige Geldleistungen und für Gläubiger gewöhnlicher Geldforderungen auch Ansprüche auf laufende Geldleistungen sind gleichfalls grundsätzlich pfändbar (Rn 21 zu § 850 i). Das ermöglicht auch Vorpfändung (anders noch Stöber FdgPfdg Rdn 1415 und hier 14. Aufl), die voraussetzt, daß die Pfändbarkeit bei Abwägung der Gläubiger- und Schuldnerinteressen nach Maßgabe von § 54 II, III SGB-AT besteht. 44

10) Rechtsbehelfe: Wie Rn 28–32 zu § 829. 45

11) Kurzarbeitergeld, Schlechtwettergeld und **Wintergeld** sind Sozialleistungen, die nur nach Maßgabe von § 54 III SGB pfändbar sind (Stöber FdgPfdg Rdn 1442). Für die ZwV in diese Leistungsansprüche gilt jedoch der **Arbeitgeber** als Drittschuldner (§ 72 IV a, § 88 IV, § 81 III S 4 AFG). Ein Lohnpfändungsbeschluß erfaßt Kurzarbeiter-, Schlechtwetter- oder Wintergeld nicht. Als Sozialleistung muß der Leistungsanspruch vielmehr selbständig (ausdrücklich) gepfändet werden. Bedeutung kann die Pfändung aber nur bei Zusammenrechnung mit vermindertem Arbeitsentgeld erhalten (§ 850 e Nr 2 a). 46

12) Die Pfändung von **Konkursausfallgeld** ist gesondert geregelt in 47

§ 141 k AFG

(1) Soweit die Ansprüche auf Arbeitsentgelt vor Stellung des Antrages auf Konkursausfallgeld auf einen Dritten übertragen worden sind, steht der Anspruch auf Konkursausfallgeld diesem zu. Ein Vorschuß nach § 141 f Abs 1 steht ihm nur zu, wenn die Übertragung wegen einer gesetzlichen Unterhaltspflicht erfolgt ist.

(2) Soweit die Ansprüche auf Arbeitsentgelt vor Stellung des Antrages auf Konkursausfallgeld gepfändet oder verpfändet worden sind, wird hiervon auch der Anspruch auf Konkursausfallgeld erfaßt. Absatz 1 Satz 2 gilt entsprechend.

(3) ...

§ 141 l AFG

(1) Der Anspruch auf Konkursausfallgeld kann selbständig nicht verpfändet oder übertragen werden, bevor das Konkursausfallgeld beantragt worden ist. Eine Pfändung des Anspruchs auf Konkursausfallgeld vor diesem Zeitpunkt gilt als mit der Maßgabe ausgesprochen, daß sie den Anspruch auf Konkursausfallgeld erst von diesem Zeitpunkt an erfaßt.

(2) Der Anspruch auf Konkursausfallgeld kann wie der Anspruch auf Arbeitseinkommen gepfändet, verpfändet oder übertragen werden, nachdem das Konkursausfallgeld beantragt worden ist.

Lit dazu: *Hornung*, Das Gesetz über Konkursausfallgeld, Rpfleger 1975, 196 und 235 (Pfändung S 238 f); *Huken*, Vollstreckungsrechtliche Folgerungen aus dem Gesetz über Konkursausfallgeld, KKZ 1974, 157; *Stöber* FdgPfdg Rdn 1449–1460.

13) Schutz bei Pfändung von Kontoguthaben und Bargeld (§ 55 SGB-AT) 48

a) Er ist seit 1. 1. 1976 im Sozialgesetzbuch (SGB) AT (BGBl 1975 I 3015) geregelt:

§ 55 Kontenpfändung und Pfändung von Bargeld

(1) Wird eine Geldleistung auf das Konto des Berechtigten bei einem Geldinstitut überwiesen, ist die Forderung, die durch die Gutschrift entsteht, für die Dauer von sieben Tagen seit der Gutschrift der Überweisung unpfändbar. Eine Pfändung des Guthabens gilt als mit der Maßgabe ausgesprochen, daß sie das Guthaben in Höhe der in Satz 1 bezeichneten Forderung während der sieben Tage nicht erfaßt.

(2) Das Geldinstitut ist dem Schuldner innerhalb der sieben Tage zur Leistung aus dem nach Absatz 1 Satz 2 von der Pfändung nicht erfaßten Guthaben nur soweit verpflichtet, daß der Schuldner nachweist oder als dem Geldinstitut sonst bekannt ist, daß das Guthaben von der Pfändung nicht erfaßt ist. Soweit das Geldinstitut hiernach geleistet hat, gilt Absatz 1 Satz 2 nicht.

(3) Eine Leistung, die das Geldinstitut innerhalb der sieben Tage aus dem nach Absatz 1 Satz 2 von der Pfändung nicht erfaßten Guthaben an den Gläubiger bewirkt, ist dem Schuldner gegenüber unwirksam. Das gilt auch für eine Hinterlegung.

(4) Bei Empfängern laufender Geldleistungen sind die in Absatz 1 genannten Forderungen nach Ablauf von sieben Tagen seit der Gutschrift sowie Bargeld insoweit nicht der Pfändung unterworfen, als ihr Betrag dem unpfändbaren Teil der Leistungen für die Zeit von der Pfändung bis zum nächsten Zahlungstermin entspricht.

Lit: *Mümmler*, Zur Pfändung von Arbeitseinkommen und Sozialleistungen, die auf ein Konto des Leistungsempfängers überwiesen worden sind, JurBüro 1976, 1451; *Noack*, Pfändung und Vollstreckungsschutz von Kontoguthaben, DGVZ 1976, 112; *Terpitz*, Pfändungsschutz bei Kontenpfändung nach § 55 des Ersten Buches des Sozialgesetzbuches, BB 1976, 1564; zu den **Vorgängern** der Vorschrift: *Berner* Rpfleger 1970, 313; *Bink* JurBüro 1969, 1131; *Fenge* BB 1969, 634; *Liesecke* WM 1975, 314; *Mümmler* JurBüro 1974, 1095; *Terpitz* BB 1969, 999.

Die Bestimmung ist mit Wirkung vom 1. 1. 1976 an die Stelle ähnlicher Regelungen in verschiedenen sozialrechtlichen Einzelgesetzen getreten (§ 119 III RVO, § 149 II AFG, § 70 a I BVersG, § 12 I BKGG, § 19 II BAföG). Dabei wurde der Pfändungsschutz auf weitere Sozialleistungen erstreckt und zeitlich ausgedehnt. Der Guthabensschutz steht selbständig neben der Schutzvorschrift des § 850 k für Konten, auf die Arbeitseinkommen oder sonstige Bezüge iS der §§ 850–850 b überwiesen werden; beide Regelungen unterscheiden sich auch in der Art der Ausgestaltung (vgl BT-Drucks 8/693 S 49 f). Allen Konten kommt aber § 835 III S 2 nF zugute (Überweisungsaufschub für gepfändete Kontoguthaben natürlicher Personen).

49 b) Der **Sieben-Tage-Pfändungsschutz** (§ 55 I–III SGB-AT) gilt für einmalige und für wiederkehrende Leistungen im Sinne des SGB-AT; er erstreckt sich auf sie in voller Höhe, einschließlich eines etwa sonst pfändbaren Teils. Unterhaltsgläubiger sind gegenüber anderen Vollstreckungsgläubigern nicht bevorzugt. Die Leistung muß auf ein Konto (Girokonto, Sparkonto) des Schuldners (LG Berlin Rpfleger 72, 181) bei einem Geldinstitut (Rn 2 zu § 850 k) überwiesen worden sein; ein Gemeinschaftskonto der Ehegatten, über das jeder von ihnen verfügungsberechtigt ist, wird gleichstehen. Der Überweisung sind andere Zahlungsvorgänge gleich, die ebenfalls zur Kontogutschrift führen (Scheckeinzug). Damit die Leistung dem Empfänger nicht sogleich wieder durch einen Gläubiger entzogen werden kann, ist das Guthaben während der ersten 7 Tage seit der Gutschrift in Höhe derselben unpfändbar (§ 55 I S 1). Der Tag der Wertstellung ist nicht maßgebend. Bei der Berechnung der Frist zählt der Tag der Gutschrift nicht mit (§ 187 I BGB); wenn die Frist an einem Sonnabend oder allgemeinen Feiertag (ein Sonntag kommt nicht in Betracht) auslaufen würde; endet sie erst mit Ablauf des darauf folgenden Werktags (§ 193 BGB). Für die Dauer der Frist hat das Geldinstitut das Guthaben in voller Höhe der Sozialleistung auch dann zur Verfügung des Schuldners zu halten, wenn es während der Frist gepfändet wird; nach § 55 I S 2 SGB-AT gilt eine solche Pfändung als mit der Maßgabe ausgesprochen, daß sie das Guthaben in Höhe der überwiesenen Leistung vorübergehend nicht erfaßt. Auf Grenzen der Unpfändbarkeit kommt es somit während der 7 Tage nicht an. Vom ursprünglichen Betrag der Leistung sind dabei Beträge abzusetzen, über die der Schuldner in der Zeit zwischen Gutschrift und Pfändung durch Abhebung oder in anderer Weise verfügt hat, da insoweit der Zweck der Vorschrift erfüllt ist, ohne daß der Schuldner ihren Schutz in Anspruch nehmen mußte (Liesecke WM 75, 323); daß die dem Schuldner auf diese Weise vorweg zugute gekommenen Beträge entgegen früher geäußerten Meinungen (LG Stuttgart MDR 57, 557; Fenge BB 69, 999) auf den pfändungsgeschützten und nicht auf einen etwa überschießenden (aus Ersparnissen oder sonstigen Einkünften herrührenden) Teil des Guthabens zu verrechnen sind, soll durch § 55 II S 2 SGB-AT zum Ausdruck gebracht werden (Terpitz BB 76, 1566 unter III; einschränkend Stöber FdgPfdg Rdn 1436). Wenn der Schuldner nach erfolgter Pfändung, aber noch innerhalb der 7-Tage-Frist, über den geschützten, ggf wie vor verminderten Teil des Guthabens verfügt, hat er dem Geldinstitut (zB durch Vorlage des Rentenbescheids und des Überweisungsbelegs) nachzuweisen, daß das Guthaben in dieser Höhe auf der überwiesenen Sozialleistung beruht. Der Nachweis ist im Einzelfall entbehrlich, wenn der die Verfügung vollziehende Bedienstete des Geldinstituts – etwa auf Grund früher geführten Nachweises – darüber ohnehin unterrichtet ist (§ 55 II S 1 SGB-AT). Während der 7 Tage – und nach § 835 III S 2 nF noch darüber hinaus – darf das Geldinstitut den geschützten Teil des Guthabens weder an den Pfändungsgläubiger abführen noch hinterlegen; bei Verstoß dagegen behält der Schuldner seine Forderung gegen das Geldinstitut (§ 55 III SGB-AT). Da Pfändungen während der Schutzfrist in Höhe des geschützten Betrags nur gegenüber dem Schuldner (relativ) unwirksam sind, kann durch eine solche der Rang gegenüber einem später pfändenden Gläubiger gewahrt werden.

50 c) **Verlängerter Pfändungsschutz** (§ 55 IV SGB-AT, 1. Alternative): **aa) Umfang:** Nach Ablauf der 7 Tage erlischt der uneingeschränkte Pfändungsschutz nach § 55 I–III SGB-AT. Wenn der Schuldner während der Schonfrist über den geschützten Teil des Guthabens nicht oder nicht in vollem Umfang verfügt hatte und das Guthaben in dieser Zeit gepfändet wurde, fällt der stehengebliebene Betrag in die vorübergehend zurückgedrängte Pfändungsverstrickung zurück (Berner Rpfleger 70, 314, zu § 149 AFG; Quedenfeld Betrieb 73, 669; Stöber FdgPfdg Rdn 1439; aA Terpitz BB 76, 1563, der den stehengebliebenen Betrag einem nicht mehr vom vorausgegangenen Pfändungsbeschluß erfaßten Neueingang gleichstellt). Der Gutschriftbetrag bzw sein Rest steht aber auch dann nicht ohne weiteres dem Gläubiger zur Verfügung. Wenn er einer wiederkehrenden Sozialleistung entstammt, greift der verlängerte Pfändungsschutz nach § 55 IV SGB-AT Platz. Er reicht nicht so weit wie der 7-Tage-Schutz; denn nun wird der Gutschriftbetrag bzw sein Rest nur noch in dem Umfang geschützt, in dem er bei Pfändung des Anspruchs gegen den Leistungsträger unpfändbar wäre. Es ist daher zunächst festzustellen, wieviel dem Schuldner bei einer solchen Pfändung für die ganze Bezugsperiode hätte belassen werden müssen. Gemäß § 54 III SGB-AT, der auf die für die Pfändung von Arbeitseinkommen geltenden Vorschriften

verweist, ist dabei zwischen nicht privilegierten und Unterhaltsgläubigern zu unterscheiden und je nachdem von der Tabelle zu § 850 c oder von § 850 d I S 2 auszugehen. Im ersteren Fall ist weiter zu prüfen, ob der Zugriff auf den die Unpfändbarkeitsgrenze übersteigenden Betrag der Billigkeit entspricht und ob sie den Schuldner nicht iS des BSHG hilfsbedürftig werden läßt; denn andernfalls wäre auch er unpfändbar (§ 54 III Nr 2 mit II SGB-AT). Von dem hiernach für die ganze Zahlungsperiode als unpfändbar ermittelten Betrag ist dem Schuldner grundsätzlich der Betrag als pfandfrei zu belassen, der dem in Zeiteinheiten ausgedrückten Verhältnis der Zeitspanne zwischen Pfändung und nächstem Zahlungstermin zur ganzen Zahlungsperiode entspricht. Eine Obergrenze setzen aber die in Ausnützung der 7-Tage-Frist, sei es vor oder nach der Pfändung, vorgenommenen Verfügungen des Schuldners über das Guthaben. Wenn der Schuldner in dieser Zeit über das Guthaben in voller Höhe der Gutschrift verfügt hatte, so ist in dem nach Ablauf der 7 Tage noch vorhandenen Guthaben nichts mehr enthalten, für das der verlängerte Pfändungsschutz in Anspruch genommen werden könnte. Hatte er über das Guthaben in Höhe eines Teils der Gutschrift verfügt, so vermindert sich der begünstigte Betrag entsprechend. Für seine Berechnung ist der vom Schuldner bereits in Anspruch genommene Betrag zur Dauer der Bezugsperiode in Beziehung zu setzen. Wurde beispielsweise ein Monatsbezug von 900 DM gutgeschrieben und hatte der Schuldner während der Schonfrist 600 DM abgehoben, so ist von der Gutschrift nur noch ein dem letzten Monatsdrittel entsprechender Betrag verblieben; von dem unpfändbaren Teil der Monatsbezüge kann dem Schuldner daher nach § 55 IV SGB-AT höchstens noch der dritte Teil freigegeben werden, dies auch dann, wenn die Zeitspanne zwischen Pfändung und nächstem Zahlungstermin länger ist als der dritte Teil eines Monats. Andernfalls ginge der Pfändungsschutz zu Lasten derjenigen Bestandteile des Guthabens, die keinen Pfändungsbeschränkungen unterliegen und dem Zugriff des Gläubigers zugänglich bleiben müssen. Daß der Schuldner sich bei der Pfändung von Bargeld besser stellen kann, weil dort sein Verbrauch in der Zeit zwischen letztem Zahlungstermin und Pfändung nicht meßbar ist, steht nicht entgegen.

bb) Anders als in § 55 I S 2 SGB-AT schränkt das Gesetz für die Anwendung des Abs 4 die Reichweite des Pfändungsbeschlusses, den das Geldinstitut gem § 836 I, II zu beachten hat, nicht ein. Nach Ablauf der 7 Tage ist der Schuldner daher, ähnlich wie nach § 850 k, darauf angewiesen, im Wege der **Vollstreckungserinnerung** (§ 766) eine Abänderung des Pfändungsbeschlusses dahin zu bewirken, daß ihm der in § 55 IV SGB-AT bezeichnete Betrag pfandfrei belassen wird (so auch Liesecke WM 75, 324; Terpitz BB 76, 1567; Hornung RpflJB 1977, 365; Stöber FdgPfdg Rdn 1439). Die Freigabe dieses Betrags aus der Verstrickung fällt daher – wohl entgegen den Vorstellungen des Gesetzgebers (vgl BT-Drucks 7/868 S 42, 44 und Quedenfeld Betrieb 73, 669) – nicht in die Verantwortung des Geldinstituts; die möglichen Meinungsverschiedenheiten über die Grenzen der Pfändbarkeit sind also nicht im Rechtsstreit gegen das – insoweit von zwei Seiten bedrohte – Geldinstitut auszutragen; die Freigabe aus der Verstrickung obliegt vielmehr als konstitutive Entscheidung dem Vollstreckungsgericht, das im Gegensatz zum Geldinstitut auch in der Lage ist, die erforderlichen Wertungen (Billigkeit, Hilfsbedürftigkeit, ev notwendiger Unterhalt iS des § 850 d I) verbindlich vorzunehmen. Gelegenheit zur Einlegung der Erinnerung hat der Schuldner in der Zweiwochenfrist des § 835 III S 2. 51

cc) Wenn das Guthaben des Schuldners erst **nach Ablauf der 7-Tage-Frist gepfändet** wird, bemißt sich der Pfändungsschutz für den aus der laufenden Geldleistung stammenden (ggf durch Vorverfügungen des Schuldners verminderten) Betrag von vornherein nach § 55 IV SGB-AT. 52

dd) Der verlängerte Pfändungsschutz nach § 55 IV SGB-AT ist im Gegensatz zum 7-Tage-Schutz **nicht auf einmalige Sozialleistungen** erstreckt, die auf ein Konto des Schuldners überwiesen wurden. Der Anspruch auf solche Leistungen gegen den Leistungsträger kann nach § 54 II SGB-AT nur gepfändet werden, wenn dies der Billigkeit entspricht. Diese Billigkeitsprüfung, für die bei Erlaß eines ein Kontoguthaben betreffenden Pfändungsbeschlusses kein Raum ist, muß im gegebenen Falle nachholbar sein, damit der Schuldner nicht gezwungen ist, über den Betrag der einmaligen Leistung während der 7 Tage in vollem Umfang zu verfügen. Angesichts der engen Grenzen, die dem Vollstreckungsschutz nach § 765 a gezogen sind, muß zu diesem Zweck § 54 II SGB-AT auf den Anspruch des Schuldners gegen das Geldinstitut entsprechend angewendet werden können, so daß die Pfändung des Guthabens auf Vollstreckungserinnerung hin in Höhe des gutgeschriebenen Betrags oder des nicht verbrauchten Rests aufgehoben werden kann, wenn dessen Inanspruchnahme durch den Gläubiger der Billigkeit widerspräche. 53

d) Pfändungsschutz für Bargeld (§ 55 IV SGB-AT, 2. Alternative): **aa)** Beziehern fortlaufender Sozialleistungen sollen die in bar ausgezahlten oder vom Konto abgehobenen Beträge im gleichen Umfang pfandfrei bleiben, wie dies in § 811 Nr 8 zugunsten der Bezieher von Arbeitsein- 54 kommen und sonstigen wiederkehrenden Einkünften nach den §§ 850 bis 850 b bestimmt ist. Für die **Bemessung des dem Schuldner** hiernach **zu belassenden Geldbetrags** ist, insoweit wie beim verlängerten Pfändungsschutz (Rn 50), von dem Betrag auszugehen, der dem Schuldner bei Pfändung seines Anspruchs gegen den Leistungsträger für die Zahlungsperiode pfandfrei zu verbleiben hätte. Bei Ermittlung dieses Ausgangsbetrags trifft den Gerichtsvollzieher, wenn ein Unterhaltsgläubiger pfändet, auch die Aufgabe, den dem Schuldner als notwendiger Unterhalt für sich und seine Familie zustehenden Betrag (§ 850 d I S 2) zu bemessen; bei Pfändung durch einen sonstigen Gläubiger muß er prüfen, ob die Pfändung des die Freigrenze übersteigenden Betrags der Billigkeit entspricht und den Schuldner nicht hilfsbedürftig werden läßt. In letzterer Hinsicht geht seine Aufgabe über die ihm bei einer Pfändung nach § 811 Nr 8 obliegende hinaus. Von dem nach den vorstehenden Grundsätzen ermittelten Ausgangsbetrag ist dem Schuldner derjenige Teilbetrag zu belassen, der dem Verhältnis der Zeitspanne zwischen Pfändung und nächstem Zahlungstermin zur ganzen Zahlungsperiode entspricht. Dieser Betrag ist dem Schuldner, wenn der vorgefundene Geldbestand dazu ausreicht, ohne Rücksicht darauf zu belassen, ob er in der Zeit zwischen letztem Zahlungstermin und Pfändung von der Sozialleistung bereits einen größeren als den verhältnismäßig auf diese Zeitspanne treffenden Betrag in Anspruch genommen hatte. Da es nicht Aufgabe des Gerichtsvollziehers sein kann, etwaigen weiteren Einkünften des Schuldners und den Geldbewegungen auf seinem Konto nachzugehen, muß bei der Bargeldpfändung im Ergebnis unterstellt werden, daß sich die während einer Zahlungsperiode zu bestreitenden Ausgaben auf deren ganzen Verlauf gleichmäßig verteilten, daß der Schuldner seit dem letzten Zahlungstermin tatsächlich nur den auf diesen Zeitabschnitt treffenden Teil der Sozialleistung verbraucht habe und deshalb den auf den Rest der Zahlungsperiode treffenden Teil des unpfändbaren Betrags noch voll zu beanspruchen habe. Der Schuldner kann durch diese Regelung begünstigt oder benachteiligt sein, je nachdem, ob er von der Pfändung bereits einen wesentlichen Teil der auf die Zahlungsperiode treffenden Aufwendungen bestritten oder ob er aufgestaute Ausgaben noch vor sich hat.

55 **bb)** Der **Pfändungsschutz** für Bargeld gilt **unabhängig davon, ob gleichzeitig** auch Pfändungsschutz für **ein Kontoguthaben** in Anspruch genommen wird. Denn der Gerichtsvollzieher hat bei der Bargeldpfändung etwaigen Guthaben des Schuldners nicht nachzugehen; andererseits haben bei Kontenpfändung Geldinstitut und Vollstreckungsgericht nicht zu prüfen, über welche Mittel der Schuldner außerhalb seines Kontoguthabens verfügt. Der hiernach mögliche doppelte Pfändungsschutz, der einen Teil der früheren Rechtsprechung dazu veranlaßt hat, eine entspr Anwendung des § 811 Nr 8 auf Kontoguthaben abzulehnen (vgl KG MDR 67, 849), wurde in Kauf genommen, um andere Unbilligkeiten zu vermeiden.

56 **cc)** Gegen die Maßnahmen des Gerichtsvollziehers ist – je nach Beschwer für Schuldner oder Gläubiger – die **Vollstreckungserinnerung** (§ 766) gegeben. Weiteres Rechtsmittel: § 793. Den Schuldner trifft die Darlegungslast, daß der gepfändete Geldbetrag aus wiederkehrenden Leistungen iS des SGB-AT stammt (LG Regensburg Rpfleger 79, 467).

57 **VI) Gebühren: 1)** des **Gerichts:** Keine für das Verfahren der Änderung des Pfändungsbeschlusses. – **2)** des **Anwalts:** Die Abänderungsanträge, auch soweit sie sich auf den Pfändungsschutz beziehen, gehören zu der gleichen Angelegenheit der Vollstreckung (§ 58 I BRAGO); sie werden durch die (3/10) Vollstreckungsgebühr aus § 57 BRAGO mit abgegolten. Stellt der RA eines Unterhaltsberechtigten den Antrag, so erhält er die (3/10) Vollstreckungsgebühr aus § 57 BRAGO. – **3)** Zur Rechtspflegererinnerung s Rn 5 zu § 934.

850 k *[Pfändungsschutz für Kontoguthaben aus Arbeitseinkommen und ähnlichen Bezügen]*

(1) Werden wiederkehrende Einkünfte der in den §§ 850 bis 850 b bezeichneten Art auf das Konto des Schuldners bei einem Geldinstitut überwiesen, so ist eine Pfändung des Guthabens auf Antrag des Schuldners vom Vollstreckungsgericht insoweit aufzuheben, als das Guthaben dem der Pfändung nicht unterworfenen Teil der Einkünfte für die Zeit von der Pfändung bis zu dem nächsten Zahlungstermin entspricht.

(2) Das Vollstreckungsgericht hebt die Pfändung des Guthabens für den Teil vorab auf, dessen der Schuldner bis zum nächsten Zahlungstermin dringend bedarf, um seinen notwendigen Unterhalt zu bestreiten und seine laufenden gesetzlichen Unterhaltspflichten gegenüber den dem Gläubiger vorgehenden Berechtigten zu erfüllen oder die dem Gläubiger gleichstehenden Unterhaltsberechtigten gleichmäßig zu befriedigen. Der vorab freigegebene Teil des Guthabens darf den Betrag nicht übersteigen, der dem Schuldner voraussichtlich nach Absatz 1 zu belassen ist. Der Schuldner hat glaubhaft zu machen, daß wiederkehrende Einkünfte der in den §§ 850 bis 850 b bezeichneten Art auf das Konto überwiesen worden sind und daß die Voraussetzungen

des Satzes 1 vorliegen. Die Anhörung des Gläubigers unterbleibt, wenn der damit verbundene Aufschub dem Schuldner nicht zuzumuten ist.

(3) Im übrigen ist das Vollstreckungsgericht befugt, die in § 732 Abs. 2 bezeichneten Anordnungen zu erlassen.

Lit: *Arnold*, Der neue Pfändungsschutz für Arbeitseinkommen und für Gehaltskonten, BB 1978, 1314; *Hartmann*, Der Schuldnerschutz im Vierten Pfändungsfreigrenzengesetz, NJW 1978, 609; *Hornung*, Viertes Gesetz zur Änderung der Pfändungsfreigrenzen, Rpfleger 1978, 353; *Meyer ter Vehn*, Pfändungsschutz bei Gehaltskonten, NJW 1978, 1240; *Schroeder*, Die neuen Pfändungsfreigrenzen ab 1. April 1978, JurBüro 1978, 465.

I) Zweck: Besonderer Pfändungsschutz für sogen Lohn- und Gehaltskonten bei Geldinstituten. Die Bestimmung (mit Wirkung ab 1. 4. 1978 eingefügt, BGBl 1978 I 333) trägt der Entwicklung Rechnung, daß Löhne und Gehälter sowie sonstige fortlaufende Bezüge nicht mehr bar ausbezahlt, sondern auf Konto der Arbeitnehmer bei Geldinstituten überwiesen werden. Der Anspruch des Schuldners auf die nach §§ 850–850 b nicht oder nur begrenzt pfändbaren Leistungen erlischt infolge Erfüllung mit der Gutschrift auf seinem Konto; damit entfällt auch die für den Anspruch selbst bestehende Pfändungsbeschränkung oder Unpfändbarkeit. Die aus fortlaufenden Einkünften stammenden Mittel sollen dem Schuldner jedoch zur Deckung des Lebensbedarfs auch weiterhin bis zum nächsten Auszahlungstermin erhalten bleiben. Zu diesem Zweck schafft § 850 k die Möglichkeit, entsprechende Beträge von der Pfändung des Guthabens wieder auszunehmen. Zeit für Stellung eines Schutzantrags nach § 850 k erlangt der Schuldner durch den in § 835 III S 2 bestimmten Aufschub der Überweisungswirkung. Von § 850 k nicht berührt wird der Pfändungsschutz für Konten, auf die Sozialleistungen iS der §§ 18 ff SGB-AT überwiesen werden (s Rn 48 ff zu § 850 i). Soweit in anderen Gesetzen auf die Pfändungsschutzbestimmungen der §§ 850 ff verwiesen wird, ist die Verweisung auch auf den neuen § 850 k zu beziehen (Art 3 des Ges v 28. 2. 78). Den Schutz des § 850 k genießen daher auch nicht unter die §§ 850 bis 850 b fallende Bezüge, die nach ausdrücklicher gesetzlicher Vorschrift „wie Arbeitseinkommen" zu pfänden sind, aber nicht von der Sondervorschrift des § 55 SGB-AT erfaßt werden, wie zB die Verdienstausfallentschädigung nach § 49 II S 2, § 60 I S 1 BSeuchenG oder das Konkursausfallgeld (§§ 141 a, 141 l II AFG; dazu auch Rn 47 zu § 850 i). 1

II) Voraussetzungen des Schutzes sind: 1) a) Konto des Schuldners bei einem **Geldinstitut,** auf das Lohn- und Gehaltszahlungen (auch Vergütungen aus Heimarbeit, § 27 HeimarbG) durch Überweisung oder auf andere Weise (zB mit Scheckeinzug) erfolgen oder auf das andere wiederkehrende Leistungen zur Erfüllung der in §§ 850–850 b bezeichneten Ansprüche überwiesen werden. Nicht dazu gehören Konten zur Überweisung nicht wiederkehrend zahlbarer Vergütungen für persönlich geleistete Arbeiten oder Dienste (§ 850 i; Arnold BB 78, 1314 [1320]). Schutz sieht § 850 k nur für Konten natürlicher Personen vor (Stöber FdgPfdg Rdn 1282). Geldinstitute sind Banken, Sparkassen, Postgiroämter und Postsparkassenämter). Für Sparguthaben (Sparkonten) besteht unter den Voraussetzungen des Abs 1 Schutz wie für Girokonten. 2

b) Das Konto braucht kein reines Lohn- oder Gehaltskonto zu sein; daß darauf auch Beträge anderer Herkunft eingehen, steht der Anwendbarkeit des § 850 k nicht entgegen. Wie ein Konto des Schuldners sind auch Gemeinschaftskonten von Eheleuten zu behandeln, über die jeder Teil verfügungsberechtigt ist, so daß jedem der Auszahlungsanspruch zusteht. Der Pfändungsschutz kann nur eingreifen, wenn und soweit dort für die laufende Zahlungsperiode wiederkehrende Leistungen nach den §§ 850 bis 850 b tatsächlich eingegangen sind. Nur dann erfüllt der Guthabensschutz nach § 850 k die ihm zugewiesene Aufgabe, den Pfändungsschutz zu ersetzen, der den Einkünften zuteil geworden wäre, wenn sie durch Pfändung an der Quelle erfaßt worden wären. Daß in der Vergangenheit, wenn auch regelmäßig, Einkünfte der bezeichneten Art auf das Konto überwiesen wurden, die inzwischen ihrer Bestimmung zugeführt wurden, kann für sich allein kein Anlaß sein, das Kontoguthaben ganz oder teilweise dem Gläubigerzugriff zu entziehen (aA möglicherweise Hartmann NJW 78, 611). Auch durch Abs 3 S 3 wird verdeutlicht, daß eine (teilweise) Freigabe des Guthabens zugunsten des Schuldners nur in Betracht kommt, wenn auf dem Konto Bezüge nach den §§ 850 bis 850 b gutgeschrieben wurden, die dem Unterhalt des Schuldners und seiner Familie gerade auch in der Zeit bis zum nächstfolgenden Zahlungstermin dienen sollten. In der Begründung (BT-Drucks 8/693 S 49) ist zwar bemerkt, das Guthaben des Schuldners solle Vollstreckungsschutz ohne Rücksicht darauf genießen, auf welcher Überweisung es beruht. Angesichts der Zweckbestimmung des § 850 k kann das aber nur bedeuten, daß Pfändungsschutz nach dieser Bestimmung auch zu gewähren ist, wenn das im Zeitpunkt der Pfändung vorhandene Guthaben nicht mehr auf der Gutschrift der begünstigten Bezüge beruht, weil über einen der Gutschrift entsprechenden Betrag bereits vor der Pfändung 3 verfügt wurde, daß solche Vorverfügungen also – anders als im Falle des § 55 SGB-AT (vgl Rn 49 ff zu § 850 i) – die Freigabe der bis zum nächsten Zahlungstermin benötigten Mittel nicht hindern. Damit entspricht die Regelung dem Pfändungsschutz für Bargeld nach § 811 Nr 8; denn auch dort kann nicht darauf abgestellt werden, welche Beträge der Schuldner zu Lasten seines Arbeitseinkommens in der Zeit zwischen Auszahlung und Pfändung verbraucht hat.

4 c) Für **neue Zahlungseingänge,** auf die sich die Pfändung eines Kontoguthabens erstreckt (Rn 33 zu § 829 „Kontokorrent"), kann Guthabensschutz nach Abs 1 sogleich nach Wirksamwerden der Pfändung beantragt und vorweg jeweils für die Zeit gewährt werden, für die Einkünfte an den künftigen Zahlungsterminen gutgeschrieben werden (Stöber FdgPfdg Rdn 1297; auch LG Oldenburg JurBüro 83, 778).

5 d) **Einmalige Vergütungen** nach § 850 i, die auf das Konto des Schuldners überwiesen werden und damit den bisherigen Vollstreckungsschutz einbüßen, fallen nicht unter § 850 k; die Bestimmung ist nur auf wiederkehrende Bezüge zugeschnitten; für einen der Gutschrift einer einmaligen Vergütung entsprechenden Betrag ist Vollstreckungsschutz nach § 765 a in Anspruch zu nehmen. § 850 k bleibt dagegen anwendbar, wenn mit der einmaligen Zahlung eine auf das Arbeitsentgelt während mehrerer Zahlungsperioden umzulegende Erhöhung der wiederkehrenden Bezüge bezweckt wird (durch Gehaltserhöhung ab einem zurückliegenden Zeitpunkt bedingte Nachzahlung, uU auch 13. Monatsgehalt). Die in § 850 a aufgeführten einmaligen Zuwendungen aus besonderem Anlaß erhöhen (ggf mit einem Teilbetrag) über § 850 c hinaus (bei Pfändung durch Unterhaltsgläubiger s § 850 d I S 2 Hs 2) den der Pfändung nicht unterliegenden Teil des Arbeitseinkommens, aus dem gemäß Abs 1 der dem Schuldner freizugebende Betrag zu berechnen ist. Eine auf das Konto des Schuldners überwiesene Versicherungssumme nach § 850 b I Nr 4 läßt sich dagegen zum laufenden Einkommen und Bedarf des Schuldners nicht in Beziehung setzen; der gutgeschriebene Betrag verdient aber den gleichen Schutz wie der Anspruch gegen den Drittschuldner, wenn ZwV in das sonstige bewegliche Vermögen des Schuldners möglich wäre oder die Pfändung nach den Umständen des Falles unbillig ist; entsprechende Anwendung des § 850 b auf einen der Gutschrift entsprechenden Teil des Guthabens ist daher in Betracht zu ziehen, zu verwirklichen im Wege entsprechender Abänderung des Pfändungsbeschlusses durch das Vollstreckungsgericht (s auch LG Oldenburg JurBüro 83, 778: Schutz nach Abs 1 für einmalige Kassenleistungen, die unter § 850 b I Nr 4 fallen).

6 e) Wenn auf ein Konto, das zur Gutschrift von Bezügen nach den §§ 850 bis 850 b bestimmt ist, auch laufende Sozialleistungen iS der §§ 18 ff SGB-AT (etwa Kindergeld, Wohngeld oder eine Beschädigtenrente) überwiesen werden, kann der Schuldner deren Freigabe nach Maßgabe des § 55 SGB-AT herbeiführen bzw erwirken, ohne daß sich dadurch am Pfändungsschutz für das Arbeitseinkommen nach § 850 k etwas änderte. Beide Bestimmungen greifen dann je für ihren Anwendungsbereich nebeneinander ein.

7 **2) Pfändung des Kontoguthabens** mit Zustellung des Pfändungsbeschlusses an den Drittschuldner (§ 829 III; dazu Rn 33 zu § 829 „Kontokorrent"; Besonderheit für Postspareinlage § 23 IV PostG). Der Pfändungsbeschluß ergeht ohne betragsmäßige Einschränkung. Die Guthabenpfändung kann auch nicht abgelehnt (ihre Wirkungen können ebenso nicht eingeschränkt) werden, wenn dem Vollstreckungsgericht bekannt ist, daß es sich um ein Konto für wiederkehrende Schuldnereinkünfte der in §§ 850–850 b bezeichneten Art handelt, weil Schutz nach Abs 1 (nur) auf Antrag gewährt wird. Das Geldinstitut kann nicht von sich aus die Unpfändbarkeitsvoraussetzungen prüfen und gutgeschriebene Beträge pfandfrei stellen. Der Schuldner kann (anders als nach § 55 I, II SGB-AT) die freie Verfügung über den Guthabensteil nicht dadurch erlangen, daß er dem Geldinstitut seine Herkunft und die Schutzvoraussetzungen des § 850 k nachweist.

8 **3) Antrag** des Schuldners. Unterhaltsberechtigte Angehörige des Schuldners und der Drittschuldner sind nicht antragsberechtigt. Anwaltszwang besteht nicht (§ 78 III). Der Antrag kann Freigabe eines bestimmten, betragsmäßig bezeichneten Guthabensbetrags oder allgemein Aufhebung der Guthabenpfändung in den Grenzen des Abs 1 verlangen. Er unterliegt keiner zeitlichen Beschränkung, kann aber nach Beendigung der ZwV (Auszahlung der gepfändeten Beträge) nicht mehr gestellt werden. Wegen § 835 III S 2 muß Antrag praktisch sogleich nach Pfändung gestellt und mit Einstellungsantrag nach § 732 II (Abs 3) verbunden werden.

9 **III) Umfang des Schutzes:** Die Pfändung des Guthabens ist insoweit aufzuheben, als das Guthaben dem der Pfändung nicht unterworfenen Teil der Einkünfte für die Zeit von der Pfändung bis zu dem nächsten Zahlungstermin entspricht. Es ist also zunächst der Betrag festzustellen, der dem Schuldner von den auf das Konto überwiesenen begünstigten Einkünften nach der Tabelle zu § 850 c – bei Pfändung durch einen Unterhaltsgläubiger nach § 850 d I S 2; auf Schuldnerantrag aber auch Berechnung nach § 850 f I – für die Zahlungsperiode pfandfrei zu belassen wäre, wenn der Gläubiger bereits den Anspruch gegen den Arbeitgeber (sonstigen Drittschuld-

ner) gepfändet hätte. Von diesem Ausgangsbetrag ist dem Schuldner durch teilweise Aufhebung der Pfändung derjenige Teilbetrag freizugeben, der dem in Zeiteinheiten ausgedrückten Verhältnis der Zeitspanne zwischen Pfändung (ihrem Wirksamwerden, § 829 III) und nächstem Zahlungstermin zur ganzen Zahlungsperiode entspricht (Abs 1). Ist nur ein unpfändbarer Einkommensteil auf das Schuldnerkonto überwiesen (weil nach Pfändung oder auch Abtretung des Arbeitseinkommens bereits der Drittschuldner die pfändbaren bzw abtretbaren Beträge einbehalten hat), dann ist davon ungekürzt der bis zum nächsten Zahlungstermin freizustellende anteilige Betrag freizugeben. Berechnungsbeispiel s Stöber FdgPfdg Rdn 1290. Bei Bezügen nach § 850b kommt es darauf an, ob die Pfändbarkeitsvoraussetzungen des § 850b II erfüllt sind. Verneinendenfalls ist der auf die Zeit bis zum nächsten Zahlungstermin treffende Teilbetrag aus der vollen Höhe der überwiesenen Bezüge zu berechnen. Ob der Schuldner auch Barmittel im Besitz hat, mit denen er seinen und seiner Familie Lebensbedarf bis zum nächsten Zahlungstermin bestreiten könnte, ist für die Bemessung des nach Abs 1 (endgültig) freizugebenden Betrags unerheblich; im Falle einer Mobiliarpfändung ist er nicht gehindert, auch für das Bargeld (nach § 811 Nr 8) Vollstreckungsschutz in Anspruch zu nehmen. Nur ein Antrag auf Vorwegfreigabe nach Abs 2 ist solchenfalls unbegründet, weil es dann an der geforderten Dringlichkeit fehlt.

IV) Verfahren, Entscheidung: 1) Vollstreckungsschutz nach Abs 1 gewährt das Vollstrekkungsgericht (§ 828 II); zuständig ist der Rechtspfleger (§ 20 Nr 17 RpflG). Der Gläubiger ist vor der Entscheidung zu hören; Anhörung des Drittschuldners hat nicht zu erfolgen (kann aber uU zweckmäßig sein). Es gelten die allgemeinen Grundsätze des ZPO-Verfahrens (Rn 27 zu § 766). Die Beibringungs- und Beweislast trifft den Schuldner; die Schutzvoraussetzungen (Rn 1–8) sind nachzuweisen (Vorlage der Überweisungsbelege; Glaubhaftmachung genügt nur für Vorabschutz; Abs 2 S 3). Das gilt auch für die zur Bemessung des pfandfreien Betrags maßgebenden Umstände, insbesondere die Zahl der Unterhaltsberechtigten und die im Überweisungsbetrag etwa enthaltenen pfandfreien Bezüge nach § 850a, bei Pfändung durch einen Unterhaltsgläubiger für die Tatsachen zur Bemessung des für den eigenen Bedarf und den der übrigen Unterhaltsberechtigten notwendigen Betrags (§ 850d I S 2); zur Bestimmung dieses Freibetrags kann in der Regel auf die im Bezirk des Vollstreckungsgerichts üblichen Richtsätze Bezug genommen werden. 10

2) Entschieden wird durch **Beschluß.** Dieser hat das Guthaben betragsmäßig zu bezeichnen, für das die Pfändung aufgehoben wird (keine Bezugnahme auf die Tabelle zu § 850c; Köln ZIP 85, 642); er ist zu begründen. Der Aufhebungsbeschluß ist dem Gläubiger und dem Drittschuldner zuzustellen, dem Schuldner nur, wenn seinem Antrag nicht voll entsprochen ist; sonst erfolgt an Schuldner formlose Mitteilung (§ 329 II, III). Der Beschluß, durch den der Antrag zurückgewiesen wird, ist dem Schuldner zuzustellen, dem Gläubiger nur formlos mitzuteilen (§ 329 III). Der Aufhebungsbeschluß wird sofort wirksam; das Pfändungspfandrecht erlischt damit, wenn nicht die Wirksamkeit der aufhebenden Entscheidung bis zu ihrer Rechtskraft aufgeschoben ist. 11

3) Über den durch (teilweise) Aufhebung der Pfändung freigegebenen Betrag kann der Schuldner durch Abhebung oder auf andere Weise verfügen. Er kann ihn aber auch auf dem Konto belassen, etwa um für Daueraufträge oder zu erwartende Lastschriften Deckung bereitzuhalten. Das Kontoguthaben zerfällt dann in einen gepfändeten und einen nicht der Pfändung unterliegenden Teil; nur der erstere kann vom Geldinstitut an den Vollstreckungsgläubiger überwiesen werden, wie es auch der Fall wäre, wenn auf dem Konto nach der Pfändung, aber vor Überweisung des gepfändeten Betrags neue Eingänge gutgeschrieben würden, die vom vorausgegangenen Pfändungsbeschluß ebenfalls nicht erfaßt würden (vgl Liesecke WM 75, 321). Wenn ein freigegebener Betrag auf dem Konto belassen wurde, wird er von der Pfändung durch einen weiteren Gläubiger neu erfaßt. Der Aufhebungsbeschluß wirkt nur für den vollstreckenden Gläubiger, gegen den (in dessen ZwV-Sache) er ergangen ist. Nach neuerlicher Pfändung (auch nach Pfändung durch einen weiteren Gläubiger nach Stellung des Antrags auf Schutz nach Abs 1, aber vor Entscheidung mit Aufhebung) muß Pfändungsschutz nach Abs 1 daher in der weiteren (neuen) ZwV-Sache erneut beantragt werden. 12

V) Mit Vorabschutz (Abs 2) soll der für den Schuldner und seine Familie notwendige Lebensbedarf schon vor der abschließenden Entscheidung über einen Schutzantrag sichergestellt werden. Vorabschutz ist damit für außerordentliche Eilfälle gedacht, in denen die einstweilige Anordnung nach Abs 3 nicht ausreicht (LG Oldenburg JurBüro 83, 778). Vorabentscheidung erfordert Einleitung des Schutzverfahrens mit Schuldnerantrag, nicht aber gesonderten (ausdrücklichen) Antrag auf teilweise Vorabaufhebung der Pfändung nach Abs 2. Vorwegaufhebung der Pfändung kann in Höhe desjenigen Betrags erfolgen, den der Schuldner dringend benötigt, um bis zum nächsten Zahlungstermin seinen notwendigen Unterhalt zu bestreiten und um seine gesetzlichen Unterhaltspflichten gegenüber den dem Gläubiger vorgehenden Unterhaltsberech- 13 tigten zu erfüllen oder um die dem Gläubiger im Rang gleichstehenden Unterhaltsberechtigten gleichmäßig zu befriedigen (Abs 2 S 1). Mit der Verwendung des Begriffs „notwendiger Unterhalt" knüpft das Gesetz an die Bemessungsgrundsätze des § 850 d I an. Die Dringlichkeit einer begehrten Vorwegaufhebung hat der Schuldner zusätzlich glaubhaft zu machen (Abs 2 S 3 aE); dazu gehören auch Angaben darüber, ob ihm sonstige Mittel zur Verfügung stehen, mit denen die Zeit bis zur abschließenden Entscheidung überbrückt werden könnte. Zum Antrag auf Vorwegfreigabe oder zu der von Amts wegen beabsichtigten Vorwegentscheidung braucht der Gläubiger nicht gehört zu werden, wenn die Anhörung nicht sofort erfolgen kann und Verzögerungen dem Schuldner nicht zuzumuten wären (Abs 2 S 4). Bei der vorweggenommenen Teilaufhebung darf dem Schuldner nicht mehr zugebilligt werden, als ihm in der abschließenden Entscheidung voraussichtlich zu belassen ist (Abs 2 S 2).

14 **VI) 1)** Die **Kosten** des Pfändungsschutzverfahrens können abweichend von § 788 I ganz oder teilweise dem Gläubiger auferlegt werden, wenn dies aus besonderen, in seinem Verhalten liegenden Gründen billig erscheint (§ 788 III). So etwa, wenn der das Kontoguthaben pfändende Gläubiger Kenntnis davon hatte, daß das Arbeitseinkommen des Schuldners dorthin überwiesen wird, und seinen Antrag gleichwohl nicht entsprechend beschränkt hat.

15 **2)** Eine **einstweilige Anordnung** mit dem Inhalt des § 732 II kann der Rechtspfleger treffen (Abs 3); der Vollzug des Überweisungsbeschlusses kann danach ohne oder gegen Sicherheitsleistung eingestellt oder von Sicherheitsleistung des Gläubigers abhängig gemacht werden. Veranlassung dazu wird bestehen, wenn nicht vor Ablauf der Sperrfrist des § 835 III S 2 entschieden werden kann.

16 **VII) Rechtsbehelfe:** Dem Schuldner steht gegen die (auch teilweise) Ablehnung seines Schutzantrags die befristete Durchgriffserinnerung (Frist 2 Wochen) nach § 11 I S 2 RpflG zu (vgl Stöber Rpfleger 74, 52), der der Rechtspfleger nicht abhelfen kann (§ 11 II S 1 RpflG); der Richter entscheidet über sie, wenn er sie für zulässig und begründet hält (§ 11 II S 3 RpflG; dagegen sofortige Beschwerde, § 793); andernfalls legt er sie als sofortige Beschwerde dem Beschwerdegericht vor (§ 11 II S 4, 5 RpflG). Dem Gläubiger steht gegen die Aufhebung (Teilaufhebung) der Pfändung der gleiche Rechtsbehelf nicht nur dann zu, wenn er vor der Entscheidung gehört wurde. Denn eine „Entscheidung" des Rechtspflegers liegt schon darin, daß durch die Gewährung von Vollstreckungsschutz der Pfändungsantrag des Gläubigers (ggf teilweise) zurückgewiesen wird.

17 **VIII) Gebühren: 1)** des **Gerichts:** Keine. – **2)** des **Anwalts:** Für den Antrag auf Pfändungsaufhebung (Abs 1) einschließlich der Vorwegaufhebung (Abs 2) oder auch einer einstw Anordnung (Abs 3) erhält der RA des Schuldners die (3/10) Vollstreckungsgebühr des § 57 BRAGO; daneben können ihm alle Gebühren des § 31 BRAGO anfallen. Für den RA des Gläubigers, der die Pfändung und Überweisung des Kontoguthabens des Schuldners beantragt hat, ist die Tätigkeit im Verfahren der Pfändungsaufhebung einschl der Vorwegaufhebung durch die bereits verdiente 3/10 Vollstreckungsgebühr aus § 57 BRAGO abgegolten. – Wegen der Gebühren bei Rechtsbehelfen (Rn 16) s § 934 Rn 5.

851 *[Nicht übertragbare Forderungen]*

(1) Eine Forderung ist in Ermangelung besonderer Vorschriften der Pfändung nur insoweit unterworfen, als sie übertragbar ist.

(2) Eine nach § 399 des Bürgerlichen Gesetzbuchs nicht übertragbare Forderung kann insoweit gepfändet und zur Einziehung überwiesen werden, als der geschuldete Gegenstand der Pfändung unterworfen ist.

1 **I) Zweck:** Ausschluß der Pfändbarkeit für gesetzlich nicht übertragbare Forderungen (Ansprüche). Die Pfändung stellt wie die Verpfändung eine Abspaltung (Teil„abtretung") von Gläubigerbefugnissen, nämlich der Verwertungsrechte, dar. Sie muß daher für gesetzlich nicht übertragbare Forderungen und ebenso für ein unveräußerliches Recht ausgeschlossen bleiben (§§ 851, 857 III).

2 **II) 1)** Forderungen sind grundsätzlich abtretbar und damit pfändbar. **Ausnahme** von diesem **Grundsatz der Übertragbarkeit** sehen Bestimmungen des BGB und andere materiellrechtliche Vorschriften vor, zB für

- Schmerzensgeld: § 847 I BGB (vor Anerkennung oder Rechtshängigkeit),
- Kranzgeld: § 1300 II BGB (vor Anerkennung oder Rechtshängigkeit),
- die Mitgliedschaft in einem Verein und die Ausübung der Mitgliedschaftsrechte: § 38 BGB (andere Satzungsregelung ist zulässig, § 40 BGB),

- (idR) das Vorkaufsrecht: § 514 BGB,
- (idR) den Anspruch auf Ausführung eines Auftrags: § 664 II BGB, und auf Dienstleistung: § 613 S 2 BGB).

Gesetzlicher Abtretungsausschluß hat Unpfändbarkeit zur Folge (gleiche Schutzbedürftigkeit); Besonderheiten können jedoch ausdrücklich bestimmt sein (Abs 1). In gleicher Weise ist eine der Pfändung nicht unterworfene Forderung (insbes Arbeitseinkommen, §§ 850 ff) nach § 400 BGB von der Übertragbarkeit ausgeschlossen. Landesrecht (Art 55–152 EGBGB) kann in privatrechtlichen Vorschriften Unübertragbarkeit vorsehen (Folge: Unpfändbarkeit nach Abs 1); es kann im Bereich der Gesetzgebungskompetenz der Länder (Art 70 ff GG) Unübertragbarkeit und Unpfändbarkeit regeln oder nur eine dieser Regelungen treffen (Folge: Abs 1 oder § 400 BGB, soweit nichts anderes bestimmt ist).

2) Unübertragbar ist eine Forderung, wenn Gläubigerwechsel den **Inhalt der Leistung ändern** 3
würde (§ 399 BGB 1. Alternative). Dazu gehört auch eine mit Rücksicht auf ihren Entstehungsgrund **höchstpersönliche Forderung** (zB das Recht der Eltern auf Verwendung der Einkünfte des Kindesvermögens für den Familienunterhalt, § 1649 II BGB) und eine **zweckgebundene Forderung** (BGB-RGRK/Weber Rdn 19 zu § 399). Der Verwendungszweck einer Forderung gehört zum Inhalt der zu erbringenden Leistung. Zweckwidrige Verwendung würde demzufolge eine Veränderung des Leistungsinhalts iS des § 399 BGB (1. Alternative) darstellen. Daher ist Abtretung (außerhalb der Zweckbestimmung) ausgeschlossen. Daraus folgt Unpfändbarkeit nach § 851 I (BGH MDR 78, 747 = Rpfleger 78, 248; BGH MDR 85, 631 = NJW 85, 2263 [2264]); Abs 2 betrifft (entgegen dem zu weit gefaßten Wortlaut) diesen Fall nicht (BGH aaO). Der Verwendungszweck einer Forderung kann gesetzlich bestimmt oder bei Anspruchsbegründung der Leistung als Inhalt beigelegt sein, insbes mit treuhänderischer Bindung des Leistungsempfängers (BGH MDR 78, 747 = aaO); Beispiel: Vorschüsse auf Architektenhonorar zur Deckung von Bürounkosten (BGH aaO) oder zur Entlohnung von Unterangestellten (RAG HRR 31 Nr 604), Anspruch des Zeugen auf Auszahlung eines Auslagenvorschusses. Pfändbar ist eine zweckgebundene Forderung, wenn sie durch die ZwV-Maßnahme ihrer Zweckbestimmung zugeführt werden soll (beschränkte Pfändbarkeit).

3) Die Pfändung unveräußerlicher (anderer) **Vermögensrechte** ist nach § 857 III insoweit 4
zulässig, als die Ausübung einem anderen überlassen werden kann.

4) Zu den einzelnen nicht übertragbaren und daher nicht pfändbaren Forderungen Rn 33 zu 5
§ 829; zu anderen Rechten Anm zu § 857 und § 859.

III) 1) Die **Abtretung** einer Forderung kann auch **durch Vereinbarung** des Schuldners (Forde- 6
rungsgläubigers) mit dem Drittschuldner ausgeschlossen sein (§ 399 BGB 2. Alternative). Dem Vollstreckungszugriff seiner Gläubiger kann der Schuldner Vermögenswerte durch Vereinbarung mit dem Drittschuldner jedoch nicht entziehen (BGH 95, 99 [102]; Stöber FdgPfdg Rdn 15). Die vereinbarungsgemäß nicht übertragbare Forderung **kann** daher **gepfändet werden,** wenn der geschuldete Gegenstand der Pfändung unterworfen ist (Abs 2). Grund: Auch Drittschuldnerinteressen sind dann nicht berührt (StJM Anm III 1 zu § 851). Gleichgültig ist, ob die Forderung von Anfang an mit der Maßgabe begründet wurde, daß ihre Abtretung unzulässig ist, oder ob der Ausschluß der Abtretung erst nach Entstehen der Schuld vereinbart worden ist (Stöber FdgPfdg Rdn 15). Abtretungsausschluß durch kollektive Regelung (Tarifvertrag, Betriebsvereinbarung, BAG AP Nr 4 zu § 399 BGB mit Anm Larenz = Rpfleger 61, 15) und durch Satzung des Leistungsträgers (LG Oldenburg Rpfleger 85, 449 für Ärztekammer Nds) begründet vereinbarte Unübertragbarkeit und damit Pfändbarkeit nach Abs 2. Ob der geschuldete Gegenstand (Geld oder andere Sache) der Pfändung unterworfen ist, bestimmt sich nach § 811, auch §§ 850 ff. Die vertragliche Aufhebung des Abtretungsverbots wirkt von dem Zeitpunkt ihres Zustandekommens an, hat somit keine Rückwirkung; zwischen der Abtretung und der „Genehmigung" ausgebrachte Pfändungen bleiben daher wirksam (BGH MDR 78, 486 = NJW 78, 813).

2) Eine nicht übertragbare, nach Abs 2 aber dennoch pfändbare Forderung kann **nur zur Ein-** 7
ziehung überwiesen werden, nicht an Zahlungs Statt (die wie eine Abtretung wirken würde).

851a *[Vollstreckungsschutz bei Verkauf landwirtschaftlicher Erzeugnisse]*

(1) Die Pfändung von Forderungen, die einem die Landwirtschaft betreibenden Schuldner aus dem Verkauf von landwirtschaftlichen Erzeugnissen zustehen, ist auf seinen Antrag vom Vollstreckungsgericht insoweit aufzuheben, als die Einkünfte zum Unterhalt des Schuldners, seiner Familie und seiner Arbeitnehmer oder zur Aufrechterhaltung einer geordneten Wirtschaftsführung unentbehrlich sind.

(2) Die Pfändung soll unterbleiben, wenn offenkundig ist, daß die Voraussetzungen für die Aufhebung der Zwangsvollstreckung nach Absatz 1 vorliegen.

Lit: *Funk,* Landwirtschaft und Vollstreckung, RdL 1951, 109; *Weimar,* Insolvenzrecht – Schranken bei der ZwV gegen Landwirte, MDR 1973, 197.

1 **I)** § 851a ist als bundeseinheitliche Regelung mit Wirkung v 1. 10. 1953 an die Stelle der bis dahin in einzelnen Ländern geltenden Bestimmungen über die Pfändbarkeit von Forderungen aus dem Verkauf landwirtschaftlicher Erzeugnisse getreten. Der Getreidepreisausgleichsanspruch ist einer solchen Forderung gleichzustellen (Schleswig SchlHA 69, 122).

2 **II)** Gleichgültig bleibt, ob der Schuldner die Landwirtschaft im Haupt- oder Nebenberuf oder als Eigentümer, Pächter oder Nießbraucher betreibt. Die landwirtschaftlichen Erzeugnisse müssen im Betrieb des Schuldners erzeugt sein. Die Einkünfte müssen zum Unterhalt des Schuldners, seiner Familie und seiner Arbeitnehmer – auch seiner gewerblichen – oder zur Aufrechterhaltung einer geordneten Wirtschaftsführung unentbehrlich sein. Das sind sie, soweit eine Deckung dieses Bedarfs durch anderweitig beschaffte Mittel nicht möglich ist.

3 Die Entscheidung erfolgt durch Beschluß des Vollstreckungsgerichts. Sie setzt einen Antrag des Schuldners voraus. Zuständig ist der Rechtspfleger (§ 20 Nr 17 RpflG). Kosten: § 788 III. **Rechtsbehelf:** Befristete Durchgriffserinnerung (§ 11 RpflG).

4 **III)** Ist offenkundig, daß die Voraussetzungen für die Aufhebung der ZwV nach Abs 1 vorliegen, soll die Pfändung unterbleiben (Abs 2). In diesem Fall wird der Pfändungsantrag des Gläubigers abgewiesen.

5 **IV) Gebühren: 1)** des **Gerichts:** Keine. – **2)** des **Anwalts:** Das Vollstreckungsschutzverfahren gilt als besondere Angelegenheit der Zwangsvollstreckung (§ 58 II Nr 3 BRAGO); der RA erhält daher die 3/10 Gebühren aus §§ 57, 31 BRAGO besonders. Jedes neue Verfahren, insbesondere jedes Verfahren über Anträge auf Änderung der getroffenen Anordnungen, gilt als besondere Angelegenheit. – Wegen Rechtspfleger-(Durchgriffs-)Erinnerung s Rn 5 zu § 934.

851b *[Vollstreckungsschutz bei Miet- und Pachtzinsen]*

(1) Die Pfändung von Miet- und Pachtzinsen ist auf Antrag des Schuldners vom Vollstreckungsgericht insoweit aufzuheben, als diese Einkünfte für den Schuldner zur laufenden Unterhaltung des Grundstücks, zur Vornahme notwendiger Instandsetzungsarbeiten und zur Befriedigung von Ansprüchen unentbehrlich sind, die bei einer Zwangsvollstreckung in das Grundstück dem Anspruch des Gläubigers nach § 10 des Gesetzes über die Zwangsversteigerung und die Zwangsverwaltung vorgehen würden. Das gleiche gilt von der Pfändung von Barmitteln und Guthaben, die aus Miet- und Pachtzinszahlungen herrühren und zu den in Satz 1 bezeichneten Zwecken unentbehrlich sind.

(2) Die Vorschriften des § 813a Abs. 2, 3 und Abs. 5 Satz 1 und 2 gelten entsprechend. Die Pfändung soll unterbleiben, wenn offenkundig ist, daß die Voraussetzungen für die Aufhebung der Zwangsvollstreckung nach Absatz 1 vorliegen.

1 **I) Zweck:** Regelung des Vollstreckungsschutzes bei Pfändung von Miet- und Pachtzinsen sowie der aus ihnen herrührenden Barmittel und Guthaben, die als Erträgnisse des Grundstücks wirtschaftlich für dessen Erhaltung und zur Deckung der auf ihm ruhenden Lasten bestimmt sind.

2 **II) Voraussetzungen: 1)** Wirksame Pfändung der Ansprüche, Barmittel oder Guthaben durch das Vollstreckungsgericht oder den Gerichtsvollzieher. Zur Frage, wann ein Guthaben aus einer Miet- oder Pachtzinszahlung herrührt, s Oldenburg MDR 56, 614 = NdsRpfl 57, 13. Keine Anwendung findet § 851b bei ZwV in die Forderung des Hauptmieters gegen einen Untermieter und in Barmittel sowie Guthaben aus Untermietzahlungen (Hamm NJW 57, 68; John MDR 54, 724; aA München MDR 57, 10; LG Frankfurt NJW 53, 1598 mit zust Anm Bögner).

3 **2) Unentbehrlichkeit** der Grundstückserträgnisse für den Schuldner zur laufenden Unterhaltung des Grundstücks (auch Wohnungseigentums, Erbbaurechts, Dauerwohnrechts, nicht aber eines nur vorübergehend mit dem Grund und Boden verbundenen Gebäudes), zur Vornahme notwendiger Instandsetzungsarbeiten und zur Befriedigung von Ansprüchen, die bei einer Zwangsvollstreckung in das Grundstück dem Anspruch des Gläubigers nach § 10 I Nr 1–4 ZVG vorgehen würden. Die Einkünfte aus Miet- und Pachtzinsen werden damit für Zwecke der Erhaltungs- und Instandsetzungslasten gebunden. Zur **laufenden Unterhaltung** des Grundstücks gehören zB: Kehrichtabfuhr- und Straßenreinigungsgebühren, Wassergeld, Feuerversicherung, Fahrstuhlunterhaltung, Gas- und Elektrizitätskosten, Pförtnerlöhne, Sammelheizungen, Trep-

penbeleuchtung, Anliegerbeiträge. Auch bereits ausgeführte, aber noch zu bezahlende Arbeiten fallen darunter (LG Dresden JW 34, 855; aA HRR 34 Nr 1390). Unentbehrlich sind Einkünfte oder ein Guthaben, wenn dem Schuldner andere Mittel zur Bestreitung der Ausgaben nicht zur Verfügung stehen (KG MDR 69, 852 = NJW 69, 1860 = OLGZ 70, 36). Nötigenfalls sind dem Schuldner zur Vornahme notwendiger Instandsetzungsarbeiten auch Mieten aus anderen als denjenigen Monaten zu belassen, in denen die Arbeiten vorgenommen werden bzw wurden (LG Berlin JW 34, 179).

3) Antrag des Schuldners (kein Anwaltszwang, § 78 III). Schutz kann der Grundstückseigentümer, aber auch ein Nießbraucher (Hamburg JurBüro 60, 24) oder Pächter beantragen, wenn gegen ihn vollstreckt wird. Ein Erwerber ist wegen der höchstpersönlichen Natur des Pfändungsschutzes nicht Rechtsnachfolger in bezug auf den Streitgegenstand; er muß daher, will er den Pfändungsschutz in Anspruch nehmen, neuen Antrag stellen (KG MDR 69, 852 = aaO). 4

III) Verfahren: Zuständig ist das Vollstreckungsgericht (§ 828 II); es entscheidet der Rechtspfleger (§ 20 Nr 17 RpflG). Die tatsächlichen Verhältnisse sind glaubhaft zu machen (Abs 2 S 1 mit § 813a V S 2). Der Gegner ist (sofern nicht eine erhebliche Verzögerung eintreten wird) zu hören (Abs 2 S 1 mit § 813a V S 1). Ohne sachliche Prüfung ist der Antrag zurückzuweisen, wenn er nicht binnen 2 Wochen nach Pfändung (Wirksamwerden, § 829 III) gestellt ist und nach Überzeugung des Vollstreckungsgerichts Verschleppung oder grobe Nachlässigkeit vorliegt (Abs 2 S 1 mit § 813a III). Dazu Rn 9 zu § 813a. 5

IV) Entscheidung: Aufhebung der Pfändung erfolgt in Höhe der für Erhaltung des Grundstücks sowie Befriedigung der auf ihm ruhenden Lasten unentbehrlichen Mittel. Die freizustellenden Mittel sind als fester oder bestimmter fortlaufender Betrag zu bezeichnen. Die Entscheidung erfolgt durch Beschluß des Vollstreckungsgerichts. Er ist dem Gläubiger und Drittschuldner zuzustellen, ebenso dem Schuldner, wenn seinem Antrag nicht voll entsprochen wird (sonst an ihn nur Mitteilung § 329 II, III). Bei Zurückweisung des Antrags wird dem Schuldner zugestellt und dem Gläubiger formlos mitgeteilt. Die Aufhebung der Pfändung wird sofort wirksam, wenn nicht die Wirksamkeit des Beschlusses bis zu seiner Rechtskraft aufgeschoben ist. Kosten: § 788 III. Einstweilige Anordnung kann nach § 732 II ergehen. 6

V) Anordnungen nach Abs 1 können **mehrmals** ergehen und, soweit nach Lage der Verhältnisse geboten, auf Antrag aufgehoben oder **abgeändert** werden (Abs 2 S 1 mit § 813a III; s Anm hierzu). 7

VI) Rechtsbehelf: Durchgriffserinnerung (§ 11 I S 2 RpflG mit § 793); sofortige weitere Beschwerde sodann nach §§ 793, 568 II. 8

VII) Unterbleiben soll die Pfändung, wenn offenkundig ist, daß die Voraussetzungen für die Aufhebung der ZwV nach Abs 1 vorliegen (vgl Rn 4 zu § 851a). Antrag des Schuldners ist dafür nicht erforderlich. Bei der Pfändung von Barmitteln hat der GV die Pfändung abzulehnen (Abs 2 mit Abs 1 S 2). **Rechtsbehelf** bei Ablehnung des Pfändungsantrags durch den Rechtspfleger: befristete Durchgriffserinnerung; bei Ablehnung des Pfändungsauftrags durch den GV Erinnerung nach § 766. 9

VIII) Gebühren des **Gerichts** u des **Anwalts:** wie bei § 851a Rn 5. 10

852 *[Pflichtteilsanspruch. Verarmter Schenker]*

(1) Der Pflichtteilsanspruch ist der Pfändung nur unterworfen, wenn er durch Vertrag anerkannt oder rechtshängig geworden ist.

(2) Das gleiche gilt für den nach § 528 des Bürgerlichen Gesetzbuchs dem Schenker zustehenden Anspruch auf Herausgabe des Geschenkes sowie für den Anspruch eines Ehegatten auf den Ausgleich des Zugewinns.

I) Zweck: Pfändungsbeschränkung für Pflichtteilsanspruch und ähnlich eingeschränkte Ansprüche (Abs 2), die vermeiden soll, daß der Anspruch gegen den Willen des Berechtigten geltend gemacht wird. 1

II) Der übertragbare **Pflichtteilsanspruch** (§§ 2303, 2317 II BGB) ist nur pfändbar, wenn er anerkannt oder rechtshängig geworden ist (Abs 1). Pflichtteil ist auch ein Pflichtteilsergänzungsanspruch (§§ 2305–2307, 2325 BGB), der Anspruch des Pflichtteilsberechtigten gegen den Beschenkten (§ 2329 BGB) und der Anspruch des von der fortgesetzten Gütergemeinschaft ausgeschlossenen Abkömmlings (§ 1511 II BGB). Auf anderen Erwerb von Todes wegen findet § 852 I keine Anwendung, insbesondere nicht auf einen Vermächtnisanspruch, auch wenn er dem 2

Geldwert des Pflichtteils entspricht oder unter diesem liegt (§§ 2305 – 2307 BGB; BayObLG nF 8, 26). **Anerkennung** durch Vertrag ist jede auf Feststellung des Pflichtteilsanspruchs zielende Einigung des Erben mit dem pflichtteilsberechtigten Schuldner; Schriftform oder Schuldanerkenntnis nach § 781 BGB sind nicht verlangt (Karlsruhe HRR 30 Nr 1164; hM; aA LG Köln VersR 73, 679). **Rechtshängigkeit:** § 261 I (mit § 253 I), § 261 II, § 700 II („anhängig" sein genügt nicht; näher Stöber FdgPfdg Rdn 327). Klagerücknahme nach wirksamer Pfändung berührt deren Wirkung nicht. Nach Klagerücknahme ist neue Pfändung aber nicht mehr zulässig. Unzulässig ist Pfändung für den künftig möglichen Fall der Anerkennung oder Rechtshängigkeit (KG JW 35, 3486; aA Naumburg OLG 40, 154). Mit Abtretung wird der Anspruch für Gläubiger des Zessionars pfändbar. Im Pfändungsantrag gegen den Pflichtteilsberechtigten braucht der Gläubiger nur schlüssig vorzutragen, daß der Pflichtteilsanspruch durch Vertrag anerkannt oder rechtshängig geworden ist; anzugeben sind Tatsachen (Vertrag/Klage vom ...); Behauptung nur der Rechtsfolge genügt nicht. Nachweis oder Glaubhaftmachung sind nicht erforderlich. Der Pfändungsbeschluß muß den Anerkennungsvertrag oder die Rechtshängigkeit als Voraussetzung der Pfändbarkeit bezeichnen (Fehlen schadet jedoch nicht). Bestreitet der Schuldner (auch Drittschuldner) die Pfändungsvoraussetzung mit Erinnerung (§ 766), muß der Gläubiger die Anerkennung oder Rechtshängigkeit beweisen (RG 54, 308). Im Einziehungserkenntnisverfahren kann der Drittschuldner Einwendungen gegen die Zulässigkeit der Pfändung nicht erheben (RG 93, 77).

3 **III)** Gleiches gilt nach **Abs 2** für den Anspruch des verarmten Schenkers auf **Herausgabe des Geschenks** (§ 528 BGB) sowie für den Anspruch eines Ehegatten auf den **Ausgleich des Zugewinns** (§§ 1372 ff, 1378 BGB). Pfändbar ist der Anspruch eines Ausgleichsberechtigten gegen einen Dritten (§ 1390 BGB).

853 *[Mehrfache Pfändung einer Geldforderung]*

Ist eine Geldforderung für mehrere Gläubiger gepfändet, so ist der Drittschuldner berechtigt und auf Verlangen eines Gläubigers, dem die Forderung überwiesen wurde, verpflichtet, unter Anzeige der Sachlage und unter Aushändigung der ihm zugestellten Beschlüsse an das Amtsgericht, dessen Beschluß ihm zuerst zugestellt ist, den Schuldbetrag zu hinterlegen.

1 **I) Zweck:** Wahrung der Belange des Drittschuldners; er soll bei mehrfacher Pfändung einer Forderung nicht das Risiko tragen, den für Leistung zur Befreiung von der Verbindlichkeit bestrangig berechtigten Gläubiger festzustellen.

2 **II) Voraussetzungen der Hinterlegung:** Wirksame Pfändung einer Geldforderung für mehrere Gläubiger (§ 829 III), nicht auch Überweisung, somit auch Pfändung bei Sicherungsvollstreckung (§ 720 a I) oder Arrestvollziehung (§ 930 I). Hinterlegung kann auch erfolgen, wenn die gepfändete Forderung größer ist als die Summe der Vollstreckungsansprüche der pfändenden Gläubiger. Hat nur **ein** Gläubiger gepfändet, so ist die Hinterlegung durch den Drittschuldner nicht zulässig. Ist dieselbe Forderung gepfändet und abgetreten, so kann der Schuldner nur nach § 372 BGB hinterlegen (RG 144, 391; s auch AG Köln MDR 66, 931 zum Hinterlegungsgrund bei Konkurrenz von Gläubigern aus Abtretung und aus Pfändungsrecht). Nach Pfändung einer Geldforderung für mehrere Gläubiger bleibt der Drittschuldner weiter berechtigt, an die Gläubiger (nach Überweisung, § 835) in der Reihenfolge ihrer Pfandrechte (§ 804 III mit § 829 III) zu leisten. Dann trifft ihn jedoch die Gefahr, daß der Leistungsempfänger der bestberechtigte Gläubiger ist (RAG JW 36, 2666; Braunschweig OLG 19, 26). Auch hierfür ist der Drittschuldner in seinem Vertrauen auf die Rechtmäßigkeit des Überweisungsbeschlusses des bestrangig berechtigten Gläubigers nach § 836 II geschützt (BGH 66, 394 = NJW 76, 1453).

3 **III) Verpflichtet zur Hinterlegung** ist der Drittschuldner nach mehrfacher Pfändung einer Geldforderung, wenn dies einer der Gläubiger (auch ein nachrangiger) verlangt, dem die Forderung überwiesen ist (§ 835) und der Drittschuldner zur Leistung verpflichtet ist (Fälligkeit der gepfändeten Forderung, Bewirkung einer Gegenleistung usw). Die Hinterlegungsaufforderung bedarf keiner Form (aber Sicherung des Nachweises geboten). Wenn der Drittschuldner auch in einem solchen Fall an einen der gepfändeten Gläubiger leistet, besteht für ihn der Schutz des § 836 II nicht mehr. **Verweigert** oder verzögert der Drittschuldner **die Hinterlegung,** so kann jeder (also auch der zweite, dritte usw) Pfändungs- und Überweisungsgläubiger gegen ihn auf Hinterlegung gem § 856 oder Zahlung an sich selbst klagen. Beruft sich der Drittschuldner im Prozeß auf sein Recht, zu hinterlegen, kann er nur zur Zahlung oder Hinterlegung verurteilt werden (RG JW 13, 885). Hat der Pfändungsgläubiger geklagt, ohne den Drittschuldner aufgefordert zu haben zu hinterlegen, treffen den Kläger die Kosten (§ 93). Der Drittschuldner hat dann

die Wahl zwischen Zahlung und Hinterlegung. Die Kosten der Hinterlegung (§ 788) darf der Drittschuldner von dem zu hinterlegenden Betrag abziehen.

IV) Zu **hinterlegen** ist bei der Hinterlegungsstelle (§ 1 HinterlO) des Leistungsorts (§ 374 I BGB) unter gleichzeitiger Anzeige der Sachlage und Aushändigung der zugestellten Beschlüsse an das Amtsgericht, dessen Beschluß zuerst zugestellt worden ist. Benachrichtigung des Pfändungsgläubigers braucht nicht erfolgen; eine Anzeige nach § 374 II BGB ist nicht zu erstatten. Hat den ersten Pfändungsbeschluß ein oberes Gericht als Beschwerde- oder Arrestgericht erlassen, so ist ihm die Anzeige zu erstatten; diese ist an das Amtsgericht abzugeben, das für die Erstpfändung örtlich zuständig gewesen wäre, wenn für Amtsgerichte die sachliche Zuständigkeit gegeben gewesen wäre (nicht an das Amtsgericht für den Sitz des höheren Gerichts; Jena OLG 22, 389; aA Kiel SchlHA 06, 122: AG des Sitzes). Geht die an keine Form gebundene Anzeige bei einem unzuständigen Gericht ein, so hat dieses ohne weiteres das Schriftstück an das zuständige Gericht weiterzuleiten. Verweigert das angegangene Gericht die Annahme der Anzeige, so steht dem Drittschuldner sowie allen Gläubigern befristete Durchgriffserinnerung (§ 11 I S 2 RpflG mit § 793) zu (Frankfurt JurBüro 77, 1151 = Rpfleger 77, 184). Hinterlegung und Anzeige bei Pfändung durch ein Gericht und eine Vollstreckungsbehörde im Verwaltungszwangsverfahren: § 320 AO. 4

V) Die Hinterlegung wirkt als Zahlung (§ 378 BGB); der hinterlegte Betrag scheidet endgültig aus dem Vermögen des Hinterlegers aus; Rücknahme durch den Hinterleger ist somit unmöglich. Rücknahmeverzicht braucht daher bei Hinterlegung nicht erklärt werden. Hat der Drittschuldner mehr hinterlegt als er schuldet, so hat er gegen die Pfändungsgläubiger einen obligatorischen Anspruch aus ungerechtfertigter Bereicherung (RG 49, 357). Reicht der hinterlegte Betrag nicht zur Befriedigung aller Pfändungsgläubiger, so tritt das Verteilungsverfahren (§ 872) ein. Hinterlegung ohne Anzeige hat keine befreiende Wirkung (RG 36, 360). 5

854 *[Mehrfache Pfändung eines Anspruchs, der eine bewegliche Sache betrifft]*

(1) Ist ein Anspruch, der eine bewegliche körperliche Sache betrifft, für mehrere Gläubiger gepfändet, so ist der Drittschuldner berechtigt und auf Verlangen eines Gläubigers, dem der Anspruch überwiesen wurde, verpflichtet, die Sache unter Anzeige der Sachlage und unter Aushändigung der ihm zugestellten Beschlüsse dem Gerichtsvollzieher herauszugeben, der nach dem ihm zuerst zugestellten Beschluß zur Empfangnahme der Sache ermächtigt ist. Hat der Gläubiger einen solchen Gerichtsvollzieher nicht bezeichnet, so wird dieser auf Antrag des Drittschuldners von dem Amtsgericht des Ortes ernannt, wo die Sache herauszugeben ist.

(2) Ist der Erlös zur Deckung der Forderungen nicht ausreichend und verlangt der Gläubiger, für den die zweite oder eine spätere Pfändung erfolgt ist, ohne Zustimmung der übrigen beteiligten Gläubiger eine andere Verteilung als nach der Reihenfolge der Pfändungen, so hat der Gerichtsvollzieher die Sachlage unter Hinterlegung des Erlöses dem Amtsgericht anzuzeigen, dessen Beschluß dem Drittschuldner zuerst zugestellt ist. Dieser Anzeige sind die Schriftstücke beizufügen, die sich auf das Verfahren beziehen.

(3) In gleicher Weise ist zu verfahren, wenn die Pfändung für mehrere Gläubiger gleichzeitig bewirkt ist.

I) § 854 trifft die dem **§ 853 entspr Regelung** bei mehrfacher Pfändung eines Anspruchs, der eine bewegliche Sache betrifft; es gelten daher sinngemäß die Anm zu § 853; an Stelle der Hinterlegung tritt die Herausgabe an den GV, der nach dem zuerst zugestellten Beschluß zur Empfangnahme der Sache ermächtigt ist. Das Verlangen des Gläubigers, dem der Anspruch überwiesen ist, kann schriftlich oder mündlich gestellt werden. Zuständig zur Ernennung des GV im Fall des Abs 1 S 2 ist das AG (der Rechtspfleger) des Ortes, wo die Sache herauszugeben ist. 1

Der GV hat von der erfolgten Übernahme die übrigen Gläubiger sofort zu benachrichtigen und sich die vollstreckbaren Urkunden derselben aushändigen zu lassen. Sodann erfolgt Versteigerung des übernommenen Gegenstandes gemäß §§ 814–825 II. Reicht der Erlös aus oder wird von keiner Seite eine andere Verteilung des nicht ausreichenden Erlöses als nach der Reihenfolge der Pfändung beansprucht, so hat ihn der GV zu verteilen. 2

Abs 2 u 3: Die Rangordnung richtet sich nach dem Zeitpunkt der Anspruchspfändung. Verteilungsverfahren nach §§ 872 ff. Gleichzeitige Pfändung für mehrere Gläubiger: § 827 III. 3

II) Gebühren: 1) des **Gerichts:** Für das Verfahren der Bestimmung eines GV: Keine. – **2)** des **Anwalts:** Der vom RA des Gläubigers gestellte Antrag auf Bestimmung eines GV wird durch die (3/10) Vollstreckungsgebühr aus § 57 BRAGO abgegolten. Stellt der RA des Drittschuldners den Antrag, so erhält er die 3/10 Vollstreckungsgebühr aus § 57 BRAGO. – 4

3) des **Gerichtsvollziehers:** Hälfte der vollen Gebühr nach dem Betrag der (noch) beizutreibenden Forderung, nicht nach dem geschätzten Wert (Mümmler GVZ 69, 17/20); die Forderungen mehrerer Gläubiger sind zusammenzurechnen (§§ 18 I, 13 GVKostG sowie Schröder/Kay, aaO, Anm 3 zu § 18 GVKostG). S i übr Rn 9 zu § 847. Wegen Schreibauslagen für die Anzeige an das Vollstreckungsgericht: s § 36 I Nr 3 GVKostG.

855 *[Mehrfache Pfändung eines Anspruchs, der eine unbewegliche Sache betrifft]* **Betrifft der Anspruch eine unbewegliche Sache, so ist der Drittschuldner berechtigt und auf Verlangen eines Gläubigers, dem der Anspruch überwiesen wurde, verpflichtet, die Sache unter Anzeige der Sachlage und unter Aushändigung der ihm zugestellten Beschlüsse an den von dem Amtsgericht der belegenen Sache ernannten oder auf seinen Antrag zu ernennenden Sequester herauszugeben.**

1 **I)** Pfändung des Anspruchs auf Herausgabe eines Grundstücks: § 848 I. Das Verfahren, wenn der Anspruch für mehrere Gläubiger gepfändet wurde, entspricht demjenigen des § 853. **Ernennung des Sequesters** durch das AG der belegenen Sache (zuständig ist der Rechtspfleger, § 20 Nr 17 RpflG) auf Antrag des Gläubigers oder auf Antrag des Drittschuldners. **Sicherungshypotheken** (§ 848 II) entstehen in der Reihenfolge der Pfändungen. Gleichzeitige Pfändung für mehrere Gläubiger gibt bei Eintragung Gleichrang. Sache eines späteren Gläubigers ist es, einen beanspruchten Vorrang durch Widerspruch (§ 899 BGB) zu sichern.

2 **II) Gebühren: 1)** des **Gerichts:** Für die Ernennung eines Sequesters: Keine. – **2)** des **Anwalts:** Der Antrag des RA des Gläubigers auf Bestimmung eines Sequesters wird durch die bereits verdiente (3/10) Vollstreckungsgebühr aus § 57 BRAGO mit abgegolten. Stellt der RA des Drittschuldners den Antrag, so erhält dieser die (3/10) Vollstreckungsgebühr des § 57 BRAGO; s Hartmann, KostGes BRAGO § 58 Anm 4 B d aE.

855 a *[Mehrfache Pfändung eines Anspruchs, der ein eingetragenes Schiff betrifft]* **(1) Betrifft der Anspruch ein eingetragenes Schiff, so ist der Drittschuldner berechtigt und auf Verlangen eines Gläubigers, dem der Anspruch überwiesen wurde, verpflichtet, das Schiff unter Anzeige der Sachlage und unter Aushändigung der Beschlüsse dem Treuhänder herauszugeben, der in dem ihm zuerst zugestellten Beschluß bestellt ist.**

(2) Absatz 1 gilt sinngemäß, wenn der Anspruch ein Schiffsbauwerk betrifft, das im Schiffsbauregister eingetragen ist oder in dieses Register eingetragen werden kann.

856 *[Klage gegen den Drittschuldner auf Erfüllung]* **(1) Jeder Gläubiger, dem der Anspruch überwiesen wurde, ist berechtigt, gegen den Drittschuldner Klage auf Erfüllung der nach den Vorschriften der §§ 853 bis 855 diesem obliegenden Verpflichtungen zu erheben.**

(2) Jeder Gläubiger, für den der Anspruch gepfändet ist, kann sich dem Kläger in jeder Lage des Rechtsstreits als Streitgenosse anschließen.

(3) Der Drittschuldner hat bei dem Prozeßgericht zu beantragen, daß die Gläubiger, welche die Klage nicht erhoben und dem Kläger sich nicht angeschlossen haben, zum Termin zur mündlichen Verhandlung geladen werden.

(4) Die Entscheidung, die in dem Rechtsstreit über den in der Klage erhobenen Anspruch erlassen wird, ist für und gegen sämtliche Gläubiger wirksam.

(5) Der Drittschuldner kann sich gegenüber einem Gläubiger auf die ihm günstige Entscheidung nicht berufen, wenn der Gläubiger zum Termin zur mündlichen Verhandlung nicht geladen worden ist.

1 **I)** Die Klage auf Hinterlegung des Geldes oder auf Herausgabe der Sache an den GV oder Sequester kann jeder Gläubiger stellen, dem der Anspruch zur Einziehung oder an Zahlungs Statt überwiesen wurde (§§ 835, 849). Ist eine Klage erhoben, kann sich ein anderer Pfändungsgläubiger dem Kläger als (notwendiger) Streitgenosse (§ 62) anschließen; dies gilt auch von dem Arrestgläubiger (§ 930). Hat ein Gläubiger Klage erhoben, dann steht der Klage eines anderen Gläubigers § 261 III Nr 1 (Rechtshängigkeit) entgegen (StJM Anm I zu § 856). Die klagenden Gläubiger haben dem Schuldner den Streit zu verkünden (§ 841). **Anschließung** durch Einreichung eines Schriftsatzes oder Erklärung zu Protokoll.

II) 1) Ladung nur zur ersten mündlichen Verhandlung. Die Ladung erfolgt von Amts wegen durch die Geschäftsstelle, welcher der Drittschuldner nur die Gläubiger zu bezeichnen hat. 2

2) Einwendungen des Drittschuldners: a) Betreffen die Einwendungen die **Hinterlegungs- (Herausgabe)pflicht** gegenüber einzelnen Gläubigern, so ist die Klage erst dann abzuweisen, wenn eine **Mehrheit** von Gläubigern nicht mehr vorhanden ist. 3

b) Einwendungen, die sich **gegen den Bestand** des gepfändeten Anspruchs richten, kann der Drittschuldner gegen jeden Gläubiger geltend machen. Die Klage ist nur dann unbegründet, wenn an den Bestberechtigten Zahlung geleistet oder ihm gegenüber Aufrechnung erklärt ist. Gleich steht Überweisung an Zahlungs Statt oder bei Überweisung zur Einziehung im Verhältnis zum Schuldner Verrechnung des vollen Betrags der überwiesenen Forderung auf die beizutreibende Forderung (StJM Anm III 2 zu § 856). 4

III) Rechtskraft. Die Entscheidung ist hinsichtlich des in der Klage erhobenen Anspruchs, nicht darüber hinaus, für alle Gläubiger, aber nur gegen diejenigen Gläubiger wirksam, die beigetreten oder geladen waren; gegenüber dem Pfändungsschuldner schafft sie keine Rechtskraft (RG 83, 117). Umschreibung der Vollstreckungsklausel auf Gläubiger, die am Rechtsstreit nicht teilgenommen hatten: §§ 727, 730. 5

IV) Gebühren des **Gerichts und** des **Anwalts:** Die Klage gegen den Drittschuldner gehört nicht zum Zwangsvollstreckungsverfahren, so daß Gericht und RA die Regelgebühren wie im ordentlichen Prozeß erhalten (KV Nrn 1010, 1016 ff, sowie §§ 31 ff BRAGO). Die Streitverkündung an den Schuldner durch den RA der klagenden Gläubiger (§ 841 und oben Rn 1 aE) gehört zum Rechtszug (§ 37 Nr 3 BRAGO) und wird daher durch die Prozeßgebühr abgegolten. Gebühren nach §§ 31 ff BRAGO jedoch für RA, den der Streitverkündete mit seiner Vertretung beauftragt hat. 6

857 *[Zwangsvollstreckung in andere Vermögensrechte]*

(1) Für die Zwangsvollstreckung in andere Vermögensrechte, die nicht Gegenstand der Zwangsvollstreckung in das bewegliche Vermögen sind, gelten die vorstehenden Vorschriften entsprechend.

(2) Ist ein Drittschuldner nicht vorhanden, so ist die Pfändung mit dem Zeitpunkt als bewirkt anzusehen, in welchem dem Schuldner das Gebot, sich jeder Verfügung über das Recht zu enthalten, zugestellt ist.

(3) Ein unveräußerliches Recht ist in Ermangelung besonderer Vorschriften der Pfändung insoweit unterworfen, als die Ausübung einem anderen überlassen werden kann.

(4) Das Gericht kann bei der Zwangsvollstreckung in unveräußerliche Rechte, deren Ausübung einem anderen überlassen werden kann, besondere Anordnungen erlassen. Es kann insbesondere bei der Zwangsvollstreckung in Nutzungsrechte eine Verwaltung anordnen; in diesem Falle wird die Pfändung durch Übergabe der zu benutzenden Sache an den Verwalter bewirkt, sofern sie nicht durch Zustellung des Beschlusses bereits vorher bewirkt ist.

(5) Ist die Veräußerung des Rechtes selbst zulässig, so kann auch diese Veräußerung von dem Gericht angeordnet werden.

(6) Auf die Zwangsvollstreckung in eine Reallast, eine Grundschuld oder eine Rentenschuld sind die Vorschriften über die Zwangsvollstreckung in eine Forderung, für die eine Hypothek besteht, entsprechend anzuwenden.

(7) Die Vorschrift des § 845 Abs. 1 Satz 2 ist nicht anzuwenden.

I) Zweck und **Anwendungsbereich:** Bestimmung, wie bei ZwV einer Geldforderung des Gläubigers (2. Abschnitt des 8. Buchs) die Pfändung (§ 803 I) sonstiger Vermögensrechte, die nicht Geldforderungen (§§ 829, 830) oder Herausgabeansprüche (§§ 846–849) sind, zu vollziehen ist. Mit dieser Pfändung erlangt der Gläubiger ein Pfandrecht an dem Recht des Schuldners (§ 804 I). Verwertung erfolgt mit Überweisung (§ 835) oder anderweit (Abs 4, 5 mit § 844). 1

II) Als **Vermögensrecht** nach § 857 zu pfänden sind Rechte aller Art, die einen Vermögenswert derart verkörpern, daß die Pfandverwertung zur Befriedigung des Geldanspruchs des Gläubigers führen kann. Nicht pfändbar nach § 857 sind demnach Persönlichkeitsrechte, Familienrechte, Mitgliedsrechte ohne Vermögenswert, die Einziehungsermächtigung als Handlungsbefugnis (BAG AP Nr 6 zu § 829 ZPO = MDR 80, 522); außerdem als Gegenstand der ZwV in das unbewegliche Vermögen (Abs 1 mit § 864) nicht das Eigentum sowie ein Miteigentumsanteil an einem Grundstück, einem grundstücksgleichen Recht, eingetragenen Schiff sowie Schiffsbauwerk und an einem Luftfahrzeug, schließlich nicht das Eigentum an beweglichen körperlichen Sachen als Gegenstand des Mobiliar-ZwV (§§ 808 ff). Ein gesetzlich nicht übertragbares Recht ist 2 nicht pfändbar (§ 851 I entspr; Ausnahme aber nach § 857 III); ein vereinbarungsgemäß nicht übertragbares Recht kann nach § 851 II gepfändet werden (BGH 95, 99 = DNotZ 86, 23 = MDR 85, 919 = NJW 85, 2827). Pfändbare Rechte sind zB **Anwartschaften** (s Rn 5, 6); das entstandene Bezugsrecht des **Aktionärs;** das **Droschkennummernrecht** (KG OLG 29, 240; aA, Konzession unpfändbar, aber München OLG 29, 241; LG Köln MDR 64, 842); der Anteil an dem Gesellschaftsvermögen einer **bürgerlichen Gesellschaft,** einer **OHG,** einer **KG,** einer **stillen Gesellschaft** (s näher Anm zu § 859); der Geschäftsanteil einer **GmbH** (s näher Anm zu § 859); das **genossenschaftliche Geschäftsguthaben** (s Anm zu § 859); **Lizenzen,** das sind am Patent oder Gebrauchsmuster bestellte ausschließliche und nicht betriebsgebundene Nutzungsrechte; der Anteil des **Miterben** am Nachlaß als solchen (s Anm zu § 859); das **Nacherbenrecht** als Ganzes, nicht als dingliches Recht an den einzelnen Nachlaßgegenständen; **Rückgewähranspruch** bei **Sicherungsgrundschuld** (Rn 15); Anspruch des Schuldners auf Mitwirkung der Bank zur Öffnung eines **Stahlkammerfachs; Unterlassungsansprüche; Verlegerrechte** an Werken der Literatur und der Tonkunst, nachdem das Werk erschienen ist, mit der sich aus § 28 VerlagsG ergebenden Beschränkung, ebenso bezüglich des Anspruchs auf Übertragung von Rechten; das Recht aus einer **Vollmacht,** wenn die Ausübung von einem Dritten erfolgen kann (aA StJM Anm I 1a Fn 7 zu § 857; BayObLG 78, 194: allenfalls dann, wenn sie im Interesse des Bevollmächtigten erteilt wurde); das Recht auf Arbeitsleistung aus einem **Werkvertrag;** das **Wiederkaufsrecht** (Pfändung und Verwertung eines Wiederkaufsrechts an einem Grundstück s Stachel JR 54, 130); das **Dauerwohnrecht** (§ 31 WEG); das Recht auf den **Zuschlag** nach § 81 ZVG (Zeller/Stöber Rdn 4.6 zu § 81 ZVG mit Nachw).

3 **Nicht selbständig pfändbar** sind Einzelbefugnisse, die dem Inhaber des Rechts im Rahmen eines bestimmten Rechtsverhältnisses zustehen, zB das Anfechtungsrecht, ein Kündigungsrecht (LG Saarbrücken Rpfleger 73, 147); das Antragsrecht auf Lohnsteuerjahresausgleich (BFH Rpfleger 74, 64); der Anspruch des Schuldners gegen einen Dritten auf Herausgabe eines Hypothekenbriefs. Solche Befugnisse können aber unter Umständen im Wege der **Hilfspfändung** zur Durchsetzung des Hauptanspruchs gepfändet und zur Einziehung überwiesen werden, zB der Anspruch des Schuldners gegen einen Dritten auf Herausgabe eines Hypothekenbriefs, des Arbeitnehmers gegen den Arbeitgeber auf Herausgabe der Lohnsteuerkarte.

4 **III)** Auf die **Pfändung** eines Vermögensrechts sind die §§ 828–856 entsprechend anzuwenden. Die Pfändung erfolgt somit ebenfalls **durch Beschluß** des Vollstreckungsgerichts (Zuständigkeit: § 828; für Schiffspart: § 858 II), der auf Antrag des Gläubigers ergeht. Einzelheiten: Rn 3 ff zu § 829. Wirksam wird die Pfändung mit der Zustellung des Beschlusses an den Drittschuldner (Abs 1 mit § 829 III; dazu Rn 14 zu § 829). **Drittschuldner** (hier in weitem Sinn verstanden) ist jeder Dritte, dessen Leistung zur Ausübung des gepfändeten Rechts erforderlich ist oder dessen Rechtsstellung von der Pfändung sonstwie berührt wird (Stöber FdgPfdg Rdn 8; RG 49, 405 [407]; auch BGH 49, 197 = DNotZ 68, 483 = MDR 68, 313 = NJW 68, 493). Wenn ein Drittschuldner nicht vorhanden ist, wird die Pfändung mit Zustellung an den Schuldner wirksam (Abs 2). Das Gebot an den Schuldner, sich jeder Verfügung über das gepfändete Recht, insbesondere seiner Einziehung, zu enthalten (§ 829 I S 2), ist dann für die Pfändung wesentlich (anders bei Vorhandensein eines Drittschuldners; Rn 7 zu § 829); fehlt es, ist die Pfändung eines drittschuldnerlosen Rechts unwirksam (KG JW 36, 3335). Zu dinglichen Rechten Abs 6. Auch Vorpfändung (§ 845) ist zulässig; jedoch kann Anfertigung der Benachrichtigung mit den Aufforderungen nicht dem Gerichtsvollzieher übertragen werden (Abs 7).

IV) Einzelfälle

1) Anwartschaftsrechte. Lit: *Ascher,* Die Pfändung des Anwartschaftsrechts aus bedingter Übereignung – und kein Ende, NJW 1955, 47; *Bauknecht,* Die Pfändung des Anwartschaftsrechts aus bedingter Übereignung, NJW 1954, 1749 und 1955, 451; *Berner,* Die Pfändung von Anwartschaftsrechten aus bedingter Übereignung, Rpfleger 1951, 165; *A. Blomeyer,* Neue Vorschläge zur Vollstreckung in die unter Eigentumsvorbehalt gelieferte Sache, JR 1978, 271; *Frank,* Schutz von Pfandrechten an Eigentumsanwartschaften bei Sachpfändung durch Dritte, NJW 1974, 2211; *Hübner,* Zur dogmatischen Einordnung der Rechtsposition des Vorbehaltskäufers, NJW 1980, 729; *Meister,* Die Pfändung aufschiebend bedingten und künftigen Eigentums, NJW 1959, 608; *Münzel,* Grundsätzliches zum Anwartschaftsrecht, MDR 1959, 345; *Raacke,* Zur „Pfandverstrikkung" und Vorbehaltsware, NJW 1975, 248; *Reinicke,* Zur Lehre vom Anwartschaftsrecht aus bedingter Übereignung, MDR 1959, 613; *Sponer,* Das Anwartschaftsrecht und seine Pfändung, 1965, *Strutz,* Pfändung der Eigentumsanwartschaft bei einer beweglichen Sache und Zustellung an den Drittschuldner, NJW 1969, 831; *Tiedtke,* Die verdeckte Pfändung des Anwartschaftsrechts, NJW 1972, 1404.

a) Pfändbar ist das Anwartschaftsrecht, das bei der Veräußerung eines Grundstücks dem Auflassungsempfänger zusteht (Rn 12, 13 zu § 848). 5

b) Pfändbar ist das Anwartschaftsrecht, das dem Erwerber einer ihm unter aufschiebender Bedingung zu Eigentum übertragenen **beweglichen Sache** vor Eintritt der Bedingung zusteht (BGH LM Nr 2 zu § 857 ZPO = NJW 54, 1325; Nürnberg MDR 53, 687; Ascher NJW 55, 46; Reinicke MDR 59, 613; aA Bauknecht NJW 54, 1749 u 55, 451; Münzel MDR 59, 345; Liermann JZ 62, 658). Die Pfändung des Anwartschaftsrechts wird durch Zustellung des Pfändungsbeschlusses an den Veräußerer (Drittschuldner; BGH aaO; offengelassen in BGH 49, 197 = aaO; aA Strutz NJW 69, 831: § 857 II) wirksam. Für den Schuldner (Vorbehaltkäufer) bewirkt die Pfändung des Anwartschaftsrechts eine (relative) Verfügungsbeschränkung zugunsten des Gläubigers. Der Schuldner darf über das Anwartschaftsrecht insoweit nicht mehr verfügen, als die Verfügung das Pfandrecht des Gläubigers beeinträchtigt. Er kann zB das Anwartschaftsrecht nicht mit Wirkung gegenüber dem Pfändungsgläubiger auf einen Dritten übertragen. Die Zahlung des Restkaufpreises, die zur Folge hat, daß das Anwartschaftsrecht untergeht, ist keine den Gläubiger beeinträchtigende Verfügung. Der Zweck der Pfändung des Anwartschaftsrechts ist neben der Verfügungsbeschränkung des Schuldners gerade der, dem Gläubiger das Recht zu verschaffen, den Restkaufpreis selbst an den Drittschuldner zu zahlen (BGH NJW 54, 1325 = aaO; Celle MDR 60, 848 = NJW 60, 2196; Hamburg MDR 59, 398). Mit der Zahlung des Kaufpreisrestes ist das Anwartschaftsrecht in das Volleigentum übergegangen. Das Anwartschaftsrecht und damit das Pfandrecht bestehen dann nicht mehr. Der Gläubiger erlangt ein Pfändungspfandrecht an der Sache selbst (§ 804 I) nur dann, wenn auch diese für ihn nach § 808 gepfändet ist (BGH NJW 54, 1325 = aaO). **Notwendig** ist daher sog **Doppelpfändung** (Verbindung von Rechts- und Sachpfändung; kritisch zur Doppelpfändung Raacke NJW 75, 248; Hübner NJW 80, 729 [733]; vgl auch StJM Anm II 9 zu § 857). Solange der Kaufpreis nicht bezahlt ist, hat Veräußerer gegen die Sachpfändung Widerspruchsklage nach § 771 (Hamburg MDR 58, 398), Gläubiger kann aber durch Ausübung des ihm zustehenden Rechts, den Kaufpreisrest abzulösen, den Widerspruch des Veräußerers abwenden. Der Rang mehrerer Pfändungspfandrechte auf Grund der Sachpfändung richtet sich nach dem Zeitpunkt der Sachpfändung (§ 804 III), nicht nach dem Zeitpunkt des Eigentumserwerbs durch Schuldner. Eine Verwertung des gepfändeten Anwartschaftsrechts nach Abs 5 durch Versteigerung, freihändige Veräußerung oder Überweisung zur Einziehung ist statthaft; letztere bewirkt allerdings keinen Übergang des Anwartschaftsrechts auf den Gläubiger, sie ermächtigt ihn nur, das Recht des Schuldners im eigenen Namen geltend zu machen. Die Anwartschaft verbleibt daher im Vermögen des Schuldners, so daß er und nicht der Gläubiger bei Bedingungseintritt Eigentümer wird (BGH NJW 54, 1325 = aaO). Ein rechtsgeschäftlicher Erwerb des Anwartschaftsrechts vor Pfändung des Anwartschaftsrechts berechtigt den Erwerber selbst dann zur Widerspruchsklage nach § 771, wenn der Pfändungsgläubiger vor dem Rechtsübergang eine Sachpfändung erwirkt hat (BGH 20, 88 = NJW 56, 665; LG Köln NJW 54, 1773; LG Bückeberg NJW 55, 1156, je mit Anm Bauknecht: Die Zustimmung des Inhabers des Vollrechts ist für den rechtsgeschäftlichen Erwerb des Anwartschaftsrechts nicht erforderlich; aA RG 140, 223). 6

2) Schutzrechte. Lit: *Göttlich*, Die ZwV in Schutzrechte, MDR 1957, 11; *Tetzner*, Gläubigerzugriff in das Erfinderrecht, JR 1951, 166.

a) Patentrechte (PatG idF v 16. 12. 80, BGBl 1981 I 1): Pfändbar ist das Recht auf das Patent, der Anspruch auf Erteilung des Patents und das Recht aus dem Patent (§ 15 PatG). Wirksam wird die Pfändung durch Zustellung an Schuldner, da ein Drittschuldner fehlt; Nachweis gegenüber dem PatAmt durch Vorlage des Pfändungsbeschlusses. Hilfspfändung der Patenturkunde nach § 836 III; Vorpfändung (§ 845) ist zulässig. Verwertung (§§ 857, 844): Versteigerung oder freihändiger Verkauf des GV, Lizenzerteilung, Verwaltung; Stöber FdgPfdg Rdn 1718–1731. 7

b) Gebrauchsmuster (GebrMG idF v 28. 8. 86, BGBl I 1455): Wie Patentrechte (§ 13 GebrMG). 8

c) Warenzeichen (WZG idF v 2. 1. 68, BGBl I 29, mit Änderungen): Kein selbständiges Recht (s § 8 WZG), daher nicht pfändbar (München OLG 35, 183). 9

d) Geschmacksmuster (Ges v 11. 1. 1876, RGBl 11 mit Änderungen): Vor der Anmeldung gegen Urheber und seine Erben nicht pfändbar (§ 3 Ges); unbeschränkt pfändbar nach Übertragung auf Dritte und nach der Anmeldung. Verwertung wie Patent. 10

e) Urheberrechte und **verwandte Schutzrechte** (UrhG v 9. 9. 65, BGBl I 1273 mit Änderungen): Es gelten die allgemeinen Bestimmungen, soweit nicht in §§ 113–119 UrhG etwas anderes bestimmt ist (§ 112 UrhG). Danach ist die Pfändung wegen Geldforderungen gegen den Urheber oder seinen Rechtsnachfolger mit seiner Einwilligung und nur insoweit zulässig, als diese Nutzungsrechte einräumen können; §§ 112 ff UrhG sowie Stöber FdgPfdg Rdn 1760–1770. 11

12 **3)** Ein (gesetzlich) **unveräußerliches Recht,** zB **Nießbrauch** (§ 1059 BGB), **beschränkte persönliche Dienstbarkeit** (§ 1092 BGB) ist, falls nicht im einzelnen anderes bestimmt ist, der Pfändung nach § 857 insoweit unterworfen, als die **Ausübung** einem anderen übertragen werden kann (Abs 3). Beim Nießbrauch kann die Ausübung einem anderen überlassen werden (§ 1059 S 2 BGB), bei der beschränkten persönlichen Dienstbarkeit (§ 1092 I S 2 BGB) nur, wenn dies vereinbart und im Grundbuch eingetragen ist (KG DNotZ 68, 750 = MDR 68, 760 = OLGZ 68, 295 = NJW 68, 1882). Vertraglicher Ausschluß der Überlassung der Nießbrauchsausübung (hat dingliche Wirkung mit Grundbucheintragung) berührt die Pfändbarkeit nicht (Abs 1 mit § 851 II; BGH 95, 99; s bereits Rn 2). Gepfändet wird das Recht, zB der Nießbrauch selbst, nicht ein obligatorischer Anspruch auf seine Ausübung (BGH 62, 133 = DNotZ 74, 433 = MDR 74, 664 = NJW 74, 796 gegen früher hM). Abs 3 erklärt diejenigen unveräußerlichen Rechte, deren Ausübung übertragbar ist, selbst für pfändbar, nicht die Ausübung; die Unveräußerlichkeit wirkt sich außerdem dahin aus, wie in Abs 4 zum Ausdruck kommt, daß der Pfändungsgläubiger sich nicht durch Verwertung des Rechts, sondern nur aus den Nutzungen des Rechts befriedigen darf. Die Pfändung wird mit der Zustellung an den Eigentümer, der Drittschuldner ist (RG 74, 83), wirksam (§§ 857, 829 III); sie kann als Verfügungsbeschränkung auf Antrag des Gläubigers in das Grundbuch eingetragen werden (Stöber FdgPfdg Rdn 1524; LG Bonn JurBüro 79, 1725 = Rpfleger 79, 349); die Eintragung ist im Hinblick auf §§ 892, 893 BGB zweckmäßig, zur Wirksamkeit der Pfändung aber nicht erforderlich (BGH 62, 133 = aaO). Zur Löschung des Nießbrauchs ist die Zustimmung des Pfändungsgläubigers erforderlich (Frankfurt NJW 61, 1928; Bremen NJW 69, 1969; LG Bonn JurBüro 79, 1725 = Rpfleger 79, 349). Mit der Pfändung ist der Nießbrauch der Verfügung des Berechtigten entzogen (§§ 135, 136 BGB; BGH aaO; Bremen NJW 69, 2147). Das Gericht kann eine Verwaltung anordnen (vgl § 857 IV); Überweisung des Rechts ist wegen Unveräußerlichkeit ausgeschlossen. Die Befugnis zur Ausübung kann zur Einziehung überwiesen werden. Auch ein **Miet-** oder **Pachtrecht** ist unter gleichen Voraussetzungen (Nachweis der Gestattung des Untervermietens oder Verpachtens) pfändbar, jedoch muß, wenn der Schuldner die Miete oder die Pacht noch nicht (im voraus) gezahlt hat, alsdann der Pfandgläubiger die Miete oder Pacht zahlen. Durchführung der Pfändung: Abs 4, 5. Der (schuldrechtliche) Anspruch des (Bruchteils-)**Miteigentümers** eines Grundstücks (§§ 741 ff, 1008 BGB) auf **Aufhebung der Gemeinschaft** allein ist ohne den Miteigentumsanteil nicht abtretbar, nach Abs 1 mit § 851 I daher auch nicht pfändbar (BGH 90, 207 = MDR 84, 485 = NJW 84, 1968). Zur Ausübung kann der Anspruch auf Auseinandersetzung jedoch dem überlassen werden (Abs 3), dem auch das (übertragbare) künftige Recht auf den dem Miteigentumsanteil entsprechenden Teil des Versteigerungserlöses abgetreten worden ist. Der Aufhebungsanspruch kann daher auch zusammen mit dem künftigen Anspruch auf eine den Anteilen entsprechende Teilung und Auskehrung des Versteigerungserlöses gepfändet werden (BGH 90, 207 = aaO; Köln OLGZ 69, 338 = Rpfleger 69, 170; LG Aurich Rpfleger 62, 413 mit zust Anm Berner; LG Bremen Rpfleger 55, 107 mit Anm Berner; LG Hamburg MDR 77, 1019; LG Wuppertal NJW 61, 785; Stöber FdgPfdg Rdn 1544). Nach Pfändung (und Überweisung) kann der Gläubiger die Zwangsversteigerung des ganzen Grundstücks (§§ 180 ff ZVG) betreiben (BGH aaO). Der **Rangvorbehalt** (§ 881 BGB) ist nicht pfändbar (BGH 12, 238 = DNotZ 54, 378 = NJW 54, 954 und 1291 mit Anm Jansen). Der Zustimmungsanspruch nach **§ 7 ErbbVO** kann nach §§ 857 III, 851 I gepfändet und einem Dritten zur Ausübung überlassen werden (BGH 33, 76 = DNotZ 61, 31 = MDR 60, 833 = NJW 60, 2093; Hamm Rpfleger 53, 521 und 67, 415 mit Anm Haegele).

13 **V)** Die **Verwertung** (Abs 5) kann durch Überweisung zur Einziehung oder an Zahlungs Statt erfolgen, soweit dies nach der Art des zu verwertenden Rechts möglich ist (s § 835 I). Ordnet das Gericht eine andere Art der Verwertung (§ 844), zB bei veräußerlichen Rechten die **Veräußerung** durch den GV an, so vollzieht sie sich in Ermangelung näherer gerichtlicher Anordnung nach dem Rechtsgedanken des Vollstreckungsrechts (Versteigerung; entspr Anwendung von §§ 816 ff; Einzelheiten Rn 6 zu § 844). Da die Rechtsübertragung auf den Ersteher durch die Erklärung des GV erfolgt, wird dieser zweckmäßigerweise ausdrücklich den Inhalt seines Zuschlages auf den Abschluß des Kaufvertrags beschränken, die Übertragung des dinglichen Rechtes aber von einem nochmaligen Ausspruch und diesen wieder von der Zahlung durch den Ersteher abhängig machen (LG Dresden JW 39, 119); Versteigerung eines Anteils des Schuldners an ungeteilter Erbengemeinschaft: RG 87, 325; an einer GmbH: RG 91, 432; der Anwartschaft des Schuldners auf den durch Zahlung des Restkaufpreises bedingten Eigentumserwerb an unter Eigentumsvorbehalt bis zur völligen Zahlung des Kaufpreises ihm verkauften Sachen: Dresden OLG 35, 181. Ein gepfändetes Nacherbenrecht, das der GV auf Grund gerichtlicher Anordnung nach Abs 5 versteigert, geht mit dem Zuschlag (oder nachfolgender Übereignung des Rechts durch den GV) auf den Meistbietenden über, ohne daß es eines besonderen Übertragungsaktes in gerichtlicher oder notarieller Form gem § 2033 I BGB bedarf. **§ 817 a** u **§ 813** sind bei Versteige-

rung eines Rechts entsprechend anzuwenden (LG Essen NJW 57, 108). Bei ZwV in ein unveräußerliches Recht, dessen Ausübung einem anderen überlassen werden kann, kann das Gericht besondere Anordnungen treffen (Abs 4 S 1), zB Verwaltung, Verpachtung, Übertragung der Ausübung an den Gläubiger, zB bei Lizenzen.

VI) 1) Reallasten, Grundschulden, Rentenschulden werden wie Forderungen, für die eine Hypothek besteht, gepfändet (Abs 6 mit § 830). 14

a) Zur Pfändung einer **Grundschuld** (gemeint ist hier zunächst nur die „Fremd"grundschuld, nicht die Eigentümergrundschuld; zu dieser Rn 19 ff) oder einer Rentenschuld ist bei einem Briefrecht außer dem Pfändungsbeschluß die Übergabe des Grundschuld- oder Rentenschuldbriefes erforderlich. Ist die Erteilung des Briefes ausgeschlossen, so bedarf es der Eintragung der Pfändung in das Grundbuch (§ 830 I). Überweisung erfolgt nach § 837. Nichts besonderes gilt für die Pfändung der sog Sicherungsgrundschuld, dh einer Grundschuld, die zur Sicherung einer Forderung bestellt ist. Das Grundpfandrecht bleibt Grundschuld (§ 1191 BGB), ist somit nach Abs 6 mit § 830 zu pfänden. Die gesicherte Forderung ist aber selbständig nach § 829 zu pfänden. Für den Gläubiger empfiehlt es sich, jeweils beides zu pfänden (s näher Stöber BB 64, 1457 und FdgPfdg Rdn 1874 ff sowie Huber BB 65, 609). Der schuldrechtliche **Rückgewähranspruch** des Schuldners ist abtretbar (BGH LM BGB § 1169 Nr 1 = Rpfleger 52, 487; BGH NJW 85, 800 = Rpfleger 85, 103) und daher pfändbar (Frankfurt AnwBl 85, 790 = VersR 84, 71 L); er ist nach §§ 857 I, 829 zu pfänden (dazu näher Stöber FdgPfdg Rdn 1886 ff). Eine für den Schuldner eingetragene Vormerkung zur Sicherung des Rückgewähranspruchs (§ 883 BGB) wird als Nebenrecht von der Pfändung erfaßt; bei ihr kann die Pfändung des Rückgewähranspruchs (berichtigend) in das Grundbuch eingetragen werden (KG HRR 37 Nr 246). Der Gläubiger kann auch selbst den Anspruch auf Eintragung der Vormerkung geltend machen und verlangen, daß die Pfändung mit der Vormerkung eingetragen wird (Stöber FdgPfdg Rdn 1900 mit Nachw). 15

b) Eine **subjektiv dingliche Reallast** (§ 1105 II BGB) kann als Bestandteil des Grundstücks (§ 96 BGB) nicht von dem Eigentum am berechtigten Grundstück getrennt werden (§ 1110 BGB). Die Pfändung einer subjektiv-dinglichen Reallast für sich allein ist daher unzulässig. Möglich ist nur die Pfändung der einzelnen Leistungen aus der Reallast; auf sie finden die für die Zinsen einer Hypothekenforderung geltenden Vorschriften entsprechende Anwendung (§ 1107 BGB). Die **subjektiv persönliche Reallast** (§ 1105 I BGB) dagegen kann selbständig veräußert und mit einem Nießbrauch oder Pfandrecht belastet, also auch gepfändet werden. Unzulässig ist die Pfändung der Reallast als **Ganzes** dann, wenn einzelne Leistungen derselben nicht übertragbar, also nicht pfändbar sind. Ob einzelne Leistungen übertragbar bzw pfändbar sind, entscheidet sich nach §§ 399, 400 BGB, § 851 ZPO. Zulässig ist jedenfalls die Pfändung einzelner Leistungen aus der Reallast, auf welche die für die Zinsen einer Hypothekenforderung geltenden Vorschriften entsprechende Anwendung finden (§ 1107 BGB). Pfändung der Einzelleistungen erfolgt nach Abs 6 mit § 830. Die Pfändung rückständiger (bereits fälliger) Einzelleistungen wird sonach mit Zustellung des Beschlusses an den Grundstückseigentümer (Drittschuldner) wirksam (KG HRR 32 Nr 1003 = JW 32, 1564), während die Pfändung künftiger Einzelleistungen Pfändungsbeschluß und Grundbucheintragung erfordert. 16

c) Die **Rentenschuld** (§ 1199 BGB) ist eine Sonderart der Grundschuld; sie ist als dingliches Recht auf Zahlung einer bestimmten Geldsumme in regelmäßig wiederkehrenden Terminen (nicht auf Zahlung eines Kapitals) gerichtet. Auf die einzelnen Leistungen finden die für Hypothekenzinsen, auf die Ablösungssumme die für ein Grundschuldkapital geltenden Vorschriften entsprechende Anwendung. Pfändung rückständiger Leistungen wie diejenige rückständiger Hypothekenzinsen; dafür keine Grundbucheintragung und keine Briefübergabe. Pfändung nicht fälliger Leistungen und des Anspruchs auf die Ablösungssumme erfordert Pfändungsbeschluß und Briefübergabe oder Grundbucheintragung (näher § 830). 17

2) Abs 6 ist auch für die Pfändung von **Eigentümergrundschulden** maßgebend. 18

Lit: *Frantz*, Die Hilfsvollstreckung zur Erlangung des Briefes zwecks Pfändung einer Brief-Eigentümergrundschuld, NJW 1955, 169; *Mümmler*, Die ZwV in Eigentümergrundpfandrechte, JurBüro 1969, 789; *Röll*, Die Pfändung von Eigentümergrundschulden und die Ablösung von Grundpfandrechten durch den Käufer, BayNotV 1964, 365; *Sottung*, Die Pfändung der Eigentümergrundschuld, 1957; *Stöber*, Zweifelsfragen bei Pfändung von Eigentümergrundschulden und Eigentümerhypotheken, Rpfleger 1958, 251; *Tempel*, ZwV in Grundpfandrechte, JuS 1967, 75 u 215.

a) Eigentümergrundpfandrechte sind die **Eigentümergrundschuld** und die **Eigentümerhypothek;** letztere entsteht bei Vereinigung einer Hypothek (§ 1113 BGB) mit dem Eigentum in einer Person, wenn dem Eigentümer auch die Forderung zusteht (§ 1177 II BGB). Die Eigentümer- 19 grundschuld kann als solche auf den Namen des Schuldners im Grundbuch eingetragen sein (sogen offene Eigentümerschuld) oder für ihn kraft Gesetzes aus einem Fremdrecht (der für einen anderen Gläubiger eingetragenen Hypothek oder Grundschuld) entstanden sein (sogen verschleierte Eigentümergrundschuld). Hauptfälle einer Eigentümergrundschuld: Bestellung einer Grundschuld für den Eigentümer (§ 1196 I BGB); Nichtentstehen oder Erlöschen der Forderung, für die eine Hypothek (nicht auch Grundschuld) bestellt ist (§ 1163 I BGB); unterbliebene Übergabe des Hypotheken- oder Grundschuldbriefes (§ 1163 II mit § 1192 I BGB); Verzicht des Gläubigers auf die Hypothek oder Grundschuld (§ 1168 mit § 1192 I BGB). Ein Eigentümerrecht entsteht auch mit Befriedigung des Gläubigers einer Hypothek (oder Grundschuld; hier aber nicht mit Zahlung der Forderung) durch den Eigentümer des Grundstücks (§§ 1142, 1143 mit § 1192 I BGB) sowie in weiteren Fällen bei der Gesamthypothek (Gesamtgrundschuld) nach §§ 1172–1174 mit § 1192 I BGB.

20 **b)** Eine Eigentümer**grundschuld** wird wie eine Hypothek gepfändet (Abs 6; früher teilw streitig; jetzt allgemeine Meinung; s insbes RG 97, 226; 120, 112; Celle NJW 68, 1682; Düsseldorf DNotZ 69, 295 = MDR 69, 490 = OLGZ 69, 208; Frankfurt NJW 55, 1483; Köln NJW 61, 369 = Rpfleger 61, 206 mit Anm Stöber; Köln OLGZ 71, 151; Oldenburg Rpfleger 70, 100; Saarbrücken OLGZ 67, 105; Stöber Rpfleger 58, 252; s außerdem BGH MDR 61, 120 = NJW 61, 601 und BGH MDR 79, 922 = NJW 79, 2045). Erforderlich sind daher bei einem Briefrecht Pfändungsbeschluß (zu ihm Rn 3 zu § 830; jedoch keine Bezeichnung der Forderung) und Übergabe des Briefs an den Gläubiger oder Wegnahme durch den GV, bei einem Buchrecht Pfändungsbeschluß und Eintragung der Pfändung in das Grundbuch. Nebenansprüche (§ 830 III) werden in vereinfachter Form nach § 829 mit § 857 II gepfändet.

21 **aa)** Die Pfändung wird **wirksam** mit der Übergabe des Briefs bzw mit Eintragung der Pfändung in das Grundbuch (Rn 4–6, 8 zu § 830). Der Pfändungsbeschluß hat dem Eigentümer zu gebieten, sich jeder Verfügung über die Grundschuld zu enthalten. Ein Drittschuldner ist nicht vorhanden (Stöber FdgPfdg Rdn 1931 mit Nachw). Zustellung des Pfändungsbeschlusses an den Eigentümer ist für das Entstehen des Pfandrechts nicht wesentlich, aber zulässig und zu empfehlen (Rn 2 zu § 830).

22 **bb)** Der **Zeitpunkt des Wirksamwerdens** der Pfändung ist insbesondere von Bedeutung für den Rang des Pfandrechts bei mehreren Pfändungen (§ 804 III). Maßgebend ist bei einem Briefrecht der Zeitpunkt, zu dem der Gläubiger den Besitz an dem Brief erlangt, bei einem Buchrecht die zeitliche Reihenfolge der Eintragungen im Grundbuch. Ist der Brief abhanden gekommen oder verloren gegangen, so muß der Gläubiger den Anspruch des Eigentümers auf Kraftloserklärung und Ausstellung des neu zu bildenden Briefs pfänden und sich überweisen lassen. Die Pfändung ist erst mit der Erstellung und Aushändigung des Briefs wirksam. Zur Verstrickung bei der Pfändung einer Eigentümerbriefgrundschuld vgl BGH NJW 79, 2045.

23 **cc)** Steht ein **Brief-Grundpfandrecht teilweise** dem Eigentümer als **Eigentümergrundschuld** und teilweise einem Dritten als **Fremdgrundpfandrecht** zu, so muß der Pfändungsgläubiger, falls der Dritte die Herausgabe des Briefs oder den Mitbesitz daran verweigert, das Miteigentum des Eigentümers am Brief (§§ 952, 1008 BGB) sowie dessen Ansprüche auf Aufhebung der Gemeinschaft am Brief (§ 749 BGB), auf Auseinandersetzung der Gemeinschaft (§ 752 BGB), auf Vorlegung des Briefs an das Grundbuchamt zur Bildung eines Teilgrundschuldbriefs (§§ 1145 I S 2, 1152 BGB) und auf Berichtigung des Grundbuchs (§§ 894, 896), den Anspruch des Eigentümers gegen das Grundbuchamt auf Herausgabe des zu bildenden Teilbriefs, pfänden und sich zur Einziehung überweisen lassen (Hilfspfändung). Soweit Ansprüche gegen den Dritten bestehen, ist er Drittschuldner, Zustellung an ihn daher erforderlich. Das Pfändungspfandrecht an der Eigentümergrundschuld entsteht auch in diesem Fall erst mit der Übergabe des Teilbriefs an den Pfändungsgläubiger. Entsprechendes gilt bei Pfändung eines Teiles einer Eigentümergrundschuld, für die ein Brief erteilt ist. Zur Teilpfändung einer Grundschuld und Pfändung einer Miteigentümern in Bruchteilsgemeinschaft zustehenden Eigentümerbriefgrundschuld s auch Oldenburg Rpfleger 70, 100.

24 **dd)** Handelt es sich bei der Eigentümergrundschuld um ein **Buchrecht,** das noch **auf den Namen eines Dritten** als Gläubiger eingetragen ist, so steht dieser Umstand dem Erlaß eines Pfändungsbeschlusses nicht entgegen, da die „angebliche" Grundschuld gepfändet werden kann. Jedoch setzt die Eintragung der Pfändung ins Grundbuch voraus, daß dem Grundbuchamt in grundbuchmäßiger Form (§ 29 GBO) die Entstehung der Eigentümergrundschuld (Teileigentümergrundschuld) nachgewiesen wird. In diesem Fall kann der Gläubiger den Anspruch auf Berichtigung des Grundbuchs pfänden und sich überweisen lassen. Auf Grund dieses Beschlusses kann der Gläubiger die Aushändigung der Urkunden (zB löschungsfähige Quittungen für den Eigentümer), die zur Berichtigung des Grundbuchs erforderlich sind, erzwingen (§ 836 III)

und einen Widerspruch gem § 899 BGB in das Grundbuch eintragen lassen (KGJ 26, 79). Die Eintragung der Pfändung ins Grundbuch setzt in diesem Fall nicht voraus, daß das Grundpfandrecht vorher auf den Eigentümer umgeschrieben wird (BGH DNotZ 69, 34 = MDR 68, 744 = NJW 68, 1674; Köln NJW 61, 368 = Rpfleger 61, 206 mit Anm Stöber; Hamburg JurBüro 77, 860 = Rpfleger 73, 371).

ee) Die **künftige Eigentümergrundschuld** (das ist die aus der einem anderen als Gläubiger noch zustehenden Hypothek oder Grundschuld erst künftig entstehende Eigentümergrundschuld) kann durch gerichtlichen Pfändungsbeschluß gepfändet werden (Bezeichnung im Pfändungsbeschluß Rn 10 zu § 829); wirksam wird die Pfändung jedoch erst nach Entstehen des Eigentümerrechts mit Briefübergabe bzw Grundbucheintragung. Daß der Eigentümer über eine künftige Eigentümergrundschuld noch nicht verfügen kann (BGH 53, 60 = NJW 70, 322; Staudinger/Scherübl BGB Rz 37, 91 zu § 1163 mwN), schließt Erlaß des Pfändungsbeschlusses nicht aus, weil eine rechtliche Grundlage für die Bestimmung des Gegenstands der ZwV bereits vorhanden ist (Rn 2 zu § 829). Zulässig ist auch Pfändung einer vorläufigen Eigentümergrundschuld (s näher Staudinger/Scherübl Rz 92 zu § 1163 BGB mwN). Der Entstehung eines Pfändungspfandrechts steht jedoch bei einem Buchrecht entgegen, daß die vorläufige Eigentümergrundschuld und damit auch die Pfändung nicht eingetragen werden kann. Bei Briefrecht ist eine Pfändung möglich, wenn der Brief erlangt werden kann (vgl BGH 53, 60 = NJW 70, 322). Auch bei einem Buchrecht entsteht ein Pfändungspfandrecht, wenn die vorläufige Eigentümergrundschuld vorschriftswidrig in das Grundbuch eingetragen und damit auch die Eintragung der Pfändung bewirkt wird (RG 120, 110 [112]). Dagegen bleibt die Pfändung einer künftigen Eigentümergrundschuld wirkungslos, wenn die Eigentümergrundschuld und die Pfändung versehentlich ins Grundbuch eingetragen werden (RG 145, 343 [353]). 25

ff) Zur Pfändung der Eigentümergrundschuld eines Grundstücks**mit**eigentümers Stöber FdgPfdg Rdn 1963–1969. 26

c) Die **Eigentümerhypothek** sichert eine Forderung. Gegenstand der Pfändung ist daher die Forderung als Hauptanspruch; deren Pfändung erfaßt auch die Eigentümerhypothek als Sicherungsrecht (Rn 2 zu § 830). Sie hat daher nach § 830 zu erfolgen. Drittschuldner ist der Forderungsschuldner (Stöber Rpfleger 58, 252); er ist im Pfändungsbeschluß zu bezeichnen; Zahlungsverbot (§ 829 I) gegen ihn muß ergehen. Ungenaue Drittschuldnerbezeichnung gilt allerdings vielfach als unschädlich. Einzelheiten Stöber FdgPfdg Rdn 1970–1974. 27

d) Bei einer **Höchstbetragshypothek** kann nach § 837 III die Forderung ohne die Hypothek nach den allgemeinen Vorschriften gepfändet werden. Für die Pfändung von Forderung und Hypothek gilt § 830. Wegen der Pfändung der vorläufigen Eigentümergrundschuld s Rn 25. Wird die endgültige Eigentümergrundschuld festgestellt und die Pfändung ins Grundbuch eingetragen, so endet der in § 161 BGB geregelte Schwebezustand und das Verfügungsverbot erlangt rückwirkende Kraft (RG 76, 233; 97, 223 [228]). 28

e) Der Pfändungsgläubiger kann, wie der Eigentümer, **Zinsen** nur in der Zwangsverwaltung geltend machen (§ 1197 II BGB). **ZwV in das Grundstück** kann der Gläubiger nach Überweisung der Eigentümergrundschuld betreiben; er unterliegt den Beschränkungen des **§ 1197 BGB nicht** (Köln NJW 59, 2167; LG Bremen MDR 54, 678 = NJW 55, 184; LG Hof Rpfleger 65, 369 mit Anm Stöber; Staudinger/Scherübl Rz 5 zu § 1197 BGB mwN; Stöber Rpfleger 58, 339; aA Düsseldorf NJW 60, 1723 mit abl Anm Westermann; LG Darmstadt MDR 58, 853). Zur ZwV in das Grundstück benötigt der Pfändungsgläubiger einen dinglichen Titel (Stöber Rpfleger 58, 341 mwN). 29

3) Erlösanspruch. Lit: *Busse,* Ist die Pfändung eines zukünftigen Anteils an dem Versteigerungserlös eines Grundstücks möglich? MDR 1958, 825; *Stöber,* Zweifelsfragen bei Pfändung von Eigentümergrundschulden und Eigentümerhypotheken, Rpfleger 1958, 51.

Befindet sich das belastete Grundstück in **Zwangsversteigerung,** so können Grundpfandrechte als solche bis zur Erteilung des Zuschlags gepfändet werden (BGH MDR 61, 675 = Rpfleger 61, 291), nach dem Zuschlag nur, soweit sie bestehen geblieben sind. Wenn die Hypothek oder eine Grundschuld erlischt (§§ 52, 91 ZVG), tritt an ihre Stelle das Recht auf Befriedigung aus dem Versteigerungserlös **(Surrogationsgrundsatz).** Das Ersatzrecht auf Befriedigung aus dem Erlös ist nicht mehr ein Recht am Grundstück; die für die Pfändung eines solchen Rechts geltenden besonderen Vorschriften der §§ 830, 857 VI können deshalb auf die Pfändung des Ersatzrechts keine Anwendung finden. Der Anspruch des Gläubigers oder Eigentümers als Inhaber einer nach § 91 ZVG erloschenen Hypothek, Grundschuld oder Eigentümergrundschuld auf Befriedigung aus dem Erlös ist vielmehr nach §§ 829, 857 I, II zu pfänden (BGH 58, 298 = MDR 72, 601 = NJW 72, 1135; Staudinger/Scherübl Rz 98 zu § 1163 BGB). Die Pfändung ist mit der Zustellung des Pfändungsbeschlusses an den Drittschuldner bewirkt (§ 829 III), das ist der bisherige Grundstückseigentümer (bei erloschener Hypothek richtig aber der Forderungsschuldner, s Stöber 30

Rpfleger 58, 253); bei drittschuldnerlosen Rechten (Eigentümergrundschuld) hat Zustellung an Schuldner als Grundstückseigentümer bei Zuschlag zu erfolgen (§ 857 II). Eine Zustellung an den Ersteher ist weder erforderlich noch ausreichend (BGH 58, 298 = aaO). Das Vollstreckungsgericht ist nicht Drittschuldner; Zustellung an dieses bewirkt keine Pfändung (Stöber Rpfleger 58, 253). Ist der Erlösanteil wegen des Widerspruchs eines Beteiligten gegen den Teilungsplan hinterlegt, so ist die Pfändung erst mit der Zustellung an die Hinterlegungsstelle bewirkt (BGH 58, 298 = aaO). Zu pfänden ist das Recht auf Befriedigung aus dem Versteigerungserlös (RG 75, 316, „Der Anspruch des Schuldners auf den Erlösanteil, der bei der ZwVerst des Grundstücks ... auf diejenige Eigentümergrundschuld des Schuldners entfällt, die an die Stelle der auf dem Grundstück ... in Abt III eingetragenen Hypothek getreten ist"). Solange das dingliche Recht in seiner ursprünglichen Form noch besteht, ist ein künftiger oder bedingter Anspruch auf den etwaigen Versteigerungserlös nicht ausscheidbar und kann daher auch nicht möglicher Gegenstand einer Abtretung und damit auch nicht einer Pfändung sein (RG 70, 278; RG HRR 32 Nr 156; RG DNotZ 35, 496; BGH MDR 64, 308 = NJW 64, 813; auch BGH 58, 298 = aaO; Stöber Rpfleger 58, 251 [256]; Busse MDR 58, 825; s auch Hamburg MDR 59, 496). Nach Erteilung, aber vor Rechtskraft des Zuschlags ist (wegen noch möglicher Aufhebung des Zuschlags mit der Folge des § 91 I ZVG) Pfändung des Rechts (§§ 830, 857) und des Erlösanspruchs ratsam (Stöber FdgPfdg Rdn 1988). Wenn der Teilungsplan mit Forderungsübertragung ausgeführt ist (§ 118 ZVG; Besonderheit bei Verzicht nach § 118 II ZVG), besteht pfändbar kein Erlösanspruch mehr, sondern nur noch die dem Berechtigten übertragene Forderung; deren Pfändung erfolgt nach § 829, nach Eintragung der Sicherungshypothek (§ 128 ZVG) nach § 830.

31 **VII) Gebühren: 1)** des **Gerichts:** Streitwertunabhängige Gebühr von 15 DM nach KV Nr 1149. Die einmal angefallene Gebühr fällt durch eine Zurücknahme des Antrags nicht mehr weg. Die Gebühr ist eine Pauschgebühr und gilt daher das gesamte Verfahren ab. Allerdings gelten mehrere Verfahren innerhalb eines Rechtszugs als ein Verfahren, wenn sie sich auf denselben Anspruch und auf denselben Gegenstand beziehen (KV Nr 1149 S 2). Derselbe Anspruch liegt vor, wenn wegen der gleichen Forderung aus einem Titel vollstreckt wird, wobei es für die Nämlichkeit des Anspruchs ohne Bedeutung ist, daß auf der Gläubiger- oder Schuldnerseite ein Rechtsnachfolger auftritt. Um denselben Gegenstand handelt es sich, wenn die Vollstreckung in das gleiche (Vermögens-) Recht erfolgt, so daß idR verschiedene Gegenstände in Betracht kommen, soweit der Gläubiger die Vollstreckung in unterschiedliche Forderungen oder Rechte des gleichen Schuldners verlangt (bei einer einzigen Antragsschrift kann es anders sein). S dazu im einzelnen Drischler/Oestreich/Heun/Haupt, GKG 3. Aufl Anm VII zu KV Nr 1149. – **2)** des **Anwalts:** je eine (3/10) Vollstreckungsgebühr nach § 57 BRAGO für a) die Tätigkeit des RA (Pfändungsantrag) bis zur Anordnung der Verwaltung (§ 58 I BRAGO), b) für die weitere Tätigkeit bei Ausführung der Verwaltung (§ 58 III Nr 5 BRAGO); vgl Hartmann, KostGes BRAGO § 58 Anm 5 Bf (die besondere Angelegenheit beginnt mit der ersten Verwaltungshandlung). – **3)** des **Gerichtsvollziehers:** 2½fache Gebühr nach dem Betrag des Erlöses bei einer v Gericht angeordneten anderen Art der Verwertung (§ 844; zB Veräußerung) durch den GV, die unter § 21 I GVKostG fällt.

858 *[Zwangsvollstreckung in die Schiffspart]*

(1) Für die Zwangsvollstreckung in die Schiffspart (§§ 489 ff des Handelsgesetzbuchs) gilt § 857 mit folgenden Abweichungen:

(2) Als Vollstreckungsgericht ist das Amtsgericht zuständig, bei dem das Register für das Schiff geführt wird.

(3) Die Pfändung bedarf der Eintragung in das Schiffsregister; die Eintragung erfolgt auf Grund des Pfändungsbeschlusses. Der Pfändungsbeschluß soll dem Korrespondentreeder zugestellt werden; wird der Beschluß diesem vor der Eintragung zugestellt, so gilt die Pfändung ihm gegenüber mit der Zustellung als bewirkt.

(4) Verwertet wird die gepfändete Schiffspart im Wege der Veräußerung. Dem Antrag auf Anordnung der Veräußerung ist ein Auszug aus dem Schiffsregister beizufügen, der alle das Schiff und die Schiffspart betreffenden Eintragungen enthält; der Auszug darf nicht älter als eine Woche sein.

(5) Ergibt der Auszug aus dem Schiffsregister, daß die Schiffspart mit einem Pfandrecht belastet ist, das einem andern als dem betreibenden Gläubiger zusteht, so ist die Hinterlegung des Erlöses anzuordnen. Der Erlös wird in diesem Fall nach den Vorschriften der §§ 873 bis 882 verteilt; Forderungen, für die ein Pfandrecht an der Schiffspart eingetragen ist, sind nach dem Inhalt des Schiffsregisters in den Teilungsplan aufzunehmen.

Lit: *Huken*, Die Schiffspart, ihre Pfändung und Verwertung in der Verwaltungsvollstreckung KKZ 1973, 228; *Quardt*, Schiffsparten in der ZwV, JurBüro 1961, 271.

1 **I) Die im Schiffsregister** (s Schiffsregisterordnung idF der Bek v 26. 5. 51, BGBl I 359, mit Änderungen) eingetragenen Schiffe unterliegen nach § 864 I der ZwV in das unbewegliche Ver-

mögen gemäß § 870 a. Im Gegensatz zu sonstigem unbeweglichem Vermögen unterliegt jedoch die ZwV in die Schiffspart, den Miteigentumsanteil, den Vorschriften über die ZwV in das bewegliche Vermögen (§ 857).

II) **Ausschließlich** zuständig (§ 802) ist das AG (Rechtspfleger, § 20 Nr 17 RpflG), bei dem das Schiffsregister geführt wird (Gericht des Heimathafens, Abs 2). 2

III) Ein Drittschuldner fehlt. **Zustellung** des Pfändungsbeschlusses an den Schuldner (§ 857 II) ist für deren Wirksamkeit nicht wesentlich (StJM Anm 2, Wieczorek Anm A II b 1, je zu § 858; Quardt JurBüro 61, 273); wirksam wird die Pfändung mit Eintragung in das Schiffsregister (Abs 3 S 1). Zustellung an den Korrespondentreeder (§ 492 HGB, Miteigentümer) soll zwar erfolgen, ist aber zur Wirksamkeit der Pfändung nicht erforderlich und macht die Eintragung ins Schiffsregister nicht entbehrlich. Mit Zustellung an den Korrespondentreeder vor Eintragung ist die Pfändung ihm gegenüber wirksam; dazu Rn 11 zu § 830. Die der Mitgliedschaft entspringenden Gewinnanteile (s § 502 HGB) werden von der Pfändung der Schiffspart erfaßt, können aber auch selbständig gepfändet werden. 3

IV) Auszug aus dem Schiffsregister ist dem Antrag auf Anordnung der **Veräußerung** beizufügen, nicht schon dem Pfändungsantrag. Die Veräußerung erfolgt nach näherer besonderer Anordnung des Gerichts (Rpfl) durch den GV (§§ 816 ff, 844); Überweisung nach § 835 (an Zahlungs Statt oder zur Einziehung) ist unzulässig. Der Antrag auf Veräußerung kann mit dem Pfändungsantrag verbunden werden; obwohl das Vollstreckungsgericht zugleich Registerbehörde ist (Abs 2), wird statt der Vorlage des Auszugs die Bezugnahme auf das Register angesichts der eindeutigen Bestimmung im Gesetz nicht genügen. Ist dem Veräußerungsantrag der Auszug nicht beigegeben, so ist der Antrag abzulehnen. Die an der Part bestehenden Rechte erlöschen durch den Verkauf; der Erwerber hat die Berichtigung des Schiffsregisters herbeizuführen. Auch Anordnung der Verwaltung der Schiffspart ist zulässig (Quardt JurBüro 61, 274; Wieczorek Anm B zu § 858). 4

V) Die Rechte vorgehender Pfändungsgläubiger wahrt Abs 5 iVm Abs 4. Nach Hinterlegung des Erlöses: Verteilungsverfahren nach §§ 872 ff. 5

VI) **Gebühren: 1)** des **Gerichts:** Eine (streitwertunabhängige) Gebühr von 15 DM (KV Nr 1149). Wird die besondere Anordnung des Gerichts nicht gleichzeitig mit dem Pfändungsbeschluß, sondern später isoliert erlassen, so kommt dadurch keine weitere Gebühr zum Ansatz. – **2)** des **Anwalts:** 3/10 Vollstreckungsgebühr nach §§ 57, 58 I BRAGO. Für die Vertretung im Verteilungsverfahren s § 872 Rn 4. – **3)** des **Gerichtsvollziehers:** Rn 31 zu § 857. 6

859 *[Zwangsvollstreckung in Gesellschafter- und Miterbenanteil]*

(1) Der Anteil eines Gesellschafters an dem Gesellschaftsvermögen einer nach § 705 des Bürgerlichen Gesetzbuchs eingegangenen Gesellschaft ist der Pfändung unterworfen. Der Anteil eines Gesellschafters an den einzelnen zu dem Gesellschaftsvermögen gehörenden Gegenständen ist der Pfändung nicht unterworfen.

(2) Die gleichen Vorschriften gelten für den Anteil eines Miterben an dem Nachlaß und an den einzelnen Nachlaßgegenständen.

I) **Zweck:** Zulassung der ZwV in den Anteil eines Gesellschafters und eines Miterben mit Besonderheit infolge des vorhandenen Gesamthandvermögens. 1

II) **BGB-Gesellschaft** (§§ 705 ff BGB)

Lit: *Furtner*, Pfändung der Miteigentumsrechte bei Personengesellschaften, MDR 1965, 613; *Mümmler*, ZwV in das Gesellschaftsvermögen und in Gesellschaftsanteile der Gesellschaft des bürgerlichen Rechts und der offenen Handelsgesellschaft, JurBüro 1982, 1607; *Rupp* und *Fleischmann*, Probleme bei der Pfändung von Gesellschaftsanteilen, Rpfleger 1984, 223; *Schmidt*, Der unveräußerliche Gesamthandsanteil – ein Vollstreckungsgegenstand, JR 1977, 177.

1) Der **Gesellschaftsanteil** des Gesellschafters einer BGB-Gesellschaft ist (gesetzlich) nicht übertragbar (§ 717 S 1 BGB). Über seinen Anteil an dem Gesellschaftsvermögen kann der Gesellschafter nicht verfügen (§ 719 I BGB). Der Anteil des Gesellschafters an dem Gesellschaftsvermögen (§ 718 BGB) ist dennoch **pfändbar** (Abs 1 S 1). Als Vermögenswert des Schuldners ist ein Gesellschaftsanteil Vollstreckungsgegenstand für Gläubiger des einzelnen Gesellschafters. Für den Gläubiger, der einen gegen alle Gesellschafter lautenden Titel hat, ist das Gesellschaftsvermögen selbst Gegenstand der ZwV (§ 736). 2

2) **Zu pfänden** ist der Anteil eines Gesellschafters an dem Gesellschaftsvermögen einer BGB-Gesellschaft nach § 857 (mit § 829), auch wenn Grundstücke zum Gesellschaftsvermögen gehören 3 (zur ungenauen Bezeichnung im Pfändungsbeschluß, wenn 2 BGB-Gesellschaften bestehen: BGH MDR 72, 414 = NJW 72, 259). Als Adressat für das an den Drittschuldner (die von der Pfändung betroffenen Mitgesellschafter) zu erlassende Zahlungsverbot wird der geschäftsführende Gesellschafter angesehen, Entgegennahme des Pfändungsbeschlusses somit als Geschäftsführungsmaßnahme gewertet, Zustellung des Pfändungsbeschlusses nur an den geschäftsführenden Gesellschafter daher als ausreichend erachtet (BGH MDR 86, 825 = NJW 86, 1991 = ZIP 86, 776; StJM Anm I 1 zu § 859; nicht entschieden von BGH MDR 72, 414 = aaO; anders hier 14. Aufl mwN). Bei gemeinschaftlicher Geschäftsführung mehrerer Gesellschafter unter Ausschluß der übrigen müßte demzufolge Erlaß und Zustellung des Zahlungsverbots an einen der geschäftsführenden Gesellschafter genügen (§ 171 III entspr; nicht klar und ev aA BGH MDR 86, 825 = aaO). Zustellung an alle Gesellschafter bewirkt in jedem Fall eine wirksame Pfändung (BGH MDR 86, 825 = aaO); sie empfiehlt sich stets, wenn die Regelung der Geschäftsführung im Gesellschaftsvertrag nicht sicher bekannt ist.

4 **3) Wirkungen der Pfändung:** § 725 I BGB. In das Gesellschaftsverhältnis (Schuldverhältnis) rückt der Gläubiger nicht ein; er erlangt weder die Stellung noch die Rechte eines Gesellschafters (RG 60, 131). Die Gesellschafter sind daher durch das Verfügungsverbot auch nicht gehindert, über die zum Gesellschaftsvermögen gehörenden Gegenstände zu verfügen (Staudinger/Keßler Rdn 9 zu § 725 BGB; einschränkend Rupp/Fleischmann Rpfleger 84, 223: Verfügungsberechtigung endet mit Pfändung, wenn vertraglich eine freie Übertragbarkeit des Anteils vereinbart ist). In das Grundbuch eines zum Gesellschaftsvermögen gehörenden Grundstücks (grundstücksgleichen Rechts, eines an einem Grundstück lastenden Rechts wie einer Hypothek, Grundschuld) kann die Pfändung des Anteils eines BGB-Gesellschafters daher nicht eingetragen werden (Zweibrücken JurBüro 82, 1427 = OLGZ 82, 406 = Rpfleger 82, 413; LG Hamburg Rpfleger 82, 142; Dresden SeuffA 64 Nr 119; LG Stuttgart BWNotZ 85, 162 L; AG Ahrensburg JurBüro 64, 844 = SchlHA 64, 197; Haegele/Schöner/Stöber GBRecht Rdn 1674; aA Hamm DNotZ 77, 376 = OLGZ 77, 283; KG HRR 27 Nr 2181, auch Rupp/Fleischmann aaO für den Fall, daß der Gesellschaftsvertrag die freie Übertragbarkeit des Anteils vorsieht). Der Gläubiger kann die Gesellschaft ohne Einhaltung einer Kündigungsfrist kündigen und dann an Stelle des Schuldners die Auseinandersetzung nach § 731 BGB herbeiführen (so auch Behr Rpfleger 83, 36 zu aA LG Hamburg MDR 82, 1028 = Rpfleger 83, 35). Was dem Schuldner bei der Auseinandersetzung zukommt, wird ohne weiteres vom Pfandrecht des Gläubigers ergriffen (RG 95, 232 f); auch eine Abfindungsforderung (BGH NJW 72, 259 = aaO). Ein Recht auf Ausübung der gesellschaftlichen Mitgliedsrechte (zB des Stimmrechts) erlangt der Gläubiger durch Pfändung des Gesellschaftsanteils nicht (RG 157, 55; 139, 228). Pflichten eines Gesellschafters ergeben sich für den Gläubiger nicht. Den Anspruch auf den Gewinnanteil kann der Gläubiger geltend machen (§ 725 II BGB). Die Mitgesellschafter sind berechtigt, den Gläubiger zu befriedigen und so die Auflösung der Gesellschaft abzuwenden (§§ 1249, 1273 mit § 268 BGB; abw RG 167, 298 [299]).

5 **4)** Selbständig (allein) gepfändet werden können die (auch selbständig abtretbaren, § 717 S 2 BGB) Ansprüche eines Gesellschafters auf seinen **Gewinnanteil,** auf die ihm aus **Geschäftsführung zustehenden Ansprüche,** soweit deren Befriedigung vor Auseinandersetzung verlangt werden kann (insbesondere die Ansprüche auf Ersatz von Aufwendungen und auf Vergütung für Dienste, die aber ihrerseits den Pfändungsschutz der §§ 850 ff genießen können) und auf dasjenige, was dem Gesellschafter bei der Auseinandersetzung zukommt (sogen **Auseinandersetzungsguthaben**). Unpfändbar ist der Anspruch eines Gesellschafters auf Rechnungslegung und Auskunftserteilung. Zum Rang mehrerer Pfändungen und zu Zusammentreffen von Pfändung und Abtretung Stöber FdgPfdg Rdn 1577.

III) Offene Handelsgesellschaft (§§ 105 ff HGB)

Lit: *Clasen,* Vollstreckungs- und Kündigungsrecht des Gläubigers einer OHG gegen Gesellschaft und Gesellschafter, NJW 1965, 2141; *Mümmler* wie vor Rn 2; *Winnefeld,* Übertragung und Pfändung des Kapital-Entnahmeanspruchs iS des § 122 Abs 1 HGB, Betrieb 1977, 897.

6 **1)** Auf die offene Handelsgesellschaft finden, soweit nicht das HGB Sonderrecht regelt, die BGB-Vorschriften über die Gesellschaft Anwendung (§ 105 II HGB). Der **Anteil** des Gesellschafters **an dem Gesellschaftsvermögen** einer offenen Handelsgesellschaft ist daher auch gleichermaßen (wie ein BGB-Gesellschaftsanteil) pfändbar. Als Vermögenswert des Schuldners ist der Gesellschaftsanteil Vollstreckungsgegenstand für Gläubiger des Gesellschafters. Für den Gläubiger, der eine Vollstreckungsforderung gegen die oHG unter ihrer Firma erwirkt hat, ist das Gesellschaftsvermögen selbst Gegenstand der ZwV (§ 124 II HGB).

7 **2) Zu pfänden** ist der Anteil eines Gesellschafters an dem Gesellschaftsvermögen einer oHG nach § 857 (mit § 829). Wegen des Wortlauts von § 135 HGB wird die Pfändung vorsorglich auch

auf dasjenige erstreckt, was dem Gesellschafter bei der Auseinandersetzung zukommt; notwendig ist das nicht (Stöber FdgPfdg Rdn 1583). Drittschuldner sind die übrigen Gesellschafter; bewirkt wird die Pfändung jedoch durch Zustellung an die Gesellschaft (BGH MDR 86, 825 = aaO; StJM Anm II 1 zu § 859; Schmidt JR 77, 177 [178]; Schlegelberger HGB Anm 6 zu § 135; offen gelassen von BGH NJW 72, 259 = aaO), für diese somit an den geschäftsführenden Gesellschafter (s Rn 3).

3) Der Gläubiger wird nicht Gesellschafter; er hat auch nicht die Rechte eines solchen (RG 60, 131; auch Rn 4). Kündigungsrecht: § 135 HGB; hierfür kommt es auf die Reihenfolge Vollstreckungsversuch – Rechtskraft des Schuldtitels – Pfändung des Gesellschaftsanteils nicht an (BGH MDR 83, 32 = NJW 82, 2773; Düsseldorf BB 81, 2028 = Betrieb 81, 2600). Einzelheiten zur Kündigung Stöber FdgPfdg Rdn 1590–1593. Ob der kündigende Gläubiger Auskunft und Bilanzvorlegung verlangen kann, ist umstritten (bejahend KG OLG 21, 386). Jedenfalls kann der Gläubiger vom Schuldner Auskunft, Aushändigung erforderlicher Urkunden sowie Durchführung der Liquidation verlangen und nötigenfalls durch Klage erzwingen. Recht der Gesellschafter zur Fortführung der Gesellschaft ohne den abzufindenden ausscheidenden Gesellschafter: § 141 HGB. Zu Pfändungswirkungen auch Rn 4. 8

4) Selbständige Pfändung des Anspruchs auf den **Gewinnanteil** und andere **Einzelansprüche:** Rn 5. Das Guthaben auf einem für den Gesellschafter geführten Privatkonto (Darlehenskonto usw) gehört nicht zu den gesellschaftsrechtlichen Einzelansprüchen; es ist nach § 829 gesondert zu pfänden (Stöber FdgPfdg Rdn 1594). 9

IV) Kommanditgesellschaft (§§ 161 ff HGB)

Lit: *Noack*, Die Kommanditgesellschaft (KG) im Prozeß und in der Vollstreckung, Betrieb 1973, 1157.

Für die Kommanditgesellschaft (auch GmbH & Co KG) gelten die Vorschriften für die oHG entsprechend (§ 161 II HGB). Pfändung daher wie Rn 6–9. Pfändbar sind der Gesellschaftsanteil des persönlich haftenden Gesellschafters und ebenso jeder Gesellschaftsanteil eines Kommanditisten. 10

V) Stille Gesellschaft (§§ 230 ff HGB)

Gläubiger eines stillen Gesellschafters können seinen Anspruch auf den Gewinnanteil (s BGH MDR 76, 207 = NJW 76, 189) und auf das Auseinandersetzungsguthaben pfänden. Als Geldforderung werden die Ansprüche nach § 829 gepfändet. Drittschuldner ist der Inhaber des Handelsgeschäfts. Kündigung: § 234 mit § 135 HGB. 11

VI) Aktiengesellschaft

Lit: *Bauer*, Die ZwV in Aktien und andere Rechte des Aktiengesetzes, JurBüro 1976, 869.

Vor Eintragung einer Aktiengesellschaft in das Handelsregister ist das Anteilsrecht des Aktionärs nicht übertragbar (§ 41 IV AktG) und daher (§ 851) nicht pfändbar. Nach Eintragung sind die Rechte pfändbar, auch wenn die Aktienurkunden noch nicht ausgegeben sind. Pfändung des Anteilsrechts, für das Aktien (noch) nicht ausgegeben sind, erfolgt nach § 857. Aktien werden wie Wertpapiere gepfändet (§ 808 mit § 821). Das Bezugsrecht auf neue Aktien ist Bestandteil der Mitgliedschaft des Aktionärs, nicht Sonderrecht, mithin selbständig nicht pfändbar (AktG-Großkomm/Wiedemann Anm 6 zu § 186). 12

VII) Gesellschaft mbH

Lit: *Bokelmann*, Die Einziehung von GmbH-Anteilen im Falle der Pfändung und des Konkurses, BB 1970, 1235; *Fischer*, Die Pfändung und Verwertung eines GmbH-Geschäftsanteils, GmbHR 1961, 21; *Heckelmann*, Vollstreckungszugriff und GmbH-Statut, ZZP 92 (1979) 28; *Noack*, Aktuelle Fragen zur ZwV gegen die GmbH, insbesondere in den GmbH-Anteil, Betrieb 1969, 471 *Noack*, Die Versteigerung von Rechten (§ 844 ZPO), insbesondere eines GmbH-Anteils, MDR 1970, 890; *Noack*, Pfändung und Verwertung eines GmbH-Anteils, JurBüro 1976, 1603; *Petermann*, Die Verwertung des gepfändeten GmbH-Anteils, Rpfleger 1973, 387; *Priester*, Grundsatzregelung, Wertmaßstäbe und Zahlungsmodalitäten des Einziehungsentgelts für GmbH-Anteile bei Pfändung oder Konkurs, GmbHR 1976, 5; *Reiter*, Einziehung von GmbH-Geschäftsanteilen gegen wirtschaftlich nicht vollwertiges Entgelt, NJW 1973, 22; *Tiedau*, Zur Wirksamkeit gesellschaftsrechtlicher Abfindungsklauseln gegenüber Vollstreckungsmaßnahmen, DNotZ 1964, 94; *Weber*, Einziehung von GmbH-Anteilen unter Wert bei Pfändung und Konkurs, BB 1969, 425.

Der (veräußerliche und vererbliche, § 15 I GmbHG) **Geschäftsanteil** des Gesellschafters einer GmbH ist pfändbar, und zwar auch dann, wenn in eine Übertragung die GmbH einwilligen muß (RG 70, 415; 142, 373). Zu pfänden ist der Geschäftsanteil als Mitgliedsrecht nach § 857 mit § 829. 13

Mehrere Geschäftsanteile des Schuldners sind selbständig (§ 15 II GmbHG); Pfändung muß daher ggf auf alle erstreckt werden. Drittschuldner ist die GmbH (StJM Anm II 4 zu § 859; Fischer GmbHR 1961, 21; Stöber FdgPfdg Rdn 1613; aA: drittschuldnerloses Recht nach § 857 II: RG 57, 415; Köln OLG 13, 206; Schuler NJW 60, 1423 und 61, 2281; Noack Betrieb 69, 471 und MDR 70, 891). Die Pfändung des Geschäftsanteils erstreckt sich auf alle Ansprüche aus dem Gesellschaftsverhältnis, soweit sie nach der Pfändung fällig werden, zB die Gewinnansprüche (bestr; ihre ausdrückliche Mitpfändung ist daher zu empfehlen, StJM Anm II 4 zu § 859). Eine Satzungsregelung, daß der Geschäftsanteil bei Pfändung gegen vollwertiges Entgelt eingezogen werden kann (§ 34 GmbHG) wirkt auch gegen den Gläubiger (BGH 65, 22 = DNotZ 76, 181 = MDR 75, 1001 = NJW 75, 1835). Nichtig hingegen ist eine Satzungsbestimmung, die bei Pfändung Einziehung des Geschäftsanteils ohne oder nicht gegen vollwertiges Entgelt ermöglichen soll (RG 142, 373; BGH 32, 151 = DNotZ 60, 331 = MDR 60, 565 = NJW 60, 1053; BGH 65, 22 = aaO mit Einzelheiten). **Verwertung** des gepfändeten Geschäftsanteils erfolgt nicht durch Überweisung (KG OLG 10, 392), sondern gem §§ 844, 857 V, meist durch Versteigerung; Einzelheiten: Stöber FdgPfdg Rdn 1625–1627. Einziehung auf Grund Satzungsänderung nach Pfändung hindert diese Verwertung nicht (LG Gießen MDR 86, 155). Zulässig ist auch die Pfändung (§ 829) von Einzelrechten des Schuldners aus dem Gesellschaftsvertrag, so zB des Anspruchs auf Beteiligung am Gewinn (RG 98, 319), des Rückzahlungsanspruchs aus einbezahlten Nachschüssen, soweit sie nicht zur Deckung des Verlustes am Stammkapital erforderlich sind. Weil Vorausabtretung des Auseinandersetzungsanspruchs für zulässig erachtet wird (BGH 88, 205 = Betrieb 83, 2613), ist die Forderung auf Auszahlung eines Auseinandersetzungsguthabens (bei Auflösung der Gesellschaft oder Ausscheiden des Inhabers eines Gesellschaftsanteils) auch als künftiger Anspruch pfändbar (§ 851 I). Diese Pfändung geht aber dann ins Leere, wenn der Schuldner als GmbH-Gesellschafter seinen Geschäftsanteil an einen Dritten abtritt, bevor in seiner Person ein Auseinandersetzungsanspruch entstanden ist (BGH aaO). Unzulässig ist die Pfändung der Ausübung der Verwaltungsrechte, insbes des Stimmrechts und die Anordnung einer Verwaltung dieser Rechte (KG JW 32, 757).

VIII) Genossenschaft

14 Gepfändet werden kann der **Anspruch auf das Geschäftsguthaben** (die Forderung auf das dem Schuldner als Genosse bei der Auseinandersetzung mit der Genossenschaft zukommende Guthaben, §§ 66, 73 GenG), der Anspruch auf fortlaufende Auszahlung des Gewinns (§ 19 GenG) und der Anspruch auf Auszahlung eines Anteils am Reservefonds (erfordert Satzungsregelung, § 73 III GenG), nicht aber „ein Geschäftsanteil", der nicht Mitgliedsrecht, sondern lediglich Rechengröße für die höchstmögliche Beteiligung der Genossen mit Einlagen ist (§ 7 Nr 1 GenG). Die Pfändung erfolgt nach § 829; Drittschuldner ist die Genossenschaft. Pfändung und Überweisung berechtigen unter der weiteren Voraussetzung des § 66 GenG zur Ausübung des Kündigungsrechts des Genossen. Das Kündigungsrecht wird durch Aufkündigung an Stelle des Genossen dem Genossenschaftsvorstand gegenüber in schriftlicher Form geltend gemacht (§ 65 GenG). Dieser Aufkündigung hat der kündigende Gläubiger beizufügen eine beglaubigte Abschrift des endgültig vollstreckbaren oder rechtskräftigen Schuldtitels, den Nachweis, daß die ZwV in das Vermögen des Genossen innerhalb der der ZwV-Maßnahme voraufgegangenen 6 Monate ohne Erfolg versucht worden ist, durch Vorlage einer beglaubigten Abschrift einer Urkunde über die fruchtlose ZwV (§ 66 II GenG), zB einer beglaubigten Protokollabschrift des GV über eine fruchtlose Pfändung. Die Aufkündigung ist nur zum Ende eines Geschäftsjahres zulässig (§ 65 II GenG). Sie muß, wenn das Genossenschaftsstatut keine längere Kündigungsfrist festgesetzt hat, spätestens drei Monate vor dem Schluß des Geschäftsjahres bewirkt worden sein (§ 65 II GenG). Unter entsprechender Anwendung des § 73 II GenG wird das Geschäftsguthaben binnen 6 Monaten nach dem Wirksamwerden der Aufkündigung an den Gläubiger ausgezahlt. Bezüglich der Auszahlung des Geschäftsguthabens bei **Baugenossenschaften** gelten die besonderen Bestimmungen der Gesetze v 20. 7. 33 und 15. 6. 35, RGBl 525 und 745. S auch Rn 33, „Genossenschaft" zu § 829.

IX) Miterbenanteil (Abs 2)

Lit: *Haegele*, Fragen der ZwV im Erbrecht, BWNotZ 1975, 129; *Lehmann*, Die Konkurrenz zwischen Vertragspfandrecht und nachrangigem Pfändungspfandrecht am Anteil eines Miterben, NJW 1971, 1545; *Liermann*, Zweifelsfragen bei Verwertung eines gepfändeten Miterbenanteils, NJW 1962, 2189; *Löscher*, Grundbuchberichtigung bei Erbteilspfändung, JurBüro 1962, 391; *Rippel*, Das Pfändungspfandrecht am Erbanteil, NJW 1958, 692; *Stöber*, Antrag auf Teilungsversteigerung nach Pfändung eines Miterbenanteils und Einstellungsantrag nach § 180 Abs 2 ZVG des Pfändungsschuldners, Rpfleger 1963, 337; *Stöber*, Grundbucheintragung der Erben nach Pfändung des Erbanteils, Rpfleger 1976, 197.

1) Der **Anteil eines Miterben an dem Nachlaß** (§§ 2032, 2033 I BGB) ist bei ZwV gegen den Miterben als Vermögensrecht Vollstreckungsgegenstand (Abs 2). Über „seinen Anteil" an einzelnen Nachlaßgegenständen kann ein Miterbe nicht verfügen (§ 2033 II BGB); ebenso ist Pfändung des Anteils an einem einzelnen Nachlaßgegenstand nicht (auch nicht bedingt, RG 60, 132) gestattet. Pfändung des Miterbenanteils ist auch bei Testamentsvollstreckung und Nachlaßverwaltung zulässig, ebenso, wenn zum Nachlaßanteil ein Anteil an einem fremden Nachlaß gehört (ist einzelner Nachlaßgegenstand; BayObLG 60, 138 = DNotZ 60, 483 = MDR 60, 675). Ein Anspruch „auf das Auseinandersetzungsguthaben" besteht neben dem Miterbenanteil als selbständig pfändbares Recht nicht (RG 60, 132; KG OLG 12, 374). Vor dem Erbfall besteht keine pfändbare Anwartschaft auf die künftige Erbschaft oder einen Miterbenanteil (RG 67, 428). 15

2) Zu pfänden ist der Miterbenanteil als Vermögensrecht nach § 857 I (mit § 829), auch wenn zum Nachlaß Grundstücke gehören (BGH 52, 99 = DNotZ 69, 673 = MDR 69, 750 = NJW 69, 1347). Drittschuldner sind die übrigen Miterben (RG 49, 405; 86, 294; BayObLG 59, 50 [60]; Frankfurt JurBüro 79, 1089 = Rpfleger 79, 205); wenn ein Testamentsvollstrecker bestellt ist, dem die Nachlaßverwaltung obliegt, ist dieser Drittschuldner (RG 86, 294; KG OLG 23, 221). Ebenso wird ein Nachlaßverwalter als Drittschuldner angesehen (s Frankfurt Rpfleger 79, 205). Wenn mehrere Miterben als Drittschuldner vorhanden sind, wird die Pfändung mit der Zustellung an alle (mit der letzten Zustellung) wirksam (§ 829 III). 16

3) Durch Erbteilspfändung erlangt der **Gläubiger das Recht,** alle dem Schuldner als Miterben zustehenden, nicht höchstpersönlichen Rechte neben diesem auszuüben, insbesondere das Verwaltungs- und Verfügungsrecht (§§ 2038 ff BGB), das Recht auf Mitwirkung bei der Auseinandersetzung (§ 2042 BGB) und das Recht auf den nach Berichtigung der Nachlaßverbindlichkeiten verbleibenden anteiligen Überschuß (§ 2047 I mit § 1258 III BGB; RG 83, 30; BayObLG 59, 50 [56]). Der Schuldner bleibt Miterbe; jedoch ist er in seiner Mitberechtigung am Nachlaß zugunsten des Gläubigers beschränkt. Er kann insbesondere nicht mehr in Gemeinschaft mit den anderen Miterben frei über einzelne Nachlaßgegenstände verfügen; dazu bedarf er der Zustimmung des Gläubigers, damit eine Verfügung ihm gegenüber wirksam ist (BGH LM Nr 4 zu § 859 ZPO = MDR 68, 913 = NJW 68, 2059; BayObLG 59, 50 [57, 60]; Frankfurt HRR 37 Nr 758 = JW 37, 2129 und JurBüro 79, 1089 = Rpfleger 79, 205). Auch die Nachlaßauseinandersetzung, die ohne Zustimmung des Gläubigers vorgenommen wird, ist ihm gegenüber unwirksam (BGH MDR 68, 913 = aaO; BayObLG 59, 50 [58]). Wenn der Gläubiger bei rechtsgeschäftlicher Auseinandersetzung mitwirkt, erlangt er nach hM ohne weiteres ein Pfandrecht an den Gegenständen (mithin eine Sicherungshypothek an einem Grundstück), die dem Schuldner aus dem Nachlaß zugeteilt werden (dingliche Surrogation; BGH 52, 99 = aaO und NJW 69, 1903 L mit Anm Wellmann; RG 60, 133; Liermann NJW 62, 2189; Ripfel NJW 68, 692); zutreffender indes erscheint die Ansicht, daß nur ein Anspruch auf Bestellung eines Pfandrechts (einer Sicherungshypothek) bei Auseinandersetzung besteht (Stöber FdgPfdg Rdn 1693). Bei Verfügung des Schuldners über den Miterbenanteil selbst (§ 2033 I BGB: Übertragung, Verpfändung, Bestellung eines Nießbrauchs) erlangt ein Dritter diesen oder sein Recht an ihm auch gutgläubig nicht frei vom Erbteilspfandrecht; dieses geht als Belastung auch auf den gutgläubigen Erwerber über (BayObLG 25, 447; BayObLG 59, 50; KG HRR 34 Nr 265). Verfügung aller Miterben ohne Mitwirkung des Gläubigers über einen Nachlaßgegenstand ermöglicht jedoch gutgläubigen Erwerb (§§ 932, 936, 892, 1032, 1207 BGB; s Ripfel NJW 58, 693; Frankfurt JurBüro 79, 1089 = aaO). Das Recht auf Auskunft und Rechnungslegung (§§ 2027, 2028, 2215, 205 BGB) ist als Nebenrecht (Rn 20 zu § 829) von der Pfändung erfaßt; deren Mitpfändung (auf Antrag) wird dennoch für zulässig erachtet (KG JW 30, 1014); selbständige Pfändung ist jedoch unzulässig (KG aaO). Den Schuldner hindert die Pfändung nicht, als Erbe die Erbschaft auszuschlagen (s Rn 18 zu § 829). Macht der Erbe von diesem Recht Gebrauch, so ist der Gläubiger nicht zur Anfechtung wegen Benachteiligung berechtigt; eine vorher in den Erbteil ausgebrachte Pfändung ist unwirksam; denn der Nächstberufene (§ 1953 BGB) ist nicht Rechtsnachfolger des Schuldners, erlangt den Erbanteil also pfandfrei. 17

4) In das Grundbuch eines zum Nachlaß gehörenden Grundstücks (grundstücksgleichen Rechts, eines das Grundstück belastenden Rechts wie einer Hypothek, Grundschuld) kann die Erbteilspfändung (nicht auch die Überweisung) eingetragen werden, um die gemeinschaftliche Verfügung der Miterben von der Zustimmung des Gläubigers abhängig zu machen (RG 90, 232 [236]; BayObLG 59, 50 [60]; Hamm Rpfleger 61, 201 und OLGZ 77, 283; Frankfurt JurBüro 79, 1089 = Rpfleger 79, 205). Die Eintragung ist Grundbuchberichtigung (zu ihr näher Haegele/Schöner/Stöber GBRecht Rdn 1659–1667); sie erfolgt auf (formlosen) Antrag des Gläubigers, wenn das Wirksamwerden der Pfändung nachgewiesen ist (§ 22 GBO). Voreintragung der Miterben in Erbengemeinschaft ist erforderlich (§ 39 GBO; Frankfurt JurBüro 79, 1089 = aaO). Diese kann der Gläubiger beantragen (§ 13 II GBO; Stöber Rpfleger 76, 197 mit Nachw; Ripfel NJW 58, 693; aA Zweibrücken Rpfleger 76, 214); Unrichtigkeitsnachweis: § 35 GBO. Bei Briefrechten ist der 18

Brief vorzulegen (Frankfurt JurBüro 79, 1089 = aaO). Die Eintragung der Erbteilspfändung bewirkt keine Grundbuchsperre (BayObLG 59, 50; Hamm Rpfleger 61, 201); Löschung eines zum Nachlaß gehörenden Rechts (insbesondere Hypothek, Grundschuld, auch Eigentümergrundschuld) ist jedoch unzulässig (BayObLG 59, 50; BayObLG 54, 98).

19 5) **Pfandverwertung** kann erfolgen mit Überweisung des gepfändeten Miterbenanteils zur Einziehung (nicht an Zahlungs Statt; Ripfel NJW 58, 692) oder anderweit nach § 857 V, § 844. Überweisung ermöglicht es dem Gläubiger, das Schuldnerrecht auf Aufhebung der Gemeinschaft (§ 2042 I BGB) geltend zu machen (Mitpfändung des Auseinandersetzungsanspruchs ist hierfür nicht erforderlich). Er kann daher auch Auseinandersetzung (§ 86 FGG) betreiben und Teilungsversteigerung beantragen (s § 181 II ZVG; dazu mit Einzelheiten Zeller/Stöber Rdn 11.10 zu § 180 ZVG.

20 6) Wenn zum Nachlaß eine **Heimstätte** gehört, ist die Pfändung eines Miterbenanteils insoweit unwirksam, als sie gegen § 20 RHeimstG verstößt (Frankfurt DNotZ 59, 474; Köln NJW 57, 834; Hornung Rpfleger 67, 220).

860 *[Eheliches Gesamtgut. Keine Anteilspfändung]*

(1) Bei dem Güterzustand der Gütergemeinschaft ist der Anteil eines Ehegatten an dem Gesamtgut und an den einzelnen dazu gehörenden Gegenständen der Pfändung nicht unterworfen. Das gleiche gilt bei der fortgesetzten Gütergemeinschaft von den Anteilen des überlebenden Ehegatten und der Abkömmlinge.

(2) Nach der Beendigung der Gemeinschaft ist der Anteil an dem Gesamtgut zugunsten der Gläubiger des Anteilsberechtigten der Pfändung unterworfen.

1 **I) Abs 1** entspricht den Vorschriften der §§ 1419 I, 1487 I BGB, nach denen weder der Anteil an dem Gesamtgut als Ganzes, noch der Anteil an einzelnen zu demselben gehörigen Gegenständen übertragbar ist; während **des Bestehens** der Gütergemeinschaft (LG Frankenthal Rpfleger 81, 241) oder fortgesetzten Gütergemeinschaft ist also der Anspruch auf künftige Auseinandersetzung nicht pfändbar; die Pfändung kann auch nicht als Pfändung des nach Beendigung der Gütergemeinschaft zufallenden Anteils erfolgen (RG HRR 26 Nr 1362; München JW 26, 2470; aA BayObLG 15, 409; Blume JW 26, 2470).

2 **II) Abs 2** macht von dem im § 851 I ausgesprochenen Grundsatz, daß nicht übertragbare Rechte nicht pfändbar sind, eine Ausnahme. Auch nach Beendigung einer der Gemeinschaften können die Ehegatten bzw deren Abkömmlinge ihre Anteile nicht veräußern; sie sind aber berechtigt, Auseinandersetzung in Ansehung der Gemeinschaft zu verlangen (§§ 1471 II, 1497 II BGB). Um dem Gläubiger eines Anteilsberechtigten die Ausübung dieser Befugnis zu gewähren, ist Pfändung des Anteils an dem Gesamtgut als solchem (nicht auch an den einzelnen dazugehörenden Gegenständen) für zulässig erklärt (s RG JR 26 Nr 1362). Auf Grund des Pfändungsbeschlusses, der den übrigen am Gesamtgut Anteilsberechtigten als Drittschuldner zuzustellen ist, kann dann gem §§ 99 I, 86 II FGG die Auseinandersetzung betrieben und die Überweisung der dem Anteilsberechtigten zukommenden Gegenstände zur Einziehung beantragt werden (s auch § 743; ZwV nach Beendigung der Gemeinschaft, aber vor Auseinandersetzung). Eintragung der Pfändung des Anteils am Gesamtgut in das Grundbuch ist als Grundbuchberichtigung zur Sicherung des Verfügungsverbots zulässig (s Rn 18 zu § 859). Ist der Schuldtitel gegen alle Anteilsberechtigte vollstreckbar, so können die einzelnen Gegenstände gepfändet werden (vgl §§ 743–745).

861 und 862 (weggefallen)

863 *[Beschränkung des Erben durch Einsetzung eines Nacherben]*

(1) Ist der Schuldner als Erbe nach § 2338 des Bürgerlichen Gesetzbuchs durch die Einsetzung eines Nacherben beschränkt, so sind die Nutzungen der Erbschaft der Pfändung nicht unterworfen, soweit sie zur Erfüllung der dem Schuldner seinem Ehegatten, seinem früheren Ehegatten oder seinen Verwandten gegenüber gesetzlich obliegenden Unterhaltspflicht

und zur Bestreitung seines standesgemäßen Unterhalts erforderlich sind. Das gleiche gilt, wenn der Schuldner nach § 2338 des Bürgerlichen Gesetzbuchs durch die Ernennung eines Testamentsvollstreckers beschränkt ist, für seinen Anspruch auf den jährlichen Reinertrag.

(2) Die Pfändung ist unbeschränkt zulässig, wenn der Anspruch eines Nachlaßgläubigers oder ein auch dem Nacherben oder dem Testamentsvollstrecker gegenüber wirksames Recht geltend gemacht wird.

(3) Diese Vorschriften gelten entsprechend, wenn der Anteil eines Abkömmlings an dem Gesamtgut der fortgesetzten Gütergemeinschaft nach § 1513 Abs. 2 des Bürgerlichen Gesetzbuchs einer Beschränkung der im Abs. 1 bezeichneten Art unterliegt.

Für den Fall der Pflichtteilsbeschränkung in guter Absicht (§ 2338 BGB) bestimmt Abs 1, daß 1
die Nutzungen der Erbschaft (auch als Anspruch auf Unterhalt, Bremen JurBüro 83, 1572) in dem näher bezeichneten Umfang der Pfändung nicht unterworfen sind. Die Beschränkungen gelten nicht gegenüber den Nachlaßgläubigern (§§ 1967 bis 1969 BGB) oder gegenüber Gläubigern, deren Recht auch gegenüber dem Nacherben oder dem Testamentsvollstrecker wirksam ist (§§ 2209 ff, 2112 ff BGB). § 863 gilt entsprechend, wenn der Anteil eines Abkömmlings an dem Gesamtgut der fortgesetzten Gütergemeinschaft gleichen Beschränkungen unterliegt (Abs 3).

Zweiter Titel

ZWANGSVOLLSTRECKUNG IN DAS UNBEWEGLICHE VERMÖGEN

Für die ZwV wegen Geldforderungen in das unbewegliche Vermögen gibt die ZPO nur einige grundsätzliche Vorschriften. Das Nähere überläßt sie für die Zwangsversteigerung und Zwangsverwaltung dem ZVG, während für die Eintragung einer Sicherungshypothek (Zwangshypothek) die Vorschriften der Grundbuchordnung ergänzend eingreifen.

864 *[Geltungsbereich]*

(1) Der Zwangsvollstreckung in das unbewegliche Vermögen unterliegen außer den Grundstücken die Berechtigungen, für welche die sich auf Grundstücke beziehenden Vorschriften gelten, die im Schiffsregister eingetragenen Schiffe und die Schiffsbauwerke, die im Schiffsbauregister eingetragen sind oder in dieses Register eingetragen werden können.

(2) Die Zwangsvollstreckung in den Bruchteil eines Grundstücks, einer Berechtigung der im Absatz 1 bezeichneten Art oder eines Schiffes oder Schiffsbauwerks ist nur zulässig, wenn der Bruchteil in dem Anteil eines Miteigentümers besteht oder wenn sich der Anspruch des Gläubigers auf ein Recht richtet, mit dem der Bruchteil als solcher belastet ist.

I) Die ZwV wegen Geldforderungen (2. Abschn des 8. Buchs) in das **unbewegliche Vermögen** (Arten: § 866 I) findet statt in

1) jedes **Grundstück** (im Rechtssinn), das ist ein von einer in sich zurücklaufenden Grenzlinie 1
umschlossener Abschnitt der Erdoberfläche (RG 68, 25), der im Grundbuch (Ausnahme § 3 II GBO) als rechtliche Einheit auf einem besonderen Grundbuchblatt allein (§ 3 I GBO) oder auf einem gemeinschaftlichen Grundbuchblatt im Bestandsverzeichnis unter einer besonderen Nummer (§ 4 I GBO) eingetragen ist. Unerheblich ist, ob das Grundstück katastermäßig eine oder mehrere Flurstücknummern hat. Zu den Begriffen Haegele/Schöner/Stöber GBRecht Rdn 561; Zeller/Stöber Rdn 20 zu § 1 ZVG. **Wohnungs- und Teileigentum** (§ 1 WEG) ist Eigentum iS des Eigentumsbegriffs des bürgerlichen Rechts, über das der Wohnungs/Teileigentümer verfügen kann (§ 903 BGB; s Haegele/Schöner/Stöber GBRecht Rdn 2800); es unterliegt daher wie ein Grundstück der ZwV in das unbewegliche Vermögen.

2) Grundstücksgleiche Rechte (Abs 1): das **Erbbaurecht** (vor 22. 1. 1919 nach § 1017 BGB; dann 2
§§ 1, 11 ErbbVO) sowie das Wohnungs- und Teilerbbaurecht (§ 30 WEG; nicht aber das Dauerwohn- und -nutzungsrecht, § 31 WEG; hierwegen Pfändung nach § 857), **Bergwerkseigentum** nach BBergG v 13. 8. 1980 (BGBl I 1310; § 9 I), nach § 149 BBergG aufrechterhaltenes Bergwerkseigentum und Kohlenabbaugerechtigkeiten (Art 67 EGBGB) und sonstige Mineralgewinnungsrechte (Art 68 EGBGB), außerdem landesrechtliche **Fischereirechte** (Art 69 EGBGB) und **Real-**

gemeinderechte (Art 164 EGBGB). Einzelheiten und sonstige Rechte s Zeller/Stöber Rdn 22 zu § 1 ZVG. Das landesrechtliche Erbpachtrecht mit Einschluß des Büdner- und Häuslerrechts gehört nach Aufhebung von Art 63 EGBGB (durch KontrollratsG Nr 45) nicht mehr hierher.

3 **3) Schiffe** und **Schiffsbauwerke** (näher Abs 1 sowie § 870 a); Einzelheiten Zeller/Stöber Rdn 1 zu § 162 ZVG.

4 **4) Luftfahrzeuge,** die in der Luftfahrzeugrolle eingetragen sind (§ 88 I LuftfahrzeugrechteG; § 171 a ZVG).

5 **5) Hochseekabel** nach dem Kabelpfandgesetz (Zeller/Stöber Rdn 27 zu § 1 ZVG).

II) Der **Bruchteil eines Grundstücks,** einer Berechtigung (Rn 2) oder eines Schiffes usw unterliegt der Immobiliarvollstreckung, wenn er

6 **1)** in dem **Anteil eines Miteigentümers** besteht, das ist jeder ideelle Anteil (§§ 741 ff, § 1008 BGB), auch an Wohnungs- und Teileigentum, nicht aber ein Gesamthandsanteil wie Gesellschaftsvermögen (§ 719 BGB; §§ 736, 859 I), Gesamtgut ehelicher oder fortgesetzter Gütergemeinschaft (§§ 1416, 1419, 1485 BGB; §§ 740, 743–745, 860) und das Nachlaßgrundstück einer Erbengemeinschaft (§§ 2032, 2040 BGB, §§ 747, 859 II). Vollstreckung in einen Miteigentümerbruchteil kann auch erfolgen, wenn er erst nach Gesamtbelastung des Grundstücks mit einer Hypothek, Grundschuld usw entstanden ist. ZwV in eine anfechtbar erworbene Grundstückshälfte, wenn Bruchteilseigentum nach Eintragung des Erwerbers als Alleineigentümer nicht mehr besteht (§ 7 AnfG) s BGH 90, 207 [213] = MDR 84, 485 = NJW 84, 1968.

7 **2)** zwar nicht mehr in dem Anteil eines Miteigentümers besteht, der (dingliche) **Anspruch des Gläubigers** sich aber auf ein **Recht** gründet (für das unzutreffende „richtet"; dazu Wieser NJW 84, 2267), mit dem der **Bruchteil als solcher noch belastet** ist. Das ist der Fall, wenn der Bruchteil im Anteil eines Miteigentümers nach Einzelbelastung (s § 1114 BGB; auch mit Zwangshypothek) mit Änderung des Eigentums (Erwerb durch Alleineigentümer usw) weggefallen ist (s BayObLG DNotZ 71, 659), wenn ein Bruchteilseigentümer einen weiteren Bruchteil nur als Vorerbe erworben hat und den früheren (oder den erworbenen) Anteil gesondert belastet hat (BayObLG 68, 104 = DNotZ 68, 626 = MDR 68, 842 = NJW 68, 1431) sowie wenn die Sicherungshypothek für eine übertragene Forderung (§ 128 ZVG) an einem früheren Miteigentümeranteil eingetragen wurde. Dazu näher Zeller/Stöber Rdn 21 vor § 1 ZVG.

8 **III)** In einen **realen Grundstücksteil** (Teilfläche; s § 7 GBO) kann nicht selbständig vollstreckt werden. Ausnahmen bestehen für Zwangsversteigerung (und -verwaltung) nach Vereinigung und Bestandteilszuschreibung (§ 890 BGB) selbständig belasteter Grundstücke. Einzelheiten Zeller/Stöber Rdn 20 zu § 1. **Wesentliche Bestandteile** eines Grundstücks (§ 94 BGB; dazu Zeller/Stöber Rdn 3.2 zu § 20 ZVG) sind nicht sonderrechtsfähig (§ 93 BGB). Sie unterliegen mit dem Grundstück der Immobiliarvollstreckung (§ 865). **Scheinbestandteile** (nur zu einem vorübergehenden Zweck mit dem Grundstück oder Gebäude verbundene Sachen, § 95 BGB), zB eine Baracke, Gartenlaube, ein auf fremdem Grund und Boden nur zu einem vorübergehenden Zweck errichtetes Gebäude) sind nicht unbewegliches Vermögen; sie unterliegen der ZwV in das bewegliche Vermögen (§§ 803 ff), die mit Pfändung der körperlichen Sache bewirkt wird (§§ 808, 809; RG 55, 284; 59, 21; Zweibrücken Rpfleger 76, 328; LG Braunschweig DGVZ 72, 169; LG Frankenthal DGVZ 76, 86; vgl auch LG Berlin DGVZ 76, 26). Über die ZwV in Baumschulbestände vgl RG 66, 88; Pfändung von Früchten auf dem Halm § 810. Zubehör s § 865.

865 *[Umfang der Zwangsvollstreckung in unbewegliches Vermögen]*

(1) Die Zwangsvollstreckung in das unbewegliche Vermögen umfaßt auch die Gegenstände, auf die sich bei Grundstücken und Berechtigung die Hypothek, bei Schiffen oder Schiffsbauwerken die Schiffshypothek erstreckt.

(2) Diese Gegenstände können, soweit sie Zubehör sind, nicht gepfändet werden. Im übrigen unterliegen sie der Zwangsvollstreckung in das bewegliche Vermögen, solange nicht ihre Beschlagnahme im Wege der Zwangsvollstreckung in das unbewegliche Vermögen erfolgt ist.

1 **I) Zweck:** Erhaltung des wirtschaftlichen Zusammenhangs zwischen Grundstück und mithaftenden Gegenständen zur Erzielung eines angemessenen Erlöses und Wahrung der Interessen des Gläubigers, der seine Befriedigung aus dem Grundstück und den übrigen Gegenständen nicht in getrennten Verfahren suchen soll.

2 **II) Gegenstände,** auf die sich bei Grundstücken und Berechtigungen die **Hypothek erstreckt,** umfaßt mit dem Grundstück (grundstücksgleichen Recht usw) die ZwV in das unbewegliche

Vermögen (Abs 1). Das gilt auch für die ZwV in ein lastenfreies Grundstück und für die Zwangsversteigerung (Zwangsverwaltung) auf Antrag des Gläubigers eines (persönlichen) Zahlungsanspruchs. Solche Gegenstände sind

1) die von dem Grundstück **getrennten Erzeugnisse** (Bodenprodukte wie Bäume und Sträu- 3
cher sowie deren Früchte, Pflanzen und sonstige Ausbeute wie Torf, Lehm, vgl § 99 BGB) und **sonstige Bestandteile,** soweit sie nicht mit der Trennung nach den §§ 954–957 BGB in das Eigentum eines anderen als des Eigentümers oder des Eigenbesitzers des Grundstücks (zB des Pächters) gelangt sind (§ 1120 BGB). **Aus der Haftung ausgeschiedene** Erzeugnisse und Bestandteile unterliegen nur noch der ZwV in das bewegliche Vermögen (§§ 803 ff). Das ist der Fall, wenn sie vor Beschlagnahme veräußert **und** von dem Grundstück entfernt worden sind (§ 1121 I BGB; zu gutgläubigem Erwerb auch § 1121 II BGB) sowie für die innerhalb der Grenzen einer ordnungsgemäßen Wirtschaft getrennten Erzeugnisse und Bestandteile bereits mit dauernder Entfernung vom Grundstück (§ 1122 I BGB). Pfändung und Entfernung durch den GV ist keine vorübergehende (RG 143, 247).

2) Zubehör des Grundstücks (§§ 97, 98, 1120 BGB). **Beispiele:** Maschinen und sonstige Gerät- 4
schaften einer Fabrik, Hotelinventar, Baumaterial auf Baugrundstück (RG 84, 285; 86, 326; BGH 58, 309 = MDR 72, 685 = NJW 72, 1187), Vieh und Gerät auf Landgut, der Zuchthengst eines Reiterhofs (AG Oldenburg/H DGVZ 80, 93), landwirtschaftliche Erzeugnisse zur Fortführung der Wirtschaft; Einzelheiten s Zeller/Stöber Rdn 3.4, wegen Anwartschaft auch Rdn 3.5 zu § 20 ZVG. Zubehöreigenschaft begründet **nicht** die **nur vorübergehende Benutzung** einer Sache für den wirtschaftlichen Zweck einer anderen (§ 97 II BGB). Ausgenommen sind Zubehörstücke, die nicht in das Eigentum des Eigentümers des Grundstücks gelangt sind (§ 1120 aE BGB). Die **von der Haftung** vor Beschlagnahme **frei** gewordenen Zubehörstücke unterliegen nur noch der ZwV in das bewegliche Vermögen. Enthaftung kann eintreten mit Veräußerung **und** Entfernung vom Grundstück (§ 1121 BGB; Veräußerung allein genügt nicht, s BGH DNotZ 80, 47 = MDR 80, 137 = NJW 79, 2514) sowie ohne Veräußerung mit Aufhebung der Zubehöreigenschaft (§ 1122 II BGB; ist aber nicht schon der Fall bei Veräußerung ohne Entfernung, BGH aaO).

3) Miet- und Pachtzinsforderungen (§ 1123 I BGB). Ausgenommen sind, weil von der Haftung 5
frei geworden, fällige nicht beschlagnahmte Miet- und Pachtzinsforderungen mit dem Ablauf eines Jahres nach dem Eintritt der Fälligkeit (§ 1123 II BGB mit Einzelheiten). Wirksamkeit von Vorausverfügung und Aufrechnung: §§ 1124, 1125 BGB.

4) Ansprüche aus einem mit dem Eigentum am Grundstück verbundenen **Recht** (§ 96 BGB) 6
auf wiederkehrende Leistungen nach Maßgabe des § 1126 BGB.

5) Versicherungsforderungen nach Maßgabe der §§ 1127–1130 BGB. 7

III) Beschlagnahme, die Freiwerden von der hypothekarischen Haftung und damit Freistel- 8
lung als Gegenstand der Immobiliarvollstreckung ausschließt (Rn 2), ist Anordnung der Zwangsversteigerung (§ 20 ZVG) und Zwangsverwaltung (§ 146 I ZVG); zum Wirksamwerden §§ 22, 153 ZVG. Die Beschlagnahme durch Zwangsversteigerung umfaßt jedoch die Miet- und Pachtzinsforderungen sowie die Ansprüche aus einem Recht auf wiederkehrende Leistungen nicht (§ 21 II ZVG); deren Beschlagnahme erfolgt nur durch Zwangsverwaltung (§ 148 I ZVG). Land- und forstwirtschaftliche Erzeugnisse des Grundstücks sowie die Forderungen aus einer Versicherung solcher Erzeugnisse umfaßt die Beschlagnahme durch Zwangsversteigerung nur in den Grenzen des § 21 ZVG (weitergehend bei Zwangsverwaltung, § 148 I ZVG). Beschlagnahme in diesem Sinne ist nicht die Anordnung der Zwangsversteigerung oder Zwangsverwaltung auf Antrag des Konkursverwalters (§ 173 I ZVG), der Zwangsversteigerung auf Antrag eines Erben (§ 176 ZVG) und zum Zwecke der Aufhebung einer Gemeinschaft (Zeller/Stöber Rdn 6.6 zu § 180 ZVG).

IV) 1) Zubehör, das als hypothekarisch haftend (auch bei lastenfreiem Grundstück) der ZwV 9
in das unbewegliche Vermögen unterliegt (Rn 4), **kann überhaupt nicht** als Gegenstand der ZwV in das bewegliche Vermögen **gepfändet werden** (Abs 2). Grund: Der wirtschaftliche Zusammenhang von Grundstück und Zubehör soll auch durch ZwV nicht aufgehoben werden können.

2) Andere Gegenstände (getrennte Erzeugnisse und sonstige Bestandteile, Miet- und Pacht- 10
zinsforderungen, Leistungen aus einem mit dem Eigentum verbundenen Recht und Versicherungsforderungen, Rn 3, 5–7) **unterliegen der ZwV in das bewegliche Vermögen** (§§ 803 ff) mit Pfändung (§§ 808, 829), **solange nicht ihre Beschlagnahme** im Wege der ZwV in das unbewegliche Vermögen (Rn 8) **erfolgt ist.** Grund: Vereinfachung des Vollstreckungsverfahrens; der Gläubiger soll für den Zugriff auf diese Gegenstände, insbesondere auf Miet- und Pachtzinsforderungen, nicht auf die einschneidende Immobiliarvollstreckung (insbesondere Zwangsverwaltung) beschränkt sein. Erfolgt erst nach (zulässig gewesener) Pfändung von Erzeugnissen oder Bestandteilen eine Beschlagnahme (weil noch kein Enthaftungsbestand nach §§ 1121, 1122 BGB

gegeben ist), dann berührt sie die Pfändung nicht. Die Verwertung der Pfandstücke durch den GV hat aber nach § 772 zu unterbleiben, wenn ein rangbesserer Gläubiger (§ 10 ZVG) die Beschlagnahme erwirkt hat; der Pfändungsgläubiger muß dann sein Recht im Immobiliarvollstreckungsverfahren geltend machen (§ 37 Nr 4 ZVG). Bei Beschlagnahme durch einen rangschlechteren Gläubiger (§ 10 ZVG) hat der GV zu verwerten (dazu auch Rn 8 zu § 810; im übrigen näher StJM Anm IV zu § 865). Eine Miet- oder Pachtzinspfändung vor Beschlagnahme äußert gegenüber einer nachfolgenden Zwangsverwaltung (auch wenn sie auf Antrag eines persönlichen Gläubigers angeordnet ist) keine Wirkungen (Abgrenzung nach § 1124 II BGB). Einziehungsberechtigt ist nur noch der Zwangsverwalter (§ 152 I ZVG). Die in der Zeit der Zwangsverwaltung ruhende Mietzinspfändung lebt mit Erlöschen der Beschlagnahme wieder auf (RG 64, 420). Dazu Stöber FdgPfdg Rdn 231, 232.

11 **V)** Unzulässige Pfändung von **Zubehör** durch den GV ist nichtig; Heilung erfolgt auch nicht mit nachträglichem Wegfall der Zubehöreigenschaft (München MDR 57, 428; Zeller/Stöber Rdn 5.2 zu § 20 ZVG; Sebode DGVZ 67, 145); nach aA (Th/P Anm 2a, d zu § 865) ist die Pfändung als fehlerhaft nur anfechtbar. Unzulässige Miet/Pachtzinspfändung nach Beschlagnahme ist als nichtig wirkungslos (RG 59, 91; 135, 206; Dresden OLG 10, 122; Hamburg OLG 26, 408).

12 **VI) Rechtsbehelf:** Erinnerung (§ 766; dann § 793) gegen unzulässige Pfändung für Gläubiger der Immobiliarvollstreckung, Grundpfandgläubiger, Schuldner und Zwangsverwalter. Für Grundpfandgläubiger außerdem § 771, für Beschlagnahmegläubiger (auch persönlichen) § 772. Für rangbesseren Gläubiger bei unzulässiger Pfändung auch Vorzugsklage (§ 805). Nach Verwertung eines unzulässig gepfändeten Zubehörstücks ist das Recht des Realgläubigers erloschen. Gegen den Pfändungsgläubiger haben die Grundpfandgläubiger nach durchgeführter ZwV einen Bereicherungsanspruch.

13 **VII)** Bei **Schiffen** und **Schiffsbauwerken** gilt Entsprechendes für die der Schiffshypothek haftenden Gegenstände. Das sind das Zubehör des Schiffs (ausgenommen die nicht in das Eigentum des Schiffseigentümers gelangten Stücke, § 31 SchiffsG) und Versicherungsforderungen (§§ 32 ff SchiffG mit Einzelheiten).

866 *[Arten der Zwangsvollstreckung in ein Grundstück]*

(1) Die Zwangsvollstreckung in ein Grundstück erfolgt durch Eintragung einer Sicherungshypothek für die Forderung, durch Zwangsversteigerung und durch Zwangsverwaltung.

(2) Der Gläubiger kann verlangen, daß eine dieser Maßregeln allein oder neben den übrigen ausgeführt werde.

(3) Eine Sicherungshypothek (Absatz 1) darf nur für einen Betrag von mehr als fünfhundert Deutsche Mark eingetragen werden; Zinsen bleiben dabei unberücksichtigt, soweit sie als Nebenforderung geltend gemacht sind. Auf Grund mehrerer demselben Gläubiger zustehender Schuldtitel kann eine einheitliche Sicherungshypothek eingetragen werden.

I) Maßnahmen der ZwV in ein Grundstück (auch Wohnungs- und Teileigentum), ein grundstücksgleiches Recht (§ 870) und in den Bruchteil eines Miteigentümers oder Mitberechtigten (§ 864 II, § 870) sind

1 **1) Zwangsversteigerung;** sie bezweckt Befriedigung des Gläubigers aus dem durch Grundstücksverwertung mit Zuschlag (§ 90 I ZVG) zu erzielenden Erlös (vgl § 49 I, § 107 ZVG);

2 **2) Zwangsverwaltung;** sie soll dem Gläubiger Befriedigung durch ordnungsgemäße Nutzung des Grundstücks aus seinen Erträgnissen (§§ 152, 155 ZVG) bringen;

3 **3) Eintragung einer Sicherungshypothek.** Mit ihrer Eintragung (§ 867 I S 2) erlangt der Gläubiger eine Sicherungshypothek nach § 1184 BGB mit Rang vor späteren Rechten am Grundstück (§ 879 BGB) und vor Gläubigern noch nicht gesicherte Vollstreckungsforderungen, die später die Beschlagnahme des Grundstücks mit Zwangsversteigerung oder Zwangsverwaltung erwirken (§ 10 I Nr 4, 5 ZVG). Die Sicherungshypothek verschafft dem Gläubiger (bei entsprechender Rangstelle) ausreichende Sicherheit bei gleichzeitiger Schonung des Schuldners. Von der Sicherungshypothek des bürgerlichen Rechts unterscheidet sich die Zwangshypothek nur durch ihren Entstehungstatbestand (Erwerb im Wege der ZwV) und mit einigen daraus folgenden Besonderheiten (insbes § 868).

4 **II)** Der Gläubiger kann verlangen, daß eine der Maßregeln der ZwV in ein Grundstück **allein** oder **neben den übrigen** (gleichzeitig oder nacheinander) ausgeführt wird (Abs 2). Grund: Die Befugnis entspricht der verschiedenen Bedeutung der einzelnen Maßregeln, die Schmälerung

der Gläubigerinteressen zur Schonung des Schuldners nicht gebietet. Beschränkungen gelten bei Sicherungsvollstreckung (§ 720a I b), Arrestvollzug (§ 932) und Vollstreckung in eine Heimstätte (§ 20 RHeimstG). Eintragung einer Sicherungshypothek begründet für den Gläubiger den **gesetzlichen Löschungsanspruch** mit Vormerkungswirkungen nach § 1179a BGB gegenüber vorrangigen (auch gleichrangigen) Eigentümer-Grundpfandrechten. Zur Sicherung dieses gesetzlichen Löschungsanspruchs wird ein Gläubiger Eintragung der Sicherungshypothek daher stets auch neben Zwangsversteigerung oder -verwaltung betreiben (s Stöber Rpfleger 77, 425 [426]). Die Zwangsversteigerung kann ein (dinglich nicht gesicherter) Vollstreckungsgläubiger (wegen seines persönlichen Anspruchs) auch betreiben, wenn bereits vorher auf Antrag eines anderen Gläubigers die Zwangsverwaltung angeordnet wurde. § 772 hindert bei Veräußerungsverboten, die auf einer ZwV beruhen, nicht die weitere Vollstreckung durch einen anderen Gläubiger (LG Köln NJW 52, 591). Eintragung einer Zwangshypothek erst nach dem Zwangsversteigerungsvermerk macht Anmeldung erforderlich (§ 37 Nr 4 ZVG); unterbleibt sie, droht Rangverlust nach § 110 ZVG oder erfolgt überhaupt keine Berücksichtigung (§ 114 I ZVG).

III) Die **Sicherungshypothek** darf nur für einen Betrag von **mehr als 500 DM** eingetragen werden (Abs 3 S 1). Forderungen des gleichen Gläubigers (auch derselben Gläubigermehrheit) aus mehreren Schuldtiteln (nicht aber Forderungen mehrerer Gläubiger, auch wenn für sie ein einheitlicher Titel besteht) gegen denselben Schuldner können (auch wenn sie einzeln unter 500 DM liegen) zusammengerechnet werden (Abs 3 S 2); nach Antrag des Gläubigers kann auch für jede ihm aus einem Schuldtitel zustehende Forderung über 500 DM eine Sicherungshypothek selbständig eingetragen werden. **Zinsen** bleiben bei Feststellung des Mindestbetrags von 500,01 DM unberücksichtigt, soweit sie in der ZwV als Nebensache geltend gemacht sind. Zinsrückstände, die in der ZwV betragsmäßig geltend gemacht werden (100 DM für die Zeit vom ... bis ...) werden als Hauptsache vollstreckt; sie sind sonach für den Mindestbetrag von 500,01 DM mit anderen Hauptsacheforderungen zusammenzurechnen, auch wenn sie im Rechtsstreit als Nebenforderung geltend gemacht waren; die Selbständigkeit der ZwV (Rn 13 vor § 704) erfordert nicht, daß Zinsen über das Erkenntnisverfahren hinaus ihren Charakter als Nebenforderungen behalten (Haegele/Schöner/Stöber GBRecht Rdn 2189). Andere Nebenforderungen, insbesondere mit eingeklagte vorprozessuale Mahnkosten, Portokosten, aber auch frühere ZwV-Kosten, § 788 I) werden mitgerechnet, nicht aber Anwalts- und Gerichtskosten des Eintragungsverfahrens (§ 867 I S 3). Zinsrückstände allein können betragsmäßig für einen bestimmten Zeitraum geltend gemacht werden; eine Zwangshypothek kann daher auch allein für die kapitalisierte Zinsforderung über 500 DM eingetragen werden (LG Bonn Rpfleger 82, 75), auch wenn die Hauptsacheforderung noch besteht (Haegele/Schöner/Stöber GBRecht Rdn 2189; nicht richtig Schleswig JurBüro 82, 913 = Rpfleger 82, 301 mit zust Anm Hellmig). Für nur als Nebenforderungen verlangte Zinsen kann eine Zwangshypothek nicht eingetragen werden (AG Pinneberg Rpfleger 69, 171 mit Anm Haegele); daher ist auch nachträgliche Eintragung der als Nebenforderung vergessenen fortlaufenden Zinsen nicht zulässig (AG Pinneberg aaO; anders Haegele in Anm dazu). Auch für die später festgesetzten Kosten kann nach Eintragung der Sicherungshypothek eine weitere Zwangshypothek nur eingetragen werden, wenn diese (wieder) 500 DM übersteigen (RG 61, 429). Die Wertgrenze von 500 DM findet auf andere Fälle einer Sicherungshypothek keine entsprechende Anwendung, insbesondere nicht im Fall des § 848 II. Eine Zwangshypothek für eine Forderung unter 500,01 DM ist **nichtig** (RG 60, 279 [284]; BayObLG 75, 398 [403]; Frankfurt OLGZ 81, 261 = JurBüro 82, 1098); sie ist inhaltlich unzulässig von Amts wegen zu löschen; eine Eigentümergrundschuld entsteht nicht. 5

IV) Mit Eintragung der Sicherungshypothek ist diese entstanden (§ 867 I S 2). Diese **Maßnahme der ZwV** (nicht die ZwV insgesamt) ist damit **beendet.** Will der Gläubiger dann als Hypothekengläubiger seinen dinglichen Anspruch auf Zahlung aus dem Grundstück (§ 1113 I mit § 1147) im Wege der ZwV (Zwangsversteigerung oder Zwangsverwaltung) verfolgen, so benötigt er einen dinglichen Titel (Zeller/Stöber Rdn 80 zu § 1 ZVG mit zahlr Nachw; München MDR 84, 674 = OLGZ 84, 248; jetzt nicht mehr bestritten); Veranlassung zur Klageerhebung für Kostenpflicht s Rn 6 zu § 93 „Duldungsklage“. Der Gläubiger kann aber auch wegen seines durch den persönlichen Leistungstitel ausgewiesenen Anspruchs mit Zwangsversteigerung oder Zwangsverwaltung in das Grundstück vollstrecken (§ 866 I, II). Bei Zwangsversteigerung bleibt dann eine vor Beschlagnahme eingetragene Zwangshypothek im geringsten Gebot bestehen (RG 76, 116 [120]; Zeller/Stöber Rdn 4.5 zu § 44 ZVG mit Einzelheiten). 6

V) Verwaltungszwangsvollstreckung durch Eintragung einer Sicherungshypothek: § 322 AO, auch § 6 JBeitrO. § 866, damit auch die Wertgrenze des Abs 3 S 1, findet Anwendung. Mehrere nach der JBeitrO zu vollstreckende Kostenforderungen zusammen müssen somit 500 DM übersteigen. 7

8 **VI) Gebühren** im Verfahren der **Zwangsversteigerung und Zwangsverwaltung: 1)** des **Gerichts:** KV Nrn 1500–1541 und Nrn 1550–1571. Wegen der für die Gebührenberechnung maßgebenden Werte: s §§ 28–31 GKG. – **2)** des **Anwalts:** §§ 68 ff BRAGO. – Gebühren für die Eintragung einer Zwangshypothek: s Rn 22 zu § 867 und Rn 2 zu § 870a.

867 *[Sicherungs-Zwangshypothek]*

(1) Die Sicherungshypothek wird auf Antrag des Gläubigers in das Grundbuch eingetragen; die Eintragung ist auf dem vollstreckbaren Titel zu vermerken. Mit der Eintragung entsteht die Hypothek. Das Grundstück haftet auch für die dem Schuldner zur Last fallenden Kosten der Eintragung.

(2) Sollen mehrere Grundstücke des Schuldners mit der Hypothek belastet werden, so ist der Betrag der Forderung auf die einzelnen Grundstücke zu verteilen; die Größe der Teile bestimmt der Gläubiger.

Lit: *Eiselt*, Zur Eintragungsfähigkeit der Kosten der ZwV bei der Sicherungshypothek, BWNotZ 1984, 68; *Furtner*, Rechtliche Bedeutung von Zwangseintragungen, die unter Verletzung vollstreckungsrechtlicher Vorschriften im Grundbuch vorgenommen wurde, DNotZ 1959, 305; *Groß*, Zwangshypothek als Gesamthypothek, BWNotZ 1984, 111; *Haegele*, Die Zwangs- und Arresthypothek, BWNotZ 1972, 107; *Hagemann*, Die Zwangssicherungshypothek im Zwangsversteigerungsverfahren, Rpfleger 1982, 165; *Honisch*, Probleme der Zwangshypothek, NJW 1958, 1526; *Löscher*, Berücksichtigung von Kosten bei Eintragung einer Zwangshypothek, Rpfleger 1960, 355; *Löscher*, Die Eintragung von Zwangshypotheken in das Grundbuch, JurBüro 1982, 1617 und 1791 sowie 1983, 41; *Lüke*, Die Auswirkung der öffentlich-rechtlichen Theorie der Zwangsvollstreckung auf die Zwangshypothek, NJW 1954, 1669; *Reuter*, Das vergessene Problem der §§ 866 III, 867 II ZPO, Rpfleger 1986, 285; *E. Schneider*, Die ZwV in ein Grundstück nach Erlangung einer Sicherungshypothek, JurBüro 1975, 1315; *E. Schneider*, Die Zwangshypothek für obsiegende Streitgenossen, MDR 1986, 817; *Stöber*, Erfordert die Zwangsversteigerung mit dem Rang einer Zwangssicherungshypothek einen dinglichen Vollstreckungstitel? Rpfleger 1956, 362, auch MDR 1961, 17; außerdem *Haegele/Schöner/Stöber*, GBRecht, Rdn 2158 ff; *Stöber/Zeller*, Handbuch zum ZVG, Rdn 14 ff; *Zeller/Stöber* Rdn 77 ff zu § 1 ZVG.

1 I) Die Eintragung der Sicherungshypothek ist als **ZwV-Maßnahme** Vollstreckungsakt **und** verfahrensrechtlich **Grundbuchgeschäft.** Das Grundbuchamt wird als Vollstreckungsorgan und als Organ der Grundbuchführung tätig (BGH 27, 310 = DNotZ 58, 480 = MDR 58, 498 = NJW 58, 1090; Hamm Rpfleger 73, 440). Es hat daher die Vollstreckungsvoraussetzungen und ebenso die Zulässigkeit der Grundbucheintragung nach den Vorschriften der GBO selbständig zu prüfen (BayObLG 56, 218 = DNotZ 56, 596; BayObLG Rpfleger 82, 466).

2 **II) 1) Vollstreckungsvoraussetzungen** sind insbesondere: **Antrag** (Abs 1); Anwaltszwang besteht nicht (§ 78 III); Schriftform genügt, ist wegen § 13 I S 2 GBO aber auch erforderlich; Antrag zu Niederschrift des Grundbuchamts ist möglich (§ 13 I S 4 GBO). Zurückgenommen werden kann der Antrag bis zur Eintragung mit Unterzeichnung (§ 44 GBO); Form (auch für Vollmacht) § 31 GBO (Hamm Rpfleger 85, 231). **Vollstreckungstitel** (§§ 704, 794 usw) und Vollstreckungsklausel (§ 724 II; Ausnahme § 796 I), Zustellungsnachweis (§ 750 I, II) und Fälligkeit der Vollstreckungsforderung (§ 751 I), Ablauf einer Wartefrist (§ 750 III, § 798), Vorlage eines Wechsels (Rn 4 zu § 756), Sicherheitsleistung (§ 751 II; wegen § 720a kaum noch von Bedeutung), Nachweis der Gegenleistung bei Zug-um-Zug-Verurteilung (Rn 2 zu § 765). Eine **Bevollmächtigung** ist nach Vollstreckungsrecht nachzuweisen, mithin durch schriftliche Vollmacht (§ 80 I). Prüfung erfolgt von Amts wegen nur, wenn als Bevollmächtigter kein Rechtsanwalt auftritt (§ 88 II). Bezeichnung des Bevollmächtigten im Schuldtitel genügt (§ 81), nicht aber Bezeichnung eines Nichtanwalts im Vollstreckungsbescheid, weil er ohne Vollmachtsnachweis erwirkt sein kann (§ 703; Bank JurBüro 80, 1620). Für **künftig** erst fällig werdende laufende Forderungen (Unterhalt) kann die Zwangshypothek nicht eingetragen werden (§ 751 I). Die als Nebenforderungen verlangten fortlaufenden **Zinsen** werden mit dem Hauptanspruch vollstreckt; § 751 I steht der Eintragung der Sicherungshypothek auch wegen solcher Zinsen nicht entgegen (Haegele/Schöner/Stöber GBRecht Rdn 2175; Stöber/Zeller Handbuch zum ZVG Rdn 21). **ZwV-Kosten** (§ 788 I), die nicht festgesetzt sind, müssen glaubhaft gemacht werden (§ 294; s Rn 15 zu § 788). Nachweis in der Form des § 29 GBO kann nicht verlangt werden (LG Regensburg Rpfleger 79, 147 unter Darstellung der gegensätzlichen Meinungen; aA zB Celle NJW 72, 1902), weil der Kostennachweis als Vollstreckungsvoraussetzung nach der ZPO zu führen ist.

3 **2) Grundbuchrechtliche Voraussetzungen** sind insbesondere Bezeichnung des Grundstücks (28 S 1 GBO) und der zu vollstreckenden Geldbeträge in DM (§ 28 S 2 GBO; keine Sicherungshy-

pothek in ausländischer Währung, LG Osnabrück Rpfleger 68, 122; Höchstbetrag in Deutscher Währung, K. Schmidt ZZP 98 [1985] 32 [47]), Eintragungsgrundlage für das Gemeinschaftsverhältnis mehrerer Gläubiger (§ 47 GBO), Voreintragung des Schuldners als Eigentümer (§ 39 GBO; für Grundbuchberichtigung Antragsrecht des Gläubigers nach § 14 GBO) oder Nachweis der Erbfolge (§ 35 GBO). Wenn die ZwV bei Tod des Schuldners schon begonnen hatte und in seinen Nachlaß fortgesetzt wird (§ 779), kann als Schuldner ausnahmsweise auch der Verstorbene eingetragen werden (Hagena Rpfleger 75, 390 gegen KG Rpfleger 75, 133). Einen gegen den noch nicht eingetragenen Ersteher gerichteten Antrag auf Eintragung einer Zwangshypothek hat das Grundbuchamt entgegenzunehmen, bei den Grundakten zu verwahren und im Anschluß an das Eintragungsersuchen des Vollstreckungsgerichts (§ 130 ZVG) zu vollziehen (LG Lahn-Gießen Rpfleger 79, 352 mit zust Anm Schiffhauer; Zeller/Stöber Rdn 6.1 zu § 130 ZVG). Ist ein Gemeinschaftsverhältnis der Gläubiger (§ 47 GBO) im Schuldtitel nicht bezeichnet (und ist es auch durch Auslegung nicht zu ermitteln), können es die Gläubiger im Eintragungsantrag (dann in der Form des § 29 GBO) bestimmen (aA Köln OLGZ 86, 11 = Rpfleger 86, 91; Schneider MDR 86, 817: Angabe unterliegt nicht dem Formzwang des § 29 GBO; diese Eintragungsgrundlage ist aber durch das Urteil nicht ersetzt).

3) Der Eintragungs**antrag** ist **nicht „rangwahrend"** nach § 17 GBO gestellt, wenn (soweit) ein Vollstreckungsmangel besteht. Daher kann zur Behebung eines **Vollstreckungsmangels** keine rangwahrende Zwischenverfügung nach § 18 GBO ergehen (s Rn 15). Gleichwohl hat sofortige Zurückweisung zu unterbleiben; Beanstandung hat im Vollstreckungsverfahren zu erfolgen, sonach mit nicht rangwahrender Verfügung nach § 139 (auch § 278 III). Wenn infolge des Vollstreckungsmangels nur der Vollzug eines Teils des Antrags ausgeschlossen ist (zB Miteintragung der bisherigen ZwV-Kosten, weil sie nicht glaubhaft gemacht sind), ist für den weitergehenden, vollzugsreifen Teil des Antrags (sofern die Forderung noch mehr als 500 DM beträgt) die Vollzugsreihenfolge des § 17 GBO gewahrt. 4

4) Grundbuchrechtliche Antragshindernisse sind mit Zwischenverfügung nach § 17 GBO zu beanstanden. 5

5) Eine **Einstellung der ZwV** durch einstweilige Anordnung nach §§ 707, 719, 732, 766, 785, 795 macht die beantragte Eintragung unzulässig (Frankfurt Rpfleger 74, 443); auf eine bereits erfolgte Eintragung ist sie nur nach Maßgabe des § 868 von Einfluß. Ein Belastungsverbot als Inhalt des Erbbaurechts (§ 5 II ErbbVO) ermöglicht Eintragung der Sicherungshypothek (auch am Eigentümererbbaurecht, Hamm Rpfleger 85, 233) nur mit Zustimmung des Grundstückseigentümers (rechtskräftiger Ersetzung, Haegele/Schöner/Stöber GBRecht Rdn 2204; Hamm Rpfleger 53, 520); für Nachweis der Zustimmung (Ersetzung) ist angemessene Frist mit Zwischenverfügung zu gewähren (Celle MDR 85, 331). Eine Ausnahme vom Zustimmungserfordernis für Grundpfandrechte bestimmter Gläubiger (zB öffentliche Kreditanstalten) gilt auch für Zwangshypotheken solcher Gläubiger (Celle Rpfleger 85, 22; Haegele/Schöner/Stöber GBRecht Rdn 1779). In Umlegungsverfahren (AG Eschweiler Rpfleger 78, 187), in Sanierungsgebieten und Entwicklungsbereichen bedarf die Eintragung der Zwangshypothek keiner Genehmigung nach § 51 BBauG, §§ 15, 57 StBauFG (LG Regensburg Rpfleger 77, 224). 6

III) 1) Eintragung der Sicherungshypothek erfolgt nach § 1115 BGB. Die Hypothek wird im Grundbuch als Sicherungshypothek bezeichnet (§ 1184 II BGB; damit ist Brieferteilung ausgeschlossen, § 1185 I BGB). Angabe, daß die Eintragung im Wege der ZwV erfolgt, wird zur Kennzeichnung der Besonderheiten des Rechts (§ 868) vorgenommen (bei Fehlen jedoch kein Unwirksamkeitsgrund). Sicherungsvollstreckung (§ 720 a) ist als Eintragungsgrund nicht zu bezeichnen (Haegele/Schöner/Stöber GBRecht Rdn 2186). Einzutragen sind (§ 1115 I BGB) 7

a) der **Gläubiger** nach § 15 GBVfg, mehrere mit ihrem Gemeinschaftsverhältnis (§ 47 GBO); für Zwangsgeld nach § 888 ist als Gläubiger der Kläger einzutragen, als Zahlungsempfänger die Gerichtskasse zu vermerken (AG Hamburg Rpfleger 82, 31); 8

b) der **Geldbetrag** der Vollstreckungsforderung. Dazu gehören auch die nach dem Schuldtitel zu vollstreckenden Nebenforderungen (Rn 5 zu § 866; sind Vollstreckungsforderung), Prozeßkosten (Festsetzungsbeschluß ist als Titel nötig, § 794 I Nr 2) und frühere ZwV-Kosten, die zugleich mit vollstreckt werden (§ 788 I; auch Kosten der Zustellung des Vollstreckungstitels). Diese Ansprüche insgesamt sind Vollstreckungsforderung; sie müssen eingetragen werden, wenn das Grundstück für sie haften soll. Als Vollstreckungsforderung sind sie mit ihrem Geldbetrag Hauptsache der Sicherungshypothek, sonach nicht als „andere Nebenleistungen" zu erfassen (s Haegele/Schöner/Stöber GBRecht Rdn 2187). 9

c) der Zinssatz, wenn **Zinsen** als Nebenleistungen geltend gemacht sind. Der Anfangszeitpunkt der Zinsen (er kann vor der Eintragung liegen) kann durch Bezugnahme auf den Schuld- 10 titel eingetragen werden (§ 874 BGB; Haegele/Schöner/Stöber GBRecht Rdn 2188). Für einen gleitenden Zinssatz („...über dem Diskontsatz der Deutschen Bundesbank") muß ein Höchstzinssatz eingetragen werden (Bestimmtheitsgrundsatz); der Wertmesser, aus dem sich der Zinssatz konkret bestimmt, muß sich aus der in Bezug genommenen Eintragungsgrundlage ergeben. Wenn der Schuldtitel keinen Höchstzinssatz bezeichnet, kann der Gläubiger in seinem (formlosen) Antrag einen angemessenen Höchstzinssatz bestimmen (dann Bezugnahme auch darauf).

11 **d)** andere **Nebenleistungen** der Sicherungshypothek (nicht der Vollstreckungshauptsacheforderung; s Rn 9), zB Säumniszuschläge oder Zinseszins, einmalige oder fortlaufende Strafzinsen).

12 **2)** Die Sicherungshypothek entsteht mit der Eintragung (§ 44 GBO) als Grundstücksrecht. Ihr Rang bestimmt sich nach § 879. Einen **Rangvorbehalt** des Schuldners (Eigentümers) kann der Gläubiger bei Eintragung der Zwangshypothek nicht zum Nachteil des mit dem Vorbehalt belasteten Rechts ausnutzen (BGH 12, 238 = DNotZ 54, 378 = NJW 54, 954).

13 **3)** Für die dem Schuldner zur Last fallenden (notwendigen, § 788 mit § 91) **Kosten der Eintragung** haftet das Grundstück kraft Gesetzes (§ 867 I S 3). Eintragungskosten sind die Antragskosten (insbesondere Rechtsanwaltskosten) und die Gerichtskosten für die Eintragung, nicht aber Vorbereitungskosten (Kosten für Ausfertigung und Zustellung des Urteils, Urkundenbeschaffung, Grundbuchberichtigung mit Voreintragung des Schuldners usw). Eintragungskosten sind nicht als Geldbetrag der Sicherungshypothek einzutragen (Eintragung hat als überflüssig zu unterbleiben; keine inhaltliche Unzulässigkeit, Haegele/Schöner/Stöber GBRecht Rdn 2192; Zeller/Stöber Rdn 85 zu § 1 ZVG mN). Jedoch erübrigt sich, wenn der Antrag auch für Eintragungskosten gestellt ist, Teilzurückweisung; die Sicherungshypothek ist unter Weglassung der verlangten Eintragungskosten einzutragen (Haegele/Schöner/Stöber GBRecht Rdn 2192; aA: Zurückweisung, KG DNotZ 34, 777 = NJW 34, 1506; Honisch NJW 58, 1526; für Zwischenverfügung MIR Anm 50b aE zu § 19 GBO). In Zwangsversteigerung und Zwangsverwaltung sind nicht eingetragene Eintragungskosten anzumelden (§ 37 Nr 4, § 156 II mit § 114 ZVG).

14 **4)** Die Eintragung der Sicherungshypothek wird **auf dem** vollstreckbaren **Titel vermerkt** (Abs 1 S 2). Er wird mit den Vollstreckungsunterlagen **zurückgegeben;** zu den Grundakten werden beglaubigte **Abschriften** genommen (§ 10 I GBO); sie sind dem Antrag beizulegen; Mehrkosten für Anfertigung durch das Grundbuchamt sind nicht erstattungsfähig, § 788 I mit § 91).

15 **IV) 1)** Wenn **mehrere** (selbständige) **Grundstücke** des Schuldners (nicht ein aus mehreren Flurstücknummern bestehendes Grundstück, Rn 1 zu § 864) mit der Sicherungshypothek belastet werden sollen, ist der Betrag der **Forderung** nach der Bestimmung des Gläubigers auf die einzelnen Grundstücke **zu verteilen** (Abs 2). Grund: Schuldner soll vor übermäßiger Belastung seiner Grundstücke geschützt werden; die mit einer Gesamthypothek verbundenen Schwierigkeiten sollen in der ZwV ausgeschaltet werden. Die Verteilung im Eintragungsantrag unterliegt nur seiner Form, somit der Schriftform (auch zu Niederschrift des Grundbuchamts möglich), nicht aber der Form des § 29 GBO. Die Einzelhypotheken können auch für einen Beitrag von 500 DM und weniger eingetragen werden (RG 84, 265 [276 f]; Dresden OLG 3, 201; Colmar OLG 5, 331; s auch RG 131, 21; dagegen Reuter Rpfleger 86, 285); § 866 III S 1 erfordert nur, daß die Vollstreckungsforderung insgesamt (die Summe der Einzelhypotheken) einen Betrag von 500 DM übersteigt (RG 84, 276). Zinsen sind als Nebenleistungen bei jeder Teilforderung einzutragen, nicht auf einem der Grundstücke als Nebenforderung allein (über die Teilforderung hinaus, s Rn 5 zu § 866). Die Verteilung ist vollstreckungsrechtliches Eintragungserfordernis (Rn 2). Fehlende Verteilung kann daher nicht mit rangwahrender Zwischenverfügung nach § 18 GBO beanstandet werden (BGH 27, 310 = aaO). Vor Zurückweisung ist dem Gläubiger jedoch mit Verfügung nach § 139 (auch § 278 III) Gelegenheit zur Behebung des Vollstreckungshindernisses zu geben. Der Rang des Antrags bestimmt sich bei **Nachholung der Verteilung** nach dem Zeitpunkt, in dem der die Verteilung enthaltende Antrag beim Grundbuchamt eingegangen ist (BGH 27, 310 = aaO). Die nachträgliche Verteilung ist Ergänzung des Vollstreckungsantrags; sie ist somit wie dieser schriftlich einzureichen; sie ist nicht teilweise Zurücknahme des unvollständigen Antrags und daher nicht in öffentlich beglaubigter Urkunde (§ 31 mit § 29 S 1 GBO) zu erklären.

16 **2) Nach Verteilung** der Forderung entstehen mit Eintragung **Einzelhypotheken.** Zur (nicht zu empfehlenden) Sammelbuchung mit Zusammenfassung mehrerer Zwangshypotheken unter fortlaufenden Nummern mit gemeinsamen Vermerksteilen s Haegele/Schöner/Stöber GBRecht Rdn 2193. Unzulässig ist Eintragung einer Ausfallzwangshypothek für den Fall, daß eine Sicherungshypothek auf einem anderen Grundstück nicht zum Zuge kommt (Stuttgart NJW 71, 898).

17 **3)** Eine (rechtsgeschäftlich bestellte) Verkehrshypothek (§ 1113 BGB) steht der Eintragung der Zwangshypothek auf einem anderen Grundstück nicht entgegen (RG 98, 106; 163, 121). Eintra-

gung einer weiteren Zwangshypothek für die gleiche Vollstreckungsforderung auf einem anderen Grundstück des gleichen Schuldners ist nicht zulässig (Abs 2). Wenn die bereits eingetragene Zwangshypothek gelöscht (aufgehoben) wird oder der Gläubiger auf sie verzichtet hat (muß eingetragen sein, § 1168 BGB), kann der Schuldtitel mit Eintragung einer Zwangshypothek auf einem anderen (auch dem gleichen) Grundstück jedoch weiter vollstreckt werden. Nachträgliche Eintragung einer Sicherungshypothek auf einem weiteren Grundstück des Schuldners berührt die Wirksamkeit der zuerst eingetragenen Sicherungshypothek nicht (LG Mannheim Rpfleger 81, 406), ist aber als Verstoß gegen Abs 2 inhaltlich unzulässig.

4) Eintragung einer Zwangshypothek als **Gesamthypothek** auf mehreren Grundstücken ist **inhaltlich unzulässig** (RG 163, 121 [125]; BayObLG 75, 398 [401]; Köln NJW 61, 368), somit von Amts wegen zu löschen (§ 53 I S 2 GBO). Eintragung einer zweiten Zwangshypothek unter Verletzung von § 867 II wird nur dann als inhaltlich unzulässig angesehen, wenn sich der Verstoß aus dem Grundbuchblatt des zweiten Grundstücks ergibt (BayObLG Rpfleger 86, 372). 18

5) Sind **mehrere Schuldner samtverbindlich** verurteilt, so kann eine Sicherungshypothek für die ganze Forderung auf je einem Grundstück (Bruchteil; LG Duisburg JurBüro 81, 624) jedes Gesamtschuldners eingetragen werden (KGJ 21 A 326; Zeller/Stöber Rdn 83.4 zu § 1 ZVG). Für Bruchteilsmiteigentum jedes Schuldners gilt entsprechendes (§ 864 II, auch § 1114 BGB, LG Duisburg JurBüro 81, 624). Auf mehrere Grundstücke desselben Gesamtschuldners ist die Forderung jedoch zu verteilen. Diese Verteilung ist auch vorzunehmen, wenn die Zwangshypothek zuerst auf einem Grundstück eingetragen wurde und erst später Eintragung auch auf anderen Grundstücken erfolgen soll; in Höhe des Betrages, der auf das weitere Grundstück eingetragen werden soll, muß der Gläubiger auf die an dem anderen Grundstück bereits bestehende Hypothek verzichten (RG 98, 108). 19

V) Rechtsbehelfe: Für Gläubiger gegen Zurückweisung seines Antrags Beschwerde (§ 71 I GBO) bzw Erinnerung nach § 11 RpflG. Bei Eintragung für Schuldner Beschwerde nach § 71 GBO (Rechtspflegererinnerung, nicht § 766 oder § 793; BayObLG 75, 398 und Rpfleger 82, 98; Frankfurt JurBüro 82, 1098 = OLGZ 81, 261), jedoch nur mit dem Ziel, Eintragung eines Widerspruchs oder Löschung zu erwirken (§ 71 II GBO). Beschwerde gegen Eintragung einer inhaltlich zulässigen Sicherungshypothek mit dem Ziel ihrer Löschung ist zulässig, wenn die Möglichkeit gutgläubigen Erwerbs rechtlich ausgeschlossen ist (näher BGH 64, 194 = NJW 75, 1282). Wenn im Rechtsmittelverfahren die Zurückweisung des Antrags aufgehoben wird, ist der Antrag unerledigt mit der Folge, daß dessen Wirkungen (§§ 13, 17 GBO) wieder aufleben; inzwischen eingetragene Rechte bleiben jedoch in ihrem Rang unberührt (BayObLG Rpfleger 83, 101 mit Anm Meyer-Stolte). 20

VI) Vollstreckungsmängel: Als ZwV-Akt ist auch die unter Verletzung von Vollstreckungsvoraussetzungen eingetragene Zwangshypothek nur ausnahmsweise nichtig (Rn 34 vor § 704; Rn 18: Gesamthypothek; Rn 5 zu § 866: Zwangshypothek unter 500,01 DM). Durchweg führen Mängel nur zur Anfechtbarkeit; Heilung mit Behebung der Fehlerhaftigkeit ist möglich. Einzelheiten sind umstritten; s hierwegen Zeller/Stöber Rdn 88 zu § 1 ZVG, auch Haegele/Schöner/Stöber GBRecht Rdn 2201. Weil demnach die mangelhafte Zwangshypothek als auflösend bedingtes Recht, mithin bis zur Aufhebung mit Entscheidung über einen Rechtsbehelf wirksam besteht, hat sie bei Mängelheilung Rang nach dem Zeitpunkt der Eintragung (s Zeller/Stöber Rdn 88 zu § 1 mit Nachw; streitig). 21

VII) Gerichtskosten für die **Eintragung:** Eine volle Eintragungsgebühr gem §§ 62 I, 32 KostG. Wird die Zwangshypothek auf mehreren Grundstücken unter Verteilung des Betrages der Forderung auf die einzelnen Grundstücke eingetragen, so liegen so viele selbständige Rechte vor, als Einzelbeträge eingetragen worden sind; die Eintragungsgebühr ist daher aus jedem einzelnen Forderungsbetrag zu berechnen (§ 63 I KostO). Hat das Grundbuchamt auf Ersuchen des Finanzamts (Steuervollstreckungsbehörde) eine Sicherungshypothek eingetragen, so haftet der Grundstückseigentümer als Steuerschuldner unmittelbar für die Kosten der Eintragung (§ 3 Nr 4 KostO), für den Fall getrennter Veranlagung von Ehegatten s Hamm, Rpfleger 75, 266. – **Gebühren** des **Anwalts:** Der Antrag auf Eintragung einer Zwangshypothek gilt als besondere Angelegenheit der Zwangsvollstreckung (§ 58 III Nr 6 BRAGO). Für den Eintragungsantrag erwächst dem RA des Gläubigers die (3/10) Vollstreckungsgebühr aus § 57 BRAGO. S auch Rn 2 zu § 870a. 22

868 *[Erwerb der Zwangshypothek durch den Grundeigentümer]*

(1) Wird durch eine vollstreckbare Entscheidung die zu vollstreckende Entscheidung oder ihre vorläufige Vollstreckbarkeit aufgehoben oder die Zwangsvollstreckung für unzulässig erklärt oder deren Einstellung angeordnet, so erwirbt der Eigentümer des Grundstücks die Hypothek.

(2) Das gleiche gilt, wenn durch eine gerichtliche Entscheidung die einstweilige Einstellung der Vollstreckung und zugleich die Aufhebung der erfolgten Vollstreckungsmaßregeln angeordnet wird oder wenn die zur Abwendung der Vollstreckung nachgelassene Sicherheitsleistung oder Hinterlegung erfolgt.

1 **I)** Ist die Sicherungshypothek entstanden, so gelten für sie **alle Vorschriften des BGB über die Eigentümergrundschuld** (RG 78, 408). Stellt sich das **Nichtbestehen der Forderung** heraus, so steht die Sicherungshypothek als Grundschuld von vornherein dem Eigentümer zur Zeit ihrer Eintragung zu; sie verbleibt ihm, auch wenn das Grundstück später auf einen anderen Eigentümer übergeht. Eine Entscheidung im Sinne des § 868 ändert hieran nichts (RG 78, 398; §§ 1163 I, 1177 BGB). **Erlischt** die Forderung **nach** Eintragung der Hypothek (zB durch anderweitige Befriedigung des Gläubigers), so erwirbt der Eigentümer im Zeitpunkt des Erlöschens die Hypothek (nicht ein eingetragener Nichteigentümer, § 1163 I S 2 BGB). **Verzichtet** der Gläubiger auf die Hypothek, so erwirbt sie der Eigentümer (§ 1168 I BGB).

2 **II)** § 868 fügt den Rn 1 genannten Fällen der Eigentümergrundschuld für die Zwangshypothek weitere hinzu: **Wird nach Eintragung der Sicherungshypothek der Vollstreckungstitel** (Urteil, Kostenfestsetzungsbeschluß) durch eine vorläufig vollstreckbare oder rechtskräftige Entscheidung **aufgehoben,** so bleibt das Grundpfandrecht bestehen und geht auf denjenigen über, der zur **Zeit der Aufhebung** Eigentümer des Grundstücks war. Das gleiche gilt, wenn die **ZwV** aus dem Schuldtitel **für unzulässig erklärt wird** (§§ 732 I, 767 f, 771 ff), weil der Schuldtitel in seiner Wirksamkeit beseitigt oder beeinträchtigt ist; ferner, wenn die **einstweilige Einstellung** der ZwV und zugleich die Aufhebung der Vollstreckungsmaßnahmen angeordnet werden (§§ 707, 719, 769, 771, nicht auch § 766); oder wenn zur Abwendung der ZwV **Hinterlegung oder Sicherheitsleistung** (§ 711) **nachträglich erfolgt.** Gleiches gilt auch für die Arresthypothek (§ 932 II), wenn der Arrest durch eine vollstreckbare Entscheidung (zB nach Widerspruch wegen veränderter Umstände) aufgehoben wird. Besteht ein Anspruch, zu dessen Gunsten auf Grund einer einstweiligen Verfügung eine Vormerkung eingetragen wurde, nicht, so erwirbt der Eigentümer die Vormerkung nicht als Eigentümerrecht; die Vormerkung ist wirkungslos (BayObLG Rpfleger 80, 294).

3 **III) 1) Der Eigentümer des Grundstücks erwirbt** in den Fällen der Rn 2 **die Hypothek** mit Verkündung der vorläufig vollstreckbaren oder rechtskräftigen Entscheidung kraft Gesetzes. Für den Gläubiger bestehen keine Ansprüche nach § 717 III, wenn die auf Grund des verurteilenden Urteils der ersten Instanz erwirkte Zwangshypothek durch die erfolgreiche Berufung des Schuldners auf diesen übergegangen ist und das Berufungsurteil durch das Revisionsgericht aufgehoben wurde (BGH MDR 71, 578). Die Umschreibung der Hypothek in eine Eigentümergrundschuld erfolgt auf Grund der dem Grundbuchamt vorgelegten Ausfertigung der Entscheidung (§ 22 GBO). Kann der Nachweis nach § 22 BGO geführt werden, fehlt für eine auf Bewilligung der Grundbuchberichtigung gerichtete Klage das Rechtsschutzbedürfnis (Zweibrücken MDR 67, 840). Die Umschreibung ist nur eine Berichtigung des mit der neuen Entscheidung unrichtig gewordenen Grundbuchs. Wird der aufgehobene Schuldtitel wiederhergestellt, so lebt die zur Eigentümergrundschuld gewordene Sicherungshypothek nicht wieder auf. Der Gläubiger kann jetzt die Eigentümergrundschuld pfänden. Nach inzwischen eingetretenem Eigentümerwechsel hat der Gläubiger keine Möglichkeit, sich aus dem Grundstück zu befriedigen. Der Nachweis der Unrichtigkeit der Eintragung einer Zwangshypothek (Übertragung der Hypothek auf den Eigentümer) ist nicht dadurch geführt, daß der Eigentümer den Vollstreckungstitel vorlegt (BayObLG Rpfleger 80, 347).

4 **2)** Der Rechtserwerb, der sich nach § 868 vollzieht, findet in dieser Vorschrift selbst seine innere Rechtfertigung, so daß dem Gläubiger kein Herausgabeanspruch aus rechtsgrundloser Bereicherung gegen den Grundstückseigentümer zusteht und zwar auch dann nicht, wenn das Urteil, das die ZwV aus dem der Eintragung zugrunde liegenden Titel für unzulässig erklärt, in Unkenntnis der Tatsache ergangen ist, daß die Sicherungshypothek eingetragen worden ist (BGH MDR 76, 830).

869 *[Zwangsversteigerung und Zwangsverwaltung]*

Die Zwangsversteigerung und die Zwangsverwaltung werden durch ein besonderes Gesetz geregelt.

1 Gesetz über die Zwangsversteigerung und die Zwangsverwaltung. Die Verweisung des § 869 auf das ZVG bedeutet: die Vorschriften des ZVG gehören an sich in die ZPO selbst, und zwar an

die Stelle, wo der darauf verweisende § 869 steht. Daß dies nicht geschehen ist, beruht nur auf Zweckmäßigkeitsgründen. Um aber den Zusammenhang unzweideutig klarzustellen, ist der § 869 in die ZPO aufgenommen. Das ZVG ist deshalb so zu lesen, als stünden seine Vorschriften in der ZPO selbst, und zwar an der Stelle des § 869. Im Verfahren nach dem ZVG kommen daher auch die einschlägigen Vorschriften der ZPO zur Anwendung, zB die Vorschriften über Prozeßkostenhilfe, über Aufklärungs- und Hinweispflicht (§§ 139, 278 III), soweit nicht Bestimmungen des ZVG entgegenstehen (RG 73, 194 [195]).

870 *[Zwangsvollstreckung in grundstücksähnliche Berechtigungen]*

Auf die Zwangsvollstreckung in eine Berechtigung, für welche die sich auf Grundstücke beziehenden Vorschriften gelten, sind die Vorschriften über die Zwangsvollstreckung in Grundstücke entsprechend anzuwenden.

Berechtigungen s Rn 2 zu § 864. Für landesrechtliche Berechtigungen konnten die Landesgesetze auch bezüglich der ZwV abweichende Vorschriften erlassen. Dies ist früher für die ZwV in Bergwerkseigentum in den Ausführungsgesetzen der meisten deutschen Länder geschehen. 1

870 a *[Zwangsvollstreckung in ein Schiff oder Schiffsbauwerk]*

(1) Die Zwangsvollstreckung in ein eingetragenes Schiff oder in ein Schiffsbauwerk, das im Schiffsbauregister eingetragen ist oder in dieses Register eingetragen werden kann, erfolgt durch Eintragung einer Schiffshypothek für die Forderung oder durch Zwangsversteigerung.

(2) § 866 Abs. 2, 3, § 867 gelten entsprechend.

(3) Wird durch eine vollstreckbare Entscheidung die zu vollstreckende Entscheidung oder ihre vorläufige Vollstreckbarkeit aufgehoben oder die Zwangsvollstreckung für unzulässig erklärt oder deren Einstellung angeordnet, so erlischt die Schiffshypothek; § 57 Abs. 3 des Gesetzes über Rechte an eingetragenen Schiffen und Schiffsbauwerken vom 15. November 1940 (Reichsgesetzbl I S 1499) ist anzuwenden. Das gleiche gilt, wenn durch eine gerichtliche Entscheidung die einstweilige Einstellung der Zwangsvollstreckung und zugleich die Aufhebung der erfolgten Vollstreckungsmaßregeln angeordnet wird oder wenn die zur Abwendung der Vollstreckung nachgelassene Sicherheitsleistung oder Hinterlegung erfolgt.

I) Zwangsverwaltung ist unzulässig. Die nach § 165 ZVG anzuordnende Bewachung und Verwahrung eines Schiffes ist nur eine Schutzmaßnahme, keine ZwV. Schiffshypothek: § 8 SchiffG; Eintragung § 24 SchiffG. 1

II) Gebühren: 1) des **Gerichts:** Für die Eintragung (oder Löschung) der Schiffshypothek: ¼ der vollen Gebühr (§§ 84 III 62, 63 I KostO). – **2)** des **Anwalts:** Der Antrag auf Eintragung einer Zwangshypothek gilt als besondere Angelegenheit der Zwangsvollstreckung (§ 58 III Nr 6 BRAGO). Der RA erhält daher die (3/10) Vollstreckungsgebühr aus § 57 BRAGO, die auch die vorbereitenden Maßnahmen (§ 58 II Nr 1 u 2 BRAGO) abgilt, insbesondere die Verteilung der Hypothek auf mehrere Grundstücke (§ 887 II). Jedoch keine Abgeltung durch die Vollstreckungsgebühr, sondern Gebührenanfall nach § 118 BRAGO für das Verfahren auf Erbscheinserteilung (§ 792 ZPO iVm § 85 FGG), für den Antrag auf Grundbuchberichtigung (§§ 14, 40 GBO) und für die Löschung der Hypothek (Stuttgart NJW 70, 1962; Schumann MDR 70, 819; Gerold/Schmidt § 58 Rdnr 29; jetzt auch Hartmann, KostGes BRAGO § 58 Anm 5 B g und Riedel/Sußbauer, BRAGO § 58 Rdnr 28). – Für die Grundbuchbeschwerde erwachsen dem RA die 5/10 der in § 31 bestimmten Gebühren nach § 61 I Nr 1 BRAGO (vgl BayObLGZ 50/51, 611). 2

871 *[Landesgesetzliche Vorbehalte]*

Unberührt bleiben die landesgesetzlichen Vorschriften, nach denen, wenn ein anderer als der Eigentümer einer Eisenbahn oder Kleinbahn den Betrieb der Bahn kraft eigenen Nutzungsrechts ausübt, das Nutzungsrecht und gewisse dem Betriebe gewidmete Gegenstände in Ansehung der Zwangsvollstreckung zum unbeweglichen Vermögen gehören und die Zwangsvollstreckung abweichend von den Vorschriften des Bundesrechts geregelt ist.

§ 871 läßt zu, daß durch Landesgesetz das von einem andern als dem Eigentümer der Bahn an ihr ausgeübte Nutzungsrecht (Nießbrauch, Pacht) für die ZwV als zum unbeweglichen Vermögen gehörig bezeichnet und die ZwV abweichend von den Bundesgesetzen geregelt wird. 1

Dritter Titel
VERTEILUNGSVERFAHREN

872 *[Voraussetzungen]* **Das Verteilungsverfahren tritt ein, wenn bei der Zwangsvollstreckung in das bewegliche Vermögen ein Geldbetrag hinterlegt ist, der zur Befriedigung der beteiligten Gläubiger nicht hinreicht.**

Lit: *Martin,* Pfändungspfandrecht und Widerspruchsklage im Verteilungsverfahren, Bielefeld 1963; *Münzberg,* Verteilungsverfahren und Erinnerung nach § 766 ZPO, Rpfleger 1986, 252; *Schneider,* Das zivilprozessuale Verteilungsverfahren (§§ 872 ff ZPO) sowie das Verfahren nach § 13 der Hinterlegungsordnung, DAVorm 1982, 517.

1 **I) Zweck:** Durchführung eines gerichtlichen Verfahrens zur Verteilung des Erlöses, der die Forderungen aller Gläubiger nicht deckt.

2 **II) Verfahrensvoraussetzungen: 1) Hinterlegung** eines Geldbetrages bei der ZwV in das bewegliche Vermögen, somit durch den GV nach § 827 II und § 854 oder durch den Drittschuldner nach § 853, und erforderliche Anzeige der Sachlage. Bei ZwV in eine Schiffspart wird hinterlegter Erlös im Falle des § 858 V verteilt. Kein Verteilungsverfahren nach § 872 findet statt, wenn Hinterlegung nach § 372 BGB (Gläubigerungewißheit oder Annahmeverzug) erfolgt ist (RG 144, 391; LG Berlin Rpfleger 81, 453), somit auch nicht, wenn der Drittschuldner (nach § 372 BGB; Rn 2 zu § 852) hinterlegt hat, weil die Forderung gepfändet und abgetreten ist (RG aaO). Wenn beim Zusammentreffen von Pfändungen und Abtretungen nach § 372 BGB und § 853 ZPO hinterlegt ist (kein Hinterlegungsfall, Rn 2 zu § 853), wird Verteilung des auf die Pfändungsgläubiger entfallenden Betrags der Hinterlegungsmasse für zulässig erachtet. Weil dann jedoch in dem Verfahren über das Recht des Zessionars, für den hinterlegt ist, nicht entschieden werden kann, kann das Verfahren nur unter Pfändungsgläubigern und nur für den von der Abtretung nicht erfaßten Hinterlegungsbetrag stattfinden. Beschränkt bleibt das Verteilungsverfahren auf die den Betrag der Abtretung übersteigende Hinterlegungsmasse ohne Rücksicht darauf, ob nach der Hinterlegungsanzeige der Zessionar vor den Pfändungsgläubigern oder nach ihnen berechtigt sein soll (RG aaO; München OLG 26, 407; LG Gießen NJW 67, 1138 mit Anm Hothorn).

3 **2) Unzureichende Hinterlegungsmasse.** Der hinterlegte Betrag darf zur Befriedigung der (aller) beteiligten Gläubiger nicht ausreichen. Wenn ein für alle Gläubiger ausreichender Betrag hinterlegt ist (vom Drittschuldner nach § 853; bei Hinterlegung durch den Gerichtsvollzieher mit Wegfall eines Pfandgläubigers), wird vom Verteilungsgericht die Auszahlung an die berechtigten verfügt, ohne daß die Förmlichkeiten des Verfahrens (Teilungsplan, Termin usw) zu beachten sind. Das Verteilungsverfahren wird nicht dadurch überflüssig, daß nach vorliegenden Pfändungen usw der ganze Betrag einem Gläubiger zuzuteilen ist, da die Rangordnung im Verteilungsverfahren festgestellt wird.

4 **3) Keine Einigung** der Beteiligten unter Einschluß des Schuldners über die Verteilung des Geldbetrages. Bei Einigung wird durch das Verteilungsgericht Auszahlung des hinterlegten Betrags ohne Verteilungsverfahren verfügt, und zwar in den Fällen der § 827 und § 854 an den Gerichtsvollzieher (Rn 6 zu § 827), im Falle des § 853 an die Beteiligten gemäß der Einigung.

5 **III)** Das Verteilungsverfahren tritt, wenn die Voraussetzungen Rn 2–4 vorliegen, **von Amts wegen** ein. Den Beteiligten steht (wenn sie sich nicht einigen) für Erlösverteilung nur der Weg des § 872 offen; Klage mit dem Ziel der Erlösverteilung ist unzulässig (StJM Anm II zu § 872), ebenso bei Rangstreitigkeiten zwischen mehreren Pfändungsgläubigern die Erinnerung (Koblenz DGVZ 84, 58 = ZIP 83, 745; enger Münzberg Rpfleger 86, 252: keine neue Erinnerung mehr erst vom Verteilungstermin an; anhängige Erinnerung kann zu Ende geführt werden). Das Verteilungsverfahren findet auch statt, wenn nach Pfändung Befriedigung eines (oder aller) Gläubiger aus dem Verwertungserlös noch nicht erfolgen kann (aA StJM Anm I 1 zu § 872: mindestens ein Gläubiger muß schon zur Befriedigung berechtigt sein); auf einen Gläubiger mit Pfandrecht nur auf Grund Sicherungsvollstreckung (§ 720 a II), Arrestvollziehung (§ 930 II), Forderungspfändung ohne Überweisung oder Vorpfändung (§ 845) fallender Betrag wird (unter der entsprechenden Bedingung) hinterlegt. Einstellung der ZwV hinsichtlich des gesamten hinterlegten Betrags (zB auf Grund §§ 771, 769, 805) hindert den Fortgang der ZwV, somit auch Durchführung des Verteilungsverfahrens; Einstellung nur gegenüber einzelnen Gläubigern (zB auf Grund §§ 767, 769) bewirkt Hinterlegung des auf einen solchen Gläubiger treffenden Erlöses.

IV) Beteiligte Gläubiger sind alle Gläubiger, für die die Pfändung stattgefunden hat. Beteiligt ist auch der Arrestgläubiger (§ 930), der Gläubiger einer Sicherungsvollstreckung (§ 720 a) und der Gläubiger, der eine Vorpfändung nach § 845 bewirkt hat. **Nicht beteiligt** sind bei Hinterlegung nach § 827 II, §§ 853, 854 (zur Hinterlegung nach § 372 BGB bereits Rn 2) Gläubiger, denen nur ein gesetzliches oder vertragliches Pfandrecht oder ein Vorzugsrecht nach § 805 oder ein Recht iS des § 771 zusteht; sie sind auf den Weg der Klage (ev gegen sämtliche Pfändungsgläubiger) zu verweisen (RG 51, 320). 6

V) Rechtsbehelfe: Gegen Ablehnung des Verfahrens durch den Rechtspfleger befristete Erinnerung der Gläubiger, nicht auch des hinterlegenden Drittschuldners, es sei denn, das Gericht lehnt die Annahme der Anzeige ab oder es sind dem Drittschuldner ZwV-Kosten erwachsen, die im Verteilungsverfahren berücksichtigt werden sollen (Frankfurt Rpfleger 77, 184). Die Anordnung des Verfahrens ist unanfechtbar. Austragung des Rangstreits unter den Gläubigern: §§ 878 ff. 7

VI) Gebühren: 1) des **Gerichts:** Für das Verteilungsverfahren bei der Vollstreckung in bewegliche Habe (§§ 872–882) wird eine halbe Gebühr erhoben (KV Nr 1143). Bei Ablehnung oder Zurücknahme eines vom Drittschuldner oder von einem Gläubiger gestellten (unnötigen) Antrags auf Einleitung des Verteilungsverfahrens entsteht keine Gebühr, da das Verfahren von Amts wegen einzuleiten ist. Die Gebühr gilt das gesamte Verteilungsverfahren ab, so daß eine zusätzliche Gebühr nicht anfällt, wenn das Gericht mehrmals einen Teilungsplan aufstellt (§ 874) und darüber einen Termin abhält (§ 875); eine weitere Gebühr wird auch nicht durch das Widerspruchsverfahren (§ 876) und durch die Anordnung der anderweiten Verteilung nach § 882 ausgelöst. Fällig wird die Gebühr mit der Aufforderung an die Gläubiger, eine Berechnung ihrer Forderungen einzureichen (§ 873). Die Kosten (Gebühren und Auslagen) sind aus der Teilungsmasse vorweg zu entnehmen (§ 874 II). Ein Antragsteller, der für die Kosten aus § 49 S 1 GKG haftet, ist nicht vorhanden (Offizialverfahren!), alleiniger Kostenschuldner ist der Vollstreckungsschuldner (§ 54 Nr 4 GKG). – **Wert:** Hinterlegter Betrag samt den bis zum Tage der Aufstellung des Teilungsplans aufgelaufenen Hinterlegungszinsen (§ 8 HinterlO); die vorweg zu entnehmenden Kosten sind nicht abzuziehen. – Für die Widerspruchsklage nach §§ 878 ff gelangen die Gebühren wie im gewöhnlichen Rechtsstreit (KV Nrn 1010 ff) zur Erhebung. Gegen den aufgestellten Teilungsplan gibt es neben dem Widerspruch des § 876 als Rechtsbehelf die befristete Rechtspflegererinnerung des § 11 RpflG mit der ggfs nachfolgenden sofortigen Beschwerde aus § 793. Während das Erinnerungsverfahren gebührenfrei ist (§ 11 VI RpflG), wird für die sof Beschwerde eine Gebühr nach KV Nr 1181 erhoben, wenn das Rechtsmittel verworfen oder zurückgewiesen wird; die Beschwerdegebühr entfällt, wenn das Rechtsmittel vor einer gerichtl (nach außen wirkenden) Verfügung zurückgenommen wird (§ 11 VI 2 RpflG). 8

2) des **Anwalts:** Für die Vertretung im Verteilungsverfahren erhält der RA eine 5/10 Gebühr, falls sich jedoch der Auftrag vor dem Verteilungstermin erledigt, nur eine 3/10 Gebühr (§ 60 I BRAGO). Bei der Vertretung mehrerer Gläubiger entsteht dem RA die Gebühr für jeden Auftrag gesondert; keine Zusammenrechnung der einzelnen Forderungen (so auch Gerold/Schmidt, BRAGO § 60 Rdnr 8; bestr; anzuwenden § 6 BRAGO: Forderungen sind zusammenzurechnen nach Hartmann, KostGes BRAGO § 60 Anm 2 Abs 5 und Riedel/Sußbauer, BRAGO § 60 Rdnr 9 aE). **Gegenstandswert:** Betrag der Forderung (= Hauptforderung) zuzügl Zinsen und Kosten einschließl derjenigen der Zwangsvollstreckung; zu diesen gehören die Kosten für die Vertretung des Gläubigers im Verteilungsverfahren (fast ganz hM: Riedel/Sußbauer, aaO; Schumann/Geißinger, BRAGO § 60 Rdnr 5; Schneider, Streitwert „Verteilungsverfahren Nr 1"; Göttlich/Mümmler, BRAGO „Verteilungsverfahren" unter 1.2 Gegenstandswert); aA nur Hartmann, KostGes BRAGO § 60 Anm 4, der den Begriff „Forderung" in Abs 2 des § 60 unter Nichtbeachtung des § 873 I isoliert beurteilt u § 22 I GKG daher unzutreffend anwendet. Wenn der zu verteilende Geldbetrag geringer ist, ist dieser als Gegenstandswert anzunehmen (§ 60 II BRAGO).

VII) Aktenbehandlung. Eintrag im Vollstreckungsregister Abt I unter Buchstabe „J", AktO § 14 Nr 1 u 3, Muster 14. 9

873 *[Verteilungsgericht]*

Das zuständige Amtsgericht (§§ 827, 853, 854) hat nach Eingang der Anzeige über die Sachlage an jeden der beteiligten Gläubiger die Aufforderung zu erlassen, binnen zwei Wochen eine Berechnung der Forderung an Kapital, Zinsen, Kosten und sonstigen Nebenforderungen einzureichen.

I) Zuständig ist als Verteilungsgericht **sachlich** immer das AG. **Örtlich** zuständig ist das AG, an das die Anzeige nach §§ 827, 853, 854 (§ 858 II) zu richten war, gleichgültig, ob es auch für den Erlaß des Pfändungsbeschlusses zuständig war (RG 52, 312). Die Aufgaben des Verteilungsgerichts sind dem Rechtspfleger übertragen (§ 20 Nr 17 RpflG). 1

II) Das Verfahren **beginnt** (ohne förmliche Einleitungsverfügung) mit der Aufforderung an die beteiligten Gläubiger, eine Berechnung ihrer Forderungen einzureichen. Grund: Bezeichnung von Veränderungen seit Pfändung (Teilzahlungen, Vollstreckungskosten). Die weder abkürzbare noch verlängerbare Frist von 2 Wochen für Forderungsanmeldung läuft von Zustellung der Aufforderung an (s §§ 222, 224). Die Frist ist keine Notfrist. 2

III) Die Berechnung der Forderung kann schriftlich oder zu Protokoll des Urkundsbeamten erfolgen (Unterlagen beifügen). Nachholung bis zum Teilungsplan (§ 874 III). 3

874 *[Teilungsplan]*

(1) Nach Ablauf der zweiwöchigen Fristen wird von dem Gericht ein Teilungsplan angefertigt.

(2) Der Betrag der Kosten des Verfahrens ist von dem Bestand der Masse vorweg in Abzug zu bringen.

(3) Die Forderung eines Gläubigers, der bis zur Anfertigung des Teilungsplanes der an ihn gerichteten Aufforderung nicht nachgekommen ist, wird nach der Anzeige und deren Unterlagen berechnet. Eine nachträgliche Ergänzung der Forderung findet nicht statt.

1 **I)** Es wird ein **Teilungsplan** aufgestellt, der nach Verhandlung (§ 875) Grundlage der Erlösverteilung ist. In dem Teilungsplan sind die zu verteilende Masse (Hinterlegungsbetrag mit Hinterlegungszinsen) und die vorweg in Abzug zu bringenden Kosten (Abs 2) zu bezeichnen und sodann die Ansprüche unter Bezeichnung der Gläubiger, der Beträge und ihres Rangs (§ 804 III) darzustellen.

2 **II) Kosten des Verfahrens,** die von dem Bestand der Masse vorweg in Abzug zu bringen sind (Abs 2), sind die Gerichtskosten und gerichtlichen Auslagen des gemeinschaftlichen Verfahrens (Rn 8 zu § 872). Kosten der Versteigerung gehören nicht dazu; sie werden vom Gerichtsvollzieher vorweg (vor Hinterlegung) entnommen (§ 6 GVKostG). Kosten der Gläubiger für Teilnahme am Verfahren sind ZwV-Kosten (§ 788); Befriedigung aus dem Erlös können sie nur mit dem Rang des Gläubigeranspruchs erlangen. Die Verfahrenskosten werden von Amts wegen berechnet und berücksichtigt.

3 **III) 1)** Angefertigt wird der Teilungsplan **von Amts wegen** ohne mündliche Verhandlung. Als Gläubiger und Forderungen **aufgenommen** werden die Gläubiger mit ihren Ansprüchen, die durch Pfändung (§§ 803, 804) ein Recht auf Befriedigung aus dem hinterlegten Erlös erlangt haben, und zwar mit dem jeweiligen Rang ihres Pfandrechts (§ 804 III). Die Forderung eines Arrestgläubigers wird aufgenommen, solange der Arrestbeschluß besteht oder wenn er durch einen Hauptsachetitel ersetzt ist (RG 121, 351; der auf die Arrestforderung entfallende Betrag ist zu hinterlegen). Aufgenommen wird auch die Forderung eines Gläubigers, der mit Sicherungsvollstreckung (§ 720 a) ein Pfandrecht erlangt hat. Aufzunehmen sind in den Plan die Ansprüche aller Gläubiger, auch ausfallende Forderungen nach ihrer Rangfolge (Karlsruhe JW 27, 2745).

4 **2)** Berücksichtigung der Gläubiger und Berechnung ihrer Forderungen erfolgt nach den der Anzeige beigefügten Schriftstücken und Beschlüssen (§ 827 II, §§ 853, 854 II), im übrigen nur dann, wenn Anmeldung rechtzeitig erfolgt ist (Abs 3). Nur auf Anmeldung Berücksichtigung finden können demnach die Gläubigerkosten für Teilnahme am Verfahren (RAnw-Kosten, Auslagen). Wenn ein Gläubiger (ausdrücklich) weniger anmeldet (Minderanmeldung; auch beschränkte Anmeldung) als für ihn nach den Schriftstücken und Beschlüssen von Amts wegen zu berücksichtigen wäre, wird sein Anspruch mit dem angemeldeten Betrag berücksichtigt (§ 308 I entspr). Auch dann findet eine nachträgliche Ergänzung der Forderung nicht statt (Abs 3 S 2). Trotz Anmeldung nicht aufgenommen werden Ansprüche (Beträge, auch Berechtigte), die nach den der Anzeige beigefügten Schriftstücken und Beschlüssen kein Recht auf Befriedigung aus dem hinterlegten Erlös erlangt und ein solches Recht (zB durch Vorlage eines noch nicht eingereichten Pfändungsbeschlusses) auch nicht nachgewiesen haben. Anmeldungen, die demnach keinen Erlösanspruch begründen, bleiben unberücksichtigt; (förmliche) Zurückweisung durch Beschluß ist nicht vorgesehen.

5 **3)** Berichtigung und Ergänzung des Planes ist möglich bis zur Niederlegung auf der Geschäftsstelle, später nicht mehr. Berichtigung im Termin: § 876.

6 **IV) Form eines Teilungsplanes**

Hinterlegt sind in dem Zwangsvollstreckungsverfahren gegen … gemäß § 853 ZPO unter Anzeige der Sachlage … DM

Es wird gem § 874 I folgender **Teilungsplan** angefertigt:

1. Hinterlegungsbetrag … DM
2. Hinterlegungszinsen … DM; zusammen … DM
3. Vorweg in Abzug zu bringen sind die Kosten des Verfahrens (§ 874 II ZPO); sie betragen … DM.
4. Pfändungsgläubiger und deren Ansprüche (Rang: § 804 III)

<table>
<tr><th rowspan="3">Nr.</th><th>Tag der Zustellg der</th><th rowspan="3">Gläubiger</th><th rowspan="3">Ver-treter</th><th rowspan="3">Pfän-dungs-beschluß</th><th rowspan="3">Pfand-summe</th><th rowspan="3">Voll-streckungs-titel</th><th rowspan="3">Anmel-dung</th><th rowspan="3">Bemer-kungen</th></tr>
<tr><th>Benachrichtigung Pfändung</th></tr>
<tr><th>an den Drittschuldner</th></tr>
<tr><td></td><td></td><td></td><td></td><td></td><td></td><td></td><td></td><td></td></tr>
</table>

5. Die Teilungsmasse von zusammen ... DM gebührt dem Gläubiger ... auf seinen an erster Rangstelle stehenden Anspruch in Höhe von ... DM Kosten, ... DM Zinsen, ... DM Teil der Hauptsache.

Die Unterschrift ist zur Gültigkeit nicht unbedingt erforderlich. ..... Rechtspfleger

V) Anmeldungen können nach Niederlegung des Plans auf der Geschäftsstelle (§ 875 I S 2) 7
ganz oder teilweise **zurückgenommen,** sonst aber **nicht** mehr **ergänzt** werden (Abs 3 S 2), es sei denn, es stimmen sämtliche Beteiligte zu. Ermäßigung des Anspruchs ist durch Erklärung des Gläubigers bis zur Planausführung jederzeit möglich.

VI) Das Verteilungsverfahren für **fortlaufende Bezüge** (§ 832) ist im Gesetz nicht geregelt. Es 8
ist in der Weise zulässig, daß der Teilungsplan auch für die zukünftig hinterlegten Beträge aufgestellt wird. In entsprechender Anwendung der §§ 156, 159 ZVG, die bei der ZwV in Grundstücke für diesen Fall die unbefristete Klage auf Änderung des Teilungsplans zulassen, auch wenn im Termin kein Widerspruch erhoben wurde, ist der Gläubiger hinsichtlich der nach dem Termin hinterlegten Beträge mit der Widerspruchsklage nicht nach § 878 ausgeschlossen. § 878 greift aber ein, wenn bei Hinzukommen einer weiteren Pfändung gem §§ 873 ff ein Nachtrag zum Teilungsplan in einem neuen Termin festgestellt wurde.

875 *[Terminsbestimmung]*

(1) Das Gericht hat zur Erklärung über den Teilungsplan sowie zur Ausführung der Verteilung einen Termin zu bestimmen. Der Teilungsplan muß spätestens drei Tage vor dem Termin auf der Geschäftsstelle zur Einsicht der Beteiligten niedergelegt werden.

(2) Die Ladung des Schuldners zu dem Termin ist nicht erforderlich, wenn sie durch Zustellung im Ausland oder durch öffentliche Zustellung erfolgen müßte.

I) Zweck des Termins: Verhandlung mit den Beteiligten über den Teilungsplan, Verhandlung 1
über Widersprüche und Planausführung, soweit ein Widerspruch nicht erhoben ist oder sich erledigt hat.

II) Terminsbestimmung: 2

Zur Erklärung über den Teilungsplan sowie zur Ausführung der Verteilung wird Termin auf ..., den ... 19 ..., vormittags ... Uhr, Geschäftszimmer Nr ... anberaumt.

Der Teilungsplan wird vom ... an im Geschäftszimmer Nr ... zur Einsicht niedergelegt. Nach dem Plane soll ... zum Zuge kommen ...

III) Ladung zum Termin erfolgt von Amts wegen (§ 214) durch Zustellung an alle beteiligten 3
Gläubiger (ggfs mit öffentlicher Zustellung) und an den in Deutschland wohnhaften Schuldner von Amts wegen (§ 329 III), ohne Androhung eines Nachteils (§ 231). Ladungsfrist: 3 Tage (§ 217).

IV) Niederlegung des Teilungsplans zur Einsicht der Beteiligten hat spätestens drei Tage vor 4
dem Termin auf der Geschäftsstelle zu erfolgen (Abs 1 S 2). Unterlassung oder Verspätung der Niederlegung gibt den Beteiligten nur ein Recht auf Vertagung; es geht durch vorbehaltlose Erklärung verloren (§ 295). Eine Anfechtung des Verfahrens aus diesem Grunde findet nicht statt.

V) Der Verteilungstermin ist **nicht öffentlich** (keine Verhandlung iS von § 169 GVG). Teilneh- 5
men können nur die Beteiligten (auch der Drittschuldner, der hinterlegt hat).

876 *[Ausführung des Teilungsplanes]*

Wird in dem Termin ein Widerspruch gegen den Plan nicht erhoben, so ist dieser zur Ausführung zu bringen. Erfolgt ein Widerspruch, so hat sich jeder dabei beteiligte Gläubiger sofort zu erklären. Wird der Widerspruch von den Beteiligten als begründet anerkannt oder kommt anderweit eine Einigung zustande, so ist der Plan demgemäß zu berichtigen. Wenn ein Widerspruch sich nicht erledigt, so wird der Plan insoweit ausgeführt, als er durch den Widerspruch nicht betroffen wird.

1 **I) Widerspruch** ist Rechtsbehelf gegen den Teilungsplan, mit dem Änderung der Verteilung auf Grund eines besseren sachlichen Rechts verlangt wird. Mit Widerspruch sind Einwendungen gegen den Teilungsplan nicht nur geltend zu machen, wenn seine inhaltliche Änderung wegen unrichtiger sachlicher Würdigung begehrt wird, sondern auch dann, wenn die Verletzung von Verfahrensvorschriften gerügt wird, die zu einer inhaltlich unrichtigen Feststellung des Teilungsplans geführt hat (StJM Anm I 1, BLH Anm 1 je zu § 876; aA ThP Anm 3 zu § 876: Einwendungen gegen Rang, Bestand und Höhe vorgehender Forderungen § 878, sonst § 11 RpflG).

2 **II) Auszuführen** ist der Teilungsplan, wenn ein Widerspruch weder in dem Termin noch vor dem Termin schriftlich oder zu Protokoll der Geschäftsstelle erhoben ist (§ 876 S 1). Einverständnis abwesender Gläubiger in diesem Fall nach § 877 I.

3 **III) 1)** Widerspruch **kann erheben** jeder (beteiligte) Gläubiger, der in seinem Recht auf Befriedigung aus der Teilungsmasse nach dem Teilungsplan durch einen anderen ganz oder zum Teil verdrängt wird. Der Widerspruch gegen den Teilungsplan kann zum Ziel haben die Aufnahme einer Forderung in den Plan mit Vorrang vor anderen, einen besseren Rang einer in den Plan aufgenommenen Forderung oder eine höhere Zuteilung auf eine solche Forderung.

4 **2)** Der **Schuldner** ist **nicht** widerspruchsberechtigt. Erlösverteilung erfolgt an die Gläubiger, die durch Pfändung ein Pfandrecht erlangt haben (§ 804). Einwendungen des Schuldners gegen deren vollstreckbare Ansprüche und damit den Fortgang der ZwV mit Befriedigung der Gläubiger sind daher nach §§ 767, 769, 770 geltend zu machen. Einstellung durch das Vollstreckungsgericht in dringenden Fällen: § 769 II. Als Widerspruch vorgetragene Einwendungen des Schuldners bleiben ohne Wirkung (unbeachtet; Zurückweisung erfolgt nicht).

5 **3) Nicht** widerspruchsberechtigt sind Gläubiger, die zwar einen Vollstreckungstitel vorgelegt, nach den der Anzeige beigefügten Schriftstücken und Beschlüssen aber kein Pfandrecht (§ 804) erlangt und ein solches auch nicht nachgewiesen haben. Sie sind am Verteilungsverfahren nicht beteiligt, können daher auch Widerspruch als Rechtsbehelf dieses Verfahrens nicht erheben.

6 **4) Dritte** können ihre Rechte nach § 771 oder § 805 nur außerhalb des Verteilungsverfahrens durch Klage geltend machen.

7 **IV)** Der Widerspruch kann erhoben werden **in dem Termin** bei Verhandlung über den Teilungplan oder (s § 877 I) vor dem Termin ab Niederlegung des Plans schriftlich oder zu Protokoll der Geschäftsstelle. Der Widerspruch bedarf keiner Begründung; er muß aber erkennen lassen, welche anderweitige Zuteilung der Widersprechende verlangt, gegen welchen Anspruch er sich richtet und wer deshalb betroffen wird (RG 26, 424).

8 **V) Behandlung und Wirkung des Widerspruchs: 1)** Über den Widerspruch haben sich die beteiligten Gläubiger im Termin zu erklären (§ 876 S 2). Behandlung Abwesender: § 877 II. Erledigt sich der Widerspruch durch gütliche Einigung (Anerkennung, Vergleich, Zurücknahme des Widerspruchs), so ist der Plan zu berichtigen (§ 876 S 3). Gelingt dies nicht, so ist der Plan auszuführen, soweit er nicht von dem Widerspruch betroffen ist (§ 876 S 4). Im übrigen bleiben die Beträge hinterlegt. Das Gericht darf über einen Widerspruch weder hinweggehen noch sachlich über ihn entscheiden.

9 **2)** Der Gläubiger kann den Widerspruch auch noch nach dem Termin **zurücknehmen.** Planausführung nach Widerspruch, der nicht zurückgenommen ist: Nach fruchtlosem Ablauf der Klagefrist (§ 878 I S 2) oder auf Grund Urteils im Widerspruchsprozeß (§ 882).

10 **VI)** Der Teilungsplan hat nicht die Kraft eines Richterspruchs; bis zur Verteilung des Erlöses kann er abgeändert werden (RG 152, 252 [256]; Köln MDR 69, 401).

11 **VII)** Einwendungen, die lediglich einen **Verfahrensverstoß** rügen, zB sachliche Entscheidung des Verteilungsgerichts über den Widerspruch, Verzögerung oder Verweigerung der Planausführung, sind mit **befristeter Durchgriffserinnerung** geltend zu machen (§ 11 RpflG, StJM I 1 zu § 876). Da die befristete Erinnerung nur zur Nachprüfung formeller Rechtsverstöße führen kann, steht sie einer **Widerspruchsklage,** die die sachliche Richtigkeit angreift und eine Entscheidung mit materieller Rechtskraftwirkung erstrebt, nicht entgegen (Köln MDR 69, 401).

877 *[Versäumnisverfahren]*

(1) Gegen einen Gläubiger, der in dem Termin weder erschienen ist noch vor dem Termin bei dem Gericht Widerspruch erhoben hat, wird angenommen, daß er mit der Ausführung des Planes einverstanden sei.

(2) Ist ein in dem Termin nicht erschienener Gläubiger bei dem Widerspruch beteiligt, den ein anderer Gläubiger erhoben hat, so wird angenommen, daß er diesen Widerspruch nicht als begründet anerkenne.

I) Ein Gläubiger, der im Termin erschienen ist, aber keinen Widerspruch erhoben hat, steht einem in Abs 1 bezeichneten Gläubiger gleich (RG 125, 137). 1

II) Die Befriedigung des nicht erschienenen, vom Widerspruch betroffenen Gläubigers wird durch den Widerspruch, falls er begründet, ist vereitelt (RG 26, 424). Der Nichterschienene kann nachträglich zu gerichtlichem Protokoll den Widerspruch anerkennen und dadurch die Ausführung des Planes ermöglichen (KG JW 31, 2175 [2176]), andernfalls ist auch er nach § 878 zu verklagen. Der Widersprechende wird vor Klageerhebung einen nicht erschienen gewesenen Gläubiger zur Anerkennung des Widerspruchs auffordern, da sonst dem Kläger bei sofortiger Anerkennung nach § 93 die Kosten zur Last fallen können. 2

878 *[Widerspruchsklage des widersprechenden Gläubigers]*

(1) Der widersprechende Gläubiger muß ohne vorherige Aufforderung binnen einer Frist von einem Monat, die mit dem Terminstag beginnt, dem Gericht nachweisen, daß er gegen die beteiligten Gläubiger Klage erhoben habe. Nach fruchtlosem Ablauf dieser Frist wird die Ausführung des Planes ohne Rücksicht auf den Widerspruch angeordnet.

(2) Die Befugnis des Gläubigers, der dem Plan widersprochen hat, ein besseres Recht gegen den Gläubiger, der einen Geldbetrag nach dem Plan erhalten hat, im Wege der Klage geltend zu machen, wird durch die Versäumung der Frist und durch die Ausführung des Planes nicht ausgeschlossen.

I) Mit Widerspruch wird eine bessere materielle Berechtigung verfolgt (Rn 1 zu § 876). Darüber darf das Verteilungsgericht daher nicht entscheiden (Rn 8 zu § 876). Das mit Widerspruch geltend gemachte Recht auf den Erlös ist gegen den (die) bei dem Widerspruch beteiligten Gläubiger vielmehr **mit Klage** geltend zu machen. 1

II) Die Klage ist prozessuale Gestaltungsklage (Schuler NJW 61, 1601). Sie zielt auf eine Änderung des Teilungsplans. **Klageantrag:** „Der Kläger ist in dem Verteilungsverfahren ... mit seiner Forderung zu ... DM vor derjenigen des Beklagten zu ... DM zu befriedigen." Die Klage kann auch als Widerklage erhoben werden, wenn der Gegner bereits Klage erhoben hat. Die Parteien können auch vereinbaren, daß ein zwischen ihnen bei dem Gericht des § 879 anhängiger Rechtsstreit die Bedeutung einer Widerspruchsklage haben soll. 2

III) 1) Zuständig ist das Gericht des § 879. 3

2) Ein **Rechtsschutzbedürfnis** besteht ab dem Erklärungstermin (§ 876), wenn feststeht, daß sich der Widerspruch nicht erledigt. Es entfällt mit der Durchführung des Teilungsplans. 4

3) Aktiv legitimiert ist der widersprechende Gläubiger. Die Klage ist gegen den oder die Gläubiger zu richten, die von dem Widerspruch betroffen sind und ihn nicht als begründet anerkannt haben (RG 26, 424); auch gegen den nicht im Termin erschienenen Gläubiger (§ 877 II) . Mehrere Beklagte sind einfache Streitgenossen (§ 61). 5

4) Die Klage hat **aufschiebende Wirkung** (Abs 1), wenn der geforderte Nachweis innerhalb Monatsfrist erbracht ist. Der Widersprechende muß dem Verteilungsgericht innerhalb eines Monats nachweisen, daß er alles getan hat, um eine alsbaldige Zustellung der Klageschrift zu ermöglichen, dh daß er die Klageschrift beim Prozeßgericht eingereicht *und* entweder den Prozeßkostenvorschuß bezahlt oder ein Prozeßkostenhilfegesuch eingereicht hat; § 878 ist insoweit den geänderten Vorschriften über die Klagezustellung anzupassen (StJM Anm I 3 zu § 878). Die Monatsfrist beginnt mit dem Terminstag (wird mitgerechnet; nach Wortlaut von Abs 1 S 1 keine Berechnung nach § 187 I BGB); sie kann weder durch das Gericht noch durch die Parteien verlängert werden; gegen die Versäumung keine Wiedereinsetzung, da keine Notfrist. Die aufschiebende Wirkung der Klage tritt nur ein, wenn sich die Klage gegen **alle** Gläubiger richtet, die den Widerspruch nicht anerkannt haben. 6

IV) 1) Die **Klage hat Erfolg,** wenn dem Kläger im Verhältnis zum Beklagten ein besseres Recht an dem hinterlegten Betrag zusteht. 7

a) Die Rangstellung der beteiligten Gläubiger ist eine auf Grund des **Titels** durch die **Pfändung** und das damit bewirkte **Pfändungspfandrecht** erlangte **Rechtsposition.** Der Kläger greift die Rechtsposition des Beklagten mit der Behauptung an, daß sein Pfandrecht einen besseren Rang als das Recht des Beklagten habe. Mit der Klage kann nicht nur geltend gemacht werden, 8 daß dem Beklagten die ihm im Teilungsplan zugeteilte Rangstelle wegen Unwirksamkeit des Vollstreckungsaktes nicht zustehe, sondern auch, daß die erlangte formelle Rechtsposition nach den Maßstäben materieller Gerechtigkeit im Verhältnis zum Kläger zu Unrecht erlangt sei.

9 **b)** Der Widerspruch gegen den besseren Rang des Beklagten kann gestützt werden auf **formelle Mängel des Vollstreckungsaktes.**

10 **aa)** Ist der **Vollstreckungsakt** wegen des Mangels **unwirksam** (s Rn 34 vor § 704), entfällt das Pfändungspfandrecht des Beklagten. Das gleiche gilt, wenn ein anfechtbarer Vollstreckungsakt auf Anfechtung aufgehoben wurde.

11 **bb)** Ist der **Vollstreckungsakt noch anfechtbar,** kann der Kläger die Aufhebung im Wege der Erinnerung herbeiführen. Mit der Aufhebung entfällt das Pfändungspfandrecht des Beklagten.

12 **cc)** Hat ein fehlerhafter **Vollstreckungsakt durch Heilung Rechtsbeständigkeit** erlangt, so kommt es im Verhältnis des Rechtes des Klägers zum Recht des Beklagten darauf an, ob der fehlerfreie Vollstreckungsakt des Klägers vor dem Zeitpunkt wirksam wurde, zu dem die Heilung des Vollstreckungsaktes des Beklagten eingetreten ist. Die materielle Wirkung der Heilung folgt nicht von selbst ihrer prozessualen Wirkung; hier ist vielmehr Raum zur Verwirklichung von materiellen Gerechtigkeitsgrundsätzen, die insbesondere die Wahrung der Chancengleichheit der beteiligten Gläubiger zum Ziele haben (StJM Anm II 1d zu § 878). Der Widerspruch ist jedoch nur dann begründet, wenn die formellen Mängel des Vollstreckungsaktes durch den Gläubiger beeinflußbar waren, zB vorzeitige Vollstreckung (§§ 751 I, 798). Vollstreckung vor Umschreibung der Vollstreckungsklausel, nicht jedoch wenn die Mängel dem Einfluß des Gläubigers entzogen waren, zB Zustellungsmängel.

13 **c) aa)** Der Kläger kann auch die **Einwendungen** geltend machen, **die dem Schuldner gegen die titulierte Forderung des Beklagten zustehen** (RG 121, 352), mit **Ausnahme** der dem Schuldner zustehenden, aber noch nicht ausgeübten Gestaltungsrechte und der echten Einreden (BGH 63, 61 = NJW 74, 2284). Ist die Forderung des Beklagten aber durch ein **rechtskräftiges** oder vorläufig vollstreckbares Urteil oder durch Vollstreckungsbescheid **festgestellt,** so darf der Kläger, der seine Rechtsstellung vom Schuldner ableitet, nicht besser als der Schuldner gestellt werden; er kann daher das Nichtbestehen der Forderung nur unter denselben Voraussetzungen geltend machen wie der Schuldner selbst, dh in den Grenzen der § 767 II, § 580 oder durch Einspruch oder Rechtsmittel bei vorläufig vollstreckbaren Titeln (RG JW 33, 2019; RG 153, 204; Rosenberg § 196 IV 3; Batsch ZZP 87, 1; s auch BGH 63, 61 = NJW 74, 2284; vgl auch Huber JuS 72, 621; aA StJM Anm II 2 zu § 878).

14 **bb)** Der Kläger kann seinen Widerspruch auch darauf stützen, daß der Beklagte ihm gegenüber auf Grund eines Rechtsgeschäfts **zur Einräumung des Vorrangs verpflichtet** sei (RG 71, 426), daß der Beklagte den **Vorrang durch** eine dem Kläger gegenüber begangene **unerlaubte Handlung** erlangt habe (RG JW 02, 170), oder daß der früher pfändende Beklagte die **öffentliche Zustellung des Titels erschlichen** habe (BGH 57, 108 = NJW 71, 2226). Die gleiche Bedeutung hat die Anfechtung wegen Gläubigerbenachteiligung. Dagegen ist bei dem Einwand des Klägers, der Anspruch stehe nicht dem Beklagten, sondern einem Dritten zu, der Widerspruch nicht begründet, da sich dadurch der Rang der Forderung nicht ändert (Rosenberg § 196 IV 3).

15 **2)** Der Entscheidung ist die **Sach- und Rechtslage im Zeitpunkt des Verteilungstermins** zugrunde zu legen (BGH Rpfleger 74, 188; aA StJM Anm II 4 zu § 878).

16 **3)** Der Beklagte kann dem behaupteten besseren Recht des Klägers mit denselben Einwendungen begegnen, wie sie der Kläger gegen den besseren Rang des Beklagten geltend gemacht hat. Verneint das Gericht ein besseres Recht des Klägers, so ist die Klage als unbegründet (wegen fehlender Sachlegitimation), nicht als unzulässig abzuweisen (BGH NJW 69, 1428).

17 **V)** Hat der Widersprechende die Frist zum Nachweis der Klageerhebung versäumt, so ist, solange der Plan noch nicht vollständig ausgeführt ist, Widerspruchsklage trotzdem zulässig (Abs 2). Planausführung kann aber die verspätete Klage nicht mehr aufhalten (daher einstw Einstellung erforderlich). Nach Ausführung des Planes kann der Gläubiger sein besseres Recht nur noch im Wege der **Bereicherungsklage** geltend machen und Herauszahlung des auf Grund des Teilungsplanes zu Recht, aber materiell zu Unrecht Empfangenen verlangen. Wird während der Widerspruchsklage das Verteilungsverfahren beendet, so kann der Widersprechende sofort zur Bereicherungsklage übergehen. Die Bereicherungsklage hat auch ein Gläubiger, der den Widerspruch selbst versäumt hat (BGH 39, 242 = NJW 63, 1497), ebenso ein Dritter, dem an dem Gegenstand ein außerhalb der ZwV erlangtes früheres Pfand- oder Vorzugsrecht zustand (§ 805), der aber, weil nicht zugleich als Pfändungsgläubiger beteiligt, im Verfahren nicht berücksichtigt werden konnte (RG 58, 156; 145, 349; 154, 256). Für diese Klage gilt § 879 (Zuständigkeit) nicht.

VI) Gebühren des **Gerichts und** des **Anwalts** für die Widerspruchs- bzw Bereicherungsklage: wie im ordentlichen Prozeß nach KV Nrn 1010 ff, § 31 BRAGO; denn die Instanz des Verteilungsverfahrens ist mit der völligen Ausschüttung der Verteilungsmasse (Willenbücher Rn 1 zu § 60 BRAGO) beendet; vgl auch Rn 8 zu § 872. **Streitwert: 1)** der **Widerspruchsklage** nach Abs 1 – gehört nicht zum Verteilungsverfahren – bemißt sich nach dem Interesse des Klägers, daß seine Forderung vor der der übrigen Beteiligten befriedigt wird, daher nach der Höhe der Forderung. Wird die Auszahlung des hinterlegten Erlöses einschließlich der aufgelaufenen Zinsen gefordert, so sind die Zinsen keine Nebenforderungen. **2)** der **Bereicherungsklage** nach Abs 2: Die Zinsen sind der Hauptforderung hinzuzurechnen; Rittmann/Wenz § 9 GKG Anm 16. Vgl § 3 Rn 16 „Verteilungsverfahren". 18

879 *[Zuständigkeit]*

(1) Die Klage ist bei dem Verteilungsgericht und, wenn der Streitgegenstand zur Zuständigkeit der Amtsgerichte nicht gehört, bei dem Landgericht zu erheben, in dessen Bezirk das Verteilungsgericht seinen Sitz hat.

(2) Das Landgericht ist für sämtliche Klagen zuständig, wenn seine Zuständigkeit nach dem Inhalt der erhobenen und in dem Termin nicht zur Erledigung gelangten Widersprüche auch nur bei einer Klage begründet ist, sofern nicht die sämtlichen beteiligten Gläubiger vereinbaren, daß das Verteilungsgericht über alle Widersprüche entscheiden solle.

I) Streitgegenstand ist der Betrag, dessen andere Verteilung der Widersprechende verlangt. 1
Ausschließlicher Gerichtsstand: § 802. War das AG, welches das Verteilungsverfahren durchgeführt hat, an sich unzuständig (zB der Drittschuldner hat nicht dem AG, dessen Pfändungsbeschluß ihm zuerst zugestellt worden ist, sondern bei einem anderen der AGe die Anzeige erstattet und dieses hat das Verteilungsverfahren durchgeführt), so bleibt dasselbe bzw das ihm übergeordnete LG auch für die Klagen zuständig (RG 52, 312). § 879 gilt nicht für die Bereicherungsklage nach § 878 II.

II) Sind mehrere Widersprüche unerledigt geblieben, so ist für alle Klagen das LG zuständig, 2
wenn nur in betreff einer der Klagen nach dem Inhalt des Widerspruchs die Zuständigkeit des LG begründet ist, und zwar auch dann, wenn diese Klage nicht erhoben wird oder der betreffende Widerspruch nach dem Termin zurückgenommen wird. Gehört keine der Klagen vor das LG, so wird es nicht dadurch zuständig, daß die Streitgegenstände aller Klagen zusammen die Zuständigkeitsgrenze der AG übersteigen.

880 *[Urteil]*

In dem Urteil, durch das über einen erhobenen Widerspruch entschieden wird, ist zugleich zu bestimmen, an welche Gläubiger und in welchen Beträgen der streitige Teil der Masse auszuzahlen sei. Wird dies nicht für angemessen erachtet, so ist die Anfertigung eines neuen Planes und ein anderweites Verteilungsverfahren in dem Urteil anzuordnen.

Das Verteilungsgericht ist an das Urteil, das den Widerspruch für begründet oder für unbe- 1
gründet erklärt, gebunden. Auch wenn ein anderweites Verteilungsverfahren angeordnet ist, muß es bei Aufstellung des Planes das Urteil zugrunde legen. Auch ist in dem neuen Verfahren ein Widerspruch nur insoweit zu berücksichtigen, als er sich darauf stützt, daß der Plan nicht nach dem Urteil aufgestellt sei. Die Gläubiger, die an dem Widerspruch nicht beteiligt waren, werden zu dem neuen Verfahren überhaupt nicht zugezogen, da der alte Plan insoweit ausgeführt ist (§ 876). Auch die nach dem ersten Plan ohne Widerspruch ausgefallenen Gläubiger sind nicht zuzuziehen. Wird der Widerspruch für unbegründet erklärt, so wird nach Rechtskraft der alte Plan ausgeführt. Dies gilt auch dann, wenn die Klage nur „wie angebracht" abgewiesen ist. Jedoch hat im letzteren Fall der Gläubiger noch das sich aus § 878 II ergebende Recht. Eine neue Aufforderung nach § 873 ist nicht nötig.

Gebühren des **Gerichts:** Urteilsgebühr nach KV Nrn 1016/1017. 2

881 *[Versäumnisurteil]*

Das Versäumnisurteil gegen einen widersprechenden Gläubiger ist dahin zu erlassen, daß der Widerspruch als zurückgenommen anzusehen sei.

Nach Rechtskraft des Veräumnisurteils findet Auszahlung statt, wie wenn der Widerspruch 1
nicht erhoben wäre. Dem Widersprechenden geht durch das Urteil auch das Recht aus § 878 II verloren.

882 *[Auszahlung auf Grund Urteils]*
Auf Grund des erlassenen Urteils wird die Auszahlung oder das anderweite Verteilungsverfahren von dem Verteilungsgericht angeordnet.

1 Rechtskraft des Urteils hat Gläubiger nachzuweisen, vorher keine Anordnung nach § 882.

Vierter Titel

ZWANGSVOLLSTRECKUNG GEGEN JURISTISCHE PERSONEN DES ÖFFENTLICHEN RECHTS

882 a *[Zwangsvollstreckung gegen juristische Personen des öffentlichen Rechtes]*
(1) Die Zwangsvollstreckung gegen den Bund oder ein Land wegen einer Geldforderung darf, soweit nicht dingliche Rechte verfolgt werden, erst vier Wochen nach dem Zeitpunkt beginnen, in dem der Gläubiger seine Absicht, die Zwangsvollstreckung zu betreiben, der zur Vertretung des Schuldners berufenen Behörde und, sofern die Zwangsvollstreckung in ein von einer anderen Behörde verwaltetes Vermögen erfolgen soll, auch dem zuständigen Minister der Finanzen angezeigt hat. Dem Gläubiger ist auf Verlangen der Empfang der Anzeige zu bescheinigen. Soweit in solchen Fällen die Zwangsvollstreckung durch den Gerichtsvollzieher zu erfolgen hat, ist der Gerichtsvollzieher auf Antrag des Gläubigers vom Vollstreckungsgericht zu bestimmen.

(2) Die Zwangsvollstreckung ist unzulässig in Sachen, die für die Erfüllung öffentlicher Aufgaben des Schuldners unentbehrlich sind oder deren Veräußerung ein öffentliches Interesse entgegensteht. Darüber, ob die Voraussetzungen des Satzes 1 vorliegen, ist im Streitfall nach § 766 zu entscheiden. Vor der Entscheidung ist der zuständige Minister zu hören.

(3) Die Vorschriften der Absätze 1 und 2 sind auf die Zwangsvollstreckung gegen Körperschaften, Anstalten und Stiftungen des öffentlichen Rechtes mit der Maßgabe anzuwenden, daß an die Stelle der Behörde im Sinne des Absatzes 1 die gesetzlichen Vertreter treten. Für öffentlich-rechtliche Bank- und Kreditanstalten gelten die Beschränkungen der Absätze 1 und 2 nicht.

(4) Die Bestimmung des § 39 des Bundesbahngesetzes vom 13. Dezember 1951 (Bundesgesetzbl. I S. 955) bleibt unberührt.

(5) Der Ankündigung der Zwangsvollstreckung und der Einhaltung einer Wartefrist nach Maßgabe der Absätze 1 und 3 bedarf es nicht, wenn es sich um den Vollzug einer einstweiligen Verfügung handelt.

Lit: *Bank*, ZwV gegen Behörden, 1982; *Miedtank*, Die ZwV gegen Bund, Länder, Gemeinden und andere Personen des öffentlichen Rechts, Göttingen 1964; *E. Schneider*, Vollstreckung nach § 882 a ZPO, MDR 1985, 640.

1 **I)** Die ZwV gegen den Bund oder ein Land wegen einer Geldforderung richtet sich, soweit nicht dingliche Rechte verfolgt werden, nach § 882 a; bei der Verfolgung dinglicher Rechte haben die juristischen Personen des öffentlichen Rechts **keine Sonderstellung.** Soweit § 882 a keine Sonderregelung enthält, gelten für die ZwV gegen die in dieser Vorschrift bezeichneten Schuldner die übrigen Bestimmungen des 8. Buches der ZPO.

2 **II)** Die **ZwV wegen Geldforderungen** (§§ 803–882 a) gegen den Bund oder ein Land ist grundsätzlich zulässig. Sie darf aber – soweit nicht dingliche Rechte verfolgt werden – erst 4 Wochen nach dem Zeitpunkt beginnen, in dem der Gläubiger (für ihn sein Prozeßbevollmächtigter) seine Absicht, die ZwV zu betreiben, der zur Vertretung des Schuldners berufenen Behörde und, sofern die ZwV in ein von einer anderen Behörde verwaltetes Vermögen erfolgen soll, auch dem zuständigen Minister der Finanzen angezeigt hat. Bei einer Vollstreckungsankündigung nach § 882 a müssen alle Voraussetzungen für die ZwV (§§ 724 ff, 750 ff) vorliegen (Frankfurt Rpfleger 81, 158; AG Hamm JMBlNRW 76, 138). Die Anzeige ist Prozeßhandlung (StJM Anm III 1 zu § 882 a); sie kann an die zur Vertretung des Schuldners berufene Behörde selbst oder an deren Prozeßbevollmächtigten (Vollmachtsumfang § 81) gerichtet werden (Schneider MDR 85, 640, der auch empfiehlt, der Schuldner-Behörde eine Durchschrift der an ihren Prozeßbevollmächtigten

gerichteten Anzeige zu senden). Der Gläubiger kann zum Nachweis der Anzeige eine Empfangsbescheinigung verlangen. Der Gläubiger einer öffentlichen Körperschaft ist nicht verpflichtet, vor Absendung der Anzeige des § 882a bei dem Schuldner auf die Beseitigung von Bearbeitungsfehlern hinzuwirken, die den Zahlungsrückstand verursachen (Zweibrücken Rpfleger 73, 68).

III) Unter **Sachen** (Abs 2) sind körperliche Sachen iS des § 808 zu verstehen, also auch Geld. Unentbehrlich sind Sachen für die Erfüllung öffentlicher Aufgaben, wenn diese auf andere Weise nicht erfüllt werden können. Damit ist besondere Dringlichkeit des Bedarfs zur Erfüllung öffentlicher Aufgaben vorausgesetzt (StJM Anm IV 1a zu § 882a; Schneider aaO). Das öffentliche Interesse steht der Veräußerung entgegen zB bei Kunstschätzen, Archiven, Bibliotheken und ähnlichen Einrichtungen der Kulturpflege. Der GV hat die Zulässigkeit der ZwV zu prüfen und, wenn er sie verneint, die Pfändung der Sachen zu unterlassen. Im Streitfall entscheidet das Vollstreckungsgericht (Richter) auf Erinnerung nach § 766. Vor der Entscheidung ist der zuständige Minister zu hören. Das zuständige Vollstreckungsgericht ergibt sich aus §§ 764, 828. 3

IV) Die Vorschriften des Abs 1 und 2 sind auf die ZwV gegen **Körperschaften, Anstalten und Stiftungen des öffentlichen Rechts** mit Ausnahme von Gemeinden und Gemeindeverbänden (§ 15 Nr 3 EGZPO) anzuwenden (Abs 3). Sie gelten auch für **kirchliche Körperschaften** des öffentlichen Rechts. Ausgeschlossen nach Abs 2 (mit Abs 3) ist die ZwV nicht nur in Gegenstände, die eine kirchliche Körperschaft zur Erfüllung ihres Auftrags im engeren Sinne (res sacrae) benötigt, sondern auch in alle Sachen (Mittel), die für ihre kirchliche Tätigkeit, für ihre Sendung insgesamt, unentbehrlich sind (res circa sacra) (BVerfGE 66, 1 [23]). Es treten an Stelle der Behörde iS des Abs 1 die gesetzlichen Vertreter. Die Beschränkungen des Abs 1 und 2 gelten jedoch nicht für öffentlich-rechtliche Banken und Kreditanstalten. 4

Die Bestimmung des § 39 Bundesbahngesetz vom 13. 12. 1951 (BGBl I 955) für das Bundesbahnsondervermögen bleibt durch § 882a unberührt. Sie enthält im wesentlichen die gleiche Regelung wie § 882a. Wegen der ZwV in das in Berlin-West befindliche Vermögen der früheren Reichsbahn s BVerwG DÖV 1961, 110. 5

V) Der **Ankündigung der ZwV** und der **Einhaltung einer Wartefrist** nach Maßgabe der Abs 1 und 3 bedarf es nicht bei dem Vollzug einer einstweiligen Verfügung. Die Pfändungsverbote nach Abs 2 sind auch hier zu beachten. 6

VI) Gebühren: 1) des **Gerichts:** Die Bestimmung des zuständigen GV nach Abs 1 S 3 ist gerichtsgebührenfrei. Auch das Verfahren der gegen die Ablehnung der Pfändung durch den GV gegebenen Erinnerung nach § 766 (Rn 3) löst keine Gebühr aus. – **2)** des **Gerichtsvollziehers:** Für die Pfändung Gebühr nach § 17 GVKostG; bei Verneinung der Zulässigkeit der Zwangsvollstreckung und Ablehnung des Vollstreckungsauftrags vor seiner Übernahme entsteht die nach § 20 I GVKostG ermäßigte Gebühr nicht (vgl Schröder/Kay, Das Kostenwesen des GV § 20 Anm 4 zu d) aE und Anm 5). – **3)** des **Anwalts:** Die Anzeige nach Abs 1 S 1 gilt nicht als besondere Angelegenheit der Zwangsvollstreckung (§ 58 II Nr 5 BRAGO); sie wird als eine die Zwangsvollstreckung vorbereitende Tätigkeit durch die Vollstreckungsgebühr aus § 57 BRAGO mit abgegolten; vgl im einzelnen KG JurBüro 70, 155; Mümmler JurBüro 72, 935, Zweibrücken Rpfleger 73, 68 = JurBüro 73, 138 und LG Hamburg JurBüro 73, 1180. 7

Dritter Abschnitt

ZWANGSVOLLSTRECKUNG ZUR ERWIRKUNG DER HERAUSGABE VON SACHEN UND ZUR ERWIRKUNG VON HANDLUNGEN ODER UNTERLASSUNGEN

Der 3. Abschnitt regelt die ZwV in erzwingbare Leistungen; er findet auch Anwendung, wenn sich die ZwV gegen den Staat (Fiskus) und andere öffentlich-rechtliche Personen richtet (§ 15 Nr 3 EGZPO). Die Vorschriften des 1. Abschnitts, §§ 704–802, finden auf das Verfahren des 3. Abschnitts Anwendung.

883 *[Zwangsvollstreckung zwecks Herausgabe bestimmter beweglicher Sachen]*
(1) Hat der Schuldner eine bewegliche Sache oder eine Menge bestimmter beweglicher Sachen herauszugeben, so sind sie von dem Gerichtsvollzieher ihm wegzunehmen und dem Gläubiger zu übergeben.

(2) Wird die herauszugebende Sache nicht vorgefunden, so ist der Schuldner verpflichtet, auf Antrag des Gläubigers zu Protokoll an Eides Staat zu versichern,

daß er die Sache nicht besitze, auch nicht wisse, wo die Sache sich befinde.

(3) Das Gericht kann eine der Sachlage entsprechende Änderung der eidesstattlichen Versicherung beschließen.

(4) Die Vorschriften der §§ 478 bis 480, 483 gelten entsprechend.

Lit: *E. Schneider,* Vollstreckung des Anspruchs auf Herausgabe am Gläubigerwohnsitz, MDR 1983, 287.

1 **I) Zweck:** Regelung des Verfahrens bei ZwV zur Erwirkung der Herausgabe einer beweglichen Sache oder einer Menge bestimmter beweglicher Sachen sowie Bestimmung der Gläubigerinteressen dienenden Offenbarungspflicht des Schuldners nach erfolglosem Vollstreckungsversuch.

2 **II) Voraussetzungen: 1) a)** Der nach dem Schuldtitel zu vollstreckende (schuldrechtliche oder dingliche) **Anspruch** (Rn 3 vor § 704) muß die **Herausgabe** (körperliche Übergabe) **einer beweglichen Sache** (§ 90 BGB) oder einer Menge bestimmter beweglicher Sachen zum Gegenstand haben. Dazu gehören auch Sachen, die erst durch Wegnahme (Abmontage) bewegliche werden sollen. Gleichgültig ist, ob Eigen- oder Fremdbesitz begründet werden soll, ob Herausgabe zur Hinterlegung, an einen Dritten oder an eine Behörde zu erfolgen hat. Die Übergabe kann auch zur Übertragung des Eigentums oder zur Bestellung eines Rechts geschuldet sein (§ 897). Nach § 883 zu vollstrecken ist auch der Anspruch auf Einsichtnahme in bestimmte Urkunden (zB Geschäftsunterlagen), wenn er nicht Nebenpflicht einer umfassenden Auskunftspflicht ist, sondern nur auf Vorlage der Urkunden geht (vorübergehende Überlassung ohne Besitzaufgabe; Hamm NJW 74, 65 = OLGZ 74, 251 mwN). Sequestration s Rn 7 zu § 938. Eine auf Herausgabe gerichtete einstweilige Verfügung kann nicht durch Wegnahme vollstreckt werden, wenn das Gericht ihre Vollziehung im Wege des § 890 angeordnet hat (AG Aachen DGVZ 79, 95).

3 **b)** Herauszugeben sein muß eine **individuell bestimmte Sache.** Vollstreckungsgegenstand kann eine Einzelsache sein, aber auch eine Mehrheit von Einzelsachen, auch eine bestimmte Sachgesamtheit wie eine Bibliothek, oder der Teil einer solchen Gesamtheit, wenn von bestimmten beweglichen Sachen eine Quantität zu leisten ist. Auch die Herausgabe einer bestimmten Menge vertretbarer Sachen wird über § 884 nach § 883 vollstreckt.

4 **c)** Gläubiger**auftrag** (§ 753) muß erteilt sein; die allgemeinen ZwV-Voraussetzungen (Rn 14–17 vor § 704) müssen erfüllt sein.

5 **d)** Die herauszugebende Sache muß **im Vollstreckungstitel** bestimmt **bezeichnet** sein (Rn 3–5 zu § 704; ungenügend ist zB Bezeichnung als Hausrat); ihre Feststellung bei Wegnahme ist Sache des GV. Ein Streit darüber, ob eine wegzunehmende Sache auch die im Schuldtitel bezeichnete ist, ist mit Erinnerung (§ 766; dann § 793) auszutragen. Auch das Begehren des GV, zu dem Vollstreckungsakt eine Person zu stellen, welche die herauszugebende Sache identifiziert, kann berechtigt sein, wenn sich bei der Art der wegzunehmenden Sache leicht Meinungsverschiedenheiten ergeben können (AG Berlin DGVZ 38, 215).

6 **e)** Steht nach dem Schuldtitel die **Wahl** zwischen mehreren bezeichneten Sachen dem Gläubiger zu, so kann er die Herausgabe der von ihm gewählten Stücke verlangen. Steht die Wahl dem Schuldner zu und nimmt sie dieser nicht vor Beginn der ZwV vor, so kann der Gläubiger die ZwV nach seiner Wahl auf das eine oder andere Stück richten; doch kann der Schuldner bis zu dem Zeitpunkt, zu dem der Gläubiger die gewählten Stücke empfangen hat, sich durch Leistung anderer Stücke befreien (§§ 262, 264 BGB).

7 **f) Kindes-Herausgabe**vollstreckung ist nur noch nach § 33 FGG vorzunehmen (Schüler DGVZ 80, 97; ThP Anm 1b zu § 883; AG München DGVZ 80, 174; auch BGH 88, 113; Oldenburg DGVZ 83, 75; Bremen FamRZ 82, 92).

8 **2)** Der **Schuldner** (oder ein herausgabebereiter Dritter) muß die herauszugebende Sache in **Gewahrsam** (Rn 3, insbes 5, zu § 808) haben. Bei Drittgewahrsam sonst § 886 (nicht aber Zwang gegen den Schuldner nach § 888; Köln DGVZ 83, 74).

9 **3)** Schließt der Titel **neben** der Verurteilung zur Herausgabe **weitere sachbezogene Verpflichtungen** des Schuldners mit ein, wie die Verpflichtung zur Versendung oder zur Aufstellung der Sache, so ist bei unselbständiger Bedeutung dieser Verpflichtung, zB bei Versendung, Verpakkung, nach § 883 zu vollstrecken (so für Herausgabe eines in die Wohnung des Gläubigers zurückzubringenden Tiers LG Frankenthal DGVZ 85, 184) und die Versendung (der Transport) durch den GV durchzuführen (die Kosten der Versendung sind nach § 788 beizutreiben); bei selb-

ständiger Bedeutung der weiteren Verpflichtung, zB bei Montage, ist hierwegen nach § 887 zu vollstrecken. Wenn der Gläubiger einen Verschaffungstitel erwirkt hat (Beispiel: „Herausgabe" eines Pkw an einem vom Schuldnerwohnsitz weit entfernten Ort) ist nicht ein Herausgabeanspruch zu vollstrecken, sondern eine nicht vertretbare Handlung nach § 888 (Überführung des Wagens als unvertretbare Handlung, weil dem Schuldner der Besitz nicht zum Zweck der Überführung entzogen werden darf; E. Schneider MDR 83, 287 mwN; aA Frankfurt MDR 83, 325 = NJW 83, 1685 = OLGZ 83, 123). Der Anspruch auf Herausgabe der Arbeitspapiere wird nach § 883 vollstreckt; hat sie der Arbeitgeber erst auszufüllen, so ist dies unvertretbare Handlung nach § 888 (LArbG Frankfurt Betrieb 81, 534). Ist eine vom Schuldner erst **herzustellende** oder zu beschaffende Sache herauszugeben, so ist bei unvertretbarer Sache nach § 883, bei vertretbarer Sache nach § 884 zu vollstrecken. Führt die Herausgabevollstreckung nicht zum Ziel, obwohl der Schuldner seiner Handlungspflicht nachgekommen ist, so bleibt dem Gläubiger die Klage nach § 893. Erfüllt der Schuldner seine Pflicht zur Herstellung oder Beschaffung nicht, so kann diese Verpflichtung bei vertretbarer Handlung nach § 887, bei unvertretbarer Handlung über § 888 erzwungen werden (bstr StJM Anm I 1b zu § 883 mwN; aA Köln NJW 58, 1355 mit abl Anm Hartung NJW 59, 566; Rosenberg § 207 I 2; LG Lüneburg DRZ 50, 211. § 887 III steht der Anwendung des § 887 nicht entgegen, da er sich nur auf Herausgabeansprüche, nicht auf sonstige Ansprüche bezieht.

III) Durchführung: 1) Der GV **nimmt die** im Gewahrsam des Schuldners (oder eines herausgabebereiten Dritten) befindliche **Sache weg** und übergibt sie dem Gläubiger oder dem aus dem Titel ersichtlichen Dritten. Anwendung finden §§ 754–763 (nicht aber Unpfändbarkeitsbestimmungen, zB nicht §§ 811, 812). Zur Wohnungsdurchsuchung ist richterliche Durchsuchungsanordnung erforderlich (Rn 10 zu § 758). Die Sache soll dem Gläubiger tunlichst an Ort und Stelle ausgehändigt werden; ist er (sein Vertreter) nicht anwesend, so sendet ihm der GV die weggenommene Sache zu (§ 179 Nr 2 GVGA). Erforderliche Maßnahmen, die den Abtransport erleichtern und die Kosten niedrig halten, hat der GV nach pflichtgemäßem Ermessen zu treffen (LG Hannover NJW 66, 2318). Mit Wegnahme geht die Gefahr auf den Gläubiger über (s § 897 I); der Schuldner ist befreit. Dritte haben ihr besseres Recht (bis zur Durchführung der Wegnahmevollstreckung) nach § 771 geltend zu machen. Mit der Wegnahme ist der Schuldtitel vollstreckt; kehrt ein weggenommenes Tier (zB ein Hund) zum Schuldner zurück oder gelangt sonst eine weggenommene Sache wieder in seinen Besitz, ist neue Klage nötig. Hat der Schuldner an den Gläubiger eine Sache herauszugeben und für sie bereits Zahlungen geleistet (zB bei Abzahlungsgeschäft, Eigentumsvorbehalt), so kann er nur gem § 767 vorgehen (vgl LG Braunschweig MDR 68, 157; Noack MDR 68, 817). Durch Anordnung eines Zwangsmittels, sei es im Urteil, sei es nachträglich durch Beschluß, kann die Herausgabe nicht gem § 888 erzwungen werden. 10

2) Zusammentreffen von Herausgabevollstreckung und **Pfändungsauftrag** s § 179 Nr 4, 5 GVGA. 11

IV) Wenn die herauszugebende Sache **nicht vorgefunden** wird, ist der Schuldner (Rn 5–12 zu § 807) zur **eidesstattlichen Versicherung** nach Abs 2 verpflichtet. Dem Gläubiger soll damit Kenntnis vom Verbleib der Sache oder zuverlässige Kenntnis davon ermöglicht werden, daß der Herausgabeanspruch gegen den Schuldner mit ZwV nicht zu verwirklichen ist. Ist der eine Schuldner zur Herausgabe, der andere zur Duldung der ZwV verurteilt, so sind beide verpflichtet, die eidesstattliche Versicherung abzugeben. Ein gesetzlicher Vertreter hat die Versicherung sowohl über eigene Handlungen und Wahrnehmungen wie über die des Vertretenen abzugeben. Nennt der Schuldner im Offenbarungsverfahren den Verbleib der herauszugebenden Sache, dann ist diese Angabe eidesstattlich zu versichern (nicht etwa von der Versicherung abzusehen; StJM Anm IV zu § 883). Verfahren: §§ 899 ff. Das Gericht (Rechtspfleger, § 20 Nr 17 RpflG) kann eine der Sachlage entsprechende Änderung des in Abs 2 bestimmten Wortlauts der Versicherung beschließen (Abs 3). Einwendungen gegen diese Anordnungen sind mit Widerspruch (§ 900 V) geltend zu machen, über den das Gericht (Rechtspfleger) durch mit befristeter Erinnerung anfechtbaren Beschluß entscheidet (§ 11 RpflG). Nach Abgabe der eidesstattlichen Versicherung kann nur noch das Interesse gefordert werden (§ 893); ein weitergehender Zwang ist nicht möglich. Kann jedoch der Gläubiger glaubhaft machen, daß der Schuldner nach Abgabe der Versicherung den Besitz erlangt hat, und ist ein nochmaliger Vollstreckungsversuch mißlungen, so kann die erneute Abgabe der eidesstattlichen Versicherung verlangt werden. 12

V) Gebühren: 1) des **Gerichts:** Für die Bestimmung des ersten Termins im Verfahren über Anträge auf Abnahme der eidesstattlichen Versicherung einschließlich der Anträge auf Erzwingung der Abgabe dieser Versicherung wird eine (streitwertunabhängige) Gebühr von 25 DM erhoben (KV Nr 1152). Da der Anfall dieser Festgebühr allein an die Bestimmung des (ersten) Termins gebunden ist, löst zB die Zurücknahme des Antrags, bevor die Terminsbestimmung nach außen wirksam geworden ist, keine Gebühr aus. Die Festgebühr des KV Nr 1152 gilt das gesamte Verfahren nach der (ersten) Terminsbestimmung ab. Darum ändert sich an der einmal entstandenen Gebühr nichts, wenn der (erste) Ter- 13 min aufgehoben oder vertagt oder auch ein zweiter und weiterer Termin bestimmt wird. Desgleichen wird (außer der bereits infolge der (ersten) Terminsbestimmung angefallenen Gebühr) zB für die Abnahme der Versicherung selbst – auch wenn der Schuldner diese nach seiner Verhaftung beantragt (§ 902) –, für den Widerspruch des Schuldners (§ 900 V 1), für die Anordnung der Haft usw keine neue Gebühr ausgelöst. Neu kommt eine Gebühr nach KV Nr 1152 allerdings dann zum Ansatz, wenn ein neuer Gläubiger den Antrag auf Abnahme stellt (vgl Mümmler JurBüro 77, 924). – Fällig wird die Gebühr mit der Terminsverfügung. Der Termin soll von der Zahlung der Gebühr und der Auslagen für die Zustellung abhängig gemacht werden (§ 65 IV GKG). Kommt der zur Vorwegleistung Verpflichtete der Zahlungsaufforderung nicht nach, so wird die Gebühr nicht angesetzt, falls sich der Zahlungspflichtige durch Rücknahme des Antrags von der Zahlungsverpflichtung befreien kann (§ 32 IV 3 KostVfg). Ein nach § 65 IV GKG entrichteter Vorschuß ist zurückzuerstatten, wenn der Antrag auf Abnahme der eidesstattl Versicherung vor der Bestimmung des ersten Termins zurückgenommen oder die Terminsbestimmung abgelehnt wird. Kostenschuldner ist der Antragsteller (§ 49 S 1 GKG), daneben haftet der Vollstreckungsschuldner (§ 54 Nr 4 GKG). – Vgl auch Rn 5 zu § 889.

2) des **Anwalts:** Das Verfahren zur Abnahme der eidesstattl Versicherung gilt als besondere Angelegenheit der Zwangsvollstreckung (§ 58 III Nr 11 Hs 1 BRAGO); dem RA können alle Gebühren des § 31 BRAGO in Höhe von 3/10 entstehen (§ 57 I 1 BRAGO), s dazu Rn 32 zu § 900. Eine Ermäßigung der (3/10) Gebühren tritt nicht ein, weil die Anwendung der §§ 32, 33 I, II BRAGO ausgeschlossen ist (§ 57 I 2). Dies trifft insbes für die 3/10 Verhandlungsgebühr bei nichtstreitiger Verhandlung zu. **Gegenstandswert:** die herauszugebende Sache (§ 6 I).

3) des **Gerichtsvollziehers:** Für die Wegnahme der Sache einschließl deren Übergabe wird eine Festgebühr von 15 DM erhoben, u zwar auch dann, wenn der Schuldner an den GV freillig leistet (§ 22 I GVKostG), und für die Verhaftung eine Festgebühr von 30 DM, für jede Nachverhaftung – diese liegt vor, wenn gegen den bereits in Haft genommenen Schuldner ein weiterer Haftbefehl vollstreckt wird (§ 188 Nr 1 GVGA) – eine Festgebühr von 6 DM (§ 26 I GVKostG). – Für die Wegnahme von Kindern (Rn 7) gilt § 22 GVKostG entsprechend mit der Maßgabe, daß das Doppelte der in § 22 bestimmten Gebühren nebst eines etwaigen Zeitzuschlags erhoben wird (§ 23 GVKostG). Sind mehrere Kinder wegzunehmen u auch tatsächl weggenommen worden, so wird die Doppelgebühr für jedes Kind gesondert, der etwaige Zeitzuschlag jedoch nur einmal erhoben (Nr 31 II GVKostGr).

884 *[Leistung bestimmter vertretbarer Sachen]*

Hat der Schuldner eine bestimmte Menge vertretbarer Sachen oder Wertpapiere zu leisten, so gilt die Vorschrift des § 883 Abs. 1 entsprechend.

Lit: *Jahnke*, Die Durchsetzung von Gattungsschulden, ZZP 93 [1980] 43.

1 **Vertretbare Sachen:** § 91 BGB. **Wertpapiere:** Aktien, Kuxe, Schuldverschreibungen auf den Inhaber, Lotterielose und indossable Papiere, wie Wechsel. Ob Inhaber- oder Namenspapier, ist belanglos. **Keine Wertpapiere** sind Pfandscheine, Versicherungs- und Schuldscheine.

2 Die Leistungspflicht kann in der Herausgabe zum Zwecke der Besitz- oder Eigentumsübertragung oder in der Lieferung, dh Anschaffung oder Herstellung und anschließenden Herausgabe bestehen. Voraussetzung für die Wegnahme ist, daß der Schuldner solche Sachen besitzt. Findet der GV solche Sachen nicht vor, kann sie sich der Gläubiger anderweitig beschaffen und in besonderer Klage vom Schuldner die Leistung des Interesses (Schadensersatz gem § 893) verlangen. Der Gläubiger kann jedoch nicht gem § 887 II ermächtigt werden, sich die Sachen auf Kosten des Schuldners zu beschaffen. Auch eidesstattliche Versicherung ist im Fall des § 884 unzulässig.

885 *[Herausgabe von Grundstücken oder Schiffen]*

(1) Hat der Schuldner eine unbewegliche Sache oder ein eingetragenes Schiff oder Schiffsbauwerk herauszugeben, zu überlassen oder zu räumen, so hat der Gerichtsvollzieher den Schuldner aus dem Besitz zu setzen und den Gläubiger in den Besitz einzuweisen.

(2) Bewegliche Sachen, die nicht Gegenstand der Zwangsvollstreckung sind, werden von dem Gerichtsvollzieher weggeschafft und dem Schuldner oder, wenn dieser abwesend ist, einem Bevollmächtigten des Schuldners oder einer zu seiner Familie gehörigen oder in dieser Familie dienenden erwachsenen Person übergeben oder zur Verfügung gestellt.

(3) Ist weder der Schuldner noch eine der bezeichneten Personen anwesend, so hat der Gerichtsvollzieher die Sachen auf Kosten des Schuldners in das Pfandlokal zu schaffen oder anderweit in Verwahrung zu bringen.

(4) Verzögert der Schuldner die Abforderung, so kann das Vollstreckungsgericht den Verkauf der Sachen und die Hinterlegung des Erlöses anordnen.

Lit: *Alisch*, Die Erstattung von Lagerkosten bei Pfand- und Räumungsgut, DGVZ 1979, 5; *Mümmler*, Nochmals: Behandlung von Räumungsgut durch den GV, DGVZ 1973, 49; *Noack*, Die Anordnung der Versteigerung von Räumungsgut durch den Rechtspfleger, Rpfleger 1968, 42;

Noack, Zur Durchführung der Räumungsvollstreckung mit Nebenfolgen in der Praxis, ZMR 1981, 33; *E. Schneider*, Das Zurückbehaltungsrecht am Räumungsgut wegen der Transport- und Lagerkosten nach § 885 Abs 3 ZPO, DGVZ 1982, 1; *E. Schneider*, Räumungsvollstreckung bei gleichzeitiger Geltendmachung des Vermieterpfandrechts, DGVZ 1982, 73; *E. Schneider*, Vermieterpfandrecht und Pfändungsschutz bei der Räumungsvollstreckung, MDR 1982, 984; *H. Schneider*, Schutzloser Mitbesitz bei der Räumungsvollstreckung, DGVZ 1986, 4; *Schüler*, Behandlung von Räumungsgut durch den GV, DGVZ 1972, 129 und 1973, 85.

I) Zweck und **Anwendungsbereich:** Regelung des Verfahrens bei ZwV zur Herausgabe einer unbeweglichen Sache oder eines ihr gleichgestellten Schiffs oder Schiffsbauwerks. § 885 trifft zu bei der Herausgabe, Überlassung oder Räumung eines Grundstücks oder eines Teils eines solchen, zB einer Wohnung oder von Geschäftsräumen, sowie von eingetragenen Schiffen und Schiffsbauwerken. Entsprechend anzuwenden ist § 885 bei bewohnten Schiffen (AG Neustadt SchlHA 47, 90; StJM Anm I zu § 885), Wohnwagen und Behelfsheimen. Andere nicht eingetragene Schiffe und Schiffsbauwerke sind nach § 883 wegzunehmen. Ein Titel auf Grundstücksherausgabe rechtfertigt auch die Zwangsräumung eines auf dem Grundstück errichteten Gebäudes (Celle MDR 62, 415 = NJW 62, 595; Hamm NJW 65, 2207; LG Berlin DGVZ 71, 116; aA Düsseldorf MDR 59, 215 und JMBlNW 60, 243 = JZ 61, 293). Ein Titel auf Beseitigung des Bauwerks ist nach § 887 zu vollstrecken (Celle aaO). Zu Rechtsmißbrauch bei Räumungsvollstreckung s LG Hannover MDR 79, 495 und 589. Vollstreckung bei Zuweisung der Ehewohnung an einen Ehegatten (vor oder nach Einleitung des Scheidungsverfahrens) Rn 59 zu § 620. 1

II) Voraussetzungen: 1) Der nach dem Schuldtitel zu vollstreckende Anspruch (Rn 3 vor § 704) muß auf Herausgabe, Überlassung oder **Räumung** lauten. Ein Vollstreckungstitel über eine dieser Verpflichtungen ist ausreichend; der zur Räumung verpflichtende Titel braucht daher nicht gesondert auch noch eine Herausgabeverpflichtung zu enthalten (AG Ehingen DGVZ 79, 77); nicht nach § 883 zu vollstrecken sind die (vergleichsweise) Verpflichtung „auszuziehen" (AG Bensheim DGVZ 70, 122) und die Verurteilung, „Übernahme eines Grundstücks (Betriebs usw) zu dulden" (RG JW 99, 394). Zum Abschluß eines neuen Mietvertrags nach Erlaß des Räumungstitels s Rn 10 zu§ 721. 2

2) Schuldtitel, der nach § 885 zu vollstrecken ist, kann auch sein **a)** ein **Zuschlagsbeschluß** zur ZwV gegen den Besitzer des Grundstücks (der Räume), des Schiffs oder Schiffsbauwerks (§ 93 I ZVG; s Zeller/Stöber Rdn 1, 2 zu § 93 ZVG); **b)** ein **Räumungsbeschluß** gegen den Schuldner bei Zwangsverwaltung (§ 149 II ZVG; dazu Zeller/Stöber Rdn 3.8 zu § 149 ZVG). Übergabe des Grundstücks an den Zwangsverwalter (§ 150 II ZVG), desgleichen bei gerichtlicher Verwaltung (§ 94 II ZVG), erfolgt dagegen im Auftrag des Vollstreckungsgerichts (s auch § 128 Nr 2 GVGA). 3

3) Gläubigerauftrag (§ 753) muß erteilt sein; die allgemeinen ZwV-Voraussetzungen (Rn 14–17 vor § 704) müssen erfüllt sein. Ist der Schuldner Zug um Zug gegen Zahlung eines Geldbetrags zur Räumung verurteilt (s § 756) und kommt er trotz vorheriger Ankündigung beim Angebot der Gegenleistung seiner Räumungspflicht nicht nach, so kann die zwangsweise Räumung ohne die Gegenleistung durchgeführt werden (AG Neustadt DGVZ 76, 73). Die dem Schuldner gem § 721 (oder § 765 a) gewährte Räumungsfrist muß abgelaufen sein. Anberaumung des Räumungstermins ist schon vor Fristablauf zulässig; seine Bestimmung steht im pflichtgemäßen Ermessen des GV (LG Mannheim MDR 65, 144). Gesonderte richterliche Durchsuchungsanordnung ist für Vollstreckung eines Urteils nicht erforderlich (Rn 10 zu § 758, dort auch zu Prozeßvergleich und anderen Titeln). 4

4) Gegen einen **Untermieter** (Unterpächter) darf der GV nur vorgehen, wenn der Titel auch gegen ihn lautet. **Ehegatten** sind idR beide Mitbesitzer der gemeinschaftlichen Wohnung (BGH 12, 398 = NJW 54, 918). § 739 ist nicht anwendbar. Bei gemieteten Räumen kommt es darauf an, wer als Mieter sein Besitzrecht vom Gläubiger ableitet. Trifft das auf beide Ehegatten zu, weil sie beide Mieter sind, bedarf es eines Titels gegen beide (Köln NJW 54, 1895; H. Schneider DGVZ 86, 4). Hat nur ein Ehegatte den Mietvertrag abgeschlossen, so ist lediglich ein Titel gegen diesen erforderlich, selbst wenn der andere Ehegatte als Mitbesitzer anzusehen ist, weil sein Mitbesitz aus dem Mietrecht des Ehepartners abgeleitet wird und durch das eheliche Zusammenleben begründet ist (Hamm NJW 56, 1681; Frankfurt MDR 69, 853; Köln NJW 58, 598; LG Tübingen NJW 64, 2021; LG Kiel WuM 82, 304; StJM Anm I zu § 885; aA Staudinger/Emmerich Vorbem 107 zu §§ 535, 536). Entsprechendes gilt für den mitbesitzenden Lebensgefährten. Eines Räumungstitels gegen ihn bedarf es nicht, solange dieser sein Besitzrecht nicht vom Gläubiger (Vermieter) ableitet (LG Darmstadt DGVZ 80, 110; AG Neuss DGVZ 85, 174 = NJW 85, 2427 [auch für Kind des Lebensgefährten]; auch AG Stuttgart DGVZ 83, 190: Verlobte; H. Schneider DGVZ 86, 4). Ist die eheliche Lebensgemeinschaft aufgehoben und ist die Ehefrau die alleinige Gewahrsamsinhaberin geworden, dann kann aus einem Räumungstitel gegen den Mieter-Ehemann nicht 5

gegen die in der Ehe-Wohnung zurückgebliebene Ehefrau vollstreckt werden (Düsseldorf MDR 60, 234; LG Mannheim NJW 62, 815 mit abl Anm Rheinspitz NJW 62, 1403); bei einer Trennung der Ehegatten nach Rechtshängigkeit kann der gegen den Ehemann erwirkte Räumungstitel ggfs nach §§ 727, 325 umgeschrieben werden (LG Mannheim aaO). Auch bedarf es keines Räumungstitels gegen den Ehegatten, wenn der Vollstreckungsschuldner erst nach Erlangung eines Vollstreckungstitels geheiratet hat (Mannheim MDR 64, 59). Dagegen berechtigt ein Titel auf Räumung eines im Miteigentum beider Ehegatten stehenden Grundstücks gegen den Ehemann nicht zur ZwV gegen die mitbesitzende Ehefrau (LG Düsseldorf MDR 62, 995). Ein Räumungstitel des einen Ehegatten gegen den anderen nach geschiedener Ehe ist nach § 885, nicht nach § 890 zu vollstrecken (Köln MDR 60, 761).

6 **III) Durchführung: 1)** Der GV hat den **Schuldner aus dem Besitz** (§ 854 BGB) zu setzen und den **Gläubiger in den Besitz einzuweisen** (Abs 1). Das erfordert auch, daß die im Titel nicht genannten Personen des Hausstandes oder Erwerbsgeschäfts des Schuldners und die in einem ähnlichen Verhältnis unselbständig besitzenden Personen aus dem Besitz gesetzt werden, auch Besucher und sonst nur vorübergehend aufgenommene Personen (Gäste), die kein eigenes Besitzrecht haben (AG Hannover DGVZ 73, 158). Anwendung finden §§ 754–756 (zu § 758 Rn 4), §§ 759–763. Die Zeit der beabsichtigten Vollstreckung soll rechtzeitig mitgeteilt werden (§ 180 Nr 2 GVGA); Benachrichtigung auch des Schuldners ist zweckmäßig (RG DRZ 35 Nr 274); seine Anwesenheit ist jedoch nicht notwendig (§ 180 Nr 2 GVGA). In Abwesenheit des Gläubigers kann die Besitzeinweisung bewirkt werden, wenn der Gläubiger durch die Maßregeln des GV (zB Übergabe oder Übermittlung der Schlüssel, Bestellung eines Hüters) in die Lage versetzt wird, die tatsächliche Gewalt über Grundstück oder Räume auszuüben (§ 180 Nr 2 GVGA). Bei einem brachliegenden Grundstück erfolgt Herausgabevollstreckung dadurch, daß der GV an Ort und Stelle in Gegenwart des Gläubigers (seines Vertreters) erklärt und zu Protokoll feststellt, daß er den Schuldner aus dem Besitz setzt und den Gläubiger in den Besitz einweist (LG Trier DGVZ 72, 93). Räumungsaufschub durch den GV: § 765a II.

7 **2)** Auf das **Zubehör** (§§ 97, 98 BGB) erstreckt sich die Herausgabe/Räumungsvollstreckung, auch wenn es im Schuldtitel nicht gesondert erwähnt ist (s § 180 Nr 3 GVGA). Zubehörstücke bleiben daher auf dem Grundstück; mit ihm werden sie dem Gläubiger übergeben.

8 **3) Andere bewegliche Sachen** (im Eigentum oder auch nur Besitz des Schudners), die sonach nicht Gegenstand der Herausgabe/Räumungsvollstreckung sind, **werden weggeschafft** und dem Schuldner oder einer ihm nahestehenden Person (Prozeßvollmacht genügt nicht) außerhalb des Grundstücks (der Räume) übergeben (Abs 2). Der Gläubiger kann durch Beschränkung seines Räumungsauftrags nicht bestimmen, daß nur der Schuldner (mit seiner persönlichen Habe) aus dem Besitz zu setzen sei, bewegliche Sachen (Abs 2) aber nicht weggeschafft werden dürften (würde Gewahrsam an Sachen, die nicht Gegenstand der ZwV sind, dem Schuldner nehmen und dem Gläubiger verschaffen; AG/LG Düsseldorf DGVZ 84, 78; anders noch LG Arnsberg DGVZ 84, 30).

9 **4)** Ist weder der Schuldner noch eine der in Abs 2 genannten Personen anwesend, so hat der **GV für sichere Unterbringung** der wegzuschaffenden Sachen **zu sorgen** (Abs 3). Er darf die Sachen nach Herausschaffung aus der Wohnung (den Räumen), nicht ihrem Schicksal überlassen, braucht sie jedoch auch nicht in die neue Wohnung des Schuldners schaffen zu lassen (LG Essen MDR 74, 762); anders, wenn der Schuldner Kosten vorschießt oder Verwahrungskosten erspart werden können; zur Amtspflicht des GV, bei Kostenvorauszahlung einen Spediteur zu beauftragen, s AG Herne DGVZ 80, 30. Der GV hat die Sachen (auf Kosten des Schuldners, Vorschußpflicht des Gläubigers § 5 GVKostG) in das **Pfandlokal** zu schaffen oder anderweit (möglich bei Wahrung der Schuldnerbelange auch in einem vom Gläubiger bereitgestellten Raum) in **Verwahrung** zu bringen (Abs 3). Den Verwahrungsvertrag schließt der GV im eigenen Namen, nicht im Namen des Gläubigers oder Schuldners (RG 102, 77; Schneider DGVZ 82, 1 [2]). Dem Verwahrer haftet für Lagerkosten daher nur der GV (LG Hannover DGVZ 77, 60; LG Offenbach DGVZ 78, 158; Schneider DGVZ 82, 1 [2]; s zum Lagervertrag jetzt aber auch Rn 17 zu § 808). Ein (klagbarer) Rückgabeanspruch des Schuldners an den Verwahrer besteht nur dann, wenn das vertraglich vereinbart ist (§ 328 BGB; RG aaO). Verwahrung nach Abs 3 ist auch veranlaßt, wenn der Schuldner die Entgegennahme der Gegenstände verweigert (Hamburg NJW 66, 2319; Karlsruhe DGVZ 64, 114; LG Essen DGVZ 74, 118). Wenn jedoch die Möglichkeit besteht, ohne Störung der öffentlichen Ordnung und ohne Verletzung fremder Rechte das Räumungsgut dem Schuldner zur Verfügung zu stellen (zB durch Lagerung auf einem vom Schuldner gepachteten Grundstück), ist gegen den Willen des Gläubigers kein Raum für eine ihn belastende Verwahrung nach Abs 3 (Hamm DGVZ 80, 185 = JurBüro 81, 295).

5) Unrat, Müll und sonst **wertloses Gerümpel** gehört zu den Sachen, die aus der Wohnung zu schaffen sind (LG Berlin DGVZ 80, 154). Durchgeführt ist die Räumung erst dann vollständig, wenn auch Müll und Unrat aus den Räumen geschafft ist (AG Berlin-Neukölln DGVZ 80, 42). Doch ist der GV deswegen nicht verpflichtet, eine geräumte Wohnung dem Gläubiger besenrein oder in bezugsfertigem Zustand zu übergeben (LG Berlin aaO). Der GV ist berechtigt, offensichtlich wertloses Räumungsgut, das nicht nach Abs 2 übergeben werden kann, auszusondern und es als Müll zu behandeln (AG Berlin-Neukölln aaO; AG/LG Karlsruhe DGVZ 80, 14). 10

6) Der Gläubiger eines **Pfand-** oder **Zurückbehaltungsrechts** an den Sachen kann der Entfernung widersprechen. Der Vermieter (Verpächter) kann wegen seines Pfandrechts für eine Forderung aus dem Miet/Pachtverhältnis (§§ 559, 581 II BGB) die Sachen in Besitz nehmen, ohne daß Anrufung des Gerichts (ein Vollstreckungstitel) erforderlich wäre (§§ 561, 581 II BGB). Dieses Pfandrecht erstreckt sich jedoch nur auf die der Pfändung unterliegenden Sachen (§ 559 S 3 BGB). Der Vermieter/Verpächter, der sein gesetzliches Pfandrecht geltend macht, hat auch die Pflicht, für die Verwahrung der Pfänder zu sorgen (RG 102, 77 [82]); der GV hat die Sachen in der Wohnung zu lassen (LG Darmstadt DGVZ 77, 89; Schneider MDR 82, 984 und DGVZ 82, 73). 11

7) Bewegliche Sachen, die wegen einer gleichzeitig beizutreibenden Forderung oder wegen der Kosten (§ 788 I) zu **pfänden** sind, nimmt der GV in Besitz (§ 808 I). 12

IV) 1) Die (notwendigen) Kosten der Herausgabevollstreckung hat als **ZwV-Kosten** der Schuldner zu tragen (§ 788 I). Dazu gehören auch Transportkosten für Wegschaffung der beweglichen Sachen (Abs 2) und das für die Einlagerung erforderliche Lagergeld (Abs 3) sowie die Ausfallvergütung eines zugezogenen, aber nicht in Anspruch genommenen Spediteurs (AG/LG Berlin DGVZ 86, 42). 13

2) Kostenschuldner des GV ist der Gläubiger als Auftraggeber und der Schuldner, soweit ZwV-Kosten notwendig entstanden sind (§ 3 GVKostG). Der Gläubiger haftet für die Räumungskosten nur insoweit, als der GV den ihm erteilten Auftrag nach § 885 ausführt, sonach nicht für Mehrkosten, die entstehen, weil der GV in Abweichung vom Auftrag bewegliche Habe des Schuldners in eine Ersatzwohnung schaffen läßt (LG Bochum DGVZ 68, 85 = Rpfleger 68, 127 mit Anm Noack). Dafür, daß keine überhöhten Transportkosten entstehen, hat der GV durch entsprechende Vorbereitung und Aufsicht Sorge zu tragen (LG Frankfurt DGVZ 72, 136); Lagerkosten, die bei richtiger Sachbehandlung nicht entstanden wären, können vom Gläubiger nicht verlangt werden (LG Berlin DGVZ 75, 42), desgleichen nicht Lagerkosten, die bei möglicher Verwahrung im Pfandlokal nicht entstanden wären (Hamburg MDR 66, 933 = NJW 66, 2319). Vom Gläubiger kann der auf einen privaten Lagerhalter angewiesene GV neben den Transportkosten auch die Lagerkosten verlangen, die entstehen, weil der Schuldner die Sachen nicht abholt, sofern die Einlagerung nicht über Gebühr ausgedehnt wird, insbesondere der GV nicht pflichtwidrig Maßnahmen nach Abs 4 verzögert (Karlsruhe Rpfleger 74, 408; LG Osnabrück Rpfleger 79, 351; LG Berlin Rpfleger 66, 29; AG/LG Hamburg DGVZ 83, 122 = [LG] JurBüro 83, 1728; aA Hamburg MDR 66, 933 = aaO; LG Lübeck DGVZ 81, 172 = JurBüro 82, 622: nur Kosten für erste Einlagerung, nicht jedoch weitere Lagerkosten). Als notwendig hat der Gläubiger, wenn es nicht zur Räumung kommt, auch die vereinbarte Ersatzpauschale eines vom GV zugezogenen Pfandgehilfen (LG Braunschweig DGVZ 83, 117) oder den Ausfallbetrag des zugezogenen Spediteurs zu zahlen (AG Itzehoe DGVZ 84, 123; AG Wetzlar/LG Limburg DGVZ 83, 126; zur Umsatzsteuer AG Wiesloch DGVZ 84, 157; App DGVZ 85, 49). **Vorschußpflicht des Gläubigers** (auch wegen der ihn treffenden Kosten, die durch Zuziehung eines Spediteurs, AG Itzehoe DGVZ 83, 142, sowie Unterbringung entstehen): § 5 GVKostG. Der Schuldner (auch ein als Berechtigter ausgewiesener Dritter, KG Rpfleger 75, 34) kann die weggeschafften Sachen (auch unpfändbare) nur gegen Erstattung der Transport- und Verwahrungskosten (die Räumungskosten selbst gehören nicht dazu, AG Bonn DGVZ 84, 14) verlangen (**Zurückbehaltungsrecht** des GV; dazu Schneider DGVZ 82, 1 [2]). Das Zurückbehaltungsrecht steht dem GV auch für die durch einen Vorschuß des Gläubigers gedeckten Transport- und Lagerkosten zu (KG Rpfleger 75, 34 und Rpfleger 86, 439 [440]; AG Bonn aaO; Mümmler JurBüro 74, 809; aA LG Berlin DGVZ 72, 135 = MDR 72, 250; StJM Anm II 3 zu § 885). Jedoch erlischt die Kostenhaftung des Gläubigers nicht dadurch, daß der GV Sachen dem nicht zahlungsfähigen Schuldner ohne Erstattung der Transport- und Lagerkosten überläßt (LG Hamburg DGVZ 83, 122 = aaO). 14

V) Den **Verkauf** der weggeschafften und verwahrten beweglichen Sachen (Abs 2, 3) und die Hinterlegung des Erlöses zugunsten des Schuldners kann das für den Verwahrungsort zuständige (Noack Rpfleger 78, 42) Vollstreckungsgericht anordnen, wenn der Schuldner (oder ein Dritter als Eigentümer, LG Berlin Rpfleger 74, 409) die Abforderung verzögert (Abs 4). Die Anordnung kann auf Antrag des Gläubigers, Anregung des GV oder von Amts wegen ergehen. Zuständig ist der Rechtspfleger (§ 20 Nr 17 RpflG). Zulässig ist die Anordnung, wenn der Schuldner vom 15

GV erfolglos aufgefordert wurde, das Räumungsgut auf seine Kosten abzuholen, und nur, um den GV von seiner Obhutspflicht zu befreien, nicht aber ausschließlich zur Sicherung der Lagerkosten (LG Essen MDR 55, 365; LG Frankenthal MDR 62, 140). Durch ein Stundungsgesuch für entstandene Kosten kann der Schuldner die Versteigerungsanordnung nicht abwenden (Noack Rpfleger 68, 42 [43]); doch kann er Schutz nach § 765a verlangen (aA Noack aaO; Anordnung ist jedoch ZwV-Maßregel). Nicht mehr zulässig ist die Anordnung, wenn der Schuldner die weitere Verwahrung auf eigene Kosten übernimmt und die bisherigen Lagerkosten zahlt (KG DGVZ 61, 39). Die Anordnung ergeht durch Beschluß, der dem Schuldner und Gläubiger zuzustellen (§ 329 III) und dem GV mitzuteilen ist. Wertlose Sachen, deren Verwertung auf Grund der gerichtlichen Anordnung nicht möglich ist, kann der GV vernichten (§ 180 Nr 5 aE GVGA); das Vollstreckungsgericht hat ihre Vernichtung nicht anzuordnen (aA AG Bielefeld DGVZ 74, 142; AG Limburg DGVZ 77, 30).

16 **VI) Rechtsbehelfe:** Gegen das ZwV-Verfahren des GV (Abs 1–3) für Gläubiger, Schuldner und Dritte Erinnerung nach § 766 (dann § 793); Bestimmung eines früheren Räumungstermins kann mit Erinnerung nicht erstrebt werden (AG Karlsruhe DGVZ 84, 29). Gegen den Beschluß nach Abs 4 Beschwerde (§ 793) bzw befristete Rechtspflegererinnerung (§ 11 I S 2 RpflG; Frankfurt JurBüro 79, 1209 = Rpfleger 79, 350), dies auch für einen Dritten, der sich in Kenntnis des Verfahrens vor der Anordnung geäußert hatte (KG NJW-RR 86, 1126 = Rpfleger 85, 308). Schutz des Schuldners nach § 765a gegen Maßnahmen der Abs 2–4: KG Rpfleger 86, 439 (auch Rn 19 zu § 765a).

17 **VII) Gebühren: 1)** des **Gerichts:** Für die Anordnung nach Abs 4 Festgebühr von 15 DM (KV Nr 1149). – **2)** des **Anwalts:** Der Antrag des RA des Gläubigers nach Abs 4 ist durch die (3/10) Vollstreckungsgebühr aus § 57 BRAGO mit abgegolten (§ 58 Abs 1 BRAGO). – **3)** des **Gerichtsvollziehers:** Für die Tätigkeit nach Abs 1 Gebühr von 30 DM (§ 24 I Nr 1 GVKostG; vgl auch Abs 2 und 3 daselbst).

886 *[Herausgabe bei Gewahrsam eines Dritten]*

Befindet sich eine herauszugebende Sache im Gewahrsam eines Dritten, so ist dem Gläubiger auf dessen Antrag der Anspruch des Schuldners auf Herausgabe der Sache nach den Vorschriften zu überweisen, welche die Pfändung und Überweisung einer Geldforderung betreffen.

1 **I)** Befindet sich die herauszugebende bewegliche oder unbewegliche Sache im Gewahrsam eines Dritten, der nicht zur Herausgabe bereit ist, wird der Anspruch auf Herausgabe der Sache in der Weise vollstreckt, daß dem Gläubiger auf dessen Antrag der Anspruch des Schuldners auf Herausgabe der Sache nach den Vorschriften überwiesen wird, die die Pfändung und Überweisung einer Geldforderung betreffen. § 886 setzt nicht voraus, daß der Schuldner einen fälligen Herausgabeanspruch gegen den unmittelbaren Besitzer hat; der Anspruch kann auch, wie bei der Pfändung von Geldforderungen, betagt und bedingt sein; auch ein künftiger Anspruch ist jedenfalls dann pfändbar, wenn eine Rechtsbeziehung zwischen Schuldner und Drittschuldner besteht, aus der der künftige Anspruch und seinem Inhalt nach die Person des Drittschuldners bestimmt werden kann (BGH 53, 32 = NJW 70, 242). § 886 ist zu unterscheiden von §§ 846–848. In den Fällen §§ 846 ff will der Gläubiger die Sache der Befriedigung seiner Geldforderung dienstbar machen; die genannten Vorschriften geben ihm die Mittel an die Hand, dies auch gegenüber dem dritten Besitzer durchzuführen. Einen Anspruch gegen den Schuldner auf Herausgabe der Sache hat dort der Gläubiger nicht. Deshalb kann auch nur die Herausgabe an den GV bzw Sequester zur Befriedigung des Gläubigers aus der zu verwertenden Sache angeordnet werden. Im Fall des § 886 richtet sich der Anspruch des Gläubigers auf Herausgabe der Sache an ihn. Deshalb ist (durch das Vollstreckungsgericht; Rechtspfleger § 20 Nr 17 RpflG) auf schriftlichen oder zu Protokoll gestellten Antrag der dem Schuldner gegen den Drittschuldner zustehende Herausgabeanspruch zu pfänden und dem Gläubiger zur Einziehung zu überweisen. Eine Anordnung, daß der Gegenstand an einen GV zur Verwertung herauszugeben sei, ist hier, wo der Gläubiger Anspruch auf die Sache selbst hat, nicht möglich, die Herausgabe erfolgt vielmehr unter Vermittlung des GV an den Gläubiger selbst. Verweigert der Drittschuldner nach der Überweisung die Herausgabe weiterhin, so muß der Gläubiger gegen ihn auf Herausgabe klagen und das gegen ihn ergehende Urteil gem §§ 883–885 vollstrecken lassen. ZwV gegen einen widersprechenden Dritten ist verbotene Eigenmacht (LG Bielefeld NJW 56, 1879). **Rechtsbehelf** des Schuldners gegen den Pfändungs- und Überweisungsbeschluß: Erinnerung § 766; des Gläubigers gegen die Ablehnung seines Antrags: sofortige Beschwerde (§ 793) bzw befristete Rechtspflegererinnerung.

II) Gebühren: 1) des **Gerichts:** Streitwertunabhängige Festgebühr von 15 DM (KV Nr 1149); mehrere Verfahren innerhalb eines Rechtszugs gelten als ein Verfahren, wenn sie denselben Anspruch und denselben Gegenstand betreffen. – **2)** des **Anwalts:** (3/10) Vollstreckungsgebühr aus § 57 BRAGO. **Gegenstandswert** s § 57 II BRAGO. 2

887 *[Zwangsvollstreckung bei vertretbaren Handlungen]*

(1) Erfüllt der Schuldner die Verpflichtung nicht, eine Handlung vorzunehmen, deren Vornahme durch einen Dritten erfolgen kann, so ist der Gläubiger von dem Prozeßgericht des ersten Rechtszuges auf Antrag zu ermächtigen, auf Kosten des Schuldners die Handlung vornehmen zu lassen.

(2) Der Gläubiger kann zugleich beantragen, den Schuldner zur Vorauszahlung der Kosten zu verurteilen, die durch die Vornahme der Handlung entstehen werden, unbeschadet des Rechts auf eine Nachforderung, wenn die Vornahme der Handlung einen größeren Kostenaufwand verursacht.

(3) Auf die Zwangsvollstreckung zur Erwirkung der Herausgabe oder Leistung von Sachen sind die vorstehenden Vorschriften nicht anzuwenden.

Lit: *Bischof,* Der Freistellungsanspruch, ZIP 1984, 1444; *Mümmler,* Kosten der Ersatzvornahme nach § 887 ZPO, JurBüro 1978, 1132; *Petermann,* Fragen der ZwV zur Erwirkung von Handlungen und Unterlassungen, Rpfleger 1959, 309; *E. Schneider,* Probleme der Handlungsvollstreckung nach § 887 ZPO, MDR 1975, 279.

I) Zweck: Regelung der ZwV zur Erfüllung einer vertretbaren Handlung (Ersatzvornahme). 1

II) Voraussetzungen: 1) Der nach dem Schuldtitel zu vollstreckende Anspruch (Rn 3 vor § 704; zum Fall des § 510 b s dort Rn 4 ff und § 888 a) muß in der Verpflichtung bestehen, **eine vertretbare Handlung vorzunehmen,** die weder in einer Geldzahlung noch in der Herausgabe oder Leistung von Sachen (Abs 3) oder Abgabe einer Willenserklärung (§ 894) besteht. Vertretbare Handlungen sind solche, die von einem Dritten an Stelle des Schuldners (selbständig ohne dessen Mitwirkung; Schneider MDR 75, 279 zu II 1) vorgenommen werden können. Es muß vom Standpunkt des Gläubigers aus wirtschaftlich gleichgültig sein, durch wen die Handlung vorgenommen wird, und vom Standpunkt des Schuldners aus rechtlich zulässig, daß ein anderer als er selbst die Handlung vornimmt (StJM Anm II 2 zu § 887). Daß hinsichtlich der Mittel, mit denen die Leistungspflicht erfüllt werden kann, verschiedene Möglichkeiten zur Verfügung stehen (Beispiel: geeignete Maßnahmen zur Absicherung eines Steilhangs), beeinträchtigt den Charakter einer Leistung als vertretbare Handlung nicht (Zweibrücken MDR 74, 409 = OLGZ 74, 317 und MDR 83, 500; Hamm MDR 83, 850 für Beseitigung bestimmter Immissionen). Unter § 887 fallen Handlungen, die nicht Rechtsgeschäfte sind (zu begleitenden Willenserklärungen s Schneider MDR 75, 279 zu II 2); auch der Anspruch auf Befreiung von einer Geldverbindlichkeit ist nach § 887 zu vollstrecken (KG OLGZ 73, 54 = MDR 70, 1018 mit zahlr Nachw; Frankfurt Rpfleger 75, 329 und JurBüro 78, 770; Hamm NJW 60, 923, Rpfleger 63, 248 und JurBüro 84, 1107; Hamburg FamRZ 83, 212: Freistellungsanspruch wegen Unterhalts; Bischof ZIP 84, 1444 [auch zu typischen Freistellungsfällen]). Ausgenommen sind die Fälle, in denen der Schuldner zur Abgabe einer inhaltlich bestimmten Willenserklärung verurteilt ist, wenn und soweit § 894 zutrifft, und Rechtsgeschäfte, die nur auf Grund einer Vollmacht des Schuldners vorgenommen werden können (StJM Anm II 2 c α zu § 887); denn durch die Ermächtigung wird dem Dritten nicht zugleich die Befugnis übertragen, den Schuldner zu vertreten (Hamm NJW 56, 918; MDR 65, 584; 66, 769; Bamberg MDR 83, 499; Koblenz DGVZ 86, 138; StJM aaO; aA RG 53, 80; 55, 57). Die Verpflichtung des Schuldners ist in einem solchen Fall nach § 888 zu vollstrecken (Hamm NJW 56, 918; Rosenberg § 208 III 2 b 3), allerdings nur dann, wenn die Handlung ausschließlich vom Willen des Schuldners abhängt (Hamm NJW 73, 1135; Bamberg aaO; vgl auch Frankfurt Rpfleger 75, 445; Köln MDR 81, 505). Kann die Verpflichtung des Schuldners weder nach §§ 887, 888 noch nach § 894 vollstreckt werden, so bleibt dem Gläubiger nur die Möglichkeit, den Schuldner nach § 893 auf Ersatz des Interesses in Anspruch zu nehmen (Hamm MDR 65, 684 u NJW 75, 1135), wenn er es nicht vorziehen sollte, sich durch neue Klage wegen seines Anspruchs einen zur Vollstreckung nach § 887 geeigneten Titel zu verschaffen (Hamm MDR 66, 769). Hat der Schuldner eine Sache herauszugeben, die er anzuschaffen oder herzustellen hat, so findet § 887 Anwendung, wenn der Schuldner seiner Verpflichtung zur Beschaffung oder Herstellung einer vertretbaren Sache nicht nachkommt; Abs 3 steht nicht entgegen, da er sich nur auf Herausgabeansprüche, nicht auf sonstige Ansprüche bezieht (s Rn 9 zu § 883). Gläubiger und Schuldner können für die ZwV nicht wirksam vereinbaren, daß eine vertretbare Handlung iS des § 887 durch Festsetzung einer Maßnahme nach § 888 zu erzwingen ist (Hamm MDR 68, 333). 2

3 **2) Einzelfälle:** Der Schuldner mauert in seinem Haus eine Öffnung nicht zu; führt den Bau nicht urteilsgemäß aus; beseitigt Baumängel nicht (Zweibrücken JurBüro 82, 939); führt Nachbesserungsarbeiten an einem Pkw nicht aus (Oldenburg MDR 85, 855); nimmt gekaufte Ware zur bestimmten Zeit nicht ab (Stuttgart JW 29, 873; Köln MDR 75, 586); verweigert die Abnahme elektrischen Stromes oder liefert den Strom nicht (Naumburg OLG 2, 223); ändert nicht die Heizungsanlage, um die Wohnräume des Gläubigers richtig zu erwärmen (Frankfurt JW 25, 2346; dazu aber auch LG Koblenz NJW-RR 86, 506: Durchsetzung der Verpflichtung, eine Miet-Wohnung stets bis zu einem bestimmten Wärmegrad zu beheizen, nach § 890); setzt die Beleuchtungsanlage nicht instand (KG JW 24, 2038); liefert nicht das Speisezimmer, das nach einer Zeichnung hergestellt werden sollte; verweigert die Erteilung eines Buchauszugs (Colmar OLG 26, 416; Hamburg MDR 55, 43; Düsseldorf MDR 57, 42; Hamm NJW 65, 1387: Wahlrecht des Gläubigers, ob er nach § 887 ZPO vorgehen oder nach § 87c IV HGB Bucheinsicht verlangen will; Hamm MDR 67, 770; Hamburg MDR 68, 932; zum Umfang der Abrechnungspflicht Hamburg MDR 69, 581 und zu den Anforderungen an einen Buchauszug Hamm NJW 65, 1387; Celle NJW 62, 1968); verweigert die Teilung einer gemeinschaftlichen Sache (KG OLG 9, 129); oder die übernommene Beschaffung eines Hypothekendarlehens (RG JW 01, 366); sorgt nicht durch geeignete Maßnahmen dafür, daß der Verkehr auf ein Grundstück ausschließlich von einer bestimmten Straße aus erfolgt (Hamm NJW 85, 274 = OLGZ 84, 184); die Herbeiführung der Löschung der Hypothek eines Dritten (LG Darmstadt MDR 58, 110; s auch Düsseldorf MDR 80, 410); die Entfernung eines in der Wohnung gehaltenen Haustieres (Hamm NJW 66, 2415; LG Hamburg JurBüro 85, 1746 = NJW-RR 86, 158; aA [§ 888] LG Köln MDR 63, 228); die Reinigung eines Hofes, den Transport oder die Zurückschaffung von Sachen; den Betrieb des Fahrstuhls (KG OLG 46, 141 = JW 27, 1945). Nach § 887 ist ferner zu vollstrecken die Verurteilung zur Beseitigung eines Bauwerkes von einem zwangsgeräumten Grundstück (Celle NJW 62, 595; Hamm NJW 65, 2207); das Urteil auf Beseitigung eines Überbaus (Köln JurBüro 69, 364); die Veurteilung zur Sicherheitsleistung nach § 232 BGB (KG JW 36, 677 und 1464; aA LG Berlin DGVZ 38, 359), auch zur Sicherung künftigen Zugewinnausgleichs (§ 1389 BGB: Düsseldorf FamRZ 84, 704 mwN); zur Befreiung eines Bürgen von einer Bürgschaft (RG 150, 80); des Mitschuldners bei Gesamtschuld wegen eines Befreiungsanspruchs bei Gesamtschuldnerschaft (BGH NJW 58, 497); des Verlegers zur Veröffentlichung eines Werkes (Münster MDR 55, 682: jedenfalls dann, wenn Gläubiger den Weg des § 887 wählt; vgl auch Schneider MDR 75, 279).

4 **3) Gläubigerantrag** (Abs 1): Anwaltszwang besteht, wenn Prozeßgericht 1. Instanz das Landgericht ist (Köln MDR 73, 58, auch bei Vollstreckung einer einstweiligen Verfügung, Nürnberg JurBüro 84, 143 = MDR 84, 58); sonst kann der Antrag schriftlich oder zu Protokoll des Urkundsbeamten gestellt werden. Die zur Herbeiführung der geschuldeten Handlung verlangten Maßnahmen, zu deren Ausführung ermächtigt werden soll, sind in dem Antrag bestimmt zu bezeichnen (RG 60, 120; Zweibrücken MDR 74, 409 = aaO). Einzelne Arbeitsschritte und die Fachfirma, der Arbeiten übertragen werden sollen, brauchen nicht angegeben werden (Zweibrücken MDR 83, 500). Ausreichend ist daher: „Trockenlegung eines Kellers nach den Regeln der Baukunst" (Hamm JurBüro 84, 1260 = MDR 84, 591 = OLGZ 84, 254). Die Nichtvornahme oder die nicht ordnungsgemäße (urteilsgemäße) Vornahme der Handlung durch den Schuldner braucht nur behauptet zu werden (KG OLG 25, 209 [210]). Umdeutung eines Vollstreckungsantrags nach § 888 in einen Antrag nach § 887 ist jedenfalls dann unzulässig, wenn dem Gläubigervortrag dafür keine Anhaltspunkte zu entnehmen sind (Hamm NJW 85, 274 = OLGZ 84, 184; auch Rn 4 zu § 888). Zurückgenommen werden kann der Antrag bis zur Rechtskraft des Beschlusses.

5 **4)** Die allgemeinen **ZwV-Voraussetzungen** (Rn 14–17 vor § 704) müssen bei Entscheidung über den Antrag erfüllt sein. Die vollstreckbare Ausfertigung des dem Schuldner zugestellten Schuldtitels (§§ 724, 750; bei einstweiliger Verfügung genügt Zustellung einer einfachen Ausfertigung) und sonst für den Beginn der ZwV erforderliche Urkunden (§ 750 II, § 765 usw) müssen vorgelegt werden. Der Schuldner muß prozeßfähig sein; für die Feststellung der Prozeßfähigkeit gilt Freibeweis (Frankfurt JurBüro 56, 658 = Rpfleger 75, 441).

6 **III) Verfahren: 1) Zuständig** ist das Prozeßgericht des 1. Rechtszugs (Abs 1), auch wenn der Rechtsstreit noch in der höheren Instanz anhängig ist, in Familiensachen das Familiengericht (Düsseldorf FamRZ 81, 577 mwN, auch für Alttitel, Hamburg FamRZ 83, 1252). Zuständig ist bei Schiedsspruch, Schiedsvergleich und ausländischem Urteil das Gericht, das die Vollstreckbarerklärung ausgesprochen hat (§§ 1042, 1044, 722), bei einstweiliger Verfügung das Gericht 1. Instanz, auch wenn das AG wegen Dringlichkeit des Falles sie gem § 942 erlassen hat (RG JW 97, 632; StJM Anm III 1 zu § 887) oder wenn die einstweilige Anordnung nach § 620 durch das OLG erlassen ist, in Wohnungseigentumsverfahren das für WE-Sachen zuständige Gericht (§ 45 III WEG; BayObLG Rpfleger 79, 67; Frankfurt OLGZ 80, 163). Zur Entscheidung durch die

Zivilkammer (Kammer für Handelssachen) oder den Einzelrichter s Rn 3 zu § 348; auch Frankfurt MDR 81, 504; München MDR 83, 499). Es handelt sich um kein Rechtspflegergeschäft (s § 20 Nr 17 RpflG). Gehör des Schuldners und freigestellte mündliche Vereinbarung § 891.

2) **Vollstreckt** wird die geschuldete Verpflichtung in der Weise, daß der **Gläubiger ermächtigt** wird, die (genau zu bezeichnende; anders aber Hamm MDR 83, 850) Handlung auf Kosten des Schuldners **vornehmen zu lassen** (Abs 1) oder selbst vorzunehmen. Ermächtigt werden kann der Gläubiger erst, wenn dargetan ist, daß er auch in der Lage ist, die vertretbare Handlung an Stelle des Schuldners vorzunehmen (Hamm NJW 59, 891). Ausgeschlossen ist die Ermächtigung zur Ersatzvornahme, wenn (oder soweit teilweise; s Schneider MDR 75, 279 zu IV) der Schuldner (oder Gläubiger; LG Essen MDR 59, 399) die Handlung bereits ordnungsgemäß vorgenommen hat. Der Erfüllungseinwand des Schuldners ist im Verfahren nach § 887 zu prüfen (Frankfurt MDR 73, 323; Köln JMBlNW 82, 153; München MDR 78, 1029; Schleswig SchlHA 68, 73; StJM Anm II 3 zu § 887; aA Hamm MDR 77, 411, 83, 850 und JurBüro 84, 1107 sowie [bei streitigem Sachverhalt keine Prüfung] OLGZ 84, 254 = aaO; Bamberg Rpfleger 83, 79; Köln Rpfleger 86, 309; LG Aachen JurBüro 69, 777; LG Bochum MDR 83, 65). Ebenso ist im Verfahren nach § 887 zu entscheiden, wenn der Umfang des Urteilsausspruchs streitig ist oder der Schuldner behauptet, er habe alles ihm bisher Mögliche zur Erfüllung getan. Das Recht, werkvertragliche Nachbesserungen noch selbst auszuführen, hat der Schuldner jedoch verloren, wenn auf Grund seines Verhaltens das Vertrauen des Gläubigers auf ordnungsgemäße und zuverlässige Mängelbeseitigung nachhaltig erschüttert ist (Düsseldorf JurBüro 81, 1960 = MDR 82, 61). Eine zur Ersatzvornahme erforderliche Zustimmung eines Dritten muß bei Erlaß des Ermächtigungsbeschlusses vorliegen (Frankfurt JurBüro 83, 143 = MDR 83, 141 = OLGZ 83, 97). 7

3) Das Prozeßgericht entscheidet durch **Beschluß.** Den Gegenstand der Vollstreckung (die veranlaßten Maßnahmen, Rn 4) muß der Beschluß bezeichnen (Zweibrücken MDR 74, 409 = aaO). Dem Schuldner kann auch aufgegeben werden, das Betreten seines Grundstücks zur Vornahme erforderlicher Arbeiten zu dulden (Hamm NJW 85, 274 = OLGZ 84, 184). Wer vom Gläubiger mit der Vornahme der Handlung beauftragt werden kann (Bauunternehmer, Architekt, Fuhrunternehmer usw) braucht in dem Beschluß nicht angegeben zu werden. Strafandrohung zur Durchführung der erteilten Ermächtigung ist unzulässig (KG OLG 31, 133). Der Beschluß wird dem Schuldner zugestellt (§ 329 III; bei Zurückweisung nur formlose Mitteilung an ihn), dem Gläubiger nur, wenn seinem Antrag nicht voll entsprochen wird; sonst erfolgt an ihn formlose Mitteilung. 8

4) Das Ermächtigungsverfahren ist ZwV; die Verfahrenskosten sind daher **Kosten der ZwV** (§ 788 I). Notwendige Verfahrenskosten fallen als ZwV-Kosten somit dem Schuldner zur Last (Rn 8 zu § 788). In dem Beschluß ist über diese Kosten des Verfahrens nicht zu entscheiden. Auch bei Zurückweisung oder Zurücknahme des Antrags bestimmt sich die Kostenpflicht nach § 788 I (Rn 20 zu § 788). Soweit demnach Kosten als nicht notwendige ZwV-Kosten den Gläubiger treffen, muß eine Kostenentscheidung ergehen (Rn 21 zu § 788). Nach aA ist in dem Beschluß immer über die Kosten des Verfahrens ohne Rücksicht auf § 788 und den Kostenausspruch im Haupttitel zu entscheiden (s Königsberg JW 28, 744; München MDR 64, 767; Hamm Rpfleger 73, 104; Saarbrücken OLGZ 67, 34; Frankfurt MDR 78, 411 bei Zurücknahme des Antrags); dem ist nicht zu folgen (s auch Rn 13 zu § 888 und Rn 16 zu § 890). 9

5) Der **Schuldner** hat die Vornahme der Handlung **zu dulden** (KG JW 24, 2038); bei Widerstand § 892. Den Gläubiger berechtigt die Ermächtigung zur Ersatzvornahme auch dazu, zur Ausführung erforderliche Verträge mit Dritten (Bauunternehmer usw) im eigenen Namen abzuschließen; die entstehenden Kosten hat der Schuldner zu ersetzen (Zweibrücken MDR 74, 409). Die (notwendigen, § 91) Kosten der Vornahme der Handlung durch den Gläubiger oder einen Dritten sind Kosten der ZwV (§ 788); ihre Festsetzung ist zulässig (Celle OLG 20, 367; Nürnberg BayJMBl 55, 190; Stuttgart JurBüro 84, 1421), auch soweit sie einen Vorschuß übersteigen (LG Koblenz MDR 84, 591). Erstattungsfähige notwendige ZwV-Kosten sind auch Aufwendungen für das Gutachten eines Sachverständigen, der die voraussichtlichen Kosten für Beseitigung der verschiedenen Handwerksbereichen zuzuordnenden Baumängel ermittelt hat (Frankfurt Betrieb 83, 495), bei umfangreicheren Bauarbeiten Architektenhonorar (Düsseldorf JurBüro 85, 471) und Finanzierungskosten (Düsseldorf JurBüro 84, 302 = MDR 84, 323). Im Festsetzungsverfahren ist die Notwendigkeit der Kosten nach Art (Erforderlichkeit) und Höhe zu prüfen (aA LG Koblenz aaO: Angemessenheit ist nicht zu prüfen). Jedoch kann dem Gläubiger Prüfung der Ersatzvornahmekosten vor Auftragerteilung (Einholung von Kostenvoranschlägen, auch Rüge der Angemessenheit gegenüber zu beauftragender Firma) nicht schon deshalb zugemutet werden, weil dafür gesorgt sein müsse, daß Kosten zugunsten des Schuldners möglichst niedrig ausfallen (dies zutr LG Koblenz aaO). Kosten für Ersatzvornahme ohne gerichtlichen Ermächti- 10

gungsbeschluß kann der Gläubiger nicht als ZwV-Kosten geltend machen; er muß sie gegen den Schuldner einklagen (Breslau JW 31, 2041; Nürnberg aaO; Hamm MDR 72, 615; Hamburg MDR 73, 768; Schneider MDR 75, 279 zu IV).

11 **IV) Vorschuß: 1)** Zur **Vorauszahlung der Kosten,** die durch Vornahme der Handlung entstehen werden, kann der Schuldner zugleich mit dem Ermächtigungsbeschluß (Abs 2), aber auch nach dessen Erlaß gesondert „verurteilt" werden. Die Entscheidung ergeht auf Antrag des Gläubigers (Abs 2). Die Höhe des Vorschusses bestimmt das Gericht nach billigem Ermessen (StJM Rdn III 3 zu § 887); jedoch darf nicht mehr als vom Gläubiger verlangt zugesprochen werden (§ 308 I). Wird der Gläubiger zur Ersatzvornahme einer vertretbaren Leistung ermächtigt, für die er eine Gegenleistung schuldet, so kann er als Vorschuß nur die abschätzbaren Mehrkosten der Ersatzvornahme verlangen (LG Würzburg Rpfleger 80, 160 mwN; aA Hamm OLGZ 84, 254 = aaO: Keine Verweisung des Gläubigers auf (erst nach Durchführung der Handlung fällige) Gegenforderung (Werklohn).

12 **2) Verfahren:** § 891. Die „Verurteilung" ergeht durch Beschluß. Zustellung erfolgt an Schuldner nach § 329 III; an Gläubiger wird zugestellt, wenn Zurückweisung (auch teilweise) erfolgt; sonst wird der Beschluß dem Gläubiger formlos mitgeteilt. Das Recht auf Nachforderung kann mit Antrag nach Abs 2 auf Erhöhung des bereits angeordneten Vorschusses (Hamm OLGZ 72, 311; Frankfurt JurBüro 76, 397) oder mit Einforderung der nicht gedeckten Aufwendungen als ZwV-Kosten geltend gemacht werden. Auch die Höhe des weiteren Vorschusses steht im Ermessen des Gerichts; seine Angemessenheit ist selbständig zu prüfen und zu begründen (Frankfurt JurBüro 76, 397). Nach Vornahme der Handlung kann Verurteilung zur Vorschußzahlung oder Erhöhung des Vorschusses nicht mehr erfolgen (Hamm MDR 72, 615 = OLGZ 72, 311). Zur Geltendmachung der entstandenen Kosten Rn 10.

13 **3)** Der Beschluß ist **Vollstreckungstitel** nach § 794 I Nr 3. Die Beitreibung erfolgt mit Geldvollstreckung nach §§ 803–882 a. Hat der Schuldner die Handlung noch vor Ausführung des Beschlusses vorgenommen, so ist ihm ein beigetriebener oder bezahlter Kostenvorschuß (nach Abzug der dem Gläubiger schon entstandenen Kosten) zurückzuzahlen. Bei Weigerung muß der Schuldner klagen (RG JW 98, 201).

14 **V) Rechtsbehelf:** Der Ermächtigungsbeschluß (Abs 1) ist mit sofortiger Beschwerde anfechtbar (BayObLG ZMR 80, 256), ebenso der Beschluß über den Kostenvorschuß (§ 793) bei Beschwerdewert über 100 DM (§ 567 II). Die im Vollstreckungsverfahren nicht nachweisbar gewesene Erfüllung sowie Erfüllung nach Erlaß des Ermächtigungsbeschlusses ist vom Schuldner nach § 767 geltend zu machen.

15 **VI) Gebühren: 1)** des **Gerichts:** Keine. – **2)** des **Anwalts:** Für den Antrag nach Abs 1 und 2 erhält der RA des Gläubigers (3/10) Vollstreckungsgebühr (§ 31 BRAGO) aus § 57 BRAGO. Wird über den Antrag mündlich verhandelt, so erwächst ihm auch die (3/10) Verhandlungsgebühr bzw Erörterungsgebühr; findet eine Beweiserhebung statt, so erhält der RA auch die Beweisgebühr zu 3/10. Eine Ermäßigung tritt nicht ein, weil die Anwendung der §§ 32, 33 I, II BRAGO ausgeschlossen ist (§ 57 I 2 BRAGO). Ggfs kann dem Anwalt auch die 10/10 Vergleichsgeführ aus § 23 BRAGO erwachsen. Die Vollstreckung der in dem Verfahren nach Abs 1, 2 ergangenen Entscheidung gilt als weitere besondere Angelegenheit der Zwangsvollstreckung (§ 58 III Nr 7 BRAGO); je nach der entfalteten anwaltl Tätigkeit kann daher die 3/10 Vollstreckungsgebühr aus § 57 BRAGO wiederholt anfallen. Wird eine nachträgliche Erhöhung des Kostenvorschusses vollstreckt, bildet der Nachforderungsbeschluß mit der ursprüngl Anordnung der Vorauszahlung gebührenrechtl eine Angelegenheit der Zwangsvollstreckung (Hartmann, KostG BRAGO § 58 Anm 5 B h zu Ziff 7). – **3)** des **Gerichtsvollziehers:** Wird zur Beseitigung des vom Schuldner geleisteten Widerstandes der GV beigezogen, so wird hierfür eine Festgebühr von 30 DM erhoben (§ 24 I Nr 3 GVKostG), gleichviel, ob der Widerstand gebrochen wird oder nicht. Dauert das Amtsgeschäft des GV länger als 1 Stunde, so erhöht sich die Grundgebühr von 30 DM um je 15 DM für jede angefangene weitere Stunde, aber nur dann, wenn die längere Dauer im Protokoll vermerkt ist (§§ 24 II, 14 GVKostG, GVKostGr Nr 14). – **Gegenstandswert:** bei Abs 1: § 3 (Gläubigerinteresse an der Vornahme der Handlung), bei Abs 2: der vorzuschießende Kostenbetrag; s auch § 3 Rn 16 „Zwangsvollstreckung".

16 **VII) Aktenbehandlung:** Ohne Neueintragung im ZivProzReg sind die Anträge, für die das Prozeßgericht zuständig ist, wie zB nach § 887 ZPO, zu den bisherigen Prozeßakten zu nehmen, § 13 Nr 3 Satz 5 AktO.

888 *[Zwangsvollstreckung bei nicht vertretbaren Handlungen]*

(1) Kann eine Handlung durch einen Dritten nicht vorgenommen werden, so ist, wenn sie ausschließlich von dem Willen des Schuldners abhängt, auf Antrag von dem Prozeßgericht des ersten Rechtszuges zu erkennen, daß der Schuldner zur Vornahme der Handlung durch Zwangsgeld und für den Fall, daß dieses nicht beigetrieben werden kann, durch Zwangshaft oder durch Zwangshaft anzuhalten sei. Das einzelne Zwangsgeld darf den Betrag von fünfzigtausend Deutsche Mark nicht übersteigen. Für die Zwangshaft gelten die Vorschriften des Vierten Abschnitts über die Haft entsprechend.

(2) Diese Vorschrift kommt im Falle der Verurteilung zur Eingehung einer Ehe, im Falle der Verurteilung zur Herstellung des ehelichen Lebens und im Falle der Verurteilung zur Leistung von Diensten aus einem Dienstvertrag nicht zur Anwendung.

Lit: *Brehm,* Die ZwV nach §§ 888, 890 nF ZPO, NJW 1975, 249; *Grunsky,* Zur Durchsetzung einer Geldforderung durch Kreditaufnahme des Schuldners in der ZwV, ZZP 95 [1982] 264; *Peters,* Restriktive Auslegung des § 888 I ZPO?, Gedächtnisschrift R Bruns (1980) 285; *Ritter,* Zum Widerruf einer Tatsachenbehauptung, ZZP 84 [1971] 163; *Schilken,* Zur ZwV nach § 888 I ZPO bei notwendiger Mitwirkung Dritter, JR 1976, 320; *Wolf,* Die Vollstreckung des Anspruchs auf Arbeitsleistung, JZ 63, 434.

I) Zweck: Regelung der Zwangsmaßnahme und des Verfahrens bei ZwV zur Erfüllung einer nicht vertretbaren Handlung (sog Beugezwang). 1

II) Voraussetzungen: 1) Der nach dem Schuldtitel zu vollstreckende Anspruch (Rn 3 vor § 704; zum Fall des § 510 b s dort Rn 4 ff und § 888 a) muß zu einer Handlung verpflichten, die **durch einen Dritten nicht** vorgenommen werden kann, die sonach ausschließlich vom Willen des Schuldners abhängig ist, jedoch nicht in der Abgabe einer Willenserklärung (§ 894) besteht. Das muß im Zeitpunkt der Vollstreckung (Erlaß des Beschlusses) der Fall sein. Handlung erfordert aktives Tun im Gegensatz zum (untätigen) Unterlassen nach § 890 (München OLGZ 82, 101). Vornahme der Handlung durch einen Dritten kann ausgeschlossen sein, weil er sie überhaupt nicht oder nicht so wie der Schuldner vornehmen kann oder nach dem Schuldtitel nicht vornehmen darf. Wenn Vornahme der Handlung ausschließlich nach dem Willen des Schuldners unmöglich geworden ist, einerlei aus welchem Grund oder durch wessen Schuld, ist § 888 nicht anwendbar (dann nur Anspruch nach § 893). Ausnahmen sieht Abs 2 vor (Rn 16). Eine unvertretbare Handlung, die der Mitwirkung eines Dritten bedarf, kann nach § 888 vollstreckt werden, wenn nur der Wille des Schuldners zu beugen ist (Schilken JR 76, 320; Hamm MDR 78, 586 L; auch Köln BB 81, 393); sie ist überhaupt nicht unmittelbar erzwingbar, wenn die Mitwirkung des Dritten nicht zu erlangen ist; dann kann nur der Anspruch auf Leistung des Interesses (§ 893) weiter verfolgt werden. 2

2) Ausschließlich vom **Willen des Schuldners** abhängig ist zB der Anspruch auf Ausfüllung der **Arbeitspapiere** (LAG Düsseldorf JurBüro 85, 1429; Anspruch auf Herausgabe ist vorweg gesondert zu vollstrecken); Erteilung eines **Arbeitszeugnisses** (nicht aber bei Streit über den Zeugnisinhalt, LAG Frankfurt BB 81, 54; LAG Düsseldorf Betrieb 73, 1853); **Ausbildung** (LAG Berlin BB 79, 1404); **Auskunft** auf Antrag eines Aktionärs (§ 132 AktG, BayObLG 74, 484 = NJW 75, 740), über den Nachlaßbestand (§ 2314 I BGB, Frankfurt Rpfleger 77, 184; München NJW 69, 436), über Einkünfte (Frankfurt Rpfleger 80, 226; LG Lahn-Gießen MDR 79, 64; Zeitraum muß im Urteil angegeben sein, Karlsruhe FamRZ 83, 631; zur Auslegung Frankfurt FamRZ 84, 271), durch Verwalter von Wohnungseigentum (KG MDR 73, 145 = NJW 72, 2093); Vorlage von **Belegen** (zB § 1605 I S 2; Düsseldorf FamRZ 78, 717; Frankfurt Rpfleger 80, 226; Anspruch muß gesondert tituliert, die Belege müssen bezeichnet sein, BGH FamRZ 83, 454; ersetzbare Hilfe eines Dritten schadet nicht, LG Aurich MDR 73, 144); **Betrieb** eines Lebensmittel- und Milch**geschäfts** (Hamm MDR 73, 681 = NJW 73, 1135 = OLGZ 73, 249); Aufstellung einer **Bilanz; Gegendarstellung** nach den Pressegesetzen (Köln NJW 69, 755); Schaffung von **Geistesprodukten,** sofern hierzu besondere Fähigkeiten erforderlich sind (die Verpflichtung, einen druckfertigen Kommentar zu einem Gesetz herzustellen, kann nach Frankfurt OLG 29, 251 nicht erzwungen werden); Verhinderung von **Geruchsbelästigungen** (München OLGZ 82, 101); **Hinterlegung** eines ziffernmäßig nicht feststehenden Geldbetrages (Erlös aus Aberntung eines Feldes; daß der Schuldner diesen Betrag nicht mehr in der Hand hat, begründet nicht die Unmöglichkeit; notfalls muß er Vermögensstücke veräußern, um ihn sich zu verschaffen, Naumburg DR 39, 1922); Beschaffung von **Kfz-Papieren** für einen bestimmten Pkw (Hamm JMBlNRW 57, 200); **Klageerhebung** und -durchführung; (vergleichsweise Verpflichtung) unter bestimmten Voraussetzungen einem Vertreter zu **kündigen** (künftiger bedingter Anspruch, Frankfurt NJW 53, 1029); Benennung der Begünstigten einer **Lebensversicherung** (Köln MDR 75, 586); Herstellung eines **Nachlaßverzeichnisses** (§ 2121 BGB, KG OLG 20, 367); **Rechnungslegung** (RG 7, 358; 8, 336; JW 36, 336; München MDR 60, 404; aA LAG SaarJBl Saar 65, 49), selbst wenn sie nur mit Hilfe eines Dritten erstellt werden kann, jedenfalls dann, wenn diese Hilfe ersetzbar ist (KG MDR 73, 145 = NJW 72, 2093; Grunsky JuS 73, 533); Betrieb einer **Sammelheizung** (LG Essen Rpfleger 59, 358); Mitwirkung des Ehegatten bei einer **Steuererklärung** (LG Zweibrücken MDR 76, 144; Abs 2 steht nicht entgegen); durch **Tausch** einen Sachgegenstand, zB ein Fernglas, zu beschaffen (NdsRpfl 47, 125); Verhinderung künftiger Aufstellung bestimmter Behauptungen im eigenen Geschäftsbereich als Nebenpflicht zur **Unterlassungspflicht** (München NJW 55, 1930); **Versteigerung** einer 3 gemeinschaftlichen Sache; Ausstellung von **Wechselakzepten; Weiterbeschäftigung** (ArbG Dortmund BB 79, 722 L; aber auch LAG Hamm BB 80, 160 mit Anm Fohner = MDR 80, 172 und BB 84, 1750); **Widerruf** einer Behauptung durch eigenhändig zu unterzeichnende Widerrufserklärung (BVerfGE 28, 1 [8] = NJW 70, 651 mit abl Anm Rötelmann NJW 71, 1636; Ritter ZZP 83 [1971] 163; die Widerrufserklärung kann zum Ausdruck bringen, daß sie in Erfüllung des rechtskräftigen Urteils abgegeben wird, BVerfG aaO), im übrigen zu Widerruf einer ehrverletzenden Behauptung Rn 2 zu § 894. Bei Verurteilung zur Schaffung von Einrichtungen zur Beseitigung von **Immissionen** auf dem Grundstück ist auf Grund der Anträge des Gläubigers zu beurteilen, ob § 888 oder § 887 zutrifft (RG 60, 121; s auch Hamm JMBlNRW 57, 198; Frankfurt Rpfleger 75, 445). Ein auf Abgabe einer Willenserklärung gerichtetes Urteil ist nach § 888 zu vollstrecken, wenn ihm für eine Vollstreckung nach § 894 die notwendige Bestimmtheit fehlt; die Vollstrekkung ist erst nach Eintritt der Rechtskraft zulässig (Braunschweig NJW 59, 1929; vgl auch Hamm MDR 71, 401).

4 **3) Gläubigerantrag** wie Rn 4 zu § 887. Der Antrag braucht jedoch weder das Zwangsmittel noch dessen Höhe zu bezeichnen (Köln MDR 82, 589; StJM Anm II 1, ThP Anm 3 a, je zu § 888); erstreckt sich der Antrag auch darauf, gibt er damit den Zwangsrahmen, der nicht überschritten werden kann (§ 308 I). Antrag nur auf (nicht vorgesehene) „Androhung" eines Zwangsgeldes wird als Vollstreckungsantrag nach § 888 angesehen (Köln MDR 82, 589), nicht jedoch ein Antrag nach § 887, wenn sich Anhaltspunkte für eine Umdeutung nicht ergeben (Hamm JurBüro 83, 1726 = ZIP 83, 871). Nachweis der Nichterfüllung der Handlung ist nicht nötig (München OLG 29, 253).

5 **4)** Die allgemeinen **ZwV-Voraussetzungen** (Rn 14–17 vor § 704) müssen bei Entscheidung über den Antrag erfüllt sein. Hierzu Rn 5 zu § 887. Zu Annahmeverzug bei Zug-um-Zug-Leistung s LG Frankenthal Rpfleger 76, 109; LG Koblenz DGVZ 86, 43.

6 **III) Verfahren: 1) Zuständig** ist das Prozeßgericht des ersten Rechtszugs (Abs 1 S 1; s dazu Rn 6 zu § 887), in Familiensachen das Familiengericht (Schleswig SchlHA 81, 190 L). Gehör des Schuldners und mündliche Verhandlung: § 891.

7 **2) a) Vollstreckt** wird die geschuldete Verpflichtung in der Weise, daß der **Schuldner** zur Vornahme der Handlung durch **Zwangsgeld** (ersatzweise Zwangshaft) oder durch **Zwangshaft angehalten wird** (Abs 1 S 1). Zwangsgeld und Zwangshaft sind nur Zwangs- und Beugemaßnahmen, keine repressive Rechtsfolge für einen vorausgegangenen Ordnungsverstoß (Göhler NJW 74, 825; München aaO). Verschulden (Vorsatz oder Fahrlässigkeit) ist daher nicht vorausgesetzt. Der Haft steht die Europ Menschenrechtskonvention nicht entgegen (Echterhölter JZ 56, 144).

8 **b)** Die **Wahl** zwischen Zwangsgeld und Zwangshaft steht dem Gericht zu, nicht dem Gläubiger. Zwangsgeld und Zwangshaft können nicht nebeneinander angeordnet werden. Für den Fall, daß ein angeordnetes Zwangsgeld nicht beigetrieben werden kann, wird Zwangshaft jedoch ersatzweise festgesetzt. Beide Zwangsmittel können, jedoch erst nach Vollstreckung eines zuvor festgesetzten Zwangsmittels, in beliebiger Reihenfolge nacheinander und beide auch wiederholt angeordnet werden (vgl auch Hamm DGVZ 77, 41); diese wiederholte Verhängung verstößt nicht gegen Art 103 III GG. Bei Prozeßunfähigen ist Zwangsgeld in ihr Vermögen, Zwangshaft gegen den gesetzlichen Vertreter anzuordnen (BLH Anm 3 Bc; aA StJM Anm IV, je zu § 888: Zwangsmittel gegen den tatsächlich zu beugenden Willen, das kann Schuldner oder Vertreter sein).

9 **c)** Das Mindestmaß des **Zwangsgeldes** sind fünf DM (Art 6 I EGStGB), das Höchstmaß des einzelnen Zwangsgeldes 50 000 DM (Abs 1 S 2). Das Zwangsgeld ist in bestimmter Höhe, die Ersatzhaft im Verhältnis zur Höhe des Zwangsgeldes festzusetzen. Ist keine Ersatzhaft angedroht, kann sie in entsprechender Anwendung des § 8 EGStGB nachträglich oder Zwangshaft neu festgesetzt werden (StJM Anm II 4 zu § 888).

10 **d)** Bei **Anordnung von Zwangshaft** wird eine bestimmte Dauer nicht festgesetzt. Das Mindestmaß ist ein Tag (Art 6 I EGStGB), das Höchstmaß sechs Monate (Abs 1 S 3, § 913). Haft ist unzulässig gegen Mitglieder der Streitkräfte (Art 34 ZAbk NTrSt). Erzwingung nach Art 12 aaO durch die Stelle, deren Straf- oder Disziplinargewalt der Schuldner unterliegt.

11 **e)** Über den streitigen Umfang des Urteilsspruchs (seine Auslegung) ist im Verfahren nach § 888 zu entscheiden (München OLGZ 82, 101; auch Rn 7 zu § 887). Die rechtliche Zulässigkeit der geschuldeten Handlung kann im ZwV-Verfahren nicht geprüft werden (Frankfurt NJW 53, 1029). Den **Einwand rechtzeitiger Erfüllung** muß der Schuldner durch Klage nach § 767 geltend machen (Düsseldorf OLGZ 76, 376; LG Köln JurBüro 86, 782 = NJW 86, 1179). Das bedeutet jedoch nicht, daß die Prüfung der Frage, ob bereits durch eine inzwischen erfolgte Rechnungslegung, Auskunft usw dem Schuldtitel genügt sei, im ZwV-Verfahren schlechthin ausgeschlossen ist. Vielmehr ist in jedem Zeitpunkt des Vollstreckungsverfahrens zu prüfen, ob die ZwV not-

wendig ist und ob der Gläubiger nach dem seinem Antrag zugrunde liegenden Schuldtitel einen Anspruch auf Erzwingung der Leistung hat, auf die sein Antrag abzielt. Diese Prüfung, die im Verfahren nach § 888 vorzunehmen ist (Düsseldorf MDR 61, 858; Frankfurt JurBüro 84, 304 = MDR 84, 239; München MDR 76, 1029; Zweibrücken JurBüro 83, 1578), schließt aber die Frage, ob bereits durch eine erfolgte Leistung dem Schuldtitel genügt ist, zwangsläufig ein. Die Möglichkeit der Handlungsvornahme durch den Schuldner ist Voraussetzung des Vollstreckungszwangs nach § 888, die Beweislast hierfür trifft den Gläubiger (KG NJW 72, 2093). Ist das Zwangsmittelverfahren nach § 888 formell rechtskräftig abgeschlossen, kann der Schuldner den Erfüllungseinwand nur noch im Wege der Vollstreckungsabwehrklage oder – bei noch nicht rechtskräftigem Verfahren in der Hauptsache – im Berufungsverfahren geltend machen (Frankfurt JurBüro 81, 787 = MDR 81, 414 = OLGZ 81, 437). Die Einrede des **Zurückbehaltungsrechts** ist im ZwV-Verfahren unbeachtlich, da sie sich gegen den Anspruch selbst richtet (Hamm NJW 68, 1241).

f) Es ist zulässig, dem Schuldner **zunächst** für den Fall des fruchtlosen Ablaufs einer zu setzenden Frist ein Zwangsmittel **anzudrohen.** Erforderlich (oder zweckmäßig) ist Androhung des Zwangsmittels jedoch nicht (KG MDR 68, 849 = NJW 69, 57 = OLGZ 69, 37; München OLGZ 82, 101; Köln MDR 82, 589; Zweibrücken JurBüro 83, 1578; vgl auch LG Gießen MDR 81, 413). **12**

g) Das Prozeßgericht entscheidet durch **Beschluß.** Er muß als Vollstreckungsanspruch die vorzunehmende Handlung (Rn 8 zu § 887) und das Zwangsmittel (Rn 9, 10) bezeichnen. Kosten: wie Rn 9 zu § 887 (s KG JurBüro 83, 781 [784]; Karlsruhe Justiz 86, 410). Der Beschluß wird dem Schuldner zugestellt (§ 329 III; KG MDR 68, 849 = aaO; bei Zurückweisung nur Mitteilung an ihn), dem Gläubiger nur, wenn seinem Antrag nicht voll entsprochen wird; sonst erfolgt formlose Mitteilung an ihn. **13**

3) Der Beschluß ist **Vollstreckungstitel** nach § 794 I Nr 3. Gläubiger wird daher (auf Antrag; kann in dem Bestrafungsantrag zu sehen sein) vollstreckbare Ausfertigung erteilt (§ 724; aA LG Kiel DGVZ 83, 155 = SchlHA 83, 75: keine Klausel erforderlich). Auf ihr ist der Tag der Zustellung an den Schuldner zu vermerken. Die Vollstreckung (Beitreibung) des **Zwangsgeldes** erfolgt auf **Antrag des Gläubigers** zugunsten der Staatskasse nach den allgemeinen Bestimmungen über die ZwV wegen Geldforderungen (§§ 803–882 a), nicht von Amts wegen nach der JBeitrO (BGH FamRZ 83, 578 = MDR 83, 739 = NJW 83, 1859 mwN; Frankfurt JurBüro 86, 1259; KG DGVZ 80, 85 = NJW 80, 2363 L; Hamm FamRZ 82, 185; LG Düsseldorf JurBüro 84, 1261; anders noch München MDR 83, 326 = NJW 83, 947; LG Koblenz MDR 83, 851). Dem Gläubiger bleibt es damit überlassen, ob er zur Durchsetzung seines Anspruchs auf die unvertretbare Handlung die Vollstreckung des Zwangsgeldes betreiben oder davon absehen will. Der Schuldner kann die Vollstreckung jederzeit durch Erfüllung (Vornahme der Handlung) abwenden. Bei Forderungspfändung ist im Überweisungsbeschluß Zahlung durch den Drittschuldner an die Gerichtskasse anzuordnen (Stöber FdgPfdg Rdn 581), sonst ist beigetriebenes Zwangsgeld durch den GV an die Staatskasse abzuliefern; Sicherungshypothek Rn 8 zu § 867. Kann Zwangsgeld nicht beigetrieben werden, kann der Gläubiger die Ersatzhaft vollstrecken. Stundung und Ratenzahlung sind nicht zulässig, ebensowenig Begnadigung; sie würden dem Zweck des Zwangsgeldes als Beugemittel widersprechen. Wurde Zwangsgeld beigetrieben, obwohl der Schuldner seiner Verpflichtung nachgekommen war, kann er Rückzahlung vom Land nach Bereicherungsgrundsätzen verlangen (Köln JZ 67, 763 mit zust Anm Baur; aA KG JW 22, 1047). Im Falle der Aufhebung eines vorläufig vollstreckbaren Urteils ist das Geleistete nach § 717 II zu erstatten, nicht aber im Falle des § 717 III (StJM Anm II 4 zu § 888); der Bereicherungsanspruch gegen das Land wird davon nicht berührt. Die **Zwangshaft** (auch die ersatzweise) wird nach §§ 904–913 auf Grund eines Haftbefehls des Prozeßgerichts vollstreckt (keine Verhaftung ohne Haftbefehl, LG Kiel DGVZ 83, 155 = SchlHA 83, 75) und nach § 171 StVollzG vollzogen. **14**

IV) Rechtsbehelf: Gegen den Beschluß, der den Antrag zurückweist oder Zwangsgeld bzw -haft anordnet: sofortige Beschwerde (§ 793) mit weiterer Beschwerde nach § 568 II. Für Einwand rechtzeitiger Erfüllung (Rn 11) oder Erfüllung nach Rechtskraft des Beschlusses: § 767. Gegen Vollstreckung des Beschlusses die Rechtsbehelfe der ZwV-Maßnahme. Die Androhung von Zwangsgeld (Rn 12) ist kein Vollstreckungsakt; dagegen ist daher kein Rechtsmittel zulässig (LG Gießen MDR 81, 413; Hamm FamRZ 86, 828 = Rpfleger 86, 302; LAG Düsseldorf JurBüro 85, 1747 und 86, 303). **15**

V) 1) § 888 ist nicht anwendbar auf Verurteilung zur Eingehung einer Ehe (§ 1297 BGB), im Falle der Verurteilung zur Herstellung des ehelichen Lebens und der Verurteilung zur Leistung von Diensten aus einem Dienstvertrag (Abs 2). Das Vollstreckungsverbot des Abs 2 schließt die Vollstreckung von Urteilen auf **Herstellung des ehelichen Lebens** nicht aus, soweit in den räumlich gegenständlichen Bereich der Ehe durch einen Ehegatten oder einen Dritten eingegriffen wird (BGH 6, 360, 366 [368] = NJW 52, 975: Klage auf Entfernung eines Störers aus der Ehewoh- **16**

nung; auch Karlsruhe FamRZ 80, 139). Die Klage darf aber nicht, auch nicht mittelbar bezwekken, unter Umgehung des Abs 2 die Herstellung des ehelichen Lebens durchzusetzen (Bremen NJW 63, 395; Frankfurt NJW 74, 2325). Ein Titel, nach dem ein Ehegatte den anderen Ehegatten in die Ehewohnung aufzunehmen und ihm den Verbleib dort zu gestatten hat, kann durch Androhung und Vollstreckung von Zwangsmitteln vollstreckt werden (Hamm MDR 65, 577).

17 **2)** Das Vollstreckungsverbot des Abs 2 besteht ferner bei **Verurteilung zur Leistung von unvertretbaren Diensten** aus einem Dienstvertrag, entgeltlichem Geschäftsbesorgungsvertrag und Auftrag (StJM Anm IV 3 zu § 888).

18 **3)** Mit den Mitteln staatlichen Zwangs darf auch nicht eine **Verpflichtung** vollstreckt werden, **an einer kultisch-religiösen Handlung teilzunehmen** (Köln MDR 73, 769). Abs 2 ist auch entsprechend anzuwenden bei einer Verpflichtung auf Grund eines Prozeßvergleichs, einen Erbvertrag abzuschließen (Frankfurt Rpfleger 80, 117).

19 **VI) Gebühren: 1)** des **Gerichts:** Keine Gebühr; demnach sind zB gebührenfrei: die Anhörung des Schuldners zum Antrag des Gläubigers (Rn 6), die etwaige Androhung eines Zwangsmittels (s Rn 12) und auch der das Zwangsmittel anordnende oder die Anordnung eines solchen ablehnende Beschluß usw. Für die Durchführung der grundsätzlich dem Rechtspfleger zugewiesenen (§ 31 III RpflG) gerichtl Vollstreckung eines Zwangsgeldes (s Rn 14), dessen Anordnung als solche gebührenfrei ist, erwachsen aber Gebühren, soweit diese Vollstreckungsverfahren der Gebührenpflicht unterliegen. Beispiele: Für die auf Betreiben des Gläubigers wegen des Zwangsgeldes beim Schuldner durch den **Gerichtsvollzieher** bewirkte Pfändung von Bargeld (§ 808) wird die volle Gebühr nach § 17 I GVKostG erhoben (die Einforderung u Beitreibung im Auftrag des Gläubigers zu vollstreckender Zwangsgelder richtet sich, soweit gesetzl nichts anders bestimmt ist, nicht nach der JBeitrO u nach der bundeseinheitl vereinbarten EBAO von 1974; s § 1 Abs 1 Nr 3 daselbst); die Festgebühr von 15 DM nach KV Nr 1149 ist zu erheben, wenn auf Antrag des Gläubigers zugunsten eines verhängten Zwangsgeldes eine dem Schuldner zustehende Forderung gepfändet und zur Einziehung überwiesen wird usw. Sowohl der GV als auch der Drittschuldner – letzterer wohl im Pfändungs- und Überweisungsbeschluß – sind gehalten bzw anzuweisen, das beigetriebene Geld unmittelbar an die Staatskasse abzuführen (vgl ThP § 888 Anm 3c aa). Im Falle der Nichtbeitreibbarkeit des Zwangsgeldes löst die Durchführung der Ersatzhaft oder der von Anfang an allein angeordneten Zwangshaft die Verhaftungsgebühr von 30 DM aus, wenn der GV im Auftrag des Gläubigers den festgenommenen Schuldner in die Vollzugsanstalt einliefert (§ 26 GVKostG).

2) des **Anwalts:** Der Anwalt des Gläubigers erhält die (3/10) Vollstreckungsgebühr aus § 57 BRAGO gesondert. Das gesamte Verfahren einschließl der Vollstreckung eines Zwangsmittelbeschlusses, insbesondere der Beitreibung des in die Staatskasse fließenden Zwangsgeldes, bildet eine Angelegenheit; es wird durch die angefallene Vollstrekkungsgebühr mit abgegolten, auch wenn der RA wiederholt Anträge auf Festsetzung von Zwangsmitteln stellt. – **Gegenstandswert: Keinesfalls** die Höhe des festgesetzten Zwangsgeldes, sondern das Interesse des Gläubigers an der zu erzwingenden Handlung (Hartmann, KostG BRAGO § 58 Anm 5 B i zu Ziff 8; Gerold/Schmidt, BRAGO § 58 Rdnr 31 mwN ua).

888 a *[Entschädigung bei Nichtvornahme einer Handlung]*

Ist im Falle des § 510 b der Beklagte zur Zahlung einer Entschädigung verurteilt, so ist die Zwangsvollstreckung auf Grund der Vorschriften der §§ 887, 888 ausgeschlossen.

1 § 510 b: Verurteilung zur Vornahme einer Handlung und für den Fall der Nichtvornahme binnen einer zu bestimmenden Frist gleichzeitige Verurteilung zur Zahlung einer Entschädigung. Bei ZwV nach §§ 887, 888 sofortige Beschwerde § 793.

889 *[Eidesstattliche Versicherung nach bürgerlichem Recht]*

(1) Ist der Schuldner auf Grund der Vorschriften des bürgerlichen Rechts zur Abgabe einer eidesstattlichen Versicherung verurteilt, so wird die Versicherung vor dem Amtsgericht als Vollstreckungsgericht abgegeben, in dessen Bezirk der Schuldner im Inland seinen Wohnsitz oder in Ermangelung eines solchen seinen Aufenthaltsort hat, sonst vor dem Amtsgericht als Vollstreckungsgericht, in dessen Bezirk das Prozeßgericht des ersten Rechtszuges seinen Sitz hat. Die Vorschriften der §§ 478 bis 480, 483 gelten entsprechend.

(2) Erscheint der Schuldner in dem zur Abgabe der eidesstattlichen Versicherung bestimmten Termin nicht oder verweigert er die Abgabe der eidesstattlichen Versicherung, so verfährt das Vollstreckungsgericht nach § 888.

1 **I) Vorschriften des bürgerlichen Rechts:** zB §§ 259, 260, 666, 681, 713, 1915, 1978, 2000, 2028, 2057, 2130, 2218 BGB. Erklärt sich der Schuldner ohne Klage zur Abgabe der eidesstattlichen Versicherung bereit, so ist sie vor dem Gericht der freiwilligen Gerichtsbarkeit abzugeben (§§ 79, 163 FGG). Verweigert er die Versicherung, so muß er verklagt werden. Ist er durch vorläufig vollstreckbares oder rechtskräftiges Urteil zur Abgabe der eidesstattlichen Versicherung (einstw Verfügung genügt nicht, JW 03, 101) verurteilt, trifft § 889 zu; das Gericht der freiwilligen

Gerichtsbarkeit ist nun für die Abgabe der Versicherung nicht zuständig (HRR 25, 285). Die Parteien können sich aber auch nach Erlaß des Vollstreckungstitels auf das Verfahren nach dem FGG einigen.

II) Der **Inhalt der eidesstattlichen Versicherung** bestimmt sich nach dem Urteil; das Vollstreckungsgericht ist jedoch berechtigt, die vom Prozeßgericht festgelegte Formel der Versicherung beschlußmäßig zu ändern, wenn Abgabe mit dem durch das Prozeßgericht festgelegten Inhalt den Schuldner zwingen würde, eine inhaltlich falsche Erklärung abzugeben (LG Berlin Rpfleger 71, 264). Die eidesstattliche Versicherung ist durch den Schuldner, bei Prozeßunfähigkeit durch den gesetzlichen Vertreter abzugeben. Auf Antrag des Gläubigers hat das Vollstreckungsgericht Termin zur Abgabe der eidesstattlichen Versicherung zu bestimmen und den Schuldner von Amts wegen zu laden. Insoweit handelt es sich bereits um ZwV; die Zulässigkeit der ZwV (Titel und Zustellung) ist daher bereits zu prüfen. Die Ladung ist dem Prozeßbevollmächtigten zuzustellen (§§ 176, 178). Zuständig ist der Rechtspfleger (§ 20 Nr 17 RpflG). 2

III) Die Erzwingung der Abgabe der eidesstattlichen Versicherung nach § 888 (mit § 889 II) ist gleichfalls dem Vollstreckungsgericht übertragen. Bei diesem Verfahrensabschnitt handelt es sich um Maßnahmen der ZwV. Das **Verfahren** nach § 888 ist in vollem Umfang dem Richter vorbehalten, da die Entscheidung auch die Möglichkeit der Festsetzung einer Zwangshaft in sich schließt (§ 4 RpflG, StJM Anm II 3, ThP Anm 3 je zu § 889). Verhängung von Zwangsgeld oder Zwangshaft nach der Wahl des Gerichts; dem Erfordernis der Anhörung des Schuldners (§ 891) ist genügt, wenn der Antrag gegen den zum Termin nach Abs 1 geladenen, aber nicht erschienenen Schuldner im Termin oder nach dem Termin gestellt wird. Bestreitet der Schuldner die rechtmäßige Erteilung der Vollstreckungsklausel, muß er gem § 732 vorgehen; Einwendungen gegen die Art und Weise der ZwV sind nach § 766 zu erheben. Die ZwV beginnt erst mit der Anordnung oder der Festsetzung des Zwangsmittels, eine Vollstreckungsmaßnahme, die mit Erinnerung anfechtbar ist, liegt daher erst von diesem Zeitpunkt an vor (LG Berlin Rpfleger 75, 375). Bestreitet Schuldner die Pflicht zur Abgabe der Versicherung, so muß er nach § 767 klagen. Eine falsche oder unvollständige Auskunft muß der Schuldner vor Abgabe der Versicherung berichtigen. Mit der Begründung, eine von seinem Steuerberater gefertigte Auskunft (mit Bilanz sowie Gewinn- und Verlustrechnung) könne er nicht nachprüfen, kann der Schuldner die Abgabe der Versicherung nicht ablehnen (LG Köln NJW-RR 86, 360). 3

Schuldner kann jederzeit vor dem AG des Haftortes die eidesstattliche Versicherung abgeben und damit seine Entlassung aus der Haft herbeiführen (§ 902). Der Gläubiger ist zu verständigen. Vor der Verhaftung kann Schuldner bei Gericht die Abnahme der eidesstattlichen Versicherung beantragen. 4

IV) Gebühren: 1) des **Gerichts:** Für die Bestimmung des (ersten) Termins über den Antrag auf Abnahme der eidesstattl Versicherung wird eine Festgebühr von 25 DM erhoben (KV Nr 1152). Diese Gebühr gilt auch die Abgabe der eidesstattl Versicherung ab. Das an das Ausbleiben des Schuldners im Termin oder an die Verweigerung der Abgabe der eidesstattl Versicherung sich anschließende Erzwingungsverfahren (Abs 2 und Rn 3) löst keine besondere Gebühr mehr aus. Im übr unterliegt der Gebührenpflicht nach KV Nr 1152 auch die eidesstattl Versicherung, die die Vollstreckungsbehörde nach § 7 JBeitrO beantragt; es sei denn, daß letztere, wie zB die Gerichtskasse als Vollstreckungsorgan des Fiskus, gem § 2 GKG von der Entrichtung der Gerichtskosten befreit ist. Hinsichtl des Nachweises fruchtloser Pfändung im Falle des § 7 JBeitrO s Frankfurt Rpfleger 77, 145. – Die eidesstattl Versicherung kann der Verpflichtete auch, ohne dazu verurteilt zu sein, vor dem Gericht der freiwilligen Gerichtsbarkeit abgeben (§§ 163, 79 FGG). Gebühren in diesem Fall: Nach § 124 I KostO eine volle Gebühr, auch wenn die Abgabe der eidesstattl Versicherung unterbleibt. Bei Erledigung des Verfahrens vor Eintritt in die Verhandlung im Termin zur Abnahme infolge Zurücknahme des Antrags oder in anderer Weise tritt eine Ermäßigung der Gebühr entspr § 130 KostO ein (§ 124 II KostO). 5

2) des **Anwalts:** 3/10 der Regelgebühren nach §§ 31, 57, 58 III Nr 8 BRAGO auch dann, wenn der Schuldner im Termin freiwillig erscheint und die eidesstattl Versicherung abgibt. Die Gebühren sind aber dann nicht erstattungsfähig, weil nach § 261 III BGB die Kosten derjenige zu tragen hat, der die Abgabe verlangt hat (Gerold/Schmidt, BRAGO § 58 Rdnr 31; Hartmann, KostG BRAGO § 58 Anm 5 B i; Riedel/Sußbauer, § 58 Rdnr 31). **Gegenstandswert:** § 3, das Mehr, das der Gläubiger durch die Offenbarungsversicherung zu erreichen hofft; vgl § 3 Rn 16 „Offenbarungsversicherung".

890 *[Erzwingung der Duldung oder Unterlassung von Handlungen]*

(1) Handelt der Schuldner der Verpflichtung zuwider, eine Handlung zu unterlassen oder die Vornahme einer Handlung zu dulden, so ist er wegen einer jeden Zuwiderhandlung auf Antrag des Gläubigers von dem Prozeßgericht des ersten Rechtszuges zu einem Ordnungsgeld und für den Fall, daß dieses nicht beigetrieben werden kann, zur Ordnungshaft oder zur Ordnungshaft bis zu sechs Monaten zu verurteilen. Das einzelne Ordnungsgeld darf den Betrag von fünfhunderttausend Deutsche Mark, die Ordnungshaft insgesamt zwei Jahre nicht übersteigen.

(2) Der Verurteilung muß eine entsprechende Androhung vorausgehen, die, wenn sie in dem die Verpflichtung aussprechenden Urteil nicht enthalten ist, auf Antrag von dem Prozeßgericht des ersten Rechtszuges erlassen wird.

(3) Auch kann der Schuldner auf Antrag des Gläubigers zur Bestellung einer Sicherheit für den durch fernere Zuwiderhandlungen entstehenden Schaden auf bestimmte Zeit verurteilt werden.

Lit: *Böhm,* Die ZwV nach § 890 ZPO (1971); *Böhm,* Die Bestrafung nach § 890 ZPO, MDR 1974, 441; *Brehm,* Die Vollstreckung der Beseitigungspflicht nach § 890 ZPO, ZZP 89 [1976] 178; *Brehm,* Die ZwV nach §§ 888, 890 nF ZPO, NJW 1975, 249; *Hansens,* Die ZwV nach § 890 ZPO und das Problem der einmaligen Zuwiderhandlung, JurBüro 1985, 653; *Lindacher,* Zur „Natur" der Strafe nach § 890 ZPO, ZZP 85 [1972], 239; *Pastor,* Die Unterlassungsvollstreckung nach § 890, 3. Aufl (1982); *Theuerkauf,* Die Rechtsstellung des Minderjährigen im Verfahren nach § 890 ZPO, FamRZ 1964, 487; *Zieres,* Die Straffestsetzung zur Erzwingung von Unterlassungen und Duldungen, NJW 1972, 751.

1 **I) Zweck:** Regelung der Zwangsmaßnahme und des Verfahrens bei ZwV zur Durchsetzung einer Verpflichtung, eine Handlung zu unterlassen oder die Vornahme einer Handlung zu dulden.

2 **II) Voraussetzungen: 1)** Der nach dem Schuldtitel durchzusetzende Anspruch (Rn 3 vor § 704) muß zur **Unterlassung einer Handlung** oder dazu verpflichten, die Vornahme einer **Handlung zu dulden.** Unterlassen (s § 194 BGB) ist jedes untätige Verhalten, das einen bestimmten Kausalablauf nicht beeinflußt (näher Brehm ZZP 89 [1976] 178). Darauf, ob das Verhalten im Schuldtitel negativ oder positiv formuliert ist, kommt es allein nicht an (Brehm aaO).

3 **2)** § 890 findet unter anderem **Anwendung** bei Verurteilung (oder Verpflichtung in einem Prozeßvergleich, Kiel JW 30, 657) zur Unterlassung zB von Besitzstörung (§ 862 I S 2 BGB), Störungen des Eigentums oder anderer dinglicher Rechte (§§ 1004, 1027, 1060, 1065, 1090 II BGB), einer Tatsachenbehauptung gegenüber Kunden, Konkurrenzunternehmen, der Presse oder sonst Dritten (Frankfurt OLGZ 85, 380), der Veröffentlichung einer Zeitungsannonce (Köln NJW-RR 86, 1191), des Gebrauchs eines Namens (§ 12 BGB), der Gewährung unzulässiger Rabatte (KG JW 39, 316) oder der Annahme einer Stellung bei einer Konkurrenzfirma innerhalb bestimmter Zeit (RG 72, 394), Gestattung der Besichtigung einer Wohnung (Dresden SA 68 Nr 61). Einer Unterlassungspflicht kann auch durch eine solche Unterlassung zuwidergehandelt werden, die den zu verhindernden Erfolg herbeiführt (München NJW 55, 1930). Umfaßt eine Unterlassungspflicht auch die Verpflichtung zu einem Handeln (zB Beseitigung eines Namensschildes mit der unbefugt geführten Geschäftsbezeichnung), so kann die Zuwiderhandlung auch in dem Untätigbleiben des Schuldners bestehen (Koblenz MDR 65, 51). Der Schutzumfang des Unterlassungstitels erstreckt sich auf alle Verletzungshandlungen, die der Verkehr als gleichwertig ansieht und bei denen die Abweichungen den Kern der Verletzungshandlung unberührt lassen (Frankfurt WRP 78, 828). § 890 **trifft nicht zu** bei reinen Feststellungsurteilen und bei Verurteilung des Schuldners zur Entfaltung einer Tätigkeit, auch nicht bei Abgabe einer Unterlassungserklärung eines Wettbewerbsverletzers in einem Prozeßvergleich mit Vertragsstrafeverpflichtung (oder sonst besonderer Abrede über die Durchsetzung) (Hamm MDR 67, 42 = NJW 67, 58 = OLGZ 67, 189 und MDR 85, 242, s auch Rn 7).

4 **3) a) Maßnahmen** der ZwV zur Durchsetzung eines Unterlassungs- oder Duldungsanspruchs sind Ordnungsgeld und Ordnungshaft (Abs 1). Die Verhängung des **Ordnungsmittels** knüpft an eine **Zuwiderhandlung** an. Die Zuwiderhandlung muß zeitlich nach der Androhung und der Vollstreckbarkeit des Titels liegen (Stuttgart MDR 62, 995; Hamm NJW 77, 1205; StJM Anm II 3 a zu § 890). Wann die Vollstreckungsklausel erteilt oder das Urteil zugestellt ist, ist unerheblich (KG MDR 64, 155; Hamburg MDR 65, 670; StJM Anm II 3 a zu § 890); nur eine einstweilige Verfügung muß vorher zugestellt sein (Frankfurt Rpfleger 54, 46; LG Flensburg SchlHA 79, 215). Ein Verstoß gegen ein Unterlassungsgebot ist auch dann zu ahnden, wenn es zeitlich eng begrenzt und sicher ist, daß ein weiterer Verstoß nicht mehr in Betracht kommt, somit auch bei einmaliger, nicht wiederholbarer Zuwiderhandlung (Hamm MDR 86, 418; Hansens JurBüro 85, 653). Verstößt ein **Dritter** gegen einen Unterlassungstitel, so liegt eine eigene Zuwiderhandlung des Titelschuldners vor, wenn dessen Verhalten für den Verstoß des Dritten ursächlich ist (Hamm WRP 79, 802; Frankfurt OLGZ 85, 380; Köln NJW-RR 86, 1191; auch München NJW-RR 86, 638: untersagtes Klavierspielen durch 9jährigen Sohn). Ein gegen den Inhaber einer Einzelfirma gerichtetes Verbot erfaßt auch solche Handlungen, die der Schuldner als Organ einer Handelsgesellschaft oder einer von der Einzelfirma rechtlich selbständigen juristischen Person vornimmt (Koblenz WRP 78, 833; Hamm WRP 79, 802). Verhaltensweisen des Schuldners, die sich als Ver-

such einer Handlung darstellen, deren Unterlassung nach dem Schuldtitel geboten ist, können durch Ordnungsmittel nur geahndet werden, wenn sie durch den Schuldtitel in das Unterlassungsgebot einbezogen sind; es genügt nicht, daß der Androhungsbeschluß sie einbezieht (Frankfurt MDR 72, 58).

b) Die Ordnungsmittel sind nicht nur Maßnahme zur Beugung des Willens des Schuldners (wie im Falle des § 888), sondern enthalten auch strafrechtliche (repressive) Elemente (BVerfGE 20, 323 [332] = MDR 67, 187 = NJW 67, 195; BVerfGE 58, 159 = MDR 81, 905 = NJW 81, 2457). Die Verhängung eines Ordnungsmittels setzt daher **Verschulden** voraus (BVerfGE aaO; Braunschweig OLGZ 77, 381; Bremen OLGZ 79, 368; Frankfurt NJW 77, 1204; Hamburg MDR 76, 498; Hamm MDR 78, 585; Köln OLGZ 76, 250; Zweibrücken OLGZ 78, 372). Ahndung ohne Schuld ist rechtsstaatswidrig und verletzt den Betroffenen in seinem Grundrecht aus Art 2 I GG (BVerfG aaO). Der Zuwiderhandlungstatbestand muß (objektiv und subjektiv) dem Titelschuldner zuzurechnen sein; Fahrlässigkeit genügt (Stuttgart MDR 58, 523) und zwar auch, wenn das Ordnungsmittel nicht ausdrücklich für den Fall fahrlässiger Zuwiderhandlung angedroht war (Frankfurt MDR 56, 361; s auch Karlsruhe MDR 56, 1077). Bei Zuwiderhandlungen nach Androhung des Ordnungsmittels, jedoch vor Zustellung des Titels und der Androhung (Rn 4), liegt Verschulden nur vor, wenn der Schuldner die Verbotsnorm und die Androhung kannte oder schuldhaft nicht kannte; die Grundsätze über den Verbotsirrtum (BGHSt 2, 194 [202] = NJW 52, 593) sind entsprechend anzuwenden (BVerfGE 20, 223 = aaO; Frankfurt MDR 62, 488). Nur eigenes Verschulden des Schuldners, bei juristischen Personen die Schuld „der für sie verantwortlich handelnden Personen" (BVerfG aaO; vgl auch Adomeit NJW 67, 1994) rechtfertigt die Verurteilung; es kann allerdings auch auf einem schuldhaften Organisationsmangel (unterlassene Kenntnisverschaffung; Frankfurt JurBüro 83, 1737) und in schuldhaftem Verhalten bei Auswahl und Überwachung Dritter liegen (BVerfG aaO; Düsseldorf MDR 65, 52; München NJW 63, 1410). Der Schuldner muß alle erforderlichen und zumutbaren Maßnahmen treffen, um Zuwiderhandlungen durch Angestellte oder Beauftragte zu verhindern (Bremen OLGZ 79, 368). Nach dem Tod des Schuldners (während des Vollstreckungsverfahrens) wird gegen die Erben ein Ordnungsmittel nicht festgesetzt (Hamm MDR 86, 156). 5

c) Ordnungsmittel können auch gegen **Prozeßunfähige** und gegen **juristische Personen** ergehen. Dabei trifft das Ordnungsgeld das Vermögen des Prozeßunfähigen oder der juristischen Person, die Ordnungshaft den gesetzlichen Vertreter (vgl Braunschweig NdsRpfl 58, 209; Hamm MDR 66, 423; s auch StJM Anm V zu § 890: Ordnungsgeld und Haft gegen den Vertreter; handelt der Minderjährige selbst dem Verbot zuwider, Ordnungsmittel gegen ihn, wenn er nach seiner geistigen Entwicklung reif genug ist, das Unrecht einzusehen). 6

d) Neben der Verhängung eines Ordnungsmittels ist wegen desselben Sachverhalts eine **Strafverfolgung** nach dem Strafgesetzbuch und den strafrechtlichen Nebengesetzen zulässig; ebenso kann neben einer sachgleichen strafrechtlichen Verurteilung ein Ordnungsmittel nach § 890 angeordnet werden; das Verbot der Doppelbestrafung steht nicht entgegen. Auch Verfahren nach § 890 und Vertragsstrafe schließen sich nicht aus (BGH 3, 193; Hamm MDR 67, 223; Frankfurt MDR 68, 592; Karlsruhe Justiz 86, 407; Köln NJW-RR 86, 1191 [auch zur Berücksichtigung einer bereits titulierten Vertragsstrafe]; s auch Köln NJW 69, 756 = OLGZ 69, 58; Stuttgart NJW 69, 1305). Die gerichtliche Geltendmachung einer vereinbarten Vertragsstrafe wegen der Verletzung einer Unterlassungsverpflichtung hindert nicht die gleichzeitige Verhängung eines Ordnungsmittels (Saarbrücken NJW 80, 461 = OLGZ 79, 196; Nürnberg MDR 83, 759; aA Köln aaO). 7

4) a) Die allgemeinen **ZwV-Voraussetzungen** (Rn 14–17 vor § 704) müssen bei Verhängung des Ordnungsmittels (Erlaß des Beschlusses) erfüllt sein. Vorläufig vollstreckbarer Schuldtitel (dessen Vollstreckung nicht gehemmt ist; KG JW 39, 316) und einstweilige Verfügung (LG Essen MDR 83, 500) genügen als Antragsgrundlage für Verurteilung. Ist **zur Zeit der Zuwiderhandlung** der Titel oder seine Vollstreckbarkeit bereits **aufgehoben** oder die ZwV eingestellt, so ist eine Verurteilung nicht zulässig; denn die Androhung entfällt mit dem Titel, auf dem sie beruht, und seiner Vollstreckbarkeit. Wird die Einstellung wieder aufgehoben, so kann die vor der Einstellung begangene Zuwiderhandlung geahndet werden (StJM Anm II 3c zu § 890). 8

b) Wegfall (Aufhebung) des Schuldtitels (auch einer einstweiligen Verfügung) **nach** Begehen **der Zuwiderhandlung,** aber vor Verurteilung zu einem Ordnungsmittel schließt Ahndung der Zuwiderhandlung aus; ein noch nicht rechtskräftiger Vollstreckungsbeschluß ist auf Beschwerde aufzuheben (Frankfurt JurBüro 82, 465 = NJW 82, 1156 L unter Aufgabe von NJW 58, 2021); Festsetzung eines Ordnungsmittels ist nicht mehr zulässig, weil der (rückwirkend weggefallene) Schuldtitel als ZwV-Voraussetzung fehlt (Frankfurt aaO). Gleiches gilt aber auch, wenn der Schuldtitel, zB durch Prozeßvergleich oder Erledigung der Hauptsache, für die Zukunft wegge- 9 fallen ist (Hamm MDR 85, 591; Stuttgart NJW-RR 86, 1255 [mit Einschränkung bei Erledigterklärung]; LG Essen MDR 83, 500; LAG Düsseldorf JurBüro 85, 316; anders noch Frankfurt NJW 77, 1204 und JurBüro 80, 1110 = OLGZ 80, 326 je mwN; s aber auch KG WRP 80, 696; StJM Anm II 3c zu § 890: teilweise Aufrechterhaltung der Vollstreckbarkeit im Erkenntnis- oder Aufhebungsverfahren).

10 **c)** Besteht der Titel noch fort, war aber die Duldungs- oder Unterlassungs**pflicht befristet** (Verstoß gegen ein auf einen bestimmten Zeitraum beschränktes Verbot), so ist Ahndung einer vor Fristablauf begangenen Zuwiderhandlung auch nach Fristablauf noch zulässig; der noch weiterbestehende Titel kann Grundlage einer Verurteilung sein (Frankfurt MDR 62, 488; Hamburg MDR 68, 1019; Bamberg MDR 79, 680; LG Essen MDR 83, 500; vgl auch Hamm NJW 80, 1399 mit abl Anm Lindacher; Hamm WPR 80, 214; Borck WRP 80, 670).

11 **d)** Ein besonderes **Rechtsschutzbedürfnis,** das über das bei jeder Rechtsverfolgung geforderte Rechtsschutzbedürfnis hinausgeht, ist weder für den Zeitpunkt der Zuwiderhandlung noch für den Zeitpunkt des Erlasses des Verurteilungsbeschlusses zu fordern (Zieres NJW 72, 751; aA Karlsruhe MDR 72, 699; dieses aber auch Justiz 86, 407: Rechtsschutzbedürfnis grundsätzlich bei Zuwiderhandlung nach Wirksamwerden des Vergleichs gegeben). Ist die Rechtsverfolgung des Gläubigers **rechtsmißbräuchlich,** dann muß es dem Schuldner überlassen bleiben, dies geltend zu machen (§§ 823, 826 BGB; vgl Göppinger NJW 67, 177 mwN; Lüke JZ 59, 369). Zur Anwendung des § 765a dort Rn 2.

12 **5) Androhung** des Ordnungsmittels (Abs 2). Die Androhung kann schon im Urteil enthalten sein. Ist das nicht der Fall, so ist sie durch besonderen Beschluß (nach Anhörung des Schuldners, § 891) auszusprechen (Abs 2); dieser ist dem Schuldner von Amts wegen zuzustellen (§ 329 III; Zustellung im Parteibetrieb genügt nicht), dem Gläubiger (einfach) mitzuteilen. Der Beginn der ZwV liegt in der Androhung des Ordnungsmittels durch besonderen Beschluß (Bremen NJW 71, 58; BGH MDR 79, 116; Karlsruhe Justiz 86, 407), andernfalls in der Festsetzung der Strafe (Hamburg MDR 57, 622; Stuttgart MDR 62, 995). Ein Vergleich kann eine wirksame Androhung nicht enthalten, sie ist wegen ihres öffentlich-rechtlichen Charakters der Verfügung der Parteien entzogen (RG 40, 413; KG JurBüro 83, 781; Karlsruhe Justiz 75, 229; Schröder NJW 69, 1285; aA LG Berlin MDR 67, 134; Hasse NJW 69, 23). Die Androhung setzt eine Zuwiderhandlung nicht voraus (RG 42, 419; Bremen NJW 71, 58). Sie erfolgt auf Antrag; in ihn ist auch ein Gläubigerantrag auf Festsetzung eines noch nicht angedrohten Ordnungsmittels umzudeuten (LG Duisburg JurBüro 83, 1423). Auf die Androhung als Voraussetzung der Verurteilung kann der Schuldner nicht wirksam verzichten (München BayJMBl 53, 220). Die Androhung muß das oder die Ordnungsmittel der Art nach bezeichnen und das gesetzliche Höchstmaß angeben, es genügt nicht „Ordnungsmittel in gesetzlich zulässiger Höhe" anzudrohen (Düsseldorf MDR 77, 412; Hamm MDR 80, 150 = NJW 80, 1289; Köln BB 79, 1173 = JMBlNW 79, 257; LG Duisburg JurBüro 83, 1423; s auch SchlHSchlHA 79, 214). Wurde ein der Art und Höhe nach bestimmtes Ordnungsmittel angedroht, so darf bei der Verurteilung weder die Höhe noch die angedrohte Höchstgrenze überschritten noch auf ein anderes Ordnungsmittel erkannt werden, es sei denn, das Gericht hat vorher den Androhungsbeschluß geändert (KG OLG 16, 317). Das Ordnungsmittel ist dem aus dem Urteil (Vergleich usw) ersichtlichen Schuldner, der auch eine juristische Person sein kann (RG 43, 405), anzudrohen, bei Geschäftsunfähigen dem gesetzlichen Vertreter.

13 **6) Gläubigerantrag** wie Rn 4 zu § 887. Ein bestimmtes Ordnungsmittel und dessen Höhe braucht der Antrag nicht zu bezeichnen. Eine Frist für den Antrag ist nicht bestimmt (Düsseldorf MDR 65, 52; aA Frankfurt MDR 58, 2021). Der Antragsteller hat die ZwV-Voraussetzungen (Zustellung der Vollstreckungsklausel nicht erforderlich, Hamm JMBlNW 56, 233; Ausnahme § 750 II) und außerdem nachzuweisen, daß die Zuwiderhandlung nach Strafandrohung und Vollstreckbarkeit des Urteils begangen wurde; Glaubhaftmachung, auch eidesstattliche Versicherung, genügt nicht (KG OLG 39, 87; LG Bad Kreuznach MDR 67, 500); möglich ist im Verfahren Zeugen- und Parteivernehmung. Zurückgenommen werden kann der Antrag bis zur Rechtskraft des Beschlusses.

14 **III) Verfahren: 1) a) Zuständig** ist das Prozeßgericht des 1. Rechtszugs (Abs 1 S 1; s dazu Rn 6 zu § 887). Bei einem im Privatklageverfahren geschlossenen Vergleich sind die Zivilgerichte für die Zwangsmaßnahmen des § 890 funktionell zuständig (Hamburg MDR 58, 434). Gehör des Schuldners und mündliche Verhandlung § 891.

15 **b)** Zu **prüfen** hat das Gericht neben den allgemeinen ZwV-Voraussetzungen (Rn 8) insbesondere, ob der erwiesene Sachverhalt eine schuldhafte Verletzung der Unterlassungs- oder Duldungspflicht des Schuldners darstellt. Über den streitigen Umfang des Urteilsausspruchs (Auslegung, was nach dem Titel verboten ist) ist im Verfahren nach § 890 zu entscheiden (Celle MDR 72, 531; vgl auch Braunschweig MDR 63, 935; Düsseldorf NJW 62, 2257; Hamm NJW 62, 113).

c) Das Prozeßgericht entscheidet durch **Beschluß.** Er ist zu begründen (Frankfurt NJW 69, 58). Kosten: Wie Rn 9 zu § 887 (s KG JurBüro 83, 781 [784]; Hamm MDR 78, 585; aA München MDR 83, 1029 = OLGZ 84, 66; nach §§ 91 ff zu entscheiden; Hamm MDR 85, 590: bei Antragsrücknahme nach § 91 zu entscheiden). Zustellung wie Rn 13 zu § 888. 16

d) Die **Wahl** zwischen Ordnungsgeld und Ordnungshaft und der Höhe des Ordnungsmittels steht (in den Grenzen des Androhungsbeschlusses, Rn 12) **dem Gericht** zu (Zumessungserwägungen: München OLGZ 84, 66); ein beantragtes Höchstmaß darf jedoch nicht überschritten werden (§ 308 I). Ordnungsgeld (mit Ersatzhaft) **und** Ordnungshaft können nicht nebeneinander angeordnet werden. Wenn die Beeinträchtigung des Gläubigers unbedeutend und die Schuld des Schuldners gering ist, kann das Gericht von einer Verurteilung absehen (Hamburg MDR 68, 1019; StJM Anm III 2 zu § 890). 17

e) Das Mindestmaß des **Ordnungsgeldes** sind fünf DM (Art 6 I EGStGB), das Höchstmaß des einzelnen Ordnungsgeldes 500 000 DM (Abs 1 S 2). Das Ordnungsgeld ist in bestimmter Höhe, die Ersatzhaft der Dauer nach zu bestimmen. Ist die Festsetzung der Ersatzhaft unterblieben, so kann das Gericht das Ordnungsgeld nachträglich in Ordnungshaft umwandeln, wenn das Ordnungsgeld nicht beigetrieben werden kann (Art 8 I EGStGB). Höchstmaß der Ersatzhaft: 6 Monate nach Bestimmung in Abs 1 S 1 (daher kein Fall von Art 6 II EStGB [höchstens 6 Wochen]; ebenso StJM Anm III 2; ThP Anm 3 b bb, je zu § 890; aus der Praxis zB München aaO; anders BLH Anm 3 C a zu § 890). Mit „bis zu sechs Monaten" ist das Höchstmaß der Ordnungshaft bestimmt, mit „Ordnungshaft" für den Fall der Nichtbeitreibung dazu noch vorgesehen, daß diese Ordnungshaft auch ersatzweise festzusetzen ist; dies entspricht der gleichen Regelung in § 888 I S 1 und 3 mit § 913. 18

f) Das Mindestmaß der **Ordnungshaft** ist ein Tag (Art 6 II EGStGB), das Höchstmaß sechs Monate (Abs 1 S 2). Die Haft ist der Dauer nach (nach Tagen, Art 6 II S 2 EGStGB) zu bemessen. 19

g) Bei **mehreren selbständigen Verstößen** (wiederholter Zuwiderhandlung) kann das Ordnungsgeld mehrfach bis je zum Höchstbetrag von 500 000 DM, die Haft mehrfach in der Dauer von sechs Monaten, allerdings mit einer Höchstdauer von zwei Jahren, festgesetzt werden. Stehen die Verstöße im Fortsetzungszusammenhang, so kann jeweils für mehrere Einzelakte, die zu einer Einheit zusammengefaßt werden, ein Ordnungsmittel verhängt werden. Der Begriff fortgesetzte Tat ist dabei nicht im strafrechtlichen Sinn zu verstehen, es können auch fahrlässige Begehungsformen einbezogen werden (BGH 33, 167 = NJW 60, 2332). In das Höchstmaß von sechs Monaten sind auch Verurteilungen wegen Zuwiderhandlungen einzubeziehen, die vor der früheren Verurteilung liegen. Bei neuen Zuwiderhandlungen nach Verbüßung einer früheren Ordnungshaft kann erneut das Höchstmaß von zwei Jahren ausgeschöpft werden (StJM Anm III 2 zu § 890). Wird durch eine Handlung gegen mehrere Unterlassungstitel verstoßen, können unabhängig voneinander mehrere Ordnungsmittel festgesetzt werden (Köln WRP 76, 185; Frankfurt JurBüro 83, 1905 = NJW 84, 316 L; für den Fall noch nicht rechtskräftiger Festsetzung eines parallelen Ordnungsmittels auch Hamm NJW 77, 1203). Vollstreckung ist jedoch nur in Höhe eines schuldangemessenen Ordnungsgeldes zulässig (Hamm aaO). Der Schuldner kann deshalb die Vollstreckbarkeit aus einem nachfolgenden Festsetzungsbeschluß in Höhe des Ordnungsgeldes abwenden, das er auf Grund des von dem anderen Gläubiger erwirkten Beschlusses für diese Zuwiderhandlung bereits bezahlt hat (Köln, Frankfurt je aaO). 20

h) Das Gericht kann bei der Festsetzung des Ordnungsgeldes eine **Zahlungsfrist** bewilligen oder **Teilzahlungen** gestatten (Art 7 EGStGB), wenn dem Schuldner nach seinen wirtschaftlichen Verhältnissen nicht zuzumuten ist, das Ordnungsgeld sofort zu zahlen; dabei kann angeordnet werden, daß die Vergünstigung bei Nichtzahlung einer Rate entfällt. Nach Festsetzung des Ordnungsgeldes trifft diese Anordnung die Vollstreckungsbehörde (Art 7 II EGStGB). 21

i) Eine **Begnadigung** ist ausgeschlossen, da die Ordnungsmittel keine Strafe sind (StJM Anm III 2 zu § 890; vgl auch JuMBad-Württ Justiz 79, 227 mit Anm Holch); ebensowenig findet eine Amnestie auf Ordnungsmittel Anwendung (Düsseldorf NJW 55, 506). 22

2) a) Die Ordnungsgelder werden von Amts wegen nach der Justizbeitreibungsordnung vollstreckt (§ 1 I Nr 3 JBeitrO). Der Beschluß ist vor Rechtskraft vollstreckbar (s § 794 I Nr 3). Vollstreckungsbehörde ist der Vorsitzende des Prozeßgerichts (§ 2 I S 2 iVm § 1 Nr 3, § 2 b der Einforderungs- und Beitreibungsanordnung idF v 25. 11. 74, BAnz Nr 230). Auch die Vollstreckung der Ordnungshaft geschieht von Amts wegen. Die Durchführung der Vollstreckung von Ordnungsmitteln ist dem Rechtspfleger übertragen (§ 31 III, § 4 II Nr 2 a RpflG). Der Rechtspfleger kann eine Verhaftung durch einen GV durchführen lassen. Die Zurücknahme des Antrags nach Rechtskraft des Beschlusses kann nicht mehr zur Aufhebung des Festsetzungsbeschlusses führen (Naumburg NJW 36, 2578). Wurde der **Titel** nach der Verurteilung mit Rückwirkung **aufgehoben,** so ist der Festsetzungsbeschluß nach § 775 Nr 1, § 776 aufzuheben, selbst wenn er rechts- 23 kräftig ist; die §§ 717, 945 sind anzuwenden (Karlsruhe MDR 79, 150 mwN; Baur JZ 67, 764; StJM Anm III 3 zu § 890; aA Frankfurt JurBüro 80, 1100 = OLGZ 80, 336; Koblenz WRP 83, 575).

24 **b)** Die **ZwV** aus dem **Titel verjährt** in 30 Jahren, die **Festsetzung eines Ordnungsmittels** in **zwei** Jahren, beginnend mit der Beendigung der Handlung, die **Vollstreckung** in zwei Jahren, beginnend mit der Vollstreckbarkeit des Festsetzungsbeschlusses (Art 9 EGStGB; aA Hamm MDR 78, 765; auch Vollstreckung verjährt in 2 Jahren ab Beendigung der Handlung).

25 **IV)** „Verurteilung" des Schuldners zur **Bestellung einer Sicherheit** für den durch fernere Zuwiderhandlungen entstehenden Schaden (Abs 3) setzt einmalige Zuwiderhandlung des Schuldners (sie ist zu beweisen; KG JW 23, 998) und frühere Androhung eines Ordnungsmittels (Abs 2) voraus, nicht aber vorherige oder gleichzeitige Festsetzung eines Ordnungsmittels (Hamburg OLG 31, 123; Frankfurt JurBüro 78, 771 = Rpfleger 78, 267). Androhung der Kautionsanordnung muß ihrer Festsetzung nicht vorausgehen (Frankfurt aaO). Die Verurteilung zur Sicherheitsleistung erfolgt auf Gläubigerantrag. Die Höhe der Sicherheitsleistung braucht der Gläubiger in seinem Antrag nicht bezeichnen; Angaben dazu kann er jedoch machen (Frankfurt aaO). Anordnung („kann") sowie Art und Höhe der Sicherheitsleistung (§ 108 I S 1) stehen im Ermessen des Gerichts. Es entscheidet nach Schuldneranhörung und freigestellter mündlicher Verhandlung durch **Beschluß** (§ 891). Die Sicherheitsleistung ist auf bestimmte Zeit anzuordnen; die Zeit ist so zu bemessen, daß man damit rechnen kann, der Schuldner werde sich in dieser Zeit daran gewöhnen, den Unterlassungstitel zu beachten. Der Beschluß ist Titel (§ 794 I Nr 3) zur Vollstreckung nach § 887. Dem Gläubiger haftet die Sicherheit für die entstehenden Kosten und Kosten weiterer Zuwiderhandlungen (hierwegen Klage nach § 893 II, wenn nicht Einvernehmen über Auszahlung erzielt wird; Frankfurt aaO), nicht aber auch für Ordnungsgeld, auf das nur die Staatskasse Anspruch hat. Rückgabe der Sicherheit nach § 109, auch bei Ablauf der im Beschluß bestimmten Frist.

26 **V) Rechtsbehelf:** Die im Urteil oder in der einstweiligen Verfügung enthaltene Strafandrohung kann nur mit dem Urteil bzw der einstweiligen Verfügung zusammen angefochten werden. Gegen die durch Beschluß erfolgte Androhung und den Festsetzungsbeschluß sowie die Zurückweisung des vom Gläubiger gestellten Antrags, außerdem gegen den Kautionsbeschluß (Abs 3) ist sofortige Beschwerde zulässig (§ 793, RG 40, 413). Der Gläubiger kann mit der Beschwerde auch das Ziel verfolgen, daß die Ordnungsmittel verschärft werden (Karlsruhe NJW 57, 917; StJM Anm III 2 zu § 890). Behauptet der Schuldner, daß er **vor** Androhung erfüllt habe, muß er gem § 767 klagen. Einwendungen des Schuldners gegen den Titel sind nach §§ 767, 927 geltend zu machen.

27 **VI) Gebühren: 1)** des **Gerichts:** Keine. Dies gilt auch für eine spätere mehrmalige Wiederholung des Androhungsantrags. – **2)** des **Anwalts: a) Abs 1:** Jede Verurteilung zu einem Ordnungsgeld gilt als besondere Angelegenheit der Zwangsvollstreckung (§ 58 III Nr 9 BRAGO), daher Regelgebühren des § 31 BRAGO zu 3/10 (§ 57 BRAGO). Jeder neue Antrag auf Verurteilung wegen Zuwiderhandlung nach bereits vorausgegangener Verurteilung bildet eine besondere Angelegenheit. Jedoch nach München NJW 70, 60 = Rpfleger 69, 441 und nach Hamm, NJW 75, 545 (mit Anm von Schmidt), auch JurBüro 79, 1166, liegt nur eine Vollstreckungsangelegenheit nach § 58 I, III Nr 9 BRAGO vor, wenn über mehrere Anträge auf Festsetzung eines Ordnungsgeldes nach § 890 I durch einen einheitlichen Beschluß entschieden wird. **b) Abs 2:** Die einer Verurteilung vorausgehende Androhung gilt nicht als besondere Angelegenheit (§ 58 II Nr 6 BRAGO). Ist die Androhung bereits im Urteil enthalten, so ist die insoweit entfaltete anwaltl Tätigkeit durch die Prozeßgebühr mit abgegolten. Ist die Androhung nicht im Urteil ausgesprochen, so erwächst dafür die (3/10) Vollstreckungsgebühr nach § 57 BRAGO (München NJW 68, 411). Erfolgt die Androhung als Vorbereitung für die Veurteilung, so wird die Tätigkeit des RA durch die nach § 58 III Nr 9 BRAGO verdiente Gebühr mit abgegolten (Hartmann, KostG BRAGO § 58 5 B j und Gerold/Schmidt, BRAGO § 58 Rdnr 32). **c) Abs 3:** Das Verfahren gilt als besondere Angelegenheit der Zwangsvollstreckung (§ 58 III Nr 10 BRAGO), daher gemäß § 57 BRAGO die Regelgebühren des § 31 BRAGO besonders. – **3)** des **Gerichtsvollziehers:** Wegen der für die v Rechtspfleger veranlaßte Verhaftung des Schuldners (Rn 23) s § 909 Rn 7.

Gegenstandswert: Der Gegenstandswert des Verfahrens nach Abs 1 bestimmt sich nach dem Interesse der zu erzwingenden Unterlassung oder Duldung, das unter Berücksichtigung der in Frage stehenden Zuwiderhandlung gemäß § 3 nach freiem Ermessen zu bewerten ist (NJW 49, 829). Der Wert des Klageanspruchs ist nicht entscheidend, da es sich um einzelne Störungen der Rechtsausübung des Gläubigers handelt, so daß das Interesse des Gläubigers an ihrer Beseitigung maßgebend ist. Auf die Höhe des Ordnungsgeldes oder der Ordnungshaft, auf die erkannt werden kann, kommt es nicht an. – Bei **Beschwerde** des **Schuldners** gegen den Ordnungsmittelbeschluß ist dagegen der Gegenstandswert für das Beschwerdeverfahren die Höhe des festgesetzten Ordnungsgeldes, wenn der Streit der Parteien darum geht, ob der Schuldner die Handlung vorgenommen oder zu vertreten u demgemäß ein Ordnungsgeld verwirkt hat. Geht aber der Streit allein oder zusätzlich darum, ob ein bestimmtes Verhalten aus Rechtsgründen gegen das verhängte Verbot verstößt, so zielt das Interesse des Schuldners darauf ab, sein Verhalten künftig ohne die Folgen des § 890 wiederholen zu können, so daß dieses Interesse werterhöhend zu berücksichtigen ist (Düsseldorf MDR 77, 676; vgl aber München, WRP 72, 540).

891

[Entscheidungen im Verfahren]

Die nach den §§ 887 bis 890 zu erlassenden Entscheidungen können ohne mündliche Verhandlung ergehen. Vor der Entscheidung ist der Schuldner zu hören.

Die Entscheidungen ergehen durch Beschluß, und zwar auch dann, wenn über den Antrag mündlich verhandelt wurde (BVerwG NJW 86, 1125). Bei Anordnung **mündlicher Verhandlung** erfolgt Ladung von Amts wegen (§ 214). **Anhörung des Schuldners:** schriftlich oder zu Protokoll, zweckmäßig unter Fristsetzung; auch im Anwaltsprozeß ist die eigene Erklärung des Schuldners zu berücksichtigen und frei zu würdigen (Celle NdsRpfl 53, 30). Die Beschlußfassung ist nicht davon abhängig, daß der Schuldner sich äußert (Breslau OLG 31, 134); sein Schweigen ist frei zu würdigen; die Versäumnisregeln gelten nicht (Celle aaO). Die behaupteten Tatsachen sind zu beweisen; Glaubhaftmachung genügt auch dann nicht, wenn eine einstw Verfügung die Grundlage der ZwV bildet (KG OLG 25, 210). Für das Beschwerdeverfahren: § 573 (JW 99, 74). 1

892

[Widerstand gegen Vornahme einer Handlung]

Leistet der Schuldner Widerstand gegen die Vornahme einer Handlung, die er nach den Vorschriften der §§ 887, 890 zu dulden hat, so kann der Gläubiger zur Beseitigung des Widerstandes einen Gerichtsvollzieher zuziehen, der nach den Vorschriften des § 758 Abs. 3 und des § 759 zu verfahren hat.

Nur Widerstand gegen die Vornahme einer Handlung, die der Schuldner nach § 887 infolge gerichtlicher Ermächtigung des Gläubigers zur Ersatzvornahme oder nach § 890 auf Grund des Schuldtitels **zu dulden** hat, kann mit Hilfe des GV überwunden werden. Zur Beseitigung des Widerstandes für Durchsetzung einer Duldungsverpflichtung kann der Gläubiger damit wahlweise im Zwangsverfahren nach § 890 oder durch Zuziehung eines GV nach § 892 vorgehen (LG Karlsruhe DGVZ 84, 12). Der GV hat die allgemeinen Voraussetzungen der ZwV (Rn 14–17 vor § 704), insbesondere den zugestellten Schuldtitel, im Fall des § 887 auch den (zugestellten) Ermächtigungsbeschluß als Grundlage seines Einschreitens (s § 185 Nr 1 GVGA) sowie außerdem zu prüfen, inwieweit das Verlangen des Gläubigers oder ein Widerstand des Schuldners gerechtfertigt ist. Daß der Schuldner ungerechtfertigt Widerstand leistet oder beabsichtigt, braucht der Gläubiger nicht nachzuweisen (AG Münster DGVZ 79, 28). Bei Anwendung von Zwangsmaßnahmen (§ 758 III; Zuziehung von Zeugen § 759) darf das zur Beseitigung des Widerstands notwendige Maß nicht überschritten werden. Über die Vollstreckungshandlung ist ein Protokoll aufzunehmen. Einzelheiten: § 185 GVGA. Die Kosten des GV (§ 24 Nr 3 GVKostG) sind Vollstreckungskosten iS des § 788. Bestand kein Anlaß zur Beiziehung des GV, so sind die entstandenen Kosten nicht erstattungsfähig (AG Münster aaO). Rechtsbehelf des Gläubigers gegen Ablehnung durch den GV und des Schuldners gegen Maßnahmen des GV: § 766 (dann § 793). 1

893

[Klage auf Leistung des Interesses]

(1) Durch die Vorschriften dieses Abschnitts wird das Recht des Gläubigers nicht berührt, die Leistung des Interesses zu verlangen.

(2) Den Anspruch auf Leistung des Interesses hat der Gläubiger im Wege der Klage bei dem Prozeßgericht des ersten Rechtszuges geltend zu machen.

I) Die vollstreckungsrechtlichen Bestimmungen der §§ 883–892 lassen das Recht des Gläubigers unberührt, die Leistung des Interesses statt der ursprünglich geschuldeten Leistung zu verlangen. **Maßgebend** hierbei sind die **Vorschriften des materiellen Rechts,** denen auch zu entnehmen ist, ob der Gläubiger das Interesse erst nach vorgängiger Klage auf Erfüllung (§ 283 BGB) oder ohne eine solche Klage geltend machen kann (§§ 280, 286, 325, 326 BGB). Für § 894 gilt § 893 nicht (RG 76, 412). § 893 kommt zB zur Anwendung, wenn der Schuldner die Sache nicht herausgeben kann, weil er sie veräußert hat (RG 10, 418) oder das Urteil nicht erfüllt und die zu leistende Handlung durch Mittel der ZwV nicht erzwingbar ist (RG 22, 255; 27, 321). 1

II) Für die Klage im Fall des § 283 BGB ist ausschließlich sachlich und örtlich das Gericht 1. Instanz **zuständig,** bei dem die frühere Klage anhängig war, und zwar ohne Rücksicht auf den Wert des Streitgegenstandes, aber nur, wenn lediglich das Interesse anstatt der Leistung (nicht auch Interesse und Leistung) verlangt wird (RG 66, 18). Hat dieses Gericht rechtskräftig sich für unzuständig erklärt, so tritt § 11 ein (RG JW 07, 336). Anwendbar sind hinsichtlich der Zuständigkeit die Vorschriften in §§ 10 und 11, in der Rechtsmittelinstanz §§ 512 a, 549 II (RG 66, 19). Für den Parteiprozeß gelten die besonderen Vorschriften der §§ 510 b, 888 a. 2

3 Der Gläubiger kann den Schadensersatzanspruch geltend machen, ohne vorher die Durchführung des Erfüllungsanspruchs im Vollstreckungsverfahren zu versuchen (JW 03, 290), und zwar auch im Wege der Aufrechnung (RG 35, 379) oder die Einrede (JW 03, 290). Wird Schadensersatz statt Leistung verlangt, so ist dieser Anspruch durch Klage geltend zu machen.

894 *[Urteil auf Abgabe einer Willenserklärung]*

(1) Ist der Schuldner zur Abgabe einer Willenserklärung verurteilt, so gilt die Erklärung als abgegeben, sobald das Urteil die Rechtskraft erlangt hat. Ist die Willenserklärung von einer Gegenleistung abhängig gemacht, so tritt diese Wirkung ein, sobald nach den Vorschriften der §§ 726, 730 eine vollstreckbare Ausfertigung des rechtskräftigen Urteils erteilt ist.

(2) Die Vorschrift des ersten Absatzes ist im Falle der Verurteilung zur Eingehung einer Ehe nicht anzuwenden.

1 **I) Zweck:** Regelung der zwangsweisen Durchsetzung des materiellen Anspruchs bei Verurteilung zur Abgabe einer Willenserklärung.

2 **II) Voraussetzungen: 1)** Der nach dem Schuldtitel durchzusetzende Anspruch (Rn 3 vor § 704) muß in der **Abgabe einer Willenserklärung** bestehen. Die abzugebende Erklärung muß einen festbestimmten Inhalt haben, der dem Titel jedenfalls durch Auslegung zu entnehmen sein muß (andernfalls § 888). Es kann sich um eine Willenserklärung materiellen Rechts (Beispiel: Abtretungserklärung, Auflassungserklärung, Vertragsangebot) oder um eine prozessuale Erklärung handeln. Gleichgültig ist, ob die Willenserklärung gegenüber dem Gläubiger oder einem Dritten, auch einer Behörde, abzugeben ist. Die Verurteilung muß unbedingt und vorbehaltlos sein. Keine Anwendung findet § 894 daher bei Verurteilung des Erben zur Abgabe einer Willenserklärung unter Vorbehalt der Beschränkung seiner Haftung (§ 780); hier gilt § 888 (RG 49, 415). **Beispiele** zu § 894: Verurteilung zu grundbuch- und registermäßigen Erklärungen wie Eintragung, Löschung, Auflassung (für Grundstücksteilfläche vor Teilung unter Bezugnahme auf den Veränderungsnachweis: BGH 90, 323 = MDR 84, 746 = NJW 84, 1959), Berichtigung (nicht aber hinsichtlich einer Teilfläche vor Darstellung im Veränderungsnachweis, BGH MDR 86, 663 = NJW 86, 1867); zur Abgabe prozessualer Erklärungen wie Zurücknahme einer Zivilklage oder einer Privatklage, eines Strafantrags (BGH NJW 74, 900; München MDR 67, 223); zur Einwilligung in die Auszahlung eines Hinterlegungsbetrags; zum Abschluß des Hauptvertrags (BGH NJW 62, 1812); eines Arbeitgebers zur Urlaubsgewährung (BAG NJW 62, 270); eines GmbH-Gesellschafters auf Zustimmung zur Änderung des Gesellschaftsvertrags (Bremen NJW 72, 1952), oder zur Stimmabgabe gemäß einer Abstimmungsvereinbarung (BGH 48, 163 = NJW 67, 1963); anderer Wohnungseigentümer oder eines Dritten zur Zustimmung nach § 12 I WEG (BayObLG Rpfleger 77, 173); auf Widerruf einer ehrverletzenden Behauptung (Frankfurt JurBüro 81, 1092 = NJW 82, 113 und JZ 74, 62 mit krit Anm Leipold; Karlsruhe Justiz 85, 51 = OLGZ 85, 124; Helle NJW 63, 129; aA OGHBrZ 1, 182 [194] = NJW 49, 24; BGH 37, 187 = NJW 62, 1438; vgl auch Baumgärtel in Festschrift für Schima S 54; nicht erfüllt mit Zurücknahme „aus Beweisnot heraus", Hamm MDR 83, 850; außerdem Rn 3 zu § 888). Der Tenor eines Urteils zur Abgabe der Eintragungsbewilligung hinsichtlich eines Rechts, das durch eine Vormerkung gesichert ist, muß einen Hinweis auf die Vormerkung enthalten, wenn deren Rang ausgenutzt werden soll (LG Frankfurt Rpfleger 77, 301).

Tatsächliche Angaben (eidesstattliche Erklärungen) und Unterschriftsleistung fallen nicht unter § 894.

3 **2)** Die Verurteilung des Schuldners muß der **Rechtskraft** (§ 705) **fähig,** somit als Urteil oder Beschluß ergangen sein. Daher gilt § 894 auch für die Anordnung des Familiengerichts zur Übertragung von Vermögensgegenständen (§ 1383 BGB; Meyer-Stolte Rpfleger 76, 7; Haegele Rpfleger 76, 279). Verurteilung zur Abgabe einer Willenserklärung durch einstw Verfügung ist dann zulässig, wenn sich diese auf eine nur vorläufige Regelung oder Sicherung bezieht (Stuttgart NJW 73, 908). Auf Vergleiche (Frankfurt Rpfleger 80, 291; LG Koblenz DGVZ 86, 43) und Urkunden (§ 794 I Nr 1 und 5), die eine **Verpflichtung** zur Abgabe einer Willenserklärung enthalten, findet § 894 keine Anwendung; in diesen Fällen ist nach § 888 zu vollstrecken oder der Anspruch mit Leistungsklage durchzusetzen (BGH MDR 86, 931 = NJW 86, 2704 mwN). Möglich ist es dagegen, eine Willenserklärung in einem gerichtlichen Vergleich abzugeben (ersetzt notarielle Beurkundung, § 127a BGB), zB eine Löschungsbewilligung (Frankfurt aaO). Ein Schiedsspruch äußert die Wirkung des § 894 erst mit Rechtskraft des Vollstreckungsbeschlusses oder -urteils (§ 1042a), ein ausländisches Urteil mit Rechtskraft des Vollstreckungsurteils (§ 722).

3) Das Urteil (der andere Schuldtitel) muß **rechtskräftig** (§ 705) sein. Vor Rechtskraft ist damit auch eine Vollstreckung nach §§ 887, 888 ausgeschlossen. Besonderheit bei Abhängigkeit von einer Gegenleistung Rn 8. Daß die Wirkung des § 894 erst mit Rechtskraft eintritt, schließt die vorläufige Vollstreckbarkeit solcher Titel nicht aus; sie hat Wirkung aber nur nach § 895 und § 16 HGB sowie für die Kostenfestsetzung. 4

III) Vollstreckungsfolge: 1) Die Willenserklärung **gilt** (mit der Rechtskraft) **als abgegeben** (Abs 1 S 1; gesetzliche Fiktion). Das rechtskräftige Urteil „ersetzt" die Erklärung in der für sie erforderlichen Form (auch in Schriftform oder notarieller Form). Dieser Eintritt der Wirkung des § 894 ist Akt der ZwV (Rosenberg § 208 III 1; auch BayObLG 53, 111 [117]). Weitere Vollstrekkungsmaßnahmen sind weder nötig noch zulässig. Vollstreckungsklausel (BayObLG NJW 52, 28) oder Zustellung des Urteils (Beschlusses) ist für den Eintritt der Wirkung des § 894 nicht erforderlich. Zu Rechtsnachfolge usw Rn 8. 5

2) a) Die Verurteilung ersetzt lediglich die Willenserklärung des Schuldners, **nicht** aber **weitere** zur Vollendung des Rechtsgeschäfts erforderliche **Voraussetzungen** (BGH 82, 292 [297] = MDR 82, 309 = NJW 82, 881). Eine empfangsbedürftige Erklärung wird daher nicht bereits mit Ersetzung durch das Urteil, sondern erst mit Zugang wirksam (§ 130 BGB; RG 160, 321 [324]). Die Mitteilung des die Abgabe der Erklärung ersetzenden rechtskräftigen Urteils an einen Dritten kann auch der Gläubiger bewirken. Gesonderte Mitteilung des Schuldners an den Gläubiger als Empfänger der Erklärung erübrigt sich, wenn der Gläubiger vom Urteilsinhalt bereits Kenntnis hat (RG 160, 321 [325]). Tritt die Rechtskraft des Urteils sogleich mit der Verkündung in Abwesenheit des Gläubigers (seines Vertreters) ein, gilt es ihm mit Kenntnis vom Urteilsinhalt als zugegangen (RG aaO; hierzu auch RG 107, 325 und DR 39, 1467; aA StJM Anm II zu § 890). 6

b) Bedarf ein Rechtsgeschäft auch einer **Willenserklärung des Gläubigers,** so ist diese noch (in vorgeschriebener Form) abzugeben. Die durch Rechtskraft nach § 894 BGB fingierte Auflassungserklärung des Schuldners (sie schließt Eintragungsbewilligung ein; BayObLG 1953, 111 [117]) muß sonach von dem Berechtigten noch in notariell beurkundeter Form angenommen werden (Celle DNotZ 79, 308; KG DNotZ 36, 204; vgl Beispiel bei Haegele/Schöner/Stöber GBRecht Rdn 745). Erwirkung des rechtskräftigen Urteils erst nach Abgabe der Auflassungserklärung des Gläubigers genügt § 925 I BGB nicht (BayObLG 83, 181 = DNotZ 84, 638 L) und bewirkt auch keine Genehmigung der Auflassungserklärung eines vollmachtlosen Vertreters (BayObLG aaO). Erklärungen Dritter (zB eines Testamentsvollstreckers, des Nacherben) werden durch die Verurteilung nicht ersetzt. Kommt nach Rechtskraft der Verurteilung in Verbindung mit der vom Kläger abzugebenden Einigungsserklärung eine Auflassung zustande, so bleibt diese bis zur Erteilung etwa erforderlicher behördlicher **Genehmigungen** (zB nach GrdstVG) schwebend unwirksam (BGH 82, 292 [297] = aaO). Ein Vorbehalt der Erteilung dieser Genehmigung im Urteilsausspruch ist deswegen nicht erforderlich (BGH aaO). Eine zur Wirksamkeit des Rechtsgeschäfts etwa erforderliche Genehmigung des Vormundschaftsgerichts wird als Wirksamkeitsvoraussetzung der Willenserklärung bzw des Rechtsgeschäfts bereits vom Prozeßgericht geprüft, ist sonach (zB zur Auflassung) nicht mehr gesondert nachzuweisen (BayObLG 53, 111 = MDR 53, 561; Haegele/Schöner/Stöber GBRecht Rdn 750; aA StJM Anm II 2 zu § 894). 7

IV) Wenn der Schuldner zur Abgabe einer Willenserklärung **Zug um Zug** gegen Erfüllung einer **Gegenleistung** verurteilt ist, soll die Erklärung nicht trotz ausstehender Gegenleistung schon mit Rechtskraft als abgegeben gelten (Abs 1 S 2). Beispiel: Bewilligung der Löschung einer Hypothek gegen Entgegennahme der Rückauflassung eines an den Gläubiger veräußerten Grundstücks oder Zahlung (Fall des BayObLG DNotZ 85, 47 = Rpfleger 83, 480). Zu dieser Regelung zum Schutz des Schuldners Rn 8 zu § 726. Weil die Prüfung der Gegenleistung im Klauselverfahren zu erfolgen hat (Rn 1 zu § 726), kann das Grundbuchamt das Vorliegen der Voraussetzungen der Klauselerteilung nicht überprüfen (BayObLG aaO). Erfolgt Erteilung der vollstreckbaren Ausfertigung auf Grund eines nach § 731 erwirkten Urteils, so tritt die Wirkung des § 894 erst mit Rechtskraft dieses Urteils ein, nicht schon mit der Erteilung einer Ausfertigung hiervon. Vollstreckungsklausel ist auch erforderlich, wenn Vollstreckung von einer Bedingung abhängt (§ 726 I) oder bei Parteiwechsel (§ 727). Die Willenserklärung ist dann erst mit Zustellung der Klausel und den zu ihrer Erteilung notwendigen Urkunden (§ 750 II) abgegeben. 8

V) Abs 2 kommt **nur für ausländische Urteile** in Frage. In Deutschland ist eine Klage auf Eingehung einer Ehe unzulässig (§ 1297 BGB). 9

VI) Gebühren: 1) des **Gerichts:** Eintragungsgebühren s §§ 60 bis 85 KostO. – **2)** des **Anwalts:** Der Antrag auf Vornahme einer Eintragung nach § 894 ist keine Tätigkeit in der Zwangsvollstreckung iS der §§ 57, 58 BRAGO. Mit der Rechtskraft des Urteils gilt die erforderliche Eintragungsbewilligung nach § 894 als abgegeben. Das weitere Verfahren ist reines Grundbuchverfahren. Der vom RA gestellte Eintragungsantrag ist daher nach § 118 BRAGO zu vergüten. 10

895 *[Verurteilung zur Abgabe einer Willenserklärung und Grundbucheintragung]* **Ist durch ein vorläufig vollstreckbares Urteil der Schuldner zur Abgabe einer Willenserklärung verurteilt, auf Grund deren eine Eintragung in das Grundbuch, das Schiffsregister oder das Schiffsbauregister erfolgen soll, so gilt die Eintragung einer Vormerkung oder eines Widerspruchs als bewilligt. Die Vormerkung oder der Widerspruch erlischt, wenn das Urteil durch eine vollstreckbare Entscheidung aufgehoben wird.**

1 **I)** Bei einem **vorläufig vollstreckbaren** Urteil (§§ 708, 709, 534, 560), durch das der Schuldner zur Abgabe einer Willenserklärung verurteilt ist, auf Grund deren eine Eintragung ins Grundbuch, das Schiffsregister oder das Schiffsbauregister verlangt werden kann, gilt die Eintragung einer Vormerkung (§ 883 BGB) oder eines Widerspruchs (§ 899 BGB) als bewilligt. Andere Titel als Urteile, nämlich Vergleiche, vollstreckbare Urkunden, kommen nicht in Frage. Die Eintragung erfolgt auf Antrag des Gläubigers, der dem Grundbuchamt eine Ausfertigung des vorläufig vollstreckbaren Urteils vorzulegen hat; vollstreckbare Ausfertigung ist nicht erforderlich (BGH Rpfleger 69, 425). Zur Prüfungspflicht des Grundbuchamts vgl Stuttgart Justiz 79, 298. Ist die vorläufige Vollstreckbarkeit nur gegen Sicherheitsleistung zulässig, so ist die Leistung der Sicherheit auch Voraussetzung der Vollstreckungswirkung und damit der Eintragung nach § 895. Die Vollstreckungswirkung entfällt, wenn der Schuldner die ihm nachgelassene Sicherheit leistet; eine erfolgte Eintragung wird von der Sicherheitsleistung nicht berührt.

2 **II)** Nach **Rechtskraft des Urteils** ist die Eintragung auf Antrag des Gläubigers in eine endgültige umzuwandeln. **Aufhebung des Urteils** oder seiner vorläufigen Vollstreckbarkeit durch eine rechtskräftige oder vorläufig vollstreckbare Entscheidung bringt die Vormerkung oder den Widerspruch zum Erlöschen und berechtigt den Schuldner zum Antrag auf Löschung der Eintragung, der Gegner braucht nicht zuzustimmen (§ 25 GBO). Solange der zugrunde liegende Titel nicht aufgehoben ist, bedarf die Löschung auch dann der Bewilligung des berechtigten Gläubigers bzw seiner Erben, wenn der materiellrechtliche Anspruch seiner Natur nach nicht vererblich ist und der Tod des eingetragenen Berechtigten urkundlich nachgewiesen wird (KG DNotZ 81, 394 = JurBüro 81, 106 = Rpfleger 81, 22). Wiederherstellung des aufgehobenen Urteils durch die Rechtsmittelinstanz bringt den nach Löschung verlorengegangenen Rang nicht wieder zum Entstehen. Die bloße Einstellung der ZwV ist auf die noch vorzunehmende oder vorgenommene Eintragung ohne Einfluß. Schadensersatzanspruch des Schuldners: § 717 II, III.

896 *[Urkundenbeschaffung bei Verurteilung zu einer Willenserklärung]* **Soll auf Grund eines Urteils, das eine Willenserklärung des Schuldners ersetzt, eine Erintragung in ein öffentliches Buch oder Register vorgenommen werden, so kann der Gläubiger an Stelle des Schuldners die Erteilung der im § 792 bezeichneten Urkunden verlangen, soweit er dieser Urkunden zur Herbeiführung der Eintragung bedarf.**

1 **Eintragung** in ein **öffentliches Buch** oder **Register:** Grundbuch, Schiffsregister, Schiffsbauregister, Handelsregister, Genossenschaftsregister, Staatsschuldbuch, Patentrolle. § 896 trifft besonders dann zu, wenn der Verurteilte nicht als Berechtigter eingetragen ist. Zwang gegen den Schuldner zur Beschaffung der Urkunde ist unzulässig.

897 *[Übergabe bei Verurteilung zur Übertragung des Eigentums]* **(1) Ist der Schuldner zur Übertragung des Eigentums oder zur Bestellung eines Rechtes an einer beweglichen Sache verurteilt, so gilt die Übergabe der Sache als erfolgt, wenn der Gerichtsvollzieher die Sache zum Zwecke der Ablieferung an den Gläubiger wegnimmt.**

(2) Das gleiche gilt, wenn der Schuldner zur Bestellung einer Hypothek, Grundschuld oder Rentenschuld oder zur Abtretung oder Belastung einer Hypothekenforderung, Grundschuld oder Rentenschuld verurteilt ist, für die Übergabe des Hypotheken-, Grundschuld- oder Rentenschuldbriefs.

1 **I) Abs 1:** Zur Übertragung des Eigentums und Bestellung eines Pfandrechts oder Nießbrauchs an einer beweglichen Sache ist nach §§ 929, 1032, 1205 BGB die Einigung und die Übergabe der Sache erforderlich. Die Erklärung des Verpflichteten kann durch Urteil ersetzt werden (§ 894), die Wegnahme der Sache erfolgt auf Grund des vorläufig vollstreckbaren Urteils durch den GV gem §§ 883, 884. Maßgebend ist der Zeitpunkt der Wegnahme durch den GV, nicht erst der der Übergabe an den Gläubiger. Ist ein Dritter Besitzer der Sache, ist der Herausgabeanspruch zu überweisen (§ 886). War die Wegnahme nicht möglich, ist dies zu beurkunden.

II) Abs 2: S §§ 1117, 1154, 1192, 1199 BGB. Ist der Schuldner zur Einwilligung in die Aushändigung des zu bildenden Hypothekenbriefes verurteilt (§ 1117 II BGB), so ist zum Rechtserwerb die Wegnahme nicht erforderlich. 2

898 *[Erwerb von Nichtberechtigten]*

Auf einen Erwerb, der sich nach den §§ 894, 897 vollzieht, sind die Vorschriften des bürgerlichen Rechts zugunsten derjenigen, die Rechte von einem Nichtberechtigten herleiten, anzuwenden.

Vorschriften des bürgerlichen Rechts: §§ 892, 893, 932 ff, 1242 BGB, §§ 366, 367 HGB. Ist der Gläubiger im guten Glauben, geht das Eigentum nur dann nicht auf ihn über, wenn die Sache gestohlen, verloren oder sonst abhanden gekommen war. Für den guten Glauben ist bei Erwerb nach § 894 der Zeitpunkt der Urteilsrechtskraft, bei Erwerb nach § 897 der Zeitpunkt der Wegnahme durch den GV maßgebend. Bei Verurteilung zur Eigentumsübertragung an beweglichen Sachen nach § 932 BGB muß aber der gute Glaube des Gläubigers, nicht des GV, in beiden Zeitpunkten vorhanden sein. Keine Anwendung des § 898 bei anderen Erwerbsarten, zB bei Eintragung einer Sicherungshypothek für die vollstreckbare Forderung (§§ 866 ff, RG 68, 154). 1

Vierter Abschnitt

EIDESSTATTLICHE VERSICHERUNG UND HAFT

Der Vierte Abschnitt regelt das Verfahren zur Abnahme der eidesstattlichen Versicherung in den Fällen der §§ 807, 883. Entsprechende Anwendung sehen § 33 II und § 83 II FGG sowie § 72 KO für die eidesstattliche Versicherung nach § 125 KO vor. Vorschriften über die Haft (§§ 904–913) gelten entsprechend bei Zwangshaft nach § 390 II, § 888 I und § 889 II, beim persönlichen Arrest (933) und nach § 72 KO in den Fällen der § 101 II, § 106 I KO. Sinngemäß gelten sie auch mit Ausnahme des § 911 für die Vollziehung des persönlichen Sicherheitsarrestes nach der AO (§ 326 III AO). Die Vollziehung der Ersatzzwangshaft nach der AO richtet sich nach den §§ 904–907, 909, 910 (§ 334 AO). Nicht anzuwenden sind die §§ 904–913 auf die Vollziehung der Ordnungshaft nach §§ 380, 390 I, § 890.

899 *[Zuständigkeit]*

Für die Abnahme der eidesstattlichen Versicherung in den Fällen der §§ 807, 883 ist das Amtsgericht, in dessen Bezirk der Schuldner im Inland seinen Wohnsitz oder in Ermangelung eines solchen seinen Aufenthaltsort hat, als Vollstreckungsgericht zuständig.

Lit: *Sommer*, Zum Rechtsweg für die Vollstreckung und Haftanordnung bei verwaltungsgerichtlichen Zahlungstiteln, Rpfleger 1978, 406.

I) Zuständig (ausschließlich, § 802) ist

1) sachlich das AG als Vollstreckungsgericht (§ 764), auch für die Abnahme der eidesstattlichen Versicherung nach § 125 KO (nicht das Konkursgericht als solches). Das Verfahren ist dem **Rechtspfleger** übertragen (§ 20 Nr 17 RpflG); er ist jedoch nicht befugt, Haft anzuordnen (§ 901; § 4 II Nr 1 RpflG). Bei Vollstreckung verwaltungsgerichtlicher Zahlungstitel (§ 168 VwGO), auch eines Kostenfestsetzungsbeschlusses, ist das Verwaltungsgericht zuständiges Vollstreckungsgericht (§ 167 I S 2 VwGO) (OVG Münster NJW 80, 2373 = Rpfleger 80, 395 und JurBüro 84, 1426 = NJW 84, 2484; AG Obernburg Rpfleger 79, 112; Sommer Rpfleger 78, 406). Das Amtsgericht ist jedoch Vollstreckungsgericht, wenn Vollstreckungstitel ein Vergütungsfestsetzungsbeschluß (§ 19 BRAGO) ist, der aus einem verwaltungsgerichtlichen Verfahren herrührt (OVG Münster Rpfleger 86, 152 mit zust Anm Lappe; OVG Koblenz NJW 80, 1541 L; OVG Lüneburg NJW 84, 2485; VG Berlin NJW 81, 884; LG Berlin MDR 82, 679; aA OVG Münster NJW 86, 1190; LG Bochum Rpfleger 78, 426). 1

2) örtlich das AG, in dessen Bezirk der Schuldner im Inland seinen Wohnsitz (§§ 7–11 BGB) oder in Ermangelung eines solchen seinen Aufenthaltsort hat. Maßgebend ist der Zeitpunkt des Antrags; späterer Wechsel des Wohnsitzes oder Aufenthaltsorts ist ohne Einfluß. Bei einem Pro- 2 zeßunfähigen ist dessen Wohnsitz, bei einer juristischen Person oder Handelsgesellschaft deren Sitz maßgebend, nicht der Wohnsitz des gesetzlichen (organschaftlichen) Vertreters (Dresden OLG 6, 144), auch wenn die Gesellschaft an dem (im Handelsregister eingetragenen) Sitz kein Büro und keinen Geschäftsbetrieb unterhält (Stuttgart OLGZ 77, 378 = Rpfleger 77, 220). Für das Verfahren gegen unbekannte Erben ist das Wohnsitzgericht des Nachlaßpflegers zuständig, nicht das Gericht, von welchem die Nachlaßpflegschaft angeordnet ist (s Rn 2 zu § 828; aA LG Berlin JR 54, 464). Unter mehrfachem Wohnsitz des Schuldners kann der Gläubiger wählen (§ 35).

3 **II) 1)** Die Zuständigkeit ist von Amts wegen zu **prüfen.** Der bei einem unzuständigen Gericht gestellte Offenbarungsantrag (§ 900 I) ist auf Gläubigerantrag nach § 281 an das zuständige Gericht zu verweisen. Ein Verweisungsbeschluß ist für das Gericht, an das die Sache verwiesen ist, bindend; Bindung besteht jedoch nicht, wenn dem Schuldner rechtliches Gehör nicht gewährt worden ist (Düsseldorf Rpflger 75, 102; BayObLG MDR 80, 583). Stellt der Gläubiger Verweisungsantrag nicht, ist der Antrag durch das unzuständige Gericht zurückzuweisen.

4 **2)** Die Abgabe einer eidesstattlichen Versicherung vor einem **unzuständigen Gericht** ist voll wirksam; Unzuständigkeit berührt auch die Wirksamkeit einer Versicherung nach § 903 nicht (KG JW 38, 2685; StJM Anm II zu § 899; aA KG JW 32, 184: ist ohne die Wirkung des § 903 bei arglistigem Zusammenwirken von Gläubiger und Schuldner). Stellt sich die Unzuständigkeit nachträglich heraus, ist die Eintragung in das Schuldnerverzeichnis beim zuständigen Gericht zu veranlassen (StJM aaO).

5 **3)** Vorlage eines Vermögensverzeichnisses und Abgabe der eidesstattlichen Versicherung zu Protokoll der Vollstreckungsbehörde im Vollstreckungsverfahren nach der **AO** dort § 284. Haftanordnung durch das Vollstreckungsgericht in diesem Verfahren § 284 VII AO.

900 *[Verfahren]*

(1) Das Verfahren beginnt mit dem Antrag des Gläubigers auf Bestimmung eines Termins zur Abgabe der eidesstattlichen Versicherung. Dem Antrag sind der Vollstreckungstitel und die sonstigen Urkunden, aus denen sich die Verpflichtung des Schuldners zur Abgabe der eidesstattlichen Versicherung ergibt, beizufügen.

(2) Das Vollstreckungsgericht hat vor der Terminbestimmung von Amts wegen festzustellen, ob in dem bei ihm geführten Schuldnerverzeichnis eine Eintragung darüber besteht, daß der Schuldner innerhalb der letzten drei Jahre eine eidesstattliche Versicherung abgegeben hat oder daß gegen ihn die Haft zur Erzwingung der Abgabe der eidesstattlichen Versicherung angeordnet ist. Liegt eine noch nicht gelöschte Eintragung vor, so ist der Gläubiger zu benachrichtigen und das Verfahren nur auf Antrag fortzusetzen.

(3) Die Ladung zu dem Termin zur Abgabe der eidesstattlichen Versicherung ist dem Schuldner selbst zuzustellen, auch wenn er einen Prozeßbevollmächtigten bestellt hat; einer Mitteilung an den Prozeßbevollmächtigten bedarf es nicht. Dem Gläubiger ist die Terminbestimmung nach Maßgabe des § 357 Abs. 2 mitzuteilen. Seine Anwesenheit in dem Termin ist nicht erforderlich. Das Gericht kann den Termin aufheben oder verlegen oder die Verhandlung vertagen, wenn der Gläubiger zustimmt.

(4) Macht der Schuldner glaubhaft, daß er die Forderung des Gläubigers binnen einer Frist von drei Monaten tilgen werde, so kann das Gericht den Termin zur Abgabe der eidesstattlichen Versicherung bis zu drei Monaten vertagen. Weist der Schuldner in dem neuen Termin nach, daß er die Forderung mindestens zu zwei Dritteln getilgt hat, so kann das Gericht den Termin nochmals bis zu sechs Wochen vertagen. Gegen den Beschluß, durch den der Termin vertagt wird, findet sofortige Beschwerde statt. Der Beschluß, durch den die Vertagung abgelehnt wird, ist unanfechtbar.

(5) Bestreitet der Schuldner die Verpflichtung zur Abgabe der eidesstattlichen Versicherung, so ist von dem Gericht durch Beschluß über den Widerspruch zu entscheiden. Die Abgabe der eidesstattlichen Versicherung erfolgt erst nach Eintritt der Rechtskraft der Entscheidung; das Vollstreckungsgericht kann jedoch die Abgabe der eidesstattlichen Versicherung vor Eintritt der Rechtskraft anordnen, wenn bereits ein früherer Widerspruch rechtskräftig verworfen ist, oder wenn nach Vertagung nach Absatz 4 der Widerspruch auf Tatsachen gestützt wird, die zur Zeit des ersten Antrages auf Vertagung bereits eingetreten waren.

Lit: *Haase,* Bemerkungen zum Offenbarungseidverfahren, JR 68, 444; *Noack,* Aktuelle Fragen des Verfahrens auf Abnahme der eidesstattlichen Versicherung, JurBüro 1981, 481; *Schmidt,*

Eidesstattliche Versicherungen an Stelle von Offenbarungseiden, Rpfleger 1971, 134; *E. Schneider*, Krankheit als Widerspruchsgrund gegen die Offenbarungsversicherung, DGVZ 1977, 1673; *Vollkommer*, Zur Form des Offenbarungsantrags gemäß § 900 ZPO, Rpfleger 1975, 419.

I) Zweck: Regelung des Verfahrens über den Antrag auf Abnahme der eidesstattlichen Versicherung nach §§ 807, 883. 1

II) 1) Antrag des Gläubigers ist Voraussetzung der Offenbarungspflicht nach § 807 (dort Rn 4) 2
und § 883. Mit dem Antrag **beginnt** das Offenbarungsverfahren (Abs 1 S 1). Der Antrag unterliegt keinem Anwaltszwang (§ 78 III). Handschriftliche Unterzeichnung des schriftlichen Antrags ist geboten; fehlende Unterschrift ist frei zu würdigen (s Vollkommer Rpfleger 75, 419; näher Rn 3 zu § 829, auch LG Aurich Rpfleger 84, 323: Faksimilestempel unzureichend). Zu bezeichnen sind in dem Antrag Gläubiger, Schuldner und (im Falle des § 807) die Geldforderung des Gläubigers (Rn 3 zu § 829), deren Vollstreckung weiter verfolgt wird. Für einen prozeßunfähigen Schuldner (Minderjährigen, OHG, KG, GmbH oder sonstige juristische Person) ist auch der offenbarungspflichtige Vertreter anzugeben (Rn 6 zu § 807; LG Essen JurBüro 72, 76); diese Angabe bindet das Vollstreckungsgericht jedoch nicht (Frankfurt JurBüro 76, 386 = Rpfleger 76, 27). Angabe auch der **Gläubigerforderung** ist geboten, weil die Vermögensoffenbarung der ZwV wegen einer Geldforderung dient, bei der der Gläubiger mit seinem Antrag nicht nur Beginn und Art, sondern auch Ausmaß des Vollstreckungsverfahrens bestimmt (Rn 19 vor § 704; Beschränkung des Antrags auf einen Teil des vollstreckbaren Anspruchs ist daher möglich, Schleswig Rpfleger 76, 224; LG Paderborn NJW 57, 28), zudem aber, weil für Zahlungen des Schuldners (§ 775 Nr 4, 5) für Verfahrensschutz des Schuldners (Abs 4), für Abwendung der Haft mit Zahlung der Vollstrekkungsforderung und für spätere Löschung im Schuldnerverzeichnis (§ 915 II) dem Verfahren eine bestimmte Vollstreckungsforderung zugrunde liegen muß (zutr daher LG Essen JurBüro 75, 1383 = MDR 76, 1026 = Rpfleger 75, 373; LG Düsseldorf MDR 60, 58; nicht überzeugend LG Oldenburg Rpfleger 80, 353; s auch StJM Anm III 1 zu § 900: nicht vorgeschrieben, aber praktisch geboten); zur Unterrichtung des Schuldners über die Forderung im Termin s Rn 12. Dem ist auch entsprochen, wenn der Gläubiger eine Vollstreckungsforderung nicht zahlenmäßig bezeichnet, sein Antrag bei (zulässiger und möglicher) Auslegung aber zweifelsfrei ergibt, daß das Verfahren wegen des vollen durch den Schuldtitel ausgewiesenen Anspruchs beantragt ist. Angabe über minderjährige Kinder des Schuldners (früher § 1668 BGB) brauchen im Antrag nicht gemacht zu werden (AG Obernburg DGVZ 80, 93). Zum Antrag auf Erlaß des Haftbefehls s Rn 2 zu § 901.

2) Beizufügen sind dem Antrag der Vollstreckungstitel und die sonstigen Urkunden, aus 3
denen sich die Verpflichtung des Schuldners zur Abgabe der eidesstattlichen Versicherung ergibt (Abs 1 S 2). Das sind Nachweise über alle weiteren Voraussetzungen der ZwV wegen der Geldforderung (Rn 3 zu § 807; zum Nachweis von ZwV-Kosten s Rn 15 zu § 788) oder wegen des Herausgabeanspruchs **und a)** im Falle des **§ 807:** Nachweis, daß Pfändung zu einer vollständigen Befriedigung des Gläubigers nicht geführt hat, oder Beweismittel für Glaubhaftmachung (§ 294), daß der Gläubiger durch Pfändung Befriedigung nicht vollständig wird erlangen können (dazu Rn 13–18 zu § 807); **b)** im Falle des **§ 883:** Nachweis, daß die herauszugebende Sache bei Wegnahmevollstreckung nicht vorgefunden wurde (Rn 12 zu § 883). Vollmachtsnachweis: §§ 80, 88.

III) 1) a) Das Vollstreckungsgericht **prüft** die Voraussetzungen der ZwV (Rn 14–17 vor § 704) 4
und die weiteren Voraussetzungen der Offenbarungspflicht (Rn 3 mit Anm zu §§ 807, 883). Es hat im Offenbarungsverfahren nach § 807 (nicht im Fall des § 883) außerdem von Amts wegen festzustellen, ob das bei ihm geführte **Schuldnerverzeichnis** (§ 915) eine **Eintragung enthält** (näher Abs 2 S 1). Liegt eine noch nicht gelöschte Eintragung vor, so ist der Gläubiger zu benachrichtigen (Abs 2 S 2). Dann wird das Verfahren auf Antrag des Gläubigers ohne weiteres fortgesetzt, wenn nach einer nicht gelöschten Eintragung gegen den Schuldner die Haft angeordnet ist (Abs 2 S 2). Der Antrag auf Verfahrensfortsetzung kann auch schon mit dem Offenbarungsantrag gestellt werden. Hat der Schuldner innerhalb der letzten 3 Jahre eine eidesstattliche Versicherung abgegeben, dann wird das Verfahren gleichfalls nur auf Antrag des Gläubigers fortgesetzt (Abs 2 S 2), jedoch nur unter der weiteren Voraussetzung des § 903.

b) Die Voraussetzungen der ZwV und der Offenbarungspflicht hat das Vollstreckungsgericht 5
von Amts wegen auch **nach Fortgang** des Verfahrens zu beachten, somit bei Erlaß einer Entscheidung stets zu prüfen. Weil gegen einen säumigen Schuldner weitere Maßnahmen nur dann zulässig sind, wenn die von Amts wegen zu prüfenden Vollstreckungs- und Verfahrensvoraussetzungen vorliegen, sind Mängel auch dann zu beachten, wenn der nicht erschienene Schuldner sich darauf berufen hat (München NJW 62, 497 für § 903; KG JurBüro 67, 683 = OLGZ 67, 431; Frankfurt Rpfleger 74, 274; Hamm JurBüro 83, 1891 = Rpfleger 83, 362).

6 **2) Zurückweisung** eines Antrags, der Offenbarungspflicht des Schuldners nicht ausweist (auch wenn er nur einen formellen Mangel aufweist, Rn 3) erfolgt durch (zu begründenden) Beschluß, der dem Gläubiger zugestellt wird (§ 329 III). Vor Entscheidung ist dem Gläubiger Gelegenheit zu geben, einen behebbaren Mangel auszuräumen (§§ 139, 278 III). Ist der zulässig gestellte Antrag begründet, wird Termin zur Abgabe der eidesstattlichen Versicherung durch den Schuldner bestimmt. Ist der Antrag nur wegen eines Teils der vom Gläubiger geltend gemachten Vollstreckungsforderung begründet (weil zB für den weiteren Forderungsbetrag Vollstreckungsvoraussetzungen nicht gegeben sind), dann ist Durchführung des Verfahrens wegen des restigen Forderungsteils unter Verständigung des Gläubigers (seines Vertreters) abzulehnen, Terminsbestimmung somit nur zu verfügen, soweit die Vollstreckungsforderung des Gläubigers zulässig geltend gemacht ist.

7 **IV) 1) a)** Nach Terminsbestimmung ist der **Schuldner persönlich** von Amts wegen (§ 214) **zu laden** (Abs 3 S 1); Ersatzzustellung (§§ 181 ff) ist zulässig. Auch der offenbarungspflichtige (gesetzliche) Vertreter eines prozeßunfähigen Schuldners (Rn 2) ist persönlich zu laden (LG Köln DGVZ 78, 28; Ersatzzustellung ist auch hier möglich; LG Berlin Rpfleger 78, 30 mit Einzelheiten); ihm ist keine an den Vertretenen (zB die GmbH, den Minderjährigen) gerichtete Ladung zuzustellen. Mitteilung an den Prozeßbevollmächtigten des Schuldners erfolgt nicht (Abs 3 S 1). Die Ladung (Rn 7 vor § 214) muß die Bezeichnung des Verfahrens enthalten (Rn 2 zu § 214), sonach auch Angabe darüber, ob in einem Offenbarungsverfahren nach § 807 oder § 883 geladen wird. Zustellung einer Abschrift des Antrags ist nicht vorgesehen und nicht notwendig (Frankfurt Rpfleger 77, 417; LG Berlin JR 50, 505; LG Hamburg MDR 64, 424), aber zweckmäßig. Im Verfahren nach § 807 wird der Ladung üblicherweise auch ein Formular zur Anfertigung des Vermögensverzeichnisses beigefügt; vom Gesetz wird dies allerdings zwingend nicht verlangt (Karlsruhe DGVZ 79, 62). Ladungsfrist: 3 Tage (§ 217).

8 **b)** Dem Gläubiger (seinem Prozeßbevollmächtigten) ist die Terminsbestimmung formlos mitzuteilen (§ 357 II; Abs 3 S 2).

9 **2) Aufgehoben** oder **verlegt** werden kann der Termin, wenn der **Gläubiger zustimmt;** ebenso kann dann eine (begonnene) **Verhandlung vertagt** werden (Abs 3 S 4; zu den Begriffen Rn 1–3 zu § 227). Erhebliche Gründe iS von § 227 I, III brauchen in diesem Fall nicht vorzuliegen. Die Regelung beruht auf der Erwägung (dazu BT-Drucks 7/2729, S 111), daß die Leistung der Offenbarungsversicherung ausschließlich im Interesse des Gläubigers liegt, somit ein öffentliches Interesse an der Verfahrensbeschleunigung nicht besteht. Darüber, ob bei Zustimmung des Gläubigers Terminsänderung vorzunehmen ist, entscheidet das Gericht nach pflichtgemäßem Ermessen. Anspruch auf Terminsänderung bei Zustimmung hat der Gläubiger nicht; damit soll vermieden werden, daß der Gläubiger das Verfahren als Druckmittel auf den Schuldner mißbräuchlich betreibt. Zustimmung unter der Voraussetzung, daß der Schuldner Teilzahlung nachweist, ist zulässig und (idR) nicht rechtsmißbräuchlich (LG Nürnberg-Fürth Rpfleger 85, 309 mit krit Anm Limberger). Im übrigen gilt für Aufhebung oder Verlegung des Termins sowie Vertagung der Verhandlung § 227. Aufhebung oder Verlegung eines Termins oder Vertagung einer Verhandlung kann daher aus erheblichen Gründen auch ohne Zustimmung des Gläubigers angeordnet werden; Abs 3 S 4 regelt nur eine Erleichterung der Terminsbeseitigung gegenüber § 227, bringt aber nicht zum Ausdruck, daß zur Terminsbeseitigung Gläubigerzustimmung nötig sei (aA Karlsruhe DGVZ 79, 72). Bei Terminsverlegung oder Vertagung der Verhandlung wird neuer Termin vom Gericht von Amts wegen bestimmt; Bindung an Anträge, Anregungen und Wünsche des Gläubigers besteht daher nicht. Kein wichtiger Grund für Terminsverlegung ist es, daß der Schuldner auf Grund einer vor Ladung angenommenen Einladung verreist ist (LG Berlin Rpfleger 73, 374; zu Urlaubs- und Kurabwesenheit des Schuldners s aber auch Hamm Rpfleger 77, 111), desgleichen nicht, daß er mit nachgewiesenen Zahlungen um Wegfertigung seiner Schuld bemüht ist (Fall des Abs 4).

10 **3) Vertagung** des Termins erfolgt durch zu verkündenden (und kurz zu begründenden) Beschluß (§ 227 II). Der nicht erschienen gewesene Schuldner ist zu dem neuen Termin wieder von Amts wegen persönlich zu laden, selbst wenn er ordnungsgemäß zu dem Termin geladen war, der vertagt wurde, und auch, wenn er in diesem Termin durch einen Bevollmächtigten vertreten war (§ 141 II entsprechend; daher nicht anwendbar § 218) (Nürnberg Rpfleger 77, 417; LG Berlin MDR 75, 497; LG Wiesbaden MDR 57, 366; LG Würzburg Rpfleger 80, 161; aA Nürnberg JW 31, 2184; LG Landshut Rpfleger 75, 329). Neuerliche Ladung des Schuldners hat nicht zu erfolgen, wenn er in dem Termin, der vertagt wurde, erschienen war (§ 218 entspr; Hamm Rpfleger 57, 355). Nennt der Schuldner im Offenbarungstermin seinen Arbeitgeber, so ist das kein Grund das Verfahren auszusetzen und dem Gläubiger den Nachweis aufzugeben, daß die Lohnpfändung fruchtlos geblieben ist (LG Berlin Rpfleger 75, 373).

V) 1) Die **Termine** im Offenbarungsverfahren (nach § 807 und § 883) sind **nicht öffentlich;** sie finden nicht vor dem erkennenden Gericht statt (§ 169 GVG). Die Vorschriften der §§ 128 ff finden aus dem gleichen Grund keine unmittelbare Anwendung. Die eidesstattliche Versicherung wird jedoch in einer „Verhandlung" abgenommen; es sind daher einzelne Bestimmungen der §§ 128 ff, insbesondere §§ 159 ff über Protokollaufnahme und -inhalt entsprechend anwendbar. Das in dem Offenbarungstermin aufzunehmende Protokoll muß erkennen lassen, ob der Schuldner die Verpflichtung zur Abgabe der eidesstattlichen Versicherung bestreitet (Abs 5) oder grundlos trotz Hinweises nach § 139 die Abgabe der eidesstattlichen Versicherung verweigert (Düsseldorf Rpfleger 80, 484). Ein auf Grund der Verhandlung ergehender Beschluß ist zu verkünden und in das Protokoll aufzunehmen. Um die Rechtsmittelfrist in Lauf zu setzen, ist Zustellung von Amts wegen erforderlich (§ 329). Ein nicht verkündeter Beschluß, der auf Grund der Aktenlage ergeht, bedarf der Zustellung von Amts wegen (Nürnberg MDR 64, 64), die auch die Rechtsmittelfrist in Lauf setzt. Da die Verhandlung über die Abnahme der eidesstattlichen Versicherung auch stattfinden kann, wenn Gläubiger und Schuldner nicht erschienen sind, kann auch eine in einem solchen Fall in der Verhandlung ergehende Entscheidung verkündet werden (KG OLGZ 71, 429; ThP Anm 2 zu § 901). Das Recht des Schuldners auf Gehör ist durch die Ladung zum Termin gewahrt; ob dem Gläubiger vor Erlaß der Entscheidung zur Wahrung seines Rechts auf Gehör (Art 103 I GG) Gelegenheit zur Äußerung zu geben ist, bedarf im Einzelfall nach den zu Art 103 I GG entwickelten Grundsätzen der Prüfung. Die Entscheidung ergeht in einem solchen Fall ohne neue Verhandlung auf Grund der Akten. Eine Aktenentscheidung wird idR auch in der Haftfrage ergehen, wenn der Rechtspfleger die Sache gem § 4 II S 2 RpflG dem Richter zur Entscheidung über die Haftanordnung vorlegt. Die Fragen sind bestritten; s näher Schmidt Rpfleger 71, 134 [140]. **11**

2) Der **Schuldner** muß zu dem Termin selbst **erscheinen,** wenn er die eidesstattliche Versicherung abgeben will (§ 478 mit § 807 II S 2, § 883 IV). Bei Glaubhaftmachung zur Terminsvertagung (Abs 4) und bei Erhebung eines Widerspruchs (Abs 5) kann er sich auch durch einen Bevollmächtigten (auch durch den nicht geladenen Prozeßbevollmächtigten, § 81) vertreten lassen. Die Anwesenheit des **Gläubigers** im Termin ist nicht erforderlich (Abs 3 S 3); er kann den Termin aber wahrnehmen oder sich durch einen Bevollmächtigten vertreten lassen. Dem im Termin erschienenen Schuldner ist, wenn das nicht schon durch Mitteilung einer Abschrift des Antrags geschehen ist, zu Beginn des Termins Aufschluß darüber zu geben, wegen welcher Schuldsumme (Vollstreckungsforderung) oder wegen welchen Herausgabeanspruchs die Abgabe der Versicherung verlangt wird sowie, welcher Vollstreckungstitel dem Antrag des Gläubigers zugrunde liegt (Frankfurt Rpfleger 77, 417). Zuziehung eines Dolmetschers, wenn der Schuldner der deutschen Sprache nicht mächtig ist: § 185 I GVG. **12**

3) Macht der im Termin erschienene (oder vertretene) **Schuldner glaubhaft** (§ 294), **daß er die Forderung** des Gläubigers binnen einer Frist von drei Monaten **tilgen werde,** so kann das Gericht den **Termin** bis zu drei Monaten **vertagen** (Abs 4 S 1; die Frist darf nicht sogleich von vorneherein um die Nachfrist bis zu 6 Wochen erweitert werden). Vertagung ist Bestimmung eines neuen Termins vor Schluß des zunächst bestimmten, begonnenen Termins (Rn 3 zu § 227). Unterbrechung bis zu einem auf Antrag des Gläubigers beim Ausbleiben einer Rate anzuberaumenden neuen Termin ermöglicht Abs 4 daher nicht (LG Essen JurBüro 72, 925). Glaubhaft zu machen sind die tatsächlichen Verhältnisse, aus denen sich das Zahlungsvermögen und der Zahlungswille des Schuldners ergeben. Teilzahlungsnachweise sind für Vertagung nicht verlangt, aber zweckmäßig; sie können für Glaubhaftmachung des Zahlungswillens des Schuldners gewürdigt werden. Einfache Zusicherung oder Zahlungsankündigung allein genügen für Terminsvertagung nicht (LG Frankenthal Rpfleger 81, 363). Über die Vertagung wird durch Beschluß entschieden, der kurz zu begründen ist (§ 227 II). Ladung zum neuen Termin: Rn 10. Wenn trotz Glaubhaftmachung des Schuldners nach Abs 4 S 1 (förmlicher Vertagungsantrag ist üblich, aber nicht erforderlich) Vertagung nicht erfolgt, ist sie durch Beschluß abzulehnen (s Abs 4 S 3). In dem neuen Termin ist eine nochmalige Vertagung bis zu 6 Wochen zulässig, wenn der Schuldner nachweist (hier genügt Glaubhaftmachung nicht), daß die Forderung mindestens zu zwei Dritteln getilgt ist. Die Forderung des Gläubigers umfaßt Hauptsache, Zinsen und andere Nebenleistungen sowie Kosten. Sodann kann ohne Gläubigerzustimmung (Abs 3 S 4) weitere Vertagung nur noch aus wichtigem Grund nach § 227 erfolgen (Rn 9). Wenn die Vertagung abgelehnt ist, der Schuldner jedoch nicht bereit ist, die eidesstattliche Versicherung zu leisten, gilt sie als verweigert. Dem Richter ist dann, wenn Antrag gestellt ist, die Sache zur Haftanordnung vorzulegen, ebenso nach Ablehnung eines Vertagungsantrags, den der im Termin nicht erschienene Schuldner schriftlich oder im Termin durch einen Vertreter gestellt hat. **13**

4) a) Bestreitet der erschienene **Schuldner seine Verpflichtung** zur Abgabe der eidesstattlichen Versicherung (Abs 5 S 1), so muß er zur Entscheidung über diesen **Widerspruch** die Gründe **14**

angeben. **Beispiele:** Gläubiger ist prozeßunfähig; die eidesstattliche Versicherung ist in den letzten drei Jahren bereits abgegeben worden; die ZwV aus dem Schuldtitel ist eingestellt (§ 775); Geltendmachung der allgemeinen Härteklausel § 765a (dazu Rn 19 zu § 765a); aber auch Geltendmachung von Vollstreckungsmängeln wie fehlende Vollstreckungsklausel, nicht ordnungsgemäße oder noch nicht erfolgte Zustellung des Schuldtitels. Der Widerspruch kann nur im Termin erhoben werden; ein schriftlicher Widerspruch bleibt unbeachtet (Hamm JurBüro 83, 1891 = Rpfleger 83, 362). Mit Erinnerung (§ 766) kann der Schuldner die Verpflichtung zur Abgabe der eidesstattlichen Versicherung nicht bestreiten (LG Limburg Rpfleger 82, 434; s auch AG Ulm Rpfleger 82, 480). Das Fehlen einer von Amts wegen zu prüfenden Voraussetzung der ZwV kann der Schuldner aber auch außerhalb des Termins rügen (Rn 5); trägt das Vollstreckungsgericht einem Hinweis nicht Rechnung, so kann der Mangel jedoch nicht mit Erinnerung, sondern nur nach Abs 5 oder mit Beschwerde gegen den Haftbefehl geltend gemacht werden. Über den Widerspruch entscheidet das Gericht (Rechtspfleger, § 20 Nr 17 RpflG) durch Beschluß (Abs 5 S 1). Die Entscheidung kann auch schriftlich ergehen (Düsseldorf JMBlNW 62, 93; Frankfurt OLGZ 74, 486 = Rpfleger 74, 272; LG Darmstadt MDR 59, 134 L) und auch durch einen Rechtspfleger, der den Termin nicht wahrgenommen hat (Frankfurt OLGZ 74, 486 = Rpfleger 74, 274). Eine nicht verkündete (somit die schriftliche) Entscheidung ist von Amts wegen zuzustellen (§ 329 III; Düsseldorf aaO; Frankfurt OLGZ 74, 486 = aaO). Wenn bereits der Gläubiger den Stillstand des Verfahrens verlangt hat (Rn 23), ist keine Entscheidung mehr über den Widerspruch zu treffen (LG Koblenz MDR 72, 789).

15 b) Wenn der **Widerspruch zurückgewiesen** ist, nimmt das Verfahren **erst nach Rechtskraft** dieser Entscheidung seinen Fortgang (Abs 5 S 2). Das gilt auch, wenn sich der Widerspruch nur gegen einen Teil der Vollstreckungsforderung gerichtet hat (zB nur gegen Vollstreckungskosten). Jedoch kann gem § 145 ZPO der widerspruchsfreie Teil abgetrennt und das Verfahren nur insoweit fortgesetzt, im übrigen aber über den Widerspruch entschieden werden (LG Oldenburg, Rpfleger 81, 363). Zu dem nach Rechtskraft von Amts wegen zu bestimmenden Termin ist der Schuldner wieder zusätzlich zu laden. Abgabe der eidesstattlichen Versicherung schon vor Eintritt der Rechtskraft kann angeordnet werden, wenn bereits ein früherer Widerspruch rechtskräftig verworfen ist, desgleichen, wenn nach Vertagung zur Tilgung der Gläubigerforderung (Abs 4) Widerspruch erhoben und auf Tatsachen gestützt wird, die bereits zur Zeit des ersten Antrages auf Vertagung eingetreten waren (Abs 5 S 2); gleiche Anordnung ist bei rechtsmißbräuchlichem Widerspruch zulässig (Verhinderung rechtsmißbräuchlicher Verfahrensverschleppung, AG Groß-Gerau Rpfleger 85, 245).

16 c) **Einwendungen gegen den Anspruch** selbst (Zahlung der Schuld, Stundung, Erlaß der Forderung), gegen die Vollstreckungsklausel oder den Einwand der beschränkten Erbenhaftung kann der Schuldner nur durch Klage nach § 767 (Schuler NJW 54, 80; aA LG Frankfurt JW 34, 180; LG Gießen NJW 57, 348; AG Bonn MDR 64, 424 für Abzahlungsgeschäfte), mit Einwendungen nach § 732 oder mit Abwehrklage nach § 785 und mit Antrag auf Einstellung der ZwV geltend machen. Ein auf solche Einwendungen gestützter Widerspruch ist zurückzuweisen.

17 **d)** Der Schuldner hat alle ihm bekannten Einwendungen mit dem Widerspruch geltend zu machen. In dem zu bestimmenden neuen Termin kann der Schuldner erneut Widerspruch erheben, wenn er hierfür Gründe hat, die **nach** dem Schluß der Verhandlung über den Widerspruch bzw nach Erlaß der Beschwerdeentscheidung entstanden sind. Das Gericht hat über diesen Widerspruch durch Beschluß zu entscheiden, kann aber anordnen, daß die Abgabe der eidesstattlichen Versicherung vor Rechtskraft des Beschlusses zu erfolgen hat. Hat das Vollstrekkungsgericht die Abgabe der Versicherung vor Rechtskraft der Entscheidung (Abs 5 S 2 Hs 2; prozeßleitende Verfügung, keine Beschwerde, Rn 31) angeordnet und verweigert der Schuldner die Abgabe der Versicherung, so ist auf schriftlichen oder mündlichen Antrag des Gläubigers die Sache dem Richter zur Haftanordnung vorzulegen.

18 **5)** Wenn der erschienene Schuldner bereit ist, die verlangten Angaben zu Protokoll **an Eides Statt zu versichern** (§ 807 II, § 883), ist er vor Entgegennahme der Versicherung in angemessener Weise über deren Bedeutung zu belehren (§ 480 mit § 807 II und § 883 II). Entgegengenommen werden darf die Versicherung des Schuldners nach § 807 erst, wenn das Vermögensverzeichnis richtig und vollständig ausgefüllt ist (daß es mit Schreibmaschine oder in Druckbuchstaben ausgefüllt ist, kann nicht verlangt werden; LG Frankenthal JurBüro 85, 623). Es ist daher mit dem Schuldner durchzusprechen. Aufklärung des Schuldners hat nach § 139 umfassend zu erfolgen. Der Schuldner hat kein Recht auf Erklärung des ganzen Verzeichnisses zu Protokoll. Der vom Termin bereits benachrichtigte Gläubiger wird nicht mehr gesondert verständigt (anders bei Vorführung eines verhafteten Schuldners; Rn 5 zu § 902). Sachliche Fragen und Vorhalte des anwesenden Gläubigers (seines Vertreters) sind zuzulassen; wenn sie sich mit Antwort des

Schuldners nicht sogleich erledigen, sind sie als wesentlicher Terminsvorgang in der Niederschrift festzuhalten (§ 160 II).

Niederschrift bei Abgabe der Versicherung nach § 807 in nichtöffentlicher Sitzung: 19

„Der Schuldner legte sein Vermögensverzeichnis vor. Das Verzeichnis wurde mit ihm durchgesprochen [Es wurde nach den mündlichen Angaben ergänzt; zu Protokoll erklärte der Schuldner weiter: ...] Dann wies der Rechtspfleger den Schuldner auf die Bedeutung der eidesstattlichen Versicherung und die Strafvorschriften der § 156 und § 163 StGB hin. Der Schuldner erklärte hierauf:

Ich versichere an Eides Statt, daß ich die von mir verlangten Angaben nach bestem Wissen und Gewissen richtig und vollständig gemacht habe. Vorgelesen und genehmigt."

Unterzeichnung der Niederschrift durch den Schuldner ist nicht erforderlich (kann aber im Einzelfall zweckmäßig sein).

6) a) Wenn der **Schuldner** im Termin **nicht erscheint** und auch sein Ausbleiben nicht mit triftigen Gründen (unabwendbarer Zufall; Verhinderung durch ernsthafte Erkrankung) glaubhaft entschuldigt, ist ein mündlicher Antrag des anwesenden Gläubigers (seines Vertreters), insbesondere Antrag auf Haftanordnung (§ 901), im Protokoll festzustellen (§ 160 III Nr 2). Ein in der Verhandlung oder vorher schriftlich gestellter Antrag des Gläubigers auf Erlaß des Haftbefehls (§ 901) ist dem Richter zur Entscheidung vorzulegen (§ 4 II S 2 RpflG). Wenn sich im Termin bei Abwesenheit des Schuldners (auch auf Grund einer von ihm schriftlich erhobenen Beanstandung) ergibt, daß eine Verfahrensvoraussetzung nicht erfüllt ist, ist das ein wichtiger Grund für Terminsaufhebung (§ 227) und, wenn der Mangel nicht behoben wird, Zurückweisung des Offenbarungsantrags des Gläubigers. Für diese Maßnahme und Entscheidung bleibt der Rechtspfleger zuständig (§ 20 Nr 17 RpflG). 20

b) Hat der Schuldner sein **Ausbleiben** glaubhaft **entschuldigt,** so ist der Termin aus wichtigem Grund zu vertagen (§ 227). Wenn der Schuldner behauptet, infolge seines körperlichen Zustandes die eidestattliche Versicherung nicht abgeben zu können, kann Terminsverlegung aus wichtigem Grund verlangt (§ 227) oder Schutzantrag nach § 765a gestellt, aber auch Unvermögen geltend gemacht sein, die eidesstattliche Versicherung abzugeben. Dann kann für eine behauptete (nicht erkennbare) Behinderung die Beweislast wie bei Prozeßunfähigkeit (s Rn 16 vor § 704) jedoch nur den Schuldner treffen. Erforderlich für Berücksichtigung der Behinderung durch ernsthafte Erkrankung ist daher Offensichtlichkeit oder Nachweis durch amtsärztliches Zeugnis (s Rn 2 zu § 906). Zur Bestellung eines Gebrechlichkeitspflegers (§ 1910 BGB; s Rn 1 zu § 53) ist dem Vormundschaftsgericht Anzeige zu machen (§ 50 FGG); § 57 ZPO ist unanwendbar (KG NJW 68, 2245 = OLGZ 68, 428 [430] mwN). 21

c) Hat der Schuldner nachgewiesen, daß er vor dem Termin die Vollstreckungsforderung **bezahlt** hat, so ist nach § 775 Nr 4, 5, einzustellen und der Termin aufzuheben. Wenn nur die Hauptsache, nicht aber die Kosten oder sonst ein geringer Rest der Vollstreckungsforderung bezahlt ist, kann ein wichtiger Grund für Terminverlegung angenommen (§ 227) und dem Schuldner Gelegenheit gegeben werden, die Restforderung festzustellen und wegzufertigen. 22

d) Hat der Gläubiger **keinen Antrag** auf Haftanordnung gestellt, nimmt das Verfahren gegen den nicht erschienenen Schuldner keinen Fortgang. Der Gläubiger kann später noch schriftlich Antrag auf Haftanordnung stellen (§ 901), der Schuldner jederzeit beantragen, die eidestattliche Versicherung zu Protokoll zu nehmen. Ein tatsächlicher Stillstand tritt auch ein, wenn der Gläubiger nach der von ihm verlangten Terminsaufhebung (Abs 4 S 4) den Fortgang des Verfahrens nicht beantragt oder wenn er sonst das Vollstreckungsgericht veranlaßt, eine Fortsetzung des Verfahrens zu unterlassen (Gläubigerherrschaft; s Rn 19, 20 vor § 704). Dabei handelt es sich um kein förmliches Ruhen des Verfahrens iS der §§ 250, 251a; diese Bestimmungen sind nicht anwendbar (LG Kassel MDR 56, 686; aA LG Hamburg MDR 64, 681; s auch Schmidt Rpfleger 71, 134 [141]). 23

e) Nimmt der Gläubiger seinen **Antrag** auf Abgabe der eidesstattlichen Versicherung **zurück** (zulässig bis Abgabe der Versicherung oder Erlaß des Haftbefehls), dann ist der Termin aufzuheben. Verpflichtet ist der Gläubiger jedenfalls dann, dem Vollstreckungsgericht rechtzeitig vor dem Termin die Antragsrücknahme zu erklären, wenn er bei Tilgung der Vollstreckungsforderung dem Schuldner zugesagt hat, dem Gericht entsprechende Mitteilung zukommen zu lassen. Wenn der Gläubiger seine Zusage nicht einhält, haftet er für den Schaden, der dem Schuldner mit Verfahrensfortsetzung entsteht (Eintragung in das Schuldnerverzeichnis; Verpflichtung des Gläubigers zur Wahrung der im Verkehr erforderlichen Sorgfalt; BGH NJW 85, 3080 = ZIP 85, 121). Ohne besondere Zusage dürfte für den Gläubiger keine Verpflichtung bestehen, durch (sofortige) Mitteilung an das Gericht von der Tilgung der Vollstreckungsforderung Belange des Schuldners zu wahren (offen gelassen von BGH aaO; verneint von KG NJW 73, 860). Für die Verfahrenskosten gilt § 788 (keine entsprechende Anwendung von § 269 III). Eine Kostenentschei- 24 dung ergeht auf Antrag daher nur, wenn der Gläubiger Kosten des Schuldners als nicht notwendige ZwV-Kosten zu tragen hat (Rn 20, 21 zu § 788).

25 **VI) 1)** Das Vollstreckungsgericht kann ein anderes Amtsgericht im Wege der **Rechtshilfe** um Abnahme der eidesstattlichen Versicherung ersuchen (§§ 156, 157 I GVG), wenn der Schuldner (sein offenbarungspflichtiger Vertreter) sich in dessen Bezirk aufhält und am Erscheinen vor dem zuständigen Gericht verhindert ist (auch bei Unzumutbarkeit infolge großer Entfernung der Fall). Die Parteien sind von der Anordnung, daß ein anderes Gericht um Abnahme der Versicherung ersucht ist, zu verständigen. Der ersuchte Rechtspfleger hat nur Termin zu bestimmen und die eidesstattliche Versicherung abzunehmen; die Voraussetzungen der ZwV und die Verpflichtung zur Vermögensoffenbarung prüft der ersuchende, nicht der ersuchte Rechtspfleger (§ 158 I GVG), dem jedoch Hinweise auf Unrichtigkeiten nicht versagt sind. Der ersuchte Rechtspfleger kann nicht über einen Widerspruch, der Richter des ersuchten Gerichts nicht über die Anordnung der Haft entscheiden. Hierfür sind die Akten dem ersuchenden Vollstreckungsgericht wieder zu überlassen.

26 **2)** Wenn der Schuldner infolge Erkrankung am Erscheinen verhindert ist (auch ein gehunfähiger Schuldner, LG Nürnberg-Fürth JurBüro 82, 140), kann Termin auch **in der Wohnung,** Krankenanstalt usw abgehalten werden (§ 219 I; bei ernsthafter, erheblicher Gesundheitsgefährdung ausgeschlossen; LG Freiburg MDR 62, 662). Erforderlich ist dann, daß dem Gläubiger auf Verlangen Anwesenheit ermöglicht wird. Verweigert der am Erscheinen bei Gericht verhinderte Schuldner die Abhaltung des Termins (und Anwesenheit des Gläubigers) in seiner Wohnung, gilt die Versicherung als verweigert (s Frankfurt Rpfleger 77, 146).

27 **VII)** Der Gläubiger des Verfahrens hat nach § 299 I das Recht, das **Vermögensverzeichnis einzusehen** und sich daraus Auszüge und Abschriften erteilen zu lassen. Gleiches gilt für einen anderen Gläubiger, dem gegenüber die Abgabe der Versicherung nach § 903 wirkt; erforderlich ist Nachweis durch Vorlage des Vollstreckungstitels mit Klausel und Zustellungsnachweis (Kopie reicht nicht aus, LG Hannover NdsRpfl 86, 10), nicht aber einer Unpfändbarkeitsbescheinigung (LG Konstanz JurBüro 84, 1587). Über den Antrag eines Gläubigers auf Akteneinsicht und Erteilung von Abschriften entscheidet der Urkundsbeamte des Vollstreckungsgerichts (§ 299 I), nicht der Vorstand des Gerichts (§ 299 II), auch wenn ein Versicherungsträger Abschrift verlangt (Celle NdsRpfl 83, 144 = Rpfleger 83, 160; LG Hannover/Celle Rpfleger 83, 324; LG Memmingen Rpfleger 83, 127). Akteneinsicht nach Löschung im Schuldnerverzeichns Rn 14 zu § 915.

28 **VIII) Rechtsbehelfe: 1)** Die **Terminsbestimmung** ist unanfechtbar (StJM Anm III 3c zu § 900; s auch Rn 22 zu § 216). Gegen **Zurückweisung** des Antrags (Ablehnung der Terminsbestimmung) findet befristete Erinnerung nach § 11 I S 2 RpflG (mit § 793) statt.

29 **2) Terminsänderung** nach § 227: s dort Rn 8. Ein **Rechtshilfeersuchen** (Rn 25) ist für Gläubiger und Schuldner mit Erinnerung anfechtbar (§ 766; dann § 793).

30 **3)** Der Beschluß, durch den der Offenbarungs**termin** zur glaubhaft gemachten Forderungstilgung **verlegt** wird (Abs 4), ist durch den Gläubiger mit befristeter Rechtspflegererinnerung (§ 11 I S 2 RpflG mit § 793) anfechtbar (Abs 4 S 3). Der Beschluß, durch den die Vertagung **abgelehnt** wird, ist nach Abs 4 S 4 nicht anfechtbar, bei Entscheidung durch den Rechtspfleger findet sonach befristete Erinnerung statt (§ 11 I S 1 RpflG).

31 **4)** Der über den **Widerspruch** entscheidende **Beschluß** (Abs 5) ist für Gläubiger und Schuldner mit sofortiger Rechtspflegererinnerung anfechtbar (§ 11 I S 2 RpflG mit § 793). Die Anordnung, daß die eidesstattliche Versicherung vor Eintritt der Rechtskraft abzugeben ist (Abs 5 S 2), ist als prozeßleitende Verfügung nicht anfechtbar (KG MDR 62, 582; Stuttgart Justiz 84, 299 L; LG Berlin Rpfleger 72, 325); bei Anordnung durch den Rechtspfleger findet sonach befristete Erinnerung statt (§ 11 I S 2 RpflG).

32 **IX) Gebühren: 1)** des **Gerichts:** Für die Bestimmung des ersten Termins wird Festgebühr von 25 DM erhoben (KV Nr 1152). Keine Gebühr, wenn der Antrag vor der Terminbestimmung zurückgenommen oder Terminbestimmung abgelehnt wird. S im übr Rn 13 zu § 883. Die Bestimmung eines zweiten oder weiteren Termins auf Ergänzung einer bereits abgegebenen eidesstattl Versicherung und des Vermögensverzeichnisses (AG Bremerhaven KoRsp GKG-KV Nr 11) löst keine neue Gebühr aus (AG München MDR 62, 226). Bei einer Terminbestimmung für die Wiederholung einer eidesstattl Versicherung wegen Erwerbs späteren Vermögens oder wegen Auflösung eines bisher bestehenden Arbeitsverhältnisses (§ 903) liegt gebührenrechtlich ein neues Verfahren vor; anders ist es, wenn es in diesem Fall nicht zur Terminbestimmung kommt, zB weil das Gericht eine solche ablehnt. Richtet sich das Verfahren gegen mehrere Schuldner (auch gegen Ehegatten), so ist die an die Terminbestimmung geknüpfte Gebühr für jeden Schuldner zu erheben, auch wenn ein einheitlicher Antrag in einem Schriftsatz vorliegt und es sich um Gesamtschuldner handelt (KG JW 35, 1642; Markl KV 1152 Rdnr 3 aE; Stöber, JVBl 65, 152). Jedoch kommt bei Gesamtschuldnern nur eine Gebühr zum Ansatz, wenn im angesetzten Termin allein der eine Gesamtschuldner die eidesstattl Versicherung abgibt, während der andere die Versicherung nicht abzuleisten braucht, weil er sie längst schon abgegeben hat. Fällig wird die

Gebühr mit der Terminsverfügung, wenn diese den internen Gerichtsbetrieb verlassen hat (§ 61 Hs 2 GKG). Der Termin soll erst nach Zahlung der Gebühr und der Auslagen für die Zustellung bestimmt werden (§ 65 IV GKG). Kostenschuldner ist der Antragsteller (§ 49 S 1 GKG), daneben haftet auch der Vollstreckungsschuldner (§ 54 Nr 4 GKG). Die Träger der Sozialversicherung (zB Ortskrankenkassen, Ersatzkrankenkassen, Berufsgenossenschaften, Landesversicherungsanstalten, Reichsknappschaft usw) sind von der Zahlung der Gerichtsgebühren nicht befreit; sie genießen jedoch gebührenfreie gerichtliche Rechtshilfe (§§ 115–117 RVO, 220 RKnappschG, 205 AVG usw). Dazu gehört auch die Durchführung des Verfahrens der eidesstattl Versicherung, zB hinsichtl der Einziehung rückständiger Beiträge. Auslagen (Schreibauslagen) sind aber zu erstatten. In diesen Fällen und auch dann, wenn der Gläubiger auf Grund des § 2 GKG von der Entrichtung der Gerichtskosten befreit ist, ist der Vollstreckungsschuldner gemäß § 54 Nr 4 GKG für die Kosten zahlungspflichtig. Die durch den Antrag einer Gerichtskasse auf Abnahme der eidesstattl Versicherung entstandenen Kosten sind der Gerichtskasse zur etwaigen späteren Einziehung als Nebenkosten mitzuteilen (§ 4 III KostVfG). Das Verfahren auf Abgabe der eidesstattl Versicherung durch den Gemeinschuldner nach § 125 KO ist durch die Gebühr (dreifacher Tabellensatz) nach KV Nr 1420 und das Verfahren auf Abgabe der eidesstattl Versicherung durch den Vergleichsschuldner nach § 69 II VerglO durch die Gebühr (einfacher Tabellensatz) nach KV Nr 1400 abgegolten.

2) des **Anwalts:** Das Verfahren gilt als besondere Angelegenheit der Zwangsvollstreckung (§ 58 III Nr 11 Hs 1 BRAGO). Für den RA des Gläubigers können alle Gebühren des § 31 BRAGO in Höhe von je 3/10 entstehen (§ 57 BRAGO). Für ein gegen mehrere Schuldner gerichtetes Verfahren werden die Gebühren so oft verdient, als Schuldner vorhanden sind. **Gegenstandswert: a) nach § 807:** Die Hauptforderung, soweit sie noch aus dem Vollstreckungstitel geschuldet wird, höchstens jedoch 2 400 DM (§ 58 III Nr 11 Hs 2 BRAGO); dies gilt auch, wenn nur wegen eines Teilbetrages die Abnahme der eidesstattl Versicherung verlangt wird; **b) nach § 883:** Der Wert der herauszugebenden Sachen; vgl dazu auch Rn 13 zu § 883.

X) AktO: Eintragung in das Vollstreckungsregister, Abt II, unter „M", Muster 15 (§ 14 Nr 5 AktO). Termine: § 6 IV 33
AktO. Anträge auf Abgabe der eidesstattlichen Versicherung werden auch dann in das Vollstreckungsregister M eingetragen, wenn dem Verfahren ein Hindernis nach § 900 II entgegensteht (Schuldner hat in den letzten 3 Jahren die eidesstattliche Versicherung bereits abgegeben oder gegen ihn ist Haft bereits angeordnet). Einzelheiten: Nr 2 zu Muster 15 AktO.

901 *[Anordnung der Haft]*

Gegen den Schuldner, der in dem zur Abgabe der eidesstattlichen Versicherung bestimmten Termin nicht erscheint oder die Abgabe der eidesstattlichen Versicherung ohne Grund verweigert, hat das Gericht zur Erzwingung der Abgabe auf Antrag die Haft anzuordnen.

Lit: *Bittmann*, Erzwingungshaft und Grundgesetz, Rpfleger 1983, 261; *Herpers*, Der Ablauf der Rechtsmittelfrist nach dem Erlaß eines Haftbefehls im Offenbarungseidesverfahren, Rpfleger 1969, 372; *Morgenstern*, Verhältnismäßigkeitsgrundsatz und Erzwingungshaft zur Abgabe der eidesstattlichen Versicherung, NJW 1979, 2277.

I) Zweck: Sanktion mit Anordnung der Haft für Nichtbefolgung von Verpflichtungen, die sich 1
ohne Schwierigkeiten erfüllen lassen. Haftanordnung entspricht somit dem Grundsatz der Erforderlichkeit. Daher ist § 901 (auch in seiner ersten Alternative) mit dem GG vereinbar (BVerfGE 61, 126 = MDR 83, 188 = NJW 83, 559).

II) Voraussetzungen der Haftanordnung: **1) Antrag** des Gläubigers, den der Verfahrensantrag 2
nach § 900 I S 1 noch nicht beinhaltet. Der Antrag kann bereits mit demjenigen auf Bestimmung eines Offenbarungstermins verbunden, aber auch im Termin (§ 900) oder nachher schriftlich gestellt werden. Anwaltszwang besteht nicht (§ 78 III).

2) Die **Verpflichtung des Schuldners** zur Abgabe der eidesstattlichen Versicherung muß im 3
Zeitpunkt der Haftanordnung noch bestehen. Vollstreckungstitel und Urkunden, aus denen sich diese Verpflichtung ergibt (§ 900 I S 2) müssen vorliegen. Auch ein Rechtsschutzbedürfnis muß als allgemeine Voraussetzung der ZwV (Rn 17 vor § 704) gegeben sein (BVerfGE 61, 126 = aaO).

3) Nichterscheinen trotz ordnungsgemäßer Ladung oder **Weigerung** des Schuldners. **a)** Der 4
Schuldner muß in dem Termin (§ 900) nach richtiger und rechtzeitiger Ladung **ausgeblieben** sein (zur Ladung bei neuem Termin Rn 10 zu § 900). Ein schriftlich oder in einem früheren Termin erhobener Widerspruch gilt bei Ausbleiben des Schuldners als nicht vorgebracht. Haftbefehl kann jedoch nicht ergehen, wenn der Schuldner ohne sein Verschulden (aus von ihm nicht zu vertretenden Gründen) **am Erscheinen verhindert** war, auch wenn der Hinderungsgrund erst nach dem Termin (bis zur Entscheidung über den Haftantrag) bekannt geworden oder belegt worden ist; Vertagung (hier: Anberaumung eines neuen Termins) hat dann in entsprechender Anwendung des § 337 S 1 zu erfolgen, dessen Grundgedanke auch hier gilt (KG MDR 66, 1011 = NJW 67, 59 = OLGZ 67, 47 und Rpfleger 77, 111). Die Verhinderung kann insbesondere auf (nachgewiesener) **Erkrankung** beruhen (Frankfurt MDR 56, 686; KG MDR 65, 53 und OLGZ 67, 47 = aaO; anders AG Kiel DGVZ 79, 78: Haftunfähigkeit hindert nicht die Anordnung der Haft, wohl aber die Vollstreckung). Besondere gesundheitliche Gefährdung allein rechtfertigt Vertagung jedoch nur, wenn sie durch das Verfahren unmittelbar und unvermeidbar verursacht wird

(Frankfurt NJW 68, 1194). Allgemeiner nervöser Erschöpfungs- und Versagungszustand genügt allein daher nicht (LG München I MDR 65, 53); ebenso genügen für sich allein allgemeine Leiden wie Herz- und Kreislaufstörungen oder cerebrale und coronare Durchblutungsstörungen nicht; es müssen dazu erhebliche Besonderheiten des Einzelfalls die Verhinderung ausweisen (Köln MDR 78, 59; LG Düsseldorf MDR 59, 134). Zu Gehunfähigkeit Frankfurt JurBüro 77, 1462 = Rpfleger 77, 146; zur Terminsanberaumung in der Schuldnerwohnung Rn 26 zu § 900). Andere Verhinderungsgründe, die entschuldigen können: **Abwesenheit,** wenn rechtzeitige Rückkehr oder Abreise erst nach dem Termin nicht zumutbar war, zB bei kurbedingter Abwesenheit (Hamm Rpfleger 77, 111), Auslandsaufenthalt (s KG OLG 17, 201; LG München I MDR 64, 156), **unabwendbarer Zufall** (LG Köln JurBüro 66, 70), auch bei (glaubhaft gemachter) Unkenntnis von einer Ersatzzustellung (LG Dortmund DGVZ 67, 110; Frankfurt Rpfleger 75, 67). Ein in Unkenntnis der begründeten Verhinderung des Schuldners erlassener Haftbefehl ist auf Rechtsbehelf aufzuheben (Hamm MDR 75, 939; Rpfleger 77, 111; LG Koblenz MDR 85, 418 L [anders MDR 64, 1014]; StJM Anm IV 1 zu § 901; aA Frankfurt Rpfleger 75, 67).

5 **b)** Die **Weigerung,** ein Vermögensverzeichnis vorzulegen oder es ordnungsgemäß (vollständig) auszufüllen ist Verweigerung der eidesstattlichen Versicherung, und zwar selbst dann, wenn der Schuldner im Offenbarungstermin zugleich die kurzfristige Bezahlung einer geringfügigen Restforderung anbietet. In einem solchen Fall kann jedoch das Vollstreckungsgericht von einer Entscheidung absehen und es dem Gläubiger überlassen, ob er das Verfahren vorerst weiter betreiben will oder trotz der Zahlungsankündigung auf Haftanordnung besteht (LG Wuppertal Rpfleger 81, 25).

6 **4)** Liegen die Voraussetzungen der Haftanordnung (Rn 2–5) **nicht** vor, hat das Gericht den Antrag durch (zu begründenden) Beschluß **abzulehnen** oder durch (zu begründenden) Beschluß Anberaumung eines **neuen Termins** anzuordnen (Rn 4; darin liegt Ablehnung des Haftbefehls, die nicht gesondert ausgesprochen werden muß). Der für die Entscheidung über die Haftanordnung zuständige Richter kann neuen Termin zur Ladung des verhindert gewesenen Schuldners (Rn 4) auch dann anordnen, wenn der Rechtspfleger Aufhebung oder Verlegung des Termins oder Vertagung der Verhandlung bereits abgelehnt hat (s Rn 9, 10, 21 zu § 900; Entscheidung beruht auf anderer rechtlicher Grundlage). Zu dem neuen Termin ist der Schuldner wieder persönlich zu laden (§ 900 III S 1). Der Rechtspfleger muß vor Abgabe der Sache an den Richter die Voraussetzungen der Haftanordnung selbst prüfen; verneint er sie, hat er den Offenbarungsantrag abzulehnen (Rn 20 zu § 900).

7 **III) 1) a)** Die **Haftanordnung** ergeht (idR, s § 900 Rn 11) nach Aktenlage durch **Beschluß** des Richters (§ 4 II Nr 2 RpflG).

Beispiel: Gegen den Schuldner ... wird zur Erzwingung der eidesstattlichen Versicherung nach § 807 (§ 883) ZPO die Haft angeordnet, da die auf Grund ... (Vollstreckungstitel) beim Schuldner vorgenommene Pfändung zur Befriedigung des Gläubigers nicht geführt hat, Schuldner ... trotz ordnungsgemäßer Ladung im Termin ... nicht ... erschienen ist, und Antrag auf Anordnung der Haft gestellt wurde (§§ 899, 901 ... ZPO).

Schuldnerverzeichnis.

Haftbefehl mit Vollstreckungstitel und Beilagen an Gläubigervertreter übersenden.

8 **b)** Bei Anordnung der Haft wird zugleich ein Haftbefehl erlassen (§ 908); dieser enthält die Befugnis, die Wohnung des Schuldners zu durchsuchen und nach ihm zu fahnden; einer besonderen richterlichen Anordnung bedarf es hierfür nicht (s näher Rn 10 zu § 758). Der Richter hat bei Haftanordnung auch zu prüfen, ob sie in ihrer Auswirkung auf das Grundrecht der Wohnung (Art 13 GG) dem allgemeinen Grundsatz der Verhältnismäßigkeit entspricht. Hat der Schuldner den Widerspruch versäumt und macht er vor Haftanordnung Vollstreckungsschutz nach § 765a geltend, so hat der Richter im Haftanordnungsverfahren auch über diesen Antrag zu entscheiden (LG München I Rpfleger 74, 371). Der Haftanordnungsbeschluß ist nicht Vollstreckungstitel (zB § 794), sondern Grundlage für Erlaß des Haftbefehls. Freiheitsentziehung (Art 104 GG) mit Verhaftung erfolgt durch den Gerichtsvollzieher, der dazu durch den Besitz des Schuldtitels und des gerichtlichen Haftbefehls ermächtigt ist (s auch § 186 Nr 2 GVGA) und den Haftbefehl bei Verhaftung vorzeigen, auf Begehren auch abschriftlich mitteilen muß (§ 909). Das Vorzeigen des Haftbefehls ist somit die vom Gesetz vorgeschriebene Form der **Bekanntmachung** der Haftanordnung und des Haftbefehls an den Schuldner. Es ist in dem über die Vollstreckungshandlung aufzunehmenden Protokoll zu beurkunden (§ 762 I, II Nr 2; auch GVGA § 186 Nr 2). Eine Zustellung der Haftanordnung oder des Haftbefehls an den Schuldner ist daher nicht vorgeschrieben. Sie hat somit auch nicht zu erfolgen (so auch, aber für formlose Mitteilung an Gläubiger, StJM Anm II zu § 901; erfolgt jedoch mit Aushändigung des Haftbefehls). Nach verbreiteter Ansicht ist Zustellung der Haftanordnung oder des Haftbefehls zwar nicht vorgeschrieben, aber zulässig (StJM Anm III 1 zu § 901), nach aA hat Zustellung der Haftanordnung von Amts wegen (§ 270 I)

nach § 329 III zu erfolgen, weil sofortige Beschwerde (dazu aber Rn 11, 12) stattfindet (LG Düsseldorf Rpfleger 80, 75; LG Lübeck Rpfleger 81, 153; ThP Anm 2c zu § 901).

2) Nimmt der Gläubiger den Antrag auf Abgabe der eidesstattlichen Versicherung zurück oder beantragt er die Aufhebung des Haftbefehls, so ist der Haftbefehl aufzuheben (LG Frankfurt NJW 61, 1217), ebenso, wenn der Gläubiger mit der vom Schuldner beantragten Aufhebung des Haftbefehls einverstanden ist (LG Frankenthal Rpfleger 86, 268). Hat der Schuldner den Gläubiger befriedigt, weigert sich dieser jedoch, die Aufhebung des Haftbefehls zu bewilligen, so muß der Schuldner im Wege des § 767 vorgehen (vgl auch KG Rpfleger 59, 166). Bei Nachweis der Zahlung oder Stundung nach § 775 Nr 4 und 5 kann zwar der Haftbefehl nicht vollzogen werden, andererseits ist aber die Aufhebung des Haftbefehls nicht zulässig (§ 776; StJM Anm III 3 zu § 901); nach Vorlage des Urteils, durch das die ZwV für unzulässig erklärt wird, ist der Haftbefehl aufzuheben (§ 775 Nr 1, § 776). **9**

3) Mit dem Erlaß des Haftbefehls ist das Verfahren der Instanz abgeschlossen. Der Gläubiger kann daher auch nicht neuen Termin zur Abgabe der Versicherung beantragen (LG Stade MDR 54, 1614; LG Düsseldorf MDR 55, 301; LG Bielefeld MDR 56, 686; LG Oldenburg MDR 57, 556; aA LG Dortmund MDR 54, 491; LG Essen MDR 55, 238; LG Duisburg JMBlNRW 55, 175; LG Aachen MDR 56, 45; s auch Schuhmacher NJW 57, 290). Zulässig ist neuer OE-Antrag erst wieder, wenn nach Zeitablauf (Rn 5 zu § 909) Vollziehung des Haftbefehls nicht mehr möglich ist (LG Essen DGVZ 86, 155). **10**

IV) Rechtsbehelfe: 1) a) Haftanordnung ist als Maßnahme des Vollstreckungszwangs mit Erinnerung (§ 766) anzufechten; sofortige Beschwerde findet dann nach § 793 statt. Das gilt auch, weil über den Antrag des Gläubigers ohne Anhörung des Schuldners entschieden wird. Haftanordnung erfordert gesonderten Antrag (Rn 2), der auch noch nach dem Offenbarungstermin gestellt werden kann, zu dem dem säumigen Schuldner Gehör sonach nicht gewährt wird. Selbst wenn der Haftantrag mit dem Offenbarungsantrag verbunden ist (Rn 2), muß er nicht zugestellt sein (Rn 8 zu § 900). Auch kann Haftanordnung als Sanktion für Nichterfüllung von Verpflichtungen (Rn 1) nicht mit dem für Entscheidungen vorgesehenen Rechtsbehelf, sondern wie allgemein bei Säumnis, nur mit einem Rechtsbehelf anfechtbar sein, der Überprüfung der Maßnahme durch die gleiche Instanz ermöglicht. Haftanordnung als Vollstreckungszwang bei Säumnis des Schuldners erfordert es zudem nicht, Einwendungen auf die nur kurze Beschwerdefrist (§ 793) zu beschränken und dem Vollstreckungsgericht selbst, dem der Schuldner zumeist vorgeführt wird (§ 902), Änderung seiner Entscheidung bei Anfechtung zu versagen (§ 577 III). **11**

b) Nach allgemeiner Ansicht findet gegen Haftanordnung indes sofortige Beschwerde (§ 793) statt (München BayJMBl 52, 133 mwN; KG MDR 66, 849 und 71, 496; Hamm MDR 69, 1721). Die Frist soll ab Zustellung (§ 329 III; LG Lübeck Rpfleger 81, 153; LG Düsseldorf Rpfleger 80, 75), nicht schon ab Vorlegung des Haftbefehls laufen (streitig; zT auch Zustellung oder Vorzeigen des Haftbefehls; KG MDR 66, 849; Dresden JW 32, 3197 und JW 38, 470; StJM Anm III 1 zu § 901 mwN). Wenn, wie zumeist (die Praxis folgt der unbefriedigenden hA ersichtlich nicht), Zustellung nicht erfolgt ist, soll bei Verkündung der Haftanordnung (jetzt nicht mehr üblich) die Frist auch mit Ablauf von 5 Monaten beginnen (s Herpers Rpfleger 69, 372 mwN; Hamm NJW 69, 1721 mwN). **12**

2) Die Erinnerung (Beschwerde) des Schuldners kann nur **darauf gestützt werden,** daß die von Amts wegen zu prüfenden Voraussetzungen nicht gegeben seien, ein Fall der Säumnis oder grundlosen Verweigerung der Versicherung nicht vorliege, nach der Haftanordnung der vollstreckbare Titel weggefallen sei oder eine Verpflichtung zur Abgabe der Versicherung nicht bestehe, weil innerhalb der letzten 3 Jahre die eidesstattliche Versicherung abgegeben worden sei. Einwendungen des Schuldners, die die Forderung betreffen, können nicht berücksichtigt werden (LG Mönchengladbach MDR 52, 368). Hat der Schuldner die Verpflichtung zur Abgabe der Versicherung bestritten (§ 900 V) und ist über seinen **Widerspruch rechtskräftig entschieden,** so ist er bei der Erinnerung (Beschwerde) gegen die Haftanordnung mit sämtlichen **Einwendungen ausgeschlossen,** die im Widerspruchsverfahren geltend zu machen gewesen wären (LG Düsseldorf JurBüro 85, 1737; Pohle MDR 52, 513). Hat der Schuldner jedoch einen Widerspruch nach § 900 V unterlassen, so können diese Einwendungen auch noch in der Erinnerung (Beschwerde) gegen die Anordnung der Haft vorgebracht werden (KG MDR 63, 143; Stuttgart Rpfleger 62, 25; Pohle aaO). Dies gilt insbesondere auch für die Berücksichtigung eines Schutzantrags nach § 765a (Hamm NJW 68, 2247; Stuttgart aaO). Hinsichtlich des Vorliegens der Voraussetzungen der Haftanordnung kommt es auf den Zeitpunkt der Entscheidung über die Erinnerung (Beschwerde) an. Vor Entscheidung gem § 766 I mit § 732 (§ 572 II) kann die einstweilige Einstellung des Vollzugs des Haftbefehls angeordnet werden. Zustellungen erfolgen im Beschwerdeverfahren an den Prozeßbevollmächtigten 1. Instanz (§§ 176, 178, 81). Ist der Beschluß rechtskräftig, **13**

so kann der Schuldner die Haft nur durch Abgabe der Versicherung abwenden. Der Haftbefehl wird durch die Abgabe der eidesstattlichen Versicherung verbraucht. Da bei begründeter Beschwerde die nach erzwungener Versicherung erfolgte Eintragung im Schuldnerverzeichnis zu löschen ist, ist ein Rechtsschutzbedürfnis des Schuldners für die Durchführung der Beschwerde auch nach Abgabe der Versicherung zu bejahen (Stuttgart Rpfleger 62, 25 und OLGZ 79, 116; LG Limburg DGVZ 85, 44; aA LG Düsseldorf MDR 58, 172; vgl auch Hamm Rpfleger 77, 111: Rechtsschutzbedürfnis bei zulässiger (weiterer) Beschwerde zu bejahen, wenn nur die Aufhebung des Haftbefehls und damit die Löschung der Haftbefehlseintragung angestrebt wird). Wird die Versicherung in einem anderen Verfahren geleistet, so ist auf Beschwerde die Haftanordnung aufzuheben (LG Wuppertal MDR 62, 996; LG München I MDR 64, 156; LG Düsseldorf JurBüro 84, 1424). Ein Haftbefehl, der nach Abgabe einer dem Vollstreckungsgericht nicht bekannt gewordenen eidesstattlichen Versicherung erlassen wurde, darf nicht vollzogen werden. Ist er zu den Akten des Vollstreckungsgerichts gelangt, so kann der Gläubiger Herausgabe nicht verlangen (LG Berlin Rpfleger 77, 35).

14 **3) Die Ablehnung** der Haftanordnung (auch mit Anordnung eines neuen Termins; Rn 6) kann der Gläubiger mit sofortiger Beschwerde anfechten (§ 793); Fristbeginn mit Zustellung des Ablehnungsbeschlusses.

902 *[Eidesstattliche Versicherung des Verhafteten]*

(1) Der verhaftete Schuldner kann zu jeder Zeit bei dem Amtsgericht des Haftorts beantragen, ihm die eidesstattliche Versicherung abzunehmen. Dem Antrag ist ohne Verzug stattzugeben.

(2) Nach Abgabe der eidesstattlichen Versicherung wird der Schuldner aus der Haft entlassen und der Gläubiger hiervon in Kenntnis gesetzt.

Lit: *Finkelnburg,* Die Vorführung des offenbarungswilligen Schuldners, DGVZ 1977, 1.

1 **I) Zweck:** Gewährleistung der Freiheitsgarantie (Art 104 GG) unter gleichzeitiger Wahrung der Gläubigerinteressen im Verfahren mit Regelung der Zuständigkeit für Abgabe der eidesstattlichen Versicherung durch den verhafteten Schuldner.

2 **II) Voraussetzung:** Antrag (Verlangen) des verhafteten Schuldners. Nicht anwendbar ist § 902, wenn nach Erlaß des Haftbefehls der noch nicht verhaftete Schuldner die eidesstattliche Versicherung freiwillig abgeben will, um der Verhaftung zu entgehen (§ 909). Er hat beim Vollstreckungsgericht Termin zur Abgabe der Versicherung zu beantragen; von diesem Termin ist der Gläubiger (rechtzeitig) zu verständigen (§ 900 III S 2; Dresden OLG 25, 221). Das gilt auch, wenn der verhaftete Schuldner Abgabe der eidesstattlichen Versicherung in einer anderen Offenbarungssache verlangt und sich weigert, die Versicherung für den Gläubiger abzugeben, dessen Haftbefehl vollzogen ist.

3 **III) 1)** Zuständig für Entgegennahme der eidesstattlichen Versicherung durch den verhafteten Schuldner ist das **Amtsgericht des Haftorts** (Abs 1 S 1). Es hat (wie im Falle der Rechtshilfe das Rechtshilfegericht, Rn 25 zu § 900) dem Schuldner die Versicherung abzunehmen, nicht aber über einen Widerspruch zu entscheiden. Begründete Einwendungen des Schuldners gegen den Haftvollzug (zB Schutz nach § 903 wegen inzwischen bereits geleisteter Versicherung, Eidesunfähigkeit wegen Erkrankung, auch § 765 a) können aber auch vom Gericht des Haftorts nicht übergangen werden; es kann bis zur Entscheidung des Vollstreckungsgerichts (oder Beschwerdegerichts) den Vollzug des Haftbefehls aussetzen (§ 572 II, § 576 entspr).

4 **2)** Dem Antrag des verhafteten Schuldners ist **ohne Verzug** zu entsprechen. Der GV hat den Schuldner, der bereit ist, die eidesstattliche Versicherung abzugeben, daher sogleich dem zuständigen Amtsgericht vorzuführen (s auch § 187 Nr 3 GVGA). Kann die Versicherung nicht alsbald abgegeben werden (nach Verhaftung zur Nachtzeit, wegen vorübergehender Abwesenheit oder Verhinderung des Rechtspflegers, auch des Richters und deren Vertreter), so ist der Schuldner vorübergehend festzuhalten oder (wenn dies im Einzelfall erforderlich ist) in die Justizvollzugsanstalt einzuliefern (s auch § 187 Nr 3 GVGA). In die Haftanstalt einzuliefern hat der GV den Schuldner auch, wenn die eidesstattliche Versicherung nach Vorführung nicht abgegeben und auch Haftentlassung nicht angeordnet wird. Nach Einlieferung in die Vollzugsanstalt hat deren Leitung dafür Sorge zu tragen, daß einem Antrag des Schuldners ohne Verzug entsprochen wird (Abs 1 S 2).

3) Dem **Gläubiger** (seinem Vertreter) muß nach Vorführung des verhafteten Schuldners die Teilnahme am Termin ermöglicht werden, wenn er auf Anwesenheit erkennbar Wert gelegt hat oder besondere Umstände seine Anwesenheit rechtfertigen (zB erschwerter Zugriff auf Vermögen des Schuldners, von dem bekannt ist, daß er einen größeren Barbetrag zu Hause versteckt hat) (BGH 7, 287 = NJW 53, 261; KG DGVZ 81, 75 = MDR 81, 412). In einem solchen Fall ist der Gläubiger (sein Vertreter) vor Abnahme der Versicherung (fernmündlich) zu benachrichtigen (Unterlassung kann Amtspflichtverletzung darstellen). Besonderer Anlaß zur Benachrichtigung besteht auch, wenn der Gläubiger (sein Vertreter) zum früheren Termin erschienen war und damit erkennbar auf Anwesenheit und Ausübung seines Fragerechts Wert gelegt hat (KG aaO). Der Schuldner muß kurzzeitige Freiheitsentziehung im Interesse der möglichen Wahrung der Gläubigerbelange hinnehmen (Verhältnismäßigkeitsgrundsatz). Zuziehung und damit Benachrichtigung des Gläubigers unterbleibt jedoch, wenn sie zu unangemessener Verzögerung der Abnahme der Offenbarungsversicherung führen würde, insbesondere wenn der Gläubiger (sein Prozeßbevollmächtigter) wegen weiter Entfernung nicht in angemessener Zeit erscheinen kann (BGH und KG aaO) und auch nicht in der Lage sein wird, umgehend einen Vertreter zu senden. 5

4) Der Schuldner wird nach Abgabe der eidesstattlichen Versicherung **aus der Haft entlassen** (Abs 2, dagegen keine Beschwerde; Dresden OLG 10, 396). Die Entlassung ordnet das Vollstreckungsgericht (Rechtspfleger) an; es hat auch Gläubiger (Übersendung der verlangten Abschrift des Vermögensverzeichnisses kann ausreichen) und erforderlichenfalls die Haftanstalt zu verständigen. Aufhebung des Haftbefehls wird nicht angeordnet. Vor erneuter Verhaftung ist der Schuldner nach § 775 Nr 4 (Vorlage einer Abschrift des Protokolls über die Abgabe der eidesstattlichen Versicherung) und § 903 geschützt. Der Gläubiger hat keinen Anspruch auf Rückgabe des Haftbefehls, wenn dieser mit Abgabe der Versicherung verbraucht ist (AG Rotenburg/Wümme DGVZ 79, 47). 6

5) Hat der (vorgeführte) Schuldner bei Abgabe der eidesstattlichen Versicherung zugesagt, das Verzeichnis **zu ergänzen** (notwendige Angaben nachzubringen, die bei Versicherung nach „bestem Wissen und Gewissen", § 807 II, nicht gemacht werden konnten), so hat er die Richtigkeit und Vollständigkeit der ergänzenden Angaben in einem neuen Termin eidesstattlich zu versichern. Mit nur schriftlicher Mitteilung nachzubringender Angaben ist das Verzeichnis nicht ordnungsgemäß vervollständigt (LG Berlin Rpfleger 73, 34). Der Schuldner bleibt dann vielmehr dem Gläubiger (Rechtsschutzinteresse vorausgesetzt) zur Nachbesserung verpflichtet (Rn 14 zu § 903). 7

6) Das Gericht des Haftorts, das nicht Vollstreckungsgericht ist, hat die Niederschrift über die Abnahme der eidesstattlichen Versicherung mit dem Vermögensverzeichnis **dem Vollstreckungsgericht zu übersenden.** Die Urkunden werden Bestandteil der Akten des Vollstreckungsgerichts. Eintragung erfolgt in das Schuldnerverzeichnis des Vollstreckungsgerichts (§ 915; s auch § 17 Nr 3 AktO). Das Gericht des Haftorts vermerkt die Abnahme der Versicherung lediglich bei der im Allgemeinen Register einzutragenden Sache (§ 17 Nr 3 AktO). 8

903 *[Wiederholte eidesstattliche Versicherung]*

Ein Schuldner, der die in § 807 dieses Gesetzes oder in § 284 der Abgabenordnung bezeichnete eidesstattliche Versicherung abgegeben hat, ist, wenn die Abgabe der eidesstattlichen Versicherung in dem Schuldnerverzeichnis noch nicht gelöscht ist, in den ersten drei Jahren nach ihrer Abgabe zur nochmaligen eidesstattlichen Versicherung einem Gläubiger gegenüber nur verpflichtet, wenn glaubhaft gemacht wird, daß der Schuldner später Vermögen erworben hat oder daß ein bisher bestehendes Arbeitsverhältnis mit dem Schuldner aufgelöst ist.

Lit: *Haase,* Zur Frage der Vorlegung einer neuen Unpfändbarkeitsbescheinigung für die Abnahme der Offenbarungsversicherung nach § 903 ZPO, Rpfleger 1970, 383; *Schmidt,* Methodische Untersuchung der Rechtsprechung zu § 903 ZPO, NJW 1963, 2306; *E. Schneider,* Zur Glaubhaftmachung nach § 903 ZPO bei Beendigung des Arbeitsverhältnisses, JurBüro 1965, 597; *Schumacher,* Die Wartezeit des § 903 ZPO, ZZP 75 [1962] 244.

I) Zweck: Schutz des Schuldners nach der allen Gläubigern zugänglichen (§ 299; auch Rn 27 zu § 900 und § 915 III, IV) Verzeichnung und Versicherung seines Vermögens (§ 807; § 284 AO) vor weiteren Verfahren unter gleichzeitiger Wahrung der Gläubigerbelange. 1

II) 1) Befreit ist der Schuldner von nochmaliger Vermögensversicherung nach § 807 (auch § 284 AO) unter folgenden Voraussetzungen:

2 **a) Abgabe der eidesstattlichen Versicherung** nach § 807 (auch § 284 AO, nicht aber nach § 125 KO), auch bei dem Gericht des Haftorts (§ 902), bei einem ersuchten Gericht (Rn 25 zu § 900) oder vor Wohnsitzwechsel bei dem früher zuständig gewesenen Vollstreckungsgericht. Zum unzuständigen Gericht s Rn 4 zu § 899.

3 **b)** Der Zeitpunkt dieser Versicherung darf noch **keine drei Jahre** zurückliegen. Fristberechnung: ab Abgabe der Versicherung (nicht Jahresschluß; LG Mönchengladbach JurBüro 79, 612) nach § 222. Abgelaufen sein muß die Frist bei Verfahrensbeginn mit Antragstellung (folgt aus § 900 I S 2); in den drei Jahren kann somit auch Vorladung zu einem späteren Termin nicht erfolgen. Löschung im Schuldnerverzeichnis darf nicht, gleich aus welchem Grund, vorzeitig erfolgt sein (s § 915 und Anm dazu). Eine nachgewiesene gelöschte frühere Versicherung befreit nicht nach § 903.

4 **c)** Vermögenserwerb oder Auflösung eines bisher bestehenden Arbeitsverhältnisses darf nicht glaubhaft gemacht sein (dazu Rn 6 ff).

5 **2)** Die Befreiung des Schuldners von nochmaliger Vermögensversicherung ist **von Amts wegen** zu beachten (s auch § 900 II). Sie besteht **gegenüber allen Gläubigern,** nicht nur dem Gläubiger, der das frühere Offenbarungsverfahren betrieben hat (s auch Rn 4 zu § 899).

6 **III) Wiederholte eidesstattliche Versicherung: 1)** Erneut zur Abgabe der eidesstattlichen Versicherung nach § 807 (oder § 284 AO) ist der Schuldner **nach Ablauf** von 3 Jahren von ihrer Abgabe an (nicht seit Jahresschluß) oder nach früherer Löschung im Schuldnerverzeichnis verpflichtet. **In dieser Zeit** ist der Schuldner dem Gläubiger, der das frühere Verfahren betrieben hat, und jedem anderen seiner Gläubiger zur **nochmaligen** Abgabe der Offenbarungsversicherung **verpflichtet,** wenn alle Voraussetzungen der eidesstattlichen Versicherung nach § 807 vorliegen (Rn 3 ff zu § 807) **und glaubhaft gemacht** wird (ist von Amts wegen zu beachtende Verfahrensvoraussetzung, Stuttgart Justiz 70, 52), daß

7 **a)** er seit Abgabe der Versicherung **Vermögen erworben** hat. Glaubhaft gemacht sein muß der Erwerb pfändbarer Vermögenswerte (StJM Anm III 1 zu § 903); Grund: die Ergänzung der Versicherung soll dem Gläubiger wieder Kenntnis von Zugriffsmöglichkeiten verschaffen. **Oder** (alternativ)

8 **b)** ein bisher mit dem Schuldner bestehendes **Arbeitsverhältnis aufgelöst** ist. Arbeitsverhältnis ist jede Betätigung des Schuldners, die Arbeitseinkommen nach § 850 gewährt, dessen Pfändung nach § 850 II, 850a ff erfolgt (KG MDR 68, 674 = OLGZ 68, 307: Handelsvertreter; Hamm JurBüro 83, 1739 = Rpfleger 83, 322), Auflösung eines solchen somit auch das Ausscheiden des Schuldners aus einem Beamtenverhältnis und der Wechsel eines Handelsvertreters zu einem anderen Unternehmer (es ist nicht nur auf Schuldner abgestellt, die in abhängiger Stellung tätig sind). Die Regelung soll Schwierigkeiten begegnen, die bei der Vollstreckung für den Gläubiger im Falle des Wechsels der Erwerbsquelle des Schuldners entstehen (BT-Drucks I 4452, S 4; auch OLG Hamm aaO). Ihr liegt die auf allgemeiner Lebenserfahrung beruhende Vermutung zugrunde, daß derjenige, dessen bisheriges Arbeitsverhältnis aufgelöst worden ist, wieder eine neue Arbeit aufnimmt und damit neues pfändbares Vermögen erwirbt (Hamm aaO). Über den engen Gesetzeswortlaut hinaus erfolgt daher ausdehnende Anwendung der Gläubigerinteressen wahrenden Bestimmung auf gleichartige Fälle, in denen der Gläubiger gleichermaßen daran interessiert ist, die neue Erwerbsquelle des Schuldners zu erfahren. Erneute Offenbarungspflicht nach § 903 (2. Alternative) besteht demnach ebenso (eingehend dazu Hamm aaO mit zahlr Nachw), wenn ein selbständiger Gewerbetreibender (Unternehmer) seinen Betrieb oder der freiberuflich tätige Schuldner seinen freien Beruf aufgegeben hat (Bremen JurBüro 78, 608; Koblenz MDR 67, 311; LG Aurich MDR 65, 213; aA Celle JurBüro 60, 356 = NdsRpfl 60, 111; LG Lübeck SchlHA 66, 205) und wenn eine zur Zeit der Versicherung bestehende Arbeitslosigkeit beendet ist (Schuldner ist beim Arbeitsamt nicht mehr gemeldet; er bezieht Arbeitslosengeld oder -hilfe nicht mehr) (Stuttgart JurBüro 78, 1726 = OLGZ 79, 116; LG Aurich aaO; LG Berlin KTS 67, 187; LG Essen MDR 68, 505; LG Hannover Rpfleger 73, 34; LG Kassel MDR 85, 63; LG Weiden MDR 70, 245), auch wenn der arbeitslos gewesene Schuldner nunmehr eine freiberufliche Tätigkeit ausübt (LG Frankenthal Rpfleger 84, 450; einschränkend LG Koblenz MDR 69, 770: Glaubhaftmachung besonderer Umstände, die Annahme eines Arbeitsverhältnisses rechtfertigen; LG Berlin DGVZ 73, 153: Erfordernis besonderer Nachweise bei erkennbar unwilligem Schuldner; s auch LG Berlin Rpfleger 78, 228). Auf den Verlust der Witwenpension oder Sozialrente ist § 903 (2. Alternative) analog anzuwenden, wenn sie einzige bedeutsame Erwerbsquelle war (Hamm aaO). Die 2. Alternative des § 903 ist auch erfüllt, wenn der Schuldner ein erst nach der früheren Abgabe der eidesstattlichen Versicherung erneut eingegangenes Arbeitsverhältnis aufgelöst hat (LG Bremen NJW 69, 152) und wenn das im Vermögensverzeichnis angegebene Arbeitsverhältnis bereits vorher beendet war (LG Berlin Rpfleger 71, 325), wenn also der Schuldner unrichtige

(unwahre) Angaben über sein Arbeitsverhältnis gemacht hat (Köln MDR 75, 498 = OLGZ 75, 251; LG Koblenz MDR 80, 676: dafür Gläubiger darlegungs- und beweispflichtig). Fortsetzung der Tätigkeit des Geschäftsführers einer GmbH als deren Liquidator ist keine Auflösung des Arbeitsverhältnisses in diesem Sinn (LG Berlin Rpfleger 79, 149).

2) Späterer Vermögenserwerb oder Lösung des Arbeitsverhältnisses sind **glaubhaft zu machen** (§ 294). Ausreichend ist es bei Neuerwerb, wenn der Gläubiger Umstände glaubhaft macht, die nach allgemeiner Lebenserfahrung den Schluß zulassen, daß der Schuldner in den Besitz von pfändbaren Vermögensstücken gelangt ist (KG JW 35, 140); zu Einzelfragen der Glaubhaftmachung auch München NJW 62, 497. Schweigen des Arbeitgebers auf Anfragen über das Beschäftigungsverhältnis genügt zur Glaubhaftmachung nicht (LG Mainz DGVZ 74, 41). Wenn der Schuldner arbeitslos war, kann sich die Glaubhaftmachung nicht darauf zu erstrecken haben, daß er tatsächlich einen neuen Arbeitsplatz gefunden bzw eine entsprechende Tätigkeit aufgenommen hat. Es muß vielmehr bereits genügen, wenn glaubhaft gemacht ist, daß nach der Lebenserfahrung unter Berücksichtigung des Alters und der Arbeitsfähigkeit sowie der allgemeinen wirtschaftlichen Lage ein arbeitswilliger Schuldner wieder einen Arbeitsplatz hat finden können (LG Heilbronn JurBüro 79, 292; auch Stuttgart JurBüro 78, 1726 = aaO; anders LG Berlin DGVZ 78, 136 = Rpfleger 78, 228). Daß der Schuldner nicht mehr arbeitslos ist, kann daher auch bei einem 20jährigen ledigen Hilfsarbeiter 10 Monate nach Abgabe der Versicherung ohne weiteres anzunehmen sein (LG Kleve MDR 75, 766; hängt jedoch sehr vom Einzelfall und den Zeitumständen ab). Angenommen werden kann, daß der Schuldner wieder einen Arbeitsplatz gefunden hat, wenn der Gläubiger glaubhaft macht, daß der arbeitslos gewesene Schuldner später keine Arbeitslosenunterstützung beantragt hat (Düsseldorf MDR 76, 587 L; LG Duisburg MDR 82, 504; LG Kassel MDR 80, 237). 9

3) Nochmalige Abgabe der eidesstattlichen Versicherung nach § 807 verpflichtet (auch nach Arbeitsplatzwechsel; LG Duisburg MDR 74, 52) zur Vorlage eines (vollständig) **neuen Vermögensverzeichnisses** mit allen Angaben des § 807; zu versichern ist nach § 807 II die Richtigkeit und Vollständigkeit dieses neuen Vermögensverzeichnisses. Nicht ausreichend ist Versicherung des Schuldners, er sei jetzt arbeitslos und habe weiteres Vermögen nicht erworben (LG Aschaffenburg MDR 71, 497). Der Gläubiger kann auch seinen Antrag auf wiederholte Vermögensversicherung auf die Offenlegung nur einzelner Angaben (zB des neuen Arbeitgebers) beschränken (Rn 4 zu § 807). 10

IV) 1) a) Das Verfahren beginnt wieder mit dem **Antrag** des Gläubigers (Rn 2 zu § 900). Er kann von dem Gläubiger gestellt werden, der bereits das frühere Verfahren betrieben hat, aber auch von jedem anderen Gläubiger; der Antrag leitet ein **neues, selbständiges Verfahren** ein. Zuständigkeit: § 899. Sie bestimmt sich nach dem Zeitpunkt des neuen Antrags (s Rn 2 zu § 899); das Vollstreckungsgericht des früheren Verfahrens ist daher nicht ohne weiteres wieder zuständig. Verfahren: § 900; Haftanordnung: § 901. Schuldnerverzeichnis: § 915. Der Vollstreckungstitel und die Urkunden, aus denen sich die Verpflichtung des Schuldners zur erneuten Abgabe der eidesstattlichen Versicherung ergibt, sind dem Antrag beizufügen. Das sind alle ZwV-Nachweise und der Nachweis, daß die Pfändung zu einer vollständigen Befriedigung des Gläubigers nicht geführt hat oder Beweismittel für Glaubhaftmachung (§ 294), daß der Gläubiger durch Pfändung Befriedigung nicht vollständig wird erlangen können (Rn 3 zu § 900), **außerdem** Nachweis zur **Glaubhaftmachung** der besonderen **Voraussetzungen des § 903.** Der **Nachweis über erfolglose ZwV** oder nicht mögliche Befriedigung des Gläubigers durch ZwV (Unpfändbarkeitsbescheinigung) muß mit dem Antrag in einem zeitlichen oder tatsächlichen Zusammenhang stehen (Rn 16 zu § 807); eine Unpfändbarkeitsbescheinigung darf daher zwar nicht veraltet sein. Jedoch läßt sich auch hier ein fester Zeitraum nicht bestimmen; es kommt auf die Umstände des Einzelfalls an (Rn 16 zu § 807). Der Grundsatz, daß ZwV-Kosten notwendig sein müssen (§ 788 mit § 91) und der Gläubiger deshalb verpflichtet ist, Kosten niedrig zu halten, muß gerade auch gegenüber einem Schuldner ins Gewicht fallen, der bereits die Vermögensversicherung abgegeben hat. Deshalb kann eine Unpfändbarkeitsbescheinigung jüngeren Datums (zB aus den letzten 6 Monaten) nicht allgemein verlangt werden (aA LG Duisburg MDR 80, 410; LG Kiel SchlHA 70, 100; LG Mainz Rpfleger 74, 123; LG Stade Rpfleger 82, 193; LG Tübingen DGVZ 84, 43 = Rpfleger 84, 70; Haase Rpfleger 70, 383; Schmidt Rpfleger 71, 134 [146]). Eine neue Unpfändbarkeitsbescheinigung ist vielmehr idR **nicht** zu fordern (so zutr LG Göttingen JurBüro 86, 304; LG Essen MDR 69, 582 = Rpfleger 69, 98, DGVZ 68, 13 und Rpfleger 67, 182; LG Hannover MDR 73, 769; LG Kassel MDR 85, 63; LG Stuttgart JurBüro 81, 944; Schneider MDR 76, 536). Nur in Ausnahmefällen (wenn sich Besonderheiten mit dem glaubhaft gemachten Vermögenserwerb ergeben, zB bei größerer Erbschaft) weisen die bereits abgegebene Versicherung und die früher erwirkte Unpfändbarkeitsbescheinigung die fortdauernde Unpfändbarkeit nicht mehr hinreichend aus. 11

Allein die Auflösung eines Arbeitsverhältnisses (2. Alternative) kann keinen Anhalt dafür bieten, daß Pfändung Befriedigung bringen könne, mithin das Gegenteil mit neuer Unpfändbarkeitsbescheinigung glaubhaft gemacht werden müsse (AG Groß-Gerau Rpfleger 82, 193; enger LG Memmingen Rpfleger 85, 310).

12 **b)** Ein **Rechtsschutzbedürfnis** für das neue Verfahren entfällt nicht schon, weil der Gläubiger vom Schuldner über sein neues Arbeitsverhältnis unterrichtet ist; denn der Gläubiger hat unter den Voraussetzungen des § 903 Anspruch auf Vorlage und Versicherung eines neuen vollständigen Vermögensverzeichnisses (KG MDR 68, 674 = OLGZ 68, 307; aA LG Limburg DGVZ 72, 11; anders aber, wenn der Gläubiger den Antrag auf Angabe des neuen Arbeitsverhältnisses beschränkt und davon schon Kenntnis hat). Unzulässig ist ein Antrag auf erneute Abgabe der Versicherung, der von einer Bedingung abhängig ist, deren Eintritt das Gericht ermitteln soll, zB Wegfall der Arbeitslosigkeit des Schuldners; der Gläubiger kommt damit seiner Pflicht zur Glaubhaftmachung nicht nach (LG Bremen MDR 57, 46; aA LG Bochum MDR 56, 362).

13 **2)** In dem **Termin** zur nochmaligen Abgabe der eidesstattlichen Versicherung hat der Schuldner ein neues Vermögensverzeichnis nach § 807 vorzulegen (Rn 19 ff zu § 807; s auch oben Rn 10). Es ist mit dem Schuldner durchzusprechen; erst wenn es richtig und vollständig ausgefüllt ist, darf dem Schuldner die eidesstattliche Versicherung abgenommen werden (Rn 18 zu § 900). Zulässig ist es, auf die unverändert gebliebenen Angaben in dem früher bereits versicherten Vermögensverzeichnis zurückzugreifen, wenn es vorliegt. Dann ist durch Erklärung des Schuldners zu Protokoll darauf ausdrücklich Bezug zu nehmen und dieses Verzeichnis mit dem Schuldner durchzusprechen sowie durch seine ergänzenden Angaben (zu Protokoll oder in einem neuen Formular) auf den neuen Stand zu bringen. Bei solchem Verfahren muß das Vermögensverzeichnis, das neu zu versichern ist (§ 807), jedoch übersichtlich bleiben; Unklarheiten gehen zu Lasten des Schuldners, den § 807 verpflichtet, **ein** Verzeichnis seines Vermögens einzureichen.

14 **V) Nachbesserung: 1)** Zu unterscheiden von der wiederholten Versicherung des § 903 ist die **Verpflichtung** des Schuldners zur **Nachbesserung (Ergänzung)** seines Vermögensverzeichnisses. Sie besteht allgemein (ohne daß die besonderen Erfordernisse des § 903 erfüllt sein müssen), wenn der Schuldner ein lückenhaftes oder unklares Vermögensverzeichnis vorgelegt, es mithin nicht so vollständig ausgefüllt hat, wie das nach dem Zweck des § 807 für die Kenntnis des Gläubigers zum Zugriff auf angegebene Vermögenswerte erforderlich ist (Rn 19 zu § 807). **Beispiele:** Fehlende Angabe über Aufbewahrung einer Sache (Frankfurt MDR 76, 320); ungenügende Angabe als Aushilfsbedienung bei ständig wechselnden Arbeitgebern (LG München I JurBüro 82, 937 = Rpfleger 82, 231); unvollständige Angabe eines Gelegenheitsarbeiters (LG Berlin JurBüro 78, 172). Dann hat der Schuldner seine Offenbarungspflicht nicht erfüllt. Wenn ein solcher Mangel erkannt wird, ist daher der Schuldner von seiner Offenbarungspflicht auch nicht nach § 903 befreit. Der Gläubiger, der das frühere Verfahren betrieben hat, kann vielmehr verlangen, daß der Schuldner sein Vermögensverzeichnis ergänzt. Das Recht steht auch jedem anderen Gläubiger zu (Frankfurt Rpfleger 76, 320; LG Frankenthal JurBüro 85, 623; LG Oldenburg NdsRpfl 58, 212). Das Nachbesserungs- oder Ergänzungsverfahren ist **Fortsetzung** des alten, nicht gesetzesmäßig verlaufenen und wegen des Mangels noch nicht abgeschlossenen Verfahrens. In ihm ist der Schuldner nur zur Ergänzung (Vervollständigung, auch durch erforderliche Klarstellung) des bereits eingereichten Vermögensverzeichnisses und Versicherung der ergänzenden Angaben verpflichtet (Frankfurt Rpfleger 75, 442 mwN; auch Köln Rpfleger 75, 180; LG Darmstadt JurBüro 79, 1083; LG Koblenz MDR 76, 150), nicht aber zur nochmaligen Errichtung und Versicherung eines (neuen) Vermögensverzeichnisses. Auch widersprüchliche Angaben im Vermögensverzeichnis können zur Ergänzung verpflichten (LG Krefeld Rpfleger 79, 146).

15 **2)** Eingeleitet wird das Nachbesserungsverfahren auf **Antrag** des Gläubigers (§ 900 I S 1). Dieser hat die fehlenden (unvollständigen) Angaben zu bezeichnen und erforderlichenfalls glaubhaft zu machen (§ 903 entspr). Vollstreckungstitel und sonstige urkundliche Nachweise sind vorzulegen (§ 900 I S 2). Auf den Nachbesserungsantrag wird das **alte Verfahren** zur Behebung des Mangels (kostenfrei; LG Frankenthal Rpfleger 84, 194 und JurBüro 85, 624; daher auch keine Erhebung eines Auslagenvorschusses) **weitergeführt,** auch wenn nicht der Antragsteller dieses Verfahrens, sondern ein anderer Gläubiger Nachbesserung verlangt. Zuständig bleibt daher das Vollstreckungsgericht des früheren Verfahrens (§ 899; so auch StJM Anm II 2 zu § 903). Es kann die ergänzende Versicherung auch dann selbst entgegennehmen, wenn die unvollständige Versicherung vor dem Gericht des Haftorts (§ 902) oder einem ersuchten Gericht abgegeben wurde. Eine neue Unbedenklichkeitsbescheinigung ist nicht erforderlich, weil der bereits zu dem unvollständig abgewickelten Verfahren vorgelegte Unpfändbarkeitsnachweis für die gesamte Dauer des Verfahrens und damit auch für dessen Fortsetzung im Nachbesserungsverfahren wirkt

(Rn 15 zu § 807; dort auch zur Besonderheit bei Verzögerung durch den Gläubiger). Rechtsschutzinteresse ist erforderlich; es fehlt für den Nachbesserungsantrag, wenn der Gläubiger eine angeblich verschwiegene Forderung des Schuldners schon so genau kennt, daß er sie pfänden lassen kann (LG Berlin Rpfleger 79, 112); gleiches gilt, wenn die geforderte Angabe für den Gläubiger nicht von Interesse ist (LG Frankenthal Rpfleger 81, 36; Schuldner hatte versichert, daß er Gelegenheitsarbeiten stundenweise ausgeführt hat, jedoch keine Ansprüche mehr bestehen und er jetzt wegen Herzkrankheit keine Arbeiten mehr ausführt). Das Rechtsschutzinteresse entfällt nicht dadurch, daß der Schuldner nachträglich die ergänzende Angabe in einem Schriftsatz macht (ist nicht Bestandteil der eidesstattlichen Versicherung und unterliegt nicht der Strafandrohung des § 156 StGB; KG DGVZ 81, 75 [76 aE]). **Verfahren:** § 900; Haftanordnung: § 901 (Düsseldorf JurBüro 84, 947). Anträge auf Ergänzung können uU auch mehrfach gestellt werden (LG Hannover MDR 79, 237) und auch nach wiederholter Offenbarungsversicherung (§ 903; LG Freiburg MDR 81, 151, auch zur wiederholten Haft).

VI) Rechtsbehelfe: Widerspruch (§ 900 V) für den Schuldner, der die Verpflichtung zur wieder- 16
holten eidesstattlichen Versicherung oder zur Nachbesserung seines Vermögensverzeichnisses **bestreitet.** Im übrigen wie Rn 28–31 zu § 900.

904 *[Unzulässigkeit der Haft]*

Die Haft ist unstatthaft:

1. **gegen Mitglieder des Bundestages, eines Landtages oder einer zweiten Kammer während der Tagung, sofern nicht die Versammlung die Vollstreckung genehmigt;**
2. **(weggefallen)**
3. **gegen den Kapitän, die Schiffsmannschaft und alle übrigen auf einem Seeschiff angestellten Personen, wenn sich das Schiff auf der Reise befindet und nicht in einem Hafen liegt.**

Unzulässig ist in den Fällen des § 904 die **Vollstreckung** der Haft, nicht die Anordnung (§ 901) 1
und Ausfertigung des Haftbefehls (§ 908). Zu Nr 1 s Art 46 III GG und die Landesverfassungen. **Rechtsbehelfe** für Geltendmachung unzulässiger Haftvollstreckung: § 766 (dann § 793). Unzulässig ist Haft außerdem gegen Mitglieder der Streitkräfte (Art 10 III Truppenvertrag; LG Hagen DGVZ 76, 138); Erzwingung der eidesstattlichen Versicherung nach Art 22 aaO.

905 *[Unterbrechung der Haft]*

Die Haft wird unterbrochen:

1. **gegen Mitglieder des Bundestages, eines Landtages oder einer zweiten Kammer für die Dauer der Tagung, wenn die Versammlung die Freilassung verlangt;**
2. **(weggefallen)**

906 *[Haftaufschub]*

Gegen einen Schuldner, dessen Gesundheit durch die Vollstreckung der Haft einer nahen und erheblichen Gefahr ausgesetzt wird, darf, solange dieser Zusand dauert, die Haft nicht vollstreckt werden.

Lit: *Midderhoff,* Die Feststellung der Haftunfähigkeit gem § 906 ZPO und ihre Überprüfung durch das Vollstreckungsgericht, DGVZ 1982, 81; *E. Schneider,* Haftaufschub wegen Gesundheitsgefährdung, JR 1978, 182.

I) Zweck: Wahrung des Grundrechts des Schuldners aus Art 2 II S 1 (auch Art 2 I) GG iVm 1
dem Rechtsstaatsprinzip (s BVerfGE 52, 214 = MDR 80, 116 = NJW 79, 2607). Die unmittelbar der Erhaltung von Leben und Gesundheit dienenden Interessen des Schuldners wiegen schwerer als Vollstreckungsbelange des Gläubigers (BVerfG aaO).

II) Gesundheitsgefahr verbietet Haftvollstreckung durch den GV und weiteren Haftvollzug in 2
der Haftanstalt; unzulässig ist ebenso Verhaftung eines haftunfähigen Schuldners nur zur Vorführung bei Gericht (Hamm DGVZ 83, 137; AG Wuppertal DGVZ 77, 30; AG Kiel DGVZ 79, 80; dann würde Haftunfähigkeit nicht bestehen; s aber auch LG Hildesheim DGVZ 74, 30: zwangsweise Vorführung ist nicht ausgeschlossen) oder zur Haftvollstreckung in einem Anstaltskran-

kenhaus (AG Wuppertal aaO). Der GV hat das Vollstreckungsverbot des § 906 von Amts wegen zu beachten. Er darf Verhaftung jedoch nur unterlassen, wenn er sich durch Augenschein selbst davon überzeugt hat, daß die Gesundheit des Schuldners durch die Haftvollstreckung einer nahen und erheblichen Gefahr ausgesetzt ist (Frankfurt MDR 69, 150) oder wenn dies durch Zeugnis eines amtlichen Arztes nachgewiesen ist. Die Gesundheitsgefährdung muß sonach offensichtlich oder nachgewiesen sein (Hamm DGVZ 83, 137; Frankfurt MDR 69, 150; LG Koblenz MDR 72, 790; anders LG Hannover DGVZ 82, 119: fehlende Möglichkeit genauer Überprüfung geht nicht zu Lasten des Schuldners; amtsärztliches Zeugnis kann nicht verlangt werden). Den Nachweis der nicht offensichtlichen Gesundheitsgefährdung hat der Schuldner zu erbringen (LG Göttingen DGVZ 81, 10). Der GV hat den für haftfähig angesehenen Schuldner auf dessen Verlangen nicht zunächst einem Arzt vorzuführen, damit dieser die Haftunfähigkeit bescheinigt (AG Hochheim DGVZ 81, 15). Bei Beurteilung der Haftfähigkeit ist ein strenger Maßstab anzulegen (Hamm DGVZ 83, 137; LG Kassel DGVZ 75, 169; Schneider JR 78, 182). Ein privatärztliches Zeugnis kann daher nur genügen, wenn die Haftunfähigkeit darin konkret und nachvollziehbar begründet ist (Schneider JR 78, 182; LG Frankenthal JurBüro 85, 792; LG Hannover JurBüro 85, 1748); idR ist ein amtsärztliches Zeugnis vorzulegen. Anzunehmen sein kann Haftunfähigkeit bei einem 81jährigen Schuldner, der nach ärztlichem Zeugnis an schwerer Herzkrankheit leidet (AG Berlin-Schöneberg DGVZ 82, 14), bei einem 87jährigen Schuldner, wenn Altersbeschwerden eine gesundheitliche Krise besorgen lassen (AG Koblenz DGVZ 86, 126), und bei einem Schuldner, der sich 3mal wöchentlich einer Dialysebehandlung unterziehen muß (AG Pirmasens DGVZ 83, 127). Lehnt der GV die Verhaftung ab, weil er den Schuldner für haftunfähig hält, so muß er im einzelnen darlegen, welche Feststellungen ihn zu seiner Entscheidung veranlaßt haben (LG Berlin DGVZ 75, 167).

3 **III)** Der Vollzug angetretener **Haft** ist für die Dauer der Haftunfähigkeit **zu unterbrechen.** Nach Beendigung des Krankheitszustandes kann der Haftbefehl weiter vollstreckt werden.

4 **IV) Rechtsbehelf** für Gläubiger (bei Ablehnung der Haftvollstreckung) und für Schuldner (der sich auf § 906 beruft) Erinnerung nach § 766 (dann § 793). Einwendungen nach § 766 sind auch schon zulässig, bevor der GV zur Verhaftung schreitet; es muß nur der Vollzug drohen (KG OLG 37, 193; Hamm DGVZ 83, 137). Hat der GV die Verhaftung des Schuldners abgelehnt, so muß im Erinnerungsverfahren geprüft werden, ob Vollstreckung der Haft nach § 906 tatsächlich ausgeschlossen ist (erfordert Prüfung der Haftfähigkeit des Schuldners), nicht nur, ob der GV in zutreffender Weise von seinem Ermessen Gebrauch gemacht hat (so aber LG Düsseldorf DGVZ 81, 171; LG Hannover DGVZ 82, 119).

907 (weggefallen)

908 *[Haftbefehl]*

Das Gericht hat bei Anordnung der Haft einen Haftbefehl zu erlassen, in dem der Gläubiger, der Schuldner und der Grund der Verhaftung zu bezeichnen sind.

1 Der **Haftbefehl** ist als Ausfertigung der Haftanordnung mit dem vorgeschriebenen Inhalt (zusammen mit dem Schuldtitel) urkundliche Grundlage für Verhaftung des Schuldners durch den GV (§ 909) und für Haftvollzug. Haftanordnung kann daher (bei Terminwahrnehmung durch den Richter) auch mit Haftbefehl als Anlage zum Protokoll (s § 160 III Nr 6, 7 mit § 160 V) beschlossen werden. Zu erlassen ist der Haftbefehl (sogleich) bei Anordnung der Haft; er darf nicht von der (vermeintlichen) Rechtskraft des die Haft anordnenden Beschlusses abhängig gemacht werden (LG Verden JurBüro 80, 301).

2 **Anzugeben** sind in dem Haftbefehl Gläubiger (auch sein Vertreter; Herzig JurBüro 66, 906) und Schuldner sowie als Grund der Verhaftung die auf § 807 oder § 883 II beruhende Verpflichtung zur Abgabe der eidesstattlichen Versicherung (LG Bonn DGVZ 80, 87; nicht Säumnis als Voraussetzung der Haftanordnung). Bezeichnung des Haftgrunds erfordert auch Angabe des Vollstreckungstitels (so auch ThP Anm zu § 908; aA StJM Anm II zu § 908; Haase JR 68, 445) und der Gläubigerforderung, mit deren Wegfertigung Haftvollzug abgewendet werden kann (anders allgemeine Meinung; s auch LG Düsseldorf MDR 61, 607: Haftbefehl muß Lösungssumme zwar nicht feststellen, aber feststellbar angeben). Handelt es sich um ein Wiederholungsverfahren nach § 903, so ist auch darauf (wegen § 902) im Haftbefehl hinzuweisen (LG Bonn DGVZ 80, 87);

gleiches gilt für das Nachbesserungsverfahren (Rn 14 zu § 903). Bei prozeßunfähigen Schuldnern (auch GmbH usw) muß der Haftbefehl den Schuldner als Partei und den zu verhaftenden gesetzlichen Vertreter (Geschäftsführer usw; Rn 6 ff zu § 807) angeben (LG Freiburg Rpfleger 80, 117; dazu auch AG Bamberg DGVZ 79, 31).

Zu **unterzeichnen** ist der Haftbefehl vom Richter (§ 4 II Nr 2 RpflG; aA AG Berlin-Charlottenburg DGVZ 79, 28: vom Rechtspfleger unterzeichneter Haftbefehl genügt iVm der richterlichen Haftanordnung). Dem Gläubiger wird die Urschrift des Haftbefehls übergeben; Zweitschrift wird als Ausfertigungsentwurf zu den Akten genommen. **Wortlaut:** 3

Haftbefehl. In der Zwangsvollstreckungssache

Gläubiger

vertreten durch

gegen

Schuldner

hat das Amtsgericht ... die **Haft** angeordnet.

Der Schuldner war wegen der Forderung des Gläubigers in Höhe von ... DM Hauptsache nebst ... Zinsen und ... DM Kosten aus dem vollstreckbaren Urteil ... zur Abgabe der eidesstattlichen Versicherung nach § 807 ZPO [... war wegen des Anspruchs des Gläubigers auf Herausgabe einer beweglichen Sache aus dem ... nach § 883 II ZPO] vorgeladen worden. Er ist zu dem Termin nicht erschienen. Auf Antrag des Gläubigers war daher nach § 901 ZPO die Haft anzuordnen.

Dieser Haftbefehl muß bei der Verhaftung dem Schuldner vorgezeigt und auf Begehren abschriftlich mitgeteilt werden.

..., den ... AMTSGERICHT ... (Siegel) ... Richter am Amtsgericht

909 *[Verhaftung]*

Die Verhaftung des Schuldners erfolgt durch einen Gerichtsvollzieher. Der Haftbefehl muß bei der Verhaftung dem Schuldner vorgezeigt und auf Begehren abschriftlich mitgeteilt werden.

Lit: *Birmanns,* Der Haftbefehl im ZwV-Verfahren und das Grundgesetz, DGVZ 1980, 118; *Grein,* Zeitliche Grenzen eines Haftbefehls im ZwV-Verfahren, DGVZ 1982, 49.

I) 1) Verhaftung des Schuldners erfolgt durch den GV (Satz 1). Er führt sie im Auftrag des 1
Gläubigers durch. Der Gläubiger kann seinen Antrag auf Verhaftung auf einen Teil der vollstreckbaren Forderung beschränken (SchlHA Rpfleger 76, 224). Richterliche Anordnung als Grundlage der Freiheitsentziehung (Art 104 GG) ist der Haftbefehl (§ 908), mit dem der Schuldtitel dem GV vorliegen muß (§ 754; auch § 186 Nr 2 GVGA). Verhaftung einer Schuldnerin, die minderjährige Kinder zu versorgen hat, ist erst zulässig, wenn für die Kinder gesorgt ist (durch das Jugendamt oä; München DGVZ 77, 21 = MDR 77, 413 = NJW 77, 1822; LG Kaiserslautern JurBüro 84, 1262, das vom GV rechtzeitig zu verständigen ist, AG München DGVZ 84, 30). Wenn sprachliche Verständigungsschwierigkeiten bestehen, ist ein Dolmetscher zuzuziehen (LG Wuppertal DGVZ 83, 60).

2) Der **Haftbefehl** muß dem Schuldner bei der Verhaftung **vorgezeigt** und auf Begehren 2
abschriftlich mitgeteilt werden (S 2). Zustellung des Haftbefehls ist nicht erforderlich (Vorzeigen ist Bekanntmachung, die mit Beurkundung im GV-Protokoll urkundlich festgehalten wird; s Rn 8 zu § 901) aber zulässig (auch ohne Haftauftrag; LG Ulm NJW 63, 867). Verfahren des GV bei Verhaftung: § 187 GVGA (eingehend); Zuziehung von Zeugen bei Widerstand § 759. Verhaftung zur Nachtzeit, an einem Sonn- oder Feiertag erfordert Anordnung nach § 761. Wohnungsdurchsuchung zur Verhaftung s Rn 7 zu § 901 und Rn 10 zu § 758. Eine fremde Wohnung darf der GV gegen den Willen des Inhabers zur Verhaftung nicht betreten.

3) Die Verhaftung **unterbleibt,** wenn der Schuldner die **Leistung bewirkt,** die ihm nach dem 3
Haftbefehl (Rn 2 zu § 908; nach § 186 Nr 4 GVGA nach dem Schuldtitel; berücksichtigt aber mögliche Antragsbeschränkung im Offenbarungsantrag und frühere Teilleistungen nicht) obliegt. Sie unterbleibt somit auch, wenn der Schuldner den Teilbetrag bezahlt, auf den der Gläubiger seinen Offenbarungsantrag beschränkt hatte (Rn 2 zu § 900; AG München DGVZ 83, 45, hier: Offenbarungsantrag wegen eines Teilbetrags von 5 000 DM; Verhaftungsauftrag über einen Betrag von 111 000 DM; unzulässig wegen des über 5 000 DM hinausgehenden Betrags). Sie unterbleibt auch, wenn der Schuldner nur eine Teilleistung erbringt **und** der Gläubiger für diesen Fall von der Durchführung seines Auftrags Abstand nimmt (s Rn 19 vor § 704; LG Heidelberg Justiz 64, 40; LG Köln JurBüro 85, 464 mit Anm Mümmler). Die Verhaftung unterbleibt ebenso, wenn der Schuldner dem GV nachweist, daß er die eidesstattliche Versicherung in den

letzten 3 Jahren abgegeben hat (§ 903); hiervon ist der Gläubiger zu verständigen (Frankfurt OLG 27, 192). Einer bloßen Behauptung des Schuldners braucht der GV nicht zu glauben; mögliche Aufklärung muß er jedoch sogleich treffen.

4 **II) 1)** Eine **zeitliche Grenze** für Vollziehung des Haftbefehls ist gesetzlich nicht (ausdrücklich) bestimmt. Eine solche besteht daher dem Grundsatz nach nicht (LG Dortmund MDR 67, 224; LG Essen DGVZ 66, 75; LG Hamburg MDR 57, 555 mit abl Anm Quardt; LG Kiel SchlHA 76, 124; LG Köln DGVZ 66, 154; LG Münster DGVZ 66, 173; LG Oldenburg DVGZ 80, 90 = MDR 79, 1032; AG Frankenberg DGVZ 84, 142; AG Limburg DGVZ 80, 157; StJM Anm II zu § 909; aA AG Recklinghausen DGVZ 75, 127: 3 Jahre; AG Lübeck DGVZ 76, 79 und LG Essen DGVZ 86, 155: 5 Jahre; LG Kempten DGVZ 83, 95: 6 Jahre; AG Frankfurt DGVZ 78, 63). Neue Unpfändbarkeitsbescheinigung (nochmaliger Pfändungsversuch) ist für späteren Vollzug des Haftbefehls nicht erforderlich (aA LG Oldenburg DGVZ 80, 90 = MDR 79, 1032).

5 **2)** Verfassungsrechtlich kann eine **zeitliche Grenze** sich jedoch aus dem Grundsatz der Verhältnismäßigkeit und dem Übermaßverbot ergeben (Rn 29 vor § 704; zur zeitlichen Grenze eines Haftbefehls in Strafsachen s BVerfGE 53, 152 = NJW 80, 1448). Sie ist vom GV zu beachten (Rn 29 vor § 704). Auch Vermögensoffenbarung zur Unterrichtung des Gläubigers über Zugriffsmöglichkeiten (Rn 1 zu § 807; Rn 12 zu § 883) darf nur mit verhältnismäßigen Mitteln erzwungen werden. Nach erfolglosem Vollstreckungsversuch kann im Hinblick auf die Freiheitsgarantie (Art 104 GG) Vollstreckung eines zeitlich weit zurückliegenden Haftbefehls nicht mehr als verhältnismäßiges Mittel für den Zweck anzusehen sein, dem Gläubiger Kenntnis von weiteren Vollstreckungsmöglichkeiten zu verschaffen. Die zeitliche Abgrenzung hat sich zwar nach den Besonderheiten des Einzelfalls zu richten (Höhe der Schuld, persönliche Verhältnisse des Schuldners wie Krankheit, Auslandsaufenthalt, Ratenzahlungen usw). Im Hinblick auf die zeitliche Wirksamkeit einer Offenbarungsversicherung (3 Jahre, § 903) und die zeitlichen Anforderungen, die an einen Unpfändbarkeitsnachweis gestellt werden (Rn 16 zu § 807) sollte davon ausgegangen werden, daß Vollzug eines Haftbefehls nach 3 bis (höchstens) 5 Jahren nicht mehr zulässig ist. Nach solcher Zeit kann sich der Schuldner auch auf den allgemeinen Rechtsgedanken der Verwirkung berufen (LG Würzburg Rpfleger 80, 238: bestimmt sich nach Einzelfall, Vollstrekkung noch zulässig nach 4 Jahren, wenn Gläubiger zwischenzeitlich Vollstreckungsversuche unternommen hat; AG München DGVZ 80, 15; hierzu auch Grein DGVZ 82, 49 und die in Rn 4 Genannten).

6 **III) Rechtsbehelf:** Für Gläubiger bei Weigerung des GV, den Haftbefehl zu vollziehen, § 766 (dann § 793). Ebenso für Schuldner, der sich gegen den Vollzug des Haftbefehls wendet, und zwar auch, wenn Vollziehungshindernisse nach §§ 903, 904, 906, 765 a vorliegen (München MDR 77, 413; StJM Anm I zu § 829).

7 **IV) Gebühren** des **Gerichtsvollziehers:** 30 DM, für jede Nachverhaftung 6 DM (§ 26 I GVKostG); s auch Nr 32 GVKostGr. Bei Verhaftung zur Nachtzeit oder an einem Sonn- oder Feiertag: s Rn 10 zu § 761. – Die auf Antrag des Schuldners nach S 2 gefertigte Abschrift des Haftbefehls ist schreibauslagenpflichtig (§ 36 I Nr 5 GVKostG); s dazu ebenfalls Nr 42 GVKostGr.

910 *[Anzeige vor Verhaftung eines Beamten usw]*

Vor der Verhaftung eines Beamten, eines Geistlichen oder eines Lehrers an öffentlichen Unterrichtsanstalten ist der vorgesetzten Dienstbehörde von dem Gerichtsvollzieher Anzeige zu machen. Die Verhaftung darf erst erfolgen, nachdem die vorgesetzte Behörde für die dienstliche Vertretung des Schuldners gesorgt hat. Die Behörde ist verpflichtet, ohne Verzug die erforderlichen Anordnungen zu treffen und den Gerichtsvollzieher hiervon in Kenntnis zu setzen.

1 **I)** Die Anzeige obliegt dem GV. Die Verhaftung ist erst zulässig, nachdem der Bescheid der zuständigen Stelle über die Regelung der Vertretung vorliegt. Verstoß gegen § 910 durch den GV ist Amtspflichtverletzung; die Verhaftung ist rechtsgültig.

2 **II) Schreibauslagen für** die **Anzeige** an die vorgesetzte Dienstbehörde bei GV s § 36 I Nr 5 GVKostG; vgl Rn 7 zu § 909 wegen Nr 42 GVKostGr.

911 *[Hafterneuerung]* **Gegen den Schuldner, der ohne sein Zutun auf Antrag des Gläubigers aus der Haft entlassen ist, findet auf Antrag desselben Gläubigers eine Erneuerung der Haft nicht statt.**

I) Erneuerung der Haft ist **nochmalige Verhaftung** des Schuldners in demselben Vollstreckungsverfahren nach Entlassung aus der Haft. Sie ist **unzulässig,** wenn der Schuldner ohne sein Zutun auf Antrag des Gläubigers aus der Haft entlassen worden ist. Grund: Gläubiger soll Haft nicht als Druckmittel einsetzen können. 1

II) Zulässig ist erneuter Vollzug des Haftbefehls, wenn Entlassung auf einen mit Zutun des Schuldners gestellten Antrag des Gläubigers erfolgt ist (etwa auf seine Bitte, weil er zahlen will oder Ratenzahlungen leistet; AG Düsseldorf MDR 56, 494; StJM Anm III zu § 911), wenn der Schuldner von Amts wegen aus der Haft entlassen wurde (zB nach Vorführung zur Beschaffung der für Ausfüllung des Vermögensverzeichnisses erforderlichen Angaben, auf Erinnerung, nach Einstellung der ZwV, zur Beiziehung eines Dolmetschers; AG Kirchheim/Teck DGVZ 83, 63) und der Hinderungsgrund weggefallen ist. Zulässig ist Verhaftung außerdem (keine erneute Haft; Ausnahme jedoch § 903) auf Antrag desselben Gläubigers wegen einer anderen Haft**anordnung** oder auf Antrag eines anderen Gläubigers. Nicht um eine Hafterneuerung handelt es sich in den Fällen des § 903, in denen die Abgabe einer neuen eidesstattlichen Versicherung verlangt werden kann; hier ist erneute Haftanordnung nach § 901 zulässig, selbst dann, wenn im Verfahren wegen des ersten Antrags innerhalb der letzten drei Jahre eine Haft von sechs Monaten vollstreckt worden ist (LG Freiburg MDR 81, 151). 2

III) Rechtsbehelf: § 766 (dann § 793). 3

IV) Die in § 911 früher geregelt gewesene Vorschußpflicht des Gläubigers für Kosten der Haft ist bei Neufassung der Bestimmung durch das Gesetz vom 1. 2. 1979 (BGBl I 127) entfallen. 4

V) **Gebühren** des **Gerichtsvollziehers:** Die Verhaftungsgebühr von 30 DM entsteht in den Fällen der Rn 2 erneut. 5

912 **(weggefallen)**

913 *[Haftdauer]* **Die Haft darf die Dauer von sechs Monaten nicht übersteigen. Nach Ablauf der sechs Monate wird der Schuldner von Amts wegen aus der Haft entlassen.**

Die Haft auf Grund eines bei Anordnung (§ 901) erlassenen Haftbefehls (§ 908) darf **nicht länger als 6 Monate** dauern. Die Entlassung ist Sache des Leiters der Vollzugsanstalt. Bei Verstoß Erinnerung nach § 766 (dann § 793). Schuldnerverzeichnis: § 915 I. Für Haft auf Grund der in einem anderen Verfahren des gleichen Gläubigers oder auf Grund der von einem anderen Gläubiger erwirkten Haftanordnung gilt § 913 nicht. Schonfrist des Schuldners dann jedoch nach § 914. 1

914 *[Neue Verhaftung]* **(1) Ein Schuldner, gegen den wegen Verweigerung der Abgabe der eidesstattlichen Versicherung nach § 807 dieses Gesetzes oder nach § 284 der Abgabenordnung eine Haft von sechs Monaten vollstreckt ist, kann auch auf Antrag eines anderen Gläubigers von neuem zur Abgabe einer solchen eidesstattlichen Versicherung durch Haft nur angehalten werden, wenn glaubhaft gemacht wird, daß der Schuldner später Vermögen erworben hat oder daß ein bisher bestehendes Arbeitsverhältnis mit dem Schuldner aufgelöst ist.**

(2) Diese Vorschrift ist nicht anzuwenden, wenn seit der Beendigung der Haft drei Jahre verstrichen sind.

I) Zweck: Zeitweiliger Ausschluß nochmaliger Haft als Zwang zur Abgabe einer eidesstattlichen Versicherung nach bereits sechsmonatiger Haftdauer. 1

II) 1) Die **Schonfrist** des § 914 schließt (ergänzend zu § 903) für den Fall, daß Haft bereits mit der Höchstdauer von 6 Monaten vollstreckt ist, erneute Haftanordnung (§ 901), ebenso aber auch 2

Haftvollstreckung auf Grund eines bereits früher erlassenen Haftbefehls aus. Der Schuldner ist gegen nochmalige Haft auf Antrag eines anderen Gläubigers ebenso geschützt wie gegen Haft auf Antrag des gleichen Gläubigers in einer anderen Offenbarungssache.

3 **2) Ausnahme:** Wenn glaubhaft gemacht wird, daß der Schuldner später Vermögen erworben hat oder daß ein bisher bestehendes Arbeitsverhältnis mit dem Schuldner aufgelöst ist (Abs 1). Dazu Rn 6–10 zu § 903.

4 **3) Ende der Schonfrist:** Nach drei Jahren seit Beendigung der Haft (Abs 2). Haftanordnung, nicht Verfahren und Antrag, ist erst nach 3 Jahren zulässig.

5 **III) Rechtsbehelfe:** Gegen neue Haftanordnung (auch Ablehnung des Antrags) wie Rn 11, 12 zu § 901. Gegen Verhaftung auf Grund eines alten Haftbefehls: § 766 (dann § 793).

915 *[Schuldnerverzeichnis]*

(1) Das Vollstreckungsgericht hat ein Verzeichnis der Personen zu führen, die vor ihm die in § 807 erwähnte eidesstattliche Versicherung abgegeben haben oder gegen die nach § 901 die Haft angeordnet ist; in dieses Verzeichnis sind auch die Personen aufzunehmen, die eine eidesstattliche Versicherung nach § 284 der Abgabenordnung abgegeben haben. Die Vollstreckung einer Haft ist in dem Verzeichnis zu vermerken, wenn sie sechs Monate gedauert hat.

(2) Wird die Befriedigung des Gläubigers, der gegen den Schuldner das Verfahren zur Abnahme der eidesstattlichen Versicherung betrieben hat, nachgewiesen oder sind seit dem Schlusse des Jahres, in dem die Eintragung in das Verzeichnis erfolgt ist, drei Jahre verstrichen, so hat das Vollstreckungsgericht auf Antrag des Schuldners dessen Löschung in dem Schuldnerverzeichnis anzuordnen. Die Eintragung wird dadurch gelöscht, daß der Name des Schuldners unkenntlich gemacht oder das Verzeichnis vernichtet wird.

(3) Über das Bestehen oder Nichtbestehen einer bestimmten Eintragung ist jedermann auf Antrag Auskunft zu erteilen; es kann auch die Einsicht in das Verzeichnis gewährt werden.

(4) Abschriften aus dem Verzeichnis dürfen nur erteilt und entnommen werden, sofern die Einhaltung der in Absatz 2 vorgesehenen Löschungsfrist gesichert erscheint. Die Veröffentlichung des Verzeichnisses in Druckerzeugnissen, die jedermann zugänglich sind, ist nicht gestattet. Die näheren Vorschriften erläßt der Bundesminister der Justiz mit Zustimmung des Bundesrates.

Lit: *Lent*, Die Löschung des Schuldners im Schuldnerverzeichnis (§ 915 ZPO), NJW 1959, 178; *Lorenz*, Voraussetzungen der Löschung im Schuldnerverzeichnis, NJW 1962, 144; *Scherübl*, Die Führung des Schuldnerverzeichnisses nach § 915 ZPO eine Angelegenheit der Justizverwaltung? Rpfleger 1958, 243.

1 **I) Zweck:** Führung eines Verzeichnisses als Erkenntnisquelle über die Kreditwürdigkeit von Schuldnern. Das Verzeichnis dient dem Schutz des soliden Geschäftsverkehrs vor unzuverlässigen Schuldnern (Lent NJW 59, 178). Den Schuldner selbst schützt es vor mehrfachen Offenbarungsverfahren (s § 900 II, § 903) und nochmaliger Haft (§ 914).

2 **II) 1)** Die Führung des Schuldnerverzeichnisses ist Ausübung der **Gerichtsbarkeit,** nicht Angelegenheit der Justizverwaltung (Hamm NJW 61, 737 = Rpfleger 61, 203 mit Anm Scherübl; KG MDR 71, 309 = NJW 71, 848; Oldenburg Rpfleger 78, 267; Scherübl Rpfleger 58, 243). Anlage und Führung des Verzeichnisses regelt § 17 AktO. Die Eintragung erfolgt durch den mit der Führung des Verzeichnisses beauftragten Beamten auch ohne besondere Verfügung (§ 17 Nr 2 AktO); die vorzeitige Löschung ist vom Gericht (Rechtspfleger, § 20 Nr 17 RpflG) zu verfügen. Nach Zeitablauf erfolgt die Löschung von Amts wegen (§ 17 Nr 5 AktO). Dem Schuldner kann eine Eintragung auch abträglich sein, weil sie seine Kreditwürdigkeit schmälert. Für unrichtige Eintragungen haftet der Staat (RG 118, 242); Verpflichtung zur Nachprüfung: RG 140, 152.

3 **2)** Sachlich **zuständig** für Führung des Verzeichnisses ist das Vollstreckungsgericht (Abs 1 S 1).

4 **3)** Auf das nach § 107 II KO zu führende Verzeichnis derjenigen Schuldner, bezüglich deren der Antrag auf Eröffnung des **Konkursverfahrens** mangels Masse abgelehnt wurde (s auch § 81 VerglO), findet § 915 keine Anwendung (AG Regensburg Rpfleger 79, 267; LG Oldenburg Rpfleger 81, 70; aA AG Bad Hersfeld Rpfleger 79, 64; Uhlenbruck MDR 71, 891).

III) Einzutragen sind in das Schuldnerverzeichnis (Abs 1 S 1):

5 **1)** Personen, die die eidesstattliche **Vermögensversicherung nach § 807** oder **§ 284 AO** abgegeben haben, auch wenn sie die Versicherung vor einem ersuchten Gericht oder vor dem Gericht

des Haftorts (§ 902) abgegeben haben (Wortlaut des Abs 1 S 1 soll nichts anderes bestimmen). Der Vertretene (Minderjährige, GmbH, Verein usw), nicht sein gesetzlicher Vertreter (Geschäftsführer usw; er ist auch nicht in dieser Eigenschaft mit einzutragen), ist in das Verzeichnis aufzunehmen, wenn der gesetzliche Vertreter (Geschäftsführer usw) die eidesstattliche Versicherung abgegeben hat (RG 140, 152; LG Bonn MDR 64, 418; LG Braunschweig NdsRpfl 82, 139). Nicht aufgenommen werden Personen, die eine eidesstattliche Versicherung nach § 883 II ZPO, § 125 KO, § 69 II VerglO abgegeben haben.

2) Personen, gegen die nach § 901 die **Haft** zur Erzwingung der eidesstattlichen Versicherung nach § 807 (nicht auch nach § 883 usw) **angeordnet** worden ist. Vermerkt wird in dem Verzeichnis die **Vollstreckung** einer Haft, wenn sie sechs Monate gedauert hat (Abs 1 S 2). 6

IV) 1) a) Von Amts wegen zu löschen ist eine Eintragung, wenn seit dem Schluß des Jahres, in dem sie erfolgt ist, **drei Jahre** verstrichen sind (Abs 2 S 1). Zwar ist nach dem Gesetzeswortlaut die Löschung zu diesem Zeitpunkt von einem Antrag des Schuldners abhängig. Das Antragserfordernis, das bei Novellierung durch das Gesetz vom 20. 8. 1953 (BGBl I 952) offensichtlich versehentlich auch für den Fall der Löschung nach Ablauf von drei Jahren in das Gesetz hineingekommen ist – die vorher geltende Fassung hatte eine Löschung ohne Antrag nach Ablauf von fünf Jahren vorgesehen – ist jedoch praktisch überholt. Denn die eidesstattliche Versicherung verliert ihre Bedeutung, wenn seit Abgabe der Versicherung (§ 903) oder Beendigung der Haft von sechs Monaten (§ 914) drei Jahre verstrichen sind. Bedeutungslose Eintragungen haben aber in dem öffentlichen Verzeichnis nichts mehr zu suchen. Die AktO (§ 17 Nr 5) trägt dem mit der Bestimmung Rechnung, daß das Heft oder die Karten nach dem Ablauf von fünf Jahren seit dem Schluß des Eintragungsjahres zu vernichten sind. 7

b) Zu berechnen ist die **Frist von drei Jahren,** nach deren Ablauf Löschung von Amts wegen erfolgt, ab Eintragung der eidesstattlichen Versicherung oder der Haftanordnung (Abs 2). Der Zeitpunkt der Beendigung der Haftvollstreckung von sechs Monaten ist hierfür bedeutungslos. Die Berufung des Schuldners auf die Schutzfrist des § 914 II setzt einen Vermerk über die Vollstreckung im Schuldnerverzeichnis nicht voraus. Der Vermerk bildet für den Schuldner lediglich eine weitere Beweiserleichterung für eine Tatsache, die ohnehin auch auf andere Weise (Vollstreckungsakte, Haftentlassungsbescheinigung) bewiesen werden kann. Für die Verpflichtung zur erneuten Abgabe einer eidesstattlichen Versicherung oder für neue Haftanordnung kommt es nicht auf den Zeitpunkt der Eintragung, sondern auf den Zeitpunkt der Abgabe der Versicherung oder Beendigung der Haftvollstreckung an (s § 903 und § 914 II, die ausdrücklich auf den Zeitpunkt der Abgabe der eidesstattlichen Versicherung und den der Beendigung der Haft abstellen). Daß die Eintragung erst nach dem Ende des Jahres zu löschen ist, in dem die dreijährige Schutzfrist abgelaufen ist, ist lediglich aus Gründen der Praktikabilität angeordnet. Als Registermaßnahme hat die Löschung auf den Bestand eines Haftbefehls keine Auswirkung (s Rn 4 zu § 909). 8

c) Von Amts wegen **zu löschen** (aA StJM Anm II 3 zu § 915: auf Antrag des Schuldners) ist die Eintragung der Abgabe der eidesstattlichen Versicherung außerdem, wenn der Widerspruch nach § 900 V nach Abgabe der Versicherung für gerechtfertigt erklärt wird (kann insbesondere bei § 900 V S 2 Hs 2 eintreten). Gleiches gilt dann, wenn die Haftanordnung auf Beschwerde aufgehoben wird (LG Dortmund NJW 59, 2269). 9

2) a) Auf **Antrag** des Schuldners **zu löschen** ist eine Eintragung im Schuldnerverzeichnis, wenn die Befriedigung des Gläubigers, der das Verfahren betrieben hat, nachgewiesen wird (Abs 2 S 1, 1. Alternative). Befriedigt sein muß der Gläubiger nur wegen der Vollstreckungsforderung, wegen der er das Verfahren betrieben hat (Rn 2 zu § 900), nicht auch wegen eines Forderungsteils, für den er Antrag nicht gestellt hatte, und auch nicht wegen anderer Forderungen gegen den Schuldner. Der Erlaß der Forderung steht der Befriedigung gleich (LG Hannover Rpfleger 70, 442); Stundung der Forderung und Zustimmung des Gläubigers ermöglichen Löschung jedoch nicht (LG Tübingen Rpfleger 86, 24; LG Freiburg Rpfleger 86, 187). Die Löschung wird vom Vollstreckungsgericht (Rechtspfleger) durch Beschluß angeordnet. Auf Antrag zu löschen ist die Eintragung im Schuldnerverzeichnis weiter, wenn der Vollstreckungstitel (ein nur vorläufig vollstreckbares Urteil usw) aufgehoben ist. Nach aA soll in diesem Fall Löschung von Amts wegen vorzunehmen sein (Stuttgart NJW 80, 1698 = OLGZ 80, 60; Frankfurt Rpfleger 81, 118; Lent NJW 59, 178). Vom Antrag des Schuldners macht Abs 2 die Löschung jedoch abhängig, weil dieser mit vorzeitiger Löschung den Schutz des § 903 verliert (StJM Anm II 2 zu § 915). Etwas anderes kann auch für den der Gläubigerbefriedigung vergleichbaren Fall nicht gelten, daß der Titel aufgehoben wird. Hat das auch Aufhebung des Haftbefehls zur Folge (§§ 775, 776), dann hat (wie bei Haftaufhebung auf Beschwerde, Rn 9) Löschung von Amts wegen zu erfolgen. 10

11 **b)** Die Eintragung wird vorzeitig dadurch gelöscht, daß der **Name** des Schuldners **unkenntlich** gemacht oder das Verzeichnis (Karteiblatt) **vernichtet** wird (Abs 2 S 2). Im übrigen § 15 Nr 5 AktO. Zum Anspruch des Schuldners gegen eine Handelsauskunftei, die auf privaten Dateien ZwV-Maßnahmen und Mitteilungen aus dem Schuldnerverzeichnis speichert, auf Löschung dieser Daten s München NJW 82, 244.

12 **V) 1) Auskunft** über das Bestehen oder Nichtbestehen einer bestimmten Eintragung ist auf Antrag jedermann (ohne Nachweis eines Interesses, LG Berlin DGVZ 86, 137) zu erteilen. Es kann auch die Einsicht in das Verzeichnis gewährt werden (Abs 3). Mit dieser Offenlegung kann das Verzeichnis seinen Zweck (Rn 1) erfüllen.

13 **2)** Erteilung und Entnahme von **Abschriften:** Abs 4. Hierzu Allgemeine Vorschriften des BJM über die Erteilung und die Entnahme von Abschriften oder Auszügen aus dem Schuldnerverzeichnis vom 1. 8. 1955, BAnz 1955 Nr 156.

14 **3)** Einsicht in die **Vollstreckungsakten** kann einem Gläubiger, der einen Vollstreckungstitel gegen den Schuldner besitzt, auch noch nach der Löschung im Schuldnerverzeichnis gewährt werden (Köln DGVZ 69, 69 = MDR 68, 673). Im übrigen s Rn 27 zu § 900.

15 **VI) Rechtsbehelfe:** Gegen Eintragung (unbefristete) Erinnerung nach § 766 (dann § 793); gegen Entscheidung des Rechtspflegers über einen Löschungsantrag (Löschungsanordnung und Zurückweisung) ebenso (Oldenburg Rpfleger 78, 267; LG Dortmund NJW 59, 2269; Scherübl Rpfleger 58, 243 und 61, 205; Lent NJW 59, 178; StJM Anm IV zu § 915; aA KG MDR 71, 309 = NJW 71, 848; unbefristete Beschwerde gegen Eintragung und Ablehnung der Löschung; auch Hamm NJW 61, 737.

16 **VII) Gebühren: 1)** des **Gerichts:** Die Gewährung der Einsicht in das Schuldnerverzeichnis (Abs 3 Hs 2; § 107 KO), die Erteilung einer (schriftlichen oder auch mündlichen) Auskunft (Abs 3 Hs 1) und das Verfahren über Anträge auf Löschung des Schuldnernamens nach Abs 2 sind gebührenfrei. – Bestimmten Körperschaften, so zB Industrie- und Handelskammern usw, werden antragsgemäß laufend Auszüge (über Eintragungen u Löschungen) aus dem Schuldnerverzeichnis erteilt. Dafür werden in den Landesgesetzen festgelegte Gebühren erhoben (s dazu Piller/Herrmann, JustVerwVorschriften, Anm zur Überschrift des JustVerwKostO Nr 120; vgl auch § 54 KostVfg). – **2)** des **Anwalts:** Das Verfahren nach Abs 2 gilt als besondere Angelegenheit (§ 58 III Nr 12 BRAGO). Der in einem solchen Verfahren tätige Anwalt (des Gläubigers, falls er gehört wird, und der des Schuldners) erhält also die (3/10) Gebühren der §§ 57, 31 BRAGO neben anderen bereits verdienten Zwangsvollstreckungsgebühren (auch neben den Gebühren für das Verfahren auf Abnahme der eidesstattl Versicherung). Die Angelegenheit ist beendet mit der Entscheidung über den Löschungsantrag. Ein neuer Antrag stellte eine neue Angelegenheit der Zwangsvollstreckung dar (Hartmann, KostGes BRAGO § 58 Anm 5 B m zu Ziff 12).

Fünfter Abschnitt

ARREST UND EINSTWEILIGE VERFÜGUNG

Vorbemerkungen

Lit: *Ahrens,* Wettbewerbsverfahrensrecht, 1983; *Baur,* Studien zum einstweiligen Rechtsschutz, Tübingen 1967 (dazu *Wenzel* MDR 67, 889); *Bülow,* Zur prozeßrechtlichen Stellung des Antragsgegners im Beschlußverfahren von Arrest und einstweiliger Verfügung, ZZP 98 (1985), 274; *Hirtz,* Darlegungs- und Glaubhaftmachungslast im einstweiligen Rechtsschutz, NJW 86, 110; *Leipold,* Grundlagen des einstweiligen Rechtsschutzes im zivil-, verfassungs- und verwaltungsgerichtlichen Verfahren, München 1971 (dazu *Grunsky* ZZP 85, 359); *Mädrich,* Das Verhältnis der Rechtsbehelfe des Antragsgegners im einstweiligen Verfügungsverfahren 1980; *Minnerop,* Materielles Recht und einstweiliger Rechtsschutz 1973 (dazu *Leipold* ZZP 88, 468); *Pastor,* Der Wettbewerbsprozeß, 3. Aufl 1980; *Schilken,* Die Befriedigungsverfügung 1976; *Grunsky,* Grundlagen des einstweiligen Rechtsschutzes, JuS 76, 277; *Teplitzky,* Arrest und einstweilige Verfügung, JuS 80, 882; JuS 81, 122, 352, 435; *ders,* Streitfragen beim Arrest und bei der einstweiligen Verfügung, DRiZ 82, 41; *Thümmel,* Zum Gerichtsstand im Arrestverfahren, NJW 85, 472; *Ulrich,* Die Beweislast in Verfahren des Arrestes und der einstweiligen Verfügung, GRUR 85, 201; *Weber,* Gegenverfügung im Eilverfahren, WRP 85, 527.

I) Allgemeines

1 **1) Arten des vorläufigen Rechtsschutzes.** Die durch die Funktion bedingte Arbeitsweise der Gerichte (Erkenntnisverfahren: Klage, münd Verhandlung, Beweisaufnahme, Urteil, Rechtsmittelverfahren) läßt eine Verwirklichung privater Ansprüche mit den Mitteln staatl Zwangsgewalt

grundsätzlich erst nach dem für das Verfahren erforderlichen Zeitaufwand zu. Damit ist für den Anspruchsberechtigten die Gefahr gegeben, daß die Verwirklichung seines Rechts nach dem Obsiegen wegen des Verlusts der Vollstreckungsmöglichkeit oder wegen des Aufschubs einer erforderlichen Regelung vereitelt oder wesentlich erschwert werden könnte. Es bedarf daher zusätzlicher Verfahrensvorschriften, um dieser Gefahr zu begegnen. Sie sind in den Instituten des Arrests und der einstw Verfügung geschaffen worden. Der **Arrest** dient der **Sicherung der ZwV wegen Geldforderungen** in das bewegliche und unbewegliche Vermögen, die **einstw Verfügung** der **Sicherung eines Individualanspruchs** und der **einstweiligen Regelung eines streitigen Rechtsverhältnisses.** Die Rechtspraxis hat das Institut der einstw Verfügung fortgebildet und mit der **Leistungsverfügung** eine Grundlage für die ZwV mit dem Ziel einer vorläufigen Befriedigung des Gläubigers geschaffen (StJGr Rn 31 ff vor § 935). Arrest und einstw Verfügung schließen einander grundsätzlich aus; zwischen ihnen besteht nur ausnahmsweise ein Wahlrecht (hierzu Köln JMBl NW 84, 9; näher § 916 Rn 2). Arrest und einstw Verfügung sind Ausgestaltungen des vorläufigen Rechtsschutzes im Anwendungsbereich der ZPO. Auch in anderen Verfahrensordnungen, wie in der VwGO (§ 123), der FGO (§ 114) und dem BVerfGG (§ 32) finden sich entsprechende Regelungen des vorläufigen Rechtsschutzes. Im ArbGG (§ 62 II) wird auf die ZPO verwiesen; im Geltungsbereich des SGG ist § 123 VwGO in bestimmtem Umfang entspr anwendbar (BVerfG 46, 166 = NJW 78, 693 = MDR 78, 200). Die Vorschriften über Arrest und einstw Verfügung sind im Achten Buch der ZPO angesiedelt, wo sie jedoch als Regelungen eines summarischen Erkenntnisverfahrens systematisch nicht hingehören (BVerfG 46, 166 [182]).

2) Ausländische Arrestbefehle aus dem Anwendungsbereich des EuGVÜ werden nach Art 24, 2
25 EuGVÜ, §§ 34, 35 AG EuGVÜ für vollstreckbar erklärt (BGH NJW 80, 528 = MDR 80, 138); dies gilt jedoch nicht für Rechtsgebiete, die nicht unter das EuGVÜ fallen (EuGH RIW/AWD 82, 755 = IPRax 83, 77).

II) Anwendbare Vorschriften

1) Allgemeines. Das Verfahren im Arrest- und einstw Verfügungsprozeß ist ein **summarisches** 3
Erkenntnisverfahren. Es finden daher die Vorschriften des Erkenntnisverfahrens Anwendung, soweit sich nicht aus den Vorschriften der §§ 916–945 und aus den Besonderheiten des Arrests und der einstw Verfügung etwas anderes ergibt; es kommt auf den Einzelfall an (vgl Teplitzky DRiZ 82, 41 f). Arrest und einstw Verfügung dienen zwar verschiedenen Zwecken (s Rn 1), bei der Ähnlichkeit beider Verfahren ist es jedoch zulässig, **von einem Verfahren in das andere überzugehen** (KG NJW 61, 1978; StJGr Rn 46), auch noch in der Rechtsmittelinstanz (StJGr aaO). Darin liegt keine Klageänderung. UU kann ein Antrag auf Erlaß einer einstw Verfügung in einen Antrag auf Erlaß eines Arrests **umgedeutet** werden (Köln NJW 70, 1883). Ein Übergang vom Arrestprozeß in den Hauptsacheprozeß ist unzulässig (s § 920 Rn 14).

2) Rechtsweg und Zuständigkeit. Der Arrestprozeß steht nur in solchen Fällen offen, für die 4
der ordentliche Rechtsweg gegeben ist (StJGr Rn 24 mwN). Ist der Rechtsweg zu dem angegangenen Gericht nicht gegeben oder ist es unzuständig, so kommen sowohl eine Rechtswegverweisung (München WRP 80, 171; § 17 GVG Rn 13) als auch eine Verweisung wegen örtl Unzuständigkeit in Betracht (Teplitzky DRiZ 82, 42 mwN; BAG AP § 36 ZPO Nr 27). Die staatl Gerichte sind auch dann für Maßnahmen des einstw Rechtsschutzes zuständig, wenn für die Hauptsache die **Zuständigkeit eines Schiedsgerichts** vereinbart worden ist (Vollkommer RdA 82, 16 [20 ff]). Der Ausschluß des einstw Rechtsschutzes durch staatl Gerichte in einem Schiedsvertrag ist unwirksam (Vollkommer aaO mwN; vgl auch Herdegen RIW/AWD 81, 304; LG Frankfurt NJW 83, 761; dazu Vollkommer NJW 83, 726). Der Erlaß eines Arrestbefehls durch ein Schiedsgericht ist ausgeschlossen, da dem Schiedsgericht eine Kompetenz zu Zwangsmaßnahmen fehlt (Vollkommer RdA 82, 21; ebenso im Erg Aden BB 85, 2282, der allerdings eine Zuständigkeit des Schiedsgerichts für eine *einstw Verfügung* annimmt, wenn dies dem Parteiwillen entspricht). Im Schrifttum wird zT die Anerkennung von „einstweiligen Regelungen durch Schiedsgerichte" befürwortet (so etwa Lüke, FS 150 Jahre LG Saarbrücken, 1985, 310 ff mwN; vgl auch § 1027a Rn 4).

3) Rechtshängigkeit tritt schon mit Einreichung des Antrags ein (Karlsruhe WRP 86, 352; 5
München MDR 64, 1015; Hamburg MDR 77, 498; Bülow ZZP 98, 276 mN, str; vgl Hamm WRP 85, 227 f mN, auch zur aA). Sie wirkt nicht im Verhältnis zwischen dem Arrest-(Verfügungs-)prozeß und dem Hauptsacheverfahren, denn es liegen unterschiedliche Streitgegenstände vor. Während **Streitgegenstand** des einstw Rechtsschutzes der Anspruch auf Sicherung eines Geldanspruchs oder eines Individualanspruchs ist (Teplitzky DRiZ 82, 42 f), liegt dem Hauptsacheverfahren der zu sichernde Anspruch selbst als Streitgegenstand zugrunde (StJGr Rn 7 f). Im Verhältnis zu einem zweiten Arrestgesuch ist der Einwand der Rechtshängigkeit gem § 261 III Nr 1 zu beachten (StJGr Rn 10; vgl aber Zweibrücken FamRZ 82, 413). Ein auf den Streitgegenstand des Eilverfahrens beschränktes **Anerkenntnis** ist möglich (Hamm NJW-RR 86, 1232; § 307 Rn 2).

5a **4)** Der Antragsgegner erlangt seine **Parteistellung** nicht bereits mit der (vorgezogenen) Rechtshängigkeit (vgl Rn 5), sondern idR erst mit der tatsächlichen Beteiligung am Verfahren (Hamm WRP 85, 228), bei unterbliebener Hinzuziehung durch das Gericht spätestens aber dann, wenn er gem § 924 *Widerspruch* einlegt (Bülow ZZP 98, 278; Hamm aaO); hat er eine Schutzschrift eingereicht, ist er von Anfang an beteiligt (Bülow ZZP 98, 286); die Folge davon ist, daß bei einer Antragsrücknahme vor mündlicher Verhandlung zugunsten des Antragsgegners eine Kostengrundentscheidung entspr § 269 III 3 ergehen kann (Karlsruhe WRP 86, 352).

6 **5)** Die **Beweisführung** ist durch Zulassung der **Glaubhaftmachung** (§ 294) für Arrest-(Verfügungs-)anspruch und Arrest-(Verfügungs-)grund erleichtert. In Einzelfällen enthält das Gesetz weitere Erleichterungen; so kann ein Verfügungsgrund gesetzlich vermutet werden (zB § 899 II 2 BGB; § 25 UWG) oder von Glaubhaftmachung überhaupt abgesehen werden (§ 921 II). Die **Beweislast** selbst ist nicht anders als im ordentlichen Verfahren verteilt (hM: StJGr § 920 Rn 10; ThP Anm 4 vor § 916; Baur/Stürner Rn 848; Baur, Studien zum einstweiligen Rechtsschutz, S 39 ff; aA BL § 920 Anm 2 und die OLG-Rspr; eingehend zur aA Hirtz NJW 86, 110 und Ulrich GRUR 84, 201, der zwischen einseitigen und zweiseitigen Eilverfahren unterscheidet).

7 **6) Aussetzung des Verfahrens** ist wegen der besonderen Eilbedürftigkeit des Verfahrens grundsätzlich ausgeschlossen (Teplitzky DRiZ 82, 42; Frankfurt FamRZ 85, 410; vgl § 148 Rn 4, 9). Ob eine Ausnahme von diesem Grundsatz anzuerkennen ist, ist str; erörtert werden folgende Fälle:

8 **a)** Eine Aussetzung soll auf Antrag des **Scheinvaters** nach § 153 in Betracht kommen (Ro-Schwab, § 128 II 4; aA LG Stuttgart NJW 54, 37 m abl Anm Lent; LG Aurich NJW 64, 2358 = MDR 65, 142; hier § 148 Rn 4, 9). Dies ist abzulehnen, denn selbst ein zulässiger Aussetzungsantrag führt nicht zur Aussetzung, sondern zur Zurückweisung des Verfügungsantrags (Düsseldorf FamRZ 82, 1229; aA Ro-Schwab § 128 II 4).

9 **b)** Der **kartellrechtliche Einwand** gem. § 96 II GWB führt nicht zur Aussetzung des Eilverfahrens (München MDR 82, 62; KG WRP 81, 275; Hamm GRUR 84, 603 [LS]; LG Moosbach GRUR 83, 70; StJGr Rn 26; vgl auch K. Schmidt NJW 77, 10 [14 f]). Das Gericht hat die kartellrechtliche Vorfrage selbst zu beurteilen und setzt dem Antragsteller eine Frist zur Erhebung der Feststellungsklage vor dem Kartellgericht (KG WRP 81, 275; StJGr Rn 26). Kann es die Vorfrage nicht zweifelsfrei entscheiden, kann die einstw Verfügung ohne Entscheidung über diese erlassen, ihre Vollziehung aber von einer Sicherheitsleistung abhängig gemacht werden (Hamm GRUR 84, 603 [LS]; krit Winterfeld NJW 85, 1816).

10 **c)** Eine Vorlagepflicht an den **EuGH** gem Art 177 III EWGV besteht im Eilverfahren ebenfalls nicht (EuGH NJW 77, 1585; Stuttgart WuW 76, 384; Köln WRP 76, 714).

11 **d)** Die **Vorlage an das BVerfG** gem Art 100 I GG (konkrete Normenkontrolle) ist im Eilverfahren zulässig (BVerfG 63, 131 = NJW 83, 1179; aA Hamburg JZ 83, 67; Goerlich JZ 83, 57 mwN). Gleiches gilt für die Vorlage nach Art 100 II GG (völkerrechtl Vorfrage; Frankfurt Rpfleger 82, 301 = RIW/AWD 82, 439 = WM 82, 754). Für die Zulässigkeit von **Verfassungsbeschwerden** im Hinblick auf das Erfordernis der Rechtswegerschöpfung gem § 90 II 1 BVerfGG kommt es wegen der rechtlichen Selbständigkeit des Eilverfahrens nur auf dieses, nicht auf das Verfahren der Hauptsache an (BVerfG 59, 82).

12 **7)** Die **Entscheidung** ergeht bei der einstw Verfügung auf Grund mündl Verhandlung durch Endurteil (uU auch als Anerkenntnisurteil: Rn 5), nur in dringenden Fällen ohne mündl Verhandlung durch Beschluß (§ 937 II). Im Arrestprozeß ist die mündl Verhandlung freigestellt (§ 921 I); sie ist jedoch wegen der überlegeneren Form der Gewährung rechtl Gehörs in allen Fällen zu empfehlen, wenn nicht besondere Dringlichkeit eine sofortige Entscheidung erfordert (§ 921 Rn 1).

13 **8) Rechtskraft.** Entscheidungen im Arrestverfahren erwachsen in **formelle Rechtskraft.** Auch **materielle** Rechtskraft der **ablehnenden Entscheidung** ist zu bejahen (StJGr Rn 13). Gleichwohl ist die Wiederholung des Arrestantrags bei neuen Mitteln der Glaubhaftmachung zulässig (vgl § 922 Rn 18), allerdings mit der Einschränkung, daß der Gläubiger die neuen Mittel der Glaubhaftmachung im ersten Verfahren noch nicht vorbringen konnte (StJGr Rn 14; vgl auch Stuttgart WRP 81, 668). Auch der **stattgebenden** Arrestentscheidung kommt in den Grenzen des § 927 **materielle Rechtskraftwirkung** zu. Kann ein Arrest oder eine einstw Verfügung wegen Ablaufs der Vollziehungsfrist (§ 929 II, III) nicht mehr vollstreckt werden, so kann der Gläubiger bei Fortbestehen von Grund und Anspruch einen neuen Arrest (eine neue einstw Verfügung) mit gleichem Inhalt erwirken; dabei ist eine beschränkte Rechtskraftwirkung hinsichtlich des Grundes und des Anspruchs anzunehmen, es sei denn, die frühere Anordnung ist im Rechtsmittelzug oder nach § 927 aufgehoben worden oder der Gläubiger hat ausdrücklich erklärt, daß er daraus

keine Folgerungen mehr herleitet (Frankfurt NJW 68, 2112; Hamburg MDR 70, 936). Eine Titelumschreibung der Beschlußverfügung gem §§ 325, 727 findet nicht statt (AG Charlottenburg JurBüro 82, 305).

916 *[Arrestanspruch]*

(1) Der Arrest findet zur Sicherung der Zwangsvollstreckung in das bewegliche oder unbewegliche Vermögen wegen einer Geldforderung oder wegen eines Anspruchs statt, der in eine Geldforderung übergehen kann.

(2) Die Zulässigkeit des Arrestes wird nicht dadurch ausgeschlossen, daß der Anspruch betagt oder bedingt ist, es sei denn, daß der bedingte Anspruch wegen der entfernten Möglichkeit des Eintritts der Bedingung einen gegenwärtigen Vermögenswert nicht hat.

I) Allgemeines

1) Zweck. Der Arrest wird angeordnet, wenn die beiden besonderen Voraussetzungen **Arrestanspruch** (§ 916) und **Arrestgrund** (§ 917) vorliegen. **Arrestanspruch** ist die Hauptsacheforderung (ie Rn 4 f, 7 f), deren Vollstreckung für den Fall ihrer (idR) späteren Titulierung gesichert werden soll. Gesichert wird die Zwangsvollstreckung in das bewegliche und unbewegliche Vermögen des Schuldners. 1

2) Abgrenzung. Aus dem Sicherungszweck ergibt sich, daß Ansprüche, die nicht durch Zwangsvollstreckung in das bewegliche und unbewegliche Vermögen befriedigt werden, auch nicht durch Arrest gesichert werden können. Das sind Ansprüche, die nach §§ 883–915 vollstreckt werden (vgl ThP Anm 2). Hat sich die Umwandlung des Individualanspruchs in eine Geldforderung noch nicht vollzogen, so kann der Gläubiger **wählen,** ob er den Individualanspruch (durch einstw Verfügung) oder den Geldanspruch (durch Arrest) sichern will (Jauernig, ZwVR, § 35 I 1). Ist der Individualanspruch gefährdet und das Entstehen einer Ersatzforderung in Geld denkbar, so kann neben der einstw Verfügung zur Sicherung der Individualforderung ausnahmsweise auch ein Arrest zur Sicherung des Ersatzanspruchs angeordnet werden (Köln JMBl NW 84, 9). 2

3) Bestimmtheit. Der Arrest wird wegen einer bestimmt bezeichneten und glaubhaft gemachten Forderung angeordnet. Der zu sichernde Arrestanspruch muß daher **genau bezeichnet** werden; so kann die einem angeordneten Arrest zugrunde liegende Geldforderung nicht beliebig durch eine andere ersetzt werden. Beispiel: Kein Austausch der dem Arrest zugrunde liegenden Steuerforderungen (BFH BB 83, 1844 = ZIP 83, 853 mit Anm Weiß zum dinglichen Arrest nach § 324 AO 1977; vgl allg Bruschke BB 84, 719 zu §§ 324 ff AO 1977). 3

II) Geldforderungen und gleichgestellte Ansprüche

1) I betrifft alle **Geldforderungen** (dh Ansprüche auf Zahlung einer Summe Geldes) sowie alle vermögensrechtlichen Ansprüche, soweit diese in eine Geldforderung übergehen können. Gleichfalls hierher gehören auch nichtvermögensrechtliche Individualansprüche, deren Verletzung einen Geldersatzanspruch auslöst (StJGr Rn 2). 4

2) Beispiele. Bei einem gegenseitigen Vertrag ist Arrest zur Sicherung einer Forderung des Gläubigers unabhängig davon zulässig, ob er die ihm obliegende Gegenleistung bereits erbracht hat (RG 54, 162). Ein Arrest zur Sicherung des Anspruchs auf Sicherheitsleistung nach § 1389 BGB ist als zulässig anzuerkennen; daß er nicht auf Geldleistung an den Gläubiger, sondern auf Hinterlegung gem § 232 BGB gerichtet ist, steht nicht entgegen (so mit Recht hM, vgl Münch-Komm-Gernhuber, § 1389 Rn 15; BayObLG MDR 75, 491; Hamm FamRZ 85, 71 mwN, str; aA Hamburg FamRZ 82, 284; KG MDR 74, 755: einstw Verfügung; einschr für den Fall des Verzuges des Schuldners mit der Sicherheitsleistung Köln NJW 70, 1883; Köln FamRZ 83, 709 mwN; gänzlich gegen eine Sicherung im Eilverfahren Celle FamRZ 84, 1231; zurecht abl Schröder FamRZ 85, 392). Zum Schutz vor unbegründeter Inanspruchnahme einer Bankgarantie ist der Arrest in den Auszahlungsanspruch des Begünstigten durch den Auftraggeber zulässig (Aden RIW/AWD 81, 439; Schütze DB 81, 779, str; vgl dazu § 940 Rn 8 „Bankgarantie"). Die Sicherung von Ansprüchen wegen anfechtbarer Rechtshandlungen nach § 3 AnfG erfolgt durch Arrest, denn es soll der Geldanspruch au § 7 AnfG gesichert werden (Düsseldorf NJW 77, 1828; aA Köln NJW 55, 717). Bei Verweigerung der Ausstellung richtiger Konnossemente ist Arrest wegen des entstehenden Schadensersatzanspruchs zulässig (Hamburg MDR 73, 142). 5

3) Dem Anspruch auf eine Geldforderung steht der **Anspruch auf Duldung der ZwV** gleich (StJGr Rn 12). Bei einem Grundpfandrecht ist Arrest auch auf Grund des dinglichen Titels zulässig; zwar ist eine weitere Eintragung (gem § 932) nicht zulässig, der Gläubiger erlangt aber einen Titel zur Pfändung mithaftender Gegenstände (StJGr Rn 13). 6

III) Bedingte, betagte und künftige Ansprüche, II

7 1) Bei **betagten Ansprüchen** (deren künftige Fälligkeit kalendermäßig feststeht oder durch Kündigung herbeigeführt werden kann) findet der Arrest immer, ja auch dann statt, wenn ein vollstreckbarer Titel vorliegt, denn die ZwV selbst darf vor dem Ablauf des Kalendertages nicht erfolgen, § 751. **II** läßt die Sicherung durch Arrest bei bedingten Ansprüchen zu. Dies gilt uneingeschränkt für **auflösend** bedingte Ansprüche, für **aufschiebend** bedingte Ansprüche jedoch dann nicht, wenn der bedingte Anspruch wegen des entfernten Eintritts der Bedingung einen gegenwärtigen Vermögenswert nicht hat. Die Darlegungs- und Beweislast obliegt in diesem Fall dem Schuldner, es sei denn, der Gläubiger hat selbst entsprechende Tatsachen vorgetragen. Die Entscheidung, ob in diesem Sinn ein sicherungsfähiger Anspruch vorliegt, wird im Einzelfall auf Grund der konkreten Umstände zu treffen sein (vgl Hamburg MDR 71, 402: Arrest wegen bevorstehenden Schadens).

8 2) Welche Kriterien für die Zulässigkeit der Sicherung eines **künftigen Anspruchs** zu fordern sind, ist bestritten. Wegen § 926 geht die hM davon aus, daß künftige Ansprüche nur gesichert werden können, wenn jedenfalls schon Feststellungsklage (§ 256) möglich ist. Mit StJGr ist jedoch weiter darauf abzustellen, ob ein schutzwertes Interesse besteht, den Anspruch jetzt schon sichern zu können; von Bedeutung ist dabei, wie das Gesetz den Anspruch in anderer Hinsicht derzeit bewertet (StJGr Rn 9, 10 mwN). Arrest ist möglich zur Sicherung des Anspruchs auf künftigen Unterhalt (Hamm FamRZ 80, 391; AG Geilenkirchen FamRZ 84, 1127), bei Kindesunterhalt sogar über einen Zeitraum bis zur Volljährigkeit des Antragstellers (KG FamRZ 85, 730; aA beim Trennungs- bzw nachehelichen Unterhalt Düsseldorf FamRZ 81, 45), des mit dem Tod des Versicherungsnehmers fällig werdenden Anspruchs aus der Lebensversicherung zu Lebzeiten des Versicherungsnehmers (München JW 16, 287), ferner des Anspruchs auf Kostenerstattung im Prozeß, wenn zu erwarten ist, daß der Schuldner im Rechtsstreit obsiegen wird (R-Schwab § 87 V 3; StJGr Rn 11). Durch Arrest gesichert werden kann, unter der Voraussetzung, daß bereits Scheidungsantrag gestellt ist, der Unterhaltsanspruch des geschiedenen Ehegatten aus §§ 1569 ff BGB (StJGr Rn 11 mwN, str). Der künftige Anspruch des Ehegatten auf Zugewinnausgleich kann nicht durch Arrest gesichert werden (hM, vgl MünchKomm-Gernhuber, § 1389 Rn 4, BayObLG MDR 75, 491; aA 13. Aufl; StJGr Rn 11), wohl aber der Anspruch auf Sicherheitsleistung gem § 1389 (str, vgl Rn 5).

9 **IV) Einstweilige Verfügung:** § 916 I ist durch §§ 935, 940 ersetzt; **II** ist auf einstw Verfügung anwendbar.

917 *[Dinglicher Arrest, Arrestgrund]*

(1) Der dingliche Arrest findet statt, wenn zu besorgen ist, daß ohne dessen Verhängung die Vollstreckung des Urteils vereitelt oder wesentlich erschwert werden würde.

(2) Als ein zureichender Arrestgrund ist es anzusehen, wenn das Urteil im Ausland vollstreckt werden müßte.

I) Allgemeines

1 1) Der **dingl Arrest** findet statt in das bewegliche und unbewegliche Vermögen des Schuldners. Persönlicher Sicherheitsarrest: § 918. Vollziehung des Arrests: §§ 928 ff.

2 2) Ein **Arrestgrund** nach § 917 ist neben dem Arrestanspruch (§ 916) zweite Voraussetzung für die Arrestanordnung (je Rn 4 ff). Der Arrestgrund ist vom Gläubiger darzulegen und **glaubhaft** zu machen (§ 920 Rn 8 ff). Dies gilt auch bei der Sicherung von Unterhaltsansprüchen, § 1585a BGB ändert daran nichts (Düsseldorf FamRZ 80, 116).

3 3) **Fehlt ein Arrestgrund,** ist der **Antrag als unbegründet,** nicht als unzulässig abzuweisen (Baur, Studien, S 77; StJGr Rn 2 mwN; ThP § 916 Anm 1, str; aA Teplitzky DRiZ 82, 43; Jauernig, ZwVR, § 35 I 2). Weder der summarische Charakter des Arrestprozesses noch die – beschränkte – Rechtskraftwirkung bei fehlender Glaubhaftmachung gebieten die Annahme einer besonderen Prozeßvoraussetzung. Der Streit ist ohne praktische Bedeutung, da die Gegenansicht nicht am Prinzip des logischen Vorrangs der Prozeßvoraussetzungen festhält und eine sofortige Abweisung des Antrags (als unbegründet) bei offensichtlichem Fehlen eines Arrestanspruchs zuläßt (vgl Teplitzky DRiZ 82, 43 mwN).

II) Arrestgrund

4 1) **Allgemeines. I** bezeichnet als Arrestgrund nur die Besorgnis, daß die Vollstreckung eines Urteils ohne Arrestverhängung **verteilt oder wesentlich erschwert** werden würde. Es ist jedoch

nicht erforderlich, daß ein Urteil oder ein anderer Vollstreckungstitel bereits vorliegt (bei Fehlen: § 926); vielmehr geht es nur um die Sicherung eines später zu titulierenden Arrestanspruchs, vgl § 916 Rn 1. Ob ein Arrestgrund vorliegt, bemißt sich nach dem objektiven Urteil eines verständigen, gewissenhaft prüfenden Menschen (RG 67, 369); auf die persönliche Ansicht des Gläubigers kommt es nicht an.

2) Voraussetzungen. a) Der Arrest soll vor **unlauteren Handlungen** des Schuldners schützen, wie etwa Beiseiteschaffen von Vermögensstücken, Scheingeschäften, verdächtiger Veräußerung von Vermögenswerten, auffallender Grundstücksbelastung, verschwenderischer Lebensweise, Verschleuderung von Waren, Abtretung aller fälligen und erst in Aussicht stehenden Ansprüche, unsteter Aufenthalt, Aufgabe des Wohnsitzes, häufiger Wohnungswechsel, Wegzug ins Ausland (vgl KG FamRZ 85, 731). Nicht nötig ist, daß der Schuldner beabsichtigt, die ZwV zu vereiteln oder zu erschweren (BFH BB 78, 1203 LS), oder daß er rechtswidrig handelt oder andere zu rechtswidrigen Handlungen veranlaßt. Es ist auch gleichgültig, ob der Schuldner auf Vermögensvorteile ausgeht oder ob seine Handlungen ihm solche verschaffen; insbesondere kommt es auf ein Verschulden nicht an. Es genügt, wenn die Handlungen objektiv die Besorgnis bezügl der späteren ZwV rechtfertigen (RG 67, 369). In der Vergangenheit liegende Handlungen ergeben nur dann einen Arrestgrund, wenn gerade sie die erforderliche Besorgnis rechtfertigen (BGH VersR 75, 764). Die durch bestimmte Absichtserklärungen des Schuldners begründete Besorgnis, ohne die Verhängung des Arrestes werde die Vollstreckung des Urteils vereitelt oder wesentlich erschwert, besteht nicht mehr, wenn seit diesen Erklärungen eine längere Zeit vergangen ist (KG MDR 79, 64). 5

b) Bewußt vertragswidriges Verhalten des Schuldners genügt für sich allein nicht als Arrestgrund (BGH VersR 75, 764); läßt dieses Verhalten jedoch den Schluß zu, daß der Schuldner diese Handlungen wiederholen und dadurch die ZwV vereiteln oder erschweren wird, ist dies Arrestgrund. Es kommt auf die Umstände des Einzelfalles an (BGH WM 83, 614; Köln MDR 86, 595 mwN; Schwerdtner NJW 70, 225). Allein dadurch, daß der Gläubiger eine **Straftat** oder **unerlaubte Handlung** des Schuldners gegen sein Vermögen behauptet, wird ein Arrestgrund nicht angenommen (Schleswig MDR 83, 141; Düsseldorf NJW-RR 86, 1192). Die den Tatbestand des Strafgesetzes erfüllenden Tatsachen werden jedoch („in der Regel": München MDR 70, 934) im Falle ihrer Glaubhaftmachung auch einen Arrestgrund iS von **I** ergeben (BGH WM 83, 614; einschr Düsseldorf NJW-RR 86, 1192). 6

c) Auch **Naturereignisse** oder **Handlungen Dritter** gegen den Schuldner können einen Arrestgrund ergeben, wenn dadurch ein Vermögensverfall des Schuldners droht, zB langandauernde Krankheit, Inhaftierung des Schuldners (Köln MDR 86, 595), Boykott seines Gewerbebetriebes uä (StJGr Rn 10). 7

d) Einzelfälle. Hat sich der Gläubiger bewußt mit einem **unsicheren Schuldner** eingelassen, kann ihm allein deshalb der Arrest nicht versagt werden (Schwerdtner NJW 70, 223). Der Erlaß eines **Unterhaltsarrestbefehls** setzt voraus, daß sich aus den Umständen ergibt, der Schuldner werde seiner Unterhaltspflicht in Zukunft nicht nachkommen (Köln FamRZ 83, 1259). Der Rückzahlungsanspruch des Versicherers ist durch dinglichen Arrest sicherbar, wenn glaubhaft gemacht ist, daß der **Versicherungsfall vorgetäuscht** wurde (Hamm VersR 83, 1174). Ein Arrestgrund ist auch dann anzunehmen, wenn der Schuldner Angehöriger einer **Sekte** ist und die Absicht verfolgt, dieser sein Vermögen zumindest teilweise zuzuwenden (München NJW 83, 2578). Im Prozeß gegen ein **konzernangehöriges Unternehmen** liegt ein Arrestgrund dann vor, wenn sich die Konzernspitze in Zahlungsschwierigkeiten befindet und deshalb zu befürchten ist, sie werde sich des Vermögens ihrer Tochtergesellschaft bedienen, um ihre Liquiditätslage zu verbessern (München ZIP 83, 222). **Veräußert** der Eigentümer sein von einem Bauunternehmer bebautes **Grundstück** vor Eintragung der Bauhandwerkersicherungshypothek oder einer Vormerkung für diese, so kann dies uU genügender Anlaß für den Arrest in sein übriges Vermögen sein (Schwerdtner NJW 70, 225; vgl auch LG Berlin NJW 55, 799 einerseits und Hamm MDR 75, 587 andererseits). 8

3) Keinen Arrestgrund ergeben allein die schlechte Vermögenslage des Schuldners (Köln FamRZ 83, 1259 für den Unterhaltsanspruch) oder die drohende Konkurrenz anderer Gläubiger; dies ist die Folge des Prinzips der Gläubigergleichbehandlung (Karlsruhe FamRZ 85, 507; LAG Hamm MDR 77, 611; LG Augsburg NJW 75, 2351; aA Grunsky NJW 76, 553 f und StJGr Rn 1). Der Arrest **dient nicht** dazu, einem Gläubiger einen Vorsprung vor anderen zu verschaffen; liegen jedoch in seinem Rechtsverhältnis die Arrestvoraussetzungen vor, so ist es eine **gesetzliche Folge** der §§ 930 bis 932, daß ihm insoweit der Vorrang gebührt. Ein Arrestgrund ist für jeden Gläubiger gesondert zu prüfen. Liegt ein Arrestgrund nicht vor, so kommt bei schlechter Vermögenslage unter den Voraussetzungen von § 102 KO der Antrag auf Konkurseröffnung zum 9

Zweck der gleichmäßigen Befriedigung aller Gläubiger in Betracht. Tritt an die Stelle eines „sicheren" Schuldners ein überschuldeter Erbe, so liegt darin kein zureichender Arrestgrund (LAG Hamm MDR 77, 611). Schwebt ein **Vergleichsverfahren,** so fehlt ein Arrestgrund dann, wenn die Besorgnis der Vollstreckungsvereitelung wegen der nach §§ 58 ff VerglO auferlegten Verfügungsbeschränkungen entfällt (vgl Schwerdtner NJW 70, 226; Köln ZZP 69, 52 = JR 56, 304). Bei einem bereits vollzogenen Arrest entfällt der Arrestgrund jedoch nicht nachträglich mit der Eröffnung des Vergleichsverfahrens und der Anordnung der Verfügungsbeschränkungen nach §§ 58 ff VerglO (Baer-Henney NJW 75, 1368; aA LG Düsseldorf NJW 75, 1367).

III) Bestehende anderweitige Sicherung des Gläubigers

10 Ein **besonderes Sicherungsbedürfnis** ist als Form des allg Rechtsschutzbedürfnisses weitere Voraussetzung von § 917 I. Dies ergibt sich durch einschränkende Auslegung der Norm und aus dem Rechtsgedanken des § 777 (Verbot der Übersicherung).

11 **1)** Ist der Gläubiger bereits **hinreichend dinglich gesichert** (zB durch Eigentumsvorbehalt, Sicherungsübereignungen oder Pfandrechte (vgl Hamburg MDR 67, 50 und 677 mit abl Anm Liesecke MDR 67, 625), so fehlt das Sicherungsbedürfnis dann, wenn ihm diese Sicherheiten denselben Schutz bieten wie der Arrest; dies gilt jedoch nicht beim Vermieterpfandrecht (LG Augsburg NJW 75, 2350). Liegen die Sicherheiten im Ausland, so muß ihre Verwertbarkeit der Sicherheit durch einen Arrest gleichkommen (BGH LM § 676 BGB Nr 10 = NJW 72, 1044 = MDR 72, 592).

12 **2)** Ist der Gläubiger bereits im **Besitz eines Titels,** so ist zu unterscheiden: **a)** Ist der Titel **rechtskräftig** oder **ohne Sicherheitsleistung vorläufig vollstreckbar,** so fehlt das Sicherungsbedürfnis, denn der Gläubiger kann sich durch sofortige ZwV befriedigen. Das gilt jedoch nicht für titulierte Ansprüche, die erst in der Zukunft fällig werden, denn die Zwangsvollstreckung ist dann erst mit Fälligkeit möglich (vgl § 916 Rn 7; Hamm FamRZ 80, 391).

13 **b)** Ist der Titel **nur gegen Sicherheitsleistung vorläufig vollstreckbar,** so ist daneben nach hM ein Arrest zulässig (StJGr Rn 24 mwN), insbesondere dann, wenn der Gläubiger zur Sicherheitsleistung außerstande ist (BGH LM § 719 ZPO Nr 14; Celle MDR 64, 333; aA Neustadt MDR 61, 62). Mit Baur, Studien, S 78, ist jedoch im Einzelfall abzuwägen zwischen dem Schutzbedürfnis des Schuldners (keine Vollstreckung gegen ihn ohne Sicherheitsleistung) und dem Interesse des Gläubigers, seinen zur Befriedigung geeigneten Titel wenigstens durch Arrest ohne Sicherheitsleistung sichern zu können. Die Voraussetzungen des § 710 sind wesentlich schwerer zu erfüllen als diejenigen für einen Arrest; vgl ie StJGr Rn 24.

14 **3)** Sind dem Schuldner **Verfügungsbeschränkungen** auferlegt worden, wird das Sicherungsbedürfnis ihrem Umfang entsprechend fehlen (Köln ZZP 69, 52 = JR 56, 304; vgl Rn 9). Dies gilt insbesondere bei Maßnahmen gegen ein Kreditinstitut nach § 46 a KWG (LG Frankfurt ZIP 80, 580: Wegfall des Arrestgrundes).

IV) Auslandsvollstreckung, II

15 Die Notwendigkeit der Vollstreckung des Hauptsachurteils im Ausland ist für sich genommen bereits genügender Arrestgrund, ohne daß es einer konkreten Gefährdung bedarf; dabei geht es nur um die Vollstreckung inländischer Urteile im Ausland (Frankfurt RIW/AWD 83, 290 = IPRax 83, 227; dazu Grunsky IPRax 83, 210 mwN; str; aA AG Leverkusen IPRspr 81, Nr 161 = IPRax 83, 45); auf die Staatsangehörigkeit der Parteien kommt es nicht an. Kein Arrestgrund liegt vor, wenn dem Gläubiger ausreichende Sicherheiten eingeräumt sind, mögen diese auch im Ausland liegen. § 917 II ist nach hM auch im Anwendungsbereich des EuGVÜ anzuwenden (München OLGZ 83, 476 = NJW 83, 2778 = MDR 83, 851 = RIW/AWD 83, 534; LG Berlin ZIP 83, 223; StJGr Rn 17; Grunsky IPRax 83, 210, str); nach der Gegenansicht ist der gesetzgeberische Grund hierfür entfallen.

918 *[Persönlicher Sicherheitsarrest, Arrestgrund]*

Der persönliche Sicherheitsarrest findet nur statt, wenn er erforderlich ist, um die gefährdete Zwangsvollstreckung in das Vermögen des Schuldners zu sichern.

Lit: *Ritter*, Zum persönlichen Sicherheitsarrest nach §§ 918, 933 ZPO, ZZP 88 (1975), 126.

1 **I) Allgemeines.** Der **persönl Sicherheitsarrest** findet als zweite Form des Arrests gem § 916 I ebenfalls nur zur Sicherung der Zwangsvollstreckung in das bewegliche und unbewegliche Vermögen des Schuldners statt; § 918 stellt klar, daß der persönl Sicherheitsarrest ausgeschlossen ist, wenn der Schuldner überhaupt kein pfändbares Vermögen hat. Er dient auch nicht dazu, den

Schuldner zu zwingen, Vermögen herbeizuschaffen, zB aus dem Ausland (LG Frankfurt NJW 60, 2006); deshalb kann auch ein Ausländer durch persönlichen Sicherheitsarrest nicht gezwungen werden, im Inland seine Arbeit fortzusetzen, wenn er Vermögen nur im Ausland hat (LG Itzehoe SchlHA 66, 90). Der persönl Sicherheitsarrest soll **verhindern,** daß der Schuldner **Vermögensgegenstände beseiteschafft,** die glaubhafterweise vorhanden und pfändbar sind. Er darf aber nur verhängt werden, wenn die erforderliche Sicherung des Gläubigers nicht durch dinglichen Arrest erreicht werden kann, **Subsidiarität** des persönlichen Sicherheitsarrests; insbesondere wenn der Verbleib glaubhaft gemachten inländischen Vermögens unklar ist. In diesem Fall gilt für das **Verhältnis zum dinglichen Arrest,** daß daneben auch persönlicher Sicherheitsarrest angeordnet werden kann, wenn nur so der Entzug pfändbaren Vermögens abwendbar ist (StJGr Rn 6). Zur Offenbarung von vorhandenem Vermögen kann der persönliche Sicherheitsarrest nur angeordnet werden, wenn der Schuldner nach §§ 807, 883 zur Abgabe der eidesstattl Versicherung verpflichtet und zu befürchten ist, er werde sich der Ladung nach §§ 990 ff entziehen (StJGr Rn 7).

II) Verfahren. Die **Arrestanordnung** richtet sich nach den für den dinglichen Arrest geltenden Vorschriften. Besonderheiten: Persönlicher Sicherheitsarrest ist im Arrestgesuch und Arrestbefehl anzugeben (§ 920 Rn 4; § 922 Rn 2; § 933 Rn 1). **Vollziehung** des persönlichen Sicherheitsarrests: § 933 iVm §§ 904–913; vgl auch GVGA §§ 186 ff. 2

III) Einstw Verfügung: § 918 ist durch §§ 935, 940 ersetzt. Bei einstw Verfügung ist zur Sicherung des Anspruchs auf Herausgabe von Sachen Haftanordnung zulässig. 3

919 *[Arrestgericht]*

Für die Anordnung des Arrestes ist sowohl das Gericht der Hauptsache als das Amtsgericht zuständig, in dessen Bezirk der mit Arrest zu belegende Gegenstand oder die in ihrer persönlichen Freiheit zu beschränkende Person sich befindet.

I) Allgemeines

1) Bedeutung. § 919 regelt iVm § 943 zwei ausschließliche (§ 802) konkurrierende (§ 35) Zuständigkeiten für die **Anordnung** des Arrests. Zuständig sind sowohl das Gericht der Hauptsache (Rn 3 ff) als auch das Amtsgericht, in dessen Bezirk der mit Arrest zu belegende Gegenstand oder die in ihrer Freiheit zu beschränkende Person sich befindet (Rn 10). Ist der Arrest erlassen, ist das Arrestgericht auch für das **Widerspruchs- und Aufhebungsverfahren** zuständig (§§ 925–927). Für die **Vollziehung** (§§ 928 ff) gelten, abgesehen von § 930, die sonstigen Bestimmungen über die Zwangsvollstreckung. 1

2) Internationale Zuständigkeit. Sie ergibt sich aus § 919 (Frankfurt ZIP 80, 922). Die deutschen Gerichte sind daher zuständig, wenn der mit Arrest zu belegende Gegenstand oder die in ihrer Freiheit zu beschränkende Person sich im Inland befindet (Frankfurt RIW/AWD 83, 289; s a IZPR Rn 175). Im Anwendungsbereich des EuGVÜ gilt § 919 unabhängig von der Zuständigkeitsordnung der Art 2 ff EuGVÜ, denn diese ist auf das Hauptsacheverfahren beschränkt (Art 24 EuGVÜ). Vereinbarung inländischer Zuständigkeit gem Art 17 EuGVÜ begründet auch Hauptsachegerichtsstand iS von § 919, 1. Alt (Frankfurt ZIP 80, 922). 2

II) Zuständigkeit des Gerichts der Hauptsache (§ 919, 1. Alternative)

1) Begriffe. Gericht der Hauptsache ist das für die Hauptsache örtlich und sachlich zuständige Gericht. **Hauptsache** ist beim Arrest das Verfahren über die zu sichernde Geldforderung, bei der einstw Verfügung der zu sichernde Individualanspruch bzw das zu regelnde Rechtsverhältnis, § 940 (StJGr Rn 3; Düsseldorf FamRZ 79, 155). Aus dem Hauptsacheanspruch muß sich regelmäßig der Arrest-/Verfügungsanspruch ergeben. Ist die Hauptsache Familiensache, so ist auch für den Arrest das FamG zuständig (BGH LM Nr 18 zu § 23 b GVG = NJW 80, 191 = MDR 80, 216; vgl § 621 Rn 14). Das Gericht der Widerklage wird erst mit ihrer Erhebung Gericht der Hauptsache (Schleswig SchlHA 56, 270). An dem Verfahren der Hauptsache müssen dieselben Personen beteiligt sein wie am Arrest; die Parteirolle ist gleichgültig. Ein Schiedsgericht kann niemals Arrestgericht sein (Rn 4 vor § 916); als Gericht der Hauptsache zuständig ist das Gericht, das ohne den Schiedsvertrag zuständig wäre. Ie ist für das Gericht der Hauptsache nach der konkreten Verfahrenssituation zu unterscheiden (Rn 4–9). 3

2) Ist die **Hauptsache** bereits anhängig, so ist dasjenige Gericht Gericht der Hauptsache, bei dem diese zur Zeit der Antragstellung im Arrestverfahren schwebt. Ist wegen der Hauptsache Mahnbescheid erlassen, so ist Gericht der Hauptsache ohne Rücksicht auf die Höhe des Streitwertes das AG, dessen Rpfleger den Mahnbescheid erlassen hat (StJGr Rn 4). Die zur Aufrech- 4 nung gestellte Gegenforderung ist nicht anhängig, das über sie verhandelnde Gericht mithin insoweit nicht Gericht der Hauptsache (StJGr Rn 3).

5 **a)** Das Gericht der **ersten Instanz** ist zuständig bis zur Einlegung der Berufung gegen das die Sache in dieser Instanz endgültig abschließende Urteil. Mit Rechtskraft des Berufungsurteils oder Einlegung der Revision ist wiederum das erstinstanzliche Gericht zuständig (BGH Rpfleger 76, 178; StJGr Rn 6).

6 **b)** Das **Berufungsgericht** entscheidet über das Arrestgesuch in der Zeit zwischen Einlegung der Berufung bis zur Rechtskraft des Urteils bzw Einlegung der Revision (Köln WRP 76, 714; StJGr Rn 6).

7 **c)** Ist in erster Instanz Grundurteil (§ 304) ergangen und schwebt der Rechtsstreit wegen des Grundes in der Berufungsinstanz, so ist **sowohl das erstinstanzliche als auch das Berufungsgericht** zuständig (Köln ZZP 71, 243; Karlsruhe MDR 54, 425 LS; ThP § 943 Anm 1; Rosenberg § 212 I 1a, str; aA StJGr Rn 6; BL Anm 2 C: Gericht erster Instanz). Gleiches gilt für Zwischenurteil (§ 280 II) und Vorbehaltsurteil (§ 302). Beim Teilurteil kommt es auf den zu sichernden Teil des Anspruchs an.

8 **d) Prüfungsumfang.** § 919 knüpft lediglich an das formelle Moment der Anhängigkeit an; das Gericht hat daher nicht zu prüfen, ob es für die bei ihm anhängige Hauptsache auch zuständig ist (Hamburg MDR 81, 1027); eine Ausnahme gilt jedoch für den Fall, daß die Rechtswegzuständigkeit fehlt (StJGr Rn 5). Maßgeblich ist der Zeitpunkt des Eingangs des Arrestgesuchs. Verweisung s Rn 4 vor § 916. Spätere rechtskräftige Klageabweisung wegen Unzuständigkeit oder Unzuständigkeit wegen Klageänderung schaden nicht (BL Anm 2 D); ein Aufhebungsantrag nach § 927 kann darauf nicht gestützt werden (aA 13. Aufl).

9 **3)** Ist die **Hauptsache noch nicht anhängig,** ist zuständiges Arrestgericht jedes Gericht, das für die Hauptsache örtlich und sachlich zuständig wäre; das angegangene Gericht hat also zu prüfen, ob die Hauptsache bei ihm zulässigerweise anhängig gemacht werden könnte. Der Antragsteller kann unter mehreren zuständigen Gerichten wählen, § 35. Durch zulässige Gerichtsstandsvereinbarung (§§ 38, 40) über die Hauptsache wird ein an sich unzuständiges Gericht zum Gericht der Hauptsache und damit auch Arrestgericht (vgl StJGr Rn 1).

10 **III) Zuständigkeit des Amtsgerichts (§ 919, 2. Alternative):** Nach der Wahl des Gläubigers (§ 35) ist auch das **Amtsgericht** zuständig, in dessen Bezirk die mit Arrest zu belegende Sache oder Person sich befindet. Sie ist als zuständigkeitsbegründendes Merkmal im Antrag anzugeben; der erlassene Arrest kann jedoch in das gesamte Vermögen des Arrestschuldners vollzogen werden, auch soweit es sich außerhalb des Amtsgerichtsbezirks befindet (StJGr Rn 13; Thümmel NJW 85, 472: arg § 23 S 1 entspr). Das Amtsgericht ist auch zuständig, wenn kein anderes deutsches Gericht für die Hauptsache zuständig wäre. Das AG ist, auch wenn Dringlichkeit nicht vorliegt, und ohne Rücksicht auf die Höhe des Anspruchs, selbst wenn der Streit über die Hauptsache bei einem ordentlichen Gericht anhängig ist, zuständig. Gegenstand kann auch eine Forderung sein; sie befindet sich am Wohnsitz des Drittschuldners und, wenn für sie eine Sache zur Sicherheit haftet, auch an dem Ort, wo sich die Sache befindet, § 23 S 2.

11 **IV) Einstw Verfügung:** § 919 ist durch §§ 937, 942 ersetzt.

920 *[Arrestgesuch]*

(1) Das Gesuch soll die Bezeichnung des Anspruchs unter Angabe des Geldbetrages oder des Geldwertes sowie die Bezeichnung des Arrestgrundes enthalten.

(2) Der Anspruch und der Arrestgrund sind glaubhaft zu machen.

(3) Das Gesuch kann vor der Geschäftsstelle zu Protokoll erklärt werden.

I) Arrestantrag (I)

1 **1) Inhalt.** Der Arrestantrag (**I** spricht gleichbedeutend von „Gesuch") leitet das Arrestverfahren ein (ie Rn 12). Seine inhaltlichen Mindesterfordernisse nennt **I** als „Soll"-Vorschrift (zur Bedeutung vgl Rn 6). Ie sind folgende Angaben geboten oder möglich: **a)** „Anspruch" ist der **Arrestanspruch** gem § 916 (vgl dort). Seine **Höhe (Geldwert)** ist anzugeben, denn der spätere Arrestbefehl ist Vollstreckungstitel und aus der darin angegebenen Summe ergeben sich Umfang des Arrestpfandrechts oder Höhe der Sicherungshypothek. Auch die Lösungssumme gem § 923 wird danach bestimmt. Die den Anspruch begründenden **Tatsachen** sind anzugeben, denn der Arrest wird wegen einer bestimmten Forderung verhängt, § 916 Rn 3.

b) Arrestgrund sind die Tatsachen, welche die Gefährdung der späteren ZwV erkennen lassen, §§ 917, 918. 2

c) Der Antrag des Gläubigers ist zweckmäßig auf eine bestimmte **Arrestart** gerichtet. Wird dingl Arrest („in das Vermögen des Schuldners") beantragt, darf das Gericht wegen § 308 nicht den persönl Arrest anordnen, auch wenn dessen Voraussetzungen vorliegen (Baur, Studien, S 68 ff); gleiches gilt umgekehrt (StJGr § 922 Rn 4). Ist der Antrag nur allgemein auf Arrestverhängung gerichtet, wird regelmäßig dingl Arrest verhängt, es sei denn, der Gläubiger trägt auch die besonderen Voraussetzungen von § 918 vor und die Auslegung seines Antrags ergibt, daß er auch persönl Arrest beantragen will. Wegen des Antrags, nur ohne mündl Verhandlung zu entscheiden s § 921 Rn 1. 3

d) Weitere Angaben. Der Antragsgegner ist im Rubrum des Antrags genau zu bezeichnen; uU schwierig ist dies vor allem bei der einstw Verfügung (vgl Raeschke-Kessler NJW 81, 663; § 935 Rn 4; Rn 6 vor § 50). Beantragt der Gläubiger **persönl** Sicherheitsarrest, muß er die besonderen Voraussetzungen von § 918 vortragen (Rn 1). Bestimmte **Arrestgegenstände** müssen nur dann bezeichnet werden, wenn das Gesuch beim Amtsgericht gem § 919 eingereicht wird, s § 919 Rn 10). 4

e) Antragsverbindung. Der **Antrag auf Forderungspfändung** kann in das Arrestgesuch aufgenommen werden (Zuständigkeit: § 930 I 3). Es liegen dann zwei rechtl getrennte Anträge auf Anordnung und Vollziehung des Arrests vor (StJGr Rn 17). 5

2) Mängel. Die **Sollvorschrift** des **I** ermöglicht die Ergänzung des Antrags durch Schriftsatz oder in der mündl Verhandlung. Das Gericht ist nach § 139 verpflichtet, bei behebbaren Mängeln auf Ergänzung hinzuwirken. Ein mangelhaftes Gesuch kann aus anderen Gründen (zB unbehebbare Prozeßhindernisse) auch sofort zurückgewiesen werden (StJGr Rn 6), es darf jedoch mit ausreichendem Inhalt wiederholt werden; vgl Rn 13 vor § 916. 6

3) Form. Der Antrag kann **schriftlich** eingereicht oder **zu Protokoll der Geschäftsstelle** erklärt werden **(III),** auch im Verfahren vor den Kollegialgerichten; er unterliegt daher nicht dem Anwaltszwang (§ 78 II; Hamburg Rpfleger 79, 28; StJGr Rn 1). Wird gegen den vom LG erlassenen Arrest Widerspruch erhoben, besteht für die mündl Verhandlung **Anwaltszwang** (§ 78 I); das gleiche gilt für die Beschwerde gegen einen landgerichtl Beschluß (vgl § 922 Rn 13). Vollmacht: §§ 80, 88. 7

II) Glaubhaftmachung (II)

1) Allgemeines. Es gilt § 294. Glaubhaft zu machen sind **Tatsachen;** wegen der rechtl Prüfung vgl § 922 Rn 6. 8

2) Umfang. II gilt für Arrestanspruch und Arrestgrund (Ausnahmen: § 25 UWG; § 921 II, s dort). Darüber hinaus sind auch die Prozeßvoraussetzungen glaubhaft zu machen (Koblenz WRP 79, 387); Vollbeweis wäre mit dem Eilcharakter unvereinbar (StJGr Rn 15) und darf daher in keinem Punkt verlangt werden. Die Parteien können jedoch den Vollbeweis durch präsente Beweismittel erbringen, etwa durch Urkundenvorlage oder mitgebrachte Zeugen oder Sachverständige in der mündl Verhandlung (Köln MDR 81, 765; Düsseldorf Betrieb 81, 785). Die Beweislastverteilung selbst entspricht der im ordentlichen Verfahren (hM, aber str; vgl Rn 6 vor § 916 mwN; auch zur aA). 9

3) Mittel der Glaubhaftmachung s § 294 Rn 3 ff. **a)** Wegen des **Arrestanspruchs** kann auf die Hauptsacheakten nebst den beigezogenen Akten verwiesen werden, insbesondere auf bereits ergangene Urteile, auch wenn sie angefochten worden sind. Ferner: eidesst Versicherung der Partei oder Dritter; Inbezugnahme in Anwaltsschriftsätzen reicht aus (aA Frankfurt FamRZ 84, 313 [LS]). Für eidesstattliche Versicherungen ist allerdings eine Abgabe zu Protokoll wegen größerer Glaubwürdigkeit ratsam; in Frage kommt auch sog „anwaltliche Versicherung" (dazu München Rpfleger 85, 457). Ausl Urteile können auch dann herangezogen werden, wenn ihre Anerkennung nach § 328 ausgeschlossen ist (StJGr Rn 8). Ist über den Hauptsacheanspruch rechtkräftig entschieden, bindet dieses Urteil; eine entgegenstehende Glaubhaftmachung ist ausgeschlossen (StJGr Rn 8). 10

b) Hat eine Partei bereits den Vollbeweis erbracht, ist demgegenüber keine Glaubhaftmachung möglich (Köln MDR 81, 765: zur Widerlegung kann nur ein Strengbeweismittel der ZPO dienen). Soweit der Antragsgegner durch einen vorsorglich eingereichten Schriftsatz (Schutzschrift) zu dem befürchteten Arrest-/Verfügungsantrag Stellung nimmt, ist dieses Vorbringen zu berücksichtigen; es wird darauf gerichtet sein, dem Antragsteller die Glaubhaftmachung zu erschweren, indem eigener Sachvortrag glaubhaft gemacht oder bewiesen wird. Aufwendungen des Gegners sind bei erfolglosem Antrag zu erstatten (Düsseldorf Betrieb 81, 765, § 922 Rn 8; zur Schutzschrift s § 937 Rn 4). 11

III) Wirkungen

12 **1)** Die **Rechtshängigkeit** des Arrestprozesses wird durch die Anbringung des Gesuchs begründet (Düsseldorf NJW 81, 2824 mN = MDR 82, 59; AG Weilheim MDR 85, 148; StJGr Rn 2; aA Wieczorek/Schütze Anm A II). Damit treten auch die Wirkungen der Rechtshängigkeit bezügl Zuständigkeit (§ 919 Rn 8) und der Einrede der Rechtshängigkeit (§ 261 III Nr 1) ein; gleiches gilt für §§ 262, 265 f, vgl Rn 5 vor § 916 und StJGr Rn 2. Die Hauptsache wird durch den Arrestprozeß nicht rechtshängig (BGH LM Nr 18 zu § 23b GVG = NJW 80, 191 = MDR 80, 216; KG GRUR 85, 325 mwN; ThP Anm 1, BL Anm 1 B; vgl auch allg Rn 5 vor § 916).

13 **2)** Die **Rücknahme** des Antrags ist jederzeit ohne Zustimmung des Gegners bis zum rechtskräftigen Abschluß des Arrestverfahrens möglich (Düsseldorf NJW 82, 2452; StJGr Rn 4; Ullmann BB 75, 236). Dies gilt auch in der mündl Verhandlung und im Rechtsmittelverfahren (Düsseldorf aaO); § 269 I ist insoweit nicht anzuwenden. Grund: der Schutzzweck von § 269 I greift im Arrestverfahren nicht, denn der Antrag kann wegen des vorläufigen Charakters des Verfahrens ohnehin erneut angebracht werden, vgl Rn 13 vor § 916 str; aA Pastor, Wettbewerbsprozeß Kap 33 V; Fürst BB 75, 890). § 269 III 1 gilt uneingeschränkt, ein verhängter Arrest entfällt mit der Rücknahme (StJGr Rn 4). **Kosten:** § 269 III 2; vgl ie § 922 Rn 8.

14 **3)** Der **Übergang in das Hauptsacheverfahren** ist im Arrestprozeß ausgeschlossen (Karlsruhe OLGZ 77, 484; Hamm OLGZ 71, 180 = NJW 71, 387 = MDR 71, 142; StJGr Rn 3 je mwN). Der einstw Rechtsschutz ist eine völlig andere Verfahrensart mit anderem Streitgegenstand als der Hauptsacheprozeß (Rechtsschutzziel: Sicherung, nicht Befriedigung), deshalb ist auch § 596 nicht entsprechend anwendbar, denn der Urkundenprozeß ist Hauptsacheverfahren mit Beweismittelbeschränkung (vgl demgegenüber die Unterscheidung in § 926). § 263 ist auch nicht entsprechend anwendbar (zutr ThP Anm 1; aA Rosenberg, ZPR 9. Aufl § 215 III 2a; differenzierend Teplitzky DRiZ 82, 41, Braunschweig MDR 71, 1017: Übergang bei Zustimmung beider Parteien nach Klageänderungsgrundsätzen zulässig).

15 **IV) Einstw Verfügung:** § 920 ist anwendbar. Darzulegen und glaubhaft zu machen sind der Verfügungsanspruch und der Verfügungsgrund; s ie Anm zu §§ 935, 940).

16 **V) Aktenbehandlung:** Über Arreste und einstweilige Verfügungen werden stets besondere Blattsammlungen angelegt; sie werden, wenn die Hauptsache anhängig ist, nicht gesondert, sondern bei den Hauptakten aufbewahrt (bei dem AG: § 13 Nr 3 aE AktO; bei dem LG u OLG: § 38 Nr 5 AktO). Bei dem AG: Eintragung in das ZivProzRegister unter Buchstabe C (§ 13 Nr 1 und 2 AktO), Muster 20 Fußnote 4b, 6b. Bei dem LG u OLG: Eintragung in das Prozeß-, Berufungs- und Beschwerderegister für Zivilsachen unter Buchstabe O (LG) und U (OLG) (§ 38 Nr 1 und 2 AktO); Muster 21 (LG) Fußnote 4b, 7 b, Muster 23 (OLG) Fußnote 5d. – Kalender für die mündl Verhandlung: Muster 29 (bei dem AG § 13 Nr 6, bei LG u OLG § 38 Nr 6 AktO).

921 *[Entscheidung über das Arrestgesuch]*

(1) Die Entscheidung kann ohne mündliche Verhandlung ergehen.

(2) Das Gericht kann, auch wenn der Anspruch oder der Arrestgrund nicht glaubhaft gemacht ist, den Arrest anordnen, sofern wegen der dem Gegner drohenden Nachteile Sicherheit geleistet wird. Es kann die Anordnung des Arrestes von einer Sicherheitsleistung abhängig machen, selbst wenn der Anspruch und der Arrestgrund glaubhaft gemacht sind.

I) Freigestellte mündliche Verhandlung (I)

1 Über den Arrestantrag (§ 920) entscheidet das Gericht entweder ohne mündl Verhandlung im Beschluß- oder nach mündl Verhandlung im Urteilsverfahren (vgl § 922; freigestellte mündl Verhandlung). Die Verfahrensgestaltung bestimmt das Gericht, nicht der Vorsitzende. Ausnahme: KfHS. Soll vor dieser nicht ohne mündl Verhandlung entschieden werden, so beraumt der Vorsitzende zweckmäßigerweise Termin vor der Kammer an, um einer Verzögerung durch die Ablehnung seiner Alleinentscheidung gem § 349 III entgegenzuwirken (Koblenz WRP 81, 116 mwN). Daß die Entscheidung idR ohne mündl Verhandlung zu treffen sei, kann dem Gesetz nicht entnommen werden, vielmehr wird auch im Arrestverfahren der mündl Verhandlung als der überlegeneren Form der Verwirklichung des rechtlichen Gehörs des Gegners (Art 103 I GG) der Vorzug gegenüber der Möglichkeit der schriftlichen Äußerung des Gegners zu geben sein, falls nicht wegen Gefährung des Zweckes des Arrestverfahrens von der Anhörung des Gegners überhaupt abzusehen ist (BVerfG 9, 89, 98; StJGr § 922 Rn 1; vgl Ritter ZZP 88, 121; s a § 922 Rn 1. Dem Grundsatz des rechtlichen Gehörs ist aber bei Berücksichtigung der Einwendungen des Antragsgegners aufgrund einer beim Gericht eingereichten **Schutzschrift** Genüge getan (vgl Ulrich GRUR 85, 211; Bülow ZZP 98, 274; allg § 937 Rn 4). Bei seiner Verfahrensgestaltung hat das Gericht zu berücksichtigen, daß Beschlußarreste im Geltungsbereich des EuGVÜ nach

Art 25 ff nicht anerkannt werden (EuGH NJW 80, 2016 LS = RIW/AWD 80, 510; dazu Hausmann IPRax 81, 79). Der Antrag, Arrest nur bei Entscheidung ohne mündl Verhandlung zu erlassen, ist unwirksame bedingte Rücknahme des Gesuchs für den Fall, daß das Gericht mündl Verhandlung anordnen sollte (ThP Anm 1) und als unzulässig zurückzuweisen, wenn das Gericht mündl Verhandlung als notwendig erachtet (vgl. Wieczorek/Schütze § 920 Anm A Ic, str; aA StJGr Rn 2: zulässige bedingte Zurücknahme des Antrags). Anordnung oder Ablehnung mündl Verhandlung ist unanfechtbar. Keine Pflicht zur Sicherheitsleistung nach § 110 (LG Berlin MDR 57, 552).

II) Fälle der Sicherheitsleistung (II)

1) Sicherheitsleistung zur Ergänzung der fehlenden Glaubhaftmachung. Das Gericht kann, auch wenn der Anspruch oder der Arrestgrund nicht glaubhaft gemacht ist, den Arrest anordnen, sofern wegen der dem Gegner drohenden Nachteile Sicherheit geleistet wird **(II 1).** Die Anordnung der Sicherheitsleistung soll es dem Gericht ermöglichen, sich mit einem geringeren, unterhalb der Glaubhaftmachung liegenden Grad an Wahrscheinlichkeit zu begnügen (StJGr Rn 5). Steht das Fehlen von Arrestanspruch oder Arrestgrund fest, scheidet eine Arrestanordnung gem **II 1** aus (Jauernig, ZwVR, § 35 I 3). Nur die **Glaubhaftmachung** des Arrestanspruchs oder des Arrestgrundes ersetzt die Sicherheitsleistung; die **Tatsachen,** aus denen sie sich ergeben, müssen bezeichnet sein, sonst erfolgt Abweisung des Antrags nach Ablauf der zur Ergänzung bestimmten Frist (RG JW 99, 393). Da auch für die weiteren Erfordernisse der Anordnung des Arrests, wie die Prozeßvoraussetzungen, Glaubhaftmachung genügt, ist **II 1** auch in diesem Fall anwendbar (StJGr Rn 5). 2

2) Arrestanordnung nach Sicherheitsleistung. Nach dem Wortlaut von **II 2** kann das Gericht auch bei Glaubhaftmachung die Anordnung des Arrests von einer Sicherheitsleistung abhängig machen; in diesem Fall erklärt es zunächst die Sicherheitsleistung für erforderlich und ordnet nach Leistung der Sicherheit in einem besonderen Beschluß den Arrest an (vgl RG 36, 359). Dieses Vorgehen wird zB veranlaßt sein, wenn zu befürchten ist, daß bereits der durch die Arrestanordnung zu erwartende Schaden des Gegners besonders hoch sein wird, oder die Vermögensverhältnisse des Gläubigers es bezweifeln lassen, ob dieser etwaige Schadensersatzansprüche des Gegners erfüllen kann (StJGr Rn 7). 3

3) Arrestvollziehung gegen Sicherheitsleistung. Zweckmäßiger ist statt der **Anordnung des Arrests** die **Vollziehung des Arrestbefehls** von der Sicherheitsleistung abhängig zu machen (StJGr Rn 10; Hamburg OLG 6, 425; KG OLG 23, 231; Nürnberg BayJMBl 57, 428; Hamm GRUR 84, 603). Eine Fristsetzung für die Sicherheitsleistung ist nicht nötig, da § 929 II an sich zutrifft (KG OLG 29, 274) und der Nachweis der Sicherheitsleistung dem Schuldner innerhalb der Frist des § 929 III zuzustellen ist. Ist der Arrest mit der Maßgabe angeordnet worden, daß er aufgehoben werde, wenn nicht innerhalb … Tagen Sicherheit geleistet werde, so ist bis zur Stellung des Antrags auf Arrestaufhebung (§ 927) Sicherheitsleistung möglich; Fristablauf hindert sie nicht (KG OLG 19, 37). Arrestanordnung unter Sicherheitsleistung ist jedoch dann unzweckmäßig, wenn es dem Gläubiger um die Sicherung eines nur gegen Sicherheitsleistung vollstreckbaren Titels geht, er die Sicherheit aber nicht erbringen kann, vgl § 917 Rn 13. Hier kommen nur unbedingte Arrestanordnung oder Ablehnung des Gesuchs in Betracht. 4

III) Anordnungsentscheidung und Rechtsbehelfe

1) Die **Anordnung der Sicherheit** steht im Ermessen des Gerichts. Der Gläubiger braucht sich hierzu nicht erboten zu haben. Die Sicherheit ist nach freiem Ermessen zu bestimmen (vgl hierzu § 108) und kann auch durch Bürgschaft oder Pfand geleistet werden (RG JW 02, 444; KG JW 23, 23), wenn diese **Art** in dem Beschluß zugelassen ist. Die Höhe wird regelmäßig so zu bemessen sein, daß sie jeden evtl Schaden (§ 945) deckt; es ist aber keineswegs stets die Höhe der zu sichernden Forderung maßgebend. Die Sicherheit haftet für den Schaden, den der Gegner durch einen unberechtigten Arrest erleidet; daß der Anspruch besteht, schließt nicht aus, daß der Arrest wegen Fehlens des Arrestgrundes unberechtigt war. Zur Rückgabe der Sicherheit s § 943 Rn 2. 5

2) Rechtsbehelfe. Rechtsbehelf des **Gläubigers** gegen den Beschluß, durch den Sicherheitsleistung angeordnet wird, ist einfache Beschwerde, wenn es Arrest ohne Sicherheitsleistung beantragt oder zur Sicherheitsleistung nicht Stellung genommen hat; des **Gegners** gegen den Beschluß, durch den Arrest ohne Sicherheitsleistung angeordnet wurde, Widerspruch. Im übrigen s wegen der Rechtsbehelfe im Arrestverfahren § 924 Rn 1. Zur Frage der Beschwer des Antragstellers bei Anordnung einer Sicherheit s Köln MDR 59, 311. Nach rechtskräftigem Abschluß des Verfahrens kann nur noch die Art, nicht mehr die Höhe der Sicherheit geändert werden; bei Verstoß einfache Beschwerde (Nürnberg BayJMBl 54, 67). 6

7 **IV) Einstw Verfügung:** § 921 I ist durch § 937 II ersetzt. § 921 II 2 findet Anwendung (s auch Nürnberg BayJMBl 57, 428). Führt die Vollziehung zu schwersten Eingriffen in den Gewerbebetrieb des Schuldners (zB Untersagung von Produktion oder Vertrieb von Waren), ist sie idR von einer Sicherheitsleistung (Vollziehungssicherheit) abhängig zu machen (KG NJW-RR 86, 1127). Unzulässig ist die Anordnung der Sicherheitsleistung mangels Glaubhaftmachung der Gefährdung, wenn diese Glaubhaftmachung nicht erforderlich ist.

922

[Arrestbeschluß, Arresturteil]

(1) Die Entscheidung über das Gesuch ergeht im Falle einer mündlichen Verhandlung durch Endurteil, andernfalls durch Beschluß.

(2) Den Beschluß, durch den ein Arrest angeordnet wird, hat die Partei, die den Arrest erwirkt hat, zustellen zu lassen.

(3) Der Beschluß, durch den das Arrestgesuch zurückgewiesen oder vorherige Sicherheitsleistung für erforderlich erklärt wird, ist dem Gegner nicht mitzuteilen.

I) Allgemeines

1 **1) Form des Arrestverfahrens.** Ob die Entscheidung über den Arrestantrag durch **Urteil** oder durch **Beschluß** ergeht, hängt davon ab, ob mündl Verhandlung angeordnet ist. Ob mündl Verhandlung stattfindet, steht beim Arrest im Ermessen des Gerichts, s § 921 Rn 1. Mündl Verhandlung wird insbesondere nicht anzuordnen sein, wenn die vorherige Anhörung des Schuldners den Zweck des Arrests gefährden würde; eine solche Verfahrensweise steht auch im Einklang mit Art 103 I GG (BVerfG 9, 89, 98; StJGr Rn 1). Aus **III** kann nicht der Schluß gezogen werden, daß der Gegner im Verfahren ohne mündl Verhandlung ausnahmslos nicht gehört werden darf, auch **III** ist entsprechend Art 103 I GG nur dahin zu verstehen, daß der Gegner von dem Arrestgesuch und seiner Ablehnung durch das Gericht dann nicht in Kenntnis zu setzen ist, wenn wegen der Gefährdung des Arrestzwecks von der Anhörung des Gegners abzusehen ist. Wurde der Gegner gehört, so ist ihm auch der den Arrestantrag zurückweisende Beschluß mitzuteilen (StJGr Rn 1; Bischof NJW 80, 2236). Entsprechendes gilt auch für das Beschwerdeverfahren (München NJW 74, 1517; Frankfurt Rpfleger 80, 396). Die schriftl Erklärung des Gegners gegenüber dem Arrestgericht unterliegt nicht dem Anwaltszwang.

2 **2) Inhalt der Entscheidung.** Der **Arrestbefehl** muß, unabhängig davon, ob er durch Beschluß oder Urteil erlassen wird, die Geldforderung nach Grund und Betrag, die Art des Arrests (dinglicher oder persönlicher Arrest) und die Lösungssumme (§ 923) bezeichnen und die Kostenentscheidung enthalten. Fehlt die genaue Bezeichnung des gesicherten Anspruchs (s § 916 Rn 3) oder die Angabe über die Art des Arrests, liegt ein wirksamer Arrestbefehl nicht vor (StJGr Rn 31); unschädlich ist, wenn die Lösungssumme nicht angegeben ist (Hamburg NJW 58, 1145 = MDR 58, 612; aA LG Düsseldorf NJW 51, 81). Die Aufnahme der Lösungssumme in den Beschluß ersetzt nicht die Bezeichnung des gesicherten Betrags (RG 78, 332). Die Angabe, daß der Arrest in bestimmte Gegenstände zu vollziehen sei, ist ohne Wirkung (RG 9, 321), denn jeder, auch der vom AG erlassene Arrest, kann in das ganze Vermögen des Schuldners vollzogen werden (s § 919 Rn 10). Die in den Arrestbefehl aufgenommene Kostenpauschale deckt nicht die Kosten des Arrest-, sondern die Kosten des Hauptsacheprozesses (München MDR 57, 238, str; vgl Frankfurt OLGZ 83, 104 mwN).

3 **3) Verfahrensbeendigung ohne Arrestbefehl. a)** Wird das **Arrestgesuch zurückgenommen** (vgl § 920 Rn 13), so treffen den Antragsteller in entsprechender Anwendung von § 269 III 2 die Kosten. Ein Ausspruch hierüber ergeht auf Antrag des Antragsgegners. Dies gilt auch dann, wenn der Schuldner nicht durch eine gerichtliche Mitteilung, sondern von sich aus von dem Verfahren Kenntnis erlangt und daraufhin kostenverursachende Maßnahmen zu seiner Verteidigung veranlaßt hat (Düsseldorf NJW 81, 2824 mwN = MDR 82, 59; München WRP 83, 358, MDR 82, 412; Hamburg MDR 77, 498; jetzt allg Meinung).

4 **b) Erledigung der Hauptsache** ist im Arrest-(einstw Verfügungs-)verfahren wie bei der Klage möglich. Beide Parteien können gemeinsam die Hauptsache für erledigt erklären; Kosten: § 91 a (StJGr Rn 17). Erklärt der Antragsteller einseitig die Hauptsache für erledigt, so ist zu prüfen, ob der Antrag ursprünglich zulässig und begründet war und der Arrest nur wegen eines nach Antragstellung eingetretenen (erledigenden) Ereignisses nicht mehr erlassen werden kann (Köln WRP 85, 660 mwN; StJGr Rn 18; vgl auch § 91 a Rn 32, 43, 44). Trifft das zu, so ist der Antrag für erledigt zu erklären, andernfalls abzuweisen; Kosten: § 91. Das Erledigungsereignis kann allg (auch bei einseitiger Erledigungserklärung) im Zeitraum zwischen Einreichung und

Zustellung des Antrags eingetreten sein (AG Weilheim MDR 85, 148; für das Klageverfahren aA die hM, vgl § 91a Rn 40). Ist Erledigung nach Zurückweisung des Antrags eingetreten, ohne daß der Gegner am Verfahren beteiligt war, kann nicht (abw vom Klageverfahren: § 91a Rn 38) zum Zweck der Erledigungserklärung Beschwerde eingelegt werden (Hamm WRP 85, 227).

II) Entscheidung ohne mündliche Verhandlung

1) Die Entscheidung ergeht durch **Beschluß. a) Prüfung des Gerichts. aa)** Das Gericht prüft die allgemeinen Prozeßvoraussetzungen (Zuständigkeit, Partei- und Prozeßfähigkeit usw), die Vollmacht (§§ 88, 80) und die Arrestvoraussetzungen. Die vom Antragsteller im Gesuch vorgetragenen Tatsachen müssen den Arrestanspruch ergeben und die für den Arrestgrund erforderliche Gefahr begründen, vgl §§ 916–918, 920. Sie müssen glaubhaft gemacht worden sein. Das Gericht ist an ein Geständnis gebunden. **Behauptungs-** und **Beweislast** sind grundsätzlich wie im Hauptverfahren verteilt (StJGr § 920 Rn 10). Danach hat der Schuldner seine Einreden und Einwendungen vorzutragen und glaubhaft zu machen. Erhält er jedoch auch keine Gelegenheit zur schriftl Stellungnahme, so trägt der Antragsteller die volle Beweislast, dh er hat das Fehlen von Einwendungen vorzutragen (zB eigene Vorleistung, Erfüllung uä) und glaubhaft zu machen (StJGr Rn 11; Teplitzky DRiZ 82, 44). 5

bb) Der **Umfang** der **rechtl Prüfung** ist nach hM gegenüber dem Hauptsacheverfahren nicht eingeschränkt (ThP §§ 920, 921 je Anm 2; Baur, Studien, S 24 f, 101). Demgegenüber ist mit Leipold, Grundlagen, S 64 f, 70, darauf abzustellen, daß § 920 II bezügl der Glaubhaftmachung nicht zwischen Tatsachen und Rechtsfolgen unterscheidet, sondern insgesamt die Vermittlung einer geringeren Wahrscheinlichkeit zuläßt. Es findet daher eine eingeschränkte Schlüssigkeitsprüfung statt. Im Einzelfall sind jedoch Wahrscheinlichkeit des behaupteten Anspruchs und Dringlichkeit der beantragten Maßnahme gegeneinander abzuwägen; insbesondere kommt Sicherheitsleistung gem § 921 Rn 2 ff in Betracht. 6

b) Inhalt der Arrestentscheidung: Rn 2. 7

c) Kostenentscheidung: über die Kosten ist nach Maßgabe des § 91 **von Amts wegen** zu entscheiden (StJGr Rn 12). Die Kostenentscheidung darf nicht der Entscheidung über die Hauptsache vorbehalten werden, wenn über das Arrestgesuch gesondert verhandelt und entschieden wird. Ist über die Kosten des Arrestverfahrens nicht entschieden worden, so bilden die Kosten einen Teil der Kosten des Hauptprozesses nur, wenn die Kosten des Arrests entweder in der Entscheidung über den Hauptprozeß ausdrücklich erwähnt sind oder aus der Sachlage zu entnehmen ist, daß sie stillschweigend mitbetroffen sein sollen (KG JW 30, 3340). Endet der Hauptprozeß ohne Vollstreckungstitel, ist wegen der Kosten des Arrestverfahrens Klage oder Mahnverfahren nötig. Ergänzung des Arrests bezügl des Kostenausspruchs nach § 321 ist zulässig. Zu erstatten sind dem Antragsgegner die Kosten für einen Sachverständigen, den er zu seiner Verteidigung hinzugezogen hat (Düsseldorf Betrieb 81, 785); dies gilt auch für eine höhere Vergütung als nach § 3 ZSEG, da der Antragsgegner im Eilverfahren auf die sofortige Gestellung des Sachverständigen angewiesen ist, vgl Rn 15. Die Kosten für zwei Anwälte sind dem Antragsteller nur dann zu erstatten, wenn er nachweist, daß mit einem Widerspruch gegen den Beschlußarrest/die Beschlußverfügung nicht zu rechnen war (Koblenz WRP 82, 109; vgl § 91 II 3 und § 91 Rn 13 „Anwaltswechsel“). Die Entscheidung umfaßt nicht die Kosten eines selbständigen Beweissicherungsverfahrens (KG AnwBl 84, 102 = JurBüro 84, 1244). 8

d) Der Beschlußarrest ist ohne weiteres **vorläufig vollstreckbar** (§ 929 Rn 1). 9

2) Begründung. Der den Arrest anordnende Beschluß bedarf keiner Begründung, wenn statt dessen eine Durchschrift des Gesuchs mit zugestellt wird (Nürnberg NJW 76, 1101; Bischof NJW 80, 2236). Eine Begründung wegen Auslandsvollstreckung entfällt im EG-Bereich, da insoweit Beschlußarreste nicht anerkannt werden (EuGH NJW 80, 2016 LS = RIW/AWD 80, 510; vgl auch § 921 Rn 1). Dagegen ist der den Antrag zurückweisende Beschluß zu begründen, um dem Beschwerdegericht die Möglichkeit der Nachprüfung zu geben (StJGr Rn 7). 10

3) Bekanntgabe (II, III). a) Der Beschluß, durch den der Arrest **angeordnet** wird, ist **dem Gläubiger** in Ausfertigung (Koblenz WRP 81, 286) **zuzustellen** (Bischof NJW 80, 2236). Der Gläubiger hat eine beglaubigte Abschrift des Beschlusses dem Gegner durch Vermittlung des GVollz zuzustellen (vgl **II**); mit zuzustellen sind Anlagen, auf die im Beschluß Bezug genommen wird (Düsseldorf GRUR 84, 78). Wird der Arrest im Laufe des Hauptprozesses erwirkt und sind die Parteien in diesem durch Prozeßbevollmächtigte vertreten, so kann (nicht muß) die Zustellung (von Amts wegen) an den Prozeßbevollmächtigten des Antragstellers (RG JW 1900, 13) sowie seitens des Antragstellers an den Prozeßbevollmächtigten des Gegners erfolgen (Frankfurt MDR 84, 58 mN; vgl auch § 82 Rn 1). Hat aber eine Partei einen besonderen Prozeßbevollmächtigten für das Arrestverfahren bestellt, so muß gem § 176 an ihn zugestellt werden. Erfolgt die Anwalts- 11 bestellung durch Hinterlegung einer Schutzschrift, erfordert die Zustellung an den Prozeßbevollmächtigten eine eindeutige und unmißverständliche Erklärung des Anwalts, Vertretungsmacht zu haben, sowie Kenntnis des Antragstellers von der Bestellung (Düsseldorf GRUR 84, 79 und § 929 Rn 12 mwN). Einem im Ausland wohnenden Schuldner ist der Arrest gem § 199 zuzustellen; § 829 II S 4 (Zustellung durch Aufgabe zur Post an den im Ausland befindlichen Schuldner) findet auf den Arrestbeschluß keine Anwendung; gleiches gilt von § 829 III, wenn Arrest- und Pfändungsbeschluß gleichzeitig erlassen wurden.

12 **b)** Der Beschluß durch den der Arrestantrag **zurückgewiesen** oder vorherige Sicherheitsleistung für erforderlich erklärt wird, ist dem Gläubiger **formlos mitzuteilen.** Wegen der Mitteilung an den Gegner s **III** und dazu Rn 1.

13 **4) Rechtsbehelfe. a) Gegen Zurückweisung des Antrags** (dann Begründung nötig): einfache Beschwerde (§ 567 I), auf die § 511 a nicht entspr anwendbar ist (zu Unrecht aA LG Köln MDR 86, 245). Das Gericht kann ihr selbst (ohne Anordnung mündl Verhandlung) abhelfen (§ 571). Die Beschwerde gegen die Zurückweisung eines Arrestantrages durch ein Kollegialgericht unterliegt dem Anwaltszwang (Hamm NJW 82, 1711 = MDR 82, 674; Düsseldorf OLGZ 83, 358; Frankfurt MDR 83, 233; NJW 81, 2203 = MDR 81, 763; Bergerfurth NJW 81, 353; vgl auch § 78 Rn 15, § 569 Rn 20, str; **aA** München NJW 84, 2414; Koblenz NJW 80, 2588; Hamburg MDR 81, 939; ThP Anm 4 b; StJGr Rn 8; offen KG OLGZ 82, 91). Durch einfache Beschwerde kann auch die Ergänzung eines Beschlusses, durch den ein Arrest angeordnet wird, erwirkt werden, wenn der Beschluß keine Kostenentscheidung enthält (LG Hamburg NJW 63, 1460). Hat das LG als Berufungsgericht der Hauptsache den Beschluß erlassen, ist keine Beschwerde gegeben (Düsseldorf JMBl NRW 48, 187).

14 **b)** Das **Beschwerdegericht** kann ohne mündl Verhandlung entscheiden (Beschluß). Ordnet es den Arrest an, so ist dagegen nur Widerspruch (§ 924 statthaft; weist es die Beschwerde zurück, so ist weitere Beschwerde unzulässig, § 568 II. Ordnet das Beschwerdegericht mündl Verhandlung an, so hat es zu verfahren, als sei in erster Instanz auf mündl Verhandlung Urteil erlassen und dagegen Berufung eingelegt worden. Es hat deshalb die Entscheidung durch Endurteil zu treffen (Zweibrücken FamRZ 85, 928); dieses Urteil gilt als in zweiter Instanz erlassen, unterliegt also, wenn das AG in erster Instanz entschieden hat, keinem Rechtsmittel, und wenn das LG in erster Instanz entschieden hatte (also das OLG in 2. Instanz), nicht die Revision, § 545 II (BGH NJW 84, 2368).

III) Entscheidung auf Grund mündlicher Verhandlung

15 **1) Verfahren.** Die Parteien werden zur mündlichen Verhandlung von Amts wegen geladen. Dem Schuldner ist mit der Ladung das Arrestgesuch oder das aufgenommene Protokoll (§ 920 III) zuzustellen. Im Anwaltsprozeß ist der Gegner mit der Ladung aufzufordern, einen Anwalt zu bestellen (§ 215), falls er nicht schon im etwa anhängigen Hauptprozeß einen Anwalt hat, dem dann die Ladung zuzustellen ist. Einhaltung der Ladungsfrist (§ 217) ist erforderlich, nicht auch der Einlassungsfrist (§ 274 III). In der mündl Verhandlung gelten alle Grundsätze der Mündlichkeit. Die Erhebung einer Widerklage ist unzulässig. Das Gericht hat die Prozeßvoraussetzungen zu prüfen (vgl näher Rn 5). Beweise müssen sofort erhoben werden können; also Gestellung von Zeugen und Sachverständigen geboten. Es gelten die Beweislastregeln eines entspr Hauptsacheverfahrens (Karlsruhe WRP 83, 170 f).

16 **2) Urteil.** Die Entscheidung auf Grund der mündl Verhandlung ergeht durch Endurteil, das von Amts wegen beiden Parteien zuzustellen ist, §§ 317, 270 (Bischof NJW 80, 2236). Die Amtszustellung ist noch nicht Vollzug iS der §§ 928, 929 II. § 929 II erfordert für den Arrestvollzug noch eine eigene Tätigkeit des Gläubigers; bei der Unterlassungsverfügung ist dies die Zustellung im Parteibetrieb, s § 929 Rn 12 ff. Das Urteil ist **vorl vollstreckbar,** das den Arrest anordnende Urteil nach § 929, ohne besonderen Ausspruch, das Urteil, durch das der Arrest abgelehnt wird, nach § 708 Nr 6. Eine Abwendungsbefugnis des Schuldners darf nicht ausgesprochen werden (Karlsruhe MDR 83, 677). Soll der Arrestbefehl in einem Vertragsstaat des EuGVÜ geltend gemacht werden, bedarf das Urteil nach §§ 33, 34 AGEuGVÜ einer vollständigen Begründung. **Kosten:** s Rn 8.

17 **3) Rechtsbehelfe.** Gegen das Urteil ist bei Versäumnisurteil **Einspruch,** bei kontradiktorischem Endurteil das Rechtsmittel zulässig, das gegen ein von dem betreffenden Gericht in der Hauptsache erlassenes Urteil gegeben wäre. Ist das Urteil vom AG oder vom LG in 1. Instanz erlassen, so findet **Berufung** statt. Ist dagegen das Urteil vom LG in der Beschwerdeinstanz, nachdem das Arrestgesuch vom AG durch Beschluß zurückgewiesen und beim LG über die Beschwerde mündl Verhandlung angeordnet war, ergangen, so findet kein Rechtsmittel statt (RG 71, 24; ThP Anm 4 a; aA StJGR Rn 9); ebensowenig, wenn das Arrestgesuch während der

Anhängigkeit des Hauptprozesses in der Berufungsinstanz bei einem LG angebracht und von diesem nach mündl Verhandlung durch Endurteil entschieden ist (München, OLG 23, 187; s auch Greiser JR 52, 316). **Revision** ist **nie** möglich, § 545 II, auch nicht, wenn die Berufung als unzulässig verworfen wurde (BGH NJW 68, 699 = MDR 68, 228; NJW 84, 2368). Die **Kostenentscheidung** im Rechtsmittelzug umfaßt das gesamte Eilverfahren (StJGr Rn 27). Die Wiederaufnahmeklage gegen ein Endurteil ist jedenfalls dann statthaft, wenn durch das Urteil der Arrest oder die einstw Verfügung aufgehoben worden ist (München JZ 56, 112; Rosenberg JR 56, 22).

IV) Rechtskraft: Ein mangels ausreichender Glaubhaftmachung abgewiesener Arrestantrag kann mit besserer Glaubhaftmachung erneuert werden (RG 33, 415; Baur, Studien, S 88 ff; StJGr vor § 916 Rn 14 mwN). Zur formellen und materiellen Rechtskraft im Arrestverfahren s näher Rn 13 vor § 916. 18

V) Einstw Verfügung: § 922 ist anwendbar. 19

VI) Gebühren: 1) des **Gerichts:** Bei Arresten oder einstweiligen Verfügungen kann in beiden Instanzen außer der Verfahrensgebühr auch die Urteilsgebühr anfallen, wenn durch ein Urteil entschieden wird. In keiner Instanz jedoch entsteht eine Urteilsgebühr für ein Anerkenntnis-, Verzichts- oder ein gegen die säumige Partei erlassenes Versäumnisurteil; denn diese Urteile sind wie im ordentlichen Rechtsstreit auch im summarischen Verfahren gebührenfrei. Für ein sog unechtes Versäumnisurteil ist aber eine Urteilsgebühr anzusetzen. Demnach kommen zur Erhebung: 20

a) Für das Verfahren **1. Instanz** über einen Antrag auf **Anordnung** eines Arrestes oder einer einstweiligen Verfügung (KV Nr 1050) und über einen Antrag auf **Aufhebung** oder Abänderung eines Arrests oder einer einstweiligen Verfügung (KV Nr 1051) je eine halbe Verfahrensgebühr;

b) Für ein **Endurteil 1. Instanz mit notwendiger Begründung** im **Anordnungs**verfahren (KV Nr 1054) und im **Abänderungs-** oder **Aufhebungs**verfahren (KV Nr 1056) je eine halbe Urteilsgebühr;

c) Für ein **Endurteil 1. Instanz ohne notwendige Begründung** im **Anordnungs**verfahren (KV Nr 1055) und im **Abänderungs-** oder **Aufhebungs**verfahren (KV Nr 1057) je eine halbe Urteilsgebühr;

d) Für das **Verfahren der Berufung** gegen die im Anordnungs-, Aufhebungs- oder Abänderungsverfahren 1. Instanz erlassenen Urteile eine dreiviertel Verfahrensgebühr (KV Nr 1060);

e) Für ein den **Berufungsrechtszug abschließendes Urteil mit notwendiger Begründung** (KV Nr 1061) eine ganze Urteilsgebühr;

f) Für ein die **Berufungsinstanz abschließendes Urteil ohne notwendige Begründung** (KV Nr 1062) eine halbe Urteilsgebühr.

Wird der Antrag auf Anordnung **zurückgenommen,** bevor der Arrest oder die einstweilige Verfügung erlassen (eine Ausfertigung in das Auslauffach gegeben), die vorgängige Sicherheitsleistung (§§ 921 Abs 2, 936) oder die mündl Verhandlung über den Antrag angeordnet oder der Antrag auf Erlaß zurückgewiesen war, so bewirkt dies nicht, daß die mit dem Eingang des Antrags bei Gericht entstandene und fällige (§ 61 GKG) Verfahrensgebühr wegfällt oder zumindest sich ermäßigt (Bamberg JurBüro 76, 621, Karlsruhe Justiz 77, 202; Mümmler JurBüro 77, 1508; FG Hamburg JurBüro 76, 1540. Vgl auch Pietzcker GRUR 76, 194). Desgleichen ist die Zurücknahme des Antrags auf Aufhebung oder Abänderung eines Arrestes oder einer einstweiligen Verfügung vor der Bestimmung des Termins zur mündlichen Verhandlung für die nach KV Nr 1051 einmal entstandene Verfahrensgebühr ohne Bedeutung.

Im Falle der **Erledigterklärung** im 1. Rechtszug fällt für den Beschluß nach § 91a keine Gebühr mehr an. Anders ist es im Berufungsverfahren; hier werden bei notwendiger schriftlicher Begründung eine halbe (½) Gebühr (KV Nr 1063) und ohne notwendige Begründung nur eine viertel (¼) Gebühr (KV Nr 1064) erhoben.

Jedes der Verfahren über Anträge auf Anordnung, Abänderung oder Aufhebung eines Arrestes oder einer einstweiligen Verfügung gilt für die Gebührenerhebung als besonderer Rechtsstreit, auch wenn dies nicht besonders hervorgehoben ist. Im **Falle des § 942** gilt das Verfahren vor dem Amtsgericht und dem Gericht der Hauptsache als ein Rechtsstreit (KV Nr 1050 Abs 2) was zur Folge hat, daß die Verfahrensgebühr nur einmal erhoben werden darf (§ 27 GKG).

Ist die **Hauptsache in der Berufungsinstanz anhängig** und wird beim Berufungsgericht als Gericht der Hauptsache die **Anordnung, Aufhebung oder Abänderung eines Arrestes** (einer einstweiligen Verfügung) beantragt, so werden nur die Gebühren nach KV Nrn 1050–1057 erhoben, weil es sich um ein erstinstanzl Verfahren handelt (München Rpfleger 56, 30; Markl KV 1060 Rdnr 2 sowie Drischler/Oestreich/Heun/Haupt GKG 3. Aufl VII Nrn 1050–1064 Rdnr 6; aM Hartmann, KostGes KV Nr 1064 Anm 2).

Wird der **Antrag** auf Anordnung eines Arrestes oder einer einstweiligen Verfügung **zurückgewiesen** und **gegen den Zurückweisungsbeschluß** die nach § 567 Abs 1 zulässige (einfache) **Beschwerde** eingelegt, so fällt eine ganze (1) Gebühr nach KV Nr 1180 an, gleichviel ob das Beschwerdeverfahren Erfolg hat oder nicht. Jedenfalls bleibt die in der 1. Instanz erfallene Gebühr nach KV Nr 1050 bestehen, und kommt daneben noch die Beschwerdegebühr des KV Nr 1180 zur Erhebung, wenn das Beschwerdegericht dem Rechtsmittel stattgibt und selbst den Arrest oder die einstweilige Verfügung anordnet. Verweist aber das Beschwerdegericht unter Aufhebung des erstinstanzl Beschlusses die Sache zur neuerlichen Behandlung zurück (s § 575), so stellt das weitere Verfahren vor dem Erstgericht zusammen mit dem vorherigen Verfahren vor diesem Gericht einen einheitlichen Gebührenrechtszug dar (§ 33 GKG), so daß die bereits für das Verfahren über den Antrag auf Anordnung des Arrestes (der einstw Verfügung) erhobene Verfahrensgebühr des KV Nr 1050 nicht ein zweites Mal zum Ansatz kommen kann (§ 27 GKG). Natürlich fällt die Beschwerdegebühr (KV Nr 1180) erneut an, wenn sich das Beschwerdegericht von neuem mit der Angelegenheit befassen muß, weil gegen die vom Erstgericht erlassene zweite Entscheidung wiederum Beschwerde eingelegt worden ist. Die Rücknahme der Beschwerde bewirkt weder eine Ermäßigung noch den gänzlichen Wegfall der mit der Rechtsmitteleinlegung entstandenen und fällig gewordenen Beschwerdegebühr.

Der **Arrestvollzug** ist als selbständiges Vollstreckungsverfahren besonders gebührenpflichtig, so im Rahmen des KV Nr 1149. Wird der Arrest angeordnet (durch Beschluß) und gleichzeitig eine Forderung gepfändet, so kommt für das Arrestverfahren eine halbe (½) Verfahrensgebühr nach KV Nr 1050 (berechnet von dem gemäß § 20 Abs 1 GKG bestimmten Wert) und für den Forderungspfändungsbeschluß die Festgebühr von 15 DM nach KV Nr 1149 zum Ansatz.

Der nachfolgende Überweisungsbeschluß (§ 835), der erst nach Erlangung eines vollstreckbaren Schuldtitels über die Hauptsache (§ 775) ergehen kann, löst keine besondere Gebühr mehr aus (KV Nr 1149 Hs 2). Für das Pfändungsverfahren entfällt schlechthin die Erhebung einer Gebühr, wenn der Antrag auf Arrestanordnung zurückgewiesen wird, weil ein Pfändungsantrag durch die vorherige Anordnung des Arrests bedingt ist und im Falle der Ablehnung des Arrestantrags als von Anfang an nicht gestellt anzusehen ist.

Wird in einem Arrestverfahren oder in einem Verfahren der einstweiligen Verfügung auch die **nichtanhängige Hauptsache mit verglichen,** so kommt KV Nr 1170 zur Anwendung; es ist dann noch ¼ Vergleichsgebühr vom Wert der Hauptsache zu erheben (Hartmann, KostGes KV Nr 1050 Anm 2 Abs 3 und KV Nr 1170 Anm 2 C sowie Drischler/Oestreich/Heun/Haupt KV Nr 1050–1064 Rdnr 12; aM Stuttgart Rpfleger 57, 68 L: es ist nur ein einheitlicher Streitwert festzusetzen). Wenn aber über die Hauptsache bereits ein Prozeß schwebt, für den die allgemeine Verfahrensgebühr erhoben ist, wird insoweit für den Vergleich keine Vergleichsgebühr mehr angesetzt (vgl München Rpfleger 69, 175 aE; RGZ 150, 102 = JW 36, 1295; Drischler usw aaO KV Nr 1170 Rdnr 42).

Hinsichtlich der mit dem Eingang des Antrags bei Gericht fälligen (§ 61 GKG) Verfahrensgebühr keine Vorwegleistungspflicht des Antragstellers, der nach § 49 GKG Kostenschuldner ist; sonstiger Kostenschuldner diejenige Partei, der durch die Entscheidung die Kosten auferlegt sind (§ 54 Nr 1 GKG).

2) des **Anwalts: a)** Das **Verfahren über einen Antrag auf Abänderung oder Aufhebung** eines Arrestes oder einer einstw Verfügung gilt als besondere Angelegenheit (§ 40 Abs 1 BRAGO). Die Gebühren fallen also neben den Gebühren im Hauptsacheprozeß an; zu beachten ist aber, daß nach § 40 Abs 2 BRAGO das Verfahren über einen Antrag auf Abänderung oder Aufhebung eines Arrestes oder einer einstw Verfügung mit dem Verfahren über einen Antrag auf Anordnung eines Arrestes (oder einer einstw Verfügung) eine Angelegenheit (eine Gebühreninstanz) bildet. – Der RA erhält gemäß §§ 31, 40 BRAGO die (10/10) Prozeßgebühr für den Antrag auf Anordnung eines Arrestes (oder einer einstw Verfügung); die volle Verhandlungs- und Beweisgebühr für die Vertretung im Widerspruchs- oder Aufhebungsverfahren; auch kann ihm die (10/10) Vergleichsgebühr aus § 23 BRAGO für die Mitwirkung bei einem Vergleich erwachsen. Zu berücksichtigen ist, daß sich die Gebühren des RA nach § 40 Abs 3 BRAGO **nicht** um 3/10 **erhöhen** (§ 11 Abs 1 S 2 BRAGO), wenn das Berufungsgericht als Gericht der Hauptsache anzusehen ist (§ 943 Abs 1).

b) Für das **Beschwerdeverfahren** gilt nach überwiegender Auffassung der Rspr: Entscheidet bei Ablehnung des Erlasses eines Arrestes durch Beschluß der 1. Instanz das Beschwerdegericht nach mdl Verhandlung durch Endurteil, so entstehen 10/10 Anwaltsgebühren, nicht bloß 5/10, aber auch nicht 13/10 (Stuttgart, JurBüro 78, 1684; z Stand der Rspr s KoRspr BRAGO § 40 Nr 7 mit zust Anm Schneider).

c) Die **Vollziehung** eines Arrestes oder einer einstw Verfügung gilt als besondere Angelegenheit (§ 59 BRAGO). Sinngemäß gelten für die Vollziehung die für die Zwangsvollstreckung vorgesehenen Gebührenbestimmungen. Den Beginn der Vollziehung bildet die erste Vollstreckungsmaßnahme, also entweder der meist mit dem Ersuchen um Zustellung des Arrestbefehls verbundene Auftrag an den Gerichtsvollzieher zur Fahrnispfändung oder der Antrag an das Arrestgericht zur Forderungspfändung nach Zustellung des Arrestbefehls. Gleichviel, ob die Zustellung iSd Gebührenrechts noch zum Anordnungsverfahren oder zur Vollziehung oder zu beidem gleichzeitig zu rechnen ist, gehört sie im ersteren Fall zum Gebührenrechtszug (§ 37 Nr 7 BRAGO) und stellt im letzteren Fall keine besondere Angelegenheit der Zwangsvollstreckung (also der Vollziehung) dar (§ 58 Abs 2 Nr 2 BRAGO).

d) Wird das **Arrestgesuch abgelehnt,** so kann für den mit diesem Gesuch verbundenen Auftrag auf Forderungspfändung die Vollstreckungs-(Vollziehungs-)Gebühr nicht gefordert werden, da der Pfändungsantrag nur für den Fall als gestellt gilt, daß der Arrest angeordnet wird. Doch kann der RA die Vollziehungsgebühr verlangen, wenn lediglich der beantragte Arrest erlassen, der Pfändungsantrag aber abgelehnt wird (Riedel/Sußbauer BRAGO § 59 Rdnr 3 aE). Die Vollziehungsinstanz endet mit der Aufhebung des Arrestes (der einstw Verfügung) oder mit dem Beginn der Zwangsvollstreckung aus dem in der Hauptsache erlassenen Urteil (vollstreckbaren Titel). Eine nach Aufhebung des Arrestes oder einer einstweiligen Verfügung oder nach Aufhebung der Vollziehung einer solchen Sicherungsmaßnahme (§ 59 Abs 2 BRAGO) entwickelte anwaltl Tätigkeit wird daher nicht durch die vom RA vorher verdienten Vollziehungsgebühren mit abgegolten (§ 57 BRAGO).

e) Ein für die Erwirkung eines Arrestes oder einer einstweiligen Verfügung im Wege der **Prozeßkostenhilfe** beigeordneter RA ist auch für die Vollziehung des Arrestes (oder der einstw Verfügung) beigeordnet (§ 122 Abs 2 S 1 BRAGO), es sei denn, daß im Beiordnungsbeschluß die Vollziehung ausgenommen worden ist (§ 122 Abs 2 S 2 BRAGO).

3) Streitwert: § 20 Abs 1 GKG; der Wert bestimmt sich nach § 3 ZPO. S dazu § 3 Rn 16 unter „Arrestverfahren" und „Einstweilige Verfügung".

923 *[Abwendungsbefugnis]*

In dem Arrestbefehl ist ein Geldbetrag festzustellen, durch dessen Hinterlegung die Vollziehung des Arrestes gehemmt und der Schuldner zu dem Antrag auf Aufhebung des vollzogenen Arrestes berechtigt wird.

1 **I) Lösungssumme:** Die Lösungssumme gehört zum Inhalt des vollständigen Arrestbefehls (§ 922 Rn 2); sie ist von Amts wegen festzusetzen. Die Höhe des Geldbetrages wird nach der zu sichernden Forderung, Zinsen und Kostenpauschale (München MDR 57, 238 LS) bemessen; die Kosten des Arrestverfahrens werden unabhängig davon festgesetzt und sind gleich beitreibbar. Eine etwaige anderweitige Sicherung des Gläubigers hat keinen Einfluß auf die Höhe der Lösungssumme; vgl dazu § 917 Rn 11. Der Wortlaut von § 923 sieht nur Sicherheitsleistung durch Hinterlegung vor; doch kann das Gericht auch eine andere Art der Sicherheitsleistung bestimmen, § 108. Wird die Höhe der Sicherheit beanstandet, sind für Gläubiger und Schuldner die gegen die Entscheidung zulässigen Rechtsbehelfe gegeben (StJGr Rn 1). Ist die Aufnahme der Lösungssumme in den Arrestbefehl übersehen, wird er auf Antrag der Parteien oder auf die

gegen die Entscheidung zulässigen Rechtsbehelfe nach § 321 ergänzt (StJGr Rn 2; Hamburg NJW 58, 1145 m Anm Lent = MDR 58, 612). Die Lösungssumme und der nach §§ 928, 930 bewirkte Arrestvollzug stehen nicht etwa in dem Zusammenhang, daß sich die Lösungssumme um den Wert der im Vollzug des Arrestes gepfändeten Sachen mindert (RG 20, 396).

II) Wirkungen der Sicherheitsleistung: 1) Weist der Schuldner dem Gerichtsvollzieher die Sicherheitsleistung durch öffentl Urkunden nach, so ist der Arrest nicht zu vollziehen, §§ 928, 775 Nr 3 (vgl Karlsruhe MDR 83, 678). Auf den Kostenfestsetzungsbeschluß ist die Hinterlegung ohne Einfluß (Karlsruhe HRR 31, 365, s auch Rn 1). Wird dem Gerichtsvollzieher der zu hinterlegende Betrag einschließlich der Gebühren und Auslagen übergeben, so hat er den aus dem Arrestbefehl ersichtlichen Betrag zu hinterlegen. Wird die Lösungssumme erst nach Arrestvollziehung hinterlegt, so kann der Schuldner daraufhin nach § 934 Aufhebung der Vollstreckungsmaßnahmen beim Vollstreckungsgericht beantragen (§ 766). Der Arrest selbst bleibt bis zu seiner Aufhebung bestehen; erst danach kann Rückgabe der Sicherheit verlangt werden, s § 943 Rn 7. 2

2) Ist der die Sicherheit leistende Schuldner **Ausländer** ohne weiteres Vermögen in Deutschland, so wird durch die Sicherheitsleistung der Gerichtsstand des Vermögens nach § 23 begründet (Frankfurt OLGZ 83, 99; s a § 23 Rn 7). Dies gilt wegen Art 3 EuGVÜ jedoch nur außerhalb des Anwendungsbereichs des Übereinkommens. 3

III) Rechtsverhältnisse an der geleisteten Sicherheit: Durch die (auch von einem Dritten erfolgte, RG 34, 356) Hinterlegung erlangt der Gläubiger ein Pfandrecht für seine ganze Forderung an dem Geld oder, wenn das Geld mit der Hinterlegung in das Eigentum des Staates übergeht, an der Forderung des Schuldners gegen den Staat, § 233 BGB. Der hinterlegte Betrag kann, solange der Arrestbefehl wirksam ist, nur vom Schuldner und Gläubiger gemeinsam zurückgefordert werden. Erst nach Aufhebung des Arrests (§§ 925 II, 926 II, 927) durch vorläufig vollstreckbare Entscheidung (Rechtskraft ist nicht erforderlich) kann der Schuldner allein die Rückzahlung bei der Hinterlegungsstelle verlangen (RG JW 10, 830). Die Rückgabe ist in diesem Fall auch dann anzuordnen, wenn der Gläubiger nicht einwilligt und inzwischen Klage zur Hauptsache erhoben hat (LG Köln MDR 62, 582). Rückforderungsrecht des Dritten: Dresden OLG 7, 330; Frankfurt OLG 16, 284. Ist die Rückgabe nicht anders zu erlangen, ist Verfahren nach § 109 erforderlich; über Zuständigkeit hierfür s § 943 Rn 2. 4

IV) Einstw Verfügung: § 923 ist wegen § 939 unanwendbar (Colmar OLG 23, 238). Gesetzwidrige Abwendungsbefugnis ist jedoch zu beachten (Karlsruhe MDR 83, 677). 5

924 *[Widerspruch]*

(1) Gegen den Beschluß, durch den ein Arrest angeordnet wird, findet Widerspruch statt.

(2) Die widersprechende Partei hat in dem Widerspruch die Gründe darzulegen, die sie für die Aufhebung des Arrestes geltend machen will. Das Gericht hat Termin zur mündlichen Verhandlung von Amts wegen zu bestimmen. Ist das Arrestgericht ein Amtsgericht, so ist der Widerspruch unter Angabe der Gründe, die für die Aufhebung des Arrestes geltend gemacht werden sollen, schriftlich oder zum Protokoll der Geschäftsstelle zu erheben.

(3) Durch Erhebung des Widerspruchs wird die Vollziehung des Arrestes nicht gehemmt. Das Gericht kann aber eine einstweilige Anordnung nach § 707 treffen; § 707 Abs. 1 Satz 2 ist nicht anzuwenden.

Lit: *Mädrich,* Das Verhältnis der Rechtsbehelfe des Antragsgegners im einstweilen Verfügungsverfahren, 1980.

I) Rechtsbehelfssystem

1) Allgemeines. Gegen die Anordnung des Arrests kann der Schuldner, wenn der Arrest durch Beschluß angeordnet wurde, **Widerspruch,** wenn der Arrest durch **Urteil** angeordnet wurde, **Berufung** einlegen, s § 922 Rn 13 f, 17. Neben dem Rechtsbehelf des Widerspruchs (der Berufung) gegen den erlassenen Arrestbefehl kann der Schuldner nach § 926 und nach § 927 (aA Mädrich aaO S 87 ff; vgl § 927 Rn 2) vorgehen. Der Widerspruch (die Berufung) wendet sich gegen den Arrest mit der Begründung, er hätte überhaupt nicht erlassen werden dürfen, läßt aber auch die Berücksichtigung von nach dem Erlaß des Arrests eingetretenen Umständen zu, die den Arrest nicht mehr als gerechtfertigt erscheinen lassen (vgl § 925 Rn 3). Dagegen eröffnet **§ 927** einen Weg, auf dem die Aufhebung des Arrests wegen nach dem Erlaß eingetretener neuer 1

Umstände betrieben werden kann. Der Rechtsbehelf des **§ 926** führt aus einem formalen Grund, nämlich der Nichtbefolgung der Anordnung, Klage zu erheben, zur Aufhebung des Arrests. Die Aufhebung bei erfolgreichem Widerspruch (Berufung) und im Fall des § 926 wirkt ex tunc, die nach § 927 dagegen ex nunc. Die Kosten trägt in allen Fällen die unterlegene Partei; sie umfassen bei §§ 924, 926 die Kosten des ganzen Arrestverfahrens, bei § 927 nur die Kosten des Aufhebungsverfahrens (wegen § 91 a vgl Rn 11). Die Klage aus **§ 767** steht dem Schuldner nicht zu (Karlsruhe GRUR 79, 571 mwN). Einwendungen gegen Vollziehung: **§ 766.**

2 **2) Wahlrecht. a) Grundsatz.** Unter den Rechtsbehelfen gem Rn 1 hat der Schuldner die Wahl. Dabei wird er sich neben dem Zeitpunkt der Aufhebung des Arrests (Rn 1, 11) vor allem an der Kostenfolge orientieren. Dagegen kann bei der Wahl zwischen Widerspruch (Berufung) und Aufhebung, § 927, die Frage eines möglichen Schadensersatzanspruchs nach § 945 außer Betracht bleiben, da bei Aufhebung wegen **nachträglich** eingetretener Umstände, die sowohl nach § 924 wie nach § 927 herbeigeführt werden kann, Schadensersatzpflicht in jedem Fall entfällt; § 945 stellt nämlich darauf ab, ob der Arrest **von Anfang an** ungerechtfertigt war (StJGr Rn 4).

3 **b) Schranken.** Hat der Schuldner auf einem Weg die **rechtskräftige Aufhebung** erwirkt, so kann nicht nachträglich ein weiterer Rechtsbehelf gegen den bereits weggefallenen Arrest eingelegt werden (Düsseldorf NJW 71, 812). Ist das auf einen Rechtsbehelf eingeleitete Verfahren zuungunsten des Schuldners abgeschlossen, so steht die Rechtskraft dieser Entscheidung einem neuen Verfahren entgegen, in dem das Ziel der Aufhebung mit Gründen verfolgt wird, die bereits im ersten Verfahren hätten geltend gemacht werden können (StJGr Rn 5). Die einzelnen Verfahren können nicht nebeneinander durchgeführt werden, die **Rechtshängigkeit** eines Verfahrens steht dem anderen Verfahren entgegen (StJGr Rn 6 mwN; aA BL Anm 1 C: Verfahren nebeneinander zulässig, wenn dafür ein Rechtsschutzbedürfnis besteht; vgl Düsseldorf NJW 55, 1844 mit Anm Schwab; Hamburg MDR 77, 148; Hamm GRUR 78, 612 mwN).

II) Widerspruch (I)

4 **1) Allgemeines. a)** Gegen den Beschlußarrest können **Schuldner,** sein Rechtsnachfolger und sein Konkursverwalter Widerspruch einlegen. Die Konkurseröffnung steht einer Bestätigung eines bereits vollzogenen Arrests nicht entgegen (BGH LM Nr 9 zu § 240 = NJW 62, 591 = MDR 62, 400; vgl StJGr Rn 15). **Dritte** können nur gegen die Vollziehung des Arrests Erinnerung einlegen, § 766, oder Klage nach § 771 erheben. Widerspruch ist möglich, solange der Arrestbeschluß besteht; er ist also auch zulässig gegen nicht zugestellten oder nicht vollzogenen Arrestbefehl (Frankfurt OLG 19, 159), selbst bei Ablauf der Vollziehungsfrist des § 929, bei Erledigung der Hauptsache oder bei Freigabe der gepfändeten Sachen (StJGr Rn 10). Er ist an keine Frist gebunden (vgl aber Rn 10).

5 **b) Beschränkung.** Der Schuldner braucht nicht in vollem Umfang zu widersprechen, sondern kann den Widerspruch auf die Kostenentscheidung beschränken (BGH NJW 86, 1815 = MDR 85, 467; KG MDR 85, 770; Koblenz Rpfleger 86, 407 [408] – **Kostenwiderspruch**). Bedeutung hat dies vor allem bei der auf Unterlassung gerichteten einstw Verfügung (vgl Baumbach/Hefermehl, WettbewerbsR, § 25 UWG Rn 73), zB bei zwischenzeitlich eingetretener Erledigung. Schon mit Widerspruchseinlegung muß eindeutig erkennbar sein, daß der Schuldner sich ausschließlich gegen die Kostentragungspflicht wendet; es genügt nicht, wenn zunächst nur „Widerspruch" eingelegt wird mit der Ankündigung, in der mündl Verhandlung werde ein Anerkenntnis abgegeben und nur über die Kostenfrage solle neu entschieden werden (vgl nur Celle WRP 83, 157; KG MDR 82, 853; Nieder WRP 79, 350; Teplitzky DRiZ 82, 45 je mwN, ganz hM). Der Schuldner erstrebt eine Kostenentscheidung entsprechend § 93; dazu § 93 Rn 6 „Kostenwiderspruch" und Koblenz Rpfleger 86, 408; vgl auch § 940 Rn 8 „WettbewerbsR". Die Kostenentscheidung ergeht durch Urteil (Frankfurt BB 84, 1323 [LS]), gegen das entsprechend § 99 II sofortige Beschwerde statthaft ist (§ 925 Rn 11 mwN).

6 **2) Örtlich und sachlich ausschließlich zuständig** (vgl § 802) ist das Gericht, das den Arrestbeschluß erlassen hat; § 10 ist unanwendbar (RG 37, 369). Hat das Beschwerdegericht den Arrest erlassen, so ist das Gericht 1. Instanz zuständig (Düsseldorf MDR 84, 324 mwN = JMBl NW 84, 40; StJGr Rn 18 mwN, hM; vgl auch Ule/Bahls MDR 73, 889 und § 927 Rn 10). Hat das AG als Gericht der Zwangsbereitschaft eine einstw Verfügung erlassen, so entscheidet es über den Widerspruch auch dann, wenn die Sache zur Zuständigkeit der Arbeitsgerichte gehört (StJGr § 919 Rn 18). Ist der Widerspruch bei einem sachl oder örtl unzuständigen Gericht erhoben, kann Verweisung nach § 281 erfolgen (Stuttgart MDR 58, 171; StJGr Rn 19; aA Teplitzky DRiZ 82, 42 mwN; Bernaerts MDR 79, 97).

7 **3) Einlegung, Rücknahme, Verlust. a)** Der Widerspruch kann in amtsgerichtlichen Verfahren schriftlich oder zu Protokoll der Geschäftsstelle erhoben werden, **II 3.** Beim LG muß er unter

Anwaltszwang schriftlich eingelegt werden (Koblenz NJW 80, 2589 mwN). Die Bezeichnung des Rechtsbehelfs als Widerspruch ist nicht erforderlich (RG 67, 162). Der Widerspruch soll begründet werden, **II 1,** das Fehlen der Begründung macht ihn jedoch nicht unwirksam.

b) Rücknahme des Widerspruchs ist jederzeit bis zur formellen Rechtskraft des Urteils und ohne Zustimmung des Gläubigers (aA Wieczorek/Schütze Anm B: § 515 analog) möglich; vgl StJGr Rn 13. Kosten entsprechend § 515 III (München JurBüro 77, 93, hM). Der Widerspruch kann – da nicht fristgebunden – jederzeit wieder eingelegt werden; Grenzen: Verzicht und Verwirkung (Rn 9, 10). 8

c) Auf den Widerspruch kann (auch stillschweigend) **verzichtet** werden; ein Verzicht führt dazu, daß ein gleichwohl eingelegter Widerspruch unzulässig ist (Hamm WRP 81, 475). Die Verzichtserklärung muß erkennen lassen, ob ein umfassender Verzicht gewollt ist oder der Schuldner sich einen Kostenwiderspruch (dazu Rn 5) vorbehalten will. In Wettbewerbsprozessen kommt dem sog **Abschlußschreiben** die Bedeutung eines Verzichts zu (vgl § 926 Rn 4). Der Wegfall des Rechtsschutzinteresses für eine Hauptsacheklage setzt allerdings voraus, daß der Verzicht außer den Rechten aus § 924 auch die aus §§ 926, 927 umfaßt (Koblenz GRUR 86, 94). 9

d) Verwirkung des Widerspruchs ist möglich (Celle GRUR 80, 945; KG GRUR 85, 237). Sie setzt neben dem sehr langen Zuwarten des Schuldners (Zeitmoment) Verhältnisse voraus, unter denen vernünftigerweise etwas zur Wahrung des Rechts unternommen zu werden pflegt (Umstandsmoment); vgl Rn 13 vor § 128 und BVerfG 32, 305, 308 f = NJW 72, 675 = MDR 72, 395. Verwirkung ist demnach anzunehmen, wenn der Gläubiger sich auf das Ausbleiben des Widerspruchs einstellen durfte und dieses sein Vertrauen schutzwürdig ist. Dafür genügt nicht das Abwarten des Hauptsacheverfahrens, BL Anm 2 A. Beruht der ergangene Beschluß auf einer zwischenzeitlich vom BVerfG für nichtig erklärten Norm, kann der Widerspruch bereits verwirkt sein (so KG GRUR 85, 237 bei Zeitablauf von über zwei Jahren; aA Sommerlad NJW 84, 1489 [1492 mwN]). 10

III) Wirkungen

1) Widerspruchsverfahren. Der Widerspruch führt dazu, daß über die Rechtmäßigkeit des Arrestbefehls auf Grund mündl Verhandlung entschieden wird (§ 925). Das Gericht bestimmt unter Wahrung der Ladungsfrist (§ 217) unverzüglich von Amts wegen Termin zur mündl Verhandlung **(II 2).** Im Widerspruchsverfahren können nach Erlaß des Beschlusses eingetretene Umstände, die gem §§ 927, 936 auch nach Bestätigung den Antrag auf Aufhebung rechtfertigen würden, vom Antragsgegner geltend gemacht werden (RG 67, 163; 51, 134). Sind bei Widerspruch die Voraussetzungen für den Arrest nachträglich weggefallen, muß der Gläubiger die **Hauptsache** für **erledigt** erklären, wenn er die Kostentragungspflicht vermeiden will (Hamm WRP 69, 119; vgl § 922 Rn 4). 11

2) Auswirkungen auf die Arrestvollziehung (III). Der Widerspruch hemmt weder den Arrestvollzug noch die Kostenfestsetzung und Pfändung auf Grund dieses Titels; nötig ist gegebenenfalls ein Antrag auf Anordnung aus § 707. zu den Voraussetzungen s auch Rn 13. Die Entscheidung über diesen Antrag ist unanfechtbar (§ 707 II 2; einschr Koblenz WRP 85, 657 mwN). Einstellung vor Arrestvollzug unterbricht die Frist des § 929 II (Frankfurt AfP 80, 225). 12

IV) Einstw Verfügung

§ 924 ist (außer bei § 942) anwendbar. Einstellung der ZwV durch einstw Anordnung nach § 707: § 924 III (vgl aber Nürnberg GRUR 83, 469: keine Einstellung bei Unterlassungsverfügung; aA bei Vorliegen besonderer Umstände Koblenz WRP 85, 657). Einstw Einstellung ist jedoch bei einer einstw Verfügung, die die Veränderung eines bestehenden Zustands verhindern will, nur zulässig, wenn dadurch der Zweck der einstw Verfügung nicht illusorisch gemacht wird (Koblenz WRP 81, 545 mwN; dazu Klette GRUR 82, 471; aA StJGr Rn 23); zulässig ist die einstw Einstellung bei einer einstw Verfügung, durch die die Rechtslage einstweilen umgestaltet wird, wie bei der vorläufigen Entziehung der Befugnis zur Geschäftsführung und Vertretung einer Gesellschaft (Karlsruhe MDR 75, 324). Ist die einstw Verfügung auf Grund mündl Verhandlung ergangen, ist Einstellung der ZwV nur im Ausnahmefall unter besonderen Umständen möglich (Köln GRUR 82, 504; Frankfurt ZIP 83, 628). 13

V) Wegen der **Gebühren** s Rn 20 zu § 922 und Rn 13 zu § 925. Das Verfahren nach Widerspruch gegen den durch Beschluß angeordneten Arrest oder gegen die durch Beschluß angeordnete einstw Verfügung ist durch die halbe Verfahrensgebühr nach KV Nr 1050 abgegolten. Das Widerspruchsverfahren gehört zum Anordnungsverfahren. Die einstw Einstellung der Zwangsvollstreckung ist gebührenfrei (§ 1 Abs 1 GKG). 14

925 *[Endurteil nach Widerspruch]* **(1) Wird Widerspruch erhoben, so ist über die Rechtmäßigkeit des Arrestes durch Endurteil zu entscheiden.**

(2) Das Gericht kann den Arrest ganz oder teilweise bestätigen, abändern oder aufheben, auch die Bestätigung, Abänderung oder Aufhebung von einer Sicherheitsleistung abhängig machen.

I) Verfahren

1 **1) Allgemeines.** Der **Widerspruch** führt dazu, daß über den Arrestbefehl (nicht über den Arrestantrag) auf Grund mündl Verhandlung entschieden wird. Zuständigkeit: § 924 Rn 6. Die Parteistellung ist die gleiche wie im Anordnungsverfahren: der Gläubiger ist Arrestkläger, der Schuldner Arrestbeklagter. Die mündl Verhandlung entspricht im wesentlichen der des § 922 I; vgl § 922 Rn 15. Wirkung des Widerspruchs: § 924 Rn 11, 12. Ein durch Konkurseröffnung unterbrochener Arrestprozeß ist nach Aufnahme in derselben Prozeßart und mit denselben Anträgen weiterzuführen (BGH LM Nr 9 zu § 240 = NJW 62, 591 = MDR 62, 400).

2 **2) Gegenstand der mündlichen Verhandlung.** Das Gericht entscheidet darüber, ob der Arrestbefehl nach dem Sach- und Streitstand bei Schluß der mündl Verhandlung sachlich gerechtfertigt ist. Das bedeutet, daß alle Voraussetzungen für den Arrest erneut zu prüfen sind (ie Rn 5); dies gilt auch in der Berufungsinstanz, s Rn 11.

3 **a)** Der **Schuldner** kann geltend machen, der Arrest sei aus Rechtsgründen **von Anfang an nicht gerechtfertigt** gewesen, und sich dabei gegen Prozeßvoraussetzungen, Arrestanspruch und Arrestgrund wenden. Er kann auch die **Beweiswürdigung** angreifen. Wegen der dem Arrest zugrunde liegenden Tatsachen kann der Schuldner sowohl die Glaubhaftmachung des Gläubigers erschüttern als auch Einwendungen, für die er darlegungs- und beweispflichtig ist (vgl § 922 Rn 5) seinerseits glaubhaft machen. Insbesondere kann der Schuldner aber **neue Tatsachen** vortragen, die erst nach Erlaß des Arrestbefehls eingetreten sind; maßgebender Zeitpunkt für die Überprüfung des Gerichts ist der Schluß der mündlichen Verhandlung (Frankfurt OLGZ 85, 384 = MDR 85, 681 = Rpfleger 85, 310); insofern überschneidet sich das Widerspruchsverfahren mit dem Verfahren nach § 927 (StJGr Rn 6). Eine Zurückweisung neuen Vorbringens als verspätet kommt nicht in Betracht (einschr StJGr Rn 14), für § 296 ist kein Raum (vgl auch München OLGZ 81, 489). Neues Vorbringen ist dann zu berücksichtigen, wenn es sofort mindestens glaubhaft gemacht werden kann; anderenfalls ist es im Eilverfahren auch bei Entscheidungserheblichkeit ausgeschlossen, vgl § 922 Rn 15. Wegen **Kostenwiderspruch** s § 924 Rn 5.

4 **b)** Auch der **Gläubiger** kann sich auf zwischenzeitlich eingetretene Veränderungen berufen. Ist das Gericht der Auffassung, daß der Arrestbefehl ursprünglich nicht hätte erlassen werden dürfen, so ist er gleichwohl zu bestätigen, wenn der Gläubiger nunmehr die Tatsachen vorträgt und glaubhaft macht, die den Arrest rechtfertigen (StJGr Rn 10). Der Gläubiger kann auch nunmehr eine zunächst fehlende oder nicht ausreichende Glaubhaftmachung nachholen und so die Aufrechterhaltung des Arrests ohne Sicherheitsleistung erwirken (vgl § 921 II 1). Daß erst der Widerspruch des Schuldners zur mündlichen Verhandlung geführt hat, steht nicht entgegen, denn der Gläubiger kann seinen Antrag jederzeit mit besserer Glaubhaftmachung wiederholen (vgl § 922 Rn 18). Hat sich die Rechtslage seit Erlaß des Arrestbefehls zuungunsten des Gläubigers geändert, sollte er zur Vermeidung der Kostenlast die Hauptsache für erledigt erklären (vgl dazu § 922 Rn 4 und Schlüter ZZP 80, 447).

5 **3) Prüfungsumfang.** Das Gericht prüft alle Voraussetzungen des Arrests (vgl § 922 Rn 5). An seine Beurteilung bei Erlaß des Beschlußarrests ist es nicht gebunden (StJGr Rn 3 mwN; aA Schwerdtner NJW 70, 597). Haben die Parteien bestimmte Anträge im Widerspruchsverfahren gestellt, ist das Gericht daran gebunden (vgl § 920 Rn 3).

II) Entscheidung

6 **1) Form.** Die Entscheidung ergeht durch **Endurteil (I),** bei Säumnis einer Partei durch Versäumnisurteil (§§ 330 ff).

7 **2) Inhalt.** Das Urteil lautet auf (ggf teilweise) **Bestätigung, Aufhebung oder Abänderung** des Arrestes; Gegenstand der Entscheidung ist auch die Sicherheitsleistung (ie **II**). Im Fall der Arrestaufhebung ist der Arrestantrag zurückzuweisen (ThP Anm 2); ein unzulässiger Widerspruch wird verworfen (Celle GRUR 80, 946). Das Urteil enthält stets eine Kostenentscheidung (Rn 8) und uU eine Entscheidung über die vorläufige Vollstreckbarkeit (Rn 9).

8 **3) Kostenentscheidung.** Im Urteil ist auch über die Kosten gem §§ 91 ff von Amts wegen zu entscheiden; bei Übergehung § 321, wenn nicht Berufung eingelegt wird. Wird der Arrestbeschluß aufgehoben, so hat der Kläger die Kosten der Anordnung und Vollziehung des Arrestes

sowie diejenigen der Zurückbringung der gepfändeten Gegenstände zum Schuldner zu tragen bzw letzterem zu erstatten (RG 26, 205). Umfang: § 922 Rn 8. Weiteren Schaden kann der Schuldner nach § 945 durch besondere Klage (RG 50, 41) geltend machen. Der Gläubiger hat die Kosten auch dann zu tragen, wenn der Arrest nur wegen veränderter Umstände aufgehoben wird (StJGr Rn 18), es sei denn, er hat die Hauptsache für erledigt erklärt (Rn 4 aE). Eine Kostenentscheidung muß im Widerspruchsverfahren auch dann ergehen, wenn mit dem Widerspruch die einstw Verfügung nur zum Teil angefochten worden ist; wird in einem weiteren Widerspruchsverfahren auch der übrige Anspruch angefochten, muß eine einheitliche Kostenentscheidung ergehen unter Einbeziehung der früher ergangenen Kostenentscheidung, jedoch ohne diese in ihrem materiellen Gehalt zu verändern (Düsseldorf NJW 70, 618; Karlsruhe WRP 81, 285 mwN). Obsiegt der Gläubiger in der Hauptsache, so erwächst ihm daraus wegen des Unterliegens im vorläufigen Verfahren kein materiellrechtlicher Kostenerstattungsanspruch (E. Schneider MDR 81, 360). Hat das AG als Gericht der Zwangsbereitschaft gem § 942 eine einstw Verfügung erlassen, für die sachlich das Arbeitsgericht zuständig ist, so findet eine Kostenerstattung gem § 12a I 3 ArbGG auch dann nicht statt, wenn das AG fälschlicherweise nach § 281 I an das ArbG verwiesen hat statt nach § 942 I vorzugehen (LAG Hamm MDR 80, 698, Wenzel BB 83, 1225; aA LG Bremen BB 82, 2188 m Anm Strube).

4) Vollstreckbarkeit. a) Entscheidung. Das den Arrest **bestätigende Urteil** wirkt wie der ursprüngliche Arrestbefehl (§ 929 I) und ist daher mit der Verkündung sofort vollstreckbar (StJGr Rn 21), auch wegen der Kosten. Urteile, die den Arrestbeschluß (und damit die Vollziehung) **aufheben, abändern** oder von einer **Sicherheitsleistung** (Bestimmung ihrer Art und Höhe nach § 108) **abhängig machen,** sind ohne Antrag für vollstreckbar zu erklären, § 708 Nr 6. 9

b) Wirkung bei Aufhebung. Wird der Arrestbefehl aufgehoben, so entfällt seine Wirkung mit Erlaß des Urteils, nicht erst mit dessen Rechtskraft (Teplitzky DRiZ 82, 46; München OLGZ 69, 199; StJGr Rn 19 mwN, str; aA Hamburg MDR 77, 148: ab Rechtskraft; Frankfurt NJW 82, 1056 LS: ex tunc; offenlassend Frankfurt KTS 84, 164 f mN). Folge: Der Arrestschuldner kann auf Grund des Urteils die Aufhebung der Vollstreckungsmaßnahmen gem § 775 Nr 1, 3, § 776 beim Gerichtsvollzieher oder gem §§ 766, 764 beim Vollstreckungsgericht beantragen. Will der Arrestkläger dies verhindern, muß er zusammen mit der Berufung Antrag gem §§ 707, 719 stellen (vgl Rn 11). 10

III) Rechtsmittel

Gegen das auf den Widerspruch ergangene Urteil ist unter den allg Voraussetzungen **Berufung** zulässig, gegen ein Versäumnisurteil Einspruch (RG 20, 330), gegen ein auf Kostenwiderspruch (§ 924 Rn 5) ergangenes Urteil die sofortige Beschwerde entsprechend § 99 II (Stuttgart GRUR 84, 163; Karlsruhe Justiz 86, 214 mN; Frankfurt BB 84, 1323, hM, str; aA BL Anm 3 mN); die Revision ist ausgeschlossen (§ 545 II 1), auch im Fall des § 547 (BGH NJW 84, 2368; vgl § 545 Rn 9). In der Berufungsinstanz können neue Tatsachen vorgebracht werden, einerlei, ob sie vor oder nach Erlaß des Urteils erster Instanz entstanden sind, auch solche, die nach § 926 II oder § 927 zum Antrag auf Aufhebung des Arrestes berechtigen (RG 62, 62; BL Anm 3). Beweis muß sofort erhoben werden können. Legt der Gläubiger gegen ein den Arrest aufhebendes Urteil Berufung ein, wird er zweckmäßigerweise gleichzeitig Einstellung der Vollziehung des Urteils beantragen, §§ 707, 719, denn aufgehobene Pfändungen leben, auch wenn das Urteil erster Instanz aufgehoben wird, nicht wieder auf (München OLGZ 69, 196; LG Bonn NJW 62, 161; Winkler MDR 62, 88; StJGr Rn 19; aA Hamburg MDR 77, 148). Hat das Gericht erster Instanz den Arrest aufgehoben, so wird er vom Berufungsgericht bei anderer Beurteilung bestätigt, nicht aber neu erlassen (Düsseldorf BB 81, 394). Wird der Arrestbefehl wegen Versäumung der Vollziehungsfirst gem § 929 II in der Berufungsinstanz aufgehoben, kann der Gläubiger nicht im Wege der Anschlußberufung den erneuten Erlaß eines Arrests erreichen (Zweibrücken OLGZ 80, 28; Frankfurt WRP 83, 212 = Rpfleger 83, 120). 10

IV) Einstw Verfügung

§ 925 I ist anwendbar; II ist durch § 939 eingeschränkt. Für die Anwendung des § 93 (Kostenpflicht) gelten dieselben Grundsätze wie bei der Widerspruchsklage des § 771 (HRR 25, 718). 12

V) Gebühren: 1) des **Gerichts:** Im Widerspruchsverfahren wird für die Entscheidung durch Endurteil neben der halben Verfahrensgebühr (KV Nr 1050) die halbe Urteilsgebühr nach KV Nr 1054 oder 1055 – je nachdem ob das Urteil mit notwendiger schriftlicher Begründung oder ohne eine solche erlassen wird – erhoben; s dazu Rn 20 zu § 922. **2)** des **Anwalts:** Das Verfahren über den Antrag auf Anordnung eines Arrestes oder einer einstw Verfügung bildet zusammen mit dem Widerspruchsverfahren eine Angelegenheit (eine Gebühreninstanz), wie sich aus § 40 Abs 2 BRAGO ergibt; s Rn 20 zu § 922. **3) Prozeßkostenhilfe:** Die für den Antrag auf Erlaß eines Arrestes oder einer einstw Verfügung bewilligte Prozeßkostenhilfe umfaßt das gesamte Widerspruchsverfahren (Hamm KoRspr ZPO § 119 Übers C [Nr 17]). 13

926 *[Anordnung der Klageerhebung]* **(1) Ist die Hauptsache nicht anhängig, so hat das Arrestgericht auf Antrag ohne mündliche Verhandlung anzuordnen, daß die Partei, die den Arrestbefehl erwirkt hat, binnen einer zu bestimmenden Frist Klage zu erheben habe.**

(2) Wird dieser Anordnung nicht Folge geleistet, so ist auf Antrag die Aufhebung des Arrestes durch Endurteil auszusprechen.

I) Allgemeines

1 **1) Bedeutung.** § 926 gibt dem Schuldner die Möglichkeit, den Fortbestand der im vorläufigen Rechtsschutzverfahren ergangenen Entscheidung von der Durchführung des Hauptsacheverfahrens abhängig zu machen. Wegen des Sicherungszwecks des Arrests (§ 916 Rn 1) soll der Schuldner verhindern können, auf Dauer einer einstw Maßnahme unterworfen zu sein, ohne daß der Gläubiger versucht, einen Titel zu erlangen, dessen Vollstreckung gesichert werden soll. Der Schuldner kann daher nach § 926 den Gläubiger zur Erhebung der Hauptsacheklage zwingen. Wird der Arrest gem Rn 25 aufgehoben, hat der Schuldner den Schadensersatzanspruch nach § 945.

2 **2) Anwendungsbereich.** Grundsätzlich gilt § 926 für alle Arreste und einstw Verfügungen; auch für die einstw Verfügung nach § 1615 o BGB (Holzhauer FamRZ 82, 109 f; vgl Rn 30 aE). Ausnahmen sind in den meisten Pressegesetzen der Länder vorgesehen, die ein Hauptverfahren über den presserechtlichen Gegendarstellungsanspruch ausschließen; damit entfällt auch das Verfahren nach § 926. Nicht ausgeschlossen ist das Hauptsacheverfahren in Bayern (§ 10 III BayPresseG) und Hessen (§ 10 IV HessPresseG); in Hamburg schweigt das Gesetz zu diesem Fall, § 926 ist jedoch gleichwohl nicht anwendbar (BGH 62, 7 = NJW 74, 642 = MDR 74, 480; Hamburg NJW 68, 2383 = MDR 68, 1015 mit Anm Willenberg).

3 **3) Verhältnis zu anderen Rechtsbehelfen.** Der Schuldner ist nach hM nicht auf das Verfahren nach § 926 beschränkt; er kann vielmehr selbst durch **negative Feststellungsklage** ein Hauptsacheverfahren einleiten (Koblenz GRUR 86, 95 mwN; StJGr Rn 2 mwN; nunmehr auch BGH NJW 86, 1815 = MDR 85, 467; aA die frühere Rspr, vgl mwN 14. Aufl) und auf der Grundlage des obsiegenden Urteils die Aufhebung des Arrests gem § 927 verlangen (vgl Koblenz GRUR 86, 95). Das erforderliche Feststellungsinteresse fehlt allerdings dann, wenn die Hauptsache sich zwischenzeitlich erledigt hat und deshalb für die Aufhebung der Kostenentscheidung mit dem Kostenwiderspruch (§ 924 Rn 5) ein einfacherer Weg zur Verfügung steht (BGH NJW 86, 1815 = MDR 85, 467). Stützt der Gläubiger sein Verhalten auf den Inhalt einer einstw Verfügung, ist der Schuldner nicht gehindert, ihm dieses Verhalten durch Unterlassungsklage verbieten zu lassen; das Verfahren nach § 926 enthält keine abschließende Regelung (StJGr Rn 2 mwN; aA BGH LM § 926 ZPO Nr 1 = NJW 51, 405 LS; auch hier offen BGH LM § 926 ZPO Nr 5 und BGH ZIP 83, 994). Ist der Hauptsacheanspruch **nach** Arrestverhängung **weggefallen,** muß der Schuldner nach §§ 924 oder 927 vorgehen (vgl Rn 12). Liegen auch die Voraussetzungen des § 927 vor, kann der Schuldner wählen, welchen Weg er beschreiten will; er kann aber auch nach beiden Bestimmungen vorgehen (StJGr Rn 16). Ist bereits ein Verfahren nach § 925 oder § 927 anhängig, so kann der Schuldner nach Ablauf der Frist des **I** auch in diesem Verfahren Aufhebungsantrag nach § 926 stellen, auch in der Berufungsinstanz (Hamburg MDR 77, 148). **Schadensersatz** aus § 945 kann im Verfahren gem § 926 nicht begehrt werden.

4 **4) Verzicht.** Auf die Anträge nach § 926 kann verzichtet werden. Dadurch können die Parteien durch Prozeßvertrag (Rn 22 vor § 128) die Entscheidung im einstw Rechtsschutz zur endgültigen Entscheidung machen. Dies hat als **Abschlußschreiben** vor allem im Wettbewerbsprozeß Bedeutung (vgl Pastor, Wettbewerbsprozeß Kap 45; vgl auch BGH NJW 81, 1955; Hamm NJW-RR 86, 922; MDR 86, 241; Lindacher BB 84, 639; zur Bedeutung bei mehrfachen einstw Verfügungen Hamm GRUR 84, 598). In der nachträglichen Beschränkung des Widerspruchs auf die Kostenentscheidung kann ein Verzicht auf die Fristsetzung nach § 926 liegen (Stuttgart WRP 80, 102). **Wirkungen** des Verzichts für das Aufhebungsverfahren: Rn 13. Auf das Rechtsschutzbedürfnis für eine Hauptsacheklage hat der Verzicht als solcher noch keine Auswirkungen, hinzukommen muß noch der Verzicht auf die Rechte aus § 924 und 927 (Koblenz GRUR 86, 94 mwN). Verzicht auf Fristsetzung gem **I** berührt grundsätzlich nicht die Rechte des Schuldners aus § 927 (Koblenz GRUR 86, 95).

II) Fristsetzungsverfahren (I)

5 Es handelt sich um ein Beschlußverfahren vor dem Arrestgericht (Rechtspfleger) ohne notwendiges Gehör des Gläubigers.

1) **Arrestgericht** ist das Gericht, das den Arrest durch Beschluß oder Urteil angeordnet hat, gleich wo das Verfahren zur Zeit der Antragstellung schwebt. Hat das Beschwerdegericht den Arrest erlassen, ist das Gericht des ersten Rechtszugs zuständig (ganz hM; StJGr Rn 5 mwN; aA Karlsruhe NJW 73, 1509). Die Anordnung ist dem **Rpfleger** übertragen (§ 20 Nr 14 RpflG). 6

2) **Antrag.** Er kann schriftlich, **zu Protokoll** des Urkundsbeamten oder gem §§ 24 II Nr 3, 26 RpflG zu Protokoll des Rpflegers (Wieczorek/Schütze Anm B I) gestellt werden, es besteht kein Anwaltszwang (§ 78 II). 7

3) **Zulässigkeitsvoraussetzungen.** Sie ergeben sich daraus, daß das Fristsetzungsverfahren als Hilfsverfahren eine Arrestaufhebung wegen unterlassener Klageerhebung in der Hauptsache (Rn 22 ff) vorbereiten soll. Neben dem Vorliegen der allgemeinen Prozeßvoraussetzungen setzt der Antrag daher einen bestehenden Arrestbefehl und fehlende Rechtshängigkeit der Hauptsache voraus. Ie gilt: 8

a) **Bestehen des Arrestbefehls.** Der Antrag ist nur zulässig, solange der Arrestbefehl (noch) besteht. Er kann allerdings schon vor Erlaß des Arrests (vorsorglich) gestellt werden für den Fall, daß Arrest angeordnet wird. Die Anordnung der Klageerhebung kann in diesem Fall zusammen mit der Fristsetzung in den Arrestbefehl aufgenommen werden; sie ist dann Sache des Richters (§§ 6, 8 RpflG). Die Abwendung des Arrestvollzugs nach § 923 hindert den Antrag nicht. Wird der Arrest (die einstw Verfügung) im Widerspruchsverfahren durch rechtskräftige Entscheidung ganz oder teilweise aufgehoben oder für erledigt erklärt, ist der Antrag (insoweit) unzulässig (BGH LM § 926 ZPO Nr 3 = NJW 73, 1329 = MDR 73, 745). Zur Bedeutung des Verzichts des Arrestklägers auf seine Rechte aus dem Arrest vgl Rn 12. 9

b) **Fehlende Rechtshängigkeit der Hauptsache:** Die Hauptsacheklage ist noch nicht erhoben, die erhobene Klage wurde wieder zurückgenommen oder als unzulässig zurückgewiesen. Ist die Hauptsache schon – noch – rechtshängig (ie Rn 24), ist der Antrag unzulässig; Rechtshängigkeit im Ausland steht der inländischen gleich, wenn das ausländische Urteil im Inland anzuerkennen ist (Frankfurt MDR 81, 237 = Rpfleger 81, 118; dazu Hausmann IPrax 82, 52 ff). 10

c) **Fehlender Titel in der Hauptsache.** Besitzt der Gläubiger bereits einen Vollstreckungstitel in der Hauptsache, ist der Antrag des Schuldners unzulässig. 11

d) **Rechtsschutzbedürfnis.** Ein Rechtsschutzbedürfnis für den Antrag fehlt, wenn von dem Arrestbefehl für den Schuldner keine Gefahr mehr ausgeht oder die Aufhebung des Arrests auf einfacherem Weg – ohne den Umweg über ein Hauptsacheverfahren – möglich ist. Fälle fehlenden Rechtsschutzbedürfnisses: Der Arrest-(Verfügungs-)kläger hat den Arrest-(Verfügungs-)beklagten vor jeder Inanspruchnahme aus dem Arrest (der einstw Verfügung) sichergestellt (BGH LM § 926 ZPO Nr 4 = NJW 74, 503; aA StJGr Rn 7); der Arrest-(Verfügungs-)kläger hat auf die Vollstreckung aus dem Arrest (der einstw Verfügung) und auf den materiellen Anspruch verzichtet (Hamburg NJW-RR 86, 1122); die zeitlich begrenzte Geltungsdauer des Arrests ist abgelaufen (Hamm MDR 86, 418); der zu sichernde Anspruch ist **auf jeden Fall weggefallen** (StJGr Rn 7; richtiger Behelf dann §§ 924 oder 927, vgl Rn 3); Beispiele: Der Schuldner hat in der Zwischenzeit erfüllt (Frankfurt NJW 72, 1330; LG Mainz NJW 73, 2294); bei einem Unterlassungsanspruch ist wegen Zeitablaufs die Wiederholungsgefahr entfallen (BGH LM § 926 ZPO Nr 4 = NJW 74, 503; Hamburg MDR 70, 935; zweifelnd Köln Rpfleger 81, 26 = ZIP 80, 1032). 12

e) **Fehlender Verzicht** des Schuldners auf den Antrag (vgl Rn 4). 13

f) **Ohne Bedeutung** für die Zulässigkeit des Antrags sind die Erfolgsaussichten der Hauptsacheklage; sie sind im Fristsetzungsverfahren in keinem Fall zu prüfen (Köln Rpfleger 81, 26); das schließt nicht aus, daß Fragen der materiellrechtlichen Begründetheit des Hauptsacheanspruchs im Rahmen der Prüfung des Rechtsschutzbedürfnisses (Rn 12) von Bedeutung sein können. Die Frist zur Klageerhebung ist daher zB auch dann zu bestimmen, wenn der Schuldner mit der Antragstellung die (kurze) Verjährung des Hauptsacheanspruchs in der Absicht abgewartet hat, sich im Hauptsacheverfahren auf die Verjährung zu berufen (vgl BGH NJW 81, 1955 = MDR 81, 638 zu § 21 UWG). 14

4) **Verfahren und Entscheidung. a)** Die Anordnung ergeht ohne mündl Verhandlung durch Beschluß; der Gläubiger kann, muß aber nicht gehört werden (unbedenklich im Hinblick auf Art 103 I GG wegen des Formalcharakters des Verfahrens). 15

b) Der Beschluß enthält die **Anordnung der Klageerhebung** samt Fristfestsetzung und Rechtsfolgenbelehrung. Beispiel: „Der Gläubiger hat bis zum ... beim Gericht der Hauptsache Klage zu erheben. Nach fruchtlosem Ablauf der Frist wird auf Antrag der Arrestbefehl vom ... aufgehoben." Die Länge der Frist ist im Gesetz nicht vorgeschrieben; entsprechend §§ 276 I 2, 277 III beträgt sie mindestens zwei Wochen (StJGr Rn 9). Sie ist nach pflichtgemäßem Ermessen entspr den für eine sorgfältige Partei erforderlichen Prozeßvorbereitungen zu bestimmen. 16

17 **c)** Der Beschluß wird dem **Gläubiger** durch **Zustellung** bekanntgegeben; damit beginnt die bestimmte Frist zu laufen. Berechung: § 222. Dem **Schuldner wird der Beschluß formlos** übersandt (§ 329 II 1) oder mündlich eröffnet; dies gilt auch, wenn der Antrag abgelehnt oder eine längere als die beantragte Frist gesetzt wird. Bei Ablehnung keine Mitteilung an den Gläubiger. Die **Frist läuft** auch dann weiter, wenn der Arrest auf Widerspruch aufgehoben und gegen das Urteil Berufung eingelegt wurde (LG Arnsberg MDR 86, 328). Das Verfahren gem **II** ist als Bestandteil des Eilverfahrens **Feriensache** iS von § 200 II Nr 2 GVG (Hamm GRUR 85, 396), der Fristlauf gem **I** daher während der Gerichtsferien nicht gehemmt.

18 **d)** Auf Antrag des Gläubigers kann die Frist vor ihrem Ablauf durch schriftlichen Beschluß (Karlsruhe WRP 82, 256 LS) **verlängert werden** (§ 224 II).

19 **5) Rechtsbehelfe. a) Gläubiger. aa)** Er hat die **befristete Erinnerung** nach § 11 I 2 RpflG (Schleswig SchlHA 82, 43; jetzt hM: BL Anm 2 D a; ThP Anm 1 e; aA Karlsruhe WRP 83, 104: kein Rechtsbehelf). Die Beschwerden nach §§ 567, 793 sind nicht gegeben. Es entscheidet das Gericht, dem der Rechtspfleger angehört (keine Durchgriffserinnerung). Der Gläubiger kann auch einen Verlängerungsantrag stellen (Rn 18). Die Verweigerung der Fristverlängerung kann durch den Gläubiger nicht angefochten werden (§ 225 III).

20 **bb) Inzidentkontrolle im Aufhebungsverfahren.** Der Gläubiger kann aber auch im Aufhebungsverfahren gem **II** (vgl Rn 22 ff) geltend machen, die Fristsetzung gem **I** habe nicht erfolgen dürfen (BGH LM § 926 Nr 4 = NJW 74, 503; München ZIP 82, 497 mwN).

21 **b) Schuldner.** Zulässig ist die unbefristete Durchgriffserinnerung gegen die Ablehnung des Antrags oder zu lang bemessene Fristen (§ 11 I 1, II RpflG). Bei Entscheidung durch das Gericht (Rn 9) ist Beschwerde gem § 567 gegeben.

III) Aufhebungsverfahren (II)

22 **1) Antrag und Verfahren.** Es handelt sich um ein Urteilsverfahren vor dem Arrestgericht mit notwendiger mündl Verhandlung; es bildet mit dem Anordnungsverfahren eine Einheit (Frankfurt Rpfleger 86, 281 = AnwBl 86, 407) und ist Feriensache iS von § 200 II Nr 2 GVG (Rn 17). Der **Antrag** des Schuldners ist schriftlich einzureichen; für ihn gilt Anwaltszwang (§ 78); beim Amtsgericht kann er auch zu Protokoll erklärt werden (§ 496). Zuständig ist das Arrestgericht (Rn 6), also das Gericht, das die Frist zur Klageerhebung angeordnet hat. Termin zur **mündlichen Verhandlung** über den Aufhebungsantrag wird von Amts wegen bestimmt (§ 216).

Die **Parteirollen** sind (anders als im Widerspruchsverfahren) vertauscht: Der Schuldner ist Kläger, der Gläubiger Beklagter. Die Grundsätze für summarische Verfahren gelten, Beweisführung ist durch **Glaubhaftmachung** ersetzt. Die Vorschriften über das **Säumnisverfahren** (§§ 330 ff) und die Entscheidung nach **Aktenlage** (§§ 251 a, 331 a) finden Anwendung. Folgen: Ist der Schuldner ausgeblieben, ist sein Antrag abzuweisen (§ 330); ist der Gläubiger nicht erschienen, ist die Nichterhebung der Klage als zugestanden anzusehen (§ 331); bei Aktenlageentscheidung ist der vom Gläubiger erbrachte Nachweis der Klageerhebung zu berücksichtigen.

23 **2) Zulässigkeit.** Der Aufhebungsantrag ist **zulässig,** wenn der **Arrest** (die einstw Verfügung) **besteht,** dh weder im Widerspruchs- oder im Rechtsmittelverfahren (rechtskräftig, vgl Rn 17) aufgehoben noch gerichtlich für erledigt erklärt worden ist (wie Rn 9) und dem Gläubiger – zulässigerweise (vgl Rn 20) – eine **Frist zur Klageerhebung gesetzt** ist. Die Voraussetzungen für die Fristsetzung (außer gem Rn 10) müssen daher auch für die Aufhebung vorliegen; das gilt insbes für das Rechtsschutzbedürfnis des Schuldners (Rn 12).

24 **3) Begründetheit.** Der Antrag ist **begründet,** wenn die Hauptsacheklage (zu den Anforderungen: Rn 29 ff) entweder nicht rechtzeitig erhoben wurde oder eine innerhalb der Frist erhobene Klage wieder zurückgenommen oder als unzulässig zurückgewiesen wurde (vgl StJGr Rn 13, 14); er ist jedoch unbegründet, wenn die Hauptsacheklage im Zeitpunkt des Verhandlungsschlusses **rechtshängig** oder uU bereits anhängig ist (ie Rn 32). Der Gläubiger hat die Erhebung der Hauptsacheklage glaubhaft zu machen (Frankfurt MDR 81, 237 = Rpfleger 81, 118 = ZIP 80, 1144). Gerichtsbekannte Rechtshängigkeit ist jedoch von Amts wegen zu berücksichtigen (Frankfurt MDR 77, 849). Desgleichen hat der Gläubiger die Identität von Arrestanspruch und Hauptsache glaubhaft zu machen (Frankfurt MDR 81, 237).

25 **4) Entscheidung. a)** Sie ergeht stets durch Urteil **(II)** und lautet auf Aufhebung des Arrests oder Zurückweisung des Antrags. Entscheidung durch Versäumnisurteil ist möglich (Rn 22). Rechtsbehelfe: Berufung (nicht Revision: § 545 II) gegen streitiges Endurteil (§ 511), Einspruch gegen Versäumnisurteil (§ 338).

26 **b)** In dem Urteil ist über die **Kosten** der Arrestanordnung sowie diejenigen der Aufhebung zu entscheiden, wobei der Arrestkläger im Falle der Aufhebung des Arrests die gesamten Kosten des Prozesses zu tragen hat, ohne Rücksicht darauf, ob der Arrest von Anfang an begründet war

oder nicht (StJGr Rn 18; Neustadt MDR 57, 368; LG Köln NJW-RR 86, 552). Eine entsprechende (isolierte) Kostenentscheidung ergeht, wenn der Gläubiger (nach Fristablauf) im Aufhebungsverfahren auf seine Rechte aus dem Titel mit Ausnahme der Kostenentscheidung unter Übergabe der Titelausfertigung an den Schuldner verzichtet (LG Köln NJW-RR 86, 522). Wird die Hauptsacheklage im Laufe des Aufhebungsverfahrens nach **II** erhoben (Rn 29) und erklären die Parteien das Aufhebungsverfahren in der Hauptsache für erledigt, so treffen den Gläubiger die Kosten, weil (wenn) er das Aufhebungsverfahren veranlaßt hat (Frankfurt MDR 82, 328; Rpfleger 86, 281).

c) Das den Arrest aufhebende Urteil ist von Amts wegen für **vorl vollstreckbar** zu erklären, 27
§ 708 Nr 6, das den Antrag zurückweisende Urteil nach § 708 Nr 11 oder § 709 S 1, je nach der Höhe der Kosten. Die Aufhebung des Arrestes wirkt mit Erlaß des Urteils (vgl § 925 Rn 10).

5) Einstw Anordnungen. Im Aufhebungsverfahren kann das Gericht die **ZwV einstw einstellen,** 28
§ 924 III ist entsprechend anzuwenden (Frankfurt FamRZ 85, 723; StJGr Rn 17); dies gilt unabhängig davon, ob das Gericht der Hauptsache oder das Amtsgericht, § 919, den Arrest erlassen hat und damit auch mit dem Aufhebungsverfahren befaßt ist (StJGr aaO; aA Düsseldorf aaO: nur das Gericht der Hauptsache kann einstellen).

IV) Rechtzeitige Erhebung der Hauptsacheklage

1) Klageerhebung. a) Allgemeines. Es kann **Leistungs- oder Feststellungsklage** (Rn 31) erho- 29
ben werden. Wird nur wegen eines Teilanspruchs Klage erhoben, ist der Arrestbefehl nach Fristablauf auf Antrag hinsichtlich des anderen Teils aufzuheben. **Gericht** kann auch ein Schiedsgericht sein (s Rn 32), ein ausländisches Gericht unter den Voraussetzungen von Rn 10. Unter mehreren **zuständigen** Gerichten kann der Gläubiger **wählen** (§ 35). Mit dem Antrag auf Erlaß eines Arrests (einer einstw Verfügung) hat der Gläubiger seine Wahl unter mehreren zuständigen Gerichten noch nicht ausgeübt; er kann die Klage in der Hauptsache nachträglich noch bei einem anderen dafür zuständigen Gericht erheben (Karlsruhe NJW 73, 1509). Anstelle des ursprünglichen Gläubigers kann auch dessen **Rechtsnachfolger** Klage erheben (LG Frankfurt NJW 72, 955).

b) Identität der Ansprüche. Die **Klage muß den Anspruch betreffen, den der erlassene Arrest** 30
sichern soll. Bei einer einstw Verfügung zur Eintragung der Vormerkung für eine Bauhandwerkersicherungshypothek (§§ 648 I, 885 I BGB) ist nach hM Hauptsacheklage nur die Klage auf Bewilligung der Eintragung der Hypothek, nicht aber die Klage auf Zahlung des Werklohnes (Frankfurt NJW 83, 1129 = Rpfleger 83, 166 = ZIP 83, 629 je mwN = MDR 83, 588; Düsseldorf NJW-RR 86, 322, str). Diese Ansicht ist jedoch nur dann haltbar, wenn der Zweck des § 926 (Rn 1) nicht auch durch die Zahlungsklage erfüllt wird, insbesondere der Prüfungsumfang im Zahlungsprozeß hinter dem im Prozeß über die Bewilligung zur Eintragung der Bauhandwerkersicherungshypothek zurückbleibt. Voraussetzung der Bauhandwerkersicherungshypothek sind jedoch nur Erbringung einer geldwerten Werkleistung und deren Einwendungsfreiheit (Jauernig/Schlechtriem § 648 BGB Anm 3c, 4). Beides ist auch im Zahlungsprozeß zu prüfen. Fälligkeit der Werklohnforderung ist nicht erforderlich. Der Gläubiger darf insgesamt nicht dadurch schlechter stehen, daß er einen zusätzlichen materiellrechtlichen Sicherungsanspruch hat (zutr Leue JuS 85, 176 ff). Im **Wettbewerbsprozeß** muß der Klageantrag des Hauptsacheverfahrens auf dasselbe Unterlassungsgebot gerichtet sein wie die einstw Verfügung (Koblenz WRP 83, 108); ein weitergehender Antrag in der Hauptsache schadet nicht. Bei der einstw Verfügung auf **Unterhalt für das nichteheliche Kind** gem § 1615 o BGB ist § 926 anwendbar (Holzhauer FamRZ 82, 109 f; aA Gernhuber, Familienrecht, 3. Aufl 1980, § 59 VII 2 je mwN). Hauptsacheklage ist hier wohl die Leistungsklage als auch die Vaterschaftsfeststellungsklage (Holzhauer aaO).

c) Zulässigkeit. Die erhobene Klage muß **zulässig** sein, da andernfalls das Ziel einer sachli- 31
chen Nachprüfung (Rn 1) nicht erreichbar wäre. Die **Prozeßvoraussetzungen** müssen vorliegen (zur Zuständigkeit vgl aber Rn 32), bei der Feststellungsklage (Rn 29) das **Feststellungsinteresse** (§ 256). Eine Feststellungsklage in der Hauptsache mit dem Ziel, die einstw Maßnahme für ursprünglich rechtmäßig erklären zu lassen, ist nach hM mangels Feststellungsinteresses unzulässig (BGH LM § 926 Nr 3, 4; Hamburg MDR 70, 935; München ZIP 82, 497; aA Hamm WRP 80, 87).

2) Fristwahrung. a) Zum Fristlauf vgl Rn 17. **b) Fristwahrende Handlungen.** Die Zustellung 32
eines Mahnbescheids steht der Klageerhebung gleich (Köln OLGZ 79, 119); ebenso die Einleitung des Verfahrens vor einem Schiedsgericht, wenn dessen Zuständigkeit gegeben ist. Der Antrag auf Prozeßkostenhilfe wahrt die Frist ebenfalls (Schneider MDR 82, 721 f; StJGr Rn 11; BL Anm 3 A; aA ThP Anm 2; Wieczorek/Schütze Anm D III a 4). Die Frist wird auch durch Klageerhebung beim unzuständigen Gericht gewahrt (Nürnberg GRUR 57, 296). Die demnächst

erfolgende Zustellung (§ 270 III) wahrt die Frist nur dann, wenn der Gläubiger am Schluß der mündl Verhandlung im Aufhebungsverfahren glaubhaft gemacht hat, seinerseits alles für die Zustellung demnächst getan zu haben (StJGr Rn 12), auch wenn zu diesem Zeitpunkt noch nicht feststeht, ob die Zustellung tatsächlich demnächst erfolgt (aA ThP Anm 2). § 270 III will dem Gläubiger gerade das Risiko von Zustellungsverzögerungen abnehmen, die außerhalb seines Einflußbereichs liegen (vgl § 270 Rn 6). Die Einzahlung eines zu niedrigen Kostenvorschusses schadet bei rechtzeitiger Klageeinreichung nicht (KG NJW-RR 86, 1127).

33 **c)** Maßgeblicher **Zeitpunkt** für die Beurteilung der Fristwahrung ist der Schluß der mündl Verhandlung im Aufhebungsverfahren. Hat der Gläubiger die Frist zwar versäumt, ist die Hauptsacheklage aber bis zur Entscheidung über den Aufhebungsantrag zugestellt worden, gilt die Versäumung als geheilt (§ 231 II; Köln OLGZ 79, 119; Frankfurt MDR 82, 328); der Arrest bleibt aufrechterhalten. Dies ist jedoch im Berufungsverfahren nicht mehr möglich (StJGr Rn 12; KG MDR 71, 767; Hamburg MDR 77, 237).

34 **V) Einstw Verfügung:** § 926 ist entsprechend anwendbar.

35 **VI) Gebühren: 1)** des **Gerichts:** Die Fristsetzung zur Klageerhebung nach Abs 1 (s oben Rn 5 ff) wird durch die Verfahrensgebühr für das Anordnungsverfahren (KV Nr 1050) abgegolten. Eine etwaige antragsgemäß gewährte Fristverlängerung (§ 224 Abs 2) ist gebührenfrei. Das Aufhebungsverfahren nach Abs 2 ist kostenrechtlich von dem Anordnungsverfahren getrennt zu behandeln. Für das Verfahren über Anträge auf Aufhebung eines Arrestes oder einer einstw Verfügung im Falle des Abs 2 (auch der §§ 927, 936) fallen die in KV Nrn 1051, 1056, 1057 bestimmten Gebühren – vgl Rn 20 zu § 922 – besonders an. Die fristgerechte Klageerhebung (s oben Rn 29 ff) durch den Gläubiger stellt gebührenrechtlich einen besonderen Rechtsstreit dar, auf den wie im „gewöhnlichen" Prozeß KV Nrn 1010 ff anzuwenden sind. Soweit das Aufhebungsverfahren mit einem Anerkenntnis-, Verzichts- oder echten Versäumnisurteil gegen die säumige Partei abschließt, werden hierfür keine Urteilsgebühren erhoben. Die nach KV Nr 1051 entstandene (halbe) Verfahrensgebühr fällt durch die Zurücknahme des Aufhebungsantrags vor der Bestimmung des Termins zur mündlichen Verhandlung nicht weg; s Rn 20 zu § 922. Wegen des gebührenfreien Erinnerungsverfahrens gegen die Rechtspfleger-Entscheidung hinsichtl Klageerhebung (Fristsetzung) vgl Rn 5 zu § 934. Auf das Beschwerdeverfahren gegen die vom Richter getroffene Anordnung der Klageerhebung ist KV Nr 1181 anzuwenden – **2)** des **Anwalts:** Das Verfahren nach § 926 bildet mit dem Verfahren auf Anordnung des Arrestes (oder der einstw Verfügung) eine Angelegenheit (Gebühreninstanz) nach § 40 Abs 2 BRAGO; s Rn 20 zu § 922. Hat der RA des Arrestgläubigers durch die Einreichung des Antrags auf Erlaß des Arrestes die volle Prozeßgebühr verdient, so kann er im Widerspruchsverfahren nicht nochmals die Prozeßgebühr erhalten. Dies gilt auch für eine einstw Verfügung. Dem RA des Arrestschuldners dagegen fällt die volle Prozeßgebühr an, wenn er zB den Schriftsatz über die Widerspruchseinlegung einreicht oder Antrag auf Fristsetzung nach Abs 1 stellt. Wird mündl verhandelt, so kann der RA auch die Verhandlungsgebühr (§ 31 Abs 1 Nr 2 BRAGO) verdienen; ev auch die Erörterungsgebühr nach § 31 Abs 1 Nr 4 BRAGO. Eine Beweisgebühr kann dem RA nur anfallen, wenn bei Gericht anwesende Zeugen vernommen oder eidesstattl Versicherungen dieser Zeugen oder auch der Partei protokolliert werden; vgl dazu Rn 33 zu § 641 d.

927 *[Aufhebung wegen veränderter Umstände]*

(1) Auch nach der Bestätigung des Arrestes kann wegen veränderter Umstände, insbesondere wegen Erledigung des Arrestgrundes oder auf Grund des Erbietens zur Sicherheitsleistung die Aufhebung des Arrestes beantragt werden.

(2) Die Entscheidung ist durch Endurteil zu erlassen; sie ergeht durch das Gericht, das den Arrest angeordnet hat, und wenn die Hauptsache anhängig ist, durch das Gericht der Hauptsache.

Lit: *Mädrich,* Das Verhältnis der Rechtsbehelfe des Antragsgegners im einstweilen Verfügungsverfahren, 1980.

I) Allgemeines

1) Bedeutung. I normiert einen Behelf des Schuldners, mit dem er sich gegen die **Fortdauer** des Arrests wenden kann, gleich von welchem Gericht dieser erlassen wurde und ob durch Urteil oder Beschluß. Die Frage der ursprünglichen Rechtmäßigkeit wird im Verfahren nach § 927 nicht geprüft. Die Aufhebung kann wegen **veränderter Umstände,** insbesondere wegen Wegfalls des Arrestanspruchs, Erledigung des Arrestgrundes oder auf Grund des Erbietens zur Sicherheitsleistung beantragt werden (ie Rn 4 ff). Gemeint sind Umstände, die nach Erlaß des Arrests eingetreten oder dem Schuldner bekanntgeworden sind. Die Aufhebung des Arrests nach § 927 schützt den Schuldner gegen die materielle Rechtskraftwirkung des Arrests; diese Folge tritt auch ein, wenn der Gläubiger auf die Aufforderung des Schuldners darauf verzichtet, Folgerungen aus dem Arrest zu ziehen (Frankfurt NJW 68, 2112, 2114; s auch Rn 13 vor § 916).

2 **2) Abgrenzung. a)** Zum **Verhältnis der Rechtsbehelfe** im Arrestverfahren s § 924 Rn 1. Ist der Arrestbefehl noch nicht rechtskräftig, so können die veränderten Umstände auch im Widerspruchs- oder im Rechtsmittelverfahren vorgetragen werden (Frankfurt OLGZ 85, 442 = AnwBl

85, 642); für ein Aufhebungsverfahren nach § 927 kann insoweit das Rechtsschutzbedürfnis fehlen (Düsseldorf WRP 82, 329; München WRP 82, 602; Hamm WRP 78, 394; anders bei Versäumung der Vollziehungsfrist des § 929 II: auch § 727, vgl § 929 Rn 21). Gegen den Beschlußarrest ist nach Mädrich (aaO S 87 ff) der Antrag nach § 927 wegen der Möglichkeit des Widerspruchs nach § 924 unzulässig (zust Teplitzky AcP 181, 253; aA StJGr Rn 1 mwN); diese Ansicht ist abzulehnen, denn das Widerspruchsverfahren ist im Verhältnis zum Aufhebungsverfahren keine einfachere Rechtsschutzmöglichkeit. Ist der Arrest durch rechtskräftig gewordenes Urteil ergangen oder bestätigt worden, so ist der Antrag nach § 927 uneingeschränkt zulässig. Ein eingeleitetes Aufhebungsverfahren nach § 927 nimmt einer später eingelegten Berufung im Arrestanordnungsverfahren nicht das Rechtsschutzbedürfnis (Hamm WRP 80, 42 und 706). Sind umgekehrt die veränderten Umstände bereits in einem anderen auf Beseitigung des Arrests gerichteten Verfahren **geltend gemacht,** so steht dem Aufhebungsverfahren nach § 927 Rechtshängigkeit oder Rechtskraft entgegen (Düsseldorf NJW 55, 1844 mit zust Anm Schwab; StJGr Rn 1). Ein Rechtsschutzbedürfnis für ein Aufhebungsverfahren nach § 927 fehlt auch dann, wenn weitere Auswirkungen des Arrests (der einstw Verfügung) nicht mehr drohen (Frankfurt ZIP 81, 210; München ZIP 82, 497), insbesondere wenn der Gläubiger auf seine Rechte aus einer einstw Verfügung **verzichtet** hat (aA Köln GRUR 85, 459; München NJW-RR 86, 998).

b) Die Abänderungsklage gem § 323 ist statt des Antrags nach § 927 nicht zulässig (§ 323 Rn 10). Wegen Vollstreckungsabwehrklage (§ 767) s Rn 15. 3

II) Aufhebungsvoraussetzungen (I)

1) Veränderte Umstände. Sie können den **Arrestanspruch** oder den **Arrestgrund** betreffen. Es genügt auch eine **neue Beweislage,** selbst wenn der Schuldner sich auf Beweismittel beruft, die im Zeitpunkt des Erlasses des Arrests schon vorlagen, wenn er sie damals noch nicht benutzen konnte (StJGr Rn 5). Eine neue rechtliche Beurteilung durch den Schuldner genügt nicht, wohl aber die Änderung der Rechtslage durch neue Gesetzgebung oder eine neue höchstrichterliche Rechtsprechung, wenn danach die Durchsetzung des Hauptsacheanspruchs nicht mehr glaubhaft ist (vgl StJGr Rn 4). 4

a) Wegfall des Arrestanspruchs. Als Beispiele kommen in Frage: Erlöschen der zu sichernden Forderung; Wegfall der anspruchsbegründenden Norm infolge Nichtigerklärung durch das BVerfG (KG GRUR 85, 236; im Erg auch Köln GRUR 85, 458 = WRP 85, 362; aA Sommerlad NJW 85, 1492); rechtskräftige Abweisung der Klage, auch durch vorl vollstr Urteil, wenn mit einem Erfolg eines gegen das Urteil eingelegten Rechtsmittels nicht zu rechnen ist (BGH WM 76, 134); bei Abweisung der Klage als unzulässig ist entscheidend, ob der Kläger innerhalb der Frist des § 926 oder einer zu bestimmenden Frist die Klage mit Aussicht auf Erfolg erneuern kann (StJGr Rn 6); beruht der Arrestanspruch auf mehrfachen Anspruchsgrundlagen, so kann der Arrest nur aufgehoben werden, wenn alle Anpruchsgrundlagen entfallen (Saarbrücken NJW 71, 946; vgl dazu auch BGH LM § 926 ZPO Nr 5 = NJW 78, 2157 = MDR 78, 1011). 5

b) Erledigung des Arrestgrunds. aa) Als Beispiele kommen in Frage: Rechtskräftigwerden von Leistungsurteil, denn das auf Grund der Arrestvollziehung erlangte Pfandrecht behält seinen Rang auch für die ZwV aus dem Leistungstitel (Jauernig, ZwVR, § 36 II 1; unzutr LG Berlin NJW 56, 67); Rechtskräftigwerden von der einstw Verfügung inhaltsgleichen Unterlassungsurteil (Hamburg WRP 79, 135); nunmehr mögliche Inlandsvollstreckung (§ 917 II) oder Leistung einer eidesstattlichen Offenbarungsversicherung durch den Schuldner (§ 918); Ablauf der Vollziehungsfrist des § 929 II, ohne daß die Vollziehung erfolgt ist (Düsseldorf WRP 85, 640; Frankfurt OLGZ 85, 442 = AnwBl 85, 642; Köln WRP 83, 703; 86, 353 = ZIP 86, 538; im Ausgangspunkt auch Celle FamRZ 84, 1248); Nichtleistung der Sicherheit, von der der Arrestvollzug abhängig gemacht wurde (§§ 921 II, 925 II); langandauernde freiwillige Befolgung einer unbefristeten Leistungsverfügung durch den Unterhaltsschuldner (Zweibrücken FamRZ 83, 415). 6

bb) Zur Aufhebung **genügt nicht** ein nur voläufig vollstreckbares Leistungsurteil (Frankfurt ZIP 80, 922; KG WRP 79, 547; aA Wieczorek/Schütze Anm B III c e) oder ein Feststellungsurteil (StJGr Rn 8). Die Eröffnung des Konkurses über das Vermögen des Schuldners führt nicht zur Aufhebung des Arrests, wenn der Gläubiger Sicherheiten erlangt hat, für die ihm ein Absonderungsrecht zusteht (RG 20, 361; 56, 145). Ist der Arrestbefehl jedoch bei Konkurs- oder Vergleichseröffnung noch nicht vollzogen worden, so ist er wegen der Vollstreckungsverbote der §§ 14 KO, 47, 124 VglO nach § 927 aufzuheben, da die Vollziehungsfrist gem § 929 II nicht mehr gewahrt werden kann. 7

2) Erbieten zur Sicherheitsleistung. Das **Erbieten** zur Sicherheitsleistung berechtigt den Schuldner nur zur Antragstellung nach § 927. Der Arrest wird jedoch auf Grund des Antrags nur aufgehoben, wenn die Sicherheit tatsächlich geleistet wird. Bestimmung der Sicherheit nach 8

§ 108. Der Gläubiger kann wählen, ob er die Sicherheitsleistung annehmen will oder nicht; lehnt er sie jedoch ab, so wird der Arrest auf Grund des Erbietens des Schuldners aufgehoben (StJGr Rn 9), sonst auf Grund der geleisteten Sicherheit.

III) Aufhebungsverfahren (II)

9 **1) Antrag und Verhandlung. a)** Die Aufhebung des Arrests erfolgt nur auf **Antrag (I),** niemals von Amts wegen. **Antragsberechtigt** sind nur der Schuldner oder sein Rechtsnachfolger, nicht aber der Gläubiger oder ein Dritter. Der Antrag kann, wenn die Hauptsache anhängig ist, im Termin zur Verhandlung über die Hauptsache gestellt werden, ebenso in einem nach §§ 922, 925 anhängigen Verfahren über die Anordnung oder Bestätigung des Arrests (StJGr Rn 10). Im amtsgerichtlichen Verfahren kann der Antrag schriftlich oder zu Protokoll gestellt werden. Die Ladung erfolgt von Amts wegen. Vor Kollegialgerichten besteht Anwaltszwang (§ 78 I). Ladungsfrist: § 217. Der Antrag ist auch in der Berufungsinstanz zulässig (Hamm WRP 80, 42; Hamburg MDR 69, 931). Der Schuldner hat im Verfahren nach § 927 die **Parteirolle** des Klägers, der Gläubiger diejenige des Beklagten. Die „veränderten Umstände" (Rn 4 ff) sind **glaubhaft** zu machen. Auf das Recht, wegen veränderter Umstände die Aufhebung des Arrests (der einstw Verfügung) zu beantragen, kann nach hM **nicht verzichtet** werden (München SJZ 50, 827; BL Anm 1; aA StJGr Rn 11; ThP § 924 Anm 6; im Erg auch Koblenz GRUR 86, 94). Die Verzichtbarkeit des Antragsrechts aus § 927 wird von den Gerichten jedoch bei der Kostenentscheidung gem §§ 91 a oder 93 stillschweigend vorausgesetzt (vgl nur München ZIP 82, 497; wegen § 926 vgl dort Rn 4). Der Antrag kann wie das Arrestgesuch jederzeit ohne Zustimmung des Gläubigers **zurückgenommen** werden (vgl § 920 Rn 13). Beantragt der Schuldner nur die **teilweise** Aufhebung, so ist das Gericht daran nach § 308 gebunden (StJGr Rn 11). In entsprechender Anwendung des § 924 III kann im Aufhebungsverfahren die Vollstreckung des angegriffenen Arrests **einstweilen eingestellt** werden (Braunschweig MDR 56, 557).

9a **b)** Eine **Aussetzung** des Aufhebungsverfahrens ist ausnahmsweise dann zulässig, wenn zwischenzeitlich die Hauptsacheklage in erster Instanz abgewiesen wurde, das Hauptsacheverfahren aber noch in der Berufungsinstanz schwebt (Düsseldorf NJW 85, 1966 = WRP 84, 690 = GRUR 84, 757; aA StJGr Rn 6). Etwas anderes gilt nur, wenn von vornherein mit einem Erfolg der Berufung zu rechnen ist.

10 **2) Zuständigkeit (II).** Ist die Hauptsache anhängig, ist das Gericht ausschließlich (§ 802) zuständig, das zur Zeit der Antragstellung mit der Sache befaßt ist (Gericht der Hauptsache, s § 919 Rn 3, § 943). Belanglos ist in diesem Fall, welches Gericht den Arrest angeordnet hat. Ein Schiedsgericht ist nie Gericht der Hauptsache (vgl allg vor § 916 Rn 5; aA für § 927 StJGr Rn 12). Ist die Hauptsache nicht anhängig, so entscheidet das **Arrestgericht,** dh das Gericht, das den Arrest angeordnet hat **(II,** § 802); das erstinstanzliche Gericht ist hierfür auch dann zuständig, wenn eine einstw Verfügung erst vom Rechtsmittelgericht erlassen worden ist (Düsseldorf MDR 84, 324; vgl § 924 Rn 6).

11 **3) Entscheidung. a)** Die Entscheidung ergeht durch **Endurteil,** auch wenn der Arrest durch Beschluß angeordnet wurde. Das Gericht kann den Antrag zurückweisen, den Arrest aufheben, ihn abändern oder Sicherheitsleistung anordnen, wenn der Gläubiger mit letzterer einverstanden ist. Beim Ausbleiben des Schuldners wird der Antrag gem § 330 abgewiesen, bei Ausbleiben des Gläubigers ergeht Versäumnisurteil nach § 331; es kann auch Entscheidung nach Aktenlage gem § 331 a beantragt werden.

12 **b) Kosten.** Der Kostenausspruch im Aufhebungsverfahren bezieht sich grundsätzlich nur auf die in diesem Verfahren entstandenen Kosten (Karlsruhe WRP 81, 285). Ausnahmsweise ist über die Kosten des *gesamten Arrestverfahrens* zu entscheiden, wenn die Gründe, die zur Aufhebung führen, von Anfang an bestanden (Düsseldorf NJW 85, 1167 = GRUR 84, 757; Köln GRUR 85, 458 [460]); dann trägt der Antragsteller (Gläubiger) die gesamten Kosten. Beispiel: BVerfG erklärt die Anspruchsnorm für nichtig (Köln GRUR 85, 458 mwN = WRP 85, 362). Eine Gesamtkostenentscheidung erfolgt auch dann, wenn das Aufhebungs- mit dem Widerspruchsverfahren verbunden ist (Frankfurt OLGZ 80, 258) oder (zu Lasten des Antragstellers) wenn der Arrest wegen Ablaufs der Vollziehungsfrist (§ 929 II) aufgehoben wurde (Köln WRP 83, 702; Rpfleger 82, 154; Hamm GRUR 85, 84, str; aA München NJW-RR 86, 999 f). Der Kostenanspruch muß in diesem Fall ersehen lassen, daß er diese Kosten mit umfaßt; anderenfalls können sie nicht mit festgesetzt werden (StJGr Rn 16; aA Frankfurt Rpfleger 63, 251). Der Gläubiger kann der Kostenlast im Falle der Aufhebung des Arrests nur durch sofortiges Anerkenntnis gem § 93 entgehen (StJGr Rn 17; Köln Rpfleger 82, 154; München WRP 84, 434; im Ausgangspunkt auch Frankfurt OLGZ 85, 443 mN = AnwBl 85, 642, str). Nach Frankfurt OLGZ 82, 346 = Rpfleger 82, 76 können dem Schuldner gem § 93 die Kosten des Verfahrens nach § 927 auferlegt werden, wenn er nicht vorher den Gläubiger zum Verzicht auf seine Rechte aus der einstw Verfügung aufgefordert hat

(ebenso München WRP 84, 434; einschränkend aber nunmehr für den Fall der Nichteinhaltung der Vollziehungsfrist gem § 929 II Frankfurt OLGZ 85, 442 = AnwBl 85, 642; Hamm GRUR 85, 84). Über die Kosten des rechtskräftig abgeschlossenen Anordnungsverfahrens wird mit entschieden, wenn die Hauptsacheklage als von Anfang an unbegründet rechtskräftig abgewiesen worden ist (Hamburg WRP 79, 141).

c) Vorläufige Vollstreckbarkeit: bei Aufhebung § 708 Nr 6, sonst § 708 Nr 11 oder § 709 S 1. 13

d) Aufhebungswirkungen. Mit Erlaß des (rechtsgestaltenden) Urteils nach § 927 wird die weitere Vollstreckung aus dem Arrestbefehl unzulässig (hM, StJGr Rn 18). Die Aufhebung von Vollstreckungsmaßnahmen ist aber erst mit der Rechtskraft zulässig, es sei denn, der Arrest ist bei Geltendmachung von Aufhebungs- und Widerspruchsgründen im selben Verfahren aus Gründen aufgehoben worden, die den Arrest als von Anfang an ungerechtfertigt erscheinen lassen (bestr, vgl StJGr Rn 18). Dieser Widerspruch zu §§ 775 Nr 1, 776 ergibt sich aus dem Sicherungszweck des Arrests (§ 916 Rn 1); dem Gläubiger soll der Rang seiner Pfandrechte bis zum Eintritt der Rechtskraft erhalten bleiben. Dies steht nicht im Gegensatz zu BGH 66, 394 = LM § 766 Nr 1 mit Anm Merz = NJW 76, 1453 = MDR 76, 1014, denn der BGH hat dort nur festgestellt, daß gleichwohl erfolgte Aufhebung von Vollstreckungsmaßnahmen unabhängig von der Rechtskraft sofort wirksam wird. Wird die vorläufige Vollstreckbarkeit durch das Berufungsgericht eingestellt, so kann aus dem Arrestbefehl erneut vollstreckt werden (LG Kiel SchlHA 58, 177). 14

IV) Einstw Verfügung: § 927 ist mit der Einschränkung aus § 939 anwendbar, auch bei Anordnung von Unterhaltszahlungen durch einen in dem einstw Verfügungsverfahren geschlossenen Vergleich (RG HRR 33, 1178), jedoch mit der Maßgabe, daß § 323 zutrifft, wenn der Vergleich gleichzeitig den streitigen Hauptanspruch endgültig erledigt (vgl auch KG JW 32, 1156). Ist die Unterhaltszahlung durch Urteil (§ 926) angeordnet, so hat der Schuldner die Wahl zwischen Berufung und dem Antrag nach § 927. Die Vollstreckungsabwehrklage aus § 767 kommt nur in Frage, wenn die einstw Verfügung auf vorläufige Zahlung (zB von Unterhalt) lautet und behauptet wird, rückständige Leistungen seien getilgt (KG JW 22, 498; ferner allg StJGr § 938 Rn 41). Die Möglichkeit der Geltendmachung durch Widerspruch schließt die Klage aus § 767 aus. Vgl Rn 2. 15

V) Gebühren: 1) des **Gerichts:** Für das Verfahren über den Antrag nach §§ 927, 936, das kostenrechtlich vom Anordnungsverfahren getrennt zu behandeln ist, können dieselben Gebühren wie im Anordnungsverfahren (KV Nrn 1051, 1056, 1057) entstehen; s dazu Hartmann, KostGes KV Nr 1051 Anm 1 – zu entscheiden ist stets durch Urteil – sowie im einzelnen Rn 20 zu § 922 und Rn 35 zu § 926. – **2)** des **Anwalts:** Das Anordnungsverfahren und das Verfahren auf Aufhebung nach §§ 927, 936 bilden dieselbe Angelegenheit (§ 40 Abs 2 BRAGO); s Rn 35 zu § 926. – **3) Prozeßkostenhilfe:** erneute Bewilligung für das Aufhebungsverfahren ist erforderlich (KG JW 35, 801). 16

928 *[Vollziehung des Arrestes]*

Auf die Vollziehung des Arrestes sind die Vorschriften über die Zwangsvollstreckung entsprechend anzuwenden, soweit nicht die nachfolgenden Paragraphen abweichende Vorschriften enthalten.

I) Allgemeines

1) Systematik. Während die §§ 916–927 das „Erkenntnisverfahren" des Arrestprozesses mit seinen Rechtsbehelfen regeln, das auf schnellem Wege zu einem Titel führen soll, erreicht der Gläubiger die erstrebte Sicherung wegen seines Anspruchs erst durch die Vollziehung des Arrests. Diese ist in §§ 928–934 besonders geregelt. Im Sprachgebrauch der ZPO ist Vollziehung (Rn 2) die gesetzestechnische Bezeichnung für die Zwangsvollstreckung von Arresten und einstw Verfügungen (Jauernig, ZwVR § 36 I; Düsseldorf NJW 70, 2717; Borck MDR 83, 181 gegen Hamm MDR 82, 763; aA auch BL Grundz § 916 Anm 4). Sie ist unzulässig nach der Eröffnung von Konkurs- (§ 14 II KO) oder Vergleichsverfahren (§§ 47, 124 VglO). 1

2) Vollziehung. a) Begriff. Das Gesetz bestimmt nicht, was im Einzelfall Vollziehung ist. Es ist daher zu unterscheiden zwischen der Vollziehung des Arrestbefehls (§ 929 Rn 10) und der Vollziehung einer einstw Verfügung (§ 929 Rn 12; vgl auch Rn 8). Darüber hinaus ist der Sprachgebrauch insofern uneinheitlich, als bei der Fristwahrung gem § 929 II von Vollziehung auch schon dann gesprochen wird, wenn der Gläubiger die erstrebte Sicherung noch nicht erreicht hat, etwa weil eine beantragte Sicherungshypothek noch nicht eingetragen wurde (vgl zum Problem § 929 Rn 11). BL (Grundz § 918 Anm 4) unterscheiden daher Vollziehung und Vollstreckung (vgl Rn 1). Auf jeden Fall ist ein **eigenes Tätigwerden des Gläubigers** Wesensmerkmal der Vollziehung (Koblenz NJW 80, 948; RG 51, 129). Passives Verhalten des Gläubigers kann (insbesondere im Hinblick auf § 945) nicht als Vollziehung angesehen werden. 2

3 **b) Bedeutung.** Der Begriff der Vollziehung ist von Bedeutung für die Wahrung der gesetzlichen Vollziehungsfrist (§ 929 II) und den Schadensersatzanspruch aus § 945; hier wird geprüft, **ob** Vollziehung im Sinne von § 928 vorliegt (§ 929 Rn 10 ff). **Wie** die einzelnen Vollstreckungsakte der Vollziehung vorzunehmen sind, bestimmt § 928 durch seine Verweisungen (ie Rn 4 ff).

II) Anwendbare Vorschriften

4 **1) Allgemeines.** Auf die Vollziehung des **Arrests** sind die Vorschriften über die ZwV entsprechend anzuwenden (Rn 5), soweit nicht die §§ 929 bis 934 abweichende Vorschriften (Rn 6) enthalten, § 928. Eine ZwV im engeren Sinne, die zur Befriedigung des Gläubigers führt, findet auf Grund des Arrestbefehls nicht statt; er dient nur zur Sicherung künftiger ZwV (§ 916 Rn 1).

5 **2) Anwendbare Vorschriften** sind insbesondere: §§ 811 ff, 829 ff (insbes § 829 III: BayObLG Rpfleger 85, 59), 850 ff (Beschränkung hinsichtlich der Pfändbarkeit; die allg Regeln des Völkerrechts bezügl der Immunität sind zu beachten; Frankfurt OLGZ 81, 370 = ZIP 81, 1079 = RIW/AWD 81, 484; dazu Hausmann IPRax 82, 51 ff; BVerfG 64, 1 [19 ff] = NJW 83, 2766 = RIW/AWD 83, 613 LS m Anm Seidl/Hohenveldern = IPRax 84, 196 mit Anm Stein S 179; § 20 GVG Rn 1), § 845 (Vorpfändung), § 764 (VollstrGericht), § 766 (Erinnerung des Schuldners gegen die Art und Weise der Vollziehung), § 771 (Drittwiderspruchsklage), §§ 775, 776 (Einstellung und Aufhebung der Vollzugsmaßregeln), § 788 (Kosten), § 793 (sofortige Beschwerde), § 805 (Klage auf vorzugsweise Befriedigung), §§ 807, 883 (eidesstattliche Versicherung, vgl Düsseldorf NJW 80, 2717). Wegen einstw Anordnung bezügl der Vollziehung s § 924 III 2 und § 924 Rn 12.

6 **3) Abweichende Vorschriften** enthalten die §§ 929–934. In der Regel ist keine VollstrKlausel erforderlich (§ 929 I); die Vollziehung muß innerhalb bestimmter Frist erfolgen (§ 929 II), darf aber schon vor der Zustellung des Arrestbefehls beginnen (§ 929 III); bei bewegl Sachen ist nur die Pfändung (§ 930 I, II), nur ausnahmsweise die Verwertung zulässig (§ 930 III); bei Forderungen und anderen Vermögensrechten ist nur Pfändung, nicht auch Überweisung an Zahlungs Statt oder zur Einziehung zulässig, bei Grundstücken nur die Eintragung einer Sicherungshypothek für die Summe gem § 923 als Höchstbetrag (§ 932); das Arrestgericht ist für die Forderungspfändung zuständig (§ 930 I 3); die Vollziehung des Arrests in Grundstücke (§ 932) und Schiffe (§ 931) ist besonders geregelt. § 933 regelt den Vollzug des persönl Sicherheitsarrests, § 934 die Aufhebung der Arrestvollziehung.

7 **4) Nicht anwendbare Vorschriften** über die Zwangsvollstreckung sind § 815 I (Ablieferung gepfändeten Geldes) und § 767 (Vollstreckungsgegenklage). Letzterer fehlt wegen § 927 das Rechtsschutzbedürfnis (Baur/Stürner Rn 869; vgl § 927 Rn 15).

III) Einstw Verfügung

8 § 928 ist entsprechend anwendbar und damit die allg Vorschriften über die ZwV. Wegen der **Vollziehung** der einstw Verfügung s § 929 Rn 12 ff. Die jeweils vorzunehmenden **Vollstreckungsakte** richten sich nach dem Inhalt der einstw Verfügung. Beispiele: Ist eine **einmalige oder wiederkehrende Geldleistung** zu entrichten, so kann der Gläubiger auf Grund einfacher Ausfertigung des Beschlusses die Pfändung von bewgl Sachen mit nachfolgender Verwertung und Abführung des Erlöses nach §§ 803–871 veranlassen; ggf kann er vom Schuldner die Abgabe der eidesstattlichen Versicherung verlangen (§ 807). Wegen einmaliger Leistung s § 929 Rn 19. Ist die **Herausgabe einer im Besitz eines Dritten befindlichen Sache** an den Gläubiger angeordnet, so muß der Gläubiger den Herausgabeanspruch seines Gegners gegen den Dritten auf Grund der bereits erwirkten einstw Verfügung pfänden und überweisen lassen, §§ 886, 847 I (Dresden OLG 33, 114). Der Antrag ist an das Vollstreckungsgericht zu richten (RG 36, 390). Verweigert der Dritte auch jetzt noch die Herausgabe, muß ihn der Pfändungsgläubiger verklagen. Für die **Pfändung einer Forderung** auf Grund einstw Verfügung ist das Vollstreckungsgericht des § 828 II zuständig (RG 36, 390). Verbindung des Antrags auf Pfändung mit demjenigen auf Erlaß der einstw Verfügung ist unzulässig (anders beim Arrest, vgl § 920 Rn 5). Mit dem Antrag auf Forderungspfändung kann derjenige auf Überweisung der Forderung zur Einziehung verbunden werden. Die Forderungspfändung auf Grund einstw Verfügung (besonders häufig bei Unterhaltszahlungen an Ehegatten und Kinder) führt also (im Gegensatz zur arrestweisen Pfändung, die nur zur Sicherung dient) zur Befriedigung des Gläubigers. Der Gläubiger übergibt zweckmäßig die Ausfertigung der einstw Verfügung dem GVollz zur Zustellung an den Schuldner und ersucht den GVollz, den Drittschuldnern Pfändungsbenachrichtigung zuzustellen. Nach Erhalt der einstw Verfügung mit Zustellungsnachweis wird der Gläubiger die ordnungsgemäße Forderungspfändung beim Vollstreckungsgericht beantragen. **Rechtsbehelfe:** Erinnerung gem § 766 gegen die Art und Weise der ZwV. Die Vollstreckungsgegenklage gem § 767 ist bei der auf Befriedigung gerichteten einstw Verfügung ausnahmsweise zulässig (Baur/Stürner Rn 946; StJGr § 938 Rn 41).

IV) Gebühren: 1) des **Gerichts:** Für die **Vollziehung des Arrestes** werden die gleichen Gebühren erhoben wie für die Zwangsvollstreckung aus anderen Vollstreckungstiteln. Wird in Vollziehung des Arrestes eine Geldforderung (§§ 829 ff) oder ein Anspruch auf Herausgabe oder Leistung körperlicher Sachen (§§ 846 ff) oder ein anderes Vermögensrecht (§§ 857 ff) gepfändet, so ist neben den Gebühren für das Arrestverfahren (KV Nrn 1050, 1054, 1055) die streitwertunabhängige Festgebühr von 15 DM für die Pfändung (KV Nr 1149) zu erheben. Dies gilt selbst dann, wenn die Arrestanordnung und die Pfändung in einem Beschluß vereinigt sind (vgl KG JW 37, 263). Bei der Berechnung der Gebühr für die Pfändung werden neben der Hauptforderung die einzuziehenden Zinsen nicht mitgerechnet. **Vollziehung der einstw Verfügung:** keine. – **2)** des **Anwalts:** Das **Arrest-Vollziehungsverfahren** ist ein von dem Anordnungsverfahren getrenntes Verfahren. Im Vollziehungsverfahren erhält der RA die $^3/_{10}$ Vollstreckungs-(Vollziehungs-)Gebühr nach §§ 59 Abs 1, 57, 58 BRAGO. Die Vollziehungsinstanz endet mit der Aufhebung des Arrestes oder mit dem Beginn der Zwangsvollstreckung aus dem in der Hauptsache erlassenen Urteil (§ 59 Abs 2 BRAGO); s zu allem Rn 20 zu § 922. Besteht die **Vollziehung einer einstw Verfügung** in einem auf die Dauer berechneten Verbot oder Gebot der in § 890 ZPO bezeichneten Art, so gilt sie mit der vom Gläubiger betriebenen Zustellung als vollzogen; in diesem Fall entsteht für den RA neben der Gebühr für die Tätigkeit im Verf der einstw Vfg keine weitere Gebühr mehr (Frankfurt Rpfleger 78, 269). 9

929 *[Vollstreckungsklausel, Vollziehungsfrist]*

(1) Arrestbefehle bedürfen der Vollstreckungsklausel nur, wenn die Vollziehung für einen anderen als den in dem Befehl bezeichneten Gläubiger oder gegen einen anderen als den in dem Befehl bezeichneten Schuldner erfolgen soll.

(2) Die Vollziehung des Arrestbefehls ist unstatthaft, wenn seit dem Tage, an dem der Befehl verkündet oder der Partei, auf deren Gesuch er erging, zugestellt ist, ein Monat verstrichen ist.

(3) Die Vollziehung ist vor der Zustellung des Arrestbefehls an den Schuldner zulässig. Sie ist jedoch ohne Wirkung, wenn die Zustellung nicht innerhalb einer Woche nach der Vollziehung und vor Ablauf der für diese im vorhergehenden Absatz bestimmten Frist erfolgt.

Übersicht

I) Vollstreckungsklausel (I)

1) Vollstreckbarkeit. Arrestbefehle und einstw Verfügungen sind mit Erlaß des Beschlusses (§ 922 Rn 9) oder Verkündung des Urteils (§ 922 Rn 16) **sofort vollstreckbar,** ohne daß es einer Entscheidung darüber bedarf (Baur/Stürner Rn 870). Hat das Gericht (gesetzwidrig) zur vorl Vollstreckbarkeit entschieden und dem Schuldner gestattet, die ZwV gem §§ 709, 711 durch Sicherheitsleistung abzuwenden, so sind die Vollstreckungsorgane hieran gebunden (Karlsruhe MDR 83, 677). Eine **Vollstreckungsklausel** gem §§ 724, 725 ist nicht erforderlich, **I;** zur Vollziehung genügt eine einfache Ausfertigung, es sei denn, sie soll gegen dritte, im Arrestbefehl nicht bezeichnete Personen stattfinden (Fälle der titelübertragenden Vollstreckungsklausel, §§ 727–729, 738, 742, 744 f, 749). Wegen fehlenden Ausfertigungsvermerks vgl Rn 14. § 929 I ist für § 171 VwGO entspr anwendbar (VGH Mannheim NJW 82, 902). Im Geltungsbereich des EuGVÜ ist die Vollstreckungsklausel nach § 35 AGEuGVÜ dann erforderlich, wenn die Vollziehung in einem ausländischen Vertragsstaat stattfinden soll. Dies ist auch in den meisten zweiseitigen Verträgen vorgesehen (vgl § 328 Rn 29). 1

2) Einstellung der Vollziehung. Legt der Schuldner gegen den Arrestbefehl Widerspruch ein, kann das Gericht die einstw Einstellung der ZwV anordnen (§ 924 III und 924 Rn 12). § 707 ist 2 entsprechend anwendbar, wenn der Schuldner Berufung einlegt (§ 719 I) oder Aufhebungsanträge nach §§ 926 II (§ 926 Rn 28) oder § 927 (§ 927 Rn 9 aE) stellt. Die einstw Einstellung der ZwV unterbricht die Vollziehungsfrist des § 929 II (Frankfurt AfP 80, 225).

II) Vollziehungsfrist (II)

3 **1) Allgemeines. a) Wesen.** Die Vollziehungsfrist ist wesentliches Merkmal des Eilcharakters des einstw Rechtsschutzverfahrens und wirkt als eine immanente zeitliche Begrenzung des dem Gläubiger gewährten Rechtsschutzes (Düsseldorf ZIP 81, 540). Sie soll verhindern, daß der Arrest unter wesentlich veränderten Umständen vollzogen wird als unter denen, die seiner Anordnung zugrunde gelegen haben (Frankfurt OLGZ 85, 383 f mwN = MDR 85, 681 = Rpfleger 85, 310; NJW-RR 86, 64) und umgekehrt sicherstellen, daß der Arrest-(Verfügungs-)grund im Zeitpunkt der Vollziehung noch fortwirkt (Köln FamRZ 85, 1064). **II** setzt daher eine Frist von **einem Monat.** Es handelt sich um eine **gesetzliche Frist** (Rn 6 vor § 214), auf die nach allgM nicht verzichtet werden kann (StJGr Rn 8 mwN; Hamm NJW 78, 839; AnwBl 86, 35). Sie kann durch Parteivereinbarung (nicht vom Richter) verkürzt, nicht aber verlängert werden (§ 224 I). Die Vollziehungsfrist wird durch die Gerichtsferien nicht gehemmt (§§ 223 II ZPO, 200 II Nr 2 GVG). Es ist keine **Notfrist** (§ 223 III; Frankfurt OLGZ 81, 99; Köln WRP 70, 226; StJGr Rn 9), daher kommt Wiedereinsetzung in den vorigen Stand nicht in Betracht. Die Fristversäumnis ist grundsätzlich unheilbar. Wegen Zustellungsmängeln s Rn 14.

4 **b) Bedeutung.** Nach Ablauf der Monatsfrist ist die Arrestvollziehung **unstatthaft (II).** Die Vollstreckungsorgane dürfen nicht mehr tätig werden (vgl aber Rn 20). Der Schuldner kann Aufhebung des Arrests gem § 927 beantragen (ie Rn 21). **II** gilt auch für die ZwV im Steuerverfahren (BFH NJW 74, 1216). Für die Festsetzung der Kosten des Arrestverfahrens und des Vollzugs auf Grund des im Arrestbefehl enthaltenen Kostenausspruchs ist die Frist ohne Bedeutung (LG Berlin Rpfleger 61, 23; StJGr Rn 2). Kosten der Arrestvollziehung können jedoch nicht mehr beigetrieben oder festgesetzt werden, wenn der Arrestbefehl aufgehoben worden ist, mag dies auch durch gerichtlichen Vergleich geschehen, es sei denn, die Parteien vereinbaren im Vergleich die Erstattung solcher Kosten (KG NJW 63, 661; Hamm Rpfleger 76, 260).

5 **2) Fristbeginn. a) Erstmaliger Fristlauf.** Für den Beginn des Laufs der Monatsfrist ist die Verkündung des Urteils bzw die Zustellung der Ausfertigung des Arrestbeschlusses an den Gläubiger maßgebend, **II. aa) Beschlußarrest.** Der ohne mündl Verhandlung ergangene Arrestbefehl ist dem Gläubiger von Amts wegen in Ausfertigung zuzustellen (vgl § 922 Rn 11; Koblenz WRP 81, 286). Für den Fristbeginn genügt jedoch auch die formlose Aushändigung des Arrestbeschlusses, da der Gläubiger von diesem Zeitpunkt an vollziehen kann (BL Anm 2 Bb; StJGr Rn 3 je mwN). Das Datum der Übergabe sollte in einer Quittung festgehalten werden. In diesem Fall läuft die Vollziehungsfrist von dem Tag ab, an dem der Antragsteller zweifelsfrei in den Besitz der Ausfertigung gekommen ist; dies ist spätestens der Tag, an dem er die Ausfertigung dem GVollz zur Zustellung an den Schuldner übermittelt hat.

6 **bb) Arresturteil.** Die Vollziehung beginnt mit Verkündung des Urteils; der Gläubiger kann nicht wählen, die Frist erst mit der Zustellung einer Urteilsausfertigung an sich beginnen zu lassen (LAG Bremen AP § 929 ZPO Nr 2 = Rpfleger 82, 481). Die Vollziehungsfrist läuft auch dann mit Urteilsverkündung, wenn das Urteil später wegen offenbarer Unrichtigkeit gem § 319 berichtigt wird (KG WRP 83, 341; Düsseldorf ZIP 81, 540). Die Vollziehung einer einstw Verfügung ist selbst dann gem **II** unzulässig, wenn dem Gläubiger innerhalb der Vollziehungsfrist eine Urteilsausfertigung zum Zweck der Zustellung an den Schuldner gar nicht übersandt wurde (LAG Bremen AP § 929 ZPO Nr 2 = Rpfleger 82, 481).

7 **b) Erneuter Fristlauf.** Wird der Arrest auf Widerspruch hin durch Urteil bestätigt, so beginnt mit Verkündung des Urteils eine neue Vollziehungsfrist zu laufen (Frankfurt OLGZ 85, 384 = aaO Rn 3; NJW-RR 86, 64; StJGr Rn 4, str; **aA** die **hM:** Baur/Stürner Rn 872; Koblenz WRP 80, 576 mwN). Der Schutzzweck des § 929 II (vgl Rn 3) ist in diesem Fall nicht einschlägig bzw gewahrt; denn im Widerspruchsverfahren werden neue Tatsachen berücksichtigt (vgl § 925 Rn 3). Der Lauf der Vollziehungsfrist wird durch die Einlegung des Widerspruchs jedoch nicht gehemmt (vgl Hamburg MDR 60, 932), auch nicht durch Berufungseinlegung nach Entscheidung durch Urteil (vgl aber Rn 23). Auch nach **hM** beginnt aber eine neue Vollziehungsfrist dann zu laufen, wenn die Widerspruchsentscheidung **wesentliche Änderungen** enthält (Schleswig NJW-RR 86, 1128; Karlsruhe WRP 86, 233 f; AG Sinzig NJW-RR 86, 744), wozu auch die Anordnung der Sicherheitsleistung gehört (Frankfurt OLGZ 80, 258; anders aber bei einstw Anordnung gem §§ 707, 924 III: KG NJW 86, 1127), nicht aber die Urteilsberichtigung nach § 319 (Düsseldorf DB 81, 1926; Koblenz WRP 80, 576). Gleiches gilt, wenn auf Grund der Widerspruchsentscheidung neue Vollziehungsmaßnahmen erforderlich werden (Baur/Stürner Rn 872). Ist Sicherheitsleistung angeordnet worden, so ist die Sicherheit vor Ablauf der Vollziehungsfrist zu leisten (StJGr Rn 5;

Frankfurt OLGZ 80, 259). Eine neue Vollziehungsfrist beginnt auch dann zu laufen, wenn der Arrest zunächst auf Widerspruch aufgehoben, dann aber vom Berufungsgericht bestätigt worden ist (KG Rpfleger 81, 119; LG Dortmund Rpfleger 82, 276; StJGr Rn 6 mwN). Die Frist läuft auch dann neu, wenn ein Aufhebungsantrag des Schuldners nach § 927 abgewiesen worden ist oder der Arrestbefehl zwar zunächst aufgehoben, dann aber in der Berufungsinstanz bestätigt worden ist (StJGr Rn 4, 6). Wird ein zunächst nur gegen Sicherheitsleistung angeordneter Arrest auf Rechtsmittel des Gläubigers ohne Anordnung der Sicherheitsleistung aufrechterhalten, so läuft die Vollziehungsfrist nur dann neu, wenn das Rechtsmittel innerhalb der Vollziehungsfrist eingelegt worden ist (StJGr Rn 7).

3) Fristende. Die Monatsfrist endet mit Ablauf desjenigen Tages des nächsten Monats, der seiner Zahl nach dem Tag entspricht, in den die Verkündung des Arrestbefehls oder die Zustellung der Ausfertigung an den Antragsteller fällt. Fehlt im nächsten Monat dieser Tag, so endet die Frist mit dem Ablauf des letzten Tages des Monats, §§ 187 I, 188 II, III BGB. Fällt das Ende der Frist auf einen Sonntag, einen allg Feiertag oder einen Sonnabend, so endet die Frist mit dem Ablauf des nächstfolgenden Werktages, § 222 II. 8

III) Wahrung der Vollziehungsfrist

1) Allgemeines. Das Gesetz besagt nicht, welche Tätigkeiten der Gläubiger im Einzelfall vornehmen muß, um die Frist des **II** durch **Vollziehung** von Arrest oder einstw Verfügung zu wahren (vgl § 928 Rn 2). Ist die Vollziehung von einer Sicherheitsleistung abhängig gemacht (§ 921 Rn 4), so muß der Nachweis der Sicherheitsleistung gegenüber dem Schuldner innerhalb der Frist geführt (§ 751 II) und die Vollziehung innerhalb der Frist begonnen werden (Hamburg MDR 69, 931; StJGr Rn 12; unzutreffend Hamm MDR 82, 763; dazu Borck MDR 83, 180). 9

2) Vollziehung des Arrests. a) Vollstreckungsantrag. Der Arrestbefehl wird vollzogen durch **Zustellung des Arrestbefehls im Parteibetrieb** und den rechtzeitigen **Antrag des Gläubigers beim zuständigen Vollstreckungsorgan auf Vornahme von Vollstreckungshandlungen** (Oldenburg FamRZ 86, 367; StJGr Rn 15; Baur/Stürner Rn 873; Jauernig, ZwVR, § 36 III; E. Schneider MDR 85, 112; str; **aA** die **die hM:** BL Anm 2 B; ThP Anm 2c; Lang AnwBl 81, 236 und insbesondere überwiegend die Rspr; Hamm FamRZ 80, 1144, 1146; München NJW 68, 708 LS; weitere Nachw bei StJGr Rn 11). Der Gläubiger ist seiner Handlungspflicht gem § 928 Rn 2 durch die Antragstellung nachgekommen; ein „Mehr" an Vollziehung durch eigene Tätigkeit des Gläubigers ist nach den Verfahrensvorschriften nicht möglich. Nur die staatlichen Vollstreckungsorgane sind zu Zwangsmaßnahmen befugt. Das Bedürfnis ihrer Mitwirkung liegt § 932 III als Rechtsgedanke zugrunde; dieser ist hier entsprechend anwendbar (StJGr Rn 15; aA Hamm FamRZ 80, 1146). Demnach genügt es, daß dem rechtzeitigen Antrag des Gläubigers keine Hindernisse entgegenstehen und die Vollstreckungsakte sofort vorgenommen werden können. 10

b) Vollstreckungsbeginn. Nach **hM** muß zur Vollziehung bereits mit den Vollstreckungsakten begonnen worden sein (BL Anm 2 B; ThP Anm 2c; Lang AnwBl 81, 236; Hamm FamRZ 80, 1144; Bamberg FamRZ 85, 509 [511]; LG Kassel DGVZ 85, 141). Entgegen der früheren Ansicht (RGZ 75, 179, 181 f) muß die Vollziehung nicht mit Ablauf der Frist beendet sein; sie darf vielmehr zu Ende geführt werden, wenn die vor Fristablauf und die nach Fristablauf getroffenen Maßnahmen eine Einheit bilden (Düsseldorf MDR 83, 239; München NJW 68, 708 LS; Finger NJW 71, 1242; Schneider MDR 85, 113; StJGr Rn 11 mwN; aA Köln FamRZ 85, 1065 mwN). Die Einleitung völlig neuer Vollstreckungsmaßnahmen ist nach Fristablauf unzulässig (weitergehend – unter Verzicht auf „wirtschaftliche Einheit" – zB E. Schneider MDR 85, 113; App BB 84, 273). Eine fehlerhafte, aber nicht unwirksame Pfändung stellt schon den Beginn der ZwV dar und wahrt die Vollziehungsfrist, auch wenn Mängel erst nach deren Ablauf behoben werden (Düsseldorf JMBl NRW 60, 59; LG Berlin Rpfleger 71, 445). Eine erfolglos gebliebene Pfändung kann jedoch nach Fristablauf nicht wiederholt werden (StJGr Rn 11; aA Celle NJW 68, 1682). Die Frist wird ferner gewahrt durch die Vorpfändung (§ 845), den Pfändungsbeschluß bei der Briefhypothek, den Eintragungsantrag bei der Buchhypothek (BL Anm 2 E), den Erlaß des Pfändungsbeschlusses bei der Forderungspfändung, wenn die Zustellung unverzüglich danach betrieben wird (StJGr Rn 13; Frankfurt FamRZ 80, 477; aA – abzulehnen – Köln FamRZ 85, 1064: Drittschuldnerzustellung erforderlich) und den Antrag auf Verhängung eines Ordnungsgeldes gem § 890 (Düsseldorf GRUR 84, 77; aA für Antrag gem § 888 Zweibrücken OLGZ 83, 466). Wird ein durch Eintragung einer Sicherungshypothek zunächst vollzogener Arrest auf Widerspruch des Schuldners aufgehoben, im Berufungsverfahren jedoch ganz oder teilweise bestätigt, so bedarf es jedenfalls dann, wenn die Hypothek vor Erlaß des Berufungsurteils gelöscht worden war, einer erneuten Vollziehung innerhalb der mit der Verkündung des Berufungsurteils in Lauf gesetzten Vollziehungsfrist; die ursprüngliche Vollziehung wirkt nicht fort (KG Rpfleger 81, 119). 11

12 **3) Vollziehung der einstw Verfügung. a) Allgemeines.** § 929 ist auf die einstw Verfügung anwendbar. Wegen der im Einzelfall notwendigen Vollstreckungsakte s § 928 Rn 8. **Die fristwahrende Vollziehung der einstw Verfügung muß durch Zustellung im Parteibetrieb erfolgen** (ganz **hM:** Frankfurt OLGZ 82, 346; WRP 83, 212; MDR 86, 768; Düsseldorf WRP 85, 641; Karlsruhe WRP 84, 162; Koblenz NJW 80, 948; Hamm NJW-RR 86, 1232; vgl StJGr Rn 31; ThP § 936 Anm 3; BL § 936 Anm 2; für die Beschlußverfügung auch Hamburg MDR 68, 933; **aA** Hamburg WRP 80, 341; WRP 73, 346; Stuttgart WRP 81, 291 = Justiz 81, 19; LG Verden MDR 80, 504; LAG Berlin DB 86, 976 für Beschäftigungsverfügung; differenzierend Frankfurt MDR 81, 680). Nur durch die von ihm betriebene Zustellung macht der Gläubiger „Gebrauch" von der einstw Verfügung (vgl § 928 Rn 2); **ausnahmsweise** kann aber auch lediglich die amtswegige Zustellung einer Unterlassungsverfügung ausreichend sein, wenn nach den Umständen an der Ernstlichkeit des Anliegens des Klägers kein Zweifel besteht und eine (zusätzliche) Parteizustellung auf eine bloße Formalität hinausliefe (so zutr Celle NJW 86, 2441). Die Zustellung ist an den Prozeßbevollmächtigten des Schuldners zu richten, auch wenn sich dieser nur in einer Schutzschrift wegen des zu erwartenden Verfahrens bestellt hat (Düsseldorf GRUR 84, 79; WRP 82, 531 = AnwBl 82, 433; Karlsruhe WRP 86, 166; May, Schutzschrift, S 98; krit Melullis WRP 82, 249; vgl auch Schütze BB 78, 963; einschränkend Frankfurt NJW-RR 86, 587 bei fehlender Kenntnis des Gläubigers; vgl auch Rn 13). Wegen Vollziehung nach Sicherheitsleistung s Rn 9. Die Einzelheiten der jeweils erforderlichen Zustellung ergeben sich daraus, ob die einstw Verfügung durch Beschluß oder durch Urteil ergangen ist (Rn 13, 16) und nach ihrem Inhalt (Rn 17–19). Anwaltszwang bei der Vollstreckung: § 78 Rn 17.

13 **b) Beschlußverfügung. aa)** Die Zustellung der Beschlußverfügung ist an den Schuldner selbst oder an dessen Prozeßbevollmächtigten zu richten (§ 176), soweit der Gläubiger von der Bestellung eines solchen Kenntnis hatte (Frankfurt NJW-RR 86, 587). Sie kann (muß aber nicht) an den Prozeßbevollmächtigten des Hauptverfahrens erfolgen (Frankfurt MDR 84, 58; vgl auch § 922 Rn 11). Die Bestimmung des richtigen Zustellungsadressaten kann im Einzelfall schwierig sein (dazu Melullis WRP 82, 249). Zuzustellen ist eine Ausfertigung der einstw Verfügung. Die Antragsschrift ist dem Schuldner nur dann zuzustellen, wenn die Beschlußverfügung auf sie Bezug nimmt und aus sich heraus anders nicht verständlich wäre (Düsseldorf GRUR 84, 78; Celle WRP 84, 149; Koblenz GRUR 82, 571; Frankfurt ZIP 81, 324).

14 **bb)** Die Möglichkeit der **Heilung von Zustellungsmängeln gem § 187 I** ist **umstritten** (vgl allg Fritze in: FS Schiedermaier 1976, 141 ff; Wedemeyer NJW 79, 293 f). Die Vollziehungsfrist des § 929 II ist keine Notfrist (Rn 3; § 187 Rn 8); § 187 I 2 ist daher nicht anwendbar (BL § 187 Anm 3). Die Heilung von Zustellungsmängeln ist daher **möglich** (Karlsruhe WRP 86, 167; München WRP 83, 46 m abl Anm Müller; Hamm OLGZ 79, 357; Frankfurt OLGZ 81, 99; Nürnberg NJW 76, 1101; Baur/Stürner Rn 942; BL § 187 Anm 3; **aA** Fritze und Wedemeyer aaO; Schütze BB 78, 589; Hamm WRP 81, 37; NJW 78, 830 m krit Anm Kramer; Koblenz WRP 80, 643; WRP 81, 286), zumal der Zweck der Parteizustellung (Rn 12) auch auf diese Weise gewahrt wird. Voraussetzung ist jedoch immer, daß der Schuldner hinreichend sichere Kenntnis vom Inhalt der gegen ihn erlassenen einstw Verfügung erlangt (Karlsruhe WRP 84, 162) und die Zustellung diesbezüglich auch die Verkündung ersetzt. Wegen Heilung von Zustellungsmängeln im Arrestverfahren nach § 324 AO 1977 vgl BFH BB 81, 963 (zu § 9 VwZG).

15 **cc)** Wird die Beschlußverfügung auf Widerspruch hin aufgehoben, in der Berufungsinstanz aber bestätigt, so muß eine bereits zum Zweck der Vollziehung erfolgte rechtzeitige Zustellung nicht wiederholt werden (Düsseldorf NJW 50, 113; aA Karlsruhe WRP 80, 574). Ebenso muß bei bestätigender Berufungsentscheidung keine erneute Vormerkung zum Zweck der Vollziehung eingetragen werden, wenn die auf Grund der aufgehobenen Beschlußverfügung eingetragene erste Vormerkung in der Zwischenzeit nicht gelöscht worden ist (Hamm MDR 83, 1031 = Rpfleger 83, 435; aA LG Dortmund Rpfleger 82, 276). Wegen der Arresthypothek s Rn 11 aE; KG Rpfleger 81, 119. Wird eine einstw Verfügung im Widerspruchs- oder Rechtsmittelverfahren **inhaltlich geändert** oder **wesentlich neu gefaßt,** so bedarf es einer erneuten Vollziehung durch Zustellung im Parteibetrieb (Düsseldorf WRP 83, 410 = GRUR 84, 75, WRP 81, 150; Köln WRP 86, 353 = ZIP 86, 538; LAG Düsseldorf AP § 929 Nr 1 = BB 81, 434; abw Koblenz WRP 81, 479).

16 **c) Urteilsverfügung.** Trotz der Amtszustellung gem §§ 317, 270 ist auch die Urteilsverfügung (Regelfall § 937 II) generell durch Parteizustellung zu vollziehen (**hM:** Karlsruhe WRP 83, 696; Düsseldorf WRP 83, 410; 86, 641; GRUR 84, 76; Bamberg FamRZ 85, 509; Köln FamRZ 85, 1065; Frankfurt OLGZ 82, 346; **aA** nur Hamburg WRP 80, 341; MDR 86, 419; Bremen WRP 79, 791; Stuttgart WRP 81, 291). Wegen der wettbewerbsrechtl Unterlassungsverfügung s Rn 18. Ausnahmen: Rn 17.

d) Sicherungsverfügung. Ist durch die einstw Verfügung eine Eintragung ins Grundbuch oder in ein anderes öffentl Register angeordnet, so gilt als Vollziehung bereits die Stellung des Eintragungsantrags (vgl § 932 III und Hamm MDR 83, 1031; Baur/Stürner Rn 942); beachte aber **III** (Rn 24). Im übrigen erfolgt die Vollziehung ebenfalls durch Parteizustellung. 17

e) Regelungsverfügung. Gegenstand der Regelungsverfügung (vgl § 940 Rn 2 ff) wird meist ein **Gebot oder Verbot** an den Schuldner oder ein vorläufig **rechtsgestaltender Ausspruch** sein. Praktisch bedeutsamster Fall ist die *wettbewerbsrechtliche Unterlassungsverfügung* (dazu Baumbach/Hefermehl, WettbewerbsR, § 25 UWG Anm I 2). Auch sie bedarf einer förmlichen Vollziehung, und zwar durch **Parteizustellung** (Schleswig WRP 82, 49; Koblenz NJW 80, 948; Hamm MDR 78, 765; Köln WRP 79, 817; KG WRP 79, 307; München WRP 79, 398; Düsseldorf WRP 85, 641; Wedemeyer NJW 79, 293; Klaka GRUR 79, 601; Lang AnwBl 81, 237; krit Weber Betrieb 81, 877; Castendiek WRP 79, 527; **aA** Hamburg WRP 80, 341; Bremen WRP 79, 791; Stuttgart WRP 81, 291), auch wenn sie als Anerkenntnisurteil (§ 307) über den Verfügungsanspruch ergangen ist (Hamm NJW-RR 86, 1232). Die **aA** der genannten OLGe beruht auf der Annahme, ein Gebot oder Verbot werde mit Urteilsverkündung wirksam und sei zu beachten. Das mag zwar zutreffen, ändert aber nichts daran, daß noch keine Vollziehung im Sinne von § 928 Rn 2 vorliegt (vgl Frankfurt OLGZ 82, 346, 349). Die Zwangsvollstreckung wegen Zuwiderhandlungen gegen ein Gebot oder Verbot ist von der Vollziehungsfrist unabhängig; sie kann auch noch nach Ablauf der Vollziehungsfrist erfolgen, solange die einstw Verfügung noch nicht aufgehoben wurde. Enthält die einstw Verfügung für beide Parteien ein Verbot, so muß jede Partei die Verfügung der anderen zustellen (Lang AnwBl 81, 237; München BayJMBl 52, 217). 18

f) Leistungsverfügung. Vgl § 940 Rn 6. Ist durch die einstw Verfügung eine *einmalige Geldleistung* angeordnet worden, so wird sie durch **Pfändung** vollzogen, wobei die freiwillige Leistung des Schuldners zur Abwendung der ZwV genügt (BL § 936 Anm 3 C). Bei auf *mehrmalige Leistungen* gerichteter einstw Verfügung (zB Unterhaltsverfügung) ist umstritten, welche Anforderungen an die Vollziehung iS von **II,** § 936 zu stellen sind. Teils wird für erforderlich, aber auch ausreichend erachtet, daß der Gläubiger das Urteil im Parteibetrieb zustellt (vgl Hamm FamRZ 81, 583) und innerhalb eines Monats ab Eintritt der Fälligkeit *hinsichtlich der konkreten Teilforderung* mit der Vollstreckung beginnt (so Hamm 5. FamS FamRZ 80, 1145 mN; 6. FamS FamRZ 83, 1256; Bamberg FamRZ 85, 510 mN; AG Sinzig NJW-RR 86, 744; StJGr § 938 Rn 38; Lang AnwBl 81, 238); im Ergebnis ist also die Vollstreckung ohne die zeitliche Grenze des Abs II möglich (so anscheinend auch BL-Hartmann § 936 Anm 3 A). Weitergehend verlangt eine **aA** Einhaltung der Vollziehungsfrist (ab Fälligkeit) hinsichtlich jeder einzelnen Teilleistung mit der Folge, daß dann, wenn die Vollziehung auch wegen (nur) *einer* fälligen Teilleistung nicht fristgerecht erfolgt, die Vollziehung *insgesamt ausgeschlossen* ist (so Celle FamRZ 84, 1248; Köln FamRZ 85, 508 und 1063 [1065 mN]). Zuzustimmen ist der zuerst genannten Ansicht, da sie im Rahmen der „entspr" Anwendung von II der Interessenlage bei der von der Rspr entwickelten Leistungsverfügung am besten entspricht. *Freiwillige Teilleistungen* machen die Vollziehung nur zunächst entbehrlich (Köln FamRZ 85, 508). **III** gilt auch für die Leistungsverfügung (LG Lüneburg NJW 60, 490 m Anm Schuler; Rn 24). 19

IV) Versäumung der Vollziehungsfrist

1) Vollstreckungsakte. Nach Ablauf der Vollziehungsfrist ist jegliche Vollstreckung aus dem Arrestbefehl unzulässig **(II),** wenn sie nicht vorher eingeleitet wurde (vgl Rn 11 mwN). Vollstrekkungsmaßnahmen nach Ablauf der Frist sind wegen erheblichen Verfahrensverstoßes (Rn 34 vor § 704) **unwirksam** (StJGr Rn 17; Wieczorek/Schütze Anm B I c; **aA** BL Anm 2 D: auflösend bedingt wirksam). Teilweise wird auch vertreten, es entstehe zwar kein Pfandrecht, aber die öffentlich-rechtliche Verstrickung trete ein (Bruns/Peters, ZwVR, § 48 V 2; Rosenberg, ZPR, § 213 I). 20

2) Rechtsbehelfe. a) Arrestbefehl/einstw Verfügung. Beim Beschlußarrest kann der Schuldner wählen, ob er den Arrestbefehl im Widerspruchsverfahren (§ 924 I) oder im Verfahren nach § 927 wegen Ablaufs der Vollziehungsfrist aufheben lassen will (vgl § 924 Rn 2; § 927 Rn 2). Der Urteilsarrest kann entweder im Berufungsverfahren (Hamm NJW-RR 86, 1232) oder wegen veränderter Umstände nach § 927 aufgehoben werden (Düsseldorf GRUR 84, 385); ein Widerspruch ist unzulässig (Frankfurt ZIP 81, 210). Wurde der Arrest vom Berufungsgericht erlassen, bleibt nur das Verfahren nach § 927 (Frankfurt aaO). Die materielle Begründetheit von Arrest/einstw Verfügung ist nach Ablauf der Vollziehungsfrist nicht mehr zu prüfen (Schleswig NJW 72, 1056; vgl aber Rn 23). Hat der Schuldner die Einhaltung der Vollziehungsfrist arglistig vereitelt, so kann er sich auf die Fristversäumnis nicht berufen; dies kann der Gläubiger im Aufhebungsverfahren einredeweise geltend machen. Darüber hinaus haftet der Schuldner nach § 826 BGB (vgl StJGr Rn 16). 21

22 **b) Vollstreckungsakte.** Der Schuldner kann nach § 766 die Aufhebung der nach Ablauf der Vollziehungsfrist vorgenommenen Vollstreckungsakte verlangen (StJGr Rn 17 mwN; allgM).

23 **3) Erneuter Arrest** Nach Ablauf der Vollziehungsfrist kann der Gläubiger erneut den Erlaß eines Arrests bzw einer einstw Verfügung beantragen, wenn die gesetzlichen Voraussetzungen dafür glaubhaft gemacht sind (StJGr Rn 18 mwN). Es kommt nicht darauf an, ob die ursprüngliche Entscheidung noch besteht (Düsseldorf MDR 83, 239) oder aufgehoben worden ist. Rechtskraft oder Rechtshängigkeit stehen nicht entgegen (aA Koblenz GRUR 81, 91; offenlassend Düsseldorf GRUR 84, 386). Der Antrag kann auch im Widerspruchsverfahren und in der Berufungsinstanz gestellt werden (StJGr Rn 18; Hamm MDR 70, 936; KG NJW 50, 707; E. Schneider MDR 85, 114; **aA** die **hM:** BL Anm 2 C; ThP Anm 2 d; Hegmanns WRP 84, 120 ff; Frankfurt MDR 86, 768; Koblenz GRUR 81, 91 je mwN: Zuständigkeit des erstinstanzlichen Gerichts). Diese Ansicht rechtfertigt sich aus dem Eilcharakter des Verfahrens. Insbesondere sind neue Tatsachen auch im Berufungsrechtszug zu berücksichtigen (vgl § 925 Rn 11), wozu hier der Ablauf der Vollziehungsfrist gehört. Liegen die Arrestvoraussetzungen vor, ist der erste Arrestbefehl gar nicht aufzuheben, sondern zu bestätigen (StJGr Rn 18; zust Celle NJW 86, 2441 [2442]; aA Düsseldorf GRUR 84, 385). Dies ist jedoch bei der Kostenentscheidung zu berücksichtigen, die entsprechend § 92 zu treffen ist (StJGr Rn 18), denn der Sache nach liegt eine mit dem Neuerlaß des Arrests verbundene Aufhebung vor. Eine **Anschlußberufung** mit dem Ziel, den Arrest neu zu erlassen, ist unzulässig (Frankfurt WRP 83, 212; Koblenz GRUR 81, 91; Zweibrücken OLGZ 80, 28; aA Hegmanns WRP 84, 122; Düsseldorf GRUR 84, 386).

V) Vollziehung vor Zustellung, III

24 **1) Voraussetzungen. III 1** erlaubt die Vornahme von Vollstreckungsakten schon vor der Zustellung des Titels und ist insofern Ausnahme von §§ 750, 751. Bei einer Forderungspfändung gem §§ 930 I 3, 829 ff ist aber nur die Zustellung an den Schuldner entbehrlich, nicht aber die des idR im Arrestbefehl zugleich enthaltenen Pfändungsbeschlusses an den Drittschuldner; denn § 829 III bleibt unberührt (vgl BayObLG Rpfleger 85, 59). Die Zustellung des Arrestbefehls an den Schuldner bzw seinen Prozeßbevollmächtigten (§ 176) muß jedoch zur Wirksamkeit der Vollstreckungsakte gem **III 2 innerhalb einer Woche** nach Vollziehung und **vor Ablauf der Frist des II** erfolgen. Die Wochenfrist beginnt mit Eingang des Antrags beim zuständigen Vollstreckungsorgan (Frankfurt OLGZ 82, 103 = Rpfleger 82, 32 = ZIP 81, 1138; zur „Vollziehung" s Rn 9 ff); sie ist unverzichtbar (Frankfurt aaO). Die Frist wird nur durch eine gem Rn 9 ff ausreichende Zustellung – idR also im Parteibetrieb – gewahrt. Hat der Arrestgegner im Hauptprozeß einen Bevollmächtigten, so kann (nicht muß) die Zustellung des Arrestbefehls an ihn erfolgen (RG 45, 364). Muß die Zustellung im Ausland oder öffentlich erfolgen, genügt zur Wahrung der Frist die Einreichung des Zustellungsersuchens, wenn die Zustellung demnächst erfolgt (§ 207). Ist die Vollziehung von einer Sicherheitsleistung abhängig (§ 751 II, § 921 Rn 4), so ist die Sicherheit vor der Vollziehung zu erbringen; die öffentl Urkunden darüber können später, aber müssen innerhalb der Frist des **III** zugestellt werden (StJGr Rn 20; BL Anm 3 A). III ist nicht anwendbar, wenn die Zustellung (wenn auch fehlerhaft, aber heilbar, Düsseldorf JMBl NRW 60, 59) vor der Vollziehung erfolgt ist (aA StJGr Rn 20).

25 **2) Verstoß.** Hat der Arrestgläubiger die Frist des **III 2** versäumt, so ist eine vor Zustellung des Arrestbefehls durchgeführte Vollstreckungsmaßnahme unwirksam (StJGr Rn 22). Dies kann durch Erinnerung gem § 766 geltend gemacht werden. Die Wirksamkeit des Arrests wird durch die Fristversäumnis nicht berührt; der Gläubiger kann vielmehr innerhalb der Frist des **II** den Arrest erneut vollziehen.

930 *[Arrestvollziehung in bewegliches Vermögen]*

(1) Die Vollziehung des Arrestes in bewegliches Vermögen wird durch Pfändung bewirkt. Die Pfändung erfolgt nach denselben Grundsätzen wie jede andere Pfändung und begründet ein Pfandrecht mit den im § 804 bestimmten Wirkungen. Für die Pfändung einer Forderung ist das Arrestgericht als Vollstreckungsgericht zuständig.

(2) Gepfändetes Geld und ein im Verteilungsverfahren auf den Gläubiger fallender Betrag des Erlöses werden hinterlegt.

(3) Das Vollstreckungsgericht kann auf Antrag anordnen, daß eine bewegliche körperliche Sache, wenn sie der Gefahr einer beträchtlichen Wertverringerung ausgesetzt ist oder wenn ihre Aufbewahrung unverhältnismäßige Kosten verursachen würde, versteigert und der Erlös hinterlegt werde.

I) Allgemeines: Die Vollziehung eines Arrestbefehls ist grundsätzlich in das gesamte Vermögen des Schuldners zulässig. Die Vollziehung des Arrests in das bewegliche Vermögen wird durch Pfändung bewirkt **(I).** Die Pfändung erfolgt wie jede andere Pfändung in das bewegliche Vermögen gem §§ 803–813, 826–834, 840, 843, 846–848, 850–855, 857–863 (vgl BayObLG Rpfleger 85, 59). Wegen der Wirkungen des Pfandrechts vgl § 804. In das unbewegliche Vermögen wird der Arrest nach § 932 vollzogen. Zur Forderungspfändung gem **I 2** vgl Rn 3. Zu beachten ist, daß der Arrest eine Sicherungsmaßregel ist und eine Verwertung erst in Frage kommt, wenn ein vollstreckbarer Titel zur Hauptsache vorliegt (BGH 89, 86 = MDR 84, 383; Ausnahme: Leistungsverfügung, vgl § 935 Rn 2, § 940 Rn 6). Nach Abweisung der Hauptklage des Gläubigers kann der Schuldner die Aufhebung des Arrests gem § 927 beantragen (§ 927 Rn 5). Grundlage für die Festsetzung von Vollstreckungs- oder Vollziehungskosten ist der Arrestbefehl (KG Rpfleger 77, 372). 1

II) Arrestpfändung: 1) Sachpfändung. Wie bei der Pfändung aufgrund eines Hauptsachetitels wird der Gerichtsvollzieher im Rahmen der Sachpfändung nach § 930 ebenfalls die Räume des Schuldners aufzusuchen zu haben und gem § 758 vorgehen müssen. Auch im Rahmen der Arrestpfändung unterliegt die Wohnung des Schuldners dem Schutz des Art 13 II GG. Nach der Rspr des BVerfG (BVerfGE 51, 97 = NJW 79, 1539 = MDR 79, 906) ist zur Durchsuchung ein richterlicher Durchsuchungsbefehl erforderlich (vgl § 758 Rn 3). Dies gilt jedoch nicht, wenn Gefahr im Verzug ist (§ 758 Rn 9). Bei der Pfändung aufgrund eines Arrestbefehls ist in der Regel Gefahr im Verzug, denn anderenfalls wäre ein Arrestgrund (§ 917) kaum anzunehmen gewesen (so auch Schneider NJW 80, 2378; AG Mönchengladbach-Rheydt DGVZ 80, 94; vgl auch § 107 Nr 4 GVGA und § 9 Nr 4 BayErgGVGA; **aA** Karlsruhe DGVZ 83, 139; AG Detmold DGVZ 83, 189; BL § 758 Anm 2 A; vgl auch Amelung ZZP 88, 91). Die Tatsachen, die den Arrestgrund gem § 917 und die „Gefahr im Verzug" ergeben, sind identisch. Es kommt nicht darauf an, ob der Arrest durch Beschluß oder aufgrund mündlicher Verhandlung ergangen ist (aA Amelung ZZP 88, 91). 2

2) Forderungspfändung. a) Verfahren. Mit dem Antrag auf Erlaß des Arrestbefehls kann die Pfändung einer Forderung, eines Herausgabeanspruchs oder anderer Vermögensrechte (§§ 846 ff, 857) verbunden werden; zulässig ist hier (nicht auch wenn der Arrest nach mündlicher Verhandlung durch Urteil angeordnet wird, aA StJGr Rn 5) Entscheidung über den Pfändungsantrag im Arrestbeschluß. Wird allerdings der Arrest von einer Sicherheitsleistung abhängig gemacht, ist eine solche Verbindung unzulässig (Düsseldorf Rpfleger 84, 161). Ausschließlich zuständig ist das Arrestgericht als VollstrGericht (§ 802), bei Erlaß des Arrests durch das Rechtsmittelgericht das Gericht des ersten Rechtszugs (StJGr Rn 2). Das gleiche Gericht ist auch zuständig für die Aufhebung des Pfändungsbeschlusses gem §§ 775, 776, für die Aufhebung der Arrestvollziehung aus § 934 (München OLG 20, 374) und für die Entscheidung über Erinnerungen nach § 766 (BGH 66, 394 = NJW 76, 1453 = MDR 76, 1014; München NJW 54, 1772; Stuttgart Rpfleger 75, 407; LG Berlin MDR 75, 765; Frankfurt Rpfleger 80, 485). Bei Verbindung des Arrestbeschlusses mit der Forderungspfändung ist dem Gläubiger eine Ausfertigung zuzustellen; er hat sodann den GVollz mit der Zustellung an den Drittschuldner und den Schuldner zu beauftragen. Gegen den Arrestbefehl ist Widerspruch (§ 924), gegen die Forderungspfändung Erinnerung (§ 766; vgl Frankfurt OLGZ 81, 370) zulässig. Soweit der Arrestbefehl nicht zugleich den Pfändungsbeschluß enthält, ist die Pfändung von Forderungen aus dem Arrestbefehl dem Rpfleger übertragen (§ 20 Nr 16 RpflG; Rechtsbehelf: § 766, Frankfurt Rpfleger 80, 485). Enthält der Arrestbefehl zugleich den Pfändungsbeschluß, so bleibt es für den Antrag, den Pfändungsbeschluß anders zu fassen oder für die gepfändete Forderung einen weiteren Drittschuldner zu bezeichnen, bei der Richterzuständigkeit (München Rpfleger 75, 34). Da der Gläubiger aufgrund der Arrestpfändung einer Forderung keine Möglichkeit zu deren Verwertung hat, kann ihm auch kein klagbarer Anspruch auf Auskunft gegen den Drittschuldner, der die von ihm nach § 840 geforderte Erklärung nicht abgibt, eingeräumt werden (BGH 68, 289 = NJW 77, 1199 = MDR 77, 746). Wegen der Arrestvollziehung in Forderungen aus einem *Kontokorrentverhältnis* vgl BGH 80, 172 = NJW 81, 1611 = MDR 81, 730; Celle WM 81, 780; in einen *Auflassungsanspruch* vgl BayObLG Rpfleger 85, 58; in Ansprüche eine Ausländers auf sog *Rückkehrhilfe* vgl Oldenburg NJW 84, 1469. 3

b) Auswirkungen. Ist ein Anspruch auf Herausgabe einer körperlichen Sache arrestweise gepfändet, kann der Arrestgläubiger von dem Drittschuldner die Herausgabe an den GVollz oder Sequester verlangen (§§ 847 f). Ist in Vollzug des Arrestbefehls eine Forderung gepfändet, so kann der Drittschuldner nur noch an den Arrestschuldner und Pfändungsgläubiger gemeinschaftlich zahlen (RG 77, 254). Arrestgläubiger und Schuldner können Hinterlegung des gepfändeten Betrags für sich und den Arrestschuldner verlangen und nötigenfalls auf Hinterlegung bei der Hinterlegungsstelle klagen (RG 36, 357). 4

5 **III) Vollstreckbarer Titel:** Ist der Gläubiger im Besitz eines vollstreckbaren Titels zur Hauptsache, verwandelt sich (richtiger: tritt zur Sicherungsfunktion der Arrestpfändung die Verwertungsfunktion der ZwV hinzu, StJGr Rn 11) sein Arrestpfandrecht in ein Vollstreckungspfandrecht, dessen Rang sich nach dem Zeitpunkt der Arrestpfändung bestimmt (vgl BGH 66, 394; krit Schlosser ZZP 97, 130 ff). Der durch das Arrestpfandrecht erlangte Rang geht auch dem Pfandrecht eines Gläubigers mit endgültigem Titel vor (§ 804 III; Jauernig, ZwV, § 36 II 1; krit Schlosser aaO). Der Gläubiger kann, wenn der Schuldtitel nach § 750 (ggf mit der Bescheinigung der Hinterlegungsstelle über die Hinterlegung der Sicherheit) dem Schuldner zugestellt ist, die Überweisung der Forderung zur Einziehung beantragen, und zwar, da die Überweisung nicht aufgrund des Arrestbefehls erfolgt, beim AG als VollstrGericht. Aufgrund des ergehenden Beschlusses ist Klage gegen den Drittschuldner auf Zahlung oder Antrag an die Hinterlegungsstelle auf Herausgabe des Erlöses an den Gläubiger zulässig. Ein Anspruch gegen den Schuldner auf Einwilligung in die Auszahlung besteht nicht (Frankfurt OLGZ 83, 103).

6 **IV) Verwertungsbeschluß (III):** Zuständig für die Anordnung nach **III** ist das VollstrGericht, dh das AG, in dessen Bezirk sich die Sache befindet (§§ 847 II, 764 II, 802), also nicht das Arrestgericht. Entscheidung nach freiem Ermessen; zuständig ist der Rpfleger (§ 20 Nr 17 RpflG). Der GVollz soll leicht verderbliche Waren jedoch nur pfänden, wenn mit einem Verwertungsbeschluß nach **III** zu rechnen ist (Noack DGVZ 81, 83). Rechtsbehelf: Befristete Erinnerung (§ 11 RpflG). Ist ein Anspruch auf Herausgabe einer beweglichen Sache (§ 847) gepfändet, kann Anordnung nach **III** erst nach freiwilliger oder durch Klage erzwungener Herausgabe der Sache an den GVollz ergehen (Hamburg OLG 33, 133).

7 **V) Einstw Verfügung:** § 930 findet auf die einstw Verfügung keine Anwendung. Geht sie auf Befriedigung des Gläubigers, kann der Pfändung beweglicher Sachen auch deren Versteigerung, bei Pfändung von Forderungen auch Überweisung erfolgen (RG 36, 390). Zur Vollziehung der Leistungsverfügung s § 929 Rn 19.

8 **VI) Gebühren: 1)** des **Gerichts:** Bei der Pfändung einer Forderung ist eine (streitwertunabhängige) Festgebühr von 15 DM nach KV Nr 1149 anzusetzen; diese wird auch dann besonders erhoben, wenn die Pfändung mit einem Arrestbefehl in einem Beschluß vereinigt ist. – Im Falle des Abs 3 (Anordnung der Versteigerung und Hinterlegung des Erlöses) wird keine Gebühr erhoben. – **2)** des **Anwalts:** Er erhält 3/10 Vollzugs-(Vollstreckungs-)Gebühr nach §§ 59 Abs 1, 57, 58 BRAGO. Die Anordnung der Versteigerung einer arrestweise gepfändeten Sache (§ 930 Abs 3) einschließlich der Hinterlegung des Erlöses bildet zusammen mit der Vollstreckungsmaßnahme der Pfändung eine einzige Vollstreckungsangelegenheit iSd Gebührenrechts. S auch Rn 20 zu § 922 und Rn 9 zu § 928.

931 *[Arrestvollziehung in ein eingetragenes Schiff oder Schiffsbauwerk]*

(1) Die Vollziehung des Arrestes in ein eingetragenes Schiff oder Schiffsbauwerk wird durch Pfändung nach den Vorschriften über die Pfändung beweglicher Sachen mit folgenden Abweichungen bewirkt:

(2) Die Pfändung begründet ein Pfandrecht an dem gepfändeten Schiff oder Schiffsbauwerk; das Pfandrecht gewährt dem Gläubiger im Verhältnis zu anderen Rechten dieselben Rechte wie eine Schiffshypothek.

(3) Die Pfändung wird auf Antrag des Gläubigers vom Arrestgericht als Vollstreckungsgericht angeordnet; das Gericht hat zugleich das Registergericht um die Eintragung einer Vormerkung zur Sicherung des Arrestpfandrechts in das Schiffsregister oder Schiffsbauregister zu ersuchen; die Vormerkung erlischt, wenn die Vollziehung des Arrestes unstatthaft wird.

(4) Der Gerichtsvollzieher hat bei der Vornahme der Pfändung das Schiff oder Schiffsbauwerk in Bewachung und Verwahrung zu nehmen.

(5) Ist zur Zeit der Arrestvollziehung die Zwangsversteigerung des Schiffes oder Schiffsbauwerks eingeleitet, so gilt die in diesem Verfahren erfolgte Beschlagnahme des Schiffes oder Schiffsbauwerks als erste Pfändung im Sinne des § 826; die Abschrift des Pfändungsprotokolls ist dem Vollstreckungsgericht einzureichen.

(6) Das Arrestpfandrecht wird auf Antrag des Gläubigers in das Schiffsregister oder Schiffsbauregister eingetragen; der nach § 923 festgestellte Geldbetrag ist als der Höchstbetrag zu bezeichnen, für den das Schiff oder Schiffsbauwerk haftet. Im übrigen gelten der § 867 und der § 870a Abs. 3 entsprechend, soweit nicht vorstehend etwas anderes bestimmt ist.

Lit: *Noack*, JurBüro 82, 165.

I) Arrestvollziehung. 1) Voraussetzungen. Die ZwV in ins Schiffsregister und Schiffsbauregister eingetragene Schiffe erfolgt durch Zwangsversteigerung seitens des VollstrGer. Insoweit sind die Schiffe den Grundstücken gleichbehandelt (§ 864 und § 162 ZVG). Bezüglich der **Arrestvollziehung** macht sich die Eigenschaft des Schiffes und Schiffsbauwerkes als bewegl Sache wieder geltend; sie geschieht durch **Pfändung** (vgl Bremen IPRspr 81 Nr 197). Die Anordnung der Pfändung kann in den Arrestbefehl aufgenommen werden und wird dann von dem **Arrestgericht** erlassen; ist dies nicht der Fall, ist der Rpfleger für die Anordnung zuständig (§ 20 Nr 16 RpflG). Der GVollz, der das Schiff oder Schiffsbauwerk pfändet und in Besitz nimmt, hat die zur Bewachung und Verwahrung des Schiffes erforderlichen Maßregeln nach §§ 808, 928 zu treffen. Hat das VollstrGericht gem § 930 III die Versteigerung des Schiffes angeordnet, so erfolgt sie durch den GVollz (§§ 816 ff). Die eingetragenen Schiffspfandrechte bleiben durch die Versteigerung unberührt (KGJ 40, 97). Nicht eingetragene oder ausländ Schiffe werden wie bewegl Sachen gepfändet und verwertet. 1

2) Wirkung. Das Arrestpfandrecht (§ 804) entsteht ohne Eintragung in das Schiffsregister bzw Schiffsbauregister; die Eintragung dient nur zur Berichtigung und zum Schutz des Gläubigers gegenüber gutgläubigen dritten Erwerbern des Schiffes, Schiffsbauwerkes oder eines Pfandrechts an dem Schiff oder Schiffsbauwerk. Im ZwVersteigVerf ist der Arrestgläubiger Beteiligter (§ 9 ZVG). 2

II) Einstw Verfügung: § 931 ist unanwendbar. 3

932 *[Arresthypothek]*

(1) Die Vollziehung des Arrestes in ein Grundstück oder in eine Berechtigung, für welche die sich auf Grundstücke beziehenden Vorschriften gelten, erfolgt durch Eintragung einer Sicherungshypothek für die Forderung; der nach § 923 festgestellte Geldbetrag ist als der Höchstbetrag zu bezeichnen, für den das Grundstück oder die Berechtigung haftet. Ein Anspruch nach § 1179a oder § 1179b des Bürgerlichen Gesetzbuchs steht dem Gläubiger oder im Grundbuch eingetragenen Gläubiger der Sicherungshypothek nicht zu.

(2) Im übrigen gelten die Vorschriften des § 866 Abs. 3 Satz 1 und der §§ 867, 868.

(3) Der Antrag auf Eintragung der Hypothek gilt im Sinne des § 929 Abs. 2, 3 als Vollziehung des Arrestbefehls.

I) Arresthypothek

1) Bedeutung. a) Die Vollziehung des Arrests in ein Grundstück oder grundstücksgleiches Recht erfolgt durch Eintragung einer Sicherungshypothek für die Forderung **(Arresthypothek),** die sich von der Sicherungshypothek der §§ 866 ff dadurch unterscheidet, daß ihr nur eine Sicherungsfunktion zukommt und daher die ZwV aus ihr durch Erwirkung eines Duldungstitels unzulässig ist (aA StJGr Rn 3; LG Wupptertal WM 84, 1619 mwN). Auch steht dem Gläubiger und dem eingetragenen Gläubiger, anders als bei der Sicherungshypothek der §§ 866 ff ein gesetzlicher Löschungsanspruch (§§ 1179 a, 1179 b BGB) nicht zu. **(I 2).** Der Arrestgläubiger ist somit schlechter gestellt als der Gläubiger der Zwangshypothek; Stöber (Rpfleger 77, 426) macht daher mit Recht aus der Sicht des Art 3 GG Bedenken gegen die Verfassungsmäßigkeit der Regelung geltend; s auch Staudinger/Scherübl § 1179 a BGB Rn 5. Zur Eintragung der Vormerkung nach § 1179 nF BGB für den Arrestgläubiger s näher Stöber Rpfleger 77, 399 [401, 404]). 1

b) Der Arrestvollzug setzt in jedem Fall einen **Arrestbefehl** voraus. Vergleiche und vollstreckbare Urkunden iS des § 794 können nicht mit der Rechtswirkung erstellt werden, daß sie an Stelle eines Arrestbefehls treten und Grundlage für die Eintragung einer Arresthypothek sein können (LG München I DNotZ 51, 40). 2

c) Die Hypothek ist als **Sicherungshöchstbetragshypothek** einzutragen; als Höchstbetrag ist der nach § 923 festgestellte Geldbetrag zu bezeichnen. Bei Festsetzung des Höchstbetrages ist zu berücksichtigen, daß in ihm Hauptsache, Zinsen und Kosten enthalten sind (vgl § 923 Rn 1). Unwirksam ist die Zinseintragung bei Eintragung einer Sicherungshypothek für Hauptsache und „laufende Zinsen“ (KGJ 31, 336). Voraussetzung der Eintragung ist, daß Eigentümer und der im Schuldtitel bezeichnete Schuldner die gleiche Person sind (RG 85, 166). Soll der Arrest zur Sicherung einer jährlichen Unterhaltsrente dienen, so ist die Arrestsumme so hoch anzunehmen, daß aus deren Zinsen die jährliche Rente gedeckt werden kann (Karlsruhe OLG 7, 356). Übersteigt die in dem Arrestbefehl gem § 923 festgesetzte Lösungssumme die im § 866 II bezeichnete Wertgrenze von 500 DM, so kann auf Grund des Arrestbefehls die Eintragung einer Sicherungshypothek bis zum Höchstbetrag der Lösungssumme auch dann erfolgen, wenn die durch 3 den Arrestbefehl gesicherten mehreren Forderungen mit ihren einzelnen Beträgen hinter dieser Wertgrenze zurückbleiben (KG JFG 7, 401). Das gleiche gilt, wenn in dem vorgenannten Fall für alle oder einzelne der durch den Arrestbefehl gesicherten Forderungen vollstreckbare Urteile in verschiedenen Verfahren erwirkt worden sind (KG DJZ 30, 631). Der Gläubiger ist berechtigt, die Arresthypothek zu einem geringeren Betrag als der im Arrestbefehl bestimmten Lösungssumme eintragen zu lassen; der Teilbetrag muß jedoch 500 DM übersteigen. Der Antrag bedarf auch in diesem Fall nicht der Form des § 29 GBO. Fehlt die Angabe des Höchstbetrages im Arrestbefehl, so ist der Antrag auf Eintragung zurückzuweisen.

4 **2) Umwandlung. a)** Liegt bezüglich der Arrestforderung ein **rechtskräftiges Urteil** vor, so kann der Gläubiger unter Vorlage des Urteils beim Grundbuchamt die Umwandlung der Arresthypothek in eine Zwangssicherungshypothek (§§ 1186, 1190 BGB, § 866 ZPO) beantragen, wenn die im Urteil zugesprochene Forderung den Betrag von 500 DM übersteigt. Die Arresthypothek beendet nicht schon selbst die ZwV, sondern bereitet sie nur in sicherstellender Weise vor, so daß es nach der Erwirkung des rechtskräftigen Titels noch einer weiteren Vollstreckungsmaßnahme durch Eintragung einer mit dem Rang der Arresthypothek neu zu begründenden Sicherungshypothek nach §§ 866 ff bedarf, die einen Antrag des Gläubigers voraussetzt (Frankfurt Rpfleger 75, 103). Die Eröffnung des Konkursverfahrens steht der Umschreibung entgegen, und zwar auch dann, wenn der Gläubiger bereits vor Konkurseröffnung einen Duldungstitel erworben hat (Frankfurt aaO).

5 **b)** Hat der Gläubiger bezüglich der Hauptsache nur einen **vorläufig vollstreckbaren Schuldtitel** erwirkt, kann er zunächst nur die Eintragung einer Vormerkung (§ 895) erlangen. Bei Antragstellung ist außer dem Titel in der Hauptsache vorzulegen: der Arrestbefehl, Nachweis seiner Zustellung an den Gläubiger (mit Rücksicht auf § 929 II); nicht erforderlich ist Nachweis der Zustellung an den Schuldner.

II) Anwendbare Vorschriften

6 Auf die Arresthypothek finden im übrigen die §§ 866 III 1, 867, 868 Anwendung **(II). § 866 III S 1:** Wertgrenze 500 DM. **§ 867:** Eintragung auf Antrag des Gläubigers (Colmar OLG 9, 84); der Antrag bedarf nicht der Form des § 29 GBO; Vermerk der Eintragung auf dem Arrestbefehl; mit der Eintragung entsteht die Hypothek (BayObLG MDR 54, 746: § 932 II und III ist bei Vergleichseröffnung nicht anwendbar); Verteilung der Forderung auf mehrere zu belastende Grundstücke (vgl LG Mannheim Rpfleger 81, 406). **§ 868:** Nach Abweisung des Anspruchs im Hauptprozeß – nicht auf Aufhebung der Vollstreckbarkeit des Schuldtitels – erwirbt der Eigentümer des Grundstücks die Hypothek (RG 78, 402).

III) Fristwahrende Vollziehung

7 Mit dem Eingang des Antrags auf Hypothekeneintragung beim Grundbuchamt ist zugunsten des Antragstellers die Monatsfrist des § 929 II gewahrt und zu seinen Ungunsten die Wochenfrist des § 929 III für die nachträgl Zustellung des Arrestbefehls an den Schuldner in Lauf gesetzt (RG 81, 289; vgl § 929 Rn 11). Für die **fristwahrende Wirkung des Eingangs des Antrags** ist zwischen vollstreckungsrechtlichen und grundbuchrechtlichen Eintragungshindernissen zu unterscheiden (hierzu näher Rn 8). Die Sicherungshypothek kann also sofort nach Erlaß des Arrestbefehls eingetragen werden; die Zustellung an den Schuldner muß aber binnen 1 Woche nach der Stellung des Eintragungsantrags nachgeholt werden. Zweckmäßig ist es, wenn sich der Arrestgläubiger zwei Ausfertigungen des Arrestbefehls erteilen läßt und die eine dem GVollz zur Zustellung an den Schuldner übergibt, die andere dem Grundbuchamt vorlegt. Erfolgt die Zustellung nach Ablauf der Frist, so ist die Eintragung der Arresthypothek wirkungslos; es entsteht kein dingl Recht, auch kein Eigentümergrundpfandrecht (RG 151, 155; StJGr Rn 9; Wittmann MDR 79, 549). Eintragung eines Widerspruchs und Löschung kann nur gem §§ 894, 899 BGB erfolgen; sie herbeizuführen, ist Sache des Schuldners. Da aber der Arrestbefehl solange zu Recht besteht, als die für die Vollziehungsfähigkeit in § 929 II bestimmte Frist von 1 Monat seit Zustellung des Arrestbefehls an den Gläubiger noch läuft, kann innerhalb dieser Frist der Antrag auf nochmalige Eintragung der Arresthypothek gestellt werden. Die Wirksamkeit hängt auch hier wiederum von der Einhaltung der einwöchigen Frist des § 929 III 2 ab; die frühere Eintragung ist nach §§ 22, 27 GBO zu löschen (Wittmann MDR 79, 549). Nach Aufhebung und späterer Bestätigung des Arrests bedarf es einer erneuten Eintragung der Arresthypothek (KG Rpfleger 81, 119).

8 Hat das Grundbuchamt zwecks Behebung eines Eintragungsmangels Zwischenverfügung aus § 18 GBO erlassen, so ist im Hinblick auf die Doppelstellung des Grundbuchamtes als Vollstreckungsorgan und Organ der Grundbuchführung (§ 867 Rn 1) zu unterscheiden: Bei vollstreckungsrechtlichen Mängeln hat der Eintragungsantrag keine rangwahrende Wirkung nach § 17 GBO (§ 867 Rn 4 und 15). Wird der Mangel nicht innerhalb der Frist des § 929 II beseitigt, so ist

der Eintragungsantrag zurückzuweisen. Hingegen hat der Antrag bei grundbuchrechtlichen Mängeln, die mit Zwischenverfügung gem § 18 GBO beanstandet werden können, in jedem Fall rangwahrende Wirkung (Horber, GBO, § 18 Anm 5 C und § 13 Anm D); gleichgültig wann die Beseitigung des Hindernisses erfolgt, ist daher allein der Eingang des Eintragungsantrags beim Grundbuchamt für die Frage der Rechtzeitigkeit der Arrestvollziehung maßgeblich. Beispiel: Herbeiführung einer materiellrechtlich erforderlichen Zustimmungserklärung (Celle MDR 85, 331 für Zustimmung gem § 15 ErbbauVO).

IV) Einstw Verfügung

§ 932 ist grundsätzlich nicht anwendbar (Hamburg OLG 33, 131); **III** gilt jedoch gem § 936 für 9
die Vollziehung einer auf Eintragung einer Vormerkung zur Sicherung des Anspruchs auf Einräumung einer Sicherungshypothek oder eines Verfügungsverbotes bei einer Hypothek gerichteten einstw Verfügung (RG 81, 289). Dabei ist, wenn das eine solche einstw Verfügung erlassende Gericht von der im § 941 gewährten Befugnis, das Grundbuchamt um Eintragung zu ersuchen, Gebrauch macht, gem § 38 GBO das Eintragungsersuchen dem Eintragungsantrag gleich zu achten (RG 67, 165). Wird die einstw Verfügung erst nach Ablauf der mit dem Eingang eines solchen Ersuchens bei dem Grundbuchamt beginnenden einwöchigen Frist des § 929 III 2 dem Antragsgegner zugestellt, so ist die Vollziehung verspätet und deshalb unwirksam, auch wenn die Zustellung innerhalb einer Woche seit der Eintragung der Vormerkung erfolgt (RG 81, 289). Bezüglich der Möglichkeit, erneut Eintragungsantrag zu stellen, gilt das in Rn 7 bezüglich des Arrests Ausgeführte. Wann der Antragsteller von dem Eingang des Eintragungsersuchens beim Grundbuchamt Kenntnis erhalten hat, ist für den Fristbeginn belanglos. Ein Belastungsverbot wird erst mit Zustellung an den Schuldner wirksam (Naumburg JW 30, 3335; s auch § 938 II). Der Antrag auf Eintragung einer Hypothek gilt nicht als Vollziehung, wenn er abgelehnt wird.

V) Wegen der **Gebühren** s § 867 Rn 22. 10

933 *[Vollziehung des persönlichen Arrestes]*

Die Vollziehung des persönlichen Sicherheitsarrestes richtet sich, wenn sie durch Haft erfolgt, nach den Vorschriften der §§ 904 bis 913 und, wenn sie durch sonstige Beschränkung der persönlichen Freiheit erfolgt, nach den vom Arrestgericht zu treffenden besonderen Anordnungen, für welche die Beschränkungen der Haft maßgebend sind. In den Haftbefehl ist der nach § 923 festgestellte Geldbetrag aufzunehmen.

I) Persönlicher Sicherheitsarrest: § 918. In dem Arrestbefehl (Nachholung in einem späteren 1
ergänzenden Beschluß möglich: ThP Anm 1) ist die Art der Freiheitsbeschränkung anzugeben (Meldepflicht, Hausarrest, Wegnahme des Reisepasses oder Auslandsvisums). Bei Ausführung der Maßnahmen hat der GVollz die von dem Gericht getroffene Anordnung genau zu befolgen. Wird Haft angeordnet, so ist neben dem Arrestbefehl ein Haftbefehl auszustellen. Die Vollziehung erfolgt durch den GVollz nach §§ 904–913 der Vollzug der „Sicherungshaft" selbst gem §§ 171–175 StVollzG. Längste Haftdauer 6 Monate; dabei keine Zusammenrechnung der Vollstreckungs- und Sicherungshaft. Der Schuldner hat gegen die Vollziehung Erinnerung an das Vollstreckungsgericht gem § 766 (LG Hamburg MDR 82, 605). Durch Zahlung oder Hinterlegung des nach § 923 festgestellten Geldbetrages kann der Schuldner die Verhaftung usw abwenden. Bei prozeßunfähigen Schuldnern erfolgt die Vollziehung grundsätzlich gegen den gesetzl Vertreter; gegen den Prozeßunfähigen selbst nur, wenn dies zur Wahrung der Belange des Gläubigers erforderlich ist.

II) Einstw Verfügung: § 933 ist nicht anwendbar. Freiheitsbeschränkung kann auch durch 2
einstw Verfügung angeordnet werden. Wegen der Vollziehung dieser Sicherungshaft s §§ 171 bis 175 StVollzG, §§ 186 ff GVGA.

III) Gebühren des GV: Rn 7 zu § 909. 3

934 *[Aufhebung der Arrestvollziehung]*

(1) Wird der in dem Arrestbefehl festgestellte Geldbetrag hinterlegt, so wird der vollzogene Arrest von dem Vollstreckungsgericht aufgehoben.

(2) Das Vollstreckungsgericht kann die Aufhebung des Arrestes auch anordnen, wenn die Fortdauer besondere Aufwendungen erfordert und die Partei, auf deren Gesuch der Arrest verhängt wurde, den nötigen Geldbetrag nicht vorschießt.

(3) Die in diesem Paragraphen erwähnten Entscheidungen können ohne mündliche Verhandlung ergehen.

(4) Gegen den Beschluß, durch den der Arrest aufgehoben wird, findet sofortige Beschwerde statt.

1 **I) Allgemeines.** Während §§ 925, 926, 927 die Aufhebung des Arrestbefehls regeln, betrifft § 934 lediglich die zur Vollziehung (§ 928) des Arrestbefehls getroffenen Maßnahmen. Sie können aufgehoben werden, wenn die Lösungssumme gem § 923 hinterlegt wird **(I)** oder wenn die Fortdauer besondere Aufwendungen erfordert und der Gläubiger den erforderlichen Betrag nicht vorschießt **(II).** Besondere Aufwendungen sind zB Futterkosten, Lagerkosten. Die Aufhebung ist von Amts wegen auszusprechen, kann aber auch vom Schuldner oder einem Dritten angeregt werden. Der GVollz hat kein Antragsrecht (BGH 89, 82 [86]). Zuständig ist das VollstrG, das ist das AG, bei Pfändung einer Forderung (§ 930 I 2) das ArrestG. Zuständig ist im Fall des **I** der Rpfleger (§ 20 Nr 15 RpflG), im Fall des **II** der Richter. Aufgehoben wird nur die Vollziehungsmaßnahme, nicht der Arrestbefehl, er bleibt bestehen, bis er nach §§ 924, 925, 926, 927 aufgehoben wird oder der Gläubiger auf seine Rechte aus ihm verzichtet.

2 **II) Entscheidung.** Aufhebung des Arrestvollzugs durch dem Gläubiger von Amts wegen zuzustellenden Beschluß (§ 329 III). An Schuldner genügt formlose Zusendung der Beschlußausfertigung. Die Kosten des Verfahrens aus § 934 treffen den Schuldner, § 788; deshalb ist Kostenentscheidung überflüssig (München OLG 25, 223). Die Aufhebung des Arrestvollzugs nach § 934 steht der ZwV aus der Kostenentscheidung des Arrestbefehls nicht entgegen (München MDR 57, 238).

3 **III) Rechtsbehelf.** Bei Aufhebung durch Rpfleger **(I)** befristete Erinnerung, bei Ablehnung der Aufhebung durch Rpfleger unbefristete Erinnerung (§ 11 RpflG), bei Aufhebung durch Richter sofortige Beschwerde **(IV),** bei Ablehnung einfache Beschwerde.

4 **IV) Einstw Verfügung:** § 934 **I** ist durch § 939 ersetzt (Colmar OLG 23, 238); **II–IV** sind unanwendbar.

5 **V) Gebühren: 1)** des **Gerichts:** Für das Verfahren nach Abs 1 und 2 wird **keine** Gebühr erhoben. – Das Verfahren über die Erinnerung gegen die Entscheidungen des Rechtspflegers – s vorstehend Rn 3 – ist gebührenfrei (§ 11 Abs 6 S 1 RpflG). Wird die Erinnerung als sog Durchgriffserinnerung zur Beschwerde (§ 11 Abs 2 S 4 u 5 RpflG), so gilt für das Beschwerdeverfahren KV Nr 1181; s aber § 11 Abs 6 S 2 RpflG, wonach die Beschwerdegebühr nicht erhoben wird, wenn das Rechtsmittel vor einer gerichtl Entscheidung zurückgenommen wird. Das Beschwerdeverfahren im Falle der Aufhebung durch den Richter bzw der Ablehnung (s vorstehend Rn 3) ist ebenfalls nur nach KV Nr 1181 gebührenpflichtig. – **2)** des **Anwalts:** Für den RA des Gläubigers, der die Vollziehung des Arrestes (durch Pfändung u dgl) veranlaßt und dadurch bereits die Vollziehungsgebühr der §§ 59, 57, 58 BRAGO verdient hat (s Rn 9 zu § 928), entsteht nach § 58 Abs 2 Nr 7 und § 59 Abs 2 BRAGO durch den Aufhebungsantrag kein weiterer Gebührenanspruch. Dagegen begründet der Antrag auf Aufhebung einer Arrestpfändung oder des Arrestes gegen Hinterlegung des im Arrestbefehl festgesetzten Geldbetrages für den RA des Antragsgegners den Anspruch auf die Gebühr der §§ 57 Abs 1, 59 BRAGO. – Das Verfahren der Rechtspflegererinnerung gehört zum Gebührenrechtszug (§ 37 Nr 5 BRAGO). Im Falle der sog Durchgriffserinnerung erhält der RA die Gebühren des § 61 Abs 1 Nr 1 BRAGO, und zwar insgesamt nur eine einzige 5/10 Gebühr als Prozeß-, ev Verhandlungs- oder auch Beweisgebühr usw.

935 *[Einstweilige Verfügungen, Voraussetzungen]*

Einstweilige Verfügungen in bezug auf den Streitgegenstand sind zulässig, wenn zu besorgen ist, daß durch eine Veränderung des bestehenden Zustandes die Verwirklichung des Rechtes einer Partei vereitelt oder wesentlich erschwert werden könnte.

I) Allgemeines

1 **1) Einstweilige Verfügungen. a) Begriff.** Anders als der Arrest dienen einstw Verfügungen zur **Sicherung von Individualansprüchen** (zur Abgrenzung s § 916 Rn 2), dh anderen als Geldansprüchen. Der Sicherungszweck der einstw Verfügungen wird durch die gerichtlichen Anordnungen nach § 938 erreicht. Voraussetzung für den Erlaß einer einstw Verfügung ist Glaubhaftmachung von **Verfügungsanspruch** (Rn 6 f) und **Verfügungsgrund** (Rn 10 f).

2 **b) Arten.** Die ZPO geht zwei Grundtypen aus, der **Sicherungsverfügung** (§ 935; Rn 6 ff) und der **Regelungsverfügung** (§ 940). Daneben hat sich in der Rechtspraxis durch Fortentwicklung von in einzelnen Gesetzen enthaltenen Bestimmungen (§ 1615 o BGB, 85 PatG, 11 a GeschmMG, 61 VI 2 UrhG) als weiterer Typ die **Leistungsverfügung** („Befriedigungsverfügung") herausgebildet (vgl § 940 Rn 6). Sie wird im allg auf § 940 gestützt und führt zur vorläufigen Befriedigung des Gläubigers. Die Grenzen zwischen den einstw Verfügungen aus § 935 und § 940 sind nicht scharf zu bestimmen. Der Verfügungskläger muß lediglich sein Rechtsschutzziel angeben; er braucht sich

nicht auf eine Art der einstw Verfügung festzulegen. Gleichwohl empfiehlt es sich, Sicherungsverfügung und Regelungsverfügung auseinanderzuhalten, denn bezüglich der zu treffenden Anordnungen hat das Gericht bei § 940 einen gewissen Beurteilungsspielraum bei der Abwägung der beiderseitigen Interessen (vgl Baur/Stürner Rn 899; StJGr vor § 935 Rn 30 mwN). Ein auf § 935 gestützter rechtskräftig abgewiesener Antrag kann nicht mit der Begründung wiederholt werden, er sei nach § 940 begründet (StJGr aaO).

2) Abgrenzung. Einstw Verfügungen sind dann unzulässig, wenn das Gesetz zur Regelung des vorläufigen Rechtsschutzes den Erlaß **einstw Anordnungen** vorgesehen hat, wie zB in §§ 620 ff, 641 d ff ZPO; § 44 III WEG (vgl BayObLG Rpfleger 75, 245); § 13 IV HausratsVO; § 56 GWB; ferner in § 24 III FGG, § 76 I GBO für Beschwerdegerichte. Beide Institute haben jedoch das gleiche Ziel; insofern sind die Vorschriften über die einstw Verfügung ergänzend heranzuziehen, wenn das Verfahren der einstw Anordnung nicht abschließend geregelt ist (StJGr vor § 935 Rn 6). Der Ausschluß der einstw Verfügungen gilt jedoch nur soweit, wie der Regelungsbereich der einstw Anordnungen reicht (für Ehe- und Kindschaftssachen vgl § 620 Rn 20 f; Düsseldorf FamRZ 82, 408). Ein zu Recht eingeleitetes Verfügungsverfahren bleibt zulässig, wenn erst *nachträglich* die Konkurrenz mit dem Anordnungsverfahren eintritt (Düsseldorf FamRZ 86, 75; AG Witten FamRZ 85, 820 für Unterhaltsverfügung; vgl auch § 620 Rn 20). Läßt sich das Ziel nicht durch einstw Anordnung erreichen wie zB bei einem Zwangsversteigerungsverfahren, das einerseits auf Aufhebung einer Gemeinschaft, andererseits auf Vollstreckung wegen einer Geldforderung gerichtet ist, ist eine einstw Einstellung im Wege der einstw Verfügung zulässig (LG Bonn NJW 70, 2303). Zur Zulässigkeit einer einstw Verfügung neben einstw Anordnung nach der HausratsVO s Zweibrücken FamRZ 83, 1254; LG Itzehoe SchlHA 62, 199; Düsseldorf Rpfleger 79, 426. Ist die Wiederaufnahme eines Verfahrens beantragt, kann Einstellung der ZwV aus dem Urteil nur nach § 707 beantragt werden. Wegen einstw Verfügungen im Verfahren nach GWB vgl § 940 Rn 8 „Kartellrecht". Auch materiellrechtliche Sicherungsansprüche können durch einstw Verfügung gesichert werden (StJGr vor § 935 Rn 4; vgl auch § 916 Rn 8 aE). Die Möglichkeit der Einstellung der ZwV gem §§ 767, 769 schließt Verfügungsverfahren idR aus; ist allerdings Klage auf Feststellung der Nichtigkeit des (eine Unterverfügung gem § 794 I Nr 5 enthaltenden) Vertrags bereits erhoben, ist auch einstw Verfügung auf Einstellung der ZwV möglich (Düsseldorf OLGZ 85, 493). Neben dem Hauptsacheverfahren sind einstw Verfügungen immer zulässig, wenn ihre Voraussetzungen (Rn 6 f, 10 f) vorliegen. 3

3) Verfahren. Vgl allg Rn 3 vor § 916. Es gelten die besonderen Vorschriften der §§ 937–945 und die Vorschriften über den Arrest gem § 936. **a) Antrag.** Der Verfügungskläger muß den **Streitgegenstand** genau bezeichnen (zB Grundstücksnummer: BayObLG Rpfleger 81, 190 m Anm Meyer/Stolte), insbesondere bei einer Unterlassungsverfügung ist die störende Handlung so genau wie möglich zu umschreiben (Düsseldorf MDR 86, 328: „nicht ... zu behindern" hat keinen vollstreckungsfähigen Inhalt). Schwierigkeiten bereitet häufig die Bestimmung der Person des **Antragsgegners.** Zur Bezeichnung ist nicht unbedingt die namentliche Angabe erforderlich (Köln NJW 82, 1888); die wirklich gemeinte Person muß jedoch erkennbar sein (vgl Rn 6 vor § 50). Bei **Personenmehrheit** genügt es, wenn die gemeinte Personengruppe nach räumlichen Kriterien abgegrenzt wird und zeitlich vorübergehend feststeht (Lisken NJW 82, 1136; Raeschke/Kessler NJW 81, 663; LG Krefeld NJW 82, 289). Nicht ausreichend ist die Bezeichnung einer „Anzahl ständig wechselnder Personen" (Köln NJW 82, 1888), da hierdurch die Parteien des Prozeßrechtsverhältnisses und damit die Vollstreckungsschuldner unklar blieben. Ist gleichwohl eine einstw Verfügung ergangen, so kann die Entscheidung nicht nach § 319 berichtigt werden, wenn sich die genaue Zusammensetzung der Personengruppe später konkretisiert hat (Düsseldorf OLGZ 83, 351). Der Verfügungskläger braucht nur das Rechtsschutzziel anzugeben; das Gericht trifft die erforderlichen Maßnahmen nach § 938 (vgl Rn 2). Gegenanträge nach Art einer Widerklage sind grundsätzlich zulässig (Celle NJW 59, 1833, str; aA Weber WRP 85, 527). Zur Frage des Streitgegenstands im einstw Verfügungsverfahren s Stuttgart NJW 69, 1721; StJGr vor § 935 Rn 9. Ob im Verfügungsverfahren geschlossene **Vergleiche** auf dessen Streitgegenstand beschränkt sind (vorläufige Regelung) oder auch den Hauptsacheanspruch einbeziehen (endgültige Regelung), ist Auslegungsfrage (vgl hierzu Köln FamRZ 83, 1122). 4

b) Da die einstw Verfügung einen Verfügungsgrund (Rn 10) voraussetzt, kommt dem **Rechtsschutzbedürfnis** nur in Ausnahmefällen Bedeutung zu; etwa wenn eine einstw Verfügung nur zur Kostenverursachung beantragt wird (Düsseldorf Betrieb 83, 766; Hamburg WRP 81, 589). Ist der Gläubiger bereits anderweitig hinreichend gesichert (etwa durch vollstreckbares Hauptsacheurteil; Eintragung einer Arresthypothek), so kann das **Sicherungsbedürfnis** als Form des allg Rechtsschutzbedürfnisses fehlen (vgl Köln JMBl NW 84, 9). Insofern gilt nichts anderes als beim Arrest (vgl § 917 Rn 10 ff und allg StJGr Rn 17 f). Einer **Feststellungsklage** über die Rechtmäßigkeit einer einstw Verfügung fehlt das Feststellungsinteresse, wenn der Schuldner den gel- 5 tend gemachten Anspruch anerkannt und sich dem Begehren des Gläubigers unterworfen hat (München ZIP 82, 497 = GRUR 82, 321).

II) Verfügungsanspruch

6 **1) Voraussetzungen. a) Begriff.** Verfügungsanspruch iS des § 935 ist ein nicht auf eine Geldleistung (vgl § 916 Rn 2, 4 ff) gerichtetes subjektives Recht, dessen Verwirklichung durch die einstw Verfügung gesichert werden soll. Es kommen nur solche Ansprüche auf Individualleistungen **(Individualansprüche)** in Betracht, die der Durchsetzung in einem Hauptsacheprozeß fähig sind (vgl StJGr Rn 2), also (alle) Ansprüche auf Handlungen, Duldungen und Unterlassungen, gleich welcher Art (dingliche und persönliche Ansprüche) und welchen Rechtsgrunds (schuld-, sachen-, familien- und erbrechtliche Ansprüche). Bedingte und betagte Ansprüche sind durch einstw Verfügung sicherbar (vgl zum Arrest § 916 Rn 7); künftige Ansprüche nur, soweit ein unabweisbares Sicherungsbedürfnis besteht (vgl StJGr Rn 4). Für den Anspruch muß der ordentliche Rechtsweg gegeben sein.

7 **b) Rechtliche Prüfung.** Auch bei der einstw Verfügung findet nur eine eingeschränkte Schlüssigkeitsprüfung statt (s § 922 Rn 6). Die Intensität der rechtlichen Prüfung hängt nicht von der Schwierigkeit der zu entscheidenden Rechtsfragen und dem jeweiligen Rechtsgebiet ab (vgl Frankfurt WuW 80, 429); eine genauere Prüfung ist allerdings dann erforderlich, wenn eine Fehlbeurteilung bezüglich des Hauptsacheanspruchs zu schwerwiegenden wirtschaftlichen Folgen führen würde (vgl StJGr Rn 10 mwN). Der Rechtsschutz darf nicht verweigert werden.

8 **c) Glaubhaftmachung.** Die den Verfügungsanspruch ergebenden Tatsachen sind glaubhaft zu machen (§§ 936, 920 II). Der Umfang der Glaubhaftmachung hängt von der Intensität des Eingriffs in der Sphäre des Schuldners ab (München NJW 58, 1880). Vgl § 920 Rn 9 f und Frankfurt NJW 69, 991 m Anm Franz NJW 69, 1539. Die Behauptungs- und **Beweislast** sind grundsätzlich wie im Hauptverfahren verteilt (Karlsruhe WRP 83, 170); vgl näher § 922 Rn 5.

9 **2) Beispiele.** Ansprüche nach BGB: öffentl Versteigerung eines Tieres bei Wandlungsklage (§ 489); Sicherung des Vermieterpfandrechts (§§ 559–561), der Vermieter kann nicht auf sein Selbsthilferecht verwiesen werden; Vorlegung von Sachen oder Urkunden (§ 809); Eintragung einer Vormerkung (§ 885) oder eines Widerspruchs (§ 889 II); Eintragung der Rechtshängigkeit (München NJW 66, 1030 m Anm Wächter NJW 66, 1366); Sequestrierung bei Verschleuderung von Eigentumsvorbehaltsware (§§ 929, 185; Hamburg MDR 70, 506; LG Berlin MDR 68, 1018); Herausgabeanspruch bei Sicherungsübereignung (Frankfurt NJW 60, 827); sofern nicht Arrest anwendbar (vgl § 916 Rn 5), Anspruch auf Sicherheitsleistung für den vorzeitigen Zugewinnausgleich gem § 1389 BGB (zutr Schröder FamRZ 85, 392 gegen Celle FamRZ 84, 1231). **Sonstige:** Eine einstw Verfügung auf Einstellung der ZwV wegen Einleitung eines Ermittlungsverfahrens auf die angeblich Erfolg versprechende Anzeige einer Partei gegen einen Zeugen wegen Meineids ist **unzulässig** (Bamberg BayZ 30, 183). Tätigwerden (Hamm DNotZ 76, 312) oder Unterlassung eines Notars (Stuttgart DNotZ 82, 644) können nicht durch einstw Verfügung erzwungen werden; allenfalls kommt eine einstw Anordnung gem § 24 III FGG in Betracht (Düsseldorf DNotZ 83, 703). Ein Zurückbehaltungsrecht kann nicht Gegenstand einer einstw Verfügung sein (Schleswig JR 54, 305). Die Ansprüche nach §§ 3, 7 AnfG werden durch Arrest gesichert (§ 916 Rn 5; aA StJGr Rn 13). Beispiele zu einzelnen Rechtsgebieten s § 940 Rn 8.

III) Verfügungsgrund

10 **1) Voraussetzungen. a) Begriff.** Der Verfügungsgrund besteht in der (objektiv begründeten) Besorgnis, daß durch eine Veränderung des bestehenden Zustandes die Verwirklichung des Rechts des Gläubigers vereitelt oder wesentlich erschwert werden könnte.

11 **b) Prüfung.** Das Gericht beurteilt das Vorliegen eines Verfügungsgrundes wie einen unbestimmten Rechtsbegriff; es hat einen (voll nachprüfbaren) **Beurteilungsspielraum** (StJGr Rn 14).

12 **c) Glaubhaftmachung.** Grundsätzlich hat der Gläubiger die Besorgnis darzulegen und die dazu behaupteten Tatsachen glaubhaft zu machen. Das Gesetz hat die Glaubhaftmachung des Verfügungsgrundes jedoch in solchen Fällen für entbehrlich erklärt, in denen die Gefährdung aus tatsächlichen oder aus Rechtsgründen ohne weiteres offensichtlich ist. Dies gilt für §§ 489, 885 I, 889 II, 1615 o III BGB, § 25 UWG, § 61 VI 2 UrhG.

13 **2) Beispiele.** Grundsätzlich kein Verfügungsgrund ist die schlechte Vermögenslage des Schuldners, denn daraus ergibt sich nicht die Gefährdung des zu sichernden Individualanspruchs. Kein Verfügungsgrund ist auch die Sorge, mit einem Rechtsstreit überzogen zu werden (LG Berlin WRP 81, 121). Beim Kauf eines Kraftfahrzeugs auf Abzahlung unter Eigentumsvorbehalt ist der Verzug mit den Raten keine Veränderung des bestehenden Zustandes iS des § 935 (LG Berlin MDR 68, 1018). Als Verfügungsgrund kommt aber die bei Weiterbenutzung drohende Verschlechterung einer herauszugebenden Sache in Frage (Düsseldorf MDR 84, 411; vgl auch

§ 938 Rn 5). Ein Verfügungsgrund kann auch dann vorliegen, wenn der Antragsteller, der nur ein gegen Sicherheitsleistung vollstr Urteil auf Rückauflassung eines Grundstücks erwirkt hat, zur Sicherung des Auflassungsanspruchs eine Vormerkung beantragt; § 895 steht nicht entgegen (Celle MDR 64, 333), oder wenn der Antragsteller einen bereits vorhandenen Titel auf sich umschreiben lassen kann (LG Hamburg MDR 67, 65), oder wenn ein Testamentsvollstrecker, dem ein Nießbrauch an einem Nachlaßgrundstück vermacht ist, die Eintragung einer Vormerkung beantragt, obwohl er als Testamentsvollstrecker die Eintragung des Nießbrauchs selbst veranlassen könnte (Nürnberg MDR 69, 1015). Zu einzelnen Rechtsgebieten s § 940 Rn 8.

936 *[Anwendbarkeit der Vorschriften des Arrestverfahrens]*

Auf die Anordnung einstweiliger Verfügungen und das weitere Verfahren sind die Vorschriften über die Anordnung von Arresten und über das Arrestverfahren entsprechend anzuwenden, soweit nicht die nachfolgenden Paragraphen abweichende Vorschriften enthalten.

1) Nicht anwendbar sind: § 916 I (Voraussetzungen des Arrests), § 917 (ersetzt durch § 935), 1
§ 918 (ersetzt durch § 940), § 919 (ersetzt durch §§ 937, 942), § 921 I (ersetzt durch § 937 II), §§ 923 und 934 I (ersetzt durch § 939), § 930, § 931 (Vollziehung in Schiffe usw), §§ 932 I, II, 933, 934 (ersetzt durch § 939).

2) Entsprechend anwendbar sind insbesondere § 916 II (Zulässigkeit bei bedingten und betag- 2
ten Ansprüchen), § 920 (Inhalt und Anbringung des Gesuchs sowie die Glaubhaftmachung des Anspruchs und Verfügungsgrundes), § 921 II (Anordnung gegen Sicherheitsleistung), § 922 (Art der Entscheidung; vgl jedoch § 937 II; Zustellung im Parteibetrieb), §§ 924, 925 (Widerspruch; Beschränkung auf die Kosten, Schleswig MDR 79, 763; vgl jedoch § 937 II und § 942), § 926 mit § 20 Nr 14 RpflG (Anordnung der Klageerhebung; liegt einer der Fälle vor, in denen die einstw Verfügung in der Praxis den ordentlichen Prozeß ersetzt, so liegt idR – zulässige – Einigung der Parteien darüber vor, daß das Hauptverfahren nicht durchgeführt werden und es bei der Verfügungsentscheidung bleiben soll; vgl § 926 Rn 2 und 4. § 926 ist dann nicht anwendbar; der hierdurch begründete Einwand ist jedoch ggf im Aufhebungsverfahren vorzubringen, er steht der Anordnung des Rpflegers nach § 20 Nr 14 RpflG nicht entgegen, § 926 Rn 20), § 927 (Aufhebung wegen veränderter Umstände mit der Einschränkung des § 939; Antragsrecht auch des Gläubigers, StJGr Rn 6; geht die einstw Verfügung auf eine einmalig zu erbringende Leistung, so ist der Titel verbraucht; Aufhebung kommt nicht mehr in Betracht, Hamburg MDR 60, 59; ein Streit über den Anspruch ist im Verfahren über die Hauptsache zu entscheiden), § 929 I (Vollstreckbarkeit ohne Vollstreckungsklausel; Vollziehungsfrist). Wegen Vollziehung der einstw Verfügung s § 929 Rn 12 ff.

Im übrigen vgl Anm zu §§ 916 ff.

Gebühren s Rn 20 zu § 922. 3

937 *[Gerichtsstand]*

(1) Für den Erlaß einstweiliger Verfügungen ist das Gericht der Hauptsache zuständig.

(2) Die Entscheidung kann in dringenden Fällen ohne mündliche Verhandlung ergehen.

I) Zuständigkeit

Für den Erlaß einstw Verfügungen ist das **Gericht der Hauptsache** (§ 943, § 919 Rn 3) **örtlich** 1
und sachlich ausschließlich zuständig (§ 802); insofern ersetzt § 937 für die einstw Verfügung den § 919. Ist die Hauptsache bereits anhängig, so ist das befaßte Gericht für den Erlaß einer einstw Verfügung auch dann ausschließlich zuständig, wenn es für die Hauptsache unzuständig ist (Hamburg MDR 81, 1027). Hauptsachegericht bei einstw Verfügung auf Zahlung eines Prozeßkostenvorschusses ist das AG, da es sich um einen Anspruch auf Unterhaltsgewährung gem § 23 a Nr 2 GVG handelt (StJGr Rn 3 mwN; str). Für den Unterhaltsanspruch nach § 1615 o BGB ist sowohl das Gericht des Unterhaltsprozesses als auch das Gericht der Statusklage zuständig (Köln NJW 72, 829; StJGr Rn 3 mwN, hM, str; aA Frankfurt NJW 84, 1763 LS = FamRZ 84, 512 mit krit Anm Büdenbender); für die Berufung ist daher funktionell sowohl das OLG (§ 119 Nr 1 GVG) wie das LG (§ 72 GVG) zuständig (str, vgl Büdenbender FamRZ 84, 514 f). Für eine einstw Verfügung auf Einstellung der ZwV aus einer Urkunde (§ 794 I Nr 5) ist das Gericht, bei dem die Klage auf Feststellung der Nichtigkeit des beurkundeten Vertrages rechtshängig ist, Gericht der

Hauptsache (Düsseldorf OLGZ 85, 493); der Erhebung einer Vollstreckungsgegenklage mit Antrag gem § 769 bedarf es nicht (vgl § 935 Rn 3 aE). In **dringenden Fällen** ist das AG der belegenen Sache zuständig (§ 942). Abweichende Bestimmungen enthalten § 24 II UWG (konkurrierende Zuständigkeit des AG des Tatortes) und § 23 BauFdgG (ausschließliche Zuständigkeit des AG für Bauforderungen). Die Entscheidung fällt bei Kollegialgerichten die Kammer oder der Einzelrichter gem § 348; wegen der KfHS vgl § 105 GVG Rn 3. Der Vorsitzende ist gem § 944 zuständig. Entscheidet das LG als Berufungsgericht über die einstw Verfügung, unterliegt seine Entscheidung keinem Rechtsmittel; das gilt auch für den Beschluß nach § 91 a bei Erledigung der Hauptsache (Nürnberg MDR 66, 1012). Soweit die einstw Verfügung zur Vollziehung der Vornahme staatl Vollstreckungsakte bedarf, ist dafür das **VollstrGericht** zuständig (§ 764), für die Forderungspfändung das VollstrGericht des § 828.

II) Mündliche Verhandlung

2 **1) Besondere Dringlichkeit.** Gesetzlicher Regelfall der Entscheidung über den Antrag auf Erlaß einer einstw Verfügung ist die Entscheidung auf Grund mündl Verhandlung, **II;** anders beim Arrest (§ 921 Rn 1). Ein dringender Fall gem **II** liegt nur dann vor, wenn die Eilbedürftigkeit der Maßnahme über die dem einstw Verfügungsverfahren ohnehin innewohnende Dringlichkeit (Verfügungsgrund) hinausgeht und selbst eine innerhalb kürzester Frist terminierte mündl Verhandlung nicht abgewartet werden kann, oder wenn der Zweck der einstw Verfügung gerade den Überraschungseffekt der Beschlußverfügung erfordert (Teplitzky WRP 80, 374 f mwN). § 25 UWG stellt keine Vermutung für die besondere Dringlichkeit gem **II** auf (Teplitzky GRUR 78, 286 f; aA Pastor, Wettbewerbsprozeß, Kap 35 I 4 b); diese muß gesondert begründet werden. Eine alleinige Entscheidung durch den Vorsitzenden kommt nach § 944 nur dann in Frage, wenn die Dringlichkeit der Sache nicht einmal mehr den Zusammentritt des Kollegialgerichts zuläßt. Die besondere Dringlichkeit ist im Beschluß zu begründen (StJGr Rn 9). Die Frage der Dringlichkeit kann allerdings dahinstehen, wenn der Antrag auf einstw Verfügung ersichtlich nicht begründet ist (Köln GRUR 84, 71; s dazu Rn 3). Die Entscheidung durch Beschluß verstößt nicht gegen Art 103 I GG oder Art 6 MRK. Das Beschwerdegericht hebt die Beschlußverfügung nicht schon deshalb auf, weil ein besonders dringender Fall nicht vorlag, die Voraussetzungen für den Erlaß der einstw Verfügung aber in der Beschwerdeinstanz gegeben sind. In diesem Fall wird das Beschwerdegericht auf Grund mündl Verhandlung entscheiden (§ 573 I). Wegen Zurückverweisung vgl § 575 m Anm.

3 **2) Entscheidung.** Fehlt die besondere Dringlichkeit gem Rn 2, wird mündl Verhandlung anberaumt; die Anordnung oder Ablehnung mündl Verhandlung ist unanfechtbar (RG 54, 348). Ist der Fall nach Aktenlage besonders dringlich, so wird über den Antrag ohne mündl Verhandlung durch Beschluß entschieden; dh nicht nur der Erlaß der einstw Verfügung, sondern **auch die Zurückweisung des Antrags kann ohne mündl Verhandlung erfolgen** (ThP Anm 2; Baur/Stürner Rn 930; Teplitzky DRiZ 82, 44; KG OLGZ 82, 92 f; Karlsruhe WRP 80, 222; Koblenz NJW 80, 2588; Hamburg MDR 81, 156; LG Zweibrücken NJW-RR 86, 715 mN, sehr **str;** aA 13. Aufl; StJGr Rn 8; BL Anm 2 Ab; Schleswig OLGZ 82, 361 = MDR 82, 856; MDR 80, 63; München NJW 75, 1569 m krit Anm Schmidt NJW 75, 2022; KG MDR 79, 590; Frankfurt MDR 79, 945; LAG Hamm MDR 84, 348). Ein **vermittelnder Standpunkt** (zB Köln JMBl NW 85, 18; Hamm FamRZ 86, 75) hält – im Interesse des Antragstellers – mündl Verhandlung bei Mängeln der Glaubhaftmachung und ergänzungsfähigem Vorbringen für erforderlich; dagegen wird eine Zurückweisung des Antrags ohne mündl Verhandlung zugelassen bei lückenlosem nicht ergänzungsfähigem Vorbringen (Köln JMBl NW 85, 18) oder objektiv erkennbarer Sinnlosigkeit einer mündl Verhandlung (Hamm FamRZ 86, 75). Das Merkmal der besonderen Dringlichkeit entfällt nicht dadurch, daß die einstw Verfügung aus Gründen außerhalb des Verfügungsgrundes nicht erlassen werden kann. Liegen die Voraussetzungen des **II** vor, so ist Entscheidung ohne mündl Verhandlung in jedem Stadium des Verfahrens möglich, auch dann, wenn bereits Termin zur mündl Verhandlung bestimmt war oder die Sache nach mündl Verhandlung vertagt oder an ein anderes Gericht verwiesen wurde (Stuttgart NJW 56, 1931). Ist auf Grund eines Beschlusses nach **II** eine Wohnungsdurchsuchung erforderlich, so bedarf es in der Regel keiner richterlichen Durchsuchungsanordnung, weil bei besonderer Dringlichkeit meist auch Gefahr im Verzug ist (AG Mönchengladbach-Rheydt DGVZ 80, 94; str; zum Problem s § 930 Rn 2).

3a Hat das Gericht zu Unrecht – ohne mündl Verhandlung – **durch Beschluß** entschieden **anstelle** – aufgrund mündl Verhandlung – **durch Urteil** zu entscheiden, so richtet sich der Rechtsmittelzug ausschließlich nach der Form der ergangenen Entscheidung, dh gegen die Beschluß-Zurückweisung findet gem § 567 I die Beschwerde ohne die Beschränkung des § 511 a I statt (zu Unrecht aA LG Verden JurBüro 85, 952; zutr Kohler Jura 86, 44 f; s auch zum Arrest § 922 Rn 13).

III) Schutzschrift

Lit: *Bülow,* Zur prozeßrechtlichen Stellung des Antragsgegners usw, ZZP 98, 274; *Hilgard,* Die Schutzschrift im Wettbewerbsrecht, 1985 (dazu Vogt NJW 86, 1800); *May,* Die Schutzschrift im Arrest- und einstw Verfügungsverfahren, 1983 (dazu *Leue* MDR 84, 349).

Da die Gerichte vielfach, insbesondere in Wettbewerbssachen, ohne mündl Verhandlung entscheiden, besteht die Gefahr, daß das Grundrecht des rechtlichen Gehörs, das bei Eilmaßnahmen gewissen Beschränkungen unterworfen ist, eine nicht mehr vertretbare Verkürzung erfährt. Als vorbeugendes Rechtsschutzmittel hat die Rechtspraxis das Rechtsinstitut der **„Schutzschrift"** entwickelt. Die Schutzschrift ist ein vorbeugendes Verteidigungsmittel gegen einen erwarteten Antrag auf Erlaß einer einstw Verfügung, durch das der Antragsgegner den Erlaß einer einstw Verfügung gegen sich zu verhindern sucht. Der Einreicher der Schutzschrift ist nicht darauf beschränkt, sich nur gegen die Annahme der besonderen Dringlichkeit gem **II** zu wenden, um dadurch eine mündl Verhandlung zu erreichen (so aber Pastor WRP 72, 229 ff), er kann auch zu Verfügungsanspruch und Verfügungsgrund Stellung nehmen und die Glaubhaftmachung des Antragstellers erschüttern (May, aaO, S 36 f, 47 ff). Die Gerichte haben eine Schutzschrift zu beachten, wenn der Zweck des einstw Rechtsschutzes dadurch nicht vereitelt wird (May, aaO, S 84 ff). Wegen des Inhalts und der zweckmäßigen Abfassung der Schutzschrift ie vgl May, aaO, S 101 ff. Leipold (RdA 83, 164) hält die Schutzschrift als bedingte Prozeßhandlung im allgemeinen für unzulässig und will sie nur im Wettbewerbsprozeß zulassen. Vgl allg Teplitzky NJW 80, 1667 und WRP 80, 373; Ahrens, Wettbewerbsverfahrensrecht, 1983, S 198 ff. 4

Die Möglichkeit der Kostenerstattung im Einzelfall ist umstritten, je nachdem, ob es zu dem erwarteten Verfahren kommt, die Schutzschrift berücksichtigt wird oder der Antragsteller seinen Antrag zurücknimmt (vgl May, aaO, S 109–130); Bülow ZZP 98, 277; § 91 Rn 13 „Schutzschrift"; Düsseldorf NJW 86, 1695; MDR 82, 59; Köln JurBüro 81, 1827; Frankfurt Rpfleger 86, 318 mN; Hamburg MDR 77, 498). Ist der Verfügungsantrag nach Einreichung einer Schutzschrift zurückgenommen worden, gilt § 269 III entspr (Karlsruhe WRP 86, 352).

938 *[Inhalt der einstweiligen Verfügung]*

(1) Das Gericht bestimmt nach freiem Ermessen, welche Anordnungen zur Erreichung des Zweckes erforderlich sind.

(2) Die einstweilige Verfügung kann auch in einer Sequestration sowie darin bestehen, daß dem Gegner eine Handlung geboten oder verboten, insbesondere die Veräußerung, Belastung oder Verpfändung eines Grundstücks oder eines eingetragenen Schiffes oder Schiffsbauwerks untersagt wird.

I) Inhalt der einstw Verfügung

1) Allgemeines. a) Anträge. Die Entscheidungsbefugnis nach freiem Ermessen gem **I** bedeutet eine Ausnahme zu § 308 I in Verb mit § 253 II Nr 2, da der Antragsteller nur sein Rechtsschutzziel angeben muß, nicht aber eine bestimmte Maßnahme zu beantragen braucht. Das gerichtl Ermessen besteht jedoch nur im Rahmen des gestellten Antrags (§§ 308, 536) und darf darüber nicht hinausgehen. **II** enthält eine beispielhafte Aufzählung möglicher Anordnungen (Rn 7 ff). 1

b) Im **Verhältnis zum Hauptsacheanspruch** muß die angeordnete Maßnahme stets ein **minus und** ein **aliud** sein (Baur, Studien, S 49; Baur/Stürner Rn 909, 918); nur ausnahmsweise kommt Befriedigung in Betracht (Rn 3; § 935 Rn 2). Dieser Grundsatz gilt uneingeschränkt für Sicherungs- und Regelungsverfügung. Bei letzterer sind insbesondere Maßnahmen unzulässig, die rechtsgestaltende Wirkung haben und nach materiellem Recht einem rechtskräftigen (Hauptsache-)Urteil vorbehalten sind (zB Ausschluß eines Gesellschafters); nach hM kann jedoch die Geschäftsführungsbefugnis durch einstw Verfügung entzogen und einem Dritten übertragen werden (BGH 33, 105 = LM § 140 HGB Nr 8/9/10 m Anm Fischer = NJW 60, 1997 = MDR 60, 824; krit StJGr Rn 7 mwN). Die einstw Verfügung darf dem Antragsteller nicht mehr geben, als er durch ein rechtskräftiges Hauptsacheurteil erreichen könnte. So kann sich die Anordnung nur gegen den Schuldner, nicht auch gegen Dritte richten (RG 121, 188; StJGr Rn 19). 2

c) Befriedigung kann nur im Rahmen der Leistungsverfügung angeordnet werden, die ihrer Natur nach auf Erfüllung gerichtet ist (vgl § 935 Rn 2; § 940 Rn 6). 3

d) Die Anordnungen müssen einen **vollstreckungsfähigen Inhalt** haben und dürfen keine Maßnahmen enthalten, die nicht vollstreckt werden können (StJGr Rn 20; vgl auch § 935 Rn 4). Das zuständige Vollstreckungsorgan muß die angeordnete Maßnahme dem Tenor der einstw Verfügung zweifelsfrei entnehmen können. 4

5 **2) Einzelfälle.** In Frage kommen Anordnung der Sequestration (Rn 7 ff) sowie einzelne Gebote und Verbote an den Schuldner (Rn 12 f). Unzulässig ist daher ein Verbot an das GBA bezügl einzelner Eintragungen oder Löschungen (vgl RG 120, 119); beachte aber § 941. Unzulässig ist ferner die Anordnung der Räumung einer Wohnung, abgesehen von dem Fall verbotener Eigenmacht (§ 940 a); die Aufhebung einer einstw Verfügung durch eine andere einstw Verfügung; die Einstellung der ZwV, die auf Grund anderer Vorschriften (§§ 707, 719) zu erreichen ist (vgl aber § 935 Rn 3 aE). Hat die einstw Verfügung die Abgabe einer Erklärung zum Gegenstand, sind der richterlichen Formulierungshilfe Grenzen gesetzt (Borck WRP 77, 457; zur presserechtlichen Gegendarstellung vgl § 940 Rn 8 „Presserecht". In die Beschlußfassung einer Gesellschafterversammlung kann durch einstw Verfügung nicht eingegriffen werden (Frankfurt MDR 82, 417); vgl § 940 Rn 8 „Gesellschaftsrecht". Anordnung konkreter Maßnahmen im Immissionsprozeß (Köln NJW 53, 1592). Bei der Regelungsverfügung können Gestattungen und Duldungsverpflichtungen ausgesprochen werden.

6 **3)** Die **Verwirklichung der Anordnungen** einer einstw Verfügung erfolgt unter Anwendung der §§ 936, 928. Wird dem Gegner eine Handlung geboten oder verboten, so finden §§ 887, 888 I, 890 Anwendung; bei Untersagung von Veräußerung oder Belastung von Grundstücken nach § 941 und bei Anordnung der Zurückschaffung, Herausgabe oder Verwahrung bewegl Sachen gelten §§ 883 ff, bei Anordnung der Zahlung von Geldbeträgen §§ 803 ff. Die Kosten der Verwahrung bewegl Sachen treffen den Schuldner; ihretwegen kann die Sache versteigert werden (LG Stuttgart DGVZ 81, 26; aA LG Berlin DGVZ 76, 156; vgl auch KG MDR 82, 237 = Rpfleger 82, 80). Befindet sich eine herauszugebende Sache im Besitz eines Dritten, so muß zunächst auf Grund der einstw Verfügung der Anspruch des Gegners auf Herausgabe der Sache nach §§ 886, 847 I gepfändet und dem Antragsteller zur Einziehung mit Aufforderung zur Herausgabe an den GVollz überwiesen werden. Erfolgt gleichwohl keine Herausgabe, muß der Gläubiger den Dritten verklagen. Ein Widerspruchsrecht gegen die einstw Verfügung steht dem Dritten nicht zu (vgl § 924 Rn 4). Hat der GVollz in Vollzug einer einstw Verfügung einen in den Händen des Antragsgegners befindlichen Wechsel an sich genommen, so ist der Wechsel vom GVollz beim Bezogenen rechtzeitig vorzuzeigen; erfolgt keine Zahlung, muß der GVollz Protest mangels Zahlung erheben, da sonst dem Wechselgläubiger jede Regreßnahme abgeschnitten würde (vgl Ahrens WM 77, 910).

II) Beispiele einzelner Anordnungen, II

7 **1) Sequestration. a) Begriff.** Sequestration ist die **Sicherstellung und Verwaltung** einer Sache, eines gewerblichen Unternehmens (LG Göttingen MDR 58, 246; StJGr Rn 23; aA BL Anm 2 B) oder Handelsgeschäfts durch eine vom Gericht zu bestellende Person (Noack JurBüro 81, 1121). Sie kann sich sowohl auf Grundstücke als auch auf bewegl Sachen, deren Hinterlegung nicht möglich ist, und auf Forderungen beziehen (LG Heidelberg DGVZ 77, 44) und soll dann angeordnet werden, wenn die Parteien über die Rechtszuständigkeit bezügl einzelner Vermögensgegenstände oder einer Vermögensmasse streiten (vgl München MDR 84, 62).

8 **b) Abgrenzung.** Wesensmerkmal der Sequestration ist die verwaltende Tätigkeit des Sequesters ähnlich einem Nachlaßverwalter, Pfleger oder Vormund (München MDR 84, 62). Sie ist daher von der reinen Verwahrung (Sicherstellung) zu unterscheiden; diese verpflichtet nur zu den ihrem Zweck entsprechenden Hilfsgeschäften (zB Abschluß eines Verwahrungsvertrages durch den GVollz: BGH 89, 84 = MDR 84, 383). Die Verwahrung ist Vollstreckungsmaßnahme und daher Dienstgeschäft des GVollz (LG Heidelberg DGVZ 77, 44); das Rechtsverhältnis des Sequesters zu den Parteien ist dagegen rein privatrechtlicher Natur. Zur Abgrenzung vgl § 195 Nr 3 GVGA; Grein DGVZ 82, 177; Koblenz MDR 81, 855 = ZIP 81, 912; teilw aA Karlsruhe Justiz 81, 47. Sind Sachen sequestriert und mit einem Veräußerungsverbot belegt worden, die einem Vermietungspfandrecht gem § 559 BGB unterliegen, so gilt deren Veräußerung nicht mehr als „im regelmäßigen Betriebe des Geschäfts" gem § 560 BGB erfolgt (Köln ZIP 84, 89).

9 **c) Bestellung.** Die Person des Sequesters und sein Aufgabenbereich werden durch das Gericht bestimmt, das die einstw Verfügung erlassen hat. Es empfiehlt sich eine gemeinsame Entscheidung (München MDR 84, 62). Ein GVollz ist dienstlich nicht verpflichtet, das Amt des Sequesters zu übernehmen (Noack JurBüro 81, 1121); wegen der zur Durchführung der Sequestration erforderlichen Kenntnisse und dem damit verbundenen Haftungsrisiko ist die Einsetzung eines Rechtsanwalts zu erwägen, dem der GVollz die Sache zu übergeben hat.

10 **d) Vergütung.** Sie wird unter Zugrundelegung der für den Zwangsverwalter (München OLGZ 85, 370 = MDR 85, 855 = Rpfleger 85, 409 = KTS 85, 731; Köln MDR 86, 768 = Rpfleger 86, 268) oder Vergleichsverwalter (LG Freiburg DGVZ 82, 186) geltenden Bestimmungen durch das Prozeßgericht entspr §§ 675, 612 II, 632 II BGB festgesetzt (München OLGZ 85, 370 mN; Köln MDR 86, 768 = Rpfleger 86, 268 mN); die Grundsätze für die Vergütung des Konkursverwalters kön-

nen mitberücksichtigt werden (München, Köln, je aaO). Die Parteien können die Vergütung auch vereinbaren (Hamburger Rpfleger 57, 87). Ein gerichtl Festsetzungsbeschluß ist sofort vollstreckbar (§§ 793, 794 Nr 3); erstattungspflichtig ist, wer die Sequestration beantragt hat, nicht generell der Schuldner. Der Gläubiger kann jedoch uU die Kosten als solche des Verfügungsverfahrens gegen den Schuldner geltend machen (vgl StJGr Rn 22). Nach hM soll der Staat für die Vergütung des Sequesters auch dann nicht subsidiär haften, wenn der Träger der Kostenlast nicht zahlungsfähig ist und auch das verwaltete Vermögen zur Deckung der Kosten nicht ausreicht (so LG Köln KTS 83, 634 mN, str, bedenklich; aA Schmidt KTS 83, 637 mN: §§ 1835 III, 1836 BGB entspr).

e) Aufsicht, Rechtsbehelfe. Mangels näherer Bestimmung bei der Anordnung untersteht der Sequester der Aufsicht des VollstrGerichts (Hamm MDR 51, 742). Einwendungen gegen das Verfahren des Sequesters sind gem § 766 beim VollstrGericht geltend zu machen (LG Koblenz DGVZ 74, 39; Noack JurBüro 81, 1123; aA LG Mönchengladbach DGVZ 82, 122). Der Sequester ist nicht berechtigt, Aufhebung der Sequestration zu verlangen; er kann nur sein Amt niederlegen. 11

2) Gebote und Verbote. Lit: *Foerste,* Grenzen der Durchsetzung von Verfügungsbeschränkung und Erwerbsverbot im Grundstücksrecht, 1986; *Kohler,* Das Verfügungsverbot gem § 938 II ZPO im Liegenschaftsrecht, 1984.

a) Arten. Als einzig sinnvolle Maßnahme zur Sicherung von Individualansprüchen, insbesondere bei der Abwicklung von Rechtsgeschäften erweisen sich oft Ge- und Verbote an den Schuldner. **II** nennt das **Veräußerungsverbot** (vgl §§ 135, 136 BGB), dem das **Erwerbsverbot** nach **I** gleichsteht (RG 120, 119 f; eingehend Foerste aaO S 114 ff; vgl auch Rn 13). **Verfügungsverbote** durch einstw Verfügung sind allgemein zulässig, ohne daß der Gläubiger dadurch ein dem materiellen Recht unbekanntes „jus ad rem“ erlangt (Kohler JZ 83, 586; Jura 86, 49, str; vgl Wieling JZ 82, 839; Ruhwedel JuS 80, 161 [166]). Ein **Veräußerungsverbot** wegen drohender Verwertung von Vorbehaltsware durch einen Sequester ist aber dann nicht gerechtfertigt, wenn diese nicht ohne Zustimmung der Vorbehaltseigentümer durchgeführt werden soll (Düsseldorf ZIP 83, 1097). Die Zwangsversteigerung auf Grund voreingetragener dingl Rechte wird durch ein gerichtl Veräußerungsverbot nicht gehindert (Köln ZIP 83, 1254). Anstelle der Sequestration (Rn 7) kann ausnahmsweise die **Anordnung der Herausgabe** gegen Sicherheitsleistung an den Gläubiger selbst in Frage kommen, wenn dieser den Gegenstand geeignet und billiger lagern kann (Düsseldorf MDR 84, 411 betr Vorbehaltsware, zust Kleier MDR 84, 370; vgl auch § 940 Rn 8 „Herausgabeansprüche“). 12

b) Beispiele. Gebot der Zurücknahme eines beim GBA gestellten Antrags auf Eigentumsübertragung (RG 117, 290); Verbot der Herbeiführung einer Eintragung im Grundbuch wegen Nichtigkeit des Grundgeschäfts; Verbot an den Erwerber eines Grundstücks nach erfolgter Auflassung sich durch Beantragung seiner Eintragung in das Grundbuch das Eigentum an dem Grundstück zu verschaffen; dies stellt als Erwerbsverbot ein durch das GBA von Amts wegen zu beachtendes Eintragungshindernis dar (BayObLG Rpfleger 82, 14 LS; im Erg auch Foerste aaO S 137 ff: Zeitweise Suspendierung der Auflassung); Verbot, eine Hypothekenlöschung zu beantragen; Verbot der Veräußerung oder Verfügung über eine Forderung oder über ein Grundstück, zB Verbot, über eine Grundschuld zu verfügen (LG Frankfurt Rpfleger 83, 250); Verbot des Weiterbaues oder Störung eines Gewerbebetriebs (Stuttgart OLG 43, 101); Rückschaffung bestimmter Sachen des Mieters in die Mieträume (RG 39, 211); Gebot zur Aufnahme eines Hinweises über die ungenehmigte Wiedergabe von Fotos in einem Druckwerk (Frankfurt NJW 85, 1295). 13

c) Wirkung. Die gerichtl Anordnung wirkt **ab der Zustellung der einstw Verfügung an den Gegner** (RG 90, 341). Eine einstw Verfügung, durch die eine Grundbucheintragung (zB Vormerkung) angeordnet wird, muß sich gegen den betroffenen Grundstückseigentümer richten (BayObLG NJW 86, 2578). Das Veräußerungsverbot wirkt nach erfolgter Grundbucheintragung gegen den dritten rechtsgeschäftlichen Erwerber (RG 117, 294), wenn die einstw Verfügung wirksam gem § 929 II vollzogen worden ist. Die Eintragung ist schon vor Zustellung zulässig, wenn das Gericht nach § 941 um Eintragung ersucht hat (KG JFG 5, 298; aA KG RJA 15, 79 [82]: Eintragung vor Zustellung unzulässig; ebenso Furtner MDR 55, 136). Bei Anfechtung einer Grundstücksveräußerung oder Eintragung einer Hypothek auf Grund des AnfG kann zur Sicherung des Anfechtungsrechts durch einstw Verfügung die Eintragung eines Veräußerungsverbots angeordnet und im GB eingetragen werden (Kiel OLG 21, 98). Die Eintragung des Ge- oder Verbotes kann nicht auf Grund einer im gerichtl Vergleich eingegangenen Verpflichtung erfolgen; notwendig ist vielmehr eine einstw Verfügung (Koblenz DRZ 49, 234). 14

939 *[Aufhebung]*

Nur unter besonderen Umständen kann die Aufhebung einer einstweiligen Verfügung gegen Sicherheitsleistung gestattet werden.

1 **I) Aufhebung.** Die Vorschrift ersetzt die §§ 923, 934 I (Einstellung der Zwangsvollstreckung aus dem Arrestbefehl) und teilweise die §§ 925 II und 927. Da die einstw Verfügung der Sicherung eines Individualanspruchs, der Regelung eines einstw Zustandes oder der vorläufigen Vollstrekkung dient, kann Sicherheitsleistung die Verfügung in der Regel nicht überflüssig machen; der Gläubiger hätte zwar, wenn die Leistung unmöglich würde und er Schadensersatz verlangen könnte, für die Schadensforderung Sicherheit; das Wesen der einstw Verfügung ist aber nicht Sicherstellung der eventuellen Schadensforderung (für diese ist der Arrest gegeben), sondern Sicherstellung der geschuldeten Leistung (Herausgabe bestimmter Sachen, Vornahme von Handlungen usw). Auch bei Anordnung der Zahlung von Geldsummen ist Abwendung durch Hinterlegung ausgeschlossen, da der Gläubiger vom Hinterlegten nicht leben kann. Unter **besonderen Umständen** ist jedoch die Abwendung der Vollziehung bzw deren Aufhebung zuzulassen (Frankfurt MDR 83, 585 = ZIP 83, 628); dies gilt jedoch nur, soweit die anzuordnende Sicherheitsleistung voll gewährleistet, daß der Zweck der einstw Verfügung erreicht werden kann (Köln NJW 75, 454). Dies ist denkbar zB bei der Wahrung des Vermieterpfandrechts (§§ 559 ff BGB) und anderen Ansprüchen, bei denen das Vermögensinteresse, nicht das Interesse an der betreffenden Individualleistung im Vordergrund steht (Eintragung einer Vormerkung auf Einräumung einer Bauhandwerkersicherungshypothek; Köln NJW 75, 454; RG 55, 141; aA LG Hamburg MDR 71, 851; krit auch Bronsch BauR 83, 517). Die Maßnahme nach § 939 kann auf Berufung einstweilen eingestellt werden (München BayJMBl 53, 39).

2 **II)** Die **Entscheidung** erfolgt, sofern sie nicht in die einstw Verfügung selbst aufgenommen ist, aufgrund mündl Verhandlung (sei es, daß die einstw Verfügung durch Urteil angeordnet wird, sei es im Widerspruchsverfahren oder im Verfahren nach § 927) durch **Endurteil** des Gerichts, das die einstw Verfügung erlassen hat, oder, wenn die Hauptsache anhängig ist, durch das Gericht der Hauptsache (§ 943). Die Entscheidung kann auch noch im Berufungsverfahren ergehen (Frankfurt MDR 83, 585; Köln NJW 75, 454). Das Urteil ist nach § 708 Nr 6 von Amts wegen für vorläufig vollstreckbar zu erklären. Die Bestimmung der Sicherheit erfolgt nach freiem Ermessen. Nach geleisteter Sicherheit erfolgt Einstellung der ZwV bzw Aufhebung der Vollstrekkungsmaßregeln nach § 775 Nr 1, 3, § 776; aA München BayJMBl 53, 39: mit Leistung der Sicherheit tritt die Aufhebung der einstw Verfügung von selbst ohne weiteres Verfahren ein. Zur Löschung einer Vormerkung oder eines Widerspruchs im Grundbuch vgl § 25 GBO. Der Schuldner hat neben dem Antrag nach § 939 das Recht, Aufhebung der einstw Verfügung gem §§ 924, 926, 927 zu verlangen.

940 *[Einstweilige Verfügung zwecks Regelung eines einstweiligen Zustandes]*

Einstweilige Verfügungen sind auch zum Zwecke der Regelung eines einstweiligen Zustandes in bezug auf ein streitiges Rechtsverhältnis zulässig, sofern diese Regelung, insbesondere bei dauernden Rechtsverhältnissen zur Abwendung wesentlicher Nachteile oder zur Verhinderung drohender Gewalt oder aus anderen Gründen nötig erscheint.

I) Allgemeines

1 Vgl § 935 Rn 1 ff.

II) Regelungsverfügung

2 **1) Rechtsverhältnis. a)** An Stelle des zu sichernden Individualanspruchs tritt bei § 940 das zu regelnde streitige Rechtsverhältnis (ThP Anm 1). Es muß zwischen den Parteien des Verfügungsverfahrens bestehen (Düsseldorf WM 78, 359). Es kommt nicht auf die Rechtsnatur oder die rechtlichen Grundlagen des Rechtsverhältnisses an. Es muß auf gewisse Dauer gerichtet sein. Der Gläubiger braucht nach materiellem Recht keinen Anspruch auf die erstrebte Regelung zu haben; es müssen überhaupt noch keine Ansprüche aus dem Rechtsverhältnis entstanden sein (ThP Anm 2, str; aA Koblenz NJW-RR 86, 1039: aber entstehen können). Wegen des Umfangs der rechtl Prüfung s § 935 Rn 7. **Streitig** ist das Rechtsverhältnis, wenn jede von zwei Parteien ein Recht in Anspruch nimmt oder eine Partei das Recht der anderen bestreitet; nicht nötig ist eine bereits eingetretene Verletzung. Andererseits genügt die nur befürchtete Verletzung ohne Bestreiten nicht.

3 **b)** Der Antragsteller hat schlüssig Tatsachen vorzutragen und glaubhaft zu machen, aus denen sich das Rechtsverhältnis und sein möglicher Anspruch, bei Abwehr von Störungen durch

den Antragsgegner auch die Grundlage für die Beurteilung der Rechtmäßigkeit der Störung ergibt (vgl StJGr Rn 3). Der Antrag muß auf eine Regelung gerichtet sein, braucht jedoch die zu treffende Maßnahme nicht im einzelnen zu bezeichnen; dies ist Sache des Gerichts gem § 938 (vgl dort Rn 1 und § 935 Rn 4). Das Gericht entscheidet nach freiem Ermessen, welche Anordnungen zur Erreichung des Zwecks notwendig sind.

2) Verfügungsgrund. Eine Regelungsverfügung wird erlassen, wenn sie **nötig** ist; das Gesetz 4
nennt als Beispiel die **Abwendung wesentlicher Nachteile** und die **Verhinderung drohender Gewalt,** läßt aber auch **andere Gründe** zu. Die Regelungsverfügung dient der Wahrung des Rechtsfriedens; gleichwohl werden die Gerichte nur auf Antrag tätig. Der Verfügungsgrund ist bei der Regelungsverfügung eine besondere Form des Rechtsschutzbedürfnisses (StJGr Rn 7; Jauernig NJW 75, 1419). Der Verfügungsgrund ist glaubhaft zu machen, falls nicht das Gesetz die Voraussetzungen der §§ 935, 940 für entbehrlich erklärt (zB § 25 UWG). Das Vorliegen eines Verfügungsgrundes ist auf Grund objektiver Betrachtungsweise zu beurteilen. Vor- und Nachteile beider Seiten sind im Rahmen des gerichtlichen Beurteilungsspielraums gegeneinander abzuwägen (vgl Jauernig NJW 75, 1419). Ein Verfügungsgrund fehlt, wenn der Antragsteller trotz ursprünglich bestehenden Regelungsbedürfnisses lange zugewartet hat, bevor er die einstw Verfügung beantragt (ThP Anm 3). Durch langes Zuwarten wird insbesondere eine gesetzliche Dringlichkeitsvermutung widerlegt (München WRP 80, 715 ff; Frankfurt NJW 85, 1295; GRUR 84, 693 für § 25 UWG; StJGr Rn 7).

3) Einzelne Rechtsgebiete: s Rn 8. 5

III) Leistungsverfügung

1) Voraussetzungen. Die auf Erfüllung gerichtete einstw Verfügung setzt Verfügungsan- 6
spruch und Verfügungsgrund nach Maßgabe der §§ 935, 940 voraus. Dies bedeutet hier, von den gesetzlichen Ausnahmen (zB § 1615 o BGB) abgesehen, daß die **besondere Voraussetzung,** daß der **Gläubiger auf die sofortige Erfüllung dringend angewiesen** ist **(Verfügungsgrund),** darzulegen und glaubhaft zu machen ist (Düsseldorf FamRZ 79, 75 und 426). **Leistungsverfügung** ist dann auch bei sonstigen Handlungen, zB bei Lieferung von Gas und Strom (StJGr vor § 935 Rn 54; eingehend: v. Hesler, Recht der Elektrizitätswirtschaft 46 [1985], 42 ff) und in den Fällen **zulässig,** in denen die **geschuldete Handlung so kurzfristig zu erbringen ist,** daß die **Erwirkung eines Titels im ordentlichen Verfahren nicht möglich** ist (Düsseldorf JMBlNRW 68, 186 und OLGZ 68, 172; Frankfurt NJW 75, 393). Es empfiehlt sich immer, die Leistungsverfügung zeitlich zu begrenzen (vgl LG Krefeld MDR 70, 148; Karlsruhe FamRZ 80, 1117). Der Erlaß einer *weiteren* Leistungsverfügung kommt aber auch bei Vorliegen der erforderlichen Notlage dann nicht in Betracht, wenn der Gläubiger es unterlassen hat, innerhalb der zeitlichen Begrenzung seinen Anspruch im Klageverfahren zu verfolgen (AG Groß-Gerau MDR 85, 593).

2) Abgrenzung. Die Leistungsverfügung ersetzt nicht den Hauptsacheprozeß. Die Ausführun- 7
gen über das **Verhältnis** der einstw Verfügung **zum Hauptsacheprozeß** bei den einzelnen Bestimmungen der §§ 916 ff gelten hier entsprechend. Wird der Schuldner durch Leistungsverfügung und Urteil in der Hauptsache verurteilt, schützt ihn § 775 Nr 4 und 5 gegen doppelte Vollstreckung. Ein wesentlicher Unterschied zwischen Sicherungsverfügung und Regelungsverfügung einerseits und Leistungsverfügung andererseits besteht in der Art der zulässigen Vollziehungsmaßnahmen (vgl § 929 Rn 17–19); da die Leistungsverfügung auf Erfüllung abzielt, sind alle auf sie gerichteten ZwV-Maßnahmen (§§ 803 ff) zulässig. Aus der gleichen Überlegung kann gegen die Leistungsverfügung auch mit Klage aus § 767 vorgegangen werden (§ 927 Rn 15; StJGr § 938 Rn 41).

IV) Einzelne Rechtsgebiete 8

- **Allgemeine Geschäftsbedingungen:** Im Verbandsklageverfahren nach § 13 AGBG kann der Unterlassungsanspruch auch durch einstw Verfügung geltend gemacht werden (ganz hM: Ulmer/Brandner/Hensen, AGBG, 5. Aufl, § 15 Rn 10 ff; Löwe/Graf v. Westphalen/Trinkner, Großkomm zum AGBG, 2. Aufl, § 15 Rn 19; Staudinger/Schlosser, § 13 AGBG Rn 6 je mwN; Gilles ZZP 98, 28 ff; Hamburg NJW 81, 2420; aA Düsseldorf NJW 78, 2512). Der **Verfügungsanspruch** auf **Unterlassung** ergibt sich aus § 13 I, II AGBG; der Verfügungskläger hat die tatsächliche Verwendung der beanstandeten AGB glaubhaft zu machen (Ulmer/Brandner/Hensen, AGBG, § 15 Rn 13). Der **Widerrufsanspruch** kann nicht Gegenstand einer einstw Verfügung sein (Ulmer/Brandner/Hensen aaO; einschr – allg – E. Schneider AfP 84, 129 ff). Für den **Verfügungsgrund** gibt es keine gesetzl Vermutung wie in § 25 UWG. Gleichwohl wird die Glaubhaftmachung der Dringlichkeit in der Regel wenig Probleme bereiten, denn durch die drohende wiederholte Verwendung unwirksamer AGB ist der Rechtsfrieden immer gestört (Ulmer/Brandner/Hensen aaO, § 15 Rn 15; Staudinger/Schlosser, § 13 AGBG Rn 7 f, hM; aA OLG Hamm, zu diesem krit

Löwe EWiR § 15 AGBG 1/86, 219 mwN). Längere Untätigkeit schadet nicht (hM). Das Gericht darf die Unterlassung der Verwendung der beanstandeten Klauseln anordnen (Löwe/Graf v. Westphalen/Trinkner, § 15 Rn 21, hM; aA Staudinger/Schlosser, § 13 AGBG Rn 9). Das Gericht wird in der Regel auf Grund mündl Verhandlung nur ausnahmsweise durch Beschluß entscheiden (Ulmer/Brandner/Hensen, aaO, § 15 Rn 17; vgl § 937 Rn 2).

● **Arbeitsrecht. Lit:** *Dütz*, Weiterbeschäftigungs-Entscheidung des GS des BAG und ihre Folgen für die Praxis, NZA 86, 209. *Eich*, Verfahrensrechtliche Implikationen des Weiterbeschäftigungsbeschlusses des GS des BAG, DB 86, 692; *Faecks*, Die einstweilige Verfügung im Arbeitsrecht, NZA 85 Beilage 3, S 6; *Grunsky*, Prozessuale Fragen des Arbeitskampfrechts, RdA 86, 196; *Heinze*, Bestandsschutz durch Beschäftigung trotz Kündigung? DB 85, 111; *ders*, Einstweiliger Rechtsschutz im arbeitsgerichtl Verfahren RdA 86, 273; *Schäfer*, Inhalt und praktische Konsequenzen der Weiterbeschäftigungsentscheidung des GS, NZA 85, 691; *Schaub*, Arbeitsrechtshandbuch, 5. Aufl 1983; *Schumann*, Das Recht auf Beschäftigung im Kündigungsschutzprozeß, NZA 85, 688; *Schwerdtner*, Vom Beschäftigungsanspruch zum Weiterbeschäftigungsanspruch, ZIP 85, 1361; *Wenzel*, Risiken des schnellen Rechtsschutzes, NZA 84, 112. **a) Individualarbeitsrecht.** Grundsätzlich zulässig ist eine einstw Verfügung des ArbGeb gegen den ArbN auf **Leistung der geschuldeten Dienste,** gleich ob vertretbare oder unvertretbare Dienste geschuldet werden (Schaub § 45 VII 2, str; **aA** StJGr vor § 935 Rn 66 je mwN). Das Vollstreckungshindernis des § 888 II steht nicht entgegen (StJGr aaO Rn 67; Lüke, FS Ernst Wolf, 1985, S 470 ff; Faecks aaO S 10; ArbG Düsseldorf BB 79, 1245). Der Antrag nach § 61 II ArbGG kann nicht durch einstw Verfügung verfolgt werden; da es sich um einen Geldanspruch handelt, wird regelmäßig der Verfügungsgrund fehlen (Schaub aaO). Dagegen ist eine einstw Verfügung auf **Unterlassung anderweitiger Arbeit** während des Bestehens des Arbeitsverhältnisses unzulässig (Schaub § 45 VII 3; StJGr vor § 935 Rn 68), denn die Treuepflicht des ArbN ist nur unselbständige Nebenpflicht. Ist die Unterlassung anderweitiger Arbeit dagegen durch Gesetz (zB § 60 HGB) oder Vertrag zur Hauptpflicht erhoben worden (zB **Konkurrenzverbot**), so kann der ArbGeb dies durch einstw Verfügung geltend machen (ArbG Detmold BB 79, 217; Weisemann/Schroeder Betrieb 80 Beil 4 S 6; StJGr vor § 935 Rn 69). Eine einstw Verfügung gegen den konkurrierenden ArbGeb auf Unterlassung der Beschäftigung des ArbN ist auch bei Abwerbung unzulässig (StJGr vor § 935 Rn 68); ein eventueller Schadensersatzanspruch ist im Hauptverfahren geltend zu machen.

Bestehen und Verfolgung eines **allgemeinen Weiterbeschäftigungsanspruchs** des ArbN nach Kündigung des Arbeitsverhältnisses sind im einzelnen noch umstritten (zum Streitstand s Heinze aaO S 119 ff mwN). Nach der bish Rspr des BAG (BAG AP Nr 5 zu § 611 BGB Beschäftigungspflicht = BB 77, 1504 = NJW 78, 239) gab es einen Beschäftigungsanspruch grundsätzlich nur in einem unangefochten bestehenden Arbeitsverhältnis, es sei denn, der Betriebsrat hat gem § 102 V BetrVG ordnungsgemäß widersprochen und der ArbN erhebt Kündigungsschutzklage, oder die Kündigung ist offensichtlich rechtsunwirksam, rechtsmißbräuchlich oder willkürlich. Nunmehr erkennt das BAG seit der grundsätzlichen Entscheidung des GS vom 27. 2. 1985 (BAG NJW 85, 2968 = BB 85, 1978 mit Anm Gumpert; im wesentlichen zust Dütz, Eich, Schäfer, Schumann, Schwerdtner, je aaO; ferner LAG Hamburg, LAG Köln, LAGE § 611 BGB Nr 7 und 8 = NZA 86, 136; aA LAG Niedersachsen DB 86, 1126 = LAGE § 611 BGB Beschäftigungspflicht Nr 14) einen allgemeinen Beschäftigungsanspruch während des (erstinstanzlichen) Kündigungsschutzprozesses an, wenn entweder die angegriffene Kündigung *offensichtlich unwirksam* ist (so bereits die bish Rspr des BAG, vgl Schaub aaO § 123 VIII 17c; LAG Hamburg DB 86, 1629) oder wenn ausnahmsweise ein *besonderes Beschäftigungsinteresse* des ArbN besteht (so bereits Heinze DB 85, 127). In allen anderen Fällen besteht vor Erlaß eines der Kündigungsschutzklage stattgebenden Urteils kein allg Weiterbeschäftigungsanspruch; von diesem Zeitpunkt an steht aber dem ArbN der Beschäftigungsanspruch zu. Er kann ihn bereits sofort zusammen mit (ggf auch hilfsweise: Dütz aaO S 212) der Kündigungsschutzklage in der Hauptsache geltend machen. Für die Frage, ob und unter welchen Voraussetzungen ein Weiterbeschäftigungsanspruch auch im Wege der einstw Verfügung (**Leistungsverfügung:** hM, vgl Schaub NJW 81, 1812 f; LAG Hamburg DB 86, 1629; LAG Niedersachsen LAGE § 611 BGB Beschäftigungspflicht Nr 14 S 43 ff) durchgesetzt werden kann (vom GS offengelassen), ergeben sich aus der Entscheidung folgende Konsequenzen (vgl auch ArbG Bielefeld NZA 86, 98; Dütz NZA 86, 213 f; Eich DB 86, 697 f; Schäfer NZA 86, 694 f): Abgesehen von den beiden genannten Ausnahmefällen fehlt es bis zum Erlaß des klagestattgebenden Urteils an einem *Verfügungsanspruch* (vgl Dütz aaO S 213). Der erforderliche *Verfügungsgrund* wird in den beiden Ausnahmefällen, die sich durch eine besondere Schutzwürdigkeit der ArbN-Interessen auszeichnen, idR zu bejahen sein (so auch Dütz aaO S 213; Schäfer aaO S 694 f; einschr Eich aaO S 697). Im übrigen erfordert ein *Verfügungsgrund*, daß der ArbN ohne die Weiterbeschäftigung erhebliche, wesentliche Nachteile erleidet (Brill BB 82, 624 mwN), zB wenn er zum Erhalt seiner Fähigkeiten auf eine dauernde

Tätigkeit angewiesen ist. Ein solcher Nachteil kann schon in der nur kurzfristigen Entfernung vom Arbeitsplatz liegen, wenn über die Kündigungsschutzklage alsbald entschieden wird (Schaub § 123 VIII 17c). Allein das Interesse am Erhalt des Arbeitsplatzes genügt nicht (vgl aber Feichtinger DB 83, 940). Der Verfügungsgrund ist stets das Ergebnis einer Interessenabwägung (Schäfer NZA 86, 694 mN). Trotz Vorliegens erheblicher Nachteile ist ein Verfügungsgrund (Eilbedürftigkeit) dann zu verneinen, wenn der ArbN die Verfügung auf Weiterbeschäftigung erst einige Monate nach dem obsiegenden Urteil im Kündigungsschutzprozeß beantragt (LAG Hamm NZA 86, 399). Eine Verneinung ist auch dann möglich, wenn es der ArbN unterlassen hat, zugleich mit der Kündigungsschutzklage die Weiterbeschäftigungsklage zu verbinden und damit eine Entscheidung in der Hauptsache herbeizuführen (so Schäfer NZA 86, 695). Für die Verteilung der Glaubhaftmachungslast gelten die allg Grundsätze (Dütz Anm zu LAG Köln LAGE § 611 BGB Nr 8, S 19). Die einstw Verfügung ist idR zeitlich bis zum erstinstanzlichen Urteil über die Kündigungsschutzklage zu begrenzen (LAG Hamburg LAGE § 611 BGB Nr 7). Obsiegt der ArbN mit der zugleich geltend gemachten Beschäftigungsklage, fehlt das Rechtsschutzbedürfnis für eine Eilmaßnahme, da ein (vorläufig) vollstreckbares Hauptsacheurteil vorliegt (Einstellung möglich gem § 62 I ArbGG); bei Unterliegen fehlt es aber an einem Verfügungsanspruch. Der **besondere Weiterbeschäftigungsanspruch** nach § 102 V 1 BetrVG kann auch durch einstw Verfügung verfolgt werden (LAG Berlin Betrieb 80, 2449). § 102 V 1 BetrVG begründet einen bes Verfügungsgrund (vgl LAG Köln NZA 84, 300; aA LAG Köln NZA 84, 57). In diesem Verfahren kann der ArbGeb nicht einredeweise Gründe vortragen, die gem § 102 V 2 BetrVG zu einer Entbindung von der Weiterbeschäftigungspflicht führen würden (ArbG Düsseldorf BB 84, 675 mwN; aA Fitting/Auffarth/Kaiser, BetrVG, 14. Aufl 1984, § 102 Rn 24). Eine einstw Verfügung auf Weiterbeschäftigung eines Auszubildenden kann auch dann ergehen, wenn ein Ausschuß nach § 111 II ArbGG noch nicht entschieden hat (LAG Bremen Betrieb 83, 345). Die Verfügung ist bis zur erstinstanzlichen Entscheidung im Kündigungsschutzprozeß zu befristen (LAG Hamburg MDR 86, 84).

Der ArbGeb kann gem § 102 V 2 BetrVG durch einstw Verfügung von seiner **Weiterbeschäftigungspflicht** entbunden werden (vgl LAG Köln Betrieb 83, 2368; ArbG Düsseldorf BB 84, 675). Ist der ArbGeb bereits zur allg Weiterbeschäftigung verurteilt worden, so ist § 102 V 2 BetrVG nicht entsprechend anwendbar (LAG Hamm BB 82, 1120 LS); der ArbGeb kann nur gem § 62 I 3 ArbGG Einstellung der ZwV beantragen.

Die **Urlaubserteilung,** die in das Direktionsrecht des ArbGeb fällt, kann durch einstw Verfügung verfolgt werden (Schaub § 102 II 8; Faecks NZA 85 Beilage 3, S 8). Der ArbN kann jedoch nicht durch vorzeitige Aufwendungen zB für eine Reise den Urlaubszeitraum festlegen und einen Verfügungsgrund schaffen (ArbG Hamm BB 83, 1860 = Betrieb 83, 1553); die Bestimmung erfolgt vielmehr gem § 7 I BUrlG und § 315 BGB nach billigem Ermessen. Auch für die Durchsetzung eines Anspruchs auf **Bildungsurlaub** kommt uU einstw Verfügung in Frage (hierzu näher Oetker ArbuR 84, 32).

b) Kollektivarbeitsrecht. Die Sicherung der **betriebsverfassungsrechtl Beteiligungsrechte** des BetrR durch einstw Verfügung ist grundsätzlich möglich; § 85 II ArbGG läßt einstw Verfügungen im Beschlußverfahren zu (ausführlich Dütz Betrieb 84, 115 ff; Olderog NZA 85, 753; Faecks NZA 85, Beilage 3 S 12). Je nach Umfang des Beteiligungsrechts (vgl Zöllner, ArbR, 3. Aufl 1983, § 46 I) sieht das BetrVG ein eigenes Instrumentarium zur Konfliktlösung vor, das jedoch nicht in allen Fällen ausreicht. Grundsätzlich kann der BetrR jedes Mitwirkungsrecht durch einstw Verfügung durchsetzen (Grunsky, ArbGG, § 85 Rn 14; LAG Frankfurt BB 79, 942 LS; LAG Berlin DB 84, 1936). Dies gilt auch für **Regelungsstreitigkeiten,** wenn eine rechtzeitige (auch nur vorläufige) Entscheidung der Einigungsstelle nicht zu erreichen ist (str; vgl Dietz/Richardi, BetrVG, 6. Aufl 1982, § 76 Rn 26 mwN auch zur aA; Olderog NZA 85, 756 f; Wenzel NZA 84, 116). Versagt das spezielle Regelungssystem des BetrVG, weil der ArbGeb die Beteiligungsrechte des BetrR ignoriert, so können einstw Verfügungen erlassen werden (Lipke Betrieb 80, 2241 zu § 99 BetrVG; Held Betrieb 85, 1691 zu § 18 BetrVG; LAG Köln NZA 86, 370 zu § 78 BetrVG). Der Umfang des vorläufigen Rechtsschutzes im Rahmen des BetrVG hängt entscheidend davon ab, inwieweit (allg) Unterlassungsansprüche des Betriebsrats gegenüber dem ArbGeber anerkannt werden (zum Problem mN: Trittin BB 84, 1169).

Bei **Betriebsänderungen** sind einstw Verfügungen auf Unterlassung von Kündigungen unzulässig (Eich Betrieb 83, 657; ArbG Düsseldorf Betrieb 83, 2093; ArbG Braunschweig Betrieb 83, 239, str; aA LAG Hamburg Betrieb 83, 2369; Betrieb 82, 1522 = AuR 82, 389 m zust Anm Bertelsmann/Gäbert = NJW 84, 324; LAG Frankfurt Betrieb 83, 613 = BB 84, 145 = ZIP 83, 358; einschr Betrieb 85, 178 = ZIP 85, 367). Dem BetrR steht gem § 111 S 1 BetrVG nur ein Informations- und Beratungsrecht zu; er hat keinen allgemeinen Anspruch auf Unterlassung mitbestimmungspflichtiger Handlungen (BAG BB 83, 1724; krit Neumann BB 84, 676). Ein Verstoß des ArbGeb zieht nur die Sanktion des § 113 III BetrVG nach sich (Eich Betrieb 83, 657 ff).

Im **Arbeitskampfrecht** ist eine einstw Verfügung gegen rechtswidrige Kampfmaßnahmen nach überwiegender Meinung zulässig (LAG München NJW 80, 957 = EzA Art 9 GG Arbeitskampf Nr 35 m Anm Dütz; LAG Hamm NZA 84, 130 = DB 84, 1525; LAG Rheinland-Pfalz NZA 86, 264; einschr ArbG Hagen NZA 86, 440; eingehend Grunsky RdA 86, 201 ff mwN). Die einstw Verfügung gegen Streiks wird als Leistungsverfügung verstanden, da sie den Unterlassungsanspruch des ArbGeb sofort erfüllt. Es gelten die allg Voraussetzungen der Leistungsverfügung gem Rn 6. Hat der ArbGeb den Verfügungsanspruch glaubhaft gemacht, so droht ihm wegen des bevorstehenden oder andauernden Streiks der endgültige Rechtsverlust. Die Interessenabwägung beim Verfügungsgrund (Dütz BB 80, 539) ergibt daher, daß die einstw Verfügung zu erlassen ist, wenn der ArbGeb im Hauptverfahren wahrscheinlich im Recht sein wird (StJGr vor § 935 Rn 71). Nicht erforderlich ist die offensichtliche Rechtswidrigkeit des Streiks oder eine glaubhafte Existenzbedrohung des ArbGeb durch den Arbeitskampf (LAG München NJW 80, 957 f; LAG Hamm NZA 85, 744). Auch beim als solchen rechtmäßigen Streik ist eine einstw Verfügung auf Unterlassung einzelner, nicht zum Begriffskern des Arbeitskampfes gehöriger Blokkademaßnahmen zulässig (LAG Köln DB 84, 2095). Zur **Schutzschrift** zur Abwehr einstw Verfügungen gegen Streiks krit Leipold RdA 83, 164.

● **Auskunft:** Eine einstw Verfügung, durch die der Schuldner zur Auskunftserteilung verpflichtet wird, ist – ohne Unterschied, ob es sich um eine Haupt- oder Nebenpflicht handelt – grundsätzlich unzulässig (StJGr vor § 935 Rn 53 mwN); dies gilt jedenfalls, soweit die Auskunfterteilung der Vorbereitung einer Zahlungs- oder Herausgabeklage gegen den Antragsteller dienen soll. Eine Ausnahme ist allerdings dann anzunehmen, wenn der Antragsteller auf die Durchsetzung des Hauptanspruchs dringend angewiesen ist (vgl Rn 6), dieser aber eine vorherige Auskunftserteilung durch den Schuldner erfordert (Karlsruhe NJW 84, 1906; wohl auch StJGr aaO).

● **Bankgarantie: Lit:** *Graf von Bernstorff,* Vorläufiger Rechtsschutz im Dokumentengeschäft usw, RIW 86, 332; *Graf von Westphalen,* Die Bankgarantie im internationalen Handelsverkehr, 1982, S 266–312; *Heinze,* Einstweiliger Rechtsschutz im Zahlungsverkehr der Banken, 1984; *Mülbert,* Mißbrauch von Bankgarantien und einstweiliger Rechtsschutz, 1985 (dazu Zahn ZIP 85, 1295 f); *ders,* Neueste Entwicklungen des materiellen Rechts der Garantie „auf erstes Anfordern", ZIP 86, 1101; *Zahn,* Auswirkungen eines politischen Umsturzes auf schwebende Akkreditive und Bankgarantien, ZIP 84, 1303; *ders,* Anm zu einigen Kontroversen im Bereich der Akkreditive und Bankgarantien, FS Pleyer, 1986, S 153. **a)** Eine einstw Verfügung gegen den **Begünstigten** einer Bankgarantie mit dem Inhalt, diese nicht in Anspruch zu nehmen, ist nach hM zulässig (Schütze WM 80, 1438 mwN in Fn 6; v. Westphalen S 299 f; Mülbert ZIP 86, 1111). Gegenüber dem ausl Begünstigten ist sie jedoch meist ohne praktischen Wert, da die erforderliche Zustellung wegen der in der Unterlassungsverfügung meist enthaltenen Strafdrohung im Ausland unzulässig ist und oft auch zu spät kommen würde (v. Westphalen S 300). Der Garantie-Auftraggeber kann aber einen Arrest in den Auszahlungsanspruch des Begünstigten ausbringen (vgl § 916 Rn 5, str; aA v. Westphalen S 307 ff).

b) Eine einstw Verfügung gegen die **Garantiebank** ist nach jetzt überwiegender Meinung unter ganz engen Voraussetzungen grundsätzlich zulässig.

aa) Bei der **Direktgarantie,** die „auf erstes Anfordern" zahlbar gestellt worden ist, kann eine einstw Verfügung gegen die Garantiebank mit der Anordnung, den Garantiebetrag nicht auszuzahlen, nur dann ergehen, wenn die Inanspruchnahme der Garantie offensichtlich unbegründet und rechtsmißbräuchlich ist (vgl BGH 90, 287 [292 ff] = NJW 84, 2030 = RIW 84, 918, zust Stumpf/Ullrich RIW 84, 843; v. Westphalen aaO S 268). Wegen der grundsätzlichen Abstraktheit der Bankgarantie genügt jedoch nicht die Glaubhaftmachung der den Rechtsmißbrauch begründenden Tatsachen; erforderlich sind vielmehr „liquide" Beweismittel, mit denen der Garantie-Auftraggeber gegenüber der Bank den Rechtsmißbrauch des Begünstigten nachweist (BGH 90, 292; v. Westphalen S 167 f; 270 f mwN; einschr Mülbert ZIP 86, 1108). Der Verfügungsanspruch ergibt sich in diesem Fall aus der Nebenpflicht der Bank aus dem zugrunde liegenden Geschäftsbesorgungsvertrag, den Garantie-Auftraggeber vor Schaden zu bewahren (v. Westphalen S 268). Die Gefährdung des Garantie-Auftraggebers und damit der Verfügungsgrund ergibt sich idR aus der kurzen Frist zwischen Anforderung und Auszahlung des Garantiebetrages.

bb) Bei der **indirekten Garantie** muß der Garantie-Auftraggeber gegenüber der (oft ausländischen) Zweitbank den Rechtsmißbrauch mit liquiden Beweismitteln nachweisen. Ob die Zweitbank daraufhin zur Zahlungsverweigerung berechtigt oder verpflichtet ist, bestimmt sich nach der im Verhältnis Zweitbank–Begünstigter geltenden Rechtsordnung (v. Westphalen S 280; LG Frankfurt NJW 81, 56 m Anm Hein = WM 81, 284).

Nimmt die Zweitbank die Rückgarantie bei der Erstbank in Anspruch, so kommt es auf das rechtsmißbräuchliche Verhalten der Zweitbank an; darauf kann nicht ohne weiteres aus dem Verhalten des Begünstigten geschlossen werden (v. Westphalen S 272, 294; Mülbert ZIP 86, 1110). Die einstw Verfügung ergeht auch bei kollusivem Zusammenwirken zwischen Zweitbank und Begünstigtem. Sie ist jedoch ausgeschlossen, wenn die Garantiebank nicht ihrerseits gegenüber der Zweitbank Rechtsmißbrauch einwenden kann (LG Köln ZIP 82, 433); kann sie es, kann der Garantieauftraggeber im Wege der einstw Verfügung verlangen, daß die Garantiebank diesen Einwand gegenüber der Zweitbank geltend macht (LG Frankfurt ZIP 85, 124). Erforderlich sind wegen des abstrakten Charakters der Bankgarantie wiederum liquide Beweismittel.

Die Zulässigkeit der einstw Verfügung gegen die Garantie-(Erst-)bank ist in der Rspr umstritten. Teilweise wird sie grundsätzlich abgelehnt (LG München I WM 81, 416; Frankfurt NJW 81, 1914), meist aber grundsätzlich zugelassen, aber wegen der strengen Voraussetzungen im Einzelfall abgelehnt (Frankfurt WM 83, 575; LG Stuttgart WM 81, 633; LG Braunschweig WM 81, 278; Saarbrücken WM 81, 275 = RIW/AWD 81, 338). Einstw Verfügungen haben erlassen LG Frankfurt NJW 81, 56 m Anm Hein = WM 81, 284; ZIP 85, 124 und LG Dortmund WM 81, 280. Zum Sonderfall des Ablaufs der **Garantiefrist** Stuttgart NJW 81, 1913 = ZIP 81, 497 = WM 81, 631. Ähnlich liegen die Probleme beim **Akkreditiv** (vgl Frankfurt WM 81, 445; Düsseldorf WM 78, 359). Auch bei der **Bürgschaft** kann deren Nichtinanspruchnahme durch einstw Verfügung durchgesetzt werden (KG BauR 81, 386); die Rücknahme einer Kündigung der Bürgschaft kann im Wege der Leistungsverfügung nicht begehrt werden (LG Darmstadt WM 84, 259).

• **Bankgeheimnis:** Wird gegenüber einem deutschen Kreditinstitut durch die Entscheidung eines ausländischen Gerichts die Offenbarung von Geschäftsvorfällen innerhalb des Bankvertrags angeordnet, so kann der Bankkunde dem Kreditinstitut die Erteilung der Auskunft durch einstw Verfügung zum Schutz des Bankgeheimnisses untersagen lassen (LG Kiel RIW/AWD 83, 206; LG Kiel IPRax 84, 146; hierzu eingehend Bosch IPRax 84, 127).

• **Bauhandwerkersicherungshypothek** (vgl auch § 926 Rn 30): Der Anspruch auf Eintragung der Bauhandwerkersicherungshypothek gem § 648 I 1 BGB wird gem §§ 883 I, 885 I BGB, § 935 ZPO durch einstw Verfügung gesichert. Das betroffene Grundstück ist genau zu bezeichnen (BayObLG Rpfleger 81, 190 m Anm Meyer-Stolte). Verfügungsanspruch ist der materiellrechtliche Sicherungsanspruch gem § 648 I BGB, dessen Bestehen im Einzelfall, insbesondere bei behaupteten Werkmängeln sehr zweifelhaft sein kann (vgl Hamm BauR 82, 285; Peters NJW 81, 2550 [2552]). Infolge Wegfalls des Sicherungsbedürfnisses entfällt dieser Anspruch bereits dann, wenn der Antragsgegner (Grundstückseigentümer und Besteller) den Werklohn bezahlt, auch wenn dies unter dem Vorbehalt zur Abwendung der ZwV geschieht (Hamburg WM 86, 497). Ein Verfügungsgrund ist gem § 885 I 2 BGB entbehrlich (BGH 91, 139 [146]).

Durch die einstw Verfügung erwirbt der Werkunternehmer eine Vormerkung nur, wenn diese ins Gundbuch eingetragen wird, bevor die Wirkungen einer gleichzeitig erfolgten Konkurseröffnung eintreten (LG Frankfurt ZIP 83, 351); die zeitliche Abfolge ist vom Gläubiger zu beweisen. Dem Antrag auf Erlaß der einstw Verfügung kann das Rechtsschutzbedürfnis fehlen, wenn der Vollziehung der einstw Verfügung ein Vollstreckungshindernis entgegensteht (LG Dortmund BauR 82, 289 zu § 20 ReichsheimstättenG). Die Vollziehung der einstw Verfügung als Vollstreckungshandlung soll für den gesicherten Zahlungsanspruch nicht gem § 209 II Nr 5 BGB die Verjährung unterbrechen (Düsseldorf BauR 80, 475; zw). Kostenfragen vgl Heyers BauR 80, 20 (25 ff).

• **Berufssport:** Einstw Verfügungen durch staatliche Gerichte sind nicht dadurch ausgeschlossen, daß ein ständiges Schiedsgericht durch Verbandsstatuten ermächtigt ist, einstw Anordnungen im Eilverfahren zu treffen (LG Frankfurt NJW 83, 761 m Anm Vollkommer NJW 83, 726; ausführlich Vollkommer RdA 82, 16 ff). Eine Lizenz kann durch einstw Verfügung erteilt werden (LG Frankfurt aaO). Vgl auch Rn 4 vor § 916.

• **Bürgschaft:** s „Bankgarantie" aE.

• **Familienrecht** (vgl auch „Unterhaltsrecht"; **Lit:** *Borgmann* FamRZ 85, 321, 337 ff): Der Anspruch auf Wirtschaftsgeld kann in dringenden Fällen durch einstw Verfügung geregelt werden (Düsseldorf FamRZ 83, 1121). Eine einstw Verfügung auf Antrag des künftigen Vaters gegen die Mutter auf Unterlassung eines illegalen Schwangerschaftsabbruchs erscheint möglich; der Unterlassungsanspruch folgt aus § 823 I BGB („Leben") in Verb mit § 218 StGB (im Erg ebenso AG Köln NJW 85, 2201 – Vormundschaftsgericht –, das durch eine Entscheidung gem § 1628 BGB den Verfügungsantrag des Vaters ermöglichen will; aA Coester-Waltjen NJW 85, 2176 ff: *nur* amtswegiger Schutz des Vormundschaftsgerichts gem § 1666 BGB). Zulässig ist eine einstw Verfügung (nach aA: Arrest, vgl § 916 Rn 5) auf Sicherheitsleistung wegen Zugewinnausgleich gem § 1389 BGB (vgl Köln FamRZ 83, 710 mN, str; aA Celle FamRZ 84, 1231, abl dazu Schröder

FamRZ 85, 392; vgl auch § 935 Rn 9 mwN). Eine einstw Verfügung auf Räumung der Ehewohnung kann zulässig sein (Zweibrücken FamRZ 83, 1254).

● **Gesellschaftsrecht: Lit:** *v. Gerkan*, Gesellschafterbeschlüsse usw und einstweiliger Rechtsschutz, ZGR 85, 167; *Semler*, Einstw Verfügungen bei Gesellschafterauseinandersetzungen, BB 79, 1533. Durch einstw Verfügung kann die Abhaltung einer Gesellschafterversammlung und die Vollziehung eines gefaßten Beschlusses untersagt werden (Koblenz NJW-RR 86, 1039 mwN); die Willensbildung der Versammlung kann jedoch durch einstw Verfügung nicht beeinflußt werden (Frankfurt aaO); es fehlt am Verfügungsanspruch. Zulässig ist die **Entziehung der Geschäftsführungs- und Vertretungsbefugnis** durch einstw Verfügung (BGH 33, 104; Frankfurt BB 79, 1630; vgl auch Düsseldorf WRP 85, 641 f) und die Erzwingung der Mitteilung eines Gegenantrags gem §§ 125 f AktG (Frankfurt NJW 75, 392 m Anm Haeberlein). Unzulässig ist eine einstw Verfügung mit dem Ziel der Unterbindung der Stimmrechtsausübung durch andere Gesellschafter (Neustadt MDR 55, 108, str; aA Koblenz NJW 86, 1692; zust v. Gerkan EWiR § 46 GmbHG 3/86, 373) oder von (sachlich richtigen) Registeranmeldungen (Koblenz NJW-RR 86, 1040 f). Vgl § 938 Rn 2.

● **Grundbuch:** Einem **Grundschuldgläubiger** kann durch einstw Verfügung untersagt werden, über die Grundschuld zu verfügen (LG Frankfurt Rpfleger 83, 250 m Anm Meyer-Stolte). Da das Grundbuchamt den Grundschuldbrief gem §§ 41 I 1, 42 GBO zur Eintragung der Verfügungsbeschränkung ins GB benötigt, ist seine Herausgabe an den GVollz gem § 938 anzuordnen (Meyer-Stolte aaO).

Ein **Rechtshängigkeitsvermerk** kann durch einstw Verfügung ins GB eingetragen werden (s § 325 Rn 50 mwN). Dagegen ist die Anweisung an den Grundbuchbeamten, die Eintragung des Eigentumsübergangs im GB bis auf weiteres oder bis zur Erledigung eines bestimmten Rechtsstreits zu unterlassen, unzulässig (KG JW 23, 763). Die Löschung einer Auflassungsvormerkung kann nicht durch einstw Verfügung erreicht werden (KG MDR 77, 500). S auch § 938 Rn 5, 13.

● **Handelsregister:** Eintragungen können durch einstw Verfügung für unzulässig erklärt werden (vgl § 16 HGB; Hamm BB 81, 259 m Anm Baums). Löschungen im Handelsregister können nicht durch einstw Verfügung erreicht werden.

● **Hausbesetzer: Lit:** *Kleffmann*, Unbekannt als Parteibezeichnung (Einstw Verfügung gegen Hausbesetzer), 1983. Einstw Verfügungen gegen Besitzstörer von Gebäuden zum Zwecke der Räumung sind zulässig; bei Wohnräumen genügt nicht verbotene Eigenmacht gem § 940 a, vielmehr muß auch ein Verfügungsgrund gem § 940 vorliegen (LG Frankfurt NJW 80, 1758 m krit Anm Wolf). Das Problem wird hauptsächlich bei der Bestimmtheit des Antragsgegners diskutiert (vgl § 935 Rn 4 mwN; LG Düsseldorf DGVZ 81, 156; LG Hannover NJW 81, 1455).

● **Herausgabeansprüche:** Durch einstw Verfügung kann Herausgabe von Gegenständen insbesondere im Rahmen des **Besitzschutzes** verlangt werden (Düsseldorf MDR 71, 1011; LAG Berlin BB 82, 1428 LS; LG München II MDR 69, 491 für entzogenen Alleinbesitz; abl Hamburg MDR 70, 770 bei entzogenem Mitbesitz; vgl auch AG Bruchsal NJW 81, 1674; dazu Smid JuS 82, 892). Dies gilt auch für Gegenstände des Hausrats (Frankfurt FamRZ 79, 515). Darüber hinaus wird Herausgabe durch einstw Verfügung nur dann angeordnet, wenn der Gläubiger auf die jeweiligen Sachen **dringend angewiesen** ist, zB für seinen Lebensunterhalt (Arbeitsgeräte, StJGr vor § 935 Rn 45, oder Arbeitspapiere, LAG Frankfurt Betrieb 81, 534).

Schwebt ein **Rechtsstreit über das Eigentum** an einer Sache, so kann Herausgabe zum Zweck der vorläufigen Regelung des Besitzes angeordnet werden, wenn die Voraussetzungen des Verfügungsgrundes vorliegen. Letzterer kann uU bereits in der Gefahr der Weiterbenutzung der Sache durch den Antragsgegner bestehen (Düsseldorf MDR 84, 411; zust Kleier MDR 84, 370). Bei unter Eigentumsvorbehalt gelieferter Ware kann deren Herausgabe durch einstw Verfügung verlangt werden, wenn die Gefährdung des Herausgabeanspruchs glaubhaft gemacht ist (Düsseldorf ZIP 83, 1097). Hingegen kann der Absonderungsberechtigte nicht die Herausgabe des Sicherungsgutes aus der Konkursmasse im Wege einstw Verfügung verlangen (LG Köln ZIP 85, 496). Bauunterlagen können im Original nicht durch einstw Verfügung herausverlangt werden (Frankfurt BauR 80, 193). Einsicht in Krankenunterlagen zur Abschätzung des Prozeßrisikos kann nicht durch einstw Verfügung verlangt werden (LG Karlsruhe VersR 82, 1165). Ein abgeschlepptes **Kfz** kann nicht durch einstw Verfügung herausverlangt werden (LG Göttingen MDR 80, 324). Herausgabe eines **Kindes** kann nur durch einstw Anordnung, nicht durch einstw Verfügung verlangt werden (Düsseldorf FamRZ 82, 431 mwN).

● **Kartellrecht:** Die Zulässigkeit einstw Verfügung auf **Belieferung** wegen Diskriminierung gem §§ 26 II 2, 35 GWB ist umstritten (vgl Möschel, Recht der Wettbewerbsbeschränkungen Rn 1154). Teilweise wird sie völlig ausgeschlossen (Saarbrücken WuW 82, 377). Überwiegend wird eine einstw Verfügung auf Belieferung jedoch grundsätzlich für zulässig erachtet (Düsseldorf WuW

81, 372; LG Düsseldorf WuW 84, 412), wobei die Gerichte jedoch hohe Anforderungen an die Darlegungslast des Gläubigers bezügl des Verfügungsgrundes stellen (Karlsruhe WRP 80, 638 = WuW 81, 49) und sehr zurückhaltend mit der im Einzelfall anzuordnenden Maßnahme sind (Karlsruhe aaO; KG WuW 82, 946).

Bei besonders schwierigen Rechtsfragen genügt eine summarische Schlüssigkeitsprüfung und eine diese Prüfung ermöglichende Darlegung der Tatsachen (Frankfurt WuW 80, 429). Zur Aussetzung anderer Verfahren wegen kartellrechtl Vorfragen vgl Rn 9 vor § 916.

● **Mietrecht:** Die Zustimmung des Mieters zu Erhaltungsmaßnahmen iS von § 541 a BGB kann der Vermieter durch einstw Verfügung nur dann verlangen, wenn eine akute Gefahr für die Mietsache besteht (AG Neuss NJW-RR 86, 314). Vgl auch die Erl zu § 940 a.

● **Patentrecht:** Der Erlaß einstw Verfügungen in **Patentverletzungsstreitigkeiten** ist zulässig (Benkard, PatG, 7. Aufl, § 139 Rn 150; Hamburg GRUR 84, 105). Der Verfügungsanspruch aus § 139 I PatG ist wegen der schwierigen technischen Fragen oft nur schwer feststellbar. Eine Unterlassungsverfügung wird daher nur in den Fällen erlassen, in denen der Bestand des Schutzrechts unzweifelhaft (Düsseldorf WRP 82, 401 LS) und die Verletzung offensichtlich ist (vgl LG Düsseldorf GRUR 80, 989). Eine einstw Verfügung wird jedoch versagt, wenn der Schuldner glaubhaft macht, daß das Schutzrecht auf eine erhobene Nichtigkeitsklage hin aufgehoben oder im Einspruchsverfahren widerrufen werde (Düsseldorf WRP 82, 401 LS; zur Glaubhaftmachung Düsseldorf GRUR 83, 79; Hamburg GRUR 84, 106). § 25 UWG ist nicht entsprechend anwendbar (Düsseldorf aaO; Benkard, PatG, § 153 Rn 153; str; aA Karlsruhe GRUR 79, 700; LG Düsseldorf GRUR 80, 989; vgl auch Karlsruhe GRUR 82, 169). Erscheint die Vernichtung des Patents möglich, so kann sich der Schuldner darauf gleichwohl nicht berufen, wenn er trotz entsprechender Möglichkeit keinen Einspruch oder Nichtigkeitsklage erhoben hat (Benkard, PatG, § 139 Rn 153 aE; Frankfurt GRUR 81, 905).

Zur Sicherung eines auch bei Patentverletzungen in Frage kommenden *Besichtigungs-(Vorlegungs-)anspruchs* nach § 809 BGB (vgl BGH 93, 191 [198 ff]) kann durch einstw Verfügung die Herausgabe der angeblichen patentverletzenden Sache an den GVollz als Sequester und die Besichtigung durch einen Sachverständigen angeordnet werden (BGH aaO S 193 f). Da aber der Anspruch sich auf eine sinnliche Wahrnehmung beschränkt, verbieten sich gerichtliche Anordnungen, die einen Substanzeingriff zulassen (BGH aaO S 209 ff).

Die **Untersagung der Benutzung** des Patents als schwerwiegendste Rechtsfolge (Düsseldorf WRP 82, 401 LS) wird nur dann ausgesprochen, wenn der Schuldner die wahrscheinliche Vernichtung des Schutzrechts nicht glaubhaft machen konnte und er das Patent sehenden Auges verletzt, auch wenn dadurch ein hoher Anteil seines Umsatzes zum Erliegen kommt (Frankfurt GRUR 81, 905). Wegen der drohenden erheblichen Schäden empfiehlt sich die Anordnung der Sicherheitsleistung (Karlsruhe GRUR 80, 794) oder (wenn das wirtschaftlich nicht vertretbar ist) die Hinterlegung des Verletzergewinns.

● **Politische Auseinandersetzungen:** Hier hat das Parteischiedsgerichtsverfahren gem § 14 PartG, das idR einstweilige Anordnungen der Parteischiedsgerichte nach dem Vorbild der §§ 935 ff ermöglicht, den Vorrang vor dem vorläufigen Rechtsschutz durch die ordentlichen Gerichte (vgl Hamm MDR 71, 56; 72, 521; LG Berlin NVwZ 83, 438; näher Vollkommer, FS Nagel, 1987); vgl auch allg Rn 4 vor § 916.

● **Presserecht: Lit:** *Hösl*, Die Anordnung einer einstw Verfügung in Pressesachen (Diss Würzburg 1973); *Löffler*, Presserecht, Kommentar, 3. Aufl 1983, Band I: Landespressegesetze; *Koebel*, Einstw Verfügungen und Pressefreiheit, NJW 67, 321; *E. Schneider*, Der Anspruch auf Widerruf im Verfügungsverfahren, AfP 84, 127. Im Rahmen eines **vorbeugenden Rechtsschutzes** kann ein Betroffener sich gegen die Veröffentlichung (Verbreitung) ehrverletzender Behauptungen durch ein Presseorgan mit einer einstw Verfügung wehren (Löffler, § 1 LPG Rn 155); die Zulassung solcher einstw Verfügungen ist kein Verstoß gegen das **Zensurverbot** des Art 5 I 3 GG (Löffler aaO; Koebel, NJW 67, 322 f). Bejaht das Gericht im Einzelfall die Dringlichkeit einer gerichtlichen Regelung (Verfügungsgrund), so hängt die anzuordnende Maßnahme gem § 938 von den zeitlichen Möglichkeiten ab. So kommt in erster Linie ein Verbot der Aufstellung der konkreten ehrverletzenden Behauptung in Betracht, nur in besonderen gravierenden Ausnahmefällen das Auslieferungsverbot einer ganzen Zeitungsauflage (vgl Löffler, Vorbem §§ 13 ff Rn 56; Koebel NJW 67, 324 f). Die einstw Verfügung soll nur auf Grund **mündl Verhandlung** ergehen, wenn kein besonders dringender Fall gem § 937 II vorliegt (vgl Löffler Vorbem §§ 13 ff Rn 59); dies ist jedoch keine Besonderheit des Presserechts (vgl § 937 Rn 2).

Nach der Veröffentlichung bestimmter Behauptungen können dem Betroffenen Ansprüche auf **Widerruf** und **Gegendarstellung** zustehen. Der Widerrufsanspruch kann nach überwiegender Meinung nicht durch einstw Verfügung durchgesetzt werden (Bremen AfP 79, 355; Köln AfP 81, 358; aA E. Schneider AfP 84, 129 ff – für „vorläufigen eingeschränkten" Widerruf –; differenzierend Löffler, § 6 LPG Rn 136 mwN). Wegen der beschränkten Aktualität der Pressemeldung wird die Veröffentlichung der Gegendarstellung durch einstw Verfügung angeordnet (im wesentlichen übereinstimmend § 11 der Landes-Pressegesetze; zu den Voraussetzungen zB Karlsruhe NJW 84, 1127). Die betroffene Redaktion soll vor Ablehnung der nicht ordnungsgemäßen Gegendarstellung auf eine richtige Abfassung hinwirken (LG Wiesbaden MDR 83, 759). Das Gericht ist wegen des höchstpersönl Charakters der Erklärung zu Änderungen nicht befugt (ausführlich Löffler, § 11 LPG Rn 199 ff; LG Köln AfP 76, 191 m Anm Hillig). Auch wenn sich das Presseorgan bereits zur Veröffentlichung der Gegendarstellung bereit erklärt hat, ist noch eine Vollziehung der einstw Verfügung durch Parteizustellung erforderlich (Hamburg AfP 82, 35). Wegen des Verhältnisses der presserechtlichen einstw Verfügung zum Hauptsacheprozeß vgl Löffler, § 6 LPG Rn 177 ff; § 926 Rn 2. Zum Schadensersatz bei ungerechtfertigter Anordnung der Veröffentlichung einer Gegendarstellung vgl Nüssgens, FS Faller, 1984, S 461.

● **Prozeßführung:** Gegen das der Rechtsverfolgung oder Rechtsverteidigung dienende Vorbringen einer Partei oder ihres Prozeßbevollmächtigten im Zivilprozeß gibt es grundsätzlich keinen Unterlassungsanspruch und damit keinen negatorischen Rechtsschutz (vgl Palandt/Thomas, BGB, 45. Aufl, Einf 8 b bb vor § 823 mwN; ie Walter JZ 86, 614 ff), so daß auch einstw Verfügungen auf Unterlassung eines bestimmten Parteivorbringens im Prozeß ausscheiden. Bsp: keine einstw Verfügung gegen die Bezeichnung eines klagenden Wettbewerbsvereins in einer Abmahnsache als „Absahn-Hai" (LG Berlin NJW 84, 1760). Es handelt sich um einen allg Grundsatz, der für *jedes* gerichtliche Verfahren gilt (vgl LG Trier NJW 74, 1774 betr [parteien-]schiedsgerichtliches Verfahren).

● **Sortenschutz:** Vgl Jestedt GRUR 81, 153 zu § 15 SortenschutzG aF; vgl nunmehr die nF in § 37 SortenschutzG vom 11. 12. 1985 (BGBl I, S 2170).

● **Stromunterbrechung:** Macht ein Versorgungsunternehmen gegenüber einem säumigen Kunden von der Möglichkeit der *Liefersperre* Gebrauch (Voraussetzungen: Zahlungsrückstand, Mahnung, Androhung, Wahrung der Verhältnismäßigkeit; ie § 33 II AVBEltV, vgl auch BVerfG NJW 82, 1511; 83, 32; Jauernig/Vollkommer, BGB, 3. Aufl § 273 Anm 3 a), so kann der Kunde sein Recht auf Wiederherstellung eines unterbrochenen Versorgungsanschlusses im Wege der einstw Verfügung durchsetzen. **Lit:** *v. Hesler,* Einstw Verfügung auf Wiederaufnahme der Energieversorgung nach Einstellung durch das Versorgungsunternehmen, Recht der Elektrizitätswirtschaft 46 (1985), 42 ff.

● **Unterhaltsrecht: a)** Obgleich durch einstw Verfügung nur Individualansprüche gesichert werden können (vgl Rn 1 vor § 916), ist nach einhelliger Auffassung bei Unterhaltsansprüchen nicht der Arrest, sondern einstw Verfügung in der Form der **Leistungsverfügung** (vgl Rn 6) das statthafte Sicherungs-(Befriedigungs-)mittel des vorläufigen Rechtsschutzes (zu den Ausnahmen vgl § 916 Rn 8). Dies folgt daraus, daß die gesetzlichen Unterhaltsansprüche nach §§ 1360 ff, 1569 ff, 1601 ff BGB ihrer Natur nach nicht selbstverständlich auf Geld-, sondern auf Naturalleistung gerichtet sind. Nur die Erfordernisse der Praxis haben dem bequemeren Weg der Geldzahlung zur Durchsetzung verholfen.

b) Hauptproblem der einstw Verfügung auf Unterhaltsleistung ist ihre Abgrenzung von der **einstweiligen Anordnung** (vgl dazu Bölling, Konkurrenz einstw Anordnungen mit einstw Verfügungen in Unterhaltssachen, Diss Göttingen, 1981; Rspr-Übersicht: Borgmann FamRZ 85, 337; vgl auch § 620 Rn 20 und § 935 Rn 3). Sobald durch Gesetz eine einstw Anordnung für zulässig erklärt wird, scheidet grundsätzlich der Erlaß einer (viel allgemeineren) einstw Verfügung aus (Zweibrücken FamRZ 83, 619). Dies gilt auch dann, wenn der Gläubiger im Zeitpunkt der Antragstellung nicht von der Anhängigkeit eines Scheidungsverfahrens wußte (Düsseldorf FamRZ 85, 298). Eine Zurückweisung des Antrags auf Erlaß der einstw Verfügung kann in diesem Fall dadurch vermieden werden, daß die Überleitung des Verfahrens in ein Nebenverfahren (§ 620 S 1 Nr 6) zum Scheidungsrechtsstreit beantragt wird (Düsseldorf aaO). Vom Grundsatz der Vorrangigkeit der einstw Anordnung gibt es allerdings Ausnahmen. So kann **Kindesunterhalt** gem § 620 S 1 Nr 4 (idF des UÄndG) im Verfahren der einstw Anordnung nur für *minderjährige* Kinder geltend gemacht werden; für ein *volljähriges* Kind ist auch während der Anhängigkeit einer Ehesache vorläufiger Rechtsschutz nur durch einstw Verfügung möglich (vgl Sedemund-Treiber FamRZ 86, 213). Auch wird der Erlaß einer einstw Verfügung nicht dadurch unzulässig, daß *nach* Antragstellung ein Scheidungsverfahren anhängig wird (Düsseldorf FamRZ 86, 75; vgl auch § 935 Rn 3).

c) Wie überhaupt bei der Leistungsverfügung (vgl Rn 6), sind bei der einstw Verfügung auf Unterhaltsleistung strenge Anforderungen an den **Verfügungsgrund** zu stellen (Hamm NJW-RR

86, 943; Köln FamRZ 83, 410 mwN). **aa)** So *fehlt* es am erforderlichen Verfügungsgrund, wenn der Antragsteller es unterlassen hat, seinen Unterhaltsanspruch während des anhängigen Ehescheidungsverfahrens geltend zu machen (Frankfurt FamRZ 86, 367; Koblenz FamRZ 86, 77; Zweibrücken FamRZ 86, 76; 84, 594); denn auch bei Vorliegen der erforderlichen Notlage würden sonst die Rechte des Antragsgegners durch das summarische Verfahren und die Reduzierung der Beweisfragen auf die bloße Glaubhaftmachung unannehmbar verkürzt. Gleiches gilt, allerdings mit anderer Begründung, wenn der Antragsteller seinen dringenden Notbedarf durch **Sozialhilfe** erfüllt bekommt (Saarbrücken FamRZ 86, 185); denn der Sozialhilfeträger erlangt zwar einen Rückforderungsanspruch gem §§ 90 ff BSHG gegenüber dem jeweils unterhaltspflichtigen Dritten, nicht aber gegenüber dem Antragsteller selbst. Auch ein Student kann nicht Unterhalt im Wege der einstw Verfügung verlangen, wenn er gem §§ 36, 37 **BAFöG** Vorauszahlungen erhält, die seinen dringenden Notbedarf decken (Düsseldorf FamRZ 86, 78). Ein Verfügungsgrund fehlt auch dann, wenn der Gläubiger den Antrag so spät einreicht, daß er zu dieser Zeit bereits einen Titel im ordentlichen Verfahren erlangt haben könnte (Köln FamRZ 83, 410 mwN; vgl auch Bamberg FamRZ 84, 388). Ein Aussetzungsantrag des Scheinvaters gem §§ 152, 153 führt im Verfügungsverfahren zur Abweisung des Antrags mangels Verfügungsgrund, wenn die anhängige **Ehelichkeitsanfechtungsklage** nicht offensichtlich aussichtslos ist (Düsseldorf FamRZ 82, 1229; vgl Rn 8 vor § 916). **bb)** Wegen der Begrenzung der Unterhaltsverfügung auf „Notfälle" fehlt ein Verfügungsgrund auch, soweit für die **Vergangenheit** Unterhaltsansprüche geltend gemacht werden, sofern dies nicht ohnehin gesetzlich geregelt ist (zB § 1613 BGB). Eine einstw Verfügung auf Unterhaltsleistung kann daher nur für Ansprüche *ab Antragstellung* erlassen werden (Düsseldorf FamRZ 86, 75; aA Zweibrücken FamRZ 86, 76; Köln FamRZ 86, 920, wonach nicht einmal der Zeitraum zwischen Antragstellung und Erlaß der Entscheidung mit einzubeziehen ist); nach der aA soll der Ausschluß von Unterhalt für die Vergangenheit auch dann gelten, wenn die einstw Verfügung zunächst erlassen, auf Widerspruch hin aufgehoben, vom Berufungsgericht dann aber bestätigt worden ist (Celle FamRZ 83, 622; Köln FamRZ 86, 920 f). Unabhängig von dieser zeitlichen Zäsur kann Unterhalt für die Vergangenheit auch dann nicht verlangt werden, wenn der Antragsteller bis zum maßgeblichen Zeitpunkt seinen Lebensunterhalt im notwendigsten Umfang anderweitig befriedigen konnte (Zweibrücken FamRZ 85, 928). **cc)** Soweit es um regelungsfähige Unterhaltsansprüche für die **Zukunft** geht, ist wegen des Ausnahmecharakters der Leistungsverfügung auch insoweit eine Einschränkung zu treffen. Abgesehen von einer betragsmäßigen Beschränkung auf den **Notunterhalt** (Hamm FamRZ 86, 696; Saarbrücken FamRZ 85, 1150 m Anm Schwarz, str; aA zB Hamburg FamRZ 81, 160: „angemessener" Unterhalt) dürfen einstw Verfügungen auf Unterhaltsleistung nur für einen **befristeten** Zeitraum erlassen werden, da der Antragsteller sich in dieser Zeit um einen Hauptsachetitel bemühen soll (Hamm FamRZ 86, 696; Zweibrücken FamRZ 86, 921; Saarbrücken FamRZ 85, 1150; Köln FamRZ 83, 410; teilw aA Göppinger/Wax, Unterhaltsrecht, 4. Aufl, Rn 3185).

d) Abgesehen von der Reduzierung auf den dringenden Notbedarf kann der **Verfügungsanspruch** seinem Inhalt nach auch auf sonstige Leistungen gerichtet sein. So kann der beim Unterhaltsschuldner mitversicherte Gläubiger im Wege der einstw Verfügung auch die Aushändigung von Krankenscheinen verlangen (Düsseldorf FamRZ 86, 78).

e) An das Erfordernis der **Glaubhaftmachung** von Verfügungsanspruch und -grund sind – wie allgemein bei der Leistungsverfügung – strenge Anforderungen zu stellen (Hamm FamRZ 86, 696). Die Glaubhaftmachungslast trifft bei einer einstw Verfügung auf (Geschiedenen-)Unterhalt grundsätzlich den Antragsteller (Baumgärtel, Handbuch der Beweislast im Privatrecht, Bd 2, § 1579 Rn 15 und Rn 10 vor § 1601; aA Düsseldorf FamRZ 80, 157; Palandt/Diederichsen, BGB, § 1579 Anm 1), da die Behauptungs- und Beweislastverteilung beim einstw Rechtsschutz nicht anders geregelt ist als im ordentlichen Verfahren (vgl Rn 6 vor § 916). Dies gilt allerdings nicht, wenn das Gesetz eine ausdrückliche Erleichterung für den Antragsteller vorsieht. So bedarf es keiner Glaubhaftmachung des Verfügungsgrundes im Falle des § 1615 o BGB; denn § 1615 o III stellt eine, allerdings für den Schuldner widerlegbare Vermutung (Baumgärtel aaO § 1615 o Rn 9) der Bedürftigkeit dar.

f) Dem Antragsgegner bleiben nach Erlaß der einstw Verfügung die Rechte aus §§ 924 ff; er kann insbesondere **Aufhebung** einer unbefristeten einstw Verfügung gem § 927 I verlangen, wenn er lange Zeit *freiwillig* seiner Unterhaltsverpflichtung nachgekommen ist (Zweibrücken FamRZ 83, 415; § 927 Rn 6). Die **Wiederholung** eines Antrags auf Erlaß einer Unterhaltsverfügung ist unter Anführung neuer Tatsachen auch dann möglich, wenn über den ersten Antrag noch nicht rechtskräftig entschieden worden ist (Zweibrücken FamRZ 82, 413). Wegen **Prozeßkostenvorschuß** vgl § 127 a; keine Prozeßkostenhilfe für einen mittels **Schutzbrief** gestellten Antrag, da Schutzschriften in Unterhaltssachen nicht wie im Wettbewerbsrecht bereits als Prozeßhandlungen anzusehen sind (Düsseldorf FamRZ 85, 502).

• **Wettbewerbsrecht: Lit:** *Ahrens,* Wettbewerbsverfahrensrecht, 1983; *Baumbach/Hefermehl,* WettbewerbsR, 14. Aufl 1983, Anm zu § 25 UWG; *Gloy,* Handbuch des Wettbewerbsrechts, 1986, §§ 80–96; *Jestaedt,* Der Streitgegenstand des wettbewerbsrechtlichen Verfügungsverfahrens, GRUR 85, 480; *Körner,* Befristete und unbefristete Unterlassungstitel bei Wettbewerbsverstößen, GRUR 85, 909; *Lindacher,* Unterlassungs- und Beseitigungsanspruch, GRUR 85, 423; *ders,* Praxis und Dogmatik der wettbewerbsrechtlichen Abschlußerklärung, BB 84, 639; *Pastor,* Der Wettbewerbsprozeß, 3. Aufl 1980 Kap 26–50; *Ullrich,* Die Beweislast im Verfahren des Arrestes und der einstw Verfügung (unter bes Berücksichtigung der wettbewerbsrechtlichen einstw Verfügung), GRUR 85, 201. Die einstw Verfügung ersetzt meist den Hauptsacheprozeß, da beide Parteien angesichts der schnellen Auswirkungen von Wettbewerbsverstößen an einer umgehenden Klärung der Rechtslage interessiert sind. Als Sondervorschrift für wettbewerbsrechtliche Unterlassungsansprüche erleichtert § 25 UWG den Erlaß einstw Verfügungen. Die Vorschrift ist auf sämtliche Unterlassungsansprüche des Wettbewerbsrechts anwendbar (Baumbach/Hefermehl § 25 UWG Rn 5; StJGr vor § 935 Rn 48 je mwN). Gegenstand der einstw Verfügung kann auch ein befristetes Belieferungsverbot sein (Düsseldorf WRP 83, 410; GRUR 85, 75 [77]).

Voraussetzung der einstw Verfügung sind Darlegung und Glaubhaftmachung (vgl Frankfurt WRP 80, 38) eines Verfügungsanspruchs (zB §§ 1, 3 UWG) und Vorliegen eines Verfügungsgrundes. Letzterer muß jedoch nicht dargelegt und glaubhaft gemacht werden, da § 25 UWG insoweit von den Voraussetzungen der §§ 935, 940 ZPO befreit **(Dringlichkeitsvermutung,** Baumbach/Hefermehl § 25 UWG Rn 6; Borck NJW 81, 2722 ff). Diese Vermutung **entfällt,** wenn der Unterlassungsgläubiger den Wettbewerbsverstoß in Kenntnis aller Umstände zunächst hinnimmt und die einstw Verfügung erst später beantragt **(Selbstwiderlegung,** Hamm WRP 81, 473; Stuttgart WRP 81, 668; KG WRP 84, 478; Frankfurt WRP 84, 692 mit Anm Traub; GRUR 84, 693; Hamburg WRP 84, 418). Die Kenntnis des Verletzten ist vom Antragsgegner glaubhaft zu machen; es kommt jedoch eine Umkehr der Glaubhaftmachungslast in Betracht, wenn der Antragsgegner Indizien für die Kenntnis des Verletzten glaubhaft macht (LG Hamburg WRP 80, 362). Die Vermutung der Dringlichkeit kann auch nach Jahren noch bestehen, wenn der Verletzte diese Zeit benötigte, um zuverlässige Kenntnis von den maßgeblichen Umständen zu erlangen (München WRP 81, 340; WRP 80, 506; KG WRP 80, 262) oder um sich die erforderlichen Unterlagen für eine erfolgreiche Antragstellung zu verschaffen (München WRP 84, 644). Andererseits kann die Vermutung schon entfallen, wenn der Verletzte die Berufungs- und Berufungsbegründungsfrist voll ausschöpft (Köln WRP 80, 503; aA Hamburg GRUR 83, 436); es gibt keine feste zeitliche Grenze. Die Dringlichkeitsvermutung kann trotz langen Zuwartens aufleben, wenn der Verletzte einen Wettbewerbsverstoß für abgeschlossen hielt, dieser aber nach längerer Zeit fortgesetzt und nun erst Antrag auf Erlaß einer einstw Verfügung gestellt wird (Borck NJW 81, 2723 f). Ein solches Wiederaufleben ist auch dann anzunehmen, wenn der Verletzer die zu beanstandende Verletzungshandlung nach Art und (oder) Umfang wesentlich ändert (Frankfurt WRP 84, 692 mit Anm Traub). Wegen derselben Verletzungshandlung mit anderer Verletzungsform fehlt nicht der Verfügungsgrund für eine zweite einstw Verfügung (Stuttgart WRP 83, 708).

Materiell-rechtliche Voraussetzung der Unterlassungsverfügung ist vor erstmaligerVerletzung die **Begehungsgefahr,** nach erstmaliger Verletzung die **Wiederholungsgefahr** der Wettbewerbsverletzung; diese sind ausgeschlossen, wenn der Verletzer auf **Abmahnung** der Verletzten hin eine (uU strafbewehrte) **Unterwerfungserklärung** abgegeben hat (vgl Borck NJW 81, 2721 f; BGH 81, 222 [226]). Eine vorherige Abmahnung ist nicht Voraussetzung für den Erlaß der einstw Verfügung; sie spielt nur bei der Kostenentscheidung gem § 93 eine Rolle (vgl § 93 Rn 6 „Wettbewerbsstreitigkeiten").

Einem Antrag auf Erlaß einer einstw Verfügung fehlt auch dann nicht das **Rechtsschutzbedürfnis,** wenn der Gläubiger eine ihm angebotene strafbewehrte Unterlassungsverpflichtung zu Unrecht nicht angenommen hat (Hamm BB 79, 1573). Zum Rechtsschutzbedürfnis vgl § 935 Rn 5.

Zum **Abschlußschreiben** s Lindacher BB 84, 639 und § 926 Rn 4, zur **Schutzschrift** vgl § 937 Rn 4; zur Zulässigkeit von **Gegenanträgen** und **Gegenverfügungen** s Weber WRP 85, 527 und § 33 Rn 24.

• **Zwangsvollstreckung:** Bei einer auf § 826 BGB gestützten Klage gegen die Vollstreckung aus einem sittenwidrig erlangten rechtskräftigen Titel (vgl dazu Rn 72 ff vor § 322; § 700 Rn 15 ff) kann die vorläufige Einstellung der Zwangsvollstreckung (mangels Eingreifen der §§ 767, 769) durch einstw Verfügung angeordnet werden (LG Saarbrücken NJW-RR 86, 1049 mwN, str; nach aA gilt § 707 entspr, vgl Braun, Rechtskraft und Rechtskraftdurchbrechung von Titeln über sittenwidrige Ratenkreditverträge, 1986, S 115 mN).

940 a *[Räumung von Wohnraum]*

Die Räumung von Wohnraum darf durch einstweilige Verfügung nur wegen verbotener Eigenmacht angeordnet werden.

I) Allgemeines. Die Vorschrift übernimmt die Regelung des (früheren) § 18 MSchG unter Berücksichtigung des Ergebnisses der Rspr für den Fall der verbotenen Eigenmacht. Die Räumung einer Wohnung darf durch einstw Verfügung nur angeordnet werden zur Wiederherstellung des durch die verbotene Eigenmacht verlorenen Besitzes. Im übrigen kann die Räumung *nur* auf Grund eines wenigstens vorläufig vollstreckbaren Titels in der Hauptsache durchgesetzt werden. Zum (zu) engen Anwendungsbereich des § 940a krit Spiecker NJW 84, 852. 1

II) Räumungsverfügung. Der Regelung des § 940a liegt die Auffassung zugrunde, daß eine einstw Verfügung nach § 940 auch zur einstw Regelung des Besitzes an einer Sache zulässig ist (vgl § 940 Rn 8 „Hausbesetzer“ und „Herausgabeansprüche“). Für die Räumung von Wohnraum wird jedoch über die Voraussetzungen des § 940 hinaus zusätzlich gefordert, daß der Besitz durch **verbotene Eigenmacht** erlangt ist. Dabei kann schon das Vorliegen der verbotenen Eigenmacht einen Verfügungsgrund bilden, ohne daß ein weiterer wesentlicher Nachteil nachgewiesen zu sein braucht (aA LG Frankfurt NJW 80, 1758 m krit Anm Wolf). Ob jedoch im Einzelfall verbotene Eigenmacht als Verfügungsgrund ausreicht, wird letzten Endes nur unter Abwägung der Interessen der Parteien entschieden werden können. Der Grundsatz des § 940a gilt auch für den Fall, daß durch einstw Verfügung das Betreten einer Wohnung untersagt werden soll (AG Stuttgart ZMR 73, 253; aA mit Recht Spiecker NJW 84, 852 bei Gefährdung von Leib und Leben des Vermieters). Eine Klausel in einem Bauvertrag, wodurch sich der Bauunternehmer das Hausrecht an dem zu errichtenden Haus übertragen läßt, ist insoweit unwirksam, als der Bauherr nicht mit verbotener Eigenmacht handelt, wenn er entgegen der Vertragsklausel in das fertiggestellte Haus vor vollständiger Bezahlung des Gesamtpreises einzieht (LG Heilbronn ZIP 80, 939). Vgl allg Duffek NJW 66, 1345. 2

941 *[Eintragung im Grundbuch ua]*

Hat auf Grund der einstweiligen Verfügung eine Eintragung in das Grundbuch, das Schiffsregister oder das Schiffsbauregister zu erfolgen, so ist das Gericht befugt, das Grundbuchamt oder die Registerbehörde um die Eintragung zu ersuchen.

1) Voraussetzungen. Die Eintragung als solche muß Gegenstand der einstw Verfügung sein; die Vorschrift ist daher unanwendbar, wenn durch Eintragung einer Sicherungshypothek nach § 867 eine einstw Verfügung vollzogen werden soll. Bsp: Eintragung einer Vormerkung nach §§ 883, 885 BGB, §§ 10, 11 SchiffsRG; eines Widerspruchs nach § 899 II BGB, § 21 SchiffsRG; eines Veräußerungsverbots nach § 892 I BGB. Ersuchen kann (nicht „muß“; daher gegen Ablehnung kein Rechtsbehelf) nur **das Gericht,** nicht der Urkundsbeamte der Geschäftsstelle (§§ 38 GBO, 110 FGG). Macht das Gericht von der Befugnis des § 941 keinen Gebrauch, so ist der Gläubiger hiervon zu verständigen, damit er das Erforderliche selbst veranlassen kann (§ 13 GBO). Wird der Eintragungsantrag des Prozeßgerichts abgelehnt, so hat letzters neben der Partei das Recht der Beschwerde nach § 71 GBO (Horber, GBO, § 71 Anm 12a; KG JW 28, 2466). 1

2) Wirkung. Durch den Eingang des Ersuchens um Eintragung beim Grundbuchamt wird die Frist für die Vollziehung der einstw Verfügung gewahrt (§§ 929, 932 III; RG 67, 163); die einstw Verfügung ist aber trotzdem zuzustellen. Das GBA kann den Nachweis der Zustellung nicht verlangen (KG JW 28, 2466). Das Eintragungsersuchen ist dem Eintragungsantrag des Gläubigers in der Wirkung gleichgestellt (§ 932 III). Wegen der Vollziehung der einstw Verfügung vgl § 929 Rn 12–17. Eine einstw Verfügung, die dem Antragsgegner ein Verfügungsverbot auferlegt, wird wirksam mit der Verkündung des Urteils bzw der Zustellung des Beschlusses an den Antragsgegner. Damit entsteht auch die Verfügungsbeschränkung. Der Eintragung in das Grundbuch bedarf sie, soweit sie sich auf eingetragene Rechte erstreckt, nur, um gegenüber den Vorschriften der §§ 136, 135 II BGB den guten Glauben dritter Erwerber auszuschließen. Aus den erwähnten Vorschriften in Verbindung mit § 892 I BGB ergibt sich zugleich die Eintragungsfähigkeit des Veräußerungsverbots (KG JW 28, 2466; Naumburg JW 30, 3335). Das Ersuchen des anordnenden Gerichts setzt auch die Frist des § 929 III in Lauf; die vorherige Vollziehung wird daher unwirksam, wenn nicht innerhalb einer Woche nach dem Eingang des Ersuchens und vor Ablauf der Frist des § 929 II die Zustellung durch den Gläubiger erfolgt (vgl § 929 Rn 24). 2

3) Gebühren: des **Gerichts:** Für das Ersuchen an das Grundbuchamt oder das Registergericht um Eintragung entsteht keine Gebühr; diese gerichtliche Tätigkeit ist durch die Verfahrensgebühr nach KV Nr 1050 abgegolten. – Wegen der Gebühren für die Eintragung selbst; **a)** im Grundbuch s § 69 Abs 2 Hs 2 KostO – gebührenpflichtig, und zwar 3 gleichviel, ob das Gericht darum ersucht oder ob der Gläubiger dies beantragt; **b)** im Schiffs- oder Schiffsbauregister (vgl auch § 931 Abs 3 und 6) s §§ 84 Abs 3, 85 KostO. – des **Anwalts:** Für den Antrag, das Gericht wolle das Grundbuchamt oder das Registergericht um die Eintragung ersuchen, steht dem RA keine Vollziehungsgebühr zu; es liegt hier nur eine Anregung vor (vgl Bamberg JurBüro 76, 637, LG Bonn MDR 65, 587 und Nürnberg JW 29, 140 ua). Ebenfalls erwächst dem RA keine Vollziehungsgebühr für den Antrag auf Grundbuchberichtigung nach Erlöschen einer eingetragenen Vormerkung (eines Widerspruchs oder einer Verfügungsbeschränkung) infolge der Aufhebung der einstw Verfügung; hier aber Honorierung nach § 118 BRAGO (keine Vollstreckungsangelegenheit mehr; Hartmann, KostGes BRAGO § 59 Anm 2 C und § 57 Anm 2 C unter „Grundbuch" a) u b)). Wenn der RA unmittelbar beim Grundbuchamt oder Registergericht den Eintragungsantrag stellt (bezügl einer Vormerkung, eines Widerspruchs oder einer Verfügungsbeschränkung), erwächst ihm hierfür die Vollziehungsgebühr (Düsseldorf JurBüro 65, 657; Schleswig Rpfleger 62, 366; LG Osnabrück JurBüro 54, 461; s auch München MDR 74, 939 mwN u Nürnberg MDR 79, 506 = JurBüro Z9, 1025).

942 *[Einstweilige Verfügung des Amtsrichters]*

(1) In dringenden Fällen kann das Amtsgericht, in dessen Bezirk sich der Streitgegenstand befindet, eine einstweilige Verfügung erlassen, unter Bestimmung einer Frist, innerhalb der die Ladung des Gegners zur mündlichen Verhandlung über die Rechtmäßigkeit der einstweiligen Verfügung bei dem Gericht der Hauptsache zu beantragen ist.

(2) Die einstweilige Verfügung, auf Grund deren eine Vormerkung oder ein Widerspruch gegen die Richtigkeit des Grundbuchs, des Schiffsregisters oder des Schiffsbauregisters eingetragen werden soll, kann von dem Amtsgericht erlassen werden, in dessen Bezirk das Grundstück belegen ist oder der Heimathafen oder der Heimatort des Schiffes oder der Bauort des Schiffsbauwerks sich befindet, auch wenn der Fall nicht für dringlich erachtet wird; liegt der Heimathafen des Schiffes nicht im Inland, so kann die einstweilige Verfügung vom Amtsgericht in Hamburg erlassen werden. Die Bestimmung der im Abs. 1 bezeichneten Frist hat nur auf Antrag des Gegners zu erfolgen.

(3) Nach fruchtlosem Ablauf der Frist hat das Amtsgericht auf Antrag die erlassene Verfügung aufzuheben.

(4) Die in diesem Paragraphen erwähnten Entscheidungen des Amtsgerichts können ohne mündliche Verhandlung ergehen.

I) Zuständigkeit des Amtsgerichts

1 **1) Voraussetzungen, I, II.** § 942 ist auf jeden Fall der einstw Verfügung gem §§ 935, 940 anwendbar. Als AG der Zwangsbereitschaft ist das AG nach § 942 auch für die Fälle zuständig, die gem §§ 2, 2a ArbGG zur arbeitsgerichtl Zuständigkeit gehören (vgl LAG Bremen BB 82, 2188; dazu Wenzel BB 83, 1225; LAG Hamm MDR 80, 698). Ein dringender Fall liegt in Abgrenzung zu §§ 937, 944 dann vor, wenn der Antragsteller durch die Anrufung des zuständigen Gerichts der Hauptsache einen nicht hinnehmbaren Rechtsverlust erleiden würde, der durch die dann eintretende zeitliche Verzögerung entstehen würde. Die **Dringlichkeit** ist glaubhaft zu machen (§ 294). Erläßt das AG die einstw Verfügung, obwohl die Dringlichkeit fehlt, ist sie gleichwohl rechtswirksam. In den Fällen des **II** (§§ 885, 899 BGB; 11 I, 21 II SchRG) ist Dringlichkeit nicht erforderlich; wegen Heimathafen und Heimatort vgl §§ 480 HGB, 6 BinnSchG. Das AG ist auch für das Ersuchen nach § 941 zuständig, nicht jedoch für eine gleichzeitige Forderungspfändung. Besondere Zuständigkeiten: § 24 UWG, § 23 BauFdgG.

2 **2) Verfahren. a) Mündl Verhandlung** ist gem **IV freigestellt;** sie kommt jedoch nur in Ausnahmefällen in Betracht, denn durch die zeitl Verzögerung wird regelmäßig auch die Dringlichkeit gem § 942 entfallen, so daß das zuständige Gericht der Hauptsache anzurufen wäre (StJGr Rn 6).

3 **b) Entscheidung.** Sie erfolgt nach freiem Ermessen auch nach mündl Verhandlung **durch Beschluß** (StJGr Rn 6; RG 13, 324). Das AG hat in seinem Beschluß (auch wenn es selbst Gericht der Hauptsache ist) dem Gläubiger von Amts wegen **(I)** oder auf Antrag **(II)** eine Frist zur Herbeiführung einer Entscheidung des Gerichts der Hauptsache über die Rechtmäßigkeit der einstw Verfügung zu setzen. Bei Unterlassung: Ergänzung nach § 321; die einstw Verfügung ist nicht unwirksam (München MDR 60, 681). Auch nachträgliche Fristbestimmung erfolgt durch den Richter (StJGr Rn 8). Angemessene Frist: ca 1 Woche. Sie beginnt mit Aushändigung des Beschlusses an den Gläubiger und kann gem § 224 verlängert werden. Wiedereinsetzung ist ausgeschlossen.

4 **c) Rechtsbehelfe.** Die einstw Verfügung nach § 942 wird hinsichtlich ihrer Anfechtung wie jede andere einstw Verfügung behandelt; das AG ist gem § 942 nur für ihren **Erlaß** und die Aufhebung nach **III** zuständig; über andere Rechtsbehelfe entscheidet das Gericht der Hauptsache (AG Düsseldorf MDR 85, 151). Bei Ablehnung der einstw Verfügung hat der Gläubiger einfache

Beschwerde (§ 567 I), die jedoch unzweckmäßig ist, da ein erneuter Antrag beim zust Gericht der Hauptsache nicht mehr von der Dringlichkeit gem § 942 abhängt und uU schneller zu erlangen ist als eine Beschwerdeentscheidung. Der Schuldner kann Widerspruch einlegen (§ 927), ohne daß er die Frist gem I, II abwartet; darüber entscheidet immer das Gericht der Hauptsache (Schleswig SchlHA 61, 270). Das AG des § 942 muß auf Antrag (auch des Antragsgegners: AG Düsseldorf MDR 85, 151) gem § 281 verweisen (StJGr Rn 11; LG Frankfurt NJW 75, 1932). Eine weitergehende Zuständigkeit des AG des § 942 durch rügeloses Verhandeln ist im Hinblick auf die ausschließliche Zuständigkeit des Hauptsachegerichts (§§ 802, 937 I) ausgeschlossen (§§ 30, 40 II 2; AG Düsseldorf MDR 85, 151).

II) Aufhebung (III)

1) Verfahren. Nur auf Antrag, nicht von Amts wegen, wird über die Aufhebung nach **III** entschieden. Mündl Verhandlung ist freigestellt **(IV),** Anhörung des Gläubigers ist stets geboten. Die Versäumung der Frist führt nicht ohne weiteres zur Aufhebung, der Antrag gem **I** kann vielmehr nachgeholt werden, solange die einstw Verfügung noch nicht aufgehoben ist (Hamm MDR 65, 305; StJGr Rn 16). Die Entscheidung ergeht durch **Beschluß,** auch wenn mündl Verhandlung stattfand (RG 147, 132). Die Kosten treffen bei Aufhebung den Gläubiger. Wurde nach Widerspruch des Schuldners auf Antrag die Verhandlung wegen Unzuständigkeit des AG an das LG verwiesen (Rn 4), so ist bei unterbliebenem Antrag auf Verhandlung über die Rechtmäßigkeit der einstw Verfügung **(I)** der Antrag auf Aufhebung der letzteren an das LG zu stellen (Stuttgart JW 19, 743). Die Aufhebung nach **III** hat die Schadensersatzpflicht nach § 945 zur Folge. 5

2) Rechtsbehelfe. Gegen die Zurückweisung des Aufhebungsantrags hat nur der Schuldner **einfache Beschwerde** (§ 567); gegen den Aufhebungsbeschluß hat der Gläubiger entsprechend § 934 IV **sofortige Beschwerde** (§ 577), und zwar auch dann, wenn die Aufhebung irrtümlich durch Urteil statt durch Beschluß erfolgte. 6

III) Rechtfertigungsverfahren

Entsprechend der **Notzuständigkeit** des AG gem § 942 ist über die Rechtmäßigkeit der erlassenen einstw Verfügung auf Antrag mündl zu verhandeln **(I);** andernfalls wird die einstw Verfügung auf Antrag gem **III** aufgehoben. Das sog Rechtfertigungsverfahren folgt ganz dem Widerspruchsverfahren gem §§ 924, 925. Der Antrag auf Ladung des Gegners zur mündl Verhandlung gem **I** wird vom Gläubiger gestellt und ist auf Aufrechterhaltung der einstw Verfügung gerichtet; er kann jedoch auch vom Schuldner gestellt werden (StJGr Rn 11). Der Antrag ist noch so lange zulässig, wie die einstw Verfügung nicht gem **III** aufgehoben wurde (Rn 5). Das Gericht der Hauptsache entscheidet durch Endurteil, dem die Sach- und Rechtslage zum Schluß der mündl Verhandlung zugrunde zu legen ist. Die Dringlichkeit gem § 942 ist nicht mehr Gegenstand der Entscheidung des Gerichts der Hauptsache. Letzteres ist auch im Rechtfertigungsverfahren zuständig für die Einstellung der ZwV nach § 924 III (Düsseldorf NJW 79, 254). Kostenfestsetzung für das Verfahren vor dem AG und dem Gericht der Hauptsache durch den Kostenbeamten des letzteren. 7

IV) Gebühren: 1) des **Gerichts:** s Rn 20 zu § 922. Im Falle des § 942 werden das Verfahren vor dem Amtsgericht der belegenen Sache und das Verfahren vor dem Gericht der Hauptsache (das über die Rechtmäßigkeit der erlassenen einstweiligen Verfügung zu entscheiden hat) gebührenmäßig als ein Rechtsstreit behandelt (KV Nr 1050 Abs 2); dies bedeutet, daß die halbe Verfahrensgebühr des KV Nr 1050 Abs 1 nur ein einziges Mal erhoben wird (§ 27 GKG). Es fällt 1 Urteilsgebühr nach KV Nr 1054 bzw 1055 an (s auch § 922 Rn 20). Werden veränderte Umstände (§ 927 Abs 1) im Rechtfertigungsverfahren des Abs 1 geltend gemacht, so entsteht keine besondere Gebühr; denn der hier gestellte Aufhebungsantrag ist nur als rein verfahrensmäßiger Gegenantrag des Antragsgegners zu werten; es finden daher die Nrn 1051 und 1056 bzw 1057 des KV keine Anwendung (s Drischler/Oestreich/Heun/Haupt, GKG 3. Aufl VII KV Nrn 1050–1064 Rdnr 16 u 17 aE). Im Verfahren über den Antrag auf Anordnung (auch diejenige nach § 942), Aufhebg oder Abänderg eines Arrestes oder einer einstw Verfg ist KV Nr 1021 nicht anwendbar, so daß sich die ¾-Verfahrensgebühr (KV Nr 1060) für eine Berufung im Eilverfahren nicht ermäßigt, wenn die Berufung vor Anberaumung eines Termins zurückgenommen wird (München, Rpfleger 78, 234). Keine Gebühr fällt auch für den Antrag auf Aufhebung der erlassenen Verfügung nach Abs 3 an. Die Gebühr für das gegen den (gebührenfreien) Aufhebungsbeschluß des § 942 Abs 3 statthafte Beschwerdeverfahren richtet sich nach KV Nr 1181. – **2)** des **Anwalts:** s Rn 20 zu § 922. 8

943 *[Gericht der Hauptsache. Rückgabe einer Sicherheit]*

(1) Als Gericht der Hauptsache im Sinne der Vorschriften dieses Abschnitts ist das Gericht des ersten Rechtszuges und, wenn die Hauptsache in der Berufungsinstanz anhängig ist, das Berufungsgericht anzusehen.

(2) Das Gericht der Hauptsache ist für die nach § 109 zu treffenden Anordnungen ausschließlich zuständig, wenn die Hauptsache anhängig ist oder anhängig gewesen ist.

1 **I)** Das **Gericht der Hauptsache** entscheidet in den Fällen der §§ 919, 927, 937 und 942; **I** ist insoweit eine Definitionsnorm. Wegen der Begriffe *Hauptsache* und *Gericht der Hauptsache* s § 919 Rn 3.

2 **II) Anordnungen gem § 109 (II).** Diese kommen bei §§ 921 II, 925 II, 927 I, 934 und 939 in Betracht. Auch die Lösungssumme gem § 923 gehört hierher (StJGr Rn 4). Anhängigkeit der Hauptsache ist von Amts wegen zu prüfen; gleiches gilt, wenn der Antrag beim Amtsgericht gestellt wird, das gem §§ 919 oder 942 tätig war (aA StJGr Rn 2). Nach entfallener Anhängigkeit ist immer das Gericht erster Instanz zuständig, **I.** War die Hauptsache nicht anhängig, so entscheidet das Arrest-(Verfügungs)gericht, §§ 919, 937, 942.

3 **1) Sicherheitsleistung des Gläubigers** (Fälle der §§ 921 II, 925 II). **Veranlassung** ist die Sicherung möglicher Ansprüche des Schuldners nach § 945. **a)** Sie fällt weg, wenn Arrest/einstw Verfügung nicht vollzogen oder nicht angefochten werden, der Gläubiger rechtskräftig in der Hauptsache obsiegt oder vom Schuldner befriedigt wird. Der Antrag nach § 109 hat Erfolg (StJGr Rn 3). Der Schuldner kann jedoch innerhalb der gem § 109 I gesetzten Frist Klage nach § 945 erheben.

4 **b)** Wegfall der Veranlassung auch dann, wenn Arrest/einstw Verfügung zwar aufgehoben werden, dem Schuldner aber ersichtlich kein Schaden entstanden ist (RGZ 50, 378; 61, 300) oder seit der Aufhebung des Arrests eine derart lange Zeit verstrichen ist, daß der Schuldner einen etwa eingetretenen Schaden inzwischen hätte geltend machen können (RGZ 97, 130). Fristsetzung gem § 109 I jedoch nur unter strengen Voraussetzungen (uU spät erkennbarer Schaden, weitreichende wirtschaftliche Folgen des Arrestes).

5 **c)** Werden Arrest/einstw Verfügung endgültig bestätigt, ist aber die Hauptsache noch nicht entschieden, besteht weiterhin Veranlassung zur Sicherheitsleistung, denn der Gläubiger haftet auch bei rechtskräftigem Arrest gem § 945, wenn er in der Hauptsache unterliegt.

6 **2) Sicherheitsleistung des Schuldners** (Fälle der §§ 923, 925 II, 927 I, 939). **a)** Die **Veranlassung entfällt,** wenn der Schuldner in der Hauptsache rechtskräftig obsiegt hat (München BB 75, 764); dem steht die Befriedigung des Gläubigers gleich (StJGr Rn 4).

7 **b)** Werden Arrest/einstw Verfügung wegen **Nichterhebung der Hauptsacheklage** oder **veränderter Umstände** gem §§ 926, 927 unabhängig von der Sicherheitsleistung aufgehoben, so **entfällt die Veranlassung** zur Sicherheitsleistung, denn bestehender Arrest/einstw Verfügung waren Voraussetzung für diese. Gleiches gilt, wenn Arrest/einstw Verfügung im **Rechtsmittelverfahren** wegen Fehlens der besonderen Voraussetzungen aufgehoben werden.

8 **c) Kein Wegfall der Veranlassung** ist die Aufhebung des Arrestes durch Sicherheitsleistung gem § 927 I; ebensowenig die Aufhebung des Arrestvollzugs durch Sicherheitsleistung nach §§ 923, 934. Das Sicherungsbedürfnis besteht fort.

944 *[Entscheidung des Vorsitzenden bei Dringlichkeit]*

In dringenden Fällen kann der Vorsitzende über die in diesem Abschnitt erwähnten Gesuche, sofern deren Erledigung eine mündliche Verhandlung nicht erfordert, anstatt des Gerichts entscheiden.

1 **I) Dringender Fall** im Sinne von § 944 ist zu unterscheiden von der allg Dringlichkeit, die schon der Verfügungsgrund als solcher fordert, und der besonderen Dringlichkeit gem § 937 II, die das Gericht zur Entscheidung ohne mündl Verhandlung ermächtigt; Entscheidung ohne mündl Verhandlung ist Tatbestandsmerkmal des § 944, so daß die für die Entscheidungsbefugnis des Vorsitzenden erforderliche Dringlichkeit über die besondere Dringlichkeit gem § 937 II hinausgehen muß. Der Vorsitzende kann folglich nur dann allein entscheiden, wenn der vorgetragene Sachverhalt den **sofortigen Erlaß** der einstw Verfügung erfordert, also die Zeit bis zum Zusammentreten des Kollegialorgans (praktisch im Fall der KfHS, vgl LG Zweibrücken NJW-RR 86, 715) zur Vermeidung irreparabler Rechtsverluste nicht mehr abgewartet werden kann (vgl § 937 Rn 2). Rechtsirrig daher Pastor, Wettbewerbsprozeß, 3. Aufl, 35. Kap I 4b, der die Vermutung des § 25 UWG nicht nur auf die Dringlichkeit gem § 937 II, sondern auch auf § 944 ausdehnt. § 25 UWG befreit jedoch nur von der Glaubhaftmachung des Verfügungsgrundes (vgl § 940 Rn 8 „Wettbewerbsrecht"; Teplitzky WRP 80, 375; GRUR 78, 286). Eine (gänzliche) Ablehnung der einstw Verfügung durch den Vorsitzenden allein ist ebenso ausgeschlossen (aA LG Zweibrücken NJW-RR 86, 151) wie die mündl Verhandlung vor dem Vorsitzenden (StJGr Rn 1; vgl aber § 937 Rn 3).

II) Mündl Verhandlung ist nicht erforderlich in den Fällen der §§ 921, 922, 926 I, 930 I 3, 934 III, 937 II, 941, 942 IV, 943 II. In der KfHS kann der Vorsitzende ebenfalls nur gem § 944 allein entscheiden (vgl § 105 GVG Rn 3). 2

III) Die **Rechtsbehelfe** gegen die Entscheidung des Vorsitzenden sind dieselben wie bei der Entscheidung durch das Gericht (StJGr Rn 2). Der Vorsitzende ist zur Entscheidung über Erinnerungen (§ 766) gegen die Arrestvollziehung nicht befugt (Hamburg OLG 16, 290). 3

945 *[Schadensersatz, wenn Arrest- usw Anordnung von Anfang an ungerechtfertigt]* **Erweist sich die Anordnung eines Arrestes oder einer einstweiligen Verfügung als von Anfang an ungerechtfertigt oder wird die angeordnete Maßregel auf Grund des § 926 Abs. 2 oder des § 942 Abs. 3 aufgehoben, so ist die Partei, welche die Anordnung erwirkt hat, verpflichtet, dem Gegner den Schaden zu ersetzen, der ihm aus der Vollziehung der angeordneten Maßregel oder dadurch entsteht, daß er Sicherheit leistet, um die Vollziehung abzuwenden oder die Aufhebung der Maßregel zu erwirken.**

I) Allgemeines

1) Bedeutung. Der Gläubiger haftet nach § 945, wenn sich die Anordnung des Arrests oder der einstw Verfügung als von Anfang an ungerechtfertigt erweist (Rn 8) oder wenn die angeordnete Maßnahme auf Grund der §§ 926 II oder 942 III aufgehoben wird (Rn 12). Zu ersetzen ist der Schaden, der aus der Vollziehung der Maßregel (Rn 14) oder dadurch entsteht, daß der Schuldner Sicherheit leistet, um die Vollziehung abzuwenden oder die Aufhebung der Maßregel zu erwirken (Rn 15). 1

2) Terminologie. Arrest und einstw Verfügung sind in § 945 völlig gleichgestellt. Soweit im folgenden von Arrest (Arrestanspruch, Arrestgrund usw) die Rede ist, ist damit stets auch die einstw Verfügung (der Verfügungsanspruch, Verfügungsgrund usw) mitgemeint. 2

3) Haftungsgrund. § 945 beruht auf dem allgemeinen Rechtsgedanken, daß die **Vollstreckung** aus einem noch nicht endgültigen Vollstreckungstitel **auf Gefahr des Gläubigers** geht (BGH 62, 7 = NJW 74, 642 = MDR 74, 480; 95, 14 f = NJW 85, 1959 = MDR 85, 841; 96, 1 [3] = NJW 86, 1108 = MDR 86, 386; ebenso für den vergleichbaren § 717 II BGH 85, 113 = NJW 83, 232 = MDR 83, 221). § 945 ist kein Fall der Gefährdungshaftung (aA BGH 85, 113) oder der privatrechtl Aufopferung (aA Baur, Studien, S 110), sondern normiert eine **unerlaubte Handlung im weiteren Sinne** (Jauernig, ZwVR, § 36 V mwN). Die Frage ist nicht von praktischer Bedeutung; nach einhelliger Ansicht gilt § 32 für die Zuständigkeit und § 852 BGB für die Verjährung (vgl Rn 13). 3

4) Anwendungsbereich. Neben den rein zivilprozessualen einstw Maßnahmen gilt § 945 auch bei der Aufhebung eines dingl Arrests nach § 324 AO (BGH 63, 277 = NJW 75, 540 = MDR 75, 393). Für einstw Anordnungen nach § 123 VwGO ist § 945 entspr anwendbar (§ 123 III VwGO); nicht ersatzberechtigt ist jedoch der beigeladene, notwendig beizuladende oder sonst beteiligte Dritte im Verwaltungsprozeß (BGH LM § 945 ZPO Nr 4 = MDR 62, 125; BGH 78, 127 = NJW 81, 349 = MDR 81, 132; str; **aA** StJGr Rn 15; Grunsky JuS 82, 179; Kopp, VwGO, § 123 Rn 44). § 945 gilt auch, wenn die gesetzl Grundlage einer einstw Verfügung vom Verfassungsgericht für nichtig erklärt wird (BGH 54, 76 = NJW 70, 1459 = MDR 70, 753 = JZ 70, 691 m Anm Baur); ferner im presserechtl Gegendarstellungsrecht bei Aufhebung der gerichtlichen Anordnung auf Veröffentlichung einer Gegendarstellung (BGH 62, 7 = NJW 74, 642 = MDR 74, 480; abl Kreuzer JZ 74, 505). Hat der Schuldner den Anspruch zum Zweck der Abwendung der Vollziehung erfüllt, so kann er ebenfalls Schadensersatz verlangen (StJGr Rn 4). Gleiches gilt für den unbeteiligten Dritten, gegen den entgegen § 938 Rn 2 eine einstw Maßnahme angeordnet wurde (StJGr Rn 12 f). **Nicht anwendbar** ist § 945 im arbeitsgerichtlichen Beschlußverfahren auf einstw Verfügungen in Angelegenheiten des BetrVG (§ 84 II 2 ArbGG). 4

5) Abgrenzung. § 945 ist nicht auf den umgekehrten Fall, die ungerechtfertigte Ablehnung des einstw Rechtsschutzes anwendbar (vgl aber StJGr Rn 5). Er gilt nicht für die einstw Anordnungen der ZPO, zB gem § 620 S 1 Nr 6 (BGH 93, 183 [188] = NJW 85, 1074 = MDR 85, 475; NJW 84, 2095 = MDR 85, 33 = FamRZ 84, 767), da das Risiko der Inanspruchnahme des einstw Rechtsschutzes in diesen Fällen (zB Unterhaltsansprüche von Ehegatten) bewußt gering gehalten werden soll (BGH 93, 189). § 945 ist ferner nicht anwendbar auf die unberechtigte Einstellung der Vollziehung einer Maßnahme des vorläufigen Rechtsschutzes (vgl BGH 94, 14 ff = aaO [Rn 3] betr Einstellung der ZwV; abl Häsemeyer NJW 86, 1028 f, wohl aber, wenn *durch einstw Verfügung* die Unterlassung von Vollstreckungsmaßregeln angeordnet war (BGH 95, 13 = aaO [Rn 3]). Auf die Vollstreckung aus einem im Arrestverfahren abgeschlossenen, in seinem 5

Bestand vom Hauptverfahren abhängigen Prozeßvergleich finden die §§ 945, 717 II keine Anwendung (Karlsruhe OLGZ 79, 370; Baur/Stürner Rn 948; StJGr Rn 3); der Rechtsanwalt des Gläubigers muß seinen Mandenten über diese Folge belehren (BGH LM § 945 Nr 2 = MDR 56, 281). Im arbeitsgerichtl Beschlußverfahren ist § 945 durch § 85 II 2 ArbGG ausgeschlossen (vgl Grunsky, ArbGG, § 85 Rn 23).

6 **6) Verfahren. a) Zuständigkeit.** Für eine Klage aus § 945 ist der **Rechtsweg zu den ordentlichen Gerichten** auch dann gegeben, wenn im Ausgangsverfahren ein Verwaltungsgericht gem § 123 VwGO entschieden hat (BGH 78, 127 = NJW 81, 349 = MDR 81, 132; Lemke DVBl 82, 989; vgl § 13 GVG Rn 20, str; aA Grunsky JuS 82, 177 mwN; differenzierend Eyermann/Fröhler, VwGO, § 123 Rn 24). Es kann im Gerichtsstand der unerlaubten Handlung geklagt werden (§ 32 Rn 8). Aus § 945 ergibt sich die **internationale Zuständigkeit** (Eickhoff aaO [Lit zu § 33], S 129).

7 **b) Geltendmachung.** Der Anspruch aus § 945 ist in einem eigenen Klageverfahren oder im Hauptsacheprozeß durch Aufrechnung (Schleswig FamRZ 86, 707) oder Widerklage geltend zu machen, nicht in dem wegen des Arrests (einstw Verfügung) schwebenden Verfahren (StJGr Rn 36; RG 58, 239). Der Schadensersatzanspruch kann aber seinerseits durch Arrest oder einstw Verfügung gesichert werden (München DRZ 49, 283 m Anm Schönke DRZ 49, 537).

II) Ungerechtfertigte Anordnung von Arrest oder einstw Verfügung

8 **1) Voraussetzungen.** Als *von Anfang an* ungerechtfertigt erweist sich die Maßnahme, wenn der Arrest*anspruch* oder der Arrest*grund* von Anfang an fehlten. Maßgebend ist der Zeitpunkt des Erlasses des Arrests. Bestand der Anspruch zu diesem Zeitpunkt, ist der Gläubiger nicht zum Schadensersatz verpflichtet, selbst wenn der Anspruch rückwirkend entfällt (StJGr Rn 19). Dies gilt beim Patentnichtigkeitsurteil (StJGr Rn 19 mwN), nicht aber bei der einstw Verfügung, die sich auf den vorl Patentschutz gem § 30 I 2 PatG aF stützt (§ 35 II 2 PatG aF; BGH 75, 116 = NJW 79, 2565 = MDR 79, 1020; krit Pietzcker GRUR 80, 442; vgl jetzt § 33 PatG 1981); hier haftet der Gläubiger. Wegen Nichtigerklärung der zugrunde gelegten Norm s Rn 4. Bei der Prüfung der Frage, ob der Arrestgrund zur Zeit der Anordnung bestand, kommt es darauf an, ob die Annahme der Besorgnis vom Standpunkt des objektiven Beurteilers aus gerechtfertigt ist; daß eine Beeinträchtigung tatsächlich nicht eingetreten ist, ist unerheblich (RG 67, 369). Aus der unrichtigen Annahme einer Prozeßvoraussetzung folgt keine Schadensersatzpflicht nach § 945 (Karlsruhe GRUR 84, 158 = BB 84, 1391 mit zust Anm Unger; Düsseldorf MDR 61, 606; StJGr Rn 22 mwN; str; aA BL Anm 2 A). Gleiches gilt, wenn nach Ansicht des Gerichts des Schadensersatzprozesses die erforderliche Glaubhaftmachung fehlte (StJGr Rn 23 mwN, str). Wird ein Verfügungsgrund durch gesetzl Anordnung vermutet (zB § 25 UWG), so kommt ein Schadensersatzanspruch nur in Betracht, wenn der Schuldner die gesetzl Vermutung im Verfügungsverfahren widerlegt hatte.

9 **2) Bindung des Schadensersatzrichters. a) Arrestprozeß.** Das Gericht des Schadensersatzprozesses ist in der Beurteilung der anfänglichen Rechtfertigung von Arrest oder einstw Verfügung **grundsätzlich frei.** Insbesondere besteht **keinerlei Bindung an** (auch rechtskräftige) **Entscheidungen im Arrestverfahren,** gleich, ob diese durch Urteil oder durch Beschluß ergehen (Karlsruhe GRUR 84, 156 = BB 84, 1390 mit zust Anm Unger; StJGr Rn 24; Baur, Studien, S 106 f; Teplitzky NJW 84, 850 f; DRiZ 85, 179). Dies ergibt sich daraus, daß dem Arrestprozeß ein völlig anderer Streitgegenstand zugrundeliegt als dem Hauptsacheverfahren und damit jede Rechtskraftwirkung ausscheidet (so auch StJGr Rn 29 f; vgl vor § 916 Rn 13). Eine Bindung wäre auch schon wegen der weit geringeren Richtigkeitsgarantie eines summarischen Verfahrens nicht hinnehmbar, denn damit würde sich die dort zulässige Verkürzung prozessualer Rechte unzulässigerweise in einem ordentlichen Verfahren fortsetzen.

10 **Anders** freilich die bisher (vgl Teplitzky DRiZ 85, 180 f) **hM:** danach ist der Schadensersatzrichter nur dann frei in seiner Beurteilung, wenn der Arrestbefehl nicht angefochten worden ist (dagegen StJGr Rn 24). Ist die letzte Entscheidung im Arrestprozeß dagegen auf Widerspruch oder Berufung hin ergangen, so wird eine Bindung für den Fall angenommen, daß das Arrestgericht den Arrestbefehl wegen schon anfänglich fehlenden Arrestanspruchs **aufhebt** (dagegen Teplitzky NJW 84, 850 f und DRiZ 85, 179), nicht dagegen, wenn er erst nach Erlaß des Arrestbefehls entfallen ist (ThP Anm 2b). Auch bei rechtskräftiger Aufhebung des Arrestbefehls wegen Fehlens des Arrestgrundes wird Bindung angenommen (BGH VersR 85, 335; Teplitzky NJW 84, 851; BL Anm 3 C a; offenlassend OVG Hamburg FamRZ 84, 731). Keine Bindung tritt ein bei Aufhebung wegen mangelnder Glaubhaftmachung oder Fehlens einer Prozeßvoraussetzung. Ist der Arrestbefehl **bestätigt** worden, tritt nach hM Bindung bezügl des Arrestgrundes, nicht aber bezügl des Arrestanspruchs ein (ThP Anm 2c; zur Inkonsequenz dieser Auffassung zutr StJGr Rn 32).

b) Hauptsacheverfahren. Liegt ein rechtskräftiges Urteil im Hauptsacheverfahren vor, so ist der Schadensersatzrichter an die dort vorgenommene Beurteilung bezüglich des **Arrestanspruchs** wegen der Wirkung der materiellen Rechtskraft dieser Entscheidung gebunden (unstr; vgl StJGr Rn 26 mwN). Dies gilt jedoch nur, soweit der Prozeß durch **Sachurteil** entschieden worden ist, weil nur dann der Anspruch vom Subsumtionsschluß des Gerichts umfaßt ist. Der Gläubiger kann jedoch einwenden, die Rechtslage habe sich zwischen Erlaß des Arrestbefehls und letzter mündl Verhandlung in der Hauptsache geändert; ursprünglich sei ein Anspruch gegeben gewesen. Bezügl des **Arrestgrundes** entscheidet der Schadensersatzrichter frei, denn dieser war nicht Gegenstand des Hauptsacheverfahrens. 11

III) Aufhebung wegen Fristversäumnis (§§ 926 II, 942 III)

Erhebt der Arrestgläubiger nicht rechtzeitig die Hauptsacheklage (§ 926 II) oder führt er das Rechtfertigungsverfahren (§ 942 III) nicht durch, so haftet er allein aus diesem Grund auf Schadensersatz; das Gesetz knüpft insoweit an reine Formaltatbestände an und nicht an die materielle Rechtslage (Baur, Studien, S 103; zur Schadensentstehung vgl aber Rn 14). Daß eine solche Aufhebung vorliegt, ist der Begründung der aufhebenden Entscheidung zu entnehmen. Der Schadensersatzrichter ist an diese Entscheidung gebunden (StJGr Rn 33). Auch der Schuldner kann sich bei einer Aufhebung aus anderem Grund (zB § 927) im Schadensersatzprozeß nicht darauf berufen, der Aufhebungsgrund des § 926 II habe vorgelegen; er hätte vielmehr die Aufhebungsentscheidung im Arrestprozeß mit Rechtsmittel angreifen müssen (StJGr Rn 35). Dagegen kann der Gläubiger im Schadensersatzprozeß einwenden, die Aufhebung habe nicht aus § 926 oder § 942, sondern nur aus § 927 erfolgen dürfen und damit dem Schadensersatzanspruch entgegentreten (StJGr Rn 35). Auf die Fälle der verspäteten Vollziehung (§ 929 II, III) ist § 945 nicht entsprechend anwendbar (BGH LM § 852 BGB Nr 20 = MDR 64, 224; ThP Anm 1 a; BL Anm 2 C; **aA** 13. Aufl; StJGr Rn 34). 12

IV) Schadensersatz

1) Allgemeines. Die Schadensersatzpflicht aus § 945 tritt **unabhängig vom Verschulden** des Gläubigers ein. Da es sich um einen Anspruch aus unerlaubter Handlung im weiteren Sinne handelt (Rn 3), ist ein mitwirkendes Verschulden des Schuldners gem § 254 BGB zu berücksichtigen (BGH LM § 945 Nr 8 = MDR 74, 130; Karlsruhe GRUR 84, 158 = BB 84, 1391 f). Der Schadensersatzanspruch **verjährt** in drei Jahren von dem Zeitpunkt an, in dem der Kläger von der Entstehung des Schadens Kenntnis erlangt hat (§ 852 BGB; RG 157, 14 [18]). Bei korrekter Vollziehung des Arrests erlangt der Verletzte davon, daß ihm durch die Vollziehung Schaden entstanden ist, Kenntnis grundsätzlich erst dann, wenn der Arrest als ungerechtfertigt aufgehoben worden ist; das ist in der Regel erst mit dem Abschluß des Arrestprozesses der Fall (BGH 75, 1 = NJW 80, 189 = MDR 80, 49). 13

2) Vollziehungsschaden. Zu ersetzen ist der durch die Vollziehung von Arrest oder einstw Verfügung adäquat kausal verursachte unmittelbare und mittelbare Schaden (§§ 249 ff BGB; BGH 96, 2 = NJW 86, 1108 = MDR 86, 386 = WM 86, 1008); dabei ist nicht erforderlich, daß staatl Vollstreckungsakte vorgenommen wurden, es genügt vielmehr, daß der Gläubiger die im Einzelfall zur Vollziehung erforderlichen Maßnahmen ergriffen hat (vgl § 929 Rn 10; StJGr Rn 7). Nicht hierher gehört ein lediglich durch die Anordnung der einstw Maßnahme entstandener Schaden (zB durch ihr Bekanntwerden); insoweit haftet der Gläubiger nur bei Verschulden nach den allg Bestimmungen (§§ 823 ff BGB; vgl BGH 85, 110 [114 f] zu § 717 II). Kein Vollziehungsschaden sind auch Vermögensnachteile, die unabhängig vom Vollzug der einstw Verfügung eingetreten wären (BGH 96, 3 = NJW 86, 1108 = MDR 86, 386). Beispiel: Substanzschaden des infolge der aufgehobenen einstw Verfügung abgebrochenen Hauses, wenn der Abbruch als solcher berechtigt war (BGH aaO). Dagegen umfaßt der Anspruch aus § 945 auch die Kosten des Arrestverfahrens (StJGr Rn 6 mwN; str; aA ThP Anm 5). Bei einer auf ein Unterlassen gerichteten einstw Verfügung ist der Verfügungskläger nur für denjenigen Schaden haftbar, der dem Gegner durch Beschränkung seiner Handlungsfreiheit auf Grund der vollzogenen einstw Verfügung dadurch entstanden ist, daß er die zur Schadensabwehr oder Gewinnerzielung dienenden Handlungen nicht vornehmen konnte, zB bei einem zu weit gefaßten Unterlassungsgebot (BGH LM § 945 Nr 17 = NJW 81, 2579 = MDR 81, 560; MDR 85, 911 f = GRUR 85, 397 = WRP 85, 263). Ein solcher Schaden ist nicht entstanden, wenn sich der Schuldner trotz der einstw Verfügung und ihrer Vollziehung in seiner Handlungsfreiheit nicht hat beschränken lassen (Bremen NJW 54, 1937) oder wenn er nach materiellem Recht keinen Anspruch auf Vornahme der untersagten Handlungen hat (BGH LM § 945 Nr 17 mwN; Teplitzky NJW 84, 852). Wie sich der Geschädigte bei „richtiger“ Verbotsverfügung verhalten hätte, beurteilt das Gericht nach objektiver nachträglicher Prognose (BGH MDR 85, 911 f = GRUR 85, 397 = WRP 85, 263). Bei der oft schwierigen Ermittlung der Schadenshöhe ist § 287 anzuwenden. Verzögert der Käufer eines Grundstücks 14 die Löschung der Auflassungsvormerkung durch eine einstw Verfügung und erleidet der Gläubiger hierdurch einen Schaden, so kann eine während des Schuldnerverzugs eingetretene Wertsteigerung des Grundstücks im Wege der Vorteilsausgleichung zu berücksichtigen sein (BGH 77, 151 = NJW 80, 2187 = MDR 80, 919).

15 **3) Schaden aus Sicherheitsleistung oder aus einer Leistung zur Abwendung der Vollziehung.** Hat der Schuldner gem §§ 923, 927, 939 Sicherheit geleistet, kann er den dadurch entstandenen Schaden ersetzt verlangen. Hat er zur Abwendung der Vollziehung geleistet, gilt § 717 II 1 entsprechend (ebenso BL-Hartmann Anm 4 Ba; vgl auch Rn 4).

Neuntes Buch

AUFGEBOTSVERFAHREN

946 *[Allgemeines. Zuständigkeit]*

(1) Eine öffentliche gerichtliche Aufforderung zur Anmeldung von Ansprüchen oder Rechten findet mit der Wirkung, daß die Unterlassung der Anmeldung einen Rechtsnachteil zur Folge hat, nur in den durch das Gesetz bestimmten Fällen statt.

(2) Für das Aufgebotsverfahren ist das durch das Gesetz bestimmte Gericht zuständig.

I) Abs 1. Gesetzlich vorgesehen vor allem im ZVG §§ 136, 138, 140, 157 II (vollständige Zusammenstellung bei Wieczorek/Schütze § 946 Anm A III a–c 5). Die Aufforderung ergeht an unbekannte und unbestimmte, an der Sache beteiligte Personen. Die anzumeldenden Ansprüche oder Rechte können auch bedingt oder betagt sein. 1

II) Abs 2. Sachl zuständig ist das AG, § 23 Nr 2h GVG (Übertragung auf Rpfleger: § 20 Nr 2 RPflG); landesgesetzl können auch andere Gerichte für zuständig erklärt werden, § 11 EGZPO; § 3 EGGVG. Die **örtl** Zuständigkeit ergibt sich aus dem Gesetz; s §§ 983, 988, 990, 1001, 1006. Zulässig ist die Bestimmung des zuständigen Gerichts gem § 36 (RGZ 45, 388). Für die Anfechtungsklage ist das Landgericht zuständig, § 957. 2

947 *[Antrag]*

(1) Der Antrag kann schriftlich oder zum Protokoll der Geschäftsstelle gestellt werden. Die Entscheidung kann ohne mündliche Verhandlung ergehen.

(2) Ist der Antrag zulässig, so hat das Gericht das Aufgebot zu erlassen. In das Aufgebot ist insbesondere aufzunehmen:

1. die Bezeichnung des Antragstellers;

2. die Aufforderung, die Ansprüche und Rechte spätestens im Aufgebotstermin anzumelden;

3. die Bezeichnung der Rechtsnachteile, die eintreten, wenn die Anmeldung unterbleibt;

4. die Bestimmung eines Aufgebotstermins.

I) Antragsberechtigung ergibt sich aus dem Gesetz, zB §§ 979, 1004; kein Anwaltszwang. Der Antrag muß die für den Erlaß des Aufgebots erforderl Angaben (Abs 2) enthalten. Glaubhaftmachung nur, wo dies gesetzlich verlangt ist. Antrag nach Abs 1 darf mit dem auf Erlaß des Ausschlußurteils verbunden werden. Die allgemeinen Prozeßvoraussetzungen, zB Prozeßfähigkeit, Vollmacht, müssen gegeben sein; sie sind von Amts wegen zu prüfen. Die wesentlichen Aufgebotsangaben ergeben sich aus Abs 2. Die Aufforderung gem Nr 2 sollte den Hinweis enthalten, daß die Anmeldung bei Gericht formlos statthaft ist. Bei **Zurücknahme** des Antrags wird das Verfahren auf Kosten des Antragstellers eingestellt. 1

II) Entscheidung durch Beschluß. Zustellung von Amts wegen an Antragsteller. Gegen Zurückweisung Erinnerung nach § 11 RPflG. Der Antrag darf mit besserer Begründung wiederholt werden. Das Gericht muß ohne weitere Sachprüfung das Aufgebot erlassen, wenn der Antragsteller das Abhandenkommen der Urkunde schlüssig behauptet und die formellen Antragserfordernisse erfüllt sind (LG Mannheim, MDR 76, 587). 2

III) Gebühren: 1) des **Gerichts:** ½ Verfahrensgebühr (KV Nr 1144), einerlei, ob das Verfahren durch Zurückweisung des Antrags oder durch Erlaß des Ausschlußurteils endigt. Bei mehreren durch selbständige Anträge eingeleiteten Aufgebotsverfahren (§ 959) ist die Gebühr für jedes Verfahren besonders zu erheben. Die nachträgliche Verbindung mehrerer Verfahren ist auf die vorher für jedes Verfahren entstandene Gebühr ohne Einfluß. Das gegen die Zurückweisung des Aufgebotsantrags zulässige Erinnerungsverfahren (Rn 2) ist gerichtsgebührenfrei (§ 11 VI 1 RPflG). Das Verfahren der Beschwerde gegen die Entscheidung des Richters oder im Falle der Durchgriffserinnerung (§ 11 II, III RPflG) unterliegt der Gebührenpflicht nach KV Nr 1181, soweit das Rechtsmittel verworfen oder zurückgewiesen wird. Eine Beschwerdegebühr wird jedoch nicht erhoben, wenn die Beschwerde vor einer gerichtlichen Verfügung zurückgenommen wird (§ 11 VI 2 RPflG). 3

2) des **Anwalts: a)** als Vertreter **des Antragstellers** erhält der RA nach § 45 I BRAGO je 5/10 der vollen Gebühr als Prozeßgebühr für den Betrieb des Verfahrens, für den Antrag auf Erlaß des Aufgebots, für den Antrag auf Anordnung der Zahlungssperre **vor** Beantragung des Aufgebots, also nur im Falle des § 1020, sowie für die Wahrnehmung der Aufgebotstermine. Die Verbindung mehrerer Aufgebotsverfahren (§ 959) hat auf die Gebühren des RA keinen Einfluß. Jedoch kommt bei Vertretung mehrerer Antragsteller eine Erhöhung der Prozeßgeb nach § 6 I 2 BRAGO in Betracht (Hartmann, KostGes BRAGO § 45 Anm 1 A; s zur Berechnung Lappe, Rpfleger 81, 94, u BGH, daselbst S 102). Die Frage, ob sich diese Erhöhung auch auf die übr Gebühren erstreckt, wird bei der von der Rspr (dazu Schneider Anm zu KoRspr BRAGO § 6 Nr 35) vorgenommenen weiten Auslegung des § 6 wohl zu bejahen sein. **b)** Als Vertreter **anderer** Personen als des **Antragstellers** (zB eines Anmelders oder im Falle des § 953) erhält der RA nur eine einzige 5/10 Gebühr für seine gesamte Tätigkeit. Die Vertretung mehrerer anderer Personen als des Antragstellers hat keine Erhöhung der Gebühr nach § 6 I 2 BRAGO zur Folge (Hartmann, aaO, Anm 3).

948 *[Öffentliche Bekanntmachung]*

(1) Die öffentliche Bekanntmachung des Aufgebots erfolgt durch Anheftung an die Gerichtstafel und durch einmalige Einrückung in den Bundesanzeiger, sofern nicht das Gesetz für den betreffenden Fall eine abweichende Anordnung getroffen hat.

(2) Das Gericht kann anordnen, daß die Einrückung noch in andere Blätter und zu mehreren Malen erfolge.

1 Neben **öffentl Bekanntmachung** Mitteilung an bekannte Interessenten: §§ 986 V, 994 II, 1001. Zu veröffentlichen ist das vollständige Aufgebot. Bei Verstoß Anfechtung nach § 957 II Nr 2. Das Aufgebotsverfahren ist für **Aktien** und Inhaberschuldverschreibungen statt im Bundesanzeiger in den Wertpapier-Mitteilungen zu veröffentlichen. **Kosten:** GKG-KostVerz 1903.

949 *[Gültigkeit der öffentlichen Bekanntmachung]*

Auf die Gültigkeit der öffentlichen Bekanntmachung hat es keinen Einfluß, wenn das anzuheftende Schriftstück von dem Ort der Anheftung zu früh entfernt ist oder wenn im Falle wiederholter Bekanntmachung die vorgeschriebenen Zwischenfristen nicht eingehalten sind.

1 **„Zwischenfristen"** sind solche, die zwischen den mehrmaligen Bekanntmachungen liegen, also nicht die Aufgebotsfristen der §§ 950, 987 III, 1002 V, 1015 u die Fristen der §§ 1010–1014.

950 *[Aufgebotsfrist]*

Zwischen dem Tage, an dem die Einrückung oder die erste Einrückung des Aufgebots in dem Bundesanzeiger erfolgt ist, und dem Aufgebotstermin, muß, sofern das Gesetz nicht eine abweichende Anordnung enthält, ein Zeitraum (Aufgebotsfrist) von mindestens sechs Wochen liegen.

1 **Abweichende Anordnung** enthalten §§ 987 II, 994 I, 1002 V, 1010–1015, 1023, 1024. – Fristberechnung: § 222; der Tag des Aufgebotstermins u der Bekanntmachung im BAnZ wird in die Frist nicht eingerechnet. Keine Notfrist, daher verlängerbar, § 224 II. Bei Verstoß Anfechtung, § 957 Nr 3.

951 *[Anmeldung vor Erlaß des Ausschlußurteils]*

Eine Anmeldung, die nach dem Schluß des Aufgebotstermins, jedoch vor Erlaß des Ausschlußurteils erfolgt, ist als rechtzeitig anzusehen.

1 **Anmeldung** nur beim Aufgebotsgericht schriftl, zu Prot des UdG oder im Aufgebotstermin (dann Aufnahme in das Sitzungsprotokoll). Rechtzeitig ist eine Anmeldung auch dann, wenn sie nach Schluß des Aufgebotstermins erfolgt, solange das Ausschlußurteil noch nicht verkündet ist. Der Aufgebotsrichter hat nur zu prüfen, ob die Anmeldung formgerecht u rechtzeitig ist, nicht ob das angemeldete Recht auch wirklich besteht, s jedoch § 953.

2 **Gebühren** des **Anwalts:** 5/10; § 45 II BRAGO. **Gegenstandswert:** Das in Anspruch genommene Recht (Hartmann, KostGes BRAGO § 45 Anm 3; Hillach/Rohs, Handbuch des Steitwerts, S 403).

952 *[Ausschlußurteil]*
(1) Das Ausschlußurteil ist in öffentlicher Sitzung auf Antrag zu erlassen.

(2) Einem in der Sitzung gestellten Antrag wird ein Antrag gleichgeachtet, der vor dem Aufgebotstermin schriftlich gestellt oder zum Protokoll der Geschäftsstelle erklärt worden ist.

(3) Vor Erlaß des Urteils kann eine nähere Ermittlung, insbesondere die Versicherung der Wahrheit einer Behauptung des Antragstellers an Eides Statt, angeordnet werden.

(4) Gegen den Beschluß, durch den der Antrag auf Erlaß des Ausschlußurteils zurückgewiesen wird, sowie gegen Beschränkungen und Vorbehalte, die dem Ausschlußurteil beigefügt sind, findet sofortige Beschwerde statt.

I) Voraussetzung der Entscheidung ist, daß ein förmlicher Antrag auf Erlaß des Ausschlußurteils vorliegt, der Antrag nach § 947 genügt nicht; Verbindung beider Anträge statthaft. Der Antrag kann mündlich im Termin, aber auch schon vorher schriftlich oder zu Protokoll der Geschäftsstelle erklärt werden. Liegt ein Antrag nicht vor, ergeht keine Entscheidung; neuer Termin kann auf Antrag bestimmt werden. 1

II) Der Termin ist durch den **Richter** wahrzunehmen, der auch die Entscheidung erläßt; der Termin kann durch den Rechtspfleger vorbereitet werden. Der Richter hat zu prüfen, ob die formellen und sachlichen Voraussetzungen für ein Ausschlußurteil vorliegen. Er kann von Amts wegen Ermittlungen durchführen, Zeugen und Sachverständige vernehmen. Zulässig ist auch die Versicherung an Eides Statt, ohne daß damit die Beweisaufnahme auf präsente Beweismittel beschränkt wird. Möglich sind Aussetzung, § 953, und Vertagung, § 955. 2

1) Ausschlußurteil. §§ 309–315 sind anzuwenden. Das Urteil hat rechtsgestaltende Wirkung. Die Urteilsformel kann lauten **a)** auf uneingeschränkte Ausschlußerklärung; dann sind diejenigen ausgeschlossen, die auf das Aufgebot ihre Ansprüche oder Rechte nicht angemeldet haben, **b)** auf Ausschlußerklärung unter Vorbehalt rechtzeitig angemeldeter Ansprüche oder Rechte, § 953. Die Kosten treffen, soweit nicht durch unbegründete Einwendung eines Anmeldenden besondere Auslagen erwachsen sind (§ 92), den Antragsteller, im Fall des § 971 den Nachlaß. Die Wirkungen des Ausschlußurteils treten mit der Verkündung ein. Gegen das Urteil ist nur Anfechtungsklage zulässig. Das Gericht kann Veröffentlichung anordnen, § 956. Um die Anfechtungsfrist des § 958 in Lauf zu setzen, wird der Antragsteller das Urteil den in Frage kommenden Personen durch den GV zustellen lassen. Gegen die dem Ausschlußurteil beigefügten Beschränkungen und Vorbehalte ist sofortige Beschwerde nach Abs 4 zulässig. 3

2) Der Beschluß über die **Zurückweisung** eines Antrags ist zu verkünden und hat die Kosten dem Antragsteller aufzuerlegen; er ist mit sofortiger Beschwerde anfechtbar, Rechtsmittelfrist 2 Wochen, beginnend mit der Verkündung, § 577 II. 4

953 *[Verfahren bei Widerspruch gegen das materielle Recht des Antragstellers]*
Erfolgt eine Anmeldung, durch die das von dem Antragsteller zur Begründung des Antrags behauptete Recht bestritten wird, so ist nach Beschaffenheit des Falles entweder das Aufgebotsverfahren bis zur endgültigen Entscheidung über das angemeldete Recht auszusetzen oder in dem Ausschlußurteil das angemeldete Recht vorzubehalten.

I) Aussetzung durch gem § 329 formlos mitzuteilenden, mit einfacher Beschwerde (§ 252) anfechtbaren Beschluß. Die Anmeldung kann auch zur Zurückweisung des Antrags auf Erlaß des Ausschlußurteils führen. Andere als die in § 953 genannten Anmeldungen u Widersprüche sind im Zivilprozeß auszutragen (RGZ 67, 100); unbegründete Einwände gegen das Verfahren werden durch Beschluß zurückgewiesen. Der **Vorbehalt** kann das Ausschlußurteil praktisch wertlos machen, (RGZ 67, 98). 1

II) Ein rechtzeitig angemeldetes Recht ist ohne sachliche Prüfung seines Bestandes im Ausschlußurteil vorzubehalten. Durch die Anmeldung erlangt der Anmeldende nicht etwa ein neues Recht; nur wenn ihm das angemeldete Recht zusteht, wird es durch den Vorbehalt weiter erhalten (RGZ 67, 95 ff; BGH MDR 80, 569 = NJW 80, 1521). Ob das Recht im maßgebenden Zeitpunkt bestand, muß notfalls in einem Prozeß geklärt werden. Wird dort der Bestand des angemeldeten Rechts verneint und daraufhin der **Vorbehalt beseitigt,** so wird der Antragsteller des Aufgebotsverfahrens so behandelt, als ob zu seinen Gunsten ein vorbehaltloses Ausschlußurteil ergangen wäre (RGZ 67, 95, 100). Bei einem nach § 927 BGB ergangenen Ausschlußurteil können andere Rechte als das Eigentum an dem Grundstück, insbesondere schuldrechtliche Ansprüche auf Übertragung des Eigentums nicht zu einer Einschränkung der Wirkung des Ausschlußurteils 2 führen (BGH MDR 80, 569 = NJW 80, 1521). Derjenige, dem im Ausschlußurteil ein Recht vorbehalten worden ist, kann im Verfahren über die Berechtigung des Vorbehalts nicht geltend machen, die Voraussetzungen für den Erlaß eines Ausschlußurteils hätten nicht vorgelegen (BGH MDR 80, 569).

3 **III) Gebühren: 1)** des **Gerichts:** Keine. – **2)** des **Anwalts:** Der RA, welcher das Recht des Antragstellers bestreitet, erhält nur eine einmalige Gebühr in Höhe von 5/10 der vollen Gebühr (§ 45 II BRAGO); s auch § 947 Rn 3. **Streitwert:** Wert des dem Antragsteller entgegengesetzen Rechts.

954 *[Fruchtloser Termin]*

Wenn der Antragsteller weder in dem Aufgebotstermin erschienen ist noch vor dem Termin den Antrag auf Erlaß des Ausschlußurteils gestellt hat, so ist auf seinen Antrag ein neuer Termin zu bestimmen. Der Antrag ist nur binnen einer vom Tage des Aufgebotstermins laufenden Frist von sechs Monaten zulässig.

1 § 954 trifft auch zu, wenn der Antragsteller im Aufgebotstermin erschienen ist, aber keinen Antrag stellt oder gestellt hat. Kein Versäumnisverfahren und keine Wiedereinsetzung gegen Terminsversäumung. Die nach § 222 zu berechnende Frist des S 2 läuft vom ersten im Aufgebot bestimmten Termin an, nicht nochmals von einem nach S 1 bestimmten neuen Termin. Nach ihrem Ablauf ist nur neuer Aufgebotsantrag mit neuer Veröffentlichung des Aufgebots mögl.

955 *[Neuer Termin]*

Wird zur Erledigung des Aufgebotsverfahrens ein neuer Termin bestimmt, so ist eine öffentliche Bekanntmachung des Termins nicht erforderlich.

1 **Neuer Termin:** Grund unerheblich, zB § 952 III. Zustellung des nicht verkündeten Termins von Amts wegen an alle Beteiligten, auch an angemeldete Drittberechtigte.

956 *[Öffentliche Bekanntmachung des Ausschlußurteils]*

Das Gericht kann die öffentliche Bekanntmachung des wesentlichen Inhalts des Ausschlußurteils durch einmalige Einrückung in den Bundesanzeiger anordnen.

1 Bei Kraftloserklärung von Urkunden muß die Anordnung ergehen, § 1017 II; weitere Abweichungen in §§ 1023, 1024. Zur Veröffentlichung s § 948.

957 *[Anfechtungsklage]*

(1) Gegen das Ausschlußurteil findet ein Rechtsmittel nicht statt.

(2) Das Ausschlußurteil kann bei dem Landgericht, in dessen Bezirk das Aufgebotsgericht seinen Sitz hat, mittels einer gegen den Antragsteller zu erhebenden Klage angefochten werden:

1. wenn ein Fall nicht vorlag, in dem das Gesetz das Aufgebotsverfahren zuläßt;
2. wenn die öffentliche Bekanntmachung des Aufgebots oder eine in dem Gesetz vorgeschriebene Art der Bekanntmachung unterblieben ist;
3. wenn die vorgeschriebene Aufgebotsfrist nicht gewahrt ist;
4. wenn der erkennende Richter von der Ausübung des Richteramts kraft Gesetzes ausgeschlossen war;
5. wenn ein Anspruch oder ein Recht ungeachtet der Anmeldung nicht dem Gesetz gemäß in dem Urteil berücksichtigt ist;
6. wenn die Voraussetzungen vorliegen, unter denen die Restitutionsklage wegen einer strafbaren Handlung stattfindet.

1 **I)** Das Ausschlußurteil wird **mit der Verkündung rechtskräftig** u wirkt gegenüber allen, an die sich das Aufgebot gerichtet hatte. Es kann nur unter den Voraussetzungen des Abs 2 wegen formeller Mängel des Aufgebotsverfahrens angefochten werden (BGH MDR 80, 568 = NJW 80, 1221). Wiedereinsetzung, Restitutions- und Nichtigkeitsklage sind unzulässig. Gegen dem Aus-

schlußurteil beigefügte Beschränkungen u Vorbehalte ist sofortige Beschwerde gegeben, § 952 IV. Die Rechtskraft des Ausschlußurteils schließt Bereicherungsansprüche des mit seinem Eigentum ausgeschlossenen Grundstückseigentümers aus (LG Koblenz NJW 63, 254).

II) Die Anfechtungsklage ist eine Rechtsgestaltungsklage, deren Zulässigkeit ein **Rechtsschutzbedürfnis** voraussetzt. Es ist für jeden gegeben, dessen Rechtsstellung berührt wird. zB durch die Frage, wer sein Gläubiger ist (BGH NJW 56, 1320). Eine Klage kann zB trotz Vorliegens des Tatbestandes des § 957 II Nr 1 aussichtslos sein, wenn der Kläger mit ihr ohne eigenes schutzwürdiges Interesse lediglich den dem Bekl rechtskräftig zuerkannten Löschungsanspruch vereiteln will (RGZ 155, 72; RGDJ 37, 1157). Das LG ist ohne Rücksicht auf den Streitwert sachl u örtl ausschließl zuständig (RGZ 78, 377). Anwaltszwang: § 78. Das Urteil darf das Ausschlußurteil nur insoweit aufheben, als es den Kläger mit seinem Anspruch oder Recht ausgeschlossen hat, und es zugunsten des siegreichen Klägers ergänzen; es läßt aber im übrigen das Ausschlußurteil unberührt und wirkt nur unter den Parteien. **Die Gründe in Nrn 1 bis 6 sind erschöpfend.** Gegen das Urteil ist Berufung u nach § 546 I Revision zulässig. Bekanntmachung des Urteils: §§ 975, 1017 III, 1023 f. 2

Nr 1 gilt nur für Fälle, in denen eine das Aufgebotsverfahren rechtfertigende Vorschrift materiellen Rechts gefehlt hat (BGH MDR 80, 921 = NJW 80, 2029). – **Zu Nr 2** s § 947 II. – **Zu Nr 3:** Aufgebotsfrist: §§ 950, 956, 987 III, 994 I, 1010, 1013–1015. – **Zu Nr 5:** §§ 951, 953. – **Zu Nr 6:** §§ 580 Nr 1–5; 581. 3

III) Gebühren des **Gerichts und** des **Anwalts:** Die Anfechtungsklage bildet gebührenrechtl einen besonderen Rechtsstreit; für die Klage entstehen daher die Regelgebühren des KV Nrn 1010 ff; §§ 31 ff BRAGO. 4

958 *[Anfechtungsklage, Frist]*

(1) Die Anfechtungsklage ist binnen der Notfrist eines Monats zu erheben. Die Frist beginnt mit dem Tage, an dem der Kläger Kenntnis von dem Ausschlußurteil erhalten hat, in dem Falle jedoch, wenn die Klage auf einem der im § 957 Nr. 4, 6 bezeichneten Anfechtungsgründe beruht und dieser Grund an jenem Tage noch nicht zur Kenntnis des Klägers gelangt war, erst mit dem Tage, an dem der Anfechtungsgrund dem Kläger bekanntgeworden ist.

(2) Nach Ablauf von zehn Jahren, von dem Tage der Verkündung des Ausschlußurteils an gerechnet, ist die Klage unstatthaft.

I) Notfrist: § 223. Fristberechnung: § 222. Wiedereinsetzung zulässig. Die Fristwahrung ist von Amts wegen zu prüfen. Der Zeitpunkt der Kenntnis ist in die Klage aufzunehmen; keine Glaubhaftmachung nötig. Kennenmüssen des Ausschlußgrundes steht dem Kennen nicht gleich. Der Tag der Veröffentlichung des Ausschlußurteils im BAnz kann zwar als Beweismoment in Betracht kommen, ist aber für die Annahme der Kenntnis nicht ausschlaggebend. 1

II) Die Frist von 10 Jahren ist eine **Ausschlußfrist,** die nicht wiedereinsetzungsfähig ist; Fristwahrung muß Kläger beweisen. 2

959 *[Verbindung von Aufgeboten]*

Das Gericht kann die Verbindung mehrerer Aufgebote anordnen, auch wenn die Voraussetzungen des § 147 nicht vorliegen.

Verbindung nur zweckmäßig bei Gleichartigkeit der Aufgebote. Wiederaufhebung der Verbindung nach § 150. 1

Gebühren: s Rn 3 zu § 947. 2

960-976 (weggefallen)

977 *[Aufgebot des Grundstückseigentümers]*

Für das Aufgebotsverfahren zum Zwecke der Ausschließung des Eigentümers eines Grundstücks nach § 927 des Bürgerlichen Gesetzbuchs gelten die nachfolgenden besonderen Vorschriften.

1 Nach § 927 BGB kann der Eigentümer eines Grundstücks, wenn dieses seit 30 Jahren im Eigenbesitz eines anderen ist, durch Aufgebotsverfahren ausgeschlossen werden. Dadurch wird das Grundstück herrenlos. Der Antragsteller hat ein Aneignungsrecht u wird durch Grundbucheintragung Eigentümer, § 979 ZPO, § 927 II BGB.

978 *[Zuständigkeit]*

Zuständig ist das Gericht, in dessen Bezirk das Grundstück belegen ist.

1 Ausschließl Gerichtsstand. Liegt das Grundstück in Bezirken verschiedener Gerichte, dann ist § 36 Nr 4 anwendbar.

979 *[Antragsrecht]*

Antragsberechtigt ist derjenige, der das Grundstück seit der im § 927 des Bürgerlichen Gesetzbuchs bestimmten Zeit im Eigenbesitz hat.

1 Auf die Frist des § 927 BGB von 30 Jahren wird die während des Besitzes eines oder mehrerer Rechtsvorgänger verstrichene Zeit angerechnet, §§ 927 I S 2, 943 BGB. Hat der bisherige Eigentümer das Grundstück verkauft u aufgelassen, so ist nur der Käufer antragsberechtigt.

2 **Gebühren** des **Gerichts und** des **Anwalts:** s Rn 3 zu § 947.

980 *[Glaubhaftmachung]*

Der Antragsteller hat die zur Begründung des Antrags erforderlichen Tatsachen vor der Einleitung des Verfahrens glaubhaft zu machen.

1 Glaubhaftmachung der Tatsachen (des § 927 BGB) nach § 294 zB durch Vorlage einer Steuerurkunde bezügl des Eingetragenen oder einer Ausfertigung des Ausschlußurteils oder einer Bestätigung der Verschollenheit des bisherigen Eigentümers u eines Besitzzeugnisses des Bürgermeisters. Einer Todeserklärung des verschollenen Eigentümers bedarf es nicht.

981 *[Bekanntmachung]*

In dem Aufgebot ist der bisherige Eigentümer aufzufordern, sein Recht spätestens im Aufgebotstermin anzumelden, widrigenfalls seine Ausschließung erfolgen werde.

1 **Aufgebot:** § 947 II. – Meldet sich der Eigentümer, so ist nach § 953 zu verfahren. Beansprucht ein Dritter (Rechtsnachfolger) das Eigentum, so braucht er sich nicht zu melden, wenn er vor Erlaß des Ausschlußurteils den Antrag auf Eintragung als Eigentümer im Grundbuch oder auf Eintragung eines Widerspruchs gegen die Richtigkeit des Grundbuchs stellt, § 899 BGB. Ist die Ausschließung ausgesprochen, so hat der „Eigenbesitzer" die Eintragung im Grundbuch herbeizuführen, § 927 II, III BGB.

981a *[Aufgebot des Schiffseigentümers]*

Für das Aufgebotsverfahren zum Zwecke der Ausschließung des Eigentümers eines eingetragenen Schiffes oder Schiffsbauwerks nach § 6 des Gesetzes über Rechte an eingetragenen Schiffen und Schiffsbauwerken vom 15. November 1940 (Reichsgesetzbl. I S. 1499) gelten die §§ 979 bis 981 entsprechend. Zuständig ist das Gericht, bei dem das Register für das Schiff oder Schiffsbauwerk geführt wird.

982 *[Aufgebot von Hypotheken- usw Gläubigern]*

Für das Aufgebotsverfahren zum Zwecke der Ausschließung eines Hypotheken-, Grundschuld- oder Rentenschuldgläubigers auf Grund der §§ 1170, 1171 des Bürgerlichen Gesetzbuchs gelten die nachfolgenden besonderen Vorschriften.

I) Aufgebot auf Grund § 1170 BGB: 1) Antragsberechtigt ist der Eigentümer, § 984 I, ferner ein im Rang gleich- oder nachstehender Gläubiger, wenn für ihn eine Vormerkung gem § 1179 BGB eingetragen ist oder ein Anspruch nach § 1179a BGB besteht, § 984 II. Der Gläubiger wird mit seinem dingl Recht ausgeschlossen, nicht auch mit seiner persönl Forderung. Die Ausschließung richtet sich aber gegen jedermann, der Rechte an der Hypothek geltend machen konnte, mithin auch gegen Inhaber von Rechten, die, wie ein Pfandrecht oder ein Nießbrauch die Hypothek belasten. Solche Berechtigte sind, wenn auch in beschränktem Maße, „Gläubiger" der Hypothek (KG RJA VIII, 233); daher müssen sie, auch wenn das Aufgebot zu Unrecht erlassen ist, ihre Rechte gemäß § 953 anmelden, damit sie ihnen im Anschlußurteil vorbehalten werden. 1

2) Mit **Erlaß des Ausschlußurteils** erwirbt derjenige, der zZ der Verkündung Eigentümer ist, auch wenn ein vorheriger Eigentümer den Aufgebotsantrag gestellt hat, die Hypothek kraft Gesetzes, ohne daß es einer Eintragung als Eigentümer bedarf. Da die persönl Forderung durch das Urteil nicht berührt wird u daher für den Gläubiger bestehen bleibt, geht die Hypothek gem § 1177 I BGB als Grundschuld auf den Eigentümer über u tritt eine Trennung des dingl Rechts von der Forderung ein. Das Urteil muß jedoch ohne Vorbehalt erlassen sein. Hat sich jemand als Gläubiger gemeldet u ist ihm gem § 953 das angemeldete Recht vorbehalten, so ist er noch nicht ausgeschlossen. Deshalb hat ein solches Urteil für sich allein nicht die Wirkung des § 1170 BGB, da hier vorausgesetzt ist, daß diejenigen, die als Gläubiger in Betracht kommen können, ausgeschlossen worden sind. Erst wenn der Vorbehalt vom Antragsteller rechtswirksam beseitigt ist, zB durch Verzicht des Anmeldenden oder durch seine rechtskräftige Verurteilung zur Verzichtserklärung, treten die Wirkungen des § 1170 I BGB ein; s auch § 1175 BGB. 2

3) Bei **Briefhypothek** wird ein Hypothekenbrief ohne besonderes Aufgebot nach § 1162 BGB derart kraftlos, daß auch ein gutgläubiger Erwerber sich für die Rechtswirksamkeit seines Erwerbes nicht auf den etwaigen Besitz des Briefes berufen kann. Der Erwerb des Eigentümers vollzieht sich kraft Gesetzes; die entsprechende Berichtigung des Grundbuchs hat der Eigentümer selbst zu veranlassen. 3

II) Aufgebot auf Grund § 1171 BGB. Antragsberechtigt ist nur der Eigentümer, bei der Gesamthypothek jeder Eigentümer bezügl seines Grundstücks. Kraftlosigkeit des Briefes wie bei § 1170 BGB. Das Aufgebot richtet sich gegen jeden unbekannten – eingetragenen oder nicht eingetragenen – Gläubiger, also auch einen etwaigen Pfandgläubiger der Hypothek. 4

983 *[Zuständigkeit]*

Zuständig ist das Gericht, in dessen Bezirk das belastete Grundstück belegen ist.

Vgl §§ 24, 36, 1005 II. Ausschließlicher Gerichtsstand.

984 *[Antragsrecht]*

(1) Antragsberechtigt ist der Eigentümer des belasteten Grundstücks.

(2) Im Falle des § 1170 des Bürgerlichen Gesetzbuchs ist auch ein im Range gleich- oder nachstehender Gläubiger, zu dessen Gunsten eine Vormerkung nach § 1179 des Bürgerlichen Gesetzbuchs eingetragen ist, oder ein Anspruch nach § 1179a des Bürgerlichen Gesetzbuchs besteht, und bei einer Gesamthypothek, Gesamtgrundschuld oder Gesamtrentenschuld außerdem derjenige antragsberechtigt, der auf Grund eines im Range gleich- oder nachstehenden Rechtes Befriedigung aus einem der belasteten Grundstücke verlangen kann, sofern der Gläubiger oder der sonstige Berechtigte für seinen Anspruch einen vollstreckbaren Schuldtitel erlangt hat.

Bei der **Gesamthypothek** ist jeder Eigentümer für sich antragsberechtigt. **Vollstreckbare Schuldtitel** sind bei allen in Abs 2 genannten Berechtigten erforderlich. Der Eigentümer ist von Amts wegen zu benachrichten (§ 986 V). 1

985 *[Glaubhaftmachung]*
Der Antragsteller hat vor der Einleitung des Verfahrens glaubhaft zu machen, daß der Gläubiger unbekannt ist.

1 Dem Antragsteller muß unbekannt sein, wer Gläubiger oder wer sein Rechtsnachfolger ist; der Gläubiger oder sein Rechtsnachfolger müssen dem Antragsteller auch dem Aufenthalt nach unbekannt sein. Daß lediglich deren Aufenthaltsort unbekannt ist, genügt nicht, weil dies den Eigentümer nicht hindert, auf Zustimmung zur Berichtigung nach § 894 BGB zu klagen (LG Bückeburg Rpfleger 58, 320). Bedarf der Eigentümer jedoch zur Grundbuchberichtigung des Hypothekenbriefes, dann kann er nach Verurteilung des Gläubigers zur Bewilligung der Berichtigung das Aufgebot des Briefes allein nach § 1162 BGB, § 1003 ZPO beantragen. Im Einzelfall kann allerdings die Unbekanntheit dem Aufenthaltsort nach zu einer Unbekanntheit der Person selbst führen. Auch muß sich der Antragsteller bereits ohne Erfolg um die Ermittlung des richtigen Gläubigers bemüht haben. Dem Unbekanntsein des Gläubigers steht es gleich, wenn der auftretende Gläubiger sein Verfügungsrecht nicht nachzuweisen vermag; denn dann ist ungewiß, ob nicht das Recht einem anderen zusteht, u damit wird zugleich ungewiß, wer der Berechtigte ist. In den Antrag ist auch die genaue Beschreibung des Grundstücks u der Betrag der Forderung aufzunehmen.

986 *[Glaubhaftmachung im Falle des § 1170 BGB]*
(1) Im Falle des § 1170 des Bürgerlichen Gesetzbuchs hat der Antragsteller vor der Einleitung des Verfahrens auch glaubhaft zu machen, daß nicht eine das Aufgebot ausschließende Anerkennung des Rechtes des Gläubigers erfolgt ist.

(2) Ist die Hypothek für die Forderung aus einer Schuldverschreibung auf den Inhaber bestellt oder der Grundschuld- oder Rentenschuldbrief auf den Inhaber ausgestellt, so hat der Antragsteller glaubhaft zu machen, daß die Schuldverschreibung oder der Brief bis zum Ablauf der im § 801 des Bürgerlichen Gesetzbuchs bezeichneten Frist nicht vorgelegt und der Anspruch nicht gerichtlich geltend gemacht worden ist. Ist die Vorlegung oder die gerichtliche Geltendmachung erfolgt, so ist die im Abs 1 vorgeschriebene Glaubhaftmachung erforderlich.

(3) Zur Glaubhaftmachung genügt in den Fällen der Absätze 1, 2 die Versicherung des Antragstellers an Eides Statt, unbeschadet der Befugnis des Gerichts, anderweitige Ermittlungen anzuordnen.

(4) In dem Aufgebot ist als Rechtsnachteil anzudrohen, daß der Gläubiger mit seinem Recht ausgeschlossen werde.

(5) Wird das Aufgebot auf Antrag eines nach § 984 Abs. 2 Antragsberechtigten erlassen, so ist es dem Eigentümer des Grundstücks von Amts wegen mitzuteilen.

1 **I)** § 1170 betrifft das Aufgebot einer angeblich bereits erloschenen Hypothek. Glaubhaftmachung nach § 294. Anerkennung des Rechts innerhalb der zehnjährigen Frist des § 1170 BGB durch Abschlagszahlung, Zinszahlung, Stundungsgesuch. Der Aufgebotsantrag ist erst nach Ablauf der genannten Frist zulässig.

2 **II) Abs 2.** Hypothek für eine Forderung aus Inhaberpapier usw: §§ 793 ff, 1187–1189, 1195, 1199 BGB. Nach § 811 BGB erlischt der Anspruch aus einer Schuldverschreibung auf den Inhaber 30 Jahre nach dem Eintritt der für die Leistung bestimmten Zeit, wenn nicht die Urkunde vorgelegt oder der Anspruch gerichtl geltend gemacht wird.

987 *[Verpflichtungen des Antragstellers im Falle des § 1171 BGB]*
(1) Im Falle des § 1171 des Bürgerlichen Gesetzbuchs hat der Antragsteller sich vor der Einleitung des Verfahrens zur Hinterlegung des dem Gläubiger gebührenden Betrages zu erbieten.

(2) In dem Aufgebot ist als Rechtsnachteil anzudrohen, daß der Gläubiger nach der Hinterlegung des ihm gebührenden Betrages seine Befriedigung statt aus dem Grundstück nur noch aus dem hinterlegten Betrag verlangen könne und sein Recht auf diesen erlösche, wenn er sich nicht vor dem Ablauf von dreißig Jahren nach dem Erlaß des Ausschlußurteils bei der Hinterlegungsstelle melde.

(3) Hängt die Fälligkeit der Forderung von einer Kündigung ab, so erweitert sich die Aufgebotsfrist um die Kündigungsfrist.

(4) Das Ausschlußurteil darf erst dann erlassen werden, wenn die Hinterlegung erfolgt ist.

I) § 1171 BGB bezieht sich auf materiell fortbestehende Hypotheken. – Der **Antragsteller** hat nachzuweisen, daß der Gläubiger nach Person u Aufenthalt unbekannt, § 985, u er selbst zur Befriedigung des Gläubigers oder zur Kündigung der Hypothek berechtigt ist, §§ 1171, 1141, 1142 BGB. Für die **Hinterlegung** kommt in Frage: das noch geschuldete Kapital mit vierjährigen Zinsen, falls sie im Grundbuch eingetragen sind. Erlaß des Ausschlußurteils erst nach Hinterlegung (Abs 4). **Aufgebotsfrist:** §§ 950, 1024. 1

II) Vgl § 382 BGB. Nach Ablauf der 30 Jahre kann der Schuldner den Betrag zurückfordern trotz des seinerzeit erklärten Verzichts. Eines besonderen Aufgebots des dem Gläubiger erteilten Hypotheken- usw Briefes bedarf es nicht; er wird durch das Ausschlußurteil von selbst kraftlos. 2

987a *[Aufgebot von Schiffshypothekengläubigern]*

Für das Aufgebotsverfahren zum Zwecke der Ausschließung eines Schiffshypothekengläubigers auf Grund der §§ 66, 67 des Gesetzes über Rechte an eingetragenen Schiffen und Schiffsbauwerken vom 15. November 1940 (Reichsgesetzbl. I S. 1499) gelten die §§ 984 bis 987 entsprechend; an die Stelle der §§ 1170, 1171, 1179 des Bürgerlichen Gesetzbuchs treten die §§ 66, 67, 58 des genannten Gesetzes. Zuständig ist das Gericht, bei dem das Register für das Schiff oder Schiffsbauwerk geführt wird.

988 *[Aufgebot von Berechtigten bei Vormerkung, Vorkaufsrecht, Reallast]*

Die Vorschriften des § 983, des § 984 Abs. 1, des § 985, des § 986 Abs. 1 bis 4 und der §§ 987, 987a gelten entsprechend für das Aufgebotsverfahren zum Zwecke der in den §§ 887, 1104, 1112 des Bürgerlichen Gesetzbuchs, § 13 des Gesetzes über die Rechte an eingetragenen Schiffen und Schiffsbauwerken vom 15. November 1940 (Reichsgesetzbl. I S. 1499) für die Vormerkung, das Vorkaufsrecht und die Reallast bestimmten Ausschließung des Berechtigten. Antragsberechtigt ist auch, wer auf Grund eines im Range gleich- oder nachstehenden Rechtes Befriedigung aus dem Grundstück oder dem Schiff oder Schiffsbauwerk verlangen kann, sofern er für seinen Anspruch einen vollstreckbaren Schuldtitel erlangt hat. Das Aufgebot ist dem Eigentümer des Grundstücks oder des Schiffes oder Schiffsbauwerks von Amts wegen mitzuteilen.

In allen Fällen des § 988 ist die Zulässigkeit des Aufgebotsverfahrens davon abhängig, daß der Berechtigte unbekannt ist u die im § 1170 BGB für die Ausschließung eines Hypothekengläubigers bestimmten Voraussetzungen vorliegen. Hinsichtl des Schiffspfandrechts findet das Verfahren auch statt, wenn § 1171 BGB gegeben ist. Mit Verkündung des Ausschlußurteils erlischt in allen Fällen das Recht. 1

989 *[Aufgebot von Nachlaßgläubigern]*

Für das Aufgebotsverfahren zum Zwecke der Ausschließung von Nachlaßgläubigern auf Grund des § 1970 des Bürgerlichen Gesetzbuchs gelten die nachfolgenden besonderen Vorschriften.

§ 989 trifft bekannte und unbekannte Gläubiger. Durch das Aufgebot kann sich der Erbe über die Notwendigkeit der Haftungsbeschränkung unterrichten; ferner gibt es ihm die Erschöpfungseinrede des § 1973 BGB, sichert ihn gegen Rückgriff, § 1980 BGB, u verwandelt die Gesamthaftung der Erben in Kopfteilhaftung, § 2060 BGB. **Nachlaßgläubiger:** §§ 1967–1969 BGB. **Nicht hierher** gehören: Pfand-, Hypothekengläubiger; die in § 49 KO genannten Gläubiger, § 1971 BGB; Pflichtteilsberechtigte, Vermächtnisnehmer, Auflagegläubiger, § 1972 BGB; der Gläubiger, dem der Erbe bereits unbeschränkt haftet, §§ 1994 I 2, 2006 III BGB, u der Erbe, insoweit er Nachlaßgläubiger ist. **Es gelten neben §§ 900–1000 die §§ 946–959.** Zu unterscheiden vom Aufgebot ist die gerichtl Aufforderung zur Anmeldung von unbekannten Erben: §§ 1965, 2353 BGB. 1

990 *[Zuständigkeit]*

Zuständig ist das Amtsgericht, dem die Verrichtungen des Nachlaßgerichts obliegen. Sind diese Verrichtungen einer anderen Behörde als einem Amtsgericht übertragen, so ist das Amtsgericht zuständig, in dessen Bezirk die Nachlaßbehörde ihren Sitz hat.

1 **Nachlaßgericht** ist in der Regel das AG, in dessen Bezirk der Erblasser zur Zeit des Erbfalles seinen Wohnsitz oder mangels eines solchen seinen Aufenthalt hatte, § 73 FGG. Ist die Zuständigkeit ungewiß, Bestimmung gemäß § 5 FGG bzw § 36 ZPO.

991 *[Antragsrecht]*

(1) Antragsberechtigt ist jeder Erbe, sofern er nicht für die Nachlaßverbindlichkeiten unbeschränkt haftet.

(2) Zu dem Antrag sind auch ein Nachlaßpfleger und ein Testamentsvollstrecker berechtigt, wenn ihnen die Verwaltung des Nachlasses zusteht.

(3) Der Erbe und der Testamentsvollstrecker können den Antrag erst nach der Annahme der Erbschaft stellen.

1 **I)** Die **Beschränkung in Abs 1** hängt mit dem Zweck des Aufgebots zusammen, das dem Erben eine zuverlässige Kenntnis über den Bestand der Nachlaßverbindlichkeiten u damit eine sichere Grundlage für die Entschließung verschaffen soll, ob er seine beschränkte Haftung gerichtl geltend machen will. Für diesen Zweck ist aber kein Raum, wenn der Vor- oder Nacherbe das Recht der Beschränkung seiner Haftung, §§ 1994 I 2, 2005 I BGB, allen Nachlaßgläubigern gegenüber verloren hat. Ausnahme: § 997 II. Beim Vorhandensein mehrerer Erben kann jeder von ihnen auch gegen den Willen der andern das Aufgebot beantragen, § 997. Antragsberechtigt ist auch der Vor- und der Nacherbe.

2 **II) Abs 2. Nachlaßpfleger,** auch Nachlaßverwalter, §§ 1950 ff, 1975 BGB. Beide können den Antrag schon vor Annahme der Erbschaft stellen. Der Nachlaßverwalter kann das Aufgebot auch beantragen, wenn der Erbe unbeschränkt haftet (Colmar OLGE 19, 163 zu p). **Testamentsvollstrecker:** § 2213 BGB.

3 **III) Abs 3.** Vgl §§ 1942, 1944, 2142 BGB. Der Antrag ist an keine Frist gebunden. Verfahren: § 947 ff. Inventarerrichtung nicht nötig.

992 *[Verzeichnis der Nachlaßgläubiger]*

Dem Antrag ist ein Verzeichnis der bekannten Nachlaßgläubiger mit Angabe ihres Wohnorts beizufügen.

1 Zweck: Ermöglichung der Zustellung des Aufgebots, § 994. Form: §§ 947, 996; Wohnort ist nicht Wohnsitz. Bei Nichtbefolgung des § 992: Ablehnung des Antrags. Wurden Aufgebot u Ausschlußurteil gleichwohl erlassen, sind sie wirksam.

993 *[Nachlaßkonkurs]*

(1) Das Aufgebot soll nicht erlassen werden, wenn die Eröffnung des Nachlaßkonkurses beantragt ist.

(2) Durch die Eröffnung des Nachlaßkonkurses wird das Aufgebotsverfahren beendigt.

1 **I)** Der Nachlaßkonkurs (§§ 214 ff, 229 KO, 1975 BGB) hat die Beschränkung der Erbenhaftung zur Folge. Nachlaßverwaltung oder Vergleichsverfahren hindern das Aufgebot nicht.

2 **II)** Die Beendigung des Aufgebotsverfahrens ist durch Beschluß festzustellen. Wird das Konkursverfahren eingestellt, so ist das Aufgebot wieder zulässig. Wird unter Verstoß gegen Abs 2 Ausschlußurteil erlassen, so findet Anfechtung aus § 957 II Nr 1 statt.

994 *[Aufgebotsfrist]*
(1) Die Aufgebotsfrist soll höchstens sechs Monate betragen.

(2) Das Aufgebot soll den Nachlaßgläubigern, die dem Nachlaßgericht angezeigt sind und deren Wohnort bekannt ist, von Amts wegen zugestellt werden. Die Zustellung kann durch Aufgabe zur Post erfolgen.

I) Mindestfrist: 6 Wochen, § 950. Überschreitung der Frist des Abs 1 begründet nicht die Anfechtungsklage. 1

II) Sollvorschrift. Ihre Verletzung ist kein Grund für eine Anfechtungsklage, § 957 II Nr 2. Zustellung durch Aufgabe zur Post: §§ 213, 175, 192. Öffentl Zustellung an Gläubiger mit unbekanntem Aufenthalt ist nicht nötig. 2

995 *[Androhung des Rechtsnachteils]*
In dem Aufgebot ist den Nachlaßgläubigern, die sich nicht melden, als Rechtsnachteil anzudrohen, daß sie, unbeschadet des Rechtes, vor den Verbindlichkeiten aus Pflichtteilsrechten, Vermächtnissen und Auflagen berücksichtigt zu werden, von dem Erben nur insoweit Befriedigung verlangen können, als sich nach Befriedigung der nicht ausgeschlossenen Gläubiger noch ein Überschuß ergibt.

Der in § 995 bezeichnete Rechtsnachteil trifft alle Gläubiger, die sich nicht melden, mögen sie in dem vom Antragsteller übergebenen Verzeichnis aufgeführt sein oder nicht, auch wenn sie dem Antragsteller bekannt waren oder wenn sie zwar ihre Ansprüche beim Nachlaßverwalter oder Nachlaßgericht, aber nicht im Aufgebotsverfahren angemeldet haben (RG JW 10, 713; Karlsruhe OLGE 42, 22). 1

996 *[Forderungsanmeldung]*
(1) Die Anmeldung einer Forderung hat die Angabe des Gegenstandes und des Grundes der Forderung zu enthalten. Urkundliche Beweisstücke sind in Urschrift oder in Abschrift beizufügen.

(2) Das Gericht hat die Einsicht der Anmeldung jedem zu gestatten, der ein rechtliches Interesse glaubhaft macht.

Beglaubigung der Belegabschriften ist entbehrlich. 1

Gebühren des Anwalts: Meldet der RA für eine Person an, die nicht Antragsteller ist, so nur eine einmalige 5/10 Gebühr nach § 45 II BRAGO. Die Einsicht nach Abs 2 ist gerichtsgebührenfrei (§ 1 I GKG). 2

997 *[Antragsrecht bei Mehrheit von Erben]*
(1) Sind mehrere Erben vorhanden, so kommen der von einem Erben gestellte Antrag und das von ihm erwirkte Ausschlußurteil, unbeschadet der Vorschriften des Bürgerlichen Gesetzbuchs über die unbeschränkte Haftung, auch den anderen Erben zustatten. Als Rechtsnachteil ist den Nachlaßgläubigern, die sich nicht melden, auch anzudrohen, daß jeder Erbe nach der Teilung des Nachlasses nur für den seinem Erbteil entsprechenden Teil der Verbindlichkeit haftet.

(2) Das Aufgebot mit Androhung des im Abs. 1 Satz 2 bestimmten Rechtsnachteils kann von jedem Erben auch dann beantragt werden, wenn er für die Nachlaßverbindlichkeiten unbeschränkt haftet.

I) Vorschriften des BGB über die unbeschränkte Haftung: §§ 2013, 2060, 2144, 2383. – Eintritt in das Verfahren: § 946. – **Androhung** auch der im § 995 bezeichneten Rechtsnachteile des § 1973 BGB. 1

II) Die Ausnahme von der Regel des § 991 I in Abs 2 ist mit Rücksicht darauf geboten, daß gemäß § 2060 Nr 1 BGB der Miterbe nach der Teilung des Nachlasses den im Aufgebotsverfahren ausgeschlossenen Gläubiger auch dann nur für den seinem Erbteil entsprechenden Teil ihrer Forderung haftet, wenn sein Recht auf die beschränkte Haftung erloschen ist. Von Bedeutung ist dieses Antragsrecht für den Fall, daß keiner der Miterben das Aufgebotsverfahren beantragen will. 2

998 *[Nacherbe]*
Im Falle einer Nacherbfolge ist die Vorschrift des § 997 Abs. 1 Satz 1 auf den Vorerben und den Nacherben entsprechend anzuwenden.

1 Nacherbfolge: §§ 2100 ff BGB. Der Nacherbe kann neben dem Vorerben das Aufgebot beantragen. Die Einleitung des Verfahrens durch den Vorerben kommt auch dem Nacherben zustatten; s § 2144 II BGB.

999 *[Antragsrecht bei Gütergemeinschaft]*
Gehört ein Nachlaß zum Gesamtgut der Gütergemeinschaft, so kann sowohl der Ehegatte, der Erbe ist, als auch der Ehegatte, der nicht Erbe ist, aber das Gesamtgut allein oder mit seinem Ehegatten gemeinschaftlich verwaltet, das Aufgebot beantragen, ohne daß die Zustimmung des anderen Ehegatten erforderlich ist. Die Ehegatten behalten diese Befugnis, wenn die Gütergemeinschaft endet. Der von einem Ehegatten gestellte Antrag und das von ihm erwirkte Ausschlußurteil kommen auch dem anderen Ehegatten zustatten.

1000 *[Erbschaftskäufer]*
(1) Hat der Erbe die Erbschaft verkauft, so kann sowohl der Käufer als der Erbe das Aufgebot beantragen. Der von dem einen Teil gestellte Antrag und das von ihm erwirkte Ausschlußurteil kommen, unbeschadet der Vorschriften des Bürgerlichen Gesetzbuchs über die unbeschränkte Haftung, auch dem anderen Teil zustatten.

(2) Diese Vorschriften gelten entsprechend, wenn jemand eine durch Vertrag erworbene Erbschaft verkauft oder sich zur Veräußerung einer ihm angefallenen oder anderweit von ihm erworbenen Erbschaft in sonstiger Weise verpflichtet hat.

Vgl § 1001 ZPO, §§ 2371, 2382 f, 2385 BGB.

1001 *[Aufgebot der Gesamtgutsgläubiger]*
Die Vorschriften der §§ 990 bis 996, 999, 1000 sind im Falle der fortgesetzten Gütergemeinschaft auf das Aufgebotsverfahren zum Zwecke der nach dem § 1489 Abs. 2 und dem § 1970 des Bürgerlichen Gesetzbuchs zulässigen Ausschließung von Gesamtgutsgläubigern entsprechend anzuwenden.

1 Die §§ 997, 991 II sind unanwendbar, weil deren besondere Voraussetzungen (Mehrheit von Erben, Nacherbe) fehlen.

1002 *[Aufgebot der Schiffsgläubiger]*
(1) Für das Aufgebotsverfahren zum Zwecke der Ausschließung von Schiffsgläubigern auf Grund des § 110 des Gesetzes betreffend die privatrechtlichen Verhältnisse der Binnenschiffahrt, gelten die nachfolgenden besonderen Vorschriften.

(2) Zuständig ist das Gericht, in dessen Bezirk sich der Heimathafen oder der Heimatort des Schiffes befindet.

(3) Unterliegt das Schiff der Eintragung in das Schiffsregister, so kann der Antrag erst nach der Eintragung der Veräußerung des Schiffes gestellt werden.

(4) Der Antragsteller hat die ihm bekannten Forderungen von Schiffsgläubigern anzugeben.

(5) Die Aufgebotsfrist muß mindestens drei Monate betragen.

(6) In dem Aufgebot ist den Schiffsgläubigern, die sich nicht melden, als Rechtsnachteil anzudrohen, daß ihre Pfandrechte erlöschen, sofern nicht ihre Forderungen dem Antragsteller bekannt sind.

1 Nach § 110 BinnenschiffG ist bei freiwilliger Veräußerung eines Schiffes der Erwerber berechtigt, die Ausschließung der unbekannten Schiffsgläubiger mit ihren Pfandrechten im Wege des Aufgebotsverfahrens zu beantragen. S auch § 10 SchiffsregO. – Aufgebot unbekannter Schiffspfandgläubiger: § 988. Zu Abs 6 s § 1024 I.

1003 *[Aufgebot zur Kraftloserklärung von Urkunden]* **Für das Aufgebotsverfahren zum Zwecke der Kraftloserklärung einer Urkunde gelten die nachfolgenden besonderen Vorschriften.**

I) §§ 1003 ff treffen nur die Fälle, in denen die **gerichtl Kraftloserklärung** von Urkunden gesetzlich zugelassen ist. **Bundesgesetzl** ist dies der Fall bezüglich der Schuldverschreibungen auf den Inhaber (§ 799 BGB; Lotterielose: Nürnberg OLGE 24, 411 [413]), der den Inhaberpapieren ähnlichen Namenspapiere nach § 808 BGB, es sei denn, es ist landesgesetzl ein anderes Verfahren angeordnet (Sparkassenbücher, Pfandscheine, Versicherungsscheine, Depotscheine), der Aktien u Zwischenscheine (§ 72 AktG), der Wechsel (Art 90 WG), Schecks (Art 59 ScheckG) u der kaufmännischen Orderpapiere (also der kaufmännischen Anweisungen u Verpflichtungsscheine, Konnossemente, Ladescheine, Lagerscheine, Bodmereibriefe, Transportversicherungsscheine, wenn sie an Order lauten, §§ 363, 365, 424, 447, 642, 644, 682, 784 HGB), der Hypotheken, Grundschuld- u Rentenschuldbriefe (§§ 1162, 1192, 1199 BGB). **Zu unterscheiden vom Aufgebot gemäß §§ 1003 ff** ist die Kraftloserklärung einer Urkunde durch den Aussteller mittels öffentl Bekanntmachung (§ 176 BGB, § 84 AktG) u die Kraftloserklärung einer vom Gericht ausgestellten Urkunde wegen Unrichtigkeit ihres Inhalts (BGB § 2361 II: Erbschein; § 2368 III: Zeugnis des Testamentsvollstreckers). **Ausgeschlossen ist das Aufgebotsverfahren** im Falle des § 799 I 2 BGB bei Banknoten, Erneuerungsscheinen, §§ 779 I, 805 BGB u bei Namenspapieren; für Scheckkarten und Scheckkartenformulare (vgl Pleyer u Müller-Wüsten WM 75, 1102). Das Aufgebot eines **Hypothekenbriefes** kann der Gläubiger als Eigentümer des Hypothekenbriefes beantragen; es ist aber auch der Eigentümer des Grundstücks selbständig antragsberechtigt, wenn er den zum Aufgebot berechtigten Gläubiger bereits befriedigt hat oder die Hypothek erloschen ist, da er dann ein unmittelbares Interesse an der Unschädlichmachung des ihn gefährdenden Briefes hat. Der Brief wird kraft Gesetzes kraftlos u bedarf eines Aufgebots nicht im Fall des Aufgebots gem §§ 1170, 1171 BGB. § 18 PostsparkassenO schließt das Aufgebotsverfahren nach der ZPO aus (LG Hagen MDR 48, 216 m abl Anm Kleinrahm). 1

II) Neben § 1003 gelten **§§ 946–959.** Vorbehalt für die Landesgesetzgebung in §§ 1006 III, 1023, 1024 II. 2

1004 *[Antragsrecht]* **(1) Bei Papieren, die auf den Inhaber lauten oder die durch Indossament übertragen werden können und mit einem Blankoindossament versehen sind, ist der bisherige Inhaber des abhanden gekommenen oder vernichteten Papiers berechtigt, das Aufgebotsverfahren zu beantragen.**

(2) Bei anderen Urkunden ist derjenige zu dem Antrag berechtigt, der das Recht aus der Urkunde geltend machen kann.

I) Bei **Inhaberpapieren** verspricht der Aussteller (Schuldner) dem Inhaber der Urkunde eine Leistung in der Weise, daß einerseits der zur Verfügung berechtigte Inhaber vom Aussteller die Leistung nach Maßgabe des Schuldversprechens verlangen kann, andererseits der Aussteller von seiner Schuldverbindlichkeit durch Leistung an jeden Inhaber befreit wird, selbst wenn dieser zur Verfügung über die Urkunde nicht berechtigt wäre, § 793 BGB; Beispiele: Reichsschuldverschreibungen, Pfandbriefe von Banken, Prämien- oder Lotterielose. Durch **Indossament** können übertragen werden Wechsel u kaufmännische Orderpapiere, §§ 363, 365 II HGB. Unzulässig ist das Aufgebotsverfahren bezüglich der Anweisungen in § 799 I 2 BGB. 1

II) Wer iS des Abs 2 berechtigt ist, ergibt sich aus dem sachl Recht, so zB aus § 1294 BGB, § 365 HGB, Art 16 WG. Berechtigt ist auch der verfügungsberechtigte Schuldner, sofern eine auf den Inhaber lautende oder mit Blankoindossament versehene Urkunde nach ihrer Rückkunft an den Schuldner u nach Befriedigung des Gläubigers noch von Bedeutung ist. Der Vollstreckungsgläubiger ist berechtigt, an Stelle des Schuldners auf Grund eines dessen Willenserklärung ersetzenden rechtskräftigen Urteils das Aufgebotsverfahren für einen Grundschuldbrief zu beantragen (LG Koblenz NJW 55, 506); auch der Grundstückseigentümer ist antragsberechtigt, der eine Löschungsbewilligung des Grundpfandrechtsgläubigers ausgehändigt erhalten hatte, auch wenn er nur eine persönliche Schuld getilgt hatte (LG Flensburg SchlHA 69, 200). 2

III) Gebühren: s Rn 3 zu § 947. 3

1005 *[Gerichtsstand]*

(1) Für das Aufgebotsverfahren ist das Gericht des Ortes zuständig, den die Urkunde als den Erfüllungsort bezeichnet. Enthält die Urkunde eine solche Bezeichnung nicht, so ist das Gericht zuständig, bei dem der Aussteller seinen allgemeinen Gerichtsstand hat, und in Ermangelung eines solchen Gerichts dasjenige, bei dem der Aussteller zur Zeit der Ausstellung seinen allgemeinen Gerichtsstand gehabt hat.

(2) Ist die Urkunde über ein im Grundbuch eingetragenes Recht ausgestellt, so ist das Gericht der belegenen Sache ausschließlich zuständig.

1 **I) Ausschließlich zuständig ist das Amtsgericht,** § 946 II; s aber § 1006. **Erfüllungsort:** § 29. Ausdrückliche Bezeichnung nicht erforderlich. Ein Wechsel „zahlbar aller Orten" enthält keinen Erfüllungsort. Bei Angabe mehrerer Erfüllungsorte ist jedes der Gerichte zuständig. Ist ein ausländischer Staat Aussteller der Urkunde oder ist ein ausländischer Erfüllungsort angegeben, so ist das Aufgebotsverfahren im Inland ausgeschlossen. Befinden sich Wechsel-Gläubiger u Wechselschuldner im Bundesgebiet, so ist hier auch nach § 1005 I eine örtl Zuständigkeit begründet (Stuttgart NJW 55, 1154).

2 **II)** Anwendungsfälle des Abs 2 in §§ 24, 25. Bestimmung des zuständigen Gerichts, wenn die für eine Hypothek haftenden Grundstücke in den Bezirken verschiedener AG liegen, nach § 36 Nr 4 (RGZ 45, 388; BayObLG Rpfleger 77, 448).

1006 *[Bestelltes Aufgebotsgericht]*

(1) Die Erledigung der Anträge, das Aufgebot zum Zwecke der Kraftloserklärung eines auf den Inhaber lautenden Papiers zu erlassen, kann von der Landesjustizverwaltung für mehrere Amtsgerichtsbezirke einem Amtsgericht übertragen werden. Auf Verlangen des Antragstellers wird der Antrag durch das nach § 1005 zuständige Gericht erledigt.

(2) Wird das Aufgebot durch ein anderes als das nach § 1005 zuständige Gericht erlassen, so ist das Aufgebot auch durch Anheftung an die Gerichtstafel des letzteren Gerichts öffentlich bekanntzumachen.

(3) Unberührt bleiben die landesgesetzlichen Vorschriften, durch die für das Aufgebotsverfahren zum Zwecke der Kraftloserklärung von Schuldverschreibungen auf den Inhaber, die ein deutsches Land oder früherer Bundesstaat oder eine ihm angehörende Körperschaft, Stiftung oder Anstalt des öffentlichen Rechts ausgestellt oder für deren Bezahlung ein deutsches Land oder früherer Bundesstaat die Haftung übernommen hat, ein bestimmtes Amtsgericht für ausschließlich zuständig erklärt wird.

1 Nicht unter § 1006 fallen qualifizierte Legitimationspapiere: § 1023 u Hypothekenbriefe: § 1024.

1007 *[Antragsrecht]*

Der Antragsteller hat zur Begründung des Antrags:

1. entweder eine Abschrift der Urkunde beizubringen oder den wesentlichen Inhalt der Urkunde und alles anzugeben, was zu ihrer vollständigen Erkennbarkeit erforderlich ist;

2. den Verlust der Urkunde sowie diejenigen Tatsachen glaubhaft zu machen, von denen seine Berechtigung abhängt, das Aufgebotsverfahren zu beantragen;

3. sich zur Versicherung der Wahrheit seiner Angaben an Eides Statt zu erbieten.

1 Neben § 1007 ist § 947 zu beachten. Der Antrag kann sofort nach Verlust der Urkunde gestellt werden. Fehlt eines der Erfordernisse: Zurückweisung. **Zulassungsfolgen:** Der Antragsteller kann bei kaufmännischen Orderpapieren u Wechseln Zahlung gegen Sicherheit verlangen, §§ 365, 367 HGB, Art 90 WG; s auch Art 59 I ScheckG. Verjährung, Unterbrechung nur durch Zahlungssperre, s §§ 1019 ff. **Zu Nr 1:** Beglaubigung ist nicht vorgeschrieben. Auskunftspflicht des Ausstellers: § 799 II BGB, § 66 AktG. **Zu Nr 2:** § 294. **Nr 3** gilt neben Nr 2. Die Abnahme der Versicherung steht im Ermessen des Gerichts.

1008 *[Inhalt des Aufgebots]*

In dem Aufgebot ist der Inhaber der Urkunde aufzufordern, spätestens im Aufgebotstermin seine Rechte bei dem Gericht anzumelden und die Urkunde vorzulegen. Als Rechtsnachteil ist anzudrohen, daß die Urkunde für kraftlos erklärt werde.

Aufgebot: sonstiger Inhalt §§ 947, 1007. **Anmeldung** ohne Vorlage der Urkunde genügt nicht, 1
vgl § 1016. Anmelden kann auch jemand, der selbst die Urkunde verloren hat; dann mangels Einigung Verweisung auf den Klageweg.

1009 *[Bekanntmachung des Aufgebots]*

(1) Die öffentliche Bekanntmachung des Aufgebots erfolgt durch Anheftung an die Gerichtstafel und in dem Lokal der Börse, wenn eine solche am Sitz des Aufgebotsgerichts besteht, sowie durch einmalige Einrückung in den Bundesanzeiger.

(2) Das Gericht kann anordnen, daß die Einrückung noch in andere Blätter und zu mehreren Malen erfolge.

(3) Betrifft das Aufgebot ein auf den Inhaber lautendes Papier und ist in der Urkunde vermerkt oder in den Bestimmungen, unter denen die erforderliche staatliche Genehmigung erteilt worden ist, vorgeschrieben, daß die öffentliche Bekanntmachung durch bestimmte andere Blätter zu erfolgen habe, so muß die Bekanntmachung auch durch Einrückung in diese Blätter erfolgen. Das gleiche gilt bei Schuldverschreibungen, die von einem deutschen Land oder früheren Bundesstaat ausgegeben sind, wenn die öffentliche Bekanntmachung durch bestimmte Blätter landesgesetzlich vorgeschrieben ist.

Abs 1. § 1009 bedeutet gegenüber § 984 eine Verschärfung. Anheftungsdauer: bis zum Aufge- 1
botstermin. **Abs 2.** Einzurücken ist das vollständige Aufgebot (anders: §§ 596, 1017 II). **Abs 3.** Abweichung durch Landesgesetz: § 1024.

1010 *[Aufgebot bei Wertpapieren mit Zinsscheinen usw]*

(1) Bei Wertpapieren, für die von Zeit zu Zeit Zins-, Renten- oder Gewinnanteilscheine ausgegeben werden, ist der Aufgebotstermin so zu bestimmen, daß bis zu dem Termin der erste einer seit der Zeit des glaubhaft gemachten Verlustes ausgegebenen Reihe von Zins-, Renten- oder Gewinnanteilscheinen fällig geworden ist und seit seiner Fälligkeit sechs Monate abgelaufen sind.

(2) Vor Erlaß des Ausschlußurteils hat der Antragsteller ein nach Ablauf dieser sechsmonatigen Frist ausgestelltes Zeugnis der betreffenden Behörde, Kasse oder Anstalt beizubringen, daß die Urkunde seit der Zeit des glaubhaft gemachten Verlustes ihr zur Ausgabe neuer Scheine nicht vorgelegt sei und daß die neuen Scheine an einen anderen als den Antragsteller nicht ausgegeben seien.

I) Abs 1. § 1010 setzt voraus: Verlust der Hauptkurkunde (Mantel) samt Zinsbogen auf höch- 1
stens 4 Jahre; längere Zinsbogen: § 1011; Ausnahme bei Mantelverlust allein: § 1012. § 1010 trifft auch zu bei Wertpapieren, bei denen erneuerte Zins-, Renten- und Gewinnanteilscheine zwar erst nach 20 Jahren ausgegeben werden, bei denen jedoch eine Registrierung der jeweils zur Einlösung vorgelegten Zins-, Renten- oder Gewinnanteilscheine nicht erfolgt (München NJW WPM 79, 816). Das Aufgebot kann jederzeit nach dem Eintritt des Verlustes der Urkunde beantragt u auch erlassen werden; nur der Aufgebotstermin ist der Vorschrift des Abs 1 entsprechend zu bestimmen. Das Gesetz geht davon aus, daß ein Verlust solange nicht zu vermuten ist, wie der Besitzer keinen Anlaß hatte, das Papier oder den Erneuerungsschein der Ausgabestelle für die neuen Scheine vorzulegen.

II) Abs 2. Pflicht zur Zeugniserteilung: § 799 II BGB. Das Zeugnis ist kein Erfordernis der Ein- 2
leitung. Die Kosten der Zeugniserteilung muß der Antragsteller, den sie treffen, vorschießen. Zweck: Ausfindigmachung des jetzigen Inhabers bei Abholung neuer Zinsscheine (wenn nämlich der Erneuerungsschein nicht mitverloren ist; hat ein Dritter den neuen Zinsbogen erhoben, so ist das Aufgebot erledigt u der neue Urkundeninhaber zu verklagen). Zahlungssperre §§ 1019 ff. Rechtsbehelf gegen Fristverletzung: Anfechtungsklage, § 957.

1011 *[Zinsscheine für mehr als 4 Jahre]*
(1) Bei Wertpapieren, für die Zins-, Renten- oder Gewinnanteilscheine zuletzt für einen längeren Zeitraum als vier Jahre ausgegeben sind, genügt es, wenn der Aufgebotstermin so bestimmt wird, daß bis zu dem Termin seit der Zeit des glaubhaft gemachten Verlustes von den zuletzt ausgegebenen Scheinen solche für vier Jahre fällig geworden und seit der Fälligkeit des letzten derselben sechs Monate abgelaufen sind. Scheine für Zeitabschnitte, für die keine Zinsen, Renten oder Gewinnanteile gezahlt werden, kommen nicht in Betracht.

(2) Vor Erlaß des Ausschlußurteils hat der Antragsteller ein nach Ablauf dieser sechsmonatigen Frist ausgestelltes Zeugnis der betreffenden Behörde, Kasse oder Anstalt beizubringen, daß die für die bezeichneten vier Jahre und später etwa fällig gewordenen Scheine ihr von einem anderen als dem Antragsteller nicht vorgelegt seien. Hat in der Zeit seit dem Erlaß des Aufgebots eine Ausgabe neuer Scheine stattgefunden, so muß das Zeugnis auch die im § 1010 Abs. 2 bezeichneten Angaben enthalten.

1 § 1011 trifft zu, wenn die Voraussetzungen des § 1010 nicht vorliegen. Das in Abs 2 erwähnte Zeugnis muß die letzten 4 Jahre umfassen.

1012 *[Vorlegung der Zinsscheine]*
Die Vorschriften der §§ 1010, 1011 sind insoweit nicht anzuwenden, als die Zins-, Renten- oder Gewinnanteilscheine, deren Fälligkeit nach diesen Vorschriften eingetreten sein muß, von dem Antragsteller vorgelegt werden. Der Vorlegung der Scheine steht es gleich, wenn das Zeugnis der betreffenden Behörde, Kasse oder Anstalt beigebracht wird, daß die fällig gewordenen Scheine ihr von dem Antragsteller vorgelegt worden seien.

1 Zweck der Vorschrift ist die Beschleunigung bei Verlust gesondert verwahrter Mäntel.

1013 *[Abgelaufene Ausgabe der Zinsscheine]*
Bei Wertpapieren, für die Zins-, Renten- oder Gewinnanteilscheine ausgegeben sind, aber nicht mehr ausgegeben werden, ist, wenn nicht die Voraussetzungen der §§ 1010, 1011 vorhanden sind, der Aufgebotstermin so zu bestimmen, daß bis zu dem Termin seit der Fälligkeit des letzten ausgegebenen Scheines sechs Monate abgelaufen sind.

1 § 1013 trifft nicht zu, wenn seit Verlust noch eine neue Reihe von Zins- usw Scheinen ausgegeben worden ist oder Scheine für 4 oder mehrere Jahre noch nicht fällig geworden sind. Der Antragsteller muß ein Zeugnis nach §§ 1010 II, 1011 II beibringen.

1014 *[Aufgebotstermin bei bestimmter Fälligkeit]*
Ist in einer Schuldurkunde eine Verfallzeit angegeben, die zur Zeit der ersten Einrückung des Aufgebots in den Bundesanzeiger noch nicht eingetreten ist, und sind die Voraussetzungen der §§ 1010 bis 1013 nicht vorhanden, so ist der Aufgebotstermin so zu bestimmen, daß seit dem Verfalltag sechs Monate abgelaufen sind.

1 **Schuldurkunden** (wie Wechsel, kaufmännische Anweisungen) mit bestimmtem Verfalltag, aber nicht Papiere mit Zinsscheinen oder Fälligkeit kraft Kündigung oder Verlosung. Bei Nichteinhaltung der Frist: § 957 Nr 3. Landesrecht: § 1024.

1015 *[Aufgebotsfrist]*
Die Aufgebotsfrist muß mindestens sechs Monate betragen. Der Aufgebotstermin darf nicht über ein Jahr hinaus bestimmt werden; solange ein so naher Termin nicht bestimmt werden kann, ist das Aufgebot nicht zulässig.

1 **Aufgebotsfrist:** § 950; bei Hypothekenbriefen: § 1024; bei Schecks: 2 Monate, Art 59 ScheckG. Das Jahr ist von der Terminsbestimmung, nicht von der Einrückung an zu berechnen. Bei Verstoß gegen § 1015: § 957 Nr 3 (Anfechtungsklage). Sicherungsmaßregel: Zahlungssperre s § 1020.

1016 *[Anmeldung der Rechte]*
Meldet der Inhaber der Urkunde vor dem Aufgebotstermin seine Rechte unter Vorlegung der Urkunde an, so hat das Gericht den Antragsteller hiervon zu benachrichtigen und ihm die Einsicht der Urkunde innerhalb einer zu bestimmenden Frist zu gestatten. Auf Antrag des Inhabers der Urkunde ist zu ihrer Vorlegung ein Termin zu bestimmen.

Der Antragsteller hat kein Recht darauf, daß der Inhaber das Original der Urkunde vorlegt. 1
Nach Vorlegung der Urkunde: § 953, falls Antragsteller das Recht des Inhabers der Urkunde nicht anerkennt. Terminsbestimmung kann nur der Urkundeninhaber beantragen. Ladung von Amts wegen, § 497.

1017 *[Ausschlußurteil]*
(1) In dem Ausschlußurteil ist die Urkunde für kraftlos zu erklären.

(2) Das Ausschlußurteil ist seinem wesentlichen Inhalt nach durch den Bundesanzeiger bekanntzumachen. Die Vorschriften des § 1009 Abs. 3 gelten entsprechend.

(3) In gleicher Weise ist nach eingetretener Rechtskraft das auf die Anfechtungsklage ergangene Urteil, soweit dadurch die Kraftloserklärung aufgehoben wird, bekanntzumachen.

Falls angemeldet wird, ist nach §§ 953, 1016 zu verfahren. Veröffentlicht wird nur einmal; landesrechtl Erleichterung: §§ 1023, 1024. Kosten: § 946. Anfechtungsklage: § 957. 1

1018 *[Wirkung des Ausschlußurteils]*
(1) Derjenige, der das Ausschlußurteil erwirkt hat, ist dem durch die Urkunde Verpflichteten gegenüber berechtigt, die Rechte aus der Urkunde geltend zu machen.

(2) Wird das Ausschlußurteil infolge einer Anfechtungsklage aufgehoben, so bleiben die auf Grund des Urteils von dem Verpflichteten bewirkten Leistungen auch Dritten, insbesondere dem Anfechtungskläger, gegenüber wirksam, es sei denn, daß der Verpflichtete zur Zeit der Leistung die Aufhebung des Ausschlußurteils gekannt hat.

I) Sonstige Wirkungen neben Abs 1: Verpflichtung zur Ausstellung einer neuen Urkunde, 1
§§ 407, 800 BGB, § 228 HGB, § 67 GBO. Die Ausschlußurkunde ersetzt den Besitz der Urkunde, Rechte Dritter an der Urkunde bleiben unberührt. Geht ein Wechselblankett vor der Ausführung verloren, so erschöpft sich die Wirkung der Kraftloserklärung in der Verhinderung mißbräuchlicher Ausfüllung. Eine Wechselforderung kann nicht mehr entstehen; das Ausschlußurteil steht danach einem wirksamen Akzept nicht gleich (Hamm MDR 76, 404).

II) Abs 2. Der Anfechtungskläger kann von dem Antragsteller nur die Bereicherung verlangen. 2

1019 *[Zahlungssperre]*
(1) Bezweckt das Aufgebotsverfahren die Kraftloserklärung eines auf den Inhaber lautenden Papiers, so hat das Gericht auf Antrag an den Aussteller sowie an die in dem Papier und die von dem Antragsteller bezeichneten Zahlstellen das Verbot zu erlassen, an den Inhaber des Papiers eine Leistung zu bewirken, insbesondere neue Zins-, Renten- oder Gewinnanteilscheine oder einen Erneuerungsschein auszugeben (Zahlungssperre); mit dem Verbot ist die Benachrichtigung von der Einleitung des Aufgebotsverfahrens zu verbinden. Das Verbot ist in gleicher Weise wie das Aufgebot öffentlich bekanntzumachen.

(2) Das an den Aussteller erlassene Verbot ist auch den Zahlstellen gegenüber wirksam, die nicht in dem Papier bezeichnet sind.

(3) Die Einlösung der vor dem Verbot ausgegebenen Zins-, Renten- oder Gewinnanteilscheine wird von dem Verbot nicht betroffen.

§ 1019 trifft bei allen Inhaberpapieren zu, auch bei Grundschuldbriefen, Inhaberschecks, § 5 1
ScheckG, Inhaberaktien und Lotterielosen, nicht dagegen bei Wechseln, auch wenn sie mit Blankoindossament versehen sind, und bei anderen Orderpapieren. Zahlungssperre nur auf Antrag, nie von Amts wegen. Verbindung des Antrags mit demjenigen auf Erlaß des Aufgebots, § 947 I,

ist die Regel. Anordnung durch den Rechtspfleger, § 20 Nr 2 RPflG, bei Ablehnung Erinnerung. Die meist mit dem Aufgebot angeordnete Zahlungssperre ist dem Antragsteller und den bekannten Zahlstellen formlos mitzuteilen, § 319 III. Wird die Zahlungssperre nach dem Aufgebot erlassen, so braucht nur die Einleitung des Verfahrens, nicht der Inhalt des Aufgebots mitgeteilt zu werden. **Öffentl Bekanntmachung:** §§ 1009, 1023. Wirkung der Sperre: § 802 BGB (Hemmung des Beginns u Laufes der Vorlegungsfrist und der Verjährung). Eine dem Verbot zuwider geschehene Leistung wirkt nicht gegen den Antragsteller, wenn ein Ausschlußurteil ergeht (§§ 135, 136 BGB).

1020 *[Selbständige Zahlungssperre]*

Ist die sofortige Einleitung des Aufgebotsverfahrens nach § 1015 Satz 2 unzulässig, so hat das Gericht die Zahlungssperre auf Antrag schon vor der Einleitung des Verfahrens zu verfügen, sofern die übrigen Erfordernisse für die Einleitung vorhanden sind. Auf den Antrag sind die Vorschriften des § 947 Abs. 1 anzuwenden. Das Verbot ist durch Anheftung an die Gerichtstafel und durch einmalige Einrückung in den Bundesanzeiger öffentlich bekanntzumachen.

1 **I)** § 1020 läßt die sog selbständige Zahlungssperre zu, wenn der Aufgebotstermin nicht innerhalb eines Jahres bestimmt werden kann. Der Antrag, § 947 I, kann schriftl oder zu Protokoll des UdG des zuständigen Aufgebotsgerichts gestellt werden. In dem Antrag sind die Voraussetzungen des § 1007 anzugeben u glaubhaft zu machen; im übrigen gilt § 1019. Wegen der Aufhebung s § 1022.

2 **II) Gebühren: 1)** des **Gerichts:** Keine; **2)** des **Anwalts:** (für den Antrag der Zahlungssperre nur im Falle des isolierten Verfahrens nach § 1020): $\frac{5}{10}$ der vollen Gebühr nach § 45 I Nr 3 BRAGO. S auch Rn 3 zu § 947. – Wegen der Kosten der Einrückung im Bundesanzeiger: § 948 (KV Nr 1903).

1021 *[Entbehrlichkeit des Zeugnisses]*

Wird die Zahlungssperre angeordnet, bevor seit der Zeit des glaubhaft gemachten Verlustes Zins-, Renten- oder Gewinnanteilscheine ausgegeben worden sind, so ist die Beibringung des im § 1010 Abs. 2 vorgeschriebenen Zeugnisses nicht erforderlich.

1 Der etwaige Besitzer des Papiers ist zufolge § 1019 nicht mehr in der Lage, neue Scheine durch Vorlage des Papiers bei der zur Ausgabe bestimmten Stelle zu erhalten. Vielmehr bleibt ihm, wenn diese Stelle die Aushändigung der Scheine unter Berufung auf die Zahlungssperre verweigert, nur der Weg, das Papier dem Gericht gemäß § 1022 vorzulegen u die Aufhebung der Zahlungssperre zu bewirken. Dann kann er die neuen Scheine an der Ausgabestelle erheben. Unterläßt er es dagegen, sich an das Gericht zu wenden, so besteht der Verdacht, daß er das Papier nicht in gutem Glauben erworben hat. Deshalb ist hier die sonst zum Schutz gutgläubiger Erwerber gebotene Beibringung des im § 1010 II vorgeschriebenen Zeugnisses für nicht erforderlich erklärt. **Gehören die Papiere zu den im § 1010 I bezeichneten,** so ist für die Bestimmung des Aufgebotstermins der Zeitpunkt maßgebend, in dem hinsichtl des aufzubietenden Papiers der erste Schein fällig gewesen wäre, wenn die Ausgabe nicht infolge der Zahlungssperre unterblieben wäre.

1022 *[Aufhebung der Zahlungssperre]*

(1) Wird das in Verlust gekommene Papier dem Gericht vorgelegt oder wird das Aufgebotsverfahren in anderer Weise ohne Erlaß eines Ausschlußurteils erledigt, so ist die Zahlungssperre von Amts wegen aufzuheben. Das gleiche gilt, wenn die Zahlungssperre vor der Einleitung des Aufgebotsverfahrens angeordnet worden ist und die Einleitung nicht binnen sechs Monaten nach der Beseitigung des ihr entgegenstehenden Hindernisses beantragt wird. Ist das Aufgebot oder die Zahlungssperre öffentlich bekanntgemacht worden, so ist die Erledigung des Verfahrens oder die Aufhebung der Zahlungssperre von Amts wegen durch den Bundesanzeiger bekanntzumachen.

(2) Im Falle der Vorlegung des Papiers ist die Zahlungssperre erst aufzuheben, nachdem dem Antragsteller die Einsicht nach Maßgabe des § 1016 gestattet worden ist.

(3) Gegen den Beschluß, durch den die Zahlungssperre aufgehoben wird, findet sofortige Beschwerde statt.

Zuständig ist der Rechtspfleger, § 20 Nr 2 RPflG. Gegen Ablehnung der Aufhebung der Zahlungssperre Erinnerung, § 11 RPflG, gegen den Aufhebungsbeschluß befristete Erinnerung. Stellt das Beschwerdegericht die Zahlungssperre wieder her, so bleiben die inzwischen erfolgten Leistungen an den Urkundeninhaber wirksam. 1

Gebühren des **Gerichts:** Keine. Beschwerdeverfahren: KV Nr 1181 (Gebühr nur, soweit Beschwerde verworfen oder zurückgewiesen); für den **RA:** 5/10 nach § 61 I Nr 1 BRAGO. – Kosten des Erinnerungsverfahrens: § 934 Rn 5. 2

1023 *[Hinkende Wertpapiere]*

Bezweckt das Aufgebotsverfahren die Kraftloserklärung einer Urkunde der im § 808 des Bürgerlichen Gesetzbuchs bezeichneten Art, so gelten die Vorschriften des § 1006, des § 1009 Abs. 3, des § 1017 Abs. 2 Satz 2 und der §§ 1019 bis 1022 entsprechend. Die Landesgesetze können über die Veröffentlichung des Aufgebots und der im § 1017 Abs. 2, 3 und in den §§ 1019, 1020, 1022 vorgeschriebenen Bekanntmachungen sowie über die Aufgebotsfrist abweichende Vorschriften erlassen.

Unter § 808 BGB fallen die meisten Sparbücher (RG HRR 32, 2142), ferner vielfach Pfandscheine (KG OLGE 36, 172), Depotscheine, Versicherungsscheine (RGZ 145, 324) u nicht auf den Inhaber ausgestellte Inhaberlagerscheine (Kiel OLGE 22, 348). 1

1024 *[Vorbehalt für die Landesgesetzgebung]*

(1) Bei Aufgeboten auf Grund der §§ 887, 927, 1104, 1112, 1162, 1170, 1171 des Bürgerlichen Gesetzbuchs, des § 110 des Gesetzes betreffend die privatrechtlichen Verhältnisse der Binnenschiffahrt, der §§ 6, 13, 66, 67 des Gesetzes über Rechte an eingetragenen Schiffen und Binnenschiffsbauwerken und der §§ 13, 66, 67 des Gesetzes über Rechte an Luftfahrzeugen können die Landesgesetze die Art der Veröffentlichung des Aufgebots und des Ausschlußurteils sowie die Aufgebotsfrist anders bestimmen, als in §§ 948, 950, 956 vorgeschrieben ist.

(2) Bei Aufgeboten, die auf Grund des § 1162 des Bürgerlichen Gesetzbuchs ergehen, können die Landesgesetze die Art der Veröffentlichung des Aufgebots, des Ausschlußurteils und des im § 1017 Abs. 3 bezeichneten Urteils sowie die Aufgebotsfrist auch anders bestimmen, als in den §§ 1009, 1014, 1015, 1017 vorgeschrieben ist.

Zehntes Buch

SCHIEDSRICHTERLICHES VERFAHREN

1025 *[Schiedsvertrag im allgemeinen]* **(1) Die Vereinbarung, daß die Entscheidung einer Rechtsstreitigkeit durch einen oder mehrere Schiedsrichter erfolgen solle, hat insoweit rechtliche Wirkung, als die Parteien berechtigt sind, über den Gegenstand des Streites einen Vergleich zu schließen.**

(2) Der Schiedsvertrag ist unwirksam, wenn eine Partei ihre wirtschaftliche oder soziale Überlegenheit dazu ausgenutzt hat, den anderen Teil zu seinem Abschluß oder zur Annahme von Bestimmungen zu nötigen, die ihr im Verfahren, insbesondere hinsichtlich der Ernennung oder Ablehnung der Schiedsrichter, ein Übergewicht über den anderen Teil einräumen.

Lit: Umfassende Nachw bei Schütze/Tscherning/Wais, Handbuch des Schiedsverfahrens, 1985.

1 **I)** Das 10. Buch der ZPO gestattet die **Ausübung privater Gerichtsbarkeit** als **echter Gerichtsbarkeit** (BGH NJW 86, 3027 = RIW 86, 816 = EWiR 86, 835 [Schütze]) neben bzw anstelle der staatlichen Gerichtsbarkeit für bürgerl Rechtsstreitigkeiten iSv § 13 GVG. Aber auch §§ 168 I Nr 5, 187 I VwGO setzen diese Möglichkeit voraus, BVerwG NJW 59, 1985; Schwab Kap I 2.

2 **II) Rechtsnatur des Schiedsvertrages: 1)** Durch den Schiedsvertrag wird die Entscheidung eines Rechtsstreits Schiedsrichtern übertragen. Der Schiedsspruch ist ein Rechtsprechungsakt, kein materiellrechtl Gestaltungsakt; deshalb ist der Schiedsvertrag kein materiellrechtl Vertrag, sondern ein **Prozeßvertrag.** StJSchl § 1025 Rz 1; Schwab Kap 4 IV. Abzulehnen BGH, der Schiedsvertrag sei ein materiellrechtl Vertrag über prozessuale Beziehungen, BGHZ 40, 320. Vgl IZPR Rn 69.

3 **2)** Der Schiedsvertrag ist ein prozessualer Dispositionsakt über den Streitgegenstand, StJSchl Rz 1. Die Parteien haben die **prozessuale Pflicht, alles zu tun, um das Schiedsverfahren zu fördern,** etwa bei der Berufung der Schiedsrichter mitzuwirken oder Gebührenvorschüsse zu bezahlen, BGH 55, 344. AA Habscheid KTS 55, 35 für Kombination zwischen Prozeßvertrag und materiellrechtl Vertrag: Entgegen Habscheid begründen die Parteien keine „Verfahrensgesellschaft" (atypische Gesellschaft bürgerl Rechts). Die Entscheidung darüber, ob die durch einen Schiedsvertrag gebundene Partei ihren Mitwirkungspflichten nachgekommen ist, obliegt den ordentl Gerichten, Oldenburg NJW 71, 1461.

4 **III) Abschluß und Ende des Schiedsvertrages: 1)** Abschluß, Inhalt und Umfang des Schiedsvertrages sind nach Prozeßrecht zu beurteilen. Im BGB ist das allg Vertragsrecht kodifiziert, nämlich die allg Rechtsgrundsätze, die auf alle, mithin auch auf öffentl-rechtl Verträge, insbes auch auf Prozeßverträge, anzuwenden sind, allerdings mit Modifizierungen, StJSchl Rz 2. Vor Beginn des Schiedsgerichtsverfahrens sind die Regeln über Abschluß und Beendigung von schuldrechtl Verträgen entspr anzuwenden.

5 **2)** Die hM läßt im Hinblick auf § 1041 I Nr 1 die Geltendmachung von **Willens- und Vollmachtsmängeln** noch so lange zu, bis der Schiedsspruch rechtskräftig für vollstreckbar erklärt ist, BGH KTS 66, 246 = BB 67, 97. Ausnahme: Anfechtung wegen persönl Eigenschaften des Schiedsrichters, da § 1032 eine Sonderregelung enthält, BGHZ 17, 7. **Gründe, die den Schiedsvertrag unwirksam machen** (auch durch Ausübung eines den Schiedsvertrag beendenden Gestaltungsrechts), werden vor Vollstreckbarerklärung grundsätzlich **nicht präkludiert,** StJSchl Rz 2 bei FN 13. AA Schwab Kap 8 I 8. Ausnahme: Auf Mängel des Schiedsvertrages sind §§ 295, 296 III analog anzuwenden.

6 **3) Rücktritt vom Schiedsvertrag** möglich bis zur Anrufung des Schiedsgerichts analog § 326 BGB (aA Habscheid KTS 80, 291; Schwab Kap 8 I 8), danach nur noch eine Kündigung aus wichtigem Grund, StJSchl Rz 2.

7 **4) Bedingungen: Aufschiebende** Bedingungen: Ein Schiedsvertrag kann unter einer Bedingung geschlossen werden, wenn bei Anrufung des Schiedsgerichts oder des staatl Gerichts über Eintritt bzw Ausbleiben der Bedingung Klarheit bestehen wird. Nach dem in § 1027 a genannten Zeitpunkt kann die Zulässigkeit des ordentl Rechtswegs nicht mehr in Frage gestellt werden. – **Auflösende** Bedingungen, über deren Eintritt bis zur Vollstreckbarerklärung des Schiedsspruchs

Klarheit herrschen wird, sind zulässig, StJSchl Rz 2. Beispiel: Die staatl Gerichte sollen entscheiden, wenn die Schiedsrichter ihre Aufgabe nicht binnen bestimmter Frist erledigt hätten, Saarbrücken KTS 61, 108. – Vgl auch § 1034 Rn 34, 41.

5) Ein Schiedsvertrag kann aus wichtigem Grund **gekündigt** werden, wenn er undurchführbar geworden ist, BGHZ 77, 65 = NJW 80, 2136 = MDR 830; Habscheid KTS 80, 285. Fällt eine Schiedsvertragspartei in Armut und kann sie die erforderl Vorschüsse nicht mehr aufbringen, ist der Schiedsvertrag undurchführbar, es sei denn, der Gegner erklärt sich bereit, die Kosten vorzuschießen, Hamburg MDR 66, 850; BGHZ 77, 65. Ist der Gegner zwar bereit, die Kosten der Schiedsrichter zu tragen, lehnt er es aber ab, auch die Kosten für eine anwaltschaftl Vertretung der armen Partei vorzuschießen, so kann diese den Schiedsvertrag kündigen, wenn ihr unter den gegebenen bes Umständen nicht zuzumuten ist, sich ohne Hilfe eines RA auf das schiedsrichterl Verfahren einzulassen, BGH 51, 79 = NJW 69, 277 (krit Kötz 511); § 1034 Rn 18. 8

6) Ein Schiedsvertrag **erlischt** außerdem auch in den Fällen des Erlasses des Schiedsspruchs (die Parteien können jedoch für den Fall der Aufhebung nach § 1041 Fortsetzung des Rechtsstreits im schiedsgerichtl Verfahren vereinbaren), des Abschlusses eines Schiedsvergleichs, des Verlustes der Einrede aus dem Schiedsvertrag bei Eintritt der Befristung oder auflösenden Bedingung, bei erfolgreicher Anfechtung, bei vertragl Aufhebung, bei Wegfall eines im Schiedsvertrag ernannten Schiedsrichters, § 1033 Nr 1, und bei Stimmengleichheit der Schiedsrichter, § 1033 Nr 2, R-Schwab § 174 VIII. Schiedsvertrag hängt aber zB nicht von dem Fortbestehen einer OHG ab, da gerade im Liquidationsstadium der Gesellschaft bei der Auseinandersetzung entstehende Streitigkeiten schiedsrichterl Lösungen notwendig machen können, Karlsruhe NJW 58, 1148. 9

7) **Bestimmbarkeit des Schiedsgerichts.** Schiedsvertrag mangels **genügender Bestimmtheit** nichtig, wenn das zur Entscheidung berufene Schiedsgericht weder eindeutig bestimmt noch bestimmbar ist, weil nach der Schiedsklausel zwei verschiedene ständige Schiedsgerichte in Betracht kommen, StJSchl Rz 15; BGH NJW 83, 1267 = MDR 471 = IPRax 84, 148 (Timmermann 136) = IPRspr 82/192 A. – Von den Fällen, in denen nicht aufklärbar ist, worauf sich die Parteien geeinigt haben, zu unterscheiden ist das von den Parteien gewollte **Wahlrecht** (Rn 21). 9a

Wahrung international zwingenden Rechts: Aus den gleichen Gründen wie der BGH (IZPR Rn 146) eine ausschließl Prorogation auf ein ausländisches Staatsgericht für unwirksam hält, will Frankfurt RIW 86, 902 die Derogation der internationalen Zuständigkeit der BRepD durch Vereinbarung eines (ausländischen) Schiedsgerichts nicht beachten, wenn zu erwarten ist, daß das Schiedsgericht aus deutscher Sicht international zwingendes und daher auch gegenüber (ausländischen) Schiedssprüchen (§ 1044 Rn 22) durchzusetzendes Recht nicht beachten wird. Auch hier gilt die oben IZPR Rn 151 geäußerte Kritik. 9b

IV) Wirkung des Schiedsvertrages. Die Hauptwirkung des Schiedsvertrags liegt im **Ausschluß der staatl Gerichtsbarkeit** und in der Entstehung einer prozessualen Einrede, § 1027 a; R-Schwab § 174 II. Durch die Vereinbarung eines Schiedsgerichts wird die staatl Gerichtsbarkeit nicht schlechthin ausgeschlossen, sie bleibt für das Eilverfahren des Arrests und der einstw Verfügung bestehen, Frankfurt NJW 59, 1088; § 1034 Rn 53. 10

V) Verfahrensvereinbarungen. Um zu vermeiden, daß Fehler bei Konstituierung des Schiedsgerichtes und bei Einleitung des Schiedsverfahrens den Schiedsspruch aufhebbar (§§ 1041; 1042 II) machen, erklären die Parteien nicht selten zu Beginn des Schiedsverfahrens ausdrückl, daß das konstituierte Schiedsgericht zur Entscheidung über bestimmte Streitgegenstände zuständig sein soll. Diese Vereinbarung ist von der (wirksamen) Schiedsklausel zu unterscheiden. Sie ist eine Summe von Verfahrensvereinbarungen (§ 1034 Rn 6) einschließl der einvernehml Festlegung des Streitgegenstandes, StJSchl Rz 4. Wenn sie den für den Schiedsvertrag geltenden Formvorschriften entspricht, begründet sie (hilfsweise) die schiedsrichterl Entscheidungszuständigkeit. 11

VI) Inhalt des Schiedsvertrages. Es ist zwischen dem Schiedsvertrag (= Vereinbarung, daß sich die Parteien überhaupt schiedsrichterl Entscheidung unterwerfen) und den Vereinbarungen über das schiedsrichterl Verfahren (Ernennung der Schiedsrichter etc, Vereinbarungen über das Verfahren nach § 1034 II) zu unterscheiden. Ein Schiedsvertrag braucht (wegen § 1028) weder Vereinbarungen über die Konstituierung des Schiedsgerichts noch solche über die Verfahrensgestaltung (vgl § 1034) und die dem Schiedsrichter an die Hand gegebenen Entscheidungsmittel zu enthalten. Ferner ist zwischen der Vereinbarung der schiedsrichterl Entscheidungszuständigkeit und den den Schiedsrichtern zugewiesenen Entscheidungsmitteln zu unterscheiden. Beispiel: Rechtsgestaltung, zu der der staatl Richter auf Grund Gesetzes im Hinblick auf den numerus clausus der Gestaltungsklagen nicht befugt wäre, StJSchl Rz 5; vgl Rn 28 und § 1034 Rn 32. 12

13 **VII) Der notwendige Inhalt eines Schiedsvertrages. 1)** Gegenstand des Schiedsverfahrens und Schiedsspruches muß **die Entscheidung einer Rechtsstreitigkeit** sein. Keine Rechtsstreitigkeit, wenn bei Fehlen eines „Schiedsgerichtes" ein Beschlußorgan (eine Gesellschafterversammlung) zuständig wäre und es um die Zweckmäßigkeit von Verwaltungsmaßnahmen geht, wohl aber dann, wenn ein Schiedsgericht zu klären hat, ob nach dem Gesellschaftsvertrag bestimmte Mehrheitsentscheidungen zulässig sind, BGH BB 58, 820. Zur Abgrenzung von den nicht Schiedssprüche darstellenden Maßnahmen von Vereinsorganen StJSchl Rz 6 vor § 1025, zur Abgrenzung von „Schiedsgerichten", die auf besonderer, öffentl-rechtl Satzung beruhen und daher keine Schiedsgerichte iSd §§ 1025 ff sind, StJSchl Rz 5 vor § 1025.

14 **a) Nicht erforderl ist, daß zZ der Vereinbarung bereits ein Streit unter den Parteien besteht.** Der künftige Rechtsstreit muß hinreichend konkretisiert sein. Dies ist in der Regel unproblematisch, wenn Hauptvertrag und Schiedsvertrag gleichzeitig geschlossen werden. Vgl auch § 40 I; § 1026 Rn 1; Geimer/Schütze I 909.

15 **b)** Daß schon ein **Prozeß vor staatl Gerichten anhängig** ist, ist kein unüberwindl Hindernis für die Vereinbarung der schiedsrichterl Erledigung. Nach dem in § 1027 a fixiertem Zeitpunkt kann die Rechtshängigkeit vor den staatl Gerichten aber nur durch einvernehml Klagerücknahme bzw durch einvernehml Erklärung der Erledigung der Hauptsache enden.

16 **c)** Eine **Vereinbarung, durch die ledigl die Verfolgbarkeit eines Anspruchs vor staatl Gerichten ausgeschlossen wird,** ist kein Schiedsvertrag, sondern die Begründung einer Naturalobligation bzw die Umwandlung eines bestehenden Anspruchs in eine Naturalobligation, StJSchl Rz 7 FN 22.

17 **d)** Soll ein „Schiedsgericht" nicht den gesamten Rechtsstreit unter den Parteien entscheiden, sondern nur **Teilaspekte,** so liegt idR eine **Schiedsgutachtervereinbarung** (Rn 40) vor. Beisp: Der Dritte soll nur über abstrakte Rechtsfragen oder das Vorliegen bzw Fehlen behaupteter Tatsachen befinden, StJSchl Rz 7; Schwab Kap 3 II 1. Wenn die Parteien den Dritten (= Entscheidungsbefugten) nach Entstehen eines Streits mit einer (beschränkten) Entscheidungsmacht in der Annahme betrauen, ihr Rechtsstreit sei dadurch insgesamt zu erledigen, so ist der zur Entscheidung berufene Dritte iZw für die Entscheidung des ganzen Rechtsstreits zuständig. Die Zuständigkeit des Schiedsgerichtes kann in der Weise begrenzt werden, daß wie vor staatl Gerichten nur **Teil- und Grundurteile** möglich sind, § 1041 Rn 21. Auch kann ein Schiedsvertrag vorsehen, daß das Schiedsgericht nur über die **Höhe eines Anspruchs** zu entscheiden hat, StJSchl Rz 7.

17a **e) Ausschluß des Rechtswegs zu den ordentl Gerichten:** Nur Güte- oder Schlichtungsstelle, wenn Rechtsweg zu den staatl Gerichten offen bleiben soll nach Scheitern des Versuchs, Meinungsverschiedenheiten durch „Schiedsgericht" beizulegen, BGH LM 23 zu § 38 = IPRspr 83/196.

18 **2) Dritte müssen zur (schiedsrichterl) Entscheidung berufen sein.** Wird eine Partei selbst oder eines ihrer Organe oder ihr gesetzl Vertreter mit der Entscheidung beauftragt, liegt kein Schiedsvertrag, sondern allenfalls ein materiellrechtl Vertrag (§ 315 BGB) vor. Der Dritte kann aber auch (schon) in anderer Funktion mit der Angelegenheit befaßt sein, zB als Testamentsvollstrecker (RGZ 100, 76). – Vgl § 1028 Rn 2.

19 **3) Übertragung der Entscheidung auf Schiedsrichter: a)** Es muß die Entscheidung durch Schiedsrichter im Schiedsverfahren **anstelle des Verfahrens vor den staatl Gerichten** gewünscht sein. Aufgabenteilung zwischen staatl Gerichten und Schiedsgerichten hinsichtl des gleichen Streitgegenstands ist unzulässig, BGH NJW 60, 1432 = ZZP 73, 403 (Schwab). Falls jedoch aus einem Rechtsverhältnis verschiedene Rechtsstreitigkeiten entstehen können, kann die Entscheidung bezügl der einen dem Schiedsgericht übertragen werden, während für die andere(n) das staatl Gericht zuständig bleibt.

20 **b)** Zulässig ist auch die Abrede, daß die Wirksamkeit des Schiedsspruches davon abhängen soll, daß **beide Parteien** sich dem Schiedsspruch **unterwerfen.** AA Karlsruhe AWD 73, 403.

21 **c)** Mögl ist auch Vereinbarung, daß beide Parteien oder nur eine von ihnen **wählen** kann, ob sie das Schiedsgericht oder das staatl Gericht anruft, § 1027 Rn 8. Ein solches Wahlrecht ist auch zulässig für den Fall, daß die Ansprüche dem Grunde und/oder der Höhe nach nicht bestritten sind, BGH NJW 76, 852 = MDR 76, 475; BGH WM 84, 380. Die Parteien können vereinbaren, daß Kläger zwischen mehreren eindeutig bestimmbaren (ständigen oder ad hoc –) Schiedsgerichten wählen darf.

22 **d)** Ein rechtswirksamer **Schiedsvertrag** liegt **nicht** vor, wenn es im Belieben der Parteien steht, trotz und nach Entscheidung eines Schiedsgerichts den ordentl Rechtsweg zu beschreiten, RG JW 94, 56; RG 146, 262, 265; Düsseldorf MDR 56, 750; vgl aber Rn 7. Die Abrede der Parteien,

daß bei Scheitern außergerichtl Vergleichsverhandlungen vor Anrufung des Gerichts zunächst die Einigungsbemühungen vor einer Gütestelle fortgesetzt werden sollen, ist weder ein Schiedsvertrag noch ein Schiedsgutachtervertrag, Celle NJW 71, 288.

e) Die Parteien können eine bes Schiedsvereinbarung dahin treffen, daß das Schiedsgericht über die **Kosten des Schiedsgerichtsverfahrens** auch und gerade dann befinden soll, wenn dieses Verfahren unzulässig ist, weil es an einem wirksamen Schiedsvertrag fehlt, der dem Schiedsgericht die Entscheidung in der Sache ermöglichen würde, BGH NJW 73, 191. Vgl § 1034 Rn 60. 23

4) Schiedsrichter müssen private Personen sein. a) Kein Schiedsvertrag, wenn die Entscheidung auf ein bestehendes staatl (in- oder ausländisches) Gericht als Teil dessen sonstiger Tätigkeit übertragen wird, StJSchl Rz 10. Allenfalls ist zu prüfen, ob eine Prorogation (§§ 38, 40) vorliegt. 24

b) Behörden können durch Parteivereinbarung nicht für verwaltungsrechtl zu qualifizierende Entscheidungen über privatrechtl Ansprüche (privatrechtsgestaltende Verwaltungsakte) für zuständig erklärt werden. Zulässig aber, Behörden als solche zu Schiedsrichtern zu ernennen, StJSchl Rz 11. Wem dies zu weit geht, mag den Schiedsvertrag, der eine Behörde als Schiedsgericht vorsieht, dahin umdeuten, daß der Behördenvorstand oder ein von ihm zu bestimmendes Behördenmitglied Schiedsrichter sein soll. Gerichtspräsidenten oder Behördenvorstände können durch die Parteien **ermächtigt** werden, einen Schiedsrichter zu ernennen. 25

5) Bestimmtheit/Bestimmbarkeit des Schiedsgerichts: Ein Schiedsvertrag ist nichtig, wenn das darin zur Entscheidung berufene Schiedsgericht weder eindeutig bestimmt noch bestimmbar ist, BGH IPRax 84, 148 (Timmermann 136). Vgl Rn 9a, 21. 26

VIII) Der fakultative Inhalt eines Schiedsvertrages. 1) Für Prozeßverträge, also auch für Schiedsverträge, gelten die allg Vorschriften des Vertragsrechts. Dies bedeutet insbes: Es herrscht grundsätzl **Vertragsfreiheit.** Die Parteien bestimmen den Umfang des Schiedsvertrags (= der Entscheidungszuständigkeit der Schiedsrichter und ihrer Entscheidungsmittel, Rn 12). Der Wille der Parteien ist durch **Auslegung** zu ermitteln, Rn 33. Im Zweifel erfaßt die Schiedsklausel auch Streitigkeiten über Zustandekommen des Hauptvertrages. Ein in einem Gesellschaftsvertrag vorgesehenes Schiedsgericht ist auch dann zuständig, wenn vor Eintragung der Gesellschaft im Handelsregister Streitigkeiten auftreten. Zur Frage, ob Schiedsklausel auch Ansprüche aus unerlaubter Handlung erfaßt, die in Ausführung des Vertrages oder bei Gelegenheit seiner Ausführung unterlaufen, s BGH NJW 65, 300 = MDR 65, 198; StJSchl Rz 12. Die Schiedsklausel in einem Rahmenvertrag gilt auch für Einzellieferungen aus einer in diesem enthaltenen Bezugsverpflichtung, auch wenn es sich um ein Wiederkehrschuldverhältnis handelt, Habscheid KTS 65, 2; zweifelnd BGH MDR 64, 212. 27

2) Die Parteien können durch Vereinbarung (§ 1034 II) **bindende Regeln für das schiedsrichterl Verfahren** aufstellen. Dem Schiedsgericht können **rechtsgestaltende Entscheidungen** übertragen werden, Rn 12. Mögl auch, das Schiedsgericht zu beauftragen, **rechtskraftfähige Entscheidungen über Inzidentpunkte und/oder das Vorliegen/Nichtvorliegen von Tatsachen** zu treffen, StJSchl Rz 17. 28

IX) Schiedsfähigkeit des Streitgegenstandes. Ein Schiedsvertrag kann von den Parteien geschlossen werden, wenn sie berechtigt sind, über den **Gegenstand des Streits einen Vergleich** zu schließen. Es darf sich in dem Schiedsvertrag nicht um Rechtsverhältnisse handeln, die nach bürgerl Recht oder aus anderen Gründen der rechtsgeschäftl Regelung (wie zB bei Ehe- und Entmündigungssachen) entzogen oder bei denen die Parteien oder deren Vertreter zum Vergleichsabschluß nicht legitimiert sind. Für die Feststellungsklage eines GmbH-Gesellschafters, daß ein **Gesellschaftsbeschluß** unwirksam ist, kann die Zuständigkeit eines Schiedsgerichts vereinbart werden, BGH NJW 79, 2567; zur Schiedsgerichtsvereinbarung in GmbH-Satzung s Kornmeier DB 80, 193. Die Entscheidung über Nichtigkeits- und Anfechtungsklage gegen Beschlüsse der Hauptversammlung einer AG oder der Gesellschafterversammlung einer GmbH können einem Schiedsgericht übertragen werden, StJSchl Rz 27 FN 86. AA BGH NJW 79, 2567. Ebenso **Auflösung einer Gesellschaft** (§ 133 HGB, § 61 GmbHG), BayObLGZ 84, 46). Auch **Patentrechtssachen** sind schiedsfähig, StJSchl Rz 27. Das gleiche gilt für **Kartellrechtsstreitigkeiten,** BGHZ 65, 147 = NJW 76, 194. 29

X) Subjektive Grenzen der Schiedsklausel. 1) Der Schiedsvertrag wirkt nur **zwischen den Parteien und ihren Rechtsnachfolgern** (Gesamt- und Sonderrechtsnachfolgern), bindet aber nicht Bürgen, Schuldübernehmer und Garanten, da ihre Schuld selbständig neben der Hauptschuld steht und eigenes rechtl Schicksal hat; auch auf vollmachtlosen Vertreter kann eine in gescheitertem Vertrag enthaltene Schiedsabrede nicht erstreckt werden, dagegen auf den nach § 95 III HGB in Anspruch genommenen Makler, BGH 68, 356. Der Konkursverwalter ist an die 30

Schiedsklausel gebunden, BGH 24, 15; diese ergreift aber nicht das Konkursanfechtungsrecht, BGH NJW 56, 1920; ThP 3c; § 1027 Rn 7.

31 **2) Schiedsverträge zu Lasten Dritter** sind nicht mögl, jedoch solche **zugunsten Dritter,** § 1027 Rn 8.

32 **XI) Abschluß des Schiedsvertrages.** Voraussetzung: Prozeßfähigkeit, da Prozeßvertrag. Auf Grund einer Prozeßvollmacht (§ 81) können Prozeßbevollmächtigte keinen Schiedsvertrag schließen; sie bedürfen hierzu bes Vollmacht. Vormünder bedürfen der vormundschaftsgerichtl Genehmigung, der Konkursverwalter derjenigen des Gläubigerausschusses, § 1822 Nr 12 BGB; § 133 Nr 2 KO.

33 **XII) Umfang der Schiedsklausel. 1)** Nach Maßgabe der Schiedsgerichtsklausel steht dem Schiedsgericht die Verurteilung zu einer Leistung sowie die Feststellung und Gestaltung von Rechtsverhältnissen zu. So kann zB die Entscheidung über Anträge nach § 166 HGB Schiedsrichtern übertragen werden, BayObLG MDR 79, 317, oder die Auseinandersetzung einer Erbengemeinschaft, BGH NJW 79, 2567. Die **Reichweite eines Schiedsvertrags** ergibt sich aus dem Willen der Parteien, der iZw durch weite Auslegung zu ermitteln ist, BGH 40, 320 = NJW 64, 591; vgl auch BGH MDR 64, 212 u 65, 198; Frage der Auslegung ist es auch, ob sich ein Schiedsvertrag auch auf spätere Vertragsänderungen (= Nachträge bzw Ergänzungen zum Hauptvertrag) erstreckt. IZw zu bejahen, so für Vergleich, BGH LM 23 zu § 38 = IPRspr 83/196. Die Schiedsabrede erstreckt sich iZw nicht auf Wechsel- u Scheckansprüche, § 1027 Rn 5. – Sie ist durch das Revisionsgericht nur beschränkt nachprüfbar, § 1041 Rn 42.

34 **2)** Der Schiedsvertrag schließt die Vereinbarung mit ein, daß gegenüber einer im Schiedsverfahren eingeklagten Forderung die **Aufrechnung** mit einer nicht dem Schiedsverfahren unterliegenden Forderung nicht beachtet werden darf und umgekehrt, BGH 38, 254: im ordentl Prozeß darf die Aufrechnung mit einer Gegenforderung nicht beachtet werden, die mit einer Schiedsabrede versehen ist; Hamm RIW 83, 698 = IPRspr 194. Hat das Staatsgericht (zu Recht) die Aufrechnung mit der der Schiedsklausel unterliegenden Forderung nicht beachtet, so kann nach Abschluß des Schiedsverfahrens (§ 1039 Rn 14) der Aufrechnungseinwand nach § 767 gegen Urteil des Staatsgerichts geltend gemacht werden.

35 **3)** Die Abrede, ein Schiedsgericht solle über Meinungsverschiedenheiten oder Streitigkeiten aus einem Vertrag entscheiden, bedeutet iZw daß das Schiedsgericht auch darüber zu entscheiden hat, ob der **Hauptvertrag** wirksam ist und welche Folgen seine Unwirksamkeit hat, BGH 53, 315; Frankfurt OLGZ 67, 436. Auch wenn die Parteien nur „von allen Streitigkeiten aus diesem Vertrag" sprechen (besser: die Formel „alle Streitigkeiten *im Zusammenhang* mit diesem Vertrag und seiner Durchführung"), sind damit auch die Streitigkeiten über Zustandekommen und/oder dessen Wirksamkeit mit erfaßt, StJSchl Rz 12. – Unwirksamkeit des Hauptvertrages berührt Schiedsklausel nicht.

36 **4)** Die in der Satzung einer AG enthaltene Bestimmung, alle Streitigkeiten zwischen Aktionären und der Gesellschaft sollten durch ein Schiedsgericht unter Ausschluß des Rechtsweges geregelt werden, erfaßt auch die Anfechtungs- und Nichtigkeitsklage gegen einen Beschluß der Hauptversammlung der AG, Rn 29.

37 **XIII) Kompetenzkompetenz des Schiedsgerichts.** Die Parteien können dem Schiedsgericht die bindende Entscheidung über die Gültigkeit des Schiedsvertrags übertragen. In diesem Fall hat das ordentliche Gericht – ohne Bindung an die Entscheidung des Schiedsgerichts – nur die Gültigkeit dieser sog Kompetenz-Kompetenz-Klausel zu prüfen, § 1041 Rn 41; BGH 68, 356 = ZZP 91, 481 (abl Leipold); StJSchl § 1037 Rz 3; aA Schwab 6 III mwN. – Fehlt Kompetenz-Kompetenz-Klausel, ist Staatsgericht in keiner Weise gebunden, ThP § 1041 Anm 2d.

38 **XIV) Schiedsgerichte zur Nachprüfung einer Entscheidung eines staatl Gerichts** sind zulässig, StJSchl Rz 9. Ein staatl Gerichtsurteil kann von einem Schiedsgericht in einem berufungs- oder wiederaufnahmeähnl Verfahren kassiert werden. Zwar wird der Eintritt der Rechtskraft des staatl Urteils durch die Schiedsklausel nicht gehemmt. Das Institut der materiellen Rechtskraft ist aber kein Selbstzweck. Öffentl Interessen stehen nicht auf dem Spiel mit Ausnahme des Interesses an der Verhinderung mehrfacher Inanspruchnahme staatl Einrichtungen. Dieser Gesichtspunkt entfällt, wenn nicht ein staatl Gericht ein zweites Mal, sondern ein Schiedsgericht mit der Angelegenheit beauftragt wird, so treffend Schlosser aaO. – Schiedsgericht kann von Parteien auch ermächtigt werden, Vorbehaltsurteil des staatl Gerichts aufzuheben (§ 302 IV 2). Das gleiche gilt für § 927 und die Klagen nach §§ 767, 771, 878. AA hM, zB Schwab, 18, 44; München BB 77, 674. – Vgl auch § 1040 Rn 7.

39 **XV) Schiedsgerichte zur Feststellung des Vorliegens/Nichtvorliegens der Voraussetzungen für die Anerkennung bzw Vollstreckbarerklärung von Urteilen ausl staatl Gerichte (§ 328).**

Soweit die Anerkennungsvoraussetzungen bzw Versagungsgründe zur Disposition der Parteien stehen, ist die Vereinbarung schiedsgerichtl Entscheidung zulässig, § 328 Rn 182, 189, 278. Die Vollstreckbarerklärung (§§ 722, 723) kann nicht auf Schiedsgerichte übertragen werden, vgl § 1042, ebenso nicht die Kompetenz der LJV nach Art 7 FamRÄndG.

XVI) Abgrenzung zwischen Schiedsgerichtsklausel und Schiedsgutachterklausel. Das Schiedsgericht entscheidet einen Rechtsstreit an Stelle des staatl Gerichts, der Schiedsgutachter hat Tatumstände festzustellen und Tatfragen zu entscheiden, ohne daß er befugt ist, darüber zu befinden, welche Verpflichtungen sich daraus für die Parteien ergeben; die Feststellung des Leistungsinhalts verbleibt im Rahmen des § 319 BGB den ordentl Gerichten, BGHZ 9, 143 = NJW 53, 825; NJW 55, 665. Die Tätigkeit des Schiedsgutachters braucht sich aber nicht auf die Ermittlung einzelner Tatbestandsmerkmale zu beschränken, es kann ihm auch deren rechtl Einordnung übertragen werden, BGH 48, 25, 30 = NJW 67, 1804; BGH NJW 75, 1556; Zweibrücken NJW 71, 943. Auf das Schiedsgutachten sind die §§ 1025 ff nach hM nicht anzuwenden. Eine neuere Auffassung unterscheidet treffend zwischen Schiedsgutachten, durch die nach §§ 317 ff BGB eine Leistung bestimmt wird, und solchen Schiedsgutachten, die die Feststellung von Leistungen und Elementen der Entscheidung zum Ziel haben; sie sieht die erste Gruppe als materiellrechtl Verträge, die zweite Gruppe als Prozeßverträge an, R-Schwab § 173 III 2; StJSchl Rz 25 vor § 1025; Habscheid KTS 70, 132, und wendet auf die zweite Gruppe weitgehend die für das Schiedsverfahren geltenden Vorschriften an, vgl auch Schwab Kap 2 I 3. – Kein Schiedsverfahren, wenn Richtigkeit der Schiedsentscheidung über § 1041 hinaus von staatl Gericht überprüfbar sein soll, BGH ZIP 81, 1098. – Während Schiedsvertrag Klage vor Staatsgericht unzulässig macht, § 1027 a, schließt Schiedsgutachtervertrag ordentl Rechtsweg nicht aus, BGH WM 82, 543; das Gericht darf aber die vom Gutachter festzustellenden Tatsachen nicht selbst feststellen und ist an Feststellungen des Gutachtens in den Grenzen der §§ 317–319 BGB gebunden, BGH NJW 79, 1885; 84, 43; Frankfurt VersR 82, 759. 40

XVII) Unwirksamkeit des „abgenötigten" Schiedsvertrages. Unwirksam ist ein Schiedsvertrag im Falle des **Abs 2.** Er schützt den wirtschaftl oder sozial Schwächeren gegen die Ausnützung wirtschaftl oder sozialer Überlegenheit zum Abschluß eines Schiedsvertrags. Voraussetzung ist, daß der schwächere Teil infolge der wirtschaftl oder sozialen Überlegenheit in seiner freien Entscheidung über den Abschluß des Schiedsvertrags beeinträchtigt wird. Nicht erforderl, daß der stärkere Teil sich dessen bewußt war, Nicklisch BB 72, 1285. Letzteres ist bestr. AA BLAH Anm 7b. Vgl auch BGH NJW 83, 1267. 41

XVIII) Schiedsrichtervertrag. 1) Das Rechtsverhältnis zwischen den Parteien des Schiedsvertrags und den Schiedsrichtern bestimmt sich nach dem Schiedsrichtervertrag; Schwab FS Schiedermair 1976, 499. **Lex causae:** Da es sich um einen schuldrechtl Vertrag handelt, können die Parteien eine Rechtswahl treffen. Fehlt eine solche, so entspricht es in der Regel dem Parteiwillen, daß der Schiedsrichtervertrag dem auf das Schiedsverfahren anwendbaren Recht unterliegt, Schütze DIZPR 215. 42

2) Das mit Erlaß des Schiedsspruchs fällige **Honorar** der **Schiedsrichter** bestimmt sich nach den Vereinbarungen mit den Parteien. Ist nichts vereinbart, so sind §§ 612, 632 BGB anwendbar, RG 94, 212. Der Schiedsrichter kann seinen nach dem Schiedsvertrag sich ergebenden, sonst übl Honoraranspruch gegen jede Partei geltend machen, auch wenn sie ihn nicht ernannt hat, da die Parteien gem § 427 BGB als Gesamtschuldner haften, RG 94, 212. Bei Streit Entscheidung durch staatl Gericht, JW 27, 1484. Anspruch auf **Vorschuß** haben die Schiedsrichter, können ihn aber nicht einklagen, BGHZ 94, 92. Zur anteilmäßigen Vorschußpflicht des Schiedsbeklagten im Innenverhältnis zum Schiedskläger s BGH 55, 344 = NJW 71, 888 (Breetzke 1457). 43

3) Ein **Schiedsrichter kann,** wenn er das Amt angenommen hat, den dadurch zustande gekommenen **Vertrag nicht einseitig lösen;** zur Erfüllung (Ausübung des Richteramtes) kann er aber wegen §§ 888 II, 1033 Nr 1 nicht gezwungen werden, § 1034 Rn 37. Hat die Mehrheit der Schiedsrichter einen Spruch gefällt, so sind auch die Schiedsrichter, die dagegen stimmten oder sich der Abstimmung enthielten, zur Unterschrift des Schiedsspruchs verpflichtet, unbeschadet der Ersetzungsmöglichkeit nach § 1039 I. Weigerung eines Schiedsrichters, den Schiedsspruch zu unterzeichnen, ist nach Neufassung des § 1039 I nicht mehr als Rücktritt von dem Schiedsrichtervertrag anzusprechen; aA BGH NJW 54, 1605; StJSchl § 1033 Rz 1. Handelt es sich um die von einem Schiedsrichter verweigerte Mitwirkung bei der Zustellung und Niederlegung des Spruches, § 1039, so kann er hierzu durch Zwangsmittel gem § 888 angehalten werden, § 1039 Rn 4. 44

4) Schiedsrichter haften für ihre richterl Tätigkeit nur in den Grenzen des § 839 II BGB, BGH NJW 54, 1763, Schwab 79, ansonsten für jedes Verschulden. 45

46 **5)** Schiedsrichter sind zur Wahrung des **Beratungsgeheimnisses** verpflichtet, StJSchl § 1034 Rz 41.

47 **6)** Der die Schiedsakten verwaltende Schiedsrichter ist auch nach Ende des Schiedsverfahrens verpflichtet, **Akteneinsicht** zu gewähren, StJSchl § 1041 Rz 2.

47a **7) Unfähig zum Schiedsrichteramt** ist, wer infolge krankhaften oder altersbedingten **Verfalls seiner Geisteskräfte** der Aufgabe zu richten nicht gewachsen ist. Er kann abgelehnt werden. Er ist jedoch nicht verpflichtet, sich psychiatrisch untersuchen zu lassen, BGH EWiR 86, 1047 (Schütze).

48 **XIX) Vereinsstrafen** werden von den nach der Satzung zuständigen Vereinsorganen verhängt; sie können Schiedsgerichte sein, wenn sie entsprechend organisiert sind und die Zuständigkeit der ordentl Gerichte ausgeschlossen ist, StJSchl Rz 6 vor § 1025; Frankfurt NJW 73, 2208 (Westermann), zur Frage der Zuständigkeit für Nichtmitglieder Hamburg MDR 75, 409 (Bettermann). Zu Schiedsverträgen innerhalb von Gewaltverhältnissen Preis Betrieb 72, 1723; zur Frage, ob Einrichtungen der politischen Parteien (§ 14 PartG) Schiedsgerichte sind, Frankfurt NJW 70, 2250. Zu Schiedsgerichts- und Schiedsgutachterabreden in Architektenverträgen Zweibrücken BauR 80, 482.

49 **XX) Arbeitsgerichtl Streitigkeiten** s §§ 4, 101 ff ArbGG. Ausführl StJSchl Rz 46.

50 **XXI) Zuständigkeitsvereinbarung (§ 38) für den Fall, daß Schiedsklausel unwirksam,** sinnvoll und zulässig. Unwirksamkeit der Schiedsklausel erfaßt nicht Zuständigkeitsvereinbarung, BGH LM 23 zu § 38 = IPRspr 83/196.

51 **XXII) Immunität ausländischer Staaten,** die an einer privatrechtl Schiedsvereinbarung beteiligt sind, besteht nicht, und zwar auch nicht für Verfahren vor staatl Gericht (§§ 1045, 1046) im Zusammenhang mit der Einleitung und Durchsetzung der Schiedsvereinbarung, der Bestellung von Ersatzschiedsrichtern, der ordnungsgemäßen Durchführung des schiedsrichterl Verfahrens und der Kontrolle des Schiedsgerichts, Art 12 der Europäischen Konvention v 16. 5. 1972 über Staatenimmunität, BT-Drucks 10/4631.

1025 a

[Schiedsvertrag über Mietstreitigkeiten]

Ein Schiedsvertrag über Rechtsstreitigkeiten, die den Bestand eines Mietverhältnisses über Wohnraum betreffen, ist unwirksam. Dies gilt nicht, wenn es sich um Wohnraum der in § 556a Abs. 8 des Bürgerlichen Gesetzbuchs genannten Art handelt.

1 § 1025a schließt Abschluß eines Schiedsvertrags über Rechtsstreitigkeiten, die den Bestand eines Mietverhältnisses betreffen, in Fortführung der im materiellrechtl Bereich zugunsten des Mieters getroffenen Schutzmaßnahmen aus. Insbes soll § 29a nicht ausgeschaltet werden können. Daher auch Heilung nach § 1027 a I 2 ausgeschlossen. Ausgenommen sind Rechtsstreitigkeiten, die Wohnraum betreffen, der nur zu vorübergehenden Zwecken vermietet ist, und Wohnraum, der Teil der vom Vermieter selbst bewohnten Wohnung ist und den der Vermieter ganz oder überwiegend mit Einrichtungsgegenständen auszustatten hat, sofern der Wohnraum nicht zum dauernden Gebrauch für eine Familie überlassen ist, §§ 556a VIII, 565 III BGB. Unter § 1025a fallen Klagen auf Feststellung des Bestehens oder Nichtbestehens eines Mietverhältnisses oder Untermietverhältnisses und Klagen, bei denen das Bestehen eines Mietverhältnisses nur incidenter festgestellt wird, wie Räumungsklage; ohne Bedeutung ist auch, ob als weitere Anspruchsgrundlage §§ 985, 812 BGB geltend gemacht werden, StJSchl Rz 3. **Nicht unter § 1025a fallen Streitigkeiten über sonstige Ansprüche aus dem Mietverhältnis,** die nicht unmittelbar den (Weiter)Bestand des Rechts auf Raumnutzung betreffen, wie Klagen auf Erfüllung oder Schadensersatz wegen Nichterfüllung, sowie Streitigkeiten nach dem MHG, insbes Klagen auf Zustimmung zur Mieterhöhung nach § 2 III MHG.

2 § 1025a ist nicht entspr anwendbar auf sonstige ausschließl Zuständigkeiten, wie zB § 24, § 6a I AbzG, § 26 I FernUSG, § 7 I HaustürG.

1026

[Schiedsvertrag über künftigen Streit]

Ein Schiedsvertrag über künftige Rechtsstreitigkeiten hat keine rechtliche Wirkung, wenn er nicht auf ein bestimmtes Rechtsverhältnis und die aus ihm entspringenden Rechtsstreitigkeiten sich bezieht.

I) § 1026 ist dem § 40 nachgebildet. Der Schiedsvertrag muß sich in diesem Fall auf ein oder mehrere bestimmte Rechtsverhältnisse und die aus ihnen entspringenden Rechtsstreitigkeiten beziehen. Das Rechtsverhältnis kann schon vor dem Schiedsvertrag bestanden haben, mit ihm zugleich geschaffen werden oder ein künftiges sein; im letzten Fall muß es konkret mit individuellen Merkmalen bezeichnet werden, StJSchl Rz 1. Der Schiedsvertrag kann im übrigen den Bestand, die Erfüllung oder die Aufhebung eines Rechtsverhältnisses, einen Feststellungs- oder Leistungsanspruch betreffen. 1

II) Nichts anderes gilt im **arbeitsgerichtl Verfahren.** Tarifvertragl Schiedsabreden können sich wohl nur auf künftige Streitigkeiten beziehen, § 101 ArbGG, StJSchl § 1026 Rz 2. 2

1027 *[Schriftform des Schiedsvertrags]*

(1) Der Schiedsvertrag muß ausdrücklich geschlossen werden und bedarf der Schriftform; andere Vereinbarungen als solche, die sich auf das schiedsgerichtliche Verfahren beziehen, darf die Urkunde nicht enthalten. Der Mangel der Form wird durch die Einlassung auf die schiedsgerichtliche Verhandlung zur Hauptsache geheilt.

(2) Die Vorschrift des Absatzes 1 ist nicht anzuwenden, wenn der Schiedsvertrag für beide Teile ein Handelsgeschäft ist und keine der Parteien zu den im § 4 des Handelsgesetzbuches bezeichneten Gewerbetreibenden gehört.

(3) Soweit der Schiedsvertrag nach Absatz 2 der Schriftform nicht bedarf, kann jede Partei die Errichtung einer schriftlichen Urkunde über den Vertrag verlangen.

I) Ausdrückl Schiedsabrede: 1) Kein Vertragsschluß durch konkludentes Verhalten möglich. Auch nicht konkludente Annahme eines ausdrückl Angebotes. Das Wort **„Schiedsvertrag"** muß nicht verwendet werden. Wichtig nur, daß die Entscheidung des Rechtsstreits den staatl Gerichten entzogen und einer bestimmten Person/Stelle übertragen wird. 1

2) Bezugnahme auf eine Schiedsgerichtsordnung möglich, Hamm WM 72, 984. Die Bezugnahme muß aber erkennen lassen, daß schiedsrichterl Erledigung gewollt war. Beispiel: Alle aus dem (näher bezeichneten) Vertragsverhältnis entstehenden Streitigkeiten sollen nach der Schiedsgerichtsordnung des Verbandes X beigelegt werden. Nicht genügt Hinweis auf Lieferbedingungen, in denen Schiedsklausel enthalten ist; in diesen Fällen fehlt es für Nichtkaufleute bereits an der Form (Rn 3). 2

II) 1) Schriftform nach § 1027 I, § 126 BGB: eigenhändige Namensunterschrift beider Parteien oder Unterzeichnung mit notariell beglaubigten Handzeichen; gewillkürte Vertreter müssen speziell zum Abschluß des Schiedsvertrages bevollmächtigt sein, Vollkommer Rpfleger 74, 133. 3

2) Schriftform ist **nicht erforderl,** wenn der Schiedsvertrag sich auf ein sachl-rechtl Handelsgeschäft bezieht und beide Teile Vollkaufleute sind. Vereinbarungen einer Schiedsgerichtsklausel durch stillschweigende Genehmigung eines Bestätigungsschreibens: BGH 7, 187 = NJW 52, 1336. Schiedsklauseln in Gesellschaftsverträgen einer Personenhandelsgesellschaft bedürfen, sofern nicht die Voraussetzungen des Abs 2 vorliegen, der Form des Abs 1, BGH 45, 282 = NJW 66, 1960; § 1048 ist auf solche Verträge, auch wenn es sich um eine KG in Gestalt einer sog Massen- oder Publikums-KG handelt, nicht anwendbar, BGH NJW 80, 1049. 4

III) Besondere Urkunde: Eine zusammen mit dem Hauptvertrag in ein notarielles Protokoll aufgenommene Schiedsabrede ist nur wirksam, wenn sie von den Vertragschließenden besonders unterzeichnet ist, BGH 38, 155 = NJW 63, 203; der Schutz der Parteien erfordert aber nicht für den Schiedsvertrag **zusätzlich** die Form des Hauptvertrags, BGH NJW 78, 212. Bezugnahme auf eine bereits vorliegende Urkunde möglich, Oldenburg MDR 51, 690. 5

IV) Heilung des Formmangels: Entbehrt ein Schiedsvertrag über eine bestimmte Rechtsstreitigkeit der in Abs 1 S 1 vorgeschriebenen Form, so kann der Formmangel nur insoweit nach S 2 geheilt werden, als diese Streitigkeit durch den Sachantrag eine nähere Bestimmung erfahren hat, BGH MDR 63, 381. Ist ein Schiedsvertrag formnichtig, so heilt die rügelose Einlassung den Formmangel; nicht erforderl, daß sich die Parteien dieser Wirkung bewußt sind, BGH 48, 35, 46 = NJW 67, 2057; Wackenhuth KTS 85, 425. – **Andere Unwirksamkeitsgründe als Formmängel:** In Schiedsklage und rügeloser Einlassung liegt **Neuabschluß des Schiedsvertrags,** sofern früherer Nichtigkeitsgrund nicht mehr besteht; vgl § 1025 Rn 11. **Rechtsgeschäftl Erklärungsbewußtsein** im Stadium des Neuabschlusses (= Bestätigung des bisher unwirksamen Schiedsvertrags) entspr Abs 1 S 2 nicht erforderl, soweit bei Abschluß des Schiedsvertrags (seinerzeit) vorhanden 6 gewesen, Th-P 2b. – Bei Fehlen eines Schiedsvertrags ist jedoch entspr Erklärungsbewußtsein erforderl, BGHZ 88, 314. Eine Analogie zu §§ 39, 295 kann Schiedsvertrag nicht ersetzen. Parteien müssen Ausschluß des Rechtsweges zu den Staatsgerichten (konkludent) gewollt haben.

7 **V) Rechtsnachfolger:** Bei Abtretung eines Rechts aus einem Vertrag gehen regelmäßig auch die Rechte und Pflichten aus einem mit ihm verbundenen Schiedsvertrag auf den Erwerber über, ohne daß es des gesonderten Beitritts des Erwerbers zum Schiedsvertrag in der Form des § 1027 I bedarf, BGH 71, 162, 164 = NJW 78, 1585; NJW 79, 2567; 80, 1797; § 1025 Rn 30.

8 **VI) Schiedsklausel zugunsten Dritter:** Aus den gleichen Gründen zulässig wie Zuständigkeitsvereinbarungen zugunsten Dritter: Die Gerichtspflichtigkeit des Dritten vor Schiedsgerichten kann (ohne dessen Mitwirkung) nicht begründet werden (vgl auch § 1034 Rn 50; § 1040 Rn 4; § 1044 a Rn 1), aber dagegen **Klagemöglichkeiten für einen Dritten.** So können A und B vereinbaren, daß C sie beide oder einen von ihnen vor einem Schiedsgericht verklagen darf. Dem Dritten wird dadurch aber nicht der Weg zu den staatl Gerichten versperrt, wenn er von der Schiedsklausel keinen Gebrauch machen will, § 1025 Rn 21. Durch eine solche Klausel zugunsten eines Dritten unterwerfen sich also die Vertragschließenden oder einer von ihnen dem schiedsgerichtl Verfahren; dem Dritten bleibt jedoch die Wahl, ob er nicht Klage vor den staatl Gerichten vorziehen möchte.

9 **VII) Für Schiedsgerichte, die durch letztwillige Verfügung eingesetzt sind,** gilt § 1048, ebenso für **Schiedsklauseln in Satzungen.** Werden individualrechtl Vereinbarungen in die Satzung aufgenommen, muß die Form des § 1027 gewahrt werden, BGH 38, 155 = NJW 63, 203 = MDR 63, 115.

10 **VIII) Kartellschiedsverträge:** § 91 GWB.

11 **IX) Schiedsgerichtsordnungen:** Wackenhuth RIW 86, 11; Schütze/Tscherning/Wais Rz 756.

12 **X)** Das **UN-Übereinkommen 1958** (§ 1044 Rn 8) verlangt ebenfalls volle Schriftform, Art II: entweder Unterzeichnung der Schiedsvereinbarung oder des Vertrages, der sie enthält, durch beide Parteien oder Wechsel von Briefen, Fernschreiben oder Telegrammen, die die Schiedsvereinbarung enthalten. Halbe Schriftform (wie zB nach § 38 II 2 oder Art 17 EuGVÜ für die Gerichtsstandsvereinbarung vorgesehen) ist nicht ausreichend. Ein kaufmännisches Bestätigungsschreiben genügt weder nach § 1027 noch nach Art II UN-Übereinkommen. Wenn darin eine mündl abgeschlossene Schiedsgerichtsvereinbarung bestätigt wird, ist zwar die halbe Schriftlichkeit gewahrt, es fehlt jedoch die volle. Die bloße Bezugnahme auf die AGB einer Partei, die eine Schiedsklausel enthalten, reicht nicht aus. Vielmehr ist das Schriftformerfordernis nur dann gewahrt, wenn die Schiedsklausel sich in der von den Parteien unterzeichneten Vertragsurkunde befindet oder mit dieser verbunden ist, BGH RIW 76, 449.

13 **XI) Arbeitsrechtl Schiedsklauseln:** § 101 III ArbGG.

1027a *[Einrede des Schiedsvertrags]*

Wird das Gericht wegen einer Rechtsstreitigkeit angerufen, für die die Parteien einen Schiedsvertrag geschlossen haben, so hat das Gericht die Klage als unzulässig abzuweisen, wenn sich der Beklagte auf den Schiedsvertrag beruft.

1 **I)** Der Schiedsvertrag – gleich ob in- oder ausl Schiedsgericht (§ 1044) vereinbart – begründet die **Einrede des Schiedsvertrags,** wenn der Gegner dem Schiedsvertrag zuwider das ordentl Gericht angeht; der Bekl muß sich ausdrückl auf Schiedsvertrag berufen. Zeitpunkt: §§ 282 III, 296 III. Trotz der Wortfassung des § 1027 a sind die Parteien nicht gehindert, eine weitergehende Wirkung der Schiedsklausel dahin zu vereinbaren, daß sie auch von Amts wegen zu berücksichtigen ist, wenn sie durch Vortrag einer Partei zu Kenntnis des Gerichts kommt, StJSchl Rz 2. Auf diese Schiedsklausel kann sich auch der Gesamt- und Sonderrechtsnachfolger des Schuldners berufen, BGH MDR 62, 564; StJSchl Rz 13. Die Klageerhebung vor dem Schiedsgericht begründet **keine von Amts wegen zu berücksichtigende Rechtshängigkeit,** sie kann nur nach § 1027 a geltend gemacht werden, BGH NJW 58, 950. Hat sich der Bekl im schiedsrichterl Verfahren auf die Unwirksamkeit der Schiedsklausel berufen, so verstößt es idR gegen Treu und Glauben, wenn er später vor dem ordentl Gericht die Einrede des Schiedsvertrags erhebt, BGH 50, 191 = NJW 68, 1928. Weitergehend Köln JMBlNRW 85, 261. Vgl § 1037 und § 1033 Rn 3; § 1034 Rn 47.

2 **II)** Die begründete Einrede des Schiedsvertrags führt zur **Abweisung der Klage als unzulässig,** auch wenn Bekl Klageforderung anerkannt hat, Düsseldorf BB 77, 1523. Über die Zulässig-

keit der Klage (weil Einrede des Schiedsvertrages unbegründet) kann Zwischenurteil ergehen, § 280. Zeitgrenze: Abschluß des Schiedsverfahrens, § 1039 Rn 14.

III) Einrede des Schiedsvertrages in bes Verfahrensarten: 1) Klagen nach §§ 771, 767, 878: Auch hier ist die Einrede des Schiedsvertrages zulässig, StJSchl § 1027 Rz 5. Staatl Gericht bleibt jedoch für einstweiligen Rechtsschutz (§ 769) zuständig. – Vgl § 1025 Rn 38. 3

2) Arrest und einstweilige Verfügung: Nach hM fehlt Schiedsgerichten generell Zuständigkeit für solche Maßnahmen. Daher kann nach hM die Einrede des Schiedsvertrages nicht Platz greifen. Differenzierter StJSchl § 1027 a Rz 6. 4

3) Urkunden- und Wechselprozeß: Hier greift die Einrede des Schiedsvertrages durch, sofern von Parteien Einbeziehung der Wechsel- und Scheckansprüche gewollt, § 1025 Rn 33, Schwab 45. Im Zweifel anzunehmen, Frankfurt RIW 86, 379. AA Düsseldorf NJW 83, 2149. Vgl § 1025 Rn 33. 5

4) Verfahren der freiwilligen Gerichtsbarkeit: Vereinbarung der schiedsrichterl Erledigung zulässig, soweit Vergleich mögl. Beisp: Entlassung des Testamentsvollstreckers (§ 2227 BGB), Verfahren nach § 166 III HGB, nach WEG und HausratsVO sowie Landpachtsachen; vgl StJSchl Rz 19 vor § 1025. 6

IV) Wirkungen der Klageabweisung durch Prozeßurteil: Nach hM stellt das Prozeßurteil die Wirksamkeit des Schiedsvertrages bindend fest, RGZ 40, 403, mit der Folge, daß bei Vollstreckbarerklärung des Schiedsspruches (§ 1042) bzw bei Entscheidung über Aufhebungsklage (§ 1041 I Nr 1) vom Bestehen des Schiedsvertrages auszugehen ist. Dogmatisch besser ist es in diesen Fällen von einer Bindungswirkung sui generis zu sprechen, vgl Geimer/Schütze I § 30 zur Parallelfrage des Verhältnisses zwischen forum prorogatum und forum derogatum. – § 1034 Rn 37. 7

V) Ist bereits Schiedsspruch ergangen und dieser niedergelegt (§ 1039), geht es um die Beachtung der Rechtskraft (§ 1040), 1039 Rn 1; § 1041 Rn 30. – **Zwischenurteil** (§ 280) nur über Einrede des Schiedsvertrages bzw Rechtskraftwirkung des Schiedsspruchs (§ 1040) zulässig. Durch Rechtsmittel (§ 280 II 1) fällt die Sache nur im Umfang des Zwischenstreits bei Rechtsmittelgericht an, BGH NJW 86, 1436 = NJW-RR 86, 62; § 538 Rn 9. 8

VI) § 1027 a gilt nach **lex fori-Prinzip** (IZPR Rn 4) unabhängig davon, welchem Recht die Schiedsvereinbarung unterliegt, Schütze DIZPR 213. 9

1028 *[Ernennung der Schiedsrichter]*

Ist in dem Schiedsvertrag eine Bestimmung über die Ernennung der Schiedsrichter nicht enthalten, so wird von jeder Partei ein Schiedsrichter ernannt.

I) Die Vereinbarung über die Zahl der Schiedsrichter u die Art ihrer Ernennung kann auch noch nach Abschluß des Schiedsvertrags erfolgen. – Die Aufforderung an die Gegenpartei, einen Schiedsrichter zu ernennen, braucht nicht schriftl zu sein, wenn ein anderes Verfahren vereinbart ist. Die Anzeige von der Ernennung eines Schiedsrichters ist nicht Voraussetzung für die Wirksamkeit der Ernennung, JW 29, 108; 30, 708. 1

II) Grenzen für die Auswahl des/der Schiedsrichter(s) zieht § 1032 und der verfassungsrechtl verankerte (Art 97 GG) Grundsatz der Überparteilichkeit der Rechtspflege: Niemand darf in eigener Sache Richter sein. Auch darf keine Partei ein Übergewicht bei der Bildung des Schiedsgerichts haben, § 1041 Rn 45; Schwab 59. Nie kann eine Partei oder ihr gesetzl Vertreter Schiedsrichter sein. Die Parteien können nach ihrem Ermessen auch den Prozeßbevollmächtigten als Schiedsrichter bestellen, Hamburg BB 57, 378. Jedoch besteht Ablehnungsrecht (§ 1032) wegen § 41 Nr 4 oder § 42 II, Schwab 58, 92. 2

III) Die Ernennung des Schiedsrichters ist **Prozeßhandlung.** Daher nicht nach §§ 119 ff BGB anfechtbar. **Forum:** § 1027 gilt nicht. 3

1029 *[Frist zur Ernennung]*

(1) Steht beiden Parteien die Ernennung von Schiedsrichtern zu, so hat die betreibende Partei dem Gegner den Schiedsrichter schriftlich mit der Aufforderung zu bezeichnen, binnen einer einwöchigen Frist seinerseits ein Gleiches zu tun.

(2) Nach fruchtlosem Ablauf der Frist wird auf Antrag der betreibenden Partei der Schiedsrichter von dem zuständigen Gericht ernannt.

1 **I) Abs 1** gilt nicht, wenn die Ernennung der Schiedsrichter von beiden Parteien gemeinsam zu erfolgen hat; einigen sie sich nicht, ist der Schiedsvertrag hinfällig, RG 33, 265. Weigert sich eine Industrie- oder Handelskammer, einen Schiedsrichter zu benennen, gilt nicht § 1029 II, sondern § 1033, Karlsruhe NJW 58, 1141. **Betreibende Partei** ist die Partei, welche die Bildung des Schiedsgerichts herbeiführen will. – Die **Aufforderung** muß den Namen des eigenen Schiedsrichters u Verlangen an den Gegner enthalten, seinerseits einen Schiedsrichter zu ernennen, BGH NJW 60, 1296; es ist zweckmäßig, sie zuzustellen; aus ihr muß ersichtl sein, welcher Streit durch Schiedsrichter entschieden werden soll. **Fristwahrung** liegt nur vor, wenn der Schiedsrichter dem Auffordernden innerhalb der Wochenfrist (§ 222) benannt wird; Fristverlängerung mögl. Gegen Fristablauf keine Wiedereinsetzung. Die Ernennung eines nach dem Schiedsvertrag nicht qualifizierten Schiedsrichters steht nicht ohne weiteres der Fristversäumnis gleich. Nur Benennung eines dem Schiedsvertrag eindeutig nicht entspr Schiedsrichters in der Absicht, das Schiedsverfahren zu verzögern, bewirkt den Verlust des Ernennungsrechts, Bremen NJW 72, 454. Weitergehend Th-P 2. Rechtsvergleichendes (Schweiz) Klein IPRax 86, 53.

2 **II) Abs 2. Entscheidung des Gerichts** durch Beschluß (ohne oder nach mündl Verhandlung), der mit sof Beschw anfechtbar ist, § 1045 III. Die Ernennung eines Schiedsrichters kann nach Versäumung der einwöchigen Frist solange nachgeholt werden, bis das Gericht einen Schiedsrichter ernannt hat, LG Heilbronn Justiz 74, 460. Haben die Schiedsrichter nach dem Schiedsvertrag einen **Obmann** zu wählen u einigen sie sich nicht hierüber, so ist das Gericht zur Ernennung nicht zuständig, OLG 29, 383; der Schiedsvertrag wird hinfällig. Das Gericht kann Schiedsrichter nur ernennen, wenn im Schiedsvertrag keine andere Regelung getroffen ist, Frankfurt MDR 55, 749. Beantragt eine Partei, das Gericht möge für die andere Partei einen Schiedsrichter ernennen, u stellt sich die andere Partei auf den Standpunkt, ein wirksamer Schiedsvertrag sei nicht zustande gekommen, so muß das Gericht die Wirksamkeit des Schiedsvertrags prüfen, Hamburg MDR 64, 684. Mit der Ernennung eines Schiedsrichters wird aber nicht zugleich auch das Bestehen eines gültigen Schiedsvertrags für alle späteren Verfahren (§§ 1041, 1042) bindend festgestellt, BGH MDR 69, 459 (Habscheid ZZP 84, 203). Bestimmungen eines Schiedsvertrags, durch die im Falle der Säumnis einer Partei in der Benennung des Schiedsrichters diese Befugnis der Gegenpartei übertragen wird, sind nichtig, Neustadt NJW 55, 635. Desgleichen hat BGHZ 54, 392 = BB 70, 1504 wegen Verstoßes gegen das auch für Schiedsgerichte geltende **Gebot überparteil Rechtspflege** eine Vereinbarung für unwirksam erklärt, wonach bei Säumnis einer Partei der von der anderen Partei ernannte Schiedsrichter allein entscheiden darf, § 1041 Rn 45; weitere Nachw bei StJSchl § 1032 Rz 17. – Vgl auch § 1034 Rn 42 und § 1044 Rn 22.

3 **IV) Gebühren: 1)** des **Gerichts:** Hälfte der vollen Gebühr: a) nach KV Nr 1145 für das Verfahren bei Ernennung eines Schiedsrichters (§§ 1028, 1029, 1031); hierunter fällt aber nicht die Ernennung eines Schiedsrichters, die nach dem Schiedsvertrag oder einer sonstigen Abrede der Parteien durch eine bestimmt bezeichnete Gerichtsperson erfolgen soll, vgl dazu Arnold, NJW 68, 781; b) nach KV Nr 1146 für das Verfahren bei Ablehnung eines Schiedsrichters (§ 1032); c) nach KV Nr 1147 für das Verfahren bei Erlöschen eines Schiedsvertrages (§ 1033); d) nach KV Nr 1148 für das Verfahren bei Anordnung der von den Schiedsrichtern für erforderlich erachteten richterlichen Handlungen (§ 1036); vgl Rn 4 zu § 1036. – Jeder neue Antrag eröffnet ein neues Verfahren und löst eine besondere Gebühr aus; für mehrere in einer Antragsschrift zusammengefaßte Anträge entsteht nur eine Gebühr (Drischler/Oestreich/Heun/Haupt GKG, 3. Aufl, Teil VII KV Nrn 1145–1148 Rdnr 4 aE).

Fällig wird die jeweilige Gebühr mit der Einreichung des Antrags (§ 61 GKG). Keine Vorauszahlungspflicht, ausgenommen Auslagen (§ 68 I GKG). Kostenschuldner: Antragsteller (§ 49 S 1 GKG) – nicht das Schiedsgericht –; bei gemeinsamem Antrag haften die Antragsteller als Gesamtschuldner (§ 58 I GKG). Bei Antragszurücknahme kommt die Gebühr nicht in Wegfall (vgl Drischler usw, aaO Rdnr 5). – Im Verfahren der gegen die Entscheidung des staatl Gerichts zulässigen Beschwerde (§ 1045 III) wird eine Gebühr nur erhoben, soweit das Rechtsmittel verworfen oder zurückgewiesen wird (KV Nr 1181).

2) des **Anwalts:** Nach § 46 II BRAGO erhält der RA die Hälfte der in § 31 BRAGO bestimmten Gebühren, wenn seine Tätigkeit ausschließlich eine der oben unter 1a–d aufgeführten Anträge auf richterliche Entscheidungen oder Anordnungen betrifft. S dazu Rn 4 zu § 1036. – Ein mit der Vertretung im schiedsrichterlichen Verfahren im ganzen beauftragter RA erhält die in § 46 II bestimmten Gebühren nicht; mit den von ihm im schiedsrichterlichen Verfahren nach § 67 BRAGO verdienten Gebühren des § 31 BRAGO wird auch seine Tätigkeit in den Verfahren vor dem staatlichen Gericht (s oben unter 1a–d) mitabgegolten (§ 67 IV BRAGO; Karlsruhe JurBüro 75, 480; Frankfurt JurBüro 79, 381 = AnwBl 79, 116; Riedel/Sußbauer BRAGO § 46 Rdnr 8 u § 67 Rdnr 11; s auch Hartmann, KostGes BRAGO § 46 Anm 2 u § 67 Anm 2). Dem RA erwachsen im Verfahren vor dem staatl Gericht nach § 1036 auch keine zusätzl Gebühren, wenn es zu einem Zwischenstreit über das Zeugnisverweigerungsrecht eines Zeugen kommt (Hamburg JurBüro 73, 1168). – Im Beschwerdeverfahren (§ 1045 III) erwachsen dem RA die (5/10) Gebühren nach § 61 I Nr 1 BRAGO.

3) Streitwert: s § 3 Rn 16 unter „Schiedsrichterliches Verfahren".

1030 *[Bindung an die Ernennung]*
Eine Partei ist an die durch sie erfolgte Ernennung eines Schiedsrichters dem Gegner gegenüber gebunden, sobald dieser die Anzeige von der Ernennung erhalten hat.

Verweigert der Schiedsrichter die Ausführung des Amtes u wird statt seiner ein anderer ernannt (§ 1031), so ist § 1030 bezügl des zuerst bestellten Schiedsrichters nicht anwendbar, OLG 40, 439. Kündigung seitens einer Partei hemmt das Verfahren nicht, der Schiedsrichter hat sie nicht zu beachten, JW 95, 479. Über Widerruf vor Erhalt der Anzeige: § 130 I BGB. 1

1031 *[Wegfall eines Schiedsrichters]*
Wenn ein nicht in dem Schiedsvertrag ernannter Schiedsrichter stirbt oder aus einem anderen Grund wegfällt oder die Übernahme oder die Ausführung des Schiedsrichteramts verweigert, so hat die Partei, die ihn ernannt hat, auf Aufforderung des Gegners binnen einer einwöchigen Frist einen anderen Schiedsrichter zu bestellen. Nach fruchtlosem Ablauf der Frist wird auf Antrag der betreibenden Partei der Schiedsrichter von dem zuständigen Gericht ernannt.

§ 1031 gilt in den Fällen der §§ 1028, 1029 I auch bei grundloser Weigerung, BGH NJW 54, 1605. 1
Wegfall eines bestimmten, im Schiedsvertrag selbst benannten Schiedsrichters hat Erlöschen des Vertrags zur Folge, § 1033 Nr 1. Bei **Ernennung durch Dritten** (gemäß Schiedsvertrag) hat dieser Ersatzbestellung vorzunehmen, in den Fällen des § 1029 II das Gericht.

Gebühren: s Rn 3 § 1029. 2

1032 *[Ablehnung eines Schiedsrichters]*
(1) Ein Schiedsrichter kann aus denselben Gründen und unter denselben Voraussetzungen abgelehnt werden, die zur Ablehnung eines Richters berechtigen.

(2) Die Ablehnung kann außerdem erfolgen, wenn ein nicht in dem Schiedsvertrag ernannter Schiedsrichter die Erfüllung seiner Pflichten ungebührlich verzögert.

(3) Minderjährige, Taube, Stumme und Personen, denen die bürgerlichen Ehrenrechte aberkannt sind, können abgelehnt werden.

Lit: *Schlosser*, Die Unparteilichkeit des Schiedsrichteramtes, ZZP 93, 121.

I) Ablehnung: §§ 41, 42. Gründe, die den Richter von der Ausübung seines Amtes ausschließen, kommen bei einem Schiedsrichter nur als Ablehnungsgründe in Betracht. **Schiedsvertrag kann Ablehnungsgründe erweitern, jedoch nicht einschränken.** Zeitpunkt (soweit nichts anderes vereinbart): §§ 43, 44 IV. Die Partei selbst oder deren gesetzl Vertreter (zB der Vereinsvorstand) kann begriffsmäßig nicht Schiedsrichter sein, wohl aber ein anderes Vereinsmitglied, RG 51, 393; 53, 387, nicht dagegen nach hM eine Personenvereinigung oder Behörde, da auf sie die Vorschriften über Ablehnung unanwendbar seien, s RG 13, 407; 55, 326; 59, 247; bestr. Dagegen mit überzeugenden Gründen StJSchl § 1032 Rz 2 unter Hinweis auf Aufwertung des öffentlichrechtl Vertrages in §§ 54 ff VwVfG. Weist Schiedsrichter Informationen, die ihm die Partei, die ihn benannt hat, außerhalb des Schiedsverfahrens erteilt, nicht zurück, so rechtfertigt dies ledigl in den Fällen die Besorgnis seiner Befangenheit, in denen die Informationen nur für ihn bestimmt sind u den übrigen Prozeßbeteiligten vorenthalten werden sollen, Neustadt MDR 55, 616. Die Ablehnung ist vor der Tagung des Schiedsgerichts der anderen Partei oder dem Schiedsrichter oder dem staatl Gericht gegenüber, nach dem Zusammentritt auch dem Schiedsgericht gegenüber zu erklären. Die Entscheidung über die Ablehnung kann nicht anstelle des staatl Gerichts (§ 1045) dem Schiedsgericht übertragen werden, BGH 24, 1 = NJW 57, 791. 1

II) Nach Niederlegung des Schiedsspruchs kein Raum mehr für Ablehnung, BGH NJW 52, 27; Düsseldorf WM 84, 1209; jedoch ist ein über die Ablehnung eines Schiedsrichters anhängiges gerichtl Verfahren auch dann fortzusetzen, wenn der Schiedsspruch ergeht u niedergelegt wird, BGH 40, 342 = NJW 64, 593. Nach Niederlegung kann auch ein Schiedsvertrag, in dem das Schiedsgericht bestellt ist, nicht wegen Irrtums über persönl Eigenschaften des Schiedsrichters angefochten werden, BGH 17, 7. 2

3 **III)** Legt der abgelehnte Schiedsrichter sein Amt von selbst nicht nieder u ernennt auch die Gegenpartei unter Anerkennung der Ablehnungsgründe keinen anderen Schiedsrichter, kann die ablehnende Partei **Entscheidung des staatl Richters nur gem § 1045** herbeiführen. Gegen den Beschl, durch den die Ablehnung für begründet erklärt wird, ist sofortige Beschwerde zulässig; § 46 II gilt nicht; München KTS 77, 178; aA StJSchl III 4. Wird Entscheidung nach § 1045 nicht beantragt, kann das Schiedsgericht unter Nichtbeachtung der Ablehnung den Schiedsspruch fällen.

4 **IV)** Die ablehnende Partei kann die Ablehnungsgründe ausnahmsweise (Rn 3) auch im Aufhebungs- und Vollstreckbarerklärungsverfahren geltend machen, wenn sie die Ablehnung vor dem Schiedsgericht ausgesprochen hatte, es ihr aber nicht mehr möglich oder zuzumuten war, das gem § 1045 zuständige Gericht anzurufen, BGH 24, 1; R-Schwab § 175 IV 2.

5 **V) Beamtenrechtl/richterrechtl Genehmigung** der Nebentätigkeit als Schiedsrichter erforderl nach § 65 I Nr 2 BBeamtenG/§ 40 DRiG bzw nach den Parallelvorschriften in Landesgesetzen. Keine Verbotsgesetze iSv § 134 BGB. Daher ist trotz Fehlens der Genehmigung schiedsrichterl Verfahren und Schiedsspruch nicht fehlerhaft, StJSchl Rz 1.

6 **Gebühren:** s § 1029 Rn 3.

1033 *[Außerkrafttreten des Schiedsvertrages]*

Der Schiedsvertrag tritt außer Kraft, sofern nicht für den betreffenden Fall durch eine Vereinbarung der Parteien Vorsorge getroffen ist:

1. **wenn bestimmte Personen in dem Vertrag zu Schiedsrichtern ernannt sind und ein Schiedsrichter stirbt oder aus einem anderen Grund wegfällt oder die Übernahme des Schiedsrichteramts verweigert oder von dem mit ihm geschlossenen Vertrag zurücktritt oder die Erfüllung seiner Pflichten ungebührlich verzögert;**
2. **wenn die Schiedsrichter den Parteien anzeigen, daß sich unter ihnen Stimmengleichheit ergeben habe.**

1 **I)** Mit Außerkrafttreten des Schiedsvertrags entfällt Möglichkeit des § 1027 a. Erlöschen des Schiedsvertrags auch durch Vereinbarung, nicht durch Tod oder Konkurs einer Partei (keine Unterbrechung, RG 62, 24) oder Anerkenntnis des Anspruchs allein, Düsseldorf BB 77, 1523; § 1027a Rn 2; Schwab 53.

2 **II) Zu Nr 1. Beispiele:** Verweigerung oder Verzögerung der Unterschrift trotz angemessener Frist (RG 18, 369; Schadensersatzpflicht bei arglistigem Verhalten, RG 37, 412), sofern Ersetzung nach § 1039 I 2 nicht möglich; Verweigerung einer notwendigen Spruchergänzung. Nichteinigung über einen nach dem Schiedsvertrag zu wählenden Obmann; Weigerung des Dritten, Schiedsrichter zu ernennen (Karlsruhe NJW 58, 1148); lange Auslandsreise; längere Krankheit.

3 **III) Zu Nr 2.** Gleichgültig, ob die Schiedsrichter im Vertrag selbst oder auf andere Weise ernannt wurden. Auch Nichterreichung der vereinbarten Mehrheit gehört hierher; s § 1038; ebenso Ablehnung der Sachentscheidung durch das Schiedsgericht wegen Unzuständigkeit, München KTS 74, 174 (Habscheid KTS 76, 1, 5); – § 1027a Rn 1; § 1034 Rn 42.

4 **IV)** Bei **einseitiger Ernennung** gilt § 1031, nicht § 1033 Nr 1. § 1033 Nr 2 kommt in allen Fällen zur Anwendung, gleich, wie und von wem Schiedsrichter ernannt sind.

1034 *[Verfahren vor dem Schiedsgericht]*

(1) Bevor der Schiedsspruch erlassen wird, haben die Schiedsrichter die Parteien zu hören und das dem Streite zugrunde liegende Sachverhältnis zu ermitteln, soweit sie die Ermittlung für erforderlich halten. Rechtsanwälte dürfen als Prozeßbevollmächtigte nicht zurückgewiesen werden; entgegenstehende Vereinbarungen sind unwirksam. Personen, die nach § 157 von dem mündlichen Verhandeln vor Gericht ausgeschlossen sind, dürfen zurückgewiesen werden.

(2) Im übrigen wird das Verfahren, soweit nicht die Parteien eine Vereinbarung getroffen haben, von den Schiedsrichtern nach freiem Ermessen bestimmt.

1 **I) Grundsatz: Verfahrensermessen der Schiedsrichter: 1)** Sofern die Parteien nichts anderes vereinbart haben, bestimmt Schiedsgericht sein Verfahren nach freiem Ermessen, Abs 2. Es

kann sich eine **Verfahrensordnung** geben. Es muß aber nicht. Es braucht den Parteien nicht stets vorher Mitteilung über die beabsichtigten Schritte zu machen, StJSchl Rz 6. Dies gilt auch für die Konstituierung des Schiedsgerichts, soweit an ihr andere Personen und Stellen als die Parteien (Dritte) beteiligt sind, einschließl der in den Parteienvereinbarungen etwa für den Fall der Stimmengleichheit vorgesehenen Zuziehung eines Obmanns. Die vorherige Mitteilung ist aber schon im Hinblick auf das Ablehnungsrecht (§ 1032) zweckmäßig.

2) Eine **mündl Verhandlung** ist nicht obligatorisch. Selbst die Beratung der Schiedsrichter kann schriftl erfolgen, ohne daß dies den Parteien vorher mitgeteilt werden muß. 2

3) Das Schiedsgericht darf auch Verfahrensgestaltungen im Laufe des Rechtsstreits wieder **abändern,** es sei denn, es würden dadurch Prozeßhandlungen der Parteien unwirksam, etwa durch rückwirkende Anordnung, es solle nur noch mündl Vorgetragenes wirksam Prozeßstoff sein. Wohl aber kann das Schiedsgericht bereits eingetretene Präklusionswirkungen wieder aufheben, StJSchl Rz 6. AA Schwab Kap 5 III 2. 3

4) Das Schiedsgericht ist an **gesetzl Beweisregeln** (§§ 415 ff) nicht gebunden. 4

II) Parteivereinbarungen: 1) Die Parteien können Regeln über das anzuwendende Verfahren vereinbaren, auch durch Bezugnahme auf Verfahrensordnungen institutioneller Schiedsgerichte, BGH RIW 85, 970; München KTS 85, 154. Im Zw ist Verfahrensordnung idF zZ des Abschlusses des Schiedsvertrags vereinbart, Hamburg KTS 83, 499. Daran sind die Schiedsrichter gebunden. Solche Vereinbarungen sind auch nach Konstituierung des Schiedsgerichts (auch als Ergänzung oder als Abänderung früherer Vereinbarungen) mögl, die Zustimmung der Schiedsrichter ist nicht erforderl. Die Schiedsrichter können aber uU den Schiedsrichtervertrag kündigen, StJSchl Rz 14 vor § 1025. 5

2) Die Vereinbarungen über das anzuwendende Verfahren nach Abs 2 sind dogmatisch zu trennen vom Schiedsvertrag (§ 1025). Sie können zwar äußerl mit dem Schiedsvertrag verbunden sein. Sie sind jedoch nicht Bestandteil desselben, sondern **besondere Vereinbarungen, welche nicht der Form des § 1027 bedürfen,** StJSchl Rz 8. Vgl § 1025 Rn 11 f. 6

III) Anspruch auf rechtl Gehör: 1) Das Schiedsgericht muß beiden Parteien vor Erlaß des Schiedsspruchs rechtl Gehör gewähren, § 1034 I 1. Dies ist die wichtigste verfahrensmäßige Sicherung der Parteien gegen Willkür der Schiedsrichter. Dieser Grundsatz ist unabdingbar, BGHZ 85, 291; BGH RIW 85, 973 = NJW 86, 1436. 7

2) Der Anspruch auf rechtl Gehör vor Schiedsgerichten steht auch nicht zur Disposition des einfachen Gesetzgebers. Er ist vielmehr durch **Art 103 GG** verfassungsrechtl verankert. Denn Schiedsgerichtsbarkeit ist Rechtspflege und eine Privatgerichtsbarkeit ist verfassungsrechtl nur bei Gewährleistung rechtsstaatl Verfahrens zulässig, StJSchl Rz 11. Der Anspruch auf rechtl Gehör stellt einen Grundpfeiler des Schiedsgerichtsverfahrens dar. Schiedsgerichte müssen rechtl Gehör im gleichen Umfang wie staatl Gerichte gewähren, Rn 10. Es genügt nicht, den Parteien Gelegenheit zu geben, alles ihnen erforderl Erscheinende vorzutragen. Das Gericht muß das jeweilige Vorbringen auch „zur Kenntnis nehmen und in Erwägung ziehen", BGH RIW 85, 973. Das Schiedsgericht kann einen Beweisantrag des Klägers übergehen, wenn die Klage in dem betreffenden Punkt bereits unschlüssig ist. 8

Weist das Schiedsgericht die Klage deshalb ab, weil es (irrig) davon ausgeht, die Einwendung des Klägers habe die Einwendung des Beklagten nicht bestritten, so liegt darin ein Übergehen des Vortrages einer Partei (Klägers) und ein Verstoß gegen das rechtl Gehör. Daher muß gemäß § 1041 I Nr 4 der Schiedsspruch aufgehoben werden, soweit er darauf beruhen kann. Hat der Schiedsspruch über mehrere voneinander abgrenzbare Ansprüche befunden, so kommt, wenn das rechtl Gehör nur hinsichtl eines dieser Ansprüche nicht ordnungsgemäß gewährt worden ist, grundsätzl nur eine Teilaufhebung in Betracht. Eine solche scheidet jedoch aus, wenn das Schiedsgericht auf einen Saldo (= Differenz der Klageforderung zwischen den Forderungen des Klägers und des Beklagten infolge von Aufrechnung oder sonstiger Verrechnung) erkannt hat, BGH RIW 85, 973.

3) Eine **Verfassungsbeschwerde gegen einen Schiedsspruch wegen Verletzung des Art 103 GG** ist aber nicht statthaft, da Schiedsgerichte keine öffentl Gewalt ausüben, vgl §§ 90 ff BVerfGG. Dies gilt auch für Vb gegen das Urteil des staatl Gerichts, das einen Schiedsspruch, der unter Mißachtung des Anspruchs einer der Parteien auf rechtl Gehör zustande gekommen ist, für vollstreckbar erklärt (§ 1042) bzw durch Abweisung der Aufhebungsklage (§ 1041) bestätigt, StJSchl Rz 11. 9

4) **Umfang** des Anspruchs auf rechtl Gehör vor den Schiedsgerichten ist der gleiche wie vor staatl Gerichten, BGHZ 3, 218; BGH KTS 63, 167. Überholt die Rspr des RG, die an die Schiedsgerichte geringere Anforderungen gestellt hat. 10

11 **5) Einzelheiten: a) Die Parteien müssen über den Streitgegenstand unterrichtet werden.** Weiß Bekl nicht, daß der Kläger auch Zinsen begehrt, dann verletzt der Schiedsspruch, der Zinsen zuspricht, den Anspruch des Bekl auf rechtl Gehör, Hamburg MDR 65, 54.

12 **b) Die Parteien müssen Gelegenheit erhalten, alles vorzubringen, was ihnen für die Entscheidung des Rechtsstreits von Bedeutung zu sein scheint,** BGHZ 3, 218; BGH Warn 72 Nr 241; StJSchl Rz 12. – Es liegt im Ermessen des Schiedsgerichts, **in welcher Weise** es die Parteien hören will, ob mündl oder schriftl oder in mündl Verhandlung nach schriftl Vorbereitung. Eine zeitl oder in der Form verschiedene Behandlung der Parteien, zB mündl Anhörung der einen, schriftl Anhörung der anderen Partei ist unschön, aber nicht unzulässig, StJSchl Rz 14; Schwab Kap 15 I 1; Hamburg MDR 56, 494. Verboten ist jedoch eine **Beeinträchtigung der Chancengleichheit durch Verschiedenbehandlung,** StJSchl Rz 14.

13 c) Die Parteien müssen sich zu allen Tatsachen und **Beweismitteln äußern** können, die das Schiedsgericht seiner Entscheidung zugrunde legen möchte, auch zu Urkunden, BGH KTS 62, 240. Die Parteien müssen Gelegenheit haben, zu dem Ergebnis einer **Beweisaufnahme** Stellung zu nehmen. Sie haben auch ein Recht auf Anwesenheit bei Beweiserhebung (**Parteiöffentlichkeit,** § 357); BGHZ 3, 218; Hamburg MDR 68, 1018; Schwab Kap 15 I 4 a; Wieczorek/Schütze D I b 3. AA StJSchl Rz 15. Aber auch Schlosser will gewährleistet sehen, daß die Parteien Fragen an Auskunftspersonen stellen können. Das Schiedsgericht kann diese nach Schlosser zwar zunächst in Abwesenheit der Parteien befragen. Beharrt eine von ihnen aber darauf, Fragen stellen zu dürfen, so ist eine zweite parteiöffentl Verhandlung unumgängl. – Die §§ 131, 134 f gelten nicht. Jeder Beteiligte muß Gelegenheit haben, durch Anwälte in **Urkunden Einsicht** zu nehmen, die für die Entscheidung eine Rolle spielen, StJSchl Rz 15.

14 d) Macht die Partei von ihrem Recht auf Anwesenheit bei Beweiserhebung keinen Gebrauch, so kann das Schiedsgericht in Abwesenheit der Partei(en) Beweise erheben; es muß aber die Partei(en) vom Ergebnis der Beweisaufnahme unterrichten. Wenn eine Partei auf Ladung hin nicht erscheint, darf das Schiedsgericht im Termin aber Beweise nur dann aufnehmen, wenn die Absicht einer Beweisaufnahme den Parteien mitgeteilt worden war, BGHZ 3, 218.

15 e) Das Schiedsgericht muß aber ebensowenig wie das staatl Gericht den Parteien seine **Rechtsansicht** vor Fällung der Entscheidung mitteilen oder die Änderung einer mitgeteilten Rechtsansicht vorher bekanntgeben, Hamburg KTS 62, 119, Habscheid KTS 70, 135, es sei denn, die Unterlassung habe die Partei von weiterem erhebl Vorbringen abgehalten, BGH KTS 73, 133; Frankfurt BB 77, 17. Lassen Schiedsrichter ein **Rechtsgutachten** anfertigen, so brauchen sie dies den Parteien nicht mitzuteilen, BGH KTS 57, 124 = ZZP 71, 427.

16 **f) Das Schiedsgericht muß sich mit dem gesamten Parteivorbringen auseinandersetzen.** Das Recht auf rechtl Gehör erschöpft sich nicht darin, daß den Parteien Gelegenheit zu geben ist, alles ihnen erforderlich Erscheinende vorzutragen. Das Schiedsgericht muß das Vorgebrachte auch zur Kenntnis nehmen und in Erwägung ziehen, BGH NJW 86, 1436 = RIW 85, 973.

17 g) Ein besonderer Hinweis, es werde im **schriftl Verfahren** entschieden, ist nicht nötig. Ausnahme: Keine Partei darf in dem falschen Glauben gelassen werden, es werde eine mündl Verhandlung stattfinden, bei der Gelegenheit zu weiterem Vorbringen bestehen wird, StJSchl Rz 13.

18 h) Grundsätzl keine Verletzung des rechtl Gehörs, wenn eine Partei aus Geldmangel gezwungen ist, vor dem Schiedsgericht **ohne Anwalt** zu verhandeln. Ausnahme: ungewöhnl komplizierte Rechts- und Tatfragen, § 1025 Rn 8; StJSchl Rz 16.

19 **6) Die Verletzung des rechtl Gehörs ist Aufhebungsgrund,** § 1041 I Nr 4. Die beschwerte Partei muß jedoch alles ihr Mögliche und Zumutbare daran setzen, sich im Schiedsverfahren rechtl Gehör zu verschaffen. Die Rechtslage ist ebenso wie bei der Anerkennung ausl Urteile, § 328 Rn 158. Unterläßt es die beschwerte Partei, die Verletzung des rechtl Gehörs im (laufenden) Schiedsverfahren zu rügen, so ist sie damit im Verfahren vor staatl Gericht (§§ 1041, 1042 II) präkludiert, Rn 40. Die Geltendmachung des Aufhebungsgrundes liegt im Ermessen der beschwerten Partei. Das staatl Gericht darf nicht etwa von Amts wegen oder auf Rüge des Gegners den Schiedsspruch aufheben. – § 1041 Rn 66.

20 **IV) Ermittlung des Sachverhalts: 1)** Das Schiedsgericht hat den dem Streit zugrundeliegenden Sachverhalt zu ermitteln, § 1034 I. Wie und in welchem Umfang zu ermitteln ist, legt das Gesetz in das **Ermessen des Schiedsgerichts.**

21 **2) Das Schiedsgericht muß nicht alle angetretenen Beweise erheben,** auch wenn der Beweisantritt zu entscheidungserhebl Punkten erfolgt, BGH NJW 66, 549 = ZZP 79, 451 (Habscheid); BGH KTS 63, 167 ff; BGH Warn 72/241. AA Habscheid KTS 67, 4. Das Schiedsgericht handelt aber gegen das Gesetz, wenn es eine von ihm als nötig erkannte Aufklärung unterläßt, Rn 8; Schwab Kap 15 I 3; StJSchl Rz 19. Dies zu beweisen, ist allerdings nur selten möglich.

3) Eine Verletzung der Ermittlungspflicht des Schiedsgerichts ist **Aufhebungsgrund nach § 1041 I Nr 1 zweite Alternative.** Das Recht auf Aufnahme relevanter Beweise folgt aus dem Anspruch auf rechtl Gehör, Schlosser EWiR 85, 428. 22

V) Garantie der anwaltschaftlichen Vertretung: 1) Nach § 1034 II 2 dürfen RA als Prozeßbevollmächtigte (bzw als Beistände) weder vom schriftl Verkehr mit dem Schiedsgericht noch vom Auftreten in der mündl Verhandlung zurückgewiesen werden. Eine abweichende Parteivereinbarung ist unwirksam. Verstoß ist Aufhebungsgrund nach § 1041 I Nr 1. 23

2) Beschränkende Vereinbarung hinsichtl der Erstattungsfähigkeit der Anwaltskosten sind durch § 1034 II 2 nicht verboten. 24

3) Beschränkungen der zugelassenen Anwälte nach Gattungsmerkmalen verstoßen nicht gegen § 1034 II 2, sofern für die Parteien noch eine hinreichend große Auswahl bleibt. So können bei ständigen Schiedsgerichten nur ortsansässige Anwälte zugelassen werden oder bei Verbandsschiedsgerichten nur Anwälte, die Mitglieder verbandsangehöriger Vereine sind, StJSchl Rz 20. 25

4) § 1034 gilt nur für Anwälte, die bei **deutschen Gerichten** zugelassen sind. Für Anwälte aus anderen EG-Staaten s das Gesetz vom 2. 8. 81, BGBl I 803; hierzu Brangsch NJW 81, 1177. 26

VI) Das vom Schiedsgericht anzuwendende materielle Recht: 1) Eine ausdrückl Vorschrift fehlt. § 1034 gilt nur für das Verfahren. Als **Grundsatz** gilt: Die Schiedsrichter können von vornherein von der Anwendung der zwingenden Vorschriften des materiellen Rechts zugunsten einer Billigkeitsentscheidung dispensiert werden. 27

a) Maßgebend sind die Vereinbarungen der Parteien und die Schiedsgerichtsordnungen institutioneller Schiedsgerichte, auf die die Parteien Bezug genommen haben, StJSchl Rz 1; BGH RIW 85, 970. Die Parteien können die Schiedsrichter beauftragen, nach freiem Ermessen zu entscheiden. Anstatt die Schiedsrichter schlechthin zur Entscheidung nach Billigkeit zu ermächtigen, können die Parteien sie aber auf allg Rechtsgrundsätze oder Handelsbräuche festlegen. Die Parteien können den Schiedsrichter aber auch schlicht an das materielle Recht binden. 28

b) Liegt **keine ausdrückl Vereinbarung** vor, ist der Wille der Parteien zu erforschen, ersatzweise der hypothetische nach den Grundsätzen ergänzender Vertragsauslegung. Außer der Zusammensetzung des Schiedsgerichts (zB Juristen oder Kaufleute, Angehörige derselben Interessentenkreise oder außenstehende Dritte) gibt in der Regel auch die Art des vorausgegangenen Streits, manchmal auch die Person der Parteien Hinweise für die Auslegung. Ist auch eine konkludente Vereinbarung über das anzuwendende Recht nicht feststellbar, gilt als Regel: Der Schiedsrichter ist zu einer **Rechtsentscheidung** verpflichtet, ebenso wie der staatl Richter zu entscheiden hätte, StJSchl Rz 1; BGH WM 75, 910. In solchen Fällen tritt also nur das schiedsgerichtl Verfahren an die Stelle des ordentl Verfahrens; es ist aber nicht auch die Befreiung des Schiedsgerichts von der Bindung an das materielle Recht vereinbart, R-Schwab § 176 III. 29

2) Hat das Schiedsgericht **ohne Ermächtigung** durch die Parteien eine **Billigkeits- anstatt der gebotenen Rechtsentscheidung** erlassen, so ist der Schiedsspruch wegen Überschreitens der Ermächtigungsgrundlage im Schiedsvertrag aufhebbar, § 1041 I Nr 1, BGH RIW 85, 972 = NJW 1487. Im umgekehrten Fall (das Schiedsgericht erläßt eine **Rechtsentscheidung anstelle des** von den Parteien gewünschten **Billigkeitsspruches)** ist der Schiedsspruch nur ganz ausnahmsweise aufhebbar, weil die aufgrund des geltenden Rechts sich ergebende Entscheidung nur in seltenen Fällen unbillig ist. – Vgl § 1041 Rn 46. – Zu Schiedssprüchen nach der lex mescatoria v Hoffmann IPRax 84, 107; Bajons FS Kralik (1986) 22. 30

3) Hiervon zu unterscheiden ist der Fall, daß das Schiedsgericht zwar eine Rechtsentscheidung fällen wollte, der gefällte Schiedsspruch aber gegen **zwingendes Recht verstößt** bzw solches nicht beachtet hat. Dies ist per se noch kein Aufhebungsgrund: Ein Schiedsspruch ist nicht schon dann aufhebbar, wenn er irgendeine Norm des zwingenden Rechts nicht angewandt, sondern erst dann, wenn er sie in einer gegen den **ordre public** verstoßenden Weise mißachtet hat. Vgl § 1041 Rn 47 ff, 63. 31

VII) Rechtsgestaltende Entscheidungen. Dem Schiedsgericht kann anstelle des staatl Gerichts eine richterl Rechtsgestaltung übertragen werden, zB Auflösung einer Gesellschaft nach § 133 HGB oder § 61 GmbHG, BayObLGZ 84, 47. Das Schiedsgericht kann auch mit solchen Gestaltungsentscheidungen beauftragt werden, die das staatl Gericht ex lege nicht treffen könnte. Die Gestaltungsvoraussetzungen müssen nicht vertragl fixiert sein: Ein Schiedsgericht kann zur Rechtsgestaltung nach Ermessen ermächtigt werden, StJSchl Rz 3. 32

VIII) Schiedsgericht und internationales Privatrecht: Ein nach dt Recht verfahrendes Schiedsgericht ist verpflichtet, dt IPR anzuwenden, StJSchl § 1034 Rz 4; Schlosser, Das Recht der 33 internationalen privaten Schiedsgerichtsbarkeit (1975) I Rz 609 f. Vgl auch BGHZ 40, 320 = NJW 64, 591.

34 **IX) Keine Kognitionsbeschränkungen bezüglich Vorfragen: 1)** Das Schiedsgericht darf selbständig über sämtl zur Entscheidung erforderl materiellen und prozessualen Vorfragen entscheiden. Die Parteien können vereinbaren, daß das Schiedsgericht bei schwierigen Rechtsfragen die Entscheidung des Falles ablehnen und die Parteien auffordern soll, den Rechtsstreit vor den staatl Gerichten auszutragen, StJSchl Rz 5. – Zum Aufrechnungseinwand § 1025 Rn 34.

35 **2)** Auch das Schiedsgericht muß das **Entscheidungsmonopol der Landesjustizverwaltung** nach Art 7 FamRÄndG beachten. Hierzu § 328 Rn 219 ff.

36 **3)** Ist die entscheidungserhebl Vorfrage bereits von einem anderen Gericht/Schiedsgericht **rechtskräftig** geklärt, so ist das Schiedsgericht insoweit gebunden. Es gilt nichts anderes als bei staatl Gerichten.

37 **4)** Wenn sich ein staatl Gericht mit Rücksicht auf das Bestehen einer von ihm für wirksam gehaltenen Schiedsklausel rechtskräftig für unzuständig erklärt hat, kann das Schiedsgericht seine Zuständigkeit nicht mit der Begründung verneinen, der Schiedsvertrag sei unwirksam und daher seien die staatl Gerichte zuständig, § 1027 a Rn 7. Die Schiedsrichter können jedoch zur Ausübung ihres Richteramtes nicht im Wege der Zwangsvollstreckung gezwungen werden; sie sind aber schadenersatzpflichtig. Durch ihre Weigerung tritt der Schiedsvertrag außer Kraft und das staatl Gericht wird wieder zuständig, StJSchl Rz 5. – Vgl § 1041 Rn 21.

38 **X) Keine Vorlagebefugnis zum BVerfG und EuGH:** Art 100 GG gilt nicht für Schiedsgerichte. Diese sind zur Vorlage an das BVerfG weder verpflichtet noch berechtigt. Zur Vorlagebefugnis zum EuGH s IZPR Rn 208.

39 **XI) Oberschiedsgericht: 1)** Das Gesetz sieht ein Rechtsmittelverfahren nicht vor. Die Parteien können aber ein Rechtsmittel an eine höhere schiedsrichterl Instanz vorsehen und regeln, wie und in welcher Frist dieses Rechtsmittel einzulegen ist. Für das Verfahren der schiedsgerichtl Berufungsinstanz gelten §§ 1025 ff; StJSchl Rz 9; Schwab 156. Nur der das schiedsrichterl Verfahren endgültig abschließende und in ihm nicht mehr abänderbare Spruch ist Schiedsspruch iSd §§ 1039 ff. Nur dieser kann für vollstreckbar erklärt werden, § 1042. Dies gilt auch dann, wenn die Parteien ausdrückl vereinbart hatten, der Schiedsspruch erster Instanz könne für vorläufig vollstreckbar erklärt werden, StJSchl Rz 9. Die Schiedsrichter erster Instanz sind an ihre Entscheidung gebunden, sobald sie diese den Parteien bekanntgegeben haben. Sie können nach diesem Zeitpunkt nur dann abändern, wenn das Oberschiedsgericht als Rechtsmittelinstanz zurückverwiesen hat. Es kann auch eine nur beschränkte Nachprüfung durch das Oberschiedsgericht wie im **Revisionsverfahren** vereinbart werden.

40 **2)** Bei Nichtanrufung des im Schiedsvertrag vorgesehenen Oberschiedsgerichts ist die beschwerte Partei mit Mängeln des Verfahrens präkludiert. Diese können mit der Aufhebungsklage oder einredeweise im Vollstreckbarerklärungsverfahren nicht mehr geltend gemacht werden, StJSchl Rz 10. AA Schwab Kap 22 I, Th-P § 1041 Rn 2b, RGZ 159, 96. Gegen einen im schiedsrichterl Instanzenzug nicht angefochtenen Schiedsspruch kann daher nicht mehr mit der Begründung Aufhebungsklage erhoben werden, das Schiedsgericht habe wegen Mißachtung von Parteivereinbarungen ein unzulässiges Verfahren eingeschlagen oder es habe gegen verfahrensrechtl Vorschriften verstoßen, auf deren Beachtung die Parteien hätten verzichten können. Es gelten die gleichen Erwägungen wie § 328 Rn 158.

41 **XII) Keine Rechtsmittel zu staatl Gerichten:** Ein Schiedsspruch kann durch die Rechtsmittel nach §§ 511 ff oder durch eine Wiederaufnahmeklage (§§ 578 ff) vor staatl Gerichten nicht angefochten werden. Ein Schiedsgericht kann also nicht dergestalt in die staatl Gerichtsbarkeit eingebunden werden, daß es an die Stelle des staatl Gerichts erster Instanz tritt, die staatl Rechtsmittelgerichte aber funktionell zuständig bleiben. Zulässig ist dagegen zu vereinbaren, der Schiedsspruch solle nur unter der aufschiebenden Bedingung wirksam werden, daß keine der Parteien während einer Ausschlußfrist vor dem staatl Gericht Klage (aus dem materiellen Rechtsverhältnis) erhebt, StJSchl Rz 9.

42 **XIII) Subjektive Klagenhäufung:** Grundsätzl möglich. Voraussetzung: Alle beteiligten Personen müssen sich der Schiedsklausel unterworfen haben; auch muß die Besetzung des Schiedsgerichts einvernehml geregelt sein. Es genügt nicht, wenn alle zur Verbindung anstehenden Schiedsverfahren das gleiche Schiedsgericht vorsehen, Rn 59. Wenn nach dem Schiedsvertrag „jede Partei" einen Schiedsrichter ernennen kann, darf einerseits dieses Benennungsrecht nicht dadurch relativiert werden, daß auf der Kläger- oder Beklagtenseite mehrere Personen sind. Andererseits darf das Gleichgewicht unter den Schiedsrichtern nicht dadurch in Frage gestellt werden, daß die eine Seite mehr Schiedsrichter als die andere ernennt. Sofern die eine Seite

(mehrere Kläger bzw Beklagte) sich nicht auf einen gemeinsamen Schiedsrichter einigen kann und eine Ersatzernennung durch einen Dritten für diesen Fall nicht vorgesehen ist, ist eine subjektive Klagenhäufung ausgeschlossen. Im Falle notwendiger Streitgenossenschaft wegen gemeinsamer Aktiv- oder Passivlegitimation kann dann überhaupt kein Schiedsverfahren stattfinden, StJSchl Rz 25; Schwab 47, 117.

XIV) Bindung an Anträge: Einer **Klageschrift** (§ 253) oder eines ausdrückl Antrages bedarf es nicht. Das Klagebegehren muß jedoch von der klagenden Partei deutl gemacht werden, Hamburg MDR 65, 54. Den Verfahrensgegenstand hat das Schiedsgericht aus der Gesamtheit des vorgetragenen Prozeßstoffes zu entnehmen, StJSchl Rz 23 a. Sind bestimmte Anträge gestellt, so darf das Schiedsgericht über sie aber nicht hinausgehen. BGH NJW 59, 1493 f. **43**

XV) Widerklage ist im schiedsrichterl Verfahren grundsätzl **zulässig,** BGH WM 76, 910. **44**

Der Kläger (= Widerbeklagte) kann der Widerklage nicht entgegen halten, für den mit der Widerklage geltend gemachten Anspruch sei nicht die schiedsrichterl Erledigung vereinbart, sofern zwischen Klage und Widerklage ein **rechtl oder tatsächl Zusammenhang** besteht, Schwab Kap 7 III 2; noch weitergehend StJSchl Rz 27. **45**

Die Parteien können die Widerklage ausschließen. Eine Widerklage ist nicht zulässig, wenn über sie ein anders zusammengesetztes Schiedsgericht entscheiden soll, Hamburg MDR 65, 54. **46**

XVI) Rechtshängigkeit iSd § 261 III Nr 1 wird durch das Verfahren vor dem Schiedsgericht nicht begründet. Die Anrufung des staatl Gerichts trotz Befassung eines Schiedsgerichts mit der Angelegenheit ist nur unzulässig, wenn ein wirksamer Schiedsvertrag besteht und die Einrede nach § 1027 a erhoben ist. Anders aber Art 6 III des Europäischen Übereinkommens über die Handelsschiedsgerichtsbarkeit. Im übrigen hat jedoch die Klageerhebung vor dem Schiedsgericht die gleiche Wirkung wie die Rechtshängigkeit vor staatl Gerichten. Die „Schiedshängigkeit" bewirkt nach §§ 220, 941 BGB Verjährungs- und Ersitzungsfristunterbrechung. Ebenso treten die sonst mit der Klageerhebung verbundenen Nebenfolgen ein, Schwab Kap 16 II. **47**

2) Das Schiedsgericht braucht – ebensowenig wie das staatl Gericht die „Schiedshängigkeit" – eine vor den staatl Gerichten eingetretene Rechtshängigkeit nicht zu beachten. Entscheidet das Schiedsgericht vor dem staatl Gericht, so ergeben sich keine Konkurrenzprobleme, wenn das staatl Gericht eine Entscheidung im Hinblick auf die Schiedsklausel ablehnt. Hält das staatl Gericht nach Erlaß eines Schiedsspruchs das Schiedsgericht für unzuständig, so hat es analog § 148 auszusetzen, um der im Schiedsverfahren unterlegenen Partei Gelegenheit zu geben, das Aufhebungsverfahren (§ 1041) zu betreiben. Das staatl Gericht darf aber nicht den ergangenen Schiedsspruch wegen vermeintl Fehlens eines Schiedsvertrages einfach ignorieren; vgl § 1041 Rn 6. Ergeht eine staatl Sachentscheidung vor einer Entscheidung des Schiedsgerichts, so muß das Schiedsgericht die Rechtskraft des staatl Urteils beachten, StJSchl Rz 22. **48**

XVII) Die Parteien können auch die Zulässigkeit einer **Nebenintervention** vorsehen und ihre Voraussetzungen näher bestimmen, StJSchl Rz 32. Der Zwischenschiedsspruch über die Zulassung einer Nebenintervention kann selbständig mit der Aufhebungsklage nach § 1041 angefochten werden, vgl Mohrbutter KTS 57, 33. **49**

XVIII) Streitverkündung: Voraussetzung ist die (vorherige oder nachträgl) Unterwerfung des Dritten, dem der Streit verkündet werden soll, unter die Entscheidungszuständigkeit des Schiedsgerichts. **50**

XIX) Im schiedsgerichtl Verfahren herrscht kein **Anwaltszwang,** sofern die Parteien nichts anderes vereinbart haben. Vgl auch Rn 23 f. **51**

XX) Die Schiedsrichter haben mangels anderer Vereinbarung der Parteien das **Beratungsgeheimnis** zu wahren; ihre Vernehmung als Zeugen über die Vorgänge bei der Beratung ist unzulässig, BGH 23, 138 = NJW 57, 792. Die Beratung der Schiedsrichter kann auch schriftl erfolgen, Hamburg MDR 65, 54. **52**

XXI) Einstweiliger Rechtsschutz: 1) Zu einstweiligen Anordnungen ist das Schiedsgericht (§ 1025 Rn 10) nicht befugt, wenn es an einer vertragl Ermächtigung hierfür fehlt. Die hM hält Maßnahmen des einstweiligen Rechtsschutzes im Schiedsverfahren überhaupt für unzulässig, Schwab Kap 7 I 3 a. Zulässig ist aber eine **endgültige Vorabentscheidung für einen bestimmten Zeitraum.** So kann ein Unterhaltsbetrag für die Dauer des Verfahrens festgelegt werden, StJSchl Rz 38; Schwab Kap 7 I 3. Das gleiche gilt für die Regelung der Geschäftsführungsbefugnis/Vertretungsmacht in einer Gesellschaft. Denkbar ist auch eine für die Dauer des Verfahrens endgültig wirkende Unterlassungsverpflichtung, ebenso die Auferlegung von Sicherheitsleistungen für die Dauer des Schiedsverfahrens. Solche schiedsrichterl Anordnungen sind endgültige Schiedssprüche iS von § 1039, StJSchl Rz 38. **53**

54 **2)** Dem Schiedsgericht kann auch die Entscheidung aufgrund summarischer Beweisaufnahme, Überzeugungsbildung nach überwiegender Wahrscheinlichkeit und vorläufiger Interessenabwägung, also nach seinem Ermessen aufgrund summarischer Sachverhaltserfassung, gestattet werden, StJSchl Rz 38.

55 **3)** In allen Fällen bleibt aber die Zuständigkeit des staatl Gerichts nach §§ 916 ff unberührt, LG München I NJW 83, 761; hierzu Vollkommer NJW 83, 726.

56 **XXII) Teilschiedsspruch:** Umfaßt die Schiedsklage mehrere Ansprüche oder ist der geltend gemachte Anspruch teilbar, kann das Schiedsgericht einen Teilschiedsspruch erlassen. Möglich ist auch die **Verurteilung zu einem Mindestbetrag** mit der Begründung, in dieser Höhe schulde der Beklagte auf jeden Fall, sofern klargestellt ist, auf welche Schadensposten der Mindestbetrag entfällt, StJSchl Rz 42.

57 **XXIII) Zwischenentscheidungen: 1)** Vorabentscheidungen über einzelne Angriffs- oder Verteidigungsmittel, über prozessuale Vorfragen oder über den Grund des Anspruchs sind möglich, auch über die für die staatl Gerichte geltenden Beschränkungen hinaus. Auch wenn die Entscheidung als „Zwischenurteil" des Schiedsspruchs bezeichnet ist, gilt § 318 nicht, Wieczorek/Schütze B IIe. – Das Schiedsgericht ist zu Abweichungen von seinem bisherigen Verfahren befugt. Anders, wenn die Parteien das Schiedsgericht ermächtigen, bindende Zwischenentscheidungen zu treffen. Gleichwohl ist eine solche bindende Zwischenentscheidung nicht nach § 1041 gesondert anfechtbar.

58 **2) Zustellung und Niederlegung** (§ 1039) nicht bindender Vorabentscheidungen nicht nötig, aber unschädl. Wenn der Schlußschiedsspruch auf einen vorausgegangenen Zwischen-, insbesondere einen Grundschiedsspruch, Bezug nimmt, so muß auch dieser nach § 1039 ordnungsmäßig zugestellt und niedergelegt sein.

59 **XXIV) Verbindung zweier getrennter Schiedsverfahren** zur gemeinsamen Verhandlung und Entscheidung unzulässig, es sei denn, alle Betroffenen haben zugestimmt, Rn 42; Laschet IPRax 86, 182.

60 **XXV)** Über die **Kosten des schiedsrichterl Verfahrens** entscheidet in erster Linie der Schiedsvertrag. Enthält er keine Bestimmung, so darf man als Parteiabsicht unterstellen, daß die Schiedsrichter darüber befinden, die aber an die §§ 91 ff nicht gebunden sind. Das Schiedsgericht ist auch zur Kostenfestsetzung zuständig. Dieses muß die zu erstattenden Kosten ziffernmäßig festlegen. Eine Kostenfestsetzung durch den Rechtspfleger des ordentl Gerichts nach § 103 auf Grund des Schiedsspruches selbst kommt nicht in Betracht. Um die Festsetzung der Kosten des Schiedsgerichts kann das ordentl Gericht (durch Klageerhebung oder im Verfahren nach § 1042) angegangen werden, § 1040 Rn 8. Aufhebung des Schiedsspruchs umfaßt auch Kostenausspruch, Th-P 1b; Schwab 253. Vgl aber § 1025 Rn 23. Wegen des Verbots, als Richter in eigener Sache zu entscheiden (§ 1028 Rn 2), können Schiedsrichter ihre Gebühren nicht selbst festsetzen, auch nicht mittelbar über Festsetzung des Streitwerts. Sie können aber festlegen, welche Partei die Kosten der Schiedsrichter zu tragen hat. Diese können sie dann vor dem staatl Gericht auf Zahlung verklagen. IZw haftet aber auch andere Partei, Schwab 255. Vgl § 1041 Rn 64.

61 **XXVI) Zustellung:** Das Schiedsgericht ist frei: Schiedsklage, Ladung, Beweisbeschlüsse können formlos mitgeteilt werden, zB durch die Post oder einen dazu beauftragten Vertreter, Schütze DIZPR 217. Förml zuzustellen ist ledigl eine Ausfertigung des Schiedsspruchs, soweit nichts anderes vereinbart, § 1039 II. Ist die Zustellung im Ausland zu bewirken, so kann sie nur durch Mithilfe des staatl Gerichts erfolgen, §§ 1036, 199. – Der Antrag kann auch vom Schiedsgericht, nicht nur von der Partei gestellt werden, § 1039 Rn 9. AA Schütze DIZPR 217.

62 **XXVII) Das arbeitsrechtl Schiedsverfahren.** Die Verletzung einer Rechtsnorm ist nach § 110 I Nr 2 ArbGG für sich allein Aufhebungsgrund, während nach der ZPO nur Verstöße gegen die öffentl Ordnung zur Aufhebung führen. „Rechtsnorm" iS dieser Vorschrift ist auch der normative Teil eines Tarifvertrages, einer Betriebsvereinbarung oder einer weiter geltenden Tarifordnung. Eine Entscheidung nach billigem Ermessen ist dann möglich, wenn nach materiellem Recht die Befugnis einem Dritten übertragen werden kann und ihm im Schiedsvertrag übertragen ist, §§ 317 ff BGB, StJSchl Rz 43.

1035 *[Zeugen und Sachverständige]*

(1) Die Schiedsrichter können Zeugen und Sachverständige vernehmen, die freiwillig vor ihnen erscheinen.

(2) Zur Beeidigung eines Zeugen oder eines Sachverständigen oder einer Partei sind die Schiedsrichter nicht befugt.

1 **I) Vernehmungsmethode:** Die Schiedsrichter sind nicht an §§ 373 ff gebunden, § 1034 II. Sie können auch die Beweise schriftl erheben, dh sich mit schriftl Zeugenaussagen bzw schriftl Sachverständigen- und Parteibekundungen zufriedengeben, StJSchl § 1035 Rz 1; Schwab Kap 15 I 4c. Zulässig ist es auch, nur einen Schiedsrichter mit der Vernehmung zu betrauen.

2 **II) Kein Zwang gegen Zeugen und Sachverständige:** Sind Zeugen und Sachverständige freiwillig nicht erschienen, muß auf Ersuchen des Schiedsgerichts ihre Vernehmung durch das Gericht (§ 1036) erfolgen, KG JW 31, 1826.

3 **III) Keine Befugnis zur Beeidigung:** Die Beeidigung von Zeugen, Sachverständigen oder einer Partei darf das Schiedsgericht zwar anordnen, aber nicht selbst durchführen. Vielmehr ist das staatl Gericht um die Abnahme des Eides zu ersuchen, § 1036. Das Verbot des § 1035 II gilt auch für eidesstattl Versicherungen.

4 **IV) Entschädigung von Zeugen und Gutachtern:** Die freiwillig erscheinenden Zeugen haben ihre Ansprüche wegen Zeitversäumnis gegenüber den Schiedsparteien, die als Gesamtschuldner haften, RG 74, 321, geltend zu machen; keine Festsetzung durch Schiedsgericht. Für die Höhe der Zeugengebühren kann G über Entschädigung von Zeugen und Sachverständigen zugrunde gelegt werden, OLG 21, 122. Ein Schiedsgericht, das einen Sachverständigen mit der Erstellung eines Gutachtens beauftragt, tut dies im Auftrag u in Vollmacht der Parteien, BGHZ 42, 313 = NJW 65, 298.

1036 *[Rechtshilfe des Gerichts]*

(1) Eine von den Schiedsrichtern für erforderlich erachtete richterliche Handlung, zu deren Vornahme sie nicht befugt sind, ist auf Antrag einer Partei, sofern der Antrag für zulässig erachtet wird, von dem zuständigen Gericht vorzunehmen.

(2) Dem Gericht, das die Vernehmung oder Beeidigung eines Zeugen oder eines Sachverständigen angeordnet hat, stehen auch die Entscheidungen zu, die im Falle der Verweigerung des Zeugnisses oder des Gutachtens erforderlich werden.

1 **I) Unter Abs 1** fällt zB die Vernehmung eines nicht freiwillig erscheinenden Zeugen oder Sachverständigen, notfalls mit Zwang, die Abnahme von Eiden und eidesstattl Versicherungen (§ 1035 II), auswärtige Vernehmung im Wege der Rechtshilfe, Ersuchen einer Behörde um Mitteilung einer Urkunde (§ 432), öffentl Zustellung und Zustellung im Ausland, Ersuchen einer ausl Behörde um Zustellung des Schiedsspruchs, OLG 25, 244.

2 **II) Antragsberechtigt** sind nur die Parteien; der Antrag einer Partei genügt. Die andere Partei ist aber vor Vornahme der beantragten Handlung zu hören, StJSchl § 1036 Rz 1. Das Schiedsgericht bzw dessen Obmann kann vor AG (anders wegen § 78 I 1 vor LG) Antrag im Namen der Parteien stellen. Vollmacht wird widerlegl vermutet, Schwab Kap 17 III 1; aA Wieczorek/Schütze § 1036 B I.

3 **III) Verfahren vor staatl Gericht:** Das zuständige Gericht (AG oder LG, s § 1045) hat zu prüfen, ob der ihm mitzuteilende Schiedsvertrag wirksam ist, ob das Schiedsgericht die Beweiserhebung usw angeordnet hat, ob die fragl Handlung vom Schiedsgericht nicht selbst vorgenommen werden kann u ob die richterl Handlung selbst zulässig ist, OLG 23, 251; 27, 196. Die Ausführung des Ersuchens ist durch Beschluß anzuordnen, der den Parteien zuzustellen ist. Das Gericht kann, wenn um Zeugen- oder Sachverständigenvernehmung ersucht wird, Auslagenvorschuß verlangen, OLG 23, 178; es kann durch den Parteien förml zuzustellenden Beschluß auch die beantragte Beweisaufnahme einem Mitglied des Gerichts übertragen oder nach §§ 156 ff GVG ein anderes Gericht ersuchen. Das Protokoll über die Beweisaufnahme, welcher das Schiedsgericht anwohnen kann, bleibt beim Gericht. Die Parteien erhalten auf Antrag Abschriften zwecks Vorlage an Schiedsgericht.

4 **IV) Gebühren: 1)** des **Gerichts:** Für das Verfahren bei Anordnung richterlicher Handlungen wird eine halbe Gebühr erhoben (KV Nr 1148). Werden in demselben Schiedsgerichtsverfahren mehrere Anträge gestellt, so ist jeder gebührenpflichtig; s auch Rn 3 zu § 1029. Die mit dem Eingang des Antrags (§ 61 GKG) fällig gewordene Gebühr fällt nicht weg, wenn die angeordnete richterl Handl unterbleibt oder der Antrag wieder zurückgenommen wird. Gleichviel, ob dem

Antrag auf Anordnung stattgegeben oder ob er zurückgewiesen wird, ist der jeweilige Beschluß des staatl Gerichts gerichtsgebührenfrei, denn mit der ½ Gebühr ist das gesamte gerichtl Verfahren abgegolten. – **2)** des **Anwalts:** Ist der RA im schiedsrichterlichen Verfahren zum Prozeßbevollmächtigten bestellt und hat er in diesem Zusammenhang Anträge nach § 1036 zu stellen, so erhält er für diese Anträge keine besonderen Gebühren, da beide Verfahren als ein Rechtszug gelten (§ 67 BRAGO). Dagegen kann er die für andere Tätigkeiten, zB nach §§ 1042, 1044a besonders vorgesehenen Gebühren nach § 46 I BRAGO beanspruchen.

5 **V) Aktenführung:** a) beim **AG:** Eintragung in das ZivProzRegister unter dem Registerbuchstaben „H", AktO § 13 Nr 5, Muster 20; b) beim **LG:** Eintragung in das Prozeß-, Berufungs- und Beschwerderegister für Zivilsachen des LG unter Registerbuchstabe „OH", AktO § 38 Nr 3, Muster 21.

1037 *[Verfahren bei Bemängelung]*

Die Schiedsrichter können das Verfahren fortsetzen und den Schiedsspruch erlassen, auch wenn die Unzulässigkeit des schiedsrichterlichen Verfahrens behauptet, insbesondere wenn geltend gemacht wird, daß ein rechtsgültiger Schiedsvertrag nicht bestehe, daß der Schiedsvertrag sich auf den zu entscheidenden Streit nicht beziehe, oder daß ein Schiedsrichter zu den schiedsrichterlichen Verrichtungen nicht befugt sei.

1 Keine Einstellung des Schiedsverfahrens durch einstw Verfügung, wohl aber ist Feststellungsklage zum ordentl Gericht während des Schiedsverfahrens möglich, RG 23, 423. Nach Erlaß des Schiedsspruchs ist der vom Schiedsgericht verworfene Einwand mittels Aufhebungsklage (§ 1041) oder als Einrede gegen die VollstrKlage (§ 1042) verfolgbar, § 1034 Rn 48. – Die Schiedsrichter können in den Fällen des § 1037 ihr Verfahren freiwillig aussetzen, wenn keine Verschleppungsgefahr besteht, u die Entscheidung des ordentl Gerichts zB bei Ablehnung eines Schiedsrichters abwarten. Zur Kompetenz-Kompetenz § 1025 Rn 37 und § 1041 Rn 41.

1038 *[Schiedsspruch]*

Ist der Schiedsspruch von mehreren Schiedsrichtern zu erlassen, so ist die absolute Mehrheit der Stimmen entscheidend, sofern nicht der Schiedsvertrag ein anderes bestimmt.

1 § 1038 gilt auch bei Beschlußfassung der Schiedsrichter. – Schriftl Abstimmung ist zulässig, OLG 27, 197. Bei Stimmengleichheit: § 1033 Nr 2. Die Bestimmungen des GVG finden keine Anwendung, JW 21, 1248; 28, 375. Die Schiedsrichter können auch einen Rechtskundigen als Berater zuziehen u durch ihn den Schiedsspruch abfassen lassen, JW 21, 1248; 28, 735; aA JW 34, 14, nur wenn es der Schiedsvertrag vorsieht. Vgl § 1034 Rn 15.

1039 *[Unterzeichnung, Zustellung und Niederlegung des Schiedsspruchs]*

(1) Der Schiedsspruch ist unter Angabe des Tages der Abfassung von den Schiedsrichtern zu unterschreiben. Besteht das Schiedsgericht aus mehr als zwei Mitgliedern und ist von einem Schiedsrichter, obwohl er an der Abstimmung über den Schiedsspruch mitgewirkt hat, die Unterschrift nicht zu erlangen, so reicht die Unterschrift der übrigen Schiedsrichter aus; der Vorsitzende hat unter dem Schiedsspruch zu vermerken, daß die Unterschrift des einen Schiedsrichters nicht zu erlangen war.

(2) Der Schiedsspruch ist den Parteien in einer Ausfertigung zuzustellen, wenn sie nicht eine andere Art der Bekanntmachung vereinbart haben.

(3) Der Schiedsspruch ist auf der Geschäftsstelle des zuständigen Gerichts niederzulegen; außer für den Fall der Vollstreckbarerklärung können die Parteien etwas anderes vereinbaren. Dem Schiedsspruch ist die Zustellungsurkunde oder, wenn eine andere Art der Bekanntmachung vereinbart ist, ein Nachweis der Bekanntmachung beizufügen.

Neugefaßt durch IPR-ReformG (BGBl 1986 I 1142, vgl § 606a Rn 1). Hintergründe hierzu: Triebel/Viertel BB 86, 1168; von Hoffmann IPRax 86, 337; Sandrock JZ 86, 370.

1 **I) Überblick: 1)** Vor Erfüllung der Förmlichkeiten des § 1039 (soweit unabdingbar vgl Rn 10, 13) liegt kein wirksamer Schiedsspruch vor; daher (noch) keine Rechtskraftwirkung (§ 1040) und keine Möglichkeit der Vollstreckbarerklärung (§ 1042), aber auch nicht der Aufhebungsklage (§ 1041). Solange Schiedsverfahren weder durch wirksamen Schiedsspruch (§ 1039) noch durch Schiedsvergleich (§ 1044a) abgeschlossen ist, kann Einrede nach § 1027a erhoben werden.

2) Anwendungsbereich: Schiedsspruch iSd §§ 1039 ff ist nur die endgültige Entscheidung über den Streitgegenstand im ganzen oder einen abgrenzbaren Teil, BGHZ 10, 325. Näher § 1034 Rn 39, 49, 53, 56; § 1041 Rn 21. Im Fall eines Instanzenzugs ist nur der Spruch des Oberschiedsgerichts „Schiedsspruch", sofern er aus sich heraus verständl ohne Bezugnahme auf erstinstanziellen Schiedsspruch, Düsseldorf BB 76, 251; Schwab 159. 2

3) Die drei Erfordernisse des § 1039 für einen ordnungsgemäßen Schiedsspruch sind: Schriftl Abfassung, Datierung und Unterzeichnung durch die Schiedsrichter (Rn 4), Zustellung (Rn 8) und Niederlegung (Rn 10). Ihre Einhaltung wird – soweit abweichende Vereinbarungen der Parteien nicht mögl - in jeder Lage des Verfahrens, auch in Revisionsinstanz, von Amts wegen geprüft, BGH NJW 76, 1940; KTS 80, 130 = Betr 201. Die Förmlichkeiten können noch während des Revisionsrechtzuges nachgeholt werden; § 561 I unanwendbar. So für Nachholung der Niederlegung BGHZ 85, 288. 3

II) Schriftl Abfassung, Datierung und Unterzeichnung durch Schiedsrichter. Ersetzung der Unterschrift bei drei- und mehrköpfigem Schiedsgericht nun mögl, § 1039 I 2. Unterschrift des Vorsitzenden nur ersetzbar, wenn stellvertretender Vorsitzender vorhanden. Denn dieser muß Ersetzungsvermerk unterschreiben. Soweit keine Ersetzung möglich, kann Schiedsrichter auf Unterzeichnung verklagt werden, RGZ 126, 381; Wieczorek/Schütze § 1025 C III b 3; Triebel/Viertel BB 86, 1170; § 1025 Rn 44. Vollstreckung nach § 888 I (bestr wegen § 888 III). Ist ein Schiedsrichter zur Unterschrift außerstande, zB durch Tod und Ersetzung nach § 1039 I 2 nicht möglich, treten die Folgen der §§ 1031, 1033 Nr 1 ein, Th-P 3. 4

Bloße Verkündung und/oder formlose Mitteilung des Schiedsspruchs ist wirkungslos, RG 38, 392. Der Schiedsspruch muß (vgl aber § 1041 III) Gründe enthalten, deren Abfassung kann nicht vollständig Dritten überlassen werden. Zuziehung eines Beraters aber zulässig, Schwab 141; Düsseldorf BB 76, 251. 5

Der **„Tag der Abfassung"** dient nur der Kennzeichnung des Schiedsspruchs. Fehlendes Datum macht Schiedsspruch nicht unwirksam, BGH WM 77, 320; Schwab 147. 6

Mit der Unterschrift sind die Schiedsrichter untereinander gebunden. **Zurücknahme oder Abänderung** mit Mehrheit (§ 1038) mögl, soweit noch nicht nach Abs 2 bekanntgegeben. AA Th-P 2 a (einstimmiger Beschluß). 7

III) Zustellung einer Ausfertigung nach §§ 166 ff erforderl, sofern Parteien nichts anderes vereinbart haben, Abs 2. Wer Ausfertigung (vgl §§ 170, 317 III) zu unterzeichnen hat, sagt § 1039 II nF nicht. Daß an dem Erfordernis der Unterzeichnung durch alle Schiedsrichter (so aF) nicht festgehalten wurde, ist klar im Hinblick auf die Ersetzungsmöglichkeit des Abs 1. Da aber auch auf diesen Abs nicht Bezug genommen wird, ist – vorbehaltl anderweitiger Vereinbarung – davon auszugehen, daß die **Unterzeichnung des Ausfertigungsvermerks durch den Obmann** genügt. Ausreichend auch Zustellung einer **notariell beglaubigten Abschrift der Urschrift des Schiedsspruchs.** Denn Beglaubigung durch Notar gibt größere Richtigkeitsgewähr. Im übrigen genügt beglaubigte Abschrift von Dritten, zB GV, nicht (RG 51, 406), aber ausreichend, wenn Schiedsrichter in der nach Abs 1 ausreichenden Zahl Beglaubigungsvermerk unterschreiben, weil dann weitere Urschrift des Schiedsspruchs gegeben, Schwab Kap 20 III 1; JW 29, 854; OLG 37, 205. Zustellung einer Urschrift statt der Ausfertigung genügt. 8

Der Auftrag zur Zustellung geht vom Schiedsgericht aus, RG 5, 401. Stellvertretung, zB durch Obmann (Düsseldorf WM 84, 1209), Schriftführer des Schiedsgerichts oder ein sonstiges Mitglied desselben, ist zulässig, BGH BB 57, 689. Die Zustellung hat an die Parteien oder wahlweise deren Prozeßbevollmächtigten zu erfolgen, RG 13, 431. § 176 nicht anzuwenden. Zustellung im Ausland oder öffentl Zustellung ordnet das Schiedsgericht an, das ordentl Gericht führt sie auf Grund Ersuchens, §§ 1036, 1045, aus. Hat eine im Ausland wohnende Partei keine Zustellungsbevollmächtigten ernannt, kann an sie durch Aufgabe zur Post zugestellt werden, §§ 174, 175. Vor allem die Auslandszustellung kann zu erhebl Verzögerungen führen, Triebel/Viertel BB 86, 1171. Daher sollten die Parteien von der Möglichkeit abweichender Vereinbarung Gebrauch machen, zB Übersendung per Einschreiben (mit/oder ohne Rückschein) festlegen. Vgl § 199 Rn 11. 9

IV) Niederlegung des Schiedsspruchs beim staatl Gericht (Abs 3) dient der Rechtssicherheit und einer geordneten Rechtspflege. Sie ist aber seit 1. 9. 1986 nur mehr obligatorisch als Voraussetzung für die Vollstreckbarerklärung (§ 1042). Was die übrigen Wirkungen des Schiedsspruchs (Rechtskraft, Gestaltungswirkung) anbelangt, können die Parteien etwas anderes vereinbaren. Überholt daher insoweit BGH NJW 86, 1436. Erforderl ist **Hinterlegung beim zuständigen Gericht** (§ 1045). Eine etwa von dem Gericht, bei dem der Schiedsspruch niedergelegt worden ist, angestellte Prüfung seiner Zuständigkeit kann das Prozeßgericht (das darüber zu befinden hat, ob es an Rechtskraft des Schiedsspruchs gebunden ist bzw ob ein der Aufhebungsklage zugängl 10

Schiedsspruch vorliegt) nicht binden. Denn dieses muß seine Zuständigkeit gar nicht prüfen, Wieczorek/Schütze C III. Es kann dies häufig zumindest nicht abschließend tun, da seine Zuständigkeit in erster Linie aus dem Schiedsvertrag folgt, der bei der Niederlegung nicht vorgelegt zu werden braucht. Zur Behebung des Mangels der Zuständigkeit können die zur Niederlegung eingereichten Urkunden auf Antrag der Schiedsrichter an das zuständige Gericht weitergegeben werden, Schwab 151, BGH NJW – RR 86, 61 = NJW 86, 1436. Die Frage, ob ein Schiedsspruch ordnungsgemäß niedergelegt worden ist, kann nicht mehr nach Vollstreckbarerklärung bzw Abweisung der Aufhebungsklage als unbegründet nicht mehr verneint werden, Schwab 151.

11 **Zuständig** ist nach § 1045 I nF das **von den Parteien** gewählte bzw nach § 1048 bestimmte deutsche Gericht, in Ermangelung einer Wahl das AG oder LG nach Maßgabe von § 1045 I Nr 2 und 3. Zuständiges Gericht ist das örtl und sachl zuständige Gericht als solches, nicht die einzelne Kammer des Gerichts, BGH 55, 313 = NJW 71, 755.

12 Für die **Niederlegung** genügt auch eine Ausfertigung, RG 51, 406, oder notariell beglaubigte Abschrift (Rn 8), nicht dagegen vom GV beglaubigte Abschrift, JW 29, 854. Die Niederlegung hat das Schiedsgericht oder in seinem Auftrag ein Schiedsrichter oder sonst Bevollmächtigter zu bestätigen, BGH ZZP 71, 428; Schwab 150; Schütze/Tscherning/Wais Rz 525.

13 **V) Verzicht auf die Förmlichkeiten des § 1039:** Erfordernis der schriftl Abfassung einschließl Unterschrift der Schiedsrichter (Rn 4) ist zwingend vorgeschrieben. Zustellung kann abbedungen und durch eine andere (den rechtsstaatl Mindestanforderungen an Verfahrensfairness § 199 Rn 11 genügenden) Form der Bekanntgabe ersetzt werden, Abs 2 nF. Unbedenkl zulässig Übersendung per Einschreiben ohne Rückschein. Niederlegung zwingende Voraussetzungen nur für die Vollstreckbarerklärung (§ 1042), nicht jedoch für den Eintritt sonstiger Wirkungen des Schiedsspruchs (materielle Rechtskraft, Gestaltungswirkung, Tatbestandswirkungen etc); diese Wirkungen treten auch ohne Zustellung und Niederlegung des Schiedsspruchs ein, wenn die Parteien auf Einhaltung des § 1039 II oder III verzichtet haben. Dann müssen jedoch die von den Parteien vereinbarten Modalitäten eingehalten sein. Verzicht bzw anderweitige Vereinbarung auch stillschweigend (konkludent) mögl. Beispiel: Vereinbarung eines institutionalisierten Schiedsgerichts, bei dem üblicherweise nicht nach § 1039 verfahren wird.

14 **VI) Folge der Nichterfüllung** der Vorschriften des § 1039; Nichtexistenz des Schiedsspruchs und Abweisung des Antrags auf Vollstreckbarerklärung, BGH NJW 80, 1284. Erst die Erfüllung der unverzichtbaren Förmlichkeiten des § 1039 (Rn 10, 13) macht den Schiedsspruch wirksam, BGH RIW 86, 970. Die Nachholung der Zustellung oder Niederlegung nach Einleitung des Vollstreckbarerklärungsverfahrens (§ 1042) ist zulässig, RG 30, 353; 51, 406. Im Aufhebungsprozeß sind Zustellung und Niederlegung des Schiedsspruchs noch in der Revisionsinstanz von Amts wegen zu beachten, BGH MDR 80, 216. Vor Erfüllung der Förmlichkeiten des § 1039 ist das Schiedsverfahren nicht abgeschlossen. Daher kommt § 1027 a zum Zuge, Hamm RIW 83, 689 = IPRspr 194; BGH NJW – RR 86, 61.

15 **VII) Ausl Schiedssprüche:** Das dt Gericht (§ 1045) darf zwar die Niederlegung eines ausl Schiedsspruchs (§ 1044) (durch Nichtannahme) nicht verhindern. Durch die Niederlegung wird der ausl Schiedsspruch aber nicht zum inländischen. Die Anerkennung eines ausl Schiedsspruchs im Inland hängt nicht von Niederlegung im Inland ab, § 1044 I 2. Wann und wie ein ausl Schiedsspruch rechtl existent wird, bestimmt das Recht des Staates, in welchem das Schiedsgericht tätig geworden ist, Hamm RIW 83, 698 = IPRspr 194.

16 **VIII) Gebühren a)** des **Gerichts:** Die Niederlegung auf der Geschäftsstelle ist durch die allg Verfahrensgebühr nach KV Nr 1080 mit abgegolten. – **b)** des **Gerichtsvollziehers:** Für die Zustellung des Schiedsspruchs an die Parteien (oder Prozeßbevollmächtigten) je Zustellungsgebühr (Festgebühr) nach § 16 GVKostG (Nr 18 GVKostGr; § 15 Nr 1, 3 GVGA).

17 **IX) Aktenführung.** Die niedergelegten Schiedssprüche und schiedsrichterlichen Vergleiche werden mit den zugehörigen Schriften zu Sammelakten vereinigt; a) beim AG: AktO § 13 Nr 8; b) beim LG: AktO § 38 Nr 7.

1040 *[Wirkung des Schiedsspruchs]*

Der Schiedsspruch hat unter den Parteien die Wirkungen eines rechtskräftigen gerichtlichen Urteils.

1 **I) Gleichstellung des Schiedsspruchs mit dem Urteil eines staatl Gerichts:** Der Schiedsspruch hat die gleichen Wirkungen wie eine Parallelentscheidung des staatl Gerichts. Ausnahme: Dem Schiedsspruch, der zu einer Leistung oder Unterlassung verurteilt, fehlt die Vollstreckbarkeit. Diese muß dem Schiedsspruch durch rechtsgestaltende Entscheidung des staatl Gerichts (§ 1042) verliehen werden. Die Rechtslage ist vergleichbar mit der Beachtlichkeit der Wirkungen von

Entscheidungen ausl (staatl) Gerichte im Inland. Die Wirkungen der ausl Urteile werden kraft Gesetzes (§ 328) auf das Inland erstreckt (sofern die Anerkennungsvoraussetzungen gegeben sind) mit einer Ausnahme: Die Vollstreckbarkeit muß dem ausl Urteil in einem besonderen Verfahren (§§ 722, 723) originär verliehen werden.

II) Maßgebl Zeitpunkt: Die Erfüllung der in § 1039 festgelegten förml Erfordernisse der Unterzeichnung, Zustellung und Niederlegung des Schiedsspruchs bilden Voraussetzungen dafür, daß der Schiedsspruch unter den Parteien nach § 1040 die Wirkung eines rechtskräftigen Urteils erlangt; BGHZ 85, 290 = NJW 1984, 867; BGH NJW-RR 86, 61 = NJW 86, 1436. Auf Zustellung und Niederlegung kann jedoch verzichtet werden. Vgl § 1039 Rn 8, 10, 13. 2

III) Rechtskraftfähige Schiedssprüche sind nur solche, die eine Endentscheidung in der Sache (= über den Streitgegenstand) enthalten, auch Teilschiedssprüche (§ 1039 Rn 2). 3

IV) Für die objektiven und subjektiven Grenzen der Rechtskraft eines deutschen Schiedsspruchs gelten §§ 322 ff, sofern die Parteien nichts Abweichendes vereinbaren. Eine über das Gesetz hinausgehende Rechtskrafterstreckung auf Dritte kommt jedoch nur in Betracht, wenn die betroffenen Dritten dieser Vereinbarung beigetreten waren bzw ihr zugestimmt haben. §§ 325 ff anwendbar, Schwab 152. AA Th-P 1b. – Vgl § 1027 Rn 8. 4

V) Die **Rechtskraft des Schiedsspruchs** ist **von Amts wegen zu beachten,** wenn das Gericht im Rahmen der Verhandlungsmaxime davon Kenntnis erlangt, StJSchl I 3 Rz 6. Anders hM: Schwab 153. 5

VI) Derogation der Rechtskraft eines Schiedsspruchs durch Parteivereinbarung mögl, Bremen NJW 57, 1035, Schwab 153. 6

VII) Abänderungs- (§ 323) und Nachforderungsklage (§ 324): Aus dem Gleichstellungsgrundsatz folgt, daß auch für diese Klagen das Schiedsgericht zuständig ist. AA Schwab Kap 21 I 4. 7

VIII) Kosten sind vom Schiedsgericht im Schiedsspruch festzusetzen, dessen Ergänzung nach § 321 herbeigeführt werden kann. Die Kosten der Schiedsrichter selbst kann das Schiedsgericht auch dann nicht festsetzen, wenn es im Schiedsvertrag ausdrückl vereinbart ist; gegen jede Art der **Festsetzung ihrer eigenen Kosten** im Schiedsspruch wegen des Verbots, in eigener Sache als Richter tätig zu werden, BGH EWiR 85, 419 (Schlosser). Wegen der Kosten des Verfahrens s § 1029 Rn 3 und § 1034 Rn 60. 8

IX) Kollision mit der Rechtskraft eines staatl Gerichts. Auch hier gilt der Gleichstellungsgrundsatz (Rn 1). Es gelten die allgemeinen, aus § 580 Nr 7a hergeleiteten Grundsätze (R-Schwab § 161 II 3b und oben § 261 Rn 11), auch wenn Nr 7 in § 1041 I Nr 6 nicht aufgeführt. 9

X) Mängel des Schiedsverfahrens und beim Erlaß des Schiedsspruchs sowie sonstige Aufhebungsgründe des § 1041 führen nicht zur Unwirksamkeit des Schiedsspruchs. Dieser entfaltet vielmehr solange seine Wirkungen, als er nicht durch rechtsgestaltende Entscheidung des staatl Gerichts aufgehoben (kassiert) worden ist. Dies erfolgt entweder auf Initiative der beschwerten Partei (§ 1041 = Aufhebungsklage) oder bei Unterliegen der siegreichen Partei im Vollstreckbarerklärungsverfahren (§ 1042 II). Die beschwerte Partei kann auf die Geltendmachung von Aufhebungsgründen, die ihrem Schutz dienen, verzichten, nicht jedoch auf solche, die dem Schutz unmittelbarer staatl Interessen dienen. Rechtslage ebenso wie bei der Anerkennung ausl Urteile, § 328 Rn 182 und § 1041 Rn 24. 10

1041 *[Aufhebung des Schiedsspruchs]*

(1) Die Aufhebung des Schiedsspruchs kann beantragt werden:

1. **wenn dem Schiedsspruch ein gültiger Schiedsvertrag nicht zugrunde liegt oder der Schiedsspruch sonst auf einem unzulässigen Verfahren beruht;**
2. **wenn die Anerkennung des Schiedsspruchs zu einem Ergebnis führt, das mit wesentlichen Grundsätzen des deutschen Rechts offensichtlich unvereinbar ist, insbesondere wenn die Anerkennung mit den Grundrechten unvereinbar ist;**
3. **wenn die Partei in dem Verfahren nicht nach Vorschrift der Gesetze vertreten war, sofern sie nicht die Prozeßführung ausdrücklich oder stillschweigend genehmigt hat;**
4. **wenn der Partei in dem Verfahren das rechtliche Gehör nicht gewährt war;**
5. **wenn der Schiedsspruch nicht mit Gründen versehen ist;**
6. **wenn die Voraussetzungen vorliegen, unter denen in den Fällen der Nr. 1 bis 6 des § 580 die Restitutionsklage stattfindet.**

(2) Die Aufhebung des Schiedsspruchs findet aus dem unter Nr. 5 erwähnten Grunde nicht statt, wenn die Parteien ein anderes vereinbart haben.

Neufassung der Nr 2 durch IPR-ReformG (BGBl 1986 I 1142; § 606 a Rn 1).

1 **I) Überblick. 1)** Ein formell wirksamer Schiedsspruch kann wegen der in § 1041 aufgeführten Mängel im Vollstreckbarerklärungsverfahren, § 1042 II, oder auf Aufhebungsklage vom staatl Gericht aufgehoben werden. Auf die Geltendmachung von Mängeln kann grundsätzl verzichtet werden, nicht nur wegen einzelner bekannter Mängel nach Erlaß des Schiedsspruchs, Rn 24. Die **Aufhebungsklage** ist eine Rechtsgestaltungsklage. Sie richtet sich gegen denjenigen, der Rechte aus dem Schiedsspruch ableitet.

2 **2)** Die Aufhebungsklage ist **zulässig** gegen einen formell wirksamen (§ 1039 Rn 14; § 1034 Rn 39) inländischen Schiedsspruch (Rn 72). Die Klage setzt eine Beschwer voraus, eine Belastung im Kostenpunkt genügt, R-Schwab § 178 II 2. Daß der Kläger von den in der Schiedsvereinbarung vorgesehenen Nachprüfungsmöglichkeiten keinen Gebrauch gemacht hat, führt zur Präklusion im Aufhebungsverfahren, § 1040 Rn 10. Das **Rechtsschutzbedürfnis** fehlt, wenn die Vollstreckbarerklärung beantragt ist, Schwab Kap 25 III. Die Einrede der Rechtshängigkeit greift im Verhältnis von Aufhebungsverfahren und Verfahren auf Vollstreckbarerklärung nicht durch, weil beide Verfahren verschiedene Zwecke/Ziele verfolgen, Schwab aaO. Eine Widerklage im Aufhebungsverfahren auf Vollstreckbarerklärung ist zulässig, Schwab Kap 27 II 3. Näher Rn 13 ff.

3 **3)** Die Klage kann **nur die Aufhebung, nicht die Änderung** des Schiedsspruchs zum Ziel haben. Ein auf teilweise Aufhebung gerichteter Antrag ist zulässig, wenn das Aufhebungsbegehren Gegenstand einer Teilklage hätte sein können, bestr, KG NJW 76, 1357 m weit Nachw.

4 **4) Zuständig** ist das staatl Gericht; die örtl und sachl Zuständigkeit ergibt sich aus §§ 1046, 1045. Mit der Aufhebungsklage kann die Klage in der Hauptsache verbunden werden, StJSchl I 4; unten Rn 12.

5 **5)** Die Klage ist **begründet,** wenn einer der Aufhebungsgründe des § 1041 vorliegt. Die Aufzählung des § 1041 ist erschöpfend. Die Klage kann auf mehrere Aufhebungsgründe gestützt werden. Die Rechtskraft des Urteils über einen Aufhebungsgrund steht der Geltendmachung eines weiteren Grundes nach hM nicht entgegen, Schwab Kap 25 IV 5; StJSchl Rn I 3. – Vgl aber Rn 32.

6 **II) Aufhebbare Schiedssprüche. 1)** Ebenso wie bei Urteilen staatl Gerichte führen Mängel des Schiedsvertrages, des Verfahrens oder Fehler bei der Entscheidungsfindung nicht zur Nichtigkeit (Unwirksamkeit) des Schiedsspruchs. Sie machen ihn nur aufhebbar. Solange er vom staatl Gericht (§ 1046) nicht durch **rechtsgestaltende Entscheidung** ex tunc aufgehoben (kassiert) worden ist, entfaltet er alle seine Wirkungen (ebenso wie ein fehlerfreier), Schwab 185. Daraus folgt: Aufhebungsgründe können – außerhalb des Vollstreckbarerklärungsverfahrens, vgl § 1042 II – nicht einredeweise geltend gemacht werden. Sie sind für das Gericht nicht beachtl. Eine **Inzidentprüfung** dergestalt, daß die Wirkungen des Schiedsspruchs ignoriert werden könnten, wenn das Gericht das Vorliegen eines Aufhebungsgrundes bejaht, ist verboten, Schwab 185. So hat zB das später angegangene Gericht (Staats- oder Schiedsgericht) die Feststellungs- (res iudicata-) Wirkung (§ 1040) des (vorher ergangenen) Schiedsspruchs zu beachten, auch wenn feststeht, daß das Schiedsgericht den Anspruch auf rechtl Gehör verletzt hat und/oder ein schwerer Verstoß gegen den ordre public vorliegt. Das gleiche gilt für die sonstigen (in concreto einschlägigen) Wirkungen des Schiedsspruchs, wie Präklusions-, Gestaltungs-, Interventions-, Streitverkündungs- und Tatbestandswirkung. – Vgl § 1034 Rn 48.

7 **2)** Das später angegangene Gericht hat es jedoch in der Hand, sein **Verfahren auszusetzen** (analog § 148), um der (interessierten) Partei Gelegenheit zu geben, Aufhebungsklage beim zuständigen Gericht (§ 1046) oder Widerklage (Rn 17) zu erheben. Es darf aber nicht selbst von Amts wegen (Ausnahme: § 1042 II) den Schiedsspruch aufheben. AA StJSchl Rz 39. – § 1041 Rn 30.

8 **3)** Die Wirkungen des Schiedsspruches sind – abgesehen von den unter Rn 10 aufgeführten Fällen – auch dann zu beachten, wenn unmittelbare Staatsinteressen auf dem Spiele stehen, wenn etwa der Verstoß gegen den ordre public darin liegt, daß der Schiedsspruch zwingendes Devisen- oder Kartellrecht verletzt bzw nicht angewandt hat, auf dessen Beachtung der Staat vorbehaltlos besteht.

9 **4)** Die Rechtslage ist also anders als bei der Anerkennung ausl Urteile: Hier kann das Fehlen einer Anerkennungsvoraussetzung bzw das Vorliegen eines Versagungsgrundes incidenter vom später angegangenen Gericht geprüft werden. Kommt dieses zB auf Rüge der betroffenen Partei zu dem Ergebnis, daß das ausl Gericht kein rechtl Gehör gewährt hat (vgl § 328 Rn 134, 135), so hat es die Wirkungen des ausl Urteils nicht zu beachten. (Das zweite Gericht wäre bei seiner

Kognition nur dann eingeengt, wenn bereits eine rechtskraftfähige Entscheidung eines inländischen Gerichts/Schiedsgerichts [vgl § 1025 Rn 39] zur Frage der Anerkennung bzw Nichtanerkennung der Wirkungen der ausl Entscheidung vorliegt. Vgl § 328 Rn 212 und Geimer/Schütze § 147 (2). Das später befaßte Gericht hat die Feststellungswirkung dieses Feststellungsurteils [-beschlusses] zu beachten).

III) Nichtige/wirkungslose Schiedssprüche. 1) Ebenso wie es nichtige/wirkungslose Urteile staatl Gerichte gibt (vgl Rn 13 vor § 300 und § 328 Rn 91) sind auch Schiedssprüche denkbar, die von vornherein keine Wirkungen entfalten. Beispiele: Schiedsspruch, der eine Ehe scheidet, einen Vormund/Pfleger ernennt/abberuft, BGB MDR 62, 397 = ZZP 75, 119 (Schwab); StJSchl Rz 2. Eine Systematik der Nichtigkeitsgründe fehlt bis jetzt. Man sollte sich – ebenso wie bei Urteilen staatl Gerichte – davor hüten, den Kreis zu weit zu ziehen. Die Fälle der Nichtigkeit des Schiedsspruchs sind auf wenige Extremkonstellationen im Interesse der Rechtssicherheit zu begrenzen. Alles andere wäre ein Unterlaufen der klaren Entscheidung des Gesetzgebers (§ 1040). Dieser postuliert, daß auch fehlerhafte Schiedssprüche Wirkungen entfalten und daß es einer Kassation durch das staatl Gericht bedarf, um diese zu beseitigen. 10

2) Liegt einer der seltenen Fälle der Nichtigkeit vor, dann bedeutet dies, daß der Schiedsspruch mangels Wirkungen von den später angegangenen Gerichten/Behörden nicht zu beachten ist. Gleichwohl ist im Interesse der Rechtsklarheit – ebenso wie bei nichtigen Urteilen staatl Gerichte – §§ 511 ff anwendbar sind – die **Aufhebungsklage statthaft,** StJSchl Rz 2. Dogmatisch handelt es sich dann nicht um eine Gestaltungs- sondern eine Feststellungsklage (Feststellung der Nichtigkeit). 11

IV) Verbindung der Aufhebungsklage mit der auf den materiell-rechtl Anspruch/das materielle Rechtsverhältnis gestützten Klage ist zulässig. Voraussetzung: Gericht muß für beide Klagen zuständig sein; der Schiedsvertrag muß erledigt sein; dies ist nicht der Fall, wenn die Parteien vereinbart hatten, im Falle der Aufhebung des Schiedsspruchs sei der Rechtsstreit erneut im Schiedsverfahren zu entscheiden, Schwab Kap 25 III, StJSchl Rz 5 FN 27, Wieczorek/Schütze B IVb 2. 12

V) Verhältnis zum Vollstreckbarerklärungsverfahren: 1) Keine Identität des Verfahrensgegenstandes, daher keine Sperre für zweites Verfahren nach § 261 III Nr 1. Im Verfahren nach § 1042 soll dem Schiedsspruch die Vollstreckbarkeit verliehen werden; die Klage nach § 1041 zielt auf Aufhebung des Schiedsspruchs (= Beseitigung seiner ihm nach § 1040 zukommenden Wirkungen). 13

2) Einen Konnex zwischen beiden Verfahren stellt § 1042 II her. Liegt ein Aufhebungsgrund (§ 1041) vor, so endet das Vollstreckbarerklärungsverfahren nicht mit bloßer Antragsabweisung (= Nichtverleihung der Vollstreckbarkeit), sondern mit der Aufhebung des Schiedsspruchs (= Beseitigung der Wirkungen des Schiedsspruchs, die dieser nach § 1040 per se entfaltet). 14

3) Deshalb fehlt idR das Rechtsschutzbedürfnis für die Aufhebungsklage, wenn der Gläubiger (= die siegreiche Partei) bereits die Vollstreckbarerklärung beantragt hat. Es ist einfacher und billiger und auch dem Schuldner zumutbar, die Aufhebung nach § 1042 II zu betreiben. Die Aufhebungsklage ist durch Prozeßurteil abzuweisen, Schwab Kap 25 III. 15

4) War die Aufhebungsklage bereits anhängig, als die Vollstreckbarerklärung beantragt wurde, so ist das Aufhebungsverfahren **auszusetzen,** analog § 148. Wird der Schiedsspruch nach § 1042 II aufgehoben, ist der Aufhebungsprozeß in der Hauptsache erledigt. Zur Kostenentscheidung nach § 91 a Schwab ZZP 72, 127, Ro-Schwab § 133 III 5. Die Aussetzung des Verfahrens nach § 1042 zugunsten des Aufhebungsprozesses ist nur in seltenen Fällen sachgerecht, etwa wenn der Aufhebungsprozeß schon weit gediehen ist, zB bereits in Berufungsinstanz. 16

5) Der (beklagte) Gläubiger kann im Aufhebungsprozeß (§ 1046) im Wege der **Widerklage** Vollstreckbarerklärung beantragen, Schwab Kap 27 II 3, StJSchl § 1042 a Rz 5. 17

6) Die rechtskräftige Vollstreckbarerklärung präkludiert die Aufhebungsklage, Ausnahme: Fälle des § 1041 I Nr 6, § 1043. 18

VI) Klageberechtigt ist, wer durch die prozessualen Wirkungen des Schiedsspruchs **beschwert** ist. Beschwer im Kostenpunkt reicht aus, StJSchl Rz 2 FN 10. Beschwert ist idR die unterlegene Partei. Vorstellbar ist aber auch, daß ein **Dritter,** gegen den die res iudicata wegen Rechtskrafterstreckung (§ 1040 Rn 4) wirkt, klageberechtigt ist. Der siegreiche Kläger (Gläubiger) ist nicht beschwert und daher nicht klageberechtigt. Dieser kann im Verfahren nach § 1042 Vollstreckbarerklärung bzw Feststellung des Nichtvorliegens eines Aufhebungsgrundes beantragen, vgl § 1041 Rn 69 f. 19

20 **VII) Klagegegner:** Die gängige Formel lautet: Richtiger Beklagter ist, wer aus dem Schiedsspruch Rechte herleitet, StJSchl Rz 3, Schwab Kap 25 IV 1. Dies bedarf der Präzisierung: Klagt eine Partei des Schiedsverfahrens oder ihr Gesamt- oder Einzelrechtsnachfolger, so ist in aller Regel richtiger Beklagter die Gegenpartei des Schiedsverfahrens oder ihr Gesamt- oder Einzelrechtsnachfolger; denn der Schiedsspruch wirkt nach § 1040 „unter den Parteien". Verschiebungen können sich im Falle der Rechtskrafterstreckung auf Dritte ergeben, § 1040 Rn 4. Klagt der Dritte auf Aufhebung (Rn 19), so sind die beiden Parteien des Schiedsverfahrens bzw ihre Rechtsnachfolger die richtigen Beklagten. Bei Einzelrechtsnachfolge kann der Kläger wählen, ob er den Rechtsvorgänger und/oder den Rechtsnachfolger verklagt, Schwab Kap 25 IV 1. AA StJSchl Rz 3 (nur Rechtsnachfolger).

21 **VIII) Endentscheidung zur Hauptsache:** Die Aufhebungsklage findet nur statt gegen (sachliche) Endentscheidungen des Schiedsgerichts über das Klage-/Widerklagebegehren, einschließlich Teilschiedssprüche, nicht jedoch gegen noch beim Oberschiedsgericht anfechtbare erstinstanzliche Schiedssprüche, Zwischenschiedssprüche sowie sonstige Vorentscheide über selbständige Angriffs- und Verteidigungsmittel, Beweisbeschlüsse, Ersuchen an staatl Gerichte um Rechtshilfe (§ 1036) usw, Nachw Laschet IPRax 84, 75; § 1034 Rn 39, 49, 53, 57, § 1039 Rn 2. Eine **Vorabentscheidung über den Grund** kann nicht selbständig mit der Aufhebungsklage angefochten werden, es sei denn, daß das Schiedsgerichtsverfahren mit dem Erlaß eines Grundschiedsspruchs nach dem Schiedsvertrag oder dem Willen der Schiedsrichter enden soll, § 1025 Rn 17; StJSchl § 1039 Rz 3 FN 10, Schwab Kap 18 III 3c. **Lehnt das Schiedsgericht eine Entscheidung in der Sache ab,** zB weil es den Schiedsvertrag für nicht zustandegekommen oder für unwirksam hält, so kann hiergegen keine Aufhebungsklage erhoben werden. Das gleiche gilt bei **Untätigkeit des Schiedsgerichts.** In diesen Fällen steht es den Parteien frei, Rechtsschutz bei den staatlichen Gerichten zu suchen. Vgl § 1025 Rn 44 und § 1034 Rn 37.

22 **IX)** Die Aufhebungsklage ist erst statthaft, wenn die **Förmlichkeiten des § 1039** erfüllt sind, es sei denn, daß die Parteien diese durch Vereinbarung abgeschwächt hatten, § 1039 Rn 13. Das mit der Aufhebungsklage befaßte Gericht hat deshalb von Amts wegen zu prüfen, ob überhaupt ein Schiedsspruch vorliegt und ob die Voraussetzungen des § 1039 erfüllt sind. **Maßgebl Zeitpunkt:** Letzte Tatsachenverhandlung bzw gleichgestellter Zeitpunkt (§ 128 II), BGHZ 30, 97.

23 **X) Keine Derogation der Aufhebungsklage möglich:** Der vertragl Ausschluß der Aufhebungsklage ist unwirksam, weil teilweise auch unmittelbare staatl Interessen auf dem Spiele stehen, über die die Parteien nicht disponieren können. Aus den gleichen Gründen kann die Zuständigkeit des staatl Gerichts (§ 1046) nicht durch Schiedsvertrag auf ein Schiedsgericht verlagert werden. Der Staat will sich die Kontrolle der privaten Gerichtsbarkeit nicht entziehen lassen, BGH RIW 85, 970. Art 24 II ICC-VerfO hat einen solchen (unwirksamen) Ausschluß gar nicht im Auge.

24 **XI) Verzicht auf die Geltendmachung einzelner Aufhebungsgründe: 1)** Von dem Verzicht auf die Aufhebungsklage (vertragl Ausschluß bzw Verlagerung auf Schiedsgericht) zu unterscheiden ist Verzicht auf die Geltendmachung einzelner Aufhebungsgründe. Ein solcher ist zulässig, soweit an der Einhaltung der in Frage stehenden Rechtsnormen kein unmittelbares staatl Interesse besteht. Die Rechtslage ist die gleiche wie bei der Anerkennung ausl Urteile, § 328 Rn 182, 278; Geimer/Schütze I, § 141 und § 199. Soweit die Aufhebungsgründe **dem Schutz einer Partei** dienen, kann diese sich durch Vertrag verpflichten, diese(n) Aufhebungsgrund(e) nicht geltend zu machen. Erhebt sie gleichwohl Aufhebungsklage, so ist diese (insoweit) unbegründet, weil der (betreffende) Aufhebungsgrund präkludiert ist. Der Verzicht ist auch im vorhinein mögl; jedoch ist in solchen Fällen der Wille des Verzichtenden besonders genau zu erforschen und im Zweifel eng auszulegen. Pauschale Vorabverzichte sind nicht wirksam. Im übrigen sollte man die Beteiligten nicht bevormunden, vgl auch § 606a Rn 122. AA die hM: Verzicht nur nach Erlaß des Schiedsspruchs und Kenntnis des (bereits vorhandenen) Aufhebungsgrundes mögl, StJSchl Rz 1, Wieczorek/Schütze B III a, Schwab Kap 24 VII FN 103, BGH WM 85, 1487. Einzige Ausnahme nach hM: § 1041 II. Wie hier Frankfurt RIW 84, 400 = NJW 2768 = IPRspr 83/197. Ebenso StJGr Rz 31 vor § 578 für Wiederaufnahmeklage.

25 **2)** Nach der hier vertretenen Meinung ist ein Verzicht auf die Geltendmachung von Aufhebungsgründen nur dann unwirksam, wenn **unmittelbare staatl Interessen** auf dem Spiele stehen, auf deren Wahrung – ohne Rücksicht auf das Verhalten der Parteien – bestanden werden muß. Schief daher die gängige Vorstellung, auf die Geltendmachung des § 1041 I Nr 2 (ordre public) könne nicht verzichtet werden. Zur Disposition der Parteien stehen sehr wohl diejenigen Bereiche des ordre public, die dem Schutz einer Partei dienen, vgl § 328 Rn 182, 278 und Geimer/Schütze I § 198 IX.

XII) Für eine auf **Feststellung der Rechtsunwirksamkeit** zielende Klage fehlt angesichts der Klagemöglichkeit nach § 1041 das rechtl Interesse (§ 256). Im übrigen könnte das Gericht die Unwirksamkeit des Schiedsspruchs vor dessen Aufhebung nicht feststellen, vgl Rn 6. IdR ist eine solche Klage nach § 139 als Aufhebungsklage zu interpretieren, Schwab Kap 24 I. 26

XIII) Eine Klage auf **Feststellung der Wirksamkeit** des Schiedsspruches kommt nicht in Betracht, weil im Zweifel von der Wirksamkeit des Schiedsspruches auszugehen ist, Rn 6. Diskutabel erscheint eine Klage auf **Feststellung des Nichtvorliegens von Aufhebungsgründen,** weil der siegreiche Kläger/Gläubiger mangels Beschwer (Rn 19) die Aufhebungsklage nicht erheben kann und weil ihm nicht zuzumuten ist, zu warten, bis der Gegner die Aufhebungsklage erhebt. Jedoch fehlt in den meisten Fällen das Rechtsschutzbedürfnis, wenn der Gläubiger nach § 1042 vorgehen kann, weil in diesem Verfahren das Vorliegen/Nichtvorliegen von Aufhebungsgründen zu prüfen ist. Die rechtskräftige Vollstreckbarerklärung präkludiert alle Aufhebungsgründe mit einer Ausnahme: Der Aufhebungsgrund des § 1041 I Nr 6 (Restitutionsgründe nach § 580 Nr 1–6) kann innerhalb der Frist des § 1043 II geltend gemacht werden. 27

XIV) Abgesehen von § 1043 II sieht das Gesetz eine **Frist** für die Erhebung der Aufhebungsklage nicht vor. Dies ist mit den Postulaten der Rechtssicherheit nicht vereinbar. Genauso wie bei Entscheidungen staatl Gerichte (§ 586) muß irgendwann Klarheit über den Bestand des Schiedsspruchs bestehen. Deshalb ist § 1043 II 2 analog anzuwenden. Nach Ablauf der Zehnjahresfrist ist die Aufhebungsklage nicht mehr statthaft. 28

XV) Ziel des Aufhebungsprozesses ist Aufhebung des Schiedsspruchs, dh Beseitigung seiner Wirkungen (§ 1040) ex tunc durch kassatorische Entscheidung des staatl Gerichts. Die Entscheidung lautet entweder auf Aufhebung des Schiedsspruchs oder Abweisung der Klage. Eine Abänderung des Schiedsspruchs kommt nicht in Betracht. Hiervon zu unterscheiden ist die teilweise Aufhebung des Schiedsspruchs. Diese ist denkbar, wenn der Schiedsspruch über mehrere selbständige Ansprüche entschieden hat und nur im Hinblick auf einen ein Aufhebungsgrund gegeben ist, Schwab Kap 25 IV 4. 29

XVI) Folgen der Aufhebung des Schiedsspruchs: Mit Eintritt der formellen Rechtskraft (§ 705) des Aufhebungsurteils des staatl Gerichts werden die Wirkungen des Schiedsspruchs (§ 1040) rückwirkend beseitigt. Der Schuldner kann das auf den Schiedsspruch Geleistete – analog § 717 III – nach §§ 812 ff zurückfordern; § 812 I 2 BGB ist anzuwenden, Schwab Kap 25 IV 4. Darüber hinaus hat der Schuldner uU einen deliktischen Anspruch aus § 826 BGB, nicht jedoch einen verschuldensunabhängigen Anspruch analog § 717 II, Schwab Kap 25 IV 4 FN 21, Kap 28 V 3. AA Wieczorek/Schütze § 1043 B II; Riezler IZPR, 1949, 642. Ob nach Aufhebung des Schiedsspruchs erneut vor dem Schiedsgericht zu verhandeln ist oder ob der Schiedsvertrag erledigt und damit der Weg zu den staatl Gerichten wieder offen ist, richtet sich – sofern ein wirksamer Schiedsvertrag zustandegekommen ist – nach dem Willen der Parteien. Liegt keine ausdrückl Vereinbarung vor, dann sollte man – entgegen der hM – im Zweifel davon ausgehen, daß die Parteien die Fortsetzung des Rechtsstreits im Schiedsverfahren gewollt haben, treffend StJSchl Rz 8. 30

XVII) Streitgegenstand des Aufhebungsprozesses: 1) Der Kläger muß den geltend gemachten Aufhebungsgrund angeben. Nach hM präkludiert die Abweisung der Aufhebungsklage wegen Nichtvorliegens dieses Grundes nicht die Erhebung weiterer, auf andere Aufhebungsgründe gestützte Aufhebungsklagen; str, ob Übergang von einem Aufhebungsgrund zum anderen, Klageänderung ist; StJSchl Rz 4, Schwab Kap 25 IV 5. 31

2) Stellungnahme: Die Aufhebungsgründe bezwecken entweder den Schutz einer Partei oder die Wahrung unmittelbarer staatl Interessen. Rügt zB der Kläger (= unterlegene Partei des Schiedsverfahrens) die Verletzung des rechtl Gehörs (§ 1041 I Nr 4), erweist sich die Klage jedoch insoweit als unbegründet, dann wäre nach hM das Gericht gezwungen, die Klage abzuweisen, auch wenn feststeht, daß der Schiedsspruch mit zwingendem Kartell- und/oder Devisenrecht, an deren Wahrung ein unmittelbares staatl Interesse besteht, nicht vereinbar ist. Dies kann nicht rechtens sein. Das Gericht hat vielmehr von Amts wegen und ohne Bindung an den Vortrag der Parteien zu prüfen, ob der Schiedsspruch ordre public-widrig ist, allerdings nur insoweit, als es um unmittelbare Staatsinteressen geht. Umgekehrt besteht keine Veranlassung, der beschwerten Partei die Tür zu neuen Aufhebungsprozessen offenzuhalten. Das Interesse an der Rechtssicherheit und Rechtsklarheit ist vorrangig. Die beschwerte Partei hat deshalb die prozessuale Last, alle Aufhebungsgründe geltend zu machen, Rn 73. Sonst ist sie präkludiert; ähnlich StJGr § 588 Rz 2 und § 591 Rz 2. 32

XVIII) Die Behauptungs- und Beweislast trägt derjenige, der den Aufhebungsgrund geltend macht, also im Aufhebungsprozeß der Kläger und im Fall des § 1042 II der Antragsgegner (Schuldner), StJSchl Rz 4 FN 20; Schlosser, Recht der internationalen privaten Schiedsgerichts- 33 barkeit, 1975, I, Nr 792, 799; BGH WM 79, 1006. Soweit die Aufhebungsgründe nicht nur dem Schutz einer Partei, sondern der Wahrung unmittelbarer Staatsinteressen dienen, hat das staatl Gericht den Sachverhalt von Amts wegen zu untersuchen, § 328 Rn 182.

34 **XIX) Verfahrensmaximen:** Grundsatz: Wie auch sonst im (normalen) Zivilprozeß, gilt die Verhandlungsmaxime. Ausnahme: Soweit unmittelbare Staatsinteressen auf dem Spiele stehen, ist das staatl Gericht auf den Vortrag der Parteien und deren Beweisantritte nicht beschränkt. Es hat vielmehr von Amts wegen den Sachverhalt zu erforschen. Insoweit ist das Gericht nicht an ein Geständnis (§§ 288 ff) gebunden, ebenso nicht an die Geständnisfiktion des § 331. In den vorgenannten Fällen ist auch § 330 nicht anzuwenden. Ist einmal Aufhebungsklage erhoben, ist bei Vorliegen eines im unmittelbaren Staatsinteresse liegenden Aufhebungsgrundes der Schiedsspruch aufzuheben. Vgl auch StJSchl Rz 39, der allerdings von einer anderen Perspektive ausgeht.

35 **XX) Keine Klagebefugnis des Staatsanwalts:** Eine solche wäre konsequent, soweit es um die Wahrung unmittelbarer Staatsinteressen geht. Sie ist aber im deutschen Recht nicht vorgesehen. Vgl IZPR Rn 55. De lege lata ist ein Schiedsspruch – solange er nicht aufgehoben worden ist – wirksam, auch wenn er mit zwingenden Normen kollidiert, die für die Grundlagen des staatl oder wirtschaftl Lebens von elementarer Bedeutung sind und auf deren Beachtung der Staat vorbehaltlos bestehen muß, Rn 6, 58.

36 **XXI) Verbot der révision au fond: 1)** Dem Staat geht es – ebenso wie bei der Prüfung der Voraussetzungen für die Anerkennung ausl Urteile, § 328 Rn 151 – im Aufhebungs- bzw Exequaturverfahren nicht um eine sachl Nachprüfung des Schiedsspruches (auf die Richtigkeit der Streitentscheidung), RGZ 105, 386, sondern es kommt ihm ledigl darauf an, einen Mißbrauch der den privaten Schiedsrichtern zugestandenen Rechtsprechungsbefugnis (§ 1025 Rn 1) zu verhindern. Daraus ergibt sich: **Dispositives Recht** gehört nicht zum ordre public. Wenn der Staat schon zuläßt, daß seine Vorschriften durch Verträge verdrängt werden können, so hat er auch kein Interesse daran, darüber zu wachen, ob die Schiedsrichter im Einzelfall zulässigerweise von einer nachgiebigen Vorschrift abgewichen sind. Aber auch nicht alles **zwingende Recht** schlechthin fällt unter § 1041 I Nr 2. Das ergibt sich zunächst rein formal aus dem Wortlaut des Gesetzes. Hätte der Gesetzgeber jeden Verstoß gegen das zwingende Recht als Aufhebungsgrund bzw Vollstreckungshemmnis angesehen, so hätte er das klar zum Ausdruck gebracht.

37 **2)** Der tiefere Grund für Verbot der révision au fond liegt im **Wesen der Schiedsgerichtsbarkeit** selbst. Die Schiedsgerichte sprechen anstelle der staatl Gerichte Recht. Dies wäre aber nicht der Fall, wenn die Staatsgerichte den Schiedsspruch auf Verletzung zwingenden Rechts schlechthin nachprüfen dürften. Das Schiedsgericht würde dann zu einer bloßen Vorinstanz degradiert, Stuttgart BB 57, 379. Wenn der Staat Schiedsgerichte zuläßt, so muß er unrichtige Schiedssprüche grundsätzl hinnehmen, auch wenn zwingendes Recht verletzt ist. Aus der Möglichkeit einer Verletzung folgt also nicht denknotwendig ein umfassendes Prüfungsrecht des Staatsrichters. Die Möglichkeit der Verletzung zwingenden Rechtes ist vielmehr ein rechtspolitisches Argument gegen die Institution der Schiedsgerichtsbarkeit überhaupt. Läßt aber der Staat Schiedsgerichte zu, so muß er sich mit der Möglichkeit der Außerachtlassung seiner zwingenden Normen durch die Schiedsrichter abfinden, wenn er nicht durch ein schrankenloses Nachprüfungsrecht des Staatsrichters die Vorteile der Schiedsgerichtsbarkeit indirekt wieder zunichte machen will. Vgl auch § 328 Rn 151.

38 **XXII)** Gesetzestechnisch ist es richtig, von einem **numerus clausus der Aufhebungsgründe** zu sprechen. De facto werden jedoch durch den konturenschwachen ordre public-Vorbehalt (§ 1041 I Nr 2) die Grenzen zwischen den aufhebbaren und den (wegen des Verbotes der révision au fond) nicht aufhebbaren Schiedssprüchen verwischt.

39 **XXIII) Fehlen eines wirksamen Schiedsvertrages (Abs 1 Nr 1 1. Alt): 1)** Niemand darf an den Spruch eines Schiedsgerichts gebunden werden, dem er sich nicht freiwillig unterworfen hat. Dies ist ein Fundamentalsatz des Rechtes der privaten Schiedsgerichtsbarkeit, BGH NJW 78, 1745. Rechtsvergleichend Schlosser ZZP 92 (1979), 132. In Betracht kommen folgende Hypothesen: a) Ein Schiedsvertrag ist überhaupt nicht geschlossen oder ist von vorneherein unwirksam. In diesen Fällen fehlt – soweit nicht eine besondere Vereinbarung vorliegt – auch eine Zuständigkeit des Schiedsgerichts zur Kostenentscheidung, BGH NJW 73, 191. b) Der Schiedsvertrag ist außer Kraft getreten, zB durch Aufhebungsvertrag, Zweckerfüllung (Erlaß des Schiedsspruchs) oder nach § 1033. c) Schiedsspruch und Schiedsvertrag divergieren. Der Schiedsspruch entscheidet einen anderen Rechtsstreit als den im Schiedsvertrag definierten.

40 **2)** Durch **vorbehaltlose Einlassung zur Hauptsache** bzw nicht rechtzeitige Rüge werden Formmängel geheilt, § 1027 I 2. Darüber hinaus kann darin der (Neu-) Abschluß eines Schieds-

vertrages liegen, BGH 48, 46, K. Schmidt MDR 72, 989, StJSchl Rz 12; BGH RIW 83, 212 = NJW 83, 1267 = IPRspr 82/192 A. Maßgebl zeitl Grenze ist Zeitpunkt der Einlassung zur Hauptsache. Falls diese durch Schriftsatz erfolgt, kommt es auf den Zeitpunkt des Eingangs dieser Stellungnahme beim Schiedsgericht an.

3) **Kompetenzkompetenz:** In der Vereinbarung der schiedsgerichtl Erledigung des Rechtsstreits (Schiedsklausel) ist idR auch die Abrede der Parteien (konkludent) enthalten, daß das Schiedsgericht auch bindend für das staatl Gericht darüber entscheiden soll, ob es in der konkreten Angelegenheit zuständig sei oder nicht; BGHZ 68, 365 = NJW 77, 1397. AA Leipold ZZP 91, 481. Das staatl Gericht ist dann an die Bejahung der Zuständigkeit durch das Schiedsgericht gebunden, jedoch immer nur unter der Voraussetzung, daß eine solche Abrede (über die Kompetenzkompetenz des Schiedsgerichts) zustandegekommen ist. Das staatl Gericht hat daher zu prüfen, ob eine solche Abrede tatsächlich vorliegt. Wurde diese bereits bei Abschluß des Schiedsvertrages getroffen, fällt diese Prüfung mit der Prüfung zusammen, ob das tätig gewordene Schiedsgericht überhaupt wirksam vereinbart worden ist, Hamburg RIW 82, 283 = IPRspr 81/200. 41

4) Nicht typische Willenserklärungen können im **Revisionsrechtszug** nur darauf **geprüft** werden, ob das Berufungsgericht bei der Auslegung gegen Rechtsregeln, Denkgesetze oder Erfahrungssätze verstoßen hat. Schiedsabreden werden allerdings vielfach einem Vertrag in immer wiederkehrenden formelhaften Wendungen hinzugefügt. Dann kann das Revisionsgericht dazu Auslegungsregeln aufstellen, BGH RIW 83, 210 = NJW 83, 1267. 42

5) **Fehlen eines gültigen Schiedsrichtervertrages** ist kein Aufhebungsgrund; etwas anderes gilt, wenn es dadurch zu einem unzulässigen Verfahren kommt (Nr 1 zweite Alternative). 43

6) Zum **maßgebl kollisionsrechtl Statut** für Schiedsvertrag Hamburg VersR 82, 894 (Riehmer VersR 83, 31, und Rabe 335) = IPRspr 81, 202: Maßgebl Recht, das Schiedsgericht zur Prüfung seiner Zuständigkeit anzuwenden hätte; iZw das am Sitz des Schiedsgerichts geltende Recht. Vgl auch Schlosser, Das Recht der internationalen privaten Schiedsgerichtsbarkeit I, 1975, Rz 221, 298 ff, 680 ff; Schwab Kap 43 IV. 44

7) **Einzelheiten:** Ein Schiedsvertrag ist mangels genügender Bestimmtheit nichtig, wenn das darin zur Entscheidung berufene Schiedsgericht weder eindeutig bestimmt noch bestimmbar ist, weil danach zwei ständige Schiedsgerichte in Betracht kommen, BGH RIW 83, 209 = MDR 83, 471 = NJW 83, 1267; vgl aber § 1025 Rn 21. Unwirksam ist eine Klausel des Schiedsvertrags, die gegen das **Gebot überparteilicher Rechtspflege** (§ 1028 Rn 2) verstößt; dies ist der Fall, wenn der von einer Partei ernannte Schiedsrichter berechtigt sein soll, den Schiedsspruch allein zu fällen, nachdem die andere Partei der Aufforderung nicht nachgekommen ist, innerhalb einer festgelegten Frist ebenfalls einen Schiedsrichter zu benennen, BGH 54, 392. Habscheid JZ 71, 231, Kornblum ZZP 84, 339; anders bei Maßgeblichkeit engl Rechts (weil dieses eine Korrekturmöglichkeit vorsieht) Hamburg RIW 85, 490; wenn ein nur aus Mitgliedern eines Vereins zu bildendes Schiedsgericht über Streitigkeiten zwischen Vereinsmitgliedern und Nichtmitgliedern zu entscheiden hat, BGH 51, 255 = NJW 69, 750, aA Hamburg MDR 75, 409 (Bettermann). Ob in einem nach Entstehung eines Streitfalls geschlossenen Schiedsvertrag ein ledigl mitzeichnungsberechtigter Organvertreter einer Partei von den Parteien gemeinsam zum Schiedsrichter bestellt werden kann, ist bestr, bejahend BGH 65, 59 = NJW 76, 109 (Kornblum BB 77, 675); Schlosser JZ 76, 245. Verneinend Schwab 60; Th-P § 1028 Anm 3. Hält ein Schiedsgericht einen vor ihm geschlossenen Schiedsvergleich für unwirksam und erläßt es daher nach neuer Verhandlung einen Schiedsspruch, so ist im Aufhebungsverfahren die Frage, ob der Schiedsvergleich tatsächlich unwirksam war, auch materiellrechtl nachprüfbar, Hamburg MDR 66, 850. Schiedsvertrag unwirksam, wenn allein die bisherigen beiden Parteivertreter das Schiedsgericht bilden sollen für Fragen, die schließl zu dem Schiedsverfahren Anlaß gegeben haben; zu weitherzig Hamburg JZ 56, 226. Zur Bindung an vorhergehende Entscheidung des staatl Gerichts § 1027 a Rn 7; 1029 Rn 2; § 1045 Rn 2. 45

8) **§ 1044 kennt keine Parallele zu Nr 1 erste Alternative.** Hier kommt es darauf an, inwieweit **nach dem maßgebl Verfahrensrecht** (§ 1044 Rn 4) **das Fehlen/die Unwirksamkeit des Schiedsvertrages** zur Unwirksamkeit des Schiedsspruchs (§ 1044 II Nr 1) führt, vgl zB BGHZ 52, 184 (Fehlen eines Schiedsvertrags nach jugoslawischem Recht; § 1044 Rn 21). Deutscher ordre public (§ 1044 II Nr 2) aber verletzt, wenn maßgebl Verfahrensrecht Schiedsspruch trotz Fehlen eines wirksamen Schiedsvertrags generell hinnimmt, § 1044 Rn 22. 45a

XXIV) Unzulässiges Verfahren (Abs 1 Nr 1 2. Alt) – Vgl § 1034. Ein schiedsgerichtl Verfahren ist unzulässig, wenn das Schiedsgericht zu dem Schiedsspruch nach den Vereinbarungen der Parteien und den ergänzend geltenden gesetzl Bestimmungen nicht befugt war. Hierzu gehören 46

auch die Regelungen einer institutionellen Verfahrensordnung, der die Parteien sich unterworfen haben. Von diesen Vereinbarungen weicht ein Schiedsgericht ab, wenn es die ihm darin vorgegebene Entscheidungsgrundlage nicht beachtet: Wenn es den Rechtsstreit nach einer anderen als der ihm verbindl vorgeschriebenen Rechtsordnung entscheidet oder wenn es ohne Ermächtigung der Parteien eine Billigkeits- statt einer Rechtsentscheidung trifft, BGH RIW 85, 972; § 1034 Rn 30. Das staatl Gericht hat jedoch nur zu prüfen, ob das Schiedsgericht das von den Parteien gewählte Recht seiner Entscheidung zugrundegelegt hat, nicht jedoch, ob es dieses Recht richtig ausgelegt hat, BGH RIW 85, 972. Unzulässiges Verfahren liegt im übrigen nur vor, wenn **wesentl Verfahrensvorschriften** verletzt sind, Schwab 172 (das Schiedsgericht hat zB Zeugen selbst beeidigt oder über Streitpunkte entschieden, die nicht Gegenstand des Schiedsvertrags waren). Ein Verstoß gegen die Anhörungspflicht ist kein absoluter Aufhebungsgrund; es genügt jedoch, wenn der Spruch auf dem Verstoß beruhen kann, Rn 66. Zum Übergehen eines Beweisantrags durch das Schiedsgericht § 1034 Rn 21. – Die Vereinbarung der Zuständigkeit eines Schiedsgerichts für Abänderungsklagen (§ 323; § 1040 Rn 7) bildet keine Verfahrensgrundlage für den Schiedsspruch über eine Klage, die zwar als Abänderungsklage bezeichnet ist, mit der aber Tatsachen, die eine Abänderungsklage begründen könnten, überhaupt nicht vorgetragen werden. Die **fehlerhafte Besetzung des Schiedsgerichts** macht das Verfahren als Ganzes unzulässig. Durch das Wort „sonst" bringt der Gesetzgeber zum Ausdruck, daß er das Fehlen des Schiedsvertrages (auch) als Unterfall des unzulässigen Verfahrens betrachtet. – Ein Schiedsgericht verstößt gegen das Verbot, in eigener Sache als Richter tätig zu werden, wenn es wegen der Weigerung einer Partei, einen angeforderten Vergütungsvorschuß an die Schiedsrichter zu zahlen, eine für erhebl gehaltene Beweisaufnahme nicht durchführt und ohne Verwertung der Beweismittel in der Sache entscheidet, BGH EWiR 85, 419 (Schlosser) = BGHZ 94, 92.

47 **XXV) Verstoß gegen den ordre public (Abs 1 Nr 2): 1) Überblick: a)** Der ordre public-Vorbehalt des § 1041 I Nr 2 hat die gleiche Struktur wie der des § 328 I Nr 4. Er erfaßt nicht nur die Entscheidungsfindung, sondern auch das dem Schiedsspruch vorausgehende Verfahren. Die Aufhebungsgründe der Nr 1 zweite Alt und der Nrn 3–6 sind nicht leges speciales in dem Sinne, daß eine Überprüfung des Schiedsverfahrens über die dort angesprochenen Aspekte hinaus ausgeschlossen wäre. Der Aufhebungsgrund des § 1041 I Nr 2 ist also ein **Auffangtatbestand.**

48 **b)** Im **Verhältnis zu Nr 1** hat dies aber keine praktische Bedeutung, da jedesmal dann, wenn ein Verstoß gegen den ordre public angenommen werden kann, auch ein wesentl Verfahrensverstoß iSd § 1041 I Nr 1 vorliegt. Seitdem BGHZ 28, 249 ff = NJW 58, 538 die Unterscheidung zwischen Fehlern in procedendo und in iudicando aufgegeben hat, dürfte sich die Einengung der Nr 1 auf Verfahrensverstöße außerhalb der Urteilsfindung erübrigen, so daß man auf eine Heranziehung der Nr 2 bei Verfahrensverstößen (generell) verzichten kann.

49 **c)** Problematischer ist dagegen das **Verhältnis der Nr 2 zur Nr 6.** Nr 6 erklärt die Restitutionsgründe zu Aufhebungsgründen, ausführl Schwab 183. Aus der Verweisung in Nr 6 auf § 580 Nr 1–6 folgt, daß zur Geltendmachung eines Restitutionsgrundes auch die Voraussetzungen des § 581 vorliegen müssen, dh daß in bezug auf die in Frage kommende strafbare Handlung eine rechtskräftige Verurteilung erfolgt sein muß bzw daß die Einleitung oder Durchführung eines Strafverfahrens aus anderen Gründen als wegen Mangels an Beweisen nicht erfolgen kann, BGH LM 9 zu § 1041, 6 zu § 139 BGB = NJW 52, 1018. Wenn die Voraussetzungen des § 581 nicht vorliegen, kann also eine Aufhebung eines Schiedsspruches nicht über Nr 2 erreicht werden. Die Voraussetzungen der Nr 2 sind zwar formal gegeben: Ein Schiedsspruch, der zB durch eine Rechtsbeugung zustande gekommen ist, verstößt gegen wesentl Grundsätze des deutschen Rechts. Trotzdem zessiert der Aufhebungsgrund der Nr 2 gegenüber Nr 6. Andernfalls wäre § 1041 I Nr 6 überflüssig. Der Gesetzgeber will eben durch § 581 erreichen, daß sich die Strafgerichte zuerst mit einer strafbaren Handlung zu beschäftigen haben, ehe diese im Zivilprozeß geltend gemacht wird. Zwar hat die Rechtsprechung die Geltendmachung von Restitutionsgründen im Revisionsverfahren ohne vorgängige strafrichterl Verurteilung zugelassen. Doch sind diese Grundsätze nicht auf das Aufhebungsverfahren übertragbar. Denn dort handelt es sich um ein anhängiges Verfahren, während hier das Schiedsgerichtsverfahren abgeschlossen ist. Die prozeßökonomischen Argumente, die die Zulassung der Restitutionsgründe ohne Verurteilung rechtfertigen, greifen hier nicht durch, BGH LM 6 zu § 139 BGB = NJW 52, 1018 = MDR 52, 488. Die gleiche Problematik taucht bei § 1044 II nicht auf. Hier ist nicht speziell auf die Restitutionsgründe verwiesen. Sie werden daher zum ordre public (§ 1044 II Nr 2) gezählt, die Vollstreckbarerklärung darf also auch ohne die Voraussetzungen des § 581 verweigert werden. Diese Erleichterung gegenüber inländischen Schiedssprüchen ist gerechtfertigt, weil für die Aburteilung der strafbaren Handlungen meist nur ein ausl Gericht zuständig ist, was wesentl Erschwerungen mit sich bringt.

d) Von der Frage, welche Voraussetzungen für die Geltendmachung eines Restitutionsgrundes gefordert werden müssen, ist die Frage zu sondern, ob die Geltendmachung eines **sittenwidrig erschlichenen Schiedsspruches** Schadensersatzansprüche, etwa über § 826 BGB, nach sich ziehen kann. Das RG hat in konsequenter Anwendung seiner für das erschlichene Fehlurteil eines staatl Gerichts entwickelten Grundsätze auch für Schiedssprüche einen Anspruch aus § 826 BGB gegeben, RG HRR 28 Nr 1946. Es tauchen hier die gleichen heiklen Probleme und Zweifel auf wie beim erschlichenen staatl Urteil. In der Tat ist es bedenkl, mit materiellrechtl Mitteln dem prozeßrechtl Institut der Rechtskraft (§ 1040) zu Leibe zu rücken, Rn 72 ff vor § 322. 50

2) Vergleich mit § 328 I Nr 4: Grundsätzl haben beide ordre public-Klauseln die gleiche Funktion. Deswegen können die Erläuterungen § 328 Rn 160 ff herangezogen werden. Völlige Übereinstimmung besteht dann, wenn es um die Wahrung unmittelbarer Staatsinteressen geht. Denn der gewissermaßen „unverzichtbare" Bestand an Normen und Rechtsprinzipien, die die Grundlagen des staatl und wirtschaftl Lebens ausmachen, sind gleichermaßen gegen ausl Urteile wie gegen Schiedssprüche durchzusetzen. Möglicherweise sind Divergenzen vorstellbar, wenn es um den Schutz von Parteiinteressen geht. Die Parteien des Schiedsverfahrens haben sich immerhin freiwillig der Zuständigkeit des Schiedsgerichts unterworfen, während die Gerichtspflichtigkeit jedenfalls des Beklagten idR (Ausnahme: § 328 I Nr 1 iVm §§ 38 ff) vom Gesetz (§ 328 I Nr 1 iVm §§ 12 ff) erzwungen ist. Dies könnte rechtfertigen, § 1041 I Nr 2 restriktiver zu handhaben als § 328 I Nr 4, Rn 61. 51

3) Umfang der Nachprüfung des Schiedsspruches unter dem Gesichtspunkt des ordre public: 52
a) Ein Schiedsspruch ist ein komplexes Gebilde: Die Grundlage bildet der Tatsachenstoff (Sachverhalt), der dem Schiedsgericht bei seiner Entscheidung vorgelegen hat. Darauf baut sich die rechtl Bewertung auf. Bei dieser kann man wiederum die Subsumtion des Tatsachenstoffes unter die normativen Tatbestände und den Ausspruch der Rechtsfolge auf deren Grundlage voneinander trennen. Entsprechend der hier vorgenommenen Zergliederung des Schiedsspruches in verschiedene Elemente ergeben sich verschiedene Quellen für die Fehlerhaftigkeit eines Schiedsspruches: Er kann mit einem Mangel in den tatsächl und in den rechtl Feststellungen behaftet sein.

b) Hinsichtl der **rechtl Feststellungen** des Schiedsgerichts ist das staatl Gericht bei der Nachprüfung auf einen Verstoß gegen den ordre public vollkommen frei, BGHZ 27, 254 = JZ 59, 173 (Habscheid). Wollte man näml eine Bindung des Staatsgerichtes an die Rechtsauffassung des Schiedsgerichts fordern, so würde das praktisch § 1041 I Nr 2 illusorisch machen. Das Staatsgericht darf daher den Ausspruch der Rechtsfolge, dh also den **Tenor,** rechtl nachprüfen. Eine Nachprüfung des Tenors ohne weiteres Eingehen auf die Gründe reicht in manchen Fällen schon aus: Das ist dann der Fall, wenn es für die ausgesprochene Rechtsfolge überhaupt keinen Rechtsgrund gibt, dh daß kein Sachverhalt denkbar ist, an den die Rechtsordnung die ausgesprochene Rechtsfolge knüpft. Daher wäre zB ein Schiedsspruch, der jemand zur Eingehung einer Ehe verurteilt, schon aufgrund der Tenorierung wegen Verstoßes gegen den ordre public aufzuheben. Anders dagegen, wenn nur eine zwangsweise Durchsetzung nicht mögl ist, etwa ein Schiedsspruch, der auf Leistung von Diensten lautet. (Das Exequatur wäre aber wegen § 888 II bzw wegen Fehlens der objektiven Schiedsfähigkeit zu verweigern.) Ebenso kann man einen Verstoß gegen den ordre public schon dann aus dem Tenor allein erkennen, wenn das Schiedsgericht eine Rechtsfolge ausspricht, die nur aus einem Sachverhalt hergeleitet werden kann, der der Schiedsgerichtsbarkeit schlechthin nach §§ 1025 ff entzogen ist **(Fehlen der objektiven Schiedsfähigkeit),** zB Ehescheidung. 53

c) Weiterhin ist unbestr, daß das Staatsgericht das **Verhältnis des vom Schiedsgericht angenommenen Rechtsgrundes zu der ausgesprochenen Rechtsfolge** nachprüfen darf. So ist ein Schiedsspruch wegen ordre public-Verstoßes aufzuheben, wenn das Schiedsgericht zwar annimmt, es liege ein zB sittenwidriger Vertrag vor, aber trotzdem – aus welchen Motiven auch immer, etwa aus „Billigkeitsgründen" – zur Leistung aus dem nichtigen Vertrag verurteilt. 54

d) Streit herrschte aber über die Frage, ob das Staatsgericht die **Subsumtionstätigkeit des Schiedsgerichts** nachprüfen darf. Dafür: BGHZ 27, 249, Köhn KTS 56, 187, Wieczorek/Schütze D IId 1, Habscheid JZ 59, 175. Dagegen: RG HRR 36 Nr 911, KG DR 39, 2156 Nr 4 (2157), Hamburg NJW 55, 390 und BB 54, 577. Wie ist also zu entscheiden, wenn in Abwandlung des obigen Beispiels das Schiedsgericht den Sachverhalt, der die tatsächl Voraussetzungen eines Sittenverstoßes enthält, falsch subsumiert hat, dh den Tatbestand des § 138 BGB verneint hat? In diesem Fall will die eine Meinung (RG HRR 36 Nr 911; Hamburg BB 54, 577) nicht aufheben, weil der Schiedsspruch nicht auf einem Verstoß gegen den ordre public beruhe. Die Schiedsrichter wären ja davon ausgegangen, daß kein Sittenverstoß vorliege. Gegen diese Auffassung läßt sich aber einwenden, daß sie willkürl die rechtl Bewertung des Streitstoffes durch das Schiedsgericht in 55 eine nachprüfbare und eine nicht nachprüfbare aufspaltet. Es ist nicht einzusehen, wo ein Unterschied liegen soll zwischen dem Fall, daß das Schiedsgericht zwar den Tatbestand der ordre public-Norm bejaht, aber nicht die von der Norm vorgesehene Rechtsfolge ausspricht, und dem anderen Fall, daß das Schiedsgericht aus Rechtsirrtum von vorneherein den Tatbestand der ordre public-Norm verneint und aus diesem Grund nicht die Rechtsfolge anordnet. In beiden Fällen ist die Norm verletzt, weil die von ihr angeordnete Rechtsfolge vom Schiedsgericht nicht ausgesprochen wird. Daher beruht auch in beiden Fällen der Schiedsspruch auf einem Verstoß gegen den ordre public. Daher läßt der BGH zu Recht auch eine Überprüfung der Subsumtion zu, BGHZ 27, 249. Zutreffend weist Habscheid JZ 59, 175 darauf hin, daß die Gegenansicht die Kontrollfunktion, die der staatl Richter über die Schiedssprüche ausübt, weitgehend lahmlegen würde.

56 **e)** Von der Frage der Nachprüfbarkeit der rechtl Beurteilung, den der Sachverhalt durch das Schiedsgericht erfahren hat, ist die Frage zu trennen, ob das Staatsgericht bei der o p-Prüfung von dem **Sachverhalt** auszugehen hat, der dem Schiedsgericht bei seiner Spruchfindung zugrunde gelegen hat, oder ob es ohne Bindung an die tatsächl Feststellungen des Schiedsgerichtes den Sachverhalt selbst (nach den in Rn 34 dargestellten Maximen) aufklären darf. Wie ist mithin zu entscheiden, wenn das Schiedsgericht den ihm vorliegenden Tatsachenstoff rechtl richtig gewürdigt hat, der Schiedsspruch aber trotzdem an der objektiven Rechtslage vorbeigeht, weil der dem Schiedsspruch zugrundeliegende Sachverhalt mit der Wirklichkeit nicht übereinstimmt? Vgl zB Celle NJW 56, 1723. Es erscheint zunächst naheliegend, auch im Falle unrichtiger tatsächl Feststellungen des Schiedsgerichtes dem Staatsgericht eine unumschränkte Nachprüfung zu gestatten. So BGH NJW 73, 98; 72, 2180; Schwab Kap 24 IV 4; Altenmüller KTS 74, 150. Dagegen Hamburg BB 54, 577. Denn, so könnte man argumentieren, es läge auch dann immer ein ordre public-Verstoß vor, wenn das Schiedsgericht aufgrund der Unkenntnis des wahren Sachverhaltes eine zum Bereich des ordre public gehörende Norm, etwa § 138 BGB, nicht angewendet hat. Aber eine derartige Auffassung ist schon vom Ergebnis her bedenklich. Das Staatsgericht könnte näml unter dem Vorwand, es könnte ein zum ordre public gehörender Rechtsgrundsatz verletzt sein, den ganzen Streitkomplex auch in seinen tatsächl Grundlagen wieder aufrollen, was aber praktisch auf eine sachl Nachprüfung hinausliefe, Rn 36. Gegen eine Ungebundenheit des Staatsgerichtes sprechen auch dogmatische Bedenken. Die Sachaufklärung, auf die es hier ankommt, ist eine Angelegenheit des Verfahrens. Nach der Auffassung des Gesetzgebers wird der Sachverhalt in seinem tatsächl Umfang vom Schiedsgericht hinreichend aufgeklärt (auch wenn dem Ermessen des Schiedsgerichts ein großer Spielraum eingeräumt ist, § 1034). Daraus folgt, daß die vom Schiedsgericht vorgenommene Tatsachenfeststellung solange unangreifbar ist, als nicht ein Verfahrensmangel vorliegt, vgl § 1041 I Nr 1 zweite Alt. Sonst würden auch die weiteren fünf Gründe des § 1041 keine selbständige Bedeutung mehr haben, soweit ein ordre public-Verstoß zur Debatte steht. Das Staatsgericht kann mithin nur prüfen, ob das Verfahren, auf dem die Tatsachenfeststellung beruht, mit Mängeln behaftet ist. Ansonsten ist es an die Tatsachenfeststellung gebunden. Es besteht also eine ähnl Bindung wie im Verhältnis des Revisionsgerichtes zum Berufungsgericht, StJSchl Rz 33. Dies gilt jedoch nur insoweit, als es nicht um die Durchsetzung unmittelbarer staatl Interessen geht. Stehen unmittelbare Staatsinteressen auf dem Spiel, so ist der staatl Richter an die Tatsachenfeststellungen des Schiedsgerichts nicht gebunden. Insoweit gilt nicht die Verhandlungsmaxime. Es gelten auch hier die in § 328 Rn 182 dargestellten Grundsätze.

57 **4) Dogmatische Eingrenzung des ordre public: a)** Über den ordre public wird nur ein Ausschnitt aus dem weiten Gebiet des zwingenden Rechts und der dahinterstehenden elementaren Rechtsprinzipien durchgesetzt. Vgl Rn 36 und § 328 Rn 152. Damit ergibt sich die Aufgabe, eine Grenzlinie zu finden, die das zum ordre public gehörige zwingende Recht von dem übrigen trennt. Das Reichsgericht (RGZ 169, 245) hat in Parallele zu Art 30 EGBGB (= Art 6 nF) und § 328 I Nr 4 alle diejenigen Vorschriften des zwingenden Rechts gezählt, die der Gesetzgeber in einer die **Grundlagen des staatl oder wirtschaftl Lebens** berührenden Frage auf Grund bestimmter staatspolitischer oder wirtschaftl Anschauungen, nicht nur aus bloßen Zweckmäßigkeitserwägungen, gegeben hat. Diese Formel bedarf der Ergänzung. Ein Verstoß gegen den ordre public liegt ferner vor, wenn der Schiedsspruch mit elementaren Gerechtigkeitsvorstellungen unvereinbar ist, BGHZ 54, 123, 132; Schwab Kap 24 IV 3 FN 64. Um Mißbräuche in der Schiedsgerichtsbarkeit zu bekämpfen bzw solchen vorzubeugen, reicht es aus, wenn sich die Nachprüfung durch das Staatsgericht nur auf bestimmte **fundamentale Normen** beschränkt. Dies hebt die Formel des RG und des BGH treffend hervor. Durch die matte Formulierung der nF („wesentl Grundsätze des deutschen Rechts") hat sich insoweit inhaltl nichts geändert. Die **Toleranzschwelle des ordre public wurde nicht gesenkt,** möglicherweise aber durch das „Offensichtlichkeitserfordernis" erhöht.

b) Wenn auch der ordre public sich einer prägnanten Formulierung entzieht, schließt dies aber nicht aus, daß man sein Wirkungsfeld, seine allgemeinen Tendenzen und Zielrichtungen, beschreiben kann: Das Wesen des ordre public ist von einer gewissen „Doppelgesichtigkeit“: Sein Bereich läßt sich in zwei ziemlich selbständige Komplexe zerlegen, näml in **die Macht- und die Gerechtigkeitsfunktion;** Kegel FS Lewald, 1953, 277 ff; Köhn KTS 56, 170. Eine ähnl Zweiteilung schlägt Wieczorek § 328 E IVa vor. Er stellte die Sicherheit des Staates der des einzelnen gegenüber. Schlosser spricht von individuellen und überindividuellen Schutzbereichen, meint damit wohl das gleiche, StJSchl Rz 24. Dabei steht – auch nach der wenig aussagekräftigen Neufassung der Nr 2 – die Machtfunktion des ordre public im Vordergrund. Elementarste Voraussetzung der Existenz des Staates ist ein gewisses Minimum an realer Macht. Diese beruht, mindestens zum Teil, auf staatl Rechtsetzung und der Durchsetzung des gesetzten Rechts mit Hilfe der staatl Gerichte. Sobald aber Schiedsgerichte an die Stelle der staatl Gerichte treten, taucht die Gefahr für den Staat auf, daß die Schiedsgerichte seine Normen mißachten können. Dem tritt der Staat, soweit seine unmittelbaren Interessen auf dem Spiele stehen, entgegen; er hebt wegen Verletzung des ordre public den Schiedsspruch auf (allerdings nur auf Antrag der beschwerten Partei, Rn 35). Die Normen, an deren Beachtung der Staat ein unmittelbar machtpolitisches Interesse hat, gehören vorwiegend zum öffentl Recht. Grundlage der staatl Macht ist aber nicht das gesamte öffentliche Recht schlechthin, BGHZ 22, 28. So würde zB ein Schiedsspruch, der das Ladenschlußgesetz oder Feiertagsgesetze ignoriert, wohl kaum aus diesem Gesichtspunkt aufgehoben werden, Köhn KTS 56, 137. 58

c) In den hier erörterten Zusammenhang gehören in erster Linie die **Prohibitivgesetze.** Abgesehen von den Strafgesetzen berühren am meisten die **wirtschaftsdirigistischen Gesetze** unmittelbar das Machtinteresse des Staates. Von ihrer Einhaltung hängt die soziale Ordnung ab. Daher greift der Staat ein, wenn ein Schiedsspruch sie verletzt. So verfällt ein Schiedsspruch der Aufhebung bzw wird nicht vollstreckt, wenn er Devisenvorschriften nicht beachtet. Was die Devisenreglementierung sowie Import- und Exportverbote bzw -beschränkungen für die Außenhandelspolitik bedeuten, das sind für die innerstaatl Wirtschaftsordnung die Preisvorschriften, vgl zB BGH BB 53, 811, BGHZ 27, 249 (255), BGH LM 7 zu § 1025, RG DR 40, 1528 Nr 23 (1529), Hamburg HEZ 1, 255, Wettbewerbsvorschriften des Kartellrechts, Lebensmittelgesetze (RG DJ 42, 91) und was es sonst an Normen gibt, die der Niederschlag der wirtschaftspolitischen Konzeption des Staates sind. Das unmittelbare Staatsinteresse ist aber nicht auf Normen dieser Art beschränkt. Hierher gehört zB auch der **Kulturgüterschutz** (Verbot des Verbringens ins Ausland, Nachw Reichelt IPRax 86, 73). Man kann ganz allg formulieren, daß dann der Staat die Verletzung seiner Normen nicht hinnehmen kann und will, wenn dadurch sein Lebensnerv, näml seine reale Machtposition in Mitleidenschaft gezogen wird. Es kommt nicht darauf an, ob in concreto eine Beeinträchtigung vorliegt, BGHZ 22, 29. Vgl § 1044 Rn 23. 59

d) Hierher gehört aber nicht die Beachtung der **materiellen Rechtskraft.** Der Staat legt zwar größten Wert auf den Rechtsfrieden und sorgt durch das Institut der Rechtskraft dafür. Trotzdem läßt er eine Parteidisposition über die rechtskräftig entschiedene Sache zu. Ob eine Vereinbarung im Einzelfall vorliegt, will er nicht überwachen, StJSchl Rz 32. Vgl Rn 68, § 1040 Rn 9. 60

e) Die Funktion des ordre public ist aber nicht auf die Wahrung der staatl Macht beschränkt. Der Staat darf sich nicht nur um die ihn unmittelbar berührenden Fragen kümmern, sondern hat auch die Aufgabe, Private vor Mißbrauch der Schiedsgerichtsbarkeit zu schützen. Neben die Machtfunktion des ordre public tritt die **Gerechtigkeitsfunktion.** Daß er hier allerdings auf eine Normverletzung lässiger reagiert, liegt einmal daran, daß sein Machtinteresse nicht direkt tangiert wird, zum anderen daran, daß er das Einzelinteresse nicht für so schutzwürdig hält, weil sich ja die Parteien freiwillig seinem Rechtsschutzsystem entzogen und sich den Schiedsgerichten unterworfen haben. Vgl Rn 51. So muß ein **eklatanter Verstoß** vorliegen, um den Staat zum Eingreifen mit der ordre public-Klausel zu bewegen. Es muß, wie das KG JW 35, 59 ausführt, ein Verstoß vorliegen, „der das Vertrauen weiter Kreise auf die allg Rechtssicherheit und die Zuverlässigkeit des schiedsrichterl Verfahrens im einzelnen Fall zu erschüttern geeignet ist“. Durch das neueingeführte Offensichtlichkeitserfordernis wird die Toleranzschwelle des ordre public möglicherweise – gegenüber Nr 2 aF – noch angehoben. Dies gilt jedoch nur für die Gerechtigkeitsfunktion, Rn 58. Auch BGHZ 22, 24 (29) differenziert zwischen privatrechtl und staatl Interessen. Bei einer Verletzung der letzteren ist der BGH viel eher bereit, mit dem ordre public zu operieren. Er stellt daher an die Anerkennung „erheblich strengere Anforderungen“. Weitere Nachw bei StJSchl Rz 27 und Geimer/Schütze, I § 198. 61

f) Ordre public und **Grundrechte:** Die Grundrechte als höchstrangige Normen unserer Rechtsordnung müssen zumindest in ihrem Kernbereich auch im Schiedsgerichtsverfahren beachtet werden. Ein Schiedsspruch, der eine Bestimmung des Grundrechtskataloges innerhalb ihres 62

Geltungsbereiches nicht oder falsch anwendet, ist ordre public-widrig. Dies hebt Nr 2 nF ausdrückl hervor. Das Problem liegt aber darin, inwieweit die Grundrechte in das Privatrecht hineinwirken, StJSchl Rz 27 FN 110. Zu weitgehend LG Bonn BB 65, 354.

63 g) Von den Verstößen der Schiedsrichter gegen zwingendes (nicht zum ordre public gehörendes) Recht (in ihrem Schiedsspruch) sind **Verstöße der Parteien gegen das zwingende Recht** im Schiedsvertrag scharf zu trennen. Für letztere gelten die allgemeinen Regeln über die Vertragsfreiheit und ihre Grenzen. Setzen sich die Parteien über diese Grenzen hinweg, so ist der Schiedsvertrag unwirksam (§§ 134, 138 BGB). Einem etwa darauf beruhenden Schiedsspruch fehlt seine Wurzel: Er ist nach § 1041 I Nr 1 erste Alt aufzuheben.

64 5) **Einzelfälle:** Eine Partei wurde durch den Schiedsspruch zur Duldung oder Unterlassung einer Handlung verurteilt, deren Vornahme verboten ist, oder der Schiedsspruch hat sich über wesentl unverzichtbare gesetzl Vorschriften hinweggesetzt, zB Preisvorschriften BGH 27, 249 = NJW 58, 1538; § 20 GWB BGH 46, 365 = NJW 76, 1178 = MDR 382; EWGVertrag BGH NJW 69, 978. Ein Schiedsgericht kann die Vergütung seiner Mitglieder weder unmittelbar noch mittelbar durch eine Entscheidung über den Streitwert des Schiedsgerichtsverfahrens festsetzen, BGH MDR 77, 383; BGHZ 94, 92. – Nachprüfung der Kostenentscheidung, BGH LM 9. § 1034 Rn 60.

65 **XXVI) Mangelnde Vertretung (Abs 1 Nr 3):** Die Vorschrift ist § 551 Nr 5 und § 579 I Nr 4 nachgebildet. Für die Frage der Ordnungsgemäßheit der Vertretung gelten §§ 80 ff, nicht §§ 166 ff BGB, StJSchl Rz 35. AA Schwab 180.

66 **XXVII) Verweigerung rechtl Gehörs (Abs 1 Nr 4):** Die Grundsätze des rechtl Gehörs und des Begründungszwangs erfordern nicht, daß sich das Schiedsgericht mit allen Einzelheiten des Parteivortrags auseinandersetzt; jedoch ist das rechtl Gehör verletzt, wenn das Schiedsgericht dem Kläger Zinsen zuspricht, ohne dem Beklagten vorher mitzuteilen, daß der Kläger auch Zinsen gefordert hat, Hamburg MDR 65, 54. Nichtbeachtung des § 139 fällt nicht unter Nr 4. Dies gilt auch für § 278 III, BGH MDR 83, 382. Näher § 1034 Rn 8, 19. Das staatl Gericht kann wegen des Verbotes der révision au fond (Rn 36) den Mangel nicht dadurch heilen, daß es seinerseits rechtl Gehör gewährt. Der Schiedsspruch vielmehr ist aufzuheben, soweit er auf dem Verstoß beruhen kann, BGH NJW 86, 1438 = WM 85, 1487. Der Mangel ist nur auf Antrag/Rüge der beschwerten Partei zu beachten, vgl Rn 58 und 73.

67 **XXVIII) Fehlen einer Begründung der Entscheidung des Schiedsgerichts (Abs 1 Nr 5):** Nr 5 ist nicht so streng wie § 551 Nr 7 auszulegen. Nicht genügende Begründung berechtigt nicht zur Aufhebungsklage, RG 47, 424. Die Bestimmung dient nicht dem Zweck, eine Nachprüfung unter dem Gesichtspunkt der Nr 2 sicherzustellen, BGHZ 30, 89. An die Begründung von Schiedssprüchen können also nicht die für die Urteile staatl Gerichte geltenden Maßstäbe angelegt werden; sie müssen nur gewissen Mindestanforderungen entsprechen: Sie dürfen nicht offenbar widersinnig sein. Die Begründung darf sich nicht auf inhaltsleere Wendungen beschränken und muß zu den wesentl Verteidigungsmitteln der Parteien Stellung nehmen, BGH WM 83, 1207 und RIW 85, 973; Schwab 181. Verzicht nach § 1041 II mögl, auch schon im voraus im Schiedsvertrag (RG 35, 426; aA Schwab Kap 6 III) und durch vorbehaltlose Einlassung vor dem Schiedsgericht (RG 31, 390; 43, 407; Schwab 16 VI 2, § 1025 Rn 11). Ein solcher Verzicht macht Aufhebungsklage nicht (insoweit) unzulässig, sondern unbegründet, BGH NJW 86, 1438.

68 **XXIX) Vorliegen von Restitutionsgründen (Abs 1 Nr 6):** Außer den Voraussetzungen des § 580 muß in den Fällen der Nr 1–5 auch die Voraussetzung des § 581 vorliegen, Rn 49. Bei Verurteilung eines Schiedsrichters wegen Rechtsbeugung ist der Schiedsspruch in vollem Umfang aufzuheben, auch wenn die Verurteilung nur einen Teil der Ansprüche betrifft, die Gegenstand des Schiedsspruchs sind, KG NJW 76, 1356. Keine Aufhebungsklage bei nachträgl Auffindung eines neuen Urt oder einer neuen Urk, RG 41, 256; § 580 Nr 7, Schwab 183 Fn 106. Vgl aber § 1040 Rn 9.

69 **XXX) Feststellung, daß Aufhebungsgründe nicht vorliegen: 1)** Die Aufhebungsklage kann nur die beschwerte Partei erheben, vgl Rn 19. Für die siegreiche Partei besteht im Hinblick auf die Präklusionswirkung des § 1043 idR kein Rechtsschutzbedürfnis, weil sie die Vollstreckbarerklärung nach §§ 1042 ff in einem vereinfachten Verfahren betreiben kann. Es können aber nur solche Schiedssprüche für vollstreckbar erklärt werden, die einen vollstreckungsfähigen Inhalt haben. Es scheiden also – mit Ausnahme des Kostenpunktes – feststellende und gestaltende Schiedssprüche aus, ebenso solche verurteilende Schiedssprüche, auf Grund derer der Schuldner bereits geleistet hat. Vgl Geimer/Schütze I § 150 XI und XXIII. Durch die Vollstreckbarerklärung wird dem Schiedsspruch die Vollstreckbarkeit verliehen. Die Entscheidung des staatl Gerichts ist rechtsgestaltender Natur. Anders ist es aber bei den sonstigen Wirkungen des Schiedsspruchs. Diese treten unmittelbar kraft **Gesetzes** ein, ohne Rücksicht darauf, ob ein Aufhebungsgrund vorliegt oder nicht, Rn 6; § 1040 Rn 1.

2) Die siegreiche Partei hat ein Interesse daran feststellen zu lassen, daß ein Aufhebungsgrund nicht vorliegt. **Ein besonderes Feststellungsverfahren sieht das Gesetz nicht vor.** Die hM läßt dogmatisch unscharf auch bei nicht oder nicht mehr vollstreckbaren Schiedssprüchen eine Vollstreckbarerklärung nach §§ 1042 ff zu. Die Vollstreckbarerklärung diene nicht nur der eigentlichen Zwangsvollstreckung, ihr Zweck bestehe vielmehr vor allem auch darin, „die Geltung des Schiedsspruches im geordneten Rechtsweg zur Anerkennung zu bringen und gegen die Anfechtung durch Geltendmachung von Aufhebungsgründen (§ 1043) sicherzustellen". So hat das RG bei einem nur feststellenden Schiedsspruch der siegreichen Partei die Möglichkeit zugebilligt, sich durch Erteilung der Vollstreckbarerklärung die Wirkung des § 1043 zu sichern (RGZ 99, 129; 149, 45; Warn 1911 Nr 419). Der BGH BB 60, 302 = WM 198 hat sich dieser Auffassung angeschlossen: Die Feststellung eines Schiedsgerichts, daß einem Kläger weitergehende Ansprüche nicht zuständen, sei im Ergebnis nichts anderes als eine Abweisung der Klage. Dem Beklagten des Schiedsverfahrens könne ein Rechtsschutzinteresse daran, die ihm günstige Klageabweisung durch einen Antrag auf Vollstreckbarerklärung mit der Wirkung des § 1043 sicherzustellen, nicht versagt werden. Da in einem solchen Falle der Schiedsspruch keine Verurteilung des Klägers enthalte, könne der Antrag der Beklagten nur so ausgelegt werden, daß er mindestens den Teil des Schiedsspruches erfasse, in dem der Kläger durch Klageabweisung unterlegen sei. Insoweit sei deshalb auch auf jeden Fall über die Vollstreckbarerklärung und den Widerspruch rechtskräftig entschieden worden und infolgedessen die Ausschlußwirkung des § 1043 eingetreten. Ebenso StJSchl § 1042 Rz 2 FN 7; Schwab Kap 26 II FN 16; BayObLGZ 84, 49 (für rechtsgestaltenden Schiedsspruch). 70

3) Eigene Stellungnahme: Korrekter ist es – wie bei der Anerkennung ausl Urteile, vgl § 328 Rn 189 ff – von der Vollstreckbarerklärung klar das Feststellungsverfahren zu trennen. Daher kann die siegreiche Partei im vereinfachten Verfahren nach §§ 1042 ff hinsichtl nicht vollstreckbarer Schiedssprüche die **Feststellung beantragen, daß ein Aufhebungsgrund nicht vorliegt.** Erfolgt diese Feststellung des staatl Gerichts, so hat dies die Wirkungen des § 1043 (analog). Ist das staatl Gericht der Auffassung, daß ein Aufhebungsgrund vorliegt, erfolgt Aufhebung analog § 1042 II. 71

XXXI) Ausländische Schiedssprüche (§ 1044 Rn 4 ff): **1)** Das Aufhebungsverfahren (§ 1041) kommt nur bei inländischen Schiedssprüchen zum Zuge, BGH RIW 85, 970, nicht jedoch bei ausl, § 1044 III (diese Bestimmung wäre völkerrechtl nicht erforderl, vgl IZPR Rn 97). AA Bajons FS Kralik (1986) 21 (Notzuständigkeit für „internationale Schiedssprüche"). Liegen die Anerkennungsvoraussetzungen nicht vor, so werden die Wirkungen des ausl Schiedsspruchs, die diesem nach der maßgebl ausl Rechtsordnung zukommen (Feststellungs- bzw Gestaltungswirkung), nicht auf das Inland erstreckt. Diese Rechtsfolge tritt **unmittelbar kraft Gesetzes** ein. Darauf kann sich jeder berufen bzw dies kann jeder einwenden, ohne daß vorher ein Feststellungsverfahren vor einem staatl Gericht durchgeführt werden müßte. Hierin liegt ein wesentl Unterschied zu den Wirkungen inländischer Schiedssprüche, Rn 6. Beispiel: Ein inländischer Schiedsspruch, der den Anspruch einer Partei auf Gewährung rechtl Gehörs verletzt, ist wirksam. Seine res iudicata-Wirkung (§ 1040) ist zu beachten, solange er nicht auf Klage der beschwerten Partei bzw auf deren Rüge nach § 1042 II aufgehoben worden ist, § 1041 I Nr 4. Anders ist es, wenn es sich ceteris paribus um einen ausl Schiedsspruch handelt, § 1044 II Nr 4. Hier kann sich die beschwerte Partei auf die Nichtanerkennung (= Wirkungslosigkeit des Schiedsspruchs im Inland, da die nach ausl Recht eingetretenen Wirkungen nicht auf das Inland erstreckt werden) berufen. Unentschieden Hamm RIW 83, 698 = IPRspr 194. 72

2) Soweit es nicht um die Wahrung unmittelbarer Staatsinteressen geht, hat es die Partei, deren Schutz die Anerkennungsvoraussetzung bzw der Versagungsgrund dient (also die beschwerte Partei), in der Hand, ob sie das Anerkennungshindernis geltend machen will. Eine Beachtung von Amts wegen oder auf Antrag des Gegners – ohne **Rüge der betroffenen Partei** – kommt nicht in Betracht. Es würde den Sinn der Schutznorm ad absurdum führen. Genauso wie es bei inländischen Schiedssprüchen im Belieben der beschwerten Partei steht, ob sie die Aufhebungsklage erheben will oder nicht (Rn 19), hat es bei ausl Schiedssprüchen nur die betroffene (= durch den Normzweck des konkreten Versagungsgrundes geschützte) Partei in der Hand, ob sie sich auf das Fehlen der Anerkennungsvoraussetzung(en) berufen will. Hierzu ein simples aber einleuchtendes Beispiel: Dem Beklagten wird vom ausl Schiedsgericht das rechtl Gehör verweigert. In der Sache entscheidet aber das Schiedsgericht zugunsten des Beklagten. Es weist die Klage als unbegründet ab. Es würde die Dinge auf den Kopf stellen, wollte man dem Kläger gestatten, gegen die res iudicata-Wirkung einzuwenden, diese sei im Inland nicht zu beachten, da der Schiedsspruch wegen Verletzung des rechtl Gehörs im Inland nicht anzuerkennen sei. Vgl auch Geimer/Schütze I § 195 Fn 46. 73

74 3) Zur Klärung der Frage, ob die Wirkungen eines ausl Schiedsspruchs im Inland anzuerkennen sind oder nicht, stellt das deutsche Recht **kein besonderes (vereinfachtes) Feststellungsverfahren** zur Verfügung. § 1044 betrifft nur die Vollstreckbarerklärung (= Verleihung der Vollstreckbarkeit für den Bereich des Inlands). Diese kommt nur in Betracht für Schiedssprüche, die nach dem maßgebl ausl Recht vollstreckbar sind; es scheiden also – mit Ausnahme der Entscheidung im Kostenpunkt – feststellende und gestaltende Schiedssprüche aus. AA die hM, zB Schlosser, Das Recht der internationalen privaten Schiedsgerichtsbarkeit I, 1975 Nr 774 Fn 1. Vgl Rn 69 ff. Es bleibt nur die Feststellungsklage (§ 256); eine analoge Anwendung der Vorschriften für das Exequaturverfahren (§§ 1044 I 1, 1042 ff) ist – soweit wie irgendwie mögl (§ 1044 I 1) – zu befürworten, erweist sich aber bei näherem Zusehen als wohl nicht immer durchführbar, jedenfalls nicht für negative Feststellungsklagen.

75 **XXXII) Gebühren** des **Gerichts und** des **Anwalts:** Die Aufhebungsklage ist von den Anträgen im schiedsrichterlichen Verfahren unabhängig; es entstehen daher die Regelgebühren wie in jedem anderen Rechtsstreit (KV Nrn 1010, 1016/1017, §§ 31 ff BRAGO). **Streitwert:** s § 3 Rn 16 „Schiedsrichterliches Verfahren".

1042 *[Vollstreckbarerklärung. Allgemeines]*

(1) Aus dem Schiedsspruch findet die Zwangsvollstreckung nur statt, wenn er für vollstreckbar erklärt ist.

(2) Der Antrag ist unter Aufhebung des Schiedsspruchs abzulehnen, wenn einer der im § 1041 bezeichneten Aufhebungsgründe vorliegt.

1 I) Das Verfahren zielt auf eine **Rechtsgestaltung:** Dem Schiedsspruch wird durch das staatl Gericht die Vollstreckbarkeit verliehen. Die Rechtslage ist die gleiche wie in § 722. Zur Wirkung der Vollstreckbarerklärung Schwab 214.

2 II) Das Verfahren ist **nur statthaft für Schiedssprüche, die verurteilen.** Feststellende und gestaltende Schiedssprüche können nicht für vollstreckbar erklärt werden (anders hM); jedoch kann analog §§ 1042 ff festgestellt werden, daß ein Aufhebungsgrund nicht vorliegt. Näher § 1041 Rn 69 f. – Abzulehnen BayObLGZ 84, 47, wo für Beachtung der Gestaltungswirkung Vollstreckbarerklärung verlangt wird. Wie hier Schwab 154, StJSchl Rz 2: Einhaltung des § 1039 genügt.

3 III) Für **Klage aus dem materiellen Rechtsverhältnis,** gestützt auf Rechtskraft des Schiedsspruchs, fehlt Rechtsschutzbedürfnis, da §§ 1042 ff vereinfachtes Verfahren. Vgl § 722 Rn 57, § 1044 Rn 27.

4 **IV) Einwendungen, die nach Erlaß des Schiedsspruchs entstanden sind,** können gegen den Vollstreckbarerklärungsantrag geltend gemacht werden. BGH NJW 57, 793; Schlosser, Recht der internationalen privaten Schiedsgerichtsbarkeit I, 1975, Nr 766 und § 722 Rn 51. Sind diese begründet, so ist der Exequaturantrag abzuweisen, aber der Schiedsspruch nicht aufzuheben, da kein Aufhebungsgrund nach § 1041 I vorliegt. Die Rechtskraft des Schiedsspruchs, die die causa für die Erfüllung ist, wirkt fort. Der Gläubiger kann (hilfsweise) Feststellung beantragen, daß kein Aufhebungsgrund vorliegt.

5 **V) Vorliegen muß ein Schiedsspruch** (§ 1040), der den Erfordernissen des § 1039 entspricht, das schiedsgerichtl Verfahren abschließt u einen Anspruch zuerkennt; §§ 1034 Rn 39, 1039 Rn 14; RG 51, 406; 114, 168. Zu Zwischenentscheidung (zB Vorbehalt der Nachprüfung einer Aufrechnung) BGH 10, 325 = NJW 53, 1913. Vgl § 1044 Rn 18. Keine Aufhebung nach Abs 2, Schwab 204, Rn 7.

6 VI) Die **Zwangsvollstreckung** findet statt wegen Hauptsache u Kosten, auch der letzteren allein, RG 19, 407; nicht jedoch auf Antrag eines Schiedsrichters wegen der mitfestgesetzten Schiedsrichtervergütung, RG JW 26, 1599; § 1034 Rn 60.

7 VII) Der **Antrag** auf Vollstreckbarerklärung (§ 1042 b) ist bei dem nach § 1045 zuständigen Gericht schriftl oder zu Prot zu stellen, § 1046. Ist die Forderung während des schiedsgerichtl Verfahrens auf einen Dritten übergegangen (sei es durch Erbschaft, Abtretung oder infolge Pfändung), so kann dieser den Antrag stellen, OLG 39, 95; RG 41, 397. Kann Rechtsnachfolge auf seiten des Schuldners gem § 727 nachgewiesen werden, ist die Vollstreckbarerklärung gegen den Rechtsnachfolger auszusprechen. BGH MDR 69, 567. – Zu den 3 verschiedenen Arten ablehnender Entscheidungen Schwab 204. Ablehnung wegen Fehlen einer Prozeßvoraussetzung (hierzu zählt auch Rn 5), aus materiellen Gründen, die nach Abschluß des Schiedsverfahrens entstanden sind (Rn 4), und wegen Vorliegen eines Aufhebungsgrundes. Nur im dritten Fall ist Schiedsspruch aufzuheben, Abs 2.

VIII) Eine révision au fond findet – wie im Aufhebungsverfahren (§ 1041 Rn 36) – nicht statt. Die materielle Richtigkeit des Schiedsspruchs ist nicht zu prüfen, RG 105, 386. Wegen der Prüfung der Aufhebungsgründe s § 1041 Rn 34, 73. Wegen Aufrechnung im Verfahren der Vollstreckbarerklärung BGH 34, 274 = NJW 61, 1067; 38, 259 = NJW 63, 538 u MDR 65, 374. Wird der Antrag auf Vollstreckbarerklärung abgelehnt, weil ein Aufhebungsgrund vorliegt, so muß das Gericht von Amts wegen u ohne besonderen Antrag den Schiedsspruch aufheben, BGH BB 58, 569. 8

IX) Gebühren s Rn 4 zu § 1042a. 9

1042 a *[Entscheidung über den Antrag durch Beschluß oder Urteil]*

(1) Über den Antrag auf Vollstreckbarerklärung kann ohne mündliche Verhandlung durch Beschluß entschieden werden; vor der Entscheidung ist der Gegner zu hören. Im Falle einer mündlichen Verhandlung wird durch Endurteil entschieden.

(2) Wird ein Aufhebungsgrund geltend gemacht, so ist, sofern nicht die alsbaldige Ablehnung des Antrags gerechtfertigt erscheint, mündliche Verhandlung anzuordnen.

I) Urteil oder Beschluß: Ob mündl Verhandlung angeordnet werden soll, hat das Gericht – vorbehaltl Abs 2 – nach freiem Ermessen unanfechtbar zu entscheiden. Davon hängt Entscheidungsform (Urteil bei mündl Verhandlung, ohne solche Beschluß) ab, Schwab 206. Der **Beschluß,** der den Schiedsspruch für vollstreckbar erklärt, ist für vorläufig vollstreckbar zu erklären, § 1042c, und beiden Parteien von Amts wegen zuzustellen. Vollstreckbare Ausfertigung kann schon vor Zustellung an den Schuldner erteilt werden. Zu den Einzelheiten des Beschlußverfahrens s auch Geimer/Schütze II 198 ff. 1

II) Rechtsbehelfe: Gegen den die Vollstreckbarerklärung aussprechenden Beschluß findet Widerspruch statt (§ 1042c II), gegen den ablehnenden Beschluß sofortige Beschwerde, §§ 577, 1042c III. Gegen Urteil §§ 511 ff, Schwab 208. 2

III) Wird ein Aufhebungsgrund geltend gemacht, ist auf Grund mündl Verhandlung durch Urteil zu entscheiden, sofern nicht die alsbaldige Ablehnung des Antrags gerechtfertigt erscheint, Abs 2. Zu der **mündl Verhandlung** ist von Amts wegen zu laden, § 1042b. Das **Endurteil** hat einen Ausspruch über die Vollstreckbarkeit zu enthalten, §§ 708 f, 794 I Nr 4a. Im übrigen gelten die Bestimmungen der ZPO über das Versäumnisverfahren u die Anfechtung des Urteils, §§ 511 ff. Vgl § 722 Rn 19. Die Kostenentscheidung richtet sich nicht nach der des Schiedsspruchs; sie ist vielmehr selbständig auf Grund der §§ 91 ff zu treffen, RG 99, 131; Nürnberg BayZ 30, 261. 3

IV) Gebühren: 1) des **Gerichts:** Für das Verfahren über Anträge nach §§ 1042, 1044a werden Gebühren nach KV Nrn 1080 ff erhoben. Ergeht die Entscheidung ohne mündl Verhandlung, entsteht idR nur die allg Verfahrensgebühr nach KV Nr 1080 mit dem einfachen Tabellensatz; mit dieser Gebühr wird der Gerichtsbeschluß mit abgegolten, aber auch eine etwaige Beweisaufnahme usw. Da im Falle der mündl Verhandlung durch Endurteil zu entscheiden ist, fällt auch eine Urteilsgebühr nach KV Nr 1082/1083 an, es sei denn, daß dieses Urteil ein Anerkenntnis-, Verzichts- oder gegen die säumige Partei erlassenes Versäumnisurteil ist; das gleiche gilt, wenn gegen den Beschluß, durch den der Schiedsspruch (der schiedsrichterliche Vergleich) für vollstreckbar erklärt ist, Widerspruch erhoben und demzufolge ebenfalls durch Endurteil zu entscheiden ist (§§ 1042c II, 1044a III ZPO); jedoch bildet in diesem Fall das Verfahren nach dem Widerspruch mit dem vorangegangenen Beschlußverfahren e i n e gebührenrechtl Instanz gemäß § 27 GKG, so daß für das Verfahren nach dem Widerspruch keine neue allg Verfahrensgebühr zu erheben ist. Die Gebühr nach KV Nr 1080 entfällt, wenn der Antrag vor Anhörung des Gegners **und** vor Beginn (0.00 h) des für die mündl Verhandlung vorgesehenen Tages zurückgenommen wird (KV Nr 1081). – Gebührenpflichtig nach KV Nr 1084 bzw 1085 ist nach Erledigterklärung der Hauptsache der Beschluß, der über die Kosten nach § 91a entscheidet, soweit nicht bereits eine Urteilsgebühr nach KV Nr 1082 entstanden ist. Eine nach KV Nr 1083 angefallene Urteilsgebühr hat darauf keinen Einfluß. – **Fälligkeit** der Gebühr nach KV Nr 1080: § 61 GKG. Keine Vorauszahlungspflicht. Kostenschuldner: §§ 49 S 1, 54 GKG. – Für das Verfahren über die Beschwerde gegen den Beschluß, durch den der Antrag auf Vollstreckbarerklärung abgelehnt wird, gilt KV Nr 1181; Anfall einer Gebühr nur, wenn die Beschwerde erfolglos bleibt. Wird im Urteilsverfahren entschieden, so richten sich die Gebühren in der Berufungs- und in der Revisionsinstanz nach KV Nrn 1020 ff bzw 1030 ff. 4

2) des **Anwalts:** §§ 31 ff BRAGO (§ 46 I BRAGO). Die Prozeßgebühr entsteht unter denselben Voraussetzungen wie im ordentlichen Rechtsstreit. Wird ohne mündliche Verhandlung entschieden und kein Widerspruch dagegen erhoben, so entsteht außer der Prozeßgebühr keine weitere Gebühr mehr. Findet mündliche Verhandlung statt, so erhält der RA auch die Verhandlungsgebühr und die Beweisgebühr unter denselben Voraussetzungen wie im „gewöhnlichen" Prozeß. Eine Vergleichsgebühr (§ 23 BRAGO) kann dem RA nur bei einem Vergleich über die Sache selbst erwachsen; ein Vergleich über die Vollstreckbarkeit ist unzulässig.

3) Streitwert: s § 3 Rn 16 „Schiedsrichterliches Verfahren".

1042 b *[Antrag und Termin]* **(1) Dem Antrag soll die für die Zustellung erforderliche Zahl von Abschriften beigefügt werden.**

(2) Wird die mündliche Verhandlung angeordnet, so ist der Termin den Parteien von Amts wegen bekanntzumachen. Im Verfahren vor den Landgerichten soll die Bekanntmachung die Aufforderung gemäß § 215 enthalten.

1 **I)** Einreichung des Antrags bei dem gem § 1046 zuständigen Gericht. Im landgerichtl Verfahren Anwaltszwang. § 110 (Ausländersicherheit) gilt nicht, wenn über den Antrag im Beschlußverfahren entschieden wird, ebenso dann nicht, wenn nur deshalb mündl Verhandlung angeordnet wird, weil der Antragsgegner Aufhebungsgründe geltend macht, BGH 52, 321 = NJW 69, 2089.

2 **II) Abs 2.** Mit der Ladung ist Abschrift des Antrags zuzustellen. Aufforderung zur Anwaltsbestellung nur Sollvorschrift (anders § 215). Gleichwohl hat Gericht kein Ermessen, Schwab 200.

1042 c *[Vorläufige Vollstreckbarkeit. Rechtsbehelfe gegen Beschluß]* **(1) Der Beschluß, durch den der Schiedsspruch für vollstreckbar erklärt wird, ist für vorläufig vollstreckbar zu erklären.**

(2) Gegen den Beschluß findet Widerspruch statt. Wird Widerspruch erhoben, so ist über die Vollstreckbarerklärung des Schiedsspruchs durch Endurteil zu entscheiden. Die Vorschriften der §§ 707, 717 gelten entsprechend.

(3) Der Beschluß, durch den der Antrag auf Vollstreckbarerklärung abgelehnt wird, unterliegt der sofortigen Beschwerde.

1 **I) Vorläufige Vollstreckbarkeit der Vollstreckbarerklärung** ohne Sicherheitsleistung, Abs 1.

2 **II) Widerspruch gegen stattgebenden Beschluß** § 1042 d. Das Verfahren nach Terminsbeginn entspricht dem des Arrestverfahrens; vgl §§ 924 I u 925 I. – Nach § 707 kann nach Widerspruch die einstw Einstellung der ZwV angeordnet werden. Wird der Beschluß auf den Widerspruch hin aufgehoben, so tritt seine vorläufige Vollstreckbarkeit außer Kraft; der Antragsteller ist dem Antragsgegner zum Schadensersatz verpflichtet, § 717. Dieser Anspruch kann bereits mit Widerspruch geltendgemacht werden, Schwab 213. – Zu unterscheiden hiervon: Aufhebung des Schiedsspruchs, vgl § 1041 Rn 30.

3 **III) Rechtsmittel gegen ablehnenden Beschluß:** Dem **Antragsteller** steht nur die sofortige Beschwerde zu, auch wenn sein Antrag nur zum Teil, zB im Kostenpunkt abgewiesen worden ist; der Rechtsbehelf des Widerspruchs ist dem Antragsgegner vorbehalten. Bei Zurückweisung der sofortigen Beschwerde sofortige weitere Beschwerde mit den Beschränkungen der §§ 567 III, 568 II. Das Beschwerdegericht kann, wie der Richter der 1. Instanz (§ 1042 a II), ohne mündl Verhandlung durch Beschluß entscheiden; erklärt es den Schiedsspruch für vollstreckbar, ist dagegen Widerspruch gegeben, der beim Beschwerdegericht einzulegen ist. Ordnet es mündl Verhandlung an, ergeht die Entscheidung durch Endurteil.

4 **IV) Rechtsmittel gegen Urteil:** §§ 511 ff. Vgl § 722 Rn 19.

5 **IV) Gebühren:** s Rn 4 zu § 1042 a. – Gebühren des Beschwerdeverfahrens (Abs 3): s KV Nr 1181 (eine Gebühr nur, wenn Beschwerde erfolglos); für RA § 61 I Nr 1 BRAGO.

1042 d *[Widerspruchsverfahren]* **(1) Der Widerspruch ist innerhalb einer mit der Zustellung beginnenden Notfrist von zwei Wochen durch Einreichung einer Widerspruchsschrift einzulegen. § 339 Abs. 2 gilt entsprechend. Die Widerspruchsschrift soll zugleich dasjenige enthalten, was zur Vorbereitung der mündlichen Verhandlung erforderlich ist.**

(2) Der Termin zur mündlichen Verhandlung ist den Parteien von Amts wegen bekanntzumachen. Mit der Bekanntmachung ist der Gegenpartei die Widerspruchsschrift von Amts wegen zuzustellen. Die erforderliche Zahl von Abschriften soll die Partei mit der Widerspruchsschrift einreichen.

1 **I) Abs 1.** § 1042 d ist §§ 339 bis 340 a nachgebildet. Einlegung des Widerspruchs beim AG schriftl oder zu Prot des UrkB. Beim LG herrscht Anwaltszwang. Hat das Beschwerdegericht den

Schiedsspruch für vollstreckbar erklärt, so ist der Widerspruch bei diesem Gericht einzulegen. Die Bewilligung der Wiedereinsetzung in den vorigen Stand gegen die Versäumung der Widerspruchsfrist durch das OLG als Beschwerdegericht ist im Berufungs- und Revisionsverfahren selbständig nachzuprüfen, BGH 21, 142 = NJW 56, 1518.

II) Abs 2. Muß die Zustellung im Ausland oder durch öffentl Bekanntmachung erfolgen, so hat das Gericht in dem Beschluß oder nachträgl durch besonderen Beschluß die Widerspruchsfrist zu bestimmen. 2

1043 *[Rechtskraftwirkung der Vollstreckbarerklärung. Aufhebungsklage]*

(1) Ist der Schiedsspruch rechtskräftig für vollstreckbar erklärt, so kann seine Aufhebung nur aus den im § 1041 Abs. 1 Nr. 6 bezeichneten Gründen und nur dann beantragt werden, wenn glaubhaft gemacht wird, daß die Partei ohne ihr Verschulden außerstande gewesen ist, den Aufhebungsgrund in dem früheren Verfahren geltend zu machen.

(2) Die Klage ist innerhalb einer Notfrist von einem Monat zu erheben. Die Frist beginnt mit dem Tage, an dem die Partei von dem Aufhebungsgrund Kenntnis erhalten hat, jedoch nicht vor eingetretener Rechtskraft der Entscheidung über die Vollstreckbarerklärung. Nach Ablauf von zehn Jahren, von dem Tage der Rechtskraft der Entscheidung an gerechnet, ist die Klage unstatthaft.

(3) Wird der Schiedsspruch aufgehoben, so ist zugleich die Vollstreckbarerklärung aufzuheben.

I) Durch rechtskräftige Vollstreckbarerklärung wird die Geltendmachung von Aufhebungsgründen nach § 1041, die nicht rechtzeitig im Vollstreckbarkeitsverfahren vorgebracht worden sind, dh bis zum Schluß der mündl Verhandlung in der Berufungsinstanz, ausgeschlossen (Nachw Schlosser IPRax 85, 142 FN 13) mit Ausnahme des Aufhebungsgrunds des § 1041 I Nr 6. Dieser Aufhebungsgrund kann unter den näheren Voraussetzungen des § 1043 noch durch nachträgl Aufhebungsklage geltend gemacht werden. Im übrigen ist weder Aufhebungsklage noch negative Feststellungsklage zulässig. **Rechtskräftig** wird der Vollstreckbarerklärungsbeschluß mit Ablauf der Widerspruchsfrist §§ 1042c II, 1042d I, bzw mit Rechtskraft des Urteils, § 1042a. 1

II) Andere als die in **§ 1041 Nr 6** bezeichneten Gründe sind mangels Geltendmachung gegenüber der Klage auf Vollstreckbarerklärung auch dann ausgeschlossen, wenn sie nicht bekannt waren, Schwab 215. Neuerl Einwendungen gegen den im Schiedsspruch festgestellten Anspruch können nur gemäß § 767 vorgebracht werden. Für die Wiederaufnahme gegen die durch Beschluß oder Urteil ausgesprochene Vollstreckbarerklärung gelten §§ 578 ff. Vgl § 1041 Rn 32. 2

III) Abs 2. Berechnung der Monatsfrist: § 222. Wiedereinsetzung gegen Versäumung: § 233. Näher Schwab 217. 3

IV) Abs 3. Mit der Aufhebungsklage kann der Bereicherungs- oder Schadensersatzanspruch nicht geltend gemacht werden; nötig ist neue Klage. Der Anspruch basiert nicht auf § 717 II, sondern auf Analogie zu § 717 III und auf § 812 I 2 BGB, Schwab 218; Th-P 2. 4

V) Gebühren des **Gerichts** und des **Anwalts:** Regelgebühren nach KV Nrn 1010, 1016/1017, §§ 31 ff BRAGO. 5

1044 *[Ausländische Schiedssprüche]*

(1) Ein ausländischer Schiedsspruch, der nach dem für ihn maßgebenden Recht verbindlich geworden ist, wird, soweit nicht Staatsverträge ein anderes bestimmen, in dem für inländische Schiedsgerichte vorgeschriebenen Verfahren für vollstreckbar erklärt. § 1039 ist nicht anzuwenden.

(2) Der Antrag auf Vollstreckbarerklärung ist abzulehnen:

1. **wenn der Schiedsspruch rechtsunwirksam ist; für die Rechtswirksamkeit des Schiedsspruchs ist, soweit nicht Staatsverträge ein anderes bestimmen, das für das Schiedsverfahren geltende Recht maßgebend;**
2. **wenn die Anerkennung des Schiedsspruchs zu einem Ergebnis führt, das mit wesentlichen Grundsätzen des deutschen Rechts offensichtlich unvereinbar ist, insbesondere wenn die Anerkennung mit den Grundrechten unvereinbar ist;**
3. **wenn die Partei nicht ordnungsgemäß vertreten war, sofern sie nicht die Prozeßführung ausdrücklich oder stillschweigend genehmigt hat;**

4. wenn der Partei in dem Verfahren das rechtliche Gehör nicht gewährt war.

(3) An die Stelle der Aufhebung des Schiedsspruchs tritt die Feststellung, daß er im Inland nicht anzuerkennen ist.

(4) Wird ein Schiedsspruch, nachdem er für vollstreckbar erklärt worden ist, im Ausland aufgehoben, so kann im Wege der Klage die Aufhebung der Vollstreckbarerklärung beantragt werden. Auf die Klage sind die Vorschriften des § 1043 Abs. 2, 3 mit der Maßgabe entsprechend anzuwenden, daß die Notfrist mit der Kenntnis der Partei von der rechtskräftigen Aufhebung des Schiedsspruchs beginnt.

Neufassung des Abs 2 Nr 2 durch IPR–ReformG (BGBl 1986 II 1142, vgl § 606 a Rn 1).

1 **I) Grundsätzliches: 1)** Ausl Schiedssprüche bedürfen ebenso wie ausl Urteile (§ 328) der **Anerkennung,** um im Inland Wirkungen entfalten zu können. § 1044 spricht zwar nur von der Vollstreckbarerklärung. Das Gesetz ist insoweit zu eng. Die Anerkennungsvoraussetzungen sind die gleichen wie die Voraussetzungen der Vollstreckbarerklärung (§ 1044 II). Die Anerkennung tritt ohne Anerkennungsverfahren ipso iure ein, soweit die Anerkennungsvoraussetzungen gegeben sind. Vgl § 328 Rn 186 und Schlosser, Das Recht der internationalen privaten Schiedsgerichtsbarkeit I, 1975, Nr 774; Schütze DIZPR 222. Nur für die Verleihung der Vollstreckbarkeit ist die Durchführung eines besonderen Verfahrens erforderl. Die Rechtslage ist also genauso wie bei ausl Urteilen, vgl § 722. Im Gegensatz zu § 328 I Nr 5 hängt die Anerkennung nicht von der Verbürgung der Gegenseitigkeit ab, BGHZ 55, 171. Wird der im Inland für vollstreckbar erklärte Schiedsspruch im Ausland aufgehoben, berührt dies die deutsche Vollstreckbarerklärung an sich nicht, da es sich um einen Gestaltungsakt handelt, der originär die Vollstreckbarkeit im Inland begründet, vgl § 722 Rn 2. Der Schuldner kann jedoch Klage auf Aufhebung der Vollstreckbarerklärung erheben, § 1044 IV, jedoch nur dann, wenn die Aufhebung des Schiedsspruchs im Ausland erst nach Beendigung des Vollstreckbarerklärungsverfahrens erfolgt ist. Anderenfalls ist er präkludiert, § 767 II, Schwab 230, Schütze DIZPR 223. Eine Aufhebungsklage gegen einen ausl Schiedsspruch ist unzulässig; zulässig ist jedoch die Klage auf Feststellung der Unwirksamkeit des Schiedsspruchs, Schwab 232, Wiczorek/Schütze F II b. Wirkungserstreckung nach § 1044 setzt voraus: a) Der Schiedsspruch muß eine Zivil- oder Handelssache zum Gegenstand haben. Der Anwendungsbereich des § 1044 deckt sich mit dem des § 328. b) Der Schiedsspruch muß nach erststaatl Recht verbindl geworden sein und darf nicht rechtsunwirksam (nichtig) sein. Die Möglichkeit einer Aufhebungsklage berührt seine Wirksamkeit nicht. Wenn nach dem maßgebl ausl Recht die Verbindlichkeit erst eintritt, wenn der Schiedsspruch durch eine gerichtl Entscheidung oder auf sonstige Weise bestätigt worden ist, so ist dies abzuwarten, Schütze DIZPR 220.

2 **2)** Die **Entscheidungswirkungen** (res iudicata, Gestaltungswirkung etc) bestimmen sich nach der maßgebl ausl Rechtsordnung. Das in § 328 Rn 18 ff Gesagte gilt entsprechend. Höchstgrenze für die Anerkennung des objektiven Umfangs der materiellen Rechtskraft ist das deutsche Recht. AA Schlosser Nr 777. Die Anerkennung der Gestaltungswirkung hängt nicht vom Standpunkt der (vom Schiedsstatut zu unterscheidenden) lex causae ab. Vgl § 328 Rn 45. Ausl Exequaturentscheidungen sind nicht Gegenstand der Anerkennung, ebenso nicht Urteile, die nicht in der Sache entscheiden. Vgl § 328 Rn 33 und LG Köln IPRax 84, 90 (Laschet 72, Mezger 194) = IPRspr 82/192.

3 **II) Ausl Schiedsspruch: 1)** Die für die **Abgrenzung zwischen §§ 328, 722, 723 einerseits und § 1044 andererseits** wichtige Frage, ob ein **Schiedsspruch** vorliegt, ist nach deutschem Recht zu beurteilen, vgl auch Schütze RV 190. Das Recht des Landes, dem der Schiedsspruch unterliegt, ist jedoch mitzuberücksichtigen. Liegt eine Entscheidung vor, die nach deutschem Recht die Merkmale eines Schiedsspruchs erfüllt, handelt es sich aber nach ausl Recht um ein staatl Urteil, so ist der Standpunkt des ausl Rechts entscheidend. § 1044 scheidet dann aus. Es ist also eine doppelte Qualifikation (nach deutschem und ausl Recht) erforderlich; Riezler 614. Vgl § 722 Rn 8.

4 **2)** Ob ein **ausl oder ein inländischer Schiedsspruch** vorliegt, beurteilt sich nach dem Verfahrensrecht, das dem Schiedsspruch zugrunde liegt. Ein ausl Schiedsspruch ist also ein Schiedsspruch, der ausl Verfahrensrecht untersteht, **verfahrensrechtl Theorie.** Das maßgebl Verfahrensrecht bestimmen die Parteien, Schlosser I Rz 222 ff; Schwab 386; Rn 19; Schütze/Tscherning/Wais Rz 588. Denkbar ist eine **Spaltung des maßgebl Rechts** bzgl der Schiedsvereinbarung und des Schiedsverfahrens. Doch wird es regelmäßig dem Willen der Parteien entsprechen, daß das auf die Schiedsvereinbarung anwendbare Recht auch das Schiedsverfahrensrecht ist, Schütze DIZPR 216. Die Parteien können das anwendbare Verfahrensrecht entweder in der ursprüngl Schiedsabrede oder im Lauf des Schiedsverfahrens auch konkludent bestimmen, BGH RIW 85,

971 (zu Art 11 ICC-VerfO). – Allerdings kommt es bei Divergenzen zwischen dem von den Parteien gewählten Recht und dem vom Schiedsgericht angewandten allein darauf an, daß ausl Verfahrensrecht tatsächl angewandt wurde, BGH 21, 365. Welches materielle Recht der Sachentscheidung zugrundegelegt wurde, spielt für die Qualifikation keine Rolle. Tritt nicht klar zutage, welches Verfahrensrecht das Schiedsgericht seinem Verfahren zugrundegelegt hat, so ist wie folgt zu unterscheiden:

a) Institutionelle Schiedsgerichte (Dauerschiedsgerichte; Übersicht bei Schütze RV 218) sind nach dem Verfahrensrecht ihres Sitzes zu qualifizieren. Daher inländischer Schiedsspruch, wenn die Schiedsverfahren im Inland durchzuführen sind, auch wenn Verfahrensordnung der Internationalen Handelskammer Paris für Schiedsverfahren maßgebl sein soll, Frankfurt KTS 82, 302 = IPRax 82, 149 (Böckstiegel 137) = IPRspr 1981 Nr 201; Frankfurt RIW 84, 400 (Dielmann) = NJW 84, 2768 (Geimer) = IPRspr 83/197. 5

b) Bei **Gelegenheitsschiedsgerichten** ist der Parteiwille maßgebend. Es ist durch Auslegung des Schiedsvertrages festzustellen, welche Verfahrensordnung die Parteien für das Schiedsgericht vereinbart hatten, StJSchl § 1044 II 2b. Ist der Parteiwille nicht zu ermitteln, so ist der hypothetische Parteiwille, ersatzweise der objektive Schwerpunkt des Schiedsverfahrens, maßgebend. Hierzu näher von Hoffmann, Internationale Handelsschiedsgerichtsbarkeit, 1970, 97 ff; in Betracht kommen vor allem: der vereinbarte Tagungsort, das Heimatrecht der Schiedsrichter, das Recht des Vollstreckungslandes, dh des Landes, in dem die Vollstreckung durchzuführen ist und unter besonderen Umständen auch das Recht, das für die Entscheidung über die Hauptsache als maßgebl vereinbart wurde. 6

3) Schiedsspruch iSv § 1044 ist nur eine Entscheidung, die **einem deutschen Schiedsspruch äquivalent** ist; die Qualifikationsmerkmale bestimmt das deutsche Recht, Schlosser Rz 635. Ein *lodo di arbitrato irrituale* des ital Rechts ist kein Schiedsspruch iSv § 1044, da dieser nach ital Recht nicht für vollstreckbar erklärt werden kann, sondern nur schuldrechtl Wirkungen zwischen den Parteien entfaltet, BGH NJW 82, 1124 = RIW 82, 210 = IPRax 82, 143 (Wenger 135) = IPRspr 81/199. 7

4) Exequaturentscheidungen des ausl staatl Gerichts sind **keine Schiedssprüche** und können daher nicht nach § 1044 für vollstreckbar erklärt werden. Sie fallen aber auch nicht unter §§ 722, 723. AA BGH RIW 84, 557 (Dielmann und Schütze 734) = WM 84, 748 = NJW 84, 2765. Hierzu auch Schütze RV 228. Der **BGH** gibt der siegreichen Partei ein **Wahlrecht:** Diese kann entweder den ausl Schiedsspruch nach § 1044 oder die Exequaturentscheidung des ausl Staatsgerichts nach §§ 722, 723 für vollstreckbar erklären lassen, BGH RIW 84, 645 (Mezger) = WM 84, 1014 = IPRax 85, 158 (Schlosser) = NJW 84, 2762. – Vgl § 722 Rn 11. 7a

5) Verbindlichkeit des ausl Schiedsspruchs: § 1044 I setzt diese voraus, dh daß er nach dem Recht des Erststaates keinen Rechtsmittel oder -behelf an ein Schiedsober- oder Staatsgericht mehr unterliegt, BGH RIW 84, 645 (Mezger) = WM 84, 1014. Näher Rn 20. 7b

III) Staatsverträge: § 1044 greift nur ein, sofern keine staatsvertragl Regelungen anwendbar sind. In Betracht kommen vor allem:

1) UN-Übereinkommen über die Anerkennung und Vollstreckung ausl Schiedssprüche vom 10. 6. 1958 (BGBl 1961 II 122). Es ist für die BRepD seit 28. 9. 1961 in Kraft (BGBl 1962 II 102), jedoch auf Grund des deutschen Vorbehalts (Art 1 III) nur für Schiedssprüche aus anderen Vertragsstaaten. Die Staatsangehörigkeit der Parteien spielt keine Rolle, Walter/Wackenhuth IPRax 85, 201. 8

2) Genfer Protokoll über Schiedsklauseln im Handelsverkehr vom 29. 9. 1923 (RGBl 1925 II 47) und **Genfer Abkommen** zur Vollstreckung ausl Schiedssprüche vom 29. 9. 1927, in Kraft seit 1. 12. 1930 (RGBl 1930 II 1067). Es handelt sich um die Vorgänger zu dem unter 1) genannten UN-Übereinkommen; vgl Art VII Abs 2. 9

3) Europäisches Übereinkommen über die internationale Handelsschiedsgerichtsbarkeit vom 21. 4. 1961 (BGBl 1964 II 427). In Kraft getreten für die BRepD am 25. 1. 1965 (BGBl 1965 II 107). Hierzu s noch die Vereinbarung über die Anwendung des Übereinkommens vom 17. 12. 1962 (BGBl 1964 II 449), in Kraft seit 25. 1. 1965, BGBl 1965 II 271. 10

4) Art VI des **deutsch-amerikanischen Freundschafts-, Handels- und Schiffahrtsabkommens** vom 29. 10. 1954 (BGBl 1956 II 488). 11

5) Art 8 des **deutsch-sowjetischen Handels- und Schiffahrtsabkommens** vom 25. 4. 1958 (BGBl 1959 II 222), verlängert durch das Protokoll vom 31. 12. 1960 (BGBl 1961 II 1086). 12

6) Von den **Abkommen über die Anerkennung und Vollstreckung gerichtl Entscheidungen** enthalten folgende auch Bestimmungen über Schiedssprüche: Abk mit der Schweiz Art 9; Abk 13

mit Italien Art 8; Abk mit Belgien Art 13; Vertr mit Österreich Art 12, 15; Vertr mit den Niederlanden Art 17; Abk mit Tunesien Art 47–50; Art 25 II Vertr mit Israel; anders zB der Vertr mit Spanien (Art 3 Nr 4); zur Konkurrenz zwischen Vertragsrecht und dem anerkennungsfreundlicheren autonomen Recht gilt das in § 328 Rn 5 Gesagte entsprechend.

14 **7)** Weitere Spezialabkommen bei Schlosser, Das Recht der internationalen privaten Schiedsgerichtsbarkeit, 1975, Bd II und Schütze/Tscherning/Wais.

15 **8)** Soweit eine Anerkennung bzw Vollstreckbarerklärung nach den Staatsverträgen nicht mögl ist, kann sich der Gläubiger auf § 1044 berufen, sofern dessen Voraussetzungen erfüllt sind. So ausdrückl Art VII UN-Übereinkommen, hierzu BGH RIW 84, 645 mit Nachw; Hamm IPRax 85, 218 (Walter/Wackenhuth 202) = IPRspr 83/195; Schütze RV 189.

16 **9)** Die Streitfrage, ob § 53 III KWG einer Schiedsklausel entgegensteht, durch die die Zuständigkeit eines Schiedsgerichts vereinbart wird, das seinen Sitz an einem anderen Ort als dem der inländischen Zweigstelle hat, ist vom BGH noch nicht entschieden. Sie spielt im Anwendungsbereich der Verträge keine Rolle, da das Vertragsrecht Vorrang hat, § 53 IV KWG, BGHZ 77, 32 = NJW 80, 2022 = IPRax 81, 53 (Samtleben 43) = IPRspr 80/183.

17 **IV) Verfahren.** Es gelten §§ 1042a–1042d. Ausführl Schlosser I Rz 756 ff.

V) Anerkennungs- bzw Vollstreckbarerklärungshindernisse (Abs 2) entsprechen im wesentl § 1041 I.

18 **1)** Bei der Prüfung der Voraussetzungen des Abs 2 ist das deutsche staatl Gericht weder an die **rechtl Beurteilung** noch an die **tatsächl Feststellungen des Schiedsgerichts** gebunden, BGH 27, 254 und BGH MDR 1964, 590 = LM 4. – Einwendungen gegen den dem Schiedsspruch zugrunde liegenden materiellen Anspruch sind im Rahmen des § 767 II zulässig. Eine Aufrechnung des Schuldners ist jedenfalls dann zu berücksichtigen, wenn über den Antrag auf Vollstreckbarerklärung ohnehin mündl verhandelt wird. Aufrechnung ohne die zeitl Begrenzung von § 767 II (Aufrechnung mit Forderung, die vor dem Abschluß des Schiedsgerichtsverfahrens entstanden ist) ist dann zulässig, wenn sich das Schiedsgericht der Entscheidung über die aufgerechnete Forderung wegen Unzuständigkeit enthalten hatte, BGHZ 38, 259 und BGH MDR 1965, 374. Die Zulässigkeit der Aufrechnung beurteilt Hamburg RIW 75, 645 = IPRspr 75/201b nach deutschem Recht.

19 **2) Rechtsunwirksamkeit des Schiedsspruchs** (§ 1044 II Nr 1): Maßgebend ist das für das **Schiedsverfahren** geltende Recht, BGHZ 52, 184 = NJW 69, 2093. Maßgebend ist der **Parteiwille,** Rn 4; BGH RIW 84, 646 (Mezger) = WM 84, 1014; Schlosser Rz 222, Wackenhuth RIW 85; 10. Über die Wirksamkeit der Rechtswahl entscheidet das Recht, das nach der Rechtswahlklausel maßgebend sein soll, Schlosser Rz 230, BGH aaO. Voraussetzung für die Vollstreckbarerklärung gemäß § 1044 I ist zunächst, daß der **ausl Schiedsspruch** nach dem für ihn maßgebl Recht **verbindl** geworden ist. Der Schiedsspruch darf weder bei einem Oberschiedsgericht noch mit einem Rechtsmittel beim staatl Gericht angegriffen werden können. Die Verbindlichkeit des Schiedsspruchs ist jedoch nicht ausgeschlossen, wenn der Schiedsspruch durch eine der deutschen Aufhebungsklage (§ 1041) entsprechende Klage nachträgl beseitigt werden kann. Bestr, ob eine Präklusion im deutschen Vollstreckbarerklärungsverfahren eintritt, wenn von der **Möglichkeit, die Aufhebungsklage im Ausland zu erheben,** kein Gebrauch gemacht wurde:

20 **a)** Ist nach ausl Recht das Fehlen oder die Fehlerhaftigkeit des Schiedsspruchs durch eine unbefristete Aufhebungsklage geltend zu machen, so kann der Antragsgegner die nach ausl Recht gegebenen Aufhebungsgründe im deutschen Vollstreckbarerklärungsverfahren vortragen. Der deutsche Richter muß diese im Rahmen des § 1044 II Nr 1 berücksichtigen; er darf den Antragsgegner nicht auf das ausl Aufhebungsverfahren verweisen.

21 **b)** Anders ist nach BGHZ 57, 153; BGH RIW 84, 646 (Mezger) = NJW 2763 die Rechtslage, wenn die **ausl Aufhebungsklage befristet** ist. Wurde die Klage nicht fristgerecht erhoben, so ist die Geltendmachung des Aufhebungsgrundes nach ausl Recht nicht mehr mögl. Der Antragsgegner kann dann den Aufhebungsgrund auch nicht mehr im deutschen Exequaturverfahren geltend machen. Dem deutschen Richter ist die Nachprüfung des Aufhebungsgrundes nicht mehr gestattet. Begründung: Zu dem für die Rechtswirksamkeit eines ausländischen Schiedsspruchs maßgebenden Recht gehört auch das einschlägige Verfahrensrecht. Daraus folgt, daß – von extremen Ausnahmefällen abgesehen – in dem deutschen Vollstreckbarerklärungsverfahren der Antragsgegner Aufhebungsgründe nur vorbringen kann, soweit er dazu nach dem maßgebenden ausl Recht (noch) befugt ist.

22 **3) Verstoß gegen wesentl Grundsätze des deutschen Rechts.** Vgl § 1041 I Nr 2 und § 328 I Nr 4. **a) Ordre public-Widrigkeit des schiedsrichterl Verfahrens.** § 1044 II Nr 2 stellt weniger strenge Anforderungen als § 1041 I Nr 1; BGH NJW 86, 3027 = RIW 86, 816 = EWiR 86, 835 (Schütze).

Nicht jeder Verfahrensmangel nach dem maßgebl Recht (Rn 4) verletzt zugleich deutschen ordre public, § 328 Rn 155; § 1041 Rn 48. Jedoch ist Überprüfung des ausl Schiedsverfahrens nicht auf Nr 3 und Nr 4 beschränkt, Schlosser I Rz 697 ff. Es kommt insofern auf die Schwere des dem Schiedsverfahren und damit auch dem Schiedsspruch anhaftenden Makels an, BGHZ 57, 153. ZB ist Restitutionsgrund (§ 580 Nr 1–6) nach Maßgabe des § 582 ausreichend, um die Versagung wegen ordre public-widrigen Verfahrens auszusprechen. BGH LM 6 = MDR 69, 567. Zur Verletzung rechtl Gehörs Hamburg MDR 75, 940 = RIW 75, 432 (Gündisch, 577) = IPRspr 75/202. Gegen den Schiedsspruch, den ein bei einer Handelskammer eines sozialistischen Staates Ost- oder Südosteuropas bestehendes ständiges Schiedsgericht erlassen hat, kann nicht generell eingewandt werden, es verstoße gegen den deutschen ordre public, weil solche Schiedsgerichte schon wegen des Systems der staatl gelenkten Wirtschaft in diesen Ländern nicht geeignet seien, Streitfälle unparteiisch zu entscheiden. BGHZ 52, 184 = NJW 69, 2093 = MDR 69, 837. Bestr aber, ob Umstand, daß dort nur inländische Schiedsrichter betraut werden dürfen, Unparteilichkeit des Schiedsrichteramtes gefährdet, Habscheid KTS 72, 209; Th-P 3. Neuerdings will BGH NJW 86, 3027 = RIW 86, 816 = EWiR 86, 835 (Schütze) an ausländische Schiedssprüche – was die Unparteilichkeit der Schiedsrichter betrifft – generell weniger strenge Anforderungen stellen als an inländische. Wesentl Grundsatz des deutschen Rechts (niemand darf gegen seinen Willen seinem gesetzl staatl Richter entzogen werden) verletzt, wenn nach dem maßgebl Verfahrensrecht (Rn 4) es für die Wirksamkeit des Schiedsspruchs nicht auf wirksamen Schiedsvertrag ankommt, BGHZ 71, 131; BGH NJW 78, 1744. Vgl § 1041 Rn 45. – Wegen geistig unfähiger Schiedsrichter § 1025 Rn 47 a.

b) Ordre public-Widrigkeit des Schiedsspruchs, Schlosser I Rz 741 ff. Ein Verstoß gegen ordre public liegt insbesondere dann vor, wenn der Schiedsspruch zu einer nach deutschem Recht verbotenen Handlung verurteilt (§ 1044 II Nr 2 aF), aber auch dann, wenn wegen Unterbleibens einer solchen Handlung zum Schadensersatz verurteilt wurde. Etwas anderes gilt jedoch, wenn eine Partei deshalb Schadensersatz zahlen soll, weil sie nicht alles ihr Zumutbare zur Erlangung einer behördl Genehmigung (zB Einfuhrgenehmigung) getan hat oder wenn sie ein Garantieversprechen abgegeben hat, für die Erteilung einer Genehmigung einzustehen, BGH AWD 64, 193 = MDR 64, 590 = KTS 64, 172. 23

4) Nichtordnungsgemäße Vertretung, Nr 3: Maßgebl allein das Schiedsverfahrensrecht, Schlosser I Rz 324. Anders hM: deutsches Recht unter Beachtung kollisionsrechtl Grundsätze, Schwab 227; Wieczorek/Schütze E III. 24

VI) Einwendungen gegen den Anspruch selbst sind zulässig, wenn nach Abschluß des Schiedsverfahrens entstanden, BGH 34, 274; Hamburg RIW/AWD 75, 645; Schütze DIZPR 222. Es gilt das gleiche wie § 722 Rn 51. 25

VII) Abs 4. Verstöße der im § 1041 I Nr 6 bezeichneten Art können auch ohne vorheriges ausl Aufhebungsverfahren geltend gemacht werden. Erlangt der im schiedsrichterl Verfahren unterlegene Teil erst nach Vollstreckbarerklärung von dem Verstoß Kenntnis, so ist im Einklang mit der Regelung des Genfer Abkommens ein der nachträgl Aufhebungsklage (§ 1043) entsprechender Behelf nicht vorgesehen; die nachträgl Geltendmachung von Aufhebungsgründen ist dem im Ausland zu betreibenden Verfahren vorbehalten. 26

VIII) Erfüllungsklage aus Schiedsspruch (= Leistungsklage im Gegensatz zum Verfahren der Vollstreckbarerklärung nach § 1044, das eine prozessuale Rechtsgestaltung zum Gegenstand hat, vgl § 722 Rn 1, 57) **ist unzulässig, da Rechtsschutzbedürfnis fehlt.** § 1044 bietet einfacheren und billigeren Weg, einen im Inland vollstreckbaren Titel zu erlangen; StJSchl § 1044 VII 1; Schwab Kap 39 VIII; Schütze DIZPR 219. Zum Parallelproblem bei ausl Urteilen (staatl Gerichte) s § 722 Rn 57. 27

IX) Klage auf Feststellung, daß Schiedsspruch im Inland wegen Nichtanerkennung keine Wirkung entfaltet, ist zulässig, wohl auch positive Feststellungsklage, wenn Antrag auf Vollstreckbarerklärung wegen Erfüllung nicht mehr in Betracht kommt. Der im ausl Schiedsverfahren siegreiche Gläubiger hat ein Interesse an der Feststellung, daß der Schiedsspruch im Inland anzuerkennen ist, die Zahlung also nicht sine causa erfolgt ist. Anders hM, Nachw bei Schwab Kap 30 VIII. Näher § 1041 Rn 74. 28

X) Gebühren: 1) des **Gerichts:** Für das erstinstanzl Verfahren dieselben Gebühren wie bei Vollstreckbarerklärung inländischer Schiedssprüche (KV Nrn 1080–1085; s im einzelnen Rn 4 zu § 1042a), soweit nicht in bi- oder multilateralen Staatsverträgen und den AusfVorschriften hierzu bestimmt ist, daß der Schiedsspruch kostenfrei für vollstreckbar zu erklären ist. Außerdem ist für die Anwendung von KV Nrn 1080 ff erforderl, daß die ausl Schiedssprüche auf Grund von Staatsverträgen (s oben Rn 8 f) in einem vereinfachten Verfahren für vollstreckbar erklärt werden können. Wird ein ausl Schiedsspruch, der im Inland bereits für vollstreckbar erklärt ist, im Ausland nachträgl aufgehoben oder geändert, und kann der Schuldner diesen Umstand nicht mehr geltend machen, so muß er zu diesem Zweck ein besonderes Verfah- 29 ren beantragen. Gebührenrechtl wird dadurch eine neue Instanz eröffnet (§ 27 GKG); vgl auch Gebührenanmerkung zu § 328 und Rn 65 zu § 722. – Für das Beschwerdeverfahren gilt KV Nr 1181.

2) des **Anwalts:** Der RA erhält die Prozeßgebühr, im Falle einer mündl Verhandlung die Verhandlungsgebühr – war nicht streitig verhandelt, so nur die halbe (§ 33 I 1 BRAGO) – und bei Vertretung in einer Beweisaufnahme auch die Beweisgebühr (§ 47 I BRAGO), und zwar auch dann, wenn durch Beschluß entschieden wird. Im Verfahren der Beschwerde gegen eine den Rechtszug beendende Entscheidung erwachsen dem RA die gleichen Gebühren wie im 1. Rechtszug (§ 47 II BRAGO), also die vollen (10/10) Gebühren der §§ 31 ff (keine Erhöhung nach § 11 I 2) BRAGO. Richtet sich die Beschwerde gegen keine Endentscheidung, so bleibt es bei den (5/10) Gebühren des § 61 I 1 Nr 1 BRAGO.

3) **Streitwert:** Wert des ausl Schuldtitels in dem Umfang, in dem er für vollstreckbar erklärt werden soll, nach deutschem Recht ohne Zinsen und Kosten (§ 22 I GKG). S auch § 3 Rn 16 „Ausländische Währung".

1044 a *[Schiedsvergleich]*

(1) Hat sich der Schuldner in einem schiedsrichterlichen Vergleich der sofortigen Zwangsvollstreckung unterworfen, so findet die Zwangsvollstreckung aus dem Vergleich statt, wenn er für vollstreckbar erklärt ist. Der Vergleich darf nur für vollstreckbar erklärt werden, wenn er unter Angabe des Tages seines Zustandekommens von den Schiedsrichtern und den Parteien unterschrieben und auf der Geschäftsstelle des zuständigen Gerichts niedergelegt ist.

(2) Die Vollstreckbarerklärung ist abzulehnen, wenn der Vergleich der Rechtswirksamkeit entbehrt oder seine Anerkennung gegen die guten Sitten oder die öffentliche Ordnung verstoßen würde.

(3) Die Vorschriften der §§ 1042a bis 1042d gelten entsprechend; die Geltendmachung der Rechtsunwirksamkeit des Vergleichs steht der Geltendmachung von Aufhebungsgründen gegen einen Schiedsspruch gleich.

1 I) Der schiedsrichterl **Vergleich** kann für **vollstreckbar erklärt** werden. Der Schuldner muß sich der sofortigen ZwV unterwerfen (vgl § 794 I Nr 5; hier liegt ein nicht unerhebl Unterschied zum Vergleich vor staatl Gericht, der auch ohne Unterwerfungsklausel vollstreckbar ist [§ 794 I Nr 1]; kritisch Schwab 165), und den formellen Voraussetzungen des § 1044 a I 2 genügen. Ein schiedsrichterl Vergleich ist nur ein Vergleich, bei dem die Schiedsrichter mitgewirkt haben; dies bedeutet nicht, daß die Richter am **Zustandekommen** des Vergleichs beteiligt sein müssen. Es genügt schon die ledigl durch die Mitunterzeichnung der Vergleichsurkunde zum Ausdruck gebrachte Billigung des Vergleichs, StSchl I 2. § 1039 I 2 entspr anwendbar. – Hat den Vergleich ein Parteienvertreter unterschrieben, so ist dessen Vertretungsbefugnis von Amts wegen zu prüfen. Ein **Dritter** tritt durch widerspruchlose Einlassung auf die Verhandlung zur Sache vor dem Schiedsgericht und durch Unterschreiben des Vergleichs dem schiedsrichterl Vergleich einschließl der Unterwerfung unter die sofortige ZwV bei, JW 32, 115.

2 II) Der Schiedsvergleich ersetzt nicht wie der Prozeßvergleich die vom materiellen Recht geforderte **notarielle Beurkundung oder Beglaubigung.** Der staatl Richter ist wie der Notar Hoheitsträger (Inhaber eines vom Staat übertragenen Amtes). Deshalb setzt § 127 a BGB das vom staatl Gericht aufgenommene Protokoll der Niederschrift des Notars (§ 13 BeurkG) gleich. An dieser Kompatibilität fehlt es jedoch beim Schiedsvergleich. Dieser kommt nicht in einem Verfahren vor einem staatl Amtsträger zustande, sondern leitet seine Geltungskraft von einer Vereinbarung der Parteien (Schiedsvertrag) ab. Auch das Schiedsrichteramt basiert darauf. Wollte man die Schiedsvergleiche unter § 127 a BGB subsumieren, so wäre dies unvereinbar mit der im deutschen Recht – ebenso wie weltweit im Bereich des Lateinischen Notariats – durchgeführten Trennung zwischen öffentl Urkunde (§§ 415 ff) und Privaturkunde: Auch wenn der Schiedsvergleich für vollstreckbar erklärt ist, bleibt er eine Privaturkunde. Anders die hM, Nachw bei Förschler in Münch-Komm § 127 a Rz 4 FN 6; R-Schwab § 177 II § 3.

3 **III) Die Nichtigkeit des Schiedsrichtervertrages** der Parteien nimmt einem vor einem Schiedsgericht abgeschlossenen Vergleich nicht den Charakter eines Schiedsvergleichs und hindert somit nicht die Vollstreckbarerklärung, BGH 55, 313 = NJW 71, 775 (Breetzke 1458).

4 **IV)** Das **zuständige Gericht** ergibt sich aus den §§ 1046, 1047, 1045. Für das Verfahren gelten die §§ 1042 a–1042 d entsprechend. Ausführl Schwab 219.

5 **V)** Die rechtskräftige oder vorläufig vollstreckbare Vollstreckbarerklärung ist **Vollstreckungstitel,** § 794 I Nr 4 a. Die rechtskräftige Entscheidung schafft materielle Rechtskraft bezüglich der Rechtswirksamkeit des Vergleichs.

VI) 1) Bei **ausl Schiedsvergleichen** (= Vergleiche, die in einem Schiedsverfahren nach ausl Verfahrensrecht vereinbart sind und das Schiedsverfahren nach dem maßgebl ausl Recht beenden) ist zu differenzieren: Sind sie nach dem ausl Recht nicht vollstreckbar, scheidet die Anwendung des § 1044 a von vorneherein aus. In diesem Fall bleibt dem Gläubiger nur die Möglichkeit, Leistungsklage zu erheben, um im Inland vollstrecken zu können. Dies setzt einen Gerichtsstand nach §§ 12 ff voraus. Sofern ein solcher fehlt, ist zu prüfen, ob die Voraussetzungen des Notgerichtsstandes (IZPR Rn 114) gegeben sind. Ist der ausl Schiedsvergleich nach ausl Recht vollstreckbar (nach Vollstreckbarerklärung durch das staatl Gericht im Erststaat), dann kommt § 1044 a zum Zuge; allerdings muß der im ausl Schiedsverfahren abgeschlossene Vergleich die in § 1044 a aufgestellten Voraussetzungen erfüllen, Riezler IZPR 653; Schwab Kap 30 IX 1 c. 6

2) Viele **Anerkennungs- und Vollstreckungsverträge** begründen für ausl Schiedsvergleiche eine völkerrechtl Pflicht zur Anerkennung und Vollstreckung, so Art 9 III dt-schweizer Abk, Art 13 II dt-ital Abk, Art 13 II dt-belg Abk, Art 12 dt-österr Vertr, Art 14 II dt-griech Vertr, Art 52 II dt-tunes Vertr. Dies gilt jedoch nicht für die Anerkennungs- und Vollstreckungsverträge mit Großbritannien, den Niederlanden, Israel, Norwegen und Spanien. 7

VII) Gebühren: s § 1042 a Rn 4. 8

1045 *[Zuständigkeit des staatl Gerichts]*

(1) Für die gerichtlichen Entscheidungen über die Ernennung oder die Ablehnung eines Schiedsrichters oder über das Erlöschen eines Schiedsvertrags oder über die Anordnung der von den Schiedsrichtern für erforderlich erachteten richterlichen Handlungen ist das Amtsgericht oder das Landgericht zuständig,

1. das im Schiedsvertrag als solches bezeichnet ist, sonst

2. das für die gerichtliche Geltendmachung des Anspruchs zuständig wäre, hilfsweise

3. in dessen Bezirk das schiedsrichterliche Verfahren stattfindet oder stattgefunden hat.

(2) Die Entscheidung kann ohne mündliche Verhandlung ergehen. Vor der Entscheidung ist der Gegner zu hören.

(3) Gegen die Entscheidung findet sofortige Beschwerde statt.

I) Abs 1, neugefaßt durch IPR-ReformG (BGBl 1986 I 1142, vgl § 606 a Rn 1; von Hoffmann IPRax 86, 337.): Anwendungsbereich (Schwab 237): Vgl §§ 1029 II, 1031, 1032, 1033, 1036, 1039. Vgl § 1039 Rn 11. Ist das LG zuständig: Anwaltszwang. Die Bestimmung des § 1045 ist unabdingbar, dh die Entscheidung kann auch nicht durch Parteivereinbarung einem Dritten übertragen werden; s auch NJW 50, 854. Einzelheiten des Verfahrens auch bei Geimer/Schütze II 198 ff. 1

II) Abs 2. Der Beschluß, in dem auch über die Kosten zu entscheiden ist, ist sofort vollstreckbar (§ 794 I Nr 3) u den Parteien von Amts wegen zuzustellen. Ist in dem Beschlußverfahren das Bestehen der Schiedsklausel rechtskräftig festgestellt, dann ist daneben kein Raum für eine Feststellungsklage auf Unzulässigkeit des schiedsrichterl Verfahrens, § 1037, StJSchl III 3; aA OLG Freiburg SJZ 49, 126 ff. 2

III) Abs 3. Die BeschwFrist beginnt mit der von Amts wegen erfolgten Zustellung, § 329 III. Nach Erledigung des schiedsrichterl Verfahrens (§ 1039) ist die Beschwerde unzulässig; dann nur Aufhebungsklage nach §§ 1041, 1043 oder Geltendmachung im Verfahren nach §§ 1042 ff. Bei Richterablehnung ist Beschwerde auch zulässig, wenn Ablehnung für begründet erklärt wird, § 46 II ist nicht entsprechend anwendbar, Schwab 31 IV 2; § 1132 Rn 3. Ein über Ablehnung eines Schiedsrichters anhängiges gerichtl Verfahren ist auch dann fortzusetzen, wenn der Schiedsspruch ergeht u niedergelegt wird; keine Geltendmachung der Ablehnungsgründe als Aufhebungsgründe nach § 1041 I Nr 1, BGH MDR 64, 318. 3

IV) Gebühren: Rn 3 zu § 1029 (KV Nrn 1145–1148; § 46 II BRAGO). **Streitwert** bei Antrag auf Feststellung des Erlöschens eines Schiedsvertrags: Schätzung nach § 3. 4

1046 *[Zuständigkeit für Vollstreckbarerklärung und Klage]*

Das in § 1045 Abs. 1 bezeichnete Gericht ist auch für die Vollstreckbarerklärung von Schiedssprüchen und schiedsrichterlichen Vergleichen sowie für Klagen zuständig, welche die Unzulässigkeit des schiedsrichterlichen Verfahrens, die Aufhebung eines Schiedsspruchs oder Vollstreckbarerklärung eines solchen oder die Rechtsunwirksamkeit eines schiedsrichterlichen Vergleichs zum Gegenstand haben.

1 Vgl §§ 1042, 1044, 1044 a, 1025, 1027, 1037, 1041, 1043. – Das im Schiedsvertrag bezeichnete Gericht ist auch für eine Klage auf Feststellung des Nichtbestehens des Schiedsvertrages zuständig, BGH 7, 184 = NJW 52, 1336. Zum Streit über die Wirksamkeit eines Schiedsvergleichs s Ulrich NJW 69, 2179.

1047 *[Mehrere zuständige Gerichte]*

Unter mehreren nach den §§ 1045, 1046 zuständigen Gerichten ist und bleibt das Gericht zuständig, an das eine Partei oder das Schiedsgericht (§ 1039) sich zuerst gewendet hat.

1 Die Vereinbarung der Zuständigkeit eines anderen Gerichts ist zulässig, JW 94, 11.

1048 *[Außervertragliche Schiedsgerichte]*

Für Schiedsgerichte, die in gesetzlich statthafter Weise durch letztwillige oder andere nicht auf Vereinbarung beruhende Verfügungen angeordnet werden, gelten die Vorschriften dieses Buches entsprechend.

1 **I) Anwendungsbereich:** Alle auf inländischem oder (aus deutscher Sicht maßgebl) ausl Privatrecht beruhenden Schiedsgerichte, mit Ausnahme der vertragl vereinbarten (§ 1025) und solcher, die ein Gesetz selbst – als Sondergericht – anstelle eines Rechtsweges zu einem staatl Gericht etabliert. § 1048 betrifft also Schiedsgerichte, die auf gesetzl Grundlage durch nicht vertragl zu qualifizierenden Rechtsakt (Rechtsgeschäft) eingerichtet werden, Schwab 242.

2 **II) 1) Satzungsmäßige Schiedsgerichte.** Unter § 1048 fällt zB die Anordnung eines Schiedsgerichts durch Stiftungsurkunde oder Vereinssatzung. Die Anordnung setzt privatrechtl Autonomie voraus; fehlt sie, ist Anordnung des Schiedsgerichts durch Satzung unwirksam, BGHZ 48, 35 = NJW 67, 2057; vgl auch KG NJW 77, 57 zur Frage, ob ein nicht rechtsfähiger Verein durch seine Satzung formfrei Schiedsgerichte einsetzen kann; Kleinmann BB 70, 1076. Der Verein kann einseitig durch Satzung Schiedsgericht einsetzen, das für Streitigkeiten mit oder unter Mitgliedern zuständig ist, ohne daß es einer gesonderten Schiedsabrede mit dem Mitglied in der Form des § 1027 bedarf, Schwab 32 II 1 a; aA StJSchl II 1; Staudinger/Coing Vorb 32 zu §§ 21–54 BGB. Ist die Zuständigkeit u Zusammensetzung des Schiedsgerichts in der Satzung usw selbst nicht enthalten, sondern Ausführungsbestimmungen vorbehalten, so findet § 1048 keine Anwendung, RGZ 88, 401. Eine in den Gesellschaftsvertrag einer GmbH aufgenommene Schiedsklausel fällt nicht unter § 1048, wenn (soweit) ihr individualrechtl Streitigkeiten unterworfen sein sollen, BGHZ 38, 155 = NJW 63, 203. Für die Zuständigkeit der staatl Gerichte ist die entsprechende Anordnung in der Vereinssatzung oder Schiedsgerichtsordnung maßgebend; fehlt eine solche, so ist das Gericht zuständig, das für die gerichtl Geltendmachung des Anspruchs zuständig sein würde, München KTS 76, 57, ersatzweise Sitz des Schiedsgerichts, § 1045 I Nr 3.

3 **2)** Um der **Übermacht des Vereins/Verbandes vorzubeugen,** ist § 1025 II anzuwenden, bestr. Um Zweifel gegen die Unparteilichkeit des Schiedsgerichts zu begegnen, ist zu verlangen, daß die Vereinsschiedsrichter entweder von beiden Parteien oder von einem neutralen Dritten bestimmt werden, Schwab Kap 32 II 3 c.

4 **III) Durch letztwillige Verfügung eingesetzte Schiedsgerichte** setzen formwirksames und auch sonst wirksames Testament oder Erbvertrag (§ 2299 BGB) voraus. Kompetenzbereich wird vom Erblasser bestimmt. Äußerste Grenzen: Streitigkeiten im Zusammenhang mit dem Nachlaß und seiner Abwicklung, § 27, zB Rechtsstreitigkeiten zwischen Erben (Erbprätendenten) und zwischen Erben und Vermächtnisnehmern. Testamentsvollstrecker kann zum Schiedsrichter ernannt werden, RGZ 100, 76.

Gesetz betreffend die Einführung der Zivilprozeßordnung

vom 30. Januar 1877 (RGBl S 244) zuletzt geändert durch Gesetz vom 3. Dezember 1976 (BGBl I 3281)

1 *[Inkrafttreten und räumlicher Anwendungsbereich der ZPO; neues Verfahrensrecht]*
Die Zivilprozeßordnung tritt im ganzen Umfange des Reichs gleichzeitig mit dem Gerichtsverfassungsgesetz in Kraft.

I) ZPO und GVG sind am 1. 10. 1879 in Kraft getreten. Die ZPO gilt in der Bundesrepublik und 1
in Westberlin. In der DDR ist sie durch die ZPO v 19. 6. 75 ersetzt worden (Brunner NJW 77, 177).

II) Neues Verfahrensrecht. Übergangsfälle. Lit: *Kloepfer,* Übergangsgerechtigkeit bei Gesetzesänderung und Stichtagsregelungen DÖV 78, 225; *Sieg,* Das Problem der Gesetzeswirkungen, insbesondere bei verfahrensrechtlichen Normen SJZ 50, 878; *ders,* Die Einwirkung von Änderungen zivilprozessualer Normen auf schwebende Verfahren ZZP 65, 249.

1) Bei Erlaß neuer Verfahrensvorschriften sind für die Grenzziehung zwischen altem und 2
neuem Recht in erster Linie die **Übergangsvorschriften** des neuen Gesetzes maßgebend.

2) Soweit Überleitungsvorschriften fehlen oder lückenhaft sind, muß auf **allgemeine Grund-** 3
sätze zurückgegriffen werden.

a) In erster Linie gilt, daß **neues Verfahrensrecht ab seinem Inkrafttreten sofort anzuwenden** 4
ist. Es ergreift damit auch schwebende Verfahren, die unter Anwendung des neuen Verfahrensrechts zu Ende zu führen sind (Sieg aaO; BGH JZ 78, 33; NJW 78, 427, 899). Rückwirkung kommt dem neuen Recht aber nicht zu, sofern nicht ausdrücklich und in zulässiger Weise etwas anders angeordnet ist (BGH 3, 82; Sedemund-Treiber DRiZ 77, 104); abgeschlossene Verfahrenshandlungen, die unter dem bisherigen Recht wirksam vorgenommen wurden, behalten daher ihre Wirksamkeit auch für das restliche Verfahren (Sieg aaO). Bei Änderungen der Zuständigkeit oder des Rechtswegs verdrängt der Grundsatz der perpetuatio fori (§ 261 III Nr 2 ZPO) das sofortige Wirksamwerden des neuen Verfahrensrechts; das bisher, sei es in 1. oder höherer Instanz, mit der Sache befaßte Gericht bleibt auch unter der Geltung des neuen Rechts zuständig (RG 103, 293; BGH NJW 78, 889; Sedemund-Treiber aaO 103).

b) Auch **Änderungen des Rechtsmittelrechts wirken nicht zurück.** Wenn eine Sache unter der 5
Geltung des bisherigen Rechts rechtskräftig abgeschlossen wurde, sei es, daß die Entscheidung unanfechtbar war, die Rechtsmittelfrist vor dem Stichtag ungenutzt abgelaufen oder der Instanzenzug erschöpft war, so verbleibt es dabei, auch wenn das neue Recht neue Anfechtungsmöglichkeiten schafft (BGH 3, 85; Sieg ZZP 65, 258; Sedemund-Treiber aaO 104; Brüggemann FamRZ 77, 586). Rechtsmittel, die gegen eine vor dem Stichtag ergangene Entscheidung noch vor Inkrafttreten des neuen Rechts zulässig eingelegt wurden, bleiben zulässig, auch wenn nach neuem Recht die Anfechtung der Entscheidung ausgeschlossen wäre oder die Zulässigkeit des Rechtsmittels von erschwerenden Voraussetzungen (zB höhere Rechtsmittelsumme, Zulassungserfordernis) abhängig gemacht ist (RG 135, 123; OGHbrZ 1, 152; BGH 1, 29; BayObLG NJW 77, 1733). Das vor dem Stichtag angerufene Rechtsmittelgericht bleibt gemäß § 261 III Nr 2 ZPO für die Entscheidung über das Rechtsmittel nach eingetretener Rechtsänderung auch dann zuständig, wenn nach dem neuen Recht ein anderes Gericht als Rechtsmittel berufen wäre (RG 103, 293; BGH NJW 78, 889, 1260; BayObLG NJW 77, 1733; FamRZ 78, 144; s Rn 4).

c) Wenn das **Rechtsmittel gegen eine vor Inkrafttreten des neuen Rechts ergangene Entschei-** 6
dung erst danach eingelegt wird, so sind Statthaftigkeit und Zulässigkeit infolge der sofortigen Wirksamkeit des neuen Verfahrensrechts nach diesem zu beurteilen (RG JW 25, 362; RG 135, 123; OGHbrZ 1, 316; Sieg SJZ 50, 884; ZZP 65, 263; aM Sedemund-Treiber aaO 104/105 unter Berufung auf den Grundsatz der Rechtsmittelsicherheit). Wenn daher das neue Verfahrensrecht im Gegensatz zum bisherigen die Anfechtung von Entscheidungen bestimmter Art ausschließt, so entfällt, wenn das bisher statthafte Rechtsmittel vor dem Stichtag nicht eingelegt wurde und Überleitungsvorschriften nichts anders bestimmen, mit dem Inkrafttreten des neuen Rechts die Anfechtungsmöglichkeit. Damit wird zwar eine bisher gegebene Rechtsposition der Partei

zunichte gemacht, aber nicht unter unzulässiger Rückwirkung in den Geltungsbereich des alten Rechts; die Partei befindet sich in keiner anderen Lage, als wenn sich das Ergehen der Entscheidung über den Stichtag hinaus verzögert hätte (Sieg aaO; Düsseldorf FamRZ 77, 547; Schleswig SchlHA 77, 129; Oldenburg FamRZ 77, 721; dahinstellend BGH NJW 78, 1260; aM Köln FamRZ 77, 722; Sedemund-Treiber aaO).

7 Wenn ein unbefristetes Rechtsmittel nach neuem Recht **nur noch innerhalb bestimmter Frist** eingelegt werden kann, gilt dies auch für die Rechtsmitteleinlegung gegen eine vorher ergangene Entscheidung erst nach Inkrafttreten des neuen Rechts (BGH MDR 55, 157); doch kann dann der Lauf der Frist nicht schon ab Verkündung oder Zustellung der Entscheidung gerechnet werden, sondern erst ab Inkrafttreten des neuen Rechts, da dem letzteren sonst Rückwirkung in die Zeit vor dem Stichtag beigelegt würde (Brüggemann FamRZ 77, 587; Borgmann AnwBl 77, 407). Die Verlängerung einer am Stichtag noch laufenden Rechtsmittelfrist durch das neue Recht kommt andererseits dem Rechtsmittelführer zugute (Brüggemann aaO 586).

8 Einer **neu eingeführten oder erhöhten Rechtsmittelsumme** muß das erst nach Inkrafttreten des neuen Rechts eingelegte Rechtsmittel gegen die frühere Entscheidung genügen (RG JW 25, 362; RG 135, 123; OGHbrZ 1, 316; vgl BGH JZ 78, 33; aM Sedemund-Treiber aaO 105).

9 Wenn das neue Recht im Gegensatz zum bisherigen die Zulässigkeit eines Rechtsmittels von der **Zulassung** durch das als Vorinstanz tätig gewordene Gericht abhängig macht, muß von diesem Erfordernis bei Rechtsmitteln gegen eine noch vor dem Stichtag ergangene Entscheidung allerdings abgesehen werden; denn sonst würden an die frühere Entscheidung rückwirkend Anforderungen gestellt, denen sie nach dem damaligen Rechtszustand nicht genügen konnte (vgl a Sedemund-Treiber aaO).

10 Wenn zur Entscheidung über das Rechtsmittel nach dem neuen Recht ein **anderes Gericht zuständig** ist als bisher, so ist das nach dessen Inkrafttreten gegen die frühere Entscheidung eingelegte Rechtsmittel an das nunmehr zuständige Gericht zu richten. Das gilt um so mehr, wenn die anzufechtende Entscheidung in dem schon vorher anhängigen Verfahren erst nach Inkrafttreten des neuen Rechts ergeht. Es besteht kein allgemeiner Grundsatz, daß bei einer Änderung der gerichtlichen Zuständigkeit Rechtsmittel gegen vor Inkrafttreten des neuen Rechts ergangene Entscheidungen noch von dem bisher zuständigen Gericht zu erledigen wäre (BGH NJW 78, 427, 889, 1260; aM BGH NJW 50, 877, BayObLG 64, 302, NJW 77, 1733; Sedemund-Treiber aaO). Aus dem Grundsatz der perpetuatio fori folgt nichts Gegenteiliges; er bezieht sich nur auf die Instanz, bei der die Sache bei Inkrafttreten des neuen Rechts schwebt, nicht auf die in Zukunft anzurufenden Rechtsmittelgerichte. Er gewährleistet daher auch nicht die Beibehaltung des bisherigen Instanzenzugs bis zum endgültigen Abschluß des Verfahrens (BGH JZ 78, 33; NJW 78, 427, 889, 1260).

11 **d) Ausnahmsweise** ist die Zulässigkeit von Rechtsmitteln, die gegen eine sei es vor, sei es nach der Rechtsänderung ergangene Entscheidung unter der Geltung des neuen Rechts eingelegt werden, nicht nach diesem, sondern nach dem bisherigen Recht zu beurteilen. Das ist dann der Fall, wenn eine vor dem Stichtag oder auf Grund der durch § 261 III Nr 2 ZPO verlängerten Entscheidungszuständigkeit danach ergangene Entscheidung nach altem Recht anfechtbar war und Entscheidungen dieser Art auch nach neuem Recht angefochten werden können, die Neuregelung aber die Zuständigkeit für solche Entscheidungen auf ein anderes Gericht verlagert hat und nur noch die Anfechtbarkeit der in der neuen Zuständigkeit ergehenden Entscheidungen regelt. Dann ist auf die Anfechtung der vom bisher zuständigen Gericht erlassenen Entscheidung das alte Recht anzuwenden. Sonst würde die Partei die sowohl nach bisherigem als auch nach neuem Recht gegebene Anfechtungsmöglichkeit allein deswegen einbüßen, weil es sich bei ihrer Sache um einen auslaufenden Fall handelt. Insoweit setzt sich der Grundsatz der Rechtsmittelsicherheit gegenüber dem sofortigen Wirksamwerden neuen Verfahrensrechts durch (BGH FamRZ 77, 828; NJW 78, 1260).

2 *[Kostenrecht]*

Das Kostenwesen in bürgerlichen Rechtsstreitigkeiten wird für den ganzen Umfang des Reichs durch eine Gebührenordnung geregelt.

1 Das Kostenwesen ist geregelt durch das GKG, § 12 ArbGG, die JustizbeitreibungsO, die BRAGO, das Ges über Kosten der Gerichtsvollzieher (GVKostG) u das Ges über die Entschädigung v Zeugen u Sachverständigen (ZSEG); ferner Art IX des KostenrechtsÄndG (BGBl 57 I 931) betr Gebühren u Auslagen v Rechtsbeiständen.

3 *[Sachlicher Geltungsbereich]*
(1) Die Zivilprozeßordnung findet auf alle bürgerlichen Rechtsstreitigkeiten Anwendung, welche vor die ordentlichen Gerichte gehören.

(2) Insoweit die Gerichtsbarkeit in bürgerlichen Rechtsstreitigkeiten, für welche besondere Gerichte zugelassen sind, durch die Landesgesetzgebung den ordentlichen Gerichten übertragen wird, kann dieselbe ein abweichendes Verfahren gestatten.

1) **Abs 1.** Vor die ordentl Gerichte gehören nach § 13 GVG grundsätzlich alle bürgerl Rechtsstreitigkeiten. Durch Bundesrecht kann das Verfahren vor den ordentl Gerichten für bestimmte Sachen aber auch abweichend von der ZPO geregelt werden (zB im BEG, GWB); wegen abweichenden früheren Reichsrecht s § 13. Die ZPO ist nach Abs 1 auch anwendbar auf Streitigkeiten, die nicht einem bürgerl Rechtsverhältnis entspringen, sondern durch Gesetz den Zivilgerichten zugewiesen sind, sofern dieses Gesetz nicht ein Landesgesetz ist u darin etwas anderes bestimmt wird (Abs 2). 1

2) **Abs 2.** Wenn die Zuständigkeit bundesrechtlich zugelassener besonderer Gerichte gemäß § 3 EGGVG durch Landesgesetz auf die ordentlichen Gerichte übertragen wird, kann das Landesgesetz insoweit das Verfahren vor den ordentlichen Gerichten abweichend von der ZPO regeln. Wenn das nicht geschieht, bleibt die ZPO anwendbar (RG JW 13, 606). Über von der ZPO abweichende landesrechtliche Verfahrensbestimmungen s weiter §§ 11, 14, 15. 2

4 *[Offenhaltung des Rechtswegs]*
Für bürgerliche Rechtsstreitigkeiten, für welche nach dem Gegenstand oder der Art des Anspruchs der Rechtsweg zulässig ist, darf aus dem Grunde, weil als Partei der Fiskus, eine Gemeinde oder eine andere öffentliche Kooperation beteiligt ist, der Rechtsweg durch die Landesgesetzgebung nicht ausgeschlossen werden.

1) Ein völliger Ausschluß des Wegs zu den Gerichten in bürgerlrechtl Streitigkeiten durch Landesrecht, gleichviel aus welchem Grunde, wäre nach Art 19 IV GG wirkungslos. Daß nach § 13 GVG für bürgerl Rechtsstreitigkeiten auch **durch Landesrecht** die **Zuständigkeit** von **VerwBehörden** begründet werden kann, könnte zufolge des Art 19 IV GG nicht den endgültigen Ausschluß der rechtsprechenden Gewalt zur Folge haben, wenn auch die Generalklausel des § 40 I VwGO nur für öffentlrechtl Streitigkeiten, nicht auch für bürgerlrechtl Ansprüche, den Weg zu den Verwaltungsgerichten offenhält. Nach der Rspr der BVerfG verbietet aber Art 92 GG, durch Gesetz den Verwaltungsbehörden auf Gebieten, die materiell zur Rechtsprechung gehören, die Befugnis zu verbindl Entscheidungen einzuräumen (BVerfG NJW 67, 1248). Zu diesem Bereich gehört insbes die Entscheidung bürgerlrechtl Streitigkeiten (BVerfG 14, 66; NJW 67, 1123). § 4 ist daher gegenstandslos, soweit er es verbietet, die endgültige Entscheidung in bürgerlrechtl Streitigkeiten dann einer Verwaltungsbehörde zuzuweisen, wenn der Fiskus, eine Gemeinde oder sonstige öffentlrechtl Körperschaft als Partei beteiligt ist. 1

2) § 4 läßt auch nicht zu, daß Zivilprozesse des Fiskus, der Gemeinden und sonstigen öffentlrechtl Körperschaften durch Landesgesetz in einen anderen als den Zivilrechtsweg (zB den Verwaltungsrechtsweg) verwiesen werden, wenn gleichartige Streitfälle unter Privaten vor die Zivilgerichte gehören (BGH 31, 117; wegen der umgekehrten Zuweisung bestimmter öffentlrechtl Ansprüche an die ordentlichen Gerichte durch die Landesgesetzgebung s § 71 III GVG, § 40 I 2 VwGO; ferner § 232 BauGB). Landesrechtliche **Erschwerungen,** die das Beschreiten **des Rechtswegs** nicht ausschließen, sind jedoch zulässig (RGSt 15, 325; RG 106, 240); die Erschwerung darf für den Bürger allerdings nicht unzumutbar sein (BVerfG NJW 59, 1123; 60, 331; 76, 141). Die Klageerhebung kann zB davon abhängig gemacht werden, daß zunächst die Entschließung einer bestimmten Behörde eingeholt wird (vgl Stech ZZP 77, 211). So können nach Art 22 BayAGGVG mit §§ 16 f der BayVertretungsO v 8. 2. 77 (GVBl 88) Ansprüche gegen den Staat (für Ansprüche gegen Gemeinden usw gilt das nicht) erst dann gerichtlich verfolgt werden, wenn sich der Beteiligte zunächst an die höhere Verwaltungsbehörde um Abhilfe gewandt und entweder abschlägigen oder innerhalb von 2 Monaten keinen Bescheid erhalten hat (Abhilfeverfahren; s näher BayObLG 54, 216; 56, 70; 65, 493; zur Verjährungshemmung bei verzögerter Abhilfe s BGH VersR 58, 819. Auf den Gebieten, auf denen für Landesprozeßrecht noch Raum ist (zB Enteignungssachen, § 15 Nr 2), kann das Beschreiten des Rechtswegs auch davon abhängig gemacht werden, daß zunächst die Vorentscheidung einer Verwaltungsbehörde eingeholt wird (vgl BVerfG NJW 73, 1683); der Rechtsweg kann endgültig versperrt werden, wenn die ordentlichen Gerichte nicht innerhalb einer bestimmten Ausschlußfrist angerufen wer- 2

den (Rn 3 zu § 15 Nr 2; zu den bundesrechtlichen Parallelfällen s RoSchw § 14 II 3). Nur eine zulässige Erschwerung des Rechtswegs liegt auch vor, wenn für bürgerlichrechtliche Ansprüche des Fiskus die Beitreibung im Verwaltungszwangsverfahren zugelassen wird, sofern für Einwendungen gegen den von den Verwaltungsbehörden einseitig geschaffenen Vollstreckungstitel der Zivilrechtsweg offensteht (vgl zu den staatlichen Holzgefällen in Bayern BayObLG 29, 306, RG JW 37, 540, auch BGH 21, 21); jetzt sind § 1 VwVG und die entsprechenden Bestimmungen der Länder maßgebend, die die Vollstreckung im Verwaltungsweg nur wegen öffentlichrechtlicher Geldforderungen vorsehen (vgl aber auch BVerwG JZ 78, 59).

3 3) Über die **Vertretung** des Staates (Bund, Länder) in bürgerl Rechtsstreitigkeiten s bei § 18 ZPO. Die Vertretung der Gemeinden und Gemeindeverbände richtet sich nach den landesrechtlichen Gemeindeordnungen.

5, 6 [gegenstandslos]

7 *[Revisions- und Beschwerdeeinlegung beim BayObLG]*

(1) Ist in einem Land auf Grund des § 8 des Einführungsgesetzes zum Gerichtsverfassungsgesetz für bürgerliche Rechtsstreitigkeiten ein oberstes Landesgericht errichtet, so entscheidet in den Fällen des § 546 der Zivilprozeßordnung das Oberlandesgericht mit der Zulassung gleichzeitig über die Zuständigkeit für die Verhandlung und Entscheidung der Revision. Die Entscheidung ist für das Revisionsgericht bindend.

(2) In den Fällen der §§ 547, 554b und 566a der Zivilprozeßordnung ist die Revision bei dem obersten Landesgericht einzulegen. Die Vorschriften der §§ 553, 553a der Zivilprozeßordnung gelten entsprechend. Das oberste Landesgericht entscheidet ohne mündliche Verhandlung endgültig über die Zuständigkeit für die Verhandlung und Entscheidung der Revision. Erklärt es sich für unzuständig, weil der Bundesgerichtshof zuständig sei, so sind diesem die Prozeßakten zu übersenden.

(3) Die Entscheidung des obersten Landesgerichts über die Zuständigkeit ist auch für den Bundesgerichtshof bindend.

(4) Die Fristbestimmung im § 555 der Zivilprozeßordnung bemißt sich nach dem Zeitpunkt der Bekanntmachung des Termins zur mündlichen Verhandlung an den Revisionsbeklagten.

(5) Wird der Beschluß des obersten Landesgerichts, durch den der Bundesgerichtshof für zuständig erklärt wird, dem Revisionskläger erst nach Beginn der Frist für die Revisionsbegründung zugestellt, so beginnt mit der Zustellung des Beschlusses der Lauf der Frist für die Revisionsbegründung von neuem.

(6) Die vorstehenden Vorschriften sind auf das Rechtsmittel der Beschwerde gegen Entscheidungen der Oberlandesgerichte in den Fällen des § 519b Abs. 2, des § 542 Abs. 3 in Verbindung mit § 341 Abs. 2, des § 568a und des § 621e Abs. 2 der Zivilprozeßordnung entsprechend anzuwenden.

Lit: *Keidel* NJW 61, 2333; *Schäfer, Schier, Ostler* BayVerwBl 75, 192, 200, 205.

1 **I) Allgemeines: 1)** § 7 ist durch Art 2 Nr 2a der Revisionsnovelle v 8. 7. 75 (BGBl I 1683, in Kraft ab 15. 9. 75) geändert und durch Art 7 Nr 4 der Vereinfachungsnovelle v 3. 12. 76 (BGBl I 2333, in Kraft ab 1. 7. 77) in Abs 6 ergänzt worden.

2 2) Ein **oberstes Landesgericht** ist auf Grund der Ermächtigung in § 8 EGGVG in Bayern (wieder) errichtet worden (Ges Nr 124 v 11. 5. 48, GVBl 83, jetzt Art 10, 11 BayAGGVG v 23. 6. 1981, GVBl 188). Das BayObLG teilt sich mit dem BGH in die Zuständigkeit zur Entscheidung über die Revision gegen Urteile der bayer OLG bzw die Sprungrevision gegen Urteile der bayer LG und über die Beschwerden bzw weiteren Beschwerden gegen Beschlüsse der bayer OLG, soweit solche Beschwerden überhaupt statthaft sind (§ 567 III 2, § 621e II ZPO). Das Kriterium für die Abgrenzung der Zuständigkeit ist in § 8 EGGVG enthalten; danach ist das BayObLG zuständig, wenn es sich im wesentlichen um landesrechtliche Normen handelt.

3 **II) Aufteilung der anfallenden Sachen zwischen beiden Revisionsgerichten: 1)** In jedem Falle zur Entscheidung zuständig ist der BGH in **Baulandsachen** (BGH 46, 190) und in **Entschädigungssachen** (BGH LM 1 zu § 189 BEG 1956). Revisionen in diesen Sachen sind daher, auch

wenn sie sich gegen die Urteile bayer Gerichte richten, stets beim BGH einzulegen; Einlegung beim BayObLG wahrt die Frist nicht (BGH aaO). Das Gleiche gilt in diesen Sachen für die sofortigen Beschwerden bzw weiteren Beschwerden gegen die beschlußmäßige Verwerfung der Berufung (§ 519b ZPO) und des Einspruchs gegen Versäumnisurteile (§§ 542 III mit 341 II und 568a ZPO) sowie für die Nichtzulassungsbeschwerde in Entschädigungssachen (§ 220 BEG). Die bürgerlichrechtlichen Kartellsachen gehören nicht hierher, sondern zu den unter 2) behandelten übrigen Rechtsstreitigkeiten (BGH MDR 68, 386).

2) Außerhalb der Bauland- und Entschädigungssachen ist das für die Verhandlung und Entscheidung zuständige **Revisionsgericht im Einzelfall zu bestimmen: a)** Wenn die **Revision vom OLG zugelassen** wird (in vermögensrechtlichen Streitigkeiten, die nicht Familiensachen sind, wenn der vom OLG festgesetzte Wert der Beschwer 40000 DM nicht übersteigt, § 546 I ZPO; in vermögensrechtlichen Familiensachen, § 621d I ZPO; in nichtvermögensrechtlichen Sachen, § 546 I ZPO), bestimmt das OLG zugleich nach Maßgabe des § 8 EGGVG, ob für die Entscheidung über die Revision der BGH oder das BayObLG zuständig ist (I S 1). Diese Entscheidung ist für das weitere Verfahren bindend (I S 2); damit steht bereits bei Abschluß der Berufungsinstanz das zuständige Revisionsgericht fest. Bei diesem ist daher die Revision einzulegen und zu begründen und sind alle sonstigen Prozeßhandlungen vorzunehmen. Hat das BerufungsG die Revision zugelassen, aber die in § 7 I 1 vorgeschriebene **Bestimmung des zuständigen Revisionsgerichts unterlassen,** so kann die Revision wirksam sowohl beim BGH wie beim BayObLG eingelegt werden (BGH NJW 81, 576). Sie bleibt auch wirksam, wenn nachträglich gerade das Gericht, bei dem die Revision nicht eingelegt wurde, durch Urteilsergänzung oder -berichtigung (§§ 319, 321 ZPO) zum RevisionsG bestimmt wird (zur Wiedereinsetzung bei Einlegungsfehler in einem solchen Fall vgl BGH NJW 81, 576). 4

b) Wenn die **Revision ohne Zulassung statthaft** ist (in vermögensrechtlichen Nichtfamiliensachen, wenn der festgesetzte Wert der Beschwer 40000 DM übersteigt, § 554b ZPO; bei Verwerfung der Berufung als unzulässig durch Urteil des OLG, §§ 519b, 621d II ZPO; bei Sprungrevision, § 566a ZPO), steht das für die Entscheidung zuständige Revisionsgericht bei Abschluß der Vorinstanz noch nicht fest. In diesen Fällen hat das BayObLG nach dem Maßstab des § 8 EGGVG über die Zuständigkeit zu befinden (II S 3). Das Gleiche gilt, wenn das OLG in einer vermögensrechtlichen Sache, die nicht Familiensache ist, den Wert der Beschwer auf einen 40000 DM nicht übersteigenden Betrag festgesetzt hat, ohne die Revision gemäß § 546 I ZPO zuzulassen, die Partei aber dennoch Revision einlegt mit der Behauptung, daß die Beschwer 40000 DM übersteige und daher ein Fall der Annahmerevision (§ 554b ZPO) gegeben sei (BayObLG NJW 77, 685). In diesen Fällen ist die Revision beim BayObLG einzulegen (II S 1); Einlegung beim BGH wahrt die Frist nicht (vgl RG JR 25, 1689). Zustellung der Revisionsschrift: II S 2 mit § 553a ZPO; § 8 II. 5

III) Einstweilige Zuständigkeit des BayObLG: Solange die Entscheidung nach II S 3 über die endgültige Revisionszuständigkeit nicht ergangen ist, hat das BayObLG die Stellung des Revisionsgerichts. Es ist solange auch zur Entgegennahme aller weiteren Anträge und Erklärungen zuständig, wie Antrag auf Prozeßkostenhilfe (BGH LM 45 zu § 233 ZPO), Wiedereinsetzungsgesuch, Revisionsbegründung (zur Frist s unten), Anschlußrevision, Antrag auf einstweilige Einstellung der Zwangsvollstreckung (BGH LM 6 zu § 719 ZPO). Diese Prozeßhandlungen bleiben auch wirksam, wenn danach der BGH als zuständiges Revisionsgericht bestimmt wird (RG 65, 31; BGH LM 6 zu § 719 ZPO; BayObLG NJW 77, 685). Die Prozeßkostenhilfe-Bewilligung durch das BayObLG gilt nur für sein Verfahren; wenn der BGH für zuständig erklärt wird, entscheidet er über die Prozeßkostenhilfe von neuem (BGH LM 42 zu § 233 ZPO), über ein noch nicht erledigtes Gesuch erstmals. Das BayObLG kann die einstweilige Einstellung der Zwangsvollstrekkung nach § 719 ZPO anordnen; wenn der BGH für zuständig erklärt wird, kann er diese Anordnung wieder aufheben (BGH NJW 67, 1967). Die Revisionsbegründungsfrist beginnt mit der Einlegung der Revision beim BayObLG zu laufen; sie läuft wie sonst ab, wenn das BayObLG sich für zuständig erklärt (BayObLG 55, 148; NJW 58, 2068). Wenn dagegen der BGH für zuständig erklärt wird, beginnt sie mit der Zustellung des Abgabebeschlusses an den Revisionskläger von neuem zu laufen (Abs 5); das gilt auch dann, wenn die durch die Revisionseinlegung beim BayObLG in Gang gesetzte Begründungsfrist bei Zustellung des Abgabebeschlusses bereits abgelaufen war (BGH 24, 36; VersR 69, 962). Eine Verlängerung der Revisionsbegründungsfrist durch den Senatsvorsitzenden des BayObLG wirkt auch nach Abgabe an den BGH fort und kann auch dann voll ausgenützt werden, wenn der so bestimmte Endtermin später liegt als das Ende der nach Abs 5 neu eröffneten Begründungsfrist (BGH MDR 64, 486). Wenn der BGH nach Abgabe der Sache an ihn die Prozeßkostenhilfe erst nach Ablauf der Begründungsfrist nach Abs 5 bewilligt, kann mit dem Gesuch um Wiedereinsetzung statt der Nachholung der versäum- 6 ten Begründung ausnahmsweise ein Gesuch um nachträgliche Verlängerung der Revisionsbegründungsfrist verbunden werden, damit dem Revisionskläger zur Begründung der Revision durch einen beim BGH zugelassenen Anwalt die volle Frist des § 554 II 2 ZPO verbleibt (BGH NJW 65, 585). Über die Zulässigkeit der Revision einschließlich der Wiedereinsetzung in die versäumte Einlegungs- oder Begründungsfrist kann nur das nach Abs 2 bestimmte Revisionsgericht entscheiden (BGH LM 42 zu § 233 ZPO); das gilt auch für die Annahme der Revision oder Sprungrevision nach § 554 b ZPO.

7 **IV) Zuständigkeitsbestimmung durch das BayObLG:** Über die endgültige Zuständigkeit als Revisionsgericht entscheidet das BayObLG durch Beschluß ohne mündliche Verhandlung (II S 3). Der Beschluß ist den Parteien von Amts wegen zuzustellen. Die Entscheidung ist für das BayObLG unabänderlich (BayObLG 55, 12; 69, 310) und auch für den BGH bindend (III). Sie stellt den gesetzlichen Richter fest, wenn sie nicht offensichtlich unhaltbar ist oder ohne Bezug auf den gegebenen Maßstab erfolgt (BVerfG NJW 57, 337). Wegen ihrer Wirkung für die Begründungsfrist s Rn 6. Wenn der BGH für zuständig erklärt wird, sind ihm die Akten zu übersenden (II S 4). Dann ist auch eine unselbständige Anschlußrevision beim BGH einzulegen (BayObLG NJW 77, 685); für die selbständige verbleibt es bei § 7 II (BayObLG aaO). Der Verweisungsbeschluß unterbricht nicht nach § 244 ZPO (RG Warn 12, 184). Erklärt das BayObLG sich selbst für zuständig, so bestimmt es Termin gemäß Abs 4 mit § 555 ZPO und § 8 II, sofern es nicht die Revision durch Beschluß als unzulässig verwirft oder die Annahme der Revision gemäß § 554 b ZPO ablehnt.

8 **V) Beschwerden (weitere Beschwerden), Abs 6:** Nach Abs 6 finden die Vorschriften über die Einlegung der Revision und die Bestimmung des zuständigen Revisionsgerichts entsprechende Anwendung auf die Beschwerden bzw weiteren Beschwerden gegen die Beschlüsse der bayer OLG, soweit sie nach § 567 III 2 gegeben sind und nicht Bauland- oder Entschädigungssachen betreffen; so die sofortige Beschwerde gegen die Verwerfung der Berufung durch Beschluß (§ 519 b ZPO); die sofortige Beschwerde gegen die Verwerfung des Einspruchs gegen ein Versäumnisurteil nach §§ 542 III mit 341 II ZPO (vgl BGH MDR 78, 556); die sofortige weitere Beschwerde gegen die Beschlußentscheidung über die Verwerfung des Einspruchs gegen ein Versäumnisurteil nach § 568 a ZPO. Hinzu kommt die befristete weitere Beschwerde in den FGG-Familiensachen nach § 621 e II ZPO (dazu BGH und Borgmann AnwBl 78, 301). In einem Teil dieser Fälle bedarf die Beschwerde bzw weitere Beschwerde der Zulassung durch das OLG (Fall des § 568 a ZPO bei 40 000 DM nicht übersteigender Beschwer; Fall des § 621 e II 1 ZPO); dann hat das OLG Gelegenheit, im Zulassungsbeschluß entspr I S 1 das für die Entscheidung über das Rechtsmittel zuständige Gericht zu bestimmen und damit wie oben Rn 4 festzulegen, wo das Rechtsmittel einzulegen ist (zu § 621 e II 1 zweifelnd Borgmann aaO). In den übrigen Fällen, in denen die Beschwerde bzw weitere Beschwerde ohne Zulassung statthaft ist (§ 519 b, §§ 542 III mit 341 II, § 621 e II 2 ZPO), ist das Rechtsmittel entspr II S 1 beim BayObLG einzulegen (Einlegung beim BGH wahrt die Frist nicht, BGH MDR 79, 74 – auch zu den Voraussetzungen der Wiedereinsetzung – § 233 ZPO – in diesen Fällen), damit es entspr II S 3 das für die Verbescheidung zuständige Gericht bestimmen kann. Außer im Falle des § 621 e II können die Beschwerden entspr dem § 577 II ZPO aber auch bei dem betreffenden bayer OLG eingelegt werden (BGH NJW 62, 1617; VersR 69, 804).

9 **Unstatthafte Beschwerden** gegen Beschlüsse der bayer OLG, die bei diesen eingelegt werden, brauchen nicht an das BayObLG oder den BGH abgegeben zu werden (BayObLG 57, 129). Wenn sie beim BGH eingelegt werden, kann sie dieser ohne Zuleitung an das BayObLG selbst verwerfen (BGH NJW 68, 504).

8 *[Anwaltliche Vertretung; Zustellungen]*

(1) Die Parteien können sich in den in § 7 Abs. 2 genannten Fällen bis zur Entscheidung des obersten Landesgerichts über die Zuständigkeit auch durch einen bei einem Landgericht, Oberlandesgericht oder dem Bundesgerichtshof zugelassenen Rechtsanwalt vertreten lassen.

(2) Die Zustellung der Abschrift der Revisionsschrift an den Revisionsbeklagten und die Bekanntmachung des Termins zur mündlichen Verhandlung an die Parteien erfolgt gemäß § 210 a der Zivilprozeßordnung.

1) Anwaltliche Vertretung (Abs 1): Lit: *Mattern* AnwBl 70, 301. – Abs 1 wurde geändert durch Art 2 Nr 2b der Revisionsnovelle v 8. 7. 75 (BGBl I 1683).

a) Die Vertretungsregelung nach I gilt für Revisionskläger und Revisionsbeklagten als **Ausnahme von § 78 I ZPO** (Grund: Kostenersparnis, vgl BGH NJW 85, 1157) in den Fällen, in denen das zur Entscheidung zuständige Revisionsgericht nicht von vornherein feststeht, sondern nach Revisionseinlegung beim BayObLG (§ 7 I 1) erst durch dieses bestimmt werden muß (§ 7 II 3). Bis zu dieser Zuständigkeitsentscheidung können sich die Parteien durch jeden bei einem deutschen (nicht nur bayerischen) LG oder OLG zugelassenen RA vertreten lassen, nicht nur für Revisionseinlegung und -begründung, sondern auch für sonstige Anträge, wie Antrag auf Bewilligung von PKH oder Wiedereinsetzungsgesuch, Antrag auf Einstellung der Zwangsvollstrekkung, auch Revisionsanschließung. Seit dem BGH-EntlastungsG v 15. 8. 69 ist auch – trotz § 171 BRAO – Vertretung durch einen beim BGH zugelassenen Anwalt möglich. Die Regelung gilt zufolge des § 7 VI auch für die dort genannten Beschwerdefälle (BGH FamRZ 82, 585); § 621 e IV steht nicht entgegen (s Borgmann AnwBl 78, 301). Wegen Beschwerdeeinlegung bei dem OLG, dessen Beschluß angefochten wird, s Rn 8 zu § 7; dann ist Vertretung durch einen beim OLG zugelassenen RA nötig. 1

b) Sobald der Beschluß, durch den das BayObLG seine Zuständigkeit oder Unzuständigkeit ausgesprochen hat, zugestellt ist, gilt für die Vertretung beim Revisionsgericht wieder die allgemeine Regelung der Postulationsfähigkeit durch § 78 I ZPO. Beim **BayObLG** besteht keine eigene Anwaltschaft; jeder bei einem bayer OLG zugelassene RA ist zugleich beim BayObLG zugelassen (§ 227 BRAO). Ein beim BGH zugelassener RA kann die Parteien, wenn sich das BayObLG für zuständig erklärt hat, dort nicht mehr vertreten (§ 171 BRAO). Umgekehrt kann der bisher tätig gewordene, nicht beim BGH zugelassene RA die Parteien nach Verweisung an den BGH dort nicht mehr vertreten; er kann auch nicht mehr Einstellung der Zwangsvollstrekkung beantragen (BGH LM 6 zu § 719), sich auch nicht mehr für den Revisionsbeklagten der Revision anschließen (vgl BayObLG NJW 77, 685). Es besteht jedoch eine **Ausnahme;** auch nach Verweisung an den BGH kann der bisher tätig gewordene, nicht beim BGH zugelassene Anwalt die Revision zurücknehmen, solange sich nicht für die Partei ein beim BGH zugelassener Anwalt gemeldet hat (RG 132, 94; BGH 14, 210; – GrS – NJW 85, 1157). Das Gleiche gilt für die Rücknahme der Klage durch den Revisionsbeklagten (BGH 14, 211; 78, 1262). Der bisher tätige, nicht beim BGH zugelassene Anwalt kann für den Rev-bekl auch noch die Anträge nach §§ 566, 515 Abs 3 ZPO stellen (BGH – GrS – NJW 85, 1157). 2

2) Zustellung (Abs 2): Für die Zustellung der Revisionsschrift an den Revisionsbeklagten (§ 553 a) und die Bekanntmachung des Termins zur mündlichen Verhandlung an die Parteien (§ 555) bestimmt sich der Adressat der Zustellung nach § 210 a. 3

9 *[Bestimmung des zuständigen Gerichts]*

Die Bestimmung des zuständigen Gerichts erfolgt, falls es sich um die Zuständigkeit solcher Gerichte handelt, welche verschiedenen *deutschen Ländern* **angehören und nicht im Bezirk eines gemeinschaftlichen Oberlandesgerichts ihren Sitz haben, durch den** *Bundesgerichtshof* **auch dann, wenn in einem dieser** *Länder* **ein oberstes Landesgericht für bürgerliche Rechtsstreitigkeiten errichtet ist.**

1) Allg Vorschrift über die Bestimmung des zuständigen Gerichts: §§ 36, 650 III ZPO. § 9 betrifft den Sonderfall, daß die in Betracht kommenden Gerichte verschiedenen deutschen Ländern angehören u auch nicht einem gemeinsamen OLG nachgeordnet sind: es entscheidet der BGH. 1

2) In Bayern entscheidet das BayObLG, wenn an dem Kompetenzkonflikt nur bayerische Gerichte beteiligt sind und es für diese gemeinsames nächsthöheres Gericht ist, also bei Streit zwischen bayer OLGen oder AG und/oder LG verschiedener bayer OLG-Bezirke (BayObLGZ 58, 154; 59, 270). Ebenso entscheidet das BayObLG bei Zuständigkeitsstreit zwischen **Zivil- und FamSenat** eines bayer OLG (BayObLGZ 78, 197 = NJW 78, 2251; 79, 44 = NJW 79, 1050; BGH NJW 79, 2249), vgl auch § 119 GVG Rn 17. Gleiches gilt bei einem Zuständigkeitsstreit zwischen dem FamG und dem übergeordneten FamSenat in Bayern (BayObLGZ 79, 292). 2

3) Eine Sonderermächtigung für Länder mit mehreren OLG, in denen kein oberstes Landesgericht errichtet ist, enthält das fortgeltende Ges v 22. 5. 10 (RGBl S 767); Gebrauch wurde von dieser Ermächtigung aber nicht gemacht. 3

10 [gegenstandslos]

11 *[Aufgebotsverfahren nach Landesrecht]*

Die Landesgesetze können bei Aufgeboten, deren Zulässigkeit auf landesgesetzlichen Vorschriften beruht, die Anwendung der Bestimmungen der Zivilprozeßordnung über das Aufgebotsverfahren ausschließen oder diese Bestimmungen durch andere Vorschriften ersetzen.

1 In den der Landesgesetzgebung vorbehaltenen Materien kann auch das Aufgebotsverfahren durch Landesgesetz geregelt werden. Vgl ua Art 101 f, 174 ff EGBGB. S ferner §§ 1006 III, 1009 III, 1023, 1024 ZPO. Für Bayern s Art 26–28 AGGVG, Art 54, 57, 111–121 AGBGB, Art 147 V BergG.

12 *[Begriff des Gesetzes]*

Gesetz im Sinne der Zivilprozeßordnung und dieses Gesetzes ist jede Rechtsnorm.

1 Gleichlautend: Art 2 EGBGB, § 2 EGKO, § 7 EGStPO. – Rechtsnormen: s Rn 10 zu § 1 GVG.

13 *[Verhältnis zu früheren Reichsgesetzen]*

(1) Die prozeßrechtlichen Vorschriften der Reichsgesetze werden durch die Zivilprozeßordnung nicht berührt.

[Abs. 2–4 gegenstandslos]

1 Abs 1 betrifft Reichsgesetze mit prozeßrechtlichen Bestimmungen aus der Zeit vor Ergehen der ZPO (zB §§ 36 ff StrandungsO v 17. 5. 1874, RGBl 73, § 15 GeschmacksmusterG v 11. 1. 1876, RGBl 11). Einige reichsgesetzliche Bestimmungen prozeßrechtlichen Inhalts aus früherer Zeit wurden aber durch Abs 2 der Vorschrift aufgehoben. Später erlassene Reichs-(Bundes-)gesetze, die eine von der ZPO abweichende Regelung enthalten, gehen ihr als lex posterior vor.

14 *[Verhältnis zu Landesprozeßrecht]*

(1) Die prozeßrechtlichen Vorschriften der Landesgesetze treten für alle bürgerlichen Rechtsstreitigkeiten, deren Entscheidung in Gemäßheit des § 3 nach den Vorschriften der Zivilprozeßordnung zu erfolgen hat, außer Kraft, soweit nicht in der Zivilprozeßordnung auf sie verwiesen oder soweit nicht bestimmt ist, daß sie nicht berührt werden.

(2) Außer Kraft treten insbesondere:

1. **die Vorschriften über die bindende Kraft des strafgerichtlichen Urteils für den Zivilrichter;**
2. **die Vorschriften, welche in Ansehung gewisser Rechtsverhältnisse einzelne Arten von Beweismitteln ausschließen oder nur unter Beschränkungen zulassen;**
3. **die Vorschriften, nach welchen unter bestimmten Voraussetzungen eine Tatsache als mehr oder minder wahrscheinlich anzunehmen ist;**
4. **die Vorschriften über die Bewilligung von Moratorien, über die Urteilsfristen und über die Befugnisse des Gerichts, dem Schuldner bei der Verurteilung Zahlungsfristen zu gewähren;**
5. **die Vorschriften, nach welchen eine Nebenforderung als aberkannt gilt, wenn über dieselbe nicht entschieden ist.**

1 **1) Abs 1:** s aber auch § 3 II. Verweisung auf Landesrecht: zB §§ 418 III, 680 V, 801 ZPO. Ausnahmsweise Aufrechterhaltung: §§ 15–17 EG.

2 **2) Katalog des Abs 2: a) Nr 1:** Der Zivilrichter hat sich seine Überzeugung grundsätzl selbst zu bilden u ist daher regelmäßig nicht an Feststellungen in anderen Urteilen gebunden, auch nicht an die eines (sei es verurteilenden, sei es freisprechenden) Strafurteils (vgl BayObLG 59, 15; BGH NJW 83, 230); zB nicht in Verkehrsunfallprozessen nach vorausgegangenem Strafverfahren (z umgekehrten Fall s § 262 StPO). Verwertung des strafgerichtl Urteils im Weg des Urkundenbeweises aber zulässig (RG Gruch 52, 446; BayObLG 4, 445; LG Essen MDR 47, 68; E. Schnei-

der MDR 75, 445; s a RG 13, 199). Die nachträgl Aufhebung e Strafurteils, auf das der Zivilrichter s Überzeugung gestützt hatte, kann daher Wiederaufnahmegrund sein (§ 580 Nr 6 ZPO). Zulässig ist es auch, einzelne Beweisergebnisse eines strafgerichtl Verfahrens urkundenbeweisl zu verwerten, so Protokolle über Zeugen- u Sachverständigenvernehmungen, über eingenommenen Augenschein, zu den Strafakten schriftl erstattete Sachverständigengutachten, Parteierklärungen (RG 105, 221; JW 35, 2953; BGH I, 220; VersR 63, 195; 70, 322, 375; München NJW 72, 2047; VersR 76, 1143; Köln MDR 72, 957; Schneider aaO). Unterlassung kann Verfahrensfehler (Verstoß gg § 296) sein (BGH VersR 62, 1080; BAG NJW 77, 1504). Den Parteien bleibt aber das Recht, anstelle des Urkundenbeweises unmittelbare Beweisaufnahme durch den Zovilrichter zu verlangen (RG JW 30, 2052; Breslau DR 43, 250; BGH 7, 116; VersR 70, 322; München aaO). Unförml Verwertung der Strafakten im PKH-Verfahren: KG VersR 72, 104. Ein Schuldgeständnis im Strafverfahren ist möglicherweise behutsam zu würdigen (Köln VersR 66, 596). Vgl zur Verwertung der Ergebnisse eines Strafverfahrens auch Rose DRiZ 54, 161, Biechteler DRiZ 55, 40, Wussow VersR 60, 582. – Wo ein strafgerichtl Urteil Tatbestandsmerkmal einer materiellrechtl oder prozessualen Rechtsfolge ist, ist es auch für den Zivilrichter maßgebend; zB § 581 ZPO (dazu BGH 50, 123); §§ 8, 9 StrEntschG v 8. 3. 71 (BGBl I 157); der früher praktisch bedeutsame Fall des § 903 RVO (Schadenersatzhaftung für Betriebsunfälle erst nach strafgerichtl Verurteilung) ist durch das UnfallversicherungsneuregelungsG v 30. 4. 63 (BGBl I 241) beseitigt. – Die Rechtslage gestaltende Akte der Strafrechtspflege (zB strafprozessuale Beschlagnahme, Einziehung) hat der Zivilrichter ebenso zu beachten wie auch sonst (vgl Rn 44 zu § 13 GVG) konstitutive Akte. Rechtshängigkeit i strafprozessualen Adhäsionsverfahren wirkt wie e solche im Zivilprozeß (§ 404 II StPO), soweit nicht § 405 StPO eingreift; das zuerkennende Strafurteil im Adhäsionsverfahren hat Rechtskraftwirkung wie ein entspr Zivilurteil (§ 406 III 1 StPO).

b) Nr 2: Grundsätzl gilt freie Würdigung der Beweise; Beweisregeln bestehen nur noch nach Maßgabe des § 282 II ZPO. Zur Bedeutung ausländ Beweismittelvorschriften bei Anwendung ausländ sachlichen Rechts durch das inländ Gericht s BGH JZ 55, 702 mit Anm Gamillscheg, Frey NJW 72, 1602 (zu LG Mannheim NJW 71, 2129). – Im einzelnen vgl BayObLG 66, 135 (Wegfall früherer Vorschriften, die die Beweiskraft von Zeugenaussagen beschränkt haben); BGH 24, 163 (altrechtl Vorschriften über die Beweiskraft öffentl Bücher von § 14 Nr 2 nicht betroffen). – Beweislastregeln fallen nicht unter die Nr 2. Zum Unterschied zwischen Beweis- u Beweislastregeln s Büttner ZZP 71, 3. 3

c) Nr 3: Aufhebung der sog praesumtiones facti seu hominis des alten Rechts. Zu gesetzlichen Vermutungen s nun § 292 ZPO. 4

d) Nr 4: Auch die durch die Kriegsgesetzgebung verordneten Moratorien sind wieder aufgehoben. S nun §§ 813 a, 900 IV ZPO. 5

e) Nr 5: Vgl auch Art 55 EGBGB. Wegen übergangener Ansprüche s nun § 321 ZPO. 6

15 *[Vorbehalte für Landesrecht]*

Unberührt bleiben:

1. die landesgesetzlichen Vorschriften über die Einstellung des Verfahrens für den Fall, daß ein Kompetenzkonflikt zwischen den Gerichten und den Verwaltungsbehörden oder Verwaltungsgerichten entsteht;

2. die landesgesetzlichen Vorschriften über das Verfahren bei Streitigkeiten, welche die Zwangsenteignung und die Entschädigung wegen derselben betreffen;

3. die landesgesetzlichen Vorschriften über die Zwangsvollstreckung wegen Geldforderungen gegen einen Gemeindeverband oder eine Gemeinde, soweit nicht dingliche Rechte verfolgt werden;

4. die landesgesetzlichen Vorschriften, nach welchen auf die Zwangsvollstreckung gegen einen Rechtsnachfolger des Schuldners, soweit sie in das zu einem Lehen, mit Einschluß eines allodifizierten Lehens, zu einem Stammgute, Familienfideikommiß oder Anerbengute gehörende Vermögen stattfinden soll, die Vorschriften über die Zwangsvollstreckung gegen einen Erben des Schuldners entsprechende Anwendung finden.

1) Soweit auf den vorbehaltenen Gebieten das Landesrecht unberührt bleibt, ist auch neues Landesrecht möglich. 1

2) Zu Nr 1: S § 17 a GVG. Ein Kompetenzkonfliktsgerichtshof bestand in Bayern bis 1981 (aufgehoben durch G v 6. 4. 81, GVBl 85). 2

3 **3) Zu Nr 2:** Für Entschädigungsansprüche aus Enteignung ist der Zivilrechtsweg gegeben (Art 14 III 4 GG). § 15 Nr 2 durch Verfassungsrecht aber nur eingeschränkt, nicht beseitigt (RG 104, 139); im Zivilrechtsweg überprüfbare Vorentscheidungen der VerwBehörden sind dadurch nicht ausgeschlossen (BGH 4, 51); für das Beschreiten des Rechtsweges gegen die Verwaltungsentscheidung können Ausschlußfristen bestimmt werden; ausschließl Gerichtsstände können angeordnet werden (BayObLG 67, 110; 68, 159). Auch sonst sind von der ZPO abweichende landesrechtl Verfahrensbestimmungen nicht ausgeschlossen (vgl BGH NJW 80, 583 für den Rechtsmittelzug – s auch § 3 EGGVG –; BayObLG 66, 79; möglich geringere Anforderungen an die Bestimmtheit des Klagantrags als nach der ZPO). S a die Ermächtigung für die Landesgesetzgebung in § 232 BauGB (BGBl 86 I 2191), die Entscheidung über die Anfechtung landesrechtlicher Enteignungs- und Eingriffsakte den Baulandgerichten nach dem BauGB zu übertragen (so HambEnteigG v 14. 6. 63, GVBl S 77; vgl dazu BGH NJW 80, 583). – Für Bayern s BayEnteignungsG v 25. 7. 78 (GVBl 625), das wegen Art 93 BayVerf den zweispurigen Rechtsweg beibehalten hat (Art 44).

4 **4) Zu Nr 3:** geändert durch Art 2 Ges v 20. 8. 53 (BGBl I 952). Für die Zwangsvollstreckung gg Bund, Länder, Körperschaften, Anstalten u Stiftungen des öffentl Rechts (außer Gemeinden u Gemeindeverbänden) gilt jetzt § 882a ZPO. – Zwangsvollstreckung wegen Geldforderungen gg Gemeinden (dazu Geissler NJW 53, 1855): Es gilt die Gemeindegesetzgebung der Länder. Für Bayern s Art 77 GemO (GVBl 78, 353), Art 71 LKrO (GVBl 78, 377), Art 69 BezO (GVBl 78, 396). Danach ist beglaubigte Abschrift des Vollstreckungstitels auch der Rechtsaufsichtsbehörde zuzustellen; die Zwangsvollstreckung darf erst 1 Monat danach beginnen; Konkurs- und Vergleichsverfahren sind ausgeschlossen. Die allgemeinen Vorschriften der ZPO gelten aber für die Zwangsvollstreckung auf Herausgabe, Erwirkung von Handlungen und Unterlassungen, Geltendmachung dinglicher Rechte.

5 **5) Zu Nr 4:** Die Vorbehalte der Art 59 ff EGBGB für die Landesgesetzgebung waren zum Teil schon durch Reichs- und Besatzungsrecht überholt und sind, soweit nicht aufgehoben, durch Auflösung der gebundenen Güter großenteils gegenstandslos geworden. Soweit in Teilen des Bundesgebiets noch Anerbenrecht besteht (vgl Art 64 EGBGB), kann durch Landesgesetz auch angeordnet werden, daß für die Zwangsvollstreckung gegen einen Rechtsnachfolger, der für persönliche Verbindlichkeiten des Vorgängers mit dem Hof haftet, die Vorschriften über die Zwangsvollstreckung gegen Erben (Erteilung der Vollstreckungsklausel, Geltendmachung der beschränkten Haftung, §§ 727, 778 ff ZPO) entsprechende Anwendung finden (so früher Art 28 BayAGZPO).

16 *[Aufrechterhaltung bürgerlichrechtlicher Vorschriften]* Unberührt bleiben:

1. die Vorschriften des bürgerlichen Rechts über die Beweiskraft der Beurkundung des bürgerlichen Standes in Ansehung der Erklärungen, welche über Geburten und Sterbefälle von den zur Anzeige gesetzlich verpflichteten Personen abgegeben werden;

2. die Vorschriften des bürgerlichen Rechts über die Verpflichtung zur Abgabe einer eidesstattlichen Versicherung;

3. die Vorschriften des bürgerlichen Rechts, nach welchen in bestimmten Fällen einstweilige Verfügungen erlassen werden können.

1 **1) Zu Nr 1:** S a § 418 III ZPO. Maßgebend ist jetzt das PStG (v 8. 8. 57, BGBl I 1125).

2 **27 Zu Nr 2:** Geändert durch Ges v 27. 6. 70 BGBl I 911 (Ersetzung des Offenbarungseids durch eidesstattliche Versicherung; dazu Habscheid NJW 70, 1669, Schmitt Rpfleger 71, 135). Soweit sich Rechtsverhältnisse nach Landesrecht bestimmen, kann dieses auch zur Offenbarungsversicherung verpflichten. Eine Reihe einschlägiger Bestimmungen enthält nun das BGB.

3 **3) Zu Nr 3:** Voraussetzung ist auch hier, daß die Materie landesrechtlich geregelt ist (zB Landespressegesetze). Einschlägige Bestimmungen enthalten jetzt auch das BGB und andere zivilrechtliche Bundesgesetze (zB UWG, UrhRG, PatG).

17 *[Beweiskraft von Urkunden]*

(1) Die Beweiskraft eines Schuldscheines oder einer Quittung ist an den Ablauf einer Zeitfrist nicht gebunden.

(2) Abweichende Vorschriften des bürgerlichen Rechts über die zur Eintragung in das Grund- oder Hypothekenbuch bestimmten Schuldurkunden bleiben unberührt, soweit sie die Verfolgung des dinglichen Rechts betreffen.

Abs 1: s § 368 BGB. **Abs 2** mit Anlegung des Grundbuchs (Art 186 EGBGB) gegenstandslos. 1

18 [gegenstandslos]

19 *[Begriff der Rechtskraft]*

(1) Rechtskräftig im Sinne dieses Gesetzes sind Endurteile, welche mit einem ordentlichen Rechtsmittel nicht mehr angefochten werden können.

(2) Als ordentliche Rechtsmittel im Sinne des vorstehenden Absatzes sind diejenigen Rechtsmittel anzusehen, welche an eine von dem Tage der Verkündung oder Zustellung des Urteils laufende Notfrist gebunden sind.

Die Bestimmung gehörte zu der Überleitungsvorschrift des § 20. S nun § 705 ZPO. 1

20–23 [gegenstandslos]

24 *[Vergeltungsrecht]*

Unter Zustimmung des *Bundesrates* **kann durch Anordnung des** *Reichskanzlers,* **der** *Reichsminister der Justiz und des Auswärtigen* **bestimmt werden, daß gegen einen ausländischen Staat sowie dessen Angehörige oder ihre Rechtsnachfolger ein Vergeltungsrecht zur Anwendung gebracht wird.**

1) Vergeltungsrecht für Ausländer: Die nunmehrige Zuständigkeit ist nicht ausdrücklich geregelt (vgl Art 32 I und Art 129 I GG). Einschlägige Anordnungen sind nicht ergangen. Die Gerichte sind nicht befugt, von sich aus bei der Rechtsanwendung ausländische Staaten oder ihre Angehörigen vergeltungsweise zu benachteiligen (RG 103, 262; LG Nürnberg-Fürth FamRZ 55, 332; BayObLG 65, 126; Ferid JZ 54, 159). Keine Retorsion ist die ausnahmsweise Ungleichbehandlung von Ausländern bei fehlender Gegenseitigkeit in den §§ 110, 328, 723 ZPO. 1

2) Heimatlose Ausländer iS des Ges v 25. 4. 51 (BGBl I 269) sind den deutschen Staatsangehörigen gleichgestellt, zT auch andere Ausländer auf Grund von Staatsverträgen. 2

3) Bedeutung hat § 24 heute jedoch noch bei der **Rechtsauslegung;** es ist unzulässig, Rechtsnormen, insbesondere Billigkeitsregeln, so auszulegen, daß diese sich praktisch wie „Vergeltungsrecht" auswirken (BGH NJW 82, 1940 zu § 1587 c Nr 1 BGB). 3

Gerichtsverfassungsgesetz

vom 27. 1. 1877 (RGBl 41) in der Fassung vom 9. 5. 1975 (BGBl I 1077), zuletzt geändert durch Gesetz vom 19. 12. 1986 (BGBl I 2566)

Einleitung

I) Die rechtsprechende Gewalt

1 **1)** Die von den Gerichten ausgeübte rechtsprechende Gewalt (Art 92 GG) steht im Sinne der Gewaltenteilung als dritte Hauptfunktion des Staates neben Gesetzgebung und Verwaltung (Art 20 II, III GG). Ihr Wesen liegt vornehmlich darin, auf Anrufung eines Beteiligten im Wege der Einzelfallentscheidung durch einen unbeteiligten und unabhängigen, mit staatlicher Gewalt ausgestatteten Dritten das objektive Recht auf einzelne Sachverhalte anzuwenden und dadurch die Rechtsordnung zu verwirklichen. Die Abgrenzung hat im einzelnen nach materiellen Gesichtspunkten zu erfolgen (vgl Kissel Einl Rdnr 136 ff), wobei insbesondere dem Rechtsschutzzweck gegenüber dem Staatsbürger (vgl Art 13 II, 14 III 4, 34, 104 II, III, 19 IV GG) besondere Bedeutung zukommt (BVerfGE 22, 49 = NJW 67, 1219).

2 **2)** Das GG kennt neben der Verfassungsgerichtsbarkeit des Bundes und der Länder (Art 92, 93, 100 GG und Länderverfassung) 5 **Gerichtszweige:** Ordentliche Gerichte, Verwaltungs-, Finanz-, Arbeits- und Sozialgerichte (Art 95 I GG). Dabei stehen die Arbeitsgerichte, soweit sie in bürgerlichen Rechtsstreitigkeiten entscheiden (§ 2 ArbGG), zu den ordentlichen Gerichten, die Finanz- und Sozialgerichte zu den allgemeinen Verwaltungsgerichten im Verhältnis besonderer zu allgemeinen Gerichten. – Durch die Grundgesetzänderung vom 6. 3. 1961 (BGBl I, 141) wurde in Art 96 I GG (früher: Art 96 a I GG) die Voraussetzung für einen weiteren Sondergerichtszweig der ordentlichen Gerichtsbarkeit geschaffen. Das Patentgericht wurde im Rahmen der Neufassung des PatG vom 9. 5. 1961 als Bundesgericht eingerichtet (§§ 65 ff PatG), vgl dazu auch § 14. Weitere Sondergerichtszweige sieht das GG für die Wehrstrafgerichtsbarkeit (Art 96 II GG) und für die Disziplinargerichtsbarkeit (Art 96 IV GG) vor.

3 Für jeden der in Art 95 I GG genannten Gerichtszweige besteht ein **oberster Gerichtshof** des Bundes (zur Zulässigkeit oberster Landesgerichte vgl § 8 Abs 2 EGGVG und BVerfGE 6, 51 f). Das in Art 95 GG aF ursprünglich zur Wahrung der Einheit des Bundesrechts vorgesehene Oberste Bundesgericht wurde nie errichtet. An seiner Stelle besteht auf Grund der Neufassung des Art 95 GG durch das G v 18. 6. 68 (BGBl I 657) ein Gemeinsamer Senat der obersten Gerichtshöfe (Art 95 III GG und G zur Wahrung der Einheitlichkeit der Rechtsprechung der obersten Gerichtshöfe des Bundes v 19. 6. 68, BGBl I 661; vgl auch § 136 Rn 1).

4 **3)** Die Gerichtsbarkeit ist Ausübung **staatlicher Gewalt** (Art 92 GG). Dies bestimmte ausdrücklicher der durch das VereinheitlichungsG als selbstverständlich gestrichene § 15 GVG.

5 **a) Private** Gerichtsbarkeit jeder Art (Patrimonal-, Zunftgerichtsbarkeit) ist abgeschafft. Die Schiedsgerichtsbarkeit (§§ 1025 ff ZPO) bildet nur eine scheinbare Ausnahme, da sie sich aus der Vertragsfreiheit (Art 2 I GG), nicht aber aus originärer, nichtstaatlicher Gerichtsgewalt ableitet. Auch die geistliche Gerichtsbarkeit (zB in Ehesachen) ist – als Privatgerichtsbarkeit – „ohne bürgerliche Wirkung" (so der frühere § 15 II GVG).

6 **b)** Die Gerichte der ordentlichen Gerichtsbarkeit sind – mit Ausnahme des BGH und des Bundespatentgerichts – **Einrichtungen der Länder** (Art 30, 92 ff GG). Die Bundesrepublik ist jedoch ein einheitliches Rechtspflegegebiet; dies kommt zB in den Verweisungsvorschriften (vgl § 281 ZPO) oder in § 160 GVG deutlich zum Ausdruck. Zum Verhältnis zur Gerichtsbarkeit der DDR vgl IZPR Rn 188.

II) Gericht, Richter, Justizverwaltung

7 **1)** Der Begriff des **Gerichtes** hat eine doppelte Bedeutung. Im **organisatorischen Sinn** ist unter Gericht die behördliche Einrichtung zu verstehen, die nach außen für einen bestimmten Bezirk zur Wahrnehmung der Aufgaben der Rechtspflege (einschließlich der Justizverwaltung) bestellt ist. Demgegenüber ist Gericht (**erkennendes Gericht**) im prozessualen Sinn der besondere Spruchkörper, der im Einzelfall rechtsprechend tätig wird. Dieser kann Einzelrichter oder Kollegialgericht sein. Nur Gerichte in diesem Sinn zählen zur rechtsprechenden Gewalt (Art 92 GG).

Das GVG gebraucht den Begriff Gericht in beiden der geschilderten Bedeutungen. Im Sinne der Gerichtsanstalt ist er insbesondere in den Vorschriften zu verstehen, die die äußere Gerichtsorganisation betreffen (zB §§ 12, 22, 22a, 59, 115, 123, 124, 141, 153, 154 GVG). Das Gericht als Spruchkörper ist, soweit nicht ohnehin vom „erkennenden" Gericht die Rede ist (zB § 169 GVG), in der Regel, insbesondere in den Vorschriften über die sachliche und funktionelle Zuständigkeit sowie in den Vorschriften, die richterliche Handlungen betreffen, gemeint: zB §§ 13, 16, 23 ff, 71 ff oder §§ 17, 156, 169, 172 GVG. 8

2) Der Begriff des **Richters** (Rechtsstellung geregelt im DRiG; s auch bei § 1 GVG) steht in unmittelbarem Zusammenhang mit dem der rechtsprechenden Gewalt (Art 92 GG) und ist daher wie dieser nach materiellen Kriterien zu bestimmen, die in Art 97 GG umrissen sind. Richter ist daher nicht schon Kraft seines Amtes derjenige, der innerhalb eines Gerichts im organisatorischen Sinn Aufgaben der Rechtspflege wahrnimmt. Nötig ist vielmehr, daß er für diese Aufgaben mit den Garantien des Art 97 GG ausgestattet ist. Wesentlich ist ferner, daß ein Richter Aufgaben innerhalb der nicht zur Rechtsprechung zählenden Staatsgewalten nur in beschränktem Umfang wahrnehmen darf (vgl § 4 DRiG, hinsichtl der Verfassungsmäßigkeit der Vorschrift s BVerwG MDR 67, 327). Zu den Richtern zählen neben den Berufsrichtern auch die ehrenamtlichen Richter, § 1 DRiG. – Der Sprachgebrauch des GVG ist auch bezüglich des Begriffs Richter vielfach ungenau; so meint § 1 GVG mit „Gericht" in Wahrheit Richter (genauer daher Art 92 Halbs 1, 97 GG); bei den einen Einzelrichter betreffenden Bestimmungen des GVG ist andererseits vielfach das Gericht im prozessualen Sinn gemeint (zB: § 25 GVG). 9

3) Von der Rechtsprechungstätigkeit der Gerichte ist die materiell zur Exekutive zählende **Justizverwaltung** (über die Organisation der Justiz vgl Keller, Die Justiz 71, 361; Kissel § 12 Rdnr 32 ff; Domcke, Festschrift für Bengl, 1983, S 2 ff) zu unterscheiden, obgleich diese teilweise auch Gerichten und sonstigen Rechtspflegeorganen (Gerichtspräsidenten oder -vorstände, Staatsanwaltschaft) übertragen ist. Die Justizverwaltung gehört zur „Gerichtsverwaltung" iSd § 4 II Nr 1 DRiG, da dort der Begriff „Gerichtsverwaltung" lediglich wegen der Einbeziehung der Sondergerichtsbarkeiten (insb Verwaltungs-, Finanz-, Arbeits- und Sozialgericht) gewählt ist, die im klassischen Sinn nicht zur „Justiz" gezählt wurden – im allgemeinen ist dagegen „Gerichtsverwaltung" der Teil der Justizverwaltung, der unmittelbar die Gerichte (etwa im Gegensatz zu StA, Justizvollzugsbehörden, Justizministerien) betrifft. 10

a) Die Justizverwaltung ist, soweit sich aus dem GG nichts anderes ergibt (zB: für die Bundesgerichte, Art 92 ff GG, und das Begnadigungsrecht des Bundes, Art 60 II, III GG), **Sache der Länder** (Art 92, 83 GG); es besteht auch keine Gesetzgebungskompetenz des Bundes zur Regelung der Justizverwaltung in den Ländern. Demgemäß gelten die in § 8 Nr 7 VereinheitlG aufrechterhaltenen §§ 13–18 VO vom 20. 3. 1935, die den Aufbau der Justizverwaltung reichsrechtlich regelten, als Landesrecht fort (Art 125 GG), soweit nicht abweichende landesrechtliche Vorschriften erlassen wurden (vgl Baden-Württemberg: AGGVG v 16. 12. 75, GBl 868; Bayern: §§ 19–21 AGGVG v 23. 6. 81, GVBl 188; Bremen: AGGVG idF v 21. 8. 74, GBl 297; Hamburg: §§ 22 ff AGGVG v 31. 5. 65, GVBl 99; Niedersachsen: §§ 10 ff AGGVG v 5. 4. 63, GVBl 225; Saarland: AGGVG v 4. 10. 72, Amtsbl 601). 11

VO zur einheitlichen Regelung der Gerichtsverfassung v 20. 3. 1935, RGBl I 403 12

§ 13. Die Präsidenten der Gerichte, die aufsichtführenden Amtsrichter, die Leiter der Staatsanwaltschaften und die Vorsteher der Gefangenenanstalten haben nach näherer Anordnung des „Reichsministers der Justiz" die ihnen zugewiesenen Geschäfte der Justizverwaltung zu erledigen. Sie werden im Falle der Behinderung in diesen Geschäften durch ihren ständigen Vertreter vertreten und können die ihrer Dienstaufsicht unterstellten Beamten zu den Geschäften der Justizverwaltung heranziehen.

§ 14. I) Die Dienstaufsicht üben aus

1. der „Reichsminister der Justiz" über sämtliche Gerichte, Staatsanwaltschaften und Gefangenenanstalten,
2. (weggefallen),
3. der Oberlandesgerichtspräsident und der Landgerichtspräsident über die Gerichte ihres Bezirks,
4. der aufsichtsführende Amtsrichter über das Amtsgericht,
5. (gegenstandslos),
6. der Generalstaatsanwalt beim Oberlandesgericht und der Oberstaatsanwalt beim Landgericht über die Staatsanwaltschaften, der Generalstaatsanwalt auch über die Gefangenenanstalten des Bezirks,
7. der Vorsteher des badischen Notariats, der Leiter der Amtsanwaltschaften und der Vorsteher der Gefangenenanstalt über die unterstellte Behörde.

II) Dem Landgerichtspräsident steht die Dienstaufsicht über ein mit einem Präsidenten besetztes Amtsgericht nicht zu.

III) Der „Reichsminister der Justiz" bestimmt, bei welchen Amtsgerichten der Präsident die Dienstaufsicht über andere zum Bezirk des übergeordneten Landgerichts gehörigen Amtsgerichte an Stelle des Landgerichtspräsidenten ausübt.

§ 15. Die Dienstaufsicht über eine Behörde erstreckt sich zugleich auf die bei ihr angestellten oder beschäftigten Beamten, Angestellten und Arbeiter. Die Dienstaufsicht des aufsichtsführenden Amtsrichters beschränkt sich jedoch, „wenn ihm nicht die Zuständigkeit für die im § 5 Abs 1 bezeichneten Anordnungen übertragen worden" (§ 5 aufgehoben) ist, auf die bei dem Amtsgericht angestellten oder beschäftigten nichtrichterlichen Beamten, die Angestellten und Arbeiter; die Dienstaufsicht des Leiters der Amtsanwaltschaft, sofern er nicht Oberstaatsanwalt ist, beschränkt sich auf die nicht dem höheren oder dem Amtsanwaltsdienst angehörigen Beamten.

§ 16. I) Wer die Dienstaufsicht über einen Beamten ausübt, ist Dienstvorgesetzter des Beamten.

II) In der Dienstaufsicht liegt die Befugnis, die ordnungswidrige Ausführung eines Amtsgeschäfts zu rügen und zu seiner sachgemäßen Erledigung zu ermahnen. (Vgl jetzt § 26 II DRiG).

§ 17. I) Beschwerden in Angelegenheiten der Justizverwaltung werden im Dienstaufsichtswege erledigt. (Vgl jetzt auch §§ 23 ff EGGVG idF des § 179 VwGO v 21. 1. 1960, BGBl I 17).

II) Über Aufsichtsbeschwerden, die sich gegen einen im ersten Rechtszuge vom Präsidenten eines Amtsgerichts erlassenen Bescheid richten, entscheidet der Oberlandesgerichtspräsident endgültig, wenn für Beschwerden dieser Art bestimmt ist, daß die Entscheidung des Landgerichtspräsidenten endgültig ist.

§ 18. Der „Reichsminister der Justiz" kann die Ausübung der ihm in dieser Verordnung übertragenen Befugnisse auf die ihm unmittelbar nachgeordneten Präsidenten der Gerichte und Leiter der Staatsanwaltschaften übertragen.

13 **b)** Zu den **Aufgaben** der Justizverwaltung (vgl auch Kissel § 12 Rdnr 53 ff) gehört primär die Schaffung der äußeren Voraussetzungen für die Ausübung der Rechtspflege in sachlicher (Errichtung der Gerichte, Einteilung der Gerichtsbezirke, Bereitstellung der Gebäude und des sonstigen Sachbedarfs) wie in persönlicher Hinsicht (Ausbildungs- und Prüfungswesen, Anstellung der Richter und der sonstigen Dienstkräfte, Besoldung), ferner: Zulassung zur Rechtsanwaltschaft (§§ 8, 19 II BRAO), Bestellung der Notare (§ 12 BNotO), Dienstaufsicht über Richter (§ 26 DRiG, § 14 VO v 20. 3. 35 bzw Landesrecht) und Notare (§ 92 BNotO), Justizbeitreibung (JBeitrO v 11. 3. 37, RGBl I 298), Hinterlegungswesen (HinterlO v 10. 3. 37, RGBl I 285), Strafvollzug und Gefängniswesen (§ 451 StPO und StVollstrO vom 15. 2. 56, die Bund und Länder in einheitlicher Fassung erlassen haben; mehrfach geändert), Führung des Strafregisters (vgl BZRG v 18. 3. 71, BGBl 243) und Gnadenwesen, soweit es vom Inhaber des Gnadenrechts (vgl Art 60 II, III GG; Länderverfassungen, zB: Art 47 IV BayVerf) auf den Justizminister übertragen ist (zB: Art 2 II Ziff 1 der AnO des BPräs v 4. 10. 65, BGBl III 313; Bayern: Bek v 20. 9. 73, GVBl 508).

14 **c)** Dagegen gehört die **gerichtliche Selbstverwaltung** (insbesondere: Geschäftsverteilung, vgl §§ 21 e–21 g GVG) nicht zur Justizverwaltung. Es besteht daher – im Gegensatz zu dieser – bei jener kein Weisungsrecht der vorgesetzten Behörde.

15 **d)** Hinsichtlich der **Anfechtung** von Akten der Justizverwaltung §§ 23 ff EGGVG. Die Regelung umfaßt allerdings bei weitem nicht alle Akte der Justizverwaltung; soweit die Voraussetzungen des § 23 I EGGVG nicht vorliegen, ist grundsätzlich der Verwaltungsrechtsweg (§ 40 VwGO) gegeben. Näheres vgl bei § 23 EGGVG.

III) Das GVG

16 **1)** Das GVG vom 21. 1. 1877 trat als eines der sog Reichsjustizgesetze zusammen mit ZPO, StPO, KO und RAO am 1. 10. 1879 in Kraft. Zur Entstehungsgeschichte: Schubert, Die Deutsche Gerichtsverfassung (1869–1877), Frankfurt 1981; Kissel Einl Rdnr 41 ff.

17 **2)** Das GVG regelt die Gerichtsverfassung der **ordentlichen Gerichte** nebst der ihnen angeschlossenen Behörden und Einrichtungen (vgl 10.–12. Titel). Es gilt nur für die in § 12 genannten bzw an ihre Stelle tretenden Gerichte (BayObLG, §§ 8, 9 EGGVG mit Art 11 bay AGGVG), dagegen grundsätzlich nicht für die zugelassenen Sondergerichte der ordentlichen Gerichtsbarkeit (vgl Rn 2 und § 14). Gemäß § 2 EGGVG gilt dies auch nur insoweit, als die genannten Gerichte streitige Gerichtsbarkeit ausüben. Das GVG ist jedoch auch dann anzuwenden, wenn nicht streitige Gerichtsbarkeit den nach dem GVG gebildeten Gerichten zugewiesen ist, so insbesondere nach dem FGG, §§ 19 II, 28, 30 I (BGH 9, 32). – Räumlich gilt das GVG in der Bundesrepublik einschließlich des Landes Berlin.

18 **3)** Das GVG regelt die Gerichtsverfassung der ordentlichen Gerichte **nicht abschließend.** Von unmittelbarer Bedeutung für die ursprünglich im GVG geregelte Materie sind insbesondere: GG (Art 30, 35, 73 ff, 92–104 sowie die Rechtswegbestimmungen der Art 14 III S 4, 15 S 2, 19 IV, 34 S 3); DRiG, durch das die ursprünglich im 1. Titel des GVG enthaltene Regelung des Richteramtes ersetzt wurde; JGG; sowie die Ausführungsgesetze der Länder zum GVG und DRiG und das RichterwahlG v 25. 8. 50 (BGBl 368). Ergänzend neben dem GVG bestehen die verschiedensten

gesetzlichen Bestimmungen, die für die Rechtspflege innerhalb der ordentlichen Gerichtsbarkeit von Bedeutung sind, so insbesondere: RPflG, FGG, BRAO, BNotO.

19 **4)** Um die Frage der Umgestaltung der ordentlichen Gerichtsbarkeit im Rahmen der sog **„großen Justizreform"** (vgl dazu Bericht der Kommission für Gerichtsverfassungsrecht u Rechtspflegerrecht, herausgegeben vom BMJ, 1975) ist es wieder ruhig geworden; derzeit ist mit grundlegenden Änderungen nicht zu rechnen. Schwerpunkt der Diskussion ist das Problem der Geschäftsbelastung (Überlastung) der Gerichte, das in allen Bereichen und in allen Stufen der Gerichtsbarkeit immer drängender wird. Das Schlagwort vom **„knappen Gut Rechtsgewährung"** (Benda, Deutscher Richtertag 1979 in Essen) ist seither vielfach zitiert worden; die Bewältigung des Problems, das es bezeichnet, ist aber kaum vorangekommen. Weitgehend Einigkeit besteht wohl darin, daß ihm mit dem Mittel der Personalvermehrung nicht (mehr) erfolgversprechend zu begegnen ist. Ob der Gesetzgeber – durch sog Beschleunigungs- und Vereinfachungsgesetze – Abhilfe zu schaffen vermag, darf bezweifelt werden. Die bisherigen Bemühungen (vgl etwa G v 3. 12. 76 – Vereinfachungsnovelle – oder v 8. 12. 82 – Wertgrenzenänderung – im Bereich des Zivilprozesses) haben jedenfalls nicht nur das Problem nicht gelöst, sondern nicht einmal die Tendenz steigender Belastung der Gerichte zu wenden vermocht. Die Ursachen dürften auch in der Tat tiefer liegen: die im Zuge des Wiederaufbaus von Demokratie und Rechtsstaat notwendige Aufwertung der dritten Gewalt hat – vielleicht unvermeidlich – zu Überbetonungen ihrer Aufgaben und Möglichkeiten geführt. Wer mit was auch immer nicht einverstanden ist oder sich durch was auch immer belastet fühlt, bemüht die Gerichte meist durch mehrere Instanzen. Politik und Rechtsprechung bis hinauf zur Verfassungsgerichtsbarkeit, die oft der Versuchung, als Superrevisionsinstanz letzte Einzelfallgerechtigkeit zu vermitteln, nicht hinreichend widerstanden hat, haben ihren Teil dazu beigetragen. Das ausgewogene Verhältnis der dritten Gewalt im Rahmen der Staatsgewalten, aber auch im Verhältnis zur Selbstordnung der Gesellschaft und zum Privatbereich der Bürger haben wir noch nicht gefunden. Zum Stand der Diskussion vgl insbes: Benda DRiZ 79, 357; Zeidler DRiZ 83, 249; Pfeiffer ZRP 81, 121; Leonardy DRiZ 81, 125; Beiträge zum 13. Dt Richtertag DRiZ 83, 377 ff und Grenzen der Rechtsgewährung, Köln 1983.

20 **5)** Zum Spannungsverhältnis zwischen dem **Haushaltsbewilligungsrecht** des Parlaments (zu dem auch das Ermessen darüber zählt, die Personalkosten des öffentl Dienstes – und damit auch der Justiz – zu begrenzen), der aus dem Rechtsstaatsprinzip abzuleitende **Justizgewährungspflicht** (BVerfG 38, 115) sowie dem Grundsatz des **gesetzl Richters** vgl – sehr eingehend – BayVerfGH NJW 86, 1326 (zu den konkreten Folgerungen s § 21e Rn 39d). Die dort aufgezeigte Abgrenzung verdient Zustimmung. Insbesondere gilt dies für den grundsätzlichen Vorrang des Budgetrechts als der fundamentalen Gestaltungsbefugnis der gesetzgebenden Gewalt vor den Notwendigkeiten der Ausstattung der Gerichte, wie sie die dritte Gewalt selbst – durch ihre Rechtsprechung – als geboten feststellt. Im Rahmen des Ermessens des Haushaltsgesetzgebers ist das Rechtsstaatsprinzip auch in seiner besonderen Ausprägung durch die Justizgewährungspflicht zu berücksichtigen. Ein Eingriff deswegen kann der dritten Gewalt, die hier unmittelbar Betroffene ist, aber nur bei offensichtlichen Fehlgriffen des Gesetzgebers zugebilligt werden. Ansonsten würde die dritte Gewalt in einer mit dem Grundsatz der Gewaltenteilung nicht zu vereinbarenden Weise zum Richter in eigener Sache gemacht. Dies berücksichtigen die zu ähnlicher Problemlage ergangenen Entscheidungen des BGH (NJW 85, 2336 und 2337) nicht, die das Problem auf die Auslegung des positiven Rechts verengen und das dadurch aufgeworfene grundsätzliche Spannungsverhältnis der Staatsgewalten übergehen (s dazu § 21e Rn 39e).

Erster Titel

GERICHTSBARKEIT

Vorbemerkung

1 §§ 1–11 regelten ursprünglich Voraussetzungen und Inhalt des Richteramtes. Durch das **DRiG** wurde eine umfassende Neuregelung geschaffen, die über die ordentliche Gerichtsbarkeit hinaus für alle Richter gilt. Von den §§ 1–11 GVG blieben nur die §§ 1 und 10 bestehen (§ 85 DRiG). Durch das G v. 26. 5. 72 (BGBl I 841) wurde der ursprünglich mit „Richteramt" überschriebene 1. Titel des GVG formell aufgelöst. Die verbliebenen Vorschriften wurden in den Titel „Gerichtsbarkeit" einbezogen.

2 Die Regelung der Rechtstellung des Richters (Gesetzgebungskompetenz vgl Art 98 GG) findet sich nunmehr im DRiG v 8. 9. 61 (BGBl 1665), zuletzt geändert durch das Gesetz v 12. 12. 85 (BGBl I 2226), sowie in den Richtergesetzen der Länder.

§ 1

[Unabhängigkeit der Gerichte]

Die richterliche Gewalt wird durch unabhängige, nur dem Gesetz unterworfene Gerichte ausgeübt.

I) Allgemeines

1 **1)** Vgl Art 97 I GG und gleichlautend § 25 DRiG, sowie Länderverfassungen. Im Gegensatz zu diesen Bestimmungen spricht § 1 GVG von **„Gerichten"**. Dies bedeutet aber weder eine sachliche Erweiterung, noch eine Einengung der Unabhängigkeit auf den sachlichen Bereich (aA zum gleichlautenden § 1 VwGO: Eyermann/Fröhler Rdn 10). Ihrem Wesen nach kann nur einer Person Unabhängigkeit zukommen, nicht einer Behörde oder einem Spruchkörper (vgl Einl Rn 7). § 1 meint daher nichts anderes als die richterliche Unabhängigkeit im Sinne des GG (vgl auch die ursprüngliche Überschrift des 1. Titels des GVG, oben Vorbem 1).

2 **2)** § 1 gilt nur für die **rechtsprechende Tätigkeit.** Hierzu zählt nicht die Justizverwaltung (BVerwG JZ 58, 577), wohl aber die gerichtliche Selbstverwaltung (vgl Einl Rn 14), zB die Geschäftsverteilung durch das Präsidium eines Gerichts (BGH DRiZ 67, 25). – Nach § 9 RPflG ist der Rechtspfleger sachlich unabhängig, soweit er Aufgaben der Rechtspflege wahrnimmt.

3 **3)** § 1 besagt ferner, daß die **richterliche Gewalt** den Gerichten vorbehalten ist. Auch insoweit ist die Terminologie des GVG ungenau, vgl Art 92 GG.

II) Richterliche Unabhängigkeit

Neuere Lit: *Benda* DRiZ 79, 358; *Domcke*, Festschrift für Bengl, 1983, S 14; *Geiger* DRiZ 79, 67; *Grimm*, Richterliche Unabhängigkeit und Dienstaufsicht, 1972; *Niebler* DRiZ 81, 299; *Rudolph* DRiZ 79, 97; *Pfeiffer*, Festschrift für Bengl, S 85; *Sendler* NJW 83, 1449; *Wipfelder* DRiZ 84, 41.

4 Die richterl Unabhängigkeit ist eine der Fundamentalprinzipien des Rechtsstaats (BVerfGE 2, 320). Zur geschichtlichen Entwicklung vgl Schwandt DRiZ 69, 240. Es ist zwischen sachlicher und persönlicher Unabhängigkeit zu unterscheiden.

5 **1) Die sachliche Unabhängigkeit (Art 97 I GG): a)** Freiheit von Weisungen für den Einzelfall (Weisungsfreiheit; vgl BGH 57, 348). Dies bedeutet vor allem eine Einschränkung der **Dienstaufsicht,** vgl § 26 DRiG (dazu Arndt DRiZ 74, 248; Grimm, aaO; Schmidt-Räntsch, Dienstaufsicht über Richter, 1985; Kissel Rdnr 42 ff; Domcke, aaO; Pfeiffer, aaO). Zulässig sind nach § 26 II DRiG nur Hinweise, soweit sie sich auf offensichtlich fehlerhafte (BGH DRiZ 67, 26; BGH NJW 77, 437 m Anm Wolf NJW 77, 1063) oder säumige (BGH DRiZ 71, 317) Art der Amtsführung beziehen, und Ermahnungen bei verzögerlicher Sachbehandlung, nicht dagegen Beanstandungen und Rügen (BGH NJW 67, 2054) oder Mißbilligungen (BGH 51, 280). Zulässig sind Verwaltungsanordnungen, wonach Abschriften richterlicher Entscheidungen vorzulegen sind (BGH DRiZ 63, 440); dagegen fällt die Entscheidung, Auskünfte über ein schwebendes Verfahren aus den Gerichtsakten zu erteilen, unter die richterliche Unabhängigkeit (BGH 51, 193). Dem Richter, der sich durch dienstaufsichtliche Maßnahmen in seiner Unabhängigkeit betroffen fühlt, ist nach § 26 III DRiG das Prüfungsverfahren als besonderes Schutzverfahren zu den Dienstgerichten eröffnet. Diesem unterliegen nicht nur Aufsichtsakte im engeren Sinn, sondern jede von der Dienstaufsichtsbehörde ausgehende Maßnahme, sofern sie die richterliche Unabhängigkeit berührt. Hierunter kann auch eine nicht an den Richter adressierte Meinungsäußerung (BGH NJW 67, 2054; BGH 51, 208), dienstliche Beurteilungen (BGH 57, 344; DRiZ 74, 163; vgl im übrigen aber auch BVerwG DRiZ 77, 117) oder die besoldungsmäßige Behandlung (BGH NJW 66, 2165) fallen. Zutreffend hat das BVerwG (NJW 83, 2589 = DRiZ 83, 412) – entgegen der bisherigen Rspr des BGH, Dienstgericht des Bundes, der aber seine Auffassung aufgegeben hat (aaO S 413; DRiZ 84, 239) – die **Prüfungskompetenz der Dienstgerichte** auf die Frage beschränkt, ob tatsächlich ein Eingriff in die richterliche Unabhängigkeit vorliegt. – Die Beschränkungen des § 26 DRiG gelten für die gesamte rechtsprechende Tätigkeit (vgl BGH 42, 163). Hierzu gehören auch prozeßleitende Maßnahmen, die eine gütliche Einigung vorbereiten sollen (BGH NJW 67, 2054, 2056).

6 **b)** Keine zivil-, straf- oder dienststrafrechtliche Verantwortlichkeit des Richters für die getroffene Entscheidung **(Verantwortungsfreiheit)** außer im Falle der Rechtsbeugung (BGHSt 10, 298), s auch Richteranklagen Art 98 GG u die Beschränkung der Amtshaftung nach § 839 II 1 BGB.

c) **Der Schutzzweck** der dem Richter gewährten sachlichen Unabhängigkeit richtet sich gegen Eingriffe seitens der nichtrichterlichen Staatsgewalten (vgl aber auch Rn 9). IdR wird es sich um Eingriffe der Exekutive handeln; denkbar aber auch solche von legislativen Organen, etwa Eingriffe des Petitionsausschusses des Parlaments in gerichtliche Verfahren. Durch Verfahrensvorschriften (zB: Notwendigkeit der Sachverständigenanhörung, vgl OVG Münster DVBl 57, 624) oder durch die Bindung an Entscheidungen eines anderen Gerichts – § 17 GVG, §§ 281 II 2, 565 II ZPO – ist daher die richterliche Unabhängigkeit nicht beeinträchtigt (BVerfGE 12, 71). 7

2) **Die persönliche Unabhängigkeit:** Unabsetzbarkeit, Unversetzbarkeit, vgl Art 97 II GG; soll die sachliche Unabhängigkeit gewährleisten (BVerfGE 4, 345) und ist deshalb Kriterium für die Eigenschaft einer behördlichen Stelle als Gericht (BVerfGE aaO, 14, 69, BGH 10, 59). Sie setzt nicht Ernennung auf Lebenszeit voraus (BAG NJW 55, 278), sondern knüpft an die hauptamtliche und planmäßige Anstellung an (BVerfGE 4, 345), vgl aber § 28 DRiG. Eine Anstellung auf vier Jahre ist ausreichend (BVerfGE 18, 255). Über die Heranziehung von Hilfsrichtern vgl §§ 22 V, 59 III GVG. Unzulässig ist die Mitwirkung von Personen, die die gleiche Materie auch als weisungsgebundene Beamte bearbeiten (BVerfGE 14, 162). – Über die Ausgestaltung der persönlichen Unabhängigkeit im einzelnen vgl Art 97 II GG, §§ 30 ff DRiG; eine gewisse Sicherung auch der Hilfsrichter beim LG bewirkt § 70 II GVG. – Der Schutz des Richters gilt auch gegenüber indirekten Maßnahmen, wie der Ausschaltung im Wege der Geschäftsverteilung innerhalb eines Gerichts (BVerfGE 17, 260). 8

3) **Die Wahrung der richterl Unabhängigkeit ist aber auch Verpflichtung des Richters.** Dies gilt zum einen für die dem richterl Berufsethos immanente innere Unabhängigkeit, der nach außen die **Objektivität** jeden richterlichen Handelns entspricht. Zu ihr gehört insbesondere die Forderung an den Richter, die Pflicht zur Objektivität als Verpflichtung an sich selbst ernst zu nehmen – Unabhängigkeit bedeutet gerade nicht, daß subjektive Wertungen und Vorstellungen unbesehen in die richterliche Entscheidungsfindung eingehen dürfen; Unabhängigkeit ist daher Verpflichtung, nicht so sehr ein subjektives Privileg des Richters. Diese Pflicht dokumentiert sich in den Regelungen der einzelnen Verfahrensordnungen über die Befangenheit und Ablehnung von Richtern (vgl dazu BVerfG NJW 84, 1874, zu den Grundlagen des Falles aber auch Berglar ZRP 84, 79 und Moll ZRP 85, 244). Die Pflicht des Richters zur Wahrung der Unabhängigkeit ist ferner als (ggf disziplinarrechtl relevantes) **Gebot zur Zurückhaltung** (§ 39 DRiG) „auch bei politischer Betätigung" gesetzlich fixiert (zu den Grenzen parteipolitischer Betätigung s BVerfG NJW 75, 1641; 83, 2691; OVG Lüneburg NJW 86, 1126; Gilles DRiZ 83, 41; Rudolph DRiZ 84, 135; Sendler NJW 84, 698). Die herausragende Bedeutung, die der richterlichen Unabhängigkeit im Gefüge des demokratischen Rechtsstaats des GG zukommt, gebietet, die Grenzlinie zur Meinungsfreiheit (Art 5 GG) eng zu ziehen (BVerfG aaO). Zu dem bei Beamten im Vordergrund stehenden Gesichtspunkt der Loyalität gegenüber dem Staat kommt bei Richtern, daß Objektivität und Neutralität der rechtsprechenden Gewalt die Basis des Rechtsstaats schlechthin sind. Im demokratischen Staat muß diese auf dem Vertrauen des Bürgers begründet sein; § 39 DRiG spricht daher richtig davon, daß der Richter „das Vertrauen in seine Unabhängigkeit" nicht gefährden darf; dies erfordert mehr als nur die Wahrung der eigenen Unabhängigkeit nach innen. Die Grenze partei-, aber auch tagespolitischen Engagements eines Richters ist daher dann überschritten, wenn nach außen der Eindruck der Voreingenommenheit, insbesondere der Unsachlichkeit entsteht – eine Grenze, die in letzter Zeit vereinzelt auch ranghohe Richter leider nicht immer hinreichend beachtet haben. Sache des Richters ist es, im Rahmen eines geordneten Verfahrens Rechtsfragen – für die Betroffenen verbindlich – zu entscheiden; damit läßt es sich nicht vereinbaren, daß Richter ihre subjektiven Meinungen zu kontroversen tagespolitischen Fragen – etwa durch Zeitungsanzeigen, Aufrufe (OVG Lüneburg NJW 86, 1126) – unter Hinweis auf ihr Richteramt in die tagespolitische Auseinandersetzung tragen (vgl BVerfG NJW 83, 2691). 9

III) Bindung des Richters an das Gesetz

Das Gegenstück zur sachlichen Unabhängigkeit ist die Bindung des Richters an das Gesetz (BGH NJW 77, 437; Mayer/Ladewig DRiZ 62, 317), nach Art 20 III GG an „Gesetz und Recht" (hierzu vgl Arndt JZ 56, 633, Kaufmann, Festschrift für Peters, 1974 S 295; Kissel Rdnr 110 ff). 10
1) **Gesetz** ist jede Rechtsnorm (vgl § 12 EGZPO, Art 2 EGBGB, § 7 EGStPO). Dazu gehört Bundesrecht, Landesrecht, allg Regeln des Völkerrechts (Art 25 GG), zwischenstaatliche Verträge nach Ratifizierung, Gewohnheitsrecht (dazu BGH NJW 58, 709), Verordnungsrecht der Exekutive, auch soweit es von delegierten Stellen ausgeht und im Geltungsbereich räumlich oder persönlich beschränkt ist, zB PolizeiVOen oder Ortssatzungen. – Handelsbräuche sind ebensowenig den Richter bindendes „Gesetz", wie nur innerdienstlich wirkende Verwaltungsvorschriften.

11 **2)** Die **Rechtsprechung** der Obergerichte, auch sog „ständige Rspr“, bindet den Richter grundsätzlich nicht. Eine Ausnahme gilt für die Entscheidungen des BVerfG, die, auch soweit sie nicht mit Gesetzeskraft ausgestattet sind (vgl § 31 II BVerfGG), alle Gerichte binden, **§ 31 I BVerfGG.** Im übrigen besteht eine Bindung an gerichtliche Entscheidungen kraft besonderer gesetzlicher Vorschrift nur in besonderen Fällen, insbesondere bei Verweisungen (vgl § 17 GVG, § 48a ArbGG, § 41 VwGO, § 52 SGG, § 34 FGO, § 281 ZPO) und im Instanzenzug (vgl § 565 II ZPO).

12 **3) Bindung** bedeutet, daß der Richter das Gesetz, soweit er es nicht für gesetzwidrig hält, anzuwenden hat, auch wenn er es oder die sich durch die Anwendung ergebende Entscheidung für unbillig hält (BVerfG NJW 73, 1221; BAG MDR 62, 249, BayObLGZ 62, 124). Die Rechtssicherheit geht hier vor, hinter ihr muß die persönliche Ansicht des Richters zurücktreten. Anders ist es jedoch, wenn ein Gesetz offensichtlich unsittlich ist (vgl dazu BVerfGE 3, 225 = NJW 54, 65; BGH 23, 181). Solche Bestimmungen werden aber in der Regel auch gegen die Verfassung (Rechtsstaatsgrundsatz, Menschenwürde) verstoßen, so daß wenigstens bei nachkonstitutionellen Gesetzen der Vorbehalt zugunsten der Verfassungsgerichte eingreift. – Durch die Bindung an das Gesetz ist die Rechtsfortbildung durch richterliche Rechtsfindung in vom Gesetzgeber nicht geregelten Fällen nicht ausgeschlossen (BAG, GrS, Betrieb 62, 907; BGH 3, 308; 25, 346).

IV) Die richterliche Prüfungszuständigkeit

13 Die Bindung (Rn 12) besteht nur gegenüber geltendem Recht. Der Richter ist daher berechtigt und verpflichtet, die Gültigkeit der anzuwendenden Norm nachzuprüfen; dies gilt sogar gegenüber Verfassungsnormen (BVerfGE 3, 225, Bachof NJW 52, 242). Es handelt sich hierbei aber immer um eine **Inzidentkontrolle.** Fälle abstrakter Normenkontrolle (vgl Art 93 Nr 2 GG, § 47 VwGO) sind den ordentlichen Gerichten nicht zugewiesen.

14 **1)** Dieses Prüfungsrecht **(Prüfungskompetenz)** besteht uneingeschränkt; die früheren Beschränkungen gegenüber Besatzungsrecht sind seit dem 5. 5. 55 weggefallen. Eine Ausnahme besteht nur noch hinsichtlich des sog „versteinerten“ Besatzungsrechts iSd Art 1 Überleitungsvertrag (vgl BVerfGE 8, 101). – Das Prüfungsrecht bezieht sich sowohl auf die formelle (ordnungsgemäße Verkündung, Inkrafttreten, Vorliegen etwa nötiger gesetzlicher Ermächtigung bei Verordnungsrecht), wie auf die materielle Wirksamkeit.

15 **2)** Das Recht der Gerichte, eine danach als unwirksam erkannte Norm **nicht** anzuwenden **(Verwerfungskompetenz),** ist jedoch zugunsten der Verfassungsgerichte eingeschränkt, sog negatives Entscheidungsmonopol. Die ordentlichen Gerichte sind somit uneingeschränkt befugt, die Gültigkeit einer Norm inzidenter (durch Anwendung derselben) zu bejahen. Will das Gericht jedoch die Gültigkeit der Norm verneinen, so hat es diese Frage in verschiedenen Fällen dem Verfassungsgericht vorzulegen, das mit verbindlicher Wirkung entscheidet (vgl § 31 BVerfGG; Bayern: Art 20 VerfGHG). Auch von dieser Vorlagepflicht kann kein Gericht – unbeschadet der Bindung der Instanzgerichte an die Rechtsauffassung des zurückverweisenden Rechtsmittelgerichtes (BVerfG NJW 53, 1385) – durch einfaches Gesetz entbunden werden (BVerfGE 6, 222 = NJW 57, 625). Zweck dieser Vorbehalte zugunsten der Verfassungsgerichte ist es, die Autorität des Gesetzgebers zu schützen (BVerfGE 4, 340).

16 **a)** Entscheidungsmonopole bestehen einerseits zugunsten des **BVerfG:** Grundgesetzwidrigkeit von Gesetzen, auch Landesgesetzen (Art 100 I 1, 2 GG), und Vereinbarkeit von Bundesrecht und Landesrecht (Art 100 I 2 GG). Nach Art 100 II GG entscheidet das BVerfG darüber, ob Regeln des Völkerrechts Bestandteil des Bundesrechts sind und die Wirkungen des Art 25 GG entfalten (vgl BVerfGE 15, 30). Gemäß Art 126 GG ist dem BVerfG ferner die Entscheidung darüber vorbehalten, ob fortgeltendes Recht Bundes- oder Landesrecht ist. Hierzu gehört aber nicht die Frage, ob das vorkonstitutionelle Recht überhaupt nach Art 123 GG fortgilt. Dies hat der Richter selbst zu entscheiden, gegebenenfalls zu verneinen.

17 **b)** Den **Verfassungsgerichten der Länder** (ersatzweise dem BVerfG, Art 99 GG) ist nach Art 100 I GG die Verwerfungskompetenz vorbehalten, wenn die Landesverfassung der Gültigkeit eines später erlassenen förmlichen Gesetzes entgegensteht. Nach Landesverfassungsrecht kann das Verwerfungsmonopol des Landesverfassungsgerichts aber auch erweitert werden (BVerfGE 4, 179 = NJW 55, 945), so in Bayern auch bezüglich vorkonstitutionellen Rechts (VGH nF 4 II 200) und untergesetzlichen Rechts (Art 44 I BayVfGHG), Art 65, 92 BayVerf.

18 **c) Sonstige Fälle:** BGH 12, 231 nimmt an, daß innerkirchliches Verfassungsrecht nicht der Nachprüfung durch die Gerichte unterliege (dagegen Weber NJW 54, 1284); über die Subsidiarität der staatlichen Gerichtsbarkeit in Hinblick auf die **Autonomie der Kirchen** siehe BVerfG NJW 84, 2569; BGH 22, 383; 34, 372; NJW 66, 2162; BVerwG NJW 67, 1672; OVG Münster NJW 78, 2111; VerfG der Ver Ev-Luth Kirche NJW 85, 1862; vgl dazu auch § 13 Rn 29a. Über Einschränkungen des Prüfungsrechts gegenüber **zwischenstaatlichen Verträgen** s Schöcker DVBl 58, 418.

Zur Kontrollbefugnis der Gerichte gegenüber **Vereinsakten** s Schlosser MDR 67, 884, 961; BGH 47, 172; NJW 67, 1657.

3) Zu Einfluß und Bedeutung des Verfassungsrechts im einzelnen, insbesondere zur **Richtervorlage** an das BVerfG nach Art 100 GG vgl Einl zur ZPO Rn 107. 19

§§ 2–9

[aufgehoben (§ 85 DRiG)]

§ 10

[Referendare]

Unter Aufsicht des Richters können Referendare Rechtshilfeersuchen erledigen und außer in Strafsachen Verfahrensbeteiligte anhören, Beweise erheben und die mündliche Verhandlung leiten. Referendare sind nicht befugt, eine Beeidigung anzuordnen oder einen Eid abzunehmen.

1) Der frühere Abs 2 der Vorschrift wurde durch das G v 26. 5. 72 (BGBl 841) aufgehoben; er betraf die Verwendung von Richtern auf Probe und kraft Auftrags; vgl dazu jetzt §§ 22 V, 59 III. Die Fassung des nunmehr einzigen Absatzes der Vorschrift beruht auf dem G v 10. 9. 71 (BGBl I 1557). Hierbei wurde der Rahmen für ein möglichst selbständiges Tätigwerden der Referendare im richterlichen Aufgabenbereich zum Zwecke der Intensivierung des Vorbereitungsdienstes (vgl § 5a DRiG) erweitert. Insbesondere wurde den Referendaren, denen früher nur Rechtshilfeersuchen übertragen werden konnten, die Möglichkeit zur Leitung der Beweisaufnahme und der mündlichen Verhandlung in Zivilsachen eröffnet. 1

2) **Referendare** sind Personen, die den juristischen Vorbereitungsdienst iSd § 5a DRiG ableisten. Im Gegensatz zur früheren Fassung besteht für diese keine zeitliche Beschränkung. Den Referendaren stehen nach § 5b II 1 DRiG Teilnehmer an der einstufigen Ausbildung gleich. Davon unberührt bleibt das individuelle Eignungserfordernis, das in jedem Fall der ausbildende Richter zu entscheiden hat (vgl Rn 5). 2

3) **Übertragbar** ist zunächst die Erledigung von Rechtshilfeersuchen (auch in Strafsachen). Der Begriff **„Rechtshilfe"** ist umfassend gemeint (vgl dazu § 156 Rn 2), schließt also auch Amtshilfe im technischen Sinn ein (OLG Celle NJW 67, 993; kritisch Booss NJW 67, 1869). – Es kann die **Anhörung von Beteiligten** im Rahmen eines gerichtlichen Verfahrens, insbesondere in FGG-Verfahren, übertragen werden (für den Zivilprozeß vgl etwa §§ 360 S 4, 1042a I 1 ZPO). – Ferner kann die **Beweiserhebung** übertragen werden. Dies umfaßt die Durchführung der Beweisaufnahme (vgl §§ 355 ff ZPO), nicht jedoch die Beweisanordnung, soweit ein formeller Beschluß erforderlich ist (§§ 284, 358, 450 I 1 ZPO). – Schließlich ist die **Leitung der mündlichen Verhandlung** übertragbar. Zum Begriff der Verhandlungsleitung vgl § 136 ZPO. Dem Referendar kann die Prozeßleitung in formeller wie sachlicher Hinsicht anvertraut werden, nicht übertragbar sind jedoch die über prozeßleitende Anordnungen hinausgehenden, dem Gericht vorbehaltenen Entscheidungsbefugnisse, auch nicht, soweit diese in oder im unmittelbaren Anschluß an die mündl Verhandlung ausgeübt werden (zB Erlaß eines Beweisbeschlusses); auch die Verkündung der Entscheidungen kann nicht überlassen werden, da sie nicht mehr zur mündl Verhandlung gehört (vgl § 136 IV ZPO). Einer weiteren Auslegung steht Art 92 GG entgegen (hierzu vgl auch OLG Celle NJW 67, 993). – Schon aus praktischen Gründen wird die Übertragung der Verhandlungsleitung nur vor dem Amtsrichter (§ 495 ZPO) und dem Einzelrichter (§ 348 ZPO) in Betracht kommen. Die Wahl der Einzahl („des Richters") in § 10 zeigt auch, daß der Gesetzgeber nur die Aufgabenübertragung vor dem Einzelrichter im Auge hatte. Der Übertragung der Verhandlungsleitung eines Kollegialspruchkörpers stehen zudem §§ 21 f GVG, § 28 II 2 DRiG entgegen. 3

In **Strafsachen** kann der Referendar richterliche Aufgaben nur bei der Erledigung von Rechtshilfeersuchen übernehmen. Der Begriff der Strafsache bestimmt sich nach §§ 24 ff, 74 ff GVG. Verfahren nach dem OWiG sind demnach keine Strafsachen, so daß der Referendar zB die Leitung der Beweisaufnahme übernehmen kann. – Von der Übertragung immer ausgeschlossen ist ferner die Anordnung der **Beeidigung** und die Abnahme des Eides; für Versicherung an Eides Statt kann nichts anderes gelten (Kissel Rdnr 10). Der Referendar kann jedoch auch in Fällen schon absehbarer Beeidigung die Beweisaufnahme leiten. Die von der Rspr (BGHSt 12, 92) zu § 10 aF geäußerten Bedenken sind aufgrund des neuen Wortlauts gegenstandslos. 4

4) Die Übertragung muß vom zuständigen Richter angeordnet werden. Sie ist jederzeit widerruflich. Der Richter kann jedoch auch jederzeit in die Verhandlungsführung eingreifen, ohne 5 deren Übertragung zu widerrufen. Das folgt aus seiner **Aufsichtspflicht.** Diese ist in Hinblick auf Art 92 GG weit auszulegen. Die vom Rechtsreferendar vorgenommenen richterlichen Handlungen sind als Handlungen des beaufsichtigenden Richters anzusehen. Er muß daher ständig anwesend sein und dem Verfahren folgen (vgl KG NJW 74, 2094; Kissel Rdnr 12; aA Hahn NJW 73, 1782).

6 5) Übertragung **sonstiger (nichtrichterlicher) Aufgaben** innerhalb der Rechtspflege auf Referendare: Bestellung zum Urkundsbeamten (vgl § 153 GVG), Beiordnung nach § 121 ZPO, Bestellung zum Verteidiger (§ 142 II StPO), Übertragung der Verteidigung (§ 139 StPO), Übertragung der Aufgaben eines Amts- oder Staatsanwalts (§ 142 III GVG), Beauftragung mit den Geschäften des Rechtspflegers (§ 2 V RPflG) und Bestellung zum allg Vertreter eines RA (§ 53 IV S 2 BRAO).

§ 11

[aufgehoben (§ 85 DRiG)]

§ 12

[Gliederung der Gerichte]

Die ordentliche streitige Gerichtsbarkeit wird durch Amtsgerichte, Landgerichte, Oberlandesgerichte und durch den Bundesgerichtshof (der oberste Gerichtshof des Bundes für das Gebiet der ordentlichen Gerichtsbarkeit) ausgeübt.

1 **Ordentl streitige Gerichtsbarkeit** im Gegensatz zur freiwilligen (durchgreifendes sachl Unterscheidungsmerkmal fehlt, da auch dem Verfahren der freiw Gerichtsbarkeit Streitentscheidungen zugewiesen sind; andererseits auch Rechtsgestaltung i Zivilprozeß, wie zB Entmündigung; gesetzl Zuweisung ins eine oder andere Verfahren entscheidet), sowie zur Streitentscheidung durch Sondergerichte, Verwaltungsbehörden u Verwaltungsgerichte (s § 13). – Amtsgerichte: §§ 22 ff; Landgerichte: §§ 59 ff; Oberlandesgerichte: §§ 115 ff; BGH: §§ 123 ff. Errichtung des BayObLG vgl § 8 EGGVG, §§ 7, 8 EGZPO, Art 10, 11 BayAGGVG. – Errichtung, Aufhebung u Sitzverlegung von Gerichten durch Gesetz (VO 20. 3. 35, RGBl I 403); Änderungen von Gerichtsbezirken erfordern gleichfalls Gesetz (BVerfG NJW 53, 1177). Über die Zuständigkeit bei Änderung der Gerichtseinteilung s Ges v 6. 12. 33 (RGBl I 1037) und Landesgesetze.

§ 13

[Zuständigkeit der ordentlichen Gerichte]

Vor die ordentlichen Gerichte gehören alle bürgerlichen Rechtsstreitigkeiten und Strafsachen, für die nicht entweder die Zuständigkeit von Verwaltungsbehörden oder Verwaltungsgerichten begründet ist oder auf Grund von Vorschriften des Bundesrechts besondere Gerichte bestellt oder zugelassen sind.

Übersicht

Neue Lit: *Lerche,* Die Rechtsnatur von Streitsachen aus Rundfunksendungen, Festschrift Löffler, 1980, 217; *Lücke,* Zweifelsfragen zu typischen Rechtswegproblemen, Gedächtnisschrift Bruns, 1980, 129.

I) Allgemeines

1) Die **Bedeutung** des § 13 lag früher in der Grenzziehung zwischen Rechtsprechung und Verwaltung (zur geschichtl Entwicklung s Kissel Rdnr 1). Jetzt bedeutet aber „Rechtsweg" den Zugang zu den staatlichen Gerichten, die sich in mehrere, selbständige und gleichwertige Gerichtszweige aufgliedern (vgl Art 19 IV 1, 95 I GG und Einl Rn 2). Der Vorrang der ordentlichen Gerichte besteht nicht mehr; er wirkt nur noch begrenzt in der Ersatzzuweisung des Art 19 IV 2 GG fort. – § 13 ist jetzt eine Abgrenzungsnorm zwischen der ordentl Gerichtsbarkeit und den übrigen Gerichtszweigen, insbesondere der Verwaltungsgerichtsbarkeit. Er wird ergänzt durch § 40 VwGO, der die Generalklausel bezüglich öffentlich-rechtlicher Streitigkeiten enthält, sowie § 51 SGG und § 33 FGO (wegen ArbGG vgl § 14 GVG Rn 7). 1

2) Aus § 13 in Verbindung mit § 40 VwGO ergibt sich der **Grundsatz,** daß neben den Strafsachen die bürgerl Rechtsstreitigkeiten vor die ordentlichen Gerichte, die öffentl Rechtsstreitigkeiten vor die Verwaltungsgerichte gehören. Die Zuständigkeit der ordentlichen Gerichte beschränkt sich aber nicht auf bürgerliche Rechtsstreitigkeiten im materiellen Sinn. Verschiedentlich sind den ordentl Gerichten auch materiell nicht bürgerl Rechtsstreitigkeiten zugewiesen, und auch die Ersatzzuweisung des Art 19 IV S 2 GG beschränkt sich nicht auf materiell bürgerl Rechtsstreitigkeiten, wie andererseits § 13 die Zuweisung materiell bürgerl Rechtsstreitigkeiten an andere Gerichtszweige offenhält. 2

3) § 13 enthält den Vorbehalt für **besondere** Gerichte. Dabei handelt es sich teils um eine Frage des Rechtswegs, teils um eine Frage der sachlichen Zuständigkeit. Näheres hierzu s § 14. Hierzu gehört insbesondere die Abgrenzung des Rechtswegs zu den ordentl Gerichten und den **Arbeitsgerichten;** diese stellen zwar einen gleichwertigen Gerichtszweig iSd Art 95 I GG dar, die Abgrenzung ist jedoch – systemwidrig – auf der Ebene der sachlichen Zuständigkeit ausgestaltet (vgl § 4 Rn 7). 3

4) Gemäß § 2 EGGVG gilt § 13 nur für die streitige Gerichtsbarkeit, nicht jedoch für die **freiwillige Gerichtsbarkeit,** die der Zivilgerichtsbarkeit zuzurechnen ist. Jedoch gehört die freiwillige Gerichtsbarkeit ihrem Wesen nach zur ordentlichen Gerichtsbarkeit (BGHZ 40, 1 = NJW 63, 2219; Baur FamRZ 56, 129). Hieraus erklärt sich auch, daß die Angelegenheiten der freiwilligen Gerichtsbarkeit vorwiegend den nach dem GVG organisierten Gerichten übertragen sind (vgl Einl Rn 17). Die Abgrenzung zwischen streitiger und freiwilliger Gerichtsbarkeit wurde nach hM als Frage der Zulässigkeit des Rechtswegs angesehen (RGZ 106, 408; RG JW 28, 707; BGH 10, 162; 19, 194; 59, 60; vgl auch Weiß DVBl 73, 335). Der BGH (40, 1 = NJW 63, 2219) hat dies dahin eingeschränkt, daß die Rechtswegvorschriften, insbesondere § 17 GVG (vgl dort Rn 1) entsprechend anzuwenden sind, soweit nicht Sonderregelungen bestehen: § 18 I HausratsVO, § 12 LwVG, §§ 46 I, 50 WEG. Unter der nunmehrigen Inhaltsbestimmung der Einteilung der Rechtswege aufgrund der Regelung des Art 95 GG und § 40 VwGO (s oben Rn 1) kann die Abgrenzung zur freiwilligen Gerichtsbarkeit nicht mehr als Frage des Rechtswegs angesehen werden (ebenso R-Schwab § 11 III 1), es handelt sich vielmehr um unterschiedliche Verfahrensarten funktionell selbständiger Spruchkörper innerhalb desselben Rechtswegs (vgl auch BGH NJW 86, 1994: § 11 ZPO analog). 4

5) § 13 enthält **zwingendes Recht.** Wenn der Zivilrechtsweg nicht gegeben ist, kann er auch 5
durch **Parteivereinbarung** nicht zulässig werden (RG 106, 245). Ob andererseits der Zivilrechts-

weg (u überhaupt jeder Rechtsweg) vertragl ausgeschlossen werden kann, ist str; vgl RG JW 30, 1062, 2052, 2212; Lent NJW 49, 510, BayKKGH ObLG 52, 360; BAG NJW 62, 1855; dahingestellt BGH 9, 144; 10, 28; s a Gebhardt MDR 55, 151. Vertragl Ausschluß der Klagbarkeit ist soweit anzuerkennen, als die Parteien über den materiellen Anspruch verfügen können (vgl Celle NJW 71, 289); es handelt sich um eine vertragl Abschwächung des materiellen Anspruchs (ähnl den kraft Gesetzes unklagbaren Ansprüchen aus Spiel, Wette usw; auch die Verpflichtung des Dienstherrn zur Gewährung von Beihilfen ist angesichts des durch § 14 Nr 2 Beihilfegrundsätze beabsichtigten Ausschlusses jeden Rechtswegs früher als eine Art Naturalobligation aufgefaßt worden, vgl BayObLG 57, 343), so daß bei gleichwohl erhobener Klage nicht Rechtsweg unzulässig, sondern die Klagbarkeit ausgeschlossen ist. Vielfach wird eine solche Ausschlußklausel aber schon gegen § 138 I BGB verstoßen (vgl LG Bonn NJW 65, 2201).

6 Keinen vertraglichen Ausschluß des Rechtswegs enthält die **Schiedsklausel** (vgl §§ 1025 ff ZPO, §§ 101 ff ArbGG), sie setzt die Zulässigkeit des Rechtswegs vielmehr gerade voraus und enthält eine – nur auf Einrede zu beachtende – besondere negative Prozeßvoraussetzung (§ 1027 a ZPO). Zu der besonderen Problematik vereinbarter **Verbandsgerichtsbarkeit** vgl Frankfurt NJW 73, 2208; LG Frankfurt NJW 83, 761; Nürnberg OLGZ 75, 440; Kissel § 16 Rdnr 57; Vollkommer NJW 83, 726; Schlosser, Vereins- u Verbandsgerichtsbarkeit, 1972; Westermann, Verbandsstrafgewalt u allg Recht, 1972; ders JZ 72, 537. Zur Nachprüfung der Maßnahmen der Vereins- und Verbandsgerichte durch ordentliche Gerichte auf Gesetzes- und Satzungsverstöße und auf fehlerhafte Tatsachenermittlung s BGH MDR 83, 997.

II) Prozessuale Behandlung der Frage der Zulässigkeit des Rechtswegs

7 **1)** Die Zulässigkeit des Rechtswegs ist **Prozeßvoraussetzung.**

8 **a)** Sie ist in jeder Lage des Verfahrens **von Amts wegen** zu prüfen (einh M zB RG 153, 4; BGH NJW 79, 2615; 81, 349; Kissel Rdnr 244), auch wenn die Parteien eine übereinstimmende Meinung vertreten, zB im Fall des § 17 GVG (BayObLG 66, 194). Einschränkungen für das Revisionsgericht bei landesrechtlicher Zuständigkeitsregelung, vgl BGH 21, 214. Weitere Beschränkungen für alle Gerichte ergeben sich aus der negativen Bindungswirkung der Verweisungsentscheidungen anderer Gerichte nach § 41 VwGO, § 52 SGG, § 34 FGO, § 17 II GVG, vgl Rn 15 zu § 17.

9 **b)** Umstritten ist die Frage, ob die Zulässigkeit des Rechtsweges **am Anfang der Prozeßvoraussetzungen** zu prüfen ist, insbesondere ob auch das örtlich, sachlich oder funktionell unzuständige Gericht schon wegen des Fehlens der Zulässigkeit des Rechtswegs die Klage aus diesem Grund abweisen bzw verneinen kann. In der Rspr wird dies vorwiegend bejaht (BSG NJW 65, 789; BVerwG 19, 20, ebenso Kissel Rdnr 245; Müller DVBl 59, 694; Menger/Erichsen VerwArch 66, 72; aA: Krause ZZP 83, 308 f; Stein MDR 66, 369). Hierfür spricht insbesondere der Grundsatz der Prozeßökonomie. Da die Verletzung von Zuständigkeitsregeln nicht notwendig einen Verstoß gegen Art 101 I 2 GG beinhaltet, worauf sich insbesondere Rupp (JuS 66, 109, vgl auch AöR 85, 169; 88, 491; Bosch FamRZ 61, 385) beruft, ist der h Rspr auch zuzustimmen.

10 **c)** Die Zulässigkeit des Rechtswegs muß, wie alle Prozeßvoraussetzungen, im **Zeitpunkt** der letzten mündlichen Verhandlung vorliegen (BayKompKonfliktsGH BayObLGZ 68, 349; Kissel Rdnr 246; aA: R-Schwab § 9 III 1; BL § 13 Anm 1 B: bei Urteilserlaß). Dies gilt auch für die Revisionsinstanz.

11 **2)** Grundlage der Entscheidung über die Zulässigkeit des Rechtswegs ist der **Sachvortrag des Klägers,** da nur er den Streitgegenstand bestimmt. Die Einwendungen des Bekl sind daher unbeachtlich (BGH 17, 320; 29, 289 = NJW 59, 987; NJW 85, 2820; einschränkend aber noch RG 117, 236; BGH LM 16 zu § 13 GVG, BGH 14, 298). – Die Frage, ob für das Klagebegehren der Zivilrechtsweg eröffnet ist, ist jedoch nicht danach zu entscheiden, ob ein bürgerlich rechtlicher (oder infolge Zuweisung zur zivilgerichtlichen Zuständigkeit gehörender) Anspruch tatsächlich besteht. Dies ist erst bei der Sachprüfung zu entscheiden. Es kommt vielmehr nur darauf an, ob die tatsächlichen Behauptungen des Klägers, ihre Richtigkeit unterstellt, Rechtsbeziehungen oder Rechtsfolgen ergeben, für die die Zuständigkeit der Zivilgerichte besteht (RG 129, 288; BGH st Rspr, zB 10, 165; 14, 225; NJW 79, 2615; BayObLG 64, 190; 65, 131; ähnlich für den Arbeitsgerichtsweg BAG NJW 58, 686 und für Verwaltungsrechtsweg BVerwG 7, 257; 20, 199). Dies gilt auch, wenn der Klagevortrag nicht schlüssig ist (BGH VerwRspr 13, 908). Auf die vom Kläger vorgetragene rechtliche Beurteilung der von ihm behaupteten Tatsachen kommt es dagegen nicht an (RG 129, 288; 153, 4; BGH 24, 305); allein durch Anführung von vor die ordentl Gerichte gehörenden Klagegründen (zB § 812 BGB) kann der Zivilrechtsweg nicht eröffnet werden (BGH BB 52, 443; BGH 14, 297). Maßgeblich ist die wirkliche (vom Richter zu ermittelnde) Natur des behaupteten Anspruchs, nicht seine vom Kläger behauptete Rechtsnatur (BGH st Rspr, NJW 74, 1709; 76, 1943; KG MDR 77, 315; BayKKGH BayObLG 66, 461), auch nicht die Rechtsnatur, die

sich nach Sachprüfung als wirklich gegeben herausstellt. Im Ergebnis läuft dies auf eine **„begrenzte Schlüssigkeitsprüfung"** hinaus, die allerdings uU sogar eine begrenzte Beweiserhebung – wenn die tatsächl Grundlagen strittig sind, die für die Rechtswegfrage entscheidend sind – erfordern können (vgl Saure, Die Rechtswegverweisung 1971, S 18; Lüke, aaO S 130; ebenso Kissel Rdnr 249). Wenn das Klagebegehren nach seiner tatsächlichen Begründung sowohl dem bürgerl wie dem öffentl Recht angehören kann, so ist der Zivilrechtsweg zulässig, wenn zur Klagebegründung diejenige rechtl Beurteilung angeführt wird, die den Anspruch nach dem Gesetz vor die bürgerl Gerichte gehörend erscheinen läßt (BayKKGH BayObLG 28, 836); s Rn 14.

3) Entscheidungsmöglichkeiten: a) Hält das Gericht den **Zivilrechtsweg** für **gegeben,** so geschieht dies in den Entscheidungsgründen des Urteils, soweit Veranlassung besteht, im übrigen stillschweigend. Gemäß § 280 ZPO kann auch durch Zwischenurteil die Zulässigkeit des Rechtswegs bejaht werden (näheres vgl bei § 280 ZPO). 12

b) Ist der **ordentl Rechtsweg nicht gegeben,** so fehlt eine Prozeßvoraussetzung. Die Klage ist grundsätzlich durch Prozeßurteil abzuweisen. Schon wegen des Unterschieds in der Rechtskraftwirkung kann die Frage der Zulässigkeit des Rechtswegs nicht dahingestellt bleiben und die Klage aus sachlichen Gründen abgewiesen werden. In der Regel wird aber eine Klageabweisung deshalb nicht in Betracht kommen, weil der Kläger (zumindest hilfsweise) den Verweisungsantrag nach § 17 III stellen wird. Ist der Rechtsweg zu den ordentl Gerichten nicht gegeben, so ist der Rechtsstreit durch Urteil (bzw Beschluß) an das zuständige Gericht zu verweisen, zu dem der Rechtsweg eröffnet ist; näheres vgl bei § 17 GVG. 13

c) Besondere Schwierigkeiten bereiten die Fälle, in denen der Klageanspruch auf **mehrere Anspruchsgrundlagen** gestützt wird, die verschiedenen Rechtswegen zugeordnet sind. Es gibt gemischte Rechtsverhältnisse (vgl dazu Clasen DÖV 59, 281), bei denen der Anspruch auf die gleiche Leistung sich sowohl aus bürgerl-rechtlicher wie öffentl-rechtlicher Grundlage ergeben kann (zB: Ersatzanspruch eines Fürsorgeverbandes, der auf öffentlich-rechtliche Erstattungspflicht wie auf eine privatrechtliche Verpflichtungserklärung gestützt ist; Anspruch auf Unterhaltung eines Wasserlaufs auf Grund öffentlich-rechtl Verpflichtung wie auch auf Grund bürgerlich-rechtl Vertrages; Anspruch des Staates gegen einen Bürger aus öffentlich-rechtl Verwahrung und aus Geschäftsführung ohne Auftrag; Akteneinsichtsrecht aus Arbeitsverhältnis und auf Grund öffentl-rechtl Grundsätze, vgl BayVerfGH DVBl 60, 806; Schadensersatz wegen unerlaubter Handlung und/oder Verletzung eines öffentlich-rechtl Vertrags, vgl AG Garmisch-Partenkirchen NJW 69, 666). Hier ergibt sich eine Spaltung des Rechtswegs (vgl Boerner DVBl 61, 846). Das Zivilgericht kann den Sachverhalt nur unter dem rechtlichen Gesichtspunkt sachlich prüfen, für den der ordentliche Rechtsweg eröffnet ist (BGH 13, 154; JZ 56, 373; NJW 64, 46; Hamm MDR 86, 944); das gleiche gilt umgekehrt für das Verwaltungsgericht (BVerwG 18, 181; 20, 203; MDR 60, 783; MDR 66, 170). Eine Zuständigkeitserweiterung des angegangenen Gerichts kraft Sachzusammenhangs (vgl hierzu Baur, Festschr von Hippel S 1 ff; Henrichs NJW 59, 1244; Krause ZZP 83, 310; Kollhosser JR 71, 265; R-Schwab § 9 IV) wäre zwar prozeßökonomisch, findet aber im geltenden Recht keine Stütze (s auch Köln OLGZ 68, 10; Hamm MDR 86, 944). Strittig ist, inwieweit in diesen Fällen eine Verweisung nach § 17 GVG in Betracht kommt. Der BGH (13, 146; JZ 56, 573; NJW 64, 46; 66, 2174; 71, 564; 84, 2531; vgl aber NJW 75, 2015 und hier Rn 15 aE) lehnt eine **Teilverweisung** in diesen Fällen, in denen (wenn auch nur aus einem Gesichtspunkt) der Rechtsweg zu den ordentlichen Gerichten offensteht, ab (ebenso zu § 41 III VwGO: BVerwG 18, 181; 22, 45). So auch die hM (vgl BL-Albers § 13 GVG Anm 5 E, sowie oben § 281 ZPO Rn 8). Stehen dagegen zwei Ansprüche im Verhältnis von Haupt- und Hilfsanspruch und ist der Zivilrechtsweg nur für den Hilfsanspruch gegeben, so ist die gesamte Klage (ohne Entscheidung über den Hilfsanspruch) an das Gericht des für den Hauptanspruch gegebenen Rechtswegs zu verweisen (BGH JZ 56, 573; NJW 75, 2015). Grundsätzlich ist jedoch, von dieser Ausnahme abgesehen, die Klage insgesamt als unbegründet abzuweisen, wenn der bürgerlich rechtl Klagegrund versagt. Nur in den Urteilsgründen ist festzustellen, daß der andere Klagegrund wegen des fehlenden Rechtswegs zum ordentl Gericht nicht geprüft werden kann (BGH 13, 154). 14

Diese Rspr, die auch nicht immer konsequent beachtet wurde (vgl BVerwG VerwRspr 17, 547, wo ein Verweisungsurteil bestätigt und trotzdem der Klageanspruch, soweit öff-rechtl Anspruchsgrundlagen in Betracht kamen, sachlich geprüft und verneint wurde), überzeugt jedoch nicht (vgl auch Eyermann/Fröhler § 40 Rdnr 31 ff; Habscheid S 151 ff; Roth MDR 67, 15; Stein MDR 72, 733; Kissel Rdnr 81). Sie stützt sich auf den Grundsatz, daß über einen Klageanspruch nur einheitlich entschieden werden kann. Dabei wird aber übersehen, daß auch bei Klageabweisung eine zweite Sachentscheidung über den gleichen Anspruch in dem für sie sachlich nicht geprüften Anspruchsgrundlagen eröffneten Rechtsweg möglich bleibt, der Grundsatz der Einheitlichkeit der Sachentscheidung bei Spaltung des Rechtswegs schon aus der Natur der 15

Sache nicht eingehalten werden kann (Hamm MDR 86, 944 will daher bei gespaltenem Rechtsweg auch § 261 Abs 3 Nr 1 ZPO nicht anwenden; vgl auch Kopp, VwGO § 90 Rn 13, der sogar die Identität des Streitgegenstandes verneint). Entscheidend ist jedoch, daß durch die Teilverweisung die Einheitlichkeit der Entscheidung keineswegs in Frage gestellt wird. Vielmehr werden durch sie nur die Konsequenzen aus der unterschiedlichen Begründung einer (einheitlichen) Klageabweisung, teils mangels Eröffnung des angegangenen Rechtswegs, teils mangels sachlicher Begründetheit des Anspruchs (nur in diesem Fall kann sie die Frage der Teilverweisung stellen) gezogen, die § 17 GVG ausdrücklich zuläßt. Aus dem Grundsatz der einheitlichen Entscheidung folgt nur, daß die Teilverweisung **nur gemeinsam mit der** (Teil-) **Sachentscheidung** über die Anspruchsgrundlagen, für die der Rechtsweg gegeben ist, und daher im Endurteil (das wohl als solches nach § 301 ZPO anzusehen ist) erfolgen kann (Tenor: „Der Rechtsstreit wird an das Verwaltungsgericht X verwiesen, soweit die Klage auf . . . gestützt wird; im übrigen wird die Klage abgewiesen"). Entgegen der überwiegenden Auffassung wird daher die Verbindung einer abweisenden Sachentscheidung mit der Teilverweisung nach § 17 GVG in Fällen der Spaltung des Rechtswegs bei einheitlichem Streitgegenstand (vgl dazu Roth aaO; StJP Einl E III 2b) als zulässig anzusehen sein (so auch OLG Köln OLGZ 68, 10; Krause ZZP 83, 320). Vereinzelt scheint der BGH (NJW 75, 2015) diese Lösung ebenfalls anzudeuten. Im Rahmen einer Verweisung nach § 17 hat er ausgeführt, daß bei Verneinung des den VerwGerichten zugewiesenen Hauptanspruch wegen des hilfsweise geltend gemachten Schadensersatzanspruchs, der möglicherweise in die Zuständigkeit der ordentl Gerichte fällt, eine Rückverweisung – die hier notwendig nur einen Teil des Streitgegenstands betrifft – möglich ist.

III) Bürgerliche Rechtsstreitigkeiten

16 **1) Überblick:** Nach der Grundregel des § 13 gehören vor die ordentlichen Gerichte die „bürgerlichen Rechtsstreitigkeiten". Dieser Begriff in § 13 ist in materiellem Sinn zu verstehen, denn er soll die sachliche Abgrenzung des Rechtswegs ermöglichen. Dieser Auslegung steht nicht entgegen, daß die Zivilgerichte auch über Rechtsstreitigkeiten zu entscheiden haben, die materiell nicht bürgerlich rechtlicher Natur sind (vgl Rn 2), denn § 13 GVG enthält keine abschließende Regelung, sondern kann durch ranggleiches oder ranghöheres Recht ergänzt werden (vgl Art 19 IV 2 GG, § 40 II VwGO etc). – § 13 selbst enthält dann wieder mehrere Ausnahmen vom Grundsatz der Zuständigkeit der ordentlichen Gerichte für materiell bürgerliche Rechtsstreitigkeiten, und zwar zugunsten der Verwaltungsgerichte, der Verwaltungsbehörden und der besonderen Gerichte. Die Prüfung dieser Sonderzuweisungen setzt zwar logich voraus, daß eine bürgerliche Rechtsstreitigkeit vorliegt, praktisch ist diese Prüfung aber in den Zuweisungsfällen entbehrlich, so daß bei der Rechtswegprüfung nach § 13 zweckmäßigerweise zuerst die Frage der Sonderzuweisung zu untersuchen ist. – Der Begriff „bürgerliche Rechtsstreitigkeit" ist bundesrechtlich und kann daher durch Landesrecht nicht beeinflußt werden (RG 5, 22; 57, 350). Durch Landesrecht kann dagegen eine Zuweisung an Verwaltungsgerichte oder -behörden (vgl aber Rn 52, 53) erfolgen.

17 **2) Der Begriff „bürgerliche Rechtsstreitigkeiten"** wirft immer wieder Fragen auf, die schon wegen der Komplexität der Materie kaum abschließend beantwortet werden können. Hinzu kommt, daß er durch mehrfache gesetzgeberische Regelungen immer wieder beeinflußt wurde, wobei § 40 VwGO besondere Bedeutung zukommt, und daß er durch die Entwicklung des Rechtsschutzes in den verschiedenen Zweigen der Gerichtsbarkeit ständig beeinflußt wird. – Grundlage der Abgrenzung ist der Streitgegenstand, der allein vom Kläger bestimmt wird (vgl dazu Rn 11), wobei es entscheidend auf wahre Natur des zugrundeliegenden Rechtsverhältnisses ankommt, aus dem der Kläger die Rechtsfolge herleitet, die er mit der Klage verfolgt (vgl Rn 11). Ist der dafür maßgebliche Sachverhalt dem privaten Recht zuzuordnen, liegt eine bürgerliche Rechtsstreitigkeit vor, ist er dem öffentl Recht zuzuordnen, handelt es sich um eine öffentlichrechtl Streitigkeit.

18 **a)** Privatrechtl ist ein Rechtsverh nicht schon dann, wenn es sich auf vermögensrechtl Angelegenheiten bezieht, **Fiskustheorie** (RG 129, 288; BVerwG DÖV 58, 419); Streitigkeiten über solche Angelegenheiten kennt auch das öffentl Recht (zB ü öffentl Abgaben, Leistungen der öffentl Fürsorge oder Sozialversicherung), während sich andererseits das Privatrecht nicht auf vermögensrechtl Angelegenheiten beschränkt (zB familienrechtl Streitigkeiten). Entscheidend auch nicht, wer an dem Rechtsverh beteiligt ist, ältere Subjektstheorie; auch Staat u öffentl-rechtl Körperschaften können sich (als Fiskus) auf dem Boden des Privatrechts betätigen, zB durch Abschluß von Kauf-, Dienstverträgen, b bürgerl rechtl Ausgestaltung der Benutzung von Anstalten u Einrichtungen (zB Bahnbenützung): s a § 4 EGZPO.

19 **b)** Als entscheidenes Kriterium ist grundsätzlich die **Überordnung** der öffentl Gewalt über den Einzelnen, die sie dazu befähigt, einseitig in den Rechtsbereich einzugreifen, anzusehen,

Subjektionstheorie (vgl RG 166, 226; 167, 284; BGH LM 10 zu § 13 GVG; BGH 41, 264; 66, 229 = NJW 76, 1794; 67, 81 = NJW 76, 1942; BayObLG 67, 151). Übergeordnet ist, wem öffentl Gewalt gegenüber einem anderen eingeräumt ist, wer ihm gegenüber verbindliche Verwaltungsakte setzen und Zwangsbefugnisse ausüben kann oder Anstaltsgewalt besitzt (BayKKGH BayObLG 57, 394). Demnach liegt es im Wesen des privatrechtlichen Rechtsverhältnisses, daß sich die Beteiligten auf der Ebene der **Gleichordnung** gegenüberstehen (s auch Kissel Rdnr 12 ff).

c) Die Abgrenzung, die nur auf das Vorliegen eines Über-/Unterordnungsverhältnisses abstellt, reicht jedoch verschiedentlich nicht aus. So gibt es Fälle, in denen sich aus einem **öffentl-rechtlichen Grundverhältnis dem Privatrecht zuzurechnende Rechtsbeziehungen** oder Rechtsfolgen ergeben können, so insbesondere im Bereich des Schadensersatzes (vgl zB OLG München, MDR 65, 988: Schadensersatzanspruch gemäß §§ 823 II BGB, 263 StGB – Anstellungsbetrug – im Rahmen eines öffentlich-rechtl Soldatenverhältnisses; s auch BGH 17, 191; 35, 209; MDR 63, 839; BayObLG 67, 153), bei Teilnahme oder Beeinflussung des allgemeinen Wettbewerbs (vgl BGH 66, 229 = NJW 76, 1794; 67, 81 = NJW 76, 1941; BayKKGH MDR 75, 587) oder des Ehrenschutzes (vgl BGHZ 66, 182 = NJW 76, 1198; Köln NJW 73, 858). Ein Beispiel ist auch, das – durch Gleichordnung gekennzeichnete – **Prozeßrechtsverhältnis** bei einem Rechtsstreit aus öffentl-rechtlichem Grundverhältnis; der BGH (NJW 81, 349) hält daher zB den ordentlichen Rechtsweg für Schadensersatzklagen nach § 945 ZPO auch dann für gegeben, wenn es um eine einstweilige Anordnung des VerwG nach § 123 VwGO geht (im Hinblick auf Grundsatz der Sachnähe, Rn 24, allerdings zweifelhaft und im verwaltungsprozessualen Schrifttum bestritten, vgl Eyermann/Fröhler, § 123 VwGO Rdnr 24). 20

Insbesondere aber können sich auch im Rahmen des öffentl Rechts verschiedene Rechtsträger auf der Ebene der Gleichordnung bewegen. Die öffentliche Hand kann sich bei Erfüllung ihrer Aufgaben auch der Möglichkeiten des bürgerlichen Rechts bedienen und dabei dem Bürger auf der Ebene der Gleichordnung begegnen, selbst dann, wenn die bürgerlich rechtl Regelung in der Form, die an sich für hoheitliches Handeln typisch ist (zB Ministerialerlaß, vgl BGH MDR 72, 308), eröffnet wird. Insbesondere ist das Institut des öffentlich-rechtlichen Vertrages (vgl Rn 40) allgemein anerkannt, bei dem sich die Parteien gleichberechtigt und gleichgeordnet gegenüberstehen. Zur Abgrenzung ist daher neben dem Merkmal „Über-/Unterordnungsverhältnis" ein weiteres hinzuzuziehen. 21

Dieses ist nach der **Interessentheorie** im Zweck und Inhalt der Rechtsnormen zu sehen, die das maßgebliche Rechtsverhältnis beherrschen. Liegt dieser Zweck vornehmlich in der Regelung öffentlicher Belange im Interesse des Staatsganzen, so ist das Rechtsverhältnis und die sich daraus ergebende konkrete Rechtsfolge öffentlich-rechtl Art; steht das Individualinteresse des Einzelnen im Vordergrund, gehört die Rechtsstreitigkeit dem privaten Recht an. Nach der (neueren) **Subjekts- und Zuordnungstheorie** (vgl dazu Wolff, AöR 76, 205; Wolff/Bachof, VerwR I, § 22 II/III; Menger, Festschr Wolff, 1973, 150; Rimmelspacher, Festschr Weber, 1975, 366) ist auf den Rechtsträger abzustellen, der von den Rechtsnormen betroffen ist, die das maßgebliche Rechtsverhältnis beherrschen (vgl etwa BGH NJW 76, 1941). Wird hiernach nicht jedermann, sondern ein Subjekt berechtigt oder verpflichtet, das kraft staatlicher Aufgabenzuweisung Interessen der Gemeinschaft wahrzunehmen hat, so liegt ein öffentl-rechtl Rechtsverhältnis vor. Zu der Gesamtproblematik vgl Bettermann NJW 77, 513; ders DVBl 77, 180; Menger VerwArch 68, 293; Rimmelspacher JZ 75, 165. 22

d) Nach der neueren Rspr des BGH wird von folgendem Grundsatz ausgegangen: Fehlt eine gesetzl Rechtswegzuweisung, so richtet sich die **Abgrenzung nach der Natur des Rechtsverhältnisses, aus dem der Klageanspruch hergeleitet wird** (vgl BGH 89, 251). **Dabei ist zu fragen, durch welche Rechtssätze der Sachverhalt entscheidend geprägt wird und welche Rechtssätze für die Beurteilung des Klagebegehrens in Anspruch genommen werden können** (BGH 49, 285; NJW 85, 2756). 22a

e) Abzustellen ist immer auf die Natur des der Klage zugrunde liegenden Anspruchs. Umstände, die zu einem **Wechsel des Verpflichteten** geführt haben, beeinflussen den Rechtsweg nicht. So Verwaltungsrechtsweg auch, wenn an sich öffentl-rechtl Anspruch auf der Grundlage des § 419 BGB gegen Vermögensübernehmer (BGH NJW 78, 2091) oder wegen Erbfalls gegen Erben (abweichende Rspr bei Renten s Rn 33) geltend gemacht wird. Ebenso bei Klage des Trägers der Sozialhilfe auf übergeleiteten Unterhaltsanspruch nach § 90 BSHG (Zivilrechtsweg, BVerwG 34, 219; BGH NJW 81, 48), nach § 37 I BAföG oder nach § 23 III GüKG (vgl BGH 31, 88; vgl dazu Lüke aaO, S 136). Auch teilt grundsätzlich der **Rückgewähranspruch** (§§ 812 ff BGB) den Rechtsweg, der für den vermeintlichen Leistungsanspruch galt (im einzelnen s Rn 29). 23

f) In der neueren Rechtsprechung des BGH (34, 277; 43, 40; 57, 136; NJW 76, 1848; 76, 1943; 78, 2091; 81, 675; MDR 84, 391; NJW 85, 2756) wird für die Frage der Entscheidung über den Rechts- 24 weg zunehmend auf den Gesichtspunkt der **Sachnähe** hingewiesen. Es sollen möglichst die Gerichte entscheiden, die für die betreffende Rechtsmaterie besondere Sachkunde besitzen; gleichzeitig soll – die unter dem Gesichtspunkt des Rechtsuchenden besonders unerfreuliche (s auch Kissel Rdnr 7 und DRiZ 80, 83) – Aufsplitterung der Rechtswegzuständigkeit vermieden werden. Dem entspricht auch, daß **„sekundäre Rechtsbeziehungen** zu Dritten" dem Rechtsweg der Grundbeziehung zugeordnet werden (vgl etwa BVerwG NJW 85, 2436). In der Tat kann nicht übersehen werden, daß sich in vielen Grenzfällen trotz weitgehender Übereinstimmung in den dogmatischen Grundlagen zweifelsfreie oder gar eindeutige Lösungen nicht finden lassen; die fast unübersehbar gewordene Kasuistik der Rechtsprechung oder das wiederholt festzustellende Umschwenken in ähnlich gelagerten Grenzfällen zeigen dies deutlich. Zwar sind für den Rechtsuchenden durch die Möglichkeit der Rechtswegverweisung (vgl § 17) die Nachteile der oft bestehenden Unsicherheit gemildert, dennoch ist es gerade im Interesse der Rechtssicherheit zu begrüßen (aA Kissel Rdnr 16), daß die Rspr mit dem Gesichtspunkt der Sachnähe ein Kriterium eingeführt hat, das zusätzliche Transparenz verspricht und zudem geeignet ist, der Einheitlichkeit der Rechtsprechung – und damit auch der Rechtssicherheit für den Rechtsuchenden – bestmöglich gerecht zu werden. In diesem Zusammenhang sollte nicht aus dem Auge verloren werden, daß die Probleme der Rechtswegabgrenzung nur eine Folge der Rechtswegaufspaltung in verschiedene Gerichtsbarkeiten sind, welche ihre Rechtfertigung nur in dem Bestreben nach möglichst zweckmäßigem und sicherem Rechtsschutz hat (BGH NJW 78, 949). Hieraus verbietet es sich aber, die Fragen der Rechtswegabgrenzung zum dogmatischen Selbstzweck zu erheben. Die Sicherung des Rechtsschutzes für den Rechtsuchenden hat im Vordergrund zu stehen, der gerade durch den Gesichtspunkt der Zuständigkeitsbestimmung auch nach Sachnähe und durch das Bestreben, Aufspaltung der Rechtswegzuständigkeit für denselben Sachverhalt zu vermeiden, Rechnung getragen wird.

24a **g)** Das Kriterium der Sachnähe wird in der Rspr insbesondere in den Fällen bedeutsam, in denen **öffentlichrechtl und bürgerlichrechtl Rechtsverhältnisse ineinander verzahnt sind** (vgl dazu etwa BGH NJW 85, 2756: interner Ausgleich unter mehreren Sozialversicherungsträgern – öffentl rechtl – und nach § 1542 RVO übergegangener zivilrechtl Schadensersatzanspruch; vgl i ü auch Fälle der Rn 23). Hier ist entsprechend dem Grundsatz Rn 22a entscheidend, welches Rechtsverhältnis für die Entscheidung des Rechtsstreits im Mittelpunkt steht (im obigen Fall: der zivilrechtl Schadensersatzanspruch. BGH aaO). Entsprechend wurde der Zivilrechtsweg für die Inanspruchnahme eines Bürgen für eine an sich öffentlichrechtliche Forderung (BGH NJW 84, 1622) und für Bereicherungsansprüche gegen den Steuerfiskus bei Bezahlung von Steuerschulden durch einen Dritten – Dreiecksverhältnis – bejaht (BGH NJW 84, 982). Die Rspr verdient Zustimmung.

3) Im einzelnen ist die Abgrenzung vielfach schwierig und umstritten. Insbesondere die Judikatur zu den Einzelfragen ist nahezu unübersehbar (Nachweise s Rn 69). Jedoch ergeben sich ähnliche Fallgruppen, zu denen sich bestimmte Grundsätze herausgebildet haben.

25 **a)** Als allgemeine Regel gilt, daß **die Zivilgerichte nicht die Tätigkeit der Verwaltung unmittelbar zu überprüfen haben** (BGH 14, 226 = NJW 54, 1486; 29, 189 = NJW 59, 987; 37, 163 = NJW 62, 1508; 41, 264 = NJW 64, 1472; BayKKGH MDR 75, 587). Öffentl-rechtl ist die Frage nach Umfang u Auswirkungen der Überordnung, ob die öffentl Gewalt dem einzelnen mit Geboten u Verboten entgegentreten, seine Rechtslage durch einseitigen Akt umgestalten darf oder dies unterlassen muß, ob sie ihm Verwaltungsleistungen zu erbringen hat. Wenn Anspruch darauf erhoben wird, diese Tätigkeit der hoheitl Verwaltung zu beeinflussen, ihr ein bestimmtes Handeln oder Unterlassen vorzuschreiben, liegt grundsätzlich ein öffentl-rechtl Anspruch vor. Der Zivilrechtsweg ist daher ausgeschlossen, wenn die Vollstreckung eines stattgebenden Urteils zur Aufhebung oder Änderung einer hoheitlichen Maßnahme (zB Widmung eines Grundstücks für den öffentlichen Verkehr) führen würde (BGH 41, 266; NJW 67, 2309; 69, 1437; MDR 72, 225).

26 Dies gilt auch für die sog **schlichte Hoheitsverwaltung** (BGH 38, 52; LM Nr 55 und 81 zu § 13 GVG; MDR 72, 225; NJW 76, 570). Auf Vornahme, Aufhebung oder Unterlassung von Verwaltungsakten kann eine Klage vor den ordentlichen Gerichten nicht gerichtet sein (vgl RG 150, 143; 158, 261; 162, 192; BGH 4, 311; 5, 82; 14, 228; 18, 262; 34, 99; BayKKGH BayObLG 57, 407). Auch Feststellungsklagen, die Hoheitsmaßnahmen betreffen, sind unzulässig (RG 111, 49; 129, 289; 156, 29). Dies gilt auch, soweit die Nichtigkeit (zB eines VA) festgestellt werden soll (vgl auch § 43 VwGO). Das gleiche gilt für eine Klage auf Vornahme oder Unterlassung eines sonstigen Hoheitsakts (vgl OLG München DVBl 56, 175). Die Zivilgerichte können daher auch eine Gebietskörperschaft nicht dazu verurteilen, Anweisungen an ihr unterstellte Behörden oder die diesen beigegebenen Begründungen zu widerrufen (BGH 14, 222 = NJW 54, 1486; MDR 58, 494). Anders liegt es, wenn die Zivilgerichte gegenüber innerdienstl Anordnungen angerufen werden, durch die ein Dritter vom privaten Geschäftsverkehr mit der Behörde ausgeschlossen wird (BGH NJW 67, 1911), da hier eine dem privatrechtl Bereich zuzurechnende Maßnahme vorliegt.

b) Eine wesentliche Einschränkung dieses Grundsatzes hat die neuere Rspr des BGH (37, 292; 66, 229 = NJW 76, 1794; 67, 81 = NJW 76, 1941; NJW 81, 2519; 82, 2117; Karlsruhe WPR 83, 223; vgl auch BayKKGH MDR 75, 587) allerdings anerkannt, soweit Hoheitsträger (zB öffentlichrechtl Krankenkassen; kassenärztl Vereinigung und Landesärztekammer) am **allgemeinen Wettbewerb** teilnehmen. Auf der Grundlage des § 1 UWG, §§ 25, 26 GWB und § 826 BGB kann in diesen Fällen im Zivilrechtsweg Unterlassung (zB der unmittelbaren Ausgabe von med Hilfsmitteln, BGH 82, 375 = NJW 82, 2117) auch dann verlangt werden, wenn das beanstandete Verhalten hoheitlicher Art ist. Der BGH stützt dies darauf, daß sich in diesen Fällen der Hoheitsträger und seine privaten Mitbewerber in einem Wettbewerbsverhältnis gegenüberstehen, das durch die Normen des Wettbewerbsrechts privatrechtlich gestaltet ist, mag die Beziehung des Hoheitsträgers zu seinen Mitgliedern auch öffentl-rechtl Art sein. In diese Beziehung wird durch ein wettbewerbsrechtl Unterlassungsgebot nur mittelbar eingegriffen; der Streitgegenstand selbst ist bestimmt von dem auf der Ebene der Gleichordnung geregelten Verhältnis des Wettbewerbs (vgl hierzu – kritisch – Bettermann DVBl 77, 180; Kraft GRUR 76, 660; Menger VerwArch 68, 293; Püttner DÖV 76, 635; Scholz NJW 78, 16; Knispel NJW 86, 1525, 1528); dies gilt auch bei kirchlich betriebenen Unternehmen (BGH NJW 81, 2811). **27**

c) Keine Abweichung gilt bezüglich des **privatrechtsgestaltenden VA,** also VAe, durch die ein zivilrechtl Rechtsverhältnis begründet oder beeinflußt wird (zB Eigentumsübertragung kraft Hoheitsakt, Enstehen eines bürgerl rechtl Vertrages kraft VA, etwa § 16 WBewG v 31. 3. 53; Maßnahmen hoheitl Preisüberwachung). Auch dieser unterliegt nur der Kontrolle der Verwaltungsgerichte nach § 40 VwGO. Es ist jedoch zu beachten, daß aus dem privatrechtsgestaltenden VA Rechtsverhältnisse des bürgerlichen Rechts entstehen. Soweit sich bei dessen Abwicklung Streitigkeiten ergeben (bei denen die Wirksamkeit des vorangehenden VA nur Vorfrage ist, vgl Rn 42), sind sie bürgerlich rechtlich; denn es geht nur um die privatrechtlichen Rechtsfolgen, die nur Kraft Gesetzes an einen VA geknüpft sind (vgl BGH 5, 69; 20, 80; 24, 390). Dementsprechend sind ihrer Natur nach **privatrechtl Ansprüche** (zB Unterhaltsansprüche), die **durch Hoheitsakt** auf eine Verwaltungsbehörde **übergeleitet** werden (vgl § 90 BSHG), durch diese im Zivilrechtsweg einzuklagen, da der Anspruch durch die Überleitung nicht in seinem Wesen verändert wird (BVerwGE 34, 219; BGH NJW 81, 48). **28**

d) Eine auf **privatrechtliche Anspruchsgrundlagen** (zB §§ 894, 985, 1004 BGB) gestützte Klage, **insbesondere auf Unterlassung,** vor den Zivilgerichten ist dann unzulässig, wenn durch sie in den Bestand eines öffentl-rechtl Rechtsverhältnisses eingegriffen wird (BGH NJW 76, 570: Abwehranspruch gegen Geräuschimmissionen eines hoheitlich gewidmeten Kinderspielplatzes; LM Nr 81 zu § 13 GVG: Eingriff in gemeindl Kanalisationsanlage; OVG Münster NJW 84, 1982: Abgrenzung des zivilrechtl vom öffentlichrechtl Abwehranspruch aus Nachbarrecht bei Immissionen; Einzelheiten s Rn 69 – Immissionen –). Die **behördliche Genehmigung** einer der Rechtsnatur nach privatrechtl Nutzung begründet dagegen nicht den Verwaltungsrechtsweg für Klagen auf Unterlassung dieser Nutzung (Klage auf Verlegung einer Haltestelle eines privaten Omnibusunternehmens BGH NJW 84, 1242, dazu Bettermann DVBl 84, 473). Der Zivilrechtsweg ist ferner gegeben, wenn der Wegfall der hoheitlichen Bindung der im Streit befangenen Sache behauptet wird (BGH 4, 304; 5, 70; 18, 253; LM Nr 16 zu § 13 GVG; NJW 67, 2309). Hier wird wegen Fehlens oder Wegfall (nicht dagegen Rechtswidrigkeit) der öffentl-rechtl Bindung auf die bürgerlich rechtliche Grundlage zurückgegriffen. Denn nach dem für die Zulässigkeit des Rechtswegs maßgebl Klagevortrag (Rn 11) steht der Kläger gerade nicht der öffentl Gewalt ggüber und verlangt von ihr nicht Zurücknahme des Hoheitsakts oder den Verzicht auf die Durchsetzung, sondern nur die Aufgabe einer (nach der Behauptung des Klägers) rechtsgrundlosen Besitzerstellung, wie sie auch von jedem Dritten verlangt werden könnte. Anders aber, wenn in Wahrheit nur der öffentlich-rechtliche Akt in „bürgerlich-rechtlichem Gewand" angefochten würde. So ist eine in Wahrheit auf Rücknahme bzw Vornahme eines VA gerichtete Amtshaftungsklage, mit der Naturalrestitution verlangt wird, unzulässig (BGH 5, 102; 14, 228; vgl auch BGH 34, 99 = NJW 61, 658; LM Nr 70 zu § 13 GVG; NJW 67, 2309). **29**

Ein Sonderfall sind Unterlassungsklagen gegen **kirchliches Glockengeläute,** da hier der an sich privatrechtl Streit um den Immissionsschutz durch den liturgischen Charakter der unter der Rechtsgarantie der Verfassung (Art 140 GG) stehenden kirchlichen Körperschaften überlagert wird. Wegen der Auswirkung auf Dritte (Nichtkirchenmitglieder) hat das BVerwG (NJW 84, 989) in dieser lange strittigen Frage nicht nur den Weg zu den staatl Gerichten, sondern auch den Verwaltungsrechtsweg zu Recht bejaht. Entscheidend ist nämlich die Frage der Grenzen des verfassungsrechtl garantierten kirchl Selbstbestimmungsrechts auch in der Kultausübung, **29a** wenn diese mit allgemeinen gesetzl Schutznormen kollidiert. Dies kann nur auf der Grundlage der den Kirchen verliehenen öffentl Gewalt (BVerfG 18, 387) entschieden werden.

30 Zur Zuständigkeit der Verwaltungsgerichte gehört nicht nur die Beseitigung rechtswidriger VA, sondern auch die Beseitigung der Folgen eines solchen, sog **Folgenbeseitigungsanspruch** (vgl BVerwG DVBl 58; 25; BayVBl 60, 85; HessVGH DÖV 63, 389; BayVGH BayVBl 65, 246; grundsätzlich Bachof „Die verwaltungsgerichtliche Klage auf Vornahme einer Amtshandlung", 1951, S 98 ff; Maetzel DÖV 68, 515; einschränkend Weyreuther, 47. Deutscher Juristentag, 1968, Bd I, Teil B S 1 ff). Nicht zulässig wird der Rechtsweg zu den Zivilgerichten dadurch, daß in Wahrheit einem öffentlich-rechtl Rechtsverhältnis entspringende Ansprüche auf privatrechtliche Titel gestützt werden, zB auf **ungerechtfertigte Bereicherung** (zur Anwendung der §§ 812 ff BGB im öffentl Recht vgl BVerwG 25, 72; 36, 108; BGH 56, 365; BayObLG 65, 94, 202; BVerwG NJW 80, 2538: Umkehrung des vermeintlichen Leistungsanspruchs, dessen Rechtsqualität bestehen bleibt, s auch Rn 31 „Rückgewähr"). Anders dagegen bei bereicherungsrechtlicher Rückabwicklung im Dreieckverhältnis; hier hat der BGH (NJW 84, 982) zu Recht (vgl Rn 24a) den Zivilrechtsweg für einen auf § 816 Abs 2 BGB gestützten Anspruch auf Rückzahlung in dem Fall bejaht, daß auf Grund privatrechtl Abmachung Steuerschulden eines Dritten bezahlt wurden. **Geschäftsführung ohne Auftrag, Schadensersatz** (beachte dabei aber Art 34 S 3 GG, § 40 II VwGO; vgl Rn 55, 56), beseitigende Unterlassungsklage, Eigentumsstörung usw (vgl BGH 14, 297, NJW 56, 17; LM Nr 66, 84 zu § 13 GVG; MDR 61, 623; DVBl 61, 736; NJW 67, 156; BVerwG DÖV 58, 419; BayObLG NJW 59, 1195; BayObLG 65, 104; OVG Berlin JZ 62, 214). Dies gilt um so mehr, als diese Rechtsinstitute vielfach als solche öffentlich-rechtlicher Art anerkannt sind (Eyermann/Fröhler § 40 VwGO Rdnr 17 ff). Zu Ersatzansprüchen aus öffentl-rechtl Auftragsverhältnissen u öffentl-rechtl Geschäftsführung ohne Auftrag vgl RG 130, 268; BVerwG NJW 56, 925, BGH 24, 308, BGH NJW 67, 156, BayKKGH BayObLG 57, 402; BayObLG 65, 202; Schack JZ 66, 640; Rietdorf DÖV 66, 253; einen Sonderfall der GoA bei Verkehrssicherungspflicht, die einer öffentl-rechtl Körperschaft oblegen hätte, behandelt BGH NJW 71, 1218. – Für **Ehrschutzklagen** auf Widerruf oder Unterlassung im Bezug auf Äußerungen von Hoheitsbeträgen s Rn 41.

31 Dem entspricht auch, daß Ansprüche auf **Rückgewähr** von Leistungen, die das Gegenstück des Leistungsanspruchs darstellen, in demselben Rechtsweg wie der Leistungsanspruch selbst geltend zu machen sind, vgl BVerwG 25, 76; NJW 77, 1838; BGH 32, 273; 56, 365; 57, 130; 71, 180 = NJW 78, 1385; NJW 79, 2615); zum Sonderfall der Rückzahlung von an den Erben zu Unrecht bezahlten Renten, vgl Rn 33. So hat der BGH (NJW 81, 48) für Klage des Scheinvaters auf Rückgewähr von Zahlungen auf nach § 90 BSHG übergeleitete Unterhaltsansprüche Zivilrechtsweg bejaht, da es sich nur um die Kehrseite des Anspruchs des Sozialhilfeträgers aus dem übergeleiteten Unterhaltsanspruch handelt (s dazu Rn 28). Im Ergebnis ebenso BVerwG NJW 80, 2538 (Anwendung der §§ 812 ff BGB im öffentl Recht) und NJW 85, 2436 (Erstattungsanspruch gegen Drittbeteiligten). Zum Sonderfall des § 816 II BGB s Rn 30. Gleiches gilt bei Rückforderung von Entschädigungszahlungen nach § 49 BSeuchenG, BGH NJW 83, 2029 (s dort aber auch zu dem Erfordernis eines vorherigen Verwaltungsbescheids).

32 Schließlich sind ihrer Natur nach öffentl-rechtl Ansprüche auch dann im Verwaltungsrechtsweg einzuklagen, wenn der **Vermögensübernehmer** nach § 419 BGB in Anspruch genommen wird (BGH NJW 78, 2091). Dagegen ist der Zivilrechtsweg gegeben, wenn ein **Bürge** für eine an sich öffentlichrechtl Forderung in Anspruch genommen wird (BGH NJW 84, 1622, s a Rn 24a).

33 **e) Aus einem öffentl-rechtl Rechtsverhältnis** können andererseits nach herrsch Rechtsprechung – außerhalb der den Zivilgerichten ausdrücklich zugewiesenen Rechtsstreitigkeiten – **bürgerl-rechtl Rechtsstreitigkeiten entstehen** (zu unterscheiden von den oben geschilderten Fällen öffentl-rechtl Rechtsstreitigkeiten in nur bürgerl-rechtlicher Gestalt; vgl Rn 24a). So können sich auch aus hoheitlich begründeten Rechtsverhältnissen zwischen den Beteiligten vertragliche oder doch vertragsähnliche Schutz- und Fürsorgepflichten ergeben, die Schadensersatzansprüche auslösen können, zB bei der Trinkwasserversorgung (BGH 17, 191; MDR 63, 839), bei der Gesundheitsfürsorge für Gefangene (BGH 21, 218; wo Ersatzansprüche über die Amtshaftung hinaus aber aus materiellen Gründen abgelehnt werden), bei Anstellungsbetrug im Rahmen eines Soldatenverhältnisses (OLG München MDR 65, 988) oder aus **Prozeßrechtsverhältnis** (das durch Gleichordnung gekennzeichnet) auch im verwaltungsgerichtlichen Verfahren (Schadensersatz analog § 945 ZPO aus einstw Anordnung nach § 123 VwGO, vgl BGH 30, 123; 66, 182; NJW 81, 349; s auch Rn 20). Entsprechend soll sich nach BGH (NJW 78, 1385; KG NJW 77, 441) das öffentl-rechtl Rechtsverhältnis zwischen Rententräger und Berechtigtem nach der RVO in ein bürgerlich-rechtl nach § 812 BGB umwandeln, wenn die **Rente** nach dem Tod des Versicherten (in Unkenntnis dieses Umstandes) weiterbezahlt wird; der Rückforderungsanspruch soll daher nicht vor den Sozialgerichten, sondern im ordentl Rechtsweg geltend zu machen sein. An der

Richtigkeit und Zweckmäßigkeit dieser Rspr bestehen allerdings erhebliche Zweifel (zur Rentenfrage vgl Haueisen NJW 77, 441; Bethge NJW 78, 1801). Sie widerspricht insbesondere dem Gesichtspunkt der Sachnähe (vgl Rn 24). Auch ist schwer einzusehen, aus welchem Grunde ein öffentl-rechtliches Rechtsverhältnis in bürgerlich-rechtl Rechtsbeziehungen umschlagen soll. Angesichts der Generalklausel des § 40 I VwGO besteht auch kein Bedürfnis, den Rechtsweg zu den Zivilgerichten zu eröffnen, soweit nicht ohnehin ein Zuweisungsfall vorliegt; dies ist insbesondere im Rahmen des § 40 II 1 VwGO für Schadensersatzansprüche auf öffentlich-rechtlicher Grundlage möglich (vgl etwa BGH 54, 299 = JZ 71, 94 m Anm Baur: Schadensersatz wegen fehlerhaften Anschlusses an gemeindl Abwässerkanal). In einem anderen Fall (Rückgewähr von Zahlungen des Scheinvaters auf übergeleitete Unterhaltsansprüche nach § 90 BSHG) hat der BGH (NJW 81, 48) auch wieder – richtig – nur darauf abgestellt, daß die Rückforderung von Zahlungen lediglich die Kehrseite des Anspruchs ist und daher demselben Rechtsweg zuzuordnen ist wie der ursprüngliche Zahlungsanspruch (s Rn 31). Für Renten gilt nunmehr § 50 II SGB X (vgl a Hamm NJW 86, 2769).

f) Besondere Probleme treten bei den Fällen der **Subventionierung** (vgl Ipsen „Öffentliche Subventionierung Privater"; VVDStRL Heft 11; Stern JZ 61, 518, 557) auf. Hier bedient sich die öffentliche Hand in der Regel privatrechtlicher Gestaltung (Darlehen, Bürgschaft). Bei der Gewährung der Subventionierung wird sie aber hoheitlich tätig. Demgemäß wird herrschend die sog „Zweistufentheorie" vertreten. Danach ist die Entscheidung über die Gewährung der Subvention öffentl-rechtl Natur und unterliegt der Kontrolle durch die Verwaltungsgerichte. Streitigkeiten aus dem Vollzug der Entscheidung sind dagegen bürgerlich rechtlich und von den Zivilgerichten zu entscheiden (BVerwG 1, 308; 13, 52; 14, 65; NJW 66, 1236; BGH 40, 210; 52, 155 = NJW 69, 1434; 57, 130 = NJW 72, 210; MDR 72, 308). Zu beachten ist jedoch, daß eine bedingte Rückzahlungsverpflichtung im Falle der Nichterfüllung der subventionierten Aufgabe (zB Nichtherstellen eines Films, zu dessen Erstellung eine Spielfilmprämie gewährt wurde; vgl BGH 57, 130 = NJW 72, 210) nicht zum (bürgerl-rechtl) Vollzug, sondern der öffentl-rechtl Gewährungsentscheidung als Bedingung der Bewilligung zuzurechnen ist (BGH aaO). Dies gilt unter dem Gesichtspunkt der Umkehr auch, soweit die Rückzahlung auf ungerechtfertigte Bereicherung gestützt wird (vgl Rn 30). Einstufig öffentlichrechtl Gestaltung jedoch möglich, wenn lediglich zur Auszahlung der Subvention ein Kreditinstitut eingeschaltet ist (BGH NVwZ 85, 517). 34

Nicht zu den nach der Zweistufentheorie zu lösenden Streitigkeiten gehören die, die mit der Vergabe **öffentlicher Aufträge** zusammenhängen. Für diese sind die Zivilgerichte zuständig, auch wenn ein Bewerber einem bevorrechteten Personenkreis angehört (BVerwG 5, 325; 4, 65 = MDR 62, 681; OVG Berlin NJW 61, 2130; BGH NJW 67, 1911; vgl aber auch BGH 14, 222; s dazu Bender JuS 62, 178 und BVerwG MDR 66, 536). 35

Der ordentliche Rechtsweg ist nicht gegeben für die **Rückforderung von Studienförderungsmitteln,** die zur Gewinnung von Nachwuchskräften für die Beamtenlaufbahn gewährt wurden (BVerwG 30, 65 = NJW 68, 2023 m Anm Schmidt NJW 69, 619; BGH NJW 72, 763). 36

g) Wie der Einzelne nicht hoheitl auferlegte Leistungen im Zivilrechtsweg bekämpfen kann, so kann sich **auch die öffentl Verwaltung nicht des Zivilrechtsweges bedienen,** um solche Leistungen durchzusetzen, sofern dies nicht gesetzl vorgesehen ist. Ansprüche auf Erstattung e Leistung, die vom einzelnen gg den Hoheitsträger (zB auf Rückzahlung zuviel bezahlter Abgaben, vgl OVG Münster DVBl 55, 463; s a BGH 22, 246) oder umgekehrt (zB Rückforderung überzahlter Beamtengehälter) gerichtet werden, gehören regelmäßig dem gleichen Rechtsgebiet an wie der Anspruch auf die Leistung (Gesichtspunkt der Umkehr e Rechtsverhältnisses), sind also öffentl-rechtl, wenn die Leistung auf Grund e öffentl-rechtl Verhältnisses zu erbringen war (sa Rn 31); doch kann der Erstattungsanspruch ebenso wie der Anspruch auf die Leistung selbst dem Zivilrechtsweg zugewiesen sein. Einzelfälle vgl BGH LM 10 zu § 13 GVG; BGH 3, 292; 8, 344; 22, 146; DVBl 56, 95; NJW 57, 97, 384; BGH NJW 67, 156; OVG Münster DÖV 53, 377; BVerwG NJW 58, 154; DÖV 58, 419; s ferner Haueisen NJW 54, 977. – Umgekehrt wird ein bürgerl-rechtl oder arbeitsrechtlicher Ersattungsanspruch nicht dadurch öffentl-rechtl, daß er mit VA geltend gemacht wird. Dies gilt auch bei Anwendung des ErstG (BVerwG MDR 71, 785). 37

h) Der ordentliche Rechtsweg ist nicht aber schon deshalb ausgeschlossen, weil ein öffentlich-rechtl Rechtsträger an dem Rechtsverhältnis beteiligt ist und von ihm eine öffentliche Aufgabe (insbes **Daseinsvorsorge**) wahrgenommen wird. Es genügt auch nicht, daß der Rechtsträger im öffentl Interesse handelt; denn es steht ihm in diesen Fällen frei, sich **ausdrücklich privatrechtl Mittel zu bedienen.** Geschieht dies, so sind für sich ergebende Rechtsstreitigkeiten die Zivilgerichte zuständig (BGH 14, 297; 40, 210; 52, 155; NJW 75, 106; 79, 2615). Andererseits kann sich der Träger öffentl Gewalt in diesen Fällen auch nur im öffentl-rechtl Bereich betätigen (zB: die Bundespost, vgl RG 158, 83; BGH 20, 105). Dies muß aber auch nach außen erkennbar sein (BGH 38

MDR 61, 753), zB durch Anordnung eines Anschluß- und Benutzungszwangs in gemeindlicher Satzung (vgl dazu aber BGH MDR 66, 136) oder bei Erhebung von Gebühren, nicht von Entgelt. – Privatrechtlicher Natur sind zB in der Regel die Rechtsbeziehungen zwischen öffentl Krankenanstalten (Universitätskliniken) und Patienten (BGH 9, 145; 23, 229), die Personen- und Güterbeförderung durch die Bundesbahn (RG 161, 341; BGH 6, 310), die Benützung der Spielbanken (BGH 37, 363; NJW 67, 1660), öffentliche Verkehrsbetriebe, die in privatrechtl Form betrieben werden (BGH 52, 325; BVerwG VRS 1984, 315).

39 Dasselbe gilt selbst dann, wenn sich der öfentlich-rechtl Rechtsträger bei der Erfüllung an sich typisch öffentl-rechtl Verpflichtungen (zB Fürsorgepflicht des Dienstherrn) einer **privatrechtl organisierten Einrichtung** bedient (Bundesbahnkrankenkasse als Sozialeinrichtung mit freiwilliger Mitgliedschaft, durch deren Unterhaltung der Dienstherr seiner Fürsorgepflicht zur Beihilfe in Krankheitsfällen nachkommt, BGH NJW 81, 2005).

40 **i)** Andererseits wiederum kann eine auf der Ebene der Gleichordnung getroffene vertragliche Regelung öffentl-rechtl Natur sein **(öffentl-rechtl Vertrag).** Die Abgrenzung, ob ein Vertrag dem Zivilrecht oder dem öffentl Recht zuzurechnen ist (mit der Folge, daß einenfalls der Zivilrechtsweg, andernfalls der Verwaltungsrechtsweg gegeben ist), ist nach dem Gegenstand der vertraglichen Regelung vorzunehmen, wobei von der Art der gesetzlichen Regelung des betroffenen Sachverhalts auszugehen ist (BGH 54, 287; 56, 365; NJW 72, 585; MDR 72, 503; NJW 79, 2615; BVerwG 22, 138 = DVBl 67, 40; GemS NJW 86, 2359). Im Gegensatz zu seiner früheren Rechtsprechung (vgl BGH 32, 214; 35, 69) stellt der BGH nunmehr (vgl 56, 365; NJW 72, 585; 74, 1709; 75, 2015) entscheidend auf den Gesamtcharakter (Schwerpunkt der Vereinbarung „Gepräge", BGH 76, 16 = MDR 80, 289; MDR 83, 827) der Vereinbarung ab. Zwar hält er daran fest, daß im Rahmen der Regelung eines dem öffentl Recht zuzuordnenden Sachverhalts zusätzlich durch privatrechtl Vereinbarung weitere Verpflichtungen übernommen werden können (BGH 32, 214; 56, 365); eine entsprechende Vereinbarung nimmt jedoch am öffentl-rechtl Charakter der Gesamtregelung teil, wenn sie mit dieser in unmittelbarem Zusammenhang („do ut des") steht, wobei auch der Zweck der Vereinbarung zu berücksichtigen ist (vgl zu Vereinbarungen über Geldleistungen des Baugewerbes im Zusammenhang mit der Baugenehmigung – **Anbauverträge** – BGH 56, 365 = NJW 71, 1842; NJW 72, 285; BVerwG 22, 138; zu Erschließungsverträgen nach BauGB BGH 54, 287; BVerwG 32, 37; s aber auch BGH MDR 72, 501 und NJW 74, 1709; 75, 1019; zu Verträgen über Studienförderung für Nachwuchskräfte der Beamtenlaufbahn BGH NJW 72, 763; in diesen Fällen hat sich der BGH jeweils für den öffentl-rechtl Vertrag entschieden (ebenso BayVGH BayVBl 83, 730; VGH Mannheim ZBR 86, 81 für Vertragsstrafe); umgekehrt sind Streitigkeiten aus einem im Ausgangspunkt privatrechtl Vertrag – zB Darlehensvertrag aufgrund öffentl Wohnungsbauförderung – auch dann bürgerl-rechtl, wenn sie aus öffentl-rechtl motivierten gesetzlichen Regelungen oder behördlichen Entscheidungen entspringen, jedoch in unmittelbarem Zusammenhang mit der privat-rechtl Vereinbarung stehen, vgl BGH MDR 72, 308). Öffentl-rechtl sind daher insbesondere Verträge, die sich auf öffentl-rechtl Lasten und Pflichten beziehen, diese abweichend von einer gesetzlichen Regelung verteilen oder mit im öffentlichen Recht beruhender (wirklicher oder vermeintlicher) sonstiger rechtlichen Möglichkeiten oder Aufgaben in unmittelbarem Zusammenhang stehen (BGH 56, 365 = NJW 71, 1842; MDR 72, 503). Nicht entscheidend ist, welche Vertragsparteien beteiligt sind (BGH MDR 71, 553; 72, 850), sie können beide öffentl-rechtl Status haben (vgl BGH MDR 72, 503). – Zur Sonderform des öffentl-rechtl **Kooperationsvertrags** (Vertrag, in dem Privater in Zusammenarbeit mit einem Träger öffentl Verwaltung sowohl eigene wirtschaftl Interesssen wahrnimmt als auch öffentl Belange durch Sach- oder Geldbeiträge fördert – zB freiwillige Teilnahme eines privaten Produzenten an Materialprüfung durch eine Behörde) s BGH NJW 78, 1802; 83, 2311. – Die Zuweisung in den VerwRechtsweg umfaßt auch die Frage der Rückabwicklung eines öffentl-rechtl Vertrags (vgl BGH NJW 74, 1709) und des Schadensersatzes aus Verletzung eines öffentl-rechtl Vertrags (vgl § 40 II 1 VwGO, s Rn 56, 61). Zum Prozeßvergleich im verwaltungsgerichtl Verfahren als öffentl-rechtl Vertrag s BVerwG NJW 76, 2360.

40a Die Verfolgung öffentlichrechtl Zwecke macht aber eine vertragliche Vereinbarung nicht automatisch öffentlichrechtl; sie bleibt insbesondere dann privatrechtl, wenn es sich nur um eine **Nebenabrede** innerhalb eines sonst typisch privatrechtl Vertrages handelt (vgl BGH NJW 85, 1892: Grundstückskaufvertrag mit Gemeinde, in dem die Beachtung bestimmter Absichten der Bauleitplanung zugesagt wurde).

40b Die Zuständigkeit der VerwGe für öffentlichrechtl Verträge umfaßt auch **Schadensersatzansprüche** hieraus, § 40 II 1 VwGO, nicht jedoch solche aus **culpa in contrahendo** (BGH NJW 86, 1109), s dazu im einzelnen Rn 56, 61.

k) Verletzung des Persönlichkeitsrechts durch Rundfunk- und Fernsehsendungen sind nach BGH 66, 182 (NJW 76, 1198; m Anm Eschenlohr; vgl dazu Kritik Bettermann NJW 77, 513 und Lerche, Festschrift Löffler, 1980 S 217) im Zivilrechtsweg zu verfolgen. Daß Aufgaben und Tätigkeit der Rundfunkanstalten öffentl-rechtl ausgestaltet sind (vgl BVerfG 31, 314), steht nicht entgegen, da das Spannungsverhältnis zwischen Ehrenschutz und vom Bürger hinzunehmender öffentl Kritik durch das Privatrecht bestimmt ist. Ebenso Klage auf Unterlassung einer **Theateraufführung** einer staatl oder städt Bühne (LG Frankfurt NJW 86, 1258). Dagegen ist der Zivilrechtsweg nicht eröffnet für Klagen gegen Träger der Hoheitsverwaltung, soweit der **Widerruf dienstl Äußerungen ehrkränkenden Inhalts** verlangt wird (vgl BGH 14, 223; 34, 99; MDR 61, 665; NJW 63, 1203). Dies gilt auch, wenn die Äußerung zwar Vorgänge des fiskalischen Bereichs zum Gegenstand hat, aber zur Rechenschaft über hoheitl Verwaltungstätigkeit abgegeben wurde; Zivilrechtsweg nur bei ausschließl dem fiskalischen Bereich zurechenbarem Vorgang, BGH NJW 78, 1860; vgl auch Düsseldorf AfP 80, 46 (Unterlassung von Äußerungen über Nutzen von medizinischen Versorgungsuntersuchungen: Zivilrechtsweg) und Zweibrücken NVwZ 82, 332. 41

4) Vorfragen a) Liegt nach dem Vorausgegangenen e privatrechtl Streitgegenstand vor, so wird er nicht dadurch zu e öffentl-rechtlichen, daß das befaßte Gericht auch über **öffentl-rechtl Vorfragen** entscheiden muß. An der Zulässigkeit des Zivilrechtswegs ändert sich also nichts. Nur für die Sachentscheidung erhebt sich die Frage, ob das Zivilgericht die öffentl-rechtl Vorfrage aussparen u die Entscheidung der für solche Fragen sonst zuständigen Verwaltungsbehörden oder Verwaltungsgerichte abwarten muß, bevor es über die begehrte Rechtsfolge abschließend entscheiden kann. Eine Pflicht dazu besteht aber nicht (§ 148 ZPO); ebenso wie umgekehrt das Verwaltungsgericht ü zivilrechtl Vorfragen, so können auch die Zivilgerichte öffentl-rechtl Vorfragen **selbständig beantworten** (BGH 1, 148; 8, 212; LM Nr 3 zu PBefG; NJW 67, 563; BVerwG NJW 60, 1634; BayVerfGH BayVBl 63, 280). Dies folgt schon daraus, daß die Natur eines Rechtsverhältnisses nur einheitlich bestimmt werden kann. Dieser Gesichtspunkt ist insbesondere in Fällen des Übergangs privatrechtl Ansprüche kraft öffentlichen Rechts von Bedeutung (vgl etwa § 640 RVO: BGH NJW 68, 251; 68, 1429; 72, 107; 72, 1237). Da die Entscheidung über die Vorfrage nicht an der Rechtskraft teilnimmt, ergibt sich aus dieser „Vorfragenkompetenz" der Zivilgerichte keine Überprüfung der Verwaltung iS der Rn 25. Dagegen ist bei öffentl-rechtl Vorfragen eine **Zwischenfeststellungsklage** nach § 256 II ZPO mangels Zulässigkeit des Rechtswegs unzulässig. 42

Umgekehrt begründen **zivilrechtliche Vorfragen einer öffentl-rechtl Forderung** (zB Konkursvorrecht einer Steuerforderung) den Zivilrechtsweg nicht (BGH NJW 73, 468 unter Aufgabe der früheren Rspr, BGH 19, 163; vgl auch BGH 55, 224; anders jedoch bei auf Bürgen nach § 774 BGB übergegangener Zollforderung, vgl BGH NJW 73, 1078 – zweifelhaft, vgl auch NJW 73, 1495 u Rimmelspacher JZ 75, 165). – Ist dagegen die Frage der Konkursbefangenheit (§§ 1,3 KO) einer öffentl-rechtl Forderung, zB Sozialversicherungsrente, unmittelbar Gegenstand des Rechtsstreits, so ist das Zivilgericht (ProzeßG, nicht KonkursG, BGH NJW 62, 1392) zuständig, denn die Streitfrage ist Hauptfrage, nicht Vorfrage (BGH NJW 85, 976). Ebenso für Bürgschaft (BGH NJW 84, 1622), s Rn 24a. 43

b) Bindung an das Gericht des anderen Rechtszugs besteht aber dann, wenn dieses über den jetzt als Vorfrage zu beurteilenden Streitpunkt bereits als Hauptfrage entschieden hatte. Dies folgt aus der **Rechtskraftwirkung,** die auch über die einzelnen Gerichtszweige hinaus wirkt (BGH 9, 329; 10, 220; 15, 17; BVerwG 14, 65; R-Schwab § 14 IV 3a; Kissel Rdnr 20). Daraus folgt aber, daß die Bindung grundsätzlich nur soweit besteht, als dieselben Parteien streiten (BGH DVBl 62, 753). So kann das Zivilgericht b der Entscheidung ü die Gehaltsklage e entlassenen Widerrufsbeamten die Entlassung nicht als nichtig behandeln, wenn das Verwaltungsgericht in e vorausgegangenen Streit ü das Bestehen e Beamtenverhältnisses bereits rechtskräftig das Weiterbestehen verneint hatte, während umgekehrt nach rechtskräftig zivilgerichtl Erledigung e Eigentumsstreit das Verwaltungsgericht den im Zivilprozeß Unterlegenen nicht als Eigentümer behandeln darf. Wegen Bindung des Zivilgerichts im Schadensersatz- oder Entschädigungsprozeß an Entscheidungen des Verwaltungsgerichts über die Rechtmäßigkeit e Amtshandlung s BGH 9, 329; 10, 220; 15, 19; 16, 135; Sonderfall: 13, 394; andererseits Bettermann MDR 54, 7. Keine Bindung an die vom Verwaltungsgericht gegebene Begründung für die Feststellung der Rechtswidrigkeit e Verwaltungsakts, BGH 20, 379 (dazu Bettermann DVBl 57, 108; Schmidt DÖV 57, 103); keine Bindung an Beschwerdebescheide der Verwaltungsbehörden, BGH 9, 129. Wegen der Bindung an verwaltungsgerichtl Urteil, das die Nichtigkeit e Verwaltungsaktes feststellt, vgl Hamburg MDR 54, 319. Ü die Klärung bürgerl-rechtl Fragen, die als Vorfragen für e Verwaltungsstreit von Bedeutung sind u von den Verwaltungsbehörden selbst beantwortet werden könnten, vor dem Zivilgericht u dem Rechtsschutzbedürfnis für eine Zivilklage in solchen Fällen vgl BGH FamRZ 58, 277. 44

45 **c)** Häufig tritt die Vorfrage auf, ob und in welcher Weise die Rechtsbeziehungen zw den Parteien durch e **vorausgegangenen Verwaltungsakt** beeinflußt worden sind. Auch über solche Vorfragen können die Zivilgericht urteilen, wenn der Streitgegenstand wie b obigen Beispielen privat-rechtl oder den Zivilgerichten z Entscheidung zugewiesen ist (vgl BGH 1, 148; 5, 84; 21, 294; BayObLG 57, 151). Das gilt selbst dann, wenn der geltend gemachte Anspruch schon mit der Beantwortung der Vorfrage steht oder fällt (vgl BGH 5, 79, 86; 8, 209; 24, 390) – allerdings ist in diesen Fällen genau zu prüfen, ob nicht nach der wahren Natur des geltend gemachten Anspruchs eine öffentl-rechtl Streitigkeit vorliegt. Für die vom Zivilgericht zu treffende Sachentscheidung tritt dann aber die Frage der Bindung an rechtsgestaltende Verwaltungsakte auf. Außer im Fall der Nichtigkeit können Verwaltungsakte, solange sie nicht aufgehoben sind, Geltung grundsätzl auch dann beanspruchen, wenn sie **fehlerhaft** (anfechtbar) sind (RG 154, 198; BGH 1, 225; 20, 217; 24, 392; 48, 243); infolge seiner obrigkeitl Herkunft entfällt die Wirkung eines fehlerhaften (rechtswidrigen) VA erst mit seiner Aufhebung, die jedoch den Verwaltungsgerichten – bzw der erlassenden und den ihr vorgesetzten Behörden – vorbehalten ist (Bestandskraft des VA). Die Zivilgerichte sind hieran gebunden, sie können insbesondere die Frage der Aufhebbarkeit nicht als Vorfrage prüfen und entscheiden; solange der VA nicht aufgehoben wurde, ist die Frage der Rechtmäßigkeit für das Zivilgericht regelmäßig (Ausnahme s Rn 46) belanglos u nicht z prüfen. Wer sich durch einen unrechtmäßigen VA, der seinen Ansprüchen entgegensteht, beeinträchtigt fühlt, muß vielmehr b den Verwaltungsbehörden u Verwaltungsgerichten die Aufhebung betreiben (vgl BGH 17, 85). Gegebenenfalls kann der Zivilrechtsstreit nach § 148 ZPO (vgl dort) ausgesetzt werden.

46 An **nichtige Verwaltungsakte** ist das Zivilgericht dagg so wenig wie e Dritter gebunden (BGH 1, 148; 4, 71; 24, 391); es braucht und darf ihnen die von der Verwaltungsbehörde gewollten Rechtswirkungen nicht beilegen, auch wenn sie nicht förml aufgehoben oder die Nichtigkeit nicht verwaltungsgerichtl festgestellt ist. Nichtig und damit ohne Wirkung sind VAe aber nur ausnahmsweise, bei schwerwiegenden offenkundigen Fehlern (Evidenztheorie; vgl Eyermann/Fröhler, VwGO, Anh zu § 42 Rdnr 1 ff; BVerwG 19, 287; Einzelfälle s BGH 1, 226; 14, 245; 18, 262; 21, 294; NJW 67, 2309). Die Frage, ob ein Verwaltungsakt gültig (rechtswirksam) oder nichtig ist, ist daher vom Zivilgericht zu prüfen.

47 Zu beachten ist aber, daß auch bei der Überprüfung der Nichtigkeit eines VA durch die Zivilgerichte der Grundsatz der Rechtskraft (Rn 44) vorgeht. Ist eine verwaltungsgerichtliche Anfechtungsklage als unbegründet abgewiesen, so kann das Zivilgericht den VA im Rahmen der Vorfragenprüfung auch nicht mehr als nichtig behandeln.

48 **d)** Die Frage der Rechtmäßigkeit eines ergangenen VA (oder der Rechtmäßigkeit des Unterbleibens e solchen) stellt sich vor dem Zivilgericht aber dann, wenn die begehrte Rechtsfolge, über die das Zivilgericht kraft Zuweisung (vgl Rn 54 ff) zu Entscheidung berufen ist, ausnahmsweise nicht von der Gültigkeit oder Ungültigkeit, sondern gerade **von der Rechtmäßigkeit oder Unrechtmäßigkeit abhängt** (Bachof JZ 52, 212; BGH 9, 132; Hamburg MDR 54, 567), wie bei Schadensersatz- und Entschädigungsansprüchen aus Amtshaftung und unrechtmäßigen enteignungsgleichen Eingriffen. Dann ist das Zivilgericht auch zur Prüfung der Rechtmäßigkeit berufen und kann daraus Folgerungen ziehen (wegen der Frage der Bindung an bereits ergangene verwaltungsgerichtl Entscheidungen gilt das oben Rn 45 aE Ausgeführte entsprechend. Die Rechtskraftwirkung geht vor, BGH DVBl 62, 753). – Naturgemäß ist das Zivilgericht, ordnungsmäßige Anrufung vorausgesetzt, auch nicht an solche Verwaltungsakte gebunden, die e Rechtsfolge gerade vorbehaltl der Entscheidung des Zivilgerichts vorläufig regeln, wie zB Entschädigungsfestsetzungen oder vorläuf Schaffung von Vollstreckungstiteln im Verwaltungsweg, wenn die endgültige Entscheidung i Streitfall den Zivilgerichten vorbehalten ist. Hier entscheidet das Zivilgericht i der Sache völlig neu, wie wenn der Verwaltungsbescheid nicht ergangen wäre, vgl a BGH 13, 378. Unbeachtlich für das Zivilgericht sind endlich auch Verwaltungsakte, die zwar gültig sind, aber ins Leere gehen (vgl BGH 14, 245).

49 **5) Ein selbständiges öffentl Gegenrecht** (zB **Aufrechnung mit öffentl-rechtl Forderungen)** nimmt den geltend gemachten privatrechtl Ansprüchen nicht ihre privatrechtl Natur, schließt also den Zivilrechtsweg nicht aus (RG 77, 412; 80, 372; BGH NJW 85, 2820). Sofern das Zivilgericht über die in e anderen Rechtsweg gehörende Gegenforderung e selbständige Entscheidung treffen müßte, es also nicht schon an anderen Aufrechnungsvoraussetzungen fehlt, ist aber regelmäßig nach § 148 ZPO auszusetzen; nach § 302 ZPO kann e Vorbehaltsurteil erlassen werden (BGH 16, 124). Eine eigene Entscheidung der Zivilgerichte über die nicht seiner Gerichtsbarkeit unterliegende Aufrechnungsforderung verbietet sich wegen der damit verbundenen Rechtskraftwirkung, § 322 ZPO (BGH aaO, BSG NJW 63, 1844, u hM; aA Kissel Rdnr 94; R-Schwab § 106 IV, 6 mwN; s auch § 145 Rn 19). Der Aussetzung bedarf es dagegen nicht, wenn bereits ein

rechtskräftiges Urteil über die Gegenforderung vorliegt. Denn über die Aufrechnungsvoraussetzungen (§§ 387 ff BGB) kann das Gericht, vor dem die Aufrechnung mit einer nicht seiner Gerichtsbarkeit unterliegenden Forderung erklärt wird, selbst entscheiden; nur die Entscheidung über das Bestehen der Aufrechnungsforderung ist ihm verwehrt.

Über Aufrechnung m **arbeitsrechtl Gegenforderungen** vor dem Zivilgericht s BGH 26, 304; BAG NJW 66, 1772; Stuttgart MDR 57, 689; ü Aufrechnung mit Forderungen, für die e **Schiedsgerichtsklausel** vorliegt, s BGH 23, 17; 38, 254 gg RG 123, 348, ü Aufrechnung mit Forderungen, für die die deutsche Gerichtsbarkeit nicht gegeben ist, s BGH 19, 341 (vgl auch § 145 Rn 19). – Umgekehrt ist es auch möglich, daß gg e z Zuständigkeit der Verwaltungsgerichte gehörenden u dort geltend gemachten Anspruch mit einer zivilrechtl Forderung aufgerechnet wird; dann wird z Ermöglichung e zivilgerichtl Entscheidung über die Gegenforderung das Verwaltungsgericht auszusetzen haben (OVG Hamburg MDR 51, 314; BGH 16, 124; 21, 29; BayVGH DVBl 60, 646). Ü Aufrechnung gg Steuerforderungen s BGH WRP 68, 274. 50

IV) Zuständigkeit anderer Gerichte oder von Verwaltungsbehörden für bürgerl Rechtsstreitigkeiten

Gemäß § 13 haben die ordentlichen Gerichte über bürgerl Rechtsstreitigkeiten nicht zu entscheiden, soweit besondere gesetzliche Zuweisungen bestehen.

1) Zuweisungen an besondere Zivilgerichte (Arbeitsgerichte und Patentgerichte sowie die in § 14 GVG genannten Gerichte), vgl auch bei § 14 GVG: nur möglich, wenn sie bundesgesetzl bestellt oder zugelassen sind. Überweisung an besondere Verwaltungsgerichte dagg durch Landesrecht mögl. – Ob die Abgrenzung zw allg u besonderen Zivilgerichten die Zulässigkeit des Rechtswegs oder die sachl Zuständigkeit betrifft, ist str. Im ersteren Sinne RG 156, 279, anders aber jetzt für das Verhältnis z den Arbeitsgerichten BGH 8, 21; 16, 345; 24, 178; FamRZ 63, 429; s a BayKKGH ObLG 52, 352. Urteile der besonderen Gerichte, die ihre Zuständigkeit überschreiten, sind nicht unwirksam. – BGH 21, 205 faßt als besondere Gerichte i Sinn des § 13 nicht nur die Sondergerichte des § 14 auf, sondern alle „außerhalb des ordentl Rechtswegs" (dh hier des Klagewegs) tätig werdenden Gerichte, so daß auch das ordentl Zivilgericht in e kostenrechtl Sonderverfahren „besonderes Gericht" wäre. Das gleiche müßte dann auch für Entscheidungen i Verfahren der freiw Gerichtsbarkeit gelten (s Rn 4). § 13 stellt aber in Übereinstimmung mit § 14 auf die mit eigenen Zuständigkeiten versehen organisierten Gerichtskörper u nicht auf die Verfahrensart ab. 51

2) Zuweisung an Verwaltungsgerichte (allgemeine u besondere) auch durch Landesrecht möglich, soweit nicht Bundesrecht entgegensteht, BGH 21, 217. (Einschränkung: § 4 EGZPO). Nur vereinzelt der Fall (zB für wasserrechtl Streitigkeiten). Praktisch führt jetzt aber auch die Zuweisung an Verwaltungsbehörden in der Regel auf den Verwaltungsrechtsweg (s aber Rn 53). 52

3) Zuweisung an Verwaltungsbehörden: Seiner ursprünglichen Bedeutung nach, daß nämlich an Stelle der Zivilgerichte Verwaltungsbehörden entscheiden, ist dieser Zuweisungsvorbehalt des § 13 verfassungswidrig. Er verstößt gegen Art 92 GG (vgl BGH 14, 296, BVerwG 4, 320). Eine solche Zuweisung wäre zudem auch wenig sinnvoll, da nach Art 19 IV GG gegen die Entscheidung der Verwaltungsbehörde der Rechtsweg offenstehen muß (der Vorbehalt, daß die Rspr nicht „öffentl Gewalt" iS von Art 19 IV GG ist, bezieht sich jedenfalls nur auf die Akte der dritten Gewalt, nicht auf eine etwaige rechtssprechende Tätigkeit einer anderen Staatsstelle). Die Zuweisung an Verwaltungsbehörden ist daher nur noch dahin möglich, daß vor Anrufung der ordentlichen Gerichte ein **Vorverfahren** durchzuführen ist. Insoweit handelt es sich aber nicht mehr um eine Frage der Zulässigkeit des Rechtswegs, sondern um eine besondere negative Prozeßvoraussetzung (ähnlich §§ 68 ff VwGO) bzw um ein besonderes Einlassungsverweigerungsrecht für eine Partei (so für den Fiskus nach Art 22 bay AGGVG). Auf Grund der Rspr des BVerfG zum Steuerstrafverfahren (BVerfG 22, 49 = NJW 67, 2119) bestehen aber selbst für ein solches „Vorverfahren" Zweifel, soweit dadurch nicht Klagen gegen den Fiskus vorbereitet bzw vermieden (echte Vorprüfung), sondern durch die Verwaltungsbehörde echte Streitentscheidungen über Rechtsstreitigkeiten Dritter getroffen werden sollen. Diese Bedenken bestehen insbesondere gegen § 35 BJagdG, während den Einigungsstellen für Wettbewerbsstreitigkeiten (§ 27 a UWG) keine Entscheidungsbefugnis zukommt. – Fälle eines (zulässigen) Vorverfahrens, das vor Anrufung des ordentl Gerichts zu durchlaufen ist, finden sich in § 3 HinterlO, §§ 10 ff StrEG, § 59 LBG, §§ 58, 81 BLG, § 25 SchutzBerG, §§ 217 ff BauGB, §§ 36 ff StrandungsO, § 13 TelWegG, Art 22 bay AGGVG. 53

V) Zivilprozeßsachen kraft Zuweisung

Da die Rechtswegregelungen, auch soweit sie Generalklauseln enthalten (§ 13 GVG, § 40 I VwGO), durch einfaches Gesetz erfolgt sind, können durch Spezialgesetz Sonderzuweisungen 54 erfolgen, die die allg Regel durchbrechen (BVerfG NJW 56, 625). Die Zuweisung muß aber durch Gesetz erfolgen (auch Landesgesetze, vgl § 40 I 2 VwGO); Verordnungen genügen nicht. Für den einfachen Gesetzgeber unantastbar sind nur die Zuweisungsregelungen des GG. – Soweit es sich um landesrechtl Regelungen handelt, gelten auch die vor Inkrafttreten der VwGO erlassenen Zuweisungen fort (str, vgl R-Schwab § 32 III 2c; s aber auch Art 18 BayAGVwGO). Zusammenstellung der Zuweisungen an ordentl Gerichte bei Herrmann ZZP 78, 346.

55 **1) Zuweisungen auf Grund des GG. a)** Zu den Zuweisungssachen gehören: **Nach Art 34 GG die Schadensersatzansprüche aus Amtspflichtverletzung** nach § 839 BGB (einschließlich der Rückgriffsansprüche gegen den Beamten; gilt auch für Anspruch des Dienstherrn auf Kostenerstattung im Rückgriffsweg, BayObLG MDR 84, 586), aber nur auf Geldersatz – für Folgenbeseitigung ist der Ausgangsrechtsweg für die Maßnahme selbst gegeben, s Rn 30.

56 Von der Zuweisung werden auch sonstige Schadensersatzansprüche aus öffentlich-rechtlichem Verhältnis erfaßt, die in unmittelbarem Zusammenhang mit einer Amtshaftung stehen (zB Verzugsschaden aus öffentl-rechtl Verhältnis: BVerwG NJW 71, 1053; Schadensersatz aus Verletzung öffentl-rechtl Pflichten, der sich eng mit einer Amtspflicht berührt: BGH 43, 34), jedoch ist durch die Neufassung des **§ 40 II 1 VwGO** nunmehr klargestellt, daß Schadensersatzansprüche aus Verletzung eines öffentl-rechtl Vertrags vor den Verwaltungsgerichten geltend zu machen sind, vgl Rn 61; dies gilt auch bei Zusammenhang mit Amtshaftungsanspruch (BGH NJW 86, 1109). Ebenso bei Ansprüchen aus Wegfall der Geschäftsgrundlage (BGH NJW 83, 2311) und bei Bereicherungs- und Erstattungsansprüchen im Zusammenhang mit einem öffentlichrechtl Vertrag (BGH 56, 365; 87, 15; BVerwG 32, 280). Dagegen sind für Ansprüche aus **culpa in contrahendo** in Bezug auf einen solchen Vertrag nach wie vor die Zivilgerichte zuständig, §§ 40 II 1 VwGO, da diese Ansprüche nicht vom Zustandekommen des Vertrags abhängen (BGH NJW 78, 1802; 86, 1109). Zur Frage des Ersatzes von Verwaltungsverfahrenskosten aus Amtspflichtverletzung s LG Heidelberg NJW 67, 2317 (m Anm Weidemann NJW 68, 452). – Die Zuweisung des Art 34 GG betrifft nur die Staatshaftung. Soweit Ansprüche unmittelbar gegen den Beamten erhoben werden, greift jedoch § 40 II VwGO ein.

57 Für Klagen auf **Auskunft** zur Vorbereitung einer Staatshaftungsklage ist auch bereits der Rechtsweg zum Zivilgericht gegeben (BGH NJW 81, 675).

58 **b) Anspruch auf Enteignungsentschädigung nach Art 14 III S 4 GG.** Die Zivilgerichte entscheiden über die Höhe der Entschädigung. Hierzu zählt auch die Art derselben (BGH 9, 250). Dagegen sind für die Entscheidung über die Rechtmäßigkeit der Enteignung die Verwaltungsgerichte zuständig (Ausnahme Baulandsachen: §§ 217 ff BauGB). Zur Konsequenz hieraus für die Frage des Rechtsschutzes (BVerfG NJW 82, 745, 747): fehlt eine gesetzliche Entschädigungsregelung, so kann nur die Enteignung selbst vor den Verwaltungsgerichten angefochten werden. Die Zivilgerichte können zwar im Entschädigungsstreit als Vorfrage prüfen, ob eine Enteignung vorliegt (BGH 4, 266; 15, 268; BVerwG 8, 226), aber eben nur, wenn eine gesetzliche Entschädigungsregelung vorliegt. – Zu den unter Art 14 III GG fallenden Ansprüchen gehören auch Ansprüche auf Vergütung und Entschädigung nach dem aufgehobenen RLG (dessen § 27 III durch § 14 III GG aufgehoben, BGH 4, 10, 68; 5, 202; 14, 111, 363), BLG, LBG, SchutzBerG etc (vgl dazu Rn 53). Auch Rückzahlungsansprüche hinsichtl überzahlter Vergütungen (BGH 8, 344); uU auch Anspr auf Rückübereignung, soweit gegeben (BGH 3, 292; 14, 240; 18, 262). Weiter gehören hierher Anspr aus den e Unterfall der Enteignung bildenden unrechtmäßigen **enteignungsgleichen Eingriffen** (vgl BGH stRspr, BGH 6, 270, NJW 78, 1051 – auch nach BVerfG NJW 82, 745 – s BGH NJW 84, 1876, 1878), für die ebenfalls „angemessene" Entschädigung zu leisten ist (BGH 13, 398; 23, 171). – Bedeutung verwaltungsgerichtl Entscheidungen ü die Höhe der Entschädigung: BGH 13, 394. Ausgeschlossen sind Entschädigungsansprüche aus Enteignung oder enteignungsgleichen Tatbeständen, die sich als Kriegsschäden im Sinne der KSSchVO u des § 13 LAG darstellen (BGH 8, 189, 256; 16, 315; 18, 265; 22, 286); ferner aus Requisitionen der Besatzungsbehörden (dazu BGH 11, 43; 12, 52; 13, 145; NJW 67, 156, 1859; BVerwG NJW 60, 2307; MDR 67, 153), aus Reparationsmaßnahmen (dazu BGH NJW 67, 1859; Wolff DÖV 65, 217); aus Entmilitarisierungsmaßnahmen der Besatzungsmächte (BGH NJW 67, 1861). – Eine Abgrenzung der Ansprüche aus enteignungsgleichem Eingriff zum **Aufopferungsanspruch** muß nicht getroffen werden, da dieser nach § 40 II VwGO ebenfalls der Entscheidung der ordentlichen Gerichte unterliegt. – Zu dieser Zuweisung sind Streitigkeiten über Entschädigungen nach dem **Viehseuchengesetz** für den Verlust seuchenkranker oder -verdächtiger Tiere nicht zu rechnen (BVerwG NJW 72, 70; BGH NJW 83, 2029).

59 **c) Ersatzzuweisung des Art 19 IV S 2 GG:** vgl Rn 67.

60 **2) Sonstige Zuweisungen.** Die Zuweisungen nicht bürgerl Rechtsstreitigkeiten in einfachen Gesetzen sind der verschiedensten Art (Zusammenstellung bei Herrmann ZZP 78, 346). Dabei

ergeben sich als Hauptgruppen: **a) Ausgleichsansprüche,** die teils Enteignungsentschädigungen, teils sonstige öffentlrechtl Entschädigung für die Beeinträchtigung von Rechten Dritter durch staatliche Maßnahmen enthalten (zB: § 61 BSeuchG, §§ 58 II, 79 III BLG, §§ 30, 59 LBG, § 18 I 5 AtomG etc), einschließlich der Aufopferungsfälle (§ 40 II VwGO; dazu ua Steffen DRiZ 67, 110; Schack DÖV 67, 613). In besonderen Fällen auch Ausgleichsansprüche für Nichtvermögensschäden (§ 13 StrEG).

Hierzu gehört ferner der **Schadensersatzanspruch** aus Verletzung öffentl-rechtl Pflichten **nach § 40 II VwGO;** besondere Bedeutung hat hier die Abgrenzung zur Folgenbeseitigung (vgl Rn 30). Die Klage muß unmittelbar auf Schadensersatz gerichtet sein (BGH NJW 72, 2300; BVerwG 27, 132). Durch die Neufassung des § 40 II 1 VwGO durch das VwVfG sind jedoch Schadensersatzansprüche wegen Verletzung eines öffentlrechtl Vertrages wiederum ausgenommen und den Verwaltungsgerichten zugewiesen (vgl Kopp NJW 76, 1966; s aber auch Rn 56). Nicht hierher gehören Schadensersatzansprüche der öffentl Hand gegen den Bürger (BGH 43, 227), sie werden aber idR ihrer Natur nach ohnehin bürgerlrechtl sein. Nach st Rspr des BGH (zuletzt NJW 81, 349) wird auch der Schadensersatzanspruch nach **§ 945 ZPO** bei vorangegangener einstw Anordnung nach § 123 VwGO dem Zivilrechtsweg zugeordnet (vgl auch Rn 33). 61

b) Ansprüche aus öffentl-rechtl Verwahrung (§ 40 II VwGO) sowie die Rechtsstreitigkeiten gemäß § 3 HinterlO. 62

c) Haftungsansprüche auf dem Gebiet des **Postwesens** (§ 26 II PostG), soweit sie auf Schadensersatz gerichtet sind (BGH NJW 77, 1344 – Schadensersatz wegen fehlgeleiteter Überweisung); hierzu gehören auch die Erfüllungsansprüche nach § 15 PostG (BGH NJW 82, 2195) und nach § 20 PostG (Klage des Postsparers auf fehlerhaft vermindertes Guthaben, BGH NJW 86, 2104). Dagegen gilt § 26 II PostG nicht für Klagen der Post gegen den Benutzer auf Aufwendungsersatz oder Rückgewähr irrtümlicher Leistungen (BGH 67, 69 = NJW 76, 1847 – irrtümliche Gutschrift auf Postscheckkonto; VerwRechtsweg daher auch für Erstattungsanspruch wegen Überzahlung, auch soweit gg Drittempfänger gerichtet, BVerwG NJW 85, 2436). – Streit um Grund und Höhe der Fernmelderechnung, § 9 FernmG (GemSOGB NJW 71, 1606). 63

d) Anfechtung von VA: §§ 23 ff EGGVG, § 111 BNotO, § 217 BauGB, §§ 62, 78 DRiG. 64

3) Nach Art 129 I 4 WV waren die Rechtsstreitigkeiten über **vermögensrechtl Ansprüche von Beamten** den Zivilgerichten zugewiesen. Dieser Rechtszustand bestand auch nach 1945 fort (vgl Art 95 II BayVerf; BGH 10, 30). Durch Art 33 V GG wurde dieser Zustand aber nicht verfassungsmäßig verankert (Ule, DVBl 53, 110; BGH 16, 195). Heute sind für alle Klagen aus dem Beamtenverhältnis, also auch für solche vermögensrechtl Natur, die Verwaltungsgerichte zuständig (§ 172 BBG, §§ 126 ff BRRG, § 59 SoldatenG, § 87 SoldatenversorgG, § 23 UnterhaltsSichG), auch soweit die Ansprüche auf Verletzung der Fürsorgepflicht (BVerwG 13, 17, BGH 14, 222; 15, 84; 21, 219) oder auf beamtenrechtl Zusicherung gestützt werden (BGH 21, 261). Für die öffentl-rechtl Religionsgesellschaften u ihre Verbände gilt das BRRG nicht (§ 88 VI, VII BRRG); diese können aber das Ges für entspr anwendbar erklären (§ 135 BRRG). Dazu BGH 34, 372; NJW 66, 2162; BVerwG NJW 67, 1672; NJW 68, 1345; Hesse JZ 61, 450; Maurer JZ 67, 408; Weber NJW 67, 1641, 1672; Harling NJW 67, 2299; s a Rn 18 zu § 1. – Über öffentl-rechtl Dienstverhältnisse außerhalb des Beamtenrechts (Fleischbeschauer) s BGH 22, 246 (verwaltungsgerichtl Zuständigkeit z Entscheidung ü vermögensrechtl Ansprüche). – Über Schmerzensgeldansprüche eines Beamten vgl BVerwG VerwRspr 17, 547 und OLG Bremen OLGZ 70, 458. 65

4) Vor Inkrafttreten der VwGO war umstritten, ob es auch **Zivilprozeßsachen kraft Überlieferung** gibt. Der BGH hat dies gegen heftige Angriffe lange bejaht (vgl BGH 1, 369; 12, 224). Die Frage ist jetzt durch § 40 VwGO geklärt. Danach ist eine ausdrückliche Zuweisung erforderlich. In § 40 II VwGO wurden zudem die Hauptfälle der „Zivilprozeßsachen kraft Überlieferung" ausdrücklich in den ordentlichen Rechtsweg verwiesen. – Eine ausdrückliche Zuweisung liegt aber auch dann vor, wenn sie zwar nicht für jeden Einzelfall angeordnet ist, jedoch aus der Systematik und dem Sinn des Gesetzes der eindeutige Wille des Gesetzgebers ersichtlich ist, alle Streitigkeiten einer bestimmten Art einem anderen Rechtsweg zuzuweisen, BVerwG 15, 36 (zu § 67 OWiG). 66

5) Ersatzzuweisung nach Art 19 IV GG: Hierdurch soll gewährleistet werden, daß gegen Rechtsverletzungen durch die öffentl Gewalt stets ein Rechtsweg beschritten werden kann. Art 19 IV soll Schutz durch den Richter, nicht gegen ihn gewähren. Die Rspr ist daher nicht öffentl Gewalt iSd Art 19 IV GG (BVerfGE 15, 280). – Anwendungsfälle des Art 19 IV S 2 GG werden äußerst selten sein, da die Generalklausel des § 40 I VwGO besteht. Über Anwendungsfälle (vor Inkrafttreten der VwGO!) vgl: BVerfG NJW 52, 1129; BGH 5, 46; 10, 295. Bei einem nur einstufigen Rechtsweg eröffnet Art 19 IV nicht die weitere Anrufung der Zivilgerichte (vgl BVerwG JZ 56, 343; BVerfG 11, 233). Die Ersatzzuständigkeit der Zivilgerichte tritt auch nicht ein, wenn 67 das Beschreiten des Verwaltungsrechtswegs versäumt wird (BGH 22, 32). Auch kann der Rechtsweg zu den Zivilgerichten nicht durch die Behauptung eröffnet werden, daß eine sachl Nachprüfung durch die Verwaltungsgerichte nicht stattgefunden habe (BGH NJW 57, 1597).

68 **6)** Zur Zulässigkeit des Ausschlusses des staatlichen Rechtswegs bei Statusklagen **kirchliche Amtsträger** vgl EKMR NJW 82, 2719; BVerfG NJW 83, 2569; BVerwG NJW 83, 2582 und Kissel Rdnr 212 ff.

VI) Fundstellenhinweise aus der neueren Rechtsprechung

69
- Abschleppunternehmer, Abschleppkosten bei Auftrag der Polizei, verboten parkendes Kfz abzuschleppen: BGH NJW 77, 628;
- Anbauvertrag: BGHZ 56, 365 = NJW 71, 1842 (Abweichung von früherer Rspr); BVerwG 22, 138 = NJW 72, 585; Rückgewähr aus –: BGH NJW 74, 1709; s a Baunachfolgelasten;
- Apothekenkammer, Unterlassungsklage gegen –: BayObLG GRUR 82, 500 (dazu Hitzler GRUR 82, 474); Streitigkeiten zwischen Mitglied und –: Koblenz WRP 80, 224;
- Ärzteversorgung, Streitigkeiten aus Versorgungseinrichtungen der Ärztekammern: BVerwG NJW 64, 463; OVG Münster NJW 62, 694
- Arzneimittellieferungsvertrag, Streitigkeiten zwischen Ortskrankenkasse und Apotheker aus Lieferung an Kassenpatienten: BGH NJW 64, 2208; LG Köln MDR 67, 224;
- Aufrechnung mit einer einem anderen Rechtsweg unterliegender Gegenforderung, BGH NJW 85, 2820; s Rn 49.
- Auftragssperre der öffentlichen Hand gegen Unternehmer: BVerwG 5, 325 = NJW 58, 394 (dazu Bettermann DVBl 58, 864); BGH 14, 222 = NJW 54, 642 (dazu Bender JuS 62, 178 und NJW 58, 683);
- Auskunftsverlangen, gegenüber Behörde: BVerwG NJW 59, 1456; 60, 1538; 75, 1333; VGH München NJW 75, 379; – Annexzuständigkeit der ZivilG bei Vorbereitung einer Staatshaftungsklage: BGH NJW 81, 675; – Auskunftsverlangen einer Behörde (hier Steuerfahndung) an Dritten, Klage gegen das Verlangen (Zivilrechtsweg): BFH ZIP 1983, 988;
- Baunachfolgelasten, Vereinbarung über –: OLG München ZMR 70, 46; Haftung aus cic in diesen Fällen: BGH NJW 78, 1802; 86, 1109; s aber Anbauvertrag;
- Benutzungsverhältnis; Schadensersatz wegen Verletzung eines öffentl-rechtl –: BGH VersR 78, 85: Abwasserkanal; BGH VersR 63, 477; BayObLGZ 68, 34; Zulassung zur Benützung gemeindl Einrichtungen: BayVGH NJW 66, 751; OVG Rheinland-Pfalz DÖV 67, 169; Badura JuS 66, 17; LG Stuttgart BB 70, 1118 (Festplätze auf Privatmärkten); vgl a Politische Partei (Hallenmiete); – Flughafenbenutzung: BGH WarnJ 69 Nr 232;
- Bereicherungsansprüche (Rückforderung wegen ungerechtfertigter Bereicherung, §§ 812 ff BGB) s Rn 30;
- Beschlagnahme, Streitigkeiten zw Behörde und betroffenen Dritten: VG Düsseldorf NJW 71, 855;
- Bestattung, Klage gegen Tätigkeit eines städt. Bestattungsunternehmens: BayKompKonflGH DÖV 75, 394 (Abweichung von BayObLGZ 68, 354), s a Friedhof;
- Bodenreform, Auflassungsanspruch des Siedlers: BayObLG 67, 148;
- Breitbandkabelanlagen s Post;
- Bundesbahn, Klage gg eine Gemeinde auf Ersatz von Kosten für die Umbenennung eines Bahnhofs: BGH NJW 75, 2015; vgl im übr Rn 38; – Bundesbahn-Krankenversicherung (Sozialeinrichtung im Rahmen der Fürsorgepflicht des Dienstherrn), Rechtsstreitigkeiten zwischen – und deren Mitglieder, ordentl Rechtsweg (BGH NJW 81, 2005);
- Bundeswehr, Klage eines Arztes als Mitglied einer kassenärztl Vereinigung auf Teilnahme an der ärztl Versorgung der Soldaten: BGH NJW 76, 2303;
- Bundeswehrheime, Klage aus Vertrag über Betrieb von Bundeswehrheimen (= Kantinen) sind bürgerl-rechtl Natur: BGH NJW 79, 1208 = MDR 79, 733;
- Bürgschaft für öffentlichrechtl Forderung: BGH NJW 84, 1622 (Zivilrechtsweg), s a Rn 24a.
- Bußgeldbescheid: Vollstreckung: vgl § 104 I Nr 1 OWiG (Zuständigkeit des AG auch für Erlaubnis zur Wohnungsdurchsuchung, VGH Mannheim NJW 86, 1190);
- Butterfett aus Lagerbeständen der EG – Anspruch der Bundesanstalt für landwirtschaftl Marktordnung auf Vertragsstrafe wegen zweckwidriger Verwendung von Butterfett aus EG-Beständen: BGH NJW 83, 519.

- Culpa in contrahendo bei öffentlrechtl Vertrag s dort u Rn 56;
- EG-Marktordnung s Butterfett;
- Ehrverletzende Behauptungen, Klage auf Widerruf einer – im Rahmen der Ausübung öffentl Gewalt (vgl dazu Rn 41): BGH 14, 223; 34, 99; DÖV 60, 344; LM Nr 70 zu § 13 GVG; NJW 61, 1625; MDR 61, 665 mit Anm Bettermann S 837; NJW 63, 1203; BVerwG DÖV 68, 429; – gegen Rundfunk u Fernsehen, s Rundfunk; – der Kreishandwerkerschaft: VG Düsseldorf Betrieb 68, 1533; – einer Behörde bei Vorgängen des fiskalischen Bereichs: BGH NJW 78, 1860 (dazu Nordemann GRUR 78, 449); – bei Äußerungen über Nützlichkeit medizinischer Vorsorgeuntersuchungen: Düsseldorf AfP 80, 46;
- Eigentumsstörung s Immissionen;
- Einstweilige Anordnung nach § 123 VwGO, Schadensersatz (§ 945 ZPO): BGH 30, 123 = NJW 59, 1272; BGH 66, 182 = NJW 76, 1198; NJW 81, 349 (vgl auch Rn 33);
- Elektrizitätsversorgung, Klage auf Herstellung eines Anschlusses: OVG Lüneburg BB 65, 1207;
- Erkennungsdienstliche Unterlagen, Anspruch des Bürgers auf Vernichtung: BVerwG NJW 61, 571; VerwRspr 19, 64; VGH München DVBl 66, 904; – Auskunft: BGH NJW 81, 675;
- Erschließungskosten, Vertrag vor Inkrafttreten des BBauG: BGH MDR 72, 501; BayObLG JMBl 67, 181; – danach: BGHZ 54, 287 = NJW 70, 2107; – Verzinsung von Erschließungsbeiträgen: BVerwG NJW 71, 1148; Rückgewähr aus Vertrag über Erschließung: BGH NJW 74, 1709; Verwaltungsrechtsweg auch für Klage unter Miteigentümern auf Ausgleichung (Aufwendungsersatz) aus Vertrag über Ablösung der – (LG Hannover MDR 81, 942);
- Erstattungsansprüche gegen Angestellte des öffentlichen Dienstes: BayVGH BayVBl 66, 98; BVerwG MDR 71, 785; – gegen Werkstudenten aus Amtspflichtverletzung: OLG Hamburg MDR 69, 227;
- Fernmeldegebühren, Streit über Grund und Höhe: GemS OGB NJW 71, 1606; bei zwangsweiser Beitreibung im Verwaltungsvollstreckungsverfahren: BVerwG NJW 78, 335;
- Fernsehen s Rundfunk;
- Feuerwehr, Ansprüche des Trägers der – gegen Bahn wegen Brandverursachung durch Funkenflug: BGH VRS 25, 168;
- Filmbewertungsstelle, Klage gegen Versagung eines Prädikats: BVerwG VerwRspr 18, 31;
- Filmförderung, Rückzahlung von Subvention (Zivilrechtsweg): BGH NJW 72, 210;
- Fleischbeschauer, Ansprüche aus Dienstverhältnis: BVerwG MDR 68, 865;
- Flughafenbenutzung, Anspruch eines Luftfahrtunternehmens: BGH WarnJ 69, Nr 232;
- Friedhof, Benützung eines kirchlichen: BVerwG 25, 364; Streit über Grabmalerrichtung: BVerwG MDR 67, 429; Wettbewerbsstreit gg gemeindl Bestattungsunternehmen, s Bestattung;
- Führerschein, Klage auf Herausgabe eines eingezogenen: Hess VGH DÖV 63, 389;
- Fürsorgeerziehung, Klage gegen Anordnungen des Landesjugendamts: BayObLG 64, 180; BayVGH nF 18, 68; OVG Lüneburg VerwRspr 16, 995; VG Braunschweig FamRZ 64, 105;
- Garnisonsvertrag: BGH MDR 72, 503;
- Gemeindliche Tätigkeit, Vermietung von Räumen durch Gemeinde: OLG Stuttgart MDR 70, 338; – für Parteiveranstaltungen: BVerwG DÖV 69, 430; OLG Hamburg MDR 69, 677; Lieferung von Wasser, Strom etc durch gemeindl Einrichtung: BGH MDR 66, 136; NJW 72, 2300; Haftung aus cic bei Baufolgelastenvertrag: BGH NJW 78, 1802; s a Benutzungsverhältnis, Bestattung;
- Gemeindenutzungsrechte, Entschädigung wegen Ablösung: BayObLG 61, 374;
- Geschäftsführung ohne Auftrag, Klage aus – bei Unfallhilfe gegen Krankenkasse des beim Unfall Verletzten: BGH 33, 251 = NJW 61, 359; Klage aus – für Verwendungen für Verkehrssicherungspflicht, die einer öffentl-rechtl Körperschaft oblegen hätte: BGH NJW 71, 1218;
- Gewerbesteuersatz, Klage einer Gemeinde gegen Unternehmer auf Ersatz ausgefallener – wegen Verstoß gegen Meldepflicht: BGHZ 49, 282 = NJW 68, 893; NJW 68, 1675 = MDR 68, 749;
- Hausverbot, Klage gegen – einer Behörde: BGH NJW 61, 308; 67, 1911: OVG Münster DÖV 63, 393; BVerwG 35, 103 NJW 75, 891; VGH München NJW 80, 2722; 82, 1717 (will entgegen BGH und BVerwG nur auf den Zweck der Maßnahme abstellen: wenn wegen Störung des Dienstbetriebs, Verwaltungsrechtsweg);
- Herausgabe, Klage auf – eines Grundstücks, das ohne Zustimmung des Eigentümers dem

öffentl Verkehr gewidmet wurde: BGH NJW 67, 2309; bei Erschließungsvereinbarung s BGH NJW 74, 1709;

- Innerdienstliche Anordnung, Klage gegen –: BGH 14, 222; MDR 58, 494; NJW 67, 1911;
- Immissionen: s Rn 29; Klage wegen – von einem im öffentl Interesse (Kirmes) genutzten Grundstück: BGH 41, 264 = NJW 64, 1472; OLG Karlsruhe NJW 60, 2241 und MDR 79, 238; Geräuschbelästigung durch öffentlichen Spielplatz: BGH NJW 76, 570; – bei Autobahnbau: BGH NJW 67, 1857; – Abwehranspruch gegen Geruchsbelästigung, die von Müllablagerungsplatz ausgeht: BVerwG NJW 67, 2128; Lärmimmissionen eines Bauhofes (Abgrenzung nachbarrechtl Abwehranspruch nach Zivilrecht und öffentl Recht): OVG Münster NJW 84, 1982; – öffentl-rechtl Unterlassungsanspruch gegen Sportanlage: OVG Hamburg NJW 86, 2333; – Lärmimmissionen einer Telephonzelle: VGH Mannheim NJW 85, 2352; – Einwirkungen einer Justizvollzugsanstalt: OVG Münster NJW 85, 2350; – Discomusik aus gemeindlicher Mehrzweckhalle: VGH Mannheim NJW 85, 2354; – Beeinträchtigung durch Straßenbeleuchtung: OVG Koblenz NJW 86, 953; – Abgrenzung zwischen nachbarrechtlichem Ausgleichsanspruch und enteignungsgleichem Eingriff: BGH MDR 67, 910; – Klage auf Unterlassung von Geräuschbelästigungen einer Fontänenanlage: BGH MDR 68, 312; – Klage auf Schutzmaßnahmen für gemeindliche Regenwasserkanalisationsanlage: BGH MDR 69, 737 = LM 114 zu § 13 GVG; – Abwehrklage gegen Beeinträchtigung durch Niederschlagswasser, das von einer öffentl Straße auf anliegendes Grundstück abläuft: BGH MDR 72, 225; – s aber auch BGH NJW 84, 1242: Verlegung einer Haltestelle eines privaten Omnibusunternehmens (beh Genehmigung macht Nutzung noch nicht öff-r); – Kirchenglocken s kirchl Anlagen;
- Jagdpacht: vgl Waldkorporationen; – bei Angliederungsverfügung (§ 5 I BJagdG): Celle OLGZ 67, 305 (Zivilrechtsweg);
- Jugendamt; Klage aus Vertrag über Unterbringung eines Minderjährigen in einer Pflegestelle (Zivilrechtsweg), KG MDR 78, 413; OVG Münster NJW-RR 86, 1012; – Kostenerstattungsvereinbarungen nach § 84 JWG: BGH FamRZ 84, 781 (Verwaltungsrechtsweg);
- Jugendhilfe, Streitigkeiten über Kostenerstattungsvereinbarungen zwischen Trägern der freien Jugendhilfe und öffentl Kostenträgern – Verwaltungsrechtsweg: BGH MDR 85, 125;
- Justizpressestellen; Klage gegen Verlautbarungen: LG Kiel JZ 59, 258; – Klage auf Widerruf oder Unterlassung s Presserecht;
- Kanalisationsanlage, Herstellung von Schutzeinrichtungen: BGH MDR 65, 196; LM Nr 81 zu § 13 GVG; BGH MDR 69, 737 = LM 114 zu § 13 GVG; – Schadensersatzansprüche wegen fehlerhafter Anlage der gemeindl Kanalisation: OLG Karlsruhe, Justiz 69, 120; – s a Immissionen;
- Kantinen der öffentlichen Hand s Bundeswehrheime;
- Kassenärztliche Vereinigung, Klage eines Kassenarztes gegen –: BGH LM 1 zu § 51 SGG; zur Problematik der Gesamtverträge zwischen – und Krankenkassen der Honorarklagen vgl LG Frankfurt NJW 79, 1940 und Hasselwander NJW 81, 1305; – Klage zwischen Krankenhaus und – wegen ärztlicher Sachleistungen: OLG Stuttgart NJW 70, 1238; Unterlassungsklage gg – wegen wettbewerbsrechtl relevantem Rundschreiben s Wettbewerb;
- Kinderspielplatz, Verkehrssicherungspflicht (nicht Amtshaftung): BGH NJW 78, 1626; s auch Immissionen;
- Kirchenbaulast: BGH 31, 115 = NJW 60, 242; BayObLG 66, 191; BVerwG 25, 226;
- Kirchenmitgliedschaft, Feststellung des Nichtbestehens: OLG Braunschweig FamRZ 65, 228;
- Kirchliche Amtsträger (s Rn 68), Feststellung des Fortbestehens eines Pfarrerdienstverhältnisses: BVerfG NJW 83, 2569; BVerwG JZ 67, 410; – vermögensrechtliche Ansprüche: BGH 34, 372 = NJW 61, 1116; LM Nr 7 zu § 40 VwGO; NJW 66, 2162; BVerwG JZ 67, 410; NJW 68, 1345; NJW 83, 2580 u 2582; – dem Ausschluß des staatl Rechtswegs bei Statusklagen kirchlicher Amsträger steht Art 6 MRK nicht entgegen, EKMR NJW 82, 2719;
- Kirchliche Anlagen, Klage auf Unterlassung des Glockengeläutes: BVerwG NJW 84, 989 (Verwaltungsrechtsweg, früher sehr str), s a Rn 29a;
- Kirchliche Angelegenheiten, Vollstreckbarerklärung von Schiedssprüchen bei innerkirchlichen Angelegenheiten: BGH DÖV 63, 394;
- Kirchliche Unternehmen, wettbewerbsrechtliche Streitigkeiten gegen kirchlich betriebene Unternehmen („Ecclesia-Versicherungsdienst"): ordentl Rechtsweg gegeben, BGH NJW 81, 2811;
- Klagerücknahme, Klage auf in einem Vergleich versprochene Rücknahme einer verwaltungsrechtlichen Anfechtung im Baugenehmigungsverfahren: OLG Bamberg DVBl 67, 55;

- Kleingarten, Entschädigung nach Kündigung des Pachtvertrages: BGH NJW 60, 914; BVerwG MDR 65, 323;
- Konkursbefangenheit einer öffentl-rechtl Forderung (Rente) ist – als Hauptfrage – vom ordentl Gericht (ProzeßG, nicht KonkursG, BGH NJW 62, 1392), nicht vom SozG zu entscheiden: BGH NJW 85, 976;
- Konkursvorrecht nach § 61 Nr 1 KO: BGHZ 55, 224 = NJW 71, 1271; BSG MDR 71, 791; – Feststellungsklagen nach § 146 KO bei Forderungen aus Arbeitsverhältnis: BAG NJW 68, 719 = AP Nr 30 zu § 2 ArbGG 1953 Zuständigkeitsprüfung; – von Steuerforderungen: BGH NJW 73, 468; BFH NJW 73, 295 (m Anm Dietrich); jedoch bei auf Privaten übergegangener Steuerforderung: BGH NJW 73, 1077 (dazu Andre NJW 73, 1495; Rimmelspacher JZ 75, 165; Stolterfoht JZ 75, 658);
- Krankenhausleistungen, Abrechnungsstreit zwischen Krankenhaus und ges Krankenkasse (SozG zuständig), BGH MDR 84, 391; für ärztl Kunstfehler s § 368d RVO (vgl auch Tiemann NJW 85, 2169); s auch Universitätskliniken;
- Kostenersatz, Klage des Trägers des Jugendamts gegen Gemeinde auf –: BayObLG 64, 180; – Klage auf Ersatz der Kosten eines Verwaltungsverfahrens aus Amtspflichtverletzung: LG Heidelberg NJW 67, 2317 und 68, 452 (Weidemann); s a Auslagenerstattung;
- Krankenversicherung, Schadensersatzanspruch gegen –träger wegen unterlassener Aufklärung: BSG Betrieb 70, 839; Klage gg öffentl-rechtl Krankenkasse wegen Dumpingtarif s Wettbewerb; – Abrechnungsstreitigkeiten zwischen ges – und Krankenhaus (SozG zuständig), BGH MDR 84, 391; – Streitigkeiten zw ges Krankenkassen und Leistungserbringern von Heil- und Hilfsmitteln GemS NJW 86, 2359;
- Luftschutzanlage, Eigentumsstörung durch verfallende: BGH MDR 65, 985;
- Namensrecht, Klage gegen pol Partei auf Unterlassung des Namensgebrauchs: BGH 43, 245 = NJW 65, 859; NJW 81, 914;
- NATO-Truppenstatut, Klage auf Ersatz der Kosten einer pol Ersatzvornahme bei Manöverschäden (Ölschaden): BGH NJW 70, 1416 = LM 3 NATO-Truppenst;
- Notweg über städtisches, dem Feuerwehrdienst gewidmetes Grundstück: BGH NJW 69, 1437 = MDR 69, 650;
- Obdachlosenunterbringung: OVG Münster JZ 57, 313;
- Öffentliche Aufträge (Ausschreibung): BVerwG 5, 325 = NJW 58, 394; MDR 62, 681; MDR 66, 536; OVG Berlin NJW 61, 2130; BGH 14, 222; NJW 67, 1911;
- Öffentlich-rechtl Geschäftsführung: BGH LM Nr 84 zu § 13 GVG; Schack JZ 66, 640; Rietdorf DÖV 66, 253;
- Öffentlich-rechtl Verwahrung: BGH 34, 349; 43, 277; BVerwG 18, 78; LG Köln NJW 65, 1440;
- Pflegevertrag zw Jugendamt und Dritten über Pflege eines Minderjährigen, s Jugendamt;
- Politische Parteien, Miete gemeindlicher Räume für Parteiveranstaltungen: BVerwG DÖV 69, 430; Klage auf Aufnahme: VGH Mannheim NJW 77, 72; – Streit über Beendigung der Mitgliedschaft (BGH NJW 79, 1402); s a Namensrecht;
- Post (vgl § 26 PostG; s Rn 63): Zivilrechtsweg auch bei Erfüllungsanspruch des Postsparers nach § 20 PostG: BGH NJW 86, 2104; anders bei Klage der Post gegen Postscheckteilnehmer auf Rückzahlung irrtümlicher Überweisung: BGH 67, 69 = NJW 76, 1847; Klage gg Drittempfänger in diesem Fall: BVerwG NJW 85, 2436; Schadensersatz wegen fehlgelaufener Postschecküberweisung: BGH NJW 77, 1344; – Rückforderung bei fehlerhafter Überweisung der Post im Bankverkehr: BGH MDR 83, 910; – Entschädigungsansprüche aus Postbeförderung: OVG Hamburg JuS 68, 436; – Streitigkeiten über Erstattung von Aufwendungen für Rentenauszahlungen durch –: BGH NJW 67, 781; – Einspeisung in Breitbandkabelanlagen (Verletzung urheberrechtl Befugnisse) durch Post; München NJW 85, 2142 (Zivilrechtsweg); – Streit wegen Werbematerial in Postgirobriefen: VG Hannover NJW 86, 1630 – s a Fernmeldegebühren;
- Presserecht, Gegendarstellungsanspruch: BGH NJW 63, 1155; KG NJW 67, 2215; – Presseerklärung einer Behörde (Widerruf o Unterlassung rufgefährdender Erklärungen): BGH NJW 78, 1860 = MDR 78, 742 (s auch Rn 41) bei Äußerungen über Nutzen medizinischer Vorsorgeuntersuchungen: Düsseldorf AfP 80, 49; vgl ferner unter Rundfunk oder ehrverletzende Behauptungen;
- Privatschule, Anfechtung der Aufnahmeprüfung: BVerwG 17, 41 = NJW 64, 368 (dazu Evers JuS 67, 257); – Streitigkeiten zwischen Privatschule und Schülern wegen disziplinarischer

Maßnahmen: BGH DVBl 62, 70; OVG Koblenz VerwRspr 66, 671; VGH Mannheim NJW 71, 2089; – Klage auf Aufnahme in eine Privatschule (Verwaltungsrechtsweg, wenn anerkannte Ersatzschule): VGH Mannheim NJW 80, 2597;

- Prozeßvergleich vor VG als öffentl-rechtl Vertrag, BVerwG NJW 76, 2360; s auch Vergleich;
- Prüfungsverband, Klage auf Aufnahme in einen – iS von § 54 I GenG: BGH 37, 160 = NJW 62, 1508;
- Rechtsanwaltsgebühren: Gebührenklage immer im Zivilrechtsweg (§ 34 ZPO erfaßt nicht den Rechtsweg); anders bei Gebührenfestsetzung nach § 19 Abs 1 BRAGO (s OVG Münster NJW 86, 1190);
- Rechtsanwaltkammer, Klage gegen – auf Ausübung der standesrechtl Überwachungspflicht: VGH Mannheim NJW 82, 2011 (Verwaltungsrechtsweg);
- Renten; Rückzahlung über den Tod des Berechtigten hinaus irrtümlich gezahlter Renten: BGH NJW 78, 1385 u Anm Bethge NJW 78, 1801; s aber § 50 II SGB X und Hamm NJW 86, 2769; s auch Rn 33; – Streitigkeiten zwischen Berufsgenossenschaft und BP wegen Aufwendungen bei der Rentenauszahlung: BGH NJW 67, 781;
- Rückerstattung öffentlich-rechtl Leistungen (Requisitionsentschädigung): BGH NJW 67, 156; BVerwG MDR 67, 153; – von Fürsorgeleistungen: BGH MDR 65, 362; BVerwG NJW 61, 234; von Wehrsold LG Darmstadt NJW 66, 739; – einer zuviel gezahlten Enteignungsentschädigung BGH MDR 60, 746; – Rückforderung von Entschädigungen nach § 61 BSeuchG: BGH NJW 83, 2029; – für Renten s dort;
- Rückgewähr als Kehrseite des Leistungsverhältnisses: BGH 32, 276 = NJW 60, 1522; 56, 367 = NJW 71, 1842; NJW 76, 1847; s auch Rn 31; – eines zum Straßenbau übertragenen aber nicht verwendeten Grundstücks: BayObLG 67, 132 = NJW 67, 1664; VGH München ZMR 69, 256; – Rückgewähr eines ohne Zustimmung des Eigentümers gewidmeten Grundstücks: BGHZ 48, 239 = NJW 67, 2309;
- Rückgriff gegen Arbeiter und Angestellte wegen Amtspflichtverletzung: s Erstattungsansprüche;
- Rundfunk, Rundfunkgebühren: BayVGH BayVBl 67, 65; – Klage auf Unterlassung und Widerruf gegen Rundfunk und Fernsehen wegen ehrverletzender Äußerungen: BGH 66, 182 = NJW 76, 1198 (dazu Bettermann NJW 77, 513); aus früherer Rspr s OLG München NJW 70, 1745; OLG Frankfurt NJW 71, 47; Buri NJW 71, 468 u 72, 705; Fette NJW 71, 2210; Schmidt NJW 70, 2026; s auch Rn 41;
- Sondernutzung nach privatem Recht an Straßen und Wegen: BGH 15, 113 = NJW 55, 104; BGH 19, 85; 37, 353 = NJW 62, 1817; DVBl 65, 599; OLG Köln NJW 62, 302; BayObLGZ 69, 170; OVG Lüneburg SchlHA 69, 235; – Klage auf Zahlung des Entgelts: KG MDR 77, 315;
- Sozialhilfe, Erstattungsanspruch wegen – nach § 29 II BSHG: BGH MDR 71, 553 = LM 116 zu § 13 GVG;
- Sozialversicherung: Beitragsstreitigkeit zwischen ArbN und ArbG, GemSOGB NJW 74, 2087; – Rückgriffsansprüche nach § 640 RVO: BGH NJW 68, 251/991; NJW 68, 1429; BAG NJW 68, 908; BayObLGZ 69, 40; – Verzicht: BGH NJW 72, 107; – Durchgriffshaftung eines Alleingesellschafters einer GmbH für Sozialversicherungsbeiträge, die die GmbH schuldet: BGH NJW 72, 1237 = MDR 72, 850; – Rückzahlung einer von einem Dritten zu Unrecht bezogenen Rente: BSG MDR 71, 429; BGH NJW 78, 1385 (s auch u Renten); – Schadensausgleich durch Sozialversicherungsträger bei zivilrechtl Ersatzanspruch, der nach § 1542 RVO übergegangen ist: BGH NJW 85, 2756 (Zivilrechtsweg); – Bürgenhaftung für Sozialversicherungsbeiträge: BGH NJW 84, 1622 (Zivilrechtsweg); – Vollstreckung durch GerVollz auf Grund Ausstandsverzeichnisses einer Berufsgenossenschaft: OLG München OLGZ 68, 175;
- Spielbanken, Rechtsbeziehungen zwischen – und Spieler: BGH 37, 363; NJW 67, 1660; OVG Koblenz NJW 59, 2229;
- Sportabzeichen, Klage auf Erteilung: BVerwG DVBl 64, 764 = VerwRspr 16, 816;
- Sportbetrieb, öffentlrechtl Abwehranspruch auf Unterlassung: OVG Hamburg NJW 86, 2333 (s a Immissionen);
- Sportgerichtsbarkeit (Verbands-): s Rn 6;
- Stationierungsschäden: BayObLG 65, 468; BGH NJW 61, 312; 61, 1014; s Art 8 Abs 10 Finanzvertrag v 26. 5. 52;
- Steuerarrest: Schadensersatz wegen ungerechtfertigtem: BGH 63, 277; Schwarz NJW 76, 215;
- Steuerforderungen, Klage auf Feststellung des Konkursvorrechts: BGH NJW 73, 468, unter

Aufgabe früherer Rspr (vgl BGH 19, 163; s a BGH NJW 66, 2269); bei auf Privaten übergegangener Steuerforderung aber BGH NJW 73, 1077 (dazu Andre NJW 73, 1495; Rimmelspacher JZ 75, 165; Stolterfoth JZ 75, 658); – Klage auf Löschung des Pfändungsvermerks einer im Beitreibungsverfahren des FinA gepfändeten Grundschuld: BGH NJW 67, 563; – Streit zwischen Finanzamt u Pfändungsgläubiger hinsichtl Beitreibung der gepfändeten Steuerforderung: BVerwG DÖV 63, 479; – Bereicherungsrechtliche Rückabwicklung bei Bezahlung von Steuerforderungen durch einen Dritten: BGH NJW 84, 982 (Zivilrechtsweg), vgl dazu auch Rn 24a, 30;

- Strafantrag, Klage auf vereinbarte Rücknahme: OLG München MDR 67, 223;
- Straßenbau, Klage gegen Inanspruchnahme eines Grundstückes für Straßenbau: OLG München BayVBl 76, 157; Rückgewähr von zum – zur Verfügung gestellter Grundstücke s Rückgewähr;
- Straßenbaulast, Klage auf Erfüllung: BayKKGH NJW 59, 1195; BayObLG 65, 202;
- Straßenbenützung s Sondernutzung;
- Straßenunterhaltung, Klage auf Erstattung von Aufwendungen für –, die eine öffentl-rechtl Körperschaft getroffen hätten: BGH NJW 71, 1218;
- Studienbeihilfe, Rückzahlungen von –, die mit der Verpflichtung des Empfängers, in den Staatsdienst einzutreten, gewährt wurden: BVerwGE 30, 65 = NJW 68, 2023; BGH NJW 72, 763 = MDR 72, 589;
- Studienförderung, Rückforderung zu Unrecht bezahlter: OLG Köln NJW 67, 735;
- Subventionen (vgl Rn 34), Rückzahlung: BGH 57, 130 = NJW 72, 210; BGHZ 52, 155 = NJW 69, 1434; BVerwG DVBl 73, 416; – Rechtsbeziehungen bei zwischengeschalteter privater Stelle: BVerwG NJW 69, 809 = MDR 68, 1034; – Rechtsnatur der Richtlinien zum Förderungszuschlag zum Milchauszahlungspreis: OVG Lüneburg SchlHA 68, 287; – Klage eines Dritten gegen Subventionsgewährungen an Konkurrenten: BVerwG 30, 191; – einstufig öffentl-rechtl Regelung bei Auszahlung durch ein Kreditinstitut: BGH NVwZ 84, 517;
- Theateraufführung, Klage auf Unterlassung einer – wegen Ehrverletzung (Zivilrechtsweg): LG Frankfurt NJW 86, 1258;
- Tuberkulosenhilfe, Klage auf Rückforderung: OLG Düsseldorf MDR 62, 141;
- TÜV, Streit aus Überprüfung von gewerbl Anlagen durch Sachverständige des TÜV (Unfallverhütung): OVG Lüneburg GewArch 77, 222;
- Überleitungsanzeige, Klage gegen – bezüglich Unterhaltsansprüchen: BVerwG DÖV 68, 496; – für (nach § 90 BSHG) übergeleitete Unterhaltsansprüche – und daher auch für die Rückforderungen von Zahlungen auf solche Ansprüche – ist Zivilrechtsweg gegeben: BGH NJW 81, 48;
- Umsatzsteuer, Klage auf Rechnungserteilung nach § 14 I UStG: BGH NJW 75, 310;
- Ungerechtfertigte Bereicherung (§§ 812 ff BGB) bei seiner Natur nach öffentl-rechtl Rechtsverhältnis: BVerwGE 25, 72; 36, 108; NJW 80, 2538; BGH 56, 365; BayObLG 65, 64, 202; vgl auch Rn 30;
- Universitätskliniken, Streitigkeiten zwischen Patient und –: BGH 23, 229; Köln VersR 82, 667 (Einbettzimmerzuschlag); – Streitigkeiten über Einheitlichkeit der Pflegesätze: BVerwG BayVBl 63, 282;
- Unterbringungskosten, Erstattung von – von nach dem Unterbringungsgesetz untergebrachten Personen: BGHZ 53, 184 = NJW 70, 811;
- Unterhaltsansprüche: übergeleitete (§ 90 BSHG) s Überleitungsanzeige;
- Unterlassung wegen Belästigung durch Lärm etc s Immissionen; – aus wettbewerbsrechtl Gründen s Wettbewerb;
- Verbands(Sport-)gerichtsbarkeit s Rn 6;
- Verkehrsbetriebe, Klage gegen Schülertarife der öffentl: BGH NJW 69, 2195; – Streit um Anweisungen des Bedienungspersonals BVerwG VRS 1984, 315;
- Verfassungsschutzamt, Schutz der Intimsphäre gegenüber –: BayVGH DVBl 65, 447; – Auskunftsklage ua gegen –: BGH NJW 81, 675;
- Vergleich, Anspruch aus Vergleich über öffentlich-rechtl Rechtsverhältnisse: BGH MDR 64, 916; BayObLG 66, 195 = MDR 66, 935; – Schadensersatz wegen Verletzung vergleichsweise konkretisierter Amtspflichten: BGH 43, 34 = NJW 65, 442 (dazu Gäthgens DRiZ 65, 130); – Vollstreckung eines vor den VG geschlossenen – bürgerlich-rechtl Inhalts: OVG Münster NJW 69, 524; Prozeßvergleich, s dort;
- Vermögensübernahme (§ 419 BGB); Rechtsweg richtet sich nach der Natur des zugrunde lie-

genden Anspruchs, unabhängig davon, ob Verpflichteter – etwa wegen § 419 BGB – gewechselt hat: BGH NJW 78, 2091;

- Versorgungsanstalt des Bundes und der Länder, Rechtsbeziehungen zwischen – und ihren Versicherten: BGHZ 48, 35 = NJW 67, 2057 (dazu Rupp JZ 67, 603): Zivilrechtsweg; – Rechtsbeziehungen zwischen – und den an ihr Beteiligten sind jedoch öffentl-rechtl Natur: Celle VersR 78, 628;
- Versorgungskasse der Gemeinden, Rechtsbeziehungen der Gemeinden zu –: BGH LM Nr 66 zu § 13 GVG;
- Versorgungsleitungen, Klage bezüglich Kosten der Neuverlegung von – im Rahmen des Straßenbaus: BGH 37, 353 = NJW 62, 1817;
- Vertrag, öffentlich-rechtlicher (vgl Rn 40) –: BGH 32, 214 = NJW 60, 1457; BGH 34, 88 = NJW 61, 606; BGH 35, 69 = NJW 61, 1355; NJW 67, 1318; BGHZ 43, 40; 56, 365 = NJW 71, 1842; NJW 72, 585; NJW 74, 1709; 75, 1019; BVerwG 22, 138; 32, 37; BayObLG 67, 132 = NJW 67, 1664; 67, 178; – Schadensersatz wegen Verletzung von –: BGH 43, 34 = NJW 65, 442 (vgl aber jetzt § 40 II 1 VwGO); – BGH NJW 81, 811 (Vertrag über Entschädigung wegen Nachteile durch Bau eines Kernkraftwerks); – für gemischte Verträge (Schwerpunkttheorie) s BGHZ 76, 16; MDR 83, 827; BVerwG 42, 331; – zum sog Kooperationsvertrag: BGH NJW 78, 1802; 83, 2311; – Vertragsstrafe bei –: BayVGH BayVBl 83, 730; VGH Mannheim ZBR 86, 81; – Ansprüche aus cic bei öffentlichrechtl Vertrag (Zivilrechtsweg: § 40 II 1 VwGO): BGH NJW 86, 1109 s a Rn 56;
- Verwahrung, Klage des Hoheitsträgers auf Ersatz der Lagerkosten aus öffentlich-rechtl Verwahrung: LG Köln NJW 65, 1440;
- Viehseuchengesetz, Klage auf Entschädigung: BVerwG NJW 72, 70 (früh Rspr des BGH ist aufgegeben); – zur Rückforderung von Entschädigungszahlungen: BGH NJW 83, 2029;
- Volksbücherei, Klage auf Rückgabe entliehener Bücher: LG Berlin NJW 62, 55;
- Volkshochschule, Lehrauftragsvergütung: BGH NJW 80, 1045 (Zivilrechtsweg);
- Vorkaufsrecht, gemeindliches: OVG Münster NJW 68, 1298; Klage auf Übereignung nach Ausübung: BGH 60, 275;
- Waldkorporationen, Streitigkeiten zwischen – und deren Mitglieder wegen Jagdpacht: BayKKGH BayObLG 66, 447;
- Warnungen, behördliche, Unterlassungs- oder Widerrufsklage gegen –: BVerwG DVBl 59, 582 mit Anm Ule; MDR 66, 533; BGH NJW 67, 1911; Ebers DVBl 66, 601;
- Wasserrecht, Ansprüche aus §§ 37 V, 109 II BayWG BayObLG 64, 416; – vertragliche Regelung über Wasserbezugsrecht: BGH MDR 66, 136; – ungenehmigte Grundwasserbenutzung: OLG München NJW 67, 570; Dellian NJW 67, 520; – Ausgleichsansprüche zwischen Wasserunterhaltspflichtigen: BGH NJW 65, 1595; OVG Lüneburg SchlHA 66, 69; – Schadensersatzklage gegen Wasser- und Bodenverband: BGH 35, 209 = NJW 61, 1623; – Wassernutzungsrecht BayObLGZ 71, 249; – gemeindliche Verpflichtung zur unentgeltlichen Wasserlieferung und Verhältnis zu Anschluß- und Benutzungszwang: BGH NJW 79, 2615;
- Wasserversorgung, Klage gegen Gemeinde auf Wasserlieferung aus der städt Leitung: BGH MDR 66, 136; wegen Verunreinigung des Leitungswassers: BGH LM Nr 89 zu § 13 GVG; – Rechtsbeziehungen zwischen Gemeinde und Benutzer: HessVGH HessVGRspr 67, 25; – Schadensersatzansprüche wegen der Verletzung der Pflichten aus Benutzungsverhältnis zu gemeindl –anlage: BayObLGZ 68, 34;
- Wegerecht: Tragung von Straßenbaukosten: BVerwG NJW 66, 219; BayObLG 67, 178; – Rückgewähr einer zum Straßenbau übertragenen, aber nicht verwendeten Grundfläche: BayObLG 67, 132 = NJW 67, 1664; – Herausgabeklage des Eigentümers einer ohne seine Zustimmung dem öffentl Verkehr gewidmeten Grundfläche: BGH NJW 67, 2309; – Klage gegen Stadtgemeinde auf Straßeninstandsetzung: BayKKGH NJW 59, 1195 mit Anm Groebe; der Stadtgemeinde gegen Grundstückseigentümer auf Straßenausbau: BGH NJW 61, 73; – Recht zur Benützung einer nicht förmlich dem öffentl Verkehr gewidmeten gemeindl Straße: OVG Lüneburg DVBl 64, 365; s auch unter Sondernutzung;
- Wettbewerb der öffentlichen Hand, Unterlassungsklage eines privaten Wettbewerbers gegen öffentliche Hand (vgl Rn 27): BGH 66, 229 = NJW 76, 1794 (Dumpingtarif einer öffentlrechtl Krankenkasse); BGH 67, 81 = NJW 76, 1941 (Klage gegen wettbewerbsrechtl relevantes Rundschreiben einer Landesärztekammer); dazu vgl Bettermann DVBl 77, 180; Kraft GRUR 76, 660; Menger VerwArch 68, 293; Püttner DÖV 76, 635; Scholz NJW 78, 16; NJW 82, 2117 (Ausgabe von Brillen durch ges Krankenkasse); München, WRP 80, 171 (Unterlassungsklage gegen Apothekenkammer); – BayKKGH MDR 75, 587 (Wettbewerb privater und gemeindl Bestat-

tungsunternehmen); Wettbewerbsklage gegen kirchlich betriebenes Unternehmen („Ecclesia-Versicherungsdienst"): BGH NJW 81, 2811 = MDR 82, 203 (ordentl Rechtsweg);

- Widerruf, s Ehrverletzende Behauptungen;
- Wohnungsamt, Klage auf Erfüllung einer im Rahmen einer Genehmigung nach § 22 WBewG vereinbarten Auflage zwischen Wohnungsamt und Eigentümer: OLG München OLGZ 68, 54;
- Wohnungsbaudarlehen, Ablösung: BGH MDR 72, 308;
- Zeugenaussage, Klage auf Widerruf in verwaltungsgerichtl Verfahren: BGH NJW 65, 1803;
- Zinsen: Anspruch auf Verzugszinsen aus öffentlich-rechtl Verhältnissen: BGH NJW 72, 212; BVerwG MDR 62, 600; BSozgG NJW 65, 1198; Götz DVBl 61, 433; Eckert DVBl 62, 11; – Streit über Verzinsung zurückzuerstattender Anliegerbeiträge: OVG Münster MDR 64, 955; – Verzinsung von Erschließungsbeiträgen: BVerwG NJW 71, 1184;
- ZPO, § 945, bei einstw Anordnung nach § 123 VwGO, s Einstw Anordnung.

§ 13a

[aufgehoben]

§ 13a betraf Friedensgerichte und galt nur in der US-Zone. Aufgehoben durch § 1 Nr 11 VereinhG. Baden-Württemberg hatte Friedensgerichte eingerichtet. Das entsprechende Gesetz vom 29. 3. 49 (RegBl 47) wurde vom BVerfG (E 10, 200 = BGBl 60, 9) wegen Verstoßes gegen Art 10 GG für nichtig erklärt. Gemeindegerichte: s Rn 6 zu § 14.

§ 14

[Besondere Gerichte]

Als besondere Gerichte werden Gerichte der Schiffahrt für die in den Staatsverträgen bezeichneten Angelegenheiten zugelassen.

1 **1)** § 14 neu gefaßt durch G v 26. 3. 74 (GVBl I 761), durch den insbesondere die bisherige Nr 2 (Gemeindegericht, vgl Rn 6) aufgehoben wurde.

2 **2)** Die **Sondergerichte,** die für besondere Sachgebiete allg auf Grund Gesetzes errichtet sind (Art 101 II GG), sind zu unterscheiden von den für best Geschäftsaufgaben zust Abt der ordentl Gerichte, die in diese organisatorisch u personell eingegliedert sind, also mit den übrigen Gerichtsabteilungen einer gemeinsamen Spitze unterstehen, an der gerichtl Selbstverwaltung teilnehmen, deren ständige Richter i Wege der Geschäftsverteilung innerhalb des ganzen Gerichts ausgewechselt werden können (vgl Ule DVBl 53, 396; s a Knoll DÖV 54, 232, 263), wie zB Landwirtschaftsgericht (BGH 5, 306; 12, 254; 13, 327), Wertpapierbereinigungs-, Patent-, Wiedergutmachungskammern u Senate, Kammern und Senate für Baulandsachen. Andererseits sind sie von den nach § 16 GVG, Art 101 I GG verbotenen (z Entscheidung in konkreten Einzelfällen errichteten) Ausnahmegerichten z unterscheiden. Für bürgerl Streitsachen u Strafsachen können Sondergerichte durch Bundesgesetz eingerichtet werden (so zB Arbeitsgerichte, Patentgericht), durch Landesgesetz nur auf Grund bundesrechtl Zulassung (§ 13), die in der nunmehrigen Fassung des § 14 nicht mehr besteht.

3 **3) Als staatsvertragl Schiffahrtsgerichte** kamen die **Rheinschiffahrtsgerichte** (Rheinschiffahrtsakte v 17. 10. 1868, Text neu bekanntgemacht am 11. 3. 69, BGBl 69 II 597, zuletzt geändert 80 II 876) u Elbschiffahrtsgerichte (Elbschiffahrtsakte v 22. 2. 1922, RGBl 23 II 183, 349, 485, 24 II 37) in Betracht, beide durch Ges v 30. 1. 37 (RGBl I 97; vgl auch RGBl 36 II 361) beseitigt. Die Besatzungsmächte haben die Wiederherstellung der Rheinschiffahrtsgerichte angeordnet (USMRG 9, brMRVO 65). Das Ges v 5. 9. 35 (RGBl I 542) samt den bis 14. 11. 36 erg Ausfbest (s RGBl 35 I 1404) war danach wieder anzuwenden. Jetzt gilt das Ges üb die gerichtl Verf i Binnenschiffahrts- u Rheinschiffahrtssachen v 27. 9. 52 (BGB I 641), zuletzt geändert durch G v 21. 6. 72 (BGBl I 966), mit den sich aus der Rheinschiffahrtsakte (idF v 11. 3. 69, BGBl II 597, geänd 80 II 876) ergebenden Besonderheiten (insbes nach Art 355 Versailler Vertrag Rechtsmittel auch an Rheinzentralkommission Straßburg mögl; vgl NJW 49, 136). Danach sind die Rheinschiffahrtsgerichte jetzt e Teil der ordentl Gerichte (zu ihrem Kompetenzumfang vgl BGH 58, 131); gg ihre Urteile ist auch Revision möglich; nur die Zentralkommission ist noch e besonderes Gericht (BGH 18, 267); Zuständigkeitsvereinbarungen sind möglich (BGH 42, 387).

4 Durch das Ges v 30. 1. 37 waren auch für **andere Stromgebiete** bestimmte AG u OLG z Schiffahrts (Schiffahrtsober-)Gerichten bestellt worden (s RGBl 41 I 351, 43 I 147, später für Bay GVBl

48, 242, Hessen GVB 48, 91, Württ-Hohenzollern RegBl 47, 16, brZ VOBl 48, 240); diese waren keine Sondergerichte iSd § 14, sondern ordentl Gerichte, bei denen e bestimmte Sachaufgabe zusammengefaßt war (RG 167, 307, Bremen MDR 52, 364). Auch insoweit gilt jetzt das Ges v 27. 9. 52; im übrigen gelten die landesrechtlichen Regelungen (Bay: VO v 29. 5. 67, GVBl S 371). – Für die Moselschiffahrt vgl Art 34 III des Vertrags zwischen BRD, Frankreich und Luxemburg vom 27. 10. 56 (BGBl II 1838). – Kein Gericht ist das Bundesoberseeamt (BVerwG NJW 69, 1980; MDR 80, 782).

5 **4) Gemeindegerichte** (früher Nr 2; vgl oben Rn 1): Bestanden nur in Bad-Württ gemäß Gesetz vom 7. 3. 60 (GBl 73). Vgl dazu BVerfG 14, 56 (= NJW 62, 1611).

6 **5) Arbeitsgerichte:** Geregelt im ArbGG v 3. 9. 53 (BGBl I 1267); idF der Bek v 2. 7. 79 (BGBl I 853). Die Arbeitsgerichte sind danach bundesgesetzlich bestellte Sondergerichte iS von § 13 GVG (BGH 24, 177). Ihre Zuständigkeit regeln §§ 2, 2a u 3 ArbGG.

7 Zufolge gesetzl Sonderregelung (s §§ 549 II ZPO, 48 ArbGG) ist die Zuständigkeitsabgrenzung aber gleichwohl keine Frage der Zulässigkeit des Rechtswegs, sondern der sachl Zuständigkeit (RG 158, 193, BGH 8, 21; 16, 345; 24, 178; NJW 58, 24; FamRZ 63, 426; NJW 68, 1429; Kissel Rdnr 17), vgl auch § 17 Rn 19; zur Zuständigkeitsabgrenzung zw Landwirtschafts- u Arbeitsgericht s BGH 24, 176. – Ob die arbeitsgerichtl Zuständigkeit gegeben ist, bemißt sich danach, ob e der im Zuständigkeitskatalog des ArbGG aufgeführten Fälle tatsächl gegeben ist. Nach der Rspr des BAG genügt der einseitige Vortrag des Klägers zur Begründung der arbeitsgerichtl Zuständigkeit nicht, vielmehr ist, falls der Bekl das Bestehen eines Arbeitsverhältnisses leugnet, über die die Zuständigkeit begründenden Tatsachen Beweis zu erheben (BAG NJW 59, 502; NJW 68, 719). Zur Zuständigkeit b Mehrheit von Klagegründen s BAG JZ 65, 63 mit Anm Scheuerle. Negativer Kompetenzkonflikt zwischen ordentl u Arbeitsgericht: BGH 17, 168; NJW 65, 1596; BAG NJW 71, 581 (vgl § 17 Rn 15a und § 36 ZPO Rn 31).

8 **6) Patentgericht:** Art 96 I GG und §§ 65 ff PatG idF v 16. 12. 80 (BGBl 81 I 1). Zuständigkeit § 65 PatG, § 10 GebrMG, § 13 WZG. Das Patentgericht ist ein Sondergericht der ordentl Gerichtsbarkeit. Der Rechtsmittelweg führt zum BGH.

§ 15

[weggefallen]

§ 16

[Ausnahmegerichte]

Ausnahmegerichte sind unstatthaft. Niemand darf seinem gesetzlichen Richter entzogen werden.

1 **1) Ausnahmegerichte** (vgl Art 101 I GG; 86 I BayVerf), die in Abweichung von der gesetzl Zuständigkeit gebildet u z Entscheidung einzelner konkreter oder individuell bestimmter Fälle berufen sind (BVerfG 8, 182), sind verboten, gleichviel ob Errichtung durch Gesetz oder Verwaltungsakt erfolgt ist. Sie sind von den Sondergerichten (Rn 2 zu § 14) z unterscheiden, vgl auch Rink NJW 64, 1652.

2 **2) Gesetzl Richter** (Art 101 I 2 GG; vgl auch Lit dazu; sowie Henkel, Der gesetzliche Richter, 1968; Krause MDR 82, 184 zu den Fällen des § 128 ZPO): Jedermann hat Anspruch darauf, daß seine Sache von dem für Fälle dieser Art nach dem Gesetz von vornherein zuständigen Gericht oder Richter entschieden wird. Gesetzlicher Richter ist nicht nur der Spruchkörper, der nach allg Zuständigkeitsregeln zu bestimmen ist, sondern auch der im Einzelfall nach dem Geschäftsverteilungsplan (vgl § 21e Rn 33) berufene Richter, der so eindeutig und genau wie möglich bestimmt sein muß (BVerfG 17, 294; 18, 354; 19, 59; BGH NJW 65, 1435). Durch die Vorschrift soll in erster Linie verhindert werden, daß die Exekutive u auch die Gesetzgebung auf die Besetzung des i Einzelfall entscheidenden Gerichts Einfluß nimmt. Aber auch durch willkürl Maßnahmen u Entscheidungen von Rechtsprechungsorganen kann dem gesetzl Richter entzogen (BVerfGE 3, 364; 29, 45, 48; BVerfG 13, 143; 20, 346; 29, 45; BGH 20, 355), so etwa durch willkürl unrichtige Handhabung des Geschäftsverteilungsplans (BVerfGE 3, 364; 29, 45, 48; BGHSt 11, 106; Marquordt MDR 58, 254). Bei Überbesetzung von Kammern oder Senaten: vgl BGH NJW 66, 1084; BVerfG 18, 350; 19, 145). Verfahrensirrtümer reichen für die Annahme der Entziehung nicht aus (BVerfG 18, 350; 19, 43; BGHSt 11, 106; NJW 76, 1688; NJW 83, 671). Gegen das Gebot des gesetzl Richters ist durch Verfahrensfehler (error in procedendo), insbesondere in Zuständigkeitsfragen

nicht verstoßen (BVerfG st Rspr, ua E 29, 45, 48; BayVerfGH NJW 62, 790; BVerwG NJW 83, 896), es sei denn die richterliche Entscheidung ist willkürlich (BVerfG 13, 144) oder offensichtlich fehlerhaft (BVerfG 29, 45). **Willkür** setzt offenbare Unhaltbarkeit (Unverständlichkeit) voraus (BVerfG NJW 67, 2151; BGH NJW 83, 671); dabei kommt es allerdings nicht auf die vom Richter angeführten Gründe, sondern darauf an, ob sich die Auffassung bei obj Betrachtung als offenbar unhaltbar erweist (BGH aaO). Justizverweigerung kann einen Verstoß darstellen (BVerfG 13, 144), uU auch Terminsbestimmung durch e ausgeschlossenen Richter, die auf die Besetzung des entscheidenden Gerichts Einfluß hat (BVerfG NJW 56, 545). Darin, daß das Prozeßgericht i vermögensrechtl Streitigkeiten ü die örtl Zuständigkeit (i Falle ihrer Bejahung) endgültig entscheidet (§ 512a), liegt keine Entziehung (BGH 24, 49); auch nicht darin, daß das BayObLG die Frage s eigenen Zuständigkeit oder derjenigen des BGH endgültig entscheidet (§ 7 II EGZPO), vorausgesetzt, daß die Entscheidung nicht offensichtl unhaltbar ist oder ohne jeden Bezug auf die vorgegebenen Maßstäbe ergeht (BVerfG NJW 57, 337).

3) Der **Verstoß** gegen den Grundsatz des gesetzlichen Richters führt zur nicht ordnungsgemäßen Besetzung des Gerichts, die mit den allgemeinen Rechtsbehelfen (vgl auch § 551 Nr 1 ZPO), gegebenenfalls mit der Nichtigkeitsklage (§ 579 I Nr 1 ZPO) geltend gemacht werden kann, nicht jedoch zur Nichtigkeit der Entscheidung unmittelbar. Ferner rechtfertigt der Mangel, da er gegen Art 101 I 2 GG verstößt, die Verfassungsbeschwerde (Art 93 I Nr 4a GG, §§ 90 ff BVerfGG). – S auch § 21e Rn 48. 3

§ 17

[Rechtswegentscheidung]

(1) Die ordentlichen Gerichte entscheiden über die Zulässigkeit des zu ihnen beschrittenen Rechtsweges. Hat ein ordentliches Gericht den zu ihm beschrittenen Rechtsweg zuvor rechtskräftig für unzulässig erklärt, so kann ein anderes Gericht in derselben Sache seine Gerichtsbarkeit nicht deshalb verneinen, weil es den Rechtsweg zu den ordentlichen Gerichten für gegeben hält.

(2) Hat ein Gericht der allgemeinen Verwaltungs-, der Finanz- oder der Sozialgerichtsbarkeit den zu ihm beschrittenen Rechtsweg zuvor rechtskräftig für zulässig oder unzulässig erklärt, so sind die ordentlichen Gerichte an diese Entscheidung gebunden.

(3) Hält ein ordentliches Gericht den zu ihm beschrittenen Rechtsweg nicht für gegeben, so verweist es in dem Urteil, in dem es den Rechtsweg für unzulässig erklärt, zugleich auf Antrag des Klägers die Sache an das Gericht des ersten Rechtszuges, zu dem es den Rechtsweg für gegeben hält. Der Kläger kann den Antrag auf Verweisung nur bis zum Schluß der mündlichen Verhandlung stellen, auf die das Urteil ergeht. Mit der Rechtskraft des Urteils gilt die Rechtshängigkeit der Sache bei dem im Urteil bezeichneten Gericht als begründet. Soll durch die Erhebung der Klage eine Frist gewahrt werden, so tritt diese Wirkung bereits in dem Zeitpunkt ein, in dem die Klage erhoben ist. Das gleiche gilt in Ansehung der Wirkungen, die durch andere als verfahrensrechtliche Vorschriften an die Rechtshängigkeit geknüpft werden.

(4) Das Gericht, das den zu ihm beschrittenen Rechtsweg nicht für gegeben hält, kann, wenn sich der Beklagte mit dem Antrag des Klägers (Absatz 3) einverstanden erklärt, die Sache durch Beschluß verweisen.

(5) Für das Verhältnis zwischen den ordentlichen Gerichten und den Arbeitsgerichten gilt § 48 Abs. 1 des Arbeitsgerichtsgesetzes.

I) Allgemeines: Obwohl das GG (Art 92 ff) von der Gleichwertigkeit aller Zweige der Gerichtsbarkeit ausgeht (die Sonderstellung des BVerfG soll hier außer Betracht bleiben) und in Art 95 GG nur eine funktionelle Aufgabenverteilung unter den Gerichten vornimmt, fehlte bis 1960 eine einheitl Regelung des Kompetenzkonflikts zwischen einzelnen Zweigen der Gerichtsbarkeit. Es galt die sog Kompetenzkompetenz der ordentl Gerichte (§ 17 GVG aF); die Möglichkeit der Verweisung von einem Rechtsweg in den anderen war gem § 81 BVerwGG den oberen Bundesgerichten vorbehalten; also mußte ein Rechtsstreit im „falschen" Rechtsweg erst alle Instanzen durchlaufen, bis die Verweisung möglich wurde. Durch die VwGO (§ 178) wurde § 17 GVG in Angleichung an § 48a ArbGG, § 41 VwGO, § 52 SGG u § 34 FGO neu gefaßt. Damit ist die **Zulässigkeit der Rechtswegverweisung zwischen allen Zweigen der Gerichtsbarkeit** geschaffen. Auch wo das Gesetz jetzt noch Lücken läßt, so im Verhältnis zwischen der ordentlichen streitigen und der **freiwilligen Gerichtsbarkeit** (nach hM nur in Streitverfahren; zu Recht aber auch für alle Antragsverfahren Kissel Rdnr 11, während bei Amtsverfahren Verweisung aus der Natur der 1

Verfahren nicht in Betracht kommt), gilt § 17 GVG entsprechend (BGHZ 40, 1 = NJW 63, 2219; NJW 74, 494; NJW 80, 2466 – es gilt auch die eine Rückverweisung ausschließende Bindungswirkung; KG OLGZ 79, 150; BGH NJW 86, 1994 unter Anwendung des Rechtsgedankens des § 11 ZPO; vgl aber § 13 Rn 4); jedoch ist bei einstw Verfügung Verweisung in das FGG-Verfahren nicht möglich, soweit nicht zugleich ein Hauptsacheverfahren anhängig ist und verwiesen werden kann, da nach FGG ein isoliertes Verfügungsverfahren nicht besteht, verwiesener Antrag also sofort unzulässig wäre (Düsseldorf DNotZ 83, 703). Ebenso gilt § 17 für Verfahren nach **§ 23 EGGVG** (Kissel Rdnr 3). Eine Prozeßabweisung ist damit generell ausgeschlossen, sofern der Kläger bei Unzulässigkeit des Rechtswegs (evtl hilfsweise) Verweisungsantrag stellt. – Neuere Lit: Krause ZZP 83 (1970), 289; Saure, Die Rechtswegverweisung, Bielefeld, 1971; Stein MDR 72, 733.

2 **II) Grundsätze der Rechtswegverweisung** sind **a)** der **Grundsatz** der **Priorität:** Die frühere Entscheidung eines Gerichts über Zulässigkeit oder Unzulässigkeit des Rechtsweges bindet „in derselben Sache" (sofern diese ganz oder teilweise auch bei einem anderen Gericht anhängig gemacht wird) alle später entscheidenden anderen Gerichte im Rahmen der „beschränkten Bindungswirkung" (s unten Rn 15). Da das Prozeßhindernis der anderweitigen Rechtshängigkeit über die Gerichtszweige hinaus gilt (vgl § 261 III Nr 1 ZPO, s dort; ausdrücklich geregelt in § 90 II VwGO), ist die Frage der Zulässigkeit des Rechtswegs grundsätzlich immer von dem zuerst angegangenen Gericht zu entscheiden; das danach angegangene Gericht kann – auch wenn es den Rechtsweg zu sich für gegeben hält – in eine Prüfung nicht eintreten, sondern muß wegen anderweitiger Rechtshängigkeit die Klage abweisen (auch eine Verweisung an das zuerst befaßte Gericht kommt nicht in Betracht).

3 **b)** Der **Grundsatz der Kompetenzautonomie:** jedes Gericht entscheidet über die Zulässigkeit seines eigenen Rechtsweges endgültig und mit Bindungswirkung für die anderen Zweige der Gerichtsbarkeit (vgl Rn 15).

4 **III) Verfahren:** Ist der Rechtsweg zu den ordentl Gerichten nicht eröffnet, so gilt: **1) Klageabweisung durch Prozeßurteil** ist bei Unzulässigkeit des Rechtsweges nur noch zulässig, wo der Kläger (hinsichtl der Widerklage der Beklagte) trotz hierüber notw Belehrung (§ 139 ZPO) keinen (evtl hilfsweisen) Antrag auf Verweisung stellt. Das Prozeßurteil entfaltet für dieselbe Sache dann für alle anderen Gerichte die negative Bindungswirkung gem § 17 I 2 u II, die eine entsprechende Verweisung ausschließen und gegebenenfalls zur Kompetenzerweiterung (vgl Rn 18) führten.

5 **2)** Der **Verweisungsantrag** des Klägers (bzw Widerklägers; niemals des Beklagten) ist Prozeßhandlung (s Rn 7 vor § 128 ZPO), daher bedingungsfeindlich, jedoch als Hilfsantrag ausreichend. Er unterliegt dem Anwaltszwang (§ 78 ZPO). Entbehrlich ist ein konkreter Antrag, welcher das zuständige Gericht bezeichnet; ausreichend ein abstrakter Antrag, denn die Zulässigkeit des Rechtsweges ist von Amts wegen zu ermitteln. Falsche Benennung des aufnehmenden Gerichts daher unschädlich, hindert aber Verweisung durch Beschluß (Rn 7). Zulässig ist der Antrag nur bis z Schluß der mdl Verhandlung (§ 136 IV ZPO; wegen Schluß der mdl Verhandlung i schriftl Verf s § 128 II 2 u III 2 ZPO). Ein verspäteter Antrag rechtfertigt aber regelm die Wiedereröffnung gem § 156 ZPO. Betrifft der Verweisungsantrag nur eine Widerklage, so ist im Falle einer Verweisung das Verfahren abzutrennen (§ 33 II, 145 ZPO).

5a Erklärt der Kläger die **Hauptsache für erledigt,** so kommt eine Verweisung nicht mehr in Betracht, auch dann nicht, wenn Bekl sich der Erledigterklärung nicht anschließt (München OLGZ 86, 67). Der Streit über die Erledigung kann vom angegangenen Gericht sachlich entschieden werden, wenn der Rechtsweg zu ihm eröffnet ist. Ist dies nicht der Fall, so ist mangels Zuständigkeit durch Prozeßurteil abzuweisen; für eine Verweisung besteht angesichts der Erledigterklärung des Klägers kein Rechtsschutzbedürfnis mehr.

6 Der Verweisungsantrag setzt – von § 128 II, III ZPO abgesehen – **mündliche Verhandlung** voraus; dies gilt auch für Abs 4 (aA ThP Anm 4c).

7 **3)** Die **Entscheidung** („1. der Rechtsweg zu dem ordentlichen Gericht wird für unzulässig erklärt. 2. der Rechtsstreit wird an das [Sozialgericht München usw] verwiesen") ergeht als Beschluß oder Endurteil. Der **Beschluß** setzt ein unbedingtes Einverständnis beider Parteien (ggf auch des notw Streitgenossen, § 62 ZPO) voraus (Abs 4); dieses muß sich auf die Unzulässigkeit des angegangenen Rechtswegs und das (konkrete zu bezeichnende) aufnehmende Gericht beziehen, so daß das Beschlußverfahren bei nur abstraktem Verweisungsantrag oder falscher Bezeichnung des aufnehmenden Gerichts (vgl Rn 5) ausscheidet. Es scheidet ferner – trotz Einverständnis beider Parteien – aus, wenn aus anderen Gründen eine Entscheidung durch Urteil notwendig ist, so wenn der Verweisungsantrag vom Kläger nur hilfsweise neben dem Sachan-

trag gestellt ist, sowie stets in höherer Instanz (weil das frühere die Zulässigkeit des Rechtsweges bejahende Urteil aufzuheben ist; hM BGH 10, 163; vgl auch Kissel Rdnr 35). In diesen Fällen sowie bei fehlendem Einverständnis des Beklagten ist die Verweisung durch Endurteil auszusprechen.

Zu verweisen ist immer **an das Gericht der 1. Instanz** (Abs 3 S 1), da bei dem aufnehmenden Gericht ein neues Verfahren beginnt; dies gilt auch, wenn erst in der Rechtsmittelinstanz verwiesen wird und in der Vorinstanz eine Sachprüfung vorgenommen wurde (das entsprechende Sachurteil muß aufgehoben werden). **8**

Betrifft der Verweisungsantrag nur eine Widerklage, so ist das Verf insoweit abzutrennen (§§ 33 II, 145 ZPO). **9**

Obwohl die **Kosten** der Anrufung des unzuständigen Gerichts entspr § 281 III 2 ZPO (der analog anwendbar ist, vgl BVerwG 25, 305; OVG Berlin NJW 72, 839; Krause ZZP 83, 325) den Kläger treffen, enthalten analog § 281 III Satz 1 Urteil bzw Beschluß grundsätzl hierüber keinen Ausspruch; Ausnahme: Über die Kosten eines Rechtsmittelverfahrens im unzuständigen Rechtsweg ist (sofern diese Kosten nicht durch Klageerweiterung oder Widerklage i der Berufungsinstanz bedingt sind) sofort vom abgebenden Gericht zu entscheiden (BGH 11, 58; 12, 70; BGH NJW.66, 2162 am Ende; ObLG 65, 212; Köln NJW 67, 736). Nur soweit ein Urteil über die (Mehr-) Kosten entscheidet, ist es für vorl vollstreckbar zu erklären (§§ 708 ff ZPO). **10**

Wurde an das ordentliche Gericht verwiesen, so ist hinsichtlich der Mehrkosten, die bei dem verweisenden Gericht anfielen – jedenfalls im Zivilverfahren (vgl auch OVG Berlin NJW 72, 839 mwN) –, nach § 281 III 2 ZPO zu verfahren (Krause aaO). **11**

4) Rechtsmittel: Das Urteil unterliegt (anders als § 281 II ZPO!) der Berufung u Revision unter den allgemeinen Voraussetzungen (BGH NJW 63, 2219; 86, 1994), der Beschluß unterliegt der Beschwerde, doch wird hier wegen des Einverständnisses der Parteien (Abs 4) regelm die Zulässigkeitsvoraussetzung der Beschwer fehlen, es sei denn, das Gericht hat die Zustimmung des Bekl oder den Antrag des Klägers irrig angenommen (s a BGH NJW 86, 1994). **12**

5) Die Vorschriften der Rechtswegverweisung sind auch im Verfahren des **vorl Rechtsschutzes** (§§ 916 ff ZPO) anzuwenden (Kissel Rdnr 2; VGH Mannheim NJW 71, 2089; aA – für § 123 VwGO – VGH München BayVBl 75, 630; Eyermann/Fröhler, VwGO, § 41 Rdnr 8), wobei allerdings die Verweisung durch Beschluß auch ohne die Voraussetzungen des Abs 4 zulässig ist (§§ 921 I, 922 II ZPO). Dagegen keine Verweisung schon im **Prozeßkostenhilfeverfahren,** da noch keine Rechtshängigkeit vorliegt (Kissel Rdnr 2; str); dies folgt schon daraus, daß die Rechtswegfrage nicht im Verfahren über die Prozeßkostenhilfe geklärt werden kann. **13**

6) Zur Frage der Verweisung bei einer **Mehrheit von Klagegründen,** für die unterschiedliche Rechtswege eröffnet sind s § 13 GVG Rn 14. **14**

IV) Wirkung der rechtskräftigen Entscheidung: 1) Bindungswirkung: Die (rechtskräftige) Verweisung hat bindende Wirkung ohne Rücksicht darauf, ob sie zu Recht ausgesprochen wurde (BGH 17, 171; BVerwG NJW 62, 2218; 67, 2128). Dies gilt jedoch nur, soweit es sich um „dieselbe Sache", also denselben Streitgegenstand handelt (vgl etwa OLG Stuttgart, Justiz 69, 196). Eine irrige Verweisung erweitert die Prüfungskompetenz des Adressatgerichts (BArbG JZ 65, 63; BVerwG NJW 67, 2128; Felix JZ 59, 656). Die Bindungswirkung ist aber beschränkt: Anders als bei § 281 ZPO hat die Verweisung nur „abdrängende, nicht aufdrängende Wirkung" (BGH NJW 67, 782; 63, 587 = BGHZ 38, 289; BSG 12, 283; Kissel Rdnr 46; Bötticher RdA 60, 162; Krause ZZP 83, 303; Lüke, Festschrift Bruns S 129, 141; Saure S 120 ff; ThP § 17 GVG Anm 5 a). Die Gegenansicht (BL § 17 GVG Anm 3 B; vgl auch Eyermann/Fröhler, VwGO, § 41 Rdnr 16; s auch BVerwG 30, 326) findet in § 17 Abs 3 keine Stütze und übersieht, daß die Kompetenzautonomie (vgl Rn 3) des abgebenden Gerichts auf den eigenen Rechtsweg beschränkt ist, also nicht die Kompetenzabgrenzung des aufnehmenden Gerichts zu den weiteren Rechtswegen umfaßt. Die Verweisung verbietet daher nur die Zurückverweisung in den Rechtsweg des abgebenden Gerichts bzw die Verneinung des eigenen Rechtswegs, weil der des abgebenden Gerichts gegeben sei, erlaubt aber die Weiterverweisung auf einen dritten Rechtsweg oder innerhalb des eigenen Rechtsweges des aufnehmenden Gerichts (zB wenn irrtümlich nicht an das Gericht der ersten Instanz verwiesen wurde). Wo aber eine dritte Zuständigkeit fehlt, muß das angewiesene Gericht sachl entscheiden, auch wenn das abgebende Gericht zuständig gewesen wäre (BGH NJW 63, 587). **15**

Bei **negativem Kompetenzkonflikt** (bei unzulässiger Zurückverweisung) entscheidet in analoger Anwendung des § 36 Nr 6 ZPO (eine gesetzl Regelung fehlt) endgültig das oberste Bundesgericht des beschrittenen Rechtswegs (BGH 17, 168; 44, 14; BAG 23, 167; NJW 84, 751). Unter den beiden in Betracht kommenden obersten Bundesgerichten hat nach der st Rspr (BAG NJW 84, 751) das den Vorrang, das zuerst angegangen wird; das jeweilige Instanzgericht, das sich nicht **15a** für zuständig hält, aber wegen bereits ergangenen Verweisungsbeschlusses nicht zurückgeben kann, hat die Sache dem obersten Bundesgericht seines Rechtswegs vorzulegen. Die Zuständigkeit eines kirchlichen Gerichts erlaubt, weil dieses kein staatl Gericht ist, die Weiterverweisung der v Verwaltungsgericht an ein ordentl Gericht verwiesenen Sache nicht (BGH NJW 61, 1117).

16 2) Ausnahmsweise entsteht jedoch **keine** Bindung (Rückverweisung möglich), wenn die Verweisung **willkürlich** erfolgte (vgl BGH NJW 80, 1586; Karlsruhe OLGZ 75, 285; Kissel Rdnr 49), insbesondere kein Antrag vorlag oder gegen Art 103 I GG verstoßen wurde. Dies folgt daraus, daß Verweisung die Rechtsverfolgung der Parteien erleichtern soll, also nicht entgegen der prozessualen „Grundrechte" ergehen darf. Sachliche Unrichtigkeit, auch wenn sie „offensichtlich" erscheint, rechtfertigt die Aufhebung der Bindung aber in keinem Fall.

17 3) **Wirkung auf den Streitgegenstand** (Abs 3 S 3, 4 u 5): Die Rechtshängigkeit (§ 261 ZPO) und ihre prozessuale (§ 261 III ZPO) u materiellrechtl Wirkung (§ 262 ZPO) bleiben trotz Verweisung rückwirkend erhalten, ebenso die fristwahrende Wirkung der früheren Klageeinreichung (§ 270 ZPO; der Ausdruck „Klage erhoben" ist, weil es insoweit entgegen § 253 I ZPO nicht auf die Zustellung ankommt, falsch). Nach Abs 3 S 5 gilt gleiches, soweit Klageerhebung nach materiellem Recht (zB § 209 BGB) auf Fristen etc von Einfluß ist.

18 4) Darüber hinaus beginnt vor dem aufnehmenden Gericht ein **neues Verfahren,** das nicht als bloße Fortsetzung des ursprünglichen gesehen werden kann (vgl dazu Krause ZZP 83, 323), insbesondere verlieren Maßnahmen des verweisenden Gerichts (zB Gewährung von Prozeßkostenhilfe) ihre Bedeutung. – Besondere Probleme können auftreten, wenn sich die Prüfungskompetenz des aufnehmenden Gerichts infolge irriger Verweisung erweitert (vgl Rn 1). Das Gericht muß in diesen Fällen nicht nur die materielle Prüfung auf die seiner Kompetenz an sich nicht unterliegenden Anspruchsgrundlagen erstrecken (BVerwG NJW 67, 2128), sondern auch eine dem Rechtsschutzbegehren angemessene Verfahrensart wählen (BVerwG aaO). Dabei wird es äußersten Falls selbst Verfahrensvorschriften des anderen (von der Sache her an sich zuständigen) Rechtsweges analog heranziehen können (vgl hierzu Krause DÖV 70, 695 ff).

19 **V)** Eine **Sonderregelung** erhält Abs 5 für das Verhältnis zwischen ordentl und **Arbeitsgericht,** welches das Gesetz (vgl § 48 ArbGG, § 549 II ZPO) als Frage der sachl Zuständigkeit behandelt; insoweit gilt § 281 ZPO uneingeschränkt (Bötticher RdA 60, 162).

§ 17a

[Kompetenzkonfliktsgerichtshof]

Die Landesgesetzgebung kann jedoch die Entscheidung von Streitigkeiten zwischen den Gerichten und den Verwaltungsbehörden oder Verwaltungsgerichten über die Zulässigkeit des Rechtswegs besonderen Behörden nach Maßgabe der folgenden Vorschriften übertragen:

1. **Die Mitglieder werden für die Dauer des zur Zeit ihrer Ernennung von ihnen bekleideten Amts oder, falls sie zu dieser Zeit ein Amt nicht bekleiden, auf Lebenszeit ernannt. Sie können nur unter denselben Voraussetzungen wie die Mitglieder des Bundesgerichtshofes ihres Amtes enthoben werden.**
2. **Mindestens die Hälfte der Mitglieder muß dem Bundesgerichtshof oder dem obersten Landesgericht oder einem Oberlandesgericht angehören. Bei Entscheidungen dürfen Mitglieder nur in der gesetzlich bestimmten Anzahl mitwirken. Diese Anzahl muß eine ungerade sein und mindestens fünf betragen.**
3. **Das Verfahren ist gesetzlich zu regeln. Die Entscheidung ergeht in öffentlicher Sitzung nach Ladung der Parteien.**
4. **Sofern die Zulässigkeit des Rechtswegs durch rechtskräftiges Urteil des Gerichts feststeht, ohne daß zuvor auf die Entscheidung der besonderen Behörde angetragen war, bleibt die Entscheidung des Gerichts maßgebend.**

1 Die Sonderregelung des § 17a (früher § 17 Abs II) hat, seit durch § 17 in der Neufassung gem § 178 VwGO die Möglichkeit der lückenlosen Rechtswegverweisung geschaffen ist, kaum noch Bedeutung. Ein **Kompetenzkonfliktsgerichtshof** (nicht Behörde, Art 92 GG) bestand in Bayern (beim ObLG) gemäß G v 18. 8. 1879 (BayBS III 204) bis 1. 7. 1981; er wurde durch § 1 Nr 7 des G v 6. 4. 1981 (GVBl S 85) ersatzlos aufgehoben.

Vorbemerkung zu §§ 18–20

I) Neufassung durch G v 25. 3. 74 (BGBl I 761). Sie beseitigte die Unterschiede, die zwischen der innerstaatl Regelung im GVG und den Wiener Übereinkommen über diplomatische Beziehungen (**WÜD** v 18. 4. 61) und über konsularische Beziehungen (**WÜK** v 24. 4. 63) bestanden. Das GVG enthält nunmehr nur noch die Verweisung auf diese Übereinkommen (§§ 18, 19) sowie auf die allg Regeln des Völkerrechts (§ 20) und auf besondere völkerrechtl Vereinbarungen oder Rechtsvorschriften (§§ 19 II, 20). Die Regeln der WÜD und WÜK gelten unabhängig davon, ob der Entsenderstaat den Übereinkommen beigetreten ist (§ 18 S 2, § 19 I 2), allerdings mit dem Vorbehalt, die Befreiungen durch Rechtsverordnung einzuschränken oder zu erweitern. – Zu der Neuregelung vgl Fliedner ZRP 74, 263; zu den allgemeinen Fragen: Dahm, Festschr Nikisch, 1958, 153; Schaumann/Habscheid, Die Immunität ausl Staaten nach Völkerrecht und deutschem Zivilprozeßrecht, 1968; Sonnenberger AcP 162, 485; Steinmann MDR 65, 706, 795; Oehler ZStrW 79, 395. 1

II) Befreiung von der deutschen Gerichtsbarkeit: 1) Begriff: Der in §§ 18–20 benutzte Terminus ist gleichbedeutend mit „Immunität" iSd völkerrechtl Übereinkommen; im Rahmen der Befreiung nach § 18 auch „Exterritorialität" genannt. 2

2) Bedeutung: Befreiung von der deutschen Gerichtsbarkeit ist ein selbständiges Hindernis prozessualer Art (hM, vgl BGHSt 14, 137; 21, 32; NJW 84, 2084; zu den Folgen bezüglich Handlungen, die in der Zeit begangen wurden, in der die Befreiung galt, nach Wegfall der Befreiungsvoraussetzungen vgl Düsseldorf NJW 86, 2204), das weder die Zuständigkeit des Gerichts noch die Zulässigkeit des Rechtswegs betrifft (RG 157, 394; BGH 10, 354). Es steht dem **gerichtl Tätigwerden entgegen,** ist also keine Prozeßvoraussetzung im technischen Sinn (R-Schwab § 19 II 1), wie sich etwa auch daran zeigt, daß die Immunität auch der Vernehmung als Zeuge entgegensteht. Hieraus folgt, daß gegen Befreiten schon die Terminsbestimmung unzulässig ist (Hamburg MDR 53, 109; München NJW 75, 2144; Kissel Rdnr 3; s aber Braunschweig JR 54, 263); dies kann aber soweit nicht gelten, als über Streit über Befreiung zu entscheiden ist, was im Streitfall nur durch Zustellung der Klage und Terminsanberaumung geschehen kann (s a LG Hamburg NJW 86, 3034) – anders in eindeutigen Fällen. Daraus folgt auch, daß die Frage der Befreiung **vorrangig** vor anderen Prozeßvoraussetzungen, insb der des Rechtswegs und der Zuständigkeit, von dem angegangenen Gericht zu prüfen ist (BGH NJW 79, 1101). Immunität in jeder Lage des Verfahrens von Amts wegen zu prüfen (München FamRZ 72, 210) und im Streitfall durch Urteil zu entscheiden (Prozeßurteil), bei Verneinung ist Zwischenurteil nach § 280 II ZPO zulässig (vgl RG 157, 394). Maßgeblicher Zeitpunkt ist der der gerichtlichen Entscheidung (BGH 9, 101; 19, 345). Nach hM (R-Schwab § 19 II 1 und § 61 IV 2a; RG 157, 393; München FamRZ 72, 210; vgl aber Schlosser ZZP 79, 164) sind Sachurteile und ihnen gleichstehende Entscheidungen (Mahnbescheid, Vollstreckungsbescheid) gegen einen der Gerichtsbarkeit nicht Unterworfenen **nichtig.** 3

3) Umfang: a) Befreiung bedeutet zunächst, daß **gegen den Befreiten** gerichtliche Maßnahmen (Ladung, Sachverhandlung, Entscheidung, Vollstreckung, Streitverkündung) unzulässig sind. Zu Pfändungs- und Überweisungsbeschluß, wenn Drittschuldner befreit, s LG Bonn MDR 66, 935. Nach § 18 sind Diplomaten auch von der **Zeugen**pflicht befreit (31 II WÜD; im konsularischen Bereich nur beschränktes Aussageverweigerungsrecht, vgl 44 WÜK). – Zur Zwangsvollstreckung gg fremde Staaten s § 20 Rn 1. Für **Zustellungen** s §§ 199, 202 und § 203 III ZPO. 4

b) Ausnahmen von der Befreiung: Im Gegensatz zur vollen strafrechtl Immunität ist diese im zivilrechtlichen Bereich eingeschränkt, soweit es um **privates unbewegliches Vermögen, private Nachlaßsachen** und um Klagen aus privater **gewerblicher oder freiberufl** Tätigkeit des Befreiten geht (vgl 31 WÜD). – Ferner ist Verzicht möglich, der jedoch nur vom Entsenderstaat selbst durch entsprechend Bevollmächtigten erfolgen kann und ausdrücklich und schriftlich sein muß (vgl 32 WÜD, 45 WÜK). 5

c) Der Befreite kann jedoch aktiv als **Kläger** deutsche Gerichte in Anspruch nehmen. In diesem Fall besteht keine Beschränkung der Entscheidungsmöglichkeit auch zu ungunsten des Befreiten, jedoch liegt hierin keine Unterwerfung für die Zwangsvollstreckung, etwa wegen der Kosten (KG HRR 33, 1522, hM). Im Rahmen einer Klage des Befreiten ist dem Beklagten jede sonst zulässige Verteidigung erlaubt, auch in der Zwangsvollstreckung, selbst wenn er dort betreibender Teil wird (zB nach §§ 767, 768 auch § 771 ZPO, vgl R-Schwab § 19 II 2c); die **Widerklage** ist zulässig, soweit sie mit dem Klageanspruch unmittelbar zusammenhängt (32 III WÜD, vgl auch RG 111, 149; BGH 19, 241). 6

4) Zusammenfassung zu §§ 18–20 im **RdSchr des Bundesminister des Innern v 14. 3. 75** „Diplomaten und andere bevorrechtigte Personen", GMBl 75, 337, 518, 629; vgl BayJMBl 75, 248. 7

§ 18

[Befreiungen für Mitglieder diplomatischer Missionen]

Die Mitglieder der im Geltungsbereich dieses Gesetzes errichteten diplomatischen Missionen, ihre Familienmitglieder und ihre privaten Hausangestellten sind nach Maßgabe des Wiener Übereinkommens über diplomatische Beziehungen vom 18. April 1961 (Bundesgesetzbl. 1964 II S. 957 ff.) von der deutschen Gerichtsbarkeit befreit. Dies gilt auch, wenn ihr Entsendestaat nicht Vertragspartei dieses Übereinkommens ist; in diesem Falle findet Artikel 2 des Gesetzes vom 6. August 1964 zu dem Wiener Übereinkommen vom 18. April 1961 über diplomatische Beziehungen (Bundesgesetzbl. 1964 II S. 957) entsprechende Anwendung.

1 **1)** Als Mitglieder diplomatischer Missionen einschließlich ihres Gefolges sind **nach § 18 befreit** (31 I und 37 WÜD): **a)** der Missionschef und das in diplomatischem Rang stehende Personal (Diplomaten): Gesandte, Räte, Sekretäre, Attachés, Gesandtschaftsseelsorger und -ärzte, **b)** deren Familienangehörige, wenn sie in deren Haushalt leben und nicht Deutsche sind, **c)** Mitglieder des Verwaltungs- und technischen Personals der Mission (zB Kanzleibeamte, Übersetzer, Schreibkräfte) einschließlich der ständig in ihrem Haushalt lebenden Familienangehörigen, soweit sie weder Deutsche sind noch ständig in der Bundesrepublik ansässig sind, **d)** Mitglieder des dienstlichen Personals der Mission (zB Kraftfahrer, Raumpflegerinnen), soweit weder Deutsche noch hier ständig ansässig, **e)** Gesandtschaftskuriere und Diplomaten auf der Durchreise (40 WÜD). **f)** Wegen Sonderbotschafter (ad-hoc-Diplomaten) s § 20 Rn 2.

2 **Nicht befreit** sind demnach private Hausangestellte der Mitglieder der Missionen und die Angehörigen der unter d) genannten Personen. Die weiteren Einschränkungen bei b) bis d) für Deutsche und hier ständig Ansässige folgt daraus, daß die Befreiung nur von der Gerichtsbarkeit des Aufnahmestaats, nicht aber von der des Heimatstaats gilt.

3 **2) Umfang:** Für die unter 1 a) und b) Genannten gilt die volle Befreiung mit den in Rn 5 vor § 18 bezeichneten Ausnahmen. Für die unter 1 c) Bezeichneten gilt als weitere Einschränkung, daß sie hinsichtlich ihrer nicht in Ausübung der dienstlichen Tätigkeit vorgenommenen Handlungen der Zivil- und der Verwaltungsgerichtsbarkeit unterliegen. Für die Personengruppe 1 d) gilt die Befreiung nur, soweit die Tätigkeit in engem sachlichem Zusammenhang mit der Ausübung dienstlicher Aufgaben steht.

4 **3)** Über die von § 18 erfaßten persönlichen Befreiungen hinaus sind nach 22 WÜD die **Räumlichkeiten** der diplomatischen Missionen und die Privatwohnung des Missionschefs **unverletzlich.** Amtshandlungen (zB Zeugenvernehmung) dürfen nur mit Zustimmung des Leiters der Mission oder seines Vertreters vorgenommen werden.

§ 19

[Befreiungen für Mitglieder konsularischer Vertretungen]

(1) Die Mitglieder der im Geltungsbereich dieses Gesetzes errichteten konsularischen Vertretungen einschließlich der Wahlkonsularbeamten sind nach Maßgabe des Wiener Übereinkommens über konsularische Beziehungen vom 24. April 1963 (Bundesgesetzbl. 1969 II S. 1585 ff.) von der deutschen Gerichtsbarkeit befreit. Dies gilt auch, wenn ihr Entsendestaat nicht Vertragspartei dieses Übereinkommens ist; in diesem Falle findet Artikel 2 des Gesetzes vom 26. August 1969 zu dem Wiener Übereinkommen vom 24. April 1963 über konsularische Beziehungen (Bundesgesetzbl. 1969 II S. 1585) entsprechende Anwendung.

(2) Besondere völkerrechtliche Vereinbarungen über die Befreiung der in Absatz 1 genannten Personen von der deutschen Gerichtsbarkeit bleiben unberührt.

1 **1) Personenkreis:** Befreiungen gelten nur für Konsularbeamte und Bedienstete des Verwaltungs- und des technischen Personals (43 WÜK), also nicht für dienstliches Personal und nicht für Angehörige der Konsularbeamten.

2 **2) Umfang:** Die Befreiung gilt nur für Handlungen, die in Wahrnehmung konsularischer Aufgaben vorgenommen wurden oder mit diesen in engem sachlichem Zusammenhang stehen (für Fahrten mit dem Kfz vgl BayObLG NJW 74, 431; Hamm GoltdArch 67, 286). Bei Schadensersatzklagen wegen Verkehrsunfällen und Klagen aus Verträgen der befreiten Personen vgl weiter Einschränkung gem 43 II und 71 WÜK. – Eine generelle Befreiung von der Zeugenpflicht besteht nicht, Konsularbeamte können jedoch das Zeugnis verweigern, soweit sich die Aussage auf Angelegenheiten bezieht, die mit der Wahrnehmung konsularischer Aufgaben zusammenhängen (44 I, IV WÜK).

3) Honorarkonsuln (Wahlkonsuln) besitzen Immunität nur für Amtshandlungen in Wahrnehmung ihrer konsularischen Aufgaben, soweit sie – wie in der Regel – Deutsche oder hier ständig ansässig sind (58 II, 71 I WÜK). 3

4) Unverletzlichkeit der Räumlichkeiten (vgl § 18 Rn 4) gilt für Diensträume, nicht für die Privatwohnung des Leiters der Vertretung (31, 55 III, 59 WÜK). 4

5) Besondere Vereinbarungen (Abs 2) können insbesondere in Konsular- und Niederlassungsverträgen enthalten sein; idR gehen sie nicht über das WÜK hinaus. 5

§ 20

[Weitere Befreiungen]

(1) Die deutsche Gerichtsbarkeit erstreckt sich auch nicht auf Repräsentanten anderer Staaten und deren Begleitung, die sich auf amtliche Einladung der Bundesrepublik Deutschland im Geltungsbereich dieses Gesetzes aufhalten.

(2) Im übrigen erstreckt sich die deutsche Gerichtsbarkeit auch nicht auf andere als die in Absatz 1 und in den §§ 18 und 19 genannten Personen, soweit sie nach den allgemeinen Regeln des Völkerrechts, auf Grund völkerrechtlicher Vereinbarungen oder sonstiger Rechtsvorschriften von ihr befreit sind.

Lit: *Seidl/Hohenveldern,* Neue Entwicklungen im Recht der Staatsimmunität, Festschrift Beitzke, 1979, S 1081; *v Schönfeld,* NJW 86, 2980.

1) Befreiung für Staatsgäste (Abs 1): Repräsentanten sind Personen, die Kraft ihrer verfassungsrechtlichen Stellung den anderen Staat (muß nicht Ausland sein – DDR) vertreten (Mitglieder der Regierung, des Parlaments). Besuch muß nicht notwendig in „amtl Mission" erfolgen, sofern er nur auf amtl Einladung beruht (zB Besuch einer Messe, nicht dagegen bei „genehmigten" Privatreisen). **Begleitung** (Berater, Presseberichterstatter, auch persönliche Begleitung wie Fahrer) ergibt sich regelmäßig aus der Delegationsliste, die dem Einladenden vorgelegt wird. Erforderlich ist eine amtliche Einladung der Bundesrepublik, also durch eine staatliche Stelle, die den Bund zu vertreten befugt ist. Einladung einer Landesbehörde genügt nicht. 1

Die Befreiung knüpft nicht an die Eigenschaft als Ausländer an. Sie gilt auch für deutsche Staatsbürger – bedeutsam insbesondere in bezug auf DDR. Zur Behandlung des Staatsratsvorsitzenden der DDR s BGH NJW 85, 639 und (kritisch) Blumenwitz JZ 85, 614. 2

2) Kraft allgemeiner Regel des Völkerrechts genießen Immunität: **ausländische Staaten,** soweit sie in hoheitlicher Funktion tätig werden, nicht aber bei privatrechtl Betätigung (zB Klage auf Herausgabe eines verkauften Gesandtschaftsgebäudes, vgl BVerfG 16, 27 = NJW 63, 435; BGH MDR 70, 222); die Abgrenzung ist nach der Natur der staatl Handlung unter Zugrundelegung deutschen Rechts vorzunehmen (BVerfG aaO; BGH NJW 79, 1101). Nicht hierunter fallen ausländische jur Personen des öffentl Rechts, selbst wenn sie nur eine rechtl verselbständigte Abspaltung des fremden Staats zum Zweck des Betriebs eines wirtschaftl Unternehmens darstellen (BGH 18, 1; 19, 343; Frankfurt VersR 82, 447), so genießt eine ausländische Notenbank keine Immunität (LG Frankfurt NJW 76, 1044; Krauskopf WM 86, 89). – Die Frage der **Zwangsvollstreckung gegen einen fremden Staat** beurteilt sich ausschließlich nach Völkerrecht; danach ist die Zwangsvollstreckung unzulässig in Vermögensgegenstände, die zwar im Gerichtsstand gelegen sind, aber hoheitlichen Zwecken des fremden Staates, insbesondere seiner diplomatischen Mission zur Wahrung ihrer amtlichen Aufgaben dienen (zB laufendes allgemeines Bankkonto der Botschaft), ein generelles Verbot der Zwangsvollstreckung in Vermögensgegenstände fremder Staaten besteht aber nicht (BVerfG NJW 78, 485). Bankkonten wirtschaftlicher Unternehmen eines ausländischen Staates unterliegen der Pfändung (Frankfurt VersR 82, 447). 3

Fremde Staatsoberhäupter (RG 157, 392) – zum Staatsratsvorsitzenden der DDR s Rn 2 –, bei Besuchen auch die sie begleitenden Angehörigen sowie ihr sonstiges Gefolge; **Regierungsmitglieder** fremder Staaten bei Aufenthalten in amtlicher Eigenschaft sowie die sie begleitenden Angehörigen und ihr sonstiges Gefolge; **offizielle Vertreter** fremder Staaten bei staatl oder zwischenstaatlichen Veranstaltungen (internat Konferenzen). **Sonderbotschafter** (sog ad-hoc-Diplomaten) auf Grund Anerkennung dieses Staates durch das besuchte Land (vgl OLG Düsseldorf MDR 83, 512; NJW 86, 2204 und BGH NJW 84, 2048 – auch für „mission en passant" und zur Frage, ob der Befreiung die Annahme des „Mißbrauchs" entgegengestellt werden kann – dazu a Oehler JR 85, 77). 4

3) § 20 regelt die Frage der Befreiung in personeller Sicht. Daneben kann aber Ausschluß der Gerichtsbarkeit wegen **sachbezogener Staatsimmunität** in Betracht kommen, die unmittelbar 5 als allgemeine Regel des Völkerrechts nach **Art 25 GG** Geltung hat (BGH NJW 79, 1101 mwN). Dies gilt insb für hoheitliche Handlungen eines fremden Staats, die diesem selbst, nicht dem für ihn handelnden Amtsträger zuzurechnen sind – acta iuris imperii –, vgl BGH aaO (für Bericht von New Scotland Yard über kriminelle Praktiken einer religiösen Gemeinschaft).

6 **4) Völkerrechtliche Vereinbarungen oder sonstige Rechtsvorschriften** bestehen: **a)** für **zwischenstaatliche Organisationen** und deren Mitglieder, wie UN (BGBl 80 II 141), EG (vgl Vertrag v 17. 4. 57, BGBl II 1182), Europarat, intern Atomenergiekommission (s BayObLG 71, 303) u a, **b)** für die Mitglieder der **Ständigen Vertretung der DDR,** die durch G v 16. 11. 73 (BGBl I 1673) und VO v 24. 4. 74 (BGBl I 1022) weitgehend den diplomatischen Missionen (§ 18) gleichgestellt sind, **c)** für **Angehörige ausländischer Streitkräfte** nach dem NATO-Truppenstatut v 19. 6. 51 (BGBl 61 II 1190), Zusatzabkommen v 3. 8. 59 (BGBl II 1218) und G v 18. 8. 61 (BGBl II 1183). **d)** Bezüglich Beschränkungen für **Staatsschiffe** vgl RGBl 27 II 484 und 36 II 303; s auch RG 157, 389. Die Regelung gilt entspr für Staatsluftfahrzeuge.

§ 21

[aufgehoben durch G v 25. 3. 74, BGBl I 761]

Zweiter Titel

ALLGEMEINE VORSCHRIFTEN ÜBER DAS PRÄSIDIUM UND DIE GESCHÄFTSVERTEILUNG

Vorbemerkungen

1 **1)** Der 2. Titel wurde durch das **Gesetz zur Änderung der Bezeichnung der Richter und ehrenamtlichen Richter und der Präsidialverfassung der Gerichte** v 26. 5. 72 (BGBl I 841) neu eingeführt. Diese allgemeinen Grundsätze gelten für alle Gerichte der ordentlichen Gerichtsbarkeit (auch soweit freiwillige Gerichtsbarkeit ausgeübt wird; § 2 EGGVG ist nicht anwendbar, da sich die Vorschriften auf die innere Organisation des Gerichts, nicht auf bestimmte Verfahren beziehen und daher nur einheitlich anwendbar sind), nicht für die Sondergerichte (vgl jedoch § 68 PatG); sie gelten entspr für die übrigen Gerichtszweige (§ 4 VwGO, § 4 FGO, § 6a ArbGG – Sonderregelung insb für Gerichte mit weniger als 3 Richterplanstellen s dort –; § 6 SGG).

2 **2)** Die **Bedeutung** der Regelung (vgl dazu Arndt DRiZ 72, 41): Die Aufgaben der **gerichtlichen Selbstverwaltung** (vgl dazu § 21a Rn 1) sind zusammengefaßt und – insbesondere gegenüber der Justizverwaltung – abgegrenzt. Für sie ist in den Präsidien ein einheitliches Organ geschaffen; das Nebeneinander der Zuständigkeiten der Vorsitzendenversammlung (Direktorium, Senatorium), des Präsidiums und des Präsidenten ist beseitigt. Gleichzeitig ist die gerichtliche Selbstverwaltung unmittelbar (§ 21a I 1 Nr 3) oder mittelbar (§ 21b) allen Richtern in gleicher Verantwortung übertragen.

3 **3) Lit:** *Schorn/Stanicki*, Die Präsidialverfassung der Gerichte aller Rechtswege, 1975; *Driehaus* DRiZ 75, 44; *Rosso* DRiZ 71, 6; *Scholz* DRiZ 72, 301; *Stanicki* DRiZ 72, 414; *ders* DRiZ 74, 379.

§ 21a

[Präsidium]

(1) Bei jedem Gericht wird ein Präsidium gebildet.

(2) Das Präsidium besteht aus dem Präsidenten oder aufsichtführenden Richter als Vorsitzenden und

1. bei Gerichten mit mindestens zwanzig Richterplanstellen aus acht gewählten Richtern,
2. bei Gerichten mit mindestens acht Richterplanstellen aus vier gewählten Richtern,
3. bei den anderen Gerichten aus den nach § 21b Abs. 1 wählbaren Richtern.

Die Hälfte der gewählten Richter sind bei den Landgerichten, bei den Oberlandesgerichten und beim Bundesgerichtshof Vorsitzende Richter; sind bei einem Gericht nicht mehr als die hiernach zu wählenden Vorsitzenden Richter vorhanden, so gelten diese als gewählt.

1) Präsidium: a) Es ist ausschließlich Organ der **gerichtlichen Selbstverwaltung;** seine Tätigkeit ist daher nicht Justizverwaltung (BGHSt 13, 53), sondern der richterlichen Tätigkeit gleichgestellt, insbesondere vom Grundsatz der richterl Unabhängigkeit (Art 97 GG, § 25 DRiG) erfaßt (BGH 46, 147); dies gilt auch für die Tätigkeit des Präsidenten im oder an Stelle (vgl § 21i II) des Präsidiums. 1

Weisungen übergeordneter Stellen (auch des Präsidiums des übergeordneten Gerichts) sind ausgeschlossen (zur Zulässigkeit von Hinweisen der Justizverwaltung auf Mängel der Geschäftsverteilung vgl BGH 46, 147; MDR 82, 227), ebenso eine dienstaufsichtliche Überprüfung von Entscheidungen eines Präsidiums (BGH aaO; vgl auch § 21e Rn 59). Daraus folgt andererseits, daß Äußerungen oder Maßnahmen des Präsidenten oder des aufsichtsführenden Richters im Rahmen seiner Aufgaben im Präsidium nicht Maßnahmen der Dienstaufsicht darstellen, die der Prüfung des Dienstgerichts nach § 26 III DRiG unterliegen (BayRiDG DRiZ 68, 310). 2

Diese **Trennung der gerichtl Selbstverwaltung und der Justizverwaltung** schließt ein Zusammenwirken der jeweils berufenen Organe zum Zwecke der sachgerechten Aufgabenbewältigung nicht aus (vgl dazu BGHSt 19, 116), für das das Gesetz an mehreren Stellen ausdrückliche Regelungen vorsieht (vgl §§ 21e VI, 70 I). Einwirkungen der dienstaufsichtsführenden Stelle, die weder Weisungen sind, noch als solche verstanden werden können – Anregungen, Prüfungswünsche an das Präsidium –, sind daher nicht unzulässig (BGH MDR 82, 227). 3

b) Das Präsidium ist andererseits **nicht Organ der Interessenvertretung der Richter** des Gerichts, wenngleich es im Regelfall aus Wahlen hervorgeht. Seine Funktion unterscheidet sich daher grundlegend von der des Präsidialrats (vgl §§ 54 ff, 74, 75 DRiG) und der des Richterrats (§§ 50 ff, 72, 73 DRiG). Er hat unmittelbar der Rechtsprechung dienende Aufgaben wahrzunehmen, so daß die für diese geltenden Grundsätze der Bindung an Gesetz und Recht, der Unparteilichkeit ua auch hier gelten. Andererseits folgt hieraus, daß die den Richtern zugewiesenen Aufgaben für die Bildung des Präsidiums (Wahl) und Mitwirkung im Präsidium zu den **allgemeinen Dienstpflichten** des Richters gehören. Es besteht daher eine Wahlpflicht der wahlberechtigten Richter (BVerwG DRiZ 75, 375); das Amt eines Präsidiumsmitglieds kann nicht ausgeschlagen oder niedergelegt werden (BVerwG aaO). 4

2) Nach Abs 1 ist bei jedem Gericht ein Präsidium zu bilden (vgl dazu Rn 1 vor § 21a). Dies gilt nach dem Wortlaut des Gesetzes auch für das nur mit **einem Richter** besetzte Amtsgericht; dies folgt auch aus der Regelung des § 6a Nr 1 S 1 ArbGG, die den entsprechenden Fall ausdrücklich anspricht (der Wortlaut des § 22a GVG „allen Richtern" ergibt nichts anderes, da er nur vom Regelfall ausgeht, in dem das Präsidium unter Einschluß des Vorsitzenden aus 3 oder mehr Mitgliedern besteht, ganz abgesehen davon, daß § 22a das Bestehen eines Präsidiums voraussetzt, also § 21a I nicht einschränken kann). Das Präsidium besteht in diesem Fall aus dem Richter des Gerichts und dem nach § 22a als Vorsitzenden hinzukommenden Präsidenten, dessen Stimme wegen § 21e VII Hs 2 immer entscheidend ist. Ist der einzige Richter nicht wählbar (vgl §§ 21b I S 2 u 3, 21a II Nr 3), so nimmt der Präsident nach § 22a allein die Aufgaben des Präsidiums wahr (aA: Schorn/Stanicki S 24, vgl aber § 6a Nr 1 ArbGG). Bei dem Ein-Richter-Gericht wird die Hauptaufgabe des Präsidiums (§ 21e I) idR zwar keiner ausdrücklichen Regelung bedürfen, da dem einzigen Richter ohnehin alle Geschäftsaufgaben zufallen, jedoch bedarf es einer Geschäftsverteilung, etwa wenn zur vorübergehenden Entlastung nach § 22b II ein weiterer Richter beauftragt wird oder die Vertretung nach § 22b I nicht nur einem Richter übertragen wird. 5

3) Zusammensetzung des Präsidiums: Sie bestimmt sich für alle Gerichte nach der Zahl der dem Gericht zugewiesenen **Richterplanstellen** (die Zuweisung ist Sache der Justizverwaltung) an dem in § 21d I bezeichneten Zeitpunkt; auch vorübergehend nicht besetzte Planstellen zählen mit (Stanicki DRiZ 72, 414). 6

Das Präsidium besteht aus **a) dem Vorsitzenden,** der immer geborenes Mitglied ist, also nicht gewählt wird. Vorsitzender ist der Präsident oder der aufsichtsführende Richter des Gerichts, wenn es mindestens 8 Richterplanstellen hat; ist dies nicht der Fall, fällt der Vorsitz an den Präsidenten des übergeordneten LG oder den die Dienstaufsicht führenden Präsidenten eines anderen AG (§ 22a); 7

b) den weiteren Mitgliedern, die bei Gerichten mit mindestens 8 Richterplanstellen (den Präsidenten mitgezählt) gewählt werden (Abs 2 S 1 Nr 1 u 2). Bei den kleineren Gerichten (Abs 2 S 1 Nr 3) sind alle wählbaren Richter (s § 21b I 2 u 3) kraft Gesetzes weitere Mitglieder des Präsidiums (auch der aufsichtsführende Richter, s Rn 7). 8

c) Für das LG, OLG und BGH (und ObLG, s § 10 I EGGVG) gilt für die Wahl der weiteren Mitglieder das **Vorsitzendenquorum (Abs 2 S 2),** das sicherstellen soll, daß die besondere Erfahrung und der Überblick der zu Vorsitzenden Richtern ernannten Mitglieder des Gerichts bei der 9

Geschäftsverteilung entsprechende Berücksichtigung findet (vgl dazu BVerwG DRiZ 75, 375). Der Präsident zählt hier nicht als Vorsitzender mit. Es stellt andererseits auch eine Höchstgrenze der Vertretung der Vorsitzenden Richter im Präsidium dar (vgl auch § 21 c II letzte Alternative). Rechte und Pflichten der Mitglieder des Präsidiums aus dem Kreis der Vorsitzenden Richter bzw der weiteren Richter unterscheiden sich nicht. Das Quorum bezieht sich auch nicht auf die Wahl selbst; die nach Abs 2 S 2 zu wählenden Vorsitzenden Richter werden von allen Wahlberechtigten gewählt, vgl § 21 b II. – Das Quorum kann von der Zahl der Vorsitzenden Richter her eine Wahl ausschließen; dem trägt Abs 2 S 2 Hs 2 Rechnung. Die danach berufenen Mitglieder sind iS des Gesetzes „gewählte Mitglieder", nicht Mitglieder kraft Gesetzes.

10 **d) Verlust der Mitgliedschaft:** vgl § 21 c Rn 6.

§ 21 b

[Wahl zum Präsidium]

(1) Wahlberechtigt sind die Richter auf Lebenszeit und die Richter auf Zeit, denen bei dem Gericht ein Richteramt übertragen ist, sowie die bei dem Gericht tätigen Richter auf Probe, die Richter kraft Auftrags und die für eine Dauer von mindestens drei Monaten abgeordneten Richter, die Aufgaben der Rechtsprechung wahrnehmen. Wählbar sind die Richter auf Lebenszeit und die Richter auf Zeit, denen bei dem Gericht ein Richteramt übertragen ist. Nicht wahlberechtigt und nicht wählbar sind Richter, die an ein anderes Gericht für mehr als drei Monate oder an eine Verwaltungsbehörde abgeordnet sind.

(2) Jeder Wahlberechtigte wählt die vorgeschriebene Zahl von Richtern, und zwar bei den Landgerichten, bei den Oberlandesgerichten und beim Bundesgerichtshof jeweils eine gleiche Zahl von Vorsitzenden Richtern und weiteren Richtern. In den Fällen des § 21 a Abs. 2 Satz 2 Halbsatz 2 wählt jeder Wahlberechtigte so viele weitere Richter, bis die in § 21 a Abs. 2 Satz 1 bestimmte Zahl von Richtern erreicht ist.

(3) Die Wahl ist unmittelbar und geheim. Gewählt ist, wer die meisten Stimmen auf sich vereinigt. Bei Stimmengleichheit entscheidet das Los.

(4) Die Mitglieder werden für vier Jahre gewählt. Alle zwei Jahre scheidet die Hälfte aus. Die zum ersten Mal ausscheidenden Mitglieder werden durch das Los bestimmt.

(5) Das Wahlverfahren wird durch eine Rechtsverordnung geregelt, die von der Bundesregierung mit Zustimmung des Bundesrates erlassen wird.

(6) Ist bei der Wahl ein Gesetz verletzt worden, so kann die Wahl von den in Absatz 1 Satz 1 bezeichneten Richtern angefochten werden. Über die Wahlanfechtung entscheidet ein Senat des zuständigen Oberlandesgerichts, bei dem Bundesgerichtshof ein Senat dieses Gerichts. Wird die Anfechtung für begründet erklärt, so kann ein Rechtsmittel gegen eine gerichtliche Entscheidung nicht darauf gestützt werden, das Präsidium sei deswegen nicht ordnungsgemäß zusammengesetzt gewesen. Im übrigen sind auf das Verfahren die Vorschriften des Gesetzes über die Angelegenheiten der freiwilligen Gerichtsbarkeit sinngemäß anzuwenden.

1 **I) Allgemeines:** § 21 b regelt die Grundlagen für die Wahl der Mitglieder des Präsidiums, soweit diese nach § 21 a II erforderlich ist. Das Verfahren im einzelnen bestimmt sich nach der aufgrund **Abs 5** erlassenen Wahlordnung vom 19. 9. 72 (BGBl I 1821), abgedruckt in Rn 24.

2 **II) Wahlgrundsätze: 1)** Es besteht für die wahlberechtigten Richter **Wahlpflicht** (vgl BVerwG DRiZ 75, 375; Scholz DRiZ 72, 302; Stanicki DRiZ 72, 417), die der Gesetzgeber in Abs 2 durch das Wort „wählt" zum Ausdruck bringt. Sie rechtfertigt sich aus der Aufgabenstellung des Präsidiums (vgl § 21 a Rn 1), insbesondere aus der im Interesse des Rechtsuchenden bestehenden Notwendigkeit der Bestimmung des gesetzlichen Richters, die das Bestehen eines Präsidiums, und damit dessen Wahl, voraussetzt. Die Wahlpflicht gilt für alle Wahlberechtigten, auch für die kraft Gesetzes dem Präsidium als Vorsitzender oder nach § 21 a II 2 Hs 2 als gewählt geltende Mitglieder angehören (aA für den Präsidenten Stanicki, aaO). Die Wahlpflicht umfaßt nach Abs 2 nicht nur das Ausüben des Wahlrechts, sondern auch die ordnungsgemäße Vornahme der Wahlhandlung. Die Nichterfüllung der Wahlpflicht kann mit den Mitteln der Dienstaufsicht (vgl § 26 DRiG), gegebenenfalls auch disziplinarrechtlich geahndet werden (wegen des Grundsatzes der „geheimen Wahl" gilt dies jedoch nur für das „ob", nicht das „wie" der Wahl).

3 **2)** Der Umfang des Wahlrechts ist für alle Wahlberechtigten **gleich.** Nach Abs 2 hat jeder Wahlberechtigte soviele Stimmen, wie Mitglieder zu wählen sind. Dies gilt auch, soweit nach § 21 a II 2 das Vorsitzendenquorum zu berücksichtigen ist.

3) Unmittelbarkeit (Abs 3 S 1 und 2), die durch die Nichtzulassung von Listen (vgl dazu Scholz DRiZ 72, 302; s § 5 II 1 u 2 WahlO) noch konkretisiert ist. Aufgrund der Aufgabenstellung des Präsidiums (vgl § 21 a Rn 1) wird sich auch bei **Wahlvorschlägen** Zurückhaltung empfehlen. Vorschläge Außenstehender, auch von Berufsverbänden, sind als Einmischung in interne Angelegenheiten des Gerichts zurückzuweisen. Unsachliche „Wahlwerbung" durch Richter kann als Dienstpflichtverletzung geahndet werden. 4

4) Die Wahlhandlung ist **geheim** (Abs 3 S 1), vgl dazu § 5 III, § 6 II 1, § 7 III WahlO. 5

III) Das aktive Wahlrecht steht nach Abs 1 S 1 grundsätzlich den Richtern zu, die ein Richteramt bei dem Gericht innehaben oder dort tätig sind. Im einzelnen ist zu unterscheiden: **1)** Wahlberechtigt sind die **Richter auf Lebenszeit oder Zeit, denen bei dem Gericht ein Richteramt übertragen ist** (vgl § 27 DRiG). Zu ihnen gehören auch der Präsident bzw der aufsichtsführende Richter; daß er dem Präsidium kraft Gesetzes angehört (§ 21 a II 1), steht der Wahlberechtigung weder nach dem Wortlaut des Gesetzes noch aus sachlichen Gründen entgegen. In Fällen der Übertragung eines **weiteren Richteramtes** an einem anderen Gericht (vgl §§ 22 II, 59 II GVG und § 27 II DRiG) ist der Richter an beiden Gerichten wahlberechtigt. 6

a) Nach Abs 1 S 3 entfällt die Wahlberechtigung jedoch trotz Bestehenbleibens der Richteramtsübertragung bei **Abordnung des Richters** an eine Verwaltungsbehörde (ab dem Beginn der Abordnung) oder an ein anderes Gericht für länger als 3 Monate (zum Erwerb des Wahlrechts an diesem Gericht s Rn 12). Der Verlust der Wahlberechtigung im letztgenannten Fall tritt bereits mit dem Zeitpunkt des Wirksamwerdens der Abordnung ein, falls sie für mehr als 3 Monate angeordnet ist; wird eine kürzer als 3 Monate bemessene Abordnung verlängert, so tritt der Verlust des Wahlrechts in dem Zeitpunkt ein, in dem die Gesamtdauer der angeordneten Abordnung 3 Monate übersteigt (str, vgl Schorn/Stanicki S 43). Die Wahlberechtigung bleibt jedoch unangetastet, falls es sich nur um eine Teilabordnung (unter Aufrechterhaltung der Verwendung am Gericht, an dem Richteramt übertragen ist) handelt (vgl Rn 12). 7

b) Unter analoger Anwendung der für die Abordnung getroffenen Regelung ist das Wahlrecht ferner ausgeschlossen für **Richter,** denen zwar ein Richteramt bei dem Gericht übertragen ist, **die dieses aber infolge einer Anordnung der Dienstbehörden länger als 3 Monate nicht ausüben** (str, aA Kissel Rdnr 1; BL-A § 21 b Anm 2 c). Abs 1 S 1 fordert ein Tätigsein zwar ausdrücklich nur für Richter auf Probe oder kraft Auftrags; da dies aber nur als der Übertragung eines Richteramts entsprechendes Anknüpfungsmerkmal für die genannten Richtergruppen anzusehen ist, kann nicht geschlossen werden, daß es auf das Tätigsein bei Richtern auf Lebenszeit oder Zeit nicht ankommt (vgl auch Abs 1 S 3). Als Anordnung, die (falls für länger als 3 Monate vorgesehen) die Wahlberechtigung ausschließt, kommt insbesondere die **Beurlaubung** von Richtern und Richterinnen nach § 48 a I Nr 2 DRiG oder den entsprechenden landesrechtl Vorschriften (vgl § 76 a DRiG), Gewährung von **Erziehungsurlaub** (die Mutterschutzfristen zählen dagegen zu den sonstigen Verhinderungen, su), sowie die Gewährung von Sonderurlaub für besondere Zwecke (vgl § 13 der UrlVO vom 18. 8. 65, BGBl I 902, und ähnliche Regelungen der Länder) in Betracht. Dagegen schließt eine **sonstige Verhinderung** des Richters, sein Richteramt auszuüben, die nicht auf einer zeitlich fixierten Anordnung der Dienstbehörden beruht (zB Krankheit), die Wahlberechtigung nicht aus, auch nicht, wenn sie länger als 3 Monate dauert. 8

c) Nicht wahlberechtigt sind ehrenamtliche Richter und Berufsrichter anderer Gerichtsbarkeiten, die in besonderen Spruchkörpern mitwirken, ohne daß ihnen ein Richteramt an diesem Gericht (§ 27 DRiG, vgl auch § 42 DRiG) übertragen ist, zB Richter der Verwaltungsgerichtsbarkeit in Kammern und Senaten für Baulandsachen (BGH MDR 77, 916; aA Kissel Rdnr 6, der jedoch zu Unrecht statt auf das übertragene Richteramt auf den „Umfang" der Tätigkeit abstellt, auf den es in der Tat nicht ankommt; s auch Rn 11). 9

d) Nicht entscheidend ist dagegen der Umfang des übertragenen Richteramtes. Richter und Richterinnen, die gem § 48 a I Nr 1 DRiG (oder nach entspr Landesrecht) **teilbeschäftigt sind,** haben daher volles Stimmrecht. Ebenso Professoren, denen – wenn auch nur zu einem Bruchteil ihrer Arbeitskraft – ein Richteramt als weiteres Hauptamt übertragen ist (vgl Art 11 BayRiG). 10

e) Aus § 21 b I 1 (für abgeordnete Richter) und 3 (Anknüpfung an Abordnung an Verwaltungsbehörde, nicht an Verwaltungstätigkeit) folgt ferner, daß die Wahlberechtigung der Richter mit übertragenem Richteramt **nicht von der Wahrnehmung von Rechtsprechungsaufgaben abhängt** (ebenso Stanicki, DRiZ 72, 416). Wahlberechtigt sind demnach auch die Richter, die an dem Gericht, an dem ihnen nach § 27 DRiG ein Richteramt übertragen ist, ausschließlich Aufgaben der Justizverwaltung oder Ausbildungsaufgaben (zB hauptamtliche Arbeitsgemeinschaftsleiter) wahrnehmen. 11

12 **2)** Wahlberechtigt sind ferner die **Richter auf Probe und kraft Auftrags** an dem Gericht, dem sie zugewiesen und bei dem sie tätig sind. Eine Mindestdauer für die Tätigkeit besteht nicht. – **Abgeordnete Richter** sind am Gericht, zu dem sie abgeordnet sind, wahlberechtigt, wenn die vorgesehene Dauer der Abordnung 3 Monate oder mehr beträgt und sie Aufgaben der Rechtsprechung wahrnehmen. Entscheidend ist auch hier nur die vorgesehene Dauer der Abordnung, so daß abgeordnete Richter entweder nach Abs 1 S 1 und 3 an ihrem Stammgericht (vgl Rn 7) oder nach Abs 1 S 2 am Gericht der Abordnung wahlberechtigt sind, es sei denn, sie üben im letzteren Fall keine Rechtsprechungsaufgaben aus. Ein Wahlrecht am Stammgericht und am Gericht der Abordnung entsteht in Fällen der **Teilabordnung:** am Stammgericht tritt ein Verlust des Wahlrechts nicht ein, da Abs 1 S 3 voraussetzt, daß der Richter infolge der Abordnung sein nach § 27 DRiG übertragenes Richteramt nicht mehr ausübt; der Erwerb des Wahlrechts am Gericht der Abordnung setzt nach Abs 1 S 2 nicht voraus, daß der Richter ausschließlich an diesem Gericht tätig ist.

13 **3) Stichtag** für die Entscheidung über die Wahlberechtigung nach Abs 1 ist der Wahltag, nicht der in § 21 d I bestimmte Zeitpunkt (vgl § 2 I 3 WahlO), bei zwei Wahltagen (vgl § 3 S 2 WahlO), der Tag, an dem das Wahlrecht ausgeübt wird. – Zweifelsfälle entscheidet der **Wahlvorstand** (§§ 1, 2 I WahlO). Gegen seine Entscheidung kann jeder Wahlberechtigte (nicht nur der Betroffene) Einspruch einlegen (§ 4 III 1 WahlO), über den der Wahlvorstand entscheidet. Als weiteres Rechtsmittel kommt dann nur noch die Anfechtung der Wahl nach Abs 6 in Betracht.

14 **4)** Die **Eintragung in das Wahlverzeichnis** (§ 2 I WahlO) ist für die Wahlberechtigung ohne Einfluß, insbesondere begründet die unrichtige Eintragung die Berechtigung nicht. Sie ist jedoch formelle Voraussetzung der Ausübung des Wahlrechts (vgl § 6 IV 2 u § 7 IV 1 WahlO).

15 **IV) 1) Wählbar** sind nach Abs 1 S 2 die Richter auf Lebenszeit und auf Zeit, denen ein Richteramt an dem Gericht übertragen ist (vgl § 27 DRiG; also nicht Richter auf Probe, kraft Auftrags und von einem anderen Gericht abgeordnete Richter); sie sind jedoch nicht wählbar (Abs 1 S 2 u 3), soweit sie nicht wahlberechtigt sind (s Rn 6 ff). – Nicht wählbar sind ferner die Richter, die dem Präsidium bereits angehören, unabhängig ob die Mitgliedschaft kraft Gesetzes (Präsident oder aufsichtsführender Richter, § 21 a II 1) besteht oder auf früherer Wahl (bei noch nicht abgelaufener Wahlperiode, vgl dazu § 2 II WahlO) oder auf Ausschluß der Wahl (§ 21 a II 2 Hs 2) beruht. Der Vizepräsident (Vertreter des aufsichtführenden Richters) ist wählbar (so auch Schorn/Stanicki S 46), wie sich aus § 21 c I ergibt; die Gegenansicht (Kissel Rdnr 11) kann schon deshalb nicht zutreffen, weil der Ausschluß wegen § 21 h auch auf weitere Vertreter auszudehnen wäre.

16 **2)** Für die Feststellung der Wählbarkeit und das **Verfahren** gelten die gleichen Grundsätze wie für die Wahlberechtigung (vgl Rn 13 und 14).

17 **3)** Aus der Wählbarkeit folgt nach Abs 3 S 2 („gewählt ist") die **Pflicht zur Ausübung des Amtes** ohne besondere Annahme der Wahl; die Ausschlagung oder Niederlegung des Amtes ist ebenfalls nicht möglich (BVerwG DRiZ 75, 375; Kissel Rdnr 16).

18 **V) Das Wahlverfahren** regelt **Abs 2** hinsichtlich der Art der Stimmabgabe durch den einzelnen Wahlberechtigten (dazu § 5 III WahlO). Zu den weiteren Einzelheiten siehe die aufgrund der Ermächtigung **des Abs 5 erlassene WahlO** v 19. 9. 72 (s Rn 24), insbesondere: Zusammensetzung und Aufgaben des Wahlvorstandes (§§ 1, 2, 4 I und III 2, §§ 6, 8, 9 bis 11); Urnenwahl (§ 5) und Briefwahl (§ 7); Wahlöffentlichkeit (§ 6 I), auch für die Vorbereitung der Wahl (Auslosung: § 2 IV), und Feststellung des Ergebnisses (§ 8 I 2), sowie Ungültigkeit von Stimmzetteln (§ 8 III; beachte auch Nr 5, wobei zweifelhaft sein könnte, ob der Ausschluß von Stimmzetteln, in denen weniger Stimmen abgegeben als Mitglieder zu wählen sind, von § 21 b II 1 gedeckt, zumindest aber gefordert ist).

19 **VI)** Nach Abs 4 S 1 beträgt die **Amtsdauer** der gewählten Mitglieder 4 Jahre; nach der ersten Wahl eines Präsidiums jedoch für die Hälfte der Mitglieder (die durch Los bestimmt werden) nur 2 Jahre (Abs 4 S 2 u 3). Durch diese Regelung, die alle 2 Jahre das Ausscheiden der Hälfte der gewählten Mitglieder und damit das Notwendigwerden einer Neuwahl bewirkt, soll die Kontinuierlichkeit der Tätigkeit des Präsidiums sichergestellt werden. – Weitere Verkürzungen der Amtsperioden können sich bei Veränderungen der Zahl der Richterplanstellen ergeben (vgl § 21 d und Anm dort). – Die Wahlperiode beginnt mit dem Beginn des Geschäftsjahrs, zu dem die Wahl erfolgt. – Da § 21 d I und die Wahlordnung (§ 1 II 2, § 3 S 1) auf das Geschäftsjahr abstellen, sind auch für die Berechnung der Amtsdauer die Geschäftsjahre maßgeblich. Der Unterschied ist idR bedeutungslos, da sich Geschäftsjahr und Kalenderjahr decken. Tritt hier jedoch eine Verschiebung ein (vgl § 21 d Rn 1), so ist diese auch für die Berechnung der Amtsperiode zu berücksichtigen, damit der Anknüpfungszeitpunkt erhalten bleibt.

VII) Wahlanfechtung (Abs 6): 1) Anfechtungsberechtigt ist jeder dem Gericht zugehörende Richter iSd Abs 1 S 1, und zwar auch dann, wenn er nach Abs 1 S 3 nicht wahlberechtigt ist; dies ergibt sich aus der Verweisung nur auf Abs 1 S 1 und rechtfertigt sich daraus, daß auch der nicht wahlberechtigte Richter durch die Tätigkeit des Präsidiums zB bei der Geschäftsverteilung betroffen werden kann (so auch Kissel Rdnr 18). Dagegen ist nicht anfechtungsberechtigt ein dem Gericht nicht angehörender Richter, der durch Entscheidungen des Präsidiums unmittelbar betroffen ist (Richter am AG, der vom Präsidium des LG zum Mitglied einer Kammer des LG bestellt wird, §§ 78 II, 78b II, 106), s Bamberg NStZ 84, 471. – Jeder Richter kann die Wahl allein anfechten. 20

Das Verfahren nach Abs 6 ist analog anzuwenden, bei **sonstigen (gerichtsinternen) Streitigkeiten** über die Zusammensetzung des Präsidiums, etwa Feststellung des Nachrückers (s § 21c Rn 7a) oder Feststellungsantrag eines Richters, daß er (nicht) Mitglied des Präsidiums ist (Frankfurt DRiZ 84, 196). 20a

2) Die Anfechtung ist nur zulässig, wenn die **Verletzung einer das Wahlverfahren betreffenden Rechtsnorm** behauptet wird; hierunter fallen insbesondere die Vorschriften dieses Titels wie die der aufgrund des § 21b V erlassene WahlO. Es braucht aber nicht die Verletzung eigener Rechte des Anfechtenden behauptet sein (BVerwG DRiZ 75, 375). Zur Wahl gehört auch die Voraussetzung für eine Wahl nach § 21a II, so daß auch geltend gemacht werden kann, daß eine Wahl entgegen § 21a II 1 Nr 3 oder II 2 Hs 2 durchgeführt oder entgegen § 21a II 1 Nr 1 und 2 unterlassen wurde. – Die Anfechtung ist begründet, wenn der behauptete Verstoß vorliegt; zusätzlich ist zu fordern, daß der Verstoß das Wahlergebnis beeinflußt haben kann **(Kausalität)**. 21

3) **Zuständigkeit:** Abs 6 S 2. Der zuständige Senat muß im GVP des OLG/BGH bestimmt werden; geeignet ist jeder Senat, keine Bindung etwa an dessen Zuständigkeit für FGG-Verfahren (ebenso Kissel Rdnr 20). – **Verfahren** nach FGG, wobei in erster Linie die Vorschriften des Beschwerdeverfahrens in Betracht kommen (vgl auch § 29 II EGGVG). – An dem Verfahren sind der Anfechtungskläger und das betroffene Präsidium beteiligt (BVerwG 44, 172). – Die Entscheidung des OLG (BGH) ist nicht weiter anfechtbar (BGH NJW 83, 2945). 22

4) Die der Anfechtung stattgebende Entscheidung beseitigt das Wahlergebnis mit **Wirkung ex nunc** (Abs 6 S 3); die zwischenzeitlich getroffenen Maßnahmen des Präsidiums sind wirksam; dies wird über den Wortlaut des S 3 hinaus auch gegenüber den betroffenen Richtern gelten müssen. Dies gilt auch über den Zeitpunkt der Auflösung hinaus (Kissel Rdnr 21); diese hat nur zur Folge, daß das aufgelöste Präsidium nicht weiter tätig werden kann. Bis zum Zeitpunkt der Entscheidungsfähigkeit des neu zu wählenden Präsidiums kann der Präsident oder der aufsichtführende Richter nach § 21i II die erforderlichen Maßnahmen treffen. 23

VIII) Wahlordnung für die Präsidien der Gerichte vom 19. 9. 1972, BGBl I 1821 24

§ 1 Wahlvorstand. (1) Der Wahlvorstand sorgt für ordnungsgemäße Durchführung der Wahl der Mitglieder des Präsidiums. Er faßt seine Beschlüsse mit Stimmenmehrheit.

(2) Der Wahlvorstand besteht aus mindestens drei wahlberechtigten Mitgliedern des Gerichts. Das amtierende Präsidium bestellt die erforderliche Zahl von Mitgliedern des Wahlvorstandes spätestens zwei Monate vor Ablauf des Geschäftsjahres, in dem eine Wahl stattfindet. Es bestellt zugleich eine angemessene Zahl von Ersatzmitgliedern und legt fest, in welcher Reihenfolge sie bei Verhinderung oder Ausscheiden von Mitgliedern des Wahlvorstandes nachrücken.

(3) Das amtierende Präsidium gibt die Namen der Mitglieder und der Ersatzmitglieder des Wahlvorstandes unverzüglich durch Aushang bekannt.

§ 2 Wahlverzeichnisse. (1) Der Wahlvorstand erstellt ein Verzeichnis der wahlberechtigten und ein Verzeichnis der wählbaren Mitglieder des Gerichts. In den Fällen des § 21a Abs. 2 Satz 2 Halbsatz 2 des Gerichtsverfassungsgesetzes ist in dem Verzeichnis der wählbaren Mitglieder darauf hinzuweisen, daß die Vorsitzenden Richter als gewählt gelten. Die Verzeichnisse sind bis zum Wahltag auf dem laufenden zu halten.

(2) In das Verzeichnis der wählbaren Mitglieder des Gerichts sind auch die jeweils wegen Ablaufs ihrer Amtszeit oder durch Los ausscheidenden Mitglieder des Präsidiums aufzunehmen, sofern sie noch die Voraussetzungen des § 21b Abs. 1 des Gerichtsverfassungsgesetzes erfüllen.

(3) In den Fällen des § 21b Abs. 4 Satz 3 und des § 21d Abs. 2 und 3 des Gerichtsverfassungsgesetzes nimmt der Wahlvorstand zuvor die Auslosung der ausscheidenden Mitglieder des Präsidiums vor. Hierbei ist bei den mit Vorsitzenden Richtern besetzten Gerichten außer in den Fällen des § 21a Abs. 2 Satz 2 Halbsatz 2 des Gerichtsverfassungsgesetzes eine gleiche Anzahl von Vorsitzenden Richtern und Richtern gesondert auszulosen.

(4) Die Auslosung ist für die Richter öffentlich. Zeitpunkt und Ort der Auslosung gibt der Wahlvorstand unverzüglich nach seiner Bestellung durch Aushang bekannt.

(5) Über die Auslosung fertigt der Wahlvorstand eine Niederschrift, die von sämtlichen Mitgliedern des Wahlvorstandes zu unterzeichnen ist. Sie muß das Ergebnis der Auslosung enthalten. Besondere Vorkommnisse bei der Auslosung sind in der Niederschrift zu vermerken.

§ 3 Wahltag, Wahlzeit, Wahlraum. Die Wahl soll mindestens zwei Wochen vor Ablauf des Geschäftsjahres stattfinden. Der Wahlvorstand bestimmt einen Arbeitstag als Wahltag, die Wahlzeit und den Wahlraum. Bei entsprechendem Bedürfnis kann bestimmt werden, daß an zwei aufeinanderfolgenden Arbeitstagen und in mehreren Wahlräumen gewählt wird. Die Wahlzeit muß sich über mindestens zwei Stunden erstrecken.

§ 4 Wahlbekanntmachungen. (1) Der Wahlvorstand gibt spätestens einen Monat vor dem Wahltag durch Aushang bekannt:

1. das Verzeichnis der wahlberechtigten und das Verzeichnis der wählbaren Mitglieder des Gerichts,
2. das Ergebnis der Auslosung nach § 21 b Abs. 4 Satz 3 und § 21 d Abs. 2 und 3 des Gerichtsverfassungsgesetzes,
3. den Wahltag, die Wahlzeit und den Wahlraum,
4. die Anzahl der zu wählenden Vorsitzenden Richter und Richter,
5. die Voraussetzungen, unter denen eine Briefwahl stattfinden kann,
6. den Hinweis auf das Einspruchsrecht nach Absatz 3.

Bestehen Zweigstellen oder auswärtige Spruchkörper, so sind die Wahlbekanntmachungen auch dort auszuhängen.

(2) Auf den Wahlbekanntmachungen ist der erste Tag des Aushangs zu vermerken.

(3) Jedes wahlberechtigte Mitglied des Gerichts kann gegen die Richtigkeit der Wahlverzeichnisse binnen einer Woche seit ihrer Bekanntmachung einer Änderung schriftlich bei dem Wahlvorstand Einspruch einlegen. Der Wahlvorstand hat über den Einspruch unverzüglich zu entscheiden und bei begründetem Einspruch die Wahlverzeichnisse zu berichtigen. Die Entscheidung des Wahlvorstandes ist dem Mitglied des Gerichts, das den Einspruch eingelegt hat, schriftlich mitzuteilen. Sie muß ihm spätestens am Tage vor der Wahl zugehen.

§ 5 Wahlhandlung. (1) Das Wahlrecht wird durch Abgabe eines Stimmzettels in einem Wahlumschlag ausgeübt.

(2) Auf dem Stimmzettel sind die Anzahl der zu wählenden Vorsitzenden Richter und Richter sowie die Namen der wählbaren Richter in alphabetischer Reihenfolge untereinander aufzuführen. Bei Gerichten, die mit Vorsitzenden Richtern besetzt sind, sind die Namen dieser Richter gesondert aufzuführen. Nicht aufzuführen sind

1. die Anzahl und die Namen der in den Fällen des § 21 a Abs. 2 Satz 2 Halbsatz 2 des Gerichtsverfassungsgesetzes als gewählt geltenden Vorsitzenden Richter,
2. die Namen der Vorsitzenden Richter und Richter, die dem Präsidium angehören und deren Amtszeit noch nicht abläuft.

(3) Der Wähler gibt seine Stimme ab, indem er auf dem Stimmzettel die vorgeschriebene Zahl von Namen Vorsitzender Richter und Richter ankreuzt und den Stimmzettel im verschlossenen Wahlumschlag in die Wahlurne legt.

§ 6 Ordnung im Wahlraum. (1) Die Richter können während der gesamten Wahlzeit im Wahlraum anwesend sein.

(2) Der Wahlvorstand trifft Vorkehrungen, daß der Wähler den Stimmzettel im Wahlraum unbeachtet kennzeichnet und in den Wahlumschlag legt. Für die Aufnahme der Umschläge ist eine Wahlurne zu verwenden. Vor Beginn der Stimmabgabe hat der Wahlvorstand festzustellen, daß die Wahlurne leer ist, und sie zu verschließen. Sie muß so eingerichtet sein, daß die eingelegten Umschläge nicht entnommen werden können, ohne daß die Urne geöffnet wird.

(3) Solange der Wahlraum zur Stimmabgabe geöffnet ist, müssen mindestens zwei Mitglieder des Wahlvorstandes anwesend sein.

(4) Stimmzettel und Wahlumschlag werden dem Wähler von dem Wahlvorstand im Wahlraum ausgehändigt. Vor dem Einlegen des Wahlumschlages in die Wahlurne stellt ein Mitglied des Wahlvorstandes fest, ob der Wähler im Wählerverzeichnis eingetragen ist. Die Teilnahme an der Wahl ist im Wählerverzeichnis zu vermerken.

(5) Wird die Wahlhandlung unterbrochen oder wird das Wahlergebnis nicht unmittelbar nach Abschluß der Stimmabgabe festgestellt, so hat der Wahlvorstand für die Zwischenzeit die Wahlurne so zu verschließen und aufzubewahren, daß das Einlegen oder die Entanhme von Stimmzetteln ohne Beschädigung des Verschlusses unmöglich ist. Bei Wiedereröffnung der Wahl oder bei Entnahme der Stimmzettel zur Stimmzählung hat sich der Wahlvorstand davon zu überzeugen, daß der Verschluß unversehrt ist.

(6) Nach Ablauf der Wahlzeit dürfen nur noch diejenigen Wahlberechtigten abstimmen, die sich in diesem Zeitpunkt im Wahlraum befinden. Sodann erklärt der Wahlvorstand die Wahlhandlung für beendet.

§ 7 Briefwahl. (1) Den wahlberechtigten Mitgliedern des Gerichts, die

1. einem auswärtigen Spruchkörper oder einer Zweigstelle des Gerichts angehören oder für nicht mehr als drei Monate an ein anderes Gericht abgeordnet sind,
2. aus sonstigen Gründen an einer Stimmabgabe nach § 5 Abs. 3 verhindert sind und diese dem Wahlvorstand rechtzeitig anzeigen,

leitet der Wahlvorstand einen Stimmzettel und einen Wahlumschlag sowie einen größeren Freiumschlag zu, der die Anschrift des Wahlvorstandes und als Absender die Anschrift des wahlberechtigten Mitglieds des

Gerichts sowie den Vermerk „Schriftliche Stimmabgabe zur Wahl des Präsidiums" trägt. Er übersendet außerdem eine vorgedruckte, vom Wähler abzugebende Erklärung, in der dieser dem Wahlvorstand gegenüber versichert, daß er den Stimmzettel persönlich gekennzeichnet hat. Die Absendung ist in der Wählerliste zu vermerken.

(2) In einem besonderen Schreiben ist zugleich anzugeben, bis zu welchem Zeitpunkt spätestens der Stimmzettel bei dem Wahlvorstand eingegangen sein muß.

(3) Der Wähler gibt seine Stimme ab, indem er auf dem Stimmzettel die vorgeschriebene Zahl von Namen Vorsitzender Richter und Richter ankreuzt und den Stimmzettel im verschlossenen Wahlumschlag unter Verwendung des Freiumschlages und Beifügung der von ihm unterzeichneten vorgedruckten Erklärung dem Wahlvorstand übermittelt. Die Stimmabgabe kann vor dem Wahltag erfolgen.

(4) Während der Wahlzeit vermerkt ein Mitglied des Wahlvorstandes die Absender der bei dem Wahlvorstand eingegangenen Briefe im Wählerverzeichnis, entnimmt den Briefen die Wahlumschläge und legt diese ungeöffnet in die Wahlurne. Die vorgedruckten Erklärungen sind zu den Wahlunterlagen zu nehmen. Briefe, die ohne die vorgedruckte Erklärung bei dem Wahlvorstand eingehen, sind mit dem darin enthaltenen Wahlumschlag sowie mit einem entsprechenden Vermerk des Wahlvorstandes zu den Wahlunterlagen zu nehmen. Nach Ablauf der Wahlzeit eingehende Briefe sind unter Vermerk des Eingangszeitpunktes ungeöffnet zu den Wahlunterlagen zu nehmen.

§ 8 Feststellung des Wahlergebnisses. (1) Unverzüglich nach Ablauf der Wahlzeit stellt der Wahlvorstand das Wahlergebnis fest. Die Richter können bei der Feststellung des Wahlergebnisses anwesend sein.

(2) Der Wahlvorstand öffent die Wahlurne und entnimmt den darin befindlichen Wahlumschlägen die Stimmzettel. Er prüft deren Gültigkeit und zählt sodann die auf jedes wählbare Mitglied des Gerichts entfallenden gültigen Stimmen zusammen.

(3) Ungültig sind Stimmzettel,

1. die nicht in einem Wahlumschlag abgegeben sind,
2. die nicht von dem Wahlvorstand ausgegeben sind,
3. aus denen sich der Wille des Wählerns nicht zweifelsfrei ergibt,
4. die einen Zusatz oder Vorbehalt enthalten,
5. in denen nicht die vorgeschriebene Anzahl von Namen Vorsitzender Richter und Richter angekreuzt ist.

(4) Bei Stimmengleichheit zwischen zwei oder mehreren wählbaren Mitgliedern des Gerichts stellt der Wahlvorstand durch Auslosung fest, wer als gewählt gilt und wer in den Fällen des § 21c Abs. 2 des Gerichtsverfassungsgesetzes als Nächstberufener nachrückt.

§ 9 Wahlniederschrift. (1) Über das Wahlergebnis fertigt der Wahlvorstand eine Niederschrift, die von sämtlichen Mitgliedern des Wahlvorstandes zu unterzeichnen ist. Die Niederschrift muß enthalten:

1. die Zahl der abgegebenen Stimmzettel,
2. die Zahl der gültigen Stimmzettel,
3. die Zahl der ungültigen Stimmzettel,
4. die für die Gültigkeit oder Ungültigkeit zweifelhafter Stimmzettel maßgebenden Gründe,
5. die Angabe, wie viele Stimmen auf jeden der wählbaren Vorsitzenden Richter und Richter entfallen sind,
6. die Namen der gewählten Vorsitzenden Richter und Richter,
7. das Ergebnis einer etwaigen Auslosung nach § 8 Abs. 4.

(2) Besondere Vorkommnisse bei der Wahlhandlung oder der Feststellung des Wahlergebnisses sind in der Niederschrift zu vermerken.

§ 10 Benachrichtigung der gewählten Richter. Der Wahlvorstand benachrichtigt unverzüglich die in das Präsidium gewählten Mitglieder des Gerichts schriftlich von ihrer Wahl.

§ 11 Bekanntgabe des Wahlergebnisses. Der Wahlvorstand gibt das Wahlergebnis unverzüglich durch Aushang bekannt.

§ 12 Berichtigung des Wahlergebnisses. Offenbare Unrichtigkeiten des bekanntgemachten Wahlergebnisses, insbesondere Schreib- und Rechenfehler, kann der Wahlvorstand von Amts wegen oder auf Antrag berichtigen. Die Berichtigung ist gleichfalls durch Aushang bekannt zu machen.

§ 13 Aufbewahrung der Wahlunterlagen. Die Wahlunterlagen (Aushänge, Niederschriften, Stimmzettel, verspätet oder ohne vorgedruckte Erklärung eingegangene Wahlbriefe usw) werden von dem Präsidium mindestens vier Jahre aufbewahrt; die Frist beginnt mit dem auf die Wahl folgenden Geschäftsjahr.

§ 14 Nachwahl. Ist in den Fällen des § 21c Abs. 2 des Gerichtsverfassungsgesetzes eine Nachwahl durchzuführen, weil kein Nächstberufener vorhanden ist, so gelten für die Durchführung der Nachwahl die Vorschriften dieser Verordnung entsprechend.

§ 15 Übergangsvorschrift. Besteht bei einem Gericht bei Inkrafttreten dieser Verordnung kein Präsidium, so nimmt bei der erstmaligen Bestellung des Wahlvorstandes der aufsichtführende Richter die Aufgaben nach § 1 Abs. 2 Satz 2 und 3 Abs. 3 wahr.

§ 16 Berlin-Klausel. Diese Verordnung gilt nach § 14 des Dritten Überleitungsgesetzes vom 4. Januar 1952 (Bundesgesetzblatt I S. 1) in Verbindung mit Artikel XIII § 4 des Gesetzes zur Änderung der Bezeichnungen der Richter und ehrenamtlichen Richter und der Präsidialverfassung der Gerichte vom 26. Mai 1972 (Bundesgesetzblatt I S. 841) auch im Land Berlin.

§ 17 Inkrafttreten. Diese Verordnung tritt am 1. Oktober 1972 in Kraft.

§ 21c

[Vertretung der Mitglieder des Präsidiums]

(1) Bei einer Verhinderung des Präsidenten oder aufsichtführenden Richters tritt sein Vertreter (§ 21h) an seine Stelle. Ist der Präsident oder aufsichtführende Richter anwesend, so kann sein Vertreter, wenn er nicht selbst gewählt ist, an den Sitzungen des Präsidiums mit beratender Stimme teilnehmen. Die gewählten Mitglieder des Präsidiums werden nicht vertreten.

(2) Scheidet ein gewähltes Mitglied des Präsidiums aus dem Gericht aus, wird es an ein anderes Gericht für mehr als drei Monate oder an eine Verwaltungsbehörde abgeordnet, wird es kraft Gesetzes Mitglied des Präsidiums oder wird es zum Vorsitzenden Richter ernannt, so tritt an seine Stelle der durch die Wahl Nächstberufene.

§ 21c regelt die Vertretung verhinderter Mitglieder des Präsidiums, das Ausscheiden aus dem Präsidium und die Stellung des Vertreters des Präsidenten oder aufsichtsführenden Richters.

1 **1) Vertretung: a)** § 21c I 1 betrifft nur die **Vertretung des Vorsitzenden** des Präsidiums. Dies folgt aus dem Zusammenhang der Vorschrift, die sicherstellen soll, daß der Vorsitzende des Präsidiums immer aktionsfähig (vgl § 21i II) ist. Sie gilt daher auch für die Vertretung des nach § 22a bestimmten Vorsitzenden, dagegen nicht für die Vertretung des aufsichtführenden Richters, der nach § 21a II 1 Nr 3 nur weiteres Mitglied ist (vgl § 21a Rn 7, 8).

2 **b)** Vertretung des Vorsitzenden tritt in allen Fällen der **Verhinderung** ein; diese liegt vor bei Abwesenheit zB infolge Urlaub, Dienstreise, Erkrankung, bei Anwesenheit nur in Ausnahmefällen, wenn andere Aufgaben nicht aufschiebbar sind (zB Teilnahme an einer Sitzung); die Verhinderung hat in diesen Fällen der Vorsitzende, im Falle seiner Abwesenheit der berufene Vertreter festzustellen. Als Verhinderung muß auch das vorübergehende **Fehlen eines Vorsitzenden** (bei Ausscheiden eines Präsidenten bis zur Berufung des Nachfolgers) angesehen werden. Zur Verhinderung wegen Befangenheit s § 21e Rn 27.

3 **c)** Die **Person des Vertreters** bestimmt sich nach § 21h. Bei Verhinderung des zunächst berufenen Vertreters tritt der nächstfolgende an seine Stelle (§ 21h S 2). Ist der Vertreter seinerseits Mitglied des Präsidiums nach § 21a II 1 Nr 1 bis 3, so ist er für die Dauer der Vertretung des Vorsitzenden an der Ausübung des Amtes des Mitglieds des Präsidiums verhindert (kein doppeltes Stimmrecht); daraus folgt, daß er seinerseits nicht vertreten wird (Abs 1 S 3), insbesondere ist die Vertretung des Vorsitzenden kein Fall der Mitgliedschaft kraft Gesetzes iS des Abs 2.

4 **d)** Die **übrigen Mitglieder** werden bei Verhinderung nicht vertreten. Für die gewählten gilt dies nach Abs 1 S 3, für die Mitglieder iSd § 21a II 1 Nr 3 folgt dies aus dem Fehlen eines Vertreters, der nicht seinerseits bereits Mitglied des Präsidiums wäre.

5 **2) Stellung des Vertreters des Vorsitzenden im übrigen (Abs 1 S 2):** Das Recht der beratenden Teilnahme des Vertreters dient der umfassenden Meinungsbildung des Präsidiums und soll dem Vertreter ermöglichen, ohne weitere Vorbereitung und Information jederzeit die Vertretung übernehmen zu können. Es gilt daher auch für den Vertreter des nach § 22a berufenen Vorsitzenden. Andererseits wird es auf den nach § 21h an 1. Stelle berufenen Vertreter zu beschränken sein, da anderenfalls alle nichtgewählten Richter teilnehmen könnten (vgl § 21h S 2). Hierfür spricht auch der Wortlaut des S 2 („sein"), woraus auch folgt, daß bei Verhinderung des an 1. Stelle berufenen Vertreters die weitere Vertretungsregel des § 21h S 2 nicht eingreift (dieser in seiner beratenden Funktion also nicht vertreten wird).

6 **3) Wechsel der Mitgliedschaft (Abs 2): a)** Aus Abs 2 folgt mittelbar, wann **ein Verlust der Mitgliedschaft** im Präsidium eintritt; dies ist in allen Fällen des **Verlustes der Wählbarkeit** für das konkrete Gericht (vgl § 21b I 2 u 3) der Fall. Er ergibt sich für die kraft Gesetzes berufenen Mitglieder (Vorsitzender, Mitglieder nach § 21a II 1 Nr 3) unmittelbar aus § 21a II, für gewählte Mitglieder folgt dies aus § 21c II. Letztere verlieren die Mitgliedschaft ferner bei **Ablauf der Wahlzeit bzw Auslosung** (§§ 21b IV, 21d II u III) oder bei Erwerb der Mitgliedschaft im Präsidium kraft Gesetzes (hier kommt nur die **Ernennung zum Präsidenten oder zum aufsichtsführenden Richter,** falls das Gericht mindestens 8 Planstellen hat – § 21a II 1 –, in Betracht; nicht § 21a II 2 Hs 2, vgl § 21a Rn 9 aE). Ein gewähltes Mitglied aus dem Kreis der weiteren Richter iSd §§ 59, 115 u 124 verliert sein Amt ferner, wenn es **zum Vorsitzenden Richter** (an demselben Gericht) **ernannt wird;** durch diese Regelung wird zwar in die Wahlentscheidung eingegriffen (es ist an sich nicht

anzunehmen, daß ein Richter durch die Ernennung zum Vorsitzenden Richter das Vertrauen, das ihm bei der Wahl ausgesprochen wurde, verliert), sie dient jedoch der Aufrechterhaltung der in § 21a II 2 Hs 1 vorgesehenen Parität zwischen den Mitgliedern aus dem Kreis der Vorsitzenden Richter und der weiteren Richter; aus diesem Gesichtspunkt erscheint sie sachlich gerechtfertigt. – **Sonstige Gründe** (etwa länger dauernde Krankheit) führen nicht zum Erlöschen der Mitgliedschaft im Präsidium; dies gilt auch dann, wenn bereits feststeht, daß das Mitglied bis zu einem bereits absehbaren Ausscheiden (zB durch Erreichung der Altersgrenze) das Amt nicht mehr ausüben kann (vgl dazu Hamm MDR 70, 611). Die Mitgliedschaft kann auch nicht niedergelegt werden (vgl § 21a Rn 4). – Die einmal verlorene Mitgliedschaft **lebt nicht wieder auf,** wenn der den Verlust begründende Umstand (zB vorübergehende Abordnung) wegfällt, vielmehr verbleibt die Mitgliedschaft bei dem einmal eingetretenen Nachfolger (bei Abordnung str, vgl Driehaus DRiZ 75, 43 mwN).

b) Nachfolger: An die Stelle eines ausgeschiedenen **Mitglieds kraft Gesetzes** tritt sein Nachfolger im Richteramt; dies gilt für den nach § 21a II 1 oder § 22a berufenen Vorsitzenden und die Mitglieder nach § 21a II 1 Nr 3, nicht für Mitglieder nach § 21a II 2 Hs 2 (s aber Rn 8). – Anstelle eines ausgeschiedenen **gewählten Mitglieds** tritt der bei der Wahl Nächstberufene (Abs 2). Er muß mindestens 1 Stimme erhalten haben und im Zeitpunkt des Eintritts noch wählbar sein. Ist ein Nächstberufener idS nicht vorhanden, ist eine Nachwahl durchzuführen (§ 14 WahlO). Der Nachfolger tritt, auch wenn er durch Nachwahl berufen wird, in die laufende Amtszeit seines Vorgängers ein. – Maßgeblich ist die **Ersatzliste der letzten vorangegangenen Wahl,** auch wenn der Ausgeschiedene in früherer Wahl gewählt wurde (Driehaus aaO; Kropp DRiZ 78, 77; Salger DRiZ 76, 32; Feiber NStZ 84, 542; ThP Anm 2 zu § 21c; Kissel Rdnr 7; aA: Frankfurt DRiZ 84, 196; BL Anm 2 zu § 21c; Schorn/Stanicki S 30); da bei jeder Wahl alle dem Präsidium nicht angehörenden Richter wählbar sind, gibt die Ersatzliste der letzten Wahl den maßgeblichen Wählerwillen wieder (vgl auch Wahlvorstand OLG Zweibrücken DRiZ 77, 311). 7

c) Keine Regelung besteht darüber, wer die **Feststellung über den Nachfolger** trifft. Entgegen Frankfurt (DRiZ 84, 196, s auch B-Albers Anm 2 B) besteht hierfür ein Bedürfnis; die Entscheidung des nach § 21b VI zuständigen Senats (s dort Rn 20a) kann nur dazu dienen, einen etwaigen Streit über die Richtigkeit einer solchen Feststellung zu entscheiden; sie setzt diese also voraus, kann sie jedenfalls in den Fällen, in denen kein Streit besteht, nicht ersetzen; aber auch in diesen Fällen bedarf es einer Festlegung, wer Mitglied des Präsidiums ist. Überwiegend wird die Meinung vertreten, die Feststellung habe der letzte Wahlvorstand zu treffen (Zweibrücken DRiZ 77, 311; Driehaus DRiZ 75, 43; B-Albers aaO). Dem steht aber entgegen, daß die Aufgabe des Wahlvorstands mit dem Abschluß der Wahl beendet ist; er besteht im Zeitpunkt der Notwendigkeit der Feststellung idR nicht mehr. Es handelt sich im Kern auch nicht mehr um eine die Wahl betreffende Entscheidung. Richtigerweise wird daher das **Präsidium** im Rahmen seiner Selbstverwaltung die Feststellung zu treffen haben, wer nachrückt. Dessen Entscheidung ist nach § 21b VI anfechtbar (Frankfurt DRiZ 84, 196; s auch BGH MDR 84, 1008). 8

d) Keine Nachfolgeregelung besteht für den Fall des **Ausscheidens eines nach § 21a II 2 Hs 2 berufenen Mitglieds.** Dieses ist nicht Mitglied kraft Gesetzes (vgl Wortlaut des § 21a II 2 Hs 2), andererseits kann ein Nächstberufener iSd Abs 2 nicht bestehen (da keine Wahl). Sind in der Zwischenzeit die Voraussetzungen des § 21a II 2 Hs 2 weggefallen, so wird eine Nachwahl nach § 14 WahlO durchzuführen sein, bestehen die Voraussetzungen fort, so hat der Nachfolger des Ausgeschiedenen analog § 21a II 2 Hs 2 als durch Nachwahl gewählt zu gelten. 9

§ 21d

[Größe des Präsidiums]

(1) Für die Größe des Präsidiums ist die Zahl der Richterplanstellen am Ablauf des Tages maßgebend, der dem Tage, an dem das Geschäftsjahr beginnt, um sechs Monate vorhergeht.

(2) Ist die Zahl der Richterplanstellen bei einem Gericht mit einem Präsidium nach § 21a Abs. 2 Satz 1 Nr. 1 unter zwanzig gefallen, so sind bei der nächsten Wahl, die nach § 21b Abs. 4 stattfindet, zwei Richter zu wählen; neben den nach § 21b Abs. 4 ausscheidenden Mitgliedern scheiden zwei weitere Mitglieder aus, die durch das Los bestimmt werden.

(3) Ist die Zahl der Richterplanstellen bei einem Gericht mit einem Präsidium nach § 21a Abs. 2 Satz 1 Nr. 2 über neunzehn gestiegen, so sind bei der nächsten Wahl, die nach § 21b Abs. 4 stattfindet, sechs Richter zu wählen; hiervon scheiden zwei Mitglieder, die durch das Los bestimmt werden, nach zwei Jahren aus.

1 **1) Abs 1** bestimmt den für die Größe des Präsidiums iSd § 21 a II 1 **maßgeblichen Zeitpunkt.** Er gilt nicht für die Beurteilung des aktiven und passiven Wahlrechts (§ 21 b I, s a § 2 I 3 WahlO) oder die Frage, ob in Hinblick auf § 21 a II 2 Hs 2 eine Wahl vorzunehmen ist (auch hier Wahltag entscheidend; vgl § 2 I 2 u 3 WahlO). – Der Termin ist nach dem Zeitpunkt des Beginns des **Geschäftsjahrs** festzulegen. Dieses ist im GVG nicht bestimmt und unterliegt daher, soweit nicht eine landesrechtliche Regelung besteht (Bay: Art 6 AGGVG), der Festlegung durch das Präsidium im Rahmen der Regelung der Geschäftsverteilung (vgl Stanicki, DRiZ 72, 416 mit w Nachw; Schorn/Stanicki S 28; aA Kissel Rdnr 3: immer Kalenderjahr). IdR deckt sich das Geschäftsjahr mit dem Kalenderjahr, so daß der Stand zum Ablauf des 30. 6. maßgeblich ist.

2 **2) Folgen der Veränderung der Planstellenzahl: a)** In Abs 2 u 3 ist unmittelbar nur die Folge einer **Veränderung im Abgrenzungsbereich zwischen § 21 a II 1 Nr 1 und 2** (19–20) geregelt. Diese wirkt sich danach erst für die nächste turnusmäßige Wahl (vgl § 21 b IV 2) aus und nur dann, wenn die Veränderung vor dem in Abs 1 bestimmten Zeitpunkt wirksam wurde.

3 **b)** Nicht ausdrücklich geregelt ist die Folge des **Ansteigens der Planstellenzahl auf 8 oder ihr Absinken unter diese Grenze.** Man wird in diesem Fall den Grundsatz des § 21 d I ebenfalls anwenden müssen, obwohl es sich in erster Linie um die Frage der Berufung der Mitglieder des Präsidiums aufgrund einer Wahl oder kraft Gesetzes und somit nur mittelbar um eine Frage der „Größe des Präsidiums" handelt. Die Anwendung rechtfertigt sich jedoch aus dem mit Abs 1 verfolgten Zweck (s Rn 1), der – jedenfalls bei Ansteigen der Planstellenzahl von 7 und 8 und dem damit verbundenen Notwendigwerden einer Wahl – nur bei Anwendung des Abs 1 sichergestellt ist. Hieraus folgt:

4 **aa)** Steigt die Zahl der Planstellen auf 8, so bleibt das nach § 21 a II 1 Nr 3 zusammengesetzte Präsidium zunächst im Amt. Die Wahl der Mitglieder nach § 21 a II 1 Nr 2 – mit Wirkung zum Beginn des nächsten Geschäftsjahres – ist spätestens 2 Wochen vor dem Ende des laufenden Geschäftsjahres vorzunehmen (§ 3 WahlO), wenn die 8. Planstelle vor dem nach § 21 d I maßgeblichen Zeitpunkt hinzukam, anderenfalls erst zum Ablauf des nächstfolgenden Geschäftsjahrs (falls die Voraussetzungen an dem dann nach Abs 1 maßgeblichen Zeitpunkt noch vorliegen).

5 **bb)** Fällt Zahl der Richterplanstellen unter 8, so müssen folgerichtig die unter aa) dargelegten Grundsätze entsprechend angewendet werden: das gewählte Präsidium bleibt – je nach dem, ob die Veränderung vor oder nach dem in Abs 1 genannten Zeitpunkt des laufenden Geschäftsjahrs eintrat – bis zum Ablauf dieses oder des nächstfolgenden Geschäftsjahrs im Amt; in letzterem Fall kann sogar noch eine Wahl nach § 21 b IV 2 notwendig werden, falls eine Wahlperiode mit dem laufenden Geschäftsjahr abläuft.

§ 21 e

[Aufgaben und Befugnisse des Präsidiums; Geschäftsverteilung]

(1) Das Präsidium bestimmt die Besetzung der Spruchkörper, bestellt die Ermittlungsrichter, regelt die Vertretung und verteilt die Geschäfte. Es trifft diese Anordnungen vor dem Beginn des Geschäftsjahres für dessen Dauer. Der Präsident bestimmt, welche richterlichen Aufgaben er wahrnimmt. Jeder Richter kann mehreren Spruchkörpern angehören.

(2) Vor der Geschäftsverteilung ist den Vorsitzenden Richtern, die nicht Mitglieder des Präsidiums sind, Gelegenheit zu einer Äußerung zu geben.

(3) Die Anordnungen nach Absatz I dürfen im Laufe des Geschäftsjahres nur geändert werden, wenn dies wegen Überlastung oder ungenügender Auslastung eines Richters oder Spruchkörpers oder infolge Wechsels oder dauernder Verhinderung einzelner Richter nötig wird. Vor der Änderung ist den Vorsitzenden Richtern, deren Spruchkörper von der Änderung der Geschäftsverteilung berührt wird, Gelegenheit zu einer Äußerung zu geben.

(4) Das Präsidium kann anordnen, daß ein Richter oder Spruchkörper, der in einer Sache tätig geworden ist, für diese nach einer Änderung der Geschäftsverteilung zuständig bleibt.

(5) Soll ein Richter einem anderen Spruchkörper zugeteilt oder soll sein Zuständigkeitsbereich geändert werden, so ist ihm, außer in Eilfällen, vorher Gelegenheit zu einer Äußerung zu geben.

(6) Soll ein Richter für Aufgaben der Justizverwaltung ganz oder teilweise freigestellt werden, so ist das Präsidium vorher zu hören.

(7) Das Präsidium entscheidet mit Stimmenmehrheit; bei Stimmengleichheit gibt die Stimme des Vorsitzenden Ausschlag.

(8) Der Geschäftsverteilungsplan des Gerichts ist in der von dem Präsidenten oder aufsichtführenden Richter bestimmten Geschäftsstelle des Gerichts zur Einsichtnahme aufzulegen; einer Veröffentlichung bedarf es nicht.

Übersicht

I) Aufgaben des Präsidiums: Die Aufgaben und Befugnisse des Präsidiums ergeben sich aus Abs 1, 4 und 6; weitere Aufgaben bestehen nur, soweit gesetzl übertragen (vgl §§ 22 b I, II, 70 I, 132 III u 140 a GVG; auch durch Landesrecht möglich, vgl § 18 GerOrgG Rheinl-Pfalz: Beteiligung des Präsidiums bei der Festsetzung der Zahl der Kammern der LGe; dazu Buschmann DRiZ 83, 473) oder soweit es sich um ergänzende Maßnahmen handelt (zB Auslegung des GVP aus Anlaß von Kompetenzstreitigkeit; vgl Rn 38). Eine „Allzuständigkeit" des Präsidiums (Schorn/Stanicki S 72) gibt es nicht (so auch Kissel Rdnr 12). Es ist auch nicht „Beratungsorgan" des Präsidenten in dessen Zuständigkeitsbereich als Organ der Justizverwaltung. Die Hauptaufgabe ist die Aufstellung (einschließlich der Änderung oder Ergänzung) des Geschäftsverteilungsplans. – Die Aufgaben sind **nicht delegierbar,** auch nicht auf den Präsidenten (BGH NJW 53, 353); der Präsident oder aufsichtführende Richter kann jedoch in Notfällen die dem Kollegium zustehenden Befugnisse für dieses ausüben (vgl im einzelnen § 21 i II). Dagegen kann der Präsident oder der aufsichtführende Richter über die ihm nach § 21 i II zustehende Handlungsbefugnis hinaus Maßnahmen der Geschäftsverteilung nicht treffen, die einzige (inhaltlich beschränkte) Ausnahme enthält § 22 b III. – Zur Stellung des Präsidiums im allgemeinen, insbesondere zum Verhältnis zur Justizverwaltung vgl § 21 a Rn 1. – Zu den Aufgaben des Präsidiums gehören im einzelnen: 1

1) Besetzung der Spruchkörper: Spruchkörper idS sind alle Spruchorgane, die mit mehr als einem Richter entscheiden, also auch die KfHS; Besetzung daher nicht nötig bei AG (§ 22 I), dort nur Verteilung der Geschäfte auf die Einzelrichter (s Rn 11). – Die Zahl der Spruchkörper wird von der Justizverwaltung bestimmt (vgl § 60 Rn 1) und unterliegt nicht der Entscheidung des Präsidiums (Ausnahme: Bildung von Hilfskammern, vgl dazu Rn 19 zu § 21 f Rn 2, und Ferienkammer, s § 201). – Die Regelung gilt auch für die Besetzung mit ehrenamtlichen Richtern (§ 105: Handelsrichter; Sonderregelung für Schöffen vgl §§ 43 ff, 77); wegen Ergänzungsrichter s Rn 21. 2

a) Jeder Richter ist **mindestens einem Spruchkörper** zuzuteilen. Das Präsidium darf einen Richter nicht durch Maßnahmen innerhalb der Geschäftsverteilung von seiner richterlichen Tätigkeit praktisch ausschließen (BVerfG NJW 64, 1019). Dies ist jedoch nicht der Fall, wenn und solange ein Richter etwa wegen (absehbar längerer) Krankheit, ohnehin nicht mitwirken kann; ebenso kann von der Zuweisung an einen Spruchkörper abgesehen werden, wenn der Richter (zB durch Beratung mit Aufgaben der Justizverwaltung) dauernd oder (bei Abordnung) für bestimmte und bestimmbare Zeit verhindert ist. 3

Jedem Spruchkörper ist ein Vorsitzender (vgl § 21 f) und mindestens die gesetzliche Zahl von Beisitzern zuzuteilen. Die Besetzung mit „NN" ist unzulässig (unvollständige Geschäftsverteilung, BGH NJW 79, 1052 = MDR 79, 416), es sei denn, eine zugeteilte Planstelle ist vorübergehend nicht besetzt (vgl Rn 39 d/e). 4

Jeder Richter kann jedoch **mehreren Spruchkörpern** zugeteilt werden (Abs 1 S 4, s auch § 21 f Rn 10). In diesem Fall ist durch das Präsidium festzulegen, welcher Geschäftsaufgabe bei gleichzeitiger Inanspruchnahme in den verschiedenen Spruchkörpern der Vorrang zukommt (BGH NJW 73, 1291). 5

b) Soweit nicht gesetzliche Sonderregelungen (zB über die Besetzung mit ehrenamtlichen Richtern, vgl etwa § 105 I, oder mit Beisitzern aus einem anderen Gerichtszweig, vgl § 220 6

BauGB) bestehen, hat das Präsidium **nach freiem Ermessen** über die Zuteilung der Richter an die Spruchkörper zu entscheiden. Dabei hat es die besonderen Anforderungen der dem jeweiligen Spruchkörper obliegenden Rechtsprechungsaufgaben (hieraus jedoch keine Verpflichtung zu einer bestimmten Besetzung, etwa der Zuteilung einer Richterin, weil für Rechtsstreitigkeiten über die elterliche Sorge zuständig, vgl Köln NJW 72, 911), die besonderen Fähigkeiten und Kenntnisse des jeweiligen Richters, seine Interessen (vgl Abs 5) sowie die Äußerungen der Vorsitzenden Richter (vgl Abs 2) angemessen zu berücksichtigen. Maßstab für die Ermessensausübung ist die Sicherung einer **funktionstüchtigen Rechtspflege;** hierzu gehört auch der Gesichtspunkt der umfassenden Verwendbarkeit der Richter, die durch Aufgabenwechsel nach angemessener Zeit gesichert werden soll (BayVGH B v 19. 3. 86 Nr 3 B 85 A 2623; s auch Rn 57).

7 **c)** Über die Verwendung eines erst **noch zu ernennenden Richters** darf erst entschieden werden, wenn dessen Person feststeht; dies folgt daraus, daß das Präsidium sein Ermessen nur unter Berücksichtigung der Person des Richters sachgemäß ausüben kann (s Rn 6; BGH NJW 64, 167; Gegenteiliges folgt nicht aus BVerfG NJW 65, 1223, da dort nur über die Vertretungsregelung befunden wurde). – Unzulässig ist in jedem Fall eine Zuteilung nur für **bestimmte** Sitzungstage oder **Verfahren** (Art 101 I 2 GG, vgl BGHSt 8, 252; 10, 179). Eine Ausnahme hiervon gilt nach Abs 4 (s Rn 14).

8 **d)** Die Zuweisung kann sich **nicht auf bestimmte Rechtsprechungsaufgaben des Spruchkörpers** beschränken, sondern muß sich auf alle Aufgaben beziehen, da für die interne Verteilung nicht das Präsidium, sondern der Vorsitzende zuständig ist (§ 21 g; BGH NJW 66, 1458; s aber auch NJW 68, 1242 und 67, 1279). Wird ein Spruchkörper unter einem Vorsitzenden in 2 verschieden besetzte Spruchgruppen mit jeweils abgegrenzten Aufgabenbereichen besetzt, so liegen in Wahrheit zwei selbständige Spruchkörper vor (vgl dazu BGH NJW 67, 1279; 68, 1242); dies ist zwar unter dem Gesichtspunkt des gesetzl Richters zulässig, begegnet aber in Hinblick auf § 60 (§§ 116, 130: Zuständigkeit der Justizverwaltung) Bedenken. – Jedoch ist die **Zuweisung** eines Richters **nur mit einem Teil** seiner Arbeitskraft möglich, ggfalls auch nötig. Sie kann sich aus Umständen ergeben, auf die das Präsidium keinen Einfluß hat, von denen es vielmehr ausgehen muß, so wenn ein Richter teilzeitbeschäftigt (§ 48 a DRiG u Ländergesetze) ist oder ihm ein weiteres Richteramt bei einem anderen Gericht übertragen ist (§ 27 II DRiG); ebenso, wenn er ein weiteres Hauptamt (zB als Hochschullehrer) ausübt (vgl BGH NJW 74, 109) oder teilweise Aufgaben der Justizverwaltung wahrnimmt (vgl Abs 6 u Rn 23). Die Zuweisung mit einem Teil der Arbeitskraft kann aber auch Folge der Zuweisung zu mehreren Spruchkörpern durch das Präsidium sein (vgl Rn 5). In allen diesen Fällen ist die entsprechende Einschränkung schon in den GVP aufzunehmen (BGH aaO).

9 **e) Überbesetzung von Spruchkörpern** (vgl De Clerck NJW 68, 1766; Schorn/Stanicki, S 117 ff) ist nicht grundsätzlich ausgeschlossen. Sie **verstößt jedoch gegen Art 101 I 2 GG,** wenn 2 personell verschiedene Sitzgruppen gebildet werden könnten; den Kammern beim LG und den Senaten beim OLG können daher höchstens 4 ordentliche Beisitzer zugeteilt werden (BVerfG NJW 64, 1020; 64, 1667; BVerfG 19, 147; BGH NJW 65, 1434; 66, 55; NJW 85, 2840 – Ausnahme zulässig bei versetztem Richter, der nur zur Fortführung eines noch laufenden Verfahrens teilabgeordnet blieb). Die Überbesetzung wird zwar nicht geheilt, wenn im Zeitpunkt der Entscheidung Mitglieder verhindert waren (BGH NJW 65, 1715), dagegen kann einem bereits mit 4 ständigen Beisitzern besetzten Spruchkörper des LG (OLG) mit Rücksicht auf eine voraussichtlich längere Verhinderung eines Mitglieds für die Dauer der Verhinderung ein weiteres Mitglied zugeteilt werden, da hier nach der konkreten Sachlage, die Voraussetzung der Besetzungsentscheidung war, die Einrichtung zweier personell verschiedener Sitzgruppen ausgeschlossen ist (BGH MDR 70, 572). Die Überbesetzung ist auch dann unzulässig, wenn ein Mitglied nur mit einem Teil seiner Arbeitskraft zur Verfügung steht (etwa nach § 48 a I Nr 1 DRiG oder wegen Justizverwaltungstätigkeit; vgl BGH NJW 65, 1434; 66, 55); dies muß entgegen BGH (NJW 66, 1458) auch gelten, wenn ein Mitglied Hochschullehrer ist und deshalb nur mit ¼ seiner Arbeitskraft dem Senat zur Verfügung steht. Eine Ausnahme gilt dagegen bei ehrenamtlichen Richtern (insb bei KfHS); bei ihnen ist die Sicherung vor Manipulation nach § 21 f II als ausreichend anzusehen. – Die Überbesetzung, die die vorgenannte Grenze nicht erreicht (also 3 oder 4 ständige Beisitzer), ist zulässig, wenn sie mit Rücksicht auf den Umfang der Rechtsprechungsaufgaben des Spruchkörpers erforderlich ist (BVerfG NJW 65, 1219; BGH LM Nr 49 zu § 551 Ziff 1 ZPO); letzteres hat das Präsidium nach pflichtgemäßem Ermessen zu beurteilen (BGH aaO).

10 **f)** Zur Zuweisung von **Hilfsrichtern** vgl § 22 V u § 59 III, § 117.

11 **2) Verteilung der Rechtsprechungsaufgaben:** Um die konkrete Zuständigkeit des Richters iSd Art 101 I 2 GG festzulegen, müssen andererseits die bei dem Gericht anfallenden Rechtsprechungsaufgaben auf die Spruchkörper (beim AG auf die Einzelrichter) verteilt werden. Dazu

gehören alle dem Gericht zugeordneten Aufgaben, die zur Rechtsprechung zählen, zB auch der Vorsitz im Schöffenwahlausschuß, § 40 II GVG (vgl BGH NJW 80, 2364).

a) Das Präsidium hat **alle Aufgaben** zu verteilen, auch dann, wenn es eine Überlastung des Gerichts für gegeben hält (vgl dazu Feiber NJW 75, 2005; BGH NJW 79, 1052; Kissel Rdnr 6, 80 ff). Es kann insbesondere nicht von der Verteilung einzelner Rechtsprechungsaufgaben mit der Begründung absehen, mangels ausreichender Richterzuteilung sei die Wahrnehmung aller Aufgaben nicht möglich. Es ist daher auch unzulässig, eine Geschäftsaufgabe mit „NN" zu besetzen (BGH aaO). Das Präsidium hat weder die Befugnis, dem Rechtsuchenden gegenüber durch Nichtverteilung einzelner Aufgaben die Rechtsgewährung auszuschließen oder eine solche nur festzuschreiben, noch sind ihm Befugnisse bezüglich der Personalbemessung und Aufstellung des Haushalts eingeräumt, vgl auch § 60 Rn 1 (ebenso BayVerfGH NJW 78, 1515 und eingehend Kissel Rdnr 80). Die Gegenauffassung (vgl insb LR-Schäfer § 21e GVG Rdnr 23) ist nicht haltbar. Sie läuft auf eine Ermächtigung zum „Streik" (Kissel Rdnr 6) hinaus, dem – in bezug auf den Vollzug des GVP durch den einzelnen Richter – die Rspr entschieden entgegengetreten ist (BGH DRiZ 79, 249; BVerwG NJW 76, 1224). Nichts anderes kann für das Präsidium gelten; es hat durch den GVP die Voraussetzung für die Rechtsgewährung im Einzelfall – im Rahmen der zur Verfügung gestellten Personalmittel – zu treffen, nicht diese zu behindern. Für eine unzureichende Personalausstattung trägt es nicht die Verantwortung, es kann daher auch nicht zu seinen Befugnissen gehören, etwaige Meinungsverschiedenheiten mit den Verantwortlichen (Justizverwaltung; Haushaltsgesetzgeber, zu dessen Grenzen in bezug auf die Besetzung der Gerichte und die Pflicht zur Justizgewährung s BayVerfGH NJW 86, 1326 und Einl GVG Rn 20) noch dazu auf dem Rücken des Rechtsuchenden im Wege der Geschäftsverteilung auszutragen. Zu Recht weist Kissel (aaO) auch darauf hin, daß die Erledigung einer bestimmten Rechtsprechungsaufgabe letztlich nur dadurch „unvollziehbar" wird, daß ein gesetzl Richter nicht bestimmt wird. Zur Frage, ob (wie) das Präsidium im Streit zur vollständigen Verteilung angehalten werden könnte, vgl Rn 59. 12

Es ist auch **nicht** Aufgabe des Präsidiums, die **Reihenfolge der Erledigung** einzelner Aufgaben festzulegen; dies ist vielmehr Sache des befaßten Richters. 12a

b) Die Aufgabenverteilung muß wegen der Erfordernisse aus Art 101 I 2 GG nach **abstrakten Merkmalen** vorgenommen werden, zB nach Anfangsbuchstaben einer Partei, nach Sachgebieten (vgl dazu BayVGH BayVBl 71, 476), nach der Reihenfolge des Eingangs, in Rechtsmittelverfahren nach dem Gericht der Vorinstanz. Verteilung nach dem zeitl Eingang oder dem Aktenzeichen nur, wenn durch geeignete Verwaltungsanordnungen Manipulationen der Geschäftsstelle möglichst ausgeschlossen sind (BGH 40, 91; BGHSt 15, 116; bedenkl Zweibrücken MDR 67, 147); die lediglich abstrakte Möglichkeit des Mißbrauchs macht die Regelung nicht fehlerhaft (BVerfG 18, 426), jedoch muß sie so eindeutig wie möglich sein (BVerfG 17, 294). Dies erfordert zB, daß bei der Aufgabenverteilung nach Anfangsbuchstaben einer Partei allgemeine Regelungen aufgestellt werden, welcher Name bei mehreren Beteiligten maßgeblich ist oder wie bei Abkürzungen oder Zusätzen bei Bezeichnungen jur Personen oder bei Adelsbezeichnungen u ä zu verfahren ist. Zu den Erfordernissen, wenn die Zuteilung von der Reihenfolge des zeitlichen Eingangs abhängt, s BVerwG NJW 83, 2154; daß die betrauten Beamten „vertrauenswürdig" seien, genügt als Sicherung gegen Manipulationsmöglichkeiten nicht (unter Berufung auf BGH 40, 91, vgl aber auch BAG NJW 61, 1740). Im Hinblick auf das Erfordernis der vollständigen Verteilung ist es idR erforderlich, aber auch ausreichend, wenn alle im Geschäftsverteilungsplan nicht ausdrücklich genannten Sachen pauschal einem Spruchkörper zugewiesen werden. 13

c) Vom Grundsatz der Zuweisung nach abstrakten Merkmalen kann nach **Abs 4 für anhängige Verfahren** abgewichen werden, sofern der Richter mit der Sache bereits befaßt ist (vgl Rn 46). Hiervon kann nur pauschal (für alle bei einem Spruchkörper anhängigen Verfahren) Gebrauch gemacht werden. Nur ausnahmsweise ist es zulässig, die von der Umverteilung betroffenen anhängigen Verfahren konkret zu bezeichnen (BVerwG NJW 85, 822). 14

3) Jährlichkeitsprinzip (Abs 1 S 2): Der GVP ist jeweils für die gesamte Dauer eines Geschäftsjahrs (dazu § 21d Rn 1) aufzustellen. Hieraus leitet sich der **Grundsatz der Stetigkeit** ab, der die gerichtl Geschäftsverteilung beherrscht (vgl BGH bei Holtz MDR 79, 108) und auf den bei jeder Änderung oder (nach Ablauf des Geschäftsjahrs) Fortschreibung des GVP zu achten ist; jede Änderung der Zuständigkeit bedeutet nicht nur zusätzlichen Aufwand für die neu mit der Sache befaßten Richter, sondern zugleich auch einen Eingriff in den gesetzl Richter. Zu den Einzelheiten s Rn 42 ff. Das Jährlichkeitsprinzip gilt nicht nur für die **Aufgabenabgrenzung,** sondern auch für die **Richterzuteilung.** Für diese kann jedoch dann eine (kalendermäßig bestimmte) kürzere Dauer der Zuweisung vorgesehen werden, wenn feststeht, daß zu einem bestimmten Zeitpunkt eine nicht nur vorübergehende Verhinderung des Richters eintreten wird 14a

(Ruhestandseintritt; schon verfügte Versetzung). In diesem Fall handelt es sich nur um die Vorwegnahme der später ohnehin erforderlichen Änderung nach Abs 3.

14b Aus dem Jährlichkeitsprinzip folgt, daß der für das Geschäftsjahr beschlossene GVP an dessen Ende ohne weiteres **außer Kraft tritt** (BVerwG NJW 85, 822). Für das neue Geschäftsjahr gilt ausschließlich der neue Geschäftsverteilungsplan, der deshalb auch mit konstitutiver Wirkung alle – auch die anhängigen – Geschäfte verteilt. Zur Aufrechterhaltung der bestehenden Zuständigkeit s Abs 4 (Rn 46), der nicht nur für die Änderung nach Abs 3, sondern auch für neue Geschäftsverteilung zu Beginn eines neuen Geschäftsjahrs gilt. Hieraus folgt, daß eine fehlerhaft im Laufe des Geschäftsjahrs vorgenommene Änderung zu dessen Ende ihre Bedeutung verliert; wird die geänderte Regelung zum neuen Geschäftsjahr „fortgeschrieben", so wirkt der Fehler nicht mehr fort, da jetzt die Voraussetzungen des Abs 3 nicht mehr vorliegen müssen (vgl BVerwG aaO).

15 **4) Vertretungsregelung:** Das Präsidium hat im Rahmen des GVP ferner die Vertretung zu regeln. **a) Umfang:** Die Vertretungsregelung muß sowohl die Vertretung der Vorsitzenden (s § 21f) wie die der weiteren Mitglieder, beim AG die Vertretung der Einzelrichter, umfassen. Nicht durch das Präsidium zu regeln ist jedoch die Vertretung der Beisitzer innerhalb eines überbesetzten Spruchkörpers, da hier der Vorsitzende zuständig ist (§ 21g Rn 5); für diese Spruchkörper ist die Vertretung im GVP für den Fall zu regeln, daß eine Vertretung innerhalb des Spruchkörpers wegen weiterer Verhinderung nicht möglich ist.

16 **b)** Die Vertretungsregelung muß **vollständig** sein; für jeden Richter muß ein regelmäßiger Vertreter bestimmt werden (BGH NJW 56, 1246); eine Bestimmung, daß sich die Mitglieder bestimmter Spruchkörper gegenseitig vertreten, genügt nicht, vielmehr muß die Reihenfolge für jeden Richter feststehen (Hamm NJW 59, 114); andererseits ist es im Hinblick auf die Vollständigkeit der Vertretungsregelung nötig, auch die weitere Vertretung bei Ausfall auch des regelmäßigen Vertreters zu bestimmen. Dies geschieht idR durch eine Bestimmung, wonach alle Richter des Gerichts in bestimmter Reihenfolge (zB: „nach dem Dienstalter, bei gleichem Dienstalter nach dem Lebensalter, beginnend mit dem Dienst-Lebensjüngsten") als weitere Vertreter berufen sind (sog Ringvertretung).

17 **c)** Für von Anfang an absehbare außergewöhnliche Vertretungsfälle insb den **Bereitschaftsdienst** an dienstfreien Tagen, kann eine besondere Vertretungsregelung vorgesehen werden (zB Bestimmung eines Richters zum Vertreter aller anderen; vgl dazu Fischer DRiZ 68, 341; Kissel Rdnr 120; Schorn/Stanicki S 144); auch diese ist für das Geschäftsjahr im voraus festzulegen. Ebenso ist es zulässig, für Fälle **außergewöhnlich hohen und sofort zu erledigenden Geschäftsanfalls** (Haftrichter) von vornherein eine Regelung zu treffen, wann der weitere Vertretungsfall eintritt (zB: „der jeweils nächste Vertreter tritt ein, sobald an einem Tag auf den vor ihm zuständigen Richter 25 Vorführungen entfallen sind").

18 **d)** Die im voraus festgelegte Vertretungsregelung ist nicht in dem Maß abschließend, daß die Bestellung eines **zeitweiligen Vertreters** während des Geschäftsjahrs aus besonderem Anlaß ausgeschlossen wäre, wie insb § 22b II zeigt (BGH NJW 77, 1696). Die gegenteilige Auffassung (Kissel Rdnr 127; Müller NJW 78, 899; wie hier Schorn/Stanicki, S 105, B-Albers Anm 2 C), die sich auf die Möglichkeit abschließender Regelung (insb durch Ringvertretung) beruft, übersieht, daß diese für das Präsidium keineswegs zwingend vorgeschrieben ist.

19 **e)** Ein Sonderfall der Vertretungsregelung ist die Einrichtung einer **Hilfskammer** bei besonderer vorübergehender Belastung eines ordentlichen Spruchkörpers (s § 21f Rn 2). Zur Notwendigkeit einer eigenen Vertretungsregelung innerhalb einer Hilfskammer: Hamm JMBlNRW 82, 45 (keine automatische Vertretung durch die Mitglieder der Hauptkammer). Entsprechend ihrer Aufgabe (Vertretung bei besonderer, aber vorübergehender Verhinderung) kann die Hilfskammer längstens bis zum Ablauf des auf ihre Einrichtung folgenden Geschäftsjahrs bestehen bleiben (BGH NJW 86, 144). Etwas anderes kann nur gelten, soweit die Hilfskammer ein bei ihr vor Ablauf der Frist anhängig gewordenes Verfahren zuende führt (s Abs 4).

20 **f)** Zur Frage der Verhinderung als Voraussetzung des Eingreifens der Vertretungsregelung und ihrer Feststellung vgl Rn 39.

21 **5)** Aufgrund verschiedener prozeßrechtl Vorschriften und wegen gerichtsorganisatorischer Besonderheiten ist es vielfach nötig, im GVP **weitere Regelungen** zu treffen, da der GVP den gesetzlichen Richter für alle in Betracht kommenden Fälle im voraus bestimmen soll. Hierher gehört zB die Bestimmung der **Ergänzungsrichter** (§ 192 II), die nicht schon aufgrund der Vertretungsregelung feststehen (vgl BGH NJW 76, 1547), die Zuweisung der von den Rechtsmittelgerichten an einen anderen Spruchkörper zurückverwiesenen Verfahren (vgl Rn 22) oder die Aufgabenabgrenzung zwischen Hauptgericht und bestehenden **Zweigstellen oder auswärtigen**

Spruchkörpern (zB §§ 93 II, 116 II), soweit diese nicht schon aus dem Organisationsakt folgt. Der **Vorsitz im Schöffenwahlausschuß** (§ 40 II GVG) ist ebenfalls im GVP zu regeln (BGH NJW 80, 2364).

6) Bildung von Auffangspruchkörpern sind nötig für die von den Rechtsmittelgerichten an einen anderen Spruchkörper desselben Gerichts zurückverwiesenen Verfahren, vgl § 565 I 2 ZPO, § 354 II 1 StPO; § 79 VI OWiG. Bestimmung ist grundsätzlich Aufgabe der Geschäftsverteilung des Präsidiums (Rieß JR 79, 302; Kissel § 60 Rdnr 17). Sie kann auch während des Geschäftsjahrs nachgeholt werden, wenn sich die Notwendigkeit ergibt (vgl BGH bei Helle, DRiZ 74, 227; München JR 78, 301; Kissel aaO). Entgegen Kissel (aaO) gilt dies auch, wenn bei dem Gericht nur ein Spruchkörper der in Frage kommenden Art besteht (zB das LG hat nur eine Jugendkammer); zwar ist richtig, daß es hier – formal – nicht um die Verteilung der Aufgaben auf (mehrere) Spruchkörper, sondern eigentlich um die Einrichtung eines neuen Spruchkörpers der betreffenden Art geht, wofür grundsätzlich die Justizverwaltung, nicht das Präsidium zuständig ist (vgl § 60 Rn 1). Diese Auffassung führt aber zu dem sachfremden Ergebnis, daß wegen der abstrakten Möglichkeit der Zurückverweisung immer mindestens zwei Spruchkörper für jeden Aufgabenbereich ständig eingerichtet werden müßten, obwohl der Geschäftsanteil nur eine Kammer auslastet. Gerade im Hinblick auf den Zweck des Grundsatzes des gesetzl Richters muß aber eine unnötige Zuständigkeitszersplitterung vermieden werden (vgl etwa § 23 b II 1 und dort Rn 10), die obige Auffassung zur Folge hätte. Richtigerweise kann daher das Präsidium nach Abs 3 (vgl Rn 47) verfahren und vorübergehend im Wege der Geschäftsverteilung den für den Einzelfall erforderlichen Auffangspruchkörper bestimmen (vgl auch BGH aaO). 22

7) Anhörungsrecht nach Abs 6. Das Präsidium ist berechtigt, sich zur **Freistellung** eines Richters für Aufgaben der Justizverwaltung zu äußern. Die zur Entscheidung zuständige Behörde der Justizverwaltung hat dem Präsidium vor der Entscheidung Gelegenheit zur Äußerung zu geben; ein Zustimmungserfordernis begründet Abs 6 nicht. Bei der Bemessung der Rechtsprechungsaufgaben des Richters durch das Präsidium (ggf auch durch den Vorsitzenden nach § 21 g) muß die sonstige Aufgabenzuteilung berücksichtigt werden (vgl Rn 8), auch wenn das Präsidium mit der „Freistellung" nicht einverstanden war. – Wird ein Richter an eine andere Stelle **abgeordnet,** so liegt kein Fall der „Freistellung" vor. Ebenso ist Abs 6 nicht anwendbar, wenn Aufgaben der Justizverwaltung (zB im Rahmen der Ausbildung) von einem Richter im **Nebenamt** ausgeübt werden und dessen Einsatz für Aufgaben der Rspr nicht beeinträchtigt wird (keine „Freistellung"). 23

II) Verfahren

1) Anhörungspflichten bei Aufstellung oder Änderung der Geschäftsverteilung: Vor der Aufstellung des GVP ist den Vorsitzenden Richtern, die dem Präsidium nicht angehören, Gelegenheit zur Äußerung zu geben (Abs 2). Dabei müssen die Vorsitzenden über beabsichtigte Änderungen, die ihren bisherigen Spruchkörper betreffen, unterrichtet werden, wie aus Abs 3 S 2 und Abs 5 zu schließen ist; im übrigen müssen die Absichten der künftigen Gestaltung nicht vorher offengelegt werden, da die Stellungnahme der Meinungsbildung des Präsidiums dient. Bei Änderungen der Geschäftsverteilung im Laufe des Geschäftsjahrs ist den betroffenen Vorsitzenden (ggfalls deren Vertretern, § 21 f II) und/oder dem betroffenen Richter (Abs 5) Gelegenheit zur Stellungnahme zu geben; der betroffene Richter ist nach Abs 5 ferner zu hören, wenn eine Änderung iS der Vorschrift in einem neuen Geschäftsverteilungsplan für das nächste Geschäftsjahr vorgesehen ist. Eine weitere Anhörungspflicht besteht bei Schwerbehinderten nach § 22 IV SchwbG. – Die vorherige Anhörung nach Abs 5 (in der Regel nicht nach Abs 2 und 3 S 2) kann in Eilfällen entfallen. 24

Das Verfahren, in dem die Gelegenheit zur Äußerung zu geben ist, ist nicht geregelt. Das Präsidium kann den Richter unmittelbar anhören oder den Präsidenten mit der Anhörung beauftragen. Es ist auch die Aufforderung zur schriftlichen Stellungnahme binnen angemessener Frist zulässig (in den Fällen des Abs 2 dürfte dieses Verfahren allerdings wenig zweckmäßig sein). **Der Verstoß** macht die Entscheidung nicht mangelhaft (vgl Rn 51), da es sich nur um eine interne Ordnungsvorschrift handelt. 25

2) In der **Verfahrensgestaltung** selbst sind die Präsidien frei (BVerwG NJW 84, 575). §§ 192 ff, insb § 197 sind nicht anwendbar (s aber BGH NJW 58, 550). Meinungsverschiedenheiten sind durch Geschäftsordnungsbeschluß vom Präsidium selbst zu entscheiden. 26

a) Schriftform der Beschlußfassung, insbesondere die Unterzeichnung aller mitwirkenden Mitglieder ist nicht erforderlich (BVerwG NJW 84, 575), Protokollierung ist zu empfehlen; zur Beschlußfassung im Umlaufverfahren s § 21 i Rn 3. 26a

27 **b)** Befangenheit eines Präsidiumsmitglieds (dazu Wömpner DRiZ 82, 404): Es entscheidet das Präsidium, ob Befangenheit vorliegt, kein Ausschluß kraft Gesetzes. Anzeige eines Befangenheitsgrundes durch den Betroffenen entspr den für Richter geltenden Regelungen. Scheidet danach ein Mitglied wegen Befangenheit aus, so wird es nicht vertreten, es sei denn, es handelt sich um den Vorsitzenden (s § 21 c Rn 4).

28 **c)** Die Sitzungen des Präsidiums sind **nicht öffentlich,** auch nicht richteröffentlich (hm; Kissel Rdnr 60; Arndt DRiZ 76, 43; Funk DRiZ 73, 260; Holch DRiZ 73, 232); dies ergibt sich auch aus § 21 c I 2 (beratende Mitwirkung nur des Vertreters des Präsidenten) und aus der Regelung der Anhörungspflicht gegenüber den betroffenen Richtern (s Rn 24), die ein Recht der interessierten oder betroffenen Richter, an der unmittelbaren Meinungsbildung des Präsidiums – auch nur als Zuhörer – teilzunehmen, gerade nicht gewährt (aA Fischer DRiZ 79, 203, der jedoch zu Unrecht § 43 DRiG als maßgeblich ansieht).

29 **d)** Das Gebot der Wahrung des **Beratungs- und Abstimmungsgeheimnisses** nach § 43 DRiG gilt weder unmittelbar noch dem Sinne nach (str, aA Kissel Rdnr 22; Funk DRiZ 73, 261; ThP Anm 1 c, aa), allerdings wird nach außen Verschwiegenheit im Rahmen der allgemeinen dienstrechtlichen Grenzen zu wahren sein, da es sich um eine dem dienstl Bereich zuzurechnende Tätigkeit handelt.

30 **e)** Das Präsidium kann durch eine **Geschäftsordnung,** die allerdings nur interne Wirkung haben kann, das Verfahren regeln (vgl dazu Stanicki DRiZ 72, 52; VGH Mannheim DÖV 80, 573; s auch Rn 58). In die Befugnisse des Vorsitzenden darf durch die Geschäftsordnung jedoch nicht eingegriffen werden.

31 **3) Entscheidung:** Nach **Abs 7** entscheidet das Präsidium mit einfacher Mehrheit der anwesenden Mitglieder. Stimmenthaltung soll unzulässig sein (Kissel Rdnr 66), sehr zweifelhaft. Bei Stimmengleichheit entscheidet die Stimme des Vorsitzenden; ist er verhindert, die seines Vertreters (§ 21 c I). Zur Beschlußfähigkeit s § 21 i I, zur Frage der Entscheidung im Umlaufverfahren § 21 i Rn 3. Keine wirksame Entscheidung liegt in der schweigenden Zurkenntnisnahme einer vom Präsidenten getroffenen Verfügung (BGH NJW 58, 550).

32 **4) Aufgaben des Vorsitzenden:** Der Vorsitzende hat die Entscheidungen des Präsidiums vorzubereiten (Einberufung der Mitglieder; Leitung der Sitzung; Beschaffung notwendiger Unterlagen), für die Einbehaltung der Verfahrensvorschriften (s oben Rn 24) zu sorgen, ggfalls die Anhörungen durchzuführen und die zur Ausführung der Beschlüsse notwendigen Maßnahmen (Abs 8, sowie Unterrichtung der Richter; Abgabe der Stellungnahme gemäß Abs 6 gegenüber der zuständigen Justizverwaltungsbehörde) zu ergreifen. Ferner obliegt ihm der Vollzug des Geschäftsverteilungsplans bei Vertretungsfällen durch Feststellung der Verhinderung (vgl Rn 39). Schließlich handelt er in Notfällen an Stelle des Präsidiums (§ 21 i II). Über Streitigkeiten zwischen Vorsitzenden und Mitgliedern s Rn 58.

III) Der Geschäftsverteilungsplan (GVP)

33 **1) Allgemeines: a)** Der GVP hat die **Funktion,** den gesetzl Richter (Art 101 I 2 GG, § 16 GVG) für jeden Einzelfall, in dem der Richter nach den Zuständigkeitsregeln der Prozeßordnung tätig zu werden hat, festzulegen. Danach ist erforderlich, daß die Person des für die Entscheidung zuständigen Richters und sein Aufgabenbereich im voraus und nach allgemeinen Gesichtspunkten (also nicht ad hoc) bestimmt sind (zB BVerfG NJW 86, 1325). Demgemäß sind im GVP die anfallenden richterlichen Geschäfte auf die Spruchkörper zu verteilen und deren personelle Zusammensetzung (einschließlich Vertretung) zu regeln. Beide Gesichtspunkte fallen unter Art 101 I 2 GG (BVerfG 17, 294). Über die rein organisatorische Bedeutung (vergleichbar der der Geschäftsverteilungsregelung einer Behörde oder des Organisationsplans eines Unternehmens) hinaus gewinnt der gerichtl GVP auf Grund des Verfassungsgebots des gesetzl Richters zusätzliche Bedeutung und Qualität. Diese betrifft an sich nur den Rechtssuchenden, dem allein der Anspruch auf den gesetzl Richter kraft Verfassungsrecht eingeräumt ist. Für den einzelnen Richter selbst hat der GVP dagegen nur die Funktion der konkreten Aufgabenzuweisung im Rahmen seines Dienstverhältnisses, wobei die Besonderheit aber darin besteht, daß das Organisationsrecht den betroffenen Richtern (repräsentiert durch das Präsidium) zur Selbstverwaltung übertragen ist. Allerdings wird die rein innerorganisatorische Bedeutung des GVP in bezug auf den einzelnen Richter überlagert durch die Frage, ob sich die besondere Rechtsstellung des Richters, insbesondere seine verfassungsrechtl garantierte Unabhängigkeit, ebenfalls auf das Wesen des GVP auswirkt (im einzelnen vgl Rn 34). – **Nicht** erfaßt werden die nicht richterlichen Rechtspflegeaufgaben (insb, soweit sie vom Rechtspfleger wahrgenommen werden) und die Justizverwaltungsaufgaben des Gerichts; sie werden vom zuständigen Justizverwaltungsorgan verteilt.

b) Die **Rechtsnatur des GVP** ist umstritten. Die Frage hat in den letzten Jahren insbesondere im Zusammenhang mit dem Problem der Anfechtbarkeit des GVP Bedeutung erlangt (vgl dazu Rn 48). Der Gesetzgeber hat beide Fragen offengelassen. Auch die Rspr hat bisher hierzu nur zurückhaltend Stellung genommen, insbesondere hat das BVerfG (17, 256; 31, 47; NJW 76, 325) bisher die Frage der Rechtsnatur offengelassen. Auch durch die Entscheidung des BVerwG über den für den Richter gegebenen Rechtsweg (NJW 76, 1224) ist die Frage nicht geklärt. Übereinstimmung besteht darüber, daß der GVP kein Akt der Rspr und kein Justizverwaltungsakt ist (BVerwG 50, 14; BayVerfGH NJW 86, 1673; VGH Mannheim DRiZ 73, 320; Kissel Rdnr 93; Kornblum, Festschrift Schiedermair, 1976, S 333 mwN) – das Präsidium besitzt zwar richterl Unabhängigkeit, ist aber kein Gericht und keine Verwaltungsbehörde. Weitgehende Übereinstimmung besteht auch darin, daß wegen der unterschiedlichen Bedeutung des GVP – einmal in bezug auf die rechtssuchende Allgemeinheit (Bestimmung des gesetzl Richters), einmal in bezug auf den einzelnen betroffenen Richter – zwischen der generellen Wirkung für die unbestimmte Vielzahl künftiger gerichtl Verfahren und der Wirkung im Einzelfall für den Richter, dem eine bestimmte Geschäftsaufgabe zugewiesen wird, zu unterscheiden ist („Doppelnatur", vgl BayVerfGH NJW78, 1515; Kornblum aaO und NJW 77, 666; Müller MDR 77, 975; Pentz DRiZ 77, 179; Schorn/Stanicki S 199; Wolf DRiZ 76, 364). Soweit es das letztere anbelangt, hat das BVerwG sich unter Verneinung des Verwaltungsaktcharakters des GVP für die Einstufung als Organisationsakt ausgesprochen (BVerwG aaO; kritisch dazu insb Kornblum aaO; Müller, aaO); die Frage, ob dem GVP darüber hinaus Normqualität zukommt (bejahend: HessVGH DRiZ 69, 122; VGH Mannheim DRiZ 73, 320; Kornblum aaO; Kopp, VwGO § 4 Rn 9; Pentz DRiZ 77, 170; Schäfer BayVBl 74, 325; Müller MDR 77, 976; verneinend: OVG Lüneburg NJW 84, 627; Eyermann/Fröhler § 7 Rdnr 9; Löwe/Rosenberg/Schäfer § 21e GVG Anm III 3), blieb offen. 34

Richtigerweise wird man den GVP als ein **Rechtsinstitut besonderer Art** anerkennen müssen: er dient in der durch Art 101 I 2 GG gebotenen generalisierenden Weise der Verwirklichung des Gebots des gesetzlichen Richters (hierauf abstellend schon VGH Mannheim DRiZ 73, 319, als Vorinstanz zu BVerwG aaO) und wirkt insoweit ähnlich einer Rechtsnorm (vgl auch BayVerfGH NJW 78, 1515), ohne aber eine solche zu sein (so nunmehr auch mit eingehender Begründung BayVerfGH NJW 86, 1673); auch die Art seines Zustandekommens und die Regelungen in Abs 1 S 3 und in Abs 8 sprechen dagegen. Zugleich hat er gegenüber den betroffenen Richtern organisationsrechtliche Wirkungen, die wegen der besonderen Rechtsstellung des Richters mehr als nur innerorganisatorische (und daher unanfechtbare) Bedeutung haben. Ebenso wie das Entscheidungsgremium, das Präsidium, weder Gericht noch Organ der Justizverwaltung oder gar selbständige Behörde, sondern eben ein vom Gesetzgeber für eine spezielle Aufgabe geschaffenes Selbstverwaltungsorgan besonderer Art ist, ist der GVP ein **Akt gerichtlicher Selbstverwaltung sui generis** (im Ergebnis ebenso OVG Lüneburg NJW 84, 627; Kissel Rdnr 93, LR-Schäfer § 21e GVG Anm II 3). Die Frage der Anfechtbarkeit des GVP, unter der die Problematik der Rechtsnatur des GVP regelmäßig erörtert wird, läßt sich auf Grund des dabei gewonnenen dogmatischen Ergebnisses ebenfalls nicht überzeugend lösen; vielmehr wird hier – bis der Gesetzgeber sich zu einer gesetzlichen Regelung entschließt – von den Besonderheiten des GVP, die sich der starren Einordnung in die Begriffe Rechtnorm, Verwaltungsakt, Organisationsakt entziehen, auszugehen und die Lösung insbesondere unter Berücksichtigung des Art 19 IV GG zu finden sein (s Rn 48 ff).

c) Nach **Abs 8** muß der GVP schriftlich fixiert und in der dort vorgeschriebenen Weise offengelegt werden; jedermann ist Einsicht zu gewähren (ggf erzwingbar nach § 23 EGGVG, vgl dort Anm 13). Veröffentlichung ist zulässig (Kissel Rdnr 73). Abs 8 gilt auch für Änderungen des GVP, auch solche, die nach § 21i II erlassen werden. – Das aus Abs 8 herzuleitende Recht jedes Verfahrensbeteiligten, sich über die Besetzung der Richterbank informieren zu können, gilt auch bezüglich der ehrenamtlichen Richter (für Handelsrichter vgl BayObLG MDR 78, 232; vgl im übrigen für Strafverfahren § 222a StPO). 35

2) Der Inhalt des GVP ist in § 21e I 1 festgelegt (vgl dazu oben Rn 2–22). 36

3) Anwendung des GVP ist Sache des Gerichts und unterliegt weder der Disposition der Parteien, noch ist sie einer Vereinbarung zwischen den Parteien und dem Gericht zugänglich. Im jeweiligen Einzelfall hat der durch Zuteilung des Verfahrens infolge Zuleitung durch die Einlaufstelle des Gerichts befaßte Richter (Vorsitzende), im späteren Verfahren das erkennende Gericht über die Einhaltung der geschäftsplanmäßigen Zuständigkeit zu wachen. Verneint es diese, so kann nicht durch Prozeßurteil etwa die Klage abgewiesen werden, da die Einhaltung dieser Art der Zuständigkeit gerichtsinterne Aufgabe ist. Das Gericht hat daher die Sache ggfalls – Antrag der Partei weder nötig noch von Bedeutung – an den zuständigen Spruchkörper weiterzuleiten. Dabei hat es – mit deklaratorischer Bedeutung – den Grund für die Abgabe festzustellen (BGH 37

NJW 77, 1070); die Sache wird bei dem Spruchkörper, an den abgegeben wurde, anhängig, ohne daß es einer „Übernahme" oder eines entsprechenden Beschlusses bedarf (BGH aaO).

38 Entstehen über die Frage der Zuständigkeit nach dem GVP **Meinungsverschiedenheiten,** die unter den befaßten Spruchkörpern (Einzelrichtern) nicht geklärt werden können, so hat das Präsidium (unter den Voraussetzungen des § 21 i II der Präsident oder der aufsichtsführende Richter) zu entscheiden (BGH NJW 75, 1424; NJW 75, 2304; BGH bei Holtz MDR 79, 638; DRiZ 78, 249; Kissel Rdnr 104 ff). Dies gilt dann, wenn der Streit die Auslegung des GVP betrifft (hierzu ist das Präsidium berufen, vgl BGH NJW 65, 875), oder wenn der GVP eine Lücke enthält, die nicht durch Auslegung zu schließen ist. In letzterem Fall kann das Präsidium freilich die Sache nicht im Wege der Einzelfallanordnung nach seinem Ermessen einem bestimmten Spruchkörper zuteilen, da auch hier der Grundsatz der abstrakten Bestimmung der Geschäftsverteilung zu beachten ist; dies kann nur dadurch geschehen, daß der GVP ergänzt wird (s unten Rn 47). Die Entscheidung des Präsidiums ist für den Spruchkörper verbindlich (vgl im übrigen Rn 55). Voraussetzung für die Entscheidung des Zuständigkeitsstreits durch das Präsidium ist jedoch, daß er den GVP selbst betrifft; in den Fällen, in denen die gerichtsinterne Zuständigkeit gesetzlich geregelt ist (zB § 23 b und §§ 93 ff), der Zuständigkeitsstreit also die Auslegung des Gesetzes betrifft, kann das Präsidium nicht eingreifen (BGH NJW 75, 2304); entsteht aus einem solchen Grund ein neg Kompetenzkonflikt zwischen den Spruchkörpern eines Gerichts, so kann die Zuständigkeitsbestimmung nur in analoger Anwendung des § 36 Nr 6, § 37 ZPO erfolgen (BGH NJW 78, 1531; NJW 79, 1048; NJW 81, 126; München NJW 67, 2165; Nürnberg NJW 75, 2345; Bremen OLGZ 75, 476; Koblenz NJW 77, 1736). Dagegen ist auf diese Fälle § 281 ZPO weder direkt, noch analog, noch in der Weise anwendbar, daß das Präsidium eine Kompetenzregelung iS des § 281 ZPO erläßt (vgl BGH NJW 78, 1531; NJW 77, 1070).

39 **4) Anwendung der Vertretungsregelung insbesondere: a)** Der Eintritt des im GVP bestimmten Vertreters setzt die **Verhinderung** des Berufenen voraus. Diese kann auf tatsächlichen Gründen (Urlaub, Dienstbefreiung, Krankheit, Kur, auch Nichterscheinen zum Dienst oder Nichterreichbarkeit) oder auf Rechtsgründen (Ausschluß, Ablehnung wegen Befangenheit) beruhen. Sie kann aber auch ihren Grund in der Inanspruchnahme durch andere dienstliche Tätigkeiten haben (BGHSt 18, 162; MDR 86, 600; BayObLG MDR 80, 426), selbst wenn diese mit den richterlichen Aufgaben im selben Spruchkörper (zB Vorbereitung auf ein umfangreiches Verfahren, vgl BGHSt 21, 175) zusammenhängen. Die Verhinderung muß jedoch ihrem **Wesen nach vorübergehend** sein. Dies ist in den vorgenannten Fällen immer der Fall. Liegt dagegen eine dauernde Verhinderung vor, so muß, um eine ordnungsgemäße Besetzung des Spruchkörpers sicherzustellen, der GVP nach Abs 3 geändert werden. Dies hat wegen § 21 f besondere Bedeutung für die Vorsitzenden.

39a **Dauernde Verhinderung** liegt ihrem Wesen nach vor, wenn eine Wiederaufnahme der Tätigkeit – generell oder jedenfalls in absehbarer Zeit – nicht mehr in Betracht kommt (dauernde Dienstunfähigkeit, Versetzung, Ruhestandseintritt, Tod). Diese Abgrenzung allein genügt jedoch nicht. Dies folgt zum einen aus dem Bezug zum Grundsatz des gesetzl Richters, zum anderen aus der notwendigen Einbeziehung der statusrechtlichen Folgen, die nach den richter- und beamtenrechtl Vorschriften festlegen, ob die Dienstaufgabe wieder ordnungsgemäß besetzt werden kann. Dies erkennt im Grundsatz auch die Rechtsprechung an, die jedoch im Einzelfall zu durchaus unterschiedlichen Ergebnissen kommt. Folgende Gruppen sind zu unterscheiden:

39b **aa) Erkrankung:** Ist – auch bei längerer Dauer – generell ein Fall vorübergehender Verhinderung, da das Ende vorausschauend meist nicht, insbesondere in der Regel nicht für den für etwaige Maßnahmen zuständigen Dienstvorgesetzten feststellbar ist. Erst wenn – ggf auf Grund der Dauer der Erkrankung, auf die nach den beamtenrechtlichen Vorschriften über die Versetzung in den Ruhestand auch abgestellt werden kann – feststeht, daß dauernde Dienstunfähigkeit vorliegt (ist im Streitfall den Dienstgerichten vorbehalten, § 21 III DRiG), ist auch im Sinne der Vertretungsregelung von dauernder Verhinderung auszugehen.

39c **bb) Die Abordnung** ist an sich vorübergehender Natur, da sie immer auf bestimmte Zeit zu begrenzen ist (§ 37 II DRiG). In Anlehnung an die Grenze, die für die Wiederbesetzung einer Stelle allgemein zugrundezulegen ist (s unten), ist jedoch eine Abordnung von mehr als 6 Monaten als Fall dauernder Verhinderung anzusehen.

39d **cc)** Wird die **Stelle eines Richters** (durch Ruhestand, Versetzung, Tod) an sich **endgültig frei,** so ergibt sich aus der Natur der Sache und aus dem bei der **Wiederbesetzung** zu beachtenden Verfahren (Notwendigkeit der Stellenausschreibung, zB Art 15 BayRiG; notwendige Beteiligung des Präsidialrats, Richterwahlverfahren), daß die Vertretung zunächst nach den Grundsätzen der vorübergehenden Verhinderung (des Nachfolgers) zu lösen ist. Dies ist auch von der Rspr anerkannt, sofern „mit einer baldigen Wiederbesetzung der Stelle" gerechnet werden kann

(BVerfG NJW 83, 1541; BGHSt 8, 17; 14, 11; BGHZ 16, 254; NJW 85, 2337; BVerwG NJW 86, 1366; BSG DRiZ 75, 377). Eine feste Frist hierfür ist weder möglich, noch – im Hinblick auf die möglicherweise besonderen Umstände des Einzelfalls – sinnvoll. Eine Übergangsfrist von mehreren Monaten muß in Kauf genommen werden; so auch die Rspr (so erneut BGH NJW 86, 2115). Die Annahme einer vorübergehenden Verhinderung ist nicht mehr gerechtfertigt, wenn die Ernennung des Nachfolgers – ohne daß ganz besondere Umstände hierzu zwingen – über das allgemein noch vertretbare Maß (Grenze idR 6 Monate) hinausgeschoben wird.

dd) Besondere Bedeutung hat die Frage erlangt, ob in Folge des Eingreifens **haushaltsrechtlicher Besetzungssperren** schon allein deshalb eine die Vertretung ausschließende, dauernde Verhinderung anzunehmen ist. Der BGH (NJW 85, 2337; 86, 1349) hat dies – im Ergebnis zutreffend – bei einer Besetzungssperre von 12 Monaten bejaht. In einem solchen Fall liegt es in der Tat nahe, die (für ein Jahr) gesperrte Stelle einer nicht vorhandenen Stelle gleichzusetzen. Mit der durch die vom Haushaltsgesetzgeber verfügte Besetzungssperre aufgeworfenen verfassungsrechtlichen Problematik (vgl Einl GVG Rn 20), die der BGH übergeht, hat sich eingehend der BayVerfGH (NJW 86, 1326) auseinandergesetzt. Er kommt zutreffend zu dem Ergebnis, daß bei einer Sperre von 6 Monaten – also einer Vakanz, die auch allgemein bei der Wiederbesetzung einer unvorhersehbar freigewordenen Stelle hinzunehmen ist – der Bejahung einer (noch) vorübergehenden Verhinderung nichts entgegensteht. 39e

Die teilweise Verhinderung ist bei **Beisitzer,** auch wenn sie dauernd ist, ohne Bedeutung, da sie im Rahmen der Verteilung nach § 21 g III ausgeglichen werden kann, es also einer Vertretung nicht bedarf. Für den Vorsitzenden s Rn 3 zu § 21 f und BGH JZ 70, 376. 40

b) Der besonderen **Feststellung der Verhinderung** bedarf es nur, wenn diese nicht offenkundig ist (BGH DRiZ 83, 234; BVerwG NJW 79, 1374; Frankfurt DRiZ 80, 430). Offenkundigkeit liegt bei Verhinderung durch Krankheit, Urlaub, vorübergehendes Unbesetztsein einer Stelle, Unerreichbarkeit oder Dienstbefreiung (dieser steht eine genehmigte, zeitlich gebundene Nebentätigkeit – etwa Abhalten einer Lehrveranstaltung, BGH DRiZ 83, 234 – gleich), insgesamt grundsätzlich in allen Fällen der Abwesenheit vom Dienstgebäude (Kissel Rdnr 129) vor. Ist die Verhinderung nicht offenkundig, liegt insbesondere eine Verhinderung wegen Inanspruchnahme durch andere Dienstgeschäfte vor, so ist die Feststellung der Verhinderung nötig; eine besondere Form ist nicht vorgeschrieben (BGH DRiZ 83, 234), jedoch ist schriftlicher Vermerk im Hinblick auf eine Revision ratsam; die Feststellung kann jedoch formfrei getroffen werden (BGH DRiZ 83, 234). Die Feststellung soll grundsätzlich vor dem Tätigwerden des Vertreters erfolgen (BGH MDR 67, 317), kann jedoch auch nachgeholt werden, insbesondere auch im Falle der Rüge nach § 222b StPO (BGH MDR 82, 337). Die Feststellung kann der verhinderte Richter selbst treffen, wenn er durch Rechtsprechungsaufgaben desselben Zuständigkeitsbereichs verhindert ist, sonst hat sie grundsätzlich der Präsident oder der aufsichtführende Richter (Vertretung nach § 21 h) zu treffen (BGH MDR 82, 337; NJW 74, 870; DRiZ 80, 147; Frankfurt DRiZ 80, 430; Löwe/Rosenberg/Schäfer § 21 f Anm II 4 b; Kissel Rdnr 132; Münn DRiZ 73, 233; aA – das Präsidium –: Müller NJW 74, 1665; Stanicki DRiZ 73, 357). Der Präsident stellt seine Verhinderung immer selbst fest (BGHSt 21, 174). Im Rahmen des § 21 g (s dort Rn 4) kann die Feststellung der Verhinderung immer vom Vorsitzenden getroffen werden, soweit die Vertretung durch Richter des Spruchkörpers selbst erfolgt, also kein Vertreter aus einem anderen Spruchkörper benötigt wird (BGH DRiZ 83, 234). – Vom Revisionsgericht wird bei Rüge fehlerhafter Annahme des Vertretungsfalls nur nachgeprüft, ob der Rechtsbegriff der Verhinderung verkannt wurde (BGH JZ 56, 409). 41

5) Änderung des GVP (Abs 3 u 4): Vor Beginn des Geschäftsjahrs ohne Beschränkung zulässig (BGH NJW 59, 1093), im Laufe des Geschäftsjahres nur aus den in Abs 3 genannten Gründen. **a) Überlastung** eines Richters (zB auch durch umfangreiches Verfahren – vgl BGH bei Holtz MDR 79, 638) setzt nicht ungenügende Auslastung der anderen oder umgekehrt voraus. Nicht nötig ist ferner der Nachweis der unabweisbaren Notwendigkeit der Maßnahme, sie steht im pflichtgemäßen Ermessen des Präsidiums (BVerwG NJW 82, 2774 u 2394), das nur der Willkürkontrolle unterliegt. In Fällen der Überlastung ist neben der Änderung der Verteilung der Geschäfte auf die einzelnen Spruchkörper oder der Änderung der personellen Besetzung des Spruchkörpers auch die Bildung von Hilfskammern zulässig (vgl dazu § 21 f Rn 2). Überlastungen von Spruchkörpern können ferner durch Zuweisung weiterer Richter, insbesondere Hilfsrichter, ausgeglichen werden, jedoch sind die unter Rn 9 dargestellten Grenzen zu beachten. Ein Fall der Überlastung liegt auch vor, wenn ein Verfahren, das eine längere zusammenhängende Verhandlung erfordert, auf einen Richter fällt, dessen Dienst nach § 48 a DRiG ermäßigt ist und der deshalb das Verfahren nicht sachgerecht führen kann. – **Richterwechsel** ist auch das Ausscheiden (Hinzukommen) eines Richters, ferner die Ernennung eines Richters zum Vorsitzenden Richter an demselben Gericht. – Zur **dauernden Verhinderung** s Rn 39. Eine ihrem Wesen 42 nach vorübergehende Verhinderung (zB durch Krankheit, Vorbereitung einer anderen umfangreichen Sache) ist über die Vertretung zu regeln; sie rechtfertigt die Änderung des GVP nicht, nötigenfalls ist die Vertretungsregelung zu ergänzen (BGH MDR 86, 600).

43 **b)** Da Abs 3 eine Ausnahme vom Jährlichkeitsprinzip des Abs 1 S 2 (s Rn 14 a) darstellt, ist er **eng auszulegen** (vgl BGH bei Holtz MDR 79, 109: keine Änderung des GVP, um die Abwicklung des Erholungsurlaubs des Richters während der Schulferien zu ermöglichen). Andere als in ihm genannte Zweckmäßigkeitsgründe rechtfertigen die Änderung des GVP nicht (BGH NJW 76, 2029: Änderung während des Geschäftsjahres unzulässig, allein um im Interesse der Ausbildung einem Richter auf Probe den Wechsel von Straf- in Zivilsachen zu ermöglichen; dagegen kann aus Anlaß einer zulässigen Änderung des GVP auch die Umsetzung eines Richters auf Probe, die an sich nur aus Ausbildungsgründen angezeigt ist, miterfolgen, BGH NJW 78, 1444; BVerwG NJW 85, 2491). Jedoch ist Abs 3 **nicht abschließend;** die Änderung ist vielmehr auch nötig, wenn im Laufe des Geschäftsjahrs neue Rechtsprechungsaufgaben anfallen (zB Einrichtung der Familiengerichte zum 1. 7. 77) oder wenn aus zwingenden Gründen im Laufe des Geschäftsjahrs ein neuer Spruchkörper eingerichtet wird (BGH NJW 75, 60: Einrichtung einer neuen Kammer wegen dauernder Überlastung; gleiches muß gelten, wenn aus haushaltsrechtlichen Gründen ein neuer Spruchkörper erst im Laufe des Geschäftsjahrs errichtet werden kann). Im übrigen s auch Rn 47.

44 **c)** Ist die Änderung des GVP aus einer der genannten Gründe zulässig, so ist das Ermessen des Präsidiums insbesondere **in personeller Hinsicht** nicht weiter eingeschränkt; es kann also etwa eine freigewordene Geschäftsaufgabe auch einem dem Gericht bereits angehörenden Richter und dessen Aufgabe dem neu hinzukommenden Richter übertragen (vgl auch BGHSt 22, 237; BGH NJW 78, 1444: zugleich Umsetzung eines Richters auf Probe aus Gründen der umfassenden Erprobung). – Die Änderung während des Geschäftsjahrs ist nicht notwendig auf künftig eingehende Verfahren beschränkt, sondern kann **auch bereits anhängige Verfahren** einschließen, also in eine bestehende Zuständigkeit eingreifen. Dies ist für die Jahresgeschäftsverteilung unstreitig (vgl BVerfG DÖV 79, 299); für die Änderung nach Abs 3 kann jedoch nach dem Wortlaut und dem Zweck der Vorschrift (Begegnung auf Überlastung oder ungenügende Auslastung) nichts anderes gelten (BGH NJW 82, 1470). Dies folgt auch aus Abs 4, der eine Befugnis einräumt, die anderenfalls keinen Sinn ergäbe (zu weitgehend daher Feiber MDR 84, 676). Es ist jedoch das Abstraktionsprinzip (Rn 13) zu beachten, dem nach seinem Zweck bei Eingriffen in den konkret schon bestimmten gesetzl Richter besondere Bedeutung zukommt. Bei Änderung der Geschäftsverteilung wegen Überlastung oder ungenügender Auslastung wird es idR ausreichen, die Änderung auf künftige Eingänge zu beschränken. Es ist jedoch zulässig (zB bei Umverteilung nach Buchstabengruppen, s Rn 13), auch alle anhängigen Verfahren mitzuübertragen; weitere Differenzierungen (zB nur ab bestimmtem Eingangsstichtag oder bei bestimmtem Verfahrensstand) sind – mit Ausnahme des Vorbehalts nach Abs 4 – nicht zulässig. Gänzlich unzulässig ist es, nur bestimmte, schon anhängige Einzelverfahren zu übertragen (s LG Wiesbaden MDR 84, 676).

45 **d) Die Änderung gilt grundsätzlich für die ganze restliche Dauer des Geschäftsjahrs.** Ist jedoch bei Vornahme bereits absehbar, daß der Anlaß der Änderung nur vorübergehender Natur ist (zB Überlastung eines Einzelrichters am AG infolge Vertretung eines erkrankten Richters), so kann bestimmt werden, daß die ursprüngliche Regelung mit Wegfall des sie veranlassenden Grundes wieder in Kraft tritt (BGH NJW 67, 1622), falls der Zeitpunkt des Wegfalls objektiv bestimmbar ist (zB an Hand der Personalakten, aA Kissel Rdnr 102 aus formalen Gründen, die nicht überzeugen; im Zweifel ist eine Festlegung des Präsidenten ohne Schwierigkeiten möglich und auch zweckmäßiger als das Verfahren einer nochmaligen Änderung der GV, nur um die ursprüngliche Regelung wiederherzustellen).

46 **e) Der Ausnahmevorbehalt des Abs 4,** der eine entsprechende Anordnung des Präsidiums voraussetzt, gilt nur für Sachen, die von einer Änderung der Geschäftsverteilung konkret betroffen sind (BGH NJW 82, 1470). Das Präsidium kann daher auch bestimmen, daß ab einem bestimmten Stichtag eingehende Sachen nach bestimmten – neu festgelegten – Gesichtspunkten verteilt werden, es für alle anhängigen Verfahren aber bei der bisherigen Zuständigkeit verbleibt. Da dann für die anhängigen Verfahren eine „Änderung" der Geschäftsverteilung nicht vorliegt, vielmehr handelt es sich nur um eine abweichende neue Geschäftsverteilung für die Zukunft, ist der Vorbehalt des Abs 4 nicht einschlägig und insbesondere für die Fortdauer der Zuständigkeit ein bisheriges Tätigwerden nicht nötig; auch noch unbearbeitete Verfahren bleiben in diesem Fall in der Zuständigkeit des schon bisher zuständigen Spruchkörpers (BGH aaO).

Von der Befugnis des Abs 4 kann sowohl bei **Änderung** nach Abs 3 aber auch bei einer solchen durch Erlaß des neuen GVP für ein **neues Geschäftsjahr** Gebrauch gemacht werden. Sie empfiehlt sich regelmäßig aus dem Grundsatz der Stetigkeit der Geschäftsverteilung, wenn der Spruchkörper in seiner Besetzung unverändert bestehen bleibt.

Die Fortdauer der Zuständigkeit setzt voraus, daß der Richter **„tätig geworden ist"**. Hierfür genügt jede richterliche Handlung (zB Verfügung der Zustellung), Eingang bei Gericht allein genügt jedoch nicht.

Eine **Entscheidung,** die auf einer nach der bisherigen Zuständigkeitsregelung durchgeführten mündlichen Verhandlung beruht, ist auch ohne Anordnung nach Abs 4 vom bisher zuständigen Spruchkörper in seiner bisherigen Besetzung zu erlassen.

f) Von der Änderung ist die **Ergänzung** des GVP zu unterscheiden. Sie liegt vor, wenn nach 47
der Regelung des GVP der zuständige Richter nicht mehr bestimmbar ist (etwa wegen Lücke im GVP oder Verhinderung des im GVP bestimmten Vertreters). Ergänzung ist ohne die Voraussetzungen des Abs 3 zulässig, da nicht in den Zuständigkeitsbereich eines Richters oder Spruchkörpers eingegriffen wird (vgl Oldenburg DRiZ 85, 220); die Zuständigkeitsbestimmung nach § 36 ZPO analog hat Nachrang. Hierher gehört auch der Fall der nachträglichen Bestimmung eines Auffangspruchkörpers, vgl Rn 22.

6) Anfechtung des GVP; Verstöße gegen die Geschäftsverteilung. Die Frage, wer und ggfalls 48
mit welcher Rüge den GVP anfechten bzw Verstöße gegen diesen geltend machen kann, ist vom Gesetzgeber offengelassen worden. Sie steht auch in Zusammenhang mit dem Problem der Rechtsnatur des GVP (vgl dazu Rn 34), zu dem sich das Gesetz ebenfalls nicht festlegt. Bei der bestehenden Lage sind sachgerechte Lösungen nur möglich, wenn die nach der Person des Betroffenen je verschiedenen Fälle auseinandergehalten werden; angesichts des Schweigens des Gesetzgebers wird bei der Lösung der Fragen der Garantie des Art 19 IV GG besondere Bedeutung beigemessen werden müssen.

a) Rüge fehlerhafter Geschäftsverteilung durch eine Partei: die Partei kann Mängel der 49
Geschäftsverteilung (maßgeblich ist der GVP im Zeitpunkt der Sachentscheidung, BVerwG NJW 85, 822) einschließlich etwaiger Fehler bei der Anwendung des GVP mit der Rüge der nicht ordnungsgemäßen Besetzung des Gerichts mit den allgemeinen Rechtsmitteln geltend machen (vgl §§ 539, 551 Nr 1, 571 I Nr 1 ZPO). Ferner kommt die Verfassungsbeschwerde (Art 93 Nr 4a GG) wegen Verstoßes gegen das Gebot des gesetzl Richters (Art 101 I GG) in Betracht. Der BayVerfGH hat sich mehrfach mit der Frage befaßt, ob der GVP im Weg der abstrakten Normenkontrolle (Popularklage nach Art 98 S 4 BayVerf) angefochten werden kann. In einem besonders gelagerten Fall (NJW 78, 1515), der den Bestand einer amtsgerichtl Zweigstelle betraf, hatte er zunächst die Klagemöglichkeit bejaht (kritisch dazu Vorauflage Rn 49 und Kissel Rn 109). Nunmehr ist er hiervon abgerückt (BayVerfGH BayVBl 83, 270 und insb NJW 86, 1673); er hat ausdrücklich klargestellt, daß der GVP keine der Normenkontrolle zugängliche Rechtsvorschrift ist (s a Rn 34). Auch die Anwendung des § 47 VwGO (s dazu Schorn/Stanicki S 204; Pentz DRiZ 77, 180; LR-Schäfer Rn 68) kommt nach der Rechtsnatur des GVP nicht in Betracht und ist auch unter dem Gesichtspunkt des Rechtsschutzes nicht nötig (OVG Lüneburg NJW 84, 627). Auch aus Art 19 IV GG ergibt sich nicht, daß dem Rechtsuchenden losgelöst vom konkreten Verfahren die Möglichkeit eröffnet werden muß, den GVP einer selbständigen gerichtl Nachprüfung unterziehen zu können, da seinen Belangen durch die Rügerechte innerhalb der allg Rechtsmittel Genüge getan ist (ebenso Kissel Rdnr 109, vgl auch BVerwG NJW 82, 900: keine verwaltungsrechtl Feststellungsklage nach § 40 VwGO). Anders wäre es nur dann, wenn ein GVP unvollständig ist (s Rn 12) und deshalb für eine konkrete Klage der gesetzl Richter nicht bestimmt ist; im Zivilprozeß reicht hierfür jedoch der Rechtsschutz über §§ 36, 37 ZPO aus.

Hinsichtlich der **Rüge der nicht ordnungsgemäßen Besetzung des Gerichts** ist zu beachten: 50
aa) die Rüge kann nicht damit begründet werden, daß die **Wahl des Präsidiums** fehlerhaft sei (vgl § 21 b VI 3, aus dem sich ergibt, daß Fehler bei der Wahl generell nie auf die Maßnahmen des Präsidiums durchschlagen; vgl auch BGH DRiZ 77, 380).

bb) Verfahrensverstöße bei der Aufstellung des GVP können nicht gerügt werden, soweit die 51
Verfahrensvorschriften nur der Vorbereitung der Willensbildung des Präsidiums dienen (insbes Anhörungspflichten nach § 21 c II, III 2 und V). Verstöße bei der Willensbildung selbst (zB bei Zuständigkeitsfragen; § 21 e III) führen zu fehlerhafter Besetzung, wenn sie auf Willkür beruhen; letzteres ist auch bei offensichtlichen Rechtsverstößen zu bejahen (vgl BGH NJW 58, 429; BVerfG 3, 359; 9, 223; 19, 38).

cc) Inhaltliche Mängel des GVP haben grundsätzlich unmittelbar eine fehlerhafte Besetzung 52
zur Folge, so daß es hier auf den Gesichtspunkt der Willkürlichkeit nicht ankommt; so zB bei fehlerhafter Besetzung des Vorsitzes (vgl § 21 f Rn 4) oder Übersetzung eines Spruchkörpers (s oben Rn 9).

53 **dd) Fehler bei der Anwendung des GVP** bedeuten grundsätzl einen Eingriff in den gesetzl Richter, wenn sie auf Willkür beruhen, also nicht wenn lediglich eine rechtsirrige Auslegung zugrundeliegt (BVerfG 13, 144; 23, 45; BGHSt 25, 66, 71; 27, 105, 107 = MDR 77, 510; BayObLG MDR 80, 426 – sehr eng; BGH MDR 80, 864 – Anwendung des § 22d GVG). S im übr § 16 Rn 2.

54 **b) Anfechtung durch den betroffenen Richter:** Es besteht Übereinstimmung, daß dem einzelnen Richter gegen ihn betreffende Anordnungen des Präsidiums Rechtsschutz zu gewähren ist (vgl BVerfG 17, 252; NJW 76, 325). In Anschluß an VGH Mannheim (DRiZ 73, 320) hat das BVerwG (50, 11 = NJW 76, 1224) hierfür den **Verwaltungsrechtsweg** eröffnet und für den Klageart § 43 VwGO herangezogen (seither st Rspr der VGe: BayVGH BayVBl 78, 337; Münster DÖD 81, 46; Hess VGH DRiZ 84, 62). Dies ist – sowohl hinsichtl Rechtsweg wie hinsichtlich Klageart – auf Kritik gestoßen (vgl Kornblum, Festschr Schiedermair, 1976, S 331; ders NJW 77, 666; Müller MDR 77, 975; Pentz DRiZ 77, 179; Wolf DRiZ 76, 364). Ihr ist zuzugeben, daß der Gesichtspunkt der Sachnähe wohl für den Weg zu den Richterdienstgerichten spräche, der aber durch das Enumerationsprinzip (vgl § 62 DRiG) sowie dadurch verbaut ist, daß die Präsidien als Organe richterlicher Selbstverwaltung nicht der Dienstaufsicht (§§ 26, 62 I Nr 4e DRiG) zuzurechnen sind (BGHZ 46, 147; DRiZ 83, 146, 147).

55 Der Richter kann die Klage gegen den GVP **nur darauf stützen,** daß die konkrete ihn betreffende Aufgabenzuweisung aus besonderen Gründen, die sich auf seine Person beziehen, rechtswidrig ist. Die Verletzung von Anforderungen an den GVP, die im Hinblick auf Art 101 I GG bestehen, können dagegen die Anfechtung des GVP durch den Richter nicht begründen (vgl Pentz aaO); diese bestehen zugunsten der Parteien, geben also dem Richter keinen klagbaren Anspruch. Aus dem gleichen Grund kann der Richter die Wahrnehmung der ihm durch den GVP übertragenen Aufgaben nicht mit der Begründung verweigern, der GVP sei fehlerhaft und er daher nicht der gesetzliche Richter (BVerwG aaO; BGH DRiZ 78, 249; DRiZ 83, 147). Soweit es die innergerichtliche Wirkung der Aufgabenzuweisung anbelangt, ist der betroffene Richter an den GVP gebunden und kann insbesondere nicht selbst – und damit in eigener Sache – über die Wirksamkeit der Anordnung befinden; diese entfällt ihm gegenüber erst mit der rechtskräftigen Feststellung der Rechtswidrigkeit der Anordnung. Der Richter handelt pflichtwidrig, wenn er sich weigert, eine Sache zu bearbeiten, die von ihm nach dem GVP zu bearbeiten ist; dies gilt auch im Falle negativen Kompetenzstreits, den das Präsidium (vgl Rn 38) entschieden hat. In einem solchen Fall sind Maßnahmen der Dienstaufsicht durch § 26 DRiG nicht ausgeschlossen (BGH DRiZ 78, 249). Umgekehrt kann die Partei die Fehlerhaftigkeit des GVP im Wege der Besetzungsrüge nicht damit begründen, die Anordnung des GVP sei dem Richter gegenüber rechtswidrig.

56 Die Klage hat – da Feststellungsklage (§ 43 VwGO) – **keine aufschiebende Wirkung** nach § 80 VwGO; wird (unzulässige) Anfechtungsklage erhoben, so tritt dennoch keine aufschiebende Wirkung ein (der Anordnung der sofortigen Vollziehung, § 80 II Nr 4 VwGO, bedarf es nicht); dies gilt unabhängig von der in der verwaltungsgerichtl Lit umstrittenen Frage, ob § 80 I VwGO auch bei unzulässiger Klage eingreift, da der Verwaltungsrechtsweg hier überhaupt nur über Art 19 IV GG – und eben nur in der Form der Feststellungsklage – offen ist (s oben und Rn 34). Vorläufiger Rechtsschutz ist jedoch gem § 123 VwGO möglich (VGH Kassel DRiZ 84, 62).

56a Die Klage ist – entgegen § 78 I Nr 1 VwGO – **gegen das Präsidium** des Gerichts zu richten, da seine in richterl Unabhängigkeit gefaßte Entscheidung sachgemäß nur durch dieses vor Gericht vertreten werden kann (vgl a VGH Kassel aaO; aA VGH Mannheim DRiZ 73, 320).

57 Im übrigen hat der einzelne Richter grundsätzlich **keinen Anspruch, eine bestimmte Geschäftsaufgabe** zugeteilt zu erhalten oder von ihr nicht abgelöst zu werden. Prestigegesichtspunkte, wie sie etwa in der Wertung bestimmter richtl Aufgaben nach Anciennität zum Ausdruck kommen und von den Präsidien oft zu rücksichtsvoll auch beachtet werden, können nicht entscheidend sein (VGH Kassel aaO; s auch Rn 6).

58 **c) Selbstverwaltungsstreitigkeiten der Mitglieder des Präsidiums:** Nach VGH Mannheim (DÖV 80, 573) soll nach § 40 I VwGO der Rechtsweg zu den VerwGerichten auch für Streitigkeiten von Mitgliedern des Präsidiums untereinander, insbesondere zwischen Vorsitzendem und weiteren Mitgliedern (hier: über Zulässigkeit einer Geschäftsordnung) eröffnet sein (ähnlich VG Schleswig DRiZ 68, 144). Die Erforderlichkeit solchen Rechtsschutzes muß bezweifelt werden, da das Präsidium Streitigkeiten im Rahmen seiner „Autonomie" selbst – und in (und mit) richterlicher Unabhängigkeit – entscheiden kann (vgl auch Kissel Rdnr 35).

59 **d)** Ungeklärt ist, ob die **Justizverwaltung** gegen eine fehlerhafte Geschäftsverteilung vorgehen kann, was sicher nicht bei Unzweckmäßigkeit oder (bloßer) Unrichtigkeit, möglicherweise aber bei (bewußt) unvollständiger Geschäftsverteilung und damit verbundener Verweigerung der Justizgewährung (vgl Rn 12) in Betracht kommen könnte. Sicher ist, daß die Justizverwaltung in

einem solchen Fall nicht im Weg der „Ersatzvornahme" selbst in die GV eingreifen kann. Möglich erscheint jedoch in entsprechender Anwendung der Grundsätze des § 26 DRiG der dienstaufsichtliche Vorhalt wegen offensichtlichen Fehlers. Hiervon dürfte auch der BGH (Dienstgericht des Bundes, BGHZ 46, 147) ausgegangen sein; vgl auch BGH MDR 82, 227, der generell Anregungen, Prüfungswünsche uä – unterhalb der Schwelle der Weisung – der dienstaufsichtführenden Stellen an das Präsidium für zulässig hält. Hiernach besteht aber kein Bedürfnis mehr für die Eröffnung eines Rechtswegs; es kann wohl selbstverständlich davon ausgegangen werden, daß das Präsidium in einem derartigen Fall nach § 26 DRiG vorgeht, wenn es „Hinweise" der Justizverwaltung für unzutreffend hält und sich deshalb nicht an sie halten will. Die **Klagebefugnis des Präsidiums** gegenüber „Maßnahmen" der Justizverwaltung, die Rechte des Präsidiums verletzen (können), im Rechtsweg zu den Dienstgerichten ist anzuerkennen (vgl auch Koblenz bei Buschmann DRiZ 83, 473).

§ 21f

[Vorsitz in den Spruchkörpern]

(1) Den Vorsitz in den Spruchkörpern bei den Landgerichten, bei den Oberlandesgerichten, sowie bei dem Bundesgerichtshof führen der Präsident und die Vorsitzenden Richter.

(2) Bei Verhinderung des Vorsitzenden führt den Vorsitz das vom Präsidium bestimmte Mitglied des Spruchkörpers. Ist auch dieser Vertreter verhindert, führt das dienstälteste, bei gleichem Dienstalter das lebensälteste Mitglied des Spruchkörpers den Vorsitz.

I) 1) Grundsatz: Der Vorsitzende hat die Aufgabe, die Qualität und insbesondere die Einheitlichkeit der Rspr des Spruchkörpers in besonderem Maß zu gewährleisten (vgl BGH 9, 292; 37, 212; NJW 73, 205). Dem trägt das Gesetz in Abs 1 dadurch Rechnung, daß der Vorsitz in den Spruchkörpern des LG, OLG und BGH (sowie ObLG, § 10 I EGGVG) dem Präsidenten (auch Vizepräsident) und den Vors Richtern, also besonders ausgewählten Richtern, vorbehalten ist. Der Grundsatz gilt seit 1. 10. 72 für alle ordentlichen Spruchkörper; die nach § 62 I 2 aF für kleine StrK und KfHS vorgesehene Ausnahme ist weggefallen. Dagegen enthält § 106 eine fortgeltende Sonderregelung (aA Kissel Rdnr 3, der die Vorschrift für obsolet hält; dies trifft aber nicht zu, da sie für den besonderen Fall des § 93 II bewußt aufrechterhalten wurde). 1

2) Ferner kann in Ausnahmefällen auch weiterhin der Vorsitz in vorübergehend gebildeten **Hilfskammern** (s § 21e Rn 19) **und Ferienkammern** (§ 201) auch Richtern, die nicht zum Vors Richter ernannt sind, übertragen werden (BGH NJW 83, 2952; 86, 144; LR-Schäfer § 21f Rdnr 13; aA: ThP § 21f Anm 1a; Kissel § 21f Rdnr 7). Eine Hilfskammer kann nach der Rspr (vgl BGHSt 11, 106; NJW 53, 1034; st Rspr) nur zur vorübergehenden Entlastung (ihr Bestand kann daher auch nur längstens bis zum Ablauf des auf ihre Einrichtung folgenden Geschäftsjahrs aufrechterhalten werden, BGH NJW 86, 144) einer durch unvorhergesehene besondere Arbeitsbelastung überlasteten ordentlichen Kammer gebildet werden und stellt daher der Sache nach eine – zulässige – außerordentliche Vertretungsregelung für Fälle besonderer Verhinderung dar (BGHSt 12, 104; NJW 83, 2952); die Besetzung des Vorsitzes mit einem „weiteren" Richter war daher schon nach bisherigem Recht nicht analog der (gestrichenen) Ausnahmeregelung des § 62 I 2, sondern nur analog der allgemeinen Vertretungsregelung zulässig (vgl insb BGH 12, 107). In Hinblick auf § 21f II kann daher der Vorsitz in einer Hilfskammer auch weiterhin in Abweichung von Abs 1 besetzt werden. Dies ist auch sachlich gerechtfertigt, da der richtungsweisende Einfluß des Vorsitzenden im Sinne einer einheitlichen Rspr aufgrund der nur vorübergehenden Existenz der Hilfskammer ohnehin kaum zum Tragen kommen kann und die Notwendigkeit der Besetzung mit einem VRi den bezweckten Entlastungseffekt weitgehend zunichte machen würde (BGH NJW 83, 2952). Das gleiche gilt für die Ferienkammer (vgl dazu BGH NJW 59, 108; Celle NJW 69, 808), die als vom Gesetz zugelassene (§ 201) vorübergehende Hilfskammer anzusehen ist. 2

3) Der Vorsitzende muß auch tatsächlich **in der Lage sein,** auf die Rspr seiner Kammer **richtungsweisenden Einfluß auszuüben** (BGH 37, 210; NJW 68, 501; 73, 205). Dies ist nicht der Fall, wenn schon im Zeitpunkt der Besetzung absehbar ist, daß der Vorsitzende in Folge sonstiger dienstlicher Belastung in mehr als 25% der Aufgaben vertreten werden muß (BGH GS 37, 210 = NJW 62, 1570); dies gilt auch für den Präsidenten (BGH GS 49, 64 = NJW 68, 501). 3

4) Die **Verteilung des Vorsitzes** in den einzelnen Spruchkörpern ist Aufgaben des Präsidiums (§ 21e I 1); der Präsident entscheidet über den von ihm zu übernehmenden Vorsitz selbst (§ 21e I 3). Bei der Verteilung ist insbesondere der in Rn 3 genannte Grundsatz zu beachten (Verstoß führt zu nicht ordnungsgemäßer Besetzung, vgl dazu § 21e Rn 52), er kann auch nicht durch 4

Bestellung eines weiteren ordentlichen Vorsitzenden umgangen werden, da ein **mehrfacher Vorsitz** mit Art 101 I 2 GG nicht zu vereinbaren ist (BGH NJW 55, 103). Dagegen kann einem Vorsitzenden Richter der Vorsitz in zwei Spruchkörpern übertragen werden, soweit er richtungsweisenden Einfluß iS der Rn 3 in beiden ausüben kann (§ 21e I 4; vgl auch BGH NJW 67, 1279; 73, 205).

5 **II) Für die Vertretung des Vorsitzenden** stellt **Abs 2** in Ergänzung der Zuständigkeitsregelung des § 21e I 1 zusätzliche bzw die Regelungsfreiheit des Präsidiums einengende Regeln auf. **1)** Die Vertretung nach Abs 2 setzt zunächst voraus, daß ein Fall vorübergehender Verhinderung vorliegt (vgl dazu im einzelnen § 21e Rn 39/39e). Nur in diesem Fall ist eine Vertretung zulässig. Bei dauernder Verhinderung muß ein (neuer) ständiger Vorsitzender bestellt werden, der den statusmäßigen Anforderungen des Abs 1 entsprechen muß (vgl BGH NJW 85, 2337; 86, 1326; BVerwG NJW 86, 1366).

6 **2)** Nach S 1 muß ein **regelmäßiger Vertreter** aus den Mitgliedern des Spruchkörpers bestellt werden, er muß also ständiges Mitglied der Kammer (des Senats) sein; dies ist nicht bei einem Richter der Fall, der dem Spruchkörper nur zugeteilt ist, um die Beschlußfähigkeit bei Verhinderung ordentlicher Kammermitglieder sicherzustellen (BGH NJW 65, 875). Er muß ferner planmäßig angestellt (BGH NJW 56, 960; 60, 57) und Richter auf Lebenszeit sein (§ 28 II DRiG). – Obwohl § 21f II nur **einen** Vertreter vorsieht, kann das Präsidium für den Fall der Verhinderung auch des regelmäßigen Vertreters einen weiteren Vertreter, für den die vorgenannten Voraussetzungen zutreffen müssen, bestimmen; dies folgt aus § 21e I 1 (s dort Rn 16); § 21f II 2 steht nicht entgegen, da er nur eine Hilfsregelung darstellt (aA Schorn/Stanicki S 80). Das Präsidium ist bei der **Auswahl** frei, insbesondere – entgegen verbreiteter Praxis – nicht an das Dienstalter gebunden.

7 **3) Weitere Vertretung (S 2):** Die Regelung stellt sicher, daß bei Verhinderung des (der) aus den ordentlichen Kammermitgliedern bestellten Vertreter(s) zunächst die weiteren Kammermitglieder in der in S 2 bestimmten Reihenfolge zur Vertretung berufen sind. Sie gilt nur für Richter auf Lebenszeit (§ 28 II DRiG). Ist auch danach ein Vertreter nicht vorhanden, weil alle ordentlichen Kammermitglieder, die den Vorsitz führen könnten, verhindert sind (insbesondere etwa in Fällen der Ablehnung), so greift sie **allg** Vertretungsregelung ein (§ 21e I 1, vgl dort Rn 15, 16), aus der die Kammerbesetzung wieder „aufgefüllt" wird. Einer Regelung der weiteren Vertretung des Vorsitzenden durch das Präsidium bedarf es nicht, da sich aus Abs 2 S 2 immer ergibt, wer den Vorsitz führt; dies gilt auch dann, wenn über die allg Vertretungsregelung ein oder auch mehrere Vorsitzende Richter nachgerückt sind (der nach dem Dienstalter älteste VRi führt den Vorsitz); aA Kissel (Rdnr 13), der zu Unrecht nur auf die Vertretung des Vorsitzenden abstellt und deshalb eine „Ad-hoc-Bestimmung" durch das Präsidium für erforderlich hält.

8 **4)** Die Grundsätze des Abs 2 gelten **nicht** für die nur mit einem berufsmäßigen Richter besetzten Spruchkörper der LGe; hier ist nur nach den allg Grundsätzen (§ 21e I 1) zu verfahren.

9 **5)** Für die **Feststellung der Verhinderung** des Vorsitzenden gelten die allgemeinen Grundsätze (vgl § 21e Rn 41), zuständig für die Feststellung der Verhinderung (soweit nötig) ist der Vorsitzende, soweit die Vertretung innerhalb des Spruchkörpers bleibt (BGH DRiZ 83, 234; Kissel Rdnr 132). Der Vorsitzende kann dann auch seine eigene Verhinderung feststellen (BGH aaO), ebenso aber auch der als Vertreter nachrückende „Vorsitzende".

10 **III)** Aus § 21 f folgt, daß **jedem Vorsitzenden Richter der Vorsitz in einem Spruchkörper übertragen werden muß;** die Justizverwaltung darf daher nicht mehr Vors Richter bestellen, als ordentl Spruchkörper bei dem Gericht vorhanden sind. Vors Richter können jedoch daneben, soweit dies mit den mit dem Vorsitz verbundenen Aufgaben zu vereinbaren ist (s oben Rn 3), auch zu **weiteren Mitgliedern** eines anderen Spruchkörpers oder Vertretern weiterer Mitglieder bestellt werden (BGH NJW 84, 129 = DRiZ 83, 320; vgl auch § 21e I 4 und §§ 75, 122 sowie Fischer DRiZ 67, 52); auch der Einsatz als ständiger Beisitzer stellt für den Vorsitzenden Richter keine zu seinem Status unterwertige Funktion dar (BGH aaO). Dem Vorsitzenden Richter am LG kann daher nach § 59 II auch ein weiteres Richteramt an einem AG übertragen werden.

§ 21g

[Geschäftsverteilung innerhalb der Spruchkörper]

(1) Innerhalb des mit mehreren Richtern besetzten Spruchkörpers verteilt der Vorsitzende die Geschäfte auf die Mitglieder.

(2) Der Vorsitzende bestimmt vor Beginn des Geschäftsjahres für dessen Dauer, nach welchen Grundsätzen die Mitglieder an den Verfahren mitwirken; diese Anordnung kann nur geändert werden, wenn dies wegen Überlastung, ungenügender Auslastung, Wechsels oder dauernder Verhinderung einzelner Mitglieder des Spruchkörpers nötig wird.

(3) Absatz 2 gilt entsprechend, soweit nach den Vorschriften der Zivilprozeßordnung die Zivilkammer die Verfahren einem ihrer Mitglieder als Einzelrichter übertragen kann.

1) Abs 1 stellt klar, daß die Verteilung der Geschäfte innerhalb eines mit mehreren Richtern besetzten Spruchkörpers zu den richterlichen Aufgaben des Vorsitzenden gehört und daher nicht dem Einwirkungsbereich der Geschäftsverteilung durch das Präsidium unterliegt (vgl auch BGH NJW 66, 1458). Hierunter fällt insbesondere: Bestimmung des Berichterstatters; bei Verhinderung desselben ggfalls eines neuen, der nicht der geschäftsplanmäßige Vertreter des Verhinderten sein muß; bei Überbesetzung die Bestimmung der mitwirkenden Richter (RG 133, 33; vgl aber Abs 2); die Bestimmung des Einzelrichters nach § 524 ZPO (für den Fall des § 348 ZPO gilt Abs 3, vgl Rn 7). – Für die Vertretung des Vorsitzenden bei diesen Aufgaben gilt § 21f II. 1

2) Abs 2 schränkt das freie Ermessen des Vorsitzenden für Entscheidungen nach Abs 1 in gewissem Rahmen ein: **a) Bedeutung und Umfang:** Die Regelung des Abs 2 ist eine Konkretisierung des Grundsatzes des gesetzlichen Richters, die jedoch durch die Verfassungsgarantie des Art 101 I 2 GG nicht geboten ist (BVerfG 18, 345; 22, 282; kritisch hierzu Seide NJW 73, 265); gesetzlicher Richter idS ist der vom Vorsitzenden auf Grund der generellen Befugnis nach Abs 1 berufene Richter aus dem gemäß dem Geschäftsverteilungsplan besetzten Spruchkörper (BVerfG aaO). Die **Bindung** des Vors an die Grundsätze ist daher nicht so streng wie die Bindung an den GVP nach § 21e; sie steht unter der Einschränkung, daß die stetige, geordnete Arbeit des Spruchkörpers, dem die Grundsätze zu dienen haben, gewährleistet bleibt. **Abweichungen im Einzelfall** sind zulässig, wenn sie im Interesse sachgerechter Erledigung der Geschäfte (zB um ungleicher Auslastung der Richter zu begegnen, Doppelarbeit zu vermeiden oder mit Rücksicht auf besondere Umstände wie Einarbeitung eines neu eingetretenen Richters, Rücksicht auf noch nicht volle Belastbarkeit oder mangelnde Erfahrung eines Richters auf Probe) angezeigt sind (vgl BGH NJW 80, 951). Hieraus folgt weiter, daß der **Verstoß** gegen Abs 2 nicht mit der Verfassungsbeschwerde gerügt werden kann, sondern nur im Rahmen der Verfahrensrüge bei den allgemein zulässigen Rechtsmitteln (vgl § 21e Rn 49 ff; erfolgreich daher nur bei willkürlicher oder sonst mißbräuchlicher Abweichung, s BGH NJW 80, 951). 2

Aus der Bedeutung des Abs 2 uls Konkretisierung des Gebots des gesetzlichen Richters folgt andererseits, daß Abs 2 nur bei der konkreten Besetzung der Richterbank, nicht aber für die Verteilung der Aufgaben innerhalb des einheitlich entscheidenden Spruchkörpers (also insbesondere **nicht für die Bestimmung des Berichterstatters,** BGH MDR 80, 843; Kissel Rdnr 14) Bedeutung hat: Es muß also nach Abs 2 nur festgelegt sein, welche Richter an welchen Verfahren mitwirken, nicht jedoch wie (als Berichterstatter oder weiterer Beisitzer) sie mitwirken (vgl Dinslage NJW 67, 642; Koebel JZ 65, 244; s a BGH NJW 67, 1622, s dazu Laum DRiZ 69, 79). Abs 2 hat daher **nur für den überbesetzten Spruchkörper** Bedeutung. 3

b) Inhalt der Geschäftsverteilung: Der Vorsitzende muß bei einem überbesetzten Spruchkörper festlegen, in welcher Besetzung der Spruchkörper jeweils tätig wird. Ob er hierbei an Sitzungswochen, die Art der Verfahren (Sachgebiete), die Aktenzeichenendziffer oder andere entsprechende Gesichtspunkte anknüpft, steht ihm frei. Mindestens muß ein Turnus, nach dem die Beisitzer zu den Sitzungen heranzuziehen sind, festgelegt werden (nach BGHSt 21, 250 aber auch ausreichend, aA Kissel Rdnr 12). Innerhalb der so festgelegten Mitwirkung der Kammer-(Senats)mitglieder ist der Vorsitzende bei der weiteren Verteilung der Geschäfte (Berichterstatter) frei (s oben). – Die Regelung erfolgt zweckmäßig schriftlich (BGH NJW 67, 1622), § 21e VIII Hs 1 gilt nicht; Abweichung im Einzelfall braucht nicht schriftlich festgehalten oder gar begründet zu werden (BGH NJW 80, 951); jedoch muß jedem, der ein rechtliches Interesse hat (insbesondere Parteien), Einsicht, ggfs Auskunft erteilt werden (vgl auch BayObLG MDR 78, 232). 4

c) Vertretungsregelung: Im Rahmen der Geschäftsverteilung nach Abs 2 muß auch eine Vertretungsregelung getroffen werden, und zwar für jedes Mitglied des Spruchkörpers (nicht für den Vorsitzenden, insoweit § 21f). Diese geht der Vertretungsregelung im Geschäftsverteilungsplan des Präsidiums nach § 21e I vor, da eine Verhinderung, für die die Vertretungsregelung des allg Geschäftsverteilungsplans eingreift, nur vorliegt, wenn der Spruchkörper aus der Zahl seiner ordentlichen Mitglieder nicht mehr ordnungsgemäß besetzt werden kann. 5

d) Zeitpunkt: Die interne Besetzungsregelung des Vorsitzenden nach Abs 2 muß vor Beginn des Geschäftsjahres für dessen gesamte Dauer getroffen werden. Für eine Änderung während des Geschäftsjahres (Abs 2 Hs 2) gelten dieselben Grundsätze wie nach § 21e III (s dort Rn 42 ff). 6

7 **3) Abs 3, der sich auf den Fall des § 348 ZPO bezieht** (für Einzelrichter nach § 524 gilt nur Abs 1 und 2, s Rn 1), wurde eingefügt das G v 20. 12. 74 (BGBl I 3651). Nach der Begründung (BT-Drucks 7/2769) soll klargestellt werden, daß die Grundsätze über die Geschäftsverteilung im Spruchkörper auch für die Zuständigkeit des Einzelrichters (ER) nach § 348 ZPO gelten. Die Konsequenzen der Vorschrift gehen allerdings über eine „Klarstellung" erheblich hinaus. Sie übersteigen auch das, was unter dem Gesichtspunkt des Art 101 I 2 GG (vgl auch BVerfG 18, 344) geboten wäre. Die verfassungsrechtl Bedenken von Müller (NJW 75, 860; DRiZ 76, 43; vgl auch Rasehorn NJW 77, 789) sind unbegründet.

8 Nach § 348 I ZPO entscheidet die Kammer – und zwar in der Besetzung, die sich gemäß der kammerinternen Geschäftsverteilung nach § 21g II ergibt (s oben), **ob** das Verfahren dem ER übertragen wird. Die **Person des ER** bestimmt dagegen der Vorsitzende (hM, aA Müller aaO), und zwar gemäß Abs 3. Dies bedeutet im einzelnen:

9 **a)** Der Vorsitzende hat vor Beginn des Geschäftsjahres eine **„Einzelrichtergeschäftsverteilung"** aufzustellen. Dies gilt – im Gegensatz zum Umfang der Regelung des Abs 2 – auch für die nicht überbesetzte Kammer. Denn Abs 3 verweist für jeden Fall der Übertragung auf den ER auf die nach Abs 2 festzulegenden Grundsätze, setzt also die Anwendungsvoraussetzungen des Abs 2 nicht voraus. Dies bedeutet im Ergebnis, daß die bisherige Freiheit des Vorsitzenden nach Abs 1 durch die von ihm festzulegende kammerinterne Einzelrichtergeschäftsverteilung ersetzt wurde.

10 **b)** Für den **Inhalt** der vom Vorsitzenden zu treffenden Regelung gilt das unter Rn 4 Genannte. Das Wort „Grundsätze" bedeutet jedoch nicht, daß nur eine generelle Regelung zu treffen wäre, die im jeweiligen Einzelfall auszufüllen wäre; vielmehr muß aus den „Grundsätzen" für jedes Einzelverfahren entnommen werden können, welches Kammermitglied ER ist. Ebenso ist eine Vertreterregelung zu treffen (vgl Rn 5), und zwar auch für den Vorsitzenden, der als ER tätig wird; § 21f II gilt insoweit nicht, da es sich nicht um die Vertretung im Vorsitz des Spruchkörpers handelt. Zu Konsequenzen der Vertreterregelung auch Rn 13).

11 **c)** Aus a) und b) folgt, daß sich die Frage, **wer im konkreten Verfahren die Person des ER** bestimmt, eigentlich nicht mehr stellt. Aus der Entscheidung der Kammer nach § 348 ZPO, das Verfahren dem ER zu übertragen, und der Einzelrichtergeschäftsverteilung nach § 21g III ergibt sich von selbst die Person des ER. Insoweit steht also (worauf der Wortlaut des § 348 I ZPO – „einem ihrer Mitglieder" – an sich schließen ließe) der Kammer ein Auswahlermessen nicht zu (mißverständlich insoweit die Begründung – BT-Drucks 7/2769 unter II, 2 –, wonach durch § 21g III „der Ermessensspielraum der Zivilkammer eingeengt wird, die Zivilkammer aber im übrigen im Einzelfall nach pflichtgemäßem Ermessen entscheidet": Eine Ermessensentscheidung ist von der Kammer nach § 348 I ZPO nur hinsichtlich der Frage zu treffen, ob das Verfahren dem ER überwiesen wird). Einer Entscheidung im Einzelfall kann es vielmehr nur bedürfen, wenn – wegen Unvollständigkeit oder Unklarheit der Einzelrichtergeschäftsverteilung – Zweifel über die Person des berufenen Einzelrichters bestehen. Diese sind dadurch zu beseitigen, daß der Vorsitzende seine Regelung entsprechend ergänzt oder klarstellt.

12 **d)** Aus dem Verhältnis zwischen § 348 I ZPO und § 21g III ist für die **überbesetzte Kammer** besonders zu beachten: nach § 348 I ZPO muß der ER Mitglied der (entscheidenden) Zivilkammer sein. Dh er muß nicht nur der Kammer, sondern dem Spruchkörper in seiner konkreten Besetzung im Zeitpunkt der Entscheidung angehören. Im Zusammenhang mit der Notwendigkeit der vorweg zu erstellenden ER-Geschäftsverteilung folgt daraus, daß bei überbesetzter Kammer die Sitzgruppeneinteilung nach § 21g II und die Einzelrichtergeschäftsverteilung nach § 21g III so abgestimmt sein müssen, daß der in Betracht kommende ER der Sitzgruppe angehört, die nach § 348 ZPO zu entscheiden hat.

13 **e)** Für die **Vertretung des ER** gilt die nach Abs 3 iVm Abs 2 aufzustellende Vertretungsregelung (vgl Rn 10). Als Besonderheit ist jedoch zu beachten, daß die Entscheidung nach § 348 I ZPO einen bestimmten, der entscheidenden Zivilkammer angehörenden Richter bezeichnen muß. Wirkt dabei – wegen Verhinderung des nach der ER-Geschäftsverteilung an sich berufenen Kammermitglieds – sein Vertreter mit, so ist ihm das Verfahren zu übertragen. Er bleibt, da es für die Bestimmung des ER auf den Zeitpunkt der Entscheidung nach § 348 I ZPO ankommt, für das gesamte weitere Verfahren berufener ER, also auch wenn vor Abschluß des Verfahrens der Hinderungsgrund für das nach ER-Geschäftsverteilung an sich berufene Kammermitglied wegfällt. Dagegen greift die vom Vorsitzenden aufgestellte Vertretungsregelung (ohne daß eine Kammerentscheidung nötig wäre) ein, wenn der bereits bestimmte ER, dem das Verfahren übertragen ist, nachträglich vorübergehend verhindert ist. Fällt der Hinderungsgrund weg, so fällt auch das Verfahren an ihn zurück.

f) Besondere Fragen wirft die Gefahr der **Überlastung** einzelner Kammermitglieder als ER auf. Sie besteht in besonderem Maß, da bei der im voraus zu erstellenden Geschäftsverteilung nicht voraussehbar ist, welche Sachen nach § 348 I ZPO übertragen werden. Grundsätzl kann bei Überlastung nach Abs 3 iVm Abs 2 Hs 2 verfahren werden. Dies wird jedoch zahlreiche Anpassungen im Laufe des Geschäftsjahres nötig machen. Dies kann dadurch verhindert werden, daß in der ER-Geschäftsverteilung im voraus festgelegt wird, daß Kammermitglieder bei der Zuteilung von ER-Sachen nicht zu berücksichtigen sind, wenn ihnen schon eine bestimmte Zahl von ER-Sachen über dem Kammerdurchschnitt übertragen ist. Der Vorsitzende kann für diese Fälle auch in der kammerinternen ER-Geschäftsverteilung eine besondere Vertretungsregelung (zB Bestellung des Vorsitzenden selbst zum Vertreter in diesen Fällen) vorsehen. Es handelt sich insoweit nicht um eine Umgehung der bei Überlastung vom Ges vorgesehenen Regelung, vielmehr wird die Überlastung – die auch nach dem Ges die Ausnahme sein soll – durch eine solche Regelung der Geschäftsverteilung gerade verhindert. Es ist jedoch auch zulässig, im Interesse der gleichmäßigen Belastung (oder aus sonstigen sachlichen Gründen einer stetigen, geordneten Arbeit des Spruchkörpers – zB Einarbeitung eines neu zugeteilten Richters, mangelnde Erfahrung etwa eines Richters auf Probe u ä) **im Einzelfall** von der allgemeinen Regelung **abzuweichen** (vgl BGH NJW 80, 951 und Rn 2). 14

§ 21h

[Vertretung des Präsidenten und des aufsichtführenden Richters]

Der Präsident oder aufsichtführende Richter wird in seinen durch dieses Gesetz bestimmten Geschäften, die nicht durch das Präsidium zu verteilen sind, durch seinen ständigen Vertreter, bei mehreren ständigen Vertretern durch den dienstältesten, bei gleichem Dienstalter durch den lebensältesten von ihnen vertreten. Ist ein ständiger Vertreter nicht bestellt oder ist er verhindert, wird der Präsident oder aufsichtführende Richter durch den dienstältesten, bei gleichem Dienstalter durch den lebensältesten Richter vertreten.

1) Die Vertretungsregelung betrifft lediglich die **Aufgaben** des Präsidenten oder aufsichtführenden Richters im Rahmen **der gerichtlichen Selbstverwaltung** durch die Präsidien (BGH NJW 74, 509; Kissel Rdnr 3). 1

a) In Betracht kommen die Aufgaben als Vorsitzender des Präsidiums (§ 21c I 1), und zwar im Falle des § 21a II 1 und des § 22a, die dem Präsidenten o aufsichtführenden Richter nach § 21i II übertragenen Aufgaben und die Entscheidung nach § 21e I 3 (nur bei Präsidenten). Hierunter fällt insbesondere die Feststellung der Verhinderung (s § 21e Rn 41). 2

b) Die Regelung gilt **nicht für die Rechtsprechungstätigkeit** der genannten Richter (auch nicht bei Präsidenten, obwohl diese nach § 21e I 3 nicht vom Präsidium zu verteilen ist). Die Vertretung regelt sich hier nach § 21f II, bei AGen nach § 21e I 1. Sie gilt ferner nicht für die Vertretung bei **Aufgaben der Justizverwaltung** (entgegen der amtl Begründung, vgl BT-Drucks VI/577; s auch BGH NJW 74, 509), da diese nicht durch das GVG übertragen sind (vgl §§ 13, 14 VO v 20. 3. 35 – BGBl III 300-5 – oder entspr neueres Landesrecht, s Einl zum GVG Rn 3); die Vertretung bestimmt sich hier nach § 13 S 2 der VO v 20. 3. 35 oder nach Landesrecht; dies ist insbesondere bei der Verhinderung des ständigen Vertreters von Bedeutung, da die weitere Vertretung hier nicht (vgl § 13 S 2 VO v 20. 3. 35) oder abweichend von § 21h S 2 geregelt ist; Bayern: Art 4 AGGVG. 3

2) Vertreter ist zunächst der bestellte ständige Vertreter (Zuständigkeit: § 7 II VO v 20. 3. 35, aaO, oder Landesrecht: Bay: Art 7, 12, 17 II, 20 AGGVG); sind mehrere ständige Vertreter bestellt (zulässig bei Aufteilung nach Sachgebieten, BGH NJW 58, 1503), so bestimmt sich die Reihenfolge nach Dienst- bzw Lebensalter. Im Falle der Verhinderung oder des Fehlens des bestellten ständigen Vertreters stellt S 2 sicher, daß immer ein Vertreter bestimmbar ist. Die Reihenfolge bestimmt sich nach Dienstalter, hilfsweise nach Lebensalter; Vorsitzende Richter haben dabei – nach Dienstalter – den Vorrang (hM, vgl Kissel Rdnr 6 mwN). 4

3) Zur Vertretung im **Vorsitz des Präsidiums** s ferner § 21c Rn 1–3. 5

§ 21i

[Beschlußfähigkeit des Präsidiums]

(1) Das Präsidium ist beschlußfähig, wenn mindestens die Hälfte seiner gewählten Mitglieder anwesend ist.

(2) Sofern eine Entscheidung des Präsidiums nicht rechtzeitig ergehen kann, werden die in § 21 e bezeichneten Anordnungen von dem Präsidenten oder aufsichtführenden Richter getroffen. Die Gründe für die getroffene Anordnung sind schriftlich niederzulegen. Die Anordnung ist dem Präsidium unverzüglich zur Genehmigung vorzulegen. Sie bleibt in Kraft, solange das Präsidium nicht anderweit beschließt.

1 **1)** Abs 1 regelt die Frage der **Beschlußfähigkeit,** allerdings nur unvollständig. **a)** Voraussetzung ist zunächst die **Anwesenheit des Vorsitzenden** des Präsidiums; diese ist durch §§ 21 c I 1, 21 h so geregelt, daß in allen Fällen der Verhinderung ein Vorsitzender zur Verfügung steht.

2 **b)** Ferner müssen nach Abs 1 mindestens die Hälfte der **gewählten Mitglieder** anwesend sein, gleichgültig ob es sich iFd § 21 a II 2 bei den Anwesenden um Vorsitzende Richter oder Richter handelt. – Nicht geregelt ist jedoch die Beschlußfähigkeit im Falle der Zusammensetzung des Präsidiums nach § 21 a II 1 Nr 3; es ist kein Grund dafür ersichtlich, die Frage der Beschlußfähigkeit in diesem Fall anders als in den Fällen des § 21 a II 1 Nr 1 und 2 zu entscheiden; die Regel des Abs 1 ist daher entsprechend anzuwenden.

3 **c)** Abs 1 regelt die Beschlußfähigkeit nur für die Entscheidung in Sitzungen. Hieraus könnte geschlossen werden, daß Präsidialbeschlüsse in Sitzungen gefaßt werden müssen, das bisher daneben zulässige **Umlaufverfahren** (vgl BGHSt 12, 404; BGH LM Nr 13 zu § 63 GVG; Stanicki DRiZ 72, 53) ausgeschlossen ist (so ThP § 21 i Anm 1; BL § 21 e Anm 4 A; Kissel Rdnr 37 ff). Die Gesetzesmaterialien ergeben eine entsprechende Absicht des Gesetzgebers nicht (vgl BT-Drucks VI/557 S 18 und VI/2905 S 5), jedoch folgt aus Abs 1, daß der Gesetzgeber davon ausgeht, daß Präsidialentscheidungen grundsätzlich in Sitzungen zu treffen sind, zumal es sich auch um die für Kollegialorgane geeignetste Entscheidungsform handelt. Hiervon kann das Präsidium aber aufgrund seiner Verfahrensautonomie (vgl auch BVerwG NJW 84, 575) abweichen, wenn alle Mitglieder zustimmen. Das Umlaufverfahren ist daher als zulässig anzusehen, wenn alle Präsidiumsmitglieder mitwirken und hierdurch – stillschweigend – ihr Einverständnis mit diesem Verfahren erklären. Verlangt aber ein Mitglied die Entscheidung in einer Sitzung, so muß eine Sitzung einberufen werden (ebenso Kleinknecht StPO, § 21 i GVG Rdnr 1; Löwe/Rosenberg/Schäfer § 21 e GVG Anm VIII, 3; Schmidt DRiZ 73, 163). – Zur **Protokollierung** der Präsidialbeschlüsse, die nicht geboten ist, vgl BVerwG NJW 84, 575.

4 **2) Notzuständigkeit des Präsidenten oder aufsichtführenden Richters (Abs 2):** Ist eine erforderliche Entscheidung des Präsidiums etwa wegen besonderer Eilbedürftigkeit (so daß eine Einberufung des Präsidiums unter Wahrung einer angemessenen Frist nicht möglich ist) oder mangels Beschlußfähigkeit (Abs 1) nicht rechtzeitig zu erreichen, so geht die Entscheidungsbefugnis nach Abs 2 auf den Präsidenten oder den aufsichtführenden Richter über. Entscheidend ist, ob die Notwendigkeit der Maßnahme erst kurzfristig bekannt wurde; ob sie – objektiv – schon früher erkennbar war, ist unerheblich (vgl BGH bei Holtz MDR 77, 461). Die Notzuständigkeit greift daher auch ein, wenn der GVP unvollständig oder unklar ist (eine andere Regelung durch Präsidium also möglich gewesen wäre) und eine umgehende Vervollständigung aus Sachgründen nötig wird. – Obwohl ein Fall des Abs 2 vorliegt, hat der nach dessen S 1 Berufene zu entscheiden.

5 **a) Zuständig** nach Abs 2 S 1 ist der Präsident des Gerichts oder der aufsichtführende Richter, nicht der Vorsitzende des Präsidiums; in den Fällen des § 22 a entscheidet daher nicht der Landgerichtspräsident, sondern der aufsichtführende Richter (aA Kissel Rdnr 8: PräsLG). Im Falle einer Verhinderung tritt der nach § 22 h bestimmte Vertreter ein. – Für das **Verfahren** sind zunächst die für das Präsidium bestehenden Vorschriften (insbesondere § 21 e II, III 2, V) sowie die Besonderheiten nach Abs 2 S 2 und 3 zu beachten. Verstöße führen, soweit sie nicht nachträglich behoben werden können (wie etwa die schriftliche Begründung), zur Mangelhaftigkeit der Maßnahme (Folge s § 21 e Rn 51); vgl auch BGH bei Holtz MDR 74, 461.

6 **b) Inhalt der Maßnahmen:** Es können alle dem Präsidium zustehenden Befugnisse (aber auch nur diese) ausgeübt werden. Der zur Entscheidung berufene Präsident (Direktor) hat nach seinem eigenen Ermessen zu entscheiden, ohne Bindung daran, wie Präsidium – vermutlich – entschieden hätte. Hauptanwendungsbereich des § 21 i II werden Maßnahmen nach § 21 e III, insbesondere bei kurzfristigem Ausscheiden oder Hinzukommen von Richtern oder in Fälle außergewöhnlichen Arbeitsanfalls, der zu Überlastung führt (zB Haftentscheidungen), sein. – Besondere Probleme ergeben sich zur Frage der **Vertretungsregelung;** auszugehen ist von § 21 e III: danach können Anordnungen im Laufe des Geschäftsjahres nur unter den dort genannten Voraussetzungen geändert werden, dies gilt generell auch für die Bestimmung des Vertreters; allerdings wird hier – insbesondere bei längerer Vertretung oder bei besonderem und eilbedürftigem Arbeitsanfall – eine Änderung wegen Überlastung eines Richters in Betracht

kommen. § 21e III steht einer Vertretungsregelung im Laufe des Geschäftsjahrs ferner nicht entgegen, wenn der oder die im Geschäftsverteilungsplan vorgesehenen Vertreter ausfallen oder nicht ausreichen; die in diesem Fall nötige Bestimmung eines weiteren (zeitweiligen, dh bis zum Verfügungstehen des allgemeinen) Vertreters ist keine Änderung iSd § 21e III, sondern eine Ergänzung der Regelung der Geschäftsverteilung, die auch im Laufe des Geschäftsjahrs uneingeschränkt zulässig ist. Diese Maßnahmen hat nunmehr bei gegebenem Anlaß das Präsidium zu treffen; an ihrer Stelle kann unter den Voraussetzungen des § 21i II 1 der Präsident oder der aufsichtführende Richter handeln.

c) Wirkung der Maßnahmen: Die Notmaßnahmen des Präsidenten haben grundsätzlich die gleiche Wirkung wie entsprechende Maßnahmen des Präsidiums; insbesondere sind sie in ihrer zeitlichen Wirkung nicht begrenzt. Sie sind nach S 3 dem Präsidium unverzüglich vorzulegen, wobei die Worte **„zur Genehmigung"** irreführend sind, wie sich aus S 4 ergibt. Sie bleiben nämlich unabhängig von der Genehmigung oder ihrer Versagung in Kraft, bis sie vom Präsidium (unter den Voraussetzungen der S 1 sogar auch vom Präsidenten) abgeändert oder aufgehoben werden; dies kann nur mit Wirkung für die Zukunft, nicht aber rückwirkend geschehen. S 3 begründet somit keinen Genehmigungsvorbehalt, sondern nur eine Informationspflicht; S 4 eröffnet dem Präsidium aber die Möglichkeit, Entscheidungen, die nach S 1 getroffen wurden, im Laufe des Geschäftsjahrs abzuändern, ohne daß die Voraussetzungen des § 21e III 1 vorliegen müssen (aA insoweit Kissel Rdnr 11; S 4 enthält jedoch eine Spezialregelung, die dem Grundsatz des § 21e III 1 vorgeht; auch die Aufhebung der Eilanordnung, die Kissel zuläßt, wäre im übrigen eine Änderung iS der Vorschrift). 7

Dritter Titel

AMTSGERICHTE

§ 22

[Richter]

(1) Den Amtsgerichten stehen Einzelrichter vor.

(2) Einem Richter beim Amtsgericht kann zugleich ein weiteres Richteramt bei einem anderen Amtsgericht oder bei einem Landgericht übertragen werden.

(3) Die allgemeine Dienstaufsicht kann von der Landesjustizverwaltung dem Präsidenten des übergeordneten Landgerichts übertragen werden. Geschieht dies nicht, so ist, wenn das Amtsgericht mit mehreren Richtern besetzt ist, einem von ihnen von der Landesjustizverwaltung die allgemeine Dienstaufsicht zu übertragen.

(4) Jeder Amtsrichter erledigt die ihm obliegenden Geschäfte, soweit dieses Gesetz nichts anderes bestimmt, als Einzelrichter.

(5) Es können Richter auf Probe und Richter kraft Auftrags verwendet werden.

1) Siehe auch die nachfolgenden Bestimmungen der **VO v 20. 3. 35** (RGBl I 403), die, soweit sie nicht im Gegensatz stehen zu den gegenwärtigen Vorschriften der §§ 22 ff oder durch Landesrecht (Bay: 4, 20 I 1 Nr 4 und 20 II 2 AGGVG) ersetzt wurden, noch gelten (s Ges v 12. 9. 50 Art 8 II Nr 7; § 87 DRiG): 1

§ 3. Der „Reichsminister der Justiz" kann anordnen, daß außerhalb des Sitzes eines Amtsgerichts Zweigstellen errichtet und Gerichtstage abgehalten werden.

§ 4. I) Bei den mit mehreren Amtsrichtern besetzten Amtsgerichten bestellt der „Reichsminister der Justiz" den aufsichtsführenden Amtsrichter.

II) Der „Reichsminister der Justiz" kann einen oder mehrere Amtsrichter zu ständigen Vertretern des aufsichtsführenden Amtsrichters bestellen. Wird kein ständiger Vertreter bestellt oder ist dieser behindert, so wird der aufsichtsführende Amtsrichter durch den dem Dienstalter, bei gleichem Dienstalter durch den der Geburt nach ältesten Amtsrichter vertreten. Der „Reichsminister der Justiz" kann Grundsätze für die Vertretung des aufsichtsführenden Amtsrichters aufstellen.

2) **Einzelrichter, Abs 1 u 4,** (nicht iSd §§ 348 ff ZPO) als Gegensatz zum Kammer-(Senats-)prinzip der §§ 60, 116, 130. Durchbrechung in Strafsachen (Schöffengericht), sowie durch spätere Gesetze (zB § 2 II LwVerfG), im landesrechtl Aufgabenkreis (§§ 3, 4 EGGVG) auch das Landesrecht möglich. 2

3 **3) Übertragung eines weiteren Richteramtes (Abs 2):** Abs 2 betrifft sowohl die horizontale (bei einem anderen AG) wie die vertikale Ämterhäufung. An dem Zweitgericht erhält der Richter ein weiteres konkretes Richteramt, sein abstraktes Richteramt – und damit auch seine Amtsbezeichnung (RiAG, DirAG) – richtet sich jedoch ausschließlich nach dem Erstamt. Das weitere Richteramt gibt jedoch die vollen Rechte, die mit ihm allgemein verbunden sind (zB Wahlrecht nach § 21b I 1; vgl auch § 30 DRiG), es liegt insbesondere kein Fall der (Teil)-Abordnung vor (vgl BayObLGZ 71, 382); der Richter ist nicht Hilfsrichter, sondern ordentliches Mitglied des Gerichts, an dem ihm ein weiteres Richteramt übertragen ist (BayObLG aaO). Einem Richter am AG kann jedoch nicht als weiteres Richteramt das eines **VorsRichters am LG** übertragen werden, auch nicht, wenn dies besoldungsrechtlich möglich wäre (bei DirAG oder weiterem aufsichtführendem Richter der BesGr R 2); dies folgt aus § 21f I, der den ordentlichen Vorsitz auf die zu VorsRichtern Ernannten (also auf die Übertragung eines entsprechenden abstrakten Richteramts) beschränkt (für die Sonderregelung des § 106 s dort). Dagegen wäre es möglich, dem DirAG als weiteres Richteramt das des Direktors eines anderen AGs zu übertragen, da es sich hier auch um dasselbe abstrakte Amt handelt.

4 Bei der Übertragung des weiteren Richteramts kann der **Anteil der Zuweisung** durch die für die Übertragung zuständige Stelle festgelegt werden; hiervon haben dann die Präsidien bei der Bemessung der Geschäftsaufgabe auszugehen (s § 21e Rn 8). Ist eine solche Bestimmung nicht geschehen, so haben die beiden betroffenen Präsidien untereinander ein Einvernehmen herbeizuführen. Nicht zulässig dürfte es sein, den Richter bei einem Gericht von richterl Tätigkeit ganz auszuschließen (vgl BVerfG 17, 252) – die Übertragung von Aufgaben im Rahmen der Vertretungsregelung genügt jedoch; gerade hierin wird oft das Bedürfnis für die Übertragung des weiteren Richteramts liegen. Besteht für das weitere Richteramt kein Bedürfnis mehr, so ist die Bestellung aufzuheben, wozu allerdings das Einverständnis des Richters erforderlich ist (vgl BGHSt 24, 284). – Die Übertragung (Zuständigkeit nach Landesrecht: idR entsprechend der Ernennungszuständigkeit) bedarf keines weiteren Zuweisungsaktes durch die Justizverwaltung (BGH NJW 72, 780).

5 **4) Amtsgerichtl Zweigstellen** (unselbständige Dienststellen des AG außerhalb des Sitzes des AG – Hauptgericht) sind auf Grund der Organisationsgewalt zulässig (vgl § 3 der VO v 20. 3. 35 – s oben Rn 1 –; in Bayern VO über die amtsgerichtl Zweigstellen v 30. 5. 73, GVBl 341, zuletzt geändert durch VO v 2. 8. 79, GVBl 220). Gerichtsverfassungsrechtlich sind die Zweigstellen Teil des Amtsgerichts (vgl auch BayVerfGHE 30, 189 = NJW 78, 1515; BGH DRiZ 85, 102), es besteht keine besondere örtliche Zuständigkeit im Sinne der Prozeßordnungen, vielmehr nur eine Aufgabenabgrenzung für die Geschäftsverteilung nach örtlichen Gesichtspunkten. § 22d gilt auch im Verhältnis Hauptgericht–Zweigstelle uneingeschränkt.

6 Für die **richterliche Aufgabenverteilung** bedeutet dies, daß diese ausschließlich nach § 21e vorzunehmen ist. Die Zuweisung einer an der Zweigstelle wahrzunehmenden Geschäftsaufgabe ist für den betroffenen Richter eine Maßnahme der Geschäftsverteilung des Präsidiums. Sein Richteramt (§ 27 I DRiG), das an einem bestimmten Gericht, nicht aber an einem bestimmten Ort besteht, wird durch einen Aufgabenwechsel vom Hauptgericht zur Zweigstelle oder umgekehrt nicht betroffen; die Regeln über die Versetzung (§§ 31, 32 DRiG) oder über die Abordnung (§ 37 DRiG) sind weder unmittelbar noch entsprechend anwendbar (BGH DRiZ 85, 102; Domcke, Festschrift für Bengl, 1983, S 11). Bei der Aufhebung einer Zweigstelle ist daher auch § 32 DRiG nicht anwendbar.

7 Im Hinblick auf diese Zuordnung ist es auch zweckmäßig, jedenfalls zulässig, das Präsidium zu ermächtigen, im Wege der Regelung der Geschäftsverteilung im einzelnen den Umfang der an der Zweigstelle wahrzunehmenden Aufgaben zu bestimmen (vgl § 3 S 2 der bay VO v 30. 5. 73, aaO, sowie BayVerfGH aaO); allerdings darf das Präsidium hierbei die durch Rechtsnorm vorgegebenen Bestand der Zweigstelle nicht in ihrem Kernbestand aushöhlen.

8 **5) Allgemeine Dienstaufsicht (Abs 3):** Übertragung nach S 2 umfaßt bei nicht m AGPräs besetzten AGen nicht die Dienstaufsicht ü Richter; diese steht immer dem LGPräs zu, es sei denn, das AG ist mit einem Präs besetzt (§ 15 VO v 20. 3. 35; Bay: § 20 II 2 AGGVG). Die Regelung der Dienstaufsicht (= Justizverwaltung) ist Sache der Länder (s Einl Rn 11) und hat grundsätzlich durch Rechtsnorm zu geschehen, da sie die Zuständigkeit mit Außenwirkung regelt. Abs 3 gibt – hilfsweise – die Grundlage dafür, die Dienstaufsicht im Einzelfall durch Zuweisungsakt der Justizverwaltung zu regeln. Es handelt sich hierbei um eine Organisationsanordnung, nicht um eine Verordnungsermächtigung, für die die Grundsätze von BVerfGE 11, 77 anzuwenden wären (aA Schäfke ZPR 83, 165, 168).

9 **6) Hilfsrichter: Richter auf Probe oder kraft Auftrags** sind nicht planmäßig bei einem Gericht angestellte Richter (vgl §§ 12, 14 DRiG), deren Tätigwerden als Richter ausdrücklicher bundesge-

setzlicher Bestimmung bedarf (§ 28 I DRiG); § 22 V (s auch § 52 III) ist eine solche Vorschrift. Richter, die wegen Erreichung der Altersgrenze in den Ruhestand getreten sind, können dagegen nach Abs 5 nicht als Hilfsrichter verwendet werden (vgl §§ 48 II, 76 II DRiG). – Da die persönliche Unabhängigkeit der Richter auf Probe und kraft Auftrags nur beschränkt geschützt ist (beim LG vgl § 70 II GVG), dürfen sie im Hinblick auf Art 97 II GG (vgl dazu § 1 Rn 8) nur im Rahmen des aus Sachgründen gebotenen Maßes (zB Notwendigkeit der Erprobung des Richternachwuchses, beschränkte Zahl von Planstellen) verwendet werden (BVerfGE 4, 331; 14, 156 = NJW 62, 1495). Dem tragen jetzt §§ 28 II 2, 29 DRiG Rechnung. – Einschränkungen für die Verwendung der Richter auf Probe enthalten § 23b III 2 und § 29 I 2.

§ 22a

[Vorsitz im Präsidium]

Bei Amtsgerichten mit einem aus allen wählbaren Richtern bestehenden Präsidium (§ 21a Abs. 2 Satz 1 Nr. 3) gehört der Präsident des übergeordneten Landgerichts oder, wenn der Präsident eines anderen Amtsgerichts die Dienstaufsicht ausübt, dieser Präsident dem Präsidium als Vorsitzender an.

1) Den Vorsitz im Präsidium eines AG mit bis zu 7 Richterplanstellen führt der Präsident des LG. Der DirAG ist in diesen Fällen weiteres Mitglied nach § 21a II 1 Nr 3. Vgl im übrigen auch § 21a Rn 7, 8. 1

2) Für die Vertretung des Präsidenten gilt § 21c I 1 und § 21h (keine Vertretung durch den DirAG). Dagegen ist § 21c I 2 nicht anwendbar. 2

3) Die Eilzuständigkeit nach § 21i II 1 übt der Direktor des AG, nicht der Präsident aus, da sie nicht dem Vorsitzenden des Präsidiums, sondern dem aufsichtsführenden Richter zugeordnet ist (aA Kissel Rdnr 5, s auch § 21i Rn 5). 3

§ 22b

[Vertretung der Richter]

(1) Ist ein Amtsgericht nur mit einem Richter besetzt, so beauftragt das Präsidium des Landgerichts einen Richter seines Bezirks mit der ständigen Vertretung dieses Richters.

(2) Wird an einem Amtsgericht die vorübergehende Vertretung durch einen Richter eines anderen Gerichts nötig, so beauftragt das Präsidium des Landgerichts einen Richter seines Bezirks längstens für zwei Monate mit der Vertretung.

(3) In Eilfällen kann der Präsident des Landgerichts einen zeitweiligen Vertreter bestellen. Die Gründe für die getroffene Anordnung sind schriftlich niederzulegen.

(4) Bei Amtsgerichten, über die der Präsident eines anderen Amtsgerichts die Dienstaufsicht ausübt, ist in den Fällen der Absätze 1 und 2 das Präsidium des anderen Amtsgerichts und im Falle des Absatzes 3 dessen Präsident zuständig.

1) Vertretung beim 1 Richter-AG (Abs 1): Gerichtsinterne Vertretung hier nicht möglich; Regelung durch Präsidium des übergeordneten LG oder des AG, dessen Präsident die Dienstaufsicht führt (Abs 4). – Zur Bildung eines Präsidiums bei 1 Richter-Gericht s § 21a Rn 5. 1

2) Vorübergehende Vertretung beim AG (Abs 2): Grundsätzlich gilt für Vertretung beim AG der Grundsatz der gerichtsinternen Vertretung (§ 21c I 1), der durch Präsidium zu regeln ist. Ist eine gerichtsinterne Vertretung jedoch nicht möglich, weil alle in Betracht kommenden Richter des AG ihrerseits verhindert sind, gilt Abs 2 (für den entsprechenden Fall bei LG s § 70). Die 2-Monatsfrist ist eine Höchstfrist für den jeweiligen Vertretungsfall; besteht das Vertretungsbedürfnis nach Ablauf der Frist weiter, so muß die Justizverwaltung eingreifen; analog § 70 I wird das Präsidium des LG einen entsprechenden Antrag zu stellen haben. 2

Abs 2 verbietet nicht eine Vertretungsregelung für das ganze Geschäftsjahr durch einen anderen Richter des Bezirks, wenn die Regelung mehrere Vertretungsfälle von jeweils nicht mehr als 2 Monaten umfaßt, die schon im voraus feststehen (zB für Bereitschaftsdienst an dienstfreien Tagen). 3

3) Bestellung eines zeitweiligen Vertreters (Abs 3): Wird eine Vertretung iSd Abs 1 oder 2 notwendig und ist eine Entscheidung des zuständigen Präsidiums nicht rechtzeitig zu erlangen, so kann der Präsident des LG (oder AG, Abs 4) an Stelle des Präsidiums handeln. Im Gegensatz zu 4

§ 21i II muß die Entscheidung nicht dem Präsidium vorgelegt werden (aA Kissel Rdnr 7, der ein Redaktionsversehen annimmt; hierzu besteht jedoch kein Anlaß); sie kann von diesem auch nur unter den Voraussetzungen des § 21e III, die in der Regel nicht vorliegen werden, abgeändert werden. Die 2-Monatsfrist ist für den zeitweiligen Vertreter analog anzuwenden.

§ 22c

[weggefallen]

§ 22d

[Handlungen eines unzuständigen Richters]

Die Gültigkeit der Handlung eines Richters beim Amtsgericht wird nicht dadurch berührt, daß die Handlung nach der Geschäftsverteilung von einem anderen Richter wahrzunehmen gewesen wäre.

1 Die in ihrem Wortlaut mehrdeutige und im übrigen auch unvollständige Vorschrift (Kissel Rdnr 1) ist im Rahmen des Art 101 GG und der allgemeinen Vorschriften über die Geschäftsverteilung (§§ 21e ff) auszulegen. Sie besagt generell, daß richterliche Handlungen wegen Verstoßes gegen die Geschäftsverteilung nicht nichtig sind; dies gilt allgemein, nicht nur für das AG. Unberührt bleibt jedoch die Rüge, die Geschäftsverteilung habe nicht dem Gesetz entsprochen (Bremen NJW 65, 1447; vgl auch BGH 37, 126), ebenso Rüge, der unzuständige Richter sei willkürlich tätig geworden (vgl Art 101 I 2 GG; BGHSt 11, 106). Vgl dazu § 21e Rn 48 ff. – Aus der Vorschrift folgt auch, daß die Rüge, der Richter sei nach dem Geschäftsverteilungsplan nicht zuständig gewesen, nur bei Willkür durchgreifen kann (BGH MDR 80, 863, 864; NJW 86, 144).

§ 23

[Sachliche Zuständigkeit in Zivilsachen]

Die Zuständigkeit der Amtsgerichte umfaßt in bürgerlichen Rechtsstreitigkeiten, soweit sie nicht ohne Rücksicht auf den Wert des Streitgegenstandes den Landgerichten zugewiesen sind:

1. Streitigkeiten über vermögensrechtliche Ansprüche, deren Gegenstand an Geld oder Geldeswert die Summe von fünftausend Deutsche Mark nicht übersteigt;

2. ohne Rücksicht auf den Wert des Streitgegenstandes:

a) Streitigkeiten zwischen dem Vermieter und dem Mieter oder Untermieter von Wohnräumen oder anderen Räumen oder zwischen dem Mieter und dem Untermieter solcher Räume wegen Überlassung, Benutzung oder Räumung, wegen Fortsetzung des Mietverhältnisses über Wohnraum auf Grund der §§ 556a, 556b des Bürgerlichen Gesetzbuchs, sowie wegen Zurückhaltung der von dem Mieter oder dem Untermieter in die Mieträume eingebrachten Sachen;

b) Streitigkeiten zwischen Reisenden und Wirten, Fuhrleuten, Schiffern, Flößern oder Auswanderungsexpedienten in den Einschiffungshäfen, die über Wirtszechen, Fuhrlohn, Überfahrtsgelder, Beförderung der Reisenden und ihrer Habe und über Verlust und Beschädigung der letzteren, sowie Streitigkeiten zwischen Reisenden und Handwerkern, die aus Anlaß der Reise entstanden sind;

c) Streitigkeiten wegen Viehmängel;

d) Streitigkeiten wegen Wildschadens;

e) [weggefallen];

f) [weggefallen];

g) Ansprüche aus einem mit der Überlassung eines Grundstücks in Verbindung stehenden Leibgedings-, Leibzuchts-, Altenteils- oder Auszugsvertrag;

h) das Aufgebotsverfahren.

1 1) § 23 regelt nur die **sachl Zuständigkeit** (örtl: §§ 12 ff ZPO). Dazu auch § 27. Sachl Zuständigkeit der LG: § 71. – Die **Wertgrenze** der Nr 1 wurde durch G v 8. 12. 82 (BGBl 1615) mit Wirkung vom 1. 1. 83 von 3 000 DM auf 5 000 DM erhöht. Sie gilt für Verfahren, die nach dem 31. 12. 82 anhängig wurden (Art 5 Nr 1 des G). Bei vorangegangenem Mahnverfahren vgl Halbach MDR 83, 459.

2) Nr 1: Vermögensrechtlich sind Ansprüche, die auf eine vermögenswerte Leistung gerichtet sind oder deren Gegenstand in Geld schätzbar ist (RG 144, 159), auch wenn sie aus einem nichtvermögensrechtlichen Grundverhältnis entspringen (BGH 14, 74). Hierzu gehören insbesondere auch Unterlassungsansprüche, die sich auf die ungestörte Nutzung eines Wirtschaftsgutes beziehen (zB Lärmbelästigung einer Wohnung durch Tierhaltung des Nachbarn). Ebenso die Klage auf Feststellung einer Vereinsmitgliedschaft (BGH NJW 67, 1269). **Nichtvermögensrechtlich** (Folge für Zuständigkeit, § 71) sind dagegen idR Ansprüche, die sich auf den Schutz der **Ehre und des Persönlichkeitsrechts** beziehen; anders hier nur dann, wenn das Begehren des Klägers wesentlich auf die Wahrung wirtschaftlicher Belange gerichtet ist; eine bloße Reflexwirkung auf das Vermögen genügt jedoch nicht (BGH NJW 74, 1470; 85, 809; vgl dazu auch ZPO § 1 Rn 13 und § 546 Rn 2 ff). Ehrschutzklage (Unterlassung, Gegendarstellung) sind idR nichtvermögensrechtlich, es sei denn es geht entscheidend um wirtschaftliche Gesichtspunkte (Kreditschädigung, vgl BGH JZ 81, 197). Ähnlich bei Namensrecht. Die Belästigung durch **Telephonanrufe** ist nichtvermögensrechtlich, da die Beeinträchtigung der Nutzung durch das Blockieren des Telephons nur Reflex ist (BGH NJW 85, 809). Auszugehen ist immer vom Klagebegehren, auf dessen wirklichen Inhalt abzustellen ist. 2

Streitwertberechnung s §§ 3 ff ZPO. AG auch zuständig, wenn neben einem 5 000 DM nicht übersteigenden Anspruch nach Nr 1 ein solcher nach Nr 2 geltend gemacht wird. Über die (unzulässige) Geltendmachung eines einheitl, 5 000 DM übersteigenden Anspruchs in mehreren Teilklagen beim AG s JW 31, 1753; 2923. 2a

3) Nr 2: Die vom Streitwert unabhängige Zuständigkeit nach Nr 2 ist keine ausschließliche, so daß die Zuständigkeit der LG vereinbart werden kann, auch nach § 39 ZPO. Die Verbindung mit einem Anspruch nach Nr 1 führt jedoch nicht zur Zuständigkeit des LG, weil insgesamt die Wertgrenze von 5 000 DM überschritten ist, da Nr 2 insoweit der Nr 1 vorgeht. Bei Verbindung mit einem vermögensrechtl Anspruch über 5 000 DM, für den das LG zuständig ist, fehlt es an einer gemeinsamen Zuständigkeit iSd § 260 ZPO; soweit diese nicht vereinbart wird, muß daher nach § 145 ZPO abgetrennt und entweder nach § 281 ZPO verwiesen oder mangels Zuständigkeit abgewiesen werden (B-Albers Anm 3). 3

Nr 2a: S dazu § 29 a ZPO: Danach ist b Streitigkeiten ü **Wohnräume** (vgl Palandt/Putzo Einf 8 vor § 535 BGB) mit Ausnahme der in § 556 a VIII BGB bezeichneten das AG der belegenen Sache ausschließl zuständig für Klagen auf Feststellung des Bestehens oder Nichtbestehens e Mietvertrags oder Untermietvertrags, für Klagen auf Erfüllung, auf Entschädigung wegen Nicht-Fortsetzung des Mietverhältnisses nach §§ 556 a, 556 b BGB. Zuständigkeits- u Schiedsgerichtsvereinbarungen sind unwirksam (§ 40 II, § 1025 a ZPO). – Mietverträge u Räume, nicht ü bewegl Sachen, auch nicht Pachtverträge ü Räume (RG JW 33, 516), Überlassung, Benutzung (zB Einräumung § 535 BGB), Instandhaltung § 536 BGB, Gewährung von Sammelheizung (KG JW 22, 228), Unterlassung vertragswidrigen Gebrauchs (§ 550 BGB). Celle NJW 54, 1370 nimmt Zuständigkeit der AG auch für Eigentumsfreiheitsklagen (§§ 985, 1004 BGB) an, wenn das Recht z Beeinträchtigung aus Mietvertrag über Räume hergeleitet wird (vgl dazu auch BGH Warn 70 Nr 21; Hamburg MDR 68, 846). Räumung: § 556 BGB (Herausgabeklage aus Eigentum, wenn Mietvertrag bestanden hat, München MDR 77, 497; vgl auch BGH 8, 51). Zurückhaltung: §§ 559 ff BGB. Nicht hierher gehören Klage und Feststellung, ob Mietverhältnis besteht (vgl BGH NJW 58, 588), u Kl auf Mietzinszahlung: siehe aber § 29 a ZPO. 4

Bei Klagen aus **Wohnungseigentum** und **Dauerwohnrecht** s §§ 51, 52 WEG. 4a

Bei Streitigkeiten aus Miete von **Werkswohnungen** sind die ArbG zuständig, soweit nicht § 29 a I 2 ZPO eingreift (vgl BAG NJW 68, 2160; LAG Frankfurt AP Nr 2 § 565 b BGB); AG jedoch zuständig für Räumungsfristverlängerung nach § 765 a ZPO (AG Sonthofen MDR 68, 925). 5

Pachtsachen vgl auch LandpachtG v 25. 6. 52 (BGBl I 343) u LwVerfG v 21. 7. 53 (BGBl I 667). 6

Nr 2b: Gastwirte §§ 701 ff BGB; nicht anwendbar auf Bestellung von Konferenzräumen u Hotelbetten durch Veranstalter einer Tagung (LG Frankfurt BB 65, 268); Schiffer u Flößer: BinnenschiffahrtsG v 20. 5. 1898 (RGBl 868) u VerfahrensG v 27. 9. 52 (BGBl I 641), s a § 14 Rn 3; FlößereiG v 15. 6. 1895 (RGBl 341); Auswanderungsunternehmer; G v 9. 6. 1897 (RGBl 463). 7

Nr 2c: §§ 481 ff, 492 BGB; **ViehmängelVO** v 27. 3. 1899 (RGBl 219). Auch bei physischen Mängeln anderer als der in § 481 BGB aufgeführten Tiere (zB Hunde- oder Geflügelkauf), auch b Streitigkeiten aus Garantieverträgen oder arglistigem Verhalten des Verkäufers (OLG 15, 44). Auch bei Klage aus schon vollzogener Wandlung wegen Viehmangel (LG Bonn MDR 80, 857). 8

Nr 2d: §§ 29 ff **BJagdG** v 30. 3. 61 (BGBl I 304), sowie Jagdgesetz der Länder, zB BayJagdG v 18. 7. 62 (GVBl 131). 9

Nr 2e und f: aufgehoben durch G v 19. 8. 69 (BGBl I 1243); vgl jetzt § 23 a. 10

11 **Nr 2g:** s Art 96 EGBGB.

12 **Nr 2h: Aufgebotsverfahren** s §§ 946 ff ZPO, 11 EGZPO.

13 **4) Weitere Zuständigkeiten** der AG s bei § 27.

§ 23a

[Zuständigkeit in Kindschafts-, Unterhalts- und Ehesachen]

Die Amtsgerichte sind in bürgerlichen Rechtsstreitigkeiten ferner zuständig für

1. **Streitigkeiten in Kindschaftssachen;**
2. **Streitigkeiten, die eine durch Ehe oder Verwandtschaft begründete gesetzliche Unterhaltspflicht betreffen;**
3. **Ansprüche nach den §§ 1615k bis 1615m des Bürgerlichen Gesetzbuchs;**
4. **Ehesachen;**
5. **Streitigkeiten über Ansprüche aus dem ehelichen Güterrecht, auch wenn Dritte am Verfahren beteiligt sind.**

1 **Nr 1: Kindschaftssachen** s bei § 640 II ZPO. Beachte ferner §§ 119 Nr 1 u 2, 170, 200 II Nr 5.

2 **Nr 2: Unterhaltsstreitigkeiten** nach §§ 1360 ff, 1569 ff, 1601 ff, 1739 BGB (vgl auch § 26 EheG). Auch für Prozeßkostenvorschuß nach § 1360a IV BGB (Celle NJW 63, 960), ebenso für vertraglich geregelte gesetzl Unterhaltsansprüche (Nürnberg FamRZ 67, 157) sowie für nach § 90 BSHG, § 82 JWG oder § 37 BAföG übergegangene Ansprüche (vgl Brüggemann FamRZ 77, 16; Stuttgart NJW 78, 55). Ebenso Bereicherungsansprüche auf Rückgewähr von Leistungen, die zur Erfüllung gesetzl Unterhaltspflicht erbracht worden sind (BGH NJW 78, 1531, 1533). Ferner gilt dies bei Streit um internen Ausgleich wegen an einen Unterhaltsverpflichteten ausbezahltem staatl Kindergeld (BGH NJW 78, 753; FamRZ 80, 345). Zur Geltendmachung gesetzl Unterhaltsansprüche nach § 826 BGB vgl Celle NdsRpfl 58, 237. – Für Zuständigkeit der FamG s § 23b I Nr 5 u 6 sowie § 621 ZPO.

3 **Nr 3:** Betrifft Ansprüche der Mutter gegen Vater eines nichtehelichen Kindes wegen **Entbindungskosten uä.**

4 **Nr 4: Ehesachen:** Verfahren betreffend Scheidung; Aufhebung und Nichtigerklärung einer Ehe, das Bestehen einer Ehe betreffende Feststellungsklagen sowie Klagen auf Herstellung der ehel Lebensgemeinschaft nach § 1353 BGB; Einzelheiten vgl zu § 606 ZPO und § 23b. Begriff ist enger als der der FamSachen (§ 23b I 2), für die aber – soweit es sich nicht um bürgerl Rechtsstreitigkeiten handelt – die Zuständigkeit des AG nach § 64a I FGG begründet ist. Die Zuständigkeit gilt seit 1. 7. 77.

5 **Nr 5: Güterrechtsstreitigkeiten** (§§ 1363–1518 BGB) zwischen Ehegatten und zwischen einem Dritten und einem Ehegatten. Im einzelnen s § 23b I Nr 9 und § 621 I Nr 8 ZPO. Der Anspruch selbst muß güterrechtl Art sein, nicht genügt, daß Fragen des Güterrechts von vorgreiflicher Bedeutung für einen sonstigen Anspruch sind (zB Herausgabe von Haushaltsgegenständen, deren Übereignung nach § 1369 unwirksam ist).

§ 23b

[Familiengerichte]

(1) Bei den Amtsgerichten werden Abteilungen für Familiensachen (Familiengerichte) gebildet. Familiensachen sind:

1. **Ehesachen;**
2. **Verfahren über die Regelung der elterlichen Sorge für ein eheliches Kind, soweit nach den Vorschriften des Bürgerlichen Gesetzbuchs hierfür das Familiengericht zuständig ist;**
3. **Verfahren über die Regelung des Umgangs eines Elternteils mit dem ehelichen Kinde;**
4. **Verfahren über die Herausgabe des Kindes an den anderen Elternteil;**
5. **Streitigkeiten, die die gesetzliche Unterhaltspflicht gegenüber einem ehelichen Kinde betreffen;**
6. **Streitigkeiten, die die durch Ehe begründete gesetzliche Unterhaltspflicht betreffen;**
7. **Verfahren, die den Versorgungsausgleich betreffen;**
8. **Verfahren über die Regelung der Rechtsverhältnisse an der Ehewohnung und am Hausrat**

(Verordnung über die Behandlung der Ehewohnung und des Hausrats – Sechste Durchführungsverordnung zum Ehegesetz vom 21. Oktober 1944, Reichsgesetzbl. I S. 256);

9. Streitigkeiten über Ansprüche aus dem ehelichen Güterrecht, auch wenn Dritte am Verfahren beteiligt sind;

10. Verfahren nach den §§ 1382 und 1383 des Bürgerlichen Gesetzbuchs.

(2) Sind wegen des Umfangs der Geschäfte oder wegen der Zuweisung von Vormundschaftssachen mehrere Abteilungen für Familiensachen zu bilden, so sollen alle Familiensachen, die denselben Personenkreis betreffen, derselben Abteilung zugewiesen werden. Wird eine Ehesache rechtshängig, während eine andere Familiensache bei einer anderen Abteilung im ersten Rechtszug anhängig ist, so ist diese von Amts wegen an die Abteilung der Ehesache abzugeben.

(3) Die Abteilungen für Familiensachen werden mit Familienrichtern besetzt. Ein Richter auf Probe darf Geschäfte des Familienrichters nicht wahrnehmen.

I) Allgemeines: § 23b wurde eingefügt durch Art 5 Nr 2 des 1. EheRG v 14. 6. 76 (BGBl I 1421), 1
in Kraft seit 1. 7. 77. Er enthält die gerichtsverfassungsrechtl Regelung für die Familiengerichte, deren Zuständigkeit in §§ 606 I, 621 ZPO und § 64k I FGG geregelt ist. § 23b ist die notwendige Ergänzung zu der verfahrensrechtl Regelung des Entscheidungsverbundes nach § 623 ZPO. Alle durch den Verbund erfaßten Streitverhältnisse werden dem Familiengericht (FamG) zugewiesen, das als besondere Abteilung jedes Amtsgerichts (es sei denn, es ist im Wege einer Konzentrationsregelung nach § 23c für FamSachen nicht zuständig) durch Gesetz eingerichtet ist (Abs 1). Für die Aufgabenabgrenzung bei mehreren Abteilungen (Richtern) für FamSachen eines Amtsgerichts gibt Abs 2 eine besondere Regelung, die wiederum ihren Grund im verfahrensrechtl Verbund nach § 623 ZPO hat. Schließlich enthält Abs 3 die (im Gesetzgebungsverfahren verbliebene Minimal-)Regelung über die Richter, die bei den FamG tätig sind. Die Regelung ist mit dem GG vereinbar (BVerfG NJW 80, 692, 697).

II) Familiengericht

1) § 23b regelt die interne Abgrenzung der Zuständigkeit des FamG **innerhalb** des Amtsgerichts. Die sachl Zuständigkeit des AG für die dem FamG zugewiesenen Aufgaben ergibt sich aus § 23a Nrn 2, 4 und 5 GVG sowie aus § 64k I FGG und § 11 I HausratsVO. Die örtl Zuständigkeit ist für Ehesachen in § 606 ZPO, für sonstige FamSachen in § 621 II, III ZPO und § 64k II FGG und § 11 II, III HausratsVO geregelt. 2

2) Das FamG besteht als Abteilung des Amtsgerichts kraft Gesetzes. Es ist kein besonderes Gericht – weder im organisatorischen noch im funktionellen Sinn –, vielmehr beinhaltet Abs 1 nur eine **gesetzl Sonderregelung für die Geschäftsverteilung** iSd § 21e I 1 (vgl BGHZ 71, 264, 268; NJW 80, 1282). Es ist den sonstigen, nur durch den Geschäftsverteilungsplan gebildeten „Abteilungen" (Spruchkörpern) des AG gleichrangig, unterscheidet sich von ihnen jedoch dadurch, daß seine Rechtsprechungsaufgaben kraft Gesetzes feststehen, nicht durch Präsidialbeschluß übertragen werden. Hieraus folgt: 3

a) Das Präsidium hat nur noch die personelle Besetzung zu regeln, die Aufgabenabgrenzung nur, soweit es die Verteilung der das FamG treffende Aufgaben unter mehreren FamRichtern des Gerichts betrifft (s dazu ferner Abs 2). 4

b) Für Zuständigkeitsverstöße gelten die allgemeinen Regeln, s § 21e Rn 49–53 (vgl Kissel NJW 77, 1034; abweichend Müller NJW 77, 2201). Besonderheiten entstehen jedoch durch den unterschiedl Rechtsmittelzug; für die Anfechtung der unter Zuständigkeitsverstoß zustande gekommenen Entscheidungen gilt der Grundsatz der Meistbegünstigung (s § 119 Rn 6). 5

c) Bei Zuständigkeitsstreitigkeiten gilt: Das **Präsidium** kann Zuständigkeitsstreit **nur** entscheiden, wenn es um einen solchen zwischen zwei FamRichtern des Gerichts geht, wer von ihnen nach der Geschäftsverteilung unter den FamRichtern zuständig ist; dagegen scheidet die Klärung durch Präsidiumsentscheidung aus, soweit das Ob einer FamSache streitig ist, denn insoweit geht es um die **gesetzl geregelte** Geschäftsverteilung, die der Disposition des Präsidiums nicht untersteht (vgl § 21e Rn 37). Es ist inzwischen allgemein anerkannt, daß dieser Zuständigkeitsstreit **analog §§ 36 Nr 6, 37 ZPO** zu klären ist (BGH NJW 78, 1531; 79, 1048; 81, 126). § 281 ZPO ist hingegen bei Zuständigkeitsstreit innerhalb eines Gerichts nicht anwendbar (BGH NJW 78, 1531; 79, 2517; 80, 1282). – § 36 Nr 6 ZPO gilt nicht nur im Anwendungsbereich der ZPO, sondern auch wenn streitig ist, ob das Verfahren eine FamSache (§ 621a I ZPO) oder eine nach den Vorschriften der **freiw Gerichtsbarkeit** zu behandelnde Vormundschaftssache ist (BGH NJW 81, 126). 6

Hieraus folgt, daß das FamG, das seine Zuständigkeit nicht für gegeben hält, wohl aber die einer anderen Abteilung desselben AG, die Sache formlos an die andere Abteilung (Richter) 7

abgibt. Übernimmt dieser nicht, weil er wiederum das FamG für zuständig hält, so ist die Sache dem gemeinsamen OLG, besteht ein solches nicht, dem BGH (in Bay s jedoch § 9 EGZPO Rn 2) zur Entscheidung nach § 36 Nr 6 ZPO vorzulegen (Antrag nicht erforderlich, BGH NJW 79, 1048).

8 Dagegen ist **nach § 281 ZPO** zu verfahren, wenn bei Verneinung der Zuständigkeit des angegangenen FamG nicht die Zuständigkeit einer anderen Abteilung desselben AG, sondern diejenige eines anderen Gerichts (zB Zivilkammer des LG) in Betracht kommt und der Kläger Verweisungsantrag nach § 281 I 1 ZPO stellt (über die beschränkte Wirkung der Verweisung für den Rechtsmittelzug s § 119 Rn 10). Weitere Fälle der (bindenden) Abgabe – und zwar an das FamG – enthalten §§ 621 III ZPO, 64 k II FGG, 11 III HausratsVO.

9 **d) Wird ein Verfahren** (außer nach den gerade genannten besonderen Vorschriften – bindende Abgabe an das FamG!) **nach § 281 ZPO** (etwa vom LG) **an das AG verwiesen,** weil es sich nach Meinung des verweisenden Gerichts um eine FamSache handelt, so ist von der Bindungswirkung des § 281 II 2 ZPO die Zuweisung an das FamG nicht erfaßt (BGH NJW 79, 2517; 80, 1282), auch nicht, wenn ausdrücklich an das FamG verwiesen ist; denn die Bindung gilt nur für das Gericht als solches, nicht aber für die gerichtsinterne Zuständigkeitsverteilung nach der Geschäftsverteilung (mag diese auch gesetzl geregelt sein). Hält sich in einem solchen Fall das FamG nicht für zuständig, gibt es an den Streitrichter ab (vgl Rn 7). Hält sich auch dieser nicht für zuständig, weil er wie das LG doch eine FamSache für vorliegend erachtet, so ist dem OLG gemäß § 36 Nr 6 vorzulegen. Dieses kann die Sache trotz § 281 II 2 ZPO, wenn es eine Nichtfamiliensache für gegeben hält, für die sachl das LG zuständig ist, an dieses zurückgeben, da die Zuständigkeitsbestimmung nach §§ 36, 37 ZPO ein Rechtsbehelf besonderer Art ist, der gerade bezweckt, Zuständigkeitskonflikte rasch und sachgerecht zu lösen, vgl BGH NJW 80, 1282, 1283. Dem steht nicht entgegen, daß im allgemeinen die Bindungswirkung des § 281 II 2 ZPO auch im weiteren Verfahren – wenn auch nur für die Instanz, in der verwiesen wurde – zu beachten ist, vgl BGH aaO; hier hat ein weiteres Verfahren, in dem die Bindungswirkung sachl Bedeutung haben könnte, nicht stattgefunden; es besteht daher kein Anlaß, nur um des Prinzips willen an der Bindungswirkung festzuhalten, wenn ohnehin eine Zuständigkeitsprüfung der übergeordneten Instanz vorgeschaltet ist (aA Klauser MDR 80, 809, 812). Zur Möglichkeit des OLG für eine „vorbeugende Zuständigkeitsbestimmung" innerhalb des AG in einem solchen Fall vgl Nürnberg MDR 82, 235.

10 **3)** Über die **Zahl der zu bildenden Abteilungen für FamS** sagt das Gesetz unmittelbar nichts; die Entscheidung hierüber liegt daher beim Präsidium. Aus Abs 2 S 1 folgt jedoch – wie sich im übrigen auch deutlich aus den Gesetzesmaterialien ergibt (vgl auch Kissel NJW 77, 1034 u DRiZ 77, 113) –, daß eine weitere Abteilung nur wegen des Umfangs der Geschäfte gebildet werden darf, also nur dann, wenn die bestehenden Abteilungen mit FamSachen und (sonstigen) Vormundschaftssachen überlastet sind.

11 **4) Aufgabenverteilung unter den Abteilungen für FamSachen:** Unter mehreren Abteilungen für FamS kann die Aufgabenverteilung nicht nach Sachgebieten vorgenommen werden **(Abs 2;** Ausnahmen sind – wie aus der Gesetzesfassung „sollen" folgt – nur aus wichtigem Grund möglich, der sich aus dem Geschäftsverteilungsplan ergeben muß), da sonst der Verbund nach § 623 ZPO erschwert wäre. Demgemäß bestimmt Abs 2 S 2 ferner, daß dem für die Ehesache (§ 606 I 1 ZPO) zuständigen Richter alle Folgesachen von Amts wegen abzugeben sind; der Verstoß hiergegen ist Verstoß gegen den Grundsatz des gesetzl Richters. – Entgegen Kissel (aaO) kann aus Abs 2 nicht gefolgert werden, daß dem FamG andere als Fam- und Vormundschaftssachen nicht übertragen werden können. Die dem FamG zugeteilten Richter fungieren, soweit ihnen vom Präsidium **sonstige Rechtsprechungsaufgaben** zugeteilt sind, wie jeder sonstige amtsgerichtliche Spruchkörper, dessen Zuständigkeit – nur – durch den Geschäftsverteilungsplan festgelegt ist (im übrigen gilt auch für den FamRichter § 22 d). Eine praktische Einschränkung für die Übertragung weiterer Aufgaben auf die Abteilungen für FamS folgt jedoch aus dem in Rn 10 bezeichneten Grundsatz über die zahlenmäßige Beschränkung der Abteilungen für FamS. Danach kann bei einem AG immer höchstens eine Abteilung für FamS mehr eingerichtet werden, als durch FamS (und zugewiesene sonstige Vormundschaftssachen) voll ausgelastet sind. Sind zB bei einem AG 2½ Abteilungen für FamS nötig, so können 3 Abteilungen eingerichtet werden. Die zu ½ freie Kapazität kann mit sonstigen Aufgaben aufgefüllt werden, wobei es dem Präsidium freisteht, ob es diese Aufgaben auf alle 3 Richter verteilt oder ob es sie ganz nur dem dritten Spruchkörper zuteilt.

12 **5)** Für die **Vertretung** muß aus dem Konzentrationsgrundsatz, der die Regelung über die FamG beherrscht, geschlossen werden, daß sich grundsätzlich die FamRichter untereinander zu vertreten haben, wenn mehrere Abteilungen für FamS bestehen (vgl auch Kissel aaO). Im übrigen ist Abs 3 S 2 zu beachten.

III) Katalog der FamSachen (Abs 1 S 2)

1) Allgemeines: Was FamS sind, regelt Abs 1 S 2 abschließend (s auch § 621 Abs 1 ZPO). Ob eine FamS vorliegt, richtet sich nach der **Begründung des geltend gemachten Anspruchs** (BGH NJW 80, 2476; 81, 128; 81, 2418); dagegen wird eine Nichtfamiliensache nicht dadurch zur FamS, daß durch das Verteidigungsvorbringen famrechtl Fragen Bedeutung erlangen (BGH aaO); dies entspricht dem allg Grundsatz, daß die Zuständigkeit nach dem Klagevortrag zu bestimmen ist und durch Einwendungen des Bek nicht beeinflußt wird. 13

a) Vor die FamG gehören auch die Verfahren, die sich in einem **besonderen verfahrensrechtl Stadium befinden,** nach dem zugrunde liegenden Streitverhältnis aber eine FamS betreffen. Dies folgt aus dem Spezialitätsgrundsatz, der der Einrichtung der über besondere Sachkunde verfügenden FamG zugrundeliegt (vgl BGHZ 71, 264, 265 = NJW 78, 1531). So insb **Nichtigkeits- und Restitutionsklagen** (§§ 568 ff ZPO), auch gegen vor dem 1. 7. 77 ergangene Urteile der Prozeßgerichte, die jetzt FamS wären (Braunschweig NJW 78, 56). Ebenso ist das **Arrestverfahren** FamS, wenn die Hauptsache, also der Anspruch, der durch den Arrest gesichert werden soll, FamS ist (BGH NJW 80, 191; Frankfurt NJW 78, 1012). Gleiches gilt für die **Abänderungsklage** nach § 323 ZPO (BGH NJW 82, 941) und die **Vollstreckungsgegenklage** nach § 767 ZPO (BGH NJW 78, 1811; MDR 79, 1005; NJW 81, 346; 82, 941); maßgebl ist, ob der Titel, gegen den sich die Klage richtet, eine FamS zum Gegenstand hat (materielle Anknüpfung; auch soweit der Titel auf einer gerichtl Entscheidung beruht, ist daher nicht maßgeblich, ob das FamG oder das Prozeßgericht entschieden hat). Ebenso sind auf **§ 826 BGB** gestützte Klagen auf Unterlassung der Zwangsvollstreckung aus Titel einer FamS als Fortsetzung der famrechtl Streitigkeit kraft Sachzusammenhangs dem FamG zuzuordnen (Düsseldorf FamRZ 80, 376). Über Beschwerde (§ 11 Abs 2 S 5 RpflG) gegen Entscheidungen über Anträge auf Erteilung einer **Vollstreckungsklausel** in den Fällen des § 20 Nr 12 RpflG entscheidet aus den gleichen Gründen der FamSenat des OLG (Hamburg FamRZ 81, 980). Zum Streitstand bei Vollstreckbarkeitserklärung nach § 722 ZPO s dort Rn 33. – Dagegen ist **Widerspruchsklage** nach § 774 ZPO nicht FamS, jedenfalls nicht, wenn der Titel keine FamS betrifft (BGH MDR 79, 386); gleiches muß aber gelten für die Widerspruchsklage nach § 771 ZPO eines Dritten, auch wenn der Vollstreckung ein eine FamS betreffender Titel zugrundeliegt, denn hier geht es nicht um die Fortsetzung des famrechtl Streits (Hamburg FamRZ 84, 804; aA Frankfurt FamRZ 85, 403). 14

b) Dagegen bleiben die **Vollstreckungsgerichte** in den ihnen zugewiesenen Aufgaben zuständig, auch soweit es sich um eine Vollstreckung in einer FamS handelt (BGH NJW 79, 1048). Die FamG sind besondere Erkenntnisgerichte, die nach dem Grundsatz der Spezialität gegenüber den Sonderzuständigkeiten des VollstreckungsG zurücktreten. Dagegen nicht bei Entscheidung über Vollstreckungsklausel, da keine Aufgabe des Vollstreckungsgerichts, s Rn 14. 15

c) Nebenentscheidungen: Das FamG ist aber im übrigen auch für die Nebenentscheidungen, auch soweit sie in einem gesonderten Verfahren ergehen, zuständig. So insbesondere in **Kostenfragen**, einschließl Streitwert (BGH NJW 81, 346) und Verfahren nach § 19 BRAGO (KG JurBüro 78, 1186), Gewährung der **Prozeßkostenhilfe** (anders für Kostenfestsetzung bei Beratungshilfe, da diese außerhalb eines gerichtl Verfahrens gewährt wird; BGH NJW 75, 2537) oder **Richterablehnung** (BGH NJW 79, 551, s § 45 Abs 2 ZPO). Gleiches muß für **Beweissicherungsverfahren** gelten, wenn der zu sichernde Beweis einen Anspruch betrifft, für den die FamG zuständig sind (aA LG Lüneburg FamRZ 84, 69). 16

d) FamS sind auch nach **ausländischem Recht** zu beurteilende Verfahren (vgl München NJW 78, 1117: Ehetrennung nach ital Recht; Bamberg FamRZ 80, 66: Vollstreckbarkeit eines ausländischen Unterhaltstitels eines ehel Kindes gegen den Vater, s auch Rn 30), die sachl einen Gegenstand betreffen, der nach dem lex fori familienrechtl ist. 17

e) Klagehäufung: Wegen der sich jeweils gegenseitig ausschließenden Zuständigkeit von FamG und ProzeßG können FamSachen und NichtfamSachen nicht verbunden werden. Werden im Wege der Klagehäufung oder der Widerklage die Zuständigkeitsgrenze übersteigende Ansprüche geltend gemacht, so sind die Verfahren nach § 145 ZPO abzutrennen (vgl BGH MDR 79, 295). Ist das FamG befaßt, so hat es die nicht seiner Zuständigkeit unterliegenden Klagen an das ProzeßG abzugeben bzw bei zudem anderweitiger örtl oder sachl Zuständigkeit auf Antrag nach § 281 ZPO zu verweisen (vgl oben Rn 8). Wird vor dem FamG die **Aufrechnung** mit einer nicht famrechtl Forderung erklärt, so ist gem § 145 III ZPO abzutrennen und gem § 148 ZPO – ggf unter Fristsetzung – auszusetzen (vgl auch § 145 ZPO Rn 19 für den Fall der Unzulässigkeit des Rechtswegs). Gleiches gilt im umgekehrten Fall (vgl a München FamRZ 85, 84); die Aufrechnungsforderung (Einwendung des Bekl, s Rn 13) kann dagegen nie die Zuständigkeit für das Klageverfahren begründen (BayObLG NJW-RR 86, 6). 18

19 Wird eine Klage im Wege des **Haupt- und Hilfsanspruchs** auf mehrere selbständige Klagegründe gestützt, von denen der eine zu den FamS, der andere aber nicht zu ihnen gehört (zB Anspruch auf Zugewinnausgleich, hilfsweise auf Ausgleich auf gesellschaftsrechtl Grundlage), so ist zunächst nur das für den Hauptanspruch zuständige Gericht (Abteilung) – ggf durch Abgabe oder Verweisung – zu befassen (BGH MDR 80, 565; NJW 81, 2417). Bei ihm bleibt auch der Hilfsanspruch anhängig, es darf über ihn jedoch mangels Zuständigkeit nicht entscheiden. Erweist sich der Hauptanspruch als unbegründet, so kann mit der abweisenden Entscheidung wegen des Hilfsanspruchs an das andere Gericht (Abteilung) – abgegeben (verwiesen) werden (BGH NJW 81, 2417; vgl auch Klauser MDR 80, 808, 810 f). – Hiervon zu unterscheiden sind Fälle, in denen ein einheitlicher prozessualer Anspruch auf **verschiedene materiell-rechtliche Begründungen** (Rechtsgrundlagen) gestützt wird, die (da auf gleichem Sachverhalt beruhend) gesonderte prozessuale Ansprüche nicht begründen. Ist in einem solchen Fall die Zuständigkeit des FamG insgesamt, also unter jedem materiell-rechtl Gesichtspunkt zu entscheiden, da eine Teilentscheidung und Verweisung prozessual nicht möglich ist (BGH NJW 83, 1913 = MDR 83, 296); dies folgt aus dem Vorrang des Richters mit der speziellen Zuständigkeit. Bei offensichtlichem Mißbrauch (die die Zuständigkeit des FamG begründende Rechtsgrundlage greift offensichtlich nicht durch) kann jedoch – jedenfalls im Verfahren nach § 36 Nr 6 ZPO – aus Zweckmäßigkeitsgründen auch abweichend verfahren werden (BGH aaO).

20 **f)** Bei **Klageänderung,** die auch in dem Austauschen der nach Rn 13 maßgeblichen Begründung liegen kann, ist ggf entsprechend den unter Rn 6–9 dargestellten Grundsätzen abzugeben bzw zu verweisen (vgl Frankfurt FamRZ 81, 978).

21 **g)** Klagen auf **Rückgewähr von Leistungen, die Familiensachen** wären – zB Rückzahlung eines Prozeßkostenvorschusses nach § 1360 a V BGB –, sind ebenfalls FamS, da sie nur die Kehrseite des Leistungsanspruchs darstellen und daher hinsichtl der Zuständigkeit wie dieser zu behandeln sind (München FamRZ 78, 601; Zweibrücken FamRZ 81, 1090; Besonderheiten ergeben sich jedoch bei Unterhaltsklagen vgl Rn 28).

22 **h)** Dagegen sind bloße **Folgeklagen,** denen ledigl ein familienrechtl Verfahren vorausgegangen ist, die selbst aber nicht familienrechtl Natur sind, nicht FamS. Für die **Honorarklage** eines RAs für eine Tätigkeit in einer FamS ist daher das ProzeßG, nicht das FamG zuständig (BGH NJW 86, 1178). Gleiches gilt für eine Klage gegen RA auf Rückgewähr beigetriebener Ansprüche aus Unterhaltstitel (Frankfurt FamRZ 81, 978). Ebenso ist FamG nicht zuständig für Klage mit dem Antrag, die Beeinflussung eines Zeugen in familiengerichtl Verfahren zu unterlassen (Frankfurt MDR 78, 315).

23 **2) Ehesachen (Nr 1):** vgl § 606 ZPO. Hierher gehören auch **Herstellungsklagen nach § 1353 BGB,** soweit die personalen Ehewirkungen betroffen sind und es sich um Klagen zwischen den Ehepartnern handelt (vgl Celle FamRZ 80, 242; Klauser MDR 80, 810; aA Karlsruhe FamRZ 80, 139; Nürnberg FamRZ 79, 510); die ProzeßG sind dagegen zuständig für Unterlassungsklagen gegen Dritte (Ehestörer) sowie für vermögensrechtl Leistungsklagen der Ehegatten, die ledigl auf ehel Lebensgemeinschaft gestützt werden (dies folgt aus dem Umkehrschluß zu Nr 5–9, die abschließend die vermögensrechtl Streitigkeiten unter Ehegatten aufzählen, in den die FamG tätig werden sollen). Zu den Einzelheiten s Rn 2 ff vor § 606 ZPO.

24 **3) Regelung der elterlichen Sorge (Nr 2):** vgl §§ 1671, 1672, 1678 II, 1681 II 3, 1696 BGB. Im einzelnen s § 621 ZPO Rn 26 f.

25 **4) Umgangsrecht der Eltern (Nr 3):** neu gefaßt durch UÄndG 1986: § 1634 BGB. Gilt nur für ehel Kinder; auch für die Fälle des Getrenntlebens, § 1634 Abs 4 BGB. Ebenso auch in den Fällen, in denen das Sorgerecht nach § 1666 BGB den Eltern entzogen ist (BGH NJW 81, 2067; 84, 2824). Verfahren nach § 33 FGG zur Durchsetzung einer im Ausland ergangenen Entscheidung iSd § 1634 BGB gehören vor das FamG (BGH NJW 78, 1112). – Für die Regelung des Umgangs der nicht sorgeberechtigten Mutter mit dem nichtehel Kind ist das VormG zuständig (Karlsruhe FamRZ 78, 906; BayObLG MDR 82, 763). Im übrigen s § 621 ZPO Rn 34 ff.

26 **5) Herausgabe eines Kindes (Nr 4):** § 1632 III BGB. Im einzelnen s § 621 ZPO Rn 36 ff.

27 **6)** Streitigkeiten, die die **gesetzl Unterhaltspflicht gegenüber einem ehel Kind (Nr 5) oder unter Ehegatten (Nr 6) betreffen: a) Der Personenkreis** ist nach dem materiellen Anspruchträger begrenzt. Unterhalt des ehel Kindes (§§ 1601–1615 BGB), nicht der des nichtehel Kindes (München FamRZ 78, 349); daher auch nicht Rückforderungsanspruch des Scheinvaters nach erfolgreicher Anfechtung der Ehelichkeit, da – rückwirkend – feststeht, daß gerade kein Unterhalt für ehel Kind vorlag (BayObLGZ 79, 44 = NJW 79, 552). Ebenso nicht Unterhaltsanspruch der Eltern gg das Kind oder der Enkel gegen Großeltern (BGH NJW 78, 1633). – Ehegattenunterhalt: §§ 1360, 1361, 1569–1586 b BGB.

Der Übergang eines entsprechenden Unterhaltsanspruchs auf einen **Dritten** läßt famgerichtl Zuständigkeit grundsätzl unberührt, so insbesondere bei § 90 BSHG, § 82 JWG oder § 37 BAföG (Stuttgart NJW 78, 57; München 78, 550). Gleiches muß für § 1607 II 2 BGB gelten, wenn es sich um Unterhalt des ehel Kindes gegen einen Elternteil handelt (Klauser MDR 79, 628). Daher sind FamG auch zuständig für **Erstattungsklagen** unter Ehegatten wegen Kindesunterhalt einschließl ihrer Rückzahlung (BGH NJW 78, 1531, 1811, 2297) sowie bei Klage auf Freistellung (BGH NJW 79, 552). Begehrt dagegen ein Dritter Erstattung von Leistungen an das Kind unter dem Gesichtspunkt der Geschäftsführung ohne Auftrag für Unterhalt, so ist die familienrechtl Zuordnung (gesetzl Unterhalt gegenüber dem Kind), die allein die Zuständigkeit des FamG begründet, nicht gegeben und das ProzeßG zuständig (BGH NJW 79, 660 = MDR 79, 386). Aus demselben Grund ist FamG nicht zuständig, wenn Unterhaltsanspruch gegen **Vermögensübernehmer nach § 419 BGB** geltend gemacht wird (so zutreffend München NJW 78, 550; aA § 621 ZPO Rn 41 und BL § 621 ZPO Anm 1d). 28

b) Es muß sich um **gesetzl Unterhalt** handeln. Hierzu gehört auch der Prozeßkostenvorschuß (einschließlich dessen Rückforderung, Zweibrücken FamRZ 81, 1090). Leistungen, die etwa dem ehel Kind zugute kommen sollen, aber über den gesetzl Unterhalt eindeutig hinausgehen, sind bei dem ProzeßG einzuklagen: zB Verpflichtung zur Erstattung der Kosten eines Kindermädchens (BGH NJW 79, 42); Unterhaltsverpflichtung in Scheidungsvergleich nach altem Recht, die für den Fall der Scheidung aus Verschulden des anderen Teils vereinbart wurde (BGH NJW 78, 1924 = MDR 78, 912); Aufteilung von Zahlungen aus Familienversicherung, etwa Krankenhaustagegeld (BGH NJW 80, 2477). Hiervon zu unterscheiden sind **vertragl Modifikationen** des gesetzl Unterhalts etwa im Scheidungsvergleich. Soweit der gesetzl Unterhaltsanspruch vertragl nur festgelegt (auch wenn höher) oder abgeändert wird, ohne seine rechtl Natur zu verändern, bleibt es bei der Zuständigkeit der FamG (BGH st Rspr, NJW 79, 2046; 81, 346; München FamRZ 78, 601). Im Zweifel ist zugunsten der (spezielleren) Zuständigkeit der FamGe zu entscheiden (BayObLG MDR 83, 583: Klage wegen vertragl übernommener Verpflichtung, zur Sicherung des vereinbarten Unterhalts einen Lebensversicherungsvertrag abzuschließen). Nicht zum gesetzl Unterhalt gehört das **Kindergeld;** Streitigkeiten über die Bestimmung des Bezugsberechtigten (vgl § 3 IV BKGG) sind nicht vor dem FamG auszutragen (Hamm MDR 80, 765; aA Frankfurt FamRZ 79, 1038; vgl auch BGH FamRZ 78, 178); jedoch gehört der Streit über den Ausgleich zwischen den Unterhaltspflichtigen über das von einem eingezogenen Kindergeld hierher (BGH FamRZ 80, 345). 29

c) Durch das Wort **„betreffen"** hat der Gesetzgeber zum Ausdruck gebracht, daß der (unmittelbare) Bezug zum Unterhaltsanspruch die Zuständigkeit des FamG begründet, auch wenn der Antrag nicht auf Zahlung lautet (vgl BGHZ 71, 273 f). Auskunftsklagen (vgl §§ 1580, 1605 BGB), Klagen auf Abänderung (§ 323 ZPO, vgl BGH FamRZ 79, 789), auf Freistellung (BGH NJW 79, 552; 80, 1636), auf Rückgewähr oder Erstattung (s oben Rn 28), Vollstreckungsgegenklagen nach § 767 ZPO (BGH NJW 78, 1811; 81, 346) sowie Vollstreckbarerklärung ausl Titel (§ 722 ZPO, vgl Hamburg FamRZ 78, 907; Bamberg FamRZ 80, 66 – Art 32 EWG-Übereinkommen wird durch die gesetzl Neuregelung überlagert, str vgl § 722 Rn 33; § 621 Rn 24) fallen unter Zuständigkeit der FamG. 30

7) Versorgungsausgleich (Nr 7): §§ 1587–1587 p BGB; vgl § 621 ZPO Rn 47. 31

8) Regelung der Rechtsverhältnisse an der Ehewohnung und am Hausrat (Nr 8): Nur Streitigkeiten aus dem Regelungsbereich der HausratsVO (insb §§ 11, 13, 18 der VO), auch wenn Dritter beteiligt ist (§ 7 HausratsVO). Einzelheiten s § 621 Rn 48 ff. 32

Schwierigkeiten bereitet insbesondere **§ 18a HausratsVO,** da dieser für den Fall des § 1361 a BGB, also vor Einleitung des Scheidungsverfahrens, wohl die Hausratsverteilung, nicht aber die Zuteilung der Ehewohnung ermöglicht; nach hM (Frankfurt NJW 78, 545; Karlsruhe NJW 78, 2100; Bamberg FamRZ 79, 804; München FamRZ 79, 429; aA Bremen 78, 2102) ist in analoger Anwendung des § 18a HausratsVO das FamG jedenfalls zuständig, wenn die Scheidung beabsichtigt ist (Hamburg FamRZ 80, 250). 33

Nicht unter Nr 8 fallen Klagen, die auf vertragl Abmachungen über die Hausratsaufteilung gestützt werden (BGH MDR 79, 920) und Schadensersatz- oder Bereicherungsansprüche gegen den Ehegatten wegen dessen Verfügung über Hausratsgegenstand (BGH NJW 80, 192, 2476), da nur die Hausratsverteilung, nicht aber etwaiger Ausgleich für beeinträchtigende Verfügungen von der HausratsVO erfaßt ist; ebenso nicht Ausgleichsansprüche nach § 426 BGB aus der Anschaffung von Hausratsgegenständen (BGH NJW 81, 2418). Schließl gehören hierher auch nicht Herausgabeverlangen betreffend sonstige persönl Gegenstände, die nicht zum Hausrat gehören (für den Sonderfall der einstw Anordnung nach § 620 Nr 8 ZPO s dort Rn 64). 34

35 Nach § 18 I 3 HausratsVO ist der **Verweisungsbeschluß** des ProzeßG für das FamG bindend.

36 **9) Güterrechtl Ansprüche (Nr 9): a)** Hierunter fallen nicht nur die Ansprüche, die sich aus den **gesetzl** Vorschriften über das ehel Güterrecht (§ 1363–§ 1518 BGB) ergeben, sondern auch die aus **vertragl Vereinbarungen** der Ehegatten, durch die die güterrechtl Ansprüche modifiziert oder die Auseinandersetzung der güterrechtl Beziehungen geregelt wird (BGH NJW 78, 1923; 80, 193, 1626, 2476, 2529; 81, 346; 82, 928). Dazu genügt, daß der Anspruch zum Zwecke der Regelung güterrechtl Beziehungen begründet wurde (BGH NJW 82, 941). Auf die Natur des konkreten Begehrens kommt es dagegen nicht an (zB Auflassung, BGH NJW 82, 928). Wird aus einer solchen Vereinbarung ein Dritter begünstigt (§ 328 BGB), so ist auch dessen Anspruch familienrechtl Natur (BGH NJW 82, 928). Gleiches gilt, wenn Nichtigkeit (BGH NJW 80, 193) oder Wegfall der Geschäftsgrundlage (BGH NJW 80, 2476) der Vereinbarung behauptet wird (s a BGH FamRZ 84, 35). Nr 9 gilt aber nur für zivilprozessuale Streitigkeiten, nicht für Verfahren nach dem FGG (zB nach § 1365 BGB, vgl BGH NJW 82, 2556).

37 **b)** Im Gegensatz hierzu gehört die Auseinandersetzung der Ehegatten hinsichtl wechselseitiger **Beteiligung an einzelnen Vermögensgegenständen** – einschließl der Ansprüche aus vertragl Vereinbarung hierüber – nicht zum Güterrecht; insoweit sind die FamGe nicht zuständig (BGH NJW 78, 1923; 80, 2529; 81, 346, 348; BayObLG NJW 80, 194). So sind für die Ausgleichspflicht wegen Steuernachforderungen (BGH NJW 80, 2476), aber auch Ausgleichung – § 426 BGB – wegen der Anschaffung von Hausratgegenständen (BGH NJW 81, 2418), der Teilung des Erlöses aus der Veräußerung eines gemeinsamen Kfz (BGH NJW 80, 2476), für Ansprüche aus Schenkung unter Ehegatten und aus deren Widerruf (BGH NJW 80, 193) oder für Klage auf Freistellung aus einem gemeinsam aufgenommenen Kredit (BGH MDR 80, 564) die Prozeßgerichte zuständig.

38 **c)** Gleichwohl wird die **Abgrenzung im einzelnen** oft schwierig sein, insbesondere soweit unter Rn 37 fallende Vereinbarungen im Zusammenhang mit einer Ehescheidung und im Rahmen einer Vereinbarung nach Rn 36 getroffen wurden. Diese Verbindung allein begründet die Zuständigkeit der FamGe nicht (BGH MDR 80, 564; NJW 81, 2418). Jedoch kann bei einer solchen **gemischten Vereinbarung** nicht jeder Einzelpunkt isoliert betrachtet werden. Ist nach Zweck und Gesamtinhalt der Vereinbarung davon auszugehen, daß Einzelabreden der Ehegatten der Gesamtauseinandersetzung der güterrechtl Beziehungen unmittelbar dienten, bei der Berechnung der güterrechtl Ausgleichung, insbesondere des Zugewinns (BGH NJW 80, 193), berücksichtigt wurden oder Art und Höhe der vertraglichen Regelung des Unterhalts beeinflußt haben (BGH NJW 81, 128; 81, 346), so ist für Streitigkeiten insgesamt das FamG zuständig – als das Gericht mit der gesetzl vorgeschriebenen speziellen Zuständigkeit. Im Zweifel ist also zugunsten der FamGe zu entscheiden. Bei mehrfacher Klagebegründung, wenn die Zuständigkeit des FamG nur zum Teil gegeben ist (Beispiel BGH MDR 83, 296), s Rn 19.

39 **d) Beteiligung eines Dritten** iSd Nr 9 liegt insbesondere vor, wenn dieser auf der Grundlage der §§ 1437, 1480 BGB wegen Gesamtgutsverbindlichkeit den anderen Ehegatten in Anspruch nimmt (BGH NJW 80, 1626). Beteiligung eines Dritten liegt nicht nur vor bei Streitgenossenschaft oder Nebenintervention, sondern auch wenn Dritter allein Partei ist, zB bei Klage nach § 1368 BGB (BGH MDR 82, 127). Beteiligung eines Dritten kann aber auch durch **Vertrag zugunsten Dritter** ausgelöst werden, wenn Ehegatten im Rahmen vertragl Regelung güterrechtl Ansprüche eines Dritten begründen; auch dafür sind FamG zuständig (BGH NJW 83, 928).

40 **10) Verfahren nach § 1382 u § 1383 BGB:** Stundung der Ausgleichsforderung und Zuteilung einzelner Vermögensgegenstände bei Zugewinnausgleich.

IV) Familienrichter (Abs 3)

41 Das Gesetz hebt die Richter, die – durch das Präsidium – den Abteilungen für Familiensachen zugewiesen sind, durch die Funktionsbezeichnung „Familienrichter" heraus (zu Geschichte und Hintergrund des Gesetzgebungsverfahrens s Leonardy, DRiZ 77, 353; vgl auch Brüggemann FamRZ 77, 1; Schultz MDR 78, 113; Theile DRiZ 77, 274). Weitere, insb statusrechtl Konsequenzen hat dies nicht. Das Präsidium ist bei der Auswahl, die es nach § 21e I trifft, frei, soll aber nach dem Willen des Gesetzgebers (der allerdings nur noch in der Funktionsbezeichnung zum Ausdruck kommt) auf die Eignung des Richters für die besonderen Aufgaben des FamG besonders achten. Richter auf Probe können – entgegen dem beim AG allgemein geltenden Grundsatz des § 22 V – als Familienrichter nicht eingesetzt werden, auch nicht als Vertreter. Dagegen können Richter kraft Auftrags (vgl § 22 V GVG, § 14 DRiG) verwendet werden.

§ 23c

[Gemeinsames Amtsgericht in Familien- und Vormundschaftssachen]

Die Landesregierungen werden ermächtigt, durch Rechtsverordnung einem Amtsgericht für die Bezirke mehrerer Amtsgerichte die Familiensachen sowie ganz oder teilweise die Vormundschaftssachen zuzuweisen, sofern die Zusammenfassung der sachlichen Förderung der Verfahren dient oder zur Sicherung einer einheitlichen Rechtsprechung geboten erscheint. Die Landesregierungen können die Ermächtigungen auf die Landesjustizverwaltungen übertragen.

1) Eingefügt das 1. EheRG v 14. 6. 76 (BGBl I 1421), in Kraft seit 16. 6. 77. Die Regelung ist verfassungsgemäß (BVerfG NJW 80, 697). Die Konzentrationsermächtigung soll insbesondere dazu dienen, die Aufsplitterung der Familiensachen in der Hand mehrerer Richter als durch den Arbeitsumfang geboten (vgl auch § 23b Rn 10) auch bei kleinen Amtsgerichten zu vermeiden. Dem gemeinsamen Amtsgericht sind alle Familiensachen zu übertragen; dagegen steht es im Ermessen des VO-Gebers, ob und in welchem Umfang er auch Vormundschaftssachen (§ 35 FGG) dem gemeinsamen Amtsgericht überträgt. 1

2) **Von der Konzentrationsermächtigung haben Gebrauch gemacht:** Baden-Württ VO v 26. 11. 76 (GBl 614), Berlin VO v 15. 11. 76 (GVBl 2598) und VO v 4. 12. 72 (GVBl 2301) idF der VO v 23. 11. 76 (GVBl 2609), Hamburg VO v 14. 12. 76 (GVBl 262), Hessen VO v 16. 12. 76 (GVBl 500), Nordrh-Westf VO v 26. 10. 76 (GVNW 368) und VO v 22. 3. 77 (GVNW 162), geändert durch VO v 6. 2. 79 (GVNW 44), Rheinl-Pfalz VO v 7. 9. 76 (GVBl 228), Schleswig-Holstein VO v 5. 11. 76 (GVBl 274) und v 19. 12. 78 (GVBl 382). 2

3) VOen nach § 23c unterliegen nicht der Rechtskontrolle des VerwG nach **§ 47 VwGO,** da sich aus ihnen keine Streitigkeiten iSd § 40 VwGO ergeben können (VGH Kassel NJW 77, 1895). 3

4) **Für die RAe** ist die Regelung der Simultanzulassung (§ 24 BRAO) beschränkt auf das FamG entsprechend anzuwenden (BGH MDR 79, 312). Die erweiterte Vertretungsbefugnis ist auf FamS beschränkt, nicht jedoch auf solche aus dem Amtsgerichtsbezirk der Erstzulassung (BGH EGE XIV, 105). 4

5) Entsprechend dem Sinn der Rechtshilfe umfaßt die Konzentration nicht **Rechtshilfeersuchen.** Sie sind auch in Familiensachen an das AG möglich, das wegen der Konzentrationsregelung über kein FamG verfügt (BayObLG MDR 82, 763; Stuttgart FamRZ 84, 716). Folgerichtig ist es auch nicht nötig, daß der Rechtshilferichter die Anforderungen des § 23b III 2 erfüllt (aA Stuttgart aaO). 5

§§ 24–26

[betreffen Strafsachen]

§ 27

[Sonstige Zuständigkeit]

Im übrigen wird die Zuständigkeit und der Geschäftskreis der Amtsgerichte durch die Vorschriften dieses Gesetzes und der Prozeßordnungen bestimmt.

Siehe **GVG** § 157 (Rechtshilfe); § 166 (Amtshandl außerhalb des Gerichtsbezirks); **ZPO:** § 486 (Sicherung des Beweises); §§ 645 ff (Entmündigung u deren Wiederaufhebung); § 689 (Mahnverfahren); § 764 (VollstreckGericht); §§ 188, 761 (Zust u ZwV zur Nachtzeit usw); § 797 III (Einwendungen gegen vollstreckb Urk); § 899 (eidesstattl Versicherung); §§ 919, 942 (Arrest u einstw Verfügungen). – § 71 KO (Konkursverf); § 1 I VerglO (Vergleichverfahren); § 1 I ZVG; §§ 35, 65, 72, 125, 159, 161, 163 ff, 167 FGG; § 1 GBO; § 45 PersStG; § 14 VerschG; § 112 Ges betr die Erwerbs- u Wirtschaftsgenossenschaften; § 5 Ges über anderweite Festsetzung von Geldbezügen aus Altenteilsverträgen v 18. 8. 23; I G z Ausf des Haager Übereinkommens ü die Anerkennung u Vollstrekkung von Entscheidungen auf dem Gebiet der Unterhaltspflicht gegenüber Kindern v 18. 7. 61, BGBl I 1033 (Vollstreckbarerklärung von Unterhaltstiteln); § 4 G z Ausf des Haager Übereinkommens ü den Zivilprozeß v 18. 12. 58, BGBl I 939 (Vollstreckbarerklärung von Kostenentscheidungen); §§ 42 ff G über die Sicherung von Bauforderungen v 1. 6. 09, RGBl 449 (Verteilungsverfahren); §§ 51, 52 G ü die gerichtl Verfahren in Binnenschiffahrtssachen v 27. 9. 52 (BGBl I 641), für Bay GVBl 67, 372. Weitere Zuständigkeiten des AG können auf Landesrecht beruhen (§§ 3, 4 EGGVG). 1

Vierter Titel

§§ 28–58

[betreffen Strafsachen]

Fünfter Titel

LANDGERICHTE

§ 59

[Besetzung der Landgerichte]

(1) Die Landgerichte werden mit einem Präsidenten sowie mit Vorsitzenden Richtern und weiteren Richtern besetzt.

(2) Den Richtern kann gleichzeitig ein weiteres Richteramt bei einem Amtsgericht übertragen werden.

(3) Es können Richter auf Probe und Richter kraft Auftrags verwendet werden.

1 **1) Besetzung mit Richtern** (auch Bestimmung der Zahl der Richter = Zuweisung der Planstellen) ist Aufgabe der Justizverwaltung (vgl Einl GVG Rn 10). Sie hat die Gerichte so mit Richtern auszustatten, daß die Zusammensetzung der Kammern (zu deren Zahl s § 60) und die gegenseitige Vertretung der Richter (vgl § 21e I 1) in einer Weise geordnet werden kann, daß sie zumindest im Regelfall durchführbar ist (BGHSt 7, 205). Überbesetzung vgl § 21e Rn 9.

2 **a) Der Präsident** ist in § 59 in seiner Eigenschaft als Richter angesprochen. Er ist daneben Organ der Justizverwaltung (vgl §§ 13, 14 der VO v 20. 3. 35 – abgedruckt bei Einl GVG Rn 12 – bzw Landesrecht: Bay Art 19, 20 AGGVG); in dieser Eigenschaft führt er die Dienstaufsicht (vgl § 26 DRiG). Er ist ferner im Rahmen der gerichtlichen Selbstverwaltung mit besonderen Rechten (vgl §§ 21a II, 21e I 3) und Pflichten (§ 21i II) ausgestattet.

3 **b) Vorsitzende Richter** (s dazu § 21f) und **Richter:** gemeint Richter auf Lebenszeit, denen ein konkretes Richteramt bei dem LG übertragen ist (§ 27 DRiG). Hierzu gehören auch Richter am Amtsgericht, denen nach § 22 GVG, 27 II DRiG ein weiteres Richteramt beim LG übertragen ist. – Für die Übertragung eines Richteramts an **Hochschullehrer** (ob beim LG zulässig, bestimmt sich nach Landesrecht, zB Art 11 BayRiG) und deren Mitwirkung s § 115 Rn 3; als Vorsitzende müssen sie in der Lage sein, die Rspr der Kammer richtungweisend zu lenken (vgl § 21f Rn 3). – Verwendung **von Richtern auf Probe** und **kraft Auftrags** möglich (s dazu § 22 Rn 9 u § 70 Rn 2; für deren Mitwirkung mit Spruchkörper vgl § 29 DRiG). Zulässig ferner die Verwendung abgeordneter Richter (s § 37 DRiG).

4 **2)** Zu der Übertragung eines **weiteren Richteramts** (Abs 2), s Rn 3 zu § 22: Ämterhäufung (vgl § 27 DRiG) ist nur in vertikaler Form (also zugleich beim AG, das nicht notwendig zum LG-Bezirk gehören muß), nicht bei weiterem LG möglich. Auch einem VorsRichter kann ein weiteres Richteramt am AG übertragen werden (vgl § 21f Rn 10).

§ 60

[Zivil- und Strafkammern]

Bei den Landgerichten werden Zivil- und Strafkammern gebildet.

1 **1)** Bestimmung der **Zahl der Kammern** gehört nicht zur gerichtlichen Selbstverwaltung, sondern ist Aufgabe der **Justizverwaltung** (BGHSt 20, 132; s auch § 21e Rn 2). § 7 II der VO v 20. 3. 35 („Die Zahl der Zivil- und Strafkammern bei den Landgerichten bestimmt der Landgerichtspräsident; der Oberlandesgerichtspräsident kann ihm Weisungen hierfür erteilen.") gilt fort (BGH aaO), soweit nicht durch Landesrecht abweichend geregelt (Bay: Art 5 AGGVG: Zahl der Kammern bestimmt JustMin; Rhl-Pf: § 18 GerOrgG, das durch landesrechtl Sonderregelung dem Präsidium ein Mitwirkungsrecht bei der Festsetzung durch den Minister der Justiz einräumt, s dazu auch Buschmann DRiZ 83, 473). – Änderung der Kammerzahl wegen Wegfalls von VorsRichtern auch während des Geschäftsjahres zulässig (BGHSt 20, 132). Bildung von **Hilfskam-**

mern nicht nach § 60, sondern durch Präsidium (BGHSt NJW 67, 1868; s dazu § 21f Rn 2). Zur Frage der Bildung von **Auffangkammern** für zurückverwiesene Verfahren nach § 354 II 1 StPO s § 21e Rn 22.

2) Zivilkammern iSd § 60 sind auch Kammern für Handelssachen, §§ 93 ff GVG. 2

Weitere **Sonderkammern:** für Patent-, Warenzeichen-, Gebrauchsmuster-, Kartell- u Urheberrechtsstreitigkeiten s § 143 PatG (BGBl 81 I 1), § 19 GebrMG (BGBl 68 I 24), § 32 WZG (BGBl 68 I 29), § 89 GWB (BGBl 66 I 37), § 105 UrhRG(BGBl 65 I 1273), dazu für Bay BayBS III 208, GVBl 66, 110, 490; Kammern für Baulandsachen, § 220 BauGB (BGBl 86 I 2191), dazu für Bay GVBl 66, 242. Ferner Wertpapierbereinigungskammern, § 29 WBG (WiGBl 1949, 295), für Bay BayBS III 207, GVBl 60, 134; Kammern für Rückerstattungssachen, § 66 US-REG, § 58 brREG, für Bay BayBS III 217, 222; Kammern für Entschädigungssachen, § 78 BEG v 29. 6. 56 (BGBl I 559), für Bay GVBl 1957, 3; Kammern für Steuerberater- u Steuerbevollmächtigtensachen, § 51 SteuerberatungsG v 16. 8. 61 (BGBl I 1301); Kammer für Patentanwaltssachen, § 85 PatentanwaltsO v 7. 9. 66 (BGBl I 557). 3

Auswärtige Zivilkammern sind nicht vorgesehen (für Kammer für HS s dagg § 93 II, für Strafkammern § 78). 4

§§ 61–69

[aufgehoben durch G v 26. 5. 72, BGBl I 841; vgl jetzt §§ 21a–21i GVG]

§ 70

[Landesjustizverwaltung und Vertreterbestellung]

(1) Soweit die Vertretung eines Mitglieds nicht durch ein Mitglied desselben Gerichts möglich ist, wird sie auf den Antrag des Präsidiums durch die Landesjustizverwaltung geordnet.

(2) Die Beiordnung eines Richters auf Probe oder eines Richters kraft Auftrags ist auf eine bestimmte Zeit auszusprechen und darf vor Ablauf dieser Zeit nicht widerrufen werden.

(3) Unberührt bleiben die landesgesetzlichen Vorschriften, nach denen richterliche Geschäfte nur von auf Lebenszeit ernannten Richtern wahrgenommen werden können, sowie die, welche die Vertretung durch auf Lebenszeit ernannte Richter regeln.

1) Zu Abs 1 (Notvertretung): Voraussetzung ist, daß die Möglichkeiten der Vertretung innerhalb des Gerichts ausgeschöpft sind. Dabei sind bei der internen Vertretung auch die bereits zugewiesenen Hilfsrichter zu berücksichtigen. Unmöglichkeit weiterer Vertretung kann sich zB aus § 29 S 1 DRiG oder aus Überlastung wegen zahlreicher Verhinderungen ergeben. Die Justizverwaltung kann durch Maßnahmen iS des Abs 2 oder durch Abordnung nach § 37 DRiG abhelfen, sofern neue Planstellen nicht zur Verfügung stehen und (oder) ihre Besetzung nicht möglich ist. Da es sich um eine Vertretungsregelung handelt, ist Voraussetzung, daß eine **vorübergehende** Verhinderung vorliegt (vgl dazu § 21e Rn 39/39e; BGH NJW 85, 2337). Bei dauernder Verhinderung, auch wegen Überlastung, kann die Justizverwaltung nur durch Zuteilung und Besetzung einer Planstelle helfen; dies ist keine Maßnahme nach Abs 1, da die Aufgabenbestimmung für den neuen Richter (Spruchkörper) nach den allg Grundsätzen der ordentlichen Geschäftsverteilung – ggf nach § 21e III – erfolgt. 1

2) Beiordnung von Hilfsrichtern (Abs 2): a) Richter auf Probe: § 12 DRiG; **Richter kraft Auftrags:** § 14 DRiG; die Verwendung von nicht auf Lebenszeit angestellten Hilfsrichtern verstößt nicht gegen das GG. Sie ist jedoch, da der Hilfsrichter in seiner persönlichen Unabhängigkeit nicht gesichert ist, auf zwingende Gründe zu beschränken (BVerfG 14, 163; BGH NJW 85, 2336). Beim LG dauernd vorhandene richterl Aufgaben müssen grundsätzl durch fest angestellte Richter wahrgenommen werden (BVerfGE 14, 156; BGHSt 8, 159; 9, 107 – unrichtig allerdings die verschiedentl anzutreffende Aussage, die Justizverwaltung sei zur Schaffung der erforderl Planstellen verpflichtet, zB BGH 12, 1: Planstellen können nur im Haushalt, also durch das Parlament geschaffen werden; s dazu auch Einl GVG Rn 20). Heranziehung von Hilfsrichtern aber im Rahmen des Ausbildungszwecks (zur Zulässigkeit s BVerfGE aaO, 163; DRiZ 71, 27; BGH NJW 66, 352), sowie zur Vertretung in Urlaubs- u Krankheitsfällen usw, bei Überlastung nur für e vorübergehenden Zeitraum, nicht z Einsparung von Richterplanstellen (BGH 20, 209, 250). Der Begriff des vorübergehenden Bedürfnisses ist an der Gesamtlage der im Haushalt ausgewiesenen Planstellen zu messen, da das Haushaltsbewilligungsrecht des Parlaments (Art 110 GG und Landesverfassung) die für die Stellenverteilung zuständige Justizverwaltung, aber auch die 2 dritte Gewalt bindet. Dauernde Geschäftsbelastung oder haushaltsrechtliche Stellensperren rechtfertigen die Verwendung von Hilfsrichtern nicht (BGH 22, 142; NJW 85, 2336; s dazu auch § 21e Rn 39e); jedoch können die im Rahmen der erforderlichen Erprobung des Richternachwuchses (vgl §§ 10, 12 DRiG) ständig zuzuweisenden Proberichter einberechnet werden (vgl auch BVerfG DRiZ 71, 27). Vorübergehendes Bedürfnis liegt dagegen vor, wenn eine Planstelle mangels geeigneten Bewerbers nicht besetzt werden kann.

3 **b)** Bei der Zuweisung von Hilfsrichtern ist der Grund anzugeben (vgl BGH 34, 260; NJW 62, 1153); bei Richtern auf Probe ergibt sich der Grund idR ohne weiteres daraus, daß die Voraussetzungen des § 10 I DRiG noch nicht erfüllt sind. Unklarheit ü Einberufungsgrund ist unschädlich, wenn insgesamt (ohne die Richter auf Probe, die aus Gründen der Vermittlung der nach § 10 DRiG vorgeschriebenen Erfahrung eingesetzt sind) nicht mehr Hilfsrichter als z Beseitigung vorübergehenden Bedürfnisses zulässig bestellt wurden (BGH NJW 66, 352). – Bei der Entscheidung darf jeweils nur 1 Hilfsrichter (unter Einschluß abgeordneter Richter) mitwirken (§ 29 DRiG). Vom Vorsitz ist er ausgeschlossen (§ 28 II 2 DRiG); Bestellung zum Einzelrichter (§§ 348, 350 ZPO) jedoch zulässig.

4 **c)** Die Beiordnung ist **auf bestimmte Zeit** auszusprechen. Diese kann kalendermäßig und/oder nach anderen objektiven Kriterien (zB Besetzung einer freien Planstelle, Dauer einer Erkrankung oder anderen Verhinderung) festgelegt werden. Die Beiordnung kann nicht vorzeitig widerrufen werden; dies steht jedoch einer Entlassung nach §§ 22, 23 DRiG vor Ablauf der Zeit der Beiordnung nicht entgegen. Ebenso kann die Beiordnung eines Richters auf Probe etwa wegen Ernennung zum Richter auf Lebenszeit an einem anderen Gericht, Anstellung, Versetzung zur Staatsanwaltschaft im Rahmen eines üblichen Laufbahnwechsels (vgl § 13 DRiG) vorzeitig enden (insoweit wird die Zulässigkeit statusrechtl Akte nicht eingeschränkt). Mit Zustimmung des Richters kann die Beiordnung (entgegen Kissel Rdnr 11; B-Albers § 70 Anm 2, ThP § 70 Anm 2b cc) jederzeit aufgehoben werden, da der Schutz des Proberichters keinesfalls weitergeht als der der Richter auf Lebenszeit (für diese vgl §§ 30, 37 I DRiG).

5 **3) Abs 3** hat seine praktische Bedeutung verloren.

§ 71

[Sachliche Zuständigkeit in 1. Instanz]

(1) Vor die Zivilkammern, einschließlich der Kammern für Handelssachen, gehören alle bürgerlichen Rechtsstreitigkeiten, die nicht den Amtsgerichten zugewiesen sind.

(2) Die Landgerichte sind ohne Rücksicht auf den Wert des Streitgegenstandes ausschließlich zuständig:

1. für die Ansprüche, die auf Grund der Beamtengesetze gegen den Fiskus erhoben werden;

2. für die Ansprüche gegen Richter und Beamte wegen Überschreitung ihrer amtlichen Befugnisse oder wegen pflichtwidriger Unterlassung von Amtshandlungen.

(3) Der Landesgesetzgebung bleibt überlassen, Ansprüche gegen den Staat oder eine Körperschaft des öffentlichen Rechts wegen Verfügungen der Verwaltungsbehörden sowie Ansprüche wegen öffentlicher Abgaben ohne Rücksicht auf den Wert des Streitgegenstandes den Landgerichten ausschließlich zuzuweisen.

1 **1)** § 71 grenzt nur die **sachl Zuständigkeit** zw AG u LG ab, besagt aber nichts über die Zulässigkeit des Rechtswegs u begründet sie nicht (BGH 9, 322). Den Amtsgerichten zugewiesen: §§ 23, 23a, 27. Zuständigkeit der Kammern für Handelssachen: §§ 94, 95. Verhältnis zw AG u LG: Soweit AG oder LG ausschließl zuständig ist, kann das andere Gericht nicht durch Parteienvereinbarung zuständig gemacht werden (§ 40 II ZPO). Davon abgesehen können die Parteien e Rechtsstreit ohne Rücksicht auf die Höhe des Streitwerts einverständl vor das AG oder LG bringen (§§ 38 f ZPO). Folgen der nicht beseitigten Unzuständigkeit: Prozeßabweisung, unter den Voraussetzungen der §§ 281, 506, 697, 700 S 3 ZPO Verweisung an das zust Gericht. Möglich auch Verweisung durch LG als Berufungsgericht an sich selbst als 1. Instanz (str). Sachentscheidung des unzuständigen Gerichts ist mit gewöhnl Rechtsmitteln anfechtbar; aber §§ 10, 528 ZPO. Bei der Beurteilung, ob Ansprüche iSd § 71 vorliegen, ist das Revisionsgericht weder durch die Auffassung der Parteien noch durch die Beurteilung des Berufungsgerichts gebunden; maßgebend ist die wahre Rechtsnatur des Anspruchs, der sich aus den als richtig unterstellten Parteibehauptungen ergibt (BGH 16, 275).

2 **2)** Zuständigkeit des LG (nicht ausschließl) für alle **vermögensrechtl** Anspr über 5 000,– DM, soweit nicht AG ohne Rücksicht auf Streitwert zuständig (s § 23).

3) Ausschließl Zuständigkeit des LG: **a)** in **nichtvermögensrechtl** Sachen (Abs 1 mit § 23), zur Abgrenzung s § 23 Rn 2). 3

b) (II Ziff 1): Gegenstandslos, da für Ansprüche aus dem Beamtenverhältnis jetzt allg der Verwaltungsrechtsweg vorgeschrieben ist; §§ 126 BRRG, 172 BBG; entsprechende Anwendung für Richter: §§ 46, 71 DRiG. 4

c) (II Ziff 2): Klagen aus **Amtspflichtverletzung** von Richtern, sonstigen Amtsträgern, auch wenn sie nicht gg diese selbst, sondern gg den haftenden Dienstherrn gerichtet werden (Art 34 GG), u Rückgriffsanspruch des Dienstherrn. Bei der allg Regelung verbleibt es aber bei Ansprüchen gegen den Fiskus, für die dieser nur auf Grund der Gefährdungshaftung als KfzHalter (§ 7 StVG) haftet. 5

d) (III): Bei entsprechender **landesrechtl Regelung** (Bay: Art 9 AGGVG; zum Hess AGGVG BGH 15, 221) u unter der Voraussetzung der Zulässigkeit des Zivilrechtswegs (s § 13): Entschädigungsanspr (s RG 139, 282) wegen Verfügungen der VerwBehörden, zB b Enteignung (üb landesrechtl Enteignungsgesetze, insbes z Hess AufbauG s BGH 22, 79), unrechtmäßigem enteignungsgleichem Eingriff, auf VerwAkten beruhender Aufopferung. 6

e) Weitere ausschließl Zuständigkeiten: Kl auf Anfechtung e Ausschlußurteils (§ 957 ZPO). Ferner nach verschiedenen Reichs- u Bundesgesetzen; so in bestimmten gesellschaftsrechtl Streitigkeiten (§§ 246, 249, 250, 251, 254, 255, 257, 275 AktG, §§ 51, 96 GenG, §§ 61, 75 GmbHG, § 36 VersAufsG); § 49 BörsenG; § 143 PatG (dazu BGH 14, 72, Stuttgart GRUR 57, 121); §§ 42, 62 BNotO; § 3 HinterlegO v 10. 3. 37, RGBl I 285; § 13 I StrEG v 8. 3. 71; § 217 BauGB v 8. 12. 86; § 208 BEG v 29. 6. 56; § 25 III SchutzbereichG v 7. 12. 56; § 58 BLeistG v 27. 9. 61; § 59 LandesbeschG v 23. 2. 57; § 87 GWB für bürgerl Rechtsstreitigkeiten, die sich aus der GWB oder aus Kartellverträgen oder Kartellbeschlüssen ergeben (dazu für Bay: GVBl 66, 490). 7

§ 72

[Berufungs- und Beschwerdegerichte]

Die Zivilkammern, einschließlich der Kammern für Handelssachen, sind die Berufungs- und Beschwerdegerichte in den vor den Amtsgerichten verhandelten bürgerlichen Rechtsstreitigkeiten mit Ausnahmen der Kindschaftssachen und der vor den Familiengerichten entschiedenen Sachen.

1) Berufung: §§ 511 ff ZPO; **Beschwerde:** §§ 567 ff ZPO sowie zahlreiche Nebengesetze, zB §§ 5, 6, 25 II GKG, §§ 9, 10, 128 BRAGO, § 16 ZuSEG, § 9 GVKostO. Zuständigkeit des LG im Rechtsmittelzug nach dem FGG: §§ 19 II, 30 FGG und §§ 72, 81 GBO. Für Beschwerden gegen sitzungspol Maßnahmen enthält § 181 GVG eine Sonderregelung zugunsten des OLG. 1

2) Die Ausnahme für **Kindschafts-** und **Familiensachen** entspricht der Rechtsmittelzuweisung an das OLG nach § 119 Nr 1 und 2 GVG (formelle Anknüpfung, s dort Rn 3 ff, insb 9). 2

3) Stellt das Berufungsgericht fest, daß die vor dem AG verhandelte Sache **nach § 71 zur Zuständigkeit des LG** gehört hätte (vgl allerdings auch § 529 II ZPO), so hat es das Urteil aufzuheben und in erstinstanzlicher Zuständigkeit neu zu entscheiden (Berufung nach § 119 I Nr 3 möglich). Ist die Berufungskammer nach der Geschäftsverteilung nicht zugleich auch für die erstinstanzliche Entscheidung zuständig, so ist die Sache nach Aufhebung des Ersturteils an die zuständige erstinstanzliche Kammer zur weiteren Entscheidung formlos abzugeben (§ 281 ZPO gilt nicht innerhalb des Gerichts). Bei Kompetenzstreit ist nach §§ 36, 37 ZPO zu verfahren. 3

§§ 73–74 e

[betreffen Strafsachen]

§ 75

[Besetzung der Zivilkammern]

Die Zivilkammern sind, soweit nicht nach den Vorschriften der Prozeßgesetze an Stelle der Kammer der Einzelrichter zu entscheiden hat, mit drei Mitgliedern einschließlich des Vorsitzenden besetzt.

Bezieht sich nur auf die Besetzung bei der Entscheidung, nicht die Besetzung im Rahmen der Geschäftsverteilung (vgl § 21 e); bei letzterer können der Kammer mehr Richter zugeteilt sein (s § 21 e Rn 9). – Einzelrichter beim LG vgl § 348 ZPO. 1

§§ 76–78b

[betreffen Strafsachen]

Sechster Titel

§§ 79–92

[aufgehoben durch G v 9. 12. 74, BGBl I 3393]

Siebenter Titel

KAMMERN FÜR HANDELSSACHEN

1 **1) Verhältnis KfHS zur ZivK:** KfHS ist kein Sondergericht, sondern besonders besetzter Spruchkörper des LG. Die Abgrenzung ist keine Frage der sachlichen Zuständigkeit (s allerdings BGH 45, 241, aber 63, 217; 71, 264), sondern **gesetzl geregelte Geschäftsverteilung** (RG 48, 27; München NJW 67, 2165; Düsseldorf OLGZ 73, 243; Kissel § 94 Rn 2; R-Schwab § 33 II 1; im Erg ähnlich Gaul JZ 84, 57), die durch §§ 96 ff aus der Zuständigkeit des Präsidiums (§ 21 e) herausgenommen ist. Hieraus folgt:

2 **a)** Zuständigkeit der KfHS setzt **sachliche Zuständigkeit** des LG nach §§ 71, 72 voraus.

3 **b)** KfHS ist der ZivK grundsätzlich **gleichwertig,** allerdings mit der sich aus der allgemeineren Zuständigkeit der Zivilkammer ergebenden Prävalenz (vgl Gaul JZ 84, 57). Die „Unzuständigkeit“ der KfHS kann daher mit **Rechtsmitteln** nur nach den für die Verletzung der Geschäftsverteilung geltenden Regeln gerügt werden (s § 16 GVG Rn 2, § 21 e Rn 48 ff), im Ergebnis also nur bei willkürlicher Handhabung, nicht bei irriger Gesetzesauslegung; § 551 Nr 4 ZPO gilt nicht (vgl § 102 Rn 4; Kissel § 94 Rdnr 6).

4 **c)** Eine **Zuständigkeitsvereinbarung** ist unwirksam (s § 98 IV und dort Rn 2), da die Geschäftsverteilung nicht der Disposition der Parteien unterliegt (die in §§ 96–101 vorgesehenen Antragsmöglichkeiten sind nur scheinbare Ausnahme, da der Antrag erst die Zuständigkeit der KfHS begründet, also Zuständigkeitsvoraussetzung ist).

5 **d)** Zum **negativen Kompetenzkonflikt** zwischen KfHS und ZivK vgl § 102 Rn 3.

6 **2) Zuständigkeitsprüfung: a)** Da Frage der Zuständigkeit KfHS/ZivK ges geregelte Geschäftsverteilung ist, gehört sie nicht zur Zulässigkeit der Klage, fehlende Zuständigkeit kann mithin nie zur Klageabweisung führen. Daraus folgt auch, daß Zuständigkeit nach §§ 94 ff GVG **vorweg zu prüfen** ist (vgl auch § 101 II), dh der Prüfung der Zulässigkeit der Klage vorangehen muß (über diese darf nur die nach §§ 94 ff zuständige Kammer befinden); eine Ausnahme gilt allerdings, soweit eine Verweisung (Klageabweisung) wegen fehlender sachlicher Zuständigkeit des LG (insbesondere Abgrenzung zu den ArbGe, vgl BGH NJW 75, 450) in Betracht kommt und diese Frage gleichzeitig für die Beurteilung nach § 95 GVG von entscheidender Bedeutung ist; bei Verneinung der sachl Zuständigkeit würde es dann nämlich sowohl an der Zuständigkeit der ZivK wie der KfHS fehlen (vgl Rn 2), die angegangene Kammer muß also über beide Fragen zugleich entscheiden können.

7 **b)** Die Prüfung hat **von Amts wegen** zu erfolgen (da Frage der geschäftsplanmäßigen Zuständigkeit); soweit die Bindung an Anträge besteht (§§ 96, 97 II, 98 III), sind diese entweder zuständigkeitsbegründend oder schränken die Verweisungsmöglichkeit, nicht aber die Amtsprüfung ein.

8 **c)** Für die Zuständigkeits**bestimmung** sind die einzelnen in §§ 96–100, 104 geregelten Fälle zu unterscheiden. Wegen der Bindungswirkung nach § 102 (vgl dort) ist jedoch, wenn die Bindung eingreift, für die Sachprüfung nach §§ 96 ff kein Raum mehr.

§ 93

[Einrichtung]

(1) Soweit die Landesjustizverwaltung ein Bedürfnis als vorhanden annimmt, können bei den Landgerichten für deren Bezirke oder für örtlich abgegrenzte Teile davon Kammern für Handelssachen gebildet werden.

(2) Solche Kammern können ihren Sitz innerhalb des Landgerichtsbezirks auch an Orten haben, an denen das Landgericht seinen Sitz nicht hat.

1) **Bildung** der KfHS nach Abs 1 im Ermessen der Landesjustizverwaltung, die auch den örtlichen Zuständigkeitsbereich bestimmt: die Zuständigkeit kann aber nicht über den LGBez hinausreichen (keine gem KfHS für mehrere LGBez); für einen örtlich abgegrenzten Bezirk kann eine KfHS eingerichtet werden, wenn entweder nur diese KfHS eingerichtet wird oder der Fall des Abs 2 vorliegt – die Abgrenzung der Zuständigkeit **mehrerer KfHS** im LGBez ist nämlich grundsätzlich Sache des Präsidiums (§ 21 e), sie kann nicht (außer im Sonderfall des Abs 2) durch die Landesjustizverwaltung vorgenommen werden. Besteht **keine KfHS**, so verbleibt es bei der umfassenden Zuständigkeit der ZivK, etwaige Anträge nach §§ 96 ff sind gegenstandslos, es sei denn, es kommt zu einer Verweisung nach § 281 ZPO an ein anderes LG (vgl auch Rn 2 zu § 96). 1

2) **Zuständigkeitsregelung** (zur Frage, ob die Ermächtigung des Abs 1 im Hinblick auf BVerfGE 11, 77 ausreichend ist, vgl Schäfke ZPR 83, 165, 168) zur Einrichtung der KfHS nach G v 1. 7. 60 (BGBl I 481) für LandesReg mit Delegationsmöglichkeit. Regelung in den Ländern im einzelnen durch VO (Bay: VO v 13. 7. 60, GVBl 134). 2

3) **Nach Abs 2** kann in einem LGBez (nicht über diesen hinaus, vgl Rn 1) eine auswärtige KfHS errichtet werden. Dieser kann ein örtl abgegrenzter Teil des LGBez zugewiesen werden, für den ganzen LGBez kann sie nur dann für zuständig erklärt werden, wenn sonst im Bez (insb am LG selbst) keine KfHS besteht. Im übrigen vgl auch § 106. 3

§ 94

[Zuständigkeit]

Ist bei einem Landgericht eine Kammer für Handelssachen gebildet, so tritt für Handelssachen diese Kammer an die Stelle der Zivilkammern nach Maßgabe der folgenden Vorschriften.

1) Die Vorschrift umschreibt das **Verhältnis ZivK/KfHS** (vgl dazu auch Rn 1 vor § 93) nur ungenau: KfHS „tritt" nicht automatisch an Stelle der ZivK, vielmehr wird KfHS nur durch Antrag einer der Parteien (vgl §§ 96, 98 I, 99 I) zuständig (Ausnahme bei Beschwerdeverf, § 104). Andererseits ist die Zuständigkeit der KfHS nicht notwendig auf Handelssachen (Begriff: § 95) beschränkt, wie aus § 102 und der Ermächtigung der (Rück-)Verweisungsmöglichkeit folgt (vgl auch Rn 3 vor § 93). 1

2) Vor den KfHS sind neben den Klageverf des 1. Rechtszugs auch Berufungsverf (§ 100) und Beschwerdeverf (§ 104) möglich. Bei **Arresten und einstw Verf** ist die KfHS zuständig, wenn sie schon mit der Hauptsache befaßt ist, vor deren Anhängigkeit, wenn in der Antragsschrift (§ 96 I) ein entspr Antrag gestellt wird (bezüglich Verweisung sind dann §§ 97 ff im selbständigen Arrest- oder Verfügungsverfahren entsprechend anzuwenden). 2

§ 95

[Begriff der Handelssachen]

(1) Handelssachen im Sinne dieses Gesetzes sind die bürgerlichen Rechtsstreitigkeiten, in denen durch die Klage ein Anspruch geltend gemacht wird:

1. **gegen einen Kaufmann im Sinne des Handelsgesetzbuches aus Geschäften, die für beide Teile Handelsgeschäfte sind;**
2. **aus einem Wechsel im Sinne des Wechselgesetzes oder aus einer der im § 363 des Handelsgesetzbuchs bezeichneten Urkunden;**
3. **auf Grund des Scheckgesetzes;**
4. **aus einem der nachstehend bezeichneten Rechtsverhältnisse:**
   a) **aus dem Rechtsverhältnis zwischen den Mitgliedern einer Handelsgesellschaft oder zwischen dieser und ihren Mitgliedern oder zwischen dem stillen Gesellschafter und dem**

Inhaber des Handelsgeschäfts, sowohl während des Bestehens als auch nach Auflösung des Gesellschaftsverhältnisses, und aus dem Rechtsverhältnis zwischen den Vorstehern oder den Liquidatoren einer Handelsgesellschaft und der Gesellschaft oder deren Mitgliedern;

b) aus dem Rechtsverhältnis, welches das Recht zum Gebrauch der Handelsfirma betrifft;

c) aus den Rechtsverhältnissen, die sich auf den Schutz der Warenbezeichnungen, Muster und Modelle beziehen;

d) aus dem Rechtsverhältnis, das durch den Erwerb eines bestehenden Handelsgeschäfts unter Lebenden zwischen dem bisherigen Inhaber und dem Erwerber entsteht;

e) aus dem Rechtsverhältnis zwischen einem Dritten und dem, der wegen mangelnden Nachweises der Prokura oder Handlungsvollmacht haftet;

f) aus den Rechtsverhältnissen des Seerechts, insbesondere aus denen, die sich auf die Reederei, auf die Rechte und Pflichten des Reeders oder Schiffseigners, des Korrespondentreeders und der Schiffsbesatzung, auf die Bodmerei und die Haverei, auf den Schadensersatz im Falle des Zusammenstoßes von Schiffen, auf die Bergung und Hilfeleistung und auf die Ansprüche der Schiffsgläubiger beziehen;

5. auf Grund des Gesetzes gegen den unlauteren Wettbewerb mit Ausnahme der Ansprüche der letzten Verbraucher aus § 13a des Gesetzes gegen den unlauteren Wettbewerb, soweit nicht ein beiderseitiges Handelsgeschäft nach Absatz 1 Nr. 1 gegeben ist;

6. aus den §§ 45 bis 48 des Börsengesetzes (Reichsgesetzbl. 1908 S. 215).

(2) Handelssachen im Sinne dieses Gesetzes sind ferner die Rechtsstreitigkeiten, in denen sich die Zuständigkeit des Landgerichts nach § 246 Abs. 3 Satz 1 oder § 396 Abs. 1 Satz 2 des Aktiengesetzes richtet.

1 **I)** Durch **Vereinbarung (§ 38 ZPO)** kann die KfHS in Nichthandelssachen nicht zuständig gemacht werden (vgl Rn 4 vor § 93); dagg können die Parteien durch ihr Einverständnis erreichen, daß Handelssachen von der ZivK erledigt werden (Kläger stellt keinen Antrag nach § 96, Beklagter keinen Verweisungsantrag nach § 98).

2 Die Zuständigkeit der KfHS muß für den **ganzen Streitgegenstand** gegeben sein. Ist dies nicht der Fall, so ist der gesamte Rechtsstreit vor der ZivK wegen deren umfassender Zuständigkeit zu führen. Eine Zuständigkeit der KfHS „kraft Sachzusammenhangs" kommt nicht in Betracht (Gaul JZ 84, 57, 59). Dies hat insbesondere Bedeutung bei **Klagehäufung:** Die Voraussetzungen des § 95 müssen für alle Ansprüche vorliegen, bei subj Klagehäufung muß die Kaufmannseigenschaft nach Nr 1 bei allen Beklagten gegeben sein. Fehlt es hieran, so gehört der gesamte Rechtsstreit vor die ZivK. Eine Abtrennung nach § 145 ZPO und Teilverweisung ist zwar grundsätzlich möglich; sie muß sich jedoch mit den Grundsätzen der §§ 96 I, 97 II, 98 II u 99 vereinbaren; daher ist idR durch Abtrennung nur die Verweisung von der KfHS zur ZivK, nicht aber umgekehrt möglich (im einzelnen s Gaul aaO).

II) Einzelfälle (Abs 1)

3 **Nr 1: Kaufmann** iSd §§ 1–7 HGB (auch Minderkaufleute, s aber § 98 I 2 GVG); auch Handelsgesellschaften (vgl zu Nr 4 a) u Genossenschaften (§ 17 GenG); wegen der Versicherungsvereine aG s §§ 16, 53 VersAufsG u KG OLG 10, 324, KGJ 24 A 212. Auch Konkursverwalter, wenn Gemeinschuldner Kaufmann und das Geschäft von diesem abgeschlossen war (LG Tübingen MDR 54, 302), dagg nicht wenn es sich um ein eigenes Verwertungsgeschäft des Konkursverwalters handelt (LG Hamburg MDR 73, 507). Nicht Bundespost (§ 452 HGB), jedoch Bundesbahn, da auf Gewinnerzielung ausgerichtet (Becker NJW 77, 1674; LG Osnabrück MDR 83, 589; aA BGH 2, 51; Kissel Rdnr 2). Voraussetzung der sachl Zuständigkeit der KfHS ist Kaufmannseigenschaft des Bekl (bei Mehrheit: aller Bekl, s Rn 2) zur Zeit der Klageerhebung bzw Antragstellung, soweit diese noch nachträglich (vgl § 96 II) möglich ist, da sich die Klage gegen einen Kaufmann richten muß (hM, vgl B-Albers § 95 Anm 2 Aa; Schriever, NJW 78, 1472; aA – Anspruchsentstehung – Müller NJW 70, 846).

4 Für die Beurteilung der Kaufmannseigenschaft einer **ausländischen** Partei ist das Recht des Landes maßgeblich, in dem die Partei ihren Geschäftssitz hat; insbesondere gelten auch die Wirkungen einer Eintragung in ein dem Handelsregister entsprechendes Register.

5 Gegenstand des Rechtsstreits muß für beide Vertragschließende **beiderseitiges Handelsgeschäft** sein (§§ 343, 344 HGB). Insoweit ist – im Gegensatz zur Voraussetzung der Kaufmannseigenschaft – auf den Vertragsschluß abzustellen; es genügt also, wenn die Voraussetzung des beiderseitigen Handelsgeschäfts in der Person des Rechtsvorgängers des Klägers erfüllt war. Auf

die Anspruchsgrundlage kommt es nicht an (zB Herausgabe aus Eigentum wegen in beiderseitigem Handelsgeschäft vereinbarten EigVorbehalts, vgl auch LG Tübingen MDR 54, 302); jedoch keine Handelssache, wenn aus dem Handelsgeschäft gegen an ihm nicht beteiligten Dritten vorgegangen wird (vgl LG Hannover, NJW 77, 1246: verlängerter EigVorbehalt).

Nr 2: Klage aus **Wechsel:** Alle im WG geregelten Ansprüche sind erfaßt, auch die bereicherungsrechtlicher Art. Auch i Ausland i fremder Sprache ausgestellte Wechsel gehören hierher (vgl RG 64, 164). Ob im Wechselprozeß geklagt wird, ist gleichgültig (vgl RG 78, 317). Kaufmannseigenschaft hier nicht Voraussetzung. – **Urkunden nach § 363 HGB:** Kaufmänn Anweisung u Verpflichtungsschein, Konnossement, Ladeschein, Lagerschein, Bodmereibrief, Transportversicherungsschein. 6

Nr 3: Scheck. Auch hier Prozeßart u Kaufmannseigenschaft gleichgültig. 7

Nr 4a: Handelsgesellschaften (§ 6 HGB, § 13 GmbHG); OHG, KG, AktG, KGaA, GmbH. Unter Nr 4a fällt auch Klage eines Gesellschafters gegen den Mitgesellschafter aus einem der Gesellschaft gewährten Darlehen (LG Osnabrück MDR 83, 588); der Gesellschaftsvertrag muß nicht selbst unmittelbare Anspruchsgrundlage sein, es genügt, daß der Anspruch gesellschaftsspezifische Rechte u Pflichten unmittelbar berührt. **Genossenschaft** gilt zwar als Kaufmann (§ 17 GenG), ist aber keine Handelsgesellschaft; ebenso nicht VVaG trotz entspr Anwendbarkeit (§ 16 VersAufsG) von Vorschriften des Handelsrechts; nicht Vereinigungen zum Betrieb e Kleingewerbes (§ 4 II HGB); die **stille Gesellschaft** (§§ 230 ff HGB) ist keine Handelsgesellschaft, hier aber ausdrückl einbezogen. 8

Nr 4b: §§ 17 ff HGB; vertragl u gesetzl Ansprüche. 9

Nr 4c: § 15 GeschmacksmusterG v 11. 1. 76 (BGBl 11). Streitigkeiten nach dem GebrMG (BGBl 68 I 24) gehören vor die ZivK (§ 18 G), ev Patentkammer (§ 19 G). Ebenso Patentstreitigkeiten (Patentkammern s § 143 II PatG, BGBl 81 I 1). Kammern für Warenzeichenstreitsachen s § 32 WZG (BGBl 68 I 29). 10

Nr 4d: §§ 22, 25 HGB. 11

Nr 4e: §§ 48 ff HGB. Entspr Anwendung i Fall des § 11 II GmbHG: LG Hannover NJW 68, 56 (aA – nur bei beiderseitigem Handelsgeschäft – Berkenbrock JZ 80, 21). 12

Nr 4f: §§ 474 ff HGB, SeemannsG v 26. 7. 57 (BGBl II 713), StrandungsO v 17. 5. 74 (RGBl 81). Für Binnenschiffahrtssachen s dagg §§ 1, 2 Ges v 27. 9. 52 (BGBl I 641), s § 14 GVG Rn 3. 13

Nr 5: geändert durch G v 25. 7. 86 (BGBl I S 1169). Erfaßt alle bürgerlichrechtl Streitigkeiten, die auf Anspruchsgrundlagen nach dem UWG (s dort § 27) gestützt werden, mit Ausnahme des Rücktrittsrechts des Letztverbrauchers nach § 13a UWG; Klagen auf Rückgewähr nach dieser Vorschrift fallen nur dann in den Zuständigkeitsbereich der KfHS, wenn der zugrundeliegende Vertrag ein beiderseitiges Handelsgeschäft war (s Rn 5). 14

Nr 6: Ersatzanspr w unrichtiger Angaben b Emissionen; s § 49 BörsG. 15

III) Zu Abs 2 (eingefügt durch § 41 EGAktG, BGBl 65 I 1185). § 246 AktG: Anfechtungsklage gegen Hauptversammlungsbeschlüsse. Ist entspr anwendbar auf die Fälle der §§ 249, 254, 255, 257, 275 AktG (Nichtigkeitsklage gg Hauptversammlungsbeschlüsse; Anfechtung des Beschlusses ü Verwendung des Bilanzgewinns; Anfechtung der Kapitalerhöhung gg Einlagen; Anfechtung der Feststellung des Jahresabschlusses). Nach § 278 AktG gilt Entsprechendes für die Kommanditgesellschaft auf Aktien. § 396 AktG: gerichtl Auflösung der Aktiengesellschaften u Kommanditgesellschaften auf Aktien auf Antrag der obersten Landesbehörde. 16

IV) Weitere Fälle: Handelssachen sind auch die bürgerl Rechtsstreitigkeiten, die sich aus dem **GWB,** aus Kartellverträgen u Kartellbeschlüssen ergeben (§ 87 II GWB). – Weitere Zuständigkeit der KfHS nach § 30 I 2 **FGG.** – KfHS ist ferner zuständig für **Vollstreckungsgegenklagen** nach § 767 ZPO, wenn der titulierte Anspruch aus einem Verfahren vor der KfHS herrührt (vgl BGH LM 42 zu § 767 ZPO; Kissel Rdnr 25; str). – KfHS nicht zuständig für **Honorarklage eines RA nach § 34 ZPO,** da dort Gerichtsstand, nicht ges Geschäftsverteilung betroffen (str, s BGH NJW 86, 1178). 17

§ 96

[Antrag auf Verhandlung vor KfHS]

(1) Der Rechtsstreit wird vor der Kammer für Handelssachen verhandelt, wenn der Kläger dies in der Klageschrift beantragt hat.

(2) Ist ein Rechtsstreit nach den Vorschriften der §§ 281, 506 der Zivilprozeßordnung vom Amtsgericht an das Landgericht zu verweisen, so hat der Kläger den Antrag auf Verhandlung vor der Kammer für Handelssachen in der mündlichen Verhandlung vor dem Amtsgericht zu stellen.

1 **1) Abs 1: Antrag** (liegt auch in Adressierung an KfHS, Bergerfurth NJW 74, 221; Kissel Rdnr 2) ist Prozeßantrag, § 297 ZPO gilt nicht; kann nicht zurückgenommen werden (Kissel Rdnr 7). Wahlrecht des Kl. Der Antrag ist nach Eingang der Klageschrift bei Gericht nicht nachholbar (Grund s Rn 2); wurde Klage jedoch bei einem LG eingereicht, bei dem keine KfHS besteht, und wird sie nach § 281 ZPO verwiesen, so ist Antrag in entspr Anwendung des Abs 2 in der Verhandlung, auf Grund der verwiesen wird, nachholbar (str, aA LG Freiburg NJW 72, 1902). Nicht entscheidend ist die räumliche Verbindung des Antrags mit der Klageschrift. Hat Kl e Handelssache durch Unterlassung des Antrags nach Abs 1 vor ZivK gebracht, so kann nur noch Bekl gem §§ 98, 101 Verweisung an KfHS beantragen. Von Amts wegen kann die ZivK nicht an die KfHS verweisen (§ 98 III). Hat Kl durch s Antrag e Nichthandelssache bei der KfHS anhängig gemacht: § 97.

2 **2) Abs 2:** Der Antrag muß vor dem Amtsgericht gestellt werden, da die geschäftsplanmäßige Zuständigkeit (vgl § 93 Rn 1) nach Anhängigwerden bei dem LG (vgl § 281 II 1 HS 2 ZPO) vom Kläger nicht mehr verändert werden kann. Er muß spätestens in der der Verweisung vorausgehenden mündl Verhandlung gestellt werden; Ankündigung im vorbereitenden Schriftsatz genügt nicht. Im schriftl Verf (§ 128 II ZPO) muß Antrag spätestens b Eingang der letzten Zustimmungserklärung z schriftl Entsch vorliegen (so auch Kissel Rdnr 3; str).

3 Im **Mahnverfahren** kann der Antrag bereits im Mahnantrag (§ 690 I Nr 5 ZPO) gestellt werden. Nicht geregelt ist, wann der Kl bei Übergang ins streitige Verfahren spätestens den Antrag stellen muß (für Bekl gelten auch hier §§ 98, 101 I): er kann jedenfalls mit dem Antrag auf streitiges Verf nach § 696 I 1 verbunden werden und nach dem Sinn der Regelung des § 96 II bis zum Eingang der Akten beim LG (§ 696 I 4 ZPO) nachgeholt werden. Im Hinblick darauf, daß die Einleitung des streitigen Verf auch durch den Bekl beantragt werden kann, sowie wegen der Regelung des § 697 I 1 ZPO (nachgereichte „Klageschrift") muß es dem Kl aber auch gestattet werden, den Antrag noch in der Klagebegründung nachzuholen (§ 96 I; § 96 II steht nicht entgegen, da im Mahnverf vor dem AG keine mündl Verh stattfindet; so auch Braunschweig NJW 79, 223; Frankfurt NJW 80, 2202).

4 Das AG soll schon im VerwBeschluß die KfHS bezeichnen (aA KG OLG 33, 78; vgl dazu Hübner ZZP 53, 492), hat jedoch die sachlichen Voraussetzungen des § 95 nicht zu prüfen. Die Verweisungsentscheidung des AG bindet nicht im Verhältnis zw ZivK u KfHS (vgl Hübner aaO).

§ 97

[Verweisung an die Zivilkammer wegen ursprünglicher Unzuständigkeit]

(1) Wird vor der Kammer für Handelssachen eine nicht vor sie gehörige Klage zur Verhandlung gebracht, so ist der Rechtsstreit auf Antrag des Beklagten an die Zivilkammer zu verweisen.

(2) Gehört die Klage oder die im Falle des § 506 der Zivilprozeßordnung erhobene Widerklage als Klage nicht vor die Kammer für Handelssachen, so ist diese auch von Amts wegen befugt, den Rechtsstreit an die Zivilkammer zu verweisen, solange nicht eine Verhandlung zur Hauptsache erfolgt und darauf ein Beschluß verkündet ist. Die Verweisung von Amts wegen kann nicht aus dem Grund erfolgen, daß der Beklagte nicht Kaufmann ist.

1 **1)** Die gesetzestechnisch wenig durchsichtige Regelung schränkt die **Verweisungsmöglichkeit von KfHS an ZivK** (umgekehrt s § 98) für unrichtig anhängig gewordene Verfahren ein. Die Verweisung kommt nur unter folgenden Voraussetzungen in Betracht:

2 **a)** Verf muß durch Antrag des Klägers nach § 96 oder § 100 an KfHS gelangt sein; bei Antrag des Bekl (§ 98) ist Rückverweisung ausgeschlossen (§ 102 S 2).

3 **b)** Es liegt keine Handelssache iSd § 95 vor. Gehört eine Sache dagegen mangels Antrags des Kl (§§ 96, 100) nicht vor die KfHS, so gilt § 97 (insbesondere die Einschränkung der Verweisung nach dieser Vorschrift) nicht, da die Klage in Wahrheit gar nicht vor die KfHS „gebracht ist"; es gilt die allg Regelung des Geschäftsverteilungsplans über Abgaben innerhalb des Gerichts.

4 **2)** Liegen die vorgenannten Voraussetzungen vor, so ist zu unterscheiden: **a) Verweisung von Amts wegen (Abs 2),** wenn **aa)** die Unzuständigkeit bei einer Handelssache iSd § 95 I Nr 1 **nicht**

daraus folgt, daß Bekl die Kaufmannseigenschaft fehlt; in den anderen Fällen des § 95 insoweit keine Einschränkung, und **bb)** noch nicht zur Hauptsache verhandelt wurde (Verhandlung zu Verfahrensfragen oder zur Zulässigkeit der Klage – gleichgültig, ob abgesonderte Verhandlung nach § 280 I ZPO angeordnet oder nicht – schadet nicht, auch nicht Verhandlung zur Zulässigkeit einer Berufung) **und** aufgrund einer Verhandlung noch kein das Verfahren betreffender Beschluß (zB Vertagung, Beweisbeschluß, Termin zur Verk einer Entsch; nicht: Streitwertfestsetzung, Prozeßkostenhilfe oder Beschlüsse nach § 273 II ZPO, letztere da nicht auf Grund der Verhandlung) erlassen wurde.

Die KfHS ist zur Verweisung unter diesen Voraussetzungen verpflichtet (Ges spricht von „Befugnis"), da sie nicht gesetzlicher Richter ist. 5

b) Verweisung auf Antrag des Bekl, falls die unter 1) genannten Voraussetzungen gegeben und Antrag rechtzeitig (§ 101 I, s Rn 1) gestellt. 6

c) Keine Verweisung auf Antrag des Klägers möglich. Er ist an seinen nach § 96 gestellten Antrag für das gesamte Verfahren gebunden, auch wenn der Antrag sachlich unrichtig ist. 7

3) Die Verweisung nach § 97 ist einheitlich für das ganze Verfahren möglich; dies gilt insbesondere, wenn bei Anspruchshäufung (s § 95 Rn 2) oder Widerklage (im Fall des § 96 II) nur ein Teil des Streitgegenstandes nicht die Voraussetzungen des § 95 erfüllt, gleichgültig ob es sich um ursprüngliche (dann § 97 unmittelbar) oder nachträgliche (§ 99, s dort) Unzuständigkeit handelt. Es kann jedoch auch lediglich der nicht die Voraussetzungen des § 95 erfüllende Teil nach § 145 ZPO abgetrennt und nur dieser Teil verwiesen werden. 8

4) Der Verweisungsbeschluß ist für ZivK bindend: § 102 (vgl dort). 9

5) Gebühren: a) des Gerichts: Keine, §§ 1 I, 27 (vgl § 21) GKG; – **b) des Anwalts:** 5/10 Verhandlungsgebühr, §§ 13, 33 II BRAGO. Diese Gebühr fällt auch dem Gegenanwalt an, wenn dieser keinen förmlichen Antrag stellt, sondern sich nur äußert, Gerold/Schmidt, BRAGO § 33 Anm 32; unter Hinweis auf KG AnwBl 70, 19; Hamburg MDR 66, 599. 10

§ 98

[Verweisung an KfHS]

(1) Wird vor der Zivilkammer eine vor die Kammer für Handelssachen gehörige Klage zur Verhandlung gebracht, so ist der Rechtsstreit auf Antrag des Beklagten an die Kammer für Handelssachen zu verweisen. Ein Beklagter, der nicht in das Handelsregister eingetragen ist, kann den Antrag nicht darauf stützen, daß er Kaufmann ist.

(2) Der Antrag ist zurückzuweisen, wenn die im Falle des § 506 der Zivilprozeßordnung erhobene Widerklage als Klage vor die Kammer für Handelssachen nicht gehören würde.

(3) Zu einer Verweisung von Amts wegen ist die Zivilkammer nicht befugt.

(4) Die Zivilkammer ist zur Verwerfung des Antrags auch dann befugt, wenn der Kläger ihm zugestimmt hat.

1) § 98 betrifft die **nachträgliche Verweisung** von Verfahren von der ZivK an KfHS, die vom Kl hätte vor die KfHS gebracht werden können. Infolge der generellen Zuständigkeit der ZivK für Handelssachen betrifft die Regelung nicht (wie § 97) die Korrektur einer nichtbestehenden Zuständigkeit. Hieraus folgt, daß eine Verweisung von Amts wegen ausscheidet **(Abs 3)**. § 98 ergänzt vielmehr § 96, indem er dem Beklagten seinerseits ermöglicht, die KfHS statt der ZivK zuständig zu machen. 1

2) Nötig ist **a)** ein – rechtzeitiger (§ 101 I) – **Antrag des Beklagten** (§ 297 ZPO gilt auch hier nicht). In der Rüge der Zuständigkeit der ZivK liegt ein solcher Antrag auch dann noch nicht, wenn auf die Zuständigkeit der KfHS hingewiesen wird; notwendig ist ein positiver Verweisungsantrag (vgl Gaul JZ 84, 57, 60). Antrag des Klägers ist im hier gegebenen Stadium verspätet (vgl § 96 Rn 1) und unbeachtlich; auch seine Zustimmung ist unbeachtlich (Abs 4). **b)** Es muß sich um eine **Handelssache** iSd § 95 handeln; dies ist von ZivK zu prüfen, Zustimmung des Klägers entbindet hiervon nicht (Abs 1 S 2). – Fehlt eine Voraussetzung, so muß der Antrag zurückgewiesen werden (Abs 4 gibt kein Ermessen). Bei Ausländern ist entscheidend, ob das Heimatrecht ein dem Handelsregister entsprechendes Register kennt und ob er dort eingetragen ist. 2

3) Nach **Abs 2** ist der Antrag – trotz Vorliegen der in Rn 2 genannten Voraussetzungen – zurückzuweisen, wenn das Verfahren vom AG nach § 506 ZPO an das LG verwiesen wurde und die Widerklage nicht die Voraussetzungen des § 95 erfüllt. Wird Antrag auf Verweisung der Klage gestellt, so kann diese jedoch an KfHS verwiesen werden, wenn die Widerklage vorher gemäß § 145 ZPO abgetrennt wurde. 3

4 **4)** Der **Verweisungsbeschluß** – auch der zu Unrecht ergangene – ist für KfHS bindend: § 102.

5 **5) Gebühren:** s § 97 Rn 10.

§ 99

[Verweisung an die Zivilkammer bei nachträglicher Unzuständigkeit]

(1) Wird in einem bei der Kammer für Handelssachen anhängigen Rechtsstreit die Klage nach § 256 Abs. 2 der Zivilprozeßordnung durch den Antrag auf Feststellung eines Rechtsverhältnisses erweitert oder eine Widerklage erhoben und gehört die erweiterte Klage oder die Widerklage als Klage nicht vor die Kammer für Handelssachen, so ist der Rechtsstreit auf Antrag des Gegners an die Zivilkammer zu verweisen.

(2) Unter der Beschränkung des § 97 Abs. 2 ist die Kammer zu der Verweisung auch von Amts wegen befugt. Diese Befugnis tritt auch dann ein, wenn durch eine Klageänderung ein Anspruch geltend gemacht wird, der nicht vor die Kammer für Handelssachen gehört.

1 **1)** Die Regelung des § 97 über die Verweisung von der KfHS an ZivK (nicht umgekehrt; vgl Gaul JZ 84, 57, 61) auf Antrag oder von Amts wegen gilt nach § 99 entsprechend bei **nachträglichem Unzuständigwerden** der KfHS durch Klageänderung (§ 263 ZPO), durch Erhebung einer Zwischenfeststellungsklage (§ 256 II ZPO) oder einer Widerklage, die nicht die Voraussetzungen des § 95 erfüllt. Die Verweisung auf Antrag (Abs 1) ist auch bei Klageänderung nach § 263 ZPO möglich, obwohl dieser Fall nur in § 99 II 2 (für Verweisung von Amts wegen) angesprochen ist, da für eine Differenzierung kein Grund ersichtlich ist (vgl Kissel Rdnr 4, B-Albers Anm 1, ThP Anm 1c).

2 **2)** Für Verweisung auf Antrag gilt § 97 I, s dort. Der **Antrag** muß von der Partei gestellt werden, die hinsichtlich des die Unzuständigkeit auslösenden Streitgegenstandes in der Beklagtenrolle steht (die Partei, die Unzuständigkeit veranlaßt, ist nicht antragsberechtigt). – Zu Abs 2 s § 97 Rn 4.

3 **3)** Der **gesamte Rechtsstreit** ist zu verweisen; die KfHS kann jedoch auch den die Unzuständigkeit veranlassenden Teil abtrennen (§ 145 ZPO) und nur diesen verweisen (s auch § 95 Rn 2). Von dieser Möglichkeit wird jedenfalls dann Gebrauch zu machen sein, wenn der ursprüngliche Klageteil entscheidungsreif ist. – Der Verweisungsbeschluß fällt unter § 102 S 2.

§ 100

[Zuständigkeit im 2. Rechtszug]

Die §§ 96 bis 99 sind auf das Verfahren im zweiten Rechtszuge vor den Kammern für Handelssachen entsprechend anzuwenden.

1 **1)** Berufungszuständigkeit des LG s § 72. Die Berufung gegen ein amtsgerichtl Urteil kommt vor die KfHS, wenn dahin gehender **Antrag i der Berufungsschrift** (nicht erst in der Berufungsbegr) enthalten ist (§ 96 I). Hat Berufungsführer diesen Antrag z Unrecht gestellt, so ist die Berufung nicht als unzulässig zu verwerfen; vielmehr auf rechtzeitigen (§ 101 auch hier anwendbar) Antrag des Berufsbekl (die Parteistellung i 1. Instanz entscheidet nicht) Verweisung an ZivK (§ 97 I), auch von Amts wegen unter die Voraussetzungen der § 97 II. Hat Bekl keinen (rechtzeitigen) Antrag gestellt, Verweisung an KfHS nur noch auf Antrag des Berufungsbekl entspr § 98, nicht aber von Amts wegen.

2 **2)** Allg **entspricht dem Kl iSd §§ 96 ff hier der Berufungskl,** dem Bekl der Berufungsbekl. Für § 95 I Nr 1 (Kaufmann) ist jedoch auf die ursprüngliche Parteistellung (Bekl) abzustellen; das gleiche muß für § 97 II 2 und § 98 I 2 (zu letzterem Fall vgl LG Hamburg NJW 69, 1259: Vorschrift daher nur auf Bekl, nicht auf Kläger – jeweils unabhängig von ihrer Stellung im Rechtsmittelverfahren – anwendbar; im Erg anders LG Bielefeld NJW 68, 2384, das auch bei Antrag des Klägers u Berufungsbekl fordert, daß der Beklagte als Kaufmann ins HR eingetragen ist. Richtig LG Hamburg aaO und LG Tübingen MDR 79, 238, da Kl grundsätzlich die KfHS auch bei Klagen gegen Minderkaufleute anrufen kann, vgl §§ 95 I Nr 1, 96).

3 **3)** Wird von einer Partei Berufung zur ZivK, von der anderen zur KfHS eingelegt, so ist für beide Berufungen die KfHS zuständig (aA hM: die zuerst angegangene Kammer; BL-Albers § 100 Anm 1b, ThP § 100 Anm). Dies folgt daraus, daß nach der Systematik der §§ 96 ff generell der Antrag einer Partei genügt, die Zuständigkeit der KfHS für den ganzen Rechtsstreit zu begründen (vgl §§ 96 I, 98 I); im übrigen könnte die Partei, deren Antrag als Berufungskl nach

der hM nicht zum Zuge käme, weil die gegnerische Berufung bei der ZivK zuerst eingegangen ist, gerade in diesem Verfahren als Berufungsbekl nach §§ 100, 98 I durch nachträgliche Antragstellung die Verweisung des ganzen Rechtsstreits an die KfHS ohnehin erreichen.

§ 101

[Antrag auf Verweisung]

(1) Der Antrag auf Verweisung des Rechtsstreits an eine andere Kammer ist nur vor der Verhandlung des Antragstellers zur Sache zulässig.

(2) Über den Antrag ist vorab zu verhandeln und zu entscheiden.

1) Abs 1: gilt für Anträge nach §§ 97–100, nicht für § 96. Der Begriff des **Verhandelns zur Sache** beschränkt sich nicht auf Verhandeln zur Hauptsache. Sinn der Vorschrift ist es, die Frage der Zuständigkeit ZivK/KfHS früh zu klären (Kissel Rdnr 4). Entsprechend der Zuordnung der Frage zur geschäftsplanmäßigen Zuständigkeit liegt Verhandeln zur „Sache" schon vor bei Fragen der Zulässigkeit der Klage oder der Berufung, auch bei Verhandeln zur geschäftsplanmäßigen Abgrenzung bei mehreren KfHS (Bremen MDR 80, 410; s a Gaul JZ 84, 57). Ebenso bei Verhandeln zur Richterablehnung, da diese die Zuständigkeit des Richters notwendig voraussetzt (aA BL-Albers Anm 1 A; Kissel Rdnr 5). Vertagungsantrag ist noch kein Verhandeln zur Sache (Kissel aaO). Beginn der Verhandlung: § 137 I ZPO. Antrag iS § 101 ist kein Sachantrag und braucht nicht verlesen zu werden (§ 297 ZPO gilt nicht). § 282 III 2 ZPO gilt entsprechend, Antrag muß daher, wenn Frist zur Klageerwiderung gesetzt ist, innerhalb dieser Frist gestellt werden (Bremen MDR 80, 410). 1

2) Die Entscheidung über Anträge nach I hat vor jeder anderen Prüfung (etwa Zulässigkeit der Berufung, auch der Klageänderung im Fall des § 99) zu erfolgen (vgl auch Rn 6 vor § 93). Entscheidung s § 102. 2

§ 102

[Verweisung. Unanfechtbarkeit]

Die Entscheidung über Verweisung eines Rechtsstreits an die Zivilkammer oder an die Kammer für Handelssachen ist nicht anfechtbar. Erfolgt die Verweisung an eine andere Kammer, so ist diese Entscheidung für die Kammer, an die der Rechtsstreit verwiesen wird, bindend. Der Termin zur weiteren mündlichen Verhandlung wird von Amts wegen bestimmt und den Parteien bekanntgemacht.

1) Gilt für alle **Verweisungen** nach §§ 97–100, 104, aber nur im Verhältnis ZivK/KfHS, nicht bei Verweisung an KfHS durch AG nach §§ 281, 506 ZPO (KG OLG 33, 78), auch nicht im Verhältnis mehrerer KfHS zueinander. Verweisung immer durch **Beschluß** (formlose Abgabe ist keine Verweisung, vgl Frankfurt Rpfl 80, 231); mündl Verhandlung nicht nötig (es geht nicht um Zuständigkeit als Prozeßvoraussetzung, sondern um Frage der Geschäftsverteilung, vgl Rn 1 vor § 93), jedoch ist das **rechtl Gehör** des Gegners zu wahren – im Falle des Antrags nach § 96 I ist dem allerdings durch die Möglichkeit des Rückverweisungsantrags (§ 97 I) genügt. 1

2) Unanfechtbarkeit: a) Gilt für alle Verweisungsbeschlüsse dieses Titels einschließlich der Zurückverweisung eines Verweisungsantrags (RG JW 86, 225; Hamburg MDR 70, 1019). Auch eine gegen die Bindungswirkung verstoßende Rückverweisung ist nicht selbständig anfechtbar. 2

b) Kommt es jedoch wegen einer solchen Rückverweisung zum **neg Kompetenzkonflikt,** so können Parteien Verf nach § 37 ZPO beschreiten; da ein Fall gesetzl geregelter Geschäftsverteilung vorliegt, ist Entscheidung des Konflikts durch Präsidium nicht möglich (vgl BGH NJW 75, 2304), es bleibt nur die analoge Anwendung des § 36 Nr 6 ZPO (München NJW 67, 2165; Nürnberg NJW 75, 2345; Bremen OLG 75, 476; Braunschweig NJW 79, 223; Gaul JZ 84, 57, 65). 3

c) Die fehlerhafte Bejahung der Zuständigkeit durch die KfHS (ZivK) begründet grundsätzlich auch nicht ein **allg Rechtsmittel,** insb gilt § 551 Nr 4 ZPO nicht (R-Schwab § 33 II, 1; s a Rn 3 vor § 93). Anderes muß jedoch nach Art 101 I, 2 GG gelten, wenn durch willkürliche Annahme der Zuständigkeit der ges Richter ausgeschaltet wurde (zB Verweisung „gemäß Antrag", wenn tatsächlich kein Antrag gestellt wurde; vgl auch – weitergehend – Stuttgart Justiz 66, 253 sowie Gaul JZ 84, 57, 64). 4

3) Bindung: a) Verweisungen im Verhältnis ZivK/KfHS sind für diese nach S 2 bindend, die Rückverweisung ist ausgeschlossen (Ausnahme: § 99). Zweck: Vermeiden von Zuständigkeits- 5 streit, Verfahrensbeschleunigung. Die Verweisung gilt für das ganze Verf, unabhängig davon in welchem VerfStadium sie beschlossen wurde (Hamburg MDR 67, 409: Verweisung im Prozeßkostenhilfeverf). Die Bindungswirkung des ersten Verweisungsbeschlusses ist auch bei einer etwaigen Entscheidung nach § 36 Nr 6 ZPO zu berücksichtigen (Nürnberg NJW 75, 2345).

6 **b)** Nach Düsseldorf (OLGZ 73, 243) soll die **Bindung entfallen,** wenn gegen den Grundsatz des rechtl Gehörs (vgl Rn 1) verstoßen ist. Dem ist beizutreten (ebenso Kissel Rdnr 5; Gaul JZ 84, 57, 60; vgl allgemein BGH NJW 78, 1163; 85, 2537; aA Bremen OLGZ 1975, 475), da nur so das rechtl Gehör – und zwar schon bei der Kammer, an die verwiesen ist (also ohne weitere Verzögerung) – nachgeholt werden kann; dem verfahrensrechtl Schutz des Beteiligten (Art 103 I GG) muß der Vorrang vor § 102 S 2, der gerichtsinternen Zuständigkeitsstreit vermeiden will, eingeräumt werden. Darüber hinaus muß die Bindung im Hinblick auf Art 101 I, 2 GG dann zurücktreten, wenn sie zu einer willkürlichen Ausschaltung des ges Richters führen würde, die auf Rechtsmittel zur Aufhebung der Entscheidung führen müßte (s Rn 4; vgl auch Stuttgart, Justiz 66, 253).

7 **c)** Auch die **verweisende Kammer** selbst ist an seine Entscheidung gebunden (vgl auch Nürnberg MDR 73, 507); die sich aus Rn 6 ergebende Einschränkung gilt jedoch auch insoweit.

§ 103

[Hauptintervention]

Bei der Kammer für Handelssachen kann ein Anspruch nach § 64 der Zivilprozeßordnung nur dann geltend gemacht werden, wenn der Rechtsstreit nach den Vorschriften der §§ 94, 95 vor die Kammer für Handelssachen gehört.

1 Die in ihrem Wortlaut wenig klare Vorschrift dehnt die für die örtl u sachl Zuständigkeit in § 64 ZPO enthaltene Regelung auf das Verhältnis ZivK/KfHS aus: die Zuständigkeit der KfHS setzt neben dem Antrag nach §§ 96 I, 98 I voraus, daß für die Hauptintervention selbst die Voraussetzungen des § 95 erfüllt sind **und** daß der Hauptprozeß vor der KfHS anhängig ist (oder – falls schon im Rechtsmittelzug – war). Schwebt der Hauptprozeß vor der ZivK, so ist diese für die Hauptintervention auch dann zuständig, wenn der mit der Einmischungsklage verfolgte Anspruch – etwa wegen der Kaufmannseigenschaft des Hauptintervenienten – Handelssache wäre.

§ 104

[Verweisung in Beschwerdesachen]

(1) Wird die Kammer für Handelssachen als Beschwerdegericht mit einer vor sie nicht gehörenden Beschwerde befaßt, so ist die Beschwerde von Amts wegen an die Zivilkammer zu verweisen. Ebenso hat die Zivilkammer, wenn sie als Beschwerdegericht in einer Handelssache mit einer Beschwerde befaßt wird, diese von Amts wegen an die Kammer für Handelssachen zu verweisen. Die Vorschriften des § 102 Satz 1, 2 sind entsprechend anzuwenden.

(2) Eine Beschwerde kann nicht an eine andere Kammer verwiesen werden, wenn bei der Kammer, die mit der Beschwerde befaßt wird, die Hauptsache anhängig ist oder diese Kammer bereits eine Entscheidung in der Hauptsache erlassen hat.

1 **1) Abs 1:** Zuständigkeit hier von Amts wegen zu prüfen, Parteianträge sind bedeutungslos. Keine Verwerfung der Beschwerde als unzulässig, wenn die als Beschwerdegericht angegangene Kammer ihre Unzuständigkeit annimmt. Verweisung durch Beschluß bindend u unanfechtbar (S 3; anders in FGG-Sachen, RG 48, 27; KGJ 49, 242).

2 **2) Abs 2:** Für Beschwerdesachen, die nicht Handelssachen sind, ist die KfHS dann zuständig, wenn die Hauptsache b ihr anhängig ist oder wenn sie schon e Entscheidung i der Hauptsache erlassen hat. – Ob die zu Recht mit der Beschwerde angegangene Kammer an die andere verweisen muß, wenn b letzterer die Hauptsache anhängig ist, ist str, aber zu bejahen (aA Kissel Rdnr 5).

§ 105

[Besetzung]

(1) Die Kammern für Handelssachen entscheiden in der Besetzung mit einem Mitglied des Landgerichts als Vorsitzenden und zwei ehrenamtlichen Richtern, soweit nicht nach den Vorschriften der Prozeßgesetze an Stelle der Kammer der Vorsitzende zu entscheiden hat.

(2) Sämtliche Mitglieder der Kammer für Handelssachen haben gleiches Stimmrecht.

(3) In Streitigkeiten, die sich auf das Rechtsverhältnis zwischen Reeder oder Schiffer und Schiffsmannschaft beziehen, kann die Entscheidung im ersten Rechtszug durch den Vorsitzenden allein erfolgen.

1) Bestellung des **Vorsitzenden** ist Sache des Präsidiums (§ 21 e I); er ist aus dem in § 21 f I genannten Kreis auszuwählen, muß also Vorsitzender Richter sein (Ausnahme für auswärtige KfHS: § 106). 1

Ernennung der **ehrenamtlichen Richter** (sie führen nach § 45 a DRiG idF vom 22. 12. 75, BGBl I 3176, wieder – wie schon vor 1972 – die Bezeichnung: Handelsrichter): § 108. Über deren Zuteilung an mehrere KfHS desselben LG und die gegenseitige Vertretung hat das Präsidium (§ 21 e I), über die Reihenfolge der Heranziehung der Vorsitzende (§ 21 g) zu entscheiden. Letzteres hat nach § 21 g II zu geschehen. Die von der Rspr (vgl § 21 e Rn 9) aufgestellten Beschränkungen für die **Überbesetzung** eines (berufsrichterlich besetzten) Spruchkörpers sind für die Handelsrichter nicht anwendbar. Dies folgt aus der Natur der Sache, insbesondere aus der neben- und ehrenamtlichen Ausübung dieses Amtes durch Kaufleute, die der Gesetzgeber im Interesse der durch sie zu erwartenden Bereicherung und Verbesserung der Rechtsprechung bewußt vorgesehen hat. Mit der hauptberuflichen Kaufmannstätigkeit ist es aber offensichtlich nicht vereinbar, wenn ein Handelsrichter in dem Umfang an der Rechtsprechung einer Kammer teilnehmen müßte, wie sie nach den vorgenannten Grundsätzen für berufsrichterliche Beisitzer gefordert wird (vgl auch BGH NJW 66, 1084; BFH Betrieb 67, 231 für die Überbesetzung mit ehrenamtl Beisitzern bei Finanzgerichten und Ehrengerichten sowie Kissel § 95 Rdnr 13). Die Bestellung von je etwa 10 Handelsrichtern je KfHS ist daher nicht zu beanstanden, da nur so die Belastung des einzelnen in zumutbaren Grenzen gehalten werden kann. Aus den gleichen Gründen ist – wegen der naheliegend häufigen – Verhinderung eines Handelsrichters bei der Anwendung der **Vertreterregelung** großzügig zu verfahren. Ein Besetzungsverstoß kann nur bei willkürlicher Handhabung, die mit der gebotenen Rücksichtnahme auf die hauptberufl Tätigkeit der Handelsrichter in keinem Zusammenhang steht, angenommen werden. 2

2) Als **Einzelrichter** kann nur der Vorsitzende tätig werden; seine Befugnisse bestimmen sich nach § 349 ZPO (vgl dort). Daher nicht anwendbar im Beschwerdeverfahren nach dem FGG (Frankfurt MDR 83, 1032). – Die ehrenamtl Richter wirken auch außerhalb der mündlichen Verhandlung mit, soweit der Vorsitzende nicht allein entscheiden kann, etwa bei Arresten u einstweil Verfügungen ohne mündl Verhandlung (soweit nicht § 944 ZPO). Sie haben gleiches Stimmrecht wie der Vorsitzende (Abs 2) und unterzeichnen die Entscheidungen mit (BGH 42, 75). Sie können auch zu beauftragten Richtern bestellt werden. 3

Über die **Ablehnung des Vorsitzenden** ist in der vollen Besetzung zu entscheiden, da kein Fall des § 349 I 1 ZPO vorliegt (BayObLG MDR 80, 237). 4

3) Die Mitgliedschaft eines Handelsrichters bei der **Industrie- und Handelskammer,** die nach § 108 vorschlagsberechtigt ist, begründet idR für sich allein auch dann nicht die Besorgnis der Befangenheit, wenn diese – etwa nach § 126 FGG – an dem Verfahren beteiligt ist (BayObLG B v 1. 8. 80 – 1 Z 55/80; vgl auch BVerfG NJW 81, 912 zum ähnlichen Fall der Mitglieder der Landwirtschaftsgerichte). 5

§ 106

[Auswärtige KfHS]

Im Falle des § 93 Abs. 2 kann ein Richter beim Amtsgericht Vorsitzender der Kammer für Handelssachen sein.

Der Amtsrichter, der dem LG zur Dienstleistung zugeteilt ist (§ 27 II DRiG; § 22 II GVG), wird durch das Präsidium des LG z Vorsitzenden bestellt. Er muß Richter auf Lebenszeit sein (§ 28 II DRiG). Die Vorschrift gilt – als bewußt aufrechterhaltene – Sonderregelung des § 21 f I fort (aA Kissel § 21 f Rdnr 3); sie ergänzt in organisatorischer Hinsicht die Sonderbestimmung des § 93 II, der gerade auf die Einrichtung einer KfHS bei einem AG abzielt. 1

§ 107

[Vergütung]

(1) Die ehrenamtlichen Richter, die weder ihren Wohnsitz noch ihre gewerbliche Niederlassung am Sitz der Kammer für Handelssachen haben, erhalten Tage- und Übernachtungsgelder nach den für Richter am Landgericht geltenden Vorschriften.

(2) Den ehrenamtlichen Richtern werden die Fahrtkosten in entsprechender Anwendung des § 3 des Gesetzes über die Entschädigung der ehrenamtlichen Richter ersetzt.

1 **1)** Neu gefaßt durch Art 8 § 4 G v 9. 12. 86 (BGBl I 2326); in Kraft seit 1. 1. 87.

2 **2)** Die ehrenamtl Richter erhalten weder Dienstbezüge noch Sitzungsgeld. Für ihre Auslagen gilt: **Tage- und Übernachtungsgeld** (Abs 1) erhalten sie nur, wenn sie am Sitz der Kammer weder ihren Wohnsitz noch den Sitz der Niederlassung haben. Es gelten die reisekostenrechtl Bestimmungen, die nach Landesrecht für Richter der BesGr R 1 anzuwenden sind. **Fahrtkostenersatz** erhält dagegen jeder ehrenamtl Richter (Abs 2); es gilt das G über die Entschädigung ehrenamtlicher Richter. Nach dessen § 3 werden bis zu einer Entfernung von 200 km auch die Kosten für die Fahrt mit einem privaten Pkw (nach Pauschsatz – 0,45 DM je Km) erstattet, ansonsten die Kosten öffentl Beförderungsmittel.

3 **3)** Die Festsetzung erfolgt im Verwaltungsweg durch das Gericht, bei dem die Kammer gebildet ist. Anfechtung nach Art IX § 1 KostÄndG v 26. 6. 57.

§ 108

[Ernennung zum ehrenamtlichen Richter]

Die ehrenamtlichen Richter werden auf gutachtlichen Vorschlag der Industrie- und Handelskammern für die Dauer von drei Jahren ernannt; eine wiederholte Ernennung ist nicht ausgeschlossen.

1 Ernennung durch Landesjustizverwaltung (früher AV RJM v 1. 4. 35, DJ 35, 549, jetzt Landesrecht; Bay: Art 4 AGGVG). Der Vorschlag der IHK und das Einverständnis des Vorgeschlagenen sind Voraussetzung der Ernennung. Nach Landesrecht kann e Ernennungsurkunde erteilt werden. Eidl Verpflichtung: § 45 II–VII DRiG.

§ 109

[Voraussetzungen der Ernennung]

(1) Zum ehrenamtlichen Richter kann jeder Deutsche ernannt werden, der das dreißigste Lebensjahr vollendet hat und als Kaufmann, als Vorstand einer Aktiengesellschaft, als Geschäftsführer einer Gesellschaft mit beschränkter Haftung oder als Vorstand einer sonstigen juristischen Person in das Handelsregister eingetragen ist oder eingetragen war.

(2) Zum ehrenamtlichen Richter soll nur ernannt werden, wer in dem Bezirk der Kammer für Handelssachen wohnt oder, wenn er als Kaufmann in das Handelsregister eingetragen ist, dort eine Handelsniederlassung hat; bei Personen, die als Vorstand einer Aktiengesellschaft, als Geschäftsführer einer Gesellschaft mit beschränkter Haftung oder als Vorstand einer sonstigen juristischen Person in das Handelsregister eingetragen sind, genügt es, wenn die Gesellschaft oder juristische Person eine Niederlassung in dem Bezirk hat.

(3) Personen, die infolge gerichtlicher Anordnung in der Verfügung über ihr Vermögen beschränkt sind, können nicht zu ehrenamtlichen Richtern ernannt werden.

1 **1)** Abs 1 u wohl auch Abs 3 (insoweit str) **zwingender,** Abs 2 nicht zwingender **Natur.** Vgl a § 44 I DRiG. Hat ein ehrenamtlicher Richter an einer Entscheidung mitgewirkt, der die zwingenden Voraussetzungen des § 109 nicht erfüllt, so ist die Entscheidung jedenfalls nicht nichtig, allerdings ist mit allg Rechtsmittel die Rüge vorschriftswidriger Besetzung des Gerichts möglich, soweit die Ernennung selbst nichtig ist oder dabei zwingende Vorschriften verletzt wurden. – Bei nachträglichem Wegfall der Voraussetzungen für die Ernennung, s § 113; diese Vorschrift wird analog anzuwenden sein, wenn sich nachträglich ergibt, daß eine zwingende Voraussetzung für die Ernennung von Anfang an fehlte.

2 **2)** Nach Abs 1 ist **Eintragung im Handelsregister** konstitutive Voraussetzung, allerdings genügt es, daß der ehrenamtl Richter in einer der genannten Eigenschaften eingetragen war.

Vorstandsmitglieder einer eingetragenen **Genossenschaft** erfüllen die Voraussetzung des Abs 1 nicht (str, aA Kissel Rdnr 9; Schmid MDR 75, 636), da GenReg nicht Teil des HandelsReg – auch liegt der Schwerpunkt der Tätigkeit vieler Genossenschaften nicht auf dem Gebiet des HandelsR, so daß es auch an der mat Gleichwertigkeit fehlt. **Stellvertretende Vorstandsmitglieder** einer AG erfüllen die Voraussetzungen des Abs 1, da diese in § 94 AktG im Ergebnis gleichgestellt (vgl schon KGJ 24 A 194, 197), insb zwischen den ordentlichen und den stellvertretenden Vorstandsmitgliedern keine maßgebl rechtl Unterschiede – beide ges Vertreter der AG – bestehen. Nach Sinn und Zweck des § 109 I kommt es dagegen auf etwaige – nur nach innen wirkende – Unterschiede in der Geschäftsführungsbefugnis (§ 82 II AktG) nicht an.

3) § 109 ist **nicht** im Sinne einer **abschließenden Aufzählung** der Ernennungsvoraussetzungen 3
zu verstehen. Die Fähigkeit zur Bekleidung öff Ämter (vgl § 45 StGB) ist ebenso stillschweigend vorausgesetzt wie die gesundheitliche Eignung des ehrenamtl Richters. Eine **Altersgrenze** besteht nicht, jedoch wird von der Ernennungsbehörde auch hier auf die ges Regelung für Schöffen (§ 33 Nr 2 GVG) abzuheben sein.

§ 110

[Ehrenamtliche Richter an Seeplätzen]

An Seeplätzen können ehrenamtliche Richter auch aus dem Kreis der Schiffahrtskundigen ernannt werden.

§ 111

[aufgehoben durch G v 20. 12. 74, BGBl I 3686; vgl jetzt § 45 DRiG]

§ 112

[Rechte und Pflichten]

Die ehrenamtlichen Richter haben während der Dauer ihres Amts in Beziehung auf dasselbe alle Rechte und Pflichten eines Richters.

Richterl Unabhängigkeit der Handelsrichter: § 45 I 1 DRiG. Zur Sicherung ihrer persönl Unab- 1
hängigkeit können sie vor Ablauf ihrer Amtszeit nur unter den gesetzl Voraussetzungen und gegen ihren Willen nur durch Richterspruch amtsenthoben werden (§ 44 II DRiG). Dazu auch § 113. Eine dem § 56 GVG entspr Bestimmung für den Fall e Verletzung der Mitwirkungspflicht besteht nicht. Wahrung des Beratungsgeheimnisses: § 45 I 2 DRiG. – Die §§ 41 bis 48 ZPO finden Anwendung. Einzelrichter kann der Handelsrichter nicht sein (§ 349 ZPO), wohl aber beauftragter Richter. S ferner Rn 3 zu § 105.

§ 113

[Amtsenthebung]

(1) Ein ehrenamtlicher Richter ist seines Amtes zu entheben, wenn er eine der für die Ernennung erforderlichen Eigenschaften nachträglich verliert.

(2) Es entscheidet der erste Zivilsenat des Oberlandesgerichts nach Anhörung des Beteiligten.

1) Amtsenthebung: Erforderl Eigenschaften: § 109 I und III (vgl aber auch dort Rn 3); Enthe- 1
bung bei Wegfall der Voraussetzungen des § 109 II nicht möglich. Jedoch kommt das Verfahren auch in Betracht, wenn ein von § 109 nicht erfaßter Mangel vorliegt, der bei weiterem Amtieren zu einer nicht ordnungsgemäßen Besetzung des Gerichts führen würde (vgl BSG DRiZ 86, 94). – Das Verfahren nach § 113 ist nicht an bestimmte Formen gebunden. Für die Einleitung des Verfahrens (Antragstellung) ist die Ernennungsbehörde (vgl § 108 Rn 1) zuständig. Gegen die Entscheidung des OLG ist kein Rechtsmittel zulässig (RG JW 36, 1290). § 113 entsprechend anwendbar, wenn sich nach Ernennung ergibt, daß zwingende Voraussetzung von Anfang an fehlte.

2) Eine **Abberufung** eines Handelsrichters durch die Ernennungsbehörde ist nicht möglich, 2
wohl aber kann er von dieser auf seinen Antrag entbunden werden (§ 44 II DRiG verlangt gerichtl Entscheidung nur für Abberufung gegen den Willen des Berufenen), wenn ein Grund hierfür (zB dauernde Erkrankung, Strafverfahren) vorliegt.

§ 114

[Entscheidung auf Grund eigener Sachkunde]

Über Gegenstände, zu deren Beurteilung eine kaufmännische Begutachtung genügt, sowie über das Bestehen von Handelsgebräuchen kann die Kammer für Handelssachen auf Grund eigener Sachkunde und Wissenschaft entscheiden.

1 **1) Gegenstand** iSd Vorschrift ist nicht nur körperliche Sache, sondern auch Gegenstand in weiterem Sinn, etwa Inhalt eines Vertrags, Üblichkeit einer Handlung. **Kaufmännische Begutachtung** genügt, wenn es sich um einen im Handelsverkehr vorkommenden Vorgang handelt, der besondere wissenschaftliche Sachkunde nicht erfordert. Nicht nötig ist, daß der Handelsrichter in der Branche tätig ist oder war, aus der sich die Frage stellt (BL-Albers Anm 1 a; Kissel Rdnr 4). Zum **Handelsbrauch** s § 346 HGB. Nur das Bestehen eines Handelsbrauchs ist nach § 114 zu beurteilen, nicht die Rechtsfrage nach dem Umfang seiner Verbindlichkeit (Kissel Rdnr 5).

2 **2)** Es genügt, wenn ein Mitglied der Kammer die erforderl Sachkunde besitzt und den übrigen Richtern vermitteln kann (vgl BGHSt 12, 18). Dann **Entscheidung** ohne Sachverständigen möglich. Ob ausreichende eigene „Sachkunde" vorliegt, entscheidet die KfHS (alle Mitglieder, § 196) selbst. Nach § 139 ZPO ist die Partei darauf hinzuweisen, daß die KfHS eine strittige Frage nach § 114 selbst entscheiden wird, wenn Sachverständigenbeweis angeboten ist (vgl auch – noch weiter – Kissel Rdnr 6). OLG als Berufungsgericht ist an die Entscheidung der KfHS nicht gebunden (RG 44, 34), kann sich aber auch seinerseits auf die Beurteilung der KfHS stützen (RG 90, 104; 110, 49).

Achter Titel

OBERLANDESGERICHTE

1 Errichtung u Aufhebung: § 1 VO v 20. 3. 35 z einheitl Regelung der Gerichtsverfassung (vgl auch Einl GVG Rn 11) bzw Landesrecht. Errichtung eines für mehrere Länder gemeinsamen OLG durch Staatsvertrag mögl. Abs 1 der VO v 20. 3. 35 aber überholt; Geschäftsverteilung ist nun Angelegenheit der gerichtl Selbstverwaltung (§ 21 e I); die Stellvertretung des OLGPräs in den durch das GVG geregelten Angelegenheiten bestimmt sich nun nach § 21 h GVG, im übrigen nach Landesrecht (Bay: Art 4 AGGVG); § 8 II der VO unterliegt als Justizverwaltungsrecht landesrechtl Abänderung (Bay: Art 5 AGGVG).

2 **§ 8 VO v 20. 3. 35** (RGBl I 403):

I) Der Reichsminister der Justiz kann Grundsätze für die Verteilung der Geschäfte bei den Oberlandesgerichten und für die Vertretung des Oberlandesgerichtspräsidenten aufstellen. Der ständige Vertreter des Präsidenten (§ 66 Abs. 2, § 11 GVG) ist der Vizepräsident des Oberlandesgerichts.

II) Die Zahl der Zivil- und Strafsenate bei den Oberlandesgerichten bestimmt der Oberlandesgerichtspräsident; der Reichsminister der Justiz kann ihm hierfür Weisungen erteilen.

§ 115

[Besetzung]

Die Oberlandesgerichte werden mit einem Präsidenten sowie mit Vorsitzenden Richtern und weiteren Richtern besetzt.

1 **1)** Für **Präsidenten** (und Vizepräsidenten) sowie **Vors Richter** s § 21 f und Erl dort. Der Präsident ist zugleich Organ der Justizverwaltung, insbesondere übt er die Dienstaufsicht über die Richter und Beschäftigten des Bezirks aus (vgl §§ 13, 14 der VO v 20. 3. 35, abgedruckt bei Einl GVG Rn 12 bzw entsprechendes Landesrecht).

2 **2)** Die **Richter** müssen auf Lebenszeit ernannt sein (§ 28 I DRiG); soweit „Hilfsrichter" herangezogen werden (s § 117 Rn 2), ist dies nur im Wege der Abordnung – nicht aber Richter auf Probe oder kraft Auftrags – möglich (§ 37 DRiG).

3) Hochschullehrer, denen zugleich ein Richteramt übertragen ist (auch hier Berufung in das Richterverhältnis auf Lebenszeit nötig) – vgl etwa Art 11 BayRiG –, sollen nach BGH (NJW 66, 1458) nicht zur Überbesetzung des Spruchkörpers (vgl § 21e Rn 9) führen (auch als sechster Richter eines Senats möglich); da sie volle hauptamtl Richter sind, kann der Ansicht des BGH nicht gefolgt werden. Vielmehr ergibt sich, daß der Umfang des vom Hochschullehrer als Richter wahrzunehmenden Richteraufgabe so bemessen sein muß, daß eine sachgerechte Mitwirkung an der Rechtsprechung des Senats möglich ist (idR ein Viertel, wenigstens ein Sechstel – die Begrenzung etwa auf ein Zehntel oder noch weniger einer Richtergeschäftsaufgabe wird der Stellung eines hauptamtl Richters nicht gerecht und ist daher höchst bedenklich). 3

§ 116

[Zivil- und Strafsenate]

(1) Bei den Oberlandesgerichten werden Zivil- und Strafsenate gebildet. Bei den nach § 120 zuständigen Oberlandesgerichten werden Ermittlungsrichter bestellt; zum Untersuchungsrichter oder zu dessen Vertreter für einen Teil seiner Geschäfte sowie zum Ermittlungsrichter kann auch jedes Mitglied eines anderen Oberlandesgerichts, das in dem in § 120 bezeichneten Gebiet seinen Sitz hat, bestellt werden.

(2) Durch Anordnung der Landesjustizverwaltung können außerhalb des Sitzes des Oberlandesgerichts für den Bezirk eines oder mehrerer Landgerichte Zivil- oder Strafsenate gebildet und ihnen für diesen Bezirk die gesamte Tätigkeit des Zivil- oder Strafsenats des Oberlandesgerichts oder ein Teil dieser Tätigkeit zugewiesen werden.

1) Abs 1. Bestimmung der Anzahl der Senate durch PräsOLG (§ 8 II GVVO, s Rn 2 vor § 115), nach neuerem Landesrecht jedoch idR durch Landesjustizverwaltung (Bayern: Art 5 AGGVG). – Neben den generell vorgesehenen Zivil- und Strafsenaten bestehen heute kraft sondergesetzl Regelung zahlreiche **Spezialsenate,** zB Senat für Familiensachen (§ 119 II), für Baulandsachen (§ 229 BauGB), für Entschädigungssachen (§ 208 BEG), für Landwirtschaftssachen (§ 2 LwVG), für Kartellsachen (§ 92 GWB) sowie Fideikommißsenat (G v 26. 6. 35, RGBl 785) und zahlreiche Spruchkörper in berufsgerichtl und ehrengerichtl Verfahren (Dienstgericht für Richter, § 79 DRiG; sowie § 100 BRAO, § 101 BNotO, § 96 StBerG ua). 1

2) Abs 2: Errichtung durch RechtsVO (§ 1 G v 1. 7. 60, BGBl I 461), die auch den Geschäftskreis zu bestimmen hat (keine Zuweisung der Geschäftsaufgabe durch Geschäftsverteilungsplan, vgl BGH NJW 67, 107). Der Vorsitzende und die Mitglieder werden durch das Präsidium bestimmt (§ 21e I GVG). Auch der auswärtige Senat ist Teil des Stammgerichts; Rechtsmittel, die zur Zuständigkeit des auswärtigen Senats gehören, können fristwahrend auch beim Stammgericht eingelegt werden (BGH NJW 67, 107); dies gilt jedoch nicht, wenn in einem Prozeßvergleich der Widerruf durch Schriftsatz vereinbart, der in bestimmter Frist beim auswärtigen Senat eingehen muß (BGH NJW 80, 1753). – **Auswärtige Senate** des OLG Frankfurt in Kassel u Darmstadt, des OLG München in Augsburg, des OLG Karlsruhe in Freiburg. Für die Besetzung dieser Senate, die im Wege der Geschäftsverteilung geschieht, vgl § 21e Rn 21 und § 22 Rn 5. 2

§ 117

[Vertretung]

Die Vorschrift des § 70 Abs. 1 ist entsprechend anzuwenden.

1) Vertretung wegen vorübergehender Überlastung kann im Wege der **Abordnung** von Richtern – nicht nur solchen eines OLG, sondern auch von Richtern am Land- oder Amtsgericht – geregelt werden (vgl § 70 Rn 1, 2). Es muß sich immer um Richter auf Lebenszeit handeln (§ 28 Abs 1 DRiG). Die Abordnung verfügt die Justizverwaltung. 1

2) Abordnung **zum Zwecke der Erprobung** (s dazu auch Kissel § 115 Rdnr 7) – also von Richtern, die für die Ernennung zum RiOLG vorgesehen sind – ist zulässig (BGH NJW 66, 352; BVerfG DRiZ 71, 27; BVerwG DRiZ 78, 315), jedoch nur soweit diese nach pflichtgemäßem Ermessen erforderlich ist. Eine generelle Vorschrift – etwa die Laufbahnverordnung der Beamten –, daß nur befördert werden darf, wer zuvor auf dem Beförderungsposten „erprobt" wurde, kann auf Richter nicht angewendet werden. 2

3) Dagegen ist nach BGH (NJW 85, 2336) die Abordnung eines Richters während der Zeit einer **Besetzungssperre** aus haushaltsrechtl Gründen nicht möglich, da keine „zwingende Notwendigkeit der Rechtspflege" bestehe (s dazu § 21e Rn 39e). 3

§ 118

[aufgehoben durch § 85 Nr 10 DRiG]

§ 119

[Zuständigkeit in Zivilsachen]

(1) Die Oberlandesgerichte sind in bürgerlichen Rechtsstreitigkeiten zuständig für die Verhandlung und Entscheidung über die Rechtsmittel:

1. **der Berufung gegen die Endurteile der Amtsgerichte in Kindschaftssachen und in den von den Familiengerichten entschiedenen Sachen;**
2. **der Beschwerde gegen Entscheidungen der Amtsgerichte in Kindschaftssachen und in den von den Familiengerichten entschiedenen Sachen;**
3. **der Berufung gegen die Endurteile der Landgerichte;**
4. **der Beschwerde gegen Entscheidungen der Landgerichte.**

(2) § 23b Abs. 1, 2 gilt entsprechend.

Lit: *Jauernig* FamRZ 78, 566; 79, 97; Walter FamRZ 79, 402; *Jaeger* FamRZ 85, 865 (zur Änderung durch UÄndG 1986).

1 **1)** Nr 1 und 2 eingefügt durch das G v 19. 8. 69 (BGBl I 1243), das die Kindschaftssachen den AG in 1. Instanz zugewiesen hat (s § 23a Nr 1), den Rechtsmittelzug zum OLG (und BGH, vgl § 545 ZPO) aber beibehielt. Ebenso für Familiensachen (§ 23b I 2) des 1. EheRG v 14. 6. 76 (BGBl I 1421). Nrn 1 und 2 geändert durch Art 2 Nr 3 UÄndG 1986 mit Wirkung vom 1. 4. 86.

2 **2) Kindschaftssachen (Nr 1 und 2)** s § 640 II ZPO. – Berufung oder Beschwerde zum OLG auch gegen Entscheidungen über **Regelunterhalt** (an sich keine Kindschaftssache), die nach § 643 ZPO mit dem Kindschaftsverfahren verbunden; selbst dann, wenn sich das Rechtsmittel nur gegen diese Entscheidung richtet (BGH Rpfl 72, 13; Celle MDR 71, 137). Dies gilt auch, wenn die Kindschaftsfrage schon durch Teilurteil rechtskräftig entschieden ist und im Schlußurteil nur noch über die Unterhaltsfrage und die Kosten des Verfahrens entschieden wird (BGH NJW 80, 292). Anders auch nicht, wenn die Unterhaltsentscheidung die in § 643 ZPO gesetzten Grenzen nicht einhält (Folgen für Berufungsentscheidung s Düsseldorf FamRZ 71, 383). Nr 1 auch anwendbar für Unterhaltsurteile, die aufgrund der Übergangsregelung der §§ 17 ff NEhelG mit Statusprozeß verbunden sind (BGH MDR 71, 566; Celle FamRZ 71, 592). – Nr 1 auch bei **Entscheidungen nach § 1615o BGB,** da Hauptsache auch der Statusprozeß iS des § 640 II Nr 1 ZPO ist (str; wie hier Celle FamRZ 71, 379; aA Düsseldorf FamRZ 75, 279).

3 **3) Von den Familiengerichten entschiedene Sachen (Nr 1 und 2): a)** Das Gesetz verwendete ursprünglich (1. EheRG 1976) den Begriff **„Familiensachen"**, der durch das UÄndG 1986 mit der Anknüpfung an die Entscheidung durch das Familiengericht ersetzt wurde.

4 Nach der ursprünglichen Fassung war zuerst streitig, ob für die Bestimmung der Rechtsmittelzuständigkeit formell (wer hat entschieden) oder materiell (liegt materiell eine Familiensache vor) anzuknüpfen sei. Die Rspr hat sich für die materielle Anknüpfung entschieden (BGH NJW 78, 1112; st Rspr); der Rechtsmittelzug zum Familiensenat griff auch ein, wenn in einer Familiensache fälschlich das allg Prozeßgericht entschieden hatte, und umgekehrt. Die damit verbundenen Probleme für den Rechtsmittelführer waren durch die Rspr befriedigend und insb ohne Nachteil für diesen gelöst: es galt der Grundsatz der Meistbegünstigung (Rechtsmittel nach formeller wie nach materieller Anknüpfung zulässig); durch die Anwendung des § 281 ZPO wurde erreicht, daß das materiell zuständige Rechtsmittelgericht alsbald mit der Sache befaßt wurde – zu den Einzelheiten s 14. Aufl, Rn 4 bis 11. Der offensichtliche Vorteil der materiellen Anknüpfung lag darin, daß in den krankenden Fällen auf dem kürzesten Weg das nach dem Willen des Gesetzgebers mit der Sachkompetenz ausgestattete Rechtsmittelgericht befaßt wurde (vgl auch Jaeger, FamRZ 85, 865, 867). Das Eingreifen des Gesetzgebers durch das UÄndG, das wegen – angeblicher – Schwierigkeiten für die Betroffenen mehr Rechtssicherheit erreichen soll, ist umso unverständlicher, als die bei der Schaffung der Familiengerichte aufgetretenen Einführungsschwierigkeiten längst überwunden waren. Die Neuregelung ist für den Verfahrensgang wegen der Notwendigkeit der Rückverweisung in die erste Instanz, wenn der richtige Gerichtsweg erreicht werden soll (vgl Rn 7), ein Rückschritt (kritisch auch Jaeger aaO). Er wird nur dadurch gemildert, daß nach § 529 II und § 549 II ZPO nF der Streit über die Rechtsnatur der Sache für den Rechtsmittelzug stark beschnitten wurde – was aber ohne weiteres auch ohne den Eingriff in die Zuständigkeitsregelung der §§ 72, 119 hätte geschehen können.

b) Formelle Anknüpfung, die nunmehr gesetzl vorgeschrieben ist, bedeutet, daß sich die Rechtsmittelzuständigkeit und das Rechtsmittelverfahren ausschließlich danach bestimmen, welcher Spruchkörper (FamG oder allg ProzeßG) entschieden hat. Ob dessen Zuständigkeit zu Recht oder zu Unrecht angenommen wurde, ist ohne Belang (vgl schon Jauernig FamRZ 79, 97 und Diederichsen NJW 86, 1462). Gegen alle von den FamG der AG erlassenen Entscheidungen – und nur gegen sie – ist der Rechtsmittelzug nach Nr 1 und 2 gegeben. Liegt in Wahrheit keine Familiensache vor, so muß dennoch – zunächst – der Familiensenat des OLG befaßt werden; die Berufung zum etwa nach § 72 mat als Berufungsgericht zuständigen LG ist am falschen Gericht eingelegt. Hat umgekehrt in einer Familiensache fälschlich die Prozeßabteilung des AG oder das LG in erster Instanz entschieden, so richtet sich die Rechtsmittelzuständigkeit nur nach § 72 oder § 119 Nr 3 oder 4. 5

c) Dies bedeutet aber nicht, daß in diesen fehlgeleiteten Fällen das nach der formellen Anknüpfung zu bestimmende Rechtsmittelgericht auch sachlich (weiter) entscheiden darf. Entsprechend dem mit der Einrichtung der Familiengerichte bezweckten Ziel der Entscheidung durch ein Gericht mit besonderer Fachkompetenz **hat das Rechtsmittelgericht** grundsätzlich **nach § 539 ZPO** wegen wesentlichen Verfahrensverstosses **aufzuheben** und an das Gericht erster Instanz **zurückzuverweisen,** das richtigerweise zuständig ist (s auch Jaeger FamRZ 85, 867; Diederichsen NJW 86, 1462). § 281 ZPO ist im Berufungsverfahren (vgl noch BGH NJW 79, 43) nicht mehr anwendbar. 6

d) In den kritischen Fällen erweist sich dies aber oft als wenig zweckmäßig, da das Verfahren durch die nochmalige Befassung der ersten Instanz länger und für die Parteien notwendig teurer wird. **§ 539 ZPO stellt die Zurückverweisung allgemein in das Ermessen** des Gerichts (s dort Rn 24). Von diesem Ermessen kann auch in den hier vorliegenden Fällen Gebrauch gemacht werden. Allerdings ist zusätzlich zu beachten, daß der nur wegen der formellen Anknüpfung angegangene Familiensenat nicht sachlich entscheiden kann, wenn er materiell (keine Familiensache) nicht zuständig ist. Es kann aber – im Interesse der Beschleunigung des Verfahrens und im Kosteninteresse der Parteien – von dem Ermessen in der Weise Gebrauch gemacht werden, daß unter Aufhebung der Erstentscheidung (hierfür ist der Familiensenat zuständig) zur weiteren Sachentscheidung an den zuständigen Berufungssenat – wie auch bei der materiellen Anknüpfung üblich (BGH NJW 79, 2517; s a § 23b Rn 7) – **formlos abgegeben** wird. Dies setzt allerdings voraus, daß dieser sich (vor der Entscheidung des Familiensenats) mit der Abgabe einverstanden erklärt hat; das Ermessen, ob an die erste Instanz zurückverwiesen werden soll, ist hierbei vom allg Berufungssenat auszuüben. Es wäre leere Förmelei, in Fällen, in denen der Sachverhalt vom Familiengericht aufgeklärt ist, das Verfahren an die erste Instanz zurückzuverweisen und die Parteien zu zwingen, durch erneutes Rechtsmittel danach die Entscheidung des OLG zu suchen. 7

Dieser Weg kann jedenfalls begangen werden, wenn das OLG nach materieller Anknüpfung ebenfalls Berufungsgericht ist, da das LG in erster Instanz hätte entscheiden müssen (§ 71). Im Verhältnis zwischen dem Familiensenat des OLG und dem LG als nach § 72 zuständigem Berufungsgericht (bei richtigem Verfahren) wäre dies nur im Wege der Rechtsfortbildung möglich, die ggf allerdings über §§ 36, 37 ZPO herbeigeführt werden kann; § 281 ZPO ist jedenfalls nicht anwendbar, da das nach der formellen Anknüpfung angegangene Gericht ja zuständig, wenn auch zur Sachentscheidung nicht befugt ist. 8

e) Entsprechend den in Rn 5–8 dargestellten formellen Anknüpfungen ist nunmehr auch zu verfahren, wenn in **einer Familiensache fälschlich die für allgemeine Prozeßsachen zuständigen Spruchkörper** in erster Instanz entschieden haben. Es gäbe keinen Sinn mehr, hier im Rahmen der §§ 72, 119 I Nrn 3 und 4 materiell anzuknüpfen, wenn auch insoweit die formelle Anknüpfung im Gesetz nicht festgeschrieben ist. 9

f) Voraussetzung dafür, daß die Frage überhaupt aufgeworfen werden kann, ob das nach der formellen Anknüpfung angegangene Rechtsmittelgericht auch materiell zur Entscheidung zuständig ist, ist nunmehr, daß nach **§ 529 Abs 3 ZPO** das Nichtvorliegen einer Familiensache (oder umgekehrt) zulässig gerügt wird. Damit sind auch die nach der früheren Fassung bei Anwendung des § 281 ZPO aufgetretenen Fragen (s BGH NJW 79, 2517; 80, 1282: keine Bindung des Rechtsmittelgerichts nach § 281 II 2 ZPO), praktisch gegenstandslos; der Kläger, der den Verweisungsantrag stellen muß, kann regelmäßig nach § 529 III ZPO nicht mehr rügen. 10

g) Nr 1 und 2 in ihrer neuen Fassung gelten seit 1. 4. 86. Gemäß Art 6 VI UÄndG jedoch nur für Rechtsmittel, die nach dem Stichtag eingelegt wurden. Maßgeblich ist das Hauptrechtsmittel (Diederichsen NJW 86, 1471). 11

Zur Übergangsregelung zum 1. 7. 77 (Grundsatz der perpetuatio fori) s BGH NJW 78, 427 und 1260. 12

13 **h)** Der Rechtszug zum OLG gilt auch für **FamSachen nach dem FGG,** also solche, die nicht im Verbund mit einer Ehesache stehen, vgl § 64k III 1 FGG.

14 **4) Abs 1 Nr 2** gilt in Kindschafts- wie in Familiensachen auch für alle **Nebenentscheidungen** insbesondere für Beschwerden (auch nach § 11 RpflG) gegen Entscheidungen des AG in **Kostensachen** (BGH NJW 78, 1633; Hamm Rpfl 71, 410; München NJW 71, 1321; KG JR 78, 444); dies gilt selbst dann, wenn die Hauptsache sowohl eine FamSache wie eine Nichtfamiliensache zum Gegenstand hat, wenn die Kosten einheitlich die ganze Hauptsache betreffen – Vorrang der spezielleren Zuständigkeit, hier die der FamG (BGH NJW 81, 346); ferner auch bei Beschwerden nach § 16 ZSEG (Koblenz NJW 74, 2055). Ebenso ist der FamSenat zuständig für Entscheidungen über Kompetenzkonflikte nach § 36 ZPO in Familiensachen (Düsseldorf FamRZ 77, 725). Bei **Richterablehnung** s § 45 II ZPO. Für die Festsetzung der Vergütung bei **Beratungshilfe** ist der Beschwerdeweg zum LG nach § 72 gegeben, da diese außerhalb eines Verfahrens geleistet wird, die Frage, ob nach dem Gegenstand eine Familiensache vorliegt, sich also nicht stellt (BGH NJW 85, 2537).

15 **5) Nach Abs 2** sind bei den OLGen **Familiensenate** einzurichten; die Grundsätze des § 23b II gelten entsprechend (s dort Rn 11). Es ist mindestens ein FamSenat zu bilden. Bei mehreren Senaten gebildet, so gilt auch § 23b II 2 entsprechend.

16 Der FamSenat kann zugleich Zivilsenat sein, jedoch ist das Konzentrationsprinzip auch beim OLG zu beachten. Da § 23b II 1 Ausnahmen zuläßt („soll"), kann aus besonderen Sachgründen eine Sonderaufteilung vorgenommen werden: zB ist es zulässig, Kostensachen in FamStreitigkeiten (s oben Rn 14) einem bestehenden speziellen „Kostensenat" zuzuweisen, der dann insoweit auch als FamSenat ausgewiesen werden muß.

17 **6)** Für **Zuständigkeitsstreit** zwischen FamSenat und Zivilsenat gilt § 36 Nr 6 ZPO entsprechend (BGH NJW 78, 1531), die Verweisung von FamSenat an den Ziivilsenat und umgekehrt ist für diesen noch nicht bindend, da § 281 II 2 ZPO innerhalb des Gerichts nicht gilt (BGH NJW 79, 2517). In Bayern ist statt des BGH das BayObLG zuständig (BayObLG NJW 79, 1050; 80, 194; BGH NJW 79, 2249).

18 **7) Zu Nr 3 und 4:** Zur Frage der Anknüpfung s Rn 9; **Berufung:** Auch i Baulandsachen (§ 229 BauGB), Entschädigungssachen (§ 208 BEG), Binnenschiffahrts- u Rheinschiffahrtssachen (§§ 11, 14, 18 VerfahrensG v 27. 9. 52, BGBl I 641). **Beschwerde:** auch weitere gg Beschwerdeentscheidungen des LG; auch in Konkurs-, Zwangsversteigerungs-, FGG-Sachen; auch Revisionsbeschwerden i Kostensachen.

19 **8) Weitere Zuständigkeit des OLG: GVG:** § 21b VI 2 (Wahlanfechtung), § 113 II (Amtsenthebung eines Handelsrichters), § 159 (Verweigerung der Rechtshilfe), § 181 III (Sitzungspolizei, Ungebührstrafen); **EGGVG** § 23 (Anfechtung von Justizverwaltungsakten); **FamRÄndG** Art 7 § 1 (Anerkennung ausländ Entscheidungen i Ehesachen); **ZPO** § 36 (Bestimmung des zuständ Gerichts), § 45 I (Ablehnung von Gerichtspersonen), §§ 650, 651, 676 (Verpflichtung z Übernahme von Entmündigungssachen); **3. MietrechtsÄndG** v 21. 12. 67 (BGBl I 1248) Art III (Rechtsentscheide i Mietsachen); **GWB** §§ 62, 92 (Anfechtung von Entscheidungen der Kartellbehörde); **FGG** §§ 5, 46 (Bestimmung des zuständigen Gerichts); **LwVerfG** § 7 II (Enthebung landwirtschaftl Beisitzer). Auch das Landesrecht kann dem OLG weitere Zuständigkeiten zuweisen (§§ 3, 4 EGGVG), zB Fideikommißsachen.

20 **9)** Für gewisse Verfahren kann die Zuständigkeit mehrerer OLG bei einem OLG oder dem obersten Landesgericht zusammengefaßt werden (zB § 25 II EGGVG, § 208 II BEG, § 4 I BinnenschiffahrtsVerfG, § 199 FGG, Art III d 3. MietrechtsÄndG v 21. 12. 67, §§ 93, 94 GWB). Zur Rechtsmitteleinlegung in diesen Fällen s München MDR 82, 62: Richtig beim OLG der Konzentrationszuständigkeit nur, wenn die Vorinstanz erkennbar eine Rechtsstreitigkeit dieser Art angenommen hat; ob tatsächlich eine solche vorliegt, ist dann nicht entscheidend.

§§ 120–121

[betreffen Strafsachen]

§ 122

[Besetzung]

(1) Die Senate der Oberlandesgerichte entscheiden, soweit nicht nach den Vorschriften der Prozeßgesetze an Stelle des Senats der Einzelrichter zu entscheiden hat, in der Besetzung von drei Mitgliedern mit Einschluß des Vorsitzenden.

(2) (*betrifft Strafsachen*).

Der ordentl Vorsitzende muß in der Lage sein, die Rechtsprechung des Senats richtungweisend zu beeinflussen, u deshalb mindestens ¾ der Aufgaben der Vorsitzenden selbst wahrzunehmen (BGH 37, 210). Dies gilt auch für Präsidenten als Vorsitzenden (BGH NJW 68, 501). – Aufteilung in einen a- und einen b-Senat mit eigener geschäftsplanmäßiger Zuständigkeit: BGH NJW 67, 1279. Z Überbesetzung von Senaten vgl Rn 9 zu § 21e. Heranziehung der Mitglieder e überbesetzten Senats im Einzelfall: § 21g. – Abweichende Besetzungsregelung in Baulandsachen vgl § 229 BauGB; gilt auch für Beschwerdeentscheidungen (München NJW 66, 893; Koblenz NJW 69, 899). 1

Neunter Titel
BUNDESGERICHTSHOF

§ 123
[Sitz]

Sitz des Bundesgerichtshofes in Karlsruhe.

BGH: oberes Bundesgericht für den Bereich der ordentl Gerichtsbarkeit (Art 95 GG). 1

Es besteht ein auswärtiger (Straf-)Senat in Berlin (AO v 8. 12. 51, BAnz Nr 240). 2

§ 124
[Besetzung]

Der Bundesgerichtshof wird mit einem Präsidenten sowie mit Vorsitzenden Richtern und weiteren Richtern besetzt.

Hilfsrichter sind nicht zugelassen. Für Präsidenten gilt § 21e I 4, für Vorsitzende Richter § 21f I. 1

§ 125
[Berufung der Richter]

(1) Die Mitglieder des Bundesgerichtshofes werden durch den Bundesminister der Justiz gemeinsam mit dem Richterwahlausschuß gemäß dem Richterwahlgesetz berufen und vom Bundespräsidenten ernannt.

(2) Zum Mitglied des Bundesgerichtshofes kann nur berufen werden, wer das fünfunddreißigste Lebensjahr vollendet hat.

1) Abs 2 geändert durch § 85 Nr 11 DRiG. RichterwahlG v 25. 8. 50, BGBl I 368, zuletzt geändert durch G v 30. 7. 68, BGBl I 873. Ernennung durch den Bundespräsidenten nach Gegenzeichnung durch den Bundesjustizminister: Art 60 I, 58 GG; vgl AnO des BPräs v 14. 7. 75 (BGBl I 1915). 1

2) § 125 (und § 130) regeln indirekt zugleich, daß der Bundesminister der Justiz die **Dienstaufsicht** über den BGH führt (vgl auch § 14 I Nr 1 der VO v 20. 3. 35 – s Einl GVG Rn 12); dazu auch Schäfke ZRP 83, 165. 2

§§ 126–129
[weggefallen]

§ 130

[Zivil- und Strafsenate]

(1) Bei dem Bundesgerichtshof werden Zivil- und Strafsenate gebildet und Ermittlungsrichter bestellt. Ihre Zahl bestimmt der Bundesminister der Justiz.

(2) Der Bundesminister der Justiz wird ermächtigt, Zivil- und Strafsenate auch außerhalb des Sitzes des Bundesgerichtshofes zu bilden und die Dienstsitze für Ermittlungsrichter des Bundesgerichtshofes zu bestimmen.

1 **1) Anzahl** der Senate zZ: 11 Zivil-, 5 Strafsenate, 7 Senate mit besonderen Aufgaben, dazu die Großen Senate nach § 132. In Familiensachen entscheidet ein Zivilsenat; spezielle FamSenate (s § 119 II für OLG) sind beim BGH nicht vorgeschrieben, sollen jedoch durch Geschäftsverteilung gebildet werden.

2 **2) Abs 2:** Eine RechtsVO anders als i Fall des § 116 II nicht erforderlich (aA Schäfke ZRP 83, 168), weil hier die Zuweisung der Geschäfte dem Präsidium belassen ist. Ein auswärtiger Senat (5. Strafsenat) besteht in Berlin (AO v 8. 12. 51, BAnz Nr 240).

§ 131

[aufgehoben das G v 26. 5. 72, BGBl I 841; betraf Geschäftsverteilung, s jetzt §§ 21 a ff]

§ 132

[Große Senate; Vereinigte Große Senate]

(1) Beim Bundesgerichtshof wird ein Großer Senat für Zivilsachen und ein Großer Senat für Strafsachen gebildet.

(2) Jeder Große Senat besteht aus dem Präsidenten und acht Mitgliedern.

(3) Die Mitglieder und ihre Vertreter werden durch das Präsidium des Bundesgerichtshofes für die Dauer von zwei Geschäftsjahren bestellt.

(4) Die Vereinigten Großen Senate bestehen aus dem Präsidenten und sämtlichen Mitgliedern der Großen Senate.

(5) Den Vorsitz in den Großen Senaten und den Vereinigten Großen Senaten führt der Präsident des Bundesgerichtshofes, im Falle seiner Verhinderung sein Vertreter. In den Fällen des § 136 können die Vorsitzenden Richter der beteiligten Senate, in den Fällen des § 137 der Vorsitzende Richter des erkennenden Senats oder ein von ihnen bestimmtes Mitglied ihres Senats an den Sitzungen des Großen Senats oder der Vereinigten Großen Senate mit den Befugnissen eines Mitgliedes teilnehmen. Bei Stimmengleichheit gibt die Stimme des Vorsitzenden den Ausschlag.

1 **1) Die Großen Senate** bestehen in Zivil- und Strafsachen. Sie haben die Aufgabe, bei unterschiedl Auffassungen zwischen den Spruchkörpern des BGH die Rechtsfrage verbindlich zu entscheiden (§ 136) oder Fragen von grundsätzlicher Bedeutung zu klären (§ 137).

2 **2) Die Vereinigten Großen Senate** treten an die Stelle des Großen Senats, wenn eine streitige Rechtsfrage zwischen Zivil- und Strafsenat zu entscheiden ist (§ 136 II).

3 **3) Besetzung:** der Großen Senate nach II und III, des Vereinigten Großen Senats nach IV. Vorsitz: Präsident des BGH, bei Verhinderung sein Vertreter, ggf zu bestimmen nach § 21h.

4 **Entsendungsbefugnis nach Abs 5 S 2:** „können" stellt Entsendung frei und zwar in das Ermessen des Vorsitzenden des jeweiligen Senats. Ob er selbst oder ein anderes Mitglied teilnimmt, kann der Vorsitzende von Fall zu Fall entscheiden. Welches Mitglied entsandt wird, falls der Vorsitzende nicht selbst von der ihm primär eingeräumten Befugnis Gebrauch macht, hat er entsprechend § 21 g im voraus zu bestimmen; dies kann auch abstrakt geschehen (zB Berichterstatter). Die aus Art 101 GG hergeleiteten verfassungsrechtl Bedenken gegen die Teilnahmebefugnis (Gelhaar DRiZ 65, 73; Maetzel MDR 66, 453) sind schon deshalb unbegründet, weil der (Vereinigte) Große Senat nur über abstrakte Rechtsfragen entscheidet.

5 **4) Gemeinsamer Senat der obersten Gerichtshöfe,** gebildet nach Art 95 III GG (statt des ursprünglich vorgesehenen Obersten Bundesgerichts) auf Grund des G zur Wahrung der Einheitlichkeit der Rechtsprechung der obersten Gerichtshöfe des Bundes v 19. 6. 68 (BGBl I 661) in Karlsruhe. Er ist zur Entscheidung berufen, wenn ein oberster Gerichtshof von der Entscheidung eines anderen obersten Bundesgerichts abweichen will (Vorlagepflicht § 2 d G v 19. 6. 68).

5) Gebühren: Keine. Das Verfahren vor dem Gemeinsamen Senat ist kostenfrei (§ 17 I G v 19. 6. 68, BGBl I 661). Es findet auch keine Erstattung außergerichtl Kosten statt. Im Hinblick darauf ist für eine Kostenentscheidung kein Raum; im übr gibt es auch keinen Verfahrensgegner; die Beteiligten, das sind die Parteien des vor dem vorlegenden Gericht (Senat) schwebenden Rechtsstreits, stehen sich im Verfahren vor dem GemSenat nicht als Gegner gegenüber. Ein etwaiger Gebühren- oder überhaupt Kostenstreit zwischen dem Anwalt als Verfahrensbevollmächtigtem und seinem Auftraggeber, ihn im Verfahren als „Beteiligten" zu vertreten, muß vor dem ordentl Gericht ausgetragen werden. 6

§ 133

[Zuständigkeit in Zivilsachen]

In bürgerlichen Rechtsstreitigkeiten ist der Bundesgerichtshof zuständig für die Verhandlung und Entscheidung über die Rechtsmittel:

1. der Revision gegen die Endurteile der Oberlandesgerichte sowie gegen die Endurteile der Landgerichte im Falle des § 566a der Zivilprozeßordnung;

2. der Beschwerde gegen Entscheidungen der Oberlandesgerichte in den Fällen des § 519b Abs. 2, des § 542 Abs. 3 in Verbindung mit § 341 Abs. 2, des § 568a und des § 621e Abs. 2 der Zivilprozeßordnung.

1) Zuständigkeit für Revisionen nach §§ 545 ff einschließlich Sprungrevision nach § 566a ZPO. – Nr 2 geändert durch G v 3. 12. 76 (BGBl I 3281); Beschwerde zum BGH in den Beschlußverfahren, bei denen Revision gegeben wäre, wenn durch Urteil entschieden worden wäre, sowie nach § 621e II (vgl auch § 629a II ZPO) in bestimmten Folgesachen. Für das Übergangsrecht bei Familiensachen, die noch vom LG als Beschwerdegericht entschieden wurden, vgl BGH MDR 78, 213. 1

2) Weitere Zuständigkeiten des BGH ergeben sich aus § 230 BauGB, § 208 BEG, § 9 II BinnenschiffahrtsVerfahrensG. Ferner § 159 GVG; §§ 36, 45, 650, 651, 676 ZPO; § 29 I EGGVG; Art III d 3. MietrechtsÄndG v 21. 12. 67 (BGBl I 1248); Zuständigkeiten nach FGG, LwVerfG, GBO, PatG, GWB, DRiG, BRAO, BNotO, PatentanwaltO, WirtschaftsprüferO, SteuerberatungsG. Keine ausnahmslose Nachfolge in den Zuständigkeiten des RG (vgl BGH LM 3 z § 42 PatG; BGH 14, 251). Vgl weiter § 3 II EGGVG, jetzt Art 99 GG u dazu BGH 6, 147; 16, 160; ferner Art 8 Nr 88 VereinheitlG. 2

3) BayObLG als Revisionsgericht: §§ 8, 10 EGGVG, 7 EGZPO. 3

§ 134

[aufgehoben]

§ 135

[betrifft Strafsachen]

§ 136

[Entscheidung durch Große Senate in Abweichungsfällen]

(1) Will in einer Rechtsfrage ein Zivilsenat von der Entscheidung eines anderen Zivilsenats oder des Großen Senats für Zivilsachen oder ein Strafsenat von der Entscheidung eines anderen Strafsenats oder des Großen Senats für Strafsachen abweichen, so entscheidet im ersten Fall der Große Senat für Zivilsachen, im zweiten Fall der Große Senat für Strafsachen.

(2) Die Vereinigten Großen Senate entscheiden, wenn ein Zivilsenat von der Entscheidung eines Strafsenats oder des Großen Senats für Strafsachen oder ein Strafsenat von der Entscheidung eines Zivilsenats oder des Großen Senats für Zivilsachen oder ein Senat von der früher eingeholten Entscheidung der Vereinigten Großen Senate abweichen will.

1) Das Verfahren soll der **Vereinheitlichung der Rspr** des Bundesgerichtshofs dienen (zum Gedanken der Einheitlichkeit der Rspr s Baur JZ 53, 326; Schröder NJW 59, 1517), die – als Korrelat zur Unabhängigkeit des Richters – auch an anderen Stellen vom Gesetzgeber sichergestellt werden will (vgl §§ 121 II GVG, 28 II FGG, 546 II 2 ZPO). – Zur Vereinheitlichung der Rspr der Obersten Bundesgerichte s Art 95 III GG und **G zur Wahrung der Einheitlichkeit der Rechtsprechung der obersten Gerichtshöfe des Bundes** v 19. 6. 68 (BGBl I 661): zum Vorrang der Anrufung des Großen Senats oder der Vereinigten großen Senate s § 2 II d G. Schrifttum hierzu: Maetzel MDR 68, 797; Schmidt-Räntsch DRiZ 68, 325; Schulz MDR 68, 814. 1

2 **2) Abweichung** bedeutet unterschiedliche Rechtsauslegung; liegt auch vor, wenn derselbe Rechtssatz, der i verschiedenen Gesetzesbestimmungen enthalten ist, unterschiedl ausgelegt u gehandhabt wird (BGH 9, 180). Vorlegungspflicht auch b Abweichung von der Entscheidung e Senats, der seinerseits ohne Vorlage von e früheren Entscheidung abgewichen war: BGHSt 10, 94. Keine Vorlegungspflicht, wenn die frühere Entscheidung nicht auf der dort geäußerten Rechtsansicht beruhte (BGHSt 9, 29, vgl a 7, 314); das gleiche wird für die Entscheidung des abweichenden Senats zu fordern sein. Vorlegungspflicht entfällt – unter dem Gesichtspunkt der Vereinheitlichung der Rspr – auch, wenn der nunmehr entscheidende Senat f das Rechtsgebiet allein zuständig geworden ist (BGH 28, 16; BGHSt 11, 205; 19, 184; Kleinknecht JZ 59, 182) oder wenn der Senat, von dessen Rechtsansicht abgewichen werden soll, nicht mehr besteht (BGHSt 11, 17; Bedenken: Eb. Schmidt MDR 58, 815; Kleinknecht aaO) oder durch Zustimmung z Abweichung seine frühere Ansicht aufgibt (BGHSt 4, 319; Kleinknecht aaO; vgl § 9 BGHGeschO – zum Anfrageverfahren vor Anrufung s Heußner DRiZ 72, 119); auch i Fall zwischenzeitl gesetzl Klärung der Rechtsfrage (vgl BGH 15, 207; VersR 67, 1165). Für die Entscheidung des Großen Senats ist kein Raum, wenn die strittige Frage für das konkrete Verfahren – etwa wegen der Bindungswirkung einer vorangegangenen Revisionsentscheidung – nicht mehr „offen" ist (BGH NJW 86, 1764, s auch GemS BGHZ 60, 392). Erneute Vorlage einer vom Großen Senat entschiedenen Rechtsfrage muß – wegen der von § 136 ausgehenden mittelbaren Bindungswirkung (keine Abweichung ohne Vorlage) einerseits und dem Grundsatz freier richterlicher Entscheidung andererseits – ohne Einschränkungen möglich sein (aA BFH BB 71, 337). – Verfahren: § 138.

3 Keine Vorlagepflicht besteht ferner, wenn die abweichende frühere Entscheidung in Folge verbindl Klärung durch das **BVerfG** (§ 32 I BVerfGG), durch eine Entscheidung des **GemSenats** (G zur Wahrung der Einheitlichkeit der Rechtsprechung der obersten Gerichtshöfe des Bundes v 19. 6. 68, BGBl I 661) oder in Fragen des Gemeinschaftsrechts durch den **EuGH** (vgl BSG NJW 74, 1063) überholt ist.

§ 137

[Herbeiführung einer Entscheidung des Großen Senats]

Der erkennende Senat kann in einer Frage von grundsätzlicher Bedeutung die Entscheidung des Großen Senats herbeiführen, wenn auch seiner Auffassung die Fortbildung des Rechts oder die Sicherung einer einheitlichen Rechtsprechung es erfordert.

1 **1)** Nach § 137 **Anrufung des Großen Senats** auch mögl, wenn noch keine RsprDivergenz (§ 136) eingetreten. Zweck: Verhinderung des Entstehens von Divergenz bei Fortbildung des Rechts durch die Richter: BGH 3, 315 (Vereinbarkeit des § 137 mit Art 97 GG); Arndt NJW 63, 1273; Stein NJW 64, 1745; Zippelius NJW 64, 1981; Larenz NJW 65, 1. Die Entscheidung des Großen Senats läßt keinen allg verbindl Rechtssatz entstehen (Bindungswirkung s § 138 III; weiter nötige Voraussetzungen für die Bildung von Gewohnheitsrecht s BVerfG NJW 67, 2052). – Sicherung e einheitl Rspr: im voraus in grundsätzl Fragen, mit denen voraussichtl mehrere Senate befaßt sein werden.

2 **2)** Ob die **Voraussetzungen** des § 137 vorliegen, hat zunächst der erkennende (= vorlegende) Senat zu entscheiden, da Gesetz auf „seine Auffassung" abstellt (stRspr; BGH NJW 86, 1765). Hierüber kann entsprechend §§ 280, 303 ZPO vorab enschieden werden (BAG NJW 84, 1990). Jedoch keine Anrufung des Großen Senats z Zweck der Entscheidung ü die Verfassungsmäßigkeit e Gesetzes, weil der Große Senat insoweit keine umfassende Entscheidungskompetenz hat u die eintretende Bindungswirkung nach § 136 mit Art 100 GG nicht vereinbar wäre (BVerfG NJW 57, 625). Die Vorlage nach § 137 kommt nur in Betracht, wenn nicht schon eine Vorlage nach § 136 geboten ist, die vorgeht (BGH NJW 86, 1765). Steht dieser die Bindungswirkung einer früheren Entscheidung im selben Verfahren entgegen, so kann nicht auf § 137 zurückgegriffen werden (BGH aaO). – Ob die Voraussetzungen der Vorlage zu Recht angenommen wurden, hat der Große Senat zu prüfen.

3 **3)** Der Kompetenzzuteilung entspricht keine gleiche **Rechts- oder Gesetzeskraft** (vgl etwa § 31 BVerfGG; Adomeit NJW 86, 901). Bindung (§ 138 III) nur im Ausgangsverfahren und mittelbar über §§ 136, 121 II (s § 138 Rn 3). Für die Instanzgerichte hat der Spruch des Großen Senats die Qualität einer „gehobenen Meinungsäußerung" (Adomeit aaO), eine formelle Bindung an das „fortgebildete Recht" oder die „einheitliche Rechtsprechung" besteht nicht.

§ 138

[Verfahren vor den Großen Senaten]

(1) Die großen Senate und die Vereinigten Großen Senate entscheiden ohne mündliche Verhandlung nur über die Rechtsfrage.

(2) Vor der Entscheidung des Großen Senats für Strafsachen oder der Vereinigten Großen Senate sowie in Entmündigungssachen und in Rechtsstreitigkeiten, welche die Nichtigerklärung einer Ehe, die Feststellung des Bestehens oder Nichtbestehens einer Ehe oder die Anfechtung einer Todeserklärung zum Gegenstand haben, ist der Generalbundesanwalt zu hören. Der Generalbundesanwalt kann auch in der Sitzung seine Auffassung darlegen.

(3) Die Entscheidung ist in der vorliegenden Sache für den erkennenden Senat bindend.

(4) Erfordert die Entscheidung der Sache eine erneute mündliche Verhandlung vor dem erkennenden Senat, so sind die Beteiligten unter Mitteilung der ergangenen Entscheidung der Rechtsfrage zu der Verhandlung zu laden.

1) Entscheidung ü die **Rechtsfrage** (I) durch Beschluß; in der Sache selbst entscheidet der Große Senat nicht. Mündliche Verhandlung ist möglich, nicht nötig (BAG NJW 84, 1990). 1

2) Anhörung des GBA, Abs 2 (geändert durch G v 14. 6. 76, BGBl I 1421). – Z Gehör für die Verfahrensbeteiligten vgl BGH 13, 265; Müller NJW 57, 1016; Jagusch NJW 59, 269; 62, 1647; Maetzel MDR 66, 453. Wenn das GBA an der Beschlußsitzung teilnimmt, muß das gleiche auch den Verfahrensbeteiligten ermöglicht werden (Maetzel aaO). Gewährung rechtl Gehörs durch Großen Senat, wenn seit Vorlage neue Rechtstatsachen (zB e zwischenzeitl Entscheidung des BVerfG) eingetreten sind: BGH 13, 265. 2

3) Wirkung (Abs 3): Durch die Entscheidung des Großen Senats ist die Rechtsfrage für die betreffende Sache bindend entschieden. In anderen Sachen (die vorlegenden Senats u die übrigen Senate) mittelbare Bindung insofern, als dort die Rechtsfrage nicht ohne neuerl Vorlegung (§ 136) anders beantwortet werden kann. Für die Rspr der OLG tritt die gleiche Wirkung ein, wenn sie nach den jeweils maßgebl Verfahrensvorschriften (zB § 121 II GVG) von den Entscheidungen des BGH nicht ohne Vorlegung abweichen dürfen. 3

4) Abs 4 betrifft das weitere Verfahren vor dem erkennenden Senat, sobald die Vorlegungsfrage beantwortet ist. Erneutes Gehör für die Beteiligten auch erforderl, wenn keine mündl Verhandlung mehr nötig ist (Maetzel aaO). 4

§ 139

[Besetzung der Senate]

(1) Die Senate des Bundesgerichtshofes entscheiden in der Besetzung von fünf Mitgliedern einschließlich des Vorsitzenden.

(2) (*betrifft Strafsachen*)

§ 140

[Geschäftsordnung]

Der Geschäftsgang wird durch eine Geschäftsordnung geregelt, die das Plenum beschließt; sie bedarf der Bestätigung durch den Bundesrat.

Geschäftsordnung v 3. 3. 52 (BAnz Nr 83) mit Änderungen v 15. 4. 70 (BAnz Nr 74) und v 21. 6. 71 (BAnz Nr 114). – Für die anderen obersten Bundesgerichte vgl § 173 VwGO, § 155 FGO, aber §§ 44 III ArbGG, 50 SGG. 1

Zehnter Titel

STAATSANWALTSCHAFT

§ 141

[Errichtung]

Bei jedem Gericht soll eine Staatsanwaltschaft bestehen.

1 1) Die **Staatsanwaltschaft** ist ein selbständiges, dem Gericht gleichgeordnetes Organ der Rechtspflege (§ 150 GVG); der Schwerpunkt ihrer Aufgaben liegt im Strafverfahren. – Einrichtung der Staatsanwaltschaft nach Landesrecht (früher AV RJM v 13. 12. 34, DJ 1608). Organisation u Dienstbetrieb der StA: bundeseinheitl erlassene Anordnung über Organisation und Dienstbetrieb der Staatsanwaltschaft (OrgStA) idF vom 1. 6. 75 (zB BayJMBl 75, 58). Die Staatsanwälte sind nicht richterl Beamte (§ 9 GVVO v 20. 3. 35, RGBl I 403; s a § 122 DRiG).

2 **2) Mitwirkung des StA im Zivilprozeß** (vgl dazu Bülow AcP 150, 289; Kaiser, GA 1970, 80): Früher G über die Mitwirkung der StA in bürgerl Rechtssachen v 15. 7. 41 (RGBl I 283); aufgehoben durch Art 8 Nr 20 VereinhlG. Daher nun nach sondergesetzlicher Vorschrift. **Ehesachen:** § 24 EheG; §§ 632, 634, 638 ZPO. – **Entmündigungssachen:** §§ 646, 652, 663, 666, 675, 678, 679, 684 ff ZPO. – Die Mitwirkung i Kindschaftssachen ist entfallen. Freiw Gerichtsbarkeit: §§ 22 ff, 30 VerschG (Mitwirkung b **Todeserklärung**). Mitwirkung des Generalbundesanwalts: § 138 II GVG.

3 **3) Verfahren:** Bestimmende Schriftsätze der StA müssen ebenso wie diejenigen anderer Parteien die eigenhändige Unterschrift e natürl Person tragen; Behördenstempel allein genügt nicht (vgl BVerwG NJW 56, 605; BGH NJW 66, 1077). Faksimile- oder Namensstempel reichen, anders als i Strafverfahren (vgl RGSt 62, 54; 63, 247), nicht aus. Auf die innerdienstl Zeichnungsbefugnis des StA (OrgStA) kommt es allerdings nicht an. Verfahrenserklärung des StA mittels Telegramm oder Fernschreiben: ObLG (St) NJW 67, 1816; vgl a BGH NJW 66, 1077. Zustellungen an den ersten Beamten des StA (§ 144); zur Empfangnahme von Zustellungen jeweils zuständige StA: RG 18, 405; 25, 419; JW 92, 425; Bedeutung des Eingangs b der Geschäftsstelle s Hamm GoltdArch 57, 183. Rechtsmitteleinlegung durch den StA bei demjenigen Gericht, b dem die Rechtsmittelschrift einzureichen ist (RG 18, 407; JW 92, 425), zB Berufung gg LG-Urteil durch den StA beim OLG. Entsprechendes gilt für die Beschwerdeeinlegung (s § 569 ZPO Rn 17). Bestellung eines StA für Funktionen bei Gerichten verschiedener Ordnung: RGSt 58, 105. – Aktenführung in Zivilsachen: § 46 AktO.

§§ 142–152

[betreffen Strafsachen]

Elfter Titel

GESCHÄFTSSTELLE

§ 153

[Geschäftsstelle]

(1) Bei jedem Gericht und jeder Staatsanwaltschaft wird eine Geschäftsstelle eingerichtet, die mit der erforderlichen Zahl von Urkundsbeamten besetzt wird.

(2) Mit den Aufgaben eines Urkundsbeamten der Geschäftsstelle kann betraut werden, wer einen Vorbereitungsdienst von zwei Jahren abgeleistet und die Prüfung für den mittleren Justizdienst oder für den mittleren Dienst bei der Arbeitsgerichtsbarkeit bestanden hat. Sechs Monate des Vorbereitungsdienstes sollen auf einen Fachlehrgang entfallen.

(3) Mit den Aufgaben eines Urkundsbeamten der Geschäftsstelle kann auch betraut werden,

1. wer die Rechtspflegerprüfung oder die Prüfung für den gehobenen Dienst bei der Arbeitsgerichtsbarkeit bestanden hat,

2. wer nach den Vorschriften über den Laufbahnwechsel die Befähigung für die Laufbahn des mittleren Justizdienstes erhalten hat,

3. wer als anderer Bewerber (§ 4 Abs. 3 des Rahmengesetzes zur Vereinheitlichung des Beamtenrechts) nach den landesrechtlichen Vorschriften in die Laufbahn des mittleren Justizdienstes übernommen worden ist.

(4) Die näheren Vorschriften zur Ausführung der Absätze 1 bis 3 erlassen der Bund und die Länder für ihren Bereich. Sie können auch bestimmen, ob und inwieweit Zeiten einer dem Ausbildungsziel förderlichen sonstigen Ausbildung oder Tätigkeit auf den Vorbereitungsdienst angerechnet werden können.

(5) Der Bund und die Länder können ferner bestimmen, daß mit Aufgaben eines Urkundsbeamten der Geschäftsstelle auch betraut werden kann, wer auf dem Sachgebiet, das ihm übertragen werden soll, einen Wissens- und Leistungsstand aufweist, der dem durch die Ausbildung nach Absatz 2 vermittelten Stand gleichwertig ist.

Lit: *Niederée,* DRpflZ 71, 25; *Buhrow,* NJW 81, 907.

§ 153 wurde durch das Gesetz zur Neuregelung des Rechts der Urkundsbeamten der Geschäftsstelle vom 19. 12. 1979 (BGBl I, 2306) mit Wirkung vom 1. 1. 1981 neu gefaßt. 1

1) Die Neufassung des § 153 regelt erstmals bundeseinheitl, **wer mit den Aufgaben des Urkundsbeamten der Geschäftsstelle** (UdG) betraut werden kann. Ziel des Gesetzes ist es, insoweit ein Leitbild des mittleren Dienstes aufzustellen und das Nebeneinander von mittlerem und gehobenem Justizdienst in der Geschäftsstellentätigkeit soweit wie mögl zu beseitigen. Demgemäß überträgt § 153 II die UdG-Tätigkeit den Beamten des mittleren Dienstes (wegen der Übergangsregelung vgl Art 3 I des Gesetzes vom 19. 12. 1979, BGBl I, 2306). 2

Neben den Beamten des mittleren Dienstes können jedoch weiterhin Beamte des gehobenen Dienstes mit UdG-Aufgaben betraut werden (§ 153 III Nr 1). Vom Beamten des gehobenen Dienstes werden solche UdG-Aufgaben wahrzunehmen sein, die ihm auf Grund Rechts- oder Verwaltungsvorschrift ausdrückl vorbehalten sind, mit einem vorbehaltenen Geschäft in engem Zusammenhang stehen, oder wegen ihrer Schwierigkeit der Wahrnehmung durch den Beamten des gehobenen Dienstes bedürfen. Gerichtsvollzieher, die nach den landesrechtl Laufbahnbestimmungen idR aus dem mittleren Justizdienst hervorgehen und daher dessen Ausbildung u Prüfung durchlaufen haben, können unter Freistellung vom Dienst als Gerichtsvollzieher mit den Aufgaben des UdG betraut werden (Hamm VRS 1983, 445). 3

§ 153 GVG setzt nur **Rahmenrecht.** Die näheren Ausführungen bleiben dem Bund und den Ländern jeweils für ihren Geschäftsbereich überlassen (§ 153 IV 1). 4

Weiterhin kann bestimmt werden, daß mit Aufgaben eines UdG auch betraut werden kann, wer einen der Ausbildung des mittleren Justizdienstes gleichwertigen Wissens- und Leistungsstand aufweist (§ 153 V). Auf Grund dieser Gesetzesbestimmungen können – wie auch bisher – **Rechtsreferendare** (vgl BGH NJW 85, 3033; Koblenz RPfl 85, 77), Beamtenanwärter, eventuell auch Beamte des Justizwachtmeisterdienstes und vor allem **Justizangestellte** mit Aufgaben des UdG betraut werden. Praktische Bedeutung hat diese Vorschrift insbesondere für die Justizangestellten und die Beamtenanwärter im Rahmen ihrer Ausbildung. Aus der einschränkend gehaltenen Formulierung des § 153 V sowie Sinn und Zweck der Neuregelung des UdG wird man allerdings davon ausgehen müssen, daß die Aufgaben des UdG grundsätzl dem Beamten des mittleren Dienstes vorbehalten bleiben sollen und nur bei einem dienstl Bedürfnis (zB Fehlen entsprechender Beamter des mittleren Dienstes) und nur für bestimmte Teilbereiche Justizangestellten Aufgaben des UdG übertragen werden sollen (vgl auch Art 33 IV GG). 5

In welcher **Form die Ausführungsbestimmungen** nach Abs 4 und 5 (Rechtsverordnung, Verwaltungsvorschrift) vom Bund und den Ländern erlassen werden, läßt § 153 offen. Beide Möglichkeiten sind jedoch als zulässig anzusehen (vgl auch die Amtl Begründung zu Abs 4, BT-Drucks 8/2024 vom 1. 8. 1978 S 18). 6

§ 153 gilt **nicht** für den Bereich der **Verwaltungsgerichte, Finanzgerichte** und der **Sozialgerichte** (vgl Art 3 II des Gesetzes vom 19. 12. 1979, BGBl I, 2306). 7

2) **Einrichtung** der Geschäftsstelle: früher § 12 GVVO v 20. 3. 35 (RGBl I 403), jetzt (abgeseh v BGH) Landesrecht, vgl für Bay: Art 15–16 AGGVG; VO v 6. 5. 82 (GVBl 271). Die Geschäftsstellen werden mit einem oder mehreren Urkundsbeamten (letzterenfalls unter e geschäftsleitenden UrkBeamten) besetzt. Sie können in mehrere Abteilungen gegliedert sein (vgl Hamm JMBl NRW 60, 117). Solche Abteilungen können auch räumlich getrennt v Gericht bestehen (SchlHOLG SchlHA 63, 278), zB infolge von Bestellung von Kanzleibeamten e gemeinsamen Einlaufstelle z UrkBeamten der angeschlossenen Gerichte (vgl BGH JR 60, 381; NJW 61, 361). 8

9 **3)** Die Stellung des UdG als Beamte des gehobenen Justizdienstes und des **Rechtspflegers** sind getrennt (§ 26 RPflG), jedoch sind bestimmte Aufgaben dem Rechtspfleger übertragen (vgl § 26 RPflG – insb: Kostenfestsetzungsverfahren, §§ 104 ff ZPO; Mahnverfahren einschließlich Vollstreckungsbescheid, § 699 ZPO u Erteilung von vollstr Ausfertigungen nach §§ 726 ff ZPO); sie können nur vom Rechtspfleger (vom UrkBeamten nur, wenn er Rechtspfleger ist) wirksam vorgenommen werden (vgl Stuttgart Justiz 70, 17). Es gilt der Grundsatz des § 9 RPflG, die Anfechtung richtet sich nach § 11 RPflG, soweit nicht Sonderregelung besteht (vgl etwa § 732 ZPO). Die Trennung zwischen UrkBeamten und Rechtspfleger schließt nicht aus, daß beide Funktionen von Beamten des geh Dienstes in Personalunion (§ 27 RPflG, zeitweilig auch von Rechtsreferendar, § 2 V RPflG) wahrgenommen werden.

10 **4) Aufgaben des UrkBeamten:** Diese sind in § 153 nicht geregelt; sie ergeben sich aus den einzelnen gesetzlichen Vorschriften. Beispielhaft zu erwähnen sind: Entgegennahme der für das Gericht bestimmten Schriftstücke (BGH 2, 32), Protokollführung (§§ 159, 163 ZPO), Erteilung von Ausfertigungen u Abschriften (§§ 299 I, 317 III, 724 II ZPO; s aber auch § 20 Nr 12 u 13 RPflG), Beurkundung der Urteilsverkündung (§ 315 III ZPO), des Notfrist- und Rechtskraftzeugnisses (§ 706 ZPO), die Bewirkung von Ladungen u Zustellungen im Amtsbetrieb sowie der Vermittlung von Zustellungen u VollstrAufträgen der Parteien (§§ 209, 210, 166 II, ZPO; s a Anm z § 161). Außerdem besorgt er die Akten- u Registerführung gemäß der AktenO, nimmt Parteianträge u Erkl entgegen (vgl a § 78 II ZPO; s aber auch § 20 Nr 4 RPflG). Das Landesrecht kann weitere Zuständigkeiten begründen, zB für Siegelung n § 122 KO, § 1960 II BGB, Aufnahme von Vermögensverzeichnissen n § 123 KO, §§ 1667 II, 1686, 1760 I, 1802 BGB, Aufnahme des Inventars n § 2003 I BGB (für Bay vgl Art 36 Abs 2 Nr 1 AGGVG). Auch Geschäfte der Justizverwaltung können den UrkBeamten übertragen werden (vgl NdsRPfl 60, 146).

11 **5)** Über die **selbständige Stellung** der UrkBeamten als Organ der Rechtspflege s RG 110, 315; kein Weisungsrecht des Richters. Handlungen, die die ZPO unmittelbar den UrkBeamten übertragen hat, kann der Richter nicht wahrnehmen (vgl für Beschwerdeeinlegung z Protokoll des Richters statt der UrkBeamten Rn 11 zu § 569 ZPO; § 8 RPflG gilt nicht analog, da es sich nicht um quasi-richterl Aufgaben handelt, aA RoSchwab § 26 I 3). Etwas anderes gilt für die Wahrnehmung von Geschäften des Rechtspflegers durch den Richter (§ 6 RPflG). Maßnahmen des UrkBeamten sind auf Antrag vom Prozeßgericht zu überprüfen, §§ 576, 577 IV ZPO; der Rechtspfleger kann nicht angerufen werden (§ 4 II Nr 3 RPflG), auch nicht gegen Maßnahmen eines nach § 153 Abs 5 bestellten UdG. – Ausschließung u Ablehnung der UrkBeamten: §§ 49 ZPO, 31 StPO.

Zwölfter Titel

ZUSTELLUNGS- UND VOLLSTRECKUNGSBEAMTE

§ 154

[Gerichtsvollzieher]

Die Dienst- und Geschäftsverhältnisse der mit den Zustellungen, Ladungen und Vollstreckungen zu betrauenden Beamten (Gerichtsvollzieher) werden bei dem Bundesgerichtshof durch den Bundesminister der Justiz, bei den Landesgerichten durch die Landesjustizverwaltung bestimmt.

1 **1) Allgemeines:** § 154 knüpft zum einen an die Prozeßordnungen an, die im Rahmen der gerichtlichen Verfahren erforderliche Zustellungen, Ladungen und Vollstreckungshandlungen dem Gerichtsvollzieher als Aufgabe zuweisen. Er stellt klar, daß der Gerichtsvollzieher Beamter sein muß (vgl auch Art 33 IV GG), enthält aber selbst keine nähere Regelung weder bezüglich der Dienstverhältnisse noch für den Dienstbetrieb.

2 **2)** Für die **Dienst- und Geschäftsverhältnisse,** also die Regelung des Dienstbetriebs stellt § 154 klar, daß diese durch die Justizverwaltung zu erfolgen hat, und zwar im Wege der Verwaltungsvorschrift (Ermächtigung zur Regelung durch Rechtsverordnung s BayVfGH Rpfl 61, 285). Hierzu sind die im wesentlichen bundeseinheitlich erlassenen Gerichtsvollzieherordnung (GVO) und Geschäftsanweisung der Gerichtsvollzieher (GVGA) ergangen (veröffentlicht in den Justizministerialblättern). Danach sind die Gerichtsvollzieher den Amtsgerichten zugeordnet und haben einen eigenen örtlichen Zuständigkeitsbereich. Aufträge an den Gerichtsvollzieher können über die beim Amtsgericht einzurichtende Verteilungsstelle erteilt werden.

3) Nach den landesrechtl Laufbahnvorschriften sind die Gerichtsvollzieher Beamte des mittleren Justizdienstes, die zusätzlich eine besondere Ausbildung erhalten und dann die Gerichtsvollzieherprüfung abzulegen haben **(Sonderlaufbahn des mittleren Justizdienstes).** Sie können daher – auch ohne ihre Zustimmung (BVerwG 65, 270) – durch die Justizverwaltung von der Aufgabe als Gerichtsvollzieher entbunden und wieder im mittleren Justizdienst verwendet werden. 3

4) Rechtsstellung des Gerichtsvollziehers (vgl dazu Dütz DGVZ 75, 52; Eickmann DGVZ 80, 133): es gelten die allg beamtenrechtl Vorschriften auch hinsichtl der **Weisungsbefugnis des Dienstherrn** (entsprechend der allg beamtenrechtl Gehorsamspflicht); BVerwG 65, 260 = NJW 83, 896: Die Dienstaufsicht des Vorgesetzten erstreckt sich auch darauf, ob eine unrichtige Sachbehandlung vorliegt; der Dienstvorgesetzte kann ggf den Gerichtsvollzieher durch eine Weisung zu einer anderen Sachbehandlung anhalten. Dem steht § 766 ZPO nicht entgegen, wonach von den Verfahrensbeteiligten bei Beanstandungen der Tätigkeit des Gerichtsvollziehers das Vollstreckungsgericht angerufen werden kann. Die Zweigleisigkeit der „Aufsicht" des Vorgesetzten und des Vollstreckungsgerichts ist sinnvoll, da zum einen das Vollstreckungsgericht nur auf Antrag tätig werden kann (BVerwG aaO), andererseits aber auch nur kassatorisch eingreifen, jedenfalls nicht im voraus Weisungen erteilen kann (RG 145, 213); dienstaufsichtliche Befugnisse stehen dem Vollstreckungsgericht schon gar nicht zu. 4

Daran ändert nichts, daß dem Gerichtsvollzieher durch die Gerichtsvollzieherordnung (GVO) und die Geschäftsanweisung für Gerichtsvollzieher (GVGA) eine gewisse **Eigenverantwortlichkeit** eingeräumt ist (vgl § 45 I GVO; §§ 6, 58 Nr 1 GVGA); diese bezieht sich nur auf den Geschäftsgang als solchen, begründet aber keine der richterlichen Unabhängigkeit oder der Selbständigkeit des Rechtspflegers (§ 9 RPflG) vergleichbare Weisungsfreiheit (BVerwG aaO). 5

5) Im **Verhältnis zum Auftraggeber** liegt kein Vertragsverhältnis vor, vielmehr handelt der Gerichtsvollzieher im Rahmen seines Amtsverhältnisses (vgl Rn 4 zu § 753 ZPO). Demgemäß gilt für die Haftung Art 34 GG (RG 147, 136; 161, 112). 6

6) Die **Aufgaben** des Gerichtsvollziehers im einzelnen ergeben sich aus der Prozeßordnung: Zustellungen (§ 166 ZPO; für Zustellungen außerhalb eines Rechtsstreits, § 132 BGB), Zwangsvollstreckung, soweit sie nicht dem Gericht vorbehalten ist, § 753 I ZPO, sowie Vorführungen und Verhaftungen nach §§ 909, 888, 890, 892, 933 ZPO, §§ 101, 106 KO. Aufgaben außerhalb der Prozeßordnung s §§ 383, 1235 ff BGB, Aufnahme von Wechsel- und Scheckprotesten nach Landesrecht (zB Art 17 Abs 1 Nr 1 BayAGGVG). Der besondere Aufgabenbereich des Gerichtsvollziehers schließt nicht aus, daß ihm durch Anordnung des Dienstherrn in angemessenem Umfang **andere Aufgaben** (zB Vollstreckungsaufträge in Justizkassensachen) übertragen werden (BVerwG NJW 83, 899). Dies folgt aus der allg dienstrechtl Organisationsgewalt. Das Amt des Gerichtsvollziehers unterliegt insoweit keinen speziellen funktionsbezogenen Schranken. 7

Über seine Amtshandlungen hat der Gerichtsvollzieher ein **Protokoll** aufzunehmen (§§ 190, 762 ZPO); seine Urkunden u Register genießen öffentl Glauben (§ 415 ZPO). 8

7) Die **Kosten** für die Tätigkeit des Gerichtsvollziehers bestimmen sich nach dem G über die Kosten der Gerichtsvollzieher v 26. 7. 57 (BGBl I 887) mit Änderungen. Zu der Weisungsbefugnis des Dienstherrn bei der Kostenerhebung des Gerichtsvollziehers s BVerwG 65, 278. 9

§ 155

[Ausschließung des Gerichtsvollziehers]

Der Gerichtsvollzieher ist von der Ausübung seines Amts kraft Gesetzes ausgeschlossen:

I) in bürgerlichen Rechtsstreitigkeiten:

1. **wenn er selbst Partei oder gesetzlicher Vertreter einer Partei ist, oder zu einer Partei in dem Verhältnis eines Mitberechtigten, Mitverpflichteten oder Schadensersatzpflichtigen steht;**
2. **wenn sein Ehegatte Partei ist, auch wenn die Ehe nicht mehr besteht;**
3. **wenn eine Person Partei ist, mit der er in gerader Linie verwandt oder verschwägert , in der Seitenlinie bis zum dritten Grad verwandt oder bis zum zweiten Grad verschwägert ist oder war;**

II) in Strafsachen:

1. **wenn er selbst durch die strafbare Handlung verletzt ist;**
2. **wenn er der Ehegatte des Beschuldigten oder Verletzten ist oder gewesen ist;**
3. **wenn er mit dem Beschuldigten oder Verletzten in dem unter Nr. I 3 bezeichneten Verwandtschafts- oder Schwägerschaftsverhältnis steht.**

1 § 155 ist dem § 41 ZPO nachgebildet; eine „Ablehnung" des GV kennt das Gesetz nicht. Für den ausgeschlossenen GV hat sein Vertreter tätig zu werden. Nichtbeachtung des § 155 bewirkt uU völlige Unwirksamkeit der Amtshandlung u ist Amtspflichtverletzung. Über die Ausschließung i anderen als den obenbezeichneten Sachen bestimmt das Landesrecht (vgl für Bay: Art 18 AGGVG). – S a §§ 456 ff BGB (Ausschluß des GV als Ersteigerer oder Käufer).

Dreizehnter Titel

RECHTSHILFE

§ 156

[Rechtshilfe]

Die Gerichte haben sich in bürgerlichen Rechtsstreitigkeiten und in Strafsachen Rechtshilfe zu leisten.

1 **1) Lit:** *Schneider* JVBl 69, 241. *Nagel*, Nationale und internationale Rechtshilfe, 1971 – Nach Art 35 GG haben sich die Behörden des Bundes u der Länder gegenseitig Rechts- u Amtshilfe z leisten. Die §§ 156 ff regeln zunächst die **Rechtshilfe** (u bestimmte Akte der Amtshilfe), die sich die ordentl Gerichte im Zivil- u Strafprozeß (§ 2 EGGVG) gegenseitig z gewähren haben. Durch Gesetze außerhalb des GVG sind aber entspr Verpflichtungen der ordentl Gerichte auch in anderen Sachen (so zB §§ 2, 194 FGG; z Bedeutung dieser Verweisung s Braunschweig NdsRpfl 64, 62) u gegenüber anderen Gerichten u Behörden begründet worden.

2 **a)** Als **Rechtshilfe** wird der Beistand bezeichnet, den sich die Gerichte untereinander durch solche gerichtl Handlungen (des Richters, auch des Rechtspflegers, wenn er anstelle des Richters tätig werden darf, vgl insb § 20 RPflG, s aber auch § 4 II 1 RPflG, u die Urkundsbeamten innerhalb seiner Zuständigkeit, vgl RGSt 46, 177) leisten, z deren Vornahme sie selbst befähigt wären (vgl Köln JMBl NRW 62, 99; Braunschweig NdsRpfl 64, 62; Celle NJW 67, 993). In e weiteren Sinn ist Rechtshilfe die Beistandsleistung durch gerichtl Handlungen ohne Rücksicht darauf, ob das Ersuchen von e Gericht oder e sonstigen Behörde ausgeht (vgl Herzog JZ 67, 286). Den §§ 156–159 liegt der engere Begriff zugrunde. Gegenstand sind Amtshandlungen, die das ersuchende Gericht ihrer Art nach selbst vornehmen könnte, die es aber aus Zweckmäßigkeitsgründen (zB Vernehmung entfernt wohnender Zeugen) oder um nicht außerhalb seines Bezirks tätig werden z müssen (zB Augenschein außerhalb des Gerichtsbezirks) e anderen Gericht überträgt (vgl RG JW 34, 1047). Als richterl Rechtshilfehandlungen kommen in Betracht Beweisaufnahmen, Entgegennahme von Parteierklärungen aus Anlaß des persönl Erscheinens i Ehe-, Kindschafts-, Entmündigungssachen, Vornahme e Sühneversuchs. Auch Rechtspfleger kann innerhalb s Zuständigkeit um Rechtshilfe ersucht werden; umgekehrt kann auch er i Rahmen s Zuständigkeit um Rechtshilfe ersuchen; das ergibt sich aus § 4 I RpflG. Schließlich können auch Rechtshilfehandlungen der Urkundsbeamten i Betracht kommen (RGSt 46, 177; vgl a § 161). Rechtshilfe auch innerhalb eines Gerichts zwischen funktionell selbständigen Abteilungen (zB NachlaßG – Grundbuchamt) möglich (vgl KG OLGZ 69, 134).

3 **b) Amtshilfe** durch das Gericht liegt vor, wenn der ersuchenden Behörde die Befugnis z Vornahme der Amtshandlung fehlt, um die nachgesucht wird (Schmidt DJ 40, 589; Braunschweig NdsRpfl 64, 62 für ein Ersuchen des Prozeßgerichts an das Vormundschaftsgericht) oder wenn andere als die den Gerichten vorbehaltenen Handlungen (zB Auskunftserteilung; Weiterleitung e Anfrage an e Stelle i Bezirk des ersuchten Gerichts, Köln JMBlNRW 62, 99) i Frage stehen. Auch das Ersuchen an e AG, für auswärtigen Termin Protokollführer oder Räume z Verfügung z stellen, ist kein Rechtshilfeersuchen. Unterschied zw Rechts- u Amtshilfe insbes bei § 159 von Bedeutung. Die in zahlreichen Gesetzen begründete Pflicht der Gerichte z Amtshilfe verstößt nicht gg den Gewaltenteilungsgrundsatz (BVerfG JZ 58, 165).

4 **2)** § 156 regelt nur die Rechtshilfe innerhalb der **ordentlichen Gerichtsbarkeit** (vgl § 2 EGGVG). Sie ist nicht beschränkt auf selbständige Gerichte. Auch unter funktionell selbständigen Abteilungen desselben Gerichts – insbesondere zwischen Hauptgericht u Zweigstelle (BayObLG MDR 82, 763) – sind Rechtshilfeersuchen möglich. – Ferner ist jedoch Rechtshilfe auch **anderen Gerichten** zu leisten, insbesondere den Verfassungsgerichten des Bundes u der Länder (§§ 26, 27 BVerfGG, § 17 II BayVerfGHG), den Gerichten u Schiedsgerichten in Arbeitssachen (§§ 13, 106 II ArbGG), den Verwaltungsgerichten (§ 14 VwGO), Sozialgerichten (§ 5 II SGG),

den Finanzgerichten (§ 13 FGO), dem Patentgericht (§ 128 PatG), den Disziplinargerichten (§ 20 BDO, § 63 I DRiG, § 21 BayDO), Ehrengerichten der Rechtsanwälte (§§ 99 II, 137 BRAO), verschiedenen Berufsgerichten nach den jeweiligen Verfahrensordnungen, dem Börsenehrengericht (§ 26 BörsenG v 27. 5. 08, RGBl 215); für Schiedsgerichte s § 1036 ZPO; Rechtshilfe ist gebühren- u auslagenfrei zu leisten (§ 164).

3) Verpflichtung zur Amtshilfe nach zahlreichen Einzelgesetzen; so gegenüber den parlamentarischen Untersuchungsausschüssen des Bundes u der Länder (Art 44 III GG u entspr Bestimmungen der Landesverfassungen; dazu Gross JR 66, 60), der Bußgeldbehörden (§ 46 I OWiG), §§ 4 ff VwVfG und Verwaltungsverfahrensgesetze der Länder, der Finanzbehörden (§ 111 AO), der Entschädigungsbehörden (§ 191 III BEG), der Rückerstattungsbehörden (§ 40 I BRückerstattgsG), der Jugendämter (§ 10 JWG; vgl Hamm JMBlNRW 59, 194), der Postbehörden (§ 38 PostG), den Seeämtern u Oberseeamt (§ 32 Ges ü die Untersuchung von Seeunfällen v 28. 9. 35, RGBl I 1183), dem Seemannsamt (§ 19 II SeemannsamtsVO, BGBl 59 II 687), den Behörden u Trägern der Sozialversicherung, soweit nicht jetzt die Sozialgerichte mit der Rechtshilfeleistung beauftragt sind (§§ 115, 1971 II RVO, § 220 RKnappschG; s a Hamm JMBlNRW 62, 98; Düsseldorf JMBlNRW 67, 137; LG Mannheim Justiz 67, 199), dem Patentamt (§ 128 PatG), der Kartellbehörde (§ 54 VI GWB), den Einigungsämtern des Wettbewerbsrechts nach § 27 a UWG (entspr § 1036 ZPO), der Handwerkskammer (§ 114 HandwO), den Lastenausgleichsbehörden (§§ 317, 330 LAG, § 23 FeststellungsG; s a Frankfurt NJW 57, 29, KG NJW 57, 1239, Hamm JMBlNRW 64, 4), den Flurbereinigungsbehörden (§§ 116 II, 135 FlurBG). 5

Die Amtshilfe ist **gebührenfrei** zu leisten; **Auslagen** sind vorbehaltl anderweiter Bestimmung dem ersuchten Gericht zu **erstatten.** 6

4) Die Rechtshilfe im Verhältnis zu ausländischen Gerichten wird durch Staatsverträge geregelt, insbesondere Haager Übereinkommen ü den Zivilprozeß (BGBl 58 II 577), s dazu Unterreitmayer Rpfleger 72, 177. Ergänzend gilt die Rechtshilfeordnung für Zivilsachen v 19. 10. 56 – ZRHO – (idF v 1. 1. 71, vgl Bülow/Böckstiegel, Der internationale Rechtsverkehr, 1973, Teil G I). Rechtshilfe für den Gerichtshof der **europäischen Gemeinschaften:** §§ 52, 109 EuGH-VerfahrensO v 3. 3. 59 (BGBl II 1205) u §§ 1 ff d zusätzl VerfahrensO v 9. 3. 62 (BGBl II 770). 7

Auch im Verhältnis z den Gerichten der **DDR** ist Rechtshilfe zu leisten. Dabei ist gemäß Art 6 des Grundlagenvertrags v 21. 2. 72 (vgl G v 6. 6. 73, BGBl II 421) von der Selbständigkeit beider Staaten auszugehen; Art 7 des Vertrags und Abschnitt II 4 des Zusatzprotokolls sehen ausdrücklich den Abschluß besonderer Vereinbarungen über die gegenseitige Rechts- und Amtshilfe vor. In Zivilsachen fehlt, abgesehen von dem Berliner G v 31. 5. 50 über die Vollstreckung von Entscheidungen auswärt Gerichte, e nähere Regelung (das RechtshilfeG v 25. 5. 53, BGBl 53 I 161, 54 I 203, 64 I 1067, bezieht sich nur auf Strafsachen). Die Ausführung von Rechtshilfeersuchen der Gerichte der DDR ist grundsätzlich zulässig. Sie darf nicht gegen rechtsstaatl Grundsätze verstoßen (Köln MDR 63, 228); Erledigung zB abzulehnen, wenn sie für Bewohner der DDR erhebl rechtsstaatswidrige Nachteile z Folge haben könnte (drohende Verfolgung wegen Beihilfe z Republikflucht, Hamm JMBlNRW 62, 195). Daß in der DDR andere Verfahrensvorschriften gelten, ist kein Hinderungsgrund (Düsseldorf JMBlNRW 60, 2193); auch nicht, daß nach dem Recht der BRep ein hiesiges Gericht ausschließl zuständig wäre (Hamm JMBlNRW 61, 244 gg Düsseldorf NJW 60, 2193; Köln MDR 63, 228). 8

Rechtshilfe i Verhältnis zu den Behörden der **Streitkräfte** s §§ 5, 6 Überleitungsvertrag (BGBl 55 I 405), VII Abs 5, 6 Nato-Truppenstatut (BGBl 61 II 1190), §§ 24, 32, 34 ff Zusatzabkommen z Truppenstatut (BGBl 61 II 1218). 9

§ 157

[Rechtshilfegericht]

(1) Das Ersuchen um Rechtshilfe ist an das Amtsgericht zu richten, in dessen Bezirk die Amtshandlung vorgenommen werden soll.

(2) Die Landesregierungen werden ermächtigt, durch Rechtsverordnung die Erledigung von Rechtshilfeersuchen für die Bezirke mehrerer Amtsgerichte einem von ihnen ganz oder teilweise zuzuweisen, sofern dadurch der Rechtshilfeverkehr erleichtert oder beschleunigt wird. Die Landesregierungen können diese Ermächtigung durch Rechtsverordnung auf die Landesjustizverwaltungen übertragen.

1) Amtshandlung: zB Augenschein, Zeugenvernehmung, Gegenüberstellung, Abnahme der eidesstattl Versicherung. 1

2 **2) Zuständiges Rechtshilfegericht** ist auch das AG, in desen Bezirk der z Vernehmende beschäftigt ist (Hamm MDR 57, 437) oder bei dem sich ein sonst nur schwer Erreichbarer einfinden wird (zB e Durchreisender; e Auslandsbewohner, der sich bei e grenznahen Amtsgericht vernehmen läßt, München NJW 62, 56); s a Rn 9 zu § 158. B Gegenüberstellung genügt Zuständigkeit für die Vernehmung einer der betr Personen (Hamm JMBlNRW 59, 150). Die **funktionelle Zuständigkeit** des ersuchten Gerichts für die dem Ersuchen zugrunde liegende Verfahrensart braucht nicht zu bestehen; so kann in Familiensachen auch ein AG um Rechtshilfe ersucht werden, das auf Grund einer Regelung nach § 23c nicht Familiengericht ist (BayObLG MDR 82, 763; Stuttgart FamRZ 84, 716). Das für die Amtshandlung örtlich zuständige Gericht kann jedoch im Wege der Rechtshilfe nicht mat Maßnahmen treffen (zB: § 122 KO), die ihm durch Konzentrationszuständigkeitsbestimmungen entzogen sind (vgl Koblenz MDR 77, 59). Für Rechtshilfeersuchen von Gerichten anderer Gerichtszweige ist das AG z Teil nur aushilfsweise zuständig (wenn sich am Ort kein Gericht des anderen Gerichtszweigs befindet, § 13 I ArbGG, § 5 II SGG). Unter mehreren zuständigen Gerichten hat das ersuchende die Wahl (Hamm NJW 56, 1447). Auch für die Erledigung von Amtshilfeersuchen ist regelmäßig das AG zuständig. Zuständigkeit des AG für die Erledigung ausländischer Zustellungs- u Rechtshilfeersuchen: § 2 AusfG v 18. 12. 58 Haager Zivilprozeßabkommen.

3 **3)** Die **Konzentrationsermächtigung** des Abs 2 wurde eingefügt durch G v 3. 12. 76 (BGBl I 3281); sie ersetzt eine entsprechende Regelung einer NotVO v 1. 12. 30. Die AGe müssen nicht demselben LG-Bezirk angehören.

§ 158
[Ablehnung eines Ersuchens]

(1) Das Ersuchen darf nicht abgelehnt werden.

(2) Das Ersuchen eines nicht im Rechtszuge vorgesetzten Gerichts ist jedoch abzulehnen, wenn die vorzunehmende Handlung nach dem Recht des ersuchten Gerichts verboten ist. Ist das ersuchte Gericht örtlich nicht zuständig, so gibt es das Ersuchen an das zuständige Gericht ab.

1 **1) Allgemeines:** Das Ersuchen soll grundsätzlich von dem ersuchten Gericht ausgeführt werden. Da die Verantwortung für die Maßnahme, um die ersucht wurde, das ersuchende Gericht trägt, findet grundsätzlich auch keine Überprüfung durch das ersuchte Gericht statt (Ausnahme: Abs 2 S 1, s Rn 2). Voraussetzung ist jedoch, daß ein **Rechtshilfeersuchen** (vgl § 156 Rn 2) **vorliegt und tatsächlich ausführbar ist.** Diese Voraussetzungen hat das ersuchte Gericht – ohne die Einschränkungen des Abs 2 – stets zu prüfen. Hiernach abzulehnen das Ersuchen um Vernehmung eines Zeugen oder einer Partei ohne hinreichende **Angabe des Beweisthemas** (vgl dazu RG JW 99, 826; Braunschweig Recht 32, 811; Köln OLGZ 66, 40; Düsseldorf OLGZ 68, 57 zum Fall des § 613 I 2 ZPO; Ersuchen um Vernehmung „über den Hergang" eines bestimmten Verkehrsunfalls in einfach gelagertem Fall ausreichend, vgl Koblenz NJW 75, 1036; Frankfurt JurBüro 82, 1576; zu Ersuchen in Nachlaßsache vgl Karlsruhe Justiz 77, 275. Auch diese Frage wird zwar meist unter dem Gesichtspunkt des „Verbots" iSd Abs 2 S 1 geprüft (vgl Düsseldorf aaO); dies ist jedoch nicht folgerichtig, da die Ordnungsmäßigkeit des Verfahrens – hierzu zählen die Voraussetzungen des §§ 359, 450, 619 II ZPO – das ersuchte Gericht gerade nicht zu prüfen hat; der Verstoß gegen diese führt nicht zu einem Vernehmungsverbot. Vielmehr geht es hier um die (zumutbare) Durchführbarkeit des Ersuchens, nicht um die Zulässigkeit der ersuchten Maßnahme (anders bei unzulässigem Vernehmungsthema, vgl etwa Koblenz FamRZ 76, 97: Befragung des Beklagten in Kindschaftssache, warum er nicht zur Blutentnahme erschienen sei). Ist das Ersuchen wegen Fehlen eines hinreichenden Beweisbeschlusses, aus dem das ersuchte Gericht das Beweisthema entnehmen kann, undurchführbar, so kann es abgelehnt werden. Zur Frage der Ausführbarkeit bei Ersuchen um Vernehmung eines Tbc-Kranken vgl Nürnberg MDR 68, 946. – Das Ersuchen ist von dem nach dem Geschäftsverteilungsplan zuständigen Richter auszuführen. Fällt die Maßnahme in den Aufgabenbereich des **Rechtspflegers,** so durch diesen. Wenn Ausführung durch Richter vorgeschrieben, stellt die Ausführung durch Rechtspfleger eine Ablehnung dar (Schleswig SchlHA 55, 62).

2 **2) Ablehnung nach Abs 2 S 1: a)** Nicht Ersuchen eines im Instanzenzug **übergeordneten Gerichts;** die Überordnung ist nach allgemeinen Grundsätzen zu bestimmen, jedoch muß es sich um ein konkret vorgeordnetes Gericht handeln (LG also nur für die AGe seines Bezirks). Zulässig ist hier jedoch die Gegenvorstellung des ersuchten Gerichts bei Bedenken gegen Zulässigkeit oder Zweckmäßigkeit des Ersuchens.

b) Ablehnung wegen Unzulässigkeit (vgl Berg MDR 62, 787): Das Ersuchen muß seinem Inhalt nach schlechthin unzulässig sein (vgl BGH LM Nr 2 zu § 158 GVG). Abs 2 S 1 ist als Ausnahmevorschrift zu Abs 1 eng auszulegen. 3

aa) Ein Ersuchen darf **nicht deshalb abgelehnt werden,** weil gg die Richtigkeit der Tatsachen, die z dem Ersuchen Anlaß gegeben haben, Bedenken bestehen (Hamm JMBlNRW 59, 150) oder weil die Zulässigkeit rechtl zweifelhaft ist (München NJW 66, 2125). Über **die Ordnungsmäßigkeit des Verfahrens** des ersuchenden Gerichts hat der ersuchte Richter als der „verlängerte Arm" des ersteren (BGH JZ 53, 230) nicht zu wachen; das ist ggfalls Aufgabe des dem ersuchenden Gericht übergeordneten Rechtsmittelgerichts (BGH aaO). Der ersuchte Richter hat insbes nicht zu prüfen, ob der Verfahrensabschnitt in dem das Ersuchen erging, ohne Verfahrensverstoß erreicht wurde (vgl Celle MDR 66, 781). Desgl nicht, ob die Voraussetzungen des § 375 ZPO gegeben sind (Hamm JMBlNRW 59, 150; Karlsruhe-Freibg OLGZ 66, 565; Berg aaO S 788; vgl a Bremen GoltdA 62, 344; Frankft OLGZ 66, 345); für die Beachtung des Unmittelbarkeitsgrundsatzes durch das Prozeßgericht z sorgen ist nicht seine Aufgabe. Ebenfalls kann nicht wegen **abweichender Auffassung** des Rechtshilfegerichts in einer kontroversen Rechtsfrage abgelehnt werden (München OLGZ 76, 252: erneute Abnahme einer Offenbarungsversicherung nach Haftanordnung); hier geht die Rechtsauffassung des ersuchenden Gerichts vor. Noch weniger kann Rechtshilferichter sein **Ermessen** an die Stelle des Ermessens des ersuchenden Gerichts setzen. Sonach keine Ablehnung wegen Unzweckmäßigkeit oder Unangemessenheit (Karlsruhe-Freiburg OLGZ 66, 565; LG Essen, DRiZ 75, 376; allenfalls Gegenvorstellungen), zB bei Meinungsverschiedenheiten darüber, ob vor Vernehmung oder Beeidigung eines Zeugen zunächst andere Beweise zu erheben sind (vgl Celle NdsRpfl 53, 30), oder ob nicht zweckmäßigerweise ein anderes ebenfalls zuständiges Gericht anzugehen wäre (Hamm NJW 56, 1447) oder wenn sich das ersuchende Gericht, statt den ersuchten die Auswahl der Sachverständigen zu übertragen (§ 405 ZPO), auch unmittelbar an einen Sachverständigen hätte wenden können (Düsseldorf MDR 55, 426) oder ob anstelle der nachgesuchten richterl Vernehmung eine Partei auch Anhörung durch die Geschäftsstelle ausreichend wäre (Zweibrücken NJW 66, 685); zu den nicht nachprüfbaren Fragen der Zweckmäßigkeit gehört auch der Grundsatz der Prozeßökonomie und der Kostenersparnis (Köln JMBlNRW 68, 281). Schon gar nicht ist ein Ersuchen mit der Begründung ablehnbar, das ersuchende Gericht könne es selbst durch einen beauftragten Richter durchführen (Hamm MDR 71, 69). Nicht nachzuprüfen sind Zuständigkeit des ersuchenden Gerichts (OLG 8, 1): zur Ordnungsmäßigkeit des dem Ersuchen zugrunde liegenden Beweisbeschl s o Rn 1. Die **Beweiserheblichkeit** aufzuklärender Fragen hat das ersuchte Gericht ebenfalls nicht zu prüfen: dies ist ausschließlich Sache des erkennenden Gerichts. Ob ein Vernehmungsersuchen bei fehlendem Einverständnis des Beweisgegners mit der ausforschenden Befragung abgelehnt werden kann, weil es sich um einen **Ausforschungsbeweis** handle, ist str (vgl RG 162, 316, Freiburg JZ 53, 229, NJW 53, 834, Karlsruhe-Freiburg FamRZ 60, 291, Nürnberg BayJMBl 53, 89). Die Ablehnung wird nur zulässig sein, wenn der Ausforschungszweck offensichtl ist (Düsseldorf NJW 59, 298; München NJW 66, 2125; Karlsruhe FamRZ 68, 536); der BGH läßt offen, ob solchenfalls ein Ablehnungsgrund gegeben ist (JZ 53, 230; FamRZ 60, 399); auch für diesen Fall verneinend Berg MDR 62, 787; Frankfurt MDR 70, 597. Das ersuchende Gericht hat abschließend auch darüber zu bestimmen, ob die Beweisperson als Zeuge oder als Sachverständiger vernommen werden soll (Köln OLGZ 66, 188). Die Notwendigkeit einer – noch nicht vorliegenden – Aussagegenehmigung für einen Beamten kann, da diese im Termin zur Vernehmung nachgebracht werden kann, die Ablehnung eines Ersuches ebenfalls nicht rechtfertigen (Schleswig SchlHA 68, 168). 4

bb) Ablehnbar: Das Ersuchen um Vernehmung eines Zeugen, der bereits zulässigerweise das Zeugnis verweigert hat u davon nicht Abstand nimmt, kann abgelehnt werden (Marienwerder HRR 39, 575), Ersuchen um widerholte Vernehmung: RG 114, 2; s a AG Essen JMBlNRW 56, 124; Frankft OLGZ 67, 347. Ablehnung ferner, wenn die vorzunehmende **Handlung** nach dem für das ersuchte Gericht geltenden Recht (oder für beide Gerichte gemeinsamen Recht, falls über Auslegung u Handhabung Meinungsverschiedenheit besteht) **verboten** ist (zB Beeidigung eines Eidesunfähigen, Vernehmung des gesetzl Vertreters der Partei als Zeugen, sofern darin nicht Ersuchen um Parteivernehmung zu erblicken ist). Ebenso wenn Vernehmungsthema schlechthin unzulässig (Koblenz FamRZ 76, 97, vgl oben Rn 1). Für Ablehnung bei offensichtlichem Ermessensfehlgebrauch: Frankfurt FamRZ 84, 1030. – Zur Frage des ungenügenden Beweisbeschlusses s Rn 1. 5

cc) Unzulässig sind Rechtshilfemaßnahmen, die materielle Rechtshandlungen enthalten (zB § 122 KO), für die dem angegangenen Gericht deshalb die Zuständigkeit fehlt, weil sie beim ersuchten Gericht konzentriert ist (zB § 71 III KO; vgl Koblenz MDR 77, 59). 6

7 **dd)** Ergeben sich bei der Vernehmung Bedenken gg die Zulässigkeit der nachgesuchten Vereidigung, wird zweckmäßig die **nochmalige Entschließung des Prozeßgerichts** eingeholt. Ebenso wird zu verfahren sein, wenn ggüber des ersuchten Richters die Ablehnung des zu vernehmenden Sachverständigen erklärt wird (AG Göttingen NdsRpfl 67, 24 betrachtet dagg eine solche Ablehnungserklärung als für den ersuchten Richter überhaupt unbeachtl).

8 **ee)** Zu Rechtshilfeersuchen der DDR s § 156 Rn 8.

9 **3) Örtliche Unzuständigkeit (Abs 2 S 2)** ist nur dann ein Ablehnungsgrund, wenn das zuständige Gericht nicht zu bestimmen ist. Ist es bestimmbar (vom angegangenen Rechtshilfegericht), so unmittelbare Weitergabe an das zuständige Gericht. Örtl Unzuständigkeit liegt nicht schon dann vor, wenn der zu Vernehmende s Wohnsitz anderswo hat, sich aber zeitweise (zB zur Arbeit) im Bezirk des ersuchten Gerichts aufhält und dort am besten zu erreichen ist oder anderen im Bezirk des ersuchten Gerichts wohnhaften Personen ggübergestellt werden soll oder bei wechselndem Aufenthalt u zeitweiliger Unerreichbarkeit voraussichtl in den Bezirk des ersuchten Gerichts zurückkehrt (dann Sache des ersuchten Gerichts, den Zeitpunkt der Rückkehr festzustellen), vgl § 157 Rn 2.

§ 159

[Entscheidung bei Ablehnung von Rechtshilfe]

(1) Wird das Ersuchen abgelehnt oder wird der Vorschrift des § 158 Abs. 2 zuwider dem Ersuchen stattgegeben, so entscheidet das Oberlandesgericht, zu dessen Bezirk das ersuchte Gericht gehört. Die Entscheidung ist nur anfechtbar, wenn sie die Rechtshilfe für unzulässig erklärt und das ersuchende und das ersuchte Gericht den Bezirken verschiedener Oberlandesgerichte angehören. Über die Beschwerde entscheidet der Bundesgerichtshof.

(2) Die Entscheidungen ergehen auf Antrag der Beteiligten oder des ersuchenden Gerichts ohne mündliche Verhandlung.

1 **1) a)** § 159 bezieht sich nur auf **Rechtshilfeersuchen** u greift b Ablehnung von **Amts**hilfeersuchen nicht ein, sofern nicht der 13. Titel ausdrückl od sinngemäß (vgl RG 64, 179) für anwendbar erklärt ist; sonst nur Aufsichtsbeschw (aber § 26 DRiG), wenn keine anderweitige landesrechtl Regelung besteht. § 159 auch nicht anwendbar b Ablehnung e Ersuchens nach § 166 durch AG (Celle NJW 66, 1473). Nach früherer Auffassung soll § 159 auch in Fällen der Ablehnung des Ersuchens eines vorgesetzten Gerichts (vgl § 158 II 1) nicht anwendbar sein. Da jedoch in diesem Fall ein anderer Rechtsbehelf nicht gegeben wäre (dienstaufsichtliche Maßnahmen sind nach § 26 DRiG regelmäßig ausgeschlossen), muß die Vorschrift zumindest analog angewendet werden. – § 159 ist ferner analog anzuwenden bei Ablehnung eines gerichtsinternen Rechtshilfeersuchens (vgl § 156 Rn 2), KG OLGZ 69, 134. – Anrufung des dem ersuchten Gericht übergeordneten OLG sowohl b Ablehnung (auch teilweiser, zB Abweichung vom Ersuchen oder Kostenstreit, RGSt 24, 3; BGH NJW 58, 1310), als auch b unzulässiger Stattgabe.

2 **b)** Zur Anrufung **berechtigt** nach Abs 2 je nach Beschwer ersuchendes Gericht, Parteien, z vernehmende Personen. Die Anrufung ist keine Beschwerde iS der ZPO u weder form- noch fristgebunden; Einlegung schriftl oder zu Protokoll des AG oder OLG. AG darf abhelfen. Hatte der UrkBeamte oder Rechtspfleger e an ihn gerichtetes Gesuch abgelehnt, so ist zunächst die Entscheidung des Richters nachzusuchen (§ 11 RPflG); erst gg dessen Entscheidung Anrufung des OLG. Entscheidung des letzteren durch Beschluß (s Abs 2), Zustellung oder Mitteilung nach § 329 III ZPO.

3 **c) Anfechtung** der Entscheidung des OLG (Abs 1 S 2 u 3): Beschwerde gg Entscheidung des OLG nicht möglich, wenn es den ablehnenden Beschl des AG aufhebt u das Ersuchen stattgibt oder wenn ersuchendes u ersuchtes Gericht unter dem gleichen OLG stehen (RG 33, 426), oder wenn das OLG den Antrag deshalb ablehnt, weil das AG dem Ersuchen bereits ordnungsgemäß entsprochen habe (RG JW 97, 528). Sonst Beschwerde (der Sache nach weitere Beschwerde, wenn auch nicht die des § 568 II ZPO) z BGH mögl, die gleichfalls nicht den §§ 567 ff ZPO unterliegt (RG 64, 180), nicht form- oder fristgebunden ist u beim OLG eingelegt werden kann. OLG kann abhelfen. Entscheidung des BGH durch Beschluß (Abs 2).

4 **2) Gebühren: a)** des **Gerichts:** Keine, da das GKG auf die durch das GVG unmittelbar geregelten Rechtsmittel keine Anwendung findet, § 1 I GKG, KV Nr 1181; so Drischler/Oestreich/Heun/Haupt, GKG 3. Aufl VII § 1 Rdnr 43a und Hartmann, KostGes Anm 1 Abs 2 zu KV Nr 1180; Frankfurt OLG 31, 208; Hamm OLG 40, 174; KG Rpfleger 64, 352 (bestr; aM: Köln JW 29, 520; Stuttgart MDR 58, 935; Neustadt NJW 61, 885; vgl Markl, KV 1181 Rdnr 2). – **b)** des Anwalts: Die Tätigkeit des RA im Beschwerdeverfahren (bei Ablehnung oder unzulässiger Ausführung von Rechtshilfeersuchen) fällt unter § 55 BRAGO; der Anwalt erhält seine Gebühr nach § 118 I Nr 1 BRAGO; so auch Gerold/Schmidt, BRAGO § 55

Rdnr 3 und Hartmann, KostGes BRAGO Anm 1 B zu § 55; ebenso Riedel/Sußbauer, BRAGO § 55 Rdnr 4. **Wert:** Das nach § 3 ZPO zu schätzende Interesse der Partei an der Durchführung des Rechtshilfeersuchens (der Beweisaufnahme) durch das ersuchte Gericht (Dresden DR 41, 2076).

§ 160

[Vollstreckungen, Ladungen und Zustellungen]

Vollstreckungen, Ladungen und Zustellungen werden nach Vorschrift der Prozeßordnungen bewirkt, ohne Rücksicht darauf, ob sie in dem Land, dem das Prozeßgericht angehört, oder in einem anderen deutschen Land vorzunehmen sind.

Die Vorschrift bringt zum Ausdruck, daß die Bundesrepublik ein einheitliches Rechtspflegegebiet ist. Ladungen u Zustellungen an Personen im Gebiet e anderen deutschen Landes bedürfen keiner Vermittlung durch ein Gericht des letzteren, sondern können vom Prozeßgericht oder den Beteiligten unmittelbar veranlaßt werden. Das gilt auch für Vollstreckungen jeder Art, abgesehen von der Vollstreckung von Freiheitsstrafen (s §§ 162, 163); Gerichtsvollzieher u Vollstrekkungsgericht des anderen Landes können unmittelbar angegangen werden (so zB auch zur Vollstreckung eines nach § 901 ZPO erlassenen Haftbefehls). Für die Inanspruchnahme des ausw Gerichtsvollziehers kann aber auch der Weg des § 161 gewählt werden. – Zustellungen u Ladungen über e Verbindungsstelle der Stationierungsstreitkräfte s Art 32 Zusatzabkommen z Truppenstatut (BGBl 61 II 1183). Vgl auch Art 36 II, 37 I des Zusatzabkommens (Zustellungs- u Ladungshilfe). 1

§ 161

[Mitwirkung der Geschäftsstelle des AG]

Gerichte, Staatsanwaltschaften und Geschäftsstellen der Gerichte können wegen Erteilung eines Auftrags an einen Gerichtsvollzieher die Mitwirkung der Geschäftsstelle des Amtsgerichts in Anspruch nehmen, in dessen Bezirk der Auftrag ausgeführt werden soll. Der von der Geschäftsstelle beauftragte Gerichtsvollzieher gilt als unmittelbar beauftragt.

1) Kann-Vorschrift; nach § 160 kann der auswärtige GV auch unmittelbar beauftragt werden. – Da der GV b Zustellungen von Amts wegen nicht mitwirkt (§§ 209, 211 ZPO), hat § 161 prakt Bedeutung für Vollstreckungsaufträge des Gerichts, soweit nicht das Verwaltungszwangsverfahren nach der JBeitrO Platz greift, u der Staatsanwaltschaft, soweit sie sich des GV bedient. Außerdem können auch Zustellungs- u Vollstreckungsaufträge anderer als der Justizbehörden i Betracht kommen. § 161 kann schließl auch b Zustellungen i Parteibetrieb u Vollstreckungen i Parteiauftrag Anwendung finden, b denen sich die Partei der Vermittlung der Geschäftsstelle bedient (§§ 166 II, 168, 699 IV 2, 753 II ZPO). 1

2) Zustellung von Amts wegen erfolgt im Auftrag des UrkB der GeschSt (§ 209 ZPO) bzw des Beamten der StA entweder durch einen Gerichtswachtmeister oder durch die Post (§ 211 ZPO). Muß die Zustellung persönl, zB an den Gemeinschuldner, aber im Bezirk eines anderen AG erfolgen, so ist Rechtshilfe erforderlich, da der UrkB nur den bei seinem Gericht angestellten Gerichtswachtmeister beauftragen, letzterer aber nur innerhalb des Bezirks des Gerichts, für das er aufgestellt ist, tätig werden kann. Eine Vermittlung des UrkB des AG des betreffenden Ortes ist für diesen Fall gesetzlich nicht vorgesehen (§ 161 GVG handelt nur von der Vermittlung eines Auftrages an einen GV). Das Ersuchen wäre deshalb an das nach § 157 GVG zuständige AG zu richten. Da aber der dortige UrkB der GeschSt den Gerichtswachtmeister zu beauftragen hat, steht nichts im Wege, daß die nach §§ 166 II, 753 II ZPO vermittelnde Geschäftsstelle das Ersuchen um Beauftragung eines Gerichtswachtmeisters unmittelbar an die GeschSt des auswärtigen AG richtet. In diesem Fall bereitet die Beobachtung des § 211 I ZPO Schwierigkeiten, der davon ausgeht, daß der UrkB, der für die Ausführung der Zustellung Sorge zu tragen hat (§ 209 ZPO), dem Gerichtswachtmeister den geschlossenen Briefumschlag selbst übergibt. Der vermittelnde UrkB wird wohl das zuzustellende Schriftstück mit seinem Ersuchen offen an den ersuchten UrkB zu übersenden haben; letzterer wird nach § 211 I ZPO verfahren müssen und zweckmäßigerweise dem ersuchenden UrkB bescheinigen, daß er das im Ersuchschreiben bezeichnete Schriftstück entspr § 211 I ZPO dem örtlichen Gerichtswachtmeister ausgehändigt hat. 2

§ 162

[Strafvollstreckung und Rechtshilfe]

Hält sich ein zu einer Freiheitsstrafe Verurteilter außerhalb des Bezirks der Strafvollstreckungsbehörde auf, so kann diese Behörde die Staatsanwaltschaft des Landgerichts, in dessen Bezirk sich der Verurteilte befindet, um die Vollstreckung der Strafe ersuchen.

1 In Strafsachen haben die §§ 162, 163 an Bedeutung verloren, weil die bundeseinheitl StrafvollstreckungsO die Strafvollstreckungsbehörde gestattet, die Verurteilten zum Strafantritt auch in eine außerhalb ihres Bezirks gelegene Vollzugsanstalt vorzuladen u dorthin einzuweisen. Für Ordnungs- u Erzwingungsstrafen in Zivilsachen nach §§ 380, 390, 890 ZPO, § 178 GVG hat § 162 weiterhin Bedeutung. Vollstreckungsbehörde ist insoweit das Gericht (der Vorsitzende des Gerichts), das die Haft verhängt hat (vgl § 179 GVG). §§ 162, 163 sind anzuwenden, wenn der Bestrafte nicht durch den GV z Haftantritt vorgeführt, sondern der StA des Aufenthaltsorts um Übernahme der Vollstreckung ersucht wird. Dem Vollstreckungsersuchen ist (entspr § 451 StPO) eine beglaubigte Abschrift der Entscheidungsformel mit Bescheinigung der Vollstreckbarkeit beizufügen. Die StA kann ihrerseits einen GV beauftragen oder sich der Polizei bedienen. Bei Ablehnung des Ersuchens Beschw an GenStA beim OLG (§ 147).

§ 163

[Strafvollstreckung außerhalb des Bezirkes]

Soll eine Freiheitsstrafe in dem Bezirk eines anderen Gerichts vollstreckt oder ein in dem Bezirk eines andern Gerichts befindlicher Verurteilter zum Zwecke der Strafverbüßung ergriffen und abgeliefert werden, so ist die Staatsanwaltschaft bei dem Landgericht des Bezirks um die Ausführung zu ersuchen.

§ 164

[Kosten]

(1) Kosten und Auslagen der Rechtshilfe werden von der ersuchenden Behörde nicht erstattet.

(2) Gebühren oder andere öffentliche Abgaben, denen die von der ersuchenden Behörde übersendeten Schriftstücke (Urkunden, Protokolle) nach dem Recht der ersuchten Behörde unterliegen, bleiben außer Ansatz.

1 **1)** Im Verkehr unter den ordentl deutschen Gerichten gilt: Für die Erledigung der Ersuchen um Rechtshilfe werden Gebühren nicht erhoben. Auch die durch die Erledigung beim ersuchten Gericht erwachsenen Auslagen werden nicht erstattet. Der Betrag dieser Auslagen wird der ersuchenden Behörde mitgeteilt, welche sie von dem Kostenschuldner einzuziehen hat. Wenn die Rechtshilfe sich auf die Vermittlung des Verkehrs des ersuchenden Gerichts mit dem Sachverständigen beschränkt hat, treffen die Kosten die ersuchende Behörde (RGSt 24, 3). Ablehnung der Festsetzung von Zeugen- u Sachverständigengebühren durch das ersuchte Gericht ist teilw Ablehnung des Rechtshilfeersuchens, ü die nach § 159 zu entscheiden ist (BGH NJW 58, 1310). – Ist die Anforderung eines Auslagenvorschusses durch das ersuchende Gericht unterblieben, so kann ihn das ersuchte Gericht nicht seinerseits einfordern (Hamm NJW 56, 1447).

2 **2)** Im Rechtshilfeverkehr zwischen den am Haager Abkommen über den Zivilprozeß (v 1. 3. 54, BGBl 58 II 577; dazu AusfG v 18. 12. 58, BGBl I 939) beteiligten Staaten werden grundsätzl weder Gebühren noch Auslagen erhoben (§§ 7 I, 16 I Abk); vorbehaltl abw Vereinbarung kann der ersuchte Staat v ersuchenden aber Erstattung von Zeugen- u Sachverständigengebühren sowie die Auslagen verlangen, die durch Mitwirkung eines Gerichtsbeamten bei Zustellungen oder die Erzwingung des Erscheinens eines ausgebliebenen Zeugen oder durch die verlangte Anwendung besonderer Verfahrensformen entstanden sind (§§ 7 II, 16 II Abk). Im übrigen s §§ 56, 98 ff ZRHO.

3 **3)** Kosten der Amtshilfe s § 156 Rn 6 u Vereinbarung der Justizverwaltungen über Auslagen, die bei Inanspruchnahme der Amtshilfe von Justizbehörden eines anderen Landes entstehen.

§ 165

[Betraf Zeugen- u Sachverständigengebühren; aufgehoben durch Art X § 2 Nr 4 KostenRÄndG. S nun ZSEG idF v 1. 10. 69, BGBl I 1756.]

§ 166

[Amtshandlungen außerhalb des Gerichtsbezirks]

(1) Ein Gericht darf Amtshandlungen außerhalb seines Bezirks ohne Zustimmung des Amtsgerichts des Ortes nur vornehmen, wenn Gefahr im Verzug ist. In diesem Falle ist dem Amtsgericht des Ortes Anzeige zu machen.

(2) (*betrifft Strafsachen*).

Die Gerichtsgewalt soll regelmäßig nur innerhalb des eigenen Gerichtsbezirks ausgeübt werden; Vornahme von Amtshandlungen außerhalb desselben idR nur zur Erübrigung von Rechtshilfe; jedoch kann Hauptverhandlung, obwohl sie nicht im Wege der Rechtshilfe durchgeführt werden kann, aus bes Gründen auch außerhalb des Bezirkes stattfinden (BGHSt 22, 250). Verstoß gg § 166 macht aber Amtshandlung nicht ungültig. § 166 unanwendbar, wo sich der Gerichtsbezirk auf die ganze BRep erstreckt. – Mögliche Amtshandlungen außerhalb der eigenen Gerichtsbezirke zB eigene Augenscheinseinnahme, Zeugenvernehmung. Anzeige an das AG nur b Gefahr im Verzug ausreichend, sonst dessen Zustimmung erforderl. Gegen Versagung derselben nur Aufsichtsbeschw (KG OLG 12, 187), nicht Antrag nach § 159, da Zustimmungserteilung kein Akt der Rechtshilfe (KG OLG 12, 187; Celle NJW 66, 1473; aM Köln OLG 17, 43), auch nicht Antrag nach § 23 EGGVG (Celle aaO). 1

§ 167

[Polizeiliche Nacheile]

(1) Die Polizeibeamten eines deutschen Landes sind ermächtigt, die Verfolgung eines Flüchtigen auf das Gebiet eines anderen deutschen Landes fortzusetzen und den Flüchtigen dort zu ergreifen.

(2) Der Ergriffene ist unverzüglich an das nächste Gericht oder die nächste Polizeibehörde des Landes, in dem er ergriffen wurde, abzuführen.

§ 168

[Mitteilung von Akten einer Behörde an ein Gericht]

Die in einem deutschen Land bestehenden Vorschriften über die Mitteilung von Akten einer öffentlichen Behörde an ein Gericht dieses Landes sind auch dann anzuwenden, wenn das ersuchende Gericht einem anderen deutschen Land angehört.

1) Ob eine **Verpflichtung zur Aktenmitteilung** besteht, bestimmt sich nach dem einschlägigen öffentl Recht (vgl § 432 ZPO; s a BVerwG DÖV 68, 836). Wenn die angegangene Behörde danach verpflichtet wäre, ihre Akten dem Gericht ihres eigenen Landes mitzuteilen, so muß sie es nach § 168 auch ggüber dem Gericht e anderen Landes (u Bundesgericht; s a Art 25 GG). Übersendung nicht Rechts-, sondern Amtshilfe (Augsburg OLG 9, 147), b Weigerung daher nur Aufsichtsbeschw (KG OLG 21, 1). 1

2) Versendung von Gerichtsakten **in das Ausland** bedarf, soweit nicht staatsvertragl etwas anderes bestimmt ist, der Genehmigung der Landesjustizverwaltung u ist regelmäßig ausgeschlossen; s § 97 ZRHO. Auch keine Versendung an Gerichte der DDR – vgl im übrigen IZPR Rn 188 ff. 2

Vierzehnter Titel

ÖFFENTLICHKEIT UND SITZUNGSPOLIZEI

§ 169

[Öffentlichkeit der Verhandlung]

Die Verhandlung vor dem erkennenden Gericht einschließlich der Verkündung der Urteile und Beschlüsse ist öffentlich. Ton- und Fernseh-Rundfunkaufnahmen sowie Ton- und Filmaufnahmen zum Zwecke der öffentlichen Vorführung oder Veröffentlichung ihres Inhalts sind unzulässig.

Lit: *Köbl*, Festschrift Schnorr von Carolsfeld, 1973, S 235 (für Zivilprozeß); *Roxin*, Festschrift Peters, 1974, S 393 (für Strafprozeß); *Franski* DRiZ 79, 82; *Bäumler* JR 78, 317. Verhandlungen des 54. Dt Juristentags, 1982.

1 **1) Der Grundsatz der Öffentlichkeit (S 1)** gehört zu den Prinzipien demokratischer Rechtspflege (vgl auch Art 90 BayVerf). Ihm kommt in Strafsachen besondere Bedeutung zu (zu Recht einschränkend für gerichtliche Bußgeldverfahren: Düsseldorf MDR 83, 253), er gilt aber in gleicher Weise für die streitige Zivilgerichtsbarkeit (vgl § 2 EGGVG). Seine öffentlich-rechtl Wurzel wird ergänzt durch Art 6 I MRK, der einen subj Anspruch des Rechtsuchenden gewährt.

2 **2) Öffentlichkeit der Verhandlung erfordert,** daß jedermann nach Maßgabe des verfügbaren Raums (ein einziger Sitzplatz für Zuhörer genügt nicht, BayObLG MDR 82, 342) Zutritt z Verhandlung ermöglicht wird (RG 157, 344; bleiben aus berechtigtem Grund Teile des Zuhörerraums unzugänglich, so steht dies jedoch der Öffentlichkeit der Verhandlung nicht entgegen, selbst wenn Interessenten wegen Überfüllung abgewiesen werden müssen, BGH DRiZ 71, 206). Dabei ist gleichgültig, ob die Verhandlung, Beweisaufnahme, Entscheidung im Gerichtsgebäude, in sonstigen Räumen (bei Verhandlung in der Wohnung einer Partei genügt Terminzettel an der Wohnungstür, wenn auf Klopfen oder Läuten Zutritt gewährt wird, Hamm VRS 1983, 451) oder im Freien (zB b Ortstermin, RG 157, 344; bei Ortstermin, der nicht allg zugänglich, darf Verhandlung dort über die im Ortstermin selbst zu treffenden Feststellungen hinaus nicht fortgeführt werden, Köln NJW 76, 637 – Urteilsverkündung auf Randstreifen der Autobahn –) stattfindet:

3 **Das Publikum muß Kenntnis von der** Durchführung der **Verhandlung erlangen können** (Hamm NJW 60, 765; Hambg VRS 24, 437). Dazu reicht b e Verhandlung im Dienstzimmer des Richters einmaliger mündl Aufruf, wenn auch unter Hinweis auf die Öffentlichkeit, regelmäßig nicht aus, wenn kein entspr Anschlag angebracht ist (Hambg aaO; vgl aber auch BVerwG JR 72, 521); findet die Verhandlung in e Gastwirtschaft statt, deren Eingang wegen Betriebsruhe verschlossen ist, so genügt es beim Fehlen e entspr Hinweises nicht, daß die Gaststätte durch e nicht a der Straße liegenden Nebeneingang betreten werden kann (Hamm aaO). Wechsel des Verhandlungsraumes soll unschädl sein, wenn die Zuhörer den nunmehr benutzten Raum ohne besondere Schwierigkeiten erfahren können (Bremen MDR 55, 757; zweifelhaft; vgl auch Stuttgart MDR 77, 249); e Hinweis auf dem am bisher benützten Sitzungssaal ausgehängten Terminszettel genügt, auch wenn am neuen Sitzungssaal e Aushang fehlt (Neustadt MDR 64, 778; Zweibrücken VRS 30, 205).

4 Bei **Verhandlung außerhalb des Gerichtsgebäudes** genügt – entgegen früherer Rspr (Düsseldorf JMBl NRW 63, 215) – die Bekanntgabe des Ortes in der letzten Sitzung nicht (BGH NStZ 81, 311; BayObLG MDR 80, 780); erforderl ist – aber auch ausreichend – ein schriftl Hinweis am Sitzungstag im Gerichtsgebäude auf den Ort der Verhandlung (vgl Stuttgart MDR 77, 249; Oldenburg MDR 79, 518; Düsseldorf NJW 83, 2514).

5 Verletzung des § 169 dagg, wenn von vornherein nur **bestimmten Personen** Zutritt gewährt (RGSt JW 06, 794) oder wenn er bestimmten versagt wird (RG 157, 345) oder einzelne Personen aus dem Sitzungssaal entfernt werden, ohne daß einer der Fälle der §§ 175–177 vorliegt (RGSt 64, 386; weiteres s § 176). Die falsche und unsachliche Berichterstattung einer Zeitung über frühere Prozesse rechtfertigt es daher nicht, **Presseberichterstattern** den Zutritt zu versagen (Hamm NJW 67, 1289; BVerfG NJW 79, 1400 = MDR 79, 467; vgl auch Stober DRiZ 80, 3).

6 Der Grundsatz der Öffentlichkeit ist jedoch **nicht verletzt,** wenn aus zwingenden Gründen **Beschränkungen** bestehen oder angeordnet werden müssen. Hierzu gehört insb gegebene **Raumbeschränkung;** es besteht kein Anspruch der Öffentlichkeit auf soviele Plätze, wie Interessenten kommen (BGHSt 21, 73; DRiZ 71, 206); ein einziger Platz ist jedoch zu wenig (BayObLG MDR 82, 395). Entscheidend für die Zulassung ist die Reihenfolge der Ankunft; bei zu erwarten-

dem Andrang kann Zutritt gegen ausgegebene Eintrittskarten gewährt werden (RGSt 54, 225), die jedoch für jedermann – i der Reihenfolge der Ankunft – erhältlich sein müssen. Bei zusätzlichen Beschränkungen bei Ortsterminen ist die Verhandlung dort auf das notwendige Maß zu beschränken (vgl BGH NJW 54, 281) – wegen Bekanntmachung in diesen Fällen s Rn 2.

Beschränkungen sind auch durch Anordnungen des Vors **zum Schutz der Verhandlung** zulässig, wenn schwerwiegende Störungen zu befürchten, insb Ausweiskontrollen (BGH NJW 77, 157; NJW 79, 2622; NJW 81, 61 = MDR 80, 770), auch Ausweishinterlegung (Karlsruhe NJW 75, 2080) oder Durchsuchungen nach Waffen (Schmitt DRiZ 71, 20), störendes Ein- u Ausgehen von Zuhörern kann unterbunden werden (BGH MDR 52, 410; NJW 71, 715), oder bei Ortstermin im Freien das herandrängende Publikum zurückgehalten werden (RGSt HRR 38, 715). 7

Sind derartige Beschränkungen angeordnet, die zu Verzögerungen beim Zutritt zum Sitzungssaal führen können, so darf Gericht die Sitzung erst beginnen, wenn rechtzeitig am Gerichtsgebäude erschienene Zuhörer in den Sitzungssaal gelangen konnten (BGH NJW 79, 2622 = MDR 79, 598); bei Fortsetzung der Verhandlung nach Unterbrechung sind derartige Rücksichten nicht mehr nötig, da sich Zuhörer hierauf einstellen können (BGH NJW 81, 61). 8

3) Die Öffentlichkeit ist vor dem **erkennenden Gericht** zu wahren, auch vor dem Einzelrichter (Düsseldorf OLGZ 71, 185), nicht vor dem beauftragten oder ersuchten Richter (RG Warn 34, 45; OVG Koblenz VRS 61, 270); nicht im Beschlußverfahren, im Verf nach §§ 899 ff ZPO gibt es kein „erkennendes Gericht", ebenso nicht i Konkursverfahren; weg des Entmündigungsverfahrens s § 171. – In Zivilsachen gehört zur Verhandlung auch die Beweisaufnahme, wenn der Termin nach § 370 ZPO zugleich zur Fortsetzung der mündl Verhandlung bestimmt war, und zwar auch, wenn diese nicht durchgeführt wird (RG 157, 343; Düsseldorf OLGZ 71, 185). 9

4) Der **Verstoß** gegen den Öffentlichkeitsgrundsatz: **a)** ist absoluter Revisionsgrund (§ 551 Nr 6 ZPO), aber nicht Nichtigkeitsgrund. S aber auch § 171b Rn 9. 10

b) Eine Verletzung des § 169 liegt jedoch nur vor, wenn die Beschränkung oder Ausschluß der Öffentlichkeit mit **Wissen u Willen des Vorsitzenden oder Gerichts** geschieht (BGH NJW 70, 1846; Hamm NJW 70, 72), nicht b Versehen des Gerichtsmeisters (RGSt 43, 189; 71, 380; JW 26, 2762; BGH NJW 69, 756), oder wenn der gesetzwidrige Zustand dem Gericht infolge verschuldeter Unkenntnis verborgen blieb (BVerwG NJW 85, 448; Hamm NJW 60, 785). Verstoß zB gegeben bei mit Wissen des Richters am Eingang z Zuhörerraum angebrachten Anschlag „Sitzung, nicht stören" (Bremen MDR 66, 864). Kein Verstoß b bloßem Versehen des Urkundsbeamten oder Gerichtswachtmeisters oder Zufällen, die das Gericht nicht bemerken kann (zu weitgehend Beck NJW 66, 1976); so nicht, wenn die Außentür des Verhandlungsgebäudes unversehens, für das Gericht nicht bemerkbar, ins Schloß fällt (BGHSt 21, 72; dazu Beck aaO), wenn der Urkundsbeamte infolge versehentlicher Betätigung des falschen Knopfs an die Tür des Sitzungssaals die Leuchtschrift „Nichtöffentl Sitzung" erscheinen läßt (Neustadt MDR 62, 1010), wenn der Gerichtswachtmeister nach Wiederherstellung der Öffentlichkeit zwar die Tür zum Zuhörerraum aufschließt, die Entfernung des Schilds „Nichtöffentl Sitzung" aber vergißt (RG JW 11, 247) oder e Zuhörer nicht einläßt, den er irrig für einen in der gleichen Verhandlung noch zu vernehmenden Zeugen hält. 11

Ist dem Gericht bekannt, daß von dritter Seite (etwa **Polizei**) Maßnahmen (Kontrollen ua) durchgeführt werden, die faktisch zu einer Einschränkung der Öffentlichkeit führen könne, so hat es zu prüfen, ob Abhilfe nötig und ggf dafür zu sorgen, notfalls durch Ablehnung der Durchführung der Verhandlung (vgl BGH NJW 80, 249). 12

c) Verzicht der Parteien entbindet nicht von der Beachtung (**§ 295 II ZPO,** RG 157, 347); es kommt auch nicht darauf an, ob tatsächl Zuhörer Einlaß verlangen (RGSt 23, 219). Heilung e ordnungswidrigen Verfahrens durch Nachholung des v Verstoß betroffenen Verhandlungsteils in Öffentlichkeit möglich, falls er rechtzeitig bemerkt wird (RGSt 35, 353). 13

d) Feststellung im Protokoll: § 160 I Nr 5 ZPO (mangelhafte Ausfüllung des Vordrucks: BGH NJW 58, 711). 14

5) S 2 (eingefügt durch das StPÄndG v 19. 12. 64, BGBl I 1067) betrifft die sog **mittelbare Öffentlichkeit** (Möglichkeit, die Allgemeinheit über die Vorgänge in der gerichtlichen Verhandlung zu unterrichten), die in § 169 S 1 nicht gemeint ist (BGHSt 16, 113; zum Zweck der Vorschrift vgl Schmidt JZ 70, 109). Die Berichterstattung i Wort u Schrift über diese Vorgänge ist zwar, v Ausnahmefall des § 174 II abgesehen, frei. Über Bedeutung des Öffentlichkeitsgrundsatzes gegenüber **Presse** vgl BVerfG NJW 79, 1400 und Stober DRiZ 80, 3 (Ausschluß von Pressevertretern wegen unsachl Berichterstattung nicht zulässig; aber auch kein besonderer Informationsanspruch der Presse gegenüber Justizbehörden). Nach S 2 ist es aber nicht zulässig, körperlich nicht anwesende Personen i Weg der Rundfunk- oder Fernsehübertragung an den Verhandlun- 15 gen teilnehmen zu lassen. Unzulässig ist nicht nur die Direktübertragung, sondern auch die aufspeichernde Aufnahme mittels Tonbands (Schallplatte) oder Film (Laufbilder), wenn die Aufnahme nachträgl, insbes i Rundfunk, Fernsehen, Lichtbildtheater, öffentl vorgeführt oder ihr Inhalt sonst der Öffentlichkeit bekanntgemacht werden soll. Der Vorsitzende als Inhaber der sitzungspolizeil Gewalt (§ 176), i übrigen der Justizverwaltung als Trägerin des Hausrechts können solche Aufnahmen nur vor Beginn oder nach Ende der Verhandlung zulassen. Das gleiche gilt für Verhandlungspausen, für die S 2 ebenfalls nicht gilt (BGH NJW 70, 63). Nicht unter S 2 fallen Ton- u Filmaufnahmen für Zwecke des Gerichts (dazu BGHSt 19, 193; grundsätzl Einwilligung der Beteiligten erforderl, str, vgl dazu Praml MDR 77, 14). Ob b der Sitzung photographiert werden darf, bestimmt der Vorsitzende (§ 176; § 169 S 2 gilt für einfache Bildaufnahmen nicht, BGH NJW 70, 63). – Ungebühr (§ 178) e Prozeßpartei durch heiml Tonbandaufnahme des Sitzungsverlaufs: SchlHOLG SchlHA 62, 84. Zu den Sanktionsmöglichkeiten bei Verstößen vgl auch Kohlhaas NJW 70, 600. – Der Verstoß gegen S 2 kann ebenfalls mit der Revision gerügt werden (BGH NJW 68, 804).

§ 170

[Nichtöffentliche Verhandlung in Familien- und Kindschaftssachen]

Die Verhandlung in Familien- und Kindschaftssachen ist nicht öffentlich. Dies gilt für Familiensachen des § 23b Abs. 1 Satz 2 Nr. 5, 6, 9 nur, soweit sie mit einer anderen Familiensache verhandelt werden.

1 **1)** Fassung gemäß 1. EheRG v 14. 6. 76 (BGBl I 1421), in Kraft seit 1. 7. 77; dadurch wurde die bisher für Ehe- und Kindschaftssachen geltende Regel auf Familiensachen ausgedehnt. Ausschluß der Öffentlichkeit kraft Gesetzes (Protokollvermerk nach § 160 I Nr 5 ZPO nötig), nicht jedoch für Urteilsverkündung (§ 173). Verstoß ist absoluter Revisionsgrund nach § 551 Nr 6 ZPO (vgl auch Rn 1 zu § 171).

2 **2) Familiensachen** vgl § 23b I 2; Verhandlung in Unterhalts- und Güterrechtssachen (§ 23b I 2 Nr 5, 6 und 9) sind jedoch öffentlich, es sei denn, sie werden im Verbund nach § 623 ZPO oder zusammen mit einer sonstigen Folgesache iSd § 621 I ZPO verhandelt. **Kindschaftssachen** s § 640 II ZPO.

§ 171

[Öffentlichkeit in Entmündigungssachen]

(1) In dem auf die Klage wegen Anfechtung oder Wiederaufhebung der Entmündigung einer Person wegen Geisteskrankheit oder wegen Geistesschwäche eingeleiteten Verfahren (§§ 664, 679 der Zivilprozeßordnung) ist die Öffentlichkeit während der Vernehmung des Entmündigten auszuschließen, auch kann auf Antrag einer der Parteien die Öffentlichkeit der Verhandlung überhaupt ausgeschlossen werden.

(2) Das Verfahren wegen Entmündigung oder Wiederaufhebung der Entmündigung (§§ 645 bis 663, 675 bis 678 der Zivilprozeßordnung) ist nichtöffentlich.

1 **1) Abs 1** (nicht anwendbar auf Anfechtungs- u Wiederaufhebungsklage bei Entmündigung wegen Verschwendung, Trunksucht oder Rauschgiftsucht): während der Vernehmung der Entmündigten im Klageverfahren Ausschluß der Öffentlichkeit notwendig; Verstoß begründet nach RG JW 38, 1046, DR 40, 84d Revision, auch wenn keine Zuhörer erschienen waren. Fehler bei Vernehmung in 1. Instanz aber durch ordnungsmäßige Vernehmung im Berufsverf heilbar (RG Warn 38, 163). Für die übrige Verhandlung kann die Öffentlichkeit auf Antrag ausgeschlossen werden, auch wenn kein Grund nach § 172 vorliegt (Ermessen).

2 **2)** Im amtsgerichtl Entmündigungsverf (Beschlußverf) kein erkennendes Gericht, daher auch keine Öffentlichkeit, was **Abs 2** an sich nur klarstellt. Über den Wortlaut hinaus deshalb in amtsgerichtl Beschlußverfahren betreffend Entmündigung wegen Verschwendung, Trunksucht oder Rauschgiftsucht keine Öffentlichkeit (anders bei Abs 1).

§ 171 a

[betrifft Strafsachen]

§ 171 b

[Ausschließung der Öffentlichkeit zum Schutze des persönlichen Lebensbereichs]

(1) Die Öffentlichkeit kann ausgeschlossen werden, soweit Umstände aus dem persönlichen Lebensbereich eines Prozeßbeteiligten, Zeugen oder durch eine rechtswidrige Tat (§ 11 Abs. 1 Nr. 5 des Strafgesetzbuches) Verletzten zur Sprache kommen, deren öffentliche Erörterung schutzwürdige Interessen verletzen würde, soweit nicht das Interesse an der öffentlichen Erörterung dieser Umstände überwiegt. Dies gilt nicht, soweit die Personen, deren Lebensbereiche betroffen sind, in der Hauptverhandlung dem Ausschluß der Öffentlichkeit widersprechen.

(2) Die Öffentlichkeit ist auszuschließen, wenn die Voraussetzungen des Absatzes 1 Satz 1 vorliegen und der Ausschluß von der Person, deren Lebensbereich betroffen ist, beantragt wird.

(3) Die Entscheidungen nach den Absätzen 1 und 2 sind unanfechtbar.

1) **Vorbemerkung:** Eingefügt durch Art 2 des OpferschutzG v 18. 12. 86 (BGBl I 2496), in Kraft ab 1. 4. 87. Bisher konnte die Öffentlichkeit zum Schutz der Privatsphäre nach § 172 Nr 2 ausgeschlossen werden. Dies erwies sich in einer Reihe von Strafverfahren vor allem wegen der Art der modernen Berichterstattung in den Medien als unzureichend. Wesentliche Schwächen waren insbesondere die Fassung der Abwägungsregel des § 172 Nr 2 und die Vorsicht der Instanzgerichte beim Ausschluß der Öffentlichkeit wegen der Konsequenzen einer hierauf gestützten Revision (im Strafverfahren s § 338 Nr 6 StPO). Die Probleme waren nach dem 54. (s Verhandlungen des 54. DJT, Band II S K 162) Gegenstand des 55. Deutschen Juristentags 1984 (Verhandlungen des 55. DJT, Band II S L 187; s auch Böttcher DRiZ 84, 17). 1

Die Neuregelung räumt – unter dem Eindruck der veränderten verfassungsrechtl Sicht des Schutzes der Privatsphäre in einer modernen Massengesellschaft und der Erscheinungen des modernen Medienwesens – dem Schutz des Intimbereichs des Einzelnen grundsätzlich den Vorrang vor dem Öffentlichkeitsgrundsatz ein (BTDrucks 10/5305 S 22). Sie gibt dem Betroffenen unmittelbare Einflußmöglichkeiten darauf, ob seine Privatsphäre betreffende Umstände in öffentlicher Verhandlung erörtert werden oder nicht. Die Entscheidung steht – ohne Anfechtungsmöglichkeiten – ganz in der Hand des erkennenden Gerichts. 2

2) Wesentliche praktische Bedeutung hat die Vorschrift für das Strafverfahren, das auch Grund der Rechtsänderung war. § 171 b gilt jedoch uneingeschränkt auch im **Zivilprozeß** sowie für die Verfahren der anderen Gerichtsbarkeit (s § 173 VwGO, § 52 S 2 ArbGG, § 61 Abs 1 SGG, § 52 Abs 1 FGO). 3

3) **Umstände aus dem persönlichen Lebensbereich** (Intimsphäre; Privatbereich) sind vor allem solche gesundheitlicher, familiärer oder sexueller Art. Hierfür reicht es zwar noch nicht, daß die Umstände in irgendeiner Beziehung zum persönlichen Lebensbereich stehen, vielmehr muß sich ihr Schwerpunkt dort befinden. Wesentliches Indiz ist, ob die Umstände auf Grund ihres Bezugs zur Privatsphäre unbeteiligten Dritten nicht ohne weiteres zugänglich sind und nach ihrem Inhalt in allgemeiner Anschauung Schutz vor Einblick Außenstehender verdienen (BGH NJW 82, 59). Maßgeblich sind die Anschauungen der Rechtsgemeinschaft, derjenigen des Betroffenen kommt – nach Abs 1 S 2 und Abs 2 – Bedeutung erst nach Bejahung der Tatbestandsvoraussetzungen des Abs 1 S 1 zu. 4

4) **Die Abwägungsklausel** räumt – im Gegensatz zu § 172 Nr 2 – den Interessen des einzelnen den Vorrang vor dem Interesse an öffentl Erörterung ein, allerdings mit zwei Einschränkungen: das Individualinteresse muß schutzwürdig sein; auch das schutzwürdige Individualinteresse hat bei überwiegendem öffentl Interesse zurückzutreten. Beide Einschränkungen, die in gegenseitiger Wechselwirkung stehen, erfordern vom Richter eine Abwägung aller konkret erheblichen Umstände zur Ausfüllung der unbestimmten Rechtsbegriffe „Schutzwürdigkeit" und „überwiegendes öffentl Interesse". Diese ist – wie Abs 3 zeigt – in das Beurteilungsermessen des Tatrichters gegeben. 5

Den möglicherweise schwierigen Abgrenzungsproblemen kann das Gericht aber auch nach der Einschränkung des Abs 1 S 1 (**„soweit"**) Rechnung tragen. Sie ermöglicht beim Ausschluß der Öffentlichkeit gerade in Zivilprozessen, in denen Fragen des persönlichen Lebensbereichs oft berührt sein können, ohne den Kern des Verfahrens auszumachen, eine entsprechend differenzierte Handhabung (Ausschluß nur für konkret abgegrenzte Teile der Verhandlung).

5) Die persönlichen Umstände müssen einen **Prozeßbeteiligten,** einen **Zeugen** oder den **Verletzten** einer Straftat (der am Verfahren nicht beteiligt zu sein braucht) betreffen. Zeuge ist auch, wer als solcher in Betracht kommt (BGH bei Holtz MDR 83, 92). 6

7 **6) Der Ausschluß der Öffentlichkeit ist zwingend,** wenn der Betroffene sie beantragt (Abs 2). Der Antrag bedarf keiner Form. Das Gericht muß jedoch in der Begründung (§ 174 Abs 1 S 3) angeben, daß und ggf auf Grund welcher Erklärung Abs 2 bejaht wird. – Die Ausschließung hat **zu unterbleiben,** wenn ihr der Betroffene widerspricht. Sind mehrere betroffen, so gilt das Verbot nur, wenn alle widersprechen (Abs 1 S 2). – Hieraus folgt auch, daß bei mehreren Betroffenen bereits der Antrag eines von ihnen die Wirkung des Abs 2 auslöst. Der Widerspruch der anderen kann aber bei der Abwägung nach Abs 1 S 1 (Schutzwürdigkeit der Privatinteressen) gewürdigt werden.

8 Werden Anträge und Erklärungen der Betroffenen nicht abgegeben, so liegt der Ausschluß nach dem Wortlaut des Abs 1 S 1 im **Ermessen des Gerichts.** Wie der Gesamtzusammenhang der Vorschrift aber zeigt, ist bei Vorliegen der Voraussetzungen aber auch ohne Verlangen von der Ausschlußmöglichkeit regelmäßig Gebrauch zu machen. Nur besondere Umstände können es rechtfertigen, im Ermessensweg dennoch öffentl zu verhandeln.

9 7) Die Entscheidung über Ausschluß oder Nichtausschluß der Öffentlichkeit sind für den Betroffenen und für die übrigen Verfahrensbeteiligten **nicht anfechtbar (Abs 3);** dies entspricht der hM schon zu § 172 (s dort Rn 14). Die **Revision** kann auf eine Verletzung des § 171 b generell nicht gestützt werden; für das Strafverfahren ergibt sich dies aus § 336 S 2 StPO. Nach dem erkennbaren Willen des Gesetzgebers hat gleiches für den Zivilprozeß zu gelten; §§ 512, 548 ZPO sind über ihren Wortlaut („dieses Gesetzes") hinaus auf unanfechtbare Entscheidungen nach § 171 b GVG entsprechend anzuwenden.

§ 172

[Ausschließung der Öffentlichkeit aus sonstigen Gründen]

Das Gericht kann für die Verhandlung oder für einen Teil davon die Öffentlichkeit ausschließen, wenn

1. **eine Gefährdung der Staatssicherheit, der öffentlichen Ordnung oder der Sittlichkeit zu besorgen ist,**
2. **ein wichtiges Geschäfts-, Betriebs-, Erfindungs- oder Steuergeheimnis zur Sprache kommt, durch dessen öffentliche Erörterung überwiegende schutzwürdige Interessen verletzt würden,**
3. **ein privates Geheimnis erörtert wird, dessen unbefugte Offenbarung durch den Zeugen oder Sachverständigen mit Strafe bedroht ist,**
4. **eine Person unter sechzehn Jahren vernommen wird.**

Fassung gemäß Art 2 des Opferschutzgesetzes vom 18. 12. 86 (BGBl I 2496), die ab 1. 4. 87 gilt (vgl § 171 b).

1 **1) Ausschließung** auf Antrag o von Amts wegen durch Gericht (nichts Vors allein) nach pflichtgemäßem Ermessen (BGH NJW 86, 200). Die Anträge der Verfahrensbeteiligten sind hier (im Gegensatz zu § 171 b) nicht maßgebend (RGSt 66, 113). Zuvor ist ü die Frage der Ausschließung zu verhandeln – öffentl, wenn angezeigt in nichtöffentl Sitzung (§ 174 I 1). Entscheidung durch Beschluß, der öffentl zu verkünden (§ 174 I 2, Ausnahme s dort). Über Begründung s § 174 I 3.

2 **Umfang** der Ausschließung: ist auf das gebotene Maß zu beschränken; ggfalls ist Ausschließung wieder aufzuheben (Gerichtsbeschluß nötig). Wurde „für die Verhandlung" oder „deren weitere Dauer" (BGH NJW 86, 200) ausgeschlossen, so endet Ausschluß mit Urteilsverkündung (§ 173 I), ohne daß es eines Wiederherstellungsbeschlusses bedarf, jedoch muß Öffentlichkeit tatsächlich – etwa durch Gerichtswachtmeister – wiederhergestellt werden. Wurde für einen (konkret zu bezeichnenden) Teil der Verhandlung ausgeschlossen (zB: „für Dauer der Vernehmung des Zeugen X"), so genügt ebenfalls die tatsächl Wiederherstellung der Öffentlichkeit nach Ablauf des Verhandlungsteils; zum Umfang in diesen Fällen vgl auch BGHSt 7, 218; bei Dallinger MDR 75, 544. – Mögl auch Ausschluß „bis auf weiteres", wenn noch nicht abzusehen ist, wann die Gefahr wegfällt (RG JW 28, 1940). Der Ausschließungsbeschluß kann jederzeit wieder aufgehoben werden, wenn nichts mehr zu besorgen ist. Zutritt einzelner Personen trotz Ausschlusses der Öffentlichkeit: § 175 II, III. Der Ausschluß einzelner Zuhörer ist nicht auf § 172 z gründen, zB nicht e **Zeitungsberichterstatters** mit der Begründung, daß er durch falsche Berichte Unruhe errege (vgl dazu Hamm NJW 67, 1289; vgl auch BVerfG NJW 79, 1400).

2) Ausschlußgründe: a) Gefährdung der Staatssicherheit (Nr 1): Definition in § 92 III Nr 2 StGB; es muß die konkrete Gefahr bestehen, daß durch den Inhalt der Verhandlung die Allgemeinheit Kenntnis von Informationen erhält, deren Bekanntwerden die innere oder äußere Sicherheit der Bundesrepublik gefährden würde; es muß sich nicht notwendig um Amtsgeheimnisse handeln. Nach Art 38 Zusatzabk z Truppenstatut (BGBl 61 II 1218) gilt Nr 1 auch, wenn Amtsgeheimnisse des Entsende- oder Aufnahmestaats oder für deren Sicherheit wichtige Informationen zur Sprache kommen. 3

b) Gefährdung der öffentl Ordnung (Nr 1) zB auch b fortwährender Störung der Verhandlung (RGSt 30, 105, Düsseldorf HESt 1, 206), soweit wegen der unbestimmten Vielzahl von Störern Maßnahmen nach §§ 176, 177 nicht ausreichen, oder b Leibes- u Lebensgefahr oder Gefahr sonstiger schwerwiegender Nachteile für den in öff Verhandlung wahrheitsgemäß aussagenden Zeugen oder seine Angehörigen (BGHSt 3, 344; 9, 280; NJW 61, 1781; MDR 80, 273 bei Holtz). Bei Widerstreit zw Öffentlichkeits- u Wahrheitserforschungsgrundsatz hat aber im allg der erstere den Vorrang (BGH NJW 56, 1646). So ist der Ausschluß der Öffentlichkeit nicht schon deshalb zulässig, weil ein Zeuge, dem ein Auskunftsverweigerungsrecht zusteht, erklärt, er werde aussagen, wenn die Öffentlichkeit ausgeschlossen sei (BGH NJW 81, 2825). 4

c) Gefährdung der Sittlichkeit (vgl dazu Schweling DRiZ 70, 354; BGH NJW 86, 200 und Anm Böttcher JR 86, 216, Anm Gössel NStZ 86, 180): Wegen der allgemeinen Öffentlichkeit ist auf das sittliche Empfinden eines aufgeschlossenen Durchschnittsbürgers abzustellen. Gesichtspunkten des Jugendschutzes kann auch durch Ausschließung unerwachsener Personen nach § 175 I Rechnung getragen werden. 5

d) Schutz überwiegender Individualinteressen (Nr 2), soweit nicht schon unter § 171 b fallend: hier Schutz der Privatsphäre (auf strafrechtl Gebiet vgl § 203 StGB), der gegenüber auch der Grundsatz der Öffentlichkeit Einschränkungen hinnehmen muß (vgl auch Art 6 I 2 MRK). Die Privatinteressen müssen „schutzwürdig" sein und ihr Schutz muß gegenüber dem Interesse der Öffentlichkeit auf Offenheit der gerichtl Verhandlung überwiegen. Hohe Anforderungen sind hier aber nicht nötig, da der vom Gesetzgeber gewollte Schutz der Individualinteressen – gerade unter den tatsächlichen Gegebenheiten des modernen Pressewesens – für sich hohen Rang hat (vgl dazu auch Böttcher DRiZ 84, 17). Die **Abwägung** hat das Gericht nach objektiven Beurteilungsmaßstäben vorzunehmen, wobei ihm jedoch ein freies Ermessen eingeräumt ist; Ermessenskriterien sind insbesondere die Art des zu erörternden Vorgangs und sein Gewicht für den Betroffenen, nur sekundär unter dem Blickwinkel der Bedeutung des Vorgangs im Rahmen der Verhandlung und für die Wahrheitsfindung. Zur Abwägungsentscheidung kann das Gericht Erklärungen einholen, notfalls sogar Beweise erheben; hierüber wird idR nach § 174 I nichtöffentlich zu verhandeln sein. 6

Umstände aus dem persönlichen Lebensbereich (Familienleben, Intimsphäre) sind ab 1. 4. 87 im neuen § 171 b gesondert geregelt, s dort. 7

Geschäfts- und Betriebsgeheimnisse (vgl § 17 UWG); Tatsachen technischer oder kaufmännischer Art, die zumindest Unberufenen unbekannt sind, an deren Geheimhaltung der Geschäftsinhaber e verständl Interesse hat u die er nicht preisgegeben haben will (RGSt 38, 108; 40, 406; 42, 394; 48, 12; Wittkämper BB 63, 1160). 8

Erfindergeheimnis, vgl auch § 52 S 2 ArbGG, Erfindung ist ein noch nicht als Patent oder Gebrauchsmuster geschütztes technisches Verfahren, das auf einer persönlichen Leistung des Erfinders beruht. 9

Steuergeheimnis vgl § 30 AO. 10

Es ist **unerheblich,** ob bei der nichtöffentl Vernehmung tatsächlich Umstände im Sinn der Nr 2 zur Sprache kommen. Entscheidend ist, daß im Zeitpunkt der Beschlußfassung mit der Erörterung solche Umstände zu rechnen ist. Es ist daher auch nicht erforderlich, die Vernehmung in öffentl Sitzung zu wiederholen, wenn entgegen der begründeten Erwartung bei der Vernehmung entsprechende persönliche Umstände doch nicht zur Sprache gekommen sind (BGH NJW 82, 59). 11

e) Mittelbarer Schutz von Privatgeheimnissen (Nr 3): Während Nr 2 auf den unmittelbaren Schutz des Privatgeheimnisses und ihm gleichgestellter Geheimnisse abstellt, ergänzt Nr 3 den strafrechtlichen Schutz des Privatgeheimnisses (vgl § 203 StGB) vor Offenbarung durch Dritte. Durch Ausschluß der Öffentlichkeit soll Gericht eine Lage schaffen können, in der der Schutzberechtigte den Schweigepflichtigen zur Offenbarung berechtigt, ohne damit rechnen zu müssen, daß der Vorgang an die Öffentlichkeit kommt. Nr 3 schafft mithin keinen Offenbarungsgrund, sondern soll nur die Möglichkeit zu einer befugten Offenbarung durch Entbindung von der Schweigepflicht schaffen. Zweck ist, die gerichtliche Ermittlung der Wahrheit auch in Fällen des 12

Geheimnisschutzes nach § 203 StGB zu ermöglichen. Daher hat das Gericht von der Befugnis ohne Güterabwägung (vgl Nr 2) Gebrauch zu machen, wenn dadurch die Erforschung des Sachverhalts erleichtert wird.

13 **f) Vernehmung einer Person unter 16 Jahren:** Die Art der Beteiligung (Zeuge, Partei) ist ohne Bedeutung. Gericht kann der besonderen psychologischen Situation des Jugendlichen Rechnung tragen (Zweck: Schutz des Jugendlichen und größere Gewähr für richtige Aussage).

14 **3) Anfechtung:** Kein Beschwerderecht ausgeschlossener Zuhörer (Nürnbg MDR 61, 508); auch nicht der an Geheimhaltung (zB e Geschäftsgeheimnisses) persönlich Interessierten gg Ablehnung des Ausschlusses (BGH NJW 69, 2707; vgl dazu Müller-Gindullis NJW 73, 1218). Auch aus Art 6 I MRK folgt kein Anspruch des Verfahrensbeteiligten auf Ausschluß der Öffentlichkeit zum Schutz der Privatsphäre (BGH aaO, aA Herbst NJW 69, 546; s auch Schmidt JZ 70, 35). § 171 b Abs 3 rechtfertigt nichts anderes (nicht argumentum e contrario), da der Gesetzgeber dort lediglich die schon bestehende hM festgeschrieben hat (BT Drucks 10/5305 S 24).

15 Im **Rechtsmittelverfahren** kann die Ausschließung nach § 172 (bei § 171 b s dort Rn 7) als Ermessensentscheidung als Verletzung des § 169 S 1 (§ 551 Nr 6 ZPO) nur angegriffen werden, wenn infolge Rechtsirrtum e Ausschließungsgrund angenommen wurde (RGSt 66, 113; 69, 402). Bei der Beurteilung der Voraussetzungen des § 172 hat der Richter ein weiteres Ermessen, das im Rechtsmittelweg nicht nachzuprüfen ist. – Daß die Öffentlichkeit trotz Vorliegens e Grunds nach § 172 nicht ausgeschlossen wurde, kann i Rechtsmittelverfahren regelmäßig nicht beanstandet werden (RG JW 34, 370; BGH MDR 53, 149; NJW 69, 2107; NJW 70, 523), jedoch ist die Rüge unvollständiger Sachverhaltsaufklärung möglich, wenn durch Maßnahmen nach § 172 (insb Nr 3) weitere Aufklärung möglich gewesen wäre.

§ 173

[Urteilsverkündung]

(1) Die Verkündung des Urteils erfolgt in jedem Falle öffentlich.

(2) Durch einen besonderen Beschluß des Gerichts kann unter den Voraussetzungen der §§ 171 b, 172 auch für die Verkündung der Urteilsgründe oder eines Teiles davon die Öffentlichkeit ausgeschlossen werden.

1 **1) Vor** Urteilsverkündung Öffentlichkeit wiederherzustellen; entsprechende Feststellung im Protokoll nötig; genügend, daß Gerichtswachtmeister ohne förml neuen Gerichtsbeschluß dem Publikum wieder Zutritt gewährt, wenn vorher Öffentlichkeit nur bis z Urteilsverkündung ausgeschlossen worden war (RGSt 53, 271; Karlsruhe Recht 25, 1766). Für die Verkündung der Urteilsformel kann Öffentlichkeit niemals ausgeschlossen werden, für die Verkündung der Gründe (bedeutsam für Strafsachen) nur ausnahmsweise (II). Letzterenfalls ist über die Ausschließung zunächst nochmals zu verhandeln (§ 174 I); nicht zulässig, von vornherein die Öffentlichkeit sowohl für die Verhandlung wie für die Bekanntgabe der Urteilsgründe auszuschließen (RGSt 60, 280; 69, 175).

2 **2)** In Strafsachen ist nach BGHSt 4, 279 Urteilsverkündung in nichtöffentl Sitzung absoluter **Revisionsgrund.** Für Zivilsachen vgl dagegen den Wortlaut des § 551 Nr 6 ZPO; der Bedeutung der Öffentlichkeit entspricht es aber, auch hier e absoluten Revisionsgrund anzunehmen. E unzulässige nichtöffentl Verkündung kann nach Wiederherstellung der Öffentlichkeit wiederholt werden. Die schriftl Entscheidung ist der Öffentlichkeit ohnehin nicht zugänglich.

§ 174

[Verhandlung über Ausschließung der Öffentlichkeit]

(1) Über die Ausschließung der Öffentlichkeit ist in nichtöffentlicher Sitzung zu verhandeln, wenn ein Beteiligter es beantragt oder das Gericht es für angemessen erachtet. Der Beschluß, der die Öffentlichkeit ausschließt, muß öffentlich verkündet werden; er kann in nichtöffentlicher Sitzung verkündet werden, wenn zu befürchten ist, daß seine öffentliche Verkündung eine erhebliche Störung der Ordnung in der Sitzung zur Folge haben würde. Bei der Verkündung ist in den Fällen der §§ 171 b, 172, 173 anzugeben, aus welchem Grund die Öffentlichkeit ausgeschlossen wurde.

(2) Soweit die Öffentlichkeit wegen Gefährdung der Staatssicherheit ausgeschlossen wird, dürfen Presse, Rundfunk und Fernsehen keine Berichte über die Verhandlung und den Inhalt eines die Sache betreffenden amtlichen Schriftstücks veröffentlichen.

(3) Ist die Öffentlichkeit wegen Gefährdung der Staatssicherheit oder aus den in §§ 171b, 172 Nr. 2 und 3 bezeichneten Gründen ausgeschlossen, so kann das Gericht den anwesenden Personen die Geheimhaltung von Tatsachen, die durch die Verhandlung oder durch ein die Sache betreffendes amtliches Schriftstück zu ihrer Kenntnis gelangen, zur Pflicht machen. Der Beschluß ist in das Sitzungsprotokoll aufzunehmen. Er ist anfechtbar. Die Beschwerde hat keine aufschiebende Wirkung.

1) Abs 1: Verhandlung ü die Ausschließung: die Parteien müssen Gelegenheit z Äußerung haben (RGSt 69, 401); ausdrückl Aufforderung hierzu nicht unumgängl (BGHSt MDR 1951, 539). Diese Verhandlung kann (Abs 1 S 1) nichtöffentl stattfinden; letzterenfalls § 175 II anwendbar (RGSt 33, 311). Im Rahmen der Verhandlung über die Ausschließung der Öffentlichkeit können auch Auskunftspersonen formlos gehört werden (RGSt 66, 113). War die Öffentlichkeit für eine bestimmte Prozeßhandlung (zB Vernehmung e Zeugen; Umfang in diesem Fall vgl BGH bei Dallinger MDR 75, 544) ausgeschlossen u soll sie für einen durch den Beschluß nicht gedeckten weiteren Teil der Verhandlung ausgeschlossen bleiben, so bedarf es zunächst der Wiederherstellung der Öffentlichkeit, die Verhandlung über die weitere Ausschließung und eines neuen Beschl (BGH NStZ 85, 37; KG JW 32, 204). Auch muß dieser neuerliche Beschluß über die Fortdauer des Ausschlusses öffentlich verkündet werden (BGH NJW 80, 2088). 1

Beschluß ist zu begründen (S 3) und öffentl zu verkünden (Ausnahme S 2 Hs 2); die Begründung muß in das Protokoll aufgenommen werden (§§ 160 I Nr 5, III Nr 7, 165 ZPO). Unterlassung schafft Voraussetzung des absoluten Revisionsgrunds nach § 551 Nr 6 ZPO (RG 128, 218; BGHSt 2, 56; NJW 77, 1643; BGH NStZ 82, 169; BVerwG NJW 83, 2155). Umfang der Begründung: der konkrete Ausschlußgrund muß unmißverständlich ersichtlich sein – bei § 172 Nr 1 und 2 muß daher die Alternative angegeben werden, es genügt dabei jedoch die Wiedergabe des Gesetzeswortlauts (vgl BGH NJW 77, 964; NJW 77, 1643; NJW 86, 200), nicht erforderlich ist, daß die tatsächlichen Umstände angeführt werden, aus denen sich der Ausschlußgrund ergibt (BGH NJW 82, 59; NJW 86, 200). Die Bezugnahme auf einen früheren Beschluß genügt nur, wenn dadurch der Grund der (erneuten) Ausschließung zweifelsfrei klargestellt wird (BGH NJW 82, 948). S 3 gilt nicht bei Zurückweisung eines Antrags auf Wiederherstellung der Öffentlichkeit (BGH GA 1983, 361). 2

Beispiel für Protokollfassung: „Der Vertreter des Klägers beantragt, für die Dauer der Verhandlung und Beweisaufnahme die Öffentlichkeit wegen Gefährdung der Sittlichkeit auszuschließen und über den Antrag nichtöffentl zu verhandeln. Es wurde Beschluß verkündet: Über den Antrag auf Ausschließung der Öffentlichkeit ist in nichtöffentl Sitzung zu verhandeln. Der Beschluß wurde ausgeführt u über den Antrag des Klägers verhandelt. Nach Wiederherstellung der Öffentlichkeit wurde folgender Beschluß verkündet: Die Öffentlichkeit wird wegen Gefährdung der Sittlichkeit bis zur Urteilsverkündung ausgeschlossen, 172 Nr 1 GVG." 3

2) Abs 2 schafft Berichtsverbot für die Massenmedien, das nicht erst einer gerichtl Anordnung bedarf. Verstoß strafbar nach § 353d Nr 1 StGB. 4

3) Abs 3: Schweigegebot an die Verhandlungsteilnehmer u etwa nach § 175 II, III anwesende Personen durch verkündeten u ins Protokoll aufzunehmenden (S 2) Gerichtsbeschl (nicht zulässig b Ausschluß der Öffentlichkeit wegen Gefährdung der öffentl Ordnung oder Sittlichkeit). Auch der beauftragte oder ersuchte Richter kann bei seiner (ohnedies nicht öffentl) Beweisaufnahme aus den Gründen zu III Schweigegebot erlassen (Rostock JW 1928, 1527). Gegen Schweigegebot durch OLG oder BGH kein Rechtsmittel, sonst Beschw, aber ohne aufschiebende Wirkung (S 3, 4). Übertretung des Schweigegebots strafbar nach § 353d Nr 2 StGB. 5

4) Gebühren des **Gerichts:** Keine, s Rn 4 zu § 159. 6

§ 175

[Versagung und Gestattung des Zutritts]

(1) Der Zutritt zu öffentlichen Verhandlungen kann unerwachsenen und solchen Personen versagt werden, die in einer der Würde des Gerichts nicht entsprechenden Weise erscheinen.

(2) Zu nichtöffentlichen Verhandlungen kann der Zutritt einzelnen Personen vom Gericht gestattet werden. In Strafsachen soll dem Verletzten der Zutritt gestattet werden. Einer Anhörung der Beteiligten bedarf es nicht.

(3) Die Ausschließung der Öffentlichkeit steht der Anwesenheit der die Dienstaufsicht führenden Beamten der Justizverwaltung bei den Verhandlungen vor dem erkennenden Gericht nicht entgegen.

1 **1) Abs 1:** Gilt nicht für Verfahrensbeteiligte, auch wenn die Gründe des Abs 1 bei ihnen gegeben wären; sie können gg ihren Willen nur unter den Voraussetzungen der §§ 177, 178 entfernt werden. – **Entscheidung trifft der Vorsitzende;** das Gericht kann gg ihn nicht angerufen werden (Woesner NJW 59, 867). – Ob e Person unerwachsen ist, richtet sich nach dem äußeren Eindruck; e 18 Jahre alte Person ist als erwachsen anzusehen (RGSt 47, 376). E als Gerichtsberichterstatter erschienenen 19jährigen Zeitungsvolontär kann der Zutritt nicht wegen Unerwachsenheit untersagt werden (Hamm NJW 67, 1289). – Verletzung der Würde des Gerichts zB bei Erscheinen in betrunkenem Zustand, in anstößiger Kleidung. UU kann gleichzeitig Ungebühr (§ 178) vorliegen. Gegen die Anordnung keine Beschwerde (Woesner aaO). Lag kein Versagungsgrund vor, so kann mit der Revision Verletzung der Öffentlichkeit (§ 169) gerügt werden (Hamm NJW 67, 1289). – Bei Nichtbefolgung des Entfernungsverbots: § 177.

2 **2) Abs 2:** Gestattung durch Gericht, nicht den Vorsitzenden allein (anders nach § 48 II JGG); auch stillschweigend mögl Gestattung zB f Sachverständige, wartende Rechtsanwälte, auch Presseberichterstatter (dazu auch BGH NJW 64, 1485 u Rn 5 zu § 176). Ein Anspruch auf ausnahmsweisen Zutritt besteht nur für den Verletzten nach S 2 im Strafverfahren; das Gericht kann jedoch auch hier aus besonderen Gründen – über die nach pflichtgemäßem Ermessen zu entscheiden ist und die nicht offengelegt werden müssen – den Zutritt versagen.

3 **3) Abs 3:** Wem Dienstaufsicht zusteht, ergeben §§ 13 ff d VO v 20. 3. 35 (RGBl I 403), jetzt Landesrecht (f Bay vgl Art 20 AGGVG). B Verhandlung gg Mitglieder der Stationierungsstreitkräfte ist auch deren Beauftragten Zutritt z gestatten (Art 25 Zusatzabkommen z Nato-Truppenstatut, BGBl 61 II 1218).

§ 176

[Polizeigewalt des Vorsitzenden]

Die Aufrechterhaltung der Ordnung in der Sitzung obliegt dem Vorsitzenden.

Lit: *Scheuerle*, Festschrift für Baur, 1981, S 595; *Steinbrenner*, Justiz 68, 235; *Weidemann*, DRiZ 70, 114; *Krekeler* NJW 79, 185 zu den Problemen der sog Demonstrantenprozesse; *Seibert* NJW 73, 127. Zu Befugnissen des Richters in den USA s interessantes Beispiel bei *Adam* JZ 70, 542.

1 **1) Allgemeines:** Die Sitzungspolizei ist Ausfluß der unabhängigen richterl Gewalt (BGHSt 17, 204). Sie gehört daher zur Rechtspr, was insbesondere für die Frage der Anfechtbarkeit (Art 19 IV GG) von Bedeutung ist (vgl Rn 9). Befugnisse des Vorsitzenden (auch des Einzelrichters, nach § 180 auch des beauftragten oder ersuchten Richters; schließl des Rechtspflegers, soweit er i Rahmen der ihm übertrag Aufgaben mündl Verhandlungen abhalten kann, vgl § 4 I RPflG) ggüber allen Anwesenden, auch Gerichtspersonen (allerdings zu Recht einschränkend, soweit es Richter und Staatsanwälte betrifft, BVerfG NJW 78, 2235), Rechtsanwälten als Prozeßbevollmächtigten, sonstigen Verhandlungsbeteiligten.

2 Die dem Vorsitzenden eingeräumten Befugnisse sind nicht vom **Hausrecht** der Justizverwaltung abgeleitet, sie gehen diesem vor (BGH NJW 72, 1144; MDR 82, 332; OLG Celle DRiZ 79, 376, jedoch zu weitgehend: nur im Sitzungssaal selbst ist Hausrecht ganz ausgeschlossen, nicht jedoch im Gerichtsgebäude; so gilt etwa ein erteiltes Hausverbot der Justizverwaltung, das allerdings nicht auf der Sitzungsgewalt unterliegende Vorfälle gestützt werden kann, auch wenn der Betroffene dadurch faktisch vom Besuch einer Verhandlung ausgeschlossen wird).

3 **Die Grenzen** der Sitzungspolizei sind deren Wesen als Ausübung richterlicher Gewalt gemäß in den gleichrangigen oder vorrangigen Verfahrensgrundsätzen – insb Öffentlichkeit (§ 169 GVG), rechtliches Gehör (Art 103 I GG) und Pflicht zur Ermittlung der Wahrheit – zu suchen (vgl BGHSt 17, 201). Dabei ist jedoch grundsätzlich davon auszugehen, daß dem störungsfreien Ablauf der Verhandlung der gleiche Stellenwert zukommt wie dem Grundsatz der Öffentlichkeit selbst (vgl BGH MDR 81, 770; Molketin MDR 84, 21).

4 **2) Sitzung:** Verhandlung des Gerichts im Rahmen eines förmlichen Verfahrens, daher nicht bei Bürotätigkeit des Richters, auch soweit Kontakt mit Rechtssuchenden besteht (hier Hausrecht). Sitzung jedoch auch die Augenscheinseinnahme außerhalb der Gerichtsstelle. **Räumlich** erfaßt ist der Ort der Sitzung einschließlich dazugehörender Räume (zB Beratungszimmer), nicht Gänge des Justizgebäudes (Hausrecht der Justizverw; s auch Rn 5 aE). **Zeitlich** erfaßt ist auch die der Sitzung unmittelbar vorausgehenden und nachfolgenden Zeiten (Einfinden der Beteiligten sowie deren Weggang), vgl Hamm NJW 56, 1452, sowie Unterbrechungen, wenn mit einer unmittelbar anschließenden Fortsetzung der Sitzung zu rechnen ist. Außerhalb der Sitzung s jedoch § 180.

3) Umfang der Ordnungsgewalt des Vorsitzenden: a) Ziel ist die Aufrechterhaltung der äußeren Ordnung des Verfahrensablaufs. Mögl zB Verwarnung, Untersagung störender Verrichtungen, Gestattung oder Verbot von Lichtbildaufnahmen, Zeichnungen, Rundfunk u Fernsehübertragungen vor Verhandlungsbeginn (dann: § 169), Wortentziehung, Anweisung von Plätzen, Anordnungen ü Betreten u Verlassen des Sitzungssaales während der Verhandlung z Vermeidung von Störungen (RG HRR 30, 465; BGH MDR 52, 410), aber auch vorbeugende Maßnahmen wie Ausweiskontrolle (BGH NJW 77, 157; Karlsruhe NJW 75, 2080; zulässig auch im Zivilprozeß, LG Berlin MDR 82, 154) und Durchsuchung auf Waffen bei Verdächtigen (vgl BVerfG NJW 78, 1048; BGH NJW 79, 2622; 81, 61) oder vorsorgliche Postierung eines Polizeibeamten (Schleswig MDR 77, 775); uU Aufhebung der Sitzung (RG 32, 390). Der Vorsitzende darf auch die dem Gericht vorbehaltenen Maßnahmen nach §§ 177, 178 androhen. § 176 rechtfertigt es dagg nicht, Kanzleiangestellten e beteiligten RA das Fertigen von Aufzeichnungen zu verbieten (BGHSt 18, 179; Eb Schmidt JR 63, 307). Das Erstellen handschriftl Aufzeichnungen durch einen Zuhörer kann grundsätzlich nicht verboten werden, auch nicht wenn „das ständige Schreiben den Richter nervös macht" (BGH bei Holtz MDR 82, 812). Das Ersuchen des Vorsitzenden an e Zuhörer, im Interesse e unbefangenen Zeugenaussage den Sitzungssaal vorübergehend zu verlassen, kann Verletzung der Öffentlichkeit bedeuten; anders, wenn sich der Zuhörer freiwillig entfernt, wenngleich im Bewußtsein, daß dies dem Vorsitzenden erwünscht ist (BGH NJW 63, 166). Unter besonderen Umständen, insbesondere bei groben Ausschreitungen, kann der Vorsitzende allerdings – als äußerstes Mittel – befehlen, daß einzelne Personen den Sitzungssaal verlassen sollen (BGH NJW 72, 1144, Klarstellung zu BGHSt 17, 204 u 18, 180), die zwangsweise Ausführung dieser Anordnung kann er jedoch nicht veranlassen (s Rn 6). Der Ausschluß von **Berichterstattern,** die durch falsche u unsachliche Berichterstattung das Gericht oder Verfahrensbeteilgte diffamiert haben, ist nicht möglich, da kein Fall äußerer Ordnung des Verfahrensablaufs (BVerfG NJW 79, 1400; Stober DRiZ 80, 3; vgl aber auch BGH NJW 64, 1485 und Hamm NJW 67, 1289). Zur äußeren Ordnung gehört dagegen das Unterbinden der Einflußnahme vom Zuhörerraum auf Zeugen oder Parteien durch Zurufe oder Zeichen (vgl Kern JZ 62, 564); dies gilt auch für die Einflußnahme auf vor dem Sitzungssaal wartende Zeugen (zB Mitteilung von Aussagen im Sitzungssaal, vgl BGH bei Holtz MDR 82, 812; RGSt 64, 385). – Störungen von außerhalb des Sitzungssaals können unterbunden werden, wenn enge räumliche Beziehung besteht (Gang vor dem Saal) und die Störung unmittelbar auf die Verhandlung einwirkt. 5

b) Durchsetzung der Anordnung: Vorbehalt zugunsten des Gerichts in §§ 177, 178. Insbesondere ist die zwangsweise Entfernung eines Störers nur unter den Voraussetzungen des § 177 zulässig, da Eingriff in den Grundsatz der Öffentlichkeit (BGH NJW 72, 1144, s dazu Willms JZ 72, 653). Soweit diese Vorbehalte nicht i Betracht kommen, kann der Vorsitzende seine Anordnungen durch unmittelbaren Zwang durchsetzen lassen (zB b Nichtbeachtung e Photographierverbots Wegnahme des Photoapparats). Zwangsanwendung durch den Gerichtswachtmeister; nach Landesrecht ev Amtshilfe der Polizei. 6

c) Die **Protokollierung** ist für sitzungspolizeil Maßnahmen gegen Unbeteiligte nicht vorgeschrieben (§ 182; BGHSt 17, 204). 7

d) Strafrechtl Ahndung (§ 123 StGB) ist möglich gegen Personen, die entgegen sitzungspolizeilicher Anordnung in den Verhandlungssaal eindringen (BGH NJW 82, 947), und zwar auch wenn an sich eine öffentliche Verhandlung vorliegt. 8

4) Anfechtung: Keine Beschwerde (Hamburg NJW 76, 1987) auch Gerichtsbeschluß kann gg Maßnahmen der Vorsitzenden nicht herbeigeführt werden (kein Fall des § 140 ZPO; vgl a RGSt 54, 110). Hiergegen werden insbesondere mit Hinweis auf Art 19 IV GG Bedenken angemeldet (vgl Krekeler NJW 79, 185, 189 mwN; Amelung NJW 79, 1690; vgl auch BL § 181 GVG Anm 1 – widersprüchlich dagegen § 176 GVG Anm 3). Diese sind unbegründet, schon deshalb, weil Maßnahme nach § 176 GVG selbst Rechtspr ist und deshalb nicht von Verfassungs wegen zusätzl gerichtl Überprüfung bedarf; im übrigen können Verstöße, die das Verfahren beeinflußt haben, mit der Rüge der Verletzung des Öffentlichkeitsgrundsatzes mit den allg Rechtsmitteln (s Rn 10) gerügt werden. Dienstaufsichtsbeschw mögl (KG JW 32, 1167; s aber § 26 DRiG; vgl BGH DRiZ 77, 56), nicht allg Verfahrensbeschwerde (Koblenz HESt 3, 59; ObLG NJW 56, 390). 9

Mit der **Revision** können sitzungspolizeil Maßnahmen beanstandet werden, wenn durch sie die Öffentlichkeit verletzt, die Wahrheitsermittlung beeinträchtigt, die Rechte der Verfahrensbeteiligten verkürzt wurden (BGHSt 17, 202; 18, 179; NJW 72, 1144; Hamm NJW 67, 1289; Kern JZ 62, 564). Das Unterbleiben sitzungspolizeil Maßnahmen, die z Schutz der Beteiligten geboten gewesen wären, kann sich als Behinderung der Wahrheitsermittlung (vgl BGHSt 16, 111) oder Verkürzung des rechtl Gehörs auswirken, i Strafverfahren als Beschränkung der Verteidigung (BGH NJW 64, 1485). 10

11 Sitzungspolizeiliche Maßnahmen können auch grundsätzlich nicht die Ablehnung wegen **Besorgnis der Befangenheit** rechtfertigen, es sei denn, sie wären so offensichtlich fehlerhaft, daß sie unter keinem Gesichtspunkt vertretbar erscheinen (vgl Molketin MDR 84, 20).

12 5) Zur Verpflichtung der **RAe, vor Gerichten in Amtstracht** aufzutreten (vgl § 8 der Grundsätze des anwaltschaftlichen Standesrechts) s BVerfG 28, 21; Bay VerfGH BayVBl 72, 337; Karlsruhe NJW 77, 309. RAe, die dem nicht Rechnung tragen, können zurückgewiesen werden und sind dann iSd § 177 nicht beteiligt.

§ 177

[Ungehorsam]

Parteien, Beschuldigte, Zeugen, Sachverständige oder bei der Verhandlung nicht beteiligte Personen, die den zur Aufrechterhaltung der Ordnung getroffenen Anordnungen nicht Folge leisten, können aus dem Sitzungszimmer entfernt sowie zur Ordnungshaft abgeführt und während einer zu bestimmenden Zeit, die vierundzwanzig Stunden nicht übersteigen darf, festgehalten werden. Über Maßnahmen nach Satz 1 entscheidet gegenüber Personen, die bei der Verhandlung nicht beteiligt sind, der Vorsitzende, in den übrigen Fällen das Gericht.

1 1) Regelt Befugnisse zur **zwangsweisen Durchsetzung** von sitzungspolizeilichen Anordnungen, soweit sie die **Entfernung von Personen** aus dem Sitzungssaal erfordern. Voraussetzung ist, daß zunächst Anordnung des Vorsitzenden nach § 176 ergangen ist, und daß diese nicht befolgt wurde. Hierdurch muß es zu einer fortdauernden Störung der Verhandlung kommen. Verschulden des Störers ist nicht nötig, da es sich – im Gegensatz zu § 178 – nicht um Ahndung, sondern um Maßnahmen zur Aufrechterhaltung der Ordnung handelt.

2 2) **Betroffener Personenkreis:** Zuhörer ohne Einschränkungen (auch auf Aufruf wartender RA, vgl KG JW 25, 810). Verfahrensbeteiligte als Parteien (einschließlich gesetzl Vertreter, Beistände, Düsseldorf Recht 32, 307), Zeugen und Sachverständige; nicht jedoch soweit die Prozeßordnung selbst die Beteiligung weiterer Personen vorsieht, also nicht gegen Gerichtspersonen (einschl Protokollführer), StAe und als Prozeßbevollmächtigte oder Verteidiger beteiligte Anwälte (vgl BGH 67, 184 = DRiZ 77, 56; Köln NJW 68, 307; wohl aber gegen RA als Zeugen; auch gegen RA, der vom Zeugen als Beistand mitgebracht wird, da dieser am Verfahren unmittelbar nicht beteiligt ist; aA Krekeler NJW 80, 980); in letzteren Fällen hat Gericht die Möglichkeit der Unterbrechung der Sitzung und der Anrufung der zuständigen Dienstaufsicht; bei Fortsetzung der Störung wird – entsprechend der Rspr bei Ablehnung des Tragens der Amtstracht (vgl § 176 Rn 12) – äußerstenfalls die Zurückweisung eines Anwalts als Bevollmächtigten in Betracht kommen, wobei der Partei Gelegenheit gegeben werden muß, einen anderen Bevollmächtigten zu bestellen. Generell wird bei offensichtl Mißbrauch die etwa den Rechtsanwälten in § 177 eingeräumte Sonderstellung unbeachtl sein, wenn ohne Entfernung des Störers die Verhandlung nicht fortgeführt werden kann (BGH 67, 184; Hamm JMBl NRW 80, 215). Das Gericht kann nicht gezwungen sein, sich der Sabotage des Verfahrens zu beugen.

3 3) **Maßnahmen:** Zwangsweise Entfernung aus dem Saal – Hausverbot nicht nach § 177, aber kraft Hausrechts möglich (BGH NJW 72, 1144) –; Festhalten in Ordnungshaft bis zu 24 Stunden: Dauer muß im Beschluß nach § 177 festgesetzt werden, im Hinblick auf den repressiven Charakter Ausschöpfen der Frist nicht zulässig, wenn vorheriges Ende der Sitzung feststeht (Rehbinder MDR 63, 641; str). **Vollständige Räumung** der Zuhörerbank nach § 177 möglich, wenn Feststellung der Störer nicht möglich; die Öffentlichkeit muß jedoch wieder eingelassen werden, falls Gericht nicht nach § 172 Nr 1 (Gefährdung der öffentl Sicherheit) vorgeht, vgl auch RG 30, 104.

4 4) **Verfahren: Zuständigkeit** nach S 2 durch Anordnung des Vorsitzenden, wenn sich die Maßnahme gegen einen am Verf nicht Beteiligten richtet; gegen Verfahrensbeteiligte Gerichtsbeschluß nötig, auch solcher des Einzelrichters; Rpfleger als Verhandlungsleiter kann Entfernung verfügen, nicht aber Ordnungshaft androhen oder verhängen (§ 4 II Nr 2 RPflG).

5 **Anhörung** des Betroffenen vor Entscheidung geboten (RG HRR 39, 450). Wurde Maßnahme vorher dem Betroffenen gegenüber erfolglos angedroht, so ist weitere Anhörung entbehrlich (vgl auch Darmstadt JW 34, 780; 35, 2073; Woesner NJW 59, 868); ebenso bei nicht identifizierbarer Mehrheit von Störern (dann aber nur Entfernung).

6 Anordnung bzw Beschluß ist **zu verkünden** und nach § 182 ins **Protokoll** aufzunehmen (Ausnahme: Entfernung einer am Verfahren nicht beteiligten Person); Zustellung nach § 329 ZPO wird kaum in Betracht kommen, da gegen Personen, die sich schon entfernt haben, Maßnahmen nach 177 kaum mehr erforderlich sind. – **Vollziehung** ordnet Vorsitzender an (§ 179).

Fortsetzung der Verhandlung nach Entfernung beteiligter Personen: § 158 ZPO, § 231b StPO. 7

5) Rechtsbehelfe: Maßnahme kann von demjenigen, der sie erlassen hat, – etwa auf Gegenvorstellung – jederzeit aufgehoben oder abgeändert werden. Gegen Anordnungen des Vorsitzenden ist Anrufung des Gerichts nicht möglich, da nicht Prozeßleitung (vgl § 176 Rn 9). **Beschwerde** (vgl § 181) ist ausgeschlossen (RG 43, 427; Köln NJW 63, 1508; Nürnberg MDR 69, 600; str vgl BL § 177, 2 C; weitere Nachweise § 176 Rn 9, 10). Diese Auffassung hat Gesetzgeber bei Änderung der Vorschriften durch EGStGB 1974 bestätigt. Unanfechtbarkeit ist auch für Verfahrensbeteiligten nicht unerträglich, da er unberechtigten Ausschluß mit allgemeinem Rechtsmittel rügen kann (§ 176 Rn 9, 10; das dort Ausgeführte gilt hier entsprechend). 8

6) Wegen Besonderheiten bei Angehörigen der unter das Truppenstatut fallenden Streitkräfte (keine Haft) vgl Art 34 II des Zusatzabkommen (BGBl 61 II 1218). 9

§ 178

[Ungebühr]

(1) Gegen Parteien, Beschuldigte, Zeugen, Sachverständige oder bei der Verhandlung nicht beteiligte Personen, die sich in der Sitzung einer Ungebühr schuldig machen, kann vorbehaltlich der strafgerichtlichen Verfolgung ein Ordnungsgeld bis zu zweitausend Deutsche Mark oder Ordnungshaft bis zu einer Woche festgesetzt und sofort vollstreckt werden. Bei der Festsetzung von Ordnungsgeld ist zugleich für den Fall, daß dieses nicht beigetrieben werden kann, zu bestimmen, in welchem Maße Ordnungshaft an seine Stelle tritt.

(2) Über die Festsetzung von Ordnungsmitteln entscheidet gegenüber Personen, die bei der Verhandlung nicht beteiligt sind, der Vorsitzende, in den übrigen Fällen das Gericht.

(3) Wird wegen derselben Tat später auf Strafe erkannt, so sind das Ordnungsgeld oder die Ordnungshaft auf die Strafe anzurechnen.

1) Lit: *Baur* JZ 70, 247; *Rehbinder* MDR 63, 640; *Sarstedt* JZ 69, 152; *Scheuerle*, Festschrift für Baur, 1981, 595; *Schneider* MDR 75, 622; *Schwind* JR 73, 133. – **Allgemeines:** Ordnungsmittel nach § 178 neben Maßnahmen nach §§ 176, 177 mögl; ggfalls ist strafgerichtl Verfolgung einzuleiten (vgl auch § 183). Der Kreis der unter § 178 fallenden **Personen** ist derselbe wie b § 177 (s dort Rn 2). Ebenso wie e RA als Prozeßbevollmächtigter (s dazu Köln NJW 68, 306) ist nach LSozG München NJW 64, 1874e vor den Sozialgerichten als Terminsbevollmächtigter e Behörde oder öffentl-rechtl Körperschaft auftretender Beamter ausgenommen. – Die **Sitzung** (s Düsseldorf MDR 69, 689) beginnt mit dem Erscheinen des Gerichts z Verhandlung u dauert bis z Aufhebung der ganzen Sitzung durch den Vorsitzenden (Darmstadt JW 34, 780) u darüber hinaus, bis Gericht den Saal verläßt (Hamm NJW 56, 1452). Z Sitzung gehört auch die Beratung des Gerichts in e eigenen Raum (Wicke JW 30, 894). Außerhalb der „Sitzung": § 180. Kein Ordnungsmittel nach § 178 bei Ungebühr i Schriftsätzen (s Nöldeke DJZ 10, 682; Rehbinder MDR 63, 642). Auch nicht b ungebührl Betragen auf die Geschäftsstelle (SchlH OLG SchlHA 67, 152). 1

2) Begriff der Ungebühr (s a Baur, Schneider, Schwind, je aaO): vielfach verstanden als Verletzung der Würde des Gerichts (kritisch hierzu Sarstedt JZ 69, 152), kann nur aus der Rechtspflegeaufgabe des Gerichts bestimmt werden (Stuttgart NJW 69, 627, Düsseldorf NJW 86, 1505; vgl auch Scheuerle aaO). Objektiv ist Voraussetzung e Verhalten, das geeignet ist, die Rechtspflegeaufgabe des Gerichts zu verletzen und die Ordnung der Gerichtsverhandlung zu stören (BayObLGSt 30, 52; Hamm NJW 63, 1791; Düsseldorf aaO). Ungebühr ist daher Mißachtung der Aufgaben des Gerichts in einer nach allgemeinem Empfinden grob unangemessenen Weise. Hieraus folgt, daß der Wandel allgemeiner Verhaltensformen Bedeutung hat (vgl etwa die Frage, ob das Tragen bestimmter Haartracht Ungebühr ist, die vor Jahren OLGe beschäftigte, s München NJW 66, 1935; KG JR 66, 73). Da Ungebühr Mißachtung darstellt, setzt sie **Verschulden** voraus (BVerfG DRiZ 66, 356; Nürnberg BayJMBl 63, 344; Düsseldorf NJW 86, 1505). Fahrlässigkeit genügt, jedoch kann bei geringem Verschulden von Ordnungsmitteln abgesehen werden (Köln NJW 86, 2515: langandauernde, auch vom Gegner nicht ohne Emotionen geführte mündliche Verhandlung, sofortige Entschuldigung nachdem Gegner als „Strolch" bezeichnet). Das Verschulden muß sich auf die Ungebühr beziehen; § 178 daher nicht anwendbar, wenn e Angeklagter, der sich betrunken hatte u deshalb vor Gericht nicht erscheinen will, in s betrunkenen Zustand zwangsweise vorgeführt wird (Hamm MDR 66, 72; vgl auch Hamburg MDR 79, 160 für den Fall des nicht ordnungsgemäß geladenen Zeugen, der angetrunken erscheint). 2

Beispiele aus der Rspr: Ungebühr wurde erblickt in Beifalls- oder Mißfallensbezeugungen (für spontanes Klatschen e Zuhörers nach Verteidigerplädoyer verneint von Saarbrücken NJW 61, 3

890; dazu Händel NJW 61, 1176), Bezeichnung „Strolch" für Prozeßgegner (Köln NJW 86, 2515; s aber Rn 2), Erscheinen in betrunkenem Zustand (Nürnbg MDR 61, 62; Koblenz MDR 85, 430; Hamburg MDR 79, 160; s aber den angeführten Fall Hamm MDR 66, 72), Erscheinen in unangemessener Kleidung (BVerfG DRiZ 66, 356; Düsseldorf NJW 86, 1505; verneint Hamm NJW 69, 1919 – Arbeitskleidung), immerwährendem Dareinsprechen, Schimpfen trotz Verwarnung, grober Beleidigung von Zeugen der Gegenpartei, des Verteidigers (Colmar OLG 23, 316; München OLG 27, 6; Hamm NJW 63, 1791), herausfordernden Äußerungen ggüber dem Gericht (Hamm RPfleger 51, 135; Nürnberg JZ 69, 152), auch Zwischenrufe eines Betroffenen bei der Entscheidungsverkündung (Koblenz VRS 61, 356), wegwerfende Gesten beim Verlassen des Sitzungssaals (Saarbrücken JBISaar 60, 54), heiml Tonbandaufnahme des Sitzungsverlaufs (SchlHOLG SchlHA 62, 84), Sitzenbleiben während der Urteilsverkündung oder Beeidigung (Stuttgart, Justiz 69, 259 u DRiZ 69, 92; Nürnberg JZ 69, 152, anders bei Vernehmung zur Sache, Stuttgart NStZ 86, 233), Zuwendung der Kehrseite (Köln NJW 85, 446), provokatorische Anrede der Richter (Nürnberg aaO). Im Einzelfall ist z prüfen, ob sich der Betreffende b seinem Bildungsgrad bewußt ist, die dem Gericht geschuldete Achtung z verletzen (Dresden JW 19, 1001; s a Darmstadt JW 34, 705). Hochgradige Erregung ist b ehrenkränkenden Äußerungen z berücksichtigen (Bremen NJW 59, 952). Der Zweck, berechtigte Interessen wahrzunehmen, muß aber Ungebühr nicht ausschließen (Colmar OLG 23, 316; Düsseldorf MDR 53, 555; vgl aber Düsseldorf NJW 86, 2516: Ausdruck „Scheißgesetz" im Rahmen einer Verhandlung vor dem FamG – kein Ordnungsmittel verhängt, vgl auch Rn 2aE). Nicht Weigerung e Prozeßpartei, auf e angewiesenen Bank Platz z nehmen (keine Pflicht der Parteien im Zivilprozeß, sich z setzen). Eigenmächtige Entfernung von Zeugen fällt unter § 380 ZPO; § 178 nicht anwendbar. Eigenmächtiges Entfernen des Angekl während Sitzungspause ebenfalls keine Ungebühr (München MDR 56, 503).

4 **3) Ordnungsmittel: a)** Ordnungsgeld von 5 (Art 6 I EGStGB) bis 2000 DM, aber Ordnungshaft von 1 Tag bis 1 Woche. Ordnungshaft für den Fall der Uneinbringlichkeit, vgl S 2 sowie Art 6 II, 8 EGStGB; nachträgliche Festsetzung möglich. B wiederholter Ungebühr kann Ordnungsstrafe im Höchstmaß i der gleichen Sitzung wiederholt verhängt werden (Hamm JMBl NRW 52, 86; Bremen NJW 53, 598). Der Rechtspfleger kann nur Geld-, nicht auch Haftstrafe verhängen (§ 4 II 2 RPflG; Art 104 II GG).

5 **b)** Vor Verhängung der Ordnungsmittel ist **rechtl Gehör** zu gewähren (RG HRR 39, 450; BayObLGSt 25, 207; Saarbrücken NJW 61, 890; Neustadt NJW 61, 2320; SchlHOLG SchlHA 67, 152; Hamm DRiZ 70, 27). Gehör muß aber entbehrl sein, wenn Ungebühr trotz Androhung sitzungspolizeil Maßnahmen fortgesetzt wurde oder bei Gehör erneute Ungebühr z erwarten ist (s a Hamm RPfleger 51, 135, Düsseldorf MDR 53, 55; Neustadt NJW 61, 2320; SchlHOLG SchlHA 67, 152; Röhl NJW 64, 275; vgl a BGHSt NJW 57, 1326); ferner in Fällen gröbster Art, die einer sachlichen Stellungnahme nicht zugänglich sind (Hamm DRiZ 70, 27); gegebenenfalls ist das rechtl Gehör im Beschwerdeverfahren nachholbar (BayObLGSt 25, 207; vgl a BVerfG 5, 22; aM Saarbrücken NJW 61, 890). Macht Betroffener Gewährung des Gehörs selbst unmöglich – etwa indem er sich sogleich aus dem Sitzungssaal entfernt –, so braucht das Gericht weitere Gelegenheit zur Stellungnahme nicht zu geben (vgl Hamm MDR 78, 780).

6 **c) Entscheidung** durch Vorsitzenden (vgl Koblenz MDR 78, 693 für Folgen eines Verstoßes) gegen am Verfahren nicht Beteiligten, sonst durch Gericht durch Beschluß i der Sitzung (nicht nachher, BayObLGSt 25, 207), allerdings bei Fortsetzung der Verhandlung auch in der nächsten Sitzung, wenn sofortiger Entscheidung vordringliche Angelegenheiten entgegenstehen (so richtig Schleswig MDR 80, 76 gegen Stuttgart NJW 69, 627). Wird Richter abgelehnt, bevor er die Entscheidung nach § 179 erläßt, so kann er idR gemäß § 47 ZPO dennoch entscheiden, da Herstellung der Ordnung der Verhandlung unaufschiebbar; würde Sitzung unterbrochen, um Entscheidung über Ablehnung herbeizuführen, wäre meist Ziel der Störung erreicht (vgl auch LSG Essen NJW 73, 2224). Beschluß mit Begründung (BayObLGSt 29, 211) zu verkünden oder dem Betreffenden, wenn er sich bereits entfernt hatte, nach § 329 ZPO förml zuzustellen, Rechtsmittelbelehrung ist nicht erforderlich, jedenfalls nicht in Zivilsachen (Köln NJW 60, 2294; Schleswig NJW 71, 1321; aA Hamm NJW 63, 1791). Bloße Wiedergabe des Gesetzestextes reicht als Begründung nicht aus (LAG Bremen JZ 54, 643). Zur Frage der Nachholbarkeit der Begründung in neuer Sitzung vgl LAG Bremen aaO. Nachträgl dienstl Erklärungen oder Aktenvermerke des Richters reichen als Ersatz nicht aus (BayObLGSt 25, 208). Fehlende Begründung des Beschlusses nur ganz ausnahmsweise unschädlich (BayObLGSt 29, 209; Celle MDR 58, 265). Bezugnahme auf Sitzungsniederschrift (vgl § 182 GVG) genügt bezüglich Darstellung des Sachverhalts, der zu der Maßnahme Anlaß gaben – jedenfalls in eindeutigen Fällen (Hamm MDR 78, 780). Die Veranlassung des Beschlusses, der Gewährung rechtl Gehörs u der Wortlaut des Beschlusses samt Begründung sind i Protokoll festzustellen (vgl § 182).

d) Beschwerde: § 181; verzögert sich die Vorlage der Beschwerde erheblich, so kommt Einstellung des Verfahrens unter dem Gesichtspunkt des Zeitablaufes in Betracht (Stuttgart NJW 72, 967, s aber auch Hamm NJW 69, 856). Vollstreckung: § 179. 7

§ 179

[Vollstreckung]

Die Vollstreckung der vorstehend bezeichneten Ordnungsmittel hat der Vorsitzende unmittelbar zu veranlassen.

Die sofortige Vollstreckung veranlaßt der Vorsitzende. Der Vollzug selbst ist dem Rechtspfleger übertragen (§ 31 III RPflG). Für Zahlungserleichterungen, Unterbleiben der Vollstreckung der Ersatzhaft wegen Unbilligkeit, Verjährung s Art 7, 8 u 9 EGStGB. – Aufschiebende Wirkung einer Beschwerde nur im Falle des § 180 (s § 181 II). 1

§ 180

[Sitzungspolizei des einzelnen Richters]

Die in den §§ 176 bis 179 bezeichneten Befugnisse stehen auch einem einzelnen Richter bei der Vornahme von Amtshandlungen außerhalb der Sitzung zu.

In der Sitzung hat der einzelne Richter (zB Amtsrichter als Zivilstreitrichter, Einzelrichter des LG) die Befugnisse nach §§ 176–179 unmittelbar. – Amtshandlungen außerhalb der Sitzung: zB des beauftragten u ersuchten Richters, des Vollstreckungsrichters. Ob Amtshandlungen im Sitzungssaal oder anderswo vorgenommen werden, ist gleichgültig. – Das Selbsthilferecht gegen die Störung von Amtshandlungen nach § 164 StPO gilt nur für Untersuchungshandlungen auf Grund der StPO; zur zeitlichen Begrenzung (auf die Dauer der Amtshandlung) s Celle MDR 55, 692; BayObLG BayJMBl 63, 329. – Auf Ungebühr in schriftl Eingaben ist § 180 nicht anzuwenden (s Rn 1 zu § 178). – Im Fall des § 180 hat Beschw aufschiebende Wirkung (§ 181 II). 1

§ 181

[Beschwerde gegen Ordnungsmittel]

(1) Ist in den Fällen der §§ 178 und 180 ein Ordnungsmittel festgesetzt, so kann gegen die Entscheidung binnen der Frist von einer Woche nach ihrer Bekanntmachung Beschwerde eingelegt werden, sofern sie nicht von dem Bundesgerichtshof oder einem Oberlandesgericht getroffen ist.

(2) Die Beschwerde hat in dem Fall des § 178 keine aufschiebende Wirkung, in dem Falle des § 180 aufschiebende Wirkung.

(3) Über die Beschwerde entscheidet das Oberlandesgericht.

1) Kein BeschwRecht in den Fällen der §§ 176, 177 (vgl § 176 Rn 9, § 117 Rn 8), jedoch entspr anwendbar, wenn ein nicht zulässiges Ahndungsmittel ergriffen wurde. – **BeschwBerechtigt** ist der, gegen den das Ordnungsmittel verhängt wurde, e Jugendlicher auch ohne Mitwirkung seines gesetzl Vertreters (Neustadt NJW 61, 885). Nicht, wer Verhängung e Ordnungsmittels oder e höheren vergebl beantragt hatte (Nürnberg MDR 69, 600; Hamm NJW 72, 1246). Solche „Anträge“ sind nur Anregungen. Gegen Ordnungsbeschlüsse des BGH, ObLG, OLG keine Beschwerde. 1

Beginn der **Beschwerdefrist** mit der Verkündung, wenn sich der Betroffene vor der Verkündung entfernt hatte, mit der Zustellung an ihn (Bamberg OLG 2, 16). Ebenso, wenn er wegen körperl oder geistiger Gebrechen nicht in der Lage war, die Verhängung zu verstehen (Nürnbg Bay JMBl 63, 344). Die Frist ist einer Notfrist gleich zu behandeln (§ 577 II ZPO analog, da es sich dem Wesen nach hier um eine Art sofortige Beschwerde handelt), München NJW 68, 308. Die §§ 567 ff ZPO finden auf die Beschw keine Anwendung. Nach Hamm MDR 54, 119, 179 soll auf dem Gebiet der streitigen u freiw Gerichtsbarkeit Beschwerdefrist 2 Wochen betragen; dem ist nicht beizustimmen. B Versäumung der Beschwerdefrist wird, obwohl die Prozeßordnungen nicht unmittelbar angewandt werden können, **Wiedereinsetzung** zuzulassen sein (Hamm NJW 63, 1791; Frankft NJW 67, 1281; vgl a München NJW 68, 308; str). Beschwerde auch nach Vollziehung noch zulässig (BayObLSt 23, 15; Nürnbg MDR 60, 500). **Abhilfe** durch Erstgericht – entge- 2 gen älterer Auffassung (München NJW 68, 308; Hamm 60, 2305) – zulässig (Düsseldorf MDR 77, 413).

3 Nach Abs 2 **keine aufschiebende Wirkung** der Beschw außer im Fall des § 180 (letzterenfalls Aufschub oder Unterbrechung der Vollziehung nötig); Beschwerdegericht kann Vollziehung aussetzen (Karlsruhe NJW 76, 2274; Frankfurt NJW 76, 303). Einlegung der Beschw beim Erstgericht oder b OLG, schriftl oder z Protokoll der Geschäftsstelle. Bei Ordnungsverfügung des Rpflegers zunächst (befristete) Anrufung des Richters bzw Hilfsbeschwerde (§ 11 RPflG). – Durch die sofortige Vollstreckung wird die Beschwerde gegen die Verhängung der Ordnungshaft idR nicht gegenstandslos (Koblenz MDR 85, 431).

4 **2) Beschwerdegericht** ist OLG, auch wenn die Ordnungsmittel Amtsrichter, beauftr oder ersuchter Richter verhängt hatte. § 577 IV ZPO nicht anwendbar. Bei Ordnungsmaßnahme des ersuchten Richters ist das diesem, nicht das dem ersuchenden Gericht übergeordnete OLG zuständig (SchlHOLG SchlHA 62, 84).

5 Die Beschwerde ist keine Rechtsbeschwerde; gleichwohl **keine eigene Tatsachenfeststellung** des Beschwerdegerichts (KG MDR 82, 329; Hamm JMBlNRW 55, 139), da das Protokoll die alleinige Grundlage bildet (§ 182 Rn 2). Das Beschwerdegericht hat auch das Ermessen der Vorinstanz, kann die Ordnungsstrafe ermäßigen (Saarbrücken JBlSaar 63, 171) oder analog § 153 StPO von Bestrafung absehen (Neustadt NJW 62, 602); zur Einstellung wegen Verwirkung infolge Zeitablaufs s § 178 Rn 7; dagg keine Verschärfung durch das Beschwerdegericht. Kein Kostenausspruch (KG Rpfleger 64, 352; aM Neustadt NJW 61, 885). Entscheidung dem OLG zuzustellen; keine weitere Beschwerde (RG 2, 385). Hat die Beschwerde nach Vollziehung des Ordnungsmittels Erfolg, Rückerstattung des Ordnungsgeldes, bei vollzogener Ordnungshaft Entschädigungen nach StrEG v 8. 3. 71 (BGBl I 157), außer wenn der Ordnungsmittelbeschluß nur wegen Mängeln des Protokolls (§ 182) aufgehoben wurde (Nürnberg MDR 60, 500).

6 **3) Gebühren: a)** des **Gerichts:** Keine. – **b)** des **Anwalts:** $^5/_{10}$ Gebühr nach §§ 31, 61 I Nr 1 BRAGO. S Rn 4 zu § 159 GVG.

§ 182

[Beurkundung der Ordnungsmittel]

Ist ein Ordnungsmittel wegen Ungebühr festgesetzt oder eine Person zur Ordnungshaft abgeführt oder eine bei der Verhandlung beteiligte Person entfernt worden, so ist der Beschluß des Gerichts und dessen Veranlassung in das Protokoll aufzunehmen.

1 **1)** § 182 bezieht sich auf die Fälle der § 177 (außer bei Entfernung unbeteiligter Person ohne Abführen zur Haft), § 178 u § 180. Zum Protokoll s §§ 159, 160 ZPO.

2 **2) Veranlassung:** der tatsächliche Ablauf des als Ungehorsam oder Ungebühr angesehenen Vorgangs ist gesondert von der Beschlußbegründung im Protokoll zu schildern (Köln JR 52, 484; München BayJMBl 52, 74; 54, 17; Koblenz NJW 55, 348; Celle MDR 58, 265; Düsseldorf JMBlNRW 71, 222). Dies dient dem Zweck, das auslösende Geschehen urkundlich (§ 415 ZPO) festzuhalten, so daß im Falle der Anfechtung das Beschwerdegericht auf dieser Grundlage entscheiden kann, ohne Beweis erheben zu müssen (KG MDR 82, 329 unter zutreffendem Hinweis auf den Beschleunigungszweck der Regelung). Ob die Begründung des Beschlusses als Ersatz für unterbliebene oder unzureichende Feststellung des Anlasses im Protokoll herangezogen werden kann (so Hambg NJW 52, 591; Stuttgart MDR 55, 364), ist str (verneinend: BayObLGSt 25, 208; Düsseldorf JMBlNRW 71, 222; Keidel Rpfleger 56, 15). Der ablehnenden Auffassung ist zuzustimmen, da die Beweiskraft des Protokolls, das nur die Beschlußbegründung enthält, nur umfaßt, daß diese Begründung gegeben wurde, nicht aber daß diese zutrifft (§ 415 ZPO). Zur Aufhebung der Entscheidung führt die fehlende Protokollierung aber nur, wenn der Betroffene die Richtigkeit der im Beschluß angegebenen „Veranlassung" bestreitet, da nur dann die unterlassene Protokollierung erheblich ist (im Ergebnis ebenso KG MDR 82, 329; Hamm NJW 63, 1791). Nachträgl dienstl Äußerungen oder Aktenvermerke des Richters können die Feststellung des Anlasses im Protokoll nicht ersetzen (BayObLGSt 25, 208). – Im Protokoll ist auch festzustellen, ob **rechtl Gehör** gewährt wurde oder aus welchen Gründen nicht (BayObLGSt 15, 129).

3 **3)** Schließl ist auch der **Wortlaut des Gerichtsbeschlusses** samt Begründung ins Protokoll aufzunehmen (BayObLGSt 29, 209).

4 **Protokollberichtigung** nach eingelegter Beschwerde ist unzulässig.

§ 183

[Straftat in der Sitzung]

Wird eine Straftat in der Sitzung begangen, so hat das Gericht den Tatbestand festzustellen und der zuständigen Behörde das darüber aufgenommene Protokoll mitzuteilen. In geeigneten Fällen ist die vorläufige Festnahme des Täters zu verfügen.

Vorläufige Festnahme: §§ 127, 128 StPO (dazu RGSt 73, 356). Haftbefehl ist unzulässig (Sache des Strafrichters, Hamm NJW 49, 491). Daß die Straftat (zB Beleidigung) bereits als Ungebühr (§ 178) geahndet wurde, schließt die strafrechtl Verfolgung nicht aus (vgl § 178 III). Für Ordnungswidrigkeiten in der Sitzung gilt § 183 nicht. Zur Strafbarkeit nach § 123 StGB bei Eindringen in den Sitzungssaal s § 176 Rn 8. 1

Fünfzehnter Titel

GERICHTSSPRACHE

§ 184

[Grundsatz]

Die Gerichtssprache ist deutsch.

Lit: *Schneider* MDR 79, 534; *Mayer* ZStW 93, 507.

1) Zwingende Regelung, die von Amts wegen zu beachten ist (RGSt 67, 223; RGZ 162, 228; BayObLG NJW 77, 1596). Deutsche Mundarten genügen (HRR 28, 392). Gilt für Erklärungen des Gerichts und gegenüber dem Gericht, nicht jedoch für Beweismittel (fremdsprachliche Urkunden können unmittelbar verwertet werden, RG 162, 287); in der mündl Verhandlung ist dem Grundsatz durch Übersetzung fremdsprachl Erklärungen genügt (auch des Richters, der etwa mit fremdsprachiger Partei in dessen Sprache spricht, vgl auch KR HRR 35, 991), s § 185. – Nach BGH (NJW 84, 2050) soll bei **Rechtshilfeersuchen** das Original auch in deutscher Sprache abgefaßt werden (Unterschrift des Richters nur auf dem deutschsprachigen Original). Dies widerspricht aber dem Sinn des an ein ausländisches Gericht gerichteten Ersuchens; fremdsprachlicher Text ist maßgeblich und ausreichend (Vogler NJW 85, 1764; Lichtenberger JR 85, 77). 1

2) Im Hinblick auf Art 3 III GG und den Verfassungsgrundsatz des rechtlichen Gehörs (Art 103 I GG – „jedermann"; nach BVerfG DRiZ 83, 370 ist statt Art 103 GG der Grundsatz des „fairen Verfahrens, Art 2 I, 20 III GG einschlägig) sind bei der Auslegung des § 184 jedoch **Einschränkungen** geboten (für Strafprozeß vgl weiter Art 5 II, 6 IIIa MRK). Während RG (31, 429; 162, 288) Schriftsätze in fremder Sprache als für das Gericht unbeachtl ansah, wird man jetzt – soweit nicht vorsätzlicher Mißbrauch vorliegt – das Gericht für verpflichtet ansehen müssen, der Partei unter Fristsetzung die Vorlage einer Übersetzung aufzugeben; Gericht ist aber in der Regel nicht verpflichtet, selbst die Übersetzung zu veranlassen (vgl auch Frankfurt NJW 80, 1173; Schneider MDR 79, 534). Berücksichtigt das Gericht, wenn es die fremdsprachlichen Ausführungen versteht, die Erklärung unmittelbar, so hat es selbst dafür zu sorgen, daß der Gegner die deutsche Übersetzung zur Stellungnahme erhält. 2

Str ist, ob ein **fremdsprachlicher Schriftsatz,** dem keine Übersetzung beiliegt, **fristwahrend** wirkt (bejahend: LG Berlin JR 61, 384; VGH München NJW 76, 1048; Schneider aaO; verneinend: KG NJW 77, 129); aus Gründen der Rechtsklarheit ist Fristwahrung abzulehnen (BGH NJW 82, 532), jedoch ist Wiedereinsetzung zu gewähren, wenn Sprachschwierigkeiten zur Fristversäumung führten (vgl BVerfGE 40, 95; NJW 76, 1021; BGH VersR 77, 646), insbesondere wenn die Rechtsbehelfsbelehrung an einen Ausländer keinen entsprechenden Hinweis enthielt (BGH NJW 82, 532). Kein Wiedereinsetzungsgrund jedoch bei auf Gleichgültigkeit beruhendem Verschulden (BVerfG 42, 126). Grundsätzlich ist eine fremdsprachlich abgefaßte Eingabe unbeachtlich (keine Verwerfung als unzulässig, KG MDR 86, 156), das Gericht wird den Verfasser hierauf jedoch hinweisen, soweit zumutbar, und im Rahmen der Fürsorgepflicht geeignete weitere Hinweise geben, insbesondere wenn es sich vom Inhalt der Eingabe Kenntnis verschaffen kann. – Die Unterschrift ist Identifizierungsmerkmal, nicht sprachlicher Text; sie kann daher in fremdsprachl Schriftzeichen geschehen (BayVGH NJW 78, 510). 3

4 **3) Gerichtliche Entscheidungen** ergehen in deutscher Sprache; eine Übersetzung ist von Amts wegen auch dann nicht beizufügen, wenn der Betroffene die deutsche Sprache nicht versteht (BayObLG NJW 77, 1596; Hamburg MDR 78, 865; Frankfurt MDR 80, 339; BVerfG MDR 83, 813; Stuttgart MDR 83, 256: auch wenn Rechtmittel gegen das Urteil eingelegt wird), auch im Strafverfahren (dort: Art 6 III a MRK und Nr 181 II RiStBV) genügt es, wenn Urteilsformel und -gründe mündl verkündet und dem anwesenden angeklagten Ausländer durch Dolmetscher (§ 185) vermittelt werden (s auch EuGH NJW 78, 477; BVerfG MDR 83, 813).

5 **4) Mit dem Einsatz moderner Bürotechniken** (Textautomaten, Verwendung von Textbausteinen bei gerichtl Entscheidungen) können Fragen der Verständlichkeit der Entscheidung berührt sein, die nach dem Zweck des in § 184 festgelegten Grundsatzes zu beurteilen sind. Daß die Verwendung derartiger Techniken auch bei Gerichten zulässig ist, kann grundsätzlich nicht zweifelhaft sein (zur Verwendung von Textbausteinen VGH Kassel NJW 84, 2429 mit Hinweis auf BVerwG v 1. 2. 82). Die Entscheidung muß aber aus sich verständlich sein; dies wäre nicht mehr der Fall, wenn etwa im Urteil für bestimmte Textteile nur noch „Kennzahlen“ verwendet würden, deren Inhalt (Aussage) anderweitig erschlossen werden müssen (so auch Kassel aaO). Soweit ein Urteil **Rechenwerk** enthält, kann dieses zwar in einer Anlage der Entscheidung – als deren Bestandteil – gesondert ausgedrückt werden, es muß aber verständlich sein (kein Zahlenausdruck aus Taschenrechnern).

§ 185

[Dolmetscherzuziehung]

(1) Wird unter Beteiligung von Personen verhandelt, die der deutschen Sprache nicht mächtig sind, so ist ein Dolmetscher zuzuziehen. Ein Nebenprotokoll in der fremden Sprache wird nicht geführt; jedoch sollen Aussagen und Erklärungen in fremder Sprache, wenn und soweit der Richter dies mit Rücksicht auf die Wichtigkeit der Sache für erforderlich erachtet, auch in der fremden Sprache in das Protokoll oder in eine Anlage niedergeschrieben werden. In den dazu geeigneten Fällen soll das Protokoll eine durch den Dolmetscher zu beglaubigende Übersetzung beigefügt werden.

(2) Die Zuziehung eines Dolmetschers kann unterbleiben, wenn die beteiligten Personen sämtlich der fremden Sprache mächtig sind.

Lit: *Jessnitzer,* Dolmetscher, 1982.

1 **1)** Das Gebot der Zuziehung eines Dolmetschers ist eine Ausprägung des Verfassungsgrundsatzes (Art 2 I, 20 III GG) des „fair trial“, BVerfG NJW 83, 2762. Außer Richter u Urkundsbeamter sind Prozeßbevollmächtigte, Parteien, Beistände u gesetzl Vertreter (Anwaltsprozeß s aber § 187 II), auch Zeugen u Sachverständige (Karlsruhe Justiz 62, 93) **beteiligt;** sie müssen der Verhandlung folgen können, soweit ihre Beteiligung reicht. Gegebenenfalls ist Dolmetscher beizuziehen, gleichgültig ob ein Beteiligter der deutschen Sprache nicht hinreichend mächtig ist oder ob ein Beteiligter fremdsprachliche Erklärungen (zB eines Zeugen) nicht versteht. Nicht mächtig auch der Beteiligte, der zwar Deutsch versteht, aber nur gebrochen spricht u daher Erklärungen in deutscher Sprache nicht abgeben kann (Frankft NJW 52, 310). Der Dolmetscher muß nicht in die Muttersprache des fremdsprachigen Beteiligten übersetzen, es genügt auch eine andere Sprache, derer der Beteiligte mächtig ist. Anspruch auf Zuziehung e Dolmetschers: auch Art 5 II, 6 III a und e MRK, VII Abs 9 f Truppenstatut. Zuziehung eines Dolmetschers nur zu Teilen der Verhandlung: BGHSt 3, 285. Gg Ablehnung des Antrags einer Partei, Dolmetscher zuzuziehen, keine Beschwerde (Stuttgart NJW 62, 540). Protokoll immer in deutsch (Abs 1 S 2), auch wenn nach Abs 2 in fremder Sprache verhandelt wird.

2 **2)** Dolmetscher ist **Gehilfe des Richters,** nicht Sachverständiger (kein Beweismittel), RG JW 36, 464, BGH NJW 65, 643, wird aber teilw wie Sachverständiger behandelt (§ 191 GVG, § 17 ZuSEG). Im Gegensatz zu dem in der Verhandlung tätigen Dolmetscher ist der **Übersetzer,** der schriftlichen Text übersetzt, Sachverständiger (BGHSt 1, 7; NJW 65, 643; vgl im einzelnen Jessnitzer S 2 ff). Bestellung u allg Beeidigung nach Landesrecht. Auswahl i Einzelfall durch Gericht. Urkundsbeamter als Dolmetscher: § 190. Bekanntgabe der i der Verhandlung abgegeb Erklärungen durch Dolmetscher: RG(St) JW 02, 574; b Gutachten genügt Mitteilung des Endergebnisses, sofern nicht e Beteiligter Einzelheiten verlangt (RGSt JW 95, 572). Im Protokoll ist festzustellen, daß dem der dt Sprache nicht Mächtigen der Gegenstand der Verhandlung jeweils durch den Dolmetscher bekanntgegeben wurde (vgl RGSt JW 02, 574); genaue Angabe aller Vorgänge, b denen der Dolmetscher tätig wurde, nicht erforderl (RGSt 43, 442). Inwieweit der Dolmetscher

tätig wurde, darf das Rechtsmittelgericht erforderlichenfalls auch durch andere Beweismittel klären (RGSt aaO; JW 14, 428).

3) Über die Zuziehung eines Dolmetschers entscheidet das Gericht nach pflichtgemäßem Ermessen (BGH NStZ 84, 328; BayObLG BayVBl 81, 187) von Amts wegen, dies gilt auch für die Auswahl (s a § 191 Rn 1). **Unterlassung gebotener Zuziehung** kann als Verfahrensverstoß mit den allg Rechtsmitteln gerügt werden (nicht Beschwerde, s Rn 1). Das RevG kann nachprüfen, ob Begriff der Sprachkundigkeit (eng auszulegen, nicht behebbare Zweifel genügen, vgl BSG NJW 57, 1087) verkannt ist (BGHSt 3, 285), die Ermessensausübung selbst (inwieweit ist der Betroffene der dt Sprache mächtig) ist nicht nachprüfbar (BGH NStZ 84, 328). Der Unterlassung der Zuziehung steht gleich, wenn die Übersetzung des Dolmetschers an erheblichen Mängeln leidet (BVerwG NVwZ 83, 668). – § 295 ZPO ist nicht anwendbar, da die Pflicht aus Abs 1 S 1 von Erklärung der Parteien unabhängig ist. Jedoch ist ausdrücklicher Verzicht der Partei zulässig und wirksam (BVerwG NVwZ 83, 668). 3

4) Wenn der **Urkundsbeamte** der Geschäftsstelle mit Personen verhandeln muß, die der dt Sprache nicht mächtig sind, insbesondere wenn Fremdsprachler Anträge zu Protokoll geben will, ist § 185 entsprechend anzuwenden, also ggfalls ein Dolmetscher von Amts wegen zuzuziehen (vgl BayObLG Rpfleger 77, 133). 4

5) § 185 gilt nur für **mündl Verhandlung;** für schriftl Erklärungen und gerichtl Entscheidungen s § 184 Rn 2, 4. 5

§ 186

[Taube, Stumme]

Zur Verhandlung mit tauben oder stummen Personen ist, sofern nicht eine schriftliche Verständigung erfolgt, eine Person als Dolmetscher zuzuziehen, mit deren Hilfe die Verständigung in anderer Weise erfolgen kann.

Schriftl Frage und Antwort möglich (vgl RG JW 96, 511). § 186 schließt andere als die dort bezeichneten Verständigungsmöglichkeiten nicht schlechthin aus; mögl zB, daß e Stummer, d sich im übrigen schriftl äußert, hierzu geeignete Fragen durch Kopfnicken oder Kopfschütteln beantwortet (BGHSt 13, 366). Eidesleistung: § 483 ZPO. Vgl auch § 187 I. – Wenn trotz starker Schwerhörigkeit Verständigung durch gesprochenes Wort noch mögl, greift § 186 nicht ein; Anwendung e Hörapparats s Freibg JZ 51, 23; Vermittlung der Verständigung auch durch nicht als Dolmetscher beeidigte, im Umgang mit den Schwerhörigen vertraute Personen (zB Angehörige) zulässig (BGHSt JZ 52, 730). Ähnlich bei Verständigung mit starken Stotterern RGSt 33, 181. Auf Ermöglichung des rechtl Gehörs muß stets Bedacht genommen werden (BGHSt 13, 366). 1

§ 187

[Vortrag Tauber und Sprachfremder]

(1) Ob einer Partei, die taub ist, bei der mündlichen Verhandlung der Vortrag zu gestatten sei, bleibt dem Ermessen des Gerichts überlassen.

(2) Dasselbe gilt in Anwaltsprozessen von einer Partei, die der deutschen Sprache nicht mächtig ist.

Entscheidung durch Vorsitzenden; Beanstandung der Verfügung des Vorsitzenden: § 140 ZPO. Anfechtung der Entscheidung des Gerichts nur mit dem Urteil. Anwaltsprozeß: § 78 I ZPO; im Amtsgerichtsprozeß gilt II nicht, auch kein Ausschlußgrund nach § 157 II ZPO, vielmehr ist ein Dolmetscher zuzuziehen (§ 185 I 1). 1

§ 188

[Eid Fremdsprachiger]

Personen, die der deutschen Sprache nicht mächtig sind, leisten Eide in der ihnen geläufigen Sprache.

Vorsprechen des Eideswortlauts in der fremden Sprache durch den Dolmetscher. – Eidesleistung durch Stumme: § 483 ZPO. 1

§ 189

[Dolmetscher]

(1) Der Dolmetscher hat einen Eid dahin zu leisten: daß er treu und gewissenhaft übertragen werde. Gibt der Dolmetscher an, daß er aus Glaubens- oder Gewissensgründen keinen Eid leisten wolle, so hat er eine Bekräftigung abzugeben. Diese Bekräftigung steht dem Eid gleich; hierauf ist der Dolmetscher hinzuweisen.

(2) Ist der Dolmetscher für Übertragungen der betreffenden Art im allgemeinen beeidigt, so genügt die Berufung auf den geleisteten Eid.

1 **1) Beeidigung des Dolmetschers** ist grundsätzlich nötig, Ausnahme § 190 S 2; Verzicht auf Beeidigung ist bedeutungslos (BAG AP 8 zu § 554 ZPO; Hamm VRS 20, 68). Fehler bei der Beeidigung können im Rechtsmittelweg geltend gemacht werden; ob das Urteil auf dem Fehler beruht, ist im Einzelfall festzustellen (vgl auch Hamburg MDR 84, 75). Bei erneuter Dolmetschertätigkeit in der gleichen Sache, wenn auch in verschiedenen Terminen, genügt wie beim Zeugen die Berufung auf den einmal geleisteten Eid (RG DJZ 21, 204; BayObLG MDR 79, 696), erforderlich ist jedoch eine entsprechende eigene Erklärung des Dolmetschers, die Feststellung des Vorsitzenden zu Protokoll genügt nicht (BayObLG aaO). Bei mehrmaliger Dolmetschertätigkeit in der gleichen Sitzung, aber in verschiedenen Sachen, muß jedesmal beeidigt werden.

2 **2) Allgemeine Beeidigung (Abs 2)** richtet sich nach Landesrecht (vgl § 142 III ZPO): Baden-Württ: Art 14 f AGGVG; Bayern: Dolmetschergesetz idF v 1. 8. 81 (GVBl S 324), im übrigen s auch JMBek v 3. 7. 81 (JMBl S 89). Ist der Dolmetscher allg beeidigt, so genügt die Berufung hierauf. Dies muß durch den Dolmetscher selbst in einer irgendwie gefaßten eigenen Erklärung geschehen (RGSt 75, 332; BGH NJW 82, 2739), die Feststellung des Vorsitzenden, der Dolmetscher sei allg beeidigt, genügt nicht (BGH GA 80, 184); ausreichend ist jedoch, daß sich der Dolmetscher bei seiner Personalienangabe als „allgemein beeidigt" bezeichnet (BGH bei Dallinger MDR 75, 199, Jessnitzer S 101); stellt das Protokoll lediglich fest, der Dolmetscher sei allgemein beeidigt, so ist dies wegen seiner Mehrdeutigkeit (Feststellung des Vorsitzenden oder Angabe des Dolmetschers) nicht ausreichend, jedoch kann das RevGericht im Wege des Freibeweises klären, ob eine Berufung des Dolmetschers vorliegt (BGH NJW 82, 2739). Die allgemeine Beeidigung muß sich auf die Sprache beziehen, in der der Dolmetscher tätig wird (BGH bei Holtz MDR 80, 456). War der Dolmetscher, der sich auf allg Beeidigung berufen hatte, nicht oder nicht ordnungsgemäß beeidigt, so liegt zwar ein Verfahrensverstoß vor, die Entscheidung beruht aber hierauf nicht, wenn Dolmetscher und Richter von ordnungsgemäßer allg Beeidigung ausgingen (BGH NJW 84, 1765).

3 **3) Nicht § 189,** sondern die Vorschriften über die Beeidigung eines Sachverständigen sind einschlägig, wenn der Übersetzer nicht als Verhandlungsdolmetscher, sondern als **Sprachsachverständiger** (vgl § 185 Rn 2) tätig wird, nämlich wenn er eine außerhalb der mündlichen Verhandlung abgegebene Erklärung übersetzt; wird der Verhandlungsdolmetscher hierzu herangezogen, so wird dies durch die Berufung auf den allg geleisteten Eid nicht abgedeckt (BGH NJW 65, 643).

4 **4)** Bewußt unrichtige Übersetzung ist **Meineid** (BGHSt 4, 154).

§ 190

Der Dienst des Dolmetschers kann von dem Urkundsbeamten der Geschäftsstelle wahrgenommen werden. Einer besonderen Beeidigung bedarf es nicht.

1 Der Urkundsbeamte, der in der betreff Sitzung als Protokollführer tätig ist, sonst § 189 (RGSt 2, 373). Der mitwirkende Richter kann nicht zugleich Dolmetscher sein (Karlsruhe Justiz 62, 93), wohl aber Zeuge oder Sachverständiger (RGSt 45, 304).

§ 191

[Ausschließung und Ablehnung]

Auf den Dolmetscher sind die Vorschriften über Ausschließung und Ablehnung der Sachverständigen entsprechend anzuwenden. Es entscheidet das Gericht oder der Richter, von dem der Dolmetscher zugezogen ist.

1 **1)** Zu den **Ablehnungsgründen** s §§ 406, 41, 42 ZPO. „Ausschließung" bedeutet ebenfalls Ablehnungsgrund; Verwandtschaft daher nur Ablehnungsgrund, der geltend gemacht werden muß,

also Bestellung nicht ausschließt (BVerwG NJW 84, 2055). § 41 Nr 5 ZPO gilt nicht (s § 406 ZPO Rn 7). Für den Übersetzer (s § 185 Rn 2) gilt idR § 406 ZPO unmittelbar (Sachverständiger).

2) Verfahren: richtet sich nach § 406 ZPO; insbesondere gilt – anders als im Strafverfahren – die zeitliche Grenze des § 406 II ZPO entsprechend (Jessnitzer S 89), s auch dort Rn 10. Zur Notwendigkeit der Gewährung **rechtl Gehörs** s § 406 Rn 13; die Anhörung des Dolmetschers ist jedoch nur veranlaßt, wenn im Interesse der Aufklärung des Ablehnungsgrundes geboten ist, nicht hingegen hat er ein selbständiges verfahrensrechtl Anhörungsrecht, auch nicht im Hinblick auf seinen Entschädigungsanspruch nach dem ZSEG (aA Stephan zu § 406 ZPO Rn 13; die Frage selbstverschuldeter Unverwertbarkeit ist gegebenenfalls im Verfahren nach § 16 ZSEG zu klären). **Entscheidung** des Gerichts oder (zB ersuchten) Richters (S 2) durch Beschluß. Rechtsmittel entsprechend § 406 V ZPO (s dort Rn 14); kein Beschwerderecht des abgelehnten Dolmetschers (Jessnitzer S 90). 2

3) Wirkung erfolgreicher Ablehnung: der Dolmetscher darf nicht weiter tätig bleiben. Dagegen ist eine (rückwirkende) Unverwertbarkeit der bisherigen Übersetzungsleistung – mit der Folge, daß das Verfahren wiederholt werden müßte – idR nicht anzunehmen. Ist der Ablehnungsgrund erst nachträglich entstanden, so scheidet eine rückwirkende Unverwertbarkeit ohnehin aus. Lag der die Ablehnung rechtfertigende Grund von Anfang an vor, so ist (entgegen Jessnitzer S 92) eine Wiederholung der unter seiner Mitwirkung durchgeführten Verfahrensteile nur dann nötig, wenn Anlaß besteht anzunehmen, daß in Folge des Ablehnungsgrundes die Übersetzungsleistung mangelhaft oder wesentlich beeinträchtigt war (so auch BVerwG NJW 85, 757 mit Hinweis auf die beschränkte Aufgabe des Dolmetschers als Gehilfe des Gerichts ohne eigene Wertungsaufgabe). 3

Sechzehnter Titel

BERATUNG UND ABSTIMMUNG

§ 192

[Mitwirkende]

(1) Bei Entscheidungen dürfen Richter nur in der gesetzlich bestimmten Anzahl mitwirken.

(2) Bei Verhandlungen von längerer Dauer kann der Vorsitzende die Zuziehung von Ergänzungsrichtern anordnen, die der Verhandlung beizuwohnen und im Falle der Verhinderung eines Richters für ihn einzutreten haben.

(3) Diese Vorschriften sind auch auf Schöffen anzuwenden.

1) Abs 1 Ist Regelung der ordnungsgemäßen Besetzung des Gerichts. Der Verstoß kann gemäß §§ 551 Nr 1, 579 Nr 1 ZPO geltend gemacht werden. Mitwirken bedeutet Teilnahme an der Willensbildung, bloße Anwesenheit oder Beratung ist noch keine Mitwirkung (vgl aber § 193). Für Richter auf Probe u kraft Auftrags vgl ferner § 29 DRiG. 1

2) Zuziehung von **Ergänzungsrichtern** kommt nur bei Kollegialgerichten in Betracht. Die Zuziehung ordnet der Vorsitzende an. Die Bestellung der Ergänzungsrichter ist Sache des Präsidiums (§ 21e I 1). Es ist dabei weder an die Mitglieder des betroffenen Spruchkörpers noch an deren Vertreter gebunden (vgl schon RGSt 59, 20). Bestellung ist nicht Vertretungsregelung (BGH NJW 76, 1547) und kann daher generell für alle Spruchkörper des Gerichts getroffen werden (vgl auch Foth DRiZ 74, 87). Die Ergänzungsrichter nehmen an der ganzen Verhandlung teil u können ihrerseits Fragen stellen; an Beratungen dürfen sie nicht teilnehmen (BGHSt 18, 331). Den Verhinderungsfall kann der Vorsitzende feststellen (RGSt 38, 43; vgl a BGHSt NJW 66, 2073). Auch b Ausfall des Vorsitzenden kann die Verhandlung unter Eintritt des Ergänzungsrichters Fortgang nehmen (BGHSt 21, 108), wobei jedoch § 21 f II beachtet werden muß (die Nichtteilnahme des berufenen Vertreters kann jedoch ihrerseits ein Verhinderungsgrund für diesen iSd § 21 f II sein). 2

§ 193

[Anwesenheit Dritter]

Bei der Beratung und Abstimmung dürfen außer den zur Entscheidung berufenen Richter nur die bei demselben Gericht zu ihrer juristischen Ausbildung beschäftigten Personen zugegen sein, soweit der Vorsitzende deren Anwesenheit gestattet.

1 **1) a)** Beratung und Abstimmung unterliegen der **Geheimhaltungspflicht,** §§ 43, 45 I 2 DRiG. § 193 soll die Einflußnahme Dritter ausschließen. Er setzt daher grundsätzlich voraus, daß Beratung und Abstimmung in einem nicht öffentlich zugänglichen Raum stattfinden. Leise Beratung im Sitzungssaal ist statthaft (RGSt 22, 396; BayZ 30, 252; BGHSt 19, 156; 24, 171), wenn sofortiger Konsens hergestellt werden kann.

2 **b)** Seinem Wesen nach ist eine Beratung und Abstimmung beim **Einzelrichter** nicht möglich; § 193 ist daher bei ihm nicht anwendbar (aA Schleswig SchlHA 57, 164); soweit dieser während der „Beratung" andere Personen (zB Sitzungsvertreter der StA, Urkundsbeamten) zuzieht, ist nicht gegen § 193, möglicherweise aber gegen den Grundsatz der Öffentlichkeit verstoßen (vgl a SchlHOLG DAR 64, 139).

3 **c)** § 193 geht von mündlicher Beratung aus. Das **Umlaufverfahren** (Papsthart DRiZ 71, 18) ist jedoch nicht ausgeschlossen; es muß nur sichergestellt sein, daß auf Verlangen eines Richters mündlich beraten wird. Zu fernmündlicher Zustimmung eines Richters s BSG NJW 71, 2096.

4 **2)** § 193 verbietet die Anwesenheit jedes an der Entscheidungsfindung Unbeteiligten, zB auch des Urkundsbeamten der Geschäftsstelle (vgl RGSt JW 30, 2794). Eine Ausnahme gilt für **Rechtsreferendare,** die in dem Gericht ausgebildet werden (nicht erforderlich ist, daß sie einem Richter des Spruchkörpers zugeteilt sind), vgl dazu Schneider MDR 68, 973. Den Rechtsreferendaren stehen Praktikanten gleich, die dem Gericht im Rahmen einer Ausbildung iSd § 5b DRiG zugewiesen sind. Dieser darf sich auch zur Sache äußern (BSG MDR 71, 522). Anwesenheit e Referendars, dessen Ausbildungsabschnitt bereits abgelaufen ist (BGHSt GA 65, 93, enger BVerwG NJW 82, 1716, das grundsätzlich eine noch wirksame Zuteilung fordert). Protokollführender Referendar darf zugelassen werden (OGHSt 2, 62), nicht Referendar, der im Verfahren aufgetreten ist (BGHSt 18, 165; Hamburg NJW 55, 1938). Sich informierende Rechtsstudenten sind nicht zu ihrer Ausbildung beschäftigt (Bremen NJW 59, 1145), nach OLG Karlsruhe (NJW 69, 628 u 1784 m Anm Kreft) auch nicht während einer in der Ausbildungsordnung vorgesehenen „Ferienpraxis" (mit Wortlaut des § 193 kaum vereinbar, auch sachlich wohl zu enge Grenzziehung; die Entscheidung, zur Ausbildung anwesende Studenten in geeigneten Fällen zuzulassen, kann dem Vorsitzenden überlassen werden). Ferner soll die in § 193 vorgesehene Ausnahme nicht gelten für Richter auf Probe, die das Gericht zur Dienstleistung, wenn auch vorerst ohne Übertragung richterl Funktionen (z Einarbeitung) zugewiesen sind (BAG NJW 67, 1581), auch nicht wissenschaftl Hilfsarbeiter des Gerichts (BVerwG NJW 57, 473; aA zu Recht Damrau NJW 68, 633; Mattern JZ 70, 557; anders auch vielfach die Praxis). Noch nicht eingetretene Ergänzungsrichter dürfen an der Beratung ebenfalls nicht teilnehmen (BGHSt 18, 331).

5 **3)** § 193 ist nicht nur Ordnungsvorschrift, Verstoß kann vielmehr mit **Rechtsmittel** geltend gemacht werden. Die Frage, ob das Urteil auf einer Verletzung des § 193 beruht, ist in der Regel zu bejahen, weil die Möglichkeit besteht, daß einzelne Richter durch die Anwesenheit Dritter beeinflußt wurden (RG JW 30, 2794; BGHSt b Dallinger MDR 55, 272; SchlHOLG DAR 64, 139); aber kein absoluter Revisionsgrund (BAG NJW 67, 1581; BGHSt 18, 332). Ein Verstoß gegen den Grundsatz des gesetzl Richters liegt nicht schon deshalb vor, weil § 193 verletzt ist (aA Kissel Rn 30, B-Albers Anm 2 aE).

§ 194

[Beratung und Abstimmung]

(1) Der Vorsitzende leitet die Beratung, stellt die Fragen und sammelt die Stimmen.

(2) Meinungsverschiedenheiten über den Gegenstand, die Fassung und die Reihenfolge der Fragen oder über das Ergebnis der Abstimmung entscheidet das Gericht.

1 **1) Beratung** ist regelmäßig mündlich. Schriftliche Beratung (zB durch Umlauf eines Entscheidungsvorschlags) ist jedoch möglich, wenn keiner widerspricht (s a § 193 Rn 3). Fernmündliche Rücksprache ist als Vorbereitung hierzu oder zur Klärung einer Zweifelsfrage über den schriftlichen Entwurf ebenfalls zulässig (BSG NJW 71, 2096: fernmündliche Abstimmung unzulässig). Zu „Beratung" bei Einzelrichter s BGHSt 11, 79.

2) Durcharbeitung der Akten setzt die Mitwirkung an der Beratung nicht notwendig voraus. Dies ergibt sich schon aus dem Grundsatz der Mündlichkeit. Die Information ehrenamtl Richter durch Sachvortrag des Vorsitzenden oder des Berichterstatters ist daher zu Recht üblich. Aber auch der mitwirkende Berufsrichter ist frei, wie er sich über den Sach- und Streitstand informiert, zB schriftliches Votum, mündlicher Vortrag des Berichterstatters in der (Vor)Beratung. Die Auffassung, die aus den Verfassungsgrundsätzen des gesetzl Richters und des rechtl Gehörs herleiten will, daß nur die (volle) Aktenkenntnis genügt (Stackelberg MDR 83, 364, Däubler JZ 84, 355, Döhring NJW 83, 851), ist abwegig (vgl a Schneider DRiZ 84, 361; Herr DRiZ 84, 359; s a vor § 128 ZPO Rn 7). Verfassungsrechtl erheblich kann einzig die Frage sein, ob wesentliches Vorbringen (Art 103 I GG) übergangen wurde; dies ist nach der Entscheidung und ihrer Begründung zu beurteilen, nicht durch grundsätzlich ohnehin unzulässiges (§§ 43, 45 I 2 DRiG) Eindringen in den Beratungsvorgang (s a B-Albers Anm 1). 2

3) Der Vorsitzende leitet die Beratung; dazu gehört auch die Bestimmung ihrer (zeitl, räuml) Umstände. Die Entscheidung von Meinungsverschiedenheiten durch das **Gericht (Abs 2)** kommt nur in Betracht, wenn diese sich auf den Beratungsvorgang selbst, nicht nur auf seine äußeren Begleitumstände beziehen. 3

§ 195

[Überstimmte]

Kein Richter oder Schöffe darf die Abstimmung über eine Frage verweigern, weil er bei der Abstimmung über eine vorhergegangene Frage in der Minderheit geblieben ist.

1) Der überstimmte Richter (Berufs- wie ehrenamtl Richter) ist über die weitere Abstimmung hinaus zur Mitwirkung bis zum Abschluß des Verf verpflichtet. Der überstimmte Berichterstatter hat die Entscheidungsgründe entsprechend der Mehrheitsmeinung zu entwerfen; ebenso ist der überstimmte Richter zur **Unterschrift** verpflichtet: durch sie wird nur bestätigt, daß die Urteilsgründe mit dem Ergebnis der Beratung übereinstimmen (vgl BGH NJW 75, 1177); über Meinungsverschiedenheiten insoweit ist ebenfalls durch Abstimmung mehrheitlich zu entscheiden. Einseitige Zusätze (s aber Rn 3) sind unzulässig und bedeutungslos (BGH aaO). 1

Der überstimmte Richter hat auch das **Beratungsgeheimnis** (§ 43 DRiG, für ehrenamtl Richter § 45 I 2 DRiG) zu wahren, s auch Seibert MDR 57, 597; kritisch Stücker JZ 69, 33. Dies gilt auch hinsichtlich der Aufdeckung der Stimmenverhältnisse ohne Namensnennung in den Entscheidungsgründen (BVerfG NJW 66, 1603). Das Beratungsgeheimnis steht auch grundsätzlich einer Beweiserhebung über die Beratung und Abstimmung entgegen (vgl BGH NJW 75, 1177); der BGH läßt offen, ob anderes gilt, wenn ein Richter das Beratungsgeheimnis selbst aufgibt, um einen Abstimmungsfehler aufzudecken (vgl auch RG 60, 296). 2

2) Zur Frage, ob auch abweichende Begründungen **(„dissenting vote")** zugelassen werden sollen (für BVerfG geregelt in § 30 II BVerfGG) s Berger NJW 68, 961 Cohn JZ 69, 330; Federer JZ 68, 511; 69, 369; Scheuerle ZZP 68, 317; Pakuscher JZ 68, 294; Vollkommer JR 68, 241; Wagner DRiZ 68, 253; Zweigert, Gutachten für den 47. Dt Juristentag, Bd I (Gutachten) Teil D S 1. 3

3) Verstoß gegen § 195 führt zu fehlerhafter Besetzung des Gerichts bei der Entscheidung (§§ 551 Nr 1, 579 NR 1 ZPO). Die Abstimmungsverweigerung ist zwar Amtspflichtverletzung, jedoch führt sie nicht zur Verhinderung des verweigernden Richters; Zuziehung eines Ersatzrichters oder neue Verhandlung ist daher nicht möglich (a A BL § 195 GVG Anm 1). 4

§ 196

[Stimmenfeststellung]

(1) Das Gericht entscheidet, soweit das Gesetz nicht ein anderes bestimmt, mit der absoluten Mehrheit der Stimmen.

(2) Bilden sich in Beziehung auf Summen, über die zu entscheiden ist, mehr als zwei Meinungen, deren keine die Mehrheit für sich hat, so werden die für die größte Summe abgegebenen Stimmen den für die zunächst geringer abgegebenen so lange hinzugerechnet, bis sich eine Mehrheit ergibt.

(3) Bilden sich in einer Strafsache, von der Schuldfrage abgesehen, mehr als zwei Meinungen, deren keine die erforderliche Mehrheit für sich hat, so werden die dem Beschuldigten nachteiligsten Stimmen den zunächst minder nachteiligen so lange hinzugerechnet, bis sich die

erforderliche Mehrheit ergibt. Bilden sich in der Straffrage zwei Meinungen, ohne daß eine die erforderliche Mehrheit für sich hat, so gilt die mildere Meinung.

(4) Ergibt sich in dem mit zwei Schöffen besetzten Schöffengericht in einer Frage, über die mmt einfacher Mehrheit zu entscheiden ist, Stimmengleichheit, so gibt die Stimme des Vorsitzenden den Ausschlag.

1 Im Zivilprozeß Abstimmung nach den Elementen der Entscheidung; Abs 2 gilt im Straf- wie im Zivilprozeß. B Bestrafung hat auch das Zivilgericht die strafverfahrensrechtl Abstimmungsgrundsätze anzuwenden. Dazu Breetzke DRiZ 62, 5. Zur Tatbestandsberichtigung s § 320 IV ZPO.

§ 197

[Reihenfolge der Abstimmung]

Die Richter stimmen nach dem Dienstalter, bei gleichem Dienstalter nach dem Lebensalter, ehrenamtliche Richter und Schöffen nach dem Lebensalter; der jüngere stimmt vor dem älteren. Die Schöffen stimmen vor den Richtern. Wenn ein Berichterstatter ernannt ist, so stimmt er zuerst. Zuletzt stimmt der Vorsitzende.

1 Das Dienstalter bestimmt sich nach § 20 DRiG (vgl dazu Fähnrich DRiZ 64, 36; Richter DRiZ 66, 80). Richter auf Probe und kraft Auftrags stimmen – gegebenenfalls nach dem Berichterstatter – als erster Berufsrichter, da sie mangels Übertragung eines Richteramtes iSd § 20 DRiG, kein Dienstalter in diesem Sinn haben. Der Vorsitzende stimmt nach S 4 auch dann zuletzt, wenn er selbst Berichterstatter ist (BVerwG BayVerwBl 80, 305).

§ 198

[Aufgehoben durch 83 Nr 13 DRiG; betraf Wahrung der Abstimmungsgeheimnisse. S nun §§ 43, 45 I 2 DRiG für Berufs- u ehrenamtl Richter; für Schiedsrichter s BGH 23, 138.]

Siebzehnter Titel

GERICHTSFERIEN

Vorbemerkungen zu §§ 199–202

1 **1)** Die Regelung über die Gerichtsferien hat im Wesentlichen nur für **Zivilsachen** Bedeutung (Strafsachen, vgl § 200 II Nr 1). Wirkung: § 200 I und Hemmung des Laufes von Fristen, § 223 ZPO. Zusammenstellung der Einzelfragen s AnwBl 68, 178, sowie Schneider JurBüro 69, 569. Ohne Einfluß sind die Gerichtsferien in den Verfahren der **freiwilligen Gerichtsbarkeit** (§ 10 FGG) und im **arbeitsgerichtlichen Verfahren** (§ 9 I 2 ArbGG).

2 **2)** Die Gerichtsferien hindern das **Tätigwerden des Gerichts nach außen,** nicht betroffen ist der interne Gerichtsbetrieb (Geschäftsstellentätigkeit, aber auch Urteilsberatung und Absetzen von Entscheidungsgründen), auch nicht soweit dieser nach außen wirkt (Zustellungen, Ladungen; vgl im einzelnen § 200 Rn 1 ff). – Die Gerichtsferien behindern ferner nicht die Wirksamkeit von Prozeßhandlungen der Parteien.

3 **3)** Die Regelung der §§ 199 ff ist **wenig geglückt.** Für den Rechtsuchenden ist schon der Begriff „Gerichtsferien" irreführend, dazu kommt die Unüberschaubarkeit der Regelung in Folge der zahlreichen Ausnahmen, dies gilt insbesondere für das amtsgerichtliche Verfahren (vgl § 200 III). Die dennoch starre Regelung hat sich zudem jedenfalls für das erstinstanzliche Verfahren sowohl für die „Ferien" wie für die Zeit nach deren Ende (Häufung von Terminen) als wenig sachdienlich erwiesen; sie sollte im Zuge der Bestrebungen um eine Beschleunigung der Verfahren elastischer und praktikabler gestaltet werden (vgl auch Schultz MDR 79, 547).

§ 199

[Dauer]

Die Gerichtsferien beginnen am 15. Juli und enden am 15. September.

Beide Tage gehören zu den Ferien. 1

§ 200

[Feriensachen]

(1) Während der Ferien werden nur in Feriensachen Termine abgehalten und Entscheidungen erlassen.

(2) Feriensachen sind:

1. Strafsachen;

2. Arrestsachen sowie die eine einstweilige Verfügung oder eine einstweilige Anordnung nach den §§ 127a, 620, 621 f der Zivilprozeßordnung betreffenden Sachen;

3. Meß- und Marktsachen;

4. Streitigkeiten zwischen dem Vermieter und dem Mieter oder Untermieter von Wohnräumen oder anderen Räumen oder zwischen dem Mieter und dem Untermieter solcher Räume wegen Überlassung, Benutzung oder Räumung, wegen Fortsetzung des Mietverhältnisses über Wohnraum auf Grund der §§ 556a, 556b des Bürgerlichen Gesetzbuchs sowie wegen Zurückhaltung der von dem Mieter oder dem Untermieter in die Mieträume eingebrachte Sachen;

5. Streitigkeiten in Kindschaftssachen;

5a. Streitigkeiten über eine durch Ehe oder Verwandtschaft begründete gesetzliche Unterhaltspflicht, soweit sie nicht Folgesachen (§ 623 Absatz 1 Satz 1 der Zivilprozeßordnung) sind, und über Ansprüche nach den §§ 1615k, 1615l des Bürgerlichen Gesetzbuchs;

5b. Familiensachen nach § 23b Absatz 1 Satz 1 Nr. 2 bis 4, 8, soweit sie nicht Folgesachen (§ 623 Absatz 1 Satz 1 der Zivilprozeßordnung) sind;

6. Wechselsachen;

7. Regreßansprüche aus einem Scheck;

8. Bausachen, wenn über Fortsetzung eines angefangenen Baues gestritten wird.

(3) In dem Verfahren vor den Amtsgerichten hat das Gericht auf Antrag auch andere Sachen als Feriensachen zu bezeichnen. Werden in einer Sache, die durch Beschluß des Gerichts als Feriensache bezeichnet ist, in einem Termin zur mündlichen Verhandlung einander widersprechende Anträge gestellt, so ist der Beschluß aufzuheben, sofern die Sache nicht besonderer Beschleunigung bedarf.

(4) In den Verfahren vor den Landgerichten sowie in dem Verfahren in den höheren Instanzen soll das Gericht auf Antrag auch solche Sachen, die nicht unter die Vorschrift des Absatz 1 fallen, soweit sie besonderer Beschleunigung bedürfen, als Feriensachen bezeichnen. Die Bezeichnung kann vorbehaltlich der Entscheidung des Gerichts durch den Vorsitzenden erfolgen.

1) a) Bedeutung der Gerichtsferien: Siehe Rn 2 vor § 199; außer i Feriensachen (Rn 8 ff, 31 ff) 1
keine Termine (auch nicht solche des beauftragten oder ersuchten Richters), **keine Entscheidungen** (Urteile, Beschlüsse, Verfügungen sachl Inhalts), auch nicht Entscheidung ohne mündl Verhandlung oder im schriftl Verfahren nach § 128 II ZPO.

Der **Erlaß** der Entscheidung regelt sich nach §§ 310, 329 ZPO. Das Verbot des Abs 1 betrifft nur 2
den Erlaß selbst, nicht etwaige Folgeakte, zB die Zustellung nach § 317 ZPO (diese hat während der Ferien daher nur zu unterbleiben, soweit sie nach § 310 III ZPO die Verkündung ersetzt und daher für den „Erlaß" maßgeblich ist). Dies bestätigt auch die Regelung der §§ 516, 552 u 577 II iVm § 223 II ZPO, die sonst für Nichtferiensachen sinnlos wäre. In den Fällen der §§ 310 III, 329 II ZPO hat während der Gerichtsferien die Verfügung des Richters, daß zugestellt werden soll, zu unterbleiben; ist die Verfügung vor Beginn der Ferien erlassen, so kann die Zustellung durch die Geschäftsstelle auch noch während der Ferien ausgeführt werden (vgl Rn 2 vor § 199).

Das Entscheidungsverbot gilt auch für das **Versäumnisurteil** ohne mündl Verhandlung nach 3
§§ 331 III, 276 I ZPO (Koblenz NJW 79, 1465; aA Bruhn NJW 79, 2522; AG Bergisch Gladbach NJW

77, 2080); aus Notfrist (§§ 276 I 1, 223 II ZPO) ergibt sich nichts anderes, da dies nur den Fristablauf, nicht aber die Frage betrifft, ob eine Entscheidung in den Gerichtsferien ergehen kann. Auch hier kann – wie bei Entscheidung nach § 519 b ZPO über unzulässige Berufung – die Folge aus Fristversäumung erst nach Ablauf der Sperre des § 200 I gezogen werden, es sei denn der Rechtsstreit ist nach Abs 3 oder Abs 4 zur Feriensache erklärt.

4 **Von den Gerichtsferien nicht betroffen sind Maßnahmen des internen Dienstbetriebs** (Beratung und Beschlußfassung) und **prozeßleitende Maßnahmen,** die die mündl Verhandlung **nur** vorbereiten (Terminsbestimmung, Wertfestsetzung zur Bestimmung des Kostenvorschusses – schon wegen § 202 –, sowie Anordnungen nach § 273 – bei Fristsetzung gilt aber 223 I ZPO).

5 Str ist, ob sich das Verbot auch auf **Entscheidungen in selbständigen Nebenverfahren** erstreckt. Nach RG (55, 327; ebenso Saarbrücken NJW 68, 996 u 1786; München NJW 82, 2328) gilt § 200 I auch für Beschlüsse über Prozeßkostenhilfe. Dagegen soll nach Koblenz (MDR 77, 501 mwN) die Entscheidung über die Ablehnung eines Richters oder Sachverständigen möglich sein; dem ist nicht beizutreten: im Unterschied zu den oben genannten nur vorbereitenden Maßnahmen haben diese Entscheidungen endgültigen und eben nicht nur vorbereitenden Charakter; insoweit kann nichts anderes als etwa für den Beweisbeschluß gelten (der nach einhelliger Meinung unter das Entscheidungsverbot fällt), mag dieser auch die Voraussetzung für den raschen Fortgang des Verf nach Ende der Gerichtsferien schaffen. Generell werden in Nichtferiensachen alle Entscheidungen zu unterbleiben haben, bei denen die Anhörung des Gegners nötig ist (Art 103 I GG), da sich die Parteien auf die Gerichtsferien einstellen können.

6 Über Bedeutung der Gerichtsferien für **Fristablauf** vgl § 223 ZPO. Notfristen (vgl insb Rechtsmittelfristen, §§ 516, 552, 577 II ZPO) und Fristen in Feriensachen laufen. Die Belehrung der Partei über diese Folge der Erklärung zur Feriensache ist nur nötig, wenn eine Rechtsbehelfsbelehrung vorgeschrieben ist (zu weit Düsseldorf NJW 84, 1567). Ist in einer Feriensache die Rechtsmittelbegründungsfrist abgelaufen, so kann durch eine nachgereichte Begründungsschrift, die – etwa durch Auswechseln des Klagegrunds (vgl unten Rn 9) – die Sache zur Nichtferiensache machen würde, die Zulässigkeit des Rechtsmittels nicht wiederhergestellt werden (BGH NJW 77, 900).

7 **b) Verstöße: Termine** sind nicht ordnungsgemäß anberaumt (§ 335 I Nr 2 ZPO). Die Terminierung in den Gerichtsferien bei Nichtferiensachen eröffnet jedoch nicht die Beschwerde entgegen § 227 II 3 ZPO (Frankfurt MDR 83, 1031); jedoch kann hierdurch verursachte unzureichend oder verspätete Erklärung der betroffenen Partei nicht angelastet werden (kein Zurückweisen als verspätet). **Entscheidungen,** die entgegen § 200 I ergehen, sind jedenfalls nicht nichtig (sie werden mit der Verkündung oder Zustellung in den Ferien auch existent), jedoch mit den allgemeinen Rechtsmitteln anfechtbar. Der Verfahrensverstoß ist in der Berufung von Amts wegen (Saarbrücken NJW 68, 996), in der Revision unter den Voraussetzungen des § 554 III Nr 2 (§ 559) ZPO zu berücksichtigen. Strittig ist, wie die Frage zu beurteilen ist, wann das Urteil auf dem Verstoß beruht. Entgegen RG 31, 430 (so wohl auch Saarbrücken aaO) kann nicht schlechthin ein Beruhen auf dem Mangel angenommen werden; vielmehr wird davon auszugehen sein, daß der Inhalt des Urteils nicht davon beeinflußt ist, ob es zu einem bestimmten Kalendertermin verkündet wurde, so daß der Erlaß eines Urteils in den Ferien in einer Nichtferiensache idR nicht zur Aufhebung führen kann (jetzt hM vgl ThP § 200 Anm 5, BL Übers 2 zu § 199 GVG; München NJW 82, 2328: jedenfalls dann nicht, wenn durch den Zeitpunkt der Entscheidung der gesetzl Richter nicht beeinflußt wurde, s § 201). – Ferner ist zu beachten, daß Verstöße gegen § 200 **gemäß § 295 ZPO** geheilt werden, soweit Rügeerhebung noch möglich wäre (hM, vgl Saarbrücken NJW 68, 996; aA noch RG 31, 431).

2) Feriensachen sind solche entweder kraft Gesetzes (Abs 2, § 202 u Sonderbestimmungen) oder kraft richterl Bezeichnung (Abs 3, 4); über die letzteren Rn 21.

8 **a)** Die Eigenschaft einer **Feriensache kraft Gesetzes** ist nach dem Tatsachenvorbringen des Klägers, nicht nach der von ihm vorgenommenen rechtlichen Subsumtion zu entscheiden (BGH NJW 85, 141); sie gilt für alle Prozeßabschnitte u Instanzen u erstreckt sich auch auf unselbständige Nebenverfahren (zB Prozeßkostenhilfe-, Beweissicherungsverfahren, Richterablehnung, s Rn 5).

9 Die Verbindung **mehrerer Klageansprüche,** von denen nur einer unter § 200 II fällt (zB Verbindung eines Wechselanspruchs mit einem Bereicherungsanspruch) macht die ganze Sache zur Nichtferiensache (RG 118, 28, vgl BGH 8, 52; MDR 77, 649). Liegt nicht objektive Klagehäufung, sondern e einheitl, nur auf verschiedene Klagegründe gestütztes Begehren vor (zB Klage auf Herausgabe von Räumen, die sowohl auf Eigentum wie auf Mietaufhebung gestützt wird), so wird die ganze Sache nicht nur dann zur Nichtferiensache, wenn der in erster Linie geltend gemachte Klagegrund keine Ferieneigenschaft verleiht (BGH MDR 62, 400), sondern sogar

dann, wenn der an 1. Stelle geltend gemachte Klagegrund für sich allein die Eigenschaft als Feriensache begründen würde (BGH 9, 22; 37, 372; NJW 85, 141). In einem solchen Fall ändert sich an der Eigenschaft als Nichtferiensache auch nichts dadurch, daß die Klage nur aus dem Grund zugesprochen wird, der die Eigenschaft als Feriensache begründen würde (BGH 9, 29). Die eintretende Verzögerung kann (b mehreren Ansprüchen) für den eiligen durch getrennte Klageerhebung, Trennung nach § 145 ZPO oder Erklärung der ganzen Sache z Feriensache vermieden werden; keine Spaltung der Behandlung (RG 118, 31).

Erhebung einer **Widerklage** hat auf die Beurteilung des Klageanspruchs keinen Einfluß (BGH 8, 53); auch hier keine Aufspaltung; entscheidend ist die Klage (BGH NJW 58, 588); ist das Klagebegehren Feriensache, so wird es auch die Widerklage (RG 118, 34; BGH NJW 58, 588); im umgekehrten Fall ist auch die Widerklage als Nichtferiensache zu behandeln (KG JW 31, 1106, BGH aaO). 10

Vollstreckungsgegenklage nach § 767 ZPO ist Feriensache, wenn der angegriffene Titel einen unter Abs 2 fallenden Anspruch betrifft (BGH NJW 80, 1695), nicht dagegen wenn Verfahren, aus dem der Titel stammt, nach Abs 3 oder 4 zur Feriensache erkärt war. 11

b) Abs 2 Nr 2: Eilverfahren nach §§ 916 bis 945 ZPO und einstweilige Anordnungen in **Familiensachen** einschließlich der Regelung über Kostenvorschüsse nach §§ 127 a, 621 f ZPO. Familiensachen der freiw Gerichtsbarkeit im allgemeinen sind jedoch keine Feriensachen (soweit nicht einstw Anordnungen, Dickert FamRZ 81, 939), da § 10 FGG gemäß § 621 a I 2 ZPO nicht gilt (BayObLG MDR 80, 586; vgl auch § 621 a ZPO Rn 15). 12

Nr 3: s § 30 ZPO. 13

Nr 4: Mietstreitigkeiten nicht Pachtstreitigkeiten, BGH NJW 58, 588; München OLG 29, 77; zur Abgrenzung s BGH ZMR 81, 306) im Umfang der amtsgerichtlichen Zuständigkeit nach § 23 NR 2 a (vgl BGH NJW 58, 588), s dort (also insb nicht Mietzinsklagen). Klagen auf Feststellung des Bestehens oder Nichtbestehens e Mietverhältnisses fallen nicht darunter (BGH NJW 58, 588); Schadensersatzansprüche fallen nach dem Sinn der Vorschrift, da Beschleunigungsgebot nicht eingreift, auch nicht darunter (BGH NJW 80, 1695: jedenfalls nicht, wenn Mietverhältnis beendet ist). Streit ü die Instandhaltungspflicht ist Streit ü die Benützung (BGH NJW 63, 713). Feriensache ist auch der Streit über Fortsetzung des Mietverhältnisses nach §§ 556 a, 556 b BGB. Unerheblich ist, ob der Klageanspruch auf Mietvertrag oder auf andere Rechtsgrundlagen (zB unerlaubte Handlung) gestützt wird, soweit nur jedenfalls ein Mietverhältnis der bezeichneten Art besteht (BGH NJW 80, 1625). – Wird eine Klage auf Räumung und Herausgabe auch auf § 985 BGB gestützt, so liegt keine Feriensache vor (BGH NJW 85, 141; vgl auch Rn 9). 14

Nr 5: Kindschaftssachen, s § 640 II ZPO. 15

Nrn 5 a und 5 b: Familienrechtl Streitigkeiten – Neufassung durch UÄndG 1986 (Grund: Beseitigung von Unstimmigkeiten, die sich insb bei der Teilanfechtung von Verbundurteilen ergaben – s BGH NJW 83, 1561 –, und Erweiterung des Katalogs – neue Nr 5 b). Scheidungssachen sind mangels Beschleunigungsbedürfnis auch weiterhin keine Feriensachen, dagegen sind es grundsätzlich **Unterhaltssachen** (Nr 5 a, § 23 a Nrn 2 und 3, nicht nur die entsprechenden Familiensachen) und Verfahren betreffend **Sorgerecht, Umgangsrecht, Herausgabe eines Kindes sowie die Ehewohnung und den Hausrat** (Nr 5 b, vgl § 23 b I 1 Nrn 2, 3, 4 und 8, dazu dort Rnr 24–26, 32–35). Eine wesentliche Einschränkung gilt für alle hierunter fallenden Familiensachen; sie sind nur Feriensachen, soweit sie keine **Folgesachen** (§ 623 I ZPO) sind. Der geänderte Wortlaut („sind" statt „zu verhandeln sind") stellt klar, daß es nur auf diese Eigenschaft ankommt, die auch nach Abtrennung (§ 628 ZPO) oder bei Teilanfechtung nur der Folgesache (§ 629 a II ZPO) für § 200 bestimmend bleibt. Der weitere Verfahrensgang einer solchen Folgesache beeinflußt die Eigenschaft als Nichtferiensache nicht mehr. Diese Folgesachen können jedoch ggf nach § 200 III, IV zu Feriensachen erklärt werden, soweit die gemeinsame Behandlung mit der Scheidungssache wegen Abtrennung oder beschränkter Teilanfechtung nicht mehr besteht. – Nr 5 a gilt auch für übergeleitete Unterhaltsansprüche, wenn es sich um Rückstände handelt (Frankfurt FamRZ 80, 618). Ist der Unterhalt durch Prozeßvergleich geregelt, so fällt hierauf gestützte Klage auch unter Nr 5 a (BGH VersR 80, 679). 16

Nr 6: jede Klage aus **Wechsel** ohne Rücksicht auf die Prozeßart (RG 78, 317), also auch bei Klage im oder nach Übergang ins ordentl Verfahren (BGH 18, 173; VersR 66, 833; MDR 77, 649; VersR 78, 255); auch Klage auf Herausgabe e Wechselurkunde (Stuttgart MDR 57, 44); auch die Klage auf Feststellung e Wechselforderung z Konkurstabelle (BGH NJW 67, 1371). Wird Klage – wenn auch nur hilfsweise – auch auf das Grundgeschäft gestützt, verliert der ganze Rechtsstreit die Eigenschaft als Feriensache (BGH 37, 371; MDR 77, 649; VersR 78, 255; vgl auch Rn 9); dies kann aber nur durch den Kläger geschehen; dadurch, daß Bekl Einwendungen aus dem Grund- 17 geschäft erhebt u der Kläger sich hiergegen verteidigt, geht die Eigenschaft als Feriensache noch nicht verloren; die Erklärung des Klägers, den Klageanspruch auch auf das Grundgeschäft zu stützen, muß deutlich sein (BGH VersR 79, 230 u 255).

18 **Nr 7:** Rückgriffsansprüche (Art 40 ff ScheckG), nicht alle Ansprüche aus **Scheck:** Verfahrensart jedoch auch hier ohne Bedeutung (vgl zu Nr 6); BGH MDR 77, 649.

19 **Nr 8:** Voraussetzung ist, daß die **Arbeiten an dem Bau unterbrochen** sind. Nach Klagevortrag (vgl Rn 9) müssen die Arbeiten begonnen und dann vorzeitig eingestellt oder abgebrochen worden sein (BGH MDR 77, 487); wird dagegen über Umfang eines Auftrags, dessen vollständige oder ordnungsgemäße Erfüllung gestritten, gilt nicht Nr 8, sondern nur Abs 3 oder 4. Die Frage der Bauabnahme ist daher für Nr 8 ohne Bedeutung (BGH aaO). – Abtretung oder Schuldübernahme ändern nichts an der Eigenschaft als Feriensache (München BayJMBl 52, 66).

20 **c) Weitere Feriensachen:** § 202 (s dort); Baulandbeschaffungssachen (§ 221 Abs 1 S 2 BauGB); Streitigkeiten wegen Störung elektrischer Anlagen nach G v 6. 4. 92 (RGBl 467); für Entschädigungssachen s § 209 VI BEG.

21 **3) Feriensache kraft Bezeichnung (Abs 3 und 4): a)** Voraussetzung ist **Antrag** (für diesen keine Befreiung vom Anwaltszwang, soweit er gegeben ist); er kann uU als stillschw gestellt angesehen werden, insbes wenn Umstände geltend gemacht werden, aus denen sich ohne weiteres das Bedürfnis nach einer noch in den Gerichtsferien ergehenden Entscheidung ergibt, zB Prozeßkostenhilfe-Gesuch bei drohendem Ablauf einer Notfrist (RG 55, 328); der Terminsantrag genügt für sich jedoch nicht. „Die Sache" ist als Feriensache zu bezeichnen; keine Beschränkung auf einzelne Prozeßhandlungen, auch nicht auf Nebenverfahren (str). Die Bezeichnung erfolgt beschlußmäßig ohne mündl Verhandlung durch das Gericht (auch Einzelrichter; nicht durch beauftragten oder ersuchten Richter), ggfalls vorläufig durch den Vorsitzenden (IV 2, zB bei Terminsbestimmung); eine solche vorl Bezeichnung kann vom Gericht wieder aufgehoben werden (Eigenschaft als Feriensache wird dadurch rückwirkend wieder beseitigt); die Bestätigung durch das Gericht bedarf sie nicht (BGH 28, 398). – Zu (fehlendem) Rechtsschutzbedürfnis für Gegenanträge nach Erklärung zur Feriensache s LG Berlin MDR 84, 62.

22 **b) Beim Amtsgericht** hat die Bezeichnung auf entspr Antrag ohne Prüfung der Beschleunigungsbedürftigkeit zu erfolgen; jedoch nachträgl Aufhebung, wenn widersprechende Anträge gestellt werden und die Sache keiner bes Beschleunigung bedarf (Abs 3; die Regelung ist wenig zweckmäßig, da die erschienenen Parteien meist an einer sinnvollen Fortsetzung der mündlichen Verhandlung interessiert sind. Nach § 295 ZPO, s Rn 7, ist die Fortsetzung des Verfahrens trotz Aufhebung des Ferienbeschlusses aber ggf unschädlich und möglich).

23 **c)** Vor dem **Kollegialgericht** ist das Beschleunigungsbedürfnis von vornherein z prüfen (Abs 4 S 1; s aber § 209 VI BEG). Bes Beschleunigung ist erforderlich, wenn einer Partei durch den Aufschub rechtliche oder wirtschaftliche Nachteile von Gewicht drohen, die über den reinen Zeitverlust hinausgehen (Celle NdsRpfl 67, 253). Hierüber hat das Gericht nach freiem Ermessen zu entscheiden.

24 **d) Der Beschluß** auf Erklärung z Feriensache ist zuzustellen, wenn durch ihn eine Frist in Lauf gesetzt wird (§ 329 III ZPO; BGH 28, 398); sonst formlose Mitteilung. Die Folge der Ingangsetzung von Fristen tritt am Tage nach der Zustellung ein (RG Warn 29 Nr 172). Die Wirkung der Bezeichnung erstreckt sich nur auf die betreffende Instanz (RG 143, 252); sie gilt jedoch für die ganze Instanz, also auch über das Kalenderjahr hinaus. Der Beschluß kann jedoch wegen veränderter Umstände jederzeit aufgehoben werden. Jedoch ist insoweit weder ein Antrag nötig, noch besteht überhaupt ein förmliches Antragsrecht einer Partei auf Aufhebung der Bestimmung zur Feriensache (vgl LG Berlin MDR 84, 62). Gegen die Erklärung zur Feriensache **keine Beschwerde** (RG JW 96, 571); gegen Ablehnung des Ferienantrags (oder Aufhebung der vorläufigen Bezeichnung des Vorsitzenden durch das Gericht nach Abs 4 S 2, die gleichfalls eine Ablehnung des Ferienantrags enthält) Beschwerde nach § 567. Ebenso ist Beschwerde zulässig gegen die Aufhebung der Bestimmung als Feriensache, da dies der Ablehnung des Antrags gleichsteht.

§ 201

[Ferienkammern und -senate]

Zur Erledigung der Feriensachen können bei den Landgerichten Ferienkammern, bei den Oberlandesgerichten und dem Bundesgerichtshof Feriensenate gebildet werden.

1 Bildung durch das Präsidium, das die erforderl Bestimmung im Geschäftsverteilungsplan zu treffen hat (BGH 9, 33; BGHSt 15, 217; 21, 261). Wegen der Besetzung (Berücksichtigung der

Beurlaubungen) s RGSt 40, 84; 56, 145; HRR 29, 982. Den Vorsitz kann auch ein nicht zum Vorsitzenden Richter ernannter Richter führen, soweit die Vorsitzenden Richter – etwa durch Urlaub – verhindert sind (§ 21 f II GVG, s dort auch Rn 1; vgl BGHSt 17, 223). Die Verfahren der freiw Gerichtsbarkeit sind aus dem Geschäftsbereich der Ferienkammern u -senate nicht auszunehmen (BGH 9, 30, abw von 6, 193; s a BayObLG NJW 53, 145).

§ 202

[Ferienlose Verfahren]

Auf das Kostenfestsetzungsverfahren, das Mahnverfahren, das Zwangsvollstreckungsverfahren, das Konkursverfahren und das Vergleichsverfahren zur Abwendung des Konkurses sind die Ferien ohne Einfluß.

1) § 202 enthält praktisch eine Erweiterung der in § 200 II aufgezählten Feriensachen, allerdings nicht nach bestimmten Sachmaterien, sondern für bestimmte Verfahrensabschnitte. 1

2) **Kostenfestsetzungsverfahren** nach §§ 103 ff ZPO, einschließlich etwaiger Erinnerungs- u Beschwerdeverfahren. Auch die Streitwertfestsetzung selbst gehört hierzu, da sie Grundlage der Kostenfestsetzung ist. Auch der Kostenausspruch nach § 515 III ZPO zählt zum Kostenfestsetzungsverfahren, da lediglich die schon kraft Gesetzes bestehende Kostentragungspflicht mit Wirkung für das Kostenfestsetzungsverfahren ausgesprochen wird (Frankfurt MDR 83, 943). Isolierte Kostenentscheidungen im allgemeinen (zB nach § 91 a ZPO) sind jedoch nicht Teil des Kostenfestsetzungsverfahrens. 2

3) **Mahnverfahren:** umfaßt das gesamte Verfahren nach §§ 688 ff bis zur Überleitung in das streitige Verfahren. Dies folgt aus dem Sinn der Regelung, die zügige Abwicklung dieses summarischen Verfahrens zu gewährleisten (Köln MDR 82, 945). Daher sind die Gerichtsferien nicht nur für die Einlegung des Widerspruchs, sondern auch für den Einspruch gegen den Vollstreckungsbescheid ohne Einfluß (Köln aaO, vgl auch § 700 ZPO Rn 3; unklar Kissel Rdnr 3; wie hier Wieczorek Anm A II; B-Albers Anm 2). Auch die Frist für den Antrag auf Wiedereinsetzung wegen Versäumung der Einspruchsfrist nach § 700 I ZPO läuft daher, obwohl keine Notfrist (BGH 26, 99), während der Ferien. 3

4) **Zwangsvollstreckungsverfahren** umfaßt das gesamte Verfahren nach dem 8. Buch der ZPO einschließlich etwaiger Beschwerdeverfahren. Gleichgültig ist, ob die Vollstreckungshandlung vom Gerichtsvollzieher oder vom Vollstreckungsgericht vorzunehmen ist. Auch Erteilung der Klausel und auch die des Rechtskraftzeugnisses gehört hierher. Ebenso Verteilungsverfahren (RG JW 98, 222). Zum Vollstreckungsverfahren gehört auch Antrag auf Bestimmung einer Sicherheit nach § 108 ZPO (Nürnberg BayJMBl 61, 54). 4

Nicht zum Vollstreckungsverfahren nach § 202 gehören: Teilungsversteigerung nach §§ 180 ff ZVG (Koblenz NJW 61, 131; Hamm JMBlNW 64, 69); Streitverfahren aus Anlaß der Zwangsvollstreckung, die jedoch nicht selbst Zwangsvollstreckung sind: Klage auf Erteilung der Klausel nach § 731 ZPO; Vollstreckungsgegenklage nach § 767 ZPO (vgl aber auch § 200 Rn 11); Widerspruchsklage nach § 771 ZPO; Klage auf Vollstreckbarerklärung ausländischer Urteile (§ 722 ZPO) oder von Schiedssprüchen (§ 1042 ZPO). 5

5) **Konkurs- und Vergleichsverfahren** zur Abwendung des Konkurses, nicht aber aus Anlaß des Konkurses entstehende sonstige Streitverfahren, etwa Prozesse des Konkursverwalters. 6

Einführungsgesetz zum Gerichtsverfassungsgesetz

vom 27. 1. 1877 (RGBl 77), zuletzt geändert durch das Gesetz vom 4. 12. 1985 (BGBl I 2141)

§ 1

(betrifft Inkrafttreten: 1. 10. 1879)

§ 2

Die Vorschriften des Gerichtsverfassungsgesetzes finden nur auf die ordentliche streitige Gerichtsbarkeit und deren Ausübung Anwendung.

1 1) S für die freiw Gerichtsbarkeit aber auch BGH 9, 32 u § 13 GVG Rn 4. Eine Erweiterung enthält § 23b GVG, soweit den Familiengerichten Verfahren nach dem FGG übertragen werden (vgl auch § 64a FGG). Übertragung weiterer Aufgaben an die ordentl Gerichte durch Landesrecht: §§ 3, 4.

2 2) Anwendung des GVG in Verfahren vor den Verwaltungsgerichten u a: § 55 VwGO, § 52 FGO; § 61 SGG.

§ 3

(1) Die Gerichtsbarkeit in bürgerlichen Rechtsstreitigkeiten und Strafsachen, für welche besondere Gerichte zugelassen sind, kann den ordentlichen Gerichten durch die Landesgesetzgebung übertragen werden. Die Übertragung darf nach anderen als den durch das Gerichtsverfassungsgesetz vorgeschriebenen Zuständigkeitsnormen erfolgen.

(2) Auch kann die Gerichtsbarkeit letzter Instanz in den vorerwähnten Sachen auf Antrag des betreffenden ***Bundesstaates*** **mit Zustimmung des** ***Bundesrates*** **durch** ***Kaiserliche Verordnung*** **dem** ***Reichsgericht*** **übertragen werden.**

(3) Insoweit für bürgerliche Rechtsstreitigkeiten ein von den Vorschriften der Zivilprozeßordnung abweichendes Verfahren gestattet ist, kann die Zuständigkeit der ordentlichen Landgerichte durch die Landesgesetzgebung nach anderen als den durch das Gerichtsverfassungsgesetz vorgeschriebenen Normen bestimmt werden.

1 S § 13 und § 14 GVG, ferner § 3 II EGZPO. Zu Abs 2 vgl a Art 99 GG u dazu BGH 6, 147; 16, 160; Bettermann JZ 58, 235. Zu Abs 3: Von den Vorschriften der ZPO abweichendes Verfahren: s §§ 3, 11, 14, 15 EGZPO. Abweichung ist dann auch bei der Regelung des Rechtsmittelzugs zulässig (BGH NJW 80, 583).

§ 4

Durch die Vorschriften des Gerichtsverfassungsgesetzes über die Zuständigkeit der Behörden wird die Landesgesetzgebung nicht gehindert, den betreffenden Landesbehörden jede andere Art der Gerichtsbarkeit sowie Geschäfte der Justizverwaltung zu übertragen. Andere Geschäfte der Verwaltung dürfen den ordentlichen Gerichten nicht übertragen werden.

1 Landesbehörden: Gerichte einschließlich der Urkunds- u Vollstreckungsbeamten, Staatsanwaltschaften (s aber § 151 GVG). Übertragung beispielsweise mögl von Geschäften der Verwaltungsgerichtsbarkeit (RG 68, 28; s jetzt aber Art 95 I GG), von Dienststrafsachen, sonstige Berufsgerichtsbarkeit (zB in Bay: für Heilberufe: Art 57 BayKammerG idF v 9. 3. 78, GVBl 67, oder Architekten: Art 29 BayArchG idF v 26. 2. 82, GVBl 188), von landesrechtl Angelegenheiten der freiw Gerichtsbarkeit. Justizverwaltung: vgl Einl GVG Rn 10. Sonstige Verwaltungsgeschäfte dürfen den ordentl Gerichten nicht übertragen werden. Der Grundsatz der Gewaltenteilung steht auch entgegen, ein Gericht zur Erstattung eines Rechtsgutachtens auf Antrag einer VerwBehörde zu verpflichten, s G 84 PrAGGVG (KG OLGZ 76, 65). Auch der einzelne Richter darf grundsätzl keine Aufgaben der vollziehenden Gewalt mehr wahrnehmen (§ 4 DRiG).

§§ 5–7

(aufgehoben oder gegenstandslos)

§ 8

(1) Durch die Gesetzgebung eines Landes, in dem mehrere Oberlandesgerichte errichtet werden, kann die Verhandlung und Entscheidung der zur Zuständigkeit des Bundesgerichtshofes gehörenden Revisionen in bürgerlichen Rechtsstreitigkeiten einem obersten Landesgericht zugewiesen werden.

(2) Diese Vorschrift findet jedoch auf bürgerliche Rechtsstreitigkeiten, in denen für die Entscheidung Bundesrecht in Betracht kommt, keine Anwendung, es sei denn, daß es sich im wesentlichen um Rechtsnormen handelt, die in den Landesgesetzen enthalten sind.

1) Ein **Oberstes Landesgericht** besteht in Bayern gemäß Art 10–11 BayAGGVG. Es war ab 1. 4. 35 durch VO v 19. 3. 35 (RGBl I 383) aufgehoben und durch G Nr 124 v 11. 5. 48 (GVBl S 83) wieder errichtet worden. Zur geschichtlichen Entwicklung s Gerner NJW 75, 720; Kalkbrenner BayVBl 75, 184; Ostler BayVBl 75, 205; zu den Aufgaben Keidel NJW 61, 2333; Schäfer BayVBl 68, 373 u BayVBl 75, 192; Schier BayVBl 75, 200; Schwab BayVBl 75, 217; Wehrmann DRiZ 61, 309. 1

2) In **bürgerl Rechtsstreitigkeiten** ist das BayObLG als Revisionsgericht nach Maßgabe des § 8 zuständig (Art 11 I BayAGGVG). Über die Zuständigkeitsabgrenzung entscheidet es gemäß § 7 II EGZPO (vgl dort). Zur Abgrenzung für Bundesrecht s § 549 ZPO Rn 2. Liegt Landesrecht vor, ist seine etwaige Übereinstimmung mit Vorschriften des Bundesrechts belanglos (BayObLG 55, 12). – Zum Verfahren (bei Revisionseinlegung beim ObLG) s bei §§ 7, 8 EGZPO. 2

3) Ergänzende Vorschriften: § 25 II EGGVG, § 52 LwVG, § 228 BRAO, Art 7 § 1 VI FamRÄndG, §§ 5, 46, 199 FGG. 3

§ 9

(betrifft Strafsachen)

§ 10

(1) Die allgemeinen sowie die in § 116 Abs. 1 Satz 2, §§ 124, 130 Abs. 1 und 181 Abs. 1 enthaltenen besonderen Vorschriften des Gerichtsverfassungsgesetzes finden auf die obersten Landesgerichte der ordentlichen Gerichtsbarkeit entsprechende Anwendung; ferner sind die Vorschriften der §§ 132, 136 bis 138 des Gerichtsverfassungsgesetzes mit der Maßgabe entsprechend anzuwenden, daß durch Landesgesetz die Bildung eines einzigen Großen Senats angeordnet werden kann, der aus dem Präsidenten und mindestens acht Mitgliedern zu bestehen hat und an die Stelle der Großen Senate für Zivilsachen und für Strafsachen sowie der Vereinigten Großen Senate tritt.

(2) Die Besetzung der Senate bestimmt sich in Strafsachen, in Grundbuchsachen und in Angelegenheiten der freiwilligen Gerichtsbarkeit nach den Vorschriften über die Oberlandesgerichte, im übrigen nach den Vorschriften über den Bundesgerichtshof.

1) Abs 1: S 1 Halbs 1 betrifft **Besetzung** des Gerichts, Bildung von Senaten, Geschäftsverteilung, Unanfechtbarkeit von Ordnungsstrafbeschlüssen. Zu Halbs 2: Beim BayObLG besteht kein einziger Großer Senat, sondern große Senate für Zivil- u für Strafsachen u e Vereinigter Großer Senat. 1

Die Verwendung **abgeordneter Richter** beim obersten Landesgericht ist nicht zulässig. Ihr Einsatz zur Behebung eines vorübergehenden Bedarfs scheidet schon aus, weil § 10 nicht auch auf § 117 (und damit auch nicht auf § 70 I) GVG verweist. Auch der Umstand, daß dem obersten Landesgericht in größerem Umfang sonst den OLGen zugewiesene Aufgaben übertragen werden können – s § 9 sowie §§ 199 FGG, 102 GBO, 52 LwVG u a – und auch übertragen sind (Bayern), dürfte hieran nichts ändern. Die Verwendung abgeordneter Richter wird daher beim obersten Landesgericht – wie beim BGH – auch zu Weiterbildungs- und Erprobungszwecken (für OLG vgl BGH LM Nr 14 zu § 70 GVG; NJW 66, 352) nicht in Betracht kommen. 2

2) Abs 2 vgl BGH 17, 179. 3

§§ 11–22

(aufgehoben oder gegenstandslos)

Vorbemerkung zu §§ 23–30

1 §§ 23–30 sind mit Wirkung vom 1. 4. 60 durch § 179 VwGO eingefügt (§ 195 I VwGO). Die bis dahin von den VerwGerichten beanspruchte Überprüfung von **Justizverwaltungsakten** ist nunmehr in gewissem Umfang den Oberlandesgerichten übertragen. § 23 nimmt somit aus § 40 VwGO die durch seine (eng auszulegende, Köln JMBlNRW 63, 179) Generalklausel umrissenen Verwaltungssachen heraus (KG DVBl 60, 814) und überträgt sie der Sachnähe wegen den Oberlandesgerichten im Verfahren des FGG; von dem Vorbehalt in § 25 II hat kein Land Gebrauch gemacht. Das FamRÄndG wiederum nimmt aus dem Kreis dieser Sachen bestimmte heraus und überweist sie einem gesonderten Verfahren der freiw Gerichtsbarkeit; zur Zuständigkeit des BayObLG insoweit s § 23 Rn 27.

Allg Schrifttum: *Eyermann/Fröhler* VwGO; *Redecker von Oertzen* VwGO – jeweils zu VwGO §§ 40, 179; *Keidel* FGG Vorb § 19 Rdnrn 21–32; *Jansen* FreiwGerichtsbarkeit Bd I; *Ule* VerwProzeßrecht § 32, 2; Anh § 32 zu IV; *ders* JZ 58, 628. Aufsätze: *Altenhain* JZ 65, 756 und DRiZ 70, 105; *Amelung* JZ 75, 526; NJW 79, 1687; *Doerry,* Zum Rechtsweg gg JustizverwAkte a dem Gebiet des Hinterlegungswesens JVBl 60, 270; *Geimer,* Das Anerkennungsverf für ausl Entsch in Ehesachen NJW 67, 1398; *Göttlich,* Nachprüfung von Anordnungen der JustBehörden – Verfahren u Kosten, JurBüro 61, 325, 419; *Hamann* DVBl 59, 7; *Markworth* DVBl 75, 575; *Lücke* JuS 1961, 205 ff; *Kaiser* NJW 62, 200, *Schenke* NJW 76, 1816; *Zimmermann* Rpfleger 62, 42.

§ 23

(1) Über die Rechtmäßigkeit der Anordnungen, Verfügungen oder sonstigen Maßnahmen, die von den Justizbehörden zur Regelung einzelner Angelegenheiten auf den Gebieten des bürgerlichen Rechts einschließlich des Handelsrechts, des Zivilprozesses, der freiwilligen Gerichtsbarkeit und der Strafrechtspflege getroffen werden, entscheiden auf Antrag die ordentlichen Gerichte. Das gleiche gilt für Anordnungen, Verfügungen oder sonstige Maßnahmen der Vollzugsbehörde im Vollzug der Jugendstrafe, des Jugendarrests und der Untersuchungshaft sowie derjenigen Freiheitsstrafen und Maßregeln der Besserung und Sicherung, die außerhalb des Justizvollzuges vollzogen werden.

(2) Mit dem Antrag auf gerichtliche Entscheidung kann auch die Verpflichtung der Justiz- oder Vollzugsbehörde zum Erlaß eines abgelehnten oder unterlassenen Verwaltungsaktes begehrt werden.

(3) Soweit die ordentlichen Gerichte bereits auf Grund anderer Vorschriften angerufen werden können, behält es hierbei sein Bewenden.

1 **1) Abs 1: a)** Anordnungen, Verfügungen oder sonstige Maßnahmen im Sinne des Abs 1 Satz 1, also **Justizverwaltungsakte** der rechtspflegenden Justizverwaltung im eigentlichen Sinn, die den Justizbehörden – im Gegensatz zu den Gerichten – übertragen sind. Der Begriff der Justizbehörde ist im funktionellen Sinn zu verstehen (BVerwG NJW 75, 893; MDR 76, 170; Hamm NJW 73, 1089; Karlsruhe NJW 76, 1417; Münster NJW 77, 1790; vgl dazu Kissel, Rdnr 28 ff, Schenke NJW 75, 1529 u NJW 76, 1816; Amelung JZ 75, 526; VGH Kassel VerwRspr 77, 1009: Landeskriminalamt als Justizbehörde). – Zum Begriff des Verwaltungsakts (Abs 2) vgl jetzt § 35 VwVfG, Literatur hierzu sowie zu § 42 VwGO. Unter § 23 fallen jedoch – wie sich aus Wortlaut und Sinn der Vorschrift ergibt – Maßnahmen der Justizverwaltung grundsätzlich auch, wenn ihnen nicht Verwaltungsaktqualität zukommt (vgl VGH Mannheim NJW 69, 1319 u NJW 73, 214; VGH Kassel VerwRspr 77, 1009; KG MDR 86, 769; aA: Hamm NJW 72, 2145, vgl auch Stuttgart NJW 72, 2146); allerdings wird in diesen Fällen besonders auf das Rechtsschutzinteresse des Antragstellers zu achten sein (vgl § 24). Nicht erfaßt sind jedoch **Akte ohne Außenwirkung,** wie interne Verwaltungsanweisungen einer Justizbehörde an eine nachgeordnete (OVG Münster JVBl NRW 68, 23), Ersuchen um Übernahme der Strafverfolgung (München NJW 75, 509), Ablehnung einer Auskunft, auf die kein Rechtsanspruch besteht (Hamburg JR 65, 189), für Presseauskünfte s jedoch Rn 12.

2 Die in § 23 angesprochenen Justizverwaltungsakte müssen auf dem Gebiet des bürgerl Rechts einschl des Handelsrechts, des Zivilprozesses, der freiw Gerichtsbarkeit, und der Strafrechtspflege getroffen worden sein. – Der Umfang der durch die Generalklausel des § 23 I erfaßten

Sachen ist durch Auslegung zu ermitteln. Soweit es um die Abgrenzung zu § 40 VwGO geht, ist § 23 als Ausnahmenorm eng auszulegen (Kissel Rdnr 6).

b) Hierunter fallen nicht: aa) Rechtsprechungsakte, worunter nicht nur Urteile u Beschlüsse, sondern auch die der Entscheidung vorausgehenden gerichtl Maßnahmen fallen (Hamm JVBl 62, 113), wie zB ZPO § 157 I (Ule VerwPrRecht Anh § 32 IV 1 u II); § 299 I (zu § 299 II s Rn 11); § 609 I (dazu Lüke aaO S, 207); GBO § 12 mit GBVerf 46 (Einsicht, Erteilung von Abschriften, dazu BayObLG 67, 348); GVG §§ 113 II, 176, 177; auch Auskunftsanspruch über Besetzung des Gerichts nach § 222 a StPO ist der Rechtsprechung zuzuordnen und kann daher nicht nach § 23 geltend gemacht werden (vgl Hamm NJW 80, 1009); auch Anm 13. Die Zurückweisung eines Antrags, Briefe aus den Prozeßakten zu nehmen, ist nicht JVerwAkt, sondern Ausübung rspr Gewalt, daher nicht § 23, sondern Rechtsmittel gg Endentscheidung, Köln NJW 66, 1761. – Versendung von Ermittlungsakten fällt nicht unter § 23, Bamberg JVBl 66, 239. – Richterl Verfügungen oder Rechtsbelehrungen sind keine Verwaltungsakte, Bamberg JVBl 63, 175. Wg Einsicht in Strafakten: Hamm NJW 68, 169; OLG Hamburg NJW 72, 1586. Für Akteneinsicht nach § 299 ZPO s Rn 11. – Wird eine einem Rechtsprechungsorgan im funktionellen Sinn vorbehaltene Entscheidung fehlerhafterweise von einer Verwaltungsbehörde erlassen, so kann die Rechtsunwirksamkeit dieses Aktes nach § 23 geltend gemacht werden (Beispiel: OLG Stuttgart, Justiz 68, 205). 3

bb) Weiter **nicht Gerichtsverwaltungsakte** (Lüke aaO S 207), besser Akte der **Rechtsprechungsverwaltung** (Wolff aaO I § 19 III b), die also die Organisation des Gerichts betreffen: Einrichtung u Besetzung der Spruchkörper, Geschäftsverteilung, zB §§ 21 e ff GVG (vgl BVerwG NJW 76, 1224 sowie § 21 e GVG Rn 48 ff), für Auskünfte über Besetzung s Rn 13. – Zur Gerichtsverwaltung gehören VerwAkte, die den Gerichtsbetrieb mittelb erst ermöglichen, vor allem also die zur Deckung des Personal- und Sachbedarfs nötigen Maßnahmen (dazu Wolff aaO § 19 III c); die Zuweisung eines bestimmten Sitzungssaales kann daher nicht nach § 23 angefochten werden (aA Hamburg NJW 79, 279). Zur Gerichtsverwaltung gehört auch die **Zulassung eines Rechtsbeistands** nach Art 1 § 1 RechtsBerG und § 7 der 1. AV dazu (hM, vgl BVerwG NJW 55, 1532; Kissel Rdnr 131; aA Wieczorek Handausg 2. Aufl Anm B III). Bei dieser Versagung handelt es sich um einen Verwaltungsakt (allg Meinung, vgl die Nachweise bei Hülsmann JVBl 66, 73); Vorverfahren also nach VwGO §§ 68 ff. – Die Versagung der Erlaubnis, als **Prozeßagent** tätig zu werden (ZPO § 157 III): Seit Einführung der §§ 23 ff ist die Frage umstritten, ob hiergegen der Verwaltungsrechtsweg oder das Verfahren nach §§ 23 ff eröffnet ist. Nach hM gelten §§ 23 ff. Dagegen spricht, daß die Zulassung eines Prozeßagenten die als Rechtsbeistand mitumfaßt (Art 1 § 3 Nr 3 RechtsBerG) und auch zur Betätigung in Steuersachen berechtigt (vgl § 11 StbG), weiter, daß die VerwGerichte darüber entscheiden, ob jemand als Prozeßagent bei den Verw- oder Sozialgerichten (BVerwG NJW 63, 2242) zugelassen wird. Doch ist der hM wegen der größeren Sachnähe und Sachkunde der ordentl Gerichte zuzustimmen (vgl Eyermann/Fröhler § 40 Rdnr 88; Hülsmann aaO S 74). Gegen die Versagung, als Prozeßagent tätig zu werden, sind daher §§ 23 ff eröffnet (BVerwG NJW 69, 2218; BGH 46, 357; Hamm AnwBl 67, 360; Kissel Rdnr 130). Vorverfahren s § 24 Rn 3. 4

cc) Nicht Entscheidungen von **Justizprüfungsämtern** (BVerwG NJW 58, 562). 5

dd) Nicht **Gnadenentscheidungen** (vgl BVerfG NJW 69, 1895; BVerwG MDR 76, 170; München NJW 77, 115), wie üb Antrag auf Strafverbüßung im Wochenendvollzug, Hamm NJW 67, 1870; anfechtbar sind jedoch Entscheidungen von Justizverwaltungsbehörden über den Widerruf von Gnadenentscheidungen (BVerfGE 30, 108; KG GA 78, 14; Saarbrücken MDR 79, 338). 6

ee) Dienstaufsichtliche Maßnahmen zB zu Bescheiden auf Dienstaufsichtsbeschw (vgl BGH 42, 390; BVerwVG NJW 77, 118), auch des nach § 156 KostO angewiesenen Notars, Düss DNotZ 67, 444; soweit eine Anfechtung durch den Betroffenen in Betracht kommt, gelten die jeweiligen für das Dienstverhältnis anzuwendenden allg Vorschriften (etwa §§ 26 III, 62 I Nr 4 e DRiG). – Da die Dienstaufsicht nicht unter den Bereich der §§ 23 ff fällt, kann auch deren **Unterlassung** von einem Dritten nicht in diesem Verfahren angefochten werden (Köln OLGZ 70, 119). 7

ff) Ablehnung der Bewilligung von **Reisekostenersatz für eine mittellose Partei** (vgl § 122 ZPO Rn 7, 39), da dem Verfahren über die Prozeßkostenhilfe zuzuordnen, BGH NJW 75, 1124. 8

gg) Befreiung eines Notars von der **Verschwiegenheitspflicht** (vgl § 111 BNotO): BGH FamRZ 75, 271; aA Hamm OLGZ 68, 475. Ebenso nicht bei Versagung der **Aussagegenehmigung** eines Schiedsmanns, Hamm NJW 68, 1440. 9

hh) Maßnahmen des Gerichtsvollziehers fallen nicht unter die Anfechtungsmöglichkeit, da hierfür § 766 ZPO die speziellere Regelung enthält (KG MDR 82, 155; OLGZ 85, 82). 10

2) Unter die nach § 23 anfechtbaren Maßnahmen fallen aber a) Akteneinsicht, soweit von einem Organ der Justizverwaltung über diese entschieden wurde, insbesondere § 299 II ZPO 11

(KG OLGZ 76, 158; NJW 76, 1326; Kissel Rdnr 103), nicht jedoch soweit der Vorsitzende oder das Gericht in einem anhängigen Verfahren entscheidet, da hier eine richterl Verfügung (kein JustizVA) vorliegt; gegen diese kann ggf im Beschwerdeweg vorgegangen werden. Dies gilt auch, wenn ein nicht am Verfahren Beteiligter die Einsicht begehrt (Hamburg MDR 82, 775; Düsseldorf NJW 80, 1293; jedoch str, vgl auch Altenhain DRiZ 64, 298; DRiZ 70, 107). Im **staatsanwaltschaftlichen Ermittlungsverfahren** ist die Ablehnung der Akteneinsicht durch die StA während des Verfahrens grundsätzlich als Prozeßhandlung, die auf das gerichtl Strafverfahren ausgerichtet ist, nicht nach § 23 anfechtbar (Celle NStZ 83, 378; Koblenz NJW 85, 2038; vgl dazu auch BVerfG NJW 85, 1019). Dagg sind anfechtbar entsprechende Verfügungen der StA gegenüber am Verfahren nicht beteiligten Dritten (Koblenz aaO), Entscheidungen nach Abschluß des Ermittlungsverf (Hamm StrVert 84, 373), Entscheidungen bezüglich „Spurenakten“, die nicht zu den Ermittlungsakten gehören (BVerfG NJW 83, 1043; Hamm NStZ 84, 423). Wegen Einsicht in Kriminalakten s BayVGH NJW 84, 2235 (VerwRechtsweg), aA Schoreit NJW 85, 169 (§ 23).

Grundbucheinsicht nach AVGBO 35, nicht im Fall GBVerf 43–45, da hier GBA nach GBO durch RsprAkt entscheidet; vgl auch FGG § 34, dazu Keidel Rdnrn 21, 24, 28; Grundbuchauskünfte fallen nicht hierunter: entweder ist das GBA zur Erteilung gesetzl verpflichtet (so gem GBVerf 45 III 2 mit §§ 17, 19 ZVG): dann RsprAkt, also Beschwerde nach GBO §§ 71 ff; andernfalls fällt die Erteilung oder Versagung von GBAuskünften weder in die Gruppe von Rspr- noch in die von Justizverwaltungsakten, also einfache Dienstaufsichtsbeschwerde, vgl BayObLG 67, 348. – Wegen Versagung der Einsicht in die **Entscheidungssammlung** eines Gerichts, vgl KG NJW 76, 1326; OLGZ 76, 159.

12 **b)** Für **Presseauskünfte** bzw deren Ablehnung durch Justizpressestellen (auch der Staatsanwaltschaft) auf den Gebieten des Abs 1 S 1 ist das Verfahren nach § 23 gegeben, soweit ein presserechtl Auskunftsanspruch besteht oder verletzt sein kann (VGH Mannheim NJW 73, 214; Justiz 81, 250; OLG Hamm NJW 81, 356; Karlsruhe Justiz 80, 450; Kissel Rdnr 36). In einem solchen Fall kann ausnahmsweise auch Klage auf künftige (nicht nur auf unterlassene) Auskunft in Betracht kommen (Hamm aaO). § 23 gilt auch, wenn sich die Auskunft auf einen Beamten der Polizei bezieht, soweit er im Rahmen der Strafverfolgung tätig gewesen sein soll (VGH Mannheim Justiz 80, 33).

13 **c) Auskünfte über die Besetzung des Gerichts** (Geschäftsverteilung) bestehen nur im Rahmen des § 21e VIII GVG (s dort Rn 35) – aA wohl BL Anm 1 C –; soweit die Prozeßbeteiligten darüber hinaus kraft bes gesetzl Regelung (vgl § 222a StPO) zu unterrichten sind, liegt eine gerichtl Aufgabe vor, nicht eine der Justizverwaltung (vgl Hamm NJW 80, 1009 und oben Rn 3).

14 **d)** Der **Rechtshilfeverkehr** mit dem Ausland, vgl ZRHO. Entscheidungen der Justizverwaltung, ein Rechtshilfeersuchen zu genehmigen oder die Genehmigung zu versagen, können daher von jedem Betroffenen des Ausgangsverfahrens (das kann auch ein Zeuge, ev auch ein Dritter sein, der durch das genehmigte Ersuchen in seinen Rechten verletzt wird – zB Verletzung des eingerichteten Gewerbebetriebs durch Beweisaufnahme über geheime Produktionsverfahren –, vgl OLG München 22. 11. 80 Nr 9 VA 4/80) angefochten werden. – Auch die Entscheidung der Justizverwaltung über die (Nicht)weiterleitung eines Rechtshilfeersuchens – an die DDR – ist anfechtbar (Hamm MDR 82, 602: Nichtweiterleitung, weil von vorneherein aussichtslos, ist nicht sachfremd).

15 **e)** Die Justizverwaltungsakte gem **BGB §§ 1059a S 2, 1092 II.** Feststellung durch den LGPräs (Hamburg: AGPräs) gem AV RMJ v 8. 12. 38 DJ 1974; Bayern: BekM v 16. 8. 56, BSVJu III 156; Berlin AV v 27. 8. 54, ABl 1008; Niedersachsen: AV vom 15. 3. 54, NdsRpfl 58.

16 **f)** Entscheidungen nach der **HinterlOrdnung,** § 3 IV und § 16 III (Jansen aaO Anm 2g; Celle JVBl 65, 215; Hamm OLGZ 70, 491; Koblenz MDR 76, 234.

17 **g) Anerkennung freier Ehen** rassisch und pol Verfolgter nach dem G v 23. 6. 50 BGBl 226, geändert das G v 7. 3. 56 BGBl 404. Nach VGH München NJW 57, 315, zust Tietgen, sind die durch die Anerkennung etwa beeinträchtigten Erben des verstorbenen Ehegatten antragsberechtigt (§ 24 I).

18 **h)** Erteilung des **Ehefähigkeitszeugnisses** für Ausländer (EheG § 10), BGH NJW 64, 976; Hamm OLGZ 77, 133; Ablehnung der Befreiung von Beibringung KG NJW 62, 34; Celle FamRZ 63, 91.

19 **i)** Tätigkeit in **Stiftungsaufsichtssachen** des bürgerl Rechts, wenn Aufsicht einer Justizverwaltungsbehörde obliegt; vgl KG OLGZ 65, 336 (aA BL § 23 Anm 1c unter Berufung auf BVerwG DVBl 73, 795; dort lag aber gerade keine Aufsichtsmaßnahme einer Justizverwaltungsbehörde vor).

k) Entscheidungen der JustizVwBehörden in **Schiedsmannssachen,** zB die Festsetzung einer Ordnungsstrafe durch den Schiedsmann (Hamm JVBl 62, 166), soweit nicht § 23 III eingreift (vgl zB § 22 IV NRW SchO v 10. 3. 70, GVBl 194). 20

l) Petitionsbescheide (Art 17 GG) von JustizVwBehörden auf dem Sektor des § 23 I (s aber oben Rn 6). 21

m) AGB-Eintragung nach § 20 II AGBG (KG MDR 80, 676; Kissel Rdnr 102). 22

n) Zulassung als Prozeßagent nach § 157 III ZPO, s Rn 4 und § 24 Rn 3 (wegen Vorschaltbeschwerde). 23

o) Nach Hamburg (NJW 82, 297) soll die Weigerung der zuständigen obersten Landesbehörde, in einem Strafverf die **Anschrift eines als Zeugen in Betracht kommenden V-Manns** mitzuteilen, nach § 23 II (Verpflichtungsantrag) angreifbar sein. Dem ist nicht zuzustimmen, da damit der Sinn der gerade gerichtl nicht überprüfbaren Exekutiventscheidung (BVerfG NJW 81, 1719; BGHSt 30, 34) ins Gegenteil verkehrt wird – es wäre schon sinnvoller, die Exekutiventscheidung im Ausgangsverfahren selbst zu überprüfen, was gerade nicht möglich ist. Im übrigen ist auch zweifelhaft, ob der Beteiligte im Ausgangsverfahren unmittelbar in seinen Rechten verletzt ist (§ 24 I), da die Weigerung der Behörde an der Aufklärung in einem bestimmten gerichtlichen Strafverfahren mitzuwirken, nicht unmittelbar Rechte der Verfahrensbeteiligten berührt. 24

p) Die Entscheidung der StA nach **§ 35 BtmG** über die Zurückstellung der Strafvollstreckung (Hamm MDR 82, 1044). 25

q) Maßnahmen der Registerbehörden in **Bundeszentral- und Erziehungsregister**angelegenheiten, zB nach §§ 23, 46, 47, 58 BZRG (KG GA 73, 180; Kissel Rdnr 111). 26

3) Einige begriffl an sich unter § 23 fallende JustizVwAkte sind durch **FamRÄndG** dem FGG-Rechtsweg zugewiesen worden: FGG § 43 a: Ehelichkeitserklärung; FGG §§ 44 a, 44 b: Befreiung von den Ehehindernissen der Schwägerschaft, der Geschlechtsgemeinschaft, des Ehebruchs (Celle FamRZ 62, 27); EheG § 1 II: Befreiung vom Erfordernis der Ehemündigkeit. Weiter die Befreiung in den Fällen der §§ 1745 a–c BGB. – Vor allem aber ist durch Art 7 FamRÄndG ein Sonderverfahren für die **Anerkennung ausländischer Entscheidungen in Ehesachen** geschaffen worden (Anrufung des OLG gegen Entsch der Landesjustizverwaltungsbehörde – in Bayern des BayObLG auf Grund FGG § 199, BayAGGVG Art 11 Abs 3 Nr 1; dazu Geimer NJW 67, 1398 u Kleinrahm, Die Anerkennung ausl Entscheidungen in Ehesachen 1966. 27

4) Bestritten ist, ob **Verfahrenshandlungen des Staatsanwalts in Zivilstreitverfahren** hierher gehören. Nach Lüke aaO S 208 – ihm nur teilweise folgend Jansen aaO Anm 2 k – sind zwar nicht die Verfahrenshandlungen des StA selbst (zB EheG § 24 I; ZPO §§ 646 II, 663 I; 664 II, 675, 678 II, 679; VerschG §§ 16 II a, 17, 26 II), wohl aber die der einzelnen VerfHandlung vorausgehenden entspr Entschließungen des StA Justizverwaltungsakte. Gleichwohl geht es nicht an, ein durch den StA ordnungsgemäß eingeleitetes Verfahren hinsichtl der Vorentschließungen einer eigenen rechtl Kontrolle zu unterwerfen (vgl BVerwG NJW 59, 448), da die Klage und Antragsbefugnis des StA ja an sich im ordentl Verfahren selbst geprüft wird, so daß auch § 23 III EGGVG eingreift. Nach BGH LM § 1595 a BGB Nr 2 ist die Nachprüfung des öffentl Interesses im Sinn dieser Vorschrift allerdings der richterl Nachprüfung entzogen. Deshalb wird im Schrifttum teilw der Rechtsweg nach §§ 23 ff dem Grundsatz nach bejaht (vgl Thierfelder NJW 61, 1101; 62, 116; Kaiser NJW 61, 200; 1102; Jansen aaO Anm 2 k); anders insoweit Lüke aaO S 210, der den Weg nach § 23 nur geben will, wenn StA zur Tätigkeit gezwungen werden soll. Im Ergebnis dagegen mit Recht Jansen (vgl auch KG MDR 86, 769), der in diesen Fällen eine Klagebefugnis nach § 24 I verneint, weil Schutz des Dritten durch Tätigkeit des StA nur Reflexwirkung, nicht unmittelb Zweck des staatsanwaltl Handelns. Bei all dem ist zu bedenken, daß eine Überspitzung der richterl Kontrollmöglichkeiten nicht zu einem besseren Rechtsschutz des einzelnen, sondern zu einer Lähmung der Rechtspflege führen kann. 28

Für **Strafverfahren** vgl BGH NJW 79, 882 (Durchsuchungsanordnung); BVerwG NJW 75, 893; Hamm NJW 68, 169; KG NJW 72, 169; Karlsruhe NJW 76, 1417; NJW 78, 1595; MDR 82, 1043: Einleitung eines Ermittlungsverfahrens; Stuttgart NJW 85, 2343: Schöffenwahl nicht anfechtbar; Hamm NStZ 85, 472: Versagung der Zustimmung der StA gem §§ 153 ff StPO nicht anfechtbar. Zum ganzen s a Kissel Rdnr 40 ff. – Für Anfechtung von Anordnung der **Vollzugsbehörden** (zB Besuch eines Gefangenen nur nach körperlicher Durchsuchung, Ausgestaltung der Sprechzellen ua) vgl BGH NJW 80, 351 (Abgrenzung zu §§ 109 f StVollzG), KG JR 79, 519 (zu § 148 II 3 StPO); Hamm NStZ 82, 135 (Paketempfang bei U-Haft); Stuttgart NStZ 86, 141 (Jugendrichter als VollstrBeh). – Tätigkeit des **Landeskriminalamts** auf Gebiet der Strafrechtspflege vgl VGH Kassel VerwRspr 77, 1009; Justiz 80, 33; **polizeiliche** Maßnahmen im Rahmen Vorgehens, das insgesamt im Rahmen überwiegend strafverfolgender Tätigkeit erfolgt (Wegtragen von Demonstranten 29 aufgrund Anzeige wegen Hausfriedensbruchs als nach 23 anfechtbare Maßnahme): VGH München NVwZ 86, 655.

30 5) **Abs 2:** Für Antrag kein Anwaltszwang. – Die Gliederung der Anträge der Abs I und II entspricht der in VwGO § 42 in Anfechtungsklage u Verpflichtungsklage. **Verweisungen** in entspr Anwendung des § 17 GVG sind möglich (KG GA 85, 271; Koblenz MDR 84, 1039).

31 a) Ziel des **Anfechtungsantrags** ist die Aufhebung des angefochtenen Justizverwaltungsaktes durch (gestaltende) richterl Entscheidung.

32 b) Ziel des **Verpflichtungsantrags** ist der Ausspruch einer Leistungspflicht der Justizverwaltungsbehörde und deren Erzwingung. Die begehrte Leistung: Erlaß des versagten, unterlassenen VerwAktes. Der Verpflichtungsantrag kann nur unter den Voraussetzungen des § 27 gestellt werden. Er ist mangels Rechtsschutzbedürfnis unzulässig, wenn bei der zuständigen Behörde noch kein Antrag gestellt ist (KG NJW 68, 609). – Unterscheide bei Verpflichtungsanträgen: **aa)** den **Vornahmeantrag:** die Voraussetzungen für die Amtshandlung liegen gesetzlich fest, das Gericht kann der JustizVerwBehörde die Vornahme der Amtshandlung auferlegen. **bb)** den **Bescheidungsantrag:** hier kann der JustizVerwBehörde nur auferlegt werden, den Antragsteller erstmals oder erneut zu verbescheiden, wenn der begehrte Akt auch im Ermessen der Behörde liegt. Zu allem vgl Bettermann – eingehend – NJW 60, 649 u Jansen aaO Anm 5b. Z Antragstellung durch Minderjährige Frankf JR 64, 393.

33 6) **Abs 3:** Das Verfahren nach §§ 23 ff ist subsidiär. Beispiele: Art 7 FamRÄndG, s Rn 27; Art XI KostÄndG vom 26. 7. 57 BGBl I 861; zum Verhältnis zur Kostenbeschwerde vgl auch Düsseldorf DNotZ 67, 444 u 69, 678; s auch München MDR 61, 436. Ist ein anderer Rechtsbehelf – etwa durch Zeitablauf – unzuverlässig geworden, so kann nicht auf § 23 EGGVG zurückgegriffen werden (vgl Karlsruhe MDR 80, 76).

34 7) **Einstweilige Anordnung** ist nach hM (Hamm GA 75, 150; Kissel Rdnr 62) nicht möglich. Dem kann in dieser Allgemeinheit nicht zugestimmt werden. Wegen Art 19 IV GG ist einstweilige Regelung jedenfalls in Fällen, in denen sonst ein effektiver Rechtsschutz nicht mehr möglich wäre, zuzulassen (vgl auch Kissel EG § 28 Rdnr 22 entgegen § 23 Rdnr 62), allerdings nur im Zusammenhang mit einem Hauptsacheverfahren (keine isolierte einstw Anordnung). Generell ist jedoch § 123 VwGO nicht anwendbar; vgl Hamburg MDR 77, 688; NJW 79, 279 = MDR 79, 337.

35 8) **Kostenvorschußpflicht:** s § 30 Rn 1.

Vorbemerkungen zu §§ 24–27

1 Sie regeln die **Zulässigkeit** des Antrags. Zu prüfen ist – von der Zuständigkeit abgesehen –, ob der Antrag

a) statthaft ist: positiv: § 23 I, negativ: § 23 III;

b) ob anderweite Beschwerdemöglichkeiten nach § 24 II erschöpft sind;

c) ob die Frist des § 26 I eingehalten und die gesetzl Form gewahrt sind;

d) ob der Antragsteller seine Antragsbefugnis schlüssig dargetan hat (§ 24 I);

e) ob die besonderen Zulässigkeitsvoraussetzungen bei unterlassener Bescheidung eines Vornahmeantrags oder einer Beschwerde erfüllt sind (§ 27 I, III).

§ 24

(1) Der Antrag auf gerichtliche Entscheidung ist nur zulässig, wenn der Antragsteller geltend macht, durch die Maßnahme oder ihre Ablehnung oder Unterlassung in seinen Rechten verletzt zu sein.

(2) Soweit Maßnahmen der Justiz- oder Vollzugsbehörden der Beschwerde oder einem anderen förmlichen Rechtsbehelf im Verwaltungsverfahren unterliegen, kann der Antrag auf gerichtliche Entscheidung erst nach vorausgegangenem Beschwerdeverfahren gestellt werden.

1 1) **Abs 1:** Vgl VwGO § 42 II u FGG § 20 I. **a)** § 24 I regelt entspr VwGO § 42 II die **Antragsbefugnis.** Die schlüssige Behauptung der Rechtsverletzung, also der widerrechtl Beeinträchtigung der Rechtsstellung, gibt die Antragsbefugnis. Rechtsstellung: hierunter fallen nicht nur die subj öffentl Rechte des AntrStellers (nicht seine Interessen schlechthin, wie etwa ideelle oder wirtschaftliche, GG Art 14 IV), sondern seine rechtl geschützten Interessen oder zB das Recht am Gewerbebetrieb. Nur mittelbare Auswirkungen genügen nicht (vgl auch § 23 Rn 24). Die Behaup-

tung der Verletzung muß hinreichend konkretisiert sein, Hamm JVBl 62, 114. Die Antragsbefugnis kann unter bes Voraussetzungen auch einem betroffenen **Dritten** zustehen, vgl oben § 23 Rn 17 zur Antragsbefugnis der durch die Anerkennung einer freien Ehe etwa beeinträchtigten Erben; zur Antragsbefugnis des Verlobten gegen Entscheidungen auf Befreiung nach § 10 II EheG s KG FamRZ 68, 466; bei rechtsgestaltenden Akten (zB Satzungsänderung einer Stiftung) s KG WPM 68, 856. Zur Anfechtungsberechtigung bei Rechtshilfeersuchen s § 23 Rn 14. Sie fehlt dem berufsständ Verein bei Nichtzul eines Vorstandsmitgl als Prozeßagent, Hamm, AnwBl 67, 360. – Die Rechtsverletzung muß von der angefochtenen Maßnahme ausgehen. Hieran fehlt es in den Fällen **wiederholender Verfügung,** wenn etwa auf Gegenvorstellung eine frühere Entscheidung lediglich bestätigt wird (vgl OLG Hamburg Hamb JVBl 68, 23, wonach es an einer Maßnahme fehlen soll).

b) Darüber hinaus ist ein **Rechtsschutzbedürfnis** des Antragstellers erforderlich, das allerdings idR aus der Antragsbefugnis folgt. Es kann jedoch fehlen bei Mißbrauch lediglich zum Zweck der Verunglimpfung (KG JZ 69, 268) oder in Fällen sachlicher Überholung der angefochtenen Maßnahme (zB Zwischenverfügung), s KG JVBl 68, 219 (s auch § 28 I 4). – Fehlt es bereits an der Statthaftigkeit nach § 23 III, da die gerichtliche Überpfüfung durch Sonderregelung (zB Kostenbeschwerde) vorgesehen ist, braucht nicht auf das Rechtsschutzbedürfnis zurückgegriffen werden (s a Düsseldorf DNotZ 69, 678). 2

2) Abs 2: Solange nicht ein statthaftes Beschwerdeverfahren oder andere eröffnete förml Rechtsbehelfe erschöpft sind, ist der Antrag unzulässig. Vorschaltverfahren kann auch durch Verwaltungsanordnung vorgesehen sein, die jedoch allgemein bekanntgemacht sein muß (vgl BVerfG NJW 76, 34; Kissel Rdnr 7); die frühere engere Auffassung (nur durch Rechtsnorm, KG NJW 67, 1870) ist überholt. Aussetzung des Verfahrens zur Nachholung aber statthaft. Dienstaufsichtsbeschwerde ist jedoch kein förml Rechtsbehelf im obigen Sinn, Celle NdsRpfl 65, 103. Dagegen ist förml Rechtsbehelf die Möglichkeit der Beschwerde an OLGPräsidenten nach § 5 II AVRJM vom 23. 3. 35 (DJ 486), BGH NJW 67, 927. Vgl dazu auch Hülsmann JVBl 66, 74/75, der, im Anschluß an BVerfGE 10, 196, die Beschwerdemöglichkeit nach § 12 der 1 AVO RBerG als förml Rechtsbehelf nach § 24 II ansieht. AA Celle NdsRpfl 63, 106: kein Vorschaltverfahren; so auch Keidel aaO Vorbem § 19 Rdnr 24 Fußnote 3. Nach Stuttgart, Justiz 63, 34 kein Vorschaltverfahren gegen Entscheidung des OLGPräs nach EheG § 10. 3

3) Der Antrag hat keine aufschiebende Wirkung, § 80 VwGO gilt nicht (Kissel Rdnr 9). Wegen einstw Regelung s § 23 Rn 34. 4

§ 25

(1) Über den Antrag entscheidet ein Zivilsenat oder, wenn der Antrag eine Angelegenheit der Strafrechtspflege oder des Vollzugs betrifft, ein Strafsenat des Oberlandesgerichts, in dessen Bezirk die Justiz- oder Vollzugsbehörde ihren Sitz hat. Ist ein Beschwerdeverfahren (§ 24 Abs. 2) vorausgegangen, so ist das Oberlandesgericht zuständig, in dessen Bezirk die Beschwerdebehörde ihren Sitz hat.

(2) Ein Land, in dem mehrere Oberlandesgerichte errichtet sind, kann durch Gesetz die nach Absatz 1 zur Zuständigkeit des Zivilsenats oder des Strafsenats gehörenden Entscheidungen ausschließlich einem der Oberlandesgerichte oder dem Obersten Landesgericht zuweisen.

1) § 25 regelt die **Zuständigkeit** umfassend: sachlich ist das OLG, funktionell je nach Verfahrensgegenstand der Zivil- oder der Strafsenat, örtlich das OLG zuständig, in dessen Bezirk die Justiz- oder Verwaltungsbehörde ihren Sitz (vgl Anm zu ZPO §§ 17, 18) hat, oder, wenn ein Beschwerdeverfahren vorausgegangen war, das OLG, in dessen Bezirk die BeschwBehörde ihren Sitz hat. Im Fall des § 27 entscheidet der Sitz der untätigen Behörde. 1

2) Das OLG übt auf Grund gesetzl Zuweisung (verfassungsrechtl unbedenkl: BVerfGE 4, 387; Lüke JuS 61, 206) materiell Verwaltungsgerichtsbarkeit aus. Die Beschränkung auf einen Rechtszug verstößt nicht gg Art 19 IV GG (vgl BVerfGE 8, 181; Maunz/Dürig GG Art 19 Rdnr 45). 2

3) Von der Ermächtigung des § 25 II (FGG § 199) wurde in Zivilsachen kein Gebrauch gemacht; anders im Bereich des Art 7 FamRÄndG, s oben § 23 Rn 27. 3

§ 26

(1) Der Antrag auf gerichtliche Entscheidung muß innerhalb eines Monats nach Zustellung oder schriftlicher Bekanntgabe des Bescheides oder, soweit ein Beschwerdeverfahren (§ 24 Abs. 2) vorausgegangen ist, nach Zustellung des Beschwerdebescheids schriftlich oder zur Niederschrift der Geschäftsstelle des Oberlandesgerichts oder eines Amtsgerichts gestellt werden.

(2) War der Antragsteller ohne Verschulden verhindert, die Frist einzuhalten, so ist ihm auf Antrag Wiedereinsetzung in den vorigen Stand zu gewähren.

(3) Der Antrag auf Wiedereinsetzung ist binnen zwei Wochen nach Wegfall des Hindernisses zu stellen. Die Tatsachen zur Begründung des Antrags sind bei der Antragstellung oder im Verfahren über den Antrag glaubhaft zu machen. Innerhalb der Antragsfrist ist die versäumte Rechtshandlung nachzuholen. Ist dies geschehen, so kann die Wiedereinsetzung auch ohne Antrag gewährt werden.

(4) Nach einem Jahr seit dem Ende der versäumten Frist ist der Antrag auf Wiedereinsetzung unzulässig, außer wenn der Antrag vor Ablauf der Jahresfrist infolge höherer Gewalt unmöglich war.

1 **1) Form:** Einfache Schriftform – kein Anwaltszwang – oder Antrag zu Niederschrift der Geschäftsstelle des zust OLG oder irgendeines AG. Zur Schriftform vgl Keidel FGG § 21 Rdnrn 4, 5. Telegramm, Fernschrift genügen, nicht aber telef Durchsage, wohl aber Durchsage eines Telegramms, die der UdG niederschreibt. – Antrag ist erst mit Eingang der Antragsschrift beim zust OLG wirksam gestellt (Schleswig SchlHA 61, 146); bei Niederschr zu Prot eines AG entscheidet diese, nicht der Eingang der Niederschrift beim zust OLG, Jansen aaO § 26 Anm 2c; BL Anm 3b. Namenszeichnung nicht unbedingt erforderlich, wenn Identität des AntrStellers sonst sicher erkennbar. – Einlegung durch Bevollmächtigte zulässig. Form und Nachweis der Vollm: BGB 167, 171, 172, vgl Keidel aaO § 13 FGG Rdnrn 14, 15; inwieweit Vollmacht nachgewiesen werden muß, entscheidet Gericht nach pflichtgem Ermessen.

2 **2) Inhalt:** Der Antrag muß zumindest erkennen lassen, daß ein konkreter JustVerwAkt und welcher angegriffen werden soll (vgl BGH 8, 229). Der Antragsgegner muß bezeichnet sein (KG GA 78, 244). Die Rechtsverletzung (§ 24 I) muß schlüssig behauptet werden. Beim Verpflichtungsantrag ergibt sie sich schon aus der Behauptung, daß der begehrte Antrag abgelehnt oder nicht verbeschieden wurde. Ist der Antragsteller durch den JustVerwAkt unmittelbar betroffen, ergibt sich beim Anfechtungsantrag idR schon hieraus die Rechtsverletzung.

3 **3) Frist:** Die Monatsfrist ist nach § 27 FGG, §§ 187, 188 BGB zu berechnen. Sie beginnt mit Zustellung oder schriftl Bekanntgabe des Bescheides oder – im Fall des § 24 II – des Beschwerdebescheides. Mündl Eröffnung desselben oder mündl Mitteilung vom (schriftl) Erlaß setzen die Frist nicht in Lauf (Hamm JVBl 61, 261; BL aaO Anm 2; vgl auch BGH NJW 63, 1789), ebenso nicht der Erlaß eines Realakts als solchen (Hamm NStZ 84, 136). Die fehlende **Rechtsbehelfsbelehrung** steht dem Lauf der Frist nicht entgegen (BGH NJW 74, 1335; Hamburg NJW 68, 854; Kissel Rdnr 8; hM), da eine Pflicht hierzu für Akte, die § 23 unterliegen, generell nicht besteht (ins ist § 59 VwGO nicht entsprechend anwendbar, da kein allgemeiner Grundsatz besteht, Rechtsbehelfsbelehrungen zu erteilen). Jedoch kann unterbliebene Rechtsbehelfsbelehrung Verschulden an Fristversäumung ausschließen und Antrag auf Wiedereinsetzung rechtfertigen.

4 **4) Wiedereinsetzung, Abs 2–4:** Die Regelung ist im wesentlichen § 22 II FGG nachgebildet; vgl aber auch § 60 VwGO.

5 **a)** Im Gegensatz zu § 233 I ZPO werden als **Ursache** der Fristversäumung nicht Naturereignisse oder unabwendbarer Zufall, also höhere Gewalt im subjektiven Sinn, sondern nur mangelndes Verschulden verlangt. In entspr Anwendung des § 22 II 2 FGG ist ein Verschulden des Vertreters (Begriff: vgl Keidel aaO § 22 Rdnrn 25 f) gleich zu werten (Hamburg NJW 68, 854). Zum Begriff des Verschuldens vgl § 233 ZPO Rn 12 ff.

6 **b)** Der **Wiedereinsetzungsantrag: aa) Form:** Es gilt § 26 I sinngemäß; der Antrag ist bei den in § 26 I genannten Gerichten zu stellen. **bb) Inhalt:** § 26 III 2. Gem S 3 ist die versäumte Verfahrenshandlung innerhalb der Frist nachzuholen, wogegen in der Praxis immer wieder verstoßen wird. Zur Glaubhaftmachung vgl Anm zu § 294 ZPO; es genügt, daß sie noch während des Verfahrens, also auch nach Fristablauf erfolgt. **cc) Frist:** Binnen 2 Wochen nach Wegfall des Hindernisses; s Anm zu § 234 II ZPO. Wiedereinsetzung gegen die Versäumung der Frist wird von der hL abgelehnt; vgl aber BVerfG NJW 67, 1267 und § 234 ZPO. **dd)** Fehlt es an den Voraussetzungen zu aa)–cc), so ist der **Antrag als unzulässig** zurückzuweisen.

7 **5) Abs 4, Ausschlußfrist:** Sie beginnt mit dem Ende der versäumten Frist nach III. Wiedereinsetzungsantrag, aber auch noch zulässig, wenn der Antrag vor Ablauf der Jahresfrist inf höherer Gewalt unmöglich war. Über diesen Begriff, der sich mit dem des unabwendb Zufalls in § 233 I ZPO deckt, s dort.

8 **6) Die Entscheidung:** Sie ist unanfechtbar, § 29 I 1. Vgl im übr § 238 ZPO.

§ 27

(1) Ein Antrag auf gerichtliche Entscheidung kann auch gestellt werden, wenn über einen Antrag, eine Maßnahme zu treffen, oder über eine Beschwerde oder einen anderen förmlichen Rechtsbehelf ohne zureichenden Grund nicht innerhalb von drei Monaten entschieden ist. Das Gericht kann vor Ablauf dieser Frist angerufen werden, wenn dies wegen besonderer Umstände des Falles geboten ist.

(2) Liegt ein zureichender Grund dafür vor, daß über die Beschwerde oder den förmlichen Rechtsbehelf noch nicht entschieden oder die beantragte Maßnahme noch nicht erlassen ist, so setzt das Gericht das Verfahren bis zum Ablauf einer von ihm bestimmten Frist, die verlängert werden kann, aus. Wird die Beschwerde innerhalb der vom Gericht gesetzten Frist stattgegeben oder der Verwaltungsakt innerhalb dieser Frist erlassen, so ist die Hauptsache für erledigt zu erklären.

(3) Der Antrag nach Absatz 1 ist nur bis zum Ablauf eines Jahres seit der Einlegung der Beschwerde oder seit der Stellung des Antrags auf Vornahme der Maßnahme zulässig, außer wenn die Antragstellung vor Ablauf der Jahresfrist infolge höherer Gewalt unmöglich war oder unter den besonderen Verhältnissen des Einzelfalles unterblieben ist.

Lit: *Bettermann*, Der verwaltungsgerichtl Rechtsschutz bei Nichtbescheidung des Widerspruchs oder des Vornahmeantrags, NJW 60, 1081.

Vgl § 75 VwGO und das hierzu erschienene Schrifttum. § 27 betrifft die Antragstellung, wenn die Behörde untätig bleibt. Unterscheide – entspr der Gliederung oben § 23 Rn 30–32: **a)** Die Beschwerde gg einen Justizverwaltungsakt wird nicht verbeschieden; **b)** ein Verpflichtungsantrag war gestellt; er oder die Beschwerde gg seine Zurückweisung wird nicht verbeschieden. Im Fall **a)** ist Anfechtungsantrag auf Aufhebung des Verwaltungsakts zu stellen, im Fall **b)** ist Verpflichtungsantrag und zwar je nach dem Einzelfall Vornahme- oder Bescheidungsantrag zu stellen (vgl Bettermann NJW 60, 1088). 1

1) Abs 1 stellt ein zusätzl Zulässigkeitserfordernis für den Untätigkeitsantrag im Sinn der Vorbemerkung auf: über den Antrag, eine Maßnahme zu treffen, oder über eine Beschwerde oder einen anderen förmlichen Rechtsbehelf ist – ohne zureichenden Grund – nicht entschieden worden und zwar nicht innerhalb von 3 Monaten, nachdem der Antrag gestellt, der Rechtsbehelf ergriffen worden war. Wenn besondere Umstände des Falles dies erfordern, kann das Gericht schon vor Ablauf der Sperrfrist angerufen werden. – **Ausschlußfrist** für den Antrag: Abs 3. 2

2) Aussetzung: Liegt für die Verzögerung ein zureichender Grund vor, so ist der Antrag nicht deshalb allein schon als unzulässig, da verfrüht, zurückzuweisen. Gem Abs 2 setzt das Gericht das Verfahren über den Antrag, ohne seine Erfolgsaussichten zu prüfen, bis zum Ablauf einer von ihm gesetzten Frist aus, die verlängert werden kann, wobei aber der Rahmen des Abs 3 nicht überschritten werden darf. Die Aussetzung liegt nicht im Ermessen des Gerichts, sondern muß beschlossen werden, wenn ihre Voraussetzungen gegeben sind. 3

3) Das **weitere Verfahren: a)** Ist der **Antrag verfrüht gestellt,** ist er unzulässig. Dieser Mangel kann aber **heilen:** entw durch Ablauf der Sperrfrist nach § 27 I, oder durch den Eintritt der besonderen, die Frist verkürzenden Umstände im Sinn des § 27 I 2 während der Sperrfrist, sofern nicht die begehrte Maßnahme bis zu dem Zeitpunkt, in dem Heilung einträte, bereits getroffen worden war. 4

b) War der – im übrigen zulässige – **Antrag nach Ablauf der Sperrfrist** gestellt oder ist Heilung im Sinn von a) eingetreten, so ist, wenn kein Bescheid der Justizverwaltungsbehörde erging, der Weg zur Sachentscheidung im Sinne von Rn 1 a–b und § 28 I, II nunmehr frei. Das OLG hat zu prüfen, ob die weitere Verzögerung vielleicht erneut einen zureichenden Grund hatte, in welchem Fall es erneut aussetzt; andernfalls ist zu verfahren, wie wenn ein dem Antragsteller ungünstiger Bescheid ergangen wäre. Ein etwaiges Vorschaltverfahren nach § 24 II muß nicht durchlaufen werden (Bettermann aaO S 1087 VI 2). 5

c) War die Sperrfrist nach Abs 1 (und evtl auch die Aussetzungsfrist nach Abs 2) **abgelaufen** und ergeht nunmehr – nach Antragstellung aber vor Verbescheidung durch das Gericht nach § 28 der bisher verzögerte **Bescheid** der JustizverwBehörde, so ist zu unterscheiden: **aa)** Ist dieser dem Antragsteller günstig, so ist im Antragsverfahren die **Hauptsache erledigt,** was die Beteiligten des Verfahrens übereinstimmend erklären werden. Tun sie das nicht, gelten die zu § 91 a ZPO entwickelten Grundsätze sinngemäß auch hier: Hält also der Antragsteller gleichwohl seinen Sachantrag aufrecht, während die Behörde für erledigt erklärt, ist der Antrag, da gegenstandslos, als unzulässig zurückzuweisen (Bettermann NJW 60, 1087; aA Kissel Rdnr 12). Im umgekehrten Fall ist über die Frage, ob erledigt ist, durch Beschluß zu entscheiden – so mit 6

Recht Jansen aaO Anm 5a; Bettermann NJW 60, 1087; aA offenbar BL aaO Anm 3. – Anstatt die Hauptsache für erledigt zu erklären, kann der AntrSteller aber auch Antrag nach § 28 I 4 stellen (ebenso Kissel Rdnr 12; aA Bl Anm 3).

7 **bb)** Ist der **Bescheid** der JustizverwBehörde dem Antragsteller **ungünstig,** kann er das Untätigkeitsverfahren fortsetzen, ohne daß ein etwa vorgesehenes Vorschaltverfahren nach § 24 II durchgeführt zu werden bräuchte; anders in diesem Punkt nur, wenn sich das ursprüngliche Ziel des Antragstellers auf eine Verbescheidung schlechthin beschränkt hatte, da in diesem Fall das anhängige gerichtl Verfahren nicht mit dem Ziel fortgesetzt werden kann, einen inhaltlich bestimmten VerwAkt zu bekommen (vgl Redeker/von Oertzen VwGO § 75 Anm 8; Eyermann/Fröhler VwGO § 75 Rdnr 10; Bettermann aaO S 1083).

8 **d)** Erging der Bescheid der VerwBehörde zu einem Zeitpunkt, da die Entscheidung des OLG über den Antrag nach § 27 noch verfrüht wäre, so ist wiederum zu unterscheiden: **aa)** Ist der Bescheid dem Antragsteller günstig, so gilt das oben in Rn 6 Gesagte.

9 **bb)** Ist der Bescheid dem Antragsteller ungünstig, so muß er nunmehr seinen Anfechtungs- oder Verpflichtungsantrag weiter verfolgen. Ein etwa notwendiges Vorschaltverfahren nach § 24 II ist, wenn der Bescheid schon in die Sperrfrist des § 27 I fiel, aber jetzt stets durchzuführen, wozu das Gericht das Antragsverfahren nach § 27 aussetzen kann (Jansen aaO Anm 2; Redeker/von Oertzen aaO Anm 13; Eyermann/Fröhler aaO Rdnr 11 aE; Kissel Rdnr 3).

§ 28

(1) Soweit die Maßnahme rechtswidrig und der Antragsteller dadurch in seinen Rechten verletzt ist, hebt das Gericht die Maßnahme und, soweit ein Beschwerdeverfahren (§ 24 Abs. 2) vorausgegangen ist, den Beschwerdebescheid auf. Ist die Maßnahme schon vollzogen, so kann das Gericht auf Antrag auch aussprechen, daß und wie die Justiz- oder Verwaltungsbehörde die Vollziehung rückgängig zu machen hat. Dieser Ausspruch ist nur zulässig, wenn die Behörde dazu in der Lage ist und diese Frage spruchreif ist. Hat sich die Maßnahme vorher durch Zurücknahme oder anders erledigt, so spricht das Gericht auf Antrag aus, daß die Maßnahme rechtswidrig gewesen ist, wenn der Antragsteller ein berechtigtes Interesse an dieser Feststellung hat.

(2) Soweit die Ablehnung oder Unterlassung der Maßnahme rechtswidrig und der Antragsteller dadurch in seinen Rechten verletzt ist, spricht das Gericht die Verpflichtung der Justiz- oder Vollzugsbehörde aus, die beantragte Amtshandlung vorzunehmen, wenn die Sache spruchreif ist. Andernfalls spricht es die Verpflichtung aus, den Antragsteller unter Beachtung der Rechtsauffassung des Gerichts zu bescheiden.

(3) Soweit die Justiz- oder Vollzugsbehörde ermächtigt ist, nach ihrem Ermessen zu handeln, prüft das Gericht auch, ob die Maßnahme oder ihre Ablehnung oder Unterlassung rechtswidrig ist, weil die gesetzlichen Grenzen des Ermessens überschritten sind oder von dem Ermessen in einer dem Zweck der Ermächtigung nicht entsprechenden Weise Gebrauch gemacht ist.

1 § 28 entspricht inhaltlich den §§ 114, 113 I, IV VwGO; vgl daher zunächst die einschl Kommentare zur VwGO. Zur Sachentscheidung kommt das OLG nur, wenn es die Zulässigkeit des Antrags bejaht hat; vgl hierzu Vorbem zu §§ 24–27.

2 **1) Abs 1 S 1, Anfechtungsantrag: a)** Sachentscheidung: Das OLG hebt den **angegriffenen JustizverwAkt** und, soweit ein Beschwerdeverfahren vorausgegangen war, **den Beschwerdebescheid** auf, soweit die Maßnahme rechtswidrig und der AntrSteller dadurch in seinen Rechten verletzt ist. Diese beiden Tatbestandsmerkmale, das objektive wie das subjektive, müssen also zusammentreffen, um dem Antrag zum Erfolg zu verhelfen. Rechtswidrigkeit allein genügt, auf Verschulden der Behörde kommt es nicht an. – Ist die angefochtene Maßnahme bereits **vollzogen und** die Beeinträchtigung **nicht mehr zu beseitigen,** so ist für Aufhebung (und für Entscheidung nach Abs 1 S 2) kein Raum (vgl BVerfG NJW 76, 1735; BGH NJW 80, 351, Kissel Rdnr 10). Es bleibt für Betroffenen nur Antrag nach Abs 1 S 4.

3 **b) Maßgeblicher Zeitpunkt** auf den bei der Prüfung der Tatbestandsmerkmale abzustellen ist: Ziel des Anfechtungsantrags ist die Nachprüfung des Verwaltungsakts auf seine Rechtmäßigkeit oder Rechtswidrigkeit; es entscheidet daher der Zeitpunkt seines Erlasses. Bei Verpflichtungsanträgen gibt die Sach- und Rechtslage im Zeitpunkt der Entscheidung Maß (vgl Ule Verwaltungsprozeßrecht § 57 II 1; Eyermann/Fröhler VwGO § 113 Rdnr 1).

4 **c)** Tragen die dem VerwAkt ursprünglich beigegebenen Gründe seine Rechtmäßigkeit nicht, wird die Justizverwaltungsbehörde häufig andere Tatsachen oder rechtliche Gründe **nachschie-**

ben, die auch bei Erlaß des VerwAktes schon gegeben waren, aber nicht ausgesprochen wurden. Dies ist insoweit zulässig, als dadurch der angegriffene Justizverwaltungsakt in seinem Wesen nicht verändert wird (vgl Eyermann/Fröhlich § 113 Rdnr 16; Kissel Rdnr 8; hM). Unter dieser Voraussetzung kann das Gericht auch von Amts wegen bisher nicht berücksichtigte rechtl oder tatsächl Gründe berücksichtigen. Doch darf die Rechtsverteidigung des AntrStellers durch dieses Nachschieben von Gründen nicht beeinträchtigt werden (BVerwG 8, 46 ff; BSG NJW 60, 1125; Eyermann/Fröhler aaO § 113 Rdnr 30). Bei Ermessensentscheidungen allerdings darf das Gericht für die Ausübung des Ermessens maßgebende Umstände nicht von Amts wegen – also ohne, daß die erlassende Behörde selbst sie nachgeschoben hätte – berücksichtigen; dies wäre ein unzulässiger Eingriff in deren Ermessensausübung (Jansen aaO Anm 4).

d) „Soweit": Ist der VerwAkt nur teilweise rechtswidrig, beschränkt sich die Entscheidung auf diesen Teil (vgl Eyermann/Fröhler § 113 Rdnr 35). Der Rechtsgedanke des § 139 BGB ist umgekehrt anwendbar (vgl Eyermann/Fröhler aaO § 42 Anh Rdnr 14). 5

2) Abs 1 S 2 u 3, Folgenbeseitigung; Entspricht VwGO § 113 I 2 u 3. War der JustizverwAkt schon vollzogen, so ist die Behörde nach Aufhebung durch das OLG verpflichtet, den früheren Zustand wiederherzustellen, soweit dies möglich ist. **Auf Antrag** – nicht von Amts wegen – kann schon das OLG anordnen, daß und wie dies zu geschehen habe. Voraussetzung: Folgenbeseitigung muß rechtlich und tatsächlich möglich sein, andernfalls Schadensersatzansprüche (vgl Eyermann/Fröhler aaO § 133 Rdnr 38). Der Antrag ist seiner Rechtsnatur nach Verpflichtungs-(Vornahme-)antrag; er muß sowohl hinsichtlich des „ob", als auch des „wie" spruchreif sein. Wird er nicht gestellt oder kann ihm nicht stattgegeben werden, so steht dem Antragsteller gegen die Untätigkeit der Behörde bei der Folgenbeseitigung nachher erneut der Antrag nach § 27 offen (Eyermann/Fröhler aaO Rdnr 38; BL Anm 2 B; Jansen aaO Anm 5). 6

3) Abs 1 S 4, Feststellungsantrag: Der Kläger hat hier die Möglichkeit, von dem gestellten Anfechtungs- oder Verpflichtungsantrag zum Feststellungsantrag überzugehen. Dies gilt auch, wenn die Erledigung nicht erst während des Verfahrens, sondern schon vor Antragstellung eingetroffen ist (insbes bei Vollzug nicht rückgängig zu machender Akte), KG NJW 72, 169. Voraussetzung: Zurücknahme der Maßnahme durch die JustizverwBehörde, oder sonstige Erledigung: Die Maßnahme entfällt durch Zeitablauf, sie wird durch Wegfall der Beschwerde, Tod eines Beteiligten gegenstandslos; Vornahme oder Vorbescheidung im Fall des § 27 II 2. Ebenso im Fall der nicht mehr rückgängig zu machenden Vollziehung (vgl Rn 2). Auch wenn die Erledigung schon vor Antragstellung eingetreten war, kann Feststellung nach Satz 4 begehrt werden (BVerwG NJW 58, 312 Frankfurt NJW 65, 2315; Eyermann/Fröhler § 113 Rdnr 51 mit weiteren Nachweisen). Voraussetzung ist, daß die Maßnahme, sofern die Erledigung nicht eingetreten wäre, nach 23 anfechtbar war; 28 I 4 ermöglicht nicht die erweiterte Anfechtung erledigter Maßnahmen, für die wegen der Erledigung der an sich gegebene spezielle Rechtsbehelf nicht mehr zulässig ist (KG MDR 82, 155 für Maßnahmen des GerVollziehers, § 766 ZPO). 7

Zulässigkeitsvoraussetzung: Ein berechtigtes Interesse des Antragstellers an der begehrten Feststellung. Im Gegensatz zum „rechtlichen Interesse" der Feststellungsklage gemäß § 256 ZPO ist der Begriff des berechtigten Interesses weiter, er umfaßt auch ein wirtschaftliches oder ideelles Interesse (vgl Keidel FGG § 34 Rdnr 13; Eyermann/Fröhler § 43 Rdnrn 11, 12; § 113 Rdnr 41). Wenn das berechtigte Interesse mit dem Hinweis auf einen Zivilprozeß begründet wird, muß dieser schon anhängig oder mit hinreichender Sicherheit zu erwarten sein, auch darf die verwaltungsrichterliche Entscheidung für das Zivilurteil nicht völlig unerheblich sein (BVerwG NJW 57, 923); anders, wenn die durch den Feststellungsausspruch mit bindender Wirkung zwischen den Beteiligten festgestellte Rechtswidrigkeit des VerwAkts Vorfrage im Zivilprozeß auf Schadensersatz ist (BVerwG NJW 58, 188; 60, 1363). – Nicht genügt das Kosteninteresse (§ 30 II). 8

Der **Entscheidungssatz** im Falle des Abs 1 S 4 lautet: Der (angegriffene) JustizverwAkt war rechtswidrig. Andernfalls ist der Feststellungsantrag je nach Rechtslage als unbegründet oder als unzulässig – wenn das berechtigte Interesse fehlt – abzuweisen. 9

4) Abs 2, Verpflichtungsantrag: Er behandelt die Entscheidung des Gerichts, wenn die **Ablehnung oder Unterlassung einer Maßnahme** rechtswidrig und der AntrSteller dadurch in seinen Rechten verletzt ist. Hier ist wieder zu unterscheiden: War die abgelehnte oder unterlassene Maßnahme gesetzesgebunden oder frei, dh in das Ermessen der JustizverwBehörde gestellt. 10

a) Sie war **gesetzesgebunden.** Dann kann die Entscheidung nur auf Verpflichtung der Behörde lauten, die unterlassene oder abgelehnte Maßnahme vorzunehmen (das Gericht nimmt sie nicht selbst vor), oder auf Abweisung des Antrags. Ein Bescheidungsausspruch gemäß Abs 2 S 2 ist ausgeschlossen. 11

12 Ist die Sache noch aufklärungsbedürftig, also in diesem Sinne **nicht „spruchreif"**, so muß das Gericht sie entscheidungsreif machen (Amtsermittlung: § 12 FGG iVm § 29 II EGGVG). Grundsätzlich also keine Aufhebung und Zurückverweisung (BVerwG NJW 61, 793).

13 **Der Entscheidungssatz:** Die Behörde ist zur Vornahme der Maßnahme zu verurteilen; den (alten) ablehnenden Bescheid aufzuheben, ist zulässig, aber grundsätzlich unnötig.

14 **b)** War die **Maßnahme in das Ermessen der Behörde gestellt,** so ist die Sache „spruchreif", wenn dieses Ermessen nur in einer einzigen Richtung ausgeübt werden konnte und zutreffend ausgeübt worden ist. Sonst aber, wenn also die JustizverwBehörde ihr Ermessen überhaupt noch nicht ausgeübt hatte oder wenn das Ermessen mit verschiedenen Ergebnissen ausgeübt werden konnte, ist zu unterscheiden:

15 **aa)** Im Fall der **Ablehnung eines Verpflichtungsantrags:** Zu beachten ist, daß das Gericht nicht sein Ermessen an die Stelle des behördlichen Ermessens setzen darf. Soweit also die auf der Ermessensfreiheit beruhende Entscheidungsfreiheit der Behörde reicht, ist dem Gericht die Entscheidung entzogen: Insoweit hat es nur die Verpflichtung der Behörde auszusprechen, den AntrSteller unter Beachtung der Rechtsauffassung des Gerichts zu bescheiden (Abs 2 S 2). Dagegen muß das Gericht prüfen, ob der begehrten Vornahmehandlung irgendwelche rechtlichen Hindernisse entgegenstanden; wenn ja, ist der Antrag zurückzuweisen.

16 **bb)** Die Behörde hat die begehrte Ermessensmaßnahme unterlassen, sie ist **untätig** geblieben. Hier hat das Gericht zu prüfen, ob die Nichtverbescheidung rechtswidrig war, was der Fall ist, wenn die Behörde den AntrSteller verbescheiden mußte. Dies hängt insbesondere davon ab, ob dem Antragsteller ein echtes Antragsrecht zusteht oder eine von Amts wegen zu treffende Amtshandlung vom Gesetz zu seinen Gunsten zu treffen war (vgl Bettermann NJW 60, 653; Jansen aaO Anm 7 c).

17 **cc) Entscheidungssatz:** Er folgt dem Wortlaut des Gesetzes in Abs 2 Satz 2. Wird der Behörde die Neubescheidung (im Gegensatz zur Erstbescheidung) aufgegeben, ist der Ablehnungsbescheid zweckmäßig ausdrücklich aufzuheben (vgl Bettermann aaO III 2 c, S 651).

18 **5) Abs 3:** Das Gericht prüft, ob die Ausübung des Ermessens rechtswidrig war. **a) Ermessen** ist die Freiheit der Verwaltung, die ihr der Gesetzgeber eingeräumt hat (Ule VerwProzeßrecht § 2 I 2). Auf die Ermessensentscheidung übertragen, bedeutet das, daß der Gesetzgeber mehrere Entscheidungen als rechtmäßig ansieht, von denen jede „richtig" sein kann. Das Ermessen muß stets pflichtgemäß ausgeübt werden. Die Subsumierung des Sachverhalts unter einen unbestimmten Rechtsbegriff ist keine Ausübung des Ermessens, sodern rechtliche Entscheidung (vgl Eyermann/Fröhler aaO § 114 Rdnrn 9, 11; Redeker/von Oertzen aaO § 114, 10 ff).

19 **b)** Nicht die Ermessensausübung, wohl aber die **Ermessensverletzung** ist nachprüfbar. Darunter versteht man:

20 **aa) Ermessensüberschreitung:** Die Behörde hat die ihr gesetzten Grenzen des Ermessens überschritten.

21 **bb)** Der **Ermessensmißbrauch:** Die Behörde hat von dem Ermessen in einer dem Zweck der Ermächtigung nicht entsprechenden Weise Gebrauch gemacht (Mißbrauch, Willkür). Ermessensverletzung liegt also vor, wenn die Behörde von ihrem Ermessen keinen oder einen rechtsfehlerhaften, dem Sinn und dem Zweck des Gesetzes widersprechenden Gebrauch gemacht oder wenn sie von ungenügenden oder von verfahrenswidrig zustande gekommenen Feststellungen ausgegangen oder wesentliche Umstände unerörtert gelassen hat, ferner wenn die Behörde die Grenzen des ihr eingeräumten Ermessens (positiv oder negativ) verkannt hat.

22 **c)** Die angegriffene Maßnahme der Verwaltungsbehörde muß ersehen lassen, welche Überlegungen sie angestellt hat, um ihr Ermessen auszuüben (BVerwG DVBl 62, 562; Frankfurt NJW 66, 456/466); andernfalls muß die Entscheidung aufgehoben werden, falls nicht **die der Ermessensentscheidung zugrunde gelegten Erwägungen** so auf der Hand liegen, daß es einer ausdrücklichen Begründung nicht bedarf (VGH Freiburg NJW 57, 36; vgl Nürnberg JVBl 62, 275).

§ 29

(1) Die Entscheidung des Oberlandesgerichts ist endgültig. Will ein Oberlandesgericht jedoch von einer auf Grund des § 23 ergangenen Entscheidung eines anderen Oberlandesgerichts oder des Bundesgerichtshofes abweichen, so legt es die Sache diesem vor. Der Bundesgerichtshof entscheidet an Stelle des Oberlandesgerichts.

(2) Im übrigen sind auf das Verfahren vor dem Zivilsenat die Vorschriften des Reichsgesetzes über die Angelegenheiten der freiwilligen Gerichtsbarkeit über das Beschwerdeverfahren, auf

das Verfahren vor dem Strafsenat die Vorschriften der Strafprozeßordnung über das Beschwerdeverfahren sinngemäß anzuwenden.

(3) Auf die Bewilligung der Prozeßkostenhilfe sind die Vorschriften der Zivilprozeßordnung entsprechend anzuwenden.

1) **Abs 1 S 1:** Das OLG entscheidet als **erste und einzige Instanz.** Dies ist mit GG vereinbar. 1
Keine Anrufung des BGH; keine Abänderung der Sachentscheidung nach § 18 FGG, keine Wiederaufnahme, wie sie § 153 VwGO vorsieht. Da die Entscheidung der materiellen **Rechtskraft** fähig, kann sie vom Gericht nicht geändert werden. Ausnahme möglich bei Abweisung als unzulässig (vgl Grundsätze zu § 343 StPO), jedoch nur bei unrichtiger tatsächlicher Grundlage (Kissel Rdnr 5), nicht bei Rechtsirrtum (BGH MDR 76, 634; Hamburg MDR 76, 511). Auch bei Verstoß gegen **rechtliches Gehör** soll – entsprechend der Auffassung des BVerfG (vgl NJW 76, 1837) – Nachholung möglich sein (§ 33a StPO analog, vgl § 567 Rn 41, Kissel Rdnr 6). – Die Entscheidung braucht, da kein Rechtsmittel gegeben, nur formlos mitgeteilt werden; **Zustellung** ist nicht nötig (Kissel Rdnr 3).

2) **Vorlegungspflicht** zur Wahrung der Rechtseinheit nach Abs 1 S 2: Über die Voraussetzun- 2
gen der Vorlagepflicht und die Form der Vorlegung vgl § 28 FGG. Wie im Verfahren der freiwilligen Gerichtsbarkeit, begründet nicht nur die Abweichung von Sachnormen, sondern auch von Verfahrensvorschriften (§§ 24–28) die Vorlagepflicht, ebenso eine Abweichung bei der Anwendung der Vorschriften über die Kostenpflicht (Keidel aaO § 28 Rdnrn 12, 15; Jansen Anm 2; BGH 31, 92), nicht aber eine Abweichung bei der Anwendung des § 30 Abs 2 u 3 KostO (Geschäftswertfestsetzung, Kostenfestsetzungsverfahren; vgl BGH 7, 128; BayObLG 60, 345). Vorlage nur, wenn es für die Entscheidung auf die Vorlagefrage tatsächlich ankommt (BGH NJW 77, 1014).

3) Subsidiär gelten die Vorschriften des FGG über das Beschwerdeverfahren, also insbeson- 3
dere §§ 23–25, 30 II und sinngemäß die allgemeinen Verfahrensvorschriften. – Zur Frage der Tatsachenfeststellung (keine mündliche Verhandlung) s KG NJW 68, 608.

4) Zur Frage **vorläufigen Rechtsschutzes** vgl § 23 Rn 34. 4

5) **Prozeßkostenhilfe:** Vgl ZPO §§ 114 ff und die Erläuterungen dazu. 5

§ 30

(1) Für die Kosten des Verfahrens vor dem Oberlandesgericht gelten die Vorschriften der Kostenordnung entsprechend. Abweichend von § 130 der Kostenordnung wird jedoch ohne Begrenzung durch einen Höchstbetrag bei Zurückweisung das Doppelte der vollen Gebühr, bei Zurücknahme des Antrags eine volle Gebühr erhoben.

(2) Das Oberlandesgericht kann nach billigem Ermessen bestimmen, daß die außergerichtlichen Kosten des Antragstellers, die zur zweckentsprechenden Rechtsverfolgung notwendig waren, ganz oder teilweise aus der Staatskasse zu erstatten sind. Die Vorschriften des § 91 Abs. 1 Satz 2 und der §§ 102–107 der Zivilprozeßordnung gelten entsprechend. Die Entscheidung des Oberlandesgerichts kann nicht angefochten werden.

(3) Der Geschäftswert bestimmt sich nach § 30 der Kostenordnung. Er wird von dem Oberlandesgericht durch unanfechtbaren Beschluß festgesetzt.

1) Gebühren: a) des Gerichts: Es gelten die Vorschriften der KostO entsprechend. In Abweichung von § 130 I, II 1
KostO wird jedoch, ohne Begrenzung durch einen Höchstbetrag, bei der Zurückweisung des Antrages eine doppelte und bei der Zurücknahme eine volle Gebühr (§ 32 KostO) erhoben. Es spielt keine Rolle, ob die Zurückweisung aus sachlichen oder verfahrensrechtlichen Gründen erfolgt. Wird der Antrag teilweise zurückgewiesen oder zurückgenommen, dann sind nach § 130 IV KostO die Gebühren nach dem Wert des zurückgenommenen oder zurückgewiesenen Teils zu erheben; es darf aber höchstens die Gebühr für die Zurückweisung des ganzen Antrages erhoben werden. Die Aufnahme des Antrags (§ 26 I EGGVG) und der Antrag selbst sind gebührenfrei, §§ 129, 131 IV 3 KostO. Wird dem Antrag stattgegeben oder die Hauptsache für erledigt erklärt, so erfallen keine Gebühren. Eine Vorschußpflicht (§ 8 KostO) besteht nicht, Hamm JVBl 1964, 36; Korintenberg/Wenz/Ackermann, KostO Anm 10 Abs 2 zu § 130; aM Hartmann, Kostengesetze Anm 2 zu § 30 EGGVG, Anhang nach § 160 KostO; Hamburg Rpfleger 66, 27 = KostRsp EGGVG § 30 Nr 2 mit Anm Lappe. Für den Kostenansatz (§ 4 KostVfG) ist die Kostenauferlegung durch das Gericht nicht notwendig, weil sich die Kostentragungspflicht aus dem Gesetz ergibt, siehe Keidel, FGG Anm 20 vor § 13a.

b) des Anwalts: Der Rechtsanwalt erhält für das Verfahren vor dem OLG und dem BGH nach § 66a BRAGO die in 2
den §§ 31 ff BRAGO aufgeführten Gebühren – wobei selten eine Verhandlungs-, Erörterungs- oder Beweisgebühr anfallen wird, da es sich um ein FGG-Verf (§ 29 II EGGVG) handelt – und zwar richten sich die Gebühren nach § 11 I 1 BRAGO – also keine erhöhten Gebühren.

c) Geschäftswert: Er beträgt regelmäßig 5000,– DM, sofern sich nicht genügend tatsächliche Anhaltspunkte für 3
einen anderen Wert ergeben, §§ 18, 30 II KostO. Der Geschäftswert wird vom Gericht durch unanfechtbaren Beschluß festgesetzt, § 30 III EGGVG.

4 **2) Kostenerstattung:** § 30 III verdrängt § 13a FGG (§ 13a II). Der Umstand allein, daß die Behörde unterlegen ist, rechtfertigt den Anspruch der Kostenerstattung noch nicht; in Fällen der Erledigung der Hauptsache reicht demgemäß der vermutliche Erfolg des Antrags ebenfalls noch nicht aus (Hamm JMBl NRW 70, 238). Die Verweisung auf ZPO § 91 I 2 soll den Kostenbegriff klarstellen. – Wegen der Frage der Kostenerstattung ist ggf ein durch Tod des Betroffenen erledigtes Verfahren fortzusetzen (Hamm AnwBl 71, 147).

5 **3) Kostenfestsetzung:** Verweisung auf §§ 103 (102 außer Kraft) – 107 ZPO wie in § 13a II FGG.

6 **4) Prozeßkostenhilfe:** § 14 FGG idF von Art 4 Nr 9 des PKHG v 13. 6. 80 (BGBl I, 677).

§§ 31–38

(betreffen Strafsachen: Kontaktsperre)

ANHANG I

Übersicht über die Verbürgung der Gegenseitigkeit

(§ 110 II Nr 1 und § 328 I Nr 5 ZPO)

Erläuterungen zu der nachstehenden Aufstellung:

„Ja" bedeutet, daß die Gegenseitigkeit verbürgt ist.

„Nein" bedeutet, daß die Gegenseitigkeit nicht verbürgt ist.

„V" bedeutet in der Spalte für § 328 I Nr 5, daß mit dem betreffenden Staat ein Vertrag über die gegenseitige Anerkennung und Vollstreckung von gerichtlichen Entscheidungen besteht.

EWG-Ü bedeutet EWG-Übereinkommen (= GVÜ). Hierzu unten Anhang II.

In der vierten Spalte ist jeweils vermerkt, ob der betreffende Staat dem Haager Übereinkommen über den Zivilprozeß beigetreten ist. **„54"** bedeutet, daß der Staat dem Übereinkommen in der Fassung vom 1. 3. 1954 beigetreten ist, **„05"** bedeutet, daß im Verhältnis zu dem betreffenden Staat noch die Fassung vom 17. 7. 1905 gilt, während **„65"** bedeutet, daß nunmehr das Haager Übereinkommen vom 15. 11. 1965 über die Zustellung gerichtlicher und außergerichtlicher Schriftstücke im Ausland in Zivil- und Handelssachen (BGBl 1977 II 1452) in Kraft getreten ist.

Eingehende Hinweise für die Frage, ob und inwieweit die Gegenseitigkeit verbürgt ist, finden sich bei Schütze, Anerkennung und Vollstreckung deutscher Urteile im Ausland, 1973 (in der Übersicht abgekürzt „Sch I") und bei Schütze, Die Geltendmachung deutscher Urteile im Ausland. Verbürgung der Gegenseitigkeit, 1977 (abgekürzt Sch II), Martiny, Handbuch des Internationalen Zivilverfahrensrechts, Bd III/1, 1984, Rdn 1307 ff sowie bei Geimer/Schütze, Internationale Urteilsanerkennung, I 2, 1984, § 247 (abgekürzt Gei/Sch).

Wegen der Verbürgung der Gegenseitigkeit iS von § 110 s auch Bekanntmachung der Justizverwaltungen v 18. 12. 1981, abgedruckt zB in BayJMBl 1982, 1 ff und Schütze, Rechtsverfolgung im Ausland, 1986, 130.

Staat	§ 110	§ 328	ÜZP
Ägypten	ja (Dilger ZZP 85 [1972], 414)	ja (Sch I 110; IPG 1970 Nr 34 [Heidelberg])	65
Äthiopien	ja (bei Kl-Wohnsitz oder Grundbesitz im Inland)	nein	–
Afghanistan	ja	nein (Sch II 36)	–
Albanien	nein	nein	–
Algerien	nein (Dilger ZZP 85 [1972], 415)	nein (Sch RIW 77, 761; vgl aber BGH NJW 68, 837)	–
Andorra	ja	ja, bestr (EWG-Ü; Sch RIW 77, 399; aA Maus RIW 81, 151)	–
Argentinien	ja (bei Kl-Wohnsitz oder Grundbesitz im Inland)	nein (Sch I 131; Sch AWD 69, 262)	–
Australien	ja (bei Kl-Wohnsitz im Inland)	ja, für jeden Bundesstaat gesondert zu prüfen (für Geldzahlungstitel oberer Gerichte; Sch RIW 78, 780)	–
Bahamas	ja (bei Kl-Wohnsitz im Inland)	ja	–
Bangla Desh	ja (bei Kl-Wohnsitz oder Grundbesitz im Inland)	nein (Sch I 96)	–
Barbados	ja (bei Kl-Wohnsitz im Inland)	ja (?)	65
Belgien	ja	ja (EWG-Ü)	65
Benin	ja (bei Grundbesitz im Inland)	nein (Sch II 54)	–
Bhutan	ja	nein	–
Bolivien	ja (bei Grundbesitz im Inland)	nein	–
Botswana	nein	ja (Sch JR 78, 54)	65
Brasilien	ja (bei Kl-Wohnsitz oder Grundbesitz im Inland)	ja (Sch I 139)	–
Bulgarien	ja (BGH WM 82, 194)	nein	–
Burma	ja (bei Kl-Wohnsitz im Inland)	nein	–
Burundi	ja	ja	–
Chile	ja	ja (IPG 1975 Nr 42 [Hamburg])	–

Staat	§ 110	§ 328	ÜZP
China (Volksrep)	nein	ja (Sch RIW 86, 269)	–
China (Taiwan)	ja (bei Kl-Wohnsitz im Inland)	ja	–
Costa Rica	nein	ja (Sch I 138)	–
Ceylon (Sri Lanka)	ja (bei Wohnsitz im Inland)	ja	–
Cuba	nein	ja (?)	–
Dänemark	ja	ja (EWG-Ü)	65
Dominikanische Republik	ja (bei Grundbesitz im Inland)	nein	–
Ecuador	ja	ja (Sch II 90)	–
Elfenbeinküste	ja (bei Grundbesitz im Inland)	ja (Sch AWD 74, 458)	–
El Salvador	ja (?)	ja	–
Fidschi	ja (bei Kl-Wohnsitz im Inland)	ja (?)	–
Finnland	ja	nein	65
Frankreich	ja	ja (EWG-Ü)	65
Gabun	ja (bei Grundbesitz im Inland)	nein	–
Gambia	ja (bei Kl-Wohnsitz im Inland)	nein	–
Ghana	nein	nein	–
Griechenland	ja	ja, V	–
Großbritannien	ja (bei Kl-Wohnsitz oder Grundbesitz im Inland)	ja, (EWG-Ü)	65
Guatemala	ja	nein	–
Guinea	ja (bei Grundbesitz im Inland)	nein	–
Guyana	ja (bei Kl-Wohnsitz im Inland)	nein (Sch I 147; IPG 1973 Nr 40 [Hamburg])	–
Haiti	ja (bei Grundbesitz im Inland)	nein (?)	–
Honduras	ja	ja (Sch I 98); anders hM	–
Hongkong Vgl auch Arnold AWD 74, 135	s Großbritannien	ja (dt-brit Abk)	
Indien	nein (Stuttgart RIW 83, 460)	nein (Sch NJW 73, 2144)	–
Indonesien	nein	nein	–
Irak	nein	nein (Sch RIW 77, 761)	–
Iran	ja (BGH WM 82, 458; aA Bremen NJW 82, 2737)	nein	–
Irland	ja (bei Kl-Wohnsitz im Inland)	ja (Sch I 60)	–
Island	ja	nein (Sch II 32)	05
Israel	ja	ja, V	65
Italien	ja	ja (EWG-Ü)	54
Jamaika	ja (bei Kl-Wohnsitz im Inland)	nein	–
Japan	ja	ja (Sch II 49; Nagata RIW 76, 212)	65
Jemen (Arab Rep)	ja	nein	–
Jordanien	ja (aA BGH WM 82, 880)	ja (Sch RIW 77, 766; aA Nagel IZPR VIII 48)	–
Jugoslawien	ja	ja (IPG 1969 Nr 44 [Köln])	54
Kamerun	nein	nein	–
Kanada	ja (bei Kl-Wohnsitz im Inland)	für jede Provinz einzeln zu prüfen (näher Sch IWB 8, Gruppe 3)	–
Kenia	ja (bei Kl-Wohnsitz im Inland)	ja (für Zahlungsurteile Sch JR 85, 52)	–
Khmer Rep	nein	nein	–
Kolumbien	ja	nein	–
Kongo (Volksrep)	ja (bei Kl-Wohnsitz oder Grundbesitz im Inland)	nein	–
Korea Süd	ja (bei Wohnsitz im Inland)	ja (Gei/Sch 1864)	–
Lesotho	nein	nein	–
Libanon	ja (Köln RIW 85, 495)	ja (Sch RIW 77, 761); bestr	54
Liberia	nein	nein	–
Libyen	ja	nein	–
Liechtenstein	ja (bei Kl-Wohnsitz oder Grundbesitz im Inland)	nein (BGH Betr 77, 718)	–
Luxemburg	ja	ja (EWG-Ü)	65
Madagaskar	ja (bei Kl-Grundbesitz im Inland)	nein	–
Malawi	ja (bei Kl-Wohnsitz im Inland)	nein	–

Staat	§ 110	§ 328	ÜZP
Malaysia	ja (bei Kl-Wohnsitz oder Grundbesitz im Inland)	ja (Sch JR 84, 272)	–
Mali	ja (bei Grundbesitz im Inland)	nein (Sch JR 85, 456)	–
Malta	ja (bei Kl-Wohnsitz im Inland)	nein (Sch AWD 65, 84)	–
Marokko	ja	ja (Gei/Sch 1875)	54
Mauretanien	nein	nein	–
Mauritius	ja (bei Kl-Wohnsitz im Inland)	nein (?)	–
Mexiko	ja	ja (IPG 1977 Nr 40 [Hamburg])	–
Monaco	ja	nein	–
Nepal	nein	nein	–
Neuseeland	ja (bei Kl-Wohnsitz im Inland)	ja	–
Niederlande (einschl Niederländ Antillen u Surinam)	ja	ja (EWG-Ü)	65
Niger	ja (Unterhaltssachen oder bei Kl-Grundbesitz im Inland)	nein	–
Nigeria	ja (bei Kl-Wohnsitz im Inland)	nein	–
Nikaragua	ja	nein (?)	–
Norwegen	ja	ja, V	65
Obervolta	ja (bei Kl-Grundbesitz im Inland)	nein	–
Österreich	ja	ja, V	54
Pakistan	ja (bei Kl-Wohnsitz oder Grundbesitz im Inland)	nein	–
Panama	nein	ja (?)	–
Paraguay	ja (bei Kl-Wohnsitz im Inland)	ja (Sch AWD 67, 26)	–
Peru	ja	ja (Sch AWD 66, 55; IPG 1973 Nr 44 [Hamburg])	–
Philippinen	nein	nein	–
Polen	ja	nein	54
Portugal	ja	ja (Sch I 76; IPG 1972 Nr 37 [Hamburg])	65
Qatar	ja	nein	–
Rumänien	ja	ja (?)	54
Rwanda	ja (bei Kl-Grundbesitz im Inland)	ja (Sch JZ 86, 98)	–
Sambia	ja (bei Kl-Wohnsitz im Inland)	nein	–
San Domingo	nein	nein	–
San Marino	nein	nein	–
Saudiarabien	ja	nein (Sch RIW 77, 761; Krüger RIW 79, 737	–
Schweden	ja	ja (Sch RIW 83, 417)	65
Schweiz	ja	ja, V	54
Senegal	ja (bei Kl-Grundbesitz im Inland)	ja (Sch RIW 85, 777)	–
Sierra Leone	ja (bei Kl-Wohnsitz im Inland)	nein	–
Singapur	ja (bei Kl-Wohnsitz oder Grundbesitz im Inland)	ja (Sch RIW 82, 722)	–
Somalia	nein	nein	–
Sowjetunion	ja	nein (Sch I 182)	54
Spanien	ja	ja (RGZ 82, 29), V (noch nicht ratifiziert)	54
Sri Lanka	ja (bei Kl-Wohnsitz im Inland)	ja (?)	–
Südafrikanische Republik	ja (bei Kl-Wohnsitz oder Grundbesitz im Inland)	ja (BGH NJW 64, 2350)	–
Sudan	nein	nein	–
Surinam	ja (?)	nein	54
Swasiland	ja (bei Kl-Wohnsitz im Inland)	nein	–
Syrien	ja	ja (BGHZ 49, 50)	–
Tansania	ja (bei Kl-Wohnsitz im Inland)	nein	–
Thailand	ja	nein (BGH NJW 71, 985; IPRspr 73 Nr 128b)	–
Togo	ja (bei Kl-Grundbesitz im Inland)	nein	–
Trinidad und Tobago	ja (bei Kl-Wohnsitz im Inland)	nein (?)	–
Tschad	nein	nein	–

Staat	§ 110	§ 328	ÜZP
Tschechoslowakei	ja	ja(Sch I 178; Zweibrücken IPRspr 1974 Nr 185); bestr	54
Türkei	ja	ja	65
Tunesien	ja	ja, V	–
Uganda	nein	nein	–
Ungarn	ja	nein (Sch I 183)	54
Uruguay	ja(bei Kl-Wohnsitz oder Grundbesitz im Inland)	ja (Sch II 113); bestr	–
Vatikan	ja	ja	54
Venezuela	ja(bei Kl-Wohnsitz oder Grundbesitz im Inland)	nein (Sch II 117)	–
Vereinigte Staaten von Nordamerika (USA) (einzelstaatlich zu prüfen; im einzelnen Sch IWB F8 [USA] Gr 3, 139)	ja, für Verfahren vor Bundesgerichten. Nicht verbürgt ist Gegenseitigkeit mit Louisiana, Mississippi, New Mexiko, North Carolina, Oklahoma, Tennessee, Texas, Vermont, Wisconsin, Hawaii. Nur bei Wohnsitz des Kl im Bezirk des angerufenen Gerichts Gegenseitigkeit verbürgt mit Michigan u Alaska. Mit den übrigen US-Staaten, wenn Kl Wohnsitz in der Bunderepublik Deutschland hat. Eingehend Schütze, Rechtsverfolgung im Ausland, 1986, 130.	ja, Alabama (IPG 1969 Nr 43 [Hamburg]); Alaska; Arizona; Arkansas; California (IPG 1976, Nr 46 [Hamburg; Sch JR 86, 235); Colorado; Connecticut; Delaware; District of Columbia; Georgia; Hawaii; Idaho; Illinois (IPG 1970 Nr 33 [Heidelberg]); Indiana; Iowa; Kansas; Kentucky; Louisiana; Maine; Maryland; Massachusetts; Michigan; Minnesota; Missouri; Nebraska; Nevada; New Hampshire; New Jersey (IPG 1967/68 Nr 40 [Heidelberg]); New Mexico; New York (IPG 1973 Nr 41 [Hamburg]); Sch JR 86, 322); North Carolina; North Dacota; Ohio, Oklahoma; Oregon(?) Pennsylvania; Rhode Island; South Carolina; South Dacota; Tennessee; Texas; Utah; Vermont; Virginia; Virgin Islands; Washington; West Virginia; Wisconsin; Wyoming. nein: Florida; Mississippi; Montana (Sch JR 86, 274).	
Zaire	ja	nein	–
Zentralafrikanische Republik	ja(bei Kl-Grundbesitz im Inland)	nein	–
Zypern	ja(bei Kl-Wohnsitz im Inland)	nein (Sch AWD 65, 311)	–

Wichtiger Hinweis: Die vorstehende Übersicht ermöglicht nur den „ersten Einstieg". Sie kann nicht rechtsvergleichende Studien ersetzen. Solche sind in jedem Einzelfall notwendig.

ANHANG II

Das EWG-Übereinkommen über die gerichtliche Zuständigkeit und die Vollstreckung gerichtlicher Entscheidungen in Zivil- und Handelssachen (GVÜ)

vom 27. 9. 1968 (BGBl 1972 II 773)
in der Fassung der Beitrittsübereinkommen vom 9. 10. 1978 (BGBl 1983 II 802)
und vom 25. 10. 1982 (BT-Drucks 10/5237)

Schrifttum: Geimer NJW 76, 441; WM 76, 830; RIW 76, 139; JZ 77, 145, 213; EuR 77, 341; WM 79, 350; 80, 1106; RIW 80, 306; NJW 86, 2991; IPRax 86, 80, 85, 208. Weitere Nachweise bei Staudinger/Firsching, 1978, Rz 616 vor Art 12 EGBGB; Linke/Müller/Schlafen in Bülow/Böckstiegel, Internationaler Rechtsverkehr in Zivil- und Handelssachen, 2. Aufl B I 1e S 606 f; Geimer/Schütze, Internationale Urteilsanerkennung, I 1, 1983; Kropholler, Europäisches Zivilprozeßrecht, 2. Aufl 1987; Handbuch des Internationalen Verfahrensrechts I (1982), III (1984), bearbeitet von Basedow, Kropholler und Martiny.

Titel I – Anwendungsbereich

Art. 1. Dieses Übereinkommen ist in Zivil- und Handelssachen anzuwenden, ohne daß es auf die Art der Gerichtsbarkeit ankommt. Es erfaßt insbesondere nicht Steuer- und Zollsachen sowie verwaltungsrechtliche Angelegenheiten.

Es ist nicht anzuwenden auf:

1. **den Personenstand, die Rechts- und Handlungsfähigkeit sowie die gesetzliche Vertretung von natürlichen Personen, die ehelichen Güterstände, das Gebiet des Erbrechts einschließlich des Testamentrechts;**
2. **Konkurse, Vergleiche und ähnliche Verfahren;**
3. **die soziale Sicherheit;**
4. **die Schiedsgerichtsbarkeit.**

I) Inkrafttreten

Das GVÜ ist am 1. 2. 1973 im Verhältnis zu Belgien, Frankreich, Italien, Luxemburg und den Niederlanden in Kraft getreten (BGBl 1973 II 60). Mit Großbritannien, Irland und Dänemark wurde am 9. 10. 1978 ein Beitrittsübereinkommen geschlossen (BGBl 1983 II 802), in Kraft seit 1. 11. 1986 im Verhältnis zu Dänemark (BGBl 1986 II 1020) und seit 1. 1. 1987 im Verhältnis zum Vereinigten Königreich (BGBl 1986 II 1146). Mit Griechenland wurde am 25. 10. 1982 ein Beitrittsübereinkommen geschlossen, das noch der Ratifikation bedarf (BT-Drucks 10/5237). Mit Spanien und Portugal steht ein Beitrittsübereinkommen noch aus. 1

Die Zuständigkeitsnormen des GVÜ gelten für alle ab 1. 2. 1973 erhobenen Klagen, Art 54 I, im Verhältnis der 6 EWG-Gründerstaaten. Die Klageerhebung/Antragstellung nach diesem Zeitpunkt ist die einzige Voraussetzung für die Anwendung der Art 2 ff. Dies gilt auch für **Zuständigkeitsvereinbarungen, die vor Inkrafttreten des Übereinkommens geschlossen worden sind.** Die Wirksamkeit solcher Zuständigkeitsvereinbarungen ist nach Art 17, bzw Art 12, 12a, bzw Art 15 zu beurteilen, wenn die Klage nach Inkrafttreten (Art 54 I) erhoben wurde. Dies gilt auch dann, wenn die Zuständigkeitsvereinbarung nach den zur Zeit des Vertragsschlusses geltenden nationalen Rechtsvorschriften unwirksam war, EuGH Rs 25/79, EuGHE 79, 3423 = RIW 80, 285. Der EuGH betrachtet eine Zuständigkeitsvereinbarung als eine bloße Zuständigkeitsoption, die ohne rechtl Folge bleibt, solange kein gerichtl Verfahren eingeleitet ist. Sie entfalte erst dann Wirkungen, wenn eine Klage erhoben wird. – Im Verhältnis zu den neu beigetretenen EWG-Staaten s Art 39 Beitrittsübereinkommen 1978, abgedruckt bei Art 54.

II) Rechtsnatur

Bestr, ob das GVÜ nur ein **gewöhnl völkerrechtl Vertrag** ist (so die hM, Nachw Jung 18 ff; Martiny RabelsZ 45 [1981], 437; Geimer/Schütze I, 50), für den der Grundsatz der restriktiven, die Souveränität der vertragschließenden Staaten schonenden Auslegung gilt, oder um **Gemeinschaftsrecht,** da das GVÜ in Ausführung des Art 220 des EWG-Vertrages geschlossen wurde. Dabei wäre dann noch zu klären, ob es sich um primäres oder sekundäres Gemeinschaftsrecht handelt. Für ersteres Schlosser NJW 75, 2132 und RIW 83, 475; StJSch Einl XV G 1a. **Gemeinschaftsrecht bricht nationales Recht.** In seinem Anwendungsbereich verdrängt – wenn man das GVÜ so qualifiziert – das Übereinkommen automatisch das nationale Recht. 2

III) Auslegung des Übereinkommens

1) Folgende drei Möglichkeiten kommen für die Auslegung in Betracht (Geimer RIW 76, 140; Geimer/Schütze I 56; Schlosser NJW 77, 459; Linke, RIW 77, 43 ff; Schlosser, Gedächtnisschrift für Bruns, 1980, 45; Martiny RabelsZ 1981, 736): Geht man davon aus, daß das GVÜ ein in sich geschlossenes Normengebilde ist, so muß man die im Text des Übereinkommens verwendeten Begriffe **„autonom"** auslegen, dh nach **vertrags-** 3

immanenten Definitionen suchen. Stellt sich heraus, daß das GVÜ eine Lücke enthält, so hat die Lückenausfüllung unter Berücksichtigung des Systems und Geistes des Übereinkommens zu erfolgen. Das nationale Recht der einzelnen Vertragsstaaten bleibt außer Betracht. So hat zB das GVÜ die Regelung des Exequaturverfahrens nicht dem Recht des Zweitstaates (Vollstreckungsstaates) überlassen, sondern sogar die Detailfrage, welches Gericht für die Entscheidung über den Antrag auf Klauselerteilung örtl zuständig ist, normiert; vgl Art 32 II. Man übersah jedoch das Problem der subjektiven Antragshäufung. Diese Lücke ist nun nicht durch eine analoge Anwendung des § 36 Nr 3 ZPO zu schließen, sondern durch entsprechende Anwendung des Art 6 Nr 1, Geimer NJW 75, 1087.

4 **2)** Neben der Möglichkeit vertragsimmanenter Definitionen und Lückenschließungen sind noch folgende Alternativen denkbar: die **Qualifikation nach dem Recht des Erststaates oder des Zweitstaates.** Sofern eine Qualifikation nach dem Recht des Zweitstaates vom Übereinkommen nicht ausdrückl vorgeschrieben ist, sollte man sie tunlichst vermeiden, da sie zu (unnötigen) Hindernissen für die Freizügigkeit der Titel innerhalb der Vertragsstaaten führt. Eine Qualifikation nach dem Recht des Erststaates kommt immer dann in Betracht, wenn das Übereinkommen ausdrückl auf das Recht des Erststaates verweist. Beispiele: Art 52 (Wohnsitz) oder Art 5 Nr 4. Dort ist der Gerichtsstand der Adhäsionsklage vorgesehen, jedoch wird ausdrückl bestimmt, daß eine Adhäsionsklage nur dann erhoben werden kann, wenn das Strafgericht „nach seinem Recht über zivilrechtl Ansprüche erkennen kann". Jeder Vertragsstaat bestimmt autonom, ob und in welchem Umfang zivilrechtl Ansprüche im Strafverfahren geltend gemacht werden können. Weitere Beispiele: Art 10 I und III; Art II Abs 1 des Protokolls zum Übereinkommen („unbeschadet günstigerer innerstaatl Vorschriften"). Schließl ist noch denkbar, auf die lex causae abzustellen; Beispiel: Erfüllungsort iSd Art 5 Nr 1.

5 **3)** Liegt keine ausdrückl Verweisung auf das Recht des Erststaates vor, so ist jeweils **von Fall zu Fall zu untersuchen,** ob das Übereinkommen – wenn auch nur zwischen den Zeilen – eine **vertragsimmanente Definition** wünscht oder ob auf das **Recht des Erststaates** abzustellen ist. Allg Regeln lassen sich wohl nicht aufstellen. Im Zweifel ist davon auszugehen, daß die vertragsimmanente Auslegung und Qualifikation der Verweisung auf das Recht des Erststaates vorzuziehen ist; denn die Vertragspartner haben durch den Abschluß des GVÜ zum Ausdruck gebracht, daß sie die Regeln über die internationale Zuständigkeit und die Anerkennung und Vollstreckbarerklärung ausländischer Titel in möglichst großem Umfang harmonisieren wollten. So hat der EuGH zB zu Recht den Begriff der „Zivil- und Handelssachen" (Art 1 I) autonom ausgelegt, ebenso den Begriff „ordentlicher Rechtsbehelf" iS der Art 30 und 38, EuGH RIW 78, 186. Desgleichen sollte man die Versicherungs- und Abzahlungssachen (Art 7, 13) vertragsimmanent definieren, Geimer/Schütze I 401; ebenso EuGHE 78; 1431 = RIW 78, 685 zu „Abzahlungsgeschäft"; EuGHE 76, 1735 = RIW 77, 356 (Linke) zu Ort des schädigenden Ereignisses (Art 5 Nr 3); EuGHE 78, 2183 = RIW 79, 56 zu Zweigniederl (Art 5 Nr 5).

IV) Auslegungszuständigkeit des EuGH

6 **1)** Durch das „Protokoll vom 3. 6. 1971 betreffend die Auslegung des Übereinkommens vom 27. 9. 1968 über die gerichtliche Zuständigkeit und die Vollstreckung gerichtlicher Entscheidungen in Zivil- und Handelssachen durch den Gerichtshof" (BGBl 1972 II 845, in Kraft seit 1. 9. 1975, BGBl 1975 II 1138) idF der Art 30 ff Beitrittsübereinkommen 1978 und der Art 10 f Beitrittsübereinkommen 1982 wurde ein dem Art 177 des EWG-Vertrages nachgebildetes **Vorlegungsverfahren** vereinbart. Die obersten Gerichtshöfe der Vertragsstaaten – bei uns vor allem der BGH – sind nach Art 2 und 3 des Protokolls verpflichtet, dem EuGH Auslegungsfragen zur Entscheidung vorzulegen, wenn diese in einem schwebenden Verfahren entscheidungserhebl sind. Die unteren Rechtsmittelgerichte und die in Art 37 GVÜ genannten Oberlandesgerichte können in den vorgenannten Fällen Vorabentscheidungen des EuGH einholen. Darüber hinaus sieht Art 4 des Protokolls vom 3. 6. 1971 in Anlehnung an die dem franz Rechtskreis bekannte „cassation dans l'intérêt de la loi" die Anrufung des EuGH durch die „zuständige Stelle eines Vertragsstaates" – in der BRepD durch den **Generalbundesanwalt beim BGH** – mit dem Ziel vor, eine unter Verletzung des Übereinkommens ergangene rechtskräftige Entscheidung für unvereinbar mit dem Übereinkommen zu erklären. Die Entscheidung des EuGH berührt jedoch nicht die Rechtskraft unter den Parteien; sie stellt auch keinen Wiederaufnahmegrund dar. Die Entscheidung des EuGH hat also nur für spätere Verfahren präjudizielle Bedeutung, näher Schlosser RIW 75, 534 f. – Übersicht über EuGH-Rspr Linke RIW 85, 1.

7 **2) Verletzt das nationale Gericht seine Pflicht zur Vorlage** an den EuGH **oder ignoriert es** die vom EuGH vorgenommene **Auslegung,** so haben die Parteien kein Rechtsmittel zum EuGH. Dies ist auch kein Grund für den Zweitrichter, die Anerkennung bzw Klauselerteilung zu verweigern. Würde der Zweitrichter anders verfahren (so der Vorschlag Leipolds IPRax 82, 225), so wäre dies ein glatter Bruch der Konvention.

V) Zivil- und Handelssachen

8 **1)** Das Übereinkommen gilt nur für Zivil- und Handelssachen, Art 1 I, nicht für öffentl-rechtl Streitigkeiten. Es regelt die Zuständigkeit mithin nur für solche Verfahren, deren Streitgegenstand zivilrechtl Natur ist. Es stellt gleichberechtigt die Handelssachen neben die Zivilsachen. Die Handelssachen sind in Wirklichkeit aber nur ein Unterfall der Zivilsachen, Geimer/Schütze I 126. Das Übereinkommen kommt nur für die privatrechtl Teile des Handelsrechts zur Anwendung. Soweit das Handelsrecht auch öffentl-rechtl Verfahrensgegenstände umfaßt, gilt das Übereinkommen nicht. Das Erzwingungsverfahren nach § 14 HGB fällt zB nicht in den Anwendungsbereich des GVÜ, Geimer EuR 77, 351.

9 **2)** Der Begriff der Zivil- und Handelssachen ist im GVÜ nicht definiert. Denkgesetzl gibt es verschiedene Lösungen für die Qualifikationsfrage; dabei kommt es darauf an, in welchem Stadium diese Frage entschei-

dungserheblich ist, Geimer EuR 77, 346. Für den Erstrichter ergeben sich drei Alternativen: Er kann nach seinem Recht (lege fori) entscheiden, ob eine zivilrechtl oder öffentl-rechtl Streitigkeit vorliegt. Er kann aber auch eine autonome Qualifikation vorziehen, also die Meinung vertreten, das Übereinkommen selbst habe den Begriff der „Zivil- und Handelssachen" festgelegt, mithin sei aus dem Systemzusammenhang eine „vertragsimmanente Definition" zu entwickeln. Schließl könnte er noch auf den allerdings abwegigen Gedanken verfallen, für die Qualifikation sei die lex causae maßgeblich. Nach dieser Hypothese wäre für die Abgrenzung diejenige Rechtsordnung maßgebl, anhand derer der Erstrichter nach seinem IPR über die Klage, dh den Streitgegenstand, zu entscheiden hätte. Der EuGH (EuGHE 76, 1541 = NJW 77, 489 = RIW 77, 40; weitere Nachw Geimer/Schütze I 116) betont zu Recht, daß **nur eine autonome Qualifikation die einheitl Anwendung des GVÜ gewährleistet.** Stellte man auf das Recht des Erststaates oder des Zweitstaates ab, so hätten es die einzelnen Vertragsstaaten in der Hand, nach eigenem Ermessen den Anwendungsbereich des Übereinkommens zu erweitern oder einzuengen.

3) Die Einordnung des Streitgegenstandes als zivilrechtlich iSd Art 1 I hat nicht zur Voraussetzung, daß der Klagegegenstand nach den Rechtsordnungen aller Vertragsstaaten privatrechtl zu qualifizieren ist. Sonst würde das Anliegen der Konvention durchkreuzt, den Anwendungsbereich nicht zu eng zu ziehen. Der EuGH stellt zu Recht auf die **allgemeinen Rechtsgrundsätze** ab, die sich aus der Gesamtheit der innerstaatlichen Rechtsordnungen ergeben, Geimer NJW 77, 492. **10**

4) Für die Einordnung als Zivil- und Handelssache sind materiell-rechtl Kriterien maßgebend. Das GVÜ beschränkt sich daher nicht auf die Klagen vor den (ordentl) Zivilgerichten. Sie gilt auch für die **Verfahren vor sonstigen Gerichten, etwa Arbeits-, Straf- oder Verwaltungsgerichten,** sofern Gegenstand der Klage eine Zivil- oder Handelssache ist. **11**

VI) Ausgeschlossene Rechtsgebiete (hierzu Geimer/Schütze I 131 ff)

1) Soweit die **gerichtl Zuständigkeit** (Entscheidungszuständigkeit) **auf Spezialgebieten** durch völkerrechtl Vereinbarungen geregelt ist oder noch geregelt wird, haben diese Vorrang, Art 57. Beispiele Schlosser-Bericht Nr 237 FN 59. Art 2 ff kommen nur dann (subsidiär) zum Zug, wenn das jeweilige Spezialabkommen keine abschließende Regelung enthält, Geimer/Schütze I 62. **12**

2) Bestimmte, in Art 1 II aufgezählte Zivilsachen fallen nicht in den Anwendungsbereich des GVÜ. Nach Art 1 II Nr 1 sind insbes alle Statusklagen (Ehesachen, §§ 606 ff, Kindschaftssachen, §§ 640 ff, Entmündigungssachen, §§ 645 ff) sowie der Kernbereich der klassischen freiwilligen Gerichtsbarkeit (Verschollenheitssachen, Entmündigungs- und Pflegschafts- sowie Nachlaßsachen) ausgeklammert, Schlosser-Bericht Nr 31; Geimer/Schütze I 145, Art 25 Rn 3. **13**

3) Der Ausnahmekatalog des Art 1 II ist eng auszulegen. Anders aber EuGH Rs 143/78 Cavel/Cavel I, NJW 79, 1100; hierzu Hausmann FamRZ 80, 418. Dort hat der EuGH den Ausnahmetatbestand des Art 1 II Nr 1 „eheliche Güterstände" ohne Not sehr weit gefaßt. Seinen Standpunkt hat der EuGH jedoch in der zweiten Cavel/Cavel-Entscheidung Rs 120/79, IPRax 81, 19 (Hausmann 5) etwas modifiziert. **14**

4) Die im Ausnahmekatalog des Art 1 II und in Art 57 aufgeführten Rechtsmaterien müssen Streitgegenstand sein. Art 1 II greift nicht ein, wenn die dort aufgeführte Rechtsfrage nur präjudiziell zu entscheiden ist, also nicht Verfahrensgegenstand ist. Das gleiche gilt für die Auslegung des Art 57, Schlosser-Bericht Nr 51. Wird zB auf Auflösung einer oHG geklagt, weil ein Gesellschafter in Konkurs gefallen ist, § 131 Nr 3 HGB, so handelt es sich nicht um eine konkursrechtl Streitigkeit iSd Art 1 II Nr 2. Die Zuständigkeitsordnung des Übereinkommens (Art 16 Nr 2) kommt vielmehr zum Zug, Schlosser-Bericht Nr 59. Das gleiche gilt etwa für Klagen von Sozialversicherungsträgern, die Ansprüche gegen Dritte geltend machen, die auf sie kraft Gesetzes oder auf Grund Rechtsgeschäftes übergegangen sind. Schlosser-Bericht Nr 60 und Geimer/Schütze I 135. **15**

5) Unterhaltsstreitigkeiten fallen nicht unter Art 1 II Nr 1. Dies ergibt sich aus Art 5 Nr 2 und Art 27 Nr 4, Schlosser-Bericht Nr 41; Geimer/Schütze I 147, 988; Frankfurt IPRax 81, 136 (Schlosser 120) = IPRspr 80/162; BGH NJW 80, 2022 = FamRZ 80, 672 = MDR 80, 1017 = IPRspr 80/166. Die Zuständigkeitsregeln des Übereinkommens gelten für Unterhaltssachen auch dann, wenn der Unterhaltsprozeß mit dem Statusprozeß (zB Scheidungs- oder Vaterschaftsfeststellungsprozeß) verbunden ist. Zum Entscheidungsverbund Schlosser-Bericht Nr 41 und § 606a Rn 21. **16**

6) Konkurs- und Vergleichsverfahren fallen nach Art 1 II Nr 2 ebenfalls nicht in den Anwendungsbereich des Übereinkommens. Hierzu EuGHE 1979, 733 = RIW 79, 273 = NJW 79, 1772, Frankfurt NJW 78, 501 (für autonome Qualifikation des Begriffes „Konkurs"); rechtsvergl Hinw Schlosser, FS F. Weber, 1975, 395. Auf diesem Gebiet ist ein besonderes Übereinkommen zwischen den EG-Staaten in Vorbereitung. Nachw Thieme RabelsZ 45 (1981), 459. Nach EuGHE 1979, 733 sind Konkurse, Vergleiche und ähnl Verfahren solche Verfahren, die nach den Rechtsordnungen in den einzelnen Vertragsstaaten auf der Zahlungseinstellung, der Zahlungsunfähigkeit oder der Erschütterung des Kredits des Schuldners beruhen und ein Eingreifen der Gerichte beinhalten, das in eine zwangsweise kollektive Liquidation der Vermögenswerte des Schuldners oder zumindest in eine Kontrolle durch die Gerichte mündet; Entscheidungen, die sich auf ein Insolvenzverfahren beziehen, fallen nur dann unter Art 1 II Nr 2, wenn sie unmittelbar aus diesen Verfahren hervorgehen und sich eng im Rahmen eines Konkurs- oder Vergleichsverfahrens halten. Der EuGH bejahte Art 1 II Nr 2 für Klagen nach Art 99 des franz Gesetzes Nr 67–563, der das Ziel verfolgt, im Falle des Konkurses einer Handelsgesellschaft über die juristische Person hinausgreifend auch das Vermögen ihrer Leiter (Geschäftsführer) zu erfassen, weil diese Klage ihren rechtl Grund im Konkursrecht habe. Skeptisch Schlosser, Gedächtnisschrift Bruns, 1980, 50 bei FN 49. **17**

18 **7)** Für **Prozeßvergleiche** gilt Art 1 II Nr 1 nicht. Wichtig wegen Art 50, Geimer/Schütze I 140, 1165.

19 **8)** Keine Zivilsachen sind **Streitigkeiten auf dem Gebiet der sozialen Sicherheit** (Sozialversicherung). Die Rückforderungsklage des Trägers der Arbeitslosenversicherung in den Niederlanden wegen zuviel gezahlter Arbeitslosenunterstützung fällt unter Art 1 II Nr 3, BSGE 54, 240 = IPRspr 83/130.

20 **9) Schiedsgerichtsbarkeit (Art 1 II Nr 4):** Obwohl dieses Rechtsgebiet in Art 220 des EWG-Vertrages ausdrückl aufgeführt ist, entschloß man sich zur Herausnahme aus dem Anwendungsbereich des GVÜ, weil man meinte, daß angesichts der zahlreichen bereits geltenden internationalen Abkommen auf dem Gebiet der Schiedsgerichtsbarkeit kein Regelungsbedürfnis bestehe. Nach Art 1 II Nr 4 sind insbes ausgeklammert: Verfahren zur Ernennung oder Abberufung von Schiedsrichtern, zur Festlegung des Schiedsorts, zur Verlängerung der für die Fällung des Spruches bestehenden Frist oder auch zur Vorabentscheidung materieller Fragen, wie sie das engl Recht in Gestalt des „statement of special case“ kennt. Der Schlosser-Bericht Nr 64 spricht allgemein von „gerichtlichen Verfahren, die einem Schiedsverfahren dienen sollen“. Auch eine Entscheidung eines staatl Gerichts, welche die Wirksamkeit oder Unwirksamkeit eines Schiedsvertrags feststellt oder wegen seiner Unwirksamkeit die Parteien anhält, ein Schiedsverfahren nicht weiter zu betreiben, fällt unter Art 1 II Nr 4, ebenso die Klage des Schiedsrichters gegen die Parteien auf Zahlung seiner Vergütung. Das Übereinkommen gilt weiter nicht für Verfahren und Entscheidungen über Anträge auf Aufhebung, Änderung, Anerkennung oder Vollstreckung von Schiedssprüchen (§ 1041) und zwar auch für Gerichtsentscheidungen, die Schiedssprüche in sich inkorporieren. Wird ein Schiedsspruch aufgehoben und entscheidet das aufhebende oder ein anderes staatl Gericht den Rechtsstreit selbst in der Hauptsache, so ist aber für das Verfahren vor dem staatl Gericht die Zuständigkeitsordnung des GVÜ wieder anzuwenden.

21 Art 1 II Nr 4 kann vom Zweitrichter nicht selbständig nachgeprüft werden in dem Sinne, daß er die Anerkennung bzw Klauselerteilung hinsichtl eines Urteils eines staatl Gerichts eines anderen Vertragsstaates mit der Begründung verweigern dürfte, der Erstrichter habe zu Unrecht den Einwand übergangen, es liege ein wirksamer Schiedsvertrag vor, Art 25 Rn 8; Geimer/Schütze I 47, 181.

Titel II – Zuständigkeit

1. Abschnitt – Allgemeine Vorschriften

Art. 2. Vorbehaltlich der Vorschriften dieses Übereinkommens sind Personen, die ihren Wohnsitz in dem Hoheitsgebiet eines Vertragsstaats haben, ohne Rücksicht auf ihre Staatsangehörigkeit vor den Gerichten dieses Staates zu verklagen.

Auf Personen, die nicht dem Staat, in dem sie ihren Wohnsitz haben, angehören, sind die für Inländer maßgebenden Zuständigkeitsvorschriften anzuwenden.

I) Überblick

1 Art 2 hat eine doppelte Funktion: Er ist zum einen **Anwendungsnorm** (Rn 7; er regelt die Abgrenzung des Anwendungsbereichs des GVÜ im Verhältnis zum nationalen Zuständigkeitsrecht, Art 4 I); zum anderen ist er **Kompetenznorm** (Rn 19). Als Ausgangspunkt der europäischen Zuständigkeitsordnung rezipiert er die alte Regel actor sequitur forum rei, Art 2 I. (Dies gilt jedoch nur für die internationale Zuständigkeit, für die örtl Zuständigkeit bleibt es bei der Anwendbarkeit der §§ 12 ff ZPO, Geimer/Schütze I 38, 198, 253, 350.) Trotz der zentralen Bedeutung des Wohnsitzes definiert das GVÜ diesen Begriff nicht selbst, Art 52. Zu Recht kritisch Basedow Rz 34.

2 Im Gegensatz zum gängigen Trend im IPR hat man nicht auf den **gewöhnlichen Aufenthalt als Anknüpfungsmerkmal** verzichtet. Dies gilt ohne Einschränkung für die Bestimmung des Anwendungsbereichs des GVÜ. Auch wenn sich der Beklagte im geographischen Anwendungsbereich des GVÜ gewöhnl aufhält, dort aber keinen Wohnsitz hat, kommt die europäische Zuständigkeitsordnung (Art 2 ff) nicht zur Anwendung, sondern das nationale Recht, Art 4 I. Auch die Zuständigkeitsordnung des GVÜ kommt ohne den gewöhnlichen Aufenthalt aus; Ausnahme: Art 5 Nr 2.

3 **Die Anwendungsnormen des GVÜ sind zwingend:** Die Parteien können keine Vereinbarung über den Geltungsbereich der europäischen Zuständigkeitsordnung treffen. Sie können nicht vereinbaren, daß die Zuständigkeitsvorschriften des Übereinkommens nicht anzuwenden seien, sie können aber auch nicht umgekehrt vereinbaren, daß anstelle des an sich anwendbaren nationalen Rechts (Art 4) die Zuständigkeitsnormen des Übereinkommens zu gelten hätten. Im letzteren Fall ist jedoch im Wege der Auslegung zu ermitteln, ob es sich hierbei nicht um eine Zuständigkeitsvereinbarung (Art 17, § 38 ZPO) handelt, Geimer/Schütze I 51.

4 **Maßgebl Zuständigkeitsrecht bei Nichtanwendbarkeit der europäischen Zuständigkeitsvorschrift:** Es greift das autonome Zuständigkeitsrecht (§§ 12 ff ZPO, 35 ff FGG), ein, vorbehaltl Art 57, Geimer/Schütze I 53.

5 Die **Anerkennung und Vollstreckbarerklärung von Entscheidungen der Gerichte eines Vertragsstaates** (Art 25 ff) setzt nicht voraus, daß im vorausgegangenen Erkenntnisverfahren (Erstprozeß) die Zuständigkeitsordnung des GVÜ anwendbar war, Art 28 Rn 1. Der Anwendungsbereich der Art 25 ff ist also weiter als der der europäischen Zuständigkeitsordnung: Auch wenn der Erstrichter seine internationale Zuständigkeit – zu Recht oder Unrecht – gem Art 4 I auf sein nationales Recht oder gem Art 57 auf ein Spezialübereinkommen gestützt hat, sind die anderen Vertragsstaaten zur Anerkennung und Vollstreckung verpflichtet. Art 25 ff, Art 31 ff differenzieren nicht danach, welches Zuständigkeitsrecht angewandt wurde, Geimer/Schütze I 54, 1010. Dies führt

dazu, daß die Wirkungen der exorbitanten Gerichtsstände (Art 3 II), die gem Art 4 I gegen Beklagten ohne Wohnsitz innerhalb des geographischen Anwendungsbereichs des GVÜ nach wie vor anzuwenden sind, noch verstärkt wird. So sind zB nur auf § 23 ZPO gestützte deutsche Urteile in allen anderen Vertragsstaaten anzuerkennen und zu vollstrecken, Geimer NJW 86, 2994.

Das GVÜ verdrängt das nationale Recht auch dann, wenn es mit dem GVÜ inhaltl übereinstimmt, Geimer/Schütze I 300. Die nationalen Vorschriften über die internationale Zuständigkeit werden im EG-Bereich ganz erhebl zurückgedrängt: Liegt der Wohnsitz des Beklagten in der BRepD (Art 2 I), so haben die §§ 12 ff ZPO nur mehr Bedeutung für die Bestimmung des örtl zuständigen Gerichts. Liegt der Beklagtenwohnsitz dagegen in einem anderen Vertragsstaat (Art 3 I), dann wird auch die örtl Zuständigkeit grundsätzl durch das GVÜ (Art 5 ff) geregelt. §§ 12 ff ZPO sind dann total ausgeschaltet; Ausnahmen: Rn 24. 6

II) Voraussetzungen für die Anwendbarkeit der Art 2–18

1) Beklagtenwohnsitz innerhalb des geographischen Anwendungsbereichs des GVÜ (Art 60): Die Zuständigkeitsordnung des GVÜ ist nur dann anzuwenden, wenn der Beklagte seinen Wohnsitz/Sitz innerhalb eines der Vertragsstaaten hat, Art 2 I, 3 I. Ein (gewöhnl) Aufenthalt reicht nicht aus. Bei Doppelwohnsitz genügt, daß der Beklagte auch einen Wohnsitz in einem Vertragsstaat hat, Geimer NJW 86, 1438, 2991. In Versicherungs- und Verbrauchersachen reicht auch eine Zweigniederlassung oder Agentur, Art 8 III; Art 13 II nF; Geimer/Schütze I 185, 212; Geimer NJW 86, 2991. Wohnt der Beklagte in einem Drittstaat, dann ist die internationale Zuständigkeit nach autonomem Recht (§§ 12 ff ZPO) zu beurteilen, Art 4 I. 7

2) Der Katalog der **ausschließl internationalen Zuständigkeiten des Art 16** greift unabhängig davon, wo der Beklagte wohnt, ein. Maßgebend ist, ob die in Art 16 genannten Zuständigkeitsanknüpfungsmerkmale in einem der Vertragsstaaten gegeben sind. Art 16 begründet jedoch keine internationale Zuständigkeit dritter Staaten. Art 16 Nr 1 gilt zB nicht für eine Klage hinsichtl einer Immobilie in der Schweiz. 8

3) Eine weitere Ausnahme gilt für **Zuständigkeitsvereinbarungen.** Die Vorschriften über die Zuständigkeitsvereinbarungen gelten nach dem Wortlaut des Art 17 auch dann, wenn nur der **Kläger** seinen Wohnsitz bzw Sitz in einem der Vertragsstaaten hat. Es reicht, daß eine der Parteien zum Zeitpunkt des Abschlusses der Vereinbarung in einem der Vertragsstaaten wohnte bzw dort ihren Sitz hatte, Geimer NJW 86, 2991. Nach hM soll aber **ungeschriebene Tatbestandsvoraussetzung für Art 17** ein **internationaler Sachverhalt** sein: Es müsse eine „grenzüberschreitende Prorogation" vorliegen, Rn 15. Dagegen Geimer/Schütze I 218, 885. Vereinbarungen über die örtl Zuständigkeit innerhalb des Wohnsitzstaates fallen nicht unter Art 17. Aber die Derogation der aus dem GVÜ sich ergebenden örtl Zuständigkeit, zB Art 5 und Art 6 (ohne Veränderung der internationalen Zuständigkeit des Nichtwohnsitzstaates) ist nach Art 17 zu beurteilen, Geimer/Schütze I 260. Art 17 soll nach hM auch dann nicht gelten, wenn es um den **Rechtsverkehr zu dritten Staaten** geht; denn das Übereinkommen wolle **die internationale Zuständigkeit nur im Verhältnis zwischen den Vertragsstaaten** regeln. Beispiel: Eine Handelsgesellschaft in München und ein Kaufmann in Wien vereinbaren die ausschließl Zuständigkeit des Handelsgerichts in Wien. Voraussetzung für eine Ausschaltung des Art 17 sei jedoch, daß nicht nach Art 3 ff ein Zuständigkeitsbezug zu einem anderen Vertragsstaat vorliegt. Die Derogation der durch das Übereinkommen begründeten Zuständigkeiten, zumindest der internationalen Zuständigkeit, sollte wohl kaum dem autonomen Recht überlassen werden, Geimer NJW 86, 1438. 9

4) Art 6 Nr 1 ist auch gegen **Streitgenossen mit Wohnsitz bzw Sitz in einem Nichtvertragsstaat** anzuwenden. Dies ist besonders wichtig, da die deutsche ZPO den Gerichtsstand der Streitgenossenschaft nur in Ausnahmefällen kennt, Geimer WM 79, 354 und Geimer/Schütze I 209. 10

5) Art 6 Nr 3 ist auch gegen einen nicht innerhalb des geographischen Anwendungsbereichs des GVÜ wohnhaften Kläger anzuwenden, **wenn für den Beklagten die europäische Zuständigkeitsordnung gilt,** Geimer/Schütze, I 211; Geimer NJW 86, 2993. 11

6) Die Zuständigkeitsregeln gelten nur für **streitige Verfahren** einschließlich Mahnverfahren (Buse IPRax 86, 270). Das GVÜ geht davon aus, daß eine Person verklagt wird, Art 2 I, Art 3 I, Art 4 I. Es muß sich aber um eine Parteistreitigkeit handeln, wobei es nicht darauf ankommt, ob diese von den Gerichten der streitigen oder der freiwilligen Gerichtsbarkeit zu entscheiden ist. Das GVÜ findet nämlich Anwendung „ohne daß es auf die Art der Gerichtsbarkeit ankommt". So sind zB die Zuständigkeitsregeln des Übereinkommens in Deutschland auch auf die sog echten **Parteistreitigkeiten auf dem Gebiet der freiwilligen Gerichtsbarkeit** anzuwenden, nicht jedoch auf die zum klassischen Bereich der freiwilligen Gerichtsbarkeit gehörenden Vormundschafts- und Nachlaßsachen. Letztere sind schon durch Art 1 II Nr 1 aus dem Anwendungsbereich ausgeklammert, so Geimer NJW 76, 446, Geimer/Schütze 129, 213, 716. 12

7) Rechtsstreitigkeiten zwischen Ausländern. Die Staatsangehörigkeit der Parteien ist ohne Bedeutung. Die Zuständigkeitsordnung des GVÜ gilt auch für Ausländer. Auch die Angehörigen dritter Staaten haben Anspruch auf Justizgewährung. Dies stimmt mit dem autonomen deutschen Recht überein; dieses behandelt In- und Ausländer zuständigkeitsrechtl gleich. 13

8) Rechtsstreitigkeiten ohne Auslandsberührung: Die Zuständigkeitsordnung des GVÜ gilt auch für **reine Inlandsfälle.** Die Frage nach der internationalen Zuständigkeit stellt sich rechtslogisch in jedem Prozeß. Anders die hM. Danach setzt das GVÜ einen **internationalen Sachverhalt** voraus; Piltz NJW 79, 1071. Für eine solche teleologische Reduktion besteht kein Anlaß. Geimer/Schütze I 218. 14

15 **9)** Abzulehnen ist die These, die Art 2 ff beanspruchten nur dann Geltung, wenn der Rechtsstreit **Berührungspunkte zu verschiedenen Vertragsstaaten** aufweist, nicht jedoch, wenn es ausschließlich um die Abgrenzung des Jurisdiktionsbereichs eines Vertragsstaates zu einem Nichtvertragsstaat geht. Das GVÜ wolle nur die Zuständigkeitsprobleme lösen, die zwischen zwei oder mehr Vertragsstaaten auftreten, nicht jedoch solche, die nur zwischen einem Vertragsstaat und einem Nichtvertragsstaat bestehen, Rn 9; Art 17 Rn 5; Samtleben NJW 74, 1593; Grundmann IPRax 85, 250 FN 8. Dies gelte nicht nur für die Anwendungsgrundregel des Art 2 I (= Wohnsitz des Bekl in einem Vertragsstaat als Voraussetzung der Anwendung der europäischen Zuständigkeitsregeln), sondern auch für den unabhängig vom Beklagtenwohnsitz anzuwendenden Art 16. Streiten sich zB ein Madrider und ein Züricher um das Eigentum an einem Grundstück in München, so wäre nach dieser Theorie Art 16 Nr 1 nicht anzuwenden. Die internationale Zuständigkeit der BRepD würde sich auf das nationale Zuständigkeitsrecht (§ 24 ZPO) und nicht auf das Übereinkommen stützen, Geimer/Schütze I 227.

16 **10) Vorläufiger Rechtsschutz.** Einstw Maßnahmen, wie Arreste, einstw Verfügungen und Anordnungen, können nach Maßgabe des autonomen Rechts auch dann beantragt werden, wenn für die Entscheidung in der Hauptsache das Gericht eines anderen Vertragsstaates nach den Zuständigkeitsnormen des Übereinkommens zuständig ist. Insoweit bleiben also die nationalen Regeln unberührt (Art 24), Geimer/Schütze I 264.

17 **11) Maßgebl Zeitpunkt:** Es kommt auf den Zeitpunkt der **Klageerhebung** an. Ausnahme: Bei **Zuständigkeitsvereinbarungen** ist der Zeitpunkt des Vertragsschlusses nach hM maßgebend. Bedenkl im Hinblick auf EuGH RIW 80, 285. Eine Verlegung oder ein Wegfall des Wohnsitzes bzw Sitzes (Art 53 S 1) nach diesem Zeitpunkt ist unschädl (Grundsatz der perpetuatio fori). Relevant wäre überhaupt nur eine Verlegung des Wohnsitzes bzw Sitzes in einen Nichtvertragsstaat, Geimer/Schütze I 190.

18 Hatte der Beklagte seinen Wohnsitz bei Klageerhebung in einem dritten Staat (Rn 7) und verlegt er ihn in einen der Vertragsstaaten, so ist die internationale Zuständigkeit des angerufenen Gerichts nunmehr nach dem GVÜ (also nicht mehr nach autonomem Recht, Art 4 I) zu beurteilen, Geimer/Schütze I 191.

III) Grundzüge der europäischen Zuständigkeitsordnung

19 **1)** Ausgangspunkt des GVÜ-Zuständigkeitssystems ist der **Wohnsitz/Sitz des Bekl** (Art 2 I): actor sequitur forum rei. Der Staat, in dem der Bekl seinen Wohnsitz (Art 52) bzw Sitz (Art 53) hat, ist international zuständig für alle Klagen gegen den Bekl. Maßgebl ist der Wohnsitz des Bekl auch bei Klagen gegen eine Partei kraft Amtes, zB Testamentsvollstrecker, Nachlaßverwalter. Hier kommt es auf deren Wohnsitz an, nicht auf den der dahinterstehenden materiellrechtl Berechtigten bzw Verpflichteten, Geimer/Schütze I 188. Ein Wahldomizil (domicile élu, domicilio eletto) ist kein Wohnsitz im Sinne von Art 2.

20 **2) Ausnahmen: a)** Fälle des **Art 16:** Ist ein anderer Vertragsstaat gem Art 16 ausschließl international zuständig, so entfällt insoweit die internationale Zuständigkeit des Wohnsitzstaates. **Beispiel:** Zwei Luxemburger streiten sich um das Eigentum an einer Eigentumswohnung in Berchtesgaden. Hier ist Luxemburg nicht etwa auf Grund Art 2 I international zuständig, sondern vielmehr die BRepD gem Art 16 Nr 1. Art 16 gilt jedoch nur zugunsten anderer Vertragsstaaten. Läge die Eigentumswohnung in der Schweiz, so ist Art 16 unanwendbar. Hier greift wieder die Allzuständigkeit des Wohnsitzstaates gem Art 2 I ein. Dieser ist zur Justizgewährung verpflichtet, Geimer/Schütze I 288/354.

21 **b) Derogation:** Sie ist idR mit der Prorogation der internationalen Zuständigkeit eines anderen Staates (Art 17) verbunden. Jedoch ist auch ein isolierter Derogationsvertrag zulässig, Geimer NJW 76, 443. Dann besteht eine internationale Zuständigkeit der anderen Vertragsstaaten nur nach Maßgabe der Art 5 und 6. Ist eine besondere Zuständigkeit nach diesen Vorschriften nicht gegeben, dann entfällt der Rechtsschutz durch die Gerichte der Vertragsstaaten vollkommen. In Versicherungs- und Verbrauchersachen sind derogierende Zuständigkeitsvereinbarungen nur in den Grenzen der Art 12 und Art 15 zulässig.

IV) Die Regelung der örtlichen Zuständigkeit durch das Übereinkommen

22 **1) Örtl Zuständigkeit innerhalb des Wohnsitzstaates:** Art 2 I normiert nur die internationale Zuständigkeit des Wohnsitzstaates. Welches Gericht innerhalb dieses Staates örtl zuständig ist, hat das autonome Recht dieses Staates zu bestimmen. Die §§ 12 ff ZPO behalten also für die Bestimmung der örtl Zuständigkeit Bedeutung. **Ausnahme:** Art 2 II gebietet eine Angleichung (Assimilierung) der Vorschriften über die örtl Zuständigkeit, sofern der Wohnsitzstaat nach der **Staatsangehörigkeit der Parteien** differenziert. Diese Vorschrift setzt voraus, daß im Staat des angerufenen Gerichts für Klagen gegen Ausländer andere Gerichtsstandsnormen gelten als für Klagen gegen Inländer. Sie hat für die BRepD keine Bedeutung, da die §§ 12 ff ZPO ohne Unterschied für In- und Ausländer gelten. Dagegen stellen § 606a I 1 Nr 1, 640a II 1 Nr 1, 648a I 1 Nr 1 ZPO auf die Staatsangehörigkeit ab. Doch greift Art 2 II nicht ein, weil die Ehe-, Kindschafts- und Entmündigungssachen nicht in den sachl Anwendungsbereich des GVÜ fallen, Art 1 II Nr 1.

23 **2) Örtl Zuständigkeit in Nicht-Wohnsitzstaaten: a) Grundsatz:** Ist nach Art 3 I iVm Art 5 ff ein Nicht-Wohnsitzstaat international zuständig, so bestimmt grundsätzl das GVÜ auch, welches Gericht innerhalb dieses Staates örtl zuständig ist. Die Art 5 ff sind also **doppelfunktional.** Sie regeln die internationale und gleichzeitig die örtl Zuständigkeit.

24 **b) Ausnahmen:** Art 16 legt ausschließl internationale Zuständigkeiten fest, überläßt aber die Bestimmungen des örtl Gerichts dem autonomen Recht. Jeder nach Art 16 ausschließl international zuständige Vertragsstaat muß aber mindestens ein örtl zuständiges Gericht zur Verfügung stellen (Verbot der Justizverweigerung, Geimer WM 76, 831). Falls nach autonomem Recht ein örtl zuständiges Gericht in dem international ausschließl

zuständigen Staat fehlt, ist das Gericht der Hauptstadt des nach Art 16 kompetenten Staates örtl zuständig. Weitere Beispiele für Fehlen von Normen über die örtl Zuständigkeit finden sich in Art 11 I, Art 14 I und II. Ebenso, wenn die Parteien nach Art 17 nur die internationale Zuständigkeit eines Vertragsstaates vereinbart haben, zB „die dt Gerichte", aber die Bestimmung des örtl zuständigen Gerichts unterlassen haben. Eine solche auf die internationale Zuständigkeit beschränkte Prorogation ist zulässig. Die örtl Zuständigkeit ist dann dem autonomen Recht des prorogierten Staates zu entnehmen. Hilfsweise sollte man auch hier die Regel anwenden, daß bei Fehlen sonstiger örtl Zuständigkeiten das Gericht der Hauptstadt des prorogierten Staates örtl zuständig ist, Geimer WM 76, 832.

3) Derogation der örtl Zuständigkeit: Die im GVÜ festgelegten örtl Zuständigkeiten sind keine ausschließl. 25
Sie können deshalb derogiert werden, und zwar (auch) in der Weise, daß die aus Art 5 ff fließende internationale Zuständigkeit bestehen bleibt, Geimer/Schütze I 260.

V) Keine Regelung der sachlichen Zuständigkeit

Für die sachl Zuständigkeit bringt das GVÜ kein europäisches Einheitsrecht. Das nationale Recht bleibt 26
unberührt. Auch zB wenn für eine Zuständigkeitsvereinbarung hinsichtl der internationalen und örtl Zuständigkeit Art 17 anzuwenden ist, gilt für die Veränderung der sachl Zuständigkeit § 38 ZPO. Auch die sachl Zuständigkeit der Schiffahrtsgerichte nach BinnSchVerfG bleibt unberührt, BGH RIW 82, 361. **Ausnahme:** Art 6 Nr 3 (Widerklagezuständigkeit) regelt auch die sachl Zuständigkeit. Hierzu Geimer/Schütze I 45, 521.

VI) Pflicht zur Justizgewährung

Ist ein Vertragsstaat nach den Zuständigkeitsregeln international zuständig, so bleibt es nicht seinem Belie- 27
ben überlassen, ob er von der ihm eingeräumten Jurisdiktionsbefugnis Gebrauch macht. Er ist vielmehr verpflichtet, ein kompetentes Gericht zur Verfügung zu stellen, es sei denn, die Parteien haben die internationale Zuständigkeit des nach GVÜ an sich zuständigen Staates derogiert oder die schiedsgerichtl Erledigung des Rechtsstreits vereinbart, Geimer/Schütze I 283.

VII) Die Zuständigkeitsordnung des Übereinkommens und dritte Staaten

1) Keine Regelung der internationalen Entscheidungszuständigkeit dritter Staaten durch das GVÜ: Das 28
GVÜ kann und will die internationale Entscheidungszuständigkeit dritter Staaten (= Staaten, die nicht Vertragsstaaten sind) nicht normieren. Diese bestimmen selbst und autonom, für welche Rechtsstreitigkeiten sie eine internationale Entscheidungszuständigkeit eröffnen bzw beanspruchen, Geimer/Schütze I 311.

**2) Grundsätzl auch keine Regelung der internationalen Anerkennungszuständigkeit dritter Staaten; Kom- 29
petenzabgrenzung nur unter den Vertragsstaaten:** Die Vertragsstaaten hätten jedoch eine Regelung über die internationale Anerkennungszuständigkeit dritter Staaten treffen, also ihre Regeln vereinheitlichen können, nach denen sie als Voraussetzung der Anerkennung der in dritten Staaten erlassenen Urteile die Jurisdiktion des Urteilsstaates prüfen, Geimer WM 80, 1108. Dies ist nicht geschehen. **Das GVÜ verpflichtet die Vertragsstaaten nicht, die Anerkennung solcher drittstaatl Urteile zu verweigern, die in Gerichtsständen ergangen sind, die dem GVÜ nicht bekannt sind.** Das GVÜ will die Gerichtspflichtigkeit des Bekl nur im Verhältnis der Vertragsstaaten zueinander begrenzen. Über die Gerichtspflichtigkeit in dritten Staaten sagt das Übereinkommen nichts. Es räumt nicht etwa demjenigen, der seinen Wohnsitz bzw Sitz in einem der Vertragsstaaten hat, einen Anspruch darauf ein, daß die Vertragsstaaten die Anerkennung aller solcher Urteile aus dritten Staaten verweigern müssen, die aufgrund von Kompetenznormen erlassen worden sind, die dem Übereinkommen nicht bekannt sind.

**3) Absolute Geltung des Art 16: Verteidigung der ausschließl internationalen Zuständigkeiten der Vertrags- 30
staaten auch gegenüber dritten Staaten:** Die anderen Vertragsstaaten sind nicht nur verpflichtet, sich jeder Rechtsprechungstätigkeit in den Fällen des Art 16 zu enthalten, sondern sie sind dem nach Art 16 ausschließl international zuständigen Staat gegenüber verpflichtet, drittstaatl Urteilen die Anerkennung zu verweigern, sofern eine ausschließl internationale Zuständigkeit gem Art 16 hiervon betroffen wird, Geimer WM 80, 1108.

Art. 3. Personen, die ihren Wohnsitz in dem Hoheitsgebiet eines Vertragsstaats haben, können vor den Gerichten eines anderen Vertragsstaats nur gemäß den Vorschriften des 2. bis 6. Abschnitts verklagt werden.

Insbesondere können gegen diese Personen nicht geltend gemacht werden:

- **in Belgien: Artikel 15 des Zivilgesetzbuches (Code civil – Burgerlijk Wetboek) sowie Artikel 638 der Zivilprozeßordnung (Code judiciaire – Gerechtelijk Wetboek);**
- **in Dänemark: Artikel 248 Absatz 2 der Zivilprozeßordnung (Lov om rettens pleje) und Kapitel 3 Artikel 3 der Zivilprozeßordnung für Grönland (Lov für Grønland om rettens pleje);**
- **in der Bundesrepublik Deutschland: § 23 der Zivilprozeßordnung;**
- ***in Griechenland: Artikel 40 der Zivilprozeßordnung (Κώδικας Πολιτικής Δικονομίας);***
- **in Frankreich: Artikel 14 und 15 des Zivilgesetzbuchs (Code civil);**
- **in Irland: Vorschriften, nach denen die Zuständigkeit durch Zustellung eines das Verfahren einleitenden Schriftstücks an den Beklagten während dessen vorübergehender Anwesenheit in Irland begründet wird;**
- **in Italien: Artikel 2, Artikel 4 Nrn 1 und 2 der Zivilprozeßordnung (Codice di procedura civile)**
- **in Luxemburg: Artikel 14 und 15 des Zivilgesetzbuchs (Code civil);**

– **in den Niederlanden: Artikel 126 Absatz 3 und Artikel 127 der Zivilprozeßordnung (Wetboek van Burgerlijke Rechtsvordering).**
– **im Vereinigten Königreich: Vorschriften, nach denen die Zuständigkeit begründet wird durch**
   a) die Zustellung eines das Verfahren einleitenden Schriftstücks an den Beklagten während dessen vorübergehender Anwesenheit im Vereinigten Königreich;
   b) das Vorhandensein von Vermögenswerten des Beklagten im Vereinigten Königreich oder
   c) die Beschlagnahme von Vermögen im Vereinigten Königreich durch den Kläger.

1 **I) Numerus clausus der besonderen Zuständigkeiten:** Hat der Beklagte seinen Wohnsitz bzw Sitz in einem Vertragsstaat, dann kann er in einem anderen nur dann verklagt werden, wenn eine besondere Zuständigkeit nach dem Übereinkommen gegeben ist, Art 3 I.

2 Eine weitere Erweiterung der internationalen Zuständigkeit der Nichtwohnsitzstaaten bringt der **Notgerichtsstand.** Kann ein in einem Vertragsstaat ergangenes Urteil in einem anderen nicht anerkannt werden, etwa weil es gegen den ordre public des Zweitstaates verstößt, so muß dem Kläger Gelegenheit gegeben werden, seine Klage im Zweitstaat zu wiederholen. Sonst liefe die Versagung der Anerkennung auf eine Verweigerung des Rechtsschutzes hinaus. Geimer/Schütze I 965.

3 **II) Verhältnis zur Allzuständigkeit des Wohnsitzstaates:** Während der Wohnsitzstaat grundsätzlich für alle Klagen gegen den Beklagten international zuständig ist (Art 2 I), begründen Art 5 ff für Nichtwohnsitzstaaten die internationale Zuständigkeit nur für bestimmte Klagen. So ist zB der Staat, in dem der Erfüllungsort liegt, international zuständig nur für Vertragsklagen (Art 5 Nr 1), der Staat, in dem das schädigende Ereignis eingetreten ist, nur für Klagen wegen der unerlaubten Handlung, Art 5 Nr 3, Geimer IPRax 86, 80.

4 **Ist ein Vertragsstaat nach Art 5 ff international zuständig, so konkurriert seine Zuständigkeit mit der des Wohnsitzstaates (Art 2 I). Der Kläger kann wählen,** in welchem Staat er die Klage erheben will. Der Bekl ist in all diesen Staaten gerichtspflichtig, dh er muß vor den Gerichten dieser Staaten sein Recht nehmen. Eine Ausnahme gilt jedoch für die Fälle der ausschließl internationalen Zuständigkeiten (Art 16). Diese verdrängen die Allzuständigkeit des Wohnsitzstaates und sonstige besondere Zuständigkeiten, Geimer NJW 76, 445. Sind mehrere Vertragsstaaten nach Art 16 international zuständig, so ist der Kompetenzkonflikt nach Art 23 zu lösen.

5 **III) Ausschaltung der sog exorbitanten Gerichtsstände:** Die Zuständigkeitsordnung des GVÜ verdrängt das autonome Zuständigkeitsrecht; dies bewirkt, daß die im internationalen Rechtsverkehr als störend empfundenen sog exorbitanten Gerichtsstände gegen einen Beklagten, der innerhalb des geographischen Anwendungsbereichs der GVÜ wohnt, nicht mehr geltend gemacht werden können. Dies ergibt sich bereits aus Art 3 I, ist aber in Art 3 II nochmals ausdrückl hervorgehoben, Geimer/Schütze I 303. Der Hinweis in Art 3 II darf jedoch nicht dahin mißverstanden werden, daß nur die dort aufgeführten Gerichtsstände ausgeschlossen sind. Das GVÜ verbietet die Anwendung des gesamten nationalen Zuständigkeitsrechts. So kann zB die internationale Zuständigkeit der BRepD nicht mehr auf den Gerichtsstand der Vermögensverwaltung (§ 31 ZPO) oder der Prozeßführung (§ 34 ZPO) gestützt werden. Das gleiche gilt für die Gerichtsstände des Aufenthaltsortes (§ 20 ZPO), des Meß- und Marktortes (§ 30 ZPO) und der Abänderungsklage, Geimer RIW 75, 84; Art 3 II hat eigenständige Bedeutung nur im Hinblick auf Art 59.

Art. 4. Hat der Beklagte keinen Wohnsitz in dem Hoheitsgebiet eines Vertragsstaats, so bestimmt sich, vorbehaltlich des Artikels 16, die Zuständigkeit der Gerichte eines jeden Vertragsstaats nach seinen eigenen Gesetzen.

Gegenüber einem Beklagten, der keinen Wohnsitz in dem Hoheitsgebiet eines Vertragsstaats hat, kann sich jede Person, die ihren Wohnsitz in dem Hoheitsgebiet eines Vertragsstaats hat, in diesem Staat auf die dort geltenden Zuständigkeitsvorschriften, insbesondere auf die in Artikel 3 Absatz 2 angeführten Vorschriften, wie ein Inländer berufen, ohne daß es auf ihre Staatsangehörigkeit ankommt.

2. Abschnitt – Besondere Zuständigkeiten

Art. 5. Eine Person, die ihren Wohnsitz in dem Hoheitsgebiet eines Vertragsstaats hat, kann in einem anderen Vertragsstaat verklagt werden:

1. **wenn ein Vertrag oder Ansprüche aus einem Vertrag den Gegenstand des Verfahrens bilden, vor dem Gericht des Ortes, an dem die Verpflichtung erfüllt worden ist oder zu erfüllen wäre;**
2. **wenn es sich um eine Unterhaltssache handelt, vor dem Gericht des Ortes, an dem der Unterhaltsberechtigte seinen Wohnsitz oder seinen gewöhnlichen Aufenthalt hat, oder im Falle einer Unterhaltssache, über die im Zusammenhang mit einem Verfahren in bezug auf den Personenstand zu entscheiden ist, vor dem nach seinem Recht für dieses Verfahren zuständigen Gericht, es sei denn, diese Zuständigkeit beruht lediglich auf der Staatsangehörigkeit einer der Parteien;**
3. **wenn eine unerlaubte Handlung oder eine Handlung, die einer unerlaubten Handlung gleichgestellt ist, oder wenn Ansprüche aus einer solchen Handlung den Gegenstand des Verfahrens bilden, vor dem Gericht des Ortes, an dem das schädigende Ereignis eingetreten ist;**

4. wenn es sich um eine Klage auf Schadensersatz oder auf Wiederherstellung des früheren Zustandes handelt, die auf eine mit Strafe bedrohte Handlung gestützt wird, vor dem Strafgericht, bei dem die öffentliche Klage erhoben ist, soweit dieses Gericht nach seinem Recht über zivilrechtliche Ansprüche erkennen kann;

5. wenn es sich um Streitigkeiten aus dem Betrieb einer Zweigniederlassung, einer Agentur oder einer sonstigen Niederlassung handelt, vor dem Gericht des Ortes, an dem sich diese befindet;

6. wenn sie in ihrer Eigenschaft als Begründer, trustee oder Begünstigter eines trust in Anspruch genommen wird, der aufgrund eines Gesetzes oder durch schriftlich vorgenommenes oder schriftlich bestätigtes Rechtsgeschäft errichtet worden ist, vor den Gerichten des Vertragsstaats, auf dessen Hoheitsgebiet der trust seinen Sitz hat;

7. wenn es sich um eine Streitigkeit wegen der Zahlung von Berge- und Hilfslohn handelt, der für Bergungs- und Hilfeleistungsarbeiten gefordert wird, die zugunsten einer Ladung oder einer Frachtforderung erbracht worden sind, vor dem Gericht, in dessen Zuständigkeitsbereich diese Ladung oder die entsprechende Frachtforderung

a) mit Arrest belegt worden ist, um die Zahlung zu gewährleisten, oder

b) mit Arrest hätte belegt werden können, jedoch dafür eine Bürgschaft oder eine andere Sicherheit geleistet worden ist;

diese Vorschrift ist nur anzuwenden, wenn behauptet wird, daß der Beklagte Rechte an der Ladung oder an der Frachtforderung hat oder zur Zeit der Bergungs- oder Hilfeleistungsarbeiten hatte.

I) Nr 1: Gerichtsstand des Erfüllungsorts

1) Wo der Schuldner nach materiellem Recht, das das IPR des Erststaates = Gerichtsstaates bestimmt, leisten muß, muß er auch vor Gericht Rede und Antwort stehen. Es gibt also keinen eigenen vom materiellrechtl Erfüllungsort emanzipierten prozessualen Erfüllungsortsbegriff. Deshalb hat sich der EuGH RS 12/76 NJW 77, 490 = RIW 77, 40 zu Recht für die Qualifikation lege causae entschieden: Der Ort, an dem die Verpflichtung zu erfüllen ist/wäre, ist nach dem Recht zu bestimmen, das nach dem **IPR des Gerichtsstaates** maßgebend ist, Geimer/Schütze I 594; kritisch Schack IPRax 86, 83. 1

2) Weiter ist es konsequent, auf den Erfüllungsort der konkret streitigen Verpflichtung, die Gegenstand der Klage ist, abzustellen, EuGH RS 14/76 NJW 77, 94 (Geimer); RIW 77, 41 (Linke). Maßgebend ist die **primäre Hauptverpflichtung.** Vertragl Nebenpflichten und durch Leistungsstörung, Rücktritt bzw Klage auf Vertragsauflösung etc entstandene **Sekundärpflichten** auf Schadensersatz sowie auf die Herausgabe des stellvertretenden commodom und alle sonstigen anstelle der primären Erfüllungsverpflichtung getretenen Pflichten werden nicht selbständig angeknüpft, sondern zuständigkeitsrechtl derjenigen Hauptverpflichtung zugeordnet, zu der sie gehören bzw an deren Stelle sie getreten/aus der sie hervorgegangen sind. Ob es sich um eine selbständige vertragl Verpflichtung oder (nur) um eine Verpflichtung handelt, die anstelle der nicht erfüllten vertragl primären Verpflichtung getreten ist, bestimmt die maßgebliche lex causae, ebenso, ob es sich um eine Haupt- oder Nebenpflicht handelt, Geimer/Schütze I 889. 2

3) Für jeden Klageanspruch (Hauptanspruch) muß der Erfüllungsort selbständig geprüft und festgestellt werden. Art 5 Nr 1 eröffnet keine Annexzuständigkeit für die übrigen Ansprüche aus dem gleichen Vertrag (**kein Gerichtsstand des Vertragszusammenhangs**). Werden mehrere Hauptansprüche aus einem Vertragsverhältnis geltend gemacht, liegt aber der Erfüllungsort nur hinsichtl einer Hauptverpflichtung im Gerichtsstaat, so darf das Gericht nicht über die anderen Ansprüche entscheiden; tut es dies gleichwohl (entscheidet es auch über diese Ansprüche) und erwächst diese Entscheidung in Rechtskraft, so kann diese Überschreitung der internationalen Zuständigkeit nur unter den Voraussetzungen des Art 28 I als Versagungsgrund gegen die Anerkennung dieser Entscheidung herangezogen werden, Geimer/Schütze I 590. 3

Eine abweichende Linie verfolgt EuGH RS 133/81 RIW 82, 908 = IPRax 83, 173 (Mezger 153); hierzu Geimer/Schütze I 460, 574; Geimer IPRax 86, 86: Der EuGH hat den Vertragsstaat, in dem der Erfüllungsort für den **vertragscharakteristischen Anspruch** liegt, für international zuständig erachtet auch hinsichtl sonstiger Ansprüche aus dem gleichen Vertragsverhältnis, deren jeweiliger Erfüllungsort außerhalb des Gerichtsstaats liegt. Es ging um die Klage eines unselbständigen Handelsvertreters gegen seinen Prinzipal. Unklar ist, ob der EuGH vorwiegend den Gesichtspunkt des Arbeitnehmerschutzes im Auge hatte. Die tragenden Gründe lassen eine solche Einschränkung jedoch nicht zu. Das Urteil läßt auch offen, ob die Auslegungsmaxime des Urteils RS 14/76 (RIW 77, 40 = NJW 77, 490) überholt ist, oder ob ein nicht vertragscharakteristischer Anspruch nach wie vor an seinem nach der lex causae zu ermittelnden Erfüllungsort eingeklagt werden kann. Will der EuGH Art 5 Nr 1 nun so interpretieren, daß alle Klagen aus dem Vertragsverhältnis nurmehr am Erfüllungsort der vertragscharakteristischen Leistung anhängig gemacht werden dürfen? Die **Lehre vom einheitlichen Vertragsgerichtsstand** (Nachw Spellenberg IPRax 1978, 51) bevorzugt unangemessen den Schuldner zu Lasten des Gläubigers (Kropholler Art 5 Rz 8) und ist deshalb abzulehnen. 4

Die Anknüpfung an den Erfüllungsort für die vertragscharakteristische Leistung ist – wenn überhaupt – nur aus **Konnexitätsgesichtspunkten** diskutabel: In dem Vertragsstaat, in dem die vertragscharakteristische Leistung zu erbringen ist, können auch andere Ansprüche aus dem Vertrag geltend gemacht werden, deren Erfüllungsorte nicht im Gerichtsstaat liegen. Es handelt sich um eine konkurrierende internationale Zuständigkeit. Es bleibt dem Kläger unbenommen, seine nicht vertragscharakteristischen Ansprüche jeweils dort zu verfolgen, 5 wo nach der jeweiligen lex causae der Erfüllungsort für die primäre Hauptverpflichtung gelegen ist, Geimer IPRax 86, 87.

6 **4) Klagen aus Verträgen:** Unter Art 5 Nr 1 fallen nicht: Klagen aus Quasikontrakten, Geschäftsführung ohne Auftrag, ungerechtfertigter Bereicherung und sonstigen gesetzl Schuldverhältnissen. Das Hauptbeispiel für nicht vertragl Ansprüche sind die deliktischen Ansprüche; für diese kommen die Zuständigkeitsanknüpfungen nach Art 5 Nr 3 und 4 zum Zuge. Anspruchsgrundlagen, die mit vertragl konkurrieren (zB **Anspruchskonkurrenz zwischen vertragl und deliktischen**), werden von der Kompetenzanknüpfung Art 5 Nr 1 (wie übrigens auch von Art 5 Nr 3) mit umfaßt, Geimer IPRax 86, 80. Vgl Rn 17.

7 Der EuGH versucht, den Anwendungsbereich des Art 5 Nr 1 durch eine **konventionsimmanente Definition** der Begriffe „Vertrag bzw Ansprüche aus einem Vertrag" einheitl abzugrenzen, EuGH Rs 34/82 RIW 83, 871 = IPRax 84, 85 (Schlosser 65). Die autonome Qualifikation führt zu praktikablen, wenn auch dogmatisch schwer begründbaren Ergebnissen, solange man sich darauf beschränkt, die Anwendbarkeit des Art 5 Nr 1 für Klagen aus bestimmten Rechtsbereichen einheitlich festzulegen, zB für alle Vertragsstaaten einheitlich zu bestimmen, daß auch Klagen aus **einseitigen Rechtsgeschäften** unter Art 5 Nr 1 fallen; ebenso Klagen, durch die ein Verein, eine sonstige juristische Person oder Gesellschaft gegen ihre Mitglieder **Ansprüche auf Beitragsleistung** geltend macht, EuGH RS 34/82 RIW 83, 871 = IPRax 83, 85 (Schlosser 65); schließl Streitigkeiten über die **Wirksamkeit des Vertrages** selbst, EuGH RS 38/81 RIW 82, 280 = IPRax 83, 31 (Gottwald 13 und Stoll 53), Geimer/Schütze I 563.

8 **5)** Die **Klage- bzw Rechtsschutzform** spielt keine Rolle. Es kann sich um eine Leistungsklage, um eine positive oder negative Feststellungsklage (zB daß ein Vertrag besteht oder nicht besteht) oder um eine Gestaltungsklage, zB auf Herabsetzung einer Vertragsstrafe oder auf Auflösung eines Vertrages (soweit die maßgebl lex causae eine solche Gestaltungsklage vorsieht) handeln, Geimer/Schütze I 575.

9 **6)** Zur **Behauptungs- und Beweislast** des Klägers Geimer/Schütze I 582; Geimer WM 86, 119.

10 **7)** Auch eine mündl **Vereinbarung des Erfüllungsorts** begründet die Zuständigkeit aus Art 5 Nr 1. Es kommt darauf an, ob die maßgebl lex causae eine solche zuläßt. Die Formvorschrift des Art 17 I muß nicht gewahrt sein, EuGH RS 56/79 RIW 80, 726 = WM 728 (Schütze) = NJW 80, 1218 = IPRax 81, 89 (Spellenberg 75); BGH RIW 80, 725 = IPRspr 80/137.

11 **8) Rechtsprechungsnachweise zu Art 5 Nr 1:** Köln RIW 85, 570 = IPRax 85, 161 (Schröder 145) = IPRspr 83/135 (Klage auf Bewilligung der Eintragung einer Sicherungshypothek; kein Fall des Art 16 Nr 1); Köln RIW 84, 314 = IPRspr 83/133 (Erfüllungsort für Werklohn aus Bauvertrag ist Ort des Bauwerks); Celle RIW 85, 571 (EKG); Hamm RIW 85, 406 (EKG); BGH NJW 85, 560 (§ 65 ADSp); BGH NJW 85, 561 = RIW 85, 72 (vertragl Unterlassungsverpflichtung); BGH NJW 85, 1286 = RIW 85, 241 (Forderung einer GmbH aus Anstellungsverhältnis gegen ihren Geschäftsführer, hierzu Geimer/Schütze I § 697).

12 **II) Nr 2: Forum am Wohnsitz/gewöhnl Aufenthalt des Unterhaltsberechtigten.** Hierzu Geimer/Schütze I 433, 820; Schlosser-Bericht Nr 36.

III) Nr 3: Forum delicti commissi

13 **1) Ratio conventionis:** „Wo Unrecht getan wurde, darf Abhilfe begehrt werden", Schröder 269. Dieses Anliegen wiegt schwerer als das Interesse des Bekl, in seinem Wohnsitzstaat verklagt zu werden, Art 2 I. Dem Geschädigten ist nicht zuzumuten, daß er dem Schädiger an dessen Wohnsitz folgt, Geimer/Schütze I 604.

14 Art 5 Nr 3 will – als Pendant zu Art 5 Nr 1 – ein Gerichtsstand für außervertragl Rechtsverletzungen schaffen. Sein Anwendungsbereich ist deshalb nicht auf schuldhafte Verstöße (unerlaubte Handlung) beschränkt. Unter Art 5 Nr 3 fallen auch sog Quasidelikte unter Einschluß der Gefährdungshaftung und des unlauteren Wettbewerbs, aber nicht Ansprüche aus ungerechtfertigter Bereicherung, Geimer/Schütze I 615. Ob im konkreten Einzelfall ein deliktischer bzw ein quasideliktischer Anspruch geltend gemacht wird oder (doch) ein vertragl Anspruch oder Bereicherungsanspruch vorliegt, entscheidet die maßgebl **lex causae,** die vom IPR des angegangenen Gerichts festgelegt wird. AA Kropholler IZVR Rz 687. Ein Gleichlauf zwischen internationaler Zuständigkeit und anzuwendendem Sachrecht findet nicht statt. Voraussetzung für die Eröffnung einer internationalen Zuständigkeit nach Art 5 Nr 3 in der BRepD ist also nicht, daß dt Recht zur Anwendung kommt.

15 **2) Ort, an dem das schädigende Ereignis eingetreten ist:** Art 5 Nr 3 will dem Geschädigten die Rechtsverfolgung erleichtern. Deshalb gibt EuGH RS 21/76 NJW 77, 493 = RIW 356 (Geimer/Schütze I 625) dem Kläger (Geschädigten) die Wahl zwischen dem Handlungsort und dem Erfolgsort (Ort des Primärschadens).

16 **3) Keine Beschränkung der Kognitionsbefugnis auf den im Hoheitsgebiet des Gerichtsstaates eingetretenen Schaden.** Art 5 Nr 3 eröffnet Kognitionsbefugnis für den gesamten Schaden; dabei spielt es keine Rolle, ob der Schaden ganz oder teilweise in einem Vertragsstaat oder einem Nichtvertragsstaat (zB Österreich oder Schweden eingetreten ist), Geimer/Schütze I 631.

17 **4) Anspruchskonkurrenz** (die Klage wird sowohl auf deliktische als auch auf vertragl Anspruchsgrundlagen gestützt). Art 5 Nr 3 eröffnet Annexzuständigkeit kraft Sachzusammenhangs auch für die vertraglichen Ansprüche, Geimer IPRax 86, 80. Vgl Rn 6.

18 **5) Prüfung der Zuständigkeitstatsachen:** Geimer WM 86, 119; BGH RIW 86, 991.

IV) Nr 4: Adhäsionsverfahren; Zivilklage vor Strafgericht: Geimer/Schütze I 638, 827. – Art II Protokoll. 19

V) Nr 5: Gerichtsstand der Niederlassung

1) Ratio conventionis: Nimmt jemand außerhalb seines Wohnsitz-/Sitzstaates von einer Niederlassung/ 20
Agentur aus am Geschäftsverkehr teil und entsteht aus dieser Betätigung ein Rechtsstreit, so muß auch dort ein Gerichtsstand aufgetan werden. Es wäre unausgewogen, der Partei, die die Vorzüge der Teilnahme am Rechtsverkehr im Staate ihrer Niederlassung nutzt, den Einwand zu gestatten, sie sei dort nicht gerichtspflichtig, sondern könne nur im Staat ihres Wohnsitzes bzw Firmensitzes verklagt werden. Aus dieser Sicht wird auch deutl, daß Art 5 Nr 5 nur für Klagen gegen den Inhaber einer Zweigniederlassung, Agentur und sonstigen Niederlassung eine Zuständigkeit eröffnet, nicht aber auch für Klagen des Inhabers dieser Niederlassung gegen seinen Geschäftspartner. Art 5 Nr 5 gilt also nicht für Aktivprozesse des Inhabers dieser Niederlassung. Geimer/Schütze I 543. AA StJSch § 21 Rz 1.

2) Betroffener Personenkreis: Art 5 Nr 5 gilt nicht nur für die Betätigung von Kaufleuten oder sonstigen 21
Gewerbetreibenden, vielmehr fallen hierunter auch Angehörige freier Berufe.

3) Niederlassung ist der Oberbegriff: Zweigniederlassung, Agentur sind nur Unterfälle. Der Begriff der Nie- 22
derlassung ist vertragsautonom auszulegen, er ist weit zu fassen. Wesentl ist die Dauer der Betätigung an einem bestimmten Ort. Der Aufenthalt für die Dauer einer Messe/Ausstellung oder einer sonstigen nur vorübergehenden Veranstaltung reicht nicht aus. Es muß eine gewisse Selbständigkeit von der Organisation am Wohnsitz/Sitz des Beklagten gegeben sein. Indiz ist die Angabe der einschlägigen Adresse auf Briefbögen oder das Unterhalten eines Büros, das dem Besucherverkehr geöffnet ist, EuGH RS 33/78 RIW 78, 56. Lager- und Speicherräume und sonstige Vorrichtungen, die lediglich der internen (also nicht nach außen hin orientierten) Organisation des Beklagten dienen, reichen nicht aus.

4) Maßgebl Zeitpunkt ist die Klageerhebung bzw Schluß der mündl Verhandlung. Saarbrücken RIW 80, 796 23
= IPRspr 79/151b; kritisch Geimer/Schütze I 1556.

5) Betriebsbezogenheit der Klage: Der Gegenstand des Rechtsstreits muß sich auf den Betrieb der Zweig- 24
niederlassung Agentur oder sonstigen Niederlassung beziehen; EuGH RS 33/78 RIW 78, 56; Geimer/Schütze I 549.

VI) Nr 6: Trustklagen. Geimer/Schütze I 763. 25

VII) Nr 7: Seerechtl forum arresti: Geimer/Schütze I 843; Kropholler RIW 86, 931. 26

Art. 6. Eine Person, die ihren Wohnsitz in dem Hoheitsgebiet eines Vertragsstaats hat, kann auch verklagt werden:

1. **wenn mehrere Personen zusammen verklagt werden, vor dem Gericht, in dessen Bezirk einer der Beklagten seinen Wohnsitz hat;**
2. **wenn es sich um eine Klage auf Gewährleistung oder um eine Interventionsklage handelt, vor dem Gericht des Hauptprozesses, es sei denn, daß diese Klage nur erhoben worden ist, um diese Person dem für sie zuständigen Gericht zu entziehen;**
3. **wenn es sich um eine Widerklage handelt, die auf denselben Vertrag oder Sachverhalt wie die Klage selbst gestützt wird, vor dem Gericht, bei dem die Klage selbst anhängig ist.**

I) Gerichtsstand der Streitgenossenschaft (Art 6 Nr 1): Hier führt der Sachzusammenhang zur „Parallel- 1
schaltung mehrerer Prozesse gegen verschiedene Streitgenossen“ (Schröder 557), dh auf dem Wohnsitz eines Streitgenossen basiert auch die internationale Zuständigkeit für die Klagen gegen die anderen Streitgenossen.

II) Gerichtsstand der Gewährleistungs- und Interventionsklage (Art 6 Nr 2): Hier kann der Beklagte einen 2
Dritten in den Prozeß hineinziehen, wenn er glaubt, gegen diesen im Falle des Unterliegens gegen den Kläger einen Anspruch auf Rückgriff oder Schadloshaltung zu haben. Hier wirkt der Gerichtsstand des Hauptprozesses zuständigkeitsbegründend auch gegen den Dritten. Art 6 Nr 2 gilt nicht für die BRepD aufgrund des Vorbehalts in Art V des Protokolls.

Art V Abs 1 des Protokolls beseitigt jedoch nur die internationale Entscheidungszuständigkeit der BRepD, 3
läßt aber ihre durch Art 25 ff eingegangene Verpflichtung, Entscheidungen aus anderen Vertragsstaaten anzuerkennen, unberührt, und zwar auch dann, wenn der Urteilsstaat seine internationale Zuständigkeit auf Art 6 Nr 2 gestützt hat, Art V Abs 2 des Protokolls. Die Gerichtspflichtigkeit von Personen mit Wohnsitz/Sitz (Art 53) in der BRepD vor den Gerichten der übrigen Vertragsstaaten wurde mithin durch Art V nicht beseitigt, Geimer WM 79, 351; Geimer/Schütze I 283, 386, 825. Die Gerichtspflichtigkeit vor den Gerichten der anderen Vertragsstaaten gemäß Art 6 Nr 2 kann derogiert werden (Art 17), Mezger IPRax 84, 331; Schütze RIW 85, 966. Allgemein zur Gewährleistungsklage (assignation en garantie) Geimer ZZP 85 (1972), 196 gegen Milleker ZZP 84 (1971), 91 und § 328 Rn 53.

III) Widerklagezuständigkeit (Art 6 Nr 3): Hierzu Geimer/Schütze I 520 ff, 656, 689, 713, 777, 792; Geimer 4
NJW 86, 2993; IPRax 86, 212. Der Konnexitätsbegriff der Nr 3 ist weit auszulegen. Zu eng LG Mainz IPRax 84, 100 (Jayme). § 595 ZPO (Widerklageverbot) wird vom GVÜ verdrängt.

Art. 6 a. Ist ein Gericht eines Vertragsstaats nach diesem Übereinkommen zur Entscheidung in Verfahren wegen einer Haftpflicht auf Grund der Verwendung oder des Betriebs eines Schiffes zuständig, so entscheidet dieses oder ein anderes, an seiner Stelle durch das Recht dieses Staates bestimmtes Gericht auch über Klagen auf Beschränkung dieser Haftung.

Hierzu Geimer/Schütze I 861; Kropholler RIW 86, 931.

3. Abschnitt – Zuständigkeit für Versicherungssachen

Art. 7. Für Klagen in Versicherungssachen bestimmt sich die Zuständigkeit vorbehaltlich des Artikels 4 und des Artikels 5 Nr 5 nach diesem Abschnitt.

Art. 8. Der Versicherer, der seinen Wohnsitz in dem Hoheitsgebiet eines Vertragsstaats hat, kann verklagt werden:

1. vor den Gerichten des Staates, in dem er seinen Wohnsitz hat,

2. in einem anderen Vertragsstaat vor dem Gericht des Bezirks, in dem der Versicherungsnehmer seinen Wohnsitz hat, oder,

3. falls es sich um einen Mitversicherer handelt, vor dem Gericht eines Vertragsstaats, bei dem der federführende Versicherer verklagt wird.

Hat ein Versicherer in dem Hoheitsgebiet eines Vertragsstaats keinen Wohnsitz, besitzt er aber in einem Vertragsstaat eine Zweigniederlassung, Agentur oder sonstige Niederlassung, so wird er für Streitigkeiten aus ihrem Betrieb so behandelt, wie wenn er seinen Wohnsitz in dem Hoheitsgebiet dieses Staates hätte.

Art. 9. Bei der Haftpflichtversicherung oder bei der Versicherung von unbeweglichen Sachen kann der Versicherer außerdem vor dem Gericht des Ortes, an dem das schädigende Ereignis eingetreten ist, verklagt werden. Das gleiche gilt, wenn sowohl bewegliche als auch unbewegliche Sachen in ein und demselben Versicherungsvertrag versichert und von demselben Schadensfall betroffen sind.

Art. 10. Bei der Haftpflichtversicherung kann der Versicherer auch vor das Gericht, bei dem die Klage des Geschädigten gegen den Versicherten anhängig ist, geladen werden, sofern dies nach dem Recht des angerufenen Gerichts zulässig ist.

Auf eine Klage, die der Verletzte unmittelbar gegen den Versicherer erhebt, sind die Artikel 7 bis 9 anzuwenden, sofern eine solche unmittelbare Klage zulässig ist.

Sieht das für die unmittelbare Klage maßgebliche Recht die Streitverkündung gegen den Versicherungsnehmer oder den Versicherten vor, so ist dasselbe Gericht auch für diese Personen zuständig.

Art. 11. Vorbehaltlich der Bestimmungen des Artikels 10 Absatz 3 kann der Versicherer nur vor den Gerichten des Vertragsstaats klagen, in dessen Hoheitsgebiet der Beklagte seinen Wohnsitz hat, ohne Rücksicht darauf, ob dieser Versicherungsnehmer, Versicherter oder Begünstigter ist.

Die Vorschriften dieses Abschnitts lassen das Recht unberührt, eine Widerklage vor dem Gericht zu erheben, bei dem die Klage selbst gemäß den Bestimmungen dieses Abschnitts anhängig ist.

Art. 12. Von den Vorschriften dieses Abschnitts kann im Wege der Vereinbarung nur abgewichen werden:

1. wenn die Vereinbarung nach der Entstehung der Streitigkeit getroffen wird oder

2. wenn sie dem Versicherungsnehmer, Versicherten oder Begünstigten die Befugnis einräumt, andere als die in diesem Abschnitt angeführten Gerichte anzurufen, oder

3. wenn sie zwischen einem Versicherungsnehmer und einem Versicherer, die zum Zeitpunkt des Vertragsabschlusses ihren Wohnsitz oder gewöhnlichen Aufenthalt in demselben Vertragsstaat haben, abgeschlossen ist, um die Zuständigkeit der Gerichte dieses Staates auch für den Fall zu begründen, daß das schädigende Ereignis im Ausland eingetreten ist, es sei denn, daß eine solche Vereinbarung nach dem Recht dieses Staates nicht zulässig ist oder

4. wenn sie von einem Versicherungsnehmer abgeschlossen ist, der seinen Wohnsitz nicht in einem Vertragsstaat hat, ausgenommen soweit sie eine Versicherung, zu deren Abschluß eine gesetzliche Verpflichtung besteht, oder die Versicherung von unbeweglichen Sachen in einem Vertragsstaat betrifft, oder

5. wenn sie einen Versicherungsvertrag betrifft, soweit dieser eines oder mehrere der in Artikel 12 a aufgeführten Risiken deckt.

Art. 12 a. Die in Artikel 12 Nummer 5 erwähnten Risiken sind die folgenden:

1. sämtliche Schäden

a) an Seeschiffen, Anlagen vor der Küste und auf hoher See oder Luftfahrzeugen aus Gefahren, die mit ihrer Verwendung zu gewerblichen Zwecken verbunden sind,

b) an Transportgütern, ausgenommen Reisegepäck der Passagiere, wenn diese Güter ausschließlich oder zum Teil mit diesen Schiffen oder Luftfahrzeugen befördert werden;

2. Haftpflicht aller Art, mit Ausnahme der Haftung für Personenschäden an Passagieren oder Schäden an deren Reisegepäck,

a) aus der Verwendung oder dem Betrieb von Seeschiffen, Anlagen oder Luftfahrzeugen gemäß Nummer 1 Buchstabe a), es sei denn, daß nach den Rechtsvorschriften des Vertragsstaats, in dem das Luftfahrzeug eingetragen ist, Gerichtsstandsvereinbarungen für die Versicherung solcher Risiken untersagt sind,

b) für Schäden, die durch Transportgüter während einer Beförderung im Sinne der Nummer 1 Buchstabe b) verursacht werden;

3. finanzielle Verluste in Zusammenhang mit der Verwendung oder dem Betrieb von Seeschiffen, Anlagen oder Luftfahrzeugen gemäß Nummer 1 Buchstabe a), insbesondere Fracht- oder Charterverlust;

4. irgendein zusätzliches Risiko, das mit einem der unter Nummern 1 bis 3 genannten Risiken in Zusammenhang steht.

Klagen gegen den Versicherungsnehmer sind grundsätzl nur in seinem Wohnsitzstaat möglich, Art 11 I. 1
Dagegen kann der Versicherer nicht nur in seinem Wohnsitz/Sitzstaat verklagt werden, sondern auch am Wohnsitz des Versicherten, Art 8. Für die Haftpflichtversicherung und Versicherung unbewegl Sachen besteht auch ein Gerichtsstand am Ort des schädigenden Ereignisses, Art 9. Die Zuständigkeit für Interventions- und Drittklagen ist in Art 10 geregelt. Zuständigkeitsvereinbarungen sind nur in den Grenzen des Art 12 möglich.

4. Abschnitt – Zuständigkeit für Verbrauchersachen

Art. 13. Für Klagen aus einem Vertrag, den eine Person zu einem Zweck abgeschlossen hat, der nicht der beruflichen oder gewerblichen Tätigkeit dieser Person (Verbraucher) zugerechnet werden kann, bestimmt sich die Zuständigkeit, unbeschadet des Artikels 4 und des Artikels 5 Nummer 5, nach diesem Abschnitt,

1. wenn es sich um den Kauf beweglicher Sachen auf Teilzahlung handelt,

2. wenn es sich um ein in Raten zurückzuzahlendes Darlehen oder um ein anderes Kreditgeschäft handelt, die zur Finanzierung eines Kaufs derartiger Sachen bestimmt sind, oder

3. für andere Verträge, wenn sie die Erbringung einer Dienstleistung oder die Lieferung beweglicher Sachen zum Gegenstand haben, sofern

a) dem Vertragsabschluß in dem Staat des Wohnsitzes des Verbrauchers ein ausdrückliches Angebot oder eine Werbung vorausgegangen ist und

b) der Verbraucher in diesem Staat die zum Abschluß des Vertrages erforderlichen Rechtshandlungen vorgenommen hat.

Hat der Vertragspartner des Verbrauchers in dem Hoheitsgebiet eines Vertragsstaats keinen Wohnsitz, besitzt er aber in einem Vertragsstaat eine Zweigniederlassung, Agentur oder sonstige Niederlassung, so wird er für Streitigkeiten aus ihrem Betrieb so behandelt, wie wenn er seinen Wohnsitz in dem Hoheitsgebiet dieses Staates hätte.

Dieser Abschnitt ist nicht auf Beförderungsverträge anzuwenden.

Art. 14. Die Klage eines Verbrauchers gegen die andere Vertragspartei kann entweder vor den Gerichten des Vertragsstaats erhoben werden, in dessen Hoheitsgebiet diese Vertragspartei ihren Wohnsitz hat, oder vor den Gerichten des Vertragsstaats, in dessen Hoheitsgebiet der Verbraucher seinen Wohnsitz hat.

Die Klage der anderen Vertragspartei gegen den Verbraucher kann nur vor den Gerichten des Vertragsstaats erhoben werden, in dessen Hoheitsgebiet der Verbraucher seinen Wohnsitz hat.

Diese Vorschriften lassen das Recht unberührt, eine Widerklage vor dem Gericht zu erheben, bei dem die Klage selbst gemäß den Bestimmungen dieses Abschnitts anhängig ist.

Art. 15. Von den Vorschriften dieses Abschnitts kann im Wege der Vereinbarung nur abgewichen werden:

1. wenn die Vereinbarung nach der Entstehung der Streitigkeit getroffen wird oder

2. wenn sie dem Verbraucher die Befugnis einräumt, andere als die in diesem Abschnitt angeführten Gerichte anzurufen, oder

3. wenn sie zwischen einem Verbraucher und seinem Vertragspartner getroffen ist, die zum Zeitpunkt des Vertragsabschlusses ihren Wohnsitz oder gewöhnlichen Aufenthalt in demselben Vertragsstaat haben, und die Zuständigkeit der Gerichte dieses Staates begründet, es sei denn, daß eine solche Vereinbarung nach dem Recht dieses Staates nicht zulässig ist.

Im Interesse des Verbraucherschutzes kann der Verbraucher nur in seinem Wohnsitzstaat verklagt werden 1
(Art 14 II: Die Art 5 Nr 1–4 kommen nicht zur Anwendung), dagegen der Vertragspartner des Verbrauchers in seinem Wohnsitzstaat und darüber hinaus am Wohnsitz des Verbrauchers. Gerichtsstandsvereinbarungen können in Verbrauchersachen grundsätzlich erst nach Entstehen der Streitigkeiten getroffen werden, es sei denn, die Gerichtsstandsvereinbarung erweitert die Klagemöglichkeit des zu schützenden Personenkreises, Art 15.

5. Abschnitt – Ausschließliche Zuständigkeiten

Art. 16. Ohne Rücksicht auf den Wohnsitz sind ausschließlich zuständig:

1. für Klagen, die dingliche Rechte an unbeweglichen Sachen sowie die Miete oder Pacht von unbeweglichen Sachen zum Gegenstand haben, die Gerichte des Vertragsstaats, in dem die unbewegliche Sache belegen ist;

2. für Klagen, welche die Gültigkeit, Nichtigkeit oder die Auflösung einer Gesellschaft oder juristischen Person oder der Beschlüsse ihrer Organe zum Gegenstand haben, die Gerichte des Vertragsstaats, in dessen Hoheitsgebiet die Gesellschaft oder juristische Person ihren Sitz hat;

3. für Klagen, welche die Gültigkeit von Eintragungen in öffentliche Register zum Gegenstand haben, die Gerichte des Vertragsstaats, in dessen Hoheitsgebiet die Register geführt werden;

4. für Klagen, welche die Eintragung oder die Gültigkeit von Patenten, Warenzeichen, Mustern und Modellen sowie ähnliche Rechte, die einer Hinterlegung oder Registrierung bedürfen, zum Gegenstand haben, die Gerichte des Vertragsstaats, in dessen Hoheitsgebiet die Hinterlegung oder Registrierung beantragt oder vorgenommen worden ist oder auf Grund eines zwischenstaatlichen Übereinkommens als vorgenommen gilt;

5. für Verfahren, welche die Zwangsvollstreckung aus Entscheidungen zum Gegenstand haben, die Gerichte des Vertragsstaats, in dessen Hoheitsgebiet die Zwangsvollstreckung durchgeführt werden soll oder durchgeführt worden ist.

1 **I) Nr 1 erste Alternative:** Geimer/Schütze I 648 Grundmann IPRax 85, 249.

2 **II) Nr 1 zweite Alternative** gilt nach EuGH NJW 85, 905 (Rauscher 892) = IPRax 86, 97 (Kreuzer 75) auch für Mietstreitigkeiten bezügl **Ferienwohnungen.** AA Geimer/Schütze I 693. Erfaßt auch deliktische Ansprüche, LG Bochum RIW 86, 135 (Geimer).

3 Der Umstand, daß ein Vertrag über die **Verpachtung eines Gewerbebetriebes** eine vom Verpächter gemietete unbewegl Sache umfaßt, begründet noch nicht den Gerichtsstand des Art 16 Nr 1, EuGH RS 73/77 RIW 78, 336.

4 Der EuGH stellt fest, bei den in Art 16 Nr 2 bis 5 vorgesehenen ausschließl Zuständigkeiten liege es auf der Hand, daß die betreffenden Gerichte am besten in der Lage seien, über die entsprechenden Streitigkeiten zu entscheiden. Das gleiche gelte auch für die ausschließl Zuständigkeit zugunsten der Gerichte des Vertragsstaates, in dem die unbewegl Sachen belegen sind, für Klagen, die dingl Rechte an unbewegl Sachen bzw die Miete und Pacht von unbewegl Sachen zum Gegenstand haben, Art 16 Nr 1. Streitigkeiten über dingl Rechte an unbewegl Sachen seien nach den Rechtsvorschriften des Staates zu entscheiden, in dem die Sache belegen sei und sie erforderten häufig Tätigkeiten von Sachverständigen, die notwendigerweise am locus rei sitae erfolgen müßten, so daß die Anordnung einer ausschließl Zuständigkeit im Interesse eines sachgerechten Rechtsschutzes liege.

5 Diese Überlegungen gelten jedoch nach EuGH Rs 73/77 nicht, wenn der **Hauptgegenstand des Vertrages anderer Natur** ist, zB Verpachtung eines Gewerbebetriebes. Art 16 sei eng auszulegen, weil die Ausschließlichkeit dazu führe, daß den Parteien die Wahlmöglichkeit (Art 17) genommen werde, Geimer/Schütze I 861.

6 **III) Nr 3:** Hierzu Geimer/Schütze I 771.

7 **IV) Nr 4:** Hierzu EuGH Rs 288/82 IPRax 85, 92 (Stauder) = RIW 84, 483. – Das noch in Kraft getretene **Luxemburger Übereinkommen über das Europäische Patent** für den Gemeinsamen Markt v 15. 12. 1975 (BGBl 1979 II 833, hierzu Stauder GRUR Int 76, 516) erklärt das GVÜ grundsätzl für anwendbar (Art 68), enthält jedoch für Patentsachen einige Abweichungen (Art 69 ff).

8 **V) Nr 5:** Hierzu EuGH Rs 220/84 RIW 85, 735 = NJW 85, 2892 = IPRax 86, 208 (Geimer).

6. Abschnitt – Vereinbarung über die Zuständigkeit

Art. 17. Haben die Parteien, von denen mindestens eine ihren Wohnsitz in dem Hoheitsgebiet eines Vertragsstaats hat, vereinbart, daß ein Gericht oder die Gerichte eines Vertragsstaats über eine bereits entstandene Rechtsstreitigkeit oder über eine künftige aus einem bestimmten Rechtsverhältnis entspringende Rechtsstreitigkeit entscheiden sollen, so sind dieses Gericht oder die Gerichte dieses Staates ausschließlich zuständig. Eine solche Gerichtsstandsvereinbarung muß schriftlich oder mündlich mit schriftlicher Bestätigung oder im internationalen Handelsverkehr in einer Form geschlossen werden, die den internationalen Handelsbräuchen entspricht, die den Parteien bekannt sind oder die als ihnen bekannt angesehen werden müssen. Wenn eine solche Vereinbarung von Parteien geschlossen wurde, die beide ihren Wohnsitz nicht im Hoheitsgebiet eines Vertragsstaats haben, so können die Gerichte der anderen Vertragsstaaten nicht entscheiden, es sei denn, das vereinbarte Gericht oder die vereinbarten Gerichte haben sich rechtskräftig für unzuständig erklärt.

Ist in schriftlich niedergelegten trust-Bedingungen bestimmt, daß über Klagen gegen einen Begründer, trustee oder Begünstigten eines trust ein Gericht oder die Gerichte eines Vertragsstaats entscheiden sollen, so ist dieses Gericht oder sind diese Gerichte ausschließlich zuständig, wenn es sich um Beziehungen zwischen diesen Personen oder ihre Rechte oder Pflichten im Rahmen des trust handelt.

Gerichtsstandsvereinbarungen und entsprechende Bestimmungen in trust-Bedingungen haben keine rechtliche Wirkung, wenn sie den Vorschriften der Artikel 12 oder 15 zuwiderlaufen oder wenn die Gerichte, deren Zuständigkeit abbedungen wird, auf Grund des Artikels 16 ausschließlich zuständig sind.

Ist eine Gerichtsstandsvereinbarung nur zugunsten einer der Parteien getroffen worden, so behält diese das Recht, jedes andere Gericht anzurufen, das auf Grund dieses Übereinkommens zuständig ist.

I) Art 17 verankert den Grundsatz der **Prorogationsfreiheit.** Schranken ergeben sich nur aus 1

1. dem Verbot von pauschalen, nicht auf konkrete Rechtsverhältnisse bezogenen Zuständigkeitsvereinbarungen, Geimer/Schütze I 909;
2. dem Verbot, die in Art 16 niedergelegten ausschließl internationalen Zuständigkeiten zu derogieren;
3. den zeitl Schranken in Versicherungs- und Verbrauchersachen, Art 12 Nr 1 und Art 15 Nr 1, Geimer/Schütze I 495, 911.

Das GVÜ beschränkt die Prorogationsfreiheit der Parteien nicht auf vermögensrechtl Streitigkeiten (vgl § 40 ZPO), Geimer/Schütze I 908. 2

II) Anwendungsbereich des GVÜ. Hierzu Art 2 Rn 9, 15. Es kommt zu einem **Zusammenspiel zwischen nationalem und europäischem Zuständigkeitsrecht,** wenn der Beklagte nicht in einem Vertragsstaat wohnt. In einem solchen Fall kommt – vorbehaltl Art 16 – das nationale Zuständigkeitsrecht zum Zuge, Art 4 I; andererseits findet bezügl der Zuständigkeitsvereinbarung europäisches Zuständigkeitsrecht bereits dann Anwendung, wenn eine Partei (auch der Kläger) ihren Wohnsitz im geographischen Anwendungsbereich des GVÜ hat. Insoweit gilt für die durch Zuständigkeitsvereinbarung begründete internationale und die örtl Zuständigkeit Art 17. Praktisch bedeutsam ist die Begründung der internationalen Zuständigkeit durch die nach Art 17, nicht nach §§ 38 ff ZPO zu beurteilende Prorogation nur, wenn die BRepD nicht bereits nach §§ 12 ff ZPO kraft Gesetzes international zuständig ist, Art 4 I, wenn also weder der Erfüllungsort (§ 29 ZPO), noch der Ort der unerlaubten Handlung (§ 32 ZPO), noch Belegenheit des Vermögens (§ 23 ZPO) in der BRepD zu lokalisieren ist, Geimer/Schütze I 197; Geimer NJW 86, 2993. 3

Ist schon nach nationalem Zuständigkeitsrecht die internationale Zuständigkeit der BRepD begründet, zB auf Grund § 23 ZPO, fehlt es aber an der örtl Zuständigkeit des konkret angerufenen Gerichts, so hat die Zuständigkeitsvereinbarung nur Bedeutung für die örtl Zuständigkeit. § 38 ZPO kommt hinsichtl der örtl Zuständigkeit nur zum Zuge, wenn beide Parteien im Inland wohnen (**reiner Inlandsfall**), oder wenn sie **beide außerhalb des geographischen Anwendungsbereichs des Übereinkommens wohnen oder überhaupt keinen Wohnsitz haben** (in diesem Fall kommt Art 17 nicht zum Zuge). 4

Nach einer verbreiteten Meinung (Art 2, Rn 9, 15) ist es notwendig, den Anwendungsbereich des Art 17 teleologisch zu reduzieren. Abgesehen von den reinen Inlandsfällen (zwei in der BRepD wohnhafte Personen vereinbaren die Zuständigkeit eines deutschen Gerichts) seien auch die **Fälle auszuscheiden, wo es nur um die Zuständigkeitsabgrenzung zu einem dritten Staat gehe.** Beispiel: Ein Kaufmann in München vereinbart mit seinem Geschäftspartner in Zürich die Zuständigkeit des LG München I. Es sei weder Aufgabe des GVÜ, rein innerstaatl Zuständigkeitsvereinbarungen zu normieren, noch sei es sein Anliegen, die Abgrenzung der Zuständigkeitssphäre im Verhältnis zwischen einem Vertragsstaat und einem dritten Staat zu regeln. Die Anwendbarkeit des Art 17 hinge davon ab, ob eine Anknüpfung zu mehreren Vertragsstaaten gegeben ist. Dies ist abzulehnen. Geimer/Schütze I 202, 229, 888; Geimer NJW 1986, 1438. 5

Zum **maßgebl Zeitpunkt** Geimer/Schütze I 205, 886.

III) Form: Die mündl Vereinbarung über den Gerichtsstand muß – sofern nicht nach einem internationalen Handelsbrauch Formfreiheit besteht, Geimer/Schütze I 480, 938; Kropholler RIW 86, 930 – von einer Partei schriftl bestätigt werden; diese Bestätigung muß der anderen zugegangen sein (**halbe Schriftlichkeit**). Schriftl Bestätigung durch den Bekl ist nicht erforderl, EuGH Rs 221/84 RIW 85, 736 = NJW 2893 L; BGH NJW 86, 2196. Bei **Zuständigkeitsvereinbarungen zugunsten Dritter** (Rn 19) genügt schriftl Bestätigung durch den (am Prozeß nicht beteiligten) Vertragsschließenden, Geimer NJW 85, 533; EuGH Rs 201/82 RIW 84, 62 = IPRax 84, 259 (Hübner 237) = NJW 84, 2760. 6

Nachweis der formgerechten Zuständigkeitsvereinbarung: Mündl Zuständigkeitsvereinbarungen müssen von einer Partei schriftl bestätigt worden sein (halbe Schriftlichkeit). Dadurch soll der Nachweis der Einigung der Parteien über die internationale Pro- bzw Derogation erleichtert werden, Geimer/Schütze I 479, 935. Art 17 I kann und will den **Zeugenbeweis** aber nicht ausschließen. Die schriftl Bestätigung der Zuständigkeitsvereinbarung kann deshalb nicht nur durch Urkundenvorlage bewiesen werden, sondern auch durch Zeugen bzw Parteivernehmung, Geimer IPRax 86, 87. 7

IV) Zuständigkeitsvereinbarungen im Klauselwerk allgemeiner Geschäftsbedingungen (AGB) sind zwar grundsätzl möglich. Es ist jedoch besondere Vorsicht am Platze. So genügt es nicht, wenn eine AGB-Gerichtsstandsklausel auf der Rückseite eines auf dem Geschäftspapier dieser Partei niedergelegten schriftl Vertrags abgedruckt ist, da nicht sicher ist, daß die andere Partei tatsächl dieser Klausel zugestimmt hat. Ein bloßes Aushändigen von AGB reicht ebenfalls nicht. Anders ist es, wenn der von beiden Parteien unterzeichnete Vertragstext ausdrückl auf die die Gerichtsstandsklausel enthaltende AGB verweist/Bezug nimmt. Ein spezieller Hinweis gerade auf die Gerichtsstandsklausel ist aber nicht notwendig, EuGH NJW 77, 494. 8

Die Parteien können auch im Text ihres Vertrages auf ein vorangegangenes Angebotsschreiben Bezug nehmen, das seinerseits auf die eine Gerichtsstandsklausel enthaltenden AGB hingewiesen hatte. Erforderl ist aber 9 ein deutl Hinweis, dem eine Partei bei Anwendung der normalen Sorgfalt nachgehen kann; auch müssen mit dem Angebot, auf das Bezug genommen worden ist, die die Gerichtsstandsklausel enthaltenden AGB der anderen Partei tatsächl zugegangen sein. **Mittelbare oder stillschweigende Verweisungen auf vorangegangenen Schriftwechsel sind nicht ausreichend,** da in diesem Fall keine Gewißheit darüber besteht, ob sich die Einigung auch auf die Gerichtsstandsklausel erstreckt. Eine Zuständigkeitsvereinbarung ist aber zustandegekommen, wenn beide Parteien über die Anwendung der eine Gerichtsstandsklausel enthaltenden AGB des einen Vertragsteils einig sind und dem anderen Vertragsteil diese AGB zum Zeitpunkt der mündl Einigung vorliegen oder übergeben wurden, so daß dieser die Möglichkeit hat, von der darin enthaltenen Gerichtsstandsklausel bei normaler Sorgfalt Kenntnis zu nehmen, EuGH NJW 77, 495; Geimer/Schütze I 877. Nicht ausreichend aber, wenn eine Partei bei mündl Vertragsschluß darauf hinweist, sie wolle ihre AGB in das Vertragsverhältnis einbeziehen, diese aber erst später, zB im Zusammenhang mit der schriftl Auftragsbestätigung, der anderen Partei ausgehändigt werden. Auch wenn sich der andere Vertragsteil mündl mit den AGB in toto einverstanden erklärt hatte, hatte er gleichwohl keine Gelegenheit, von der Gerichtsstandsklausel Kenntnis zu nehmen. Etwas anderes gilt, wenn der Verwender der AGB seinen Vertragspartner ausdrückl darauf aufmerksam gemacht hat, daß die AGB eine Zuständigkeitsklausel enthalten. Denn dann liegt eine ausdrückl mündl Zuständigkeitsvereinbarung vor; Geimer/Schütze I 878.

10 Keine Willenseinigung über die Zuständigkeitsfrage liegt vor, wenn ein Kaufvertrag ohne jede Bezugnahme auf bestehende AGB abgeschlossen wird; denn dann ist eine Gerichtsstandsklausel nicht Gegenstand des von den Parteien mündl geschlossenen Vertrages. Die nachfolgende Übermittlung der eine solche Klausel enthaltenden AGB durch den Verkäufer führt daher nicht zu einer Änderung des von den Parteien mündl vereinbarten Vertragsinhalts, es sei denn, diese Bedingungen werden vom Käufer (nachher noch) ausdrückl schriftl angenommen. Sein Schweigen auf das Bestätigungsschreiben ist jedoch einer Annahme nicht gleichzusetzen, EuGH NJW 77, 495.

11 Anders ist es jedoch, wenn ein Vertrag **im Rahmen laufender Geschäftsbeziehungen** zwischen den Parteien mündl geschlossen wird und wenn dieser in seiner Gesamtheit allgemein den AGB unterliegt, die eine Gerichtsstandsklausel beinhalten. Wollte der Empfänger der Auftragsbestätigung bei dieser Sachlage die Zuständigkeitsvereinbarung leugnen, so verstieße er gegen Treu und Glauben, auch wenn es an einer schriftl Annahme seinerseits fehlt, Geimer/Schütze I 880.

12 **V)** In seinem Anwendungsbereich **verdrängt Art 17 das nationale Recht** vollkommen: Das GVÜ stellt insoweit eine in sich abgeschlossene Regelung des Rechts der Zuständigkeitsvereinbarungen dar, die einer Ergänzung durch das nationale Zuständigkeitsrecht nicht zugängl ist. Prorogations- und Derogationsverbote des nationalen Rechts sind deshalb nicht zu beachten, zB § 38 II und III ZPO §§ 6a, 8 AbzG, § 26 FernUSG, § 7 HaustürG, § 53 III KWG, § 109 I VAG sowie die Bestimmungen des AGB-Gesetzes, Staudinger/Schlosser § 12 Rz 6. Auch die vom nationalen Gesetzgeber aufgestellten Vorschriften über die **Verwendung bestimmter Sprachen** für den wirksamen Abschluß von Verträgen können sich als Erschwerung der Zuständigkeitsvorschriften auswirken; sie sind deshalb im Anwendungsbereich des Art 17 nicht zu beachten, EuGH RIW 81, 709.

13 **VI)** Art 17 differenziert nicht – wie § 38 ZPO – danach, ob die Zuständigkeitsvereinbarung von Kaufleuten oder Nichtkaufleuten geschlossen wurde. Für **Kaufleute gilt kein Sonderrecht.** Ausnahme: Art 17 I 2 3. Alternative nF. Danach sind mündl Zuständigkeitsvereinbarungen (ohne schriftl Bestätigung) zulässig, soweit dies internationalen Handelsbräuchen entspricht.

14 **VII) Ausschließlichkeit des forum prorogatum:** Es hängt vom Willen der Parteien ab, ob der als international zuständig vereinbarte Vertragsstaat ausschließl zuständig sein soll mit der Wirkung, daß die übrigen Vertragsstaaten international unzuständig sind. Art 17 I begründet eine **Vermutung für die Ausschließlichkeit.** EuGH RS 22/85 RIW 86, 636 = EWiR 86, 793 (Geimer) lehnt die objektive Theorie ab. Danach käme es darauf an, ob die Zuständigkeit dem Kläger objektiv zum Vorteil gereicht oder nicht. Dieser könne also trotz entgegenstehender Zuständigkeitsvereinbarung den Gegner an seinem Wohnsitz verklagen, wenn er sich davon einen Vorteil verspricht. Dagegen auch BGH RIW 86, 996.

15 **VIII)** Der Streitgegenstand braucht **keinerlei Bezug zum forum prorogatum** zu haben. Schließl ist ein Gleichlauf zwischen Zuständigkeit und anwendbarem Recht in Art 17 nicht vorgesehen, Geimer/Schütze I 916.

16 **IX) Aufrechnung mit einer Forderung, für deren Geltendmachung die ausschließl internationale Zuständigkeit eines anderen Vertragsstaates oder eines Nichtvertragsstaates vereinbart ist?** Es kommt auf den Willen der Parteien an. Es ist im Wege der Auslegung unter Berücksichtigung aller Umstände des Einzelfalls zu ermitteln, ob die Parteien mit der Derogation beabsichtigten, auch die Geltendmachung der Forderung im Wege der Aufrechnung auszuschließen. EuGH Rs 23/78 RIW 78, 814 = NJW 79, 1100; Geimer/Schütze I 922; Geimer IPRax 86, 212.

17 **X)** Das gleiche gilt für eine **Widerklage,** gestützt auf eine Forderung, für deren Geltendmachung die ausschließl internationale Zuständigkeit eines anderen Vertragsstaates oder eines Nichtvertragsstaates vereinbart ist: Es kommt darauf an, ob die Parteien die Geltendmachung der Forderung am forum derogatum auch für den Fall ausschließen wollten, daß der Widerkläger am forum derogatum belangt wird. Dies ist nicht der typische Wille der Parteien. Ohne einen ausdrückl Ausschluß auch für diesen Fall ist davon auszugehen, daß die Widerklagemöglichkeit am forum derogatum nicht abbedungen ist.

XI) Die Gerichte der derogierten Vertragsstaaten sind an die **Entscheidungen des forum prorogatum über die Wirksamkeit der Zuständigkeitsvereinbarung** gebunden und umgekehrt, Geimer/Schütze I 924; Geimer FS Kralik, 1986, 179. 18

XII) Zu den **subjektiven und objektiven Grenzen von Zuständigkeitsvereinbarungen** Geimer/Schütze I 926. **Zuständigkeitsvereinbarungen zugunsten Dritter** sind mögl, nicht jedoch zu Lasten Dritter, Rn 7; Geimer NJW 85, 533. – Zu Konossementen EuGH Rs 71/83 RIW 84, 909 (Schlosser) = IPRax 85, 152 (Basedow 133). 19

XIII) Ob die ausschließl internationale Zuständigkeit eines anderen Vertragsstaates in Betracht kommt, Art 17 III, ist stets **von Amts wegen zu prüfen.** Im übrigen wird Wirksamkeit der Zuständigkeitsvereinbarung nur geprüft, wenn der Bekl am Verfahren nicht teilnimmt, Art 20 I. Nimmt er teil, dann erfolgt im Hinblick auf Art 18 Prüfung der Pro- bzw Derogation nur auf Grund Rüge des Bekl, Geimer WM 86, 118. 20

Art. 18. Sofern das Gericht eines Vertragsstaats nicht bereits nach anderen Vorschriften dieses Übereinkommens zuständig ist, wird es zuständig, wenn sich der Beklagte vor ihm auf das Verfahren einläßt. Dies gilt nicht, wenn der Beklagte sich nur einläßt, um den Mangel der Zuständigkeit geltend zu machen oder wenn ein anderes Gericht auf Grund des Artikels 16 ausschließlich zuständig ist.

Hat der Beklagte die internationale (nicht nur die örtl) Unzuständigkeit gerügt, dann kann er sich (hilfsweise) auch zur Sache einlassen, EuGH IPRax 83, 77 (Sauvepanne 65); EuGH Rs 201/82 NJW 84, 2760 = IPRax 84, 259 (Hübner 239) = RIW 84, 909 (Schlosser). 1

Art 18 setzt nicht eine **Einlassung zur Hauptsache** voraus; auch Einreden zum Verfahren (außer der Rüge der internationalen Zuständigkeit) genügen, um die internationale Zuständigkeit gem Art 18 zu begründen. 2

Zur Frage, inwieweit ein vereinbartes **prozessuales Aufrechnungsverbot** durch rügelose Einlassung des Klägers beseitigt wird, vgl Art 17 Rn 16. 3

Art 18 ist auch dann anwendbar, wenn die Parteien eine Zuständigkeitsvereinbarung iSv Art 17 getroffen haben, EuGH Rs 48/84 RIW 85, 313 = NJW 2983. 4

7. Abschnitt – Prüfung der Zuständigkeit und der Zulässigkeit des Verfahrens

Art. 19. Das Gericht eines Vertragsstaats hat sich von Amts wegen für unzuständig zu erklären, wenn es wegen einer Streitigkeit angerufen wird, für die das Gericht eines anderen Vertragsstaats auf Grund des Artikels 16 ausschließlich zuständig ist.

Art. 20. Läßt sich der Beklagte, der seinen Wohnsitz in dem Hoheitsgebiet eines Vertragsstaats hat und der vor den Gerichten eines anderen Vertragsstaats verklagt wird, auf das Verfahren nicht ein, so hat sich das Gericht von Amts wegen für unzuständig zu erklären, wenn seine Zuständigkeit nicht auf Grund der Bestimmungen dieses Übereinkommens begründet ist.

Das Gericht hat die Entscheidung so lange auszusetzen, bis festgestellt ist, daß es dem Beklagten möglich war, das den Rechtsstreit einleitende Schriftstück oder ein gleichwertiges Schriftstück so rechtzeitig zu empfangen, daß er sich verteidigen konnte oder daß alle hierzu erforderlichen Maßnahmen getroffen worden sind.

An die Stelle des vorstehenden Absatzes tritt Artikel 15 des Haager Übereinkommens vom 15. November 1965 über die Zustellung gerichtlicher und außergerichtlicher Schriftstücke im Ausland für Zivil- und Handelssachen, wenn das den Rechtsstreit einleitende Schriftstück gemäß dem erwähnten Übereinkommen zu übermitteln war.

Prüfung, ob ein anderer Vertragsstaat gem Art 16 international zuständig ist (Art 19), erfolgt in jeder Lage des Verfahrens von Amts wegen, selbst wenn nationales Recht eine Rüge verlangt, EuGH RIW 84, 483 = IPRax 84, 92 (Stauder 76). 1

Im übrigen dient Prüfung der internationalen Zuständigkeit (**Art 20** I) dem **Schutz des Beklagten.** Daher Prüfung von Amts wegen nur, wenn Beklagter am Verfahren nicht teilnimmt. Ansonsten muß Beklagter internationale Unzuständigkeit rügen, Art 18, Geimer WM 86, 118. 2

Zur Prüfung der Rechtzeitigkeit der Ladung (Art 20 II und III) Geimer/Schütze I 1089.

8. Abschnitt – Rechtshängigkeit und im Zusammenhang stehende Verfahren

Art. 21. Werden bei Gerichten verschiedener Vertragsstaaten Klagen wegen desselben Anspruchs zwischen denselben Parteien anhängig gemacht, so hat sich das später angerufene Gericht von Amts wegen zugunsten des zuerst angerufenen Gerichts für unzuständig zu erklären.

Das Gericht, das sich für unzuständig zu erklären hätte, kann die Entscheidung aussetzen, wenn der Mangel der Zuständigkeit des anderen Gerichts geltend gemacht wird.

Art. 22. Werden bei Gerichten verschiedener Vertragsstaaten Klagen, die im Zusammenhang stehen, erhoben, so kann das später angerufene Gericht die Entscheidung aussetzen, solange beide Klagen im ersten Rechtszug anhängig sind.

Das später angerufene Gericht kann sich auf Antrag einer Partei auch für unzuständig erklären, wenn die Verbindung im Zusammenhang stehender Verfahren nach seinem Recht zulässig ist und das zuerst angerufene Gericht für beide Klagen zuständig ist.

Klagen stehen im Sinne dieses Artikels im Zusammenhang, wenn zwischen ihnen eine so enge Beziehung gegeben ist, daß eine gemeinsame Verhandlung und Entscheidung geboten erscheint, um zu vermeiden, daß in getrennten Verfahren widersprechende Entscheidungen ergehen könnten.

Art. 23. Ist für Klagen die ausschließliche Zuständigkeit mehrerer Gerichte gegeben, so hat sich das zuletzt angerufene Gericht zugunsten des zuerst angerufenen Gerichts für zuständig zu erklären.

1 Anhängigkeit ist iSv Rechtshängigkeit (§ 261 ZPO) zu verstehen, BGH FamRZ 83, 366 mwN; Kaiser RIW 83, 669. „Zuerst angerufenes" Gericht ist dasjenige, bei dem die Voraussetzungen für die endgültige Rechtshängigkeit zuerst vorliegen; diese sind für jedes der betr Gerichte nach dem jew nationalen Recht zu beurteilen, EuGH Rs 129/83 NJW 84, 2759 = RIW 84, 737 (Linke) = IPRax 85, 336 (Rauscher 317). Hierzu auch München RIW 86, 815 = IPRax 85, 338; BGH IPRax 86, 293 (Rauscher 274); Geimer/Schütze I 289, 1648.

9. Abschnitt – Einstweilige Maßnahmen einschließlich solcher, die auf eine Sicherung gerichtet sind

Art. 24. Die in dem Recht eines Vertragsstaats vorgesehenen einstweiligen Maßnahmen einschließlich solcher, die auf eine Sicherung gerichtet sind, können bei den Gerichten dieses Staates auch dann beantragt werden, wenn für die Entscheidung in der Hauptsache das Gericht eines anderen Vertragsstaats auf Grund dieses Übereinkommens zuständig ist.

Hierzu Geimer/Schütze I 264, 1073.

Titel III – Anerkennung und Vollstreckung

Art. 25. Unter „Entscheidung" im Sinne dieses Übereinkommens ist jede von einem Gericht eines Vertragsstaats erlassene Entscheidung zu verstehen ohne Rücksicht auf ihre Bezeichnung wie Urteil, Beschluß oder Vollstreckungsbefehl, einschließlich des Kostenfestsetzungsbeschlusses eines Urkundsbeamten.

1 **I) Anerkennungsfähig sind die Wirkungen** (§ 328 Rn 18) einer jeden von einem Gericht eines Vertragsstaates erlassenen Entscheidung: Es muß sich um einen **Akt staatl Gerichtsbarkeit** handeln. Auszuscheiden sind also Akte der Verwaltungsbehörden (Ausnahme: Art Va des Protokolls) und schiedsgerichtl Entscheidungen. Welches Gerichtsorgan die anzuerkennende Entscheidung erlassen hat, spielt keine Rolle, Geimer/Schütze I 983; LG Hamburg IPRspr 78/165 (Festsetzung der Anwaltsgebühren in NL). **Unanfechtbarkeit ist nicht erforderl** (Art 26 Rn 3). Dies ist vor allem für die Vollstreckbarerklärung (Art 31 ff) von Bedeutung, nicht jedoch für die Anerkennung, weil Anerkennung bereits im Erststaat eingetretene Urteilswirkungen voraussetzt. Sofern solche nach dem Recht des Urteilsstaates erst nach Unanfechtbarkeit (formeller Rechtskraft) eintreten, scheidet per definitionen die Anerkennung der noch nicht rechtskräftigen Entscheidung aus, § 328 Rn 39, 69.

2 **II)** In der Praxis des internationalen Rechtsverkehrs ist besonders wichtig die internationale Freizügigkeit von **einstw Maßnahmen.** Aber auch hier ist Voraussetzung für die Anerkennung, daß sie anerkennungsfähige Wirkungen entfalten. Dies ist meist nicht der Fall (keine res iudicata-Wirkung). Das Hauptschwergewicht liegt auf der Vollstreckung, Art 31 ff. Der EuGH RS 125/79 RIW 80, 510 = IPRax 81, 95 (Hausmann 79) verlangt allerdings auch für einstw Maßnahmen die Einhaltung des Art 27 Nr 2. Das bedeutet, daß diese ohne Anhörung des Gegners nicht in anderen Vertragsstaaten vollstreckt werden können. Daraus resultiert eine wesentl Einschränkung des einstw Rechtsschutzes auf internationalrechtl Ebene, Geimer/Schütze I 984, 1073.

3 **III)** Anerkennungsfähig sind alle Akte der **freiwilligen Gerichtsbarkeit,** mit Ausnahme der in Art 1 II Nr 1 genannten Materien, Art 1 Rn 13.

4 **IV)** Anerkennungsfähig sind nur **Sachentscheidungen,** nicht jedoch Prozeßabweisungen und sonstige Entscheidungen über prozessuale Fragen, auch wenn diese nach dem Recht des Erststaates in materieller Rechtskraft erwachsen. Geimer/Schütze I 986. AA für Prozeßabweisungen wegen internationaler Unzuständigkeit Schlosser-Bericht Nr 191, Kropholler 11 vor Art 26.

5 **V) Anerkennungs- bzw Exequaturteile** sind nicht anerkennungsfähig, Geimer JZ 77, 149; Geimer/Schütze I 985. Vgl § 328 Rn 66.

6 **VI)** Die Anerkennungspflicht besteht ohne Rücksicht auf die Staatsangehörigkeit und/oder den Wohnsitz der Parteien, Geimer/Schütze I 992.

7 **VII) Grundsätzl kein Anerkennungsverbot bei Fehlen einer Anerkennungsvoraussetzung bzw Vorliegen eines Versagungsgrundes.** Nur in den Fällen fes Art 16 sind die Vertragsstaaten verpflichtet, die Anerkennung zu versagen, wenn der Versagungsgrund vorliegt. Im übrigen gilt: Durch das GVÜ soll die gegenseitige Anerkennung und Vollstreckung vereinfacht und erleichtert werden. Es ist nicht das Anliegen des GVÜ, die Ver-

tragsstaaten zu verpflichten, die Anerkennung zu versagen, Geimer/Schütze I 1004. Den Vertragsstaaten steht es frei, ihr anerkennungsfreundlicheres autonomes Anerkennungsrecht zur Anwendung zu bringen, § 328 Rn 5; Art 27 Rn 1.

VIII) Keine Bindung des Zweitrichters an die Rechtsansicht des Erstrichters hinsichtl der Anwendbarkeit des Übereinkommens, Geimer/Schütze I 141. AA StJSch Einl Rz 787. Ausnahme: Art 1 II Nr 4 kann vom Zweitrichter nicht selbständig in dem Sinne nachgeprüft werden, daß er die Anerkennung des Urteils eines staatl Gerichts mit der Begründung verweigern dürfte, der Erstrichter habe zu Unrecht den Einwand übergangen; es liege ein wirksamer Schiedsvertrag vor, Art 1 Rn 21. Geimer/Schütze I 46, 145. 8

1. Abschnitt – Anerkennung

Art. 26. Die in einem Vertragsstaat ergangenen Entscheidungen werden in den anderen Vertragsstaaten anerkannt, ohne daß es hierfür eines besonderen Verfahrens bedarf.

Bildet die Frage, ob eine Entscheidung anzuerkennen ist, als solche den Gegenstand eines Streites, so kann jede Partei, welche die Anerkennung geltend macht, in dem Verfahren nach dem 2. und 3. Abschnitt dieses Titels die Feststellung beantragen, daß die Entscheidung anzuerkennen ist.

Wird die Anerkennung in einem Rechtsstreit vor dem Gericht eines Vertragsstaats, dessen Entscheidung von der Anerkennung abhängt, verlangt, so kann dieses Gericht über die Anerkennung entscheiden.

Was unter Anerkennung zu verstehen ist, wird im GVÜ nicht ausdrückl gesagt. Aus der Natur der Sache folgt jedoch, daß **Anerkennung Wirkungserstreckung** bedeutet. Es gelten also die gleichen Darlegungen wie im § 328 Rn 18 ff; Geimer/Schütze I 1010. 1

Anerkennungsfähige Urteilswirkungen: Anerkennungsfähig sind grundsätzlich alle prozessualen Urteilswirkungen, die die gerichtl Entscheidung im Erststaat hervorbringt, ausgenommen ist die Vollstreckungswirkung. Diese ist jedoch die Grundlage für die Verleihung der Vollstreckbarkeit im Zweitstaat (Art 31 ff). Nichtanerkennungsfähig sind innerprozessuale Bindungswirkungen, diese wirken innerhalb des schwebenden Verfahrens. Auszuscheiden sind dann die materiellrechtl Urteilswirkungen = Tatbestandwirkungen. Geimer/Schütze I 1015; § 328 Rn 56. Ob eine ausländische Entscheidung als **Beweismittel** berücksichtigt werden kann bzw ob ihr Beweiskraft (force probante) zukommt, ist nicht nach Art 26 ff zu beurteilen. Hierüber befindet ausschließl das Recht des Zweitstaates, nämlich dessen Regeln über die Beachtung ausländischer öffentl Urkunden, Martiny II Rz 81. 2

Die erststaatl Entscheidung braucht nicht formell rechtskräftig (unanfechtbar) zu sein. Entscheidend ist, ob sie bereits Wirkungen entfaltet, Art 25 Rn 1; Geimer RIW 76, 142; Martiny II Rz 73, 82. 3

Zeitpunkt der Anerkennung: Aus dem Prinzip der automatischen Urteilsanerkennung (§ 328 Rn 187) folgt, daß die Wirkungen der in Betracht kommenden Entscheidung im gleichen Zeitpunkt auf die übrigen Vertragsstaaten erstreckt werden, in dem sie sich im Erststaat entfalten. Einer besonderen Beziehung zum Zweitstaat bedarf es nicht. Geimer/Schütze I 1015. 4

Keine Vermutung zugunsten der Anerkennung, § 328 Rn 184; Geimer/Schütze I 1031. 5

Zum Feststellungsverfahren (Art 26 II) § 328 Rn 198; Geimer JZ 77, 145; Geimer/Schütze I 1099. 6

Art. 27. Eine Entscheidung wird nicht anerkannt:

1. **wenn die Anerkennung der öffentlichen Ordnung des Staats, in dem sie geltend gemacht wird, widersprechen würde;**
2. **wenn dem Beklagten, der sich auf das Verfahren nicht eingelassen hat, das dieses Verfahren einleitende Schriftstück oder ein gleichwertiges Schriftstück nicht ordnungsmäßig und nicht so rechtzeitig zugestellt worden ist, daß er sich verteidigen konnte;**
3. **wenn die Entscheidung mit einer Entscheidung unvereinbar ist, die zwischen denselben Parteien in dem Staat, in dem die Anerkennung geltend gemacht wird, ergangen ist;**
4. **wenn das Gericht des Urteilsstaats bei seiner Entscheidung hinsichtlich einer Vorfrage, die den Personenstand, die Rechts- und Handlungsfähigkeit sowie die gesetzliche Vertretung einer natürlichen Person, die ehelichen Güterstände, das Gebiet des Erbrechts einschließlich des Testamentsrechts betrifft, sich in Widerspruch zu einer Vorschrift des internationalen Privatrechts des Staates, in dem die Anerkennung geltend gemacht wird, gesetzt hat, es sei denn, daß die Entscheidung nicht zu einem anderen Ergebnis geführt hätte, wenn die Vorschriften des internationalen Privatrechts dieses Staates angewandt worden wären;**
5. **wenn die Entscheidung mit einer früheren Entscheidung unvereinbar ist, die in einem Nichtvertragsstaat zwischen denselben Parteien in einem Rechtsstreit wegen desselben Anspruchs ergangen ist, sofern diese Entscheidung die notwendigen Voraussetzungen für ihre Anerkennung in dem Staat erfüllt, in dem die Anerkennung geltend gemacht wird.**

I) Kein Anerkennungsverbot bei Fehlen einer Anerkennungsvoraussetzung bzw Vorliegen eines Versagungsgrundes nach Art 27, 28 GVÜ: Abgesehen von den Fällen der Art 28 I, 16 sind die Vertragsstaaten nicht verpflichtet, die Anerkennung zu versagen, wenn ein Versagungsgrund vorliegt, Art 25 Rn 7. Soweit das autonome Recht (§ 328 ZPO) anerkennungsfreudiger ist als das GVÜ, ist jeweils von Fall zu Fall zu prüfen, ob das 1 autonome Recht Vorrang vor dem Vertragsrecht hat. Dabei ist zu berücksichtigen, daß das GVÜ die Anerkennung der ausländischen Urteile nicht erschweren, sondern erleichtern wollte, Geimer/Schütze I 1005; enger Martiny II Rz 199.

2 Stellt ein Spezialabkommen (Art 57) geringere Anforderungen als das GVÜ (zB die Revidierte Rheinschifffahrtsakte), so ist allein das Spezialabkommen maßgebl. Stellt dieses jedoch strengere Anforderungen, so ist auf die anerkennungsfreudigere Regelung des GVÜ zu rekurrieren, Martiny II Rz 211, vgl Art 25 II Beitrittsübereinkommen 1978, abgedruckt bei Art 57.

3 Das Feststellungs- bzw Klauselerteilungsverfahren kann auch nach dem GVÜ durchgeführt werden, wenn Anerkennungsvoraussetzungen bzw Versagungsgründe nach einem Spezialübereinkommen (Art 57) zu prüfen sind, Art 25 II lit b Beitrittsübereinkommen 1978.

4 **II) Eine révision au fond (§ 328 Rn 151) ist verboten,** Art 29, Art 34 III. Im Zweitstaat ist grundsätzl nicht zu prüfen, ob das Verfahren ordnungsgemäß war, die Tatsachen zutreffend ermittelt und gewürdigt wurden. Auch ist ohne Bedeutung, ob das Erstgericht sein Recht richtig angewandt hat. Eine Ausnahme kommt nur dann in Betracht, wenn die Rechtsanwendung durch das ausländische Gericht so fehlerhaft ist, daß sie nach den oben § 328 Rn 152 dargelegten Grundsätzen unerträgl ist. Eine solche Annahme verbietet sich jedoch, wenn das ausländische Gericht auf der Grundlage eines Rechtsgutachtens eines namhaften dt Rechtsgelehrten seine Entscheidung gefällt hat, Hamm RIW 85, 975.

III) Nr 1: Ordre public

5 **1) Überblick.** Die Grenzen des ordre public-Vorbehalts sind **einheitsrechtl** durch das GVÜ bestimmt. Geimer/Schütze I 970, 1461. AA BGHZ 75, 167 = NJW 80, 527 = IPRspr 79/204. – **Maßgebl Zeitpunkt:** Entscheidend ist, wann die Wirkungen im Erststaat eintreten; denn sie werden automatisch kraft Gesetzes auf das Inland erstreckt, Geimer/Schütze I 1602; Martiny II Rz 104.

6 **2) Erststaatliches Verfahren.** Die Verfahrenseinleitung ist in Art 27 Nr 2 gesondert geregelt. Deren Kautelen dürfen nicht über die ordre public-Klausel der Nr 1 gesteigert werden, Martiny II Rz 98.

7 Der ordre public greift nicht schon dann ein, wenn das erststaatl Verfahren vom dt Recht abweicht. Ein Versagungsgrund ist nur dann gegeben, wenn die Entscheidung des ausländischen Gerichts auf einem Verfahren beruht, das von den Grundprinzipien des dt Verfahrens in einem solchen Maße abweicht, daß nach der dt Rechtsordnung die Entscheidung nicht als „in einem geordneten rechtsstaatlichen Verfahren ergangen" angesehen werden kann, § 328 Rn 155; Hamm RIW 85, 974. Daher keine Versagung der Anerkennung bzw Klauselerteilung, weil Anordnung einer **Sicherstellungsbeschlagnahme** nach ital Recht (Art 671, 673 ff Cpc) nicht unerhebl von den vergleichbaren dt Vorschriften abweicht. Dies gilt auch insoweit, als nach ital Recht der Schuldner grundsätzl keine Möglichkeit hat, die Anordnung der Sicherstellungsbeschlagnahme auf ihre Berechtigung hin überprüfen zu lassen. Dies ist zwar für den Schuldner ungünstiger als die dt Regelung (§§ 922 I, 924 I, 511 ZPO). In der BRepD kann nämlich der Schuldner Berufung einlegen. Gleichwohl ist dieses Ergebnis aus dt Sicht nicht als untragbar anzusehen, Hamm RIW 85, 974.

8 **3)** Zur **Überprüfung der Sachentscheidung** § 328 Rn 160; Geimer/Schütze I 1058, 1577.

9 **4)** Das **Fehlen einer schriftl Begründung** ist für sich allein noch kein Grund, Art 27 Nr 1 anzuwenden, Geimer/Schütze I 1597. Die Urteile brit Gerichte werden grundsätzl nicht schriftl begründet. Die Erwägungen des Gerichts werden in einer gesonderten Urkunde dargelegt, die von einem Master ausgestellt wird, Oldenburg RIW 86, 555.

10 **5)** Die **Mißachtung der Regeln über die Rechtshängigkeit/Konnexität** (Art 21–23) bilden kein Anerkennungshindernis gemäß Nr 1. Vgl aber Rn 20, 25.

11 **6) Widersprüche zum eigenen Kollisionsrecht** (IPR) sind kein Grund zur Anwendung des ordre public, § 328 Rn 163. Die Anwendung einer anderen Rechtsordnung als diejenige, die nach dem IPR des Zweitstaates maßgebl gewesen wäre, führt grundsätzl nicht zur Verweigerung der Anerkennung, Ausnahme Art 27 Nr 4; hierzu Rn 27.

12 Jedoch darf der Zweitrichter prüfen, ob das Ergebnis der ausländischen Rechtsanwendung mit dem inländischen ordre public vereinbar ist. Vgl Rn 4, 8. Grund für die Versagung der Anerkennung ist dann aber nicht die Anwendung einer anderen Rechtsordnung, sondern der **Inhalt** der vom ausländischen Gericht seiner Entscheidung zugrunde gelegten Norm, der aus der Sicht des Inlands nicht hingenommen werden kann.

13 **7)** Bestr ist, ob der Zweitrichter den ordre public einsetzen darf mit der Begründung, das erststaatl Urteil habe **gemeinschaftsrechtl Normen** nicht oder nicht richtig angewendet oder es sei von einer **EuGH-Entscheidung** abgewichen, verneinend Martiny II Rz 95.

IV) Nr 2: Nicht ordnungsgemäße Verfahrenseinleitung. Hierzu § 328 Rn 131; Geimer IPRax 85, 6; Linke RIW 86, 409.

14 IdR muß – wenn der Bekl/Schuldner nicht das Gegenteil beweist – davon ausgegangen werden, daß der Bekl Klage und Ladung so rechtszeitig erhalten hat, wie es zu seiner angemessenen Verteidigung erforderl war. Um einen solchen Regelfall handelt es sich aber nicht, **wenn in der Zustellungsurkunde der Vorname des Schuldners fehlt.** Denn die Möglichkeit ist nicht unwahrscheinl, daß es zu einer Fehlleitung kam (Verwechslung des Zustellungsadressaten). Dabei trifft den Antragsteller die Behauptungs- und Beweislast. Es genügt allerdings der Nachweis, daß dem Bekl, wenn auch mit einer unrichtigen oder unvollständigen Bezeichnung, unter

seiner damaligen Anschrift Klage und Ladung zum Termin tatsächl zugegangen sind und zwar so rechtzeitig, wie es zu seiner angemessenen Verteidigung erforderl war, Düsseldorf RIW 85, 898.

Nr 2 kommt auch dann zur Anwendung, wenn der Bekl im Gerichtsstaat wohnt, EuGH Rs 49/84 RIW 85/967. 15

Das Zweitgericht kann sich im allg auf die Prüfung beschränken, ob der von der ordnungsgemäßen Zustellung an zu berechnende Zeitraum dem Bekl ausreichend Zeit für seine Verteidigung gelassen hat. Doch hat es ausnahmsweise im Einzelfall zu prüfen, ob außergewöhnl Umstände vorliegen, die die Annahme nahelegen, daß die Zustellung – obwohl ordnungsgemäß erfolgt – dennoch nicht genügte. Deshalb muß das Rechtzeitigkeitserfordernis auch im Hinblick auf Tatsachen geprüft werden, die – obwohl nach der Zustellung eingetreten – verhindern können, daß der Bekl in der Lage war, seine Verteidigung vorzubereiten, EuGH Rs 49/84 RIW 85, 969. Die Frage, ob die Zustellung rechtzeitig im Sinne des Art 27 Nr 2 erfolgt ist, ist nach EuGH RIW 85, 969 **„eine Wertung tatsächl Art“.** Die Prüfung erfolgt daher nach EuGH weder auf der Grundlage des Rechts des Erststaates noch des Zweitstaates. 16

Ist der Bekl selbst schuld, daß ihn das ordnungsgemäß zugestellte Schriftstück nicht erreicht hat, so sieht der EuGH gleichwohl die Zustellung als nicht rechtzeitig an, wenn der Kläger später erfahren hat, daß der Bekl an einer neuen Adresse zu erreichen war. Ein dem Bekl zuzurechnendes Verhalten schließt nicht automatisch die Berücksichtigung außergewöhnl Umstände aus, auf Grund deren die Zustellung unzureichend war. Der EuGH stellt keine festen Regeln auf, sondern überläßt es dem Zweitgericht, zu beurteilen, inwieweit das dem Bekl zurechenbare Verhalten die Tatsache aufwiegen kann, daß der Kläger nach der Zustellung von der neuen Adresse des Beklagten Kenntnis erhalten hat. Diese auf den Einzelfall abstellende Betrachtungsweise (Walter IPRax 86, 350) macht es dem EuGH unmögl, für einzelne Typen einheitsrechtl Regeln aufzustellen. Damit wird die Rechtssicherheit erhebl gefährdet. Denn es liegt im Beurteilungsspielraum des jeweiligen nationalen Zweitrichters, ob der das erststaatl Urteil anerkennt oder nicht. 17

V) Nr 3, 5: Urteilskollision: Widersprechende Entscheidungen wollen Art 21–23 möglichst vermeiden, trotzdem kann es zu einer Kollision kommen, wenn die Gerichte Identität/Konnexität des Streitgegenstandes verneinen oder wenn aus tatsächl Gründen das eine Gericht nichts von dem zeitl früheren Verfahren im anderen Staat erfährt. 18

Das GVÜ überläßt die Regelung des Konkurrenzproblems nicht dem jew nationalen Anerkennungsrecht. Es normiert diesen Komplex abschließend. Maßgebend ist die **zeitl Priorität.** Es kommt darauf an, welche Entscheidung als erste Wirkungen entfaltet. Diese Frage ist jeweils nach dem Recht des Urteilsstaates zu beantworten. Das Prioritätsprinzip folgt aus dem Prinzip der automatischen Urteilsanerkennung. Es bedarf keines Anerkennungsaktes in den anderen Vertragsstaaten. In dem gleichen Moment, in dem die Wirkungen im Urteilsstaat nach dessen Recht eintreten, werden sie eo ipso auch auf die anderen Vertragsstaaten erstreckt, Geimer/Schütze I 996. 19

Das inländische (zweitstaatl) Urteil hat immer Vorrang, Nr 3. Entfaltet es bereits Wirkungen, bevor das ausländische Urteil ergangen ist, so kann letzteres im Inland nie Wirkungen entfalten. Ergeht jedoch das Inlandsurteil später, so beseitigt es nachträgl die Wirkungen der früheren ausländischen Entscheidung ex nunc, Rn 25; Geimer/Schütze I 997; Martiny II Rz 131. 20

Auch bei Konkurrenz einer an sich anerkennungsfähigen Entscheidung eines staatl Gerichts mit einem **Schiedsspruch** gilt das Prioritätsprinzip, jedoch wieder durchbrochen durch das Privileg zugunsten der inländischen Entscheidung, Geimer/Schütze I 1000; Martiny II Rz 136. 21

Auf Entscheidungen bezügl des Rechts auf das EG-Gemeinschaftspatent findet Art 27 Nr 3 keine Anwendung; Art 71 I Gemeinschaftspatentübereinkommen setzt vielmehr das Prioritätsprinzip auch gegen Inlandsentscheidungen durch. 22

Unvereinbarkeit iSv Art 27 Nr 3: Im Gegensatz zu Nr 5 verlangt Nr 3 nicht, daß der gleiche Gegenstand (même objet; même cause) betroffen ist. Bestr, ob Identität des Streitgegenstandes zu fordern ist, hierzu Grunsky JZ 73, 646; BGH NJW 86, 662. 23

Die Gegenansicht geht weiter: Nicht erforderl sei direkter Widerspruch und gleicher Streitgegenstand. Die Unvereinbarkeit orientiere sich vielmehr am Ergebnis, wobei auch die Entscheidungsgründe mit einbezogen werden müßten. Für unvereinbar werden Entscheidungen unter den gleichen Parteien gehalten, aus denen hervorgeht, daß die Richter Tatsachen oder Rechtsfragen in erhebl Maße verschieden gewürdigt/entschieden haben. Nach Martiny I Rz 139 liegt Unvereinbarkeit auch dann vor, wenn die ausländische Entscheidung ein präjudizielles Rechtsverhältnis oder eine vorgreifl Rechtsfrage anders beurteilt als die inländische Entscheidung. 24

Die Nichtbeachtung der inländischen Rechtshängigkeit ist für sich allein noch kein Versagungsgrund. Es muß vielmehr zu einem (abweichenden) inländischen Urteil kommen. Dieses beseitigt dann ex nunc die Wirkungen des anerkennungsfähigen ausländischen Urteils, Rn 20. 25

Auch Art 27 Nr 5 stellt nicht auf die Einleitung des ausländischen Verfahrens ab; er kommt nur dann zum Zuge, wenn die drittstaatl Entscheidung im Zweitstaat nach dem maßgebl Anerkennungsrecht (Vertrag bzw autonomes Recht) tatsächl anerkannt wird. 26

27 **VI) Nr 4: Anerkennung und IPR,** Rn 11; § 328 Rn 163; Geimer/Schütze I 1392. Im Hinblick auf die Streichung des § 328 I Nr 3 ZPO aF ist Art 27 Nr 4 aus deutscher Sicht nicht mehr anzuwenden.

Art. 28. Eine Entscheidung wird ferner nicht anerkannt, wenn die Vorschriften des 3., 4. und 5. Abschnitts des Titels II verletzt worden sind oder wenn ein Fall des Artikels 59 vorliegt.

Das Gericht oder die Behörde des Staates, in dem die Anerkennung geltend gemacht wird, ist bei der Prüfung, ob eine der im vorstehenden Absatz angeführten Zuständigkeiten gegeben ist, an die tatsächlichen Feststellungen gebunden, auf Grund deren das Gericht des Urteilsstaats seine Zuständigkeit angenommen hat.

Die Zuständigkeit der Gerichte des Urteilsstaats darf, unbeschadet der Bestimmungen des ersten Absatzes, nicht nachgeprüft werden; die Vorschriften über die Zuständigkeit gehören nicht zur öffentlichen Ordnung im Sinne des Artikels 27 Nr 1.

I) Verbot der Prüfung der internationalen Zuständigkeit des Erststaates aus Anlaß der Anerkennung und Vollstreckbarerklärung (= Klauselerteilung)

1 Die internationale Zuständigkeit des Erststaates ist nicht Voraussetzung für die Anerkennung und Vollstreckbarerklärung im Zweitstaat. Der **Zweitrichter** darf deshalb **grundsätzl die internationale Zuständigkeit** des **Erststaates nicht mehr nachprüfen (Art 28 I und III);** Geimer RIW 80, 305; Geimer/Schütze I 1044. Dies führt dazu, daß auch dann Urteile anzuerkennen sind, wenn der Erststaat nach den Zuständigkeitsregeln des GVÜ (Art 2 I, Art 3 I) oder des autonomen Rechts (Art 4 I) international unzuständig war. Der Bekl des erststaatl Erkenntnisverfahrens kann vor dem Zweitrichter nicht einwenden, der Erstrichter habe die Regeln des GVÜ mißachtet und sich zu Unrecht für zuständig erklärt. Dabei spielt es keine Rolle, ob sich der Erstrichter bewußt oder unbewußt, durch falsche Auslegung oder auf Grund eines unrichtigen Sachverhalts, über die Zuständigkeitsordnung des GVÜ hinweggesetzt hat, Martiny II Rz 168.

2 Das Verbot der Nachprüfung der internationalen Zuständigkeit des Erststaates bewirkt eine **Erweiterung der Gerichtspflichtigkeit des Beklagten.** Das angegangene Gericht ist zwar gemäß Art 20 I verpflichtet, von Amts wegen seine Zuständigkeit zu prüfen und sich gegebenenfalls für unzuständig zu erklären, wenn sich der Beklagte auf das Verfahren nicht eingelassen hat. Aber ein unter Verletzung dieser Vorschrift ergangenes Urteil ist wirksam und muß grundsätzl (Ausnahme: Art 27) in den übrigen Vertragsstaaten anerkannt und zur Vollstreckung zugelassen werden. Bejaht das Erstgericht seine internationale und örtl Zuständigkeit, obwohl es nach den Regeln des GVÜ international unzuständig ist, und erläßt es ein Sachurteil, so bleibt dem Bekl nur die Möglichkeit, alle nach dem Recht des Erststaates zulässigen Rechtsmittel und Rechtsbehelfe auszuschöpfen, um eine Aufhebung des erstinstanziellen Urteils und eine Prozeßabweisung wegen Unzuständigkeit zu erreichen. Verwerfen die Rechtsmittelgerichte den Einwand der Unzuständigkeit, so hat es damit sein Bewenden. Etwas anderes gilt auch nicht in dem Sonderfall, den Art I des Protokolls regelt, Geimer/Schütze I 331 ff, 1033 ff.

3 Das Verbot der Zuständigkeitsprüfung gilt auch dann, wenn das Erstgericht die Derogation der internationalen Zuständigkeit des Gerichtsstaates durch **Prorogation** der ausschließl internationalen Zuständigkeit eines anderen Staates – bewußt oder unbewußt – übergangen oder die **Voraussetzungen des Art 18** zu Unrecht bejaht hat, Schlosser-Bericht Nr 188; Geimer/Schütze I 940. Unzutreffend Leipold IPRax 82, 223.

4 Auch der **ordre public** darf zur Nachprüfung der internationalen Zuständigkeit des Erststaates nicht eingesetzt werden, Art 28 III 2.

5 Auch wenn der Erstrichter eine **Entscheidung des EuGH zur Auslegung des Übereinkommens** – bewußt oder unbewußt – nicht beachtet oder falsch interpretiert hat, bleibt das Nachprüfungsverbot bestehen. Eine Verweigerung der Anerkennung bzw Klauselerteilung aus diesem Grunde (dafür Leipold IPRax 82, 225) wäre ein glatter Bruch der Konvention.

II) Ausnahmen vom Verbot der Nachprüfung der internationalen Zuständigkeit des Erststaates läßt das Übereinkommen nur in folgenden Fällen zu:

6 **1) Nichtbeachtung der ausschl internationalen Zuständigkeit des Zweitstaates oder eines anderen Vertragsstaates (Art 28 I, Art 16):** Der Zweitrichter muß nachprüfen, ob der Erstrichter Art 16 beachtet hat, dh er darf die Anerkennung bzw Klauselerteilung verweigern, wenn der Erstrichter in der Sache entschieden hat, obwohl für den Rechtsstreit der Zweitstaat oder ein dritter Vertragsstaat international ausschließl zuständig war.

7 Hat der Erstrichter eine **ausschließl internationale Zuständigkeit des Zweitstaates** nicht beachtet, so ist der Zweitstaat zwar berechtigt, aber nicht verpflichtet, die Anerkennung zu verweigern; denn es geht ausschließl um die Wahrung seiner Jurisdiktionssphäre. Es steht gemeinschaftsrechtl bzw völkerrechtl in seinem Belieben, ob er seine Interessen wahrt. Die **ausschließl internationale Zuständigkeit eines anderen Vertragsstaates** muß der Zweitstaat in jedem Falle „verteidigen". Von der Pflicht zur Verweigerung der Anerkennung kann jedoch der nach Art 16 ausschließl international zuständige Vertragsstaat befreien, Geimer WM 76, 838.

8 Art 16 begründet ausschließliche internationale Zuständigkeiten nur für Vertrags-, nicht jedoch für **dritte Staaten.** Deshalb darf einer gerichtl Entscheidung aus einem Vertragsstaat die Anerkennung nicht deswegen verweigert werden, weil nach Ansicht des Zweitstaates ein Nichtvertragsstaat ausschließl international zuständig ist, Geimer/Schütze I 288, 354. AA Grundmann IPRax 85, 253.

Ist der Zweitstaat oder ein dritter Staat auf Grund einer **Zuständigkeitsvereinbarung** der Parteien ausschließl international zuständig, hat aber der Erstrichter sich gleichwohl nicht für unzuständig erklärt, sei es, weil er die Derogation seiner internationalen Zuständigkeit für unwirksam hielt, sei es, daß ihm der Prorogationsvertrag nicht zur Kenntnis gebracht wurde, so darf der Zweitstaat die Anerkennung nicht versagen; denn einer der Fälle des Art 28 I iVm Art 16 liegt nicht vor, Geimer WM 76, 837. 9

2) Verletzung der Zuständigkeitsregeln in Versicherungssachen (Art 7 bis 12) und **in Verbrauchersachen** 10
(Art 13 bis 15), hierzu Geimer RIW 80, 306: Art 28 I ist nur im Wege einer **teleologischen Reduktion** sinnvoll auszulegen. Es war nicht Anliegen der Verfasser des Übereinkommens, der zur Leistung verurteilten Versicherung – entgegen der Grundregel des Art 28 III – im Zweitstaat die Möglichkeit zu eröffnen, die internationale Unzuständigkeit des Erststaates darzutun und damit den erststaatl Titel zu Fall zu bringen. Vielmehr sollten der Versicherungsnehmer, der Versicherte, der Begünstigte, Verbraucher und die sonstigen aus dem Versicherungsverhältnis bzw Letztverbrauchervertrag (Art 13 I nF) nach der lex causae berechtigten bzw begünstigten Personen **gegen das wirtschaftliche Übergewicht des Versicherers** geschützt werden. Daher kann der Versicherer im Zweitstaat niemals die internationale Unzuständigkeit des Zweitstaates geltend machen. Das gleiche gilt in Verbrauchersachen für den **Vertragspartner des Verbrauchers.** Zust Martiny II Rz 180. Auch die geschützten Personen können sich auf die internationale Unzuständigkeit des Erststaates nicht berufen, soweit sie im Erststaat **Kläger** bzw **Widerkläger** waren; denn nur als Beklagte sind sie schutzbedürftig. Geimer/Schütze I 337, 1047.

Eine Prüfung der internationalen Zuständigkeit des Erststaates gem Art 28 I iVm Art 7 ff kommt mithin überhaupt nur dann in Betracht, wenn der Versicherer bzw Vertragspartner des Verbrauchers Kläger war. Hier kann der beklagte Versicherungsnehmer bzw Verbraucher vor dem Zweitrichter geltend machen, die zu seinem Schutz geschaffenen Vorschriften des 3. und 4. Abschnitts seien verletzt, dh nicht oder nicht richtig angewandt worden. So kann der Beklagte rügen, sein Wohnsitz befinde sich nicht im Urteilsstaat (Art 11 I, Art 14 II); auch sei dieser nicht wirksam prorogiert worden (Art 12, Art 15). 11

Einwand der Derogation des Wohnsitzstaates: Voraussetzung für die Prüfung des Derogationseinwandes durch den Zweitrichter ist, daß der Beklagte im erststaatl Erkenntnisverfahren diesen Einwand (erfolglos) erhoben hatte. Der Beklagte darf sich die Derogation nicht erst bis zum Zweitverfahren „aufheben" und ihn erst dort zum erstenmal vortragen; denn durch den vertragl Ausschluß der an sich gem Art 11 I, Art 14 II gegebenen internationalen Zuständigkeit des Erststaates (= Staat, in dem der Beklagte wohnt) wird die Last zur Einlassung vor den erststaatl Gerichten nicht zur Gänze beseitigt, sondern nur die Einlassungspflicht zur Hauptsache. Hält sich der Versicherer bzw Vertragspartner des Verbrauchers nicht an die Derogationsvereinbarung und klagt er in dem Staat, in dem der Beklagte wohnt (Art 11 I), so ist es dem Beklagten zumutbar, daß er am Rechtsstreit teilnimmt und (durch seinen Anwalt) vortragen läßt, die Zuständigkeit des Wohnsitzstaates sei derogiert. Geimer RIW 80, 308. Der Beklagte muß die Rüge der internationalen Unzuständigkeit (auf Grund Derogation) im Falle des Unterliegens mit ordentl, nach dem Recht des Erststaates statthaften Rechtsmitteln weiterverfolgen, Geimer/Schütze I 339, 941, 1561. AA Martiny II Rz 181. 12

Einwand der schiedsgerichtlichen Erledigung ist unzulässig, Geimer/Schütze I 1563. 13

Der Zweitrichter darf **nicht von Amts wegen die internationale Unzuständigkeit** des Erststaates nach Art 11, 12 bzw Art 14 II, 15 feststellen und deshalb dem erststaatl Urteil die Anerkennung versagen. Vielmehr ist eine **Zuständigkeitsrüge** des im Erststaat beklagten Versicherungsnehmers bzw Verbrauchers notwendig. Dieser kann darüber befinden, ob er im Zweitverfahren die internationale Unzuständigkeit des Erststaates geltend machen will. Er wird dies zB unterlassen, wenn die Klage im international unzuständigen Vertragsstaat als unbegründet abgewiesen worden ist, Geimer/Schütze I 1551. 14

3) Fälle des Art 59. Geimer/Schütze I 1036, 1049. 15

4) Übergangsvorschrift des Art 54 II (Geimer WM 76, 838; NJW 75, 1086): Nach Art 54 I finden die Zuständigkeitsvorschriften des Übereinkommens nicht auf solche Erkenntnisverfahren Anwendung, die vor dem 1. 2. 1973 begonnen wurden. Andererseits können Urteile, die nach diesem Termin ergangen sind, anerkannt werden, ohne Rücksicht darauf, ob für das zugrunde liegende Verfahren bereits die Zuständigkeitsvorschriften des Übereinkommens galten oder nicht. Aus diesem Grunde wurde dem Zweitrichter die Möglichkeit vorbehalten, nachzuprüfen, ob für die internationale Zuständigkeit des Erststaates ein ausreichender Anknüpfungspunkt im Sinne des GVÜ oder des vor Inkrafttreten des GVÜ geltenden bilateralen Anerkennungs- und Vollstreckungsabkommens gegeben war. Ist dies zu verneinen, so steht noch nicht fest, daß die Anerkennung zu versagen ist. Vielmehr ist dann noch nach autonomem Recht zu prüfen, ob der Erststaat aus der Sicht des Zweitstaates international zuständig war, Frankfurt RIW 76, 107 = IPRspr 75, 173; Geimer/Schütze I 974, 1043; Martiny II Rz 185. – Ebenso Art 34 III Beitrittsübereinkommen 1978, vgl Art 54 Rn 1. 16

5) Tatsächl Feststellungen des Erstgerichts: Bei der Prüfung der internationalen Zuständigkeit ist der Zweitrichter an die tatsächl (nicht rechtl) Feststellungen des Erstrichters gebunden. Art 28 II betrifft jedoch nur den Einwand der internationalen Unzuständigkeit. **Anerkennungsfreundliche Tatsachen können jederzeit geltend gemacht werden,** Geimer RIW 76, 147. 17

6) Keine Nachprüfung der örtl Zuständigkeit: Gem Art 28 I bzw 54 II kann die Versagung der Anerkennung nur darauf gestützt werden, daß der Erststaat **international unzuständig** war. Steht fest, daß dieser Staat international zuständig war, so spielt es keine Rolle, ob die in Art 7ff enthaltenen Regeln über die örtl Zuständigkeit beachtet wurden oder nicht. Geimer RIW 80, 309; Geimer/Schütze I 341; Martiny II Rz 161. 18

19 **III) Prüfung der Gerichtsbarkeit des Erststaates** (§ 328 Rn 93) ist im GVÜ nicht vorgesehen; trotzdem ist sie zulässig und sogar notwendig. Sie bewirkt die Einhaltung völkerrechtl Normen bei fehlender Gerichtsbarkeit (facultas iurisdictionis) liegt ein völkerrechtswidriges Urteil vor, ohne Rücksicht darauf, ob sich der Erstrichter bewußt oder unbewußt über die Völkerrechtsnorm hinweggesetzt hat. Das Völkerrecht verbietet, völkerrechtswidrige Urteile anzuerkennen. Über dieses Verbot können und wollen sich die Vertragsstaaten nicht hinwegsetzen, Geimer/Schütze I 1033, 1484.

Art. 29. Die ausländische Entscheidung darf keinesfalls auf ihre Gesetzmäßigkeit nachgeprüft werden.

Hierzu Art 27 Rn 4.

Art. 30. Das Gericht eines Vertragsstaats, in dem die Anerkennung einer in einem anderen Vertragsstaat ergangenen Entscheidung geltend gemacht wird, kann das Verfahren aussetzen, wenn gegen die Entscheidung ein ordentlicher Rechtsbehelf eingelegt worden ist.

Das Gericht eines Vertragsstaats, vor dem die Anerkennung einer in Irland oder im Vereinigten Königreich ergangenen Entscheidung geltend gemacht wird, kann das Verfahren aussetzen, wenn die Vollstreckung der Entscheidung im Urteilsstaat wegen der Einlegung eines Rechtsbehelfs einstweilen eingestellt ist.

2. Abschnitt – Vollstreckung

Art. 31. Die in einem Vertragsstaat ergangenen Entscheidungen, die in diesem Staat vollstreckbar sind, werden in einem anderen Vertragsstaat vollstreckt, wenn sie dort auf Antrag eines Berechtigten mit der Vollstreckungsklausel versehen worden sind.

Im Vereinigten Königreich wird eine derartige Entscheidung jedoch in England und Wales, in Schottland oder in Nordirland vollstreckt, wenn sie auf Antrag eines Berechtigten zur Vollstreckung in dem betreffenden Teil des Vereinigten Königreichs registriert worden ist.

1 Kreis der unter Art 31 ff fallenden Vollstreckungstitel Geimer/Schütze I 1163. Für Prozeßvergleiche gilt die Einschränkung des Art 1 II Nr 1 nicht, Geimer/Schütze I 140, 1165, 1174.

2 Zur Unterscheidung zwischen Anerkennungs- und Klauselerteilungsvoraussetzungen Geimer/Schütze I 1141. Zur Anerkennung ohne Möglichkeit der Klauselerteilung für ein Leistungsurteil Geimer/Schütze I 1145.

3 Die Klauselerteilung führt zur Gleichstellung mit einem deutschen Vollstreckungstitel, § 328 Rn 18. Die einem ausländischen Titel nach Art 31 verliehene Vollstreckbarkeit deckt sich inhaltl mit der Vollstreckbarkeit eines dt Titels. Geimer/Schütze I 1149. Grundlage der Vollstreckung im Inland ist allein die deutsche Vollstreckbarerklärung (Klauselerteilung), § 722 Rn 56.

4 Soweit nach Art 31 ff Titel anderer Vertragsstaaten im Inland zu vollstrecken sind, sind für die Durchführung der hieraus zu stützenden Vollstreckungsmaßnahmen die Vorschriften des achten Buchs der ZPO anwendbar, soweit GVÜ und Ausführungsgesetz nichts anderes bestimmen. § 929 II ZPO ist nicht anwendbar, Hamm RIW 85, 975; Geimer/Schütze I 1158, 1161.

5 Die **Vollziehungsfrist** betrifft die Vollstreckbarkeit. Dies ist nach dem Recht des Erststaates zu beurteilen.

6 In Übereinstimmung mit der modernen Vertragspraxis (Geimer/Schütze I 1415, 1432) läßt das GVÜ die Zwangsvollstreckung aus **vorläufig vollstreckbaren** Titeln zu. Der Vollstreckungsschuldner wird durch Art 38 ausreichend geschützt.

7 **Unzulässigkeit der Leistungsklage,** gestützt auf die Rechtskraft des anzuerkennenden erststaatlichen Leistungsurteils: Die Klauselerteilung nach Art 31 ff ist der einzige Weg, um aus einem in einem Vertragsstaat ergangenen Leistungsurteil in anderen Vertragsstaaten vollstrecken zu können. Der im Erststaat siegreiche Kläger hat nicht die Möglichkeit, in den anderen Vertragsstaaten erneut auf Leistung aus dem erststaatl Urteil zu klagen, wobei der Zweitrichter an die Rechtskraft der anzuerkennenden erststaatl Entscheidung gebunden wäre, EuGH RS 42/76 NJW 77, 495 (Geimer 2023), Geimer/Schütze I 1182; § 722 Rn 57.

8 **Kosten:** Art III des Protokolls Geimer/Schütze I 1151.

Art. 32. Der Antrag ist zu richten:

- **in Belgien an das „tribunal de première instance" oder an die „rechtbank van eerste aanleg";**
- **in Dänemark an das „underret";**
- **in der Bundesrepublik Deutschland an den Vorsitzenden einer Kammer des Landgerichts;**
- ***in Griechenland an das* μονομελές πρωτοδικείο;**
- **in Frankreich an den Präsidenten des „tribunal de grande instance";**
- **in Irland an den „High Court";**
- **in Italien an die „corte d'appello";**
- **in Luxemburg an den Präsidenten des „tribunal d'arrondissement";**

- **in den Niederlanden an den Präsidenten der „arrondissementsrechtbank";**
- **im Vereinigten Königreich:**
  1. **in England und Wales an den „High Court of Justice" oder im Falle von Entscheidungen in Unterhaltssachen an den „Magistrates' Court" über den „Secretary of State";**
  2. **in Schottland an den „Court of Session" oder im Falle von Entscheidungen in Unterhaltssachen an den „Sheriff Court" über den „Secretary of State";**
  3. **in Nordirland an den „High Court of Justice" oder im Falle von Entscheidungen in Unterhaltssachen an den „Magistrates' Court" über den „Secretary of State".**

Die örtliche Zuständigkeit wird durch den Wohnsitz des Schuldners bestimmt. Hat dieser keinen Wohnsitz im Hoheitsgebiet des Vollstreckungsstaats, so ist das Gericht zuständig, in dessen Bezirk die Zwangsvollstreckung durchgeführt werden soll.

Art. 33. Für die Stellung des Antrags ist das Recht des Vollstreckungsstaats maßgebend.

Der Antragsteller hat im Bezirk des angerufenen Gerichts ein Wahldomizil zu begründen. Ist das Wahldomizil im Recht des Vollstreckungsstaats nicht vorgesehen, so hat der Antragsteller einen Zustellungsbevollmächtigten zu benennen.

Dem Antrag sind die in den Artikeln 46 und 47 angeführten Urkunden beizufügen.

Art. 34. Das mit dem Antrag befaßte Gericht erläßt seine Entscheidung unverzüglich, ohne daß der Schuldner in diesem Abschnitt des Verfahrens Gelegenheit erhält, eine Erklärung abzugeben.

Der Antrag kann nur aus einem der in Artikel 27 und 28 angeführten Gründe abgelehnt werden.

Die ausländische Entscheidung darf keinesfalls auf ihre Gesetzmäßigkeit nachgeprüft werden.

Das GVÜ hat ein für alle Vertragsstaaten einheitl Vollstreckbarerklärungsverfahren eingeführt, das die Postulate der Schnelligkeit und Effizienz in hohem Maße verwirklicht. Über die Vollstreckbarerklärung (durch Klauselerteilung) muß nicht in einem schwerfälligen und kostenträchtigen Klageverfahren entschieden werden. Vielmehr stellt das GVÜ ein vereinfachtes auf Beschleunigung ausgerichtetes schriftl Verfahren zur Verfügung, dessen Kernpunkt der **Ausschluß einer kontradiktorischen Verhandlung** im ersten Verfahrensabschnitt ist, Art 34 I. Hinzu kommt der **Überraschungseffekt:** Dem Schuldner soll nicht Zeit bleiben, sein Vermögen im Zweitstaat dem Vollstreckungszugriff zu entziehen. Die Rechte des Schuldners sind durch Art 36 I gewahrt. Er kann sich durch Einlegung eines Rechtsbehelfs rechtl Gehör verschaffen. Solange die Rechtsbehelfsfrist (Art 36 II) läuft, darf die Zwangsvollstreckung in das im Zweitstaat gelegenen Vermögen nicht über Maßregeln der Sicherung hinausgehen, Art 39 I. – Zum Wahldomizil (Art 33 II 1) EuGH Rs 198/85 RIW 86, 994. 1

Art. 35. Die Entscheidung, die über den Antrag ergangen ist, teilt der Urkundsbeamte der Geschäftsstelle dem Antragsteller unverzüglich in der Form mit, die das Recht des Vollstreckungsstaats vorsieht.

Art. 36. Wird die Zwangsvollstreckung zugelassen, so kann der Schuldner gegen die Entscheidung innerhalb eines Monats nach ihrer Zustellung einen Rechtsbehelf einlegen.

Hat der Schuldner seinen Wohnsitz in einem anderen Vertragsstaat als dem, in dem die Entscheidung über die Zulassung der Zwangsvollstreckung ergangen ist, so beträgt die Frist für den Rechtsbehelf zwei Monate und beginnt von dem Tage an zu laufen, an dem die Entscheidung dem Schuldner entweder in Person oder in seiner Wohnung zugestellt worden ist. Eine Verlängerung dieser Frist wegen weiter Entfernung ist ausgeschlossen.

Art 36 schließt jeden **Rechtsbehelf interessierter Dritter** gegen die Entscheidung, mit der die Zwangsvollstreckung zugelassen worden ist, auch für den Fall aus, daß er ihm nach dem nationalen Recht des Vollstreckungsstaates zusteht, EuGH Rs 148/84, NJW 86, 657. 1

Zur **Sicherungsvollstreckung** s Art 39. 2

Art. 37. Der Rechtsbehelf wird nach den Vorschriften, die für das streitige Verfahren maßgebend sind, eingelegt:

- **in Belgien bei dem „tribunal de première instance" oder der „rechtbank van eerste aanleg";**
- **in Dänemark bei dem „landsret";**
- **in der Bundesrepublik Deutschland bei dem Oberlandesgericht;**
- ***in Griechenland bei dem* εφετείο;**
- **in Frankreich bei der „cour d'appel";**
- **in Irland bei dem „High Court";**
- **in Italien bei der „corte d'appello";**

- **in Luxemburg bei der „Cour supérieure de Justice" als Berufsinstanz für Zivilsachen;**
- **in den Niederlanden bei der „arrondissementsrechtbank";**
- **im Vereinigten Königreich:**

  1. in England und Wales bei dem „High Court of Justice" oder im Falle von Entscheidungen in Unterhaltssachen bei dem „Magistrates' Court";

  2. in Schottland bei dem „Court of Session" oder im Falle von Entscheidungen in Unterhaltssachen bei dem „Sheriff Court";

  3. in Nordirland bei dem „High Court of Justice" oder im Falle von Entscheidungen in Unterhaltssachen bei dem „Magistrates' Court".

Gegen die Entscheidung, die über den Rechtsbehelf ergangen ist, finden nur statt:

- **in Belgien, *Griechenland,* Frankreich, Italien, Luxemburg und den Niederlanden: die Kassationsbeschwerde;**
- **in Dänemark: ein Verfahren vor dem „højesteret" mit Zustimmung des Justizministers;**
- **in der Bundesrepublik Deutschland: die Rechtsbeschwerde;**
- **in Irland: ein auf Rechtsfragen beschränkter Rechtsbehelf bei dem „Supreme Court";**
- **im Vereinigten Königreich: ein einziger auf Rechtsfragen beschränkter Rechtsbehelf.**

1 **Zwischenentscheidungen** des OLG sind nicht mit der Rechtsbeschwerde (Art 37) anfechtbar. Dieser unterliegen nur die Endentscheidungen, EuGH Rs 258/83, IPRax 85, 339 (Schlosser 321).

Art. 38. Das mit dem Rechtsbehelf befaßte Gericht kann auf Antrag der Partei, die ihn eingelegt hat, seine Entscheidung aussetzen, wenn gegen die Entscheidung im Urteilsstaat ein ordentlicher Rechtsbehelf eingelegt oder die Frist für einen solchen Rechtsbehelf noch nicht verstrichen ist; in letzterem Falle kann das Gericht eine Frist bestimmen, innerhalb derer der Rechtsbehelf einzulegen ist.

Ist eine gerichtliche Entscheidung in Irland oder im Vereinigten Königreich erlassen worden, so gilt jeder in dem Urteilsstaat statthafte Rechtsbehelf als ordentlicher Rechtsbehelf im Sinne von Absatz 1.

Das Gericht kann auch die Zwangsvollstreckung von der Leistung einer Sicherheit, die es bestimmt, abhängig machen.

1 Wird im Beschwerdeverfahren angeordnet, daß die Zwangsvollstreckung nur gegen Sicherheitsleistung des Gläubigers betrieben werden darf, so können deshalb Zwangsvollstreckungsmaßnahmen, die bereits zulässig erfolgt waren und über die Sicherung des Anspruchs nicht hinausgehen, nicht aufgehoben werden, wenn der Schuldner seinerseits nicht die für ihn angeordneten Sicherheiten geleistet hat.

2 Das OLG kann über den Vollstreckungsschutzantrag gem Art 38 II nicht vorab entscheiden, EuGH Rs 258/83, RIW 84, 235 (Linke) = IPRax 85, 339 (Schlosser 321). Die Anordnung einer Sicherheitsleistung zu Lasten des Gläubigers (durch Vorabentscheidung) ist deshalb nicht möglich, doch kann das OLG gemäß § 23 AusfG dem Schuldner gestatten, seinerseits durch Sicherheitsleistung die Zwangsvollstreckung abzuwenden, Hamm RIW 85, 973 (Linke); BGH RIW 86, 813. (Linke 997).

3 Ist über einen Rechtsbehelf des Schuldners gegen die Zulassung der Zwangsvollstreckung endgültig entschieden, dann darf die im Inland zugelassene Zwangsvollstreckung unbeschränkt auch aus einem nur vorläufig vollstreckbaren ausländischen Urteil stattfinden. Der Ungewißheit über den Ausgang des Rechtsstreits im Erststaat kann das Beschwerdegericht im Vollstreckungsstaat aber durch Anordnung einer Sicherheitsleistung nach Art 38 Rechnung tragen, BGH 83, 1980 = RIW 92 und BGHZ 87, 259 = NJW 83, 1979 = RIW 535 = IPRax 85, 156 (Prütting 137) = IPRspr 83/174.

4 **Ordentl Rechtsbehelf** iSv Art 38: Jeder Rechtsbehelf, der zur Aufhebung und Abänderung der Entscheidung im Erststaat führen kann und für dessen Einlegung im Erststaat eine gesetzl Frist bestimmt ist, EuGH RS 43/77, NJW 78, 1107 = RIW 78, 186; Geimer/Schütze I 1128. – Darunter fällt auch das Bestätigungsverfahren nach Art 681 I ital Cpc betr Sicherungsbeschlagnahme, Hamm RIW 85, 973 (Linke).

Art. 39. Solange die in Artikel 36 vorgesehene Frist für den Rechtsbehelf läuft und solange über den Rechtsbehelf nicht entschieden ist, darf die Zwangsvollstreckung in das Vermögen des Schuldners nicht über Maßregeln zur Sicherung hinausgehen.

Die Entscheidung, durch welche die Zwangsvollstreckung zugelassen wird, gibt die Befugnis, solche Maßregeln zu betreiben.

1 Das Recht auf Sicherungszwangsvollstreckung (Art 39 II) kann durch das nationale Recht nicht eingeschränkt werden, EuGH Rs 119/84, RIW 86, 300.

Art. 40. Wird der Antrag abgelehnt, so kann der Antragsteller einen Rechtsbehelf einlegen:

- **in Belgien bei der „cour d'appel" oder dem „hof van beroep";**
- **in Dänemark bei dem „landsret";**
- **in der Bundesrepublik Deutschland bei dem Oberlandesgericht;**
- ***in Griechenland bei dem* έφετεῖο;**
- **in Frankreich bei der „cour d'appel";**
- **in Irland bei dem „High Court";**
- **in Italien bei der „corte d'appello";**
- **in Luxemburg bei der „Cour supérieure de Justice" als Berufungsinstanz für Zivilsachen;**
- **in den Niederlanden bei dem „gerechtshof";**
- **im Vereinigten Königreich:**
  1. **in England und Wales bei dem „High Court of Justice" oder im Falle von Entscheidungen in Unterhaltssachen bei dem „Magistrates' Court";**
  2. **in Schottland bei dem „Court of Session" oder im Falle von Entscheidungen in Unterhaltssachen bei dem „Sheriff Court";**
  3. **in Nordirland bei dem „High Court of Justice" oder im Falle von Entscheidungen in Unterhaltssachen bei dem „Magistrates' Court".**

Das mit dem Rechtsbehelf befaßte Gericht hat den Schuldner zu hören. Läßt dieser sich auf das Verfahren nicht ein, so ist Artikel 20 Absatz 2 und 3 auch dann anzuwenden, wenn der Schuldner seinen Wohnsitz nicht in diesem Hoheitsgebiet eines Vertragsstaats hat.

Zu Art 40 II EuGH RS 178/83 RIW 84, 814.

Art. 41. Gegen die Entscheidung, die über den in Artikel 40 vorgesehenen Rechtsbehelf ergangen ist, finden nur statt:

- **in Belgien, *Griechenland,* Frankreich, Italien, Luxemburg und den Niederlanden: die Kassationsbeschwerde;**
- **in Dänemark: ein Verfahren vor dem „højesteret" mit Zustimmung des Justizministers;**
- **in der Bundesrepublik Deutschland: die Rechtsbeschwerde;**
- **in Irland: ein auf Rechtsfragen beschränkter Rechtsbehelf bei dem „Supreme Court";**
- **im Vereinigten Königreich: ein einziger auf Rechtsfragen beschränkter Rechtsbehelf.**

Art. 42. Ist durch die ausländische Entscheidung über mehrere mit der Klage geltend gemachte Ansprüche erkannt und kann die Entscheidung nicht im vollen Umfang zur Zwangsvollstreckung zugelassen werden, so läßt das Gericht sie für einen oder mehrere dieser Ansprüche zu.

Der Antragsteller kann beantragen, daß die Zwangsvollstreckung nur für einen Teil des Gegenstandes der Verurteilung zugelassen wird.

Hierzu Geimer/Schütze I 1217, 1641.

Art. 43. Ausländische Entscheidungen, die auf Zahlung eines Zwangsgelds lauten, sind in dem Vollstreckungsstaat nur vollstreckbar, wenn die Höhe des Zwangsgelds durch die Gerichte des Urteilsstaats endgültig festgesetzt ist.

Art. 44. Ist dem Antragsteller in dem Staat, in dem die Entscheidung ergangen ist, ganz oder teilweise das Armenrecht oder Kosten- und Gebührenbefreiung gewährt worden, so genießt er in dem Verfahren nach den Artikeln 32 bis 35 hinsichtlich des Armenrechts oder der Kosten- und Gebührenbefreiung die günstigste Behandlung, die das Recht des Vollstreckungsstaats vorsieht.

Der Antragsteller, welcher die Vollstreckung einer Entscheidung einer Verwaltungsbehörde begehrt, die in Dänemark in Unterhaltssachen ergangen ist, kann im Vollstreckungsstaat Anspruch auf die in Absatz 1 genannten Vorteile erheben, wenn er eine Erklärung des dänischen Justizministeriums darüber vorlegt, daß er die wirtschaftlichen Voraussetzungen für die vollständige oder teilweise Bewilligung des Armenrechts oder für die Kosten- und Gebührenbefreiung erfüllt.

Art. 45. Der Partei, die in einem Vertragsstaat eine in einem anderen Vertragsstaat ergangene Entscheidung vollstrecken will, darf wegen ihrer Eigenschaft als Ausländer oder wegen Fehlens eines inländischen Wohnsitzes oder Aufenthalts eine Sicherheitsleistung oder Hinterlegung, unter welcher Bezeichnung es auch sei, nicht auferlegt werden.

3. Abschnitt – Gemeinsame Vorschriften

Art. 46. Die Partei, welche die Anerkennung einer Entscheidung geltend macht oder die Zwangsvollstreckung betreiben will, hat vorzulegen:
1. eine Ausfertigung der Entscheidung, welche die für ihre Beweiskraft erforderlichen Voraussetzungen erfüllt;
2. bei einer im Versäumnisverfahren ergangenen Entscheidung die Urschrift oder eine beglaubigte Abschrift der Urkunde, aus der sich ergibt, daß das den Rechtsstreit einleitende Schriftstück oder ein gleichwertiges Schriftstück der säumigen Partei zugestellt worden ist.

Art. 47. Die Partei, welche die Zwangsvollstreckung betreiben will, hat ferner vorzulegen:
1. die Urkunden, aus denen sich ergibt, daß die Entscheidung nach dem Recht des Urteilsstaats vollstreckbar ist und daß sie zugestellt worden ist;
2. gegebenenfalls eine Urkunde, durch die nachgewiesen wird, daß der Antragsteller das Armenrecht im Urteilsstaat genießt.

Art. 48. Werden die in Artikel 46 Nr 2 und in Artikel 47 Nr 2 angeführten Urkunden nicht vorgelegt, so kann das Gericht eine Frist bestimmen, innerhalb deren die Urkunden vorzulegen sind, oder sich mit gleichwertigen Urkunden begnügen oder von der Vorlage der Urkunden befreien, wenn es eine weitere Klärung nicht für erforderlich hält.

Auf Verlangen des Gerichts ist eine Übersetzung der Urkunden vorzulegen; die Übersetzung ist von einer hierzu in einem der Vertragsstaaten befugten Person zu beglaubigen.

Art. 49. Die in den Artikeln 46, 47 und in Artikel 48 Absatz 2 angeführten Urkunden sowie die Urkunde über die Prozeßvollmacht, falls eine solche erteilt wird, bedürfen weder der Legalisation noch einer ähnlichen Förmlichkeit.

Zu Art 46: Überblick bei Wolff Rz 238.

Titel IV – Öffentliche Urkunden und Prozeßvergleiche

Art. 50. Öffentliche Urkunden, die in einem Vertragsstaat aufgenommen und vollstreckbar sind, werden in einem anderen Vertragsstaat auf Antrag in den Verfahren nach den Artikeln 31 ff mit der Vollstreckungsklausel versehen. Der Antrag kann nur abgelehnt werden, wenn die Zwangsvollstreckung aus der Urkunde der öffentlichen Ordnung des Vollstreckungsstaats widersprechen würde.

Die vorgelegte Urkunde muß die Voraussetzungen für ihre Beweiskraft erfüllen, die in dem Staate, in dem sie aufgenommen wurde, erforderlich sind.

Die Vorschriften des 3. Abschnitts des Titels III sind sinngemäß anzuwenden.

Zu vollstreckbaren Urkunden Geimer/Schütze 1166.

Art. 51. Vergleiche, die vor einem Richter im Laufe eines Verfahrens abgeschlossen und in dem Staat, in dem sie errichtet wurden, vollstreckbar sind, werden in dem Vollstreckungsstaat unter denselben Bedingungen wie öffentliche Urkunden vollstreckt.

Titel V – Allgemeine Vorschriften

Art. 52. Ist zu entscheiden, ob eine Partei im Hoheitsgebiet des Vertragsstaats, dessen Gerichte angerufen sind, einen Wohnsitz hat, so wendet das Gericht sein Recht an.

Hat eine Partei keinen Wohnsitz in dem Staate, dessen Gerichte angerufen sind, so wendet das Gericht, wenn es zu entscheiden hat, ob die Partei einen Wohnsitz in einem anderen Vertragsstaat hat, das Recht dieses Staates an.

Der Wohnsitz einer Partei ist jedoch nach dem Recht des Staates, dem sie angehört, zu beurteilen, wenn nach diesem Recht ihr Wohnsitz vom Wohnsitz einer anderen Person oder vom Sitz einer Behörde abhängt.

1 **Qualifikation des Wohnsitzbegriffes:** Geimer/Schütze I 1 § 60. Die Verweisung auf das nationale Wohnsitzrecht bewirkt keine Versteinerung des Rechtszustandes vom 1. 2. 1973 bzw bei Inkrafttreten des jew Beitrittsübereinkommens. Art 52 verweist vielmehr auf das jeweils geltende nationale Recht. Durch ihre Normen über den Wohnsitz können also die Vertragsstaaten die Grenzen ihrer aus Art 2 I fließenden internationalen Zuständigkeit verändern. Jedoch ist diese Änderungsbefugnis nicht unbeschränkt. Auf dem Umweg über die Änderung des Wohnsitzrechtes dürfen nicht neue exorbitante Zuständigkeiten geschaffen werden.

2 Liegt der Wohnsitz nach dem Recht des angegangenen Gerichts (Art 52 I) in einem anderen Vertragsstaat, verweist aber das Recht dieses Staates (Art 52 II) wieder auf den Staat, bei dessen Gericht die Klage eingereicht ist, so besteht die Gefahr eines negativen internationalen Kompetenzkonfliktes. In diesem Fall ist die

Wohnsitzverweisung anzunehmen. Näher Geimer/Schütze I 1 § 68 I. Das angerufene Gericht kann sich trotz Art 52 I für international zuständig erachten und eine Sachentscheidung fällen. AA Schlafen in Bülow/Böckstiegel, 3. Aufl, B I 1e, Art 52, Anm 8 bei Fn 54, wo die hilfsweise Anknüpfung an den „gewöhnlichen Aufenthalt" vorgeschlagen wird. Eine nicht konventionsgerechte Lösung, da der gewöhnl Aufenthalt von den Verfassern des Übereinkommens als Zuständigkeitstatbestand abgelehnt wurde, Geimer NJW 76, 443. Wie hier v Hoffmann AWD 73, 39.

Soweit das Prozeßrecht eines Vertragsstaates nicht auf sein Zivilrecht Bezug nimmt, sondern eigene Regeln 3
über den Wohnsitz entwickelt, **verweist Art 52 auf die prozeßrechtl Normen.** Beispiel: § 15 ist als prozeßrechtl Fiktion des Fortbestehens des Wohnsitzes im Entsendestaat auszulegen, Geimer NJW 76, 444; § 8 Umwandlungsgesetz, Geimer/Schütze I 1 § 87 Fn 272.

Art. 53. Der Sitz von Gesellschaften und juristischen Personen steht für die Anwendung dieses Übereinkommens dem Wohnsitz gleich. Jedoch hat das Gericht bei der Entscheidung darüber, wo der Sitz sich befindet, die Vorschriften seines internationalen Privatrechts anzuwenden.

Um zu bestimmen, ob ein trust seinen Sitz in dem Vertragsstaat hat, bei dessen Gerichten die Klage anhängig ist, wendet das Gericht sein internationales Privatrecht an.

Titel VI – Übergangsvorschriften

Art. 54. Die Vorschriften dieses Übereinkommens sind nur auf solche Klagen und öffentlichen Urkunden anzuwenden, die nach dem Inkrafttreten des Übereinkommens erhoben oder aufgenommen worden sind.

Nach dem Inkrafttreten dieses Übereinkommens ergangene Entscheidungen werden, auch wenn sie aufgrund einer vor dem Inkrafttreten erhobenen Klage erlassen sind, nach Maßgabe des Titels III anerkannt und zur Zwangsvollstreckung zugelassen, vorausgesetzt, daß das Gericht auf Grund von Vorschriften zuständig war, die mit den Zuständigkeitsvorschriften des Titels II oder eines Abkommens übereinstimmen, das im Zeitpunkt der Klageerhebung zwischen dem Urteilsstaat und dem Staate, in dem die Entscheidung geltend gemacht wird, in Kraft war.

Art 34 Beitrittsübereinkommen 1978: 1

(1) Die Vorschriften des Übereinkommens von 1968 und des Protokolls von 1971 in der Fassung dieses Übereinkommens sind nur auf solche Klagen und öffentlichen Urkunden anzuwenden, die erhoben oder aufgenommen worden sind, nachdem dieses Übereinkommen im Ursprungsstaat und, wenn die Anerkennung oder Vollstreckung einer Entscheidung oder Urkunde geltend gemacht wird, im ersuchten Staat in Kraft getreten ist.

(2) Nach dem Inkrafttreten dieses Übereinkommens ergangene Entscheidungen werden in den Beziehungen zwischen den sechs Vertragsstaaten des Übereinkommens von 1968, auch wenn sie aufgrund einer vor dem Inkrafttreten erhobenen Klage erlassen sind, nach Maßgabe des Titels III des geänderten Übereinkommens von 1968 anerkannt und zur Zwangsvollstreckung zugelassen.

(3) Im übrigen werden in den Beziehungen der sechs Vertragsstaaten des Übereinkommens von 1968 zu den drei in Artikel 1 des vorliegenden Übereinkommens genannten Vertragsstaaten sowie in den Beziehungen der zuletzt genannten Vertragsstaaten zueinander Entscheidungen, die nach Inkrafttreten dieses Übereinkommens zwischen dem Urteilsstaat und dem ersuchten Staat aufgrund einer vor diesem Inkrafttreten erhobenen Klage ergangen sind, nach Maßgabe des Titels III des geänderten Übereinkommens von 1968 anerkannt und zur Zwangsvollstreckung zugelassen, wenn das Gericht aufgrund von Vorschriften zuständig war, die mit seinem geänderten Titel II oder mit den Vorschriften eines Abkommens übereinstimmen, das im Zeitpunkt der Klageerhebung zwischen dem Urteilsstaat und dem ersuchten Staat in Kraft war.

Im Verhältnis zu Dänemark ist das Beitrittsübereinkommen 1978 am 1. 11. 1986 in Kraft getreten, im Verhältnis zum Vereinigten Königreich am 1. 1. 1987. Vgl Geimer/Schütze I 975, Kropholler RIW 86, 929.

Art 12 Beitrittsübereinkommen 1982: 2

(1) Das Übereinkommen von 1968 und das Protokoll von 1971 in der Fassung des Übereinkommens von 1978 und des vorliegenden Übereinkommens sind nur auf solche Klagen und öffentlichen Urkunden anzuwenden, die erhoben oder aufgenommen worden sind, nachdem das vorliegende Übereinkommen im Ursprungsstaat und, wenn die Anerkennung oder Vollstreckung einer Entscheidung oder Urkunde geltend gemacht wird, im ersuchten Staat in Kraft getreten ist.

(2) Jedoch werden in den Beziehungen zwischen dem Ursprungsstaat und dem ersuchten Staat Entscheidungen, die nach Inkrafttreten des vorliegenden Übereinkommens auf Grund einer vor diesem Inkrafttreten erhobenen Klage ergangen sind, nach Maßgabe des Titels III des Übereinkommens von 1968 in der Fassung des Übereinkommens von 1978 und des vorliegenden Übereinkommens anerkannt und zur Zwangsvollstreckung zugelassen, wenn das Gericht auf Grund von Vorschriften zuständig war, die mit Titel II des Übereinkommens von 1968 in seiner geänderten Fassung oder mit einem Abkommen, das zu dem Zeitpunkt, zu dem die Klage erhoben wurde, zwischen dem Ursprungsstaat und dem ersuchten Staat in Kraft war, übereinstimmen.

Zu Art 54 II Geimer/Schütze I 974, 1043. – Art 28 Rn 16. 3

Titel VII – Verhältnis zu anderen Abkommen

Art. 55. Dieses Übereinkommen ersetzt unbeschadet der Vorschriften des Artikels 54 Absatz 2 und des Artikels 56 die nachstehenden zwischen zwei oder mehreren Vertragsstaaten geschlossenen Abkommen:

...

- **das am 9. März 1936 in Rom unterzeichnete deutsch-italienische Abkommen über die Anerkennung und Vollstreckung gerichtlicher Entscheidungen in Zivil- und Handelssachen;**
- **das am 30. Juni 1958 in Bonn unterzeichnete deutsch-belgische Abkommen über die gegenseitige Anerkennung und Vollstreckung von gerichtlichen Entscheidungen, Schiedssprüchen und öffentlichen Urkunden in Zivil- und Handelssachen;**
- **das am 14. Juli 1960 in Bonn unterzeichnete deutsch-britische Abkommen über die gegenseitige Anerkennung und Vollstreckung von gerichtlichen Entscheidungen in Zivil- und Handelssachen;**
- ***den am 4. November 1961 in Athen unterzeichneten Vertrag zwischen der Bundesrepublik Deutschland und dem Königreich Griechenland über die gegenseitige Anerkennung und Vollstreckung von gerichtlichen Entscheidungen, Vergleichen und öffentlichen Urkunden in Zivil- und Handelssachen;***

...

- **den am 30. August 1962 in Den Haag unterzeichneten deutsch-niederländischen Vertrag über die gegenseitige Anerkennung und Vollstreckung gerichtlicher Entscheidungen und anderer Schuldtitel in Zivil- und Handelssachen;**

...

Art. 56. Die in Artikel 55 angeführten Abkommen und Verträge behalten ihre Wirksamkeit für die Rechtsgebiete, auf die dieses Übereinkommen nicht anzuwenden ist.

Sie bleiben auch weiterhin für die Entscheidungen und die Urkunden wirksam, die vor Inkrafttreten dieses Übereinkommens ergangen oder aufgenommen sind.

Art. 57. Dieses Übereinkommen läßt Übereinkommen unberührt, denen die Vertragsstaaten angehören oder angehören werden und die für besondere Rechtsgebiete die gerichtliche Zuständigkeit, die Anerkennung und Vollstreckung von Entscheidungen regeln.

Es berührt nicht die Anwendung der Bestimmungen, die für besondere Rechtsgebiete die gerichtliche Zuständigkeit, die Anerkennung oder Vollstreckung von Entscheidungen regeln und in Rechtsakten der Organe die Europäischen Gemeinschaften oder in dem in Ausführung dieser Akte harmonisierten einzelstaatlichen Recht enthalten sind.

Art 25 II Beitrittsübereinkommen 1978 bestimmt:

Um eine einheitliche Auslegung des Artikels 57 Absatz 1 zu sichern, wird dieser Absatz in folgender Weise angewandt:

a) Das geänderte Übereinkommen von 1968 schließt nicht aus, daß ein Gericht eines Vertragsstaats, der Partei eines Vertrages über ein besonderes Rechtsgebiet ist, seine Zuständigkeit auf diesen Vertrag stützt, und zwar auch dann, wenn der Beklagte seinen Wohnsitz in dem Hoheitsgebiet eines Vertragsstaats hat, der nicht Partei des erwähnten Vertrages ist. In jedem Fall wendet dieses Gericht Artikel 20 des geänderten Übereinkommens von 1968 an.

b) Entscheidungen, die in einem Vertragsstaat von einem Gericht erlassen worden sind, das seine Zuständigkeit auf einen Vertrag über ein besonderes Rechtsgebiet gestützt hat, werden in den anderen Vertragsstaaten gemäß dem geänderten Übereinkommen von 1968 anerkannt und vollstreckt.
Sind der Urteilsstaat und der Staat, in dem die Entscheidung geltend gemacht wird, Parteien eines Vertrages über ein besonderes Rechtsgebiet, der die Voraussetzungen für die Anerkennung und Vollstreckung von Entscheidungen regelt, so sind diese Voraussetzungen anzuwenden. In jedem Fall können die Bestimmungen des geänderten Übereinkommens von 1968 über das Anerkennungs- und Vollstreckungsverfahren der Entscheidungen angewandt werden.

Zu Art 57 allg Geimer/Schütze I 61; zum Verhältnis der Art 25 ff zu Übereinkommen für besondere Rechtsgebiete: Geimer/Schütze I 1006.

Art. 58. Dieses Übereinkommen berührt die Rechte nicht, die schweizerischen Staatsangehörigen auf Grund des Abkommens vom 15. Juni 1869 zwischen Frankreich und der Schweizerischen Eidgenossenschaft über die gerichtliche Zuständigkeit und die Vollstreckung von Urteilen in Zivilsachen zustehen.

Art. 59. Dieses Übereinkommen hindert einen Vertragsstaat nicht, sich gegenüber einem dritten Staat im Rahmen eines Abkommens über die Anerkennung und Vollstreckung von Urteilen zu verpflichten, Entscheidungen der Gerichte eines anderen Vertragsstaats gegen Beklagte, die ihren Wohnsitz oder gewöhnlichen Aufenthalt in dem Hoheitsgebiet des dritten Staates haben, nicht anzuerkennen, wenn die Entscheidungen in den Fällen des Artikels 4 nur in einem der in Artikel 3 Absatz 2 angeführten Gerichtsstände ergehen können.

Kein Vertragsstaat kann sich jedoch gegenüber einem dritten Staat verpflichten, eine Entscheidung nicht anzuerkennen, die in einem anderen Vertragsstaat durch ein Gericht gefällt wurde, dessen Zuständigkeit auf das Vorhandensein von Vermögenswerten des Beklagten in diesem Staat oder die Beschlagnahme von dort vorhandenem Vermögen durch den Kläger gegründet ist,

1. **wenn die Klage erhoben wird, um Eigentums- oder Inhaberrechte hinsichtlich dieses Vermögens festzustellen oder anzumelden oder um Verfügungsgewalt darüber zu erhalten, oder wenn die Klage sich aus einer anderen Streitsache im Zusammenhang mit diesem Vermögen ergibt, oder**
2. **wenn das Vermögen die Sicherheit für einen Anspruch darstellt, der Gegenstand des Verfahrens ist.**

Die Anerkennung und Vollstreckung von Entscheidungen der Gerichte eines Vertragsstaates in den anderen Vertragsstaaten setzt nicht voraus, daß in concreto die **Zuständigkeitsordnung des GVÜ** anwendbar war, Art 2 Rn 5. Auch wenn der Erstrichter gem Art 4 I seine internationale Zuständigkeit auf sein nationales Recht oder gem Art 57 auf ein Spezialübereinkommen gestützt hat, besteht die Verpflichtung zur Anerkennung und Vollstreckung nach Maßgabe der Art 26 ff. Dies führt dazu, daß die Wirkung der exorbitanten Gerichtsstände (Art 3 II) nocht verstärkt wird. Bisher wurden dt Urteile, bei denen die internationale Zuständigkeit der BRepD ausschließl auf Belegenheit des Vermögens des Beklagten im Inland (§ 23 ZPO) gestützt wurde, in den übrigen Vertragsstaaten nicht anerkannt. Das gleiche galt für Urteile franz oder luxemburgischer Gerichte, die ihre Zuständigkeit ausschließl auf die Staatsangehörigkeit des Klägers (Art 14 Cc) gestützt hatten. Diese Titel sind nun in allen Vertragsstaaten anzuerkennen und zu vollstrecken. Hinzu kommt noch, daß der Anwendungsbereich des Jurisdiktionsprivilegs des Art 14 Cc durch Art 4 II noch ausgeweitet wurde, Geimer WM 76, 836. 1

Diese Verschärfung der Wirkungen der exorbitanten Gerichtsstände löste Proteste von Drittstaaten aus. Diese waren teilweise erfolgreich. Sie führten zur Einfügung des Art 59. So könnte sich zB Italien gegenüber Spanien verpflichten, dt Entscheidungen nicht anzuerkennen, die im Gerichtsstand des § 23 ZPO gegen Personen mit Wohnsitz in Spanien ergangen sind. Die BRepD hat von dem Vorbehalt des Art 59 bereits in Art 23 des dt-norweg Vertrages Gebrauch gemacht, Geimer/Schütze I 1041, 1049. 2

Titel VIII – Schlußvorschriften

Art. 60. Dieses Übereinkommen gilt für das europäische Hoheitsgebiet der Vertragsstaaten einschließlich Grönland, für die französischen überseeischen Departements und Gebiete sowie für Mayotte.

Das Königreich der Niederlande kann bei der Unterzeichnung oder der Ratifizierung dieses Übereinkommens oder zu jedem späteren Zeitpunkt durch Notifikation an den Generalsekretär des Rates der Europäischen Gemeinschaften erklären, daß dieses Übereinkommen für die Niederländischen Antillen gilt. Wird eine solche Erklärung nicht abgegeben, so gelten Verfahren, die in dem europäischen Hoheitsgebiet des Königreichs auf Grund einer Kassationsbeschwerde gegen Entscheidungen von Gerichten der Niederländischen Antillen anhängig sind, als vor diesen Gerichten anhängig.

Abweichend von Absatz 1 gilt dieses Übereinkommen nicht:

1. **für die Färöer, sofern nicht das Königreich Dänemark eine gegenteilige Erklärung abgibt,**
2. **für die europäischen Gebiete außerhalb des Vereinigten Königreichs, deren internationale Beziehungen dieses wahrnimmt, sofern nicht das Vereinigte Königreich eine gegenteilige Erklärung in bezug auf ein solches Gebiet abgibt.**

Diese Erklärungen können jederzeit gegenüber dem Generalsekretär des Rates der Europäischen Gemeinschaften abgegeben werden.

Rechtsmittelverfahren, die im Vereinigten Königreich gegen Entscheidungen von Gerichten in den in Absatz 3 Nummer 2 genannten Gebieten angestrengt werden, gelten als Verfahren vor diesen Gerichten.

Rechtssachen, die im Königreich Dänemark nach der Zivilprozeßordnung für die Färöer (Lov for Færøerne om rettens pleje) ausgetragen werden, gelten als Rechtssachen, die vor den Gerichten der Färöer verhandelt werden.

Zum geographischen Anwendungsbereich Geimer/Schütze I 108 ff.

Art. 61. Dieses Übereinkommen bedarf der Ratifizierung durch die Unterzeichnerstaaten. Die Ratifikationsurkunden werden beim Generalsekretär des Rates der Europäischen Gemeinschaften hinterlegt.

Art. 62. Dieses Übereinkommen tritt am ersten Tage des dritten Monats in Kraft, der auf die Hinterlegung der Ratifikationsurkunde durch denjenigen Unterzeichnerstaat erfolgt, der diese Förmlichkeit als letzter vornimmt.

Art. 63. Die Vertragsstaaten bekräftigen, daß jeder Staat, der Mitglied der Europäischen Wirtschaftsgemeinschaft wird, verpflichtet ist, sein Einverständnis damit zu erklären, daß dieses Übereinkommen den Verhandlungen zwischen den Vertragsstaaten und diesem Staate zugrunde gelegt wird, die erforderlich werden, um die Ausführung des Artikels 220 letzter Absatz des Vertrages zur Gründung der Europäischen Wirtschaftsgemeinschaft sicherzustellen.

Die erforderlichen Anpassungen können Gegenstand eines besonderen Übereinkommens zwischen den Vertragsstaaten einerseits und diesem Staat andererseits sein.

Art. 64. Der Generalsekretär des Rates der Europäischen Gemeinschaften notifiziert den Unterzeichnerstaaten:

a) die Hinterlegung jeder Ratifikationsurkunde;

b) den Tag, an dem dieses Übereinkommen in Kraft tritt;

c) die gemäß Artikel 60 eingegangenen Erklärungen;

d) die gemäß Artikel IV des Protokolls eingegangenen Erklärungen;

e) die Mitteilungen gemäß Artikel VI des Protokolls.

Art. 65. Das diesem Übereinkommen im gegenseitigen Einvernehmen der Vertragsstaaten beigefügte Protokoll ist Bestandteil dieses Übereinkommens.

Art. 66. Dieses Übereinkommen gilt auf unbegrenzte Zeit.

Art. 67. Jeder Vertragsstaat kann eine Revision dieses Übereinkommens beantragen. In diesem Fall beruft der Präsident des Rates der Europäischen Gemeinschaften eine Revisionskonferenz ein.

Art. 68. Dieses Übereinkommen ist in einer Urschrift in deutscher, französischer, italienischer und niederländischer Sprache abgefaßt, wobei jeder Wortlaut gleichermaßen verbindlich ist; es wird im Archiv des Sekretariats des Rates der Europäischen Gemeinschaften hinterlegt; der Generalsekretär übermittelt der Regierung jedes Unterzeichnerstaats eine beglaubigte Abschrift.

Art 37 II Beitrittsübereinkommen 1978 erklärt auch die dänische, englische und irische Version für verbindlich, Art 13 II Beitrittsübereinkommen 1982 die griechische.

Protokoll zum GVÜ vom 27. 9. 1968

Die Hohen Vertragsparteien haben nachstehende Bestimmungen vereinbart, die dem Übereinkommen beigefügt werden:

Art. I. Jede Person, die ihren Wohnsitz in Luxemburg hat und vor dem Gericht eines anderen Vertragsstaats auf Grund des Artikels 5 Nr 1 verklagt wird, kann die Unzuständigkeit dieses Gerichts geltend machen. Läßt sich der Beklagte auf das Verfahren nicht ein, so erklärt sich das Gericht von Amts wegen für unzuständig.

Jede Gerichtsstandsvereinbarung im Sinne des Artikels 17 ist für eine Person, die ihren Wohnsitz in Luxemburg hat, nur dann wirksam, wenn diese sie ausdrücklich und besonders angenommen hat.

Art. II. Unbeschadet günstigerer innerstaatlicher Vorschriften können Personen, die ihren Wohnsitz in einem Vertragsstaat haben und die vor den Strafgerichten eines anderen Vertragsstaats, dessen Staatsangehörigkeit sie nicht besitzen, wegen einer fahrlässig begangenen Straftat verfolgt werden, sich von hierzu befugten Personen verteidigen lassen, selbst wenn sie persönlich nicht erscheinen.

Das Gericht kann jedoch das persönliche Erscheinen anordnen; wird diese Anordnung nicht befolgt, so braucht die Entscheidung, die über den Anspruch aus einem Rechtsverhältnis des Zivilrechts ergangen ist, ohne daß sich der Angeklagte verteidigen konnte, in den anderen Vertragsstaaten weder anerkannt noch vollstreckt zu werden.

Art. III. In dem Vollstreckungsstaat dürfen in dem Verfahren auf Erteilung der Vollstreckungsklausel keine nach dem Streitwert abgestuften Stempelabgaben oder Gebühren erhoben werden.

Art. IV. Gerichtliche und außergerichtliche Schriftstücke, die in einem Vertragsstaat ausgefertigt sind und einer in dem Hoheitsgebiet eines anderen Vertragsstaats befindlichen Person zugestellt werden sollen, werden nach den zwischen den Vertragsstaaten geltenden Übereinkommen oder Vereinbarungen übermittelt.

Sofern der Staat, in dessen Hoheitsgebiet die Zustellung bewirkt werden soll, nicht durch eine Erklärung, die an den Generalsekretär des Rates der Europäischen Gemeinschaft zu richten ist, widersprochen hat, können diese Schriftstücke auch von den gerichtlichen Amtspersonen des Staates, in dem sie angefertigt worden sind, unmittelbar den gerichtlichen Amtspersonen des Staates übersandt werden, in dessen Hoheitsgebiet sich die Person befindet, für welche das Schriftstück bestimmt ist. In diesem Fall übersendet die gerichtliche Amtsperson des Ursprungsstaats eine Abschrift des Schriftstücks der gerichtlichen Amtsperson des Bestimmungslands, die für die Übermittlung an den Empfänger zuständig ist. Diese Übermittlung wird in den Formen vorgenommen, die das Recht des Bestimmungslands vorsieht. Sie wird durch ein Zeugnis festgestellt, das der gerichtlichen Amtsperson des Ursprungsstaats unmittelbar zugesandt wird.

Art. V. Die in Artikel 6 Nr 2 und Artikel 10 für eine Gewährleistungs- oder Interventionsklage vorgesehene

Zuständigkeit kann in der Bundesrepublik Deutschland nicht geltend gemacht werden. In der Bundesrepublik Deutschland kann jede Person, die ihren Wohnsitz in einem anderen Vertragsstaat hat, nach den §§ 68, 72 bis 74 der Zivilprozeßordnung, die für die Streitverkündung gelten, vor Gericht geladen werden.

Entscheidungen, die in den anderen Vertragsstaaten auf Grund des Artikels 6 Nr 2 und des Artikels 10 ergangen sind, werden in der Bundesrepublik Deutschland nach Titel III anerkannt und vollstreckt. Die Wirkungen, welche die in der Bundesrepublik Deutschland ergangenen Entscheidungen nach den §§ 68, 72 bis 74 der Zivilprozeßordnung gegenüber Dritten haben, werden auch in den anderen Vertragsstaaten anerkannt.

Art. Va. In Unterhaltssachen umfaßt der Begriff „Gericht“ auch dänische Verwaltungsbehörden.

Art. Vb. Bei Streitigkeiten zwischen dem Kapitän und einem Mitglied der Mannschaft eines in Dänemark, in *Griechenland* oder in Irland eingetragenen Seeschiffes über die Heuer oder sonstige Bedingungen des Dienstverhältnisses haben die Gerichte eines Vertragsstaats zu überprüfen, ob der für das Schiff zuständige diplomatische oder konsularische Vertreter von der Streitigkeit unterrichtet worden ist. Sie haben die Entscheidung auszusetzen, solange dieser Vertreter nicht unterrichtet worden ist. Sie haben sich von Amts wegen für unzuständig zu erklären, wenn dieser Vertreter, nachdem er ordnungsgemäß unterrichtet worden ist, die Befugnisse ausgeübt hat, die ihm insoweit auf Grund eines Konsularabkommens zustehen, oder, falls ein derartiges Abkommen nicht besteht, innerhalb der festgesetzten Frist Einwände gegen die Zuständigkeit geltend gemacht hat.

Art. Vc. Wenn die Artikel 52 und 53 dieses Übereinkommens im Sinne des Artikels 69 Absatz 5 des am 15. Dezember 1975 in Luxemburg unterzeichneten Übereinkommens über das europäische Patent für den Gemeinsamen Markt auf die Bestimmungen angewandt werden, die sich auf „residence“ im englischen Wortlaut des letztgenannten Übereinkommens beziehen, so wird der in diesem Wortlaut verwandte Begriff „residence“ in dem gleichen Sinn verstanden wie der in den vorstehend genannten Artikeln 52 und 53 verwandte Begriff „domicile“.

Art. Vd. Unbeschadet der Zuständigkeit des Europäischen Patentamtes nach dem am 5. Oktober 1973 in München unterzeichneten Übereinkommens über die Erteilung europäischer Patente sind die Gerichte eines jeden Vertragsstaats ohne Rücksicht auf den Wohnsitz der Parteien für alle Verfahren ausschließlich zuständig, welche die Erteilung oder die Gültigkeit eines europäischen Patents zum Gegenstand haben, das für diesen Staat erteilt wurde und kein Gemeinschaftspatent nach Artikel 86 des am 15. Dezember 1975 in Luxemburg unterzeichneten Übereinkommens über das europäische Patent für den Gemeinsamen Markt ist.

Art. VI. (nicht abgedruckt).

Sachregister

Bearbeiter Dr. Joerg Brammsen

Fette arabische Zahlen ohne Zusatz bezeichnen die Paragraphen der ZPO, sich unmittelbar anschließende römische fette Zahlen den jeweiligen Absatz der Vorschrift. Fette arabische Zahlen mit Zusatz beziehen sich auf die Paragraphen/Artikel der folgenden Gesetze: **EGZPO** = Einführungsgesetz zur ZPO; **GVG** = Gerichtsverfassungsgesetz; **EGGVG** = Einführungsgesetz zum GVG; **GVÜ** = EWG-Übereinkommen über die gerichtliche Zuständigkeit und die Vollstreckung gerichtlicher Entscheidungen in Zivil- und Handelssachen (S. 2455).

Einl bezieht sich auf die Einleitung S. 1, **IZPR** auf die systematische Darstellung des Internationalen Zivilprozeßrechts S. 25, **Anh I** auf den Anhang S. 2451. **Magere** Zahlen bezeichnen die Randnummern.

A

Sachregister

Sachregister

Sachregister

C

D

H

I

J

L

M

N

O

P

Q

R

S

U

Sachregister

Z

Sachregister